가산난야(伽山蘭若)는 법성자연(法性自然)과 불성유정(佛性有情)이 현현(顯現)하는 본지풍광(本地風光)의 불국토(佛國土)를 기립니다.

伽山
佛教大辭林
KASAN ENCYCLOPAEDIA OF BUDDHISM

伽山智冠 編著

20

파릉밀부 · 힐혜자

伽山佛教文化研究院

刊 行 辭

불교가 발상된 지 어언 이천육백여 년이 지나는 동안 동양의 여러 나라에 전파되었고, 그 나라마다 문화・역사의 깊은 淵源이 되어 崇高한 삶의 모습을 창조하는 원동력이 되었다. 그리고 오늘에 이르러서는 세기를 넘어서는 인류의 久遠한 지혜로 그 餘光을 더욱 발하고 있다. 우리나라 또한 천칠백년의 불교전래 역사를 간직하여, 사상 및 문화 전반에 걸쳐 지대한 영향을 미쳤을 뿐 아니라 수승한 민족사 중흥의 근간이 되어왔다. 정신사를 포함하는 문화사 전반에 걸쳐 우리 민족사를 주도해 온 한국불교사에 있어서 불교대백과사전 편찬은 매우 중요한 작업이 아닐 수 없다.

불교의 교리는 經律論 三藏으로 구성된 대장경이라는 방대한 체계로 이루어졌고, 그 호한한 체계 속에는 대장경이 이루어진 역사만큼이나 오래되고 다양한 술어와 심오한 法相들이 담겨져 있다. 이러한 어려운 술어와 법상의 이해를 온전히 하고자 과거 譯經과 함께 어휘채록과 연구작업들이 병행되었다.

그 결과 중국에서는 『經律異相』, 『法苑珠林』, 『一切經音義』, 『翻譯名義集』, 『三藏法數』 등이 만들어져 대장경의 이해를 도왔으며, 우리나라에서는 고려 숙종 때 大覺國師 義天이 엮은 『釋苑詞林』 250권이 편찬되어 고전적 의미의 불교사전의 성격을 갖춘 작업이 이루어지기도 하였다.

근대 이후 耘虛스님께서 일본의 모범불교사전을 번역하고 거기에 우리나라 불교의 중요술어를 추가하여 1961년 『불교사전』 1권을 발행하였는데 이것이 우리나라 최초의 대중적 불교사전이었다. 그 후 편자가 불교종합사전의 필요함을 깊이 느끼고 그 편찬을 발원하게 된 것은 먼저 국내에서는 三學을 연찬하는 승가의 후학들에게는 물론, 점차 저변이 확대되고 있는 한국학 및 불교연구자들에게 불교술어를 정리하는 일이 더없이 필요한 일이라고 생각했기 때문이다. 더구나 동남아 불교권에서 불교연구의 근간이 될 만한 불교종합사전들이 발간되는 것을 보고 더욱 그 뜻을 굳히게 되었다. 불교대사전의 편찬이 불교연구와 그 문화의 저변을 확대해 가는 불교중흥의 근간임을 자각하고 미력이나마 편찬의 원력을 뒤로 돌릴 수 없었다. 수년 동안 고심한 끝에 자신의 능력을 헤아리지 않고 1982년 음력 5월 11일 삼각산 경국사 극락보전에서 삼천배의 기도・발원한 후 바로 편찬작업에 착수하였다.

이때 편자는 동국대학교 불교대학장에 재임 중이었으므로 학장실 한쪽 구석에 자료수집본부를 두고, 처음 약 3년 동안에는 동국대학교 역경원 박경훈부장에게 자료 채집감독을 맡겼으나, 그 후 편자가 동국대학교 총장직을 맡는 등의 사유로 기초자료조사 작업기간으로만 약 십여 년이 소요되었다. 그 후 편자는 이런저런 공직을 정리하고 사전편찬 등 연구작업에 전념하기 위해 1991년 6월 16일 사단법인 가산불교문화연구원을 개원하고서야 비로소 사전편찬을 본격적인 법인주요사업으로 추진할 수 있게 되었다. 1차 수집한 자료를 정밀하게 검색한 결과 2차 자료채록의 필요성을 절감하였고, 아울러 편수안도 재구성하게 되었다. 그동안 전산화에 힘입어 동남아 및 구미 학계에서는 많은 사전・색인 등 자료들이 공개되었으며, 일본은 이미 종합사전을 끝내고 분야별 테마사전을 출간하고 있었기 때문이다. 전산화시대를 맞아 자료채집과 편집작업에 엄청난 효율을 얻게 되었고 불교대사전의 시대적 효용성과 편수지침 등은 새롭게 정비될 수밖에 없었다. 따라서 법인사업 이관 후 편수실에서는 편찬의 이념, 편집의 목표, 편수안 등을 재검토하고 나아가 항목의 범위, 분류 및 확정에 있어 새로운 검증 작업을 위해 전산환경을 확충하고는 대・중・소분과별 분류 등 분류코드 1,232종을 프로그램화하여 기존 항목을 세분화하고 재검색하였다. 그리고 사전 활용도를 전문화하고 원전에 기초해 내용을 서술한다는 목표 아래 국내 원전자료를 전산화하고, 우리나라에는 출간되지 않은 산스크리트어, 팔리어, 티베트어 사전 어휘 등을 한글 자료화하는 등 편찬 이념의 구현과 편집 목표의 달성을 위해 편수작업을 밀도 있게 진행한 결과, 1994년 한국불교항목을 전체항목의 약 30%로 새로이 추가추출하고 15만여 항목의 기초자료 작업을 완료하였다.

이러한 재정초작업에 다시 3년여 기간이 지나고 1994년 여름이 지나서야 본격적인 집필·윤문작업에 착수할 수 있었다. 우선 재정적 여건을 고려하여 한글순 연차간행을 기획하고, 순차 집필·윤문에 온 힘을 기울인 결과 1999년 1월에 1·2권, 출간 이후 매년 한 권씩 출간하여 이번에는 제13권을 간행하게 되었다. 편자의 감회가 더욱 깊다.

그간 전체 편수기획 등 어려운 연구원 살림을 맡아 추진하고 있는 본 연구원 연구실장 古玉스님, 편찬실 가족을 이끌고 변함없이 정진하는 책임연구원 金榮郁 박사, 崔晶圭·馬海崙·韓栽相·鄭恩姬·孫秀昌 상임연구원, 편수편집실의 연구원들, 20년여 동안 편찬실을 거쳐 간 연구원들과 전임연구원 등 열을 다해 정진한 원내 여러 가족들에게 먼저 고마움과 격려의 마음을 전하며, 아울러 전문항목을 맡아 원외에서 집필해준 본원 전문연구위원 鄭炳三교수·金成哲·李淑姬 박사 등과 원외 집필자 여러분께 심심한 감사의 마음을 표한다.

그리고 긴 기간에 걸쳐 진행되는 사전작업을 대작불사라 여겨 1983년 이후 오랜 기간 동안 꾸준히 후원해주신 후원회원 여러분과 특히 1998년 이후부터 출간비 일부를 지원해 주고 있는 대한불교조계종과 2002년 이후 지원을 아끼지 않는 문화체육관광부, 2006년 이후부터 시작된 한국연구재단의 지원 그리고 종단 사부대중 여러분과, 원로의원 東椿큰스님, 전국비구니회 회장 明星스님 등의 뜻 깊은 후원금은 연구원 가족 모두에게 크나큰 격려가 되고 있다. 아울러 특별후원자 여러분들에게도 항상 깊은 감사를 드린다.

앞으로도 미비한 작업을 보완하고 중단 없는 성취를 위해 不退轉의 정진을 계속할 것이며, 한국정신사의 참다운 自尊을 일깨우고 나아가 한국에 있어 불교술어의 일차 결집이라는 사명 아래 소중한 결과물이 되도록 더욱 정진하고자 한다.

2011년 6월 16일

明倫洞 伽山蘭若에서

伽山智冠 적음

佛敎大辭林編纂發願文

一心頂禮法身佛 甚深微妙八萬法

修行流通賢聖僧 冥薰加被願成就

晉宋齊梁及唐代 新羅百濟求法僧

各其冒死發故國 專心求法利國民

去人成百歸無十 後者安知前者難

爲法向竺一念進 黃沙遮日眼不開

鳥道險路猛獸窟 飛梯架路捫索虛

後賢若未諳斯旨 往往將經容易看

梵漢相含難解語 硏經學人額頭痛

我念於此多年來 雜多之務未着手

壬戌之年始起筆 欲編佛敎大辭典

天龍八部常擁護 唯願諸佛作證明

從初至末無障碍 加被文殊大智慧

彙彙無違佛本意 速成完刊告佛前

以此編纂勝功德 韓國佛敎益宣揚

蒙佛甘露咸利益 一切衆生得解脫

願我臨終無病苦 預知時至往路明

此身遍現恒沙界 歷微塵劫度衆生

聞我名者發菩提 見我形者得安樂

若一衆生未成佛 終不於此取正覺

辭典佛事同參者 筆者援者及念者

一切同登涅槃床 普爲提唱涅槃歌

불교대사림편찬발원문(번역)

일심으로 청정법신 비로자나와
무상심심 미묘하온 팔만법장과
전법하는 스님들께 원하옵나니
가호하사 제소원을 살펴주소서
구법위해 진송제양 당대를비롯
신라백제 고구려의 스님들이여!
죽음조차 무릅쓰고 고국을떠나
국민위한 그마음은 비할데없네!
백명중에 돌아온이 열명안되니
후인들이 전인난을 어찌알리요!
일념으로 천축향해 가는길에는
황사비가 가득하여 눈을못뜨다!
가는길엔 맹수들이 우글거리고
험한곳엔 밧줄잡고 건너갔으니
후인들은 이런고난 아는이없어
개중에는 용이하게 경을대하네!
범한어가 합친어휘 알기어려워
학인들은 이부분에 골치를앓다
제가이점 해결코자 생각했으나
이런저런 잡된일로 얽매였다가
임술년에 이르러서 비로소집필
한국불교 대사전을 편찬하노니
천용팔부 호법신장 옹호하옵고
시방삼세 부처님은 증명하소서
시작부터 마침까지 장애가없고
문수보살 대지혜의 가피를입어
어휘마다 부처님의 본의에부합
하루속히 완간하여 고불하리다
이사전을 편찬하온 공덕으로써
한국불교 선양함에 도움이되고
감로수를 마신이는 모두가이익
일체중생 빠짐없이 해탈하소서
저자신이 임종할때 병고가없고
떠날때를 미리알아 앞이밝으며
이몸으로 항사세계 두루하여서
미진겁이 지나도록 도생하리다
나의이름 듣는이는 발심을하고
저의모양 보는자는 낙을얻으며
한중생도 남아있어 성불못하면
영원토록 정각도를 취치않으리!
사전불사 뜻을모아 동참한자중
집필자나 후원자나 염려한사람
모두함께 열반상에 높이앉아서
중생위해 열반가를 제창하리다

불기 2525년(1982) 壬戌 5월 11일
三角山 慶國寺에서
比丘 釋智冠 三千拜

발간에 즈음하여

가산불교대사림 편찬은 가산지관대종사伽山智冠大宗師님의 대원력大願力으로 시작되고 대정진大精進으로 성취된 대작불사大作佛事였다. 2500여년 이어온 불교의 역사·사상·문화 등과 관련된 십만을 넘어서는 술어와 주요구에 대하여 경율론經律論 삼장三藏을 비롯한 수많은 선어록禪語錄은 물론 최근의 연구성과들도 살펴 풀고 다듬어 성취하여왔다. 보석처럼 빛나는 한 떨기 꽃들을 수만번 손보고 모아 다듬는 작업이었기에 연구원대중들의 모든 일상은 한결같았고 정성을 다하였다.

대사림 한권은 단행본 수십 권에 맞먹는 원고지 2만매 분량이다. 이런 지난至難한 작업을 『가산불교대사림』이라는 본책 20여권의 결과물로 출간해왔다. 대종사의 원력에 올라 뒤돌아 보지않고 정진한 대중들의 각고刻苦의 산물이다. 불교를 공부하는 모든 이들에게 자양滋養이 될 수 있도록 항목 하나하나마다 갓난아이를 돌보듯 보듬고 살피는 작업은 한 치의 소홀함도 용납할 수 없었기에 대중들 모두 얼음위를 걷는 듯 하였다.

이러한 토대 위에서의 대사림편찬작업은 전문적이면서도 낱낱의 항목에 최적의 정보를 안착시켜왔다. 독자들은 단순히 술어 하나를 찾는 데 그치지 않고, 충실한 서술에 이끌려 저도 모르게 불교의 세계로 깊숙히 들어가고 깨우쳐간다. 매 항목마다 이 수준까지 이르도록 고군분투하는 대중들을 보면 참으로 숙연해지지 않을 수 없었다.

2012년에 열반하신 가산지관대종사께서는 1960년 이후 해인사 강주로서 학인들을 지도하면서 불교사전편찬의 원력을 키우셨고, 1982년 불교대사전편찬발원문을 지어 불전에 기도 올리고는 대원행의 길을 시작하셨다. 지난하고 길었지만 1999년 금과옥조의 성과물인 대사림 1권과 2권이 처음 탄생했을 때, '과연 지관큰스님이시다.'라며 세간世間이 칭송稱頌을 아끼지 않았다. 그리고 출간기념법회出刊紀念法會에는 사해四海의 용상대덕龍象大德들이 모두 모여 수희찬탄隨喜讚歎하였다. 촌음寸陰을 아껴가며 몸소 주요 표제어를 고르시고 옥고玉稿를 집필하여 마치시고는, 연구원들의 원고를 바로잡고 지도해주시며 그 크나큰 원행을 한 치의 흔들림 없이 계속하셨다. 2011년 팔순 생신일(음 5월 11일)에 열반이 임박했음을 미리 아시고 남은 작업을 연구원대중들에게 부촉하시는 유훈遺訓을 손수 남기셨다. 그리고 음력 성도재일인 납월파일을 넘기시고는 양력 2012년 1월 2일 열반에 드셨다.

애통하고 애통하다! 이제 유촉遺囑을 받드는 일만이 우리에게 남겨졌다. 정법중흥正法中興을 통한 애민중생哀愍衆生이라는 대종사님의 간곡한 원행願行을 이어, 대종사님의 유촉도량인 가산난야伽山蘭若에서 대종사님의 원행인 정법상전正法相傳의 유업遺業이 끊임없이 피어나길 간절히 기원한다.

2023년 6월 16일

理事長 文憲八 拜上

편찬의 기본방침

■ 본 불교대사림은 불교사상 및 문화 일반에 대한 종합적 이해를 도모하기 위해 불교사전의 범주를 근본불교술어는 물론, 범불교권 국가에서 특수하게 변형·토착화되거나 새로이 창출된 각종 술어도 포함하여 불교문화에 대한 특수성과 보편성을 함께 이해시킴을 목표로 한다.

■ 특별히 한국인의 불교 이해를 기반으로 하여 불교전래 후 천칠백여 년에 이르는 토착화 과정에서 정착된 한국불교 고유의 사상적, 문화적 관련항목을 최대한 발굴·정리, 이를 자주적이고 종합적으로 서술함으로써 대내적으로는 한국불교 및 민족문화에 대한 넓고 깊은 이해와 긍지를 도모하고 대외적으로는 한국불교문화의 세계화를 추구한다.

■ 이러한 목표를 달성하기 위해 광범위한 항목을 발굴·선정·수록하고, 표제어의 한글순은 물론, 내용 기술에 있어 실질적인 한글화를 도모하여 누구나 쉽게 활용가능한 대중적 사전이 될 수 있도록 한다.

■ 한자어, 산스크리트어, 팔리어, 티베트어 등 범불교권 언어를 병기하여, 술어 설명에 엄밀을 기하며, 정확한 전거(典據)를 바탕으로 내용을 기술하여, 연구자의 이해를 도울 수 있게 사전 활용도를 깊고 폭넓게 전문화한다.

■ 한국인에게 불교의 사상과 문화를 폭넓게 이해시키기 위해 일차적으로는 불교항목 전반에 대한 백과사전적 이해를 가능하게 하며, 나아가 한국의 불교문화를 폭넓게 이해하고 심도 있게 다루어야 한다는 목표 아래 한국불교 관련 항목이 종합적으로 서술되도록 항목조정과 본문서술에 신중을 기한다.

■ 본 사림은 15만여 항목, 본책 15권 규모로 1998년부터 연차적으로 간행하되, 〈색인편〉과 함께 〈보유편〉을 부록으로 두어 사전 간행 후의 연구성과를 반영하고 항목을 보완할 수 있도록 한다.

항목선정

■ 명실상부한 불교종합백과사전이 될 수 있도록 시간적으로는 불교발생기부터 현재까지, 공간적으로는 발생지 인도로부터 티베트, 중국 나아가 구미지역에 이르기까지, 문헌상으로는 초기 불전에서부터 최근 문헌에 이르기까지 불교의 모든 용어를 가능한 한 총망라하여 어휘를 직접 채집, 수록하는 것을 항목 선정의 기본 원칙으로 한다.

■ 특별히 한국불교 고유의 사상과 문화에 관련된 항목은 최대한 발굴하여 이를 우선으로 선정한다.

■ 원내 편수원칙에 의한 1,232종의 분류코드에 따라 불교대사림 항목분류표를 작성, 이에 의거하여 체계적으로 항목을 선정하고 수적인 균형을 노보한다.

■ 항목 채집 및 1차 선정항목의 대조·확인과 기술 내용 점검을 위해 이미 간행된 국내외 사전류, 색인류 외 연구서적 등을 가능한 한 최대한 대조·검색한다.

■ 더불어 내용서술이 동일한 항목의 이칭(異稱), 별칭(別稱) 등은 대표항목 본문에 포함·서술하여 항목 처리를 원활하게 하고, 항목들 간의 유기적 연결을 통해 선정 항목을 종합적으로 이해할 수 있도록 공항목과 관련항목을 둔다.

■ 산스크리트어, 팔리어, 티베트어, 한자어 등에서 유래한 음사어 항목은 한자 읽기가 있으면 우리말 한자음으로, 음사가 여럿인 경우에는 원음에 가까운 음으로 대표항목을 선정한다.

■ 각 분과별 항목의 세부 선정 원칙은 다음과 같다.

- 사상·공안 – 경·율·론(經律論) 삼장(三藏) 및 소(疏), 초(抄), 사기(私記) 등에 이르는 교종의 제반 사상과 선종의 각 종파별 사상 및 공안(公案) 그리고 가풍(家風)을 모두 다룬다.

- 언어・문자 – 불교와 유관한 주문, 방언을 포함하여 불교권의 주요 언어인 산스크리트어, 팔리어, 티베트어 및 그 외 특수언어에 대한 개관을 포함한다.
- 인물 – 불교 발전이나 변동을 주도하면서 사상과 문화 발전에 기여하였으며 그 생애와 활동을 서술할 필요가 있는 실존인물을 선정하되, 단 현대 인물의 경우에는 집필 당시를 기준으로 생존 인물은 제외한다. 또한 일반인의 경우 성명을, 스님인 경우에는 법명(휘 諱)을 본항목으로 하되, 호(號)나 자(字)가 더 널리 알려져 있는 경우에는 호나 자를 대표항목으로 선정한다.
- 사원 – 현존하는 전통사찰은 물론, 기록으로만 남아있는 사찰과 폐사지(廢寺址)라 할지라도 모두 포함한다.
- 사건 – 불교사에 의미가 있는 사건 및 기록들을 포함한다.
- 교단 및 의례 – 원시교단에서부터 현재까지의 불교 역사에서 의미를 갖는다고 간주되는 교단사 및 교단의 양태, 불교의례의 양태 등을 포함한다.
- 문헌 – 삼장 및 소, 초, 사기, 문집, 탁본은 물론 불교의 사상, 문화, 역사 등을 언급한 외전 등을 포함하며, 경전성립과 대장경 조판 및 인경 사례 등도 기술한다. 단, '불설(佛說)…'로 시작되는 경전의 이름은 '불설'을 생략하고 표제어로 선정한다.
- 예술 – 문화사적으로 중요한 가치가 있는 문학, 미술, 음악, 무용, 건축 공예품 등을 포함한다.
- 문화재 – 국가지정문화재를 중심으로 선정하되, 불교사적으로 중요한 의미가 있는 유물・유적이라면 가능한 한 포함한다.
- 기타 – 불교의 전문용어가 아닌 일반용어도 불교전적을 해독하는 데 필요하거나 불교를 이해하는 데 필요한 술어라면 가능한 한 수록한다.

항목배열

■ 한글 가나다순으로 하되, 초・중・종성의 배열 순서는 다음과 같이 한다.

- 초성 – ㄱ ㄲ ㄴ ㄷ ㄸ ㄹ ㅁ ㅂ ㅃ ㅅ ㅆ ㅇ ㅈ ㅉ ㅊ ㅋ ㅌ ㅍ ㅎ
- 중성 – ㅏ ㅐ ㅑ ㅒ ㅓ ㅔ ㅕ ㅖ ㅗ ㅘ ㅙ ㅚ ㅛ ㅜ ㅝ ㅞ ㅟ ㅠ ㅡ ㅢ ㅣ
- 종성 – ㄱ ㄲ ㄳ ㄴ ㄵ ㄶ ㄷ ㄹ ㄺ ㄻ ㄼ ㄽ ㄾ ㄿ ㅀ ㅁ ㅂ ㅄ ㅅ ㅆ ㅇ ㅈ ㅊ ㅋ ㅌ ㅍ ㅎ

■ 같은 음・같은 글자인 항목은 다음 원칙에 따라 배열한다.

- 개념 → 교리・사상 → 인물 → 자연물 → 지명 → 의식 → 문헌 → 제도 → 사원 → 단체 → 사건 → 유물・유적순으로 하되
  ① 시간적인 경우는 시대순으로
  ② 공간적인 경우는 가나다순으로 한다.
- 한자가 다를 경우 별도 항목으로 처리하며, 항목 첫글자 한자의 총획수에 따라 배열하되 총획수가 같을 경우, 부수(部首)의 획수에 따라 배열한다.
- 한자가 같은 경우 동일 항목 내에 ❶・❷ … 식으로 병렬 나열한다.
- 사원의 이름이 같을 경우 지역별로 배열하되, 서울 → 광주 → 대구 → 대전 → 부산 → 인천 → 강원도 → 경기도 → 경상도 → 전라도 → 제주도 → 충청도 → 평안도 → 함경도 → 황해도 → 중국 → 기타 순으로 하는 것을 원칙으로 한다.

표제어표기

■ 표제어는 신명 견명조 한글로 표기하고 그에 해당하는 한자어 및 산스크리트어, 팔리어, 티베트어 등이 있을 경우 이를 순차적으로 병기하되, 이때 산스크리트어는 Ⓢ, 팔리어는 Ⓟ, 티베트어는 Ⓣ 문자로 구분하며, 콤마와 마침표를 사용하여 나열한다.

예) **감로** 甘露 Ⓢ amṛta, Ⓟ amata, Ⓣ bdud-rtsi.

■ 한글과 한자음의 우리말 표기는 문교부 제정 표준용어집 및 국정교과서의 한글맞춤법 표기원칙에 따르되, 다만 오래전부터 한자음이 변하여 우리말화한 것이거나 산스크리트어의 음사한자인 경우에는 상용화된 대로 표기한다.

- 우리말화한 경우

예) **도량** 道場 (○) **도장** 道場 (×)
시방 十方 (○) **십방** 十方 (×)

• 산스크리트어의 음사한자인 경우

예) **보리** 菩提 (○) **보제** 菩提 (×)
바라밀 波羅蜜 (○) **파라밀** 波羅蜜 (×)
다라니 陀羅尼 (○) **타라니** 陀羅尼 (×)

■ 한글과 숫자의 혼합 표기는 한글맞춤법 표기안에 따라 적절히 사용한다.

■ 특수 분야 용어는 관련학계의 통설을 따르되, 학계에서 용어가 통일되지 않은 경우에는 편집위원회의 결정에 따른다.

■ 공항목 및 관련항목의 처리와 표기

• 공항목은 항목에 대한 서술 내용이 없는 것으로 ➡를 사용하여 그 본항목으로 참조표시를 하며, 관련항목은 동등한 위치에 있거나 상호보완적 관계에 있는 항목으로 내용 서술 후 ⇨를 사용하여 참조표시를 한다.

예1) **가니라** 迦尼羅 ➡ 갈니가수 羯尼迦樹

예2) **가니타** 迦尼吒 Ⓢ kaniṣṭha의 음사이. 고대 인도 쿠샤나(Ⓢ Kuṣāṇa : 貴霜)왕조의 제3대 왕인 가니색가(Ⓢ Kaniṣka)왕의 다른 이름이다. ⇨ 가니색가왕 迦膩色迦王

• 공항목 내지 관련항목이 다수 열거될 경우에는 관련의 중요도 순으로, 병렬관계일 경우에는 가나다순으로 게재하며, 항목 간을 콤마로 구분한다.

예) **가나함모니불** 迦那含牟尼佛 ➡ 가나가모니 迦那伽牟尼, 구나함모니 拘那含牟尼

본문서술

■ 본문 서술방식은 한글전용을 원칙으로 하여 일반인도 이해하기 쉽도록 가능한 한 풀어쓰되, 필요한 경우 괄호를 사용하여 이를 보완한다.

• 어려운 술어나 전문용어 등은 처음 서술되는 부분에서 그에 해당하는 한자, 산스크리트어, 팔리어, 티베트어 및 기타 용어 등을 ( ) 안에 병기한다.

예) **가가라** 伽伽羅 ❶ Ⓢ Karkaṭa, Ⓟ Kakkaṭa의 음사어. 부처님께서 바이샬리의 중각강당(重閣講堂 Ⓢ Kūṭāgāraśālā)에 …

• 또한 추가 설명이 필요한 경우에는 : 표식 아래에 간단한 해설을 덧붙이도록 하며, 산스크리트어, 팔리어, 티베트어 등의 음사어인 경우에도 원어를 먼저 쓰고 그 뒤에 :를 사용하여 그 뜻을 부기한다.

예1) 니야야(Ⓢ Nyāya : 正理)

예2) 8개소의 불탑을 친견하려고 고비사막을 지나 총령(葱嶺 : Pamir고원)을 넘어 …

• 집필자명, 참고문헌, 표에서는 원어를 노출시키며, ' '나 『 』 속의 한글, 원어 병렬표기시에도 괄호를 사용하지 않는다.

■ 맞춤법 및 띄어쓰기는 항목표기에서와 마찬가지로 문교부 제정 한글맞춤법 및 국정교과서의 표기 원칙을 기본으로 하되, 학계에서 용어가 통일되지 않은 것은 집필자의 견해 혹은 편집위원회의 결정에 따르며, 사전 편집상 필요에 따라 약간의 예외를 둔다.

■ 불교에서 상용하는 복합명사는 붙여쓰기로 한다.

예) 일체중생 (○) 일체 중생 (×)
시방세계 (○) 시방 세계 (×)

■ 중국·일본 등 한자문화권의 한자어는 우리말 한자음으로 표기하되, 고유명사인 경우에는 일본 혹은 중국 현지음으로도 표기한다.

■ 상용하는 술어의 음사어가 2종 이상일 경우에는 인용문에 준하여 표기하되, 한자어 인용시에는 한자에 준하고 범어 인용시에는 범어 음사에 준한다.

예) 아뢰야식(阿賴耶識 Ⓢ ālaya-vijñāna) (○)
알라야식(Ⓢ ālaya-vijñāna : 阿賴耶識) (○)

■ 연대는 서력기원으로 표기하되, 필요시 괄호 안에 불기년(佛紀年), 왕조년(王朝年) 등을 부기한다. 다만 본문 서술 중 불기년 혹은 왕조년이 중요한 경우에는 먼저 밝힐 수 있다.

■ 인명은 일반인의 경우 성명을 쓰고, 스님인 경우 원칙상 법명(휘 諱)을 쓰되, 호(號)나 자(字)가 더 널리 알려져 있는 경우에는 이를 따른다.

■ 산스크리트어, 팔리어, 티베트어의 표기

• 각각 그 약자에 해당하는 Ⓢ·Ⓟ·Ⓣ 문자를 사

용하여 구별하며,

- 첫글자는 소문자를 원칙으로 하나, 단 인명·지명·불·보살·책이름 등은 대문자로 시작한다.

예) **가니색가왕** 迦膩色迦王 Ⓢ Kaniṣka, Candana-kaniṣka, Ⓟ Kanisika. 2세기 무렵 고대 인도의 이란계 쿠샤나(Ⓢ Kuṣāṇa : 貴霜·月支國·月氏國)왕조의 제3대 왕인 카니쉬카 1세.

- 산스크리트어·팔리어의 복합어 표기는 관습적 사용에 준하되, 수사는 하이픈(-) 없이 띄어쓰기를 한다. 단 2개 이상의 단어로 구성된 복합어의 경우에는 식별의 편의를 위해 매 단어마다 하이픈을 사용한다.

예) **개시오입** 開示悟入 Ⓢ samādāpana-saṃdarśana-pratibodhana-avatāraṇa.

■ 본항목에 대한 서술이 병렬로 나열되었을 경우에는 ❶·❷ 등을 사용하고, 하나의 단어에서 비롯된 부연 설명일 경우에는 ①·② 등을, 더 부연할 때에는 ㉠·㉡ 등을 사용한다. 이때 명사형으로 끝날 경우에는 쉼표를, 동사형으로 끝날 경우에는 마침표를 사용하는 것을 원칙으로 한다.

예1) **기린사** 麒麟寺 ❶ 충청남도 온양군 고달산에 있었던 절. 지금은 폐사(廢寺)되었다. [참고문헌] 『東國輿地勝覽』 권19, 『韓國寺刹全書』 권상. ❷ 함경남도 신흥군 원평면 천불산(千佛山)에 있었던 절. …

예2) **간경파** 看經派 한국사찰 간경제도의 한 측면. 강하(講下) 학인을 독서파(讀書派)와 간경파로 나누는데, 간경파는 다시 3과(科)로 분류된다. 곧 ① 능엄(楞嚴)·기신(起信)·반야(般若)·원각(圓覺)의 사교과(四敎科), ② 화엄(華嚴) 1부 현담(玄談) 삼현십지(三玄十地)에 『탐현기 探玄記』를 겸수하는 대교과(大敎科), ③ 전등(傳燈)·염송(拈頌) 양부에 속하는 격외과(格外科) 등을 말한다. [참고문헌] 『韓國近世佛敎百年史』 권2 敎育編年 pp.1~3.

■ 학계에서 논란이 있는 항목 서술은 집필자의 관점을 중시하되, 이설(異說)을 함께 소개함으로써 독자들에게 판단의 자료를 제공한다.

출전 및 참고문헌

■ 내용 서술의 이해에 도움이 될 문헌, 논문 등을 다음의 원칙에 따라 인용, 수록한다.

- 본문 서술시 원문에 대한 직접 인용이 필요한 경우에는 우리말로 번역하고 원문을 부기한다.
- 직·간접적으로 인용한 책은 [참고문헌] 에서 다시 게재하며, 본문 중에서는 한글로, [참고문헌] 에서는 원전어로 문헌명을 표기한다.

예) **가** 笳 Ⓢ vaṃśa, Ⓟ vaṃsa. 대나무피리(竹笛). 2권본 『나선비구경』(대정장32, p.696c13)에 "마치 사람이 대나무피리를 불어 숨을 내쉬었다가 다시 들이키지 못하는 것과 같다. 如人吹笳氣出 不復還入", … [참고문헌] 『那先比丘經』, *Mil.*, *Vv-a.210.*

- [참고문헌] 위치는 항목의 맨 끝으로 하되, 단 본 항목에 대한 서술이 ❶·❷로 병렬 나열되었을 경우에는 그 끝에 게재한다.

예) **굴암** 窟庵 ❶ 경상남도 창원시 현동면 대장리에 있었던 절. 창건연대·창건주 등 자세한 사실은 알 수 없다. [참고문헌] 『韓國寺刹全書』 권상. ❷ 경상북도 선산군 연악산(淵嶽山)에 있었던 절. 자세한 사적은 알 수 없다. [참고문헌] 『韓國寺刹全書』 권상 p.129b.

- 문헌·저서명의 경우에 동양서는 『 』, 서양서는 *이탤릭체*를 사용하여 표기하고, 논문·작품·편명 및 신문기사·법조문제목 등의 경우 「 」를 사용하되, 출판사·출판연대 등은 괄호 안에 묶어 표기한다.

예) **고인명** 古因明 인도 불교논리학을 집대성한 진나 … [참고문헌] *Caraka-Saṃhitā*, 『方便心論』, 『解深密經』, 『瑜伽師地論』, 『大乘阿毘達磨集論』, 『如實論』, 『集量論』, 『因明正理門論』, *Buddhist Logic*(F.T. Stcherbatsky, U.S.S.R, Leningrad, 1930), 『대승불교』 pp.332~338(도서출판 여래).

- 참고문헌이 여럿일 경우에는 우선
  ① 본문서술 중 인용된 순서대로 하되, 원전, 학술저서, 논문 순으로 하며,
  ② 대장경류의 경우 체제 순으로 한다.

■ 자주 인용되는 문헌의 경우 약호를 사용할 수 있고, 2단 내지 다단으로 편집된 인용서의 단 표시는 a, b, c 등으로 하고 필요한 경우 행을 숫자로 표시한다.

- 고려장 : 고려대장경
- 한불전 : 한국불교전서
- 대정장 : 대정신수대장경
- 卍속장 : 卍속장경

예1) 고려장45, p.250a : 고려대장경 제45권, 250페이지 첫째 단을 의미

예2) 대정장21, pp.234~250, No.234 : 대정신수대장경 제21권, 234페이지에서부터 250페이지까지에 수록된 경으로 경의 고유번호는 234라는 의미

예3) 한불전2, p.698a1 : 한국불교전서 제2권 698페이지 첫째 단 첫째 줄을 의미

■ 한문본, 산스크리트어본, 팔리본 등의 상용문헌은 다음 장의 약명표기 범례에 따른다. ⇨문헌약명표기범례

■ 선사의 어록의 경우, 해당 선사의 가장 잘 알려진 법호나 법명에 '語錄'을 더하여 문헌명으로 쓰는 것을 일반화한다.

예) 대혜보각선사어록→대혜어록
명각선사어록→설두어록

기호 및 약호

S	산스크리트어
P	팔리어
T	티베트어
" "	완전한 문장 인용시
' '	재인용, 강조시 및 시호·관직명·탑호·비명·주문·경전의 한 구절 등 불완전한 문장 인용시
『 』	문헌·저서명
「 」	논문·작품·경전의 품명·편명 및 신문 기사 표기시
- -	부제
~	부터·까지 (페이지·연도 등에서)
·	문장 내 가운뎃점으로, 비슷한 사항을 나열할 때 사용
…	내용 생략시
( )	한자 및 원어 부기 및 풀이
〔 〕	소제목
:	본문 설명 부분에서 부연 설명시
→	법맥의 대수 표시
➡	공항목 표시
⇨	관련항목 표시

도판 및 기타자료

■ 본 사전에서는 내용을 시각적으로 부각시키고 본문의 이해를 돕기 위하여 사진, 삽화, 도표, 지도 등 도판 자료 약 천오백여 종을 본문의 해당 부분 혹은 별면 화보에 수록한다.

■ 도판자료는 해당 항목의 성격과 내용을 부각시키는 데 중점을 두고 선정한다.

■ 자체에서 제작하지 않은 자료는 그 제공자 또는 제작자를 밝히며, 유일본·희귀자료 등 특수자료는 소장처를 밝힌다.

• 본 권의 희귀자료는 국립중앙박물관, 대한불교조계종 산하 성보박물관 등의 협찬과 『佛敎植物辭典』(國書刊行會)의 도판자료 사용으로 이루어졌다.

■ 전체 색인은 한글, 한자어, 산스크리트어, 팔리어, 티베트어 별로 작성하여 〈색인편〉 별책으로 발간한다.

■ 각 페이지마다 상단에 해당 페이지의 첫 표제어(짝수쪽)와 마지막 표제어(홀수쪽)를 기재하여 항목 찾기에 편의를 도모한다.

문헌 약명 표기범례

산스크리트본 약명

● T 는 대정신수대장경 번호임
● [편자 출간년도]는 * 梵·藏本 정보임

Abh-k	Abhidharma-kośa-kārikā [V.V.Gokhale 1946] 阿毘達磨俱舍論本頌 T1560
Abh-k-bh	Abhidharmakośa-bhāṣya [P.Pradhan 1975] 阿毘達磨俱舍論 T1558 · 阿毘達磨俱舍釋論 T1559
Abh-d	Abhidharmadīpa [P.S.Jaini 1959] 阿毘達磨燈論
Abh-d-ṭ	Abhidharmadīpa-ṭika [P.S.Jaini 1959] 阿毘達磨燈明論釋
Abh-s	Abhidharmasamuccaya [P.Pradhan 1950] 大乘阿毘達磨集論 T1605
Abh-s-bh	Abhidharmasamuccaya-bhāṣya [N.Tatia 1976] 大乘阿毘達磨雜集論 T1606
Abh-vy	Sphuṭārthā Abhidharmakośa-vyākhyā [U.Wogihara 1932-1936] 阿毘達磨俱舍論疏
Abhis-a	Abhisamayālaṃkāra [Th.Stcherbatsky · E.Obermiller 1929] * 梵藏對照本 現觀莊嚴論
Adhy-pr	Adhyardhaśatikā Prajñāpāramitā [T.Tomabechi 2009] 大樂金剛不空眞實三麽耶經 [理趣經] T243
Ag-p	Agni-purāṇa
Arth-ś	Artha-śāstra [R.P.Kangle 1960] 實利論
Aṣṭ-pr	Aṣṭasāhasrikā Prajñāpāramitā [P.L.Vaidya 1960 · S.Karashima 2013] 大般若波羅蜜多經 第四會 T220(4) · T228
AV	Atharva-veda
Av-ś	Avadāna-śataka [P.L.Vaidya 1958] 撰集百緣經 T200
Bh-p	Bhāgavata-purāṇa
Bhai	Bhaiṣajyaguruvaidūryaprabharāja-sūtra [P.L.Vaidya 1961] 藥師琉璃光如來本願功德經 T450 · T449 · T451 · 灌頂經 卷第十二 T1331
Bhav-p	Bhaviṣya-purāṇa
Bodh-bh	Bodhisattva-bhūmi [N.Dutt 1966] 瑜伽師地論 本地分菩薩地 T1579(I.15) · 菩薩地持經 T1581 · 菩薩善戒經 T1582
Bodh-c	Bodhicaryāvatāra [P.L.Vaidya 1960] 菩提行經 T1662
Brahma-p	Brahma-purāṇa
Brahmāṇḍa-p	Brahmāṇḍa-purāṇa
Brahmav-p	Brahmavaivarta-purāṇa
Buddh-c	Buddha-carita [E.H.Johnston 1978] 佛所行讚 T192
Cat-ś	Catuḥ-śataka [K.Lang 1986] * 梵藏合本 廣百論本 T1570
Daś-bh	Daśabhūmika-sūtra [P.L.Vaidya 1967] 大方廣佛華嚴經 十地品 T278(22) · T279(26)
Daś-ś	Daśapadārtha-śāstra 勝宗十句義論 T2138
Devībh-p	Devībhāgavata-purāṇa
Dharm-s	Dharma-saṃgraha [P.L.Vaidya 1961] 法集名數經 T764
Divy	Divyāvadāna [E.B.Cowell · R.A.Neil 1959] 根本說一切有部毘奈耶皮革事 T1447
Gaṇḍ-vy	Gaṇḍa-vyūha [P.L.Vaidya 1960] 大方廣佛華嚴經 入法界品 T278(34) · T279(39) · T293 · T295
Gāruḍa-p	Gāruḍa-purāṇa
Gauḍ-SK	Sāṃkhya-kārikā의 Gauḍapāda-bhāṣya [T.G.Mainkar 1972]
Guhy-s	Guhya-samāja-tantra [Y.Matsunaga 1978] 一切如來金剛三業最上祕密大敎王經 T885
Ht	Hevajra-tantra [D.L.Snellgrove 1959] * 梵藏對照本 大悲空智金剛大敎王儀軌經 T892
Jāt-m	Jātaka-mālā
Kār-vy	Guṇa-kāraṇḍa-vyūha 大乘莊嚴寶王經 T1050

Kāśy	Kāśyapa-parivarta [M.I.Vorobyova-Desyatovskaya 2002] 大寶積經 第四十三普明菩薩會 T310(43)
Kūrma-p	Kūrma-purāṇa
Lak-ś	Lakṣaṇānusāra-śāstra 隨相論 T1641
Lal-v	Lalita-vistara [P.L.Vaidya 1958] 普曜經 T186・方廣大莊嚴經 T187
Laṅk	Laṅkāvatāra-sūtra [B.Nanjio 1956] 楞伽阿跋多羅寶經 T670・入楞伽經 T671・大乘入楞伽經 T672
Liṅga-p	Liṅga-purāṇa
Madhy-k	Madhyamaka-kārikā 中論頌
Madhy-ś	Madhyamaka-śāstra [P.L.Vaidya 1960] 中論 T1564
Madhy-v	Madhyamaka-kārikā-vṛtti 中論註
Madhy-vibh	Madhyānta-vibhāga-bhāṣya [G.M.Nagao 1964] 中邊分別論 T1599・辯中邊論 T1600
Madhy-vibh-ṭ	Madhyānta-vibhāga-ṭīkā [S.Lévi 1934] 中邊分別論釋疏
Mahāvad-s	Mahāvadāna-sūtra [T.Fukita 2003] 長阿含經 大本經
Mah-saṃ	Mahāyānasaṃgraha [E.Lamotte 1973] *藏本 攝大乘論 T1592・T1593・攝大乘論本 T1594
Mah-v	Mahāvastu-avadāna [E.Senart 1882-1897] 大事
Mañj-m	Ārya-mañjuśrī-mūlakalpa [T.Ganapati 1920-1925] 大方廣菩薩藏文殊師利根本儀軌經 T1191
Mārk-p	Mārkaṇḍeya-purāṇa
Māṭ-v	Sāṃkhya-kārikā의 Māṭharācārya-vṛtti [V.P.Sharma 1970]
Matsya-p	Matsya-purāṇa
MBh	Mahābhārata [BHORI 1972]
Mmayu	Mahāmāyūrī Vidyārājñī [S.Takubo 1972] 佛母大孔雀明王經 T982・T984・T985
Mp-s	Mahāparinirvāṇa-sūtra [E.Waldschmidt 1950-1951] 長阿含經(遊行經) T1・佛般泥洹經 T5・T6・T7・大般涅槃經 T374・T375・大般泥洹經 T376・根本說一切有部毘奈耶雜事 卷第三十五～三十九 T1451
Mukta-v	Muktavali
Mvyut	Mahāvyutpatti [榊亮三郎 1916]・[石濱裕美子・福田洋一 1989] 飜譯名義大集
Nār-p	Nāradīya-purāṇa
Nyāy-s	Nyāya-sūtra 正理經
Nyāy-pr	Nyāya-praveśa [A.B.Dhruva 1930] 因明入正理論 T1630
Padma-p	Padma-purāṇa
Pad-s	Padārthadharma-saṃgraha [V.P.Dvivedin 1895] 句義法綱要
Pañ-s	Pañcaskandhaka [L.Xuezhu・E.Steinkellner 2008] 大乘五蘊論 T1612
Pañca-pr	Pañcaviṃśatisāhasrikā Prajñāpāramitā [N.Dutt 1934・T.Kimura 1986-2009] 大般若波羅蜜多經 第二會 T220(2)・摩訶般若波羅蜜經 T223
Prajñ-h	Prajñāpāramitā-hṛdaya-sūtra [E.Conze 1958] 般若波羅蜜多心經 T251
Prajñ-vy	Abhisamayālaṃkārālokā Prajñāpāramitā-vyākhyā [U.Wogihara 1932] 現觀莊嚴論光明般若波羅蜜多釋
Prak-ś	Prakaranāryāvāca-śāstra 顯揚聖教論 T1602
Pras	Prasannapadā [P.L.Vaidya 1987] 明句論
Prāt-m	Prātimokṣa-sūtra [A.Ch.Banerjee 1977] 根本說一切有部契經 T1454

R	Rāmāyaṇa
Rāṣṭr	Rāṣṭrapāla-paripṛcchā [P.L.Vaidya 1961] 大寶積經 第十八護國菩薩會 T310(18)
Ratna-ut	Ratnagotravibhāga-mahāyānottaratantra-śāstram [E.H.Johnston 1950] 究竟一乘寶性論 T1611
ṚV	Ṛg-veda
Śa-v	Śayanāsanavastu
Śālis	Śālistamba-sūtra [P.L.Vaidya 1960] 了本生死經 T708・T709・T710・T711・T712
Saddh-p	Saddharma-puṇḍarīka-sūtra [H.Kern・B.Nanjio 1977] 妙法蓮華經 T262・T263・T264
Saṅ-v	Saṅghabheda-vastu [R.Gnoli 1977]
Sam-r	Samādhirāja-sūtra [P.L.Vaidya 1961] 月燈三昧經 T639・T640
Samā-bh	Samāhita-bhūmi [M.Delhey 2009] *梵藏合本 瑜伽師地論 本地分三摩呬多地 T1579(I.6)
Sāṃkhy-k	Sāṃkhya-kārikā [V.P.Sharma 1970] 數論頌
Sap-p	Saptapadārthi 七句義論
Sapt-pr	Saptaśatakā Prajñāpāramitā [P.L.Vaidya 1961] 大般若波羅蜜多經 第七曼殊室利分 T220(7)
Sar-s	Sarvārtha-siddhi [P.Shastri 1944]
Śata śa	Śatapañcāśatka [D.R.Shackleton Bailey 1951] 一百五十讚佛頌 T1680
ŚBr	Śatapatha-brāhmaṇa
Śikṣ	Śikṣāsamuccaya [C.Bendall 1902] 大乘集菩薩學論 T1636
Skanda-p	Skanda-purāṇa
Śrāv-bh	Śrāvaka-bhūmi [K.Shukla 1973] 瑜伽師地論 本地分聲聞地 T1579(I.13·14)
Sukh-vy. I	Sukhāvatī-vyūha(大本) [K.Fujita 2011] 大寶積經 第五無量壽如來會 T310(5)・無量壽經 T360・T361・T362・T363・T364
Sukh-vy. II	Sukhāvatī-vyūha(小本) [K.Fujita 2011] 阿彌陀經 T366・T367
Sūtr	Mahāyāna-sūtrālaṃkāra [S.Lévi 1907] 大乘莊嚴經論 T1604
Suv-pr	Suvarṇa-prabhāsa-sūtra [H.Idzumi・B.Nanjio 1931] 金光明經 T663・T664・T665
Suvik-pr	Suvikrāntavikrāmi-paripṛcchā [P.L.Vaidya 1961] 大般若波羅蜜多經 第十六般若波羅蜜多分 T220(16)
SV	Sāma-veda
Tarka-s	Tarka-saṃgraha 論理綱要
TBr	Taittirīya-brāhmaṇa
TC	Tattvacintāmaṇi 眞實如意寶珠
TS	Tattvārthādhigama-sūtra・Tattvārtha-sūtra [S.Sanghavi 1939] 諦義證得經
Udāna-v	Udānavarga [F.Bernhard 1965] 法集要頌經 T211・出曜經 T212
Vām-p	Vāmana-purāṇa
Vaiś-s	Vaiśeṣika-sūtra [Jambuvijayaji 1961] 勝論經
Vajr-pr	Vajracchedikā Prajñāpāramitā [E.Conze 1957] 大般若波羅蜜多經 第九能斷金剛分 T220(9)・金剛般若波羅蜜經 T235・T236・T237・T238・T239
Vajr-s	Vajra-sūcī 金剛針論 T1642
Var-p	Varāha-purāṇa
Vāyu-p	Vāyu-purāṇa
Vigr	Vigrahavyāvartanī [Y.Yonezawa 2008] 迴諍論 T1631

Vijñ-t	Triṃśikā-vijñapti-kārikā 唯識三十論頌 T1586・T1587
Vijñ-t-bh	Triṃśikā-vijñapti-bhāṣyā [H.Buescher 2007] 唯識三十頌釋
Vijñ-v	Viṃśatikā Vijñaptimātratā-siddhiḥ [S.Lévi 1925] 唯識二十論 T1590
Vikī-n	Vimalakīrtinirdeśa [大正大學綜合佛教研究所・梵語佛典研究會 2004] *梵藏漢對照本 維摩詰經 T474・維摩詰所說經 T475・說無垢稱經 T476
Vin-v	Mūlasarvāstivādavinaya-vastu
Viṣṇu-p	Viṣṇu-purāṇa
Yogā-bh	Yogācārabhūmi [V.Bhattacharya 1957] 瑜伽師地論本地分五識身相應地·意地·有尋有伺等三地 T1579(I.1-5)
YV	Yajur-veda

팔리본 약명

● 저본은 PTS, 한역명은 남전대장경을 따름

Abhidh-av	Abhidhammāvatāra(入阿毘達磨論)
Abhidh-s	Abhidhammattha-saṅgaha(攝阿毘達磨義論)
Abhidh-v	Abhidhammattha-vibhāvanī(攝阿毘達磨義論의 註釋書)
AN	Aṅguttara-nikāya(增支部)
Ap	Apadāna(譬喩經)
As	Atthasālinī(法集論註)
Bv	Buddha-vaṃsa(佛種姓經)
Bv-a	Buddha-vaṃsa-aṭṭhakathā(佛種姓經의 註釋書)
Cp	Cariyā-piṭaka(所行藏經)
Cp-a	Cariyā-piṭaka-aṭṭhakathā(所行藏經의 註釋書)
Cv	Cūḷa-vaṃsa(小史)
Dhātuk	Dhātu-kathā(界論)
Dhātuk-a	Dhātu-kathā-pakaraṇa-aṭṭhakathā(界論의 註釋書)
Dhātum	Dhātu-mañjūsā(語根寶函)
Dhātup	Dhātu-pāṭha(語根頌)
Dhp	Dhammapada(法句經)
Dhp-a	Dhammapada-aṭṭhakathā(法句經의 註釋書)
Dhs	Dhammasaṅganī(法集論)
Dīp	Dīpa-vaṃsa(島史)
DN	Dīgha-nikāya(長部)
Dukap	Duka-paṭṭhāna(二法發趣論, 發趣論의 一部)
Dukap-a	Duka-paṭṭhāna-aṭṭhakathā(二法發趣論의 註釋書)
It	Itivuttaka(如是語經)
It-a	Itivuttaka-aṭṭhakathā, Paramatthadīpanī II(如是語經의 註釋書)
Gv	Gandha-vaṃsa(書史)
Jā	Jātaka(本生經)
Khp	Khuddakapāṭha(小誦經)
Khp-a	Khuddakapāṭha-aṭṭhakathā(小誦經의 註釋書)
Kkh	Kaṃkhāvitaraṇī(Pātimokkha의 註釋書)
Kv	Kathā-vatthu(論事)
Kv-a	Kathā-vatthu-pakaraṇa-aṭṭhakathā(論事의 註釋書)
Mhv	Mahā-vaṃsa(大史)
Mil	Milinda-pañha(彌蘭王問經)
MN	Majjhima-nikāya(中部)
Mp	Manoratha-pūraṇī, Aṅguttara-nikāya-aṭṭhakathā(增支部의 註釋書)
MPS	Mahāparinibbānasutta(大般涅槃經)
Nett	Netti-pakaraṇa(導論)
Nett-a	Netti-pakaraṇa-aṭṭhakathā(導論의 註釋書)
Nidd.I	Mahā-niddesa(大義釋)
Nidd.II	Culla-niddesa(小義釋)

Nidd-a	Niddesa-vaṇṇanā, Saddhammapajotikā Ⅰ-Ⅱ(義釋의 註釋書)
Pāt	Pātimokkha(波羅提木叉)
Paṭis	Paṭisambhidā-magga(無碍解道)
Paṭis-a	Paṭisambhidā-magga-atthakathā, Saddhamma-pakāsinī(無碍解道의 註釋書)
Paṭṭh	Paṭṭhāna(發趣論)
Paṭṭh-a	Paṭṭhāna-atthakathā(發趣論의 註釋書)
Peṭ	Peṭakopadesa(藏釋)
Pj.I	Khuddhakapāṭha-aṭṭhakathā, Paramatthajotikā Ⅰ(小誦經의 註釋書)
Pj.II	Suttanipāta-aṭṭhakathā, Paramatthajotikā Ⅱ(經集經의 註釋書)
Pp	Puggala-paññatti(人施設論)
Pp-a	Puggala-paññatti-aṭṭhakathā(人施設論의 註釋書)
Ppk-a	Pañca-pakaraṇa-aṭṭhakathā(Pāli 七論中 Dhātu-kathā, Puggala-paññatti, Kathā-vatthu, Yamaka, Paṭṭhāna 五論의 註釋書)
Ps	Majjhima-nikāya-atthakathā, Papañca-sūdanī(中部의 註釋書)
Pv	Petavatthu(餓鬼事經)
Pv-a	Petavatthu-aṭṭhakathā, Paramatthadīpanī Ⅳ(餓鬼事經의 註釋書)
Sadd	Saddanīti(文法正理)
Sās	Sāsana-vaṃsa(敎史)
SN	Saṃyutta-nikāya(相應部)
Sn	Sutta-nipāta(經集)
Sp	Samanta-pāsādikā, Vinaya-piṭaka-aṭṭhakathā(律藏의 註釋書, 善見律毘婆沙)
Spk	Sāratthа-pakāsinī, Saṃyutta-nikāya-aṭṭhakathā(相應部의 註釋書)
Sv	Sumaṅgala-vilāsinī, Dīgha-nikāya-aṭṭhakathā(長部의 註釋書)
ṭ	ṭīkā(復註)
Th	Theragāthā(長老偈經)
Th-a	Theragāthā-aṭṭhakathā, Paramatthadīpanī Ⅴ(長老偈經의 註釋書)
Thī	Therīgāthā(長老尼偈經)
Thī-a	Therīgāthā-aṭṭhakathā, Paramatthadīpanī Ⅵ(長老尼偈經의 註釋書)
Tikap	Tika-paṭṭhāna(三法發趣論, 發趣論의 一部)
Tikap-a	Tika-paṭṭhāna-aṭṭhakathā(三法發趣論의 註釋書)
Ud	Udāna(自說經)
Ud-a	Udāna-aṭṭhakathā, Paramatthadīpanī Ⅰ(自說經의 註釋書)
Vibh	Vibhaṅga(分別論)
Vibh-a	Vibhaṅga-aṭṭhakathā, Sammohavinodanī(分別論의 註釋書)
Vin	Vinaya-piṭaka(律藏)
Vism	Visuddhi-magga(淸淨道論)
Vv	Vimāna-vatthu(天宮事經)
Vv-a	Vimāna-vatthu-aṭṭhakathā, Paramatthadīpanī Ⅲ(天宮事經의 註釋書)
Yam	Yamaka(雙論)
Yam-a	Yamaka-pakaraṇa-aṭṭhakathā(雙論의 註釋書)

한문본 약명

고려장	고려대장경(高麗大藏經)
한불전	한국불교전서(韓國佛敎全書)
대정장	대정신수대장경(大正新修大藏經)
卍속장	만속장경(卍續藏經)
가흥장	가흥대장경(嘉興大藏經)
영락장	명판대장경(明板大藏經) 북장본(北藏本)

大正新修大藏經

業報差別經	불위수가장자설업보차별경(佛爲首迦長者說業報差別經) 隋 瞿曇法智譯 1卷 대정장1 T80
得度因緣經	급고장자녀득도인연경(給孤長者女得度因緣經) 宋 施護譯 3卷 대정장2 T130
五百弟子本起經	불오백제자자설본기경(佛五百弟子自說本起經) 西晉 竺法護譯 1卷 대정장4 T199
大般若經	대반야바라밀다경(大般若波羅蜜多經) 唐 玄奘譯 600卷 대정장5~7 T220
大品般若經	마하반야바라밀경(摩訶般若波羅蜜經) 後秦 鳩摩羅什譯 90品 대정장8 T223
小品般若經	소품반야바라밀경(小品般若波羅蜜經) 後秦 鳩摩羅什譯 29品 대정장8 T227
三法藏經	불모출생삼법장반야바라밀다경(佛母出生三法藏般若波羅蜜多經) 宋 施護譯 25卷 대정장8 T228
勝天王般若經	승천왕반야바라밀경(勝天王般若波羅蜜經) 陳 月婆首那譯 7卷 대정장8 T231
文殊般若經	문수사리소설마하반야바라밀경(文殊師利所說摩訶般若波羅蜜經) 梁 曼陀羅仙譯 2卷 대정장8 T232
金剛經	금강반야바라밀경(金剛般若波羅蜜經) 姚秦 鳩摩羅什譯 1卷 대정장8 T235
理趣經	대락금강불공진실삼마야경(大樂金剛不空眞實三麽耶經) 唐 不空譯 1卷 대정장8 T243
金剛不空三昧大敎王經	최상근본대락금강불공삼매대교왕경(最上根本大樂金剛不空三昧大敎王經) 宋 法賢譯 7卷 대정장8 T244
仁王經	인왕반야바라밀경(仁王般若波羅蜜經) 後秦 鳩摩羅什譯 2卷 대정장8 T245
仁王護國經	인왕호국반야바라밀다경(仁王護國般若波羅蜜多經) 唐 不空譯 2卷 대정장8 T246
理趣六波羅蜜多經	대승이취육바라밀다경(大乘理趣六波羅蜜多經) 唐 般若譯 10卷 대정장8 T261
法華經	묘법연화경(妙法蓮華經) 姚秦 鳩摩羅什譯 7卷 대정장9 T262
尼乾子所說經	대살차니건자소설경(大薩遮尼乾子所說經) 元魏 菩提留支譯 10卷 대정장9 T272
六十卷本 華嚴經	대방광불화엄경(大方廣佛華嚴經) 東晉 佛馱跋陀羅譯 60卷 대정장9 T278
八十卷本 華嚴經	대방광불화엄경(大方廣佛華嚴經) 唐 實叉難陀譯 80卷 대정장10 T279
四十卷本 華嚴經	대방광불화엄경(大方廣佛華嚴經) 唐 般若譯 40卷 대정장10 T293
佛華嚴入如來德智經	불화엄입여래덕지부사의경계경(佛華嚴入如來德智不思議境界經) 隋 闍那崛多譯 2卷 대정장10 T303
十住斷結經	최승문보살십주제구단결경(最勝問菩薩十住除垢斷結經) 姚秦 竺佛念譯 10卷 대정장10 T309
如來祕密大乘經	여래부사의비밀대승경(如來不思議祕密大乘經) 宋 法護譯 20卷 대정장11 T312
勝鬘經	승만사자후일승대방편방광경(勝鬘師子吼一乘大方便方廣經) 劉宋 求那跋陀羅譯 1卷 대정장12 T353
過度人道經	아미타삼야삼불살루불단과도인도경(阿彌陀三耶三佛薩樓佛檀過度人道經) 吳 支謙譯 2卷 대정장12 T362
觀無量壽經	관무량수불경(觀無量壽佛經) 劉宋 畺良耶舍譯 1卷 대정장12 T365
四十卷本 大般涅槃經	대반열반경(大般涅槃經) 北涼 曇無讖譯 40卷 대정장12 T374

三十六卷本 大般涅槃經 대반열반경(大般涅槃經) 劉宋 慧嚴等 36卷 대정장12 T375
菩薩處胎經 보살종도술천강신모태설광보경(菩薩從兜術天降神母胎說廣普經) 姚秦 竺佛念譯 7卷 대정장12 T384
海意菩薩所問經 해의보살소문정인법문경(海意菩薩所問淨印法門經) 宋 惟淨等譯 18卷 대정장13 T400
藥師如來本願經 약사유리광여래본원공덕경(藥師琉璃光如來本願功德經) 唐 玄奘譯 1卷 대정장14 T450
藥師七佛本願功德經 약사유리광칠불본원공덕경(藥師琉璃光七佛本願功德經) 唐 義淨譯 2권 대정장14 T451
彌勒上生經 관미륵보살상생도솔천경(觀彌勒菩薩上生兜率天經) 劉宋 沮渠京聲譯 1卷 대정장14 T452
文殊問字母品 문수문경자모품제십사(文殊問經字母品第十四) 唐 不空譯 1卷 대정장14 T469
維摩經 유마힐소설경(維摩詰所說經) 姚秦 鳩摩羅什譯 3卷 대정장14 T475
如來藏經 대방등여래장경(大方等如來藏經) 東晉 佛陀跋陀羅譯 1卷 대정장16 T666
楞伽經 능가아발다라보경(楞伽阿跋多羅寶經) 劉宋 求那跋陀羅譯 4卷 대정장16 T670
圓覺經 대방광원각수다라요의경(大方廣圓覺修多羅了義經) 唐 佛陀多羅譯 1卷 대정장17 T842
菩薩行門諸經要集 대승수행보살행문제경요집(大乘修行菩薩行門諸經要集) 唐 智嚴譯 3卷 대정장17 T847
大日經 대비로자나성불신변가지경(大毘盧遮那成佛神變加持經) 唐 善無畏譯 7卷 대정장18 T848
要略念誦經 대비로자나불설요략염송경(大毘盧遮那佛說要略念誦經) 唐 菩提金剛譯 1卷 대정장18 T849
攝大軌 섭대비로자나성불신변가지경입연화태장해회비생만다라광대염송의궤공양방편회(攝大毘盧遮那成佛神變加持經入蓮華胎藏海會悲生曼荼攞廣大念誦儀軌供養方便會) 唐 輸婆迦羅譯 3卷 대정장18 T850
廣大儀軌 대비로자나경광대의궤(大毘盧遮那經廣大儀軌) 唐 善無畏譯 3卷 대정장18 T851
玄法寺儀軌 대비로자나성불신변가지경연화태장비생만다라광대성취의궤공양방편회(大毘盧遮那成佛神變加持經蓮華胎藏悲生曼荼羅廣大成就儀軌供養方便會) 唐 法全撰 2卷 대정장18 T852
青龍寺儀軌 대비로자나성불신변가지경연화태장보리당표치보통진언장광대성취유가(大毘盧遮那成佛神變加持經蓮華胎藏菩提幢標幟普通眞言藏廣大成就瑜伽) 唐 法全集 3卷 대정장18 T853
阿闍梨住阿字觀門 대비로자나경아사리진실지품중아사리주아자관문(大毘盧遮那經阿闍梨眞實智品中阿闍梨住阿字觀門) 唐 惟謹述 1卷 대정장18 T863
金剛頂經 금강정일체여래진실섭대승현증대교왕경(金剛頂一切如來眞實攝大乘現證大敎王經) 唐 不空譯 3卷 대정장18 T865 · 2卷 T874
金剛頂略出念誦經 금강정유가중약출염송경(金剛頂瑜伽中略出念誦經) 唐 金剛智譯 4卷 대정장18 T866
金剛峰瑜祇經 금강봉누각일체유가유기경(金剛峰樓閣一切瑜伽瑜祇經) 唐 金剛智譯 2卷 대정장18 T867
分別聖位經 약술금강정유가분별성위수증법문(略述金剛頂瑜伽分別聖位修證法門) 唐 不空譯 1卷 대정장18 T870
三十七尊心要 금강정유가약술삼십칠존심요(金剛頂瑜伽略述三十七尊心要) 唐 不空譯 1卷 대정장18 T871
三十七尊出生義 금강정유가삼십칠존출생의(金剛頂瑜伽三十七尊出生義) 唐 不空譯 1卷 대정장18 T872
蓮華部儀軌 금강정연화부심념송의궤(金剛頂蓮華部心念誦儀軌) 唐 不空譯 1卷 대정장18 T873
金剛頂經釋字母品 유가금강정경석자모품(瑜伽金剛頂經釋字母品) 唐 不空譯 1卷 대정장18 T880
眞實攝經 일체여래진실섭대승현증삼매대교왕경(一切如來眞實攝大乘現證三昧大敎王經) 宋 施護等譯 30卷 대정장18 T882
金剛三業經 일체여래금강삼업최상비밀대교왕경(一切如來金剛三業最上祕密大敎王經) 宋 施護譯 7卷 대정장18 T885
大祕密王曼拏羅經 일체여래대비밀왕미증유최상미묘대만나라경(一切如來大祕密王未曾有最上微妙大曼拏羅經) 宋

天息災譯 5卷 대정장18 T889

大明觀想儀軌經 환화망대유가교십분노명왕대명관상의궤경(幻化網大瑜伽敎十忿怒明王大明觀想儀軌經) 宋 法賢譯 1卷 대정장18 T891

大悲空智經 대비공지금강대교왕의궤경(大悲空智金剛大敎王儀軌經) 宋 法護譯 5卷 대정장18 T892

破地獄祕密陀羅尼法 삼종실지파지옥전업장출삼계비밀다라니법(三種悉地破地獄轉業障出三界祕密陀羅尼法) 唐 善無畏譯 1卷 대정장18 T905

三種悉地眞言儀軌 불정존승심파지옥전업장출삼계비밀삼신불과삼종실지진언의궤(佛頂尊勝心破地獄轉業障出三界祕密三身佛果三種悉地眞言儀軌) 唐 善無畏譯 1卷 대정장18 T906

佛頂三界祕密陀羅尼 불정존승심파지옥전업장출삼계비밀다라니(佛頂尊勝心破地獄轉業障出三界祕密陀羅尼) 唐 善無畏譯 1卷 대정장18 T907

建立壇法 건립만다라급간택지법(建立曼荼羅及揀擇地法) 唐 慧琳集 1卷 대정장18 T911

藥師念誦儀軌供養法 약사유리광왕칠불본원공덕경염송의궤공양법(藥師琉璃光王七佛本願功德經念誦儀軌供養法) 元 沙囉巴譯 1卷 대정장19 T926

無量壽儀軌 무량수여래관행공양의궤(無量壽如來觀行供養儀軌) 唐 不空譯 1卷 대정장19 T930

觀想曼拏羅淨諸惡趣經 불설대승관상만나라정제악취경(佛說大乘觀想曼拏羅淨諸惡趣經) 宋 法賢譯 2卷 대정장19 T939

楞嚴經 대불정여래밀인수증요의제보살만행수능엄경(大佛頂如來密因修證了義諸菩薩萬行首楞嚴經) 唐 般剌蜜帝譯 10卷 대정장19 T945

一字頂輪王經 보리장소설일자정륜왕경(菩提場所說一字頂輪王經) 唐 不空譯 5卷 대정장19 T950

一字心呪經 대다라니말법중일자심주경(大陀羅尼末法中一字心呪經) 唐 寶思惟譯 1卷 대정장19 T956

金輪呪王經 여의보주전륜비밀현신성불금륜주왕경(如意寶珠轉輪祕密現身成佛金輪呪王經) 唐 不空譯 1卷 대정장19 T961

瑜伽法軌儀 존승불정수유가법궤의(尊勝佛頂脩瑜伽法軌儀) 唐 善無畏譯 2卷 대정장19 T973

佛眼修行儀軌 대비로자나불안수행의궤(大毘盧遮那佛眼修行儀軌) 唐 一行記 1卷 대정장19 T981

仁王護國般若儀軌 인왕호국반야바라밀다경다라니염송의궤(仁王護國般若波羅蜜多經陀羅尼念誦儀軌) 唐 不空譯 1卷 대정장19 T994

法華儀軌 성취묘법연화경왕유가관지의궤(成就妙法蓮華經王瑜伽觀智儀軌) 唐 不空譯 1卷 대정장19 T1000

般若理趣釋 대락금강불공진실삼매야경반야바라밀다이취석(大樂金剛不空眞實三昧耶經般若波羅蜜多理趣釋) 唐 不空譯 2卷 대정장19 T1003

大寶樓閣陀羅尼經 대보광박누각선주비밀다라니경(大寶廣博樓閣善住祕密陀羅尼經) 唐 不空譯 3卷 대정장19 T1005

寶篋印陀羅尼經 일체여래심비밀전신사리보협인다라니경(一切如來心祕密全身舍利寶篋印陀羅尼經) 唐 不空譯 1卷 대정장19 T1022A

阿嚕力經 아리다라다라니아로력경(阿唎多羅陀羅尼阿嚕力經) 唐 不空譯 1卷 대정장20 T1039

請觀世音經 청관세음보살소복독해다라니주경(請觀世音菩薩消伏毒害陀羅尼呪經) 東晉 難提譯 1卷 대정장20 T1043

千手千眼儀軌經 금강정유가천수천안관자재보살수행의궤경(金剛頂瑜伽千手千眼觀自在菩薩修行儀軌經) 唐 不空譯 2卷 대정장20 T1056

千手經 천수천안관세음보살광대원만무애대비심다라니경(千手千眼觀世音菩薩廣大圓滿無礙大悲心陀羅尼經) 唐 伽梵達摩譯 1卷 대정장20 T1060

千光眼經	천광안관자재보살비밀법경(千光眼觀自在菩薩祕密法經) 唐 三昧蘇嚩羅譯 1卷 대정장20 T1065
嘌幟曼茶羅儀軌	섭무애대비심대다라니경계일법중출무량의남방만원보타락해회오부제존등홍서력방위급위의형색집지삼마야표치만다라의궤(攝無礙大悲心大陀羅尼經計一法中出無量義南方滿願補陀落海會五部諸尊等弘誓力方位及威儀形色執持三摩耶嘌幟曼茶羅儀軌) 唐 不空譯 1卷 대정장20 T1067
千手觀音法儀軌	천수관음조차제법의궤(千手觀音造次第法儀軌) 唐 善無畏譯 1卷 대정장20 T1068
十一面儀軌	십일면관자재보살심밀언염송의궤경(十一面觀自在菩薩心密言念誦儀軌經) 唐 不空譯 3卷 대정장20 T1069
大樂軌	대락금강살타수행성취의궤(大樂金剛薩埵修行成就儀軌) 唐 不空譯 1卷 대정장20 T1119
五祕密儀軌	금강정유가금강살타오비밀수행염송의궤(金剛頂瑜伽金剛薩埵五祕密修行念誦儀軌) 唐 不空譯 1卷 대정장20 T1125
慈氏菩薩念誦法	자씨보살약수유가염송법(慈氏菩薩略修瑜伽念誦法) 唐 善無畏譯 2卷 대정장20 T1141
金剛頂經供養儀軌	금강정경유가문수사리보살공양의궤(金剛頂經瑜伽文殊師利菩薩供養儀軌) 唐 不空譯 1卷 대정장20 T1175
文殊大敎王經	대승유가금강성해만수실리천비천발대교왕경(大乘瑜伽金剛性海曼殊實利千臂千鉢大敎王經) 唐 不空譯 10卷 대정장20 T1177A
文殊師利根本儀軌經	대방광보살장문수사리근본의궤경(大方廣菩薩藏文殊師利根本儀軌經) 宋 天息災譯 20卷 대정장20 T1191
妙吉祥大敎經	묘길상평등비밀최상관문대교왕경(妙吉祥平等祕密最上觀門大敎王經) 宋 慈賢譯 5卷 대정장20 T1192
略出護摩儀	묘길상평등관문대교왕경약출호마의(妙吉祥平等觀門大敎王經略出護摩儀) 宋 慈賢譯 1卷 대정장20 T1194
底哩念誦祕密法	저리삼매야부동존성자염송비밀법(底哩三昧耶不動尊聖者念誦祕密法) 唐 不空譯 3卷 대정장21 T1201
八大童子軌	성무동존일자출생팔대동자비요법품(聖無動尊一字出生八大童子祕要法品) 大興善寺翻經院述 1卷 대정장21 T1204
西方軍吒利法	서방다라니장중금강족아밀리다군다리법(西方陀羅尼藏中金剛族阿蜜哩多軍吒利法) 唐 義操譯 1卷 대정장21 T1212
聖迦柅忿怒儀軌經	성가니분노금강동자보살성취의궤경(聖迦柅忿怒金剛童子菩薩成就儀軌經) 唐 不空譯 3卷 대정장21 T1222
烏樞瑟摩明王經	대위력오추슬마명왕경(大威力烏樞瑟摩明王經) 唐 阿質達霰譯 3卷 대정장21 T1227
宿曜經	문수사리보살급제선소설길흉시일선악수요경(文殊師利菩薩及諸仙所說吉凶時日善惡宿曜經) 唐 不空譯 2卷 대정장21 T1299
七佛所說神呪經	칠불팔보살소설대다라니신주경(七佛八菩薩所說大陀羅尼神呪經) 失譯 4卷 대정장21 T1332
五分律	미사새부화혜오분율(彌沙塞部和醯五分律) 劉宋 佛陀什共竺道生等譯 30卷 대정장22 T1421
薩婆多毘尼	살바다부비니마득륵가(薩婆多部毘尼摩得勒伽) 劉宋 僧伽跋摩譯 10卷 대정장23 T1441
有部律	근본설일체유부비나야(根本說一切有部毘奈耶) 唐 義淨譯 50卷 대정장23 T1442
有部苾芻尼毘奈耶	근본설일체유부필추니비나야(根本說一切有部苾芻尼毘奈耶) 唐 義淨譯 20卷 대정장23 T1443
有部律出家事	근본설일체유부비나야출가사(根本說一切有部毘奈耶出家事) 唐 義淨譯 4卷 대정장23 T1444
有部律藥事	근본설일체유부비나야약사(根本說一切有部毘奈耶藥事) 唐 義淨譯 18卷 대정장24 T1448
有部律破僧事	근본설일체유부비나야파승사(根本說一切有部毘奈耶破僧事) 唐 義淨譯 20卷 대정장24 T1450
有部律雜事	근본설일체유부비나야잡사(根本說一切有部毘奈耶雜事) 唐 義淨譯 40卷 대정장24 T1451

尼陀那目得迦	근본설일체유부니다나목득가(根本說一切有部尼陀那目得迦) 唐 義淨譯 10卷 대정장24 T1452
有部百一羯磨	근본설일체유부백일갈마(根本說一切有部百一羯磨) 唐 義淨譯 10卷 대정장24 T1453
有部律頌	근본설일체유부비나야송(根本說一切有部毘奈耶頌) 唐 義淨譯 3卷 대정장24 T1459
瓔珞本業經	보살영락본업경(菩薩瓔珞本業經) 姚秦 竺佛念譯 2卷 대정장24 T1485
伽耶山頂經論	문수사리보살문보리경론(文殊師利菩薩問菩提經論) 元魏 菩提流支譯 2卷 대정장26 T1531
集異門足論	아비달마집이문족론(阿毘達磨集異門足論) 唐 玄奘譯 20卷 대정장26 T1536
法蘊足論	아비달마법온족론(阿毘達磨法蘊足論) 唐 玄奘譯 12卷 대정장26 T1537
識身足論	아비달마식신족론(阿毘達磨識身足論) 唐 玄奘譯 16卷 대정장26 T1539
界身足論	아비달마계신족론(阿毘達磨界身足論) 唐 玄奘譯 3卷 대정장26 T1540
品類足論	아비달마품류족론(阿毘達磨品類足論) 唐 玄奘譯 18卷 대정장26 T1542
發智論	아비달마발지론(阿毘達磨發智論) 唐 玄奘譯 20卷 대정장26 T1544
大毘婆沙論	아비달마대비바사론(阿毘達磨大毘婆沙論) 唐 玄奘譯 200卷 대정장27 T1545
婆須蜜所集論	존바수밀보살소집론(尊婆須蜜菩薩所集論) 符秦 僧伽跋澄等譯 10卷 대정장28 T1549
俱舍論	아비달마구사론(阿毘達磨俱舍論) 唐 玄奘譯 30卷 대정장29 T1558
俱舍釋論	아비달마구사석론(阿毘達磨俱舍釋論) 陳 眞諦譯 22卷 대정장29 T1559
順正理論	아비달마순정리론(阿毘達磨順正理論) 唐 玄奘譯 80卷 대정장29 T1562
顯宗論	아비달마장현종론(阿毘達磨藏顯宗論) 唐 玄奘譯 40卷 대정장29 T1563
寶性論	구경일승보성론(究竟一乘寶性論) 後魏 勒那摩提譯 4卷 대정장31 T1611
外道小乘涅槃論	제바보살석능가경중외도소승열반론(提婆菩薩釋楞伽經中外道小乘涅槃論) 後魏 菩提流支譯 1卷 대정장32 T1640
發菩提心論	금강정유가중발아누다라삼막삼보리심론(金剛頂瑜伽中發阿耨多羅三藐三菩提心論) 唐 不空譯 1卷 대정장32 T1665
百五十讚佛頌	일백오십찬불송(一百五十讚佛頌) 唐 義淨譯 1卷 대정장32 T1680
般若理趣分述讚	대반야바라밀다경반야이취분술찬(大般若波羅蜜多經般若理趣分述讚) 唐 窺基撰 3卷 대정장33 T1695
般若心經幽贊	반야바라밀다심경유찬(般若波羅蜜多心經幽贊) 唐 窺基撰 2卷 대정장33 T1710
法華玄義	묘법연화경현의(妙法蓮華經玄義) 隋 智顗說 20卷 대정장33 T1716
法華文句	묘법연화경문구(妙法蓮華經文句) 隋 智顗說 20卷 대정장34 T1718
法華玄贊	묘법연화경현찬(妙法蓮華經玄贊) 唐 窺基撰 20卷 대정장34 T1723
華嚴經搜玄記	대방광불화엄경수현분제통지방궤(大方廣佛華嚴經搜玄分齊通智方軌) 唐 智儼述 5卷 대정장35 T1732
華嚴經疏	대방광불화엄경소(大方廣佛華嚴經疏) 唐 澄觀撰 60卷 대정장35 T1735
華嚴經疏鈔	대방광불화엄경수소연의초(大方廣佛華嚴經隨疏演義鈔) 唐 澄觀述 90卷 대정장36 T1736
七處九會頌釋章	신역화엄경칠처구회송석장(新譯華嚴經七處九會頌釋章) 唐 澄觀述 1卷 대정장36 T1738
華嚴經決疑論	약석신화엄경수행차제결의론(略釋新華嚴經修行次第決疑論) 唐 李通玄撰 4卷 대정장36 T1741
華嚴經骨目	대방광불화엄경원행관문골목(大方廣佛華嚴經願行觀門骨目) 唐 湛然撰 2卷 대정장36 T1742
無量壽經疏妙宗鈔	관무량수불경소묘종초(觀無量壽佛經疏妙宗鈔) 宋 知禮述 6卷 대정장37 T1751
楞伽經註解	능가아발다라보경주해(楞伽阿跋多羅寶經註解) 明 宗泐・如玘 同註 8卷 대정장39 T1789
圓覺經略疏	대방광원각수다라요의경약소(大方廣圓覺修多羅了義經略疏) 唐 宗密述 4卷 대정장39 T1795
大日經疏	대비로자나성불경소(大毘盧遮那成佛經疏) 唐 一行記 20卷 대정장39 T1796

大日經供養次第法疏	대비로자나경공양차제법소(大毘盧遮那經供養次第法疏) 唐 不可思議撰 2卷 대정장39 T1797
金剛頂經義訣	금강정경대유가비밀심지법문의결(金剛頂經大瑜伽祕密心地法門義訣) 唐 不空撰 1卷 대정장39 T1798
敎跡義記	불정존승다라니경교적의기(佛頂尊勝陀羅尼經敎跡義記) 唐 法崇述 2卷 대정장39 T1803
四分律行事鈔	사분율산번보궐행사초(四分律刪繁補闕行事鈔) 唐 道宣撰 12卷 대정장40 T1804
往生論註	무량수경우파제사원생게주(無量壽經優婆提舍願生偈註) 北魏 曇鸞註解 2卷 대정장40 T1819
華嚴五敎章	화엄일승교의분제장(華嚴一乘敎義分齊章) 唐 法藏述 4卷 대정장45 T1866
華嚴孔目章	화엄경내장문등잡공목장(華嚴經內章門等雜孔目章) 唐 智儼集 4卷 대정장45 T1870
華嚴三寶章	화엄경명법품내입삼보장(華嚴經明法品內立三寶章) 唐 法藏述 2卷 대정장45 T1874
註華嚴法界觀門頌	주화엄경제법계관문송(註華嚴經題法界觀門頌) 宋 本嵩述・琮湛註 2卷 대정장45 T1885
敎誡律儀	교계신학비구행호율의(敎誡新學比丘行護律儀) 唐 道宣述 1卷 대정장45 T1897
南嶽思大立誓願文	남악사대선사입서원문(南嶽思大禪師立誓願文) 陳 慧思撰 1卷 대정장46 T1933
觀念法門	관념아미타불상해삼매공덕법문(觀念阿彌陀佛相海三昧功德法門) 唐 善導集記 1卷 대정장47 T1959
蓮宗寶鑑	여산연종보감(廬山蓮宗寶鑑) 元 普度編 10卷 대정장47 T1973
淨土法事讚	전경행도원왕생정토법사찬(轉經行道願往生淨土法事讚) 唐 善導集記 2卷 대정장47 T1979
般舟三昧行道往生讚	의관경등명반주삼매행도왕생찬(依觀經等明般舟三昧行道往生讚) 唐 善導撰 1卷 대정장47 T1981
臨濟錄	진주임제혜조선사어록(鎭州臨濟慧照禪師語錄) 唐 慧然集 1卷 대정장47 T1985
汾陽語錄	분양무덕선사어록(汾陽無德禪師語錄) 宋 楚圓集 3卷 대정장47 T1992・卍속장120, p.84
雪竇語錄	명각선사어록(明覺禪師語錄) 宋 惟蓋竺編 6卷 대정장47 T1996
大慧語錄	대혜보각선사어록(大慧普覺禪師語錄) 宋 蘊聞編 30卷 대정장47 T1998A
書狀	대혜보각선사서(大慧普覺禪師書) 宋 大慧普覺禪師語錄內有 대정장47 T1998A
宗門武庫	대혜보각선사종문무고(大慧普覺禪師宗門武庫) 宋 道謙編 1卷 대정장47 T1998B
虛堂錄	허당화상어록(虛堂和尙語錄) 元 妙源編 10卷 대정장47 T2000
宏智廣錄	굉지선사광록(宏智禪師廣錄) 宋 集成等編 9卷 대정장48 T2001
碧巖錄	불과원오선사벽암록(佛果圜悟禪師碧巖錄) 宋 重顯頌古・克勤評唱 10卷 대정장48 T2003
從容錄	만송노인평창천동각화상송고종용암록(萬松老人評唱天童覺和尙頌古從容庵錄) 宋 正覺頌古・元 行秀評唱 6卷 대정장48 T2004
宗寶本 壇經	육조대사법보단경(六祖大師法寶壇經) 元 宗寶編 1卷 대정장48 T2008
傳心法要	황벽산단제선사전심법요(黃檗山斷際禪師傳心法要) 唐 裴休集 1卷 대정장48 T2012A
宛陵錄	황벽단제선사완릉록(黃檗斷際禪師宛陵錄) 唐 裴休集 1卷 대정장48 T2012B
都序	선원제전집도서(禪源諸詮集都序) 唐 宗密述 4卷 대정장48 T2015
唯心訣	영명지각선사유심결(永明智覺禪師唯心訣) 宋 延壽撰 1卷 대정장48 T2018
修心訣	고려국보조선사수심결(高麗國普照禪師修心訣 : 牧牛子修心訣) 高麗 知訥撰 1卷 대정장8 T2020・한불전4, p.708
百丈淸規	칙수백장청규(勅修百丈淸規) 元 德煇重編 10卷 대정장48 T2025
法住記	대아라한난제밀다라소설법주기(大阿羅漢難提蜜多羅所說法住記) 唐 玄奘譯 1卷 대정장49 T2030

慈恩傳	대당대자은사삼장법사전(大唐大慈恩寺三藏法師傳) 唐 慧立本·彦悰箋 10卷 대정장50 T2053
法藏和尙傳	당대천복사고사주번경대덕법장화상전(唐大薦福寺故寺主翻經大德法藏和尙傳) 新羅 崔致遠撰 1卷 대정장50 T2054
法顯傳	고승법현전(高僧法顯傳) 東晉 法顯記 1卷 대정장51 T2085
僧史略	대송승사략(大宋僧史略) 宋 贊寧撰 3卷 대정장54 T2126
十句義論	승종십구의론(勝宗十句義論) 慧月造 唐 玄奘譯 1卷 대정장54 T2138
續開元釋敎錄	대당정원속개원석교록(大唐貞元續開元釋敎錄) 唐 圓照集 3卷 대정장55 T2156
眞言密敎部類總錄	제아사리진언밀교부류총록(諸阿闍梨眞言密敎部類總錄) 日本 安然集 2卷 대정장55 T2176
瑜祇經修行法	금강봉누각일체유가유기경수행법(金剛峰樓閣一切瑜伽瑜祇經修行法) 日本 安然述 3卷 대정장61 T2228

卍續藏經

妙法蓮華三摩耶經	묘법연화삼매비밀삼마야경(妙法蓮華三昧祕密三摩耶經) 唐 不空譯 1卷 卍속장3, p.817
勢至圓通章疏鈔	능엄경세지원통장소초(楞嚴經勢至圓通章疏鈔) 淸 續法集 2卷 卍속장24, p.890
準提陀羅尼經會釋	칠구지불모소설준제다라니경회석(七俱胝佛母所說準提陀羅尼經會釋) 淸 弘贊會釋 3卷 卍속장37, p.429
四分戒本疏行宗記	사분율함주계본소행종기(四分律含注戒本疏行宗記) 唐 道宣撰·宋 元照述 21卷 卍속장62 p.309
金剛經科儀會要註解	소석금강경과의회요주해(銷釋金剛經科儀會要註解) 宋 宗鏡述·明 覺連重集 9卷 卍속장92, p.235
華嚴五敎章復古記	화엄일승교의분제장복고기(華嚴一乘敎義分齊章復古記) 宋 師會述·善熹述 6卷 卍속장103, p.393
施食壇儀	수설유가집요시식단의주(修設瑜伽集要施食壇儀註) 明 袾宏補註 1卷 卍속장104, p.830
頌古聯珠通集	선종송고연주통집(禪宗頌古聯珠通集) 南宋 法應集·元 普會續集 40卷 卍속장115, p.1
直註雪竇頌古	경절노인천기직주설두현화상송고(焭絶老人天奇直註雪竇顯和尙頌古) 明 本瑞直註·道霖性福集編 2卷 卍속장117, p.506
睦州語錄	목주화상어록(睦州和尙語錄) 古尊宿語錄6, 卍속장118, p.223
首山語錄	여주수산념화상어록(汝州首山念和尙語錄) 古尊宿語錄8, 卍속장118, p.242
鳳巖集	석문산자조선사봉암집(石門山慈照禪師鳳巖集) 古尊宿語錄9, 卍속장118, p.257
趙州語錄	조주진제선사어록병행장(趙州眞際禪師語錄幷行狀) 古尊宿語錄13~14, 卍속장118, p.304
雲門廣錄	운문광진선사광록(雲門匡眞禪師廣錄) 古尊宿語錄15, 卍속장118, p.352
五祖法演語錄	서주백운산해회연화상어록(舒州白雲山海會演和尙語錄) 古尊宿語錄20, 卍속장118, p.411
大愚語錄	균주대우지화상어록(筠州大愚芝和尙語錄) 古尊宿語錄25, 卍속장118, p.478
佛眼語錄	서주용문불안화상어록(舒州龍門佛眼和尙語錄) 古尊宿語錄33~34, 卍속장118, p.580
投子語錄	투자화상어록(投子和尙語錄) 古尊宿語錄36, 卍속장118, p.620
雲峰語錄	운봉열선사초주취암어록(雲峰悅禪師初住翠巖語錄) 古尊宿語錄40~41, 卍속장118, p.671
東林雲門頌古	동림화상운문암주송고(東林和尙雲門庵主頌古) 古尊宿語錄47, 卍속장118, p.795
佛照奏對錄	불조선사주대록(佛照禪師奏對錄) 古尊宿語錄48, 卍속장118, p.822

楊岐語錄	양기회선사어(楊岐會禪師語) 續古尊宿語要3, 卍속장118, p.939
禪要	고봉원묘선사선요(高峰原妙禪師禪要) 元 持正錄 1卷 卍속장122, p.703
餐香錄	위림도패선사찬향록(爲霖道霈禪師餐香錄) 太泉錄 2卷 卍속장125, p.816
憨山集	감산노인몽유집(憨山老人夢遊集) 明 福善日錄 55卷 卍속장127, p.205
法輪寶懺	법계성범수륙대재법륜보참(法界聖凡水陸大齋法輪寶懺) 清 咫觀記 10卷 卍속장129, p.691
地藏十王經	불설지장보살발심인연시왕경(佛說地藏菩薩發心因緣十王經) 唐 藏川述 1卷 卍속장150, p.769

韓國佛教全書

均如傳	대화엄수좌원통양중대사균여전(大華嚴首座圓通兩重大師均如傳) 高麗 赫連挺撰 1卷 한불전4, p.511
定慧結社文	권수정혜결사문(勸修定慧結社文) 高麗 知訥著 1卷 한불전4, p.698
法集別行錄節要	법집별행록절요병입사기(法集別行錄節要幷入私記) 高麗 知訥著 1卷 한불전4, p.740
證道歌頌事實	남명천화상송증도가사실(南明泉和尙頌證道歌事實) 瑞龍禪老 連公 3卷 한불전6, p.102
金剛經五家解說誼	금강반야바라밀경오가해설의(金剛般若波羅蜜經五家解說誼) 朝鮮 己和說誼 2卷 한불전7, p.10
刪補集	천지명양수륙재의범음산보집(天地冥陽水陸齋儀梵音刪補集) 朝鮮 釋智還集 3卷 한불전11, p.458

기타총서 약명

SBB	Sacred Books of the Buddhist
SBE	Sacred Books of the East
PTS	Pali Text Society
BST	Buddhist Sanskrit Text
北京版	北京版 西藏大藏經

파릉밀부 巴陵密付 파릉호감(巴陵顥鑑)이 「신심명 信心銘」과 「참동계 參同契」 한마디 가져다 분별의 분상을 은근히 드러내 보인 공안. 『선문염송설화』 1223칙(한불전5, p.818b1)에 "파릉에게 스님이 물었다. '무엇이 「동토와 서천에 그윽히 서로 전한 것」입니까?' '이 말은 「신심명」에서 이르지 않았더냐?' '「참동계」입니다' '내가 요즘 늙었다'. 巴陵因僧問 如何是東西密相付 師云 此豈不是 信心銘 伊麽道 僧云 是叅同契 師云 我近日老耄也", "〈설화〉 '동토와 서천에 그윽히 서로 전한 것이다'라는 말이 「참동계」의 글에는 '축토대선(부처님)의 마음이 동토와 서천에 그윽히 서로 전한다'이다. '이 ~ 아니더냐'가 축토대선의 마음이 맞다면 「신심명」도 맞고, 「참동계」도 맞을까? 「참동계」인 줄 모르지 않으면서 「신심명」이라 말했으니, 「신심명」이 곧 「참동계」인가? 이것이 파릉의 빗장이다. 빗장이란 저것인 듯 이것인 듯하여야 관문이다. 이렇게 알아 간들 어찌 일찍이 빗장 풀으리? 〈說話〉 東西密相付者 叅同契文云 竺土大仙心 東西密相付也 此豈不是云云者 若是竺土大仙心 信心銘亦得 叅同契亦得耶 非不知是叅同契 而云信心銘 則信心銘 叅同契 此是巴陵關也 謂關者 似彼似此爲關也 伊麽會 何曾透關"라고 하였다. 〔참고문헌〕『禪門拈頌說話』.

파릉불성 巴陵弗城 Ⓟ Pāṭaligāma. 파련불(巴連弗)이라고도 하고, 화자성(華子城)·화씨성(華氏城)이라고 한역한다. 『장아함경』 권2 「유행경 遊行經」(대정장1, p.12a26)에 "곧 의발을 엄수하고 모든 대중들은 세존을 따라서 마갈국을 경유하여 다음으로 파릉불성에 도착하여 파릉수 아래에 앉았다. 卽嚴衣鉢 與諸大衆侍從世尊 路由摩竭 次到巴陵弗城 巴陵樹下坐"라고 하였다. 〔참고문헌〕『長阿含經』, *DN.2.84.* ⇨ 파라리대국 波羅梨大國, 화씨성 華氏城

파릉삼구 巴陵三句 파릉의 세 마디. 파릉호감(巴陵顥鑑)의 세 번에 걸친 문답. 파릉삼전어(巴陵三轉語)라고도 한다. 『오가종지찬요』 권하(卍속장114, p.558b4)에 "파릉삼구 : 학인이 파릉에게 물었다. '무엇이 제바종인지요?' '은쟁반에 눈 쌓였네'. 삼산등래(三山燈來)가 읊는다. '은쟁반 가득 찬 눈, 안팎 밝아 사무치네. 파릉이 아니었다면 입 있어도 말하지 못했으리' '무엇이 취모검인지요?' '산호 가지마다에 떠 있는 달이여'. 삼산등래가 읊는다. '산호 가지마다 달 떴으니, 한 줄기 차디찬 빛 비추어 쉬지 않네. 큰 새 한입에 바닷물 들이키니, 놀란 물고기 용들 모두 발악하는구나' '조사의 뜻 교의 같습니까 다릅니까?' '닭은 추우면 나무에 올라가고, 오리는 추우면 물에 들어간다'. 삼산등래가 읊는다. '닭은 추우면 나무에 오르고, 오리는 추우면 물 아래 들어가네. 참으로 본디 그러하니, 피차를 잊고서 한 가지 경에 당해 두 갈래로 볼 뿐이니 붉은 즉 복사꽃이고 하얗다면 배꽃이다'. 巴陵三句 僧問巴陵 如何是提婆宗 陵云 銀盌裏盛雪 三山來頌云 銀盌盛雪 內外明徹 不是巴陵 有口難說 如何是吹毛劍 陵云 珊瑚枝枝撐著月 三山來頌云 珊瑚枝枝撐著月 一道寒光照不歇 大鵬一口吸滄溟 驚起魚龍皆惡發 祖意敎意 是同是別 陵云 雞寒上樹 鴨寒下水 三山來頌云 雞寒上樹 鴨寒下水 信爾自然 忘其彼此 一般景致兩般看 紅是桃兮白是李", "운문이 듣고서 말했다. '언젠가 이 노승 기일에 다만 모름지기 이 삼전어만 들어 공양하여도 노승은 족하다'. 雲門聞語 乃云 他日老僧忌辰只須擧此三轉語 供養老僧足矣", "삼산등래가 가져와 이르되 '파릉삼구 가히 운문의 혈맥 얻을 만하다. 만약 단지 이것으로만 공양한다면 여전히 깨닫기는 멀었다. 왜 그런가? 지혜는 스승을 넘어서야 비로소 전수받을 만함임을 모르는가? 참으로 서두르지 말지니라'. 三山來云 巴陵三句 可謂得雲門血脈者 若但以此供養 猶覺未在 何故 不見道 智過於師 方堪傳授 也不得匆匆草草"라고 하였다. 〔참고문헌〕『五家宗旨纂要』.

파릉삼전어 巴陵三轉語 ➡ 파릉삼구 巴陵三句

파릉은완성설 巴陵銀椀盛雪 파릉의 은쟁반 위에 가득 쌓인 하얀 눈. 파릉호감(巴陵顥鑑)이 외도인 제바종에 대한 질문을 받고 응수한 공안. 파릉삼구(巴陵三句) 중 하나다. 『선문염송설화』 1219칙(한불전5, p.815c2)에 "악주의 파릉신개호감선사에게 스님이 물었다. '무엇이 제바종인지요?' '은쟁반에 하얀 눈 가득하네'. 岳州巴陵新開顥鑒禪師因僧問 如何是提婆宗 師云 銀椀裏盛雪", "설두중현(雪竇重顯)이 읊는다. '노련한 신개가 분명하게 가려내더니, 은쟁반에 눈 가득하다고 말할 줄 아는구나. 구십육 가지 외도 마땅히 저절로 알아지니, 모르고는 도리어 하늘가 달에게 묻는구나. 제바종이여, 제바종이여! 붉은 깃발 아래 맑은 바람 일어난다'. 〈설화〉 구십육 가지는 외도를 말한다. 하늘가 달이란 은쟁반 위 쌓인 눈이다. 雪竇顯頌 老新開端的別 解道銀椀裏盛雪 九十六个應自知 不知却問天邊月 提婆宗提婆宗 赤幡之下起淸風 〈說話〉 九十六箇者 外道也 天邊月者 銀椀裏盛雪也"라고 하였다. 〔참고문헌〕『禪門拈頌說話』. ⇨ 은완리성설 銀椀裏盛雪, 파릉삼구 巴陵三句

파릉취모검 巴陵吹毛劍 파릉호감(巴陵顥鑑)의 삼구(三句) 중 하나에 기초한 공안. 공안상의 취모검은 천생(天生)의 그 무엇이며 장인의 기술로 연마한 결과물이 아니다. 『선문염송설화』 1220칙(한불전5, p.816c14)에 "파릉에게 어떤 학인이 물었다. '무엇이 취모검인지요?' '산호 가지마다 달이 달렸다'. 巴陵因僧問 如何是吹毛劍 師云 珊瑚枝枝撐着月", "설두중현(雪竇重顯)이 읊는다. '불평한 처사 평케 하려는데, 훌륭한 솜씨는 서투른 듯하다네. 때로는 손가락에 때론 손바닥에, 하늘 가득 흰눈으로 빛나네. 대야라 하려니 아직도 갈고 있고, 양공이라 부르려니 닦아 쉬지 못하네. 별나고도 별나구나! 산호 가지마다 달이 걸려 있도다'. 要平不平 大巧若拙 或指或掌 倚天照雪 大冶兮磨礱不下 良工兮拂拭未歇 別別 珊瑚枝枝撐着月 … 천동정각(天童正覺)이 '임제에게 「무엇이 취모검인지요?」라 묻자 임제가 「화를 부르네, 화를 불러!」라고 함에 학인이 절을 올리자 임제는 곧바로 때렸다' 들고는 또 공안까지 들어 말했다. '살인도는 한 터럭도 건지지 않고, 활인검은 한 터럭도 상하게 하지 않는다. 의기 있을 때 의기 더할 뿐이고, 풍류가 전혀 없는 곳에선 새롭게 풍류를 일으킨다'. 〈설화〉 '살인도는 한 터럭도 ~ 하지 않는다'라 한 것은, 주어진 말 그대로 내린 판단이다. '의기 있을 때 ~ 의기 더할 뿐'이라는 구절은 임제의 말이고, '풍류가 전혀 ~ 풍류를 일으킨다'는 구절은 파릉의 말일 뿐이다. 天童覺 擧僧問臨濟 如何是吹毛劍 濟云 禍事 禍事 僧便禮拜 濟便打 又擧此話 師云 殺人刀 一毛不度 活人劍 一毫不傷 有意氣時添意氣 不風流處也風流 〈說話〉 殺人刀云云者 據款結案也 有意氣時云云者 臨濟底也 不風云云者 巴陵底也"라고 하였다. [참고문헌] 『禪門拈頌說話』, 『碧巖錄』 100則(대정장48, p.223b21), 『頌古聯珠通集』 권35(卍속장115, p.447a14), 『宗鑑法林』 권50(卍속장116, p.632b12). ⇨ 파릉삼구 巴陵三句

파리 波利 ❶ Ⓢ pari의 음사어. 원적(圓寂 Ⓢ parinirvāṇa) 즉 반열반(般涅槃)에서의 원(圓)과 반(般)의 범어 음사다. 원(圓)·변(遍) 등으로 한역한다. 없는 곳 없어 원만하다는 뜻으로 쓴다. 『성유식론술기』 권1(대정장43, p.235c5)에 "파리는 원이다. 닐박남(Ⓢ nirvāṇam)은 적이라 한역한다. 이는 남김없이 가득 그 바탕 고요해 모든 것 사라졌다는 뜻이다. 열반이라는 구역은 잘못 줄인 음사어다. 波利者 圓也 昵縛喃言寂 卽是圓滿體寂滅義 舊云涅槃音訛略也", 『화엄경소』 권15(대정장35, p.613a13)에 "파리는 개 또는 변이라 한다. 波利此云皆也 遍也"라고 하였다. [참고문헌] 『成唯識論述記』, 『華嚴經疏』. ⇨ 파리닐바남 波利昵縛喃 ❷ 아수륜(阿須倫 Ⓢ Ⓟ asura)의 이름. 『대루탄경』 권2(대정장1, p.287b15)에 "부처님께서 말씀하셨다. 수미산 아래 깊이 40만 리 중 … 초다시리아수륜에서 서쪽으로 4만 리 가면 아수륜이 있으니, 이름이 파리이다. 그 성곽의 너비와 높이는 각각 36만 리다. 佛言 須彌山下 深四十萬里中 … 抄多尸利阿須倫 西出四萬里 有阿須倫 名波利 其城郭廣長 各三十六萬里"라고 하였다. [참고문헌] 『大樓炭經』. ⇨ 아수륜 阿須倫 ❸ Ⓟ Bhallika. 부처님께 귀의한 최초의 우바새. 발리가(跋梨迦)라고도 한다. 『수행본기경』 권하(대정장3, p.472b13)에 "이때 부처님께서 … 두 상인 제위와 파리를 제도하시어 삼자귀와 오계를 주고 청신사로 삼으셨다. 是時 佛 … 度二賈客 提謂 波利 授三自歸 及與五戒 爲淸信士", 『불본행집경』 권32(대정장3, p.802b2)에 "북천축의 제리부사와 발리가〈전대에 부르길 제위·파리라 하였다. 이들은 대개 바라문인데, 초하일 따름일 뿐 누구인지는 알지 못하겠다. 이 경에서는 두 상주의 이름이라 하였으니, 심한 허물은 아니다〉. … 저 두 상주는 인세간에서 최초로 삼귀의와 오계를 받은 우바새다. 北天 帝梨富娑并跋梨迦〈前代譯稱 提謂波利 此蓋婆羅門 楚夏耳 未知孰是 斯經 二商主名 非深失〉 … 彼二商主 於人世間 最初而得三歸五戒優婆塞"라고 하였다. [참고문헌] 『修行本起經』, 『佛本行集經』, *AN.1.26*. ⇨ 발리가 跋梨迦

파리 波離 부처님 십대제자 중 지율제일(持律第一)인 우파리(優波離 Ⓢ Ⓟ Upāli)의 줄인 이름. 파리(婆離)라고도 한다. 『당고승전』 권21 「법원전 法願傳」(대정장50, p.610a7)에 "후에 파리의 자취를 우러르며 뒤좇아 경율부에 몰두함으로써 불법을 망라하고 승가의 법도를 두루 가로질러 중국에 전래된 사부의 율본에 대하여 모두 의소를 지었다. 後乃仰蹤波離 專經律部 網羅佛法 舟逕僧猷 自東夏所傳 四部律本 並製義疏", 『법집별행록절요』(한불전4, p.762c11)에 "마치 저 영가(永嘉) 진각대사(眞覺大師)의 『증도가』에 '사자가 토해 내는 두려움 없는 설법이여! 깊이 슬퍼하노니, 눈이 어둡고 미련한 중생은 무거운 죄를 범하면 보리를 장애하는 줄로만 알 뿐, 여래께서 비결을 열어 둠을 보지 못하는구나. 음행과 살생을 범하는 두 비구가 있었으니, 우바리는 반디불만한 소견으로 그 죄를 더욱 무겁게 하였고, 유마대사는 단번에 그들의 의심을 풀어 주었으니, 마치 이글거리는 햇빛이 서리와 눈을 녹이듯 하였다'. 師子吼無畏說 深嗟懵懂頑皮靼 只知犯重障菩提 不見如來開祕訣 有二比丘犯淫殺 婆離螢光增罪結 維摩大士頓除疑 還同赫日銷霜雪"라고 하였다. [참고문헌] 『唐高僧傳』, 『法集別行錄節』, 『永嘉證道歌』(대정장48, p.396c18). ⇨ 우파리 優波離 ❶

파리 皤唎 Ⓢ bali의 음사어. 인계(印契) 중 하나. 『다라니집경』 권5(대정장18, p.830b5)에 "비구지가 모든 음식을 보시하며 맺는 법인〈열두 번째 계인이다. 대심주를 쓴다. 파리라고 음사한다〉. 여덟 손가락을 위로 향해 벌리고 양손 새끼손가락은 손목 부근에서 맞잡고 나서 두 엄지 끝에 나머지 손가락을 각각 굽히고 손바닥 중심에 붙인다. 毘俱知施與一切食法印〈印第十二 用大心呪 梵音云皤唎〉 以二手 仰舒八指 小指至腕側相搏 各屈二大指頭 於掌中心著"라고 하였다. [참고문헌] 『陀羅尼集經』.

파리 頗梨 Ⓢ sphaṭika의 음사어. 칠보(七寶) 중 하

나. 수정(水晶). 파리(玻璃)라고도 하며, 신역에서는 파지가(頗胝迦)·파치가(頗置迦) 등이라고도 음사한다. 『일체경음의』 권25(대정장54, p.463c8)에 "파리〈바른 음사어는 파지가이며, 수옥이라 한역한다. 모양은 수정 같으며, 적색과 백색이 있다. 『대론』에 '천 년 된 얼음이 파리 구슬로 화한다' 하였는데, 허실을 알 수 없다〉. 頗梨〈正云 頗胝迦 此云 水玉 狀似水精 有赤有白 大論云 過千年氷 化爲頗梨珠 未詳虛實也〉", 『번역명의집』 권3(대정장54, p.1105c24)에 "파리 : 새파지가라고도 하며, 수옥이라 한역하는데 바로 푸른 옥이다. 혹은 수정 또는 백주라고도 한다. 『간정기』에 '바른 음사어는 솔파치가이며, 그 모양은 이곳의 수정과 같지만, 적색과 백색이 있다' 하였다. 頗梨 或云 塞頗胝迦 此云 水玉 卽蒼玉也 或云 水精 又云 白珠 刊正記云 正名窣坡致迦 其狀似此方水精 然有赤有白", 『묘비보살소문경』 권1(대정장18, p.749b12)에 "만약 환술 짓고자 한다면 파리보로 지어야 한다. 若欲成幻術者 用玻璃寶作"라고 하였다. [참고문헌] 『一切經音義』, 『翻譯名義集』, 『妙臂菩薩所問經』, *Saddh-p.148.*

파리가 頗梨迦 Ⓢ sphaṭika, Ⓟ phaḷika, phalika. 파려(玻瓈)의 음사어. 『정법염처경』 권23(대정장17, p.135c12)에 "수미유산은 금과 비류리와 파리가 등의 돌로 이루어졌다. 須彌留山 金 毘琉璃 頗梨迦 以爲其石"라고 하였다. [참고문헌] 『正法念處經』. ⇨ 파려 玻瓈

파리가라 波利迦羅 Ⓢ pariṣkāra, Ⓟ parikkhāra의 음사어. 누더기 옷. 잡쇄의(雜碎衣)라고 한다. 『사분율』 권6(대정장22, p.603a6)에 "정시를 짓거나 남에게 보내거나 삼의를 만들어 지니거나 파리가라의를 만들거나 일부러 망가뜨리거나 태우거나 맞지 않은 옷을 만들거나 자주 입어서 망가뜨린다면 모두 돌길라이다. 若作淨施 若遣與人 若持作三衣 若作波利迦羅衣 若故壞 若燒 若作非衣 若數數著壞者 盡突吉羅", 『사분율명의표석』 권8(卍속장70, p.525a6)에 "파리가라의 : 『선견율』에 '주라파리가라의는 잡쇄의라고 한역한다' 하였는데 바로 베 조각들이 섞인 것이다. 波利迦羅衣 善見律云 朱羅波利迦羅衣 漢言雜碎衣也 卽是碎雜之布也"라고 하였다. [참고문헌] 『四分律』, 『四分律名義標釋』, *Mvyut.573., Sp.34.* ⇨ 할루정 割縷淨

파리가암라 婆利迦菴羅 Ⓢ palikāmra의 음사어. 숲 이름. 『번범어』 권9(대정장54, p.1047a23)에 "파리가암라림〈파리가란 지키거나 보호함이고, 암라란 저 앞에서 설함과 같다〉. 『아비담비바사론』 권56. 婆利迦菴羅林〈譯曰 婆利迦者 守之 護也 菴羅者 如上說〉 第五十六卷"라고 하였다. [참고문헌] 『翻梵語』. ⇨ 암라림 菴羅林

파리경 頗梨鏡 유리로 만든 거울. 『관무량수경』(대정장12, p.341b25)에 "또한 국토 있음에 저 파리경 같아서 시방국토가 모두 그중에 나타난다. 復有國土 如頗梨鏡 十方國土 皆於中現", 『선비요법경』 권2(대정장15, p.251c23)에 "이 상이 나타날 때 스스로 자신의 가슴을 관하면, 흉골이 점점 밝고 깨끗해짐에 저 파리경 같이 밝게 드러나 가히 좋아할 만하다. 此想現時 自觀身胸 胸骨漸漸明淨 如頗梨鏡 明顯可愛"라고 하였다. [참고문헌] 『觀無量壽經』, 『禪祕要法經』.

파리나사바리 跛哩娜捨嚩哩 Ⓢ parṇaśavari의 음사어. 엽의관음(葉衣觀音)을 말한다. 『대일여래검인』(대정장18, p.196a28)에 "엽의관세음보살진언. 옴 파리나 사바리 훔 발타 葉衣觀世音菩薩眞言曰 唵 跛哩娜捨嚩哩 吽 發吒 oṃ parṇa-śavari hūṃ phaṭ 옴 연잎 위의 존귀한 분(葉衣尊)이시여 스바하"라고 하였다. [참고문헌] 『大日如來劍印』.

파리니바 跛哩泥嚩 Ⓢ parideva의 음사어. 비탄(悲嘆). 『범어잡명』(대정장54, p.1228b11)에 "비(悲) : 파리니바 悲 跛哩泥嚩"라고 하였다. [참고문헌] 『梵語雜名』.

파리닐바남 波利暱縛男 Ⓢ parinirvāṇa의 음사어. 반열반(般涅槃)이라고 쓰고 원적(圓寂)으로 한역한다. 남(男)은 남(喃)으로도 쓴다. 『성유식론술기』 권1(대정장43, p.235c5)에 "서역의 범음 파리닐바〈거성으로 발음한다〉남〈노와 함을 반절한 음이다〉 중 파리는 원을 뜻하고, 닐바남은 적을 뜻한다. 곧 원만으로서 체가 적멸하다는 뜻이다. 구역에 열반이라고 한 것은 음을 잘못 줄인 것이다. 지금도 옛을 따라 열반이라 하는 경우가 있다. 西域梵音云波利暱縛〈去聲呼之〉男〈奴緘一反〉 波利者 圓也 暱縛男 言寂 卽是圓滿體寂滅義 舊云涅槃音訛略也 今或順古亦云涅槃", 원측(圓測)의 『해심밀경소』 권2(한불전1, p.191a19)에 "'열반'이라는 말은 갖춘 범어로는 파리닐바남이라고 해야 하고, 원적이라 한역한다. 여기서는 구역을 따라 열반이라 한다. 이 열반에는 두 가지 뜻이 있다. 첫째는 일체견 등을 길이 끊었음을 드러낸 것이고, 둘째는 살가야(Ⓢ satkāya : 有身)가 사라져버린 구경열반이니, 이는 곧 무여열반이어서 끝내 길이 오온의 몸이 사라졌기에 구경열반이라 한다. 言涅槃者 若具梵音 應言波利暱縛喃 此云圓寂 今順舊說 故言涅槃 於此涅槃 有其二義 一 永斷一切見等表示 二 薩迦耶滅究竟涅槃 此卽是其無餘涅槃 究竟永滅五蘊身故 名爲究竟涅槃라고 하였다. [참고문헌] 『成唯識論述記』, 『解深密經疏』. ⇨ 원적 圓寂, 반열반 般涅槃, 열반 涅槃

파리달라구가 波利呾羅拘迦 Ⓢ parivrājaka의 음사어. 출가외도 중 하나. 보행외도(普行外道) 또는 편력행자(遍歷行者)를 말한다. 반리벌라작가(般利伐羅勺迦)·파리바사가(波離婆闍迦) 등으로도 음사한다. 『성유식론술기』 권1(대정장43, p.245a23)에 "또 파리달라구가라고 부르는 외도가 있는데, 변출이라 한역한다. 편력(遍歷)하면서 모든 속된 세간을 벗어나니 곧 출가외도의 류다. 復有外道名波利呾羅拘迦 翻爲遍出 遍能出離諸俗世間 卽是出家外道之類"라고 하였다. 〔참고문헌〕『成唯識論述記』. ⇨ 보행 普行 ③, 반리벌라작가 般利伐羅勺迦, 파리바사가 波離婆闍迦, 출가외도 出家外道

파리라바야가 波利羅婆若迦 Ⓢ parivrājaka의 음사어. 보행외도(普行外道). 『대보적경』 권87(대정장11, p.500c22)에 "저 부처님의 찰토에는 성문과 벽지불의 이름이 없으며, 나머지 외도인 늑가와 파리라바야가 등도 없다. 彼佛刹土 無有聲聞辟支佛名 及餘外道勒迦 波利羅婆若迦等"라고 하였다. 〔참고문헌〕『大寶積經』.

파리라후 波利羅睺 용맹진(勇猛進)이라는 아수라. 『번역명의집』 권2(대정장54, p.1086c5)에 "파리라후 : 용맹진이라 한역한다. 波利羅睺 翻勇猛進", 『금광명경조해』 권하(卍속장31, p.832a18)에 "파리라후는 수라의 이름이다. 『법화구』에서는 장지라고 한역하였는데 해와 달을 가려 지니는 이다. 종은 축생이며 신장은 팔만사천 유순인데 해가 빛을 발하여 그의 눈을 밝게 비추면 손을 들어 해를 가리니, 세인들이 모두 일식이라고 말하며 달을 가림 또한 그렇다. 波利羅睺 此修羅名也 法華句翻爲障持 障持日月者也 種是畜生 身長八萬四千由旬 日放光明照其眼 擧手障日 世人咸言 日蝕 障月亦爾", "혹은 큰 소리를 지음에 세인들이 모두 하늘이 싸우며 울부짖는다고 말한다. 해와 달을 으를 때 몸을 배로 크게 하고 해와 달에 숨을 불어 빛을 잃으면 곧 부처님께 와서 고한다. 이에 부처님께서 저이에게 명하면 곧 지절이 전율해 흔들리고 마침내 해와 달을 놓아 준다. 或作大聲 世人咸言 天獸吼 怖日月時 倍大其身 氣呵日月 日月失光 卽來告佛 佛勅之彼 卽支節戰動 遂放日月"라고 하였다. 〔참고문헌〕『翻譯名義集』, 『金光明經照解』.

파리람 婆利藍 삼십육아귀(三十六餓鬼) 중 물만 먹는 아귀. 『정법염처경』 권16(대정장17, p.92b1)에 "여덟째는 파리람으로 물만 먹는 아귀이다. 八者 婆利藍 食水餓鬼"라고 하였다. 〔참고문헌〕『正法念處經』. ⇨ 삼십육아귀 三十六餓鬼

파리바라 波利婆羅 Ⓢ Ⓟ Parivāra의 음사어. 율장(律藏)의 뒤에 붙은 문헌. 부수(附隨)라고 한다. 『선견율비바사』 권1(대정장24, p.675a28)에 "다음으로 건다〈잡사라고 한역〉를 물었고, 그 다음으로 파리바라〈삼빈사갈마라고 한역〉를 물었다. 이와 같이 율장을 짓고 나서 … 〔문〕 무엇을 비니장이라 하는가? 두 바라제목차와 스물셋 건다와 파리바라를 비니장이라 이름한다. 次問蹇陀〈漢言 雜事〉 次問波利婆羅〈漢言 三擯四羯磨也〉 如是律藏作已 … 問曰 何謂毘尼藏 二波羅提木叉 二十三蹇陀 波利婆羅 是名毘尼藏"라고 하였다. 〔참고문헌〕『善見律毘婆沙』, *Sp.57.* ⇨ 팔리율장 Pāli律藏

파리바라사가 簸利婆羅闍迦 Ⓢ parivrājaka의 음사어. 보행외도(普行外道). 『일체경음의』 권24(중화장57, p.114c5)에 "반리벌라석가 : 파리바라사가라고도 한다. 보행이라 한역하는데 나라연천을 섬기며, 정수리에 약간의 머리카락만 남기고 전부 깎는다. 내의를 입는데 신체의 추함만 겨우 가리며, 그 옷은 붉은 흙과 같은 색으로 물들인다. 般利伐羅夕迦 亦言簸利婆羅闍迦 此云普行 事那羅延天 頂留少髮 除盡剃去 內衣在體 纔蔽形醜 其衣染以赤大之色也"라고 하였다. 〔참고문헌〕『一切經音義』. ⇨ 파리바사가 波離婆闍迦

파리바사 波利婆沙 Ⓟ parivāsa의 음사어. 계를 어긴 비구를 따로 머물게 하는 별주(別住). 『마하승기율』 권5(대정장22, p.263a12)에 "부처님께서 비구들에게 고하시길 '오늘부터 승가바시사죄를 범하고도 감춘다면 응당 파리바사를 줘야 한다. 파리바사를 행하고 나면 마땅히 6일 밤낮 동안 마나타를 행하게 해야 한다'. 佛告諸比丘 從今日 犯僧伽婆尸沙罪 覆藏者 應與波利婆沙 行波利婆沙已 當與六日六夜行摩那埵", 『사분율』 권33(대정장22, p.801a3)에 "또한 제자들이 승잔을 범하였다면 화상은 마땅히 여법하게 요리해야 하니, 파리바사를 줘야 한다면 마땅히 줘야 한다. 復次 若弟子犯僧殘 和尙當如法料理 若應與波利婆沙 當與波利婆沙", 『사분율행사초』 권중(대정장40, p.97a27)에 "첫째로 사정과 잘못을 감춘 것을 처벌해야 한다란 파리바사를 말하는데 이곳에서는 뜻으로 번역하여 부장 혹은 별주라고 한다. 一須治覆藏情過 謂波利婆沙 此方義翻 或云 覆藏 或云 別住"라고 하였다. 〔참고문헌〕『摩訶僧祇律』, 『四分律』, 『四分律行事鈔』. ⇨ 별주 別住

파리바사가 波離婆闍迦 Ⓢ Parivrājaka의 음사어. 출가외도의 일종. 편력행자(遍歷行者)를 말한다. 사리불(Ⓢ Śāriputra)과 목건련(Ⓢ Maudgalyāyana)은 부처님께 귀의하기 이전에 산자야(Ⓢ Sañjayī-vairaṭīputra)가 이끄는 파리바사가집단의 일원이었다. 반리벌라작가(般利伐羅勺迦)로도 음사한다. 『불본행집경』 권48(대정장3, p.877a26)에 "우파지사(優波低沙 : 舍利弗)

파리바사가와 구리다(拘離多 : 目犍連) 파리바사가는 자신들의 스승 산사야 파리바사가가 있는 곳으로 가서 다음처럼 말했다. '훌륭한 분이시여! 저희는 이제 대사문 불세존께 가 범행을 닦고자 합니다'. 優波低沙波離婆闍迦 共拘離多波離婆闍迦 往詣彼師刪闍耶波離婆闍迦邊 到已白言 善哉仁者 我等今欲至大沙門佛世尊所 行於梵行", 같은 책 권49(대정장3, p.879a13)에 "부처님께서 비구들에게 말씀하셨다. '그대 비구들이여! 사리불이, 산자야의 제자들인 오백 명의 파리바사가가 대사견이라는 광야와 험로에 떨어져 허망한 일을 하려는 차에 다시 교화하여 나에게 데려와서 사견의 허망함과 전도됨을 면하게 하고 고뇌에서 벗어나게 한 것은 오늘만의 일이 아니다. 오랜 옛적에도 이와 같은 오백 명의 사람이 액난에 떨어지려는 차에 사리불이 그들을 이끌고 나에게 와서, 내가 그때도 그 액난에서 구하여 온갖 고뇌에서 벗어나게 한 적이 있다. 佛告諸比丘 汝諸比丘 是舍利弗 非但今日將五百刪闍耶弟子波離婆闍迦 墮大邪見曠野嶮路 行虛妄行 還復化令來至我所 得免邪見虛妄顚倒 於苦惱中而得解脫 往昔亦當將領如此五百人等 墮厄難中 時舍利弗 亦復將導來詣我所 我於彼時 亦救彼厄 免諸苦惱"라고 하였다. 〔참고문헌〕『佛本行集經』. ⇨ 반리벌라작가 般利伐羅勺迦, 산사야비라지자 刪闍夜毘羅胝子

파리발라파녕 跛哩鉢囉跛儜 Ⓢ paripräpaṇe의 음사어. 온전히 얻다의 뜻으로 수기(授記)를 말한다. 『인왕호국반야의궤』(대정장19, p.518c6)에 "미야갈라나〈수기를 말함〉. 파리발라파녕〈획득으로 한역한다. 수기를 받아 얻는 뜻이다. 즉 수기를 먼저 받고 이제 만족을 얻었다는 말〉. 尾野羯囉拏〈此云授記〉 跛哩鉢囉跛儜〈此云獲得 順此方言 獲得授記 即是先得受記 今獲滿足也〉 vyākaraṇaparipräpaṇe 수기의 온전한 획득이여!"라고 하였다. 〔참고문헌〕『仁王護國般若儀軌』.

파리수법문 波利樹法門 도리천궁(忉利天宮) 파리질다수(波利質多樹)의 비유법문. 부처님께서 파리질다수를 비유로 들어 보살이 출가하여 구족계를 받고 만행을 갖춰 대반열반을 얻는 공덕에 대해 설하신 법문으로 36권본 『대반열반경』 권27(대정장12, p.781c28)에 근거한다. 『법화현의석첨』 권16(대정장33, p.928a13)에 "처음 글에서는 두 경문에 두루하다는 비유상을 간략하게 폈으니, 저 사자법문에서는 여래과를 얻은 사람의 대용이 널리 퍼짐을 비유하였고 다음의 파리수법문에서는 행자가 인위로부터 과위에 이름이 두루함을 비유하였다. 初文略述兩文遍喩之相 如師子法門 遍喩如來果人大用 次波利樹法門 遍喩行者從因至果", 『법화경삼대부보주』 권12(卍속장44, p.380b16)에 "『대반열반경』 제27파리수법문 : 33천에 파리질다수가 있는데 뿌리가 땅으로 들어가 깊이 5유순, 높이 100유순이며 가지와 잎이 사방 50유순까지 뻗어 있다. 大經二十七波利樹法門 三十三天 有波利質多樹 其根入地 深五由旬 高百由旬 枝葉四布五十由旬", "나의 제자들 또한 이와 같으니, 잎의 색이 금빛인 것은 나의 제자들이 출가하고자 함을 비유하고, 잎이 떨어짐은 나의 제자들이 처음 삭발함을 비유하며, 그 색이 변함은 나의 제자들이 백사갈마로 구족계 받음을 비유하고, 처음으로 물집이 생김은 나의 제자들이 보리심 발함을 비유한다. 我諸弟子 亦復如是 葉色黃者 喩我弟子念欲出家 其葉落者 喩我弟子初剃鬚髮 其色變者 喩我弟子白四羯磨 受具足戒 初生皰者 喩我弟子發菩提心", "뾰족한 가지 끝은 십주보살이 불성 얻어 봄을 비유하고, 벌어져 펴짐은 보살이 삼보리 얻음을 비유하며, 향내남은 시방의 무량중생이 금계 수지함을 비유한다. 觜者 喩於十住菩薩得見佛性 開敷者 喩於菩薩得三菩提 香者 喩於十方無量衆生 受持禁戒", "빛남은 여래명호가 걸림없이 시방에 두루함을 비유하며, 여름 3개월은 삼삼매를 비유하고, 삼십삼천이 쾌락 누림은 제불이 대열반에서 상락 등을 얻음을 비유한다. 光者 喩於如來名號 無礙周遍十方 夏三月者 喩三三昧 三十三天受快樂者 諭於諸佛在大涅槃 得常樂等"라고 하였다. 〔참고문헌〕『大般涅槃經』, 『法華玄義釋籤』, 『法華經三大部補注』.

파리야달라국 波理夜呾羅國 Ⓢ Pāriyātra, Pāryātra, Pāripātra. 고대중인도에 있던 십육대국(十六大國) 중 바차국(婆蹉國 Ⓢ Matsya). 라자스탄(Rajasthan)의 수도 자이푸르(Jaipur) 북쪽으로 41마일 떨어진 지점에 있는 바이라트(Bairat Ⓢ Virāṭa)에 해당한다. 『대당서역기』 권4(대정장51, p.890a21)에 "파리야달라국은 둘레가 3천여 리이다. 나라의 대도성은 둘레가 14~15리이다. 농사짓기에 적합하고 숙맥이 많이 나며, 기이한 벼가 있는데 파종한지 60일 만에 수확할 수 있다. 소와 양은 많고 꽃과 과일은 적다. 날씨는 찌는 듯이 무덥고 풍속은 굳세고 사납다. 학문과 기예를 숭상하지 않고 외도를 신봉한다. 왕은 폐사(Ⓢ vaiśya) 종성으로 성품은 용맹하고 무략이 뛰어나다. 가람은 여덟 곳이 있는데 부서지고 훼손된 정도가 심하고, 승도는 아주 적은데 소승을 배운다. 천사는 열 곳 정도인데 외도는 천여 명 정도이다. 波理夜呾羅國 周三千餘里 國大都城周十四五里 宜穀稼 豐宿麥 有異稻種六十日而收穫焉 多牛羊 少華菓 氣序暑熱 風俗剛猛 不尙學藝 信奉外道 王吠奢種也 性勇烈 多武略 伽藍八所 傾毁已甚 僧徒寡少 習學小乘 天祠十餘所 異道千餘人"라고 하였다. 〔참고문헌〕『大唐西域記』. ⇨ 바차국 婆蹉國, 십육대국 十六大國

파리야달라수 波利夜怛羅樹 파리질다수(波利質多樹 Ⓢ Pārijāta, Ⓟ Păricchattaka)의 다른 음사어. 『대비

바사론』 권172(대정장27, p.868c1)에 “삼십삼천에게 파이야달라수가 있는 것처럼, 아소락왕에게도 질달라파타리수가 있다. 如三十三天 有波利夜怛羅樹 阿素洛王 亦有質怛羅波吒梨樹”라고 하였다. 〔참고문헌〕『大毘婆沙論』. ⇨ 파리질다수 波利質多樹

파리질다라수 波利質多羅樹 [S] pārijātaka의 음사어, [P] pāricchattaka. 파리질다수(波利質多樹)라고도 한다. 『일체경음의』 권23(대정장54, p.453a18)에 “파리질다라수〈갖춘 음사어는 파리야달라구비다라이며 향편수라고 한역하니, 이 나무의 뿌리·줄기·가지·잎·꽃·열매가 모두 향이 나서 능히 도리천궁에 가득 스며든다고 말한다〉. 波利質多羅樹〈具云 波利耶怛羅拘毗陀羅 此云 香遍樹 謂此樹根莖枝葉花實 皆香普能遍熏忉利天宮〉”, 『번역명의집』 권3(대정장54, p.1104b25)에 “파리질다라 : 원생이라 한역한다. 『대반열반경』에 ‘33천에 파리질다라수가 있는데 그 뿌리가 땅으로 들어가 깊이는 5유순, 높이는 100유순이며 가지와 잎은 사방 50유순으로 펴져 있다. 그 꽃이 피면 향기가 주변 50유순까지 퍼진다’라고 하였다. 波利質多羅 此云 圓生 大經云 三十三天 有波利質多羅樹 其根入地 深五由旬 高百由旬 枝葉四布 五十由旬 其華開敷 香氣周遍 五十由旬”, “또 간착장엄이라고도 한역하는데, 온갖 색들의 꽃들이 널리 둘러쳐 장엄하고 있다는 뜻이다. 『법화문구』에서는 이를 가리켜 하늘나무들 중 왕이라고 하였다. 又翻 間錯莊嚴 衆雜色華 周匝莊嚴 法華文句 指此 爲天樹王也”라고 하였다. 〔참고문헌〕『一切經音義』, 『翻譯名義集』, *Saddh-p.360.*, *MN.3.200.* ⇨ 파리질다수 波利質多樹

파리질다수 波利質多樹 [S] pārijāta, [T] yongs-'dus-shing. 도리천(忉利天)에 있는 나무로 향 가득한 나무(香遍樹)라 부른다. 바리질다수(波利質多樹)라고도 한다. 『법화경』 권6(대정장9, p.49a18 : *Saddh-p.*, p.364)에 “천상의 온갖 꽃들은 만다·만수사와 파리질다수들인데, 향을 맡으면 모두 그것임을 능히 안다네. 天上諸華等 曼陀曼殊沙 波利質多樹 聞香悉能知 upariṃ ca deveṣu tathaiva puṣpā mandāravāṃś caiva mañjūṣakāṃś ca. yā pārijātasya ca santi puṣpā iha sthito ghrāyati tā sa dhīraḥ”, 36권본 『대반열반경』 권28(대정장12, p.787b11)에 “선남자여! 나는 그때 어머니를 위해 도리천에 있으면서 파리질다수에 안거하며 설법했느니라. 善男子 我時爲母 處忉利天 波利質多樹 安居說法”, 『화엄경탐현기』 권20(대정장35, p.488b24)에 “파리질다수는 바르게 음사하면 파리야저라구비다라이고 향편수라고 한역하는데 이 나무의 가지·꽃·열매 일체가 모두 향기롭기에 이 이름을 세웠다. 또 이 나무의 향기는 도리천의 모든 곳에 스며 있기에 향편이라고도 이름하였다. 波利質多樹 正云 波唎耶呾羅拘毘陀羅 此云 香遍樹 謂此樹枝華實 一切皆香 故立此名 又此樹香氣 於忉利天 處一切普熏 故名香遍”, 『일체경음의』 권41(대정장54, p.576a3)에 “파리질다수〈범어이며, 도리천의 꽃나무 이름이다. 『구사론』 중의 원생수이다〉. 波利質多樹〈梵語 忉利天中花樹名也 俱舍論中 圓生樹也〉”라고 하였다. 〔참고문헌〕『法華經』, 『大般涅槃經』, 『華嚴經探玄記』, 『一切經音義』, *Saddh-p*, 『仏教植物辭典』(國書刊行會, 1982).

파리질달라림 波利質呾羅林 파리질다수(波利質多樹 [S] Pārijāta) 가득한 숲. 『대비바사론』 권15(대정장27, p.76c16)에 “예전에 선질략([S] Ṣaṇḍhara : 奢提羅)이라는 이름의 외도가 있었는데 총명하고 박식했다. 이 대논사는 논의를 위하여 가습미라국([S] Kāśmīra)에 왔다. 그때 이 나라에는 벌소라([S] Vasura)라는 이름의 아라한이 있었는데 삼명과 육통 그리고 팔해탈을 갖추었고, 내도와 외도를 남김없이 배웠으며, 항상 파리질달라림에 머물렀다. 昔有外道名扇帙略 聰明廣學 是大論師 爲論議故 來入迦濕彌羅國 爾時此國有阿羅漢名筏素羅 三明六通具八解脫 學窮內外恒住波利質呾羅林中”라고 하였다. 구역본 『아비담비바사론』 권9(대정장28, p.63a17)에는 불적림(佛跡林)으로 되어 있다. 〔참고문헌〕『大毘婆沙論』, 『阿毘曇毘婆沙論』.

파리타천 波利陀天 [S] parīttābha-deva. 소광천(少光天)을 달리 이르는 말. 『도행반야경』 권2(대정장8, p.435a10)에 “범천 위 천인들로서 불도를 찾는 이들인 범가이천 … 파리타천 … 아가니타천 등 천상의 천인들은 모두 저곳으로 가서 문신하고 반야바라밀을 들어 받고는 예를 지어 돌고서 각자 돌아갔다. 梵天上諸天人索佛道者 梵迦夷天 … 波利陀天 … 阿迦膩吒天等 天上諸天人 皆往到彼所 問訊聽受般若波羅蜜 作禮遶竟 已各自去”라고 하였다. 〔참고문헌〕『道行般若經』, *Bodh-bh.43.* ⇨ 소광천 少光天, 천 天

파리푼나카 Paripuṇṇaka 석가족 출신의 장로. 선근공덕을 쌓아 석가세존과 동시대에 카필라밧투([P] Kapilavatthu) 석가족에 태어났다. 출가하여 부처님의 가르침을 받고 선정을 닦아 아라한과를 얻었다. 『테라가타 *Theragāthā*』 제91송 “백 가지 맛 감로식도 오늘 내가 맛본 것에 미치지 못하니, 지견무량이신 고타마부처님께서 설하신 법이라네. na thatā mataṃ satarasaṃ sudhannaṃ yaṃ may′ ajja paribhuttaṃ, aparimitadassinā gotamena buddhena desito dhammo′ti"는 그의 송이다. 〔참고문헌〕 *Th.13.*

파립 破立 부수고 세우다. 만법을 깨뜨려 진공을 드러내는 것(破)과 만법이 인연 따라 생겨남을 논하여 묘유를 드러내는 것(立). 공문(空門)과 유문(有門)에 각각 대응되며, 차조(遮照)와 통한다. 『종경록』 권8(대정장48, p.459a8)에 "시기와 인연을 있는 것으로 집착하면 공문을 설하고, 시기와 인연을 공하다 집착하면 마침내 유의 가르침을 얘기한다. 유를 파하기 위한 까닭에 공을 두지 않으며, 공을 다스리기 위한 까닭에 유를 세우지 않는다. 그러므로 유를 설하지만 유가 아니며 공을 말하지만 공이 아니니, 혹 쌍으로 사라지면서도 쌍으로 흐르기도 하고 혹 쌍으로 비추면서도 쌍으로 고요함에 깨뜨림과 세움이 한 때이고 막음과 비춤이 동시다. 若時機因緣執有 則說空門 若時機因緣著空 遂談有教 爲破有 故不存空 因治空 故不立有 故說有而不有 言空而不空 或雙亡而雙流 或雙照而雙寂 破立一際 遮照同時"라고 하였다. 〔참고문헌〕『宗鏡錄』. ⇨ 진공묘유 眞空妙有

파릿타 Paritta Ⓢ paritrāṇa. 보호 또는 방어라는 뜻으로 테라바다(Theravāda)전통에서 독송하는 경전류를 부르는 말이다. 명호경(明護經)·호경(護經)·호주(護呪)·수호주(守護呪) 등으로 부른다. 명호경의 독송 전통이 이어지는 스리랑카 등지에서의 『차투브하나바라팔리 *Catubhāṇavārapāḷi*』는 오부(五部) 니카야 중에 있는 29개의 짧은 경전들로서 『사라나가마남 *Saraṇagamanaṃ*』·『다사싯카파다니 *Dasasikkhāpadāni*』·『사마네라팡함 *Sāmaṇerapañhaṃ*』·『드바팀사카람 *Dvattiṃsākāraṃ*』·『팟차벡카나 *Paccavekkhaṇā*』·『다사담마숫탐 *Dasadhammasuttaṃ*』·『마하망갈라숫탐 *Mahāmaṅgalasuttaṃ*』·『라타나숫탐 *Ratanasuttaṃ*』·『카라니야메타숫탐 *Karaṇīyamettasuttaṃ*』·『칸다파릿탐 *Khandhaparittaṃ*』·『메타니삼사숫탐 *Mettānisaṃsasuttaṃ*』·『밋타니삼삼 *Mittānisaṃsaṃ*』·『모라파릿탐 *Moraparittaṃ*』·『찬다파릿탐 *Candaparittaṃ*』·『수리야파릿탐 *Suriyaparittaṃ*』·『다작갈파리탐 *Dhajaggaparittaṃ*』·『마하캇사팟테라봇장감 *Mahākassapattherabojjhaṅgaṃ*』·『마하목갈라나테라봇장감 *Mahāmoggallānattherabojjhaṅgaṃ*』·『마하춘다테라봇장갈 *Mahācundattherabojjhaṅgaṃ*』·『기리마난다숫탐 *Girimānandasuttaṃ*』, 『이시기리숫탐 *Isigilisuttaṃ*』·『담마착캅파밧타마숫탐 *Dhammacakkappavattanasuttaṃ*』·『마하사마야숫탐 *Mahāsamayasuttaṃ*』·『아라바카숫탐 *Ālavakasuttaṃ*』·『카시바라드바자숫탐 *Kasībhāradvājasuttaṃ*』·『파라브하바숫탐 *Parābhavasuttaṃ*』·『바사라숫탐 *Vasalasuttaṃ*』·『삿차비브항가숫탐 *Saccavibhaṅgasuttaṃ*』·『아타나티야숫탐 *Āṭānāṭiyasuttaṃ*』으로 구성되어 있다. ⇨ 명호경 明護經

파마 破魔 Ⓢ māra-nirghātana, māra-pratyarthika, māra-bhañjaka, Ⓣ bdud-dang-phyir-rgol-ba, bdud-′joms-par-mdsad-pa. 마(魔)를 부수다. 항마(降魔)와 통한다. 석가세존께서 보리수 아래서 선정에 들어 정각을 성취할 때 마왕파순(魔王波旬)의 방해가 있었지만 항복을 받은 일로, 팔상성도(八相成道) 중 수하항마상(樹下降魔相)이라 한다. 『불성론』 권4(대정장31, p.810c27)에서는 팔상을 부연하여 14사(事)로 나누고 그중 11번째를 파마군(破魔軍)이라 하였고, 『보성론』 권4(대정장31, p.843b2 : *Ratna-ut.*, p.88)에서는 "모든 마의 무리를 항복시키고 대묘각존이 되셨다. 降伏諸魔衆 成大妙覺尊 mārasainya-pramardanam"라고 하였다. 『백유경』 권3(대정장4, p.553a29)에 "사자를 죽인다는 말은 파마를 비유한다. 이미 번뇌를 끊었고 악마도 항복시켰으니 집착없는 도과를 얻고 칭송을 받는다. 殺師子者 喩破魔 旣斷煩惱 又伏惡魔 便得無着道果封賞", 『법계차제초문』 권하(대정장46, p.687c7)에 "보살은 초발심 이후로 육바라밀을 행하여 마군의 무리와 모든 번뇌를 부수고 일체지를 얻어 불도를 성취하고 무여열반에 들어가기까지 본원력을 따른다. 그 중간에 있는 바 지혜의 총상과 별상을 좇아 일체를 남김없이 아니 이를 불지라 한다. 菩薩從初發心已來 行六波羅蜜 破魔軍衆 及諸煩惱 得一切智成佛道 乃至入無餘涅槃 隨本願力 從是中間 所有智慧 總相別相 一切盡知 是爲佛智", 『화엄경소주』 권12(卍속장7, p.207a17)에 "불력은 마를 부순 공덕이고, 무외란 외도를 엎드리게 한 공덕이다. 佛力是破魔功德 無畏是伏外道功德", 『대승본생심지관경천주』 권1(卍속장34, p.65a13)에 "마를 부순다는 말은 정과 혜가 서로 도와 다섯 마를 아울러 끊음이다. 破魔者 定慧相資 五魔並斷", 같은 책 권2(卍속장34, p.160a2)에 "마군을 부순다는 말은 무슨 뜻인가? 부처님께서 선정과 신통으로써 저들이 두려움에 떨며 물러나도록 하여 비로소 깨우쳐 일념에 상응하시고 본각과 합하여 성불할 수 있었다. 그러므로 '일시에 증득하였다'라고 운운한 것이다. 破魔者 謂佛以禪定神通 令彼恐怖而退 遂始覺一念相應 合於本覺 則能成佛 故云 一時證得等", 『원오어록』 권4(대정장47, p.729a29)에 "온마·번뇌마·사마와 싸워 삼독을 멸하고 마군의 그물마저 찢어버려야 비로소 대장부라 한다. 與蘊魔煩惱魔死魔共戰 滅三毒破魔網 始是大丈夫"라고 하였다. 〔참고문헌〕『佛性論』, 『寶性論』, 『百喩經』, 『法界次第初門』, 『華嚴經疏注』, 『大乘本生心地觀經淺註』, 『圜悟語錄』, *Ratn* *a-ut., Sūtr.80·186.* ⇨ 마 魔, 마군 魔軍, 사마 四魔, 오마 五魔, 항마 降魔, 팔상성도 八相成道

파마인명 破魔印明 마구니를 비롯한 온갖 귀신과 해충의 장애를 없애는 수인과 진언. 파마인은 항마촉지인(降魔觸地印)의 다른 이름으로 쓰이기도 한다. 『다라니집경』(대정장18, p.787c3)에 "깨끗한 옷을 입고 파마인과 진언을 써서 호신한다. 앞의 신인에서 양손의 검지를 펼쳐 세우고 끝을 붙이고 양손의 중지를 검지의 윗마디 뒤쪽에 붙여서 검지 끝을 지나서 서로 붙인 채 양손의 엄지를 모두 손바닥 안으로 엎는다. 먼저 정수리에서 공경하게 수인을 맺고 지극한 마음으로 진언을 염송하되 '옴 실리 야 파혜 사바하'라고 한다. 정수리에서 수인을 맺은 채 공경하게 일곱 번 진언을 염송하고 수인을 좌우의 어깨·가슴·목·미간의 눈썹·정수리에 포치한 후에 이와 같이 세 번씩 한다. 이 인과 진언은 항상 호신의 결계에 활용한다. 석가모니부처님께서 처음 성도하셨을 때 보리수 아래에 앉아 항상 이 수인과 다라니를 활용하여 호신결계하고 온갖 마구니를 항복시키고 등정각을 이루었다. 이 다라니와 수인은 일체의 갖은 독충·갖은 악귀·증매·갖은 마구니와 귀신의 장애에서 벗어나게 하니 귀신의 주술이 모두 소멸되고 모든 해충·저주·구설이 모두 소멸하여 해를 입히지 못하게 만든다. 著淨衣已 卽用破魔印呪護身 准前身印 唯改二頭指竪 頭相捻 以二中指 各苾 頭指上節背側 過頭相拄 並屈二大指入於掌內 先應頂戴恭敬印已 至心誦呪呪曰 唵 室唎 夜婆醯 莎婆訶 頂戴恭敬呪七遍已 印左右肩當心咽下眉間髮際 及印頂後 如是三度 此印及呪 常用護身結界 釋迦牟尼佛初成道時 坐菩提樹下 先用此印誦陀羅尼 護身結界降伏諸魔 成等正覺 是陀羅尼印 能解一切種種毒蟲 種種惡鬼種種精魅 種種諸魔 鬼神呪術皆悉除遣 一切厭蠱呪詛口舌皆悉消滅不能爲害", 『제불경계섭진실경』 권중(대정장18, p.275c26)에 "둘째로 파마인을 맺는다 오른손의 다섯 손가락을 펼쳐 땅에 두며 왼손의 다섯 손가락으로 옷깃을 잡고 동방부종여래삼매에 들어 관상하되 훔(हूं)자의 색이 자신의 몸과 동방세계 전체에 미치고, 구방의 무량세계와 모든 불보살에게 미쳐서 일체 산천초목이 모두 청색이 된다고 관상하면서 오른손바닥의 면을 사용하여 땅에 댄다. 이 수인은 모든 마구니와 귀신과 일체의 번뇌를 모조리 움직이지 못하도록 할 수 있으니 이를 능멸비나야가제악마귀신지인이라 한다. 第二結破魔印 右手舒五指以按於地 左手五指執持衣角 入東方不動如來三昧 當觀हूं(hūṃ) 吽字色 及我身盡東方界 及以九方無量世界諸佛菩薩 一切衆生山川草木咸皆靑色 以右手掌面用按於地 此印能令諸魔鬼神一切煩惱 悉皆不動 是名能滅毘那夜迦及諸惡魔鬼神之印"라고 하였다. [참고문헌] 『陀羅尼集經』, 『諸佛境界攝眞實經』.

파망전달마태식론 破妄傳達磨胎息論 원오극근(圓悟克勤) 지음. 달마대사가 태식론을 전하였다는 주장을 비판한 글. 『원오어록 圓悟語錄』(대정장47, No.1997) 권20 잡저(雜著) pp.809c7~810a19에 수록되어 전한다. 부처님께서 깨닫고 가섭에게 전한 가르침은 교 밖에 따로 행한(敎外別行) 심인(心印)을 곧장 가리킴으로써 수행의 사다리(階梯)를 세우지도 지견(知見)을 일으키는 일 없이 부처를 이루는 것이기에 달마가 태식을 전했다는 주장은 야호종족(野狐種族)이 정법안을 해치는 소리라 통렬히 비판하고 있다. 태식법처럼 장생하기 위한 삿된 술법과 견해를 잘 가려내어야만 남이 없는 일체지의 바다(無生薩婆若海)에 들어가 작은 배라도 띄우고 뭇 중생을 구할 수 있다고 역설하고 있다. [참고문헌] 『圓悟語錄』. ⇨ 태식법 胎息法

파모개두 把茅蓋頭 띠를 부여잡아 머리를 덮다. 지위를 얻다의 비유로 일가의 종사(宗師)가 되는 등의 뜻. 모는 묘(茆)로도 쓴다. 종보본 『단경』 「돈점 頓漸」(대정장48, p.359c4)에 "그대(神會)가 향후 파모개두하더라도 일개 지해종도밖에는 되지 못할 것이네. 汝向去有把茆蓋頭 也只成箇知解宗徒", 『동산어록』(대정장47, p.522a4)에 "운거도응(雲居道膺)이 동산에게 물었다. '무엇이 조사가 서쪽에서 온 뜻입니까?' '아사리야, 먼 훗날 파모개두하였는데 문득 어떤 이가 똑같이 물으면 어찌 대하겠느냐?' '저 도응의 허물일 뿐입니다'. 雲居問如何是祖師西來意 師云 闍黎他後有把茅蓋頭 忽有人問如何祇對 雲居云 道膺罪過", 『경덕전등록』 권15 「덕산선감전 德山宣鑒傳」(대정장51, p.317b29)에 "위산영우(潙山靈祐)가 만참 사이에 대중들에게 물었다. '오늘 새로 당도한 스님(덕산)은 어디에 있는가?' '그 스님은 화상을 뵙고 나서는 승당은 뒤도 돌아보지 않고 문득 가버렸습니다' '어떤 화상인지 알겠느냐?' '모르겠습니다' '그는 장차 언젠가 파모개두하고 부처와 조사를 꾸짖게 될 것이다'. 潙山晩間問大衆 今日新到僧何在 對曰 那僧見和尙了 更不顧僧堂便去也 潙山問衆 還識遮阿師也無 衆曰 不識 潙曰 是伊將來 有把茅蓋頭 罵佛罵祖去在"라고 하였다. [참고문헌] 『壇經』, 『洞山語錄』, 『景德傳燈錄』. ⇨ 모개두 茅蓋頭

파목표 破木杓 부서진 나무 국자. 깨진 바가지. 더는 건져 담을 것마저 없는(無所得) 사태의 비유다. 『오조법연어록』 권중(대정장47, p.658c28)에 "법좌에 올라 용아가 말했다. '천하명산 돌아다닌 힘은 다리 덕택이었기에, 세월이 갈수록 고생스러워 버선 신겨주었다네. 이제 연로하여 더는 다닐 수 없으니, 손 안에는 부서진 나무 국자 쥐고 있을 뿐' '나 백운은 그렇지 않으련다. 다리는 짚신 신을 기력도 없고, 손도 나무 국자 쥘 힘조차 없다네. 꼿꼿이 앉아 공양이나 받아 먹으니, 시주도 늘 안락하리라'. 上堂 擧 龍牙云 天下名山到因脚 年深辛苦與襪著 而今老大不能行 手裏把柄破木杓 白雲卽不然 脚也不能著草鞋 手亦不能把木杓 端坐受供養 施主常安樂", 『종용록』 38칙 「시중 示衆」(대정장48, p.252b29)에 "도적을 자식이라 여기고 종을 주인이라 여긴다. 깨진 바가지가 어찌 선조의 해골이겠는가? 나귀 말안장 조각도 전사한 아버지의 아래턱뼈가 아니다. 국토로 찢어 띠나 나눌 때 어떻게 주인을 가리겠는가? 以賊爲子 認奴作郎 破木杓 豈是先祖髑髏 驢鞍橋 亦非阿爺下頷 裂土分茅時 如何辨主", 『응암담화어록』 권9 「시무화사 示茂化士」(卍속장120, p.882b5)에 "흑백 가릴 눈 없는데 불성을 모호하게 하고 진여를 흐리멍텅하게 하는 일 면치 못하리. 그렇다면 흑백을 구분하는 눈이란 무엇일까? 부서진 나무 국자다. 若不具緇素眼 未免瞞頇佛性 儱侗眞如 且作麽生是緇素眼 破木杓", 『단교묘륜어록』 권상(卍속장122, p.422b16)에 "간옹화상이 찾아온 기념으로 법좌에 올라 말했다. '이곳저곳 가리지 않고 곳곳으로 돌아다니고 여기저기 따지지 않고 행각하였으니, 마지막에 사람을 알아보지도 못하는 신세가 될 줄이야 누가 알았겠소'? 한꺼번에 남들에게 거세게 몰리는 바람에 귀는 먹고, 시달리는 통에 머리는 새었구려. 원통한 마음에 지금껏 마음 붙여둘 곳조차 없군요. 마음 붙여둘 곳조차 없다니!' 불자를 세우고 말했다. '손에 부서진 나무 국자 쥐고 있을 뿐'. 簡翁和尙至 上堂 彼此遊方 彼此行脚 誰知末上 見人不著 一齊被他 激得耳聾 惱得頭白 怨氣至今無處著 無處著 豎拂云 手裏把箇破木杓", 『영각원현광록』 권8(卍속장125, p.492a5)에 "학인이 물었다. '부처란 무엇인지요?' '깨진 바가지다' '법이란 무엇인지요?' '거친 말이다' '승이란 무엇인지요?' '칼 차고 족쇄 묶인 사내다'. 僧問 如何是佛 師云 破木杓 曰如何是法 師云 惡語言 曰如何是僧 師云 擔枷帶鎖漢"라고 하였다. [참고문헌] 『五祖法演語錄』, 『從容錄』, 『應庵曇華語錄』, 『斷橋妙倫語錄』, 『永覺元賢廣錄』.

파무명삼매 破無明三昧 빛 없어 깜깜한 무명(Ⓢ avidyā)을 부수는 삼매. 『대지도론』 권97(대정장25, p.736c9)에 "또한 수다원도 무명을 부순다고 하지만 아라한이 되어야만 비로소 실제로 부순다. 대승법 중에서도 이와 같아서 신발의보살도 제법의 실상을 얻었기에 무명을 파했다고 하지만 부처에 이르러서야 무명을 남김없이 모두 파한다. 그러므로 살다파륜(Ⓢ Sadāprarudita)은 불법에 대해 사견과 무명과 아견이 모두 다했기에 파무명삼매라고 불러도 허물은 없다. 又須陀洹 亦名破無明 乃至阿羅漢 方是實破 大乘法中 亦如是 新發意菩薩 得諸法實相故 亦名破無明 乃至佛 無明盡破無餘 是故薩陀波崙 於佛法中 邪見 無明 及我見 皆盡故 得名破無明三昧 無咎", 『법화현의』 권5(대정장33, p.735b17)에 "무명은 비록 실재하지 않지만 있지 않으면서도 있기에 품계 없지 않으니, 일단 크게 나누면 42품이다. 그러나 그 품의 수가 무량무변하므로 『대지도론』에서도 '무명의 품류는 그 수가 매우 많기에 곳곳에서 파무명삼매를 설하였다'라고 하였다. 無明 雖無所有 不有而有 不無階品 一往大分 爲四十二品 然其品數 無量無邊 大論云 無明品類 其數甚多 是故處處說破無明三昧", 『마하지관』 권4(대정장46, p.46b12)에 "무명은 아득히 멀기에 설사 높은 경지에 있더라도 여전히 일분이 남아 있으니, 『대론』에서 '곳곳에서 파무명삼매를 설하였다'라고 한 말은 처음에 비록 무명을 파했더라도 후에 다시 파할 수밖에 없다. 無明長遠 設使上地 猶有分在 大論云 處處說破無明三昧者 初雖破 後更須破", 『대품경의소』 권10(卍속장38, p.309b10)에 "파무명삼매란, 무명을 파하기에 뛰어난 삼매를 얻는데, 파에 많은 품이 있으므로 무명 또한 많다. 또한 무명을 조복시키는 것도 파라고 한다. 破無明三昧者 由破無明故 得上三昧也 破有多品 無明亦多也 又伏無明 亦名破也"라고 하였다. [참고문헌] 『大智度論』, 『法華玄義』, 『摩訶止觀』, 『大品經義疏』. ⇨ 무명 無明

파미라천 波謎羅川 Ⓢ Pamīra. 파미르강. 대파밀천(大播蜜川)이라고도 한다. 『대당서역기』 권12(대정장51, p.941b13)에 "국경의 동북쪽으로 산을 넘고 계곡을 건너 위험한 길을 지나면서 칠백여 리를 가면 파미라천에 이른다. 동서로 천여리이고 남북으로 백여 리인데, 협소한 곳은 십리를 넘지 않는다. 두 설산 사이에 자리하고 있기에 한풍이 세게 불고, 봄여름에도 눈이 날리며 밤낮으로 회오리바람이 분다. 땅은 염분을 머금었고 자갈과 돌이 많아 씨를 뿌려도 잘 자라지 않고 초목도 희소해서 마침내 황무지가 되어 사람의 발길도 끊어졌다. 파라미천에는 (그 발원지인) 대용지(大龍池 : Zorkul호수)가 있는데 동서로 삼백여 리이고 남북으로 오십여 리이며, 대총령 내에 자리하니 섬부주 중에서 이 땅이 가장 높다. 물은 티 없이 맑디 맑은 거울 같아 깊이를 가늠하기 어려우며, 물빛은 검푸른 색을 띠고 물맛은 감미롭다. … 대용지의 서쪽으로 큰 물길이 흐르는데 서쪽으로 달마실철제국(Ⓢ Dharmasthiti : Wakhan 일대) 동쪽 지역에 이르러 박추하(Ⓢ Vakṣu : Amudarya)와 합쳐진 뒤 서쪽으로 흐르니, 이런 까닭에 이미 오른쪽으로 접어든 물은 모두 서쪽으로 흐른다. 대용지의 동쪽으로 큰 물길이 흐르는데 동북쪽으로 흘러 거사국(Kashgar)의 서쪽 지역에 이르러 사다하(Ⓢ Śītā)와 합쳐진 뒤 동쪽으로 흐르니, 이런 까닭에 이미 왼쪽으로 접어든 물은 모두 동쪽으로 흐른다. 파미라천 남쪽으로 산을 넘으면 발로라국(Ⓢ Balūra)이 있다. 國境東北 踰山越谷 經危履險 行七百餘里 至波謎羅川 東西千餘里 南北百餘里

狹隘之處不踰十里 據兩雪山間 故寒風凄勁 春夏飛雪 晝夜飄風 地鹹鹵 多礫石 播植不滋 草木稀少 遂致空荒 絶無人止 波謎羅川中 有大龍池 東西三百餘里 南北五十餘里 據大葱嶺內 當贍部洲中 其地最高也 水乃澄淸皎鏡 莫測其深 色帶靑黑 味甚甘美 … 池西派一大流 西至達摩悉鐵帝國東界 與縛芻河合而西流 故此已右 水皆西流 池東派一大流 東北至佉沙國西界 與徙多河合而東流 故此已左 水皆東流 波謎羅川南越山 有鉢露羅國"라고 하였다. 〔참고문헌〕『大唐西域記』.

파바 波婆 Ⓢ Ⓟ Pāvā의 음사어. 말라국(末羅國)의 지명. 파파(波波)라고도 한다. 사위성(舍衛城)과 왕사성(王舍城) 사이에 있으며, 부처님도 자주 지나셨던 곳이다. 부처님은 이곳 망고나무 숲에 머물며 춘다(Ⓟ Cunda : 純陀·准陀)에게 설법하셨으며, 그에게 받은 공양이 입멸의 인이 되었다고 알려졌다. 이곳 사람들은 부처님의 사리를 분배받았다. 『장아함경』 권8 「중집경 衆集經」(대정장1, p.49b27 : *Saṅgīti-sutta*, *DN.3*, p.207)에 "한때 부처님께서 말라국을 유행하셨는데, 1,250명의 비구와 함께 파바성에 있는 사두의 암파라는 동산에 이르셨다. 一時 佛於末羅遊行 與千二百五十比丘俱 漸至波婆城闍頭菴婆園 ekaṃ samayaṃ bhagavā mallesu cārikaṃ caramāno mahatā bhikkhu-saṃghena saddhiṃ pañca-mattehi bhikkhu-satehi yena pāvā nāma mallānaṃ nagaraṃ tad avasari", 『불소행찬』 권5(대정장4, p.46b1)에 "이 교계를 설하시고 나서 파바라는 성에 이르셨는데, 저곳의 역사 무리들이 종종 공양을 마련하였네. 說斯教誡已 至於波婆城 彼諸力士衆 設種種供養", 『번범어』 권8(대정장54, p.1038c21)에 "파바성〈정이라 한역한다〉. 波婆城〈譯曰 淨也〉", 『비나야잡사』 권37(대정장24, p.390b5)에 "그때 세존께서 아난다에게 이르셨다. '나는 이제 파파라는 마을〈파파는 죄악이라 한역한다〉에 가려 한다' '그러시군요'. 세존께서 당시 구시나성의 장사가 나는 땅에 가시고자 조금씩 걸어서 파파읍에 이르셨다. … 그때 대중 가운데 준다라는 이름의 대장장이 아들도 앉아서 법을 들었다. 爾時世尊告阿難陀曰 我今欲往 波波聚落〈波波 此云罪惡〉 答曰如是 世尊是時 欲往俱尸那城 壯士生地 漸至波波邑 … 時此衆中 有鍛師之子 名曰准陀 亦坐聽法", 『사분율명의표석』 권37(卍속장70, p.952b18)에 "파파 : 파파라고도 하며 죄악이라 한역한다. 장사 무리들이 거처하는 읍으로 구시성과 가까운 곳이다. 波婆 或云波波 此言罪惡 亦壯士種 所居之邑 與拘尸城相鄰也"라고 하였다. 〔참고문헌〕『長阿含經』, 『佛所行讚』, 『翻梵語』, 『毘奈耶雜事』, 『四分律名義標釋』, *DN.*, *Mp-s.252*.

파바라나 波頗羅那 중인도 출신 역경승 파라바가라밀다라(波羅頗迦羅蜜多羅 Ⓢ Prabhākaramitra)의 다른 이름. 『자은전』 권8(대정장50, p.266a25)에 "정관 초에 파바라나가 역경함에 좌복야 방현령·조군왕 이효경·태자첨사 두정륜·태부경 소경 등에게 칙을 내려 감수·교열·편집을 하게 했으나 지금은 유독 이런 일이 없습니다. 貞觀初波頗羅那譯經 勅左僕射房玄齡 趙郡王李孝恭 太子詹事杜正倫 太府卿蕭璟等 監閱詳緝 今獨無此"라고 하였다. 〔참고문헌〕『慈恩傳』. ⇨ 파라바가라밀다라 波羅頗迦羅蜜多羅

파바리 波婆利 Ⓢ Pravarī의 음사어. ❶ 미륵의 성(姓). 파바리(波婆梨)라고도 한다. 『미륵상생경』(대정장14, p.419c14)에 "부처님께서 우파리에게 말씀하셨다. '미륵은 먼저 바라나국 겁바리촌의 파바리라는 대바라문 집안에 태어날 것이다'. 佛告優波離 彌勒先於波羅捺國劫波利村波婆利大婆羅門家生"라고 하였다. 〔참고문헌〕『彌勒上生經』. ⇨ 파바리 波婆梨 ❷ 원림(園林) 이름. 『번범어』 권9(대정장54, p.1046b1)에 "파화리〈파바리라고 해야 한다. 한역하면 모의이다〉. 波和利〈應云波婆利 譯曰毛衣〉"라고 하였다. 〔참고문헌〕『翻梵語』. ⇨ 파바리암바림 波波利菴婆林

파바리 波婆梨 Ⓢ Pravarī의 음사어. 사람 이름. 파리불다라국(波梨弗多羅國 Ⓢ Pāṭaliputra)의 국사로서 부처님 재세 시 제자 미륵(彌勒)의 외숙. 리(梨)는 리(利)로도 쓴다. 미륵은 원래 외숙인 파바리의 오백제자 중 한 명이었는데 부처님께 귀의하였고, 그 역시 120살의 나이로 귀의하여 아나함(阿那含)이 되었다. 『현우경』 권12(대정장4, p.432c1)에 "그 아이(미륵)에게는 파바리라는 이름의 외숙이 있었는데 파리불타라국의 국사로서 총명함이 높고 넓으며 지혜와 재주가 뛰어나 오백제자들이 항시 따르며 묻고 배웠다. … 파바리는 이 말을 듣고는 기쁨이 마음에 일어나서 자리에서 일어나서는 무릎을 꿇고 합장하면서 왕사성을 향해 다음처럼 진심으로 아뢰었다. '성인을 만나는 세상에 태어났다 하나 직접 만나기는 참으로 어려워 마음 같아서는 존귀한 모습을 뵈면서 청정한 교화를 받고 싶지만 나이가 들어 늙고 쇠약해 다리 힘이 강하지 못하니, 간절한 정성은 있지만 제 스스로는 갈 수가 없습니다. 자비로우신 세존이시여! 사람의 마음을 내다보시어 원컨대 왕림하셔서 직접 제도하여 주시옵소서'. 그러자 세존께서는 멀리서 그 마음을 아시고 팔을 굽혔다 펼 사이에 그 앞에 오셨다. … 부처님께서 그에게 설법하시자 그는 아나함이 되었다. 其兒有舅 名波婆梨 在波梨弗多羅國 爲彼國師 聰明高博 智達殊才 五百弟子 恒逐諮稟 … 波婆梨聞已 喜發於心 卽從坐起 長跪合掌 向王舍城 自說誠言 生遭聖世 甚難値遇 思覩尊容 稟受淸化 年已老邁 足力不强 雖有誠

款 靡由自達 世尊大慈 豫知人心 唯願屈神 來見接濟 於時如來 遙知其意 屈伸臂頃 來到其前 … 佛爲說法 逮阿那含"라고 하였다. 〔참고문헌〕『賢愚經』.

파바리암바림 波波利菴婆林 Ⓢ Pravarī-āmravana, Ⓟ Pāvārikambavana. 원림(園林) 이름. 바(波)는 바(婆)로도 쓰고, 암바림은 엄차림(掩次林)이라고도 한다. 『장아함경』 권12 「자환희경 自歡喜經」(대정장1, p.76b24)에 "한때 부처님께서는 나난다(Ⓟ Nāḷandā)성의 파바리암바림에서 대비구 대중 천이백오십인과 함께 계셨다. 一時 佛在那難陀城 波波利菴婆林 與大比丘衆千二百五十人俱", 같은 책 권16 「견고경 堅固經」(대정장1, p.101b15)에 "한때 부처님께서는 나난다(Ⓟ Nāḷandā)성의 파바리엄차림에서 대비구 천이백오십인과 함께 계셨다. 一時 佛在那難陀城 波婆利掩次林中 與大比丘衆千二百五十人俱", 『번범어』 권9(대정장54, p.1046c19)에 "파바리암바림〈파바리암바라라고 해야 한다. 파바리는 '의'로 한역하며, 암바라는 과일의 이름이다〉. 波婆梨菴婆林〈應云婆波梨菴波羅 譯曰波婆梨者衣 菴波羅者菓名也〉"라고 하였다. 〔참고문헌〕『長阿含經』, 『翻梵語』, *DN.1.211.*

파바밀다라 波頗蜜多羅 파라바가라밀다라(波羅頗迦羅蜜多羅 Ⓢ Prabhākaramitra)의 줄인 이름. 『당고승전』 권3(대정장50, p.441b14)에 "중천축국 출신 삼장법사 파바밀다라는 학문은 소승(半)과 대승(滿)을 겸하였고, 여러 이론을 널리 꿰었다. 자신을 잊고 정신을 다스려 현묘함을 탐구하여 마음을 함양했다. 이곳저곳 주유하면서 마음속에 중생을 이롭게 할 뜻을 품었다. 中天竺國三藏法師波頗蜜多羅 學兼半滿 博綜群詮 喪我怡神 搜玄養性 遊方在念 利物爲懷"라고 하였다. 〔참고문헌〕『唐高僧傳』. ⇨ 파라바가라밀다라 波羅頗迦羅蜜多羅

파바밀다라삼장오교 波頗蜜多羅三藏五教 파라바가라밀다라(Ⓢ Prabhākaramitra)삼장이 세운 오교. 『화엄경소초현담』 권4(卍속장8, p.476b18)에 "다섯째로 오교를 세웠는데 대략 두 부류다. 첫째로 파바삼장이 세웠는데, 첫째 사제교는 『아함경』 등이고, 둘째 무상교는 반야부 경전들이며, 셋째 관행교는 『화엄경』이고, 넷째 안락교는 『열반경』을 말하니 상락을 설했기 때문이며, 다섯째 수호교는 『대집경』을 말하니 정법을 수호한 일을 설했기 때문이다. 첫째로 파바삼장이란 『반야등론 般若燈論』 「서문 序文」에 따르면 '중천축국의 삼장법사 파바밀다라는 명우라고 한다'라고 하였다. 第五立五教 略有二家 一 波頗三藏立 一 四諦教 謂阿含等 二 無相教 謂諸般若 三 觀行教 謂華嚴經 四 安樂教 謂涅槃經 說常樂故 五 守護教 謂大集經 說守護正法事故 一 波頗三藏者 案 般若燈論 序云 中天竺國 三藏法師 波頗密多羅 唐言 明友"라고 하였다. 〔참고문헌〕『華嚴經疏鈔玄談』. ⇨ 파라바가라밀다라 波羅頗迦羅蜜多羅, 명지식 明知識, 오교 五教❹, 파바오교 波頗五教

파바사 婆婆娑 Ⓢ prabhāsa의 음사어. 광(光)이라 한역한다. 『금광명최승왕경소』 권1(대정장39, p.180b3)에 "파바사〈광이라 한역〉. 광명이란 말은 말의 편의를 따른 것이다. 婆婆娑〈此云 光〉 言光明者 遂言便也"라고 하였다. 〔참고문헌〕『金光明最勝王經疏』.

파바삼장 波頗三藏 삼장법사 파라바가라밀다라(波羅頗迦羅蜜多羅 Ⓢ Prabhākaramitra). 『화엄경소초』 권7(대정장36, p.52b10)에 "파바삼장은 「반야등론서」에 따르면, '중천축 출신의 삼장으로서 파바밀다라는 붕우로 한역한다'. 波頗三藏者 據般若燈論序云 中天竺三藏波頗蜜多羅 唐言朋友", 『아미타경소』 권1(대정장37, p.311a18)에 "파바삼장이 말하길 '응신불의 정토에는 범부·이승·지전보살 모두가 있지만, 보신불의 정토에는 오직 대보살만이 있다'라고 하였다. 波頗三藏云 應佛淨土 有凡夫二乘地前菩薩 報佛淨土 唯大菩薩"라고 하였다. 〔참고문헌〕『華嚴經疏鈔』, 『阿彌陀經疏』. ⇨ 파라바가라밀다라 波羅頗迦羅蜜多羅

파바성 波婆城 Ⓟ Pāvā. 부처님 재세 시 말라(末羅 Ⓢ Ⓟ Malla : 力士)족이 모여 살던 성. 왕사성(王舍城 Ⓢ Rājagṛha) 인근에 있었다. 『장아함경』 권8 「중집경 衆集經」(대정장1, p.49c6 : *Saṅgīti-sutta, DN.3,* p.210)에 "그때 사리불이 비구들에게 말했다. '지금 이 파바성에 니건자가 있는데 목숨을 마친 지 얼마 되지 않아 그 뒤 제자들이 두 부류로 나뉘어 항시 서로 다투며 장단을 따지고 서로 욕하면서 시비를 따지고 있다'. 時 舍利弗告諸比丘 今此波婆城 有尼乾子 命終未久 其後弟子分爲二部 常共諍訟 相求長短 迭相罵詈 各相是非 atha kho āyasmā sāriputto bhikkhū āmantesi. nigaṇṭho āvuso nāthaputto pāvāyaṃ adhunā kālakato, tassa kālakiriyāya bhinnā nigaṇṭhā dvedhikajātā bhaṇḍanajātā kalahajātā vivādāpannā aññamaññaṃ mukhasattīhi vitudantā viharanti", 『십송율』 권60(대정장23, p.445c14)에 "불바가바께서 구시성의 사라쌍수 사이에 있는 역사의 주처에서 반열반하시자 구시성의 역사들이 부처님의 몸에 공양을 올렸다. 이때 장로 마하가섭은 오백비구를 인솔하여 파바성에서 구시성으로 가고 있었다. 두 성의 중간에 이르자, 또한 범지가 천상의 만다라꽃을 지닌 채 구시성을 떠나 파바성으로 가고 있었다. 장로 마하가섭이 물었다. '그대는 우리 대사를 아십니까?' '알고 있습니다! 그대의 큰 스승께서는 사라쌍수 사이의 말라족주처에서 반열반하셨는데 오늘로 일곱 날이 지났습니다. 모든 천신과 세인들이 부처님의 몸에 공양하니 저도 거기서 이 천상의 만다라꽃을 얻었습니다'. 佛婆伽婆 在拘尸城娑羅雙樹間力士住處般涅槃 拘尸諸力士供養佛身 是時長老摩訶迦葉 將五百比丘從波婆城 欲到拘尸城 二城中間 爾時有梵志 持天曼陀羅華 發拘尸城 欲詣波婆城 長老摩訶迦葉問 汝識我大師不 答言 識汝大師 娑羅雙樹間力士住處般涅槃 今已七日 諸天世人 供養佛身 我從彼得此天曼陀羅華來"라고 하였다. 〔참고문헌〕『長阿含經』, 『十誦律』, *DN.* ⇨ 파바 波婆

파바오교 波頗五教 파라바가라밀다라(波羅頗迦羅蜜多羅 Ⓢ Prabhākaramitra)삼장이 세운 오시교(五時教). 파바오설(波頗五說)이라고도 한다. 『속화엄경약소간정기』 권1(卍속장5, p.18a13)에 "당초에 파바삼장 또한 오교를 세웠다. 첫째는 사제교로 소승경을 말하고, 둘째는 무상교로 반야경을 말하고, 셋째는 관행교로 화엄경을 말한다. 이상의 삼교는 달마급다의 설과 같다. 넷째는 안락교로 열반경을 말하니 상락아정을 설하기 때문이고, 다섯째는 수호교로 대집경을 말하니 정법을 수호하는 일을 설하기 때문이다. 唐初波頗三藏 亦立五教 一 四諦教 謂小乘經 二 無相教 謂般若經 三 觀行教 謂華嚴經 此上三教 同笈多說 四 安樂教 謂涅槃經 說常樂故 五 守護教 謂大集經 說守護正法事故"라고 하였다. 〔참고문헌〕『續華嚴經略疏刊定記』.

파바읍 波波邑 Ⓟ Pāvā. 석존(釋尊)의 최후 즉 열반 전후의 인연사가 전하는 곳이다. 『유부율잡사』 권37(대정장24, p.390b5)에 "그때 세존께서는 아난다에게 말씀하셨다. '나는 이제 파바취락〈파바는 죄악이라 한역한다〉으로 갈 것이다' '그렇게 하옵소서'. 세존께서는 이때 구시나성으로 가는 차에 점차로 말나족(壯士)이 태어나 사는 파바읍에 이르러 절록가원림(Ⓟ Jarūkāvanasaṇḍa)에 의지해 머무셨다. 사람들이 듣고는 함께 논의하고 동행하였다. 파바읍에서 나와 부처님 계신 곳으로 가서는 발에 예를 올리고 한쪽에 앉으니 부처님께서 법을 설해 보이시어 이롭고 기쁘게 하셨다. 이때 이 대중 가운데에는 대장장이 아들인 춘다가 있어 역시 앉아 설법을 들었다. … 그때 세존께서 아난다에게 말씀하셨다. '나는 이제 구시나성으로 갈 것이다'. 그러나 아난다가 부처님의 말씀을 듣고는 부처님 뒤를 따라 파바읍으로 향했다. 금하(Ⓢ Hiraṇyavatī : 希連河)에 이르기 전 도중의 길가에 잠시 머무시며 아난다에게 말씀하셨다. '지금 내 등이 아프니 너는 내 올다라승가(Ⓢ uttarāsaṅga : 上衣)를 네 겹으로 접어주거라. 그 위에 누워 쉬려고 한다'. 爾時 世尊告阿難陀曰 我今欲往波波聚落〈波波此云罪惡〉 答曰 如是 世尊是時欲往倶尸那城壯士生地 漸至波波邑 依折鹿迦林而住 諸人聞已 衆議同行 出波波邑 往詣佛所 到已禮足 在一面坐 佛爲說法示教利喜 時此衆中 有鍛師之子 名曰准陀 亦坐聽法 … 爾時 世尊告阿難陀 我今欲往拘尸那城 時阿難陀 聞佛告已 卽隨佛後 漸向波波邑 未到金河 於此中間路邊暫住 告阿難陀 我今背痛 汝可以我嗢呾羅僧伽 疊爲四重 我欲偃臥 以自消息", 『대비바사론』 권30(대정장27, p.156a11)에 "불세존께서 교화의 인연이 다해 적멸에 드시려 구시성으로 가고 계실 때였다. 파바읍의 오백말나족 사람들은 이 일을 듣고는 부처님을 위해 길을 수리하고 있었다. 그 길 위에 길이 육십주에 너비 삼십주 되는 큰 돌이 있어 말나족 사람들이 옮기려 온 힘을 다했으나 움직일 수 없었다. …(직접 육신의 힘과 신통의 힘과 승해의 힘으로 그 돌을 옮기신 뒤) 부처님께서 말나족에게 말씀하셨다. '나의 부모로부터 받은 육신의 힘과 신통의 힘과 승해의 힘은 오늘 밤 모두 무상이라는 힘에 의해 사라지고 무너질 것이다'. 謂佛世尊化緣 將盡欲入寂滅 往拘尸城波波邑中 五百力士聞已 爲佛修治道路 當彼路上 有一大石 長六十肘 廣三十肘 彼諸力士 欲轉去之 盡其身力 不能令動 … 佛告力士 謂我父母生身之力 若神通力 及勝解力 今日中夜 皆爲無常力之滅壞"라고 하였다. 〔참고문헌〕『有部律雜事』, 『大毘婆沙論』, *DN.3.210.* ⇨ 파바 波婆

파박 擺撲 붙들려 시달리다. 밖의 경계 등에 붙들려 어쩌지 못하다. 『임제록』(대정장47, p.498c15)에 "흐르는 세월은 매우 아깝건만 념념으로 무상하다. 거칠게는 지수화풍, 미세하게는 생주이멸이라는 사상으로 내몰린다. 도를 닦는 무리들이여, 바로 지금 네 가지로 상 없는 경계를 알아차려야만 그 경계에 붙들려 시달리는 일 면할 수 있으리라. 光陰可惜 念念無常 麤則被地水火風 細則被生住異滅 四相所逼 道流 今時且要識取 四種無相境 免被境擺撲", 『밀운어록』 권4(가흥장10, p.25b4)에 "다만 누구나 주장자 끝을 향해 묵묵히 상응하고 묵묵히 맡길 뿐이어서, 성색 향한 끝에 앉거나 누우며 소리와 색에서 쉬기도 하지만, 어떤 소리와 색에도 갇히지 않고 어떤 소리와 색에도 돌아보지 않으며, 어떤 소리와 색에도 붙들려 시달려서는 안 된다. 秖要人向拄杖頭邊 默契默運 向聲色頭上坐臥 聲色頭上安開 不被一切聲色之所籠罩 一切聲色之所回換 一切聲色之所擺撲 始得"라고 하였다. 〔참고문헌〕『臨濟錄』, 『密雲語錄』.

파반낭결사파 播般囊結使波 Ⓢ Padanakaṣipa. 명왕(明王). 보척(步擲)으로 한역한다. 8대 명왕 중 하나로서 보현보살의 변화신이다. 오른손에는 산개를 쥐고 왼손에는 금강저를 들었으며 몸 전체는 허공의 색이며 광명을 내뿜는 모습으로 묘사된다. 실역경으로 『파반낭결사파금강념송의 播般囊結使波金剛念誦儀』 1권이 전한다. ⇨ 보척명왕 步擲明王

파발 擺撥 털어 없애다. 속박 따위에서 벗어나다. 『일체경음의』 권91(대정장54, p.882c18)에 "파발〈파는 백과 매를 반절한 음으로 속자이다. 바른 글자체는 비(卑)와 수(手)를 합한 패(捭)이다. 『고성』에 '손을 떨친다는 뜻이다'라고 하였다. 발은 반과 말을 반절한 음이다. 하주 『공양』에 '발은 난을 다스린다는 뜻이다'라고 하였고, 『광아』에 '없앤다는 뜻의 제다'라고 하였다〉. 擺撥〈上百買反 俗字也 正體從卑從手作捭 考聲 揮手也 下般末反 何注公羊 撥理亂也 廣雅除也〉", 『원오어록』 권1(대정장47, p.715c1)에 "현묘한 기틀을 홀로 노래하며 온갖 번뇌를 끊어버리고, 털어 없애어 묶이지 않으며 더 이상 맞바꿀 일 없다. 설령 석가와 미륵일지라도 정면에서 마주해 볼 수 없으리라. 玄機獨唱 截斷衆流 擺撥不拘 更無回互 直饒釋迦彌勒 不敢當頭著眼", 같은 책 권19(대정장47, p.803a22)에 "부처와 조사의 속박 털어 없애고 홀가분하게 격 밖으로 벗어난다. 한 물건마저도 어떻게 할 수 없으니 그 어디로도 자재하다. 擺撥佛祖縛 曠然繩墨外 一物亦不爲 縱橫得自在", 『벽암록』 50칙 「평창 評唱」(대정장48, p.185c4)에 "만약 뜻의 뿌리 향해 끝없이 파 뒤진다 해도 결국 아무리 더듬어도 찾을 수 없다. 이 화두는 쇠막대기와 비슷하여 털어 없앨 수 없고 부리를 꽂는다고 해도 얻지 못한다. 若向意根下尋 卒摸索不著 這箇如鐵橛子相似 擺撥不得 挿觜不得", 『방거사어록』 권중(卍속장120, p.69b5)에 "이름도 모양도 공이라고 깨우치면 일마다에 모두 남김 없이 성성할 것이고, 심왕에 장애가 없으니 삼계의 행으로부터 털고 벗어나리라. 若了名相空 事盡總惺惺 心王無障礙 擺撥三界行", 『요암청욕어록』 권1(卍속장123, p.595a5)에 "가시 돋힌 밤송이를 삼키고 금강의 울타리를 뚫고 나오면 둘셋씩 무리지어 오더라도 털어 없애지 않고, 천만씩 떼지어 닥쳐와도 기꺼이 만나리라. 栗棘蓬 金剛圈 呑透得過 三三兩兩 擺撥不下 萬萬千千 欽遇"라고 하였다. [참고문헌] 『一切經音義』, 『圜悟語錄』, 『碧巖錄』, 『龐居士語錄』, 『了菴淸欲語錄』.

파방장 把放帳 절에서 금전의 출납용으로 쓰는 장부. 파는 수입(收入), 방은 지출(支出)의 뜻이다. 무루관(無漏關)·춘추파방장(春秋把放帳)이라고도 한다.

파번뇌 破煩惱 번뇌를 부순 이. 바가바(婆伽婆 Ⓢ Bhagavat)의 한역어. 능파(能破)·파정지(破淨地)·출유괴(出有壞)라고도 하지만 대개 바가바는 세존(世尊)으로 의역한다. 40권본 『대반열반경』 권18(대정장12, p.469c18)에 "바가바의 바가(Ⓢ Bhaga)는 파, 바(Ⓢ vat)는 번뇌이니 능히 번뇌를 부수므로 바가바라 이름한다. 婆伽婆者 婆伽名破 婆名煩惱 能破煩惱故 名婆伽婆", 『대지도론』 권2(대정장25, p.70c2)에 "바가는 부수다, 바는 능하다 이니, 이분은 능히 음탕·성냄·어리석음을 부수므로 바가바라 칭한다. 婆伽名破 婆名能 是人能破婬怒癡故 稱爲婆伽婆", 『번범어』 권1(대정장54, p.983a7)에 "바가바〈『대지도론』에서 '바가는 덕, 바는 유이니 한역하면 대덕이고 또한 파번뇌라 하였다'〉. 婆伽婆〈論曰 婆伽言德 婆言有 譯曰大德 亦破煩惱〉"라고 하였다. [참고문헌] 『大般涅槃經』, 『大智度論』, 『翻梵語』. ⇨ 바가바 婆伽婆, 박가범 薄伽梵, 능파 能破 ■, 파정지 破淨地

파번뇌비구 破煩惱比丘 Ⓢ bhinna-kleśatvāt bhikṣuḥ. 번뇌를 부순 비구. 사종비구(四種比丘) 중 파혹필추(破惑苾芻)라고도 하며 아라한을 말한다. 『십송율』 권1(대정장23, p.2a27)에 "비구의 경우 네 부류가 있다. 첫째는 명자비구, 둘째는 자언비구, 셋째는 위결비구, 넷째는 파번뇌비구이다. … 파번뇌비구란 모든 유루에 결박된 번뇌중생은 다음 생의 몸을 받아 괴로움의 과보에 시달리고, 생사왕래하며 상속하는 인연이다. 만약 지견으로 이 유루를 끊어서 그 근본을 다하면 마치 다라수 몸통을 잘라 결코 더이상 자랄 수 없게 하는 것과 같으니 이를 파번뇌비구라 한다. 若比丘者有四種 一者 名字比丘 二者 自言比丘 三者 爲乞比丘 四者 破煩惱比丘 … 破煩惱比丘者 諸漏結縛煩惱衆生 能受後身 生熱苦報 生死往來 相續因緣 若能知見 斷如是漏拔盡根本 如斷多羅樹頭 畢竟不生 是名破煩惱比丘", 『사분율소식종의기』 권4(卍속장66, p.148a7)에 "(네 부류의 비구 중) 넷째는 파번뇌비구이니, 모든 유루로 맺은 번뇌가 끝내 생겨나지 않는 것을 파번뇌비구라 한다. 四 破煩惱比丘 諸漏結纏 畢竟不生 是名破煩惱比丘"라고 하였다. [참고문헌] 『十誦律』, 『四分律疏飾宗義記』, *Abh-k-bh.223*. ⇨ 파혹필추 破惑苾芻, 사종비구 四種比丘 ■

파범부 破凡夫 망가진 범부. 눈 멀어 안목 없는 범부. 『운문광록』 권중(대정장47, p.555c21)에 "부대사가 '선의 강물 물결 따르지만 고요하고, 정의 물줄기 파도를 쫓아서도 맑다'라고 한 말을 들고는 운문이 주장자를 잡고 등롱을 가리키며 말했다. '보았는가? 만약 보았다고 한다면 필시 안목이 망가진 범부이고, 못 보았다면 한 쌍의 눈 있어야 하리니, 그대는 어떻게 이해하는가?' 擧 傅大士云 禪河隨浪靜 定水逐波淸 師拈拄杖 指燈籠云 還見麽 若言見 是破凡夫 若言不見 有一雙眼在 爾作麽生會", 『대혜어록』 권16(대정장47, p.879c4)에 "부처라는 한 글자조차도 듣기 싫다면 달마는 참으로 늙고 냄새나는 오랑캐이고, 십지보살은 똥짐 짊어진 일꾼이며, 등각과 묘각은 눈 없는 범부이고, 보리와 열반은 나귀 묶어두는 말뚝이다. 佛之一字 尙不喜聞 達磨灼然 是甚老臊胡 十地菩薩 是擔糞漢 等妙二覺 是破凡夫 菩提涅槃 是繫驢橛", 『나암정수선사어』(속고존숙어요5, 卍속장119, p.80a12)에 "움직이기만 하면 경 따라 구르고, 조용히 있으면 법에 묶이니 이를 눈먼 범부라 한다. 動爲境轉 靜爲法縛 正是破凡夫"라고 하였다. 〔참고문헌〕『雲門廣錄』, 『大慧語錄』, 『懶菴鼎需禪師語』.

파범부조취한 破凡夫臊臭漢 망가진 범부에 냄새나는 놈. 『서장』 권30 「답손지현 答孫知縣」(대정장47, p.941a2)에 "후에 늑담(泐潭)의 진정화상(眞淨和尙)이 『개증론 皆證論』을 지었는데, 그 책에서 규봉선사를 통렬하게 꾸짖으며 쓸모없고 누린내만 풍기는 인간이라고 하였습니다. 後來泐潭眞淨和尙 撰皆證論 論內痛罵圭峯謂之破凡夫臊臭漢"라고 하였다. 〔참고문헌〕『書狀』.

파법 破法 Ⓢ dharma-vyasana-saṃvartanīya, Ⓣ phongs-par-'gyur-ba. 법을 무너뜨리다. 삿된 견해에 의지해 말과 행위로 정법을 무너뜨리는 것을 말한다. 방법(謗法)이라고도 한다. 『방광대장엄경』 권7(대정장3, p.581c16 : *Lal-v.*, p.188)에 "내가 오탁악세에 나서 염부제에 태어나니, 수많은 사견인들이 법을 무너뜨리고 다른 도를 행하는구나. 我出濁惡世 生此閻浮提 多諸邪見人 破法行異道 pañcasu kaṣāya-kāle hīne'dharma-adhimuktike loke, jāto'smi jambudvīpe dharma-kriya-uddhure loke", 『법화경』 권5 「용출품 踊出品」(대정장9, p.41c24 : *Saddh-p.*, p.312)에 "새롭게 불법에 뜻을 일으킨 모든 보살들이 부처님 입멸 뒤에 이러한 말씀을 듣는다면 믿어 받아들이지 못해 법을 파하는 죄업인연을 일으키지 않을까요? 然諸新發意菩薩 於佛滅後 若聞是語 或不信受 而起破法 罪業因緣 navayāna-saṃprasthitāḥ khalu punar-bhagavan-bodhisattvā mahāsattvā vicikitsām-āpadyante. atra sthāne parinirvṛte tathāgata imaṃ dharma-paryāyaṃ śrutvā na pattīyiṣyanti na śraddhāsyanti na-adhimokṣyanti. tatas-te bhagavan-dharma-vyasana-saṃvartanīyena karma-abhisaṃskāreṇa samanvāgatā bhaviṣyanti", 『제법집요경』 권8(대정장17, p.498a22)에 "선지식 버리고 떠나 악한 벗 가까이 두기를 좋아해서 법을 파하는 인연을 지으니 이를 사명이라 한다. 捨離善知識 樂習近惡友 爲破法因緣 此說爲邪命", 『원각경』(대정장17, p.917b2)에 "모든 장애 그대로 구경각이고, 득념과 실념 어느 편이나 해탈 아님 없으며, 성법과 파법을 모두 열반이라 한다. … 모든 번뇌가 필경해탈이니, 법계의 바다같은 지혜로써 모든 상이 허공과 같다고 비추어 깨닫는다. 이것의 이름이 여래께서 각성을 수순함이라 한다. 一切障礙 卽究竟覺 得念失念 無非解脫 成法破法 皆名涅槃 … 一切煩惱 畢竟解脫 法界海慧 照了諸相 猶如虛空 此名如來隨順覺性", 『대승의장』 권7(대정장44, p.608b17)에 "파법이란 무슨 뜻인가? 법에 두 종류가 있다. 하나는 삿된 법이고 다른 하나는 정법이다. 삿된 것이 능히 파하는 것이 되어서 바른 것을 부서지게 한다. 言破法者 法有二種 一邪二正 邪爲能破 正爲所破", 『법화의소』 권9(대정장34, p.586a22)에 "수호한다고 말하지만, 법상은 그대로 고요하여 수호할 필요가 없다. 그릇이 아닌 사람에게 함부로 전하면 법을 파하는 짓이니, 법을 파하는 사사로운 생각을 막는 것을 수호라 한다. 所言守護者 然法相寂然 不須守護 非器妄傳 則便破法 以防於破法之情 故言守護", 원측(圓測)의 『인왕경소』 권하(한불전1, p.122c3)에 "〈경〉 모든 악비구들 ~ 파국인연을 설한다. 〔석〕 두 번째로 악을 보임이다. 모든 악비구들은 명리를 구하기에 왕 등 앞에서 스스로 파법과 파국인연을 설한다. 비구가 스스로 설하니 파법이라 하고, 왕으로 하여금 짓게 하니 파국이라 한다. 諸惡比丘 至 破國因緣 釋曰 第二 示惡也 諸惡比丘 求名利故 於王等前 自說破法破國因緣 比丘自說 名爲破法 敎王令作 名爲破國"라고 하였다. 〔참고문헌〕『方廣大莊嚴經』, 『法華經』, 『諸法集要經』, 『圓覺經』, 『大乘義章』, 『法華義疏』, 『仁王經疏』, *Lal-v.*, *Saddh-p.* ⇨ 방법 謗法, 이단 異端

파법륜 破法輪 Ⓢ cakra-bheda. 법의 수레바퀴를 부수다. 정법(正法)의 화합승가(和合僧)를 무너뜨리는 일이어서 파승(破僧)이라 한다. 『대비바사론』 권116(대정장27, p.602b26)에 "파법륜이란, 다른 스승과 다른 도를 세우는 것이니, 가령 제바달다가 '내가 대사이지 사문 교답마는 아니다. 오법이 도이지 교답마가 설한 팔지성도는 아니다. 왜 그러한가? 오법을 수습할 수 있는 이는 지체 없이 열반을 증득하지만 팔지성도는 그렇지 못하다. 어떤 것이 오법인가? 목숨이 다할 때까지 분소의를 입고, 걸식하여 먹고, 오직 한 자리에서 먹고, 항상 야외 노천에서 기거하고, 항상 일체 생선이나 고기의 혈미 · 소금 · 연유 · 우유 등을 먹지 않는 것이다'. 破法輪者 謂立異師異道 如提婆達多 言我是大師 非沙門喬答磨 五法是道 非喬答磨所說八支聖道 所以者何 若能修習是五法者 速證涅槃 非八支道 云何五法 一者 盡壽著糞掃衣 二者 盡壽常乞食食 三者 盡壽唯一坐食 四者 盡壽常居迥露 五者 盡壽不食一切魚肉血味鹽酥乳等"라고 하였다. 〔참고문헌〕『大毘婆沙論』, *Abh-k-bh.262.* ⇨ 오사 五事, 파승 破僧, 화합승 和合僧

파법륜승 破法輪僧 Ⓢ cakra-bheda, Ⓣ 'khor-lo'i-dbyen. 법의 수레바퀴를 굴리는 승가의 화합을 깨는 일. 파륜(破輪) · 파승(破僧 Ⓢ saṃgha-bheda : 破和合僧)이라고도 한다. 『구사론』 권18(대정장29, p.93b26)에 "파승을 말하자면 부처님과는 다른 스승과 다른 그 밖의 성도가 있다고 승인해 말해서 승가의 화합을 깬다. 이런 일이 있게 되면 반드시 그날 밤에 화합하여 그

날 밤을 넘기지 않아야 한다. 이와 같은 것을 파법륜승이라 한다. 성도의 수레바퀴를 장애하여 대중의 화합을 무너뜨리기 때문이다. 어떤 주에서 몇 사람에 의해 법륜의 승가가 파괴되는가? … 〔논〕 섬부주 사람들만이 그렇게 할 수 있고, 적게는 아홉 명이나 그 이상이 되어야 능히 법륜승을 파할 수 있다. 그 밖의 주에서는 그렇게 할 수 없으니, 부처님이 없기 때문이다. 세존께서 계시는 곳이어야 다른 스승도 있다고 할 수 있다. 여덟 명의 필추가 나뉘어 두 집단으로 될 때라야 승가가 무너지는데, 화합을 깨는 당사자는 아홉 번째 사람이기에 승중은 최소한 아홉 명이 필요하다. 要所破僧 忍師異佛 忍異佛說 有餘聖道 應說僧破 在如是時 此夜必和 不經宿住 如是名曰破法輪僧 能障聖道輪 壞僧和合故 何洲人幾破法輪僧 … 論曰 唯贍部洲人 少至九 或復過此 能破法輪 非於餘洲 以無佛故 有世尊處 方有異師 要八苾芻 分爲二衆 以爲所破 能破第九 故衆極少 猶須九人", 『순정리론』 43(대정장29, p.588a2)에 "이와 같은 경우를 파법륜승이라 한다. 부처님의 법륜을 장애하여 승가의 화합을 무너뜨리기 때문이다. 승가가 무너지고 사도가 일어날 때 성도는 끊어져 잠시 법륜이 구르지 못한다. 사도란 제바달다가 오사만을 출리도라고 그릇되게 주장한 일이다. 첫째는 우유 등을 수용하지 않을 것, 둘째는 고기를 먹지 않을 것, 셋째는 소금을 먹지 않을 것, 넷째는 재단되지 않은 의복을 입는 것, 다섯째는 취락 변두리의 절에 기거하는 것이다. 만약 그가 설한 것들을 승인한다면, 파법륜이고, 파승이다. 如是名曰破法輪僧 能障佛法輪 壞僧和合故 謂由僧壞 邪道轉時 聖道被遮 暫時不轉 言邪道者 提婆達多妄說 五事爲出離道 一者 不應受用乳等 二者 斷肉 三者 斷鹽 四者 應被不截衣服 五者 應居聚落邊寺 衆 若忍許彼所說時 名破法輪 亦名僧破"라고 하였다. 〔참고문헌〕『俱舍論』, 『順正理論』, *Abh-k-bh.261.* ⇨ 파승 破僧, 파화합승 破和合僧, 파갈마 破羯磨, 오사 五事

파법변 破法遍 천태(天台)에서 설정한 십승관법(十乘觀法) 중 네 번째. 파제법변(破諸法遍)・능파법변(能破法遍)・파변(破遍) 등이라고도 하며, 공가중(空假中) 삼관(三觀)으로 법에 대한 모든 집착을 두루 무너뜨린다. 『법화현의』 권9상(대정장33, p.790a8)에 "넷째, 파법변을 밝힌다. 이 묘혜는 금강의 도끼와 같아서 헤아리는 일 모두 부수어 버리니, 마치 가림 없는 해와 같아서 임하면 모두 밝아진다. 만약 생사 그대로 열반이라면 분단변역생사 등 고제 모두 부순다. 번뇌 그대로 보리라면 사주지와 오주지의 번뇌 등 집제가 모두 무너진다. 비록 능히 파한다 해도 파할 것이 없다. 왜 그런가? 생사 그대로 열반이므로 파할 것이 없기 때문이다. 四 破法遍者 以此妙慧 如金剛斧 所擬皆碎 如無翳日 所臨皆朗 若生死卽涅槃者 分段變易 苦諦皆破 若煩惱卽菩提者 四住五住 集諦皆破 雖復能破 亦不有所破 何者 生死卽涅槃 故無所破也", 『마하지관』 권5하(대정장46, p.59b14)에 "네 번째, 파법변을 밝힌다. 법성은 청정하여 합할 일도 흩어질 일도 없다. 말길 끊어지고 마음길 갈 곳마저 사라져 파할 일도 파하지 못할 일도 없는데, 무슨 까닭으로 파라 하는가? 다만 중생이 허다히 전도하고 전도되지 않는 경우는 드물어, 전도를 파하여 전도되지 않도록 하므로 파법변이라 할 따름이다. 第四 明破法遍者 法性淸淨 不合不散 言語道斷 心行處滅 非破非不破 何故言破 但衆生多顚倒 少不顚倒 破顚倒令不顚倒 故言破法遍耳", 같은 책 권5하(대정장46, p.62a14)에 "다음으로 파법변의 세 유형을 밝힌다. … 첫째, 무생문의 파법변에 또 셋이 있다. 첫째는 가에서 공에 드는 파법변이고, 둘째는 공에서 가로 들어가는 파법변이며, 셋째는 두 관법을 방편으로 삼아 중도제일의제로 들어가는 파법변이다. 이와 같은 삼관은 실로 모두 일심에 있다. 법이 묘하여 이해하기 어렵기에 세 관법에 기대어 일심을 드러낼 뿐이다. 次明破法遍者爲三 … 一 無生門 破法遍者 又爲三 一 從假入空破法遍 二 從空入假破法遍 三 兩觀爲方便 得入中道第一義諦 破法遍 如此三觀實在一心 法妙難解 寄三以顯一耳"라고 하였다. 〔참고문헌〕『法華玄義』, 『摩訶止觀』. ⇨ 십승관법 十乘觀法

파베니야 波吠儞野 Ⓢ parvedya의 음사어. 출가(出家)라는 뜻이다. 『범어잡명』(대정장54, p.1233a10)에 "출가란 '파베〈장음〉니야'라 음사하니, 범어로 parvedya이다. 속인이란 '가라사타'라 음사하니, 이것 역시 범어로 garasatha이다. 出家 波吠〈引〉儞野 [illegible] 俗人 誐囉娑他 [illegible]"라고 하였다. 〔참고문헌〕『梵語雜名』, 『唐梵雙語兩對集』(대정장54, p.1242b11).

파별 跛鼈 절름발이 자라. 느린 자라가 다리마저 전다는 말로 눈먼 거북이(盲龜)와 함께한다. 번개처럼 나는 용처럼 번득이는 진실에 상응해 늘 미처 따르지 못하는 사태의 비유다. 『건중정국속등록』 권14 「정토선사장 淨土善思章」(卍속장136, p.220a13)에 "선 한다는 이들에게 권하니 말 늘어놓는 일 쉬어야 하리. 신룡도 오히려 그 샘을 모른다 하는데, 하물며 눈먼 거북이 절름발이 자라인들 말해서 무엇하랴! 勸禪人 休饒舌 神龍尙自不知源 豈況盲龜敵跛鼈", 『직주설두송고』 권1(卍속장117, p.510b10)에 "펼치는 일마다에 던지는 기틀로 동산의 의중을 알려 드니, 절름발이 자라 눈먼 거북이 텅 빈 골짜기에 떨어진 격일세〈다만 일어나 벌어진 분상에서나 뚫고 뒤칠 뿐이니, 참으로 절름발이 자라와 눈먼 거북이 텅 빈 골짜기에 돌연 들 듯한다. 어느 세월에 벗어나리〉. 展事投機見洞山 跛鼈盲龜入空谷〈只云事上鑽硏 正如跛鼈盲龜撞入空谷 何年得出〉", 『반야심경주해』 권상(卍속장42, p.110b

17)에 "꺼내는 말마다 나는 용이나 빼어난 매인 듯하지만, 행동거지는 절름발이 자라나 굽뜬 거북이라네. 出言如飛龍俊鶻 行持如跛鼈瘤龜", 『청익록』 79칙 「본칙 本則」(卍속장117, p.882a5)에 "산더미처럼 쌓아올린 다음〈말함에 나는 용보다 앞서지만〉, 기와 부서지듯 얼음 녹듯 가버리니〈행동은 절름발이 자라보다 느리다〉, 그때 본 사람만이 그 진실을 알리라〈떠도는 풍문에 놀아나는 스님일세〉. 山堆嶽積來〈說向飛龍之前〉 瓦解氷消去〈行在跛鼈之後〉 則時人知有〈流俗阿師〉"라고 하였다. 〔참고문헌〕『建中靖國續燈錄』, 『直註雪竇頌古』, 『般若心經註解』, 『請益錄』. ⇨ 곽시과다 廓侍過茶

파병 把柄 부여잡기 위한 자루. 칼자루 등으로 화두(話頭)를 가리킨다. 파병(欛柄)과 통한다. 『선문단련설』 권1 「변기수화제이 辨器授話第二」(卍속장112, p.987b2)에 "때로는 상상의 기가 도래한다면 사자의 발톱과 이빨 그리고 코끼리왕의 위세와 용맹으로 금강의 울타리를 치고 가시 박힌 밤송이를 던져 놓고는 빗장 뚫을 수 있는지 지켜보겠지만, 칼자루는 이미 사가에게 있다. 或上上機器來 卽以師子爪牙 象王威猛 抛金圈 擲栗棘 視其透關與否 而把柄在師家矣", 『석옥청공어록』 권하(卍속장122, p.641b16)에 "때로는 하얀털 주장자 쥐고, 때로는 검은 염주 꿴다. 有時 把柄白麈拂 有時 持串烏木珠", 『어선어록』 권11 「포대화상찬 布袋和尙讚」(卍속장119, p.413a14)에 "큰 머리에 뿔 없고, 불뚝배에 전대 차지 않았네. 모두들 봉화현의 늙은이라 말하나, 스스로 그렇게 했는지조차 모른다네. 포대 놓아 버리면 보통 사람일 뿐, 손에 깨진 바가지 쥐고 있구나. 오! 頭大頭無角 肚大肚無橐 盡道是奉化縣老官 不知說得著不著 放下布袋等箇人 手裏把柄破木杓 噁", 『천목명본잡록』 권2 「시해동연수좌 示海東淵首座」(卍속장122, p.761b1)에 "화두에 의정을 품고 있는 바로 그때는 방편을 구하지 말아야 하니, 참선함에 방편 없음을 믿어야 하고 나아가고 향할 것도 없고 부여잡을 만한 것 구하지도 말아야 하니, 참선에는 부여잡을 것도 없음을 알아야 한다. 방편이라는 말은 궁구하는 화두가 다름 아닌 그 방편이고, 그 화두가 나아가 향할 것이며, 그것이 곧바로 부여잡을 자루일 뿐이다. 正當疑話頭時 也莫求方便 須信參禪無方便 也莫求趣向 須知參禪無趣向 也莫求把柄 須知參禪無把柄 其所言方便者 卽箇話頭 便是方便 卽箇話頭 便是趣向 便是把柄"라고 하였다. 〔참고문헌〕『禪門鍛鍊說』, 『石屋淸珙語錄』, 『御選語錄』, 『天目明本語錄』. ⇨ 파병 欛柄

파병 欛柄 칼자루. 부여잡고 뜻대로 부릴 수 있는 수단. 또는 그러한 지위. 파병(把柄)과 통한다. 『대혜어록』 권7(대정장47, p.838b25)에 "미세한즉 바람 한 점 통하지 않고, 크게 한즉 수레와 말도 지나간다. 불쑥 나타나 뚜렷이 밝은데 누가 있어 굳이 진위를 가리는가? 허공에 칼자루가 있기는 하나 손 없는 사람이라야 잡을 수 있다. 細不通風 大通車馬 突出當陽 孰辨眞假 虛空有欛柄 無手人能把", 『서장』 「답증시랑장 答曾侍郎狀」 제5서(대정장47, p.919a14)에 "공은 이미 칼자루를 부여잡았습니다. 자루 이미 얻어 손아귀에 있는데 어찌 방편문을 버리고 도에 들기를 염려하십니까? 다만 이와 같이 공부할 뿐입니다. 公已捉著欛柄矣 旣得欛柄在手 何慮不捨方便門 而入道耶 但只如此做工夫", 같은 책 「답왕교수장 答王敎授狀」(대정장47, p.934b20)에 "아무리 생각을 붙여도 알 수 없고, 더듬어 잡으려 해도 찾을 수 없게 된다면 뒤쳐 잡을 수단이 전혀 없음을 알아차리게 될 것입니다. 이로 통하는 길과 뜻으로 이르는 길과 심의식으로는 도무지 갈 수 없으니, 저 흙이나 나무나 돌덩이와 상사한 그 때에 텅 빈 지경에 떨어질까 두려워하지 마십시오. 이 순간이 바로 공부하는 사람으로서 몸도 목숨도 놓아버릴 곳입니다. 若著意不得 撈摸不得 轉覺得沒欛柄捉把 理路義路心意識 都不行 如土木瓦石相似時 莫怕落空 此是當人放身命處", 『불조주대록』(고존숙어록48, 卍속장118, p.823a11)에 "다만 칼자루 손에 넣지 못했기에 마음 먹은 대로 할 수 없는 것이다. 只爲欛柄不入手 不得受用", 『무준사범어록』 권1(卍속장121, p.871b8)에 "법좌에 올라 '한 구절 그저 깜깜해 어두울 뿐이어서 붙잡을 자루 없을 뿐 준칙은 있다'고 말한 뒤 잠깐 침묵하다가 말했다. '동남쪽에서 찧고 서북쪽에서 간다'. 上堂 一句子 墨漆黑 無欛柄 有準則 良久云 會麽 碓擣東南 磨推西北"라고 하였다. 〔참고문헌〕『大慧語錄』, 『書狀』, 『佛照奏對錄』. ⇨ 파병 把柄

파병재수 欛柄在手 칼자루 손에 쥐다. 집권을 하고 있다는 뜻으로 화두를 들고 있는 상태를 비유한다. 『서장』 「답증시랑장 答曾侍郎狀」 제6서(대정장47, p.919a14)에 "공은 이미 칼자루를 쥐고 있습니다. 이미 칼자루가 손아귀에 있으니, 어찌 방편문을 버릴 일 없이 도에 들 것을 염려하십니까? 경의 가르침이나 옛사람의 어록에서 갖가지 차별 언구를 보면서 또한 다만 이와 같이 수미산·방하착·구자무불성화 화두 잡고 공부하십시오. 公已捉著欛柄矣 旣得欛柄在手 何慮不捨方便門而入道耶 但只如此做工夫 看經敎幷古人語錄 種種差別言句 亦只如此做工夫 如須彌山 放下著 狗子無佛性話", 같은 책 「답진소경장 答陳少卿狀」(대정장47, p.923a12)에 "학인이 조주에게 '개에게도 불성이 있습니까'라고 물었을 때 조주가 '무'라고 한 그 한 글자가 바로 나고 죽는 일 의심의 저 끝 부수는 칼입니다. 이 칼자루는 다만 당한 이의 수중에 있을 뿐이니, 다른 사람 손에 쥐어줄 수 없으니 반드시 내 손 안에 있음일 따름입니다. 僧問趙州狗子還有佛性也無 州云無 這一字子 便是箇破生死疑心底

刀子也 這刀子欛柄 只在當人手中 教別人下手不得 須是自家下手始得"라고 하였다. 〔참고문헌〕『書狀』.

파보축락텡바 Dpa'-bo-gtsug-lag-phreng-ba 1504~1566. 티베트불교 카르마 카규파의 제2대 파보(Dpa'-bo). 조납성와(祖拉成瓦)라고 한역한다. 네탕 강규(sNye-thang-gi-sgangs-rgyud)지역의 낙(gNyags) 가문에서 태어났다. 다섯 살때 제1대 파보인 최왕룬둡(Chos-dbang-lhun-grub 1440~1503)의 화신으로 인정되었다. 미팜최키갸초(Mi-pham-chos-kyi-rgya-mtsho)라는 법명을 받고 열두 살 때 밀교전통을 최갤탠페갸초(Chos-rgyal-btsan-pa'i-rgyal-mtshan)로부터 전승받았다. 29세가 되던 해에 제8대 카르마파인 미쿄도르제(Mi-bskyod-rdo-rje 1507~1554)를 만나 팰축락텡바(dPal-gtsug-lag-phreng-ba)라는 이름을 받았다. 3년 9개월 동안 남티베트의 여러 성지에서 정진한 후 순례하면서 사람들에게 가르침을 전했다. 8대 카르마파가 입적하자 카규파의 전통에 따라 장례를 총감독하였다. 이후 카르마 카규파의 제5대 수장이었던 샤마르 쾬촉얀락(Zhwa-dmar dKon-mchog-yan-lag)과 제9대 카르마파환생을 승인했고 즉위식을 집전했다. 많은 저서 가운데 카규파전통의 역사를 다룬 *Chos-'byung-mkhas-pa'i-dga'-ston*(1980)이 잘 알려져 있다. 〔참고문헌〕 *Gangs can mkhas sgrub rim byon ming mdzod*(Lanzhou : Kan su'u mi rigs dpe skrun khang, 1992) pp.995~996.

파본수행 把本修行 본보기 부여잡고 닦아 행하다. 『대혜어록』 권14(대정장47, p.869c24)에 "갖가지 작용은 모두 헛되게 버릴 것이 없으니 그 모두가 부처의 묘용이면서 본보기 붙들고 하는 수행이다. 種種作用 皆無虛棄 盡是佛之妙用 亦是把本修行", 같은 책 권16(대정장47, p.878c14)에 "천태지자의 교설은 공가중삼관으로 일체법을 거두어 수행자들에게 뿌리있는 수행을 가르치지만 선은 문자 없으니 반드시 깨우쳐야 비로소 얻을 뿐이다. 天台智者之教 以空假中三觀 攝一切法 教人把本修行 禪無文字 須是悟始得", 『허당록』 권1(대정장47, p.991c26)에 "본래부터 바탕 지닌 수행은 인과를 꺼려 버리지 않는다. 從來把本修行 不敢棄嫌因果", 『평석여지어록』(卍속장122, p.378b13)에 "다시 교중에서 '80송율은 한 차례의 하안거 행으로 거둔 공이다. 사과를 거치지 않고도 틀림없이 삼선을 증한다'라고 한 구절을 들고 말했다. '본보기 붙든 수행은 마치 나귀가 연자방아를 끌며 반복하여 도는 모양과 같다. 납승들은 어떻게 해야 할까?' 잠깐 침묵하다가 말했다. '입이 있다 해도 다만 벽에 걸어두고 견뎌 한가롭게 할 뿐이다'. 復擧 教中道 八十誦律 一夏之功 不階四果 必證三禪 師云 把本修行 如驢拽磨 衲僧家 合作麼生 良久 有口只堪閒掛壁", 『증집속전등록』 권4 「단교묘륜장 斷橋妙倫章」(卍속장142, p.810b4)에 "스스로 '나는 말도 더듬고 귀도 먹었으니 본보기 부여잡고 수행함만 못하다'라고 생각한 끝에 매일 경 외우기를 업으로 삼았다. 문득 『능가경』을 보던 중 운거에서 산당을 만났는데 '모기·벌레·땅강아지·개미는 언설 있을 리 없지만 능히 할 일 잘 가린다'(대정장16, p.493b4)라는 구절에 이르러 단번에 정신이 번쩍 들면서 이렇게 말했다. '조주가 말한 뜰 앞의 잣나무 한마디, 대단히 간명하고 군더더기 없구나! 그러나 남에게 말로 전해줄 방도가 없다'. 自謂吾口訥耳聵 不若把本修行 日以誦經爲業 忽閱楞伽 於雲居見山堂 至蚊虫螻蟻 無有言說 而能辨事 頓然有省曰 趙州柏樹子話 可煞直截 然不以語人"라고 하였다. 〔참고문헌〕『大慧語錄』, 『虛堂錄』, 『平石如砥語錄』, 『增集續傳燈錄』.

파봉환구 把棒喚狗 몽둥이 부여잡고 개를 부르다. 이름 붙여 불러들이는 그 때 그 순간 이미 온통 빛나던 그 자성 잃고 마는 뜻이다. 『종용록』 41칙 「본칙 本則」(대정장48, p.254a15)에 "어떤 구가 손님의 그것이고, 어떤 구가 주인의 그것인가?〈결코 말을 두 토막 가르지 마라〉 만약 가려낼 수만 있다면 그 사람에게 발우대 전하겠다〈몽둥이를 들고 개를 부르는구나〉. 那句是賓 那句是主〈切忌話作兩橛〉 若揀得出 分付鉢袋子〈把棒喚狗〉", 『허당집』 34칙 「평창 評唱」(卍속장124, p.551b14)에 "(海湖禪師가) 마침내 부르며 '좌주여, 가까이 오시요'라고 하였는데, 몽둥이 부여잡고 개를 부르는 격이니 어찌 이 호의의 마음에서 불렀겠는가? 卒遂喚 座主 近前來 把棒喚狗 那是好心"라고 하였다. 〔참고문헌〕『從容錄』, 『虛堂集』.

파부다가전나 婆浮陀伽旃那 Ⓢ Kakuda-Kātyāyana, Ⓟ Pakudha Kaccāyana의 음사어. 파부가전(波復迦栴·波浮迦旃)이라고도 한다. 육사외도(六師外道) 중 가라구다가전연(迦羅鳩馱迦旃延). 『장아함경』 권17 「사문과경 沙門果經」(대정장1, p.107b26)에 "가라 수문장이 말했다. '대중의 지도자인 파부다가전나라는 이가 있어 아는 것이 많고 이름이 널리 알려져, 마치 큰 바다 받아들이지 못하는 것이 없듯이 대중의 공양을 받고 있습니다. 대왕이시여! 그에게 가서 안부를 물으며 왕께서 직접 보신다면 마음이 아마 환히 열리실 것입니다'. 伽羅守門將白言 有婆浮陀伽旃那 於大衆中而爲導首 多有知識 名稱遠聞 猶如大海無不容受 衆所供養 大王 宜往詣彼問訊 王若見者 心或開悟"라고 하였다. 〔참고문헌〕『長阿含經』, *DN.1.48.* ⇨ 가라구다가전연 迦羅鳩馱迦旃延, 육사외도 六師外道

파부주 把不住 잡을 수 없다. 붙들어 놓지 못하다. 어떻게 해도 파악할 수 없고 어떤 것으로도 붙들 수 없는 무주(無住)의 경계를 말한다. 『동산어록』(대정장47, p.513a24)에 "이 사람은 이후로는 천 사람 만 사람의 힘으로도 붙들어 놓지 못하리라. 此子 已後 千人萬人 把不住去在", 『보령인용어록』(卍속장120, p.348a10)에 "조종문하의 나그네라면 반드시 불꽃 속에 몸을 숨기고 미진 속에서 말을 몰아야 하리. 동에 솟았다 서에서 사라지고 함께 죽었다가 함께 살아날 것이니, 금강의 눈으로도 엿볼 수 없고 천손 대비라도 붙들어 놓지 못한다. 若是祖宗門下客 直須向火燄裏藏身 微塵裏走馬 東涌西沒 同死同生 爍迦羅眼不能窺 千手大悲把不住", 『벽암록』 18칙 「본칙 本則」(대정장48, p.157c19)에 "국사가 '노승에게 무봉탑이나 만들어 주십시오〈알아챌 수가 없군〉'라고 하자 황제가 '스님께서 탑 모양을 말씀해 보십시오〈한 번 제대로 찔러주었다〉'. 國師云 與老僧作箇無縫塔〈把不住〉 帝曰 請師塔様〈好與一劄〉", 같은 책 67칙 「송 頌」(대정장48, p.197c1)에 "쌍림(傅大士) 향해 이 몸 기댈 수는 없다〈다만 그를 붙들어 놓지 못할 뿐이다. 주머니 속 송곳 어떻게 끝까지 감출 수 있겠는가!〉. 不向雙林寄此身〈只爲他把不住 囊裏豈可藏錐〉", 『불과격절록』 3칙 「본칙 本則」(卍속장117, p.453a17)에 "모두들 '백장이 마조의 할을 듣자마자 크게 깨달았다'고 하지만, 분명히 그런가? 〈확실하게 포착하지 못할 뿐이다〉. 總道 百丈於喝下大悟 還端的也無〈自是他把不住〉"라고 하였다. [참고문헌] 『洞山語錄』, 『保寧仁勇語錄』, 『碧巖錄』, 『佛果擊節錄』.

파불 破佛 불교를 배척하고 박해하는 일. 정법(正法) 수행을 방해하기에 법난(法難)이라고 한다. 폐불훼석(廢佛毁釋)이나 배불(排佛)이라고도 한다. 주로 국왕이나 정치권력이 불교를 배척하고 피해를 준 경우를 말한다. 인도에서는 브라만(Brahman) 출신의 푸샤미트라왕(Pushamitra 재위 기원전 185~151)이 마우리야(Maurya)왕조를 멸망시키고 슝가(Shunga)왕조를 세우고는 바라문교(婆羅門教)를 신봉하면서 불교를 박해하였다. 그 뒤 굽타(Gupta)왕조 때는 북인도에 침입한 훈(Hun)족의 왕인 미히라쿨라(Mihirakula 재위 515~540)가 간다라(Gandhara)에서 사원과 신상을 파괴하고 스님을 살해하는 등 파불을 행했다. 티베트에서는 티송데첸(Khri srong lde btsan 재위 755~797)이 불교를 국교로 삼아 장려하였으나 랑 다르마(Glang dar ma 재위 838~842) 즉위 이후에는 티베트의 토착종교인 본(Bon)교가 득세하여 사원을 파괴하고 번역사업을 중단하며 스님들의 환속을 꾀하는 등 파불을 행했다. 중국에서는 '삼무일종(三武一宗)'이라 부르는 네 차례의 법난이 있었는데, 440년에 북위 태무제(太武帝 재위 423~452)는 배불을 명하고서 스님을 죽이고 사원·불상·경전 등을 불태웠고, 574년에 북주 무제(武帝 재위 560~578)는 불교와 도교를 폐지하고 스님을 환속시켰다. 845년에 당 무종(武宗 재위 840~846)은 회창(會昌)년간(841~845)에 위구르와 티베트 등 이민족의 종교를 없앤다는 명분으로 사찰을 헐고 환속을 행하였으며, 955년에 후주 세종(世宗 재위 954~959)은 국가의 재정난을 타개한다는 명분으로 폐불을 자행하였다. 한국에서는 고구려·백제·신라의 불교공인 이래 고려시대까지 파불의 사례는 전하지 않지만 고구려 보장왕 때 집권자인 연개소문(淵蓋蘇文 ?~665)이 숙달(叔達) 등 당의 도사(道士)를 불러들여 도교를 육성하면서 불교를 탄압하였다. 이에 반해 조선조정은 숭유배불(崇儒排佛)의 기조를 유지하면서 지속적으로 불교를 억제하고 위축시켰다. 한편 왕실 중심의 호불호교(護佛護教)의 면면으로 불사를 유지한 반면, 오히려 왕권의 적극적 비호나 간섭에서 소외된 불교승가대중 나름의 독자적인 역량으로 권력에서 자유로운 한국불교전통을 유지전승할 수 있었다. 『태종실록』 권34 17년(1417) 11월 1일(임자)에는 "임금이 '이미 예조에 명하여 도첩을 지급하여 출가하게 하고, 도첩이 없는 자는 머리를 길러 백성으로 삼으라고 하였으니 그들은 저절로 없어질 것이다'라고 웃으며 말하였다. 上笑曰 已命禮曹 給度牒出家 無度牒者長髮爲民 其流自絶矣"라고 하였다. 일본에서는 가마쿠라(鎌倉)시대에 호넨(法然)이나 니치렌(日蓮) 등 체제에 저촉되는 일부 교단을 탄압한 일이 있고, 중세말에 일향일규(一向一揆)의 신불교세력이 부상하자 다이묘(大名)들이 불교세력을 통제하기도 하였다. 에도(江戶)시대말에 사쓰마(薩摩) 등 일부 번진세력이 존왕양이운동을 전개하면서 폐불훼석을 자행하였다. 메이지(明治)유신 이후에는 신토(神道) 중심의 신불분리령(神佛分離令)에 따라 각지에서 불상과 경전을 없애고 사원을 파괴하는 일이 있었으나 민중의 저항과 불교계의 운동으로 신토와 불교가 병립하게 되면서 불교 활동도 보장받게 되었다. ⇨법난 法難

파불탈 擺不脫 붙들려 털어버리지 못하다. 생사(生死) 등에 붙들려 놓아버리지 못하다. 『천여유칙어록』 권2(卍속장122, p.829b18)에 "때로는 세간의 허망한 인연과 악습을 앉은 채 끊지도 못하고 털어버리지도 못하여 매양 경계의 바람이 불거나 세파가 흔드는 곳마다 몰란 결에 온몸이 업의 바다에 나뒹굴며 이쪽저쪽으로 떠돌고 마니 어찌 다시 영험함이 있겠는가? 그러므로 '참선에는 비결이 없으니 반드시 생사를 끊을 뿐이다'라고 한다. 或於世間 妄緣惡習上 坐不斷 擺不脫 每於境風扇動 世波搖撼處 不覺和身輥 向業海中 東飄西泊去了 安得復有靈驗哉 故曰 參禪無秘訣 只要生死切", 『검남회등록』 권3 「월당요장 月幢了章」(卍속장145, p.764a4)에 "어떤 선비가 '제자가 오랫동안 높고 밝기만을 그리워한들 홍진을 털어버리지 못하였으니 어쩌겠는지요'라고 묻자 월당요가 '어째서 이곳에 오셨소?'라고 반문함에 선비가 아무 대꾸도 없자 '과연 붙들려 벗어버리지 못하셨구나' 하였다. 士問 弟子久慕高明 奈紅塵擺不脫 師云 爲甚到者裏 士無語 師云 果然擺不脫"라고 하였다. [참고문헌] 『天如惟則語錄』, 『黔南會燈錄』.

파비 巴鼻 코를 꿰다. 소를 마음대로 이끌고자 코에 꿰는 고삐. 파는 파(把)로도 쓴다. 일체를 분별해 알게 하는 수단. 일체 즉 세계를 이해하는 사량분별의 수단이지만 끝내 망상의 세계에 모두를 가두는, 말 그대로 고삐일 뿐인 뜻이다. 『양기어록』(대정장47, p.643b26)에 "법좌에 올라 수산과 학인이 '부처란 무엇인지요?' '신부가 나귀 타니 시어머니가 끈다'는 문답을 들어 양기가 게송 한 수를 남겼다. '손에는 고삐 잡고 발로는 꼬리 밟은 채 고개 들어 하늘 보며 흐르는 물소리 듣노라. 날 밝아지는 때 길가에 내보냈더니, 고요한 밤엔 초가집으로 돌아온다네'. 上堂 擧 僧問首山 如何是佛 山云 新婦騎驢阿家牽 師乃有頌 手提巴鼻脚踏尾 仰面看天聽流水 天明送出路傍邊 夜靜還歸茅屋裏", 『오조법연어록』 권중(대정장47, p.656b6)에 "바람 고르고 햇볕 따뜻하니 옛 부처의 가풍이요, 버들잎 푸르고 복숭아꽃 붉은 그것 조사의 고삐라네. 눈에 익고 손이 안다 해도 아직은 성성함 아니라네. 입으로 가리고 혀끝에 있게 하면 도와는 더욱 멀어지리'. 風和日暖 古佛家風 柳綠桃紅 祖師巴鼻 眼親手辦 未是惺惺 口辯舌端 與道轉遠", 『원오어록』 권6(대정장47, p.740a13)에 "법좌에 올라 말했다. '대중이여, 붉은 살덩이 가진 사람마다가 고불의 가풍이고, 비로의 정수리 어느 곳이나 조사들 고삐 있으니, 한 기틀 잡으면 천 기 만 기로 모두 통하고, 한마디 쓸 줄 알면 천마디 만마디로 흘러 통하여 타인의 힘을 빌릴 일 없이 온전히 나만의 움직임만으로 빛나리'. 上堂云 大衆赤肉團上 人人古佛家風 毘盧頂門 處處祖師巴鼻 拈一機千機萬機通透 用一句 千句萬句流通 不假他人 全彰己用", 같은 책 권7(대정장47, p.742b1)에 "당장에 밝히 드러나 곧바로 끊어 보이니 백으로 휘감고 천으로 겹쳐도 어느 곳으로나 통달한다. 낱낱이 모두 종사의 수단이고 끝마다 다 향상의 종승이지만, 그 자리에서 알아차려도 여전히 조금 모자라다. 만일 증득하지 못하였다면 다시 승정에게 청하여 거듭 펴보도록 하라. 當陽顯示 直截現成 百匝千重 七通八達 一一宗師巴鼻 頭頭向上宗乘 直下承當 猶較些子 苟或未證 却請僧正 重爲敷宣", 『대혜어록』 권23 「시서제형 示徐提刑」(대정장47, p.908a17)에 "대개 평소에는 오직 사량으로 헤아려 굴택 삼고는 그저 듣고 알 뿐이다가, 사량해서는 안 된다는 이야기를 듣기만 하면 문득 망연해 고삐 놓친 듯해서 어쩔 줄 모를 뿐. 다만 고삐 없는 그 곳이야말로 문득 이 나의 목숨과 몸 놓아버릴 시절인 줄은 알지 못하네. 蓋平時只以思量卜度爲窟宅 乍聞說著 不得思量底話 便茫然無討巴鼻處 殊不知 只這無討巴鼻處 便是自家放身命底時節也"라고 하였다. [참고문헌] 『楊岐語錄』, 『五祖法演語錄』, 『圜悟語錄』, 『大慧語錄』. ⇨ 납승파비 衲僧巴鼻, 곡천파비 谷泉巴鼻, 몰파비 沒巴鼻, 무파비 無巴鼻

파비구성 破比丘性 비구의 자성인 계체(戒體)를 무너뜨리다. 사중금계(四重禁戒 : 四波羅夷)를 범하는 것을 말한다. 원측(圓測)의 『인왕경소』 권하(대정장33, p.409a15 · 한불전1, p.93c5)에 "경량부(經量部)는 설일체유부(說一切有部)를 다음처럼 힐난한다. '만약 그렇다면, 어째서 박가범께서는 「네 가지 무거운 계를 범한 이는 비구라 하지 않고 사문이라 하지 않으며, 석가의 제자가 아니다. 비구의 성을 무너뜨리고 사문성을 손상시켜 괴멸하고 타락하였으니 타승(他勝)이라는 이름도 세웠다」 하셨겠는가?' … 『열반경』에 따르면 (비구계를) 버리는 것이기도 하고 그렇지 않는 것이기도 하다. 수지하는 힘을 상실하기에 버린다 하고, 받은 바 계체(戒體)를 상실하는 것은 아니기에 버리는 것은 아니라고 한다. 마치 불에 그슬린 하나의 씨앗이 몸체는 남아 있지만 (발아할) 힘은 없는 것과 같다. 따라서 『열반경』 권31에서는 '선남자여! 나는 경에서 다음처럼 말했다. 「만약 어떤 비구가 사중금계를 범했다면 비구라 하지 않고 비구임을 파괴했다고 한다. 이미 비구임을 잃었기에 다시 선한 싹을 낳을 수 없는 종자다. 비유하면 불에 그슬린 씨앗이 과실을 낳을 수 없는 것과 같고, 다라수의 몸체를 베어버리면 과실을 낳을 수 없는 것과 같다. 중계를 범한 비구도 이와 같다」. 나의 제자들은 이 설법을 들은 다음 나의 뜻을 이해하지 못해 「여래께서는 비구들이 사중금계를 범하면 비구계를 잃었다고 설하셨다」며 소리 높여 말한다'. 經部難薩婆多云 若爾 何緣薄伽梵說 犯四重者 不名比丘 不名沙門 非釋迦子 破比丘性 害沙門性 壞滅墮落 立他勝名 … 若依涅槃 亦捨不捨 失其受力 故名爲捨 不失受體 故名不捨 猶如燋一種 有體無力 故涅槃經三十一云 善男子我於經中 作如是說 若有比丘 犯四重已 不名比丘 名破比丘 已失比丘 不復能生善牙種子 譬如燋種不生菓實 如多羅樹頭壞 則不生菓 犯重比丘 亦復如是 我諸弟子 聞是說已 不解我意 唱言如來說 諸比丘犯重禁已 失比丘戒"라고 하였다. [참고문헌] 『仁王經疏』, 36권본 『大般涅槃經』 권31(대정장12, p.815b1). ⇨ 사바라이 四波羅夷, 타승 他勝, 계체 戒體

파비야 波卑夜 Ⓢ Pāpīyas의 음사어. 마왕(魔王) 이름. 파순(波旬) · 파비연(波卑椽)이라고도 음사하며, 악한 자(惡者)라 한역한다. 『법화현찬』 권2말(대정장34, p.686b5)에 "마라는 파괴를 부르는 칭호다. 줄여서 마

(魔)라고 한다. 파비야는 악한 이라 한역하며, 파순은 변해 전한 음사다. 魔羅云 破壞號也 略云魔 名波卑夜 云惡者 波旬訛也", 『번역명의집』 권2(대정장54, p.1080a25)에 "파순은 변한 소리이며, 바르게 음사하면 파비야고 악이라 한다. 석가불께서 세상에 출현하셨을 때 마왕의 이름이다. 구마라집은 '살이라는 한역어는 항상 사람의 지혜로운 목숨을 끊고자 하기에 붙여진 이름이다. 악 중에 악이라고도 한다'라고 하였다. 波旬 訛也 正言波卑夜 此云惡 釋迦出世魔王名也 什曰 秦言殺者 常欲斷人慧命故 亦名惡中惡"라고 하였다. 〔참고문헌〕『法華玄贊』, 『翻譯名義集』, 『首楞嚴義疏注經』 권6(대정장39, p.913a4). ⇨ 파순 波旬, 마 魔, 마라 魔羅

파비연 波卑椽 파비야(波卑夜 Ⓢ Pāpīyas)의 다른 음사어. 『대보적경』 권28(대정장11, p.157c9)에 "부처님께서 말씀하셨다. '파비연이여, 훌륭하고도 훌륭하다! 선근을 길렀구나. 만약 나의 법에 들어온 선남자이거나 선여인이라면 마음을 일으켜 참회하여 청정하게 되기를 바랐으리라. 훌륭하구나, 파비연이여!' 佛言 波卑椽 善哉 善哉 長養善根 若我法中 有善男子 若善女人 起心懺悔 以求淸淨 善哉 波卑椽"라고 하였다. 〔참고문헌〕『大寶積經』. ⇨ 파비야 波卑夜

파사 波斯 Ⓢ Pārasi, Pārasa. 신역에서는 파랄사(波剌私)・파랄사(波剌斯)・파라실(波囉悉)로 음사한다. 페르시아 지역 또는 그 지역 출신의 사람을 이르는 말이다. 『구사론기』 권16(대정장41, p.255a17)에 "파랄사는 파랄사국을 말한다. 구역에서는 파사라 하였는데 잘못이다. 波剌私 謂波剌私國 舊云波斯 訛也", 『일체경음의』 권70(대정장54, p.766c2)에 "파랄사〈란과 갈을 반절한 음이다. 파사라고도 하고 파사국의 이름이라고도 한다. 가까이로 서쪽 해안에 기이한 보배가 풍부하다〉. 波剌私〈蘭葛反 亦言波斯 或云波斯國名也 臨近西海 最饒奇寶〉"라고 하였다. 〔참고문헌〕『俱舍論記』, 『一切經音義』.

파사 破邪 삿됨을 부수다. 바름을 드러내다의 현정(顯正)과 함께 쓰기도 한다. 삼론의 경우 파사 밖에 현정이 없다는 무소득 중도(中道)를 드러낸다. 『중관론소』 권1(대정장42, p.5c6)에 "바른 인연을 관한즉 곧바로 불생불멸이고 이미 삿된 인연을 부숨이어서 이것은 단상생멸이다. 그러므로 게송에서 '능히 이 인연을 설하여 모든 희론을 잘도 사라지게 했네'라고 하였다. '능히 이 인연을 설했다'는 것은 현정을 말함이고, 모든 희론을 사라지게 했다는 것은 파사를 말한 것이다. 觀正因緣 旣不生不滅 卽破邪因緣 是斷常生滅 是故偈云 能說是因緣善滅諸戱論 能說是因緣 謂顯正也 善滅諸戱論謂破邪也" 같은 책 권10(대정장42, p.156a22)에 "파사 중에서 바름을 펴고 바름을 펴는 중에 파사하니, 달리 펴야 하는 바른 글이란 있을 리 없다. 破邪中卽申正 申正中卽破邪 無別有申正文也", 『백론소』 권상(대정장42, p.251b22)에 "인과를 없앴기에 사견이라고 하는 것이 아니라 없는 것을 있다고 하여 바른 이치에 어긋났기에 사견이라 한다. 그러므로 수론율사는 『백론』이 밝힌 두 가지 선의 뜻을 활용하지 못하였다. 이는 한쪽으로만의 파사이니 죄를 버리기 위해 설할 따름이다. 죄는 사라졌지만 복은 머물지 않고, 삿됨은 사라졌지만 바름을 남기지 않았다. 非是撥無因果故云邪見 乃是無而謂有乖於正理故稱邪見也 然數論律師不得輒用百論明二善義 此乃是一往破邪 爲欲捨罪故說之耳 罪去福則不留 邪去不存於正", 『대승현론』 권5(대정장45, p.76b5)에 "삿됨과 바름을 함께 비춘다는 것은 삿됨을 아는 것이 바름을 아는 것이고, 바름을 알아야 파사할 수 있다는 뜻이다. 俱照邪正者 識邪卽識正 識正能破邪"라고 하였다. 〔참고문헌〕『中觀論疏』, 『百論疏』, 『大乘玄論』. ⇨ 파사현정 破邪顯正

파사 播捨 Ⓢ pāśa의 음사어. 한역어는 견삭(羂索・罥索). 밧줄로 짠 올가미. 전쟁이나 사냥할 때 쓰는 무기지만, 육관음(六觀音) 중 불공견삭관음보살(不空羂索觀音菩薩)이 손에 든 견삭은 이 올가미로 모든 중생 구제하여 남김없이 하겠다는 자비의 의미다. 『범어잡명』(대정장54, p.1238c12)에 "견삭의 음사어는 파사이다. 罥索 播捨"라고 하였다. 〔참고문헌〕『梵語雜名』.

파사견시 破邪見時 사견을 깨뜨리는 때. 육성취(六成就 : 信 聞 時 處 主 衆) 중 시성취(時成就)인 '한때(一時)'에 대한 해석 중 하나로 삼마야시(三摩耶時)의 뜻이다. 원측(圓測)의 『인왕경소』 권상(대정장33, p.363c7・한불전1, p.22b4)에 "두 번째는 가르침이 일어난 시분을 밝힌다. 서방의 여러 논사들에게는 대략 세 가지 풀이가 있다. … 장이삼장은 말한다. '시에는 세 가지가 있다. 첫째는 가라시(Ⓢ kāla)이니, 한역하여 별상시다. 저 계율을 제정하는 때, 구족계수계시, 출가 때이니 국왕은 들을 수 있지만 나머지 때는 들을 수 없다. 둘째는 삼마야시(Ⓢ samaya)이니, 파사견시라 한다. 오부아함과 구분교의 법은 흑백을 가리지 않고 모든 이가 들을 수 있다고 말한다. … 셋째는 세간유포시란, 가령 「한때 부처님께서는 항하 언덕에 계셨다」 또는 「한때 신서림에 계셨다」라고 하는 경우와 같다. 지금 일시라는 말은 뒤의 두 가지 또는 오직 세 번째인 경우이다'. 第二 敎起時分 西方諸師 略有三釋 … 二 長耳云 時有三種 一 迦羅時 此云別相時 如制戒律 大戒時 出家時 國王得聞 餘不合聞 二 三摩耶時 此云破邪見時 謂五部阿含 九分達摩不簡黑白 一切得聞 … 三 世流布者 如說一時佛在恒河岸 一時在申恕林 今言一時 但依後二 或唯第三"라고 하였다.

〔참고문헌〕『仁王經疏』. ⇨ 삼마야시 三摩耶時, 일시 一時 1, 시성취 時成就, 육성취 六成就 1

파사나 波沙那 생몰연대 미상. 인도 출신 스님. 여산(廬山) 능운사(陵雲寺)에 주석하던 혜안(慧安)의 지팡이를 받아 서역으로 돌아갔다. 『양고승전』 권7 「석혜안전 釋慧安傳」(대정장50, p.370a21)에 "(혜안이) 여산 능운사에 머무니 학도가 소문을 듣고 천리 밖에서 구름처럼 모여들었다. 항상 지팡이 하나를 짚었는데 서역스님이 보시한 것이었다. 지팡이의 광채는 불타는 듯하였고 또한 매우 향기로웠다. 위에는 범어가 적혀 있었는데 그 뜻을 아무도 알지 못했다. 후에 관중에 들어 나집을 만날 때에도 지팡이도 따라갔다. 나집이 보고서 크게 놀라 말하기를 '이 지팡이가 바로 이곳에 있었구나' 그 범자를 번역하며 말하기를 '본래 천축 사라숲에서 나서 남방이 어지러워지면 초야에 의지하였다가 홍한 후에 나집을 만나면 불교가 홍륭하리라' 하였다. 혜안이 이 지팡이를 외국승 파사나에게 주었고, 파사나는 이것을 갖고 서역으로 돌아갔다. 止廬山陵雲寺 學徒雲聚千里從風 常捉一杖云 是西域僧所施 杖光色灼徹 亦頗有香氣 上有梵書人莫能識 後入關詣羅什捉杖自隨 什見大驚曰 此杖洒在此間耶 因譯其字云 本生天竺娑羅林 南方喪亂草付興後得羅什道教隆 安後以杖嚫外國僧波沙那 那齎還西域"라고 하였다. 〔참고문헌〕『梁高僧傳』.

파사독상서 波斯讀尙書 페르시아 사람이 서경(書經)을 읽다. 문자나 말의 길(言語路)로는 보일 수 없는 뜻의 비유다. 『괴안국어』 권1(대정장81, p.519a15)에 "학인이 물었다. '마조대사가 달구경 할 때 서당·백장·남전에게 묻기를 「바로 이때는 어떠한가?」라고 하였더니 서당이 「좋은 공양입니다」라고 하였는데 무슨 뜻입니까?' 백은선사가 말했다. '페르시아 사람이 서경을 읽는다'. 僧云 馬大師翫月次問西堂百丈南泉云 正當與麽時如何 西堂云 正好供養 意旨作麽生 師云 波斯讀尙書"라고 하였다. 〔참고문헌〕『槐安國語』.

파사론 破邪論 2권. 당대 법림(法琳 572~640) 찬술. 불교 관점에서 도교를 비판한 논서. 대정장52, pp.474c12~489c10, No.2109에 있다. 612년 태사령(太史令) 부혁(傅奕)이 고조(高祖)에게 사찰·불탑·승니(僧尼)가 국가에 해를 끼친다는 11조(條)의 상소를 올리며 폐불(廢佛)을 주장했다. 이듬해 제법사(濟法寺) 사문 법림이 이에 대해 불교를 변호하고 도교의 폐단을 비판하기 위해 저술했다. 도교경전은 불경을 모방하였고 장릉(長陵)·장형(張衡)·장로(張魯)의 삼장(三張)의 법(法)과 노장(老莊)이 오히려 국가에 폐해가 된다고 주장했다. 당대 호교론을 대표하는 논서 중 하나다.

파사바라사 波私波羅闍 Ⓢ parivrājaka, Ⓟ paribbājaka. 보행외도(普行外道) 또는 편력행자(遍歷行者)라 하고 출가한 외도(外道)를 가리킨다. 『사분율』 권15(대정장22, p.664c21)에 "외도란 나체로 외도를 배우는 사람이다. 파사바라사는 이 무리 밖의 출가자다. 外道者 裸形異學人 波私波羅闍者 在此衆外出家者是", 『사분율명의표석』 권14(卍속장70, p.609a17)에 "파사바라사 : 파사바사가라고도 한다. 출가외도의 총칭이다. 부처님께서 말씀하시기를 '불교의 오부대중을 제하고 나머지 출가인은 모두 외도라 부른다'라고 하였다. 波私波羅闍 或云波私婆闍伽 是出家外道之總稱也 佛言 除佛五衆餘殘出家人 皆名外道"라고 하였다. 〔참고문헌〕『四分律』, 『四分律名義標釋』. ⇨ 파리바사가 波離婆闍迦

파사발제 婆闍跋提 Ⓢ Paranirmita-vaśavartin의 음사어. 타화자재천(他化自在天). 『관음의소』 권하(대정장34, p.934b11)에 "자재천은 욕계의 정상이다. 갖추어 말하면 파사발제라 하고 타화자재로 한역한다. 다른 이가 지은 것 빌려 자기의 쾌락을 성취하는 마계의 주인이다. 自在天是欲界頂 具云婆舍跋提 此云他化自在 假他所作以成己樂 卽是魔主也", 『법원주림』 권2(대정장54, p.283a13)에 "파사발제〈타화자재천으로 한역한다〉 婆舍跋提者〈秦言他化自在天也〉", 『번역명의집』 권2(대정장54, p.1077b16)에 "파사발제. 파라니밀이라고도 한다. 『대지도론』에서 '타화자재라고 한역한다'라고 하였다. 이 천은 다른 이가 화작한 것을 빼앗아 자기가 즐긴다. 그러므로 타화자재라 하였다. 또한 화응성천이라고도 한다. 『별행소』에서는 '이는 욕계 정상의 천이다. 다른 이가 만든 것에 의지하여 자기의 쾌락을 이루니 마계의 왕이다'라고 하였다. 婆舍跋提 或波羅尼密 大論云 秦言他化自在 此天奪他所化 而自娛樂 故言他化自在 亦名化應聲天 別行疏云 是欲界頂天 假他所作 以成己樂 卽魔王也"라고 하였다. 〔참고문헌〕『觀音義疏』, 『法苑珠林』, 『翻譯名義集』. ⇨ 타화자재천 他化自在天

파사분 破沙盆 깨진 모래그릇. 사분이란 약이나 약념을 가는 데 쓰는 절구다. 쓸모 없는 것을 비유한다. 『대명고승전』 권8 「밀암함걸전 密庵咸杰傳」(대정장50, p.931c9)에 "어느 날 응암이 물었다. '무엇이 정법안인가?' 밀암이 대답했다. '깨진 사기 그릇입니다'. 一日問曰 如何是正法眼 答曰 破沙盆"라고 하였다. 〔참고문헌〕『大明高僧傳』. ⇨ 사분 砂盆

파사사 波斯寺 중국에 있었던 마니교(摩尼教) 사원. 대진사(大秦寺)라고도 한다. 『불조통기』 권54(대정장49, p.474c17)에 "천보 4년에 두 수도의 여러 고을에 있는 파사사를 모두 대진으로 이름을 바꾸도록 칙명을 내렸다. 天寶四年勅兩京諸郡有波斯寺者 並改名大秦", 『승사략』 권하(대정장54, p.253b21)에 "마니교의 법은 본래 파사국에서 일어났다. 소로지에게 현진이라는 제자가 있어서 스승의 법을 익히고 파사국의 대총장에 머물렀는데 화산과 같았다. 후에 중국에 와서 교화하였다. 정관 5년에 전법 스님 하록이 마니교를 갖고 수도에 와서 상소하였다. 칙령으로 장안 숭화방에 마니교 사원을 세웠으니 대진사라 하였고 파사사라고도 하였다. 火祆教法本起大波斯國 號蘇魯支 有弟子名玄眞 習師之法 居波斯國 大總長如火山 後行化於中國 貞觀五年 有傳法穆護何祿 將祆教詣闕聞奏 勅令長安崇化坊立祆寺 號大秦寺 又名波斯寺"라고 하였다. 〔참고문헌〕『佛祖統紀』, 『僧史略』. ⇨ 대진사 大秦寺

파사상변 破邪詳辨 청대 황육편(黃育楩) 엮음. 편찬자는 하북(河北)의 관료로 백련교(白蓮教)를 진압하던 중 총68종의 민간에서 유행하는 종교에서 의지해 귀히 여기는 책들인 보권(寶卷)을 수집하였고, 이를 찬자의 비판적 관점 아래 정리하여 엮어냄으로써 민간에 퍼진 백련교와 홍양교(弘陽教)·무위교(無爲教) 등을 사술(邪術)이라 재단하여 뿌리 뽑고자 하였다. 그러나 현재는 역으로 당시의 민간종교와 생활상을 보여주는 유익한 사료로 평가받고 있다. ⇨ 보권 寶卷

파사석탑 婆娑石塔 ➡ 바사석탑 婆娑石塔

파사성 婆娑城 임진왜란 중이던 1595년부터 의엄(義嚴)이 수축(修築)한 산성. 경기도 여주시 대사면 천서리에 있으며 사적 제251호이다. 1595년(선조28) 3월 1일에 비변사(備邊司)에서 당시 황해도 총섭이던 의엄을 도총섭(都摠攝)으로 삼아 파사성을 수축하길 계청함에 따라, 왕명으로 시작되었다. 이듬해 4월 12일에는 의엄이 팔도선교종도총섭(八道禪教宗都總攝)으로서 역군(役軍) 충원 상소를 올렸으며, 상소문이 『선조실록』 권74 29년(1596) 4월 12일에 전한다. 서애 유성룡이 스님께 드린 시 「파사성서증의엄장로 婆娑城書贈義嚴長老」(『서애집』 권1)에 "파사고성이 여주 아래 강변에 있었다. … 황해도 승군 총섭 의엄이 승도를 모아 짓기 시작하여 수년 만에 성이 완성되었고 망루와 군기를 모두 갖추어져 엄연히 하나의 관방을 이루었다. 婆娑古城 在驪州下江邊 … 令黃海道僧軍總攝義嚴 收遊僧築之 數年而城成 樓櫓及軍器皆備 儼然成一關防矣"라고 하였다. 정상부 서북쪽 아래에 고려시대 조성된 파사성마애여래입상이 있는데, 경기도 유형문화재 제171호 양평상자포리마애여래입상(楊平上紫浦里磨崖如來立像)이다. 〔참고문헌〕『宣祖實錄』 권61 28年(1595) 3月 1日·권64 28年 6月 12日, 『西厓集』(韓國文集叢刊52, p.30a1), 『溪巖日錄』 1605年 2月 1日, 『輿地圖書』 권상 驪州 城池 婆娑城. ⇨ 의엄 義嚴, 양평상자포리마애여래입상 楊平上紫浦里磨崖如來立像

파사익왕 波斯匿王 Ⓢ Prasenajit, Ⓟ Pasenadi. 부처님 재세 시 중인도 코살라국(Ⓟ Kosala)의 왕. 자신의 여동생인 코살라데비(Ⓟ Kosaladevī)를 마가다국의 빔비사라(Ⓟ Bimbisāra)왕에게 시집보낸 관계로 카시국(Ⓟ Kāsi)도 점령하여 소유하고 있었다. 발라서나서다(鉢羅犀那逝多)·발라서나시다(鉢邏犀那恃多)·발라세낭유나(鉢囉洗囊喩那) 등으로도 음사하며, 승광(勝光)·화열(和悅)·월광(月光)·명광(明光) 등으로 한역한다. 범수왕(梵授王)의 아들이며, 부처님과 같은 해 같은 날 태어났다는 전승도 있다. 처음엔 무도하고 성질이 포악하였으나, 석가족에서 맞이한 왕비 말리부인(末利夫人 Ⓟ Mallikā)의 권유에 따라 부처님께 귀의한 후, 가장 유력한 우바새로서 경전에 자주 등장한다. 『바라문자명종애념불리경』(대정장1, p.915b6)에 "파사익왕은 사문구담이 '사랑으로 생겨난즉 근심과 슬픔과 괴로움이 있어 즐거울 수 없다'고 말씀하신다는 말을 들었다. 왕은 이 말을 듣고 말리 부인에게 말하였다. '말리여, 나는 사문구담께서 「애착으로 생겨난즉 근심과 슬픔과 괴로움이 있어 즐거울 수 없다」고 말씀하신다는 말을 들었소' '그렇습니다. 대왕이여, 애착으로 난즉 괴로움과 근심과 슬픔이 있어 즐겁지 않습니다' '말리여, 나는 그대 스승 말을 들었더니, 그 제자인 그대 또한 그렇구나. 말리여, 저 사문구담은 바로 그대 스승인데, 지금 그대로 「사랑으로 생겨났기에 근심과 슬픔과 괴로움이 있어 즐겁지 않다」고 말하는구나' … '말리여, 나는 이 사실로 말미암아 오늘부터는 저 사문이나 구담을 내 스승으로 모시고 나는 그 제자가 되겠소'. 王波斯匿聞之 沙門瞿曇作是言 愛生已則有憂慼苦不樂 王波斯匿聞已告末利夫人曰 此末利 我聞沙門瞿曇作是言 愛生已則有憂慼苦不樂 如是如是 大王 愛生已則有苦憂慼不樂 此末利我聞汝師言 弟子亦爾 汝末利 彼沙門瞿曇是汝師 而今汝作是言 愛生已則有憂慼苦不樂 … 此末利 從今日始彼沙門瞿曇 因此事當爲我師 我爲弟子"라고 하였다. 〔참고문헌〕『波羅門子命終愛念不離經』, 『釋華嚴教分記圓通鈔』 권2(한불전4, p.281b11), 『現行西方經』(한불전6, p.868b24), 『首楞嚴經環解刪補記』 권하(한불전6, p.446b12).

파사입요시 波斯入鬧市 페르시아 사람이 저잣거리에 들어왔다는 말. 『밀암화상어록』(대정장47, p.960c27)에 "법좌에 올라 말했다. '달이 하나를 낳으니 뿔 없는 무쇠소가 작은 방에서 잠잔다. 달이 둘은 낳으니 맨발의 페르시아 사람이 저잣거리에 들어온다. 달이 셋을 낳으니 물은 물에서 나오고 푸른 색은 쪽에서 나온다'. 上堂

月生一 無角鐵牛眠少室 月生二 赤脚波斯入鬧市 月生三 水生於水 靑出於藍", 『운봉문열어록』 (고존숙어록40, 卍속장118, p.682b1)에 "선사가 법좌에 오르자 학인이 물었다. '넓고도 넓은 중에 어떻게 주인을 가려냅니까?' '페르시아 사람이 저잣거리에 들어온다'. 上堂 僧問 浩浩之中如何辨主 師云 波斯入鬧市"라고 하였다. [참고문헌] 『密菴和尙語錄』, 『雲峰文悅語錄』. ⇨ 파사 波斯

파사제가 波娑提伽 Ⓢ prabhāsvara. 청정(淸淨)·결(潔)의 뜻. 『번역명의집』 권4(대정장54, p.1122a5)에 "파사제가는 범마라고도 하고 청정으로 한역한다. 『갈홍자원』에서는 '범어로 결이다'라고 하였으니 그 뜻을 취한 것이다. 『대지도론』에서 '비록 일체중생을 위하더라도 그 마음이 청정하지 않으면 자기의 몸에 나라는 것이 없음을 알지 못하고, 취하는 자에게는 그러한 사람도 주체도 없음을 알지 못하며, 보시하는 물의 실성이 하나라고도 다르다고도 할 수 없다는 것을 알지 못한다. 이러한 세 가지 일에 대해 마음으로 집착하면 그것은 청정하지 않은 것이다'라고 하였다. 『보성론』에서 '첫째 자성청정은 성품의 맑음 자체의 해탈을 말하고, 둘째 이구청정은 장애 다한 해탈을 말한다'라고 하였다. 『대지도론』에서 '필경에 공한즉 필경의 청정이니 사람들이 공을 두려워하므로 청정이라 한 것이다'라고 하였다. 波娑提伽 或云梵摩 此云淸淨 葛洪字苑 梵潔也 取其義耳 大論云 雖爲一切衆生 是心不淸淨 不知己身無吾我 不知取者無人無主 不知所施物實性 不可說一 不可說異 於是三事心著 是爲不淸淨 寶性論云 一自性淸淨 謂性淨解脫 二離垢淸淨 謂障盡解脫 大論云 畢竟空卽是畢竟淸淨 以人畏空故言淸淨"라고 하였다. [참고문헌] 『翻譯名義集』.

파사집 破邪集 8권. 명(明)대 서창치(徐昌治) 지음. 천주교를 비판하는 사정이 담긴 책. 명말 만력년간 무렵에 중국으로 들어온 마테오 리치를 비롯한 선교사들이 천주교를 포교한 정황를 서술하고 이에 대한 불교와 유학 측의 상소문 등 비판적인 의견을 집록하였다. 당시 중국의 사상계와 종교계에서 천주교를 반대하였던 내용과 근거를 담고 있다.

파사파제 波闍波提 ❶ Ⓢ Prajāpatī, Ⓟ Pajāpatī. 석가모니부처님의 이모이면서 양모(養母). 애도(愛道)·생주(生主)로 한역한다. 보통은 마하파사파제구담미(摩訶波闍波提瞿曇彌 Ⓟ Mahāpajāpatī Gotamī) 또는 마하파사파제교담미(摩訶波闍波提憍曇彌)라고 부르며, 출가한 후 비구니중을 이끌었던 비구니 대애도(大愛道)를 말한다. 『번역명의집』 권1(대정장54, p.1065b19)에 "마하파사파제는 대생주라고도 한역하고 대애도라고도 한다. 또한 교담미라고도 하는데 이는 중생으로 한역한다. 『대당서역기』 권6(대정장51, p.899a17)에 '발라사발저는 생주라고 한역하며 구역에서는 파사파제라고 하였는데 잘못된 것이다'라고 하였다. 摩訶波闍波提 此云大生主 又云大愛道 亦云憍曇彌 此翻衆生 西域記云 鉢邏闍鉢底 唐言生主 舊云波闍波提者訛也", 『구사론기』 권14(대정장41, p.222c3)에 "범어 마하파사파제에서 마하는 대로 한역하고 파사는 생으로 한역하며 파제는 주로 한역한다. 이는 대범왕의 천 가지 이름 중 하나이다. 중생이 많으므로 대상이라 한다. 범왕은 일체 중생을 능히 낳아 대생에게 주인이 되므로 대생주라 한다. 따르고 비는 천신을 이름으로 삼은 것이므로 대생주라 한다. 이는 부처님의 이모이다. 梵云摩訶波闍波提 摩訶此云大 波闍此云生 波提此云主 是大梵王千名中一稱也 衆生多故名曰大生 梵王能生一切衆生 與大生爲主名大生主 從所乞所天神爲名 故名大生主 是佛姨母"라고 하였다. [참고문헌] 『翻譯名義集』, 『大唐西域記』, 『俱舍論記』, *Vin.2.256.*, *AN.5.325.* ⇨ 마하파사파제 摩訶波闍波提, 대애도 大愛道 ❷ Ⓢ Prajāpati, Ⓟ Pajāpati의 음사어. 『리그베다 *Ṛg-veda*』에 등장하는 창조신. 생주(生主)로 한역한다. 파나화제천(波那和提天)·대생주(大生主)라고도 한다. 『잡아함경』 권33(대정장2, p.236b2)에 "비구로서 이 선을 닦는 이는 지수화풍에 의지하지 않고 각관에도 의지하지 않고 선을 닦는다. 발가리여! 비구로서 이와 같이 선을 닦는 이라면 모든 천주와 이습바라와 파사파제도 공경하여 합장하고 머리를 조아려 예를 올릴 것이다. 比丘如是禪者 不依地水火風 乃至不依覺觀而修禪 跋迦利 比丘如是禪者 諸天主 伊濕波羅 波闍波提恭敬合掌 稽首作禮", 『구사론송소론본』 권14(대정장41, p.897c9)에 "범어 마하파사파제는 대범천왕으로서 대생주로 한역하니 중생을 낳아 많아지게 하기 때문이다. 梵云摩訶波闍波提 大梵天王 名大生主 生衆生多故"라고 하였다. [참고문헌] 『雜阿含經』, 『俱捨論頌疏論本』, *Buddh-c.130.* ⇨ 파나화제천 波那和提天

파사현정 破邪顯正 파사와 현정. 삿됨을 부수고 바름을 드러내다. 삼론종(三論宗)에서 자주 쓴다. 『중관론소』 권상(대정장42, p.16a21)에 "가르침을 설하는 데에는 두 가지 취지가 있다. 하나는 파사이고 다른 하나는 현정이다. 부처님께서 이와 같은 온갖 삿된 견해를 끊고자 하셨으니 이는 파사이고, 중생들로 하여금 불법을 알도록 하셨으니 이를 현정이라 한다. 就說敎意中凡有二意 一者破邪 二者顯正 佛欲斷如此等諸邪見卽破邪也 令知佛法故謂顯正也", 『백론소』 권상(대정장42, p.240b12)에 "또한 『백론』은 비록 열 품이 있지만 파사현정을 근본 종지로 삼았다. 「사죄복품」에서 여래께서 점점 버리게 하신 가르침을 펼친 것이 현정이다. 「자파신」 이하에서 여러 외도가 제멋대로 인법에 집착한 것을 부수었으니 이것이 파사이다. 又斯論雖有十品 破邪顯正爲其大宗 捨罪福品申如來漸捨之教 謂顯正也 自破神已下破諸外道構存人法 卽破邪也", 『삼론현의』(대정장45, p.1a12)에 "삼론은 이것 때문에 지었다. 다만 논에 비록 세 뜻이 있지만 오직 두 궤적일 뿐이니 하나는 현정이고 다른 하나는 파사다. 파사란 아래로 삿된 견해에 빠진 이들을 구하는 것이고, 현정이란 위로 큰 법을 넓히는 것이다. 그러므로 옷깃을 떨쳐 벼리를 들어올린 것이니 이치로는 오직 두 가지일 뿐이다. 三論由斯而作 但論雖有三 義唯二轍 一曰 顯正 二曰 破邪 破邪則下拯沈淪 顯正則上弘大法 故振領提綱 理唯斯二也", 『대승현론』 권5(대정장45, p.69b10)에 "묻는다. 어떤 이는 '삿됨을 부수어 바름을 드러낸다'고도, 어떤 이는 '어찌 삿된 견해를 떠나 정법이 있겠는가? 삿됨을 없애는 것이 바르게 하는 것이니 삿됨으로 인하여 바름을 얻는다'고 하기도 한다. 이 두 가지 말은 서로 어긋나는 것처럼 보인다. 만약 삿됨을 부수어 바름을 드러낸다고 말한다면 삿됨으로 인하여 바름이 있다고 말해서는 안 된다. 다만 삿됨을 바르게 할 뿐이다. 만약 단지 삿됨으로 인하여 바름이 있다고 말한다면 또한 삿됨을 없애고 바름을 드러낸다고 말해서는 안된다. 다시 묻는다. 삿됨과 바름이 같으므로 파사현정이라 말하는 것인가? 아니면 삿됨과 바름이 다르므로 파사현정이라 하는가? 다른 이는 풀이하기를 '삿됨과 바름은 양 극단이니 삿됨을 부수므로 바름이 드러날 수 있다'고 하였다. 비판하여 말한다. 만약 병과 옷의 체가 다르다면 병을 부수어 옷을 드러낼 수 있는가? 그가 말하기를 '병과 옷은 다르고 서로 거슬러 해가 되지 않으니 서로 장애하는 법이 아니다. 그러므로 병을 부수어 옷을 드러내지 않는다. 삿됨과 바름을 서로 장애하는 법이니 삿됨이 바름을 장애하므로 삿됨을 부수어 바름을 드러낸다'고 하였다. 비판하여 말한다. 만약 삿됨과 바름이 서로 어긋나므로 파사현정이라고 한다면 물과 불을 서로 해치는데 어찌하여 물을 부수어 불을 드러내지 않는가? 問 或言破邪顯正 或言豈離邪有正 卽撥邪者令正 因邪故得正 此兩言似如乖反 若言破邪顯正 卽不應言因邪有正 只令邪者正 若言只因邪故正 又不應言破除邪顯正也 又問 邪正一故言破邪顯正 爲邪正異故破邪顯正 他人解 邪正兩端 破除邪故得顯正也 難 若爾瓶衣體異 破瓶顯衣耶 彼云 瓶衣乃異不相違害 非相障法故 不破瓶顯衣 邪正是相障法 邪障正故 破邪顯正也 難 若邪正相違故破邪顯正者 水火相害 何不破水顯火"라 하였다. [참고문헌] 『中觀論疏』, 『百論疏』, 『三論玄義』, 『大乘玄論』.

파산게 破散偈 제사나 천도재를 마치고 난 영가를 향해 일체번뇌와 업장 남김없이 떨쳐버리고 자유자재하라는 뜻에서 부르는 게송. 그 게송은 『석문의범』 권하 「영반」 '종사영반'(p.85a1)에 "파산게. 시방 모든 부처님나라 장엄하기 이를 데 없네. 바라건대 모름지기 정토로 가시더라도 사바세계 사람을 가엾이 여기소서. 罷散偈 十方諸佛刹 莊嚴悉圓滿 願須歸淨土 哀念忍界人", "불 떨어지고 바람 세차 천지가 무너져도 한없이 고요한 이 한 물건 백운과 함께 길이 자재하리라. 한번 소리떨쳐 금성의 벽 부순 후에는 다만 부처님 앞 칠보산을 향할 뿐이리. 火落風搖天地壞 寥寥長在白雲間 一聲揮破金聲壁 但向佛前七寶山"라고 하였다. [참고문헌] 『釋門儀範』 · 권하 p.77a18, 『作法龜鑑』(한불전10, p.565a2).

파산문소 罷散文疏 법요 마침을 알리는 글. 개시의 글은 개계문소(開啓文疏)라 한다. 『선원청규』 권6(卍속장111, p.907b10)에 "서장 은 개계문소와 파산문소 및 간경대방을 쓰고 장주는 경전을 내온다. … 시주가 간경이 끝나는 날 공양과 경참을 베풀면 유나는 파산문소를 읽어야 한다. 作梵闍梨書狀寫造開啓罷 散文疏幷看經大牓 藏殿主出經 … 如施主於看經了日設齋供慶懺 更須讀罷散文疏"라고 하였다. [참고문헌] 『禪苑淸規』.

파산흥복사지 破山興福寺志 명대 정가수(程嘉燧)가 짓고 소선(蘇先)이 그렸다. 5권. 『중국불사사지휘간 中國佛寺史志彙刊』 제1집에 수록되어 있다. 중국 강소성(江蘇省) 상숙현(常熟縣) 서북쪽에 있는 파산흥복사는 아름다운 주변 산수로 유명하다. 북조(北朝) 제(齊 480~502)대 창건하였고, 양(梁)대에 이르러 홍복사라 불렸다. 역대로 네 명의 고승을 배출하였다. 당대 회술(懷述) · 상달(常達)과 후양(後梁)대 언칭(彦偁) 그리고 송(宋)대 오은(晤恩)이 그들이다. 오은은 천태 교학을 받들며 세상에 널리 알렸다. 책머리에 시인 전겸익(錢謙益)의 「서 序」가 붙어 있다.

파살이가낙 婆薩伊伽諾 시방세계의 모든 색깔을 담아내는 미세한 물질. 짧은 경전 한마디에 일체 모든 경문의 깊은 뜻을 거둬 다하는 뜻의 비유다. 정요(精曜)라고 한역한다. 『석마하연론』 권1(대정장32, p.593c4)에 "마하연논문의 협구는 작아도 매우 극히 작은데, 무슨 이유로 무량무변한 계경의 바다가 의지하는가? 저 파살이가낙이나 표다라단제와 같으므로 빠진 것이 없다. 摩訶衍論文狹句少甚極微少 何故無量無邊契經之海通爲依耶 如婆薩伊伽諾故 如標多羅呾提故 是故無失", 『석마하연론기』 권1(卍속장73, p.7b3)에 "파살이가락은 정요라 한역한다. 이것은 모양이 토끼털과 같이 미세하지만 능히 시방세계에 가득찬 밝고 어두운 색들을 담아낼 수 있다. 婆薩伊伽諾 此云精曜 其形微細 猶如兎毛而能納受滿十方界明暗之色"라고 하였다. [참고문헌] 『釋摩訶衍論』, 『釋摩訶衍論記』.

파살제 波薩提 Ⓢ upaśānti, Ⓟ passaddhi, pāsādikā. 적정(寂靜)하여 그 어떤 고달픔도 없음. 『선견율비바사』 권10(대정장24, p.746c5 : *Sp.*, p.413)에 "거칠고 세밀한 파살제란〈적정하여 어떤 고달픔도 없는 뜻이다〉. 麤細波薩提者〈漢言 寂靜無有疲極〉 oḷārika-sukhumatā ca passaddhi", 『번범어』 권3(대정장54, p.1003c4)에 "파살제〈파라살제라고 해야 한다. 율에서 '적정하여 어떤 고달픔도 없다'고 하였다. 한역하면 의락이라 한다〉. 波薩提〈應云波羅薩提 律曰寂靜無疲極也 譯曰猗樂〉"라고 하였다. 〔참고문헌〕『善見律毘婆沙』, 『翻梵語』, *Sp.*

파삼마야 破三摩耶 비밀법을 닦지 않아 삼매야를 파괴하다. 밀교의 세 가지 중죄(重罪) 중 하나다. 『제불경계섭진실경』 권3(대정장18, p.282c7)에 "이때 관정아사리가 제자에게 말했다. '그대가 만약 이 비밀법을 닦지 않으면 파삼마야여서 세세생생 부처의 종자를 끊을 것이다. 설령 악인이 시방세계의 일체 제불과 모든 보살과 부처의 눈과 혈육을 죽이더라도 그 죄가 오히려 가볍다. 그대의 죄는 오역죄를 지은 중생을 능가한다. 오역중생은 지옥에 떨어져도 나올 때를 기약할 수 있지만 어떤 이가 삼마야법을 파괴하면 지옥에 떨어져도 나올 때를 기약할 수 없다. 爾時 灌頂阿闍梨 告弟子言 汝若不修此祕法者 破三摩耶 生生世世斷滅佛種 設有惡人 殺十方界一切諸佛諸大菩薩佛眼血肉 此罪尙輕 汝罪過彼五逆衆生 墮落地獄尙有出期 若人破壞三摩耶法 入於地獄無有出期', "무엇을 삼마야법이라 하는가? 대유가진실교왕을 말한다. 무엇을 파삼마야라 하는가? 어떤 범부는 오직 법을 받을 줄만 알고 수행하지 못한다. 법을 구하는 이가 다섯 가지 관정법을 아직 받지 않았다면 이 유가법을 주어서는 안 된다. 만약 아사리가 관정을 줄 때라면 먼저 세 달동안 그 마음을 관찰한 후에 관정법을 준다. 만약 선심이 있고 깊이 참괴하는 마음을 깊이 품었으며 유순하고 질병이 없어 법제자라고 부를 만하면 그렇게 관찰한 후에 전수한다. 세간에서는 아버지와 아들이 생을 이어가고 여기에서는 법제자가 능히 부처의 종자를 이을 수 있다. 아직 성불하지 못했을 때는 자비의 마음을 끊지 말고 아버지가 아들을 사랑하듯 하고 아들이 아버지를 공경하듯 하면 이를 삼마야법이라 한다'. 云何名爲三摩耶法 謂大瑜伽眞實敎王 云何名爲破三摩耶 謂有凡夫唯有能受不能修行 若求法人 未受五種灌頂法者 不應與授此瑜伽法 若阿闍梨與授灌頂時 先須三月觀察其心 然後授與灌頂之法 若有善心深懷慚愧 調柔無疾呼爲法子 然後傳授 世間父子繼嗣一生 今爲法子能紹佛種 未成佛來不斷慈念 如父愛子如子敬父 如是名爲三摩耶法"라고 하였다. 〔참고문헌〕『諸佛境界攝眞實經』.

파삼현일 破三顯一 셋을 부수어 하나를 드러낸다는 말. 삼승이 서로 다르다는 견해를 부수어 삼승의 취지가 일승에 있음을 드러낸다는 뜻이다. 『법화현의』 권9(대정장33, p.797c2)에 "파현삼일은 바로 셋을 부수어 하나의 지를 드러낸다. 왜 그러한가? 예전에 처음 불승을 기렸으나 중생은 괴로움에 빠져서 감히 대승을 들을 수 없었으니, 과거 부처님이 행하신 방편의 힘을 기억해 찾았고 역시 응하여 삼승을 설했다. 삼승을 설한 후에 교법을 가지런히 해서 세 유정으로 나누었다. … 이제는 세 가지 집착을 부수어 부처의 지혜를 드러내므로 제불의 법이 오래 지난 후에는 진실만을 설할 뿐이라고 말한다. 破三顯一 正破三情而顯一智 何者 昔若初讚佛乘衆生沒在苦 旣不堪聞大 尋念過去佛所行方便力 亦應說三乘 說三乘已 齊敎封三情 … 今破三執顯於佛智 故言諸佛法久後要當說眞實也", 『원각경대소석의초』 권2(卍속장14, p.502b2)에 "또한 셋을 부수고 하나를 드러낸다. 법화는 저 거둬 얻음이고, 열반은 이삭줍기와 같다. 그러므로 『열반경』 권36에서 이렇게 설했다. '옛날 영축산에서 『법화경』을 설하여 팔천성문이 수기를 받았다. 마치 가을에 걷고 겨울에 보관하는 것과 같이 더는 할 일이 없으니 바로 이 뜻일 따름이다'. 又破三顯一 法華如收獲 涅槃如拾穟 故涅槃三十六云 昔於靈山說法華經 八千聲聞得授記別 如秋收冬藏 更無所爲 卽其義耳", 『묘경문구사지기』 권(卍속장45, p.687b5)에 "셋을 부수고 하나를 드러내는 것은 방편을 부수고 진실을 드러냄의 다른 말이다. 破三顯一 卽是破權顯實之異名也"라고 하였다. 〔참고문헌〕『法華玄義』, 『圓覺經大疏釋義鈔』, 『妙經文句私志記』.

파상교 破相教 상(相)을 부수는 가르침. 종밀의 오교(五敎) 중 하나로 『도서』의 삼교(三敎) 중 밀의파상현성교(密意破相顯性敎)에 해당한다. 『원인론』(대정장45, p.709c9)에 "넷째 대승파상교란 앞서 말한 대소승의 법상에 대한 집착을 부수고 뒤에 출현한 진성의 공적한 이치를 은밀하게 드러낸다〈파상이라는 말은 단지 반야부만이 아니라 대승경에도 두루 해당한다. 앞의 삼교는 앞뒤의 순서에 의지한다. 이 교는 집착을 따라서 부수며 정해진 시절이 없다. 그러므로 용수가 두 가지 반야를 건립하였으니 하나는 공이고 다른 하나는 불공이다. 공이란 이승이 함께 듣고 믿음과 이해를 일으켜 이승의 법집을 부순다. 불공은 오직 보살만 이해하여 불성을 은밀하게 드러낸다. 그러므로 인도의 계현과 지광 두 논사는 각각 삼시교를 건립하였는데 이것을 가리켜 공교라고 하였고 유식법상의 앞에 두거나 그 뒤에 두는 경우도 있다. 여기에서는 뒤에 놓은 견해를 취한다〉. 四大乘破相敎者 破前大小乘法相之執 密顯後眞性空寂之理〈破相之談 不唯諸部般若 遍在大乘經 前之三敎依次先後 此敎隨執卽破 無定時節 故龍樹立二種般若 一 共 二 不共 共者 二乘同聞信解 破二乘法執故 不共者 唯菩薩解 密顯佛性故 故天竺戒賢智光二論師

各立三時教 指此空教 或云 在唯識法相之前 或云在後 今意取後〉", "장차 부수고자 해서 먼저 비판한다. 변한 경이 이미 망일진대 능변의 식이 어찌 진실이겠는가? 만약 어떤 것은 존재하고 어떤 것은 존재하지 않는다고 말한다면〈이하에서 이 뜻으로 논파한다〉 꿈의 영상과 눈으로 본 물은 달라야 한다. 다르다면 꿈은 실물이 아니고 실물은 꿈이 아니다. 깨어나 꿈이 사라지면 실물은 그대로 있어야 한다. 또한 현실이 꿈이 아니라면 진짜 실물이어야 한다. 만약 꿈이 실물이 아니라면 무엇 때문에 상(相)이 되는가? 그러므로 꿈 꿀 때는 생각을 꿈꾸고 사물을 꿈꾸는 것이니, 능견과 소견이 다른 것은 이치에 근거하면 똑같이 허망하여 도무지 있는 것이라곤 없다. 將欲破之 先詰之曰 所變之境既妄 能變之識豈眞 若言一有一無者〈此下却將彼喩破之〉 則夢想與所見物應異 異則夢不是物 物不是夢 寤來夢滅 其物應在 又物若非夢 應是眞物 夢若非物 以何爲相 故知夢時則夢想夢物 似能見所見之殊 據理則同一虛妄 都無所有", "모든 마음 역시 그러하다. 모두 갖가지 인연에 의지하고 자성이 없기 때문이다. 그러므로 『중론』에서 '인연에서 생기지 않는 한 가지 법도 없다. 그러므로 일체법은 공 아닌 것이 없다'고 하였다. 諸識亦爾 以皆假託衆緣無自性故 故中觀論云 未曾有一法不從因緣生 是故一切法無不是空者", 『도서』 권상(대정장48, p.404a6)에 "둘째 밀의파상현성교는 이렇게 설한다. … 앞의 밀의의성설상교에서 말한 변한 경계는 모두 허망한데 어찌 능변의 식 홀로 진실하겠는가? 마음과 경 서로 의지하여 공이지만 있는 듯하기 때문이다. 또한 마음은 홀로 일어나지 못하고 경에 의지하여 비로소 일어난다. 경도 스스로 나지 못해 마음으로 말미암아 드러난다. 마음이 비면 경도 사라지고 경이 사라지면 마음이 빈다. 경 없는 마음이 없고 마음 없는 경은 일찍이 없었다. 마치 꿈에서 사물을 보는 경우 능견과 소견이 다른 것 같지만 사실 똑같이 허망하여 도무지 있는 것이란 없다. 二 密意破相顯性敎 … 說前敎中所變之境既皆虛妄 能變之識豈獨眞實 心境互依空而似有故也 且心不孤起 託境方生 境不自生 由心故現 心空卽境謝 境滅卽心空 未有無境之心 曾無無心之境 如夢見物似能見所見之殊 其實同一虛妄都無所有", "모든 식과 모든 경 역시 이와 같이 갖가지 연에 임시로 의탁해서 자성이 없기에 일찍이 인연좇아 나지 않은 법은 없다. 그러므로 일체법은 공 아닌 것이 없다. 무릇 있는 바 상이란 다 허망하다. … 생사와 열반은 평등하여 허깨비와 같다. 다만 일체에 머물지 않는 무집착을 도로 여기고 행한다. 반야경전 천여 권과 『중론』·『백론』 등의 삼론과 『광백론』 등이 모두 이를 설한다. 諸識諸境亦復如是 以皆假託衆緣無自性故 未曾有一法不從因緣生 是故一切法無不是空者 凡所有相皆是虛妄 … 生死涅槃平等如幻 但以不住一切無執無著而爲道行 諸部般若千餘卷經 及中百門等 三論廣百論等 皆說此也"라고 하였다. 〔참고문헌〕『原人論』, 『都序』.

파상삼매 破相三昧 Ⓢ anabhilakṣito nāma samādhi. 백팔삼매(百八三昧) 중 하나. 무상삼매(無相三昧)라고도 한다. 『대품반야경』 권5(대정장8, p.253a9 : *Pañca-pr.*, p.202)에 "파상삼매란 무엇인가? 이 삼매에 머물러 모든 삼매의 상을 보지 않으면 이를 파상삼매라 한다. 云何名破相三昧 住是三昧 不見諸三昧相 是名破相三昧 tatra katamaḥ anabhilakṣito nāma samādhiḥ yatra samādhau sthitvā sarvasamādhīn abhilakṣayati tenocyate 'nabhilakṣito nāma samādhiḥ"라고 하였다. 〔참고문헌〕『大品般若經』, *Pañca-pr.*

파상여현성상대 破相與顯性相對 상을 부숨과 성을 드러냄은 서로 마주한다. 『도서』 권2(대정장48, p.406a10)에 "오직 둘째와 셋째의 파상종과 현성종이 상대한다. 강하는 이 선하는 이 같이 미하여 각각의 모든 종과 교가 상을 부수는 것으로 문득 진성을 삼는다고 말한다. 그러므로 이제 공종과 성종에 열 가지 다름이 있음을 밝힌다. 첫째는 법과 의가 진속으로 다르고, 둘째는 심과 성이 두 이름으로 다르며, 셋째는 성자 두 체가 다르고, 넷째는 참된 지혜와 참된 앎으로 다르며, 다섯째는 유아와 무아로 다르고, 여섯째는 차전과 표전으로 다르며, 일곱째는 이름을 아는 것과 바탕을 아는 것이 다르고, 여덟째는 이제와 삼제로 다르며, 아홉째는 삼성의 공유로 다르고, 열째는 불덕의 공유로 다르다. 唯第二第三破相與顯性相對 講者禪者同迷 皆謂同是一宗一敎 皆以破相便爲眞性 故今廣辨空宗性宗有其十異 一 法義眞俗異 二 心性二名異 三 性字二體異 四 眞智眞知異 五 有我無我異 六 遮詮表詮異 七 認名認體異 八 二諦三諦異 九 三性空有異 十 佛德空有異", 『종경록』 권34(대정장48, p.616a9)에 "파상과 현성이 서로 마주한다. … 공종은 오직 상을 부술 뿐이고, 성종은 오직 성을 드러낼 뿐이다. 방편과 실에 다름이 있고 차표로 온전히 달라서 분별집착을 물리치고 부수는 차전의 언어로는 건립하여 드러낸 종지를 곧바로 제시하는 표전의 가르침을 삼을 수 없고, 또한 근기에 따라 인도하는 방편적이고 점진적인 일시의 교설로는 최후로 온전히 들어올리는 견성의 진실한 문을 삼을 수 없다. 破相與顯性相對 … 空宗唯破相 性宗唯顯性 權實有異 遮表全殊 不可以遮詮遣蕩排情破執之言 爲表詮直示建立顯宗之敎 又不可以逗機誘引一期權漸之說 爲最後全提見性眞實之門"라고 하였다. 〔참고문헌〕『都序』, 『宗鏡錄』.

파상육바라밀 破相六波羅蜜 상마저 없이 행하는 여섯 가지 바라밀. 『대승의장』 권17(대정장44, p.811a2)에 "행이란 육바라밀을 말한다. 외범위중에서는 상이 있는 육바라밀을 닦아 비록 공을 조금 보았더라도 미약하므로 설하지 않는다. 내범위에서는 상을 부수는 육바라밀을 닦아 공을 관하고 아껴 가진 마음을 부수어 보시행을 일으키고, 심지어 공을 관하여 어리석은 견해마저 떠나 지혜의 행을 일으킨다. 行謂六度 外凡位中修行有相六波羅蜜 雖少觀空 微故不說 內凡位中 修學破相六波羅蜜 觀空破慳以起檀行 乃至 觀空破離癡見而起慧行"라고 하였다. [참고문헌]『大乘義章』.

파상종 破相宗 ❶ 상(相)을 부수는 것을 으뜸으로 여기다. 삼종(三宗) 중 하나. 반야경과 『중론』·『백론』·『십이문론』 등 공(空) 교설에 해당한다. 『원종문류』 권22(卍속장103, p.839b15)에 "파상종이란 한결같이 범부와 성인·염오와 청정이 모두 공이라고 설한다. 본래 있는 것이 없고, 설령 열반을 넘어서는 한 법을 보았다고 하더라도 역시 꿈과 허깨비다. 저들은 진실도 세우지 않는데 하물며 망이야 말할 것도 없다. 그러므로 '진을 좇아 망이 있다'고 비판하여 말한다. 破相宗者 彼一向說凡聖染淨一切皆空 本無所有 設見一法勝過涅槃 亦如夢幻 彼且不立眞 何況於妄 故不難云 從眞有妄也", 『원각경대소초』 권1(卍속장14, p.426a14)에 "다음 두 구는 대승법상종이고 그 다음의 '식은 허깨비와 같다'는 한 구는 마음과 경계가 모두 공인즉 대승파상종이다. 이 두 종을 합해 대승시교로 삼는다. 次二句大乘法相宗 次識如患夢一句 心境全空 卽大乘破相宗 合此二宗爲始敎也", 『금강경소기과회』 권10(卍속장39, p.944b10)에 "파상종은 반야경전들과 『중론』·『백론』 등이다. 破相宗 諸般若等經 中百門等論"라고 하였다. [참고문헌]『圓宗文類』, 『圓覺經大疏鈔』, 『金剛經疏記科會』. ❷ 대연(大衍)이 세운 사종(四宗) 중 하나. 부진종(不眞宗)이라고도 한다. 『대승의장』 권(대정장44, p.483a13)에 "파상종은 부진이라고도 한다. … 파상종이란 대승에서는 얕은 교법이다. 앞의 종 중에서 주장한 허망하고 임시적인 상 역시 있는 것 아님을 밝혔다. 마치 어떤 이가 멀리서 아지랑이를 보고 물이라고 여기다가 가까이 가서 본래 아무 것도 없음을 보는 것과 같다. 비단 자성이 없을 뿐 아니라 물이라는 상 역시 없다. 모든 법은 이것을 닮았으니 비록 상이 없다고 설하지만 아직 법의 진실을 드러내지는 못하였다. 破相宗 亦名不眞 … 破相宗者 大乘中淺 明前宗中虛假之相 亦無所有 如人遠觀陽炎爲水 近觀本無 不但無性 水相亦無 諸法像此 雖說無相 未顯法實", 『설무구칭경소』 권1(대정장38, p.998b18)에 "파상종은 비단 자성이 공할 뿐 아니라 모든 법의 상 역시 실재로 있지 않다고 한다. 『반야경』 등의 경전과 『중론』·『백론』 등이 이것이다. 破相宗 非但性空 諸法相狀亦非實有 般若等經 中百等是", 『법화경현찬요집』 권5(卍속장53, p.534b18)에 "파상종이란, 단지 체성을 얻을 수 없을 뿐 아니라 그 총상의 모양새 역시 얻을 수 없다. 그러므로 파상종이라 하였다. 모두 공하기 때문이다. 言破相宗者 非唯體性不可得 如其總相相狀亦不可得 故名破相宗 皆悉空故"라고 하였다. [참고문헌]『大乘義章』, 『說無垢稱經疏』, 『法華經玄贊要集』. ⇨ 부진종 不眞宗

파상품 破常品 『백론 百論』의 제9품, 『광백론본 廣百論本』의 첫 번째 품. 이 품은 여러 학파에서 상주(常住)라고 주장한 여러 존재에 대해서, 무상이거나 단순히 가립된 것에 지나지 않음을 내세워 비판하는 내용이다. 비판의 대상이 되는 것은 허공·시간·방위(方)·미진(微塵)·열반의 오법(五法) 등 바이셰쉬카(Ⓢ Vaiśeṣika : 勝論)에서 두드러지게 설한 것들이다. ⇨ 백론 百論

파색심론 破色心論 색도 심도 파한 론. 『유식론』의 다른 이름. 『유식론』(대정장31, p.63c23)에 "『유식론』〈일명 『파색심론』〉. 천친보살 지음. 후위 구담반야유지 한역. 唯識論〈一名 破色心論〉 天親菩薩造 後魏瞿曇般若流支譯", 『종경록』 권79(대정장48, p.853a12)에 "『전식론』에서 '오직 식일 뿐임을 세우고 이에 곧장 경을 보내버리고 심만을 남겼다. 끝까지 논해서는 경도 버리고 심마저 비우고자 했음이 바른 뜻이다. 따라서 경과 식이 함께 사라진즉 이것이 실성이고 실성인즉 아마라식이다'라고 하였다. 따라서 『유식론』을 『파색심론』이라고도 한다. 轉識論云 立唯識乃一往遣境留心 究竟爲論 遣境爲欲空心 是其正意 是故境識俱泯 卽是實性 實性卽是阿摩羅識 所以唯識論 亦名破色心論"라고 하였다. [참고문헌]『唯識論』, 『宗鏡錄』, 『轉識論』(대정장31, p.62c16). ⇨ 유식론 唯識論❶, 아마라식 阿摩羅識

파생멸식상 破生滅識相 생멸식의 상을 무너뜨리다. 『석화엄삼보장원통기』 권상(한불전4, p.177a15)에 "화합식의 상을 무너뜨린다 하였다. 아뢰야식중에 생멸과 불생멸이 화합하는 뜻을 갖추고 있다. 여기서는 생멸식의 상을 무너뜨려 불생멸의 바탕을 드러낸다. 破和合識相者 於賴耶中 具有生滅不生滅和合之義 今破生滅識相現不生滅體也"라고 하였다. [참고문헌]『釋華嚴三寶章圓通記』. ⇨ 파화합식상 破和合識相

파서 婆栖 칠모(七母)의 권속 중 하나인 새로 풍만다라 권속이다. 『대일경』 권5(대정장18, p.35b1)에 "이러한 것들이 모두 풍만다라중에 있고 까마귀·독수리·파서와 야간 등이 둘러싸고 있네. 如是等皆在 風漫荼羅中 烏鷲及婆栖 野干等圍繞", 『대일경소』 권16(대정장39, p.744a28)에 "칠모 등의 권속이란 독수리와 여우, 그리고 파서〈부엉이와 비슷하지만 작고 황토색이며 부리 역시 황색이다. 맷과에 속한다. 이 새에게는 몸을 감추는 법이 있다〉를 말한다. 七母等眷屬 謂鷲狐及婆栖鳥〈似鵶少 黃土色 觜亦黃 是鶻類也 此鳥有祕身法也〉"라고 하였다. 〔참고문헌〕『大日經』, 『大日經疏』.

파서목가론 波西目伽論 파서와 목가의 논. 희생제의를 합리화하는 외도설을 모은 책. 『반야등론석』 권13(대정장30, p.119c15)에 "『베다 *Veda*』는 계를 파한 악인들이 지어낸 이야기이다. 살생한 희생물로 하늘에 제사를 올리고 생활하는 주변에서 못된 행위와 음주 등을 일삼기 때문이다. 예컨대 파서와 목가의 논에 나오는 외도들의 말에 따르면, 『베다』에서 '살생은 도리에 어긋나는 행위가 아니다. 주술의 힘으로 물리쳐 살생의 죄를 두려워하지 않아도 된다'고 한다. 韋陀 是破戒惡人所作說 殺生祀天 親處邪行飮酒等故 譬如波西目伽論 外人言 韋陀中說 殺生者 不是非法 以呪力禳 不畏殺罪故"라고 하였다. 〔참고문헌〕『般若燈論釋』.

파성종 破性宗 사종(四宗) 중 하나. 법(法)의 자성(自性)은 인정하지 않지만 그 가명(假名)을 인정한다. 『성실론』을 소의로 하는 성실학파(成實學派)에 해당한다. 『설무구칭경소』 권1(대정장38, p.998b17)에 "파성종은 제법이 가진 상은 도무지 실한 성이란 없다고 주장하며 앞의 입성종의 주장을 논파한다. 『성실론』이 이에 해당한다. 破性宗 諸法有相 都無實性 破前立性 成實論是", 『대승의장』 권1(대정장44, p.483a19)에 "파성종은 가명을 말한다. … 파성이란 소승 중에서는 깊다. 제법이 허망한 거짓이고 성이 없음을 말하니 앞에서 입성종이 법의 자성을 주장한 것과는 다르다. 법은 비록 성은 없지만 가상마저 없는 것은 아니라고 주장한다. 이 종은 『성실론』에 해당한다. 破性宗亦曰假名 … 言破性者 小乘中深 宣說諸法虛假無性 不同前宗立法自性 法雖無性 不無假相 此宗當彼成實論也", 『법화경현찬요집』 권5(卍속장53, p.534b12)에 "둘째 파성종이라 한 것은, 화도에서 말하길 '현상에 있어 총상으로서의 이름이 있을 뿐 그 바탕을 미루어 구해도 필시 얻을 수 없다. 오직 총상만 있을 뿐이라 해서 성을 파하고 상을 따른다. 이는 성실론사다. 본래 수론의 제자가 나중에 경량부에서 출가하여 『성실론』을 지어서 법에 체가 있음을 파하고 오직 상만이 있을 뿐이라 하였기에, 오직 총상만 있고 모양새 마치 파초와 같이 그 가운데 실한 것이란 없다. 체를 미루어 구해도 절대 얻을 수 없다. 마치 포말 등이 모여있는 것처럼 모양만 있을 뿐이기 때문이다. 이 논사는 네 가지 티끌이 능히 지수 등을 짓고 그것으로 일체법을 지어냈기에 모두 다 임시적인 것이라고 계착한다' 하였다. 言二破性宗等者 化度云 但於事總相名有 推求於體 必不可得 唯有總相 破性從相 此成實論師 本是數論弟子 後於經部宗中出家 造成實論 破法有體 唯有相故 唯有總相相狀猶如芭蕉 中無有實 推求於體 必不可得 如聚沫等 唯存相故 此師計四塵爲能造 地水等爲所造以一切法 皆是於假"라고 하였다. 〔참고문헌〕『說無垢稱經疏』, 『大乘義章』, 『法華經玄贊要集』. ⇨ 파상종 破相宗

파수 波戍 Ⓢ paśu의 음사어. 가축의 총칭. 제사의 희생물로서의 소·말·양·산양 등을 나타낸다. 『범어천자문』(대정장54, p.1212c24)에 "파수. 소. 波戍 牛", 『범어잡명』(대정장54, p.1235c6)에 "축생. 파수. 畜生 波戍"라고 하였다. 〔참고문헌〕『梵語千字文』, 『梵語雜名』.

파수 婆須 석가모니부처님 재세시 비구니. 『증일아함경』 권3(대정장2, p.559b28)에 "수삼매에 들어 모든 것을 널리 적시니 파수 비구니다. 入水三昧 普潤一切 所謂婆須比丘尼是", 『번범어』 권3(대정장54, p.1002a3)에 "파수〈보라고 한역한다〉. 婆須〈譯曰寶也〉"라고 하였다. 〔참고문헌〕『增壹阿含經』, 『翻梵語』.

파수 擺手 손을 놓아버리다. 붙들 것 없이하다의 뜻이다. 『대혜어록』 권10(대정장47, p.854a11)에 "삼요와 삼현을 모조리 없애 다하고 당당하게 손 놓아버려 겹겹의 성을 벗어난다. 三要三玄俱喪盡 堂堂擺手出重城", 『경덕전등록』 권24 「소주대력전 韶州大歷傳」(대정장51, p.403c7)에 "학인이 '어떻게 해야 무위인지요?' 묻자 대력이 손 놓아버렸고, '시주가 공양하면 무엇으로 보답할지요?'라고 묻자 손으로 콧수염을 꼬았다. 問 如何是無爲 師乃擺手 問 施主供養 將何報答 師以手撚髭", 『남석문수어록』 권3 「시로시자 示路侍者」(卍속장124, p.415a8)에 "손을 놓아버리고 비로의 정수리를 밟고 가야 비로소 서천에서 온 소식이리라. 擺手毗盧頂顙行 方是西來好消息"라고 하였다. 〔참고문헌〕『大慧語錄』, 『景德傳燈錄』, 『南石文琇語錄』.

파수동귀 擺手同歸 손 놓고 함께 돌아가다. 『허당록』 권3(대정장47, p.1009b6)에 "허당이 1265년(함순1) 8월 25일 진시(辰時) 초에 절에 다가서 산문을 가리키며 말했다. '이 산에는 길은 없는데 문은 무엇이란 말인가? 알아차렸다면 손 놓고 함께 돌아갈 일이며, 그렇지 못하다면 나를 따라오라'. 師於咸淳元年 八月二十五日 辰初 進寺 指山門 此山無路 及門者誰 會得擺手同歸 不然隨我來"라고 하였다. 〔참고문헌〕『虛堂錄』.

파수발다 播輸鉢多 Ⓢ pāśupata의 음사어. 대자재천(大自在天)을 우주의 창조신으로 숭배하는 외도. 파수발다(波輸鉢多)라고도 한다. 대자재천을 수주(獸主 Ⓢ Paśupati) 또는 우주(牛主)라고도 부르므로 수주외도 또는 우주외도라고도 하고, 대자재천에 오르기 위해 몸에 재를 바르고 고행하므로 도회외도(塗灰外道)라고도 한다. 대자재천법을 배우고 양을 죽여 제사지내며 우구계치계(牛狗鷄雉戒)를 지키며 이것을 해탈의 원인이라고 집착한다. 『유가사지론』 권99(대정장30, p.871b24)에 "외도의 거처라고 하였는데, 이곳은 갖가지 외도들이 거처하는 곳으로, 이들은 이계·정명·파수발다라고 하는 부류들이다. 外道居處者 謂於是處種種外道之所居止 謂離繫 淨命 波輸鉢多 如是等類", 『구사론기』 권9(대정장41, p.172c9)에 "파수발다외도는 우주라고 한역한다. 주는 천주를 말한다. 마혜수라천이 소를 타고 다니므로 우주라고 한다. 이 외도는 대자재천법을 배우고 그것을 따르므로 우주라고 부른다. 이 외도는 머리에 상투를 틀고 재를 몸에 바른다. 播輸鉢多外道此云牛主 主謂天主 摩醯首羅天 乘牛而行故名牛主 此外道學彼天法 從彼爲名 故名牛主 此外道受持頂上 持一髻子 身體塗灰", 『일체경음의』 권70(대정장54, p.764c9)에 "파수발다〈보와 하를 반절한 음이다. 파수라고도 한다. 이는 도회외도이니 온 몸에 재를 바른다. 머리카락은 자르기도 하고 자르지 않는 경우도 있다. 옷은 명주로 몸을 가리지만 붉지 않으면 다르게 여리고 마혜수라천을 받든다〉. 播輸鉢多〈補賀反 亦作波輸 此是塗灰外道 遍身塗灰 髮卽有剃不剃 衣纔蔽形 但非赤色爲異耳 奉事魔醘首羅天者也〉"라고 하였다. [참고문헌] 『瑜伽師地論』, 『俱舍論記』, 『一切經音義』, *Abh-k-bh.140.* ⇨ 수주 獸主, 도회외도 塗灰外道, 파슈파타 Pāśupata

파수열불입 把手拽不入 손잡아 끌어도 들지 못하다. 『광지광록』 권1(대정장48, p.2a3)에 "옛 사람이 '시방세계 그 어디나 해탈문이다'라고 하였지만 손잡고 끌어도 들지 못한다. 古人道 盡十方世界 是箇解脫門 把手拽不入", 『대천보제어록』(卍속장121, p.312a8)에 "보제선사가 1217년(가정10) 3월 산문에 들어서서 말했다. '봄날의 산은 첩첩으로 어지러이 푸르고, 봄날의 물은 비었던 푸른 계곡 출렁인다. 대해탈문 열렸지만 아무리 손잡아 끌어도 들어오지 않는구나'. 한 소리 크게 내질렀다. 師嘉定十年 三月 入山門云 春山疊亂青 春水漾虛碧 大解脫門開 把手拽不入 喝一喝", 『환계유일어록』 권상(卍속장122, p.102a7)에 "삼문을 가리켜 말했다. '걸림없는 지혜의 문이 철벽이네, 철벽 같아! 한 번에 쳐 여니 더는 힘쓸 일 없다. 얼마나 많은 사람들이 손잡고 끌어도 들지 못하던가!' 指三門云 無礙慧門 鐵壁鐵壁 一擊擊開 不勞餘力 幾人把手拽不入"라고 하였다. [참고문헌] 『宏智廣錄』, 『大川普濟語錄』, 『環溪惟一語錄』.

파순 波旬 Ⓢ Pāpīyas, Ⓟ Pāpimant. 부처님 재세시의 마왕(魔王) 이름. 파비야(波卑夜)·파비연(波俾掾)·파연(波椽)·파비(波鞞)·피순(陂旬)·파비(波俾)·播裨) 등이라고도 음사한다. 마파순(魔波旬 Ⓟ Māra-pāpimant)이라고도 한다. 한역하여 살자(殺者)·악물(惡物)·악중악(惡中惡)·악애(惡愛) 등이라고도 한다. 사람의 생명이나 선근을 끊어없애는 마구니를 가리킨다. 『일체경음의』 권10(대정장54, p.369a10)에 "파순의 순자는 본래 눈 목 변에 음은 현이지만 잘못 써서 해 일 변에 순이 되었다. 범본에서 점검해 보니 순음이 없는 것으로 보아 아마도 필사에서의 잘못인 듯하다. 전승의 잘못은 이미 오래 되었다. 旬字 本從目 音縣 誤書從日爲旬 今驗梵本無巡音 蓋書寫誤耳 傳誤已久"라고 하였다. 『출요경』 권21(대정장4, p.723a17)에 "천마파순이 비록 욕계육천을 거느리지만 자기 마음대로 하지는 못한다. 天魔波旬 雖統六天 亦不能得其便", 『중아함경』 권30 「항마경 降魔經」(대정장1, p.620b17)에 "존자 대목건련이 정에서 깨어나 마왕에게 말했다. '그대 파순은 (숨어 있지 말고) 나오거라! 그대 파순은 나오거라! 여래를 범하여 어지럽히지 말고, 여래제자도 점하여 어지럽히지 말며, 긴긴 밤 뜻도 없고 이익도 없는 짓일랑 하지 마라. 틀림없이 악한 곳에 태어나 헤아릴 수 없이 많은 고통을 받을 것이다'. 尊者 大目揵連 卽從定寤 語魔王曰 汝波旬出 汝波旬出 莫觸嬈如來 亦莫觸嬈如來弟子 莫於長夜無義無饒益 必生惡處 受無量苦", 『잡아함경』 권39(대정장2, p.285a8)에 "그때 세존께서 '악마 파순이 나를 요란케 하는구나'라고 생각하셨다. 爾時 世尊作是念 惡魔波旬 欲作嬈亂", 상응하는 *Mānasa-sutta*(*SN.1*, p.111)에 "마구니 빠삐만이 세존께 다가와 게(偈)로 말했다. '허공을 떠다니는 올가미, 치닫는 마음이어니, 내 그 마음으로 너를 묶으리'. māro pāpimā yena bhagavā tenupasaṅkami upasaṅkamitvā bhagavantaṃ gāthāya ajjhabhāsi. antalikkhacaro pāso, yoyam carati mānaso, tena taṃ bādhayissāmi", 『방광대장엄경』 권7(대정장3, p.582b20 : *Lal-v.*, p.191)에 "부처님께서 비구들에게 이르셨다. '그때 보살은 6년 동안 고행중이었는데, 마왕 파순이 항상 보살을 따라다니며 그 허물을 세세히 찾으려 하였지만 찾지 못하자 싫증을 내고는 분한 표정으로 물러났다'. 佛告諸比丘 爾時菩薩 六年苦行 魔王波旬 常隨菩薩 伺求其過 而不能得 生厭倦心 悒然而退 māraś-ca bhikṣavaḥ pāpīyān bodhisattvasya ṣaḍvarṣāṇi duṣkara-caryāṃ carataḥ pṛṣṭhataḥ samanubaddho'bhūt avatārapreksī avatāragaveṣī. na ca kadācit-kiṃcid-avatāram-adhyagacchat. so'vatāram-anadhigacchan-nirviṇṇo vipratisārī prākrāmat", 『승만보굴』 권중(대정장37, p.52c2)에 "지금 파순이라는 존재는 전세에 삼보 중 인을 키웠던 탓에 이 하늘에 나는 보를 얻었지만, 보은할 생각은 하지 않고 도리어 손상을 가하려 했기에 극악이라 한다. 今波旬者 前世於三寶中殖因 得此天報 不念報恩 返欲加損 故名極惡", 『대승법원의림장』 권6(대정장45, p.348b16)에 "범어 마라는 요란이라 한역한다. 몸과 마음을 가로막고 파괴하며 흔들어 어지럽게 한다. 선법을 가로막고 뛰어난 일을 파괴하므로 마라라 한다. 줄인 음사어로 마라 하는데, 모든 마를 통칭한다. 마에 붙는 셋 등의 수는 대수석이다. 또한 파비야라고도 음사하고, 이 경우 악자라 한역한다. 천마의 별명이며, 파순은 자못된 음사어이다. 악법을 성취하고 악한 생각을 품었다는 뜻이다. 梵云魔羅 此云擾亂 障礙破壞 擾亂身心 障礙善法 破壞勝事 故名魔羅 此略云魔 諸魔通稱 三等是數 帶數釋也 又云波卑夜 此云惡者 天魔別名 波旬 訛也 成就惡法 懷惡意故"라고 하였다. 〔참고문헌〕『一切經音義』, 『出曜經』, 『中阿含經』, 『雜阿含經』, 『方廣大莊嚴經』, 『勝鬘寶窟』, 『大乘法苑義林章』, *S N.*, *Lal-v.* ⇨ 파비야 波卑夜, 마 魔, 마라 魔羅, 마파순 魔波旬, 악마 惡魔

파순국 波旬國　파바(波婆 [P] Pāvā)를 말한다. 『불반니원경』 권상(대정장1, p.167c7)에 "부처님께서는 비구승들과 부연국으로부터 파순국에 이르신 뒤 선두라는 동산에 머무셨다. 파순국의 인민은 제화라고 이름하였는데 그 제화라는 인민은 부처님께서 오셔서 선두라는 동산에 머무신다는 얘기를 듣고는 모두 와서 부처님 앞으로 나온 다음 부처님께 예를 짓고 전부 물러나 앉았다. 부처님께서는 그들을 위해 경을 설하셨다. 佛與比丘僧 從夫延國 至波旬國 止禪頭園中 波旬國人民 名諸華 諸華人民 聞佛來止禪頭園中 皆來出前 爲佛作禮皆却坐 佛皆爲說經", 『오분율』 권30(대정장22, p.190b19)에 "옛날에 나는 파순국으로부터 구이성을 향하고 있었는데 그 두 나라 중간에 있을 때 불세존께서 이미 반열반하셨음을 들었다. 나는 그때 마음속이 미란하여 능히 스스로 거둘 수 없었다. 昔吾從波旬國 向拘夷城 二國中間 聞佛世尊 已般泥洹 我時中心迷亂 不能自攝"라고 하였다. 〔참고문헌〕『佛般泥洹經』, 『五分律』. ⇨ 파바 波婆

파슈파타 Pāśupata　힌두교 쉬바교의 주요 분파 중 하나. 파수발다(波輸鉢多・播輸鉢多) 등으로 음사하기도 하나 흔히 수주파(獸主派)라고 한역한다. 어의(語義)는 '파슈파티([S] Paśupati)를 숭배하는 사람들'이라는 뜻이고 파슈파티란 '가축의 주(主)'라는 뜻으로서 쉬바(Śiva)의 별명이다. 여기서 파슈(Pāśu)는 희생제의에 쓰였던 가축들을 가리키며, 가축이란 생사에 속박된 중생을 밧줄에 묶인 가축에 비유한 것으로서 그들의 주(主) 쉬바는 곧 세계의 주인이다. 파슈파타는 광의(廣義)로는 쉬바파 전체를 의미하기도 하지만, 협의(狹義)로 바로다(Baroda : 인도서부)지방 출신의 라쿨리샤([S] Lakuliṣa : 2세기경으로 추정)를 개조로 하는 쉬바교의 한 분파를 가리키는 것이 일반적이다. 『마하바라타 *Mahabharatha*』에도 이름이 등장하는 것으로 보아 1~2세기경부터 존재했던 것으로 보인다. 라쿨리샤의 저술로 알려진 『파슈파타수트라 *Pāśupata-sūtra*』를 근본경전으로 삼으며 인([S] kāraṇa)・과([S] kārya)・수행([S] yoga)・의궤([S] viddhi)・고멸(苦滅 [S] duḥkhānta)이라는 5원리([S] pañcārtha)를 주창하는데 다음과 같다. ① 인은 제1원인을 말하며 모든 존재를 창조・유지・파괴하는 주(主)로서 대자재천(大自在天 [S] Maheśvara) 즉 쉬바이다. ② 과는 이 인에 의지하는 현상세계를 가리킨다. ③ 수행은 개아([S] paśu)가 신에 도달하는 과정으로 명상에 전념하는 것, 옴(oṃ) 자(字)를 음송하는 것 등을 말한다. ④ 의궤는 위의를 증장시키는 것으로서 고행, 헌신적 예배, 감관의 통제 등을 포함한다. ⑤ 고멸은 고통의 소멸 곧 궁극의 해방을 의미하며, 지식과 행위의 온전한 힘을 지니는 것이다. 파슈파타행은 정화([S] śauca)를 위해 몸에 재를 바르는 것이다. 화장장에서 탁발해 온 재에 눕고, 하루 세 번 그 재를 바르는 것으로 목욕을 한다. 그리고 몸에 재를 바른 채 링가([S] liṅga)나 지팡이를 들고 다니면서 일부러 죽은 것처럼 하기, 코골기, 절뚝거리기, 성적 욕망 드러내기 등의 행위를 하는데 이는 그를 통해 세간 사람들로부터 정신적 경멸과 육체적 상처를 받음으로써 수행자의 악행([S] pāpa)이 상대방에게 옮겨 가고 거꾸로 그의 선행([S] su-kṛta)이 수행자에게 옮겨 온다고 믿기 때문이다. 〔참고문헌〕 Ninoru Hara *Pāśupata Studies* (Vienna : Sammlung de Nobili, 2002), Daniel H.H.Ingalls 'Cynics and Pāśupatas : The Seeking of Dishono' (*The Harvard Theological Review* 55, 1962). ⇨ 수주 獸主, 파수 波戍, 파수발다 播輸鉢多

파스파문자 'Phags-pa文字　몽골의 쿠빌라이칸의 명을 받아 티베트 스님인 팍파([T] 'phags-pa : 八思巴)가 몽골 통치 아래 있던 여러 민족의 언어를 표기하기 위해 고안한 공용문자. 1269년에 공표되었다. 위구르어 기반의 몽골문자는 중앙몽골어에는 맞지 않았고, 중국어처럼 전혀 다른 음운체계를 지닌 언어는 전 통치지역에 통용시키기에 무리가 있었기 때문이다. 팍파는 몽골어와 중국어를 표기할 수 있도록 티베트문자를 확장하여 총 38개의 문자(자음 30자, 모음 8자)를 고안했다. 이는 차후 모음 31개로 개량되었다. 음소문자를 조합해 음절문자를 구성하는 방식은 한글 창제에도 영향을 주었다고 보는 의견도 있다. 공표 후 한 세기동안 통용되다가 결국 14세기에 폐기되었다. 현재까지도 파스파문자로 적힌 문서와 비문 등이 남아 있는데, 그 중에서도 한인(漢人)의 성(姓)과 한자 발음을 파스파문자로 표기한 『백가성 百家姓』과 『몽고자운 蒙古字韻』 등이 중요한 사료로 전한다. 한글 창제 관련하여 세종실록 중 '고

전을 본떠 문자를 만들었다(字倣古篆)'는 부분에서 이 고전이 몽고전자(蒙古篆字) 즉, 파스파문자일 것이라고 추정하는 학설도 있다. 〔참고문헌〕 W.South Coblin *A Handbook of 'Phags-pa Chinese* (Honolulu : University of Hawai'i Press, 2006). ⇨ 팍파 'Phags-pa

파습바사 婆濕波娑 Ⓢ praśvāsa, Ⓟ passāsa의 음사어. 출식(出息)으로 한역한다. 입식(入息 Ⓟ assāsa)의 상대어로 안반념(安般念)수행의 기초가 된다. 『잡아비담심론』 권8(대정장28, p.934a15)에 "이미 부정관을 설하였다. 안반념을 이제 설하겠다. 안나(Ⓢ āna)는 가져온다는 뜻이고 반나(Ⓢ apāna)는 가져간다는 뜻이다. 또한 아습바사(Ⓢ āśvāsa)와 파습바사라고도 한다. 염은 기억하여 잃지 않는다는 뜻이다. 안나반나로써 진실을 살펴 매어 두어 그 마음이 허망하지 않게 하니, 저 염을 수습하기에 닦는다고 한다. 안반념은 혜를 자성으로 하지만 저런 품의 염이 증대하기에 안반념이라고 한다. 已說不淨觀 安般念今當說 安那者持來 般那者持去 亦名阿濕波娑 婆濕波娑 念者憶念 於安那般那 審諦繫念 心不虛妄 修習彼念故說修 安般念是慧性 於彼品念增故 說安般念"라고 하였다. 〔참고문헌〕 『雜阿毘曇心論』, *MN. 3.241.* ⇨ 출식 出息[1], 안반념 安般念

파승 破僧 승가(Ⓢ Saṃgha) 즉 화합대중을 무너뜨리는 행위. 40권본 『대반열반경』 권4(대정장12, p.389b17)에 "나는 또한 염부제에서 파화합승을 드러내 보였을 뿐인데, 중생들은 모두 내가 파승하였다고 생각했다. 我又示現於閻浮提破和合僧 衆生皆謂我是破僧", 『입능가경』 권5(대정장16, p.540c27)에 "대혜여, 어떤 것이 화합승을 무너뜨리는가? 오음의 서로 다른 것들이 화합하여 쌓이고 모인 것을 마침내 끊어 부수는 것을 파승이라 한다. 大慧 何者破和合僧 謂五陰異相 和合積聚 究竟斷破 名爲破僧"라고 하였다. 〔참고문헌〕 『大般涅槃經』, 『入楞伽經』. ⇨ 파화합승 破和合僧

파승가 破僧伽 화합승가를 깨뜨리다. 9인 이상이 되어야 대중이 깨지고 승가가 나뉜다. 파승(破僧)·파화합승(破和合僧)이라고도 한다. 『유부율파승사』 권11(대정장24, p.153b11)에 "무엇을 파승이라 이르는가? 만약 한 비구라면 이 또한 능히 승가를 깨뜨릴 수 없다. 만약 둘이나 셋 내지 여덟에 이르기까지도 또한 능히 화합중을 깨뜨릴 수 없지만, 저 아홉에 이르거나 혹 이를 넘어서 승가가 둘로 나뉘게 되면 비로소 무리를 깨뜨린다 이름하니, 갈마를 짓고 또한 주 등을 써서 투표한다. 何謂破僧 若一苾芻 是亦不能破僧伽也 若二 若三 乃至於八 亦復不能破和合衆 如其至九 或復過斯 有兩僧伽 方名破衆 作其羯磨 并復行籌"라고 하였다. 〔참고문헌〕 『有部律破僧事』. ⇨ 파승 破僧, 파화합승 破和合僧

파승건도 破僧揵度 Ⓟ Saṃghabheda-khandhaka. 20건도 중 하나. 파승죄를 지은 제바닷다(Ⓟ Devadatta)의 이름을 따서 『십송율 十誦律』에서는 조달사(調達事)라고도 한다. 제바닷다가 오사비법(五事非法)을 주장하여 화합승가를 파한 사건을 기록하고 있다. 모든 율장(律藏) 건도부에 전한다. 『사분율』에는 권46 건도부 제15(대정장22, p.909b7)에 수록되어 있고, 팔리율 「소품 小品」 제7(*Cullavagga*, *Vin.2*, pp.180~206)에 상응한다. 근본유부율 건도부로는 『유부율파승사 *Saṅghabhedavastu*』(대정장24, No.1450)에 해당하며 티베트역본 *Dge-'dun-gyi dbyen-gyi gzhi*(北京版 No.1030)도 전한다. ⇨ 이십건도 二十犍度, 율장 律藏, 제바달다 提婆達多

파승위간계 破僧違諫戒 화합해야 하는 대중 즉 승가(Ⓢ Saṃgha)의 분열을 경계하는 계. 『사분율비구함주계본』(대정장40, p.434c5)에 "열째, 파승위간계. 부처님께서 미니루국에 계실 때 여덟 석자를 제도하시고 첨파국에 가시니 모두 증상지를 증득하였는데 오직 제바달다만 신족통을 증득하였다. 부처님께서 나열지로 돌아오실 때 제바달다가 사람을 시켜 부처님을 해쳤다. 이 일로 악명이 유포되어 이양이 끊어지니 따로 무리를 만들어 공양하고 부처님을 책망했다. 이로 인해 화합승가가 무너졌다. 이 허물을 들어 경계하기 위해 이 계를 제정했다. 十破僧違諫戒 佛在彌尼樓國 度八釋子 詣瞻波國 並證增上地 唯提婆達得神足證 佛還羅閱祇 提婆教人害佛 事發惡名流布利養斷絶 便別衆食爲佛訶責 因卽破僧 擧過設諫而制此戒"라고 하였다. 〔참고문헌〕 『四分律比丘含注戒本』. ⇨ 파화합승 破和合僧

파승죄 破僧罪 화합승(和合僧)을 무너뜨린 죄. 『마하승기율』 권26(대정장22, p.441a11)에 "파승하려는 사람을 아는 경우에 비구들은 장로에게 말하여 '파승하지 마시오. 파승죄는 중하니 악도에 떨어져 지옥에 들어갑니다'라고 말해야 한다. 若知是欲破僧人者 諸比丘應語長老 莫破僧 破僧罪重墮惡道 入泥犁", 『비니모경』 권5(대정장24, p.830b9)에 "제바달다를 따랐던 이는 모두 투란차죄를 얻었다. 돌아와서 참회한 이는 죄를 없앨 수 있다. 돌아오지 않고 파승이 성립하도록 도운 이는 파승죄를 얻지 않는다. 오직 제바달다 한 사람만 파승죄를 얻는다. 共提婆達多相隨者 皆得偸蘭遮 還來僧中懺悔者 得除 不來者助成破僧 不得破僧罪 唯提婆達多一人得破僧罪", 『구사론기』 권18(대정장41, p.277b9)에 "파승죄는 무간지옥에 떨어지게 된다. 나머지 네 가지 역죄를 지었다면 반드시 그곳에 나지는 않고 다른 지옥에 나기도 한다. 若破僧罪定墮無間 若造餘四逆 不必生彼 或生餘地獄"라고 하였다. 〔참고문헌〕『摩訶僧祇律』, 『毘尼母經』, 『俱舍論記』. ⇨ 파화합승 破和合僧

파승허광어 破僧虛誑語 『발지론』 권11(대정장26, p.973b1)에 "무엇이 가장 큰 죄인가? 승가를 깨뜨리려고 거짓으로 기만하는 말이다. 이 업을 지으면 무간지옥에 가서 1겁의 수명을 과보로 받는다. 何者最大罪 謂破僧虛誑語 此業能取無間地獄 一劫壽果"라고 하였다. 〔참고문헌〕『發智論』.

파시가 波尸迦 부처님으로부터 초전법륜인 사제법문을 듣고 깨달은 5비구 중 한 스님. ⇨ 바시가 波尸迦

파시가라나 皤施迦羅拏 ➡ 바시갈라나 嚩試羯羅拏

파시다 婆翅多 남인도(南印度)에서 사위성(舍衛城)으로 가는 길목에 있던 성(城). 『번범어』 권8(대정장54, p.1038a11)에 "파시다〈파지다라고도 하며, 어동이라 한역한다〉. 婆翅多〈亦云 婆枳多 譯曰 語憧〉"라고 하였다. 〔참고문헌〕『翻梵語』, 『大智度論』 권3(대정장25, p.76c25).

파신 破申 부수고 펴다. 신파(申破)라고도 하며, 파사현정(破邪顯正) 또는 파사신정(破邪申正)과 뜻이 같다. 『삼론현의』(대정장45, p.12a15)에 "파신이란 세 가지 뜻이 있다. 첫째, 외도들의 몽매한 교설의 병을 부수므로 파라고 하였고, 부처의 이제교문을 펼치므로 신이라 하였다. 둘째, 부처님의 바른 가르침 펼치면 삿된 미혹이 저절로 부수어지므로 신파라 하였다. 셋째, 논주가 부처님 파하신 것을 펴서 밝히기에 신파라 하였다. 모든 대승경전이 중생의 허망을 부수어 하나의 길을 드러내지만 말세의 둔근기 중생이 요달하지 못하니, 여래께서 병을 부수고 도를 드러낸다는 뜻이다. 넷째, 보살에 의지하여 도리어 바른 이치를 펼치고 부처님께서 파하신 바를 펴 밝히므로 신파라 한다. 경에서 스스로 세운 뜻이 아니라 논 중에서 스스로 밝게 해서 파하는 뜻이다. 所言破申者 凡有三義 一者 破外人迷教之病故名爲破 申佛二諦教門故名爲申 二者 申佛正教而邪迷自破 故名爲申破耳 三者 論主申明佛破故名申破 諸大乘經破衆生虛妄以顯一道 但末代鈍根不了如來破病顯道之意 四 依菩薩還申明佛破故名申破 非是經中自立義 論中自明破也", 『중관론소』 권1(대정장42, p.8a19)에 "아흔여섯 부류의 외도가 삿된 견해에 집착하여 대승의 바름을 장애하므로 삿된 견해를 부수고 정견을 펼쳤다. 爲九十六種外道執邪障大乘之正故破邪申正"라고 하였다. 〔참고문헌〕『三論玄義』, 『中觀論疏』. ⇨ 파사현정 破邪顯正

파신품 破神品 제바보살이 지은 『백론 百論』의 품명. 상키야(Ⓢ Sāṃkhya : 數論)와 바이셰쉬카(Ⓢ Vaiśeṣika : 勝論)가 주장하는 신아(神我 Ⓢ Puruṣa)를 비판하는 내용이다. 『백론소』 권중(대정장42, p.261b9)에 "「파신품」은 아를 부순다. 그러므로 이 논은 범부와 성인을 꾸짖고 중도를 드러내어 일체중생이 불성을 보도록 한다. 또한 『수론』에서 '계착하는 신이란 필경 존재하지 않고, 능히 헤아리는 마음인즉 바로 법으로서 있다'고 하였는데, 여기에서는 능히 헤아리는 마음이 저 헤아려진 것들과 같음을 밝혔다. 破神品卽是破我 是故此論斥凡呵聖顯示中道 令一切衆生見於佛性也 又數論云 所計之神此畢竟無耳 能計之心則是有法 今明能計如其所計"라고 하였다. 〔참고문헌〕『百論疏』.

파실제마 跛室制麼 Ⓢ paścima의 음사어. 서(西). 『범어잡명』(대정장54, p.1227b21)에 "서 : 파실제마 西 跛室制麼 (pa)(śve)(ma)"라고 하였다. 〔참고문헌〕『梵語雜名』.

파심편편 婆心片片 남을 위해 하나하나 마음 쓰는 모습. 노파심이 지나친 것. 노파심절(老婆心切)과 통한다. 『종문염고휘집』 권20(卍속장115, p.745b16)에 "숭경고가 (임제의 無位眞人에 대해) 말했다. '임제는 노파심이 지나쳐서 평지에 뼈다귀 쌓는 일 면치 못했지만, 당시는 의지할 곳이 스님뿐이었다. 만약 이 자가 「무위진인이라니 이 무슨 마른 똥막대기인가?」라고 말하길 기다렸다가 문득 얼굴을 손바닥으로 때리며 「이 자가 말을 잘못 내리는구나」라고 말했다면, 틀림없이 임제에게는 뒤로 물러날 여지가 있었으리라'. 崇慶古云 臨濟婆心片片 未免平地骨堆 當時賴是者僧 若是個漢 待道無位眞人是什麼乾屎橛 便與劈面掌云 者漢錯下名言 管取臨濟退身有分", 『고설철어록』 권4(가흥장28, p.327c25)에 "(齊安國師의 過淨瓶來에 대해) 고설철이 말했다. '국사는 노파심이 지나쳐서 사슴을 가리켜 말이라고 함을 면치 못했고, 이 스님은 정병에 물 담아 옮길 줄만 알았지 빛 놓아 땅 흔들 줄은 몰랐다. 여러분은 본신노사나를 보고 싶은가?' 주장자를 끌며 문득 자리에서 내려왔다. 師云 國師婆心片片 未免指鹿爲馬 者僧只解移缾度水 不覺放光動地 諸人要見本身盧舍那麼 拽拄杖便下座", 『단계재주선어록』 권2(가흥장33, p.343a10)에 "'한 스님 덕산에게 물었다. 「무엇이 보리입니까?」 덕산 때리며 말했다. 「나가라. 여기에 똥 누지 마라」' 재주선선사 집어 말했다. '덕산의 노파심 조각조각냈지만, 이 스님의 눈에 근 없음은 어찌할 수 없었다. 비록 그렇지만 황금에는 본디 황금의 값이 있으니 끝내 모래 섞어 남에게 팔지 않는다'. 僧問德山 如何是菩提 山打曰 出去 莫向這裏屙 拈云 德山婆心片片 怎柰這僧眼內無觔 然雖如是 黃

金自有黃金價 終不和沙賣與人"라고 하였다. 〔참고문헌〕 『宗門拈古彙集』, 『古雪哲語錄』, 『壇溪梓舟船語錄』.

파아나두라논쟁 Panadura論爭 1873년 8월 26일과 28일 양일(兩日)에 걸쳐 스리랑카 파아나두라(Pānadurā)의 팟티야(Pattiya)마을에서 열린 불교와 기독교의 대론(對論)이다. 〔배경〕 스리랑카는 16세기에는 가톨릭국가인 포르투갈, 17세기에는 개신교(改新敎)국가인 네덜란드의 지배를 받았고 19세기초부터는 영국의 속령(屬領)이었다. 국교(國敎)로서 스리랑카왕실의 보호하에 있었던 불교는 서구열강의 지배를 받는 동안 박해와 침체의 암흑기를 맞게 되었다. 포르투갈인들은 꼿떼(Kotte)의 왕 부와네까바후(Bhuvanekabahu) 7세의 세손(世孫)을 스리랑카 가톨릭교단의 주교로 앉히고 대대적인 개종작업을 벌였다. 사원으로부터 징수해 선교비용으로 쓰고 예불과 법회를 금지하였으며 개종을 거부하면 승속(僧俗)을 가리지 않고 고문하거나 처형하였다. 포르투갈을 축출하고 스리랑카를 지배한 네덜란드도 신교를 보급하기 위해 힘썼다. 혼인 및 출생신고를 교회에서 하게 하고 학교교육을 기독교화하여 불교전통을 뿌리부터 지우려 하였으며, 사원의 토지를 몰수해 교회토지로 전용하여 불교의 경제적 기반을 무너뜨렸다. 이렇게 오랜 박해와 훼불로 스리랑카불교는 1721년 즈음에는 구족계를 받은 비구스님을 찾아볼 수 없을 만큼 퇴조하였다. 1815년 캔디(Kandy)조약으로 스리랑카 전역을 차지한 영국은 "불교를 보호한다"는 조항에 따라 처음에는 삼보(三寶)를 존중하는 듯한 태도를 보였지만, 이내 영국국교회정부가 속령의 이교(異敎)를 인정하는 것은 모순이니 불교를 폐하라는 항의와 압력이 집요하게 일었다. 급기야 스튜어트 맥켄지(Stewart Mackenzie 1837~1841)총독은 스리랑카승가의 최고지도자를 승인하지 않기에 이르렀고, 불교활동을 제한하면서 기독교로의 개종을 강요하기 시작했다. 출생한 아기는 세례를 받지 않으면 출생신고조차 할 수 없었다. 수도 콜롬보(Colombo)에서는 불자(佛子)임을 표방하는 모든 행위가 금지되었고, 공공장소에서 스님들의 탁발도 금하였으며, 기독교 개종을 미끼로 지역 유지들을 요직에 임명하였다. 이와 같은 오랜 시련을 겪으면서 스리랑카승가는 부처님 법의 혈맥을 지키기 위한 각고의 노력을 경주했다. 1753년 승가를 재건하여 스리랑카불교의 전등(傳燈)에 깊은 자취를 남긴 스리 사라낭까라(Sri Saranankara 1698~1778)스님은 사미(沙彌)였음에도 스리랑카 전역을 다니며 산실된 경을 모으고 불자들에게 부처님 법을 전하여, 스리랑카야말로 부처님 정법(正法)의 땅이라는 국민적 자긍심을 회복시키려 하였다. 영국의 속령이던 때에도 식민지배와 그에 편승한 기독교의 득세로부터 불교전통을 지키고 불자로서의 자각과 대응을 촉구하는 움직임들이 나타나기 시작했다. 기독교의 공공연한 불교폄훼에 대응하기 위한 교리논쟁과 공개토론들도 적극적으로 행해져서 1865년 밧데가마(Baddegama)논쟁, 1866년 우단위타(Udanwita)논쟁, 1871년 감폴라(Gampola)논쟁 등이 연이어 열렸다. 이 모든 논쟁들의 귀결이 바로 파아나두라논쟁(Pānadurā Vādaya)이다. 〔경과〕 1872년 6월 데이비드 데 실바(David de Silva)목사가 스리랑카의 한 웨슬리언(Wesleyan)교회에서 '불교는 중생의 영혼에 관해 무엇을 말하는가'라는 주제로 했던 설교를 모호티왓테 구나난다(Mohottiwatte Gunananda 1823~1890)스님이 반박한 것이 발단이었다. 두 사람의 논쟁은 이내 공개적 대론으로 바뀌었고, 이듬해 8월 26일과 28일 오전 8~10시 · 오후 3~5시까지 하루 4시간씩 1만명의 청중이 운집한 가운데 진행되었다. 각자 1시간씩 총 4시간 동안 논변의 시간이 주어졌다. 스리랑카승가를 대표하여 구나난다스님 외 수망갈라(Sumangala) · 수부티(Subhūti)스님 등이 배석하였고, 기독교를 대표해서는 실바목사 외 자야싱하(Jayasiṅha)목사와 시리만나(Sirimanna)전도사 등이 배석하였다. 실바목사는 '불교에 의하면 사람들의 영혼은 없기에 선악을 행하여도 그 과보를 받지 않는다'고 하면서 불교를 사이비종교라 공격하였다. 나아가 니카야 번역을 인용하기까지 했지만 잘못 번역된 문장들에 의지한 데다, 무아 · 오온 · 십이처 · 연기법 등 불교의 근본교설을 심각하게 오해하고 있었기에 불교를 비판하는 실바목사의 논변은 청중을 설득하지 못했다. 반면 구나난다스님은 실바목사의 오류들을 바로잡았고, 실바목사가 불교를 공격하는 데 쓴 언사들을 되돌려 기독교교리에 적용하여 그의 자가당착을 드러내 보임으로써 큰 호응을 받았다. 〔평가〕 이 논쟁은 스리랑카인에게 불자로서의 긍지를 불러일으켰고 양식 있는 기독교인들에게까지도 감명을 주었으며, 논쟁 후 여러 불교부흥운동들이 꾸준히 일어나게 하는 견인차가 됨으로써 스리랑카 상좌부불교의 재건에 크게 공헌하였다. 파아나두라에는 이 논쟁을 기념하여 조성된 랑콧트 비하라(Rancot Vihāra)가 있고 구나난다스님의 동상도 남아 전한다. 〔참고문헌〕 석오진 編譯『파아나두라대논쟁』(운주사, 2001), 남수연 「포르투갈의 침략 법난의 시대」(법보신문, 2006.8.30) · 「네덜란드침략과 승가의 민중운동」(법보신문, 2006.9.26).

파악 破惡 악을 깨트리다. 비구오의(比丘五義) 중 하나다. 『인왕반야경소』 권1(대정장33, p.317b25)에 "파악이란, 비를 악이라 하고 구를 능이라 하니, 능히 악을 깨뜨릴 수 있기에 비구라고 이름한다. 破惡者 比名惡 丘名能 能破惡 故名比丘", 『아미타경통찬소』 권상(대정장37, p.333c16)에 "범어로 필추라 하는데 잘못 음사하여 비구라고 한다. 다섯 뜻 갖추고 있기에 번역하지 않는다. … 다섯째는 파악인데, 점점 성도에 의지하여 번뇌의 삿됨 없애기 때문이다. 梵云 苾芻 訛云 比丘 由具五義 所以不翻 … 五曰 破惡 漸依聖道 滅煩惱邪故",『화엄경행원품소초』 권6(卍속장7, p.1006b6)에 "다섯째로 파악이란, 능히 사마를 꺾을 수 있음을 말한다. 五曰 破惡 謂能降四魔也",『승만경의기』 권상(卍속장30, p.584a2)에 "다섯째 파악이라 하는데, 계를 지키기에 계를 범하는 잘못을 여읜다. 五名 破惡 以持戒故 離犯戒過"라고 하였다. [참고문헌]『仁王般若經疏』,『阿彌陀經通贊疏』,『華嚴經行願品疏鈔』,『勝鬘經義記』. ⇨ 비구오의 比丘五義, 인과육의 因果六義 ❷

파악견론 破惡見論 당 현장법사가 인도에서 소승의『파대승론』를 비판하기 위해 지은 책. 현재 전하지 않는다.『자은전』 권4(대정장50, p.245c2)에 "이때 법사가 오차국에 방문하여 소승이 지은『파대승론』 칠백송을 얻었다. 법사가 살펴보니 몇 가지 의심스러운 것이 있었다. … 이에 밤이 되자 병풍으로 사람들을 막고 바라문에게 한 차례 강의하게 하여 그 근본을 갖추어 얻었고 마침내 그 오류를 찾아내서 대승의 뜻을 펼치고 논파하여 일천육백의 게송을 만들었으니 이를『파악견론』이라고 하였다. 계현법사와 대중들에게 보여주니 '이는 궁극의 요점이니 폐단이 어찌 사라지지 않겠는가?'라고 말하면서 탄식하여 상찬하지 않는 이가 없었다. 時法師欲往烏荼 乃訪得小乘所製 破大乘義 七百頌者 法師尋省有數處疑 … 於是至夜屛去諸人 令講一遍 備得其旨 遂尋其謬節 申大乘義而破之 爲一千六百頌 名破惡見論 將呈戒賢法師及宣示徒衆 無不嗟賞曰 以此窮覈 何弊敵不亡"라고 하였다. [참고문헌]『慈恩傳』.

파악악업심여연화정견미륵불경 破惡惡業心如蓮花定見彌勒佛經 『미륵성불경』의 별칭.『미륵성불경소』 권(대정장38, p.324b22)에 "별본에 의지하면 일곱 개의 이름이 있다. … 셋째는 파악악업심여연화정견미륵불경이라 한다. … 일곱째는 미륵성불경이라 한다. 비록 일곱 개의 이름이 있지만 일곱째를 근본으로 한다. 若依別本有其七名 … 三 名破惡惡業心如蓮華定見彌勒佛經 … 七名彌勒成佛經 雖有七名 而第七爲本"라고 하였다. [참고문헌]『彌勒成佛經疏』.

파악업다라니 破惡業陀羅尼 ❶ 3종 다라니(陀羅尼) 중 하나. 온전한 이름은 파악업장소복독해다라니주(破惡業障消伏毒害陀羅尼呪). 일체의 두려움과 독해(毒害)·악귀·맹수 등이 해치지 못하게 하는 다라니.『마하지관』 권2(대정장46, p.15a27)에 "파악업다라니는 업장을 부술 수 있다. 범행을 깬 사람이라도 더러움을 제거하여 청정하게 만든다. 破惡業陀羅尼能破業障 破梵行人蕩除糞穢令得清淨",『지관보행전홍결』 권2(대정장46, p.195b13)에 "파악 이하에서는 파악업다라니를 설명하였으니 제목을 풀이했음을 알 수 있다. 파범행 이하에서는 다라니의 공능을 설명했다. 경전에서 '범행을 깨트린 사람은 열 가지 악업을 짓는다'고 하였다. 이 다라니를 들을 때 더러움을 씻어버리고 다시 청정을 얻을 수 있다. 설령 업장과 악행으로 불선하더라도 보살명을 부르며 다라니를 외우면 업장을 부수고 눈앞에서 부처님을 친견한다. 破惡下次明破惡業陀羅尼 釋名可知 破梵行下次明功能 經云 破梵行人作十惡業 聞此呪時蕩除糞穢還得清淨 設有業障諸惡不善 稱菩薩名誦陀羅尼 卽破業障現前見佛"라고 하였다. [참고문헌]『摩訶止觀』,『止觀輔行傳弘決』. ❷ 천수다라니(千手陀羅尼)의 다른 이름.『천수경』(대정장20, p.110a2)에 "부처님께서 아난에게 말씀하셨다. '이와 같은 신주에는 여러 이름이 있다. 광대원만이라고도 하고 … 파악업장다라니라고도 하니 … 이와 같이 받아 지니라'. 佛告阿難 如是神呪有種種名 一名 廣大圓滿 … 一名 破惡業障陀羅尼 … 如是受持"라고 하였다. [참고문헌]『千手經』. ⇨ 천수다라니 千手陀羅尼

파악취보살 破惡趣菩薩 Ⓢ Apāyajaha. 태장만다라 제개장원(除蓋章院)에 자리한 존격. 삼악취(三惡趣: 地獄 餓鬼 畜生)의 고통을 부수는 보살. 신앙·정진·사념·선정·지혜의 다섯 가지 힘을 획득하여 모든 중생을 청정한 세계로 인도하는 원을 세운 보살이다. 밀호는 제장금강(除障金剛). 삼마야형은 나뭇가지 또는 발기수(發起手). 종자는 (dhvaṃ). 존형은 옅은 황색의 몸에 왼손은 손바닥을 위로 향하여 중지를 구부리고 나머지 손가락은 펼친 채 가슴 앞에 두고, 오른손은 시무외인을 맺고 붉은 연꽃 위에 앉은 모습이다. 수인은 시무외인. 진언은 '나마 사만타붓다남 드밤사남 아비우다라네 사트바다툼 스바하 namaḥ samantabuddhānāṃ dhvaṃsanāṃ abhyuddhāraṇe sattvadhātuṃ svāhā. 두루하신 제불께 귀의합니다. 악취를 파괴하시는 이에게. 중생계를 구제하시는 분이여! 스바하' 이다.『태장금강교법명호』(대정장18, p.204c2)에 "여덟째 파악취보살〈제장금강〉. 第八破惡趣菩薩〈除障金剛〉"

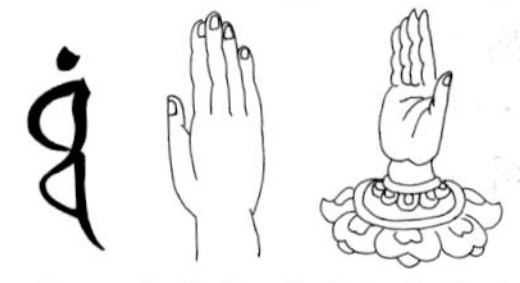

이라고 하였다. [참고문헌]『胎藏金剛教法名號』, 『曼荼羅図典』(大法輪閣, 2002). ⇨ 제개장원 除蓋章院

파안 破顔 파안미소의 줄임말. 옛날 우리나라 사원의 소임이니 지금의 선덕(禪德)이다. ⇨ 육색방 六色榜

파안금강 破顔金剛 ➡ 여래소보살 如來笑菩薩

파암조선선사어록 破庵祖先禪師語錄 송(宋)대 파암조선(1136~1211)의 어록. 원조(圓照) 등 엮음. 1권. 卍속장121, pp.829a1~852b17에 수록되어 있다. 내제는 『파암화상어록 破庵和尚語錄』이다. 호재거사(浩齋居士) 양자(楊子)의 서(序)가 보이고, 기부와룡산함평선원어록(夔府臥龍山咸平禪院語錄)·팡강부수봉선원어록(平江府秀峰禪院語錄)·임안부광수혜운선원어록(臨安府廣壽慧雲禪院語錄)·평강부궁륭산복진선원어록(平江府穹窿山福臻禪院語錄)·병불(秉拂)·보설(普說)·법어(法語)·게찬(偈讚) 그리고 말미에 제자 종성(宗性)이 엮은 행장(行狀)이 수록되어 있고, 이어서 도암(道巖)의 발(跋)이 붙어 있다.

파암파 破庵派 중국선종 임제종(臨濟宗) 양기파(楊岐派) 중 호구소륭(虎丘紹隆)의 법계에 속하는 일파. 밀암함걸(密菴咸傑)의 제자 파암조선(破菴祖先)을 비조(鼻祖)로 삼는다. 파암은 법을 계승한 뒤에 기주(夔州 : 四川省) 와룡산(臥龍山)에 주석하며 종풍을 떨치면서 그 회하에서 석전법훈(石田法薰)·무준사범(無準師範) 등을 배출하였다. 석전 계통에서 나온 청졸정징(淸拙正澄)은 일본으로 가서 대감파(大鑑派)의 시조가 되었다. 또한 송대(宋代)말에 살았던 무준사범은 경산(徑山)에서 출세하여 크게 선풍을 진작함으로써 그 문하에서 동복사(東福寺)의 원이(圓爾), 원각사(圓覺寺)의 무학조원(無學祖元)을 시작으로 설암조흠(雪巖祖欽)·올암보녕(兀菴普寧)·묘견도우(妙見道祐) 등을 배출하였다. 또한 후대의 고봉원묘(高峰原妙)·중봉명본(中峰明本)·천암원장(千巖元長)·천암원장(千巖元長)·대졸조능(大拙祖能)·만봉시울(萬峰時蔚)·환유정전(幻有正傳)·설교원신(雪嶠圓信)·비은통용(費隱通容)·초곡초선(樵谷惟僊) 등으로 이어진다. ⇨ 임제종 臨濟宗

파야 波若 562~613. 고구려 제26대 영양왕(재위 590~618) 때 스님. 진(陳 558~588)으로 유학을 가서 금릉(金陵)에서 불교를 배우다가 개황년간(581~600)에 제방의 선지식을 찾아 법을 구하다가 596년(개황16 : 고구려 영양왕7) 수(隋)로 들어가 천태산 북쪽 불롱사(佛壟寺)의 중국 천태종 제3조인 지의(智顗)선사로부터 천태교관을 배우던 중 오래지 않아 크게 깨달아 그의 제자가 되었다. 598년(영양왕9) 지의(智顗)의 지시로 불롱사로부터 6·70리 거리에 떨어져 있는 천태산의 최고봉인 화정봉(華頂峰)에서 무려 16년 동안 불철주야 용맹정진하여 문 밖으로 나오지 아니했다. 613년(대업9 : 영양왕24) 2월에 국청사(國淸寺)에서 주석하다가 바로 그 해에 세수 52세를 일기로 입적하였다. 『삼국유사』 권5(대정장49, p.1016a19·한불전6, p.364c5) 감통(感通)7 혜현구정(惠現求靜)에 "고려 석파야스님이 중국 천태산으로 찾아가 지자대사의 교관을 배워 신이함을 보이다가 산중에서 입적하였다. 夫又高麗釋波若入中國天台山 受智者敎觀 以神異 間山中而滅"라고 하였다. [참고문헌]『三國遺事』, 『續高僧傳』 권17 「釋智越傳」(대정장50, p.570c21).

파야 婆耶 Ⓢ paya의 음사어. 물. 파는 파(波)로도 쓰며, 파니(波尼)라고도 한다. 40권본 『대반열반경』 권13(대정장12, p.441c28)에 "이 사람은 즉시 맑고 시원한 물을 가지고 그 종류에 따라 '이것이 물이다'라고 말하는데, 혹은 파니 혹은 울지라고도 하며 … 혹은 파야 혹은 감로 혹은 우유라고도 한다. 이와 같이 무량한 물의 이름으로 대중을 위해 설한다. 是人卽時 以淸冷水 隨其種類 說言是水 或言波尼 或言鬱持 … 或言婆耶 或言甘露 或言牛乳 以如是等 無量水名 爲大衆說", 『일체경음의』 권26(대정장54, p.473c10)에 "혹은 파야〈수라고 한역한즉 계빈국 사람들이 부르는 물의 이름이다〉라고도 한다. 或云 波耶〈此云 水也 卽罽賓國人 呼水名也〉", 같은 책(대정장54, p.473c14)에 "혹은 파야〈유라고도 한역하는데, 이것은 성론 중의 물 이름이다〉라고도 한다. 或言 波耶〈亦云 乳 此 聲論中水名〉"라고 하였다. [참고문헌]『大般涅槃經』, 『一切經音義』.

파야제 波夜提 Ⓟ pācittiya의 음사어. 파는 파(婆)로도 쓰며, 바일제(波逸提)라고도 한다. 『문수사리문경』 권1(대정장14, p.497b7)에 "만약 불탑이나 부처님이 다니셨던 곳이나 보리수나 법륜을 굴리셨던 곳을 발로 밟으면, 파야제를 범함이다. 若佛塔 若佛所行處 及菩提樹 轉法輪處 若以脚踐蹹 犯波夜提", 『오분율』 권8(대정장22, p.54b17)에 "잔숙식이란, 이미 받은 음식을 남겨 놨다가 하룻밤이 지나면 잔숙식이라고 이름한다. 만약 이 잔숙식을 먹으면 한 입 한 입마다 파야제다. 殘宿食者 已受之食 留之經宿 名爲殘宿食 若食此食 口口波夜提"라고 하였다. [참고문헌]『文殊師利問經』, 『五分律』, *S p.14.* ⇨ 바일제 波逸提

파양편피 簸兩片皮 두 입술을 놀리다. 고양편피(鼓兩片皮)라고도 한다. 『임제록』(대정장47, p.503a3)에 "아! 그대들 이 한낱 몸과 마음으로 곳곳에서 두 입술

놀려 평범한 이들을 속여왔으니, 철방망이 맛을 볼 날 있을 것이다. 출가자답지 못하니 모두 아수라계 짓거리다. 咄哉 爾將這箇身心 到處簸兩片皮 誑謼閭閻 喫鐵棒有日在 非出家兒 盡向阿修羅界攝"라고 하였다. [참고문헌] 『臨濟錄』. ⇨ 고양편피 鼓兩片皮

파연 怕然 저절로 그렇게 되다. 아무 일 없는 듯 고요해지다. 『육도집경』 권7(대정장3, p.39c24)에 "3선의 행으로 환희함마저 버려버리니, 마음 오히려 저절로 적막하였다. 三禪之行 除去歡喜 心尙淸淨 怕然寂寞", 『법구비유경』 권3(대정장4, p.595a24)에 "마음을 거둬 지켜 바르게 하니 언제 그랬냐는 듯 떠올릴 일 없게 되었다. 攝心守正 怕然無想", 『대안반수의경』 권상(대정장15, p.163a18)에 "적멸하여 망령된 생각이 없으니, 언제인지 모르게 저절로 마치 죽은 것과 같다. 寂無他念 怕然若死"라고 하였다. [참고문헌] 『六度集經』, 『法句譬喩經』, 『大安般守意經』.

파연나 波衍那 Ⓢparyāṇa의 음사어. 주위를 빙둘러쳐 경계를 이룬 회랑·방 등의 뜻으로 주위랑사원(周圍廊舍院)이라 한역한다. 『일체경음의』 권65(대정장54, p.741b2)에 "파연〈파연나라는 범어 음사어는 주위랑사원이라 한역한다〉. 波演〈梵言 波衍那 此云 周圍廊舍院也〉"이라고 하였다. [참고문헌] 『一切經音義』. ⇨ 원 院

파염착정 破染著淨 비구가 보시받은 물건을 변형해서 쓰지 않는다면 지녀도 좋다고 허락하다. 『십송율』 권25(대정장23, p.184a15)에 "부처님께서 아시면서 일부러 비구에게 물었다. '그대는 어떤 일이 있었는가?' 비구가 답했다. '저는 발 씻을 때 쓰는 한 겹의 가죽신을 분실하여 거사에게 부탁하였는데 거사가 가죽장인에게 약속하기를 「이 비구에게 발 씻을 때 쓰는 한겹의 가죽신을 만들어주면 내가 값을 치르겠네」라고 하였습니다. 이 가죽장인이 두터운 가죽신을 만들었는데 값이 이삼전이 되었으므로 저는 받아들이지 않고 나에게는 한 겹의 가죽신을 만들어달라고 하였습니다. 저는 가죽장인을 거듭 찾아갔지만 그는 일부러 저에게 주지 않았습니다. 저는 부득이 거사에게 부탁하며 「가죽장인이 끝까지 나에게 한겹의 가죽신을 주지 않는다」고 말했더니 거사는 「내가 이미 약속하였는데도 그가 당신에게 주려고 하지 않으니 내가 무슨 말을 하겠소?」라고 하고 저에게 이렇게 말했습니다. 「당신은 두터운 가죽신을 신을 수 없소?」 저는 「그것을 떼어내서 발씻을 때 쓰는 한 겹의의 가죽신으로 만들어야겠다」라고 생각했습니다' 부처님께서 비구에게 말씀하셨다. '두터운 가죽신을 망가트리지 마라. 왜냐하면 그것은 견고하지 못하기 때문이다. 이제부터 집착을 깨면 계율에 저촉되지 않는 파염정계를 허락한다. 만약 어떤 사람이 두터운 가죽신을 주었다면 시주에게 신도록 하여 두세 걸음 이내로 걷도록 하고 나서 지녀도 좋다. 佛知故問比丘 汝作何等 答言世尊 我失一重洗足革屣 我從居士乞 居士約勅皮師令作言與是比丘作一重洗足革屣 我與汝價 是皮師以厚重革屣貴直二三錢故 不肯與我作一重革屣 我到皮師所重索 皮師故不與我 我不得已還從居士乞 語言居士 是皮師竟不與我一重革屣 居士言 我已約勅 不肯與汝 我當云何 便語我言汝能著厚重革屣不 我如是思惟 當壞作一重洗足革屣 佛語比丘 莫壞厚重革屣 何以故 不堅牢故 從今聽作破染著淨若有人施厚重革屣 還令主著行 下至二三步 如是得畜"라고 하였다. [참고문헌] 『十頌律』.

파와 破瓦 깨진 물단지나 기와 조각. 만들어진 것들의 비유다. 『대장엄론경』 권1(대정장4, p.259c3)에 "교시가가 말했다. '그대의 비세사논(Ⓢ Vaiśeṣika : 勝論)에 실제로 그런 말이 있다하더라도 합당하지는 않다. 그대가 지금 보면, 가령 실로 인해 날줄과 씨줄을 삼은 연후에 옷감이 있듯이, 물단지 또한 그러해 먼저 물단지가 있기에 그런 연후에 물단지 조각이 있는 것인데 만약 먼저 물단지가 없다면 어떻게 물단지 조각이 있겠는가? 또 깨진 물단지 조각은 효용이 없고 물단지는 효용이 있으니, 그렇기에 깨진 물단지 조각은 인이 될 수 없다. 직접 보면 도공은 진흙을 취해 물단지를 만들지 깨진 물단지 조각을 쓰지는 않으며, 또 직접 보면 물단지가 파괴된 이후에나 깨진 물단지 조각이 있지 물단지가 파괴되지 않는다면 어떻게 깨진 조각이 있겠는가? 憍尸迦言汝毘世師論實有是語 然無道理 汝今且觀 如因於縷以爲經緯然後有疊 瓶瓨亦爾 先有瓶故然後有瓦 若先無瓶云何有瓦 復次破瓦無用 瓶瓨有用 是以破瓦不得爲因 現見陶師取泥成瓶 不用破瓦 又見瓶壞後有破瓦 瓶若未壞 云何有破"라고 하였다. [참고문헌] 『大莊嚴論經』.

파우스뵐 Fausböll, Michael Viggo 1821~1908. 미켈 비고 파우스뵐. 덴마크 태생의 언어학자이자 동양학자. 팔리(Pāli)어 문헌연구의 선구자로서 코펜하겐(Copenhagen)에서 산스크리트어와 동인도문헌학 교수를 역임했다. 팔리어 필사본들에 의지한 『담마파다 *Dhammapada*』 편집본을 1855년 라틴어 번역과 함께 출간하고 1900년 재교정본을 출판했다. 이 교정본을 저본으로 막스뮬러(Max Müller 1823~1900)는 『담마파다』 영역본을 출판했다. 또한 『자타카 *Jātaka*』 교정본(1877~1897)과 『숫타니파타 *Suttanipāta*』 교정본(1885)을 영역과 함께 출판했는데, 현재까지도 관련 연구에 널리 사용되고 있다. [참고문헌] C.Hayavadana Rao *The Indian Biographical Dictionary*(Madras : Pillar Publication, 1915) pp.143~144.

파위의 破威儀 위의를 무너뜨리다. 칠취(七聚) 중 바일제(波逸提)·회과법(悔過法)·돌길라(突吉羅)·악설(惡說) 등의 사취를 범한 경우를 말한다. 바라이·승잔·투란차 등의 삼취의 중죄를 범하면 파계(破戒)라고 부른다. 『사분율행사초』 권상(대정장40, p.19a7)에 "파계란 (칠취 중) 앞의 삼취를 범한 것이고 파견은 육십이견을 말하며 파위의란 아래의 사취를 범한 것이다. 破戒者破前三聚 破見者 謂六十二見 破威儀者 下四聚等", 『사분율명의표석』 권19(卍속장70, p.696a2)에 "파위의란 바라이·회과법·돌길라·악설을 범한 것을 말한다. 破威儀者 謂犯波逸提 悔過法 突吉羅 惡說也"라고 하였다. [참고문헌]『四分律行事鈔』, 『四分律名義標釋』. ⇨ 칠취 七聚, 오편칠취 五篇七聚

파유 破有 ➡ 파유법왕 破有法王

파유다 波由多 Ⓢ prayuta의 음사어, Ⓣ rab-bkram. 수(數)의 단위. 발라유다(鉢羅庾多)라고도 한다. 『구사석론』 권9(대정장29, p.221b6 : *Abh-k-bh.*, p.181)에 "10마하나유다를 파유다라고 이름하며, 10파유다를 마하파유다라고 이름한다. 十摩訶那由多 名波由多 十波由多 名摩訶波由多 daśa mahāniyutāḥ prayutam. daśa prayutā mahāprayutaḥ"라고 하였다. [참고문헌]『俱舍釋論』, *Abh-k-bh.* ⇨ 발라유다 鉢羅庾多

파유론 破有論 ➡ 대승파유론 大乘破有論

파유법왕 破有法王 Ⓢ dharma-rājā bhava-mardanaḥ. 유(有)를 깨우치는 법왕. 여래를 지칭함. 유(有)는 삼유(三有)·이십오유(二十五有)를 뜻한다. 여래는 생사윤회하는 삼유를 깨뜨리고 출세하였기에 파유의 법왕이라고 부른다. 『법화경』 권3(대정장9, p.19c10 : *Saddh-p.*, p.125)에 "파유법왕 세간에 출현하시어 중생이 하고자 함에 따라 갖가지 법을 설하시네. 破有法王 出現世間 隨衆生欲 種種說法 harmarājā ahaṃ loke utpanno bhavamardanaḥ, dharmaṃ bhāṣāmi sattvānām adhimuktiṃ vijāniya", 『보살영락경』 권6(대정장16, p.49a21)에 "삼세에 같이 할 이 없이 존귀하신 분, 존재(有)하는 모든 욕의 그물 부수고, 모든 결박을 이끌어 영원히 다하여 남김없게 하셨네. 三世無等尊 破有諸欲網 牽連諸縛著 永盡而無餘"라고 하였다. [참고문헌]『法華經』, 『菩薩瓔珞經』, *Saddh-p.*

파유삼반 波喩三般 Ⓢ pūrva-yoga-saṃpanna. 방편구족(方便具足)의 뜻. 십주보살 중 다섯 번째 보살의 이름. 유(喩)는 유(渝)와 통한다. 『보살내계경』(대정장24, p.1033b12)에 "오주는 무엇으로 파유삼반보살의 법에 머무는가? 부처는 말했다. '지은 공덕이 모두 시방을 제도하는데 열 가지 일이 있다. 첫째, 시방을 다 보호한다. 둘째, 시방 사람이 선하기를 생각한다. 셋째 시방이 안온하기를 생각한다. 넷째, 시방을 다 사랑한다. 다섯째, 시방인을 가엾이 여긴다. 여섯째, 시방인이 나쁜 짓 하지 않기를 생각한다. 일곱째, 시방인이 보살도 가운데 안착하도록 이끈다. 여덟째, 시방인을 다 청정하게 한다. 아홉째, 시방인을 다 해탈하게 한다. 열째, 시방인을 다 열반에 들게 한다. 이것이 파유삼반보살의 교법이다'. 五住何等爲波喩三般菩薩法住者 佛言 所作功德悉度十方人 有十事 一者悉護十方人 二者悉念十方人善 三者悉念十方人悉令安隱 四者悉愛十方人 五者悉哀念十方人 六者悉念十方人莫使作惡 七者悉引十方人著菩薩道中 八者悉淸淨於十方人 九者悉度脫十方人 十者悉使十方人般泥洹 是爲波喩三般菩薩敎法"라고 하였다. [참고문헌]『菩薩內戒經』, *Av-ś.151.* ⇨ 방편구족주 方便具足住

파이니 波爾尼 Ⓢ Pāṇini의 음사어. 기원전 4세기 무렵 고대 인도의 저명한 문법학자. 건다라국(健馱邏國) 사라도라(娑羅睹邏 Ⓢ Śalātura) 출신. 파니이(波尼儞)·파이니(波膩尼·波儞尼)라고도 한다. 출생지 이름에서 유래한 살라투리야(Ⓢ Śālāturīya)라는 별칭이 있고, 모친의 이름이 닥쉬(Ⓢ Dākṣī)여서 닥쉬푸트라(Ⓢ Dākṣīputra : 닥쉬의 아들)라고도 부른다. 고전범어문법을 여덟 장(章)으로 집대성한 *Aṣṭādhyāyī*를 남겼다. 『대당서역기』 권2(대정장51, p.881c11)에 "오탁가한다성에서 서북쪽으로 20여 리를 가면 사라도라읍에 이르는데, 성명론(Ⓢ śabda-anuśāsana)을 지은 파이니 선인이 난 곳이다. 烏鐸迦漢荼城 西北行二十餘里 至娑羅覩邏邑 是製聲明論波爾尼仙本生處也"라고 하였다. [참고문헌]『大唐西域記』. ⇨ 고전범어 古典梵語, 아쉬타디야이 Aṣṭādhyāyī, 파니니 Pāṇini

파이라 波夷羅 Ⓢ Pāyila. 약사십이신장(藥師十二神將) 중 하나. 불법을 수호하는 선한 야차왕(夜叉王)이다. 파(波)는 파(破)·파(婆)로도 쓴다. 7억 권속을 거느리고 부처님의 가르침을 수호하는데, 그의 본지(本地)는 문수보살(文殊菩薩)이다. 범어 파이라(Pāyila)는 파야라(婆耶羅)·파이로(波夷嚕·婆以盧)라고도 음사하고 집음(執飮)이라 한역하니, 파이라대장·파야라대장·집음야차대장(Ⓢ Pāyilo nāma mahāyakṣa-senāpatiḥ) 등이라고 한다. 몸은 붉은색을 띠며, 손에는 보배 망치를 든 형상을 하고 있다. 『약사여래본원경』(대정장14, p.408a24)에 "그때 대중 속에는 12명의 야차대장이 있었으니, 12야차대장이란 궁비라대장 … 파이라대장 등이다. 爾時 衆中有十二藥叉大將 俱在會坐 所謂 宮毘羅大將 … 波夷羅大將", 『약사염송의궤공양법』

(대정장19, p.47b19)에 "파이라 야차대장은 몸이 붉은 색이고, 손에 보배 망치를 들고 있으며, 7억 야차의 무리를 통솔하고, 부처님의 가르침을 수호할 것을 서원하며 '저는 지금 공경하는 마음으로 큰 덕을 갖추신 우바새께 공양을 올립니다!'라고 말한다. 藥叉大將波夷羅 其身紅色 執寶鎚 主領七億藥叉衆 誓願守護如來教 我今恭敬奉供養 具大威德優婆塞"라고 하였으니, 부처님뿐만 아니라 사부대중을 모두 보호한다. 『백장청규증의기』 권5

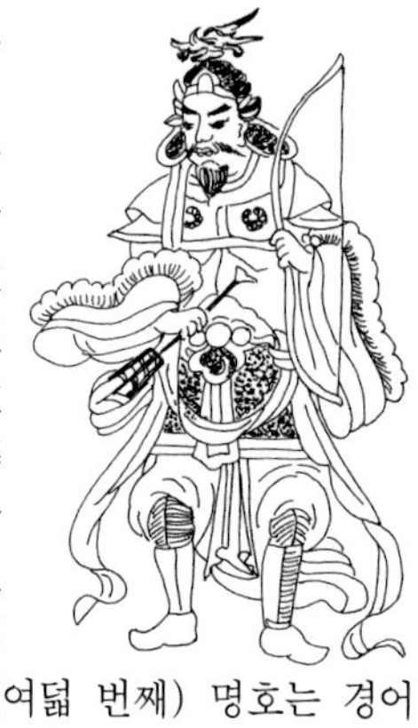

(卍속장111, p.670a16)에 "(여덟 번째) 명호는 경어(고래)로서 갖가지 환술을 부릴 줄 아는 파이라대장이다. 名號鯨魚 具諸幻術 波夷羅大將"라고 하였다. 〔참고문헌〕『藥師如來本願經』, 『藥師念誦儀軌供養法』, 『百丈清規證義記』, 『陀羅尼集經』 권3(대정장18, p.808c7), *Bhai.172.* ⇨ 약사십이신장 藥師十二神將, 십이야차대장 十二藥叉大將, 십이신장 十二神將

파이승 破二僧 파법륜승(破法輪僧)과 파갈마승(破羯磨僧). 파승(破僧)이란 동일계(同一界)에 머물던 대중이 법과 계(法戒) 등에 대한 의견을 달리해 끝내 화합하지 못하고 깨져 나뉘는 것으로 참여한 비구들의 최소한의 정족수가 있어야 한다. 법에 따른 논쟁으로 나뉘게 되는 승가와 갈마만을 달리해 나뉘는 승가를 말한다. 전자는 정사(正邪)를 가리는 이가 있어야 하기에 최소 9인이어야 하고, 후자는 갈마만을 달리하는 승가로 파하는 것이어서 최소한의 수인 4인만을 확보하면 되기에 8인이면 파승이 성취된다. 『구사론송소론본』 권18(대정장41, p.917b13)에 "이로부터 넷째로 파승이 둘로 다름을 밝힌다. 〔논〕 어떤 주에서 사람이 몇이어야 파법륜승이고, 어떤 주에서 사람이 몇이어야 파갈마승인가? 〔송〕 섬부주에서 아홉 등이어야 비로소 파법륜승이지만 오직 파갈마승만은 세 주에서 여덟 등에 통한다네. 〔석〕 섬부주란, 오직 섬부주에서만 능히 법륜을 깨뜨릴 수 있으니 부처님 계시기 때문이다. 아홉 등이란, 아홉 비구가 반드시 필요하다. 여덟 필추가 나뉘어 두 무리로 깨질 수는 있지만 넷은 바른 무리이고 넷은 삿된 무리라고 하며 능히 깨뜨리는 아홉 번째 비구가 있어야 한다. 무리 극히 적어도 아홉 사람을 필요로 한다. 등이란 말은 많거나 또는 무한함을 밝혔다. 세 주에서 여덟 등에 통한다란, 오직 파갈마일 뿐으로 세 주에만 통함이니 성법이 있기 때문이다. 극히 적어도 여덟 사람이고 많거나 또는 무한하니, 한 계 중에 승가 두 부로 나뉘어 따로 갈마 짓기에 여덟 사람 필요하지만 이를 넘더라도 막힘없기에 여덟 등이라 말하였다. 從此第四 明破二僧別 論云 何洲人幾 破法輪僧 何洲人幾 破羯磨僧 頌曰 贍部洲九等 方破法輪僧 唯破羯磨僧 通三洲八等 釋曰 贍部洲者唯贍部洲 能破法輪 以有佛故 九等者 要須九人 謂八苾芻分爲二衆 以爲所破 四爲正衆 四是邪衆 能破第九 故衆極少 由須九人 等言 爲明多亦無限 通三洲八等者 唯破羯磨通在三洲 有聖法故 極少八人 多亦無限 謂一界中 僧分二部 別作羯磨 故須八人 過此無遮 故言八等"라고 하였다. 〔참고문헌〕『俱舍論頌疏論本』. ⇨ 파갈마 破羯磨, 파법륜승 破法輪僧, 파승 破僧, 파화합승 破和合僧

파이작삼 破二作三 둘을 쪼개어 셋으로 만들다. 『황룡혜남어록』(대정장47, p.630a29)에 "이와 같이 들어 외치면 누구나 모두 알지만, 둘을 쪼개어 셋으로 만들 수 있는 사람은 몇이나 있을까? 왜 그런가? 요즘 사람들은 순풍에 돛을 부릴 줄만 알지 역풍에 키를 잡고 거스르는 법은 모르기 때문이다. 如斯擧唱 人人盡知 破二作三 能有幾箇 何故 時人祇解順風使帆 不解逆風把柁", 『광지광록』 권9 「선인병화주사진구찬 禪人并化主寫眞求贊」(대정장48, p.115b9)에 "흰 머리카락 수북하고 마음마저 쇠약하여 감감하구나. 남쪽을 가리켜 북이라 말하고, 둘을 쪼개어 셋으로 만들며, 종풍의 부절만을 지키고, 불조의 수단을 쥐었다네. 髮雪鬖鬖 心老憨憨 指南話北 破二作三 守宗風之符節 握佛祖之鎚鉗", 『벽암록』 88칙 「수시 垂示」(대정장48, p.212c04)에 "뜰에 세운 것일랑 이렇게 둘을 쪼개고 셋으로 만들어야 하리. 이에 들어 깊이 말해야 하니, 반드시 수많은 통로를 뚫어야 한다. 門庭施設 且恁麼破二作三 入理深談 也須是七穿八穴", 『보암인숙어록』 권2(卍속장120, p.590a3)에 "때때로 이 늙은이는 하나를 쪼개어 둘로 만들고서 남의 집 이이들을 허물어뜨려 평지에 둔덕이나 쌓게 한다. 나 보암은 예전부터 고인들이 공안을 분명히 밝히지 못하여 이와 같은 잘못이 한바탕 벌어졌다고 본다. 생각해 보라. 곧바로 둘로 쪼개고 셋으로 만들면 도리어 깨끗한 곳에 똥을 싸는 격이다. 이 중첩된 공안을 제대로 끊어 얻을 이 있는가? 往往這箇老漢 只是破一作二 教壞人家男女 平地起土堆 普菴盖爲從上古人 公案未了 如此敗闕一場 思之 正是破二作三 却來淨地上放屙 這兩重公案 還有人斷得也無", 『진헐청료어록』(卍속장124, p.640b6)에 "못 뽑고 쇠 끊듯 해서 문 앞의 풀이 한 자 깊이 자랄 것이며, 둘을 쪼개어 셋으로 만들면 평지 위에 죽은 사람 셀 수도 없으리라. 斬釘截鐵 門前草深一丈 破二作三 平地上死人無數"라 하였다. 〔참고문헌〕『黃龍慧南語錄』, 『宏智廣錄』, 『碧巖錄』, 『普庵印肅語錄』, 『眞歇淸了語錄』.

파이파차 婆移婆叉 삼십육아귀(三十六餓鬼) 중 거짓말을 한 죄업으로 바람만 먹는 과보를 받는 아귀. 『정법염처경』 권16(대정장17, p.92b15)에 "스물 아홉 번째는 파이파차로 바람을 먹는 아귀이다. 二十九者 婆移婆叉食風餓鬼", 같은 책 권17(대정장17, p.100b24)에 "그렇게 거짓말을 하는 사람은 몸이 무너져 목숨을 마치면 파이파차〈식풍이라 한역한다〉라는 아귀의 세계에 떨어진다. 아귀의 몸을 받고 나면 굶주림과 목마름으로 괴로워 활지옥과 같아서 다른 점이 없다. 사방으로 바쁘게 뛰어다니며 찾아 보아도 바라는 음식은 없고 아무도 구호하지 않으며 의지할 상대도 없고 믿을 상대도 없다. 彼妄語人 身壞命終 墮於婆移婆叉〈魏言食風〉餓鬼之中 既受鬼身 飢渴苦惱 如活地獄 等無有異 奔走四方 無所悕望 無人救護 無依無怙"라고 하였다. 〔참고문헌〕『正法念處經』.

파이품 破異品 『백론 百論』의 제4품. 유(有)와 일(一)과 병(甁)이라는 일반적인 사물의 세 범주가 각각 다르다고 한다면, 이 셋은 성립되지 않는다는 것을 논하는 내용이다. 고려대장경본에서는 이 품을 『백론』 하편에 두었지만, 송원명본(宋元明本)에서는 상편에 두고 있다. 내용상은 차이가 없다. ⇨ 백론 百論

파인 破印 찍을 일 무너지다. 찍을 것 무너지다. 오음이 상속하지 않아 더는 후유의 도장을 찍을 일 없게 된 뜻으로 고멸제(苦滅諦)의 다른 표현이다. 60권본 『화엄경』 권4(대정장9, p.420c29)에 "고멸제라고 이름하는 것은 혹은 등등·명공·무구·승근·승등·무작·멸사·최상·필경·파인이라고 이름한다. 所名苦滅諦者 或名等等 或名空 或名無垢 或名勝根 或名勝等 或名無作 或名滅使 或名最上 或名畢竟 或名破印", 『화엄경소』 권13(대정장35, p.594a8)에 "파인이란, 세간에서의 오음이란 고통이 있으니, 마치 밀납으로 된 인장을 진흙에 찍으면 인장이 망가져도 글자는 보이는 것과 같다. 이음이 겨우 다 없어지면 저 음이 이어져 생겨난다. 지금 파인이라고 하는 것은 영원히 다시 나지 않는 것이다. 길이란 온갖 주변이 있는 것의 이름이지만 실상을 비추면 곧 생사가 다할 수 있는 것이다. 破印者 世之陰苦 若蠟印印泥 印壞文成 此陰纔滅彼陰續生 今云破印永不生也 道名諸有邊者 照實卽生死可盡也"라고 하였다. 〔참고문헌〕『華嚴經』, 『華嚴經疏』. ⇨ 고멸제 苦滅諦, 멸제 滅諦

파인중무과품 破因中無果品 인 중에 과가 없음을 파하다. 『백론 百論』의 제8품 이름. 인중무과설(因中無果說)은 바이셰쉬카(Ⓢ Vaiśeṣika : 勝論)의 대표적인 주장으로, 실유(實有)하는 모든 구의(句義)의 적집에 의해서 현상이 있게 된다고 여긴다. 인중유과(因中有果)와 마찬가지로 이를 비판하는 내용이다. ⇨ 바이셰쉬카 Vaiśeṣika, 백론 百論, 승론 勝論, 인중무과론 因中無果論

파인중유과품 破因中有果品 인 중에 과가 있음을 파하다. 『백론 百論』의 제7품 이름. 인중유과설(因中有果說)은 상키야(Ⓢ Sāṃkhya : 數論)의 주장으로 과(果)가 생겨나기 전에 이미 실유(實有)한 것으로 연을 쌓아서 인(因) 중에 전변(轉變)하여 나타날 뿐이라고 여긴다. 이것은 상키야의 전변설이라고 하여 불교의 연기설(緣起說)과 구별하여 설명한다. 인중유과에 대한 사고는 일체의 존재가 항상 자기동일성을 가정해서 시작할 가능성이 있다고 하기에, 이 품에서는 이러한 가정을 비판하는 데 역점을 두며 상견(常見)에 대한 파척이라고 할 수 있다. ⇨ 백론 百論, 상키야학파 Sāṃkhya學派, 수론 數論❶, 인중유과론 因中有果論

파일제 波逸提 ➡ 바일제 波逸提

파일지가 波逸底迦 ➡ 바일지가 波逸底迦

파일품 破一品 하나(一)임을 파하다. 『백론 百論』의 제3품 이름. 파이품(破異品)과 더불어 주로 바이셰쉬카(Ⓢ Vaiśeṣika : 勝論)의 주장을 비판하는 내용으로 육구의(六句義 : 실체·속성·운동·보편·특수·내속) 가운데 실체를 의미하는 실구의(實句義)와 속성을 의미하는 덕구의(德句義) 등 실재성을 논파한다. 구의가 하나(一)로 같지도, 각각 다를 수(異)도 없음으로 논파한다. ⇨ 구의 句義❶, 바이셰쉬카 Vaiśeṣika, 백론 百論, 승론 勝論, 육구의 六句義

파자 波字 Ⓢ pa-kāra. 실담사십이자문(悉曇四十二字門) 또는 오십자문(五十字門) 중 하나. 실담자는 파(प pa). 이 글자가 담기면 제일의제(第一義諦)·무차별·불가득(不可得)·공(空) 등의 뜻을 드러낸다. 『대품반야경』 권5(대정장8, p.256a9 : *Pañca-pr.*, p.212)에 "파자문은 일체법의 제일 뜻이다. 波字門 一切法第一義故 pa-kāro mukhaḥ sarva-dharmāṇāṃ paramārtha-nirdeśāt", 60권본 『화엄경』 권57(대정장9, p.765c7 : *Gaṇḍ-vy.*, p.353)에 "파자를 소리낼 때 반야바라밀문에 드니 법계에 다른 상이 없다고 한다. 唱波字時 入般若波羅蜜門 名法界無異相 pa-kāraṃ parikīrtayato dharma-dhātutalasaṃbhedaṃ nāma prajñāpāramitā-mukham-avakrāntam", 『관찰제법행경』 권2(대정장15, p.731c19)에 "파자는 최승의 뜻이다. 波字最勝義故", 『대일경』 권2(대정장18, p.10b9)에 "파자문은 일체제법의 제일의제여서 얻을 수 없다. 波字門 一切諸法 第一義諦 不可得故", 『대일경소』 권7(대정장39, p.654a28)에 "범어 파라마타(paramārtha)는 번역하여 제일의 또는 승의다. 살저야(Ⓢ satya)는 음역이니 제다. 제의 뜻은 사(沙 : sa)자문에서 설하였다. 이 파

자문에서는 바로 제일의의 상만 밝히겠다. 梵云 波羅麼他 翻爲第一義 或云勝義 薩底也 此翻爲諦 諦義於婆字門說之 今此波字門 正明第一義相", "용수는 '제일의는 제법실상으로서 부서지지도 무너지지도 않기 때문이다'라고 하였다. 또한 제법 중 제일을 열반이라 한다. 龍樹云 第一義 名諸法實相 不破不壞故 復次 諸法中第一 名爲涅槃", "저 아비담에서 '무엇이 무상법인가? 지혜로 연이 다함이니, 지혜로 연이 다한 것인즉 바로 열반이다. 如阿毘曇云 云何無上法 謂智緣盡 智緣盡 卽是涅槃", "만약 파자를 본다면 일체법이 제일의를 여의지 않고 제일의 또한 제법실상을 여의지 않음을 안다'라고 하는 말과 같다. 이것이 이 글자의 특징이다. 저 자문이 진실한 뜻이라면 제일의마저도 얻을 수 없다. 왜 그런가? 애도 착도 없기 때문이다. 若見波字 卽知一切法 不離第一義 第一義 不離諸法實相 是爲字相 若字門眞實義者 第一義亦不可得 何以故 無愛無著故", 『대지도론』 권48(대정장25, p.408b18)에 "파자를 듣는다면 즉시 모든 법을 알아 제일의에 들어간다. 바라말타를 한역하면 제일의다. 若聞波字 卽時知一切法 入第一義中 波羅末陀 秦言第一義", 『화엄강요』 권76(卍속장14, p.140a4)에 "셋째, 파자에 대하여 『오자경』에 '제일의제조차도 없어 제법평등하다' 하였으니 곧 진속을 쌍으로 잊어야 진법계다. 제법 평등하면 보조이니, 고르게 빠짐없이 비춘다. 三波字者 五字經云 亦無第一義諦 諸法平等 謂眞俗雙亡 是眞法界 諸法平等 卽是普照"라고 하였다. 〔참고문헌〕『大品般若經』, 『華嚴經』, 『觀察諸法行經』, 『大日經』, 『大日經疏』, 『大智度論』, 『華嚴綱要』, 『金剛頂超勝三界經說文殊五字眞言勝相』(대정장20, p.709b17), 『海意菩薩所問淨印法門經』 권12(대정장13, p.507a7), *Pañca-pr.*, *Gaṇḍ-vy.* ⇨ 제일의 第一義, 제법평등 諸法平等, 실담 悉曇, 사십이자문 四十二字門❶, 실담사십이자문 悉曇四十二字門, 오십자문 五十字門

파자 波蔗 사구(四句)로 이루어진 게를 달리 이르는 말. 『십주비바사론』 권1(대정장26, p.22a24)에 "게에는 두 종이 있다. 첫째는 사구게로 파자라고 이름하며, 둘째는 육구게로 기야라고 이름한다. 偈有二種 一者 四句偈 名爲波蔗 二者 六句偈 名祇夜"라고 하였다. 〔참고문헌〕『十住毘婆沙論』. ⇨ 기야 祇夜

파자 婆子 노파(老婆). 이름도 지위도 없는 이로 선종에서는 흔히 향상하는 시선으로 등장해서 문답으로 몸짓으로 선사들과 교섭한다. 『종문무고』(대정장47, p.943c9)에 "산 앞의 노파가 전사를 보고는 흔연히 물었다. '섬수좌 세상에 나와서는 누구를 위해 향을 사르십니까?' 전사가 '(섬수좌의 스승인) 덕산원화상입니다' 하자 노파가 꾸짖으며 말했다. '설두가 더러운 속을 흔들고 털어내 그를 위해 선을 설해주었는데 그는 그런 식으로 은혜와 덕을 저버리고 등지는군요'. 山前婆子見專使欣然問曰 暹首座出世 爲誰燒香 專使曰 德山遠和尙 婆子詬罵曰 雪竇 抖擻屎腸 說禪爲爾 爾得恁麼 辜恩負德", 『열경십이종』 권13(卍속장59, p.325a2)에 "이릉행파・투도파・소암파자・투순파자・대산파자・악저파자와 더불어 풀이나 나무에 붙어서 기생하는 한무리 혼들이 떼거리를 지어 내달린다. 만약 노승의 손아귀에 들어온다면 저들 무구세계 여덟살 어린 여식들과 함께 불러 구르게 하여 철위산 향해 던져버리리라. 與伊湊行婆 兪道婆 燒庵婆子 傖筍婆子 臺山婆子 鄂渚婆子 一類倚草附木之魂 成羣逐隊走也 若到老僧手中 和他八歲小女兒 在無垢世界 喚將轉來 貶向鐵圍山去"라고 하였다. 〔참고문헌〕『宗門武庫』, 『閱經十二種』. ⇨ 파자권속 婆子眷屬

파자 婆字 ❶ Ⓢ ba-kāra. 실담자 바(𑖤 ba). 실담(悉曇) 42자문 또는 오십자문 중 하나. 『방광대장엄경』 권4(대정장3, p.559c13)에 "그때 만명의 동자가 있어 보살과 함께 모두 스승 앞으로 가서 자모를 배웠다. 아(𑖀 阿) 자를 소리낼 때 일체제행이 항상함이 없다는 소리를 내었고, … 바〈상성〉 자를 소리낼 때 모든 계박으로부터 벗어나는 소리를 내었다. 爾時 有十千童子 而與菩薩 俱在師前 同學字母 唱阿字時 出一切諸行無常聲 … 唱婆〈上聲〉字時 出解脫一切繫縛聲"라고 하였다. 〔참고문헌〕『方廣大莊嚴經』, *Gaṇḍ-vy.353.* ⇨ 바 婆 ❷ Ⓢ bha-kāra. 실담자 바(𑖥 bha). 순성(脣聲) 중 네번째. 『방광대장엄경』 권4(대정장3, p.560a23)에 "'바' 자를 발음할 때 모든 존재를 끊는 소리를 내고, 마〈상성〉를 발음할 때 모든 교만을 없애는 소리를 내며, 야를 발음할 때 일체법에 통달한 소리를 낸다. 唱婆字時 出斷一切有聲 唱摩〈上聲〉字時 出銷滅一切憍慢聲 唱也字時 出通達一切法聲", 60권본 『화엄경』 권57(대정장9, p.766a8)에 "바 자를 발음할 때 반야바라밀의 문에 들어가니, '모든 궁전에 장엄을 구족한 것'을 이름한다. 唱婆字時 入般若波羅蜜門 名一切宮殿 具足莊嚴"라고 하였다. 〔참고문헌〕『方廣大藏嚴經』, 『華嚴經』, *Gaṇḍ-vy.353.* ⇨ 바 婆 ❸ Ⓢ va-kāra. 실담자 바(𑖪 va). 『방광대장엄경』 권4(대정장3, p.560a26)에 "라〈상성〉 자를 발음할 때 모든 생사의 가지를 끊는 소리를 내고, '바〈상성〉 자'를 발음할 때 최상승의 소리를 내며, '사자'를 발음할 때 모든 '사마타'와 '비발사나'의 소리를 낸다. 唱羅〈上聲〉字時 出斷一切生死枝條聲 唱婆〈上聲〉字時 出最勝乘聲 唱捨字時 出一切奢摩他毘鉢舍那聲", 60권본 『화엄경』 권57(대정장9, p.765c13)에 "바 자를 발음할 때 반야바라밀문에 들어가니, 금강장이라 한다. 唱婆字時 入般若波羅蜜門 名金剛場", 『대지도론』 권48(대정장25, p.408c5)에 "바 자를 들으면 일체법과 일체종을 얻을 수 없다는 것을 안다. 살바란 '모든 것'이라는 뜻으로 '일체'라 한역한다. 若聞婆字 卽知一切法 一切種 不可得 薩婆 秦言一切"라고 하였다. [참고문헌] 『方廣大藏嚴經』, 『華嚴經』, 『大智度論』, *Lal-v.89.*, *Gaṇḍ-vy.353.* ⇨ 박 嚩

파자 跛字 실담자(悉曇字) 𑖢(pa)의 음사어. 실담오십자문(悉曇五十字門) 또는 사십이자문(四十二字門) 중 하나. 파(波・巴)・발(鉢・跋) 등으로도 음사한다. 승의(勝義)의 소리이며 제일의제(第一義諦)를 뜻하고, 이에 상응하는 파라말타(波羅末他 Ⓢ paramārtha)의 첫 글자에 해당한다. 40권본 『화엄경』 권31(대정장10, p.804b2)에 "파 자를 부르면 반야바라밀의 문에 깊이 들어갈 수 있으니, 이를 법계의 평등한 영역을 두루 비추는 미세한 지혜의 문이라고 이름한다. 唱跛字時 能甚深入般若波羅蜜門 名普照法界平等際微細智", 『문수문자모품』 권1(대정장14, p.509c19)에 "파 자를 부른다면 이는 승의의 소리가 된다. 稱跛字時 是勝義聲", 『금강정경석자모품』(대정장18, p.339a2)에 "파자문 : 일체법의 제일의제여서 얻을 수 없다는 뜻이다. 跛字門 一切法第一義諦 不可得故", 『화엄경소초』 권89(대정장36, p.688c18)에 "『대지도론』에서는 '파 자를 들으면, 일체법은 제일의에 들어감을 아니, 파라말타는 한역하면 제일의이기 때문이다. 智論云 若聞跛字 卽知一切法入第一義 以波囉末陀 此言第一義故"라고 하였다. [참고문헌] 『華嚴經』, 『文殊問字母品』, 『金剛頂經釋字母品』, 『華嚴經疏鈔』, 『大智度論』 권48(대정장25, p.408b18). ⇨ 실담 悉曇, 사십이자문 四十二字門 ■

파자 跛者 절름발이. 『부자합집경』 권4(대정장11, p.930b10)에 "미친 사람이 바르게 생각하게 되고, 절름발이가 편안하게 걷게 되며, 저들 중생에게 이익이 되고자 해서 온갖 신통변화의 일을 보일 뿐이다. 狂者得正念 跛者得安行 爲利彼衆生 現諸神變事", 『관정경』 권12(대정장21, p.532c19)에 "곱추가 능히 허리를 펴고, 절름발이 능히 걷게 하시니, 이처럼 온전히 구비하지 못한 이들 모두 빠짐없이 갖추도록 하소서. 僂者能申 跛者能行 如是不完具者 悉令具足"라고 하였다. [참고문헌] 『父子合集經』, 『灌頂經』.

파자 頗字 Ⓢ pha-kāra. 실담자는 파(𑖣 pha). 실담사십이자문(悉曇四十二字門) 또는 오십자문(五十字門) 중 하나다. 발(發)・파(葩・破)・사파(娑頗)라고도 음사한다. 팔라(Ⓢ phala : 果) 또는 페나(Ⓢ phena : 聚沫)의 첫음절에 해당한다. 『방광대장엄경』 권4(대정장3, p.560a21 : *Lal-v.*, p.89)에 "파자를 소리낼 때 과를 얻고 현증으로 들어가는 소리를 낸다. 唱頗字時 出得果入現證聲 pha-kāre phala-prāpti-sākṣātkriyā-śabdaḥ", 『대반야경』 권53(대정장5, p.302c11 : *Pañca-pr.1*, p.213)에 "파자문에 들어가 일체법을 깨치니 두루 가득한 과보를 얻을 수 없기 때문이네. 入頗字門 悟一切法 遍滿果報不可得故 pha-kāra-mukhāḥ sarva-dharmāḥ phala-anupalabdhitaḥ", 60권본 『화엄경』 권57(대정장9, p.766a6)에 "파자를 부를 때 반야바라밀문에 들어가니 지혜의 수레바퀴가 생사를 끊는다고 한다. 唱頗字時 入般若波羅蜜門 名智慧輪 斷生死", 『대지도론』 권48(대정장25, p.408a8)에 "파자문에서 모든 법의 끝을 얻을 수 없음에 들어간다. 頗字門 入諸法邊 不可得故", 『대일경』 권2(대정장18, p.10b10)에 "파자문은 일체 모든 법이 물거품처럼 견고하지 않음을 뜻한다. 頗字門 一切諸法 不堅如聚沫故", 『대일경소』 권7(대정장39, p.654b12)에 "'파자문은 일체제법이 거품처럼 견고하지 않음을 뜻한다'라는 말은 무슨 뜻인가? 범어 폐노는 취말로 한역한다. 바다에서 파도가 칠 때 서로 부딪쳐서 취말을 이루며 갖가지 모양이 생겨나고 내지는 단단하게 뭉쳐 유지되면 결국 견고함이 있게 되지만 거친 것으로부터 미세한 데 이르기까지 낱낱이 관찰하면 오직 연(緣)일 뿐이다. 거듭 연을 따르니 움켜쥘 수 없으므로 실재하는 자성이 전혀 없다. 頗字門一切諸法不堅如聚沫故者 梵云沛奴 譯云聚沫 如大水中 波濤鼓怒 相激而成聚沫 有種種相生 乃至固結相持 遂有堅固 然從麤至細 一一觀察 只是緣 復從緣 不可撮摩 都無實性"라고 하였다. [참고문헌] 『方廣大莊嚴經』, 『大般若經』, 『華嚴經』, 『大日經疏』, 『大智度論』 권31(대정장25, p.288b23), *Lal-v.*, *Pañca-pr.*, *Gaṇḍ-vy.* ⇨ 실담사십이자문 悉曇四十二字門, 오십자문 五十字門

파자권속 婆子眷屬 한 노파와 한 스님의 문답을 소재로 한 공안. 『선원몽구』 권하(卍속장148, p.276a1)에 "파자권속 : 〈출전은 『경덕전등록』 권6〉 그 옛날 한 스님이 미호선사에게 법을 물으러 가던 길에 암자에 사는 한 노파와 마주쳤다. 그가 노파에게 물었다. '할머니는 권속이 있습니까?' '있소' '어디에 있습니까?' '산하와 대지 그리고 풀이나 나무나 모두 나의 권속이요' '할머니는 비구니였던 적이 있습니까?' '당신이 보기에 내가 어떻소?' '속인이죠' '그대도 스님은 아닌 것 같소' '할머니는 불법을 아무렇게나 뒤섞지 마시오' '나는 불법을 아무렇게나 뒤섞지 않았소' '당신이 이렇게 말하니 어찌 불법을 뒤섞는 일이라 하지 않겠습니까?' '그 편은 남자고 나는 여인인데 어찌 뒤섞일 수 있단 말이오?' 婆子眷屬 〈傳燈六〉 昔有一僧參米胡 路逢一婆住庵 僧問 婆有眷屬否 曰 有 僧曰 在甚麽處 曰 山河大地 若草若木 皆是我眷屬 僧曰 婆莫作師姑來否 曰 汝見我是甚麽 僧曰 俗人 婆曰 汝不可是僧 僧曰 婆莫混濫佛法好 婆曰 我不混濫佛法 僧曰 汝恁麽 豈不是混濫佛法 婆曰 你是男子 我是女人 豈曾混

濫", 『염팔방주옥집』 권하(卍속장119, p.311b14)에 "불과가 집어 말했다. '그 노파가 옳기는 옳았으니, 미호가 와서 법을 물었기 때문이다. 문제는 바싹 말라버린 무우 같은 맛없는 선을 참했을 뿐이라는 점이다. 그래도 풀고 살펴서 주었다 뺏었다 할 줄 알았다. 문제는 앞으로 간들 마을에 닿지 못하고 뒤로 물러나도 여관에 이르지 못하리라는 점이다. 그 스님이 만약 본분을 아는 선사였다면 노파가 하는 대로 놓아두지 않았을 것이다. 말해 보라! 어떻게 했어야 할까? 한 자루 순수한 몽둥이로 부처가 와도 때릴 일인데, 무슨 길 가는 나그네 따위가 더 높은 자리에 앉아 있단 말인가?' 佛果拈云 這婆子是則是 參見米胡來 要且 只參得乾剝剝地 蘿蔔頭禪 也解甄別與奪 要且 前不搆村 後不迭店 這僧 若是个人 亦不放過 且道 如何 一條白棒佛來打 更有行人在上頭", "정각이 말했다. '미호는 문을 닫아걸고 수레를 만들었고, 노파는 문을 나서서 바퀴자국 맞추었다. 비록 권속으로 어울려 함께 하였지만 그 스님에게 속을 들키고 말았다. 그는 무엇을 밝혀내었던 것일까? 승속과 여남이 뒤섞여 넘칠 일이 없음에도 말 속에 여운 있어 남들의 의혹을 샀다'. 正覺云 米胡 閉門造車 婆子 出門合轍 雖然眷屬和同 却被這僧點檢 點撿个什麽 僧俗女男無混濫 言中有響得人疑", "불해가 말했다. '미호문하의 노파선에 대하여 거의 아무 말도 분명하게 못할 뻔했다. 그 노파가 「산하와 대지 그리고 풀이나 나무나 모두 나의 권속이요」라고 한 말을 듣고는 곧바로 할을 내지른 다음 옷소매 털고 가던 길로 떠났어야 했다. 갈등 칼 자르듯 함이 오히려 적합한 일이긴 하지만, 이렇게 정수리 심기 있는 줄도 알아야 한다'. 佛海云 米胡門下老婆禪 洎合分踈不下他道 山河大地 若草若木 盡是我眷屬 好與便喝 拂袖前去 剪斷葛藤猶可可 庶教知有頂門機"라고 하였다. 〔참고문헌〕『禪苑蒙求』, 『拈八方珠玉集』, 『宗鑑法林』 권8(卍속장116, p.136a16). ⇨ 파자 婆子

파자분암 婆子焚庵 ➡ 파자소암 婆子燒庵

파자소암 婆子燒庵 노파가 암자를 태우다. 『선문염송설화』 1463칙(한불전5, p.922b21), 『종문염고휘집』(卍속장115, p.596b14), 『종감법림』 권8(卍속장116, p.134b15) 등에 수록되어 있다. 『허당록』 권2(대정장47, p.1000c14)에 "12월 8일(成道日) 법좌에 올라 한 스님이 물었다. '(암주가) 고목이 싸늘한 바위에 기대었으니 한겨울 따뜻한 기운이라곤 전혀 없다 하니, 이 뜻은 무엇인지요?' '어금니 뿌리에는 물이 고이지 않는다' '노파는 어째서 암자를 태웠는지요?' '투호살로 승부를 다툰다' '화상이시여, 고인의 공안을 멋대로 천착하지 마십시오'. 臘八上堂 僧問 枯木倚寒嵓 三冬無暖氣 此意如何 師云 牙根不瀝水 僧云 婆子因甚燒却庵 師云 爭交賭籌 僧云 和尙也 不得胡亂穿鑿 古人公案"라고 하였다. 〔참고문헌〕『禪門拈頌說話』, 『宗門拈古彙集』, 『宗鑑法林』, 『虛堂錄』, 『禪苑蒙求』 권하 「婆子焚庵」(卍속장148, p.273b9).

파자작재 婆子作齋 노파가 재를 베풀다. 『선원몽구』 권상(卍속장148, p.199b6)에 "파자작재 : 〈출전은 『오등회원』 권6〉 방행파가 녹문사에 들어 재를 베풀고 유나가 의지를 청하자 파가 빗을 집어서 상투 뒤에 꼽고는 '회향해 마쳤습니다' 하고는 나갔다. 婆子作齋 - 〈會元六〉 龐行婆入鹿門寺設齋 維那請意旨 婆拈梳子 揷向髻後曰 回向了也 便出去"라 하였다. 〔참고문헌〕『禪苑蒙求』.

파자점심 婆子點心 ➡ 덕산삼세심불가득 德山三世心不可得

파자투순 婆子偸笋 노파가 죽순을 훔치다. 『선원몽구』 권상(卍속장148, p.206a17)에 "파자투순 : 〈출전은 『오등회원』 권4〉 조주가 길 가다 한 노파와 마주쳤다. '어디 가시오?' '조주의 죽순을 훔치러 갑니다' '노승과 마주치면 어찌시려고?' 노파가 따귀 한 대 올리자 조주가 말없이 가버렸다. 婆子偸笋 〈會元四〉 趙州路逢一婆子 問曰 甚處去 婆云 偸趙州笋去 忽遇老僧 又作麽生 婆便與一掌 州休去"라고 하였다. 〔참고문헌〕『禪苑蒙求』.

파장 把帳 장막 쳐 지키다. 파는 파수(把守), 장은 장유(帳帷 : 帳幕)라는 뜻이지만 물샐틈없이 적어 남기는 장부(帳簿)의 뜻으로 보기도 한다. 『선림상기전』 권13(대장경보편19, p.478b6)에 "파장 : 『칙수청규』 「청상사직사」에 이르길 '성승시자는 파장한다' 하였고, 또 고창의 단식에서 이르길 '파장 · 집사인 · 양서 · 전상은 각각 서명하고 화압한다' 하였으며, 「지객」에 이르길 '망승을 당하면 시자랑 같이 파장한다' 하였고, 또 망승의 「판장식」에 이르길 '파장하고 시자 아무개 화압하고 지객 아무개 화압함' 하였으며, 『환주청규』의 망승의 「판장식」에 이르길 '파장하고 화압함' 하였다. 把帳 敕修淸規 請喪司職事云 聖僧侍者 把帳 又估唱單式云 把帳執事人 兩序典喪 各書名僉押 又知客云 遇亡僧 同侍者把帳 又亡僧板帳式云 把帳 侍者某押 知客某押 幻住淸規 亡僧板帳式云 把帳押", "구설에 이르길 '파장이란 장부에 내력을 작성함이다' 하였지만, 『삼국연의』에 이르길 '조조가 전위를 불러 중군의 군막 밖에 머물게 하고서 편안히 쉬었으며, 파장하는 호위병 200여 인을 둔 다음 부름을 받듦이 아니면 제멋대로 들어오는 것을 허하지 않았다' 하였다. 舊說曰 把帳者 造帳曆也 三國演義云 曹操喚典韋 就中軍帳房外 安歇 提調把帳親軍 二百餘人 非奉呼喚 不許輒入", "도충이 말한다. '이에 의하면 장부의 장이 아니라 장막이며, 파는 파수·파단의 뜻이다. 대개 장막을 파수하여 함부로 외인과 통하지 않게 함이며, 좁은 관문을 막아 지킨다는 말과 같다'. 忠曰 依此 非帳簿之帳 而帳帷也 把者 把守把斷義 蓋把守帳帷不濫通外人也 猶言守把關隘也", "운개본선사록의 상당에 이르길 '석가노자는 옆으로 누웠다 바로 누웠다 하는데, 누지여래는 삼문을 지키고 있다' 하였고, 『고수부담』에 이르길 '지금 남경효릉성 서문 안에 오 손권의 묘가 있었는데, 당시 성 쌓는 이가 없애고자 상소하였다. 하지만 태조가 「손권 또한 한 사람의 대장부이니, 마땅히 남아 문 지켜야 한다」 하였기에 마침내 헐 수 없었다' 하였다. 雲蓋本禪師錄 上堂云 釋迦老子 橫眠竪臥 樓至如來 把却三門 孤樹裒談云 今南京孝陵城 西門之內 有吳孫權墓在焉 當時築城者 奏欲去之 太祖曰 孫權 亦一漢子也 宜留以把門 遂不得毁"라고 하였다. 〔참고문헌〕『禪林象器箋』.

파재 破齋 Ⓢ upavāsaḥ khaṇḍitaḥ. 팔재계(八齋戒)를 지키지 못해 도중에 파하는 것. 『찬집백연경』 권6(대정장4, p.233a11)에 "바라문들 말하길 '그대들이 굶주리고 목마르다면 함께 마시고 먹어도 좋습니다'. 재계 받은 이들 말하길 '우리들은 부처님의 재계를 받아서 때를 넘기면 먹지 않습니다'. 바라문들 말하길 '우리들에겐 본디 바라문법 있으니 어찌 저 사문의 재계를 받아들일 필요 있겠습니까?' 하였다. 諸婆羅門言 汝等飢渴 可共飮食 受齋者言 我受佛齋 過時不食 諸婆羅門言 我等自有婆羅門法 何須受彼沙門齋耶", "이와 같이 은근하게 수차례 권청하면서도 그 뜻을 강요하지 않자 생천을 구하던 이는 바로 먹고 마셨는데, 재계를 깼기에 원하는 바를 이루지 못하고 그후 목숨이 끝나 용으로 났다. 하지만 두 번째 사람은 절대로 먹고 마시지 않아 재계를 지켰기에 원하는 바를 이루고 국왕이 되었다. 如是慇懃 數數勸請 不勉其意 求生天者 卽便飮食 以破齋故 不果所願 其後命終 生於龍中 第二人者 絶不飮食 以持齋戒故 果其所願 得作國王", 『범망경』 권2(대정장24, p.1007b1)에 "육재일과 일년 세 번의 긴 재월에 살생, 도둑질, 재를 어그러뜨리고 계를 범하는 자는 경구죄를 범한 것이다. 於六齋日 年三長齋月 作殺生 劫盜 破齋犯戒者 犯輕垢罪", 『우란분경소』 권하(대정장39, p.509a1)에 "침인귀는 배의 크기가 산만하지만 목구멍은 바늘구멍만 하다. 이러한 아귀로 떨어지는 과보는 팔재계를 지키지 않고 밤에 먹거나 승가의 음식을 절도하는 이를 따른다. 鍼咽鬼 謂腹大如山 咽如鍼孔 繇於破齋夜食盜竊衆僧之食故", 『보살계의소』 권하(대정장40, p.578a16)에 "파재란 때 아닌 때에 먹는 일 등을 말한다. 『우바새계경』에서 '육재일과 삼재월에 팔재계를 받은 재가보살은 반드시 이것을 지켜야 한다. 破齋者謂非時食等 優婆塞戒云 六齋日三齋月 受八戒持齋在家菩薩 應行此事"라고 하였다. 〔참고문헌〕『撰集百緣經』, 『梵網經』, 『盂蘭盆經疏』, 『菩薩戒義疏』, *Av-ś.151.* ⇨ 재 齋

파적관자재 破賊觀自在 40관음의 한 분. 극초관음(戟鞘觀音)이라고도 한다. 손에 칼과 창을 지닌다. 『천광안경』(대정장20, p.123c15)에 따르면 진언은 "옴 바일라〈두 소리를 합침〉달마 아미사〈섭박〉주〈길게〉라바야〈적난〉훔 발타 사바하 唵 嚩日羅〈二合〉達磨 阿尾捨〈攝縛〉主〈引〉羅婆耶〈賊難〉 吽 發吒 娑嚩賀"이고, 같은 책(대정장20, p.123c10)에 "저 파적관자재보살상의 상호장엄은 앞과 다름이 없게 하고, 다만 왼손을 위로 치켜들고 몸의 크기만한 칼과 창을 잡게 한다. 오른손은 펼쳐서 오른쪽 허리를 누르게 해서 그 상을 그려 마친다. 其破賊觀自在菩薩像 相好莊嚴如前無異 但左手擧上執戟鞘長等身 右手開散押右腰 畫像已"라고 하였다. 〔참고문헌〕『天光眼經』.

파적현본 破迹顯本 자취 부수고 본지(本地)를 드러내다. 천태 십중현본(十重顯本) 중 하나다. 『법화현의』 권9하(대정장33, p.798b10)에 "본문 낱낱의 묘 중에 모두 열 가지 뜻이 갖추어져 있음을 다 들어 밝힌다. 만약 따로 논한다면 파적현본은 또한 치우친 집착(情)을 부수는 일로 나아갈 따름이다. 『법화경』 「서품」·「방편품」·「보탑품」의 세 품 문에서 이미 집착의 뿌리를 흔들어 의심을 일으켰다. … 이러한 적문의 의혹을 털어 없애고 본문의 지혜를 드러내므로 파적현본이라 한다. 通就本門 一一妙中 皆具十意 若別論者 破迹顯本 亦就破情 序品 方便 寶塔 三文 已動執生疑 … 拂此迹疑 顯於本智 故言破迹顯本也", 같은 책 권9하(대정장33, p.799b3)에 "자취 부수고 본을 드러내거나 모아 본을 드러내는 것은 따로 인의 묘를 씀이다. 破迹顯本 會迹顯本 別用因妙"라고 하였다. 〔참고문헌〕『法華玄義』.

파정명 破正命 정명(正命)을 깨트리다. 목숨을 유지하기 위한 생활을 여법히 하지 못함을 말한다. 『사분율행사초』 권1(대정장40, p.19a8)에 "파정명이란 걸식하지 않고 삿된 생각으로 생활하는 것이니, 다섯 가지 또는 네 가지가 있다. 다섯 가지 삿된 경우는 첫째, 이익과 봉양을 얻기 위해 위의를 바꾸고 거짓으로 다른 모습을 드러낸다. 둘째, 자기의 공덕을 설한다. 셋째, 목소리를 높여 위의를 드러낸다. 넷째, 자기가 받은 이양을 말하여 보시를 선동한다. 다섯째, 이익을 얻기 위해 다른 이의 길흉을 굳이 점친다. 破正命者 謂非法乞求邪意活命 則有五種四種 言五邪者 一 謂爲求利養改常威儀詐現異相 二 謂說已功德 三者 高聲現威 四者 說己所得利養激動令施 五者 爲求利故强占他吉凶", "네 가지 삿된 경우란 첫째 방사이니 사방을 돌아다니며 의식을 구한다. 둘째, 앙사란 위로 별자리의 차고 비는 상을 보는 것이다. 셋째, 하사이니 밭 갈고 씨 뿌리는 갖가지 낮은 일을 한다. 넷째는 사유구식이니 소소한 주술을 익혀 생활한다. 言四邪者 一 方邪者 通使四方爲求衣食 二 仰邪者 謂上觀星象盈虛之相 三者 下邪 卽耕田種殖種種下業 四者 四維口食 習小小呪術以邀利活命"라고 하였다. 〔참고문헌〕『四分律行事鈔』. ⇨정명 正命, 팔정도 八正道

파정지 破淨地 바가범(婆伽梵 Ⓢ Bhagavat : 婆伽婆)의 한역어. 세존(世尊)이라 번역하고, 번뇌를 부수어 깨끗한 자리에 오르신 분이란 뜻에서 능파(能破)·파번뇌(破煩惱)·출유괴(出有壞)라고도 한다. 『인왕경』 권2(대정장8, p.832b2)의 "바가범위에 계시면서 또한 항상 부처의 꽃삼매에 드신다. 住婆伽梵位 亦常入佛華三昧"에 대한 길장(吉藏)의 『인왕경소』 권3(대정장33, p.353c4)에 "'주바가범위'란, 번역하면 세존이고 또한 파정지라 이름한다. 바가(Ⓢ Bhaga)는 부순다, 범(Ⓢ vat)은 깨끗한 자리다. 住婆伽梵位者 此翻爲世尊 亦名破淨地 婆伽名破 梵名淨地"라고 하였다. 〔참고문헌〕『仁王經』, 『仁王經疏』. ⇨바가범 婆伽梵, 바가바 婆伽婆, 박가범 薄伽梵, 파번뇌 破煩惱, 세존 世尊

파정품 破情品 정(情)을 파하는 『백론 百論』의 제5품. 정은 근(根 Ⓢ indriya)의 다른 번역어. 중관(中觀)에서 정은 식의 분별을 의미하지만 상키야(Ⓢ Sāṃkhya : 數論), 바이셰쉬카(Ⓢ Vaiśeṣika : 勝論)의 정은 의근(意根)을 제한 다섯 가지 근을 가리킨다. 이 감각기관으로서의 정과 외경인 진(塵), 그리고 의(意)가 각각 별도로 실유(實有)하면서 화합함으로써 지각이 생긴다는 것을 비판하는 중에, 이 품은 정을 집중적으로 파한다. ⇨근 根[1], 바이셰쉬카 Vaiśeṣika, 백론 百論, 상키야학파 Sāṃkhya學派, 육구의 六句義, 정 情[2]

파제 波帝 Ⓢ pati의 음사어. 발지(鉢底)·파지(波底) 등이라고도 음사한다. 주인 또는 우두머리. 장부(丈夫)·주(主)·두주(頭主)·왕(王)·지배자. 겁초(劫初)에 유혹으로 타락한(墮) 남자를 뜻하기도 한다. 곧 『기세경』 권10(대정장1, p.361c24)에 "겁초의 때에 중생들은 이 쌀을 먹고 나자 몸이 나뉘어져 지방·골수·피부·살·마디·뼈·고름·피가 생기고 온갖 맥이 온몸에 퍼졌으며, 남녀의 근과 상모가 더욱 두드러지게 되었다. 근의 모습 이미 생겨나자 물든 마음도 일어났다. 물든 마음 있기에 자주 서로 쳐다보았고 자주 서로 살피면서 마침내 애욕이 일어났다. 애욕 때문에 남이 보지 않는 곳에서 청정치 못하고 부정한 욕법을 행했다. 그때 이 행을 하지 않은 나머지 중생들이 보고서 말했다. '쯧쯧! 그대 중생들의 작태는 매우 악하다. 어째서 이와 같이 한단 말인가'. 그 중생들이 부끄러운 마음을 일으켜 선하지 않는 모든 악법에 떨어지게 되었으니 이와 같이 파제라는 이름을 얻게 되었다〈파제는 타라 한역한다. 사내(부주)를 뜻한다〉. 彼時衆生 食是米已 身分卽有脂髓皮肉筋骨膿血 衆脈流布 及男女根 相貌彰顯 根相旣生 染心卽起 以有染故 數相視瞻 旣數相看 遂生愛欲 以愛欲故 便於屛處 行非梵行 不淨欲法 是時復有諸餘衆生 未行此者 見已告言 咄 汝衆生所作甚惡 云何如此 時 彼衆生 卽生慚愧 墮在不善諸惡法中 便得如是波帝名字〈波帝 隋言墮 卽是夫主〉", 『번역명의집』 권2(대정장54, p.1082c2)에 "파제는 부주라 한다. 『대지도론』 권99(대정장25, p.748b1)에 '여인의 몸은 어리면 부모를 따르고 젊어서는 지아비를 따르며 늙어서는 자식을 따른다'라고 하였다. 波帝 此云夫主 大論云 一切女身 無所繫屬 則受惡名 女人之體 幼則從父母 少則從夫 老則從子"라고 하였다. 〔참고문헌〕『起世經』, 『翻譯名義集』, 『大智度論』.

파제 破題 주제를 들어 풀다. 요긴한 뜻을 부수듯 여지없이 보이다의 뜻이다. 당송(唐宋)대 과거시험시 시부(詩賦)와 경전의 주제를 들어 몇 구로 그 뜻을 풀어야 했는데 이를 파제라 한다. 명청(明淸)대 팔고문(八股文)의 첫 두 구도 파제라는 형식에 속했다. 『주조론소』 권2(卍속장96, p.222a7)에 "제를 풀고 서에 들어 이곳에 이르러 집착과 동요를 일으키는 견을 파해 마쳤다. 自破題入序至此 破執動之見已訖", 『교상추요초』 권하(선본불전30, p.103b2)에 "이 서문에서 처음부터 '불귀'라 한 것까지는 제목이고, '단현밀' 이하는 제에 대한 풀이다. 此序 從初至不歸者 卽題目也 但顯密已下 是破題也", 『종용록』 17칙(대정장47, p.238a26)에 "저울머리에 파리가 앉아도 그 편으로 기운다〈한 눈금도 속이고 지나가지 못한다〉. … 천동이 주제를 편 첫 번째 한 구로 문득 읊었으니 '조금이라도 어긋나면 하늘 땅으로 멀어지리라'다. 秤頭蠅坐便欹傾〈謾他一星不過〉 … 天童破題一句 便頌 毫厘有差 天地懸隔", 『청익록』 96칙 「평창 評唱」(卍속장117, p.895b16)에 "삼조 『신심명』의 처음 두 구(至道無難 唯嫌揀擇)는 영락없이 천하의 납자들을 압도할 것이다. 三祖信心銘 破題兩句 定當殺天下衲子"라고 하였다. 〔참고문헌〕『注肇論疏』, 『敎相樞要鈔』, 『從容錄』, 『請益錄』.

파제리가 婆帝利迦 Ⓢ bhadrika의 음사어. 오비구(五比丘) 중 한 분. 발제(跋提)라고도 하고 선현(善賢)이라 한역한다. 『금광명최승왕경』 권1(대정장16, p.403a15)에 "구수 파제리가 具壽 婆帝利迦", 『금광명최승왕경소』 권1(대정장39, p.186b14)에 "파제리가는 선현이라 한역하는데, 백반왕의 둘째 아들이다. 왕에게는 두 아들이 있었으니, 첫째는 난제가라고 이름하였고 둘째는 파제리가라고 이름하였다. 婆帝梨迦 此云善賢 是白

飯王第二子也 王有二子 一 名難提迦 二 名婆帝利迦"라고 하였다. 〔참고문헌〕『金光明最勝王經』, 『金光明最勝王經疏』. ⇨ 발제 跋提 ❶

파제장자 婆提長者 Ⓟ Seṭṭhigahapati. 석존재세시 사위성에 살았던 장자. 『증일아함경』 권13(대정장2, p.612c2)에 "그때 사위성에 살던 파제장자가 갑자기 병이 생겨 목숨을 마쳤다. 그러나 그 장자에게는 자식이 없어 모든 재산과 보물이 남김없이 관과 함께 무덤에 들어갔다. 그때 파사익왕이 온몸에 흙 투성이를 하고서 세존의 처소로 찾아와 이마를 부처님 발에 붙이는 예를 올리고 나서 한 쪽에 앉았다. … 세존께서 이르셨다. '이 파제장자는 목숨을 마치고 체곡대지옥(Ⓟ Mahāroruva-niraya)에 났다. 왜냐하면 선근을 끊은 사람이기 때문이다'. 爾時 舍衛城中 婆提長者 遇病命終 然彼長者 無有子息 所有財寶 盡沒入官 爾時 王波斯匿 塵土坌身 來至世尊所 頭面禮足 在一面坐 … 世尊告曰 此婆提長者命終生涕哭大地獄中 所以然者 此斷善根之人"라고 하였다. 〔참고문헌〕『增壹阿含經』, *SN.1.91·92.*

파조타 破竈墮 당대 스님. 출신지와 속성 등은 알 수 없다. 숭악혜안(嵩嶽慧安)의 법을 잇고 숭악에 은거하였다. 조왕신(竈王神)에게 무생(無生)의 도리를 설하여 천계(天界)에 나도록 이끌었다는 설화가 유명하다. 〔참고문헌〕『宋高僧傳』 권19(대정장50, p.828b7), 『景德傳燈錄』 권4(대정장51, p.232c22). ⇨ 불양 祓禳

파주 把住 붙들어 꼼짝 못하게 하다. 방행(放行)과 대칭한다. 『동산어록』(대정장47, p.514a9)에 "화엄이 섶을 나르는데 동산이 꼼짝 못하도록 붙들고 물었다. '좁은 길에서 마주칠 때는 어떻게 하겠는가?' 華嚴搬柴次 師把住柴問 狹路相逢時 作麼生", 『허당집』 13칙(卍속장124, p.530a1)에 "불러서 모았다가 소리쳐 흩어지게 하니 묘용에 정해진 장소 있을 리 없고, 붙들어 두었다가 놓아 가게 하니 판정하는 저울 손아귀에 있다. 呼聚喝散 妙用無方 把住放行 權衡在手"라고 하였다. 〔참고문헌〕『洞山語錄』, 『虛堂集』. ⇨ 방행 放行

파주용미리마애이불입상 坡州龍尾里磨崖二佛立像 조선시대 마애불상. 보물 제93호. 높이 17m. 파주시 광탄면 용암사 뒤편 장지산 자락에 있다. 원형보개를 머리에 올린 불상과 방형보개를 쓴 두 구의 불상이 나란히 조성되었다. 몸체를 거대한 바위에 조각하고는 머리는 따로 조성하여 바위 위에 올려놓았다. 원형보개 불상은 용화수인 듯한 지물을 잡고 있다. 방형보개 불상은 합장하고 있다. 통견 형태의 대의와 내의를 착용하고 있다. 명문에 "성화 7년(성종2년 1471) 7월 成化七年七月"이라 하였고, 발원문에 "원컨대 이 인연의 모든 이들 부처님 나라에서 함께 만나길, 그리고 저 삼세삼유각에는 가지 않기를, 곧바로 서방구품세계에 들어 너도나도 일시에 정각 이루기를. 또 원컨대 미륵 용화회상중에 나서도 그 첫 번째 회상에서 뛰어난 정법을 만나길! 願此同類見佛土 不向三世三有閣 直入西方九品中 自他一時成正覺 又願彌勒龍華之中類 在初會作上之正法"이라고 하였으니, 바로는 아미타불의 구품정토에 나고 미래에는 용화회상 열리자마자 나기를 발원하고 있다. 조선초(1471) 정희왕후 섭정기로 함양군·심장기·한명회 등 세조 측근이 세조를 추도하고 성종과 정희왕후의 안녕을 기원하기 위해 조성하였다. 조선전기에 고려대 전통을 계승해서 조성한 거석불의 중요한 사례이다. 〔참고문헌〕 이경화 「坡州 龍尾里 磨崖二佛竝立像의 造成時期와 背景」(『불교미술사학』3, 2005) pp.71~96.

파지 波底 Ⓢ pati의 음사어. 파제(波帝)라고도 하며, 주(主)라고 한역한다. 『당범양어쌍대집』(대정장54, p.1242b7)에 "주〈파지〉. 主〈波底〉"라고 하였다. 〔참고문헌〕『唐梵兩語雙對集』, 『梵語雜名』(대정장54, p.1232c13). ⇨ 파제 波帝

파지 頗胝 Ⓢ sphaṭika. 파지가(頗胝迦)의 줄임말. 『유가사지론』 권4(대정장30, p.298a25 : *Yogh-bh.*, p.91)에 "또 저 제천에는 네 종의 궁전이 있으니 소위 금·은·파지·유리로 이루어진 바다. 又彼諸天 有四種宮殿 所謂 金 銀 頗胝 琉璃所成 caturvidhāni ca teṣāṃ vimānāni bhavanti. suvarṇamayāni rūpyamayāni sphaṭikamayāni vaidūryamayāni"라고 하였다. 〔참고문헌〕『大般若經』, 『瑜伽師地論』, *Yogh-bh.*

파지가보 頗胝迦寶 Ⓢ sphaṭika, Ⓟ phalika, Ⓣ shel. 칠보(七寶) 중 하나. 파리(頗梨·玻璃)·파지(頗胝)·파치가(頗置迦·破置迦)·사파치가(娑婆致迦) 등으로 음사하고, 수옥(水玉)·백주(白珠)·수정(水精) 등으로 한역한다. 『정생왕인연경』 권5(대정장3, p.402c10)에 "또한 선견천의 성 서남쪽에 선법당이 있는데 … 그 선법당에는 파지가를 바닥으로 깔았으며 누각과 계단 또한 파지가로 이뤄져 있다. 復次 善見天城西南有善法堂 … 其善法堂 以頗胝迦爲地 樓閣梯陛 亦頗胝迦所成", 『법화현찬』 권2(대정장34, p.693a21)에 "파지가는 수정·수옥·백주라고도 하며 파리라고 잘못 음사하기도 하는데 리는 력과 사를 반절한 음이다. 頗胝迦 云水精 亦云水玉 或云白珠 訛云頗梨 梨力私反", 『일체경음의』 권72(대정장54, p.773c10)에 "파지가〈위는 파와 파를 반절한 음이고, 가운데는 치와 리를 반절한 음이다. 범어이다. 예전에는 파려라고 했는데 수정과 비슷하지만 수정은 아니다. 그렇지만 그 류이다〉. 頗胝迦〈上破波反 中置離反 梵語也 古譯云 頗黎 似水晶 又非水晶 然亦其類〉", 『구사론』 권11(대정장29, p.59a29 : *Abh-k-bh.*, p.165)에 "해의 아랫면의 파지가보는 불의 구슬로 이루어져 뜨겁게 비추고, 달 아랫면의 파지가보는 물의 구슬로 이루어져 차갑게 비춘다. 日輪下面 頗胝迦寶 火珠所成 能熱能照 月輪下面 頗胝迦寶 水珠所成 能冷能照 sūrya-vimānasya-adhastāt bahiḥ sphaṭika-maṇḍalaṃ taijasam-abhinirvṛttaṃ tāpanaṃ prakāśanaṃ ca. candra-vimānasya-adhas-tādāpyaṃ śītalaṃ bhāsvaraṃ ca" 라고 하였다. [참고문헌] 『頂生王因緣經』, 『法華玄贊』, 『一切經音義』, 『俱舍論』, *Abh-k-bh.30.* ⇨ 파리 頗梨, 수정 水精, 사보 四寶, 칠보 七寶 ■

파지옥게 破地獄偈 지옥마저 부수는 게문. 80권본 『화엄경』 권19(대정장10, p.102a29)에 "누구라도 삼세 모든 부처님을 알고자 한다면 마땅히 법계자성 관할지니, 일체가 오직 마음이 짓는 것일 뿐이네. 若人欲了知 三世一切佛 應觀法界性 一切唯心造"라는 게송을 말한다. 『화엄경소초』 권15(대정장36, p.116c1)에 "지옥은 모두 마음으로 지음임을 밝히려는 의도이니, 마음으로 짓는 부처와 지옥이 본디 공임을 깨우칠 따름이다. 이미 이 게송 한 수의 공으로 능히 지옥을 부술 수 있는데, 하물며 1권 1품 1부의 깊고 미묘함이야 말해서 무엇하랴! 意明地獄 皆由心造 了心造佛地獄自空耳 旣一偈之功 能破地獄 何況一卷一品一部之玄微", 『종경록』 권9(대정장48, p.461b10)에 "보살이 경을 주고 나서 말했다. '이 게송을 외우면 지옥의 고통 능히 부순다'. 菩薩授經已 謂之曰 誦得此偈 能破地獄苦", 『대방광불화엄경감응전』(대정장51, p.175c15)에 "곽신량이라는 단월이 죽은 지 7일이 지나서 되살아나 절에 들어가 예배하였다. … 한 스님이 말하길 '내가 당신을 지옥의 괴로움에서 구하고자 한 줄 게를 지송하게 하리다'. 신량이 놀랍고도 두려워하며 스님께 구호 청하길 '저에게 게문을 내려주십시오'. 스님이 게로 읊되, '만약 사람이 삼세의 모든 부처님을 알고자 하면 마땅히 이와 같이 관할지니, 마음이 모든 여래를 짓느니라' 하였다. 신량이 이에 지심으로 이 게를 여러 번 외자, 신량은 물론 같은 죄 받은 자 수천만인이 이로 인해 모두 괴로움을 여의고 지옥에 들지 않았다. 이 모두 단월들이 말한 바이니 이 게는 능히 지옥을 파함을 알라. 郭神亮檀越 身死經七日 却蘇入寺禮拜 … 一僧 云 我欲救汝 地獄之苦 教汝誦一行偈 神亮驚懼 請僧救護 卑賜偈文 僧誦偈曰 若人欲了知 三世一切佛 應當如是觀 心造諸如來 神亮 乃志心誦 此偈數遍 神亮及合同受罪者 數千萬人 因此 皆得離苦 不入地獄 斯皆檀越所說 當知此偈 能破地獄"라고 하였다. 또한 『화엄경감응약기』 「지옥소멸 地獄消滅」(卍속장134, p.571a5)과 『법화경지장소사의』(卍속장93, p.924a6)에 "『화엄경』 게송 한 수가 모든 지옥을 능히 비운다. 華嚴一偈能空諸獄"라는 제목하에 왕명간(王明幹)의 영험담을 소개하고 있다. 당대 684년(문명1) 낙양의 왕명간이 계를 지키며 선행을 닦지 않다가 사후에 지옥에 떨어졌다. 그때 지장보살이 문 앞에서 이 게송을 주면서 이것을 외우는 사람은 지옥의 고통에서 벗어난다고 일러주었다. 왕명간이 염라대왕을 마주보고 이 게송을 외우자 그 영험으로 지옥에 떨어지지 않았고, 게송소리 미치는 곳마다 죄인들 모두 고통에서 벗어났다. 3일 후에 왕명간은 소생하였다. [참고문헌] 『華嚴經』, 『華嚴經疏鈔』, 『宗鏡錄』, 『大方廣佛華嚴經感應傳』, 『華嚴經感應略記』, 『法華經指掌疏事義』. ⇨ 파지옥진언 破地獄眞言

파지옥경문 破地獄經文 지옥을 부수어 그 고난을 풀어주었다고 알려진 경문들. 대승의 경문(經文)을 듣고 외워 그 신통력으로 지옥의 고통에서 벗어났다는 이야기의 근거가 된 경문들의 예는 다음과 같다. 먼저 정토계 경문들의 사례다. 『무량수경』 권하(대정장12, p.273a)에 "그 부처님의 본원력으로 명호를 듣고 왕생하고자 한다면 모두 그 국토에 도달하리니, 저절로 이르러 물러나지 않으리라. 其佛本願力 聞名欲往生 皆悉到彼國 自致不退轉"라는 경문에 의지한 사례다. 당대 현통율사(玄通律師)가 어느 날 먼 길을 떠났다가 어떤 절에 묵으면서 옆 방 사람이 이 문구 외우는 소리를 들었는데 후에 파계하여 죽은 뒤에 지옥에 떨어졌다가 염라대왕 궁전에서 이 게송을 읊자 염라대왕이 크게 놀라며 절을 올렸다. '나무아미타불 南無阿彌陀佛'을 칭념하여 지옥의 고통에서 벗어나기도 하였는데, 『삼보감응요약록』 권상 「신부언칭아미타불명감응 信婦言稱阿彌陀佛名感應」(대정장51, p.832a23)에 "내가 죽어서 확탕지옥에 떨어졌는데 나찰파가 쇠몽둥이로 죄인을 때리거나 불가마 테두리를 쳐 요동시키면서 '너는 쇠북 소리를 내어라!'고 하여 나도 모르게 소리 높혀 나무아미타불을 외쳤다. 그때 지옥이 서늘해졌고 연꽃이 그 안에 가득찼으며 목소리가 미치는 곳의 죄인들은 모두 정토에 왕생하였다. 나찰이 염라대왕에게 아뢰자 왕이 나를 풀어주어 돌려보내면서 '이렇게 기특한 일을 인간세계에 전하라'고 말했다. 吾死入鑊湯地獄 羅刹婆以鐵杖打罪人 打動鑊緣 卽謂汝金鼓聲 不覺高聲唱 南無阿彌陀佛 爾時地獄如凉池 蓮花彌滿其中 聲所及罪人 皆生淨土 羅刹白王 王放還吾曰 以此奇事 傳說人間"라고 하였다. 다음은 『법화경』 경문에 의지한 사례다. 『법화경』 권5 「여래수량품 如來壽量品」(대정장9, p.44a3 : *Saddh-p.*, p.326)에 "매번 스스로 이 생각하길 '무엇으로 중생들이 위없는 도에 들어 속히 부처님 몸 성취토록 할까?' 每自作是意 以何令衆生 得入無上道 速成就佛身 kathaṃ nu bodhāvupa nāmayeyaṃ katha buddhadharmāṇa bhaveyu lābhinaḥ"라는 게(偈)에 의한다. 곧 『법화전기』 권6 「당락주우임통 唐洛州虞林通」(대정장51, p.75b25)에 "약왕보살이 게송을 주면서 '만약 이 게송을 외우면 지옥을 연꽃 피는 못으로 변화시키고 괴로운 몸을 불계의 몸으로 바꿀 것이니 노력하고 잊지 마라' 하자 임통이 모두 외우고 마침내 성에 들어가 염라대왕을 친견하였다. 왕이 물었다. '이 사람에게 공덕이 있는가?' '특별히 선행을 닦은 일은 없고 게송 한 수를 외웠을 뿐입니다' '그 게송은 무엇인가?' 임통이 외우자 목소리가 미치는 곳마다 고통을 당하는 죄인들이 모두 해탈하였고 십팔지옥은 연못으로 변하였다. 왕이 '그만 해라, 그만 해! 다시 외울 필요 없으니 빨리 인간계로 돌려보내라'고 하여 이틀 만에 소생하여 이 인연을 말하였다. 菩薩授偈 謂之曰 若誦此偈 能變地獄爲蓮華池 能轉苦器 作佛界身 努力莫忘 林盡誦通 遂入城中見王 王問 此人有功德不 答 無別修善 唯誦一偈 王曰 其偈如何 林誦之聲所及處 受苦之人皆得解脫 十八地獄 變作華池 王曰 止止 不須復誦 早還人間 即經二日方蘇 說此因緣"라고 하였다. 〔참고문헌〕『無量壽經』, 『三寶感應要略錄』, 『法華經』, 『觀心論疏』, 『法華傳記』, *Saddh-p.* ⇨ 지옥 地獄

파지옥법 破地獄法 지옥을 무너뜨리는 법. 불보살의 본서(本誓)·인계(印契)·진언(眞言)·다라니(陀羅尼) 등에 의지하여 지옥을 부수는 법. 밀교경궤에 따르면 그 법에 광명진언파지옥법(光明眞言破地獄法)·불정존승다라니파지옥법(佛頂尊勝陀羅尼破地獄法)·보협인다라니파지옥법(寶篋印陀羅尼破地獄法)·대수구다라니파지옥법(大隨求陀羅尼破地獄法)·지장보살파지옥법(地藏菩薩破地獄法) 등 많은 류가 있다. 『법륜보참』(卍속장129, p.736b15)에 "부처님께서 천궁에서 파지옥법을 설하시자 그 어머니가 도리천에 태어났으므로 부처님께서도 도리천에서 설하셨다. 『지장보살본원경』의 「도리천궁신통품」에 따르면, 부처님께서 모인 대중에게 광명을 비추시며 처음으로 지옥에서 중생을 남김없이 제도한 인연을 찬탄하셨다. 佛於天宮 說破地獄法 母氏生忉利 故佛於忉利說之也 忉利天宮神通品 放光集衆 初讚地獄度盡衆生之緣", 『원형석서』 권9(대장경보편32, p.217b16)에 "지천(智泉)이 홍법대사(弘法大師)에게 '저를 낳아준 어머니가 지옥에 떨어져 계시니 어떤 방편으로 그 고통의 윤회에서 벗어날지요?'라고 아뢰자 홍법이 응답했다. '파지옥법을 닦으면 반드시 빼낼 수 있다' '그 법을 받고 싶습니다'. 홍법이 지장궤를 주자 지천이 오롯이 정진해 닦음에 견줄 이가 없었다. 어느 저녁 꿈에 모친이 아름다운 복장을 차려 입고 나타나 '나는 너의 구호에 의지하여 이제 천상에 태어났다'라고 말했다. 啓法曰 所生母在地獄 以何方便出彼苦趣 法曰 修破地獄法 必可拔矣 泉曰 願受焉 法卽授地藏軌 泉精修無比 一夕夢母莊嚴美服告曰 我依汝救護 今生天上矣"라고 하였다. 〔참고문헌〕『法輪寶懺』, 『元亨釋書』.

파지옥의궤 破地獄儀軌 ➡ 불정존승심파지옥전업장출삼계비밀삼신불과삼종실지진언의궤 佛頂尊勝心破地獄轉業障出三界祕密三身佛果三種悉地眞言儀軌

파지옥인 破地獄印 지옥의 문을 열도록 하여 고통을 받는 중생이 해탈하도록 하는 인계(印契). 다라보살파지옥인(多羅菩薩破地獄印)이라고도 한다. 『관자재보살수심주경』 「파지옥인」(대정장20, p.460b2)에 "두 손의 두 중지와 무명지를 각각 손바닥 가운데에서 서로 등을 지고 두 엄지 끝을 새끼손가락을 가리키며 각각 반 치 쯤 떨어뜨린 모양으로 신주를 읊는다. 이 인을 맺는 순간 지옥문이 열리면서 고통 받는 중생들이 한꺼번에 해탈하고, 염마라왕의 마음에서 환희가 일어난다. 관세음보살은 대자대비로 중생을 불쌍히 여기므로 이 법을 설한다. 以兩手二中指無名指 各屈在掌中相背 二大母指頭指小指 各相去半寸 許誦身呪 作此印時 地獄門開 受苦衆生 一時解脫 焰摩羅王 心生歡喜 觀世音菩薩 大慈大悲 憐愍衆生 故說此法"라고 하였다. 〔참고문헌〕『觀自在菩薩隨心咒經』, 『瑜伽集要救阿難陀羅尼焰口軌儀經』(대정장21, p.470b8).

파지옥진언 破地獄眞言 지장보살님의 위력을 빌려 지옥을 파멸시키는 진언이니 다음과 같다. "나무 아다 시지남 삼약삼 못다 구치남 옴 아좌나 바바시 지리 지림 훔. 南無 阿多 始地南 三藐 三沒多 俱致南 唵 阿左那 婆婆始 地里 地里 吽". 〔참고문헌〕『作法龜鑑』(한불전10, p.561a4), 『釋門儀範』 권상 p.250a12.

파집암 破執庵 경기도 연천군 신서면 보개산(寶盖山)에 있는 대승암(大乘庵)의 옛 이름. 『한국사찰전서』 권하 「파집암」에는 "대승암의 앞선 이름이다. 大乘庵之前名"라고 하였는데, 1623년(광해군15)에 편양언기(鞭羊彦機 1581~1644)가 쓴 『편양당집』 권2(한불전8 p.252b16)의 「보개산대승암기 寶盖山大乘庵記」에는 "풍악산인 색름 스님은 아버지 박씨를 위하여 기도하여 법력으로 음계를 면하고 정토에 왕생하게 하고자 재화를 마련하여 보개산 그늘진 곳에 대승을 건립하였는데, 서산문인 언기가 산 깊고 수풀 우거진 언덕의 뛰어난 곳에 토목의 수고로움으로 절을 세운 일을 스님의 행적과 함께 기록하였다. … 만력 48년(1620)에 스님이 풍악에서 와서 파집을 이루고자 옛 터에는 돌을 쌓아 터를 다진 뒤 석장을 부르고 재목을 마련하였다. … 앞의 이름인 파집은 삼승대혼의 혹견을 깨뜨린다는 것이고, 지금 이름인 대승은 일승영조의 진지를 연다는 것이니, 앞의 것은 구름 한 점 없는 가을하늘이 빈 뜻이고, 뒤의 것은 맑게 갠 하늘에 태양이 빛남이다. 楓岳山人 有賾凜師者 爲其父朴氏 祈法力免陰界而往蓮邦 悉其裝齎 建大乘子寶 盖山之陰 西山門人彦機 以山谷林丘之勝 建置土木之勞 與師之行跡 爲之記 … 萬曆四十八年 師自楓岳 來就破執舊基岾石防除 以固其基 召匠石聚材木 … 前名破執者 破三乘大昏之惑見 今名大乘者 闢一乘靈照之眞智 前則絶點秋空 後則靑天白日也 夫基礎之基也"라고 하였다. 〔참고문헌〕『鞭羊堂集』, 『韓國寺刹全書』 권하 p.1120a19. ⇨ 대승암 大乘庵[5], 언기 彦機

파집현리 破執顯理 붙들려 있음을 깨뜨려 법의 뜻을 드러내다. 『원각경약소초』 권7(卍속장15, p.329b18)에 "붙들려 있음을 깨뜨린다는 것은 아와 법이고, 이를 드러낸다는 것은 진여다. 능히 깨뜨리고 드러내는 것들은 곧 두 가지 공을 아는 지혜다. 그러나 집을 깨뜨리고 진여를 드러내는 두 가지 짝의 능소를 합하면 네 가지 법연이 있다. 능히 부수는 것도 능히 드러내는 것도 모두 바로 지일 뿐이기에 세 가지 법일 뿐이다. 만약 미혹과 깨달음을 기준으로 낱낱이 마주하면 '과거에는 능히 붙들고 붙들리는 것들이었고, 지금은 능히 부수고 나툴 것이며, 그 옛적에는 능히 미하고 미한 것들이었다면 지금은 능히 드러내고 드러낼 것일 뿐이다'라고 말해야 타당하다. 言破執者 我法也 顯理者 眞如也 能破能顯 卽二空智品 然據破執顯眞 兩對能所 合有四法緣 能破能顯 皆是其智 故但三法 若約迷悟 一一對之 應云 昔是能執所執 今是能破所破 昔是能迷所迷 今是能顯所顯", 『금강삼매경론』 권중(대정장34, p.980b11)에 "처음에는 간략히 집을 깨뜨리고, 다음은 널리 이를 드러낸다. 처음에 '항상 열반에 머물면 열반에 묶인다'는 말은 무슨 뜻인가? 설사 언제나 깨어 있어서 열반에 머문다 해도 바로 이것이 집착이고 열반에 묶임일 뿐이니, 어떻게 항상 머무는 그것이 해탈이겠는가? 初略破執 後廣顯理 初中言 常住涅槃 是涅槃縛者 設有常覺 住於涅槃 卽是執著 縛於涅槃 云何常住 是解脫耶", 『십이문론종치의기』 권상(대정장42, p.214a16)에 "여섯 번째, 말로 하는 종취란 말로 드러내야 할 것이 종이고, 종이 돌아가야 할 것이 취다. 곧 열두 가지 문으로 집착을 깨뜨림을 종으로 삼고, 이를 드러내어 행을 성취하고 법에 들어섬을 취로 삼는다. 이승 등을 돌이켜 대승으로 들어가도록 함이 그 뜻이다. 第六 所詮宗趣者 謂語之所表曰宗 宗之所歸曰趣 則以十二種門 破執爲宗 顯理成行 入法爲趣 謂迴二乘等 令入大乘 是其意也", 『도서』 권상1(대정장48, p.402a21)에 "성을 깨닫기 쉽지 않음은 대부분 상에 붙들리기 때문이다. 그러므로 성을 드러내고자 하면 먼저 집을 깨뜨려야 한다. 집을 깨뜨리는 방편은 반드시 범도 성도 함께 없애고 공덕도 허물도 가지런히 버려야 한다. 性不易悟 多由執相 故欲顯性 先須破執 破執方便 須凡聖俱泯 功過齊祛", 『허당록』 권4(대정장47, p.1013c24)에 "그 옛날 종사들 사람 위함에 곧바로 끊을 뿐이었으니, 무릇 묻는 것 있으면 다만 묻는 곳에 나아가 그에게 집착을 깨뜨려 주었을 뿐 처음부터 실한 뜻은 없었다. 古之宗師 爲人直截 凡有所問 只就問處 與之破執 初無實義"라고 하였다. 〔참고문헌〕『圓覺經略疏鈔』, 『金剛三昧經論』, 『十二門論宗致義記』, 『都序』, 『虛堂錄』.

파차 波叉 ➡ 바차 波叉

파차국 婆蹉國 ➡ 바차국 婆蹉國

파차순 波遮旬 Ⓟ pañcasikha의 음사어. 건달바(犍闥婆)의 아들. 오계(五髻)·두오각계(頭五角髻)라고 한역한다. 『증일아함경』 권6(대정장2, p.575b8)에 "이때 석제환인은 존자 수보리의 염한 바 알고서 문득 파차순에게 게로 말했다. '선업은 모든 얽힘에서 벗어나 영취산에 머무는데 지금 극히 중한 병 얻어 공을 즐기고 근들이 정에 있을 뿐이구나. 속히 가서 병을 묻고 존장의 얼굴을 뵙는다면 이미 큰 복을 얻었으니 덕 심음에 이보다 더함은 없으리라'. 爾時 釋提桓因知尊者須菩提所念 便以偈勅波遮旬曰 善業脫諸縛 居在靈鷲山 今得極重患 樂空諸根定 速來往問疾 覲省尊上顏 旣得獲大福 種德莫過是"라고 하였다. 〔참고문헌〕『增壹阿含經』, 『長阿含經』 권5 「典尊經」(대정장1, p.31a24), *DN.2.211.*, *SN.4.103.* ⇨ 두오각계 頭五角髻, 오계 五髻

파차하 婆叉河 ➡ 바차 婆叉

파착 破著 집착을 깨뜨리다. 『대지도론』 권35 「석봉발품 釋奉鉢品」(대정장25, p.318c23)에 "'내가 반야바라밀 행한다 해도 볼 수 있는 것은 아니다'라 함은 볼 수 있다는 집착을 깨뜨리는 것이고, '내가 반야바라밀을 행하지 않음도 보지 못한다'라 함은 볼 수 없다는 집착마저 깨뜨린다. 不見我行般若波羅蜜者 破著有見 不見我不行般若波羅蜜者 破著無見", 『대승기신론』(대정장32, p.579c29)에 "수라다에 '여래법신은 필경에 적막하여 저 허공과 같다'라 설함을 듣고서, 집착 깨뜨리기 위함인지를 모르기에 곧장 '허공이 바로 여래성'이라 일컫는다. 어찌 마주하여 다스릴까? 허공상이 바로 그 허망한 법이고 바탕이 없어 실답지 않음을 밝힌다. 색은 마주할 수 있기에 있다고 하고 볼 수 있는 상이 있지만 마음으로 하여금 나고 사라지게 한다. 일체색법은 본래 이 마음일 뿐이어서 참으로 바깥에는 색이라는 것은 없다. 만약 색도 없는 것이라면 허공이라는 상도 없어야 한다. 聞修多羅說 如來法身 畢竟寂寞 猶如虛空 以不知爲破著故 卽謂虛空是如來性 云何對治 明虛空相 是其妄法 體無不實 以對色故 有是可見相 令心生滅 以一切色法 本來是心 實無外色 若無色者 則無虛空之相"라고 하였다. 〔참고문헌〕『大智度論』, 『大乘起信論』.

파참 婆參 Ⓢ vāsa. 걸쳐 입는 옷. 『유가론기』 권6(대정장42, p.442a5 · 한불전13, p.471c2)에 "안달파참(Ⓢ antarvāsa)은 내의라고 하는데, 안달은 내이고 파참은 옷이다. 安怛婆參者 此云 內衣 安怛名內 婆參名衣"라고 하였다. 〔참고문헌〕『瑜伽論記』. *Śrāv-bh.159.*

파참 罷參 참(參)하는 일 놓아버리다. 또는 더이상 참하며 공부할 일 없게 되다의 뜻이다. 방참(放參)과 통한다. 『벽암록』 96칙 「평창 評唱」(대정장48, p.219a11)에 "만약 이 세 송을 사무쳐 얻은 이라면, 문득 그대 참하는 일 놓아버려도 되리라. 爾若透得此三頌 便許爾罷參", 『경덕전등록』 권8 「경조초당전 京兆草堂傳」(대정장51, p.262a21)에 "스스로 참을 마치고 더없이 고요함에 자유롭게 유행하며 해창에 이르렀다. 自罷參大寂遊至海昌"라고 하였다. 〔참고문헌〕『碧巖錄』, 『景德傳燈錄』. ⇨ 방참 放參❷, 참 參

파참재 罷參齋 참선을 마치고 재를 베풀어 대중에게 공양하다. 『선림상기전』 권18(대장경보편19, p.558b6)에 "파참재 : 도충이 말한다. '참선이 끝나면 재를 베풀어 대중에게 공양함이다'. 罷參齋 忠曰 參禪了畢 設齋供養大衆也", "『경덕전등록』 「동산양개전」에 '야간에 점등하지 않았기에 스님 나오게 해서 묻고 물러가게 하고는, 동산은 시자 시켜 점등하고 조금전 물었던 스님을 불러서 나오라 하였다. 그 스님 가까이 오자 동산 말하길 「세 냥의 분을 가져와 이 상좌에게 주거라」. 그 스님 소매 털며 물러갔는데 이로부터 깊은 뜻 깨달았기에 마침내 경을 치고 의복 살 돈 보시하여 재를 베풀었다' 하였다. 傳燈錄 洞山价禪師章云 因夜間不點燈 有僧出問話退後 師令侍者點燈 乃召適來問話僧出來 其僧近前 師曰將取三兩粉來 與這箇上座 其僧拂袖而退 自此省發玄旨 遂罄捨衣資設齋", "도충이 말한다. '이것이 소위 파참재다'. 운서주굉화상의 『선관책진』 「서 序」에 '경책함은 손에 있으니 재빨리 몰아붙여 오래 달리게 해서 최후의 깊은 빗장 부수게 한 다음 천천히 파참재 지어도 아직 늦지 않으리' 하였다. 忠曰 是所謂罷參齋也 雲棲袾宏和尙禪關策進 序云 警策在手 疾驅而長馳 破最後之幽關 徐而作罷參齋 未晚也"라고 하였다. 〔참고문헌〕『禪林象器箋』.

파참회 罷參會 참(參)해 마치고 알아채다. 참하는 일 마저 버리고 깨우치다. 『벽암록』 89칙 「평창 評唱」(대정장48, p.214a17)에 "요즘 사람들 각주나 붙이고 격식 세워 말한다. '만약 이 공안을 꿰뚫는다면 문득 파참회 짓는다' 말하며, 손으로 온몸을 훑거나 등롱과 노주를 더듬듯 하여 모두 온몸으로 이 화두를 알았다 한다. 만약 이렇게 해서 알았다 하면 저 옛 사람 무너뜨릴 일 적지 않으리라. 如今下注脚 立格則道 若透得此公案 便作罷參會 以手摸渾身 摸燈籠露柱 盡作通身話會 若恁麽會 壞他古人不少"라고 하였다. 〔참고문헌〕『碧巖錄』.

파찹니마닥파 Pa-tshab-nyi-ma-grags-pa 1055~?. 티베트불교 신역시대 주요 역경가였던 스님. 파찹로차와(Pa-tshab-lo-tsā-ba)라고도 불린다. 티베트 상푸(gSang-phu)사원에 주석하다가 중관학파의 경론을 번역하기 위해 인도 카슈미르로 떠났다. 카슈미르지역에서 23년간 경론을 연구했고, 귀국하여 푸르나바르다나(Ⓢ Pūrṇavardhana : 滿增)의 『阿毘達磨俱舍廣釋隨相論 *Abhidharmakośaṭīkā-lakṣaṇānusāriṇī*』을 티베트어로 번역했다. 월칭(月稱 Ⓢ Candrakīrti)의 입장에 의지한 학파를 세워 귀류논증중관학파(歸謬論證中觀學波 Ⓢ Prāsaṅgika, Ⓣ thal-'gyur)라 불렀다. 많은 제자들과 함께 용수(龍樹)의 『중론 中論』, 제바(提婆)의 『사백론 四百論』, 월칭의 중론주석서인 『정명구 淨名句』·『입중론 入中論』·『육십송여리론 六十頌如理論』을 번역했다. 닥파스님의 작품으로 추정되는 세 편의 주석서 *Bka' gdams gsung 'bum*(2006)은 티베트어로 된 첫 번째 중론 주석이다. 틸라카칼라샤(Ⓢ Tilakakalaśa, Ⓣ Thig-le-bum-pa) · 숙슈마자나(Ⓢ Sūkṣmajāna) · 하수마티(Ⓢ Harumati) · 카나카바르만(Ⓢ Kanakavarman) 등 인도 스승들 문하에서 수학하며 역경(譯經)하였다. 주요 제자로 예셰중내(Ye-shes-'byung-gnas) · 장춥예셰(Byang-chub-ye-shes) · 파찹곰파(Pa-tshab-sgom-pa) 등이 있다. 〔참고문헌〕 George Roerich *The Blue Annals*(New Delhi : Motilal Banarsidass, 1979) pp.328~350, Karen Lang 'Spa-tshab nyi-ma-grags and the Introduction of Prāsaṅgika Madhyamaka into Tibet'(*Reflections on Tibetan Culture*, 1990). ⇨ 월칭 月稱

파채심비 婆蔡審鞞 Ⓢ Sthavira. 근본분열 후의 2부중 상좌부(上座部)를 대표하는 비구. 『출요경』 권20(대정장4, p.717b25)에 "나의 선서 후에 마땅히 비구 있어 첫째는 마하승기 둘째는 파채심비라 이름할 것이니,

문수사리에게 칭하여 말하길 '석가문불은 저들의 유예를 없애고자 하였기에 이 게를 설하였다' 하리라. 吾善逝後當有比丘 一名 摩訶僧祇 二名 婆蔡審鞞 稱言文殊師利釋迦文佛 欲除彼猶豫故 是故說此偈也", "당래에 두 부의 비구 있어 첫째는 마하승기 둘째는 파채심비라 이름하리니, 본을 버리고 말을 취하여 사람 사는 세상의 땅에 부처님 출세하시지만 하방의 지옥·축생·아귀와 상방의 하늘 즐거움 스스로 즐기는 곳에선 끝내 부처님 나오시지 않는다. 그러나 여래의 화하는 바 두루하지 않는 곳 없으니 만약 한 곳이라도 두루하지 않는다면 부처라 이름하지 못한다. 當來二部比丘 一名 摩訶僧祇 二名 婆蔡審鞞 捨本就末 有人界土 則佛出世 下方地獄畜生餓鬼上方天樂自娛 終不出佛 如來所化 無處不遍 若一處不遍不名爲佛"라고 하였다. 〔참고문헌〕『出曜經』.

파초 波俏 빼어나다. 『오등회원』「귀종지지암주장 歸宗志芝庵主章」(卍속장138, p.667a4)에 "귀종사에서 황룡사심의 지도를 받다가 마침내 깊은 뜻을 알아차리고 게송 한 수를 지었다. '이르기 전에는 마땅히 이르려 해야 하지만, 이르러 마쳐서는 그저 웃을 일밖에 없다. 눈썹은 본디 쓸모 없었으니, 그놈 없이도 이렇게 빼어나다니'. 依黃龍於歸宗 遂領深旨 有偈曰 未到應須到 到了令人笑 眉毛本無用 無渠底波俏"라고 하였다. 〔참고문헌〕『五燈會元』, 『嘉泰普燈錄』 권4(卍속장137, p.93b4).

파초 芭蕉 Ⓢkadalī, kadalī-skandha, Ⓟkadalī, kadali-kkhandha, Ⓣchu-shing, chu-shing gi phung-po. 여름 되면 큰 잎으로 높이 자라지만 때가 되면 흔적 없이 사라져 버리고 마는 식물. 무성한 큰 잎들 벗기고 벗겨도 알맹이를 얻을 수 없는 특징에 따라, 있다가(有) 흔적 없이 사라져(無) 버리는 것들의 은유로 쓴다. 십종유신(十種喩身) 중 하나다. 『잡아함경』 권10(대정장2, p.68c29 : *Phena-sutta*, *SN.3*, p.140)에 "자세히 살펴 사유해 분별하니, 있을 만한 것 없고 굳은 것 없으며 실한 것도 없어 견고한 것이라고는 없으니, 왜 그런가? 그 파초는 견실한 것이 없기 때문이다. 諦觀思惟分別 無所有 無牢無實 無有堅固 所以者何 以彼芭蕉 無堅實故 tam enam cakkhumā puriso passeyya nijjhāyeyya yoniso upaparikkheyya. tassa tam passato nijjhāyato yoniso upaparikkhato rittakaññeva khāyeyya tucchakaññeva khāyeyya asārakaññeva khāyeyya. kiñ hi siyā bhikkhave kadalikkhandhe sāro", 『유마경』 권상(대정장14, p.521b4 : *Vikī-n.*, p.66)에 "이 몸 저 파초와 같아 그 안에 견고함이란 없다. 是身如芭蕉中無有堅 kadalīskandhopamo 'yaṃ kāyo 'sārakatvāt"라고 하였다. 〔참고문헌〕『雜阿含經』, 『維摩經』, *SN·2.241.*, *Vikī-n.*, *Śikṣ.230.*, *Mvyut.140·200.* ⇨ 십종유신 十種喩身

정조 파초도 보물제743호
동국대박물관 조선후기

파초 통도사 양산

파초신 芭蕉身 파초와 같은 몸. 파초처럼 물결 따라 떠도는 무상(無常)한 몸. 『우암지급어록』 권9「차운시견선인 次韻示堅禪人」(卍속장124, p.362a10)에 "파초와 같은 몸의 세세한 상은 본래 견고하지 않고, 생사의 뿌리는 깊어 고통으로 둘러 얽였으니, 당장에 한 칼로 두 토막 내지 않고 어찌 도를 묻고 참선한다 하는가? 芭蕉身相本非堅 生死根深苦繞纏 直下一刀成兩段 何須問道與參禪", 『감산집』 권47「유방광사 遊方廣寺」(卍속장127, p.862a15)에 "파초 같은 몸 쉬도록 하고, 허공꽃과 같은 만사에 침을 뱉었다. 이때부터 속진에 물든 기운을 버리고 영원히 한평생의 속박을 끊었다. 休息芭蕉身 涕唾空華事 從此謝塵氛 永絶生人累"라고 하였다. 〔참고문헌〕『愚菴智及語錄』, 『憨山集』.

파초유문유답 芭蕉有問有答 파초혜청(芭蕉慧淸)의 화두. 물음이 있어야 답도 있다. 『경덕전등록』 권16「파초혜청전」(대정장51, p.330a18)에 "스님이 물었다. '위로부터 이은 으뜸의 수레 어떻게 들어 말씀하시겠습니까?' '이미 얼음빛 눈 달린 방관자에게 감파당했군' '온갖 연들에 떨어짐 없이 곧바로 가리켜주시길' '물음이 있어야 답도 있겠지'. 僧問 從上宗乘 如何擧唱 師曰 已被冷眼人覷破了 問 不落諸緣 請師直指 師曰 有問有答"라고 하였다. 〔참고문헌〕『景德傳燈錄』, 『大慧語錄』 권4(대정장47, p.827a25).

파초주장 芭蕉拄杖 파초혜청(芭蕉慧淸)이 주장자로 지도하다. 『무문관』 44칙「파초주장」(대정장48, p.298b24)에 "파초화상이 대중에게 보였다. '그대들 주장자 있으면 나 그대들에게 주장자를 줄 것이요, 그대들 주장자 없으면 나 그대들에게 주장자 뺏으리라'. 무문이 말한다. '다리 끊어진 물을 붙들어 건네고 짝이 되어 달 없는 마을로 돌아온다. 주장이라 부르는 그때 쏜살같이 지옥에 들리라'. 芭蕉和尙示衆云 爾有拄杖子 我與爾拄杖子

爾無拄杖子 我奪爾拄杖子 無門曰 扶過斷橋水 伴歸無月村 若喚作拄杖 入地獄如箭", 『대혜어록』 권10 「송고 頌古」(대정장47, p.855a5)에 "파초주장 : 〔송〕 사거리에서 드러내 놓고 행상을 하면서 상량하려 한즉 칠통 같아 어긋날 뿐이리라. 芭蕉拄杖 頌云 十字街頭 現成行貨 擬欲商量 漆桶蹉過"라고 하였다. 〔참고문헌〕 『無門關』, 『大慧語錄』. ⇨ 단교수 斷橋水, 무월촌 無月村

파초포말 芭蕉泡沫 파초와 물거품. 덧없고 무상한 것들의 비유. 『불소행찬』 권3(대정장4, p.27c4)에 "이와 같이 깨끗한 천안으로 오도를 살펴 보았더니, 거짓되고 견고하지 않아 저 파초나 물거품 같았다네. 바로 그 세 번째 밤, 깊은 삼매에 들었을 때의 일이다. 如是淨天眼 觀察於五道 虛僞不堅固 如芭蕉泡沫 卽彼第三夜 入於深正受", 『연도속업경』(대정장17, p.835a27)에 "모든 법이 마치 허깨비·변화·꿈·아지랑이·메아리·파초·포말과 같아서 모두 있다고 할 만한 것 없다. 가야 할 길의 지혜 모양 없음이 저 허공과 같아 더할 것도 무너질 것도 없으리니, 널리 중생을 제도하리라. 曉一切法如幻化夢 野馬影響 芭蕉泡沫 皆無所有 道慧無形 等如虛空 無所增壞 普度衆生", 『대반열반경소』 권8 「금강신품 金剛身品」(대정장38, p.84b22)에 "또한 금강신이 아니어서 파초나 물거품 등임을 보여야 한다. 亦應示非金剛身芭蕉泡沫等"라고 하였다. 〔참고문헌〕 『佛所行讚』, 『演道俗業經』, 『大般涅槃經疏』. ⇨ 금강구유 金剛九喩, 대승십유 大乘十喩

파초혜 破草鞋 낡아 해진 짚신. 굳이 있지 않아도 될 것들의 비유. 『오조법연어록』 권중(대정장47, p.658b17)에 "누군가 '어떤 것이 부처와 조사를 넘어서는 이야기인가?' 묻는다면 그를 향해 단지 '나귀 똥이나 말 똥이나 비슷하다'라고 답할 것이며, 또 '해진 짚신' 또는 '영특한 거북이 꼬리를 끌어 흔적을 남긴다'라고 답하겠다. 말해 보라! 모두 같은가, 다른가? 가려내어 보라. 忽有人問 如何是超佛越祖之談 只向伊道 驢屎似馬糞 又云 破草鞋 又云 靈龜曳尾 且道 是同是別試 辨看"라고 하였다. 〔참고문헌〕 『五祖法演語錄』.

파추현묘 破麤顯妙 거친 것 부수어 묘한 바 드러내다. 상대묘(相待妙)를 드러내는 뜻이다. 『법화삼대부독교기』 권1(卍속장43, p.641b14)에 "만약 파추현묘라면 곧 그 위로 상대묘를 쓴 것이다. 만약 개추현묘라면 곧 절대묘를 쓴 것이다. 『현의』〈권2〉〈권9〉 첫째, 상대묘, 둘째, 절대묘. 이경은 오직 이 두 묘만을 논한다. 더 이상 비절비대의 문은 없다. 若破麤顯妙 卽用上相待妙 若開麤顯妙 卽用上絶待妙 玄〈二〉〈九〉一相待二絶待此經唯論二妙 更無非絶非待之文"라고 하였다. 〔참고문헌〕 『法華三大部讀教記』, 『法華經玄義節要』 권1(卍속장44, p.696b12). ⇨ 상대묘 相待妙, 상대묘절대묘 相待妙絶待妙

파취착불괴가명론 破取著不壞假名論 ➡ 금강반야바라밀경파취착불괴가명론 金剛般若波羅蜜經破取著不壞假名論

파치가 波哆迦 Ⓢpatākā의 음사어. 번(幡)이라 한역한다. 『범어잡명』(대정장54, p.1238b7)에 "번 : 파치가 幡 波哆迦"라고 하였다. 〔참고문헌〕 『梵語雜名』.

파침 把針 바느질. 옷가지를 바느질한다는 말. 파침(把鍼)이라고도 한다. 수행하는 여가에 스스로 법복이나 의류를 수선하는 일을 말한다. 『선원청규』 권10 「백장규승송 百丈規繩頌」(卍속장111, p.935a8)에 "바느질·체두·종이 자르기·약 제조나 신발·촉의·욕구 말리기는 모두 가옥 뒤편의 후미진 곳에서 한다. 或把針 剃頭 剪紙 合藥 或曬鞋靸 觸衣 浴具 皆於屋後僻處"라고 하였다. 〔참고문헌〕 『禪苑淸規』.

파침가 把針架 바느질하는 곳. 총림에서 중료(衆寮) 뒤에 위치한다. 『영평청규』(대정장82, p.331b27)에 "천동산에서는 중료의 배후에 파침가와 빨래터가 있다. 이제 다시 이것을 모방하여 파침가와 빨래터 등을 조성해도 좋다. 天童山則 於衆寮之背後 有把針架 及洗衣處焉 今復倣之 設把針架洗衣處等 可也"라고 하였다. 〔참고문헌〕 『永平淸規』.

파쿠다 Pakudha ➡ 가라구다가전연 迦羅鳩馱迦旃延, 가전연 迦旃延[4], 파부다가전나 婆浮陀伽旃那, 육사외도 六師外道

파타라 波吒羅 Ⓢpāṭala의 음사어. 꽃나무. 파타리(波吒利)라고도 한다. 『별역잡아함경』 권4(대정장2, p.396c10)에 "모든 파타라나무 중 금문파타라가 제일이듯 선법들 중 불방일이 제일이다. 一切波吒羅樹中 錦文芭吒羅爲第一 諸善法中 不放逸第一", 40권본 『대반열반경』 권9(대정장12, p.422a24)에 "또한 선남자여! 저 아숙가나무와 파타라나무와 가니가나무에서 봄에 꽃이 피면 벌들이 색과 향과 부드러운 맛을 빨아 마시며 취해 싫어할 줄 모른다. 여인이 남자를 욕망함 또한 이와 같아서 염족을 모른다. 復次 善男子 如阿叔迦樹 波吒羅樹 迦尼迦

樹 春花開敷 有蜂唼取 色香細味 不知厭足 女人欲男 亦復如是 不知厭足", 『일체경음의』 권25(대정장54, p.471b21)에 "파타라〈타는 죽과 가를 반절한 음이다. 중엽수라고 한다〉. 波吒羅〈吒音竹駕反 此翻爲重葉樹也〉"라고 하였다. ［참고문헌］『別譯雜阿含經』, 『大般涅槃經』, 『一切經音義』, 『華嚴經疏』 권56(대정장35, p.931b1), *Lal-v.8*, 『仏教植物辭典』(國書刊行會, 1982).

파타라화 波吒羅花 Ⓢ pāṭala. 하늘꽃(天花) 중 하나. 『방광대장엄경』 권1 「도솔천궁품 兜率天宮品」(대정장3, p.540c26)에 "그 모든 보배 나무에서 온갖 천화가 핀다. 아제목다화(Ⓢ atimuktika) · 구비라화(Ⓢ kovidāra) · 첨파가화(Ⓢ campaka) · 파타라화 등이 … 곳곳에 피어 장엄하게 장식하며 순금 선으로 엮은 그물이 그 위를 가득 덮고 에워싸며 갖가지로 장엄하고 있다. 其諸寶樹 生衆天花 所謂阿提目多花 俱毘羅花 瞻波迦花 波吒羅花 … 處處開敷 以爲嚴飾 眞金線網 彌覆其上 周匝間廁 種種莊嚴"라고 하였다. ［참고문헌］『方廣大莊嚴經』, 40권본 『大般涅槃經』 권21(대정장12, p.489a28), 『一切經音義』 권26(대정장54, p.476b12), *Lal-v.8*.

파타리불다라 波吒釐弗多羅 Ⓢ Pāṭaliputra, Ⓟ Pāṭaliputta. 나라 이름. 파타리자(波吒釐子) · 파타리불(波吒利弗) · 파타라(波吒羅) · 파타리야(波吒梨耶) · 파타리불다(波吒利弗多) · 파라리불다라(波羅利弗多羅) · 파련불(波連弗) 등으로 음사하고, 화씨성(華氏城 · 花氏城)으로 한역한다. 부처님 재세시 마가다(Ⓢ Magadha)국의 수도, 지금의 비하르(Vihar)주의 주도(州都) 이름. 갠지스(Ⓢ Gaṅgā)강과 소네(Sone)강이 합류하는 곳으로 지금의 파트나(Patna) 부근이다. 처음에는 구소마보라성(拘蘇摩補羅城 Ⓢ Kuśāgāra-pura, Ⓟ Kusuma-pura)이라고 했다가 나중에 파타리자성으로 바꾸었다. 이 성은 현장(玄奘)이 전하는 다음과 같은 파탈리(Ⓢ pāṭali : 波吒釐)숲속 이야기를 기원으로 한다. 『대당서역기』 권8(대정장51, p.910c16)에 "옛날 사람들의 수명이 헤아릴 수 없이 많았을 때에 이 성은 구소마보라성〈당나라 말로는 향화궁성이라고 한다〉이라고 불렀다. 왕궁에 꽃이 많았기에 그런 이름이 붙여졌다. 그로부터 사람의 수명이 수천 세가 되었을 때에 이 성은 다시 파타라자성〈구역에서는 파련불읍이라고 하는데 와전이다〉이라고 불리었다. 옛날에 어떤 바라문이 있었다. 그는 재주가 뛰어나고 박학한 사람이었다. 수천 명의 문인들이 그에게 배우고 있었고 여러 학도들이 함께 와서 노닐고 배웠다. 이때 서생 한 사람이 온종일 서성이며 근심에 사로잡혀 밖을 내다보고 있었다. 그러자 동료들이 물었다. 그가 답하기를 '아직 한창 나이에 멀리 유학 와서 혼자 고민하여 왔어. 세월이 오래 지났건만 학업과 기예에서 이룬 것이 없어 이것을 생각해 보고 말하자니 울적한 마음이 더욱 심해질 뿐이네'. 그러자 학도들은 장난삼아 그에게 말하였다. '이제 보니 그대는 배우자를 찾고 있었구먼'. 그리하여 그 자리에서 장난삼아 세 사람을 세워서 남자 쪽의 부모로 삼고, 두 사람을 세워서 여자 쪽의 부모로 삼은 뒤 그를 파타리수 아래에 앉혀놓고는 '그대는 이제 이 나무의 사위가 됐다'고 하면서 과일을 따오고 맑은 물을 길어다 혼인의 순서를 말하고 짝 맺을 때를 물었다. 이때 거짓으로 꾸민 여자의 아버지가 꽃가지를 잡고 서생에게 주면서 말하였다. '이것은 아름다운 배필이다. 부디 거절하지 마라'. 서생은 몹시 기뻐하며 스스로 만족하였다. 어느 사이 해가 저물어 학도들이 돌아가자고 말하였지만 서생은 연정을 품고 꼼짝하지 않았다. 학도들이 말하였다. '지금까지 한 말은 장난이었으니 부디 함께 돌아가는 것이 좋지 않겠는가? 숲속에 맹수들이 있어 해를 당할지도 모르네'. 그러나 서생은 끝내 남아 나무 주위를 맴돌았다. 어느덧 석양이 졌고 문득 기이한 불빛이 들판을 비추더니 청아한 음악소리가 울리면서 휘장이 펼쳐졌다. 그리고 홀연히 노인 한 사람이 나타나더니 지팡이를 짚고 다가와서 위로하고, 또 다시 노파가 소녀를 데리고 왔다. 길을 가득 메운 하객들은 화려한 성장을 하였고 음악이 울려 퍼졌다. 이때 노인이 소녀를 가리키며 '이 아이는 그대의 나이 어린 아내다'라고 말하였다. … 그로부터 1년이 지나 사내아이를 낳은 뒤 그 서생은 아내에게 말하였다. '나는 이제 돌아가고 싶지만 그대와 헤어질 것을 생각하니 견딜 수 없소. 그러나 가지 않고 이곳에 머물러 있는다 해도 몸을 의탁할 곳이 없어 이리저리 방황하게 될 것이오'. 그 아내는 이 말을 듣고서 자신의 아버지인 노인에게 자세하게 이야기하였다. 그러나 노인이 서생에게 말하였다. '인생의 즐거움이 어찌 고향에만 있겠는가? 이제 집을 지어줄 것이니 다른 생각을 하지 않는 것이 좋겠다' 하고는 사람들 무리지어 일한 공으로 하루도 채 되지 않아 완성되었다. 향화 옛 성을 옮겨 도읍으로 삼았다. 그 아이 때문에 신이 성을 지었다고 하여 이후로는 파탈리 아들의 성이라는 이름이 생겨나게 되었다. 옛 왕궁의 북쪽에 돌기둥이 있는데 높이가 수십 척에 달한다. 이것은 무우왕이 지옥을 만든 것이다. 석가여래가 열반에 든 뒤 100년째 되던 해에 아수가〈당나라 말로는 무우라고 하고, 구역에서는 아육이라고 하는데 와전된 것이다〉가 나왔는데 그는 빔비사라〈당나라 말로는 영견이라 하고 구역에서는 빈바사라라고 하는데 와전이다〉왕의 증손이다. 아수가왕은 왕사성에서 파타리성으로 수도를 옮기고 외곽을 쌓아서 옛 성을 에워쌌다. 세월이 흘러 지금은 다만 옛 터만 남았다. 가람과 신들의 사원, 탑의 남아있는 터는 수백 개이지만 지금은 두세 개만 현존해 있다. 昔者人壽無量歲時 號拘蘇摩補羅城〈唐言香花宮城〉 王宮多花

故以名焉 逮乎人壽數千歲 更名波吒釐子城〈舊曰巴連弗邑訛也〉 初有婆羅門高才博學 門人數千傳以受業 諸學徒相從遊觀 有一書生徘徊悵望 同儔謂曰 夫何憂乎 曰盛色方剛羈遊履影 歲月已積藝業無成 顧此爲言憂心彌劇 於是學徒戲言之曰 今將子求娉婚 親乃假立三人爲男父母 二人爲女父母 遂坐波吒釐樹 謂女聲樹也 採時果酌淸流 陳婚姻之緖 請好合之期 時假女父攀花枝以授書生曰 斯嘉偶也幸無辭焉 書生之心欣然自得 日暮言歸懷戀而止 學徒曰前言戲耳幸可同歸 林中猛獸恐相殘害 書生遂留往來樹側景夕之後異光燭野 管絃淸雅帷帳陳列 俄見老翁 策杖來慰復有一嫗攜引少女 並賓從盈路袨服奏樂 翁乃指少女曰 此君之弱室也 酣歌樂宴經七日焉 … 朞歲之後 生一子男 謂其妻曰 吾今欲歸未忍離阻 適復留止棲寄飄露 其妻旣聞具以白父翁 謂書生曰 人生行樂詎必故鄕 今將築室 宜無異志 於是役使之徒功成不日 香花舊城遷都此邑 由彼子故神爲築城 自爾之後 因名波吒釐子城 王故宮北有石柱 高數十尺 是無憂王作地獄處 釋迦如來涅槃之後 第一百年有阿輸迦〈唐言無憂舊曰阿育訛也〉王者 頻毘婆羅〈唐言影堅 舊曰頻婆娑訛也〉王之曾孫也 自王舍城遷都波吒釐 築外郭周於故城 年代浸遠唯餘故基 伽藍天祠 及窣堵波 餘址數百存者二三"라고 하였다. 『잡아함경』 권9(대정장2, p.59b17)에 "어느 때 부처님께서 파타리불다라국의 계림원에 머무셨다. 一時 佛 住波吒利弗多羅國 雞林園", 『대지도론』 권3(대정장25, p.78a18)에서 "부처님이 열반한 뒤에 아사세왕도 백성들이 차츰 적어진다 하여 왕사성을 버리고 그 곁에다 다시 하나의 성을 만드니 길이와 넓이가 각각 1유순이고 이름은 파라리불다라이다. 佛涅槃後 阿闍貰王 以人民轉少故 捨王舍大城 其邊更作一小城 廣長一由旬 名波羅利弗多羅", 『인왕경소』 권1상(대정장33, p.438c28)에 "무우왕에 이르러 파타리성으로 천도하고 구도 왕사성은 바라문에게 보시하였다. 至無憂王 遷都波吒釐城 以王舍城 施婆羅門", 『아육왕경』 권1(대정장50, p.132a28)에 "세존께서 또 말씀하셨다. '이 아이는 내가 열반에 들어가고 백년이 지나 파타리불다라성에 태어나 아육이라는 이름의 왕이 될 것이다'. 世尊又言 此兒者 我入涅槃百年後 當生波吒利弗多城 王名阿育", 『당고승전』 권4 「현장전 玄奘傳」(대정장50, p.450c16)에 "긍가 남쪽 언덕에 파타라리성이 있다. 사방 70리 너비로서 경에서는 화씨성이라 한다. 왕궁에 꽃이 많았기에 붙여진 이름이다. 殑伽南岸 有波吒釐城 周七十里 卽經所謂華氏城也 王宮多花 故因名焉", 『석가방지』 권하(대정장51, p.961b19)에 "사람의 수명이 수천세가 되는 시대에 다시 파타리수를 따라서 파타리자성이라 한다. 이전에 파연불이라 한 음사는 잘못된 이름이다. 人壽數千歲時 更因波吒釐樹 名波吒釐子城 古名巴連弗者 訛也", 『경율이상』 권24 「아육사분왕시종조업 阿育四分王始終造業」(대정장53, p.135a24)에 "파타리불다국〈『잡아함경』에는 파연불읍이라 한다〉 왕의 성은 공작, 이름은 빈두사라〈아버지 이름은 일월호〉였다. 波吒利弗多國〈雜阿含云 巴連弗邑〉 王姓孔雀 名頻頭娑羅〈父名日月護〉", 『현응음의』 권25(중화장57, p.127b5)에서는 "파타리는 파타리야라고도 하고, 옛날에는 파련불이라고 하였다. 파타리는 또한 파타리야라고 하고, 구역에서는 파련불이라 한다. 波吒釐 亦云波吒梨耶 舊言巴連弗", 『일체경음의』 권10(대정장54, p.769c9)에서도 "파타리는 파타리야라고도 하고, 구역에서는 파련불이라 한다. 波吒釐 亦云波吒梨耶 舊言巴連弗", 『번범어』 권8(대정장54, p.1036b22)에서는 "파라리국은 현응음의에서 파타리라고 하고, 나무 이름이라고 역자가 말한다. 波羅梨國 應云波吒梨 譯者曰樹名也", 같은 책(대정장54, p.1038a14)에 "파라리불다라〈『현응음의』에서 파타리불다라라고 하였다. 한역자는 '파타리는 나무 이름이고 불다라란 아들'이라 하였다〉. 婆羅利弗多羅〈應云 波吒利弗多羅 譯者曰 波吒利者 樹名 弗多羅者 子〉", 『번역명의집』 권2(대정장54, p.1102b18)에서는 "파타리는 『대당서역기』에서 말하기를 옛날에는 파련불이라고 하였다고 하나 와전이다. 여서수라고 해야 한다. 波吒釐 西域記云 舊云巴連弗邑 訛也 謂女壻樹也"라고 하였다. 〔참고문헌〕『大唐西域記』, 『雜阿含經』, 『大智度論』, 『仁王經疏』, 『阿育王經』, 『唐高僧傳』, 『釋迦方志』, 『經律異相』, 『玄應音義』, 『一切經音義』, 『飜梵語』, 『飜譯名義集』, 『異部宗輪論述記』, 『善見律毘婆娑』 권1(대정장24, p.678b4), 『順正理論』 권51(대정장29, p.629a18). ⇨ 화씨성 華氏城

파타리수 波吒利樹 Ⓢ Ⓟ pāṭali. 꽃나무 이름. 학명은 *Bignonia suaveolens.* 파타라수(婆咤羅樹)·파라라수(波羅羅樹)·파라리수(波羅利樹)·파라수(波羅樹)·중엽수(重葉樹)·중생화(重生華)·청동(靑桐)이라고도 한다. 꽃과 잎이 무성한 교목(喬木)으로 과거부처는 이 나무 아래서 정각을 이루시고, 고대 마가다국의 수도인 파탈리푸트라의 기원이 되었으며, 도솔천 등 천상의 꽃으로 등장하기도 하는 등 인연 깊은 꽃나무다. 리(利)와 리(釐)는 같이 쓴다. 『잡아함경』 권50(대정장2, p.371b26)에 "어느 때 부처님께서는 구살라 사람들 사이에 계시면서 한 숲에 머무시며 파타리수 아래 의지하며 머무셨다. 一時 佛 在拘薩羅人間 住一林中 依波吒利樹下住止", 『화엄경소』 권56(대정장35, p.931b1)에 "파타리라는 나무는 중국의 개오동나무와 같다. 樹名波吒羅者 正如此方楸樹", 『번범어』 권9(대정장54, p.1047c7)에 "파타라수〈중이라 한역한다〉. 波吒羅樹〈譯曰重也〉", 『일체경음의』 권71(대정장54, p.769c9)에 "『설문』에 '꽃나무의 일종이다'라고 하였다. 이 꽃나무로 인하여 성을 가리킨다. 說文 是一花樹名 因此花樹 以目城也"라고 하였다. 〔참고문헌〕『雜阿含經』, 『華嚴經疏』, 『翻梵語』, 『

一切經音義』. ⇨ 파타라 波吒羅, 파파라 波波羅

파타리푸트라 Pāṭaliputra ➡ 파타리불다라 波吒釐弗多羅

파타리화 波吒梨華 파타리나무(波吒釐樹)의 꽃. 화(華)는 화(花)로도 쓴다. 『대보적경』 권62(대정장11, p.358c2)에 "이 모든 여인 등은 혹 서서 춤추기도 하고 혹 앉아서 춤추기도 하며 혹 노래 부르기도 하고 혹 몸을 움직여 구르기도 하고 혹 전단말향 흩뿌리기도 하고 … 혹 만다라화·마하만다라화· … 파타리화·마하파타리화·질다라파타리화·마하질다라파타리화의 꽃비를 내리기도 하였는데 모두 화작하여 부처님께 공양하는 데 썼다. 是諸女等 或有立舞 或有坐舞 或有唱歌 或身動轉 或散栴檀末香 … 或雨曼陀羅花 摩訶曼陀羅花 … 波吒梨花 摩訶波吒梨花 質多羅波吒梨花 摩訶質多羅波吒梨花 悉皆化作 用供養佛"라고 하였다. [참고문헌] 『大寶積經』. ⇨ 파타리수 波吒釐樹

파타보달라 波吒補怛囉 Ⓢ Pāṭaliputra의 음사어. ❶ 노란꽃 여인의 자식. 『화엄경소』 권47(대정장35, p.860b11)에서 "진본에는 두번째로 다시 파련불읍이라고 이름하는 한 곳이 있다. 거기에는 금등승가람이라고 이름하는 곳이 있다. 옛날에는 갖춰서 파타보달라라고 불렀다. 이것은 노란꽃 여인의 아들이라고 한다. 곧 황화여인의 아들이 처음에 이곳을 거처로 삼았기 때문이다. 晉本第二更有一處 名巴連弗邑 有處名金燈僧伽藍 昔云具言波吒補怛囉 此云黃華子 卽 黃華女之子 創居此處"라고 하였다. [참고문헌] 『華嚴經疏』. ❷ ➡ 파타리불다라 波吒釐弗多羅

파탄잘리 Patañjali ❶ 기원전 2세기경 활약한 인도의 문법학자. 파니니(Ⓢ Pāṇini)와 카티야야나(Ⓢ Kātyāyana)와 더불어 인도 고전 범어문법학(梵語文法學)의 주요한 세 명의 대학자 중 한 명이다. 파니니의 『아쉬타디야이 *Aṣṭādhyāyī*』에 대한 중요 주석서인 『마하바쓰야 *Mahābhāṣya*』를 지었다고 알려진다. 방대한 분량의 이 주석은 1968~1980년 동안 총 8권에 걸쳐 편집본과 영역으로 출판되었다. [참고문헌] S.D.Joshi·J.A.F.Roodbergen *Patañjali's Vyākaraṇa-Mahābhāṣya Sthānivadbhāvāhnika* (Pune, 1996). ⇨ 아쉬타디야이 Aṣṭādhyāyī, 파니니 Pāṇini, 고전범어 古典梵語 ❷ 인도 육파철학 중 요가학파의 개조. 이르면 기원전 2세기 무렵에서 기원후 4세기 사이에 편찬된 것으로 보이는 요가학파의 근본경전인 『요가수트라 *Yogasūtra*』의 편찬자로 알려진다. 『요가수트라』는 요가수행의 목적과 방법, 그리고 그 결과 및 철학적 원리를 설명한 것으로서 파탄잘리의 순수저작이라기보다는 다양한 군소문헌들로부터 발췌한 편찬물이며, 서기 5세기경에 현재의 형태로 편집되었다는 것이 일반적 견해다. 하지만 『요가수트라』의 문헌학적 논란과 상관없이 요가학파의 추종자들은 『요가수트라』를 '파탄잘리의 철학'으로 신봉한다. 다스굽타(Dasgupta)와 같이 인도를 중심으로 한 학계에서는 요가의 창시자와 문법학의 창시자인 파탄잘리를 동일인이라고 주장했으나, 우즈(Woods) 등의 서양학자들은 이에 대한 의심과 반론을 제기해 왔다. 하지만 어느 쪽도 결정적인 전거가 있는 것은 아니다. [참고문헌] G.D.Flood *An Introduction to Hinduism* (Cambridge University Press, 1996), 정승석 편역 『요가수트라 주석』(소명출판, 2010). ⇨ 요가수트라 Yogasūtra ❸ 파탄잘리라는 이름은 인도의 몇몇 역사가에 따르면 기원후 1세기경에 널리 번성한 인도의학 아유르베다(Āyurveda)의 주요 경전인 『차라카상히타 *Carakasaṃhitā*』의 편찬자로서, 기원후 8세기경의 주석서 『파탄잘라탄트라 *Pātañjalatantra*』의 저자다. 그러나 『차라카상히타』는 아트레야(Ātreya)·아그니베샤(Agniveśa)·차라카(Caraka) 등에 의해서 순차적으로 저작교정되었다고 보는 것이 정설이다.

파탈라 Pātāla 인도신화에서 지하세계를 부르는 이름. 또는 지하세계 중 마지막 층의 이름. 『푸라나 *Purāṇa*』 등의 힌두문헌에서는 세계를 천상·지상·지하로 구분하는데, 지하세계는 악령이나 나가(Ⓢ Nāga)들이 다스리는 세계로서 천상세계처럼 온갖 호화로운 보석으로 치장되어 있다. 파탈라는 일곱층이라 하는데 『비슈누푸라나 *Viṣṇu-purāṇa*』에서는 아탈라(Atala)·비탈라(Vitala)·니탈라(Nitala)·가바스티맛(Gabhastimat)·마하탈라(Mahātala)·수탈라(Sutala)·파탈라(Pātāla)라고 하며, 『바가바타푸라나 *Bhāgavata-purāṇa*』에서는 아탈라(Atala)·비탈라(Vitala)·수탈라(Sutala)·탈라탈라(Talātala)·마하탈라(Mahātala)·라사탈라(Rasātala)·파탈라(Pātāla)라고 한다.

파파 吧吧 입술을 놀려 가만히 있지 못함. 『오조법연어록』 권중(대정장47, p.662b3)에 "화살처럼 빠르고 옻칠처럼 검으니, 말 못하는 어린아이 입술을 놀려 숱한 말을 하고, 발 없는 선인이 가슴 치며 뛰어오른다. 急如箭 黑似漆 無言童子口吧吧 無足仙人擗胸趯"라고 하였다. [참고문헌] 『五祖法演語錄』. ⇨ 구파파지 口吧吧地

파파 波波 허둥지둥 분주한 모양. 종보본 『단경』(대정장48, p.351b28)에 "허둥지둥 일생 보내니, 돌아보면 스스로를 괴롭힐 뿐이었네. 진실한 도 알고자 하는가? 행이 반듯하다면 그것이 도라네. 波波度一生 到頭還自

懊 欲得見眞道 行正卽是道",『경덕전등록』 권15「협산선회전 浹山善會傳」(대정장51, p.324a15)에 "상근의 사람 말을 듣자마자 도를 환히 알지만, 중하의 근기는 분주히 돌아다닐 뿐이다. 어찌 생사중을 향해서는 고요히 하지 못하는가? 上根之人 言下明道 中下根器 波波浪走 何不向生死中定"라고 하였다. [참고문헌]『壇經』,『景德傳燈錄』. ⇨ 파파릉릉 波波稜稜, 파파록록 波波碌碌

파파 婆婆 옹알이 소리. '바바'라고도 읽는다.『염팔방주옥집』 권중(卍속장119, p.272a8)에 "〈본칙〉 남전이 상당하니 한 스님이 막 나아가 물으려 하였다. 남전이 말하였다. '웅얼대는 소리가 흘러 사람들 사이에 퍼져 있다'. 스님이 말하였다. '화상께서 답하십시오'. 남전이 큰소리로 꾸짖었다. 〈염〉 … 심월불해(心月佛海)가 말하였다. '말 따라 한번 죄었더니 봄도 뜻도 용감해졌다. 응하여 소리내 꾸짖으니 쓰임 또한 딱 좋아졌다. 이것이야말로 바로 옹아리소리니 사람들 사이에 유포시키라'. 擧南泉上堂 有僧方欲進問 泉云 婆婆之句 流布人間 僧云和尙哢 泉咄之 … 佛海云 隨語一拶 見義勇爲 應聲咄之用得恰好 正是婆婆之句 流布人間"라고 하였다. [참고문헌]『拈八方珠玉集』. ⇨ 바바화화 婆婆和和

파파 皤皤 백발(白髮). 연로하다는 말.『일체경음의』 권98(대정장54, p.916a1)에 파파〈포와 하를 반절한 음이다.『고성』에 '파는 늙음을 뜻한다'라고 하였고,『설문』에 '노인은 백색이다'라고 하였다〉. 皤皤〈蒲何反 考聲 皤老也 說文老人白也〉",『남송원명선림승보전』 권14(卍속장137, p.752b5)에 "백발이 황발이 되고 치아가 빠졌다가 다시 나니 함께 과지에 이른 사람의 거듭 사는 삶이라 여겼지만 어찌 참으로 그렇겠는가? 皤皤黃髮 齒落更生 共疑爲果地人再世 豈苟然哉"라고 하였다. [참고문헌]『一切經音義』,『南宋元明禪林僧寶傳』.

파파가리 波婆伽梨 Ⓢ Pāpakārin의 음사어. 륵나발미(勒那跋彌)왕의 태자. 악사(惡事)라고 한역한다.『번범어』 권4(대정장54, p.1010c1)에 "파파가리왕자〈응당 파사가리야라고 해야 한다. 파사는 악, 가리야는 사라고 한역한다〉. 波婆伽梨王子〈應云 波斯歌梨耶 譯曰 波斯者 惡 歌梨耶者 事〉",『사분율명의표석』 권30(卍속장70, p.862b17)에 "『현우경』에 이르길 '왕의 이름은 륵나발미〈보개라고 한역〉였고, … 둘째 부인의 이름은 불파였는데 파파가리〈악사라고 한역〉태자를 낳았다' 하였다. 賢愚經云 王名勒那跋彌〈此言寶鎧〉 … 第二夫人名弗巴 生波婆伽梨太子〈此言惡事〉"라고 하였다. [참고문헌]『翻梵語』,『四分律名義標釋』,『賢愚經』 권9(대정장4, p.410c6). ⇨ 악사 惡事[4], 륵나발미 勒那跋彌

파파겁겁 波波劫劫 거듭해 흘러 쉬지 못하는 사태. 파파는 세찬 흐름(奔流), 겁겁은 급하게 달려 쉬지 못하는 흐름(汲汲)을 말한다.『영각광록』 권9「시정원벽거사 示丁元闢居士」(卍속장125, p.502a1)에 "육도윤회는 두레박 물 긷듯이 쉴 틈 없이 바삐 지나가 출몰을 거듭하며 그만 둘 짬이 없다. 부처님께서는 이를 연민하여 대법을 설하여 이끌어 주셨던 것이다. 六道輪迴 如汲井輪 波波劫劫 頭出頭沒 無有已時 諸佛愍之 爲說大法總之"라고 하였다. [참고문헌]『永覺廣錄』,『紫柏尊者別集』 권1(卍속장127, p.90a2).

파파급급 波波汲汲 쉼없이 닥쳐 돌아볼 겨를 없는 사태. 파파겁겁(波波劫劫)이라고도 한다.『대혜보설』 권4「시소지현 示蘇知縣」(卍정장59, p.974b20)에 "날마다 허둥지둥 온갖 경 좇아 돌아 한결같이 미혹하다. 미혹을 없애려 해도 자기도 모르게 고를 낙으로 삼는다. 이러함 등을 보고 가련하고 안타깝다 한다. 逐日波波汲汲 徇一切境一向迷 將去迷而不覺 以苦爲樂 此等名爲可憐愍者",『천은어록』 권3(가흥장25, p.526b11)에 "불현듯 주장자 치며 말했다. '떨어져 있어서는 안 된다. 이 깊은 뜻 알겠는가? 그대 만약 알았다면 문득 언하에 말 끝나자마자 돌아갈 줄 알아야 하리. 만약 알지 못했다면 승속이나 노소를 불문하고 이리저리 헤메다가 무리지어 이 산에 오를 뿐이어서 억울하게 고통스럽기만 하리니, 저 고인의 화두 참하며 깨우칠 때를 기다림만 못하리라'. 驀卓拄杖云 莫不落在這裏 還會得麽 你若會得 卽便言下知歸 若未會得現前 若僧若俗 若老若少 波波汲汲 徒上此山 枉受辛苦 不如參箇 古人話頭 以悟爲期"라고 하였다. [참고문헌]『大慧普說』,『天隱語錄』.

파파라 波波羅 Ⓟ pāṭalī의 음사어. 나무 이름. 비바시불(毘婆尸佛)께서 이 나무 아래에서 정각을 이루셨다.『장아함경』 권1「대본경 大本經」(대정장1, p.2a28 : *Mahāpadāna-sutta*, *DN.2*, p.4)에 "비바시불은 파파라 나무 아래 앉아 가장 바른 깨달음을 이루셨다. 毘婆尸佛 坐波波羅樹下 成最正覺 vipassī bhikkhave bhagavā arahaṃ sammā-sambuddho pāṭaliyā mūle abhisambuddho"라고 하였다. [참고문헌]『長阿含經』, *DN*. ⇨ 칠불 七佛

파파록록 波波碌碌 헐떡거려 좇을 뿐인 사태. 파파록록(波波淥淥)으로도 쓴다.『천은어록』 권3(가흥장25, p.524a27)에 "만약 아직도 붙들림 떨쳐낼 수 없다면 한갓되이 스스로 고통스럽게만 하리니, 산이면 산 물이면 물마다 천리에 수고로운 정신이 헐떡거려 좇기만 하리라. 용맹스럽게 붙들고 틈없이 밤낮없이 닦아 끝없이 이 한 놈 잡아당길지니. 십이시중에 터럭만큼도 다른 일 없게 해야 필경에 한마디 할 수 있으리. 若未撥著 徒自苦辛 山山水水 千里勞神 波波碌碌 … 猛著精彩 日夜 研窮究取 這一著子 十二時中 無絲毫異緣 畢竟要討箇分曉"라고 하였다. 〔참고문헌〕『天隱語錄』.

파파릉릉 波波稜稜 이리저리 위세 떨쳐 쉼없이 하는 사태. 『설두어록』 권5 「제방으로 떠나는 화주 보내며 送諸方化主」(대정장47, p.700c24)에 "바람 어찌 빛깔 짓고, 비는 어디서 오실까? 손가락 까딱 않고, 누각의 문은 열렸으니, 이리저리 바쁘다간, 남방에서 돌아오지 못할 수도. 風作何色 雨從何來 不用彈指 樓閣門開 波波稜稜 南方未回", 『조정사원』 권3(卍속장113, p.79a14)에 "파파릉릉 : 『설두선록』은 무릇 한마디 하였다 하면 헛되이 내놓은 일 없으니, 틀림없이 기댈 근거가 있다. 저 파파릉릉이라는 말도 그러하니, 학인이 청평에게 묻기를 '이리저리 움직여 위세 떨칠 때 어떠한지요?' '그대가 당해 보지 못한 일이다' '당해 본 후는 어떤지요?' '쉬고는 다시 깔개들 이리저리 펴겠지'. 波波稜稜 雪竇禪錄 凡作語句 未嘗妄發 必有依據 且如波波稜稜之語 卽僧問淸平 波波稜稜時 如何 平云 爲君不達 僧云 達後如何 平曰 休更茵茵陳陳"라고 하였다. 〔참고문헌〕『雪竇語錄』, 『祖庭事苑』. ⇨ 파파 波波

파파설설 跛跛挈挈 발을 절고 손을 떨다. 오도 가도 못해 어쩔 줄 몰라하는 모양새. 『경덕전등록』 권7 「백암명철전 栢巖明哲傳」(대정장51, p.252c27)에 "백암이 '저는 그렇다 치고 화상은 어떻습니까?'라고 묻자 약산이 '발을 절고 손은 떨며 온갖 볼품없는 꼴로 이렇게 시간이나 보내고 있소'라고 응답하였다. 師云 某甲只恁麽 和尙作麽生 藥山云 跛跛挈挈 百醜千拙 且恁麽過時", 『직주천동송고』 권하(卍속장117, p.801a12)에 "파파〈발을 절어 걸을 수 없고〉설설〈손이 떨려 움직이지 못하다〉. 跛跛〈足癩非行〉 挈挈〈手癩非運〉"라고 하였다. 〔참고문헌〕『景德傳燈錄』, 『直註天童頌古』. ⇨ 백추천졸 百醜千拙 1

파파제가 波婆提伽 범어 음사어. 청정(淸淨)으로 한역한다. 파(婆)는 사(娑)로도 쓴다. 〔참고문헌〕『翻譯名義集』 권4(대정장54, p.1122a5). ⇨ 파사제가 波娑提伽

파파지 波波地 이리저리 바쁘기만 한 모양새. 『임제록』(대정장47, p.500a23)에 "번뇌는 마음 따라 있을 뿐이니 마음 없다면 번뇌가 어찌 붙들 일 있겠는가? 애써 분별하여 상을 취하지만 않는다면 저절로 한순간에 도를 얻을 것이다. 그대들이 남들 흉내나 내며 허둥지둥 익혀 얻을 줄만 안다면 삼아승기겁이 지나더라도 마침내 생사로 돌아가고 말지니, 마치 일 없는 듯이 저 총림 중 평상 끄트머리에 다리 꼬고 앉아 있느니만 못하리라. 煩惱由心故有 無心煩惱何拘 不勞分別取相 自然得道須臾 爾擬傍家 波波地學得 於三祇劫中 終歸生死 不如無事 向叢林中 床角頭交脚坐"라고 하였다. 〔참고문헌〕『臨濟錄』. ⇨ 파파겁겁 波波劫劫

파포단 破蒲團 찢어진 자리. 밤낮없이 정진하여 낡아 부서진 포단. 『열조제강록』 권4(卍속장112, p.221a3)에 "물러날 일 없는 바른 뜻 새겨 맺고서는 몸을 뒤쳐 낡은 포단에 뛰어오른다. 맛을 알 수 없는 일개 화두 맹렬하게 붙들고 한번 밟아 저 끝까지 이를 뿐 다시 별다른 방편이 있으랴? 決定不退轉正志 翻身跳上破蒲團 猛提起箇無滋味話 一踏到底 豈更有別方便耶", 『천목명본잡록』(卍속장122, p.738a9)에 "무심하게 다만 도를 이웃으로 삼을 뿐 찢어진 포단은 거북의 털로 꿰매고 부러진 지팡이는 토끼의 뿔로 이어 인간세의 부질없는 몽상은 붙들 일 없이 해서 십이시각 써 없애리라. 無心只與道爲隣 破蒲團以龜毛補 折竹筇將兎角伸 不把人間閑夢想 消磨十二箇時辰"라고 하였다. 〔참고문헌〕『列祖提綱錄』, 『天目明本雜錄』. ⇨ 포단 蒲團

파하 破夏 하안거중에 결계(結界) 밖으로 나가는 일. 『비나야안거사』(대정장23, p.1044a20)에 "사문에게 어려운 사정이 생겨 다른 곳으로 옮길 경우는 파하의 죄가 없다. 옮겨 간 곳을 안거할 도량으로 삼고 이곳에서 안거를 한다면 계를 벗어난 잘못이 아니다. 爲沙門難緣移向餘處 無破夏罪 所到之處 得爲安居 卽於此處 而作安居 不應出界", 『사분율행사초』 권상(대정장40, p.40a22)에 "만약 대계에 의지한 가람이라면 문을 벗어나기만 해도 파하이고 소계 또한 그러하다. 若依大界內伽藍者 出門破夏 小界亦爾", 『근본살바다부율섭』 권7(대정장24, p.568c3)에 "하안거중에 중생을 위한 일이라면 파하자로서의 범함은 아니다. 若夏中利物 破夏者 不應受分", 『선림상기전』 권3(불광장, 禪藏, p.158)에 "파하 : 도충(道忠)이 말한다. '금족의 약속을 지키지 않고 계를 벗어나 밖으로 돌아다니는 경우다'. 반하 항목을 참조하라. 破夏 忠曰 不守禁足之制 出界外遊者 見半夏處", 『청익록』 1칙 「문수과하 文殊過夏」(卍속장117, p.813b1)에 "문수는 세 곳에서 하안거를 보냈다. 한 달은 왕궁에서, 한 달은 음녀의 집에서, 한 달은 아이들의 서당에서 지냈다. 가섭은 이미 총림의 법도를 집행하는 자리에 있었기에 그가 파하의 죄를 범하여 대중을 망치는 꼴을 보고는 그대로 용서할 수가 없었던 것이다. 불과(克勤)는 (문수의 견지에서) '큰 코끼리는 토끼 다니는 오솔길에서 놀지 않노라. 제비와 참새가 어찌 큰기러기가 멀리 날아가는 뜻 알랴?'라고 그 취지를 읊었다. 文殊三處過夏 一月在王宮 一月婬舍 一月小童學 迦葉旣掌叢林規矩 見伊破夏敗羣 不可放過 佛果道 大象不遊兎徑

燕雀安知鴻鵠"라고 하였다. [참고문헌] 『毘奈耶安居事』, 『四分律行事鈔』, 『根本薩婆多部律攝』, 『禪林象器箋』, 『請益錄』. ⇨ 안거 安居, 반하 半夏, 해하 解夏, 과하 過夏 **1 2**, 결계 結界 **1**, 대계 大界, 소계 小界

파한집 破閑集 이인로(李仁老 1152~1220) 지음. 시에 관한 일화와 작품 소개, 시평 등의 내용으로 구성된 시화집(詩話集)이다. 3권 1책으로 구성되어 있다. 이인로가 과거(科擧)와 문장력을 중시하여 『파한집』에는 과거 합격자와 국가문서를 작성하는 한림원(翰林院)과 관련한 일화가 많이 소개되어 있을 뿐만 아니라, 불교가 융성했던 당시 사회적 분위기의 영향을 받아 왕사(王師)・국사(國師)를 위시해서 스님들의 이야기를 다수 전하고 있다. 이자현(李資玄 1061~1125)이 청평산 문수원(文殊院)에서 선설(禪說)을 즐기면서 교류하였는데, 그중에 혜소국사(惠昭國師) 담진(曇眞)과 대감국사(大鑑國師) 탄연(坦然 1070~1159) 등과 교류했던 일화나, 대각국사 의천(義天 1055~1106)의 적사(嫡嗣)인 계응(戒膺)이 의천의 제자가 된 경위와 각화사(覺華寺)를 창건한 일화 등과 의천의 제자인 혜소(惠素)가 견불사(見佛寺) 주지였을 때의 이야기와 임금의 부름을 받아 내도량(內道場)에서 화엄경을 강론한 일, 계응과 혜소가 지은 여러 편의 시, 『해동고승전 海東高僧傳』의 저자인 화엄종의 각월(覺月)이 문인들과 교류하며 지은 시, 원효(元曉 671~686)의 무애가(無㝵歌)에 대해 무애지국사(無礙智國師) 계응이 지은 제문(題文)과 관휴(貫休)가 지은 게송도 전한다. 그 외에도 다른 자료에서는 거의 확인되지 않는 벽라노인(碧蘿老人) 거비(去非), 분황종(芬皇宗)의 광천(光闡), 이인로의 숙부이기도 한 승통(僧統) 요일(寥一), 무신난이 일어났을 때 스님이 된 백운자(白雲子) 신준(神駿), 화엄종 경혁(景赫) 등의 이름과 그 일화 등과 송의 감로사(甘露寺)와 비슷한 지형에 창건한 개경의 감로사, 예종(睿宗 1079~1122)이 창건한 개경의 안화사(安和寺), 개경의 천수사(天壽寺), 평양의 영명사(永明寺), 김유신과 관련한 이야기가 있는 천관사(天官寺) 등 여러 사원의 전경과 관련한 일화도 전하고 있어 고려전기 불교와 관련한 귀중한 진술이 모아진 자료다. [참고문헌] 『破閑集』. ⇨ 이인로 李仁老

파할독 破瞎禿 추악하고 눈먼 대머리. 바른 안목이 없는 선사를 비유한 말로 쓰인다. 『괴안국어』 권5(대정장81, p.559c13)에 "이와 같이 추악하고 눈먼 대머리들은 천불장에 있으면 천불이 꺼려하고, 파순무리 중에 마구니 떼거리에게 미움을 받으니, 서천에서도 이곳에서도 이렇게 악독하고 쓰레기와 같은 이들은 볼 수 없다. 如斯破瞎禿 在千佛場中 爲千佛被嫌 在波旬隊裏 爲群魔被憎 西天此土 不見如此惡臺苴"라고 하였다. [참고문헌] 『槐安國語』.

파향 擺向 몰아두다. 『벽암록』 87칙 「본칙 本則」(대정장48, p.212a11)에 "대지 온통 다 약이다〈쓴 박은 뿌리까지 쓰다. 한 편으로 몰아두어라〉. 盡大地是藥〈苦瓠連根苦 擺向一邊〉"라고 하였다. [참고문헌] 『碧巖錄』.

파현사문 破顯四門 부수고 드러내는 일에 네 가지로 열린 문. 파사현정(破邪顯正)을 자세히 한 뜻이다. 『삼론현의』(대정장45, p.1a29)에 "[문] 외도의 삿된 견해는 부순다고 말할 수 있지만 나머지 내교는 어찌 똑같이 부순다고 할 수 있는가? [답] 다 거둬 말하면 부수고 드러냄에 네 가지 문이 있다. 첫째 부수고는 거두지 않고, 둘째 거두지만 부수지 않으며, 셋째 부수기도 하고 거두기도 하고, 넷째 부수지도 않고 거두지도 않는다. 問 外道邪言可得稱破 餘爲內敎 何得亦破 答 總談破顯凡有四門 一 破不收 二 收不破 三 亦破亦收 四 不破不收"라고 하였다. [참고문헌] 『三論玄義』.

파혹필추 破惑苾芻 Ⓢ bhinna-kleśatvāt bhikṣuḥ, Ⓣ nyon-mongs-pa-bcom-pas-na-dge-slong. 번뇌를 부순 필추. 사비구(四種比丘 : 四苾芻) 중 파번뇌비구(破煩惱比丘). 비구로서 번뇌를 다해 아라한이 된 성자를 말한다. 『구사론』 권15(대정장29, p.79b20 : *Abh-k-bh.*, p.223)에 "율장에서 풀기를 '네 부류의 필추가 있으니, 첫째는 명상필추, 둘째는 자칭필추, 셋째는 걸개필추, 넷째는 파혹필추이다'라고 하였다. 律中自釋有四苾芻 一 名想苾芻 二 自稱苾芻 三 乞匃苾芻 四 破惑苾芻 eṣa hi vinaye nirdeṣaḥ. caturvidho bhikṣuḥ. saṃjñā-bhikṣuḥ pratijñā-bhikṣur-bhikṣata iti bhikṣur-bhinna-kleśatvāt bhikṣuḥ", 『구사론기』 권15(대정장41, p.236b15)에 "아라한들로서 번뇌를 깨뜨려 다했기에 파혹필추라 한다. 또 풀기를, 모든 성자는 무루도를 획득하여 진정 번뇌를 깨뜨렸기에 파혹필추라 하니, 곧 승의필추다. 諸阿羅漢 破惑盡故 名破惑苾芻 又解 一切諸聖 得無漏道 眞破惑故 名破惑苾芻 卽是勝義苾芻", 『구사론송소론본』 권15(대정장41, p.901c27)에 "또 경량부에서는 율장을 인용해 네 부류의 필추를 밝힌다. … 넷째는 파혹필추〈성인을 말한다〉이다. 又經部引律明四苾芻 … 四 破惑苾芻〈謂聖人也〉"라고 하였다. [참고문헌] 『俱舍論』, 『俱舍論記』, 『俱舍論頌疏論本』, *Abh-k-bh.* ⇨ 파번뇌비구 破煩惱比丘, 사종비구 四種比丘 **1**

파화 婆啝 어린이가 말을 배울 때 내는 소리. 화화(和和)로도 쓴다. 방편에 따라 뜻을 달리함에 비유한다. 『열반경』 권20(대정장12, p.485b27)에 "또한 어린이도 대자를 말할 수 있고 여래 역시 대자를 설할 수 있으니, 이른바 파화라고 하면 화란 유위이고 파란 무위다. 이를 어린이라고 한다. 화는 무상이라 하고 파는 유상이라 한다. 여래께서 상을 설하시면 중생이 듣고 상법이라고 여기기에 무상을 끊는다. 이것이 어린이의 행동이다. 又嬰兒者能說大字 如來亦爾說於大字 所謂婆啝 啝者有爲婆者無爲 是名嬰兒 啝者名爲無常 婆者名爲有常 如來說常衆生聞已爲常法故斷於無常 是名嬰兒行", 『법화현의』 권4(대정장33, p.724c1)에 "『열반경』에서 '능히 대자를 설할 수 있으니 이른바 파화다'라고 하였다. 이것은 육바라밀의 작은 행이지만 구하여 부처가 되기에 대자라고 하였다. 大經云 能說大字 所謂婆和 此卽六度小行 而求作佛故言大字", 『열반현의발원기요』 권3(대정장39, p.34a3)에 "파화는 어린아이가 말을 배울 때 내는 소리이니 방편의 낮은 교법을 비유한다. 婆和者 是小兒習語之聲 以喩方便小教也"라고 하였다. [참고문헌] 『涅槃經』, 『法華玄義』, 『涅槃玄義發源機要』.

파화합승 破和合僧 Ⓢ saṃgha-bheda, Ⓟ saṅgha-bheda, Ⓣ dge-'dun-gyi-dbyen-byed-pa. 상가(Ⓢ saṃgha) 즉 4인 이상의 스님들이 모인 대중을 깨뜨리는 일. 승(僧)인 saṃ-gha라는 말에 이미 '함께하다'의 뜻인 saṃ이 있기에 '화합승'이란 거듭 강조한 뜻이다. 파승(破僧)이라고도 한다. 오역죄(五逆罪) 중 하나다. 삿된 법을 주장하여 불법의 화합을 깨뜨리는 파법륜승(破法輪僧)과 승가인 대중의 화합을 깨뜨리는 파갈마승(破羯磨僧)이 있다. 화합승이란 모든 비구들이 별도의 무리를 만들지 않고 함께 포살·자자하며 대중으로 함께 하는 것을 말하고, 반대로 파화합승이란 따로 무리를 지어 포살·자자와 같은 의식을 행하는 것을 의미한다. 『마하승기율』 권7(대정장22, p.282c23)에 "화합승이란 별도의 무리를 만들지 않고 모든 비구가 비록 싸우고 논쟁하더라도 하나의 계와 하나의 주처에서 하나의 포살과 자자를 하므로 화합승이라 한다. 和合僧者 不別衆 諸比丘雖復鬪諍更相道說 但一界一處住 一布薩自恣故 名爲和合僧", 『라마가경』 권중(대정장10, p.865a6)에 "어떤 중생이 정법을 비방하고 보살승을 해치며 화합승을 깨고 대승의 성스런 지혜 교법을 끊으며 보살행 닦는 이를 미워하면서 고치지 않는다면, 이러한 사람은 대장부로서의 남자 몸을 갖춘 이라 하지 못한다. 若有衆生 誹謗正法 毁菩薩僧 破和合僧 斷絶大乘聖智慧教 憎嫉修行菩薩行者 無有切復 如此人等 不名丈夫具男子身", 『정법염처경』 권13(대정장17, p.74a20)에 "어떤 이가 부모를 죽일 마음을 먹었거나, 또는 나쁜 마음으로 부처님의 몸에 피가 나게 하거나, 화합승을 파괴하거나 아라한을 죽인다면 그 사람은 악업의 인연으로 곧바로 아비지옥에 난다. 若人重心殺母殺父 復有惡心出佛身血 破和合僧殺阿羅漢 彼人以是惡業因緣 則生阿鼻大地獄中", 『오분율』 권3(대정장22, p.20b3 : *Cullavagga*, *Vin.2*, p.198)에 "조달이 다시 이렇게 생각했다. '나는 이제 부처님을 해칠 수 없게 되었으니, 오직 할 일은 화합승을 깨뜨리는 일이다. 부처님께서 대신력이 있으니 내가 그 승가를 파괴할 수 있다면 이름이 반드시 멀리까지 떨칠 것이다' 부처님께서 그 뜻을 아시고 조달에게 말씀하셨다. '그대는 화합승을 무너뜨리지 마라. 승가가 이미 무너졌을 때 화합시킬 수 있다면 그 사람은 천계에 나서 일겁 동안 즐거움을 누릴 것이고, 승가가 화합하여 있는데 그것을 깨뜨리는 이는 지옥에 떨어져 일겁 동안 고통받을 것이다' 조달이 듣고서 바로 그러한 마음을 버렸다. 調達復作是念 我既不能得害於佛 唯當破其和合僧耳 佛大神力 若我能破其僧 名必遠震 佛知其意 語調達言 汝莫破和合僧 若僧已破能和合者 其人生天一劫受樂 若僧和合而破之者 墮地獄中一劫受苦 調達聞已暫捨是心 saccaṃ kira tvaṃ devadatto saṅghabhedāya parakkamasi cakkabhedāyā'ti. saccaṃ bhagavā. alaṃ devadatta, mā te rucci saṅghabhedo, garuko kho devadatta saṅghabhedo. yo kho devadatta samaggaṃ saṅghaṃ bhindati kappaṭṭhikaṃ kibbisaṃ pasavati kappaṃ nirayamhi paccati, yo ca kho devadatta bhinnaṃ saṅghaṃ samaggaṃ karoti brahmaṃ puññaṃ pasavati kappaṃ saggamhi modati", 『사분율』 권5(대정장22, p.595b13)에 "만약 어떤 경우든 고하지 않고 방편으로 화합승을 부수려 하거나 화합된 승가를 파괴하려는 법을 받고서 굳게 지녀 버리지 않으면 모두 돌길라다. 若一切未白方便欲破和合僧 受破和合僧法 堅持不捨 一切突吉羅", 같은 책 권60(대정장22, p.1012c12)에 "만약 다른 이를 시켜 별도의 무리를 만들어 계를 설하고 포살갈마를 행하면 모두 파승을 행하는 것이니 이를 파화합승이라 한다. 若敎他求別部說戒布薩羯磨 齊是爲破僧 名爲破和合僧", 『대승의장』 권7(대정장44, p.608a29)에 "아라한을 죽이고 화합승을 무너뜨리는 것은 스님들 대중인 복전을 거스르는 것이고, 부처님의 몸에서 피가 나게 하는 것은 부처님인 복전을 거스르는 것이다. 殺阿羅漢破和合僧 違僧福田 出佛身血違佛福田"라고 하였다. [참고문헌] 『摩訶僧祇律』, 『羅摩伽經』, 『正法念處經』, 『五分律』, 『四分律』, 『大乘義章』, *Vin.3.172.* ⇨ 화합승 和合僧

파화합식상 破和合識相 화합해 있을 뿐인 식의 사태를 부수다. 다른 것들끼리 의지해(依他) 서로 합하고 물들었을 뿐인 식을 부수다의 뜻이고, 끝내는 법신을 드러낸다. 『대승기신론』(대정장32, p.576c8)에 "화합식상을 부수고 상속심상을 멸하여 법신을 드러낸다. … 모든 심식의 상은 다 이 무명이니, 무명의 상은 각성을 떠나지 않아 가히 무너뜨릴 것도 아니지만 무너뜨릴 수 없는 것도 아니다. 破和合識相 滅相續心相 顯現法身 … 以一切心識之相 皆是無明 無明之相 不離覺性 非可壞 非不可壞", 『대승기신론의소』 권상(대정장44, p.184c27)에 "화합식상을 무너뜨린다는 것은 육식의 장애를 말한다. 破和合識相者 六識障也", 『대승기신론별기』(대정장44, p.233a11)에 "화합식상을 무너뜨린다는 말은, 불생멸과 생멸이 더불어 화합한 것을 화합식이라 한다. 화합한 것으로서의 생멸상을 무너뜨리기에 불생멸의 체가 상을 떠난다. 破和合識相者 謂不生滅 與生滅和合 名和合識 今破其所合之生滅相 故不生滅體離相", 『대승기신론의기』 권중(대정장44, p.260a4)에 "앞선 방편으로 말미암아 능히 화합식 내의 생멸상을 무너뜨리고 생멸하지 않는 각성을 드러낼 수 있다. 이렇게 근본무명이 다하므로 마음이 합할 여지가 없으니 법신본각의 뜻을 드러낼 수 있다. 由前方便 能破和合識內 生滅之相 顯其不生滅之性 此根本無明盡 故心無所合 卽顯法身本覺義也", 『기신론의소』 권상(卍속장71, p.542b12)에 "화합식상을 무너뜨린다는 말은, 이 장식은 비롯함을 알 수 없는 때로부터 서로 다른 것들에 의지해 물들고 화합하여 함께하였을 뿐이니, 그 얻게 된 것들 좇아 다스려 길을 열고서는 비로소 점차로 부수고 무너뜨릴 일이다. 破和合識相者 此之藏識 無始已來 依他染法 和合共生 從得治道 方漸破壞也"라고 하였다. [참고문헌] 『大乘起信論』, 『大乘起信論義疏』, 『大乘起信論別記』, 『大乘起信論義記』, 『起信論義疏』. ⇨ 파생멸식상 破生滅識相

파환향곡 破還鄕曲 고향에 돌아옴마저 무너뜨리는 노래. 동안상찰(同安常察)의 십현담(十玄談) 중 일곱 번째 노래. 환원(還源)이라고도 한다. 『경덕전등록』 권29 「동안상찰십현담」(대정장51, p.455b28)에 "파환향곡 : 근원을 돌이켜 되돌아왔다 해도 이미 어긋났으니, 본래 머무름이 없어 집(고향)이라 이름하지도 못하노라. 만년송 자란 오솔길 눈 깊었고, 한줄기 봉우리들 구름에 갇혔다네. 손님과 주인이 화목할 때란 온통 거짓이요, 임금과 신하가 합한 경계는 정도 중의 삿된 도라네. 고향으로 돌아온 소식 알리는 곡조 어떻게 부를까? 명월당 앞 고목에 꽃 피어 가득하다네. 破還鄕曲 返本還源事已差 本來無住不名家 萬年松逕雪深覆 一帶峯巒雲更遮 賓主穆時全是妄 君臣合處正中邪 還鄕曲調如何唱 明月堂前枯木華"라고 하였다. [참고문헌] 『景德傳燈錄』, 『爲霖旅泊菴稿』 권2(卍속장126, p.21b2). ⇨ 동안십현담 同安十玄談, 십현담 十玄談

파회 破會 흩어지게 하고 모이게 하는 두 가지 일. 천태(天台)에서 오직 『법화경』만이 이 두 가지를 전후의 차별 없이 동시에 행하고 다른 경전에서는 먼저 파하고 나중에 회한다고 주장한다. 『법화현의』 권3하(대정장33, p.713c8)에 "이와 같이 파하고 모임이 깊고 드넓어서 『중론』의 그것과는 견주지 못한다. 如此破會深廣 莫以中論相比", 같은 책 권9상(대정장33, p.788a28)에 "또한 다시 파회를 잡아 어울리거나 어울리지 못함을 밝힌다. 만약 외도의 사견을 파하면서 이승의 잘못은 파하지 않고 대승의 방편을 파하지도 않는다. 또 모이는 것들 원만할 수 없다는 것은 저 정명인 『유마경』 중에 모인 것들인 범부는 뒤칠 수 있지만, 성문에게는 이런 일 없다. 진로의 짝으로 모여 여래의 씨앗을 삼으니, 무위로 정위에 들기에 능히 뒤쳐 돌아갈 수 없다. 생사하는 악인과 번뇌의 악법은 모두 모일 수 있는 것이지만 이승선법과 사과성인은 모일 수 없다. 또 반야중에 이승이 행하는 사념처 37도품이 다 대승이고, 탐욕도 무명도 견도 애 등도 다 마하연임을 밝힌다. 復次 更約破會 明融不融相 若破外道邪見 不破二乘邪曲 亦不破大乘方便 又會不圓者 如淨名中 會凡夫反復 聲聞無也 會塵勞之儔爲如來種 無爲入正位 不能反復 生死惡人 煩惱惡法 而皆被會 二乘善法 四果聖人 而不被會 又般若中 明二乘所行念處道品 皆摩訶衍 貪欲無明見愛等 皆摩訶衍", 『법화현의석첨』 권7(대정장33, p.868b16)에 "만약 파회를 논하자면 『법화경』에 미치지 못한다. 그러므로 권실본적으로 치우침을 보내고 비근한 것을 버리니, 아득히 먼 성인의 종지가 여기에 비로소 남게 된다. 다라니를 얻어서 삼매의 힘을 따르니, 스승과 제자의 뜻이 뚜렷하여 마치 부절이 들어맞듯이 어김이 없다. 若論破會者 未若法華 故權實本迹 遣偏廢近 久遠聖旨 於玆始存 故獲陀羅尼 由三昧之力 師資之宗 宛如符契", 『지관의례』 권상(대정장46, p.448a15)에 "여덟 번째, 부수고 모이는 일이 같지 않다. 만약 화의에 의하면 반드시 먼저 부수고 다음에 모이게 한다. 예를 들면 먼저 소승을 척파하고 그 뒤에 비로소 모여 두렷하게 한다. 그러므로 방등반야에서는 널리 치우쳐 소승인 것을 파하였고, 다음으로 『법화경』에 이르러 비로소 모이게 해서 실에 들어갔으니, 사람을 기준으로 하거나 행을 기준으로 하거나 파와 회가 동시다. 마치 방편을 비추고 실을 알게 함이니, 권을 비춤은 파라 하고 실을 밝힘은 회라 한다. 八者 破會不同 若依化儀 必先破次會 如先斥小後方會圓 故方等般若廣破偏小 次至法華方會入實 約人約行 破會同時 如照權了實 照權名破了實名會"라고 하였다. [참고문헌] 『法華玄義』, 『法華玄義釋籤』, 『止觀義例』.

팍모두파 Phag-mo-gru-pa ❶ 1110~1170. 티베트불교 카규파(bKa'-brgyud-pa)의 지파인 팍두카규(Phag-gru-bka'-brgyud)의 스승이자 감포파(sGam-po-pa)의 주요 제자다. 원래 이름은 팍모두파돌제겔포(Phag-mo-gru-pa-rdo-rje-rgayl-po)로 줄여서 팍

모두파라고 부른다. ⇨ 팍모두파돌제겔포 Phag-mo-gru-pa-rdo-rje-rgayl-po ❷ 14세기부터 17세기초반까지 티베트에 세워졌던 팍모두파 가문의 왕조를 가리키는 말. ⇨ 팍모두파왕조 Phag-mo-gru-pa王朝

팍모두파돌제겔포 Phag-mo-gru-pa-rdo-rje-rgyal-po 1110~1170. 티베트불교 닥포카규(Dwags-po-bka'-brgyud)의 창시자인 감포파(sGam-po-pa 1079~1153)의 주요 세 제자 중 한 명으로, 이후 팍모두파 계보의 시조가 된다. 발결막가(潑結莫迦)라고 음사한다. 남쪽 캄(Kham)지역 출신으로 어려서 부모님을 잃고 작은 사원을 관리하던 사촌 아래서 자라게 된다. 어려서부터 서예와 작문 등에 뛰어난 능력을 보여 사원의 기록을 작성하고 보관하는 일을 맡았다. 스무 살이 되던 해에 중앙티베트로 떠나 스물다섯이 되어 구족계를 받고 카담파 스승들 아래서 수학한다. 사카파의 초기 스승인 사첸퀸가닝포(Sa-chen-kun-dga'-snying-po 1092~1158) 아래서 람대(lam-'bras)전통도 배우게 되는데, 이를 바탕으로 지은 『페조마 *dPe-mdzod-ma*』가 현재까지 전한다. 이후 밀레라파의 제자였던 감포파로부터 가르침을 받고 마하무드라(mahāmudrā)를 완성했다고 한다. 이후 팍모두(Phag-mo-gru)지역을 은신처로 삼아 수행하자, 다른 수행자들도 모여들어 대규모 사원군인 댄사틸(gDan-sa-thil)의 전신이 되었다. 늘 다른 스님들과 자신을 동등하게 생각하여 낮추고 함께 일하며, 티베트 밖에서도 직접 탁발을 다니며 유행했다고 전한다. 보통 달이 차올라 만월이 되기 전에는 매일 가르침을 전수하고 달이 기우는 동안은 안거에 들었다고도 한다. 이 같은 방식으로 전수된 수업은 촉최(tshogs-chos)라 불리는데 기록으로 전한다. 그를 시조로 삼는 팍모두파 계보에 속한 분파들은 모두 그의 제자들이 세운 것으로 링래파페마도르제(gLing-ras-pa-pad-ma-rdo-rje 1128~1188)가 세운 둑파카규('Brug-pa-bka'-brgyud), 직텐괸포린첸팰('Jig-rten-mgon-po-rin-chen-dpal 1143~1217)이 세운 디궁카규('Bri-gung-bka'-brgyud), 탁룽탕파타쉬팰(sTag-lung-thang-pa-bkra-shis-dpal 1142~1209)의 탁룽카규(sTag-lung-bka'-brgyud) 등이다. 이 외에도 그의 제자였던 마르파(sMar-pa-shes-rab-ye-shes 1135~1203)는 마르창카규(sMar-tshang-bka'-brgyud)를, 계르곰췰팀셍게(Gyer-sgom-tshul-khrims-seng-ge 1144~1204)는 슉셉카규(Shug-gseb-bka'-brgyud)를, 겔차린첸괸(rGyal-tsha-rin-chen-mgon 1118~1195)은 토푸사원(Khro-phu-dgon)을 세웠다. [참고문헌] George Roerich *The Blue Annals* (New Delhi : Motilal Banarsidass, 1979) pp.552~563.

팍모두파왕조 Phag-mo-gru-pa王朝 1354년에서 1618년까지 티베트를 지배했던 왕조로 팍모두 혹은 팍모두왕조라고도 불린다. 티베트불교의 팍두카규(Phag-gru-bka'-brgyud)는 사카파 세력을 누르고 중앙티베트를 지배하게 되었는데, 1253년 쿠빌라이한에게서 정치적 지배권을 보장받은 이후 이 가문의 장춥겔첸(Byang-chub-rgyal-mtshan 1302~1364)이 1354년에 자치왕국을 세웠다. 1613년에서 1620년 사이에 창파(gTsang-pa 1565~1642)왕조에 의해 멸망했다.

팍삼죈장 Dpag-bsam-ljon-bzang 티베트 스님 숨파켄포(Sum-pa-mkhan-po 1704~1788)가 티베트어로 쓴 인도불교에서 몽고사에 이르기까지의 형성과 발전, 그리고 쇠퇴과정을 기록한 사서. 원제목은 *'Phags-yul-rgya-nag-chen-po-bod-dang-sog-yul-du-dam-pa'i-chos-'byung-tshul-dpag-bsam-ljon-bzang*으로, 줄여서 『최팍삼죈장 *Chos-dpag-bsam-ljon-bzang*』이다. 『여의보주사 如意寶珠史』로 한역한다. 1748년에 완성되었는데 1편은 인도불교사, 2편은 티베트왕조와 불교사, 3편은 중국왕조와 불교사, 4편은 몽고왕조와 불교사를 다룬다. 로케쉬 찬드라(Lokesh Chandra)의 편집본이 1959년 출간되었고, 1992년에 또 다른 편집본이 온라인버전으로 공개되었다. [참고문헌] Lokesh Chandra *Dpag-bsam-ljon-bzaṅ of Sum-pa-mkhan-po Ye-śes-dpal-ḥbyor pt.3 : Containing a history of Buddhism in China and Mongolia* (New Delhi : International Academy of Indian Culture 1959), Lokesh Chandra *Chos 'byung dpag bsam ljon bzang* (Lanzhou : Ka-su'u mi rigs dpe skrun khang, 1992), R.E.Pubayev 'The Historical Treatise dPag-bsam lJon-bzang by Sum-pa mKhan-po 1704-1788' (*The Tibet Journal* 6, 1981) pp.14~23.

팍파 'Phags-pa 1235~1280. 티베트불교 사캬파의 스님. 팍파로되겔챈('Phags-pa-blo-gros-rgyal-mtshan) 혹은 되괸최겔팍파('Gro-mgon-chos-rgyal-'phags-pa)라고 불리는데, 이를 줄여 팍파라 한다. 팔사파(八思巴)・발사팔(發思八)・발합사파(拔合思巴)라고 한역한다. 사캬파의 저명한 쾬('khon) 가문 출신으로, 아버지는 사카파의 대스승인 사캬판디타 퀸가겔첸(Sa-skya-paṇḍita-Kun-dga'-rgyal-mtshan, 줄여서 사판)의 동생이었던 소남겔첸(bSod-nams-rgyal-mtshan)이다. 사판이 몽골와 티베트 관계를 중재하기 위해 몽골왕 오고타이칸(Ögedei Khan)을 만나러 가며 사미계를 갓 받은 열 살이었던 팍파를 여정에 동행하게 했고, 오랫동안 사판의 옆에서 가르침을 받았다. 사판의 입적 후 몽골에 남게 된 팍파는 몽골 왕인 쿠빌라이칸에 의해 국사(國師)의 지위에 오르고, 왕명을 받아 몽골 지배하에 있던 여러 민족의 언어를 표기하기 위한 공용문자를 만들었는데, 그의 이름을 따서 파스파문자라 한다. [참고문헌] Luciano Petech 'P'ags-pa 1235~1280' (*In the Service of the Khan: Eminent Personalities of the Early Mongol-Yüan Period*, 1993). ⇨파스파문자 'Phags-pa文字

판 板 절에서 대중을 모이게 하거나 특정한 시간이 되었음을 알리는 목적으로 치는 판. 판(版)이라고도 쓴다. 종(鍾) 등과 함께 쳐서(擊) 소리나게 하여(有聲) 대중에게 알리는 것들을 아울러 건(揵) 또는 건추(揵椎)라 한다. 나무나 청동 등으로 만들며, 모양에 따라 운판(雲版)·어판(魚板) 등으로 구별한다. 알림의 용도에 따라 또는 걸려있는 장소 등에 따라 방장판·중료판 등으로 이름을 붙인다. 『백장청규』 권2 「순료 巡寮」(대정장48, p.1121c2)에 "판을 쳐서 대중이 모이면 문 밖에 늘어서서 인사를 올린다. 鳴板集衆 於門外排立問訊", 『선림보훈음의』(卍속장113, p.299b7)에 "건 : 치는 법구를 말한다. 종·경쇠·판·목어 등의 법구로서 쳐서 소리를 내는 법구들 모두 건이라 한다. 揵 所擊之物也 鍾磬板木魚等物 凡擊之有聲者 皆名爲揵"라고 하였다. [참고문헌] 『百丈淸規』, 『禪林寶訓音義』. ⇨경판 磬板, 대판 大板, 소판 小板, 방장판 方丈板, 수좌료판 首座寮板, 순랑판 巡廊板, 순화판 巡火板, 어판 魚板, 운판 雲板, 욕판 浴板, 재죽판 齋粥板, 중료전판 衆寮前板

판 辦 Ⓢ√kṛ, kṛta. 해 마치다. 할 일을 다하다. 『유부율파승사』 권6(대정장24, p.128c8 : *Saṅ-v.*, p.139)에 "나의 생은 이미 다하였고 범행은 이미 건립되었다. 행한 바 이미 깨끗이 하여 할 일 이미 가려 마쳤으니 후유를 받을 일 없다네. 我生已盡 梵行已立 所作已辦 不受後有 kṣīṇā me jātiḥ, uṣitaṃ brahmacaryam, kṛtaṃ karaṇīyam, nāparam asmād bhavaṃ prajānāmīti", 『사교의주휘보전광기』 권2(卍속장102, p.331b11)에 "여래 역시 이와 같으니 무량중생 제도하여 정법에 머물게 하고, 해야 할 일 가려 마쳤으니 바로 대반열반에 든다. 如來亦復如是 化無量衆生 令住正法 乃至所作辦已 卽便入於大般涅槃"라고 하였다. [참고문헌] 『有部毘奈耶破僧事』, 『四教儀註彙補輔宏記』, *Saṅ-v.*

판각 板閣 경판(經板)을 보관하는 전각(殿閣). 판전(版殿) 또는 판전각(版殿閣)이라고도 한다. 『조선사찰사료』 권1 「해인사사적비 海印寺事籍碑」(대장경보편31, p.135b19)에 "우리 혜장대왕께서 무인세에 판각을 중수하면서 그 경문도 다시 새겼다. 我惠莊大王 戊寅歲 重修板閣 又印其經文焉"라고 하였다. [참고문헌] 『朝鮮寺刹史料』, 『朝鮮佛教通史』. ⇨판전 板殿, 장경각 藏經閣

판관 判官 ❶ 명부(冥府)의 권속. 죄안(罪案)을 살펴 시왕(十王)의 판결을 보좌하고 판결문을 사자(使者)에게 전달하는 소임이다. 『석문의범』 권상 각배(各拜) 시왕소(十王疏) 중 시왕도청(十王都請)에서 시왕·태산부군(太山府君) 다음에 봉청된다. 『예수시왕생칠재의찬요』 「소청명부편 召請冥府篇」에서는, 거불(擧佛) 후 명위(冥位)를 소청할 때 상단(上壇)에서 명왕중(冥王衆)·악왕중(獄王衆) 다음으로 판관중(判官衆)을 봉청한 후 각 시왕을 봉청하며, 중단(中壇)에서 26위 판관과 37위 귀왕을, 하단(下壇)에서 각 시왕에 귀속된 47위 판관을 비롯하여 귀왕(鬼王)·이부사직(二符四直)·감재직부(監齋直府)·부지명위(不知冥位) 등을 낱낱이 봉청한다. 또한 같은 책 「소청고사판관편 召請庫司判官篇」에서는 명부(冥府)의 재물을 관장하는 별도의 고사판관(庫司判官)을 봉청한다. 『지장본원경과주』 권4(卍속장35, p.579b3)에 "다시 잡아오고 조사하는 판관이 있으니, 잡혀 온 죄인의 안부(案簿)를 살펴 검증하는 일을 주관한다. 更有勾押推勘判官 管追罪人照證案主者", 『명보기』 권3(대정장51, p.801a19)에 "녹사서에서 문서를 내어 판관에게 송부토록 하니, 판관이 담당을 불러서 법의의 죄안을 가져오게 하였는데 그 장부가 매우 많아 한 상 가득 하였다. 錄事署發文書 令送付判官 判官召主典 取法義案 案簿甚多 盈一床"라고 하였다. 도상(圖像)으로는 명부전(冥府殿)의 시왕상(十王像)·시왕탱(十王幀) 등에서 관복(官服)에 복두(幞頭)를 착용하고 문서를 살피거나 홀(笏)을 들고 시왕의 판결을 기다리고 사자(使者)에게 문서 두루마리를 전하는 모습 등으로 나타낸다. 보물 제1689호 진주 청곡사(青谷寺) 시왕상과 보물 제1852호 남원 선원사(禪院寺) 소조시왕상(塑

판관 제1진광대왕 시왕탱
개운사명부전 서울 19세기

판관 제8평등대왕 시왕탱
홍익대학교소장 18세기

造十王像)의 말단에 사자와 병립한 판관상이 있다. 「서울개운사명부전시왕탱」에는 문서를 들고 녹사의 설명을 듣는 판관, 「홍익대소장시왕탱」에는 판결을 기다리는 판관과 사자가 나란히 배치되었다. 용암사 현왕탱에는 붉은 관복에 복두를 쓴 판관이 바닥까지 길게 늘어진 문서를 양손으로 들고 있거나 현왕을 향해 읍(揖)하며 공손히 판결을 기다리는 모습으로 표현되었다. 1564년(명종19) 화산(華山) 광덕사(廣德寺) 간행 『예수시왕생칠경 預修十王生七經』의 변상도(變相圖)에는 각 시왕의 판관·귀왕 및 동자·사자 등 권속을 늘어선 모습으로 그려졌다. [참고문헌] 『釋門儀範』, 『預修十王生七齋儀纂要』, 『地藏本願經科註』, 『冥報記』, 『無用堂集』 권하 「中跡」(한불전9, p.363b1). ⇨ 이십육위판관 二十六位判官, 명부 冥府, 명부시왕중 冥府十王衆, 명부전 冥府殿 **2** 신라 때 국가중요사원에 설치된 승정기구인 성전(成典)의 관직명. 『삼국사기』 잡지(雜志)7 직관(職官) 상 봉덕사성전(奉德寺成典)에 "적위(赤位) 1인을 두었는데, 경덕왕이 판관으로 고쳤으며 혜공왕이 명칭을 회복하여 적위라 했다. 赤位一人 景德王改爲判官 惠恭王復稱赤位", 이지관(李智冠) 교감역주 「성덕대왕신종명 聖德大王神鐘銘」(『가산학보』8, p.204)에 "판관 우사록관사 급찬 김충득, 판관 급찬 김충봉, 판관 대나마 김여잉유. 判官右司祿館使級湌金忠得 判官級湌金忠封 判官大奈麻金如芿庾"라고 하였다. [참고문헌] 『三國史記』, 『伽山學報』. ⇨ 성전 成典, 성전사원 成典寺院

판교 判敎 부처님 일대교설을 일정한 입장에 의지해 가려 해석하는 일. 교판(敎判) 또는 교상판석(敎相判釋)이라고도 한다. 천태의 오시팔교(五時八敎)나 화엄의 오교십종(五敎十宗) 등이 그 예다. 『인왕경소』 권1상(대정장33, p.430c23)에 "문에 의지해 판교에는 셋이 있다. 부처님께서 세상에 출현하시어 처음으로 법륜을 굴리며 『아함경』 등을 설했을 때는 대부분 유를 종으로 밝히셨다. 다음으로 대승의 『반야경』 등 무상의 교법을 설했을 때는 다분히 공을 종지로 밝히셨다. 마지막으로 대승의 『해심밀경』 등을 설했을 때는 공도 아니고 유도 아닌 공과 유 어디에도 속하지 않음을 종지로 설하셨다. 불세존께서는 법에 자재하시니 근기에 적절하게 설해주셨기에 이러한 다름이 있는 것이다. 今依文判敎有三種 然佛出世 初轉法輪 說阿含等 多明有宗 次說大乘般若經等 無相之敎 多明空宗 後說大乘 解深密等 不空不有 非空有宗 由佛世尊 於法自在 當根爲說 有斯異矣", 『법화현의』 권10하(대정장33, p.812b29)에 "달마울다라는 교적의 뜻을 풀어 '교란 부처님께서 중생에게 입혀 내려주신 말씀이고, 적이란 종적 또는 응하신 자취나 교화의 자취를 말한다'라고 하였다. 곧 성인께서 교를 폄에 각각 돌아가 좇음이 있으므로 여러 교가의 판교가 하나가 아니다. 한편에서는 '석가모니불의 일대는 돈점에서 벗어나지 않으니 점차에 일곱 계단과 다섯 때가 있을 뿐이다. 세간에 어울려 함께 전해서 이것을 말하지 않음이 없다'라고 한다. 또한 '다섯 시기라는 말을 어떻게 정한 것인가? 다만 쌍림의 열반 이전에는 남아 있어 다 마치지 못하시다가, 열반의 때에 하실 말씀을 다하셨다'고도 한다. 達摩鬱多羅 釋敎迹義云 敎者 謂佛被下之言 迹謂蹤跡 亦應跡化跡 言聖人布敎 各有歸從 然諸家判敎非一 一云釋迦一代 不出頓漸 漸有七階五時 世共同傳 無不言是 又云 五時之言 那可得定 但雙林已前 是有餘不了 涅槃之唱 以之爲了"라고 하였다. [참고문헌] 『仁王經疏』, 『法華玄義』. ⇨ 교상판석 敎相判釋, 오시팔교 五時八敎, 오교십종 五敎十宗, 삼시교 三時敎

판교원 板橋院 1396년(태조5) 자은도승통(慈恩都僧統) 종림(宗林)이 중건하여 자비행(慈悲行)을 펼치던 원(院). 지금의 경기도 성남시 분당구 판교동에 있었으며, 종림에 앞서 1380년(신우6)에 조운흘이 중건하였으므로 그 이전부터 운영되었을 것으로 보인다. 고려시대에는 보통원(普通院)처럼 교통요충지에 설치되어 사찰에서 운영하며 행인들에게 숙식(宿食)을 제공하는 등 자비행을 펼치던 곳이 많았는데, 판교원도 그 중 하나였다. 『태조실록』 권9 5년(1396) 3월 4일에 "자은도승통 종림이 전 판사 윤안정과 판교원을 지었다. 慈恩都僧統宗林 與前判事尹安鼎 嘗作板橋院", 『고려사』 권112 열전25 조운흘(趙云仡)에 "1380년(신우6)에 물러나기를 청하여 광주 고원강촌에 살면서 판교·사평 두 원을 중건·운영하였다. 六年 乞退居廣州古垣江村 重營板橋沙平兩院"라고 하였다. [참고문헌] 『太祖實錄』, 『高麗史』. ⇨ 종림 宗林, 보통원 普通院, 불교복지 佛敎福祉

판교종사 判敎宗事 조선전기 양종(兩宗) 중 교종의 최고 승직. 도대사(都大師) 법계(法階)를 수지한 스님에게 임명되었다. 교종판사(敎宗判事)라고도 하였다. 1464년(세조10) 간경도감 개간 『금강경언해』 발문에 "천순 8년(1464) 봄 2월 어느 날 판교종사 흥덕사 주지 도대사 신 해초 교지를 받들어 삼가 발문을 지음. 天順八年春二月有日 判敎宗事 興德寺住持 都大師 臣 海超奉敎勤跋"라고 하였다. [참고문헌] 『金剛經諺解』. ⇨ 판사 判事 **1**, 교종판사 敎宗判事, 선교양종 禪敎兩宗, 도대사 都大師, 법계 法階

판급 板笈 밀교작법을 위한 법구. 안에 본존·법구·공물을 넣고 등에 매고 다니는 판상형의 나무 상자. 연급(緣笈)이라고도 한다. 산중(山中)에서 작법하는 경우에는 이것을 제단(祭壇)으로 쓰기도 한다. 장방형으로 얇은 판형의 상부는 원형이고 판 주변에 대연(大緣)을 만들로 아래에는 두 개의 긴 다리가 있으며 양 어깨에 견착할 수 있도록 어깨끈이 있다. 다리가 네 개 달린 것은 횡급(橫笈)・상급(箱笈) 이라 하는데 만물을 함장하는 태장계 대일여래를 상징한다. 〔참고문헌〕 弓家準『修驗道小辭典』(法藏館, 2015).

판긍심 辦肯心 가려내 기꺼워하는 마음. 판단해 수긍해서 기껍다 여기는 마음. 『원오어록』 권8(대정장47, p.751b23)에 "조사께서 말씀하셨다. '다만 범정을 다 없애면 그만일 뿐, 따로 성인으로 헤아릴 것이란 없다' 하였으니, 범정이 다한 그곳에 성인의 지혜 실현된다. 반드시 허망한 연을 단번에 쉬고 념도 없고 애써 함이 없이 하되 놓아 하여금 빈 듯 고요하게 한다. 천만성인들이 이 문 좇지 않은 이가 없었으니, 다만 성심만을 가져 견고하게 노력하며 앞으로 나갈 뿐이다. 다만 가려 기꺼운 마음뿐이라면 틀림없이 속지 않을 것이다. 祖師道 但盡凡情 別無聖量 凡情盡處 聖量見前 直須頓歇妄緣 無念無爲 放敎虛靜 千聖萬聖 未有不從此門 而得入者 只在存誠 堅固努力向前 但辦肯心 必不相賺", 『대혜어록』 권20(대정장47, p.896b11)에 "고덕의 말씀이 있고 '다만 가려 기꺼워할 줄 안다면 틀림없이 서로 속지 않을 것이다' 하였다. 다만 사람의 믿음이 미치지 않을까 걱정스러울 뿐, 나날이 써 연에 응할 때마다 외경에 마음을 빼앗기면 순일하게 공부할 수 없으니 빈틈과 끊어짐이 생기게 된다. 바로 빈틈과 끊어짐이 생기는 그때 조금의 흔들림 면치 못하더라도 흔들리는 그때야말로 도리어 공부하기 좋은 시절이다. 古德有言 但辦肯心 必不相賺 只恐當人信不及 於日用應緣處 被外境所奪 不能純一做工夫 則成間斷 當間斷時 未免方寸擾擾 正擾擾時 却是箇好底時節", 『법화경대관』 권4(卍속장50, p.240b9)에 "끝내 평등해서 원친의 상도 없고 남녀상도 없다. 다만 가려내 기꺼워할 뿐인 마음이라면 결코 속지 않을 것이다. 究竟平等 無冤親相 無男女相 但辦肯心 決不相賺", 『법화경지장소』 권4(卍속장93, p.702a13)에 "다 거둬 말하면 불성은 평등하니 얻고 잃음은 사람에게 달려있다. 다만 가려내 그렇다 할 마음이라면 이치를 등지는 일은 없을 것이다. 總言 佛性平等 得失由人 但辦肯心 無相負理", 『감산집』 권2 「시우바새이진담 示優婆塞易眞潭」(卍속장127, p.236a12)에 "만약 여기서 한층 나아가 믿는 마음 물러나지 않고 선근이 더욱 깊어져 용맹정진으로 본심 단번에 깨달으면 영원히 생사를 끊고 한 번에 뛰어올라 보리의 피안으로 곧바로 들어갈 것이니, 반드시 오늘 문을 나서 내딛는 한 걸음 첫걸음이라 여길 필요 없다. 다만 가려 그렇다 하는 마음이라면 결코 속지 않을 것이다. 若從此增進 信心不退 善根轉深 勇猛精進 頓悟本心 卽永斷生死 一超直入 菩提彼岸 未必不從今日出門一步 爲初地也 但辦肯心 決不相賺"라고 하였다. 〔참고문헌〕『圜悟語錄』, 『大慧語錄』, 『法華經大竅』, 『法華經指掌疏』, 『憨山集』.

판다바 Pāṇḍava 판두(Ⓢ Pāṇḍu)의 다섯 후예들(Ⓢ Pāṇḍavāḥ). 판두는 대서사시 『마하바라타 *Mahābhārata*』에 등장하는 쿠루(Kuru)족의 왕으로, 비(妃)인 쿤티(Kuntī)와의 사이에서 유디슈티라(Yudhiṣṭhira)・비마(Bhīma)・아르주나(Arjuna) 삼형제를, 또 다른 비인 마드리(Mādrī)와의 사이에서는 나쿨라(Nakula)・사하데바(Sahadeva) 두 형제를 낳았다. 이들 다섯 형제를 다 아울러 판다바라고 부른다. 쿤티 소생의 삼형제에게는 동모이부(同母異父)의 형이 있었는데, 쿤티가 판두왕과 혼인하기 전 공주였던 시절에 태양신 수리야(Sūrya)와의 사이에서 난 카르나(Karṇa)다. 카르나는 쿠루크셰트라(Kurukṣetra)전투에서 판다바와 맞붙게 되고, 결국 아르주나의 손에 목숨을 잃는다. 불전(佛典)에서는 반나바(半拏嚩)로 음사하여 전한다. 『금강침론』(대정장32, p.172a3)에 "저 반나바왕 다섯 형제는 다 같이 한 어머니가 낳았으되 아버지는 달랐으니, 이는 숙업으로 말미암아 어머니를 같이 하고 아버지를 달리한 것이지 성을 말미암아 다르다고 망집한 것은 아니다. 또 저 세간의 소금을 물에 두면 모양 비록 숨길 수 있어도 짠맛은 그대로이듯 숙업이 몸을 따라 은현함도 또한 그렇다. 如半拏嚩王兄弟五人 同一母生父乃各別 此由宿業同母別父 非由於姓而妄執別 又如世間鹽處於水 形雖可隱 鹽味非無 宿業隨身隱顯亦然"라고 하였다. 〔참고문헌〕『金剛針論』. ⇨ 판두 Pāṇḍu, 카르나 Karṇa

판도 辦道 가려 길을 나서다. 망설임 없이 판단해 늘 갈 길을 알아차리다의 뜻이다. 변도(辨道)라고도 한다. 『나옹화상가송』(한불전6, p.741a17)에 "요선인의 청으로 송해 말하다. 참선하며 도를 가림에는 따로 기특할 것 없으니, 그것은 반드시 당사자의 용맹한 결심에 달려있다네. 홀연히 물길도 산세도 다한 곳에 이르면, 하나로 둥글기만 한 마음의 달빛으로 가득하리라. 瑤禪人求頌 參禪辦道別無奇 要在當人勇猛期 驀到水窮山盡處 一輪心月鎭光輝", 『백장청규』 권4 「시자진퇴 侍者進退」(대정장48, p.1134c15)에 "이제 소임에서 물러나 대중 따라 도만을 가리려 합니다. 今欲告退 隨衆辦道", 『원오어록』 권20(대정장47, p.805c17)에 "도를 가려 알려 하면 반드시 자심을 알아야 하니, 마음이 진실하면 마주치는 곳마다에서 나루터 열리리라. 곧바로 격 벗어 무생인을 밝힌다면, 순간에 일상중에서 해탈한 사람이리라. 示衆 辦道應須辦自心 心眞觸處是通津 直明格外無生忍 端作區中解脫人", 『설암어록』 권1(卍속장122, p.494a12)에 "법상에 올라 말했다. '소리도 색도 이미 다했으나, 아직도 다하지 못한 것이 남아 있고, 보고 듣는 일 이미 벗어났으나, 아직 벗어나지 못한 것이 남아 있다. 마치 나무토막이 거울에 자신의 모습을 비추어 보고 무딘 돌이 종소리를 듣더라도 여전히 나무와 무딘 돌 그대로인 것과 같다. 여러분 일찍이 이러한 경지에 도달한 적이 없고, 이러한 소식을 가져 본 적이 없으리. 만일 오늘 참선해서 내일에야 도를 가린다면 선재동자 손에 쥔 한 줄기 풀이리라'. 上堂 聲色已盡 有未盡者存焉 見聞已脫 有未脫者存焉 直得如木頭照鏡 頑石聽鐘 猶有木頭頑石在 是汝諸人 曾到遮田地無 曾有遮時節無 若是今日參禪 明日辨道 善財手裏一莖草", 『부용도해선사어』(속고존숙어요2, 卍속장118, p.907a17)에 "오직 본사 소유 농장의 장과(莊課 : 농장에서 생산되는 수확물)의 한 해 소득을 고르게 삼백육십 분으로 나누어 하루에 그 1분을 취하여 쓸 뿐이지, 다시 사람에 따라 더하거나 줄이지 않는다. 밥을 지을 만하면 밥을 짓고, 밥 짓기에 부족하면 죽을 쑤고, 죽 쑤기에도 부족하면 미음을 끓여 먹을 것이다. 새로 도착한 객을 맞더라도 오직 차로만 대접할 뿐 점심을 준비하지 않고, 오직 한 곳의 다실만을 설치하여 스스로 가서 끓여 마시도록 함으로써 반드시 해야 할 일에만 힘쓰고 번잡한 일은 줄여서 한결같이 갈 길을 알아차릴 뿐이다. 唯是本院莊課 一歲所得 均作三百六十分 日取一分 用之 更不隨人添減 可以備飯 卽作飯 作飯不足 卽作粥 作粥不足 卽作米湯 新到相見 茶湯而已 更不煎點 唯置一茶堂 自去取用 務要省緣 一向辨道"라고 하였다. 〔참고문헌〕『懶翁和尙歌頌』, 『百丈淸規』, 『圜悟語錄』, 『雪巖語錄』, 『芙蓉道楷禪師語』, 『緇門警訓』 권7(대정장48, p.1074c8). ⇨ 변도 辨道

판두 Pāṇḍu 인도신화 중 쿠루족의 왕. 형인 드르타라슈트라(Ⓢ Dhṛtarāṣṭra)를 대신하여 왕위에 올라 주변의 여러 나라를 정복한 후 아내들과 함께 숲으로 들어가 사냥하며 살았다. 어느 날 사슴으로 변한 선인을 활로 쏘아 죽이고 깊이 반성하여 모든 욕락을 버리고 산으로 들어가 고행하였다. 『마하바라타』(*MBh.1*, p.162)에 "오 바라타르샤바여, 하지만 그는 오랜 시간이 지나 오탁으로부터 완전히 벗어나는 고행을 하였으며, 판두는 브라흐마의 선인과 같아졌다오. sa tu kālena mahatā prāpya niṣkalmaṣaṃ tapaḥ, brahmarṣisadṛśaḥ pāṇḍur babhūva bharatarṣabha"라고 하였다. 판두가 죽은 후 그의 다섯 왕자인 판다바(Ⓢ Pāṇḍava 半嚩拏)와 드르타라슈트라의 100왕자 사이에서 일어난 분쟁으로 쿠루족의 분열이 시작되었다. 〔참고문헌〕 *MBh.* ⇨ 드르타라슈트라 Dhṛtarāṣṭra, 반나바 半拏嚩

판두 板頭 ❶ 승당(僧堂)의 장련(長連)에서 각 판(板) 자리 중 첫 번째 자리. 판두(版頭)라고도 쓴다. 가령 사상(四床)인 동북(東北)·서북(西北)·서남(西南)·동남(東南) 각 상에 계랍(戒臘) 차제에 따라 앉을 때 초위를 합하여 사판두(四板頭)라 한다. 순서대로 수좌판두(首座板頭)·후당판두(後堂板頭)·입승판두(立僧板頭)·서당판두(西堂板頭)라 한다. 『선원청규』 권1 「괘탑 掛搭」(卍속장111, p.879a6)에 "앞 문 안에서 남협의 상 아래 판두 제3위에 계랍 차제로 앉는다. 於前門內 南頰床牀下 版頭第三位 次第而坐"라고 하였다. 〔참고문헌〕『禪苑淸規』. ⇨ 사판두 四板頭, 삼판두 三板頭, 서당판두 西堂板頭, 성승판두 聖僧板頭, 수좌판두 首座板頭, 양판두 兩板頭, 욕실두수판두 浴室頭首板頭, 후당판두 後堂板頭 ❷ 승당 안의 의자 모서리(床椽). 『백장청규』 권6 「일용궤범 日用軌範」(대정장48, p.1145b15)에 "판두를 등지고 기대어 경을 보아서는 안 된다. 不得背靠板頭看經"라고 하였다. 〔참고문헌〕『百丈淸規』.

판매 販賣 물건을 팔아 이익을 얻는 행위. 이득을 취하여 탐욕을 늘리는 행위이기에 승가에서는 금한다. 40권본 『대반열반경』 권6(대정장12, p.401c26)에 "또 멋대로 주장하며 '부처님께서도 비구들이 여러 형태의 노비나 금·은·보배, 곡식·창고, 소·양·코끼리·말 따위의 법답지 못한 물품을 비축해 두었다가 판매하여 이익을 추구하는 행위를 허락하셨다거나, 또 기근에 시달리던 때에 제자들을 불쌍히 여기시어 비구들이 쌓아두고 묵혔다가 제 손으로 밥을 지어서 걸식으로 얻지 않고도 먹을 수 있도록 허락하셨다'라고 하기도 하는데, 이런 말들은 마땅히 의지해서는 안 될 소리다. 又復唱言 佛聽比丘 畜諸奴婢 不淨之物 金銀珍寶 穀米倉庫 牛羊象馬 販賣求利 於飢饉世 憐愍子故 聽諸比丘 儲貯陳宿 手自作食 不受而噉 如是等語 所不應依", 『정법염처경』 권61(대정장17, p.363b15)에 "물건을 팔아 이득을 얻고자 남을 속이는 사람들을 가까이하지 않는다. 不近販賣欺誑人", 『사분율』 권8(대정장22, p.621a13 : *Suttavibhaṅga*, *Vin.3*, p.241)에 "만약 비구가 갖가지 판매를 하면 니살기바일제다. 若比丘 種種販賣 尼薩耆波逸提 yo pana bhikkhu nānappakārakaṃ kayavikkayaṃ samāpajjeyya, nissaggiyaṃ pācittiyanti"라고 하였다. 〔참고문헌〕『大般涅槃經』, 『正法念處經』, 『四分律』, *Vin.* ⇨ 삼십사타 三十捨墮, 판매계 販賣戒

판매계 販賣戒 Ⓟ kayavikkayaṃ samāpajjeyyāti. 삼십사타(三十捨墮) 중 하나. 물건을 사고 파는 행위를 금하는 계. 『살바다비니비바사』 권5(대정장23, p.536a13)에 "판매계는 이익을 얻을 목적으로 물건을 샀다가 다시 파는 행위로 죄가 된다. 販賣戒 爲利故買已還賣 成罪", 『사분율비구함주계본』 권상(대정장40, p.440b18)에 "스무 번째, 판매계의 기원은 다음과 같다. 부처님께서 사위국에 계실 때 발난다(Ⓢ Upananda)가 무주처촌에 가서 생강을 음식과 바꾸어 먹고 나서 나머지를 가지고 떠났다. 사리불이 나중에 그곳에 가서 걸식하는데 단월이 발난다가 저지른 일로 따지자 부끄러워 아무 말도 못하였다. 또한 외도들과 옷을 바꾸고도 뉘우치지 않았다. 비구들이 그 과오를 들어 아뢰자 부처님께서 그 사안에 따라 계를 제정하셨다. 二十 販賣戒 佛在舍衛國時跋難陀 往無住處村 以生薑易食 食已持去 舍利弗 後至乞食 檀越以跋難陀事徵之 慚愧無言 又共外道博衣 悔而不得 比丘擧過 佛因制戒", 『보살계의소』 권하(대정장40, p.576a1)에 "열두 번째, 판매계는 이익을 바라서 중생을 해치기에 자비와 어긋나므로 제정한 계다. 대소승이 함께 범하는 조목이지만 칠중에게 온전히 같게 적용되지 않는다. 판매라 하면 소말 등 여섯 종류의 살아있는 가축을 대상으로 하거나, 양인을 판매하기도 하는데 대부분 권속이 헤어지는 고통을 초래한다. 만약 관에 쓰는 재목을 판매하려고 악한 마음으로 누군가가 죽기를 바라기에 도속이 모두 끊어야 한다. 만약 스스로 만들어 놓고 남을 시켜 나를 대신하여 팔게 하거나 남이 스스로 만들게 시키거나 모두 경구죄를 범하는 것이다. 산 동물을 훔쳐서 팔거나 축생을 팔아서 죽게 하거나 주술로 사람이 죽게 만들어 관재를 팔아먹고자 한다면 이것은 별도로 도둑질이라는 죄와 살생의 죄를 범하는 것이다. 第十二 販賣戒 希利損物 乖慈故制 大小同犯 七衆不全共 夫販賣者 謂生口六畜 或販賣良人 多有眷屬 分張之苦 若販賣棺材 則惡心希售 故道俗俱斷 若自作若敎他爲我 或敎他自作 悉犯輕垢 若偸販生口 賣畜生令殺 呪令人死 欲得棺材售 此別犯盜罪殺罪", 『범망경보살계본소』 권4(대정장40, p.634c12)에 "판매계중에 세 가지로 지켜야 한다. 첫째는 양인을 파는 행위, 둘째는 노비와 축생을 파는 행위, 셋째는 관의 재목 등을 파는 행위다. 於販賣戒中有三戒 一 賣良人 二 賣奴畜 三 賣棺木等"라고 하였다. 〔참고문헌〕『薩婆多毘尼毘婆沙』, 『四分律比丘含注戒』, 『菩薩戒義疏』, 『梵網經菩薩戒本疏』, 『天台菩薩戒疏』 권중(대정장40, p.591c14). ⇨ 판매 販賣

판방 板房 백월산(白月山) 북암(北庵)에 있었던 판잣집. 『삼국유사』 권3(대정장49, p.995c15・한불전6, p.329b7) 탑상(塔像)4 남백월이성(南白月二聖)에 "박박스님은 북쪽 고개의 사자바위를 점유하여 판잣집 8자 방을 짓고 머물렀기에 판방이라고 하였다. 朴朴師 占北嶺師子嵓 作板屋八尺房而居 故云板房"라고 하였다. 〔참고문헌〕『三國遺事』, 『韓國寺刹全書』 권하 p.1120b1. ⇨ 북암 北庵[1], 달달박박 怛怛朴朴

판방암 板房庵 고려시대 암자. 창건과 위치 등은 전하지 않는다. 『고려사』 권41 세가41 공민왕15년(1366) 동10월 29일 정축에 "(왕이) 판방암에 행차하여 종실 덕풍군 왕의의 딸과 우상시 안극인의 딸을 맞아 비로 삼았다. 幸板房庵 納宗室德豐君王義女 右常侍安克仁女爲妃", 같은 해 11월 2일 경진에는 "재추들이 판방암에서 왕을 위해 연회를 열었다. 宰樞享王于板房庵"라고 하였다. 〔참고문헌〕『高麗史』.

판불 板佛 얇은 판에 돋을새김한 불상. 재료에 따라 크게 금동판불, 목조판불로 나뉜다. 금동판불은 통일신라의 경주 월지(月池 : 구 안압지), 황룡사지, 구황동 원지(園池) 등에서 출토된 판불이 대표적이다. 목조판불은 나무판을 조각해 만든 부조인 조선후기의 목각탱(木刻幀)이 이에 속하는데, 문경 대승사 대웅전 목각탱(1675), 예천 용문사 대장전 목각탱(1684), 상주 남장사 관음선원 목각탱(1694)이 대표한다. 조선시대 기록에는 이들을 판불(版佛), 판탱(版幀)이라고 부르기도 했다. 이보다 앞선 시기의 목조판불은 남아있는 예가 없다. 금동판불의 제작기법은 주조(鑄造)와 압출(押出), 두 가지다. 주조는 밀랍을 이용해 만드는 기법으로 세밀한 표현이 가능하고 비용과 시간이 많이 소요되는 반면, 압출은 틀 위에 얇은 금속판을 올려놓고 두드려 만들기

금동판불 경주월지출토 통일신라 7세기

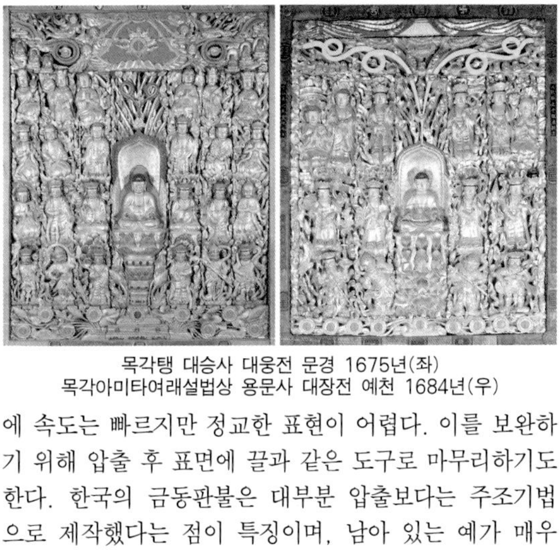

목각탱 대승사 대웅전 문경 1675년(좌)
목각아미타여래설법상 용문사 대장전 예천 1684년(우)

에 속도는 빠르지만 정교한 표현이 어렵다. 이를 보완하기 위해 압출 후 표면에 끌과 같은 도구로 마무리하기도 한다. 한국의 금동판불은 대부분 압출보다는 주조기법으로 제작했다는 점이 특징이며, 남아 있는 예가 매우

드물어 목조판불은 조선후기~근대기의 8점, 금동판불은 통일신라의 몇 점만 남아 있다.

판비량론 判比量論 신라의 원효 지음. 1권. 인명(因明)의 비량(比量)과 이와 관련한 유식(唯識)의 주제들을 다룬 논서. 이 책은 회향게(廻向偈)와 지기(識記)만 알려졌었는데, 1967년 일본인 학자 간다기이치로(神田喜一郎)에 의한 연구서가 출판되면서 주목을 받았다. 그 후 1969년 후키하라쇼신(富貴原章信)이 초서체 필사본을 해서체로 복원하여 출간하였다. 현재 남아있는 부분의 초서체 영인본이 『원효대사전집 元曉大師全集』에 전하고, 한불전1, pp.814~817에 신전희일랑(神田喜一郎) 소장본의 사본이 수록되어 있다. 전체 중 남아 있는 부분은 7절 뒷부분과 제8절에서 제13절까지, 그리고 제14절 앞부분과 단편적인 잔간(殘簡)이다. 식(識)의 삼분설(三分說)과 사분설(四分說)·육식설(六識說)과 팔식설(八識說)·오성각별설(五性各別說)·아집(我執)과 법집(法執) 등에 관한 내용을 담고 있다. 원효는 이런 내용을 다루는 과정에서 상위결정(相違決定)이라는 추론방식으로 탁월한 혜안을 유감없이 발휘하였다. 지기에 의하면 원효가 55세(671)에 행명사(行名寺)에서 썼다고 한다. ⇨상위결정 相違決定

판빙식 判憑式 관부의 증빙을 거쳐 발급하는 승중(僧衆)의 증명서식(書式). 빙이라는 말은 관청발급을 증빙(證憑)한다는 뜻으로, 순례 등을 위해 거처를 떠나 다니는 기간 등에 필요한 증명서였다. 도첩(度牒)도 판빙의 예 중 하나다. 면정유(免丁由) 곧 면정초(免丁抄)의 경우, 면정전(免丁錢)을 납부하고 병역을 면제받은 사람임을 증빙하는 증명서이다. 『선원청규』 권1 「괘탑 掛搭」(卍속장111, p.880b2)에 "판빙식 : 모원의 갈자의 승 아무개. 위의 아무개가 소유한 모년의 문장에 모 사원에 거처함을 공신함. 본명도첩과 육념과 계첩 이 세 본을 함께 온전히 첨부하여 사오에 찾아와 증명서를 제출하니 공적 증명을 판정받고자 하옵니다. 모처로 가서 순례함을 목적으로 함. 엎드려 바라건대 아무개 관리께서는 필명으로 시행을 허락해 주십시오. 엎드려 대지〈혹은 지휘〉를 기다립니다. 삼가 진술합니다. 년월〈소속 사원의 인장 날인〉 일앞에 적은 지위를 씀. 아무개 진술함. 判憑式 某院 褐紫衣僧某 右某所有 某年文帳 在某寺院 供申 今執本名度牒 六念 戒牒 共三本全 赴使衙呈驗 欲判公憑 往某處巡禮爲地頭 伏乞某官 特賜筆命施行 伏候台旨〈或指揮〉 謹狀 年月〈用院印〉日 具前位 某狀"라고 하였다. [참고문헌] 『禪苑淸規』. ⇨도첩 度牒

판사 判事 **1** 고려말 조선전기 승직(僧職). 고려후기에 『목은문고』 권7 「전등록서 傳燈錄序」·『동문선』 권80 「법왕사조사당기 法王寺祖師堂記」·『도은집』 권2의 시(詩)등에 판조계종사(判曹溪宗事)·판화엄종사(判華嚴宗事)·판천태종사(判天台宗事) 등의 이름이 나타나다가, 조선조에는 판교종사·판선종사 등의 이름으로 불렸다. 1424년(세종6)에 고려의 승록사(僧錄司)를 혁파

〈표〉 판사

구분	용례〈人名〉	전거
판화엄종사	判華嚴悟公	『양촌집』 권13 「광탄원기廣灘院記」
	判華嚴砧公駐錫	『양촌집』 권14 「법왕사조사당기法王寺祖師堂記」
판조계종사	判曹溪宗事臣覺雲上言	『목은문고』 권7 「전등록서傳燈錄序」
	內願堂監主判曹溪宗事英公	『목은시고』 권6
	前內願堂 判曹溪宗事 禪教都摠攝 慈興慧照國一都大禪師兼判僧錄司事 臣 旋軫	『교감역주역대고승비문』 조선편1 「억정사대지국사비문億政寺大智國師碑文」
	隆慶二年 判曹溪宗事慧能大師	『기암집』 권3 「금강산낙서암중창기金剛山樂西庵重創記」
판천태종사	熙菴公之判天台宗事也·今上命判天台宗事	『도은집』 권2·『목은시고』 권26
	天台領袖都大禪師行乎 …今上踐祚 以判天台宗事召師	『동문선』 권81 「만덕산백련사중건기 萬德山白蓮社重創記」
선종판사·판선종사	判禪宗事興天寺住持都大禪師少言	1448년 황악산직지사黃嶽山直指寺 장판(藏板) 『현행서방경現行西方經』 간기
	師被選判禪宗事·前禪宗判事守眉	「영암도갑사묘각화상비문靈巖道岬寺妙覺和尙碑文」·『세조실록』 권33 10년(1464) 4월 13일
	禪宗判事僧乃浩	『성종실록』 권140 13년(1482) 4월 5일
	禪宗判事普文	『연산군일기』 권14 2년(1496) 4월 24일
	判禪宗事都大禪師奉恩寺住持普雨	『명종실록』 권11 6년(1551) 6월 25일
	同年秋 又判禪宗事休靜	『청허집』 권6 「자락가」
	判禪宗事都大禪師兼奉恩寺住持覺儀	1559년 자모산연봉사慈母山烟峯寺 개판(開板) 『묘법연화경요해妙法蓮華經要解』 간기
	禪宗判事一椎	『명종실록』 권26 15년(1560) 4월 13일
	判禪宗事兼八道都摠攝國一都大禪師覺性	1635년 조계산송광사曹溪山松廣寺 간판(刊板) 『십지경론十地經論』·『화엄경소주華嚴經疏注』 간기 및 팔공산동화사八公山桐華寺 소장 『대방광불화엄경소주大方廣佛華嚴經疏注』 간기
	判禪宗事通政大夫惠能	1664년 가야산해인사伽倻山海印寺 개간 『운수단작법雲水壇作法』 간기
교종판사·판교종사	判教宗事興德寺住持都大師海超	464년 간경도감刊經都監 개간 『금강경언해金剛經諺解』 발문
	教宗判事雪俊	『성종실록』 권32 4년(1473) 7월 27일
	判教宗事都大師奉先寺住持守眞	『명종실록』 권11 6년(1551) 6월 25일
	嘉靖乙卯夏 初判教宗事休靜	『청허집』 권6 「자락가」
	判教宗事都大師兼奉先寺住持天則	1559년 자모산연봉사 개판 『묘법연화경요해』 간기
판선교사 등	行出家小子 兼判禪教事賜紫都大禪師某(休靜)·判禪教兩宗事都大禪師兼奉恩寺住持 休靜撰	『청허집』 권7 「제부모문祭父母文」·『삼로행적』

하고 양종도회소(兩宗都會所 : 선종은 홍천사에, 교종은 흥덕사에 둠)를 설치하면서 양종의 행수(行首)를 판사라 하였다. 『세종실록』 권90 22년(1440) 8월 7일에 "홍천사 단청은 스님 경여가 그 일을 실지로 주관하였으므로, 내(세종)가 양종판사로서 상을 주고자 한다. 興天寺丹雘 僧瓊如實幹其事, 予欲以兩宗判事賞之"라고 하였다. 양종 판사는 1475년(성종6) 6월 22일에 도성(都城) 안에서 말을 탈 수 있도록 특별히 허용되어 관련 규정이 『경국대전』 형전(刑典)에 전한다. 도회소의 판사 제도는 1504년(연산군10)에 연산군이 홍천사・홍덕사를 폐사시키면서 중단되었다가 1550년(명종5)에 문정왕후(文定王后)가 보우(普雨)를 중용하여 선・교 양종을 부활하면서 이듬해 6월에 복설되었다. 『명종실록』 권11 6년(1551) 6월 25일에 "특명으로 보우를 판선종사 도대선사 봉은사 주지로, 수진을 판교종사 도대사 봉선사 주지로 삼았다. 特命 以普雨爲判禪宗事都大禪師奉恩寺住持 守眞爲判教宗事都大師奉先寺住持", 같은 책 권14 8년(1553) 윤3월 6일에 "교종판사승을 체직해야 하니 선종에서 천망할 일을 예조에 이르라. 教宗判事僧當遞 令禪宗薦望事 言于禮曹", 『청허집』 권6 「자락가 自樂歌」(한불전7, p.716c11)에 "청허자가 가정 을묘(1555・명종10) 여름에 먼저 판교종사가 되고 그해 가을에 또 판선종사가 되었다. 淸虛子 嘉靖乙卯夏 初判教宗事 同年秋 又判禪宗事", 「제월당경헌대사비문」에 "선묘께서 그 절의를 높게 여겨 특별히 판선교양종사에 명하였으나 스님께서 사양하여 받지 않았다. 宣廟高其節 特命判禪教兩宗事 師讓而不受"라고 하였다. 고문헌에 보이는 판사 관련자료는 〈표〉와 같다. 〔참고문헌〕 『世宗實錄』, 『經國大典』, 『明宗實錄』, 『淸虛集』, 『成宗實錄』, 『燕山君日記』, 『牧隱藁』, 『陶隱集』, 『陽村集』, 『東文選』, 『奇巖集』, 李智冠 『校勘譯註歷代高僧碑文』 朝鮮篇1 p.22, 智冠 『韓國高僧碑文總集 朝鮮朝・近現代』 p.120. ⇨ 승관 僧官, 교종판사 教宗判事, 판교종사 判教宗事, 판선종사 判禪宗事 ❷ 조선후기 사찰의 대중살림을 도맡아 하는 소임. 순천 송광사의 경우 1865~1930년까지 판사 외에도 총섭(總攝)・섭리(攝理)・판사(判事)・주지(住持) 등으로 불렀으며, 판사는 1904년 율암찬의(栗庵贊儀)로부터 1911년까지 총 11명이 역임하였다. 〔참고문헌〕 『韓國近世佛教百年史』 권1 「僧團本山」 pp.38~39.

판사 辦事 대중에서 갖가지 일을 맡아 하는 이들을 다 모아 부른 말. 변사(辨事)라고도 한다. 『선림상기전』 권7(대장경보편19, p.261a2)에 "판사 : 상암숭화상이 말했다. '판사란 소료 등을 말한다'. 도충(道忠)이 말한다. '판사를 적절하게 가리키는 옛적 풀이는 없다. 내가 생각하기로 산문의 여러 소임 가운데 잡무를 맡은 사람들을 다 모아 부른 이름이 판사일 것이다. 『백장청규』 권4 「열직잡무」(대정장48, p.1132c25)에 요원・요주・부료・연수당주・정두・화주・원주・마주・수두・회두・장주・감수 등 이들 한 가지 만을 행하는 이들을 근구・몽당・전자 등이라 부를 수 없으므로 판사인으로 삼았을 뿐이다'. 辦事 常菴崇和尙曰 辦事 言小寮等 忠曰 辦事無舊解所的指 余謂 山門列職雜務人 總名辦事也 敕修清規列職雜務 所謂 寮元 寮主 副寮 延壽堂主 淨頭 化主 園主 磨主 水頭 炭頭 莊主 監收等 此一行人 不可稱勤舊 蒙堂 前資等 故可以爲辦事人也"라고 하였다. 〔참고문헌〕 『禪林象器箋』, 『百丈清規』.

판사명왕 辦事明王 여래를 위해 여러 일을 맡아서 처리하는 명왕. 삼부(三部) 또는 오부(五部)에 따라 다르게 이름 붙인다. 금강부에서는 금강군다리명왕이라 하고 연화부에서는 연화군다리라 하며 불부에서는 부동명왕이라 한다. 일반적으로 부동명왕이라 한다. 『대일경소연오초』 권3(대정장59, p.28a23)에 "판사명왕의 수인과 진언으로 공양하고 모든 공양구를 깨끗하게 하여 봉헌한다. 판사명왕이란 부동・삼세・군다리 등의 존격이다. 供養以辦事明王印明 淨諸供具奉獻之 辦事明王者 不動降三世軍荼利等尊也", 같은 책 권8(대정장59, p.78b21)에 "부동존의 호에서 부동존 등을 쓴다는 것은 호지법을 밝힌 것이다. 그러나 부동존은 태장계의 판사명왕이므로 이 존격의 수인과 진언으로 가지한다. 일류로서 비전하기를 이 존을 지천신으로 여겼는데, 『최승왕경』의 가타에서 '견뢰지천의 부동심'이라고 하였으니 가히 그렇게 생각할 수 있겠다. 不動護地之中 卽用不動等者 明護地法 然不動尊胎藏辦事明王 故以此尊印明而加護之 一流祕傳 此尊爲地天神 最勝王經伽陀云 堅牢地天不動心 可思之"라고 하였다. 〔참고문헌〕 『大日經疏演奧鈔』.

판사염 販私鹽 몰래 소금 팔다. 허가받지 않은 소금을 팔다. 사염이란 세금을 내지 않고 공적으로 허가받지 않은 소금으로 관청의 허가를 받는 관염(官鹽)이 아니라는 뜻이다. 공공연한 격식으로는 거래할 수 없는 선종에서의 전승방식의 비유다. 『목암안영화상어』(속고존숙어요5, 卍속장119, p.123b4)에 "부족한 곳 조금 덜어내고 넘쳐나는 곳은 더한다고 하니, 나 백운이 다니는 대로에서 허가받지 않은 소금을 파는 일일세. 한 가닥 명줄까지 내던지고, 당초의 엄한 왕명도 두려워하지 않는구나. 少處減些多處添 白雲官路販私鹽 一條性命俱抛下 不怕當初王令嚴", 『솔암범종어록』 「불조찬 佛祖贊」(卍속장121, p.124b12)에 "달마 : 몰래 소금 팔아먹을 맘 품고 무단히 국경 넘어서 양왕과 마주쳤으나, 자신의 패배 감당하지 못하고 관장을 어지럽히고 말았으니, 남들의 비웃음만 받았다네. 양 어깨 짊어진 짐 풀었으나 지금껏 팔고 사는 일일랑 전혀 없다네. 達磨 因販私鹽 無

端過界 撞著梁王 不勘自敗 狼藉官場 遭人笑怪 匾檐脫却兩頭 至今全無買賣", 『송원숭악어록』 권상(卍속장121, p.588b13)에 "낭야는 이렇게 쪼개어 속을 드러내었으니, 참으로 대로에서 허가받지 않은 소금을 파는 일이었다. 瑯琊恁麽剖露 也是官路販私鹽"라고 하였다. [참고문헌] 『木菴安永和尙語』, 『率菴梵琮語錄』, 『松源崇嶽語錄』, 『方珠玉集』, 『南石文琇語錄』, 『聯燈會要』, 『從容錄』 13則 「著語」(대정장48, p.235c3). ⇨ 판사염 販私鹽

판사염한 販私鹽漢 소금 밀매업자. 사사로이 몰래 소금을 파는 사람. 소금이 공적인 전매품이었던 시절에 민간에서 소금을 매매하는 일은 허용되지 않아 은밀하게 거래할 수밖에 없었다. 여기서 파는 사람과 사는 사람 이외에는 알 수 없게 한다는 의미를 빌려와, 세간에서 드러내 행하는 격(格) 밖에서만이 행할 수 있는 선종의 이심전심의 뜻을 취한 비유다. 판사염적 또는 판사염객이라고도 한다. 『경덕전등록』 권10 「조주종심전 趙州從諗傳」(대정장51, p.277c20)에 "조주가 새로 들어온 스님에게 물었다. '어디서 왔는가?' '남쪽에서 왔습니다' '조주관을 아는가?' '무엇보다 빗장 거치지 않는 이도 알아보셔야 합니다' '이 소금 몰래 파는 이로군!' 師問新到僧 什麽處來 僧云 從南來 師云 還知有趙州關否 僧云 須知有不涉關者 師云 遮販私鹽漢", 『조주어록』(고존숙어록14(卍속장118, p.320b11)에 "'큰 길로 가지 않을 때는 어떻습니까?' '그 사람 소금 밀매업자지!' '다시 큰 길로 갈 때는 어떻습니까?' '나에게 통행증명서를 보여야지'. 問 不行大道時如何 師云 者販私鹽漢 云 却行大道時如何 師云 還我公驗來", 『염팔방주옥집』 권하(卍속장119, p.294a11)에 "몰래 소금 파는 이 같아서 불법을 속속들이 아는 이라 부르려 했었는데, 알고 보니 부처가 없는 곳에서 존자로 칭송받았다. 販私鹽漢 將謂會盡佛法 元來是無佛處稱尊", 『남석문수어록』 권1(卍속장124, p.379a6)에 "여래께서 세상에 출현하여 교법을 펼쳤으나 똥지게를 짊어진 일꾼에 불과하였고, 달마가 선법을 전하고자 서천에서 왔으나 길흉을 팔아먹는 점쟁이에 지나지 않았다. 그 나머지 덕산·임제·운문·위산·설봉·현사·남전·조주는 각각 기봉을 드러내 분나눠가며 비추고 썼지만 온통 다 허가받지 않은 소금을 팔아먹는 도둑일 뿐이다. 나 신보문의 이곳에서 일시에 저들 말끔히 쓸어 없애 주겠다. 왜 그런가? 다행히 요순의 때를 맞이했으니 저절로 무위를 즐겨도 마땅하리. 如來出世 是擔屎漢 祖師西來 是賣卜人 自餘德山臨濟 雲門潙山 雪峰玄沙 南泉趙州 各逞機鋒 互分照用 盡是販私鹽賊 新普門這裏 一時與他掃蕩 何故 幸逢堯舜世 自合樂無爲", 『연등회요』 권14 「보봉홍영장 寶峰洪英章」(卍속장136, p.665b15)에 "연을 장악하고 조를 물리칠 인재로 여겼건만 원래 허가받지 않은 소금을 팔아먹는 도둑놈이었구나. 將謂是收燕破趙之才 元來是販私鹽賊"라고 하였다. [참고문헌] 『景德傳燈錄』, 『趙州語錄』, 『拈八方珠玉集』, 『南石文琇語錄』, 『聯燈會要』, 『從容錄』 13則 「著語」(대정장48, p.235c3). ⇨ 판사염 販私鹽

판사진언 辦事眞言 호마단을 축성하거나 공양구를 청정하게 안치할 때 쓰는 진언. 판사명왕(辦事明王)의 진언이다. 성판사진언(成辦事眞言)·변사진언(辨事眞言)이라고도 한다. 일정하게 정해지지 않고 부에 따라 다르게 쓰이는 벽사(辟邪)의 진언을 가리킨다. 『소실지갈라공양법』 권중(대정장18, p.698a9)에 "향수를 가득담고 부류와 상중하에 따라 꽃을 안치하여 판사진언을 외운다. 다시 부모진언 등을 외우고 알가수를 진언으로 가지하여 왼쪽에 안치한다. 판사진언과 수인은 앞에서 말한 벽사 등의 진언과 수인이 그것이다. 盛滿香水 隨部類及上中下 而置諸花 以辦事眞言持誦 復以部母眞言等持誦 卽以閼伽水持誦置於左邊 辦事眞言及手印 前所說辟除等眞言手印是也", 『대일경소』 권5(대정장39, p.630a15)에 "또한 여기에서 삼부의 만다라에 따라 각 부의 심진언 또는 부모진언을 써서 가지한다. 이 경전에서는 판사진언을 통용하여 가지한다. … 판사진언으로 온갖 곤란을 물리쳐 없애고 공양구를 안치한다. 又彼中隨作三部漫荼羅 各用部心 或部母眞言加持 今此經中 通用辦事眞言加持 … 辦事眞言 僻除諸難 置諸供具也", 같은 책 권8(대정장39, p.666a9)에 "관정하려 할 때 판사진언을 활용하여 자리를 가지하고 연화대 위에 안치한다. 凡欲灌頂時 用辨事眞言加持座物 安置蓮花臺上", 『대일경의석』 권3(卍속장36, p.598b1)에 "매일 삼시에 판사진언을 외우고 백팔번 이 병을 가지한 후에 다른 작법을 행한다. 當日日三時 誦辦事眞言 一百八遍加持此缾 然後作餘事業也"라고 하였다. [참고문헌] 『蘇悉地羯羅供養法』, 『大日經疏』, 『大日經義釋』. ⇨ 판사명왕 辦事明王

판석 判釋 경론의 취지를 판단하여 그 의리를 풀어내는 일. 『사교의집해』 권상(卍속장102, p.3a7)에 "판석이라는 말에서 판은 쪼개어 판가름한다는 뜻의 부판 또는 나누어 가린다는 뜻의 분판이고, 석은 풀어낸다는 뜻의 해석 또는 소석이다. 判釋者 判謂剖判分判也 釋謂解釋消釋也"라고 하였다. 대소(大小)의 근기에 맞추어 중생에게 이익을 주는 부처님 일대교설에 대한 풀이 곧 교상판석(敎相判釋)을 말한다. 『법화현의석첨』 권5(대정장33, p.849b20)에 "천태의 옛사람에게 사교판석이란 없었고, 다만 대승과 소승을 서로 마주하게 해서 진실을 밝혔을 뿐이었다. 古人旣無四敎判釋 但以大小相對明諦", 『반약심경약소연주기』 권상(대정장33, p.559c21)에 "이 경전은 권과 실을 쌍으로 드러내고 점과 돈을 아울러 보였다. 이에 관한 각 종의 판석이 같지 않기에 후대의 밝은 논사들일지라도 잘못이 많도록 했다. 斯經 權實雙彰 漸頓兼唱 諸宗判釋不同 故使後賢多誤", 『능엄경보경소』 권8(卍속장90, p.828b18)에 "『영락경』과 『인왕경』 등 모든 경전과 모든 논에 의지해 판석한 것들을 보면, 비록 각각 근거가 있어서 옳지 못함은 없기도 하니 모든 경의 의리는 상호 다른 점을 지니고 있기 때문이다. 有依瓔珞仁王 諸經諸論 而判釋者 雖各有據 亦無不可 但諸經義理 互有差殊"라고 하였다. [참고문헌] 『四敎義集解』, 『法華玄義釋籤』, 『般若心經略疏連珠記』, 『楞嚴經寶鏡疏』. ⇨ 교상판석 敎相判釋

판선종사 判禪宗事 조선전기 선종의 최고 승직. 도대선사(都大禪師)의 법계를 수지한 스님에게 수여되었다. 선종판사(禪宗判事)라고도 하였다. 「도갑사묘각화상비문 道岬寺妙覺和尙碑文」에 "수미(守眉) 왕사는 판선종사에 피선되어 가로로 터진 물결을 막고 거꾸러졌던 물결을 되돌려, 종문에 보탬이 되었다. 師被選判禪宗事 防橫決之波 廻旣倒之瀾 宗門有賴焉"라고 하였다. [참고문헌] 李智冠 『校勘譯註歷代高僧碑文』 朝鮮篇1 p.322, 『現行西方經』 「跋文」(한불전6, p.876c9). ⇨ 판사 判事[1], 선교양종 禪敎兩宗, 도대선사 都大禪師, 법계 法階

판설 辦設 가려 베풀다. 『찬집백연경』 권5(대정장4, p.225b2)에 "음식과 반찬을 가려 베풀고는 부처님과 스님들께 드시라고 청하였다. 辦設餚饍 請佛及僧", 『대승집보살학론』 권1(대정장32, p.78a7)에 "비유컨대 왕이나 왕의 신하가 모든 성읍인민에게 배불리 먹이려 하면서 마시는 것이든 먹는 것이든 모은 뒤에 모두 버리게 되어 모든 인민들에게 가려 베풀 수 없게 된다면 속임을 당한 동시에 음식을 조금도 얻지 못하여 소리 높혀 욕을 하고 화를 내며 떠날 것이다. 譬如世間 若王王臣 欲餉一切城邑人民 集已棄捨 若飮若食 不爲辦設 於諸人民 則爲虛誑 而於飮食 少不可得 高聲呵責 忿恚而出"라고 하였다. [참고문헌] 『撰集百緣經』, 『大乘集菩薩學論』.

판수 判首 갈마나 작법 등을 행할 때 향·화·촉·다·공(香華燭茶供) 등을 올리며 의식의 차제(次第)를 돕고 대중을 보살핀다. 판수(判手)라고도 한다. 『오종범음집』 권상 「영산작법 靈山作法」(한불전12, p.157c20)에 "(유나가 문을 세 번 두드리면) 좌우판수가 각기 한 짝을 잡아 문을 연다. 左右判首 各執一隻開門", 같은 책(한불전12, p.161b7)에 "판수가 도자로 하여금 나아가 공양케 한다. 判首令道者進供", 같은 책(한불전12, p.63c16)에 "판수가 사미 넷을 데리고 꿇어앉아 좌우로 꽃을 뿌리며 향화청을 한다. 判首領沙彌四人 跪左右散花云 香花請", 『산보집』 권상(한불전11, p.473c13)에 "판수가 사미들을 데리고 향적전에 나아가 상단에 헌공한다. 判首領諸沙彌 詣香積殿 獻供於上壇"라고 하였다. [참고문헌] 『五種梵音集』, 『刪補集』, 『作法龜鑑』 권하(한불전10, p.591a20), 『釋門儀範』 권하(p.165) 齋時龍象榜. ⇨ 용상방 龍象榜, 재시용상방 齋時龍象榜

판심 板心 60심 중 하나. 물위에서 일정한 무게만을 버틸 수 있는 판자와 같이하는 마음. 선업을 닦음에 있어서 한계를 살펴 안주하는 마음을 말한다. 『대일경소』 권2(대정장39, p.599b17)에 "경전에서 '판심이란 무엇인가? 자기의 깜냥만큼만 수행하고 나머지 선법을 버리는 것을 말한다'라고 하였다. 예컨대 판자가 물 속에 있으면 그것이 감당할 수 있는 분량에 따라 물건을 싣고 그 한계를 넘으면 이기지 못하고 끝내 기울어져 그것을 버리게 된다. 이 사람의 마음 역시 그러하다. 선법을 간택하되 행업은 자신의 능력만큼만 하는데 한 가지 일을 마치고 이렇게 말한다. '나는 위로부터 받은 이래 오직 이 법을 행할 뿐이고 다른 것은 모른다'라고 말하거나 내지는 팔재계를 수습하여 버리지 않지만 다른 선법은 행하려 하지 않는다. 지혜와 실천을 배우고자 일으키는 광대한 마음으로 이것을 대치한다. 云何板心 謂順修隨量法 捨棄餘善故者 如板在水中 隨其分量受載諸物 過限則不能勝 終亦傾棄之 此人心亦爾 簡擇善法業隨己力分行一事已便作是語 我承上以來 唯行此法不知其他 乃至習行八齋卽不捨離 更不慕行餘善 以發廣大心學善提行 是所對治"라고 하였다. [참고문헌] 『大日經疏』.

판어 判語 가려 말해주다. 끊고 화해시키는 판결문. 『벽암록』 42칙 「본칙 本則」(대정장48, p.179b22)에 "방거사(龐居士)가 다시 한 대 때리고 말했다〈과연 눈 위에 서리가 앉았다. 몽둥이 맛을 보고서야 솔직하게 고백하겠군〉. '눈으로 보지만 장님 같고, 입으로 말하지만 벙어리와 같다'〈다시 둘 사이를 화해시키는 말이 있었다. 거듭하여 그들에게 판결문을 읽어 준다〉. 士又打一掌〈果然 雪上加霜 喫棒了呈款〉云 眼見如盲 口說如啞〈更有斷和句 又與他讀判語〉"라고 하였다. [참고문헌] 『碧巖錄』.

판자브 Pañjāb 현재 인도 북부와 파키스탄 중북부에 걸친 지역. 페르시아어로 '다섯(panj Ⓢ pañca) 줄기의 강(āb Ⓢ ap)이 있는 땅'이라는 뜻에서 기원한 이름으로 오하지방(五河地方)·오강(五江)·오대하(五大河)라고도 불리며, 방차보(旁遮普)라고 음사된다. 베다시대에는 '일곱 개의 강(Sapta-sindhu)이 흐르는 땅'이라고 불렸으나, 그 후 서사문헌에서는 '다섯 갈래로 흐르는 강(Ⓢ Pañcanāda)의 땅'이라 부른다. 다섯은 베아스강(Beas Ⓢ Vipāśā)·체나브강(Chenab Ⓢ Candrabhāgā, Aksinī)·젤룸강(Jhelum Ⓢ Vitastā)·라비강(Ravi Ⓢ Irāvatī, Paruṣṇī)·수틀레지강(Sutlej Ⓢ Śatadru)을 말한다. ⇨ 오하 五河[2]

판장 板帳 창의(唱衣)의 수납(受納)과 장례(葬禮) 비용 일체를 적은 장부. 그 서식을 판장식(板帳式)이라 한다. 입적한 스님의 물건을 값을 치르고 다른 스님에게 넘겨준 일체의 금전거래를 기록한 장부로서 총림에서는 자신의 것으로 몰래 비축하는 일을 경계하기 위해 실행한다. 『백장청규』 권7 「판장식」(대정장48, p.1150a2)에 "판장을 베푸는 일은 옛부터 서식으로 정해져 있어서 반드시 여러 판에 적어야만 했다. 이는 고쳐서는 안 됨을 보인 것이다. 그러므로 총림에서 입적하는 일이 생기면 판장이 따라붙는다. 어떤 스님이 입적할 경우, 그가 소유했던 옷가지나 물건을 대중에게 고의(估衣)와 창의(唱衣)의 형식으로 값을 매겨 넘겨야 하며 욕심을 내어 자신이 쌓아두려 하면 징계를 받는다. 고의와 창의로 얻은 돈은 누락이 없는지 반드시 판장과 대조해야 한다. 板帳之設 蓋古者凡立成式 必書諸板 示不可移易也 故叢林亡僧 有板帳焉 凡僧亡 以其所有衣物 對衆估唱 懲貪積也 估唱得錢 必照板帳", 『총림교정청규총요』 권하(卍속장112, p.44a8)에 "또는 서당은 창의하여 얻은 금전이 많을 경우 판장의 사례에 얽매여서도 안 되며, 마땅히 의방을 들어올리거나 진영을 걸거나 다탕을 올리는 등의 불사에 보태야 하며, 나아가 대중공양으로 베푼다. 或西堂 唱衣錢多 又不可以板帳事例爲拘 當與添佛事 如提衣挂眞茶湯之類 仍與之齋僧"라고 하였다. 〔참고문헌〕 『百丈清規』, 『叢林校定淸規總要』.

판장식 板帳式 드러내 적어 모두가 볼 수 있게 한 장부 양식. 『백장청규』 권7 「판장식」(대정장48, p.1149b11)에 "아무게라 불리는 망승의 의발을 경매로 내어놓아(고창) 모은 돈의 출입(수지)을 아래 항과 같이 빠짐없이 적는다. 今具估唱亡僧某甲稱呼"라고 한 다음 고창한 물품의 조목과 수지 명목을 자세히 하나씩 나열하고 마지막에 이를 집행한 날짜와 담당한 소임 스님들의 이름을 쓰고 날인하며, 마지막에 주지가 날인하는 형식이다. 이어서 "판장 베푸는 일은 대개 옛사람들이 양식으로 굳혀두고자 반드시 공식적인 판에 적어 바꿀 수 없다는 뜻을 분명히 보여주어야 했을 것이다. 그러므로 총림에서 어떤 스님이 입적할 경우 판장을 두었다. 板帳之設 蓋古者凡立成式 必書諸板 示不可移易也 故叢林亡僧 有板帳焉"라고 하였다. 〔참고문헌〕 『百丈清規』.

판재 判齋 ➡ 판재료 辨齋料

판재료 辨齋料 재에 필요한 것들을 가려 준비하다. 재주가 시주한 양과 재에 참여한 승속 대중의 수를 살펴 가리는 일이다. 『선원청규』 권6 「중연재 中筵齋」(卍속장111, p.908a9)에 "시주가 사원에 들어와 중연재를 청하는 일이 생기면, 감원은 먼저 오신 손님과 스님들의 수를 살펴 음식재료와 보시금 등을 얼마나 준비해야 되는지를 묻고는 주지에게 알린다. 전좌와 같이 음식 만드는 일을 정하고 재료를 마련한다. 직세는 좌위를 안배하되 고사나 법당 위에 둔다. 향화나 천막 등은 산문의 힘에 따라 한다. 서장은 재주의 뜻에 따라 문소를 쓰고 유나는 조패를 준비해 둔다. 如遇施主 入院作中筵齋 監院先問 外請僧俗客若干 食襯錢各若干 然後報住持人知 同典座定食 次辨齋料 直歲安排坐位 或在庫司 或法堂上 香花奕幕 隨家豐儉 書狀依吉凶齋意 修寫文疏 維那安排坐位照牌"라고 하였다. 〔참고문헌〕 『禪苑淸規』. ⇨ 재 齋

판전 板殿 경판(經板) 등을 진장하고 열람하기 위해 조성한 전각. 우리나라 사찰에서 부처님 말씀인 책으로 된 불경을 보관하는 전각은 통일신라시대 황룡사의 경루가 조영되고 있어 이른 시기부터 등장하고 있다. 목판으로 조성된 경판을 봉안하기 위한 전각은 조선초기에 건립된 해인사장경판전(국보 제52호)이 가장 이른 시기의 사례이지만, 사찰마다 사간판(寺刊板)을 따로 진장했던 사례가 다수여서 소규모 판전의 사례는 적지 않다. 조선시대 추사(秋史) 김정희(金正喜)가 건립에 참여한 봉은사(奉恩寺) 판전이 있는데, 이는 화엄경 경판을 봉안하기 위해서 특별히 건립한 것으로 추사의 현판 글씨가 남아 있다. ⇨ 대장전 大藏殿, 장경각 藏經閣, 해인사장경판전 海印寺藏經板殿

판지 判知 가려 알다. 지혜로 알아채다. 『대반열반경의기』 권5(대정장37, p.742c12)에 "마음이 만약 변치 않는 것이라면 기억에 담아 둔 모든 법 마땅히 잃지 않아야 할 것이다. 앞의 제3에서 '생각을 오롯이 하여 변치 않음을 증명하려면 마땅히 삼매로서 머무를 뿐이니, 어떤 연으로 망실할 수 있겠는가를 무너뜨린다.' (이와는 달리) 담아 둔 생각을 잃어버게 되니 영원할 수 없음을 가려 안다. 心若常者 諸憶念法 不應忘失 破前第三 專念證常 常應定住 何緣忘失 所念忘失 判知非常", 『선원몽구』 권중 「달마사행 達磨四行」(卍속장148, p.238b13)에 "경에 '구하는 모든 것은 괴로움이니 구하지 않아야 즐거움이다'라고 하였다. 이로써 구하지 않음이 진실로 도행임을 분명하게 알 수 있다. 그러므로 '구할 일이 없는 행'이라 한다. 經云 有求皆苦 無求乃樂 判知無求 眞爲道行 故言 無所求行也"라고 하였다. 〔참고문헌〕 『大般涅槃經義記』, 『禪苑蒙求』.

판진 判盡 가려 다하다. 판단해 남김없이 하다. 『능엄경정맥소』 권1(卍속장18, p.327b18)에 "이제 세 가지 이름으로 바른 종을 가려 다하니, 처음부터 끝까지 오직 이 하나의 정(定)일 뿐이다. 今以三名 判盡正宗 足顯始終 惟是一定", 『사교의주휘보보광기』 권1(卍속장102,

p.310b11)에 "천태종은 여덟 글자로써 경의 리를 가려 다한다. 곧 소승을 꺾고 기울음을 물리쳤으며, 대승을 찬탄하고 원교를 기린다. 今家八字 判盡經理 謂折小彈偏 歎大褒圓", 『삼산등래어록』 권2(가흥장29, p.696b14)에 "자주 무라는 한 글자 드러내 보였더니, 혀끝 칼처럼 예리하고 눈은 진주처럼 빛났다네. 갈등 남김없이 가려 다해서 더 할 일 없으니, 가벼운 거룻배 타고 오호에서 자유롭다네. 數卷呈來一字無 舌頭如劍眼如珠 葛藤判盡無餘事 好駕輕舠泛五湖"라고 하였다. [참고문헌] 『楞嚴經正脈疏』, 『四教儀註彙補輔宏記』, 『三山燈來語錄』.

판차브릭샤 Pañcavṛkṣa 인도신화에서 기원한 다섯 주의 신성한 나무. 『아마라코샤 *Amarakośa*』(p.15)에 "이 다섯 주에 신성한 나무 있으니 만다라 · 파리자타카 · 삼타나 · 칼파브릭샤 · 하리찬다나라네. pañcaite devataravo mandāraḥ pārijātakaḥ, santānaḥ kalpavṛkṣaś ca puṃsi vā haricandanam"라고 하였다. [참고문헌] *Amarakośa*.

판차자나 Pañcajana ❶ 인도 베다 문헌에서 제사장(Ⓢ hotṛ)이 제사를 바치는 다섯(Ⓢ pañca) 존재(Ⓢ jana)들. 『아이타레야브라흐마나 *Aitareya-brāhmaṇa*』(p.79)에 "신과 인간, 간다르바와 압사라스(半神), 뱀과 조상, 이 다섯 존재를 말한다. devamanuṣyāṇāṃ gandhravāpsarasāṃ sarpāṇāṃ ca pitṛṇāṃ caiteṣāṃ vā etat pañcajanānām uktham"라고 하였다. [참고문헌] *Aitareya-Brāhmaṇa*. ❷ 인도 서사시에서 비슈누 신의 화신인 크리슈나(Ⓢ Kṛṣṇa)가 무찌른 악마의 이름. 판차자나는 바다를 다스리며 소라고둥 안에 사는 것으로 그려진다. 『바가바타푸라나 *Bhāgavata-purāṇa*』(X.45.40)에 "대양이 (크리슈나에게) 아뢰길 '신이시여, (당신 스승의 아들을) 납치한 것은 제가 아닙니다. 그건 강력한 신 판차자나입니다. 크리슈나여, 그는 물 안에 살며 소라고둥 모양을 한 아수라입니다. śrīsamudra uvāca, na cāhārṣam ahaṃ deva daityaḥ pañcajano mahān, antarjalacaraḥ kṛṣṇa śaṅkharūpadharo 'suraḥ"라고 하였다. [참고문헌] *Bh-p*.

판차탄트라 Pañcatantra 다섯 편의 인도고전 설화집. 산스크리트어로 쓰였으며 게송과 운문으로 구성된 액자식 이야기다. 첫 번째 권은 '벗과의 결별(Ⓢ mitrabheda)'이라는 주제 아래 30가지 이상의 우화가 담겨 있는데, 전체 작품에서 가장 많은 양을 차지한다. 두 번째 권은 '벗을 얻음(Ⓢ mitra-saṃprāpti)'이란 주제로 까마귀 · 쥐 · 거북이 · 사슴의 이야기를 다루며 총 10편의 이야기로 구성된다. 세 번째 권은 '까마귀와 올빼미(Ⓢ kākolūkīya)'란 제목으로 전쟁과 평화에 관한 18가지 우화를 다룬다. 네 번째 권은 '얻은 것도 잃어버림(Ⓢ labdha-praṇāśa)'이란 제목으로 13가지 우화가 실려 있다. 앞의 세 권이 보시 등의 행위와 그 과를 다뤘다면, 네 번째 권은 해서는 안 되는 행위와 그 과에 대해 이야기한다. 다섯 번째는 제목 그대로 '성급한 행위(Ⓢ aparīkṣita-kāraka)'를 다룬 12가지 이야기다. 인도의 동물우화는 초기 우파니샤드와 고대서사시 『마하바라타 *Mahābhārata*』부터 붓다의 본생담(Ⓢ Jātaka)에 이르기까지 그 전통이 아주 오래되었다. 『판차탄트라』 또한 오랜 시간에 걸쳐 편집되고 유통되었는데, 독일인 헤르텔(Hertel, Johannes)이 샤라다(Śarada)문자의 필사본을 통해 교정편집한 『탄트라캬이카 *Tantrākhyāyika*』가 현재까지 전해지는 『판차탄트라』의 가장 오래된 근대 이후 편집본이다. 에저튼(Edgerton, Franklin)도 남인도사본들을 중심으로 편집본을 출간했다. 『판차탄트라』라는 제목으로 기원후 550년경에 이미 팔라비(Pahlavi)어로 번역되었다는 점, 정치 · 군사 등의 기술을 다룬 카우틸랴(Kauṭilya)의 『아르타샤스트라 *Arthaśāstra*』 등이 직접인용된다는 점 등을 들어 성립시기를 기원후 3~5세기로 추정한다. 이외에도 라틴어 · 아랍어 · 히브리어 등으로 번역되어 인도를 넘어 광범위한 지역에까지 영향을 준 것으로 알려진다. 또 다른 인도우화집 『히토파데샤 *Hitopadeśa*』도 『판차탄트라』의 후기개정본 중 하나라고 할 수 있다. [참고문헌] Patrick Olivelle *Pancatantra, The Book of India's Folk Wisdom* (Oxford University Press, 1999), 강성용 「빤짜딴뜨라*Pañcatantra*의 전승과 교훈」(『구비문학연구』37, 2013) pp.179~223. ⇨ 히토파데샤 Hitopadeśa

판찰리 Pāñcālī ❶ 『마하바라타 *Mahābhārata*』 등의 인도서사시에 등장하는 판다바들의 부인인 드라우파디(Ⓢ Draupadī)의 별칭. ❷ 인도문학에서 시학자(詩學者)인 바마나(Ⓢ Vāmana)는 시작(詩作)의 핵심을 리티(Ⓢ Rīti)라고 부르며, 시작 스타일을 지역에 따라 바이다르비(Ⓢ Vaidarbhī) · 가우디야(Ⓢ Gauḍīyā) · 판찰리(Ⓢ Pāñcālī)의 셋으로 나눈다. 이후 또 다른 시학자인 보자(Ⓢ Bhoja)는 이 목록에 라티야(Ⓢ Lātiya) · 아반티(Ⓢ Āvantī) · 마가디(Ⓢ Magadhī)를 더한다. [참고문헌] *Kāvyālaṃkārasūtra-vṛtti.1.2.9.*

판첸라마 Paṇ-chen-bla-ma 티베트불교 게룩(Ⓣ dGe-lugs)파에서 관세음보살의 화신인 달라이라마를 따라 이어온 법왕(法王)으로서 아미타불의 화신이라 여겨지는 활불(活佛 Ⓣ sprul-sku)을 부르는 이름. 전후대를 이어 서로 환생의 정통성을 인가하고 교육하는 관계다. 판첸이란 위대한 학자(Ⓣ paṇḍita-chen-po, Ⓢ mahāpaṇḍita)의 약어로 반선라마(班禪喇嘛) 또는 라마라고 한역된다. 판첸라마라는 전통적으로 타쉴훈포(Ⓣ bKra-shis-lhun-po)사원의 수장에게 내려지며, 시가체(Ⓣ gZhis-ka-rtse)를 위시한 창(Ⓣ gTsang)지역을 관장하였다. 실질적 계보는 제5대 달라이라마(Ⓣ Ngag-dbang-blo-bzang-rgya-mtsho 1617~1682)가 타쉴훈포사원의 제16대 주지였던 최키겔첸(Ⓣ Chos-kyi-rgyal-mtshan 1570~1662 : 로상 츄기 겐쩬)에게 이 칭호를 전승하면서 시작되었다. 하지만 타쉴훈포사원 전통에 따르면 최키겔첸은 이미 선대 세 수장인 캐둡제겔렉펠장포(Ⓣ Mkhas-grub-dge-legs-dpal-bzang-po 1385~1438 : 게렉 펠쌍뽀)와 쇠남촉키랑포(Ⓣ Bsod-nams-phyogs-kyi-glang-po 1438~1505), 그리고 벤사파롭상된둡(Ⓣ Dben-sa-pa-blo-bzang-don-grub 1505~1568)을 잇는 화신으로 여겨졌기에, 제4대 판첸라마로 불렸다. 이와 달리 제3대 달라이라마가 이끌던 간덴포당(Ⓣ dGa'-ldan-pho-brang)정부는 그를 제1대로 간주했다. 사원전통에 따르자면 5대 판첸라마는 롭장예셰(Ⓣ bLo-bzang-ye-shes 1663~1737), 6대는 롭장팰댄예셰(Ⓣ bLo-bzang-dpal-ldan-ye-shes 1783~1780), 7대는 팰댄탠페니마(Ⓣ dPal-ldan-bstan-pa'i-nyi-ma 1782~1853), 8대는 탠페왕축(Ⓣ bsTan-pa'i-dbang-phyug 1857~1882), 9대는 툽탠최키니마(Ⓣ Thub-bstan-chos-kyi-nyi-ma 1888~1937), 10대는 틴래휜둡최키겔첸(bLo-bzang-phrin-las-lhun-grub-chos-kyi-rgyal-mtshan 1938~1989)으로 이어져왔다. 10대 판첸라마가 입멸하고 제14대 달라이라마가 인도로 망명한 뒤인 1995년에 11대 판첸라마로 게둔최키니마(Ⓣ dGe-'dun-chos-kyi-nyi-ma 1989~? : 치에키 니마)가 임명되었으나, 중국정부가 이를 거부하며 게둔최키니마와 가족을 구금했고, 최키겔포(Chos-kyi-rgyal-po 1990~ : 기알챈 노르부)라는 소년을 대신 내세웠다. ⇨ 반선라마 班禪喇嘛

판첸쇠남닥파 Paṇ-chen-bsod-nams-grags-pa 1478~1554. 티베트불교 겔룩파의 스님으로 쇠남닥파(Ⓣ bSod-nams-grags-pa)라고도 부른다. 제15대 간댄티파(Ⓣ dga'-ldan-khri-pa, 간덴사의 승원장)는 물론 세라와 데풍 사원의 승원장도 역임했다. 제 2대 달라이 라마의 가르침을 받았으며 이후 3대 달라이라마의 스승이 되었다. 겔룩파의 체탕(Ⓣ rTsed-thang)사원에서 출가하여 기본 교육을 마치고 16세에 세라사원으로 된외팰댄(Ⓣ Don-yod-dpal-lan 1445~1524) 등을 스승으로 겔룩파의 5대 주제(현관장엄론, 중관학, 구사론, 인명, 비나야)를 배우고 겔룩파의 상급 밀교대학인 규퇴다창(Ⓣ rGyud-stod-grwa-tshang)에서 최댄로되(Ⓣ Chos-ldan-blo-gros ?~1511)를 스승으로 탄트라 전통을 수학했다. 이후 그의 스승이였던 2대 달라이라마로부터 데풍사에 속한 대학의 학장으로 임명되었다. 1529년, 55세에 제 15대 간댄티파가 되어 7년간 승원장으로서 소임을 한 후 66세가 되던 해부터 4년 동안 데풍사원의 승원장을 지내면서 제 3대 달라이라마를 가르쳤으며, 이후 세라사원의 승원장을 지냈다. 그의 저서들은 겔룩파사원의 승원 교육의 교재로 현재까지 사용되고 있다. [참고문헌] Grags pa 'byung gnas·Rgyal ba blo bzang mkhas grub *Gangs can mkhas grub rim byon ming mdzod*(Lanzhou : Kan su'u mi rigs dpe skrun khang, 1992) pp.986~988.

판치 板齒 앞니. 『원오어록』 권7(대정장47, p.746b28)에 "대중이여, 한겨울 엄혹한 추위에 천산만산에서 물방울 떨어지자마자 그대로 얼어붙어 덩어리진다. 얼어버린 달마앞니도 떨어뜨리고, 금까마귀 주둥이도 얼어붙었다. 大衆 仲冬嚴寒 千山萬山 滴水滴凍 成塊成團 凍得達磨板齒落 氷得金烏嘴團圝", 『석암소화상어』(속고존숙어요5, 卍속장119, p.107a10)에 "달마는 그 해에 앞니 없이 길을 따라 일부러 사막 건넜다. 達磨當年無板齒 祇應特地過流沙", 『대천보제어록』(卍속장121, p.319a11)에 "언계화상이 찾아온 기념으로 법좌에 올라 말했다. '같은 가지인가? 같은 가지가 아닌가? 심안으로 스스로 비추어 보고 거듭하여 절개를 따지더니 몰란결에 박수치며 웃는다. 말해 보라! 무엇 때문에 웃었을까? 선사는 앞니가 없었고 눈썹은 한 줄기 붙어 있을 뿐이었다'. 偃谿和尙至 上堂 同條不同條 心眼自相照 翻覆論歲寒 不覺拍手笑 且道 笑箇甚麽 先師無板齒 眉毛只一莖", 『요암청욕어록』 권2(卍속장123, p.617b16)에 "달마대사의 기일에 향을 사르고 말했다. '이곳과 서천에서 오직 전하여 곧바로 가리키더니, 눈썹을 지키려다 앞니를 잃고서는 신발 한 짝 빈 관에 남겨 두어 귀신을 속이고 희롱하였다. 훌륭하구나, 할 일 마친 이여! 그대 보고 웃을 이는 없다네'. 祖忌拈香 此土西天 單傳直指 護得眉毛 打失版齒 隻履空棺 謾神謔鬼 可憐無事人 未能笑得你", 『희수소담광록』 권1(卍속장122, p.201a1)에 "수좌·감사·수두에게 감사하는 뜻으로 법좌에 올라 말했다. '양기가 가시 돋힌 밤송이라면 임제는 청량한 나무다. 호미에 자루가 없으니 심어서 기르기 아주 좋고, 앞니에 곰팡이 슬었으니 토해 내지 않을 수 없다. 하나에서 셋을 뽑아 내고, 둘에 넷을 더한다. 절름발이 운문은 세상을 홀로 거닐고, 눈먼 사람은 천안으로 흑백을 구분한다'. 謝首座監寺樹頭 上堂 楊岐栗棘蓬 臨際清凉樹 钁頭無柄 正好栽培 版齒生毛 不妨吞吐 一抽三二添四 跛脚雲門 乾坤獨步 瞎人天眼分緇素"라고 하였다. [참고문헌] 『圜悟語錄』, 『石菴玿和尙語』, 『大川普濟禪師語錄』, 『了菴淸欲語錄』, 『希叟紹曇廣錄』.

판치생모 板齒生毛 앞니에 곰팡이가 슬었다는 조주종심(趙州從諗)의 공안. 오랫동안 침묵을 지켜 좌선함을 비유한다. 곰팡이가 가는 털 모양으로 생겼기에 이렇게 표현한다. 『공곡집』 44칙(卍속장117, p.580b9)에 "대중에게 말했다. '뜻 품지 않은 뜻이야말로 뜻으로는 아득하고, 맛 없는 맛이 맛으로는 늘 한결같다. 만약 노주가 아기를 배었다는 소식을 안다면 문득 돌거북이 말할 줄 안다 해도 믿으리라. 진실로 이러한가?' 示衆云 無意之意 其意遠矣 無味之味 其味恒然 若知露柱懷胎 便信石龜解語 還眞箇麽", "〔본칙〕 한 학인이 조주에게 물었다. '무엇이 달마가 서쪽에서 온 뜻입니까?〈나날이 해는 동쪽에서 떠오른다〉' '앞니에 곰팡이가 슬었다〈아무 말도 필요 없는 그곳에서 무언가를 힘주어 말한다. 몇 사람이나 이 뜻을 알까?〉' 擧 僧問趙州 如何是祖師西來意〈日日日頭東畔出〉 州云 板齒生毛〈無中能唱出 未審幾人知〉", "〔송〕 9년간 소실에서 공연히 머물렀으니〈공도 이루고 업도 쌓았구나〉, 어찌 애초에 한마디 전하느니만 하였으랴!〈작은 물줄기가 모여 도랑을 이루는 법〉 앞니에 곰팡이 스는 일 있을 만하니〈희귀한 일은 아니지〉, 돌사람이 사씨네 배를 밟아 부수었다네〈번뇌가 없음을 어찌 알았으랴?〉. 九年少室自虛淹〈功成業就〉 爭似當頭一句傳〈水到渠成〉 板齒生毛猶可事〈不爲希差〉 石人踏破謝家舡〈焉知無漏〉", 『선문염송설화』 475칙 「설화 說話」(한불전5, p.384a14)에 "앞니에 곰팡이가 슬었다는 말은 9년이나 벽만 보더니 앞니에 곰팡이가 슬었다는 뜻이다. 맛도 없는 답인가? 아니면 얻은 뜻이 없음인가? … 앞니에 곰팡이가 슬었다 하니 침묵이고, '사씨네 배'라 하니 말한 것은 분명하다. 版齒生毛者 九年面壁 版齒生毛也 則無味答話耶 道不得之義耶 … 版齒生毛則默 謝家船則語也"라고 하였다. 〔참고문헌〕 『空谷集』, 『禪門拈頌說話』.

판타 泮吒 Ⓢ phaṭ. 진언 마무리음절 𑖣𑖘𑖿(phaṭ)의 음사어로 『대일여래검인』(대정장18, p.196c22)에서 관자재보살진언(觀自在菩薩眞言)은 "옴 흐리 하 훔 팟 𑖌𑖼 𑖮𑖿𑖨𑖱𑖾 𑖮𑖾 𑖮𑖳𑖼 𑖣𑖘𑖿 唵 紇哩 郝 吽 泮吒 oṃ hrīḥ haḥ hūṃ phaṭ"이다. 〔참고문헌〕 『大日如來劍印』.

판향 瓣香 한줄기 향. 또는 조각진 향. 본래는 과판(瓜瓣)인 오이씨를 닮아 붙여진 이름이지만, 일편(一片) 또는 일주(一炷)라는 뜻으로 흔히 일판향(一瓣香)으로 쓴다. 『선림상기전』 권28(대장경보편19, p.772b13)에 "판향 : 『백장청규』 「기설소」에 '이로써 판향의 정성 올리오니, 눈 쌓이듯 상서 보여주소서'라고 하였다. 『조정사원』에 '고금의 존숙들은 향 사름을 흔히 일판이라 한다. 판은 피와 한을 반절한 음이며, 오이씨(과판)를 뜻한다. 향이 몽글하게 피어오르는 듯 그 모양을 닮았기에 이렇게 부른다. 반(扮)이라고도 하는데 이 경우 보와 환을 반절한 음으로 조각(片)을 뜻한다. 후세에 대대로 답습하여 모두 이 말(판향)이 옳다고 여겼지만, 어째서 그렇게 따를 필요가 있는가? 「한 조각(一片) · 한 줄기(一炷)」라고 해야 타당하며, 그래야 얄팍한 습속이라는 비판을 겨우 면할 수 있다'라고 하였다. 瓣香 敕修淸規 祈雪疏云 庸致瓣香之誠 願集六花之瑞 祖庭事苑云 古今尊宿 拈香 多云一瓣 瓣皮莧切 瓜瓣也 以香似之 故稱焉 或作扮 步還切 片也 後世相襲 皆爲此言 何必爾也 當云一片一炷 庶免薄俗之譏", 『불조통기』 권16 「법사묘운장 法師妙雲章」(대정장49, p.233c24)에 "목욕하고 옷을 갈아입고 나서 방에 가부좌 틀고 앉아 시봉하던 제자에게 말했다. '나에게 간직한 지 30년 되는 판향이 있다. 임종에 미쳐 부처님께 공양하여 우러러 큰 은혜 갚으려 하였으니 지금이 그 때다. 나는 이제 떠날 것이다'. 말을 마치고 향 연기 곧게 피어오르자 부처님께 아뢰어 청을 올리고 안양에 돌아가기를 구한 뒤에 자리에서 합장한 자세로 입적하였다. 澡身易衣 趺坐室中 謂侍人曰 吾有瓣香 藏之三十年 將臨終供佛 仰報大恩 今其時 吾將有行 及香煙正熾起 白佛陳請 求歸安養 就座合掌而化", 『허당록』 권2(대정장47, p.995a18)에 "달마를 기리는 첫 기일에 향을 사르고 말했다. '여섯 종의 집착을 무너뜨렸고, 오천축에 도를 퍼뜨린 뒤에 이조의 의심마저 끊고 그 빛이 중국에 유포되자 (교가가 던진 물건에) 치아가 부러지고 독약을 먹는 지경에 이르렀다. 어찌 이 도를 따르지 않는가? 쓸쓸히 그림자 끌고 사막 건넜다 말하지 마라. 웅이봉 앞에 달은 그림처럼 밝다. 한 조각 향과 한 잔의 차로 남기신 말씀 돌이켜 그리워하니, 한 찰나 만년이어서 그 참된 바람 무너질 일 없으리라'. 達磨初忌 拈香 破六宗之執 道被五天 斷二祖之疑 光流華夏 以致擊齒服毒 何莫由斯 休言隻影度流沙 熊耳峯前月如畫 瓣香盃茗 追慕遺音 一念萬年 眞風不墜"라고 하였다. 〔참고문헌〕 『禪林象器箋』, 『佛祖統紀』, 『虛堂錄』, 『百丈淸規』 권1 「祈雪」(대정장48, p.1115b5), 『祖庭事苑』 권8(卍속장113, p.235b9). ⇨ 향 香, 대향 大香, 염향 拈香

팔가 八家 여덟 가구. 마을의 최소단위인 한 정(一井). 고대 중국의 편제로 한 우물을 쓰는 여덟 집의 뜻이다. 『무량수경연의술문찬』 권3(대정장37, p.168b14)에 "읍(邑)은 『주례』에 따르면 4정(井)을 읍으로 삼는데 가로세로 2리고, 9부(夫 : 100畝)를 정이라 하는데 가로세로 1리다. 『설문』에 따르면 8가를 1정이라 한다. 취락이란 작은 고을을 취라 하고, 『광아』에서는 락은 거주한다는 뜻이라고 하였으니, 사람들이 작은 고을 이루고 사는 것을 뜻한다. 邑者 周禮 四井爲邑 方二里也 九夫爲井 方一里也 說文 八家一井也 聚落者 小鄕 曰聚 廣雅 落 居也 謂人所聚居也", 『석씨계고략』 권1(대정장49, p.741b8)에 "여덟 집이 정(井)이 되고 정 하나가린이고, 린 셋이 붕이고 붕 셋이 리다. 5리는 읍(邑)이고 읍 열이 도가 되며, 도 열은 사, 사 열은 주다. 八家爲井 井一爲隣 隣三爲朋 朋三爲里 里五爲邑 邑十爲都 都十爲師 師十爲州"라고 하였다. 〔참고문헌〕『無量壽經連義述文贊』, 『釋氏稽古略』, 『虛堂語錄』 권8(대정장47, p.1046a2), 『鐔津文集』 권5(대정장52, p.671a4).

팔각 八覺 여덟 가지로 생각을 일으켜 번뇌를 일으키다. 팔악각(八惡覺)이라고도 한다. 『화엄경소』 권19(대정장35, p.645c22)에 "『열반경』에서는 다섯을 더하여 팔각이 있음을 설한다. 첫째는 욕각으로 마음에 드는 일만 구하는 것. 둘째는 진각으로 분노심을 품는 것. 셋째는 번뇌각으로 다른 사람을 괴롭게 할 마음을 품는 것. 넷째는 친리각으로 가까운 인연들만 생각하는 것. 다섯째는 국토각으로 세간의 안위만을 생각하는 것. 여섯째는 불사각으로 재물과 자양을 쌓아두고 죽지 않을 것만 생각하는 것. 일곱째는 종성각으로 종성의 높고 낮음을 따지는 것. 여덟째는 경모각으로 모는 오만을 뜻하며 자신을 으스대며 남을 업신여기는 것이다. 涅槃加五說有八覺 一 欲覺 求可意事 二 瞋覺 念欲瞋他 三 惱覺 念欲惱他 四 親里覺 憶念親緣 五 國土覺 念世安危 六 不死覺 積財資養 七 族姓覺 念族高下 八 輕侮覺 侮卽是慢 念自恃欺人", 『대명삼장법수』(영락장182, p.403a8)에 "각은 염과 같다. 이 여덟 가지로 인해 모든 번뇌가 끌려 일어나니 곧 악각에 해당한다. 覺猶念也 因此八種 引起一切煩惱 卽惡覺也"라고 하였다. 〔참고문헌〕『華嚴經疏』, 『大明三藏法數』. ⇨ 팔악각 八惡覺

팔각마반공리주 八角磨盤空裏走 여덟으로 각진 맷돌판이 허공을 달리네. 주(走)는 전(轉)으로도 쓴다. 『벽암록』 47칙 「본칙 本則」(대정장48, p.183a17)에 "학인이 물었다. '무엇이 법신입니까?〈대부분 의심한다. 천성이 달려도 벗어나지를 못한다. 잘못이 적지 않다〉'. 운문이 말하였다. '여섯으로 거두지 못한다〈못 자르고 쇠 끊는다. 팔각 맷돌판이 허공을 달린다. 조짐 이전에 알아챈다 해도 이미 제2위이고, 조짐 생겨난 다음에 알아챈다면 다시 제3위로 떨어진다. 만약 다시 언어 향한 분상에서 가려낼 수만 있다면 또한 무엇보다 기쁜 일이겠지만, 어떻게 해도 그 자취 따를 수는 없다〉'. 擧 僧問雲門 如何是法身〈多少人疑著 千聖跳不出 漏逗不少〉 門云 六不收〈斬釘截鐵 八角磨盤空裏走 靈龜曳尾 朕兆未分時薦得 已是第二頭 朕兆已生後薦得 又落第三首 若更向言語上辨得 且喜 沒交涉〉", 『원오심요』 권상 「시찬상인 示璨上人」(卍속장120, p.720a15)에 "영가현각(永嘉玄覺)은 '처한 바로 그 자리를 떠나지 않고 늘 고요하네'라고 하였으니, 어떠한 말도 이보다 친절할 수 없습니다. '찾은즉 바로 그대인 줄 알지만 볼 수는 없다네'라고 하였으니, 다만 처한 그 자리에서 고요하게 두 끝을 앉은채로 끊고 평온하게 할 뿐입니다. 무어라 해도 이 지해로써 구하고 찾아서는 안 되니, 구하려 한즉 그림자를 잡듯 할 뿐입니다. '그 어떠한 법과도 짝이 되지 않는 사람은 그 누구입니까?'라고 (龐居士가 馬祖에게) 물었으니, 빛 되돌려 스스로 비추어 본 것입니다. '그대 한입에 서강의 물을 다 마실 때 기다려 일러드리리'라고 답하였으니, 팔각 맷돌판 허공을 달리듯 하여 참하여 얻고 사무쳐서 눈 앞에 만법 무너져 내릴 때라야 시작 없는 망상 남김없이 사라지리라. 永嘉云 不離當處常湛然 親切無過此語 覓則知君不可見 但於當處湛然 二邊坐斷使平穩 切忌作知解求覓 纔求卽如捕影也 不與萬法爲侶 是什麽人 回光自照看 待汝一口吸盡西江水 卽向汝道 八角磨盤空裏走 參得透 目前萬法平沉 無始妄想蕩盡", 같은 책 권하 「시장중우선교 示張仲友宣教」(卍속장120, p.748a6)에 "옛날의 우적상공과 배휴상국, 지금 왕조의 내한 양억과 태위 이준명 등 모두 이근종지 품받아 오래도록 방외의 노숙과 더불어 마음 가려 참구하여 실로 상응해 깨우침 있었으니, 놓칠 일 없이 현달이 되었다. 이는 아마도 그 근성이 이 번 한 생애에 익힌 바는 아닐 것입니다. … 양대년(楊大年 : 楊億)은 광혜선사에게 참학하여 깨닫고서 이렇게 읊었습니다. '팔각 맷돌판 허공을 달리고, 금빛털 사자 불러 개라고 하네. 몸을 뒤쳐 북두에 숨고자 하거든, 반드시 남쪽별 뒤에서 합장해야 하리'. 昔于頔相公裴休相國 本朝楊億內翰 李遵明大尉 皆稟利根種智 長與方外老宿 辦心參究 悉有契證 不失爲賢達 蓋根性非於一世薰炙也 … 楊大年參透廣慧老 有頌云 八角磨盤空裏走 金毛師子喚作狗 擬欲翻身北斗藏 應須合掌南辰後"라고 하였다. 〔참고문헌〕『碧巖錄』, 『圜悟心要』, 『嘉泰普燈錄』 권17(卍속장137, p.259a5).

팔각탑 八角塔 층형이 팔각형인 탑. 사각탑·원형탑과 함께 계율에서 정식으로 규정한 기탑(起塔) 유형 세 가지 중 하나이다. 『사분율』 권52(대정장22, p.956c1)에 "때에 사리불과 목건련이 열반하자 단월들이 이와 같이 말하였다. '만약 세존께서 저희가 그들을 위한 탑 세우기를 허락해 주신다면 직접 만들 것입니다'. 여러 비구들이 부처님께 아뢰자 부처님께서 '만드는 것을 허락한다'고 말씀하셨다. 그들이 어떻게 만들어야 할지 모르자 부처님께서 말씀하셨다. '사방형 또는 원형 또는 팔각형으로 만들라'. 어떤 재질로 만들어야 할지 몰라서 부처님께 아뢰니, 부처님께서 말씀하셨다. '돌·벽돌 또는 나무를 쓰고 다 만들고서는 진흙으로 틈메우기를 하라'. 時舍利弗 目連般涅槃已 有檀越作如是言 若世尊聽我等 爲其起塔者 我當作 諸比丘白佛 佛言 聽作 彼不知云何作 佛言 四方作 若圓 若八角作 不知以何物作 白佛 佛言 聽以石墼若木 作已應泥"라고 하였다. 우리나라 사찰에서 팔각탑의 이른 사례로는 전각이 아닌 탑으로 조성한 경우는 고구려 정릉사지(正陵寺址)의 목탑, 청암리 사지(淸岩里寺址)의 목탑 등이다. 남겨 전하는 실제 팔각조영물은 고려시대 만들어진 평창 오대산 월정사(月精寺)의 '팔각구층석탑 八角九層石塔'이다. 〔참고문헌〕『四分律』, 『四分律刪行事鈔』 권하(대정장40, p.134a2), 『四分律名義標釋』 권35(卍속장70, p.932a3). ⇨ 탑 塔

팔강 八講 ➡ 법화팔강 法華八講

팔강회 八講會 ➡ 법화팔강회 法華八講會

팔건도 八犍度 일체법을 여덟 갈래로 나눠 모은 것. 가전연자(迦旃延子 Ⓢ Kātyāyanīputra)의 『아비담팔건도론 阿毘曇八犍度論』(대정장26, No.1543)에서 논하는 여덟 가지 건도(Ⓢ khandha). 건도는 취(聚)·분단(分段)의 뜻. 곧 가전연자가 일체법을 잡·결사·지·행·사대·근·정·견(雜 結使 智 行 四大 根 定 見) 등 여덟 갈래로 나눈 것으로, 팔온(八蘊)·팔취(八聚)라고도 하는데 다음과 같다. ① 잡건도(雜犍度) : 사선근(四善根)·사성과(四聖果)·유여열반(有餘涅槃)·무여열반(無餘涅槃) 등을 모아 논함. ② 결사건도(結使犍度) : 결사는 번뇌의 다른 이름으로 삼결(三結)·삼불선근(三不善根)·삼유루(三有漏)·사류(四流)·사액(四軛)·사수(四受)·사박(四縛)·오개(五蓋)·오결(五結)·오하분결(五下分結)·오견(五見)·육신애(六身愛)·칠사(七使)·구결(九結)·구십팔사(九十八使) 등을 모아 논함. ③ 지건도(智犍度) : 이지(二智)·삼혜(三慧)·사지(四智)·팔지(八智)·십지(十智) 등 지혜에 대해 논함. ④ 행건도(行犍度) : 신·구·의(身口意) 삼업으로 짓는 삼악행(三惡行)과 삼선행(三善行)을 비롯하여 십선(十善)·십악(十惡) 등의 행업에 대해 모은 것. ⑤ 사대건도(四大犍度) : 지·수·화·풍(地水火風)과 그것에 따른 능조(能造)·소조(所造) 등의 법을 논함. ⑥ 근건도(根犍度) : 안·이·비·설·신·의(眼耳鼻舌身意) 육근(六根) 등 이십이근(二十二根)을 모아 논함. ⑦ 정건도(定犍度) : 십상(十想)·사선(四禪)·사등(四等)·사무색정(四無色定)·사해탈(八解脫)·팔제입(八除入)·십일체입(十一切入)·팔지(八智)·삼삼매(三三昧) 등 갖가지 선정(禪定)을 논함. ⑧ 견건도(見犍度) : 범부나 외도의 단·상(斷常) 이견(二見)에서부터 육십이견(六十二見) 등에 이르기까지 여러 견해에 대해 논함. 〔참고문헌〕『大智度論』 권2(대정장25, p.70a14), 『阿毘曇八犍度論』 권1(대정장26, p.771b19), 『發智論』 권1(대정장26, p.918a7), 『翻譯名義集』 권4(대정장54, p.1113c8). ⇨ 건도 犍度, 아비담팔건도론 阿毘曇八犍度論, 일체법 一切法

〈표〉 팔건도

	건도		온
一	잡건도 雜犍度	–	잡온 雜蘊
二	결사건도 結使犍度	–	결온 結蘊
三	지건도 智犍度	–	지온 智蘊
四	행건도 行犍度	–	업온 業蘊
五	사대건도 四大犍度	–	대종온 大種蘊
六	근건도 根犍度	–	근온 根蘊
七	정건도 定犍度	–	정온 定蘊
八	견건도 見犍度	–	견온 見蘊

팔건도론 八犍度論 일체법을 여덟 갈래로 모아 논한 『아비담팔건도론 阿毘曇八犍度論』(대정장26, No.1543)의 줄인 이름. 『중경목록』 권1(대정장55, p.155c16)에 "『아비담론』 30권〈또는 20권. 『가전연아비담』·『팔건도론』이라고도 한다〉. 전진 건원년간에 승가제바와 축불념이 공동 한역하였다. 阿毘曇論 三十卷〈或二十卷 一名迦旃延阿毘曇 名八犍度論〉 前秦建元年 僧伽提婆 共竺佛念譯", 『대명삼장법수』 권24(영락장182, p.411b1)에 "범어 '건도'는 한역하여 '법취'라고 한다. 곧 부처님 제자 가전연이 모든 법문을 각각 그 류에 따라서 여덟 모둠으로 나눈 까닭에 『팔건도론』이라고 한다. 梵語犍度華言法聚 謂佛弟子迦旃延 以諸法門 各從其類 分爲八聚 故名八犍度論"라고 하였다. 〔참고문헌〕『衆經目錄』, 『大明三藏法數』. ⇨ 아비담팔건도론 阿毘曇八犍度論

팔견 八見 ❶ 볼 수 있게 하는 여덟 가지. 오사견(五邪見 : 有身見 邊執見 邪見 見取見 戒禁取見)과 삼정견(三正見 : 世俗正見 學見 無學見)을 합하여 여덟이다. 『중사분아비담론』 권2 「분별제입품 分別諸入品」(대정장26, p.632b3)에 "무엇이 견인가? 여덟 가지로 볼 수 있는 것을 견이라 한다. 곧 오사견과 세속정견, 학견, 무학견을 일컫으니, 나머지는 견이 아니다. 云何見 謂八見名見 謂五邪見 世俗正見 學見 無學見 餘非見", 같은 책 권4 「분별섭품 分別攝品」(대정장26, p.648c5)에 "무엇이 보는 법인가. 안근과 오사견과 세속정견, 학견, 무학견이다. 무엇이 볼 수 없는 법인가. 안근을 제한 나머지 색과 팔견을 제한 나머지 행음으로 거두는 법과 수 등의 세 음(受 想 行)과 무위법이다. … 무엇이 볼 수 있는 법인가. 팔견상응법이다. 무엇이 볼 수 없는 법인가. 비팔견상응법이다. 云何見法 謂眼根 及五邪見 世俗正見 學見 無學見 云何非見法 謂除眼根 若餘色 除八見若餘行陰所攝法 受等三陰 及無爲法 … 云何見相應法 謂八見相應法 云何非見相應法 謂非八見相應法"라고 하였다. 〔참고문헌〕『衆事分阿毘曇論』, 『大毘婆沙論』 권95(대정장27, p.489b28), 『成實論』 권16(대정장32, p.366b27). ⇨ 오사견 五邪見, 세속정견 世俗正見, 학견 學見, 무학정견 無學正見 ❷ 비상비비상론(非想非非想論)에 관한 여덟 가지 분별. 색(色)에 관한 넷과 변(邊)에 대한 네 가지 분별을 말한다. 후제분별견(後際分別見) 중 하나로 팔비유상비무상론(八非有想非無想論)이라고도 한다. 『장아함경』 권14 「범동경 梵動經」(대정장1, p.93a5)에 따르며 유색(有色), 무색(無色), 유색무색(有色無色), 비유색비무색(非有色非無色)에 대한 분별과 유변(有邊), 무변(無邊), 유변무변(有邊無邊), 비유변비무변(非有邊非無邊)이라는 분별이다. 『대비비사론』 권200(대정장27, p.1000c29)에 "팔비유상비무상론이란 유색 등의 넷과 유변 등의 넷을 말한다. 八非有想非無想論者。謂有色等四 有邊等四"라고 하였다. 〔참고문헌〕『長阿含經』, 『大毘婆沙論』. ⇨비상비비상론 非想非非想論, 후제분별견 後際分別見

팔견상응법 八見相應法 ➡팔견 八見❶

팔경계 八敬戒 Ⓟ aṭṭha garu-dhammā. 팔경법(八敬法)을 달리 이르는 말. 『비니작지속석』 권9(卍속장65, p.200a1)에 "별제란 비구니 팔경계 중 일곱 번째인 '비구니는 비구 없는 곳에서 하안거 해서는 안 된다'라 함과 여덟 번째 '비구니는 안거가 끝나면 응당 비구승중에서 삼사(見 聞 疑)에 대해 자자를 구해야 한다'라고 함을 말한다. 別制者 尼八敬戒中 第七 比丘尼 不得在無比丘處夏安居 第八 比丘尼安居竟 應比丘僧中 求三事自恣見聞疑"라고 하였다. 〔참고문헌〕『毗尼作持續釋』, 『目連五百問戒律中輕重事經釋』 권상(卍속장95, p.588a7), 『大明三藏法數』 권25(영락장182, p.428a2).

팔경득 八敬得 십종득계연(十種得戒緣 : 十種具足) 중 하나로 여인이 구족계(具足戒)를 받으려면 팔경법(八敬法)을 얻어야 하는 것. 팔중법득(八重法得)·팔법득(八法得)이라고도 한다. 『석선바라밀차제법문』 권2(대정장46, p.484a20)에 "(구족계 얻는 열 가지 인연 중) 다섯 번째는 팔경으로 계를 얻음이니, 곧 부처님의 이모를 인연으로 한다. 부처님은 마음으로 여인의 득도를 바라지 않으셨으나, 이모가 간절히 부처님께 구하자 멀리 돌아 팔경법을 주셨다. 五 八敬得戒 卽佛姨母 佛意不欲度女人出家 姨母苦求佛 令遙授八敬"라고 하였다. 〔참고문헌〕『釋禪波羅蜜次第法門』, 『四部律幷論要用抄』 권상(대정장85, p.691c14). ⇨십종구족 十種具足, 마하파사파제 摩訶波闍波提

팔경득계 八敬得戒 여인이 팔경법(八敬法)을 통해 계를 획득하는 것. 팔경계(八敬戒)의 다른 이름이다. 『비니심』(대정장85, p.660a17)에 "팔경득계는 팔중 또는 팔존사법 또는 팔불가과법이라고도 하니, 대애도와 오백의 석가족 여인들이 부처님께 출가하고자 하여 부처님께서 아난으로 하여금 그 팔경법을 주도록 하여 그들의 출가를 허락하셨다. 팔경법을 따서 명명한 것이기에 팔경득계라 부른다. 八敬得戒 亦名八重 亦云八尊師法 亦云八不可過法 謂大愛道及五百釋女求佛出家 佛遣阿難授其八敬聽之出家 從八敬爲名 故稱八敬得戒"라고 하였다. 〔참고문헌〕『毘尼心』. ⇨팔경계 八敬戒

팔경법 八敬法 Ⓢ aṣṭau guru-dharmāḥ, Ⓟ aṭṭha garu-dhammā. 비구니가 지키기를 약속한 비구 공경에 관한 여덟 가지 법. 팔경계(八敬戒)·팔중법(八重法)·팔교법(八教法)·팔존사법(八尊師法)·팔불가월법(八不可越法)·팔불가과법(八不可過法) 또는 비구니팔경계(比丘尼八敬戒)·니팔경법(尼八敬法) 등으로 일컫는다. 전승마다 다소 차이가 있다. 『중본기경』 권하 「구담미래작비구니품 瞿曇彌來作比丘尼品」(대정장4, p.158c16 : *Gotamī-sutta, AN.4,* p.276)에 "부처님이 아난에게 말씀하셨다. '가령 여인이 사문을 짓고자 한다면 팔경법을 지녀 넘어서서는 안 되고, 마땅히 목숨 다하도록 배우고 행해야 한다. 비유컨대 저 물 막음에 둑을 잘 다스려 샐 틈 없이 막아야 함과 같다. 그 능히 이처럼 하면, 가히 내 율계로 들어올 수 있다. 佛告阿難 假使女人 欲作沙門者 有八敬之法 不得踰越 當以盡壽 學而行之 譬如防水 善治堤塘 勿漏而已 其能如是者 可入我律戒", "무엇을 팔경법이라 하는가? 첫째, 비구가 대계 지녔으면 여인비구니는 마땅히 따라 정법을 받는다. 둘째, 비구승이 대계를 지니거든 보름 지날 때마다 비구니는 마땅히 예로써 섬긴다. 何謂八敬之法 一者 比丘持大戒 女人比丘尼 當從受正法 二者 比丘僧持大戒 半月已上 比丘尼當禮事之 vassasatūpasampannāya bhikkhuniyā tadahūpasampannassa bhikkhuno abhivādanaṃ paccuṭṭhānaṃ añjalikammaṃ sāmīcikammaṃ kattabbaṃ", "셋째, 비구승과 비구니는 서로 어울려 함께 머물러서는 안 된다. 넷째, 석 달을 한 곳에서 머물되 스스로 서로 듣고 본 바를 살펴 견딘다. 三者 比丘僧比丘尼 不得相與並居同止 四者 三月止一處 自相檢押所聞所見 當自省察 vassaṃ vutthāya bhikkhuniyā ubhato saṅghe tīhi ṭhānehi pavāretabbā diṭṭhena sutena parisaṅkāya", "다섯 번째, 비구니는 비구승의 일로 듣고 본 바로 따져 물을 수 없다. 만약 비구승이 듣고 본 바 있으면 비구니에게 따져 묻고 비구니는 바로 마땅히 스스로 살핀다. 여섯 번째, 비구니는 도법에 물을 일 있으면 비구승에게 경율의 일을 물을 수 있다. 五者 比丘尼不得訟問 比丘僧事 以所聞見 若比丘僧 有所聞見 訟問比丘尼 比丘尼卽當自省察 六者 比丘尼有庶幾於道法 得問比丘僧 經律之事 ajjatagge ānanda ovaṭo bhikkhunīnaṃ bhikkhūsu vacanapatho anovaṭo bhikkhūnaṃ bhikkhunīsu vacanapatho anvaḍḍhamāsaṃ bhikkhuniyā bhikkhusaṅghato uposathapucchakañ ca ovādūpasaṅkamanañ ca pariyesitabbaṃ", "일곱째, 비구니가 스스로 아직 도를 얻지 못하고 계율을 범했으면 마땅히 보름 동안 대중에 나아가 머리 숙여 허물을 스스로 뉘우침으로써 교만한 태도를 버린다. 여덟째, 비구니가 비록 대계를 지녀 백 세여도 마땅히 새로 대계 받은 어린 비구승과 함께 자리하면 아래에 앉아 겸손과 공경으로써 예를 올린다. 七者 比丘尼自未得道 若犯戒律 當半月詣衆中 首過自悔 以棄憍慢之態 八者 比丘尼雖有百歲持大戒 當處新受大戒幼稚比丘僧下坐 以謙敬爲之作禮 garudhammaṃ ajjhāpannāya bhikkhuniyā ubhatosaṅghe pakkhamānattaṃ caritabbaṃ vassasatūpasampannāya bhikkhuniyā tadahūpasampannassa bhikkhuno abhivādanaṃ paccuṭṭhānaṃ añjalikammaṃ sāmīcikammaṃ kattabbaṃ", "이것이 팔경법이니, 나의 가르침 받는 여인은 넘어서는 안 되고 마땅히 목숨이 다하도록 배우고 행하라. 만약 대애도가 참으로 능히 이 팔경법을 지닌다면, 사문이 됨을 허락하리라'. 是爲八敬之法 我教女人不得踰越 當以盡壽 學而行之 假令大愛道 審能持此八敬法者 聽爲沙門 ayam pi dhammo sakkatvā garukatvā mānetvā pūjetvā yāvajīvaṃ anatikkamanīyo. sace ānanda mahāpajāpatī gotamī ime aṭṭhagarudhamme paṭigaṇhāti, sāvassā hotu upasampadāti", "아난은 곧장 하나하나 백모에게 부처님께서 가르쳐 경계한 팔경사를 설하여 '능히 이렇게 할 수 있다' 말한다면, 가히 부처님의 법률로 들 수 있다고 말하였다. 阿難便一一爲伯母 說佛所教勅 八敬之事 言能如是者 可入佛法律", "대애도가 환희하며 말하였다. '오직 따르겠습니다. 아난이여, 내 한마디를 들어주시오. 비유컨대 저 사성가의 여인이 목욕하고 향을 바른 다음 옷을 치장하는 일을 하는데, 어떤 이가 다시 이익을 주려고 편안하고 두렵지 않게 좋은 꽃과 향과 보배를 이어서 보요를 만들어 그녀에게 가져다준다면 어찌 머리에 꽂길 즐거워하지 않겠습니까. 이제 부처님께서 가르쳐 경계로 주신 팔경법을 나 또한 기쁜 마음으로 머리에 받아서 꾸미기를 바랍니다'. 大愛道卽歡喜而言 唯諾 阿難 聽我一言 譬如四姓家女 沐浴塗香 衣莊嚴事 而人復欲利益之 安隱不怖 以好華香珍寶 結爲步搖 持與其女 豈不愛樂頭首受耶 今佛所教勅八敬法者 我亦歡心 願以首頂受之", 『마하승기율』 권30(대정장22, p.471b1)에 "부처님께서 말씀하셨다. '팔경법을 얻으면, 비구니가 비록 법랍 백 세일지라도 응당 새로 계 받은 비구에게는 일어나 맞이하고 공경으로 예를 올려야 한다'. 佛言 得八敬法者 比丘尼雖滿百臘 應向新受戒比丘 起迎恭敬作禮", 『비니모경』 권1(대정장24, p.803b12)에 "여인이 능히 팔경법을 행한다면 그 출가를 허락하지만, 만약 능히 하지 못하면 도에 머무름을 허락할 수 없다. 女人能行八敬法者 聽其出家 若不能者 不聽在道"라고 하였다. 불재세시 이미 세습 브라만에 대항한 혁신사문(沙門 Ⓢ śramaṇa) 공동체가 등장하였고, 남성중심의 브라만 성직(聖職)과 달리 여성출가사문에게도 개방되기 시작하였다. 승가(僧伽)에 앞서 여성사문의 입단을 허락한 자이나 등 사문그룹에서는 사성계급(四姓階級)과 남녀(男女)가 공주(共住)하는 실험이 이루어졌다. 마하가섭(摩訶迦葉)이 재가에 있을 때 부인이었던 발타라가비리야(跋陀羅迦卑梨耶)는 파리바사가사문(波離婆闍迦沙門)계로 입문하였고, 왕사성(王舍城) 부호(富豪)의 딸 발타군다라구이국(拔陀軍陀羅拘夷國)도 먼저 자이나교에 입문하였다가 후에 비구니승가가 구성되자 이적하였으며, 대애도(大愛道)비구니와 함께 초기비구니교단을 이끈 상수비구니로서 역할을 함께 했다. 『중아함경』 권6 「사리자상응품 舍梨子相應品」(대정장1, p.459c28)에 "계급과 이름이 다른 여러 족성들이 머리를 깎고 가사의를 입었으니, 지극한 믿음으로 가문을 버리고 집 없이 부처님을 따라 도를 배우므로 '중(Ⓟ saṅgha)'이라 이름하였다. 若干姓異名異族 剃除鬚髮 著袈裟衣 至信捨家 無家從佛學道 是名爲衆", 『불본행집경』 권47 「발타라부인인연품 跋陀羅夫婦因緣品」(대정장3, p.870b28)에 "이 때에 발타라가비라야녀가 좋은 스승을 만나지 못하였으므로 마침내 외도 파리바사가를 따라 출가하여 도를 배웠다. 爾時 跋陀羅迦卑梨耶女 以不得善師 遂至外道波離婆闍迦所 出家學道", 『증일아함경』 권3 「비구니품 比丘尼品」(대정장2, p.559a10)에 "우리 성문 중 제일비구니는 스스로 무수겁의 숙명을 아신 발타가비리비구니다. … 우리 성문 중 최후의 제일비구니는 발다군다라구이국비구니다. 我聲聞中第一比丘尼 自識宿命無數劫事 所謂拔陀迦毘離比丘尼是 … 我聲聞中最後第一比丘尼 拔陀軍陀羅拘夷國比丘尼是"라고 하였다. 특히 승가는 크샤트리아 계급인 석가족(釋迦族)의 대애도가 이끄는 왕족여인들의 강력한 의지로 집단출가하여 비구니승가의 초석이 되었고, 석존(釋尊)은 남녀공주와 계급간의 갈등을 고려하여 세 차례나 만류하며 여성출가입단을 고민하셨다. 『중본기경』 권하 「구담미래작비구니품」(대정장4, p.158b25)에 "저(아난)는 부처님께서 '여인도 정진하면 사문사도를 얻을 수 있다'고 들었습니다. 지금 대애도께서 지심으로 승가의 법률로 들어오기를 바라고 있습니다. 그분은 이미 속가에 있으면서도 신심이 있었고 출가하여 도를 행하고자 하오니 부처님께서 허락해주시길 바랍니다. 부처님께서 말씀하셨다. '그만두어라, 아난이여. 여인이 우리 법률에 들어와 사문이 되는 것을 기꺼워하지 않는다'. 我從佛聞 女人精進可得沙門四道 今大愛道以至心欲受法律 其已居家有信 欲出家爲道 願佛許之 佛言 止止 阿難 無樂使女人入我法律爲沙門也"라고 하였다. 결국 팔경법(八敬法)과 수계 및 분쟁 등의 갈마분리 규범인 이부승제(二部僧制) 등의 장치를 전제로 여성출가를 승인하였다. 팔경법은 남녀 또는 비구비구니의 차별이라기보다는 바이샤·수드라 등 사성계급을 수용한 비구승가와 공주하게 될 왕족여인들의 입단, 특히 세습과 남성독재 상징인 브라만에 대항하여 신흥(新興) 사문승가의 안정적 존속과 대외적 위상들을 고려한 석가세존의 깊은 생각 끝에 제안되고 수용된 법으로 볼 수 있다. 비구니출가로 정법(正法)의 수명이 짧아질 것이라는 일화도 여성출가 자체를 문제삼았다기보다 남녀공주(男女共住)로 인해 생겨날 문제들에 대한 우려 때문이었을 것이다. 같은 책(대정장4, p.159b5)에 "만약 여인들이 우리 도에 들어와 사문이 되지 않는다면, 천하인민이 사문을 받들되 일월과 천신을 모시듯이 하여 모든 외도이학을 넘어설 것입니다. 만약 여인을 우리 도의 사문으로 받아들이지 않는다면, 부처님의 정법은 마땅히 천세토록 흥성할 것입니다. … 부처님이 다시 아난에게 말씀하셨다. '여인이 사문이 되어 (천년 갈) 우리 법이 오백세는 쇠미해질 것이다'. 若使女人不於我道作沙門者 天下人民 奉事沙門 當如事日月 如事天神 過踰於諸外道異學者上 若使女人不於我道作沙門者 佛之正法當千歲興盛 … 佛復語阿難 以女人作沙門故 使我法五百歲而衰微"라고 하였듯이 부처님께서는 여성이 도과(道果 : 아라한과)를 성취함에 대해 분명한 입장을 밝히셨으니, 『사분율』 권48(대정장22, p.923a22)에 "아난이 부처님께 아뢰었다. '여인이 불법중에 출가수계하면 수다원과 내지 아라한과를 얻을 수 있습니까?' 부처님께서 아난에게 말씀하셨다. '얻을 수 있다'. 阿難白佛 女人於佛法中出家受戒 可得須陀洹果乃至阿羅漢果不 佛告阿難 可得"라 하였다. 초기승단에서 불도(佛道)의 구경(究竟)은 아라한과를 성취하는 것이다. 후대의 여인불성불론(女人不成佛論)은 아함(阿含) 및 율장(律藏) 등에서 한결같이 전하고 있는 초기승가의 입장과는 다르다. 석가세존께서 가르치신 불교는 종족과 계급 그리고 남녀 모두에게 막힘없이 열려 평등무차(平等無遮)하였다. 〔참고문헌〕『中本起經』, 『摩訶僧祇律』, 『毘尼母經』, 『中阿含經』, 『佛本行集經』, 『增壹阿含經』, 『四分律』, 『十誦律』 권47(대정장23, p.345b29), 『四分律行事鈔資持記』 권중(대정장40, p.308c26), *AN.*, *Vin.2.255.* ⇨비구니팔경계 比丘尼八敬戒, 이부승 二部僧, 변성성불 變性成佛, 초기불교 初期佛敎

팔계 八戒 Ⓢ aṣṭāṅga-samanvāgatam upavāsam, Ⓟ aṭṭhaṅga uposatha. 재가신자가 매월 육재일(六齋日)마다에 약속하여 지키는 여덟 가지 계. 팔재계(八齋戒)·팔계재(八戒齋)·팔관재계(八關齋戒)라고도 한다. 육재일은 매월 음력 8·14·15·23·29·30일이다. 『관무량수불경소』(대정장37, p.176b18)에 "팔계란 무엇인가? 살생하지 않고, 훔치지 않으며, 음행하지 않고, 망어하지 않으며, 음주하지 않고, 가무와 공연을 행하거나 보러 가지 않으며, 향을 훈습한 옷과 장신구를 착용하지 않고, 높은 좌상에 오르지 않으며, 정오가 지나 음식 먹지 않는 것이다. 이것은 아홉 가지인데 왜 여덟이라고 말하는가? 아비달마에 의하면 향을 훈습한 옷을 입지 않는 것과 높은 좌상에 오르지 않는 것 두 가지는 모두 장엄하는 곳에서 일어났으니 합하여 하나가 되므로 여덟이라 하였다. 『성실론』과 『대지도론』에 의하면 앞의 여덟은 계이고 나중의 하나는 재이다. 재와 계를 합하여 팔계재라 한 것이다. … 이러한 여덟은 재가자가 지키는 출가법이므로 주도록 한다. 何者八戒 不殺 不盜 不婬 不妄語 不飮酒 不歌舞唱伎 及往觀聽 不著香薰衣及餘嚴身具 不上高廣床 不得過中食是其八也 此乃是九何得言八 若依毘曇 不著香薰衣不上高床 此二同是莊嚴處起合以爲一是故言八 若依成實及大智論 前八是戒後一是齊 齊戒合說名八戒齊 … 此八是其在家之人持出家法故令授之", 『대지도론』 권13(대정장25, p.160a4)에 "〔문〕 무슨 이유로 육재일에 팔계를 받아 복덕을 닦는가? 〔답〕 이 날은 악귀가 사람을 쫓아와 목숨을 빼앗으려 하고 질병과 흉쇠가 사람을 불길하게 한다. 그러므로 겁초에 성인이 사람으로 하여금 재를 지키고 선을 닦아 복을 지어 흉액을 피하도록 하였다. 이 때 재법은 팔계를 받지 않고 하루 금식하는 것을 재로 삼았다. 후에 부처님께서 세간에 출현하시고 가르쳐 말씀하시기를 '그대가 하루 밤과 낮 동안 제불과 같이 팔계를 지키고 오후에 금식하면 이 공덕으로 그 사람이 열반에 이른다'라고 하였다. 問曰 何以故 六齋日 受八戒 修福德 答曰 是日惡鬼逐人欲奪人命 疾病 凶衰 令人不吉 是故劫初聖人教人持齋 修善 作福 以避凶衰 是時 齋法不受八戒 直以一日不食爲齋 後佛出世 教語之言 汝當一日一夜 如諸佛持八戒 過中不食 是功德將人至涅槃", 『성실론』 권8(대정장32, p.303c5)에 "팔계를 지키는 재는 우파사(Ⓢ upavāsa)라고 하는데 우파사는 '선을 익히다' 또는 '선하게 지새우다'는 뜻의 선숙으로 한역한다. 이 사람의 선한 마음이 계를 무너뜨리지 않고 하룻밤 지나기에 선숙이라 한다. 〔문〕 무슨 이유로 여덟 가지를 떠나라고 설하는가? 〔답〕 이 여덟 가지는 문이니 이 여덟 법으로 일체악을 떠난다. 이 중 넷은 실제로 악이고 음주는 뭇 악의 문이며 나머지 셋은 게으름의 인연이다. 이 사람이 다섯 가지 악을 떠남은 복의 인연이고 나머지 셋을 떠남은 도의 인연이다. 재가자는 많은 이가 선법이 열악하지만 도의 인연을 일으키므로 이러한 팔법으로 오승을 성취한다. 八戒齋名優婆娑 優婆娑秦言善宿 是人善心離破戒宿故名善宿 問曰 何故正說離八事耶 答曰 此八是門 由此八法 離一切惡 是中四是實惡 飮酒是衆惡門 餘三是放逸因緣 是人離五種惡是福因緣 離餘三種是道因緣 白衣多善法劣弱 但能起道因緣故 以此八法成就五乘", 『대반열반경집해』 권65(대정장37, p.582b5)에 "팔계재는 전날 밤에 받거나 내지는 이틀을 받거나 하루를 받는 것 모두 가능하다. 만약 하루 낮과 밤이나 한때의 경우라면 이는 모두 득선이라고 할 수 있지만 팔재재계라고 할 수 없다. 〈기〉 재란 오후에 불식하는 것이다. 하루 밤낮 동안 맑게 지내는 것을 재라 한다. 팔계가 이러한 재를 장엄하므로 팔계재라고 한다. 다만 한 순간 한 때 팔계를 받는 것은 안될 것은 없다. 그러나 재가 성취되지 않는다. 그러므로 득선이라 하고 재라 하지 않는다. 범부가 알지 못하고 반드시 하루 낮과 밤을 갖추어 수지해야 비로소 팔계재법을 얻는다고 여기는데 이것은 잘못이다. 夫八戒齋 昨日夜受 乃至作二日受一日受皆得 若單一日一夜 一念一時 此皆名得善 非得八齋齋戒也 記曰 夫齋者 過中不食 一日一夜淸素 謂之爲齋 八戒者 爲莊嚴此齋故 謂八戒齋耳 但一念一時 受八戒者 非不得也 但齋不成就 故言得善 不名得齋 凡夫不解 謂須一日一夜具受 方得八戒齋法 此爲失也"라고 하였다. 〔참고문헌〕『觀無量壽佛經疏』, 『大智度論』, 『成實論』, 『大般涅槃經集解』, *Bhai.171.*, *SN.1.208·209.* ⇨ 팔관 八關, 팔재계 八齋戒, 육재일 六齋日

팔계 八計 여덟 가지 바르지 못한 헤아림. 만물이 대자재천(大自在天 Ⓢ Mahā-īśvara) 또는 위뉴천(韋紐天 Ⓢ Viṣṇu) 또는 화합(和合), 시(時), 세성(世性), 변(變), 자연(自然), 미진(微塵) 등으로 지어졌다 여기는 여덟 가지 사견. 『중론』 권1 「관인연품 觀因緣品」(대정장30, p.1b18)에 "〔문〕 무엇 때문에 이 논을 지었는가? 〔답〕 어떤 이는 만물이 대자재천에서 생했다 말하고, 어떤 이는 위뉴천에서 생했다 하고, 어떤 이는 화합으로 생했다 하고, 어떤 이는 시간에서 생했다 하며, 어떤 이는 세성, 어떤 이는 변화, 어떤 이는 자연, 어떤 이는 미진에서 생겼다 말한다. 問曰 何故造此論 答曰 有人言萬物從大自在天生 有言從韋紐天生 有言從和合生 有言從時生 有言從世性生 有言從變生 有言從自然生 有言從微塵生", "이와 같은 등의 잘못 때문에 무인·사인·단·상 등의 삿된 견해에 떨어져 아와 아소를 갖가지로 설하며 정법을 알지 못한다. 부처님은 이와 같은 등의 모든 삿된 견해를 끊고 불법을 알게 하고자 하셨기 때문이다. 有如是等謬故墮於無因邪因斷常等邪見 種種說我我所 不知正法 佛欲斷如是等諸邪見 令知佛法故", 『중관론소』 권1(대정장42, p.10c8)에 "얻을 바 있는 무리는 행하고 배운 바에 의해 이 여덟 가지 계탁중에 떨어지지 않는 이가 없다. 有所得之徒 所行所學 無不墮此八計之中"라고 하였다. 〔참고문헌〕『中論』, 『中觀論疏』, 『大乘玄論』 권1(대정장45, p.19c16). ⇨ 팔류 八謬

팔계문수 八髻文殊 팔자문수법(八字文殊法)의 본존. 팔자문수(八字文殊)다. 정수리에 여덟 묶음의 머리송이인 팔계가 있어 이렇게 부른다. ⇨ 팔자문수 八字文殊

팔계비구나월당 八溪比丘蘿月堂 고려후기 스님. 고옹(孤翁)의 법호. 『법집별행록절요』에 대한 서문을 지었다. 〔참고문헌〕『法集別行錄節要』(한불전4, p.740a2).

팔계재 八戒齋 재가보살이 여덟 가지 계를 받아 지키는 일. 팔재계(八齋戒). 『보살본연경』 권하 「용품 龍品」(대정장3, p.69b13)에 "모든 용이 각각 말하였다. '무엇을 팔계재법이라 합니까?' 용왕이 답했다. '팔계재는 첫째 살생치 않음, 둘째 훔치지 않음, 셋째 음행치 않음, 넷째 거짓말하지 않음, 다섯째 술 마시지 않음, 여섯째 높고 너른 자리 위에 앉거나 눕지 않음, 일곱째 향기 나는 꽃과 영락을 걸치지 않고 향을 몸에 바르지 않음, 여덟째 재주 부리며 연주하지 않고 또 가서 보거나 듣지 않음 등이다. 이 같은 여덟 일을 장엄하고 정오 지나 먹지 않는다. 이를 바로 팔계재법이라 한다'. 諸龍各言 云何名爲八戒齋法 龍王答言 八戒齋者 一者 不殺 二者 不盜 三者 不婬 四者 不妄語 五者 不飮酒 六者 不坐臥高廣床上 七者 不著香華瓔珞以香塗身 八者 不作倡伎樂不往觀聽 如是八事莊嚴 不過中食 是則名爲八戒齋法", 『우바새계경』 권5 「팔계재품 八戒齋品」(대정장24, p.1063b22)에 "보살은 두 가지다. 첫째는 재가보살, 둘째는 출가보살이다. 출가보살은 능히 중생을 가르쳐 팔계재 깨끗이함을 어렵다 여기지 않으나, 재가보살은 다른 이 가르쳐 청정케 함을 어려워한다. 왜인가? 재가인은 악인연이 많아서다. 善男子 菩薩二種 一者 在家 二者 出家 出家菩薩 能教衆生淨八戒齋 是不爲難 在家菩薩教他淸淨 是乃爲難 何以故 在家之人 多惡因緣 所纏繞故"라고 하였다. 〔참고문헌〕『菩薩本緣經』, 『優婆塞戒經』, 『大智度論』 권89(대정장25, p.690b5). ⇨ 팔재계 八齋戒

팔계재팔종승법 八戒齋八種勝法 팔재계를 지켜 얻는 여덟 가지 수승한 공덕. 『수십선계경』(대정장24, p.1024a9)에 "이 계를 지니고 재를 받는 공덕은 지옥에 떨어지지 않고, 아귀도에 떨어지지 않으며, 축생도에 떨어지지 않고, 아수라도에 떨어지지 않으며, 항상 사람 중 정견을 가진 이로 태어나 출가하여 열반도를 얻고, 천상에 나면 항상 범천으로 나며, 부처님이 세상에 출현하는 때를 만나 전법륜을 청하여 아누다사삼막삼보리를 얻는 것이다. 持此受齋功德 不墮地獄不墮餓鬼不墮畜生 不墮阿修羅 常生人中正見出家得涅槃道 若生天上恒生梵天 値佛出世請轉法輪 得阿耨多羅三藐三菩提", 『관무량수불경소』 권2(대정장37, 255b2)에 "이 계는 부처님께서 여덟 가지 수승한 법이 있다고 하셨다. 만약 어떤 이가 하루 밤낮을 지키고 범하지 않으면 얻는 공덕이 인천과 이승의 경계를 넘어선다. 此戒 佛說有八種勝法 若人一日一夜具持不犯 所得功德超過人天二乘境界"라고 하였다. 〔참고문헌〕『受十善戒經』, 『觀無量壽佛經疏』.

팔고 八苦 **1** Ⓢ aṣṭau duḥkhāni. 중생이 육도를 윤회하면서 겪는 여덟 가지 괴로움. 사제(四諦) 가운데 고제(苦諦)를 펴 푼 뜻으로 생고(生苦 Ⓢ jātir duḥkha m)·노고(老苦 Ⓢjarā duḥkham)·병고(病苦 Ⓢvyādhir duḥkham)·사고(死苦 Ⓢmaraṇaṃ duḥkham)·애별리고(愛別離苦 Ⓢapriyasaṃprayogo duḥkham)·원증회고(怨憎會苦 Ⓢpriyaviprayogo duḥkham)·구부득고(求不得苦 Ⓢyad apīcchan na labhate tad api duḥkham)·오음성고(五陰盛苦 Ⓢsaṃkṣiptena pancopādāna-skandhā duḥkham)를 말한다. 『대반열반경』(대정장1, p.195b18)에 "고제란 말하자면 여덟 가지 괴로움이다. 첫째 태어나는 괴로움, 둘째 늙는 괴로움, 셋째 병든 괴로움, 넷째 죽는 괴로움, 다섯째 구해도 얻지 못하는 괴로움, 여섯째 미워도 만나야 하는 괴로움, 일곱째 사랑해도 헤어져야 하는 괴로움, 여덟째 다섯 가지 어쩔 수 없이 받아 의지한 이 몸으로 인한 괴로움이다. 苦諦者所謂八苦 一生苦 二老苦 三病苦 四死苦 五所求不得苦 六怨憎會苦 七愛別離苦 八五受陰苦", 『선요경』(대정장15, p.238b1)에 "여덟 가지 고통으로 윤회하여 밤낮을 버리지 못하니 나의 몸 슬프게도 이러한 화를 받는구나. 八苦輪迴晝夜無捨 我身可哀屬當斯禍"라고 하였다. 〔참고문헌〕『大般涅槃經』, 『禪要經』, *Abh-s.37·40.* ⇨ 고성제 苦聖諦, 사고 四苦 ❷ Ⓢaṣṭa-vidhaṃ duḥkham, Ⓣsdug-bsngal-rnam-pa-brgyad. 『유가사지론』에서 시설한 여덟 가지 괴로움. 『유가사지론』 권44(대정장30, p.536a23 : *Bodh-bh.*, p.167)에 "다시 여덟 가지 괴로움이 있다. 첫째 추위, 둘째 더위, 셋째 배고픔, 넷째 목마름, 다섯째 자재하지 못한 괴로움, 여섯째 스스로를 괴롭혀 시달리는 것. 번뇌 없애려는 모든 외도류다. 일곱째 다른 이에게 핍박받아 시달리는 것이니, 외부의 흉악한 손이나 귀신 등을 만나는 것과 벌레 등에게 물리는 것을 말한다. 여덟째 한 갈래 위의로만 오랜 시간 머물러야 하는 고통 등이다. 復有八苦 一寒苦 二熱苦 三飢苦 四渴苦 五不自在苦 六自逼惱苦 謂無繫等諸外道類 七他逼惱苦 謂遭遇他手塊等觸蚊虻等觸 八一類威儀多時住苦 aṣṭavidhaṃ duḥkham. śītaduḥkhabhuṣṇaduḥkhaṃ jighatsāduḥkhaṃ pipasāduḥkham asvātantryaduḥkham. ātmopakramaduḥkhaṃ tad yathā nigranthaprabhṛtīnām. paropakramaduḥkhaṃ tad yathā paṇiloṣṭasaṃsparśādibhiḥ parato daṃśamaśakādisaṃsparśaiś ca. īryāṃpathaikajātīyavihāraduḥkhañ ca"라고 하였다. 〔참고문헌〕『瑜伽師地論』, *Bodh-bh.*

팔고경 八苦經 ➡ 오왕경 五王經

팔곡사두 八斛四斗 석가세존 반열반 후 다비 후에 수습한 사리의 양. 세존께 올린 마지막 순타공양공덕의 량을 이것에 인연짓기도 한다. 『대장엄론경』 권15(대정장4, p.347c17)에 "부처님도 또한 이와 같이 하셨다. 열반에 드실 때 중생을 건지기 위해 뼈를 태우고 부셔서 팔곡사두의 사리를 내어 중생을 이익되게 하셨다. 佛亦如是 入涅槃時爲濟衆生故 碎身舍利 八斛四斗 利益衆生", 40권본 『대반열반경』 권10(대정장12, p.424a19)에 "이때 순타가 지닌 곡물 가운데 잘 익은 곡식이 마가다국을 가득 채울만한 팔곡이었다. (이것을 가지고) 부처님의 신력으로 모든 대회의 대중들을 충족하게 하였다. 爾時純陀所持粳糧成熟之食 摩伽陀國滿足八斛 以佛神力皆悉充足一切大會", 『대반열반경소』 권4(대정장38, p.58b1)에 "저 순타를 보니 슬퍼하면서도 다만 팔곡사두의 부사의공양으로 일체를 배부르게 하였다. 若見純陀悲感但獻八斛四斗 不思議供充飽一切"라고 하였다. 〔참고문헌〕『大莊嚴論經』, 『大般涅槃經』, 『大般涅槃經疏』.

팔공덕 八功德 재물을 베풂에 따르는 여덟 가지 공덕. 『증일아함경』 권37(대정장2, p.755b19)에 "이때 세존께서 비구들에게 말했다. 선남자선녀인이 재물로 보시를 베풀면 여덟 가지 공덕을 얻는다. 여덟 가지란 무엇인가? 첫째, 때에 맞게 베풀되 때가 아니면 하지 않는다. 둘째, 깨끗하게 베풀되 더러운 것으로 베풀지 않는다. 셋째, 손수 베풀되 남을 시켜서 하지 않는다. 넷째, 보시를 서원하여 교만한 마음을 없앤다. 다섯째, 해탈하여 베풀고 과보를 바라지 않는다. 여섯째, 보시하되 열반을 구하고 천계에 나길 구하지 않는다. 일곱째, 좋은 밭을 구하여 보시하고 황폐한 땅에 보시하지 않는다. 여덟째, 이 공덕으로 중생에게 베풀 뿐 자기를 위하지 않는다. 爾時 世尊告諸比丘 若善男子 善女人 以財物惠施 獲八功德 云何爲八 一者 隨時惠施 非爲非時 二者 鮮潔惠施 非爲穢濁 三者 手自斟酌 不使他人 四者 誓願惠施 無憍恣心 五者 解脫惠施 不望其報 六者 惠施求滅 不求生天 七者 施求良田 不施荒地 八者 然持此功德 惠施衆生 不自爲己"라고 하였다. 〔참고문헌〕『增一阿含經』.

팔공덕수 八功德水 Ⓢaṣṭāṅgopetasya pānīya, Ⓣyan-lag-brgyad-dang-ldan-pa'i-chu. 여덟 가지 수승한 공덕의 물. ❶ 수미산 주변의 내해(內海)의 공덕수 『구사론』 권11(대정장29, p.57c10 : *Abh-k-bh.*, p.160)에 "묘고산을 시작으로 마지막까지 둘러 싸여 있고 중간에 팔해가 있는데 앞의 일곱 바다를 내해라 한다. 내해에는 모두 여덟 가지 공덕을 갖춘 물이 있다. 첫째 달고, 둘째 차고, 셋째 부드럽고, 넷째 가볍고, 다섯째 청정하고, 여섯째 냄새 나지 않고, 일곱째 마실 때 목을 다치게 하지 않고, 여덟째 마신 후에 배가 아프지 않다. 妙高爲初輪圍最後 中間八海 前七名內 七中皆具八功德水 一 甘 二 冷 三 軟 四 輕 五 淸淨 六 不臭 七 飮時不損喉 八 飮已不傷腹 eṣāṃ ca nimindharāntanāṃ parvatānāṃ saptāntarāṇi sapta śītā ucyante pūrṇā aṣṭ āṅgopetasya pānīyasya. taddhi pānīyaṃ śītalaṃ ca svādu ca laghu ca mṛdu cācchaṃ ca niṣpratikaṃ ca pibataś ca kaṇṭhaṃ na kṣiṇoti pītaṃ ca kukṣiṃ na vyābādhate"라고 하였다. 〔참고문헌〕『俱舍論』, *Abh-k-bh*. ⇨ 팔해 八海 **2** 선재동자 남순 중에 만난 보장엄원림 일만욕지 중의 공덕수. 60권본『화엄경』권47「입법계품 入法界品」(대정장9, p.697c15)에 "이때 선재동자가 정념으로 해당비구를 사유하였다. … 보장엄원림을 보니 … 일만의 궁전은 비로자나의 보장으로 장엄되어 있고, 일만의 연못은 갖가지 보배로 만들어져 있으며, 칠보로 만든 난간이 주위를 두르고 있으며 팔공덕수가 맑게 가득하다. 爾時 善財童子正念思惟海幢比丘 … 見普莊嚴園林 … 一萬宮殿 毘樓遮那 寶藏莊嚴 一萬浴池 衆寶合成 七寶欄楯 周匝圍遶 八功德水 湛然盈滿"라고 하였다. 〔참고문헌〕『華嚴經』. **3** 극락국토 중 칠보 연못의 공덕수. 『아미타경』(대정장12, p.346c16)에 "극락국토에는 칠보의 연못이 있는데 팔공덕수가 그곳에 가득하고 못 아래에는 금가루가 땅을 덮고 있다. 極樂國土有七寶池 八功德水充滿其中 池底純以金沙布地", 『아미타경통찬소』권2(대정장37, p.339b4)에 "여덟 가지 공덕이란, 첫째는 맑음이고, 둘째는 청량함이고, 셋째는 감미로움이고, 넷째는 가볍고 부드러움이고, 다섯째는 윤택함이고, 여섯째는 안온함이고, 일곱째는 마실 때 기갈을 제거해 줌이고, 여덟째는 마시고 난 뒤 몸을 장양함이다. 八德者 一 澄淨 二 淸冷 三 甘美 四 輕軟 五 潤澤 六 安和 七 飮時除飢渴 八 飮已長養諸根"라고 하였다. 〔참고문헌〕『阿彌陀經』, 『阿彌陀經通贊疏』.

팔공덕수상 八功德水想 십육관(十六觀) 중 다섯 번째 관. 극락 팔지(八池)의 팔공덕수(八功德水)가 칠보(七寶)로 이루어졌음을 관상하는 관법. 『관무량수경』(대정장12, p.342b23)에 "다음으로 마땅히 물을 떠올린다. 물을 떠올리려는 이는 극락국토 여덟 연못의 물이 있고 낱낱의 연못물은 칠보로 이루어졌고, 그 보배 부드러우며 여의주왕에서 생겨나서 열네 가지로 나뉘었다. 각각의 가지 칠보색이고 황금 도랑이다. 도랑 아래에는 모두 잡색금강이 바닥의 모래다. 낱낱의 물 속에 육십억의 칠보연꽃이 있고 각각의 연꽃은 십이유순 넓이로 둥글다. 마니수가 꽃 사이로 흐르고 나무 찾아 오르내린다. 그 소리가 미묘하게 고·공·무상·무아·바라밀들을 연설하고 부처님의 상호들을 찬탄한다. 여의주왕에서 미묘한 황금색 광명이 솟아나고 그 광명이 온갖 보배색의 새가 되어 구슬프게 노래하며 염불·염법·염승을 찬탄한다. 이것이 팔공덕수상이고 제오관이라 한다. 이 관법을 행하는 것을 바른 관상이라 하고 다른 관법이라면 삿된 관상이라 한다. 次當想水 欲想水者 極樂國土有八池水 一一池水七寶所成 其寶柔軟從如意珠王生 分爲十四支 一一支作七寶色 黃金爲渠 渠下皆以雜色金剛以爲底沙 一一水中 有六十億七寶蓮花 一一蓮華團圓正等十二由旬 其摩尼水 流注華間 尋樹上下 其聲微妙 演說苦空無常無我諸波羅蜜 復有讚歎諸佛相好者 從如意珠王 涌出金色微妙光明 其光化爲百寶色鳥 和鳴哀雅 常讚念佛念法念僧 是爲八功德水想 名第五觀 作是觀者 名爲正觀 若他觀者名爲邪觀", 『관무량수불경소묘종초』권4(卍속장32, p.859b1)에 "이것은 팔공덕수상이 되고 다섯째 관법이라 한다. 〔소〕 팔공덕이란 가볍고·맑고·차고·연하고·감미롭고·냄새 나지 않고·마실 때 적절하고·마신 후에 탈이 없음을 말한다. 맑음은 색입이고, 냄새 나지 않음은 향입이며, 가볍고 차고 연함은 촉입이고, 감미로움은 미입이며, 적절하고 탈이 없음은 법입이다. 〔초〕 팔공덕을 해석하여 오입에 배대하고 더불어 앞의 설법은 성입이다. 비록 육입이 되지만 현묘한 경계 아닌 것이 없으므로 관법의 행자가 신속하게 무생법인을 증득하게 한다. 是爲八功德水想名第五觀 疏 八功德者 輕 淸 冷 輭 美 不臭 飮時調適 飮已無患 淸是色入 不臭香入 輕冷輭是觸入 美是味入 調適無患是法入 鈔 疏釋 八德而對五入 幷前說法卽聲入也 雖成六入 無非妙境 故令行者 速證無生"라고 하였다. 〔참고문헌〕『觀無量壽經』, 『觀無量壽佛經疏妙宗鈔』. ⇨ 십육관 十六觀

팔공덕장 八功德藏 Ⓢ aṣṭau mahānidhānāni. 『방광대장엄경』을 필사하여 유통한 공덕의 과보로 얻는 여덟 가지 공덕의 모듬. 『방광대장엄경』권12(대정장3, p.616b18 : *Lal-v.*, p.317)에 "만약 어떤 선남자나 선여인이 이 경을 필사하여 사방에 유통하면, 그 사람은 장차 여덟 가지 공덕장을 얻을 것이다. 무엇이 여덟 가지인가? 若有善男子善女人 書寫此經流通四方 其人當得八功德藏 yaḥ kaścin mārṣā imaṃ lalitavistaraṃ dharmaparyāyaṃ pustakalikhitaṃ kṛtvā dhārayiṣyati satkariṣyati gurukariṣyati mānayiṣyati pūjayiṣyati, amātsaryacittatayā caturdiśam asya dharmaparyāyasya varṇanāṃ bhāṣiṣyate varṇanāṃ coccārayiṣyati āgacchatemaṃ dharmaparyāyaṃ likhitaṃ dhārayata vācayata cintayata svādhyāyateti, so aṣṭau mahānidhānāni pratilapsyate", "첫째는 기억해 가지니 잊어버림이 없기 때문이고, 둘째는 혜로 채우니 온갖 법상을 훌륭하게 분별할 수 있기 때문이고, 셋째는 지로 가득할지니 모든 경의 뜻을 요별할 수 있기 때문이고, 넷째는 다라니장이니 들은 바를 모두 간직할 수 있기 때문이고, 何等爲八 一者 念藏 無忘失故 二者 惠藏 善能分別諸法相故 三者 智藏 能了諸經義故 四者 陀羅尼藏 所聞皆能持故 katamāny aṣṭau mahānidhānāni. yad uta smṛtinidhānaṃ asaṃmoṣaṇatayā. matinidhānaṃ buddhiprabhedanatayā. gatin idhānaṃ sarvasūtrāntārthagatyanurāgatayā. dhāraṇīnidhānaṃ sarvaśrutādhāraṇatayā", "다섯째는 변재장이니 중생이 환희심을 일으키게 할 수 있기 때문이고, 여섯째는 정법을 얻는 장이니 불법을 수호하기 때문이고, 일곱째는 보리심장이니 삼보의 씨앗을 끊지 않기 때문이고, 여덟째는 수행장이니 무생법인을 얻기 때문이다. 五者 辯藏 能發衆生歡喜心故 六者 得正法藏 守護佛法故 七者 菩提心藏 不斷三寶種故 八者 修行藏 得無生法忍故 pratibhānanidhānaṃ pratilabhate sarvasattvasubhāṣitasaṃbhāṣaṇatayā. dharmanidhānaṃ pratilabhate saddharmapratilakṣaṇatayā. bodhicittanidhānaṃ triratnavaṃśānupacchedanatayā. pratipattinidhānaṃ cānutpattikadharmakṣāntipratilambhatayā"라고 하였다. 〔참고문헌〕『方廣大莊嚴經』, *Lal-v.* ⇨ 방광대장엄경 方廣大莊嚴經

팔공덕지 八功德池 극락세계의 연못. 칠보(七寶)로 만들어졌으며 여덟 가지 공덕의 물로 채워져 있다. 『연방시선』(卍속장110, p.657b3)에 "팔공덕지는 순일한 주옥으로 이루어졌다. 연못 물을 이룬 것은 보배이고 보배를 이룬 것은 구슬이다. 연꽃이 연못중에 자라고 물은 꽃 사이로 흐른다. 묘법을 연설하는 것 역시 구슬이 한다. 황금색 광명이 보배새가 되어 삼보를 찬탄하는데 황금색을 용출하는 것 역시 구슬이 한다. 八功德池 純一珠玉所成 成池水者寶也 而成寶者珠也蓮華生於池中 而水之流於華間 演說妙法者 亦珠之所爲也 金色光化爲寶鳥 讚嘆三寶 而涌出金光者 亦珠之所爲也", 『칭찬정토불섭수경』(대정장12, p.348c23)에 "극락세계의 청정불국토에는 곳곳에 일곱 가지 보배연못이 있다. 팔공덕수가 그 안을 채우고 있다. 무엇을 팔공덕수라고 하는가? 첫째 맑고, 둘째 시원하며, 셋째 감미롭고, 넷째 부드러우며, 다섯째 윤택하고, 여섯째 조화로우며, 일곱째 마실 때 기갈 등의 무량한 괴로움을 없애고, 여덟째 마시면 반드시 모든 근의 사대를 장양하고 갖가지 수승한 선근을 증익하니 복 많은 중생이 항상 받아서 쓴다. 極樂世界淨佛土中 處處皆有七妙寶池 八功德水彌滿其中 何等名爲八功德水 一者 澄淨 二者 淸冷 三者 甘美 四者 輕軟 五者 潤澤 六者 安和 七者 飮時除飢渴等無量過患 八者 飮已定能長養諸根四大 增益種種殊勝善根 多福衆生常樂受用"라고 하였다. 〔참고문헌〕『蓮邦詩選』, 『稱讚淨土佛攝受經』.

팔공산 八公山 대구광역시와 경상북도 군위군·영천시·칠곡군·경산시 등에 둘러 있는 산. 해발 1,193m. 태백산맥이 보현산(普賢山 : 1,124m, 新寧)에서 서남쪽으로 화산(華山 : 828m)·팔공산·가산(架山 : 902m, 淸道)으로 연결되며, 신라시대 중사오악(中祀五岳) 중 하나로서 『삼국사기』 권32 잡지(雜志)1 제사(祭祀)에 "중사. 오악은 … 중앙의 부악은 공산이라고 하며 압독군이다. 中祀 五岳 … 中父岳 一云公山 押督郡"라 하였다. 『동국여지승람』 권26 대구도호부(大邱都護府) 산천조(山川條)에 "공산〈팔공산이라고도 하는데, 해안현 북쪽 약 17리에 있다. 신라 때 부악이라 불렀다〉. 公山〈或稱八公山 在解顔縣北十七里 新羅時 稱父岳〉"이라고 하였다. '팔공산' 이름의 연원에 대하여 「대승사불상개금권선문 大乘寺佛像改金勸善文」(『괄허집』 권2·한불전10, p.321a18)에 "근래에 옛 사서를 살펴보니, 옛날 신라 원효조사가 신통력으로 중국의 법운사 스님 1,012명을 인도해 왔으니, … 또 일을 맡은 스님 여덟 명은 대구 공산에 머물다가 성불하였으므로 마침내 팔공산으로 이름을 바꾸었다. 近按遺史 昔新羅元曉祖師 以神通力 引中國法雲寺僧一千十二人 … 又執勞僧八人 住大丘地公山成佛 遂改名八公山"라고 하였다. 또는 927년(태조10) 9월에 고려 왕건이 공산 동수(桐藪 : 동화사)에서 백제 견훤(甄萱)과 싸워 대패하고 신숭겸(申崇謙)·김락(金樂) 등 여덟 충신을 잃었으므로 팔공산이라 하였다는 전설도 있다. 1190년(명종20) 보조지눌(普照知訥)이 팔공산 거조사(居祖寺)에서 맺은 정혜결사(定慧結社)를 공산결사(公山結社)라고도 한다. 팔공산 자락에는 신라 이래로 많은 고찰이 창건되어 오늘에 이른다. 팔공산 북쪽 기슭에는 석굴암보다 이른 시기에 조성된 군위아미타여래삼존석굴(국보 제109호)이 있으며, 남쪽 관봉 아래에는 우리나라 제일의 약사도량(藥師道場)인 팔공산갓바위(보물 제431호)가 있다. 팔공산 자락의 대표적인 사찰로는 통일신라 전탑(塼塔)이 있는 송림사(松林寺)·고려시대 초조대장경 봉안처 부인사(符仁寺)·고려 유가종(瑜伽宗)의 중심사찰 동화사(桐華寺)·조선 인종태실수호사찰 은해사(銀海寺)·조선 영조원찰 파계사(把溪寺)을 비롯하여 거조암(居祖庵)·기기암(寄寄庵) 등 수많은 신라고찰(新羅古刹)이 지금까지 법등을 잇고 있다. 〔참고문헌〕『三國史記』, 『東國輿地勝覽』, 『括虛集』, 『高麗史』 권1 世家1 太祖 10年 9月. ⇨ 거조암 居祖庵, 군위삼존불상 軍威三尊佛像, 공

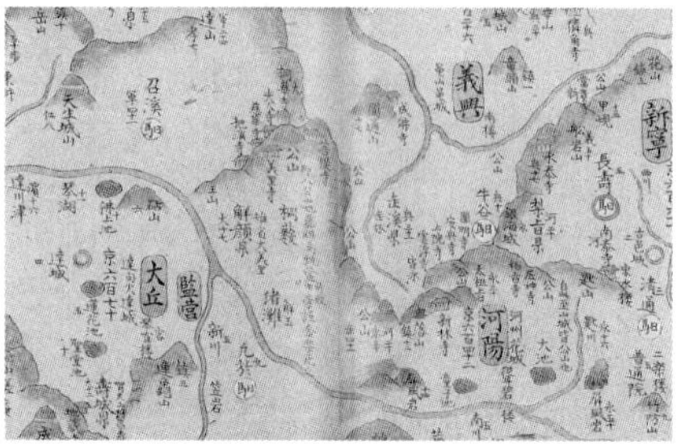

팔공산 『동여비고』 17세기

팔공산갓바위 보물제431호

산결사 公山結社, 동화사 桐華寺■, 부인사 符仁寺, 송림사 松林寺■, 은해사 銀海寺, 파계사 把溪寺

팔공암 八功庵 전라북도 장수군 장수읍 팔공산(八公山)에 있던 암자. 『동국여지승람』 권39 전라도 장수현 불우에 "팔공암〈성적산에 있는데 의상(625~702)이 중영하였다〉. 八功菴〈在聖迹山 義相重營〉", 『가람고』 전라도 장수에 "팔공암 … 성적산에 있다. 八功庵 … 在聖跡山", 『대동지지』 권13 전라도 장수 산수에 "성수산 … 〈팔공암〉. 聖壽山 … 〈八功庵〉", 『범우고』 전라도 장수에 "팔공암 … 지금은 폐사되었다. 八功菴 … 今廢"라고 하였다. 〔참고문헌〕 『東國輿地勝覽』, 『伽藍考』, 『梵宇攷』, 『大東地志』, 『韓國寺刹全書』 권하 p.1120b3.

팔공양 八供養 금강계만다라의 팔공양보살을 가리키는 말. 『삼십칠존심요』(대정장18, p.297a12)에 "능히 관하는 것은 이 마음이고 관할 경계이니 팔공양과 사대호보살 등은 각각 능소를 갖추었다. 能觀是心 所觀是境 八供養及四大護菩薩等 各具能所"라고 하였다. 〔참고문헌〕 『三十七尊心要』, 『大乘觀想曼拏羅淨諸惡趣經』(대정장19, p.95b26). ⇨ 팔공양보살 八供養菩薩

팔공양보살 八供養菩薩 금강계 37존 중 내공양(內供養)의 4보살과 외공양(外供養)의 4보살. 내공양은 희(嬉 Ⓢ Vajralāsī)·만(鬘 Ⓢ Vajramālā)·가(歌 Ⓢ Vajragītā)·무(舞 Ⓢ Vajranṛtyā), 외공양은 향(香 Ⓢ Vajradhūpā)·화(華 Ⓢ Vajrapuṣpā)·등(燈 Ⓢ Vajrālokā)·도(塗 Ⓢ Vajragandhā) 등의 보살이다. 금강계만다라나 별존만다라에서 내외의 사유(四維)에 위치한다. 금강계 37존은 서로 공양하는 관계에 있는데 중앙의 대일여래가 사방에 자리한 아촉여래·보생여래·아미타여래·불공성취여래 등의 4불(佛)에 공양하는 것이 내공양의 4보살이 되고, 4불이 대일여래에게 공양하는 것이 외공양의 4보살이 된다. 내공양이란 대일여래가 사방의 여래가 증득한 삼마지의 덕에 상응한 것으로서 마음에서 4보살을 유출하여 공양하는데 동방아촉불을 공양하는 금강희보살, 남방의 보생여래를 공양하는 금강만보살, 서방의 아미타여래를 공양하는 금강가보살, 북방의 불공성취여래를 공양하는 금강무보살을 말한다. 외공양이란 사방여래에서 유출되어 대일여래를 공양하는 보살로서 동방 아촉여래로부터 유출된 금강향보살, 남방 보생여래로부터 유출된 금강화보살, 서방 아미타여래로부터 유출된 등보살, 북방 불공성취여래에서 유출된 금강도보살이다. 이들 보살이 공양하는 희는 환희를 의미하고, 만은 복덕과 지혜의 구족, 가는 열반, 무는 평등, 향은 번뇌를 떠남, 화는 원만한 공덕, 등은 열반을 밝히는 지혜, 도는 열반에 드는 행을 의미한다. 『삼종실지진언의궤』(대정장18, p.913a28)에 "팔공양보살은 금강희희보살·금강만보살·금강가보살·금강무보살·금강분향보살·금강화보살·금강등보살·금강도향보살이다. 八供養菩薩者 金剛嬉戲菩薩 金剛鬘菩薩 金剛歌菩薩 金剛舞菩薩 金剛焚香菩薩 金剛花菩薩 金剛燈菩薩 金剛塗香菩薩", 『시식단의』(卍속장104, p.837b12)에 "팔공이란 금강화보살·금강향보살·금강등보살·금강도보살·금강과보살·금강낙보살·금강가보살·금강무보살을 말한다. 八供者 金剛花菩薩 金剛香菩薩 金剛燈菩薩 金剛塗菩薩 金剛果菩薩 金剛樂菩薩 金剛歌菩薩 金剛舞菩薩", 『천수천안의궤경』 권상(대정장20, p.75a21)에 "종자를 좇아 대광명이 유출되어 일체 불국토를 두루 비추니 고통 받는 일체중생이 광명을 만나 모두 해탈한다. 이 광명 안에서 천수천안관자재보살이 용출하였는데 무량한 상호과 치성한 위덕을 갖추었다. 십바라밀보살은 주위를 둘러싸고 팔공양보살은 각각 제자리에 머물렀다. 從字流出大光明 遍照一切佛世界 所有受苦衆生遇光照觸皆得解脫 於此大光明中 涌出千手千眼觀自在菩薩 具無量相好熾盛威德 十波羅蜜菩薩周匝圍遶 八供養菩薩各住本位", 『아미타경소초연의』 권2(卍속장33, p.621a9)에 "다섯 방위의 여래에는 각각 사대보살이 있으니 이십오존이 된다. 그리고 사섭과 팔공양보살을 더하면 삼십칠존이 되는데 모두 부처라 칭하고 모두 한 부처가 드러낸 것이니 대상으로써 주관을 따라 모두 부처라고 부른다. 五方如來 各有四大菩薩 卽成二十五 及四攝 八供養菩薩 故成三十七 皆稱佛者 皆一佛所現 以所從能 皆名爲佛也"라고 하였다. 〔참고문헌〕 『三種悉地眞言儀軌』, 『施食壇儀』, 『千手千眼儀軌經』, 『阿彌陀經疏鈔演義』. ⇨ 금강계만다라 金剛界曼荼羅

팔과 八果 Ⓢ aṣṭa-vidhaṃ deśanāyāḥ phalam. 보살이 부지런히 설법하여 능히 얻는 여덟 가지 과(菩薩若勤說法 能得八果). 『대승장엄경론』 권12(대정장31, p.654c11)에서 시설하였다. 법을 듣는 이들이 보리심을 발하는 것(一 諸聽法者 或發菩提心), 무생인을 얻는 것(二 或得無生忍), 제법에서 티끌을 멀리 여의어 법안정을 얻는 것으로 하승으로 거두며(三 或於諸法 遠塵離垢 得法眼淨 此謂下乘所攝), 모든 누진을 얻는 것(四 或得諸漏盡), 정법이 오래 머물게 하는 것으로 이 정설을 의지해 펴고 구르며 수지하기 때문이며(五 令正法久住 由此正說 得展轉受持故), 아직 뜻을 익히지 못한 이가 뜻을 익히도록 하는 것(六 未學義者 令得學義), 아직 의심을 끊지 못한 이가 의심을 끊도록 하는 것(七 未斷疑者 令得斷疑), 이미 의심을 끊은 이가 정법을 수용하여 장애가 없어진 큰 기쁨을 느끼도록 하는 것(八 已斷疑者 令得受用正法無障大喜味)을 말한다. 〔참고문헌〕 『大乘莊嚴經論』, *Sūtr.171.*

팔과실 八過失 Ⓢ aṣṭa-apakṣāla, Ⓣ skyon-brgyad. 제4정(定)을 얻어 여의는 여덟 가지 허물. 팔재환(八災患)이라고도 한다. 『구사석론』 권21(대정장29, p.299a25)에 "〔게〕 여덟 가지 과실을 여의었기에 제4정을 동요함이 없는 것(不動)이라 한다. 〔석〕 무엇이 여덟 가지 과실인가? 〔게〕 각과 관, 두 가지 식, 나머지로서 락 등의 네 가지 수(受)이다. 〔석〕 각·관·락·고·희·우·출식·입식이니 이 여덟 가는 여러 정의 과실이다. 이 여덟 가지 과실 중 그 어느 하나도 제4정에는 없기에 제4정만을 동요함이 없는 것이라 하니, 각관희락 등에 의해 동요될 수 있는 바가 아니기 때문이다. 따라서 경에서 '제4정은 동요함이 없는 것이다'라고 하였다. 비유하면 밀실 내에는 등불을 흔드는 바람이 없는 것과 같다. 偈曰 離八過失故 說第四不動 釋曰 何者爲八過失 偈曰 覺觀及二息 餘樂等四種 釋曰 覺觀樂苦喜憂出息入息 此八是諸定過失 此八過失中隨一過失 於第四定中無 是故唯說第四定爲不動 覺觀喜樂等所不能動變故 故經中說 第四定爲不動 譬如內密室無風燈光"라고 하였다. 〔참고문헌〕『俱舍釋論』, *Abh-k-bh.441.* ⇨ 팔재환 八災患

팔관 八關 여덟 가지에 빗장을 걸다. 팔계(八戒) 즉 팔관재(八關齋)를 말한다. 살생(殺生)·투도(偸盜)·사음(邪婬)·망어(妄語)·음주식육(飮酒食肉)·화만장식도영향유(花鬘莊飾塗瑩香油)·가무창기고왕청관(歌儛倡妓故往聽觀)·고상광좌(高牀廣座) 등에 빗장을 걸어 일어나지 못하게 함이다. 관이란 드나듦에 있어 빗장이니, 듦에 있어 여덟 가지로 갈무리하지만 이 공덕으로 나감에 있어서는 천계에 나거나 해탈로 나아간다. 『중본기경』 권하(대정장4, p.156c24)에 "범지가 해질 무렵 돌아와서 재를 올린 음식을 먹지 않았다. 부인이 이상하여 묻기를 '무슨 원통한 일이라도 생겼소?' '화내지 마시오. 나는 재를 지킬 따름이요'. 부인이 다시 물었다. '어떤 재에 갔다가 오셨소?' '급고독씨가 자신의 원림에서 부처님께 공양을 올리기에 나를 청하였소. 재 이름은 팔관이오'. 부인이 눈물 흘리면서 분연히 화를 내며 '당신은 조상 대대로 내려오는 법도를 어겼으니 이에 불행이 일어날 것이오. 구담은 법을 어지럽히니 받을 가치나 있겠냐' 하며 다그치길 그치지 않자 함께 밥을 먹었다. 梵志暮還 奉齋不飡 婦怪而問 不審何恨 答曰 不恚 吾齋故耳 婦重質之 何從齋來 梵志答曰 給孤獨氏 於園飯佛 請吾往齋 齋名八關 其婦流淚 忿然恚曰 君毁遺則 禍此興矣 瞿曇亂法 奚足採納 迫蹴不已 便共俱飯", "범지는 한밤중에 목숨을 마치고 울다라위국에 태어나 큰 연못가의 나무신이 되었다. 그때 바라문 등 오백인이 갠지스강의 삼사신 못으로 가서 목욕하며 신선이 되기를 바랐지만 중도에 식량이 바닥났다. 때마침 먼 발치에 그 나무가 보였는데, 흐르는 샘물이 있으리라고 생각하여 나무 아래로 달려갔으나 아무것도 보이지 않자 이 못에서 궁핍에 몰려 굶주림과 목마름으로 위기에 처하였다. 梵志壽算 終於夜半 生於鬱多羅衛國 作大澤樹神 時有婆羅門等 五百人 欲詣恒水三祠神池 沐浴垢穢 希望神仙 中道乏糧 遙望彼樹 想有流泉 馳趣樹下 了無所見 窮困斯澤 飢渴委厄", "그때 나무 신인이 나타나 범지에게 물었다. '도사는 어디서 왔으며, 지금 어디로 가는 중입니까?' 그들이 이구동성으로 '신령한 못에 가서 목욕하고 신선이 되길 바랐지만 이렇게 굶주리고 목마른 처지가 되었으니 불쌍히 여기시어 구제해 주길 바랍니다' 하였다. 나무신이 손을 들어 올리자 온갖 맛난 음식이 흘러 넘쳐 모두들 배불리 먹었다. 樹神人現 問梵志曰 道士那來 今若行耶 同聲答曰 欲詣神池 澡浴望仙 今日飢渴 幸哀矜濟 樹神卽擧手 衆味流溢 衆飯飽足", "나무신에게 다가가 말했다. '어떤 공덕을 쌓아 이처럼 높고 높으십니까?' 나무신이 범지에게 대답했다. '저는 사위성의 급고독씨의 권유에 따라 팔관재를 지키다가 부인의 방해로 그 업을 마치지 못하고 이 못으로 와 나무신이 되었습니다. 만약 팔관재법을 다 마쳤다면 그 복으로 틀림없이 천계에 났을 것입니다'. 詣神請曰 何等功德 致此巍巍 神答梵志 吾因舍衛給孤獨氏 持八關齋 爲婦所敗 不卒其業 來生斯澤 作此樹神 若終齋法 福應生天", 『삼미륵경소』(대정장38, p.324a20)에 "팔관이란 팔계를 받기 때문이다. 言八關者 受八戒故", 『약수삼귀오팔계병보살계』 「제팔발원회향 第八發願回向」(卍속장95, p.1040b13)에 "팔관이라는 말은 무슨 뜻인가? 이는 팔악문을 닫아걸고 팔선문을 열어 여덟 가지로 자재하고 여덟 가지 바른 길에서 자유롭다는 뜻이다. 言八關者 斯則關八惡門 開八善戶 得八自在遊八正路", "팔악이란 무엇인가? 살생하면 몸이 잘리는 병에 걸리고, 도둑질은 가난의 재앙을 얻으며, 음욕은 동주나 철상지옥의 괴로움을 초래하고, 거짓말은 뽑힌 혀로 밭을 가는 고통을 부르며, 음주는 어리석은 과보를 부르고, 육식은 병환의 인이 되며, 화만으로 장식하거나 향유를 바르면 욕심을 늘려 정토왕생을 가로막고, 창기와 어울려 노래하고 춤추거나 일부러 찾아가서 노래를 듣고 춤을 보며 몸과 마음을 방탕하게 놓아두면 좋은 이익을 잃으며, 높은 침상에 눕거나 넓은 좌석에 앉으면 아만심을 더하고, 오시를 넘어 음식을 먹으면 아귀도에 난다. 八惡者何 煞生 有斬身之病 偸盜 有貧苦之殃 婬欲有銅柱鐵牀之憂 妄語 有拔舌耕犁之患 飮酒 感愚癡之果 食肉 爲病患之因 花鬘莊飾 塗瑩香油 增長欲心 障生淨土 歌儛倡妓 故往聽觀 縱蕩身心 喪失善利 高牀廣座 益我慢心 過中噉食 生餓鬼道", "부처님께서 자비와 연민으로 계의 관문을 시설하였으니 저들 여덟 가지 문을 닫아걸고 악이 들어오지 못하도록 하셨다. 이러한 뜻으로 말미암아 관이라는 이름을 표방했다〈저 오계를 함께 받았다면 이상의 말을 빌려 써도 된다. 마땅히 '오악문을 닫아걸고 오선문을 지켜 오신통을 얻음으로써 영원히 윤회의 다섯 갈래를 넘어서리라'고 하니 오악은 차제로 설하지 않는다〉. 大師慈愍施設戒關 關彼八門 不令惡入 由斯義故 標以關名〈若與受五戒者 借此語用亦得 應云 關五惡門 關五善戶 得五神通 永超五趣 五惡者 何當次第爲說〉", 『무이원래광록』 권21 「계율품 戒律品」(卍속장125, p.272a15)에 "팔관이란 입춘・춘분・입하・하지・입추・추분・입동・동지 곧 절기가 드는 이들 팔일에 정성 다해 팔계를 지킨다. 오계 이외에도 향화만을 쓰거나 향을 몸에 바르지 않으며, 창기와 어울려 노래하고 춤추거나 일부러 가서 보거나 듣지 않고, 높고 넓은 침상에 앉지 않는 등이니 이를 팔관이라 한다. 다시 더하여 정오를 지나 먹지도 않으면 재라 한다. 이 인을 심음으로서 속세연을 조금씩 벗어남에 따라서 반드시 오계나 더 높은 보살계마저 항상 지니게 된다면 그야말로 지극한 선이다. 八關者 謂立春 春分 立夏 夏至 立秋 秋分 立冬 冬至 此八日 精持八戒 五戒外加不著香花鬘 不香塗身 不歌舞倡伎 故往觀聽 不坐高廣大牀 此名八關 更加過午不食 謂之齋也 以此植因 待世緣稍脫 必欲常持五戒 或增上菩薩戒者 爲之極善"라고 하였다. 〔참고문헌〕『中本起經』, 『三彌勒經疏』, 『略授三歸五八戒並菩薩戒』, 『無異元來廣錄』. ⇨ 팔계 八戒, 팔재계 八齋戒, 팔관재 八關齋, 팔관재계 八關齋戒, 팔관회 八關會

팔관 捌關 조선후기 영정조대(1724~1800)에 활동하였던 염불종 스님. 호는 진허(振虛)이고 휘는 팔관(捌關)이니 평안도 재령군(載寧郡 : 安州) 출신이며 청허휴정(淸虛休靜) 법문 상월새봉(霜月璽封)의 제자다. 1786년(정조10) 7월에 김정중(金正中)이 지은 「진허당문집서 振虛堂文集序」(『진허집』・한불전10, p.167a9)에 따르면 1770년(영조46) 봄에 김정중이 태백산(太白山 : 妙香山)을 답사하면서 내원암(內院庵)에 들러 "주지스님을 만나 '청허대사를 언급하면서 한탄하길 지금 세상에 그런 고승은 어찌 안계신지? 저는 일찍이 본 적이 없습니다' 하고 물었더니 주지노승이 손을 들어 가리키면서 '안주의 모산에 팔관대사 진허라는 스님이 있는데 그는 총명하고 영달하여 내외교에 정통하였을 뿐만 아니라, 해탈문에 들어 청허대사의 의발을 전해 받았으니 그가 어찌 장부가 아니겠는가' 하였다. 招住持老僧問山中故 因語及淸虛 余歎曰 今之世何其無善男子也 盖有之矣 吾未及得見耶 僧俯而笑 徐徐擧手 指安州之某山曰 此中 有關大師號振虛者 其人 聰明穎達 讀內外敎 入解脫門 傳淸虛師衣鉢 非善男而誰也", "1775년(영조51) 여름 홍반(紅瘢 : 마마병・괴질)이 크게 유행하였으므로 당시 영상(領相)이었던 번암(樊巖) 채제공(蔡濟恭)이 널리 고승을 모아 무차대회를 베풀 때 스님을 청하여 주석인 증명법사로 모셨다. 是年夏 紅瘢大虐 死者相望 蔡樊巖相公 廣募名僧 設無遮會 爲民祈福 邀關大師主席"라 하였다. 저서로는 『삼문직지 三門直指』 1권과 『진허집 振虛集』 2권이 있다. 『삼문직지』의 내용은 첫째 염불문(念佛門)에는 2종염불, 4종염불, 5종염불, 10종 염불(十種念佛), 승행염불(勝行念佛), 임종염불(臨終念佛), 칭념예염선후절차(稱念禮念先後節次), 서방극락세계구품연대도(西方極樂世界九品蓮臺圖) 등을 설하였고, 둘째 원돈문(圓頓門)에서는 『원돈성불론 圓頓成佛論』, 의상조사사법계도송(義湘祖師四法界圖頌) 등을 열거하였으며, 셋째 경절문(徑截門)에서는 『간화결의론 看話決疑論』, 『휴휴암주좌선문 休休庵主坐禪文』, 『시각오선인법어 示覺悟禪人法語』, 『정진도설 精進圖說』, 『간당규 看堂規』, 『행선축원규 行禪祝願規』 등을 담고 있다. 책머리에 1769년(영조45) 4월에 진허스님이 지은 자서가 붙어 있다. 같은 해에 안주군(安住郡) 대니면(大尼面) 은적사(隱寂寺) 판각본이 동국대학교 중앙도서관에 소장되어 있다. 『진허당문집』은 2권인데 책머리에 1786년(정조10) 7월에 김정중(金正中)이 지은 서문이 붙어 있고, 권1에는 오언절(五言絶) 시 39편과 오언률(五言律) 시 15편, 칠언절 시 11편, 칠언률 시 22편이 수록되어 있으며, 권2에는 소(疏) 12편, 행장 1편(碧虛堂大師行跡), 서(序) 1편, 기(記) 2편, 문(文) 2편 등이 실려 있다. 1786년(정조10) 7월 안주군(평안남도) 대니면(大尼面) 문남리(文南里) 오도산(悟道山) 청룡사(靑龍寺)에서 판각하여 같은 면 은적사에 진장한 판본이 있는데, 그 전문(全文)이 한불전10, pp.138~177에 수록되어 있다. 〔참고문헌〕『振虛集』, 澄寤 「霜月先師行蹟」(『霜月大師詩集』・한불전9, p.599c2), 『韓國佛敎撰述文獻總錄』 p.211. ⇨ 진허 振虛, 삼문직지 三門直指

팔관도감 八關都監 고려시대에 팔관회를 운영하기 위해 서경(西京)에 설치한 관청. 서경유수관(西京留守官) 속관의 하나로 팔관보(八關寶)로도 불렸다. 『고려사』 권80 식화지(食貨志)3 녹봉(祿俸) 서경관록(西京官祿)에 문종 30년(1076) 정해진 내용으로 13석 5두를 받는 팔관보 부사(副使)와 8석 10두를 받는 팔관보 판관(判官)이 확인된다. 『고려사』 권77 백관지(百官志)2 외직(外職) 서경유수관에 의하면, 인종 16년(1138)에 "팔관도감에 부사 1인과 판관 1인을 두었다. 八關都監 置副使一人 判官一人"고 한다. 이후 명종 8년(1178)에 관제(官制)를 새롭게 고치면서 서경유수관의 속관인 예의사(禮儀司)・정설원(正設院)・팔관보・영송도감(迎送都監)을 의조(儀曹)에 예속시켰다. 동일한 전거인 『고려사』 백관지 서경유수관 내에서 팔관도감과 팔관보로 잇달아 기록되고 있어 이들은 동일한 관청의 이명으로 판단된다. 참고로 고려전기에 서경에서는 개경(開京) 관제와 유사한 분사(分司) 제도가 운영되었으므로 서경의 팔관도감 혹 팔관보는 개경의 팔관보와 유사했다. 한편 앞서 언급된 1138년과 1178년의 관제 개편은 이보다 먼저 서경에서 일어난 인종 13년(1135) 묘청(妙淸)의 난과 명종 4년(1174) 조위총(趙位寵)의 난과 관련되어 이루어졌다. [참고문헌] 『高麗史』. ⇨ 팔관보 八關寶, 팔관회 八關會

팔관보 八關寶 팔관회를 위하여 개경과 서경에 설치한 관청. 『고려사절요』 권1 태조 13년(930) 12월조에 "보란 우리나라 말인데, 돈과 곡식을 시납하여 그 본전은 보존하고 이자를 취해 오래도록 이롭게 하므로 보라고 일컬었다. 寶者方言也 以錢穀施納 存本取息 利於久遠 故謂之寶"라고 한다. 『고려사』 권77 백관지(百官志)2 제사도감각색(諸司都監各色)에 의하면 문종(文宗) 대에 팔관회 소속관원을 정했는데, 4품 이상이 겸직으로 임명되는 사(使) 1인, 5품 이상이 겸직으로 임명되는 부사(副使) 2인, 갑과권무(甲科權務)인 판관(判官) 4인과 이속(吏屬)으로 기사(記事) 2인, 기관(記官) 1인, 산사(筭士) 1인이었다. 『고려사』 권80 식화지(食貨志)3 녹봉(祿俸) 권무관(權務官)에 의하면, 문종 30년(1076)에 팔관보의 사에게는 60석, 팔관보 부사는 40석, 팔관보 판관은 10석 5두의 녹봉이 책정되어 있었고 인종 대에는 판관의 녹봉이 13석 5두로 약간 인상되었다. 한편 서경에도 문종 30년에 이미 팔관보가 설치되었음이 확인되며 팔관도감이라고도 불렸는데 서경에서 일어난 묘청(妙淸)의 난과 조위총(趙位寵)의 난을 겪으면서 점차 축소폐지되었다. [참고문헌] 『高麗史節要』, 『高麗史』. ⇨ 팔관도감 八關都監, 팔관회 八關會

팔관음 八觀音 ➡ 팔대관음 八大觀音

팔관일조진전동대고사축 八關日祖眞前動臺告事祝 이규보(李奎報 1168~1241) 지음. 이규보가 한림원(翰林院)과 고원(誥院)에 속해있을 때 왕명으로 지은 글 중의 하나로 팔관회(八關會) 행사를 위해 작성하였다. 『동국이상국전집』 권40 석도소·제축(釋道疏·祭祝)에 수록되어 있다. 음력 11월 14일인 팔관회 소회일(小會日)에 국왕이 의봉문(儀鳳門)에 행차하여 태조의 진영 앞에 술을 올리고 배례하는 절차가 있는데, 이는 태조신앙과 연결된 의례다. 해당 글은 태조의 진영인 조진(祖眞) 앞에서 대(臺)를 재도량으로 옮김을 아뢰는 축문이다. 축문은 "이 예문을 읽어 이미 하늘 바람이 행차하고 이 기계의 재주에 위탁하여 장차 땅을 흔들 우레바퀴를 굴리려 합니다. 먼저 그 사유를 고하오니 부디 놀라거나 이상하게 여기지 마옵소서. 講此禮文 已致在天之風馭 寓玆機巧 將旋殷地之雷輪 先告端由 庶無驚駭"라고 서술되었다. [참고문헌] 『東國李相國全集』, 안지원 『고려의 국가불교의례와 문화 -연등·팔관회와 제석도량을 중심으로-』(서울대학교출판부, 2005). ⇨ 팔관회 八關會

팔관재 八關齋 Ⓢ aṣṭāṅga-samanvāgatam upavāsam, Ⓟ aṭṭhaṅga-samannāgataṃ uposathaṃ, aṭṭhaṅga uposatha. 재가자가 육재일에 지키는 여덟 가지 재법(齋法). 팔재계(八齋戒)·팔계(八戒)·팔계재(八戒齋)라고도 한다. 관(關)은 빗장치는 뜻으로 일정한 기한을 약속하고 금계(禁戒)하는 뜻이다. 팔관은 여덟 가지 계인 팔계(八戒)를 말하고 재란 당일 오후부터 다음 날 아침까지 먹지 않는(不食) 것을 말한다. 『증일아함경』 권16(대정장2, p.624b20 : *AN.1*, p.142)에 "이때 세존께서 비구들에게 말씀하셨다. '십오일 중에 세 번의 재법이 있다. 셋이란 8일·14일·15일이다. 비구는 알아야 한다. 어느 때 팔일재일에 사천왕이 신하들을 파견하여 누가 선악을 행한 자인지 세간을 관찰한다. 어떤 중생이 부모·사문·바라문·장자를 자애하고 효순하였는지 중생이 보시·수계·인욕·정진·삼매·경의 뜻을 펴 흩으기·팔관재 지키기를 좋아하는지 갖추어 분별한다'. 爾時 世尊告諸比丘 十五日中有三齋法 云何爲三 八日 十四日 十五日 比丘當知 或有是時 八日齋日 四天王遣諸輔臣 觀察世間 誰有作善惡者 何等衆生有慈孝父母 沙門 婆羅門及尊長者 頗有衆生好喜布施 修戒 忍辱 精進 三昧 演散經義 持八關齋者 具分別之 aṭṭhamiyaṃ bhikkhave pakkhassa catunnaṃ mahārājānaṃ amaccā pārisajjā imaṃ lokaṃ anuvicaranti, kacci bahū manussā manussesu metteyyā petteyyā sāmaññā brahmaññā kule jeṭṭhāpacāyino uposathaṃ upavasanti paṭijāgarenti puññāni karontīti", "'저 지금 아무개는 이러한 여덟 가지를 떠나 팔관재법을 받들어 지키고 삼악취에 떨어지지 않고 이것을 지킨 공덕으로 지옥·아귀·축생과 팔난처에 들어가지 않고 항상 선지식을 얻어 악지식을 따르지 않을 것입니다. 항상 좋은 부모의 집안에서 태어나고 변두리 불법이 없는 곳에 태어나지 않을 것이며 장수천에 태어나지 않고 사람을 노비로 누리지 않을 것이며 범천이 되지 않을 것이고 제석천이 되지 않을 것이며 전륜성왕이 되지 않을 것입니다. 항상 부처님 앞에 태어나고 자연히 부처님을 만나고 자연히 법을 들어 감각기관을 어지럽게 하지 않을 것입니다. 만약 제가 삼승생을 향해 서원한다면 신속하게 도과를 이룰 것입니다. 비구는 반드시 알아야 합니다. 만약 우바새 우바이가 이 팔관재법을 지키면 그 선남자와 선녀인은 반드시 삼도에 갈 것이니 사람으로 태어나거나 천상에 태어나거나 열반에 들 것입니다'. 我今字某 離此八事 奉持八關齋法 不墮三惡趣 持是功德 不入地獄 餓鬼畜生 八難之中 恒得善知識 莫與惡知識從事 恒得好父母家生 莫生邊地無佛法處 莫生長壽天上 莫與人作奴婢 莫作梵天 莫作釋身 亦莫作轉輪聖王 恒生佛前 自見佛 自

聞法 使諸根不亂 若我誓願向三乘行 速成道果 比丘當知 若有優婆塞 優婆夷 持此八關齋法 彼善男子. 善女人 當趣三道 或生人中 或生天上 或般涅槃", 『석정토군의론』 권2(대정장47, p.40c8)에 "화생한 용이 팔관재계를 지켜 금시조가 먹고자 하였으나 하지 못했다. 그 법을 청해 물으니 용이 팔관재법을 설하였고 금시조가 용을 따라 바다의 용궁으로 갔다. 이때 용의 아들이 다시 금시조에게 게송으로 설하자 용의 아들과 용의 딸이 마음이 열려 뜻을 알았다. 목숨이 다한 후에 모두 아미타불국토에 왕생하였다. 化生龍持八關齋戒 金翅鳥欲食不得 請問其法 龍爲說八關齋法 金翅鳥隨龍往海龍王宮中 爾時 龍子復與金翅鳥而說於偈 是時龍子龍女心開意解 壽終之後 皆當往生阿彌陀佛國"라고 하였다. 〔참고문헌〕『增壹阿含經』, 『釋淨土群疑論』, *AN*·*1.213.*, *Bhai.171.*, *SN.1.208*·*209.* ⇨ 팔계 八戒, 팔관 八關

팔관재경 八關齋經 1권. 유송(劉宋)대 거사(居士) 저거랑성(沮渠京聲) 한역. 대정장1, p.913a17~b29, No.89에 수록되어 있다. 부처님께서 기수급고독원에 계실 때 비구대중에게 지재(持齋)의 공덕이 무량함을 설하신 내용이다. 『중아함경 中阿含經』「지재경 持齋經」과 동본이역이고, 상응하는 팔리경전은 앙굿타라니카야 *Atthaka-nipata* 제43경 *Visākhā-sutta*(*AN.4*, pp.255~258)이다. 오대 지겸(支謙)이 한역한 『재경 齋經』 역시 팔관재경이라고 부르지만 이것은 우파이타합가경의 동본이역으로 저거랑성의 역본과 다르다. 『중경목록』 권3(대정장55, p.129c18)에 "『재경』 1권〈『팔관재경』이라고도 하고, 『우바이타합가경』이라고도 한다. 제55권에서 나왔고 오 황무년 지겸이 한역했다〉. 齋經 一卷〈一名八關齋經 一名優婆夷墮舍迦經 出第五十五卷 吳黃武年支謙譯〉"라고 하였다. 〔참고문헌〕『衆經目錄』.

팔관재계 八關齋戒 Ⓢ aṣṭāṅga-samanvāgatam upavāsam, Ⓟ aṭṭhaṅga-samannāgataṃ uposathaṃ, aṭṭhaṅga uposatha. 재가자가 일정 기간 동안 지켜야 하는 여덟 가지 계율. 매월 8일·14일·15일·23일·29일·30일에 해당하는 육재일(六齋日)에 하루 낮과 밤 동안 지킨다. 관(關)은 빗장을 걸다의 뜻으로 금계를 말하고 재(齋)는 오후불식을 의미하며 여덟 가지 계율은 살·도·음·망·주(殺盜淫妄酒)를 금지하는 오계에 사치와 향락을 금하는 세 가지 계를 더하기도 하는데 문헌에 따라 분류함이 조금 다르다. 오후불식을 독립된 팔계 중 하나로 포함시키거나 또는 이것을 제외하고 세 가지 계율을 더하는 경우가 있으나 내용상 큰 차이는 없다. 세 가지는 화만(華鬘)이나 장신구로 화려하게 치장하지 않는다. 가무(歌舞)를 행하거나 관람하지 않는다. 높고 화려한 자리(座床)에 앉지 않는다는 내용이다. 『불조통기』 권52(대정장49, p.455c25)에 "진 간문제 때 까마귀가 태극전에 둥지를 틀었다. 비구니 도용을 불러 팔관재계를 받으니 까마귀가 둥지를 옮겨 떠났다. … 수 문제 때 가뭄이 들어 담연법사가 어좌에 오르고 황제와 군신이 팔관재계를 받으니 갑자기 비가 쏟아졌다. 晉簡文 有烏巢太極殿 召尼道容授八關齋戒 烏運巢而去 … 隋文帝 亢旱 曇延法師升御座 帝及群臣受八關齋戒 俄而雨注", 『금광명경조해』 권하(卍속장31, p.818a6)에 "『처태경』에서 '팔관재계란 중생의 여덟 가지 죄를 금하는 것이다'라고 하였다. 『사명기』에서 '팔재계는 재가인이 하루 낮과 밤 동안 지키는 계이다'라고 하였다. 한강백이 주석한 『주역』에서 '마음을 씻음을 재라 하고 근심을 방지하는 것을 계라 한다'라고 하였다. 處胎經云 八關齋戒者 關禁衆生八罪也 四明記云 八齋戒卽在家人一日一夜戒也 韓康伯注周易曰 洗心曰齋 防患曰戒"라고 하였다. 〔참고문헌〕『佛祖統紀』, 『金光明經照解』, *Bhai.171.*, *SN.1.208.*, *AN.1.213.* ⇨ 팔관재 八關齋, 팔계 八戒

팔관재법 八關齋法 1권. 명대 홍산재삼(弘贊在犙) 찬. 1674년 간행. 팔관재(八關齋)의 계법을 시행하는 의식과 팔재계의 의미에 대해 상세하게 서술한다. 卍속장107, pp.164a1~170a4, No.1130에 수록되어 있다.

팔관재소 八關齋疏 이곡(李穀 1298~1351) 지음. 서경(西京)에서 행해지는 음력 10월의 팔관회를 위해서 지은 소(疏)이다. 『가정집』 권10 소어(疏語)에 수록되어 있다. 고려 태조(太祖 재위 918~943)가 남긴 훈요십조(訓要十條)에서 팔관회에 대해 천령(天靈)과 오악(五嶽)·명산(名山)·대천(大川)·용신(龍神)을 섬기는 행사라고 하였듯이 소문에서 신룡(神龍)이 환희할 것이고 고려를 창업한 태조가 열고 보존한 뜻을 강조하였다. 소문에서는 "깨우친 황제(覺皇)가 불법을 설한 것은 모두 삼유의 깊은 인이라고 칭합니다. 말세의 속인이 진실에 어두워 헤매니 마땅히 팔관의 바른 계(正戒)를 지켜야 합니다. 그러므로 창업하신 선조부터 이미 신령한 말씀 받들어 모셔 쓰고 보전하였고 구원이 있기도 하였습니다. 이에 나처럼 무능한 후사에 미쳐 잘 베풀지 못하니 어찌 변하지 않는 그 법도를 따라 가져 지키기를 기도하지 않겠습니까. 이에 10월(陽月)에 의식을 치를 좋은 날을 취하여 서도(西都)에서 성대한 모임을 개최하게 되었으니 부처와 성인들께서 증명해 아실 것이며 신룡이 환희할 것입니다. 삼가 원하옵건대 사방이 업신여기지 않게 하고 상국의 품어 안음이 더해서 육부 크게 수행해서 동쪽 사람들 더없이 풍요롭게 하십시오. 覺皇說法 皆稱三有之妙因 末俗迷眞 宜執八關之正戒 故自創垂之先祖 已能崇奉于靈詮 用保丕基 或由妙援 矧及我無良之嗣 莫克施爲 盍遵其不易之規 庶幾持守 肆取彝儀於

陽月 仵陳勝會於西都 佛聖證知 神龍歡喜 伏願四方無侮 益承上國之懷綏 六府孔修 更致東人之富庶"라고 기술되었다. [참고문헌]『稼亭集』. ⇨ 팔관회 八關會

팔관재회 八關齋會 팔재계(八齋戒)를 열어 베푸는 일. 당대(唐代)에 크게 성행한 이후 자주 시행되었다. 우리나라에서는 삼국시대에서 고려까지 성행했다. 『해동고승전』(대정장50, p.1019c4)에 "진흥왕 33년 10월에 전사한 장졸을 위해 왕궁 밖 사찰에서 팔관재회를 베풀었다. 三十三年十月 爲戰死士卒 設八關齋會 於外寺"라고 하였다. [참고문헌]『海東高僧傳』. ⇨ 팔관회 八關會

팔관찰행 八觀察行 여덟 가지(諦 建立 過失 功德 理趣 流轉 道理 廣略)로 살펴 행하다. 『현양성교론』 권20(대정장31, p.582a27)에 "이에 행상이라 하였으니, 팔관찰행으로 설한다는 것을 알아야 한다. 여덟이란 무엇인가? 첫째 관찰제행, 둘째 관찰건립행, 셋째 관찰과실행, 넷째 관찰공덕행, 다섯째 관찰이취행, 여섯째 관찰유전행, 일곱째 관찰도리행, 여덟째 관찰광략행이다. 此行相者 當知宣說八觀察行 何等爲八 一 觀察諦行 二 觀察建立行 三 觀察過失行 四 觀察功德行 五 觀察理趣行 六 觀察流轉行 七 觀察道理行 八 觀察廣略行", "제란 진여를 말한다. 건립이란 보특가라를 건립하거나 변계소집자성을 건립하거나 일향에 분별・반문・치기를 건립하거나 은밀현료기론을 건립하는 것이다. 과실이란 부처님께서 설하신 온갖 잡염법이 하나가 아니라 갖가지로 차별한 과실임을 말한다. 공덕이란 부처님께서 설하신 청정법이 하나가 아니라 다양하게 차별하고 뛰어난 이익임을 말한다. 이취라 함에 여섯 가지 이취가 있으니 저 「사섭품」에서 설한 것과 같다. 유전이란 삼세의 세 가지 유위상과 네 가지 연을 말한다. 도리란 네 가지 도리이니 첫째 관대도리, 둘째 작용도리, 셋째 증성도리, 넷째 법이도리다. 온갖 인과 온갖 연을 말미암기에 제행들이 일어나고 미쳐서 드러남에 따라 설하면 이를 관대도리라 한다. 만약 여러 인연에 말미암아 제법이 증득되거나 차올라서 만약 저것이 생하여 업용을 일으킨다면 이를 작용도리라 한다. 여러 인연으로 말미암아 세우고 말해서 드러난 뜻이 성립하고 바르게 이해되면 이를 증성도리라 한다. … 광략이란 먼저 일구법으로 설하고 나중에 무량구를 펼쳐 분별하고 구경을 드러내 마침을 말한다. 諦者 謂眞如 建立者 謂若建立補特伽羅 若建立遍計所執自性 若建立一向分別反問置記論 若建立隱密顯了記論 過失者 謂佛所說諸雜染法非一種種差別過失 功德者 如佛所說諸淸淨法非一種種差別勝利 理趣者 有六種理趣 如攝事品已說 流轉者 謂三世三有爲相及與四緣 道理者 謂四種道理 一觀待道理 二作用道理 三證成道理 四法爾道理 若由諸因諸緣故 諸行生起及隨顯說 是名觀待道理 若由諸因諸緣故 諸法若證得若成滿 若彼已生能起業用 是名作用道理 若由諸因諸緣故 所立所說所摽擧義 得成立得正解 是名證成道理 … 略廣者 謂先說一句法 後後以無量句展轉分別顯了究竟"라고 하였다. [참고문헌]『顯揚聖教論』.

팔관회 八關會 팔재계를 위해 베푸는 모임. 남아 전하는 기록에 의지한 최초 팔관회 개최는 551년(진흥왕12)으로 거칠부(居柒夫)가 고구려의 혜량법사(惠亮法師)를 모시고 돌아와 그를 승통(僧統)으로 삼고 백좌강회(百座講會)와 팔관지법(八關之法)을 설행한 일이다. 그 후 572년(진흥왕33)에 전사한 사졸을 위하여 외사(外寺)에서 7일간 팔관연회(八關筵會)를 행하였다. 고구려 출신의 혜량이 신라에 팔관회를 전한 것으로 보아 고구려에서도 이미 개최되었을 가능성이 크다. 898년(효공왕2) 11월에는 궁예가 송악 즉 개경에서 팔관회를 설행하였다. 고려를 건국한 태조는 즉위한 918년 11월에 전주(前主)인 궁예가 팔관회를 열어 기복한 제도를 따르라는 유사(有司)의 건의를 받아들여 팔관회를 개최하였는데 '부처를 공양하고 신들을 기껍게 하는 모임 供佛樂神之會'이라고 이름하면서 이후로 매년 상례로 삼았다. 태조는 훈요십조(訓要十條)에서 팔관회에 대해 천령(天靈)과 오악(五嶽)・명산(名山)・대천(大川)・용신(龍神)을 섬기는 행사라고 하면서 이를 늘이거나 줄이지 말기를 기록해 남겼다. 성종(成宗)・목종(穆宗)대 일시적으로 정지되기는 하였지만, 고려시대 내내 개최되었다고 이해되며 『고려사』에서 확인되는 사례만도 115회에 달한다. 수도인 개경에서는 11월에 의봉문(儀鳳門)과 법왕사(法王寺)에서 설행한 반면 서경에서는 10월에 영봉문(靈鳳門)과 흥국사(興國寺)를 중심으로 개최되었다. 『고려사』 권69 예지(禮志)11 가례잡의(嘉禮雜儀) 중동팔관회의(仲冬八關會儀)에 의하면, 개경의 팔관회는 음력 11월 14일 소회(小會)와 15일 대회(大會)로 구분되며 의봉문(儀鳳門)에서 주로 행해졌다. 대회 다음날인 16일은 쉬도록 하였다. 소회일 행사는 우선 난가출궁(鑾駕出宮)과 좌전수하(坐殿受賀) 이후 법왕사(法王寺)로 행차한다. 난가출궁은 국왕이 선인전(宣仁殿)에서 대관전(大觀殿)으로 나온 후 수레를 타고 의봉문까지 행차하여 태조의 진영 앞에서 배례(拜禮)하는 과정이다. 좌전수하는 휴식을 취한 국왕이 편차(便次)에서 나와 신하들의 헌수(獻壽)를 받고 국왕이 음식 등을 하사하여 함께 연회하는 형식이다. 이때 태자 이하의 중앙 관리들의 축하와 함께 지방으로부터 올라온 팔관회를 경축하는 표(表)가 바쳐진다. 이날 법왕사에서는 고승들을 초빙하여 팔관재회를 베푼다. 『고려사』 권6 세가(世家)6 정종 즉위년(1034) 11월 경자(庚子)에 "팔관회를 개최하였다. 국왕이 신봉루에 나아가 백관에게 연회를 베풀고 저녁에는 법왕사에 행차하였다. 다음

날 대회에 또 연회를 하사하고 음악을 감상하였다. 동서경과 동북양로 병마사, 4도호, 8목에서 각각 표를 올려 축하를 아뢰었으며 송상객・동서번・탐라국이 또한 방물을 바치니 그들에게 좌석을 내리고 의례를 관람하도록 하였다. 이후부터 상례가 되었다. 設八關會 御神鳳樓 賜百官酺 夕幸法王寺 翼日大會 又賜酺觀樂 東西二京東北兩路兵馬使四都護八牧 各上表陳賀 宋商客東西蕃耽羅國 亦獻方物 賜坐觀禮 後以爲常", 같은 책 정종 7년(1041) 10월 기축(己丑)에 "서경에서 팔관회를 개최하였다. 국왕이 영봉문에 나아가 백관으로부터 축하를 받고 연회를 베풀었다. 이어서 흥국사에 행차하여 행향하고 장락궁으로 옮겨갔다. 設八關會 御靈鳳門 受百官賀賜酺 遂幸興國寺行香 移御長樂宮"라고 하였다. [참고문헌]『高麗史』,『三國史記』, 安啓賢「八關會攷」(『東國史學』4, 1956). ⇨팔관재 八關齋

팔굉 八紘 1825~?. 장흥 보림사(寶林寺) 스님. 휘는 관홍(寬弘), 호는 팔굉(八紘)이다. ⇨관홍 寬弘

팔교 八敎 천태에서 세운 팔교(八敎). 화의사교(化儀四敎)와 화법사교(化法四敎)를 말한다.『법화현의석참』권1(대정장33, p.822b17)에 "처음에 팔교를 써서 옛날을 설명함을 밝혔고, 다음은 이 (법화)경으로 현묘함을 드러냄을 밝힌다. 처음에 다시 셋이 있으니, 처음은 오미의 가르침이고, 다음은 부정교이며, 셋째는 비밀한 가르침이니, 곧 팔교이다. 오미는 곧 점돈이다. 점은 다시 사(법)으로 나뉘고 부정 등의 두 가르침을 (합하여) 곧 (모두) 여덟이 된다. 初明八敎以辨昔 次明今經以顯妙 初又三 初五味 次不定 三祕密 卽八敎也 五味卽漸頓故也 漸中開四幷不定等二 卽爲八也",『법화문구기』권1(대정장34, p.159b27)에 "팔교라고 말하는 것은 장교 등의 사교를 돈교 등의 사교에 (합해) 넣은 것이다. 곧 사미 가운데 이와 같이 각각 다름이 있으니 하물며 돈・점・비밀・부정에 있어서랴. 言八敎者 將藏等四入頓等四 則四味中如是各異 況頓漸中祕密不定",『교관강종』(대정장46, p.936c24)에 "팔교란 무엇인가? 첫째 돈교(頓敎), 둘째 점교(漸敎), 셋째 비밀교(祕密敎), 넷째 부정교(不定敎)를 화의사교라고 하니, 세상의 약방과 같다. 다섯째 삼장교(三藏敎), 여섯째 통교(通敎), 일곱째 별교(別敎), 여덟째 원교(圓敎)를 화법사교라고 하니, 세상의 약맛과 같다. 돈교 등의 쓰임새는 모두 장교 등의 네 가지 맛을 벗어나지 않음을 알아야 한다. 즉 장교는 석공으로 관하고, 통교는 체공으로 관찰하며, 별교는 차제(次第)로 관찰하고, 원교는 일심(一心)으로 관찰하는데, 이 네 가지 관찰은 각각 십법성승관(十法成乘觀 : 十乘觀法)으로 수행인을 열반의 경지로 옮길 수 있다. 장교와 통교의 관법은 진제(眞諦)의 열반으로 옮기고, 별교와 원교의 관법은 중제(中諦)의 대반열반으로 옮기며, 장교・통교・별교 세 가지는 방편이라 하고, 오직 원교의 관법만을 진실이라고 한다. 八敎者 一 頓 二 漸 三 祕密 四 不定 名爲化儀四敎 如世藥方 五 三藏 六 通 七 別 八 圓 名爲化法四敎 如世藥味 當知頓等所用 總不出藏等四味 藏以析空爲觀 通以體空爲觀 別以次第爲觀 圓以一心爲觀 四觀各用十法成乘 能運行人 至涅槃地 藏通二種敎觀 運至眞諦涅槃 別圓二種敎觀 運至中諦大般涅槃 藏通別三 皆名爲權 唯圓敎觀 乃名眞實"라고 하였다. [참고문헌]『法華玄義釋籤』,『法華文句記』,『敎觀綱宗』. ⇨천태사교 天台四敎, 천태사교의 天台四敎儀, 천태팔교 天台八敎, 화법사교 化法四敎, 화의사교 化儀四敎

팔교 八憍 여덟 가지로 스스로를 높여 으스대다.『문수사리문경』권1(대정장14, p.500b26)에 "교는 외모에 대한 교, 왕성함에 대한 교, 부유함에 대한 교, 자재함에 대한 교, 종성이 뛰어남에 대한 교, 행위가 선함에 대한 교, 수명이 긴 것에 대한 교, 총명함에 대한 교다. 이것을 여덟 가지 교만이라고 한다. 憍者 色憍 盛壯憍 富憍 自在憍 姓憍 行善憍 壽命憍 聰明憍 此謂八憍",『법화문구』권6(대정장34, p.75a29)에 "『문수사리문경』에 팔교를 밝혔는데, 지금은 여덟 마리 새에 배대한다. 기력이 왕성한 교만은 솔개와 같다. 성품이 뛰어난 교는 올빼미와 같다. 부유함에 대한 교는 독수리와 같다. 자재함에 대한 교는 수리새와 같다. 수명이 긴 것에 대한 교는 까마귀와 같다. 총명함에 대한 교는 까치와 같다. 행위가 선함에 대한 교는 비둘기와 같다. 외모가 출중함에 대한 교는 집비둘기와 같다. 남을 업신여겨서 교이고, 자신만을 귀하게 여겨서 교이다. 文殊問經 明八憍 今用配八鳥 盛壯憍如鴟 性憍如梟 富憍如雕 自在憍如鷲 壽命憍如烏 聰明憍如鵲 行善憍如鳩 色憍如鴿 陵他爲憍 自貴爲憍"라고 하였다. [참고문헌]『文殊師利問經』,『法華文句』. ⇨교만 憍慢, 만 慢, 팔만 八慢

팔교도 八交道 Ⓢ aṣṭāpada, Ⓣ mig-mangs-ris. 여덟 갈래로 뻗어 서로 만나는 길. 사방사유(四方四維), 곧 팔방(八方)으로 뻗어나가고 서로 만나는 길로 팔재계와 팔성도를 행하는 인천의 중생들이 사는 나라의 풍경이다.『법화경』권2「비유품 譬喩品」(대정장9, p.11b20 : *Saddh-p.*, p.65)에 "국토 이름은 이구다. 그 땅은 평정하고 청정하고 장엄하고 안온하고 풍락하여 하늘과 사람이 치성한다. 유리가 땅을 이루고 팔교도에 황금으로 줄을 삼아 그 옆을 경계 지웠다. 國名離垢 其土平正 淸淨嚴飾 安隱豐樂 天人熾盛 琉璃爲地 有八交道 黃金爲繩 以界其側 virajaṃ nāma buddhakṣetraṃ bhaviṣyati samaṃ ramaṇīyaṃ prāsādikaṃ parama-sudarśanīyaṃ pariśuddhaṃ ca sphītaṃ ca ṛddh aṃ ca kṣemaṃ ca subhikṣaṃ ca bahujananārīga ṇākīrṇaṃ ca maruprakīrṇaṃ ca vaiḍūryamayaṃ suvarṇa-sūtra-aṣṭāpada-nibaddham", 『십주단결경』 권3 「동진품 童眞品」(대정장10, p.983c16)에 "그때 저 부처님의 국토는 평평하고 반듯한데, 팔교도는 순수히 보물로 이루어져 있다. 時彼佛土平正 有八交道 純以寶成", 『법화현찬』 권5(대정장34, p.742c10)에 "팔교도가 있음은 팔재계와 팔성도를 닦았기 때문이다. 동서에 넷, 남북에 넷이어서 팔교도라 한다. 有八交道 修八齊戒 八聖道故 東西有四 南北有四 名八交道", 『법화경요해』 권2(卍속장47, p.565b5)에 "청정으로 엄식하니 더러운 땅이란 없고, 안온하고 풍락한즉 삼재고도 없어 하늘과 인간이 치성하니 삼악도가 없다. 팔교도 등이 있다 함은 팔정도가 모이는 곳이다. 淸淨嚴飾 則無諸穢土 安隱豐樂 則無三災苦 天人熾盛 則無三惡道 有八交道等者 八正道之所會也"라고 하였다. [참고문헌] 『法華經』, 『十住斷結經』, 『法華玄贊』, 『法華經要解』, 『大寶積經』 권12(대정장11, p.68a27), 『方等般泥洹經』 권하(대정장12, p.925b8), *Saddh-p.65.* ⇨ 사방 四方, 사유 四維

팔국 八國 고대 인도의 여덟 나라. 부처님께서 열반에 드시자 사리를 나눠 모시기 위해 구시나가라에 모여든 여덟 나라다. 『불반니원경』 권하(대정장1, p.175a4)에 "변경의 여덟 나라는 '부처님께서 멸도하셨고 사리는 오이국에 있다'는 소식을 듣고 모두 병사를 일으켜 사리를 나누려고 찾아갔다. 邊境八國 聞佛滅度 舍利在鳩夷國中 皆發兵來 索舍利分", 『반니원경』 권2(대정장1, p.190b29)에 "그때 팔국은 여덟 몫으로 나눈 부처님의 사리를 얻고서 각기 돌아가 탑을 세우고 모두 아주 보기 좋게 장엄하였다. 於時八國 得佛八分舍利 各還起塔 皆甚嚴好", 『열반경소사기』 권9(卍속장58, p.348a11)에 "사람의 것으로 나눈 몫을 다시 여덟로 나누니, 팔국이란 첫째 구시국의 모든 말라 무리, 둘째 파파국의 모든 말리 무리, 셋째 차라국의 모든 발리 무리, 넷째 마가타국의 모든 구리 민중, 다섯째 비제국의 모든 바라문 무리, 여섯째 가유라국의 모든 석종 무리, 일곱째 비사리국의 모든 리차 무리, 여덟째 마갈국 아세왕 무리이다. 人中一分復爲八 八國者 一 拘尸國諸末羅衆 二 波波國諸末梨衆 三 庶羅國諸跋離衆 四 摩迦陀國諸拘利民衆 五 毗提國諸婆羅門衆 六 迦維羅國諸釋種衆 七 毗舍離國諸離車衆 八 摩竭國阿闍世王衆"라고 하였다. 한편 *Mahāparinibbāna-sutta*(*DN.2*, p.166)에는 "마가다의 왕 아자타삿투 비데히풋타는 라자가하에 세존의 사리로 큰 스투파를 건립했다. 베살리에 사는 릿차비도 베살리에 …. 카필라밧투의 사캬들도 카필라밧투에 …. 알라캅파에 사는 불리들도 알라캅파에 세존의 사리로 큰 스투파를 건립했다. atha kho rājā māgadho ajātasattu vedehiputto rājagahe bhagavato sārīrānaṃ thūpañca mahañca akāsi. vesālikā pi licchavī vesāliyaṃ … kāpilavatthavā pi sakyā kapilavatthusmiṃ … allakappakā pi bulayo allakappe bhagavato sārīrānaṃ thūpañca mahañca akaṃsu", "라마가마에 사는 콜리야들도 라마가마에 … 베타디파에 사는 브라흐마나들도 베타디파에 … 파바에 사는 말라들도 파바에 … 쿠시나라에 사는 말라들도 쿠시나라에 세존의 사리로 큰 스투파를 건립했다. rāmagāmakā pi koliyā rāmagāme … veṭhadīpako pi brāhmaṇo veṭhadīpe … pāveyyakā pi mallā pāvāyaṃ … kosinārakā pi mallā kusinārāyaṃ bhagavato sārīrānaṃ thūpañca mahañca akaṃsu"라고 하였다. 『석가여래성도기주』 권하(卍속장130, p.234a18)에 "〈기〉 그때 팔국은 사병의 삼엄한 호위를 받으며 엄숙한 위의로 각기 금단지(金罈)을 받들고 앞다퉈 돌아가 보탑을 일으켰다. 〈주〉 팔국은 천축의 강국이다. 사병은 상병·마병·차병·보병이다. 담이란 병 모양이고 금으로 만드는데 범어로 소유바(Ⓢ stūpa)라 한다. 한역하여 보탑이라 한다. 於是八國嚴衛四兵 肅容各自捧於金罈 競歸興於寶塔 八國者天竺强國也 四兵者 象馬車步也 罈者 甁屬 以金爲之 梵云 蘇鍮婆 此云 寶塔"라고 하였다. [참고문헌] 『佛般泥洹經』, 『般泥洹經』, 『涅槃經疏私記』, 『釋迦如來成道記註』, *DN.* ⇨ 팔분분여래사리 八分分如來舍利

팔국왕분사리 八國王分舍利 여덟 나라 왕들이 부처님 사리를 나눠 모신 인연. 하늘과 용들마저 다투어 모시고자 하여 모두 제천과 용무리와 남은 인간(諸天 龍衆 留人間)으로 삼분(三分)한 후 다시 그 일분을 여덟 나라 몫으로 나누었다. 『대당서역기』 권6(대정장51, p.904c2)에 "부처님께서 발을 내보이신 곳 옆에 솔도파가 있는데 무우왕이 세웠다. 이곳은 여덟 왕이 사리를 나눈 곳이니, 앞에 세워진 석주에 그 일을 새겨 적었다. 부처님께서 열반에 드신 후 열첩반나(Ⓢ niḥkṣāpana : 荼毘)를 마치자 여덟 나라 왕 모두가 사리를 나누려고 사병을 갖추고 왔다. 現足側有窣堵波 無憂王所建也 是八王分舍利處 前建石柱 刻記其事 佛入涅槃後 涅疊般那已 諸八國王分舍利 備四兵至", "바라문 직성(直性 Ⓢ droṇa : 香姓)을 보내어 구시성 역사에게 말하였다. '하늘과 인간을 이끄시던 스승께서 이 나라에서 적멸에 드셨다. 그래서 먼 곳으로부터 왔으니 청해 사리를 나누실 수 있습니다'. 역사가 말하였다. '여래께서 존엄에서 내려와 이곳에서 땅에 묻히셨습니다. 세간의 밝은 이끎이 사라지니 중생의 자애로운 아버지를 잃었습니다. 여래의 사리는 스스로 마땅히 공양하겠습니다'. 무리 보내어 길에서 고생했으나 끝내 얻지 못했다. 그때 모든 대왕이 겸손하게 구하였으나, 이미 서로 승인하지 못하고 거듭 말하길 '예로써 청하였지만 따르지 않으니, 병사로 으름이 멀지 않았습니다'라 하였다. 直性婆羅門 謂拘尸力士曰 天人導師 此國寂滅 故自遠來 請分舍利 力士曰 如來降尊 卽斯下土 滅世間明導 喪衆生慈父 如來舍利 自當供養 遣徒疲道路 終無得獲 時諸大王 遜辭以求 旣不相允 重謂之曰 禮請不從 兵威非遠", "직성바라문이 외치며 말했다. '기억하오? 대비세존께서는 복선을 참아 닦으며 오래도록 두루 겁을 누비셨습니다. 갖추어 들은 바를 생각하십시오. 지금 서로 범하고자 함은 여기서는 마땅한 것이 아닙니다. 이제 사리를 여기서 균등하게 여덟 몫으로 나누면 각각 공양할 수 있는데, 어찌 병사를 일으키려 합니까?' 모든 역사들이 그 말에 의하여 즉시 고르게 헤아려 여덟 몫으로 나누려고 하였다. 直性婆羅門揚言曰 念哉 大悲世尊 忍修福善 彌歷曠劫 想所具聞 今欲相淩 此非宜也 今舍利在此 當均八分 各得供養 何至興兵 諸力士依其言 卽時均量 欲作八分", "그때 제석이 모든 왕에게 말하였다. '하늘에도 마땅히 몫이 있어야 하니 힘을 믿고 다투지 맙시다'. 아나바답다용왕·문린용왕·의나발달라용왕도 다시 이런 결의를 내놓았다. '우리들을 버리지 마시오. 만약 힘쓸라치면 무리로 대적하지 못하오'. 직성바라문이 말하였다. '소란 피우며 다투어서는 안 됩니다. 마땅히 함께 나눌 것입니다'. 바로 삼분하여, 첫째는 모든 하늘, 둘째는 용의 무리, 셋째는 인간들에게 남기어 여덟 나라가 거듭 나누니, 천왕·용왕·국왕이 슬퍼하지 않는 이 없었다. 帝釋謂諸王曰 天當有分 勿恃力競 阿那婆答多龍王 文隣龍王 醫那鉢呾羅龍王 復作是議 無遺我曹 若以力者 衆非敵矣 直性婆羅門曰 勿諠諍也 宜共分之 卽作三分 一 諸天 二 龍衆 三 留人間 八國重分 天龍人王 莫不悲感"라고 하였다. 〔참고문헌〕『大唐西域記』, 『攝論章卷第一』(대정장85, p.1033a26), 『佛敎繪畫史料』 권6(대장경보편18, p.222a10). ⇨ 팔분분여래사리 八分分如來舍利, 사리 舍利 **1**

팔권법화 八卷法華　8권본『묘법연화경 妙法蓮華經』. 보통은 7권본인데, 판본에 따라 8권본으로도 전했다. 『삼국유사』 권3(대정장49, p.999b21·한불전6, p.335c9) 탑상(塔像)4 대산오만진신(臺山五萬眞身)에 "백방인 서대에는 남면해 미타방 세우고 두렷한 상의 무량수여래를 모시고 함께 흰 바탕에 무량수여래를 상수로 하여 1만의 대세지를 그린다. 복전 다섯 명에게 낮에는 8권본 『법화경』을 읽히고 밤에는 미타예참을 염하게 하여 '수정사'라 칭하라. 白方西臺南面 置彌陀房 安圓像無量壽 及白地畫無量壽如來爲首 一萬大勢至 福田五員 晝讀八卷法華 夜念彌陀禮懺 稱水精社", 『역대삼보기』 권13(대정장49, p.109c3)에 "『정법화경』 10권과 『묘법연화경』 8권〈앞의 두 경은 동본이나 각각 따로 한역되어 이름이 다르다〉. 正法華經 十卷 妙法蓮華經 八卷〈上二經 同本別譯異名〉", 『법화전기』 권1(대정장51, p.50c21)에 "요진 홍시 7년 갑진년(404년 : 실제로는 홍시 6년) 천축 사문 구마라집, 한역하여 동수는 장안 소요원에서 한역하여 7권 혹은 8권을 이루니 이름하여 『묘법화경』이 그것이다. 姚秦 弘始七甲辰 天竺沙門 鳩摩羅什 秦云 童壽 於長安逍遙園 譯成七卷 或八卷 名妙法華經者 是也"라고 하였다. 〔참고문헌〕『三國遺事』, 『歷代三寶紀』, 『法華傳記』, 『貞元新定釋敎目錄』 권6(대정장55, p.809b9). ⇨ 묘법연화경 妙法蓮華經

팔극 八極　여덟 방향으로 뻗은 그 끝. 수평적으로 온세계를 뜻한다. 『계덕향경』(대정장2, p.507c16)에 "이 향은 퍼져 수미산천의 천지에 걸림이 없고 사대인 지수화풍에도 막히지 않는다. 팔극에 통달하고 상하 역시 그러하여 무궁한 계가 모두 그 덕을 노래한다. 是香所布 不礙須彌山川天地 不礙四種地水火風 通達八極 上下亦然 無窮之界 咸歌其德", 『조론』 「열반무명론 涅槃無名論」(대정장45, p.159a2)에 "지혜가 만물에 두루하여도 수고롭지 않고, 모양 갖춰 팔극에 가득하여도 걱정이 없다. 智周萬物而不勞 形充八極而無患", 『벽암록』 99칙 「평창 評唱」(대정장48, p.222c5)에 "법신의 리는 저 태허와 같아 세워서는 삼제를 다하고 가로질러서는 시방에 걸친다. 팔극 가득 미쳐서 두 가지 모습 가져 싸담으니 연 따라 나아가 감함에 두루하지 않음이 없다. 法身之理 猶若太虛 竪窮三際 橫亘十方 彌綸八極 包括二儀 隨緣赴感 靡不周遍"라고 하였다. 〔참고문헌〕『戒德香經』, 『肇論』, 『碧巖錄』, 『華嚴經疏鈔』 권81(대정장36, p.634c3), 『止觀輔行傳弘決』 권1(대정장46, p.161c26).

팔근 八根　**1** Ⓢ aṣṭa indriya, aṣṭābhir indriyaiḥ. 청정법을 증상시키는 여덟 가지 근. 신근(信根)·근근(勤根)·염근(念根)·정근(定根)·혜근(慧根) 등의 오력근(五力根)과 미지당지근(未知當知根)·이지근(已知根)·구지근(具知根) 등의 삼무루근(三無漏根)을 모두어 말한다. 『구사론』 권3 「분별근품 分別根品」(대정장29, p.13c8 : *Abh-k-bh.*, p.38)에 "락 등 오수(五受 : 苦 樂 捨 憂 喜)와 신 등 팔근은 염정 중에 있어 차제와 같이 한층 오른다. 락 등 오수가 물들어 한층 오르는 것은 탐 등 수면이 따라서 늘어나기 때문이다. 신 등 팔근이 깨끗함을 증상시키는 것은 모든 청정법을 따라 생장하기 때문이다. 樂等五受 信等八根 於染淨中 如次增上 樂等五受 染增上者 貪等隨眠 所隨增故 信等八根淨增上者 諸淸淨法隨生長故 yat punaḥ sukhādi-indriya-pañcakaṃ yāni ca-aṣṭau śraddhādīni teṣāṃ, pañca kāṣṭānaṃ saṃkleśavyavadānayoḥ. ādhipatyaṃ yathākramamaṃ pañcānāṃ sukhādīnāṃ saṃkleśe. rāgādīnāṃ tad-anuśāyitvāt. śraddhādīnāṃ vyavadā ne. tair vyavadāyate", 같은 책 권3「분별근품」(대정장29, p.16b18)에 "신 등 팔근은 한결같이 선하다. 信等八根 一向是善",『구사론소』권3(대정장41, p.513a28)에 "신 등 팔근은 모두 능히 청정법을 생장시킬 수 있다. 信等八根 皆能生長淸淨法也",『유가사지론약찬』권15(대정장43, p.208a12)에 "공덕은 팔근이고, 과실은 팔근이 끊어짐이다. 功德謂八根 過失者 謂八根所斷"라고 하였다. [참고문헌]『俱舍論』,『俱舍論疏』,『瑜伽師地論略纂』, *Abh-k-bh.249.* ⇨근 根, 오력 五力, 삼무루근 三無漏根 **2** 몸을 유지하는 여덟 근. 안근(眼根)·이근(耳根)·비근(鼻根)·설근(舌根)·신근(身根) 등의 오근(五根)에 남근(男根)·여근(女根)·명근(命根)을 더한 것.『구사론』권3「분별근품」(대정장29, p.16b20 : *Abh-k-bh.*, p.46)에 "안 등 팔근은 오직 무기성일 뿐이다. 眼等八根 唯無記性 aṣṭamaṃ cakṣurādi et ad-avyākṛtam-eva",『아비담비바사론』권37(대정장28, p.274b17)에 "존자 구사가 설하였다. '명 등 팔근은 실의근이다. 명 등 팔근이란 안·이·비·설·신·남근·여근·명근이다. (실의근인) 까닭이 무엇인가? 이것이야말로 중생의 근본이다'. 尊者瞿沙說曰 命等八根是實義根 命等八根者 謂眼耳鼻舌身 男根女根命根 所以者何 此是衆生根本",『구사론기』권3(대정장41, p.65a25)에 "팔근은 칠색근과 명근이다. 八根 謂七色根命根"라고 하였다. [참고문헌]『俱舍論』,『阿毘曇毘婆沙論』,『俱舍論記』, *Abh-k-bh.* ⇨근 根

팔근본등지 八根本等至 Ⓢ aṣṭau maulāni samāpatti-dravyāṇi. 여덟 가지 근본이 되는 등지(Ⓢ maula samāpatti : 根本定). 팔근본정(八根本定)·팔등지(八等至)라고도 한다. 사정려(四靜慮 : 四禪)와 사무색정(四無色定)을 말한다. 근본이란 근분정(近分定)을 배제하는 말이다.『구사론』권28(대정장29, p.146b22)에 "앞에서 밝힌 정려와 무색정의 근본등지에는 모두 여덟 가지가 있다. 이 중에서 앞의 일곱 가지 등지는 각각 세 가지(味 淨 無漏) 등지를 갖추고 있지만, 유정(有頂 : 非想非非想處定)의 등지는 오직 두 가지(味·淨) 등지만을 갖추고 있으니, 이 단계는 어둡고 하열하여 무루가 없기 때문이다. 미등지는 애와 상응하는 것을 말한다. 애는 미착의 주체이기에 미라 하는 것이니, 그 애와 상응하여 일어나기에 이것이 미등지라는 명칭을 획득한 것이다. 정등지라는 명칭은 세간의 선정을 지칭하는 것이니, 무탐 등의 모든 백정의 법과 상응하여 일어나기에 이것이 정등지라는 명칭을 획득한 것이다. … 무루등지(無漏定)는 출세간의 선정을 말하는 것이다. 此上所辨 靜慮無色 根本等至 總有八種 於中前七 各具有三 有頂等至 唯有二種 此地味劣 無無漏故 初味等至 謂愛相應 愛能味著 故名爲味 彼相應故 此得味名 淨等至名 目世善定 與無貪等諸白淨法 相應起故 此得淨名 … 無漏定者 謂出世定",『순정리론』권77(대정장29, p.758c24)에 "위에서 분별한 정려와 무색정의 근본등지에는 모두 여덟 종류가 있는데, 이 가운데 앞의 일곱 가지 등지는 각각 세 가지를 갖추고 있으나 유정등지에는 오직 두 가지만 있을 뿐이다. 왜냐하면 이 경지는 몽매하고 하열하여 무루가 없기 때문이다. 처음의 미등지(味等至)란 무엇인가? 탐애와 상응하는 것을 말한다. 탐애는 미착(味著)하기 때문에 미(味)라고 하는데, 탐애와 상응하기 때문에 미등지라고 한다. … 정등지란 명칭은 세간의 선정을 가리킨다. 왜냐하면 번뇌의 티끌을 여의었기 때문이며, 무탐 등의 모든 백정법(白淨法)과 함께 상응하기 때문이다. 이것은 선이기 때문에 미등지와 다르며, 유루이기 때문에 무루등지와도 구별된다. 이것은 앞의 것이 미착하는 경계이니, 이것이 곧바로 소멸할 때 저 미정(味定 : 味等至)이 생겨난다. 즉 과거의 정등지를 인연으로 하여 깊이 미착하면, 그때는 비록 미착되는 선정에서 나왔다고 할 수 있을지라도 미착하는 선정에는 들어갔다고 할 수 있다. 此上所辯 靜慮無色 根本等至 總有八種 於中前七 各具有三 有頂等至 唯有二種 此地昧劣 無無漏故 初味等至 謂愛相應 愛能味著 故名爲味 彼相應故 此得味名 … 淨等至名 目世善定 離惑垢故 與無貪等 諸白淨法 共相應故 此是善故 與味有殊 是有漏故 與無漏別 此卽是前 所味著境 此無間滅 彼味定生 緣過去淨 深生味著 爾時 雖名 出所味定 於能味定 得名爲入"라고 하였다. [참고문헌]『俱舍論』,『順正理論』, *Abh-k-bh.436.* ⇨근본정 根本定, 사선 四禪[1], 사무색정 四無色定, 근분정 近分定

팔금 八禁 여덟 가지를 금함. 팔재계(八齋戒)를 달리 이르는 말.『기세인본경』권7「삼십삼천품 三十三天品」(대정장1, p.402b3)에 "여러 비구들이여, 만약 그 세간에 여러 사람이 공경하고 부모에게 효도하며 사문과 바라문 등 및 여러 숙구들을 존중하고 보시를 수행하고 즐거이 육재를 받아 부지런히 복업을 세우고 항상 팔금을 지켜서 이 같이 계속 이어갈 때 천사가 순찰하여 보고서 올라가 네 왕에게 그대로 아뢴다. 諸比丘 若其世間 多人恭敬 孝順父母 尊重沙門 婆羅門等 及諸宿舊 修行布施 樂受六齋 勤建福業 恒守八禁 如是相續時 天使者巡察 見已 上白四王"라고 하였다. [참고문헌]『起世因本經』. ⇨팔재계 八齋戒

팔금강 八金剛 **1** 불법을 외호하는 여덟 금강.『소석금강경과의회요주해』권2(卍속장92, p.274a1)에 "팔금강을 청한다. 청제재금강은 곧 청색금강이니 능히 재액을 사라지게 한다 請八金剛 … 靑除災金剛者 卽靑色金剛 能消災厄也", "벽독금강은 능히 온갖 악독한 귀신과 악룡과 짐승들이 일체유정을 해침을 항복시킨다. 辟毒金剛者 能降伏一切惡毒鬼神及惡龍獸損害一切有情也", "황수구금강은 곧 황색금강이니 능히 일체 구하는 바 모두 뜻대로 되게 한다. 관에 오르고 목숨 길어지며 복덕과 총명, 재물과 처자, 감추어둔 보주, 선약과 신통함 등이다. 黃隨求金剛者 卽黃色金剛 能令一切所求皆得遂意 爲求遷官延壽 福德聰明 錢財妻子 伏藏寶珠 仙藥神通等也", "백정수금강은 곧 백색금강이니 능히 흐린 물 맑혀 악업의 중죄와 번뇌등을 없애고 온갖 재난과 관사의 구설, 귀신과 도깨비에 붙들림, 나쁜 별이 달려와 닥치는 등을 없앤다. 白淨水金剛者 卽白色金剛 能淸濁水 爲除惡業重罪煩惱等 種種災難官事口舌 鬼魅所著 惡星淩逼等也", "적성화금강은 곧 홍색금강으로 현성의 가호, 천룡의 환희, 설법의 변재, 말과 소리의 맑고 아름다움을 찾게 된다. 赤聲火金剛者 卽紅色金剛 爲求賢聖加護 天龍歡喜 說法辯才 言音淸雅也", "정제재금강은 곧 벽색금강이니 능히 모든 독과 재장을 없애고 곧 저 출세간법으로 복덕지혜를 만족함 빨리 이루고자 한다. 定除災金剛者 卽碧色金剛 能除諸毒灾障 卽彼出世間法 欲速滿足福德智慧也", "자현금강은 성현위를 찾게 되어 모두 뜻대로 된다. 紫賢金剛者 爲求聖賢位 皆得遂意也", "대신금강은 광대한 신통을 찾아 또한 뜻대로 되게 하는구나. 大神金剛者 爲求廣大神通 亦得遂意者哉"라고 하였다. 백파긍선(白坡亘璇)의 『작법귀감』「신중대례 神衆大禮」와 「신중조모작법 神衆朝暮作法」 등 신중의례 중에 봉청되고, 영산재(靈山齋)와 점안(點眼)·이운(移運)의식 등의 옹호게(擁護偈)에서도 그 이름이 불려진다. 신중

팔금강도 청제재금강·벽독금강·황수구금강·백정수금강
적성화금강·정제재금강·자현신금강·대신력금강 통도사 양산 1736년

탱(神衆幀) 중의 권속으로 또는 단독의 팔금강도로 그려지기도 하는데, 1736년(영조12)에 조성하여 양산 통도사 대웅전에 봉안한 팔금강도(경남유형문화재)는 한 폭에 한 존씩 모시고 존명을 쓴 붉은 색 방제를 달았다. 〔참고문헌〕『銷釋金剛經科儀會要註解』, 『作法龜鑑』, 『통도사금강계단과 도량장엄의식구』(통도사성보박물관, 2009) pp.88~95. ⇨ 팔부신중 八部神衆, 신중 神衆, 신중작법 神衆作法, 신중청 神衆請 **2** 팔대보살화현으로서의 명왕 ⇨ 팔대금강명왕 八大金剛明王

팔금청정재계 八禁淸淨齋戒 여덟 가지로 금해서 청정하게 지키는 계. 팔재계(八齋戒)를 말한다. 『불본행집경』 권7(대정장3, p.682c14)에 "이때 호명보살이 밤에 하생하여 신을 항목시키고자 마야부인의 자궁에 들어갔다. 이때 마야부인은 그날 밤에 정반왕에게 말했다. '대왕은 아셔야 합니다. 저는 오늘 밤부터 팔금청정재계를 받으려 합니다. 이른바 살생하지 않고 도둑질하지 않으며, 음행하지 않고, 거짓말 하지 않으며, 이간질하지 않고, 험한 말을 하지 않으며, 의미없는 말을 하지 않겠습니다. 또한 원컨대 탐욕하지 않고, 화내지 않으며, 어리석지 않고, 삿된 견해를 일으키지 않으며 저는 바르게 볼 것입니다. 이와 같은 금계의 재법을 저는 수지하겠습니다. 저는 이제 마음을 집중하고 항상 부지런히 행하여 모든 중생에 대해 자비심을 일으키겠습니다'. 爾時 護明菩薩大士 於夜下生 當欲降神入於摩耶夫人胎時 時彼摩耶當其夜 白淨飯王言 大王當知 我從今夜 欲受八禁淸淨齋戒 所謂不殺生 不偸盜 不婬逸 不妄語 不兩舌 不惡口 不無義語 又願 不貪 不瞋恚 不愚癡 不生邪見 我當正見 諸如是等禁戒齋法 我當受持 我今繫念 恒常懃行 於諸衆生當起慈心"라고 하였다. 〔참고문헌〕『佛本行集經』. ⇨ 팔관 八關, 팔계 八戒, 팔재계 八齋戒

팔기 八棄 비구니의 팔바라이(八波羅夷)를 달리 이르는 말. 바라이는 중죄로 대중에게 버려지므로 기(棄)로 한역한다. 『능엄경』 권7(대정장19, p.137b20)에 "만약 오역무간중죄를 짓거나 모든 비구비구니의 사기나 팔기라도 이 주문을 외웠다면, 이러한 중업은 저 맹렬한 바람이 모래 무더기를 불어 날리듯 모두 사라져 터럭만큼도 남지 않으리. 若造五逆無間重罪 及諸比丘比丘尼四棄八棄 誦此呪已 如是重業 猶如猛風 吹散沙聚 悉皆滅除 更無毫髮", 같은 책 권8(대정장19, p.141c17)에 "이 수행인이 만약 음행과 더불어 살생을 끊지 않고도 삼계를 벗어난다 하면, 결코 이런 일은 없다. 마땅히 음욕을 관함에 저 독사처럼 여기고 원수 보듯이 해야 하니, 먼저 성문의 사기 또는 팔기를 지니어 몸을 잡고 움직여서는 안 된다. 是修行人 若不斷婬 及與殺生 出三界者 無有是處 當觀婬欲 猶如毒蛇 如見怨賊 先持聲聞 四棄八棄 執身不動", 『능엄경전』 권7(卍속장89, p.204a15)에 "팔기란 『사분율』을 따르자면, 범어 바라이는 한

역하여 '기'이다. 만약 이 죄를 범하면 대중 밖으로 쫓음이 저 바다가 썩어 냄새나는 시체를 머무르게 하지 않음과 같다. 비구승은 넷이니, 살생·투도·음염(婬染)·대망어다. 八棄者 四分律云 梵語波羅夷 華言棄 若犯此罪 擯出衆外 譬如大海不宿死臭 僧四 殺盜染妄", "비구니는 여덟이니, (앞 넷에 더하는 넷은) 첫째, 물든 마음으로 남자와 더불어 몸을 서로 문지르거나 닿아서는 안 된다. 둘째, 비구니는 물들어 더러운 마음의 남자인지 알면서 함께 다니거나 앉거나 말하는 등을 해서는 안 된다. 셋째, 비구니가 바라이를 범함을 알면서도 대중에게 알리지 않고 중죄를 덮어주는 것이다. 넷째는 비구승이 들춰져 쫓겨나게 되었음을 알고 그것을 세 번 간했음에도 버리지 않는 것이다. 尼八 一 不與染心男子身相摩觸 二 比丘尼知染汙心男子 不得共行共坐語等 三 知比丘尼犯波羅夷 不白大衆 與覆藏重罪 四 知比丘僧爲作擧出 三諫不捨"라고 하였다. [참고문헌]『楞嚴經』, 『楞嚴經箋』. ⇨ 팔바라이 八波羅夷, 비구니팔기계 比丘尼八棄戒

팔길상경 八吉祥經 양(梁)대 부남국(扶南國) 출신 삼장 승가바라(僧伽婆羅) 한역. 1권. 고려장11, p.639a1~c22, No.286·대정장14, p.75a22~c29, No.430에 수록되어 있다. 여덟 분의 길상, 곧 팔불(八佛)이 머무는 국토와 명호를 듣고 기억하며 대승에 머무르면 악처에 나지 않고 모든 하늘로부터 보호를 받는다고 설한다. 팔불의 명호는 선설길여래(善說吉如來)·보광명여래(普光明如來)·전투승길여래(戰鬪勝吉如來)·자재당왕여래(自在幢王如來)·무변공덕광명길여래(無邊功德光明吉如來)·무장애업주길여래(無障礙業柱吉如來)·묘화용맹여래(妙華勇猛如來)·보연화안주왕여래(寶蓮華安住王如來)이다. 동본이역으로는 『팔길상신주경 八吉祥神呪經』(대정장14, No.427) 등이 있다. [참고문헌]『衆經目錄』 권2(대정장55, p.157b12), 『開元釋教錄』 권12(대정장55, p.598a27).

팔길상신주경 八吉祥神呪經 Ⓢ Aṣṭabuddhaka, Ⓣ 'phags-pa sangs-rgyas brgyad-pa shes-bya-ba theg-pa chen-po'i mdo. 오(吳)대 월지국(月氏國) 우바새 지겸(支謙) 한역. 또는 유송(劉宋)대 구나발다라(求那跋陀羅)의 한역이라는 설도 있다. 1권. 고려장11, pp.603a1~604a16, No.271·대정장14, pp.72b3~73a28, No.427에 수록되어 있고, 티베트역(北京版 No.937)도 전한다. 팔길상, 곧 팔불(八佛)이 머무는 국토와 명호를 기억하며, 이 경을 호지하면 악도에 떨어지지 않고, 온갖 질병을 치유하며 여러 재해를 소멸시킬 수 있다고 설한다. 팔불의 명호를 사바세계의 동쪽 방면으로 가까운 곳부터 살피면, 안은촉루만구족왕여래(安隱囑累滿具足王如來)·감유리구족왕여래(紺琉璃具足王如來)·권조중선구족왕여래(勸助衆善具足王如來)·무우덕구족왕여래(無憂德具足王如來)·약사구족왕여래(藥師具足王如來)·연화구족왕여래(蓮華具足王如來)·산택합회구족왕여래(算擇合會具足王如來)·해산일체박구족왕여래(解散一切縛具足王如來)이다. 동본이역으로는 『팔양신주경 八陽神呪經』(대정장14, No.428)·『팔부불명경 八部佛名經』(대정장14, No.429)·『팔길상경 八吉祥經』(대정장14, No.430)·『팔불명호경 八佛名號經』(대정장14, No.431)이 있다. 『개원석교록』 권12(대정장55, p.598a23)에 "『팔길상신주경』 1권〈혹은 '신'이라는 글자가 없는 본도 있다〉. 오대 월지국 우바새 지겸이 한역하였다〈제1역〉. 『팔양신주경』 1권〈또한 바로 『팔양경』이라고도 한다. 새로 교감하여 중역한 것이다〉. 서진대 삼장 축법호가 한역하였다〈제2역〉. 『팔길상경』 1권. 양대 부남국 삼장 승가바라 한역〈제4역〉. 『팔불명호경』 1권. 수대 천축 삼장 사나굴다 등 한역〈제5역〉. 앞의 네 경은 동본이역이다〈연기는 대체로 같고, 불명호만 조금 다르다. 앞뒤로 다섯 역이 있었고, 한 역본은 궐본이다〉. 八吉祥神呪經一卷〈或無神字〉 吳月支優婆塞支謙譯〈第一譯〉 八陽神呪經一卷〈亦直云 八陽經 新勘爲重譯〉 西晉三藏竺法護譯〈第二譯〉 八吉祥經一卷 梁扶南三藏僧伽婆羅譯〈第四譯〉 八佛名號經一卷 隋天竺三藏闍那崛多等譯〈第五譯〉 右四經同本異譯〈緣起大同 佛名稍異 前後五譯 一譯闕本〉"라고 하였다. [참고문헌]『開元釋教錄』, 『出三藏記集』 권9 「八吉祥經記」(대정장55, p.68a3).

팔난 八難 **1** Ⓢ aṣṭāv akṣaṇāḥ, Ⓟ aṭṭha akkhaṇā, Ⓣ mi-khom-pa-brgyad. 부처님을 뵙고 정법(正法)을 들어 범행을 닦으려 해도 시절인연(時分具足)이 다하지 못해 겪는 여덟 가지 어려움. 팔난처(八難處)·팔불한처(八不閑處)·팔난해법(八難解法)·팔무가(八無暇)·팔비시(八非時)·팔악(八惡)·팔불문시절(八不聞時節)이라고도 한다. 그 여덟 가지는 지옥난(地獄難)·아귀난(餓鬼難)·축생난(畜生難)·장수천난(長壽天難)·변지난(邊地難 : 北鬱單越難)·맹롱음아난(盲聾瘖瘂難)·세지변총난(世智辯聰難)·생재불전불후난(生在佛前佛後難)이고, 각 경율론에 따라 차이가 있다. 『중아함경』 권29 「팔난경 八難經」(대정장1, p.613b1)에 "사람이 범행을 수행함에 여덟 가지 어려움과 여덟 가지 나쁜 때(八非時)가 있다. 무엇이 그 여덟 가지인가? 만약 어느 때인가 여래 무소착 등정각 명행성위 선서 세간해 무상사 도법어 천인사로서 불 또는 중우라고 불리는 이가 세간에 나오셔서 법을 설하신다면, 그것은 그쳐 쉼 향해 나아가고 적멸의 마침 향해 나아가고 깨달음의 길 향해 나아가게 하기 위해 펴신다. 이때 사람이 때마침 지옥에 난다면, 이것을 사람이 범행함에 첫 번째 어려움이자 첫 번째 나쁜 때라고 한다. 人行梵行 而有八難 八非時也 云

何爲八 若時如來 無所著 等正覺 明行成爲 善逝 世間解 無上士 道法御 天人師 號佛衆祐 出世說法 趣向止息 趣向滅訖 趣向覺道 爲善逝所演 彼人爾時 生地獄中 是謂人行梵行 第一難 第一非時", "저 사람이 때마침 축생중에 나거나(제2난) 아귀중에 나거나(제3난) 장수천으로 난다 하여도(제4난) 그러하다. 그리고 변방의 오랑캐로 난다면 믿음도 없고 은혜도 몰라 되돌려 갚음도 있지 않다. 비구·비구니·우바새·우바이도 없다. 이것을 사람이 범행을 수행함에 있어 두 번째 어려움에서 다섯 번째 어려움이자 다섯 번째 때가 아니라고 한다. 彼人爾時 生畜生中 生餓鬼中 生長壽天中 生在邊國夷狄之中 無信無恩 無有反復 若無比丘 比丘尼 優婆塞 優婆夷 是謂人行梵行 第五難 第五非時", "저 사람이 때마침 비록 문명국(中國)에서 났다 하여도 귀가 멀고 말을 하지 못하여 양처럼 울며 늘 수화로 대화해야 한다면 선악의 뜻에 대해 설하는 것을 알 수가 없다. 이것을 사람이 범행을 수행함에 있어 여섯 번째 어려움이자 여섯 번째 때가 아니라고 한다. 彼人爾時 雖生中國 而聾瘂如羊鳴 常以手語 不能知說善惡之義 是謂人行梵行 第六難 第六非時", "저 사람이 때마침 문명국에 나고 귀도 멀지 않고 말도 잘하며 양처럼 울지 않고 손으로 말하지 않아서 또한 능히 선악의 뜻을 알고 설하지만 사견과 전도견 있어서 이렇게 보고 이렇게 설한다. '보시도 없고 공양도 없고 주설도 없고 선악도 없고 선악업의 과보도 없고 이 세계와 저 세계라는 구분도 없고 아버지도 없고 어머니도 없다. 세상에는 진실한 사람이 지극히 좋은 곳으로 가닿고 잘 가고 제대로 향하며 이 세계와 저 세계라는 구분에 대해 스스로 알고 스스로 깨달아서 스스로 증득하고 성취하여 노니는 그런 일은 없다'. 이것을 사람이 범행을 수행함에 있어 일곱 번째 어려움이자 일곱 번째 때 아니라고 한다. 彼人爾時 雖生中國 不聾不瘂 不如羊鳴 不以手語 又能知說善惡之義 然有邪見 及顚倒見 如是見 如是說 無施無齋 無有呪說 無善惡業 無善惡業報 無此世彼世 無父無母 世無眞人往至善處 善去善向 此世彼世 自知自覺 自作證成就遊 是謂人行梵行 第七難 第七非時", "다시 언젠가 여래 무소착 정등각 명행성위 선서 세간해 무상사 도법어 천인사 불중우께서 세간에 나오시지도 않고, 그저 쉼으로 나아가고 사라져 마침으로 나아가며 깨우친 도로 나아가는, 선서께서 펴신 법도 설해지지 않는다. 저 사람이 이 때 문명국에 나고 귀도 멀지 않고 말도 잘하며 양처럼 울지 않고 손으로 말하지 않아서 또한 선악의 뜻에 대해 설하는 것을 잘 알며 바른 견해와 전도되지 않은 견해를 가지고 있어서 이렇게 생각하고 이렇게 설한다. '보시도 있고 공양도 있고 또한 주설도 있고 선악업도 있고 선악업에 따른 과보도 있고 이 세계와 저 세계라는 구분도 있고 아버지도 있고 어머니도 있다. 세상에는 진실한 사람이 지극히 좋은 곳으로 가 닿고 잘 가고 제대로 향하며 이 세계와 저 세계라는 구분에 대해 스스로 알고 스스로 깨달아서 스스로 증득하고 성취하여 노니는 그런 일이 있다'. 이것을 사람이 범행을 수행함에 있어 여덟 번째 어려움이자 여덟 번째 때가 아니라고 한다. 復次 若時如來 無所著 等正覺 明行成爲 善逝 世間解 無上士 道法御 天人師 號佛衆祐 不出於世 亦不說法 趣向止息 趣向滅訖 趣向覺道 爲善逝所演 彼人爾時 生於中國 不聾不瘂 不如羊鳴 不以手語 又能知說善惡之義 而有正見 不顚倒見 如是見 如是說 有施有齋 亦有呪說 有善惡業 有善惡業報 有此世彼世 有父有母 世有眞人往至善處 善去善向 此世彼世 自知自覺 自作證成就遊 是謂人行梵行 第八難 第八非時", 『증일아함경』 권35 「팔난품 八難品」(대정장2, p.747b25)에 "이제 팔난이 있음을 설하였으니, 부처님 법이 요긴한 행법이네. 하나의 어려움조차 벗어나기 힘드니, 바다를 떠다니다 구멍난 판자 만나듯 하다네. 비록 하나의 어려움 떠남에 그럴 수 있다 하더라도 사제 중 하나만 떠나도 영원히 정도를 떠나리. 그러므로 마땅히 마음을 오로지 하여 묘한 뜻 사유해야 하네. 지성으로 정법을 들으면 문득 무위처 얻으리. 今說有八難 佛法之要行 一難猶尙劇 如孔浮大海 雖當離一難 然可有此理 設離一四諦 永離於正道 是故當專心 思惟於妙理 至誠聽正法 便得無爲處", 『대승보요의론』 권1(대정장32, p.50b7)에 "시절의 알맞음은 얻기 어렵다는 것은 어떻게 알아야 하는가? … 『증일아함경』에서 설한 바와 같다. '부처님께서 필추들에게 말씀하셨다. 여덟 가지 난관이 있으니 때를 알지 못하는 사람은 범행을 닦을 수 없다. 무엇이 여덟 가지인가? 만약 부처가 세상에 출현했을 때라면 법의 요체를 널리 설하여 유정을 제도하여 열반에 이르도록 한다. 하지만 한 류의 유정은 지옥에 있으니 이 경우가 첫 번째로서 범행을 닦는 이가 봉착하는 시절의 난관이다. … 하지만 한 류의 유정은 축생으로 있으니 이 경우가 두 번째다. … 하지만 한 류의 유정은 아귀로 있으니 이 경우가 세 번째다. … 하지만 한 류의 유정은 장수천으로 있으니 이 경우가 네 번째다. 하지만 한 류의 유정은 변방의 분노로 가득한 해악한 곳에 있으니 이 경우가 다섯 번째다. … 한 류의 유정은 나라의 중심부에 태어났지만 귀머거리거나 벙어리이며 육근이 온전히 갖춰져 있지 않아 선설이든 악설이든 그 의미를 알지 못하니 이 경우가 여섯 번째다. 한 류의 유정은 나라의 중심부에 태어나 귀머거리도 벙어리도 아니며 육근이 온전히 갖춰져 있어 선설이든 악설이든 모두 알 수 있지만 사견을 일으켜 전도된 주장에 집착하면서 보시도 이익도 불의 숭배(事火)도 없으며, 선한 행위든 악한 행위든 그에 따른 업의 과보도 없으며, 이 세상도 저 세상도 없으며, 부모도 없으며, 세간도 사문도 바라문도 없으며, 정취도 정도도 없으며, 이 세상과 저 세상을 자신의 신통력으로 아는 아라한의

지혜도 성과를 증득하는 일도 없다고 말하니 이 경우가 일곱 번째다. … 또 정견을 가지고 있어 전도된 주장에 집착하지 않으면서 보시도 이익도 내지 아라한이 성과를 증득하는 일도 있다고 말하지만 부처가 세간에 출현하지 않아 법의 요체를 설하지 않으니 이 경우가 여덟 번째다'. 云何能知時分具足而難得耶 … 如增一阿含經云 佛言 諸苾芻 有八種難 不知時人不應修梵行 何等爲八 若佛出世時宣說法要 化度有情使至涅槃 而一類有情在地獄中 此爲第一修梵行者時分之難 … 而一類有情在畜生中 此爲第二 … 而一類有情在餓鬼中 此爲第三 … 而一類有情在長壽天 此爲第四 … 而一類有情在於邊惡恚害之處 此爲第五 … 而一類有情雖生中國 或聾或瘂根不完具 善說惡說不知其義 此爲第六 … 而一類有情生於中國 不聾不瘂六根完具 善說惡說而悉能知 然起邪見顚倒計執 謂無施無利亦無事火 無善作惡作諸業果報 無此世無他世 無父無母 無世間沙門婆羅門 無正趣正道 無阿羅漢智解於此世他世以自通力而證聖果 此爲第七 … 又復正見無顚倒計執 謂有施有利乃至有阿羅漢取證聖果 然佛不出世不說法要 此爲第八", 『법화현찬』 권9(대정장34, p.815c30)에 "어려움에는 여덟 가지가 있다. 곧 삼악취가 먼저 그 셋이고, 네 번째는 부처님이 나시기 전이나 후에 나는 것이다. 다섯 번째는 제근을 갖추지 못함이다. 여섯 번째는 사견과 세지변총이다. 일곱 번째는 변방 땅에 나는 것이니 북구로주 등이다. 여덟 번째는 장수천에 나는 것이다. 凡難有八 謂三惡趣爲三 四 生佛前佛後 五 諸根不具 六 邪見世智辨聰 七 邊地卽攝北洲 八 長壽天", 『법문명의집』(대정장54, p.204b2)에 "팔난은 지옥난·축생난·아귀난·북울단난·불전불후난·장수천난·농맹암아난·세지변총난이다. 좋은 곳에 나서도 다섯 어려움을 다스려야 하니, 삼악도와 울단월과 장수천에 나는 어려움이다. 좋은 사람을 만남으로써 부처님이 가신 다음에 나는 어려움을 다스리고, 숙세에 마음에 품었던 원을 발함으로써 세지변총난을 다스리며, 선근을 만남으로써 눈 멀고 귀 멀고 말하지 못하는 장애를 다스린다. 八難 地獄難 畜生難 餓鬼難 北鬱單難 佛前佛後難 長壽天難 聾盲喑啞難 世智辯聰難 生善處對治五難 謂三途及鬱單越長壽天等 値善人對治佛後難 發宿心願治世智辯聰 値善根治盲聾喑啞"라고 하였다. [참고문헌] 『中阿含經』, 『增壹阿含經』, 『大乘寶要義論』, 『法華玄贊』, 『法門名義集』, 『大智度論』 권96(대정장25, p.733b10), 『大乘集菩薩學論』 권22(대정장32, p.133a6), 『百丈淸規』 권5(대정장48, p.1137a17), *Gaṇḍ-vy.90.*, *AN.4.225.* ⇨ 팔불한방수범행 八不閑妨修梵行 **2** 안거중에 결계(結界)를 벗어나도 허물이 되지 않는 여덟 가지 어려움. 설계(說戒 Ⓟ uposatha) 또는 자자(自恣 Ⓟ pavāraṇā)를 지킬 수 없는 여덟 가지 어려운 상황이다. 『사분율』 권36(대정장22, p.822c28)에 "그때 어느 주처에서 계를 설하는 날 이어서 대중들이 모여 계를 설하려 할 때 도적이 들이닥쳤다는 소식을 듣고 모두들 두려워해서 자리에서 일어나 가버려 설계할 수 없었다. 여러 비구들이 부처님께 가서 이 일에 대해 아뢰자 부처님이 말씀하셨다. '허락한다. 지금부터는 여덟 가지 어려운 일이 일어나거나 나머지 연이 있는 경우에는 간략하게 설계하는 것을 허락한다. 팔난이란 왕·도적·불·물·병·사람·비인·악충이다'. 爾時有住處 說戒日衆僧大集 欲說戒時 聞有賊來 皆恐怖從座起去 不成說戒 諸比丘往白佛 佛言 自今已去 聽 八難事起 若有餘緣 聽略說戒 八難者 若王若賊 若火若水 若病若人 若非人若惡虫", 같은 책 권38(대정장22, p.838c16)에 "그때 자자일에 다른 주처에서 대중 스님들이 화합하여 자자를 하려고 하였는데, 도적이 들이닥쳤다는 소식을 듣고 두려워 자리를 떠나 가버려서 결국 자자를 마치지 못하였다. 여러 비구들이 이 일을 가지고 부처님께 아뢰자 부처님이 말씀하셨다. '허락한다. 만약 팔난에 관한 일이 생기면 자자를 간략하게 설하는 것을 허락한다. 여기서 난이란 왕난·적난·화난·수난·병난·인난·비인난·독충난이다. 爾時自恣日 有異住處 衆僧和合欲自恣 聞有賊來 恐怖離座而去 竟不自恣 諸比丘以此事白佛 佛言 聽 若有八難事來 聽略說自恣 是中難者 王難 賊難 火難 水難 病難 人難 非人難 毒蟲難", 『십송율』 권50(대정장23, p.367c28)에 "여덟 가지 재난이 있다. 왕으로 인한 재난, 도적으로 인한 재난, 불로 인한 재난, 물로 인한 재난, 흉악한 짐승으로 인한 재난, 용으로 인한 재난, 사람으로 인한 재난, 사람이 아닌 다른 존재로 인한 재난을 여덟 가지 재난이라 한다. 有八種難 王難 賊難 火難 水難 惡獸難 龍難 人難 非人難 是名八難", 『율이십이명료론』(대정장24, p.670a1)에 "만약 어떤 이가 하안거를 이미 받고도 팔난의 인연이 있으면 안거를 못하게 되어도 죄를 범한 것이 아니다. 첫째는 왕난, 둘째는 적난, 셋째는 인난, 넷째는 비인난, 다섯째는 흉행난, 여섯째는 화난, 일곱째는 수난, 여덟째는 범행난이다. 若人已受夏月安居 有八難因緣 令棄捨安居 而不犯罪 一王難 二賊難 三人難 四非人難 五胸行難 六火難 七水難 八梵行難"라고 하였다. [참고문헌] 『四分律』, 『十誦律』, 『律二十二明了論』, 『曇無德律部雜羯磨』(대정장22, p.1045b8), *Vin.2.244.* **3** 귀계와 인간계에 일어날 수 있는 여덟 가지 어려움. 『인왕호국반야경소』 권5(대정장33, p.280b7)에 "귀신과 사람의 어려움에는 여덟 가지가 있다. 첫째는 귀신의 소란, 둘째는 민란, 셋째는 도적의 출현, 넷째는 백성의 몰사, 다섯째는 군신간의 반목, 여섯째는 천지간의 괴이한 일, 일곱째는 별의 궤도 이탈, 여덟째는 해와 달의 궤도 이탈이다. 鬼人難有八 一鬼亂 二民亂 三賊來 四百姓亡喪 五君臣是非 六天地怪異 七星辰失度 八日月失度"라고 하였다. [참고문헌] 『仁王護國般若經疏』.

팔념 八念 ❶ 여덟 가지를 늘 기억해 가지는 일. 불제자들이 어떤 난관에서도 정도를 닦고 법답게 행하게 한다. 『대품반야경』 권1(대정장8, p.219a10)에 "염불·염법·염승·염계·염사·염천·염입출식·염사 念佛 念法 念僧 念戒 念捨 念天 念入出息 念死". 『대지도론』 권21(대정장25, p.218c22)에 "왜 구상차제에 팔념이 있는가? 답한다. 부처의 제자는 아란야처나 빈 집, 무덤사이, 숲속, 광야에서 구상을 잘 닦는다. 내외의 부정관을 닦아 그 몸을 싫어하면서 이러한 생각을 한다. '나는 어떻게 이 천하고 부정한 똥오줌 주머니를 짊어지고 있는가?' 스스로 한탄하고 두려워하니, 악마가 갖가지 나쁜 일을 일으켜서 두렵게 하여 수행에서 물러나게 하려고 한다. 이에 부처님께서는 차제로 여덟 가지로 념할 것을 설하였다. … 이때 마땅히 부처님을 염한다. 부처님은 다타아가도 아라하 삼막삼불타 내지 바가바임을 염하니 공포가 곧 사라진다. 만약 부처님을 염하지 않으면 반드시 법을 염한다. 부처님의 법은 청정하고 교묘하게 잘 설한 것이며, 금세에 과보를 얻게 하고 개발됨을 열어 보이니, 지혜있는 사람의 마음은 능히 이해할 수 있다. 이와 같이 법을 염하면 두려움이 곧 사라진다. 만약 법을 염하지 않으면 반드시 승가를 염한다. 부처님의 제자들은 정도를 닦고 법행을 따른다. 何以故九相次第有八念 答曰 佛弟子於阿蘭若處 空舍 塚間 山林 曠野 善修九相 內外不淨觀 厭患其身 而作是念 我云何擔是底下不淨屎尿囊 自隨惱然驚怖 及爲惡魔作種種惡事來恐怖之欲令其退 以是故 佛次第爲說八念 … 爾時當念佛 佛是多陀阿伽度 阿羅呵 三藐三佛陀 乃至婆伽婆 恐怖則滅 若不念佛 當應念法 佛法淸淨 巧出善說 得今世報 指示開發 有智之人心力能解 如是念法 怖畏則除 若不念法 則當念僧 佛弟子衆修正道 隨法行"라고 하였다. [참고문헌] 『大品般若經』, 『大智度論』. ⇨ 십념 十念, 염 念, 육수념 六隨念 ❷ ➡ 대인팔념 大人八念

팔념경 八念經 1권. 후한 지요(支曜) 번역. 『아나율팔념경 阿那律八念經』. 『중아함경 中阿含經』 권18 「팔념경」의 이역본이다. ⇨ 아나율팔념경 阿那律八念經

팔능립 八能立 타인에게 보여 알게 하기 위해 법(뜻)을 세움에 갖추어야 할 여덟 가지. 인명(因明) 용어. 능립(Ⓢ sādhana)의 여덟 가지 구성요소. 능성립팔종(能成立八種)·능성법팔종(能成法八種)이라고도 한다. 『인명입정리론소』 권상(대정장44, p.93c14)에 "먼저 능립에 대해 『유가사지론』 권15와 『현양성교론』 권11에서는 여덟 가지가 있다고 설한다. 첫째 주장한 바를 세우고(Ⓢ pratijñā), 둘째 인을 가리며(Ⓢ hetu), 셋째 예를 이끌어내고(Ⓢ udāharaṇa), 넷째 류가 같은 것을 드러내며(Ⓢ sārūpya), 다섯째 류가 다른 경우를 보이고(Ⓢ vairūpya), 여섯째 목격할 수 있어야 하고(Ⓢ pratyakṣa), 일곱째 추론해 타당해야 하고(Ⓢ anumāna), 여덟째 성인의 가르침이어야 한다(Ⓢ āptāgama)가 그것이다. 『대승아비달마집론』 권7에서도 여덟 가지를 설한다. 첫째 입종, 둘째 입인(Ⓢ hetu), 셋째 입유(Ⓢ dṛṣṭāntaḥ), 넷째 합(Ⓢ upanayaḥ), 다섯째 결(Ⓢ nigamanaṃ), 여섯째 현량, 일곱째 비량, 여덟째 성교(Ⓢ āptāgama)가 그것이다. 初能立中 瑜伽十五 顯揚十一說有八種 一 立宗 二 辨因 三 引喩 四 同類 五 異類 六 現量 七 比量 八 正教 對法亦說有八 一 立宗 二 立因 三 立喩 四 合 五 結 六 現量 七 比量 八 聖教"라고 하였다. [참고문헌] 『因明入正理論疏』, 『瑜伽師地論』 권15(대정장30, p.356c17), 『顯揚聖敎論』 권11(대정장31, p.531c17), 『大乘阿毘達磨集論』 권7(대정장31, p.693b28). ⇨ 능립 能立, 능성립법팔종 能成立法八種, 인명 因明

팔다라수 八多羅樹 Ⓢ aṣṭavat-talāḥ, Ⓣ brgyad-brtseg. 키 큰 다라수의 여덟 배 높이. 아주 높아 큰 것을 비유한다. 『법화경』 권5(대정장9, p.45c5 : *Saddh-p.*, p.338)에 "아일다야! 만약 내가 멸도한 후에 이 경전을 듣고 수지하여 직접 쓰거나 다른 이에게 쓰게 하는 이가 있다면 승방을 일으켜서 붉은 전단으로 서른두 개의 전당을 만들되 팔다라수 높이로 높고 넓게 장엄하여 백천의 비구가 그곳에 머물고 … 일체 낙구가 그 안에 가득할 것이다. 阿逸多 若我滅後 聞是經典 有能受持 若自書 若教人書 則爲起立僧坊 以赤栴檀作諸殿堂三十有二 高八多羅樹 高廣嚴好 百千比丘於其中止 … 一切樂具充滿其中 imaṃ dharmaparyāyaṃ mama parinirvṛtasya dhārayitvā vācayitvā likhitvā prakāśayitvā vihārā api tena ajita kṛtā bhavanti vipulā vistīrṇāḥ. pragṛhītāśca lohitacandanamayā dvātriṃśatprāsādā aṣṭatalā bhikṣusahasrāvāsāḥ … sarvasukhopadhānapratimaṇḍitāḥ". 『법화현찬』 권9(대정장34, p.835b27)에 "일다라수의 높이는 일곱 길이다. 전하는 해석에 한 길을 일곱 척으로 풀었으니 팔다라수를 계산하여 알 수 있다. 一多羅樹高七仞 相傳解一仞七尺 八多羅樹計可知矣", 『법화경삼대부보주』 권10(卍속장44, p.298a2)에 "어떤 이는 일다라수의 높이가 일곱 길이라고 하였다. 일곱 척을 한 길이라 하니 곧 일다라수 높이는 사십구 척이 된다. 팔다라수는 높이가 삼백구십이 척이다. 有人云一多羅樹高七仞 七尺曰仞 是則一多羅樹高四十九尺 八多羅樹則高三百九十二尺也", 『법화경과주』 권8(卍속장48, p.616a16)에 "높이가 팔다라수라는 것은 『서역기』에서 '그 모양은 이 곳의 종려나무와 같은데 가장 큰 것과 같으니 일고여덟 장이다. 열매가 익으면 붉은 색이고 크기는 석류와 같으며 사람들이 이것은 많이 먹는다'. 高八多羅樹者 西域記云 其狀如此方椶櫚

極高者 七八丈 果熟赤色 大如石榴 人多食之"라고 하였다. [참고문헌]『法華經』, 『法華玄贊』, 『法華經三大部補注』, 『法華經科註』, *Saddh-p.*

팔단 八段 구족계(具足戒)를 여덟 범주로 분류한 것. 팔취(八聚)라고도 한다. 바라이(波羅夷 Ⓢ pārājika)·승잔(僧殘 Ⓢ saṃghāvaśeṣa)·부정(不定 Ⓢ aniyata)·사타(捨墮 Ⓢ naiḥsargika)·바일제(波逸提 Ⓢ pāyattika)·회과(悔過 Ⓢ pratideśanīya)·중학(衆學 Ⓢ śaikṣā)·멸쟁(滅諍 Ⓢ adhikaraṇa-śamatha)을 말한다. 바라이는 살도음망(殺盜淫妄)을 금하는 조항이며 범할 경우 승가에서 추방되어 다시 회복될 수 없다. 승잔은 화합·음행·비방 등에 관한 규정으로 참회와 근신으로 사면될 수 있다. 부정법은 비구니계에는 없고 비구계에만 있는 조항으로 비구가 여성과 함께 있었던 경우 증인의 증언에 의해 죄의 여부가 결정되는 조항이다. 사타는 삼의일발(三衣一鉢)과 좌구(坐具) 등 소유물에 관한 규정이다. 바일제는 가벼운 잘못에 대한 규정들이고, 회과는 받을 수 없는 음식물에 관한 규정이다. 중학은 걸식과 설법에 관한 가벼운 규정들로서 마음으로 참회함으로써 사면된다. 멸쟁은 승가에서 다툼이 일었을 때 말리는 행위에 관한 규정이다. 『사분율소식종의기』 권2(卍속장66, p.11b14)에 "삼십칠법을 중지로 한다는 것은 비구계 팔단·비구니계 육단·이십건도·결집·조부 그리고 증일을 말한 것이다. 三十七法以爲衆旨 謂僧戒八段 尼戒六段 二十揵度 結集 調部 及增一也"라고 하였다. 전통적으로는 멸쟁을 제하고 오편(五篇 : 棄 殘 墮 悔過 衆學)과 칠취(七聚 : 波羅夷 僧殘 墮罪 悔過 偸蘭遮 突吉羅 惡舌)로 분류한다. [참고문헌]『四分律疏飾宗義記』. ⇨ 율장 律藏, 오편칠취 五篇七聚

팔단행 八斷行 Ⓢ aṣṭa-prahāṇa-saṃskāra, Ⓣ spang-ba'i-'du-byed-brgyad. 원만한 삼매를 성취하기 위해 닦는 여덟 가지로 끊어 다하는 행. 『순정리론』 권67(대정장29, p.708c7)에 "또 계경에서는 '욕 등을 행이라 한다'라고 하였는데, 곧 팔단행에 해당한다. 又契經說 欲等名行 卽八斷行"라고 하였다. [참고문헌]『順正理論』. ⇨ 팔종단행 八種斷行, 단행 斷行 ❷

팔달 八達 고승 지효룡(支孝龍)의 별명. 『양고승전』 권4 「지효룡전」(대정장50, p.346c16)에 "진류의 완첨, 영천의 유개와 아울러 지음을 맺고 사귀니, 세인들이 팔달이라 불렀다. 陳留阮瞻 潁川庾凱 並結知音之交 世人呼爲八達"라고 하였다. [참고문헌]『梁高僧傳』, 『釋氏要覽』 권중(대정장54, p.293c15). ⇨ 지효룡 支孝龍

팔대관음 八大觀音 여덟 관음보살. 몇 가지 이설(異說)이 있다. 『박초자구결』(대정장79, p.213b13)에 "육관음과 팔대관음 등은 학설이 같지 않다. 먼저 팔관음에 세 가지 설이 있다. 첫째는 『대본여의륜경』 권6에서 원만의원명왕보살·백의관자재·일계나찰녀·사면관음·마두나찰·비구지·대세지·타라관음이라 하였다. 둘째는 『의범수적본』에서 불공견삭·비구지·십일면·마두·분노구·여의륜·불공구·일계나찰 등이라 하였다. 셋째는 『소야일체명집』에서 여의륜·관자재·득대세·다라·비구지·백처·일계나찰·마두 등을 말했다. 六觀音八大觀音等不同 先八觀音有三說 一者 大本如意輪經 六云 圓滿意願明王菩薩一 白衣觀自在二 一髻羅刹女三 四面觀音四 馬頭羅刹五 毘俱胝六 大勢至七 陀羅觀音八 … 二者 義範手跡本云 不空羂索一 毘俱胝二 十一面三 馬頭四 忿怒鉤五 如意輪六 不空鉤七 一髻羅刹八 云云 三者 小野一切明集云 如意輪一 觀自在二 得大勢三 多羅四 毘俱胝五 白處六 一髻羅刹七 馬頭八"라고 하였다. [참고문헌]『薄草子口決』.

팔대금강동자 八大金剛童子 ➡ 팔대동자 八大童子

팔대금강명왕 八大金剛明王 팔대보살(八大菩薩)이 명왕의 모습으로 나툰 금강명왕. 『대묘금강대감로군나리염만치성불정경』(대정장19, p.340c12)에 "이때 팔대보살이 각각 광명의 월륜을 드러내어 팔대금강명왕을 나투었다. 여래륜이기 때문이다. 爾時 八大菩薩 各各現光明輪 各現作八大金剛明王 以如來輪故", "이때 금강수보살은 항삼세금강명왕을 나투었는데 청색 광명을 내뿜고 입에는 두 개의 송곳니를 드러냈다. 爾時金剛手菩薩 現作降三世金剛明王 放青色光明口現二牙", "이때 묘길상보살은 육비육두육족금강명왕을 나투었다. 검푸른 광명을 방출하며 혀를 이빨로 빼어물어 내밀고 양눈과 양눈썹을 치켜 떴으며 손에는 날카로운 칼을 쥐었다. 爾時 妙吉祥菩薩 現作六臂六頭六足金剛明王 放青黑色光明 齒咬下脣竪兩目及眉 手持利劍", "이때 허공장 보살은 대소금강명왕을 나투었다. 잿빛 광명을 방출하고 입은 크게 웃는 모습으로 송곳니 두 개가 위로 드러났다. 왼손은 청봉을 들었고 오른손을 올무를 쥐었다. 爾時 虛空藏菩薩 現大笑金剛明王 放灰黑色光明 口現大笑形二牙上出 以左手柱一青棒 右手把羂索", "이때 자씨존보살은 대륜금강명왕을 나투었다. 온 몸이 황색이고 큰 불을 방출했다. 오른손으로 팔폭금강륜을 쥐었고 왼손으로 독고금강저를 쥐었다. 爾時 慈氏尊菩薩 現作大輪金剛明王 遍身黃色放大火

〈표〉 팔대금강명왕

보살		명왕
금강수 金剛手	—	항삼세 降三世
묘길상 妙吉祥	—	육두육비육족 六頭六臂六足
허공장 虛空藏	—	대소 大笑
자씨 慈氏	—	대륜 大輪
관자재 觀自在	—	마두 馬頭
지장 地藏	—	무능승 無能勝
제개장 除蓋障	—	부동 不動
보현 普賢	—	보척 步擲

右手持八輻金剛輪 左手柱一獨股金剛杵", "이때 관자재보살은 정수리에서 마두금강명왕을 나투었다. 푸른색으로 붉은 색 광명을 뿜으며 오른손은 정수리 보다 높이 들어 가로로 연꽃 한송이를 들어 때라는 자세를 취하고 왼손으로 군지인을 맺었다. 爾時 觀自在菩薩 於頂上現作馬頭金剛明王 碧色放赤色光明 以右手高於頂上 橫把一蓮華作打勢 左手把軍持印", "이때 지장보살은 무능승금강명왕을 나투었다. 온 몸인 황색이고 붉은 화염을 뿜으며 오른손으로 금강저를 던지고 왼손으로는 의인을 맺어 입을 향한 모습이다. 爾時 地藏菩薩 現作無能勝金剛明王 遍身黃色放火光焰 以右手擲一金剛杵 左手作擬印向口", "이때 제일체개장보살은 부동존금강명왕을 나투었다. 온 몸이 청색이고 화염을 뿜으며 왼손은 검을 쥐었고 오른손은 밧줄을 쥐었으며 왼쪽으로 상투 하나를 느러뜨렸다. 爾時 除一切蓋障菩薩 現作不動尊金剛明王 遍身靑色放火光焰 以右手執劍 左手把索 左垂一髻", "이때 보현보살은 보척금강명왕을 나투었다. 왼손으로 선개를 들고 오른손에 금강저를 들었다. 온몸은 허공색이고 화염을 방출하였다. 爾時 普賢菩薩 現作步擲金剛明王 以右手把一旋蓋 左手把金剛杵 遍身作虛空色放火光焰", "이때 팔금강명왕불이 여래 앞에서 교칙을 청해 받고 '제가 받들어 행하겠습니다'라고 하였다. 爾時 八金剛明王佛卽於如來前 請受敎勅 我當奉行"라고 하였다. 〔참고문헌〕『大妙金剛大甘露軍拏利焰鬘熾盛佛頂經』, 『聖迦柅忿怒金剛童子菩薩成就儀軌經』 권3(대정장21, p.115c5). ⇨ 팔대보살 八大菩薩, 명왕 明王

팔대나락가 八大那落迦 Ⓢ aṣṭau mahānaraka-sthānāni, Ⓣ sems-can-dmyal-ba-chen-po'i-gnas-brgyad. 여덟 개의 지옥. 팔대지옥을 말한다. 『유가사지론』 권4(대정장30, p.294c10 : *Yogā-bh.*, p.74)에 "팔대나락가. 여덟이란 무엇인가? 첫째 등활, 둘째 흑승, 셋째 중합, 넷째 호규, 다섯째 대호규, 여섯째 소열, 일곱째 극소열, 여덟째 무간이다. 이 모든 대나락가는 넓이가 십천유선나이다. 八大那落迦 何等爲八 一 等活 二 黑繩 三 衆合 四 號叫 五 大 號叫 六 燒熱 七 極燒熱 八 無間 此諸大那落迦處 廣十千踰繕那 aṣṭau mahānaraka-sthānāni. tadyathā sañjīvaḥ kālasūtraṃ saṅghāto rauravo mahārauravas-tāpano mahātāpano'vīciś-ca. teṣām-eva mahānarakāṇāṃ tiryag-daśabhir-yojana-sahasraiḥ", 『유가사지론약찬』 권1(대정장43, p.16a28)에 "팔대나락가의 모든 대나락가는 팔열지옥과 같다. … 나락은 짓는다는 뜻이고 가는 악이라는 뜻이니 악을 짓는 이가 그곳에 나기 때문이다. 또한 락가는 즐길 수 있다는 뜻이고 나는 부정을 뜻하니 즐길 수 없는 곳이라는 뜻이다. 또는 락가는 희락이고 나는 없앤다는 뜻이니 희락을 괴멸하기 때문이다. 또는 락가는 돌아간다는 뜻이고 나는 없다는 뜻이니 돌아갈 곳이 없기 때문이다. 또는 락가는 구제라는 뜻이고 나는 없다는 뜻이니 구제할 수 있는 이가 없기 때문이다. 八大那落迦處 諸大那落迦者 卽八熱地獄 … 那落是造義 迦是惡義 造惡之者生彼處故 又落迦名可樂 捺是不義 不可樂處 又落迦名喜樂 捺是壞義 壞喜樂故 或落迦名歸趣 捺是無義 無歸趣故 或落迦名救濟 捺是無義 無救濟者故"라고 하였다. 〔참고문헌〕『瑜伽師地論』, 『瑜伽師地論略纂』, *Yogā-bh.* ⇨ 팔대지옥 八大地獄, 지옥 地獄

팔대동자 八大童子 **1** 부동명왕을 따르는 여덟 사자(使者). 『팔대동자궤』(대정장21, p.31b17)에 "그러므로 팔대동자가 있다. 첫째 혜광보살〈금강정경에서 '빛을 돌리는 것은 지혜가 빛과 같이 일체를 두루 비추기 때문이다'라고 하였다〉. 둘째 혜희보살〈금강정경에서 '혜희란 지혜를 기쁨으로 돌리는 것이다'라고 하였다〉. 셋째 아누달보살, 넷째 지덕보살, 다섯째 오구바가, 여섯째 청정비구, 일곱째 긍갈라, 여덟째 제타가이다. 이들 사자는 사지와 사바라밀이 대일여래의 교령에 친히 수순하므로 이러한 몸을 드러내어 성무동존을 둘러싼다. 각각 다른 진언에서 그 뜻을 드러낸다. 풀이하면 동방 금강부는 보리심문이니 태양의 광명을 비유로 삼는다. 그러므로 태어난 사자를 혜광이라 하였다. 남방 보부는 복덕문이니 태어난 사자를 혜희라 한 까닭이다. 복덕과 지혜의 두 가지 장엄을 기쁨으로 삼았기 때문이다. 서방 연화부는 지혜문이니 태어난 사자를 아누달이라 한 까닭이다. 이는 무열이라 한역하니 연꽃이 피어난 연못 물이 청정무구함을 나타낸다. 북방 갈마부는 정진문이니 태어난 사자를 지덕이라 한 까닭이다. 여기에서 이 부는 앞의 삼부의 덕을 지시한다. 정진에 의지하여 능히 과보를 얻으므로 지덕이라 하였다〈이상 사지〉. 금강바라밀는 보리심행이니 태어난 사자를 오구바가라고 한 까닭이다. 이는 초월주세라고 한역한다. 보바라밀은 복덕심의 실천이니 태어난 사자를 청정비구라고 한 까닭이다. 비구가 능히 법보를 수호함을 나타낸다. 법바라밀은 자비심의 실천이니 태어난 사자를 긍갈라라고 한 까닭이다. 이는 수순이라 한역한다. 업바라밀은 방편심의 실천이니 태어난 사자를 제다가라고 한 까닭이다. 이는 식재라 한역한다. 보살이 방편으로 분노한 모습을 나타내기 때문이다. 所以有八大童子 一 慧光菩薩〈金剛云 迴光卽以慧如光照迴一切故〉 二 慧喜菩薩〈金剛云 慧喜卽迴慧爲喜〉 三 阿耨達菩薩 四 指德菩薩 五 烏俱婆誐 六 淸淨比丘 七 矜羯羅 八 制吒迦 是等使者四智四波羅蜜 爲親隨順大日敎令故 顯現此形圍繞聖無動尊也 各別眞言中顯示其義 解云 東方金剛部卽菩提心門 以日光爲喩 所以出生使者名慧光 南方寶部卽福德門 所以出生使者名慧喜 以福智二嚴爲喜故 西方蓮華部卽智慧門 所以出現使者名阿耨達 此云無熱 表蓮華生池

水而清淨無垢故 北方羯磨部卽精進門 所以出生使者名指德也 今此部指前三部德 卽依精進能得果故 所以名指德〈已上四智〉 金剛波羅蜜卽菩提心行 所以出現 使者名烏俱婆誐 此云超越住世也 寶波羅蜜福德心行 所以出生使者名清淨比丘 表比丘能守護法寶故 法波羅蜜慈悲心行 所以出現使者名矜羯羅 此云隨順 業波羅蜜卽方便心行 所以出生使者名制多迦 此云息災也 菩薩方便現瞋形故也”라고 하였다. [참고문헌]『八大童子軌』. ⇨ 부동팔대동자 不動八大童子 **2** 문수보살을 따르는 여덟 동자. 『대성묘길상보살비밀팔자다라니수행만다라차제의궤법』(대정장20, p. 785b19)에 “다음으로 제2원에 여덟 문수를 안치하는 포위법을 설한다. 본존 앞면 남쪽에 청소동자를 그린다. 다음으로 서남쪽 모서리에 계설니동자를 그린다. 다음으로 서쪽 오른편에 구호혜동자를 그린다. 다음으로 서북쪽 모서리에 오바계설니동자를 그린다. 다음으로 후면 북쪽에 광망동자를 그린다. 다음으로 동북쪽 모서리에 지혜당동자를 그린다. 다음으로 동쪽 왼편에 무구광동자를 그린다. 다음으로 동남쪽 모서리에 부사의혜동자를 그린다. 이와 같이 팔방의 묘길상동진보살은 모두 중존을 향해 봉교하는 모습이고 모두 연꽃 위에 각각의 사자 위에 올라타서 두 손으로 표치와 인계를 쥔 모습으로 여법하게 그린다. 次說第二院安布八文殊 布位法 尊前南面畫請召童子 次西南隅畫計設尼童子 次西方右邊畫救護慧童子 次西北隅畫烏波計設尼童子 次後面北方畫光網童子 次東北隅畫地慧幢童子 次東方左邊畫無垢光童子 次東南隅畫不思議慧童子 如是八方妙吉祥童眞菩薩 皆面向中尊如奉敎勢 皆坐蓮華上一一各乘師子 二手各有執持幖幟印契畫須如法”라고 하였다. [참고문헌]『大聖妙吉祥菩薩祕密八字陀羅尼修行曼荼羅次第儀軌法』. ⇨ 문수팔대동자 文殊八大童子

팔대동자의궤 八大童子儀軌 온전한 이름은 『성무동존일자출생팔대동자비요법품 聖無動尊一字出生八大童子祕要法品』. 1권. 역자는 실역이며 대흥선사번경원(大興善寺翻經院)으로 되어 있다. 대정장21, pp.31a21~33a5, No.1204에 수록되어 있다. 항복법을 설하는 밀교의궤로서 부동존의 여덟 사자인 팔대동자의 진언과 화상법(畫像法), 그리고 공양법을 순서대로 설하고 있다.

팔대동자인언 八大童子印言 부동존(不動尊)의 사자(使者)인 팔대동자의 수인(手印)과 진언(眞言). 첫째, 혜광(慧光)보살의 수인은 금강합장하고 양손의 중지를 바늘처럼 곧게 세워 붙이는 형태이다. 진언은 ‘옴 바즈라 마테즈발라 보디시타 나 oṃ vajra matejvāla bodhicitta na’이다. ‘바즈라’는 금강, ‘마테즈발라’는 혜광, ‘보디시타’는 보리심을 뜻하고 ‘나( )’는 종자이다. 둘째, 혜희(慧喜)보살의 수인은 금강합장 하고 양손의 중지를 보형(寶形)으로 세워 붙인다. 진언은 ‘옴 라트나 마티사두 마하마니 마 oṃ ratna matisādhu mahāmani maḥ’이고 ‘라트나’는 보(寶), ‘마티사두’는 혜희, ‘마하마니’는 대보주(大寶珠)를 뜻하고 ‘마( )’는 종자이다. 셋째, 아누달(阿耨達)보살의 수인은 금강합장 한 후 양손의 중지를 연잎처럼 만든다. 진언은 ‘옴 파드마 사르바다하 프라사미나 마하다르마 삼 oṃ padma sarvadaha praśamina mahādharma saṃ’이다. ‘파드마’는 연꽃, ‘사르바다하’는 일체의 열뇌, ‘프라샤미나’는 진압, 마하다르마는 대법(大法)을 뜻하고 ‘삼( )’은 부동존에 귀명하는 종자이다. 넷째, 지덕(指德)보살의 수인은 금강합장하고 양손의 중지를 손바닥 안으로 넣어 붙이는 형태이다. 진언은 ‘옴 카르마 마하바이리야 파리푸라카 맘 oṃ karma mahāvairya paripūraka maṃ’이다. ‘카르마’는 업(業), ‘마하바이리야’는 대무외(大無畏), ‘파리푸라카’는 만원(滿願)을 뜻하고, ‘맘( )’은 종자이다. 다섯째, 오구바가(烏俱婆誐)보살의 수인은 금강합장이다. 진언은 ‘옴 바즈라 사트바 오구바가 마하사우키야 타 oṃ vajra sattva ukubhaga mahāsaukhya ta’이다. ‘사트바’는 유정(有情), 오구바가는 초월주세(超越住世), ‘마하사우키야’는 대행복을 의미하고, ‘타( )’는 종자이다. 여섯째, 청정비구의 수인은 범협인(梵篋印)이니 왼손은 앙장하되 손끝이 오른쪽을 향하도록 하고 왼손은 그 위를 덮되 손끝은 왼쪽을 향하도록 한다. 진언은 ‘옴 마니 비숫다 다르마 구루 락샤 다르마 바 oṃ maṇi viśuddha dharma guru rakṣa dharma va’이다. ‘마니’는 보주(寶珠), ‘비숫다 다르마 구루’는 청정법사, ‘락샤다르마’는 호법(護法)을 뜻하고 ‘바( )’는 종자이다. 일곱째, 긍가라(矜羯羅)보살의 수인은 연화합장이고 진언은 ‘옴 다르마 긍가라 티슈타 즈라 oṃ dharma kiṅkara tiṣṭa jra’이다. ‘다르마’는 법(法)이고, ‘티슈타’는 발기(發起)이며, ‘즈라( )’는 종자이다. 여덟째, 제타가(制吒迦)보살의 수인은 외오고인(外五股印)이고 진언은 ‘옴 카르마 제타가 훔훔 팟 남 oṃ karma ceṭaka hūṃ hūṃ phaṭ ṇaṃ’이다. ‘훔훔’은 공포, ‘팟’은 파괴를 의미하고, ‘남( )’은 부동존에 귀명하는 종자이다. [참고문헌]『八大童子軌』(대정장21, p.31c14). ⇨ 팔대동자 八大童子 **1**

팔대라찰녀 八大羅刹女 사람의 피와 살을 먹고 정기를 빼앗는 여덟 귀신. 『공작왕주경』 권하(대정장19, p.453a29)에 “아난아, 다시 팔대라찰녀가 있다. 그들은 피를 마시고 살을 먹으며 사람을 괴롭힌다. 항상 보살이 입태할 때와 태어날 때 그리고 태어난 후의 시기를 수호한다. 여덟 가지 이름은 이와 같다. 모하·아시마·등구석기·지시니·감포시·아밀다라·로희다타·가라라이다. 이 귀신들은 피를 마시고 살을 먹으며 항상 어린 남녀와 아기가 태어난 집에 붙어서 늘 사람을 따라다니며 빈틈을 파고 들거나 남의 이름을 불러서 사람을 정기를 거두어 들이고 자비심이 없으니 크게 두려워할만하다. 이 팔대라찰녀에게 광명신통이 있으니 이 대공작명왕주로 항상 나의 바람을 수호하면 수명이 백세가 되리라. 阿難復有八大羅刹女 飮血噉肉惱觸於人 常守護菩薩入胎時生時及生後時 云何爲八 其名如是 牟訶 阿矢摩 等鳩釋棄 枳矢尼 甘蒲侍 阿蜜多羅 虜喜多馱 柯羅邏 此鬼飮血噉肉 常取童男童女及初産嫗家 恒隨逐人 或入空處或喚人名字 恒噏人精氣 無慈悲心 大可怖畏 此八大羅刹女有光明神通 以此大孔雀明王呪 常守護我願壽百歲"라고 하였다. 〔참고문헌〕『孔雀王呪經』.

팔대만나라경 八大曼拏羅經 Ⓢ Ārya-aṣṭamaṇḍalakā-nāma-mahāyānasūtra, Ⓣ 'phags-pa dkyil-'khor brgyad-pa shes-bya-ba theg-pa chen-po'i mdo. 1권. 조송(趙宋) 법현(法賢) 한역. 온전한 이름은 대승팔대만나라경(大乘八大曼拏羅經)이다. 대정장20, p.676a22~c11, No.1168A에 수록되어 있고 티베트역본(北京版 No.507)도 전한다. 세존께서 보타락가산의 관자재보살의 궁전에 계실 때 보살대중 가운에 보장월광보살이 어떻게 하면 깨달음을 얻을 수 있는지 묻자 세존께서 팔대만다라를 건립하고 수지공양한다면 그 공덕으로 무량한 이익을 얻을 수 있다고 설한다. 관자재(觀自在)·자씨(慈氏)·허공장(虛空藏)·보현(普賢)·금강수(金剛手)·만수사리(曼殊舍利)·제개장(除蓋障)·지장(地藏) 등 팔대보살의 진언을 외우면 신속하게 성불할 수 있다고 설한다.

팔대명왕 八大明王 ➡ 팔대금강명왕 八大金剛明王

팔대보살 八大菩薩 정법을 지키고 중생을 보호하는 여덟 분의 보살. 대법회의 상수(上首)로서 등장하며 경전에 따라 다르게 시설한다. 밀교의 『팔대보살만다라경』에서는 관세음(觀世音)·미륵(彌勒)·허공장(虛空藏)·보현(普賢)·금강수(金剛手)·묘길상(妙吉祥)·제개장(除蓋障)·지장(地藏) 보살을 말한다. 『반야이취경』의 경우 금강수(金剛手)·관자재(觀自在)·허공장(虛空藏)·금강권(金剛拳)·문수사리(文殊師利)·재발심전법륜(纔發心轉法輪)·허공고(虛空庫)·최일체마(摧一切魔) 보살이다. 『반주삼매경』에서는 나린나갈(羅憐那竭)·교일도(橋日兜)·나라달(那羅達)·수심(須深)·마하수살화(摩訶須薩和)·아난빈지가라월(阿難邠坻迦羅越)·인지달(因坻達)·화륜조(和輪調) 보살이며 『약사경』에서는 문수사리(文殊師利)·관세음(觀世音)·득대세(得大勢)·무진의(無盡意)·보단화(寶壇華)·약왕(藥王)·약상(藥上)·미륵(彌勒) 보살이 팔대보살이다. 『대승집보살학론』 권4(대정장21, p.110a1)에 "약사유리광왕여래의 명호를 듣는다면 그 사람이 임종할 때 팔대보살이 모두 신통으로 찾아와 바른 길을 보여준다. 若得聞是藥師瑠璃光王如來名號 是人臨命終時八大菩薩皆以神通來示正道", 『반주삼매경』 권상(대정장13, p.903a7)에 "부처님께서 다시 위신력을 발휘하시니 나린나갈보살이 사위타리대국에서 나왔고 교일도보살이 점파대국에서 나왔으며 나라달보살이 피라사대국에서 나왔고 수심보살이 가라위대국에서 나왔으며 마하수살화보살과 아난빈지가라월이 모두 사위대국에서 나왔고 인지달보살이 구섬미대국에서 나왔으며 화륜조보살이 사지대국에서 나왔다. 모든 보살은 각각 이만팔천 명과 함께 부처님이 계신 곳에 이르러 먼저 부처님께 예를 올리고 모두 한 쪽에 앉았다. 佛復放威神羅憐那竭菩薩從舍衛墮梨大國出 橋日兜菩薩從占波大國出 那羅達菩薩從彼羅斯大國出 須深菩薩從加羅衛大國出 摩訶須薩和菩薩與阿難邠坻迦羅越 俱從舍衛大國出 因坻達菩薩從鳩睒彌大國出 和輪調菩薩從沙祇大國出 一一菩薩各與二萬八千人俱來到佛所 前爲佛作禮皆却坐一

팔대보살 아미타팔대보살도
일본 덕천미술관 고려후기 보정

팔대보살변상판 국보제734-12호 해인사 합천 고려

面", 『법화만다라위의형색법경』(대정장19, p.602b28)에 "여덟 꽃잎 위에 팔대보살이 있으니 일체 세간에서 가장 존특한 신체는 몸과 말과 생각을 초월한다. … 여덟 잎의 동북쪽 모서리를 시작으로 오른쪽으로 돌아가며 팔대보살을 안치한다. 먼저 미륵보살, 다음으로 문수보살·약왕보살·묘음보살·상정진보살·무진의보살·관세음보살·보현보살이다. 八葉花上 八大菩薩 一切世間最尊特身 超身語意 … 於八葉從東北隅爲首右旋布列 安置八大菩薩 初彌勒菩薩 次文殊師利菩薩 藥王菩薩 妙音菩薩 常精進菩薩 無盡意菩薩 觀世音菩薩 普賢菩薩", 『삼국유사』 권3(대정장49, p.999c20·한불전6, p.336b5) 탑상(塔像) 명주오대산보질도태자전기(溟州五臺山寶叱徒太子傳記)에 "남대의 기린산에는 팔대보살을 상수로 하여 일만의 지장보살이 상주한다. 南臺麒麟山 八大菩薩爲首 一萬地藏菩薩常住"라고 하였다. 〔참고문헌〕『大乘集菩薩學論』, 『般舟三昧經』, 『法華曼荼羅威儀形色法經』, 『三國遺事』.

〈표〉팔대보살八大菩薩

대묘금강경大妙金剛經	존승불정집의尊勝佛頂執儀	칠불보살신귀경七佛菩薩神鬼經	약사본원경藥師本願經	반야이취경般若理趣經
관자재 觀自在	허공장 虛空藏	문수 文殊	문수 文殊	금강수 金剛手
자씨 慈氏	지장 地藏	허공장 虛空藏	관자재 觀自在	관자재 觀自在
허공장 虛空藏	제개장 除蓋障	관자재 觀自在	득대세 得大勢	허공장 虛空藏
보현 普賢	자씨 慈氏	구탈 救脫	무진의 無盡意	금강권 金剛拳
금강수 金剛手	만수 曼殊	발다리 跋陀利	보단화 寶檀華	문수사리 文殊師利
만수사리 曼殊師利	지지 持地	대세지 大勢至	약왕 藥王	재발심전법륜 纔發心轉法輪
제개장 除蓋障	연화수 蓮華手	득대세 得大勢	약상 藥上	허공고 虛空庫
지장 地藏	비밀주 秘密主	견용 堅勇	미륵 彌勒	최일체마 摧一切魔

팔대보살경 八大菩薩經 1권. 조송(趙宋) 법현(法賢) 한역. 대정장14, pp.751b23~752a12, No.490에 수록되어 있다. 부처님께서 사위국 기수급고독원에 계실 때 팔대보살과 천백오십 명의 비구대중 앞에서 동방(東方) 오불(五佛)의 명호를 억념하거나 서사 독송하는 공덕에 대해 설하는 내용이다. 팔대보살은 묘길상(妙吉祥)·관자재(觀自在)·미륵(彌勒)·허공장(虛空藏)·보현(普賢)·금강수(金剛手)·제개장(除蓋障)·지장(地藏) 보살이다. 동방 오불이란 무능승국(無能勝國)의 선정진길상여래(善精進吉祥如來)·무아국(無我國)의 보조여래(普照如來)·선애국(善愛國)의 길상여래(吉祥如來)·적정장국(寂靜藏國)의 인나라계도바닉왕여래(印捺囉計都特口縛惹王如來)·이진국(離塵國)의 희공덕광자재왕여래(喜功德光自在王如來)를 말한다. 오불의 명호를 억념·서사·독송하면 그 사람은 악취나 하천한 신분으로 태어나지 않고 장생천(長生天)에 태어나거나 오탁악세(汚濁惡世)와 삼재팔난(三災八難)을 피하고 무상정등각을 성취한다고 설한다.

팔대보살만다라경 八大菩薩曼荼羅經 Ⓢ Ārya-aṣṭamaṇḍalakā-nāma-mahāyānasūtra, Ⓣ 'phags-pa dkyil-'khor brgyad-pa shes-bya-ba theg-pa chen-po'i mdo. 1권. 불공삼장(不空三藏) 한역. 대정장20, pp.675a19~676a17, No.1167에 수록되어 있고 티베트역본(北京版 No.507)도 전한다. 부처님께서 보타락가산 관자재보살의 궁전에 계실 때 보장월광보살의 물음에 답하여 팔만다라의 건립법을 설하신 내용이다. 관자재(觀自在)·자씨(慈氏)·허공장(虛空藏)·보현(普賢)·금강수(金剛手)·만수사리(曼殊舍利)·제개장(除蓋障)·지장(地藏)보살 등의 팔대보살의 만다라를 건립하여 공양하면 일체의 모든 죄업이 소멸하고 모든 바람이 성취된다는 내용이다. No.1168A의 대승팔대만나라경(大乘八大曼拏羅經)과 동본이역이다.

팔대보살만다라경소 八大菩薩曼陀羅經疏 2권. 사효(思孝) 지음. 『팔대보살만다라경』의 소(疏). 전하지 않는다. 『신편제종교장총록』(대정장55, p.1172c28·한불전4, p.689a16)에 "『팔대보살만다라경』. 소 2권. 과 1권. 사효 지음. 八大菩薩曼陀羅經 疏二卷 科一卷 思孝述"이라고 하였다. 〔참고문헌〕『新編諸宗敎藏總錄』.

팔대보살만다라경숭성초 八大菩薩曼陀羅經崇聖抄 3권. 지실(志悉) 지음. 『팔대보살만다라경』에 대한 초(抄). 현재 전하지 않는다. 『신편제종교장총록』(한불전4, p.689a)에 "『팔대보살만다라경』. 숭성초 3권. 지실 지음. 八大菩薩曼陀羅經 崇聖抄 三卷 志實述"이라고 하였다. 〔참고문헌〕『新編諸宗敎藏總錄』.

팔대보살법 八大菩薩法 팔대보살을 본존으로 모시고 공양하는 밀교 작법. 『팔대보살만다라경』에서 시설되었다. 팔대보살의 만다라를 건립하고 팔대보살 각각의 진언을 염송하고 공양하는 수법을 말한다. 『진언밀교부류총록』(대정장55, p.1125c6)에 의하면 팔대보살법을 설하는 경전은 이외에도 『사자장엄왕보살청문경 師子莊嚴王菩薩請問經』·『팔보살사홍서주경 八菩薩四弘誓呪經』·『팔명보밀다라니경 八名普密陀羅尼經』·『범자팔대진언 梵字八大眞言』·『범자팔대보살진언 梵字八大菩薩眞言』·『팔대명왕진언 八大明王眞言』 등이 있다. 『팔대보살만다라경』(대정장20, p.675b8)에 "선남자여, 팔만다라가 있으니 이는 팔대보살의 매우 깊은 법요이다. 어떤 중생이 법에 따라 팔만다라를 한 번 두루 건립한다면 십악죄와 오역죄, 그리고 방등경을 비방한 죄가 모두 소멸한다. 善男子有八曼茶羅 是八大菩薩甚深法要 若有有情 依法建立此八曼茶羅一遍者 所有十惡五逆謗方等經皆悉銷滅"라고 하였다. 〔참고문헌〕『眞言密敎部類總錄』, 『八大菩薩曼茶羅經』.

팔대보탑 八大寶塔 금색 광명 속에 현현한 불가사의한 여덟 기의 보탑. 팔대영탑(八大靈塔)이라고도 한다. 『대승본생심지관경』 권1(대정장3, p.294a21)에 "이와 같이 백천항하의 모래알처럼 생각할 수 없이 많은 행원의 일체 모습이 이 금색 대광명 속에 모두 단박에 나타났다. 또한 이 광명 속에 여래의 불가사의한 팔대보탑이 나타났다. 구사라국 정반왕궁의 생처보탑, 마가타국 가사성변 보리수 아래의 성불보탑, 바라나국 녹야원 초전법륜도인보탑, 사위성 급고독원과 모든 외도의 유월논의의 득일체지지성명보탑, 안달라국 곡녀성변에서 도리천에 올라 어머니를 위해 설법하고 범천왕과 제석천에게 공양하고 십이만 대중이 삼십삼천을 따라 삼도보계 아래 염부제에 나타났을 때의 신이보탑, 마갈타국 왕사성변 기사굴산에서 대반야법화일승심지경 등을 설한 대승보탑, 비사리국 암라위림 유마장자의 불가사의한 현질보탑, 구시나국 발제하변 사라림의 원적보탑이다. 이와 같은 여덟 탑은 대성의 교화이고 인과 천의 중생이 귀의할 곳이다. 有如是等百千恒沙難思行願一切相貌 悉皆頓現於此金色大光明中 又此光中影現如來不可思議八大寶塔 拘娑羅國淨飯王宮生處寶塔 摩伽陀國伽邪城邊菩提樹下成佛寶塔 波羅奈國鹿野園中初轉法輪度人寶塔 舍衛國中給孤獨園與諸外道六月論議得一切智聲名寶塔 安達羅國曲女城邊昇忉利天爲母說法共梵天王及天帝釋十二萬衆從三十三天現三道寶階下閻浮時神異寶塔 摩竭陀國王舍城邊耆闍崛山說大般若法華一乘心地經等大乘寶塔 毘舍離國菴羅衛林維摩長者不可思議現疾寶塔 拘尸那國跋提河邊 娑羅林中圓寂寶塔 如是八塔大聖化儀 人天有情所歸依處", 『대승본생심지관경천주』 권1(卍속장34, p.100a1)에 "경전에서 '또한 광명 속에 여래의 불가사의한 팔대보탑이 현현했다'라고 하였다. 불가사의에 두 가지 뜻이 있다. 하나는 보탑의 신이한 감응이 부사의함이니 이는 부처님께서 비록 입멸하셨지만 세간에 보탑이 있어 일체 중생이 공양하고 예배하는 사이에 신응에 의해 가피받아 그 중생이 복을 얻고 수명을 늘이게 함을 말한다. 또는 날카로운 근기의 사람은 마음을 밝히고 도를 깨우치니 이와 같은 이익이 부사의하다. 둘째, 탑의 수량이 부사의함을 말한다. 진실로 여래는 물에 비친 달과 같은 화신이니 백천억이 있고 세계는 갠지즈 강의 모래와 같은데 하나의 세계마다 이러한 여덟 개의 탑이 있고 각각의 세계가 모두 그러하여 헤아릴 수 없이 많으니 어찌 생각하고 말할 수 있겠는가? 범어 탑파는 영묘라 한역하고 고현이라고도 한다. 세간에서 이것을 지어 불사리를 모시고 존중하여 칭하므로 보탑이라 하였다. 又此光中 影現如來 不可思議 八大寶塔 不可思議有二義 一者 寶塔神應不思議 謂佛雖入滅 有寶塔在世 一切有情 供養禮拜之間 由神應所加 令彼有情獲福益壽 或利根者 明心悟道 如是之益 可思議乎 二者塔之數量不思議 良以如來水月化身 有百千億 世界如恒河沙 一界有此八塔 界界皆然 多多無量 豈可思議哉 梵語塔波 此云靈廟 亦云高顯 世間造此 藏佛舍利 尊重稱之 故云寶塔"라고 하였다. 〔참고문헌〕『大乘本生心地觀經』, 『大乘本生心地觀經淺註』. ⇨ 탑 塔, 팔대영탑 八大靈塔

팔대불정 八大佛頂 ➡ 팔불정 八佛頂

팔대산 八大山 수미산(須彌山)을 중심으로 그 바깥을 둘러싸고 있는 여덟 개의 큰 산. 유건다라(由乾陀羅)·이사다라(伊沙陀羅)·거특라가(佉特羅柯)·수등바나(修騰婆那)·아수할나(阿輸割那)·비나다가(毘那多柯)·니민다라(尼旻陀羅)·철위산(鐵圍山)을 말한다. 『법화경소』(대정장85, p.187a2)에 "하나의 사천하에 팔대산이 있고 팔대해가 있으며, 이와 같이 삼천세계에 백억팔십산과 백억팔대해가 있고, 천중철위에 하나의 대철위가 있으며, 그 중에 소산과 소해와 숲과 강은 가히 셀 수 없다. 一四天下 有八大山 有八大海 如是三千世界 有百億八十山 百億八大海 有千中鐵圍 有一大鐵圍 其中 小山小海 諸林諸河 不可勝數"라고 하였다. 〔참고문헌〕『法華經疏』, 『俱舍釋論』 권8(대정장29, p.214b10). ⇨ 수미산 須彌山

팔대산인 八大山人 1626~1705. 명말청초에 서화(書畫)로 저명했던 스님. 속성은 주(朱) 씨. 이름은 탑(耷). 자는 설개(雪个). 호는 개산려(个山驢)·여(驢)·설납(雪衲)·습득(拾得)·인옥(人屋)·전계(傳綮). 강서(江西) 출신. 명말사승(明末四僧) 또는 청초사승(淸初四僧) 중의 한 사람으로 명 태조 주원장(朱元璋)의 서자인 영헌왕(寧獻王) 주권(朱權)의 후손이다. 늘 『팔대인각경 八大人覺經』(대정장17, No.779)을 지송하였기에 자호(自號)를 팔대산인이라 하였다. 8세부터 시를 지을 줄 알았으며 성정이 정직하고 총명하였으며 해학이 넘쳤고 서법(書法)과 전각(篆刻)에 뛰어났으며, 특히 그림에 정통하여 산수나 꽃·새를 그린 그림들은 사람들에게 신품(神品)이라는 칭송을 받았다. 20세에 명 사종(思宗 : 崇禎帝)이 순국하자 분하고 슬픈 마음에 괴로워하다가 심산유곡에 수 년간 은거하였는데 울화가 너무 많이 쌓여 마침내 미친 증세를

팔대산인 방동원산수도 명말청초

보였다. 그 후 23세 무렵에 출가하여 스님이 되었고 거짓으로 벙어리 행세를 하다가 28세에는 불경을 강의하여 따르는 학인들이 늘 100여 명이었지만, 36세에 돌연 머리를 기르고 도사(道士)가 되었으며 청운보(青雲譜)라는 도관(道觀)을 운영하면서 담설(澹雪)·석도(石濤) 등의 스님과 교유하였다. 하지만 늘 작품에 승명(僧名)을 새겨 넣었고 불문(佛門)의 뛰어난 화가였던 관휴(貫休)·제기(齊己)스님처럼 되기를 자처하다가 62세에는 청운보를 떠나 남창(南昌)에 오가초당(寤歌草堂)을 짓고 살았으며, 만년에는 석도스님과 교우하였다. 1705년(강희44)에 80세를 일기로 입적하였다.

팔대성 八大城 석가모니부처님께서 법(法)을 설하시고 율(律)을 제정하시면서 대중승가(僧)를 성취하셨던 여덟 곳. 여섯 곳만을 꼽아 육대성(六大城)이라고도 한다. 『마하승기율』 권33(대정장22, p.497a3)에 "부처님이 사위성에 머무시며 방 짓는 일을 허락하셨고, 비사리에서는 우유로 만든 소와 낙을 허락하셨으며, 광야에서는 생선과 고기를 허락하셨다. 이와 같은 일체의 허락과 마름이 모두 팔대성에서 이루어졌으니 다음과 같다. 첫 번째는 사위성, 두 번째는 사기성, 세 번째는 첨파성, 네 번째는 바라나성, 다섯 번째는 구섬미성, 여섯 번째는 비사리성, 일곱 번째는 왕사성, 여덟 번째는 가비라위성이다. 이 구부경에 대해 설처를 잊었으면, 이 팔대성에 나아가 한 곳을 드는즉 '시처'라 하고, 세존께서 인가하신 곳이니 '청법'이라 한다. 佛住舍衛城聽作房 毘舍離聽乳酪酥 曠野聽魚肉 如是一切聽 一切制皆在八大城 一 舍衛 二 沙祇 三 瞻婆 四 波羅柰 五 拘睒彌 六 毘舍離 七 王舍城 八 迦毘羅衛 是九部經 若忘說處者 是八大城趣擧一 卽名是處 世尊所印 是名聽法"라고 하였다. [참고문헌] 『摩訶僧祇律』. ⇨사위 舍衛, 사기국 沙祇國, 첨파국 瞻波國[1], 비라나국 波羅柰國, 교상미국 憍賞彌國, 비사리 毘舍離, 왕사성 王舍城, 가비라바소도 迦毘羅婆蘇都, 육대성 六大城, 육성취 六成就

팔대성지 八大聖地 석가세존께서 성스러운 자취를 남기신 여덟 곳. 팔대처(八大處)라고 하며 대체로 삼장(三藏)으로 전승된 석가세존 일대의 큰 사건을 특정한 팔상(八相)의 배경이 되는 곳들이다. 본생처(本生處)인 룸비니(Ⓢ Lumbinī : 藍毘尼)는 석존께서 출세(出世)하신 곳이다. 지금의 네팔 서부 테라이(Terai)지역으로 아쇼카왕의 석주(石柱) 잔해와 마우리아왕조대(代)에 조성하기 시작한 마야데비(Maya Devi)사원이 있다. 성도처(成道處)인 보드가야(Ⓢ Bodhgayā : 摩竭陀國 菩提樹)는 수하항마(樹下降魔)하시고 정각을 얻으신 곳이다. 지금의 비하르(Bihar)주 가야(Gayā) 남쪽 11km 거리에 있다. 팔리 니카야에서는 우루벨라(Uruvela)마을이라 불렸고, 『대당서역기』 권8(대정장51, p.918b6)에 의하면 마하보리승가람(摩訶菩提僧伽藍 Ⓢ Mahābodhi saṃghārāma)이 있었다. 이슬람의 침입으로 파괴된 채 방치되다가 19세기에 들어서야 복원되었다. 전법륜처(轉法輪處)인 사르나트(Ⓢ Sārnāth·Vārāṇasī Mṛgadāva : 波羅奈斯 鹿野苑)는 석존께서 첫 설법(初轉法輪)하시고 다섯 비구의 귀의를 받으신 곳이다. 바라나시 북쪽으로 10km 거리에 있다. 법현(法顯)스님은 『법현전 法顯傳』 권1(대정장51, p.864a8)에서 선인녹야원정사(仙人鹿野苑精舍 Ⓢ Ṛṣipatana Mṛgadāva)라고 불렀다. 이슬람에 의해 크게 훼손됐던 것을 1815년 이후 꾸준히 복원하여 현재는 근본향전(根本香殿 Ⓢ Mūlagandhakuṭī vihāra : 慕攞健陀俱胝精舍, 『大唐西域求法高僧傳』 권상, 대정장51, p.6b3)이라 불렸던 본전(本殿)유적과 봉헌탑들, 아쇼카왕 석주의 밑동 등이 남아 전한다. 잘려나간 주두(主頭)의 사자상(獅子像)은 인근에서 다른 조각과 부조와 함께 발견되어 사르나트박물관·인도박물관 등으로 나누어 옮겨졌다. 취봉산(鷲峯山)·영취산(靈鷲山) 또는 왕사성 기사굴산(王舍城 耆闍崛山 Ⓢ Rājagṛha Gṛdhrakūṭa)은 술취한 코끼리를 조복(醉象調伏)하신 곳이다. 석존은 영취산에서 중요한 설법을 많이 하셨으며, 왕사성은 최초사원인 죽림정사(竹林精舍)와 제1차결집이 열린 칠엽굴(七葉窟)이 있던 곳이기도 하다. 기수급고독원이 있는 쉬라바스티(Ⓢ Śrāvastī : 舍衛城)는 외도를 교화하기 위해 신변(神變)과 천불화현(千佛化現)을 행하신 곳이고, 또한 『금강경 金剛經』을 설하신 곳이기도 하다. 석존재세 시 16대국의 하나인 코살라국의 수도로서 지금의 웃타르 프라데쉬주 발라람푸르(Balarampur) 서쪽으로 18km 거리에 있는 사헤트 마헤트(Saheth-Maheth)유적을 가리킨다. 사헤트는 기원정사가 있던 곳으로 여러 승방(僧房)과 탑 등의 유적이 남아 있고, 마헤트는 쉬라바스티 도성(都城)유적이다. 광엄성(廣嚴城) 또는 비사리성(毘舍離城 Ⓢ Vaiśālī)은 원숭이가 부처님께 꿀공양 올린(獼猴奉蜜·猿猴奉蜜) 곳이다. 석존재세 시에는 릿차비(Ⓟ Licchavi)족이 만든 나라의 수도였는데, 석존은 이곳 대림정사(大林精舍 Ⓢ Mahāvana-vihāra) 중각강당(重閣講堂)에 머무시며 외도들을 교화하셨다. 지금의 무자파르푸르(Muzaffarpur) 남서쪽 35km에 위치한 바사르(Basarh)다. 종도리천강하처(從忉利天降下處)인 상카샤(Ⓢ Sāṅkāśya : 僧迦施)다. 석존의 설법을 듣지 못한 채 세상을 뜬 마야부인을 위해 부처님께서 도리천에 올라 3개월간 부인을 위해 설법하고 내려오신 곳이다. 『대당서역기』 권4(대정장51, p.893a16)에서는 겁비타(劫比他)로 음사했다. 지금의 마투라 동남쪽 에타(Etah)지역의 상키사(Saṅkisa)로 비정하는데, 높이 20주(肘)의 석주가 있다는 법현·현장스님의 기록이 있고, 지금은 코끼리 입상이 있는 석주가 있지만 그 때 것인지는 알 수 없다. 반열반처(般涅槃處)인 쿠시나가라(Ⓢ Kuśinagara : 鳩尸那 · 拘尸那竭)는 지금의 웃타르 프라데쉬(Uttar Pradesh)주 고락푸르(Gorakhpur) 동쪽에 자리한 마을 카시아(Kasia)에 유적이 산재해 있다. 1876년 영국 고고학자 카알라일(A.C.L.Carlleyle)이 열반탑과 열반당 그리고 열반상을 본격 발굴하였고, 1904~1907년 포겔(Jean Philippe Vogel)의 후속발굴과 1910~1912년 사스트리(H.Sastri)의 추가발굴을 통해 부처님 열반처로 확인되었다. 열반당 주위로 대규모 승원유적과 순례자들이 조성한 소형 탑들이 산재해 있으며, 석존을 다비했던 곳임을 기리는 라마바르(Rāmabhār)탑이 남아 전한다. [참고문헌] 『高僧法顯傳』, 『大唐西域記』, 『大唐西域求法高僧傳』, 『有部律雜事』 권38(대정장24, p.399a15), 이주형 책임편집 『동아시아 구법승과 인도의 불교유적』(사회평론, 2009). ⇨ 팔상성도 八相成道, 팔대영탑 八大靈塔, 팔대보탑 八大寶塔, 사대성지 四大聖地

팔대세 八大勢 ➡ 제종팔대세 濟宗八大勢

팔대수혹 八大隨惑 근본혹을 따라 일어나는 여덟 가지 큰 수번뇌(大隨煩惱). 늘 염심과 상응하고 신견이변과 함께 일어나는 방일(放逸) · 해태(懈怠) · 불신(不信) · 혼침(惛沈) · 도거(掉擧) · 실념(失念) · 산란(散亂) · 부정지(不正知)를 말한다. 『성유식론』 권6(대정장31, p.33b8)에 "도거 등 여덟은 염심에 두루하기에 대수번뇌라 이름한다. 掉擧等八 遍染心故 名大隨煩惱", 『성유식론소의연』 권12(卍속장79, p.793a9)에 "팔대수혹은 모두 염심과 두루하기에 신견 · 변견의 두 견과 구생하고 또한 제4지에서 끊는다. 八大隨惑 皆遍染心 故與身邊二見俱生 亦第四地斷也"라고 하였다. [참고문헌] 『成唯識論』, 『成唯識論疏義演』. ⇨ 대수번뇌 大隨煩惱, 근본번뇌 根本煩惱, 수번뇌 隨煩惱, 수혹 隨惑

팔대신고 八大辛苦 ➡ 팔고 八苦, 신고 辛苦

팔대신장 八大神將 불법을 보호하는 여덟 신장. 밀적금강 2구와 범천 · 제석 그리고 사천왕을 말하지만, 밀적 대신 오상장군을 세우기도 한다. 부처님 법장(法藏) 등을 지키는 무리들이다. 『불조통기』 권33(대정장49, p.318c10)에 "줄 세워진 팔대신장은 팔부천신이다. 보경장군은 재일오상재(在日烏傷宰 : 傅大士의 관직명)이니 장경을 수호하기를 서원했다. 列八大神將者 八部天神也 保境將軍者 在日烏傷宰 發誓護藏者也", 『석문정통』 권3(卍속장130, p.791b15)에 "또 팔대신장 줄 세워 그 바퀴를 굴려 돌리니, 곧 천룡팔부다. 또 보경장군을 세워 향화 받듦을 도우니 곧 재일오상재다. 又列八大神將 運轉其輪 謂天龍八部也 又立保境將軍 助香火之奉 謂是在日烏傷宰也", 『선림상기전』 권5 「팔대신장」(대장경보편19, p.138b14)에 "『석문정통』에서 '장전에 팔대신장 줄 세워 그 바퀴를 굴려 돌리니, 곧 천룡팔부다'라 하였다〈전당문과 윤장에 상세함〉. 도충이 말한다. '요즘 윤장의 여덟 면에 팔대신상을 배열하는데, 곧 밀적금강 두 구와 범천과 제석천과 사천왕이다. 『석문정통』의 설과는 다르다. 또 『석문정통』과 『불조통기』에 의하면 보경장군상을 세운다 하였으니, 곧 재일오상현재로서 서원 일으켜 장경을 수호하는 자다. 그리고 이쪽 지방에 많지는 않긴 하나 이를 설치하기는 한다'. 釋門正統云 藏殿列八大神將 運轉其輪 謂天龍八部也〈詳于殿堂門 輪藏〉 忠曰 今輪藏八面 排列八天像 所謂密迹金剛分二軀 梵天帝釋 四天王也 異正統說 又依釋門正統 佛祖統紀 立保境將軍像 謂是在日烏傷縣宰 發誓護藏者也 然此方少設此", "또 일설에는 따르면, 팔천 중에서 한 구의 밀적금강을 빼고 오상장군을 더해 팔이라는 숫자를 맞춘다고 한다. 내가 생각건대, 이를 어디서 확인할 수 있는가? 어찌 되었든 밀적금강을 두 구로 나누는 것은 대체로 문 좌우에 마주 보게 세워 한쪽으로 치우치지 않게 하고자 함은 분명하다. 요즘 윤장에는 나머지 천신과 섞어 줄지어서 몸을 나누니 결코 없다고 하겠다. 又一說曰 八天中 除一軀密迹金剛 加烏傷將軍 爲八數矣 余謂 此甚得之 且如密迹分二軀 蓋欲對立門左右無偏焉 如今輪藏 則與餘天雜列而分身 固無謂也"라고 하였다. [참고문헌] 『佛祖統紀』, 『釋門正統』, 『禪林象器箋』. ⇨ 신장 神將

팔대야차 八大夜叉 비사문천(毘沙門天 Ⓢ Vaiśravaṇa, Kuvera)이 거느리는 여덟 야차대장. 마니발다라(摩尼跋陀羅 Ⓢ Maṇibhadra : 寶賢), 포로나발다라(布嚕那跋陀羅 Ⓢ Pūrṇabhadra : 滿賢), 반지가(半只迦 Ⓢ Pañcika : 密主 · 密身 · 散支), 사다기리(娑多祁哩 Ⓢ Śatagiri : 威神 · 衆德), 혜마바다(醯摩嚩多 Ⓢ Himavanta : 應念), 비쇄가(毘灑迦 Ⓢ Viśakha : 大滿 · 持法), 아타바가(阿咤嚩迦 Ⓢ Āṭavaka : 無比力 · 無比身), 반차라(半遮羅 Ⓢ Pañcala : 密嚴) 등이다. 태장만다라 외금강부(外金剛部) 북문(北門)의 비사문천 좌우에 자리한다. 『청룡사의궤』 권하(대정장18, p.162b23)에 "팔야차는 마니발다라 보현〈첫째〉, 포로나발다라 만현〈둘째〉, 반지가 산지〈셋째〉, 사다기리〈넷째〉, 혜마박다〈다섯째〉, 비쇄가〈여섯째〉, 아타바가〈일곱째〉, 반차라〈여덟째〉다. 八藥叉 摩尼跋陀羅 寶賢〈一〉 布嚕那跋陀羅 滿賢〈二〉 半只迦 散支〈三〉 娑多祁哩〈四〉 醯摩縛多〈五〉 毘灑迦〈六〉 阿吒嚩迦〈七〉 半遮羅〈八〉", 『대일경의석』 권4(卍속장36, p.630a2)에 "다음으로 북문에 서쪽으로 비사문왕을 두고 그 좌우에 야차 중 여덟 대장을 둔다. 첫째는 마니발

다라니, 보현이라 한역한다. 둘째 이름은 포로나발다니, 만현이라 한역한다. 셋째는 반지가니, 구역에서 산지라 하였다. 넷째는 사다기리다. 다섯째는 혜마바다니, 설산에 머무르는 이다. 여섯째는 비쇄가다. 일곱째는 아타바가다. 여덟째는 반차라 또는 하율지모길상천녀로 구역에서는 공덕천녀라 하였다. 次於北門 西當置〈vai〉毗〈śra〉沙〈ma〉〈ṇa〉門王 於其左右 置夜叉八大將 一名 摩尼跋陀羅 譯曰寶賢 二名 布嚕那跋陀羅 譯曰滿賢 三名 半只迦 舊曰散支 四名 娑多祁哩 五名 醯麼嚩多 卽是住雪山者 六名 毗灑迦 七名 阿吒嚩迦 八名 半遮羅 及〈ha〉訶〈rī〉栗〈tī〉底母吉祥天女 舊譯云 功德天女"라고 하였다. 〔참고문헌〕『靑龍寺儀軌』, 『大日經義釋』, 『大日經疏』 권5(대정장39, p.634c14). ⇨ 비사문천 毘沙門天

팔대영탑 八大靈塔 여덟 곳의 크게 영험한 탑. 세존의 고귀한 행적이 전하는 곳에 세운 여덟 기의 탑을 말한다. 『팔대영탑명호경』(대정장32, p.773a7)에 "그때 세존께서는 필추들에게 말씀하셨다. '나는 이제 여덟 곳의 대영탑의 명호를 칭양할 것이다. 그대들을 위해 설하는 것이니 살펴 들어야 할 것이다. 어디가 여덟 곳인가? 첫 번째는 가비라성(Ⓢ Kapilavastu)의 용미니원(Ⓢ Lumbinī)이니 여기는 부처가 태어난 곳이다. 두 번째는 마가타국(Ⓢ Magadha)의 니련하(Ⓢ Nairañjanā) 기슭의 보리수 아래이니 여기는 부처가 도과를 증득한 곳이다. 세 번째는 가시국(Ⓢ Kāśi)의 바라나성(Ⓢ Vārāṇasī)이니 여기는 대법륜을 굴린 곳이다. 네 번째는 사위국(Ⓢ Śrāvastī)의 기타원(Ⓢ Jetavana)이니 여기는 대신통을 나툰 곳이다. 다섯 번째는 곡녀성(Ⓢ Kanyakubja)이니 여기는 도리천에서 내려온 곳이다. 여섯 번째는 왕사성(Ⓢ Rājagṛha)이니 여기는 분별하는 성문들을 부처가 제도한 곳이다. 일곱 번째는 광엄성(Ⓢ Vaiśālī)의 영탑이니 여기는 (나의) 수명에 대해 생각한 곳이다. 여덟 번째는 구시나성(Ⓢ Kuśinagara) 사라림(Ⓢ Śālavana) 안의 대쌍수 사이이니 여기는 열반에 든 곳이다. 이것들이 여덟 곳의 대영탑이다. 거듭 게송으로 설하겠다. 정반왕의 도읍 가비라성의 용미니원에서 부처가 태어나 마가타국의 니련하 기슭의 보리수 아래에서 정각을 성취하였고, 가시국의 바라나성에서 십이행의 대법륜을 굴렸으며 사위대성의 기타원 안에서 삼계 모두에 편만한 신통을 나투었다. 상가시국(Ⓢ Sāṃkāśya)의 곡녀성은 도리천궁에서 내려온 곳이며, 왕사대성의 성문의 분별을 여래는 잘 교화했다. 광엄대성의 영탑이 있는 곳은 여래가 수명을 생각한 곳이고 구시나성 대역사의 땅 사라쌍수에서 열반에 들었다. 이와 같은 곳이 여덟 곳의 대영탑이다. 만약 바라문과 선남자나 선여인 등이 대신심을 일으켜 탑묘를 세워서 받들어 모시고 공양을 한다면, 이러한 사람은 대이익을 얻으며 대과보를 획득하며 크게 칭탄을 받으며 명문이 어디나 퍼지고 심히 깊고 넓을 것이며, 내지 필추들도 본받을 것이다. 또 필추들이여! 만약 청정한 믿음을 가진 선남자와 선여인이 이 여덟 곳의 대영탑을 사는 동안 지성으로 공양한다면 이러한 사람은 죽어 지체 없이 천계에 태어날 것이다'. 爾時世尊告諸苾芻 我今稱揚八大靈塔名號 汝等諦聽 當爲汝說 何等爲八 所謂 第一 迦毘羅城龍彌儞園是佛生處 第二 摩伽陀國泥連河邊菩提樹下佛證道果處 第三 迦尸國波羅柰城轉大法輪處 第四 舍衛國祇陀園現大神通處 第五 曲女城從忉利天下降處 第六 王舍城聲聞分別佛爲化度處 第七 廣嚴城靈塔思念壽量處 第八 拘尸那城娑羅林內大雙樹間入涅槃處 如是八大靈塔 重說頌曰 淨飯王都迦毘城 龍彌儞園佛生處 摩伽陀泥連河側 菩提樹下成正覺 迦尸國波羅柰城 轉大法輪十二行 舍衛大城祇園內 遍滿三界現神通 桑迦尸國曲女城 忉利天宮而降下 王舍大城僧分別 如來善化行慈悲 廣嚴大城靈塔中 如來思念壽量處 拘尸那城大力地 娑羅雙樹入涅槃 如是八大靈塔 若有婆羅門及善男子善女人等 發大信心修建塔廟承事供養 是人得大利益 獲大果報 具大稱讚 名聞普遍甚深廣大 乃至諸苾芻亦應當學 復次諸苾芻 若有淨信善男子善女人 能於此八大靈塔 向此生中至誠供養 是人命終速生天界"라고 하였다. 돈황 막고굴 제76굴 동벽에는 송대(宋代)에 그린 팔탑이 있는데 그 중 화생처(化生處)·전대법(轉大法)·종도리천하강(從忉利天下降)·사념수량(思念壽量) 네 부분이 현존한다. 〔참고문헌〕『八大靈塔名號經』. ⇨ 팔대보탑 八大寶塔

팔대영탑명호경 八大靈塔名號經 Ⓢ Aṣṭamahāsthāna-caityastotra. 북송(北宋)대 서천(西天) 삼장 법현(法賢) 한역. 1권. 고려장34, p.490a1~b20, No.1228-1·대정장32, p.773a3~b13, No.1685에 수록되어 있다. 부처님께서 팔대영탑이 세워질 곳을 미리 드러내 말씀하시고, 이 탑들을 사부대중이 공양하면 각각에 맞는 공덕을 얻게 되리라 설하셨다. 마지막 열여섯 구의 게송이 붙어 있는데, 부처님께서 머무시고 유력하는 장소화 연대에 따른 생애가 밝혀져 있다. 이와는 별도로 팔대영탑에 대해 서천(西天)의 계일왕(戒日王)이 찬송하고 법현이 음역한 『팔대영탑범찬 八大靈塔梵讚』(대정장32, p.1684)이 자매편으로 함께 전한다. 〔참고문헌〕『法界聖凡水陸大齋法輪寶懺』 권2(卍속장129, p.912b6), 『閱藏知津』 권31(가흥장32, p.130c12). ⇨ 팔대영탑 八大靈塔, 팔대영탑범찬 八大靈塔梵讚, 탑 塔

팔대영탑범찬 八大靈塔梵讚 서천(西天) 계일왕(戒日王 Ⓢ Śīlāditya) 제(製). 북송(北宋)대 서천(西天) 삼장 법현(法賢) 음역. 1권. 고려장34, pp.490b21~491b12, No.1288-2·대정장32, p.772b8~c22, No.1

684에 수록되어 있다. 팔대영탑에 대해 범어로 노래한 것을 음사한 것으로 『팔대영탑명호경 八大靈塔名號經』(대정장32, No.1685)과 자매편이다. 〔참고문헌〕『法界聖凡水陸大齋法輪寶懺』 권1(卍속장129, p.826b15), 『閱藏知津』 권15(가흥장32, p.50b11). ⇨ 팔대영탑 八大靈塔, 팔대영탑명호경 八大靈塔名號經, 계일왕 戒日王

팔대옥 八大獄 팔대지옥(八大地獄). 『불명경』 권30(대정장14, p.309c19)에 "팔대옥 중 첫째는 일사일활지옥이라 하고, 둘째는 흑승지옥, 셋째는 중합지옥, 넷째는 규환지옥, 다섯째는 대규환지환, 여섯째는 열지옥, 일곱째는 대열지옥, 여덟째는 아비지옥이라 한다. 八大獄者 一名 一死一活地獄 二名 黑繩地獄 三名 衆合地獄 四名 叫喚地獄 五名 大叫喚地獄 六名 熱地獄 七名 大熱地獄 八名 阿鼻地獄", 『대반열반경의기』 권2(대정장37, p.665c29)에 "팔대옥 중 아비지옥이 가장 아래다. 八大獄中 阿鼻最下"라고 하였다. 〔참고문헌〕『佛名經』, 『大般涅槃經義記』, 『翻譯名義集』 권2(대정장54, p.1091c11). ⇨ 팔대지옥 八大地獄

팔대용왕 八大龍王 여덟 방위(方位)를 담당하는 용왕의 이름. 팔대용왕은 동방의 아난다(阿難多 Ⓢ Ananta)용왕·서방의 달차가(怛叉哥 Ⓢ Takṣaka)용왕·남방의 바수지(嚩酥枳 Ⓢ Vāsukī)용왕·북방의 갈리고타가(羯哩酤吒哥 Ⓢ Karkoṭaka)용왕·동남방의 상가바라(商珂播羅 Ⓢ Sagara)용왕·동북방의 고리가(酤哩哥 Ⓢ Kulika)용왕·서남방의 발눌마(鉢訥摩 Ⓢ Padma)용왕·서북방의 마하발눌마(摩賀鉢訥摩 Ⓢ Mahāpadma)용왕을 말한다. 『유가대교왕경』 권5(대정장18, p.579b7)에 "다시 강우법 지송자는 여덟 잎의 연꽃 위에 있는 팔대용왕을 관상한다. 이른바 팔대용왕은 아난다용왕·고리가용왕(또는 구례가용왕)·바수지용왕·달차가용왕(또는 덕차가용왕)·마하발눌마용왕(또는 대연화용왕)·갈리고타가용왕(또는 갈리구타가용왕)·상가바라용왕(또는 상가발라)·발눌마용왕(또는 발누마용왕)이다. 復次降雨法持誦者觀想 八葉蓮花上 有八大龍王 所謂阿難多龍王 酤哩哥龍王 嚩酥枳龍王 怛叉哥龍王 摩賀鉢訥摩龍王 羯哩酤吒哥龍王 商珂播羅龍王 鉢訥摩龍王", 『여래비밀대승경』 권1(대정장11, p.705a10)에 "이른바 아나바달다용왕·사가라용왕·바로나용왕·마나사용왕·득차가용왕·금색용왕·무변색용왕·소시마용왕은 용들의 수백천 권속을 거느리고 이 집회에 와서 직접 가까이에서 부처님을 우러러 뵙고 예배드리라고 법문을 들었다. 所謂阿那婆達多龍王 娑伽羅龍王 嚩嚕拏龍王 摩那斯龍王 得叉迦龍王 金色龍王 無邊色龍王 蘇尸摩龍王 是等龍王 與多百千諸龍眷屬 來此集會 親近世尊瞻禮聽法"라고 하였다. 『대마리지보살경』 권4(대정장21, p.273c15)에서는 팔대용왕의 방위와 그 용왕의 진언을 말하고 있다. "그러나 방위에 의지해서 진언을 외며 팔대용왕을 안치한다. 동방에 아난다용왕을 안치하고 이 진언을 암송한다, '옴 나막 사바하'. 남방에 바수지용왕을 안치하고 이 진언을 암송한다, '옴 가 사바하'. 서방에 덕차가용왕을 안치하고 이 진언을 암송한다, '옴 훔 사바하'. 북방에 갈리구타가용왕을 안치하고 이 진언을 암송한다, '옴 속 사바하'. 동남방에 상가발라용왕을 안치하고 이 진언을 암송한다, '옴 바막 사바하'. 서남방에 발누마용왕을 안치하고 이 진언을 암송한다, '옴 파타 사바하'. 서북방에 대연화용왕을 안치하고 이 진언을 암송한다, '옴 다가다가실례 사바하'. 동북방에 구례가용왕을 안치하고 이 진언을 암송한다, '옴 바 사바하'. 然依方位誦眞言安八大龍王 東方安阿難多龍王誦此眞言 唵 曩莫 娑嚩賀 南方安嚩酥枳龍王誦此眞言 唵佉娑嚩賀 西方安德叉迦龍王誦此眞言 唵 吽 娑嚩賀 北方安羯里俱吒迦龍王誦此眞言 唵 速 娑嚩賀 東南方安商佉鉢羅龍王誦此眞言 唵 嚩莫 娑嚩賀 西南方安鉢納摩龍王誦此眞言 唵 頗吒 娑嚩賀 西北方安大蓮華龍王誦此眞言 唵 馱迦馱迦悉禮 娑嚩賀 東北方安俱隷迦龍王誦此眞言 唵 嚩 娑嚩賀"라고 하였다. 〔참고문헌〕『瑜伽大教王經』, 『如來秘密大乘經』, 『大摩里支菩薩經』. ⇨ 용왕 龍王

팔대원 八大願 **1** 선명칭길상왕여래(善名稱吉祥王如來)가 인위에서 발한 여덟 서원. 『약사칠불본원공덕경』 권상(대정장14, p.409b18)에 "저 불여래응정등각은 처음 발심하여 보살도 행할 때부터 팔대원을 일으켰다. 彼佛如來應正等覺 從初發心行菩薩道時 發八大願"고 하였으니 다음과 같다. 제1대원 : 중생이 여러 열병, 학질, 기생충, 저주, 기시귀로 괴로울 때 지심칭념하면 병고를 모두 소멸하리라(若有衆生 爲諸病苦 逼切其身 熱病諸瘧 蠱道厭魅 起屍鬼等之所惱害 若能至心稱我名者 由是力故 所有病苦 悉皆消滅). 제2대원 : 중생이 눈멀고 귀멀고 말 못하거나 백라, 전광 등 뭇 병으로 어려울 때 지심칭념하면 제근구족하게 해서 뭇 병을 소멸시키리라(若有衆生 盲聾瘖瘂 白癩癲狂 衆病所困 若能至心稱我名者 由是力故 諸根具足 衆病消滅). 제3대원 : 중생이 탐진치로 무간죄와 악행을 짓고 정법 비방하며 뭇 선을 닦지 않아 지옥에 떨어지게 되었을 때 지심칭념하면 무간죄업과 여러 업장을 모두 소멸시켜 악취에 떨어지지 않고 항상 인천의 안락함을 받게 하리라(若有衆生 爲貪瞋癡之所纏逼 造無間罪 及諸惡行 誹謗正法 不修衆善 當墮地獄 受諸苦痛 若能至心稱我名者 由是力故 令無間罪 及諸業障 悉皆消滅 無有衆生 墮惡趣者 常受人天 殊勝安樂). 제4대원 : 중생이 옷, 음식, 장신구, 와구, 재화, 향화, 기악 등의 부족을 겪을 때 지심칭념하면 물자를 모두 충족시키리라(若有衆生 少乏衣食 瓔珞臥具 財貨珍寶 香花伎樂 若能至心稱我名者 由是力故 所乏資生 皆得充足). 제5대원 : 중생이 칼과 족쇄로 묶여 있고 채찍과 매질로 고통받을 때 지심칭념하면 고초로부터 해탈케 하리라(若有衆生 或被枷鎖 繫縛其身 及以鞭撻 受諸苦惱 若能至心稱我名者 由是力故 所有苦楚 皆得解脫). 제6대원 : 중생이 험지에서 곰, 사자, 호랑이, 늑대, 뱀, 전갈 등의 공격을 받을 때 지심칭념하면 악수에게 자비심 일으켜서 안락을 얻게 하리라(若有衆生 於險難處 爲諸惡獸 熊羆師子 虎豹豺狼 蚖蛇蝮蠍之所侵惱 欲斷其命 發聲大叫 受大苦時 若能至心稱我名者 由是力故 所有恐怖 皆得解脫 諸惡獸等 悉起慈心 常得安樂). 제7대원 : 중생이 송사에 휘말려 괴로울 때 지심칭념하면 쟁송 풀리고 서로 자비심 느끼게 하리라(若有衆生 鬪諍言訟 因生憂惱 若能至心稱我名者 由是力故 鬪訟解散 慈心相向). 제8대원 : 중생이 배 타고 강과 바다에 들어가 태풍 만났는데 섬이나 갈 곳 없어 두려울 때 지심칭념하면 바라는 대로 안전한 곳에 이르러 쾌락을 얻게 하리라(若有衆生 入於江海 遭大惡風 吹其船舫 無有洲渚 而作歸依 極生憂怖 若能至心稱我名者 由是力故 皆得隨心 至安隱處 受諸快樂)이다. [참고문헌]『藥師七佛本願功德經』. ❷ 보월지엄광음자재왕여래(寶月智嚴光音自在王如來)가 인위에서 발한 여덟 서원. 『약사칠불본원공덕경』 권상(대정장14, p.410a16)에 "저 불여래는 처음 발심하여 보살도를 행할 때부터 팔대원을 일으켰다. 彼佛如來 從初發心行菩薩道時 發八大願"라고 하였으며 다음과 같다. 제1대원 : 중생이 농업과 상업에 종사하며 보리선법을 폐하고 무수한 고뇌를 받을 때 지심칭념하면 의복, 음식과 금은 등을 채워주고 모든 선근을 길러 보리심을 버리지 않게 함으로써 해탈케 하리라(若有衆生 爲營農業 及商賈事 令心擾亂 廢修菩提 殊勝善法 於生死中 不能出離 各各備受 無邊苦惱 若能至心稱我名者 由是力故 衣服飮食 資生之具 金銀珍寶 隨願充足 所有善根 皆得增長 亦不捨離菩提之心 諸惡道苦 咸蒙解脫). 제2대원 : 시방중생이 더위와 가뭄으로 괴로워할 때 지심칭념하면 숙세의 죄업을 소멸시키고 고통 없애 인천락을 받게끔 하리라(於十方界 所有衆生 若爲寒熱 飢渴逼身 受大苦惱 若能至心稱我名者 由是力故 先世罪業 悉皆消滅 捨諸苦惱 受人天樂). 제3대원 : 시방 여인이 음을 탐하는 번뇌로 잇달아 임신하여 출산의 대고통을 받을 때 명호를 잠깐이라도 귀로 듣고 칭념하면 뭇 고통 모두 없애고 그 몸 버려 늘 남자의 몸을 받게 해주리라(於十方界 若有女人 貪婬煩惱 常覆其心 相續有娠 深可厭惡 臨當產時 受大苦惱 若我名字 暫經其耳 或復稱念 由是力故 衆苦皆除 捨此身已 常爲男子). 제4대원 : 중생이 부모, 형제, 자매, 처자, 권속 및 친구와 험지를 다니다가 도적을 만나 고통을 받을 때 잠깐이라도 명호 듣고 칭념하면 뭇 고난에서 벗어나게 해주리라(若有衆生 或與父母 兄弟姊妹 妻子眷屬 及諸親友 行險難處 爲賊所侵 受諸苦惱 暫聞我名 或復稱念 由是力故 解脫衆難). 제5대원 : 중생이 밤을 다니며 일하다가 악귀신의 괴롭힘을 받아 괴로울 때 잠깐이라도 명호 듣고 칭념하면 어둠에서 나와 악귀신에게 자비심을 일으키게 하리라(若有衆生 行於闇夜 作諸事業 被惡鬼神之所惱亂 極生憂苦 暫聞我名 或復稱念 由是力故 從闇遇明 諸惡鬼神 起慈悲意). 제6대원 : 중생이 창피한 일을 행하고 삼보를 믿지 않으며 지혜는 적고 근·력·각·도·염·정·총지 등의 선법을 닦지 않았더라도 지심칭념하면 지혜가 점점 늘어나 삼십칠도품 모두 수학하고 삼보를 깊이 믿게 하리라(若有衆生 行鄙惡事 不信三寶 智慧尠少 不修善法 根力覺道 念定總持 皆不修習 若能至心稱我名者 由是力故 智慧漸增 三十七品 悉皆修學 深信三寶). 제7대원 : 중생의 의향이 비루하여 이승을 수행하고 위없이 뛰어난 보리를 버렸더라도 지심칭념하면 이승의 견해를 버리고 위없는 깨달음에서 불퇴전함 얻게 하리라(若有衆生 意樂鄙劣 於二乘道 修行而住 棄背無上勝妙菩提 若能至心稱我名者 捨二乘見 於無上覺 得不退轉). 제8대원 : 중생이 겁 다하는 때를 맞아 화재로 두려움과 슬픔에 빠져 귀의할 곳 없을 때 지심칭념하면 모든 고통이 사라지며 청량한 즐거움을 받고 목숨 마치면 연화 타고 불토에 화생하여 늘 선법을 닦게 하리라(若有衆生 見劫將盡 火欲起時 生大憂怖 苦惱悲泣 由彼前身惡業力故 受斯衆苦 無所歸依 若能至心稱我名者 所有憂苦 悉皆消滅 受清涼樂 從此命終 於我佛土 蓮華化生 常修善法)는 원이다. [참고문헌]『藥師七佛本願功德經』.

팔대인각 八大人覺 팔대인념(八大人念). 『장아함경』 권9 「십상경 十上經」(대정장1, p.55c21)에 "무엇을 팔생법이라고 하는가? 곧 팔대인각이다. 도는 마땅히 욕심 적어야 하니, 욕심 많으면 도가 아니다. 도는 마땅히 족함을 알아야 하니, 꺼릴 것 없으면 도가 아니다. 도는 마땅히 한정해야 하니, 무리지어 즐거우면 도가 아니다. 도는 마땅히 스스로 지켜야 하니, 웃고 떠들면 도가 아니다. 도는 마땅히 정진해야 하니, 나태하면 도가 아니다. 도는 마땅히 전념해야 하니, 잊음 많으면 도가 아니다. 도는 마땅히 마음 고요해야 하니, 마음 어지럽히면 도가 아니다. 도는 마땅히 지혜로워야 하니, 어리석으면 도가 아니다. 云何八生法 謂八大人覺 道當少欲 多欲非道 道當知足 無厭非道 道當閑靜 樂衆非道 道當自守 戲笑非道 道當精進 懈怠非道 道當專念 多忘非道 道當定意 亂意非道 道當智慧 愚癡非道", 『영락본업경』 권상 「현성학관품 賢聖學觀品」(대정장24, p.1013b4)에 "(十觀心 중) 다섯 번째는 모든 청백법 닦음이다. 팔대인각이라 일컬으니 소욕·지족·적정·정진·정념·정정·정혜·부쟁론이다. 일체법을 따르기 때문이다. 五 修諸淸

白法 所謂八大人覺 少欲 知足 寂靜 精進 正念 正定 正慧 不諍論 順一切法故",『성실론』 권14(대정장32, p.353 b5)에 "팔대인각이란 다음과 같다. 불법 가운데 소욕하는 이라면 능히 이익을 얻고 욕심을 늘이는 이는 그렇지 않다. 지족하는 이·멀리 떠나는 이·정진하는 이·바르게 기억하는 이·마음을 고요하게 하는 이·지혜로운 이·희론이 없는 이는 이익을 얻을 수 있다. 八大人覺者 佛法中 若少欲者 能得利益 非多欲者 知足者 遠離者 精進者 正憶者 定心者 智慧者 無戲論者 能得利益"라고 하였다. [참고문헌]『長阿含經』,『瓔珞本業經』,『成實論』,『八大人覺經』(대정장17, p.715b6),『十住毘婆沙論』 권13(대정장26, p.92c1),『大乘義章』 권13(대정장44, p.735 a13). ⇨ 팔대인념 八大人念, 팔대장부각 八大丈夫覺

팔대인각경 八大人覺經 후한(後漢)대 안세고(安世高) 한역. 1권. 고려장14, p.51b1~c13, No.515·대정장17, p.715b3~c3, No.779에 수록되어 있다. 대인이 되기 위해 갖춰야 할 여덟 가지 사유에 대해서 설하였다. 그 여덟은 곧 무상무아각(無常無我覺)·상수소욕각(常修少欲覺)·지족수도각(知足守道覺)·상행정진각(常行精進覺)·다문지혜각(多聞智慧覺)·보시평등각(布施平等覺)·출가범행각(出家梵行覺)·대심보제각(大心普濟覺)이다. 주석서로는 명(明)대 지욱(智旭)의『팔대인각경약해 八大人覺經略解』1권과 청(淸)대 속법(續法)의『팔대인각경소 八大人覺經疏』1권 등이 있다. 앞선 팔대인각의 여덟 조목은『팔대인각경약해』의 표제에 따른 것이다. ⇨ 팔대인념 八大人念

팔대인념 八大人念 Ⓟ aṭṭha mahāpurisa-vitakka. 여덟 가지 대인의 생각. 팔대인각(八大人覺)·팔생법(八生法)·대인팔념(大人八念) 등이라고도 한다. 전승에 따라 출입이 있다.『증일아함경』 권37「팔난품 八難品」(대정장2, p.754b11)에 "그때 아나율이 세존께 이 팔대인념을 설하였다. 부처님께서 아나율에게 말씀하셨다. '좋다, 좋아. 아나율이여, 그대가 지금 생각한 것이 바로 대인이 사유하는 바다. 적은 욕심으로 족함 알고, 한가한 곳에 있으며, 계를 성취하며, 삼매 성취하며, 지혜 성취하며, 해탈 성취하며, 다문을 성취한다. 是時 阿那律 向世尊說 此八大人念 佛告阿那律曰 善哉善哉 阿那律 汝今所念者 正是大人之所思惟也 少欲知足 在閑居之處 戒成就 三昧成就 智慧成就 解脫成就 多聞成就", "그대 이제, 아나율이여, 마땅히 이 뜻을 세워 팔대인념을 사유하라. 무엇이 여덟 번째인가? 이 법은 정진하는 이가 행할 바고, 게으른 이가 행할 바 아니다. 그래서 그런 것이니, 미륵보살도 삼십이겁 감당해야 마땅히 무상정진등정각 이룰 것이요, 나 역시 정진력으로 뛰어넘어 부처를 이루었느니라'. 汝今 阿那律 當建是意 思惟八大人念 云何爲八 此法精進者之所行 非懈怠者之所行 所以然者 彌勒菩薩 應三十劫 當成無上正眞等正覺 我以精進之力 超越成佛"라고 하였는데, 상응하는 *Anuruddha-sutta*(*AN.4*, p.229)에는 여덟 번째 대인념을 '희론 여읜 이만이 얻는 법'(Ⓟ dhammo nippapañcaratino)이라 하였다. 또『장아함십보법경』 권하(대정장1, p.238b3)에 "합하면 여덟 대인념이 있다. 어떤 것들이 그 여덟 가지인가? 첫 번째 염도법은 욕심이 적어야 하니, 욕심이 많지 않음이다. 두 번째 도법은 만족함이니, 만족치 못하면 도법이 없다. 세 번째 도법은 받아 행함이니, 받아 행하지 않으면 도법이 이 없다. 네 번째 도법은 정진함이니, 정진치 않으면 도법이 없다. 合有八大人念 何等爲八 一爲念道法 少欲者 非多欲者 二爲道法 足者 不足者 無有道法 三爲道法 受行者 不受行者 無有道法 四爲道法 精進者 不精進者 無有道法", "다섯 번째 도법은 마음 지킴함이니, 마음 지키지 못하면 도법이 없다. 여섯 번째 도법은 마음 고요히 함이니, 마음 고요하지 않으면 도법이 없다. 일곱 번째 도법은 지혜로움이니, 지혜롭지 못하면 도법이 없다. 여덟 번째는 도법은 가족의 기쁨 없음이니, 가족 있지 않으면 즐겁지 않고 함께 가족과 살면 즐거우니, 함께 살면 도법이 있을 수 없다. 이것이 팔대인념이다. 五爲道法 守意者 不守意者 無有道法 六爲道法 定意者 不定意者 無有道法 七爲道法 智慧者 不智慧者 無有道法 八爲道法 無有家樂 無有家不樂 共居有家樂 共居無有道法 是爲八大人念",『열장지진』 권26(가흥장32, p.104c3)에 "부처님은 아나율의 설계가 들음보다 뛰어나다 여기시고서 팔대인념을 설하시니, 첫째는 소욕, 둘째는 지족, 셋째는 한거, 넷째는 계, 다섯째는 삼매, 여섯째는 혜해탈, 일곱째는 다문, 여덟째는 정진이다. 佛爲阿那律說戒勝於聞 及說八大人念 一少欲 二知足 三閒居 四戒 五三昧 六智慧解脫 七多聞 八精進"라고 하였다. [참고문헌]『增壹阿含經』,『長阿含十報法經』,『閱藏知津』,『阿那律八念經』(대정장1, p.835c28),『大智度論』 권18(대정장25, p.195b19), *AN.* ⇨ 아나율 阿那律, 팔대인각 八大人覺

팔대자재아 八大自在我 여덟 가지로 크게 자재한 아. 열반사덕(常樂我淨) 중 아덕(我德)의 여덟 가지 자재함의 뜻으로 팔자재(八自在)라고도 한다. 36권본『대반열반경』 권21(대정장12, p.746b29)에 "열반은 무아여서 대자재하기에 '대아'라 한다. 무엇을 대자재라 하는가? 팔자재가 있어 '아'라 한다. 어떤 것들이 그 여덟인가? 涅槃無我 大自在故 名爲大我 云何名爲大自在耶 有八自在 則名爲我 何等爲八", "첫 번째는 능히 한 몸으로 많은 몸을 보일 수 있음이다. 몸의 수와 크기가 저 미진과 같아 시방무량세계에 충만하다. 여래의 몸은 실로 미진은 아니지만 자재하기에 미진신을 나투어 이처럼 자재하므로 대아라 한다. 一者 能示一身 以爲多身 身數大小 猶如微塵 充滿十方無量世界 如來之身 實非微塵 以自在故 現微塵身 如是自在 則爲大我", "두 번째는 하나의 티끌을 보여서 삼천대천세계를 채움이다. 여래의 몸으로는 실로 삼천대천세계를 채우지 못하는데, 무슨 까닭인가. 장애 없기 때문이며, 곧바로 자재하기에 삼천대천세계를 채워 이처럼 자재하므로 대아라 한다. 二者 示一塵身 滿於三千大千世界 如來之身 實不滿於三千大千世界 何以故 以無礙故 直以自在故 滿三千大千世界 如是自在 名爲大我", "세 번째는 삼천대천세계를 채운 몸으로 가볍게 날아올라 허공을 이십항하사의 제불세계를 비행함에 아무런 장애가 없음이다. 여래의 몸은 실로 가벼움과 무거움 없이 자재하기에 가볍거나 무거운 몸을 이루어 이처럼 자재하므로 대아라 한다. 三者 能以滿此三千大千世界之身 輕擧飛空 過於二十恒河沙等諸佛世界 而無障礙 如來之身 實無輕重 以自在故 能爲輕重 如是自在 名爲大我", "네 번째는 자재로써 자재를 얻음이다. 어떻게 자재한가? 여래는 일심으로 안주하여 움직이지 않으나 가히 보여 변화할 수 있는 무량한 모습으로 무리지어 각각에 마음을 있게 한다. 여래는 어떤 때 혹 하나의 일을 지어서 중생으로 하여금 각각 성취해 얻게 한다. 여래의 몸은 항상 하나의 땅에 머무르지만 다른 땅 일체도 모두 드러나게 하니, 이처럼 자재하므로 대아라 한다. 四者 以自在故 而得自在 云何自在 如來一心 安住不動 所可示化 無量形類 各令有心 如來有時 或造一事 而令衆生 各各成辦 如來之身 常住一土 而令他土一切悉見 如是自在 名爲大我", "다섯 번째는 근이 자재하기 때문이다. 무엇을 '근이 자재하다' 하는가. 여래는 근 하나만으로도 색 보고 소리 듣고 냄새 맡고 맛 보며 감촉을 느끼며 법을 안다. 여래는 육근으로 또한 색 보거나 소리 듣거나 냄새 맡거나 맛 보거나 감촉을 느끼거나 법을 알거나 하지 않는다. 이러한 자재로 근을 자유자재로 부리어 이처럼 자재하므로 대아라 한다. 五者 根自在故 云何名爲根自在耶 如來一根 亦能見色聞聲 嗅香別味 覺觸知法 如來六根 亦不見色聞聲 嗅香別味 覺觸知法 以自在故 令根自在 如是自在 名爲大我", "여섯 번째는 자재하기에 일체법을 얻음이다. 여래의 마음에는 얻는다는 생각조차 없다. 왜일까. 얻을 것이 없어서다. 만약 '있다'라 하면 '얻는다' 할 수 있으나, 실로 있는 것 없는데 어찌 '얻는다' 하랴. 가령 여래가 헤아려 '얻는다'는 상을 갖는다면, 이는 곧 모든 부처님이 열반을 얻지 못한다는 뜻이다. 얻음 없기에 이름하여 '열반을 얻는다' 한다. 이런 자재로 일체법 얻고 모든 법을 얻기에 대아라 한다. 六者 以自在故 得一切法 如來之心 亦無得想 何以故 無所得故 若是有者 可名爲得 實無所有 云何名得 若使如來計有得想 是則諸佛不得涅槃 以無得故 名得涅槃 以自在故 得一切法 得諸法故 名爲大我", "일곱 번째는 설함에 자재하기 때문이다. 여래가 한 게의 뜻을 연설하면 무량겁이 지나도 뜻이 또한 다하지 않는다. 이른바 계·정·시·혜가 그러하니, 여래는 그때 도무지 '내가 설하고 저들이 듣는다'는 생각을 일으키지 않고, 또한 게 하나라는 상조차 일으키지 않는다. 세간 사람들은 사구를 게라 여기니, 세속에 따라 설하여 게라 할 뿐이지 일체법성에 또한 설함이 없다. 이런 자재로 여래는 연설하고, 이런 연설로써 대아라 한다. 七者 說自在故 如來演說一偈之義 經無量劫 義亦不盡 所謂若戒若定 若施若慧 如來爾時 都不生念 我說彼聽 亦復不生一偈之想 世間之人 四句爲偈 隨世俗故 說名爲偈 一切法性 亦無有說 以自在故 如來演說 以演說故 名爲大我", "여덟 번째는 여래가 일체 모든 곳에 두루 가득함이 저 허공과 같음이다. 허공의 자성은 볼 수 없는데 여래 또한 그러하여 실로 볼 수 없다. 이런 자재로 일체를 드러나게 한다. 이처럼 자재하니 대아라 한다. 이와 같은 대아를 대열반이라 하고 이런 뜻으로 대열반이라 한다. 八者 如來遍滿一切諸處 猶如虛空 虛空之性 不可得見 如來亦爾 實不可見 以自在故 令一切見 如是自在 名爲大我 如是大我 名大涅槃 以是義故 名大涅槃"라고 하였다. [참고문헌]『大般涅槃經』, 『大般涅槃經玄義』 권상(대정장38, p.1b28), 『諸法無諍三昧法門』 권하(대정장46, p.633c13), 『大明三藏法數』 권24(영락장182, p.374b10). ⇨ 열반사덕 涅槃四德

팔대장부 八大丈夫 여덟 부류의 대장부. 보살이 사무량심(四無量心)을 닦아 머무는 세계마다에 나타나는 여덟 부류의 공덕장부. 『대방등대집경』 권23 「사무량심품 四無量心品」(대정장13, p.165a27)에 "보살이 사무량심을 닦으면 머무는 국토를 따라 그 국토에 여덟 대장부를 갖춘다. … 첫 번째로 어떤 여러 중생들은 과거에 이미 무량한 부처님의 처소에서 선근을 깊이 심어왔기에 이와 같은 사람들 그 국토에 나기를 좋아한다. 두 번째로 다시 어떤 중생은 과거 무량세 동안 계를 닦으며 많이 배워왔다. … 세 번째로 다시 어떤 중생은 과거 무량세 동안 부모와 스승·화상·기숙 등 덕 있는 이들에게 공양을 해왔다. … 네 번째로 다시 어떤 중생은 과거 무량세 동안 하늘에 태어나는 업을 성취하여 그에 상당하게 하늘의 몸을 받는다. 그러므로 하늘의 몸으로 바꾸고 그 국토에 나타난다. 다섯 번째로 다시 어떤 중생은 일체의 삼악도업을 무너트릴 수 있다. … 여섯 번째로 다시 어떤 중생은 성문승을 모두 갖춘다. … 일곱 번째로 다시 어떤 중생은 연각승을 좋아한다. … 여덟 번째로 다시 어떤 중생은 과거 무량세 동안 육바라밀을 닦아왔다. 이와 같은 사람은 그 국토에 태어나기를 좋아한다. 若有菩薩修四無量 隨所住國 其土具足八大丈夫 … 一者有諸衆生 已於過去無量佛所 深種善根 如是之人 樂生其土 二者 復有衆生 已於過去無量世中 修戒多聞 … 三者

復有衆生 已於過去無量世中 供養父母 師長和上 耆舊有德 … 四者 復有衆生 已於過去無量世中 成就天業 當受天身 故轉天身 來生其土 五者 復有衆生 能壞一切三惡道業 … 六者 復有衆生 具聲聞乘 … 七者 復有衆生 樂緣覺乘 … 八者 復有衆生 已於過去無量世中 修六波羅蜜 如是之人樂生其土"라고 하였다. 〔참고문헌〕『大方等大集經』. ⇨ 대장부 大丈夫, 사무량심 四無量心

팔대장부각 八大丈夫覺 대장부가 깨달아야 할 여덟 가지 법. 팔대인각(八大人覺)·팔대인념(八大人念) 등이라고도 한다. 『보리자량론』 권5(대정장32, p.537b11)에 "게송에서 '여덟 가지 대장부의 깨달음 또한 응당 분별하여 닦아야 하네'라고 하였는데, 이 중에 여덟 가지 대장부의 깨달음이라는 것이 있다. 곧 욕심이 적음은 법이고 욕심이 많음은 법이 아니다. 이것이 첫 번째 깨달음이다. 만족을 아는 것은 법이고 만족을 알지 못하는 것은 법이 아니다. 이것이 두 번째다. 멀리 여의는 것은 법이고 섞여서 싸우는 것은 법이 아니다. 이것이 세 번째다. 일으켜 정진함은 법이고 게으름은 법이 아니다. 이것이 네 번째다. 八大丈夫覺 亦應分別修者 於中有八大丈夫覺 謂少欲是法 多欲非法 是爲初覺 知足是法 不知足非法 是爲第二 遠離是法 雜鬧非法 是爲第三 發精進是法 懈怠非法 是爲第四", "염에 안주함은 법이고 염을 잃어버리면 법이 아니다. 이것이 다섯 번째다. 입정함은 법이고 입정하지 않음은 법이 아니다. 이것이 여섯 번째다. 지혜는 법이고 지혜가 없음은 법이 아니다. 이것이 일곱 번째다. 희론을 즐기지 않음은 법이고 희론을 즐김은 법이 아니다. 이것이 여덟 번째다. 이것들이 팔대장부각이니 응당 깨달아야 한다. 安住念是法 忘失念非法 是爲第五 入定是法 不入定非法 是爲第六 智慧是法 無智慧非法 是爲第七 不樂戲論是法 樂戲論非法 是爲第八 此等八大丈夫覺 應當覺之"라고 하였다. 〔참고문헌〕『菩提資糧論』. ⇨ 팔대인각 八大人覺, 대장부 大丈夫

팔대지법 八大地法 십대지법(十大地法) 중 두 가지인 념(念)과 혜(慧)를 제한 나머지 여덟 가지 대지법(Ⓢ mahā-bhūmika-dharma). 『대비바사론』 권97(대정장27, p.499c25)에 "어떤 법은 염과 상응하고 택법이기도 하니, 두 가지와 상응하는 법이다. 염과 택법각지는 함께 생기하는 것이니, 이 두 가지 자성(念과 慧)을 제한 그 밖의 상응하는 법은 곧 팔대지법과 십대선지법이다. 有法念相應亦擇法 謂二相應法者 謂念擇法覺支俱生 除二自性餘相應法 卽八大地法 十大善地法", 같은 책 권109(대정장27, p.565a9)에 "이 중에서 두 가지로 상응하는 법이란, 법지와 공삼마지와 함께 생기하는 취 중에서 두 가지 자성(慧와 三摩地)을 제한 모든 그밖에 심과 심소법을 말한다. 이 법은 무엇인가? 두 가지로 상응하는 팔대지법과 십대선지법이니 심사와 심이다. 此中二相應法者 謂法智空俱生聚中 除二自性 諸餘心心所法 此法是何 謂二相應八大地法 十大善地法 尋伺及心"라고 하였다. 〔참고문헌〕『大毘婆沙論』. ⇨ 대지법 大地法, 십대지법 十大地法, 심사 尋伺

팔대지옥 八大地獄 **1** Ⓢ aṣṭau mahā-narakāḥ, Ⓟ aṭṭha mahā-nirayā, Ⓣ dmyal-ba-chen-po-brgyad. 여덟 곳의 대지옥. 팔열지옥(八熱地獄)이라고도 한다. 여덟 대지옥의 명칭은 경론에 따라 다른데, 『구사론』 권8(대정장29, p.41a6)에서는 등활지옥(等活地獄 Ⓢ Saṃjīva-naraka)·흑승지옥(黑繩地獄 Ⓢ Kālasūtra-naraka)·중합지옥(衆合地獄 Ⓢ Saṃghāta-naraka)·호규지옥(號叫地獄 Ⓢ Raurava-naraka)·대규지옥(大叫地獄 Ⓢ Mahāraurava-naraka)·염열지옥(炎熱地獄 Ⓢ Tapana-naraka)·대열지옥(大熱地獄 Ⓢ Pratāpana-naraka)·무간지옥(無間地獄 Ⓢ Avīci-naraka)이라고 하였다. 『장아함경』 권19 「세기경 世記經」(대정장1, p.121c2)에 "금강산 밖에 다시 두 번째 큰 금강산이 있는데, 두 산 사이는 캄캄하여 해와 달의 신에게 큰 위신력이 있어도 빛으로 그곳까지는 비출 수 없다. 거기에 팔대지옥이 있으며, 각 지옥마다 십육소지옥이 있다. 첫 번째 대지옥의 이름은 상, 두 번째 대지옥의 이름은 흑승, 세 번째 대지옥의 이름은 퇴압, 네 번째 대지옥의 이름은 규환, 다섯 번째 대지옥의 이름은 대규환, 여섯 번째 대지옥의 이름은 소자, 일곱 번째 대지옥의 이름은 대소자, 여덟 번째 대지옥의 이름은 무간이다. 金剛山外 復有第二大金剛山 二山中間窈窈冥冥 日月神天有大威力 不能以光照及於彼 彼有八大地獄 其一地獄有十六小地獄 第一大地獄名 想 第二名 黑繩 第三名 堆壓 第四名 叫喚 第五名 大叫喚 第六名 燒炙 第七名 大燒炙 第八名 無間", 『증일아함경』 권36(대정장2, p.747c6)에서는 환활(還活 : 等活)·흑승·등해지옥(等害 : 衆合)·체곡(涕哭 : 呼叫)·대체곡(大涕哭 : 大呼叫)·아비(阿鼻 : 無間)·염(炎 : 炎熱)·대염(大炎 : 大熱)지옥이라 하였으며, 『대지도론』 권16

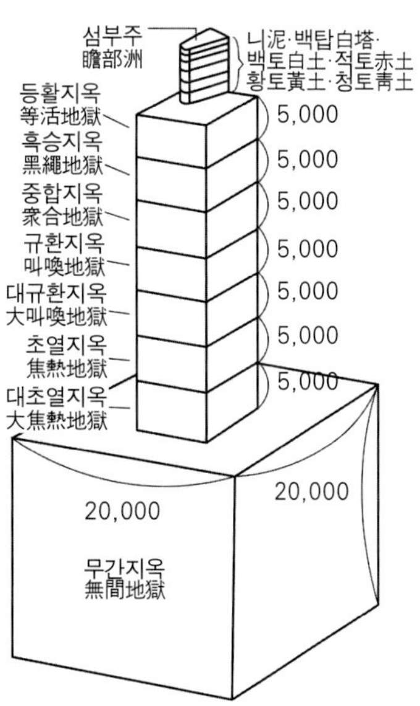

(대정장25, p.175c18)에서는 어떤 죄업을 짓고 각각의 지옥에서 고통받는지를 설하고 있다. 첫째 활대지옥(活大地獄 : 等活地獄)은 소·양·금수 등 생명을 죽이길 좋아하고, 농사·노비·처자·국토·재산을 위해 서로 죽이는 등 갖가지 살생의 업보를 지은 이들이 극심한 죄를 받는 곳이다(活大地獄中諸受罪 … 此中衆生 以宿行因緣 好殺物命 牛羊禽獸 爲田業 舍宅 奴婢 妻子 國土 錢財故 而相殺害 如是等種種殺業報故 受此劇罪). 둘째, 흑승대지옥은 충직하고 어진 이를 모략하여 해하였거나, 거짓말·거친 말·이간질·옳지 않은 말로 무고한 이를 누명씌워 죽였거나, 간교한 관리가 되어 가혹하게 남을 침해하는 등의 죄업으로 죄를 받는 곳이다(見黑繩大地獄中罪人 … 宿行因緣 讒賊忠良 妄語 惡口 兩舌 無義語 枉殺無辜 或作姧吏 酷暴侵害 如是等種種惡口讒賊故受此罪). 셋째 합회(合會 : 衆合)대지옥은 소·말·돼지·새 등의 온갖 금수를 해치고 죽인 인연으로 도리어 여러 새와 짐승들에게 고통받는 곳이고, 또 힘으로 남을 업신여기거나 굴복시킨 죄로 산 사이에 끼여 으스러지는 죄를 받는 곳이고, 인색함·성냄·어리석음·두려움 때문에 일의 경중을 판단하지 못해 정리를 따르지 않거나 또는 정도를 부수고 정법을 바꾼 죄업으로 달군 쇠절구에서 짓이겨 지는 죄를 받는 곳이다(見合會大地獄中 … 此人宿業因緣 多殺牛 馬 猪 羊 麞 鹿 狐 兎 虎 狼 師子 六駮 大鳥 衆鳥 如是等種種鳥獸多殘賊故 還爲此衆鳥獸頭來害罪人 又以力勢相陵 枉壓羸弱 受兩山相合罪 慳貪 瞋恚 愚癡 怖畏故 斷事輕重 不以正理 或破正道 轉易正法 受熱鐵輪轢 熱鐵臼搗). 넷째와 다섯째인 규환지옥과 대규환지옥은 저울질을 속이고 옳지 않게 일을 처리하고 맡았던 것을 돌려주지 않거나, 하열하거나 빈궁한 이를 업신여기고 괴롭히거나, 남의 성곽이나 사람들이 사는 취락을 파괴하거나 상해하고 약탈하여 집집마다 원한을 품게 만들거나, 속이고 기만하여 유인해 불러내 거듭 해치는 등의 죄업으로 죄를 받는 곳이다(第四 第五 名叫喚 大叫喚 … 此人宿行因緣 皆由斗秤欺誑 非法斷事 受寄不還 侵陵下劣 惱諸窮貧 令其號哭 破他城郭 壞人聚落 傷害劫剝 室家怨毒 擧城叫喚 有時譎詐欺誑 誘之令出而復害之 如是等種種因緣故 受如此罪). 여섯째와 일곱째인 열지옥과 대열지옥은 부모·스승·사문·바라문을 괴롭히고, 모든 선량한 사람인 복전들을 괴롭혀 마음에 열이 나게 했거나, 생고치를 구웠거나 돼지·양·사람 등을 산 채로 구웠거나, 산이나 들·취락·불도·정사 등을 태웠거나, 중생을 불구덩이 속으로 밀어 넣은 등의 죄업으로 죄를 받는 곳이다(第六 第七 熱 大熱地獄中 … 此人宿世惱亂父母 師長 沙門 婆羅門 於諸好人福田中惱令心熱 以此罪故 受熱地獄罪 或有宿世煮生繭 或生炙猪羊 或以木貫人而生炙之 或焚燒山野及諸聚落 佛圖 精舍等 或推衆生著火坑中 如是等種種因緣 生此地獄中). 여덟째 아비지옥은 크나큰 악인 오역죄를 많이 지어 모든 선근을 끊었으며, 법을 비법이라 하고 비법을 법이라 하고, 인과를 파괴하고, 선한 사람을 증오하고 시기한 등의 죄업으로 극심한 죄를 받는 곳이다(見阿鼻地獄 … 此人宿行 多造大惡五逆重罪 斷諸善根 法言非法 非法言法 破因破果 憎嫉善人 以是罪故 入此地獄 受罪最劇). [참고문헌] 『俱舍論』, 『長阿含經』, 『增壹阿含經』, 『大智度論』. *Abh-k-bh.111.* ⇨팔대나락가 八大那落迦, 등활지옥 等活地獄, 흑승지옥 黑繩地獄, 중합지옥 衆合地獄, 호규지옥 號叫地獄, 대규환지옥 大叫喚地獄, 염열지옥 炎熱地獄, 대열지옥 大熱地獄, 무간지옥 無間地獄, 십육유증지옥 十六遊增地獄 **2** 열지옥과 한지옥 각각의 팔대지옥. 『법원주림』 권7(대정장53, p.326a3)에서는 "열지옥은 살바다부에 의하면 팔대지옥이 있다. 첫째는 등활지옥으로 갱활이라고도 하며, 옥졸이 '살아라'라고 소리치거나 찬바람이 불어와 살린다. 두 인연은 달라도 살리는 것은 같으므로 등활지옥이라 한다. 두 번째는 흑승지옥이니 먼저 노끈으로 묶고 나중에 도끼로 쪼갠다. 세 번째는 중합지옥으로 중갈(衆磕)이라고도 하니, 두 산이 모이면서 죄인을 갈아 부순다. 네 번째는 호호(呼呼)지옥이며 규환지옥이라고도 한다. 옥졸이 핍박해 오면 부르짖으면서 달아난다. 다섯 번째는 크게 부르짖는 지옥으로 대규환지옥이라고도 한다. 사방에서 불이 일어나는데 불길을 피해 달아나고 싶어도 그 도망친 길이 없기에 대규환지옥이라 한다. 여섯 번째는 열지옥으로 조금 뜨거운 지옥이라고도 한다. 불에 달구어진 쇠가 양쪽에서 가까이 다가와서 그 중간에서 뜨거움을 받는다. 일곱 번째는 중열지옥으로 크게 불타는 지옥이라고도 한다. 산불이 마주 일어나 죄인을 굽는다. 여덟째는 무택지옥으로 무간이라고도 하는데, 한 번 괴로움의 불에 던져지면 영원히 즐거워할 틈이 없다. 이미 고통이 사라질 사이가 없는데 무엇을 선택할 수 있겠는가? 熱地獄者 依薩婆多部有八大地獄 一等活 亦名更活 或獄卒唱生 或冷風吹活 兩緣雖異令活一等 名等活地獄 二名黑繩地獄 先以繩絣後以斧斫 三名衆合地獄 亦名衆磕 兩山下合以磕罪人 四名呼呼地獄 亦名叫喚地獄 獄卒逼趁叫呼而走 五名大呼 亦名大叫喚地獄 四大火起欲逃無路 故名大叫喚地獄 六名熱地獄 亦名燒然 火鐵狹近於中受熱 七名衆熱地獄 亦名大燒然 山火相爆串炙罪人 八名無擇地獄 亦名無間 一投苦火 永無樂間 旣苦無間 何所可擇", "이 팔지옥은 염부주에 중첩해 있다. 『삼법도론』에 의하면 다음과 같다. 앞 두 가지에는 다스리는 임금이 있고, 다음 세 가지에는 다스리는 임금이 적으며, 그다음부터는 다스리는 임금이 없다. 그런데 이 여덟 가지가 근본이 되고, 하나하나의 각각에는 십육위(十六圍)가 있는데, 한 면에 넷씩이니, 넷 곱하기 넷으로 합하면 모두 열여섯이고, 근본까지 합하면 열일곱이 된다. 그러므로 팔대지옥

의 열일곱이니 합하면 일백삼십육 곳이 있다. 죄인들은 그 가운데서 뜨거운 고뇌를 받는다. 此八地獄 在閻浮洲 重壘而住 依三法度論云 前二有主治 次三少主治 從三無主治 然此八爲本 一一各有十六圍 一面有四 四四而合 總有十六 通本爲十七 八箇十七 合有一百三十六所 罪人於中受熱惱苦", "두 번째 한지옥도 여덟 가지이다. 첫째는 알부다지옥이니, 살을 에이는 추위의 고통으로 인해 살에 미세한 물집이 생긴다. 둘째는 니뢰부다지옥이니, 차디찬 바람이 불어와 온몸에 물집이 생긴다. 셋째는 아타타지옥이니, 입술은 움직이지 못하고 혀만 움직이기에 이런 소리를 낸다. 넷째는 아파파지옥이니, 혀는 움직이지 못하고 입술만 움직이기에 이런 소리를 낸다. 다섯째는 구후지옥이니, 입술과 혀는 움직이지 못하고 목구멍 안에서 숨을 떨기에 이런 소리를 낸다. 여섯째는 울파라지옥이니, 이곳은 청련화지옥이다. 이 꽃의 잎은 가는데, 그 살색이 가늘게 갈라진 것이 마치 이 꽃이 뜨거운 햇빛에 피는 것과 같기 때문이다. 일곱째는 파두마지옥이니, 이곳은 적련화지옥이다. 살색이 크게 갈라진 것이 이 꽃이 핀 것과 같기 때문이다. 여덟째는 분다리지옥이니, 이곳은 백련화지옥이다. 그 뼈가 갈라진 것이 이 꽃이 핀 것과 같기 때문이다. 第二寒地獄亦八 一名 頞浮陀地獄 由寒苦所切 肉生細皰 二名 泥賴浮陀地獄 由寒風吹通身成皰 三名 阿吒吒地獄 由脣動不得 唯舌得動 故作此聲 四名 阿波波地獄 由舌不得動 唯脣得動 故作此聲 五名 嘔喉地獄 由脣舌不得動 以唯喉內振氣 故作此聲 六名 鬱波羅地獄 此是靑蓮華 此華葉細 由肉色細圻 似此華烈日而開 七名 波頭摩地獄 此是赤蓮華 由肉色大圻 似此華開 八名 分陀利地獄 此是白蓮華 由彼骨圻 似此華開", "앞의 두 가지는 몸의 형상을 따라 이름한 것이고, 그다음 세 가지는 소리의 상태에 따라 이름한 것이며, 뒤의 세 가지는 종기의 모양을 따라 이름을 한 것이다. 그러므로 『구사론』에서는 '이 여덟 지옥 가운데의 중생들은 지독한 추위의 핍박을 받아서 그 몸과 소리와 종기가 달라지기에 이런 이름을 세운 것이다'라고 하였다. 『삼법도론』에 의하면 앞 두 지옥은 부르짖을 수 있는 곳이고, 다음의 세 지옥은 부르짖을 수 없는 곳이며, 뒤의 세 지옥은 부르짖지 않는 곳이라 한다. 이 여덟 지옥은 주 틈새 철위산 밑에서 위를 향해 있는데, 죄인들은 거기서 추위로 고통받는다. 前二從身相受名 次三從聲相受名 後三從瘡相受名 故俱舍論云 於此八中 衆生極寒所逼 由身聲瘡變異 故立此名 依三法度論云 前二爲可叫 次四不可叫 從三不叫 此八在洲間著鐵圍山底 仰向居止 罪人於中受寒凍苦"라고 하였다. [참고문헌]『法苑珠林』. ⇨ 팔열지옥 八熱地獄, 팔한지옥 八寒地獄, 지옥 地獄

팔대하 八大河 여덟 갈래로 흐르는 큰 강. 세존 재세시 인도땅을 거쳐 마침내 바다로 드는 큰 강들로 일체중생이 끝내는 몸도 마음도 다 버려서 대반열반의 품에 안기고야 만다는 뜻에서 비유로 쓴다. 40권본『대반열반경』 권3(대정장12, p.621b9)에 "부처님께서 가섭에게 이르셨다. '선남자야! 마치 팔대하와 같다. 첫째는 항하(Ⓢ Gaṅgā), 둘째는 염마라(Ⓢ Yamunā), 셋째는 살라(Ⓢ Sarabhu), 넷째는 아이라발제(Ⓢ Aciravatī), 다섯째는 마하(Ⓢ Mahī), 여섯째는 신두(Ⓢ Sindhu), 일곱째는 박차(Ⓢ Vakṣu), 여덟째는 실타(Ⓢ Śītā)라 한다. 이 팔대하와 모든 작은 강물은 모조리 바다로 흘러든다. 가섭아! 이와 같이 모든 인간계와 천상, 지상과 허공 중에 있는 수명이라는 큰 강은 모조리 여래수명이라는 바다로 흘러든다. 이에 여래의 수명은 헤아릴 수 없다'. 佛告迦葉 善男子 如八大河 一名 恒河 二名 閻摩羅 三名 薩羅 四名 阿夷羅跋提 五名 摩訶 六名 辛頭 七名 博叉 八名 悉陀 是八大河 及諸小河 悉入大海 迦葉 如是 一切人中天上 地及虛空 壽命大河 悉入如來壽命海中 是故 如來壽命無量", 『화엄경소초』 권16(대정장36, p.118a11)에 "마치 팔대하가 모두 바다로 돌아가듯이 이 경도 이와 같이 일체의 모든 번뇌와 온갖 마성을 항복시켜 반드시 대반열반에 이르게 해서 목숨도 버린다. 이런 이유로 대반열반이라 한다. 如八大河 悉歸大海 此經如是 降伏一切 諸結煩惱 及諸魔性 然後 要於大般涅槃 放捨身命 是故名曰 大般涅槃"라고 하였다. [참고문헌]『大般涅槃經』, 『華嚴經疏鈔』.

팔덕경 八德經 ➡ 해팔덕경 海八德經

팔도 八倒 여덟 가지로 거꾸로 되다. 팔전도(八顚倒)라고도 한다. 범부와 이승(二乘)의 소견이 성자의 그것과 다르게 거꾸로 뒤집혀 있다는 뜻으로 무상·고·무아·부정(無常 苦 無我 不淨)에 대한 거꾸로 된 생각이다. 『대승현론』 권3(대정장45, p.48a17)에 "외도와 범부가 팔도를 일으키면 견제의 번뇌이고, 학인이 팔도를 일으키면 수도의 번뇌이며, 라한이 팔도를 일으키면 계외의 번뇌다. 팔도의 바탕이란 세 가지로 뒤집는다. 첫째는 상도, 둘째는 심도, 셋째는 견도다. 若外凡夫起八倒者 是見諦煩惱 若學人起八倒者 是修道煩惱 若羅漢起八倒者 是界外煩惱 八倒體者 謂三倒是也 一 心倒 二 想倒 三 見倒", 『원각경대소초』 권5(卍속장14, p.643a2)에 "팔도란 무엇인가? 법에 미혹한 전도를 상도라 한다. 눈앞에서 생사에 물든 법에 미하여 상법을 건립하거나 이전에 건립한 열반정법에 미하여 무상 등을 일으킨다. 저들 세 가지 뒤집힘으로 건립하는 법에서 여덟 가지 전도를 일으킨다〈양편의 네 가지이다〉. 그러므로 삼도에 의지하여 팔도가 일어난다고 한다. 其八倒者 是其迷法 謂想倒 迷前生死染法 建立常法 迷前所立 涅槃淨法 起無常等 於彼三倒 所立法中 而起八倒〈卽兩四也〉 故說依三倒生

八倒也",『범망경직해』 권1(卍속장61, p.32a12)에 "팔도란 무엇인가? 범부의 네 가지 전도는 무상을 상이라 분별하고, 무락을 락이라 분별하며, 무아를 아라 분별하고, 부정을 정이라 분별하는 견해다. 소승의 네 가지 전도는 상을 무상이라 분별하고, 낙을 무락이라 분별하며, 아를 무아라 분별하고, 정을 부정이라 분별한다. 이들 여덟 가지 전도는 모두 여래의 진실하고 상주하는 열반의 네 가지 덕을 통달하지 못했기 때문이다. 言八倒者 凡夫四倒 卽無常計常 無樂計樂 無我計我 不淨計淨 小乘四倒 常計無常 樂計無樂 我計無我 淨計不淨 此之八倒 總不達如來眞常四德故耳",『순정리론』 권47(대정장29, p.609a11)에 "분별론자는 이렇게 말한다. 상과 아에 각각 세 가지 전도가 있고, 낙과 정의 견이 전도되어 있다. 이와 같은 여덟 가지 전도는 오직 견도에서 끊어야 할 바다. 分別論者 作如是言 常我各三 樂淨見倒 如是八倒 唯見所斷",『본업경소』 권하(卍속장61, p.519a14)에 "여덟 가지로 뒤집힘이란 유위의 네 가지 전도와 무위의 네 가지 전도를 가리킨다. 言八倒者 有爲四倒 無爲四倒故"라고 하였다. [참고문헌]『大乘玄論』,『圓覺經大疏鈔』,『梵網經直解』,『順正理論』,『本業經疏』. ⇨ 팔전도 八顚倒, 사도 四倒, 사전도 四顚倒, 삼도 三倒

팔도 八道 Ⓢ aṣṭāṅgiko mārgaḥ, Ⓟ aṭṭhaṅgiko maggo. 팔정도(八正道)의 다른 이름. 현성팔도(賢聖八道)의 줄임말. 『장아함경』 권9 「십상경 十上經」(대정장1, p.55a7 : *Dassuttara-sutta*, *DN.3*, p.286)에 "무엇이 여덟 가지 닦아야 할 법인가? 현성이 성취하는 여덟 갈래 길이다. 정견·정지·정어·정업·정명·정방편·정념·정정. 云何八修法 謂賢聖八道 正見 正志 正語 正業 正命 正方便 正念 正定 katame aṭṭha dhammā bhāvetabbā. ariyo aṭṭhaṅgiko maggo seyyathīdaṃ sammādiṭṭhi sammāsaṃkappo sammāvācā sammā kammanto sammāājīvo sammāvāyāmo sammāsati sammāsamādhi",『증일아함경』 권37(대정장2, p.752b23)에 "이른바 팔도는, 등견·등치·등어·등명·등업·등방편·등념·등삼매이다. 수발이여! 이것이 현성팔도품이라고 한다. 所謂八道者 等見 等治 等語 等命 等業 等方便 等念 等三昧 是謂 須拔 賢聖八品道"라고 하였다. [참고문헌]『長阿含經』,『增壹阿含經』, *DN.*, *Udāna-v.490.* ⇨ 팔정도 八正道

팔도도총섭 八道都摠攝 조선후기 승직. 1592년(선조25)에 청허휴정(淸虛休靜)이 팔도십육종도총섭(八道十六宗都摠攝)에 임명되어 전국 팔도의 의승군(義僧軍)을 지휘한 것이 시초이다. 도총섭 아래로 팔도 각도에 선종(禪宗)과 교종(敎宗)에 각기 총섭 1인씩, 전국 16인의 총섭을 두었으므로 팔도십육종도총섭이라 하였다. 휴정에 이어 1593년(선조26)에 사명유정(四溟惟政)이 선교양종팔도도총섭(禪敎兩宗八道都摠攝)에 임명되었는데, 이듬해 선조가 유정에게 내린, 정3품 당상관에 해당하는 절충장군(折衝將軍) 첨지중추부사(僉知中樞府使) 교지(敎旨)가 밀양 표충사(表忠寺)에 전한다. 휴정의 제자 의엄(義嚴)은 1596년(선조29)에 팔도선교종도총섭(八道禪敎宗都總攝)으로서 파사성(婆娑城)을 수축하였는데, 이 때에 올린 역군충원상소(役軍充員上疏)가 『선조실록』 권74 29년 4월 12일에 전한다. 전란(戰亂) 후 팔도도총섭은 주로 남·북한 산성(南北漢山城) 등을 수축하고 산성 내 승영(僧營 : 緇營)에 주석하며 산성을 수호하였다. 남한산성 팔도도총섭으로는, 1624년(인조2) 유정의 제자 송월응상(松月應祥)이 두 번이나 제수되었으나 사양하여 받지 않았고(「유점사송월당응상비문」), 1624년(인조2)부터 벽암각성(碧巖覺性)이 3년 동안 축성을 살펴 마쳤다(「화엄사벽암당각성비문」). 각성의 제자 회은응준(晦隱應俊)은 1647년(인조25)에 임명되어 1651년(효종2)에 승도를 이끌고 남옹성을 축조하였고(「송천사승대장회은장로비문」), 백곡처능(白谷處能)도 1674년(현종15)에 3개월 동안 역임하였다(「백곡선사탑명」). 북한산성 팔도도총섭으로는 계파성능(桂坡性能)이 30년간 역임하다가 제자인 서윤(瑞胤)에게 이임하면서 『북한지 北漢誌』를 짓기도 하였다. 『간이집』 권상 「증도총섭엄상인시서 贈都總攝嚴上人詩序」(한국문집총간49, p.282b7)에 "임진년 이래로 … 이에 팔로에는 각기 총섭을 두되 반드시 능력있는 이를 뽑고, 온 나라 안에는 도총섭 1명을 두는데, 더욱 성은으로 장려하여 첨추(僉樞 : 첨지중추부사)의 직질로 하였다. 洎壬辰以來 … 於是八路各有總攝 必擢良能爲之 而擧國之中 置一都總攝 益加恩奬 授以僉樞職秩",『북한지』에 "승영의 승대장은 1인〈팔도도총섭으로 겸함〉. 僧營 僧大將一員〈以八道都摠攝兼〉",『남한지』에 "인조 갑자년 축성 때에 각성을 팔도도총섭으로 삼아 성역을 전적으로 맡겨, 팔도의 승군을 모집하고 또 성내 각사로 하여금 팔도부역승군의 공궤 등의 일을 나누어 담당토록 하였다. 仁祖甲子築城時 以僧覺性爲八道都捴攝 專任城役 召募八道僧軍 且令城內各寺 分掌八道赴役僧軍供饋等事", 1635년 조계산(曹溪山) 송광사(松廣寺) 간판 『십지경론 十地經論』 권3 끝의 간기에 "판선종사 겸 팔도총섭 국일도대선사 각성, 대공덕주 도대집사 대선사 성현, 전라도 총섭 융묘 대선사 희옥, 충청도 총섭 대선사 태능. 判禪宗事兼八道摠攝國一都大禪師覺性 大功德主都大執事大禪師性玄 全羅都摠攝融妙大禪師熙玉 忠淸道摠攝大禪師太能"라고 하였다. [참고문헌]『宣祖實錄』,『簡易集』,『北漢誌』,『南漢誌』, 智冠『韓國高僧碑文總集 朝鮮朝·近現代』. ⇨ 도총섭 都摠攝, 총섭 摠攝

팔라왕조 Pāla王朝 기원후 8세기 중반~12세기 후반까지 벵갈(Bengal)을 위시한 동인도 지역을 지배한 중세 인도 왕조. 모든 왕의 이름에는 '보호자'라는 뜻의 '팔라(Ⓢ pāla)'가 붙는다. 기원후 750년경 벵갈 가우다(Ⓢ Gauḍa)의 왕이었던 고팔라(Ⓢ Gopāla)가 샤산카(Ⓢ Śaśāṅka)왕의 죽음 이후 작은 왕조들이 난립했던 벵갈지역에서 시민들(불교도들이라는 설 있음)의 추대를 통해 팔라왕조의 초대왕이 되었다. 9세기경의 다르마팔라(Ⓢ Dharmapāla 재위 기원후 770~810년경)왕과 데바팔라(Ⓢ Devapāla 재위 기원후 810~850년경)왕 시대에는 아쌈(Assam)과 오릿사(Orissa)지역의 갠지스강 유역을 넘어 동(東)파키스탄, 네팔과 방글라데쉬 지역을 포함한 북동인도 지역으로 영토를 확장하며 전성기를 영위했다. 하지만 곧 구르자라프라티하라(Ⓢ Gurjara-Pratihāra)왕조와 라슈트라쿠타(Ⓢ Rāṣṭrakūṭa)왕조와 대립하며 북인도의 패권을 내놓았고, 남쪽으로 촐라(Ⓢ Chola)왕조의 견제를 받았다. 라마팔라(Ⓢ Rāmapāla 재위 1077~1130년경)는 왕조가 멸망하기 전 강력했던 왕권을 유지했던 마지막 왕으로, 궁정시인 산디야카라(Ⓢ Sandhyākāra)는 영웅 라마와 라마팔라 왕을 기리기 위해 『라마차리타 *Rāmacarita*』라는 작품을 지었다. 1162년 재위한 고빈다팔라(Ⓢ Govindapāla)왕을 마지막으로 세나(Ⓢ Sena)왕조에 의해 멸망하였다. 팔라왕조는 특히 이슬람 정권에 의해 사라지기 직전까지도 인도대승불교, 특히 인도밀교의 전폭적인 후원자였기에 동인도에서 밀교가 번성하는 데 주요한 역할을 했다. 그리고 인도불교의 대표적 승원인 나란다(Ⓢ Nalandā)와 비크라마실라(Ⓢ Vikramaśilā) 사원을 지원하여 아티샤(Ⓢ Atīśa)·샨타락시타(Ⓢ Śāntarakiṣita : 寂護)·틸로파(Ⓢ Tilopa) 등과 같은 중세 인도불교의 주요 학승과 수행자들이 배출될 수 있도록 도왔다. 팔라왕조 시대에 인도불교는 티베트에도 깊숙이 전해졌기에 타라나타(Ⓢ Tāranātha)·부톤(Ⓣ Bu-ston) 등이 지은 전등사(傳燈事)에도 팔라왕조에 대한 기술이 상세히 전한다. 이들에 따르면 다르마팔라왕은 『현관장엄론 現觀莊嚴論』 등의 주석을 남긴 하리바드라(Ⓢ Haribhadra 8세기)를 스승으로 삼고, 소마푸라 마하비하라(Ⓢ Somapūra-mahāvihāra)를 건립했다고 알려진다. 이외에도 많은 조상과 사원을 세워 불교미술에서도 팔라왕조 고유양식을 발전시켰다.

팔라파 Pāla派 기원후 8~12세기 인도 벵갈지역에 세워졌던 팔라왕조시대의 불교미술계를 일컫는 말. 팔라왕조 전의 세나(Ⓢ Sena)왕조의 영향으로 후기 굽타양식을 이어받았으나, 점차 독자적인 양식을 구축해갔다. 불교사원 등에서 발견되는 신상 조각은 직립한 형식이 많으며 화려한 장신구를 걸치고 다양한 지물도 지닌다. 또한 여러 개의 얼굴, 팔 등을 지닌 불상이 제작되어 힌두교의 영향을 받은 밀교양식을 뚜렷이 보여준다. 전형적인 팔라양식의 석조불상들은 대개 뒤쪽에 현판이 붙

팔라파 아촉불좌상 나란다 비하르 인도 10~11세기

어 있으며 주불을 둘러싼 작은 크기의 신상들은 대부분 삼곡(三曲 Ⓢ tri-bhaṅga) 자세를 취하고 있다. 기원후 10세기를 기준으로 초기에는 광배가 원형이었으나, 후기에는 위쪽을 뾰족하게 장식한 물방울무늬 형태의 광배가 나타나기도 한다. 현재 비하르주와 벵골지방에 많은 유물이 전한다. [참고문헌] Susan Huntington·John Huntington *Leaves from the Bodhi Tree : The Art of Pāla India and Its International Legacy*(University of Washington Press, 1989). ⇨ 팔라왕조 Pāla王朝, 아촉불 阿閦佛

팔량반근 八兩半斤 ➡ 반근팔냥 半斤八兩

팔력 八力 ❶ Ⓟ aṭṭha balāni. 번뇌를 다한(漏盡) 비구가 지닌 여덟 가지 힘. 『잡아함경』 권26(대정장2, p. 188b21)에 "누진비구는 여덟 가지 힘이 있다. 무엇이 여덟 가지인가? 누진비구는 마음이 떠남을 따라 나아가고, 떠남으로 흘러가며, 떠남을 깊이 실어 나르고, 벗어남으로 향하고, 벗어나는 곳으로 흘러가며, 벗어남을 깊이 실어 나르고, 열반으로 향하여 가고, 열반으로 흘어가며, 열반으로 깊이 실어나른다. 만약 오욕을 보면 곧 불구덩이처럼 여긴다. 이와 같이 보고 나서 욕의 생각, 욕에 대한 느낌, 욕망에 대한 집착에 마음이 영원히 머물지 않게 해서 사념처, 사정근, 사여의족, 오근, 오력, 칠각분, 팔성도분을 닦는다. 漏盡比丘有八力 何等爲八 謂漏盡比丘心順趣於離 流注於離 浚輸於離 順趣於出 流注於出 浚輸於出 順趣涅槃 流注涅槃 浚輸涅槃 若見五欲 猶見火坑 如是見已 於欲念 欲受 欲著 心不永住 修四念處 四正斷 四如意足 五根 五力 七覺分 八聖道分"라고 하였다. [참고문헌] 『雜阿含經』, *AN.4.224.* ❷ 보살이 마군을 항복받을 수 있는 여덟 가지 힘. 『대보적경』 권13

(대정장11, p.73c16)에 "보살은 여덟 가지 힘이 있어서 당할 자가 없고 모든 마군을 항복시킨다. 무엇이 여덟 가지 인가? 첫째, 도심의 힘으로 성품과 행위가 청정하다. 둘째, 정진행의 힘으로 물러나지 않는다. 셋째, 널리 듣고 행하는 힘으로 끝없는 지혜를 봉행한다. 넷째, 인욕행의 힘으로 중생을 보호하기 때문이다. 다섯째, (분노가) 생겨나지 않는 힘으로 화를 품지 않는다. 여섯째, 허망하지 않은 힘으로 해탈을 구족한다. 일곱째, 수도를 행하는 힘으로 모든 지혜를 갖춘다. 여덟째, 큰 슬픔의 힘으로 중생을 개화한다. 이것이 여덟 가지이다. 菩薩有八力 莫能當者降伏衆魔 何謂爲八 一曰道心之力性行清淨 二曰精進行力而不退轉 三曰博聞行力奉無極慧 四曰忍辱行力護衆生故 五曰無所生力不懷瞋恚 六曰不虛妄力具足解脫 七曰修道行力備悉智慧 八曰以大哀力開化衆生 是爲八"라고 하였다. 〔참고문헌〕『大寶積經』. **3** 보살이 생사 가운데서 물들지 않는 여덟 가지 힘. 『대보적경』 권111(대정장11, p.623c23)에 "보살이 만약 여덟 가지 힘을 성취할 수 있으면 생사 가운데에서 견고하고 용맹하여서 피곤함이 없다. 무엇이 여덟 가지인가? 첫째, 뜻으로 기꺼워하는 힘이니 속임이 없기 때문이다. 둘째, 승해력이니 모든 악을 떠났기 때문이다. 셋째, 가행력이니 항상 선을 닦기 때문이다. 넷째, 정신력이니 업보를 깊이 믿기 때문이다. 다섯째, 보리심력이니 소승을 구하지 않기 때문이다. 여섯째, 대자력이니 중생을 해치지 않기 때문이다. 일곱째, 대비력이니 모든 악을 참아내기 때문이다. 여덟째, 선우력이니 때때로 깨우쳐 일깨우기 때문이다. 동녀여! 이것을 여덟 가지 힘이라고 한다. 보살이 이와 같은 힘을 성취하기에 견고하고 용맹하게 생사 가운데에서 물들지 않는다. 菩薩若能成就八力 於生死中堅固勇猛而無疲倦 何等爲八 一志樂力無諂誑故 二勝解力離諸惡故 三加行力常修善故 四淨信力深信業報故 五菩提心力不求小乘故 六大慈力不害衆生故 七大悲力堪忍諸惡故 八善友力時時警覺故 童女 是名八力 菩薩成就如是力故 堅固勇猛於生死中無所染著"라고 하였다. 〔참고문헌〕『大寶積經』. **4** 보살이 보살행을 하면서 싫어하여 떠나려고 하는 마음이 없게 하는 여덟 가지 힘. 『대방등대집경』 권5(대정장13, p.33b25)에 "보살마하살이 여덟 가지 힘이 있어서 싫증냄이 없는 곳에 머무른다. 무엇이 여덟 가지인가? 첫째, 자력이니 마음이 걸림이 없기 때문이다. 둘째, 비력이니, 조복되기 때문이다. 셋째, 실력이니 제불은 중생을 속이지 않기 때문이다. 넷째, 혜력이니 번뇌를 떠나기 때문이다. 다섯째, 방편력이니 마음에 후회함이 없기 때문이다. 여섯째, 공덕력이니 소외됨이 없기 때문이다. 일곱째, 지력이니 무명을 파괴하기 때문이다. 여덟째, 정진력이니 방일함을 깨뜨리기 때문이다. 이것을 여덟 가지 힘이라고 한다. 보살이 이와 같은 여덟 가지 힘을 구족하여 그 마음에 후회함이 없다. 菩薩摩訶薩有八種力 處之無厭 何等爲八 一者慈力 心無礙故 二者悲力 爲調伏故 三者實力 不誑諸佛以衆生故 四者慧力 離煩惱故 五者方便力 心不悔故 六者功德力 無所畏故 七者智力 壞無明故 八者精進力 破放逸故 是名八力 菩薩具足如是八力 其心不悔"라고 하였다. 『보녀소문경』 「팔력품 八力品」에 같은 내용이 있다. 〔참고문헌〕『大方等大集經』, 『寶女所問經』 권2(대정장13, p.460c14). **5** 깊고 깊은 불법을 듣고 두려운 마음을 일으키지 않는 여덟 가지 힘. 『대방등대집경』 권9(대정장13, p.58a27)에 "여덟 가지 힘이 있어서 깊은 불법을 듣고 공포와 두려움을 일으키지 않는다. 무엇이 여덟 가지인가? 첫째 믿음의 힘, 둘째 선한 벗의 힘, 셋째 많이 듣는 힘, 넷째 선근의 힘, 다섯째 잘 사유하는 힘, 여섯째 교만을 깨뜨리는 힘, 일곱째 대자비력, 여덟째 법과 같이 머무는 힘이다. 범천이여! 보살이 이와 같은 여덟 가지 힘을 구족하면 깊은 불법을 듣고 설해도 두렵고 겁내는 마음을 일으키지 않는다. 有八種力 聞深佛法不生怖畏 何等爲八 一者信力 二者善友力 三者多聞力 四者善根力 五者善思惟力 六者破憍慢力 七者大慈悲力 八者如法住力 梵天 菩薩具足如是八力 聞說深法不生怖畏"라고 하였다. 〔참고문헌〕『大方等大集經』.

팔령사 八嶺寺 위치 미상. 『고려사절요』 권22 1299년(충렬왕25) 가을 7월에 "전왕이 김유를 미워하여 머리를 깎고 팔령사에 있도록 하였는데, 복위하자 김유는 머리를 기르고 장군에 올랐다. 前王惡儒祝髮 置之八嶺寺 及王復位 儒長髮 拜將軍"고 하였다. 혜심(慧諶 1178~1234)의 『무의자시집』 권하에는 팔령사 동재에서 이경상의 시에 차운한 「숙팔령사동재차이경상운회문 宿八嶺寺東齋次李敬尙韻回文」(한불전6, p.56b7)이 전한다. 〔참고문헌〕『高麗史節要』, 『無衣子詩集』.

팔령산능가사대전모연문 八嶺山楞伽寺大殿募緣文 현변(懸辯 1616~1684) 지음. 『침굉집』 권하(한불전8, p.358b17~c18)에 전한다. 전라남도 고흥군 팔영산 능가사 대전불사에 동참하기를 권하는 모연문. 「팔령산능가사대전모연문」(한불전8, p.358c9)에 "선려를 경영하면서 먼저 법운전 하나를 건립하고 다음에 청심료와 흘령료 두 채를 세웠다. 이에 산빛과 물색, 온갖 만물이 기뻐하는 듯하고 유정이 감사하는 듯했다. 그러나 그 중에 대전이 없어 거느려 채우지 못하였기에 다시 대전을 세워보려고 했으니 재물이 다하고 힘이 부족하였다. 가만히 있을 수 없어 널리 단월에게 고하고 재물을 구하니 큰 일 성취시킨다면 그 공덕이야말로 뛰어난 도 아니겠는가. 經始禪廬 先立法雲一殿 次建淸心與屹靈兩寮 於是山光水色 及諸百物 欣欣然 若有情於感遇也 然而中無大殿 無以鎭之 又欲搆大殿 財匱力乏 不可默矣 普告檀門

慭罄財穀 俾成大事 則其功厥德 可勝道哉"라고 하였다. 〔참고문헌〕『枕肱集』. ⇨ 능가사 楞伽寺

팔론 八論 ❶ 유식을 익히는 이들이 의지하는 여덟 가지 논서. 또는 인명의 여덟 가지 논서. 『남해기귀내법전』 권4(대정장54, p.230a4)에 "유가를 다 배우고 나면 무착의 여덟 가지 논서〈첫째 『이십유식론』, 둘째 『삼십유식론』, 셋째 『섭대승론』, 넷째 『대법론』, 다섯째 『변중변론』, 여섯째 『연기론』, 일곱째 『대장엄론』, 여덟째 『성업론』이다. 이 중엔 비록 세친이 지은 것이 있지만 공이 무착으로 돌아갔다〉를 몸소 궁구하며, 인명에 공을 들여 진나의 팔론〈첫째 『관삼세론』, 둘째 『관총상론』, 셋째 『관경론』, 넷째 『인문론』, 다섯째 『사인문론』, 여섯째 『이문론』, 일곱째 『취사시설론』, 여덟째 『집량론』이다〉을 밝히 비춰 사무친다. 瑜伽畢學 體窮無著之八支〈一 二十唯識論 二 三十唯識論 三 攝大乘論 四 對法論 五 辯中邊論 六 緣起論 七 大莊嚴論 八 成業論 此中雖有世親所造 然而功歸無著也〉 因明著功 鏡徹陳那之八論〈一 觀三世論 二 觀總相論 三 觀境論 四 因門論 五 似因門論 六 理門論 七 取事施設論 八 集量論也〉"라고 하였다. 〔참고문헌〕『南海寄歸內法傳』. ❷ 외도들의 주장을 펴는 여덟 가지 논서. 『백론소』 권상(대정장42, p.251a20)에 "외도의 십팔대경을 십팔명처라고도 하는데, 사베다의 넷과 다시 육론이 있어 합하여 열 가지이며 또 팔론이 있어 족히 열여덟이 된다. 外道十八大經 亦云十八明處 四皮陀爲四 復有六論 合四皮陀爲十 復有八論 足爲十八", "또한 팔론 있으니, 첫째는 『견망바론』으로 제법의 시비를 간택하고, 둘째는 『나사비살다론』으로 제법의 도리를 밝히며, 셋째는 『이저하파론』으로 숙세의 일에 대한 전기를 밝히고, 넷째는 『승거론』으로 이십오제를 푼다. 復有八論 一 肩亡婆論 簡擇諸法是非 二 那邪毘薩多論 明諸法道理 三 伊底呵婆論 明傳記宿世事 四 僧佉論 解二十五諦", "다섯째는 『과가론』으로 마음 거두는 법을 밝히는데, 넷째와 다섯째의 두 논은 똑같이 해탈법을 풀었으며, 여섯째는 『타토론』으로 병장기 쓰는 법을 풀었고, 일곱째는 『건천파론』으로 음악법을 풀었으며, 여덟째는 『아수론 *Āyur-veda*』으로 의방을 풀었다. 五 課伽論 明攝心法 此兩論 同釋解脫法 六 陀菟論 釋用兵杖法 七 楗闥婆論 釋音樂法 八 阿輸論 釋醫方"라고 하였다. 〔참고문헌〕『百論疏』. ⇨ 십팔대경 十八大經

팔륙사이만십천겁 八六四二萬十千劫 소승(小乘)의 성자가 대승(大乘)으로 마음을 돌린 다음에 첫 아승기위(初阿僧祇位)에 이르기까지의 수행 기간. 보살은 삼아승기(三阿僧祇)를 지나서야 보리심을 성취한다. 곧 『대반열반경』 권22(대정장12, p.494b1)에 따르면 무상정등정각(阿耨多羅三藐三菩提)에 처음으로 이르는 기간으로 수다원과(須陀洹果)는 팔만겁, 사다함과(斯陀含果)는 육만겁, 아나함과(阿那含果)는 사만겁, 아라한과(阿羅漢果)는 이만겁, 벽지불도(辟支佛道)는 십천겁이라 하였다. 여기 나타나는 겁의 수만 추려 모은 말이다. 『기신론소필삭기』 권3(대정장44, p.310b18)에 "『열반경』에서 설하길 사과와 연각은 지극히 느려서 팔·륙·사·이만·십천겁을 지나야 한다. 이런 차제로 마음을 돌리니 마치 술에 취한 사람이 깨어남에 늦고 빠름이 있는 것과 같다. 삼매라는 술에서 깨어나는 경우도 이와 같다. 涅槃說 四果及緣覺極遲 經八六四二萬十千劫 如次迴心 猶如醉人 醒有遲速 三昧酒醒 亦復如是", 『법화경현찬요집』 권31(卍속장54, p.763b14)에 "또한 마음을 대승으로 돌리면 팔·륙·사·이만·십천겁을 지나 십신의 초심에 이른 다음에 삼대겁의 수행을 거쳐야 비로소 불과에 이른다. 그러므로 믿고 아는 것이 어렵다고 한다. 又迴心向大 經八六四二萬十千劫 至十信初心 然後經三大劫修行 方至佛果 故名難信解也", 『성유식론증의』 권9(卍속장82, p.4a11)에 "아래로는 초과부터 위로는 오과에 이르기까지 마음을 돌이켜 대승으로 향한 다음 겁위에 들어가기까지 팔·륙·사·이만·십천겁을 경과하여 자량위 초위에 이르러서는 단번에 깨우쳐 발심하고 거기서 또 십천겁을 경과하여 자량위 초위에 이른다. 下從初果 上至五果 迴心向大 至入劫位 乃經八六四二萬十千劫 至資糧初 頓悟發心 亦十千劫 至資糧初"라고 하였다. 〔참고문헌〕『大般涅槃經』, 『起信論疏筆削記』, 『法華經玄贊要集』, 『成唯識論證義』. ⇨ 삼아승기 三阿僧祇

팔륜 八輪 팔정도(八正道)를 비유한다. 수레가 바퀴살, 바퀴통과 바퀴테가 서로 도와 움직이듯 팔정도에 의지하여 열반의 언덕에 이를 수 있으므로 팔륜이라고 한다. 『번역명의집』 권5(대정장54, p.1143 c4)에 "또 여덟 개의 수레바퀴에 비유한다. 『정리론』에 이른다. '예를 들면 세간의 수레바퀴에 바퀴살, 바퀴통, 바퀴테가 있는 것과 같다. 팔지성도는 수레바퀴와 비슷하여 륜이라고 이름한다. 정견·정사유·정근·정념은 바퀴살과 같고, 정어·정업·정명은 바퀴통과 같으며, 정정은 바퀴테와 같다. 세 가지로 구족해야만 수레가 되어서 어느 길에서나 구를 수 있다. 又喩八輪 正理論云 如世間輪有輻轂輞 八支聖道似彼名輪 正見正思惟正勤正念似輻 正語正業正命似轂 正定似輞 三事具足可乘轉於通衢也"라고 하였다. 〔참고문헌〕『翻譯名義集』. ⇨ 팔정도 八正道

팔릉 八楞 여덟 면을 각기 다른 방향으로 깎은 모습. 릉(楞)은 각(角)이라는 뜻이니 곧 팔각(八角)을 말한다. 마니보 등의 모습이다. 『기세인본경』 권2(대정장1, p.373c13)에 "저 전륜왕에게 마니보가 있는데 비유리색이며 묘하고 보기 좋은 팔각형으로, 장인이 만든 것이 아니라 자연히 생겨난 것으로 청정하고 맑았다. 그 전륜왕이 이 구슬을 보고 나서 이런 생각을 했다. '이 마니보는 모든 모습이 만족스러우니 이것을 궁안에 걸어두면 광명이 드러나게 되겠구나'. 彼轉輪王 有摩尼寶 毘琉璃色 妙好八楞 非工匠造 自然出生 淸淨明曜 其轉輪王 見此珠已 作如是念 此摩尼寶 衆相滿足 應當懸之置於宮內 令顯光明", 『중아함경』 권53(대정장1, p.760a22)에 "무엇이 지옥의 괴로움인가? 중생들이 지옥 중에 태어나거나 이미 태어나고 나면 옥졸이 손을 묶고 철도끼로 동연하게 뜨겁게 해서 그 몸을 자르거나 찍는다. 팔각으로 만들기도 하고 육각으로 만들거나 사각으로 하기도 하며, 둥글게 하기도 하고 높거나 낮게 하며 예쁘거나 추하게 하기도 한다. 云何地獄苦 衆生生地獄中 旣生彼已 獄卒手捉 則以鐵斧洞然俱熾 斫治其身 或作八楞 或爲六楞 或爲四方 或令團圓 或高或下 或好或惡", 『화엄경소』 권12(대정장35, p.582c13)에 "연꽃의 모양은 마니주와 같다. 마니주의 형상에 여덟 모서리가 있는데, 모난 듯하면서 모나지 않고 둥근 듯하면서 둥글지 않다. 그러므로 하품의 여덟 모서리와 다르다. 形如摩尼者 爲摩尼狀 有於八楞 似方不方 似圓不圓 故異下八隅", 돈황본 『범망경술기』 권1(대정장85, p.736b9)에 "저 마니보에는 여덟 모서리가 있고, 그 하나하나의 모서리에서 갖가지 빛이 나온다. 청·황·적·백·파리·홍·자가 그것이다. 彼摩尼寶有八楞 一一楞中 出種種光 謂靑黃赤白頗梨紅紫"라고 하였다. [참고문헌] 『起世因本經』, 『中阿含經』, 『華嚴經疏』, 『梵網經述記』.

팔리경장 Pāli經藏 스리랑카를 비롯한 태국·미얀마 등 상좌부(上座部)불교권에서 전승하고 있는 팔리어로 된 경장(Ⓟ Sutta-piṭaka). 석가세존께서 설하신 경들을 그 길이나 주제 또는 법수(法數)에 따라 나눠 모은 것을 니카야(Nikāya)라 하는데 지금은 '부 部'의 뜻이며 5부로 나뉘기에 '판차(Pañca) 니카야'라고도 부른다. [디가니카야 Dīgha-nikāya 長部] 길게 설하신 경의 모음으로 계온(戒蘊 Sīlakhandha)·대(大 Mahā)·파티카(Pāṭika)의 3품(品 vagga)에 34경(經)을 거두었다. 계온품 13경에는 '짧은 계 Cūla-sīlaṃ niṭṭhitam', '중간 계 Majjhima-sīlaṃ niṭṭhitam', '긴 계 Mahā-sīlaṃ niṭṭhitam'라는 정형구가 담겨 있어 '계온품 戒蘊品'이라 이름지었다. 대품으로 거둔 10경은 제목에 '대 mahā'가 있는 경들을 우선 묶었고, 다른 경들을 확장한 경이면 '대'라 이름하지 않아도 대품으로 분류하였다. 파티카품 11경은 길이가 길다는 것 외에도 전체를 꿰는 공통점을 찾기 어려운 다양한 경들을 거두어 품의 첫 번째 경인 「파티카경 *Pāṭika-sutta*」(*DN.3*, pp. 1~35)으로 품의 이름을 삼았다. 주석으로 5세기경 붓다고사(Buddhaghosa)가 지은 『수망갈라위라시니 *Sumaṅgalavilāsinī*』가 있다. [맛지마니카야 Majjhima-nikāya 中部] 길지도 짧지도 않은 중간 길이로 설하신 경의 모음으로 물라파리야야(Mūlapariyāya 根本法門)·시하나다(Sīhanāda 獅子吼)·우파마담마(Upamadhamma 譬喩法)·마하야마카(Mahāyamaka 大雙)·출라야마카(Cūlayamaka 小雙)·가하파티(Gahapati 長者)·빅쿠(Bhikkhu 比丘)·파리바자카(Paribbājaka 遊行者)·라자(Rāja 王)·브라마나(Brāhmaṇa 婆羅門)·데바다하(Devadaha)·아누파다(Anupada 隨句)·순냐타(Suññata 空)·비방가(Vibhaṅga)·살라야타나(Saḷāyatana 六入處)의 15품 152경이며 다시 50경씩 묶어 물라판나사(Mūla-paṇṇāsa 根本分)·맛지마판나사(Majjhima-paṇṇāsa 中分)·우파리판나사(Upari-paṇṇāsa 上分) 50경으로 나눈다. 주석으로 붓다고사가 지은 『파판차수다니 *Papañcasūdanī*』가 있다. [상윳타니카야 Saṃyutta-nikāya 相應部] 상윳타는 어근 saṃ-yuj의 과거분사형으로 '함께(saṃ-) 묶는다(yuj)'는 뜻이다. 길이가 짧은 경들만을 모아 다시 주제별 상응하는 경들끼리 묶었다. 5편(篇) 56상응(相應) 215품 2,889경이다. 주석으로 붓다고사의 『사랏타파카시니 *Sāratthappakāsinī*』가 있다. [앙굿타라니카야 Aṅguttara-nikāya 增支部] 앙굿타라란 '앙가(aṅga 支)가 더하여 늘어난다(uttara)'는 뜻이다. 석존께서 설하신 경들 중 법수(法數) 관련한 2,344경을 '하나의 모음 Eka-nipāta'부터 '열하나의 모음 Ekādasaka-nipāta'까지 11니파타로 분류 결집하였다. 주석으로 붓다고사의 『마노라타푸라니 *Manorathapūraṇī*』가 있다. [쿳다카니카야 Khuddaka-nikāya 小部] 15부(部)로 이루어져 있으며 그 차제는 『사만타파사디카』(*Sp.*, p.18)에 전한다. 15부 가운데 우다나(Udāna 感興偈)와 이티붓타카(Itivuttaka 如是語), 테라가타(Theragāthā 長老偈)와 테리가타(Therīgāthā 長老尼偈), 자타카(Jātaka 本生譚)와 아파다나(Apadāna 譬喩)는 십이분교(十二分敎)의 자설(自說 udāna)·본사(本事 ityukta)·게송(偈頌 gāthā)·본생(本生 jātaka)·비유(譬喩 avadāna)와 일치하고, 담마파다(Dhammapada 法句)와 숫타니파타(Suttanipāta 經集) 의품(義品 Aṭṭhaka-vagga)은 『상윳타니카야』·『앙굿타라니카야』와 팔리율(Pāli Vinaya)에 언급되거나 인용될 정도로 오래되었으며, 대부분의 부(部)는 범어나 프라크리트어(prākṛta)로 된 상응본(相應本)이 있다. [참고문헌] 赤沼智善 『漢巴四部阿含互照錄』(破塵閣書房, 1958), 에띠엔 라모뜨·호진 『인도불교사』1(시공사, 2006). ⇨ 오부니카야 五部Nikāya, 니가야 尼柯耶, 디가니카야 Dīgha-nikāya, 맛지마니카야 Majjhima-nikāya, 상윳타니카야 Saṃyutta-nikāya, 앙굿타라니카야 Aṅguttara-nikāya, 쿳다카니카야 Khuddaka-nikāya, 굴다가니가야 屈陀迦尼迦耶, 숫타피타카 Sutta-piṭaka, 테라바다불

교 Theravada佛教, 팔리율장 Pāli律藏, 남전대장경 南傳大藏經

팔리논장 Pali論藏 ➡ 팔리삼장 Pāli三藏, 칠론 七論

팔리삼장 Pāli三藏 팔리어로 전하는 경율론(經律論)의 세 광주리(Ⓟ Ti-piṭaka, Ⓢ Tri-piṭaka). 스리랑카와 미얀마·태국 등 동남아시아 일대에 전승된 상좌부불교의 삼장이다. 석가세존 입멸 직후 마하가섭(摩訶迦葉 Ⓟ Mahākassapa)의 제안으로 오백비구가 라자그리하 칠엽굴(七葉窟 Ⓟ Sattapaṇṇiguhā)에 모여 여법히 합송(合誦)하여 결집하였다. 이 제1차대합송(Ⓟ paṭham a-mahāsaṅgīti : 第一結集)은 장로들이 합송하였다 하여 장로합송(Ⓟ thera-saṃgīti)이라고도 부른다. 율의 결집보다 경의 결집이 먼저였다는 『아육왕전 阿育王傳』 권4(대정장50, p.113a)·『대지도론 大智度論』 권2(대정장25, p.66a)·『마하승기율 摩訶僧祇律』 권32(대정장22, p.490c) 등의 전승과 달리, 상좌부전통에서는 '율은 부처님 가르침의 생명으로서 율이 설 때 가르침도 선다'(vinayo nāma buddhassa sāsanassa āyu, vinaye ṭhite sāsanaṃ ṭhitaṃ hoti, *Sv.1*, p.11)는 뜻에서 율을 먼저 합송하였다고 전한다. 〔율장 律藏 Vinaya-piṭaka〕 마하가섭이 율을 물으면 우팔리(Ⓟ Upāli)가 풀어 답한 뒤에 대중이 다 같이 합송(Ⓟ gaṇa-sajjhāya)하였다. 북전(北傳) 광율(廣律)인 사분율 및 오분율과 함께 가장 먼저 성립된 율로 중시되며 경분별(經分別 Sutta-vibhaṅga)·건도(犍度 Khandhaka)·부수(附隨 Parivāra)로 나뉜다. 경분별이란 율장의 본문에 골자가 되는 조문을 중심으로 제계인연(制戒因緣)과 자구(字句)의 해석, 실제의 예(例) 등을 설한 부분으로 비구계 227조(條)를 설한 대분별(大分別 Mahā-vibhaṅga)과 비구니계 311조를 설한 비구니분별(比丘尼分別 Bhikkhuni-vibhaṅga)이 있다. 비구계 227조의 계상(戒相)은 4바라이(波羅夷 pārājika)·13승잔(僧殘 saṃghādisesa)·2부정(不定 aniyata)·30사타(捨墮 nissaggiya-pācittiya)·92바일제(波逸提 pācittiya)·4바라제제사니(波羅提提舍尼 pāṭidesaniya)·75중학(衆學 sekhiyā)·7멸쟁법(滅諍法 adhikaraṇasamathā dhammā)으로 8편(篇)이고, 비구니계 311조의 계상은 8바라이·17승잔·30사타·166바일제·8제사니·75중학·7멸쟁법으로 부정법이 없어 7편이다. 다음으로 건도란 편품(編品)의 뜻이다. 출가·수계·포살 등 출가교단의 행사작법의 시설 및 경분별을 보완하는 해설로서 대품(大品 Mahāvagga) 10편(大犍度 布薩 入雨安居 自恣 皮革 藥 迦絺那衣 衣 瞻波 拘睒彌)과 소품(小品 Cullāvagga) 12편(羯磨 別住 集 滅諍 小事 臥坐具 破僧 儀法 遮說戒 比丘尼 五百結集 七百結集犍度)으로 나누었다. 오백결집·칠백결집건도는 경율결집의 사정을 설한 것이다. 마지막 부수는 부록으로서 앞의 경분별과 건도의 내용을 19장으로 조직 분류하여 골자를 추려내고 주해한 것이다. 마하가섭은 우팔리와 그 제자들을 통해 이 율장의 전승을 부촉(咐囑)한 바 있다. 〔경장 經藏 Sutta-piṭaka〕 세존께서 경을 설하신 곳, 설하신 인연, 경의 주제 등을 마하가섭이 묻고 아난다(阿難陀 Ⓟ Ānanda)가 풀어 답한 바를 대중이 다 같이 승인한 뒤에 합송하였다. 『디가니카야』 3품(戒蘊·大·Pāṭika品) 34경 64바나와라(Ⓟ bhāṇavāra 誦分)를 합송해 마치고 가섭은 아난다와 그 제자들에게 『디가니카야』의 전승을 부촉하였다. 이어서 『맛지마니카야』 152경 80바나와라를 합송해 마치고는 사리불(舍利弗 Ⓟ Sāriputta)과 그 제자들에게 호지(護持)를 부촉하였으며, 『상윳타니카야』 7762경 100바나와라의 전승은 마하가섭과 그 제자들에게 부촉되었다. 그리고 『앙굿타라니카야』 9757경 120바나와라를 합송해 마치고는 아누룻다(阿那律 Ⓟ Anuruddha)와 그 제자들에게 이의 호지를 부촉하였다. 경장의 마지막인 『쿳다카니카야』는 본생담(本生譚 Jātaka)·의석(義釋 Niddesa) 등 15부(部)로 이루어지는데, 『디가니카야』의 주석인 『수망갈라위라시니』(*Sv.1*, p.15)에 의하면 이 15부를 다 거둬 경장에 넣었다는 것은 『맛지마니카야』 전승자들(Ⓟ Majjhima-bhāṇakā)이 전하는 바이며, 『디가니카야』 전승자들(Ⓟ Dīgha-bhāṇakā)에 의하면 소행장(所行藏 Cariyapiṭaka)과 불종성(佛種姓 Buddhavaṃsa)을 제한 13부는 '소전(小典 Ⓟ Khuddaka-gantha)'이라 하여 논장으로 분류하였다. 〔논장 論藏 Abhidhamma-piṭaka〕 경장에 이어 『법집론』·『분별론』·『계론』·『인시설론』·『논사』·『쌍론』·『발취론』의 칠론(七論) 즉 아비담마를 합송해 마치니 논장이 결집되었다. 『디가니카야』의 전승자들은 위 칠론에 이어서 오백비구가 다시 13부(本生 義釋 無礙解道 譬喩 經集 小誦 法句 自說 如是語 天宮事 餓鬼事 長老偈 長老尼偈)를 합송한 뒤 이를 '논장으로 거두었다(abhidhamma-piṭakasmiṃ yeva saṃgahaṃ āropayiṃsūti)'고 전한다. 경율론 삼장에는 석존께서 설하신 익혀야 할 세 가지(tisso sikkhā)와 끊어야 할 세 가지(tīni pahanāni)가 담겼다. 익혀야 할 셋이란 율장에서는 증상계학(增上戒學 adhisīla-sikkhā), 경장에서는 증상심학(增上心學 adhicitta-sikkhā), 논장에서는 증상혜학(adhipaññā-sikkhā)이고, 끊어야 할 셋이란 율장에서는 어겨 범하는 일(vītikka), 경장에서는 얽혀 매임(pariyuṭṭhāna), 논장에서는 수면(隨眠 anusaya)이다. 〔참고문헌〕 *Sv.*, 李智冠 『南北傳六部律藏比較硏究』(伽山佛敎文化硏究院, 1999) pp.24~25, 각묵 「디가니카야 주석서서문」(『디가니카야』3, 초기불전연구원, 2006) pp.537~58

8. ⇨ 남전대장경 南傳大藏經, 남전불교 南傳佛敎, 팔리율장 Pāli律藏, 팔리경장 Pāli經藏, 칠론 七論, 경전 經典[1], 삼장 三藏[1], 결집 結集

팔리어 Pāli語 Ⓟ pāli, pāḷi, pāli-bhāsā. 현재 스리랑카를 비롯하여 태국・미얀마・라오스・캄보디아 등 테라와다(Ⓟ Theravāda : 상좌부)불교국가에서 신봉하는 경전에서 사용되고 있는 언어. 8개의 모음과 33개의 자음으로 구성되어 있다. 언어학적으로는 중기 인도 아리안어(Middle Indo-Aryan)로 분류한다. 중기 인도 아리안어 중에서도 오래된 어형을 보여, 팔리어가 인도 기원의 오래된 언어라는 점은 분명하지만, 구체적인 기원은 명확하지 않다. 테라와다 불교도들은 팔리어가 석가세존께서 사용한 마가다어(Ⓟ Māgadhī), 즉 석존께서 활동한 갠지스강 중류의 마가다지방에서 사용된 언어를 가리킨다고 생각한다. 그리고 자신들이 전승하고 있는 팔리불전의 언어야말로 석존이 사용한 마가다어라고 주장하며, 내용상으로도 팔리불전은 제1결집(結集)으로 전승된 석존의 가르침을 그대로 담고 있다고 믿는다. 제1결집이란 붓다의 열반 후 제자 대가섭(大迦葉)을 주축으로 500명의 아라한이 모여 붓다의 가르침을 집성한 성전편찬회의다. 지율제일(持律第一)이었던 우바리가 율(律)을, 다문제일(多聞第一)이었던 아난이 경(經)을 각각 암송하고, 다른 아라한들이 이를 승인하는 합송(合誦 Ⓢ saṃghīti)에 의해 결집되었다. 이후 제6차 결집까지 이어지며 삼장이라는 형태의 불설이 보존되었기에 지금까지 그 권위를 전승해 봉대한다. 마가다어설 외에 코살라어설, 칼링가어설, 서부인도어설 등 특정 지역에서 기원을 찾는 설 외에, 석존께서 열반에 든 후 제자들이 불전을 편찬하는 과정에서 새롭게 구축한 언어로 보는 설도 있는 등 팔리어의 기원에 관해서는 다양한 추정이 이루어지고 있지만, 팔리어를 언어학적 기원에서 이름한 것이 아닌 성전, 다시 말해 경율론 삼장(三藏 Ⓟ tipiṭaka)을 의미하는 말로 이해하는 것이 타당하다는 견해가 지금 주류의 생각이다. 스리랑카에서 5세기경부터 삼장에 대한 주석서가 본격적으로 작성되면서, 이때 주석이 아닌 성전이라는 의미에서 삼장을 팔리라고 불렀다. 예를 들어 '팔리와 주석(Ⓟ Pāli ca Aṭṭhakathā ca)'이라고 하여 주석과 구별하여 원래의 경과 율을 가리킬 때 팔리라고 한다. 그리고 6세기에는 마가다어를 가리킬 때도 '팔리로 한 말씀(Ⓟ pālibhāsā)'이라 하였다. 즉 석존께서 쓰셨던 마가다어가 곧 팔리성전에서 사용되는 말이라는 의미인데, 이때까지는 팔리라는 말이 언어학적 이름은 아닌 듯하다. 팔리가 팔리어라는 언어학적 명칭으로 사용된 것은 12~13세기 무렵으로 추정되는데, 이 시기가 되면 성전언어를 가리키는 고유명사로 팔리어가 마가다어와 같은 의미로 사용되기 시작했을 것으로 추정한다. 이때는 스리랑카불교가 상좌부대사파(大寺派)를 중심으로 통일된 시기로, 이후 이 파의 팔리불전을 중심으로 불교는 동남아시아 대륙으로도 전파되어 폭넓게 테라와다불교권을 형성하게 되었기 때문이다. 스리랑카와 동남아시아 국가간의 교통이 빈번해지면서 의사소통이 필요해져 신속한 의사전달을 위해 성전어인 팔리어가 활성화되었을 것으로 추정한다. 요컨대, 스리랑카의 대사파가 12세기 무렵에 다른 모든 부파를 통일하여 정체성 확립에 성공한 후, 그것이 동남아시아에도 전파되어 테라와다불교권이라고 부를 만한, 말하자면 팔리불전을 중심으로 한 거대한 팔리어 영역이 마련되자 이들 간에 불전언어를 가리키는 말로서 마가다어와 더불어 팔리어가 권위를 갖는 고유명사로 유통되었다고 추정하며, 나아가 이후 서양인이 동양에 진출하여 스리랑카를 식민지화한 16~17세기 이래 상좌부불교가 주목을 받으면서 점차 팔리불전도 관심을 받게 되는데, 1687년에 루드비히(Ludwig) 14세가 샴 왕실에 파견한 사절 루베르는 『샴 왕국의 기술 *Description du royaume de Siam*』(1697)이라는 저서에서 팔리어와 남방불교를 소개하고 있다. 그리고 1824년에는 최초의 팔리어문법과 사전이 영국인 선교사 벤자민 클라프(Benjamin Clough)에 의해 출판되었다. 이후 구미의 학자들이 팔리어 및 팔리불전연구를 하면서 구미어로 팔리(Pāli)라는 언어명이 학계에 정착되고, 이후 팔리는 테라와다불교권의 언어로서의 '팔리어'라는 의미로 굳어져 지금에 이르고 있다. [참고문헌] 水野弘元 『パーリ語文法』(東京 : 山喜房佛書林, 1955) pp.1~27, Wilhelm Geiger *A Pāli Grammar*(Oxford : PTS, 1994), 馬場紀壽 「パーリ佛典卷の形成-スリランカから東南アジアへ」(『佛教文明の轉回と表現-文字・言語・造形と思想』, 2015) pp.3~23. ⇨ 팔리삼장 pāli三藏, 팔리율장 pāli律藏, 테라바다불교 Theravāda佛敎, 상좌부불교 上座部佛敎, 남전불교 南傳佛敎

팔리율장 Pāli律藏 Ⓢ Ⓟ Vinaya-piṭaka. 현재 스리랑카를 비롯한 태국・미얀마 등 테라와다(Ⓟ Theravāda : 上座部)불교권에서 전승하고 있는 팔리어(Ⓟ pāli)로 된 율장. 율장은 승가(僧伽) 내부구성원들이 지켜야 할 약속 즉 계목(戒目)의 유지를 위한 수계・갈마・포살 등의 모든 일들을 모아 전승한 자료다. 석가세존께서 대중과 함께하며 제정한 것들을 제1차 결집(結集)에서 지율제일(持律第一) 우팔리(Ⓟ Upāli)가 암송하고, 이를 다른 아라한들이 승인하는 과정을 거쳐 편찬되었다. 석존 열반 후 100여 년경에 교단분열을 시작하면서 이후 18 혹은 20부파로 나뉘어졌는데, 이 중 설일체유부・화지부・법장부・대중부 등 몇몇 부파가 전지한 율장이 현존한다. 팔리율장은 테라와다전승 율장으로, 스리랑카의 상좌부대사파(上座部大寺派 Ⓟ Mahāvihāra)가 전지하다 점차 주변국가로 전파되었다. 팔리율장은 *Suttavibhaṅga*(經分別)·*Khandhaka*(犍度部)·*Parivāra*(附隨)의 세 부분으로 구성되어 있다. 〔경분별 經分別 Suttavibhaṅga〕 경에 대한 해석을 다루는 부분으로, 이때 경이란 바라제목차(波羅提木叉) 즉 계본(戒本)을 가리킨다. 비구분별과 비구니분별로 구성되어 있다. 비구분별은 바라이 4조, 승잔 13조, 부정 2조, 사타 30조, 바일제 92조, 바라제제사니 4조, 중학 75조, 멸쟁 7조의 총 227조를, 비구니분별은 바라이 8조, 승잔 17조, 사타 30조, 바일제 166조, 바라제제사니 8조, 중학 75조, 멸쟁 7조의 총 311조를 다룬다. 이들 계가 제정되게 된 인연담, 제정된 조문, 제정된 조문에 대한 자구(字句)의 추가, 조문의 자구에 대한 해석, 조문의 실례 등의 순서로 각 조문을 설명한다. 〔건도부 犍度部 Khandhaka〕 수계나 포살, 자자 등 승가의 주요한 공동의 일(事)들에 관련된 사안이나 바라제목차에 포함되지 않는 모든 일들에 대한 규범 등을 다룬다. 대품(大品 Ⓟ Mahāvagga)과 소품(小品 Ⓟ Cullavagga)으로 구성되어 있다. 대품은 총 10장이다. ① 대건도(大犍度 Mahā-khandhaka : 受戒犍度)는 석존의 성도에서 사리불·목련의 귀의에 이르기까지 승가가 형성되고 정비되어 가는 과정을, ② 포살건도(布薩犍度 Uposatha-khandhaka)는 보름마다 한 번씩 실행되는 승가의 정기행사인 포살(布薩 Ⓟ uposatha)이 수행되는 과정과 계목인 바라제목차의 낭송법이나 결계(結界) 등 포살의 실행내역 등을, ③ 입우안거건도(入雨安居犍度 Vassupanāyika-khandhaka)는 우기 3개월 동안 한 곳에 정주하며 수행해야 하는 안거(安居 Ⓟ vassā)법을 다루는 장으로, 이 법이 제정된 인연 및 시기·장소·안거 중에 지켜야 할 약속 등을, ④ 자자건도(自恣犍度 Pavāraṇa-khandhaka)는 안거 후 자자의 실행법을 다룬다. 자자는 안거동안 함께 했던 스님들이 한자리에 모여 그간에 있었던 대중생활을 돌아보고 범계(犯戒)가 있으면 참회하는 의식으로, 제정된 인연이나 실행법 등을 다룬다. ⑤ 피혁건도(皮革犍度 Camma-khandhaka)는 가죽제품에 관한 갖가지 규정, ⑥ 약건도(藥犍度 Bhesajja-khandhaka)는 출가자가 섭취할 수 있는 음식물 혹은 약에 대한 규정 및 병의 치료법, 식용금지육류 등에 관한 기술이다. ⑦ 가치나의건도(迦絺那衣犍度 Kaṭhina-khandhaka)는 3개월 안거 후 받게 되는 가치나의식의 실행법에 관한 규정을, ⑧ 의건도(衣犍度 Cīvara-khandhaka)는 출가자에게 허용되는 옷의 종류나 재료, 보시된 옷감의 분배 등 옷에 관한 규정을, ⑨ 첨파건도(瞻波犍度 Campeyya-khandhaka)는 갈마의 실행법을, ⑩ 구섬미건도(拘睒彌犍度 Kosamba-khandhaka)는 코삼비비구들 간에 발생한 분쟁을 계기로 불화(不和)를 풀어가는 일련의 과정을 소개한다. 소품은 총 12장으로 구성되어 있다. ① 갈마건도(羯磨犍度 Kamma-khandhaka)는 악행을 저지른 비구를 징계하는 몇 가지 갈마법을, ② 별주건도(別住犍度 Pārivāsika-khandhaka)는 승잔죄를 범하고 고백하지 않은 채 숨긴 비구에게 부과하는 별주법을, ③ 집건도(集犍度 Samuccaya-khandhaka)는 승잔죄를 범한 비구에게 마나타(Ⓟ mānatta) 및 별주를 부과한 후 복권시키는 법에 관한 설명을 비롯하여, 승잔죄를 범한 비구에 대한 모든 징계법을 제시한다. ④ 멸쟁건도(滅諍揵度 Samatha-khandhaka)는 승가에서 발생하는 네 가지 주요 쟁사(諍事)와 이를 해결하는 일곱 가지 멸쟁법을, ⑤ 소사건도(小事犍度·雜事犍度 Khuddakavatthu-khandhaka)는 비구들의 일상에 필요한 물품에 관한 규정을, ⑥ 와좌구건도(臥坐具犍度 Senāsana-khandhaka)는 사방승물로서 공유재산인 와좌구의 바른 사용법 내지 와좌구 분배소임을 맡은 이들에 관한 규정을, ⑦ 파승건도(破僧犍度 Saṃghabhedaka-khandhaka)는 제바달다의 분쟁으로 인한 파승의 정의, 파승을 도모하는 비구들에 대한 처리문제 등을, ⑧ 위의건도(威儀犍度 Vatta-khandhaka)는 비구들이 지켜야 할 온갖 위의를, ⑨ 차설계건도(遮說戒犍度 Pātimokkhaṭhapana-khandhaka)는 포살에 출석할 수 없는 범계비구가 무리하게 참석하려고 할 때 이를 차단하는 법을, ⑩ 비구니건도(比丘尼犍度 Bhikkhunī-khandhaka)는 비구니승가의 탄생 및 팔경법 등에 관한 이야기를, ⑪ 오백건도(五百犍度 Pañcasatika-khandhaka)는 불멸 후 실행된 제1결집을, ⑫ 칠백건도(七百犍度 Sattasatika-khandhaka)는 불멸 후 100여 년에 발생한 십사비법(十事非法)논쟁과 그 해결과정 및 제2결집을 다룬다. 〔부수 附隨 Parivāra〕 경분별과 건도부의 내용을 외우기 쉽도록 후대에 문답형식으로 요약정리한 것이다. 〔참고문헌〕 平川彰 『律藏の硏究』(東京 : 山喜房佛書林, 1970), 佐藤密雄 『原始佛敎敎團の硏究』(東京 : 山喜房佛書林, 1972) pp.1~29. ⇨ 율장 律藏, 대건도 大犍度, 수계건도 受戒犍度, 포살건도 布薩犍度, 포살 布薩, 안거건도 安居犍度, 안거 安居, 자자건도 自恣犍度, 자자 自恣, 피혁건도 皮革犍度, 약건도 藥犍度, 가치나의건도 迦絺那衣犍度, 의건도 衣犍度, 첨파건도 瞻波犍度, 구섬미건도 拘睒彌犍度, 갈마건도 羯磨犍度, 부장 覆藏, 부장건도 覆藏犍度, 별주 別住, 별주갈마 別住羯磨, 인건도 人犍度, 멸쟁건도 滅諍揵度, 멸쟁법 滅諍法, 방사건도 房舍犍度, 파승건도 破僧犍度, 법건도 法犍度, 차건도 遮犍度, 비구니건도 比丘尼犍度, 칠백결집 七百結集, 십사비법 十事非法, 부수 附隨, 이십건도 二十犍度

팔마 八魔 해탈을 방해하는 여덟 가지 마. 번뇌(煩

惱)・음(陰)・사(死)・천(天)이라는 사마(四魔)와 무상(無常)・무락(無樂)・무아(無我)・무정(無淨)이라는 사도(四倒)를 합하여 부르는 말. 40권본『대반열반경』 권22(대정장12, p.497a12)에 "팔마를 무너뜨리고자 한다면〈팔마는 사마와 무상・무락・무아・무정를 말한다〉, 또한 인계에서의 즐거움과 천상에서의 즐거움을 얻으려는 이라면,『대열반경』을 받아서 지니고 서사하거나 독송하며, 남에게 해설해 주어야 한다. 欲破八魔〈八魔者 所謂四魔 無常 無樂 無我 無淨〉 欲得人中天上樂者 見有受持大涅槃經 書寫讀誦 爲他解說",『대반열반경의기』 권7(대정장37, p.797b8)에 "팔마란 무엇인가? 번뇌・음・사・천 그리고 천마가 네 종류의 마이고, 무상・무락・무아・무상무위(무정)라는 사도를 또 넷으로 삼는다. 여덟 가지 중 앞의 네 가지는 대승과 소승에 모두 공통으로 언급하지만, 뒤의 네 가지는 대승에만 있고 소승에는 없다. 소승은 무상・고・무아 등을 전도라 여기지 않기 때문이다. 言八魔者 煩惱陰死 及與天魔 是其四種 無常 無樂 無我 無常無爲四倒 復以爲四 八中前四 大小通論 後之四種 唯大非小 以其小乘 未說無常苦無我等爲顚倒故",『법화문구』 권3상(대정장34, p.31c9)에 "마구니 병사를 물리친다는 말은 무슨 뜻인가? 공관으로 사마를 물리치고, 가관으로 팔마를 순서대로 물리치며, 중관으로 팔마・십마・일체마를 빠짐없이 물리친다. 破魔兵者 空觀 破四魔 假觀 次第破八魔 中觀 圓破八魔 十魔 一切魔",『석선바라밀차제법문』 권4(대정장46, p.508a9)에 "『열반경』에서는 팔마의 설이 있고,『화엄경』에는 십마의 설이 있지만, 그 뜻을 잘 이해하면 사마에 모두 거둘 수 있으며 그 이상 다른 마의 법은 없다. 涅槃經中 說有八魔 華嚴經中 說有十魔 善得其意 四魔攝盡 更無別法",『유마경현소』 권6(대정장38, p.554c28)에 "진성해탈은 팔마가 아니며, 팔마가 아닌 그것이 진성해탈이다. 眞性解脫 卽非八魔 非八魔卽是 眞性解脫"라고 하였다. [참고문헌]『大般涅槃經』,『大般涅槃經義記』,『法華文句』,『釋禪波羅蜜次第法門』,『維摩經玄疏』. ⇨마 魔, 사마 四魔[2], 사도 四倒

팔만 八慢 여덟 가지 만. 만(慢)・대만(大慢)・만만(慢慢)・불여만(不如慢)・명교만(名憍慢)・아만(我慢)・증상만(增上慢 : 傲慢)・사만(邪慢).『화엄공목장』 권3(대정장45, p.570b25)에 "팔만 … 낮은 이에 대하여 스스로를 높이는 것을 만이라 하고, 비등한 상대를 보고 비등하다고 여기는 것도 만이라 한다. 비등한 상대를 보고 자신이 높다고 여기는 것을 대만이라 하고, 나은 상대와 견주어 자신이 높다고 여기는 마음을 만만이라 하며, 오음 등으로 구성된 몸을 아로 여기는 마음을 아만이라 하고, 월등히 나은 사람과 견주어 자신이 약간 못하다고 여기는 마음을 불여만이라 하며, 덕도 없으면서 스스로 고상하다고 여기는 마음을 사만이라 하고, 악법을 지녔으면서 스스로 고상하다고 여기는 마음도 사만이라 하며, 선한 사람이나 존귀한 사람에게 예경하지 않으려는 마음은 오만이라 한다. 八慢 … 若於卑自高 名慢 於等計等 亦名爲慢 於等自高 名爲大慢 於勝自高 名慢慢 五陰等處 名我慢 於大勝人 謂少不如 名不如慢 無德自高 名邪慢 又以惡法自高 亦名邪慢 於善人及尊中 不肯禮敬 名傲慢"라고 하였다. [참고문헌]『華嚴孔目章』. ⇨만 慢, 대만 大慢, 만만 慢慢, 불여만 不如慢, 아만 我慢, 증상만 增上慢, 사만 邪慢, 팔교 八憍

팔만겁 八萬劫 **1** 소승(小乘)이 수행을 원만히 성취하는 기간. 특히 수다원과(須陀洹果 Ⓢ srotaāpatti-phala)를 성취하는 기간으로 보기도 한다. 40권본『대반열반경』 권22(대정장12, p.494b1)에 "수다원과도 결정되어 있지 않으니 결정되어 있지 않기에 팔만겁을 거쳐 아누다라삼막삼보리심을 증득한다. 須陀洹果 亦復不定 不決定故 經八萬劫 得阿耨多羅三藐三菩提心",『대반열반경집해』 권26(대정장37, p.477a7)에 "팔만겁이란 무슨 뜻인가? 후반부에서 '보리심을 얻었다'라고 했으며, 또 '팔만겁 동안 머무는 곳'이라고도 하였다. 이는 소승열반이니 보리심을 성취한 듯이 보이기 때문이다. 번뇌를 사유하여 소승은 끊지만 반드시 보살위는 아니다. 겁의 수가 이와 같기에 치우친 갈애는 끊기 쉽지만 (대승의) 평등한 자비는 성취하기 어려움을 알아야 한다. 八萬劫者 後云得菩提心 亦云八萬劫住處 是小涅槃似是菩提心成就耳 思惟煩惱 小乘斷之 不必在菩薩 劫數如此 故知偏愛易斷 等悲難成也",『대반열반경의기』 권4(대정장37, p.728a28)에 "팔만겁이 지나 대보리를 증득했다는 말은 성의 위에서의 보리를 얻었다는 뜻이다. 過八萬劫 得大菩提 所謂得於性地菩提",『법화현론』 권8(대정장34, p.427c16)에 "어떤 사람은 다음과 같이 말한다. 예를 들면『대반열반경』에서 '수다원은 팔만겁이 지나 이른다'고 하거나 '벽지불인은 십천겁이 지나 이른다'고 한다. 이른다는 말은 보리심의 처에 이른다는 뜻이다. 삼근인이 이해하는 그것이 발보리심이고, 오종인이 와서 보리심처에 이르기에 광오백이라 한다. 여기서는 극히 둔한 근기의 사람만을 취했기에 '팔만겁이 지나 이른다'고 말할 뿐이다. 만약 이근인이라면 반드시 여러 겁을 거칠 필요가 없다. 석가모니불께서 한 때 세상에 출현하셨고, 그때 사과를 얻은 이들은『법화경』을 듣고 모두 발심하였으니, 이를 '이르렀다'고 한다. 有人言 如大經云 須陀洹 八萬劫到 乃至辟支佛人 十千劫到 到者至於菩提心處 如三根人領解 卽是發菩提心 以五種人來至菩提心處 故言 廣五百也 此取極鈍根人 故云八萬劫到耳 若利根人 不必須多劫 釋迦一期出世 得四果者 聞法華皆發心 卽名至也",『능엄경소해몽초』 권2(卍속장21, p.

249a15)에 "예를 들면 비비상처의 팔만겁 중에서 찰나에 이르기까지 그 낱낱이 모두 생주이멸이어서 일체의 모든 하늘도 이와 같다. 如非非想處 八萬劫中 乃至刹那 一一皆生住異滅 一切諸天如是", 『금강경주해』 권4(卍속장38, p.964b6)에 "팔만겁 세월 넉넉히 지나더라도, 마침내는 텅 비어 그 무엇도 없는 경계에 떨어지리라(傅大士의 송)〈『능엄경』에 '열 무리 선인들이 모두 사람의 몸을 받아 마음을 수련하였지만 정각을 닦지 않고 따로 나는 도리만을 터득하여 수천만세로 살며 망상을 퍼뜨렸다. 그들은 삼매를 닦지 않고 보가 다하면 다시 돌아와 여러 윤회의 갈래로 흩어져 들 뿐이다'라고 하였다. 배우는 이들이 이 십선의 시말을 보면 '팔만겁 세월 늘어지게 거치더라도 마침내 텅 비어 아무것도 아닌 것에 떨어지리라'고 읊은 송의 구절이 참으로 그 뜻을 은근히 일러주었다고 할 만하다〉. 饒經八萬劫 終是落空亡〈楞嚴經云 有十種仙 皆於人中煉心 不修正覺 別得生理 壽千萬歲 妄想流轉 不修三昧 報盡還來 散入諸趣 學者觀此十仙之始末 則傳頌所謂饒經八萬劫 終是落空亡者 亦可嘿喩矣〉"라고 하였다. 〔참고문헌〕『大般涅槃經』, 『大般涅槃經集解』, 『大般涅槃經義記』, 『法華玄論』, 『楞嚴經疏解蒙鈔』, 『金剛經註解』, 『楞嚴經』 권8(대정장19, p.145c12). ❷ 비상비비상처(非想非非想處) 곧 비비상천(非非想天)에서의 유정의 수량(壽量). 팔만대겁(八萬大劫)이라고도 한다. 『대승본생심지관경』 권5(대정장3, p.316a26)에 "삼계의 꼭대기인 비비상천에서 팔만겁이 다하면 다시 하지에 태어나 전륜성왕으로서 천 명의 아들에 둘러싸이고 칠보를 갖춘 권속이 사주에서 모두 복종하지만 수명의 보가 다하면 잠시도 머물지 못한다. 三界之頂 非非想天 八萬劫盡 還生下地 轉輪聖王 千子圍繞 七寶眷屬 四洲咸伏 壽命報盡 須臾不停", 『대비바사론』 권100(대정장27, p.518a20)에 "비상비비상처에 나서 수량을 다하지 않고 죽어도, 욕계와 색계를 보면 팔만겁은 볼 수 없으니 그가 비상비비상처에 났다고 판단한다. 或生非想非非想處 壽量不盡而死 若觀欲色界 八萬劫不見 便謂彼生非想非非想處", 『법화경현찬요집』 권14(卍속장54, p.58a4)에 "다음으로 무색계의 수량을 보면 공처는 이만겁, 식처는 사만겁, 무소유처는 육만겁, 비비상천은 팔만겁이다. 次無色界 空處二萬劫 識處四萬劫 無所有處六萬 非非想天八萬劫"라고 하였다. 〔참고문헌〕『大乘本生心地觀經』, 『大毘婆沙論』, 『法華經玄贊要集』. ⇨ 팔만대겁 八萬大劫, 팔륙사이만십천겁 八六四二萬十千劫 ❸ 대겁(大劫)의 수. 또는 무한한 수량. 『대비바사론』 권116(대정장27, p.604b7)에 "〔문〕 팔만겁은 어떤 겁인가? 〈답〉 어떤 설로는 이는 중겁이라 하고, 또 어떤 설로는 이는 성겁이라 하며, 또 다른 설로는 이는 괴겁이라 한다. 이와 같은 설에 따르면 이는 성주괴공(成住壞空) 다 거둔 대겁이다. 問 八萬劫者 是何劫耶 或有說者 此是中劫 復有說者 此是成劫 復有說者 此是壞劫 如是說者 此是大劫", 『구마라집법사대의』 권상(대정장45, p.127a11)에 "팔만겁이란 아미타불 등이 청정한 불국토에 사시는 수명이 무량함을 나타낸다. 八萬劫者 又阿彌陀等 淸淨佛國 壽命無量"라고 하였다. 〔참고문헌〕『大毘婆沙論』, 『鳩摩羅什法師大義』. ⇨ 겁 劫

팔만계 八萬戒 팔만이나 되는 계. 실제로 제정된 계목은 아니고 삼천위의(三千威儀)에 따르는 팔만세행(八萬細行)을 가리키며, 팔만사천(八萬四千)이라는 온갖 번뇌를 다스리는 계법이라는 뜻이다. 『대지도론』 권13(대정장25, p.161c16)에 "간략하게 말하면 오백계이고, 자세하게 말하면 팔만계이다. 세 번째 갈마를 마치면 무량율의로 비구니를 성취할 수 있다. 略說則五百戒 廣說則八萬戒 第三羯磨訖 卽得無量律儀 成就比丘尼", 『석가여래행적송』 권하(卍속장130, p.291b7)에 "삼보계, 오계와 팔계, 십중계와 사십팔경계 내지는 팔만계에 귀의해서 비록 빠짐없이 모두 굳게 지키지 못하더라도, 매일 외우고 기억해야 하리라. 歸依三寶戒 五戒與八戒 十重六八輕 乃至八萬戒 雖未具堅持 但可日誦念", 『위산경책구석기』 권상(卍속장111, p.318a13)에 "삼천위의와 팔만세행이라 하니, 250계법은 행주좌와 사위의에 각각 250이 있어서 1천이 되고, 과거·현재·미래 삼세를 따라 삼천위의가 된다. 이 삼천을 몸(세 가지)과 입(네 가지)으로 짓는 일곱 가지 업(七支)에 배대하여 2만 1천이 되고, 이 2만 1천으로 다시 탐진치와 등분한 네 가지 번뇌를 다스리려 한다면 팔만사천의 세행이 된다. 이를 가리켜 팔만사천의 모든 번뇌를 대치하는 문이라 한다. 三千威儀 八萬細行者 二百五十戒法 以行住坐臥 四威儀 各有二百五十 合爲一千 循過現未來三世 爲三千威儀 以此三千 配身口七支 成二萬一千 以此二萬一千 復對治貪瞋癡 及等分四種煩惱 爲八萬四千細行 是爲對治八萬四千 諸塵勞門也"라고 하였다. 〔참고문헌〕『大智度論』, 『釋迦如來行蹟頌』, 『潙山警策句釋記』. ⇨ 계 戒

팔만권속 八萬眷屬 팔만이나 되는 무수한 권속. 『삼국유사』 권4(대정장49, p.1008b19·한불전6, p.352a1) 의해(義解)5 관동풍악발연수석기(關東楓岳鉢淵藪石記)에 "(진표가 금산사를 창건하고자)대연진에 이르자, 갑자기 용왕이 나타나 옥가사를 바치고 팔만권속을 데리고 금산수로 모셔갔다. 至大淵津 忽有龍王出 獻玉袈裟 將八萬眷屬 侍往金山藪", 『조선불교통사』 권하 「노왕옥후석탑재도 露王玉后石塔載到」에 "「조선명산보살주처기」에 '지리산에는 문수보살이 팔만권속과 함께 항상 머무르시며 설법한다'고 하였다. 朝鮮名山菩薩住處記 其中有曰 智異山 文殊菩薩 與八萬眷屬 常住說法"라고 하였다. 〔참고문헌〕『三國遺事』, 『朝鮮佛敎通史』. ⇨ 대산오만진신 臺山五萬眞身

팔만다라 八曼荼羅 ❶『사자장엄왕보살청문경 師子莊嚴王菩薩請問經』의 다른 이름. 『개원석교록』 권9(대정장55, p.563a17)에 "『사자장엄왕보살청문경』 1권〈일명 『팔만다라경』 663년(용삭3) 자은사에서 한역. 『대주록』을 보라〉. 師子莊嚴王菩薩請問經一卷〈一名 八曼荼羅經 龍朔三年 於慈恩寺譯 見大周錄〉"이라고 하였다. 〔참고문헌〕『開元釋教錄』. ⇨ 사자장엄왕보살청문경 師子莊嚴王菩薩請問經 ❷『사자혜보살소문경 師子慧菩薩所問經』의 다른 이름. 『대주간정중경목록』 권1(대정장55, p.379b5)에 "『팔만다라경』 1권〈일명 『사자혜보살소문경 師子慧菩薩所問經』이라고도 한다〉. 八曼荼羅經一卷〈一名 師子慧菩薩所問經〉"이라고 하였다. 〔참고문헌〕『大周刊定衆經目錄』.

팔만대겁 八萬大劫 Ⓢ aśīti-kalpa-sahasra, Ⓣ bskal-pa-brgyal-khri. 비상비비상처(非想非非想處)에서의 수량(壽量). 팔만겁(八萬劫)이라고도 한다. 『대반야경』 권570(대정장7, p.946c21)에 "이 보살마하살은 깊은 반야바라밀다의 뛰어난 방편을 행하면서 연할 일도 없고 머물 곳도 없이 한다. 비유하자면 어떤 사람이 무색계에 나서는 팔만 대겁 동안 오로지 하나의 식일 뿐 머무는 곳도 없고 연할 것도 있을 리 없는 것과 같다. 是菩薩摩訶薩 行深般若波羅蜜多 方便善巧 心無所緣 亦無所住 譬如有人 生無色界 八萬大劫 唯有一識 無有住處 亦無所緣", 『교량수명경』(대정장17, p.604a5)에 "비상비비상처에 사는 유정의 수명은 팔만대겁이며 그런 다음에 목숨을 마친다. 若非想非非想處 有情壽命 八萬大劫 然後命終", 『대지도론』 권38(대정장25, p.0339a6)에 "장수천이란 비유상비무상처로 수명은 팔만대겁이다. 長壽天者 非有想非無想處 壽八萬大劫"라고 하였다. 〔참고문헌〕『大般若經』, 『較量壽命經』, 『大智度論』, *Abh-k-bh.264.* ⇨ 팔만겁 八萬劫❷

팔만대장경 八萬大藏經 ➡ 고려대장경 高麗大藏經

팔만문 八萬門 팔만이나 되는 문. 하고 많은 방편 즉 번뇌도 지혜도 거침없이 드나드는 문의 뜻으로 언제 어디서나 열려 있어 걸림없이 일체법을 성취한다. 『증도가』(대정장48, p.396b10)에 "손가락 퉁기는 순간에 팔만문 두렷이 성취하니, 찰나에 삼기겁을 사라지게 한다. 彈指圓成八萬門 刹那滅却三祇劫", 『증도가송』(卍속장114, p.881b7)에 "팔만법문이 오직 한 곳에 처하니, 그 한 곳 모르면 부질없이 달려 구할 뿐이고, 그 한 곳 밝힌다면 본래 머물 곳 없는 줄 알리라. 八萬法門唯一處 若迷一處謾馳求 一處若明無本據", 『증도가주』(卍속장111, p.381a13)에 "손 한 번 퉁기는 순간에 팔만법문을 성취하고, 한 찰나 사이에 삼기겁죄 능히 사라지게 한다. 한 생각 분노하는 마음이 일어나면 팔만장문 열리지만, 남이 없는 이치를 깨달았으니 팔만사천의 번뇌가 팔만사천의 청정해탈법문으로 뒤쳐서 삼대아승기겁을 넘어선다. 이것이 수행의 공력이다. 一彈指頃 成就八萬法門 一刹那間 能滅三祇劫罪也 一念嗔心起 八萬障門開 今既悟入無生之理 八萬四千煩惱 轉成八萬四千 清淨解脫法門 卽超三大阿僧祇劫 此修行功力也", 『원오어록』 권10(대정장47, p.758b21)에 "다만 한 길 맑고 텅 빈 소식을 즐길 일이지 결코 번잡한 말로 돌아갈 일은 없다. 바로 이러한 때에 당해서 마땅히 기찬 한마디 어떻게 말할까? 어떤 조짐도 있기 전에 금강안이 불쑥 나와 알아채고, 손가락 퉁기는 순간에 팔만법문을 남김없이 성취한다. 只消箇一道淸虛 更不用周由者也 正當恁麽時 當機一句 作麽生道 聲前突出金剛眼 彈指圓成八萬門", 『요당유일어록』 권3 「대매록도사배장경 大梅錄都寺焙藏經」(卍속장123, p.934b10)에 "손가락 퉁기눈 순간 팔만문을 성취하거늘 어찌 다음 생 기다려 미륵에게 물어보랴? 彈指圓成八萬門 何待佗生問彌勒", 『평석여지어록』 「송잠시자참방 送岑侍者參方」(卍속장122, p.391b5)에 "번뇌로 고달픈 팔만의 문, 문문마다 모두 들어갈 수 있지만, 반드시 주인과 손님을 가려내고, 계급에 떨어지지 않도록 해야 하리. 塵勞八萬門 門門皆可入 應須辨主賓 愼勿落階級", 『서중무온어록』 권4(卍속장123, p.854a10)에 "번뇌가 출입하는 팔만문을 뿌리쳐 벗어나 곧바로 심장과 간을 무쇠로 주조해야 하리. 拽脫塵勞八萬門 直把心肝鑄生鐵"라고 하였다. 〔참고문헌〕『證道歌』, 『證道歌頌』, 『證道歌註』, 『圜悟語錄』, 『了當惟一語錄』, 『平石如砥語錄』, 『恕中無慍語錄』. ⇨ 팔만법문 八萬法門, 팔만사천법문 八萬四千法門, 팔만사천 八萬四千

팔만미륜 八萬彌綸 팔만의 법장(法藏)이 두루 어디나 펴져 있다는 말. 『양고승전』 권3 「구나비지전 求那毘地傳」(대정장50, p.346a24)에 "오승이 다투어 굴러서 팔만법장 가득 넘치네. 五乘競轉 八萬彌綸"라고 하였다. 〔참고문헌〕『梁高僧傳』. ⇨ 미륜 彌綸

팔만바라밀 八萬波羅蜜 팔만이나 되는 바라밀. 육바라밀(六波羅蜜)이 모든 바라밀을 대표하지만 중생계만큼이나 많은 팔만사천(八萬四千)의 바라밀을 열고 닫기에 이렇게 말한다. 『대승본생심지관경』 권1(대정장3, p.295a2)에 "삼승기겁 동안 중생 제도하고, 부지런히 팔만바라밀 닦아, 인 두렷해지고 과 또한 차올라 정각 이룬 다음, 머물러 목숨 드리우시지만 고요하여 오감이 없으시네. 三僧祇劫度衆生 勤修八萬波羅蜜 因圓果滿成正覺 住壽凝然無去來", 『대승본생심지관경천주』 권1(卍속장34, p.112b3)에 "팔만이란 다 거두는 수이니 반드시 사천을 겸한다. 곧 팔만사천진로 뒤쳐서 팔만사천의 법문을 성취한다. 八萬卽總數 必兼四千 卽轉八萬四千塵勞

而成八萬四千法門",『승만보굴』 권중(대정장37, p.27c4)에 "인왕에서 이르길 '초지일심에 팔만바라밀을 빠짐없이 갖춘다'라고 말했다. 그러므로 성취하여 초지에 머물면서 맡겨 움직이는 대로 바로 현전하면 팔지에 머묾을 알아야 한다. 仁王云 初地一心 具八萬波羅蜜 故知 成在初地 任運現前 則居八地也",『종경록』 권36(대정장48, p.627b7)에 "하택은 '념체 없음을 보아 물이 나는 대로 좇지 마라'고 하였으며, '일념에 본성과 상응하면 팔만바라밀행 일시에 가지런히 쓴다'라고도 하였다. 荷澤云 見無念體 不逐物生 又云 一念與本性相應 八萬波羅蜜行 一時齊用",『유마경무아소』 권11(卍속장30, p.322a9)에 "그러므로 여러 갈래 팔만이 있다. 팔만번뇌라 하면 이는 집제경으로 거두고, 팔만진로라 하면 이는 고제경으로 거두고, 팔만바라밀이라 하면 이는 멸제경으로 거두고, 팔만다라니문이라 하면 이는 도제경으로 거둔다. 然有諸多八萬 若曰八萬煩惱 此屬集諦境攝 若曰八萬塵勞 此屬苦諦境攝 若曰八萬波羅蜜門 此屬滅諦境攝 若曰八萬陀羅尼門 此屬道諦境攝"라고 하였다. 〔참고문헌〕『大乘本生心地觀經』,『大乘本生心地觀經淺註』,『勝鬘寶窟』,『宗鏡錄』,『維摩經無我疏』,『心要』 권상 「示昇禪人」(卍속장120, p.735a6). ⇨ 팔만사천 八萬四千

팔만법문 八萬法門 모든 법문을 아우르는 말. 『구사론소』 권1(대정장41, p.492c7)에 "중생이 번뇌함에 따라 팔만이 있으니, 부처님께서도 중생의 팔만번뇌를 마주해 다스리셔야 하기에 팔만법문을 설하셨다. 이와 같은 도리로 법문량을 가렸으므로 실판이라 한다. 由衆生煩惱行 有八萬 佛爲對治 衆生八萬煩惱 故說八萬法門 如此道理 判法門量 故言實判",『법화문구』 권2상(대정장34, p.21a18)에 "관심을 잡아보면 하나의 선한 마음에 십법계가 갖추어져 있고, 십법계가 서로 섞여서 백법계를 갖춘다. 천 가지 성상으로 평등하므로 십선 그대로 만법이다. 이 만법을 팔정도로 묶으면 팔만법문이 된다. 約觀心者 觀一善心 具十法界 十界交互 具百法界 千性相等 十善卽萬法 約八正道 卽八萬法門也",『굉지광록』 권4(대정장48, p.35c9)에 "삼천세계는 하나로 인쳐 거두니 글자와 뜻 뚜렷이 빛나고, 팔만법문은 미진 속에 있으니 과목마저 갖추어져 있다. 三千世界 收一印中 而字義炳然 八萬法門 在微塵裏 而科目具足",『요당유일어록』 권3(卍속장123, p.931a10)에 "삼천찰해 낱낱이 온전히 드러나고, 팔만법문은 그 끝마다에서 드러난다. 三千刹海 一一全彰 八萬法門 頭頭顯露",『천복승고어록』(卍속장126, p.449b2)에 "팔만법문과 백천삼매로 부처가 있고 중생이 있으니 모두어 말하길 이름과 모양이라 한다. 만약 명상이라는 두 자를 떠난다면 달리 또 무엇이 있겠는가? 본래 얻을 수 있는 그 무엇도 없다. 다만 여러분이 마음을 일으키고 생각을 움직여 헛되게 생멸이 있고, 부질없이 보리와 열반이 있을 뿐이다. 八萬法門 百千三昧 有佛有衆生 總謂之名相 若離却名相二字 更有箇甚麽 本來無物可得 只爲諸人起心動念 妄有生滅 妄有菩提涅槃"라고 하였다. 〔참고문헌〕『俱舍論疏』,『法華文句』,『宏智廣錄』,『了堂惟一語錄』,『薦福承古語錄』. ⇨ 팔만문 八萬門, 팔만사천 八萬四千

팔만법온 八萬法蘊 Ⓢ aśītir-dharma-skandha-sahasrāṇi, Ⓣ chos-kyi-phung-po-brgyad-khri. 팔만이나 되는 법들의 무더기. 『대비바사론』 권74(대정장27, p.385c27)에 "마땅히 이렇게 말해야 한다. '교화받을 유정에게 팔만행이 있어서 저들 팔만행을 마주해 다스리기 위해 세존께서 팔만법온을 설하셨고, 저들 모든 유정은 부처님 설하신 팔만법온에 의지하여 불법에 든 뒤에 마땅히 해야 할 행을 짓고서 각자 구경을 얻는다'. 應作是說 受化有情 有八萬行 爲對治彼八萬行故 世尊爲說 八萬法蘊 彼諸有情 依佛所說 八萬法蘊 入佛法中 作所應作 各得究竟",『금강삼매경론』 권하(대정장34, p.996b28)에 "소승교에는 팔만법온이 있고, 한 온의 양은 십백의 수다. 대승교는 팔만에 그치지 않기에 '법의 수는 무량무변하다'고 말한다. 무변의 교법으로 말하는 뜻과 모양새 다른 길 없어서 오직 하나의 실다운 뜻뿐이다. 교법이 숱하게 많아도 오직 하나의 성에 머무니 이해함에 무슨 어려움 있겠는가? 小乘教有 八萬法蘊 一蘊之量 十百之數 今大乘教 不唯八萬 故言法數 無量無邊 無邊教法 所詮義相 更無異趣 唯一實義 教法衆多 唯住一性 甚難可解"라고 하였다. 〔참고문헌〕『大毘婆沙論』,『金剛三昧經論』, *Abh-k-bh.17.* ⇨ 팔만사천법장 八萬四千法藏, 팔만법장 八萬法藏

팔만법음 八萬法陰 Ⓢ aśītir-dharmaskandha-sahasrāṇi, Ⓣ chos-kyi-phung-po-brgyad-khri. 팔만이나 되는 부처님 말씀들. 팔만법온(八萬法蘊)과 같은 말. 팔만법취(八萬法聚)라고도 한다. 『잡아비담심론』 권1(대정장28, p.872a21)에 "〈송〉 모든 법음 널리 설한다면, 그 수 팔만이다. 계 등과 그 밖의 음은 모두 오음으로 거둔다. 〈논〉 팔만법음은 모두 색음으로 거두는데, 부처님의 말씀은 말(語 : 聲)의 성이기 때문이다. 어떤 이는 '명성이니 행음으로 거둔다'라고 하였다. 그밖에 계 등의 오음인데, 저 계음은 색음으로 거두고, 정음·혜음·해탈음·해탈지견음은 모두 행음으로 거둔다. 만약 다른 음의 이름이 있다 해도 모두 오음중에 든다. 〔문〕 어떠한 것들이라야 법음이라 할 수 있는가? 〔답〕 법음은 경론을 말한다. 이와 같은 하나하나의 말씀과 그 모든 대치의 행을 다 법온의 부류라 한다. 廣說諸法陰 其數有八萬 戒等及餘陰 悉是五陰攝 八萬法陰皆色陰攝 以佛說語性故 有說 名性者行陰攝 餘戒等五陰 彼戒陰色陰

攝 定惠解脫解脫知見陰 皆行陰攝 若有餘陰名 悉入五陰中 問 齊何當言法陰 答 法陰謂經論 如是一一說 及諸對治行 悉名法陰數", 『아비담비바사론』 권39(대정장28, p.289a17)에 "경에서 또 설하기를 '존자 아난은 다음처럼 말하였다. 「나는 부처님 곁에서 팔만법음을 받았고, 비구들 곁에서는 이만법음을 받았다」'라고 하였다. 〔문〕 이와 같은 많은 음이 있는데, 세존께서는 어째서 오음만을 설하셨는가? 〔답〕 비록 이와 같은 많은 음이 있지만 오음으로 거둔다. 어떤 이는 '부처님 말씀의 체는 구업이다'라고 하고, 또 어떤 이는 '체는 명이다'라고 한다. 만약 체가 구업이라고 한다면 색음에서 거두고, 만약 체가 명이라고 한다면 행온으로 거둔다. 따라서 오온중에 있을 뿐이다. 經中復說 尊者阿難 作如是言 我從佛邊 受八萬法陰 從比丘邊 受二萬法陰 問曰 有如是等多陰 世尊何故說五陰耶 答曰 雖有如是多陰 亦在五陰中 或有說 佛語體是口業 或有說體是名 若說體是口業者 是色陰攝 若說體是名者 是行陰攝 是故在五陰中"라고 하였다. 〔참고문헌〕『雜阿毘曇心論』, 『阿毘曇毘婆沙論』, *Abh-k-bh.17.* ⇨ 팔만법온 八萬法蘊

팔만법장 八萬法藏 팔만이나 되는 법들이 모여 쌓인 곳. 팔만사천법장(八萬四千法藏)의 줄임말. 『대방편불보은경』 권6(대정장3, p.156a7)에 "또한 '부처님께서는 「번뇌로 시달림에 팔만이 있어 법이라는 약도 팔만이 있다」고 하시니 이를 팔만법장이라 한다'라고도 말한다. 又云 佛說 塵勞有八萬 法藥亦八萬 名八萬法藏", 『마하승기율』 권40(대정장22, p.548b9)에 "부처님 열반 후에 대가섭이 율장을 모아 대사의 우두머리가 되어서 팔만법장을 빠짐없이 지녔다. 佛泥洹後 大迦葉集律藏 爲大師宗 具持八萬法藏"라고 하였다. 〔참고문헌〕『大方便佛報恩經』, 『摩訶僧祇律』. ⇨ 팔만사천법장 八萬四千法藏, 팔만법온 八萬法蘊

팔만법취 八萬法聚 팔만이나 되는 법의 무더기. 『중아함경』 권8 「시자경 侍者經」(대정장1, p.473a24)에 "존자 아난이 또 다음처럼 말했다. '제현이시여! 저는 여래께 팔만법취를 받아 지녀 잊지 않지만, 이걸 가지고 뽐낸다거나 하는 일은 결코 없을 것입니다'. 존자 아난이 이렇게 말한다면 이야말로 존자아난이 미증유법이다. 尊者阿難 復作是說 諸賢 我從如來 受八萬法聚 受持不忘 若以此起貢高者 無有此相 若尊者阿難作此說 是謂尊者阿難未曾有法"라고 하였다. 〔참고문헌〕『中阿含經』. ⇨ 팔만법온 八萬法蘊, 팔만법음 八萬法陰

팔만사천 八萬四千 Ⓢ catur-aśīti-sahasrāṇi. 팔만사천법문(八萬四千法門)의 줄임말. 60권본 『화엄경』 권35(대정장9, p.622b1)에 "열 가지 법문을 말씀하시거나 백천 가지 법문을 말씀하시기도 하며, 팔만사천법문을 말씀하시거나 한량없는 행을 말씀하시기도 하지만, 여래께서는 '나는 법계를 분별한다'는 생각을 일으키지 않으신다. 或說十法門 乃至百千門 或說八萬四 乃至無量行 如來不生念 我分別法界", 원측(圓測)의 『인왕경소』 권1(한불전1, p.53c13)에 "팔만사천이라는 말은, 『구사론』에 따르면 세 논사의 설이 있다. 그 송에서 이렇게 말한다. 〔송〕 누군가는 '모든 법온의 양은 저 논의 설과 같다'라고 하며, 다른 이는 '온 등을 따라 한 말이다'라고 하고, '여실히 행하여 마주해 다스렸기 때문이다'라고 한다네. 〔논〕 모든 논사들 말하길 '팔만법온 낱낱의 양이 『법온족론』의 설과 같다. 곧 저 하나하나의 법온에 6천 송이 있다. 가령 대법론 중에 법온족을 설한다'. 또는 '법온에는 온 등이라는 말 낱낱의 차별한 팔만이라는 수가 있다. 곧 온처계 등 하나하나의 교문을 하나의 법온이라 이름한다'. 실답게 말하자면 교화할 유정의 탐진 등 팔만이나 되는 행의 차별이 있고, 저들 팔만행을 마주해 다스리고자 세존께서 팔만법온을 설하셨다. 言八萬四千者 依俱舍論 三師說 故彼頌曰 有言諸法蘊 量如彼論說 或隨蘊等言 如實行對治 論曰 有諸師言 八萬法蘊 一一量等 法蘊足論 謂彼一一有六千頌 如對法中法蘊足說 或說法蘊隨蘊等言 一一差別 數有八萬 謂蘊處界等一一教門 名一法蘊 如實說者 所化有情貪嗔等 八萬行別 爲對治彼八萬行故 世尊宣說八萬法蘊", 『화엄경탐현기』 권14(대정장35, p.367c26)에 "팔만사천이라는 것을 『현겁경』의 설에 준하면 부처님 일대에는 350바라밀의 공덕 법문이 있다고 한다. 곧 광요무극도를 시작으로 분포사리도로 마무리하기까지 그 하나하나가 각각 육도를 인으로 삼기에 모두 2천 1백도가 있다. 이것으로 사대・육쇠라는 열 가지 뇌환을 대적하여 물리치니 2만 1천이 된다. 사대는 내부의 보신이고, 육쇠는 외부의 육진으로 선법을 사라지게 하기에 붙인 이름이다. 이 2만 1천의 수로 각각 네 무리 중생을 교화한다. 첫째는 탐에 치우친 중생, 둘째는 진에 치우친 중생, 셋째는 치에 치우친 중생, 넷째는 탐진치를 고루 갖춘 등분의 중생이다. 이로써 팔만사천에 이르는 모든 바라밀법문을 성취한다. 능히 가려 맺는 것이 팔만사천번뇌이기에 업 등도 또한 그만큼이니 나머지도 이에 준한다. 八萬四千者 準賢劫經說 佛一代有 三百五十度功德法門 謂始從光耀無極度終至分布舍利度 一一各以六度爲因 便有二千一百 以此對治 四大六衰 十種惱患 卽成二萬一千 四大是內報身也 六衰是外六塵 衰耗善法故名也 以此二萬一千 各化四種衆生 一多貪 二多嗔 三多癡 四等分 卽成八萬四千 諸度法門能障之結 卽是八萬四千煩惱 業等亦爾 下並準之", 『화엄경소』 권43(대정장35, p.829b5)에 "맺음말에서도 팔만사천이라 한 까닭은 무엇인가? 번뇌의 인이 팔만사천인 이상 그것에서 일어나는 업도 그러하며 근 등 모든 문도 다 팔만이 된다. 이것을 뒤쳐서 드러낸 것이 바라밀문과 삼매문 등일 뿐이다. 結中亦言 八萬四千者 惑因旣爾 所起之業亦然 根等諸門 皆成八萬 翻此卽顯 波羅蜜門 三昧門等", 『신화엄경론』 권28(대정장36, p.911a26)에 "팔만사천이란 미하면 팔만사천의 번뇌고, 깨우치면 팔만사천의 해탈지혜다. 八萬四千者 迷成八萬四千煩惱 悟成八萬四千解脫智慧"라고 하였다. 〔참고문헌〕『華嚴經』, 『仁王經疏』, 『華嚴經探玄記』, 『華嚴經疏』, 『新華嚴經論』, 『勝鬘寶窟』 권중(대정장37, p.30a24), 『華嚴經孔目章』 권3(대정장45, p.569b12), 『止觀輔行傳弘決』 권1(대정장46, p.175b20), *Saddh-p.431.* ⇨ 팔만사천진로 八萬四千塵勞, 팔만사천법문 八萬四千法門

팔만사천법문 八萬四千法門 Ⓢ caturaśītyā dharma-skandha-sahasra. 팔만사천 가지 법문. 『석씨요람』 권중(대정장54, p.285c17)에 "팔만사천법문에 대하여 『현겁경』에서 말하길 '부처님께서 최초에 모든 바라밀다를 수행하시다가 최후에 불체바라밀를 널리 알리셨다. 그 350가지 바라밀 하나하나에 모두 육바라밀을 갖추었으니 이와 같이 헤아리면 모두 2천 1백 가지 대치법이 생긴다. 탐진치와 등분 네 가지에 8천 4백이 있고, 사대종을 제외한 육무의〈육진이다〉에서 생겨난 과실 열 번 굴려 합하면 팔만사천법문이 있게 된다'. 八萬四千法門者 賢劫王經云 謂佛最初 修行諸波羅蜜多 乃至最後分布 佛體波羅蜜 三百五十度 一一皆具六波羅蜜 如是總有二千一百對治 貪瞋癡及等分 有八千四百 除四大種 六無義〈六塵也〉 所生過失十轉合 有八萬四千法門也"라고 하였다. 〔참고문헌〕『釋氏要覽』, *Ratna-ut.40.* ⇨ 팔만문 八萬門, 팔만사천법취 八萬四千法聚, 팔만사천진로 八萬四千塵勞, 팔만사천 八萬四千

팔만사천법장 八萬四千法藏 Ⓢ caturaśīti-dharmapiṭaka-sahasra, dharmaskandha-sahasrāṇi caturaśīti. 팔만사천 가지 법들을 모두 거두어 함께 하다. 『법집경』 권5(대정장17, p.640a20)에 "팔만사천법장을 수지하면서 법의 상에 집착하는 마음을 일으키지 않으니, 이런 면모를 보고 보살이 묘법을 거둬 가진다 한다. 受持八萬四千法藏 而不起法相之心 是名菩薩攝受妙法", 『성실론』 권9(대정장32, p.314a21)에 "팔만사천법장 중에 있는 지혜란 모두 무명을 사라지게 한다. 무명은 모든 번뇌의 근본이자 모든 번뇌를 돕기 때문이다. 이러한 인연으로 (지혜에는) 무명이 끊어져 있다. 八萬四千法藏中 所有智慧 皆除無明 以無明是 一切煩惱根本 亦助一切煩惱故 如是因緣 則無明斷", 『유마경현소』 권1(대정장38, p.522b13)에 "팔만사천법장이란 법 말씀 온통 가득하다는 뜻이니 팔만사천의 번뇌·삼매·다라니·모든 대치문 그리고 바라밀 등의 법을 다 품어 갖기에 법장이라 한다. 그러므로 『대지도론』에서 '이 사실단으로 팔만사천법장을 모두 거둔다'라고 한 말에 그 뜻이 있다. 今言八萬四千法藏者 法語通漫 卽得含於八萬四千煩惱 三昧 陀羅尼 諸對治門 及波羅蜜等法 故名法藏也 故大智論云 是四悉檀 攝八萬四千法藏 其義在焉", 『법계차제초문』 권하(대정장46, p.694a16)에 "십이부경과 팔만사천법장이라 말함은 모두 일체중생근성과 그들이 듣고 싶어하는 법을 따라 위해서 설해준 것이다. 기연에 잘 따라야 말 바야흐로 막힘이 없어 듣는 사람이 아무리 들어도 물리지 않는다. 所謂十二部經 八萬四千法藏 隨一切衆生根性 所樂聞法 而爲說之 善赴機緣 言方無滯 聞者無厭足"라고 하였다. 〔참고문헌〕『法集經』, 『成實論』, 『維摩經玄疏』, 『法界次第初門』, 『大智度論』 권1(대정장25, p.59b20), *Saddh-p.254.* ⇨ 법장 法藏❶, 팔만사천법취 八萬四千法聚, 팔만사천법문 八萬四千法門, 팔만사천 八萬四千, 팔만법장 八萬法藏, 팔만법온 八萬法蘊

팔만사천법취 八萬四千法聚 Ⓢ caturaśīti-sahasra-dharmaskandha, Ⓟ caturāsīti-dhammakkhandha-sahassa. 팔만사천 법들의 모둠. 『비화경』 권7(대정장3, p.211a21)에 "이와 같은 중생들은 팔만사천으로 성이 다르고 마음을 어지럽히니, 나 마땅히 그들 위해 각각 다른 성품으로 팔만사천의 법의 모둠으로 자세히 설해 주리라. 如是等衆生 八萬四千 異性亂心 我當爲其各各異性 廣說八萬四千法聚", 『대방등대집경』 권3(대정장13, p.20b13)에 "삼승법과 아울러 팔만사천법문을 설하고, 또한 팔만사천의 법을 모아 설하니, 이를 무량무변지혜라 한다. 說三乘法 幷及八萬四千法門 亦說八萬四千法聚 是名無量無邊智慧", 『대지도론』 권21(대정장25, p.220c12)에 "또한 부처님의 삼장·십이부경·팔만사천법취로 전하신 말씀이 많다는 것 보이셨기에 지혜가 크다는 사실도 안다. 復次 佛三藏 十二部經 八萬四千法聚 見是語言多故 知智慧亦大"라고 하였다. 〔참고문헌〕『悲華經』, 『大方等大集經』, 『大智度論』, *Sp.29·251.* ⇨ 팔만사천법문 八萬四千法門

팔만사천진로 八萬四千塵勞 팔만사천 갈래로 번뇌하고 수고로움. 『청관음경소천의초』 권1(대정장39, p.980c9)에 "팔만사천진로의 수가 지니는 뜻에 대하여 진제삼장은 『십사경』에 준하여 이렇게 푼다. 탐 등의 열 가지 번뇌를 근본으로 삼는다. 곧 탐에서 계취에 이르기까지 하나하나에 아홉의 번뇌가 있고 수면 하나를 더하여 십이 되고, 이 십 번뇌가 십이 있으니 백이 된다. 앞뒤를 골고루 갖춘 등분까지 각각 하나의 백이 삼백이 되고, 본래의 일백을 앞뒤의 이백 속에 배치한다. 또한 각각 열 가지 번뇌(十使)를 방편으로 삼으면 이백은 2천 1백이 된다. 다섯 부류의 중생을 기준으로 하면 다탐과 다진과 다치로 자아에 집착하는 생각이 다섯 품류에 각각 2천 1백이 있으니 1만 5백이 되고, 이것을 이미 일어났거나 아직 일어나지 않은 것에 배대하여 2만 1천이 되며, 다시 탐진치와 등분에 배대하면 이 네 가지에 각각 2만 1천이 있으니 모두 8만 4천이 된다. 八萬四千塵勞者 眞諦三藏 準十使經 以貪等十爲根本 謂貪乃至戒取 一一有九 隨眠一卽成十 十卽成百 前後等分 各一百成三百 置本一百 就前後二百中 又各以十使爲方便 二百卽成二千一百 約五類衆生 謂多貪多瞋多癡 著我思覺 五品各二千一百 卽成一萬五百 配已起未起 成二萬一千 又配貪瞋癡等分 此四各有二萬一千 成八萬四千也", 『마하지관』 권1하(대정장46, p.9a25)에 "낱낱의 티끌에 팔만사천 가지로 번뇌에 시달리는 문이 있으니, 낱낱의 마음도 이와 같다. 탐진치 또한 이 보리이고 번뇌 바로 이 보리이니 이것을 집제라 한다. 낱낱의 진로문을 뒤치면 팔만사천의 삼매문이고, 팔만사천다라니문이기도 하며, 팔만사천의 모든 대치문이기도 하고, 여기서 팔만사천의 모든 바라밀을 성취하기도 한다. 어둠인 무명을 뒤친즉 변하여 밝음인 지혜가 되니 마치 얼음을 녹여 물이 되듯해서 결코 멀리 있는 물건도 아니고 다른 곳에서 오는 것도 아니다. 다만 한 생각 일어나는 마음에 널리 가득 갖추어져 있다. 一一塵有 八萬四千塵勞門 一一心亦如是 貪瞋癡亦卽是菩提 煩惱亦卽是菩提 是名集諦 翻一一塵勞門 卽是八萬四千諸三昧門 亦是八萬四千 諸陀羅尼門 亦是八萬四千諸對治門 亦成八萬四千諸波羅蜜 無明轉卽變爲明 如融氷成水 更非遠物 不餘處來 但一念心普皆具足", 종보본 『단경』(대정장48, p.350c4)에 "나의 이 법문은 하나의 반야에서 팔만사천지혜를 낳는다. 왜 그런가? 세인들에게 팔만사천진로가 있기 때문이다. 만약 어떤 진로도 없다면 지혜가 항상 나타나 자성을 떠나지 않는다. 我此法門 從一般若 生八萬四千智慧 何以故 爲世人有八萬四千塵勞 若無塵勞 智慧常現 不離自性"라고 하였다. [참고문헌] 『請觀音經疏闡義鈔』, 『摩訶止觀』, 『壇經』.

팔만사천탑 八萬四千塔 Ⓢ caturaśīti-stūpa-sahasrāṇi, caturaśīti-dharmarājikā-sahasra, Ⓣ mchod-rten brgyad-khri-bshi-stong. 팔만사천이나 되는 탑(塔). 특히 아육왕이 발원하여 전세계에 세운 팔만사천의 아육왕탑(阿育王塔)을 가리킨다. 『잡아함경』 권25(대정장2, p.181b20)에 "그때 어질고 선량한 신하들 중 삼보를 믿고 즐기는 이들이 왕에게 아뢰었다. '아육대왕은 왕으로서 앞선 종성이셨습니다. 그 왕이 세상에 있을 때 팔만사천여래탑을 세우고 더하여 갖가지 공양마저 일으켰으니, 이러한 명덕이 대대로 전하여 오늘에까지 이르렀습니다. 왕께서 이러한 명성을 구하시려면 마땅히 팔만사천의 탑을 세우고 갖가지로 공양하셔야 합니다'. 時 賢善諸臣 信樂三寶者 啓王言 阿育大王 是王之前種姓 彼王在世 造立八萬四千如來塔 復興種種供養 此之名德 相傳至今 王欲求此名者 當造立八萬四千塔 及諸供養", 『대비경』 권3(대정장12, p.961a12)에 "아난아, 내가 멸도한 뒤 100년이 되면 파리불성에 아수가(Ⓢ Aśoka : 아육왕)라는 국왕이 … 하루 한 때에 팔만사천의 탑을 세우고 나의 사리를 안치할 것이다. 阿難我滅度後 一百年中 於波離弗城 當有國王 名阿輸迦 … 一日一時 起八萬四千塔 安我舍利", 『보살염불삼매경』 권1(대정장13, p.797b2)에 "잠깐 사이에 두루 팔만사천의 성읍 그 어디나 모두 팔만사천의 탑묘를 세웠는데 그 모두가 칠보로 화려하게 장엄되어 있었다. 須臾之頃 周遍八萬四千城邑 悉起八萬四千塔廟 皆以七珍莊校嚴麗", 『미륵대성불경』(대정장14, p.434a16)에 "미륵불께서 세상에 머무시던 육만억세에 중생을 가엾이 여기시어 저들이 법안을 얻게 하고자 멸도한 뒤에 모든 하늘과 세인들이 불신을 다비하도록 하셨다. 그때 전륜왕이 사리를 수습하여 사천하에 각각 팔만사천탑을 세웠다. 彌勒佛住世 六萬億歲 憐愍衆生故 令得法眼 滅度之後 諸天世人 闍維佛身 時轉輪王 收取舍利 於四天下 各起八萬四千塔", 『아육왕전』 권1(대정장50, p.99c8)에 "나의 사리를 나누어 팔만사천보탑을 조성하여 중생을 널리 이익되게 하라. 分我舍利 而作八萬四千寶塔 饒益衆生"라고 하였다. [참고문헌] 『雜阿含經』, 『大悲經』, 『菩薩念佛三昧經』, 『彌勒大成佛經』, 『阿育王傳』, *Saddh-p.411.*, *Divy.429.* ⇨ 아육왕탑 阿育王塔

팔만세 八萬歲 Ⓢ aśīti-varṣa-sahasrāyus, Ⓟ asītiṃ vassa-sahassāni āyuppamāṇa. 증감겁(增減劫)의 때에 사람의 가장 긴 수명을 말하며, 반대로 최단의 수명은 십세이다. 『장아함경』 권1 「대본경 大本經」(대정장1, p.2a4 : *Mahāpadāna-sutta*, *DN.2*, p.3)에 "그대들은 비바시불 때에 사람의 수명은 팔만세였음을 알아야 한다. 汝等當知 毘婆尸佛時 人壽八萬歲 vipassissa bhikkhave bhagavato arahato sammāsambuddhassa asītiṃ vassa-sahassāni āyuppamāṇaṃ ahosi", 『대비바사론』 권135(대정장27, p.700c12)에 "셋째는 증감겁이다. … 증감이란 사람의 수명 십세부터 더하여 팔만세에 이르렀다가 다시 팔만세에서 감하여 십세에 이른다. 이 기간에 줄었다 늘었다 18회의 증감이 있다. 三 增減劫 … 增減者 從人壽十歲 增至八萬歲 復從八萬歲 減至十歲 此中一減一增 十八增減"라고 하였다. [참고문헌] 『長阿含經』, 『大毘婆沙論』, 『俱舍論』 권12(대정장29, p.63a26), *DN.* ⇨ 증감겁 增感劫

팔만세행 八萬細行 팔만이나 되는 세세한 행동거지. 비구로서 살펴야 할 율의를 강조한 말이다. 삼천위의(三千威儀)와 같이 쓴다. 『삼십칠존심요』(대정장18, p.

296c6)에 "삼천위의와 팔만세행이 모두 이 계를 지킴으로 말미암는다. 三千威儀 八萬細行 皆由持此戒也", 『사분계본여석』(卍속장63, p.36b7)에 "이야말로 팔만사천율의다. 팔만세행이라 한 말은 간략함만을 든 말이다. 此卽八萬四千律儀也 言八萬細行者 擧其略也", 『중치비니사의집요』 권1(卍속장63, p.336a9)에 "팔만세행으로 행행이 법계와 두루 함께하니 만약 계를 지키지 않는다면 설령 강설과 좌선을 잘 익혀 갖가지 복업이 일어날지라도 모두 마구니의 업이 되어 반드시 마구니 무리에 떨어질 것이다. 그러므로 좋은 마음으로 출가한 사람은 결단코 계를 가지는 것으로부터 시작해야만 한다. 八萬細行 行行與法界周 若不持戒 縱能習講坐禪 興諸福業 皆爲魔業 必入魔黨 故好心出家者 決須從持戒始"라고 하였다. [참고문헌] 『三十七尊心要』, 『四分戒本如釋』, 『重治毗尼事義集要』. ⇨ 삼천위의팔만세행 三千威儀八萬細行

팔만십이 八萬十二　팔만사천법장(八萬四千法藏)과 십이부경(十二部經)을 함께 이르는 말. 『지관보행전홍결』 권5(대정장46, p.324c7)에 "(道士들이) 일찍이 불법에 들어와 정법을 훔치고 삿됨을 조장한 적이 있었다. 그들은 팔만사천의 법장과 십이부경의 위없음을 내리누르고, 『노자 老子』 오천언(五千言) 상하 이편(도경과 덕경)의 낮음을 추종하였다. 이로써 저들의 교전에 담긴 삿되고 비루한 가르침을 풀이하였으니 이를 가리켜 존귀함 꺾고 비천에 들었다고 한다. 曾入佛法 偸正助邪 押八萬十二之高 就五千二篇之下 用釋彼典邪鄙之教 名摧尊入卑", 『법화전기』 권1(대정장51, p.48b27)에 "머리 숙여 『묘법연화경』과 팔만십이의 모든 성스러운 교법에 절을 올리옵니다. 稽首妙法蓮華經 八萬十二諸聖教"라고 하였다. [참고문헌] 『止觀輔行傳弘決』, 『法華傳記』. ⇨ 팔만사천법장 八萬四千法藏, 십이부경 十二部經

팔만위의 八萬威儀　팔만이나 되는 헤아릴 수 없이 많은 법다운(如法) 위의. 『지관보행전홍결』 권4(대정장46, p.254a11)에 "재가보살은 삼귀의와 오계로 다 보리에 나아가는데, 하물며 더해 『범망경』에서의 팔만위의에서랴! 若在家菩薩 三歸五戒 咸趣菩提 況復梵網 八萬威儀", 『화엄망진환원관』(대정장45, p.638c3)에 "위의로 머물고 가짐이 있은즉 덕이다. 곧 행주좌와라는 사위의를 말한다. 대승은 팔만이고 소승은 삼천이니, 이것을 머물고 가지는 섬돌과 본보기로 삼아 육화로 얽힌 실마리를 가지런히 하고, 삼계를 벗어나는 사다리로 삼으며, 고해를 넘는 신속한 배가 되어 중생을 제도하거나 미함을 이끄는 것으로 이것이야말로 가장 뛰어나다 하지 않겠는가? 威儀住持有則德 謂行住坐臥 四威儀也 大乘八萬 小乘三千 爲住持之楷模 整六和之紊緒 出三界之梯隥 越苦海之迅航 拯物導迷 莫斯爲最라고 하였다. [참고문헌] 『止觀輔行傳弘決』, 『華嚴妄盡還源觀』. ⇨ 팔만계 八萬戒, 위의 威儀, 삼천위의 三千威儀 **1**

팔만진로 八萬塵勞　팔만이나 되는 번뇌로 물들어 수고로움. 하고많은 중생계의 번뇌를 다 들어 부르는 말. 『화엄원인론합해』 권하(卍속장104, p.314b12에 "팔만진로란 곧 팔만사천번뇌다. 간략하게 큰 수만을 들어서 그렇게 말한 것이다. 근본 10혹을 토대로 한다. 첫째는 탐, 둘째는 진, 셋째는 만, 넷째는 무명, 다섯째는 의, 여섯째는 부정견, 일곱째는 신견, 여덟째는 변견, 아홉째는 견취, 열째는 계금취다. 그러나 하나의 혹에 힘이 있어 다시 각각 열이 되는데, 이 열 혹이 1백이 된다. 이들을 세 품으로 나누고 그 중 상품은 많으므로 상중하로 나누어 3백이 되고, 중품과 하품은 나누지 않고 다만 각각 백이 되니, 다 모두면 5백이 된다. 자신의 5진에서 모두 5백이 일어나고 타자의 5진에서 모두 5백이 일어나 본래 1천이다. 또한 자타의 5진 낱낱에 따로 5백이 일어나니 5천이 된다. 따로 사제에 미혹됨에 의지하여 고집멸도 각각에 5천이 있으므로 2만이 된다. 본래 1천과 아울러 2만 1천이 되고 탐진치와 (탐진치를 고루 갖춘) 등분의 행에 의지하여 각각 2만 1천이 되므로 8만 4천이 된다. 먼지로 더럽혀진다는 뜻과 흔든다는 뜻을 취하므로 진로라 한다. 言八萬塵勞者 卽八萬四千煩惱 略擧大數云爾 謂依根本十惑 一貪 二嗔 三慢 四無明 五疑 六不正見 七身見 八邊見 九見取 十戒禁取 然一惑有力 復各成十 十惑成百 計分三品 上品重故 分上中下 卽成三百 中下不分 但各成百 總爲五百 於自五塵 總起五百 於他五塵 總起五百 名本一千 又於自他五塵 一一別起五百 卽成五千 依別迷四諦 苦集滅道 各有五千 故成二萬 幷本一千 爲二萬一千 依貪嗔癡 及等分行 各二萬一千 故成八萬四千 取坌汙義故 擾動義故 名曰塵勞"라고 하였다. [참고문헌] 『華嚴原人論合解』.

팔만호충 八萬戶蟲　Ⓢ aśīti-krimikula-sahasrāṇi. 팔만호의 벌레들. 몸 곳곳 팔만 구멍에 기생하는 미생물. 『대반야경』 권562(대정장7, p.901a15)에 "항상 맑고 한적한 경계를 즐기며 언제나 질병이 없으니, 몸에 팔만호의 벌레가 없다. 왜 그런가? 이 모든 보살은 선근을 늘려 세간을 벗어나고 여여한 선근이 점차로 더욱 자라서 이렇고 이렇게 몸과 마음이 청정하기 때문이다. 恒樂淸閑 常無疾病 身中無有 八萬戶蟲 所以者何 是諸菩薩 善根增上 出過世間 如如善根 漸漸增長 如是如是 身心淸淨", 『대품반야경』 권16(대정장8, p.339c26 : *Pañca-pr.4*, p.146)에 "보통 사람의 몸에는 팔만호의 벌레가 있어 그 몸을 갉아먹지만, 이 아유월치보살마하살의 몸에는 이런 벌레가 없다. 常人身中 有八萬戶蟲 侵食其身 是阿惟越致菩薩摩訶薩 身無是蟲 yāni tāni aśīti-krimikula-sahasrāṇi kāye prativasanti kāyaṃ bhakṣayanti, tāny avinivartanīyasya bodhisattvasya mahāsattvasya sarveṇa sarvaṃ kāye na saṃvidyate", 80권본『화엄경』권21(대정장10, p.112c11)에 "만약 자신이 음식을 먹을 때라면 이렇게 생각한다. '내 몸 안에 있는 팔만호의 벌레는 나에 의지하여 산다. 내 몸이 음식으로 차서 즐거우면 저들도 음식으로 차서 즐겁고, 내 몸이 굶주려 괴로우면 저들도 굶주려 괴롭다. 내가 이제 여기 있는 음식을 받아 먹으니 중생들로 하여금 두루 음식이 채워져 배가 부르게 되길 바란다'라고. 저들에게 보시하기 위하여 스스로 먹을 뿐이니 그 맛을 탐하지 않는다. 若自食時 作是念言 我身中 有八萬戶蟲 依於我住 我身充樂 彼亦充樂 我身飢苦 彼亦飢苦 我今受此所有飮食 願令衆生 普得充飽 爲施彼故 而自食之 不貪其味", 『대보적경』권55(대정장11, p.325b21)에 "어떤 한 구멍에 사는 벌레는 우근이라 하는데 팔뚝에 기생하면서 팔뚝을 먹고, 어떤 한 구멍에 사는 벌레는 흑두라 하는데 다리에 기생하면서 다리를 먹는다. 아난아, 내가 지금 그대에게 간략하게 말해 주었다. 팔만 구멍의 벌레가 이 몸에 기생하면서 밤낮으로 먹고 또한 기력을 허약하게도 만들고 얼굴을 초췌하게도 만들며 갖가지 병고가 모두 이 몸에 생기도록 한다. 有一戶蟲名爲愚根 依膊食膊 有一戶蟲 名爲黑頭 依脚食脚 阿難我今爲汝略說 八萬戶蟲 依止此身 晝夜食噉 亦復能令氣力虛羸 顔容憔悴 種種病苦 皆集此身", 『범망경고적기』권하(대정장40, p.705b7)에 "팔만호의 벌레는 하나의 구멍에 구억 마리가 산다. 八萬戶蟲 一戶九億"라고 하였다. [참고문헌]『大般若經』, 『華嚴經』, 『大寶積經』, 『梵網經古迹記』, *Pañca-pr.* ⇨ 아유월치 阿惟越致

팔면 八面 팔방(八方)과 같은 말. 『현우경』권12(대정장4, p.433c21)에 "이때 여래께서는 대중과 함께하셨는데, 팔금강역사가 팔면에 머물고 있었다. 於時如來 與大衆俱 八金剛力士 住在八面"라고 하였다. [참고문헌]『賢愚經』. ⇨ 사방팔면 四方八面

팔면영롱 八面玲瓏 여덟 면으로 영롱하다. 비춰 다함 없는 구슬에 비유한 뜻이다. 『원오어록』권9(대정장47, p.754c13)에 "다만 한마디 한 생각에 분별의 티끌을 벗어난다면, 티끌티끌마다에서 세계마다에서 모래알 같은 모든 세계 가득한 크고 작고 모나고 둥글며 울긋불긋한 빛깔들 모두 온전히 다 본심일 뿐이리라. 보는 곳마다 깨끗해 입은 것 없고, 듣는 곳마다 팔면으로 영롱하니, 득실과 시비가 없고 장단과 호오도 없어 산은 산이고 물은 물이며 승은 승이고 속은 속일 뿐 다름도 없고 따로함도 없다. 但於一言下 一念頃 脫得情塵去 塵塵刹刹 廓周沙界 大小長短方圓 青黃赤白 全是本心 於見處淨裸裸 於聞處 八面玲瓏 無得失是非 無長短好惡 山是山水是水 僧是僧俗是俗 無異無別", 같은 책 권19(대정장47, p.801a24)에 "수술없는 자물쇠 팔면으로 영롱하고, 건들이지 않아도 저절로 굴러 남북과 동서로구나. 無鬚鎖子 八面玲瓏 不撥自轉 南北西東", 『밀암어록』(대정장47, p.962c9)에 "밝음 던져 어둠에 합하니 팔면으로 영롱하다. 머리 돌려 범함 없다면, 몸 구를 때마다 길이 되리라. 明投暗合 八面玲瓏 不犯當頭 轉身有路", 『오등회원속략』권4 「석기통운장 石奇通雲章」(卍속장138, p.1020a15)에 "당해 밝게 빛나는 이 하나 붙들어 오롯이 드러나게 해서 막힘없게 하니, 팔면으로 영롱하고 시방으로 환하게 트인다. 밝은 눈으로 증거 삼는데 어떻게 주머니 속으로 감출 수 있겠는가! 곧바로 옥구슬 장엄한 루전에 들어 백 가지 풀끝마다에서 온전히 빛나서 천 길이나 되는 보신들 기와조각 돌무더기 중에서 문득 나타나리라. 티끌마다에 국토마다에 그러해서 더할 나위 없는 진인 어디든 출현하여서 눈앞에 던져진 공안들 드러내 밝게 하신다. 삼세제불과 역대의 대단한 종사들 오시더라도 낱낱이 몸사려 물러나리니, 정히 이러한 때에 당해서 어떻게 해야 하리. 물은 바다로 돌아가 파도 잠재우고 구름은 창오산에 오르고서야 그 기상 쉬고자 한다네. 當陽一著 獨露無遮 八面玲瓏 十方軒豁 明眼作證 豈敢囊藏 直得瓊樓玉殿 百草頭上全彰 千丈報身 瓦礫推邊頓現 塵塵爾 刹刹爾 突出無位眞人 發明現成公案 直饒三世諸佛 歷代老古錐到來 個個退身有分 正當恁麽時如何 水歸大海波濤靜 雲到蒼梧氣象閒"라고 하였다. [참고문헌]『圜悟語錄』, 『密菴語錄』, 『五燈會元續略』.

팔멸 八滅 팔종단행(八種斷行)의 구역어. 『구사론기』권25(대정장41, p.382a19)에 "따라서 『순정리론』권2에서 '또한 경에서 「그들은 이런 신·욕·근·경안·염·지·사·사를 지니니 이를 뛰어난 행이라 한다」'라고 하였다. 구역에서는 이를 팔멸이라 하였다. 故正理第二云 又如經說 彼有如是信欲勤安 念智思捨名爲勝行 舊云八滅"라고 하였다. [참고문헌]『俱舍論記』, 『順正理論』권2(대정장29, p.341a29). ⇨ 팔종단행 八種斷行

팔명경 八名經 ➡ 비밀팔명다라니경 祕密八名陀羅尼經

팔명보밀다라니경 八名普密陀羅尼經 당대 현장(玄奘) 한역. 1권. 대정장21, pp.883c14~884a22, No.1365에 수록되어 있다. 이역본으로 조송(趙宋)대 법현(法賢 Ⓢ Dharmabhadra)이 한역한 『비밀팔명다라니경 祕密八名陀羅尼經』이 있다. 『팔명보밀경』이라고도 한다. 팔명주(八名呪)를 수지하는 사람은 광대한 위덕을 성취하여 비밀스러운 신통력이 손상되지 않는다고 설한다. 팔명이란 신주(神呪)의 여덟 가지 덕으로 공덕보장

(功德寶藏)·장엄상이(莊嚴象耳)·선용맹(善勇猛)·승제운(勝諦雲)·성치연(成熾然)·미묘색(微妙色)·엄식(嚴飾)·금강(金剛)을 가리킨다. 『개원석교록』 권8(대정장55, p.556a15)에 "『팔명보밀다라니경』 1권〈『내전록』을 보라. 654년(영휘5) 9월 27일, 대자은사 번경원에서 (현장) 한역하고, 사문 대승운 필수하다〉. 八名普密陀羅尼經一卷〈見內典錄 永徽五年 九月二十七日 於大慈恩寺 翻經院譯 沙門大乘雲筆受〉"이라고 하였다. [참고문헌] 『開元釋敎錄』, 『大唐內典錄』 권5(대정장55, p.282c2), 『大周刊定衆經目錄』 권1(대정장55, p.379b26).

팔명비 八明妃 ❶ 만다라 외원에 자리하는 여덟 명비. 『대비공지경』 권2(대정장18, p.592c19)에 "다음의 외원에 팔명비를 두는데, 소위 오리명비·추리명비·미다리명비·갈삼마리명비·복갈서명비·설박리명비·찬나리명비·노미니명비이다. 於次外院 安八明妃 所謂遨哩明妃 陬哩明妃 尾多哩明妃 渴三摩哩明妃 卜葛西明妃 設嚩哩明妃 贊拏哩明妃 努弭尼明妃"라고 하였다. [참고문헌] 『大悲空智經』. ⇨ 오리명비 遨哩明妃, 추리명비 陬哩明妃, 미다리명비 尾多哩明妃, 갈삼마리명비 渴三摩哩明妃, 복갈서명비 卜葛西明妃, 설바리명비 設嚩哩明妃, 찬나리명비 贊拏哩明妃, 노미니명비 努彌尼明妃 ❷ 연화부(連華部)에 자리하는 여덟 명비. 『소바호동자청문경』 권하(대정장18, p.744b14)에 "또한 팔명비 있으니, 목정·묘백·거백·관세·독계·금협·명칭·필구지인데 이들은 모두 연화부 중의 명비이다. 復有八明妃 謂目精 妙白 居白 觀世 獨髻 金頬 名稱 苾句胝 此等皆是蓮花部中明妃"라고 하였다. [참고문헌] 『蘇婆呼童子請問經』. ⇨ 명비 明妃❷, 십대명비 十大明妃

팔무가 八無暇 Ⓢ aṣṭa-akṣaṇa, Ⓟ aṭṭha akkhaṇā. 한가함이라고는 없는 여덟 갈래의 어려운 삶. 좋은 일도 보리를 구할 틈도 없는 삶으로, 삼악도에 남, 제근이 구족하지 못함, 세지변총으로 악사견뿐임, 인연 없는 때나 국토에 나는 등이다. 팔난(八難)이라고도 한다. 『대반야경』 권511(대정장7, p.609b22)에 "이 선근으로 여덟 가지로 한가함 없음을 벗어나니 인취를 좇아 죽었다가 다시 사람으로 나서는 이 경을 잠깐 듣고서 깊이 신해를 일으킨다. 由此善根 離八無暇 從人趣沒 還生人中 暫聞此經 深生信解", 『부자합집경』 권10(대정장11, p.949b2)에 "삼악취와 팔무가, 저 모든 불국토에서는 들을 일이 없다네. 三惡趣及八無暇 彼諸佛刹未嘗聞", 『설무구칭경』 권2(대정장14, p.562b18 : *Vikī-n.*, p.98)에 "모든 견취에 떨어져 중변에 이르지 못하고, 팔무가에 빠져 한가한 틈을 가질 수 없으니, 온갖 잡염과 같이 해서 청정을 떠난다. 墮諸見趣 而不至中邊 入八無暇 不得有暇 同諸雜染 離於淸淨 sarva-dṛṣṭi-gateṣu cāryaman antargato na ca-anta-madhya-prāptāptaḥ aṣṭa-akṣaṇa-samavasaraṇaś cāsi na cāsi lakṣaṇam anuprāptaḥ saṃkleśena", 『팔무가유가경』(대정장17, p.591a25)에 "내가 이미 팔무가를 설해 주었으니, 모두들 여유로운 틈이 있는 곳에 나기 바라노라. 난처에 나 경을 듣지 못했다면, 그대들 지극한 마음으로 잘 들어야 하리라. 我已爲說八無暇 皆願當生有暇中 若生難處不聞經 汝等至心應善聽", 『설무구칭경소』 권2(대정장38, p.1025c14)에 "팔무가를 이전에는 팔난이라 하였다. 항상 온갖 고통을 당하고 있어 선한 일을 닦아 보리를 구할 한가한 틈이라곤 조금도 없다는 뜻이다. 팔무가란 삼악취(주옥·아귀·축생)가 그중 세 가지이고, 네 번째는 타고난 맹인·귀머거리·벙어리 등 온갖 근이 온전치 못한 경우이고, 다섯 번째는 세속적 지혜만을 가려 들을 줄 알아 악사견인 경우이며, 여섯 번째는 부처님 출현 전이나 이후이고, 일곱 번째는 북구로주에 남이며, 여덟 번째는 장수천 곧 성천이 아닌 색계에 나는 경우를 말한다. 八無暇者 舊名八難 恒受衆苦 無暫閑暇 可修善事 求菩提故 八無暇者 三惡趣爲三 四 生盲聾瘖瘂等諸根不具 五 世智辨聰 惡邪見者 六 佛前佛後 七 生北俱盧 八 長壽天 謂生色界 非聖天中", 『일체경음의』 권28(대정장54, p.498a14)에 "팔무가〈가는 하와 가를 반절한 음이다. 이 팔난의 때에는 한가함 있을 수 없어 도업을 닦을 수 없다〉. 八無暇〈遐嫁反 言此八難之時 無有閑暇 可修道業也〉"라고 하였다. [참고문헌] 『大般若經』, 『父子合集經』, 『說無垢稱經』, 『八無暇有暇經』, 『說無垢稱經疏』, 『一切經音義』, *Vikī-n.*, *AN.4.225.* ⇨ 팔난 八難❶, 무가 無暇❷, 팔불한방수범행 八不閑妨修梵行

팔무가유가경 八無暇有暇經 당대 의정(義淨) 한역. 1권. 대정장17, pp.590b11~591c7, No.756에 수록되어 있다. 팔난처(八難處)를 설한 경. 『개원석교록』 권9(대정장55, p.567c22)에 "『팔무가유가경』 1권〈701년(대족1) 9월 23일, 동도 대복선사에서 한역〉. 八無暇有暇經一卷〈大足元年 九月二十三日 於東都大福先寺 譯〉"이라고 하였다. [참고문헌] 『開元釋敎錄』, 『貞元新定釋敎目錄』 권13(대정장55, p.868b7).

팔무능 八無能 상키야(Ⓢ Sāṃkhya : 數論)에서 시설한 팔성(八成)을 성취할 수 없는 여덟 가지 무능. 『금칠십론』 권하(대정장54, p.1258b23)에 "옛적 선인들은 또 따로 이름을 세웠는데 첫째는 자도성(Ⓢ tāra), 둘째는 선도성(Ⓢ sutāra), 셋째는 전도성(Ⓢ tāratāra), 넷째는 희도성(Ⓢ pramoda), 다섯째는 중희도성(Ⓢ pramudita), 여섯째는 만희도성(Ⓢ mohana), 일곱째는 애성(Ⓢ ramyaka), 여덟째는 변애성(Ⓢ sadāpramudita)이다. 만약 이 여덟 가지 성취를 뒤집으면 여덟 가지 무능이라 하는데, 비자도무능(Ⓢ atāra) 내지 비변애무능을 말한다. 昔日仙人又立別名 一 自度成 二 善度成 三 全度成 四 喜度成 五 重喜度成 六 滿喜度成 七 愛成 八 遍愛成 若翻此八成 則名八無能 謂非自度無能乃至非遍愛無能"라고 하였다. [참고문헌]『金七十論』, *Sāṃkhy-k.51.* ⇨팔성 八成

팔무대 八無對 여덟 가지 마주함이 없는 계. 십팔계(十八界) 중 칠심계(七心界 : 七識界)인 안식계·이식계·비식계·설식계·신식계·의계·의식계와 법계를 말한다. 팔무애(八無礙)라고도 하며, 십유대(十有對)에 대칭한다.『사리불아비담론』권2(대정장28, p.535b4)에 "십팔계 중 몇이 유대이고, 몇이 무대인가? 열 가지 계가 마주함이 있는 것이고, 여덟 가지 계가 없다. 열 가지 색계를 십유대라 한다. 무엇을 팔무대라 하는가? 칠식계와 법계를 팔무대라 한다. 十八界幾有對幾無對 十有對八無對 云何十有對 十色界是名十有對 云何八無對 七識界法界 是名八無對",『잡아비담심론』권1(대정장28, p.875a28)에 "(三有對 중) 장애유대란 각각이 서로 마주하고 있어 각각의 처로 장애한다. 만약 그곳에 하나가 있게 되면, 두 번째 것은 있을 수 없다. 극미의 모임이기 때문이고, 장애하기 때문이고, 나누어질 수 있기 때문이며, 처함에 의지하기에 팔무대도 이 가운데서 자세히 설해야 함을 알아야 할 것이다. 障礙有對者 謂各各相對 各各處障礙 若彼有一 則無第二住 極微聚故 障礙故 可分故 據處所故 當知八無對 此中應廣說"라고 하였다. [참고문헌]『舍利弗阿毘曇論』,『雜阿毘曇心論』. ⇨무대 無對, 칠심계 七心界, 유대 有對, 팔무애 八無礙

팔무등법 八無等法 Ⓟ aṭṭha yathā-bhucca vaṇṇā. 여덟 가지 같이 함이 없는 법. 팔성도(八聖道).『장아함경』권5「전존경 典尊經」(대정장1, p.31a6)에 "여러 현자들이여, 여래께서는 많은 요익을 베푸시고 많은 안락을 베푸셨으며, 자비심으로 하늘과 인간에게 요익을 베푸셨다. 과거·미래·현재에 이처럼 많은 요익과 많은 안락을 베푸신 부처님과 같은 분 계시겠는가. 여러 현자들이여, 이것이 여래의 팔무등법이다. 諸賢 如來多所饒益 多所安樂 以慈愍心 利益天人 不見過去 未來 現在 多所饒益 多所安樂 如佛者也 諸賢 是爲如來 八無等法", 상응하는 *Mahāgovinda-sutta*(*DN.2*, p.222)에 "신들의 왕 제석(帝釋)은 삼십삼천의 신들에게 세존의 팔무등법을 또렷이 말했습니다. sakko devānam indo devānaṃ tāvatiṃsānaṃ bhagavato aṭṭha yathā-bhucce vaṇṇe payirudāhāsi"라고 하였다. [참고문헌]『長阿含經』, *DN.* ⇨팔정도 八正道

팔무루근 八無漏根 여덟 가지 번뇌로 샘이 없는 청정한 근. 무루의 신(信)·근(勤)·염(念)·정(定)의 네 가지 근과 의근(意根), 그리고 낙(樂)·희(喜)·사(捨)의 세 가지 근을 말한다. 혜근(慧根)을 말하지 않는 것은 인(忍)의 체(體)가 혜근이기에 자성(自性)은 자성과는 상응하지 않기 때문이다.『대비바사론』권148(대정장27, p.755c20)에 "이 중 고법지인은 무루혜근이다. 이 근은 욕계 얽힘을 연해서 법지와 상응하지 않으니, 인(忍) 및 지(智)와는 상응하지 않기 때문이다. 또 이것과 상응하는 근이란 고법지인과 상응하는 여덟 가지 무루근을 말한다. 이 근도 욕계 얽힘만을 연하고 법지와 상응하지 않지만 인과는 상응하기 때문이다. 此中苦法智忍 是無漏慧根 此根緣欲界繫 非法智相應 以忍與智不相應故 及相應根者 謂苦法智忍相應八無漏根 此根亦緣欲界繫 非法智相應 忍相應故"라고 하였다. [참고문헌]『大毘婆沙論』. ⇨무루근 無漏根

팔무루처 八無漏處 여덟 가지 샘이 없는 자리. 유루(有漏)의 번뇌가 없는 무루오온(無漏五蘊)과 삼무위(三無爲)를 뜻한다.『품류족론』권10「변천문품 辯千問品」(대정장26, p.733b20)에 "여덟 가지로 무루처를 거두니, 곧 무루의 오온과 삼무위다. 팔무루처로 오학처(五學處 : 近事五戒)를 거두는가, 오학처로 팔무루처를 거두는가? … 이 오학처는 … 팔무루처와 더불어 서로 거둠은 상호간에 거두어지지 않는다. 有八攝無漏處 謂無漏五蘊 及三無爲 爲八無漏處 攝五學處 爲五學處 攝八無漏處 … 此五學處 … 與八無漏處相攝者 互不相攝"라고 하였다. [참고문헌]『品類足論』. ⇨무루오온 無漏五蘊, 삼무위 三無爲, 무위법 無爲法

팔무애 八無礙 Ⓢ apratighā aṣṭau, Ⓣ thogs-pa-med-pa-brgad. 여덟 가지 걸림 없음. 십팔계(十八界) 중 칠심계(七心界 : 七識界) 즉 안계·이계·비계·설계·신계·의계·의식계와 법계를 말한다. 팔무대(八無對)라고도 한다.『구사론』권2(대정장29, p.9b13 : *Abh-k-bh.*, p.25)에 "팔무애란 칠심계와 법계로서, 여기에는 등류와 이숙생의 성질이 있다. 동류인과 변행인에 의해 생겨난 것이 바로 등류성이다. 만약 이숙인에 의해 견인되어 생겨난 것이라면 이숙생이라 한다. 모든 무애의 법은 적집이 없기에 장양되는 것이 아니다. 八無礙者 七心法界 此有等流異熟生性 同類遍行因所生者 是等流性 若異熟因所引生者 名異熟生 諸無礙法 無積集故 非所長養 katame 'ṣṭau. sapta citta-dhātavo dharma-dhātuś-ca. naiḥṣyandikāḥ sabhāga-sarvatraga-hetu-janitāḥ. vipākajā vipāka-hetu-janitāḥ. aupacayikā na santy-apratighānāṃ cayābhāvāt"라고 하였다. [참고문헌]『俱舍論』, *Abh-k-bh.* ⇨팔무대 八無對, 팔무가 八無暇, 팔불한방수범행 八不閑妨修梵行

팔무위 八無爲 육무위(六無爲 Ⓢṣaḍ-asaṃskṛta) 중 여섯 번째인 진여무위(眞如無爲)를 선・불선・무기의 셋으로 나누고 다시 여덟 가지로 나눈 뜻. 허공(虛空 Ⓢākāśa)・비택멸(非擇滅 Ⓢapratisaṃkhyā-nirodha)・택멸(擇滅 Ⓢpratisaṃkhyā-nirodha)・부동(不動 Ⓢāniñjya)・상수멸(想受滅 Ⓢsaṃjñā-vedayita-nirodha)・선법진여(善法眞如 Ⓢkuśala-dharma-tathatā)・불선법진여(不善法眞如 Ⓢakuśala-dharma-tathatā)・무기법진여(無記法眞如 Ⓢavyākṛtā-dharma-tathatā)이다. 『현양성교론』 권1(대정장31, p.484b28)에 "무위란 이것에는 여덟 가지가 있다. 허공・비택멸・택멸・부동・상수멸・선법진여・불선법진여・무기법진여가 그것이다. 허공이란, 모든 심심소법으로 연하는 외색으로 마주해 다스리는 경계로서의 성이다. 비택멸이란, 인연이 모이지 못해서 그 중간에 제행이 기멸하지 않아 이계성이 아닌 것이다. 택멸이란, 지혜방편으로 유루제행이 필경에 기멸하지 않아서 이계성이 아닌 것이다. 부동이란, 변정천(遍淨天 Ⓢśubhakṛtsna)의 욕을 여의고 제4정려를 증득하여 그 중간에 고락을 여읜 성이다. 상수멸이란, 무소유처(無所有處 Ⓢākiṃcanya-āyatana)의 욕을 여의고 멸진정(滅盡定 Ⓢnirodha-samāpatti)에 들어가 그 중간에 항상 심심소법이 행하지 않고, 또 일분의 심심소법이 항상 현행함도 멸한 상태로서 계박을 여읜 성이다. 선법진여・불선법진여・무기법진여란 선불선무기법 중의 청정한 경계성이다. 無爲者 此有八種 謂虛空 非擇滅 擇滅不動 想受滅 善法眞如 不善法眞如 無記法眞如 虛空者 謂諸心心法所緣外色對治境界性 非擇滅者 謂因緣不會於其中間諸行不起滅而非離繫性 擇滅者 謂由慧方便有漏諸行畢竟不起滅而是離繫性 不動者 謂離遍淨欲得第四靜慮 於其中間苦樂離繫性 想受滅者 謂離無所有處欲入滅盡定 於其中間不恒現行心心法 及恒行一分心心法滅而離繫性 善不善無記法眞如者 謂於善不善無記法中淸淨境界性"라고 하였다. 〔참고문헌〕『顯敭聖敎論』. ⇨ 무위법 無爲法, 육무위 六無爲, 삼진여 三眞如, 허공 虛空, 택멸 擇滅, 비택멸 非擇滅

팔무한처 八無閑處 ➡ 팔난 八難[1], 팔무가 八無暇

팔문수 八門受 여덟 갈래로 열어 받아들임. 수(Ⓢvedanā)를 여덟 갈래로 나눈 양상이다. 이수(二受)・삼수(三受)・사수(四受)・오수(五受)・육수(六受)・십팔수(十八受)・삼십육수(三十六受)・백팔수(百八受)를 말한다. 신수(身受)와 심수(心受)의 두 가지를 기준으로 거듭 나눈 뜻이다. 『대비바사론』 권139(대정장27, p.714b29)에 "두 가지 수가 있으니 신수와 심수다. … 〔문〕 어째서 이 논의를 짓는가? 〔답〕 다른 종의를 제지하고 우리 종의를 드러내기 위해서다. 어떤 이는 '수는 마음 상태의 다양함이다'라고 하고, 또 어떤 이는 '오직 고수(苦受)만이 있을 뿐 별도의 낙수(樂受)와 사수(捨受)는 없다'고 한다. 그런 뜻을 차단하면서 수는 마음이 아니고 세 가지 차별이 있음을 드러내기 위해 이 논의를 짓는다. … 세 가지 수가 있으니 낙수・고수・불고불락수이다. … 네 가지 수가 있으니 삼계에 속하는 수와 속하지 않는 수다. … 다섯 가지 수가 있으니 낙근・고근・희근・우근・사근이다. … 여섯 가지 수가 있으니 안촉에서 생겨나는 수와 이・비・설・신・의촉에서 생겨나는 수다. … 열여덟 가지 수가 있으니 여섯 가지 희(喜)의 의근행과 여섯 가지 우(憂)의 의근행과 여섯 가지 사(捨)의 의근행이다. … 서른여섯 가지 수가 있으니 여섯 가지 탐기의(六耽嗜依)의 희와 여섯 가지 출리의(六出離依)의 희와 여섯 가지 탐기의의 우와 여섯 가지 출리의의 우와 여섯 가지 탐기의의 사와 여섯 가지 출리의의 사다. … 백여덟 가지 수가 있으니 삼세에 의지해 각각 서른여섯 가지가 있다. 有二受 謂身受心受 … 問 何故作此論 答 欲止他宗顯己義故 謂或有說 受卽是心分位差別 復有說言 唯有苦受無別樂捨 爲遮彼意 顯受非心 有三差別 故作斯論 … 有三受 謂樂受苦受不苦不樂受 … 有四受 謂三界繫受 及不繫受 … 有五受 謂樂根苦根喜根憂根捨根 … 有六受 謂眼觸所生受 耳鼻舌身意觸所生受 … 有十八受 謂六喜意近行 六憂意近行 六捨意近行 … 有三十六受 謂六耽嗜依喜 六出離依喜 六耽嗜依憂 六出離依憂 六耽嗜依捨 六出離依捨 … 有百八受 謂依三世各三十六"라고 하였다. 〔참고문헌〕『大毘婆沙論』. ⇨ 수 受[1]

팔문양익 八門兩益 ➡ 팔문이익 八門二益, 인명팔문 因明八門

팔문연기의 八門緣起義 연기의 여덟 가지 뜻. 『유가사지론』 권9(대정장30, p.322a23)에 "연기의 뜻은 무엇인가? 유정을 여의는 뜻이 연기의 뜻이고, 유정을 여읨 마저 무상의 뜻이 연기의 뜻이며, 무상에 다시 잠시 머무는 뜻이 연기의 뜻이고, 잠시 머묾에 또 다른 것에 의지하는 뜻이 연기의 뜻이며, 다른 것에 의지함에 작용 여의는 뜻이 연기의 뜻이고, 작용 여읨에도 또다시 인과 상속하여 끊어지지 않는 뜻이 연기의 뜻이며, 인과 상속하여 끊어지지 않음도 다시 인과 서로 닮은 듯 구르는 뜻이 연기의 뜻이고, 인과 서로 비슷하게 구름에도 다시 스스로의 업으로 짓는 바의 뜻이 연기의 뜻이다. 〔문〕 무슨 뜻을 드러내기 위하여 연기를 건립하는가? 〔답〕 인연으로 거두는 염오와 청정의 뜻을 드러내기 위한 까닭이다. 緣起義云何 謂離有情義 是緣起義 於離有情 復無常義 是緣起義 於無常 復暫住義 是緣起義 於暫住 復依他義 是緣起義 於依他 離作用義 是緣起義 於離作用 復因果相續不斷義 是緣起義 於因果相續不斷 復因果相似

轉義 是緣起義 於因果相似轉 復自業所作義 是緣起義 問爲顯何義 建立緣起耶 答 爲顯因緣所攝染汚淸淨義故"라고 하였다. [참고문헌] 『瑜伽師地論』.

팔문이익 八門二益 법을 헤아려 알기 위해 여덟 갈래로 열어서 스스로와 타인을 두 가지로 이익되게 하다. 인명(因明) 용어. 상갈라주(商羯羅主 Ⓢ Śaṃkarasvāmin)의 『인명입정리론』 첫 게송에 따르면 여덟 가지 문 중 능립(能立 Ⓢ sādhana : 眞能立)・능파(能破 Ⓢ dūṣaṇa : 眞能破)・사능립(似能立 Ⓢ sādhanābhāsa)・사능파(似能破 Ⓢ dūṣaṇābhāsa)는 다른 이를 이롭게 하는 것(他益 : 悟他 Ⓢ para-saṃvid)이고, 현량(現量 Ⓢ pratyakṣa : 眞現量)・비량(比量 Ⓢ anumāna : 眞比量)・사현량(似現量 Ⓢ pratyakṣābhāsa)・사비량(似比量 Ⓢ anumānābhāsa)은 스스로를 이롭게 하는(自益 : 自悟 Ⓢ ātma-saṃvid) 것이다. 인명팔문(因明八門)・인명팔의(因明八義)・팔문이오(八門二悟)・팔문양익(八門兩益)이라고도 한다. 『인명입정리론해』(卍속장87, p.88a18)에 "여기서 여덟 가지 문을 세워 이로써 모든 논의의 중요한 뜻을 모두 거둔다. 여덟 가지 문이란, 진실 그대로인 네 가지 문과 그럴듯한 네 가지 문이 있음을 말한다. 첫째는 진능립이니, 대적하여 펴 헤아릴 때 (종인유) 세 가지 나눔이 이즈러짐 없이 밝아서 나에게 온 손님을 열어 밝게 하여야 하기 때문이다. 둘째는 진능파이니, 마주쳐 헤아림에 두루 갖추지 못해 어떤 부분은 그릇되었다고 던져 말할 수 있어야 주인에게 보여 깨우쳐줄 수 있다. 셋째는 사능립이니, 대적하여 진술할 때 종인유에 결함과 오류가 있어 대론자를 깨우쳐줄 수 없기 때문이다. 넷째는 사능파이니, 충분하지 못하다고 지적함에 오류가 있어 입론자를 깨우쳐줄 수 없기 때문이다. 다섯째는 진현량이니, 색 등의 뜻에 대해 정지가 생겨남이 있고 그 자상의 처에서 구르기 때문이다. 여섯째는 진비량이니, 여러 상을 빌어 뜻을 관해서 그에 상응하는 지가 일어나기 때문이다. 일곱째는 사현량이니, 분별지 있어서 뜻을 다르게 구르게 하는 것으로 가령 물단지를 옷 등이라고 아는 경우이다. 여덟째는 사비량이니, 그럴듯한 인으로 알 뿐이어서 견준 뜻이 틀리게 일어나기 때문이다. 이 여덟 가지 문의 두 가지 이익으로 모든 논의를 세우고 부수는 등의 뜻을 능히 모두 다 거둘 수 있다. 此立八門 以總攝諸論要義也 八門者 謂眞具四門 似含四門也 一 眞能立 謂對敵申量 三分圓明 開曉於賓故 二 眞能破 謂斥量非圓 彈支有謬 示悟於主故 三 似能立 謂對敵申量 三分闕謬 非曉於賓故 四 似能破 謂妄斥非圓 彈支有謬 不悟於主故 五 眞現量 謂於色等義 有正智生 自相處轉故 六 眞比量 謂藉衆相 而觀於義 相應智起故 七 似現量 謂有分別智 於義異轉 了甁衣等故 八 似比量 謂以似因智 於所比義 相違解起故 … 八門二益 能總攝諸論立破等義也", 『인명입정리론직해』(卍속장87, p.153b4)에 "'능립과 능파 및 사능립과 사능파는 오직 타인을 깨우치게 하는 것이고, 현량과 비량 및 사현량과 사비량은 오직 자신을 깨우치는 것이다'. 첫째 진능립, 둘째 진능파, 셋째 사능립, 넷째 사능파의 이 네 문은 타인이 깨우치도록 하는 것이니 모두어 타익이라 한다. 다섯째 진현량, 여섯째 진비량, 일곱째 사현량, 여덟째 사비량의 이 네 가지 문은 자신이 깨우치는 것이니 다 들어 자익이라 한다. 따라서 팔문이익이라 하는 것이다. … 이익이라 하면 모두 자신과 타인이 둘의 깨우침을 넘지 않기 때문이다. 能立與能破 及似惟悟他 現量與比量 及似惟自悟 一 眞能立 二 眞能破 三 似能立 四 似能破 此四門令他得悟 總名他益 五 眞現量 六 眞比量 七 似現量 八 似比量 此四門令自得悟 總名自益 故曰 八門二益也 … 利益總不出自他二悟故也"라고 하였다. [참고문헌] 『因明入正理論解』, 『因明入正理論直解』, 『因明入正理論』(대정장32, p.11a28), *Nyāya-pr.1.* ⇨ 인명팔문 因明八門

팔물 八物 출가하여 지니는 여덟 물건. 보통 삼의(三衣 : 僧伽梨 鬱多羅僧 安陀會)에 발우(鉢盂), 니사단(尼師壇), 녹수낭(漉水囊)을 더한 육물(六物)에다가 침(針)과 침을 담는 그 통(筒)을 다시 보태어 팔물로 본다. 다만 육물이든 팔물이든 전승에 따른 출입이 있어 가지런하지 않다. 『사분율』 권18(대정장22, p.687a5)에 "승물이란 앞에서 설한 바와 같고, 물이란 옷(삼의)・발우・침・통・니사단 이하 음수기까지다. 僧物者 如上所說 物者 衣鉢 針筒 尼師壇下 至飮水器"라고 하여 보통 논하는 팔물이 모두 거론되어 있다. 『사분율행사초비』 권12(卍속장67, p.995a16)에 "만약 『십송율』에 준하면 수낭을 논하고 침통을 제한다. 그러므로 『십송율』 권28에서 '육물이란 삼의・발・녹수낭・니사단이다'라고 하였다. 법려(法礪)가 이르길 '이 위에서는 비구승에 따라 여섯을 밝힌 것이고, 비구니는 반드시 팔물을 지녀야 한다'고 하였다. 若准十誦 論水囊 除針筒 故十誦律 二十八云 六物者 三衣 鉢 漉水囊 尼師壇也 礪云 此上約僧明六 尼應有八物"라고 하였다. [참고문헌] 『四分律』, 『四分律行事鈔批』, 『十誦律』 권28(대정장23, p.202c23). ⇨ 비구육물 比丘六物, 삼의 三衣❶, 발 鉢, 니사단 尼師壇, 녹수낭 漉水囊, 침통 針筒

팔미 八味 ❶ 음식의 여덟 가지 맛. 『석씨요람』 권상(대정장54, p.274b23)에 "육미 : 단맛・매운맛・짠맛・쓴맛・신맛・심심한 맛. 팔미 : 육미에 떫은 맛과 분명하지 않은 맛을 더한다. 六味 甘 辛 鹹 苦 酸 淡 八味 加上澁味 不了味"라고 하였다. [참고문헌] 『釋氏要覽』. ⇨ 육미 六味 ❷ 여덟 가지 맛. 열반의 여덟 가지 공덕의 비유다. 『대반열반경집해』 권1(대정장37, p.379a25)에 "팔미 구족함을 대열반이라 이름한다. 팔미란, 첫째 상, 둘째 항, 셋째 안, 넷째 청량, 다섯째 불로, 여섯째 불사, 일곱째 무구, 여덟째 쾌락이다. 八味具足 名大涅槃 八味者 一 常 二 恒 三 安 四 清涼 五 不老 六 不死 七 無垢 八 快樂也", 『대반열반경소』 권8(대정장38, p.85c11)에 "소위 팔미 구족함을 모두 하나하나 폈으니, 대반열반이라 이름하는데, 이는 곧 공덕을 이름한다. 所謂八味具足 皆一一敘之 名大般涅槃 此卽名功德", 같은 책 권28(대정장38, p.199c20)에 "열반의 팔미라는 모든 이름들은 뭇 덕들의 총칭이다. 涅槃八味之都名衆德之總稱", 『열반경유의』(대정장38, p.237b2)에 "팔미란 선한 사덕을 열어 팔미로 삼았으니, 첫째 상, 둘째 항, 셋째 안, 넷째 무구, 다섯째 불로, 여섯째 불사, 일곱째 쾌락, 여덟째 청량이다. 八味者 開善四德 爲八味 謂 一 常 二 恒 三 安 四 無垢 五 不老 六 不死 七 快樂 八 清涼"라고 하였다. [참고문헌] 『大般涅槃經集解』, 『大般涅槃經疏』, 『涅槃經遊意』. ⇨ 미 味 [4]

팔미 八迷 여덟 가지(生 滅 斷 常 一 異 去 來)로 미하다. 중생의 모든 집착과 망상분별을 다 모아 이르는 삼론종(三論宗)의 용어. 팔계(八計)·팔류(八謬)·팔사(八事)·팔미희론(八迷戲論)이라고도 한다. 이 낱낱을 팔불중도(八不中道)로 마주해서 다스린다. 『중관론소』 권1(대정장42, p.10c13)·『대승현론』 권1(대정장45, p.19c18)에 "이제 27품에서 (팔불중도로써) 횡으로 팔미를 논파하고, 종으로 다섯 구를 다하겠다. 이로써 생멸을 얻을 수 없음을 찾게 되므로 '불생불멸'이어서 생멸이 이미 가버리고 나면, 불생불멸·역생멸·역불생멸·비생멸·비불생멸이라는 다섯 구도 저절로 무너진다. 이에 『중론』 마지막 게송에 '일체법이 공이기에 세간상등이라 보지만 어느 곳과 어느 때에, 그 누가 이 모든 견해를 일으키랴?'라고 읊었고, 그 다음 게송에는 '구담대성주이시여! 불쌍히 여기시어 이 법을 설하시고, 일체견 다 끊어 주셨으니, 우리는 이제 머리 숙여 예를 올리옵니다'라고 읊었다. 그러므로 이 『중론』 1부는 횡으로 팔미를 논파하고 종으로 다섯 구를 다하여 전도의 병을 씻어 없애고 필경 남음이 없도록 하니 중으로서의 실이다. 그러므로 '생하지도 않고 멸하지도 않으며'라고 시작하여 '영원히 있지도 끊어 사라지지도 않는다'라는 구절까지 팔불을 설한다. 今二十七品 橫破八迷 竪窮五句 以求彼生滅不得 故云 不生不滅 生滅旣去 不生不滅 亦生滅 亦不生滅 非生滅 非不生滅 五句自崩 是故論末偈云 一切法空故 世間常等見 何處於何時 誰起是諸見 次偈 推功歸佛云 瞿曇大聖主 憐愍說是法 悉斷一切見 我今稽首禮 故此論一部 橫破八迷 竪窮五句 洗顚倒之病 令畢竟無遺 卽是中實 故云 不生不滅 乃至不常不斷也", 『팔종강요초』 권2(대장경보편32, p.68a11)에 "불생과 불멸, 부단과 불상, 불일과 불이, 불거와 불래, 여덟 가지 미함을 보내기 위해서 이 팔불을 설한다. 이것이 이 종파(삼론종)에서 드러낸 이치이다. 不生 不滅 不斷 不常 不一 不異 不去 不來 遣八迷故 說此八不 此卽今宗所顯理也"라고 하였다. [참고문헌] 『中觀論疏』, 『大乘玄論』, 『八宗綱要鈔』. ⇨ 팔불중도 八不中道, 중도 中道

팔미증유법 八未曾有法 **1** 여덟 가지로 일찍이 있지 않았던 법. 석존의 정법율(正法律) 또는 이 법과 율을 익히며 함께하는 승가(僧伽)를 큰 바다의 여덟 가지 덕(大海八德)에 비유한 뜻이다. 『오분율』 권28 「차포살법遮布薩法」(대정장22, p.181a15)에 "또 아난에게 말씀하셨다. 큰 바다에 여덟 가지 일찍이 있을 수 없는 것이 있어 아수라가 즐거이 그중에 머문다. 무엇이 여덟인가? 대해는 점점 깊어지며, 물결치지만 넘치지 않고, 주검들 머물지 못하며, 백 갈래 강들이 와서 모이지만 다시는 다르게 부를 일 없다. 만 갈래 흐름이 다 돌아오지만 더함도 덜함도 없다. 진주·마니·산호·유리·하옥·금은파리 등 온갖 보배 출생하며, 큰 몸의 중생들 그중에 있지만 한가지로 짠맛일 뿐이다. 이것이 여덟 가지다. 又告阿難 大海有八未曾有 阿修羅樂居其中 何謂八 大海漸漸深 潮不過限 不宿死屍 百川來會 無復異稱 萬流悉歸 而無增減 出眞珠摩尼珊瑚琉璃珂玉金銀頗梨諸寶 大身衆生皆住其中 同一醎味 是爲八", "나의 이 정법도 이와 같이 여덟 가지로 일찍이 있을 수 없는 것들이어서 온갖 비구들 모두 함께 기꺼워 한다. 점점 다스리고 가르치고 점점 배우니, 나의 모든 제자들 저 제계한 바로 마침내 감히 넘지 않는다. 범함이 있으면 반드시 버려져 머물지 못한다. 온갖 류들 출가하지만 모두 다 그 본래 성을 버려서 석존의 자손으로서의 사문이라 불리니, 선남자선여인 출가하여 많은 이들 여지없는 열반을 얻지만 더하지도 덜하지도 않는다. 종종법보들 있으니 소위 사념처 내지는 팔정도와 나뉜 온갖 조도법들이다. 많은 대인들 있으니 아라한과 향아라한 내지 수다원과 향수다원들이 정법중에 머물지만 한가지로 해탈의 맛일 뿐이다. 이것이 여덟 가지다. 我此正法亦復如是 有八未曾有 諸比丘皆共樂之 何謂八 漸漸制 漸漸教 漸漸學 我諸弟子於所制戒 終不敢越 有犯必黜 不宿容之 雜類出家 皆捨本姓 稱釋子沙門 諸善男子善女人 出家多得無餘泥洹 而無增減 有種種法寶 所謂四念處 乃至八聖道 分諸助道法 有諸大人 阿羅漢 向阿羅漢 乃至須陀洹 向須陀洹 住正法中 若有入者 同一解脫味 是爲八", 『증일아함경』 권37(대정장2, p.753a17)에 "이때 아수륜이 세존께 사뢰었다. 여래법중에는 어떤 기특함이 있기에 모든 비구들 그중에 즐겨 머묾니까? 부처님께서 아수륜에게 말씀하셨다. 여덟 가지 일찍이 없었던 법이 있어서 모든 비구들이 그중에서 즐겨 머문다. 무엇이 여덟인가? 是時阿須倫白世尊 如來法中有何奇特 使諸比丘見已娛樂其中 佛告阿須倫曰 有八未曾有之法 使諸比丘娛樂其中 云何爲八", "또 나의 법중에 계율이 구족해서 방일하게 행할 일 없으니, 이를 첫 번째 미증유법이라 한다. 모든 비구들 보아 깨우쳐 그중에 즐겨 머무니, 마치 저 큰 바다 극히 깊고도 또 넓은 것과 같다. 又我法中戒律具足 無放逸行 是謂初未曾有之法 諸比丘見已娛樂其中 如彼大海極深且廣", "다시 나의 법중에 네 가지 종성 있지만 사문이 되어서는 그 앞선 이름 쓰거나 다른 이름 짓지 않는다. 마치 저 큰 강물 다 바다에 이르러 한맛일 뿐이어서 다시는 어떤 이름도 없게 된다. 이것이 두 번째 미증유법이다. 復次 我法中有四種姓 於我法中作沙門不錄前名 更作餘字 猶如彼海 四大江河皆投于海而同一味 更無餘名 是謂第二未曾有之法", "또 나의 법중에는 금계를 시설하여 서로 따르게 해서 넘거나 버리는 일이 없으니, 이것이 세 번째 미증유법이다. 復次 我法中施設禁戒 相隨亦不越敍 是謂第三未曾有之法", "다시 나의 법중에서는 한결같은 한맛일 뿐이니, 소위 현성팔품으로서의 도의 맛이다. 이것이 네 번째 미증유법이니 마치 저 큰 바다 한가지로 한맛일 뿐인 듯한다. 復次 我法中皆同一味 所謂賢聖八品道味 是謂第四未曾有之法也 如彼大海悉同一味", "다시 나의 법중에는 종종의 법으로 그중에서 가득 출렁이니, 소위 사의단·사신족·오근·오력·칠각의·팔진직행 등이 있어서 모든 비구들이 그중에서 즐겨한다. 마치 저 큰 바다 온갖 신들이 그중에 머무는 듯하니, 이것이 다섯 번째 미증유법이다. 復次 我法中種種法充滿其中 所謂四意斷 四神足 五根 五力 七覺意 八眞直行 諸比丘見已娛樂其中 如彼大海諸神居其中 是謂第五未曾有之法", "다시 나의 법중에 갖가지 진귀한 보배 있으니, 소위 염각의라는 보배·법각의·정진각의·희각의·의각의·정각의·호각의 등이다. 이것이야말로 여섯 번째 미증유법이니, 모든 비구들 이중에서 즐겨하니 저 큰 바다가 온갖 진보 출생하듯 한다. 復次 我法中有種種珍寶 所謂念覺意寶 法覺意寶 精進覺意寶 喜覺意寶 猗覺意寶 定覺意寶 護覺意寶 是謂第六未曾有之法 諸比丘見已娛樂其中 如彼大海出種種珍寶", "다시 나의 법중에 온갖 중생류 있어 머리와 수염 깎고 삼의 걸쳐 출가하여 도를 익혀서 무여열반계에서 멸도를 취하지만, 그러나 나의 법중에 증감은 없다. 마치 저 큰 바다 온갖 강물 흘러 이르지만 증감이 있을 리 없는 것과 같으니, 이것이 일곱 번째 미증유법이어서 모든 비구들 그중에서 보고 즐긴다. 復次 我法中諸有衆生類 剃除鬚髮 著三法衣出家學道 於無餘涅槃界而取滅度 然我法中無有增減 如彼大海諸河投之無有增減 是謂第七未曾有之法 諸比丘見已娛樂其中", "다시 나의 법중에 금강삼매 있고 멸진삼매·일체광명삼매·득불기삼매 등 종종삼매로 가히 헤아릴 수 없다. 모든 비구들 보아 마쳐서는 즐거워한다. 마치 저 큰 바다 아래 금빛 모래 있는 것과 같으니, 이것이 여덟 번째 미증유법이다. 모든 비구들 그중에서 즐겨 머무니 나의 법중에 여덟 번째 미증유법이어서 모든 비구들 스스로 즐겨 노닌다. 復次 我法中有金剛三昧 有滅盡三昧 一切光明三昧 得不起三昧 種種三昧不可稱計 諸比丘見已娛樂 如彼大海下有金沙 是謂第八未曾有之法 諸比丘見已娛樂其中 於我法中有此八未曾有之法 諸比丘甚自娛樂", "이때 아수륜이 세존께 사루었다. 여래법중에 단 하나 미증유법 있어 저 바다중의 미증유법보다 뛰어나시니, 백배천배로도 가히 견줄 수 없습니다. 소위 현성이 되는 여덟 가지 길이 바로 이것입니다. 참으로 대단하십니다. 세존이시여. 기꺼워 이렇게 말했다. 是時 阿須倫白世尊曰 如來法中使有一未曾有法者 勝彼海中八未曾有之法 百倍千倍不可爲比 所謂賢聖八道是也 善哉 世尊 快說斯言", 『중아함경』 권8 「아수라경 阿修羅經」(대정장1, p.476 b19)에 "세존이시여! 불정법율중에는 어떤 미증유법이 있기에 모든 비구들 그중에서 즐겨 머뭅니까? 답하시길, 파라라여, 나의 정법율중에는 여덟 가지 미증유법 있어서 모든 비구들 그중에서 보아 깨우쳐 즐긴다. 무엇이 여덟인가? 世尊 於佛正法律中有幾未曾有法 令諸比丘見已樂中 世尊答曰 婆羅邏 我正法律中亦有八未曾有法 令諸比丘見已樂中 云何爲八", "파라라여, 마치 저 큰 바다 아래로 내려갈수록 주변 돌아보아 점점 넓어지고, 고르게 어울려서 거듭 떠다니게 해서 저 언덕 있게 하고 그 물 언제나 가득하게 하지만 일찍이 흘러 넘치지 않는다. 나의 정법율 또한 이와 같으니, 점차로 짓고 익히고 가르친다. 파라라여, 마치 나의 정법율중에서도 점차로 짓고 익히고 가르치니, 이것이 소위 나의 정법율중에 제일미증유법이라 한다. 모든 비구들 이렇게 보아 즐긴다. 婆羅邏 如大海從下至上 周迴漸廣 均調轉上 以成於岸 其水常滿 未曾流出 婆羅邏 我正法律亦復如是 漸作漸學 漸盡漸敎 婆羅邏 若我正法律中漸作漸學 漸盡漸敎者 是謂我正法律中 第一未曾有法 令諸比丘見已樂中", "다시 파라라여, 마치 저 큰 바다 조수 일찍이 잃는 때 없듯이, 파라라여 나의 정법율 또한 이와 같아서 비구비구니우바새우바이 위해 시설한 금계 있으니, 모든 족성자들 내지는 목숨 마칠 때까지 끝내 계를 범하지 않게 한다. 파라라여, 나의 정법율중에서는 비구비구니우바새우바이를 위한 금계 시설하였기에 모든 족성자들 내지는 목숨 마칠 때까지 마침내 범계하는 이 없게 한다. 이것을 일러 나의 정법율중에 두 번째 미증유법이라 한다. 모든 비구들 보아 깨우쳐 이중에서 즐겨 머문다. 復次 婆羅邏 如大海潮未曾失時 婆羅邏 我正法律亦復如是 爲比丘比丘尼優婆塞優婆夷施設禁戒 諸族姓子乃至命盡 終不犯戒 婆羅邏 若我正法律中 爲比丘比丘尼優婆塞優婆夷施設禁戒 諸族姓子乃至命盡 終不犯戒者 是謂我正法律中 第二未曾

有法 令諸比丘見已樂中", "또한 파라라여, 마치 큰 바다의 물 점점 깊어져 그 밑을 알 수 없을 정도로 넓고 끝도 없듯이, 파라라여 나의 정법율도 이와 같아서 모든 법 점점 깊고 깊어 그 밑을 알 수 없을 정도로 극히 넓어 끝이 없다. 파라라여, 나의 정법율중에 제법 이렇게 깊고 깊어 그 밑을 알 수 없고 극히 넓어 그 끝도 알 수 없으니, 이것이 소위 나의 정법율중에 세 번째 미증유법이다. 모든 비구들 이중에서 보아 깨우치고 즐겨 머문다. 復次 婆羅邏 如大海水甚深無底極廣無邊 婆羅邏 我正法律亦復如是 諸法甚深 甚深無底 極廣無邊 婆羅邏 若我正法律中 諸法甚深 甚深無底 極廣無邊者 是謂我正法律中 第三未曾有法 令諸比丘見已樂中", "다시 파라라여, 마치 저 큰 바다 모두 한맛으로 한결같은 것과 같이, 나의 정법율 또한 이와 같이 무욕으로 맛을 삼으니 각미·식미·도미 등이다. 파라라여, 나의 정법율중에 이렇듯 무욕으로 맛을 삼아 각미·식미·도미일 뿐이니, 이것이 나의 정법율중에 네 번째 미증유법이다. 모든 비구들로 하여금 이렇게 보아 즐기게 한다. 復次 婆羅邏 如大海水鹹皆同一味 婆羅邏 我正法律亦復如是 無欲爲味覺味息味及道味 婆羅邏 若我正法律中無欲爲味覺味息味及道味者 是謂我正法律中 第四未曾有法 令諸比丘見已樂中", "다시 파라라여, 마치 저 큰 바다중 온갖 진보 있고 무량하게 귀하고 진기한 것 그중에 가득 차 있으니, 진보의 이름들 소위 금·은·수정·유리·마니·진주·벽옥·하라벽·산호·호박·마노·대모·적석선주 등이다. 파라라여, 나의 정법율중에도 또한 이와 같아서 많은 진보들 있으니, 셀 수 없이 귀하고 달라서 갖가지로 진기한 것들 그중에 가득 차 있다. 진보들 이름들은 소위 사념처 사정근 사여의족 오근 오력 칠각지 팔지성도라는 것이다. … 이것이 나의 정법율중에 다섯 번째 미증유법이다. 모든 비구들 이중에서 깨우치고 즐거워한다. 復次 婆羅邏 如大海中多有珍寶 無量璝異 種種珍琦 充滿其中 珍寶名者 謂金銀水精琉璃摩尼眞珠碧玉白珂螺璧珊瑚虎珀馬瑙瑇瑁赤石琁珠 婆羅邏 我正法律亦復如是 多有珍寶 無量璝異 種種珍琦 充滿其中 珍寶名者 謂四念處 四正勤 四如意足 五根 五力 七覺支 八支聖道 … 是謂我正法律中 第五未曾有法 令諸比丘見已樂中", "다시 파라라여, 마치 저 큰 바다중에 대신들 모여 사는 것과 같으니, 소위 아수라 건탑화 나찰 어마갈 귀 별 파유니 제예 제예가라 제제예가라 등이다. 다시 저 대해중은 매우 기특해서 중생신체 백유연·이백유연·삼백유연 내지는 칠백유연으로 큰 것들 모두 저 바다중에 머문다. 파라라여, 나의 정법율중에도 또한 이와 같이 성스런 무리로서의 대신들 이중에 머문다. 그 대신들의 이름은 아라하·향아라하·아나함·향아나함·사다함·향사다함·수다원·향수다원이다. 파라라여, 나의 정법율중에 성스런 무리인 대신들 있으니 … 이것이 여섯 번째 미증유법이고 모든 비구들 이를 보고 깨우쳐 이중에서 즐거워한다. 復次 婆羅邏 如大海中大神所居 大神名者 謂阿修羅 乾塔惒 羅刹 魚摩竭 龜 鼉 婆留泥 帝麑 帝麑伽羅 提帝麑伽羅 復次 大海中甚奇 甚特 衆生身體有百由延 有二百由延 有三百由延 有至七百由延 身皆居海中 婆羅邏 我正法律亦復如是 聖衆大神皆居其中 大神名者 謂阿羅訶 向阿羅訶 阿那含 向阿那含 斯陀含 向斯陀含 須陀洹 向須陀洹 婆羅邏 若我正法律中 聖衆大神皆居其中 … 是謂我正法律中 第六未曾有法 令諸比丘見已樂中", "다시 파라라여, 저 큰 바다 청정해서 주검들 받아들이지 않는다. 만약 목숨 마치려는 자 있으면 지나가는 밤의 바람 문득 불어 저 언덕 위로 옮겨 놓는다. 파라라여, 나의 정법율도 이와 같아서 성스런 무리 청정해서 주검 받아들이지 않는다. 만약 정진하지 않는 악생들 있어 범행 아닌 것으로 범행이라 하고 사문답지 못하면서 사문이라 하면, 저들 반드시 성스런 무리중으로부터 버려져 저 멀리 떠나게 된다. 파라라여, 나의 정법율중에 성스런 무리 청정해서 주검 받아들이지 않는다. … 이것이 일곱 번째 미증유법이어서 나의 모든 비구들 이렇게 보아 이중에서 즐거워한다. 復次 婆羅邏 如大海淸淨不受死屍 若有命終者 過夜風便吹著岸上 婆羅邏 我正法律亦復如是 聖衆淸淨 不受死屍 若有不精進人惡生 非梵行稱梵行 非沙門稱沙門 彼雖墮在聖衆之中 然去聖衆遠 聖衆亦復去離彼遠 婆羅邏 若我正法律中 聖衆淸淨 不受死屍 … 第七未曾有法 令諸比丘見已樂中", "다시 파라라여, 마치 저 큰 바다중에 염부제 있고 다섯 갈래 큰 강 있으니 항가·요우나·사뢰부·아이라파제·마기다. 모두 큰 바다에 들고 나면 각각이 그 이름 버리고 그저 큰 바다라 부를 뿐이니, 파라라여 나의 정법율 이와 같아서 찰리종족성자라도 머리와 수염 깎고 가사 걸치고 믿어 집을 버려 집 없는 채로 도를 익힐 뿐이어서 본래 이름 버리고 한가지로 사문이라 부를 뿐이다. … 이것이 여덟 번째 미증유법이니, 모든 비구들 이렇게 보아 깨우쳐 이중에서 즐겨 머물게 한다. 復次 婆羅邏 如大海閻浮洲中有五大河 一曰恒伽 二曰搖尤那 三曰舍牢浮 四曰阿夷羅婆提 五曰摩企 悉入大海 旣入中已 各捨本名 皆曰大海 婆羅邏 我正法律亦復如是 刹利種族姓子 剃除鬚髮 著袈裟衣 至信 捨家 無家 學道 彼捨本名 同曰沙門 梵志種 居士種 工師種族姓子 剃除鬚髮 著袈裟衣 至信 捨家 無家 學道 彼捨本名 同曰沙門 … 第八未曾有法 令諸比丘見已樂中", 『비니관요』 권1(卍속장63, p.629b3)에 "세간에서는 왕이 최고이고, 온갖 흐르는 것들 중에서는 바다가 최고이며, 뭇 별 중에서는 달이 최고이고, 뭇 성인들 중에서는 부처님이 최고이며, 일체 온갖 율 중에는 계경이 가장 뛰어나다. 世間王爲最 衆流海爲最 衆星月爲最 衆聖佛爲最 一切衆律中 戒經爲上最"라고 하였다. 〔참고문헌〕『五分律』, 『增壹阿含經』, 『毗尼關要』, 『中阿含經』·권9 「瞻波經」(대정장1,

p.478c22). ⇨해덕 *海德*, 해팔덕경 *海八德經*, 대해십상 大海十相, 대해팔부사의 大海八不思議 ❷ Ⓟ aṭṭha abbhuta dhamma. 일찍이 없었던 여덟 가지 법. 『중아함경』 권9 「욱가장자경 郁伽長者經」(대정장1, p.479c11 : *Ugga-sutta, AN.4*, p.208) 중 욱가장자(Ⓟ Ugga gahapati)가 세존을 뵙고 성취한 희유한 법들을 말한다. "한때 부처님께서 비사리 큰 숲속에 머무셨다. 이때 욱가장자 오직 부녀들만을 좇아다녔다. … 욱가장자 크게 취한 채로 멀리서 숲 사이에 계신 세존의 단정하시고 아름다운 모습 뵈었으니 마치 별들 중에 달 같으셔 그 빛 그지 없이 빛나셨기에 금빛 산인 듯하고 상호구족하기가 위신외외하였으며 … 욱가장자 정신 차리고 부처님께 나아가 머리 조아려 발에 예배하고 돌아 자리에 앉았다. 一時 佛遊鞞舍離 住大林中 爾時 郁伽長者唯婦女侍從 … 郁伽長者飮酒大醉 遙見世尊在林樹間 端正姝好 猶星中月光耀暐曄 晃若金山 相好具足威神巍巍 … 郁伽長者醉旣醒已 便往詣佛 稽首禮足 却坐一面", "존자여, 세존께서는 처음부터 다른 것 말하지 않으셨습니다. 그러나 나는 세존께서 어떤 인을 설하실지는 알지 못했습니다. 다만 존자여 들어보십시오. 나에게도 법은 있었습니다. 尊者 世尊初不說異 然我不知世尊爲何因說 但尊者聽 謂我有法", "존자여 저에게는 이런 법 있을 수 없었습니다. … 저 모든 부처님들께서 앞서 설하신 정법이었으니, 듣는 이마다 기뻐하는 시·계·생천(施戒生天) 등의 법이었습니다. … 부처님께서 저에게 나는 환희심, 구족심, 유연심, 감내심, 승상심, 일향심, 무의심, 무개심, 유능하고 유력한 마음으로 정법을 견뎌 받고자 함이 있음을 아시고 저를 위해 고습멸도를 설해 주셨습니다. … 존자여 나에게 이 법이 있게 되었습니다. 尊者 我不但有是法 … 如諸佛法先說端正法 聞者歡悅 謂說施 說戒 說生天法 … 佛知我有歡喜心 具足心 柔軟心 堪耐心 勝上心 一向心 無疑心 無蓋心 有能 有力堪受正法 謂如諸佛說正法要 世尊卽爲我說苦 習 滅 道 … 尊者 我有是法", "존자여 나는 그때 자리에서 일어나 머리 조아려 부처님 발에 절하고 '세존이시여! 나는 지금 스스로 부처님과 법과 비구무리에게 귀의하오니 오직 원컨대 세존께서는 저를 우바새로 받아주시기 바랍니다'라고 하였습니다. … 존자여 나는 세존을 따라 이 몸과 목숨 다하도록 범행 중에 서로 으뜸인 오계를 받아지니므로 일찍이 알지 못했던 범계도 알게 되었습니다. 존자여! 저에게 이 법이 있게 되었습니다. 尊者 我爾時卽從坐起 稽首佛足 世尊 我今自歸於佛 法及比丘衆 唯願世尊受我爲優婆塞 … 尊者 若我從世尊自盡形壽 梵行爲首 受持五戒 未曾知已犯戒 尊者 我有是法", "존자는 집에 돌아와 모든 부인네들을 모아 놓고 말했다. '너희들 알지 못했느냐. 나 세존을 따라 이 몸과 목숨 다하도록 청정행을 으뜸으로 여겨 오계를 받았다. 너희들 이제 여기에 머무르고 싶으면 남아서 보시로 복을 짓고 그렇지 않으면 다 돌아가도 좋고 다른 이에게 시집가도 좋다' 그때 큰 부인이 말하길 '저도 부처님 따라 이 몸과 목숨 다하도록 범행을 으뜸 삼아 오계를 수지하겠으나 저는 저 사람과 같이 하겠습니다' 하였다. … 존자여! 나는 저 대부인에게 그렇게 하도록 하였으며 마땅히 후회하는 마음 전혀 없었습니다. 존자여! 나에게 이런 법이 있게 되었습니다. 還歸其家 集諸婦女 集已 語曰 汝等知不 我從世尊自盡形壽 梵行爲首 受持五戒 汝等欲得住於此者 便可住此 行施作福 若不欲住者 各自還歸 若汝欲得嫁者 我當嫁汝 於是最大夫人來白我曰 若尊從佛自盡形壽 梵行爲首 受持五戒者 便可以我與彼某甲 … 尊者 我已與大夫人 當與 與時都無悔心 尊者 我有是法", "존자여! 나에게 이런 법은 있을 수 없었으니, 내가 중원에 나아가 처음 한 비구를 보았으니 문득 예배하고 저 비구가 경행하면 나 또한 따라 경행하고 … 저를 우러러 나를 위한 설법을 들었으며 … 나 또한 저를 받들어 답하기도 하였습니다. 존자여! 나 일찍이 상중하장로나 위 없이 높은 비구에게 가벼이 여기거나 으스대는 일 일찍이 없게 되었습니다. 尊者 我不但有是法 復次 尊者 我詣衆園時 若初見一比丘 便爲作禮 若彼比丘經行者 我亦隨經行 … 彼尊爲我說法 我亦爲彼尊說法 … 我亦答彼尊事 尊者 我未曾憶輕慢上中下長老上尊比丘 尊者 我有是法", "존자여! 나는 비구중들에게 보시할 때 허공에 머무는 하늘들이 나에게 '장자여! 이들이야말로 아라하, 아나함, 사다함, 수단원이다'라 하였으니 … 존자여 나 비구대중에게 베풀었지만 일찍이 기억해 이런 것 분별해 알지 못했습니다. 尊者 我在比丘衆行布施時 天住虛空而告我曰 長者 此是阿羅訶 此是向阿羅訶 此是阿那含 此是向阿那含 此是斯陀含 此是向斯陀含 此是須陀洹 此是向須陀洹 … 尊者 我施比丘衆時 未曾憶有分別意", "존자여! 내가 비구대중에게 보시를 행할 때 천주들 나에게 말하길 '장자여! 여래께서 계시니 집착할 바 없으셔서 더없이 고르고 바르신 깨우침이시다. 세존께서 법으로 잘 설하시면 여래성중들은 잘 그곳 향해 나아간다' 하였다. … 존자여! 세존께서 다함없이 법을 설하시고 여래성중께서 그토록 향해 나아가니, 존자여! 나 일찍이 모르던 이 법 갖게 되었습니다. 尊者 我在比丘衆行布施時 有天住虛空中而告我曰 長者 有如來 無所著 等正覺 世尊善說法 如來聖衆善趣向 … 世尊善說法 如來聖衆善趣向 尊者 我有是法", "존자여! 저에게 일찍이 이런 법 없었습니다. 존자여! 부처님께서 오하분결을 설하셨으니, 탐욕·진에·신견·계취·의라는 것입니다. 제가 이 다섯 법을 보고서 하나도 다하지 못함이 없었으니, 이제 나를 세간에 묶고 태중에 들게 하는 것들이었습니다. 존자여! 이제 저는 이 법 갖게 되었습니다. 尊者 我不但有是法 復次 尊者 謂佛所說五下分結 貪欲 瞋恚 身見 戒取 疑 我見此五 無一不盡令縛我

還此世間 入於胎中 尊者 我有是法"라고 하였다. 〔참고문헌〕『中阿含經』, *AN.*

팔바라이 八波羅夷 Ⓢ aṣṭau pārājikā dharmāḥ, Ⓟ aṭṭha pārājikā dhammā. 비구니가 범해서는 안 되는 여덟 가지 중죄(重罪). 비구니팔기계(比丘尼八棄戒)라고도 한다. 살도음망(殺盜婬妄) 곧 사바라이(四波羅夷)에 네 가지 마촉(摩觸)·팔사성중계(八事成重戒)·부비구니중죄계(覆比丘尼重罪戒)·수순피거비구위니승삼간계(隨順被擧比丘違尼僧三諫戒)를 더하여 여덟 조목이다. 『사분비구니계본』(대정장22, p.1032a2 : *Sutta-vibhaṅga, Vin.4,* p.222)에 "모든 대자매들이여, 나 이미 팔바라이법을 설했으니, 만약 비구니가 하나라도 바라이법을 범하면 모든 비구니와 함께 머물 수 없다. 諸大姊 我已說八波羅夷法 若比丘尼 犯一一波羅夷法 不得與諸比丘尼共住 uddiṭṭhā kho ayyāyo aṭṭha pārājikā dhammā yesaṃ bhikkhunī aññataraṃ vā aññataraṃ vā āpajjitvā na labhati bhikkhunīhi saddhiṃ saṃvāsaṃ"라고 하였다. 『오분율』 권29(대정장22, p.188b14)에 "또한 마땅히 이렇게 말해야 한다. '저는 들었습니다. 여래응공등정각께서 팔바라이법을 설하셨으니, 비구니가 만약 이 하나하나의 법을 범한다면 비구니도 아니고 석종여도 아니다. 일체에 대하여 음욕을 지녀서는 안 되고 음욕에 물든 마음으로 다른 남자를 바라보아서도 안 된다. 만약 비구니가 음욕의 법을 행하여 축생과 함께하는 지경까지 이른다면 비구니가 아니고 석종의 여인이 아니다. 이 계 안에서 목숨이 다할 때까지 범해서는 안 된다'. 만약 지키겠다면 '그러겠습니다'라고 말해야 한다. 復應語言 某甲聽 如來 應供 等正覺 說八波羅夷法 若比丘尼 犯此一一法 非比丘尼 非釋種女 一切不得婬 乃至以染著心 看他男子 若比丘尼 行婬法乃至畜生 非比丘尼 非釋種女 是中盡形壽不應犯 若能持 當言 能"라고 하였다. 〔참고문헌〕『四分比丘尼戒本』, *Vin,* 『五分律』, 『四分比丘尼戒本』(대정장22, p.1031b14). ⇨ 사바라이 四波羅夷, 바라이 波羅夷

팔바라제제사니법 八波羅提提舍尼法 비구니가 지켜야 할 바라제제사니(Ⓢ pratideśanīya : 可呵法·悔過法) 8법. 부파에 따른 이설이 없고 일치된 전승을 보인다. 『사분비구니계본』(대정장22, p.1038c4)에 "모든 대매들이여, 이 팔바라제제사니법은 보름보름마다 설하니, 계경 중에서 왔습니다. 만약 비구니가 병들지도 않았는데 소(酥)를 공양받아 먹으면 이는 반드시 참회해야 하는 가가법을 범한 것입니다. … 병들지도 않았는데 기름(油)을 구하여 먹으면 … 꿀(蜜)을 구하여 먹으면 … 흑석밀을 구하여 먹으면 … 유(乳)를 구하여 먹으면 … 낙(酪)을 구하여 먹으면 … 물고기(魚)를 구하여 먹으면 … 고기(肉)를 구하여 먹으면 반드시 참회해야 하는 가가법을 범한 것입니다. 반드시 다른 비구니에게 이렇게 설해야 합니다. '대매여, 나는 가가법을 범하였습니다. 하지 말아야 할 바를 하였으니, 나는 지금 대매를 향해 참회합니다'. 이를 회과법이라 한다. 諸大姊 是八波羅提提舍尼法 半月半月說 戒經中來 若比丘尼不病 乞酥食者 犯應懺悔可呵法 … 不病 乞油食者 … 乞蜜食者 … 乞黑石蜜食者 … 乞乳食者 … 乞酪食者 … 乞魚食者 … 乞肉食者 犯應懺悔可呵法 應向餘比丘尼說言 大姊 我犯可呵法 所不應爲 我今向大姊懺悔 是名悔過法"라고 하였다. 〔참고문헌〕『四分比丘尼戒本』, 『五分比丘尼戒本』(대정장22, p.212b14), 『摩訶僧祇比丘尼戒本』(대정장22, p.563b7), 『十誦比丘尼波羅提木叉戒本』(대정장23, p.486a27). ⇨ 바라제제사니 波羅提提舍尼

팔방 八方 ➡ 팔방상하 八方上下

팔방 八棒 몽둥이 휘둘러 안목을 열게 하는 여덟 가지 방. 제종팔방(濟宗八棒)을 가리킨다. 『종문현감도』(卍속장112, p.932b12)에 "팔방론 : 〔문〕 단지 이것뿐인가? 다시 다른 것 있는가? 〔답〕 무릇 한 대 종문에 거듭 여러 가지 본보기가 있지만 내가 다시 그대에게 간략하게 그 개요를 말해 주겠다. 가령 기를 이끌어 말을 전하는 방에는 대략 여덟 종류가 있다. 八棒論 問云 只這是 更別有 答曰 夫於一代宗門 更有數般體例 吾更爲汝略陳梗槪 且如引機垂語之棒 略有八種"라고 하였다. 〔참고문헌〕『宗門玄鑑圖』. ⇨ 제종팔방 濟宗八棒

팔방대십삼 八棒對十三 여덟 방의 매로 열세 방에 상대하다. 팔방십삼(八棒十三) 또는 칠방대십삼(七棒對十三)이라고도 한다. 어떻게 상대해도 진실을 놓칠 수 있음을 은유한다. 일설에는 십삼은 태형(笞刑) 가운데 가장 가벼운 수라는 설도 있다. 『열조제강록』 권22 「거실주향법어 據室炷香法語」(卍속장112, p.527b15)에 "홍각도민(弘覺道忞)선사가 방장실에 자리잡고 앉아 말했다. '문 걸어 잠그고 그저 졸 뿐이면서 상상기 맞이하고, 중하의 무리에게는 농원에 들어가 호미로 땅 파는 모습을 보인다. 만약 불자나 세우고 평상을 두드리기를 기다린다면 목주가 말한 판대기나 지는 놈(擔板漢)에 불과하리라'. 할을 한 번 하고 말했다. '여덟 방으로 열세 방 상대하니, 거듭 한다 해도 그대에게 이르지는 못한다'. 弘覺忞禪師 據室 閉門打睡 接上上機 中下之流 入園钁地 若待竪拂敲床 總是睦州道底 喝一喝 八棒對十三 數來未到你", 『벽암록』 16칙 「송 頌」(대정장48, p.156c5)에 "옛 부처에게는 가풍이 있었으니〈그 말씀 여전히 귀에 울린다. 천고의 본보기라니. 석가노자라 비방하지 마라〉, 마주해 들려주다가 깎여내리고 말았네〈콧구멍 어쩌다가 도리어 산승의 손아귀에 쥐어져 있을까? 여덟 방으로 열세 방 상대해 보라. 그대는 어떻게 생각하는가? 잘못 둔 한 수 남겼을 뿐이다. 나라면 곧바로 때려주겠다〉. 古佛有家風〈言猶在耳 千古榜樣 莫謗釋迦老子好〉 對揚遭貶剝〈鼻孔爲什麽 却在山僧手裏 八棒對十三 爾作麽生 放過一著 便打〉",『오등회원』 권8「민산령함장 閩山令含章」(卍속장138, p.289a1)에 "'밝고도 밝은데 알 수는 없으니 스님께서 가리켜 보여주십시오' '지시는 그만두고, 그대가 밝고도 분명한 그 일 도대체 무엇이라 해야 하나?' '아뭏든 저는 모르겠으니 다시 스님의 지시를 바랍니다' '여덟 방으로 열세 방 값을 치룬다'. 問 明明不會 乞師指示 師曰 指示且置 作麽生是你明明底事 曰 學人不會 再乞師指 師曰 八棒十三"라고 하였다.〔참고문헌〕『列祖提綱錄』,『碧巖錄』,『五燈會元』.

팔방번 八方幡 도량을 장엄하며 위호하기 위해 팔방에 여덟 가지 색으로 다는 번.『유희야경』 권중(대정장18, p.767a2)에 "그 번의 당간은 단정하게 곧고 또 길어야 하니, 각각 팔방으로 멀리 떨어지지 않게 법에 합당하게 안치한다. 동방은 백번, 동남방은 홍번, 정남방은 흑번, 서남방은 연색번, 서방은 적색번, 서북방은 청색번, 정북방은 황색번, 동북방은 적백번을 단다. 이와 같이 여덟 가지 색을 방향에 따라서 설치한다. 찰간 그 위에는 짐새・까치・솔개의 깃털을 걸어 극히 단정하게 한다. 혹시 갖출 수 없다면 네 문에만 설치한다. 또는 동방에 백색번 하나만을 설치할 수도 있다. 其幡竿者 端直及長 各於八方 去處不遠 如法安置 東著白幡 東南紅幡 正南黑幡 西南烟色幡 西方赤色幡 西北方青色幡 正北黃色幡 東北赤白幡 如是八色 隨方而置 於竿頭上 絓鴆鵲鵄尾 極令端正 或若不辦 但於四門而置 或但東方置一白幡",『일체경음의』 권36(대정장54, p.546a6)에 "팔방번의 색〈동방은 백색번, 동남방은 불의 색인 적황번, 남방은 흑색번, 서남방은 연기의 색인 옅은 흑번, 서방은 적색번, 서북방은 녹색의 물색번, 북방의 황색번, 동북방의 백홍색번이다. 이들 번은 다만 색에 따라 만들 뿐 형상을 그려 넣지는 않는다〉. 八方幡色〈東方白色幡 東南方火色 赤黃也 南方黑色幡 西南方煙色 淺黑也 西方赤色幡 西北方綠色 水色也 北方黃色幡 東北方白紅色幡 此等幡但依色作 不畫形像也〉"이라고 하였다.〔참고문헌〕『蕤呬耶經』,『一切經音義』,『聖無動尊安鎭家國等法』(대정장21, p.30a1). ⇨번 幡, 찰간 刹竿, 당간 幢竿

팔방상하 八方上下 동서남북 사방(四方)과 네 간방(間方)인 사유(四維) 그리고 상방과 하방. 시방(十方 Ⓢdaśa-diś)에 통한다. 모든 곳을 가리키는 뜻이다.『잡아함경』 권38(대정장2, p.278c23 : *Gandha-sutta*, *AN.1*, p.226)에 "이러한 선남자와 선여인들은 팔방과 상하에서 선을 받드는 사부들이기에 불러 찬탄해 말하지 않는 이 없다. 如是善男子 善女人 八方上下 崇善士夫 無不稱歎言 tassa disāsu samaṇa-brāhmaṇā vaṇṇa ṃ bhāsanti",『아미타경주』 권1(卍속장91, p.745b11)에 "세는 시분이니 과거・현재・미래를 말하고, 계는 지분이니 팔방과 상하를 말한다. 世者時分 謂過去現在未來也 界者地分 謂八方上下也",『영원유청선사어』(속고존숙어요1, 卍속장118, p.870a5)에 "옛으로 가버린 것과 지금과 올 것을 세라 하고, 팔방과 상하를 계라 하며, 그 중에서 유전하는 무릇 식이 있는 정을 중생이라 한다. 세 가지가 모두 보존되어 있거늘 도대체 무엇을 가리켜 본래 있지 않은 도리라 할까? 한번 살펴보기 바란다. 古往今來 謂之世 八方上下 謂之界 其中流轉 凡有識情 謂之衆生 三者具存 作麽生說 箇本來無有底道理 請定當看"라고 하였다.〔참고문헌〕『雜阿含經』,『阿彌陀經註』,『靈源惟淸禪師語』, *AN.* ⇨사방 四方, 시방 十方 ❶

팔방천 八方天 팔방을 주재하는 하늘들. 밀교에서 만다라를 건립할 때 팔방에 모시는 하늘들로 제석천(帝釋天 ⓈIndra)은 동방을, 이사나천(伊舍那天 ⓈĪśāna)은 동북방을, 염마천(焰魔天 ⓈYama)은 남방을, 화천(火天 ⓈAgni)은 동남방을, 수천(水天 ⓈVaruṇa)은 서방을, 나찰천(羅刹天 ⓈNirṛti)은 서남방을, 비사문천(毘沙門天 ⓈKubera)은 북방을, 풍천(風天 ⓈVāyu)은 서북방에 안치한다.『대일경소』 권5(대정장39, p.630c13)에 "행자는 방위를 수호하는 여덟 지위를 알아야 한다. 어떤 만다라를 조성하려면 이를 따라 빙둘러야 한다. 동방의 인다라(제석천)에서 순서에 따라 빙둘러 남방의 염마라에 이르고, 서방은 바로나, 북방은 비사문, 동북은 이사니, 동남은 호마, 서남은 열리지, 서북은 바유가 된다. 行者應知 護方八位 凡所造作漫荼羅 隨此而轉 東方因陀羅 次第隨轉 至南方焰摩羅 西方嚩嚕拏 北方毘沙門 東北伊舍尼 東南爲護摩 西南涅哩底 西北爲嚩庾",『금강정유가호마의궤』(대정장18, p.916b25)에 "제3원에는 팔방천의 권속도 그려야 한다. 第三院應畫八方天眷屬"라고 하였다.〔참고문헌〕『大日經疏』,『金剛頂瑜伽護摩儀軌』. ⇨천 天, 천중 天衆

팔방편 八方便 ❶ 보살지혜로 처함에 갖추는 여덟 가지(諸陰 諸界 諸入 諸諦 諸緣 三世 諸乘 諸法) 방편.『대방등대집경』 권28(대정장13, p.196c17)에 "사리불아, 보살의 지혜가 어떤 처소에서나 갖추어야 할 여덟 방편이란 무엇인가? 어떤 것이 그 여덟인가? 모든 음의 방편, 모든 계의 방편, 모든 입 방편, 모든 제의 방편, 모든 연 방편, 삼세 방편, 모든 승의 방편, 모든 법의 방편이다. 그중 무엇이 모든 음의 방편인가? 만약 모든 음이 물방울이나 물거품 같고, 더운 날의 아지랑이와 같으며, 파초와 같고, 허깨비나 꿈과 같으며, 부르는 소리나 메아리와 같고, 거울에 비친 그림자 같으며, 그림자나 변화하는 색과 같고, 물방울이나 물방울의 성과 같아서, 아도 아니고 중생도 아니며, 숨도 아니고 인도 아니며, 색 또한 이와 같다고, 능히 이렇게 안다면, 이것을 보살이 색을 관하는 방편이라 한다. 舍利弗 云何菩薩慧者 處所具八方便 何等八 諸陰方便 諸界方便 諸入方便 諸諦方便 諸緣方便 三世方便 諸乘方便 諸法方便 云何諸陰方便 若說諸陰 如沫如泡 如熱時焰 如芭蕉樹 如幻如夢 如呼聲響 如鏡中像 如影如化色 如水沫如水沫性 非我非衆生 非命非人 色亦如是 能如是知 是名菩薩觀色方便"라고 하였다. [참고문헌] 『大方等大集經』. ❷ 밀교에서 작법염송 함에 갖추어야 할 다라니를 염송(念誦)하기 전에 갖추어야 하는 여덟 가지 방편을 말한다. 『길상보살만다라차제의궤법』(대정장20, p.786a26)에 "목욕한 뒤 깨끗한 옷 갈아입고(첫째), 향 발라 몸 꾸민 다음, 귀의하여 진언을 외우리니, 지극한 정성으로 공경하며 예 올리며(둘째), 향 사른 뒤 지은 죄 참회하고(셋째), 따라서 기뻐하고(넷째) 권청하며(다섯째), 회향하고(여섯째) 사홍서원을 발하며(일곱째), 진심으로 대자비를 일으켜라(여덟째). 이와 같은 여덟 가지 방편, 부지런히 수행하여 버리고 잊지 않아야 하니, 그런 다음에 삼업 청정히 하여, 법에 의지해 짓고 가져 염하라. 澡浴著淨衣 塗香嚴身體 歸命念眞言 至誠恭敬禮 焚香懺諸罪 隨喜及勸請 迴向發弘誓 深起大慈悲 如此八方便 勤行勿遺忘 然後淨三業 依法作持念"라고 하였다. [참고문헌] 『妙吉祥菩薩曼荼羅次第儀軌法』.

팔배 八背 팔배사(八背捨)의 줄임말. 『출삼장기집』 권9 「수행지부정관경서 修行地不淨觀經序」(대정장55, p.66b19)에 "인연이 맞는 사람들을 팔배로써 교화한다. 接有緣以八背"라고 하였다. [참고문헌] 『出三藏記集』.

팔배 八輩 Ⓟ aṭṭha puggalā. 사향사과(四向四果)의 성자들. 『불퇴전법륜경』 권3(대정장9, p.241a7)에 "나는 앞선 의심과 후회에서 벗어나, 오랜 기간 팔배를 닦아오다가, 여래께서 설하신 가명 그대로, 팔배로써 보리에 머물렀노라. 我先離疑悔 久修於八輩 如來說假名 八輩住菩提", 『무상경』(대정장17, p.745b18)에 "머리 숙여 진정 성중께 귀의하오니, 여덟 무리 뛰어난 이로써 능히 물듦 벗어나, 금강지의 방망이로 사산을 부수고, 영원히 시원을 알 수 없이 서로 엮여 얽힌 것 끊으셨도다. 稽首歸依眞聖衆 八輩上人能離染 金剛智杵破邪山 永斷無始相纏縛", 『해탈도론』 권6(대정장32, p.428c23)에 "팔배란 사향사과이니, 이를 팔배라 한다. 八輩者 四向四果 此謂八輩", 『백론소』 권상(대정장42, p.243a12)에 "사과와 사향을 팔배라 한다. 첫째는 향일 뿐 과에는 속하지 않고, 마지막은 과만 있고 향에는 속하지 않으며, 중간의 세 무리는 향이기도 하고 과이기도 하다. 그러므로 『잡아비담심론』에 '다섯으로 분류되므로 여덟 무리의 명칭이 있다. 전후의 분류는 각각 한 무리이고, 중간은 세 무리이다'라고 한 것이다. 四果四向 名爲八輩 初但是向非果 後但是果而非向 中間三人 亦向亦果 故雜心云 以有五事故 說有八人名 前後事各一 中間則有三"라고 하였다. [참고문헌] 『不退轉法輪經』, 『無常經』, 『解脫道論』, 『雜阿毘曇心論』 권5(대정장28, p.915b4), *AN.4.292.* ⇨ 팔인 八人❶, 팔보특가라 八補特伽羅, 사향사과 四向四果❶, 사쌍팔배 四雙八輩, 사쌍팔인 四雙八人

팔배사 八背捨 Ⓢ aṣṭau vimokṣāḥ, Ⓟ aṭṭha vimokkhā, Ⓣ rnam-par-thar-pa-brgyad. 여덟 가지로 등져 버리다. 색과 무색 등의 속박을 등지고 버리는 여덟 가지 선정(禪定). 팔해탈(八解脫)이라고도 한다. 『대품반야경』 권4(대정장8, p.223a3 : *Śata-pr.*, p.1259)에 "무엇이 팔배사의 여덟인가? 색에서 색을 관하니 이것이 처음 버리고 등짐이다. 안에는 색상이 없지만 밖에서 색을 관하니 이것이 두 번째 배사다. 깨끗하게 등지고 버려 몸소 증득하니 이것이 세 번째 배사다. 모든 색상을 넘어서고, 마주한 상마저 사라지게 해서 일체 다른 상을 념하지 않기에 무변허공처에 드니 이것이 네 번째 배사다. 何等八 色觀色 是初背捨 內無色相外觀色 是二背捨 淨背捨身作證 是三背捨 過一切色相故 滅有對相故 一切異相不念故 入無邊虛空處 是四背捨 aṣṭau vimokṣāḥ. katame 'ṣṭau. rūpī rūpāṇi paśyaty ayaṃ prathamo vimokṣaḥ. adhyātmarūpaṃ saṃjñī bahirddhārūpāṇi paśyaty ayaṃ dvitīyo vimokṣaḥ. śubhatvacāvimukto bhavaty ayaṃ tṛtīyo vimokṣaḥ. sa sarvaśo rūpasaṃjñānāṃ samatikramān pratipadyasaṃjñānām antagamān nānātvasaṃjñānām amanasikārād anantam ākāśam ity ākāśānantyāyatanam upasampadya viharaty ayaṃ caturtho vimokṣaḥ", "모든 무변허공처를 넘어서 모든 무변식처에 드니 이것이 다섯 번째 배사이다. 모든 무변식처를 넘어서 무소유처에 드니 이것이 여섯 번째 배사이다. 모든 무소유처를 넘어서 비유상비무상처에 드니 이것이 일곱 번째 배사이다. 모든 비유상비무상처를 넘어서 멸수상정에 드니 이것이 여덟 번째 배사이다. 過一切無邊虛空處 入一切無邊識處 是五背捨 過一切無邊識處 入無所有處 是六背捨 過一切無所有處 入非有想非無想處 是七背捨 過一切非有想非無想處 入滅受想定 是八背捨 sa sarvaśa ākāśānantyāyanaṃ samatikramād anantaṃ vijñānam iti vijñānānantyāyatanam upasampadya viharatīty ayaṃ pañcamo vimokṣaḥ. sa sarvaśo vijñānānantyāyatana samabhikramā nāsti kiñcid ity ākiñcanyāyatanam upasampadya viharatīty ayaṃ ṣaṣṭho vimokṣaḥ. sa sarvaśa ākiñcanyāy atana samatikramān naiva saṃjñānāsaṃjñāyatanam upasampadya viharatīty ayaṃ saptamo vimokṣaḥ. sa sarvaśo naivasaṃjñānāsaṃjñāyatana samatikramāt saṃjñāvedayitan nirodham upasampadya viharatīty ayam aṣṭamo vimokṣaḥ", 『관무량수경의소』(대정장37, p.185b9)에 "팔해탈은 경에서 팔배사라고도 한다. 그 이름과 자는 무엇인가? 안에 남아 있는 색상이나 밖으로 관하는 색은 한 가지다. 자기 몸을 안이라 하고, 타자의 몸을 밖이라 한다. 자기 몸의 색이 사라지지도 무너지지도 않기에 '안에 남아 있다'고 하며, 안팎의 색을 관해서 모두 부정하다고 하는 법을 '밖에서 색을 관한다'라고 한다. 八解脫者 經中亦名八背捨也 名字是何 內有色相 外觀色一 自身名內 他身名外 於自身色 未滅未壞 名爲內有 觀內外色 悉皆不淨 名外觀色", 『석선바라밀차제법문』 권1(대정장46, p.480c5)에 "이것이 보살이 모든 삼매에 머묾이니, 팔배사에 역순으로 출입하고, 팔배사에 의지하여 구차제정에 역순으로 출입한다. 是菩薩住諸三昧 逆順出入八背捨 依八背捨 逆順出入 九次第定"라고 하였다. [참고문헌] 『大品般若經』, 『觀無量壽經義疏』, 『釋禪波羅蜜次第法門』, 『大智度論』 권21(대정장25, p.215a7), 『法界次第初門』 권중 「八背捨初門第二十四」(대정장46, p.676c22), *Śata-pr.* ⇨ 팔해탈 八解脫, 배사 背捨

팔백공덕 八百功德 Ⓢ aṣṭau guṇa-śatāni. 육근(六根) 가운데 안비신(眼鼻身) 세 근 각각이 지니는 공덕의 수. 이의설(耳意舌) 세 근은 천이백공덕이다. 『능엄경』 권4(대정장19, p.122c23)과 『법화경』 권6(대정장9, p.47c3)에 의지한 설이다. 『능엄경전』 권4(卍속장89, p.95a4)에 "『법화경』에서 경전을 수지하는 공덕으로 이·의·설 세 가지 근은 천이백공덕을 원만하게 갖추고, 안비신 세 가지 근은 팔백공덕을 얻을 뿐이라고 한다. 法華約持經功德 耳意舌根 圓滿一千二百功德 眼鼻身三根 秖得八百功德", 『법화경현찬요집』 권34(卍속장54, p.853a4)에 "육근 가운데 하나의 근에는 각각 이백의 공덕이 있다. 안비신 세 가지 근은 열하므로 이백의 공덕만 지니고, 이설의 세 가지 근은 승하므로 각각 이백의 공덕으로 안 등 세 근을 돕는다. 또한 이설의가 각각 이백공덕으로 안근을 도와 육백공덕이 있게 되고 아울러 본래 안근의 이백을 합하여 안근상에는 팔백공덕이 성립한다. 또한 삼근 각각이 이백의 공덕으로 비근을 도와 육백공덕이 있게 되고 아울러 본래 비근의 이백을 합하여 비근의 팔백공덕이 성립한다. 또한 삼근 각각이 2백의 공덕으로 신근을 도와 육백공덕이 있고 아울러 본래 신근이백을 합하여 신근의 팔백공덕이 성립한다. 六根之中 每各二百 眼鼻身三劣故 只有二百 耳舌意三 三根勝故 各將二百功德 助眼等三根 且如耳舌意 各將二百助眼根 有六百 幷本二百 計成眼根上八百功德 又三根各將二百助鼻根 計成六百 幷鼻根本二百 成鼻根八百功德 又三根各將二百助彼身根 計成六百 幷身根二百 成身根八百功德", 『대명삼장법수』 권21(영락장182, p.265b7)에 "(『능엄경』의 설에 따르는 요지) 첫째, 안근의 팔백공덕이다. 중생 한 몸의 방위는 전후좌우라는 사방을 갖춘다. 만약 천이백공덕으로 그 수량을 정한다면 사방이 각각 삼백의 수를 갖추고 함께 합하여 천이백이 성립할 것이다. 그런데 안근이 오직 팔백이라는 말은 무슨 뜻인가? 눈은 전방 삼백과 좌우 각각 이백오십의 덕(보는 기능)을 함께 합하여 팔백이라는 수가 성립한다는 뜻이다. 삼분하여 공덕을 말하고 한 분(후방)에는 덕이 전혀 없기에 안근은 오직 팔백공덕일 뿐임을 알 수 있다. 一 眼根八百功德 謂衆生一身方位 具前後左右四方 若以一千二百功德 定其數量 則四方各具 三百之數 共成一千二百 今眼根惟八百者 以眼但能見 前方三百 左右各二百五十 共成八百之數也 所謂三分言功 一分無德故 知眼根惟八百功德", "셋째, 비근의 팔백공덕이다. 코가 냄새맡는 기능은 날숨과 들숨에 다 통한다. 숨을 내쉬면 향을 취할 수 있고, 숨을 들이쉬면 향을 맡을 수 있지만, 내쉬고 들이쉬는 중간에는 아무 능도 없다. 그러므로 '겹치는 중간에는 공덕이 없다'고 한다. 그런 까닭에 세 갈래로 나누어 공덕을 말하면서 겹치는 중간 한 분의 덕이 없다고 한다. 그러므로 비근에는 오직 팔백공덕만 있음을 알 수 있다. 三 鼻根八百功德 謂鼻能齅聞 通出入息 息出則能取香 息入則能聞香 出入之中無能 故曰 而闕中交 所謂三分言功 而缺中交 一分之德 故知鼻根 惟八百功德", "다섯째, 신근의 팔백공덕이다. 신근 능히 부딪혀 알기에 역순으로 고락의 경을 분명하게 안다. 그것이 물과 더불어 합할 때는 지각이 있게 되고, 물과 떨어진즉 알아채지 못한다. 그런 까닭에 세 갈래로 나누어 덕을 말하면 한 갈래는 덕이 없게 된다. 그러므로 신근에는 오직 팔백공덕만 있음을 알 수 있다. 五 身根八百功德 謂身能覺觸 了知逆順苦樂之境 以其與物合時 則有知覺 與物相離 則不知覺 所謂三分言功 一分無德 故知身根 惟八百功德"라고 하였다. [참고문헌] 『楞嚴經』, 『法華經』, 『楞嚴經箋』, 『法華經玄贊要集』, 『大明三藏法數』, 『楞嚴經』 권4(대정장19, p.122c26), *Saddh-p.354.*

팔벌 八筏 여덟 개의 뗏목. 팔정도(八正道)를 비유한다. 『부자합집경』 권10(대정장11, p.948c3)에 "팔정도를 큰 배의 뗏목으로 삼아서 온갖 중생을 실어 큰 바다로 나가 제법이 본래공임을 알게 해서 모든 이론과 망분별을 쉬게 한다. 以八正道大船筏 運載群生出有海 令知諸法本來空 息諸異論妄分別", 『번역명의집』 권5(대정장54, p.1143b18)에 "팔벌 … 강은 곧 번뇌이고, 뗏목은 도품이다〈『지도론』에 뗏목은 팔정도라고 한다〉. 상락인

열반의 피안으로 건너간다. 八筏 … 河卽煩惱 筏卽道品〈智論云筏是八正道〉 到於常樂涅槃彼岸"라고 하였다. [참고문헌]『父子合集經』, 『翻譯名義集』. ⇨ 팔정도 八正道

팔범 八梵 여덟 가지로 청정한 소리. 『일체경음의』 권20(대정장54, p.431c8)에 "팔음〈여덟 가지 범음에 대하여 『십주단결경』에서 설한다. '첫째는 남성의 음이 아니고, 둘째는 여성의 음이 아니며, 셋째는 강한 음이 아니고, 넷째는 연약한 음이 아니며, 다섯째는 맑기만 한 음이 아니고, 여섯째는 탁한 음도 아니며, 일곱째는 웅장한 음이 아니고, 여덟째는 아름답기만 한 음도 아니다'〉. 八梵〈八種梵音者 按十住斷結經云 一 不男音 二 不女音 三 不强音 四 不耎音 五 不淸音 六 不濁音 七 不雄音 八 不雌音〉"이라고 하였다. [참고문헌]『一切經音義』, 『十住斷結經』 권8(대정장10, p.1030c19).

팔법 八法 ❶ Ⓟ aṭṭha loka-dhammā. 세간의 여덟 가지 법. 사람의 마음을 흔들므로 팔풍(八風)·팔세간법(八世間法)이라고도 하며, 사순(四順)과 사위(四違)로 이익·손실·명예·불명예·칭찬·비난·즐거움·괴로움. 혹은 칭찬과 비난 대신 논의(論義)와 무논의(無論義)를 말한다. 『장아함경』 권8 「중집경 衆集經」(대정장1, p.52b11 : *Saṅgīti-sutta*, *DN.3*, p.260)에 "여래께서 여덟 가지 바른법을 설하시니, 이른바 세간팔법이다. 이익·쇠퇴·비방·명예·칭찬·속임·괴로움·즐거움이다. 如來說八正法 謂世八法 利 衰 毁 譽 稱 譏 苦 樂 aṭṭha lokadhammā. lābho ca alābho ca yaso ca ayaso ca nindā ca pasaṃsā ca sukhañ ca dukkhañ ca", 『음지입경』 권2(대정장15, p.176c19)에 "또한 세간 좇아 팔법이 있다. 무엇이 여덟인가? 리와 무리, 명문과 불명문, 논의와 무논의, 고와 락이다. 亦從有世間八法 何等爲八 有利無利 名聞不名聞 有論議無論議 若苦若樂"라고 하였다. [참고문헌]『長阿含經』, 『陰持入經』, 『增壹阿含經』 권39(대정장2, p.764b14), *DN.*, *AN.4.156.* ⇨ 팔풍 八風, 팔세간법 八世間法 ❷ Ⓟ aṭṭha vimokhā. 팔해탈(八解脫). 『장아함경』 권8 「중집경 衆集經」(대정장1,p.52b12)에 "다시 팔법이 있으니 곧 팔해탈이다. 색이 색을 관하는 것이 첫 번째 해탈이다. 안의 무색상으로 외색을 관하는 것이 두 번째 해탈이다. 정해탈이 세 번째 해탈이다. 색과 상을 건너고 분노와 짜증을 멸하여 공처에 머무르는 해탈이 네 번째 해탈이다. 공처를 건너서 식처에 머묾이 다섯 번째 해탈이다. 식처를 건너고 불용처에 머묾이 여섯 번째 해탈이다. 불용처를 건너고 유사무상처에 머묾이 일곱 번째 해탈이다. 유상무상처를 건너고 상지멸에 머묾이 여덟 번째 해탈이다. 復有八法 謂八解脫 色觀色 一解脫 內無色想觀外色 二解脫 淨解脫 三解脫 度色想滅瞋恚想住空處解脫 四解脫 度空處住識處 五解脫 度識處住不用處 六解脫 度不用處住有想無想處 七解脫 度有想無想處住想知滅 八解脫"라고 하였다. [참고문헌]『長阿含經』, *DN.3.261.* ⇨ 팔배사 八背捨, 팔해탈 八解脫 ❸ Ⓟ aṭṭha sammattā. 팔정도(八正道). 『장아함경』 권8 「중집경 衆集經」(대정장1, p.52b17 : *Saṅgīti-sutta*, *DN.3*, p.255)에 "다시 팔법이 있으니 팔정도를 이른다. 정견·정지·정어·정업·정명·정방편·정념·정정이다. 復有八法 謂八聖道 正見 正志 正語 正業 正命 正方便 正念 正定 aṭṭha sammattā. sammādiṭṭhi sammāsaṃkappo sammāvācā sammākammanto sammāājīvo sammāvāyāmo sammāsati sammāsamādhi", 『대반열반경』 권1(대정장1, p.195b25)에 "도제란 팔정도이다. 첫째 정견, 둘째 정념, 셋째 정사유, 넷째 정업, 다섯째 정정진, 여섯째 정어, 일곱째 정명, 여덟째 정정. 이 여덟 가지 법은 진실이고 성스러운 길이다. 만약 사람이 부지런히 이 사성제법을 관하면 생사를 빨리 벗어나서 해탈처에 이른다. 道諦者 八正道 一正見 二正念 三正思惟 四正業 五正精進 六正語 七正命 八正定 此八法者 諦是聖道 若人精勤 觀此四法 速離生死 到解脫處"라고 하였다. [참고문헌]『長阿含經』, 『大般涅槃經』, *DN.* ⇨ 팔정도 八正道 ❹ Ⓟ aṭṭha puggalā. 여덟 무리의 성자들(八人) 즉 팔배(八輩)를 가리킨다. 『장아함경』 권8 「중집경 衆集經」(대정장1, p.52b19)에 "다시 팔법이 있으니 여덟 종류의 사람이다. 수다원향·수다원·사다함향·사다함·아나함향·아나함·아라한향·아라한이다. 이들은 여래가 설한 정법을 함께 뽑아서 모으고, 쟁송을 대비하며, 범행을 오랫동안 서게 하고, 이익되게 하는 바가 많아서 천신과 사람을 보호하고 편안하게 한다. 復有八法 謂八人 須陀洹向 須陀洹 斯陀含向 斯陀含 阿那含向 阿那含 阿羅漢向 阿羅漢 是爲如來所說正法 當共撰集 以防諍訟 使梵行久立 多所饒益 天人獲安"라고 하였다. [참고문헌]『長阿含經』, *DN.3.255.* ⇨ 팔인 八人❶, 팔배 八輩, 팔보특가라 八補特伽羅

팔법륜 八法輪 여덟 가지 법륜. 이승과 보살에게 각각 전하는 사제(四諦)의 법륜을 말한다. 원효(元曉)의 『영락본업경소』 권하(卍속장61, p.509b6·한불전1, p.508a12)에 "여덟 법륜이란 이승 위해 굴린 작위의 사제법륜과 보살 위해 굴리는 지을 바 없는 사제법륜이다. 八法輪者 爲二乘轉 有作四諦法輪 爲菩薩轉 無作四諦法輪故"라고 하였다. [참고문헌]『瓔珞本業經疏』, 『菩薩瓔珞本業經』 권하(대정장24, p.1018b7).

팔법보 八法寶 여덟 가지 법이라는 보배. 보여래삼매(寶如來三昧 : 無極寶三昧)에 들기 위한 여덟 가지 법. 『보여래삼매경』 권상(대정장15, p.520a28)에 "여래보살이 정각불에게 아뢰었다. '이제 법회에서 새로 뜻 일으킨 마하살이 이 삼매를 행하려면, 마땅히 무엇으로 이르러야 하겠습니까?' 부처님이 말씀하셨다 '묻는 바 아주 시원하도다. 만약 신발의마하살이 이 삼매를 행하려 한다면, 마땅히 팔법보를 행해야 하느니라. 어떤 것들이 팔법보인가? 如來白正覺言 今會有新發意摩訶薩 欲行是三昧 當何以致之 佛言如來 所問甚快 若新發意摩訶薩 欲行是三昧 當行八法寶 何等爲八法寶", "첫째, 곧바로 부처 앞에 임함이 바로 삼매니, 이것이 첫 번째 법보다. 一者 卽於佛前是三昧 是爲一法寶", "둘째 법보는 시방의 모든 나한을 공양하고 그들을 따르면서 억억만겁 지내다가 일시에 듣는 즉시 알아서 높은 삼매와 가까워져 멀어질 일 없으니, 두 번째 법보다. 二法寶者 供養十方諸羅漢 從其相隨 億億萬劫 一時聞是卽解 親近尊三昧不遠 是爲二法寶", "셋째, 사리 공양하며 위로 삼십육천에 이르기까지 그중에 빠져 빈 곳도 더함도 없게 되는 때 일시이니, 뜻을 굴려 행하는 즉시 혜문을 향하니, 세 번째 법보다. 三者 供養舍利 從上至三十六天中 無空缺 無益一時也 轉意作行 卽向慧門 是爲三法寶", "넷째 법보는 사무소외 얻고 시방과 다름없이 생사에서 멀리 여의는 것 없음이다. 네 번째 법보다. 四法寶者 得四無所畏 不異十方於生死無所遠離 是爲四法寶", "다섯째 법보는 보살이 오도로 괴로움에 시달림을 보고 마음으로 모두 바로 건너게 하고자 하여 그 몸으로써 그들의 목숨을 구하여 굳이 애쓰지 않고도 나아가 부처를 얻게 할 따름이다. 다섯 번째 법보다. 五法寶者 菩薩見五道勤苦 心意欲悉正度之 以其身救之命 不用作勤劇 趣令得佛耳 是爲五法寶", "여섯째 법보는 보살이 시방천하인을 섬겨서 늘 저 노비가 대부 받들 듯이 하지만 괴로워 애쓰지 않고도 귀히 여겨 건너게 한다. 왜 그런가. 본래부터 구함 없음을 알기 때문이며 애초에 일으킴마저 없기 때문이다. 여섯 번째 법보다. 六法寶者 菩薩事十方天下人 常如奴事大夫 不用作苦貴度之 所以者何 知本求無故 本無所起故 是六法寶", "일곱째 법보는 보살이 구십육종외도를 관하여 보고 그중에서도 깨달아 알게 함으로써 법을 일으키고 생각하고 취하며 머무르게 하고자 함이다. 이것이 일곱 번째 법보이다. 七法寶者 菩薩觀見九十六種外道 於其中覺知之 欲起想取法住 是爲七法寶", "여덟째 법보란, 육바라밀을 받들어 행하며 비구승을 공양하되 억만겁을 공양하더라도 저 일시에 이 보여래삼매를 듣는 것만 못하니, 시방에서 마땅히 부처를 이룬다면 무엇으로 증하겠는가? 이 보여래삼매를 들으면 곧장 시방인들이 부처 얻었다 증할 것이다. 만약 새로 뜻 일으키고 이 삼매를 향하여 환희하며 이 삼매를 안다면, 곧장 이로써 만만삼매를 알기에 이미 얻은 여래삼매로 삼는다. 이것이 여덟 번째 법보다'. 八法寶者 奉行六波羅蜜 供養比丘僧 供養億萬劫 不如一時聞是寶如來三昧 十方當作佛者 用何爲證 聞是寶如來三昧者 卽十方人得佛證 若新發意向是三昧 歡喜解是三昧者 卽是爲以解萬萬三昧 爲已得如來三昧 是爲八法寶"라고 하였다. 〔참고문헌〕『寶如來三昧經』, 『無極寶三昧經』 권상(대정장15, p.508b5). ⇨ 법보 法寶 ■

팔법신 八法身 팔지(八地)의 법신. 팔지 이상으로 변역(變易)하는 법신을 말한다. 『인왕경』 권하(대정장8, p.833a27)에 "그러므로 대왕은 범부의 몸을 버리고 육주의 몸에 들어가고, 칠지의 보신을 버리고 팔지의 법신에 들어가 일체행의 바라밀다를 증득했다. 是故大王捨凡夫身 入六住身 捨七報身 入八法身 證一切行般若波羅蜜", 원측(圓測)의 『인왕경소』 권하(대정장33, p.424b11 · 한불전1, p.117c10)에 "'범부의 몸을 버린다'란, 초지 이전의 범부의 몸을 버린다는 말이다. '육주의 몸에 들어간다'란, 초지에서 제6지에 이르기까지의 지에 머무는 몸에 들어간다는 말이다. '칠지의 보신을 버린다'란 칠지의 분단의 보신을 버린다는 말이다. 따라서 『대지도론』에서는 '칠지까지는 충신으로서의 육신을 버리지 못한다'고 하였다. '팔법신에 들어간다'란, 팔지 이상의 변역법신에 든다는 말이다. 言捨凡夫身者 謂捨地前凡夫身也 言入六住身者 謂入初地至第六地住地身也 此上卽捨凡入聖 言捨七報身者 謂捨七地分段報身也 故智度論云 七地未捨虫身肉身 言入八法身者 謂入八地已上變易法身"라고 하였다. 〔참고문헌〕『仁王經』, 『仁王經疏』.

팔변재 八辯才 보살의 여덟 가지 변재(辯才). 청정변재(淸淨辯才)라고도 한다. 『승천왕반야경』 권1(대정장8, p.693a12)에 "보살마하살이 반야바라밀을 행하면 청정한 변재를 얻습니다. 불시갈변재 · 불미란변재 · 불포외변재 · 의구족변재 · 미구족변재 · 부졸삽변재 · 응시절변재를 말합니다. 대왕이시여, 보살마하살이 반야바라밀을 행하면 대중위덕에 대한 두려움을 떠나므로 불시갈이고, 겁약하지 않는 지혜에 견고하게 머물기에 불미란이며, 보살은 사자왕처럼 대중 속에 자리잡으므로 무포외이고, 모든 번뇌를 떠나기에 불고만이며, 이치가 없는 말을 하지 않고 법의 무수한 상에 통달하므로 의구족이고, 책과 글과 문자에 담긴 세속의 지혜를 잘 이해하기에 미구족이며, 무량한 겁 이래로 뛰어난 방편의 말을 익혔으므로 불졸삽이다. 이상과 같은 설법을 네 계절에 적절하게 맞추어 하시니, 봄은 봄에 어울리게 말씀하시고, 가을과 겨울도 그렇게 하신다. 앞에 적절하게 어울리는 말을 중간과 뒤에 하지 않으시고, 뒤에 적절하게 어울리는 말을 앞과 중간에 하지 않으시며, 중간에 적절하게 어울리는 말을 앞과 뒤에 하지 않으시니, 때의 특성을 잘 아시기 때문이다. 菩薩摩訶薩 行般若波羅蜜 得淸淨辯才 所謂不嘶喝辯才 不迷亂辯才 不怖畏辯才 不高慢辯才 義具足辯才 味具足辯才 不拙澁辯才 應時節辯才 大王 菩薩摩訶薩 行般若波羅蜜 離大衆威德畏 故不嘶喝

堅住不怯智 故不迷亂 菩薩處衆 如師子王 故無怖畏 離諸煩惱 故不高慢 不說無義 通達法相 故義具足 善解書論文字世智 故味具足 無量劫來 習巧方便語 故不拙澁 如是說法 隨順四時 春如春說 秋冬亦爾 應前說者 不中後說 應後說者 不前中說 應中說者 不前後說 善知時故"라고 하였다. 〔참고문헌〕『勝天王般若經』. ⇨ 변재 辯才 ❶

팔보탑 八寶塔 인도불교 성지의 팔대영탑(八大靈塔). 『대승본생심지관경』 권1 「서품 序品」(대정장3, p.296a12)에 "오직 세간에 나신 여래신만이 나지도 사라지지도 않아 늘 안락 누리시네. 이 행하기 어려운 보살행이었기에 일체 다 금빛으로 나투었고 또 이 빛 중에 팔탑 드러나 모두 중생의 좋은 복전 되네. 정반왕궁 나신 곳의 탑, 보리수 아래 부처 이루신 탑. 녹야원 법륜탑, 급고독원 명칭탑. 곡녀성 가 보계탑, 기사굴산 반야탑. 암라위림 유마탑, 사라림 원적탑. 唯有出世如來身 不生不滅常安樂 是難行菩薩行 一切悉現金光內 又此光中現八塔 皆是衆生良福田 淨飯王宮生處塔 菩提樹下成佛塔 鹿野園中法輪塔 給孤獨園名稱塔 曲女城邊寶堦塔 耆闍崛山般若塔 菴羅衛林維摩塔 娑羅林中圓寂塔", "이 같은 세존의 팔보탑에 모든 천룡신 늘 공양 올리네. 금강밀적과 사천왕 밤낮으로 보호하며 항상 여의치 않네. 저 팔탑 지어 공양하면 현재 몸 저절로 복과 수명 연장되리. 지혜 증장되어 뭇 높임 받고 세출세의 바람 이즈러짐 없이 두렷이 채우리. 如是世尊八寶塔 諸天龍神常供養 金剛密跡四天王 晝夜護持恒不離 若造八塔而供養 現身福壽自延長 增長智慧衆所尊 世出世願皆圓滿"라고 하였다. 〔참고문헌〕『大乘本生心地觀經』, 『大乘本生心地觀經淺註』 권1(卍속장34, p.125b4). ⇨ 팔대영탑 八大靈塔

팔보특가라 八補特伽羅 Ⓟ aṭṭha purisa-puggalā, aṭṭha puggalā. 여덟 부류의 보특가라. 사향사과(四向四果)의 성자들을 말한다. 팔배(八輩)·팔인(八人)이라고도 한다. 『대비바사론』 권63(대정장27, p.325c14)에 "여덟 부류의 보특가라가 있다. 첫째는 예류향, 둘째는 예류과, 셋째는 일래향, 넷째는 일래과, 다섯째는 불환향, 여섯째는 불환과, 일곱째는 아라한향, 여덟째는 아라한과이다. 〔문〕 이와 같은 여덟 부류의 보특가라에는 이미 여덟 가지가 있는데, 실체는 몇 가지가 있는가? 아비달마의 논사들은 '이 이름에는 여덟 가지가 있지만, 실체는 오직 다섯이다. 예류향과 아라한과는 이름도 두 가지가 있고 실체도 두 가지가 있다. 예류과와 일래향은 명칭은 비록 두 가지이지만 실체는 오직 한 가지이다. 일래과와 불환향은 명칭은 비록 두 가지이지만 실체는 오직 한 가지이다. 불환과와 아라한향은 명칭은 비록 두 가지이지만 실체는 오직 한 가지이다. (실체가 하나인 것은) 과(果)를 수반하면서 향(向)으로 나아가는 유정은 동일하기 때문이다'. 有八補特伽羅 一 預流向 二 預流果 三 一來向 四 一來果 五 不還向 六 不還果 七 阿羅漢向 八 阿羅漢果 問 如是八種補特伽羅 名旣有八 實體有幾 阿毘達磨諸論師言 此名有八 實體唯五 謂預流向阿羅漢果 名有二種 實體亦二 預流果一來向 名雖有二 實體唯一 一來果不還向 名雖有二 實體唯一 不還果阿羅漢向 名雖有二 實體唯一 帶果行向有情一故"라고 하였다. 〔참고문헌〕『大毘婆沙論』, *AN.2.34·4.292.* ⇨ 팔배 八輩, 팔인 八人 ❶, 사향사과 四向四果

팔복생 八福生 복을 받아 나는 여덟 가지 삶. 팔복생처(八福生處)라고도 한다. 『집이문족론』 권18 「팔법품 八法品」(대정장26, p.442c6)에 "팔복생이란 무엇이 그 여덟인가? 구수여 마땅히 알라. 예컨대 어떤 한 류가 있는데 여러 사문 혹은 바라문이 빈궁하게 고행하거나, 도를 행하는 걸자가 고행하면 의복과 음식, 여러 향화, 방사, 와구와 아울러 등명 등 사는 데 필요한 온갖 물건을 베푼다고 하자. … 저 류에게는 이런 처(處)가 있는지라 몸이 허물어져 목숨이 다하면 다시 사람 중에 나더라도 부귀한 류를 얻는다. 비록 부귀를 받아 스스로 안락함에 있으면서도 시라를 갖추기에 마음으로 바람이 청정하다. 앞서 사람의 몸으로 있을 적에 시라가 깨끗했기 때문이니, 이를 첫 번째 복생이라 한다. 八福生者 云何爲八 具壽當知 如有一類 施諸沙門 或婆羅門 貧窮苦行 道行乞者苦行 衣服飮食 及諸香花 房舍臥具 幷燈明等 資生什物 … 彼有是處 身壞命終 還生人中 得富貴類 雖受富貴 自在安樂 而具尸羅 心願淸淨 先人身中 尸羅淨故 是名第一福生", "예컨대 사람으로 나되 부귀 얻는 류를 바라는 것처럼 이와 같이 사천왕중천, 삼십삼천, 야마천, 도사다천, 낙변화천, 타화자재천, 범중천에 나기를 바라는 것도 반드시 또한 이러한 것임을 알아야 한다. 그런데 범중천에는 차별이 있으니, 반드시 욕을 여의었다고 설해야 한다. 이 중에서 '이를 첫 번째' 내지 '여덟 번째'라 이름함은 점차와 순차로 서로 이어지며 차제에 따라 그 수가 첫 번째 내지 여덟 번째에 이르게 된다. '복으로 난다'라 한 이유는 이렇다. 묻는다. 어째서 이를 설하여 복생이라 하는가. 답한다. 복과를 받고 그 자리에 남을 아우르기에 이름하여 '복생'이라 한다. 如願生人得富貴類 如是願生 四大王衆天 三十三天 夜摩天 覩史多天 樂變化天 他化自在天 梵衆天 應知亦爾 然梵衆天 有差別者 應說離欲 此中 是名第一 乃至第八者 漸次順次相續次第 數爲第一 乃至第八 言福生者 問 何故說此 名爲福生 答 攝受福果 生於此處 故名福生"라고 하였다. 〔참고문헌〕『集異門足論』, 『瑜伽師地論』 권3(대정장30, p.292b5), 『成實論』 권2(대정장32, p.253a29), 『瑜伽論記』 권1(대정장42, p.334c7). ⇨ 팔복생처 八福生處

팔복생처 八福生處 복업에 따라 나는 여덟 곳. 오계(五戒)와 십선(十善)을 닦고 또 보시를 행한 복업에 따라 나는 곳으로서 부귀한 사람(人中富貴)·사천왕천(四天王天)·도리천(忉利天)·야마천(夜摩天)·도솔천(兜率天)·화락천(化樂天)·타화천(他化天)·범천(梵天)을 말한다. 단, 범천으로 남에는 아울러 선정을 닦는 복업이 더한다. 줄여서 팔복생(八福生)이라고 하며, 신역에서는 팔종가애생처(八種可愛生處)라고 한다. 『삼장법수』 권25(대장경보편22, p.473c14)에 "(팔복생처란) 오계와 십선을 닦고 아울러 보시를 행하는 복업은 그 우열이 고르지 않고 그 보를 감함에 나는 곳 역시 고하로 같지 않기에 복업에 따라 나는 여덟 곳이라 한다. 謂修五戒十善兼行布施福業 優劣不等故感報所生之處 則亦高下不同 故名八福生處", "첫째는 사람 가운데 부귀한 이이다. … 이 천지로 나는 것 중 오직 인간을 귀하게 여기니 이미 인간이 되었으면서도 또 부귀하기까지 하다는 말이니, 곧 그 닦은 복업이 반드시 다른 이들보다 뛰어나기에 금생에 이 과보를 받는다. 一 人中富貴 … 謂天地所生 惟人爲貴旣得爲人 而又富貴 則其所修福業 必勝餘人 故於今生得此報也 ", "둘째는 사천왕천이다. … 동방의 지국천왕, 남방의 증장천왕, 서방의 광목천왕, 북방의 다문천왕을 말한다. 이 사천왕은 수미산 중턱에 기거한다. 보시와 지계 두 가지 가장 뛰어난 복업을 닦았기에 이 감보로 그 중 날 수 있었다. 二 四天王天 … 東方持國天王 南方增長天王 西方廣目天王 北方多聞天王 此四天王居須彌山腹 由修施戒二種最勝福業 是以感報得生其中也", "셋째는 도리천이다. … 옛날에 서른 세 명의 사람이 있어 함께 승업을 닦고 함께 이 하늘에 나서 수미산의 정상에 기거했는데, 네 모서리 마다에 여덟 궁전이 있었고 가운데는 제석전이 있었으니 제석이 곧 천주였다. 이 천은 사천왕천보다 승한 보시지계 두 복업을 닦았기에 이 보 감해서 그 중에 날 수 있었다. 三 忉利天 … 昔有三十三人 同修勝業 同生此天 居須彌山頂 四角各有八宮 中有帝釋殿 帝釋卽天主 此天由修施戒二種福業 勝四天王天 是以感報得生其中也", "넷째는 야마천이다. … 시시로 쾌락을 노래하기 때문이다. 이 하늘은 도리천보다 승한 보시지계의 두 복업을 닦았기에 이 보로써 그 가운데 날 수 있었다. 四 夜摩天 … 謂時時唱快樂故也 此天由修施戒二種福業 勝忉利天 是以感報得生其中也", "다섯째는 도솔천이다. … 가장 신묘한 오욕에 대해 지족할 줄 알기 때문이다. 이 하늘은 야마천보다 승한 보시지계의 두 복업을 닦았기에 이 보로써 그 중에 날 수 있었다. 五 兜率天 … 謂於上妙五欲 知止足故也 此天由修施戒二種福業 勝夜摩天 是以感報得生其中也", "여섯째는 화락천이다. … 오욕락을 얻고자 할 때면 모두 스스로 변화하여 이로써 서로 즐기기 때문이다. 이 천은 도솔천보다 승한 보시지계의 두 복업을 닦았기에 이 보로써 그 중에 날 수 있었다. 六 化樂天 … 謂欲得五欲樂時 皆自變化以相娛樂故也 此天由修施戒二種福業 勝兜率天 是以感報得生其中也 ", "일곱째는 타화천이다. … 즐거운 경계를 얻고자 할 때면 다른 천이 그를 위해 변화하여 다른 천이 이룬 바를 빌려 이로써 자신의 즐거움으로 삼기 때문이다. 이 천은 곧 욕계천의 주인으로서 화락천보다 승한 시계의 두 복업을 닦았기에 이 보로써 그 중에 날 수 있었다. 七 他化天 … 謂欲得樂境之時 他天爲其變化 假他所成 以爲己樂故也 此天卽欲界天主 由修施戒二種福業 勝化樂天 是以感報得生其中也", "여덟째는 범천이다. … 욕계의 때 묻은 물듦도 여의고서 색계로 상승했기에 청정하다고 한다. 대범천은 곧 사바세계의 주인으로서 타화천보다 승한 시계의 두 복업과 아울러 선정도 닦았기에 이 보로써 그 중에 날 수 있었다. 八 梵天 … 謂離欲界垢染 上升色界 故名爲淨 若大梵天 卽娑婆世界主 由修施戒二種福業 勝他化天 又兼修禪定是以感報得生其中也"라고 하였다. [참고문헌] 『三藏法數』. ⇨ 팔종가애생처 八種可愛生處

팔복전 八福田 **1** 여덟 가지 복전. 섬기고 보살펴 복밭이 되게 하는 이들. 대체로 불(佛)·성인(聖人)·중승(衆僧)·화상(和尙)·아사리(阿闍梨)·부(父)·모(母)·병인(病人)을 꼽지만 출입이 있다. 『범망경』 권하(대정장24, p.1005c8)에 "불자야, 저 모든 질병인을 보거든 응당 공양하여 부처님과 다름 없이 해야 한다. 팔복전 중 간병복전이 제일복전이다. 저 부모사승제자 등이 병들거나 제근불구여서 백 가지 병으로 괴로워하면 모두 공양하여 낫게 해야 한다. 그런데도 보살이 성내고 원망하는 마음으로 보살피지 않고, 나아가 승방이나 성읍, 광야, 산림, 도로에서 병자를 보고도 구제치 않으면 경구죄를 범함이다. 若佛子 見一切疾病人 應供養如佛無異 八福田中 看病福田 第一福田 若父母師僧弟子病 諸根不具 百種病苦惱 皆供養令差 而菩薩以瞋恨心不看 乃至僧房中 城邑曠野山林道路中 見病不救濟者 犯輕垢罪", 같은 책 권하(대정장24, p.1007a13)에 "불자야, 일체별청을 받아들여 이양을 자기 것으로 하여서는 안 된다. 이런 이양은 시방승에 속하는데 따로

〈표〉 팔복전

①『보살계의소』 팔복전八福田

불佛	성인聖人	승僧	화상和尙	아사리阿闍黎	부父	모母	병인病人

②『범망경보살계본소』 팔복전八福田

조광로미정造曠路美井	수로교량水路橋梁	평치험로平治嶮路	효사부모孝事父母	공양사문供養沙門	공양병인供養病人	구제위액救濟危厄	설무차대회設無遮大會
공양불供養佛	공양법供養法	공양승供養僧	부모父母	사승師僧	빈궁貧窮	병인病人	축생畜生
지법인知法人	원행래인遠行來人	원거인遠去人	기아인飢餓人	병인病人	불보佛寶	법보法寶	승보僧寶

청을 받고 그대로 시방승물을 취해 자기에게 들이면, 팔복전인 모든 부처님과 성인, 낱낱의 사승, 부모와 병인의 물건을 자기가 쓰는 것이기에 경구죄를 범함이다. 若佛子 一切不得受別請 利養入己 而此利養屬十方僧 而別受請 卽取十方僧物入己 八福田 諸佛聖人 一一師僧父母病人物 自己用故 犯輕垢罪", 『보살계의소』 권하(대정장40, p.577c5)에 "팔복전이란 첫째는 부처님, 둘째는 성인, 셋째는 화상, 넷째는 아사리, 다섯째는 승가, 여섯째는 부친, 일곱째는 모친, 여덟째는 병인이다. 八福田者 一佛 二聖人 三和尙 四闍黎 五僧 六父 七母 八病人", 『범망경고적기』 권하(대정장40, p.710c2)에 "첫째는 부처님, 둘째는 성인, 셋째는 화상, 넷째는 아사리, 다섯째는 중승, 여섯째는 부친, 일곱째는 모친, 여덟째는 병인이다. 어떻게 그러함을 아는가? 바로 아래 문에서 '팔복전인 모든 부처님과 성인, 한 분 한 분의 사승, 부모와 병인'이라 하였기 때문이다. 一佛 二聖人 三和上 四闍梨 五衆僧 六父 七母 八病人 以何知然 卽下文云 八福田 諸佛聖人 一一師僧 父母病人故", 『범망경보살계본소』 권5(대정장40, p.639a8)에 "어떤 이가 말한다. '공양받는 삼보가 셋이고, 넷째는 부모, 다섯째는 사승, 여섯째는 빈궁한 이, 일곱째는 병인, 여덟째는 축생이다'. 또한 아직 가르침을 보지 못했다. 有云 供養三寶爲三 四父母 五師僧 六貧窮 七病人 八畜生 亦未見敎" 라고 하였다. [참고문헌] 『梵網經』, 『菩薩戒義疏』, 『梵網經古跡記』, 『梵網經菩薩戒本疏』, 『百丈淸規』 권4(대정장48, p.1133a13). ⇨ 복전 福田 **2** 여덟 가지 복전이 되는 행. 『범망경보살계본소』 권5(대정장40, p.639a5)에 "팔복전을 어떤 사람은 이렇게 말한다. '첫 번째는 너른 길가에 아름다운 우물을 짓는 것이다. 두 번째는 수로에 다리를 대는 것이다. 세 번째는 험한 길을 평평히 고르는 것이다. 네 번째는 부모를 효로써 섬김이다. 다섯 번째는 사문을 공양함이다. 여섯 번째는 병인을 공양함이다. 일곱 번째는 위태로운 이를 구제함이다. 여덟 번째는 무차대회를 베푸는 것이다'. 어떤 성스러운 가르침에 나오는지 아직 보지 못했다. 八福田者 有人云 一造曠路美井 二 水路橋梁 三 平治嶮路 四 孝事父母 五 供養沙門 六 供養病人 七 救濟危厄 八 設無遮大會 未見出何聖敎"라고 하였다. [참고문헌] 『梵網經菩薩戒本疏』, 『梵網經古跡記』 권하(대정장40, p.710b28).

팔봉 八峰 **1** 수미산(須彌山)을 둘러싼 여덟 봉우리. 『대일경』 권3 「실지출현품 悉地出現品」(대정장18, p.20b23)에 "행자는 하나의 연으로 팔봉 두른 수미산을 생각하라. 行者一緣 想八峯彌盧山", 『대일경소』 권12(대정장39, p.702b24)에 "이 법을 지음에 먼저 팔봉 두른 수미산왕을 떠올리는데, 팔봉은 곧 사면을 두루 에워싸 산봉우리를 짓는다. 作此法 先想八峯須彌山王 八峯 謂四面周匝 作於山峯"라고 하였다. [참고문헌] 『大日經』, 『大日經疏』. ⇨ 수미산 須彌山 **2** 19세기 후반 팔공산 동화사 승휴(勝休)의 법호다. [참고문헌] 『팔공산동화사』(동화사·국립대구박물관, 2009). ⇨ 승휴 勝休

팔부귀중 八部鬼衆 **1** 여덟 부류의 귀신 무리. 『조상량도경해』 「사호법상 四護法像」(대정장21, p.948c6)에 "또한 팔부귀중은 다음과 같다. 첫째는 향음, 둘째는 담정, 셋째는 견란, 넷째는 아귀, 다섯째는 제룡, 여섯째는 취귀, 일곱째는 야찰, 여덟째는 나찰이다. 이들은 세간 귀신을 모두 모아 대략 나눈 것이다. 復有言八部鬼衆者 一 香陰 二 噉精 三 甄卵 四 餓鬼 五 諸龍 六 臭鬼 七夜刹 八 囉刹 此乃世間鬼神之總略也"라고 하였다. [참고문헌] 『造像量度經解』. ⇨ 귀 鬼 **2** ➡ 팔부중 八部衆[2]

팔부반야 八部般若 팔부의 『반야경』. 『반야경 般若經』 류를 게송의 수와 설처(說處)에 의지해 여덟 가지로 분류한 말이다. 『금강선론』 권1(대정장25, p.798a5)에 "『금강반야바라밀경』이란 팔부의 큰 뜻을 총괄하고 뭇 경의 강요와 어김없이 들어맞는다. 이 경이 밝힌 바는 오로지 상과불성과 십지인을 논하였을 뿐이다. 인이 차올라 성이 드러난즉 감응이 있게 되고 세간에 응하였으므로 팔부반야를 설하시어 열 가지 뜻으로 열 가지를 마주해 다스림을 풀었다. 제1부는 십만게〈『대품반야경』〉, 제2부는 이만오천게〈『방광반야경』〉, 제3부는 일만팔천게〈『광찬반야경』〉, 제4부는 팔천게〈『도행반야경』〉, 제5부는 사천게〈『소품반야경』〉, 제6부는 이천오백게〈『천왕문반야경(승천왕반야경)』〉, 제7부는 육백게〈『문수반야경』〉, 제8부는 삼백게〈이 『금강반야경』〉이다. 이상이 팔부의 이름이다. 앞의 7부는 상을 보내버림이 아직 다하지 못해 다만 반야라고만 불렀고, 이 제8부는 상을 보내 남김없이 다하였기에 따로 금강이라는 이름을 세웠다. 처음 제1부는 여래의 성도 후 5년에 왕사성에서 행한 설법이고, 다음의 5부도 왕사성에서 행한 설법이며, 제7부와 제8부는 사바제성에서 행한 설법이다. 이 『금강반야경』은 유독 가피를 입은 수보리가 묻게 하고는 여래께서 답하셨다. 金剛般若波羅蜜者 總括八部之大宗 契衆經之綱要 其所明也 唯論常果佛性 及十地因 因滿性顯 則有感應應世 故說八部般若 以十種義 釋對治十 其第一部 十萬偈〈大品是〉 第二部 二萬五千偈〈放光是〉 第三部 一萬八千偈〈光讚是〉 第四部 八千偈〈道行是〉 第五部 四十千偈〈小品是〉 第六部 二千五百偈〈天王問是〉 第七部 六百偈〈文殊是〉 第八部 三百偈〈卽此金剛般若是〉 此是八部之名 前之七部遣相未盡 但稱般若 此第八部 遣相最盡 故別立金剛之名也 初第一部 如來成道五年 在王舍城說 次五部 亦王舍城說 第七 第八部 舍婆提城說 此金剛般若 唯須菩提 蒙加說問 如來答也", 『인왕반야경소』 권상2(대정장33, p.322a2

7)에 "『금강선론』에 근거하여 팔부반야를 밝힌다. 依金剛仙論 明八部般若", 원측(圓測)의 『인왕경소』 권상(대정장33, p.378b21)에 "옛부터 서로 전해오기를 '두 가지 팔부반야'라 한다. 첫째, 중국에서 유행하는 팔부는 다음과 같다. 첫째는 『대품반야경』, 둘째는 『소품반야경』, 셋째는 『문수반야경』, 넷째는 『금강반야경』, 다섯째는 『광찬반야경』, 여섯째는 『도행반야경』, 일곱째는 『승천왕반야경』, 여덟째는 『인왕반야경』이다. 둘째, 보리유지의 『금강선론』 등에서 설하는 팔부는 다음과 같다. … 저 진제의 『금강반야기』에서 설한 팔부반야도 보리유지의 설과 같지만 차별한 것은 제6부에 대해 '이곳에는 아직 없다'고 한 대목이다. 최근에 일조삼장과 우전삼장에게 물어보니 모두 '저곳에서는 아직 팔부라는 이름을 들어본 적 없다'고 하였다. 舊相傳云 二種八部 一 此地流行 八部者 一者 大品般若 二者 小品般若 三者 文殊般若 四者 金剛般若 五者 光讚般若 六者 道行般若 七者 勝天王般若 八者 仁王般若 二 依菩提留支 金剛仙論等 所說八部 … 若依眞諦金剛般若記中 所說八部般若 亦同留支 而差別者 第六部云 此方未有 今問日照三藏 于闐三藏 皆作此說 彼處未聞八部之名"라고 하였다. 〔참고문헌〕『金剛仙論』, 『仁王般若經疏』, 『仁王經疏』.

팔부불명경 八部佛名經 Ⓢ Ārya-maṅgalāṣṭaka-nāma-mahāyānasūtra, Ⓣ 'Phags-pa bkra-shis brgyad-pa shes-bya-ba theg-pa chen-po'i mdo. 원위(元魏)대 구담반야류지(瞿曇般若流支) 한역. 1권. 대정장14, pp.74b3~75a18, No.429에 수록되었고, 티베트역(北京版 No.944)도 전한다. 세존께서 유야리나여수원(維耶離奈女樹園)에 머무실 때 선작(善作)장자에게 동방팔불(東方八佛)의 명호와 공덕, 그리고 얻는 이익을 설한 경이다. 『개원석교록』 권6(대정장55, p.542c9)에 "『팔부불명경』 1권〈『팔불명경』이라고도 한다. 542년(흥화4) 금화사에서 역출하였다. 사문 담림이 필수를 담당했다. 『역대삼보기』를 참조하라〉. 八部佛名經一卷〈亦云 八佛名經 興和四年 於金華寺出 沙門曇林筆受 見長房錄〉"이라고 하였다. 〔참고문헌〕『開元釋教錄』, 『歷代三寶紀』 권4(대정장49, p.54c4), 『衆經目錄』 권1(대정장55, p.121a20).

팔부사의 八不思議 여덟 가지 부사의함. 『대반열반경』의 바다와 같은 미묘한 덕 여덟 가지를 팔불가사의(八不可思議)·대해팔부사의(大海八不思議)·대해팔덕(大海八德)이라고도 한다. 36권본 『대반열반경』 권30(대정장12, p.805a8)에 "선남자여, 『대열반경』도 역시 이처럼 불가사의하다. 선남자여, 비유컨대 저 큰 바다가 여덟 가지로 헤아리기 어려운 것과 같다. 무엇들이 여덟 가지인가? 첫째 점점 거듭 깊어진다. 둘째 깊어 그 바닥을 헤아리기 어렵다. 셋째 한결같이 짠맛이다. 넷째 밀물이 한계를 넘지 않는다. 다섯째 갖가지 보물들을 품고 있다. 여섯째 큰 몸의 중생도 그중에 머문다. 일곱째 주검을 거두지 않는다. 여덟째 일체 만 가지 흐름과 큰 비 내림에도 늘거나 줄지 않는다. 善男子 大涅槃經 亦復如是 不可思議 善男子 譬如大海 有八不思議 何等爲八 一者 漸漸轉深 二者 深難得底 三者 同一鹹味 四者 潮不過限 五者 有種種寶藏 六者 大身衆生 在中居住 七者 不宿死尸 八者 一切萬流 大雨投之 不增不減"라고 하였다. 〔참고문헌〕『大般涅槃經』, 『華嚴經疏鈔』 권73(대정장36, p.579b27), 『法苑珠林』 권63(대정장53, p.763a25). ⇨ 대해팔부사의 大海八不思議, 팔미증유법 八未曾有法

팔부신장 八部神將 팔부중(八部衆)을 달리 이르는 말. 『자비도량참법』 권7(대정장45, p.953b1)에 "오늘 이 도량의 동업 대중들이여! 제천의 신왕들이 이와 같은 은덕을 베풀어 중생을 보호해 주건만 중생들은 그 은덕에 보답하려는 마음을 일으킨 적이 없다. 옛 사람은 한 끼의 밥을 베푼 은혜에도 감동하여 마침내 목숨을 버리고 몸을 잊었는데 하물며 제천의 선신과 팔부신장이 중생들에게 베푼 이러한 은덕이야 말해서 무엇하랴! 今日道場同業大衆 諸天神王 有如此恩德 覆護衆生 而諸衆生 未曾發心 念報恩德 古人尙能感 一飡之惠 遂捨命亡身 而況諸天善神 八部神將 於諸衆生 有此恩德"라고 하였다. 〔참고문헌〕『慈悲道場懺法』. ⇨ 팔부중 八部衆

팔부신중 八部神衆 팔부중(八部衆). 『조선불교통사』 하편 「사바교주석가세존금골사리부도비 娑婆教主釋迦世尊金骨舍利浮圖碑」(대장경보편31, p.808a8)에 "당시 부처님 사리는 회상보살과 연각성중과 인천과 팔부신중이 각각 분 따라 받아서 지니고 있다가 미진처럼 무수한 모든 국토로 흩어져 들어가 탑을 건립하거나 종에 안치하여 공양한 사례는 그 수를 헤아릴 수 없을 정도로 많았다. 當時舍利 則會上菩薩 緣覺聖衆 及人天八部神衆 各分受持 散入微塵諸刹 建塔安鍾 供養者 不知其幾"라고 하였다. 〔참고문헌〕『朝鮮佛教通史』. ⇨ 팔부중 八部衆

팔부아수라 八部阿修羅 사천왕의 주처 아래 네 아수라왕과 수미산 아래 네 아수라를 합쳐서 이르는 말. 『인왕반야경소』 권중3(대정장33, p.335b29)에 "팔부(아수라)란 무엇인가? 사천왕 주처 아래에 네 아수라왕이 있다. 첫째는 라후아수라왕, 둘째는 비마질다라아수라왕, 셋째는 반리아수라왕, 넷째는 비루사아수라왕이 그들이다. 또 다른 사대아수리가 있다. 첫째는 공누, 둘째는 부루마, 셋째는 바라아, 넷째는 두모루가 그들이다. 그러므로 팔부아수라라 한다. 八部者 四天王住下 有四修羅王 一 羅睺阿修羅王 二 毘摩質多羅阿修羅王 三 般利阿修羅王 四 毘樓闍阿修羅王 須彌山下 復有四大阿修羅

一 恐鴦 二 富樓摩 三 婆羅呵 四 兜牟樓 故云 八部阿修羅也"라고 하였다. ［참고문헌］『仁王般若經疏』. ⇨ 아수라 阿修羅, 사천왕 四天王

팔부용 八部龍 Ⓢ aṣṭau nāgā mahānāgāḥ. 여덟 부류의 용. 팔대용왕(八大龍王)을 말한다. 『구사석론』 권9 「분별세간품 分別世間品」(대정장29, p.219b22 : *Abh-k-bh.*, p.175)에 "축생의 경우에는 극대로 장수하더라도 1별겁을 넘지 않으니, 곧 난다・우파난다・아수다리 등의 여러 용에 해당한다. 무슨 까닭인가? 불세존께서 설하시기를 '비구여, 대룡이라 불리는 팔부용이 있으니 모두 1겁 동안 지륜에서 머무른다'라고 하셨으니, 자세한 것은 경에서 설한 것과 같다. 若畜生中 最極長壽 但一別劫 謂諸龍難陀優波難陀阿輸多利等 何以故 佛世尊說 比丘 有八部龍名大龍 皆一劫住持於地輪 廣說如經 paramāyustiraścāmantarakalpaṃ tat punarnāgānāṃ nandopanandāśvatalīprabhṛtīnām uktaṃ hi bhagavatā aṣṭāvime bhikṣavo nāgā mahānāgāḥ kalpasthā dharaṇidharā iti vistaraḥ"라고 하였다. ［참고문헌］『俱舍釋論』, *Abh-k-bh.* ⇨ 팔대용왕 八大龍王

팔부용신 八部龍神 여덟 무리의 용과 신들. 천룡팔부(天龍八部). 팔부신중(八部神衆)을 말한다. 『법원주림』 권10(대정장53, p.362b17)에 "『도선율사감통기』에 따르면, 천인이 율사에게 이렇게 답하였다. 여래가 성도하고 십삼년 지난 후 기원정사에서 지내는데, 대범천왕이 부처님께 법륜을 굴려주실 것을 청하자 시방백억국토의 모든 부처님이 모두 구름처럼 모이고 대천계 중에는 보살과 성문과 팔부용신 또한 기원정사로 모였다. 依道宣律師感應記云 天人答律師曰 如來初成道 至十三年中於祇洹精舍 時大梵天王 請佛轉法輪 十方百億國土諸佛皆悉雲集 於大千界中 菩薩聲聞 八部龍神 亦集祇桓", 『상교피편』 권2(대장경보편17, p.699a10에 "팔부용신이란 천, 용, 야의, 건달바〈하늘의 음악 신, 곧 익성〉, 아수라〈제석천과 전쟁을 치른 이〉, 가루라〈금시조신으로 훗날 음이 변해 '루라'라 한다〉, 긴나라〈사람과 비슷하게 생겼고 머리에 뿔이 있다〉, 마후라가〈큰 이무기 신으로 『관음경주』에 나온다〉다. 八部龍神者 曰天 曰龍 曰夜義 曰乾闥婆〈天樂神卽翼星〉 曰阿修羅〈與帝釋戰者〉 曰迦樓羅〈金翅鳥神 後訛爲嘍囉〉 曰緊那羅〈似人頭有角〉 曰摩睺羅伽〈大蟒神 出觀音經注〉"라고 하였다. ［참고문헌］『法苑珠林』, 『象教皮編』, 『華嚴經決疑論』 권3(대정장36, p.1037b11). ⇨ 천룡팔부 天龍八部, 팔부중 八部衆 ❶

팔부용천 八部龍天 여덟 무리의 용과 하늘들. 천룡팔부(天龍八部). 『이취육바라밀다경』 권9(대정장8, p.905a13)에 "비유하자면 세간에서 큰 명절날 일체친족과 좋은 친구들 모여 너무나도 훌륭한 오욕을 즐기고 기뻐하는 것과 같이 보살 또한 그러하다. 크나큰 신통을 일으켜 놀이를 즐길 때 팔부용천과 사부대중이 구름처럼 모여 계・정・지혜와 해탈지견으로 그 마음을 즐겁게 한다. 이것이 크나큰 기쁨이다. 譬如世間 大節會日 一切親族 善友集會 勝妙五欲 歡娛喜悅 菩薩亦爾 起大神變 遊戲之時 八部龍天 四衆雲集 戒定智慧 解脫知見 悅樂其心 是名大喜", 『나옹어록』 「입탑 入塔」(한불전6, p.727a8)에 "(指空和尙은) 원(元)에서 묵묵히 몇 해를 좌선을 하여 감동한 인천의 공양을 받았고, 어느 날 고향으로 되돌아가겠노라고 말을 전하자 팔부용천이 돌아오지 못할까 안타까워하였다. 그리하여 내가 지금 이 나라에 정성스레 탑을 세웠으니, 삼한의 경내를 늘 안정되게 지킬 것이며 그 법신은 법계에 두루 가득하리라. 元朝默坐多年 感得人天打供 一朝傳語還鄕去 八部龍天嘆不還 故我今朝誠立塔 三韓境內鎭常安 法身徧法界"라고 하였다. ［참고문헌］『理趣六波羅蜜多經』, 『懶翁語錄』.

팔부정견 八不正見 여덟 가지 바르지 못한 견. 아견(我見)・중생견(衆生見)・수명견(壽命見)・사부견(士夫見)・상견(常見)・단견(斷見)・유견(有見)・무견(無見)을 말한다. 『삼장법수』 권25(대장경보편22, p.477b18)에 "팔부정견 : … 첫째는 아견이니 중생이 오음의 법 가운데 아와 아소가 있다고 그릇되게 헤아려 그것이 실이라고 집착하고 굳이 주재를 세우니 아견이라 한다. … 둘째는 중생견이니 복수의 것이 함께 화합하여 생겨난 오음에 대해 중생이 잘못 헤아리는 것을 중생견이라 한다. 셋째는 수명견이니 중생이 오음의 법에 대해 아가 일정 기간 동안 사는 과보를 받아 수명에 장단이 있다고 잘못 헤아리는 것을 수명견이라 한다. … 넷째는 사부견이니 중생이 아에 사부라는 용이 있어 장사나 공부나 농사의 능력이 있다고 그릇 계탁하는 것을 사부견이라 한다. 다섯째는 상견이니 중생이 오음의 몸에 대해 금세에는 비록 사라지지만 후세에는 다시 생하니 상속하여 끊어지지 않는다고 그릇 계탁하는 것을 상견이라 한다. 여섯째는 단견이니 중생이 오음의 몸에 대해 금세에 멸하고 나면 다시는 생하지 않으니 곧 끊어져 없게 된다고 그릇 계탁하는 것을 단견이라 한다. 일곱째는 유견이니 중생이 일체법을 그릇 계탁하여 실제로 인연화합해서 나는 것을 집착해 실유(實有)라고 하는 것을 유견이라 한다. … 여덟째는 무견이니 일체법에 대해 모두가 자성마저 없다고 그릇 계탁하여 아무것도 없는 무(無)라고 집착하는 것을 무견이라 한다. 八不正見 … 一 我見 謂衆生於五陰法中 妄計有我我所 執之爲實 强立主宰 是名我見 … 二 衆生見 謂衆生妄計五陰衆共和合而生 是名衆生見 三 壽命見 謂衆生於五陰法中 妄計我受一期果報 壽命有長有短 是名壽命見 … 四 士夫見 謂衆生妄計我有士

夫之用 而能商賈書算營農等事 是名士夫見 五 常見謂衆生於五陰之身 妄計今世雖滅 後世復生 相續不斷 是名常見 六 斷見 謂衆生於五陰之身 妄計今世滅已 更不再生 則成斷滅 是名斷見 七 有見 謂衆生妄計一切諸法 實從因緣和合而生 執之爲有 是名有見 … 八 無見 謂衆生於一切諸法 妄計皆無自性 執之爲無 是名無見"라고 하였다. 〔참고문헌〕『三藏法數』, 『大方等大集經』 권25(대정장13, p.174b18). ⇨ 부정견 不正見, 정견 正見

팔부정관 八不正觀 ➡ 팔불정관 八不正觀

팔부정물 八不淨物 비구비구니가 지녀서는 안 되는 여덟 가지. 약속한 정계(淨戒) 등을 지키지 못해 모든 것을 불선(不善)한 것으로 물들이기에 부정이라 한다. 팔부정재(八不淨財)·팔예(八穢)라고도 한다. 40권본 『대반열반경』 권34(대정장12, p.567b8)에 "선남자야! 내가 경에서 '나의 제자들이 갖가지 향과 꽃, 금은보물, 처자와 노비 그리고 팔부정물을 받고도 정도를 획득하였으며 정도를 얻고 나서 버리고 떠나지도 않았다'라고 하자 나의 모든 제자들이 이 말을 듣고 나서 나의 뜻을 이해하지 못하고 '여래께서 「오욕을 마음껏 누려도 불도에 방해가 되지 않는다」고 말씀하셨다'고 말한다. 善男子 我經中說 我諸弟子 受諸香花 金銀寶物 妻子奴婢 八不淨物 獲得正道 得正道已 亦不捨離 我諸弟子 聞是說已 不解我意 定言 如來說受五欲 不妨聖道", 『대반열반경의기』 권3(대정장37, p.682c29)에 "첫째, 팔부정물을 비축하는 조목에 대하여 밝힌다. 어떤 것이 그 여덟 가지인가? 저 『선생우바새경』에 그 이름 갖추어 보였다. 첫째, 논밭과 집을 비축한다. 둘째, 뿌리나 묘목을 심어 키운다. 셋째, 곡물을 쌓아 두고 관리하며 이익을 구한다. 넷째, 노비와 인민을 비축한다. 다섯째, 가축 무리를 비축하여 기른다. 여섯째, 금·은·돈·보배를 비축한다. 일곱째, 상아·금·은과 보배를 새긴 큰 평상과 비단 담요·모직물을 비축한다. 여덟째, 모든 형태의 동전이나 가마솥을 비축한다. 이러한 여덟 가지를 쌓아 놓으면 정계를 물들임으로 부정이라 한다. 一 明得畜八不淨物 何等爲八 如彼善生優婆塞經 具列其名 一 畜田宅 二 種殖根栽 三 貯聚稻粟 居監求利 四 畜奴婢人民 五 畜養群畜 六 畜金銀錢寶 七 畜象牙金銀 刻鏤諸寶大床 綿褥氍毬 八 畜一切銅錢釜鑊 畜此八種 能汚淨戒 故名不淨", 『수능엄의소주경』 권6(대정장39, p.912a8)에 "만약 팔부정물을 쌓아 놓아도 허용된다고 말한다면 이는 마구니의 말이다. 몸 밖의 물도 오히려 쌓지 않는데 하물며 음행·도둑질·살생·거짓말과 근본 탐진이야 말해서 무엇하랴? 세간의 어떤 어리석은 사람은 마구니에게 미혹당하여 계율이 소승이라 비방하며 자신은 대승이라 무애자재롭다고 으스대며 경전까지 하천하게 여겨 널리 무너뜨린다. 이들은 모두 마구니의 업이기에 부처님께서 깊이 경계하셨으니 이를 가리켜 대승의 명료한 교설을 받아들이기로 마음을 굳혔다고 한다. 若言聽畜八不淨物者 是魔所說 身外之物 尙不許畜 何況婬盜殺妄根本貪嗔 世有愚人 爲魔所惑 誹謗戒律 言是小乘 自稱大乘 無礙自在 下經廣破 此等竝是魔業 故佛深誡 是稱決定大乘明了之敎", 돈황본 『율초제삼권수결』(대정장85, p.724b16)에 "이 팔부정이란 것은 결정코 법도에 맞지 않으니 우리의 법과 율에서 밝힌 조목이다. 물든 과를 얻음이 있다는 진실에 대하여 본소에는 다음과 같이 전한다. '부정이라 하는 까닭에는 모두 다섯 가지 뜻이 있다. 첫째, 탐을 더하게 해서 마음을 부정하게 한다. 둘째, 계체를 오염시키므로 계를 부정하게 한다. 셋째, 계를 지키겠다는 성스런 맹약을 어겼으므로 교를 부정하게 한다. 넷째, 그 잘못이 세속의 비난을 초래하므로 정신을 부정하게 한다. 다섯째, 업을 내려 앉게 해서 삼악도에 떨어지므로 업을 부정하게 한다'. 此八不淨者 定非是我法律所明也 有得穢果者 本疏云 所以云不淨者 具有五意 一 由貪增 不淨心 二 體有汚染 名不淨戒 三 違聖明約 名不淨敎 四 過招俗譏 名不淨信 五者 爲業沈下 具縛三途 名不淨業"라고 하였다. 〔참고문헌〕『大般涅槃經』, 『大般涅槃經義記』, 『首楞嚴義疏注經』, 『律抄第三卷手決』, 『佛祖統紀』 권4(대정장49, p.164a20).

팔부정법 八不定法 구사 칠십오법(七十五法) 중 부정지법(不定地法) 속하는 여덟 법. 『화엄원인론합해』 권하(卍속장104, p.314b7)에 "부정법에는 여덟 가지가 있다. 첫째는 회, 둘째는 면, 셋째는 심, 넷째는 사, 다섯째는 탐, 여섯째는 진, 일곱째는 만, 여덟째는 의다. 이 여덟은 선·불선·무기에 두루하니 '부정'이라 이름한다. 不定法有八 一悔 二眠 三尋 四伺 五貪 六嗔 七慢 八疑 此八通於善不善無記 故名不定"라고 하였다. 〔참고문헌〕『華嚴原人論合解』. ⇨ 부정지법 不定地法

팔부중 八部衆 삼장(三藏) 중에 함께 등장하는 여덟 부류의 무리. 원측(圓測)의 『인왕경소』 권상(한불전1, p.40b24)에 "팔부중에는 대략 삼종이 있다. 첫째는 천룡 등 팔부이니, 저 제경에서 설함과 같다. 둘째는 서로 전해 말하길 사천왕이 각각 이부를 거느린다 하였다. 또 팔부란, 저 『장아함경』 제3권에 설함과 같이 세간에 팔부중 있으니, 첫째 찰리중, 둘째 바라문중, 셋째 거사중, 넷째 사문중, 다섯째 사천왕중, 여섯째 도리천중, 일곱째 마중, 여덟째 범중이다. 『유가론』에서 풀어 이르길, 팔중이 모여 오니 소위 팔중이라 하였는데, 『아함』·『지도론』 등과 크게 같다. 八部衆 略有三種 一 天龍等八部 如諸經說 二者 相傳說言 四天王 各領二部 又八部者 如長阿含經 第三卷說 世有八部衆 一 刹利衆 二 婆

羅門衆 三 居士衆 四 沙門衆 五 四天王衆 六 忉利天衆 七 魔衆 八 梵衆 瑜伽釋云 八衆會來 所謂八衆 大同阿含及智度論等"라고 하였다. 〔참고문헌〕『仁王經疏』. ❶ Ⓢ aṣṭau pariṣadaḥ, Ⓣ 'khor-brgyad. 불법을 수호하는 여덟 부류의 무리(衆). 천룡팔부(天龍八部)·용신팔부(龍神八部)·팔부(八部)·팔부신중(八部神衆)·팔부신장(八部神將)·팔부귀신(八部鬼神) 등이라고도 한다. 여덟 무리는 천(天 Ⓢ deva)·용(龍 Ⓢ nāga)·야차(夜叉 Ⓢ yakṣa)·건달바(乾闥婆 Ⓢ gandharva : 樂神 또는 香神)·아수라(阿修羅 Ⓢ asura)·가루라(迦樓羅 Ⓢ garuḍa : 金翅鳥)·긴나라(緊那羅 Ⓢ kiṃnara : 非人·歌人)·마후라가(摩睺羅伽 Ⓢ mahoraga : 大蟒神)를 말한다. 모두 부처님의 위덕에 귀의하여 부처님 권속이 되어서 불법을 수호한다. 『열반밀적금강역사애련경』(대정장12, p.1116c20)에 "모든 팔부중, 곧 천·용·야차·건달바·아수라·긴나라·마후라가와 같은 이들 무리는 제가 항상 부처님을 따르며 시중 드는 모습을 보고 혹시 저에게 '부처님께서 어디로 가셨소?'라고 묻는다면 제가 어떤 말로 저들을 대해야 하는지요? 諸八部衆 天 龍 夜叉 乾闥婆 阿修羅 緊那羅 摩睺羅伽 如是等以見於我 常隨從佛 設當問我 佛何處去 我當何辭 以對於彼", 『십선업도경』(대정장15, p.157c20)에 "또한 모든 천룡팔부중 등 큰 위세 있는 이들은 또한 선업의 복덕으로 인해 생한 바이다. 又諸天龍八部衆等大威勢者 亦因善業福德所生", 『공작왕주경』 권하(대정장19, p.458c9)에 "이때 장로 아난이 부처님의 가르침을 받고 나서 곧 사중과 사저비구와 또한 천룡야차팔부중 등에게 말하였는데, 부처님께서 설하신 바를 듣고서 모두 따라 기뻐하였다. 爾時 長老阿難 受佛敎已 卽語四衆 及莎底比丘 亦於天龍藥叉八部衆等 聞佛所說 悉皆隨喜", 『인왕호국반야경소』 권2(대정장33, p.262c2)에 "팔부란 무엇인가? 건달바와 비사사 두 무리는 사천왕 중 동방 제두뢰타천왕이 이끌고, 구반다와 벽려다 두 무리는 남방 비류륵차천왕이 이끌며, 용와 부단나 두 무리는 서방 비류박차천왕이 이끌고, 야차와 나찰 두 무리는 북방 비사문천왕이 이끈다. 八部者 乾闥婆 毘舍闍 二衆 東方提頭賴吒天王領 鳩槃茶 薜荔多 二衆 南方 毘留勒叉天王領 龍富單那 二衆 西方 毘留博叉天王領 夜叉羅刹 二衆 北方毘沙門天王領", 『화엄경탐현기』 권2(대정장35, p.144b6)에 "이 팔부 가운데 긴나라와 용과 비사사는 축생이고 나머지 다섯 무리는 모두 귀신이다. 야차와 나찰의 힘은 세기에 독립적으로 귀라는 이름이 붙었다. 그러므로 위의 문구에서 이것을 귀왕이라 하였다. 此八部中 唯緊那羅龍 毘舍闍 是畜生 餘五皆鬼 以夜叉羅刹力大 故獨與鬼名 是故上文 名此爲鬼王", 『관미륵상생도솔천경찬』 권상(대정장38, p.285a13)에 "〔찬〕 제3은 팔부중이다. 팔부란 첫째 천, 둘째 용, 셋째 약차인데 예전엔 야차라 하였고, 넷째 건달박인데 예전엔 건달바라 하였으며, 다섯째 아소락인데 예전엔 아수라라 하였고, 여섯째 게로다인데 예전엔 가루라라 하였으며, 일곱째 긴날로인데 예전엔 긴나라라 하였고, 여덟째 막호로가인데 예전엔 마후라가라 하였다. 贊曰 第三 八部衆也 八部者 一天 二 龍 三 藥叉 舊云夜叉 四 犍達縛 舊云乾闥婆 五 阿素落 舊云阿修羅 六 揭路茶 舊云迦樓羅 七 緊捺路 舊云緊那羅 八 莫呼路伽 舊云摩睺羅伽", 경흥(憬興)의 『삼미륵경소』(한불전2, p.89c5)에 "천룡이란 말은, 어떤 한 이 이르길 첫째는 용이요 둘째는 천이라 하였는데, 지금 움직여 무리 짓는 이들이니 곧 팔부중이니, 첫째 천, 둘째 용, 셋째 약차, 넷째 건달박, 다섯째 아소락, 여섯째 게로다, 일곱째 긴나락, 여덟째 마호락가다. 言天龍者 一云 一 龍 二 天 今云常流衆者 卽八部衆 謂一 天 二 龍 三 藥叉 四 揵達縛 五 阿素落 六 揭路茶 七 緊那落 八 摩呼洛伽", 『법구경소』(대정장85, p.1436c1)에 "아래에서는 팔부중을 밝혔다. 용에는 삼종이 있으니, 첫째는 땅에 있는 용이고, 둘째는 허공에 있으며, 셋째는 바닷물 아래에 있다. 下明八部衆 龍有三種 一 在地龍 二 在虛空 三 在海水之下", 『설무구칭경소』 권2(대정장38, p.1018a26)에 "이 팔부중은 대신용을 갖추었기에 대위력이라 이름한다. 팔부란 첫째 천이니 일체천취를 모두 다 이름하여 천이라 하고, 둘째 용이니 본래 큰 바다에 사는데 능히 구름과 비를 일으킨다. 셋째 야차인데 이를 포악 또는 용건이라 이름하며 허공을 날아 다니면서 … 살아 있는 고기와 피를 먹고 꼬리도 있고 어금니도 있으며 머리모양은 불타듯 하고 손과 발에 손발톱이 있다. 此八部衆 具大神用 名大威力 八部者 一天 一切天趣 俱名爲天 二龍 本居大海 能興雲雨 三藥叉 此名暴惡亦名勇健 飛空而行 … 並食生肉血 有尾有牙 頭狀火燃手脚有爪", "넷째 건달바다. 향기 찾아다니기에 서방에서는 산락이라 하고 건달바라 한다. 생업에 종사함이 없이 향기만을 맡아 살면서 음악을 즐기기에 심향행이라 한다. …『지도론』에서는 천기신이라 하니 항상 모든 하늘들 따라다닌다. 그 마음 유연하고 복은 적은 제천들로 그 우두머리를 들어 중유등으로 거두기도 한다. 四健達縛 此云尋香行 西方呼散樂 名健達縛 不事生業 尋食香氣作樂乞求 名尋香行 … 智度論云 是天伎神 常隨諸天 其心柔軟 福少諸天 擧此上首 攝中有等 皆在其中", "다섯째 아소락이니 이는 하늘은 아니라고 한다. 『불지론』에서 설하길 천취로 거둔다 하지만 행함에 속임수가 많아서 하늘의 실다운 행은 없기에 비천이라 한다. 마치 사람도 악행을 하면 인간이 아니다라고 함과 같을 뿐 실은 천취다. 살다바종에서는 귀취라 하였고 『정법념처경』에서는 귀축에 통한다 하면서, 라후아수라왕은 사자새끼니 이는 축생이다 라고 하였다. 『가타경』 중에서는 천귀축 삼취로 거둔다고 하였으며, 이제 대승에 의지하므로 오직

천취라 하는데 본래 머무는 곳은 묘고산 북쪽 큰 바다 아래에 살고 나머지들은 정해진 곳 없다. 五阿素洛 此云非天 佛地論說 天趣所攝 行多諂誑 無天實行 名曰非天 如人惡行名曰非人 實是天趣 薩婆多宗 說爲鬼趣 正法念經 說通鬼畜 羅睺阿修羅王 師子之兒 是畜生故 伽他經中說天鬼畜三趣所攝 今依大乘 說唯天趣 本主所居 妙高山北大海之下 餘住不定", "여섯째 갈로다란 옛적에는 금시조, 지금은 묘시조라 하였고 새의 날개 갖가지 보배로 장엄하여 오직 금만은 아니다. 이에는 4생인 화태난습이 다 있고 힘따라 능히 사생의 모든 용들을 먹이 삼는다. 이를 들어 나머지 모든 새들을 거둔다. 六揭路荼者 舊云金翅鳥 今云妙翅鳥 鳥翅種種寶色莊嚴 不唯金故 此有四生 化胎卵濕 隨力能食四生諸龍 擧此攝餘一切諸鳥", "일곱째 긴나락이다. 이는 노래하는 가신이라 한다. 능히 소리 높여 노래 부르고 건달바와 더불어 온갖 하늘들을 섬기기에 하늘이 부를 때에는 서로 오고가기도 한다. 七緊捺洛 此云歌神 能唱歌詠 與健達縛 同事諸天 天須之時 更互來去", "여덟째 마호락가라 하니 대복이라 부른다. 큰 뱀류로서 이를 들어 나머지 배로 기어다니는 것들을 거둔다. 八莫呼洛伽 此云大腹 大蟒田蛟之流 擧此攝餘腹行之類", 『과거현재인과경』 권1(대정장3, p.621b6)에 "모든 하늘과 인간 그리고 팔부중 위해서 법륜을 굴린다. 이 법륜은 미묘하여 모든 세간의 천·인·마·범 그 누구도 굴릴 수 없다. 爲諸天人 及八部衆 轉於法輪 此輪微妙 一切世間 天人魔梵 所不能轉"라고 하였다. [참고문헌]『涅槃密迹金剛力士哀戀經』, 『十善業道經』, 『孔雀王咒經』, 『仁王護國般若經疏』, 『華嚴經探玄記』, 『觀彌勒上生兜率天經贊』, 『三彌勒經疏』, 『法句經疏』, 『說無垢稱經疏』, 『過去現在因果經』, 『增壹阿含經』 권37(대정장2, p.754c15), *Bodh-bh.200.* ⇨ 팔부중상 八部衆像, 천룡팔부 天龍八部, 용신팔부 龍神八部, 팔부신중 八部神衆, 팔부신장 八部神將, 귀신팔부 鬼神八部, 천 天, 용 龍, 야차 夜叉, 간다르바 Gandharva, 아수라 阿修羅, 가루라조 迦樓羅鳥, 긴나라 緊那羅, 마후라가 摩睺羅伽 **2** 불법을 듣고 교화받는 여덟 무리. 『대반열반경』 권상(대정장1, p.192a6)에 "아난아! 팔부의 무리가 있다. 첫째는 찰리, 둘째는 바라문, 셋째는 장자거사, 넷째는 사문, 다섯째는 천왕, 여섯째는 도리천, 일곱째는 마왕, 여덟째는 범왕이다. 이들 팔부의 대중이 있어 나는 그 근기를 잘 살펴 제도해야 할 이들이 있으면 그 나투는 모습 따라 법을 설해주기에 저들도 나의 말인지 모른다. 阿難 有八部衆 一者 刹利 二者 婆羅門 三者 長者居士 四者 沙門 五者 四天王 六者 忉利天 七者 魔王 八者 梵王 此八部衆 我觀其根 應得度者 隨所現形 而爲說法 彼亦不知是我所說"라고 하였다. [참고문헌]『大般涅槃經』.

팔부중상 八部衆像 팔부의 무리를 그린 그림. 호법(護法)의 상징으로 무장(武將) 복색을 하였으며 대체로 천(天)은 금강저, 용(龍)은 머리에 용트림 하는 관, 야차(夜叉)는 염주를 수지하고, 아수라(阿修羅)는 삼면육비(三面四臂)나 삼면팔비(三面八臂), 건달바는 사자관(獅子冠)을 쓰고 악기를 연주하는 모습이고, 가루라(迦樓羅)는 새의 머리, 긴나라(緊那羅)는 새·말·소 등의 머리를 이고 합장한 모습, 마후라가(摩睺羅迦)는 뱀을 두른 모습 등으로 그려진다. 밀교에서는 태장만다라 최외원(最外院)의 남방에 아수라·가루라, 북방에 마후라가·긴나라 등이 배치된다. 우리나라 팔부중 도상으로는 석굴암 전실의 부조가 단연 으뜸으로서 팔존을 모두 갖춘 독자적인 조상으로 〈그림1〉과 같다. 신라대 이후 석탑 기단부와 탱화에 끊임없이 등장한다. 신라대의 경주 창림사지삼층석탑(보물 제1867호)과 남산동서삼층석탑(보물 제124호) 및 강원도 양양 선림원지삼층석탑(보물 제444호) 등 기단에는 역동적인 위세의 팔부중상을 돋을새김하였고, 홍천물걸리석조여래좌상(보물 제543호)의 팔각중대석 각 면에

〈그림1〉 석굴암 경주 불국사 통일신라 8세기

선림원지삼층석탑상층기단

지보사삼층석탑 기단

도 팔부중상이 부조되었다. 고려대의 개심사지오층석탑(보물 제53호)과 보원사지오층석탑(보물 제104호)·지보사삼층석탑(보물 제682호) 등의 위층 기단에도 팔부중상이 부조되었다. 또한 2009년 지관(智冠) 총무원장이 대한불교조계종총본산조계사에 세존사리탑을 건립하면서 난순결계부에 통일신라 팔부중상을 정교하게 구현하기도 하였다. 후불탱화·괘불·신중탱·천룡탱 등에도 도상적 특징이 뚜렷한 팔부중을 둘 또는 네존씩 배치하였는데, 1684년(숙종10) 부석사괘불에는 화면 제일 상단에 용·아수라·건달바·가루라를 안배하기도 하였다. 중국에서는 수말당초(隋末唐初)대 조성된 막고 제244굴 중앙의 설법하는 삼존상을 향하여 쌍룡을 전신에 두른 용왕상과 코끼리 머리의 천룡상이 그려져 있으며, 초당(初唐)대에 조성된 막고 제335굴 북벽 유마경변(維摩經變)의 향우측 유마상 하부에 삼면사비의 아수라를 시작으로 팔부중상이 함께하고 있다. 중당(中唐) 토번기(781~848)에 조성된 막고 제158굴 대열반상벽에는 용을 이고 있는 용왕, 뱀을 얹은 마후라가, 새를 얹은 가루라 등이 그려져 있으며, 오대(五代 907~979)에 조성된 막고 제36굴에는 용왕이 공양반(供養盤)을 받들고 야차가 뒤따르는 공양상이 그려져 있다. 일본에서는 나라(奈良) 홍복사(興福寺) 팔부중입상이 유명하다. 〔참고문헌〕『石窟庵』(河出書房新社, 1988) pp.174~193, 『국보』 권6 탑파(웅진출판, 1992), 『韓國의佛畫』, 『燉煌』(甘肅省人民政府國家文物局, 2000). ⇨ 팔부중 八部衆, 천룡팔부 天龍八部, 신중 神衆

괘불 부석사 영주 1684년

막고158굴 돈황 10세기

막고제36굴 돈황 10세기

팔부팔온 八部八蘊 사정려와 사무색정을 합한 팔등지(八等至). 『집이문족론』 권2(대정장26, p.370c7)에 "'또 두 가지 법이 있으니 입정선교와 출정선교이다'라고 하였는데 입정선교란 무엇인가? 선정이란 팔부팔온의 선정을 말하는 것이니, 사정려와 사무색정에 해당한다. 復有二法 謂入定善巧 出定善巧者 入定善巧云何 答 定謂八部八蘊定 卽四靜慮 四無色定"라고 하였다. 〔참고문헌〕『集異門足論』. ⇨ 사정려 四靜慮, 사무색정 四無色定, 팔정 八定

팔분고멸도 八分苦滅道 고통을 사라지게 하는 여덟 갈래의 길. 사성제(四聖諦) 중 도제(道諦)인 팔정도(八正道)를 말한다. 『입세아비담론』 권1(대정장32, p.177b7)에 "그때 사다기리왕(Ⓟ Sātāgira)이 게송으로 답했다. '그때 불세존께서는 마가타성(Ⓟ Magadha)에 머무시면서 일체고 멸하기 위해 일체지를 설법하셨다. 온갖 고와 고의 쌓임과 그 고 사라져 다시 나지 않게 함과 여덟 갈래로 고를 사라지게 하는 길과 번뇌 없는 열반으로 향하게 하는 것이었다. 그러므로 그대와 나는 마땅히 이 분께 나아가 이 분을 섬겨야 할 것이다. 어떤 것으로도 능히 견줄 수 없으니 이 분이야 말로 내가 믿는 아라한이다'. 爾時娑多耆利王 說偈答曰 是時佛世尊 住摩伽陀城 爲滅一切苦 說法一切智 諸苦及苦集 苦滅不更生 八分苦滅道 無惱向涅槃 是故汝及我 當往事是人 一切無能比 是我信羅訶"라고 하였다. 〔참고문헌〕『立世阿毘曇論』. ⇨ 팔정도 八正道, 도제 道諦, 사성제 四聖諦

팔분도 八分道 팔정도(八正道)의 다른 이름. 현성팔분도(賢聖八分道)라 한다. 『해탈도론』 권11(대정장32, p.453a11)에서 "답한다. 애를 버리고. 삼지에서 선·불선·무기법은 바로 고제다. 애는 집제다. 그것을 끊음이 멸제다. 팔분도는 바로 도제다. 答除愛 於三地善不善無記法是苦諦 愛是集諦 斷彼是滅諦 八分道是道諦"라고 하였다. 〔참고문헌〕『解脫道論』. ⇨ 팔정도 八正道

팔분별 八分別 ➡ 팔종분별 八種分別

팔분분여래사리 八分分如來舍利 Ⓢ bhagavataḥ śarīrāṇi aṣṭadhā √bhaj, Ⓟ bhagavato sarīrāni aṭṭhadhā vi-√bhaj. 석가여래의 사리를 여덟 등분하다. 세존

반열반 후 세존의 사리를 여덟 나라에서 가져가 각각 여덟 기의 탑을 세워 모신 일이다. 구시나게라국(拘尸那揭羅國 Ⓢ Kuśinagara)·파바국(波婆國 Ⓢ Pāpā)·라마가국(羅摩伽國 Ⓢ Rāmagrāma)·차라파(遮羅頗 Ⓢ Calakalpa)·비류제국(毘留提國 Ⓢ Viṣṇudvīpa)·비사리(毘舍離 Ⓢ Vaiśālī)·가유라위국(迦維羅衛國 Ⓢ Kapilavastu)·마게타국(摩揭陀國 Ⓢ Magadha)의 여덟 곳이다. 『삼장법수』 권24(대장경보편22, p.449a18)에 "팔분분여래사리 : … 석가여래의 다비를 구시성(Ⓟ Kusinārā)에서 마치고 나자, 여러 나라에서 군사를 일으켜 사리를 탈취하려 했다. 그때 도나(Ⓟ Doṇa : 香姓) 바라문이 있어 서로 빼앗으려 분쟁함을 그치게 하고자 여덟 등분으로 나누었으니 여덟 나라가 탑을 세우고 공양을 올렸다. 첫째는 구시성이다. 구시성의 역사(Ⓟ Malla)대중이 일부의 사리를 모셔와 나라 안에 탑을 세우고 공양을 올렸다. 둘째는 파견라파국(Ⓟ Pāvā)이다. 파견라파국의 역사대중이 일분사리를 모시고 나라로 돌아와서 탑을 세우고 공양을 올렸다. 셋째는 사가나파국(Ⓟ Rāmagāma)이다. 사가나파국의 구루라대중이(Ⓟ Koliya) 일분의 사리를 모시고 나라로 돌아와서 탑을 세우고 공양을 올렸다. 넷째는 아륵차국(Ⓟ Allakappa)이다. 아륵차국의 찰제리중이 일분의 사리를 모시고 나라로 돌아와서 탑을 세우고 공양을 올렸다. … 다섯째는 비누국(Ⓟ Veṭhadipa)이다. 비누국의 바라문대중이 일분사리를 모시고 나라로 돌아와서 탑을 세우고 공양을 올렸다. 여섯째는 비리국(Ⓟ Vesālī)이다. 비리국의 여차들(Ⓟ Licchavi)이 일분 모시고 나라로 돌아와 탑을 세우고 공양을 올렸다. 일곱째는 차라가라국(Ⓟ Kapilavatthu)이다. 차라가라국의 석자(Ⓟ Sakya)대중이 일분사리를 모시고 나라로 돌아와 탑을 세우고 공양을 올렸다. 여덟째는 마가타국이다. 마가타국(Ⓟ Magadha)의 아사세왕(Ⓟ Ajātasattu)이 일분사리를 모시고 나라로 돌아와 탑을 세우고 공양을 올렸다. 八分分如來舍利 … 釋迦如來 於拘尸城茶毘已竟 諸國起兵奪取舍利 時有婆羅門爲息相奪諍故 分作八分 八國起塔供養也 … 一 拘尸城 拘尸城諸力士 得一分舍利 卽於國中起塔供養 二 波肩羅婆國 波肩羅婆國力士 得一分舍利 歸國起塔供養 三 師伽那婆國 師伽那婆國拘樓羅衆 得一分舍利 歸國起塔供養 四 阿勒遮國 阿勒遮國諸刹帝利 得一分舍利 歸國起塔供養 … 五 毘耨國 毘耨國諸婆羅門 得一分舍利 歸國起塔供養 六 毘離國 毘離國諸黎車 得一分舍利 歸國起塔供養 七 遮羅迦羅國 遮羅迦羅國諸釋子 得一分舍利 歸國起塔供養 八 摩伽陀國 摩伽陀國阿闍世王 得一分舍利 歸國起塔供養"라고 하였다. 〔참고문헌〕『三藏法數』, 『長阿含經』 권4 「遊行經」(대정장1, p.29c21), *Mp-s.446.*, *DN.2.166.* ⇨ 팔국왕분사리 八國王分舍利

팔분성도 八分聖道 Ⓢ āryāṣṭāṅgo mārgaḥ, Ⓣ 'phags-pa'i-lam-yan-lag-brgyad. 여덟 갈래 성스런 길. 팔정도(八正道). 『정법염처경』 권3(대정장17, p.16b2)에 "팔분성도에서 노닐면서 열반성으로 나아간다. 악의와 번뇌를 여의니 이와 같은 이를 비구라고 이름하네. 遊八分聖道 趣向涅槃城 離惡意煩惱 如是名比丘", 『대위덕다라니경』 권5(대정장21, p.775c3)에 "팔분성도는 출리처이다. 이와 같은 교수, 이와 같은 구경, 이와 같은 문호, 이와 같은 도로는 모든 희론을 사라지게 한다. 그러므로 고멸도성제라고 말하는 것이다. 八分聖道是出離處 如是教授 如是究竟 如是門戶 如是道路 滅諸戲論 故言苦滅道聖諦也"라고 하였다. 〔참고문헌〕『正法念處經』, 『大威德陀羅尼經』, *Abh-k-bh.382.* ⇨ 팔정도 八正道

팔분성취재 八分成就齋 Ⓢ aṣṭa-aṅga-samanvāgatasya poṣadha. 여덟 가지를 지켜 성취하는 재. 팔계재(八戒齋)를 달리 이르는 말. 『대품반야경』 권1(대정장8, p.222b23)에 "무엇이 선법인가? 소위 십선도·오계·팔분성취재 … 칠각분·팔성도분인데 전부 세간에 나타난다. 何等是善法 所謂 十善道 五戒 八分成就齋 … 七覺分 八聖道分 盡現於世"라고 하였다. 〔참고문헌〕『大品般若經』, *Pañca-pr.42.* ⇨ 팔계재 八戒齋

팔분어 八分語 정법(正法)을 설하는 말이라면 갖추어야 할 여덟 가지. 열반을 앞서 머리로 삼는 말(先首語)·아름다운 말(美妙語)·명료하게 드러나는 말(顯了語)·이해하기 쉬운 말(易解語)·듣기에 즐거운 말(樂聞語)·의지함이 없는 말(無依語)·어긋남이 없는 말(不違逆語)·가없는 말(無邊語)을 말한다. 『유가사지론』 권81(대정장30, p.750c2)에 "말이라 하면 크게 여덟 가지 분을 갖추어야 함을 알아야 한다. 앞선 머릿말이란, 열반궁으로 나아감을 앞서 머리로 삼기 때문이다. 아름다운 말이란 그 소리는 맑고 아름다우니 마치 가릉빈가 음과 같기 때문이다. 명료하게 드러나는 말이란, 사구문이 모두 훌륭한 방편이기 때문이다. 이해하기 쉬운 말이란, 잘 가려 설하기 때문이다. 듣기에 즐거운 말이란, 법과 뜻을 이끌기 때문이다. 의지함이 없는 말이란, 다른 이가 자신을 믿어 주리라는 희망에 의지하지 않기 때문이다. 거스르지 않는 말이란, 양을 알아 설하기 때문이다. 가없는 말이란, 광대하게 잘 설명하기 때문이다. 이와 같은 여덟 가지 말은 크게 세 가지 덕을 갖추고 있음을 알아야 할 것이다. 첫째는 덕을 향해 나아감이 처음의 한 가지이고, 둘째는 저절로 그 바탕이 덕이니 다음의 두 가지이며, 셋째는 한층 덕을 행하니 나머지 것들이다. 語者 當知略具八分 先首語者 趣涅槃宮爲先首故 美妙語者 其聲淸美如羯羅頻迦音故 顯了語者 謂詞句文皆善巧故 易解語者 巧辯說故 樂聞語者 引法義

故 無依語者 不依希望他信己故 不違逆語者 知量說故 無邊語者 廣大善巧故 如是八種語當知略具三德 一者趣向德 謂初一種 二者自體德 謂次二種 三者加行德 謂所餘種"라고 하였다. 〔참고문헌〕『瑜伽師地論』.

팔분의방 八分醫方 Ⓢ aṣṭāṅga-āyurvedavido bhiṣaja. 여덟 갈래로 치료해 낫게 하는 일. 팔의(八醫)라고도 한다. 『백론소』 권상(대정장42, p.244b5)에 "안으로 고통스럽다 함은 풍·열·담 등인데, 배꼽부터 그 아래는 풍처, 배꼽부터 심장까지는 열처, 심장부터 그 위는 담처인데, 팔분의방으로 능히 이 괴로움을 치료한다. 內苦謂風熱淡等 從臍下是爲風處 從臍上至心名熱處 從心已上名爲淡處 八分醫方能治此苦", 『금칠십론』 권상(대정장54, p.1245b6)에 "팔분의방 등에 두 가지 과실이 있기에 괴로움을 없애는 인이 될 수 없으며, 사베다 중에 다른 인이 있게 해서 이 인으로 과를 얻는다. 若八分醫方等 有兩過失故 不足爲滅苦因者 四皮陀中有別因 此因得果"라고 하였다. 〔참고문헌〕『百論疏』, 『金七十論』, *Sāṃkhy-k.2.* ⇨ 팔의 八醫, 팔술 八術

팔분재계 八分齋戒 Ⓢ aṣṭa-aṅga-samanvāgatam upavāsam. 팔계(八戒)인 팔관계(八關戒)를 달리 이르는 말. 『약사여래본원경』(대정장14, p.406c8)에 "만약 깨끗한 믿음 있는 선남자와 선여인 등이 저 세존이신 약사유리광여래께 공양하고자 한다면, 응당 먼저 저 부처님 모습의 상을 만들어 세우고 청정한 자리 펴 그곳에 둔 다음 종종 꽃 흩뿌리고 종종 향 사르며 종종 깃발로 그곳 장엄하며 7일 밤낮으로 팔분재계 수지하고 청정식 먹으며 … 북치고 음악 연주하며 노래로 찬하고서 불상을 오른쪽으로 돌아야 한다. 若有淨信善男子 善女人等 欲供養彼世尊藥師琉璃光如來者 應先造立彼佛形像 敷清淨座 而安處之 散種種花 燒種種香 以種種幢幡 莊嚴其處 七日七夜 受持八分齋戒 食淸淨食 … 鼓樂歌讚 右繞佛像", 『대비바사론』 권7(대정장27, p.35a28)에 "혹은 하루 밤낮으로 팔분재계 수지한다면 곧 능히 해탈종자 심을 수 있다. 或有受持一晝一夜八分齋戒 卽能種殖解脫種子"라고 하였다. 〔참고문헌〕『藥師如來本願經』, 『大毘婆沙論』, *Bhai.171.* ⇨ 팔계 八戒, 팔관 八關

팔불 八不 불생(不生)·불멸(不滅)·불상(不常)·부단(不斷)·불일(不一)·불이(不異)·불래(不來)·불출(不出 : 不去)의 여덟 가지. 이를 통해 중도의 뜻을 드러냄을 팔불중도(八不中道)라 한다. 『중관론소』「중론서소 中論序疏」(대정장42, p.1c27)에 "『순중론』은 『대품』 등의 경을 널리 끌어 팔불을 증하고 풀었는데, 팔불인즉 바로 중도이며 글에 의해 뜻을 풀었기에 『순중론』이라 한다. 言順中論者 廣引大品等經 證釋八不 八不則是中道 依文釋義故 云順中論", 『대승현론』 권1(대정장45, p.19c13)에 "처음엔 팔불에 나아가 중도를 밝혔고, 뒤엔 이제에 나아가 중도를 밝혔다. 初就八不明中道 後就二諦明中道", 『열반경소사기』 권8(卍속장57, p.903b1)에 "『중론』은 팔불을 밝혀 중도의 뜻을 풀었는데, 지금은 이불이 곧 필경중도임을 밝혔다. 中論明八不 釋中道之義 今明二不卽畢竟中道也", 『팔종강요초』 권하(대장경보편32, p.67a6)에 "이 종(三論宗)이 드러낸 바는 곧 이 얻음 없음을 바로 관해 마칠 뿐이기에 고인 이르길 '팔불이라는 묘한 뜻의 바람으로 망상희론의 티끌을 털어내니, 무득정관이라는 달이 일실중도라는 물에 떠오르네' 하였다. 此宗所顯 卽此無得正觀而已 故古人云 八不妙理之風 拂妄想戲論之塵 無得正觀之月 浮一實中道之水", "〔문〕 그 팔불이란 무엇인가? 〔답〕 불생·불멸·부단·불상·불일·불이·불거·불래이니, 여덟 갈래로 미함을 보내버리기에 이 팔불을 설한다. 이는 곧 이 종을 드러내는 뜻이다. 問 其八不者何 答 不生 不滅 不斷 不常 不一 不異 不去 不來 遣八迷故 說此八不 此卽今宗所顯理也"라고 하였다. 〔참고문헌〕『中觀論疏』, 『大乘玄論』, 『涅槃經疏私記』, 『八宗綱要鈔』. ⇨ 팔불중도 八不中道

팔불 八佛 『팔불명호경 八佛名號經』(대정장14, No.431)에서 시설한 동방의 여덟세계 주처로 하시는 부처님의 명호. 난항복세계(難降伏世界)의 선설칭공덕여래(善說稱功德如來)·무장애세계(無障礙世界)의 인다라상당성왕여래(因陀羅相幢星王如來)·애락세계(愛樂世界)의 보광명공덕장엄여래(普光明功德莊嚴如來)·보입세계(普入世界)의 선투전난항복초월여래(善鬪戰難降伏超越如來)·정취세계(淨聚世界)의 보공덕명장엄여래(普功德明莊嚴如來)·무독주세계(無毒主世界)의 무애약수공덕칭여래(無礙藥樹功德稱如來)·측색향만세계(側塞香滿世界)의 보보연화여래(步寶蓮華如來)·묘음명세계(妙音明世界)의 보연화선주사라수왕여래(號寶蓮花善住娑羅樹王如來)이다. 〔참고문헌〕『八佛名號經』. ⇨ 팔불명호경 八佛名號經

팔불가과법 八不可過法 Ⓟ aṭṭha garu-dhammā. 어기면 안 되는 여덟 가지 법. 석가세존의 양모인 대애도(大愛道) 등의 간청에 의해 비구니승가를 처음 수용하게 되었을 때 허락의 조건으로 설치된 법이다. 팔경법(八敬法)을 달리 부른 말이다. 『사분율』 권48(대정장22, p.923b17)에 "이와 같이 아난이여! 내가 지금 이 여덟 가지 범하지 말아야 할 법을 설했으니 여인이 이를 실천할 수 있다면 계를 받을 수 있다. 비유하면 사람이 큰 강에 다리를 놓고서야 건너갈 수 있는 것과 같다. 이와 같이 아난이여! 내가 지금 이 여덟 가지 범하지 말아야 할 법을 설했으니 만약 실천할 수 있는 이라면 계를 받을 수 있다. 如是阿難 我今說此八不可過法 若女人能

行者卽是受戒 譬如有人於大水上安橋樑而渡 如是阿難 我今爲女人說此八不可過法 若能行者卽是受戒",『사분율명의표석』 권31(卍속장70, p.869a3)에 "팔불가과법 : 과(過)란 어김이다. 곧 여래께서 모든 비구니를 위해 여덟 법을 마름하셨으니 비구니는 응당 존중하고 공경찬탄하며 목숨이 다하도록 수행하고 부지런히 익혀 어겨 넘어서는 안 된다. 그러므로 이 여덟 법을 혹 곧바로 일컬어 팔불위법이라 하고, 혹은 팔경법, 혹은 팔존경법이라 한다. 八不可過法 過者 違也 謂如來爲諸比丘尼制八法 比丘尼應尊重 恭敬讚歎 盡形壽修行勤學 不應違越 故此八法 或直云 八不違法 或云 八敬法 或云 八尊敬法"라고 하였다. [참고문헌]『四分律』, 『四分律名義標釋』, 『毘尼心』(대정장85, p.660a18). ⇨ 팔경법 八敬法, 팔경계 八敬戒, 팔불가월법 八不可越法

팔불가사의 八不可思議 여덟 가지로 헤아릴 수 없음. 불법의 세계를 큰 바다(大海)의 덕에 비유한 뜻이다. 『중아함경』 권8 「아수라경 阿修羅經」(대정장1, p.475c29・476b21 : *Pahārāda-sutta*, *AN.4*, p.198)과 같은 책 권9 「첨파경 瞻波經」(대정장1, p.478c22 : *Uposatha-sutta*, *AN.4*, p.206)에서 설하신 팔미증유법(八未曾有法 Ⓟ aṭṭha acchariyā abbhutā dhammā)과 같다. 36권본 『대반열반경』 권30(대정장12, p.805a16)에 "이 『대열반』이란 미묘경전에도 또한 이와 같이 팔불가사의가 있다. 첫째 점점 깊어짐이다. 소위 오계・십계・이백오십계・보살계・수다원과・사다함과・아나함과・아라한과・벽지불과・보살과・아누다라삼막삼보리과와 같은 법들을 이 『열반경』은 설하는데 이를 점점 깊어짐이라 이름하며, 이에 이 경을 점점 깊어짐이라 이름한다. 是大涅槃微妙經典 亦復如是 有八不可思議 一漸漸深 所謂 五戒 十戒 二百五十戒 菩薩戒 須陀洹果 斯陀含果 阿那含果 阿羅漢果 辟支佛果 菩薩果 阿耨多羅三藐三菩提果 是涅槃經 說是等法 是名漸漸深 是故 此經名漸漸深", "둘째 깊어 저 밑바닥 얻기 어렵다. 여래세존께서는 불생불멸이며 아누다라삼막삼보리 얻지도 법륜 굴리지도 않으며 먹지도 받지도 보시 행하지도 않으니, 이에 상락아정이라 한다. 일체중생은 모두 불성 있는데 불성은 색 아니지만 색 여의지도 않으며 수상행식 아니지만 내지 식 여의지도 않으니, 이는 언제나 있어 볼 수 있는데 요인일 뿐 작인은 아니다. 수다원 내지 벽지불이 마땅히 아누다라삼막삼보리 얻어 번뇌도 머무는 곳도 없을 것인데, 비록 번뇌 없지만 상이라 이름하지 않기에 깊다고 한다. 二者 深難得底 如來世尊 不生不滅 不得阿耨多羅三藐三菩提 不轉法輪 不食不受 不行惠施 是故名爲常樂我淨 一切衆生 悉有佛性 佛性非色 不離於色 非受想行識 乃至不離於識 是常可見 了因 非作因 須陀洹乃至辟支佛 當得阿耨多羅三藐三菩提 亦無煩惱 亦無住處 雖無煩惱 不名爲常 是故名深", "또 심히 깊음 있으니, 이 경 중에서 때에 따라 아를 설하고 무아라 하며, 상이라 하고 때로는 무상이라 하며, 정과 부정, 낙과 고, 공과 불공, 일체유와 일체무, 삼승과 일승이라 설하며 혹은 오음이 곧 불성이라 설하고, 금강삼매・중도・수능엄삼매・십이연연・제일의공・자비는 중생들에게 평등함・최고의 지와 신심・모든 근과 힘들을 앎・일체법에 걸림 없는 지 등을 설하는데, 비록 불성 있지만 설하여 결정할 수 없으니 이에 깊다고 한다. 復有甚深 於是經中 或時說我 或說無我 或時說常 或說無常 或時說淨 或說不淨 或時說樂 或時說苦 或時說空 或說不空 或說一切有 或說一切無 或說三乘 或說一乘 或說五陰卽是佛性 金剛三昧 及以中道 首楞嚴三昧 十二因緣 第一義空 慈悲平等於諸衆生 頂智信心 知諸根力 一切法中 無罣礙智 雖有佛性 不說決定 是故名深", "셋째 일미다. 일체중생은 똑같이 불성 있으므로 모두 다같이 승이어서 한가지로 해탈이며 하나의 인이고 하나의 과이며 동일한 감로여서 일체가 마땅히 상락아정 얻으니 이를 일미라 이름한다. 三者 一味 一切衆生 同有佛性 皆同一乘 同一解脫 一因 一果 同一甘露 一切當得常樂我淨 是名一味", "넷째 밀려오고 가는 조수지만 한계를 넘지 않음이다. 마치 이 경 중에 비구들이 여덟 가지 부정물을 쌓아두지 않는다고 제정하셨으니 '저 나의 제자들이 이 『대열반』이라는 미묘경전을 능히 수지・독송・서사・해설・분별할 수 있다면 신명을 잃을지언정 끝내 범하지 않는다'라고 하였는데, 이를 조수가 한도를 넘지 않음이라 이름한다. 四者 潮不過限 如是經中 制諸比丘不得受畜八不淨物 若我弟子 有能受持 讀誦 書寫 解說 分別是大涅槃微妙經典 寧失身命 終不犯之 是名潮不過限", "다섯째 종종 보물 가득한 창고다. 이 경은 바로 무량한 보배 창고인데, 보란 말은 사념처・사정근・사여의족・오근・오력・칠각분・팔성도분・영아행・성행・범행・천행・선방편들・중생의 불성・보살공덕・여래공덕・성문공덕・연각공덕・육바라밀・무량삼매・무량지혜를 말하니 이를 보배 창고라 이름한다. 五 有種種寶藏 是經卽是無量寶藏 所言寶者 謂四念處 四正勤 四如意足 五根 五力 七覺分 八聖道分 嬰兒行 聖行 梵行 天行 諸善方便 衆生佛性 菩薩功德 如來功德 聲聞功德 緣覺功德 六波羅蜜 無量三昧 無量智慧 是名寶藏", "여섯째 큰 몸의 중생이 머무는 곳이다. 큰 몸의 중생이란 불보살을 말한다. 큰 지혜 때문에 큰 중생이라 하며, 몸・마음・장엄・조복・방편・설법・세력・제자들・신통・자비가 크며 늘 변하지 않아 일체중생에 걸림이 없으며 일체중생을 들여 거두기에 큰 몸의 중생이 머무는 곳이라 이름한다. 六者 大身衆生所居住處 大身衆生者 謂佛菩薩 大智慧故 名大衆生 大身故 大心故 大莊嚴故 大調伏故 大方便故 大說法故 大勢力故 大徒衆故 大神通故 大慈悲故 常不變故 一切衆生無罣礙

故 容受一切諸衆生故 是名大身衆生所居之處", "일곱째 주검이 깃들지 못한다. 죽은 몸이란 일천제·사중금과 오무간죄 범함·방등을 비방함·비법을 법이라 설함·법을 비법이라 설함·팔종부정물을 받아 모음·부처님의 물건이나 승가의 물건을 마음대로 씀·비구나 비구니의 처소에서 법 아닌 일 지음을 말하니 이를 주검이라 이름한다. 이 『열반경』은 이와 같은 것들을 여의었기에 주검이 깃들지 못한다 이름한다. 七者 不宿死尸 死尸者 謂一闡提 犯四重禁 五無間罪 誹謗方等 非法說法 法說非法 受畜八種不淨之物 佛物僧物 隨意而用 或於比丘比丘尼所 作非法事 是名死尸 是涅槃經 離如是等 是故名爲不宿死尸", "여덟째 늘지도 줄지도 않음이다. 그 가장자리도 그 시작도 끝도 없으며 색도 심도 아니며 상주하고 생멸하지 않으며 일체중생이 다 평등하며 일체법성이 동일한 성이기에 증감이 없다고 이름한다. 이에 이 경은 저 대해처럼 여덟 가지로 헤아리기 어렵다. 八者 不增不減 無邊際故 無始終故 非色故 非心故 常住故 不生滅故 一切衆生悉平等故 一切法性 同一性故 是名無增減 是故此經如彼大海 有八不思議"라고 하였다. 〔참고문헌〕『大般涅槃經』. ⇨ 팔미증유법 八未曾有法

팔불가월법 八不可越法 팔경법(八敬法 Ⓟ aṭṭha garu-dhammā)을 달리 이르는 말. 『오분율』 권29(대정장22, p.185c19)에 "부처님께서 말씀하시길 '이제 구담미가 팔불가월법을 받으면 문득 출가하여 구족계 얻음을 들어 주겠노라. 佛言 今聽瞿曇彌受八不可越法 便是出家得具足戒"라고 하였다. 〔참고문헌〕『五分律』. ⇨ 팔불가과법 八不可過法, 팔경법 八敬法

팔불도인전 八不道人傳 명말 천태종 우익지욱(蕅益智旭)이 지은 자서전. 1권. 『영봉우익대사종론 靈峰蕅益大師宗論』 권1, 가흥장36, pp.253a12~254c10에 수록되어 있다. 후에 문인 성시(成時)가 만년의 행장과 입적 때의 일을 보완하였다. 1599년(만력27) 5월의 탄생한 날로부터 1655년(영력9) 정월에 57세를 일기로 입적할 때까지의 일들을 편년체로 기술했다.

팔불명호경 八佛名號經 Ⓢ Aṣṭa-buddhaka-sūtra, Ⓣ 'Phags-pa sangs-rgyas brgyad-pa shes-bya-ba theg-pa chen-po'i mdo. 586년 수 사나굴다(闍那崛多) 한역. 1권. 대정장14, pp.76a3~77b8, No.431에 수록되어 있고, 티베트역(北京版 No.937)도 전한다. 부처님께서 사위성 기수급고독원에서 사리불에게 동방의 여덟 부처님과 각각의 불국토명호를 거론하고 이를 수지하는 공덕을 설한 내용이다.

팔불문시절 八不聞時節 중생이 부처님의 정법(正法)을 인연할 수 없는 여덟 가지 경우를 말한다. 『증일아함경』 권36(대정장2, p.747a8 : *Akkhaṇa-sutta*, *AN. 4*, p.225)에 "범부중생이 설법을 듣지도 못하고 알지도 못하는 시절이 있다. 비구들아 사람들이 수행할 수 없는 팔불문의 시절이 있음을 알아야 한다. 凡夫之人 不聞不知說法時節 比丘當知 有八不聞時節 人不得修行 aṭṭh' ime bhikkhave akkhaṇā asamayā brahmacariyavāsāya"라고 하였다. 〔참고문헌〕『增壹阿含經』, 『仁王經疏』, *AN.* ⇨ 팔난 八難

팔불정 八佛頂 오불정(五佛頂)과 삼불정(三佛頂)을 합한 것. 백산불정(白傘佛頂), 승정(勝頂), 최승정(最勝頂), 화취정(火聚頂), 사제정(捨除頂), 광대불정(廣大佛頂), 극광대불정(極廣大佛頂), 무변음성불정(無邊音聲佛頂)이다. 『대일경소』 권5(대정장39, p.633c26)에 "다음으로 석가사자 남쪽에 여래오정을 둔다. 첫 번째는 백산불정이다. 두 번째는 '서야'니, 한역하여 승정이다. 세 번째는 '미서야'니, 이는 부를 때 강한 소리를 쓴 것으로 한역하여 최승정이다. 네 번째는 '제수라시'니, 한역하여 화취정이다. 경에서 중덕이라 함을 곧이곧대로 한역하면 대분이라 해야 하고, 이는 대덕을 갖추었다는 뜻이다. 次於釋迦師子之南 置如來五頂 第一 白傘佛頂 第二 誓耶 譯爲勝頂 第三 微誓耶 此用多聲呼也 譯爲最勝頂 第四 諦殊羅施 譯云 火聚頂 經云 衆德者 正譯當云大分 是具大德義也", "다섯 번째는 '마길라나'니, 한역하여 사제정이다. 이는 일체번뇌를 버린다는 뜻이요, 또한 깨부순다는 뜻이다. 이들은 석가여래오지의 정(頂)이다. … 이 하늘(淨居天)의 다음 남쪽 호상의 오른쪽에 다시 삼불정을 그려 넣는다. 첫 번째는 광대불정이고, 두 번째는 극광대불정이며, 세 번째는 무변음성불정이

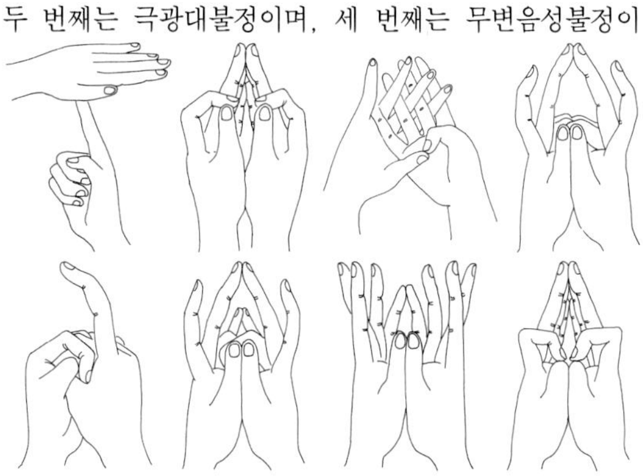

팔불정인 백산개·승불정대혜도·최승불정전법륜·광취불정삼고제장·발생·발생불정연화·무량성불정이명왕

다. 그 형상은 모두 오불정과 같다. 이는 여래삼부중덕의 정(頂)이다. 第五 微吉羅拏 譯云 捨除頂 是棄捨一切煩惱義 亦是摧碎義也 此是釋迦如來五智之頂 … 此天次南 豪相之右 復畫三佛頂 第一名廣大佛頂 第二名極廣大佛頂 第三名無邊音聲佛頂 其形相皆同五頂 是如來三部衆

德之頂也", "저 오종여래정에 오종색 있는데, 이른바 진금색・울금색・천황색・극백색・천백색이다. 이 중에 진금과 울금 두 색은 서로 엇비슷하나, 진금색의 빛은 맑고 울금색은 맑기가 다소 무겁다. 삼불정은 삼색이 있는데, 백색・황색・적색이다. 이는 적재・증익・항복의 색을 겸하여 갖춘 것이다. 이 팔불정은 모두 몸 주변에 빛이 감도는데, 그 빛은 극히 넓고 두터우며 여러 영락으로 몸을 장엄한다. 여래의 본래 서원력을 말미암기에 일체원을 모두 만족시킨다. 其五種如來頂 有五種色 所謂眞金色 鬱金色 淺黃色 極白色 淺白色 是中眞金鬱金二色相似 然眞金光淨 鬱淨色稍重也 三佛頂則有三色 謂白色黃色赤色 此是兼具寂災增益降伏色 此八佛頂 皆周身有光 光極廣厚 以諸瓔珞嚴身 由如來本誓願力故 悉能滿足一切願也"라고 하였다. [참고문헌]『大日經疏』. ⇨ 삼불정 三佛頂, 오불정 五佛頂

팔불정관 八不正觀 팔불에 대한 바른 관법(觀法). 곧 팔불중도(八不中道)로써 생멸(生滅) 등 여덟 가지에 대한 집착(八迷)을 깨뜨리고 바르게 관찰하는 방법을 제시한 삼론종(三論宗)의 종지다. 『삼론현의』「발문 跋文」(대정장45, p.15a1)에 "널리 삿됨을 파하고 바른 종지를 드러내고자 개판하고 글자 새기는 공 새로 단행하니, 팔불정관의 달 일찌감치 비추어 삼계로 미혹한 무더기 안개 속히 떨쳐 거두리라. 爲弘破邪顯正宗 新遂開板彫文功 早耀八不正觀月 速拂三界迷倫霧", 『법화의소』 권1 「발문」(대정장34, p.466b14)에 "사생의 망령된 집착 말끔히 씻어 내고, 팔불정관 깨우치게 하리라. 盪四生妄執 覺八不正觀矣"라고 하였다. [참고문헌]『三論玄義』, 『法華義疏』. ⇨ 팔불중도 八不中道, 팔미 八迷

팔불중도 八不中道 여덟 가지(生滅常斷一異來出)를 부정하고 드러나는 중도. 팔불중관(八不中觀)・팔불정관(八不正觀)・팔불연기(八不緣起)・무득중도(無得中道)・무득정관(無得正觀)・불이정관(不二正觀)・팔차(八遮)라고도 한다. 인도의 대승불교 중관학파(中觀學派)와 중국 삼론종(三論宗)의 중심 이론 중 하나다. 『중론』(대정장30, p.1b14 : *Pras.*, p.4)에 "일어난 것도 아니며 사라진 것도 아니며 영원하지도 않고 사라져 끊어짐도 아니며 하나도 아니고 다른 것도 아니며 온 것도 아니고 나간 것도 아니다. 능히 이 인연만을 설하시어 온갖 희론 잘도 사라지게 하셨으니 저는 머리 숙여 부처님께 예를 올리오니, 모든 말씀 가운데 제일이시라네. 不生亦不滅 不常亦不斷 不一亦不異 不來亦不出 能說是因緣 善滅諸戲論 我稽首禮佛 諸說中第一 anirodham-anutpādam-anucchedam-aśāśvatam, anekārtham-anānārtham-anāgamam-anirgamam, yaḥ pratītyasamutpādaṃ prapañca-upaśamaṃ śivam, deśayām āsa saṃbuddhas taṃ vande vadatāṃ varam", 『중관론소』 권1본(대정장42, p.12a19)에 "부처님 지혜로써 팔불중도 설하시어 모든 희론을 멸하니 이것이야말로 가르쳐 씀이다. 또한 처음 게 한 수로 팔불을 곧바로 설하였으니, 이 게야말로 팔불의 뜻을 분명하게 설한다. 팔불을 설하는 까닭에는 두 가지 뜻이 있다. 첫째는 세 가지 중도를 드러내려는 뜻이고, 둘째는 모든 희론을 사라지게 하려는 뜻이다. 부처님께서 설하신 팔불에는 이러한 두 가지 뜻이 있다. 以佛智能說 八不中道 滅諸戲論 卽是敎之用也 又初一偈 正說八不 此偈明說八不意 所以說八不者 有二種意 一 爲顯三種中道 二 爲滅諸戲論 佛說八不 旣有二意", 같은 책 권2본(대정장42, p.20a29)에 "팔불이란 그야말로 정관이 끝내 돌아갈 곳이고, 방등의 심장이고 뼈다. 불법의 편정을 판정하고, 득실의 근원을 보인다. 모르면 팔만법장에 어두워 밤에 다니듯 하고, 깨달으면 십이부경이어서 대낮을 마주한 듯하리라. 八不者 蓋是正觀之旨歸 方等之心骨 定佛法之偏正 示得失之根原 迷之卽八萬法藏 冥若夜遊 悟之卽十二部經 如對白日", 같은 책 권3본(대정장42, p.34b4)에 "교를 씀은 바름을 드러내고 삿됨을 무너뜨림을 말하고, 교의 체라면 팔불중도다. 敎用 謂顯正破邪 敎體卽八不中道", 같은 책 권2말(대정장42, p.33b28)에 "만약 팔불이 여덟 가지 장애(팔장)를 대치한다고 할 경우, 일천제에게는 생멸로 두 장애이고, 외도는 일이가 두 장애이며, 성문에게는 단상이 두 장애이고, 독각은 래출이 두 장애이므로 여덟 가지 장애가 성립한다. 若言八不治八障者 闡提中有生滅爲二 外道中一異爲二 聲聞中斷常爲二 獨覺中來出爲二 故成八也", 『대승현론』 권2(대정장45, p.25a23)에 "팔불은 모든 부처님의 중심이며 모든 성인의 행처다. 그러므로 『화엄경』에 '문수법은 항상 그러하니, 일체 걸림 없는 사람이 한 길로 생사에서 벗어난다'라고 한 말과 결코 달리 나아갈 길은 없다. 이것이 『중론』 첫머리 팔불의 뜻이므로 종으로는 뭇 경을 꿰고 횡으로는 모든 논에 통한다. 八不者 蓋是諸佛之中心 衆聖之行處也 故華嚴經云 文殊法常爾 一切無礙人 一道出生死 更無異趣也 卽是論初八不 故竪貫衆經 橫通諸論也", 『관심론소』 권2(대정장46, p.594c8)에 "다음으로 용수 『중론』의 팔불을 이끌었다. 첫째, 그 논의 첫머리에 팔불을 밝혔는데 불생을 시작으로 삼은 점은 이 논과 같다. 둘째, 『중론』에서 '모든 법은 스스로 나지도 않고 다른 것 좇아 나지도 않으며 함께해서도 아니고 인 없이도 아니다'라고 하였다. 그러므로 무생이라 설한다. 논주는 이들 사구로써 팔불을 풀이하고 모든 법의 불생을 가림으로써 경의 뜻을 펼친다. 次引龍樹 中論八不者 一 彼論初明八不 卽是不生爲首 與今論同 二 彼論明 諸法不自生 亦不從他生 不共不無因 是故說無生 論主用此四句釋八不 辯諸法不生 以用申經"라고 하였다. [참고문헌〕『中論』, 『中觀論疏』, 『大乘玄論』, 『觀心論疏』, 『華嚴經』 권13(대정장10, p.68c12), *Pras.* ⇨무득정관 無得正觀, 불이정관 不二正觀

팔불태 八不怠 여덟 가지 게으르지 않음. 팔정진(八精進) 또는 팔정진사(八精進事 Ⓟ aṭṭha ārabbha-vatthūni)라고도 하고, 팔해태(八懈怠) 또는 팔해태사(八懈怠事)와 맞선다. 『장아함경』 권9 「십상경 十上經」(대정장1, p.55b9)에 "무엇이 팔증법인가? 곧 팔불태다. 무엇이 팔정진인가? 비구가 촌락에 들어 걸식하였는데 음식을 얻지 못하고 돌아와 이렇게 생각을 짓는다. '내 몸이 가볍고 편안해져 졸림이 적으니 마땅히 정진하고 좌선하고 경행할 만하다. 아직 얻지 못함 얻을 것이고, 아직 손에 넣지 못함 손에 넣을 것이며, 아직 증하지 못함을 증할 것이다'. 이에 비구는 바로 정진한다. 이것이 첫 번째 정진하는 비구다. 云何八增法 謂八不怠 云何八精進 比丘入村乞食 不得食還 卽作是念 我身體輕便 少於睡眠 宜可精進坐禪經行 未得者得 未獲者獲 未證者證 於是比丘卽便精進 是爲初精進比丘"라고 하였다. 〔참고문헌〕『長阿含經』, *DN.3.287.* ⇨팔정진사 八精進事

팔불한방수범행 八不閑妨修梵行 Ⓟ aṭṭha akkhaṇā asamayā brahmacariya-vāsāya. 고요치 않아 범행 닦는 데 방해되는 여덟 가지. 팔난해법(八難解法 Ⓟ aṭṭha dhammā duppaṭivijjha)이라고도 한다. 『장아함경』 권9 「십상경 十上經」(대정장1, p.55c5)에 "무엇이 팔난해법인가? 고요치 않아 범행 닦는 데 방해되는 여덟 가지를 일컬으니, 무엇이 그 여덟인가? 云何八難解法 謂八不閑妨修梵行 云何八", "여래지진이 세간에 출현하시어 미묘법을 설하며 적멸무위로 보리도로 향하시는데, 어떤 사람이 지옥 중에 나면 이는 고요치 않은 곳이니 범행을 닦을 수 없다. 如來至眞 出現於世 說微妙法 寂滅無爲 向菩提道 有人生地獄中 是爲不閑處 不得修梵行", "어떤 중생이 축생·아귀·장수천·변지지옥 등 부처님이 없는 곳에서 나면, 이는 고요치 않은 곳이니 범행을 닦을 수 없다. 而有衆生在畜生中 餓鬼中 長壽天中 邊地無識 無佛法處 是爲不閑處 不得修梵行", "혹 어떤 중생이 중심국에 나서도 사견을 갖고 전도된 마음을 품어 악행을 이루고 결국 지옥에 들면, 이는 고요치 않은 곳이니 범행을 닦을 수 없다. 或有衆生 生於中國 而有邪見 懷顚倒心 惡行成就 必入地獄 是爲不閑處 不得修梵行", "혹 어떤 중생이 중심국에 나고도 귀멀고 눈멀며 말 못해 법 듣고 범행 수행할 수 없으면, 이는 고요치 않은 곳이니 범행을 닦을 수 없다. 或有衆生 生於中國 聾盲瘖瘂 不得聞法 修行梵行 是爲不閑", "여래지진등정각이 세간에 출현하지 않으셔서 미묘법 설하고 적멸무위로 보리도로 나아가는 일이 없어서, 어떤 중생이 중심국에 나고 저 모든 근을 구족하여 성스런 가르침 받아 감당할 수 있음에도 부처님을 만나지 못하여 범행을 닦을 수가 없다면, 이는 여덟 번째 고요치 않은 것이 된다. 如來至眞等正覺 不出世間 無有能說微妙法 寂滅無爲 向菩提道 而有衆生 生於中國 彼諸根具足 堪受聖教 而不值佛 不得修行梵行 是爲八不閑"라고 하였다. 〔참고문헌〕『長阿含經』, *DN.3.287.* ⇨팔무가 八無暇

팔불한처 八不閑處 한가할 수 없는 여덟 곳. 한가하지가 못해 범행(梵行)을 닦는 데 방해가 되는 곳으로 팔난(八難)·팔무한처(八無閑處)를 말한다. 『출요경』 권21 「아품 我品」(대정장4, p.724b1)에 "무루신계란 행하는 것이 그릇되지 않고 늘 현성을 만나며 팔불한처를 떠나는 것이다. 보는 이가 있다면 마음이 열리고 뜻이 풀려 함께 서로 알려 하도록 하며 그 덕에 대해 설하며 칭찬한다. 無漏身戒者 所行不左 常遇賢聖 離八不閑處 其有見者 心開意解 共相告令 歎說其德", 『방광반야경』 권20 「살타파륜품 薩陀波倫品」(대정장8, p.141c15)에 "마땅히 스스로 생각해야 할 것이다. '나는 모든 여래무소착등정각으로부터 멀리 떨어지지 않을 것이며, 나는 곳마다 늘 모든 부처님을 만나 뵐 것이며, 항상 팔불한처를 멀리 떠나 팔락처를 얻을 것입니다'. 當自念言 我去諸如來無所著等正覺不遠 所生之處 常值諸佛 常當遠離八不閑處 當得八樂之處"라고 하였다. 〔참고문헌〕『出曜經』, 『放光般若經』, 『十住斷結經』 권2 「廣受品」(대정장10, p.979b26), 『觀察諸法行經』 권2 「先世勤相應品」(대정장15, p.733a27). ⇨팔난 八難[1], 팔무가 八無暇

팔불현실 八不顯實 팔불중도(八不中道)로 제법실상(諸法實相)을 드러냄. 『팔종강요초』 권상(대장경보편32, p.15a11)에 "나머지 고승들도 불법을 존숭하였으니, 금릉과 정영은 팔불현실의 물에 달을 맑게 비추었고 남악과 천태는 일심삼관의 동산에 꽃을 싱그럽게 피웠다. 其餘高僧 崇佛法之者 或金陵淨影 月澄于八不顯實之水 或南岳天台 花鮮于一心三觀之薗"라고 하였다. 〔참고문헌〕『八宗綱要鈔』. ⇨팔불중도 八不中道

팔비나타 八臂那吒 팔이 여덟인 나타태자(那吒太子). 나타는 비사문천왕(毘沙門天王)의 아들로 삼두(三頭) 또는 오두(五頭)에 팔비(八臂) 또는 육비(六臂)의 모습을 하고 불법을 수호한다. 『원오어록』 권7(대정장47, p.744a3)에 "상당하여 말하였다. '5월 5일 천중절이니, 만가지로 받드는 것들과 천가지 요괴가 모두 죽고 사라졌다. 눈 속의 수미산 뽑아내고, 귓구멍에서 뿌리박힌 쐐기 뽑아내라. 종규의 아리따운 누이는 삼대에 올라 춤추고, 팔비나타는 철을 날로 씹는다. 칙 내리노니, 거둬 끊으라. 율령대로 급히급히 하라'. 上堂云 五月五日天中

節 萬祟千妖俱殄滅 眼裏拈却須彌山 耳中拔出釘根楔 鍾馗小妹舞三臺 八臂那吒嚼生鐵 勅 攝截 急急如律令", 『무문관』「서문 序文」(대정장48, p.292b20)에 "어떤 이 있어 위태로움을 돌보지 않고 칼 하나 차고 곧바로 뛰어들면 팔비나타라도 막아내지 못한다. 서천의 28조와 동토의 6조라도 다만 그 바람 앞에 목숨 구걸할 뿐이다. 설령 혹 주저하기라도 한즉 저 창 너머로 말 달려 가는 것 구경하듯 눈 깜빡이는 사이에 이미 지나쳐 버리리라. 若是箇漢 不顧危亡 單刀直入 八臂那吒 攔他不住 縱使西天四七 東土二三 只得望風乞命 設或躊躇 也似隔窓看馬騎 眨得眼來 早已蹉過"라고 하였다. 〔참고문헌〕『圜悟語錄』, 『無門關』, 『瞎堂慧遠廣錄』 권1(卍속장120, p.909b18). ⇨ 나타태자 那吒太子, 비사문천 毘沙門天

팔비성어 八非聖語 여덟 가지 고귀하지 않은 말. 비성어는 허광어(虛誑語 Ⓢ mṛṣa-vāda)를 자성으로 하고, 불선(不善 Ⓢ akuśala)이기에 비성이라 한다. 팔성어(八聖語) 또는 팔사현성어(八事賢聖語)에 대칭한다. 『사리불아비담론』 권7(대정장8, p.583c20)에 "무엇이 여덟 가지 비성어인가? 보지 않고 보았다고 하고 본 것을 보지 않았다고 하며, 듣지 않고 들었다고 하고 들은 것을 듣지 않았다고 하며, (몸으로) 접촉하지 않고 접촉했다고 하고 접촉한 것을 접촉하지 않았다고 하며, (의식으로) 인식하지 않은 것을 인식했다고 하고 알아차린 것을 알아채지 못했다고 하는 것이니, 이를 여덟 가지 고귀하지 않은 말이라 한다. 云何八非聖語 不見言見 見言不見 不聞言聞 聞言不聞 不覺言覺 覺言不覺 不識言識 識言不識 是名八非聖語", 『대비바사론』 권171(대정장27, p.861c26)에 "〔문〕 이와 같이 설해서 문득 여덟 가지 또는 열여섯 가지 비성어가 있는데 어째서 네 가지만 설한 것인가? 〔답〕 의지하는 사태는 네 가지 뿐이기 때문이다. 즉 모든 비성어는 다 보고 듣고 깨우쳐 아는 네 가지 사태를 의지해 일어나기에 네 가지만 설한 것이다. 간략하게 했기에 네 가지를 설한 것이고 자세하게 하면 여덟 가지 또는 열여섯 가지가 있다. … 〔문〕 비성어는 무엇을 자성으로 하는가? 〔답〕 거짓된 말을 자성으로 한다. 〔문〕 어째서 이러한 말을 고귀하지 못하다고 하는가? 〔답〕 불선한 것이기에 비성이라 한다. 問 如是所說便有八非聖語 或十六 何故但說四耶 答 以所依事唯有四故 謂一切非聖語皆依見聞覺知事起故唯說四 復次略故說四 廣則有八或十六 … 問 非聖語以何爲自性 答 以虛誑語爲自性 問 何故此語名非聖耶 答 以不善故名非聖"라고 하였다. 〔참고문헌〕『舍利弗阿毘曇論』, 『大毘婆沙論』. ⇨ 팔사현성어 八事賢聖語, 팔성어 八聖語

팔비십조 八備十條 여덟 가지로 갖추고 열 가지로 자세히 하다. 역경(譯經)을 실행하기 위해 갖추어야 할 기본자세 및 핵심역량을 말하며, 언종(彦琮)이 제시하였다. 『번역명의집』 권1 「종번역주 宗翻譯主」(대정장54, p.1067c5)에 "법사 언종의 말이다. '무릇 번역을 함에는 앞서 팔비와 십조를 갖춰야 한다. 첫째, 성심으로 법을 받아 그 뜻은 사람을 이롭게 하는 데 있어야 한다. 둘째, 장차 뛰어난 영역을 밟으려 함에 앞서 계를 지켜야 옳다. 셋째, 문으로는 삼장을 밝혀내야 하고 뜻으로는 오승을 꿰야 한다. 넷째, 한편으로는 문사를 섭렵하여 책으로서의 글이 되게 공들여 엮어야 한다. 彦琮法師云 夫預翻譯 有八備十條 一 誠心受法 志在益人 二 將踐勝場 先牢戒是 三 文詮三藏 義貫五乘 四 傍涉文史 工綴典詞 不過魯拙", "다섯째, 가슴으로는 고르고 너그러움 품어 기량을 비워 통하게 해서 오로지 집착함을 즐기지 않는다. 여섯째, 도술에 침잠하며 명리에는 물들지 않게 하고 스스로 높아져 뽐내는 것을 바라지 않는다. 일곱째, 범어를 반드시 알아야 하지만 그 익힘에 빠져들어서는 안 된다. 여덟째, 『삼창 三蒼』과 『이아 爾雅』를 회람하고 거칠게나마 전서와 예서를 알아야 하니 글에 어두워서는 안 된다. 五 襟抱平恕 器量虛融 不好專執 六 沈於道術 淡於名利 不欲高衒 七 要識梵言 不墜彼學 八 傳閱蒼雅 粗諳篆隸 不昧此文", "십조는 이렇다. 첫째 구운, 둘째 문답, 셋째 명의, 넷째 경론, 다섯째 가송, 여섯째 주공, 일곱째 품제, 여덟째 전업, 아홉째 자부, 열째 자성이다'. 十條者 一 句韻 二 問答 三 名義 四 經論 五 歌頌 六 呪功 七 品題 八 專業 九 字部 十 字聲"라고 하였다. 〔참고문헌〕『翻譯名義集』, 『唐高僧傳』 권2 「釋彦琮傳」(대정장50, p.439a21), 『釋氏要覽』 권중(대정장54, p.293b21). ⇨ 번역 翻譯, 역경 譯經, 언종 彦琮

팔비천 八臂天 여덟 개의 팔을 가진 하늘. 나라연천(那羅延天). 『정법염처경』 권31(대정장17, p.183c4)에 "이 팔비천은 가루라 금시조왕을 타고 하늘에서 염부제로 내려와서 세간을 관한다. 是八臂天 乘伽樓羅 金翅鳥王 從天來下 向閻浮提 觀於世間", 『일체경음의』 권26(대정장54, p.477a9)에 "팔비천〈한역에서는 나라연천이라고 한다〉. 八臂天〈此云 那羅延天〉"이라고 하였다. 〔참고문헌〕『正法念處經』, 『一切經音義』, 『興起行經』 권상(대정장4, p.169b11), 36권본 『大般涅槃經』 권16(대정장12, p.708c29). ⇨ 나라연 那羅延

팔사 八士 ➡ 팔배 八輩, 사쌍팔배 四雙八輩

팔사 八邪 Ⓟ aṭṭha micchattā. 여덟 가지로 삿됨. 팔사도(八邪道)·팔사법(八邪法)·팔사변(八邪邊)·팔사성(八邪性)·팔사지(八邪支) 등이라고도 한다. 팔정도(八正道)에 맞선다. 『장아함경』 권9 「십상경 十上經」(대정장1, p.55a9 : *Dasuttara-sutta, DN.3,* p.28

6)에 "무엇이 여덟 가지 멸해야 할 법인가? 팔사를 말하니 사견·사사·사어·사업·사명·사방편·사념·사정이다. 云何八滅法 謂八邪 邪見 邪思 邪語 邪業 邪命 邪方便 邪念 邪定 katame aṭṭha dhammā pahātabbā. aṭṭha micchattā, micchā-diṭṭhi, micchā-saṃkappo, micchā-vācā, micchā-kammanto, micchā-ājīvo, micchā-vāyāmo, micchā-sati, micchā-samādhi", 『불퇴전법륜경』 권2(대정장9, p.232c3)에 "어떻게 여래는 보살마하살들을 위해 팔정도법을 설하시며, 어떻게 보살마하살들은 팔사를 여의고 팔해탈을 향하며 범부를 넘어서는가? 云何如來爲諸菩薩摩訶薩說八正道法 云何菩薩摩訶薩離於八邪 向八解脫 出過凡夫", "팔정도 닦아 이르는 곳 없이 해서 모든 끝들 멀리 여의어 중도에 머물며, 범부지를 넘어 보리에 머물지만 보리라는 상에는 머물지 않으며, 모든 사견 여의어 정견을 닦으면서도 몸이라는 상 취하지 않으며 또한 보리라는 상에도 머물지 않는다. 修八正道 而無到處 遠離諸邊 住於中道 越凡夫地 安住菩提 亦不住菩提相 離諸邪見 修於正見 不取身相 亦復不住菩提之相", 『금강삼매경론』 권하(대정장34, p.992a20)에 "팔사법 여의면 곧 팔정도다. 離八邪法 卽八正道", 『유가론기』 권7(대정장42, p.454b7)에 "팔정은 수도에 있다. 닦아 끊어야 할 팔사법을 여의기 때문이다. 八正在修道 離於修斷八邪法故", 『정명경관중석초』 권2(대정장85, p.529c1)에 "팔사법이란 사견·사사유·사정진·사오·사업·사명·사념·사정을 말한다. 八邪法者 謂邪見 邪思惟 邪精進 邪悟 邪業 邪命 邪念 邪定也"라고 하였다. [참고문헌] 『長阿含經』, 『不退轉法輪經』, 『金剛三昧經論』, 『瑜伽論記』, 『淨名經關中釋抄』, *DN*· *3.254*. ⇨ 팔정도 八正道, 팔사도 八邪道

팔사 八事 ❶ ➡ 팔정진사 八精進事 ❷ ➡ 팔사성중 八事成重 ❸ ➡ 팔사뇌란 八事惱亂 ❹ Ⓢ aṣṭau dravyāṇi, Ⓣ rdzas-brgyad. 사대(四大)와 사진(四塵)을 묶어 가리키는 말. 극미(極微)는 이들 중 하나라도 빠지면 안 되기에 팔사구생수일불감(八事俱生隨一不減)이라고 한다. 『구사론』 권4(대정장29, p.18b24 : *Abh-k-bh.*, p.52)에 "무엇을 팔사라고 하는가? 사대종과 그 넷으로 이뤄진 색향미촉을 말한다. 云何八事 謂四大種 及四所造色香味觸 aṣṭau dravyāṇi catvāri mahābhūtāni catvāri copādāyarūpāṇi rūpagandharasaspraṣṭavyāni"라고 하였다. [참고문헌] 『俱舍論』, *Abh-k-bh*. ⇨ 팔사구생수일불감 八事俱生隨一不減

팔사 八師 부처님이 도를 닦아 깨우침에 스승으로 삼았다는 여덟 가지 법을 가리키는 말. 『팔사경』(대정장14, p.965a15)에 "내 전생의 스승들은 그 이름 세기 어렵지만, 나 지금 자연스럽고 신묘하고 밝아 도 얻었으니 스승 있어 그런 것은 아니다. 그렇지만 여덟 스승 계셨으니 밝음으로부터 얻었다. 吾前世師 其名難數 吾今自然 神耀得道 非有師也 然有八師 從明得之", "내가 살생이란 것을 보니 그 죄가 이와 같았으므로 감히 다시는 살생할 수 없었는데 이것이 나의 첫째 스승이었다. 吾見殺者 其罪如此 不敢復殺 是吾一師", "둘째는 도둑질로서 강제로 남의 재물 뺏음을 말한다. … 내가 도둑질이란 것을 보니 그 죄가 이와 같았으므로 감히 다시는 도둑질할 수 없었는데 이것이 나의 두 번째 스승이었다. 二謂盜竊 强劫人財 … 吾見盜者 其罪如此 不敢復盜 是吾二師", "셋째는 사음으로서 남의 부녀 범함을 말한다. … 내가 이를 보았기에 감히 사음 행할 수 없었는데 이것이 나의 셋째 스승이었다. 三謂邪婬 犯人婦女 … 吾見是故 不敢邪婬 是吾三師", "넷째는 악구·양설·망언·기어를 말한다. … 내가 이를 보았기에 감히 악구를 할 수 없었는데 이것이 나의 넷째 스승이었다. 四謂惡口 兩舌 妄言 綺語 … 吾見是故 不敢惡口 是吾四師", "다섯째는 술을 좋아함을 말한다. … 내가 이를 보았기에 술을 끊고 마시지 않았는데 이것이 나의 다섯째 스승이었다. 五謂嗜酒 … 吾見是故 絶酒不飮 是吾五師", "여섯째는 연로를 말한다. … 나는 무상하며 재변이 이와 같음을 보았기에 구도를 행하였고 다시는 이를 계속하고 싶지 않았는데 이것이 나의 여섯째 스승이었다. 六謂年老 … 吾見無常 災變如斯 故行求道 不欲更之 是吾六師", "일곱째는 병으로 야윔을 말한다. … 나는 이러한 병들을 보았기에 구도를 행하였고 다시는 이를 계속하고 싶지 않았는데 이것이 나의 일곱째 스승이었다. 七謂病瘦 … 吾覩斯患 故行求道 不欲更之 是吾七師", "여덟째는 사람의 죽음을 말한다. … 나는 이렇듯 변함을 보았기에 구도를 행하였고 다시는 이를 계속하고 싶지 않았는데 이것이 나의 여덟째 스승이었다. 八謂人死 … 吾見斯變 故行求道 不欲更之 是吾八師"라고 하였다. [참고문헌] 『八師經』.

팔사경 八師經 오 지겸(支謙) 한역. 1권. 대정장14, pp.965a3~966a26, No.581에 수록되어 있다. 사위국 기수급고독원에서 야구(耶句)라는 범지가 부처님께 누구를 스승으로 삼아 깨달았는지 묻자 부처님께서는 전생에 무수히 많은 스승을 모셨기에 금생에서는 자연스레 득도했다고 하시면서 살생·도둑질·부적절한 음행·거친 말과 거짓말·음주·늙음·병듦·죽음이라는 여덟 가지 법의 실상을 들어 보이면서 이런 법들을 스승으로 삼아 깨달았다고 자세히 답하셨다는 내용이다.

팔사구생수일불감 八事俱生隨一不減 Ⓢ aṣṭa-dravyaka utpadyate nānyatamena hīnaḥ, Ⓣ rdzas-brgyad dang-ldan-par skye ste gang-yang-rung-ba zhig med-par ni ma-yin-no. 여덟 가지 사(事 Ⓢ dr avya)가 함께 생하기에 따라 하나도 빠지지 않는다. 색취(色聚) 즉 구사구생(九事俱生)인 유정의 신체를 제한 물리적 세계는 반드시 사대종(四大種)인 지수화풍과 사대종소조(四大種所造)의 색향미촉의 여덟 가지로 구성된다는 말이다. 『구사론』 권4(대정장29, p.18b22 : *Abh-k-bh.*, p.52)에 "〔논〕 색취로서 극히 세한 것을 세워 미취라고 하는데, 이는 이것보다 더 이상 미세한 것이 없음을 나타내기 위한 것이다. 이 미취는 욕계에 있어 성이 없고 근도 없을 때에는 여덟 가지 사가 함께 생기해서 하나라도 빠지는 일은 없다. 무엇이 여덟 가지 사인가? 사대종과 사대종으로 구성되는 색향미촉이다. 論曰 色聚極細立微聚名 爲顯更無細於此者 此在欲界無聲無根 八事俱生隨一不減 云何八事 謂四大種及四所造色香味觸 sarvasūkṣmo hi rūpasaṃghātaḥ paramāṇur ity ucyāte. yato nānyataro vijñāyeta. sa kāmaghātāv aśabdako 'nindriyaś cāṣṭadravyaka utpadyate nānyatamena hīnaḥ. aṣṭau dravyāṇi catvāri mahābhūtāni catvāri copādāyarūpāṇi rūpagandharasaspraṣṭavyāni"라고 하였다. 〔참고문헌〕『俱舍論』, *Abh-k-bh.* ⇨ 색취 色聚, 미취 微聚

팔사뇌란 八事惱亂 여덟 가지로 번뇌하여 어지러움. 제4선에서는 사라져 없는 고(苦)·락(樂)·우(憂)·희(喜)·각(覺)·관(觀)·출식(出息)·입식(入息)을 말한다. 팔재환(八災患)·팔과실(八過失)이라고도 한다. 『잡아비담심론』 권7(대정장28, p.928a14)에 "대지(地)에 대한 정수(正受 : 三昧)와 대지에 대한 일체처정(一切處定 : 地遍處定)을 설하면, 그 지정수는 욕계와 제4선에 있고, 지일체처정은 제4선에만 있고 다른 곳에는 없다. 왜 그러한가? (제4선은) 여덟 가지 뇌란을 떠났기 때문이다. 욕계에는 색욕 두 가지〈신욕과 심욕〉가 있는데 이는 그것을 대치하는 것이기 때문이다. 說地正受及地一切處 彼地正受在欲界及四禪 地一切處在第四禪非餘 何以故 離八事惱亂故 欲界色欲有二種〈身欲心欲也〉對治彼故", 『아비담비바사론』 권42(대정장28, p.313a22)에 "제4선념에는 여덟 가지 것이 없기에 정이라고 하니, 이는 고·락·우·희·각·출식·입식이 없음을 말한다. 第四禪念 以無八事故名淨 謂無苦無樂憂喜覺觀出入息"라고 하였다. 〔참고문헌〕『雜阿毘曇心論』, 『阿毘曇毘婆沙論』. ⇨ 팔재환 八災患, 팔과실 八過失, 지변처정 地遍處定, 제사선 第四禪

팔사도 八邪道 Ⓟ aṭṭhaṅgikassa micchā-magga. 여덟 갈래로 삿된 길. 팔사(八邪)를 말한다. 『중아함경』 권25 「염경 念經」(대정장1, p.590a9 : *Dvedhāvitakka-sutta, MN.1*, p.118)에 "또 다른 악도 있으니 팔사도를 말하는데, 사견 내지 사정으로 여덟 가지 된다. 復更有惡道 謂八邪道 邪見乃至邪定 是爲八 kummaggo ti kho bhikkhave aṭṭhaṅgikass' etaṃ micchā-maggassa adhivacanaṃ seyyathīdaṃ micchā-diṭṭhiyā micchā-saṅkappassa micchā-vācāya micchā-kammantassa micchā-ājīvassa micchā-vāyāmassa micchā-satiyā micchā-samādhissa", 『십주비바사론』 권13(대정장26, p.93b19)에 "또한 팔법 있는데 응당 빠르게 멀리 여의어야 하니 첫째 사견, 둘째 사사유, 셋째 사어, 넷째 사업, 다섯째 사명, 여섯째 사방편, 일곱째 사념, 여덟째 사정이다. 저 설하길 어리석은 사람 있어 팔사도 행하고 삿된 제경법 배우며 삿된 스승 좇아 다니길 좋아하네. 復有八法 應疾遠離 一 邪見 二 邪思惟 三 邪語 四 邪業 五 邪命 六 邪方便 七 邪念 八 邪定 如說 若有人愚癡 行於八邪道 學邪諸經法 好隨逐邪師", 『비니모경』 권6(대정장24, p.838c23)에 "또한 행이란, 팔정도가 이 행이고 팔사도는 행 아니다. 又復行者 八正道是行 八邪道非行"라고 하였다. 〔참고문헌〕『中阿含經』, 『十住毘婆沙論』, 『毘尼母經』, *MN.* ⇨ 팔사 八邪

팔사변 八邪邊 여덟 가지로 삿된 것에 머물러 있음. 팔사(八邪)를 말한다. 『해탈도론』 권11(대정장32, p.453b18)에 "팔세간법은 고이고, 팔사변은 집이며, 팔사변 끊음은 멸이고, 팔정분은 도이다. 八世間法是苦 八邪邊是集 斷八邪邊是滅 八正分是道"라고 하였다. 〔참고문헌〕『解脫道論』. ⇨ 팔사 八邪

팔사성중 八事成重 팔바라이(八波羅夷) 중 하나로 비구니가 물든 마음으로 여덟 가지 무거운 계를 범하게 되는 것. 『사분율』 권22(대정장22, p.716a19)에 "'투라난타 비구니여! 어째서 욕심으로 이 장자가 손을 잡거나 옷을 잡으며 내지 함께하기를 수용하였는가?' 그때 부처님께서는 온갖 방편으로 투라난타(Ⓟ Thullanandā)를 꾸짖으신 다음 비구들에게 말씀하셨다. '이 투라난타는 여러 깨끗지 못한 상황에 처하여 처음 계를 범하였다. … 만약 비구니가 염오심으로 남자의 염오심을 알고서 손을 잡고 옷을 잡고 보이지 않는 곳에 들어가고, 함께 서 있고 함께 말하고 함께 걷고 함께 몸을 기대고 함께 약속하는 것을 받아들인다면, 이러한 비구니는 바라이여서 함께 머물 수 없으니 이 여덟 가지 일을 범했기 때문이다. … (앞의 일곱 가지) 낱낱이 투란차다. … 앞의 일곱 가지 일에 대해 만약 고백하여 참회하지 않는다면 죄를 없애지 못한다. 만약 여덟 번째 일을 범한다면 바라이다'. 云何偸羅難陀比丘尼 欲心受此長者捉手 捉衣乃至共期 爾時世尊以無數方便呵責偸羅難陀已 告諸比丘 此偸羅難陀多種有漏處 最初犯戒 … 若比丘尼染汚心 知男子染汚心 受捉手 捉衣 入屛處 共立 共語 共行 或身相倚 或共期 是比丘尼波羅夷 不共住 犯此八事故 … 一一

偸羅遮 … 於七事中 若不發露懺悔 罪未除 若犯第八事 波羅夷",『사분율행사초』 권3(대정장40, p.153b26)에 "팔사성중에는 다섯 가지 연이 있다. 남자, 남자라는 생각, 물든 마음이 있음, 앞의 일곱 가지 일을 범하고도 참회하지 않음, 다섯째는 여덟 가지로 범계를 지음이다. 여덟 가지 일 중, 첫째 손이나 팔을 잡게 한다는 것은 팔꺼지를 말하고 … 둘째 옷을 잡게 한다는 것은 상의를 말하고, 셋째 외딴 곳에 들어간다는 것은 동료가 보고 들을 수 없는 상황을 말하고, 넷째 외딴 곳에서 서 있고, (다섯째) 말하고, (여섯째) 걷는 것이고, … 일곱째 서로 몸을 기댄다는 것은 두 몸이 서로 닿는 상황을 말하고, 여덟째 함께 약속한다는 것은 함께 사음을 행하는 상황을 말한다. … 八事成重 五緣 一 人男 二 人男想 三 有染心 四 犯前七事未懺 五 八事作犯 八事 一 捉手者乃至腕 … 二 捉衣者身上衣 三 入屛處者謂離伴見聞處 四 屛處立語行等 七 身相倚者二身相及 八共期者共行淫處" 라고 하였다. [참고문헌]『四分律』,『四分律行事鈔』. ⇨ 팔바라이 八波羅夷, 바라이 波羅夷

팔사수신 八事隨身 Ⓟ aṭṭahi parikkhārehi sarīre paṭimukkehi. 비구가 늘 가지고 다녀야 할 여덟 가지 물건이 몸을 따르게 하다.『사분율행사초』 권상(대정장40, p.30c5)에 "『선견율』에 이르길 '부처님께서 비구를 건네시면 삼의·발우·좌구·녹수대·침선·도끼라는 여덟 가지 물건이 이미 몸을 따라다니게 된다' 하였다. 善見云 佛度比丘 已有三衣 鉢盂 坐具 漉水袋 針線 斧子 八事隨身"라고 하였다. [참고문헌]『四分律行事鈔』, *Sp.240*. ⇨ 팔물 八物

팔사지 八邪支 여덟 가지로 삿되게 가지다. 사견(邪見)·사정진(邪精進)·사념(邪念)·사정(邪定)·사사유(邪思惟)·사어(邪語)·사업(邪業)·사명(邪命)을 말한다. 팔사행(八邪行)이라고도 하며, 팔정도(八正道)를 행하지 못함이다.『대비바사론』 권45(대정장27, p.236a29)에 "[문] 이 팔사지 중 몇 가지가 욕계에 얽히고, 몇 가지가 색계에 걸려 있고, 몇 가지가 무색계에 얽히는가? [답] 사견·사정진·사념·사정은 삼계에 공통되고, 사사유·사어·사업·사명은 오직 욕계와 색계에 얽힌다. 색계 중에 오직 초정려에만 있고 상지에는 없기 때문이다. 어떤 이는 '색계에도 사명이 없으니 그곳에서는 생계를 위해 신업과 어업을 일으키는 일이 없기 때문이다'라고 하였다. [평] 여기서는 앞의 설이 낫다. 거기서 욕탐에 의해 일어나는 신업과 어업을 사명이라 하기 때문이다. [문] 이 팔사지 중 몇 가지가 견도에 의해 끊어지는 것이고, 몇 가지가 수도에 의해 끊어지는 것인가? [답] 하나는 견도소단이니 사견을 말하고, 셋은 수도소단이니 사어·사업·사명을 말하며, 나머지 셋은 견도소단과 수도소단에 공통된다. 問 此八邪支 幾欲界繫 幾色界繫 幾無色界繫耶 答 邪見邪精進邪念邪定通三界繫 邪思惟邪語邪業邪命唯欲色界繫 色界中唯初靜慮 上地無故 有說 色界亦無邪命 彼不爲活命起身語業故 評曰 此中前說爲善 彼貪所起身語二業名邪命故 問 此八邪支 幾見所斷 幾修所斷耶 答 一見所斷 謂邪見 三修所斷 謂邪語邪業邪命 餘四通見修所斷",『구사론소』 권17(대정장41, p.674c18)에 "팔성도를 뒤침이 팔사지다. 翻八聖道八邪支"라고 하였다. [참고문헌]『大毘婆沙論』,『俱舍論疏』. ⇨ 팔사행 八邪行, 팔정도 八正道

팔사행 八邪行 Ⓟ micchatta. 여덟 갈래로 삿되게 행하다. 팔정도를 행하지 않는 뜻이다.『장아함경』 권10「삼취경 三聚經」(대정장1, p.59c28)에 "어떤 팔법이 있어 악취로 향하는가? 팔사행이니 삿된 견해·삿된 생각·삿된 언어·삿된 업·삿된 생활·삿된 방편·삿된 념·삿된 정이다. 云何八法向惡趣 謂八邪行 邪見 邪志 邪語 邪業 邪命 邪方便 邪念 邪定",『팔정도경』(대정장2, p.505a1 : *Micchatta-sutta*, *SN.5*, p.17)에 "들어라. 내가 사도를 설하고 또한 정도를 설하리라. 무엇이 사도인가? 진실을 보지 못함, 진실을 념하지 못함, 진실하지 못한 언어, 진실하지 못한 생활, 진실하지 못한 구함, 진실하지 못한 행위, 진실하지 못한 뜻, 진실하지 못한 정이다. 이것을 도의 여덟 가지 삿된 행위라고 한다. 聽 我說邪道亦說正道 何等爲邪道 不諦見 不諦念 不諦語 不諦治 不諦求 不諦行 不諦意 不諦定 是爲道八邪行 micchattañ ca vo bhikkhave desissāmi sammattañ ca. taṃ suṇātha. katamañ ca bhikkhave micchattaṃ. seyyathīdaṃ micchādiṭṭhi micchāsaṅkappo micchāvācā micchākammanto micchāājīvo micchāvāyāmo micchāsati micchāsamādhi. idaṃ vuccati bhikkhave micchattaṃ"라고 하였다. [참고문헌]『長阿含經』,『八正道經』, *SN*.

팔사현성어 八事賢聖語 여덟 가지로 섬기는 현성의 말.『마하승기율』 권12(대정장22, p.325a4)에 "현성은 말하길 여덟 가지로 한다. 보았으면 보았다 말하고, 들었으면 들었다 말하며, 거짓이면 거짓이라 말하고, 알면 안다 말하며, 보지 않았으면 보지 않았다 말하고, 듣지 않았으면 듣지 않았다 말하며, 거짓이 아니면 거짓이 아니라 말하고, 알지 못하면 알지 못한다 말한다. 이것을 여덟 가지로 섬겨야 할 현성의 말이라 한다. 이들 말에는 죄가 없다. 賢聖語八事者 見言見 聞言聞 妄言妄 識言識 不見言不見 不聞言不聞 不妄言不妄 不識言不識 是名八事賢聖語 無罪"라고 하였다. [참고문헌]『摩訶僧祇律』. ⇨ 팔성어 八聖語, 팔비성어 八非聖語

팔삭 八朔 음력 8월 1일. 요괴의 작난을 막고 구업으로 지은 죄를 소멸하며 망자의 혼령을 위하여 제사를 지내기 좋은 날이다. 『선림상기전』 권3(불광장, 禪藏, p. 166)에 "팔삭 : 『경당원선사건인록』에 '8월 1일에 법좌에 올라 말했다. 「부상의 8월 초하루는 옛날부터 날 가운데 가장 좋은 시절(천중절)이라 하여 각자 기도하여 요괴가 자취를 감추고 모두들 구업이 소멸하기를 기원한다〈이하 생략〉」'라고 하였다. 도충(道忠)이 말한다. '8월 1일은 천중절로서 일본에서 전승된 습속일까?' 『월령광의』에 '도교 서적에 정월 1일은 천중절회의 날이자 장수를 축원하는 날이다'라고 하였고, 또 '『제요록』에 따르면, 5월 5일 오시가 천중절이다'라고도 하였다. … 도충이 말한다. '8월 1일에 제사지낸다는 설은 이처럼 분명하다. 그러나 『공사근원』에 「8월 1일에 행하는 풍속은 이 사연을 밝혀줄 본래의 말씀은 결코 없다」고 한 까닭은 무엇일까?' 八朔 鏡堂圓禪師建仁錄 八月旦 上堂云 扶桑八月初一 古謂天中佳節 各祈妖怪潛蹤 皆願口舌消滅 云云 忠曰 八朔爲天中節 蓋日本傳習耶 月令廣義云 道書正月一日 天中節會之辰 獻壽之日 又云 提要錄 五月五日午時 爲天中節 … 忠曰 八朔膢之說 如此著矣 然公事根源云 八朔風俗 此事更無本說 〈止此〉 何耶"라고 하였다. 〔참고문헌〕『禪林象器箋』.

팔삭수행 八數隨行 Ⓢ aṣṭāv abhīkṣṇānuvicaritāni, Ⓣ rgyun-mi-'chad-par-rjes-su-spyad-pa-brgyad. 여덟 가지로 거듭 따르는 행위. 세간의 관습적 행위 여덟 가지를 말한다. 『유가사지론』 권2(대정장30, p.288c8 : *Yogā-bh.*, p.47)에 "무엇을 여덟 가지 거듭 따라 행한다 하는가? 모든 세간에서 반복적으로 따라 행해지는 일을 말한다. 첫째는 (옷으로) 몸을 덮어 가리는 일이고, 둘째는 (장식품으로) 몸을 꾸며 아름답게 하는 일이고, 셋째는 (가고 머물고 앉고 눕는 등) 위의를 바꾸고 벗어나는 일이고, 넷째는 음식과 관련된 일이고, 다섯째는 잠자는 일이고, 여섯째는 (남녀가) 서로 만나는 일이고, 일곱째는 저들 즉 앞의 것들의 노력과 관련된 일이고, 여덟째는 저들의 언설과 관련된 일이다. 云何八數隨行 謂諸世間數數隨所行事 一蔽覆事 二瑩飾身事 三威儀易奪事 四飮食事 五睡眠事 六交會事 七屬彼勤劬事 八屬彼言說事 aṣṭāv abhīkṣṇānuvicaritāni. katamāni. yāni loke 'bhīkṣṇam anuvicaranti. tad yathā kaupīnapracchādanaṃ kāyaparicaryeryāpathāntarakalpa āhāraḥ svapno maithunaṃ tatpratisaṃyukto vyāyāmastatpratisaṃyuktā ca kathā", 『유가론기』 권1(대정장42, p.330c10)에 "팔삭수행 중 일곱 번째와 여덟 번째는 여섯 번째 것으로 인해 일어나기에 '저 포함되는'이라고 한 것이다. 八數隨行中 第七第八由第六起故言屬彼"라고 하였다. 〔참고문헌〕『瑜伽師地論』, 『瑜伽論記』, *Yogā-bh.*

팔산 八山 수미산(須彌山)을 중심으로 그 바깥을 둘러싸고 있는 여덟 개의 큰 산. 팔대산(八大山)이라고도 한다. 『구사론』 권11(대정장29, p.57b10)에 "〔논〕 금륜위에 구대산이 있는데, 묘고산왕이 가운데 처하여 머물고 나머지 여덟이 주위를 두르며 묘고산을 에워싸고 있다. 팔산 중 앞의 일곱을 내라 이름하고, 일곱째 산 밖에 대주 등이 있는데, 이 밖에 다시 철륜위산이 있어서 주위를 두름이 저 륜과 같으니 하나의 세계를 에워싸고 있다. 論曰 於金輪上 有九大山 妙高山王 處中而住 餘八周匝 繞妙高山 於八山中 前七名內 第七山外 有大洲等 此外復有鐵輪圍山 周匝如輪 圍一世界"라고 하였다. 〔참고문헌〕『俱舍論』. ⇨ 팔대산 八大山, 수미산 須彌山

팔상 八相 석가모니 부처님 일생을 여덟 차제로 엮어 남긴 자취. 팔상성도(八相成道)·석가팔상(釋迦八相)·여래팔상(如來八相)·팔상시현(八相示現)·팔상작불(八相作佛)·팔상성불(八相成佛)이라고 한다. 『법화현찬』 권3(대정장34, p.698c13)에 "팔상이란 무엇인가? 『대반야경』 권568에서 이렇게 말한다. 첫째는 도솔천에서 죽는 것이 곧 입태상이고, 둘째는 영아상이며, 셋째는 동자상이고, 넷째는 고행상이며, 다섯째는 성도상이고, 여섯째는 항마상이며, 일곱째는 전법륜상이고, 여덟째는 입반열반상이다. 八相者 大般若經 第五百六十八卷說 一 從兜率天沒 卽入胎相 二 嬰兒 三 童子 四 苦行 五 成道 六 降魔 七 轉法輪 八 入般涅槃"라고 하였다. 〔참고문헌〕『法華玄贊』. ⇨ 팔상성도 八相成道, 대승팔상 大乘八相, 석가팔상 釋迦八相, 여래팔상 如來八相

팔상도 八相圖 석가모니부처님의 생애를 여덟 장면으로 묘사한 정형화된 그림. 석가팔상도(釋迦八相圖)·팔상성도도(八相成道圖)·팔상시현도(八相示現圖)·석가불전도(釋迦佛傳圖)라고도 한다. 1447년에 언해본 『석보상절 釋譜詳節』과 『월인석보 月印釋譜』에 의지해 도솔래의(兜率來儀)·비람강생(毘藍降生)·사문유관(四門遊觀)·유성출가(踰城出家)·설산수도(雪山修道)·수하항마(樹下降魔)·녹원전법(鹿苑轉法)·쌍림열반(雙林涅槃)이라는 팔상(八相)을 화제로 한 8폭으로 제작되기도 하였다. 팔상도의 일부만 그린 석가탄생도(일본 本岳寺 소장), 유성출가도(독일 쾰른 동아시아박물관 소장)와 석가팔상도(1535년, 일본 金剛峰寺 소장), 석가팔상도(16세기, 일본 오사카시립미술관 소장) 등도 남아 전한다. 조선후기에는 『월인석보』의 도상을 의지하거나, 중국 명대의 판본인 『석씨원류응화사적 釋氏源流應化事跡』의 도상을 응용한 팔상도가 제작되었는데 18세기 이후 전국적으로 성행하였다. 화기(畵記)에 의하면 '팔상탱 八相幀'이나, '팔상회 八相繪'라는 이름으로 불렸으며 팔상전(八相殿)이라는 별도 전각이나 영산전(靈山殿)에 봉안되었다. 대부분 8폭으로 구성하는 것이 보통이지만 1폭에 두 장면씩 묶어 4폭으로 봉안하기도 한다. 대표적인 작품으로는 해인사팔상도(17세기)·용문사팔상도(1709)·운흥사팔상도(1719)·송광사팔상도(1725)·쌍계사팔상도(1728)·개심사팔상도·통도사팔상도(1775)·선암사팔상도(1780) 등을 들 수 있다. [참고문헌] 佛岩寺板 『釋氏源流應化事蹟』 권1. ⇨석가팔상 釋迦八相, 팔상 八相, 팔상성도 八相成道, 도솔래의상 兜率來儀相, 비람강생상 毘藍降生相, 사문유관상 四門遊觀相, 유성출가상 踰城出家相, 설산수도상 雪山修道相, 수하항마상 樹下降魔相, 녹원전법상 鹿苑轉法相, 쌍림열반상 雙林涅槃相, 석가여래팔상성도 釋迦如來八相聖圖, 송광사팔상도 松廣寺八相圖, 쌍계사팔상전팔상탱 雙磎寺八相殿八相幀, 안양암팔상도 安養庵八相圖, 석씨원류응화사적 釋氏源流應化事蹟

팔상성도 八相成道 여덟 가지 모습으로 부처의 길을 성취하시다. 부처님의 강탄(降誕)에서 성도(成道) 그리고 열반(涅槃)에 이르기까지 여덟 가지 결정적인 장면을 드러내며, 중생을 위하신 석가세존의 길을 말한다. 『법화현의』 권4하(대정장33, p.730c13)에 "보살지를 지나 불지에 들어간 뒤에 맹세코 남은 습기에 기대어 염부제에 태어나 팔상으로 성도하겠다고 서원한다. 앞의 다섯 상은 삼장이 모두 같아서 차이가 없다. 오직 여섯 번째 성도수(보리수) 아래서 일념상응혜를 얻고 무생사제의 이로 상응하여 모든 번뇌습기를 남김없이 끊어 다하시고 대지비·십력·사무외·십팔불공법이라는 모든 공덕을 갖추니 이를 이름하여 불이라 한다. 일곱 번째, 전법륜은 권지로써 삼장의 생멸사제법륜을 열고, 실지로는 마하연의 무생사제법륜을 설하셨으니, 통교의 삼승인이다. 여덟 번째, 열반에 들어가는 상은 쌍수에서 무여열반에 드시어 섶이 다하고 불이 꺼지면서 사리를 남겨 모든 하늘과 인간의 복전이 되게 하셨다. 이는 통교가 공통으로 취하는 위로서 따로 보살을 위하여 이 이름의 위를 세운다. 過菩薩地 則入佛地 用誓扶餘習 生閻浮提 八相成道 五相如三藏不殊 唯六成道樹下 得一念相應慧 與無生四諦理相應 斷一切煩惱習盡 具足大慈悲 十力 四無畏 十八不共法 一切功德 名之爲佛 七 轉法輪 權智開三藏 生滅四諦法輪 實智說摩訶衍 無生四諦法輪 通教三乘人也 八 入涅槃相者 雙樹入無餘涅槃 薪盡火滅 留舍利 爲一切天人福田也 是爲通教共位 別爲菩薩 立此名位也", 『유마경무아소』 권3(卍속장30, p.117a10)에 "부처님께서 인간으로 태어난 일대기를 보이실 때는 반드시 팔상성도를 갖춰야 한다. 첫째는 도솔천에서 내려오신 것, 둘째는 모태에 의탁하신 것, 셋째는 모태에서 나오신 것, 넷째는 출가하신 것, 다섯째는 악마를 항복시키신 것, 여섯째는 성도하신 것, 일곱째는 법륜을 굴리신 것, 여덟째는 열반에 드신 것인데 이들은 소승에서 말하는 팔상이다. 대승의 팔상에서는 모태에 머무시는 것을 추가하였고 악마를 항복시키신 것은 없으니 깨달은 악마가 바로 부처이기 때문이다. 凡佛示生人間 當具八相成道 一 降兜率 二 托胎 三 出胎 四 出家 五 降魔 六 成道 七 轉法輪 八 入涅槃 此小乘八相也 若大乘八相加住胎 無降魔 了魔卽佛故也", 『법화현론』 권1(대정장34, p.367c3)에 "이미 대비심을 일으켰으므로 마땅히 생사에 들어가 중생을 제도하기 위하여 팔상을 일으켜 성도한다. 旣起大悲心 故應入生死 爲度物 起八相成道", 『법화의소』 권10(대정장34, p.603a23)에 "화신불의 수명은 시작도 있고 끝도 있으므로 이승인을 위해 팔상으로 성도하신다. 왕궁에 나타나 강생하시고 쌍림에서 멸을 보이셨다. 化佛壽量 有始有終 故爲二乘人 八相成道 王宮現生 雙林示滅也", 『화엄경소』 권34(대정장35, p.764b19)에 "법계 그 어디에나 있는 낱낱의 터럭 끝, 지극히 작은 곳 어디에나 그 중에서 팔상으로 도를 성취하신다. 그곳에는 모두 교화해야 할 중생이 있기 때문이다. 今明遍法界中 一一毛端 極小量處 皆於其中 八相成道 以彼皆有 可化衆生故", 『무량수경의소』(대정장37, p.118c1)에 "팔상을 보이는 곳이란 무량세계다. 이 세계에서 팔상으로 도 이루심을 드러내므로 '고르게 정각을 성취한다'고 한다. 示八相之處 則是無量世界 於此世界 示八相成道 故云 成等正覺", 『화엄일승십현문』(대정장45, p.516c15)에 "여래께서는 일념중에 팔상으로 성도하시기에 나는 그 때가 바로 멸하는 순간이니 동시에 함께 성취하기 때문이다. 그런 까닭에 비밀이라 부른다. 如來 於一念中 八相成道 生時卽是滅時 同時俱成故 所以稱祕密", 『능엄경통의』 권1(卍속장19, p.88b4)에 "도솔천을 좇아 왕궁에 강림하기 시작하여 모태에 들어갔다 모태에서 출생하고 출가하여 고행하며 팔상으로 성도하셨다. 녹야원에서 법을 설하기 시작하여 방등·반야·법화경을 이어 설하시며 49년 지내시다가 대열반에 드셨다. 그 처음부터 끝까지 찰나제삼매를 벗어나지 않는다. 설법하여 남기신 일대장교야말로 말을 거둬 본으로 돌아가는 법륜이라 하고, 이끌어 거두는 가르침이라고도 한다. 오성과 삼승을 이끌어 일승의 적멸장지로 거두어 돌아가게 하려는 뜻이니, 화엄을 가리켜 묘장엄해로 삼아 돌아갈 터전임을 삼았음이다. 始從兜率降王宮 入胎出胎 以至出家苦行 八相成道 始於鹿苑說法 歷方等般若法華等 四十九年 入大涅槃 始終不出 刹那際三昧 所說一大藏教 名爲攝末歸本法輪 亦名引攝教 爲引五性三乘 攝歸一乘 寂滅場地 卽指華嚴爲妙莊嚴海 爲所歸之地", 『심부주』 권4(卍속장111, p.124b12)에 "도솔천을 떠나기도 전에, 쌍림에서 벌써 반열반에 드셨다네 : 『화엄론』에서 밝혔듯이 여래의 팔상성도는 … 일찰나제삼매에서 나오신 일이 없다. 강생하는 그 순간이 바로 설법하는 시절이자 열반에 드는 때이기도 하니, 그 모두가 일심을 벗어나지 않기에 그러하다. 未離兜率 雙林而已般涅槃 華嚴論明 如來八相成道 … 不出一刹那際三昧 當知降生時 卽是說法時 卽是涅槃時 以不出一心故爾"라고 하였다. [참고문헌] 『法華玄義』, 『法華玄論』, 『法華義疏』, 『華嚴經疏』, 『無量壽經義疏』, 『華嚴一乘十玄門』, 『楞嚴經通議』, 『心賦注』. ⇨ 팔상 八相

팔상성불 八相成佛 여덟 가지 모습 보여 부처를 이루시다. 『법화문구』 권9상(대정장34, p.124a24)에 "초지 신심부터 묘각에 이르기까지 팔상성불은 모두 여래의 장엄이면서 스스로 장엄한 결과로서 인욕의 과보이다. 從初信心 乃至妙覺 八相成佛 皆如來莊嚴 而自莊嚴卽忍辱報", 『인왕경소법형초』 권4(卍속장41, p.197b12)에 "팔상성불이란 첫째는 입태상, 둘째는 영아상, 셋째는 동자상, 넷째는 고행상, 다섯째는 성도상, 여섯째는 항마상, 일곱째는 전법륜상, 여덟째는 입열반상을 말한다. 이와 같은 상은 팔상성불로 모든 유정을 제도한다고 한다. 〈상세한 내용은 『대반야경』의 설과 같다〉. 八相成佛者 一 入胎相 二 嬰兒 三 童子 四 苦行 五 成道 六 降魔 七 轉法輪 八 入涅槃相 如是名爲八相成佛 度諸有情 〈廣如大般若說〉"라고 하였다. [참고문헌] 『法華文句』, 『仁王經疏法衡鈔』. ⇨ 팔상 八相, 팔상성도 八相成道

팔상시현 八相示現 ➡ 팔상 八相, 팔상성도 八相成道

팔상예문 八相禮文 팔상(八相)을 일일이 소리내 예를 올리는 예경문으로 성도재일(成道齋日)에 행한다. 『석문의범』 권하(p.216a6)에 전하며, '나무삼계대사 사생자부 도솔래의상 시아본사 석가모니불 南無三界大師 四生慈父 兜率來儀相 是我本師 釋迦牟尼佛'로 시작하여 '나무영산회상 보살연각성문 청정승보 南無靈山會上 菩薩緣覺聲聞 淸淨僧寶'로 마친다. 부처님오신날·성도·열반재일 등에도 예참한다. 『오종범음집』 부록 「성도재작법규식 成道齋作法規式」(한불전12, p.177b22)에 "공양주를 한 다음에 팔상례를 낱낱이 경배한 후 회향주를 한다. 供養呪 次八相禮一一敬拜 而回向呪"라 하였다. [참고문헌] 『釋門儀範』, 『五種梵音集』. ⇨ 팔상 八相

팔상전 八相殿 팔상도를 봉안한 전각. '영산회상도' 등을 봉안하는 영산전과 같이 석가세존을 봉안하는 전각이지만 특별히 팔상도(八相圖)를 봉안한다. 우리나라 사찰의 팔상전은 조선후기 목탑 형식으로 건립된 보은 법주사팔상전(국보 제55호)이 대표적이고, 순천선암사 팔상전(전남유형문화재 제60호), 여수흥국사팔상전(전남문화재자료 제258호) 등이 전하고 있다. ⇨ 법주사팔상전 法住寺八相殿, 영산전 靈山殿, 팔상도 八相圖

팔생주처 八生住處 제사선(第四禪)에 나서 머무는 여덟 곳. 사선팔천(四禪八天)이라고도 한다. 『대지도론』 권7(대정장25, p.111c13)에 "제사선 중에 여덟 갈래로 나서 머무는 곳이다. 第四禪中 有八生住處", 『창소지론』 권상 「정세계품 情世界品」(대정장32, p.230b20)에 "사선팔천이란, 무운·복생·광과 등 세 세계는 범부가 머무는 천이고, 무번·무열·선현·색구경 등 다섯 세계는 성인이 머무는 천으로 오정거라 한다. 四禪八天者 無雲 福生 廣果 三是凡居 無煩 無熱 善現 善見 色究竟 五是聖居 名曰五淨居"라고 하였다. [참고문헌] 『大智度論』, 『彰所知論』. ⇨ 제사선 第四禪

팔성 八成 여덟 갈래로 성취하는 상키야(Ⓢ Sāṃkhya : 數論)에서의 해탈. 끊어야 할 번뇌·자도성(自度成 Ⓢ tāra)·선도성(善度成 Ⓢ sutāra)·전도성(全度成 Ⓢ tāratāra)·희도성(喜度成 Ⓢ pramoda)·중희도성(重喜度成 Ⓢ pramudita)·만희도성(滿喜度成 Ⓢ mohana : 遍喜度成)·애도성(愛度成 Ⓢ ramyaka : 愛成)·변애성(遍愛成 Ⓢ sadāpramudita)을 말한다. 팔무능(八無能)과 상대한다. 『금칠십론』 권하(대정장54, p.1258b23) 이하에 따르면, 스스로 해탈하는 자도성이란 뛰어난 근기를 가진 이가 스스로 사유하여 반야를 얻어 해탈을 성취하고, 다른 이에 의지하지 않는다(一 自度者 此人最利自思惟得波若成解脫 不由他教故云自度成也 自思惟得不由他 故自度). 선도성이란 자신과 다른 이에 의지하여 반야를 얻고 해탈을 성취한다. 이 사람은 신근이 작고 열하여 다른 이의 가르침에 의지하기도 하나, 자신의 뜻이 많아 능히 해탈을 얻는다(二 善度成者 由自由他故 得波若成解脫也 此人神根小劣薄由他教 自義多而能得度脫 故稱善度成也). 전도성이란 온전히 다른 이의 가르침에 의지해 해탈을 얻는 것이니 신근이 열등하다(三 全度成者 一向由他教得 故稱爲全 神根復劣也). 희도성이란 두통 등의 내고로 고통받는 이가 스승을 찾아가 치료받고 잠시 내고에서 벗어나지만, 이는 한 번의 기쁨이어서 영원하지 않다고 사유하고, 독존만이 영원한 해탈임을 알기에 승거사를 찾아가 반야를 배우고 해탈의 성취를 구하여 다시 환희를 얻는다(四喜度成者 此人爲內苦所逼 謂頭痛等 詣師求治 得暫脫內苦 此爲一喜 思惟此脫非是永脫 知獨存時乃是永脫 故詣僧佉師學波若求成解脫 得復歡喜 從此兩喜爲名 名喜度成也). 중희도성이란 내외의 괴로움에 핍박받는 이가 스승을 찾아가 두 괴로움을 치료해서 잠시 사라져 두 기쁨을 얻지만, 영원하지 않은 것임을 알아 다시 승거사에게 건너 성취함을 배워 즐거움을 거듭 얻는다(五 重喜度成者 此人爲

內外兩苦所逼 詣師請治二苦 二苦旣暫息 卽是兩喜 知此非永脫 故求師學度成 得故歡喜受重喜名). 만희도성이란 내외고·천고의 세 가지 괴로움으로 핍박받는 이가 스승을 찾아 치료한 후 차도가 있어 두루 기쁘지만 영원하지 않기에 승거사에게 다시 닦고 배워 도성을 얻는다(六 滿喜者 此人具爲三苦所逼 一 內苦 頭痛等 二 外苦 刀杖等 三天苦 風雨寒熱等 詣師請治 治之旣差 稱爲遍喜 知非永脫 就師修學 故得度成 從此爲名 名遍喜度成也). 애도성은 스승의 연민과 사랑으로 그가 도성하도록 가르친다(七 愛度成者 爲師憐愛敎彼度成 從師受此名也). 변애도성이란 모든 이들에게 미움받았으나 얻은 재물을 보시함으로써 모든 이의 사랑을 받고, 모두들 그가 해탈을 얻도록 한다(八 遍愛成者 此人爲一切所憎 而得財布施 遂爲一切所愛 一切並欲使其得脫 故云遍愛度成也). 같은 책 권하(대정장54, p.1258c20)에 "반야는 능히 이곳을 벗어나 저곳에 이를 수 있어 '건넌다'라 하고 저곳에 이르면 해탈이라 하니, 해탈은 성이라고도 한다. 인이기에 도라 이름하고, 과이기에 성이라 한다. 이 도성은 스스로의 사유로 얻었으므로, 자도성이라 한다. 뒤의 칠도성의 뜻도 다르지 않고, 각각의 이름만 다를 뿐이다. 般若能免此至彼 故稱爲度 至之時則名解脫 解脫卽名成 因名爲度 果名爲成 此度成 由自思得 故云自度成也 後七度成義無異也 但別名不同耳"라고 하였으며, 같은 책 권하(대정장54, p.1258a2)에서는 팔성의 다른 이름으로 사량성(思量成)·문성(聞成)·독송송성(讀誦成)·이내고성(離內苦成)·이외고성(離外苦成)·이천고성(離天苦成)·선우득성(善友得成)·인시성(因施成)이라 하였고, 이 팔성을 성취할 수 없음을 팔무능(八無能)이라 하니 비자도무능(非自度無能)·비선도무능(非善度無能)·비전도무능(非全度無能)·비희도무능(非喜度無能)·비중희도무능(非重喜度無能)·비만희도무능(非滿喜度無能)·비애무능(非愛無能)·비변애무능(非遍愛無能) 등이다. [참고문헌]『金七十論』. ⇨팔성취 八成就, 팔무능 八無能, 상키야학파 Sāṃkhya學派

팔성 八性 상키야(Ⓢ Sāṃkhya : 數論)에서 말하는 여덟 가지 성(性). 자성(自性)·각(覺)·아만(我慢)·오유(五唯 : 色聲香味觸)를 말한다. 『금칠십론』 권중(대정장54, p.1256a21)에 "'이욕 때문에 성에 빠진다'는 무슨 뜻인가? 어떤 바라문이 출가하여 도를 배움에 능히 십일근을 다스리고, 열한 가지 진을 멀리 여의며, 야마와 니야마 등의 십법을 보호하고 지키면 곧 염리를 얻는다. 그러나 싫어함이 있어 탐욕을 여의었어도 이십오실지가 없기에 해탈하지는 못한다. 이런 사람은 죽을 때 다만 팔성에 빠진다. 팔성이란 자성·각·아만과 오유이다. 팔성 중에서 아직 해탈하지 못했음에도 해탈했다고 계탁하여 후에 삼세간을 돌고 돌면서 다시 거친 몸을 받는다. 그래서 '염리로 자성에 빠진다'고 하였다. 離欲故沒性者 有一婆羅門出家學道 能制十一根 遠離十一塵 護持夜摩尼夜摩等十法 卽得厭離 有厭故離欲 無有二十五實智 是故無解脫 是人死時但沒八性 八性者 謂自性覺我慢及五唯 在八性中未得解脫計爲解脫 後輪轉時於三世間 更受麤身 故說厭離故 沒自性中"라고 하였다. [참고문헌]『金七十論』. ⇨상키야학파 Sāṃkhya學派

팔성 八聖 ➡팔성도 八聖道, 사향사과 四向四果

팔성경 八城經 여덟 성에 거주하는 거사들을 위해 십이선(十二禪)을 설하신 경. 『중아함경 中阿含經』 권16(대정장1, p.802a11~c27)에 수록된 경. 맛지마니카야 제52경 *Aṭṭhakanāgara-sutta*(*MN.1*, pp.349~353)와 상응한다. 『십지거사성인경 十支居士八城人經』이라고도 한다. 아난이 팔성의 거사들에게 설하고 그들이 보답으로 음식과 거처를 베풀었다고 한다. [참고문헌]『開元釋敎錄』 권13(대정장55, p.613b11). ⇨십지거사팔성인경 十支居士八城人經

팔성당 八聖堂 고려 인종 때 묘청(妙淸 ?~1135)이 평양에 세운 사당(祠堂). 평양 스님 묘청은 1122년(인종 즉위) 이자겸(李資謙)에 의한 전왕(예종) 친위세력의 대대적인 숙청과 이자겸의 난(1126)을 거치면서 기강이 해이해지고 민심이 동요하는 것을 보고 『도선비기 道詵秘記』의 도참설(圖讖說)을 들어 개경(개성)의 지기(地氣)가 쇠진하였으므로 대화세(大花勢)인 서경(평양)으로 천도하여 칭제건원(稱帝建元)할 것을 왕에게 진언한다. 백수한(白壽翰)과 정지상(鄭知常) 등 조정내 추종자를 확보하면서 전개된 천도운동은 1128년 임원역(林原驛 : 현 평남 대동군)에 신궁을 조성하여 이듬해에 낙성하고, 1131년에는 신궁인 대화궁 안에 팔성당(八聖堂)을 신축하여 8위(位)의 불보살 및 신상을 그려 모셨는데 호국백두악태백선인실덕문수사리보살(護國白頭嶽太伯仙人實德文殊舍利菩薩), 용위악육통존자실덕석가불(龍圍嶽六通尊者實德釋迦佛), 월성악천선실덕대변천신(月城嶽天仙實德大辯天神), 구려평양선인실덕연등불(駒麗平壤仙人實德燃燈佛), 구려목멱선인실덕비바시불(駒麗木覓仙人實德毘婆尸佛), 송악진주거사실덕금강색보살(松嶽震主居士實德金剛索菩薩), 증성악신인실덕륵차천왕(甑城嶽神人實德勒叉天王), 두악천녀실덕부동우바이(頭嶽天女實德不動優婆夷) 등이다. 이름한 뜻을 볼 때 앞에 백두·서경·개경(송악)·동경(월성) 등 지명을 두고, 뒤에 석가·보살·천신과 우바이를 두었다. 불교의 수적(垂迹)으로 지은 것이다. [참고문헌]『高麗史』 妙淸傳, 李丙燾『高麗時代의 연구』(을유문화사, 1948).

팔성도 八聖道 Ⓢ āryāṣṭāṅgika-mārga, mārga, Ⓟ ariyo aṭṭhaṅgiko maggo. 여덟 갈래 성스러운 길. 팔정도(八正道)라고도 하며, 사제(四諦) 중 도성제(道聖諦)의 뜻을 자세히 한 것이다. 『잡아함경』 권2(대정장2, p.10a16)에 "색이 멸하는 자취를 여실하게 아는 것이란 무엇을 말하는가? 이른바 팔성도이니 정견·정지·정어·정업·정명·정방편·정념·정정이다. 이것을 색이 사라지는 길의 자취라 하며, 이와 같이 색이 멸하는 자취를 여실하게 아는 것이라고 한다. 云何色滅道跡如實知 謂八聖道 正見 正志 正語 正業 正命 正方便 正念 正定 是名色滅道跡 如是色滅道跡如實知", 60권본 『화엄경』 권24(대정장9, p.554c15 : *Daś-bh.*, p.80)에 "악법을 없애버리기에 선법이 더욱 늘어간다. 사정법을 익히고 사여의족을 닦으며, 오근을 익히고, 오력을 닦는다. 칠각의를 수습하고 팔성도를 행한다. 이와 같은 법을 수습하는 것은 모두 중생을 위하기 때문이네. 除滅惡法故 善法得增長 習行四正法 修四如意足 習行於五根 及以修五力 修習七覺意 行於八聖道 修習如是法 皆爲衆生故 pāpakṣayāt kuśaladharmavivardhitā ca samyakprahāṇa caturo vidu bhāvayanti, caturṛddhipāda bala indriya bhāvayanti bodhyaṅgaratna ruciraṃ tatha mārga śreṣṭham", 『대지도론』 권22(대정장25, p.226a22)에 "〔문〕 만일 지계가 선정의 인연이고 선정이 지혜의 인연이라면, 팔성도 중에서 어찌하여 지혜를 앞에 두고 계는 중간에 두었으며 정은 뒤에 두었는가? 〔답〕 길을 가는 법은 먼저 눈으로 그 길을 본 뒤에 가야 하고, 갈 때에는 정성을 다해 부지런히 가야 하며, 부지런히 갈 때에는 항상 길잡이가 가르쳐 준 것을 생각하고, 생각한 뒤에 일심으로 길을 가며 길이 아닌 곳은 따르지 않는다. 정견도 이와 같아서 먼저 바른 지혜로 관찰하여 보면 오수중은 온통 고이기에 고라하고, 고는 애욕 등의 모든 번뇌가 화합하여 생기기에 이것을 집이라 하며, 애욕 등의 번뇌가 사라진 것을 열반이라 하고, 이런 팔분하여 고르게 관함을 도라고 하는데 이것을 정견이라 한다. 問曰 若持戒是禪定因緣 禪定是智慧因緣 八聖道中何以慧在前 戒在中 定在後 答曰 行路之法 應先以眼 見道而後行 行時當精懃 精懃行時 常念如導師所教 念已 一心進路 不順非道 正見亦如是 先以正智慧 觀五受衆皆苦 是名苦 苦從愛等諸結使和合生 是名集 愛等結使滅 是名涅槃 如是等觀八分 名爲道 是名正見 行者是時心定知世間虛妄可捨 涅槃實法可取 決定是事 是名正見", "이 일에 있어 알고 보지만 마음의 힘 아직 크지 못해 능히 일으켜 행하지 못하기에 사유주량해서 정견을 발동하고 하여금 힘을 얻게 하니 이것이 이름하여 정사유다. 지혜 이미 발했으면 마땅히 말해 퍼뜨려야 하기에 다음은 바르게 말하고 바르게 업을 짓고 바르게 생활해서 지키고 행함에 정진해서 게으르지 않으니, 색에 머물려 하지 않고 무색정중에 있으려 하니 이것이 정방편이다. 知見是事 心力未大 未能發行 思惟籌量 發動正見令得力 是名正思惟 智慧既發 欲以言宣故 次正語 正業 正命戒 行時精進不懈 不令住色 無色定中 是名正方便", "이 정견으로 사제를 보아서 언제나 기억해 잊지 않으니, 일체번뇌 생각하기를 이 도적이라 여겨 응당 버린다. 정견 등은 나의 참된 벗이니 따라야 한다고 생각하는 것을 정념이라고 한다. 사제 중으로 마음을 거두어 어지럽지 않으니 저 색에 향하지 못하게 해서 무색정중에 있게 하고 일심으로 열반을 향하니 이 이름이 정정이다. 用是正見觀四諦 常念不忘 念一切煩惱 是賊 應當捨 正見等是我眞伴 應當隨 是名正念 於四諦中攝心不散 不令向色無色定中 一心向涅槃 是名正定"라고 하였다. 〔참고문헌〕 『雜阿含經』, 『華嚴經』, 『大智度論』, *Daś-bh.*, *Dharm-s.352.*, *SN.3.63.* ⇨ 도제 道諦, 팔정도 八正道

팔성도분 八聖道分 Ⓢ āryāṣṭāṅgo mārgaḥ, Ⓟ ariyo aṭṭhaṅgiko maggo. 팔정도(八正道), 팔성도(八聖道)의 다른 이름. 『성실론』 권2(대정장32, p.251c17)에 "팔성도분이란, 들어서 지혜를 낳는 것이니 오음이 무상하고 고 등에 믿음을 일으킨다. 이것을 정견이라고 이름한다. 이러한 지혜가 만약 사유하여 생겨난다면 정사유이다. 정사유가 모든 불선함을 끊고 모든 선함을 자주 닦아서 정진을 촉발하게 한다. 이것으로부터 점차 출가하여 계를 받아 삼도분인 정어, 정업, 정명을 얻는다. 이러한 바른 계로부터 다음에 념처와 모든 선정을 이룬다. 이와 같은 념과 정으로부터 여실지를 얻는다. 이것을 팔도분이라고 이름한다. 八聖道分者 從聞生慧 能信五陰無常苦等 是名正見 是慧若從思生名正思惟 以正思惟斷諸不善修習諸善 發行精進 從此漸次 出家受戒 得三道分正語正業正命 從此正戒 次成念處及諸禪定 因此念定得如實智 名八道分"라고 하였다. 〔참고문헌〕 『成實論』, *Abh-k-bh.382.*, *SN.3.96.* ⇨ 팔성도 八聖道

팔성도자체 八聖道自體 여덟 갈래 길 스스로의 바탕. 자체는 지체(支體)라고도 한다. 다시 이 바탕들은 삼온(三蘊 : 戒定慧)으로 거둔다. 『중변분별론소』 권3(卍속장75, p.12a16 · 한불전1, p.825b2)에 "팔정도 스스로의 체란 정견·정사유·정어·정업·정명·정정진·정념·정정이다. 이와 같은 여덟 법이 도 각각의 몸이다. 또한 이 여덟 법은 삼온으로 거둔다. 『유가사지론』의 설과 같이 이중 정견·정사유·정정진은 혜온으로 거두고, 정어·정업·정명은 계온으로 거두며, 정념·정정은 정온으로 거둔다. 八聖道自體者 正見 正思惟 正語 正業 正命 正精進 正念 正定 如是八法 是道支體 又此八法 三蘊所攝 如瑜伽說 此中正見正思惟正精進 慧蘊所攝 正語正業正命 戒蘊所攝 正念正定 定蘊所攝故"라고 하였다. 〔참고문헌〕『中邊分別論疏』.

팔성도지 八聖道支 Ⓢ āryāṣṭāṅga-mārga, Ⓣ lam-yan-lag-brgyad-pa. 여덟 가지로 성스런 갈래 길. 『대승대집지장십륜경』 권9(대정장13, p.771b28)에 "팔성도지에 의지하여 정려를 수습한다. 依著八聖道支 修習靜慮", 『법화현찬』 권6(대정장34, p.771c11)에 "일곱째, 팔성도지는 정견・정사유・정어・정업・정명・정념・정정・정정진이다. 그중 정사유는 혜를 성으로 하니 하는 말마다 부처님과 통하기 때문이다. 정어와 정업은 진과 치가 없이 일어난 행위와 말을 체로 삼는다. 탐없이 일어난 것을 정명이라 하니, 다섯 가지 삿된 목숨 유지 수단을 떠나기 때문이다. 모두 무표색의 사를 체로 삼는다. 七 八聖道支 謂正見 正思惟 正語 正業 正命 正念 正定 正精進 其正思惟 以慧爲性 能發語言 通佛有故 正語正業 以無瞋癡所發 身語爲體 無貪所發 名爲正命 離五邪命故 俱以無表色思爲體", 『집이문족론』 권15(대정장26, p.432b4)에 "팔성도지 가운데 정어・정업・정명을 평등계라 한다. … 팔성도지 가운데 정견을 평등견이라 한다. 八聖道支中 正語 正業 正命 名平等戒 … 八聖道支中 正見 名平等見"라고 하였다. 〔참고문헌〕『大乘大集地藏十輪經』, 『法華玄贊』, 『集異門足論』, *Bodh-bh.69.*

팔성도지 八聖道地 ❶ 팔성도를 수행하는 지위. 벽지불(辟支佛)의 열 가지 지위 곧 독각십지(獨覺十地) 중 다섯 번째다. 『대승동성경』 권하(대정장16, p.650a14)에 "선장부야! 벽지불지에 열 가지가 있다. … 다섯 번째는 팔성도지다. 善丈夫 辟支佛地 有其十種 … 五者 八聖道地"라고 하였다. 〔참고문헌〕『大乘同性經』. ⇨ 독각십지 獨覺十地, 벽지불십지 辟支佛十地, 벽지불지 辟支佛地❶ ❷ 석가모니부처님의 유적인 여덟 곳의 성지. 팔대성지(八大聖地)라고도 한다. 부처님께서 탄생하신 카필라바스투(Ⓢ Kapilāvastu)의 룸비니동산(Ⓢ Lumbinī)・성도하신 붓다가야(Ⓢ Buddhagayā)의 보리수・초전법륜하신 바라나시(Ⓢ Vārāṇasī)의 녹야원(鹿野苑 Ⓢ Mṛgadāva)・열반에 드신 구시나가라(Ⓢ Kuśinagara)의 사라쌍수숲 등 사대성지(四大聖地)와 사위성(舍衛城 Ⓢ Śrāvastī)・승가시(僧伽施 Ⓢ Saṅkāśya)・왕사성(王舍城 Ⓢ Rājagṛha)・비사리(毘舍離 Ⓢ Vaiśālī)를 가리킨다. ⇨ 팔대성지 八大聖地

팔성도지소연 八聖道支所緣 팔성도지로 드러나는 것들. 『중변분별론소』 권3(卍속장75, p.12a14・한불전1, p.825a24)에 "팔성도지로 드러나게 되는 것은 뒤따르는 사성제의 여실성과 더불어 모든 진소유성(만법의 속성)과 여소유성(眞如)이다. 이 모두가 수도위에서 알려지는 연들이기 때문이다. 八聖道支所緣者 謂卽此後時四聖諦如實性 及與一切 盡所有性 如所有性 皆是脩道位所緣故"라고 하였다. 〔참고문헌〕『中邊分別論疏』.

팔성도행 八聖道行 ➡ 팔성도지 八聖道支

팔성립인 八成立因 여덟 가지로 인을 세워 성취하다. 인명(因明) 용어. 팔능립(八能立)과 같다. 입종(立宗 Ⓢ pratijñā)・입인(立因 Ⓢ hetu)・입유(立喩 Ⓢ dṛṣṭānta)・합(合 Ⓢ upanaya)・결(結 Ⓢ (nigamana)・현량(現量 Ⓢ pratyakṣa)・비량(比量 Ⓢ anumāna)・성교량(聖敎量 Ⓢ āgama)을 말한다. 능성립법팔종(能成立法八種)・능성법팔종(能成法八種)이라고도 한다. 『삼장법수』 권25(대장경보편22, p.463b17)에 "팔성립인 : … 첫째는 종을 세우는 입종이다. 종이란 주의 뜻이고 요의 뜻이다. 세우고자 하는 법을 종요로 삼는다. 마치 오온 등의 법은 모두 인연을 빌려 생겨나서 실로 자성이 없는데, 이 가운데서 아를 구해도 결코 얻을 수 없기에 제법무아라고 설한다. 이는 아를 집착하는 입론자를 논파하기 위함이라고 하는 것이다. 이를 입종이라 한다. 一 立宗 宗猶主也 要也 以所立之法爲宗要也 謂如五蘊等法 皆假因緣而生 實無自性 於中求我 決不可得 故說諸法無我 以破執我立論者 是名立宗", "둘째는 인을 세운다. 인이란 곧 인유이니 의지할 뜻이기도 하다. 인을 세우는 것은 아의 존재를 주장하는 이의 논의를 논파하기 위함이다. 즉 가령 오온 등의 법에 실유하는 아를 시설하려 하면, 이 오온이야말로 이미 뭇 연을 따라 생겨난 것이어서 모두 생멸하는 법이고 온이 이미 생멸한다면 아는 성취될 수 없다. 만약 오온과 무관하게 그밖에 처에 실유하는 아를 시설한다면, 아는 인이라 할 것이 없게 되고 아 또한 무용한 게 되니 모두에 아라는 것은 있을 수 없게 된다는 것을 알 수 있다. 이를 입인이라 한다. 二 立因 因卽因由 亦所依之義 立因所以破執有我者之論也 謂若於五蘊等法 施設實有我者 此之五蘊 旣從衆緣而生 皆是生滅之法 蘊旣生滅 我不成就 若離五蘊 而於餘處施設有我者 我無所因 我亦無用 是知皆無有我 是名立因", "셋째는 입유다. 유는 비유다. 별도의 법으로 세우고자 하는 법을 비유하는 것이다. 가령 현재상 중에 과거상이 실유한다고 시설한다면, 일반적으로 이 현재상은 이미 생겨나 아직 멸하지 않은 것이어서 현재의 아직 멸하지 않은 법 중에 과거에 이미 사라져 버린 상을 상정하는 것은 합당하지 않다. 만약 현재상과 무관하게 그밖에 처에 과거상을 상정한다고 해도, 과거상은 이미 사라져 무너졌기에 그 상을 시설할 수조차 없다. 이는 과거상은 존재할 수 없음을 말하는 것으로서 이로써 제법 중에 아를 구하는 것은 결코 가능하지 않다는 사실을 비유하는 것이다. 이를 입유라 한다. 三 立喩 喩卽譬喩 以別法喩所立之法也 謂如現在相中 施設實有過去相者 蓋

此現在相 已生未滅 不應於現在未滅法中 施設過去已滅之相 若離現在 而於餘處施設過去相者 然過去世之相 旣已滅壞 不應施設有相 此言過去之相不可得 以喩諸法中求我決不可得 是名立喩", "넷째는 합이다. 합이란 서로 합하는 뜻으로 나머지 뜻을 끌어와 이 정설의 이에 합하는 것을 말한다. 저 오온법 중에는 본래 아의 존재가 없지만 사람들이 전도되어 그릇되게 아의 존재를 주장하는데, 이미 논파된 뒤에는 무아임을 알고 무아임을 안 뒤에는 상주 등 또한 없음을 알게 된다. 이를 합이라 한다. 四 合 合卽相合之義 引餘義合此正說之理也 謂如五蘊法中 本無有我 而人顚倒 妄執有我 旣遮破已 卽知無我 旣知無我 則知常等亦無 是名合", "다섯째는 결이다. 즉 앞의 무아라는 구경의 리와 결코 다름이 없음을 말하여 오온은 모두 무아이고 내지 무상임을 아는 것이다. 이를 결이라 한다. 五 結 謂結前無我究竟之理 決定無異 是知五蘊 皆是無我 乃至無常 是名結", "여섯째는 현량이다. 현이란 현현을, 양은 양탁을 말하는 것으로서 닦아 사라지게 해서 정하는 뜻이다. 즉 안식 내지 신식이 현현하는 오진의 경을 마주해 그릇된 분별을 떠나고 헤아림 없는 마음으로 능히 경을 헤아려 제법자성의 상을 버려 정하되 착오가 없는 것이다. 이를 현량이라 한다. 六 現量 現卽顯現 量卽量度 揩定之義也 謂眼識乃至身識 對於顯現五塵之境 離妄分別 無籌度之心 而能於境度量 揩定諸法自性之相而不錯謬 是名現量", "일곱째는 비량이다. 비는 유를 견주는 것이다. 즉 제6의식으로 류(類)를 견주어 양탁함으로써 여러 경계가 있음을 아는 것이다. 가령 멀리서 연기를 보고는 그곳에 불이 있음을 아는 것이다. 이를 비량이라 한다. 七 比量 比卽比類 謂以第六意識比類量度 知有諸境 如遠見煙 知彼有火 是名比量", "여덟째는 성교량이다. 즉 성인이 말씀하신 현량과 비량의 언어적 가르침으로서 모두 서로 어긋남이 없고 정한 바여서 믿어 받아들일 수 있는 것이다. 이를 성교량이라 한다. 八 聖教量 謂聖人所說現量比量之言教 皆不相違 定可信受 是名聖教量"라고 하였다. [참고문헌]『三藏法數』. ⇨ 능성립법팔종 能成立法八種, 팔능립 八能立

팔성사 八聖寺 **1** 경상남도 김해군 용제봉(龍祭峰)에 있던 팔성암(八聖庵). 『여지도서』 경상도 김해 사찰에 이름과 위치가 전한다. 안정복(安鼎福 1712~1791)의 『순암집』 권26 행장(行狀) 1592년(선조25)에 "장자 정백이 팔성사에서 독서하고 있을 때 공이 가서 만났다. 長子廷伯在八聖寺讀書 公往見"라고 하였으나, 임진왜란 당시 소실되었다. 『사탑고적고』에 높이 2척(尺) 5촌(寸)의 3층 석탑 1기(基)가 있다고 하였다. [참고문헌]『輿地圖書』, 『順菴集』, 『寺塔古蹟考』, 『韓國寺刹全書』 권하 p.1120b6. **2** 전라북도 장수군 장수읍 용계리 팔공산(八公山)에 있는 절. 팔성암(八聖庵)이라고도 한다. 대한불교조계종 금산사(金山寺)의 말사이며, 대본산 보석사(寶石寺)의 말사였다. 『장수군지』에 603년(무왕3)에 해감(解檄) 또는 혜공(惠空)의 창건 후 그의 법을 이은 제자 7인을 기리기 위해 팔성사라고 이름했다고 하였다. 현재 팔성사의 옛터로 추정되는 곳에 상당히 큰 규모의 초석들이 남아 있기에 『동국여지승람』 권39 전라도 장수현 불우에 "팔공암. 성적산에 있으며, 의상이 중건하였다. 八功庵 在聖迹山 義湘中營"라고 한 것과 "운점사. 성적산에 있다. … 원효와 의상이 강법하였다. … 세종조에 승 성주가 또 중수하였다. 雲岾寺 聖迹山 … 元曉義湘講法 … 世宗朝僧省珠 又重修"와 인법당 해체 시 나온 상량문에 "무오년 4월 20일. 戊午年 四月二十"라는 기록들을 1438년(세종20)으로 연결하여 팔공사의 전신이었을 가능성을 살피기도 한다. 이후 조선시대 때 폐허화 되었고 산내암자 중 하나가 절의 이름을 이어받아 지금의 팔성사가 되었다. 1960년대에도 불사가 크지 않았으나 1969년 주지 혜전(慧田), 1972년 주지 법륜(法輪)의 주석으로 점차 일어섰다. 1973년 도굴꾼에 의해 삼층석탑이 무너졌고, 석불상 등이 반출되었으나 1974년 대웅전을 짓고, 1986년 건물 중수 및 사찰정화 등의 가람 정비가 이루어졌다. 1991년 이후 신축 등으로 대웅전·삼성각·성적선원·운점루·요사 등이 있다. [참고문헌]『東國輿地勝覽』, 『長水郡誌』, 『韓國寺刹全書』 권하 p.1120b8.

팔성어 八聖語 Ⓢ aṣṭāv āryā vyavahārāḥ, Ⓣ 'phags-pa'i-tha-snyad-brgyad. 여덟 가지 고귀한 말. 성어는 실어(實語 Ⓢ satya-vāda)를 자성으로 하고, 선(善 Ⓢ kuśala)이기에 성이라 한다. 팔성언(八聖言)·팔사현성어(八事賢聖語)라고도 하며, 팔비성어(八非聖語)에 대칭한다. 『유가사지론』 권43(대정장30, p.530b26 : *Bodh-bh.*, p.151)에 "모든 보살들은 사정어에 의지해 팔성어를 일으키니, 이를 보살이 추구하는 애어라 한다. 네 가지 정어란 망어·이간어·추악어·기어를 여읜 것을 말한다. 謂諸菩薩依四淨語起八聖語 是名菩薩遂求愛語 四淨語者 謂離妄語及以離間 麤惡 綺語 yā bodhisattvasya caturvidhāṃ vāgviśuddhiṃ niśrityāṣṭasv āryeṣu vyavahāreṣu vāk. iyaṃ vighātārthikapriyavāditā bodhisattvānām ucyate. tatreyaṃ caturvidhā vāgviśuddhiḥ. mṛṣāvādāt prativiratiḥ. paiśunyāt pāruṣyāt saṃbhinnapralāpāt prativiratiḥ", "팔성어란 본 것을 봤다고 하며 들은 것을 들었다고 하며 접촉한 것을 접촉했다고 하며 인식한 것을 인식했다고 하며, 보지 않은 것을 보지 않았다고 하며 들지 않은 것을 들지 않았다고 하며 접촉하지 않는 것을 접촉하지 않았다고 하며 인식하지 않은 것을 인식하지 않았다고 하는 것이다. 八聖語者 謂見言見 聞言聞 覺言

覺 知言知 不見言不見 不聞言不聞 不覺言不覺 不知言不知 tatreme 'ṣṭāvāryā vyavahārāḥ. dṛṣṭe dṛṣṭavāditā śrute mate vijñāte vijñātavāditā. adṛṣṭe 'dṛṣṭavāditā. aśrute 'mate 'vijñāte 'vijñātavāditā",『대비바사론』권171(대정장27, p.862c1)에 "〔문〕 이와 같이 설한 바에 따르면 다시 여덟 가지 또는 열여섯 가지 성어가 있는데 어째서 네 가지만 설한 것인가? 〔답〕 근거가 되는 사태가 네 가지 뿐이기 때문이다. 즉 모든 성어는 다 보고 듣고 접촉하고 인식하는 네 가지 사태를 근거로 일어나기에 네 가지만 설한 것이다. 또 간략하게 했기에 네 가지를 설한 것이고 자세하게 하면 여덟 가지 또는 열여섯 가지가 있다. … 〔문〕 성어는 무엇을 자성으로 하는가? 〔답〕 진실된 말을 자성으로 한다. 어째서 이러한 말을 고귀하다고 하는가? 선한 것이기에 고귀하다고 한다. 問 如是所說便有八聖語或十六 何故但說四耶 答 以所依事唯有四故 謂一切聖語皆依見聞覺知事起故唯說四 復次略故說四 廣則有八或十六 復次總故說四 別則有八或十六 … 問 聖語以何爲自性 答 實語爲自性 問 何故此語名聖耶 答 以善故名聖"라고 하였다. 〔참고문헌〕『瑜伽師地論』,『大毘婆沙論』, *Bodh-bh.* ⇨ 성어 聖語❶, 팔비성어 八非聖語, 팔사현성어 八事賢聖語

팔성언 八聖言 팔성어(八聖語)와 같다.『구사론소』권16(대정장41, p.668a3)에 "팔성언이란 바로 실어이니, 본 것 등에 대해 보았다 등이라고 말하는 것이다. 八聖言 是實語 謂見等言見等"라고 하였다. 〔참고문헌〕『俱舍論疏』. ⇨ 팔성어 八聖語

팔성취 八成就 Ⓢ aṣṭa siddhi. 상키야(Ⓢ Sāṃkhya : 數論)에서 말하는 해탈을 위한 여덟 요소. 팔성(八成)이라고도 하며, 팔무능(八無能)과 상대한다.『금칠십론』권하(대정장54, p.1257c29 : *Sāṃkhy-k.*, p.49)에 "어떤 법을 성취라고 하는가? 게로 답한다. '사유와 청문과 독송, 세 가지 괴로움을 여의는 것과 도반의 얻음, 보시에 의한 성취가 여덟 가지이며, 앞의 세 법이 성취의 갈고리이다'. 何法名爲成 以偈答曰 思量聞讀誦 離苦三友得 因施成就八 前三成就鉤 idānīṃ siddhayo vyākhyāyante. ūhaḥ śabdo 'dhyayanaṃ duḥkha-vighāta-trayaṃ suhṛt-prāptiḥ, dānaṃ ca siddhayo 'ṣṭau siddheḥ pūrvo 'ṅkuśas tri-vidhaḥ", 같은 책(대정장54, p.1258b26)에 "이 팔성과 반대되면 팔무능이라 한다. 若翻此八成 則名八無能"라고 하였으며, 세 가지 괴로움은 이내고(離內苦)·이외고(離外苦)·이의천고(離依天苦)를 말한다. 같은 책 권하(대정장54, p.1258b23)에서는 팔성취의 다른 이름을 언급하는데, 자도성(自度成)·선도성(善度成)·전도성(全度成)·희도성(喜度成)·중희도성(重喜度成)·만희도성(滿喜度成)·애성(愛成)·변애성(遍愛成)이다. 〔참고문헌〕『金七十論』, *Sāṃkhy-k.* ⇨ 팔성 八成, 팔무능 八無能

팔세간법 八世間法 Ⓟ aṭṭha loka-dhammā. 세간의 여덟 가지 법. 팔법(八法). 팔세법(八世法)·세팔법(世八法)이라고도 한다.『장아함십보법경』권하(대정장1, p.237a26)에 "세 번째 팔법은 마땅히 알라, 팔세간법임을. 첫째 리를 위한다. 둘째 불리인지를 살핀다. 셋째 명문, 넷째 불명문, 다섯째 논의, 여섯째 이름나 명예롭기를 바란다, 일곱째 락, 여덟째 불락이다. 第三八法 當知八世間法 一 爲利 二 爲不利 三 爲名聞 四 爲不名聞 五 爲論議 六 爲稱譽 七 爲樂 八 爲不樂",『해탈도론』권11(대정장32, p.453b17)에 "여덟 종으로 이뤄지니, 팔세간법은 고이고 팔사변은 집이며 팔사변 끊음은 멸이고 팔정분은 도이다. 以八種成 八世間法是苦 八邪邊是集 斷八邪邊是滅 八正分是道"라고 하였다. 〔참고문헌〕『長阿含十報法經』,『解脫道論』, *DN.3.260.*, *Sp.118.* ⇨ 팔법 八法❶, 세팔법 世八法

팔세법 八世法 Ⓢ aṣṭau loka-dharmāḥ, Ⓟ aṭṭha loka-dhammā, Ⓣ 'jig-rten-gyi-chos-brgyad. 세간이 따르는 여덟 가지 법. 이득(得 Ⓢ lābha)·손실(不得 Ⓢ alābha)·칭탄(稱 Ⓢ yaśa)·비난(譏 Ⓢ ayaśa)·명성(譽 Ⓢ praśaṃsā)·비방(毁 Ⓢ nindā)·쾌락(樂 Ⓢ sukha)·고통(苦 Ⓢ duḥkha)를 말한다. 경우에 따라서는 이(利)·무리(無利)·예(譽)·비예(非譽)·찬(讚)·훼(毁)·락(樂)·고(苦) 또는 유리(有利)·쇠(衰)·훼(毁)·예(譽)·칭(稱)·기(譏)·고(苦)·락(樂) 또는 득(得)·부득(不得)·호명(好名)·악명(惡名)·찬(讚)·훼(毁)·고(樂)·락(苦) 등으로도 시설한다. 세간팔법(世間八法)이라고도 한다.『유가사지론』권2(대정장30, p.288b2 : *Yoga-bh.*, p.45)에 "또 세간의 여덟 가지 법이 있으니, 득·부득·예·훼·칭·기·고·락을 말한다. 復有八世法 謂得不得若譽若毁稱譏苦樂 aṣṭau lokadharmāḥ. lābho 'lābho yaśo 'yaśo sukhaṃ duḥkhaṃ nindā praśaṃsā ca",『유가론기』권1(대정장42, p.330b24)에 "세간의 여덟 가지 법에서 이득이란 이익을 얻는 것이며, 손실이란 이익을 얻지 못하는 것이며, 마주하지 않고 찬탄하는 것을 명예라 하며, 마주하지 않고 꾸짖는 것을 비방이라 하며, 마주하고 찬탄하는 것을 칭탄이라 하며, 마주해 꾸짖는 것을 비난이라 하며, 시달리는 것을 고통이라 하며, 즐거운 것을 락이라 한다. 八世法 得者得利故 不得者不得利故 不對面而讚名譽 不對面罵名毁 面讚名稱 面罵名譏 逼惱名苦 適悅名樂",『집이문족론』권18(대정장26, p.442c28)에 "세간의 여덟 법이라 하였는데, 무엇이 여덟 가지인가? 〔답〕 첫째는 이득, 둘째는 손실, 셋째는 비

방, 넷째는 명성, 다섯째는 칭탄, 여섯째는 비난, 일곱째는 고통, 여덟째는 쾌락이다. …〈게〉이득・손실・비방・명성・칭탄・비난・고통・쾌락은 무상한 것이고 마음이 만들어낸 욕탐이며 변괴하는 법이라 유지되기 어려운 것이다. 지자는 여실히 알아 드러나는 대로 생사를 조복하고 좋아할만 하거나 싫어할만 한 법에 대해 마음이 기뻐하거나 분노하지 않는다. 그는 부합하거나 거스르는 것을 만나더라도 능히 버리고 조복하고 없애서 그 일체에 대해 해탈해 세간의 끝, 피안에 이른다. 八世法者 云何爲八 答 一 得 二 不得 三 毁 四 譽 五 稱 六 譏 七 苦 八 樂 … 得不得毁譽 及稱譏苦樂 無常意生欲 變壞法難保 智者如實知 現見伏生死 於愛非愛法 心不生欣恚 彼雖逢順違 而能棄伏滅 於一切解脫 至世邊彼岸", 『대비바사론』 권173(대정장27, p.871b29)에 "팔세법이란 첫째는 이, 둘째는 무리, 셋째는 예, 넷째는 비예, 다섯째는 찬, 여섯째는 훼, 일곱째는 락, 여덟째는 고이다. … 또 세간법이란 세간의 여덟 법이어서 여래는 세간의 여덟 가지 법에 물들지 않기에 세간법에 물들지 않는다고 말한 것이지 무루임을 말하지 않는다. 즉 세간의 여덟 법은 세간유정에 수순하고 세간유정 역시 세간의 여덟 법에 수순한다. 세간 여덟 법은 여래에 수순하지만 여래는 세간 여덟 법에 수순하지 않는다. 따라서 여래는 세간법에 물들지 않는다고 설한 것이다. 또 여래가 세간의 여덟 법을 여의었기에 물들지 않는다고 말한 것이지 무루임을 말하는 것이 아니다. 八世法者 一 利 二 無利 三 譽 四 非譽 五 讚 六 毁 七 樂 八 苦 … 復次世法者 卽世八法 如來不爲世八法所染故 言世法不染非謂無漏 謂世八法隨順世間有情 世間有情亦隨順世八法 世八法隨順如來 如來不隨順世八法 故說如來非世法所染 復次如來離世八法 故言不染非謂無漏"라고 하였다. 〔참고문헌〕『瑜伽師地論』, 『瑜伽論記』, 『集異門足論』, 『大毘婆沙論』, *Yogā-bh.*, *DN.3.286.* ⇨ 세간팔법 世間八法

팔세용녀 八歲龍女 여덟 살 용녀. 『법화경』에서 설한 사갈라용왕(Ⓢ Sāgara-nāgarāja)의 딸로서 변성남자하여 성불(成佛)의 경지에 오른 일로 여인성불논의의 주제가 되었다. 『사명존자교행록』 권4(대정장46, p.891a12)에 "일곱 번째 질문 : 용녀성불의 방편(權)과 진실(實)에 대한 의문. 경에 '여덟 살 용녀가 찰나에 보리심을 일으켰다'라고 하고 이어서 '남방의 무구세계로 가서 보련화에 앉아 등정각을 성취하였다'라고 하였다. 삼론종과 법상종에서는 다음과 같이 비판한다. '저 사갈라용왕은 이미 깊은 위에 들었다가 방편으로 용의 몸을 나타내었을 뿐인데 어찌 그 용왕의 딸이 성불했다는 일이 실증이겠는가?' 七問 龍女成佛權實疑 經云 八歲龍女 於刹那頃 發菩提心 乃至云 卽往南方 無垢世界 坐寶蓮華 成等正覺 且三論法相宗 難曰 彼娑竭羅龍王 旣是深位 權現龍身 豈其龍女成佛 是實證耶", "〔답〕 저들 종에서 말하는 방편이란 높은 위의 성인이 하위의 범부들을 위해 자취가 되어주고자 가까이서 이루는 길을 보인 것이다. 반면에 천태에서 말하는 진실이란 불승의 뛰어난 방편과 묘한 힘을 나타내어 성해의 부사의한 진상을 열어 일념에 마음을 일으켜 곧바로 정각을 성취하는 것이다. 答 他宗言權者 乃是高位聖人 爲軌下凡 故示近成 若天台云實者 顯佛乘權巧妙力 開性海不思議眞常 一念發心 便成正覺", "그러므로 소에서 경을 이끌어 '법성은 바다와 같아서 시비가 있다고 설하지 않으며 범부와 현성인은 평등하여 고하가 없고 오직 마음의 번뇌와 청정에 따를 뿐이니 그 증거 취하기를 손바닥 뒤집듯 한다'라고 하였다. 사리불은 여인의 다섯 가지 장애를 들어 의심을 품어 지혜를 쌓아 겁을 지날지라도 행위마다 어려움에 닥친다고 하였지만, 용녀는 둥근 구슬을 부처님께 바치고 온갖 의심을 그쳤으니, 어찌 오늘날까지 또 머뭇거림 남아 있으랴? 故疏引經云 法性如大海 不說有是非 凡夫賢聖人 平等無高下 唯在心垢淨 取證如反掌 舍利弗 擧女人五障以爲疑 智積明積劫 行行而作難 龍女 以圓珠獻佛 息衆疑心 何至今日 更存猶豫耶"라고 하였다. 〔참고문헌〕『四明尊者教行錄』. ⇨ 용녀성불의 龍女成佛義

팔세잡색 八世雜色 Ⓢ aṣṭa loka-citra rūpa. 여덟 갈래로 복잡하게 보이는 세간에서의 색(色). 『유가사지론』 권3(대정장30, p.293a1 : *Yoga-bh.*, p.65)에 "또 한 한 가지로 색 건립하니, 눈이 보는 대로의 뜻이다. … 또는 여덟 가지로 건립하니, 여덟 가지 세간의 복잡함에 의지해 설한다. 첫째는 대지에 수반되는 잡색이고, 둘째는 산에 수반되는 잡색이고, 셋째는 원림・연못・늪 등에 수반되는 잡색이고, 넷째는 궁실에 수반되는 잡색이고, 다섯째는 업처 마다의 잡색이고, 여섯째는 회화에 수반되는 잡색이고, 일곱째는 금속 제련에 수반되는 잡색이고, 여덟째는 생활용품에 수반되는 잡색이다. 或立一種色 謂由眼所行義故 … 或立八種 謂依八世雜說 一 地分雜色 二 山雜色 三 園林池沼等雜色 四 宮室雜色 五 業處雜色 六 彩畫雜色 七 鍛業雜色 八 資具雜色 ekavidhaṃ rūpaṃ cakṣurgocarārthena … aṣṭavidham aṣṭasu lokacitreṣu tāni punar bhūmibhāgacitraṃ parvatacitram ārāmavanasarastaḍāgādicitraṃ gṛhavimānapcitraṃ karmasthānacitram ālekhyacitraṃ kuṭṭimakarmacitraṃ pariṣkāracitraṃ ca"라고 하였다. 〔참고문헌〕『瑜伽師地論』, *Yogā-bh.*

팔세제법 八世諦法 여덟 가지(四諦 二諦 十二緣 緣成假 相待假 相續假 法假 受假)로 드러나는 세간법의 진실. 경의 팔세제일체법(八世諦一切法)을 줄여서 부르는 말이다. 『영락본업경』 권하(대정장24, p.1019c10)에

"이에 이들 여덟 가지 유위법은 모든 법의 바탕이어서 지혜로 비추어 보는 것들이다. 是故 八有爲法 一切法本智所照處", 원효(元曉)의 『영락본업경소』 권하(卍속장61, p.518b5・한불전1, p.514b3)에 "두번째, 따로 팔세제법을 밝힌다. 첫째, 사제다. 염법과 정법 두 가지에 각각 과와 인이 있기 때문이다. 둘째, 이제다. 처음 연문에서의 이제는 모두 세제이기 때문이다. 셋째, 십이연이다. 뜻은 이전의 설과 같다. 넷째, 연으로 임시의 법이 있게 되는 연성가다. 마치 오음을 연으로 하나 임시의 사람이 있게 되는 것이고 또한 사진의 연으로 하나 임시의 기둥이 있게 되는 등이다. '연으로 가법을 성취하게 되는 것이어서 무아로서 법이 있는 것이다'(대정장24, p.1019c7)라는 경의 말씀과 같기 때문이다. 第二 別顯 八世諦法 一者 四諦 染淨二法 各有果因故 二者 二諦 初門二諦 皆是世諦故 三者 十二緣 義如前說故 四者 緣成假 如陰緣成一假人 又四塵緣 成一假柱等 如經 緣成假法 無我有法故", "다섯째, 상대가다. 상대에는 세 가지가 있다. 첫째는 서로 모여 서로 마주하는 일이니 장단등과 같고, 둘째는 서로 피해서 서로 마주하니 저 청색과 황색 등이며, 셋째는 서로 마주해서 서로 기다리니 유와 무의 상대다. 저 경에서 '서로 마주해 기다릴 뿐이어서 일체상은 텅비었다'(대정장24, p.1019c7)라고 한 말씀과 같다. 五者 相待假 相待有三 一 相集相待 如長短等 二 相避相待 如靑黃等 三 相對相待 如有無 如經 相待一切相虛故", "여섯째, 상속가다. 전후념에 의지함으로써 하나의 가를 이루고 앞을 좇아 뒤에 이르도록 단절이 없다. 저 경에서 '서로 이어져 이름은 하나이지만 공이어서 실체를 잡을 수 없다'(대정장24, p.1019c8)라고 한 말씀과 같다. 六者 相續假 依前後念 以成一假 從前至後 不斷絶故 如經 相續名一 空不可得故", "일곱째, 법은 임시로 있을 뿐이다. 한 찰나경에 심심소법 그리고 모든 사진과 극미 등의 법은 인을 좇아 일어나서 서로 모여 일어나지만, 연이 흩어지면 법이 아니고 법도 연은 아니다. 이를 저 경(대정장24, p.1019c8)에서 '인이 가를 생한다'라고 하며, 법가라고도 한다. '인으로 일어나 모여서 일어나면 그 법은 연이 아니라 실과 실이 모인 유이니 생하여 이루어진 법이라 한다'라고 한 말씀과 같다. '실과 실이 모인 유'라는 말은 마치 저 극미가 바로 연으로 이루어진 가의 실이고, 찰나는 상속하는 가의 실이라는 뜻이다. 이와 같이 여러 실이 서로 모였기에 '실과 실이 모여서 있게 된 유'라 한다. 곧 모든 극미는 법가라 한다. 七者 法假 一刹那頃 心心所法 及諸四塵 極微等法 從因而生 相集而起 離緣非法 卽法非緣 名因生假 亦名法假 如經 因生集起 卽法非緣 實實集有 名生成法故 實實集有者 如一極微 是緣成假之實 刹那是相續假之實 如是諸實相聚 故言實實集有 卽諸極微 名爲法假", "여덟째, 수가다. 가령 극미의 촉으로 거친 촉을 성립시킴으로써 본래의 촉이라는 이름을 받고 촉을 일으켜 마주해 쓴다. 마치 '촉진은 동류로 서로 성립시킨다'라는 말과 같으니, 그 나머지 색・향・미도 당연히 그와 같다. 앞에서 설한 연성가법과는 같지 않으니 다른 무리의 연을 잡아서 연성가라 한다. 八者 受假 如極微觸 以成麤觸 受本觸名 起觸對用 如說觸塵 同類相成 餘色香味當亦爾 不同前說 緣成假法 攬異類緣 名緣成假"라고 하였다. [참고문헌] 『瓔珞本業經』, 『瓔珞本業經疏』.

팔속용왕 叭束龍王 Ⓢ Pakṣu, Ⓣ Pag-shu. 팔십일용왕(八十一龍王) 중 하나로 박추용왕(縛芻龍王)이라고도 한다. [참고문헌] *Mvyut.* ⇨ 박추용왕 縛芻龍王, 팔십일용왕 八十一龍王

팔수면 八隨眠 욕계(欲界)의 견도에서 끊는 여덟 가지 수면(Ⓢ anuśaya). 『품류족론』 권4(대정장26, p.707a13)에 "견도에서 끊어지는 여덟 가지 수면은 무엇인가? 견도에서 끊어지는 사견・견취・계금취・의・탐・진・만・무명을 말한다. 見道所斷八隨眠云何 謂見道所斷邪見 見取 戒禁取 疑 貪 瞋 慢 無明"라고 하였다. [참고문헌] 『品類足論』. ⇨ 구십팔수면 九十八隨眠

팔술 八術 Ⓢ aṣṭāṅgena-āyurvaidya-śāstra. 의술의 여덟 분야. 팔분의방(八分醫方)이라고도 한다. 경론에 따라 차이가 있다. 『금광명최승왕경』 권9 「제병품 除病品」(대정장16, p.447b29 : *Suv-pr.*, p.160)에 "이 왕국에 지수라는 이름의 장자가 하나 살았는데 의술에 뛰어나 여덟 가지 분야에 절묘하게 달통하여 중생의 병고와 사대의 부조화를 모두 치료할 수 있었다. 是王國中有一長者 名曰持水 善解醫明 妙通八術 衆生病苦 四大不調 咸能救療 tasya rājñaḥ sureśvara-prabhasya viṣaye jaṭiṃdharo nāma śreṣṭhī babhūva. vaidyaḥ cikitsakaḥ paramadhātu-kuśalo 'ṣṭāṅgena-āyur-vaidya-śāstreṇa samanvāgato babhūva", 『대반열반경집해』 권7(대정장37, p.408a1)에 "의술로서의 여덟 분야는 여덟 가지 전도를 버리게 하는 것의 비유다. 법신은 사람에게서 먼 뜻으로 먼 곳에서 온다는 말이다. 법요는 '팔술이란 자심 등 사무량심으로 삼독과 등분을 다스린다'라고 말한다. '여러 병을 잘 치료한다'라는 말은 중생의 근기를 잘 안다는 뜻이다. '모든 처방약을 안다'라는 말은 법의 갖가지 상을 잘 이해한다는 뜻이다. 법신이 현격하게 떨어져 있음은 먼 곳에서 옴을 비유한다. 醫八術者 譬除八倒 法身 於人爲遠義 言遠方來也 法瑤曰 八術謂慈心等四 對三毒及等分也 善療衆病者 知衆生根也 知諸方藥者 善解法相也 法身懸絶 譬遠方來也", 『대반열반경소』 권6(대정장38, p.72c29)에 "첫째 문에서는 현명한 의사는 여덟 분야에 밝다고 한다. 첫째는 몸을 치료하고, 둘째는 눈을 치료하며, 셋째는 태아를 치료하고, 넷째는 어린아이를 치료하며, 다섯째는 상처를 치료하고, 여섯째는 독약이나 독충에 물린 병을 치료하며, 일곱째는 삿된 기운에 들린 병을 치료하고, 여덟째는 별자리의 운행을 안다. 안으로 불교와 합하여 팔정도를 알아서 여덟 가지 전도된 견해의 병을 치료한다. 初文明醫曉八術 一 治身 二 治眼 三 治胎 四 治小兒 五 治創 六 治毒 七 治邪 八 知星 內合佛知八正道 能治八倒病"라고 하였다. 〔참고문헌〕『金光明最勝王經』, 『大般涅槃經集解』, 『大般涅槃經疏』, *Suv-pr.* ⇨ 팔분의방 八分醫方, 팔의 八醫, 의왕 醫王, 대의왕 大醫王

팔승처 八勝處 Ⓢ aṣṭāv abhibhv-āyatanāni, Ⓟ aṭṭha abhibhv-āyatanāni, Ⓣ zil-gyis-gnon-pa'i-skye-mched-brgyad. 여덟 가지 승처. 욕계신이 욕계일체 색처에서 여덟 가지로 관하여 번뇌를 이겨내고 뛰어나게 누리는 뜻이다. 내유색상관외색소(內有色想觀外色少)・내유색상관외색다(內有色想觀外色多)・내무색상관외색소(內無色想觀外色少)・내무색상관외색다(內無色想觀外色多)의 네 가지와 내무색상관외(內無色想觀外)로서 청황적백(靑黃赤白)의 네 가지를 말한다. 색의 자성을 관하여 번뇌를 승복(勝伏)시키기에 승처라 하며, 처는 색처(色處)를 말한다. 팔종승처(八種勝處)・팔제처(八除處)・팔승입(八勝入)이라고도 한다. 『대비바사론』 권85(대정장27, p.438c2)에 "팔승처란, 첫째는 안으로 색상이 있어 외적 색의 적은 부분을 관하는 것이고, 둘째는 안으로 색상이 있어 외색의 많음을 관하는 것이고, 셋째는 안으로 색상이 없이 외색의 적은 부분을 관하는 것이고, 넷째는 안으로 색상이 없이 외색의 많음을 관하는 것이다. 안으로 색상이 없으면서 외색인 청황적백 등을 관한다. 다시 네 가지로 한다. 이와 같은 여덟 가지를 팔승처라 한다. 〔문〕 이 팔승처의 자성은 무엇인가? 〔답〕 무탐선근을 자성으로 삼아 탐을 다스리고, 만약 취해 상응해서 따라 구르는 것이 있으면, 욕계는 사온을 자성으로 하고 색계는 오온을 자성으로 한다. 이와 같은 것을 승처의 자성・아물・자체・상분・본성이라 한다. 이미 자성에 대해 설하였으니 이제 그 까닭을 설할 것이다. 八勝處者 一 內有色想觀外色少 二 內有色想觀外色多 三 內無色想觀外色少 四 內無色想觀外色多 內無色想觀外諸色靑黃赤白 復爲四種 如是八種名八勝處 問 此八勝處自性是何 答 無貪善根以爲自性對治貪故 若兼取相應隨轉 則欲界者以四蘊爲自性 色界者以五蘊爲自性 如是名爲勝處自性我物自體相分本性 已說自性所以今當說", "〔문〕 어째서 승처라고 하며, 승처란 어떤 뜻인가? 〔답〕 소연경에 뛰어나기에 승처라 한다. 또 모든 번뇌를 이겨내기에 승처라 한다. 비록 관행자가 일체에서 능히 소연경에 뛰어나지 못할지라도 소연경에 번뇌를 일으키지 않는다면 승이라고 할 수 있다. 저 계경에서 '이 색처에서 뛰어나기에 승처라 한다'라고 한 것과 같다. 問 何故名勝處 勝處是何義 答 勝所緣境故名勝處 復次勝諸煩惱故名勝處 雖觀行者非一切能勝所緣境 而於所緣不起煩惱亦名爲勝 如契經說 於此處勝故名勝處", "이 팔승처계에 대해 말하면 모두 색계다. 지에 대해 말하면 앞의 네 가지 승처는 초정려・제2정려・미지정・정려중간에 있고, 뒤의 네 가지 승처는 제4정려에 있다. 此八勝處界者皆是色界 地者前四勝處 在初二靜慮及未至定靜慮中間 後四勝處在第四靜慮", "소의에 대해 말하면 모두 욕계신에 의지해 일어난다. 행상에 대해 말하면 모두 (전5식처럼) 분명한 행상은 아니다. 소연에 대해 말하면 욕계의 일체색처를 연한다. 所依者皆依欲界身起 行相者一切皆非分明行相 所緣者皆緣欲界一切色處", 『구사론』 권29(대정장29, p.151c17 : *Abh-k-bh.*, p.457)에 "팔승처 중 앞의 두 가지는 (팔해탈 중) 첫 번째 해탈(內有色想觀外色解脫)과 같고, 다음의 두 가지 승처는 두 번째 해탈(內無色想觀外色解脫)과 같으며, 이후의 네 가지는 세 번째 해탈(淨解脫)과 같다. 만약 그렇다면, 팔승처는 이 세 가지 해탈과 무엇이 다른 것인가? 앞의 해탈을 수습하는 것은 오직 버리고 등지는 것일 뿐이지만, 뒤의 승처를 수습하는 것은 소연을 능히 다스리기 때문이다. 마음에 드는 바에 따라 관하지만 번뇌는 끝내 일어나지 않는 것이다. 八中初二如初解脫 次二如第二解脫 後四如第三解脫 若爾八勝處何殊三解脫 前修解脫唯能棄背 後修勝處能制所緣 隨所樂觀惑終不起 yathā prathamo vimokṣa evaṃ dve abhibhvāyatane prathamadvitīye. … yathā dvitīyo vimokṣa evaṃ dve abhibhāyatāne tṛtīyacaturthe … yathā śubho vimokṣa evam anyāni catvāri. ayaṃ tu viśeṣaḥ tair vaimukhyamātram. ebhis tv ālambanābhibhavanaṃ yathecham avimokṣāt kleśānutpādāc ca", 원측(圓測)의 『인왕경소』 권하(대정장33, p.424a11)에 "지수화풍으로 사대를 짓고 청황적백으로 네 가지 색 지음을 관하는 것을 팔승처라 한다. 소연경으로 번뇌를 이기기에 승처라 하고, 욕탐에서 출리하기에 뛰어난 벗어남이라 한다. …『대반야경』에 의하면 이것과 조금 다르다. 觀地水火風能造四大 靑黃赤白所造四色 名八勝處 … 所緣境勝煩惱 故名勝處 出離貪欲 故名勝出 … 依大般若 與此稍異"라고 하였다. 〔참고문헌〕『大毘婆沙論』, 『俱舍論』, 『仁王經疏』, 『顯敭聖敎論』 권4(대정장31, p.497c19), *Abh-k-bh.* ⇨ 승처 勝處, 팔해탈 八解脫, 팔제입 八除入, 팔제처 八除處

팔승처삼마발지 八勝處三摩鉢底 Ⓢ aṣṭāv abhibhv-āyatana-samāpattayaḥ, Ⓣ skye-mched brgyad kyi snyoms-par-'jug-pa. 팔승처에 한결같이 머물러 있

음. 『유가사지론』 권11(대정장30, p.329a1 : *Samā-bh.*, p.126)에 "등지란 오현견삼마발지, 팔승처삼마발지, 십변처삼마발지, 사무색마마발지, 무상삼마발지, 멸진정 등의 삼마발지를 말한다. 等至者 謂五現見三摩鉢底 八勝處三摩鉢底 十遍處三摩鉢底 四無色三摩鉢底 無想三摩鉢底 滅盡定等三摩鉢底 samāpattiḥ katamā. pañca darśanasamāpattayaḥ aṣṭāv abhibhvāyatanasamāpattayaḥ daśa kṛtsnāyatanasamāpattayaḥ catasra ārūpyasamāpattayaḥ asaṃjñāsamāpattiḥ nirodhasamāpattiś ca"라고 하였다. 〔참고문헌〕『瑜伽師地論』, *Samā-bh.* ⇨ 팔승처 八勝處

팔시 八施 Ⓢ aṣṭau dānāni, Ⓣ sbyin-pa brgyad. 여덟 가지로 베풂다. 수지시(隨至施)·포외시(怖畏施)·보은시(報恩施)·구보시(求報施)·습선시(習先施)·희천시(希天施)·요명시(要名施)·위장엄심위자조심위자유가위득상의이행혜시(爲莊嚴心爲資助心爲資瑜伽爲得上義而行惠施)를 말한다. 『구사석론』에는 이지시(已至施)·포외시(怖畏施)·이시아시(已施我施)·당시아시(當施我施)·석이시시(昔已施施)·득천도시(得天道施)·위득호명문시(爲得好名聞施)·위장엄심시위심자량시위응중리시위득최상품기리시(爲莊嚴心施爲心資糧施爲應衆理施爲得最上品己利施)라고 하며 경론에서 시설함이 조금씩 다르다. 팔종시(八種施)·팔종보시(八種布施)라고도 한다. 『순정리론』 권44(대정장29, p.593a29)에 "여덟 가지로 베푼다 하니 무엇인가? 첫째는 수지시, 둘째는 포외시, 셋째는 보은시, 넷째는 구보시, 다섯째는 습선시, 여섯째는 희천시, 일곱째는 요명시, 여덟째는 마음을 아름답게 하기 위해, 마음을 돕기 위해, 유가를 위해, 뛰어난 뜻을 얻기 위해 하는 지혜로운 베풂이다. 八施者何 一 隨至施 二 怖畏施 三 報恩施 四 求報施 五 習先施 六 希天施 七 要名施 八 爲莊嚴心 爲資助心爲資瑜伽 爲得上義而行惠施", "수지시란, 유정이 몸소 찾아 오면 그 뜻에 따라 의복이나 음식을 시여하는 것이니 깊이 공경하고 존중해서 하는 것은 아니다. 포외시란, 재앙을 마주해 그것이 그치도록 행하는 혜시를 말한다. 또는 이러저러한 재물이 무너지는 모습을 눈앞에서 보고는 차라리 베풀어 사라지지 않게 해야 하기에 행하는 혜시를 말한다. 습선시란, 선인이나 조부나 가법으로 익혀 행하는 혜시를 말한다. '마음을 장엄하기 위해'란 믿음이라는 성스런 유산을 이끌어내기 위해 행하는 혜시를 말하고, '마음을 돕기 위해'란 인색함이라는 허물을 사라지게 하고자 행하는 혜시를 말하며, '유가를 돕기 위해'란 정의 즐거움이 거듭 이어지는 생인을 구해서 행하는 혜시를 말하는데, 이 시로 인해 곧 후회 없음을 얻고 계속 이어져 내지 심일경성에 도달하는 것이다. '상의를 얻기 위해'란 열반을 얻기 위한 것인데, 이를 통해 처음에는 재물을 버리지만 내지 계속 이어져 모든 생사를 다 버릴 수 있기 때문이다. 또 혜시를 행하는 것은 바로 이렇듯 뛰어남이 일어나는 인이니 이에 의지해 능히 열반 증득하는 법을 이끌어 일으킬 수 있기 때문에다. 그밖에 혜시는 알기 쉽기에 따로 해석하지 않는다. 隨至施者 謂隨有情投造已來隨宜 施與衣服飮食非深敬重 怖畏施者 謂覩災厄爲令靜息而行惠施 或見此物壞相現前寧施不亡故行惠施 習先施者 謂習先人父祖家法而行惠施 爲嚴心者 謂爲引發信等聖財故行惠施 資助心者 謂欲滅除諸慳悋垢而行惠施 資瑜伽者 謂求定樂展轉生因而行惠施 謂由施故便得無悔 展轉乃至心一境性 得上義者 謂得涅槃 由初捨財乃至展轉一切生死皆能捨故 又行惠施是勝生因 依此能引發證涅槃法故 餘施易了故不別釋", 『구사론기』 권18(대정장41, p.285b4)에 "과거에 타인에게서 얻은 재물을 지금 다시 저에게 베푸는 것을 보은시라 하고, 지금 저에게 베푼 재물을 타인에게서 돌려받기를 바라는 것을 구보시라 하고, 저 천에 나기를 바라면서 행하는 혜시를 희천시라 하고, 이름 아름답기를 굳이 바라서 행하는 혜시를 요명시라 한다. 昔得他物今還施彼名報恩施 今施彼物希他返報名求報施 希生彼天而行惠施名希天施 要求美名而行惠施名要名施"라고 하였다. 〔참고문헌〕『順正理論』, 『俱舍論記』, 『俱舍釋論』 권13(대정장29, p.250c16). ⇨ 팔종시 八種施

팔시 八時 인도에서 시각을 구분한 방법. 낮 4시 밤 4시로 모두 8시이며, 한 시간 단위에 또 4분(分)이 있다. 불교전승에서는 6시 또는 12시 등을 법으로 삼는다. 『대당서역기』 권2(대정장51, p.875c19)에 "6시를 합하여 하룻낮 하룻밤이 된다〈낮 셋 밤 셋이다〉. 세속에서는 하루 밤낮을 8시로 나눈다〈낮 넷에 밤 넷이다. 하나하나의 시에 각각 4분을 둔다〉. 六時合成 一日一夜〈晝三夜三〉 居俗日夜 分爲八時〈晝四夜四 於一一時 各有四分〉"라고 하였다. 〔참고문헌〕『大唐西域記』, 『南海寄歸內法傳』 권3(대정장54, p.226a6). ⇨ 알슬타 頞瑟吒

팔식 八識 **1** Ⓢ aṣṭau vijñānāni. 여덟 가지 식(識). 안식(眼識) 등의 전오식(前五識)과 제6의식(意識), 제7말나식(末那識 Ⓢ manas)과 제8아뢰야식(阿賴耶識 Ⓢ ālaya-vijñāna)을 다 들어 말하기에 통팔식(通八識)이라 부른다. 제8아뢰야식은 근본식·종자식이라 하고, 그 이외의 식은 이것의 전변이므로 칠전식(七轉識)이라 한다. 또한 능변(能變)의 관점에서 제8아뢰야식은 초능변, 제7말나식은 제2능변, 안식 등의 전육식은 제3능변이라고 한다. 그 각각의 성을 논하면 전육식은 색(色) 등을 분별하는 요별경식(了別境識)이고, 제7말나식은 제8식을 상으로 하여 아치(我癡)·아견(我見)·아만(我愛)·아애(我愛)를 일으키는 사량식(思量識)이며,

제8아뢰야식은 선악의 성이 없어 무기(無記)로서의 이숙식(異熟識)이다. 『입능가경』 권8(대정장16, p.559b22 : *Laṅk.*, p.235)에 "대혜야, 선법과 불선법이란 무엇인가? 팔식을 말한다. 어떤 것이 그 여덟 가지인가? 첫째 아리야식, 둘째 의, 셋째 의식, 넷째 안식, 다섯째 이식, 여섯째 비식, 일곱째 설식, 여덟째 신식이다. 大慧 言善不善法者 所謂八識 何等爲八 一者 阿梨耶識 二者 意 三者 意識 四者 眼識 五者 耳識 六者 鼻識 七者 舌識 八者 身識 kuśala-akuśalāḥ punar-mahāmate yad-uta-aṣṭau vijñānāni katamāny-aṣṭau yad-uta tathāgatagarbha ālayavijñāna-saṃśabdito mano manovijñānaṃ ca pañca ca vijñāna-kāyās-tīrthya-anuvarṇitāḥ", 『성유식론』 권5(대정장31, p.24c11)에 "이와 같은 세 가지 뜻은 팔식에 통하지만, 두드러지게 나타나는 것에 따라 제8식을 심이라고 한다. 如是三義 雖通八識 而隨勝顯 第八名心", 『석마하연론』 권4(대정장32, p.627a12)에 "이런 현식과 칠전식의 여덟 가지 심식은 오직 생멸하는 무상한 것인가, 실로 있는 것이어서 상주하는 것인가? 이와 같은 팔식은 시작 없는 때로부터 삼제(過現未)로도 움직이지 않고, 사상(生住異滅)으로도 옮기지 않으며, 진실하고 상주해서 자성이 청정하여 무너질 리 없는 상이고, 다 갖춰 두렷이 가득 차올라 빠짐이 없으니 이런 등 일체공덕이 법계와 같아 두 상이 없다. 두 상 없어 오직 한 상일 뿐이며 오직 한 상이어서 또한 무상이다. 모두 무상이기에 무상 역시 무상이다. 如是現識 及七轉識 八種心識 唯有生滅 無常相耶 亦有實相 常住相耶 如是八識 從無始來 三際不動 四相不遷 眞實常住 自性淸淨 不壞之相 具足圓滿 無所闕失 而如是等 一切功德 同法界故 無有二相 無二相故 唯是一相 唯一相故 亦是無相 皆以無相故 無相亦無相"라고 하였다. [참고문헌] 『入楞伽經』, 『成唯識論』, 『釋摩訶衍論』, *Laṅk.* ⇨ 전오식 前五識, 의식 意識, 말나식 末那識, 아뢰야식 阿賴耶識, 칠전식 七轉識 ❷ 제8아뢰야식(阿賴耶識). 『성유식론』 권4(대정장31, p.20c16)에 "제6의식이 모두 의지하는 것이 있으니 오직 두 가지다. 제7식과 제8식을 말한다. 거기에 하나라도 없으면 반드시 구를 수 없기 때문이다. 비록 5식과 함께 경을 취해 밝게 알지만 반드시 있는 것은 아니기에 의지처는 아니다. 第六意識 俱有所依 唯有二種 謂七八識 隨闕一種 必不轉故 雖五識俱 取境明了 而不定有 故非所依", 『반야심경유찬』 권하(대정장33, p.539a10)에 "심은 제8식을 말하며 … 세 위의 이름이 있다. 의는 제7식을 말하며 … 역시 세 위의 이름이 있다. … 그러므로 제7식과 제8식 각각에는 세 가지 이름이 있는데, 첫 번째와 두 번째의 이름은 모두 유루이고, 뒤의 하나는 무루에 통한다. 心謂第八識 … 有三位名 … 意謂第七識 … 亦三位名 … 故七八識 各有三名 初二名皆有漏 後一名通無漏"라고 하였다. [참고문헌] 『成唯識論』, 『般若心經幽贊』. ⇨ 아뢰야식 阿賴耶識 ❸ 십육식(十六識 : 三界의 五部識과 無漏識) 중에서의 여덟 가지 식. 『대비바사론』 권87(대정장27, p.450c26)에 "안근은 욕계와 색계의 오지에 통하며, 오직 수도로 끊는 것이고, 십육식 중 팔식이 연으로 하는 것이다. 첫째는 욕계의 견고로 끊어야 하는 변행수면과 상응하는 식이니, 이 식은 욕계의 견고로 끊는 모든 수면과 견집으로 끊는 변행수면으로 상응하는 식이다. 둘째는 욕계견집으로 끊는 변행수면과 상응하는 식이니, 이 식은 욕계견집으로 끊는 모든 수면과 견고로 끊는 변행수면으로 상응한다. … 일곱째는 무색계수도로 끊는 선식, 곧 공무변처의 근분선심이니, 이 식은 무색계수도로 끊는 모든 것과 변행수면을 따라 더한다. 여덟째 무루식이니, 고와 집의 법지품과 유지품을 말하는데, 이 식은 수면을 따라 한층 더하지는 않는다. 眼根通欲色界五地 唯修所斷 十六識內八識所緣 一 欲界見苦所斷 遍行隨眠相應識 此識欲界見苦所斷一切 及見集所斷遍行隨眠隨增 二 欲界見集所斷 遍行隨眠相應識 此識欲界見集所斷一切 及見苦所斷遍行隨眠隨增 … 七 無色界修所斷善識 卽空無邊處近分善心 此識無色界修所斷一切 及遍行隨眠隨增 八 無漏識 謂苦集法類智品 此識非隨眠隨增"라고 하였다. [참고문헌] 『大毘婆沙論』・권89(대정장27, p.457c12). ⇨ 무루식 無漏識

팔식규구보주 八識規矩補註 2권. 명(明)대 보태(普泰) 지음(補註). 대정장45, pp.468a17~476a22, No.1865에 수록되어 있다. 『팔식규구』에 대한 주석서이다. ⇨ 팔식규구송 八識規矩頌

팔식규구송 八識規矩頌 상종팔요(相宗八要) 중 하나. 현장(玄奘) 지음. 『성유식론』에 의지해 팔식(八識)의 개요를 게송으로 축약한 것이다. 전5식・제6식・제7식・제8식을 다루는 네 장으로 나누고 각각에 12송씩 이어서 총 48구의 송이다. 『팔식규구』라고도 한다. 주석서로 보태(普泰)의 『팔식규구보주 八識規矩補註』 2권・명욱(明昱)의 『팔식규구보주증의 八識規矩補註證義』(1권)・지욱(智旭)의 『팔식규구직해 八識規矩直解』(1권)・광익(廣益)의 『팔식규구찬석 八識規矩纂釋』(1권)・덕청(德淸)의 『팔식규구통설 八識規矩通說』(1권)・정회(正誨)의 『팔식규구약설 八識規矩略說』(1권) 등이 있다. 『팔식규구통설』 권1(卍속장98, p.583a4)에 "팔식규구란 처음 현장법사가 『성유식론』의 취지를 모두 섞어 모은 것이다. 규기법사는 본론 10권의 글이 넓고 뜻은 그윽함을 보고는 현장법사에게 청하여 그 요지를 모은 것이다. 팔식을 가져 네 개의 장으로 나누어 각 장마다에 송으로 열두 구를 지었다. … 『성유식론』은 비록 10권이지만 그 뜻은 이 마흔여덟 구로 다했다. 가히 가장 간단하고 더없는 요라고 할 수 있으니, 일대장교의 열쇠라 하겠다. 이것을 풀이하는 데 밝지 못하면 교의 그물에 통하기 어려우며, 참선하는 사람도 이것에 밝지 못하다면 또한 자신의 마음이 일어나고 사라지는 머릿수를 알 수 없으리니 이른바 불법의 정수라 할 만하다. 八識規矩者 初玄奘法師 糅成唯識論就 窺基法師 因見本論十卷 文廣義幽 乃請法師集此要義 將八識分爲四章 每章作頌一十二句 … 論雖十卷 其義盡此四十八句 包括無遺 可謂最簡最要 爲一大藏敎之關鑰 不唯講者不明 難通敎綱 卽參禪之士 若不明此 亦不知自心起滅頭數 所謂佛法之精髓也", 『팔식규구약설』 권1(卍속장98, p.562b4)에 "『팔식규구송』은 4장으로 되어 있는데 장마다 12구가 있다. 각 장의 앞 8구는 유루식을 송한 것이고, 뒤 4구는 무루지를 송한 것이다. 頌四章 章十二句 每章前八句頌有漏識 後四句頌無漏智"라고 하였다. 〔참고문헌〕 『八識規矩通說』, 『八識規矩略說』.

팔식삼상 八識三相 제8아뢰야식(阿賴耶識 Ⓢ ālaya-vijñāna)의 세 가지 드러난 모습. 인상(因相)·과상(果相)·자상(自相)을 말한다. 원측(圓測)의 『인왕경소』 권중(대정장33, p.400c14)에 "그런데 제8식에는 세 가지 상이 있다, 첫째는 인상으로서 종자식이고, 둘째는 과상으로서 수생식을 말하며, 셋째는 자상으로서 합해서 이로써 자상을 삼았다. 然第八識 自有三相 一 者 因相 是種子識 二者 果相 謂受生識 三者 自相 合說二種 以爲自相", 『대승백법명문론개종의결』(대정장85, p.1075c20)에 "아뢰야식에는 그 세 가지 상이 있다. 첫째는 인상이니 가진 바 종자가 염정법을 낳기 때문이다. 둘째는 과상이니 현행하는 식의 체가 선악업의 이숙과이기 때문이다. 셋째는 자상이니 이러한 종자와 현행으로 거둬 가진 인과로 자상을 삼기 때문이다. 자상이란 곧 체의 뜻이다. 이미 인과를 거둬서 자체로 삼고 종자 씀으로 제8식을 삼는다. 阿賴耶識有其三相 一者 因相 謂所持種能生染淨法故 二者 果相 卽現識體是善惡業異熟果故 三者 自相 卽此種現攝持因果爲自相故 言自相者卽自體義 旣攝因果以爲自體 故用種子爲第八識"라고 하였다. 〔참고문헌〕 『仁王經疏』, 『大乘百法明門論開宗義決』. ⇨ 인상 因相[1], 과상 果相, 뢰야삼상 賴耶三相

팔식십명 八識十名 『종경록』에서 시설한 제8아뢰야식(阿賴耶識 Ⓢ ālaya-vijñāna)의 열 가지 이름. 팔식(八識)·화합식(和合識)·장식(藏識)·훈변식(熏變識)·출생식(出生識)·금강지식(金剛智識)·적멸식(寂滅識)·체식(體識)·본각식(本覺識)·일체종지식(一切種智識)을 말한다. 『종경록』 권50(대정장48, p.712c29)에 "세 번째는 제8식의 여덟 가지 이름이다. 첫째, 제7식 후에 얻은 이름이기에 제8식이라 한다. 둘째, 참과 거짓이 서로 뒤섞이기에 화합식이라 한다. 셋째, 제법이 쌓고 모여 있기에 장식이다. 넷째, 머물러 가지고 일어나 움직이기에 훈변식이라 한다. 다섯째, 범부가 성자 되기에 출생식이라 한다. 여섯째, 가진 바탕 끊임이 없기에 금강지식이라 한다. 일곱째, 바탕 정난이 아니기에 적멸식이라 한다. 여덟째, 그 중에 실이어서 가가 아니라는 의미에서 체식이라 한다. 아홉째, 장식의 바탕은 어두운 것 아니기에 본각식이라 한다. 열째, 공덕이 두렷이 차올라 있기에 일체종지식이라 한다. 三第八識十名者 一 七後得稱 名爲八識 二 眞僞雜間 名爲和合識 三 蘊積諸法 名爲藏識 四 住持起發 名熏變識 五 凡成聖 名爲出生識 六 藏體無斷 名金剛智識 七 體非靜亂 名寂滅識 八 中實非假 名爲體識 九 藏體非迷 名本覺識 十 功德圓滿 名一切種智識"라고 하였다. 〔참고문헌〕 『宗鏡錄』. ⇨ 제팔식십팔명 第八識十八名, 아뢰야식 阿賴耶識

팔식연경광협 八識緣境廣狹 여덟 가지 식으로 연하는 경의 넓고 좁음. 제7식·전5식·제6식·제8식 순으로 연하는 경의 범위가 넓다. 『삼장법수』 권24(대장경보편22, p.461a3)에 "팔식이 경을 연함에 넓고 좁다. … 첫째 안식은 오직 실이고 오직 현량의 경만을 연할 뿐이다. 즉 안이 색을 볼 때 식이 생겨나 청황적백의 실유하는 색을 연하는 일이 있는데 이를 성경이라 하고, 이 안식이 경을 마주함을 현량이라 하는데 그것은 다만 색을 볼 뿐이지 분별을 일으키지 않기에 소연의 경이 좁다. 八識緣境廣狹 … 一 眼識緣唯實唯量境 謂眼見色時 卽有識生 能緣靑黃赤白實有之色 名爲性境 此識對境 名爲現量 以其但能見色 未起分別 是故所緣之境狹也", "둘째 이식은 오직 실유하고 오직 현량의 경만을 연할 뿐이다. 즉 귀가 소리를 들을 때 이식이 생겨나 언어 등의 실유하는 소리를 듣는 일이 있는데 이 소리를 성경이라 하고, 이 이식이 경을 마주하기에 현량이라 하는데 그것은 다만 소리를 들을 뿐이지 분별을 일으키지 않기에 소연경은 좁다. 二 耳識緣唯實唯量境 謂耳聞聲時 卽有識生 能聞言語等實有之聲 名爲性境 此識對境 名爲現量 以其但能聞聲 未起分別 是故所緣之境狹也", "셋째 비식은 오직 실유하고 오직 현량의 경계를 연할 뿐이다. 즉 비근이 냄새를 맡을 때 비식이 생겨나 좋거나 나쁜 실유하는 냄새를 맡는 일이 있는데 이 냄새를 성경이라 하고, 이 비식이 경을 마주하는 현량이기에 그것은 다만 냄새를 맡을 뿐이지 분별을 일으키지 않기에 소연경은 좁다. 三 鼻識緣唯實唯量境 謂鼻齅香時 卽有識生 能齅好惡實有之香 名爲性境 此識對境 名爲現量 以其但能齅香 未起分別 是故所緣之境狹也", "넷째 설식은 오직 실유하고 오직 현량의 경계를 연할 뿐이다. 즉 설근이 맛을 맛볼 때 설식이 생겨나 짜거나 시거나 쓰거나 담백한 실유하는 맛을 맛보는 일이 있는데 이 맛을 성경이라 하고, 이 설식으로 마주하는 현량이기에 다만 맛볼 뿐이지 분별을 일으키지 않기에 소연경이 좁다. 四 舌識緣唯實唯量境 謂舌嘗味時 卽有識生 能嘗鹹酸苦淡實有之味 名爲性境 此識對境 名爲現量 以其但能嘗味 未起分別 是故所緣之境狹也", "다섯째 신식은 오직 실유하고 오직 현량으로 연할 뿐이다. 즉 신근에 촉이 있게 될 때 신식이 생겨나 미약하거나 부드럽거나 거칠거나 단단한 실유하는 촉을 연하는 일이 있는데 이 촉을 성경이라 하고, 이 신식으로 마주하는 현량이기에 다만 촉할 뿐이지 분별을 일으키지 않기에 소연경은 좁다. 五 身識緣唯實唯量境 謂身覺觸時 卽有識生 能緣細滑麤强實有之觸 名爲性境 此識所緣 名爲現量 以其但能覺觸 未起分別 是故所緣之境狹也", "여섯째 의식은 일체를 두루 연하기에 가유 및 실유와 삼량에 통해 사무친다. 즉 이 식으로서 심은 현전해 실유하는 경을 두루 연해 실유하는 경계 상에서 길·짧음·네모·둥긂 등의 개념을 분별하는데 이를 가유라 하고, 그렇기에 이 식은 (성경·대질경·독경경의) 세 가지 경을 모두 연하고 삼량을 모두 갖춘다. 이로써 가유와 실유의 모든 경을 두루 연하기에 소연경은 넓다. 六 意識徧緣一切通徹假實三量 謂此識心 徧緣現前實有之境 於實境上分別長短方圓等相 名爲假 是則此識三境皆緣三量皆具 以其徧能分別假實諸境 是以所緣之境廣也", "일곱째 제7식의 견분은 오직 가이고 오직 실이어서 이 식은 별도의 체상이 없어 제8식에 의지해 이를 인으로 삼아 일어나고, 또 제8식의 견분을 반연하여 이를 상분으로 삼아 분별하고 사량하여 항시 제8식이 아라고 집착하니 능연의 심으로서는 가유이고, 소연경으로서는 실유인데 그것은 다만 아집을 일으켜 습기들을 낳을 뿐이지 여러 경을 두루 반연하지는 않기에 소연경은 가장 좁다. 七 第七識見分唯假唯實 謂此識無別體相 依第八識爲因而起 復緣第八見分而爲相分 分別思量 常執第八爲我 能緣之心是假 所緣之境是實 以其唯起我執 生諸氣習 不能徧緣諸境 是故所緣之境最狹也", "여덟째 제8식은 근신과 기계인 오직 실유하고 오직 현량으로 연할 뿐이다. 유근신이란 안 등의 모든 근을 말하고, 기계란 세계는 그릇과 같기 때문이다. 즉 이 근본이 되는 식은 염정이 함께하는 샘이고 일체 근신과 기계가 이 식에 의지해 일어나며 이 근신과 기계는 제8식의 상분으로서 모두 소연이 되는데 이것들이 바로 실유하는 현전의 양이기에 소연의 경으로는 가장 넓다. 八 第八識緣根身器界唯實唯量 根身者 卽眼等諸根也 器界者 以世界如器也 謂此根本之識 染淨同源 一切根身器界 依之而生 而此根界 是八識相分 皆爲所緣 是實有現前之量 是故所緣之境最廣也"라고 하였다. 〔참고문헌〕『三藏法數』.

팔식오중 八識五重 ➡오중유식 五重唯識

팔식체별 八識體別 여덟 가지 식의 체는 다르다. 안이비설신의 전5식, 제6의식, 제7식, 제8식이 각기 별도의 체성(體性)을 가지고 있다는 주장이다. 호법(護法) 계통 유식학 즉 법상종(法相宗)의 정의(正義)이다. 팔식체일(八識體一)과 맞선다. 『성유식론』 권1(대정장31, p.1a14)에 "또 유식의 도리에 대해 미하거나 그릇 아는 이가 있다. … (그 중에서) 어떤 이들은 식의 용만 다를 뿐 체는 같다고 주장한다. 復有迷謬唯識理者 … 或執諸識用別體同", 무성(無性)의 『섭대승론석』 권4(대정장31, p.401c26)에 "〔논〕 또 이 중에 한 류의 논사가 있어 설하기를 '하나의 의식이 이러저러하게 의지해 일어나 이러저러한 이름 얻는다. 뜻으로 사유해 짓는 업(意思業)을 신업이다 의업이다 하는 것과 같다'라고 하였다. 〔석〕 … 이 설은 여러 논사 간의 보는 바가 다름을 드러내는 것이다. 즉 한 부류의 보리살타가 있어 오직 하나의 의식성만이 존재하도록 하기 위해 이러저러한 것으로서 안등에 의지해서 생할 때 이러저러한 이름을 얻을 뿐이니, 이른바 안식 내지 의식이다. 이 중에 별도의 다른 식의 종류는 없다. 이것은 어떤 것과 같은가? 가령 뜻으로 짓는 업과 같이, 뜻으로 사유함이 몸의 처소에 있으면서 몸에서 발동하기에 신업이라 이름 하고, 말의 처소에 있으면서 말에서 발동하면 어업이라 이름하지만, 뜻과 더불어 상응하면 의업이라고도 이름 하는 것과 같다. 의식의 경우도 마찬가지다. 論曰 又於此中有一類師說一意識 彼彼依轉 得彼彼名 如意思業名身語業 釋曰 … 此顯諸師所見差別 謂有一類菩提薩埵 欲令唯有一意識性 依於彼彼眼等生時 得彼彼名 所謂眼識乃至意識 此中無別餘識種類 此如何等 如意思業 如一意思在身處所 發動於身則名身業 在語處所發動於語則名語業 與意相應名爲意業 意識亦爾", 『성유식론술기』 권1(대정장43, p.236c10)에 "〔논〕 '어떤 이들은 식의 용은 다르지만 체는 같다고 주장한다'. 〔술〕 이것은 세 번째 계탁이다. 즉 대승 중에서 한 류의 보살들은 그럴듯한 교설에 의지해 식의 체가 하나라고 설한다. 『섭대승론석』 권4에서는 하나의 의식을 주장하는 보살의 계탁을 설하고 있다. 첫째는 원행과 독행의 교설에 의지하는 것을 말한다. 모든 경에 두루 작용(遊歷)할 수 있기에 원행이라 한다. 또 독행이란 말은 두 번째 것은 없기 때문이라는 것이다. 둘째는 오근이 행하는 경계를 의식이 각기 수용할 수 있다는 교설에 의지하는 것을 말한다. 셋째는 육식신을 모두 의처라고 하는 교설에 의지하는 것을 말한다. 넷째는 『해심밀경』 권1(대정장16, p.692c2)과 『유가사지론』 권51(대정장30, p.581a6) 등에서 '하나의 거울에 온갖 영상이 있는 것과 같다'라고 설하는 교설에 의지해서이고, 다섯째는 '하나의 물 중에 많은 파도가 있는 것과 같다'라는 것에 의지한 비유의 교설이다. 이러한 교설들은 지교량(至敎量)에 위배될 것을 우려해 하나의 식이 있다고 설하는 것이다. 어떤 이는, 하나의 의식이란 다만 전6식만을 하나의 의식으로 삼은 것이라고 말하는데, 이는 이치상 반드시 그렇지 않다. 이 교설들은 여덟 가지 식의 체가 바로 하나라고 설하는 것이기 때문이다. 論 或執諸識用別體同 述曰 此第三計 卽大乘中一類菩薩依相似教說識體一 攝論第四說一意識菩薩計 一 依遠行及獨行教 遊歷諸境故說遠行 復言獨行無第二故 二 依五根所行境界 意各能受教 三 依六識身皆名意處教 四 又解深密瑜伽等 說如依一鏡上有多影像教 五 如依一水中有多波喻教 此恐違至教故說有一識 有云 一意識 但說前六識爲一意識 理必不然 此說八識體是一故", 『유식이십론술기』 권상(대정장43, p.981c3)에 "〔문〕 만약 여덟 가지 식의 체가 각각 유일한 것이라고 한다면, 어째서 일심이 지은 것이라 하는가? 〔답〕 범본에 설해진 바에 따르면, '일(一)'이란 글자가 없고 단지 '유심'이라고 하고 있다. 이제 뜻을 풀어 말하겠다. '유'란 독단의 뜻이고, '일'이란 둘이 없는 뜻이니 이름은 다르지만 뜻은 같다. 외경은 없고 오직 심만 있다고 말하는 것이기에 일심이라 한 것이다. 심의 체가 단지 하나의 것(一物)임을 설하는 것이 아니다. 〔문〕 실에 의거해 설하면 식의 체는 하나인가, 여럿인가? 『섭대승론』의 경우, 한 부류의 보살들은 여덟 가지 식의 체가 오직 하나의 것이라고 설하고, 또 다른 부류의 보살들은 다수의 체가 있다고 설한다. 여기서는 후자의 뜻에 따른다. 問 若八識體各各名唯 何故乃說一心所作 答 據梵本說亦無一字 但言唯心 今義釋言 唯獨但義 一無二義 名異義同 謂無外境唯有心故名爲一心 非說心體但是一物 問 據實而說識體是一識體是多 答 如攝論言 一類菩薩 說八識體唯是一物 有一類師說有多體 今依後義", 『성유식론요의등』 권4(대정장43, p.733b5)에 "대승에서 설하는 여덟 가지 식의 체성은 각기 다르지 하나의 식의 류가 아니다. 大乘八識體性各別 非一識類"라고 하였다. 〔참고문헌〕 『成唯識論』, 『攝大乘論釋』, 『成唯識論述記』, 『解深密經』, 『瑜伽師地論』, 『唯識二十論述記』, 『成唯識論了義燈』. ⇨ 팔식체일 八識體一

팔식체일 八識體一 여덟 가지 식의 체는 하나다. 용은 각기 다르지만 식의 체성은 같다는 성종(性宗)의 주장이다. 일의식계(一意識計), 즉 하나의 의식을 주장하는 일의식사(一意識師)의 세 가지 주장 중 하나이다. 주로 『능가경 楞伽經』의 일수(一水)의 비유와 진제(眞諦) 역본 『섭대승론석』의 작의업(作意業) 사례를 전거로 한다. 팔식체별(八識體別)에 맞선다. 진제(眞諦) 역본의 『섭대승론석』 권5(대정장31, p.185a4)에 "〔논〕 여러 논사들은 '이 의식이 갖가지로 의지함에 따라 생기하기에 갖가지 이름을 얻는다'라고 한다. 〔석〕 여러 논사들이란 보살들을 말한다. 하나의 의식이 성립되어 있어 차례로 생기한다. 의식은 비록 하나이지만, 안근을 의지하여 생기하면 안식이라는 이름을 얻고 내지 신근에 의지하여 생기하면 신식이라는 이름을 얻는다. 이 중에는 다시 그 밖의 의식과 다른 식은 없다. 아리야식을 여의면 이 본식은 의식으로 거둬 들이는데 같은 류이기 때문이니, 이 의식은 이 의지처에 따라 별도의 이름을 얻을 뿐이다. 〔논〕 비유하면 뜻으로 짓는 업이 신업이나 구업이라는 이름을 얻는 것과 같다. 이 뜻으로 짓는 업은 비록 다시 하나이지만, 만약 신문에 의지해 생기하면 신업이라 하고, 만약 구문에 의지해 생기하면 구업이라 한다. 의식도 마찬가지로 의지처에 따라 별도의 명칭이 부여된다. 만약 어떤 사람이 안 등의 오근은 따로 나뉘어 다른 것 아니라고 하듯 의식도 의지하여 생한다고 해서 나누어 다른 것은 아니라고 한다. 비유하면 의근으로서 번뇌에 염오된 바에 의지하면 의지되는 바(의근)에 염오가 있기에 능히 의지하는 식이 생기할 때에는 또한 염오가 있게 된다. 의식도 또한 그러하다. 論曰 諸師說此意識 隨種種依止生起 得種種名 釋曰 諸師謂諸菩薩 成立一意識次第生起 意識雖一 若依止眼根生得眼識名 乃至依止身根生得身識名 此中更無餘識異於意識 離阿黎耶識此本識入意識攝 以同類故 此意識由依止得別名 論曰 譬如作意業得身口等業名 釋曰 此作意業雖復是一 若依身門起名身業 若依口門起名口業 意識亦爾 隨依止得別名 若有人說眼等五根無有分別 若意識依止此生亦無分別 譬如依止意根惑所染汚 由所依止有染汚 能依止識生時亦有染汚 意識亦爾", 『화엄경수소연의초』 권65(대정장36, p.526a3)에 "'어떤 이들은 식의 용은 다르지만 체는 같다고 주장한다'라고 하였다. 〔석〕 즉 대승 중에서 한 류의 보살들은 '여덟 가지 식의 체는 오직 하나일 뿐이다. 마치 하나의 물과 거울에 많은 파도와 영상이 생겨나는 것과 같다'라고 한다. 或執諸識用別體同 釋曰 卽大乘一類菩薩言八識體唯是一也 如一水鏡多波像生 卽當此中第五義也", 『원각경소초수문요해』 권9(卍속장15, p.681a10)에 "'어떤 이들은 식의 용은 다르지만 체는 같다고 주장한다〈성종에서는 식체가 하나로서 진여라고 한다〉'. 或執諸識用別體同〈性宗識體一如〉", 『유식의등증명기』 권3(대정장65, p.377a9)에 "『능가경』에서 물이 파도를 일으킨다고 하였는데, 제8식은 물에, 나머지는 일곱 가지 식은 파도에 비유한 것이다. 따라서 그 경은 여덟 가지 식은 체가 하나라고 하는 것임을 알 수 있다. … 〔문〕 가령 여덟 가지 식의 체는 하나이고 이름하여 하나의 의식이라 하고, 또 『능가경』와 『열반경』도 모두 하나의 식임을 밝히고 있으며, 이 논사들이 주장하는 바도 이에 그 경들에 의지하는데, 어째서 논주는 판단해 그릇된 주장이라 하는가? 〔답〕 어떤 이는 '『능가경』의 뜻은 일곱 가지 식이 제8식의 종자에 의지해 비로소 생기할 수 있다는 것이기에 제8식이 모든 식의 파도를 일으킨다고 말한 것이지 제8식이 나머지 일곱 가지 식을 일으키는 것을 말하는 것은 아니다. 또 열반경의 뜻은 저 여섯 가지 식은 식성이 같기에 하나의 식이라 한 것이지, (육식은) 육근에 의지하면 여섯으로 나뉘는 것이니 여섯 가지 체가 하나라는 의미에서 하나의 식이라 한 것이 아니다'라고 하였다. 楞伽經云 如水起浪者 第八喩水 餘七喩浪 水浪一體 故知彼經八識體一 … 問 若八識體一名一意識者 楞伽涅槃皆明一識 此師所立乃扶彼經 云何論主判爲邪執 答 有義 楞伽意說七依八種而方得生 故言第八起諸識浪 非說第八轉作餘七 涅槃經意 彼六識識性是同 故立一識 依根分六 非六體一名爲一識"라고 하였다. 〔참고문헌〕『攝大乘論釋』, 『華嚴經隨疏演義鈔』, 『圓覺經疏鈔隨文要解』, 『唯識義燈增明記』. 『成唯識論』 권1(대정장31, p.1a15), 『楞伽經』 권1(대정장16, p.484a13).

팔식칠식동이 八識七識同異 제8식과 제7식의 같고 다름. 『석마하연론』 권4(대정장32, p.626c26)에 "이러한 칠식과 장식은 같은 것인가, 다른 것인가? 같은 것도 아니고 다른 것도 아니니, 양 극단을 떠났기 때문이다. 비유하면 해와 햇빛이나 물과 파도가 같지도 않고 다르지도 않은 것과 같다. 칠식과 장식이 같지도 않고 다르지도 않은 이치도 이와 같다. 如是七識 及與藏識 同耶異耶 非同非異 離二邊故 譬如日與光明 水與波浪 非同非異 七識藏識 非同非異 義亦如是", "경전에서는 다음과 같이 말한다. '해와 달이 그 빛과, 다르지도 않고 다르지 않은 것도 아니며, 바닷물이 파도를 일으키는 것처럼, 칠식도 이와 같이, 마음과 함께 화합하여 생한다'. 如經 日月與光明 非異非不異 海水起波浪 七識亦如是 心俱和合生", "이와 같은 칠식은 어느 곳으로부터 장식에 들어와 일곱 가지가 되었는가? 유전을 일으키고 움직여 단절이 없을 때, 이와 같은 칠전식은 안으로부터 오는 것도 아니고, 밖으로부터 오는 것도 아니며, 가운데로부터 오는 것도 아니다. 오직 장식 자체가 변하여 칠식이 된다. 비유하면 바닷물이 변하여 파도가 되는 것과 같다. 如是七識 從何處所 來入藏識 作七種數 流轉起動 無斷絶時 如是七轉識 不從內來 不從外來 不從中來 唯藏識體變作七識 譬如海水 變作波浪", "경전에서는 이렇게 말한다. '비유하면 바닷물이 변하여, 갖가지 파도가 치는 것처럼, 칠식 역시 이와 같으니, 마음과 함께 화합하여 생한다. 말하자면 저 장식의 처소에서, 갖가지 모든 식이 전변한다, 즉 저 의식으로, 갖가지 대상경계를 사유한다'. 如經 譬如海水變 種種波浪轉 七識亦如是 心俱和合生 謂彼藏識處 種種諸識轉 謂以彼意識 思惟諸相義", "이와 같은 현식(現識)과 칠전식의 여덟 가지 심식에는 오직 생멸하는 무상상(無常相)만 있는가, 실상의 상주상(常住相)도 있는가? 이와 같은 여덟 가지 식은 무시 이래로 삼제(三際)에 움직이지 않고, 사상(四相)으로 변하지 않으며, 진실하고 상주하며, 자성이 청정하고, 파괴되지 않는 것이니 두루 갖추어 원만하여 결함이 없다. 이러한 모든 공덕이 법계와 다름이 없으며, 다름이 없기 때문에 오직 하나의 모습이고, 오직 하나의 모습이기 때문에 무상(無相)이다. 모든 것이 무상이기에 무상 또한 무상이다. 如是現識 及七轉識 八種心識 唯有生滅 無常相耶 亦有實相 常住相耶 如是八識 從無始來 三際不動 四相不遷 眞實常住 自性淸淨 不壞之相 具足圓滿 無所闕失 而如是等 一切功德 同法界故 無有二相 無二相故 唯是一相 唯一相故 亦是無相 皆以無相 故無相亦無相"라고 하였다. 〔참고문헌〕『釋摩訶衍論』.

팔식해징구식류정 八識海澄九識流淨 제8식의 바다는 맑고 구식의 흐름 깨끗하다. 『금강삼매경』(대정장9, p.370b22)에 "저의 심지에서는 팔식의 바다는 맑고 구식의 물결은 깨끗하여 바람이 능히 흔들지 못하고 파랑 또한 일어날 수 없다. 계의 성 허공과 같아서 이를 지킨다 하면 이미 미혹해 무너진 것이다. 如彼心地 八識海澄 九識流淨 風不能動 波浪不起 戒性等空 持者迷倒", 원효(元曉)의 『금강삼매경론』 권2(대정장34, p.989b21)에 "'저의 심지'란 보살의 마음을 말한다. 제법이 공함을 증하여 대지에 들기에 제8식 내의 두 가지 집(我執法執)과 수면과 분별기라는 것 모두 멸진하기에 '팔식의 바다는 맑다'라고 한 것이다. 징(澂)은 징(澄)이다. 무분별지로 본각에 증입하여 지마다에서 증장해 모든 잡염을 여의기에 '구식의 물결은 깨끗하다'라고 한 것이다. 본각이 바로 제9식이기 때문이다. 마음에 분별이 없어 경계에 흔들리지 않기에 '바람이 능히 흔들지 못한다'라고 한 것이다. 흔들지 못하기에 염오의로서 제7식이 일어나지 못하고 '파도가 일어날 수 없다'라고 한 것이다. 如彼心地者 謂菩薩心 證諸法空入大地故 第八識內二執隨眠分別起者皆已滅盡 故言八識海澂 澂者澄也 無分別智證入本覺地地增長離諸雜染 故言九識流淨 本覺正是第九識故 心無分別非境所動 故風不能動 不能動故染七不生 故言波浪不起"라고 하였다. 〔참고문헌〕『金剛三昧經』, 『金剛三昧經論』. ⇨ 팔식 八識 ❷, 암마라식 庵摩羅識

팔신변 八神變 보살의 여덟 가지 신통변화. 팔자재(八自在)라고도 한다. 『법화현의석첨』 권9(대정장33, p.878a10)에 "팔자재란, 『법화현의』에서는 팔신변이라 했고, 『법화경』에서는 팔자재아라 했다. 신변이란, 없다가 홀연히 나타나고 나타나 있다가 홀연히 없어지는 것을 말한다. 자재란 도모하지 않고도 일체를 움직임에 걸림 없음을 말하니, 따라서 『법화경』과 그 의미는 같지만 이름은 조금 다르다. 여기서 경과 논에서 간략히 추려내 그 모양새를 드러낼 것이다. 팔신변이라 말한다면, 첫째는 능소, 둘째는 능대, 셋째는 능경, 넷째는 능자재, 다섯째는 능유주, 여섯째는 능원지, 일곱째는 능동진, 여덟째는 능수의소작이다. 작게 만든다 함은, 자기와 타인의 몸과 세계 등을 티끌처럼 극히 작게 미진처럼 되게 하는 것이다. 크게 또는 가볍게 만드는 능력에 대해서는 앞의 설에 준해 알 수 있을 것이다. 자재하다는 말은, 크거나 작거나 길거나 짧거나 하는 등이다. 능히 주재자(主宰者)가 된다는 것이란, 대인으로 나투지만 내려볼 것이 없다는 것이다. 먼 곳까지 이르는 능력에는 네 가지가 있다. 첫째는 비행하여 이르는 것이고, 둘째는 여기서 사라져 저곳에 나타나는 것이며, 셋째는 가지 않고도 이르는 것이고, 넷째는 일념에 두루 시방에 이르는 것이다. 대지를 흔드는 능력이란, 여섯 가지 또는 열여덟 가지다. 마음먹은 대로 이루는 능력이란, 하나의 몸을 여러 몸으로 화작하고, 산과 벽을 곧바로 지나고, 물과 불 위를 걷거나 허공을 걷고, 사대를 바꾸는 등을 할 수 있는 것이다. 八自在者 大論名八神變 大經名八自在我 言神變者 無而欻有 有而欻無 言自在者 不謀而運一切無礙 故與大論義同而名小異 今略出經論 以顯相狀 言八神變者 一能小 二能大 三能輕 四能自在 五能有主 六能遠至 七能動地 八能隨意所作 言作小者 令自他身及世界等極如微塵 大及輕擧 準說可知 言自在者 謂大小長短等言有主者 現爲大人心無所下 言遠至者 有四種 一 飛到 二 此沒彼出 三 不往而到 四 一念遍到十方 言地動者 謂六及十八 言隨意者 一身多身 山壁直過 履水火蹈虛空 四大互爲等"라고 하였다. 〔참고문헌〕『法華玄義釋籤』. ⇨ 팔종변화자재지용 八種變化自在之用, 팔자재 八自在 ❶

팔심 八心 여덟 가지 마음. 선심(善心)이 순숙해지는 여덟 단계의 마음을 말한다. 첫째 종자심(種子心), 둘째 아종심(牙種心), 셋째 포종심(疱種心), 넷째 엽종심(葉種心), 다섯째 부화심(敷華心), 여섯째 성과심(成果心), 일곱째 수용종자심(受用種子心), 여덟째 영동심(嬰童心)이다. 『대일경소』 권2(대정장39, p.594c8)에 "세간에서 오래되고 아주 먼 때로부터 펴고 구르며 서로 이어온 선법의 이름이 있는데, 이치를 거스르는 마음으로는 갖가지로 추구해도 얻지 못한다. 훗날 홀연히 스스로 '나는 음식을 절제하고 재계를 지켰으니 이것이 선법이다'라고 생각했다. 그러나 아직 불법의 팔관재계는 아니었다. 그것은 음식을 절제하여 스스로를 경계함으로써 일삼는 것이 줄어들고 자신이 먹고 마시는 것에서 쉽게 만족하니 치달려 구하는 노고를 일으키지 않음을 깨달았다. 이때 집착하지 않는 마음이 조금 생기고 마음은 기쁘고 안은하게 되었다. 이러한 이익을 봄으로써 이것을 자주 수습하니 이것이 처음으로 미약하게나마 선악의 인과를 알게 되므로 이를 종자심이라 한다. 世間從久遠來 展轉相承有善法之名 然以違理之心 種種推求而不能得 後時欻然自有念生 我今節食持齋 卽是善法 然猶未是佛法中八關戒也 彼由節食自戒故 卽覺緣務減少 令我飮食易足 不生馳求勞苦 爾時卽生少分不著之心 其心歡喜而得安穩 由見此利益故 數數有修習之 卽是最初微識善惡因果故名種子心也", "경에서 '다시 이것을 인으로 하여 육재일에 부모와 자녀와 친척에게 베푼다. 이것이 둘째 종자가 싹트는 것이다'라고 하였다. 이 육재일은 『대지도론』에서 '상대의 오통선인이 이날 단식하도록 권한 것이다. 선법을 따르니 귀신의 횡액을 면하였다'라고 하였으니 그곳에서 자세하게 설명한 것과 같다. 탐욕을 그치면 안으로 이익을 얻음을 알게 되어 이 법을 수습하여 이익을 증장하고자 하였기에 지재일에 자기 재물을 육신에게 베풀고 스스로 '나는 지켜야할 근심이 없다'고 생각한다. 그리하여 다른 사람이 애경하게 하여 효와 의의 명예를 얻게 된고 이러한 인과를 보고 환희하게 되며 환희하기에 선심이 점차 늘어나니 마치 종자에서 싹이 생기는 것과 같다. 經云 復以此爲因 於六齋日 施與父母男女親戚是第二牙種者 此六齋日 卽是智度中 上代五通仙人 勸令此日斷食 旣順善法 又免鬼神災橫 如彼廣說也 由見止息貪求內獲利樂故 欲修習此法令得增長故 於持齋之日 捨己財物 以與六親 自念我無守護之憂 而令他人愛敬 獲孝義之譽 以見此因果故 轉生歡喜 歡喜故 善心稍增 由如從種子生牙也", "경에서 '다시 이것을 친하지 않은 이들에게도 베푼다'라고 하였다. 이것이 셋째 포종심이다. 이는 재를 지켜 선법을 성취하기 위해 탐욕을 없애고 지혜롭게 베푸는 마음을 수습하고 자주 닦음으로써 선심이 점차 증장하여 친하지 않은 사람들에게도 베푸는 것을 말한다. … 마치 싹과 줄기가 무성하지만 아직 잎이 생기지 않은 때이므로 포종이라 한다. 經云 復以此施授與非親識者 是第三疱種 謂欲成此守齋善法 修習無貪慧捨之心由數習故善心漸增長復能施與非親識人 … 猶如牙莖滋盛未生業時 故名疱種也", "경에서 '다시 이것을 그릇이 크고 덕이 높은 이들에게 베푼다. 이것이 넷째 엽종이다'라고 하였다. … 경에서 '다시 이것을 기꺼이 기악인들에게 베풀고 존숙에게 드린다'고 하였다. 이는 지혜의 성품이 점차 열려 베푸는 대상을 구별하여 이타의 이익을 보는 것이니 … 이것이 화종이다. 經云 復以此施與器量高德者 是第四葉種 … 經云 復以此施 歡喜授與伎樂人等 及獻尊宿者 謂慧性漸開 復甄別所施之境 見其利他之益 … 卽是花種也", "경에서 '다시 이러한 보시로써 친애하는 마음을 일으켜 공양한다. 이것이 여섯째 성과이다'라고 하였다. 이는 수습한 바가 순숙해지고 단지 환희할 뿐 아니라 친애하는 마음으로 존귀한 행을 실천하는 이에게 베푸는 것을 말한다. 또한 앞서 보시한 인연으로 법의 이익을 듣고 그 안에 수승한 덕을 품었음을 알게 된다. 이는 탐욕을 벗어나는 덕을 말하는데 익숙하게 익히고 가까이 하여 공양하면 처음의 종자에 견주자면 열매를 맺는 마음이다. 經云 復以此施 發親愛心而供養之是第六成果者 謂所習醇熟 非直歡喜而已 復能以親愛心

施與尊行之人 又由前施因緣 得聞法利 知彼內懷勝德 謂能出離欲等 狎習親附而供養之 望初種子 卽是成果心也", "경에서 '다시 비밀주여 그가 계를 지켜 천상에 태어나니 이것은 일곱째 수용종자이다'라고 하였다. 지재와 보시를 행할 수 있으면 그 이익을 알아서 삼업이 선하지 않음이 모든 번뇌의 인연임을 아는 것을 말한다. 그리하여 '나는 보시하고 계를 지키며 머물 것이다'라고 생각한다. 계를 지키므로 현세에서 좋은 이익들을 얻고 큰 명예가 있으며 신심이 안락하고 현명과 어짊이 배가되며 목숨이 다하면 천상에 태어난다. 비유하면 씨 뿌린 과실이 성숙하여 그 열매를 받아 쓰는 것과 같다. 그러므로 수용종자라 한다. 復次祕密主 彼護戒生天 是第七受用種子者 謂已能造齋施見其利益 卽知三業不善 皆是襄惱因緣 我當捨之護戒而住 由護戒故 現世獲諸善利 有大名聞 身心安樂 倍復增廣賢善 命終而得生天 譬如種果已成受用其實 故曰受用種子也", "경에서 '비밀주여, 이러한 마음으로 생사를 유전하다가 선한 벗에게 이와 같은 말을 듣는다. 「이들 천과 대천은 온갖 즐거움을 준다. 경건하게 공양하면 온갖 소원을 모두 성취할 수 있다」 이른바 자재천을 말한다 내지는 그는 이와 같이 마음에 즐거움을 품고 은근하게 공경하고 수순하여 수행한다. 비밀주여. 이것은 어리석은 중생이 생사를 유전하며 얻은 두려움 없는 의지처이니 여덟째 영동심이다'라고 하였다. 經云 祕密主 以此心生死流轉 於善友所聞如是言 此是天大天與一切樂者 若虔誠供養 一切所願皆滿 所謂自在天等 乃至彼聞如是心懷慶悅 慇重恭敬隨順修行 祕密主 是名愚童異生生死流轉無畏依第八嬰童心"라고 하였다. 〔참고문헌〕『大日經疏』. ⇨ 팔관 八關, 육재일 六齋日

팔십구위 八十九位 여든아홉 가지 과위(果位). 사문과(沙門果)의 여든아홉 가지 차별적 위상을 말한다. 『순정리론』 권67(대정장29, p.707a19)에 "또한 별도의 뜻에 따라 사문과에 오직 네 가지만 있다고 설하였지만, 만약 별도의 뜻을 버리고 곧바로 법상을 논할 경우 사문과에는 여든아홉 가지가 있는데 이들은 모두 해탈도와 택멸을 자성으로 한다. 즉 삼계번뇌를 영구히 끊기 위해 여든아홉 가지 무간도를 일으켜야 하는데, (이 무간도 중) 견도로 거두는 바의 수로는 여덟 가지가 있으니 법류지인에 각각 네 가지가 있지 때문이며, 수도로 거두는 수로는 여든한 가지가 있으니 구지(九地)에 각각 아홉 가지 무간도가 있기 때문이다. 이 여든아홉 가지 무간도는 오직 사문성일 뿐인데 이 사문성은 무간도에 의해 생겨난다. 여든아홉 가지 해탈도 또한 유위의 사문과이기도 하니 이는 그 무간도의 등류과이고 사용과이기 때문이다. 亦由別意說沙門果唯有四種 若廢別意直論法相 卽沙門果有八十九 皆解脫道擇滅爲性 謂爲永斷三界煩惱 有八十九無間道起 見道所攝其數有八 法類智忍各有四故 修道所攝有八十一 九地各九無間道故 此八十九唯沙門性 此沙門性無間所生 八十九解脫道亦有爲沙門果 是彼等流士用果故"라고 하였다. 〔참고문헌〕『順正理論』.

팔십사법 八十四法 성실종(成實宗)에서 일체(一切)를 네 무더기(四聚)의 여든네 가지 법으로 분류한 것. 색법(色法)에 열네 가지, 심(心法)에 오십 가지, 비색비심법(非色非心法 : 不相應行法)에 열일곱 가지, 무위법(無爲法)에 세 가지를 거둔다. 『사분율행사초간정기』 권9(卍속장68, p.592a16)에 "성실종에서는 네 갈래로 모아서 팔십사법을 거둔다. 첫째는 색취다. 오근 · 오진 · 사대를 말한다. 따라서 『성실론』 권3(대정장32, p.261a8)에서 '색이란, 사대와 사대를 인으로 한 법이다'라고 하였다. 둘째는 심취다. 첫 번째 것은 식료총상이고, 두 번째 것은 상(想)으로서 상(像)을 취하는 것이고, 세 번째 것은 수(受)로서 영납하는 것이고, 네 번째 것은 행(行)으로서 천류하는 것인데 (나머지) 서른여섯 가지 심소를 조작한다. (심소를) 나누면 여섯 (하위) 범주가 된다. 통수에는 열 가지가 있으니, 촉 · 사 · 염 · 욕 · 희 · 신 · 근 · 억 · 각 · 관이 그것이다. 선품에는 열 가지가 있으니, 무탐 · 무진 · 무치 · 참 · 괴 · 정 · 혜 · 기 · 사 · 불방일이 그것이다. 구(垢)에는 여섯 가지가 있으니, 뇌 · 해 · 한 · 첨 · 광 · 교가 그것이다. 전(纒)에는 열 가지가 있으니, 무참 · 무괴 · 질 · 간 · 추회 · 수면 · 도거 · 혼침 · 분 · 복이 그것이다. 오둔사로서 탐 · 진 · 치 · 만 · 의가 있다. 오리사로서 신견 · 변견 · 사견 · 견취 · 계금취가 있다. 셋째는 불상응취다. 열일곱 가지 법이 있으니, 득 · 비득 · 동분 · 명근 · 무상정 · 무상과 · 멸진정 · 생 · 주 · 이 · 멸 · 명신 · 문신 · 구신 · 노 · 사 · 범부법무작이 그것이다. 넷째는 무위취다. 세 가지가 있으니, 허공 · 택멸 · 비택멸이 그것이다. 成宗四聚收八十四法 一 色聚 十四法 謂五根五塵四大 故論云 色者 四大及四大所因成法也 二 心聚 初識了總相 二想取像 三受領納 四行遷流 造作有三十六心所 分爲六位 通數有十 謂觸 思 念 欲 喜 信 勤 憶 覺 觀 善品有十 謂無貪 無嗔 無癡 慚 愧 定 慧 猗 捨 不放逸 垢有六 謂惱 害 恨 諂 誑 憍 纏有十 謂無慚 無愧 嫉 慳 追悔 睡眠 掉擧 昏沉 忿 覆 五鈍使 謂貪 嗔 癡 慢 疑 五利使 爲身見 邊見 邪見 見取 戒禁取 三 不相應聚 有十七法 謂得 非得 同分 命根 無想定 無想果 滅盡定 生 住 異 滅 名身 文身 句身 老 死 凡夫法無作 四 無爲聚 有三 謂虛空 擇滅 非擇滅"라고 하였다. 〔참고문헌〕『四分律行事鈔簡正記』, 『成實論』. ⇨ 오위칠십오법 五位七十五法, 성실종 成實宗

팔십사인선지식 八十四人善知識 마조도일(馬祖道一) 문하에서 배출된 선지식. 『백장어록』(고존숙어록1(卍속장118, p.163a16)에 "위산이 앙산에게 물었다. '마조는 팔십사인의 선지식을 배출했는데 몇 사람이나 대기를 얻었고 몇 사람이나 대용을 얻었는가?' '백장이 대기를 얻었고, 황벽이 대용을 얻었습니다. 그 나머지는 모두 도를 알리는 선사들입니다' '그렇다. 그래!' 潙山云 馬祖出八十四人善知識 幾人得大機 幾人得大用 仰山云 百丈得大機 黃檗得大用 餘者盡是 唱道之師 潙山云 如是如是"라고 하였다. 〔참고문헌〕『百丈語錄』.

팔십사태 八十四態 사람을 미혹시켜 불도를 얻지 못하게 하는 여인의 여든네 가지 자태. 여인팔십사태(女人八十四態)라고도 한다. 『대애도비구니경』 권하(대정장24, p.953c24)에 "여인이 도를 구함에 앉아만 있을 뿐 밖으로 팔십사태 드러내면 도리어 스스로 몸을 얽어매니, 팔십사태에 떨어짐 있는 이는 마치 매우 깊은 바다에 들어가면 반드시 그 몸 가라앉음과 같지만, 능히 이 팔십사태 없앰 있는 이는 곧바로 아라한이라 할 수 있다. 女人求道 但坐外八十四態 還自纏身 有墮八十四態者 如入大深海 必沒其身 有能除此八十四態者 卽是阿羅漢也", 『삼미륵경소』(대정장38, p.321c17)에 "팔사태란 여인이 내심 아양을 떠는 모습이다. 『대본경』에서 여인들의 84종 자태라고 했으니, 이 경에서 팔사라고 한 말은 잘못이다. 『태자오몽경』에 이르길 '보살이 보리수 아래에 있을 때 마왕이 시험해 보려고 천녀 3인을 보냈다. 3인이 부처님께 오자 부처님께서는 사람의 추한 질병의 84가지 모습이 마치 꽃병에 똥이 가득 담긴 것과 같음을 설해 주셨다. 이때 여인들은 부끄러워하며 모두 노모의 모습으로 변했다' 하였다. 八四態者 女人內心 諂媚相也 大本經云 諸婦人八十四態 此經云八四者 誤也 太子五夢經云 菩薩在樹下時 魔王欲試 遣天女三人 三人往詣佛 佛爲說人穢病八十四態 如畫瓶盛糞 爾時 女人等慚愧 皆變成老母"라고 하였다. 〔참고문헌〕『大愛道比丘尼經』, 『三彌勒經疏』. ⇨ 여인팔십사태 女人八十四態

팔십생위선지식 八十生爲善知識 팔십생을 거친 선지식. 과거세 팔십생을 지나 금생에 태어나 뛰어난 선지식이 되었다는 말. 원오극근(圜悟克勤)이 선종(禪宗)의 6조 혜능(慧能)을 칭송하는 송에 나오는 구절이다. 『원오어록』 권20(대정장47, p.807b7)에 "육조대사 : 조계의 참되신 옛 부처에게 머리 숙이오니, 팔십생을 선지식 되신 분이라네. 속세의 문자와 글 알지 못함을 보이시더니 입에서 나오는 대로 장구 이루어 법의 굴마다 사무치셨네. 잎 떨어져 뿌리로 돌아가길 수백년 동안, 견고한 법신은 소석에 눌러앉아 계셨다네. 六祖大師 稽首曹溪眞古佛 八十生爲善知識 示現不識世文書 信口成章徹法窟 葉落歸根數百秋 堅固之身鎭韶石", 『운산법회록』(卍속장125, p.981b12)에 "육조는 팔십생을 선지식이셨다가 문자도 알지 못하는 모습으로 나타나 오직 견성의 법문만 보여 그 도를 크게 펼쳤다. 영가는 '여섯 세대 동안 가사를 전수한 전통은 천하에 잘 알려졌고, 후인들 도를 증득한 이들도 셀 수 없었다'라고 하였는데, 조계문하에서 도를 증득한 이들이 숲을 이룰 정도로 많았다. 앞서 달마 이후에 한 세대에 오직 한 사람에게만 전하다가 육조에 이르러 가사와 발우 전수를 그만 두고서부터 그 법 널리 전수되었다. 六祖 八十生爲善知識 示不識文字 唯開見性法門 其道大振 永嘉云 六代傳衣天下聞 後人得道無窮數 曹溪門下 得道如林 先是達摩以來 唯人傳一人 至六祖止其衣鉢 其法普傳"라고 하였다. 〔참고문헌〕『圜悟語錄』, 『雲山法會錄』. ⇨ 혜능 慧能

팔십소겁 八十小劫 20소겁이 성주괴공하여 1대겁이 되는 뜻. 『법원주림』 권1(대정장53, p.270a11)에 "어찌하여 팔십소겁을 일대겁이라 하는가? 『불설겁중세계경』에서 다음과 같이 말한다. 이십소겁 동안 파괴되고, 다음 이십소겁 동안 파괴되어 비어있으며, 다음 이십소겁 동안 생겨서 이루어진다. 云何八十小劫名一大劫 佛說劫中世界經云 二十小劫壞 次經二十小劫壞已空 次經二十小劫起成"라고 하였다. 〔참고문헌〕『法苑珠林』. ⇨ 소겁 小劫, 대겁 大劫

팔십송율 八十誦律 80차례 송출(誦出)한 근본율장(根本律藏). 불멸후 제자들이 삼장(三藏)을 결집할 때 우파리(優婆離 Ⓢ Upāli)비구는 일하(一夏)의 기간에 80회 율장을 송출하였으므로 이렇게 말한다. 그 뒤 『사분율 四分律』과 『오분율 五分律』 등 갖가지 율이 여기서 갈라져 성립되면서 이 근본율은 사라졌다. 팔십부율(八十部律)·팔십부비니장(八十部毘尼藏) 등이라고도 한다. 『사분율행사초자지기』 권상(대정장40, p.169c23)에 "여래께서 입멸하신 뒤 가섭이 결집하여 팔십송율로 삼았다. 다섯 율사가 서로 이어온 백년 동안 지파는 전혀 없었는데 후에 쟁계로 인하여 마침내 다섯 종파로 나누어졌다. 그러나 한 가지 원류의 가지에서 나온 이상 반드시 하나의 근본으로 돌아갈 수밖에 없다. 그러므로 '진실로 하나의 문'이라고 해야 한다. 如來滅後 迦葉結集 爲八十誦律 五師相繼 一百來年 並無支派 後因諍計 遂分五宗流 旣出於一源枝 必歸於一本 故云實一文也", 『비니지지회집』 권1(卍속장61, p.667a6)에 "우파리가 결집한 팔십송율이 모든 부파의 시조가 되었으므로 비조라 한다. 波離結集 八十誦律 爲諸部之始祖 故曰鼻祖也", 『사교의주휘보보굉기』 권3상(卍속장102, p.374b2)에 "우파리존자가 여름 한 철 80차례 법좌에 올라 송출하였으므로 팔십송율이라 한다. 優波離尊者 一夏八十度升座誦出 故曰 八十誦律"라고 하였다. 〔참고문헌〕『四分律行事鈔資持記』, 『毗尼止持會集』, 『四教儀註彙補輔宏記』. ⇨ 율장 律藏, 우파리결집율장 優婆離結集律藏

팔십신 八十神 세간에서 중생들이 모시는 신들. 36권본『대반열반경』권22(대정장12, p.752a17)에 "세간에 어떤 중생들은 팔십신 모신다. 무엇이 팔십인가? 십이일·십이대천·오대성·북두·마천·행도천·바라타발사천·공덕천·이십팔수·지천·풍천·수천·화천·범천·누타천·인제천·구마라천·팔비천·마혜수라천·반사라천·귀자모천·사천왕천·조서천·바수천이니 이들을 팔십이라 이름한다. 이 중생들을 위하여 팔십호를 닦아 스스로 장엄함을 보살의 청정한 몸이라고 이름한다. 어째서인가? 이 팔십천은 일체중생이 믿고 엎드리는 바이니 이 때문에 보살이 팔십호를 닦으면 그 몸이 부동하여 저 중생들로 하여금 그 믿는 바 따라 각각 얻어 보며, 보고 나서 존경하여 각각 아누다라삼먁삼보리심을 발한다. 이 뜻 때문에 보살마하살은 깨끗한 몸을 닦는다. 世有衆生 事八十神 何等八十 十二日 十二大天 五大星 北斗 馬天 行道天 婆羅墮跋闍天 功德天 二十八宿 地天 風天 水天 火天 梵天 樓陀天 因提天 拘摩羅天 八臂天 摩醯首羅天 半闍羅天 鬼子母天 四天王天 造書天 婆藪天 是名八十 爲此衆生 修八十好 以自莊嚴 是名菩薩淸淨之身 何以故 是八十天 一切衆生之所信伏 是故 菩薩修八十好 其身不動 令彼衆生 隨其所信 各各得見 見已宗敬 各發阿耨多羅三藐三菩提心 以是義故 菩薩摩訶薩修於淨身",『법화문구기』권6(대정장34, p.256a8)에 "또 팔십종호는『대경』의 글에 준하면, 부처님의 상호는 무량하지만 이 응신과 색신 중에는 오직 팔십뿐이니, 세간의 중생은 팔십신을 모시기에 부처님께서도 갖추시게 하여 존경을 생한다. 又八十種好 準大經文 佛好無量 此應色中 唯八十者 世間衆生 事八十神 故佛具之 以生尊敬",『금광명경조해』권상(卍속장31, p.782b3)에 "팔십신이란 소위 십이대천·오대성·이십팔수·풍천·수천·화천·공덕천·대범천·사왕천·수라천·귀자모천 등이다. 八十神者 所謂 十二大天 五大星 二十八宿 風水火天 功德 大梵 四王 首羅 鬼子母等"라고 하였다.〔참고문헌〕『大般涅槃經』,『法華文句記』,『金光明經照解』.

팔십옹옹입장옥 八十翁翁入場屋 여든 살 노인 과거시험장에 들다. 사무쳐 생사라는 큰 일(大事) 마칠 때까지 늘 얻은 바 없는(無所得) 처음 마음으로 행하는 뜻이다.『연등회요』권22「운거도응장 雲居道膺章」(卍속장136, p.797b13)에 "여든 살 늙은이가 과거시험장에 드니, 진심으로 어린아이 장난이 아니라네. 한 마디라도 어긋난다면, 고향에서 아득히 멀어지리라. 八十翁翁入場屋 眞誠不是小兒戲 一言若差 鄕關萬里",『원오어록』권10(대정장47, p.757c29)에 "만약 정수리에 눈 달린 납승이라면 삼천리 밖에서도 실마리를 가려낼 것이며, 작가로서 단련한 종사라면 학인이 뱃전에 발을 걸치기 전에 벌써 전할 것이다. 그런 까닭에 '여기서는 여든 살 늙은이가 과거시험장에 드니, 어린아이 장난이 아니다'라고 한다. 누구나 금강정안 갖춘 이라야 비로소 옳다. 밝은 눈 사람은 소굴에 빠질 일 없으니 다만 목전에 저 작은 것 되씹으며 가고 머물 뿐이다. 若是具頂門上眼底衲僧 三千里外別端倪 有作家鑪鞴底宗師 未跨船舷已分付 所以道 箇裏是八十翁翁入場屋 不是小兒戲 箇箇須是 具金剛正眼漢始得 明眼漢沒窠臼 只露目前些子 咬去咬住",『서장』「답소산체장로장 答鼓山逮長老狀」(대정장47, p.942c1)에 "마치 백이십 근의 짐을 짊어지고 외나무 다리를 건너는 일과 같으니 다리를 헛디디거나 손 놓으면 자기 목숨도 보전할 수 없는데 하물며 또 남에게 박힌 못과 망상의 쐐기를 뽑아주어 타인을 구제하려 하겠는가! 그래서 고덕은 '이 일 마치 여든 살 늙은이가 과거시험장에 들듯 해야 하니 어찌 어린아이 장난이겠는가!'라고 하였던 것이다. 如擔百二十斤擔子 從獨木橋上過 脚蹉手跌 則和自家性命不可保 況復與人抽釘拔楔 救濟他人耶 古德云 此事 如八十翁翁入場屋 豈是兒戲"라고 하였다.〔참고문헌〕『聯燈會要』,『圜悟語錄』,『書狀』.

팔십일과 八十一科 81과(科)로 드러낸 반야(般若)의 명상(名相)들.『금강경과의회요주해』권2(卍속장92, p.279a8)에 "반야의 큰 가르침 육백여 권은 불여래의 금구로 전하신 말씀이다 : 이 한 절은 이에 강요 다 끌어모은 문의 뜻이다. 모두 602권에 총 12만 게송으로 구성되어 있는 팔부 반야는 오직 하나 반야대지를 81과로 펴 설해서 진공의 이치만을 오롯이 드러내었음을 밝혔다. 般若大敎 六百餘卷 佛如來金口宣 此一節 乃提綱之文義 發明八部般若 共六百有二卷 總二十萬偈頌 唯一般若大智 演說八十一科 獨顯眞空之理也"라고 하였다.『대장일람』권3(가흥장21, p.487b24)에 다음과 같이 시설했다. 오온(五蘊)·육근(六根)·육진(六塵)·육식(六識)·육촉(六觸)·육연소생(六緣所生)·사연(四緣)·육대(六大)·십이인연(十二因緣)·육도(六度)·아자(我者)·생자(生者)·수자(壽者)·명자(命者)·유정자(有情者)·양육자(養育者)·중수자(衆數者)·작자(作者)·사작자(使作者)·기자(起者)·사기자(使起者)·수자(受者)·사수자(使受者)·견자(見者)·지자(知者)·이십공(二十空)·사제(四諦)·진여(眞如)·법계(法界)·법성(法性)·불허망성(不虛妄性)·불변이성(不變易性)·평등성(平等性)·이생성(離生性)·법정(法定)·법주(法住)·실제(實際)·허공계(虛空界)·불사의계(不思議界)·사정려(四靜慮)·사무량(四無量)·사무색정(四無色定)·팔해탈(八解脫)·팔승처(八勝處)·구차제정(九次第定)·사념처(四念處)·사정근(四正勤)·십변처(十遍處)·사신족(四神足)·오근(五根)·오력(五力)·칠각지(七覺支)·팔성도지(八聖道支)·팔해탈문(空解脫門)·무상해탈문(無相解脫門)·

무원해탈문(無願解脫門)·보살십지(菩薩十地)·오안(五眼)·육통(六通)·십력(十力)·사무외(四無畏)·사무애해(四無礙解)·대자(大慈)·대비(大悲)·대희(大喜)·대사(大捨)·십팔불공법(十八不共法)·무망실법(無忘失法)·항주사성(恒住捨性)·일체지(一切智)·도상지(道相智)·일체상지(一切相智)·일체다라니문(一切陀羅尼門)·일체삼마지문(一切三摩地門)·예류과(預流果)·일래과(一來果)·불환과(不還果)·아라한과(阿羅漢果)·독각보리(獨覺菩提)·일체보살마하살행(一切菩薩摩訶薩行：自覺覺他)·제불무상정등보리(諸佛無上正等菩提：因圓果滿)이다. 〔참고문헌〕『金剛科儀會要註解』, 『大藏一覽』. ⇨ 반야 般若 ❶

팔십일법 八十一法 『대반야경』에서 설하는 81법. 반야진공의 상들이다. 『반야심경사관해』 권상(卍속장92, p.939b15)에 "첫째는 세간법이 삼과와 더불어 35조목이고, 둘째는 출세법이 삼문으로 함께 18로 다 거둬 53이다. 셋째 육입을 더하면 사과라 한다. 인연 중에서 생기환멸 두 문을 열고, 지로 앞의 십바라밀을 더하면 81법이 된다. 경문에 나아가 밝히면 다음과 같다. 첫째는 오온, 둘째는 오고, 셋째는 칠액난, 넷째는 육상, 다섯째는 십이처, 여섯째는 십팔계, 일곱째는 십이인연, 여덟째는 사제, 아홉째는 이공행, 열째는 삼심, 열한째는 이과, 열두째는 오주로 이 또한 총 81법이며, 모두 반야진공의 상이다. 一 世間法 三科 共三十五 二 出世法 三門 共十八 總五十三 若加六入 名四科 因緣中 開生起還滅二門 智得前加十度 卽成八十一法 就經文明 一 五蘊 二 五苦 三 七厄難 四 六相 五 十二處 六 十八界 七 十二因緣 八 四諦 九 二空行 十 三心 十一 二果 十二 五呪 亦有八十一法 皆是般若眞空相也"라고 하였다. 〔참고문헌〕『般若心經事觀解』, 『法華經玄贊要集』 권8(卍속장53, p.674a7). ⇨ 대반야경 大般若經

팔십일용왕 八十一龍王 경전에 등장하는 많은 용왕들 중 유력한 용왕들을 81종으로 추려 보인 것. *Mahāvyutpatti*(飜譯名義大集)를 출전으로 하며, 그에 따라 살피면 다음과 같다. ① 호라용왕(護螺龍王 Ⓢ Śankha-pāla, Ⓣ Dung-skyong)：호패용왕(護貝龍王)·상거용왕(商佉龍王) 등이라고도 한다. ② 역행용왕(力行龍王 Ⓢ Karkoṭaka, Ⓣ sTobs-kyi rgyu). ③ 구극용왕(具極龍王 Ⓢ Kulika, Ⓣ Rigs-ldan). ④ 연화용왕(蓮花龍王 Ⓢ Padma, Ⓣ Pad-ma). ⑤ 대연화용왕(大蓮花龍王 Ⓢ Mahāpadma, Ⓣ Pad-ma-chen-po). ⑥ 광재용왕(廣財龍王 Ⓢ Vāsuki, Ⓣ Nor-rgyas). ⑦ 무변용왕(無邊龍王 Ⓢ Ananta, Ⓣ mTha'-yas)：무량행용왕(無量行龍王)이라고도 한다. ⑧ 안지용왕(安止龍王 Ⓢ Takṣaka, Ⓣ 'Jog-pa). ⑨ 수신용왕(水神龍王 Ⓢ Varuṇa, Ⓣ Chu-lha)：수천용왕(水天龍王)이라고도 한다. ⑩ 수수용왕(水獸龍王 Ⓢ Makara, Ⓣ Chu-srin). ⑪ 해용왕(行龍王 Ⓢ Lambuka, Ⓣ 'Phang-ba：垂行龍王)：수행용왕(垂行龍王)이라고도 한다. ⑫ 해용왕(海龍王 Ⓢ Sāgara, Ⓣ rGya-mtsho)：사가라용왕(娑伽羅龍王)이라고도 한다. ⑬ 아나바달다용왕(阿那婆達多龍王 Ⓢ Anavatapta, Ⓣ Ma-dros-pa)：무열용왕(無熱龍王)이라고도 한다. ⑭ 청백용왕(靑白龍王 Ⓢ Piṅgala, Ⓣ Ser-skya)：황색용왕(黃色龍王)이라고도 한다. ⑮ 희용왕(喜龍王 Ⓢ Nanda, Ⓣ dGa'-ba)：난다용왕(難陀龍王)이라고도 한다. ⑯ 묘수용왕(妙手龍王 Ⓢ Subāhu, Ⓣ Lag-bzang). ⑰ 출음용왕(出音龍王 Ⓢ Nardana, Ⓣ sGra-'byin)：시음성용왕(施音聲龍王)이라고도 한다. ⑱ 묘안용왕(妙眼龍王 Ⓢ Citrākṣa, Ⓣ Mig-bkra)：보화용왕(寶華龍王)이라고도 한다. ⑲ 음후용왕(音吼龍王 Ⓢ Rāvaṇa, Ⓣ sGra-sgrogs). ⑳ 청명용왕(靑明龍王 Ⓢ Pāṇḍu, Ⓣ sKya-bseng). ㉑ 충행용왕(蟲行能王 Ⓢ Kṛmi, Ⓣ sRin-bu). ㉒ 라용왕(螺龍王 Ⓢ Śaṅkha, Ⓣ Dung)：상거용왕(商佉龍王)·해패용왕(海貝龍王) 등이라고도 한다. ㉓ 명백용왕(明白龍王 Ⓢ Pāṇḍuraka, Ⓣ dKar-gsal)：결백용왕(潔白龍王)·백정용왕(白淨龍王) 등이라고도 한다. ㉔ 흑색용왕(黑色龍王 Ⓢ Kāla, Ⓣ Nag-po). ㉕ 조색용왕(皂色龍王 Ⓢ Upakāla, Ⓣ Nye-nag)：청화용왕(靑花龍王)·연색용왕(蓮色龍王) 등이라고도 한다. ㉖ 산용왕(山龍王 Ⓢ Girika, Ⓣ Ri-bo). ㉗ 무력용왕(無力龍王 Ⓢ Abala, Ⓣ sTobs-med). ㉘ 작락용왕(作樂龍王 Ⓢ Śaṅkāra, Ⓣ bDe-byed). ㉙ 묘행용왕(妙行龍王 Ⓢ Bhāṇḍa, Ⓣ sBrang-srel)：잡행용왕(雜行龍王)이라고도 한다. ㉚ 취오용왕(取五龍王 Ⓢ Pañcāla, Ⓣ lNga-len)：오두용왕(五頭龍王)이라고도 한다. ㉛ 구시용왕(具時龍王 Ⓢ Kālika, Ⓣ Dus-can). ㉜ 미소용왕(微小龍王 Ⓢ Kiṃcanaka, Ⓣ Chung-zad-pa). ㉝ 구력용왕(具力龍王 Ⓢ Balika, Ⓣ sTobs-ldan, sTobs-can). ㉞ 구용왕(具龍王 Ⓢ Uttara, Ⓣ Lhag-ma)：구침용왕(具枕龍王)이라고도 한다. ㉟ 대상용왕(大象龍王 Ⓢ Mātaṅga, Ⓣ gLang-po-che). ㊱ 양용왕(羊龍王 Ⓢ Ela, Ⓣ Lug). ㊲ 구독용왕(具毒龍王 Ⓢ Sāgara, Ⓣ Dug-can). ㊳ 근주용왕(近主龍王 Ⓢ Upendra, Ⓣ Nye-dbang). ㊴ 근인용왕(近人龍王 Ⓢ Upanara, Ⓣ Mi-dang-nye)：인용왕(人龍王)이라고도 한다. ㊵ 양색용왕(羊色龍王 Ⓢ Ela-varṇa, Ⓣ Lug-mdog). ㊶ 산채용왕(山綵龍王 Ⓢ Citra, Ⓣ Ris-bkra)：화채용왕(花綵龍王)이라고도 한다. ㊷ 오자용왕(悟子龍王 Ⓢ Rāghava, Ⓣ rTogs-pa). ㊸ 상액용왕(象腋龍王 Ⓢ Hasti-kaccha, Ⓣ gLang-po-che'i mchan). ㊹ 야랄답용왕(耶剌答龍王 Ⓢ Elā-pattra, Ⓣ Le'i 'dab). ㊺ 아복렬자용왕(啞卜咧子龍王 Ⓢ

Āmra-tīrtha, Ⓣ Amra'i-bu). ㊻ 불류곡의용왕(不留穀衣龍王 Ⓢ Apalāla, Ⓣ Sog-ma-med). ㊼ 생즘파용왕(生怎巴龍王 Ⓢ Cāmpeya, Ⓣ Tsam-pa skyes) : 담복용왕(薝蔔龍王)이라고도 한다. ㊽ 살용왕(殺龍王 Ⓢ Alika, Ⓣ Khra) : 응용왕(鷹龍王)이라고도 한다. ㊾ 작해탈용왕(作解脫龍王 Ⓢ Pramokṣaka, Ⓣ Shin-tu-thar-byed) : 영해탈용왕(令解脫龍王)이라고도 한다. ㊿ 작만용왕(作滿龍王 Ⓢ Sphoṭana, Ⓣ Rgyas-byed) : 영만용왕(令滿龍王)이라고도 한다. ⑤① 근이희제형용왕(近二喜第兄龍王 Ⓢ Nandopananda, Ⓣ dGa' dang Nye-dga' gnyis) : 영선여선희제형이용왕(令善與善喜弟兄二龍王)·난다우파난다이용왕(難陀優波難陀二龍王) 등이라고도 한다. ⑤② 호로륙용왕(戶魯陸龍王 Ⓢ Hullura, Ⓣ Hu-lu-ru) : 호루다용왕(呼婁荼龍王)이라고도 한다. ⑤③ 명견용왕(明見龍王 Ⓢ Huluka, Ⓣ gSal-mthong). ⑤④ 인용왕(人龍王 Ⓢ Paṇḍara, Ⓣ sKya-bo) : 인치용왕(人値龍王)이라고도 한다. ⑤⑤ 아라팔용왕(阿羅叭龍王 Ⓢ Aravāḍa, Ⓣ brTsegs-rgyas) : 즉랄용왕(卽辣龍王)이라고도 한다. ⑤⑥ 찰이결용왕(咱而結龍王 Ⓢ Śīrṣaka, Cicchaka, Ⓣ brTsibs-ra, bSags-rgyas). ⑤⑦ 묘원용왕(妙園龍王 Ⓢ Paravāḍa, Ⓣ Rab-bzang). ⑤⑧ 견위용왕(見威龍王 Ⓢ Manasvin, Ⓣ gZi-can). ⑤⑨ 근중용왕(近重龍王 Ⓢ Śabala, Ⓣ Nyi-lcibs). ⑥⓪ 우발라용왕(優鉢羅龍王 Ⓢ Utpalaka, Ⓣ Ut-pa-la). ⑥① 증장용왕(增長龍王 Ⓢ Vardhamānaka, Ⓣ 'Phel-ba-po). ⑥② 구의용왕(具意龍王 Ⓢ Buddhika, Ⓣ bLo-can). ⑥③ 구지갑용왕(具指甲龍王 Ⓢ Nakhaka, Ⓣ Sen-mo-can) : 구지조용왕(具指爪龍王)이라고도 한다. ⑥④ 이양상취용왕(二羊相聚龍王 Ⓢ Ela-mela, Ⓣ Lug dang 'du-ba gnyis) : 양여취이용왕(羊與聚二龍王)이라고도 한다. ⑥⑤ 평등용왕(平等龍王 Ⓢ Acyuta, Ⓣ Ma-nyams-pa). ⑥⑥ 감파랄여아삭답랄이용왕(甘巴剌與啞朔荅剌二龍王 Ⓢ Kambalāśvatara, Ⓣ Kam-ba-la dang a-shva-ta-ra gnyis). ⑥⑦ 최견명용왕(最見明龍王 Ⓢ Sudarśana, Ⓣ Shin-tu mthong-ba). ⑥⑧ 융집용왕(融集龍王 Ⓢ Parikūṭa, Ⓣ Yongs-su brtsegs-pa). ⑥⑨ 묘색용왕(妙色龍王 Ⓢ Sumukha, Ⓣ bShin-legs) : 선면용왕(善面龍王)이라고도 한다. ⑦⓪ 경면용왕(鏡面龍王 Ⓢ Ādarśa-mukha, Ⓣ Me-long-gtong). ⑦① 지향용왕(持香龍王 Ⓢ Gandhāra, Ⓣ sPos-'dzin). ⑦② 공행용왕(空行龍王 Ⓢ Dramiḍa, Ⓣ 'Gro-ldin g). ⑦③ 신력용왕(神力龍王 Ⓢ Bala-deva, Ⓣ sTobs-lha, sTobs-can) : 천력용왕(天力龍王)이라고도 한다. ⑦④ 감파랄용왕(甘巴剌龍王 Ⓢ Kambala, Ⓣ Kam-ba-la) : 감바라용왕(甘婆羅龍王)이라고도 한다. ⑦⑤ 산수용왕(山手龍王 Ⓢ Śaila-bāhu, Ⓣ Brag-lag). ⑦⑥ 포외용왕(怖畏龍王 Ⓢ Vibhīṣaṇa, Ⓣ rNam-par 'jig-byed). ⑦⑦ 선홍용왕(鮮紅龍王 Ⓢ Gaṅgā, Ⓣ Gang-ga) : 긍가용왕(殑伽龍王)·항하용왕(恒河龍王) 등이라고도 한다. ⑦⑧ 세답용왕(細荅龍王 Ⓢ Sindhu, Ⓣ Sin-dhu) : 신도용왕(信度龍王)·신두용왕(辛頭龍王)이라고도 한다. ⑦⑨ 세대용왕(細大龍王 Ⓢ Sītā, Ⓣ Sī-tā) : 사다용왕(徙多龍王·私多龍王)이라고도 한다. ⑧⓪ 팔속용왕(叭束龍王 Ⓢ Pakṣu, Ⓣ Pag-shu, Si-shu) : 박추용왕(縛芻龍王)이라고도 한다. ⑧① 길상용왕(吉祥龍王 Ⓢ Maṅgala, Ⓣ bKra-shis). 〔참고문헌〕 *Mvyut.168.* ⇨ 용왕 龍王

팔십일품사혹 八十一品思惑 삼계(三界)의 구지(九地)에 각각 구품(九品)의 사혹(思惑)이 있어 모두 팔십일품이다. 『화엄경소초』 권82(대정장36, p.647c24)에 "만약 수도위에서 끊는 삼계의 구지로 보면 지위 하나하나마다 구품의 혹이 있어서 팔십일품이 된다. 若修所斷三界九地 地地有九 成八十一品", 『구사론송소론본』 권1(대정장41, p.818c3)에 "가령 삼계의 구지는 지지마다에 구품의 번뇌가 있으니 구지의 구품이 합하여 팔십일품이다. 일품혹을 끊으면 일품택멸을 증하고, 나아가 팔십일품을 끊으면 팔십일품택멸을 증한다. 그러므로 체는 각각 다르다. 且如三界九地 地地有九品煩惱 九九八十一品 斷一品惑 證一品擇滅 乃至斷八十一品 證得八十一品擇滅 故體各別也", 『청관음경소천의초』 권3(대정장39, p.995c5)에 "처처구품이라는 말은 삼계의 구지 각각에 있는 구품이니, 모두 팔십일품의 사혹이라는 뜻이다. 處處九品者 三界九地各九品 共八十一品思惑也", 체관(諦觀)의 『천태사교의』(대정장46, p.776c4)에 "사혹을 밝힌다. 여기에는 팔십일품이 있다. 삼계를 구지로 나누는데 욕계 합하여 하나의 지이고 사선과 사정을 여덟로 삼아 모두 구지가 된다. 욕계의 한 지중에 구품의 탐진치만이 있다. 구품이란 상상·상중·상하와 중상·중중·중하와 하상·하중·하하가 있다. 상의 팔지 각각에 구품이 있고 그중 진의 번뇌는 제하므로 팔십일이 된다. 明思惑者 有八十一品 謂三界分爲九地 欲界合爲一地 四禪四定爲八 共爲九地 欲界一地中 有九品貪瞋癡慢言九品者 上上上中上下 中上中中中下 下上下中下下 上八地各有九品 除瞋使 故成八十一也"라고 하였다. 〔참고문헌〕 『華嚴經疏鈔』, 『俱舍論頌疏論本』, 『請觀音經疏闡義鈔』, 『天台四教儀』, 『摩訶止觀』 권6상(대정장46, p.70a9). ⇨ 구품혹 九品惑, 견사혹 見思惑, 구지구품사혹 九地九品思惑, 사혹 思惑, 삼계구지 三界九地

팔십종호 八十種好 Ⓢ aśīty-anuvyañjana, Ⓟ asīti-anuvyañjana, Ⓣ dpe-byad-bzang-po-brgyad-cu. 불보살의 신체에 갖추어진 여든 가지 뛰어난 모습. 팔십수형호(八十隨形好)·팔십수호(八十隨好)·팔십미묘종호(八十微妙種好)·팔십종소상(八十種小相)·덕호팔십

장(衆好八十章) 등이라고도 한다. 불보살의 신체에 갖추어진 뛰어난 용모와 형상 가운데 두드러지게 보이는 32가지를 삼십이상(三十二相)이라 하고, 미세하고 은밀하여 잘 나타나지 않는 80가지는 팔십종호라 한다. 양자를 합하여 상호(相好)라 부른다. 전륜성왕(轉輪聖王)도 삼십이상을 갖추었지만 팔십종호는 오직 불보살이라야 빠짐없이 갖출 수 있다. 팔십종호의 순서와 이름은 〈표〉와 같다. 『보살선계경』 권9(대정장30, p.1009c8)에 "팔십종호는 다음과 같다. 손가락과 발가락 스무 개를 이십호(二十好)라 하며, 손과 발의 안쪽과 바깥쪽 여덟 곳이 평평하고 풍만하며, (양쪽) 복사뼈·무릎·넓적다리 여섯 곳이 미묘하고 아름다우며, 손에 삼취(三聚)가 있고 (양쪽) 어깨·팔꿈치·팔뚝 여섯 곳이 원만하며, (양쪽) 허리의 기묘한 중간 부분을 이호(二好)라 하고, 엉덩이뼈 부분과 두 엉덩이를 삼호(三好)라 하며, 마장(馬藏 : 陰馬藏相)과 두 상박(上膊)을 삼호(三好)라 하고, 허리·배꼽·양 옆구리·양 겨드랑이·양 젖꼭지를 팔호(八好)라 하며, 배·가슴·등뼈·목을 합쳐 육십호(六十好)라 한다. 위아래 치아·위아래 입술과 잇몸·두 빰과 양쪽 살쩍·두 눈과 양쪽 어깨와 두 콧구멍·이마 위 두 차(胑)·양쪽 귀의 끝부분이 원만하게 갖춰져 있으니 이를 팔십호(八十好)라고 한다. 八十種好者 二十指 是名二十好 手足表裏 八處平滿 踝膝髀六處妙好 手有三聚 肩肘腕六處滿 腰奇中 是名二好 臗及二尻是名三好 馬藏二膊 是三好 腰臍兩脅 兩腋兩乳 是名爲八 腹胸脊項 是名六十 上下牙齒 上下脣齶 兩頰兩鬢 兩目兩肩 及鼻二孔 額上兩胑 兩耳頭圓足 是名八十", 『보살지지경』 권10(대정장30, p.955a25)에 "팔십수형호(八十隨形好)는 다음과 같다. 손과 발의 스무 개 손발톱·손과 발 안쪽과 바깥쪽의 평평하고 풍만한 여덟 곳·양쪽 복사뼈·양쪽 무릎·양쪽 넓적다리·양쪽 어깨·양쪽 팔꿈치·양쪽 팔뚝·양쪽 정강이·양쪽 볼기·장상(藏相 : 陰馬藏相)·양쪽 고환·양쪽 장딴지·양쪽 옆구리·양쪽 겨드랑이·양쪽 젖꼭지·허리·등·중심부인 배꼽·목구멍·배 등이 모두 미묘하고 아름다우니 이들을 목구멍 이하의 육십종호라고 하며, 위아래 치아·양쪽 입술·양쪽 잇몸·양쪽 빰·양쪽 살쩍·두 눈·두 귀·두 눈썹·양쪽 콧구멍·이마 양쪽 관자놀이를 목무멍 이상의 이십종호라고 한다. 八十隨形好者 手足二十爪指 手足八處 表裏平滿 兩踝 兩膝 兩髀 兩肩 兩肘 兩腕 兩股 兩臀 藏相 兩圓 兩腨 兩脇 兩腋 兩乳 腰 背 心臍 咽 腹 悉皆妙好 是名咽已下六十種好 上下牙齒 兩脣 兩齗 兩頰 兩鬢 兩眼 兩耳 兩眉 鼻兩孔 額兩角 是名咽已上二十種好", 『유가사지론』 권49(대정장30, p.567a5)에 "무엇을 여래의 팔십수호(八十隨好)라고 하는가? 두 손과 발에 갖춰진 스무 개의 손가락·발가락과 마디와 손발톱이 모두 수승하고 미묘하니 이들을 스무 개의 수호(隨好)라고 하며, 양손과 양발의 안쪽과 바깥쪽 여덟 곳은 손으로는 네 곳이고 발로는 네 곳인데 이들을 여덟 종류의 수호라고 하며, 양쪽 복사뼈·무릎·넓적다리의 여섯 곳이 수승하고 미묘하니 이들을 여섯 종류의 수호라고 하며, 양쪽 팔·팔꿈치·팔목의 여섯 곳이 수승하고 미묘하니 이들을 여섯 종류의 수호라고 하며, 양쪽 허리의 옷이 꿰매지는 자리가 수승하고 미묘하니 각각 하나의 수호이며, 양쪽 고환이 수승하고 미묘하니 두 개의 수호가 되며, 음장(陰藏 : 陰馬藏相)이 수승하고 미묘하니 하나의 수호가 되며, 양쪽 볼기가 수승하고 미묘하니 두 개의 수호가 되며, 엉덩이와 배 앞쪽과 배꼽 세 곳이 모두 수승하고 미묘하니 각각 하나씩의 수호이며, 양쪽 옆구리·겨드랑이·젖꼭지가 모두 수승하고 미묘하니 여섯 수호가 되며, 배·가슴·목·등뼈가 각각 하나씩의 수호이다. 이와 같이 설한 것은 목 위를 제외한 아래 신체 부분의 육십수호(六十隨好)이다. 또한 위아래 치아가 화만(華鬘)처럼 나 있어 모두 수승하고 미묘하니 두 개의 수호가 되며, 잇몸이 수승하고 미묘하니 하나의 수호가 되며, 두 입술과 그 권속이 모두 스승하고 미묘하니 두 개의 수호가 되며, 턱이 아름답고 원만하니 하나의 수호가 되며, 두 빰이 원만하고 아름답게 자리 잡고 있으니 두 개의 수호가 되며, 두 눈과 그 권속이 모두 수승하고 미묘하니 두 개의 수호가 되며, 두 눈썹이 수승하고 미묘하니 두 개의 수호가 되며, 두 콧구멍이 모두 수승하고 미묘하니 두 개의 수호가 되며, 이마가 수승하고 미묘하니 하나의 수호가 되며, 관자놀이와 살쩍과 두 귀가 모두 수승하고 미묘하니 네 개의 수호가 되며, 두발이 수승하고 미묘하니 하나의 수호가 된다. 이와 같이 설한 것은 목 위의 이십수호이다. 이렇게 앞서 육십 개가 있었고 뒤에 이십 개가 있으니 총합하여 팔십수호라고 설한다. 云何如來八十隨好 謂兩手足具二十指 及以節爪 並皆殊妙 是卽名爲二十隨好 兩手兩足 表裏八處 手四足四 並皆殊妙 是卽名爲八種隨好 兩踝膝股 六處殊妙 是卽名爲六種隨好 兩臂肘腕 六處殊妙 是卽名爲六種隨好 腰縫殊妙 各一隨好 兩核殊妙 爲二隨好 陰藏殊妙 爲一隨好 兩臀殊妙 爲二隨好 臗臚臍三 並皆殊妙 各一隨好 兩脇腋乳 並皆殊妙 爲六隨好 腹胸項脊 各一隨好 如是所說 除頸已上 於下身分 六十隨好 上下齒鬘 並皆殊妙 爲二隨好 齗齶殊妙 爲一隨好 兩脣眷屬 並皆殊妙 爲二隨好 頤善圓滿 爲一隨好 兩頰圓滿 善安其所 爲二隨好 兩目眷屬 並皆殊妙 爲二隨好 兩眉殊妙 爲二隨好 其鼻二孔 並皆殊妙 爲二隨好 其額殊妙 爲一隨好 角鬢兩耳 並皆殊妙 爲四隨好 頭髮殊妙 爲一隨好 如是所說 從頸已上 二十隨好 前有六十 後有二十 總合說爲八十隨好" 라고 하였다. [참고문헌] 『菩薩善戒經』, 『菩薩地持經』, 『瑜伽師地論』, 『方廣大莊嚴經』, 『大般若經』, 『大品般若經』, 『勝天王般若經』, 『大薩遮泥乾子所說經』, 『優婆夷淨行法門

〈표〉팔십종호

	『방광대장엄경方廣大莊嚴經』 권3(대정장3, p.557b4)	『대반야경大般若經』권381 (대정장6, p.968a9)*	『대품반야경大品般若經』권24(대정장8, p.395c27)	『승천왕반야경勝天王般若經』권7 (대정장8, p.723a29)	『대살차니건자소설경大薩遮泥乾子所說經』권6 (대정장9, p.344a10)
1	手足指甲・皆悉高起	指爪狹長薄潤・光潔鮮淨・如花赤銅	無見頂	無能見頂	頭相端嚴・上下相稱
2	指甲如赤銅	手足指圓纖長・牗直柔軟・節骨不現	鼻直高好・孔不現	頂骨堅實	頭相滿美・如摩陀羅樹果
3	指甲潤澤	手足各等無差・於諸指間・悉皆充密	眉如初生月・紺琉璃色	額廣平正	髮長弱美・如委黑絲
4	手文潤澤	手足圓滿如意・軟淨光澤・色如蓮華	耳輪埵成	眉高而長・形如初月・紺琉璃色	髮縷條理・不相雜亂
5	手文理深	筋脈盤結堅固・深隱不現	身堅實・如那羅延	目廣長	髮毛婉轉・螺文右旋
6	手文分明顯著	兩踝俱隱不現	骨際如鉤鎖	鼻高圓直・而孔不現	髮色光澤・如靑瑠璃
7	手文端細	行步直進庠審・如龍象王	身一時迴・如象王	耳厚廣長・埵輪成就	眉長皎潔・如月初生
8	手足不曲	行步威容齊肅・如師子王	行時足去地四寸・而印文現	身堅實・如那羅延	眼相長廣・如靑蓮華葉
9	手指纖長	行步安平庠序・不過不減・猶如牛王	爪如赤銅色・薄而潤澤	身分不可壞	耳埵輪成・如似垂露
10	手指圓滿	行步進止儀雅・猶如鵝王	膝骨堅著圓好	身節堅密	鼻脩高直・孔相不現
11	手指端漸細	迴顧必皆右旋・如龍象王・擧身隨轉	身淨潔	合身迴顧・猶如象王	口氣香潔・嗅者無厭
12	手指不曲	支節漸次牗圓・妙善安布	身柔軟	身有光明	舌色光赤・如赤銅鍱
13	筋脈不露	骨節交結無隙・猶若龍盤	身不曲	身調直	舌相細滑・薄利柔軟
14	踝不現	膝輪妙善安布・堅固圓滿	指長纖圓	常少不老	脣色紅赤・如頻婆果
15	足下平	隱處其文妙好・威勢具足・圓滿淸淨	指文莊嚴	身恒潤澤	牙白纖利・光曜面門
16	足跟圓正	身支潤滑柔軟・光悅鮮淨・塵垢不著	脈深	身自將衛・不待他人	面色華艶・光如明鏡
17	脣色赤好・如頻婆果	身容敦肅無畏・常不怯弱	踝不現	身分滿足	面貌上下・廣狹相稱
18	聲不麁獷	身支堅固稠密・善相屬著	身潤澤	識滿足	面貌豊美・如似滿月
19	舌柔軟・色如赤銅	身支安定敦重・曾不掉動・圓滿無壞	自持不逶迤	容儀具足	面貌端正・殊特可美
20	聲如雷音・淸暢和雅	身相猶如仙王・周匝端嚴・光淨離翳	身滿足	威德遠震	身體常淨・塵垢不染
21	諸根具足	身有周匝圓光・於行等時・恒自照曜	識滿足	一切向・不背他	身體淨軟・如練春華
22	臂纖長	腹形方正無欠・柔軟不現・衆相莊嚴	容儀備足	住處安隱・不危動	洪身正直・如帝釋幢
23	身淸淨嚴好	臍深右旋圓妙・淸淨光澤	住處安・無能動者	面門如量・不大不長	身諸文相・福德超絶
24	身體柔軟	臍厚不窊不凸・周匝妙好	威震一切	面廣而平	身體柔潤・如塗膏澤
25	身體平正	皮膚遠離疥癬・亦無黶點疣贅等過	一切樂觀	面圓淨如滿月	身相麁細・如尼拘樹王・牗圓得所
26	身無缺減	手掌充滿柔軟・足下安平	面不大長	無顡容	身諸相好・無能嫌者
27	身漸纖直	手文深長明直・潤澤不斷	正容貌不撓色	進止如象王	身力無敵・如那羅延
28	身不動搖	脣色光潤丹暉・如頻婆果・上下相稱	面具足滿	容儀如師子王	威儀容止進退有法
29	身分相稱	面門不長不短・不大不小・如量端嚴	脣赤如頻婆果色	行步如鵝王	身諸相好・一切衆生・樂觀無厭
30	膝輪圓滿	舌相軟薄廣長・如赤銅色	音響深	頭如摩陀那果	身諸形相・惡衆生見・生歡喜心
31	身輕妙	發聲威震深遠・如象王吼・明朗淸徹	臍深圓好	身色光悅	行步容儀・衆生見者・觀無厭足
32	身有光明	音韻美妙具足・如深谷響	毛右旋	足趺厚	迴身顧視・如大象王
33	身無斜曲	鼻高脩而且直・其孔不現	手足滿	爪如赤銅葉	身動威相・如師子王
34	臍深	諸齒方整鮮白	手足如意	行時印文現地	身相凝重・無輕擧相
35	臍不偏	諸牙圓白光潔・漸次鋒利	手文明直	指文莊嚴	身相廣大・不可度量
36	臍稱位	眼淨靑白分明	手文長	指文明了不暗	身相廣長・無短小相
37	臍淸淨	眼相脩廣・譬如靑蓮華葉・甚可愛樂	手文不斷	手文明直	光輪遍身・周匝一丈
38	身端嚴	眼睫上下齊整・稠密不白	一切惡心衆生・見者和悅	手文長	身諸光相・照曜十方
39	身極淨・遍發光明・破諸冥暗	雙眉長而不白・緻而細軟	面廣姝好	手文不斷	身相尊重・見者歸伏
40	行如象王	雙眉綺靡順次・紺瑠璃色	面淨滿如月	手足如意	皮膚細密・常有光澤

八十種好

『우바이정행법문경優婆夷淨行法門經』권하 (대정장14, p.960a23)	『대승백복장엄상경大乘百福莊嚴相經』 (대정장16, p.331c2)	『무상의경無上依經』권하 (대정장16, p.474c24)	『법승의결정경法乘義決定經』 권하 (대정장17, p.659b20)	『법집명수경法集名數經』 (대정장17, p.661b25)
指甲紅赤	首分圓滿	無見頂	指爪狭長・薄潤光潔	指爪狭長・光潤薄淨
指甲隆起	髮際嚴好	頂骨無頬	諸指纖圓臃直	手指足指・纖圓臃直・骨節不現
指甲滑淨	髮色靑紺	額廣平正	手足各等・指間充密	手足各等・指間充密
指甲滿足	髮香芬馥	眉高而長・形如初月・紺琉璃色	骨節深隱不現	手足如意柔軟
指團圓	髮甚柔軟	廣長眼	手足如意柔軟	筋脈堅固・深隱不現
指纖直	髮不紛亂	鼻高圓直・孔不現	筋脈盤結深隱	兩踝不現
指間密	髮不稀概	耳廣厚長・輪埵成就	兩踝俱隱不現	行步直進・如龍象王
指淨潔	髮常增長	身堅實・如那羅延	行步庠序・如龍象王	行步齊肅・如師子王
手足肥膩	髮本波委	身分不可壞	進止儀雅・猶如鵝王	行步安平・如牛王
手足裹赤	髮端螺旋	身節堅密	右旋迴顧・擧身隨轉・如龍象王	進止儀雅・如鵝王
手足平等	髮狀花輪	身一時迴・如象王	肢節臃圓・妙善安布	凡所迴顧・擧身隨轉
手足內滿	髮如德字	身柔軟	容貌敦肅・無有所畏	肢節臃圓・妙善具足
掌文深現	面部平正	身不曲	身支安定・無有掉動	骨節無隙・如龍蟠
掌文端直	毫分充足	身常少	骨節交絡無隙・猶如龍蟠	膝輪堅固・妙好莊嚴
掌文纖長	眉色靑紺	身潤澤	膝輪圓滿殊妙	隱處文約・圓滿淸淨
手足潤澤	眉不雜亂	身自持・不逶迤	密處淸淨無垢	身皮柔軟・光淨離垢
掌文不亂	兩目美好	身分滿足	肢節稠密堅固	身容敦肅・無諸怖畏
踝骨不現	兩目修廣	識滿足	身相周匝端嚴	肢節稠密・安布妙善
膝頭圓滿	兩目淸淨	容儀備足	身光常自照曜	身肢安定・不掉動
膝次第滿足	兩目明朗	威神遠振	臍深圓妙殊異	身相光淨・周匝端嚴
行步齊正	目色紺艶・如靑蓮花	一切處・不背他	臍厚不窊不凸	周匝身光・恒自照耀
師子王行	耳甚長好	住處安・無能動者	身體光潔離垢	腹形方正・柔軟不現
鵝王行	耳無缺減	面部如量・不大不長	皮膚無疣贅等	臍深圓妙・淸淨殊異
龍王行相	耳無過惡	廣姝	手掌平滿潤澤	臍厚妙・無□凸
牛王行相	鼻修高直	面淨如滿月	腹間方正柔軟	皮膚淸淨・無諸垢染
行不顧視	兩頰滿足	面具足滿	手紋深長・明直不斷	手足充滿
行步不亂	頰無缺減	正容貌不壞色	脣色丹輝・如頻婆果	手文不斷
半身正直	頰無過惡	儀容如師子	面如滿月・端嚴稱量	脣如頻婆菓
佛身過人	牙甚圓正	進止如象王	舌相廣長・遍覆面輪	面門如量端嚴
一切滿足	其牙均等	行法如鵝王	梵音圓滿・猶如天鼓	舌相廣薄
佛身皆好	脣色赤好・如頻婆果	頭如摩陀那果	鼻高脩直・其竅不現	梵音深遠
身體平正	舌赤柔軟	足趺厚・四指行時・印文現	諸齒方整齊密	梵音美妙具足
身體滿足	聲如雷震	爪如赤銅色・高薄圓潤	四牙鋒利鮮白	鼻高脩直
身體正直	其音朗徹	膝骨堅著圓好	目淨紺靑・靑白分明	諸齒方整
身體滑澤	身普滿足	指文莊嚴	眼相修廣・如靑蓮華葉	諸牙圓白
身次第大小	身肉豐好	脈理深	上下眼睫・齊整稠密	眼睛・靑白分明
身體淨潔	身肉平正	手文明直	雙眉不白・長緻細軟	眼如靑蓮華葉
身體柔軟	身肉柔軟	手文長	身分上半・威嚴最上・如師子王	眼睫稠密不白
身體寂靜	身漸臃直	手文不斷	額廣圓滿・平正殊妙	雙眉長軟
身體緊細	身分相稱	手足如意	耳厚修長・輪埵圓滿	雙眉紺瑠璃色

41	遊步如師子王	雙眉高顯光潤・形如初月	隨衆生意・和悅與語	手足紅白・色如蓮華	皮膚平滿・無老皺相
42	行如牛王	耳厚廣大脩長・輪埵成就	毛孔出香氣	孔門相具	身色光明曜・衆生目・不能正觀
43	行如鵝王	兩耳綺麗齊平・離衆過失	口出無上香	行步不減	身色光明・晝夜無異
44	行順右	容儀能令見者・無損無染・皆生愛敬	儀容如師子	行步不過	身諸毛孔・常出妙香
45	腹圓滿	額廣圓滿平正・形相殊妙	進止如象王	行步安平	形貌威德・過諸世間
46	腹妙好	身分上半圓滿・如師子王・威嚴無對	行法如鵝王	臍深厚・狀如盤蛇・團圓右轉	身諸筋脈・深隱不現
47	腹不偏曲	首髮脩長紺靑・稠密不白	頭如摩陀那果	毛色靑紅・如孔雀項	骨節相連・如似鉤鎖
48	腹相不現	首髮香潔細軟・潤澤旋轉	一切聲分具足	毛色潤澤	身毛細軟・一一右旋
49	身無黑子	首髮齊整無亂・亦不交雜	牙利	身毛右靡	毛色光曜・如閻浮檀金
50	牙圓正	首髮堅固不斷・永無褫落	舌色赤	口出無上香・身毛皆爾	手足赤白・如蓙花色
51	齒白齊密	首髮光滑殊妙・塵垢不著	舌薄	脣色赤潤・如頻婆果	手足鮮淨・常有潤澤
52	四牙均等	身分堅固充實・逾那羅延	毛紅色	脣潤相稱	十指纖長・脯圓可美
53	鼻高修直	身體長大端直	毛潔淨	舌形薄	踝相不現・平無高下
54	兩目明淨	諸竅淸淨圓好	廣長眼	一切樂觀	蹲骨堅長・上下滿好
55	目無垢穢	身支勢力殊勝・無與等者	孔門相具	隨衆生意・和悅與語	手足圓滿・無有高下
56	目美妙	身相衆所樂觀・嘗無厭足	手足赤白・如蓮華色	於一切處・無非善言	手指柔軟・內外受握
57	目脩廣	面輪脩廣得所・皎潔光淨・如秋滿月	臍不出	若見人・先與語	手所有文・細現深隱
58	目端正	顏貌舒泰光顯・含笑先言・唯向不背	腹不現	音聲不高不下・隨衆生樂	手所有文・正直分明
59	目如靑蓮	面貌光澤熙怡・遠離顰蹙靑赤等過	細腹	說法隨衆生語言	手所有文・文不中斷
60	眉纖而長	身皮淸淨無垢・常無臭穢	身不傾動	說法不著	指甲薄潤・如赤銅色
61	見者皆生喜	所有諸毛孔中・常出如意微妙之香	身持重	等觀衆生	立不傾斜・平正得所
62	眉色靑紺	面門常出最上殊勝之香	其身大	先觀後作	住立安隱・無能動者
63	眉端漸細	首相周圓妙好・如末達那・亦猶天蓋	身長	發一音・答衆聲	身動威勢・如師子王
64	兩眉頭微相接連	身毛紺靑光淨・如孔雀項・紅暉綺飾・色類赤銅	手足潔淨軟澤	說法次第・皆有因緣	迴身顧視・如大象王
65	頰相平滿	法音隨衆大小・不增不減・應理無差	邊光各一丈	無有衆生能見相盡	行步平正・無有傾曲
66	頰無缺減	頂相無能見者	光照身而行	觀者無厭	行步安詳・如似象王
67	頰無過惡	手足指約分明・莊嚴妙好・如赤銅色	等視衆生	具足一切音聲	動足去步・如白鵝王
68	身不缺減・無所譏嫌	行時其足去地・如四指量・而現印文	不輕衆生	顯現善色	行不履地・輪相炳著
69	諸根寂然	自持不待他衛・身無傾動・亦不逶迤	隨衆生音聲・不過不減	剛强之人・見則調伏・恐怖者見・卽得安隱	九孔門滿・相皆具足
70	眉間毫相・光白鮮潔	威德遠震一切・惡心見喜・恐怖見安	說法不著	音聲明淨	腹小不現
71	額廣平正	音聲不高不下・隨衆生意・和悅與言	隨衆語言・而爲說法	身不傾動	臍孔深圓
72	頭頂圓滿	能隨諸有情類言音意樂・而爲說法	一發音報衆聲	身分大	聲響調和・麁細俱美
73	髮美黑	一音演說正法・隨有情類・各令得解	次第有因緣說法	身長	妙聲遠徹・隨聞無障
74	髮細軟	說法咸依次第・必有因緣・言無不善	一切衆生・不能盡觀相	身不染	所有言音・隨衆生意・聞皆和悅
75	髮不亂	等觀諸有情類・讚善毁惡・而無愛憎	觀無厭足	光遍身各一丈	語隨方音・不增不減
76	髮香潔	所爲・先觀後作・軌範具足・令識善淨	髮長好	光照身而行	說法應機・無有差謬
77	髮潤澤	相好・一切有情・無能觀盡	髮不亂	身淸淨	語能隨俗方音・爲說
78	髮有五卍字	頂骨堅實圓滿	髮旋好	光色潤澤・猶如靑珠	一音說法・令諸異類・一時俱解
79	髮彩螺旋	顏容常少不老・好巡舊處	髮色如靑珠	手足滿	隨有因緣・次第說法
80	髮有難陀越多吉輪魚相	手足及胸臆前・俱有吉祥喜旋德相・文同綺畫・色類朱丹	手足有德相	手足德字	胸有卍字・示功德相

身體緊密	身極圓好	手足赤白・如蓮華色	兩耳綺麗齊平・離諸過失	雙眉高顯光潤
身體端嚴	身無缺減	孔門相具	儀容能令見者・無捨無染・皆生恭敬	耳厚相稱・輪埵圓滿
諸根方正	其身柔軟	步無廣狹	雙眉綺靡順次・其色紺靑	兩耳齊平
身色不黑	其身淸潔	腰圓大	雙眉高顯光潤・猶如初月	容儀廣大・皆生敬愛
身體無黶	其身輕妙	腹不現	首髮紺靑修長・稠密不白	額廣平正
身毛淨潔	身不動搖	臍文如盤蛇・右轉圓深	首髮香潔細軟・潤澤旋轉	身分上半・無比對
腹相團圓	身極端嚴	毛色靑紅・如孔雀項	首髮齊整光淨	首髮脩長・稠密紺靑
腹無橫文	身無疵穢	毛潔淨	首髮堅固不落	首髮香潔
身體明淨・見諸色像	身光破闇	毛右旋	首髮塵垢不著	首髮無交雜
臍深	其腹美好	口出無上香・身毛皆香氣	身分充實堅固	首髮無褫落
臍孔團圓	其腹圓滿	脣色赤潤・如頻婆果	身相修長端直	首髮光滑・塵垢不住
臍文右旋	其腹不現	舌色赤	諸竅淸淨妙好	身分充實・喩那羅延
臍孔不凹	其臍深密	舌形薄	身相勢力殊勝・無與等者	身體廣大端直
臍口不長	其臍不曲	一切樂觀	身相衆樂膽仰・無有厭足	諸竅淸淨
臍口不短	臍稱其位	隨衆生意・和悅與語	面輪修廣相稱・皎潔光淨・如秋滿月	身肢無等
臍毛下連	腋下平滿	於一切處・無非善語	額貌舒泰光顯・含笑先言・唯向不背	衆觀無厭足
得龍牙相	臂肘纖長	先與語	面貌光澤熙怡・遠離顰蹙・無靑赤色	面如滿月
牙不過脣	手指圓滿	隨衆音聲・不過不減	肢體淸淨無垢・亦無臭穢	唯向不背
四牙團圓	手指纖美	隨衆語言・而爲說法	所有身毛孔中・常出如意微妙之香	面貌熙怡
四牙鋒利	手文深好	說法不著	面門常出最上殊勝之香	身肢無垢
四牙纖長	手文徑徹	等視衆生	首相周圓妙好・猶如天蓋	面門常香
四牙齊密	手文不亂	先見後作	身毛光淨紺靑・如孔雀項・紅輝綺錯	毛孔常香
舌廣柔軟	手文潤澤	發一音・報衆聲	法音隨衆等聞・應理無差	首如末達那
舌色赤好	文無麁細	次第有因緣說法	頂相無能見者	身毛光淨・如孔雀項毛
梵聲深妙	文端纖銳	一切衆生眼・不能盡觀相	手足指節分明・莊嚴妙好	梵音稱量・應理無差
象王聲	膝輪圓廣	觀無厭足	行時其足去地・如四指量・而現印紋	頂骨無人得見
迦陵頻伽聲	足跟牖滿	一切聲分具足	自持不待他衛・身無傾動・亦不逶迤	手足指約・如赤銅
齒根肉滿	足善按地	善事顯現	威德遠震一切・瞋心見喜・恐怖見安	行時去地四指・能現印文
鼻不下垂	行順於右	剛强衆生・見卽調善・怖畏衆生・便得安樂	音聲不高不下・隨衆生意・和悅與言	自侍不待他衛
鼻高修長	行如象王	音聲明淨	能觀諸有情類言音意樂・而爲說法	惡心見喜・恐怖見安
鼻孔淨潔	行如牛王	身不傾動	一音演說諸法・隨有情類・各令得解	音聲和悅・隨衆生意
鼻修方廣	行如鵝王	身分大	說法咸依次第・必有因緣・言無不善	隨有情類言音意樂
目好廣大・表裏滑淨	行步威猛・如師子王	其身長	等觀諸有情類・讚善毁惡・而無愛憎	一音說法・隨類各悟
眼睛黑光	手足甲端・微悉高起	身不染著	所爲・先觀後作・軌範具足・令識善淨	次第說法・必有應緣
目睫次第	手足等甲・如赤銅色	遍身光各一丈	相好・一切有情・不能觀盡	觀諸衆生・無憎愛
眉如半月・圓廓修長	手足等甲・並皆潤澤	光照身而行	頂骨堅實圓滿	先觀後作・軌範具足
眉毛黑澤・長短隨次	筋脈不現	其身淨潔	額容無衰老相	不可觀盡相好
眉毛純色・滑淨光明	支節密緻	髮螺不亂・其髮長好・髮色光潤・猶如靑珠	手足及胸臆前・皆有吉祥・喜旋德相	頂骨堅實
耳普垂埵・內外俱淨	諸根無染	手足滿		容顔不老
頭髮細軟・右旋不亂・次第纖長・一切皆好	見者歡喜	手足有德相		手足胸臆・有喜旋德

經』, 『大乘百福莊嚴相經』, 『無上依經』, 『法乘義決定經』, 『法集名數經』, 『大智度論』 권89(대정장25, p.684b13), 『十住毘婆沙論』 권9(대정장26, p.71b2), 『寶髻經四法憂波提舍』(대정장26, p.276b8), 『大乘義章』 권20(대정장44, p.873a13), 『華嚴孔目章』 권3(대정장45, p.567c9), 『大明三藏法數』 권33(영락장182, p.780a3), *Lal-v.75.*, *Saddh-p.259.*, *Sp.43.* ⇨ 불교도상 佛敎圖像, 불상상호 佛像相好, 상호 相好, 삼십이상 三十二相, 삼십이대상팔십소상 三十二大相八十小相, 상호 相好, 수형호 隨形好

팔십종호진언 八十種好眞言 불상(佛像)을 점안(點眼)할 때 외우는 진언. '옴 마하특나 파라모나라야 사바하 唵 摩訶特那 波羅謨那羅野 沙縛訶 oṃ mahātna pramudraya svāhā'이다. 〔참고문헌〕 『造像經』(『韓國佛敎儀禮資料叢書』 第三輯) p.363.

팔십팔사 八十八使 Ⓢ aṣṭa-aśīty-anuśaya, Ⓣ phra-rgyas brgyad-cu rtsa-brgyad. 여든여덟 가지로 부려(Ⓢ anuśaya) 번뇌하게 하는 것들. 견도에서야 그 번뇌 부림을 끊는(見道所斷) 팔십팔사견혹(八十八使見惑)을 말한다. 오리사(五利使 : 有身見 邊執見 見取見 戒禁取見 邪見)와 오둔사(五鈍使 : 貪瞋癡慢疑)인 십사(十使)를 바탕으로 삼계(欲色無色界)와 사제(四諦)와 인연해서 일어나는 번뇌다. 팔십팔사견혹(八十八使見惑) · 팔십팔수면(八十八隨眠) · 팔십팔번뇌(八十八煩惱) · 팔십팔사분별추혹(八十八使分別麤惑) · 팔십팔사분별번뇌(八十八使分別煩惱)라고도 한다. 『대비바사론』 권65(대정장27, p.337c10)에 "무엇을 무위의 예류과라 하는가? (有身見 · 戒禁取 · 疑의) 세 가지 결이 영구히 끊어진 것과 이 종류의 모든 결이 영구히 끊어진 것, 그리고 팔십팔수면이 영구히 끊어진 것과 이 종류의 수면의 법이 영구히 끊어진 것을 무위의 예류과라 한다. 云何無爲預流果 謂三結永斷 及此種類諸結法永斷 八十八隨眠永斷 及此種類隨眠法永斷 是名無爲預流果", 『구사론』 권2(대정장29, p.10b20 : *Abh-k-bh.*, p.29)에 "팔십팔수면과 이것과 구유하는 법과 수반되는 득은 모두 견도소단이고, 나머지 모든 유루법은 다 수도소단이다. 八十八隨眠及彼俱有法幷隨行得 皆見所斷 諸餘有漏皆修所斷 aṣṭāśīty anuśayāḥ tatsahabhuvas tatprāptayaś ca sānucarā darśanaheyāḥ. śeṣāḥ sāsravā bāvanāheyāḥ", 『금강경찬요간정기』 권4(대정장33, p.206b20)에 "(삼계의) 사제 하에 여든여덟 가지 사로서 분별의 추혹을 끊어 초과를 증득한다. 삼계에 각기 사제가 있고, 각 사제 하에 각기 번뇌가 있으니, 탐 · 진 · 치 · 만 · 의 · 유신견 · 변집견 · 사견 · 견취견 · 계금취견이 그것이다. 사제 하에 (十使가) 모두 갖춰져 있기도 하고 일부 빠져 있기도 하기에 여든여덟 가지 사가 된다. 四諦下 八十八使分別麤惑 得初果證 謂三界各有四諦 每諦下各有煩惱 卽貪 瞋 癡 慢 疑 身見 邊見 邪見 見取 戒禁取 四諦之下或具或闕 故成八十八使", 『수능엄의소주경』 권6(대정장39, p.904a27)에 "사제 하의 여든여덟 가지 사로서 분별기의 번뇌를 끊고 생공의 도리를 증득한다. 斷四諦下八十八使分別煩惱 證生空理", 『삼장법수』 권7(대장경보편22, p.203c17)에 "혹을 끊기 위해 리를 보는 것을 견도라 하는데, 삼계의 팔십팔사견혹이 끊기에 견도소단이라 한다〈삼계란, 욕계 · 색계 · 무색계를 말한다. 팔십팔사란 첫째는 유신견, 둘째는 변집견, 셋째는 견취견, 넷째는 계금취견, 다섯째는 사견, 여섯째는 탐, 일곱째는 진, 여덟째는 치, 아홉째는 만, 열째는 의인데, 이 열 가지 사는 삼계를 지나면서 사제 아래에서의 증감이 같지 않아 여든여덟 가지가 된다. 즉 욕계의 고제에는 열 가지 사를 다 갖추고, 집제와 멸제 각각에는 유신견 · 변집견 · 계금취견을 제한 일곱 가지를 갖추며, 도제에는 유신견 · 변집견을 제한 여덟 가지를 갖추니 (욕계의) 사제에 있어 합하면 서른두 가지다. 상계인 색계와 무색계에서는 매양 사제마다에 진이라는 사를 제하고는 나머지 모두 욕계와 같다. 따라서 상 두 계는 합하여 쉰여섯 가지다. 앞서 욕계의 것 서른두 가지와 합하면 여든여덟 가지 사다〉. 斷惑見理 名爲見道 因斷三界八十八使見惑 故名見所斷〈三界者 欲界 色界 無色界也 八十八使者 一身見 二邊見 三見取 四戒取 五邪見 六貪 七瞋 八癡 九慢 十疑 此十使歷三界四諦下增減不同 成八十八 謂欲界苦諦十使具足 集滅二諦各七使 除身見邊見戒取 道諦下八使 除身見邊見 四諦合爲三十二 上色界無色界 每四諦下各除瞋使 餘皆如欲界 故上二界合爲五十六 幷前欲界三十二 共成八十八使也〉", 같은 책 권38(대장경보편22, p.668b11)에 "팔십팔사 : … 사는 부려 애쓰게 하는 뜻이다. 즉 이 견혹으로 능히 모든 중생을 부려 애쓰게 해서 삼계로 유전해서 생사하게 하기 때문이다. 견혹이란, 의근으로 법진을 마주해서 일으키는 분별을 말한다. 모두 열 가지다. 첫째는 유신견이니, 색수상행식오음을 자기 몸이라 그릇되게 헤아리는 것을

〈표〉팔십팔사

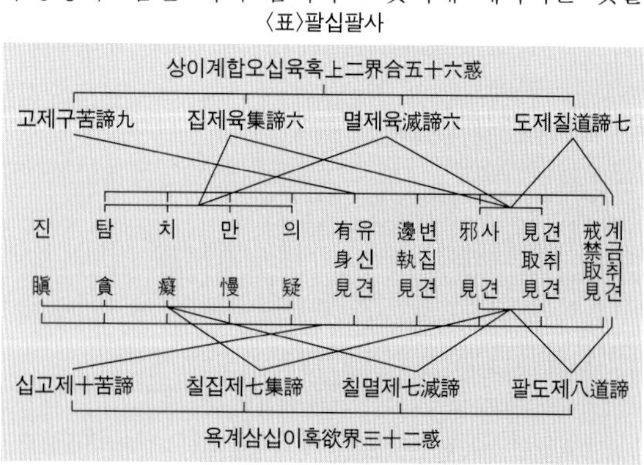

말한다. 둘째는 변집견이니, 신견에 있어 단상을 헤아려 그 하나만을 따라 고집한다. 셋째는 견취견이니 진실도 뛰어난 법도 아닌 것에 대해 열반이라고 잘못 간주하여

마음을 일으켜 취한다. 넷째는 계금취견이니, 계가 아닌 바에 대해 계라고 잘못 간주하여 취해 정진한다. 다섯째는 사견이니, 무명 때문에 잘 알지 못해 그릇된 마음으로 이를 취한다. 여섯째는 탐이니, 모든 하고자 하는 경에 이끌려 취해서 싫증내는 일 없는 것을 말한다. 일곱째는 진이니, 역정의 경계에 대해 분노를 일으키는 것을 말한다. 여덟째는 치이니 사리에 미혹하여 잘 알지 못하는 것을 말한다. 아홉째는 만이니 스스로의 재덕부귀를 섬겨서 남을 경천시하는 것을 말한다. 열째는 의이니, 마음에 어둡고 이에도 어긋나 머뭇거려 유예하면서 결정하지 못하는 것을 말한다. …〈집제와 멸제 둘 각각에는 유신견·변집견·계금취견이 제외된다고 하였는데, 즉 이 세 가지 사는 모두 고제에 의지해 일어나지 이 두 제에는 없다. 도제에는 유신견·변집견이 제한다고 하였는데, 즉 이 두 가지 사도 마찬가지로 고제에서 일어나지 여기에는 없다. 하지만 계금취견은 제하지 않는다고 하였는데, 즉 외도는 사계에 집착하여 그릇된 것을 정도라고 하기에 여기에서는 제하지 않는다. 상계인 색계와 무색에는 진이라는 자가 제한다고 하였는데, 상계인 두 계에는 진이 없기 때문이다〉. 八十八使 … 使卽驅役之義 謂此見惑 能驅役一切衆生 流轉三界生死故也 言見惑者 以意根對法塵起諸分別也 凡有十種 一 身見 謂於色受想行識五陰之中妄計爲身也 二 邊見 謂於身見計斷計常 隨執一邊也 三 見取 謂於非眞勝法中 謬見涅槃 生心而取也 四 戒取 謂於非戒中 謬以爲戒 取以進行也 五 邪見 謂無明不了 邪心取理也 六貪 謂於諸欲境 引取無厭也 七 瞋 謂於逆情之境 而起忿怒也 八 癡 謂於事理之中 迷惑不了也 九 慢 謂自恃才德富貴 輕蔑於他也 十 疑 謂迷心乖理 猶豫不決也 …〈集滅二諦 各除身見邊見戒取者 謂此三使 皆依苦諦而起 而此二諦則無也 道諦除身見邊見者 謂此二使亦苦諦所起 而此則無也 然不除戒取者 謂外道執取邪戒 妄爲正道 故於此不除也 上二界除瞋使者 以上二界無瞋故也〉"라고 하였다. [참고문헌] 『大毘婆沙論』, 『俱舍論』, 『金剛經纂要刊定記』, 『首楞嚴義疏注經』, 『三藏法數』, *Abh-k-bh*.. ⇨ 십사 十使, 견도소단 見道所斷, 견혹 見惑

팔십팔조도영전찬 八十八祖道影傳贊 명대 감산덕청(憨山德淸) 지음. 고승연(高承埏) 보편(補編). 4권. 卍속장147, pp.935a1~960a19에 수록되어 있다.

팔십행각 八十行脚 조주종심(趙州從諗)이 여든 살까지 행각한 인연을 이르는 말. 조주가 팔순에 이르러서야 겨우 안주하였으니, 그 전에는 인연 따라 여러 절에서 소임을 살며 행각하였기에 이렇게 일컫는다. 팔순행각(八旬行脚)·행각팔순(行脚八旬)이라고도 한다. 『종용록』 47칙 「평창 評唱」(대정장48, p.257a22)에 "사람들은 조주답화는 말소리 나자마자 문득 마주할 수 있어, 공용을 빌리지 않는다고 여기나, 오직 천동만은 팔순까지 행각하며 '세 살 어린이라도 나보다 뛰어나면 나는 그를 좇아 배우리라'고 한 점을 알았다. 人見趙州答話 應聲便對 如不假功用 唯天童知八十行脚 三歲孩童勝如我 我從他學", 『죽창삼필』 「팔순행각 八旬行脚」(운서법휘14, 가홍장33, p.58a5)에 "옛 게송에 '조주는 팔십까지 행각했음에도 마음끝 여전히 초연할 수 없었네. 집으로 돌아와 아무 일 없자 비로소 헛되게 짚신값 치렀음을 알았네'. 요즘 사람들은 앞 두 구를 생각치 않고, 마지막 구에 집착하여 '도는 목전에 드러나 있으니 행각하는 것은 죄다 헛수고일 뿐이다'라고 말한다. 그러고서 (玄沙師備가 발가락 다치고) 고개를 넘지 않았던 것과 (保壽가) 관문을 나서지 않았던 것만을 끌어다 증거로 삼는다. 古有頌云 趙州八十猶行脚 祇爲心頭未悄然 及至歸家無一事 始知虛費草鞋錢 今人不思其前二句 而執其末句 謂道在目前 行脚徒勞耳 而引不越嶺 不出關者爲證", "아, 다행이다. 스스로 돌이켜 본다. 이제 집으로 돌아오지 않았는가? 아무런 일이 없는가? 저 길 가는 중에 막히고 바빠 다급히 일 많다고 하면, 어찌 비단 팔순에 그치랴. 설령 백 세, 천 세 내지 만 세가 되도록 딱히 즐겨 짚신을 잔뜩 사서 하늘 끝까지 두루 돌아다닌다 해도 여전히 멈춰 있기에 족하다 허용치 않으리. 噫 幸自反觀 已歸家否 無一事否 有如尙滯半途 匆匆多事 則何但八旬 直饒百歲千歲 乃至萬歲 正好多買草鞋 遍歷天涯 未許駐足在", 『선림상기전』 권12 「행각 行脚」(대장경보편19, p.461b1)에 "도충이 말한다. '종심은 성년이 되면서 행각하여, 팔십 세가 되어 비로소 선원 주지를 살았다. 이를 일컬어, 조주의 팔십행각이라 한다. 세간에서 팔십에도 행각하였다고 말함은 잘못이다'. 忠曰 從諗 自盛年行脚 到八十歲 初住院 此謂趙州八十行脚 世誤言八十歲 而行脚者 非也"라고 하였다. [참고문헌] 『從容錄』, 『竹窗三筆』, 『禪林象器箋』, 『梵網菩薩戒經義疏發隱事義』(卍속장59, p.835a14), 『御選語錄』 권13(卍속장119, p.496b5), 『虛堂語錄』 권10(대정장47, p.1058c19). ⇨ 행각 行脚, 종심 從諗

팔아 八我 **1** ➡ 팔자재아 八自在我 **2** 여덟 가지 아라고 여기는 것들. 『도서』 권상2(대정장48, p.403b9)에 "미루어 찾고 나누어 쪼개면 색에는 지수화풍이라는 네 가지가 있고, 심에는 수〈좋거나 싫어해 받아들이는 일〉·상〈모양새 취하는 일〉·행〈일체를 만들고 짓는 일〉·식〈낱낱을 가려 아는 일〉이라는 네 류가 있다〈이 네 가지 요소는 색과 함께 오온이라고 한다〉. 만약 이들이 모두 아라고 한다면 곧 여덟 아가 성립한다. 하물며 색중에 다시 360마디로 나뉘어져 있는 뼈와 그 마디마디마다에 피부·털·근육과 살·간·심장·폐·신장 등이 있어 각기 서로 다른데 이것도 아라 하겠는가. 今推尋分析 色有地水火風之四類 心有受〈領納好惡之事〉 想〈取像〉 行〈造作一切〉 識〈一一了別〉之四類〈此四與色都名五蘊〉 若皆是我 卽成八我 況色

中復有三百六十段骨 段段各別皮毛筋 肉肝心肺腎 各不相是"라고 하였다. [참고문헌]『都序』.

팔악각 八惡覺 여덟 가지 악한 생각. 팔각(八覺)이라고도 한다. 『대승의장』 권5(대정장44, p.574c1)에 "팔악각의 뜻은 『보살지지경』(대정장30, p.911b18)에 나온다. 삿된 마음의 사상을 각이라 하는데, 그 각이 바른 리에 어긋나기에 악이라 한다. 악각은 같지 않아서 여덟 가지로 나뉜다. 여덟 가지는 무엇인가? 첫째는 욕망하는 일, 둘째는 분노하는 일, 셋째는 해치려는 생각, 넷째는 친족과 고향만을 생각하는 일, 다섯째는 우리 땅이라는 생각, 여섯째는 죽지 않으리라는 생각, 일곱째는 족성만을 생각하는 일, 여덟째는 가볍고 업신여기는 마음이다. 八惡覺之義 出地持論 邪心思想 名之爲覺 覺違正理 故稱爲惡 惡覺不同 離分有八 八名是何 一 是欲覺 二 是瞋覺 三 名害覺 四 親里覺 五 國土覺 六 不死覺 七 族姓覺 八 輕侮覺", 같은 책 권13(대정장44, p.729b26)에서 "여덟 가지 악각을 버리고 … 여덟 가지 대인의 각 즉 소욕·지족·원리·정진·염·정·지혜 및 불희론을 수습해야 한다. 離八惡覺 … 修習八種大人之覺 謂少欲知足遠離精進念定智慧及不戲論"라고 하였다. [참고문헌]『大乘義章』. ⇨ 팔각 八覺, 악각 惡覺, 희론 戲論

팔양신주경 八陽神呪經 서진(西晋)의 축법호(竺法護) 한역. 1권. 『팔양경』 또는 『팔불명호경 八佛名號經』이라고도 한다. 『개원석교록』 권2(대정장55, p.494c1)에 "『팔양신주경』 1권〈줄여서 『팔양경』이라고도 한다. 두 번째 역출이다. 『팔길상주경』 등과 동본이역이다. 『장방록』을 참조하라〉. 八陽神呪經一卷〈亦直云 八陽經 第二出 與八吉祥呪經等同本 見長房錄〉"이라고 하였다. [참고문헌]『開元釋教錄』. ⇨ 팔길상신주경 八吉祥神呪經, 팔부불명경 八部佛名經, 팔불명호경 八佛名號經

팔억사천만념 八億四千萬念 팔억사천찰나로 일어나는 하룻낮과 하룻밤의 생각들. 헤아릴 수 없이 일어나는 번뇌의 비유다. 『안락집』 권하(대정장47, p.20a24)에 "또한 그 경에서 '사람이 세간에 살면서 하룻낮 하룻밤을 지나는데 모두 팔억사천만념이 있게 된다. 일념으로 악을 일으키면 하나의 악한 몸을 받고, 열 찰나에 악한 생각을 일으키면 열 번의 생사에 걸쳐 악한 몸을 받으며, 백 찰나에 악한 생각을 일으키면 백 번의 악한 몸을 받는다' 하였다. 又彼經云 人生世間 凡經一日一夜 有八億四千萬念 一念起惡 受一惡身 十念念惡 得十生惡身 百念念惡 受一百惡身"라고 하였다. [참고문헌]『安樂集』.

팔업 八業 **1** 업을 이숙(異熟)과 시분(時分)으로 분별해 여덟 가지로 나눈 뜻. 비유자(譬喩者 Ⓢ Dārṣṭāntika)의 학설로서 팔업을 주장하는 이들을 팔업가(八業家)라 한다. 『대비바사론』 권114(대정장27, p.593c6)에 "또 유여사는 여덟 가지 업을 설한다. 순현법수업에 두 가지가 있으니, 첫째는 이숙이 결정된 것이고, 둘째는 이숙이 결정되지 않는 것이다. 순차생수업과 순후차수업·순부정수업에도 각각 두 가지가 있으니, 첫째는 이숙이 결정된 것이고, 둘째는 이숙이 결정되지 않는 것이다. 이것들이 여덟 가지 업이다. 이 중에서 이숙이 결정된 업들은 모두 돌이킬 수 없지만, 이숙이 결정되지 않은 업들은 모두 돌이킬 수 있으니, 이것들을 뒤치기 위해 금계를 수지하고 범행을 쉼 없이 닦는다. 復有餘師 說八種業 謂順現法受業有二種 一 異熟決定 二 異熟不決定 順次生受業 順後次受業 順不定受業亦各有二 一 異熟決定 二 異熟不決定 是謂八業 於中諸異熟定業皆不可轉 諸異熟不定業皆可轉 爲轉此故受持禁戒勤修梵行", "이런 이유로 이 중에 사구를 짓는다. 어떤 업의 시분은 결정적이지만 이숙은 결정적이지 않고, 또 어떤 업은 이숙은 결정적이지만 시분은 결정적이지 않고, 또 어떤 업은 시분도 결정적이고 이숙도 결정적이고, 또 어떤 업은 시분도 결정적이지 않고 이숙도 결정적이지 않다. 是故此中應作四句 謂或有業時分決定異熟不定 或有業異熟決定時分不定 或有業時分決定異熟亦定 或有業時分不定異熟亦不定", "어떤 업이 시분은 결정적이지만 이숙은 결정적이지 않은 것인가? 순현법수업·순차생수업·순후차수업 중에서 이숙은 결정적이지 않는 업을 말한다. 云何業時分決定異熟不定 謂順現法受業 順次生受業 順後次受業中 異熟不定業", "어떤 업이 이숙은 결정적이지만 시분은 결정적이지 않은 것인가? 순부정수업 중에서 이숙은 결정적인 업이다. 云何業異熟決定 時分不定 謂順不定受業中 異熟定業", "어떤 업이 시기도 결정적이고 이숙도 결정적인 것인가? 순현법수업·순차생수업·순후차수업 중에서 이숙은 결정적인 업이다. 云何業時分決定異熟亦定 謂順現法受業 順次生受業 順後次受業中 異熟定業", "어떤 업이 시분도 결정적이지 않고 이숙도 결정적이지 않은 것인가? 순부정수업 중 이숙은 결정적이지 않은 업이다. 云何業時分不定異熟亦不定 謂順不定受業中 異熟不定業", "이와 같은 것을 팔업사구라 한다. 如是名爲八業四句", 『순정리론』 권40(대정장29, p.570c23)에 "이러한 이치에 따라 팔업은 정해질 수 없으니, 모든 업 중에서 정하지 못하는 뜻

〈표〉 팔업

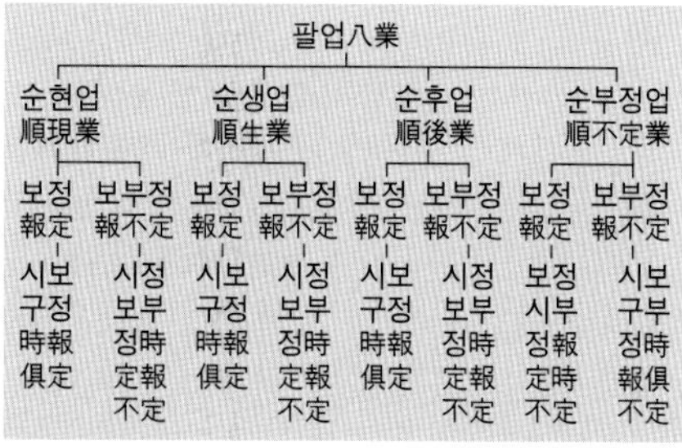

이 있는 것을 다 묶어서 한 가지 순부정수업이라 세운다. … 따라서 비유자가 이런 뜻으로 여덟 가지 업을 상정하는 것은 극히 잡란한 게 된다. 由此理故定無八業 以於諸業中有不定義者 應總立一順不定受 … 故譬喩者於此義中安立八業極爲雜亂"라고 하였다. [참고문헌]『大毘婆沙論』,『順正理論』. ⇨ 순현법수업 順現法受業, 순차생수업 順次生受業, 순후차수업 順後次受業, 순부정수업 順不定受業, 정업부정업 定業不定業, 비유자 譬喩者, 팔종업 八種業❷ ❷삼시업(三時業) 각각을 시기와 과보가 모두 결정된 것과 시기는 정해지고 과보는 정해지지 않은 항목으로 나누면 육업(六業)이 된다. 여기에 부정업을 시기는 정해지지 않고 과보는 정해진 것과 시기와 과보가 모두 정해지지 않은 것으로 나누면 이업(二業)이다. 이것을 합하면 여덟 종류의 업이 된다.『유가사지론』권60(대정장30, p.635c4)에 "정수업(Ⓣ myong-bar-'gyur-ba-nges-pa)이라고 이름하는 것은 부정수업(Ⓣ myong-bar-'gyur-ba-ma-nges-pa)과 상위하다. 다시 네 가지 업이 있다. 첫째, 이숙정. 둘째, 시분정. 셋째, (받을 과보와 시기) 두 가지가 모두 결정된 정. 넷째, (받을 과보와 시기) 두 가지가 모두 정해지지 않은 정. 名定受業 與此相違名不定受業 復有四業 一異熟定 二時分定 三二俱定 四二俱不定"라고 하였다. [참고문헌]『瑜伽師地論』.

팔업가 八業家 팔업을 주장하는 이들. 비유자(譬喩者 Ⓢ Dārṣṭāntika)를 말한다.『구사론기』권15(대정장41, p.246b3)에 "어째서 정리논사는 팔업가를 사례로 들어 논파하며『순정리론』권40(대정장29, p.570c25)에서 '이숙과는 결정적이지만 받는 때가 결정적이지 않은 업은 받는 때가 결정적이지 않기에 모두가 순부정수업이라고 인정하듯이〈운운〉'라고 하였다 何故正理論師破例八業家云 謂如熟定時不定業 時不定故 旣共許爲順不定受〈云云〉"라고 하였다. [참고문헌]『俱舍論記』,『順正理論』. ⇨ 팔업 八業❶, 비유자 譬喩者

팔연기문 八緣起門 여덟 갈래 문으로 연기를 분별함.『분별연기초승법문경』권하(대정장16, p.841a4)에 "내가 설하는 연기에는 대략 여덟 가지 문이 있다. 첫째는 세속경계를 수용하는 연기이니, 즉 안과 색이 연하여 안식을 낳고, 이 세 가지가 화합하여 곧 촉이 있게 되며, 촉이 연이 되어 수가 된다. 이와 같이 하여 널리 말한다. 둘째는 임지연기로 있으니, 즉 사식을 연하여 모든 근의 대종이 머물고 더 자란다. 셋째는 식인연기이니, 즉 모든 곡식을 구하려고 밭과 종자와 물을 연하여 싹을 틔우는 것이다. 넷째는 일체생신이 상속하는 연기이니, 즉 능히 이끌고 능히 나게 하는 온갖 분별로 일체를 끌어내고 나게 한다. 다섯째는 일체생신이 의지하는 연기이니, 즉 모든 세계는 모든 인연에 의하여 이루어지고 부서짐을 시설한다. 여섯째는 일체생신의 차별연기이니, 즉 불선과 선의 유루업에 의하여 삼악취와 인취와 천취를 시설한다. 일곱째는 청정한 연기이니, 즉 남의 소리에 의지하거나 혹은 스스로 내적인 것에 의지하여 이(理)에 맞게 생각하여 정견을 내고 무명을 멸한다. 무명이 멸하기에 모든 행이 그에 따라 멸한다. 자세하게 말하면 나아가 생도 멸하기 때문에 노사도 그에 따라 멸한다. … 여덟째는 자재연기이니, 즉 정려를 잘 닦는 것이 인연이 되어 온갖 정을 닦는 이는 원요에 따라 이와 같은 것을 모두 이루어 마침내 다름이 없다. 이러한 것을 내가 간략하게 말한 팔문연기라고 한다. 我說緣起 略有八門 一者 說有受用世俗境界緣起 謂緣眼色 生於眼識 三事和合 便有其觸 觸爲緣受 如是廣說 二者 說有任持緣起 謂緣四食 諸根大種 安住增長 三者 說有食因緣起 謂求諸穀田種水緣 發生芽等 四者 說有一切生身相續緣起 謂由能引能生諸分別 生一切所引所生 五者 說有一切生身依持緣起 謂諸世界 由諸因緣 施設成壞 六者 說有一切生身差別緣起 謂由不善善有漏業 施設三惡 人天趣別 七者 說有淸淨緣起 謂依他音 及依自內 如理作意 發生正見 能滅無明 無明滅故 諸行隨滅 廣說乃至 由生滅故 老死隨滅 … 八者 說有自在緣起 謂善修治靜慮爲緣 諸修定者 隨所願樂 如是皆成 終無別異 如是名爲 我所略說 八門緣起",『유가사지론』권9「유심유사등삼지 有尋有伺等三地」(대정장30, p.322a19)에 "연기문은 어떠한가? 팔문에 의지하며 연하여 일어나고 흘러 구른다. 첫째는 내식생문, 둘째는 외가성숙문, 셋째는 유정세간생사문, 넷째 기세간성괴문, 다섯째 식임지문, 여섯째 자소작업증상세력수용수업소득애비애과문, 일곱째 위세문, 여덟째 청정문이다. 緣起門云何 謂依八門 緣起流轉 一 內識生門 二 外稼成熟門 三 有情世間死生門 四 器世間成壞門 五 食任持門 六 自所作業增上勢力受用隨業所得愛非愛果門 七 威勢門 八 淸淨門", 같은 책 권10「유심유사등삼지」(대정장30, p.327a6)에 "묻는다. 앞서 설한 팔연기문은 몇 문이 십이지연기에 의해 드러나고, 몇 문은 그렇지 아니한가. 답한다. 세 문은 저(십이연기)에 의해 드러나니, (첫 번째와 여섯 번째) 둘은 일분에 의해 나타나고 (세 번째) 하나는 전분에서 보인다. 問 如前所說 八緣起門 幾門是十二支緣起所顯 幾門非耶 答 三門是彼所顯 謂二一分所顯 一全分所顯",『유가론기』권3(대정장42, p.366c8·한불전13, p.179b6)에 "내식생문이란 곧 눈이 색을 연하여 안식이 생할 수 있는 등을 말한다. 외가성숙문이란 씨앗이 싹을 연하고 싹이 줄기를 연하는 것 등이다. 유정세간사생문이란 무명이 연이 되어 능히 행(行)을 일으키는 것 등이다. 기세간성괴문이란 일체유정이 함께 지은 업의 증상력을 연으로 하여 땅이 생겨나는 것 등이다. 內識生門者 謂眼色爲緣 眼識得生

等 外稼成熟門者 謂種緣芽 芽緣莖等 有情世間死生門者 謂無明爲緣 能生行等 器世間成壞門者 謂一切有情共業增上力爲緣 大地生等", "식임지문이란 사식이 연이 되어 삼계유정 서로 이어지며 머무는 것이다. 자소작업증상세력수용수업소득애비애과문이란 묘행과 악행이 연이 되어 선취와 악취에 나는 것이다. 위세문이란 내증이 연이 되어 신통을 발하는 등의 가장 뛰어난 공덕이다. 청정문이란 순해탈분선이 연이 되어 차제를 따라 아라한과 얻는 것에 이르는 것 등을 말한다. 食任持門者 謂四食爲緣 三界有情 相續住故 自所作業增上勢力受用隨業所得愛非愛果門者 謂妙行惡行爲緣 生善惡趣故 威勢門者 謂內證爲緣 發神通等 最勝功德 淸淨門者 謂順解脫分善爲緣 次第乃至 得阿羅漢果等", 같은 책 권3(대정장42, p.374b6・한불전13, p.200b16)에 "무슨 까닭에 다섯 문은 십이연기에 드러나지 않을까? 십이지연의 종(宗)은 유정 내신의 인과를 밝히는 것이다. 외가성숙문과 기세간성괴문은 내신의 인과가 아니고 십이지도 아니다. 식임지문은 다만 밖의 음식이 중생 길러 키우는 것이기에 또한 내신에서 능히 나고 일으키는 연이 아니다. 위세문은 따로 선지(禪支)에 의지한다. 오통은 두루 구지에 의지하여 발하는 누진통이라는 뜻이기에 십이연이 아니다. 청정문은 곧 도품의 무루이니 연을 따라서 일어나는 뜻이긴 하나 또한 십이지연은 아니다. 何故餘五門非十二所顯耶 謂十二支緣宗 明有情內身因果 外稼成熟門 器世間成壞門 非內身因果 非十二支 食任持門 但以外食長養衆生 亦非內身 能生起緣 威勢門者 別依禪支 五通通依九地 發漏盡通義 故非十二緣 淸淨門者 卽是道品無漏從緣起義 亦非十二支緣"라고 하였다. [참고문헌] 『分別緣起初勝法門經』, 『瑜伽師地論』, 『瑜伽論記』. ⇨ 연기 緣起❶, 십이연기 十二緣起

팔열지옥 八熱地獄 Ⓢ aṣṭav uṣṇa-narakāḥ. 뜨거운 열기로 고통받는 여덟 지옥. 팔대지옥(八大地獄 Ⓢ aṣṭau mahā-narakāḥ)・팔대나락가(八大捺落迦) 등이라고도 한다. 줄여서 팔열이라고도 하며, 추위로 고통받는 지옥은 팔한지옥(八寒地獄 Ⓢ aṣṭau śīta-narakāḥ)이다. 『법집명수경』(대정장17, p.662a20)에 "팔열지옥이란 무엇인가? 등활지옥・흑승지옥・중합지옥・규환지옥・대규환지옥・소연지옥・극소연지옥・아비지옥을 가리킨다. 云何八熱地獄 所謂等活地獄 黑繩地獄 衆合地獄 叫喚地獄 大叫喚地獄 燒然地獄 極燒然地獄 阿鼻地獄", 『성선악론』 권2 「차명화대 次明火大」(卍속장101, p.872b14)에 "팔열지옥에 이르면 위의 불이 아래까지 뚫고, 아래의 불은 위까지 뚫으며, 동서의 불도 하나로 섞여서 서로 뚫고, 겁의 세월이 지나도록 타오른다. 至於八熱地獄 上火徹下 下火徹上 東西交徹 歷劫燒然"라고 하였다. [참고문헌] 『法集名數經』, 『性善惡論』, 『大明三藏法數』 권25(가흥장182, p.445a10). ⇨ 팔대지옥 八大地獄❶, 지옥 地獄, 등활지옥 等活地獄, 흑승지옥 黑繩地獄, 중합지옥 衆合地獄, 규환지옥 叫喚地獄, 대규환지옥 大叫喚地獄, 소자지옥 燒炙地獄, 극소연옥 極燒然獄, 아비지옥 阿鼻地獄, 팔한지옥 八寒地獄

팔열팔한 八熱八寒 팔열지옥과 팔한지옥. 둘을 합하여 대지옥(大地獄)・근본지옥(根本地獄)이라 한다. 『법화현찬』 권6(대정장34, p.765c21)에 "나락가(지옥)에는 세 유형이 있다. 첫째는 근본, 둘째는 근변, 셋째는 고독이다. 근본은 팔열지옥과 팔한지옥이다. 捺落迦有三 一 根本 二 近邊 三 孤獨 根本卽是 八熱八寒", 『사분율행사초간정기』 권9(卍속장68, p.542b8)에 "팔열과 팔한이 십육이 된다. 근본에 따라 말하면 팔열에 매 옥마다 열여섯 개의 작은 지옥을 두고 권속으로 삼는다. 八熱八寒 成十六也 據本根以言 於八熱中 每獄爲有十六小獄 以爲眷屬"라고 하였다. [참고문헌] 『法華玄贊』, 『四分律行事鈔簡正記』. ⇨ 지옥 地獄, 팔대지옥 八大地獄, 팔열지옥 八熱地獄, 팔한지옥 八寒地獄

팔염송 八念誦 끝 수가 8일인 날에 염송하다. 선림에서 매달 8일・18일・28일 십불을 염송하는 것이다. 고청규(古淸規)에서는 3일과 8일마다에 염송(三八念誦)하던 것이 『백장청규』가 편집될 무렵 8일에만 하게 된 것으로 보인다. 『백장청규』 권2 「염송」(대정장48, p.1121a8)에 "고청규에 따르면 3일・13일・23일과 8일・18일・28일에 행하였는데, 지금은 8일・18일・28일에 행하는 데 그친다. 古規初三 十三 二十三 初八 十八 二十八 今止行初八 十八 二十八"라고 하였다. [참고문헌] 『百丈淸規』. ⇨ 삼팔염송 三八念誦, 염송 念誦

팔염화지옥 八炎火地獄 팔한빙지옥(八寒氷地獄)과 함께 십육소지옥(十六小地獄)의 한 영역. 『대지도론』 권16(대정장25, p.176c21)에 "팔염화지옥은 다음과 같다. 첫째는 탄갱, 둘째는 비시, 셋째는 소림, 넷째는 검림, 다섯째는 도도, 여섯째는 철자림, 일곱째는 함하, 여덟째는 동궐이라 한다. 八炎火地獄者 一名炭坑 二名沸屎 三名燒林 四名劍林 五名刀道 六名鐵刺林 七名鹹河 八名銅橛"라고 하였다. [참고문헌] 『大智度論』. ⇨ 십육소지옥 十六小地獄, 팔한빙지옥 八寒氷地獄

팔엽 八葉 ❶ 팔방으로 미치는 비로자나불(毘盧遮那佛)의 지혜덕을 나타낸다. 『대일경소』 권12(대정장39, p.706a7)에 "이 팔엽이란 사방과 사우이다. 사우는 여래의 네 가지 지혜이다. 此八葉者 卽是四方四隅也 四隅卽是如來四智", 『대일경공양차제법소』 권하(대정장39, p.799b27)에 "팔엽은 간략하게 비로자나불의 덕을 드러낸 것이다. 八葉者 略現毘盧遮那佛德也"라고 하였다. 〔참고문헌〕『大日經疏』, 『大日經供養次第法疏』. ❷ 팔대(八代) 또는 팔세법손(八世法孫). 『백장청규』 권8 「백장산대지수성선사천하사표각기 百丈山大智壽聖禪寺天下師表閣記」(대정장48, p.1157b1)에 "보리달마 이후 팔대가 되어 홍주(洪州) 백장산에 사는 대비구가 있었는데 사람들이 백장선사라 불렀다. 菩提達磨大師後 八葉有大比丘 居洪之百丈山 人稱之曰百丈禪師"라고 하였다. 〔참고문헌〕『百丈淸規』.

팔엽구존 八葉九尊 태장만다라 중대팔엽원(中臺八葉院)에 자리한 아홉 존격. 대일여래를 중심으로 동서남북 사방에 위치한 보당(寶幢)·무량수(無量壽)·개부화왕(開敷花王)·천고뢰음여래(天鼓雷音)의 사불과 동남쪽부터 시계방향으로 네 모서리에 위치한 보현·문수·관음·미륵의 사보살을 말한다. 『삼종실지진언의궤』(대정장18, p.913b19)에 "그 꽃 위에 있는 아 자가 변하여 법신 마하비로자나여래의 몸이 되어 아밤람훔캄을 설하고 이 다섯 자가 변하여 오지 여래의 몸이 되며 다시 팔엽구존의 몸이 된다. … 아홉 겹의 월륜은 팔엽구존을 나타낸다. 其華之上有阿字 變成法身摩訶毘盧遮那如來身 說阿鑁覽唅欠 此五字變成五智如來身 又成八葉九尊身 … 九重月輪表八葉九尊"라고 하였다. 〔참고문헌〕『三種悉地眞言儀軌』. ⇨ 중대팔엽원 中臺八葉院

팔엽구존만다라 八葉九尊曼茶羅 ➡ 태장만다라 胎藏曼茶羅

팔엽연화관 八葉蓮華觀 여덟 잎으로 핀 연꽃을 관하다. 태장만다라의 팔엽중대원을 상징한다. 『대일경소』 권12(대정장39, p.705c24)에 "일체중생의 이 마음이 곧바로 연화삼매의 인이다. 아직 꽃을 피우지 못했기에 갖가지 번뇌에 덮여 둘러쳐 있다. 스스로 그 마음의 여실한 모습을 알지 못했기 때문이다. 그러므로 먼저 이 마음 자리를 관하여 팔엽연화관 닦아 꽃피우고 꽃술 무리지도록 해야 한다. 이 연화대 위에 아 자(𑖀)가 있고 이 자 좇아 무량광명이 나온다고 관상한다. 그 광명이 사방으로 흩어졌다가 합쳐서 만이 되니 화만과 같다. 이를 만이라고 부르는 것은 많은 꽃이 연달아 꿰어져 상속이 끊임없기 때문이다. 많은 것이 합쳐져 하나가 되므로 만이라 한다. 이 또한 그와 같으니 무량광명이 합쳐져 하나의 빛으로 만이 된다. 왜 더 많지도 적지도 않게 팔엽을 관해야 하는가? 여기에는 두 가지 뜻이 있다. 하나는 일체범부가 마음자리를 비록 아직 요달하지 못했지만 그곳에 자연스럽게 여덟 잎이 있으니 피지 않은 연꽃 모양과 같다. 이제 다만 이 마음을 관조하여 그것이 열려 피어나도록 하면 이 삼매관으로 문득 방편을 얻는다. 그러하니 이 이치란 이 팔엽의 꽃을 관하면 바로 이와 상응한다는 것이다. 一切衆生此心 卽是蓮華三昧之因 以未能令開敷故 爲諸煩惱等之所纏繞 所以不能自了其心如實之相也 是故先當觀此心處 作八葉蓮華觀 令開敷諸蘂具足 於此臺上 思想阿字而在其中 從此字出無量光 其光四散而合爲鬘 猶如花鬘 所以謂之鬘者 謂連多花貫穿相續不斷 由合多爲一故名爲鬘 此亦如是 合無量光以爲一光之鬘也 何故須觀八葉不多不少耶 此有二義 一者 一切凡夫心處 雖未能自了 然其上自然而有八辯 如合蓮華形 今但觀照此心令其開敷 卽是三昧觀而且便也 然其理者 若觀此八葉之花 卽得與理相應", 같은 책 권19(대정장39, p.770a15)에 "진언구세대덕이 금색에 광염삼매를 갖추어 머문다는 것은 이 꽃대의 중심에서 뜻이 일어남을 말한다. 곧 자신의 마음에서 팔엽연화를 관하는 것이다. 이 꽃은 다른 곳에서 생하는 것이 아니라 뜻을 따라 생한다. 뜻이 곧바로 꽃이니 둘도 아니고 다름도 없다. 이 꽃대의 둥근 빛은 달과 같고 청정무구 하기는 두렷해 밝은 거울과 같다. 세간에 비유할 물건이 없으니 오직 둥근 거울로 비유하여 뜻을 얻고 말을 잊도록 할 뿐이다. 그러나 실로 그것의 백천만배를 넘어서기에 비유할 수조차 없다. 眞言救世大德 金色具光焰三昧住者 謂此華臺從心意生也 卽是觀於自心八葉蓮華 此花不從餘處生 卽從意生 意卽是花 無二無別也 此華臺圓明如月 淸淨無垢同於圓鏡 以世間更無物可以爲喩 唯有圓鏡可以喩況 令彼得意忘言 然實過於彼百千萬倍 不可爲喩也"라고 하였다. 〔참고문헌〕『大日經疏』. ⇨ 중대팔엽원 中臺八葉院, 태장만다라 台藏曼茶羅

팔엽연화인 八葉蓮華印 ➡ 팔엽인 八葉印

팔엽원 八葉院 ➡ 중대팔엽원 中臺八葉院

팔엽육단심 八葉肉團心 여덟 잎 모양의 살덩어리에 의지한 마음. 아직 보리심을 일으키지 못한 범부의 마음. 본래 육단심이란 심장(心臟)을 말한다. 범부의 마음은 마치 아직 피어나지 않은 여덟 잎의 연꽃과 같고 비밀유가의 삼밀을 닦아 여덟 잎의 연꽃이 완전히 피어나면 태장만다라 중대팔엽의 아홉존격으로 현성한다. 『대일경소』 권4(대정장39, p.623a4)에 "관행을 닦을 때 먼저 다섯자로 몸을 호지하고 공양법에 설한대로 자기 마음을 여덟 잎 연꽃이라고 관상한다. 아사리가 말씀하시길 '범부의 심장 모양은 연꽃과 같이 모아져 피지 않은 형상인데 힘줄과 맥이 이를 따라 팔분되어 있으며 남자는 위를 향하고 여자는 아래를 향한다'고 하였다. 먼저 이 연꽃을 관하여 그것이 피어나도록 하면 여덟 잎의 흰 연화좌가 된다. 이 연화대 위에 아 자를 관상하되 금강색의 머리에 백광변조왕을 안치하고 무구한 눈으로 관한다. 이것으로 스스로 가지하면 비로자나의 몸이 된다. 이 방편으로 비로자나의 몸을 관하여 나의 몸과 둘도 아니고 다르지도 않게 한다. 凡修觀行時 先當以五字持身 如供養法中說 卽觀自心作八葉蓮花 阿闍梨言 凡人汚栗馱心狀 猶如蓮花含而未敷之像 有筋脈約之以成八分 男子上向女人下向 先觀此蓮令其開敷 爲八葉白蓮花座 此臺上當觀阿字 作金剛色 首中 置百光遍照王 而以無垢眼觀之 以此自加持故 卽成毘盧遮那身也 以此方便觀毘盧遮那身 令與我身無二無別", 『기신론소필삭기』 권1(대정장44, p.298b10)에 "범어 흘리다야(hṛdaya)는 육단심으로 한역한다. 곧 사람의 심장에 해당한다. 그 색은 붉고 모양은 연꽃과 같다. 위로 일곱 잎이 있고 색법으로 거둔다. 梵語訖利馱耶 此云肉團心 則人之心藏也 其色赤形如蓮華上有七葉 色法所攝", 『계람습엽집』(대정장76, p.727c6)에 "지금 법신은 분별진여의 묘리이고 십계가 서로 갖추고 있는 불성이다. 팔엽육단의 연꽃은 오백진점겁 동안 피지 않았다. 오상성신의 달은 시작이 없는 본유의 공을 깊이 증득한다. 보신이란 이 이법계의 연꽃이 여덟 잎으로 피어난 것이다. 方今法身者 不變眞如之妙理 十界互具之佛性也 八葉肉團之蓮 未開五百塵點之劫 五相成身之月 深證無始本有之空 報身者 彼理界之蓮花開八葉", 같은 책 권5(대정장76, p.821c15)에 "〔문〕 팔엽육단심은 마음에 자리하는가? 지금 월륜을 관할 때 심소 밖에 받을 만한 다른 마음이 없다. 『보리심의』에서 '한 찰나의 보리심을 일으키면 불심이라 한다'고 하였다. 그러므로 이 육신이 월륜과 같다고 관한다. 問 八葉肉團心處心也 今觀爲月輪 然共心所外受無心也 菩提心義云 若發一念菩提心 卽名佛心 故觀此肉身形如月輪"라고 하였다. 〔참고문헌〕『大日經疏』, 『起信論疏筆削記』, 『溪嵐拾葉集』. ⇨ 중대팔엽원 中臺八葉院, 육단심 肉團心

팔엽인 八葉印 밀교 수인. 양손을 허심합장 하고 양손의 엄지와 소지를 각각 붙여 팔엽연화가 피어난 형상을 만든다. 연화부(蓮華部)의 삼매야인(三昧耶印)이고 아미타불인(阿彌陀佛印)이라고도 한다. 『오대우옥우보다라니의궤』(卍속장3, p.808b15)에 "양손을 허심합장하여 피어난 연꽃 모양으로 팔엽인을 만든다. 二手虛心合掌作開敷蓮華八葉印"라고 하였다. 〔참고문헌〕『五大牛玉雨寶陀羅尼儀軌』. ⇨ 연화부 蓮華部

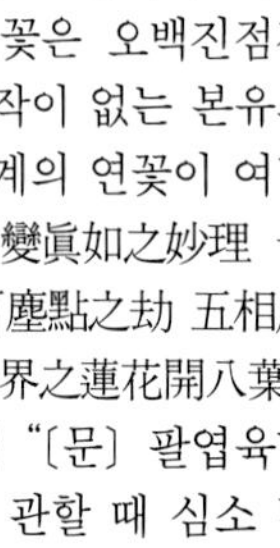

팔엽중대 八葉中臺 여덟 잎으로 핀 연꽃 가운데 자리. 『지장보살의궤』(대정장20, p.652b3)에 "전하길 '구품이란 구중을 뜻한다. 또한 팔엽중대를 말하기도 한다'라고 하였다. 傳云 九品者九重也 亦云八葉中臺也", 『묘법연화삼마야경』(卍속장3, p.819b13)에 "일체중생은 모두 묘법연화의 팔엽중대의 십여와 십존이 있으니 이를 묘법연화경왕이라 한다. 一切衆生皆有妙法蓮華八葉中臺十如十尊 是名妙法蓮華經王"라고 하였다. 〔참고문헌〕『地藏菩薩儀軌』, 『妙法蓮華三摩耶經』.

팔엽중존 八葉中尊 태장만다라 중대팔엽원 중앙의 존격. 대일여래를 말한다. 『파지옥비밀다라니법』(대정장18, p.911c19)에 "이 마음 법계의 바탕이고 본래 언제나 적멸상임을 안다. 이는 비로자나본지의 몸이고 연화대의 바탕이니 팔엽 뛰어넘고 방소 끊었으며 마음의 경계가 아니니 오직 부처와 부처만이 알 수 있다. 이러한 방편은 큰 허공과 같아서 온갖 모습을 드러낸다. 중심이 비었지만 일체색을 갖추었으니 곧 세계를 더해 가지기에 만다라의 보문회가 없는 곳이 없다. 다만 여래는 하나 몸이고 하나의 지혜며 하나로 행하기에 팔엽은 모두 대일여래의 한몸일 뿐이다. 그러므로 중존의 대일여래는 법신이다. 卽知此心法界之體 本來常寂滅相 此是毘盧遮那本地之身 華臺之體 超八葉絶方所 非有心之境界 唯佛與佛乃能知之 以此方便同於大空而現衆像 中心空具一切色 卽是加持世界 曼荼羅普門之會無處不有也 但是如來一身一智一行 是故八葉皆是大日如來一體也 是故中尊大日是法身"라 하였다. 〔참고문헌〕『破地獄祕密陀羅尼法』.

팔영 八詠 ❶ 중국 남조(南朝)시대 양(梁)대 심약(沈約 441~513)이 동양(東陽) 태수(太守) 시절 읊었던 여덟 수의 시. 팔영시(八詠詩)라고도 한다. 『조정사원』 권3(卍속장113, p.87a18)에 "팔영 : 당의 심약이 읊은 여덟 수의 시이다. 「등루망추월」·「회포임춘풍」·「추지민쇠초」·「한래비락동」·「석행문야학」·「신정청효홍」·「해패거조시」·「피갈수산동」이 그것이다. 八詠 唐沈約八詠 登樓望秋月 會圃臨春風 秋至愍衰草 寒來悲落桐 夕行聞夜鶴 晨征聽曉鴻 解佩去朝市 披褐守山東"라고 하였다. 〔참고문헌〕『祖庭事苑』. ❷ ➡ 팔음 八音

팔영산능가사팔상전권연소 八影山楞伽寺八相殿勸緣疏 성총(性聰 1631~1700) 지음. 『백암집』 권하(한불전8, p.483a8~483b24)에 전한다. 전라남도 고흥군 팔영산에 있는 능가사에 팔상전 건립을 위한 모연을 권하는 글. 소문에서는 마야부인에게 잉태되어 나신 후 사문유관하여 출가하는 등의 팔상으로 석가세존의 일생을 서술한 후, 인도에서의 용수(龍樹)·마명(馬鳴), 중국에서 구마라집(鳩摩羅什)·징관(澄觀)에 의해 선양된 사적 등을 서술하고 있다. 「팔영산능가사팔상전권연소」(한불전8, p.483b17)에 "이 절이라고 말하지만 호리병 속의 별세계이고 바다 위의 아름다운 곳이다. 비록 푸른 동산의 절이라 창건하였지만 오히려 남은 땅이 많다. 먼저 마땅히 여러 층의 전각을 세워 해와 달이 동량을 돌도록 하고 다음 다시 팔상의 신령한 모습을 그려 승속이 귀의하고 우러러 보도록 해야 하리라. 玆寺也 壺中別界 海上名區 雖載創紺園而尙多餘地 先當起數層之傑閣 使日月廻旋於棟樑 次復寫八相之靈儀 俾緇素依歸而瞻仰"라고 하였다. [참고문헌]『栢庵集』. ⇨ 능가사 楞伽寺

팔영산만경암중수기 八影山萬景庵重修記 전라남도 고흥군 팔영산 능가사(楞伽寺) 만경암의 중수기. 전라남도 관찰부 주사를 역임한 신창모(申昶模)가 썼고 『조선사찰사료』 권상에 수록되어 있다. 중수기에 의하면, 신창모는 17·8세에 만경암에서 공부한 인연이 있으며, "가람은 신라 눌지왕 원년에 시작되었는데 서경의 명승인 아도화상이 주석하였던 곳이며 지금의 만경암인데 예전에 보현암이라고 불렸던 곳이다. … 경자년(1900) 봄에 … 한 둘의 보살이 발원하여 시주를 모아 3년 후인 임인년(1902) 겨울에 겨우 전각과 누각·행랑·주방·욕실을 지을 수 있어 옛 제도와 동일하게 되었다. 伽藍 始於新羅訥祇王元年 而爲西京名僧阿度和尙之所卓錫 是卽今之萬景菴 而古云普賢庵者也 … 於庚子之春 … 一二開士 發願募緣 越三年壬寅冬 僅得構院樓殿房廊廚湢 一視前制"라고 하였다. [참고문헌]『朝鮮寺刹史料』, 『承政院日記』. ⇨ 만경암 萬景庵

팔예 八穢 여덟 가지로 법답지 못한, 가져서는 안 되는 물건. 『범망경합주』 권6(卍속장60, p.736b12)에 "팔예란, 첫째 전택과 원림, 둘째 씨앗을 심어 낸 씨앗, 셋째 쌓아둔 곡식과 비단, 네째 잡아 기르는 종, 다섯째 길러 매두는 짐승, 여섯째 돈과 보배의 귀한 물건, 일곱째 넷째 털담요와 가마솥, 여덟째 상아와 금으로 꾸민 상과 모든 귀중물을 가지는 것이다. 八穢者 一田宅園林 二種植生種 三貯積穀帛 四畜養人僕 五養繫禽獸 六錢寶貴物 七氈褥釜鑊 八象金飾牀及諸重物"라고 하였다. [참고문헌]『梵網經合註』, 『毗尼止持會集』 권1(卍속장61, p.662b6). ⇨ 팔부정물 八不淨物

팔오삼이 八五三二 팔식(八識)·오법(五法)·삼성(三性)·이무아(二無我)에서 법수들만 드러낸 것으로 『대승입능가경』에서 일체불법(一切佛法)을 이 네 가지 법의 범주로 다 들어 푸는 뜻에서 생겨난 술어다. 팔식(八識), 오법(相 名 分別 如如 正智), 삼성(妄計性 緣起性 圓成性), 이무아(人無我 法無我)를 말한다. 『대승입능가경』 권5(대정장16, p.620b26 : *Laṅk.*, p.227)에 "부처님께서 말씀하셨다. '대혜여! 삼성·팔식·이무아가 다 오법에 드는데 그 중 명과 상은 망계성이고, 그 분별에 의지함으로써 심심소법이 같이 일어나는데 이는 마치 해와 햇빛과 같으니 이는 연기성이며, 정지와 여여는 허물어지지 않기에 원성성이다. 佛言 大慧 三性 八識 及二無我 悉入五法 其中名及相是妄計性 以依彼分別心心所法俱時而起 如日與光是緣起性 正智如如不可壞故 是圓成性 bhagavān āha. atraiva mahāmate trayaḥ sv abhāvā antargatāḥ aṣṭau ca vijñānāni dve ca nai rātmye. tatra nāma ca nimittaṃ ca parikalpitaḥ svabhāvo veditavyaḥ. yaḥ punar mahāmate tadā śrayapravṛtto vikalpaś cittacaittasaṃśabdito yu gapatkālodita āditya iva raśmisahito vicitralakṣ aṇasvabhāvo vikalpādhārakaḥ sa mahāmate sva bhāvaḥ paratantra ity ucyate. samyagjñānaṃ ta thatā ca mahāmate avināśatvāt svabhāvaḥ parin iṣpanno veditavyaḥ", "대혜여! 자신의 마음에 나타난 바로 집착을 일으킬 때 여덟 가지로 분별의 생기가 있는데 이 차별상은 모두 실하지 못해 오직 망계성일 뿐이다. 만약 두 가지 아집을 버릴 수 있다면, 두 가지 무아의 지가 생장할 수 있다. 대혜여! 성문·연각·보살·여래는 스스로 성지의 모든 지위차를 증할 수 있으니, 모든 불법은 다 이 오법중으로 거둔다. 大慧 於自心所現生執著時 有八種分別起 此差別相皆是不實 惟妄計性 若能捨離二種我執 二無我智卽得生長 大慧 聲聞緣覺菩薩如來 自證聖智諸地位次 一切佛法悉皆攝入此五法中 punar aparaṃ mahāmate svacittadṛśyam abhiniviśyam ānaṃ vikalpo 'ṣṭadhā bhidyate. nimittasyābhūta lakṣaṇaparikalpitatvād ātmātmīyagrāhadvayavy upaśamān nairātmyadvayam ājāyate. eṣu mahā mate pañcasu dharmeṣu sarvabuddhadharmā an targatāḥ bhūmivibhāgānusaṃdhiś ca śrāvakaprat yekabuddhabodhisattvānām tathāgatānāṃ ca pr atyātmāryajñānapraveśaḥ", "또한 대혜여! 오법이란 상·명·분별·여여·정지이다. 이 중에서 상이란, 보이는 색 등 형상으로 각기 다른 것이니 이를 상이라 한다. 저 상들에 의지해 물단지 등이라는 이름을 세워서는 이것들 이와 같아서 이것들 다르지 않기에 이를 이름해서 명이라 한다. 온갖 이름으로 온갖 상을 띠는 심법과 심소법이 시설되면 이를 분별이라 한다. 저 명과 저 상은 필경 존재하지 않는 것이고 다만 망심이 전전하여 분별한 것이니 이와 같이 관찰하고 내지 깨우쳐 사라지게 하면 이것의 이름은 여여다. 復次大慧 五法者 所謂相 名 分別 如如 正智 此中相者 謂所見色等形狀各別 是名爲相 依彼諸相立甁等名 此如是 此不異 是名爲名 施設衆名顯示諸相心心所法 是名分別 彼名彼相畢竟無有 但是妄心展轉分別 如是觀察乃至覺滅 是名如如 punar aparaṃ m ahāmate pañcadharmāḥ nimittaṃ nāma vikalpas tathatā samyagjñānaṃ ca. tatra mahāmate nimi ttaṃ yat saṃsthānākṛtiviśeṣākārarūpādilakṣaṇaṃ dṛśyate tannimittam. yat tasmin nimitte ghaṭād isaṃjñākṛtakam evam idaṃ nānyatheti tannām

a. yena tannāma samudīrayati nimittābhivyañjakaṃ samadharmeti vā sa mahāmate cittacaittasaṃśabdito vikalpaḥ. yan nāmanimittayor atyantānupalabdhitā buddhipralayād anyonyānanubhūtāparikalpitatvād eṣāṃ dharmāṇāṃ sā tathateti", "대혜여! 진실로 결정적인 구경의 근본이 되는 자성은 얻을 수 있으니 이는 여여상이다. 나와 모든 부처는 수순하여 증입해 그 실상대로 개시하고 연설한다. 만약 이것에 대해 수순하여 깨달으면, 단도 떠나고 상도 여의고 분별을 일으키지 않아 자증처에 들어가 외도와 이승의 경계를 벗어나니 이를 정지라 한다. 대혜여! 이 오법·삼성·팔식·이무아에 일체불법이 널리 다 거둬 다한다'. 大慧 眞實決定究竟根本自性可得 是如如相 我及諸佛隨順證入 如其實相開示演說 若能於此隨順悟解 離斷離常不生分別入自證處 出於外道二乘境界 是名正智 大慧 此五種法 三性 八識及二無我 一切佛法普皆攝盡 tattvaṃ bhūtaṃ niścato niṣṭhā prakṛtiḥ svabhāvo 'nupalabdhis tattathālakṣaṇam. mayā anyaiś ca tathāgatair anugamya yathāvad deśitaṃ prajñaptaṃ vivṛtam uttānīkṛtam yatrānugamya samyagavabodhānucchedāśāśvatato vikalpasyāpravṛttiḥ svapratyātmāryajñānānukūlaṃ tīrthakarapakṣaparapakṣaśrāvakapratyekabuddhāgatilakṣaṇaṃ tatsamyagjñānam. ete ca mahāmate pañca dharmāḥ. eteṣv eva trayaḥ svabhāvāḥ aṣṭau ca vijñānāni dve ca nairātmye sarvabuddhadharmāś cāntargatāḥ"라고 하였다. 여기서 진실결정구경근본자성을 가득(可得)이라 하였는데,『능가경』권4(대정장16, p.511b17)에서는 "진실결정구경자성은 불가득이니 저 바로 여의 상이다. 眞實決定究竟自性不可得 彼是如相"라고 하였다. [참고문헌]『大乘入楞伽經』,『楞伽經』, *Laṅk.*

팔온 八蘊 여덟 갈래 무더기.『발지론 發智論』을 구성하는 팔품(八品) 즉 제법을 여덟 가지 주제(雜蘊 結蘊 智蘊 業蘊 大種蘊 根蘊 定蘊 見蘊)들로 나눴다. 팔건도(八犍度)·팔취(八聚)라고도 한다.『대비바사론』은 이 팔온을 해석했다.『구사론송소서기』권1(卍속장83, p.798a15)에 "팔온이란『대비바사론』에서 잡온·결온·지온·업온·대종온·근온·정온·견온이라 하였다. 서역의 발음으로는 건도라 하는데 한역하여 온이라 한다. 온이라고 하였는데, 제법을 같은 류로 각각 한 처에 모은 것을 온이라 한다. 즉 갖가지 이상에 관한 논의를 모아 잡온으로 가렸으며, 번뇌에 관한 논의를 모아 결온으로 가렸냈으며, 지혜에 관한 논의를 모아 지온으로 변별했으며, 업에 관한 논의를 모아 업온으로 변별했으며, 대종에 관한 논의를 모아 대종온으로 가렸다. 근온·정온·견온에 대해서도 이에 준해 설한다. 八蘊者婆沙云雜結智業大種根定見也 西音名健途此云蘊 蘊者 聚諸法自類各集一處名蘊 謂集種種異相論道判爲雜蘊 集結論道判爲結蘊 集智論道判爲智蘊 集業論道判爲業蘊 集大種論道判爲大種蘊 根定見准說",『대비바사론』권41(대정장27, p.212c28)에 "이 팔온 중에서 네 번째인 업온이 가장 깊다. 此八蘊中第四業蘊最爲甚深",『구사론기』권1(대정장41, p.1a14)에 "논에서 이에 (『구사론』의)글은 쇠갈고리(鉤鏁)처럼 해서 만 갈래의 논의를 끌어와 매듭을 짓고 그 뜻은 고르게 해서 쇠사슬(連環)처럼 처음과 끝이 끊어짐이 없다. 육족론의 강요를 가려뽑고도 남김없이 갖추고 빠진 데가 없고, 팔온의 묘문을 드러낸 것도 마치 손바닥을 보는 것과 같이 했다. 斯論 乃文同鉤鏁結引萬端 義等連環始終無絶 採六足之綱要備盡無遺 顯八蘊之妙門如觀掌內"라고 하였다. [참고문헌]『俱舍論頌疏序記』,『大毘婆沙論』,『俱舍論記』. ⇨팔건도 八犍度

팔왕일 八王日 1년 중에 천지의 기운이 바뀌는 여덟 날. 팔절일(八節日)이라고도 한다.『육도집』권4(卍속장149, p.742b1)에 "어떤 날들이 팔왕일인가? (년으로는) 입춘·춘분, 입하·하지, 입추·추분, 입동·동지 이들을 팔일이라 한다. 천지의 모든 신과 음양이 교대하므로 팔왕일이라 한다. 달로는 8일·14일·15일·23일·29일·30일은 모두 천지가 일을 꾸미는 날이고, 상현일·하현일·보름·초하루·그믐은 모두 록을 명하고 하늘이 계책을 부리는 날이다. 何等八王日 謂立春春分 立夏夏至 立秋秋分 立冬冬至 是謂八日 天地諸神 陰陽交代 故名八王日 月八日 十四日 十五日 二十三日 二十九日 三十日 皆是天地用事之日 上下弦望朔晦 皆錄命上計之日"라고 하였다. [참고문헌]『六道集』. ⇨팔절일 八節日, 삼복팔교 三覆八校

팔왕자 八王子 Ⓢ aṣṭa rāja-kumāra, aṣṭau putrāḥ.『법화경』「서품 序品」에서 설하였다. 일월등명(日月燈明 Ⓢ Candra-sūrya-pradīpa)부처님은 출가 전에 왕이었고 여덟 왕자가 있었다.『법화경』권1(대정장9, p.4a1)에 "그 최후의 부처님이 아직 출가하지 않았을 때 여덟 왕자가 있었다. 첫째 유의(Ⓢ Mati), 둘째 선의(Ⓢ Sumati), 셋째 무량의(Ⓢ Ananta-mati), 넷째 보의(Ⓢ Ratna-mati), 다섯째 증의(Ⓢ Viśeṣa-mati), 여섯째 제의의(Ⓢ Vimati-samudghāṭin), 일곱째 향의(Ⓢ Ghoṣa-mati), 여덟째 법의(Ⓢ Dharma-mati)다. 이들 위덕이 자재하여 각각 사천하를 다스렸다. 아버지가 출가하여 아뇩다라삼막삼보리를 얻으셨다는 말을 듣고, 모두 왕위를 버리고 따라서 출가하였다. 대승에 뜻을 두고 발심하여 항상 범행을 닦아서 모두 법사가 되었으며, 이미 천만부처님 처소에서 모든 선의 근본을 심었다. 其最後佛 未出家時有八王子 一名有意 二名善意

三名無量意 四名寶意 五名增意 六名除疑意 七名嚮意 八名法意 是八王子 威德自在 各領四天下 是諸王子 聞父出家 得阿耨多羅三藐三菩提 悉捨王位亦隨出家 發大乘意 常修梵行 皆爲法師 已於千萬佛所 殖諸善本"라고 하였다. 〔참고문헌〕『法華經』, *Saddh-p.19.*

팔요란사 八擾亂事 여덟 가지(苦 樂 憂 喜 入息 出息 尋 伺)로 흔들어 어지럽게 하는 일들. 『대비바사론』 권81(대정장27, p.417b12)에 "〔문〕 하지에도 무루의 사와 염이 있는데 어째서 제4정려만을 두고 사로 인해 염이 청정하다고 하는가? 〔답〕 제4정려의 사와 염은 모두 팔요란사를 여의기에 청정하다고 한 것이니, 고·락·우·희·입식·출식·심·사를 여덟 가지 요란한 일이라 한다. 이중에는 모두 없어 오롯이 청정이란 이름을 붙일 수 있다. 또 제4정려에는 안과 밖의 재횡이 없기에 청정하다고 한다. 問 下地亦有無漏捨念 何故但說第四靜慮捨念淸淨 答 第四靜慮捨念 俱離八擾亂事故名淸淨 苦樂憂喜入息出息尋伺名爲八擾亂事 此中皆無獨名淸淨"라고 하였다. 〔참고문헌〕『大毘婆沙論』. ⇨ 팔재횡 八災橫, 사념청정 捨念淸淨

팔요현기 八要玄機 여덟 가지로 요체가 되고 그윽한 마음씀. 『조산어록』 권하(대정장47, p.544b21)에 "여덟 가지로 긴요하고 그윽히 마음쓰다. 돌이켜 바꿈, 돌이켜 바꾸지 않음, 온전히 굴림, 곁으로 들임, 중추로 틈입함, 그윽히 씀, 바르게 눌러앉음, 곁해 이름붙임. 八要玄機 回互 不回互 宛轉 傍參 樞機 密用 正按 傍提"라고 하였다. 〔참고문헌〕『曹山語錄』. ⇨ 회호 回互, 불회호 不廻互, 완전 宛轉[2], 추기 樞機, 밀용 密用[2], 정안 正按, 방제 傍提

팔용왕 八龍王 Ⓢ aṣṭābhiś nāgarājaiḥ, Ⓣ klu'i-rgyal-po-brgyad. 『법화경』 「서품」에서 시설한 여덟 용왕. 『법화경』 권1(대정장9, p.2a20)에 "여덟 용왕이 있었으니 난다(Ⓢ Nanda)용왕·발난다(Ⓢ Upananda)용왕·사가라(Ⓢ Sāgara)용왕·화수길(ⓈVāsuki)용왕·덕차가(Takṣaka)용왕·아나바달다(Ⓢ Anavatapta)용왕·마나사(Ⓢ Manasvin)용왕·우발라(Ⓢ Utpalaka)용왕 등이고 각각 백천권속과 함께한다. 有八龍王 難陀龍王 跋難陀龍王 娑伽羅龍王 和脩吉龍王 德叉迦龍王 阿那婆達多龍王 摩那斯龍王 優鉢羅龍王等 各與若干百千眷屬俱", 『법화경의기』 권1(대정장33, p.581c10)에 "난다는 환희라고 한역한다. 발난다는 선환희라고 한역한다. 사람의 모습으로 변하여 부처님 곁에서 법을 듣고 사람의 은혜를 입어 어떤 사람을 보든 모두 환희한다. 용은 오직 다섯 때만은 변신하지 못하는데 첫째 잠잘 때, 둘째 졸 때, 셋째 화낼 때, 넷째 음행할 때, 다섯째 죽을 때이다. 사가라는 나라의 이름으로 지은 것이다. 화수길은 다두라고 한역하니 아홉 머리의 용왕이다. 덕차가는 다설이라 한역한다. 아나바달다는 무열이라 한역한다. 용들의 이어진 비늘 속에서 작은 벌레가 살며 뜯어먹기에 뜨거운 모래에서 말린다. 오직 이 용만이 작은 벌레가 없어서 뜨거운 모래의 괴로움이 없다. 마나사는 큰 몸이라 번역하니 크기가 수미산을 일곱 번 감쌀 수 있기 때문이다. 구발라는 연못 이름이다. 이 용은 구발라화 연못에 있으므로 연못으로 이름을 삼았다. 難陀者譯言歡喜 跋難陀者 譯爲善歡喜也 變爲人形 佛邊聽法於人有染潤之恩 見人皆歡喜也 龍唯五時中 不得變身 一眠 二 睡 三 嗔 四 婬 五 死時也 娑加羅者 因國得名也 和修吉者 譯爲多頭 卽九頭龍王也 德叉迦者 譯爲多舌也 阿那婆達多者 譯言無熱也 諸龍相與連甲中有小虫唼食 故於熱沙中曝 復有熱沙之苦 唯此龍無小虫故無熱沙之苦也 摩那斯者 譯爲大身則是繞須彌七匝也 漚盔羅者 池名也 此龍住在堰盔羅花池之中 因池立名也"라고 하였다. 〔참고문헌〕『法華經』, 『法華經義記』, *Saddh-p.4.*

팔원 八圓 원교(圓敎)에서의 원(圓)을 여덟 가지(敎圓 理圓 智圓 斷圓 行圓 位圓 因圓 果圓)로 푼 뜻이다. 『유마경현소』 권3(대정장38, p.533a12)에 "원교라고 말하는 것에 뜻이 많지만 간략하게 여덟 가지로 설한다. 첫째, 가르침의 원, 둘째, 이로서의 원, 셋째, 지로서의 원, 넷째, 끊음의 원, 다섯째, 행의 원, 여섯째, 위의 원, 일곱째 인의 원, 여덟째 과의 원이다. 교원이란 곧 바로 일실제를 설하는 것이니, 언교가 치우침이 없다. 리원이란 일실은 곧 법계해이니 이치에 기욺이 없다. 지원은 일체종지다. 단원은 오주(번뇌)를 빠짐없이 끊는다. 행원은 하나의 행이 일체행인 것이다. 위원은 처음 일지로부터 모든 지의 공덕을 구족하였다. 인원은 쌍으로 이제를 비춰 저절로 흘러든다. 과원은 묘각의 부사의한 삼덕의 과는 부종불횡이다. 원의 뜻이 여덟 가지가 있지만 단지 원교라고 이름하는 것은, 만약 두렷한 가르침이 아니라면 이로부터 과를 이루는 것이 원인줄 알 수 없다. 所言圓敎者 義乃多塗 略說有八 一敎圓 二理圓 三智圓 四斷圓 五行圓 六位圓 七因圓 八果圓 敎圓者直說一實諦言敎不偏也 理圓者一實卽法界海理不偏也 智圓者一切種智也 斷圓者五住圓斷也 行圓者一行一切行也 位圓者從初一地具足諸地功德也 因圓者雙照二諦自然流入也 果圓者妙覺不思議三德之果不縱不橫也 圓義有八而但名圓敎者 若不因圓敎則不知圓理乃至得成圓果也"라고 하였다. 〔참고문헌〕『維摩經玄疏』, 『華嚴經經隨疏演義鈔』 권7(대정장36, p.49b4). ⇨ 원교 圓敎

팔월만 八月滿 Ⓟ kattika-puṇṇaman, kattikatemāsi-puṇṇamam. 가리제가월(迦唎提迦月 Ⓟ kattika :

迦提月, 後迦提一月)의 만월(滿月). 음력 팔월 보름을 말한다. 『대방등대집경』 권42(대정장13, p.280a28)에 "허공을 운행하는 달이 별자리를 두루 돌고 나서 다시 별자리 묘(昴)에서 시작하기에 하루의 허공에 달이 찼다(滿)고 하며 삼십일 낮밤도 달이 찼다고 한다. 팔월의 만월은 별자리 주(胄)에 시작하여 묘에서 마치는 그 달이 그러하다. 月行虛空 周匝宿訖 還更起昴 是故言日虛空月滿 三十晝夜 亦名月滿 八月滿者 起胃終昴 其月如是", 『오분율』 권19(대정장22, p.133b21)에 "부처님께서 이르시길 '이제 모든 비구들이 석 달 후 자자일에 다 한곳에 모이는 것을 허락한다. 마땅히 한 비구가 앞장서서 말해야 한다. 「대덕승들은 들으십시오. 우리들은 이 안거에서 일심락을 얻었습니다. 만약 자자를 하고 문득 가면 이 즐거움을 잃습니다. 지금 다 함께 멈추었다가 팔월만에 이르러 사월자자를 하겠습니다. 이와 같이 아룁니다」. 佛言 今聽 諸比丘 三月自恣日 皆集一處 應一比丘唱言 大德僧聽 我等於此安居 得一心樂 若自恣便去者 則失此樂 今共停此 至八月滿 作四月自恣 白如是", *Sutta-vibhaṅga*(*Vin.3*, p.263)에 "'팔월(迦提月)의 만월까지'란 후가제월(後迦提月)의 만월을 말한다. kattika-puṇṇaman ti kattikacātumāsinī vuccati"라고 하였다. 〔참고문헌〕『大方等大集經』, 『五分律』, *Vin.* ⇨가리제가 迦唎提迦

팔위 八危 재물에 대한 탐욕으로 초래되는 여덟 가지 위태로움. 『중본기경』 권하(대정장4, p.162b7)에 "재물에는 여덟 가지 위태로움이 있어 손해만 끼칠 뿐 이익이 없다. 무엇이 그 여덟 가지인가? 첫째, 권력의 먹이감이 된다. 둘째, 도적에게 빼앗긴다. 셋째, 화재가 일어나 모르는 결에 사라진다. 넷째, 물난리로 손실을 본다. 다섯째, 원수와 채권자에게 멋대로 빼앗긴다. 여섯째, 농사를 짓는다 해도 욕심껏 수확을 거두지 못한다. 일곱째, 장사를 하더라도 예상한 이익을 못 본다. 여덟째, 못된 아들이 도박으로 낭비한다. 財有八危 損而無益 何謂爲八 一者 爲官所沒 二者 盜賊劫奪 三者 火起不覺 四者 水所沒溺 五者 怨家債主 橫見奪取 六者 田農不修 七者 賈作不知便利 八者 惡子博掩", 『대장엄론경』 권2(대정장4, p.268b1)에 "금은과 같은 보배는 재난을 일으키니, 밤낮으로 근심 거리가 되어 남에게 빼앗기지 않을까 두려워하므로 여덟 가지 위태로움 있게 되고, 그에 대한 탐착 때문에 대대로 고통 당한다. 金銀珍寶 能生災患 晝夜憂懼 畏他劫掠 然有八危 以貪著故 累世受苦"라고 하였다. 〔참고문헌〕『中本起經』, 『大莊嚴論經』.

팔위 八位 ❶ 천태종에서 원교(圓敎)의 위를 여덟 가지로 분류한 것. 육즉위(六卽位)에 외도의 범부인 오품제자위(觀行卽)와 내도의 범부인 십신위(相似卽)를 더한 것이다. 『천태사교의』(대정장46, p.778c29)에 "여기에서 『법화경』과 『영락경』에 의거하여 위차에 여덟 가지가 있음을 간략하게 밝힌다. 첫째 오품제자위〈외도의 범부. 『법화경』에서 나왔다〉, 둘째 십신위〈내도의 범부〉, 셋째 십주위〈성인의 시작〉, 넷째 십행, 다섯째 십회향, 여섯째 십지, 일곱째 등각〈인위의 마지막〉, 여덟째 묘각〈과위〉이다. 今且依法華纓絡 略明位次有八 一 五品弟子位〈外凡出法華經〉 二 十信位〈內凡〉 三 十住位〈聖初〉 四十行 五十迴向 六十地 七等覺〈是因位末〉 八妙覺〈是果位〉"라고 하였다. 〔참고문헌〕『天台四教儀』. ❷ Ⓢ aṣṭāv-avasthā, Ⓣ dus-brgyad. 태아의 여덟 가지 상태. 『유가사지론』 권2(대정장30, p.289a19 : *Yogā-bh.*, p.49)에 "어떤 것을 팔위라고 하는가? 처태위·출생위·영해위·동자위·소년위·중년위·노년위·모숙위를 말한다. 云何八位 謂處胎位 出生位 嬰孩位 童子位 少年位 中年位 老年位 耄熟位 ṣṭāvavasthāḥ. katamāḥ. tadyathā garbhāvasthā jātāvasthā dahrāvasthā kumārakāvasthā yuvāvasthā madhyāvasthā vṛddhāvasthā jīrṇāvasthā ca"라고 하였다. 〔참고문헌〕『瑜伽師地論』, *Yogā-bh.* ⇨팔위태장 八位胎藏

〈표〉 팔위八位

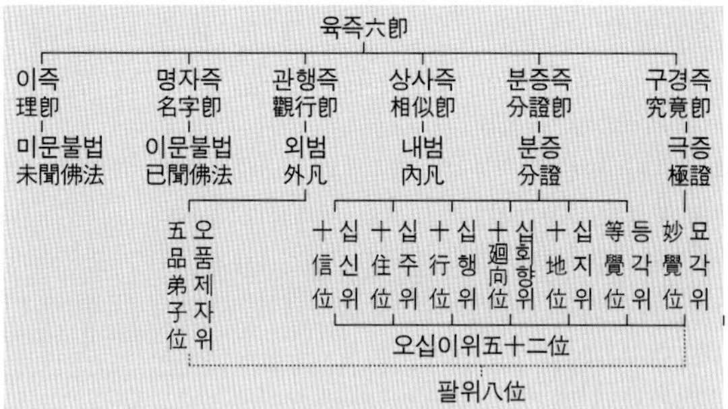

팔위태장 八位胎藏 Ⓢ garbho 'ṣṭa-avasthāḥ. 태아가 모친의 태중에 있는 때를 여덟 가지 위로 구분한 것. 『해심밀경소』 권3(卍속장34, p.728a5)에 "태장팔위는 갈라람 등을 말한다. 그러므로 『잡집론』 제6에서 '이로부터 감각기관에 점차 생장한다'고 하였으니 연기설과 같다. 그러므로 게송을 나열하여 말하기를 '처음에 갈라람(Ⓢ kalala)이고 다음에 알부담(Ⓢ arbuda)이 생겨난다. 이로부터 폐시(Ⓢ peśī)가 생기고 폐시에서 건남(Ⓢ ghana)이 생한다. 다음으로 발라사구(Ⓢ praśākhā)가 되고 후에 터럭과 손발톱 등이 생기고 감각기관의 형상이 점차 생장한다'라고 하였다. 胎藏八位謂羯羅藍等 故雜集第六云 自此已後 根漸生長 如緣起說 故列頌云 最初羯羅藍 次生遏部曇 從此生閉尸 閉尸生鍵南 次鉢羅賒佉 後髮毛爪等 及色根形相 漸漸而生長", "또한 『유가사지론』 제2에서 '다음으로 이러한 태장에 여덟 위의 차별이 있다. 여덟이란 무엇인가? 갈라람위·알부담위·폐

시위・건남위・발라사구위・발모조위・근위・형위를 말한다. 태아가 응결하여 태중에 희미하게 생겼을 때를 갈라람이라 한다. 안팎이 죽과 같고 아직 살의 상태가 되지 않았을 때를 알부담이라 한다. 살이 생겼으되 극히 부드러운 상태를 폐시라 한다. 굳고 두터워져서 만질 수 있을만해지면 건남이라 한다. 이 살덩이가 자라나서 지분이 드러나면 발라사구라 한다. 이때 이후에 터럭과 손발톱이 드러나면 발모과를 이 상태의 이름으로 삼는다. 이후에 눈 등이 생기면 이를 근위라 한다. 이후에 의지하는 자리에 구분이 드러나면 이를 형위라고 한다〈대당삼장이 말하기를 '갈라람은 화합이라 한역하다. 알부담은 포라 한역하다. 폐시는 응혈이라 한역한다. 검남은 견후라 한다. 발라사구는 지분이라 한역한다. 발라는 분이라 하고 사구는 지라 한다'. 진제삼장은 '본식과 부모의 유체가 화합하여 생을 받는다. 태중에서 대략 다섯 상태가 있다. 첫째 가라라는 응활이라 한역한다. 식과 부모의 정혈이 화합하니 엷은 죽과 같은데 이것이 뿌리가 된다. 이때를 처음 생을 받았다고 한다. 둘째 14일이 되면 알호타라 하고 태결이라 한역한다. 비로소 하나의 태가 응활 안에 맺어지니 흰 낙유에서 소가 응결되는 것과 같다. 셋째 21일이 되면 폐시라 하고 육단이라 한역 한다. 아들이면 위가 넓고 아래가 좁으며 딸이면 아래가 넓고 위가 좁다. 살은 적고 부드럽다. 넷째 28일이 되면 가하나라 하니 견실이라 한역한다. 이때 살덩이가 비로소 굳고 강해진다. 다섯째 35일이 되면 피라사구라 하고 지지라 한역한다. 이때 비로소 머리・발・손・다리 등의 모양이 생겨나고 비로소 업풍이 불어서 아홉 개의 구멍이 열리고 큰 괴로움의 감수가 생겨난다. 다음으로 힘줄・살・뼈・터럭・손발톱 등이 생긴다'라고 하였다. 이상은 『섭대승론소』 제5권의 설이다〉. 又瑜伽第二云 復次此胎藏八位差別 何等爲八 謂羯羅藍位 遏部曇位 閉尸位 鍵南位 鉢羅賒佉位 髮毛爪位 根位 形位 若已結凝 箭內稀 名羯羅藍 若表裏如酪 未至肉位 名遏部曇 若已成肉 仍極柔煗 名閉尸 若已堅厚稍勘摩觸 名爲鍵南 卽此肉團增長支分相現 名鉢羅賒佉 從此以後 髮毛爪現 卽名此位 從此以後 眼等生名爲根位 從此以後 彼所依處分別顯現 名爲形位〈大唐三藏云 羯羅藍此云和合 頞部曇此云胞 閉尸此云凝血 鍵南此云堅厚 鉢羅奢佉此云支分 鉢羅此云分 奢佉此云支 眞諦三藏云 本識與父母遺體和合 名爲受生 於胎藏中 略有五位 一者 柯羅邏 翻爲凝滑 識與父母精血和合 如薄酪 卽執爲根 爾時名爲初受生 二者 第二七日 名頞呼陀 翻爲胎結 始有一胎結在凝滑中 如凝蘇在白酪乳中 三者 第三七日名閉尸 翻爲肉團 男則上闊下狹 女則下闊上狹 肉猶少軟 四者 第四七日 名伽訶那 翻爲堅實 爾時肉團始堅强 五者 第五七日 名彼羅捨佉 翻爲枝枝 爾時始有頭足手脚等相貌 方有業風吹破開九孔生大苦受 次後以去則有觔肉骨髮爪等 梁攝論疏第五卷說〉"라고 하였다. 〔참고문헌〕『解深密經疏』, *Yogā-bh.28.* ⇨ 태내오위 胎內五位

팔유 八有 여덟 가지 유. 네 가지 법(四法)과 네 가지 비법(四非法)을 말한다. 상키야의 설이다. 『금칠십론』 권하(대정장54, p.1259a21)에 "모든 유(有)는 곧 팔유이니, 사법과 사비법을 말한다. 사법이란 무엇인가? 첫째 법(法), 둘째 지(智), 셋째 이욕(離欲), 넷째 자재(自在) 등이다. 이 사법과 반대되는 것이 바로 사비법인 것이다. 이 여덟 가지를 '유'라 하는데, 앞의 사법의 훈습으로 천도(天道)를 얻게 되고, 뒤의 사비법의 훈습으로 인도(人道)・수도(獸道) 등 두 가지를 얻게 된다. 훈습되는 것이 체상(體相)인데, 체상에는 두 가지가 있으니, 자성・각・만・오유 등을 미세체상이라 하고, 오유로부터 생긴 것과 십일근이 상응하여 일어나는 것을 추체상이라고 한다. 이 여덟 가지 '유'와 훈습된 두 가지 체상은 어느 것이 먼저 생기는가? 여덟 가지 '유'가 앞서는가, 두 가지 체가 앞서는가? 〔답〕 두 가지로 해석하여 여덟 가지 '유'와 체상에 선후가 없고 반드시 상응하여 함께 생김을 밝힌다. 예를 들면 불과 따뜻함은 서로 떨어질 수 없는 것과 같고, 소의 두 뿔은 반드시 함께 생기는 것과 같다. 여덟 가지 '유'와 체상 역시 그렇다. 諸有 卽是八有 謂四法四非法 四法者 一 法 二 智 三 離欲 四 自在 翻此四法 卽四非法也 八名爲有 前四法所熏習 能令得天道 後四非法所熏習 能令得人獸二道也 所熏是體相 體相有二種 自性 覺 慢 五唯 名微細體相 從五唯所生 與十一根相應起者 名麤體相 是八種有 及所熏習二體相 誰爲先生 八有在先 二體在先耶 答 二解釋 明八有 與體相 無有先後 必相應俱生 如火與熱 不得相離 如牛兩角 必也俱起 八有與體相亦爾"라고 하였다. 〔참고문헌〕『金七十論』. ⇨ 상키야학파 Sāṃkhya學派

팔유 八喩 **1** 여래께서 중생을 위해 설법하심에 드는 여덟 가지 유(喩). 『대반열반경』에서 설한, 여래께서 비유를 들어 설법하는 여덟 가지 방식으로 순유(順喩)・역유(逆喩)・현유(現喩)・비유(非喩)・선유(先喩)・후유(後喩)・선후유(先後喩)・변유(遍喩)를 말한다. 40권본 『대반열반경』 권29(대정장12, p.536b11)에 "부처님께서 말씀하셨다. '선남자야! 비유에는 여덟 가지가 있다. 첫째는 순유, 둘째는 역유, 셋째는 현유, 넷째는 비유, 다섯째는 선유, 여섯째는 후유, 일곱째는 선후유, 여덟째는 변유이다'. 佛言 善男子 喩有八種 一者 順喩 二者 逆喩 三者 現喩 四者 非喩 五者 先喩 六者 後喩 七者 先後喩 八者 遍喩"라고 하였다. 『삼장법수』 권25(대장경보편22, p.464b14)에 "팔종유 : … 첫째는 순유이니 부처님께서 설법하실 때 세제의 순서에 수순하여 작은 것에서 큰 것으로 향하는 순으로 비유를 삼는다. 가령 경에서 '하늘에서 큰 비가 내리면 모든 도랑이 가득 차고 도랑이 가득 차기에 작은 구렁이 가득 차고, 작은 구렁이 가득 차기에 큰 구렁이 가득 차며, 이와 같이 점차로 내지 대해가 가득 찬다'라고 한 것과 같다. 여래의 법우도 이와 같아서 중생의 계행이 만족하면 내지 해탈이 만족하고 해탈이 만족하기에 열반이 만족하니, 이를 수순의 비유라 한다. 八種喩 … 一 順喩 謂佛說法 隨順世諦次第 從小向大而爲喩也 如經云 天降大雨 溝瀆皆滿 溝瀆滿故小坑滿 小坑滿故大坑滿 如是漸次 乃至大海滿 如來法雨 亦復如是 衆生戒滿 乃至解脫滿 解脫滿故涅槃滿 是名順喩", "둘째는 역유이니 부처님께서 설법을 하실 때 세제의 순서에 역행하여 큰 것에서 작은 것으로 향하는 순으로 비유를 삼는다. 가령 경에서 '… 대해에는 뿌리가 있으니 이른바 소해이고, 소해에는 뿌리가 있으니 이른바 큰 연못이며 이와 같이 내지 구렁에는 뿌리가 있으니 이른바 큰 비이다'라고 한 것과 같다. 여래의 경우도 또한 이와 같아서 열반에는 뿌리가 있으니 이른바 해탈이고 내지 지계에는 뿌리가 있으니 이른바 법우이니, 이를 역순의 비유라 한다. 二 逆喩 謂佛說法 逆於世諦次第 從大向小而爲喩也 如經云 … 大河有本 所謂小河 小河有本 所謂大池 如是乃至溝澮有本 所謂大雨 如來亦復如是 涅槃有本 所謂解脫 乃至持戒有本 所謂法雨 是名逆喩", "셋째는 현유이니 여래께서 설법하실 때 중생들이 쉽게 이해할 수 있도록 하기 위해 눈앞에 보이는 일로써 비유를 삼는다. 가령 경에서 '중생의 심성은 마치 원숭이의 것과 같으니 원숭이의 심성은 이것을 버렸다 저것을 취했다 한다'라고 한 것과 같다. 중생의 심성도 이와 같아서 색성향미촉법에 취착하며 잠깐도 거기에 머물지 않으니, 이를 현전의 비유라 한다. 三 現喩 謂如來說法 爲令衆生易解 卽以現前之事而爲喩也 如經云 衆生心性 猶如獼猴 獼猴之性 捨一取一 衆生之性 亦復如是 取著色聲香味觸法 無暫住時 是名現喩", "넷째는 아닌 것의 유이니 여래께서 설법하실 때 가정으로 한 말로써 비유로 삼지만 실제로 일어난 일은 아닌 것이다. 가령 경에서 '부처님께서 파사익왕에게 말씀하셨다. 「가까이 두고 믿는 사람들이 사방에서 와서 각자 네 개의 대산이 사방에서 와서 인민을 살해하려 한다는 말을 왕께서 듣는다면 어떻게 하시겠습니까?」 왕이 말했다. 「세존이시여! 이런 일이 벌어진다면 도피할 곳에 없습니다」. 부처님께서 다시 말씀하셨다. 「네 개의 산은 바로 중생의 생로병사로서 항시 와서 사람들을 핍박하는데 어째서 대왕께서는 계율과 보시 같은 것을 닦지 않으십니까?」'라고 한 것과 같으니, 이를 실제가 아닌 일의 비유라 한다. 四 非喩 謂如來說法 假設其辭爲喩 而非實有其事 如經中佛告波斯匿王云 有親信人 從四方至 各作是言 有大山從四方來 欲害人民 王若聞者 當設何計 王言 世尊 設有此來 無逃避處 佛復告言 四山卽是衆生生老病死 常來逼人 云何大王不修戒施之類 是名非喩", "다섯째는 선유이니 여래께서 중생들에게 열어 보이실 때 먼저 비유를 가정한 뒤 교법에 부합시키신다. 가령 경에서 '비유하면 어떤 사람이 연꽃에 탐착하여 꽃을 꺾다가 물길에 떠내려갔는데 중생들도 이와 같아서 오욕을 탐애하면 생사의 물길에 떠내려가 죽음에 이른다'라고 한 것과 같으니, 이를 사례를 앞서 드러내는 비유라 한다. 五 先喩 謂如來開示衆生 先設譬喩而後以法合也 如經云 譬如有人貪著妙花 採取之時 爲水所漂 衆生亦爾 貪愛五欲 爲生死水之所漂沒 是名先喩", "여섯째는 후유이니 여래께서 중생들에게 열어 보이실 때 먼저 설법하신 뒤 비유를 가정하여 그것을 드러내신다. 가령 경에서 말씀하시기를 '작은 죄를 가벼이 여겨 재앙이 없다고 하지 마라. 물방울은 비록 미약하지만 점차 큰 그릇을 채운다'라고 한 것과 같으니, 이를 사례를 뒤에 드러내신 비유라 한다. 六 後喩 謂如來開示衆生 先說法而後設喩以顯之也 如經所說 莫輕小罪以爲無殃 水滴雖微 漸盈大器 是名後喩", "일곱째는 선후유이니 여래께서 중생들에게 열어 보이실 때 앞서와 이후에 한 말씀이 모두 비유의 의미에 해당하는 것이다. 가령 경에서 '비유하면 파초가 열매를 맺으면 곧 죽는 것처럼 어리석은 사람의 양생(養生)도 이와 같다. 마치 노새가 새끼를 배면 목숨이 오래가지 않는 것과 같다'라고 한 것과 같으니 이를 앞과 뒤로 사례를 보이는 비유라 한다. 七 先後喩 謂如來開示衆生 先後所說皆是譬喩之意 如經云 譬如芭蕉 生果則死 愚人得養 亦復如是 如騾懷妊 命不久全 是名先後喩", "여덟째는 변유이니 여래께서 설법을 하실 때 처음과 끝 모두 비유를 빌려 그것을 드러내는 것이다. 가령 경에서 '삼십삼천에는 파리질다라 나무가 있다. … (나무의) 모든 부분을 부처의 제자에 비유할 수 있다. 잎이 누렇게 되는 것은 출가하려는 것에 비유하고, 잎이 떨어지는 것은 머리카락과 수염을 깎는 것에 비유하고, 내지 여름 석 달은 세 가지 삼매에 비유하고, 삼십삼천이 즐거움을 누리는 것은 모든 부처의 제자들이 대열반에 안주하여 상락아정을 얻음에 비유할 수 있다'라고 한 것과 같으니, 이를 두루 빠짐없이 비유하는 것이라 한다. 八 徧喩 謂如來說法 始末皆假喩以顯之也 如經云 三十三天 有波利質多羅樹 … 皆譬喩佛之弟子也 葉黃喩欲出家 葉落者 喩剃除鬚髮 乃至夏三月者 喩三三昧 三十三天受快樂者 喩諸佛住大涅槃得常樂我淨也 是名徧喩"라고 하였다. [참고문헌] 『大般涅槃經』, 『三藏法數』. ⇨ 순유 順喩, 역유 逆喩, 현유 現喩, 비유 非喩, 선유 先喩, 후유 後喩, 선후유 先後喩, 변유 遍喩 **1**, 비유 譬喩 **2** 유위법에 대한 여덟 가지 비유. 『금강경』(대정장8, p.757a7 : *Vajr-pr.*, p.62) · 『능단금강반야바라밀다경』(대정장8, p.775b22)에 "일체의 유위법, 마치 어둠 속 별빛 · 백태 · 등불 · 허깨비, 그리고 이슬 · 물거품 · 꿈 · 번개 · 구름과 같으니, 마땅히 이와 같이 관하라. 一切有爲法 如星翳燈幻 露泡夢電雲 應作如是觀 tārakā timiraṃ dīpo māyā-avaśyāya budbudaṃ, svapnaṃ vidyud abhraṃ ca evaṃ draṣṭavyaṃ saṃskṛtam", 『대반야경』 권446(대정장7,

p.248a5)에 "선현아, 일체법은 무엇이 되었거나 허깨비·꿈·메아리·영상 그리고 그림자·아지랑이·변화사·심향성 같이 허망한 것들로 갈 길을 삼는다. 모든 보살마하살은 이와 같은 길을 뛰어넘을 수 없다. 왜 그런가? 허깨비·꿈·메아리·영상 그리고 그림자·아지랑이·변화사·심향성 중에서는 길이나 길이 아닌 것을 얻을 수 없기 때문이다. 善現 一切法 皆以幻夢響像 光影 陽焰 變化事 尋香城爲趣 諸菩薩摩訶薩 於如是趣 不可超越 何以故 幻夢響像 光影 陽焰 變化事 尋香城中 趣與非趣 不可得故"라고 하였다. [참고문헌]『金剛經』,『能斷金剛般若波羅蜜多經』,『大般若經』, *Vajr-pr.* ⇨비유 譬喩, 의타팔유 依他八喩, 여몽환포영여로역여전 如夢幻泡影如露亦如電, 금강경육비유 金剛經六譬喩

팔유무 八惟無 사유해 없게 해야 할 여덟 가지. 팔배사(八背捨) 또는 팔해탈(八解脫)을 달리 이르는 말.『일체경음의』권9(대정장54, p.357c12)에 "팔유무〈팔유무라고도 한다. 곧 팔배사를 말한다〉. 八惟無〈或作八惟務 卽八背捨也〉"라고 하였다. [참고문헌]『一切經音義』,『放光般若經』권6(대정장8, p.45a16). ⇨팔배사 八背捨

팔유학법 八有學法 여덟 가지 유학의 법. 십무학법(十無學法 Ⓢdaśa aśaikṣa dharma) 중에서 정해탈(正解脫 Ⓢsamyag-vimukti)과 정지(正智 Ⓢsamyag-jñāna)를 제한 여덟 가지로서 팔정도(八正道)를 가리킨다.『법온족론』권3(대정장26, p.464c21)에 "앞서 말한 유위의 예류과란, 그 과의 득과 그 득의 득으로서 유학의 오근과 오력·유학의 시라·유학의 선근·팔유학법과 그 종류의 온갖 유학법이니 이를 유위의 예류과라 한다. 所言有爲預流果者 謂彼果得及彼得得 有學根力 有學尸羅 有學善根 八有學法及彼種類諸有學法 是名有爲預流果"라고 하였다. [참고문헌]『法蘊足論』. ⇨십무학법 十無學法, 팔정도 八正道

팔유행 八由行 팔정도(八正道)를 달리 이르는 말. 팔유행(八遊行)이라고도 한다.『광찬경』권7(대정장8, p.194b22)에 "정견·정념·정어·정치·정업·정방편·정의·정정, 이들이 팔유행으로 현성의 법이다. 正見 正念 正語 正治 正業 正方便 正意 正定 是爲八由行 賢聖之法",『일체경음의』권9(대정장54, p.361a11)에 "팔유행〈유행이라고도 하며, 도행 또는 직행이라고도 한다. 팔직도 또는 팔성도 또는 정도라고도 하며, 그 뜻은 동일하다〉. 八由行〈又作遊行 又作道行 或作直行 或言八直道 亦言八聖道 或言正道 其義一也〉"이라고 하였다. [참고문헌]『光讚經』,『一切經音義』. ⇨팔정도 八正道

팔육사이만십천겁 八六四二萬十千劫 팔만겁·육만겁·사만겁·이만겁·십천(일만)겁을 아울러 부르는 말. 소승의 성자가 마음을 대승으로 돌린 다음에 첫 아승기겁위에 이르기까지 지나야 하는 차등한 겁수를 말한다.『유식개몽문답』권하(卍속장98, p.492a17)에 "아래로는 초과부터 위로는 오과에 이르기까지 대승으로 마음을 돌려 겁의 지위에 들어가도록 팔만겁·육만겁·사만겁·이만겁·십천겁 등이 걸려서 다섯 계위 중 첫 지위인 자량위에 이르고, 돈오하여 발심하였더라도 십천겁이 지나야 자량위에 이른다. 下從初果 上至五果 回心向大 至入劫位 乃經八六四二萬十千劫 至資糧初 頓悟發心 亦十千劫 至資糧初",『기신론소필삭기』권3(대정장44, p.310b18)에 "『열반경』에서 사과와 연각을 설하면서 가장 느릴 경우 팔만겁·육만겁·사만겁·이만겁·십천겁 등이 걸려 순서대로 마음을 돌린다고 한다. 마치 술에 취한 사람이 깨는 데 더디거나 빠른 차이가 있듯이 삼매라는 술에서 깨어나는 경우도 이와 마찬가지이다. 그러므로『능가경』권2(대정장16, p.497c7)에 '삼매라는 술에 취하여 겁이 되도록 깨어나지 못하다가 술기운이 사라진 다음에 깨어나 부처님의 무상신을 얻는다'라고 한다. 涅槃說 四果及緣覺 極遲經 八六四二萬十千劫 如次迴心 猶如醉人 醒有遲速 三昧酒醒 亦復如是 故楞伽云 三昧酒所醉 乃至劫不覺 酒消然後覺 得佛無上身"라고 하였다. [참고문헌]『唯識開蒙問答』,『起信論疏筆削記』,『楞伽經』,『華嚴一乘敎義分齊章復古記』권1하(卍속장103, p.433b12). ⇨겁 劫

팔율의 八律儀 ❶여덟 가지 율의. 칠중(七衆 : 比丘 比丘尼 學戒女 沙彌 沙彌尼 優婆塞 優婆夷)의 별해탈율의에 근주율의(近住律儀 : 八關齋戒)를 합한 것이다.『사분율소』권14(대정장41, p.640c13)에 "[논] 비록 (비구율의 등) 여덟 가지 이름이 있지만 ~ 그 차별된 특징이 각각 다르기 때문이다. 〈소〉 여덟 가지 율의는 체로 보면 오직 네 가지일 뿐이지만 여덟 가지라 한 것은 비구(율의)·비구니(율의)부터 근주(율의)까지다. 네 가지란 비구·비구니를 합하고 정학·사미·사미니를 하나로 묶으며, 오파사가·오파삭가를 하나로 묶고 근주는 단독으로 한다. 이 네 가지 율의도 체로 보면 각각 다르다. 論 雖有八名 至相各別故 釋八律儀體唯有四 八者 從苾芻苾芻尼 乃至近住 四者 苾芻苾芻尼合 正學沙彌沙彌尼合 鄔波斯迦 鄔婆索迦合 近住獨一 此四律儀 體各別也"라고 하였다. [참고문헌]『四分律疏』. ⇨율의 律儀❶, 칠중율의 七衆律儀, 근주율의 近住律儀, 팔관재계 八關齋戒, 팔계 八戒 ❷➡팔종율의 八種律儀❶

팔음 八音 여래의 여덟 가지 음성. 경론에 따라 다르다.『대보적경』권46(대정장11, p.271a20)에 "팔음으로 미묘한 법을 펼치시어 중생이 겪는 근심의 독화살을 잘 뽑아내신다. 八音暢宣微妙法 善拔衆生憂毒箭", 『대반열반경후분』 권상(대정장12, p.906a25)에 "응당 팔음으로써 항상 법을 펼치시어 중생들이 듣고 나서 모두 불도를 깨닫게 하신다. 應以八音常演暢 令衆聞已悉悟道", 원측(圓測)의 『인왕경소』 권중(대정장33, p.393a18 · 한불전1, p.68c6)에 "팔음이란 무엇인가? 『범마유경』에서 '부처님께서 법을 설하시는 음성에 여덟 가지가 있다. 첫째는 가장 좋은 음성, 둘째는 알기 쉬운 음성, 셋째는 부드러운 음성, 넷째는 고르고 순한 음성, 다섯째는 우러러 지혜로운 음성, 여섯째는 어긋나지 않는 음성, 일곱째는 깊고 묘한 음성, 여덟째는 아녀자 같지 않은 음성이다'라고 한 말씀과 같다. 또한 『영락경』에도 여덟 가지 음성이 있다고 하는데 내외인과 및 사무애성을 그 여덟로 삼았다. 또한 『현우경』과 『십주단결경』 등에도 여덟 종을 설하지만 이것들과 같지 않다. 言八音者 如梵魔喩經云 佛說法聲 有其八種 一 最好聲 二 易了聲 三 濡軟聲 四 調和聲 五 尊慧聲 六 不誤聲 七 深妙聲 八 不女聲 又瓔珞經 有八種聲 謂內外因果 及四無礙聲 卽爲八也 又賢愚經 十住斷結經等 亦說八種 與此不同", 『십주단결경』 권7(대정장10, p.1015c8)에 "소리를 듣는 중생은 반드시 나의 청정한 뜻을 듣고 싶어하니 내가 이제 여래의 팔음으로 여덟구를 연설하겠다. 고음 · 습음 · 진음 · 도음 · 견고향고 · 견습향습 · 견진향진 · 견도향도이다. 聞聲衆生 必欲聞我淸淨之義 我今當演 如來八音 音演八句 苦音 習音 盡音 道音 見苦向苦 見習向習 見盡向盡 見道向道"라고 하였다. 〔참고문헌〕『大寶積經』, 『大般涅槃經後分』, 『仁王經疏』, 『十住斷結經』, 『分別功德論』 권5(대정장25, p.47b13). ⇨ 팔종음 八種音

팔의 八醫 여덟 가지 의방(醫方). 의술의 여덟 가지 분야를 말한다. 논소유제창(論所有諸瘡 Ⓢ śalya) · 논침자수질(論針刺首疾 Ⓢ śalākā) · 논신환(論身患 Ⓢ kāya) · 논귀장(論鬼瘴 Ⓢ unmāda) · 논악게다약(論惡揭陀藥 Ⓢ viṣa) · 논동자병(論童子病 Ⓢ kumāra) · 논장년방(論長年方 Ⓢ jarā) · 논족신력(論足身力 Ⓢ klība)이다. 팔분의방(八分醫方)이라고도 한다. 『남해기귀내법전』 권3(대정장54, p.223b26)에 "그런데 서방의 오명론 중 그 의명에서는 '먼저 음성과 안색을 살핀 연후에 여덟 가지 의방을 행해야 한다. 이 묘방을 이해하지 못한다면 순리를 구하려다가 도리어 거스를 수 있다'고 하였다. 여덟 가지 의방이란 첫째는 온갖 창종에 대한 논방이고, 둘째는 침술에 의한 머리의 병에 대한 논방이고, 셋째는 전신의 질환에 대한 논방이고, 넷째는 귀신들린 병에 대한 논방이고, 다섯째는 악게다(Ⓢ agada)약에 대한 논방이고, 여섯째는 동자의 질환에 대한 논방이고, 일곱째는 장년에 대한 논방이고, 여덟째는 신력을 채우는 논방이다. 창종은 내외의 것 모두를 말한 것이고, 머리의 병이란 다만 머리에 있는 것만을 지목한 것이고, 목구멍 아래만을 한정하여 전신병환이라 한 것이고, 귀장이란 삿된 귀신을 말하는 것이고, 악게다는 온갖 독을 두루 치료하는 것이고, 동자는 태내부터 16세까지이고, 장년이란 몸이 오래 가도록 연장하는 것이고, 신력을 채움이란 신체를 강건하게 하는 것이다. 이 여덟 가지 의술은 예전에는 여덟 부로 되어 있었는데 근래에 어떤 사람이 축약해 하나로 묶었고 오천축 지역에서는 다 따르고 있으니, 이를 알기 위해서는 모두 녹을 먹지 않고는 안 된다. 이에 서국에서는 의원과 상객을 아주 귀하게 여겨 살해하는 일이 없게 하였으니, 스스로도 이익이었고 남도 구제하게 되었다. 이 의명을 이미 공들여 익히지만 정업이 아니었기에 마침내는 이를 버렸다. 然西方五明論中其醫明曰 先當察聲色 然後行八醫 如不解斯妙 求順反成違 言八醫者 一 論所有諸瘡 二 論針刺首疾 三 論身患 四 論鬼瘴 五 論惡揭陀藥 六 論童子病 七 論長年方 八 論足身力 言瘡事兼內外 首疾但目在頭 齊咽已下名爲身患 鬼瘴謂是邪魅 惡揭陀遍治諸毒 童子始從胎內至年十六 長年則延身久存 足力乃身體强健 斯之八術先爲八部 近日有人略爲一夾 五天之地咸悉遵修 但令解者無不食祿 由是西國大貴醫人兼重商客 爲無殺害 自益濟他 於此醫明已用功學 由非正業遂乃棄之"라고 하였다. 〔참고문헌〕『南海寄歸內法傳』. ⇨ 의방명 醫方明, 팔분의방 八分醫方, 팔술 八術, 대의왕 大醫王

팔의인 八依因 상키야(Ⓢ Sāṃkhya : 數論)에서 말하는 여덟 가지 의인(依因 Ⓢ naimittika : 向上 向下 解脫 繫縛 沒性 生死 無礙 障礙). 여덟 인(因 Ⓢ nimitta : 善法 非法 智厭 無智厭 離欲 憂欲 自在 非自在)에 각각 의지하여 여덟 가지로 드러나는 것. 『금칠십론』 권중(대정장54, p.1255c27)에 "무엇이 인을 말미암음이고, 무엇이 인에 의지함인가? 답한다. '선법을 인하여 위로 향하고, 비법으로 인하여 아래로 향하며, 앎과 꺼림으로 인하여 풀려 벗어나고, 이를 뒤집으면 매어 묶인다'(70송 중 제44송). 세간 중에 만약 어떤 사람이 능히 야마(Ⓢ yama)나 니야마(Ⓢ niyama) 등의 법을 지으면, 이 법으로 인하여 남(生)을 받음에 임하여 미세신이 위로 향하여 팔처에 난다. … 선법을 이름하여 인이라 하니 위로 향함이 의인이 되고, 비법을 인이라 하니 아래로 향함이 의인이다. 앎과 꺼림을 인이라 함에 해탈은 의인이 되고, 앎과 꺼림 없음이 인이니 매어 묶임이 의인이다. 네 가지 인과 네 가지 의인은 설하여 마친다. 何者爲由因 何者名依因 答曰 因善法向上 因非法向下 因智厭解脫 翻此則繫縛 世間中 若人能作夜摩 尼夜摩等法 因此法臨受生 微細身向上生八處 … 善法名爲因 向上爲依因 非法名爲因 向下爲依因 智厭名爲因 解脫爲依因 無智厭爲因 繫縛爲依因 四因四依因已說", "다시 네 가지

인과 네 가지 의인이 더 있으니 이제 마땅히 설하리라. '이욕하기에 몰성하고 우욕하기에 생사한다. 자재로 말미암아 무애하고 이를 뒤집기에 가로막힘 있다'(제45송). 이욕이 인이 되면 몰성이 의인이 되고, 우욕을 인이라 하면 생사가 의인이 된다. 자재가 인이 되면 무애가 의인이 되고, 비자재가 인이 되면 장애가 의인이 된다. 이와 같은 팔인과 팔의인으로 이 십육생 설하기를 마친다. … 생(生)이란 혹은 열여섯이고 혹은 여덟 의인이다. 만약 열여섯 가지라면 팔인과 팔의인이니 각(覺)으로써 두루 체를 삼는다. 혹 여덟 가지라면 팔의인을 이름하여 생(生)이라 하고 팔인은 그 체가 된다. 그러므로 십육생이라는 이름으로 설한다. 復有四因四依因 今當說 離欲故沒性 憂欲故生死 由自在無礙 翻此故有礙 … 離欲者爲因 沒性爲依因 憂欲名爲因 生死爲依因 自在名爲因 無礙爲依因 非自在爲因 障礙爲依因 如是八因八依因 是十六生已說竟 … 生者 或十六 或八種依因 若十六種 八因八依因 以覺通爲體 或八種者 八依因名爲生 八因爲其體 故說十六生名"라고 하였다. [참고문헌] 『金七十論』. ⇨ 의인 依因 2, 상키야학파 Sāṃkhya學派

팔의증유본식 八義證有本識 여덟 가지 뜻으로 본식(本識)인 아뢰야식(阿賴耶識)이 존재해야 함을 증명함. 본식에 대한 여덟 가지 존재증명으로 아뢰야식이 존재하지 않는다면 가능하지 않은 여덟 가지 사태를 말한다. 의지집수(依止執受 Ⓢ āśrayopādāna)·최초생기(最初生起 Ⓢ ādi-pravṛtti)·유명료성(有明了性 Ⓢ spaṣṭa-pravṛtti)·유종자성(有種子性 Ⓢ bījatva)·업용차별(業用差別 Ⓢ karma)·신수차별(身受差別 Ⓢ kāyikān ubhava)·처무심정(處無心定 Ⓢ acittaka-samāpatt i)·명종시식(命終時識 Ⓢ vijñāna-cyuti)을 말한다. 『유가사지론』 권51(대정장30, p.579a20)에 "여덟 가지 상에 의지해 아뢰야식이 반드시 존재함을 증명한다. 由八種相 證阿賴耶識決定是有", 『삼장법수』 권24(대장경보편22, p.461c9)에 "팔의증유본식 : … 제8식은 일체 선과 악의 온갖 법들을 출생하는 근본이기에 본식이라 한다. 지금 이 여덟 가지 뜻으로 논하여 제8식의 상을 증명하겠다. 八義證有本識 … 謂第八識 是出生一切善惡諸法之根本 故名本識 今論以此八義 證第八識之相也", "첫째는 의지집수다. 이 식은 염오와 청정의 제법의 의지가 될 수 있어 이들을 집지하여 잃지 않으니, 이를 의지집수라 한다. 一 依止執受 謂此識能爲染淨諸法之所依止 執持不失 是名依止執受", "둘째는 최초생기다. 이 식이 최초에 모태에 탁태할 때는 마치 자석이 쇳가루를 흡착하는 듯한 모습과 같으니, 이를 최초생기라 한다〈자석은 식을 비유하는 것이고, 쇳가루는 부모의 정혈을 비유하는 것이다〉. 二 最初生起 謂此識最初於母腹託胎之時 如磁石吸鐵 是名最初生起〈磁石喩識 鐵喩父精母血〉", "셋째는 유명료성이다. 이 식은 모든 선·악·무기로서 세 가지 성의 법들에 대해 모두 다 명료하게 분별하여 어둡지 않기에 이를 유명료성이라 한다〈무기성이란 선도 아니고 악도 아닌 성을 말한다〉. 三 有明了性 謂此識於一切善惡無記三性諸法 皆悉明了分別 無有暗昧 是名有明了性〈無記性者 謂不善不惡之性也〉", "넷째는 유종자성이다. 이 식은 세간과 출세간의 제법의 종자를 임시로 가져서 잃지 않게 할 수 있으니, 이를 유종자성이라 한다. 四 有種子性 謂此識能任持世間出世間諸法種子 令不散失 是名有種子性", "다섯째는 업용차별이다. 이 식은 염연을 따라 악업을 짓고 정연을 따라 선업을 짓는데, 차별되어 같지 않으니 이를 업용차별이라 한다. 五 業用差別 謂此識隨染緣而造惡業 隨淨緣而造善業 差別不同 是名業用差別", "여섯째는 신수차별이다. 신은 적취라는 의미이니 이 식은 일체제법을 함장할 수 있기에 신이라 하는 것이다. 제7말나식의 염오와 청정의 연에 의해 훈습된 바를 수용하면서도 선법과 악법이 서로 섞여 넘치지 않으니, 이를 신수차별이라 한다〈범어 말나는 중국어로 의라 한다〉. 六 身受差別 身以積聚爲義 謂此能含藏一切諸法 故名爲身 由能領受第七末那識染淨之緣所熏 而於善惡諸法不相混濫 是名身受差別〈梵語末那 華言意〉", "일곱째는 처무심정이다. 무상정이나 멸진정에 들어 비록 수·상·심이 멸하고 들숨과 날숨이 끊어지더라도 이 식은 멸하지 않으니, 이를 처무심정이라 한다〈무심정이란 무상천정에 해당하고, 멸진정이란 수·상·심이 소멸한 상태를 말하는데, 직접 이 선정을 증하는 것은 아라한이 증하는 바의 선정에 해당한다〉. 七 處無心定 謂入無想定或滅盡定 雖受想心滅 出入息斷 而此識不滅 是名處無心定〈無心定者 卽無想天定也 滅盡定者 謂受想心滅 身證此定 卽阿羅漢所證之定也〉", "여덟째는 명종시식이다. 목숨이 끊어지려 할 때에는 차가움의 촉이 점점 일어나는데 오직 이 식만이 남아 있어 몸을 집지할 수 있지만, 만약 이 식을 버린다면 사대가 흩어지니 이를 명종시식이라 한다. 八 命終時識 謂命將終時 冷觸漸起 唯有此識 能執持身 此識若捨 四大分散 是名命終時識"라고 하였다. [참고문헌] 『瑜伽師地論』, 『三藏法數』, 『阿毘達磨雜集論』 권2(대정장31, p.701b4), *Abh-s-bh.11.* ⇨ 아뢰야식 阿賴耶識, 제팔식 第八識, 최초생기 最初生起, 유종자성 有種子性, 처무심정 處無心定

팔인 八人 **1** Ⓢ aṣṭa-pudgala, Ⓟ aṭṭha-puggalā, Ⓣ 'phags-pa'i gang-zag brgyad. 여덟 부류의 성자. 팔보특가라(八補特伽羅)를 말한다. 『장아함경』 권8 「산타나경 散陀那經」(대정장1, p.52b19)에 "또 여덟 가지 법이 있으니, 팔인을 말한다. 수다원향·수타원·사다함향·사다원·아나함향·아나함·아라한향·아라한이 그것이다. 復有八法 謂八人 : 須陀洹向 須陀洹 斯陀含向 斯陀含 阿那含向 阿那含 阿羅漢向 阿羅漢"라고 하였다.

〔참고문헌〕『長阿含經』. ⇨ 팔배 八輩, 팔보특가라 八補特伽羅 ❷ 팔인지(八人地)와 같다. 『마하지관』 권6(대정장46, p.71c28)에 "팔인이란 팔인을 말한다. 세제일법에서 뒤쳐 무간삼매에 들기에 팔인이라 한다. 八人者 八忍也 從世第一轉入無間三昧 故名八人"라고 하였다. 〔참고문헌〕『摩訶止觀』. ⇨ 팔인지 八人地

팔인 八因 성도(聖道)를 성취하기 위한 여덟 가지 인. 팔정도(八正道)를 말한다. 『성실론』 권3(대정장32, p.261a3)에 "부처님께서는 비록 이 법을 성취하셨지만, 중생들을 제도하기 위해 곳곳에서 산설하셨다. 또 부처님께서는 간략하게 설하셨는데 법장에는 팔만사천 가지가 있다. 이 중에 사의(四聖諦)와 팔인(八聖道)이 있으니 이 뜻 때로는 버려 설하지 않기도 하셨고, 때로는 남겨 간략히 설하셨다. 나는 이제 차제로 가려 뽑고 모아서 뜻 명료히 하고자 설한다. 佛雖自成此法 爲度衆生故 處處散說 又佛略說法藏 有八萬四千 是中有四依八因 是義或捨而不說 或有略說 我今欲次第撰集令義明了故說"라고 하였다. 〔참고문헌〕『成實論』.

팔인 八忍 Ⓢ aṣṭa-kṣānti. 여덟 가지 인. 사제(四諦 : 苦集滅道) 각각에 법지인(法智忍 Ⓢ dharma-jñāna-kṣāntiḥ)과 유지인(類智忍 Ⓢ anvaya-jñāna-kṣāntiḥ)이 있게 되어서 여덟 인이 된다. 인(忍)이란 참아 옳다 여기는 인가(忍可) 또는 견뎌 깨우쳐 알게 된다(忍證)는 뜻인즉 법의 자성을 알아 견뎌 깨우치는 것이 법지인(法智忍)이라면, 이미 깨우친 법지를 따라 그것들의 무리들도 알게 되는 것이 유지인(類智忍)이다. 『삼장법수』 권24(대장경보편22, p.459a9)에 "팔인 : … 첫째는 고법인이다. 고는 욕계생사의 고이고, 법은 진여리이며, 인인즉 인가 또는 인증의 뜻이다. 즉 사선근위중에 욕계생사고를 관함으로써 세제일법에 이르러 진여리가 현현하면서 무루법인이 생겨나니 이를 고법인이라 한다. 八忍… 一 苦法忍 苦卽欲界生死之苦 法卽眞如之理 忍卽忍可 亦印證之義也 謂於四善根位中 因觀欲界生死之苦 至世第一後心 眞如理顯 生無漏法忍 是名苦法忍", "둘째는 고류인이다. 고는 색무색계생사고이고 유란 흐르는 무리다. 즉 욕계고제를 관한 뒤에 다시 위의 두 계의 고제를 관함으로써 또한 무루법인이 생겨나는데 이는 욕계고법인으로 흐른 류여서 고류인이라 한다. 二 苦類忍 苦卽色界無色界生死之苦 類卽流類 謂觀欲界苦諦之後 復觀上二界苦諦 亦生無漏法忍 是欲界苦法忍之流類 是名苦類忍", "셋째는 집법인이다. 집은 불러 모은다는 뜻이다. 즉 욕계집제의 견혹과 사혹을 관함으로써 진여리가 현현하면서 무루법인이 생겨나니 이를 집법인이라 한다. 三 集法忍 集卽招集之義 謂觀欲界集諦見思之惑 眞如理顯 生無漏法忍 是名集法忍", "넷째는 집류인이다. 즉 욕계집제를 관한 뒤에 다시 상이계집제를 관함으로써 무루법인이 생겨나는데 이는 욕계집법인으로 흐른 류이니 이를 집류인이라 한다. 四 集類忍 謂觀欲界集諦之後 復觀上二界集諦 生無漏法忍 是欲界集法忍之流類 是名集類忍", "다섯째는 멸법인이다. 멸은 사라져 없게 되는 뜻이다. 즉 욕계멸제를 관함으로써 앞의 고집이 멸하면 진여리가 현현하면서 무루법인이 생겨나니 이를 멸법인이라 한다. 五 滅法忍 滅卽滅無之義 謂觀欲界滅諦 滅前苦集 眞如理顯 生無漏法忍 是名滅法忍", "여섯째는 멸류인이다. 즉 욕계멸제를 관한 뒤에 다시 상이계의 멸제를 관함으로써 무루법인이 생겨나는데 이는 욕계멸법인으로 흐른 류이니 이를 멸류인이라 한다. 六 滅類忍 謂觀欲界滅諦之後 復觀上二界滅諦 生無漏法忍 是欲界滅法忍之流類 是名滅類忍", "일곱째는 도법인이다. 도는 삼십칠도품이다. 즉 욕계도제를 관하고 이 도품을 닦음으로써 진여리가 현현하면서 무루법인이 생겨나니 이를 도법인이라 한다. 七 道法忍 道卽三十七道品 謂觀欲界道諦 修此道品 眞如理顯 生無漏法忍 是名道法忍", "여덟째는 도류인이다. 즉 욕계도제를 관한 뒤에 다시 상이계의 도제를 관함으로써 무루법인이 생겨나는데 이는 욕계도법인으로 흐른 류이니 이를 도류인이라 한다. 八 道類忍 謂觀欲界道諦之後 復觀上二界道諦 生無漏法忍 是欲界道法忍之流類 是名道類忍"라고 하였다. 〔참고문헌〕『三藏法數』. ⇨ 사제 四諦, 십육행상 十六行相, 십육심 十六心, 사법인 四法忍, 고류인 苦類忍, 집법지인 集法智忍, 집류지인 集類智忍, 멸법지인 滅法智忍, 멸류지인 滅類智忍, 도법인 道法忍, 도류인 道類忍, 팔인팔지 八忍八智

팔인공덕 八印功德 태장만다라 중대팔엽(中臺八葉)에 자리한 사불(四佛) · 사보살(四菩薩) · 사지(四智) · 사행(四行)의 지인(智印)이 갖춘 공덕. 『삼밀초』 권상(대정장84, p.728a4)에 "진언문에 대해서는 태장계 사지와 사삼매비밀의 팔인공덕이다. 왜 그러한가? 처음과 나중의 네 아(अ) 자는 모두 남성형 지혜의 자로서 과덕의 표시이므로 사불이 된다. 행으로 인하여 증입하여 의미가 온전하고 소리가 드러난 자이니 사방의 사전이 된다. 이이인 등 여덟 자는 모두 여성형의 삼매자이니 인덕의 표시이므로 사보살이 된다. 과는 총괄적이고 인은 개별적이니 개별로서 총괄을 섭수한다. 그러므로 네 아자를 앞뒤에 포치하고 이 등의 여덟 자를 중간에 안치한다. 사불은 과보이므로 각각 사방의 정위에 머무는데 이것이 중덕이다. 보살은 인위이므로 각각 모서리에 머물러 보살을 돕고자 한다. 모서리 양쪽에 함께 모이므로 양단의 뜻을 갖는다. 그러므로 각각 둘씩 합하여 하나를 삼으니 여덟 공덕이 뒤섞여 사보살이 된다. 그러므로 열두 모음은 중대팔엽의 사지 · 사행 · 불 · 보살이다. 又就眞言門者 胎藏四智 四三昧祕密 八印功德也 所以者何 初

後四ℨ 悉是男聲智慧字 果德表示 故爲四佛 因行證入義全彰聲字 故爲四方四轉 伊伊引等 八字皆是女聲三昧字因德表示 故爲四菩薩 果總因別 以別攝總 故以四阿布初後 伊等八字 安其中間 四佛果故 各居四方正位 是中德也菩薩因故各住隅角擬于脇士 隅兩際共會故 有持兩端之義故 各合二爲一則八德混成四菩薩 然乃十二麽多則八葉四智四行佛菩薩也"라고 하였다. [참고문헌]『三密鈔』.

팔인성립대승 八因成立大乘 대승을 성립시키는 여덟 가지 인. 『대승장엄경론』 권1(대정장31, p.591a8)에 "대승을 성립시키는 여덟 가지 인이 있으니, 첫째는 불기, 둘째는 동행, 셋째는 불행, 넷째 성취), 다섯째 체, 여섯째 비체, 일곱째 능치, 여덟째 문이 등이다. 成立大乘略有八因 一者 不記 二者 同行 三者 不行 四者 成就 五者 體 六者 非體 七者 能治 八者 文異", "불기(不記) 즉 수기한 일이 없다. 앞선 법이 다하고 나야 뒤의 부처님정법이 출세하시니, 만일 이 대승법이 정법이 아니라면 어찌 세존께서 애초에 수기하지 않으셨겠는가. 비유하자면 저 미래의 다른 세존께 수기하여야 했으니 이런 기별은 없었기에 불설임에 틀림없다. 第一 不記者 先法已盡後佛正出 若此大乘非是正法 何故世尊初不記耶 譬如未來有異世尊卽記 此不記故知是佛說", "동행(同行)이란 성문과 대승이 선후없이 일시에 동행함이니, 어찌 대승만을 유독 불설이 아니라고 하겠는가. 第二 同行者 聲聞乘與大乘非先非後一時同行 汝云何知此大乘獨非佛說", "행하지 못함(不行)이란 대승은 깊고 넓어서 촌탁인은 능히 믿지 못한다. 하물며 온갖 논리를 펴는 외도가 행할 수 있겠는가? 저들은 믿지 못하기에 행하지 않는다. 저들이 행할 수 없기에 부처님의 가르침이다. 第三 不行者 大乘深廣非忖度人之所能信 況復能行外道制諸論 彼種不可得 是故不行 由彼不行故是佛說", "성취(成就)란 만약 네가 다른 것으로 보리를 얻어 대승이 있다고 말한다면, 지금의 불설대승은 있을 수 없을 것이며, 오히려 이런 집착을 뒤집어보면 나의 뜻이 성립되리니, 저들이 보리를 얻었다면 이는 역시 부처님 설하신 바와 같기 때문이다. 第四 成就者 若汝言餘得菩提者說有大乘 非是今佛說有大乘 若作此執則反成我義 彼得菩提亦卽是佛如是說故", "체(體)라는 것은 다른 부처님이 대승의 체고, 지금 부처님은 그 체가 없다고 한다면 그런 집착을 뒤집어보면, 대승에는 별다른 체가 없어 하나일 따름이니 대승의 뜻이다. 第五 體者 若汝言餘佛有大乘體此佛無大乘體 若作此執亦成我義 大乘無異體是一故", "체가 아니라는 것(非體)은 만일 지금 부처님께는 대승체가 없다고 한 즉, 성문의 체도 없게 된다. 만약 성문승은 우리 부처님설이므로 유체고, 대승은 불설이 아니므로 무체라고 한다면, 이 집착은 큰 과실이 된다. 만약 불승이 없어도 부처님께서 설한 성문승은 있다 하는 이치 또한 맞지 않게 된다. 第六 非體者 若汝言此佛無大乘體 則聲聞乘亦無體 若汝言聲聞乘是佛說故有體大乘非佛說故無體 若作此執有大過失 若無佛乘而有佛出說聲聞乘者理不應故", "능히 다스린다(能治)는 것'은 이법에 의지해 수행해서 무분별지를 얻고, 이 무분별지로 능히 모든 번뇌를 부순다. 이인으로 보아도 대승이 없다고 할 수 없다. 第七 能治者 由依此法修行得無分別智 由無分別智能破諸煩惱 由此因故不得言無大乘", "문이 다르다(文異)는 것은 대승은 깊고 깊어 문의가 같지 않으니, 일향에 문을 따라 뜻을 취하여 부처님의 말씀이 아니라고 할 수 없다. 第八 文異者 大乘甚深非如文義 不應一向隨文取義言非佛語"라고 하였다. [참고문헌]『大乘莊嚴經論』.

팔인연심생불생 八因緣心生不生 마음이 생하거나 생하지 않는 여덟 가지 인연. 유심지(有心地)와 무심지(無心地)의 여덟 가지 인연을 말한다. 칠종심불생인(七種心不生因) 중 연들의 결여(緣闕)를 근(根)과 경(境)의 둘로 나누어 여덟 가지가 되었다. 『유가사지론』 권13(대정장30, p.345a3)에 "'(마음의) 생하고 생하지 않음을 세운다'라고 하였는데, 여덟 가지 인연으로 인해 그 마음은 생하기도 하고 또는 생하지 않기도 한다. 근이 파괴되었기에, 경계가 현전해 있지 않기에, 작의를 결여하기에, 아직 얻지 못했기에, 서로 어긋나기에, 이미 끊어졌기에, 이미 멸하였기 때문이고, 이미 생하였기에 마음이 생할 수 없는 것이다. 이 경우들과 반대되는 인연들로 인해 마음은 생기할 수 있다. 이 중에서 만약 생의 인연을 갖추기에 마음이 곧 생을 얻는 것을 유심지라 하고, 만약 마음이 생할 수 없는 인연을 만나기에 마음이 곧 생하지 않는 것을 무심지라 한다. 生不生建立者 八因緣故 其心或生 或復不生 謂根破壞故 境不現前故 闕作意故 未得故 相違故 已斷故 已滅故 已生故 心不得生 由此相違諸因緣故 心乃得生 此中若具生因緣故 心便得生 名有心地 若遇不生心因緣故 心則不生 名無心地"라고 하였다. [참고문헌]『瑜伽師地論』. ⇨ 칠종심불생인 七種心不生因, 유심지 有心地, 무심지 無心地

팔인지 八人地 **1** Ⓢ aṣṭamaka-bhūmi, Ⓣ brgyad-pa'i-sa. 삼승공십지(三乘共十地) 또는 통교십지(通教十地) 중 세 번째 지. 견도십오심(見道十五心)까지의 지를 말한다. 실제로는 팔인(八忍)과 7지(七智)를 거두는데, 팔지(八智) 중 마지막 여덟 번째 지로서 제16심인 도류지(道類智 : 道比智)는 수도위(修道位)로 거두기에 단지 팔인지라고 한 것이다. 인(人)은 인(忍)과 같다. 팔인지(八忍地)라고도 한다. 『대지도론』 권75(대정장25, p.586a8)에 "팔인지란, 고법인부터 (도류지를 제한) 도비지인(道比智忍 : 道類智忍)까지로서 이 십오십을 말한다. 보살에 있어서는 바로 무생법인에 해당하며 보살위에 든다. 八人地者 從苦法忍乃至道比智忍 是十五心 於菩薩則是無生法忍 入菩薩位",『구사론기』권23(대정장41, p.355a4)에 "『대지도론』에서는 견도를 팔인지라 하였다. 智度論說見道名八人地",『사교의』권8(대정장46, p.748b9)에 "첫째는 삼승이 함께하는 십지에 대해 밝히겠다. … 셋째는 팔인지이다. … 세 번째로 팔인지에 대해 밝힌다고 하였는데, 이는 곧 삼승인으로서 수신행(隨信行)과 수법행(隨法行)의 두 류의 사람에 해당한다. (諸法이) 가임을 체견하여 진을 일으킴으로써 견제의 번뇌를 끊으면서 무간삼매에 머무는 것이니, 이는 팔인의 위에 해당한다. 一 明三乘共十地 … 三 八人地 … 三 明八人地者 卽是三乘信行法行二人 體見假以發眞斷見諦惑 在無間三昧 卽八人之位也", 같은 책 권6(대정장46, p.739b16)에 "십오심을 성취하면 견도위에 속하고 열여섯 번째 심은 수도위에 속한다. … 이는 신행인의 견도십오심으로서 또한 팔인지라 한다. … 곧 수다원향에 해당한다. 十五心成屬見道 第十六心卽屬修道也 … 是信行人見道十五心 亦名八人地 … 卽是須陀洹向",『사교의집해』권3(卍속장102, p.89b8)에 "셋째는 팔인지다. 팔인(八人)이란 팔인(八忍)을 말한다. 여덟가지 인을 구족하고 팔지 중 (道比智忍) 일분이 적기에 팔인이라고 했을 뿐이다. 욕계사제에 대한 사인과 사지 그리고 색무색계에 대해서도 이와 같다. 욕계의 인과 지를 법인와 법지라고 하였고, 색계와 무색계의 인과 지를 비인과 비지라고 한다. 三 八人地 言八人者 卽八忍也 八忍具足 智少一分 是故云耳 欲界四諦 四忍四智 色無色界亦復如是 欲界忍智名之爲法 色無色界名之爲比",『범망경현의』(卍속장60, p.609a16)에 "둘째로 통교보살에 아홉 지가 있음을 밝히겠다. 열 번째는 불지이다. … 셋째는 팔인지이니 인은 인의 뜻이다. 二 明通教菩薩有九地 第十名佛 … 三 八人地 人者 忍也"라고 하였다. [참고문헌]『大智度論』,『俱舍論記』,『四教義』,『四教義集解』,『梵網經玄義』, *Aṣṭ-pr.225.*, *Mvyut.50.* ⇨팔인팔지 八忍八智, 견도 見道, 십육심 十六心, 견도십육심 見道十六心, 통교십지 通教十地 **2** 성문십지 중 여섯 번째.『대승동성경』권하(대정장16, p.650a8)에 "선장부여! 성문의 지위에 모두 열 가지가 있다. … 여섯 번째는 팔인지다. 善丈夫 聲聞之地凡有十種 … 六者 八人地"라고 하였다. [참고문헌]『大乘同性經』. ⇨성문십지 聲聞十地

팔인지 八忍地 팔인지(八人地)와 같다.『대반열반경집해』권15(대정장37, p.437a8)에 "세 번째는 고법인의 심에 오른 후부터 수다원과를 획득하기 전까지이니 이를 팔인지라 한다. 第三 從登苦忍心以去 至未得須陀洹果以來 名八忍地",『사론현의』권10(卍속장74, p.182a6)에 "삼승십지 중 … 세 번째는 팔인지다. … 팔인지란 … 견제(見諦 : 見道) 중에는 팔인의 지위가 있는데 이 팔인의 지위에 있는 사람이기에 팔인지라 한다. 三乘十地 … 三 八忍地 … 八忍地者 … 在見諦中有八忍之位是八忍人故名八人地也"라고 하였다. [참고문헌]『大般涅槃經集解』,『四論玄義』. ⇨팔인지 八人地

팔인팔관 八忍八觀 팔인팔지(八忍八智)와 같다.『자은전』권9(대정장50, p.273b18)에 "사문 현장이 아뢰옵니다. 현장이 듣기로, 보리의 길은 요원하여 이 길로 나아가는 이라면 반드시 자량에 의지해야 하며, 생사의 강은 심원하여 이 길을 건너가는 이라면 반드시 배와 뗏목에 의지해야 합니다. 자량이란 삼학·삼지의 묘행을 말하는 것이지 쌓아둔 양식과 같은 것이 아니며, 배와 뗏목이란 팔인팔관의 정업을 말하는 것이지 방주와 같은 것이 아닙니다. 부처들은 이것들을 갖추어 피안에 오르고 범부는 이것들을 갖추지 못해 생사에 빠집니다. 沙門玄奘言 玄奘聞菩提路遠 趣之者必假資糧 生死河深 渡之者須憑船筏 資糧者 三學三智之妙行 非宿舂之類也 船筏者 八忍八觀之淨業 非方舟之徒也 是以諸佛具而升彼岸 凡夫闕而沈生死"라고 하였다. [참고문헌]『慈恩傳』.

팔인팔지 八忍八智 팔인(Ⓢ aṣṭa-kṣānti)과 팔지(Ⓢ aṣṭa-jñāna). 세제일법(世第一法)과 무간(無間)에 견도(見道)에서 삼계(三界)의 사성제(四聖諦)를 관하여 생겨나는 무루인(忍)과 지(智)로서 고집멸도(苦集滅道) 각각에 대한 법지인(法智忍 Ⓢ dharma-jñāna-kṣāntiḥ)·법지(法智 Ⓢ dharma-jñāna)·유지인(類智忍 Ⓢ anvaya-jñāna-kṣāntiḥ)·유지(類智 Ⓢ anvaya-jñāna)를 말한다. 견도의 십육심(見道十六心)을 말한다. 팔인팔관(八忍八觀)이라고도 한다.『순정리론』권62(대정장29, p.683a21)에 "세제일법을 좇아 무간에 생하는 것을 설하여 무루라고 말한 것은, 세인을 좇는 세제일법과 간별하기 위해서다. 이 무루인은 욕계의 고법을 소연으로 하기에 고법인이라 한다. 즉 무시이래로 유신견으로 아·아소라고 미혹하여 집착하였던 고법에 대해 지금 비로소 오직 저것이 고법성(無常·苦·空·無我)일 뿐임을 보아 인가해 현전한 것을 고법인이라 한다. 이것은 후찰나인 고법지의 생을 능히 이끄니 이것이 저 지의 생에 장애를 다스리기에 또한 고법지인이라고도 한다. 從世第一無間而生 說無漏言 爲欲簡別世第一法所從世忍 此無漏忍 以欲苦法爲其所緣 名苦法忍 謂於苦法無始時來身見所迷執我我所 今創見彼唯苦法性 忍可現前名苦法忍 此能引後苦法智生 是彼智生障之對治 故復名曰苦法智忍", "욕계의 고성제경을 연하여 고법지인과 고법지가 생겨나듯이, 다시 법지무간에 나머지 계의 고성제경을 다 모아 연할 때 유지인이 생겨남이 있게 되기에 이를 고류지인이라 한다. 이 고류지인무간에 이 경을 연할 때 유지가 생겨나는데 이를 고류지라 한다. 최초로 제법의 진리를 깨닫기에 법지라고 한 것이며, 이 뒤(색무색계)의 경에 대한 지는 앞의 지와 상사하기에 유지라는 이름 붙인 것이니, 뒤의 지는 앞의 지를 따라서 경계의 뜻을 깨우치기 때문이다. 또는 앞의 지로부터 생겨났기에 뒤의 지는 앞의 지의 류라는 이름을 붙인 것이니, 가령 세간에서 자식은 부모의 류라고 말하는 것과 같다. 즉 이는 바로 욕계의 결정각을 좇아 생겨난 나머지 계의 고제를 결정적으로 깨우쳤다는 뜻이다. 如緣欲界苦聖諦境 有苦法忍苦法智生 如是復於法智無間 總緣餘界苦聖諦境 有類智忍生名苦類智忍 此忍無間卽緣此境 有類智生名苦類智 最初證知諸法眞理故名法智 此後境智與前相似故得類名 是後隨前而證境義 或從前生故 後得前類名 如世間言子是父類 卽是從欲界苦決定覺 所生餘界苦決定覺義", "욕계와 나머지 계의 고제를 연할 때 고법지인과 고류지인·고법지와 고류지의 네 가지가 생겨나듯이, 나머지 세 가지 성제를 연할 때 각각 네 가지가 생겨나는 것도 마찬가지인데, 즉 각각을 연할 때 네 마음의 뜻이 있다는 말이다. 如緣苦諦欲界及餘 生法類忍 法類智四 緣餘三諦各四亦然 卽緣一一有四心義", "즉 다시 이전 찰나로서 고류지가 생겨난 뒤 다음 찰나에 욕계의 집성제경을 연할 때 법지인이 생겨나면 이를 집법지인이라 한다. 이 집법지인무간에 욕계집성제를 연할 때 법지가 생겨나니 이를 집법지라 한다. 다음으로 나머지 계의 집성제경을 연할 때 유지인이 생겨나니 이를 집류지인이라 한다. 이 집류지인무간에 이 경을 연해서 유지가 생겨나니 이를 집류지라 한다. 謂復於前苦類智後 次緣欲界集聖諦境 有法智忍生名集法智忍 此忍無間卽緣欲集有法智生名集法智 次緣餘界集聖諦境 有類智忍生名集類智忍 此忍無間卽緣此境 有類智生名集類智", "다음으로 욕계의 멸성제경을 연해서 법지인이 생겨나니 이를 멸법지인이라 한다. 이 멸법지인무간에 욕계멸성제를 연해서 법지가 생겨나니 이를 멸법지라 한다. 다음으로 나머지 계의 멸성제경을 연해서 유지인이 생겨나니 이를 멸류지인이라 한다. 이 멸류지인무간에 이 경을 연해서 유지가 생겨나니 이를 멸류지라 한다. 次緣欲界滅聖諦境 有法智忍生名滅法智忍 此忍無間卽緣欲滅 有法智生名滅法智 次緣餘界滅聖諦境 有類智忍生名滅類智忍 此忍無間卽緣此境 有類智生名滅類智", "다음으로 욕계도성제의 경을 연해서 법지인이 생겨나니 이를 도법지인이라 한다. 이 도법지인무간에 욕계도성제를 연해서 법지가 생겨나니 이를 도법지라 한다. 다음으로 나머지 계의 도성제경을 연할 때 유지인이 생겨나니 이를 도류지인이라 한다. 이 도류지인무간에 이 경을 연하여 유지가 생겨나니 이를 도류지라 한다. 次緣欲界道聖諦境 有法智忍生名道法智忍 此忍無間卽緣欲道 有法智生名道法智 次緣餘界道聖諦境 有類智忍生名道類智忍 此忍無間卽緣此境 有類智生名道類智", "이와 같은 차제로 십육심이 있어 이를 다 모아서 성제현관이라 하니, 삼계의 사성제경을 차제로 현전해 여실히 관하는 것이기 때문이다. 如是次第有十六心 總說名爲聖諦現觀 以於三界四聖諦境次第現前如實觀故", 『법화현의석첨』 권7(대정장33, p.863c26)에 "팔인팔지란, 매양 하나의 제 아래에 각각 하나의 법인과 법지 및 비인과 비지가 있기에 사제 하에 팔인팔지가 되니, 이는 무루의 십육심으로서 사제 하의 견혹을 다한다. 八忍八智者 每一諦下各一法忍一法智 一比忍一比智 故四諦下八忍八智 此是無漏一十六心斷四諦下見盡也"라고 하였다. 〔참고문헌〕『順正理論』, 『法華玄義釋籤』. ⇨팔인 八忍, 견도십오심 見道十五心, 성제현관 聖諦現觀, 고법지인 苦法智忍, 고류지인 苦類智忍, 집법지인 集法智忍, 집류지인 集類智忍, 멸법지인 滅法智忍, 멸류지인 滅類智忍, 도법지인 道法智忍, 도류지인 道類智忍, 고법지 苦法智, 고류지 苦類智, 집법지 集法智, 집류지 集類智, 멸법지 滅法智, 멸류지 滅類智, 도법지 道法智, 도류지 道類智, 현관 現觀

팔일 八日 부처님 탄신일인 사월초파일(四月初八日). 『북산록』 권1(대정장52, p.579c20)에 "팔일에 탄생하셨다 하니, 꽃이 피기 시작해서 나아가 가득 차오르는 때를 나타낸다〈주(周) 월력으로 4월에 부처님께서 탄생하셨는데 오늘날의 음력 2월(卯月)이다. 물이 더없이 무리져 꽃피는 시절이다. 팔일은 달이 점차로 둥글게 차오른다〉. 八日而生 表始華而就滿也〈周四月佛生 是今二月也 物正榮華 八日者月漸圓滿也〉"라고 하였다. 〔참고문헌〕『北山錄』. ⇨사월초파일 四月初八日

팔일공능 八一功能 ➡팔일유능 八一有能

팔일유능 八一有能 Ⓢ aṣṭa-dharmaika-vṛtti, Ⓣ chos-brgyad dang gcig-la 'jug. 유위법(有爲法)이 일어남에 있어 사본상(四本相 : 生住異滅)과 사수상(四隨相 : 生生 住住 異異 滅滅)인 여덟 법 각각에 하나의 공능이 있을 뿐이라는 뜻. 『구사론』 권5(대정장29, p.27b3 : *Abh-k-bh.*, p.76)에 "그러므로 정히 네 유위상이 있다. 이 생 등의 상이 이미 유위이니 응당 다시 따로 생 등의 네 상이 있어야 하는데, 만약 다시 상이 있으면 문득 끝없음(無窮)에 이르게 된다. 저것에 다시 나머지 생 등의 상이 있기에 응당 '다시 있다'고 말해야 한다. 그런데도 끝없음이 아닌 그 까닭은 무엇일까? 是故定有四有爲相 此生等相 旣是有爲 應更別有生等四相 若更有相 便致無窮 彼復有餘生等相故 應言更有 然非無窮 所以者何 ataś-catvāry-eva saṃskṛta lakṣaṇāni, teṣām-api nāma jāty-ādīnāṃ saṃskṛtatvād-anyair-jātyādibhir-bhavitavyam, bhavanty-eva", "〔송〕 이것에 생생 등이 있으니, 여덟과 하나에 공능이 있네. 頌曰

此有生生等 於八一有能 jāti-jātyādayas-teṣāṃ, te 'ṣṭadharma-ekavṛttayaḥ", "〔논〕 이것이라 함은 앞서 설한 사종본상이다. 생생 등이란 사수상이니 생생·주주·이이·멸멸이다. 제행의 유위는 사본상을 말미암고, 본상의 유위는 사수상을 말미암는다. 본상은 상이 된 바의 법과 같이 하나하나가 응당 사종수상이 있어야 함에 어찌 이것이 다시 각각 넷으로 전전함에 끝없지 않을 수 있겠는가. 이런 과실은 없으니, 사본상과 사수상이 여덟과 하나에 대해서 공능이 따로이기 때문이다. 무엇을 공능이라 하는가. 법이 지어 씀이다. 혹은 사람이 씀이다. 사종본상은 하나하나가 모두 여덟 법에 대해 씀이 있고, 사종수상은 하나하나가 모두 하나의 법에 대해 씀이 있다. 論曰 此謂前說 四種本相 生生等者 謂四隨相 生生 住住 異異 滅滅 諸行有爲 由四本相 本相有爲 由四隨相 豈不本相 如所相法 一一應有四種隨相 此復各四 展轉無窮 無斯過失 四本四隨 於八於一 功能別故 何謂功能 謂法作用 或謂士用 四種本相 一一皆於八法有用 四種隨相 一一皆於 一法有用 teṣām api catvāry-anulakṣaṇāni bhavanti. jātijātiḥ sthitisthitiḥ jarājarā anityatā 'nityatā iti. nanu ca-ekasya-ekasya caturlakṣaṇī prāpnoti aparyavasānadoṣaś-ca. teṣāṃ punar-anyajātyādiprasaṅgāt. na prāpnoti yasmāt te 'ṣṭadharmaikavṛttayaḥ. teṣāṃ jātyādīnām-aṣṭāsu dharmeṣu vṛttiḥ. kim-idaṃ vṛttir-iti. kāritraṃ puruṣakāraḥ", "그 뜻은 무엇인가? 법이 생겨날 때에는 그 법 자체로서 아홉 가지 법이 함께 일어나니, 법 자체가 한 가지고 본상과 수상을 더해 여덟이다. 본상 중의 생은 그 자성을 제한 다른 여덟 가지 법을 낳으며, 수상의 생생은 아홉 법 내에서 오직 본상의 생만을 낳을 뿐이다. 其義云何 謂法生時幷其自體九法俱起 自體爲一相隨相八 本相中生除其自性生餘八法 隨相生生於九法內唯生本生 kim idaṃ vṛttir iti. kāritraṃ puruṣakāraḥ. jātijātyādīnāṃ caikatra dharme. kathaṃ kṛtvā. ātmanā navamo hi dharma utpadyate. sārdhaṃ lakṣaṇānulakṣaṇair aṣṭābhiḥ. tatra jātir ātmānaṃ virahayyānyān aṣṭau dharmān janayati. jātijātiḥ punas tām eva jātim", "마치 닭이 많은 새끼를 낳기도 하고 오직 하나의 새끼를 낳는 것과 마찬가지로, 생과 생생이 여덟 가지를 낳고 한 가지를 낳는 그 힘도 또한 그러한 것이다. 본상 중의 주상도 또한 그 자성을 제한 다른 여덟 가지 법을 머무르게 하며, 수상의 주주는 아홉 가지 법 중에서 오직 본상인 주상만을 머물게 할 뿐이다. 이와 멸의 상도 따라 마땅히 그렇다. 따라서 생 등의 상에 다시 상이 있고 수상은 오직 네 가지일 뿐이니 끝이 없이 계속된다는 과실은 없다. 謂如雌雞 有生多子有唯生一 生與生生 生八生一其力亦爾 本相中住亦除自性住餘八法 隨相住住於九法中唯住本住 異及滅相隨應亦爾 是故生等相復有相 隨相唯四無無窮失 tad yathā kila kācit kukkuṭī bahūny apatyāni prajāyate kācid alpāni. tadvat sthitir apy ātmānaṃ varjayitvānyān aṣṭau dharmān sthāpayati sthitisthitis tu tām eva sthitim. evaṃ jarānityate api yathāyogyaṃ yojye. tasmān na bhavaty anavasthāprasaṅgaḥ"라고 하였다. 〔참고문헌〕『俱舍論』, *Abh-k-bh*. ⇨ 사본상 四本相, 사수상 四隨相

팔자 八字 ❶지(持) 곧 다라니(陀羅尼)를 성취하는 네 가지 법 중 하나. '파라바가사다사차 波羅婆迦闍陀賒叉'라는 여덟 글자. 낱낱의 글자마다의 뜻을 따라 성취하기에 이렇게 부른다. 『출생무량문지경』(대정장19, p.684a6)에 "또한 사리불아! 보살은 네 가지 법을 성취하여 빨리 다라니를 얻는다. 무엇이 그 네 가지인가? 첫째는 여덟자로서 이 뜻은 뜻 그대로 따라 모두 그 중에 들어간다. 팔자란 '파라바가사다사차'다. 파란 제일의다. 갖가지 일체법무아는 모두 이 문으로 찾아 든다. 라는 상 없는 상호다. 마치 여래몸이 법성에 들 듯한다. 바는 어리석은 법과 지혜로운 법이 모두 수순해 그 뜻에 들어간다. 가는 업행과보와 업행에 속하지 않는 과보가 모두 구경으로 수순해 뜻에 든다. 사는 생의 연과 노사의 연이 모두 불생불멸에 따라 들어간다. 다는 일체 모든 다리니는 공·무상·무원에 들어간다. 사는 갖가지 모든 다라니는 다 수순해 든다. 차는 일체제법 남김없이 이와 같음에 든다는 뜻이다. 이와 같이 8자에 이런 뜻 있고, 이 뜻을 따라 모두 그 중에 든다. 又舍利弗 菩薩復有 四法成就 疾得是持 何等爲四 一曰八字 是義隨義 悉入其中 八字者 波羅婆迦闍陀賒叉 波者 第一義 一切諸法無我 悉來入門 羅者 相好無相 如如來身入於法性 婆者 愚癡之法 及智慧法 隨順入義 迦者 業行果報 及非業行報 皆悉究竟 隨順入義 闍者 生緣老死 皆悉隨入 不生不滅 陀者 一切諸持 悉隨入空 無相無願 賒者 一切諸持 皆隨順入 叉者 盡一切諸法 悉入於如是 如是八字 是義隨義 悉入其中"라고 하였다. 〔참고문헌〕『出生無量門持經』. ⇨ 팔자문 八字門 ❷ ➡ 설산팔자 雪山八字, 설산대사 雪山大士

팔자다라니 八字陀羅尼 팔자다라니(八字陀羅尼)와 팔자문수법(八字文殊法)에서 식재(息災)와 항복(降伏)을 목적으로 작법할 때 쓰는 여덟 자의 진언. '옴 아비라 훔 카차라 唵 阿 味 羅 𤙖 佉 左 洛 oṃ āḥ vī ra hūṃ kha ca raḥ'의 여덟 자를 말한다. 『대성묘길상보살비밀팔자다라니수행만다라차제의궤법』(대정장20, p.784b11)에 "이때 세존께서 금강밀적주에게 말씀하셨다. '이 팔자최승대위덕심진언이 머무는 곳은 부처님께서 세간에 머무시는 것과 다름이 없다. 능히 제불의 갖가지 불가사의한 신력을 드러내고 무량한 신통변화를 만들 수 있다. 나는 이제 이 다라니의 약간의 공덕을 약찬할 것이다. 내가 갖추어 말하면 무량한 구지나유타 백천대겁 동안 설해도 다하지 못한다' 이때 세존께서 팔자대위덕심진언을 설하셨다. '옴( ) 아( ) 비( ) 라( ) 훔( ) 카( ) 차( ) 라( )' 다시 금강밀적주에게 말씀하셨다. '이 다라니는 어떤 남녀가 공양법을 제대로 작법할 수 없는 경우 또는 재가에서 갖가지 생업 때문에 쫓기는 경우 다만 상황에 맞게 염송하고 마음으로 외워 잊지 않으며 본분에 따라 빠뜨리지 않고 적게라도 공양하며 자력에 따라 노력해도 역시 성취할 수 있다. 지극한 마음이 없거나 바른 신심이 아니거나 대승의 보리심을 일으키지 않았거나 삼보를 비방하는 곳에 자주 다니거나 불선행 등의 갖가지 악업을 일으키는 경우는 제외한다. 爾時 世尊 告金剛密迹主言 是八字最勝大威德心眞言所住之處 如佛在世無有異也 能現諸佛種種神力不可思議 亦能作大無量神通變化 我今略讚此陀羅尼少分功德 我若具說 無量俱胝那庾多百千大劫說不能盡 爾時世尊 卽說八字大威德心眞言曰 (oṃ) (āḥ) (vī) (ra) (hūṃ) (kha) (ca) (raḥ) 唵 阿 味 羅 𤙖 佉 左 洛 復告金剛密迹主言 此陀羅尼 若有男子女人不能辦作承事 供養法者 復緣在家迫迮作種種生業 但能憶持不忘依時念誦 隨分不闕供養少分 隨自力辦亦得成就 除不至心不正信心 不發大乘菩提之心 興行誹謗於三寶所 起不善等行諸惡業"라고 하였다. [참고문헌]『大聖妙吉祥菩薩祕密八字陀羅尼修行曼茶羅次第儀軌法』.

팔자문 八字門 진언 종자 여덟 자를 배치하여 자문(字門)을 생하는 방법. 『출생무변문다라니의궤』(대정장19, p.679c29)에 "팔자문을 안포한다. 파( ) 자는 마음에 머문다. 라( ) 자는 호상이 된다고 관상한다. 바( ) 자는 혀 끝에 포치한다. 약( ) 자는 머리에 안치하고 푸른색이 정수리의 모양이라고 관상한다. 가( ) 자는 오른손에 포치하고 녹색이 카르마의 십이인연의 윤회라고 관상한다. 다황( ) 자는 왼손바닥에 포치하고 화반야협이라고 관상한다. 사( ) 자는 오른발에 포치한다. 걸차( ) 자는 왼발에 포치한다. 다섯 자가 모두 눈·우유·거위·달처럼 희고 밝다. 이 자가 윤상이 된다. 삼마야밀인으로 가지하는 정인이 바로 이것이다. 처음과 나중의 차제법은 제부의궤와 같다. 팔십구지불이 이 주존을 둘러싸고 머문다. 다시 팔보살이 팔방에 안주하고 팔 약차·사섭·팔공양보살이 순서대로 자리를 잡으며 비만다라를 이룬다. 安布八字門 (pa)跛字住於心 (la)攞字成毫相 (va)嚩字置舌端 (ja)惹字置於頭 碧色成頂相 (ka)迦字置慧掌 緣色成羯摩 十二緣行輪 (dha)馱黃置定掌 成華般若夾 (śa)奢字安觀足 (kṣa)乞叉置止足 五字皆皓素 如雪乳鵝月 是字成輪相 三摩耶密印 加持頂印是 初後次第法 同諸部儀軌 八十俱胝佛圍遶是尊住 復有八菩薩 安住於八方 及以八藥叉 四攝八供養 次第而布列 成祕曼茶羅"라고 하였다. [참고문헌]『出生無邊門陀羅尼儀軌』. ⇨ 자문 字門

팔자문수 八字文殊 **1** 팔자문수법(八字文殊法)의 본존. 정수리에 팔지(八智)를 나타내는 여덟 상투가 있고 각각의 상투는 팔자 진언의 종자(種子)에 상응한다. 전쟁과 천재지변의 재앙을 물리치기 위한 작법에서 본존으로 모신다. 『제존요초』(대정장78, p.305a6)에 "머리에 상투 튼 팔지존이란 팔자문수다. 이 보살은 정수리에 여덟 상투가 있고 하나하나의 상투 위에 모두 불신이 있다. 이 팔불은 문수의 팔지와 같다. 진언 팔자는 팔불의 종자가 된다. 그러므로 팔계 위에 순서대로 팔자의 진언을 안립할 수 있다. 팔자문수의 머리에 상투 여덟 개가 있고 모든 상투 아래에 불상이 있으며 지물은 청련 위에 오고저이다. 검에는 화염이 없고 화좌인이며 팔사자좌에서 볼 수 있다. 진법〈별도로 설명한다〉 일자금륜〈식재·출산·소망·천변법의 주존이다. 인해는 '대일금륜의 법신이고 석가응신의 자신이다'라고 하였다〉 종자는 (trūṃ), 삼매야형은 십이폭륜〈또는 종자는 (vaṃ)이고 삼매야형은 십이폭륜이다〉. 首髻八智尊者 八字文殊也 此菩薩頂有八髻 一一上皆有佛身 此八佛卽文殊八智也 以眞言八字卽爲其八佛種子 故八髻上次第可安八字眞言也 八字文殊首有八髻 每髻下有佛像 持物 青蓮之上五古杵 劍無火炎〈云云〉 花座印 八師子座可觀之〈云云〉 鎭法〈在別〉 一字金輪〈息災 產生 所望 天變 仁海云 大日金輪法身 釋迦應身我化身〉 種子 (trūm) 三摩十二輻輪〈或 (vaṃ)鑁十二幅輪〉"이라고 하였다. [참고문헌]『諸尊要抄』. **2** 팔자문수다라니 또는 팔자문수법의 줄임말. ⇨ 팔자문수법 八字文殊法

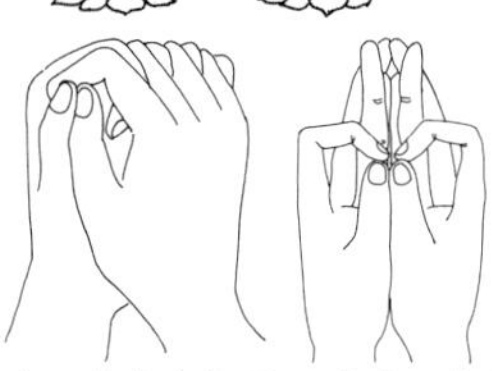

팔자문수만다라 八字文殊曼茶羅 팔자문수(八字文殊) 또는 여덟 문수를 본존으로 식재(息災)·항복(降伏)을 위해 닦는 팔자문수법(八字文殊法)의 만다라. 『대성묘길상보살비밀팔자다라니수행만다라차제의궤법』(대정장20, p.785a28)에 "중심에 범자 맘(maṃ)자를 쓰고 그 글자 북쪽에 옴(oṃ)자를 쓰며 다음으로 오른쪽으

로 돌며 동북쪽에 아(āḥ)자를 쓰고 다음으로 동쪽에 미(vī)자를 쓰며 동남쪽에 라(ra)자를 쓰고 남쪽에 훔(hūṃ)자를 쓰며 서남쪽에 카(kha)자를 쓴다. 다음으로 서쪽에 차(ca)를 쓰고 서북쪽에 라(raḥ)를 쓴다. 當中心梵書(maṃ)滿字 次從字後北面書(oṃ)唵字 次右旋東北角書(aḥ)阿字 次東方書(vī)味字 次東南隅書(ra)羅字 次南方書(hūṃ)鈝字 次西南角書(kha)佉字 次西方書(ca)左字 次西北隅書(raḥ)洛字", "다음으로 제2원에서 여덟 문수를 안치하는 것을 설한다. 자리를 안치하는 법은 본존의 앞 남쪽에 청소동자를 그리고 서남쪽에 계설니동자를 그리며 서쪽 오른편에 구호혜동자를 그리고 서북쪽 모서리에 오파계설니동자를 그린다. 뒷면 북쪽에 광망동자를 그리고 동북쪽에 지혜당동자를 그리며 동쪽 왼편에 무구광동자를 그리고 동남쪽에 부사의혜동자를 그린다. 이와 같이 팔방의 묘길상의 동진보살이 모두 중존을 향하여 봉교하는 자세를 하고 모두 연꽃 위에 앉아 있으며 각각 사자를 타고 있다. 양손에는 각각 표치인을 맺고 있으니 여법하게 그린다. 또한 원륜의 바깥 사각에 사분노명왕을 그린다. … 다음으로 제3원의 십육대천 외호존을 그리는 것을 설한다. 次說第二院安布八文殊 布位法尊前南面畫請召童子 次西南隅畫計設尼童子 次西方右邊畫救護慧童子 次西北隅畫烏波計設尼童子 次後面北方畫光網童子 次東北隅畫地慧幢童子 次東方左邊畫無垢光童子 次東南隅畫不思議慧童子 如是八方妙吉祥童眞菩薩 皆面向中尊如奉教勢 皆坐蓮華上一一各乘師子 二手各有執持幖幟印契畫須如法 又於圓輪外四角中畫四忿怒明王 … 次說第三院十六大天外護"라고 하였다. 〔참고문헌〕『大聖妙吉祥菩薩祕密八字陀羅尼修行曼荼羅次第儀軌法』.

팔자문수법 八字文殊法 문수보살을 본존으로 모시고 팔자문수만다라(八字文殊曼荼羅)와 팔자다라니(八字陀羅尼)에 의지해 식재(息災)와 항복(降伏) 등을 목적으로 닦는 작법. 중앙에 팔자문수만다라를 중심으로 도량을 설치하고 팔자다라니를 근본진언으로 작법하되 작법의 구체적인 목적에 따라 단법과 다라니와 호마단의 크기가 다르다. 팔자문수다라니는 '옴 아비라 훔 카차라 唵 阿 味 羅 鈝 佉 左 洛 oṃ āḥ vī ra hūṃ kha ca raḥ'다. 동밀(東密)의 경우 팔자문수진택법(八字文殊鎭宅法)이라고도 한다. 『대성묘길상보살비밀팔자다라니수행만다라차제의궤법』(대정장20, p.785b8)에 "복과 관직의 길상한 일을 구하려는 자는 마음속에 시리(śrī) 자를 쓴다. 만약 식재법을 구하여 일곱 가지 재난, 즉 일식과 월식 오성이 실도하거나 병란이 다투어 일어나거나 가뭄이 들었을 때나 비바람이 실도하였거나 나쁜 신하와 역적이 국가와 백성을 해치거나 사나운 짐승이 중생을 잡아먹거나 오곡이 풍성하지 않은 경우를 말한다. 이와 같은 재앙과 긴급한 액난과 관부의 국난과 죽음과 액난의 공포를 없애고자 하는 이는 마음에 맘()을 쓴다. 만약 원수를 항복시키고 나쁜 마음을 버리게 하고자 하는 이는 마음에 담()을 쓴다. 만약 항복시키기 어려운 악인과 도살하고 사냥하는 외도와 불법을 믿지 않는 이가 있어 나쁜 마음을 없애거나 파괴하고자 하는 이가 있다면 마음 속에 범자 슈트리()를 쓴다. 若求福慶祿位吉祥事者 心中書(śrī)室利字 若求息災除難殄滅七種災難 所謂日月薄蝕五星違失常度 兵賊競起 水旱不時 風雨失度 惡臣背逆損害國民 武狼惡獸食啗衆生 五穀不豐 如是災禍急厄官府王難死厄怕怖等事 欲令消散者 當心中書(maṃ)滿字 若求降伏怨人令相好捨惡心者 中心而書(dhaṃ)淡字 若有惡人難降伏 屠兒獵師外道不信佛法者 令惡心摧滅或令破壞者 心中應書梵文(ṣṭri)瑟置唎字", "만약 국가의 제왕의 몸에 액난이 일어나 구호하는 도량을 만들고자 한다면 그 단은 너비 십육주 또는 큰 것은 이십사주가 되어야 한다. 만약 오성이 실도하고 일식과 월식이나 혜성이 침범하는 변괴가 자주 나타나거나 사방이 외국이 국경을 침범하여 백성을 겁탈하고 대신이 반역하거나 군사를 활용하기에 불리하거나 국인을 해치거나 역병이 유행하는 경우 모두 대단을 만든다. 단 내부 제2원 바깥에 치성광법과 같이 십이대천을 배열한다. 若緣國家帝王身有厄難 要作護道場者 其壇應廣一十六肘 或大二十四肘 若緣五星失度 日月頻蝕 彗孛數現 四方異國侵境 劫奪百姓 大臣叛逆 用兵不利 損害國人 疫病流行 皆作大壇 壇內第二院外 布列十二大天 如熾盛光法"라고 하였다. 〔참고문헌〕『大聖妙吉祥菩薩祕密八字陀羅尼修行曼荼羅次第儀軌法』. ⇨ 팔자다라니 八字陀羅尼

팔자불성 八字不成 여덟자라고 해도 성립하지 않는다. '이 자라고 해도 옳지 않다'는 구절과 한 쌍으로 쓰인다. 『조정사원』 권3(卍속장113, p.79b5)에 "삼삼구구 : 학인이 운문에게 물었다. '무엇이 향상하는 하나의 통로인지요?' '구구는 팔십일이다'. 다른 학인이 물었다. '무엇이 최초의 한 구인지요?' '구구는 팔십일이다'. 또 다른 학인이 물었다. '이 자라 해도 옳지 않고 팔자라 해도 맞지 않는다고 하는데, 그렇다면 어떤 글자인지요?' '구구는 팔십일이다'. 三三九九 僧問雲門 如何是向上一竅 門云 九九八十一 又僧問 如何是最初一句 門云 九九八十一 又僧問 以字不是 八字不成 未審是甚麼字 門云 九九八十一"라고 하였다. 〔참고문헌〕『祖庭事苑』. ⇨ 이자불성팔자비 以字不成八字非

팔자재 八自在 **1** 보살의 여덟 가지 신변으로 자재함. 『법화현의석첨』 권9(대정장33, p.878a10)에 "팔자재란 『대지도론』에서 이름하여 팔신변이라 하였고, 『대반열반경』에서는 팔자재아라 하였다. 신변이란 말은 없다가도 문득 있고 있다가도 문득 없음이다. 자재란 말은 꾀하지 않고 움직여도 일체에 걸림이 없음이니, 『대지도론』과 뜻은 같고 이름만 조금 다르다. 이제 경론을 약출하여 그 모습을 드러내 보였다. 팔신변이란 말은 능히 작게 하고 능히 크게 하며, 능히 가볍게 하고 능히 자재하며, 능히 다스리고 능히 멀리 이르며, 능히 땅을 흔들고 능히 뜻대로 짓는다. 八自在者 大論名八神變 大經名八自在我 言神變者 無而欻有 有而欻無 言自在者 不謀而運 一切無礙 故與大論義同 而名小異 今略出經論 以顯相狀 言八神變者 一 能小 二 能大 三 能輕 四 能自在 五 能有主 六 能遠至 七 能動地 八 能隨意所作", 같은 책(대정장33, p.878a22)에 "여덟 가지로 자재함이란 『대반열반경』 권20에 이르길 하나, 능히 한 몸으로 여러 몸을 보이니 그 수는 저 미진이다. 둘, 티끌만큼 많은 몸으로 대천계를 채운다. 셋, 대천계를 채운 몸을 가볍게 들어 멀리 이른다. 넷, 무량류를 나타내어 늘 한 국토에 있게 한다. 다섯, 제근이 호용한다. 여섯, 일체법을 얻되 법이라는 상이 없다. 일곱, 일게를 설함에 무량겁 지난다. 여덟, 저 몸 허공 같아서 좋을 대로 있다가 사라지니 가히 다 알 수 없다. 八自在者 大經二十云 一者 能示一身多身 數如微塵 二 以塵身滿大千界 三 以大千身輕擧遠到 四 現無量類 常居一國土 五 諸根互用 六 得一切法 而無法想 七 說一偈 經無量劫 八 身如虛空 存沒隨宜 不可窮覈"라고 하였다. 〔참고문헌〕『法華玄義釋籤』, 36권본『大般涅槃經』 권21(대정장12, p.746c1). ⇨ 팔신변 八神變, 팔대자재아 八大自在我 ❷ Ⓢ iśvarabhāva aṣṭavidha. 수론(數論)에서 말하는 여덟 가지 신통력. 『금칠십론』 권상(대정장54, p.1251a13 : *Sāṃkhy-k.*, p.27)에 "'자재'라고 하였는데, 자재에 여덟 가지가 있다. 첫째, 미세해서 극한 인허다. 둘째, 경묘해서 극한 심신이다. 셋째, 두루 가득한 극한 허공이다. 넷째, 이르고자 하면 뜻대로 얻는다. 다섯째, 세간의 본래 주인이어서 일체처에서 다른 이보다 뛰어나다. 여섯째, 하고자 함을 따라 티끌들 일시에 능히 쓴다. 일곱째, 타자에게 묶여 속박 당하지 않고 삼세간의 중생을 내 뜻에 따라 움직이게 한다. 여덟째, 뜻대로 머무는 것이니 곧 때나 장소나 마음 따라 머물 수 있다. 自在者 自在有八種 一者 微細極隣虛 二者 輕妙極心神 三者 遍滿極虛空 四者 至得如所意得 五者 世間之本主 一切處勝他故 六者 隨欲塵一時能用 七者 不繫屬他 能令三世間衆生隨我運役 八者 隨意住 謂隨時隨處隨心得住 aiśvaryam īśvarabhāvenety aṣṭavidham. aṇimā laghimā garimā mahimā prāptiḥ prākāmyam īśitvaṃ vaśitvaṃ yatrakāmāvasāyitvam"라고 하였다. 〔참고문헌〕『金七十論』, *Sāṃkhy-k.*

팔자재아 八自在我 ❶ 보살의 여덟 가지 자유자재한 능력. 팔자재(八自在)와 같으며 팔종변화(八種變化)라고도 한다. 『화엄경소초』 권38(대정장36, p.290c24)에 "팔자재아란, 첫째는 작게 만드는 능력이고, 둘째는 크게 만드는 능력이고, 셋째는 가볍게 만드는 능력이고, 넷째는 자유자재하게 만드는 능력이고, 다섯째는 능히 지어 자재하고, 여섯째는 능히 먼 곳에 이르고, 일곱째는 대지를 진동시키고, 여덟째는 뜻대로 남김없이 얻는다. 八自在我者 一 能作小 二 能作大 三 能作輕 四 能作自在 五 能作主 六 能遠到 七者 動地 八 隨意所欲盡能作得"라고 하였다. 〔참고문헌〕『華嚴經疏鈔』. ⇨ 팔신변 八神變 ❷ 외도에서 주장하는 아의 자재한 여덟 가지 속성. 『섭대승론석』 권2(대정장31, p.164c29)에 "〔논〕 또는 여덟 가지 자재한 아를 주장한다. 〔석〕 가령 비세사(Ⓢ Vaiśeṣika : 勝論)와 나야수마(Ⓢ Nyāya-suma : 正理學派)에서 주장하는 아인데, 어떤 모양에 어떤 덕인가? 지성을 성으로 삼고, 여덟 가지 자재를 덕으로 여긴다. 예를 들면 불이 뜨거움을 상으로 하듯이 아 또한 이와 같다. 홀로 있든 섞여 머무르든 지성은 바뀌지 않으니, 이에 지성을 성으로 한다. 여덟 가지 자재란, 첫째는 작은 데 있어서는 가장 작은 것이고, 둘째는 큰 데 있어서는 가장 큰 것이고, 셋째는 어디든 이르고, 넷째는 뜻대로 하는 것이고, 다섯째는 속박이 없는 것이고, 여섯째는 변화이고, 일곱째는 항상하여 변이가 없고, 여덟째는 청정하여 근심이 없다. 論曰 或執八自在我 釋曰 如鞞世師那耶修摩執我者 何相何德 智性爲相 八自在爲德 如火以熱爲相 我亦如此 若獨存及雜住 智性無改故 以智性爲相 八自在者 一 於細最細 二 於大最大 三 遍至 四 隨意 五 無繫屬 六 變化 七 常無變異 八 淸淨無憂"라고 하였다. 〔참고문헌〕『攝大乘論釋』.

팔자주 八字呪 ➡ 팔자다라니 八字陀羅尼

팔자타개 八字打開 팔자로 다 사무쳐 열다. 막힘없이 열려 있어 걸릴 것 없는 뜻이다. 원오극근(圜悟克勤)의 각종 법어에 두드러지게 보인다. 『원오어록』 권11(대정장47, p.764b21)에 "서릿바람이 매섭게 윙윙거리고, 가랑비는 보슬보슬 내리니, 해탈문 팔자로 활짝 열렸고, 법을 보는 바른 눈이 정수리에 드러났다. 종지도 넘어서고 격식도 뛰어넘으며 견해도 벗어나고 분별도 끊은 이 있는가? 나와서 증명해 보라! 霜風凜凜 細雨微微 解脫門八字打開 正法眼頂門顯示 還有超宗越格 離見絶情底麽出來證據", 같은 책 권12(대정장47, p.770b1)에 "이 크나큰 일 이미 팔자로 사무쳐 활짝 열려 있다. 설령 고개 돌려 돌아보더라도 벌써 답답하게 틀어막힐 것이니, 다만 속속들이 믿고 말로 드러내기 이전에 빠짐없이 꿰뚫어 보라. 말로 드러낸 다음이라면 어떻게 알아차릴지 대답해 보라! 此箇大事 已是八字打開了 直饒回頭返照 早是鈍置也 直是徹底信得 於未發言已前 一時覷透 旣發言之後 且道 作麽生承當", 『벽암록』 5칙 「평창 評唱」(대정장48, p.145c8)에 "다시 (雪竇가) 우리에게 '백 가지 꽃피는 봄소식 누구 위해 피었을까?'라고 읊었다. 방문도 창문도 활짝 그대와 함께하니, 팔자로 열어젖혀 버렸음이다. 봄 왔다고 하니 깊은 계곡 들의 냇물 아무도 없는 곳에 이르기까지 온갖 꽃 다투듯이 피어난다. 그대가 말해 보라! 도대체 누구를 위해 피었을까? 更向爾道 百花春至爲誰開 可謂豁開戶牖 與爾一時 八字打開了也 及乎春來 幽谷野澗 乃至無人處 百花競發 爾且道 更爲誰開", 『밀암어록』(대정장47, p.974b27)에 "하안거를 마치는 날 소참에서 불자를 꼿꼿이 세우고 '보았는가?'라고 묻고 선상을 두드리면서 '들었는가?'라고 물은 다음 말했다. '다만 이 보고 듣는다 하나 보고 듣는 것 아니다. 그 어떤 소리도 빛깔도 그대에게 드릴 것 없고, 그 중에 할 일마저 없는 줄 알아챈다면, 바탕도 씀도 나누든 나누지 않든 상관이 없으리라. 옛사람(三平義忠) 팔자로 사무쳐 열어 마쳤다. 이와 같이 볼 수만 있다면 걸상좌 문득 보게 될 것이다'. 解夏小參 竪起拂子 還見麽 敲禪床云 還聞麽 只此見聞非見聞 無餘聲色可呈君 箇中若了全無事 體用何妨分不分 古人八字打開了也 恁麽見得便見傑上座", 『소은대흔어록』 권3 「송질상인 送質上人」(卍속장121, p.232a17)에 "도인은 질박하고 곧아 거짓이 없으니, 더우면 서늘한 곳에 기대고 배고프면 밥을 먹노라. 활짝 열렸으나 아무리 밀쳐도 들지 못하니, 앞도 빽빽하고 뒤도 빽빽하구나. 道人質直無虛僞 熱便乘凉飢便餐 八字打開挨不入 前三三與後三三"라고 하였다. 〔참고문헌〕『圜悟語錄』, 『碧巖錄』, 『密菴語錄』, 『笑隱大訢語錄』.

팔자포자 八字布子 여덟 종자(種字)자를 마음과 신체에 포치하는 포자관(布字觀). 『대일경』 「아사리진실지품 阿闍梨眞實智品」에 설명된 방법이다. 첫째, 아(𑖀 阿)자를 일체제불의 주처인 마음에 포치한다. 둘째, 훔(𑖮𑖳𑖽 吽)자를 일체집금강의 주처인 미간에 포치한다. 셋째, 사(𑖭 娑)자를 연화부의 주처인 심장에서 네 마디 위의 자리에 포치한다. 넷째, 아(𑖀 阿)자를 제일명(第一命)의 자리인 지륜(地輪)에 포치한다. 다섯째, 바(𑖪 嚩)자를 배꼽에 포치하고 수륜(水輪)과 같다고 관상한다. 여섯째, 라(𑖨 囉)자를 심장에 포치하고 화륜(火輪)과 같다고 관상한다. 일곱째, 훔(𑖮𑖳𑖽 吽)자를 이마에 포치하고 풍륜과 같다고 관상한다. 여덟째, 거(𑖏 佉)자를 정수리에 포치하고 공륜과 같다고 관상한다. 『대일경소』 권17(대정장39, p.755b20)에 "먼저 마음에 여덟 잎 연꽃이 피어있다고 관상하고 그 위에 아(𑖀)자를 안치한다. 이 아자는 두렷이 밝게 비춤이 있다. … 다음으로 신체의 지분에 포치한다. 미간에 훔자를 안치한다. 이는 일체 집금강이 머무는 자리이다. 다음으로 심장 위 네 마디 부근에 사자를 포치한다. 이는 일체 연화수부의 주처이다. '나의 마음은 일체처에 머물고 두루 자재하다. 나는 모두 갖가지 유정과 비유정에 두루하다. 아자는 제일명이다'라고 한 경의 뜻은 다음과 같다. 아자를 마음으로 삼는 것을 말한다. 그러므로 모든 곳에 두루하고 자재하게 성취한다. 이것은 아자가 나와 다름이 없고 나는 아자와 다르지 않음을 말한다. 모두 일체유정과 유정 아닌 법에 두루하다는 것은 모든 법이 아자를 제일명으로 삼는 것을 말하니 마치 사람에게 들숨과 날숨이 있어 이를 목숨으로 삼는 것과 같다. 숨이 끊어지면 목숨이 이어지지 않으니 아자 역시 그러하다. 일체법과 유정은 이것을 목숨으로 삼는다. 다음으로 바자는 수라고 설한다〈바자가 물과 같다고 관상함을 말한다〉. 다음으로 라자는 화와 같다고 관상한다. 다음으로 훔자는 일체의 분노지명이라고 관상한다. 또한 거자가 공과 같다고 관상한다〈가자는 풍과 같다고 관상해야 하는데 지금은 이것이 빠졌으니 다시 물어야 한다〉. 이렇게 관상하는 까닭은 일체의 범자를 신체의 부분에 포치하고자 하기 때문이다. 이것은 일체 여래 법계의 법이고 만 가지 덕을 갖추고 있다. 先觀其心八葉開敷置阿字其上 此阿字卽有圓明之照也 … 次布身分 謂於眉間當置𑖮𑖳𑖽(hūṃ)字 此是一切執金剛所持處也 次於心上四寸許觀置𑖭(sa)字 卽是一切蓮華手部所住處也 我心住一切遍自在 我皆遍種種有情非有情 阿字第一命者 謂卽以阿字爲心 故遍於一切自在而成 言此阿字不異我 我不異阿字也 乃悉遍於一切情非情法 此諸法卽以阿字而爲第一命也 猶如人有出入息以此爲命 息絶卽命不續 此阿字亦爾 一切法有情以此爲命也 次𑖪(va)字 水說名〈謂想嚩卽同水也〉 次想𑖨(ra) 卽同火也 次想𑖮𑖳𑖽(hūṃ) 吽卽一切忿怒持明也 又想𑖏(kha) 佉字卽同空也〈當有訶字卽是風 今欠之更問 卽是也〉 所以作此觀者 欲布一切字 於是身分 卽是一切如來法界之法 萬德皆備 猶如坐道場時 非金剛坐則不能勝 今亦如是 欲備一切如來功德 先須用此地水火風四輪及空 然後作具法也"라고 하였다. 〔참고문헌〕『大日經疏』. ⇨ 팔엽연화관 八葉蓮華觀

팔장 八藏 부처님의 일대교설(一代敎說)을 여덟 종류로 분류한 것. ❶ 『보살처태경』 권7(대정장12, p.1058b19)에 "최초로 경이 나옴에 태화장이 제일, 중음장이 제이, 마하연방등장이 제삼, 계율장이 제사, 십주보살장이 제오, 잡장이 제육, 금강장이 제칠, 불장이 제팔이니, 이것이 석가문불의 경법의 구족함이다. 最初出經 胎化藏爲第一 中陰藏第二 摩訶衍方等藏第三 戒律藏第四 十住菩薩藏第五 雜藏第六 金剛藏第七 佛藏第八 是爲釋迦文佛經法具足矣"라는 데 근거한다. 『대명삼장법수』 권24(영락장182, p.382a6)에 "팔장〈『보살처태경』에 나옴〉. 八藏〈出處胎經〉", "첫째, 태화장. 태화장이란 부처님께서 태중에 화현하신 일 등을 설하신 것으로 저『보살처태경』등이 이것이다. 一 胎化藏 胎化藏者 謂佛說胎中化現等事 如菩薩處胎等經 是也", "둘째, 마하연장. 범어 마하연은 대승이라 한역한다. 마하연장이란 부처님께서 설하신『법화경』·『열반경』·『화엄경』등의 대승경들이 이것이다. 二 摩訶衍藏 梵語摩訶衍 華言大乘 摩訶衍藏者 卽佛所說 法華 涅槃 華嚴等 諸大乘經 是也", "셋째, 중음장. 이 색신이 죽은 후 탁태하여 나기 전까지를 중음이라 이름한다. 중음장이란 부처님께서 설하신『중음경』등의 경이 이것이다. 三 中陰藏 謂此色身死後未託生前 名爲中陰 中陰藏者 如佛所說中陰等經 是也", "넷째, 계율장. 계율장이란 부처님께서 만드신 재가·출가·대승·소승의 모든 품의 계법을 말하는데, 저『마하승기율』등의 율부와 같은 것이 이것이다. 四 戒律藏 戒律藏者 謂佛所制 在家出家 及大乘小乘 諸品戒法 如僧祇等律部 是也", "다섯째, 보살장. 보살장이란 부처님께서 설하신 대승의 경들 중 보살들이 인을 닦아 과를 증하는 법을 밝힌 것이 이것이다. 五 菩薩藏 菩薩藏者 謂佛所說 大乘諸經 明諸菩薩 修因證果之法 是也", "여섯째, 잡장. 잡장이란 부처님께서 설하신 대소승의 경들 중 성문·연각·보살·천인들이 인을 닦아 과를 증하는 등의 법을 함께 밝힌 것이 이것이다. 六 雜藏 雜藏者 謂佛所說 大小乘經 共明聲聞 緣覺菩薩 及諸天人 修因證果等法 是也", "일곱째, 금강장. 금강장이란 부처님께서 설하신 등각보살이 인을 닦아 과를 증하는 법을 말한다. 그 혹을 깨뜨리는 지가 가장 굳고 날카로워서 능히 극히 뒤에까지 남아 있던 미세한 무명혹을 끊을 수 있기에 등각보살이라 이름하는데, 금강심이라 함이 이것이다〈등각이란 뒤의 묘각이 여전히 일등 있지만 앞의 모든 위들보다 뛰어나므로 칭하여 각이라 함을 얻었다〉. 七 金剛藏 金剛藏者 謂佛所說 等覺菩薩 修因證果之法 以其破惑之智 最爲堅利 能斷極後微細無明之惑 故名等覺菩薩 爲金剛心 是也〈等覺者 去後妙覺 猶有一等 勝前諸位 得稱爲覺也〉", "여덟째, 불장. 불장이란 부처님께서 설하신 대승경들 중 일체제불이 설하신 법과 신통변화로 중생을 이끌어 이롭게 하신 일 등을 밝힌 것이 이것이다. 八 佛藏 佛藏者 謂佛所說 大乘諸經 明一切諸佛 所說之法 及神通變現 導利衆生等事 是也"라고 하였다. [참고문헌]『菩薩處胎經』,『大明三藏法數』,『法華玄義』권10(대정장33, p.812a15). ⇨마하연장 摩訶衍藏❶, 계율장 戒律藏, 보살장 菩薩藏, 잡장 雜藏❶, 금강장 金剛藏❷, 불장 佛藏❶, 중음경 中陰經 ❷경장·율장·논장·잡장을 다시 소대승으로 나눠 여덟 장으로 삼은 것.『화엄경소초』권5(대정장36, p.38b8)에 "또 서방에선 삼장 외에 잡장 하나를 더하니 다라니·오명론 등을 말하며 사장을 삼는다. 대소승에 다 있으니 팔장이 있게 된다. 又西方 三藏之外 加一雜藏 謂陀羅尼五明論等 爲四藏 大小俱有 則有八藏"라는 데 근거하여『대명삼장법수』권24(영락장182, p.381a5)에 "팔장〈『화엄경소초』에 나옴〉. 八藏〈出華嚴經隨疏演義鈔〉", "첫째, 경장. 경장이란 네 가지『아함경』을 말한다〈범어 음사어 아함은 무비법이라 한역하는데, 세간의 법에는 이에 비할 만한 것이 없다는 뜻이다. 사아함이란 증일아함·장아함·중아함·잡아함이다〉. 一 經藏 經藏者 卽四阿含經 是也〈梵語阿含 華言無比法 謂世間之法 無可比也 四阿含者 增一阿含 長阿含 中阿含 雜阿含也〉", "둘째, 율장. 율장이란『사분율』·『십송율』등이 이것이다〈사분이란 첫째 비구법, 둘째 비구니법, 셋째 수계법, 넷째 멸쟁법이다. 십송이란 부처님의 제자 우파리가 열 번 송출했음을 말한다〉. 二 律藏 律藏者 卽四分 十誦律等 是也〈四分者 一比丘法 二 比丘尼法 三 受戒法 四 滅諍法也 十誦者 謂佛弟子優波離 十番誦出也〉", "셋째, 논장. 논장이란 곧 아비담 등의 논이다〈범어 아비담은 무비법이라 한역하는데, 성인이 분별하신 법의 뜻은 비할 수 없음을 말한다〉. 三 論藏 論藏者 卽阿毘曇等論 是也〈梵語阿毘曇 華言無比法 謂聖人分別法義不可比也〉", "넷째, 주장. 주장이란 곧 일체질병을 없애는 다라니와 모든 악들을 물리쳐 없애는 다라니 등이다〈범어 다라니는 주 또는 능지라고 한역하는데, 선을 잃지 않음을 지키고 악을 생하지 않음을 지킨다는 말이다. 이상의 경장·율장·논장·주장은 성문의 사장이다〉. 四 呪藏 呪藏者 卽除一切疾病陀羅尼 辟除諸惡陀羅尼等 是也〈梵語陀羅尼 華言呪 亦云能持 謂持善不失 持惡不生也 已上經律論呪 是聲聞四藏也〉", "다섯째, 경장. 경장이란 곧『묘법연화경』·『대방광불화엄경』등이 이것이다. 五 經藏 經藏者 卽妙法蓮華經 大方廣佛華嚴等經 是也", "여섯째, 율장. 율장이란 곧『보살선계경』과 범망계 등의 경이 이것이다. 六 律藏 律藏者 卽菩薩善戒經 梵網戒等經 是也", "일곱째, 논장. 논장이란 곧『대지도론』·『십지경론』등이 이것이다. 七 論藏 論藏者 卽大智度論 十地經等論 是也", "여덟째, 주장. 주장이란 곧 능엄주·대비주 등이 이것이다〈이상의 경장·율장·논장·주장은 보살의 사장이다〉. 八 呪藏 呪藏者 卽楞嚴呪 大悲等呪 是也〈已上經律論呪 是菩薩四藏也〉"라고 하였다. [참고문헌]『華嚴經疏鈔』,『大明三藏法數』,『大乘法苑義林章』권2(대정장45, p.271b24). ⇨경장 經藏❶, 율장 律藏, 논장 論藏, 주장 呪藏

팔장론 八章論 ⓢAṣṭādhyāyī. 인도 문법학자 파니니의 고전범어문법서. 총 4천개 수트라가 여덟(八 ⓢaṣṭa) 장(章 ⓢadhyāya)으로 나뉘어 있어 팔장론이라 부른다. 1장과 2장은 브릿디(ⓢvṛddhi)·구나(ⓢguṇa) 등 어근(語根)의 모음계차(階次), 아누반다(ⓢanubandha : 문법상 약정한 기호), 품사(品詞), 문법술어의 정의(ⓢsaṃjñā), 굴절과 어미의 원칙(ⓢvibhakti), 명사의 기능(ⓢkāraka), 동사의 태(態), 불변화사(不變

化詞 Ⓢavyaya), 명사복합어(Ⓢsamāsa), 격(格)의 용법, 변칙동사, 접사(接辭)나 어미의 탈락 등 기본적 개념을 다룬다. 3장~5장은 동사파생어, 동사어미와 동사어간의 형성, 이로부터 2차 파생하는 명사파생어를 다룬다. 6장과 7장은 연성규칙(Ⓢsaṃdhi), 복합어 연결규칙과 파생어 형성시의 발음규칙, 성조(聲調 Ⓢsvara)론을, 마지막 8장은 어미(語尾)·어군(語群)·구문의 압운(押韻) 또는 성조 등 구문 연결에 관한 규칙 전반을 다룬다. 이 수트라들은 암송을 통해 전승돼야 했기에 중요한 용어라도 한 번 언급된 것은 생략하는 등 최소한의 기호만으로 이루어져 해독이 용이하지 않다. 때문에 고대 인도에서도 『팔장론』 수트라에 대한 구전(口傳) 주석전통이 일찍이 있었지만, 이 전통은 망실되어 더 이상 전하지 않는다. 오늘날은 카트야야나(Ⓢ Kātyāyana)나 파탄잘리(Ⓢ Patañjali) 같은 보다 후대의 주석가들이 남긴 주석서가 『팔장론』 입문을 위한 필수참고서로 활용된다. 〔참고문헌〕 L'Inde classique(L.Renou, J.Filliozat Tome II Paris 2000), *Aṣṭādhyāyī of Pāṇini*(tr. Ś.C.Vāsu Allahabad 1891). ⇨ 아쉬타디야이 Aṣṭādhyāyī, 파니니 Pāṇini

팔재 八災 유정에게 닥쳐 있는 여덟 가지 재난. 팔재환(八災患)과 같다. 『화엄현담회현기』 권25(卍속장12, p.380a9)에 "팔재란 첫째는 우이고, 둘째는 고이고, 셋째는 희이고, 넷째는 락이고, 다섯째는 심이고, 여섯째는 사이고, 일곱째는 출식이고, 여덟째는 입식이니, 이 여덟 가지가 유정을 동요하게 하기 때문이다. 言八災者 一 憂 二 苦 三 喜 四 樂 五 尋 六 伺 七 出息 八 入息 此八動轉有情故"라고 하였다. 〔참고문헌〕 『華嚴懸談會玄記』. ⇨ 팔재환 八災患, 팔요란사 八擾亂事

팔재계 八齋戒 Ⓟaṭṭhaṅga uposatha. 재가신도가 육재일(六齋日)마다에 하루 낮 하룻밤 동안 가져 지키는 여덟 가지 계. 팔관재계(八關齋戒)·팔분재계(八分齋戒 Ⓢaṣṭāṅga-samanvāgatam upavāsa)·팔계재(八戒齋)·팔기계(八棄戒)·팔계(八戒 Ⓟaṭṭhaṅga-sīla)·팔금(八禁)·팔재법(八齋法) 등의 이름이 있다. 여덟 조목을 듦에 두 다름이 있다. 먼저 비시식(非時食: 午後不食)을 거둚에 『구사론』 권14 「분별업품 分別業品」(대정장29, p.73a2)에서 "무엇을 여덟 가지 응당 여의어야 할 바라 하는가? 첫째 살아있는 것을 죽임, 둘째 주지 않음을 취함, 셋째 범행이 아님, 넷째 허광어, 다섯째 어떠한 술이든 마시는 것, 여섯째 화장하고 향 뿌리고 멋지게 머리 꾸미고서 춤추고 노래하며 서로 보고 듣는 것, 일곱째 높고 넓고 화려한 자리에 앉거나 누움, 여덟째 때아닌 때 음식을 먹음이다. 何等名爲八所應離 一者 殺生 二 不與取 三 非梵行 四 虛誑語 五 飮諸酒 六 塗飾香鬘舞歌觀聽 七 眠坐高廣嚴麗床座 八 食非時食"라 하였고, 이와 달리 이를 제하고 앞의 여섯 번째 조목을 "화장하고 향 뿌리고 멋지게 머리 꾸밈. 塗飾香鬘"과 "춤추고 노래하며 서로 보고 들음. 舞歌觀聽"으로 나눠 거둚이다. 『대지도론』 권13(대정장25, p.159b15)에서 "〔문〕 백의(白衣: 在家者)는 집에 머무르며 이 오계만을 오로지 하는데, 다시 나머지 법이 있는가? 〔답〕 일일계가 있으니 육재일에 지니면 공덕이 무량하다. 問曰 白衣居家 唯此五戒 更有餘法耶 答曰 有一日戒 六齋日持 功德無量", "'저 제불께서 목숨 다하도록 살생치 않으셨듯 저 아무개 하루 낮 하룻밤 살생 않기를 또한 그렇게 하겠나이다. 제불께서 목숨 다하도록 훔치지 않으셨듯 저 아무개 하루 밤낮 훔치지 않기를 또한 그렇게 하겠나이다. 제불께서 목숨 다하도록 음행치 않으셨듯 저 아무개 하루 밤낮 음행치 않기를 또한 그렇게 하겠나이다. 제불께서 목숨 다하도록 거짓 말하지 않으셨듯 저 아무개 하루 밤낮 거짓 말하지 않기를 또한 그렇게 하겠나이다. 如諸佛盡壽不殺生 我某甲一日一夜 不殺生亦如是 如諸佛盡壽不盜 我某甲一日一夜 不盜亦如是 如諸佛盡壽不婬 我某甲一日一夜 不婬亦如是 如諸佛盡壽不妄語 我某甲一日一夜 不妄語亦如是", "제불께서 목숨 다하도록 술 마시지 않으셨듯 저 아무개 하루 밤낮 술 마시지 않기를 또한 그렇게 하겠나이다. 제불께서 목숨 다하도록 높고 큰 자리에 올라앉지 않으셨듯 저 아무개 하루 밤낮 높고 큰 자리에 올라앉지 않기를 또한 그렇게 하겠나이다. 제불께서 목숨 다하도록 꽃과 영락 달지 않고 향 몸에 바르지 않고 향 스민 옷을 걸치지 않으셨듯 저 아무개 하루 밤낮 동안 꽃과 영락 달지 않고 향 몸에 바르지 않고 향 스민 옷 걸치지 않기를 또한 그렇게 하겠나이다. 제불께서 목숨 다하도록 흥에 겨워 노래 부르고 춤추고 연주하지 않고 또한 보고 들으러 가지 않으셨듯 저 아무개 하루 밤낮 흥에 겨워 노래 부르고 춤추고 연주하지 않고 또한 보고 들으러 가지 않기를 역시 그렇게 하겠나이다'. 如諸佛盡壽不飮酒 我某甲一日一夜 不飮酒亦如是 如諸佛盡壽不坐高大床上 我某甲一日一夜 不坐高大床上亦如是 如諸佛盡壽不著花瓔珞 不香塗身 不著香熏衣 我某甲一日一夜 不著花瓔珞 不香塗身 不著香熏衣亦如是 如諸佛盡壽不自歌舞作樂 亦不往觀聽 我某甲一日一夜 不自歌舞作樂 不往觀聽亦如是", "팔계를 받고서는 '제불께서 목숨 다하도록 정오 지나 드시지 않으셨듯 저 아무개 하루 밤낮 동안 정오 지나 먹지 않기를 또한 그렇게 하겠나이다'라고 한다. 已受八戒 如諸佛盡壽不過中食 我某甲一日一夜 不過中食亦如是"라고 한 것처럼 재법과 여덟 조목이 구분되어 있다. 이 인연에 대해서는 같은 책 권13(대정장25, p.160a4)에 "〔문〕 무엇 때문에 육재일에 팔계를 받아 복덕을 닦는가? 〔답〕 이 날은 악귀가 사람을 좇으며 목숨을 뺏고자 질병과 흉쇠로 사람을 길하지 못하게 한다. 그러므로 겁초에 성인이 사람들에게 재를 지니어 선 닦고 복 지어서 흉쇠 피하게 하였다. 이때의 재법은 팔계를 받지 않고, 오직 하루 먹지 않음으로써 재를 삼았다. 훗날 부처님께서 세간에 나시고 가르쳐 말씀하시길 '그대들은 마땅히 하루 밤낮 제불이 팔계 지니고 정오 지나 먹지 않는 것처럼 하라. 그 공덕은 장차 사람을 열반에 이르게 하리'. 問曰 何以故六齋日受八戒 修福德 答曰 是日惡鬼逐人 欲奪人命 疾病凶衰 令人不吉 是故劫初 聖人教人持齋 修善作福 以避凶衰 是時齋法 不受八戒 直以一日不食爲齋 後佛出世 教語之言 汝當一日一夜 如諸佛持八戒 過中不食 是功德將人至涅槃"라고 밝히었다. 『대방편불보은경』 권6 「우파리품 優波離品」(대정장3, p.159c26)에 "우파리가 다시 부처님께 아뢰었다. '칠중 밖에 바라제목차계가 있습니까?' 답하셨다. '있으니, 팔재계가 그것이다. 이 뜻을 미루어보면, 저 팔재를 받으면 칠중에 있지 않다. 팔재법을 받아 응당 하루 밤낮 살생치 않으리라 말하여 언어로 결단케 한다. 종신계와 더불어 서로 섞이지 않게 하라'. 여쭈었다. '팔계법을 받고 이틀, 사흘 내지 열흘을 한 때로 하여 받습니까?' 답하셨다. '부처님은 본디 일일일야계를 제정하였으니, 기한을 넘어서는 안 된다. 만약 힘이 있어 능히 하루를 받으면, 지나고서 차제로 다시 받는다. 이처럼 힘의 다소를 따르지 날수를 헤아리지는 않는다'. 憂波離復白佛言 若七衆外 有波羅提木叉戒不 答曰 有 八齋戒是 以是義推 若受八齋 不在七衆也 受八齋法 應言一日一夜不殺生 令言語決絶 莫使與終身戒相亂也 問曰 受八戒法 得二日三日 乃至十日 一時受不 答曰 佛本制一日一夜戒 不得過限 若有力能受一日 過已 次第更受 如是隨力多少 不計日數", 『육도가타경』(대정장17, p.454a11)에 "하늘과 아수라와 사람은 복과 수명에 차등 있네. 하늘에 나기를 바라면 팔재계 굳건히 지니라. 쾌락과 수명이 길어지고 질병의 괴로움 멀리 여의리. 天及修羅人 福壽有差等 樂求生天者 堅持八齋戒 快樂壽命長 遠離疾病苦", 『법계차제초문』 권하(대정장46, p.686c8)에 "시라는 대략 설해 두 가지가 있다. 첫째는 재가시라고, 둘째는 출가시라다. 재가시라란 이른바 삼귀계·오계·팔재계다. 尸羅略說 有二種 一者在家尸羅 二者出家尸羅 在家尸羅者 所謂三歸五戒八齋戒也"라고 하였다. 〔참고문헌〕『俱舍論』, 『大智度論』, 『大方便佛報恩經』, 『六道伽陀經』, 『法界次第初門』, *Bhai.171.*, *SN.1.208.* ⇨ 팔계 八戒, 재 齋, 육재일 六齋日, 팔관재 八關齋

팔재난 八災難 팔재환(八災患)과 같다. 『원각경도장수증의』 권10(卍속장128, p.863a3)에 "제4정려에서는 도무지 잊고〈잊어버린 락과 앞서 버린 고·우·희는 장을 여의는 지분이다〉 오직 사에 머물며〈사로 인한 염의 청정은 대치의 지분이다. …〉 여덟 가지 재난을 여의어 가장 청량하다〈여덟 가지란, 심·사·우·희·고·락·출식·입식이다〉. 第四都忘〈忘樂及先除苦憂喜 爲離鄣支〉唯住捨〈捨念淸淨爲對治支 …〉離八災難最淸凉〈八者 尋 伺 憂 喜 苦 樂 出息入息也〉"라고 하였다. 〔참고문헌〕『圓覺經道場修證儀』. ⇨ 팔재환 八災患, 팔요란사 八擾亂事

팔재법 八齋法 팔재계(八齋戒). 『우바새계경』 권6 「오계품 五戒品」(대정장24, p.1063c17)에 "이 삼악업은 현재 능히 폐악색 등을 일으키고, 죽을 때는 후회를 낳는다. 이 인연으로 나는 삼귀와 팔재법을 받고 일체악불선업을 멀리 여의리. 是三惡業 現在能生弊惡色等 死時生悔 以是因緣 我受三歸及八齋法 遠離一切惡不善業"라고 하였다. 〔참고문헌〕『優婆塞戒經』, 『薩婆多毘尼毘婆沙』 권1(대정장23, p.509a4), 『大日經疏』 권2(대정장39, p.596a6). ⇨ 팔재계 八齋戒

팔재환 八災患 Ⓢ aṣṭa-apakṣāla, Ⓣ skyon-brgyad. 여덟 가지로 불타듯 일어나는 근심. 심(尋 Ⓢ vitarka)·사(伺 Ⓢ vicāra)·우(憂 Ⓢ daurmanasya)·희(喜 Ⓢ saumanasya)·고(苦 Ⓢ duḥkha)·락(樂 Ⓢ sukha)·출식(出息 Ⓢ śvāsa)·입식(入息 Ⓢ praśvāsa)을 말한다. 제4정려에서야 없게 된다. 팔요란사(八擾亂事)·팔과실(八過失)이라고도 한다. 『구사론』 권28(대정장29, p.147c19 : *Abh-k-bh.*, p.441)에 "계경에서는 '세 정려는 동요가 있는 것(有動)이지만, 제4정려는 동요하지 않는 것(不動)이다'라고 설한다. 어떤 뜻에서 이렇게 설한 것인가? 〔송〕 제4정려를 동요하지 않는 것이라 하니, 여덟 가지 재환을 여의기 때문인데 여덟 가지란 심·사와 네 가지 수와 입식·출식을 말한다. 〔논〕 아래의 세 정려를 동요가 있는 것이라고 하였으니 재환이 있기 때문이다. 제4정려를 동요하지 않는 것이라 하였으니 재환이 없기 때문이다. 契經中說 三定有動 第四不動 依何義說 頌曰 第四名不動 離八災患故 八者謂尋伺 四受入出息 論曰 下三靜慮名有動者 有災患故 第四靜慮名不動者 無災患故 trīṇi ca dhyānāni señjitāni uktāni bhagavatā. sāpakṣālatvāt. aṣṭāpakṣālam uktatvād āniñjaṃ tu caturthakam. ke punas te 'pakṣālāḥ. vitarkacārau śvāsau ca sukhādi ca ca tuṣṭayam. vitarkavicārau sukhaduḥkhe saumanasyadaurmanasye śvāsapraśvāsāś ca", "재환에는 여덟 가지가 있는데 그 여덟 가지는 무엇인가? 심과 사와 네 가지 수와 입식·출식이다. 이 여덟 가지 재환은 제4정려에는 모두 없으니, 따라서 불세존께서 동요하지 않는 것이라 설하신 것이다. 그런데 계경에서는 '제4정려는 심사희락에 의해 동요되지 않는다'라고 하였다. 유여사는 '제4정려는 밀실의 등불빛이 흔들림이 없는 것과 같다'라고 하였다. 災患有八 其八者何 尋 伺 四受 入息

出息 此八災患第四都無 故佛世尊說爲不動 然契經說 第四靜慮不爲尋伺喜樂所動 有餘師說 第四靜慮如密室燈照而無動 eṣām aṣṭānām eko 'py apakṣālaś caturthe nāsty atas tad āneñjyam uktam. vitarkavicārapr ītisukhair akampanīyatvād ānoñjyaṃ caturthaṃ dhyānaṃ sūtre nirvātapradīpanidarśanād ity ap are", 『구사론송소론본』 권28(대정장41, p.972a11)에 "〔석〕 제4정려에는 여덟 가지 재환에 의한 동요가 없기에 세존께서는 동요하지 않는 것이라 설하였다. 재환에는 여덟 가지가 있으니, 심·사·우·고·희·락·출식·입식이 그것이다. 釋曰 第四靜慮 無八災患動 是故世尊說名不動 災患有八 所謂尋 伺 憂 苦 喜 樂 出息 入息"라고 하였다. 〔참고문헌〕『俱舍論』, 『俱舍論頌疏論本』, *Abh-k-bh*. ⇨ 팔과실 八過失, 사념청정 捨念淸淨

팔재횡 八災橫 팔재환(八災患)과 같다. 팔요란사(八擾亂事)라고도 한다. 『대비바사론』 권140(대정장27, p.722c6)에 "이 지 중에서는 팔재횡을 여의기에 이러한 청정한 공덕이 있다. 由此地中離八災橫故 有此等淸淨功德"라고 하였다. 〔참고문헌〕『大毘婆沙論』.

팔전 八纏 Ⓢ aṣṭau paryavasthānāni, Ⓣ kun-nas-dkris-pa-brgyad. 여덟 가지로 얽히고 묶여 있어 풀지 못하는 것. 무명과 삼독에 의지한 심소들로 특히 도를 닦는 이에게는 지·거·사(止擧捨)를 장애한다. 여덟 가지 근본번뇌(根本煩惱)를 말한다. 무참(無慚 Ⓢ āhrīkya)·무괴(無愧 Ⓢ anapatrāpya)·질(嫉 Ⓢ īrṣyā : 嫉妬)·간(慳 Ⓢ mātsarya : 慳悋)·회(悔 Ⓢ kaukṛtya : 惡作)·면(眠 Ⓢ middha : 睡眠)·도거(掉擧 Ⓢ auddhatya)·혼침(惛沈 Ⓢ styāna)이다. 『구사론』 권21(대정장29, p.109b14 : *Abh-k-bh*., p.312)에 "전의 상은 어떠한가? 〔송〕 전에는 여덟 가지가 있으니 무참·무괴·질·간·회·면·도거·혼침이다. 또는 분(忿)과 부(覆)를 더해 열 가지가 된다. 무참·간·도거는 모두 탐(貪)에서 생겨난 것이고, 무괴·면·혼침은 무명(無明)에서 일어난 것이다. 질·분은 진(瞋)에서 일어난 것이고, 회는 의(疑)에서 일어난 것이며, 부에 대해서는 쟁론이 있다. 〔논〕 근본번뇌를 또한 전이라고 하니, 경에서 '욕탐전을 연으로 한다'라고 설하였기 때문이다. 그런데 『품류족론』에서는 여덟 가지 전이 있다고 설하지만, 비바사종에서는 전에 열 가지가 있다고 설하니, 즉 앞의 여덟 가지에 다시 분과 부를 더한 것을 말한다. 纏相云何 頌曰 纏八無慚愧 嫉慳幷悔眠 及掉擧惛沈 或十加忿覆 無慚慳掉擧 皆從貪所生 無愧眠惛沈 從無明所起 嫉忿從瞋起 悔從疑覆諍 論曰 根本煩惱亦名爲纏 經說欲貪纏爲緣故 然品類足說有八纏 毘婆沙宗說纏有十 謂於前八更加忿覆 kāni punaḥ paryavasthānānīty āha. kleśā pi hi paryavasthānaṃ kāmarāgaparyavasthānapratyayaduḥkham iti sūtre vacanāt. prakaraṇaśāstre tu, āhrīkyam anapatrāpyam īrṣyām ātsaryam uddhavaḥ, kaukṛtyaṃ styānamiddhaṃ ca paryavasthānam aṣṭadhā. vaibhāṣikanyāyena punar daśa paryavasthānāny etāni cāṣṭau, krodhamrakṣau ca", "무참과 무괴에 대해서는 앞에서 이미 풀이한 바와 같다. 질이란 타인의 온갖 흥성한 여러 일에 대해 마음으로 기뻐하지 못하는 것을 말한다. 간이란 재·법·교로 베풂에 어긋나는 것으로서 마음 인색하고 집착하게 하는 것을 말한다. 회란 바로 악작으로서 앞에서 이미 분별한 바와 같다. 면이란 마음을 어둡고 좁게 함을 성으로 하는 것으로서 몸을 집지할 수 있는 공력이 있지 못함을 말한다. 회와 면의 두 가지 전은 오직 염오만을 취할 뿐이다. 도거와 혼침도 앞에서 풀이한 바와 같다. 無慚無愧如前已釋 嫉謂於他諸興盛事令心不喜 慳謂財法巧施相違令心悋著 悔卽惡作 如前已辯 眠謂令心昧略爲性 無有功力執持於身 悔眠二纏唯取染汚 掉擧惛沈亦如前釋 tatrāhrīkyānapatrāpye vyākhyāte. parasaṃpattau cetaso vyāroṣa īrṣyā. dharmāmiṣa kauśalapradānavirodhī cittāgraho mātsaryam. auddhatyaṃ cetaso 'vyupaśamaḥ. kaukṛtyaṃ styānaṃ ca vyākhyāte. kāyasaṃdhāraṇāsamarthaś cittābhisaṃkṣepo middham. tat tu kliṣṭam eva paryavasthānam. kaukṛtyaṃ ca", "진과 해(害)를 제한 것으로서 유정과 유정이 아닌 것에 대해 마음을 분발하게 하는 것을 분이라고 한다. 자신의 죄를 감추는 것을 부라 한다. 여기서 설한 열 가지 전 중에서 무참·간·도거는 탐의 등류(等流)이고, 무괴·면·혼침은 무명의 등류이고, 질·분은 진의 등류이고, 회는 의의 등류이다. 除瞋及害於情非情令心憤發說名爲忿 隱藏自罪說名爲覆 於此所說十種纏中無慚慳掉擧是貪等流 無愧眠惛沈是無明等流 嫉忿是瞋等流 悔是疑等流 vyāpādavihiṃsāvarjitaḥ sattvāsattvayor āghātaḥ krodhaḥ. avadyapracchādanaṃ mrakṣaḥ. eṣāṃ ca daśānāṃ paryavasthānānāṃ, rāgotthā āhrīkyaudhatyamatsarāḥ. ete traya upakleśā rāganiḥṣyandāḥ. mrakṣe vivādaḥ. tṛṣṇāniḥṣyanda ity eke. avidyāniḥṣyanda ity apare. ubhayor ity anye. yathākramaṃ jñātājñātānām iti. avidyātaḥ styānamiddhānapatrapāḥ. ete trayo 'vidyāniḥṣyandāḥ. kaukṛtyaṃ vicikitsātaḥ krodherṣye pratighānvaye", 『유가사지론』 권8(대정장30, p.314c16 : *Yogā-bh*., p.169)에 "전이란 팔전을 말하는 것이니, 무참·무괴·혼침·수면·도거·악작·질투·간린이 그것이다. 纏者八纏 謂無慚無愧 惛沈睡眠 掉擧惡作 嫉妬慳悋 paryavasthānānīty aṣṭau paryavasthānāni. āhrīkyam anapatrāpyaṃ styāna-middham auddhatyaṃ kaukṛtyam īrṣyā mātsaryaṃ", 『아비달마잡집론』 권7(대정장31, p.724b14)에 "'전에는 여덟 가지가 있으니 혼침 · 수면 · 도거 · 악작 · 질 · 간 · 무참 · 무괴다. 거듭 자주 증성하여 마음을 얽매어 흔들기에 전이라 한다'. 이와 같은 모든 전들이 거듭 증성하여 일체의 관행자의 마음을 얽어 흔듦으로써 선품을 닦을 때 장애가 되기 때문이다. '선품을 닦을 때'란 '그치고(止) 들고(擧) 버림(捨)의 상과 그가 의지하는 범행 등으로 거두는 청정시라를 수습하는 때를 말한다'. 이는 더 나아가 무엇을 의미하는가? 닦아 그치고자 할 때는 혼침과 수면이 장애한다. 안에서 이끌어 침몰하게 한다. 닦아 들고자 할 때는 도거와 악작이 장애한다. 밖에서 산란을 견인하기 때문이다. 닦아 버리고자 할 때는 질과 간이 장애한다. 이것들이 성취됨으로써 자신과 타인을 이롭게 하고자 함에도 인색과 질투의 문 중에서 거듭 마음을 흔들기 때문이다. 청정시라를 닦을 때는 무참과 무괴가 장애다. 이 두 가지 범함을 갖춤으로써 여러 학처를 범해도 수치스러움 없게 하기 때문이다. 纏有八種 謂惛沈睡眠掉擧惡作嫉慳無慚無愧 數數增盛 纏繞於心故名纏 由此諸纏數數增盛纏繞一切觀行者心於修善品爲障礙故 修善品者 謂隨修習止擧捨相及彼所依梵行等所攝淨尸羅時 此復云何 謂修止時惛沈睡眠爲障於內引沈沒故 修擧時掉擧惡作爲障 於外引散亂故 修捨時嫉慳爲障 由成就此於自他利悋妬門中數數搖動心故 修淨尸羅時無慚無愧爲障 由具此二犯諸學處無羞恥故"라고 하였다. [참고문헌] 『俱舍論』, 『瑜伽師地論』, 『阿毘達磨雜集論』, *Abh-k-bh.*, *Yogā-bh.*, *Abh-s-bh.58.* ⇨ 전 纏, 십전 十纏, 근본번뇌 根本煩惱

팔전도 八顚倒 여덟 가지 거꾸로 된 생각. 부정 · 고 · 무상 · 무아에 대한 외도와 범부의 전도와 상 · 락 · 아 · 정에 대한 이승의 전도를 말한다. 『종경록』 권39(대정장48, p.645c8)에 "이 사념처로 여덟 가지 전도를 부순다. 첫째는 부정 중에 정을 떠올리는 것이고, 둘째는 고 중에 낙을 떠올리는 것이고, 셋째는 무상 중에 상을 생각하는 것이고, 넷째는 무아인 것에 대해 아라고 생각하는 것이다. 이는 외도와 범부의 네 가지 전도다. 또 청정함에 부정이라고 생각하는 것이고, 둘째는 즐거운 것에 대해 괴롭다는 생각을 하는 것이고, 셋째는 상중에 무상하다는 생각을 하는 것이고, 넷째는 아에 대해 무아라고 생각하는 것이다. 이는 이승의 네 가지 전도다. 모두 여덟 가지 전도가 되는데, 사념처관을 닦음으로써 여덟 가지 전도를 부순다. 此四念處 破八顚倒 一 不淨中作淨想 二 苦中作樂想 三 無常中作常想 四 無我中作我想 此是外道凡夫四倒 又 一 淨中作不淨想 二 樂中作苦想 三 常中作無常想 四 我中作無我想 此是二乘四倒 共成八倒 是以修四念處觀 破八顚倒"라고 하였다. [참고문헌] 『大毘婆沙論』. ⇨ 상락아정 常樂我淨, 사념처 四念處

팔전성 八轉聲 여덟 가지로 구르며 소리내다. 인도 산스크리트어 문법에서 말하는 8가지 격의 어미변화를 말한다. 팔전성(八囀聲) · 팔전(八轉 : 八囀)이라고도 하고, 호격을 제한 7가지 격만 일컬어 칠전성(七轉聲)이라 하기도 한다. 산스크리트어는 조사나 전치사 없이 단어의 어미변화 즉 굴러서(轉) 문장 내 역할이 결정되는데, 그 형태가 명사 · 대명사 · 형용사 · 수사 등의 명사적 어미변화(Ⓢ subanta : 蘇漫多)와 동사의 동사적 어미변화(Ⓢ tiṅanta : 底彦多), 그리고 어미변화를 하지 않는 불변화사 등 세 가지다. 이 가운데 명사적 어미변화는 남성 · 여성 · 중성 등 단어의 성에 따라 주격 · 목적격 · 구격 · 여격 · 탈격 · 소유격 · 처격 · 호격 등 여덟 가지로 변화하는데 이를 팔전성(八轉聲)이라고 한다. 팔전성은 단수 · 양수 · 복수 등 세 가지 수에 따라서도 형태를 달리하기에 명사형 단어 하나는 총 24가지 어미변화가 있게 된다.

〈표〉팔전성

		단수單數	양수兩數	복수複數
1	주 격	puruṣaḥ	puruṣau	puruṣāḥ
2	목적격	puruṣam	puruṣau	puruṣān
3	구 격	puruṣeṇa	puruṣābhyām	puruṣaiḥ
4	여 격	puruṣāya	puruṣābhyām	puruṣebhyaḥ
5	탈 격	puruṣāt	puruṣābhyām	puruṣebhyaḥ
6	속 격	puruṣasya	puruṣayoḥ	puruṣāṇām
7	처 격	puruṣe	puruṣayoḥ	puruṣeṣu

남성명사 puruṣa(남자)를 예로 들면 〈표〉와 같다. 『대일여래검인』 권1(대정장18, p.201a26)에 "팔전성이란 주격(體) · 목적격(業) · 구격(作具) · 여격(所爲) · 탈격(從) · 소유격(屬) · 처격(依) · 호격(呼)이다. (첫째) 체성 즉 바탕소리란 '보살마하살' 등과 같은 것이니 이것을 체성이라 부른다. 둘째 행위함이니 보살이 '무소득관수행을' 한다 하니 이것이 업의 소리다. 셋째 도구가 되는 것이니, 보살이 무소득관수행을 함에 '반야바라밀다로써'와 같은 것으로 이것이 쓰임으로서의 소리다. 넷째 위해서 하는 일을 드러내는 소리이니, 이를테면 '일체중생을 제도하기 위하여'와 같은 것으로 이것이 위해서 내는 소리다. 다섯째 좇아 나는 소리이니, 이를테면 '제불이 세상에 출현하시어 정법을 연설하심으로부터'라 하는 등이니 이것이 좇아 나는 소리다. 여섯째 속하기에 나는 소리니 '누군가의' 무소득, '일체법' 무소득으로서 이것이 속했기에 나는 소리다. 일곱째 의지해서 나는 소리니 '삼현과 십지 등에 의지하여' 수행하는 것으로서 이것이 의성이다. 여덟째 부르는 소리란 이를테면 처음에 이름을 부르는 것이니, 이것이 부르는 소리다. 이 외에 육리합석이 있는데 모두 세상에 유포된 문법형태와 같기에 생략한다. 八轉聲者 體 業 作具 所爲 從 屬 依 呼是也 且釋者 體聲者 如菩薩摩訶薩等 是體聲呼也 二 業聲者 如前菩薩修行無所得觀業聲也 三 作具聲者 如何菩薩修行無所得觀 謂用般若波羅蜜多 是作具聲也 四

所爲聲者 爲何修行 謂爲度一切衆生爲聲也 五 從聲者 從何修行 謂從諸佛出現於世演說正法 是從聲也 六 屬聲者 誰之無所得 一切法之無所得 是屬聲也 七 依聲者 於何修行 依三賢十地等 是依聲也 八 呼聲者 謂上來呼召名言 是呼聲也 此下有六離合釋 全同世布流文相 是故略之", 『구사론기』 권1(대정장41, p.23a24)에 "팔전성이라는 것은, 첫째 주격이니 직접 전법을 하는 주체를 말하고, 둘째 목적격이니 일을 하고자 하는 대상을 말하고, 셋째 구격이니 작자가 실행하는 도구를 말하고 넷째 여격이니 위하는 바를 말하고 다섯째 탈격이니 따라오는 바를 말하고 여섯째 속격이니 소속된 바를 말하고 일곱째 처격이니 의지하는 바를 말하며 여덟째 호격이니 다른 것을 부르는 것을 말한다. 성명법에 따라 대체로 제법을 환원하니 그 응하는 바에 따라 팔전성이 있다. 言八轉聲者 一體 謂直詮法體 二業 謂所作事業 三具 謂作者作具 四爲 謂所爲也 五從 謂所從也 六屬 謂所屬也 七依 謂所依也 八呼 謂呼彼也 依聲明法凡喚諸法 隨其所應有八轉聲"라고 하였다. [참고문헌] 『大日如來劍印』, 『俱舍論記』. ⇨ 육리합석 六離合釋, 칠전성 七轉聲

팔절일 八節日 계절이 바뀌는 절기에 해당하는 여덟 날. 팔왕일(八王日)이라고도 한다. 입춘(立春)·춘분(春分)·입하(立夏)·하지(夏至)·입추(立秋)·추분(秋分)·입동(立冬)·동지(冬至)를 말한다. 『변정론』 권1(대정장52, p.495c9)에 "『정도경』에서 '팔왕이란 팔절일을 말한다'라고 하였다. 천왕이 보고하는 문서가 일년에 여덟 번 나오는 것을 말한다. 그러므로 팔왕이라 한다. 이 날은 가장 긴급하다. 해가 끝나고 일이 마무리되니 결과를 구하고 매듭을 지음을 말한다. 위로는 천제의 서른두 명의 신하와 사진·사령·사록·염라가 관장하는 신명의 관찰을 말한다. 죄복을 기록하되 존비를 불문한다. 한 달에 여섯 번 아뢰는 것은 육재일이고, 일년에 세 번 반복하는 것이 삼장재월이다. 지금 사람의 좌우 어깨 위에 좌우의 짝이 있으니 왼쪽 신은 남자이고 오른쪽 신은 여인이다. 남신은 선업을 기록하고 여신은 악업을 기록한다. 淨度經云 八王者 謂八節日也 言天王所奏文書一歲八出 故稱八王 此日最急 言歲終事畢考課結定 上言天帝三十二臣四鎭司命司錄閻羅所司神明聽察 疏記罪福不問尊卑 一月六奏 六齋日是 一歲三覆 卽三長齋月也 今人左右肩上有左右契 左神男右神女 男神疏善女神疏惡". 『법원주림』 권88(대정장53, p.928b13)에 "팔왕일은 팔절일이라고도 한다. 이 날들은 모두 금계를 지켜야 한다〈팔왕일은 아래와 같이 서술하였다〉. 만약 불망어계를 받은 이라면 마음을 비워야 하니 그렇지 않으면 경계의 허실을 불문하고 모두 계율을 범한 것이다. 八王日亦名八節日 並須禁之〈八王日如下述〉若受不妄語戒者 但使心虛 無問境之虛實並犯"라고 하였다. [참고문헌] 『辯正論』, 『法苑珠林』. ⇨ 팔왕일 八王日

팔점게 八漸偈 당대 백거이(白居易)가 응공 입적에 임해 여덟 자(觀 覺 定 慧 明 通 濟 捨)로 각각 1수씩 지은 8수의 게. 『불조역대통재』 권14(대정장49, p.611c11)에 "이 해(803)에 동도 성선사 대사 응공이 입적하였는데, 한림 백거이가 팔점게를 지어 조문하였다. 是歲東都聖善寺 大師凝公卒 翰林白居易 作八漸偈 弔之", "「서문」에 '내가 일찍이 심요를 대사에게 구하자 대사께서 관·각·정·혜·명·통·제·사라는 가르침을 내렸는데 이 말들이 귀에 들어오자 마음에 통하였다. 아! 지금 대사의 보신은 화하였지만 대사의 여덟 마디 말씀 가버리지 않으셨으니, 지극한 여덟 마디 말씀은 실로 무생인을 관해 드는 문이다. 其序曰 居易嘗求心要於師 師賜敎焉 曰觀 曰覺 曰定 曰慧 曰明 曰通 曰濟 曰捨 由是入於耳 貫於心 嗚呼 今師之報身則化 師之八言不化 至哉八言 實無生忍觀之漸門也", "고로 관에서부터 사에 이르기까지 한 마디 말을 한 수의 게로 늘려 차제로 찬하고서 이를 팔점게라 하였는데, 대사의 마음에 대한 가르침을 발휘하고 또 내가 감히 실추시킬 수 없음을 밝히고자 한 것이다. 이미 당에 올라 상에 예를 올리고 무릎 꿇고서 부른 뒤 눈물 흘리며 가노라' 하였다. 故自觀至捨 次而贊之 廣一言爲一偈 謂之八漸偈 蓋欲以發揮師之心敎 且明居易不敢失墜也 旣而升于堂 禮于床 跪而唱 泣而去"라고 하였다. [참고문헌] 『佛祖歷代通載』.

팔정 八定 여덟 갈래 정. 사정려(四靜慮 : 四禪定)와 사무색정(四無色定)을 말한다. 초선천정(初禪天定)·이선천정(二禪天定)·삼선천정(三禪天定)·사선천정(四禪天定)·공처천정(空處天定)·식처천정(識處天定)·무소유처천정(無所有處天定)·비상비비상처천정(非想非非想處天定)이다. 『삼장법수』 권25(대장경보편22, p.469a15)에 "팔정 : … 정이란 산을 거두어 정으로 돌아간다는 뜻이다. 색계와 무색계에 각각 네 갈래 정이 있기에 팔정이라 한 것이다. 定卽攝散歸靜之義 色界無色界 各有四定 故云八定也", "첫째는 초선천정이니, 어떤 사람이 욕계중에 선정을 수습할 때 홀연히 몸과 마음에 응연해서 조금씩 움직임을 느끼는데 저 구름 같고 그림자 같다. 또 온 몸의 모공에서 기와 숨이 모두 나고 드는 것을 아는데, 들어오되 쌓이지 않고 나가되 분산되지 않으니 이를 초선천정이라 한다. 一 初禪天定 謂人於欲界中 修習禪定之時 忽覺身心凝然 運運而動 如雲如影 又覺徧身毛孔 氣息悉皆出入 入無積聚 出無分散 是名初禪天定", "둘째는 이선천정이니, 이미 초선천정을 마쳐서는 마음이 초선천정에서의 각관산동을 염리하여 마음을 거둬 정에 머묾으로써 담연히 맑고 고요해지고 각관이 곧 멸하여 이에 승정의 희가 일어난다. 마치 사람이

어두운 방에서 나와 해와 달의 광명이 맑고 환하게 빛남을 보는 것과 같으니, 이를 이선천정이라 한다. 二 二禪天定 謂旣得初禪天定已 心厭初禪 覺觀動散 因攝心在定 澹然澄靜 覺觀卽滅 乃發勝定之喜 如人從暗室中出 見日月光明 朗然洞徹 是名二禪天定", "셋째는 삼선천정이니, 이미 이선천정을 얻고 나면 마음이 이선천정의 희심이 자주 솟아올라 정이 견고하지 못한 것을 염리하여 마음을 거둬 자세히 관함으로써 희심을 바로 버린다. 이때 민연히 정에 들면 면면한 락이 내심으로부터 일어나면서 그 낙법이 불어나 온몸에 가득한데, 세간락 중에서 가장 뛰어나니 이를 삼선천정이라 한다. 三 三禪天定 謂旣得二禪天定已 而又厭二禪 喜心湧動 定不堅固 因攝心諦觀 喜心卽謝 於是泯然入定 綿綿之樂 從內心發 樂法增長 徧滿身中 於世間樂 最爲第一 是名三禪天定", "넷째는 사선천정이니, 이미 삼선천정을 얻고 나서 또 삼선천정 낙법이 마음을 어지럽혀 청정치 못하여 일심으로 염리하여 머물지 않도록 노력을 기울여서 곧 안은을 얻고 출입식이 끊어져 공명적정하니, 마치 때 없는 밝은 거울과 파도 없는 맑은 물이 담연히 비추어 만상을 모두 드러내는 것과 같아 온갖 망상이 끊어지고 정념이 견고하니, 이를 사선청정이라 한다. 四 四禪天定 謂旣得三禪天定已 又覺三禪樂法擾心 令不淸淨 一心厭離 加功不止 卽得安隱 出入息斷 空明寂靜 如明鏡離垢 淨水無波 湛然而照 萬像皆現 絶諸妄想 正念堅固 是名四禪天定", "다섯째는 공처천정이니 공은 허공을 말한다. 즉 이미 사선천정을 얻고 나서 오히려 몸이 색계에 얽혀 자재하지 못함을 염리하여 이에 한층 노력을 기울인다. 자신의 몸을 마치 얇은 비단처럼 안팎을 통해 사무치게 해서 일심으로 허공을 염하되 오직 허공에 어떤 색상도 없다고 관견하여 그 마음이 명정하고 무애자재한데, 마치 새가 대롱을 벗어나 태연히 날아오르는 것과 같으니 이를 공처천정이라 한다. 五 空處天定 空卽虛空也 謂旣得四禪天定已 猶厭身色繫縛 不得自在 乃轉加功力 觀察己身 猶如羅縠 內外通徹 一心念空 惟見虛空 無諸色相 其心明淨 無礙自在 如鳥出籠 飛騰自若 是名空處天定", "여섯째는 식처천정이니, 식은 심을 말한다. 즉 이미 공처천정을 얻었기에 곧 식과 심이 두루 허공을 연하는데, 허공은 무변하고 무변하기에 정심은 다시 산란해진다. 이때 허공을 버리고 마음을 일으켜 식을 연하는데, 식과 상응하되 마음의 정은 동요하지 않고 현재·과거·미래의 식이 다 정중에 나타나는데, 정과 상응하되 마음이 분산되지 않아 이 정은 안은하고 청정하며 적정하니 이를 식처천정이라 한다. 六 識處天定 識卽心也 謂旣得空處天定已 卽以識心徧緣虛空 而虛空無邊 以無邊故 定心復散 於是卽捨虛空 轉心緣識 與識相應 心定不動 現在過去未來之識 悉現定中 與定相應 心不分散 此定安隱 淸淨寂靜 是名識處天定", "일곱째는 무소유처천정이니 앞서의 공처천정과 식처천정을 여의기에 무소유처라 한다. 식처천정을 얻었기에 심이 현재·과거·미래의 식을 연하는데 이는 무량무변하기에 정을 허물어뜨릴 수 있으니, 오직 무심식처만을 남겨두면 심이 의지할 데가 없어 이에 안은해진다. 이때 식처를 버리고 오로지 마음을 무소유처에만 매어두어 게으름 없이 정근하면 일심이 안으로 청정해지고 태연히 적정해서 온갖 상이 일어나지 않으니, 이를 무소유처천정이라 한다. 七 無所有處天定 謂離上空處識處 故名無所有處 得識處天定已 以心緣現在過去未來之識 無量無邊 能壞於定 惟有無心識處 心無依倚 乃爲安隱 於是卽捨識處 專繫心於無所有處 精勤不懈 一心內淨 怡然寂靜 諸想不起 是名無所有處天定", "여덟째는 비상비비상처천정이니, 이를테면 앞의 식처천정은 유상이고 무소유처천정은 무상인데 여기에 도달하면 앞의 유상을 버리기에 비상이라 하고, 앞의 무상도 버리기에 비비상이라 한다. 八 非想非非想處天定 謂前識處是有想 無所有處是無想 至此則捨前有想 名非想 捨前無想 名非非想" 라고 하였다. [참고문헌] 『三藏法數』. ⇨ 정 定[1], 사정 四定[1], 사선 四禪[1], 사무색정 四無色定

팔정근본 八定根本 ➡ 근본정 根本定

팔정도 八正道 Ⓢ aṣṭāṅga-mārga, āryāṣṭāṅga-mārga, Ⓟ aṭṭha sammattā, ariyo aṭṭhaṅgiko maggo. 여덟 가지로 바른 길. 사성제(四聖諦) 중 도성제(道聖諦)를 성취해가는 길들이다. 팔성도(八聖道)·팔도분(八道分)·팔도지(八道支)·팔로(八路)·팔법(八法) 등으로 부르고 여덟 가지 갈래이름들도 〈표〉와 같이 조금씩 다르다. 『잡아함경』 권28(대정장2, p.199a9)에 "가마비구가 부처님께 말했다. '세존이시여! 이 애욕을 끊는 도가 있고 자취가 있습니까?' 부처님께서 비구에게 말씀하셨다. '팔정도가 애욕을 끊을 수 있으니 정견·정지·정어·정업·정명·정방편·정념·정정을 말한다. 迦摩比丘白佛言 世尊 寧有道有跡 斷此愛欲不 佛告比丘 有八正道 能斷愛欲 謂正見 正志 正語 正業 正命 正方便 正念 正定", 같은 책 권43(대정장2, p.313c21)에 "강물이란 세 가지 갈애, 즉 욕애·색애·무색애를 비유한다. 이쪽 언덕의 많은 공포는 몸이 있음에의 비유이고, 저쪽 언덕의 청량과 안락은 무여열반을 비유하며 뗏목이란 팔정도의 비유다. 河者 譬三愛 欲愛 色愛 無色愛 此岸多恐怖者 譬有身 彼岸淸涼安樂者 譬無餘涅槃 栰者 譬八正道", 같은 책 권44(대정장2, p.317c23)에 "오늘 정등각께서 미치라국 암라나무 정원에서 일체의 괴로움을 영원히 떠나셨네. 일체가 괴로움이고 괴로움을 초래하는 원인과 괴로움의 소

〈표〉 팔정도

팔정도	구분
정견正見 정사유正思惟	혜慧
정어正語 정업正業 정명正命	계戒
정정진正精進 정념正念 정정正定	정定

〈표〉팔정도

큰이름	갈래이름							
팔정도八正道	正見	正念	正思惟	正業	正精進	正語	正命	正定
	正見	正思惟	正語	正業	正命	正精進	正念	正定
	正見	正志	正語	正業	正命	正方便	正念	正定
	正見	正業	正語	正命	正方便	正思惟	正念	正定
	正見	正思	正語	正命	正業	正治	正念	正定
	正見	正思惟	正語	正業	正命	正勤	正念	正定
	正見	正思	正語	正業	正命	正勤	正念	正定
	正知見	正思惟	正精進	正語	正業	正命	正定	正慧
	正見	正思惟	正語	正業	正命	正方便	正念	正定
	正見	正思惟	正精進	正念	正定	正語	正業	正命
팔정도법八正道法	正見	正思惟	正語	正業	正命	正精進	正念	正定
팔정도분八正道分	正見	正思惟	正語	正業	正命	正精進	正念	正定
	正見	正思惟	正語	正業	正命	正勤	正念	正定
	正見	正思	正語	正業	正命	正進	正念	正定
팔정도지八正道支	正精進	正念	正定	正見	正思惟	正語	正業	正命
팔정성로八正聖路	正見	正分別	正語	正業	正命	正精進	正念	正定
팔성도八聖道	正見	正志	正語	正業	正命	正方便	正念	正定
	正見	正語	正業	正命	正方便	正定	正念	正志
팔성도분八聖道分	正見	正思惟	正語	正業	正命	正精進	正念	正定
	正見	正思惟	正語	正業	正精進	正定	正念	正命
	正見	正志	正語	正業	正命	正方便	正念	正定
	正見	正思惟	正語	正業	正命	正精進	正念	正三摩地
	正見	正思惟	正語	正命	正業	正勤	正念	正定
	正見	正思惟	正語	正業	正定	正命	正念	正精進
팔성도지八聖道支	正見	正思惟	正語	正業	正命	正精進	正念	正定
	正見	正思惟	正語	正業	正命	正念	正定	正精進
	正見	正思惟	正語	正業	正命	正策勵	正念	正等持
	正見	正思惟	正精進	正語	正業	正命	正念	正定
팔지성도八支聖道	正見	正思	正語	正業	正命	正方便	正念	正定
	正見	正思惟	正語	正業	正命	正精進	正念	正定
	正見	正思惟	正語	正業	正命	正勤	正念	正定
	正見	正覺	正語	正業	正命	正進	正念	正定
	正見	正思惟	正勤	正念	正語	正業	正命	正定
팔직도八直道	正見	正思	正言	正行	正治	正命	正志	正定
	正見	正思	正言	正行	正命	正治	正志	正定
	直見	直思	直語	直業	直命	直念	直方便	直定
팔현성도八賢聖道	正見	正志	正語	正業	正命	正方便	正念	正定
팔법八法	正見	正思惟	正語	正業	正命	正精進	正念	正定
	正見	正思惟	正語	正業	正命	正勤	正念	正定
	正見	正志	正語	正業	正命	正方便	正念	正定
팔도지八道支	正見	正思惟	正語	正業	正命	正方便	正念	正定
성팔정도聖八正道	正見	正思惟	正語	正業	正命	正勤	正念	正定
성팔지도聖八支道	正見	正思惟	正語	正業	正命	正勤	正念	正三摩地
도지자체道支自體	正見	正思惟	正語	正業	正命	正精進	正念	正定
도팔정행道八正行	諦見	諦念	諦語	諦行	諦受	諦治	諦意	諦定
현성팔정도賢聖八正道	正見	正業	正語	正行	正命	正方便	正念	正定
현성팔성도분賢聖八聖道分	正見	正思惟	正語	正業	正命	正精進	正念	正定
현성팔품도賢聖八品道	正見	正治	正業	正命	正方便	正語	正念	正定
	正見	正業	正語	正命	正行	正方便	正念	正定

八正道

소의경전
『대반열반경大般涅槃經』 권상(대정장1, p.195b25)
『인선경人仙經』(대정장1, p.216a15)·『대집법문경大集法門經』 권하(대정장1, p.233a17)·『제석소문경帝釋所問經』(대정장1, p.248c15)·『중아함경中阿含經』 권25 「염경念經」(대정장1, p.590a16)·『중아함경中阿含經』 권56 「라마경羅摩經」(대정장1, p.778a2)·『대방등대집경大方等大集經』 권7(대정장13, p.45c12)·『대승선견변화문수사리문법경大乘善見變化文殊師利問法經』(대정장14, p.516a8)·『대승수전선설제법경大乘隨轉宣說諸法經』 권중(대정장15, p.777b20)·『구성유경舊城喩經』(대정장16, p.830a27)·『결정의경決定義經』(대정장17, p.651c17)·『금강경찬요간정기金剛經纂要刊定記』 권1(대정장33, p.175a7)·규기(窺基)의 『아미타경소阿彌陀經疏』(대정장37, p.321c28)·『금광명경문구기金光明經文句記』 권3(대정장39, p.120a12)·『화엄공목장華嚴孔目章』 권2(대정장45, p.554c27)·『법문명의집法門名義集』(대정장54, p.198a8)
『잡아함경雜阿含經』 권6(대정장2, p.40b5)·권18(대정장2, p.126a15)·권28(대정장2, p.199a10)·권35(대정장2, p.251c18)
『잡보장경雜寶藏經』 권6(대정장4, p.477b13)
『선행삼십칠품경禪行三十七品經』(대정장15, p.181a27)
『금강장장엄반야바라밀다교중일분金剛場莊嚴般若波羅蜜多教中一分』(대정장18, p.512b27)·『집대승상론集大乘相論』 권상(대정장32, p.147a28)
『유부율잡사有部律雜事』 권39(대정장24, p.407a13)
『보살영락본업경菩薩瓔珞本業經』 권상(대정장24, p.1013c14)
『대지도론大智度論』 권11(대정장25, p.141b5)
『신화엄경론新華嚴經論』 권23(대정장36, p.880c25)
『대승부사의신통경계경大乘不思議神通境界經』 권하(대정장17, p.929a20)
60권본 『화엄경華嚴經』 권40(대정장9, p.655a19)·『아미타경의소阿彌陀經義疏』(대정장37, p.360c1)·『아미타경요해阿彌陀經要解』(대정장37, p.369a11)·『법계차제초문法界次第初門』 권중(대정장46, p.682c11)
『대승장엄경론大乘莊嚴經論』 권10(대정장31, p.644c1)
『아미타경의기阿彌陀經義記』(대정장37, p.307a2)
『구사론송소론본俱舍論頌疏論本』 권25(대정장41, p.956c1)
『불본행집경佛本行集經』 권34(대정장3, p.811b17)
『장아함경長阿含經』 권8 「중집경衆集經」(대정장1, p.52b17)·『잡아함경雜阿含經』 권2(대정장2, p.10a16)·권3(대정장2, p.18c7)·권9(대정장2, p.56c9)·권12(대정장2, p.80c29)·권14(대정장2, p.94c7)·권28(대정장2, p.199c24)·권49(대정장2, p.359b6)
『별역잡아함경別譯雜阿含經』 권11(대정장2, p.451b3)
『대살차니건자소설경大薩遮尼乾子所說經』 권8(대정장9, p.354b18)·『대방등대집경大方等大集經』 권30(대정장13, p.209c20)·『지세경持世經』 권4(대정장14, p.660c7)·『제법무행경諸法無行經』 권상(대정장15, p.754b12)·『대지도론大智度論』 권48(대정장25, p.406b16)
지원(智圓)의 『아미타경소阿彌陀經疏』(대정장37, p.355a5)
『잡아함경雜阿含經』 권28(대정장2, p.199c14)·권31(대정장2, p.224b3)
『대보적경大寶積經』 권53(대정장11, p.312a3)
『문수사리소설부사의불경계경文殊師利所說不思議佛境界經』 권하(대정장12, p.113c24)
『아미타경통찬소阿彌陀經通贊疏』 권중(대정장37, p.340c27)
『대승도간경大乘稻芉經』(대정장16, p.823c16)·『품류족론品類足論』 권5(대정장26, p.713a27)·『대승아비달마집론大乘阿毘達磨集論』 권5(대정장31, p.685a19)·『창소지론彰所知論』 권하(대정장32, p.234a12)
『법승의결정경法乘義決定經』 권상(대정장17, p.655a20)·『법화현찬法華玄贊』 권6(대정장34, p.771c11)
『현양성교론顯揚聖敎論』 권2(대정장31, p.489b22)
『반야이취분술찬般若理趣分述讚』 권2(대정장33, p.44c25)
『중아함경中阿含經』 권21 「설처경說處經」(대정장1, p.565b16)
『대보적경大寶積經』 권22(대정장11, p.121a1)·『본사경本事經』 권1(대정장17, p.663b23)·『법온족론法蘊足論』 권2(대정장26, p.459b18)·『유가사지론瑜伽師地論』 권28(대정장30, p.440a10)
『연기성도경緣起聖道經』(대정장16, p.828c9)
『사리불아비담론舍利弗阿毘曇論』 권4(대정장28, p.554a12)
『번역명의집翻譯名義集』 권5(대정장54, p.1143c5)
『아나율팔념경阿那律八念經』(대정장1. p.836b21)
『전법륜경轉法輪經』(대정장2, p.503b29)
『아비담감로미론阿毘曇甘露味論』 권하(대정장28, p.977c4)
『장아함경長阿含經』 권10 「삼취경三聚經」(대정장1, p.60a3)
『방광대장엄경方廣大莊嚴經』 권11(대정장3, p.607b22)·『대승보살장정법경大乘菩薩藏正法經』 권13(대정장11, p.811b1)
『대보적경大寶積經』 권111(대정장11, p.628c3)
『십송율十誦律』 권50(대정장23, p.367c18)
『중사분아비담론衆事分阿毘曇論』 권4(대정장26, p.646a17)
『대승사려사담마경大乘舍黎娑擔摩經』(대정장16, p.821c13)
『대보적경大寶積經』 권39(대정장11, p.225b1)
『대승아비달마잡집론大乘阿毘達磨雜集論』 권10(대정장31, p.741a4)
『팔정도경八正道經』(대정장2, p.505a4)
『사분율四分律』 권32(대정장22, p.788a11)
『정법염처경正法念處經』 권33(대정장17, p.192a10)
『증일아함경增壹阿含經』 권5(대정장2, p.568a6)
『증일아함경增壹阿含經』 권8(대정장2, p.586b5)

<table>
<tr><td rowspan="9">현성팔품도賢聖八品道</td><td>正見</td><td>正治</td><td>正語</td><td>正行</td><td>正命</td><td>正方便</td><td>正念</td><td>正三昧</td></tr>
<tr><td>正見</td><td>正治</td><td>正語</td><td>正方便</td><td>正命</td><td>正業</td><td>正念</td><td>正定</td></tr>
<tr><td>正見</td><td>正治</td><td>正語</td><td>正方便</td><td>正業</td><td>正命</td><td>正念</td><td>正定</td></tr>
<tr><td>正見</td><td>正治</td><td>正語</td><td>正業</td><td>正命</td><td>正方便</td><td>正念</td><td>正三昧</td></tr>
<tr><td>正見</td><td>正治</td><td>正語</td><td>正命</td><td>正業</td><td>正方便</td><td>正念</td><td>正三昧</td></tr>
<tr><td>正見</td><td>正念</td><td>正言</td><td>正行</td><td>正業</td><td>正習</td><td>正志</td><td>正定</td></tr>
<tr><td>等見</td><td>等治</td><td>等語</td><td>等業</td><td>等命</td><td>等方便</td><td>等念</td><td>等定</td></tr>
<tr><td>等見</td><td>等治</td><td>等語</td><td>等業</td><td>等命</td><td>等方便</td><td>等念</td><td>等三昧</td></tr>
<tr><td>等見</td><td>等治</td><td>等語</td><td>等命</td><td>等業</td><td>等方便</td><td>等念</td><td>等三昧</td></tr>
</table>

멸, 그리고 성현의 팔정도와 안은하게 열반에 이르는 진리를 설법하셨네. 今日等正覺 在彌絺羅國 菴羅樹園中 永離一切苦 演說一切苦 苦集 苦寂滅 賢聖八正道 安隱趣涅槃", 『중아함경』 권4(대정장1, p.25a25)에 "모든 법 중에서 팔정도가 없으면 첫째 사문과・둘째 사문과・셋째 사문과・넷째 사문과도 없다. 수발이여! 모든 법 중에 팔정도가 있으므로 첫째・둘째・셋째・넷째 사문과도 있게 된다. 若諸法中 無八聖道者 則無第一沙門果 第二 第三 第四沙門果 須跋 以諸法中有八聖道故 便有第一沙門果 第二 第三 第四沙門果", 『대집법문경』 권2(대정장1, p.233a17)에 "팔정도는 부처님이 설하신 것이다. 바른 견해・바른 생각・바른 언어・바른 행위・바른 생활・바른 노력・바른 마음집중・바른 선정을 말한다. 이것을 팔정도라고 이름한다. 이와 같은 법은 부처가 애민심으로 널리 중생을 위해 이치에 맞게 설하신 것이다. 그러므로 중생들에게 설한 것과 같이 수습하게 하여, 모든 범행을 행하고 천신과 인간의 세상을 이익되고 안락하게 한다. 八正道 是佛所說 謂正見 正思惟 正語 正業 正命 正精進 正念 正定 此名八正道 如是等法 佛悲愍心 廣爲衆生 如理宣說 而令衆生如說修習 行諸梵行 利益安樂天人世間", 『팔정도경』(대정장2, p.505a4)에 "무엇이 도팔정행인가? 첫째는 제견이다. 제견은 무엇인가? 보시를 믿고 예를 믿으며 사를 믿고 선악행에 따른 자연스런 복을 믿으며 부모를 믿고 천하도인을 믿으며 구도를 믿고 제행을 믿으며 제수를 믿는다. 금세와 후세에 스스로 지혜로워 증을 얻고 스스로 이루어 문득 서로 고하여 설하니 이것이 제견이다. 제2 제념은 무엇인가? 뜻하는 바 욕을 버리고 집을 버리며 화내지 않고 서로 침하지 않으면 이것이 제념이다. 제3 제어는 무엇인가? 이간하는 말 하지 않고 말을 전하지 않으며 악하게 꾸짖지 않고 망어를 하지 않으니 이것이 제어다. 제4 제행은 무엇인가? 살생・도둑질・음행을 하지 않으면 이것이 제행이다. 제5 제수는 무엇인가? 이 듣고서 도 있는 제자가 법답게 구하고 비법은 불가하며 음식과 침상과 와구와 병에 있어 정법으로 구하고 비법은 불가하니 이것이 제수다. 제6 제치는 무엇인가? 생사에 대해 뜻으로 함께 합하여 행하고 정진할 바 행하며 힘을 내 인연을 행하여 정진하고 물리지 않고 뜻으로 가지니 이것이 제치다. 제7 제의는 무엇인가? 생사의 행이 의념에 합하고 의념을 향함에 망령되지도 않고 함께하지도 않는 뜻으로 구하니 이를 제의라 이름한다. 제8 제정은 무엇인가? 생사의 뜻이 합하여 념이 그치고 상이 그치며 지켜 그치고 모여 그치니 함도 불가하고 있는 바 죄도 짓지 않으며 중정에도 떨어지지 않으니 이를 제정이라 이름한다. 何等爲道八正行 一者 諦見 諦見爲何等 信布施 信禮 信祠 信善惡行自然福 信父母 信天下道人 信求道 信諦行 信諦受 今世後世 自黠得證自成 便相告說 是爲諦見 第二諦念爲何等 所意棄欲 棄家 不瞋恚怒 不相侵 是爲諦念 第三諦語爲何等 不兩舌 不傳語 不惡罵 不妄語 是爲諦語 第四諦行爲何等 不殺盜婬 是爲諦行 第五諦受爲何等 是聞有道弟子法求 不可非法 飯食 床臥 病瘦正法求 不可非法 是爲諦受 第六諦治爲何等 生死意共合行 所精進行 出力因緣行 乃精進 不厭意持 是爲諦治 第七諦意爲何等 生死行合意念 向意念 不妄不共意求 是名爲諦意 第八諦定爲何等 生死意合 念止 相止 護已止 聚止 不可爲不作所有罪 不墮中庭 是名爲諦定", 60권본 『화엄경』 권40 「이세간품 離世間品」(대정장9, p.655a19)에 "팔정도분은 보살도이니, 소위 정견으로 멀리 사견을 여의고, 정사유로 일체지를 바르게 염하여 멀리 허망을 여의며, 정어로 성교에 수순하여 입의 네 잘못 여의고, 정업으로 일체중생을 요익하고 교화함에 일찍이 때를 잃은 적이 없으며, 정명으로 사성종에 안주하여 두타공덕을 이루고 깨끗한 위의 구족하여 일체악을 멀리 여의고, 정정진으로 부지런히 일체보살고행을 닦으며 불십력 닦아 걸리는 바 없으며, 정념으로 모두 능히 일체음성 억지하여 세간의 일체 어지러운 생각 없애고, 정정이라는 선교방편으로 한 삼매에서 보살의 불가사의법문과 일체삼매를 출생합니다. 八正道分 是菩薩道 所謂 正見 遠離邪見 正思惟 正念一切智 遠離虛妄 正語 隨順聖教 離口四過 正業 饒益教化 一切衆生 未曾失時 正命 安住四聖種 成頭陀功德 具足淨威儀 遠離一切惡 正精進 勤修一切菩薩苦行 修佛十力 無所罣礙 正念 悉能憶持一切音聲 除滅世間一切亂想 正定 善巧方便 於一三昧 出生菩薩不可思議法門一切三昧故", 『대방등대집경』 권30(대정장13, p.209c20)에 "또한 사리불이여! 보살마하살의 팔성도분 또한 가히 다할 수 없다. 무엇 등이 팔인가? 정견・정사유・정어・정업・정명・정정진・정념・정정이다. 復次 舍利弗 菩薩摩訶薩 八聖道分 亦不可盡 何等爲八 正見 正思

『증일아함경增壹阿含經』 권9(대정장2, p.589a4) · 권17(대정장2, p.631a22)
『증일아함경增壹阿含經』 권19(대정장2, p.643b22)
『증일아함경增壹阿含經』 권23(대정장2, p.670a13)
『증일아함경增壹阿含經』 권38(대정장2, p.756b17)
『증일아함경增壹阿含經』 권42(대정장2, p.779a18)
『방광반야경放光般若經』 권4(대정장8, p.25b22)
『증일아함경增壹阿含經』 권10(대정장2, p.593c4) · 권14(대정장2, p.619a17)
『증일아함경增壹阿含經』 권13(대정장2, p.614c5)
『증일아함경增壹阿含經』 권37(대정장2, p.752b24)

惟 正語 正業 正命 正精進 正念 正定", "무엇이 정견인가? 출세를 보면 아견·중생·수명·양육·사부·단견·상견·유견·무견을 일으키지 않으며, 또한 선과 불선·무기 등의 견을 일으키지 않으며 내지 생사와 열반이라는 두 상의 견을 일으키지 않으니, 이를 정견이라 이름한다. 云何正見 若見出世 不起我見 衆生 壽命 養育 士夫 斷見 常見 有見 無見 亦復不起善與不善無記等見 乃至不起生死涅槃二相之見 是名正見 ", "무엇이 정사유인가? 생각함에 탐욕·성냄·어리석음과 모든 번뇌 등을 능히 일으키면 이는 정이라 이름하지 않지만, 이 정사유는 이와 같은 등의 일들을 생각하지도 일으키지도 않으며 오직 계·정·지혜·해탈·해탈지견만을 생각하니 이것이 정사유다. 능히 이와 같이 생각하여 계 등의 모임에 머무니 이와 같이 사유함을 정사유라 이름한다. 云何正思惟 若思能起貪欲 瞋癡 諸煩惱等 是不名正 是正思惟 不思不起 如是等事 唯思戒 定 智慧 解脫 解脫知見 是正思惟 能思如是 住戒等聚 如是思惟 名正思惟", "무엇이 정어인가? 무릇 연설한 바로 그 몸을 번뇌 있게 하지 않으며 남을 해치지도 않으며 이와 같은 선하고 묘하고 좋은 말을 성취하여 정도에 가니 이를 정어라 이름한다. 云何正語 凡所演說 不令其身 而有燋惱 亦不損他 成就如是善妙好語 趣於正道 是名正語", "무엇이 정업인가? 만약 업이 흑이면 흑보 있고 백이면 백보 있으며 흑백이면 흑백보 있으니 끝내 감히 짓지 않지만, 만약 업이 흑도 아니고 백도 아니면 흑도 아니고 백도 아닌 보 있으며 만약 업이 능히 다하는 업이라면 이 업은 반드시 지어야 하니, 이는 보살이 의지하는 바의 업이어서 부지런히 이와 같은 모든 정업 등을 닦는다. 이를 정업이라 이름한다. 云何正業 若業黑有黑報 白有白報 黑白有黑白報 終不敢作 若業非黑非白 有非黑非白報 若業能盡業 是業必作 是菩薩所依止業 勤修如是諸正業等 是名正業", "무엇이 정명인가? 만약 성종과 두타와 위의를 버리지 않으면 흔들리지도 구르지도 않아 모든 간사함과 아첨 없으며 세간의 이양에 끌리지도 않아 쉽게 기르고 쉽게 채우며 늘 스스로 위의와 예절을 굳게 지켜 남이 이로움 얻음을 보고도 마음으로 열을 생하지 않으며 자기의 이양에 대해 늘 그쳐 족함을 아니 이와 같이 성인이 찬하는 바를 바르게 행하면 이를 정명이라 이름한다. 云何正命 若不捨聖種頭陀威儀 不動不轉 無諸姦諂 不爲世間利養所牽 易養易滿 常自堅持威儀禮節 見他得利 心不生熱 於已利養 常知止足 如是正行 聖人所讚 是名正命". "무엇이 정진인가? 만약 삿되어서 성인이 찬하지 않는 바인 이른바 탐음진에우치번뇌를 향해 나아간다면, 이는 바른 정진이 아니므로 끝내 그것을 하지 않지만, 만약 법이 능히 바른 제와 성도와 적멸과 열반으로 반연하는 바른 길에 들 수 있다면 이는 정정진이므로 닦아 나아가고 부지런히 행하니 이를 정진이라 이름한다. 云何正進 若進向邪非聖所讚 所謂貪婬瞋恚愚癡煩惱 是不正精進 終不爲之 若法能入正諦聖道寂滅涅槃攀緣正路 是正精進 修進勤行 是名正進", "무엇이 정념인가? 만약 염하여 잃지 않아 법에 부동하고 정직하여 굽지 않으며 생사의 잘못 보고서 열반 향해 나아가며 마음 묶어 정도를 잊지 않고 잃지 않는다면, 이를 정념이라 이름한다. 云何正念 若念不失 不動於法 正直不曲 見生死過 進向涅槃 繫心不忘不失正道 是名正念", "무엇이 정정인가? 만약 정하여 일체법에 어지럽지 않으면 이 보살은 이와 같이 머물 때 바른 결정을 이루니 이를 정정이라 이름한다. 보살이 이 삼매에 머물며 일체중생을 위해 해탈 얻기에 바른 결정을 이루니 이를 정정이라 이름한다. 云何正定 若定不亂於一切法 是菩薩如是住時 成正決定 是名正定 菩薩住是三昧 爲一切衆生 得解脫故 成正決定 是名正定", 『대지도론』 권11(대정장25, p.141b4)에 "보시할 때 마음으로부터 팔정도인 듯한 상이 생겨난다. 보시의 과보를 믿기에 바른 견해를 얻는다. 정견 가운데 사유가 어지럽지 않기에 바른 생각을 얻는다. 청정하게 설하기에 바른 말을 얻는다. 청정한 몸으로 행위하기에 바른 행위를 얻는다. 과보를 구하지 않기에 바른 생활을 얻는다. 꾸준한 마음으로 보시하기에 바른 방편(노력)을 얻는다. 마음을 집중해서 보시하여 그만두지 않기에 바른 마음집중을 얻는다. 마음이 머물러 흩어지지 않기에 바른 선정을 얻는다. 이와 같이 37품의 선법과 유사한 것이 마음으로부터 생겨난다. 布施時 心生相似八正道 信布施果故得正見 正見中思惟不亂故得正思惟 淸淨說故得正語 淨身行故得正業 不求報故得正命 懃心施故得正方便 念施不廢故得正念 心住不散故得正定 如是等相似三十七品善法 心中生", 『아비담감로미론』 권2(대정장28, p.977c4)에 "직견·직사·직어·직업·직명·직념·직방편·직정이니, 이를 팔직도라 이른다. 사제 중 실다운 지혜를 직견이라

이르고, 이 중 선함과 화내지 않음과 번뇌하지 않음의 삼종각관을 직사라 이르며, 사종의 삿된 말이 끊어짐을 직어라 이르고, 세 종의 삿된 업이 끊어짐을 직업이라 이르며, 선하지 않고 삿된 명이 끊어짐을 직명이라 이르고, 이 중 사유하여 부지런히 정진함을 직방편이라 이르며, 이 중 사유하고 염하여 잊지 않음을 직념이라 이르고, 이 중 일심으로 머묾을 직정이라 이르니, 이들을 일러 팔직도로 열반에 간다고 한다. 直見 直思 直語 直業 直命 直念 直方便 直定 是謂八直道 四諦中實智慧 是謂直見 是中善不瞋不惱三種覺觀 是謂直思 四種邪語斷 是謂直語 三種邪業斷 是謂直業 不善邪命斷 是謂直命 是中思惟勤精進 是謂直方便 是中思惟念不忘 是謂直念 是中一心住 是謂直定 是謂八直道趣涅槃"라고 하였다. [참고문헌]『雜阿含經』,『中阿含經』,『大集法門經』,『八正道經』,『華嚴經』,『大方等大集經』,『大智度論』,『阿毘曇甘露味論』,『長阿含經』,『大般涅槃經』,『人仙經』,『帝釋所問經』,『別譯雜阿含經』,『轉法輪經』,『增壹阿含經』,『方廣大莊嚴經』,『佛本行集經』,『雜寶藏經』,『放光般若經』,『大薩遮尼乾子所說經』,『大寶積經』,『大乘菩薩藏正法經』,『文殊師利所說不思議佛境界經』,『大乘善見變化文殊師利問法經』,『持世經』,『大乘隨轉宣說諸法經』,『禪行三十七品經』,『諸法無行經』,『大乘舍黎娑擔摩經』,『大乘稻芉經』,『緣起聖道經』,『舊城喩經』,『正法念處經』,『決定義經』,『法乘義決定經』,『本事經』,『大乘不思議神通境界經』,『金剛場莊嚴般若波羅蜜多教中一分』,『四分律』,『十誦律』,『有部律雜事』,『菩薩瓔珞本業經』,『法蘊足論』,『衆事分阿毘曇論』,『品類足論』,『舍利弗阿毘曇論』,『瑜伽師地論』,『顯揚聖教論』,『大乘莊嚴經論』,『大乘阿毘達磨集論』,『大乘阿毘達磨雜集論』,『集大乘相論』,『彰所知論』,『般若理趣分述讚』,『金剛經纂要刊定記』,『法華玄贊』,『新華嚴經論』,『阿彌陀經義記』,『阿彌陀經疏』,『阿彌陀經通贊疏』,『阿彌陀經義疏』,『阿彌陀經要解』,『金光明經文句記』,『俱舍論頌疏論本』,『華嚴孔目章』,『法界次第初門』,『法門名義集』,『翻譯名義集』, 李智冠『四集私記』pp.152~153. ⇨ 팔성도 八聖道, 정견 正見, 정념 正念 ❶, 정명 正命, 정사유 正思惟, 정어 正語, 정업 正業 ❶, 정정 正定 ❶, 정정진 正精進

팔정도경 八正道經 후한 안세고 한역. 1권. 대정장2, pp.504c27~505b12, No.112에 수록되어 있다. 이 역본으로는 송대 구나발다라(求那跋陀羅)가 한역한『잡아함경 雜阿含經』권28 제23경(대정장2, p.201a9~23)·제38경(대정장2, p.203a1~17)이 있다. 상응하는 팔리경전은 상윳타니카야 막가상윳타(*Magga-saṃyutta*) 제21경 *Micchatta-sutta*(*SN.5*, pp.17~18)이다. 이 경에는 여덟 가지 사도(八邪道)와 팔정도(八正道)의 이름을 들고 있다. 구역(舊譯)이라서 팔정도의 이름은 진실한 견해(諦見), 진실한 생각(諦念) 진실한 언어(諦語), 진실한 행위(諦行), 진실한 느낌(諦受), 진실한 생활(諦治), 진실한 마음집중(諦意), 진실한 선정(諦定)이라 하였다.

팔정도분 八正道分 Ⓢ mārgāṅga-vibhāga, Ⓣ lam-gyi-yan-lag rnam-par-dbye-ba. 팔정도(八正道)의 다른 이름. 60권본『화엄경』권40(대정장9, p.655a19)에 "팔정도분은 보살도이다. 말하자면 정견은 사견을 멀리 떠난 것이다. 정사유는 일체지에 바르게 마음을 집중하여 허망을 멀리 떠난 것이다. 정어는 성스러운 가르침을 따르고 말로 짓는 네 가지 허물을 떠나는 것이다. 정업은 일체중생이 아직 잃어버리지 않았을 때 교화하여 이익되게 하는 것이다. 정명은 네 가지 성스러운 (과덕 가운데) 수다(원)의 공덕에 안주하고 청정한 위의를 구족하며 일체의 악을 멀리 떠나게 한다. 정정진은 일체 보살의 고행을 부지런히 닦고 부처의 십력에 대해 장애 없음을 닦는다. 정념은 일체의 음성을 기억할 수 있어서 세간의 모든 산란한 생각을 없앨 수 있게 한다. 정정은 선교방편으로 하나의 삼매에서 보살의 불가사의한 법문인 일체삼매를 낳을 수 있게 한다. 八正道分是菩薩道 所謂正見 遠離邪見 正思惟 正念一切智遠離虛妄 正語 隨順聖教 離口四過 正業 饒益教化一切衆生未曾失時 正命 安住四聖種成頭陀功德 具足淨威儀 遠離一切惡 正精進 勤修一切菩薩苦行 修佛十力無所罣礙 正念 悉能憶持一切音聲 除滅世間一切亂想 正定 善巧方便 於一三昧 出生菩薩不可思議法門一切三昧故"라고 하였다. [참고문헌]『華嚴經』,『大乘義章』권16(대정장44, p.775a26), *Sūtr.145.*

팔정도지 八正道支 팔정도(八正道)의 다른 이름.『법화경소의찬』권4(卍속장45, p.529b1)에 "[문] 대승의 팔정도는 수도위에 있는데 무슨 까닭으로 지금 삼도에 통한다고 설하는가? [답] 팔정도지가 삼도에 통하므로 통상에 의해서 설한다. 만약 그렇지 않다면 세존께서는 이미 무학위에는 마땅히 팔정도지가 없다고 해야 한다. 부처는 이미 팔정이 삼도에 통함을 갖추고 있음을 본래 알기에 이 중에서의 뜻으로 설한 것이다. 問大乘八正道在修道位何因今說通三道耶 答八正道支通於三道 約通相說 若不爾者世尊既是無學應無八正道支 佛既具有本知八正通三道 有此中意說",『아비달마섭의론』권1(대정장보유7, p.826a6)에 "팔정도지가 있다. 정견·정사유·정어·정업·정명·정정진·정념·정삼마지를 말한다. 有八正道支 謂正見 正思維 正語 正業 正命 正精進 正念 正三摩地"라고 하였다. [참고문헌]『法華經疏義纘』,『阿毗達摩攝義論』. ⇨ 팔정도 八正道

팔정로 八正路 Ⓢ sanmārgo 'ṣṭāṅgikaḥ. 팔정도(八正道)의 다른 이름. 60권본『화엄경』권58(대정장9,

p.774c21)에 "공덕의 도에 안주하여 끝내 삼도를 멸하여 모든 선취를 열어 보이고 열반도를 갖추네. 팔정로를 드러내 보여서 모든 사견을 없애버리며, 번뇌의 그물을 찢고 갈애와 욕망의 바다를 사라지게 하네. 安住功德道 究竟滅三塗 開示諸善趣 令具涅槃道 顯現八正路 除滅諸邪見 壞裂煩惱網 消竭愛欲海",『주유마힐경』권7(대정장38, p.394b16)에 "〈경〉 팔정로에서 노닌다. 승조가 이른다. 다섯으로 통함은 코끼리와 말이다. 대승은 큰 수레다. 한 마음으로 다스리는 것이란 팔정도에서 노니는 것이다. 도생이 말한다. 팔정은 모든 곳으로 통하므로 그 위에서 노닌다. 遊於八正路 肇曰 五通爲象馬 大乘爲上車 一心爲御者 遊於八正道也 生曰 八正爲通衢而遊其上矣"라고 하였다. [참고문헌]『華嚴經』,『注維摩詰經』, *Vikī-n.312.* ⇨ 팔정도 八正道

팔정문 八正門 팔정도(八正道)의 다른 이름. 『시설론』권1(대정장26, p.516a17)에 "전륜성왕의 윤보는 이 대지를 절복시킬 수 있으니, 부처가 팔정문을 열어서 모든 마군과 원수의 결박을 없애는 것과 같네. 轉輪聖王輪寶者 於此大地能摧伏 如佛開演八正門 解除一切魔怨縛",『대승의장』권20(대정장44, p.851b24)에 "혹은 계·정·혜는 세 가지 행으로 나누어진다. 예를 들면 팔정문이다. 계분은 셋이니, 바른 말, 바른 행위와 바른 생활이다. 정분은 둘이니, 바른 마음집중과 바른 선정이다. 혜분은 둘이니 바른 견해와 바른 생각이다. 或戒定慧 三行俱分 如八正門 戒分爲三 正語正業及與正命 定分爲二 正念正定 慧分爲二 正見正思惟"라고 하였다. [참고문헌]『施設論』,『大乘義章』. ⇨ 팔정도 八正道

팔정성도 八正聖道 팔정도(八正道)의 다른 이름. 『과거현재인과경』권3(대정장3, p.642b11)에 "이때 여래가 마음으로 스스로 사유하였다. '팔정성도는 삼세의 모든 부처가 밟은 길이며 반열반으로 가는 길이다. 나는 지금 이미 실천하여 지혜에 통달하여 걸림이 없다'. 爾時如來 心自思惟 八正聖道 是三世諸佛之所履行 趣般涅槃路 我今已踐 智慧通達 無所罣礙",『불본행집경』권34(대정장3, p.811a25)에 "너희 비구들이여! 만약 출리를 알고자 하면 그 중 길이 있으니, 내가 증득한 것과 같아서 눈을 열어주고 지혜를 생기게 하며, 적정한 것으로 열반에 이르게 하는 팔정성도이다. 바른 견해·바른 분별·바른 말·바른 행위·바른 생활·바른 정진·바른 마음집중·바른 선정을 말한다. 汝等比丘 若欲得知出有中路 如我所證 爲開眼故 爲生智故 爲寂定故 乃至涅槃八正聖道 所謂正見 正分別 正語 正業 正命 正精進 正念 正定"라고 하였다. [참고문헌]『過去現在因果經』,『佛本行集經』. ⇨ 팔정도 八正道, 팔성도 八聖道

팔정진사 八精進事 Ⓟ aṭṭha ārabbha-vatthūni. 여덟 가지로 정진해야 하는 일. 부처께서 행하고 가르친 것으로 비구들이 지켜야 하는 여덟 가지 법(八法) 가운데 하나이며 팔해태사(八懈怠事)와 맞선다. 『집이문족론』권18「팔법품 八法品」(대정장26, p.442a22)에 "팔정진사란 무엇인가? 비구여, 마땅히 알라. 어떤 한 무리가 성읍에 의지하여 머무르거나 혹은 마을에 머물러서 이른 아침에 가사 입고 발우 가져 성읍에 들어 돌아다니면서 걸식을 할 때 생각한다. '원컨대 맛있는 여러 가지 음식을 많이 얻게 하소서'. 그러나 만일 뜻대로 이루지 못하면 곧 마음으로 생각한다. '나는 먹은 것은 비록 적다 하더라도 몸이 가볍고 편해졌으므로 정진해서 닦아야 하는 뛰어난 행을 닦을 수가 있다'. 이런 생각을 하고 나서는 더욱 왕성하게 정진하면서 아직 얻지 못한 것을 얻으려 하고 아직 이르지 못한 것을 이르려 하며 아직 깨달아 얻지 못한 것을 깨달아 얻으려 하는 것과 같다. 이것을 첫 번째 정진의 일이라 한다. 八精進事者 云何爲八 具壽當知 如有一類 依止城邑或聚落住 於日初分著衣持鉢入城邑等巡行乞食 彼乞食時作如是念 願得美妙衆多飮食 若不遂心 便作是念 我食雖小而身輕利 堪能進修所修勝行 作是念已精進熾然求得未得 求至未至 求證未證 是名第一精進事", "만일 뜻대로 많이 얻어서 먹고 나서 곧 이런 생각을 한다. '나는 먹은 것이 많아서 몸의 힘이 강해졌으므로 정진해서 닦아야 하는 뛰어난 행을 닦을 수가 있다'고 한다. 이런 생각을 하고 나서는 더욱 왕성하게 정진하면서 아직 얻지 못한 것을 얻으려 하고 아직 이르지 못한 곳에 이르려 하며 아직 깨달아 얻지 못한 것을 깨달아 얻으려 하는 것과 같다. 이것을 두 번째 정진의 일이라 한다. 若得遂心便作是念 我食旣多身力强盛 堪能進修所修勝行 作是念已精進熾然求得未得 求至未至 求證未證 是名第二精進事", "또 비구여, 어떤 한 무리가 낮에 일을 경영하고는 곧 이런 생각을 한다. '나는 낮 동안 일을 하느라 큰 스승의 가르침인 거룩한 가르침을 닦고 배울 여가가 없었다. 이제 밤에는 스스로 다잡아 힘써서 앞서 하지 못했던 공부를 보충해야겠다'. 復次具壽 如有一類 晝營事業 作如是念 我於晝時旣營事業 無暇修學大師聖教 今於夜分應自策勤補先間缺", "어떤 한 무리가 다음날에는 여러 일들을 해야 될 것이므로 그는 곧 생각한다. '나는 내일 일을 해야 하므로 큰 스승의 가르침인 거룩한 가르침을 닦고 배울 여가가 없을 것이니, 지금 밤에 미리 부지런히 힘써서 장차 못할 공부를 보충해 두어야겠다'. 如有一類 期至明日作諸事業 便作是念 我旣明日當作事業 無暇修學大師聖教 今於夜分應預精勤補當間缺", "어떤 한 무리가 낮에 길을 걸었으므로 이와 같이 생각한다. '나는 낮 동안 길을 걷느라 큰 스승의 가르침인 거룩한 가르침을 닦고 배울 여가가 없었구나. 오늘 밤에는 스스로 다잡아 힘써서 앞서 하지 못한 공부를 보충해야 되겠다'. 如有一類 晝行道路 作如是念 我於晝時旣行道路 無暇修學大師聖敎 今於夜分應自策勤補先間缺", "어떤 한 무리가 다음날 길을 떠나려고 하면서 곧 생각한다. '나는 내일 길을 떠나야 하므로 큰 스승의 가르침인 거룩한 가르침을 닦고 배울 여가가 없다. 오늘 밤에는 미리 부지런히 힘써서 장차 하지 못한 공부를 보충해야 되겠다'. … 어떤 한 무리가 마침 병고에 시달리면서 곧 이런 생각을 한다. '나는 병고에 시달리고 있다. 혹시 이 병고로 인하여 곧 몸과 목숨을 잃게 되어 큰 스승의 가르침에 대하여 아무 얻을 바가 없을 수도 있다'. 如有一類 期至明日當行道路 便作是念 我旣明日當行道路 無暇修學大師聖敎 今於夜分應預精勤補當間缺 … 如有一類 正爲病苦之所嬰纏 便作是念 我旣病苦之所嬰纏 或有是處因斯病苦之所嬰纏便捨身命 於大師敎空無所得", "어떤 한 무리가 병고에 시달리다가 비록 낫기는 하였으나 아직 얼마 되지 않아서 그는 곧 생각한다. '나는 병고에 시달리다가 비록 낫기는 하였으나 아직 얼마 되지 않았으며, 혹시 병이 다시 도져서 이 병고로 인하여 곧 몸과 목숨을 잃게 되어 큰 스승의 가르침에 대하여 아주 얻을 수 없을지도 모른다'. 이런 생각을 하고 나서는 더욱 왕성하게 정진해서 아직 얻지 못한 것을 얻으려 하고, 아직 이르지 못한 곳에 이르려 하며, 아직 깨달아 얻지 못한 것을 깨달아 얻으려고 하는 것과 같나니, 이것을 여덟 번째 정진의 일이라 한다. 如有一類 病苦嬰纏雖愈未久 作如是念 我遭病苦之所嬰纏雖愈未久 或有是處病苦還起 因斯病苦便捨身命 於大師敎空無所得 作是念已精進熾然求得未得 求至未至 求證未證 是名第八精進事 如是八種名精進事"라고 하였다. 『디가니카야』 제33경 *Saṅgīti-sutta*(*DN.3*, p.256)에 상응하는 내용이 있다. [참고문헌] 『集異門足論』, *DN.* ⇨ 정진 精進, 팔해태사 八懈怠事

팔정행 八正行 팔정도(八正道)의 다른 이름. 『중본기경』 권1(대정장4, p.148b1)에 "부처가 다섯 사람에게 말씀하셨다. '세상에는 두 가지 일이 있어서 스스로를 해치고 속인다. 무엇이 두 가지인가? (한 가지는) 살생하고 음욕으로 들끓으며 호화로움을 부러워하고 지나치게 욕심부린다. (둘째는) 몸을 피곤하게 괴롭히고 내적으로 도의 형적이 없다. 이 두 가지가 없으면 참된 도인이다. 96술에도 (함께 하지) 않고 또한 버리고 멀어지지도 않는다. 이것이 중(도)를 취하는 것이 되니 양끝이 없다. 무엇이 중(도)를 취한다는 것인가? 각혜의 행을 얻는 것이며 모든 지혜를 통달하고, 육(신)통을 모두 알고 팔정행을 갖춘다. 이것을 중을 취하는 것이라고 하며, 니원(Ⓢ nirvāṇa)에 머무는 것이다'. 佛告五人 世有二事 以自侵欺 何謂爲二 殺生婬泆 恃豪貪欲 極身勞苦 內無道跡 無是二事 是眞道人 不於九十六術 亦不捨遠 是爲取中 無有兩際 何謂取中 得覺慧行 達於衆智 六通悉覺 具八正行 是名取中 止宿泥洹"라고 하였다. [참고문헌] 『中本起經』, 『根本薩婆多部律攝』 권2(대정장24, p.533a29). ⇨ 팔정도 八正道, 팔성도 八聖道

팔제 八諦 ❶ 소승(小乘)의 유작사제(有作四諦)와 대승의 무작사제(無作四諦)인 여덟 가지 진실. 여덟 가지 전도를 다스린다. 『인왕반야경소』 권2(대정장33, p.332a9)에 "또 유작사제와 무작사제가 팔제가 되니 또한 닦아야 할 여덟 가지 법이다. 팔제를 구성하는 것은 무상고공무아가 네 가지가 되고, 상락아정이 네 가지가 되기에 여덟 가지가 있는 것이다. 又有作四諦無作四諦爲八諦亦可修八法 爲八諦 謂無常苦空無我爲四 常樂我淨爲四故有八也"라고 하였다. [참고문헌] 『仁王般若經疏』. ⇨ 유작사제 有作四諦, 무작사제 無作四諦, 팔전도 八顚倒 ❷ 사성제(四聖諦)를 여덟 갈래 뜻으로 넓힌 것. 전자의 셋은 삼고(三苦 : 行苦 壞苦 苦苦), 넷째는 생사(生死), 다섯째는 열반(涅槃), 여섯째는 번뇌(煩惱)·업(業)·생(生)의 세 가지 잡염, 일곱째는 청정무위, 여덟째는 성도(聖道)에 해당한다. 『유가사지론』 권46(대정장30, p.547c5 : *Bodh-bh.*, p.198)에 "또는 팔제를 건립한다. 첫째는 행고성제, 둘째는 괴고성제, 셋째는 고고성제, 넷째는 유전제, 다섯째는 환멸제, 여섯째는 잡염제, 일곱째는 청정제, 여덟째는 정가행제이다. 或立八諦 一 行苦性諦 二 壞苦性諦 三 苦苦性諦 四 流轉諦 五 還滅諦 六 雜染諦 七 淸淨諦 八 正加行諦 aṣṭavidhaṃ. saṃskāraduḥkhatāsatyaṃ vipariṇāmaduḥkhatāsatyaṃ duḥkhaduḥkhatāsatyaṃ pravṛttisatyaṃ nivṛtisatyaṃ saṃkleśasatyaṃ vyavadānasatyaṃ samyakprayogasatyaṃ ca", 원측(圓測)의 『인왕경소』 권중(대정장33, p.392a15)에 "『본기』에 따르면, 고고·괴고·행고·분단·변역·선·불선·정행을 팔제라 한다. 『현양성교론』 권8(대정장31, p.519b28)에서는 '행고제·괴고제·고고제·유전제·유식제〈『유가사지론』에서는 환멸제라고 한다〉·잡염제·청정제·정반편제〈『유가사지론』에서는 정가행제라고 한다〉를 팔제라 한다'라고 하였다. 풀이한다. 순서대로 (전자의 셋은) 삼고에, 유전제는 생사에, 유식제는 열반에, 잡염제는 (번뇌·업·생의) 세 가지 잡염에, (청정제는) 그것을 끊음으로써 획득되는 청정한 무위에, (정방편제는) 그것을 끊는 방편으로서 성도에 해당하니, 이를 팔제라 하는 것이다. 若依本記 苦苦 壞苦 行苦 分段 變易 善 不善 正行 名爲八諦 顯揚第八 行苦諦 壞苦 苦苦 流轉 流息〈瑜伽云還滅〉 雜染 淸淨 正方便諦〈瑜伽云正加行〉 名爲八諦 解云 如次三苦 流轉生死 流息涅槃 三種雜染 斷彼所得淸淨無爲 卽彼能斷方便聖道 名八諦也", 『대승법원의림장』 권2(대정장45, p.293a8)에 "(팔제는 순서대로) 삼고·생사·열반·유루품·무루품·성도의 인에 의지해 각기 다르기 때문이다. 依於三苦. 生死. 涅槃. 有無漏品. 聖因別故"라고 하였다. [참고문헌]『瑜伽師地論』, 『仁王經疏』, 『顯敭聖敎論』, 『大乘法苑義林章』, *Bodh-bh*. ⇨사성제 四聖諦, 삼고 三苦 **3**『십지경』에서 설한 십제(十諦) 중 세제(世諦)와 제일의제(第一義諦)를 제한 여덟 가지 제. 상제(相諦)·차별제(差別諦)·성제(成諦)·사제(事諦)·진무생지제(盡無生智諦)·영입도지제(令入道智諦)·일체보살지차제성취제(一切菩薩地次第成就諦)·집여래지제(集如來智諦)를 말한다. 원측(圓測)의『인왕경소』권중(대정장33, p.392a23)에 "이제『십지경』에 의지해 십사제 중 뒤의 여덟 가지 제로써 이 경문을 푼다. 앞의 여섯 가지 제는 이 경에서의 이제와 사제를 말한다. '팔제'라고 하였는데,『십지경』권7(대정장26, p.163c16)에서는 '법의 자상과 동상을 깨우쳤기에 상제를 잘 안다. 법의 차별을 깨우쳤기에 차별제를 잘 안다. 음계입을 분별하는 것을 깨우쳤기에 설성제를 잘 안다. 몸과 마음의 고뇌를 깨우쳤기에 사제를 잘 안다. 모든 도가 생겨나서 상속하는 것을 깨우쳤기에 생제를 잘 안다. 필경에는 모든 열뇌를 멸하였기에 진무생지제를 잘 안다. 불이의 행을 깨우쳤기에 영입도지제를 잘 안다. 모든 법상을 올바르게 깨우쳤기에 일체보살지를 차제로 성취하는 진실을 잘 알고 모아진 여래지의 진실도 잘 안다. 이는 신해의 힘으로써 아는 것일 뿐 일체구경지를 얻음은 아니다. 今依十地 十四諦中 後八種諦 以釋此文 前之六諦卽此經中 二諦四諦 言八諦者 十地經云 覺法自相同相故 善知相諦 覺法差別故 善知差別諦 覺分別陰界入故 善知說成諦 覺身心苦惱故 善知事諦 覺諸道生相續故 善知生諦 畢竟滅一切熱惱故 善知盡無生智諦 起不二行故 善知令入道智諦 正覺一切法相故 善知一切菩薩地次第成就諦 及善知集如來智諦 以信解力故知 非得一切究竟智故"라고 하였다. [참고문헌]『仁王經疏』, 『十地經』. ⇨십제 十諦 **4** 세간·도리·증득·승의(世間 道理 證得 勝義) 각각에 있어서의 세속제와 승의제. 『대승법원의림장』권2(대정장45, p.287b29)에 "세속제의 네 가지 이름이란, 첫째는 세간세속제로서 유명무실제라고도 하며, 둘째는 도리세속제로서 수사차별제라고도 하며, 셋째는 증득세속제로서 방편안립제라고도 하며, 넷째는 승의세속제로서 가명비안립제이다.『현양성교론』권6(대정장31, p.509c10)에서는 네 가지 세속제는 모두 이름이 안립이라 설하였는데, 앞의 세 가지에 대해서는 그렇다고 알겠지만, 어째서 네 번째 것 또한 안립이라 하는가? 승의제의 성은 스스로 증하는 것이지만, 수순하여 그 지(智)를 견인해 일으키도록 하고자 세속의 안립에 의지해 승의세속자라 한 것이다. 앞의 세 가지 상은 방편을 통할 수 있는 것이지만 네 번째인 승의세속제는 임의로 이름을 시설한 것이다. 世俗諦四名者 一 世間世俗諦 亦名有名無實諦 二 道理世俗諦 亦名隨事差別諦 三 證得世俗諦 亦名方便安立諦 四 勝義世俗諦 亦名假名非安立諦 顯揚論說 四種俗諦皆是安立 前三可知 云何第四亦名安立 勝義諦性自內所證 爲欲隨順引生彼智 依俗安立名勝義俗 初之三種相可擬宜 第四勝義假名施設", "승의제의 네 가지 이름이란, 첫째는 세간승의제로서 체용현현제라고도 하며, 둘째는 도리승의제로서 인과차별제라고도 하며, 셋째는 증득승의제로서 의문현실제라고도 하며, 넷째는 승의승의제로서 폐전담지제라고도 한다. 앞의 세 가지는 안립승의제이고, 네 번째 것은 안립된 것이 아닌 승의제다. 勝義諦四名者 一 世間勝義諦 亦名體用顯現諦 二 道理勝義諦 亦名因果差別諦 三 證得勝義諦 亦名依門顯實諦 四 勝義勝義諦 亦名廢詮談旨諦 前之三種名安立勝義 第四一種非安立勝義"라고 하였다. [참고문헌]『大乘法苑義林章』, 『顯敭聖敎論』, 『瑜伽師地論』권64(대정장30, p.653c26), 『成唯識論』권9(대정장31, p.48a18). ⇨제 諦, 세간세속제 世間世俗諦, 도리세속제 道理世俗諦, 증득세속제 證得世俗諦, 승의세속제 勝義世俗諦, 세간승의제 世間勝義諦, 도리승의제 道理勝義諦, 증득승의제 證得勝義諦, 승의승의제 勝義勝義諦

팔제입 八制入 Ⓢ abhibhv-āyatanāny aṣṭau, Ⓣ zil-gyis-gnon-pa'i-skye-mched-brgyad. 여덟 가지로 다스려 들다. 팔제입(八除入)·팔승처(八勝處)와 같다. 『화엄공목장』권4(대정장29, p.303b22)에 "팔제입은 승처라고도 하는데, 마음이 능히 경을 다스려 경으로 하여금 마음을 따르게 하기에 제입이라고 한다. 첫째는 안으로 색상이 있어 밖으로 색이 적다 여겨 마음에 드는 색이나 싫어하는 색을 관하고, 둘째는 안으로 색상이 있어 밖으로 색의 많은 부분을 관하되 마음에 드는 색이나 싫어하는 색을 관하며, 셋째는 안으로 색상이 없어 밖으로 색의 적음을 관하되 마음에 드는 색이나 싫어하는 색을 관하고, 넷째는 안으로 색상이 없이 밖으로 색의 많은 부분을 관하되 마음에 드는 색이나 싫어하는 색을 관하며, 다섯째는 안으로 색상이 없이 밖으로 푸른 것을 관하되 푸른색이고 푸른 모습이고 푸른 빛이라고 관하고, 여섯째는 안으로 색상이 없이 밖으로 노란 것을 관하되 노란색이고 노란 모습이고 노란 빛이라고 관하며, 일곱째는 안으로 색상이 없이 밖으로 붉은 것을 관하되 붉은 색이고 붉은 모습이고 붉은 빛이라고 관하고, 여덟째는 안으로 색상이 없이 밖으로 흰 것을 관하되 흰 색이고 흰 모습이고 흰 빛이라고 관한다. 八制入亦名勝處 心能制境 使境從心故名制入 一 內有色想外觀色少好色惡色 二 內有色想外觀色多好色惡色 三 內無色想外觀色少好色惡色 四 內無色想外觀色多好色惡色 五 內無色想外觀青青色青觀青光 六 內無色想外觀黃黃色黃觀黃光 七 內無色想外觀赤赤色赤觀赤光 八 內無色想外觀白白色白

觀白光"라고 하였다. 〔참고문헌〕『華嚴孔目章』. ⇨ 팔승처 八勝處, 팔해탈 八解脫

팔제입 八除入 Ⓢ aṣṭāvabhibhv-āyatanāni. 여덟 가지로 없게 해서 들다. 팔승처(八勝處)와 같다. 『장아함경』 권9 「십상경 十上經」(대정장1, p.55c26 : *Dassuttara-sutta*, *DN.3*, p.260)에 "무엇을 여덟 가지 알아야 할 법이라 하는가? 팔제입을 말한다. 안으로 색상이 있어서, 밖으로 적은 색을 관하되 좋거나 추하거나 늘 관하고 늘 염한다면 이것을 초제입이라 한다. … 이것을 팔제입이라고 한다. 云何八知法 謂八除入 內有色想 觀外色少 若好若醜 常觀常念 是爲初除入 … 是爲八除入 katame aṭṭha dhammā abhiññeyyā. aṭṭha abhibhāyatanāni. ajjhattaṃ rūpasaññī eko bahiddhā rūpāni passati parittāni suvaṇṇadubbaṇṇāni tāni abhibhuyya jānāmi passāmīti evaṃ saññī hoti. idaṃ paṭhamaṃ abhibhāyatanaṃ. … idaṃ aṭṭhamaṃ abhibhāyatanaṃ", 『아비담심론경』 권4(대정장28, p.857b11)에 "제입이란 팔제입을 말하니, 저 경에서 설한 바와 같다. 그것은 일체에 대해 탐이 없도록 하는 것이니 탐을 마주해 다스린다. 또 곁할 것을 수반하고 방편에 미치는 것이다. 욕계의 경우는 사음이고 색계의 경우는 오음이다. 능히 연을 비춰 빼앗을 수 있기에 제입이라 한다. 除入者八除入 如經中說 彼一切無貪 貪對治故 及伴及方便 欲界是四陰色界是五陰 能映奪緣故名除入", 『대승의장』 권13(대정장44, p.734a16)에 "팔승처는 경에서 팔제입이라고도 했다. 이 관행을 행하여 능히 탐욕을 그치고 번뇌를 이겨낼 수 있는 처이기에 승처라 한다. 입이란 처의 별칭이다. 번뇌를 없애는 처이기에 제입이라 한다. 八勝處者 經中亦名八除入也 爲此觀行 能息貪欲 勝煩惱處 故云勝處 入者亦是處之別稱 除煩惱處故名除入"라고 하였다. 〔참고문헌〕『長阿含經』, 『阿毘曇心論經』, 『大乘義章』, *DN*. ⇨ 팔승처 八勝處

팔제처 八除處 Ⓟ aṭṭha-abhibhāyatanāni. 팔승처(八勝處)와 같다. 『중아함경』 권59 「일체지경 一切智經」(대정장1, p.799c24)에 "또한 팔제처가 있다. 무엇이 여덟 가지인가? 비구는 안으로 색상이 있어 좋은 색이든 싫은 색이든 적은 그 색을 밖으로 관해 '저 색을 다스려 없앴음을 알고 다스렸음을 본다'고 이와 같은 상을 지으면 이를 첫 번째 제처라 한다. … 또한 비구는 안으로 색상이 없으면서 밖으로 색을 보아 희고도 흰색이어서 하얗게 보이고 흰빛의 색을, 마치 샛별(Ⓟ Osadhītārakā)이 희고도 흰색이어서 하얗게 보이고 하얗게 빛난다고 관한다. … 이를 여덟 번째 제처라 한다. … 들은 바가 많은 고귀한 제자들은 이와 같이 관하여 곧 그것들을 염리하고 그것들을 염리하고 나서는 제일인 것에도 욕을 일으키지 않게 되니, 하물며 천한 것에 있어서랴. 復次 有八除處 云何爲八 比丘 內有色想 外觀色 少善色惡色 彼色除已知 除已見 作如是想 是謂第一除處 … 復次 比丘 內無色想 外觀色 白白色 白見白光 猶如大 白白色 白見白光 … 是謂第八除處 … 多聞聖弟子如是觀則厭彼 厭彼已 尙不欲第一 況復下賤"라고 하였다. 〔참고문헌〕『中阿含經』, *AN.5.61*. ⇨ 팔승처 八勝處

팔조상승 八祖相承 일본 진언종의 사자상승(師資相承). 대일여래(大日如來)로부터 금강보살(金剛菩薩)·용맹보살(龍猛菩薩)·용지보살(龍智菩薩)·금강지(金剛智)·불공(不空)·청룡사 혜과(惠果)에서 홍법대사(弘法大師) 공해(空海)로 이어지는 팔대상승을 말한다. 『보경초』(대정장77, p.847c25)에 "진언밀교는 대일여래가 설하신 것으로 팔조상승의 비법이며 무상최상의 불승이라 부르고 모든 종파를 뛰어넘는 경계라 칭한다. 진실로 극히 무거운 죄업을 없애고 교화하기 어려운 중생을 교화하며 불지를 돈증함은 오직 이 종에 있을 뿐이다. 이는 선대의 옛 현철께서 당에 들어가 구법전수한 진언과 여덟 학파이니 동사는 오가 안에 있다. 홍법대사·종예승정·혜운승도·원행화상·당효화상이 그들이다. … 후에 입당한 법사들은 모두 한 계를 상승하고 사람들이 그것을 전한 것이니 혜과의 바른 적통이라 할 수 없다. 眞言密敎 大日覺王所說 八祖相承祕法也 號無上最上佛乘 稱諸宗超絶境界 誠滅極重之罪業 度難化之衆生 頓證佛智獨在此宗 因玆上古賢哲 入唐求法傳受眞言及八家矣 東寺在五家 弘法大師 宗叡僧正 惠運僧都 圓行和尙 當曉和尙是也 … 後入唐之諸師 皆對一界相承人傳之不可云惠果正嫡"라고 하였다. 〔참고문헌〕『寶鏡鈔』.

팔존사법 八尊師法 Ⓟ aṭṭha garu-dhammā. 여덟 가지로 스승을 존중하는 법. 팔경법(八敬法)을 말한다. 『비니심』(대정장85, p.660a17)에 "일곱째 팔경으로 계를 얻는데 팔종·팔존사법·팔불가월법이라고도 한다. 대애도와 오백석녀가 부처님께 출가를 구하자 부처님께서는 아난을 보내어 팔경을 주시고 출가를 허하셨다. 팔경으로부터 이름하였기에 팔경득계라고 칭한다. 七者八敬得戒 亦名八種 亦云八尊師法 亦云八不可過法 謂大愛道 及五百釋女 求佛出家 佛遣阿難 授其八敬 聽之出家從八敬爲名 故稱八敬得戒"라고 하였다. 〔참고문헌〕『中阿含經』, 『毘尼心』, *AN.4.276*. ⇨ 팔경법 八敬法

팔존중법 八尊重法 팔경법(八敬法)을 말한다. 『근본살바다부율섭』 권10(대정장24, p.582a8)에 "팔존중법이란, 첫째 비구로부터 구족계(近圓)를 받아야 하고, 둘째 보름 안에 교수사를 구해 청해야 하며, 셋째 비구 없는 곳에서 안거해서는 안 되고, 넷째 비구의 잘못을 보고

힐책해서는 안 된다. 八尊重法者 一 從苾芻 受近圓事 二 半月半月 求請敎授 三 無苾芻處 不應安居 四 見苾芻過 不應詰責", "다섯째 비구에게 화를 내서는 안 되고, 여섯째 법랍 낮은 비구에게도 예경해야 하며, 일곱째 이부중 가운데에서 마나타 행해야 하고, 여덟째 비구 있는 곳으로 가서 자자(隨意事)를 해야 한다. 五 不應瞋呵苾芻 六 應禮敬年少苾芻 七 在二部衆中 行摩那鞞 八 往苾芻處 爲隨意事", 『구사론기』 권14(대정장41, p.222c7)에 "부처님은 아난을 보내어 팔존중법을 설하게 하셨다. 저 이는 공경하며 받들었고 이때 계를 얻었다. 이 여덟은 응당 존중해야 하는 법이기에 존중법(Ⓢ guru-dharma)이라 이름한다. … 팔존중법은 구역에 팔경이라 하였다. 佛遣阿難 爲說八尊重法 彼卽敬受 爾時得戒 此八是應尊重法故 名尊重法 … 八尊重法 舊云八敬", 『사분율행사초간정기』 권17(卍속장68, p.1046a15)에 "팔불가과법을 … 『십송율』과 『선견율』에서는 팔존중법이라 하였다. … 지금 팔경이라 한 말은 『마하승기율』의 글에 의한 것이다. 八不可過法 … 十誦善見云 八尊重法 … 今云八敬者 依僧祇文也"라고 하였다. 〔참고문헌〕『根本薩婆多部律攝』, 『俱舍論記』, 『四分律行事鈔簡正記』 ⇨ 팔경법 八敬法, 팔경득 八敬得

팔종 八宗 ➡ 자은팔종 慈恩八宗

팔종가애생처 八種可愛生處 여덟 갈래로 세간이 아껴 사랑할 만한 몸으로 태어나는 것. 팔복생처(八福生處)와 같다. 『유가론기』 권5(대정장42, p.410b19)에 "팔종가애생처란, 곧 예전에서 팔복생처라 했다. '인중에서 비오종류 등'이란 국왕과 그 아래의 부귀한 인간 등을 제하고 말한다. '네 가지 인연 때문에 인취 중에 여래사중을 건립한다'라고 한 데에서 첫째로 가장 뛰어나기 때문이니 국왕 즉 찰제리를 말하고, 둘째로 세간복전이기 때문이니 바라문으로 많은 청정한 행으로 세간이 복전으로 인정한다. 셋째로 재물을 씀에 다른 이에 의지하지 않는다고 하는 것은 대장자를 말하는 것이고, 넷째로 모든 세간의 재물을 버린다고 하는 것은 모든 사문을 말하는 것이다. 八種可愛生處者 則昔名八福生處 言人卑惡種類等者 除國王已下富貴人等 四因緣故 於人趣中建立如來四衆者 一 最增上故 謂國王則刹帝利 二 世間福田故 謂婆羅門 以多淨行世許爲福田 三 用財不由他 謂大長者 四 棄諸世財 謂諸沙門 此皆佛有名如來衆"라고 하였다. 〔참고문헌〕『瑜伽論記』. ⇨ 팔복생처 八福生處

팔종간구 八種慳垢 여덟 가지 간구(慳垢). 여덟 가지 간탐(慳貪)의 물듦(垢汚)을 말한다. 『유가사지론』 권71(대정장30, p.692b27)에 "또 인색함에 번뇌마저 더하여 간구라고 한다. 여덟 가지 물든 마음이 상속함으로써 그 인색함이 발붙일 곳을 만들어 주니, 이에 그것을 설하여 간구라 한다. 무엇이 여덟 가지인가? 첫째는 보시하는 것에 대해 앞서 익히지 않았다면 현법에 대해 재물과 음식을 애지중지하게 되는 것이고, 둘째는 몸과 목숨에 대해 극히 중하게 연모하여 후세를 고려하지 않게 되는 것이고, 셋째는 인색한 이와 항시 함께 머물고 또 그를 따르게 되는 것이고, 넷째는 보시할 바로서 복전에 수승한 공덕이 없다고 보고 또 복전을 이리저리 가려 선택하게 되는 것이고, 다섯째는 자비에 대해 앞서 익히지 않고 또 그 처소에 대해 수승한 공덕을 보지 못하게 되는 것이고, 여섯째는 온갖 재보는 모으기 어렵다고 하는 그러한 생각을 반복해 익히기에 나태와 해태를 일으키게 되는 것이고, 일곱째는 소견을 고집하고 또 보시에는 그러한 잡염이 있다고 말하게 되는 것이고, 여덟째는 재보를 바라고서 보시를 행하고 또 그것에 회향하게 되는 것이다. 復次慳之與垢合名慳垢 由八種垢汚心相續 能與其慳作安足處 是故說彼名爲慳垢 云何爲八 一 於惠施先不串習 於現法中愛重財食 二 於身命極重顧戀不顧後世 三 與慳者恒共止住又隨順彼 四 見所施田無勝功德及簡擇福田 五 於慈悲先不串習 及於彼處不見勝德 六 以諸財寶難可積集 數習彼想故生嬾惰及與懈怠 七 執取於見及謂惠捨有彼雜染 八 希求財寶而行惠施及迴向於彼"라고 하였다. 〔참고문헌〕『瑜伽師地論』. ⇨ 간탐 慳貪

팔종갱약 八種更藥 쌀죽이나 과즙 등 여덟 가지 미음(漿水). 병든 몸을 치료하기 위해 때아닌 때 먹으므로 비시약(非時藥)이라 하고 팔종장(八種漿)이라고도 한다. 『유부율약사』 권1(대정장24, p.1a27)에 "갱약이란 곧 팔종장이다. 무엇이 그 여덟인가? 첫째 초자장〈서쪽 지방의 나무이름으로 또한 '전저리'라고도 한다. 껍질은 쥐엄과 같고 그 맛은 마치 매실 같다. 껍질을 벗기면 하나이던 게 둘로 갈라지는데 손가락 길이로 서너 마디다. 당시 사람들이 짓이겨 먹었다〉, 둘째 모자장〈곧 파초 열매다. 호초 죽 조금을 열매 위에 뿌리고 손으로 세게 비비면 모두 변하여 물이 된다〉, 셋째 고락가장〈모양이 마치 멧대추와 같고 그 맛도 매한가지다. 오직 이 대추에는 단맛이 없다〉, 넷째 아설타과, 다섯째 오담발라〈그 열매 크기가 자두만 하다〉, 여섯째 발로솨〈그 열매 모양이 머루열매만 하고 맛 또한 비슷하다〉, 일곱째 멸륭추장〈곧 포도열매다〉, 여덟째 갈수라장〈모양이 작은 대추와 같고 달면서도 떫은맛이 난다. 나무는 대부분 외따로이 서 있는데 모습이 마치 종려나무와 같다. 이 여러 장(漿)들은 모두 반드시 손을 깨끗이 씻고서 깨끗하게 걸러낸 다음에 마셔야 한다〉이다. 言更藥者 謂八種漿 云何爲八 一 招者漿〈西方樹名 亦名顚咀梨 角同皂莢 其味如梅 角寬一兩指 長三四寸 時人鑛食〉 二 毛者漿〈卽芭蕉子 以少胡椒粖安在果上 手極挼之 皆變成水〉 三 孤洛迦漿〈狀如酸棗 其味一種 唯有此棗無甛者〉 四 阿說他果 五 烏曇跋羅〈其果大如李〉 六 鉢魯

灑〈其果狀如蘡薁子 味亦相似〉 七 篾栗墜漿〈卽是葡萄菓〉 八 渴樹羅漿〈形如小棗 甛而且澁 樹多獨立 形若椶櫚 此等諸漿 皆須淨洗手 淨濾漉 然後堪飮〉"라고 하였다. [참고문헌]『有部律藥事』. ⇨ 비시약 非時藥

팔종경약 八種更藥 ➡ 팔종갱약 八種更藥

팔종공덕 八種功德 Ⓢ aṣṭāvutkṛṣṭa-dharma.『방광대장엄경』을 청문하는 데 따르는 여덟 가지 공덕. 단정호색(端正好色)·역세강성(力勢强盛)·심오통달(心悟通達)·체득변제(逮得辯才)·획제선정(獲諸禪定)·지혜명료(智惠明了)·출가수승(出家殊勝)·권속강성(眷屬强盛)을 말한다.『방광대장엄경』권12(대정장3, p.616a28)에 "만약 어떤 선남자나 선여인이 이 경전을 듣게 되어 합장하면서 믿고 받아 지니면, 그 사람은 여덟 가지 공덕을 획득한다. 무엇이 여덟 가지인가? 첫째는 단정하고 아름다운 모습이고, 둘째는 세력이 강성한 것이고, 셋째는 마음이 막힘없이 깨닫는 것이고, 넷째는 변재를 체득하는 것이고, 다섯째는 모든 선정을 획득하는 것이고, 여섯째는 지혜가 명료한 것이고, 일곱째는 출가하여 뛰어난 것이고, 여덟째는 권속이 강성한 것이다. 若有善男子 善女人 得聞是經合掌信受 其人當獲八種功德 何等爲八 一者 端正好色 二者 力勢强盛 三者 心悟通達 四者 逮得辯才 五者 獲諸禪定 六者 智惠明了 七者 出家殊勝 八者 眷屬强盛"라고 하였다. [참고문헌]『方廣大莊嚴經』. ⇨ 방광대장엄경 方廣大莊嚴經

팔종공양 八種供養 여래를 위해 여덟 가지로 공양(Ⓢ pūja)하다. 의(依 Ⓢ āśraya)·물(物 Ⓢ vastu)·연기(緣起 Ⓢ nimitta)·회향(迴向 Ⓢ pariṇāmana)·인(因 Ⓢ hetu)·지(智 Ⓢ jñāna)·전(田 Ⓢ kṣetra)·의지(依止 Ⓢ niśraya) 공양을 말한다.『대승장엄경론』권9(대정장31, p.634b13)에 "간략히 여래에 대한 공양을 설하면 여덟 가지가 있다. 무엇이 여덟 가지인가? 첫째는 의공양이고, 둘째는 물공양이고, 셋째는 연기공양이고, 넷째는 회향공양이고, 다섯째는 인공양이고, 여섯째는 지공양이고, 일곱째는 전공양이고, 여덟째는 의지공양이다. 略說供養如來有八種 何謂爲八 一者 依供養 二者 物供養 三者 緣起供養 四者 迴向供養 五者 因供養 六者 智供養 七者 田供養 八者 依止供養", "마땅히 알라. (게송에서 설한) '현전하는 분과 현전하지 않는 분'이란 의공양을 말하는 것이다. 현재과거미래의 제불에 의지해서야 공양할 수 있기 때문이다. 應知現前不現前者 謂依供養 依現在及過去未來諸佛而供養故", "'의복과 음식 등'이란, 물공양을 말하는 것이다. 의복 등으로 공양하기 때문이다. 衣服飮食等者 謂物供養 以衣服等而供養故", "'깊고 선하고 깨끗한 마음을 일으킨다'란 연기공양을 말하는 것이다. 깊고 깨끗한 신심으로 공양하기 때문이다. 深起善淨心者 謂緣起供養 以深淨信心而供養故", "'두 가지 취를 원만히 하기 위해'란, 회향공양을 말하는 것이다. 복덕과 지혜라는 두 가지 취를 원만히 하기 위해 공양하기 때문이다. 爲滿於二聚者 謂迴向供養 爲滿福智二聚而供養故", "'항상 부처님의 세상에 태어나기를 서원한다'란, 인공양을 말하는 것이다. 숙원이 있기에 부처님의 세상에 태어나 스스로 유익하되 허망하지 않은 공양 하기를 서원하기 때문이다. 常願生佛世者 謂因供養 由有宿願願生佛世 令我有益不虛供養故", "'삼륜을 분별하지 않는 것'이란 지공양을 말하는 것이다. 공양을 베푸는 이와 공양을 받는 이와 공양물 이 세 가지가 따로 구별될 수 있는 게 아니기 때문이다. 三輪不分別者 謂智供養 設供受供供具三事不可得故", "'모든 중생을 성숙시킨다'란 전공양을 말하는 것이다. 중생이 밭이 되어 그들에게 공양을 가르쳐 선근을 심도록 하기 때문이다. 成熟諸衆生者 謂田供養 衆生爲田 敎彼供養令種善根故", "'최후는 열한 가지이다'란 의지공양을 말하는 것이다. 이 의지에는 열한 가지가 있다. 最後十一種者 謂依止供養 此依止有十一種"라고 하였다. [참고문헌]『大乘莊嚴經論』, *Sūtr.118.* ⇨ 의지공양 依止供養

팔종관찰제수 八種觀察諸受 여덟 가지로 온갖 수(受 Ⓢ vedanā)의 모든 행로를 관찰하는 것. 수의 집·멸·집취행·멸취행·애미·과환·출리(集 滅 集趣行 滅趣行 愛味 過患 出離) 등의 모든 행상을 관찰하는 것을 말한다.『유가사지론』권53(대정장30, p.594a16)에 "무엇이 수온의 차별인가? … (넷째) 관찰의 차별이란 모든 여래응공정등각께서는 세간에 출현하시여 모두 모든 수에 대해 여덟 가지 관찰을 일으키셨으니, '수에는 몇 가지가 있는가? 무엇이 수가 모여 일어남인가, 무엇이 수의 멸인가, 무엇이 수가 일어나 나아가는 행로인가, 무엇이 수의 멸로 향하는 행로인가, 무엇이 수의 탐미인가, 무엇이 수로 인한 과환인가, 무엇이 수로부터 벗어남인가?'라고 한 것을 말한다. 이와 같이 관찰할 때 여실하게 분명히 알게 된다. 수에는 세 가지(苦 樂 不苦不樂)가 있고, 촉이 모이기에 수가 발생하는데, 경에서 분별하여 자세히 설한 바와 같이 알아야 할 것이다. 이와 같은 것을 여덟 가지로 모든 수를 관찰하는 것이라 한다. 復次云何受蘊差別 … 觀察差別者 一切如來應正等覺出現世間 皆於諸受起八種觀 謂受有幾種 誰爲受集 誰是受滅 誰是受集趣行 誰是受滅趣行 誰是受愛味 誰是受過患 誰是受出離 如是觀時如實了知 受有三種 觸集故受集 應知如經分別廣說 如是八種觀察諸受",『유가사지론약찬』권13(대정장43, p.188c24)에 "'수집'이란 현재의 고이고 집제다. '수멸'이란 고제의 멸이니 바로 멸제다. 수가 모여 나아가 행하니 집제이고, 미래의 수의 인이다.

'수멸로 향하는 행로'란 도제다. 受集者 現在苦因 卽集諦也 受滅者 卽苦諦滅也 正是滅諦 受集趣行 謂集諦 卽未來受因也 受滅趣行者 道諦也"라고 하였다. [참고문헌] 『瑜伽師地論』, 『瑜伽師地論略纂』, 『雜阿含經』 권17(대정장2, p.121b27). ⇨수 受❶

팔종구족 八種具足 육종성숙(六種成熟) 중 첫 번째로 보살의 근이 성숙함에 따라 성취하게 되는 이숙과(異熟果)를 말한다. 수량구족(壽量具足 Ⓢ āyuḥ-sampad)·형색구족(形色具足 Ⓢ varṇa-sampad)·족성구족(族姓具足 Ⓢ kula-sampad)·자재구족(自在具足 Ⓢ aiśvarya-sampad)·신언구족(信言具足 Ⓢ ādeya-vacanatā)·대세구족(大勢具足 Ⓢ maheśākhyātā)·인성구족(人性具足 Ⓢ manuṣyatvam)·대력구족(大力具足 Ⓢ mahotsāhatā)이다. 팔종이숙원만(八種異熟圓滿)·팔종보구족(八種報具足)이라고도 한다. 『유가사지론』 권37(대정장30, p.496c20 : *Bodh-bh.*, p.55)에 "무엇이 성숙의 차별인가? 이 차별에는 크게 여섯 가지가 있다. 첫째는 제근의 성숙이다. … 제근의 성숙이란, 수명의 구족, 형색의 구족, 족성의 구족, 자재의 구족, 신뢰할만한 말의 구족, 큰 세력의 구족, 인성의 구족, 대력의 구족이다. 云何成熟差別 謂此差別略有六種 一 諸根成熟 … 諸根成熟者 謂壽量具足形色具足 族姓具足自在具足 信言具足大勢具足 人性具足大力具足 tatra paripākaprabhedaḥ katamaḥ. samāsataḥ ṣaḍvidhaḥ paripākaḥ. indriyaparipākaḥ … tatrendriyaparipākaḥ. yā āyurvarṇakulaiśvaryasampad ādeyavacanatā maheśākhyatā manuṣyatvaṃ mahotsāhatā", "이 소의신이라는 과의 구족이 의지처가 되기에 용맹정진을 일으켜 모든 선법을 닦을만한 능력이 있어서 일체의 배워야 할 바를 닦고 모으는 일에 대해 마음이 싫어하거나 지치지 않는다. 此依身果異熟具足爲所依故 堪任發起勇猛精進修諸善法 於勤修集一切明處心無厭倦 yām āśrayaparipākaphalasaṃpadam āgamya bhavyo bhavaty ātaptānuprayogāyāparikhinnamānasaś ca bhavati sarvavidyāsthānasamudāgamābhiyogeṣu", 같은 책 권36(대정장30, p.484b10 : *Bodh-bh.*, p.19)에 "무엇을 이숙이라 하는가? 크게 여덟 가지가 있다. … 보살들이 장수하여 오래 사는 것을 보살수명구족이라 한다. 형색이 단엄하여 대중들이 보기를 좋아하게 되고 용모가 특히 아름다운 것을 보살의 형색구족이라 한다. 부유하고 권세가 있는 집안에 태어나는 것을 보살의 족성구족이라 한다. 云何異熟 謂略有八 … 若諸菩薩長壽久住 是名菩薩壽量具足 形色端嚴衆所樂見 顔容殊妙 是名菩薩形色具足 生豪貴家 是名菩薩族姓具足 vipākaḥ katamaḥ. samāsato 'ṣṭavidho vipākaḥ … dīrghāyuṣkaṃ cirasthitikatā bodhisattvasyāyuḥsaṃpat. abhirūpatā darśanīyatā prāsādikatvaṃ varṇasaṃpat. ucceṣu kuleṣu pratyājātiḥ kulasaṃpat", "큰 재물과 지위를 얻어 많은 동료와 많은 권속을 갖추고 있는 것을 보살의 자재구족이라 한다. 중생들이 믿고 받들고 … 유정들에 대해 하는 말이 허망하지 않으니 이러한 인연으로 설하는 말마다 믿고 받아들이지 않음이 없으니 이를 보살의 신언구족이라 한다. 得大財位 有大朋翼具大僚屬 是名菩薩自在具足 衆所信奉 … 於諸有情言無虛妄 以是緣故凡有所說無不信受 是名菩薩信言具足 mahābhogatā mahāpakṣatā mahāparivāritā ca aiśvaryasaṃpat. yat punaḥ śraddheyo bhavati pratyayitaḥ sattvānām … avisaṃvādakaḥ. tannidānañ ca sattvānāṃ gṛhītavākyo bhavati. iyam ucyate ādeyavacanatā", "큰 명성이 있어 세간이 전해 듣고 … 이러한 인연으로 세간이 귀하게 여기고 존경을 받고 모든 대중들에게 공양과 공경과 존중과 찬탄을 받는 것을 보살의 크나큰 위세의 구족이라 한다. 有大名稱流聞世間 … 由此因緣世所珍敬 爲諸大衆供養恭敬尊重讚歎 是名菩薩大勢具足 mahadyaśaḥ khyātiścāsya loke prathitā bhavati … tannidānañ ca gurur bhavati mahājanakāyasya satkaraṇīyo gurukaraṇīyo mānanīyaḥ pūjanīyaḥ. iyam ucyate maheśākhyatā", "대장부의 본분을 갖추고 남근이 성숙한 것을 보살의 인성구족이라 한다. 타고나기를 전염병을 적게 앓고 전혀 병에 들지 않아 어떤 것도 감당할 만한 큰 능력이 있는 것을 보살의 대력구족이라 한다. 具丈夫分成就男根 是名菩薩人性具足 爲性少疾或全無病有大堪能 是名菩薩大力具足 puruṣabhāvaḥ puruṣendriyeṇa samanvāgato manuṣyatvam. alpābādhatā arogajātīyatā mahotsāhatā ca prakṛtyā balasaṃpat"라고 하였다. [참고문헌] 『瑜伽師地論』, *Bodh-bh.* ⇨팔종이숙원만 八種異熟圓滿, 팔종보구족 八種報具足

팔종기사근주제자인연 八種棄捨近住弟子因緣 근주화상이 근주제자를 버리는 여덟 가지 인연. 『유가사지론』 권63(대정장30, p.649a5)에 "또 차별이 있으니, 근주제자를 버리는 여덟 가지 인연이 있다. 저 잡염에 물드는 바이기에 그는 곧 근주제자를 버리지만, 번뇌가 없는 아라한들은 염에 항시 잘 머물러 이와 같은 일이 있지 않다. 무엇이 여덟 가지인가? 성품이 저 근주제자에 대해 증오의 마음이 있는 것이다. 오직 자신만이 공경을 받으려 하는 것이다. 공경을 받으려 하는 경우와 같이 이양을 받는 경우에서도 이와 같다. (자신이 여법하지 않아) 근주제자가 잘못을 저지르는 바가 많고 옳지 않은 행을 행하는 것이다. 또 근주제자무리들이 이익을 주는 스승을 따르고 손해가 되는 스승은 따르지 않는다. 증상계에 대해 가르치고 조복시키는 것을 감내하지 못하는 것이다. 증상심과 증상혜에 능히 머물지 못하니 가르치고 조복시키는 것을 견뎌 참아내지 못한다. 여러 할 일을 해나가는 데 따르는 괴로움을 감내하지 못하는 것이다. 復有差別 謂有八種棄捨近住弟子因緣 於彼雜染之所染汚 由染汚故彼便棄捨近住弟子 非無煩惱諸阿羅漢常善住念有如斯事 云何爲八 謂性於彼近住弟子有憎惡心 唯欲自身受於恭敬 如欲恭敬 欲受利養亦復如是 近住弟子多所毁犯行不正行 又於近住諸弟子衆饒益損減 便有所須及與不須 於增上戒敎授折伏不能堪忍 於增上心增上慧住敎授折伏不能堪忍 於營衆務所有擾惱 不能堪忍"라고 하였다. [참고문헌]『瑜伽師地論』,『瑜伽師地論略纂』권16(대정장43, p.223a16). ⇨ 근주제자 近住弟子

팔종단행 八種斷行 Ⓢ aṣṭau prahāṇa-saṃskārāḥ, Ⓣ spang-ba'i-'du-byed-brgyad. 삼마지(三摩地)를 원만하게 하고자 여덟 가지로 끊어 행함(Ⓢ prahāṇa-saṃskāra). 팔단행(八斷行)·팔승행(八勝行)·팔락팔자량(八樂八資糧)·팔업자량(八業資糧)이라고도 한다. 『유가사지론』권29(대정장30, p.444a3)에 "그가 이와 같이 바르게 수습할 때 여덟 가지 단행이 있어 영구히 모든 수면을 없애려고 의욕하므로, 삼마지의 원만함을 얻고자 (이를) 차별적으로 일으킨다. 彼於如是正修習時有八斷行 爲欲永害諸隨眠故 爲三摩地得圓滿故 差別而轉"라고 한 후 다음과 같이 설한다. 첫째 욕(欲 Ⓢ chanda)으로, '나는 언제쯤 삼마지를 수습하여 그 원만함을 얻을 수 있을까?'·'나는 언제쯤 악불선법의 모든 수면을 단멸할 수 있을까?'라는 희망과 의욕을 일으키는 것을 말한다(一者 欲 謂起如是希望樂欲 我於何時 修三摩地當得圓滿 我於何時 當能斷滅惡不善法所有隨眠). 둘째는 책려(策勵 Ⓢ vyāyāma : 精進)로, 모든 대치를 수습하고 가행을 버리지 않는 것을 말한다(二者 策勵 謂乃至修所有對治 不捨加行). 셋째는 신(信 Ⓢ śraddhā)으로, 가행을 버리지 않고 바르게 안주하므로 앞서 증득한 바에 대해 깊은 신해를 일으키는 것을 말한다(三者 信 謂不捨加行 正安住故 於上所證 深生信解). 넷째는 안(安 Ⓢ praśrabdhi : 輕安)으로, 청정한 믿음을 으뜸으로 삼아 마음에 환희를 일으키고 마음이 환희하므로 점차 모든 악불선품의 추중을 제거하는 것을 말한다(四者 安 謂淸淨信而爲上首 心生歡喜 心歡喜故 漸次息除諸惡不善法品麤重). 다섯째는 염(念 Ⓢ smṛti : 正念)으로, 구종상(九種相 : 九種心住)을 말하는데 이 구종상에 있어 그 마음을 사마타품에 안주시켜 거두어 유지하는 것이다(五者 念 謂九種相 於九種相 安住其心奢摩他品 能攝持故). 여섯째는 정지(正知 Ⓢ samprajāna)로, 비발사나품의 혜를 말한다(六者 正知 謂毘鉢舍那品慧). 일곱째는 사(思 Ⓢ cetanā)로, 마음의 조작을 말한다. 끊은 것과 아직 끊지 못한 것에 대해 바르게 관찰할 때 그 마음이 조작하고 일으킨 것으로 지관의 두 품에 수순하는 신업과 어업이다(七者 思 謂心造作 於斷未斷正觀察時 造作其心 發起能順止觀二品身業語業). 여덟째는 사(捨 Ⓢ upekṣā)이며, 과거·현재·미래에 작용하는 바 모든 악불선에 수순하는 법 중에서 마음을 염오시키지 않는 마음의 평등성을 말한다. 이것은 경계가 현현하지 않는 사(思)와 경계가 현현하는 사(捨)라는 두 가지 인연에 의지하여 수면의 단절을 분별할 수 있다(八者 捨 謂行過去未來現在 隨順諸惡不善法中 心無染汚心平等性 由二因緣 於隨眠斷 分別了知 謂由境界不現見思 及由境界現見捨故). 『변중변론』권중(대정장31, p.471c16)에 "[논] 해태를 멸하기 위하여 네 가지 단행을 닦는다. 첫째는 '욕'이고, 둘째는 정근이며, 셋째는 '신'이고, 넷째는 경안 등이다. 차제로 등을 알아야 한다. 소의란 '욕'을 말하는데 근의 소의이기 때문이며, 능의란 근을 말하는데 욕에 의지하여 일어나기 때문이다. 소인이란 '신'을 말하는데 소의인 욕이 생기는 근인이니 믿어 저를 받아들이면 바로 희망하게 되기 때문이며, 능과란 '경안'을 말하는데 능의인 근이 곧바로 낳는 과이니 부지런히 정진하면 승한 정을 얻기 때문이다. 뒤의 네 가지 허물을 다스리기 위하여 그만큼의 나머지 네 가지의 단행을 닦는다. 첫째 염, 둘째 정지, 셋째 사, 넷째 사 등이니 차례대로 기언 등을 알아야 한다. 기언이란 '염'이니 경을 잊지 않고 부처님의 말씀을 기억하기 때문이다. 혼침과 도거를 깨닫는 것이란 '정지'를 말하는데 '염'으로 부처님의 말씀을 기억하여 두 가지 허물인 혼침과 도거를 깨닫기 때문이다. 복행이란 사(思)를 말하는데 능히 따라 침도의 허물을 깨닫고서 그것을 조복해 버리기 위하여 가행을 일으킨다. 멸등류란 저 침도가 이미 끊어져 사라진 다음에는 마음이 곧 사(捨)에 머물러 평등하게 흐르는 것을 말한다. 論曰 爲滅懈怠 修四斷行 一 欲 二 正勤 三 信 四 輕安 如次應知 卽所依等 所依謂欲 勤所依故 能依謂勤 依欲起故 所因謂信 是所依 欲 生起近因 若信受彼 便希望故 能果謂安 是能依勤 近所生果 勤精進者得勝定故 爲欲對治 後四過失 如數修 餘四種斷行 一 念 二 正知 三 思 四 捨 如次應知 卽記言等 記言謂念 能不忘境 記聖言故 覺沈掉者 謂卽正知 由念記言 便能隨覺惛沈掉擧 二過失故 伏行謂思 由能隨覺 沈掉失已 爲欲伏除 發起加行 滅等流者 謂彼沈掉 旣斷滅已 心便住捨 平等而流"라고 하였다. [참고문헌]『瑜伽師地論』,『辯中邊論』, *Śrāv-bh.318.* ⇨ 단행 斷行 [2]

팔종도 八種道 팔정도(八正道)의 구역(舊譯). 『사제경』(대정장1, p.816a14)에 "현자여! 무엇이 고의 다함 위해 받아들여 행하는 현자의 제인가? 현자여! 팔종도이니, 첫째 직견, 둘째 직치, 셋째 직어, 넷째 직행, 다섯째 직업, 여섯째 직방편, 일곱째 직념, 여덟째 직정이니라. 何等爲 賢者 苦盡受行賢者諦 有是 賢者 八種道 一直見 二 直治 三 直語 四 直行 五 直業 六 直方便 七 直念 八 直定"라고 하였다. [참고문헌]『四諦經』.

팔종도행 八種道行 팔정도(八正道)와 같은 말. 『누분포경』(대정장1, p.852a12)에 "무엇이 '받아 행함으로써 누로 하여금 다하게 함을 마땅히 안다'는 것인가? 이 팔종도행을 말하니, 첫째 직견, 둘째 직갱, 셋째 직어, 넷째 직행, 다섯째 직업, 여섯째 직방편, 일곱째 직념, 여덟째 직정이다. 何等爲當知受行令漏畢 謂是八種道行 一爲直見 二爲直更 三爲直語 四爲直行 五爲直業 六爲直方便 七爲直念 八爲直定", 『나선비구경』 권상(대정장32, p.708a12)에 "왕이 또 묻기를 '무엇이 팔종도행입니까?' 나선비구 말하길 '첫째 직견, 둘째 직념, 셋째 직어, 넷째 직치, 다섯째 직업, 여섯째 직방편, 일곱째 직의, 여덟째 직정이니, 이들이 팔종도행입니다'. 王復問 何等爲八種道行 那先言 一 直見 二 直念 三 直語 四 直治 五 直業 六 直方便 七 直意 八 直定 是爲八種道行"라고 하였다. [참고문헌]『漏分布經』, 『那先比丘經』.

팔종류 八種謬 Ⓢ aṣṭa-vidho vikalpaḥ. 여덟 가지(性 分別 聚 我 我所 受 不受 非愛非不愛)로 잘못 알다. 일체번뇌를 거두어 중생을 삼계에 윤회하게 하는 여덟 종의 잘못. 팔종망상(八種妄想)・팔종분별(八種分別)이라고도 한다. 『보살선계경』 권2(대정장30, p.970b27)에 "어리석은 사람은 세간의 유포를 알지도 이해하지도 못하기에 제법 중에 여덟 가지로 그릇된 생각을 일으킨다. 첫째 성류, 둘째 분별류, 셋째 취류, 넷째 아류, 다섯째 아소류, 여섯째 애류, 일곱째 불애류, 여덟째 비애비불애류다. 愚癡之人 不知不解世流布故 於諸法中 生八種謬 一者 性謬 二者 分別謬 三者 聚謬 四者 我謬 五者 我所謬 六者 愛謬 七者 不愛謬 八者 非愛非不愛謬", "이 여덟 잘못 중 처음 삼종류는 일체 모든 잘못의 근본이다. 자성과 이름에 착하여 흘러 퍼짐을 알지 못하니 이로부터 전전하여 무량한 잘못 생한다. 아류와 아소류는 아견이라 이름하는데 아견은 또 모든 견의 근본이며 이 두 가지 잘못은 교만으로부터 생하기에 교만이 모든 견의 근본이다. 是八謬中 初三種謬 乃是一切諸謬根本 著性著名 不解流布 從此展轉 生無量謬 我我所謬 名爲我見 我見復是諸見根本 是二種謬 從憍慢生 是故憍慢 諸見根本", "뒤의 삼류는 삼독으로부터 생한다. … 색에 색상을 짓고 내지 무거움에 무겁다는 상을 짓는 것을 성류라 이름한다. 後三謬者 從三毒生 … 若色作色想 乃至重作重想 是名性謬", "색이 색인지 색 아닌지 분별하고 볼 수 있는지 없는지 분별하며 유대인지 무대인지 분별하는 것을 분별류라 이름한다. 若分別色是色非色 是可見 是不可見 是有對 是無對 是名分別謬", "색 중에 아・중생・사부・수명・집・사중・군대・의식・연꽃・수레・나무와 이들의 모임을 보고 이와 같은 것들에 대해 각각 하나씩 상 지음을 취류라 이름한다. 如於色中 見我 衆生 士夫 壽命 屋舍 四衆 軍旅 衣食 蓮華 車乘 樹木 積聚 如是等中 各作一相 是名聚謬", "유루 중에 아와 아소를 취하고 무량한 세간 중에 늘 취착 생하여 아와 아소 헤아림을 아류와 아소류라 이름한다. 於有漏中 取我我所 無量世中 常生取著 計我我所 是名我我所謬", "정물에 대해 탐착심 냄을 애류라 이름한다. 於淨物中 生貪著心 是名愛謬", "부정물에 대해 화내는 마음 냄을 불애류라 이름한다. 於不淨物中 生瞋恚心 是名不愛謬", "일체 정물과 부정물에 대해 탐내고 화내는 마음 냄을 비애비불애류라 이름하며, 이들을 팔류라 이름한다. 於一切淨不淨物中 生貪恚心 是名非愛非不愛謬 是名八謬"라고 하였다. [참고문헌]『菩薩善戒經』, *Bodh-bh.34*.

팔종망상 八種妄想 Ⓢ aṣṭa-vidho vikalpaḥ. 여덟 가지 망상. 자성망상(自性妄想 Ⓢ svabhāva-vikalpa : 自性分別)・차별망상(差別妄想 Ⓢ viśeṣa-vikalpa : 差別分別)・섭수적취망상(攝受積聚妄想 Ⓢ piṇḍa-grāha-vikalpa : 總執分別)・아망상(我妄想 Ⓢ ahamiti vikalpa : 我分別)・아소망상(我所妄想 Ⓢ mameti vikalpa : 我所分別)・염망상(念妄想 Ⓢ priya-vikalpa : 愛分別)・불념망상(不念妄想 Ⓢ apriya-vikalpa : 非愛分別)・구상위망상(俱相違妄想 Ⓢ tadubhaya-viparīta-vikalpa : 彼俱相違分別)을 말한다. 팔종분별(八種分別)이라고도 한다. 『보살지지경』 권2(대정장30, p.895b8 : *Bodh-bh.*, p.34)에 "이와 같이 여실함을 어리석은 이는 알지 못하니, 이러한 인으로 여덟 가지 망상 일어나고 세 갈래로 일을 일으켜 온갖 중생세간과 기세간이 한층 더한다. 첫째는 자성망상이고, 둘째는 차별망상이고, 셋째는 섭수적취망상이고, 넷째는 아망상이고, 다섯째는 아소망상이다. 여섯째는 염망상이고, 일곱째는 불념망상이고, 여덟째는 구상위망상이다. 如是如實 凡愚不知 以是因緣起八種妄想而生三事 一切衆生器世間增 一者 自性妄想 二者 差別妄想 三者 攝受積聚妄想 四者 我妄想 五者 我所妄想 六者 念妄想 七者 不念妄想 八者 俱相違妄想 tasyā eva tathatāyā evam aparijñātatvād bālānāṃ tannidāno 'ṣṭavidho vikalpaḥ pravartate trivastujanakaḥ. sarvasattvabhājanalokānām nirvartakaḥ. tad yathā svabhāva vikalpo viśeṣavikalpaḥ piṇḍagrāhavikalpaḥ ahamiti vikalpaḥ mameti vikalpaḥ priyavikalpaḥ apriyavikalpaḥ tadubhayaviparītaś ca vikalpaḥ", "무엇이 자성망상인가? 색 등에 임시 이름붙인 일에 망상으로 이것은 색이라고 말하니, 이것을 자성망상이라 한다. 云何自性妄想 於色等假名事 妄想言是色 是名自性妄想 tatra svab hāvavikalpaḥ katamaḥ. rūpādisaṃjñake vastuni rūpam ity evamādir yo vikalpaḥ. ayam ucyate svabhāvavikalpaḥ", "무엇이 차별망상인가? 이 색 등의 임시로 이름지은 것에 '이것은 색이다' '이것은 색이 아니다', '이것은 볼 수 있다' '이것은 볼 수 없다', '이것은 유대이다' '이것은 무대이다', '이것은 유루이다' '이것은 무루이다', '이것은 유위이다' '이것은 무위이다'라고 일컫는 무량분별로서 자성망상처에서 차별망상을 짓는다. 이를 차별망상이라 한다. 云何差別妄想 於此色等假名事 言此是色此非色 此可見此不可見 此有對此無對 此有漏此無漏 此有爲此無爲 如是等無量分別於自性妄想處作差別妄想 是名差別妄想 viśeṣavikalpaḥ katamaḥ. tasminn eva rūpādisaṃjñake vastuni ayaṃ rūpī ayam arūpī ayaṃ sanidarśano 'yam anidarśana evaṃ sapratigho 'pratighaḥ. sāsravo 'nāsravaḥ saṃskṛto 'saṃskṛtaḥ kuśalo 'kuśalo vyākṛto 'vyākṛtaḥ atīto 'nāgataḥ pratyutpanna ity evaṃ bhāgīyenāpramāṇena prabhedanayena yā svabhāvavikalpādhiṣṭhānā tadviśiṣṭārthavikalpanā. ayam ucyate viśeṣavikalpaḥ", "무엇이 섭수적취망상인가? 색 등 가명의 것들에 아·인·수명·중생이라 여겨 그것들에 대해 세간법으로 요익하다 여겨 많은 법 모아 쌓고는 다시 거두어 들인다. 이로 인해 집·군대·숲·음식·의복·수레 등이라 일으켜서는 더욱 풍요롭게 세간법으로 헤아려 요익함이라 여기니, 이를 섭수적취망상이라 한다. 云何攝受積聚妄想 於色等假名事 我人壽命衆生 於彼俗數妄想饒益 積聚多法 積聚攝受 因起舍宅軍衆林叢飮食衣服車乘 於彼俗數妄想饒益 是名攝受積聚妄想 piṇḍagrāhavikalpaḥ katamaḥ. yas tasminn eva rūpādisaṃjñake vastuni ātmasattvajīvajantusaṃjñāsaṃketopasaṃhitaḥ piṇḍiteṣu bahuṣu dharmeṣu piṇḍagrāhahetukaḥ pravartate gṛhasenāvanādiṣu bhojanapānayānavastrādiṣu ca tatsaṃjñāsaṃketopasaṃhitaḥ. ayam ucyate piṇḍagrāhavikalpaḥ", "무엇이 아망상과 아소망상인가? 가령 저 제법은 유루로 받은 음을 오랫동안 아와 아소의 집착한 바로 쌓아 익혔을 뿐인 것이어서 거둬들일 곳 없지만, 스스로 보아 있는 일인 줄 익혀 이 인연으로 여실하지 못한 망상을 일으키니, 이를 아아소망상이라 한다. 云何我我所妄想 若彼諸法 是有漏受陰 久遠積習我我所著 是故無攝受處 習自見處事 以是因緣 起不如實妄想 是名我我所妄想 ahamiti mameti ca vikalpaḥ katamaḥ. yad vastu sāsravaṃ sopādānīyaṃ dīrghakālam ātmato vā ātmīyato vā saṃstutam abhiniviṣṭaṃ paricitaṃ tasmād asaṃgrāha-saṃstavāt svaṃ dṛṣṭisthānī yaṃ vastu pratītyotpadyate vitatho viakalpaḥ. ayam ucyate ahamiti mameti ca vikalpaḥ", "무엇이 염망상인가? 저 정묘하고 기꺼운 일에 연하는 망상이다. 무엇이 불염망상인가? 부정하고 좋지 못한 일을 연하는 망상이다. 무엇을 염망상과 불염망상 양자 모두와 어긋난 경계를 연하는 망상이라 하는가? 저 정하거나 부정하거나 기쁘거나 기쁘지 않은 모든 일을 떠난 경을 연해 망상함을 말한다. 云何念妄想 於彼淨妙及所憙事 緣妄想 云何不念妄想 於不淨及所不憙事 緣妄想 云何念不念俱相違緣妄想 於彼淨不淨所喜所不喜俱離事 緣妄想 priyavikalpaḥ katamaḥ. yaḥ śubha-manāpa-vastvālambano vikalpaḥ. apriyavikalpaḥ katamaḥ. yo 'śubhāmanāpa-vastvālambano vikalpaḥ. priyāpriyobhayaviparīto vikalpaḥ katamaḥ. yaḥ śubhāśubha-manāpāmanāpa-tadubhayavivarjitavastvālambano vikalpaḥ"라고 하였다. 〔참고문헌〕『菩薩地持經』, *Bodh-bh.* ⇨ 팔종분별 八種分別

팔종무상 八種無常 여덟 가지로 항상함이 없는 것들. 『현양성교론』 권14(대정장31, p.548a15)에 "여덟 가지 무상이란, 첫째 찰나문, 둘째 상속문, 셋째 병문, 넷째 늙음의 문, 다섯째 죽음의 문, 여섯째 마음의 문, 일곱째 기세간이라는 문, 여덟째 수용으로서의 문을 말한다. 이 중에서 찰나와 상속의 두 가지 무상은 모든 곳에 편재하는 것이고, 병 등의 세 가지 무상은 내색에 있고, 마음의 무상은 오직 명(名 : 受想行識)에 있고, 기세간과 수용의 두 가지 무상은 외색에 있다. 八種無常者 一 剎那門 二 相續門 三 病門 四 老門 五 死門 六 心門 七 器門 八 受用門 此中剎那相續二種無常遍一切處 病等三無常在於內色 心無常唯在於名 器受用二無常在於外色"라고 하였다. 〔참고문헌〕『顯揚聖教論』. ⇨ 무상 無常

팔종범음성 八種梵音聲 부처님께서 갖추신 여덟 종의 음성. 팔종음(八種音)이라고도 한다. 60권본 『화엄경』 권6(대정장9, p.435b23)에 "팔종범음성 구족하여 그 즐기는 바 따라 설법한다네. 具足八種梵音聲 隨其所樂爲說法", 『부자합집경』 권12(대정장11, p.954a9)에 "여래의 팔종범음성을 중생이 듣고 나면 모두 기뻐하며, 정리에 수순하여 여법히 행하고 모두 능히 불교를 호지할 수 있다네. 如來八種梵音聲 衆生聞已咸忻慶 隨順正理如法行 悉能護持於佛教"라고 하였다. 〔참고문헌〕『華嚴經』, 『父子合集經』. ⇨ 팔종음 八種音

팔종법 八種法 ❶ Ⓢ aṣṭau dharmāḥ. 일체대승을 거두는 여덟 가지 법. 『유가사지론』 권46(대정장30, p.548c28 : *Bodh-bh.*, p.202)에 "여덟 가지 법이 있어 남김없이 일체의 대승을 거둔다. 첫째는 보살장교이고, 둘째는 이러한 보살장 중에 제법진실의를 현시하는 교설이다. 有八種法能具足攝一切大乘 一者 菩薩藏教 二者

卽於如是菩薩藏中 顯示諸法眞實義敎 aṣṭāv ime dharmāḥ sarvasya mahāyānasya saṃgrahāya saṃvartante. bodhisattvapiṭakadeśanā. tasminn eva ca bodhisattvapiṭake ya sarvadharmāṇāṃ tattvārthaprakāśanā", "셋째는 이러한 보살장을 통해 일체제불과 보살의 불가사의한 최승광대한 위력을 현시하는 교설이고, 넷째는 앞서 설하신 것을 이치에 맞게 청문하는 것이고, 다섯째는 이치에 맞게 사유함을 앞서 하고 뛰어난 의요로 나아감이다. 三者 卽於如是菩薩藏中 顯示一切諸佛菩薩不可思議最勝廣大威力之教 四者 於上所說如理聽聞 五者 如理思爲先 趣勝意樂 tasminn eva bodhisattvapiṭake yā sarvabuddhabodhisattvānām acintyā paramodārā prabhāvasaṃ prakāśanā. tasya ca yad yoniśaḥ śravaṇam. yoniśaś ca cintāpūrvakam adhyāśayopagamanam", "여섯째는 뛰어난 뜻의요로 나아감을 먼저하고 수행의 상에 드는 것이고, 일곱째는 수행상에 들어감을 앞서 하고는 수행과를 차오르게 하는 것이고, 여덟째는 이와 같은 수행과를 채워 성취함으로써 구경에는 벗어나는 것이다. 六者 趣勝意樂爲先 入修行相 七者 入修行相爲先修果成滿 八者 卽由如是修果成滿究竟出離 adhyāśayopagamanapūrvakaś ca bhāvanākārapraveśaḥ. bhāvanākārapraveśapūrvikā ca bhāvanāphalapariniṣpattiḥ. taśyā eva ca bhāvanāphalapariniṣpatter atyantanairyāṇikatā"라고 하였다. [참고문헌]『瑜伽師地論』, *Bodh-bh.* ❷ 전의(轉依 Ⓢ āśraya-parivṛtti)로 얻게 되는 여래법신의 여덟 가지 법. 불가사량(不可思量 Ⓢ acintyatva)·무이(無二 Ⓢ advayatā)·무분별(無分別 Ⓢ nirvikalpatā)·청정(淸淨 Ⓢ śuddhi)·조료인(照了因 Ⓢ abhivyakti-karaṇa)·대치(對治 Ⓢ pratipakṣatā)·이욕(離欲 Ⓢ virāga)·이욕인(離欲因 Ⓢ virāga-hetu)을 말한다. 『불성론』 권3(대정장31, p.801b235)에 "또 여래의 전의에는 여덟 가지 법을 거둬 지님이 있다는 것을 알아야 한다. 여덟 가지 법이란, 첫째 불가사량이고, 둘째 무이이고, 셋째 무분별이고, 넷째 청정이고, 다섯째 조료인이고, 여섯째 대치이고, 일곱째 이욕이고, 여덟째 이욕인이다. 이 여덟 가지는 합하면 두 가지 뜻이 있다. 첫째는 이욕으로서 멸제이고, 둘째는 이욕인으로서 도제다. 앞의 불가사량 등의 세 구는 멸제로 거두고, 다음의 청정 등의 세 구는 도제로 거둔다. 復次如來轉依有八種法攝持 應知 八法者 一 不可思量 二 無二 三 無分別 四 淸淨 五 照了因 六 對治 七 離欲 八 離欲因 此八合有二意 一 離欲 是滅諦 二 離欲因 卽是道諦 前不可思量等三句屬滅諦攝 次淸淨等三句屬道諦攝"라고 하였다. [참고문헌]『佛性論』. ⇨ 전의 轉依

팔종변이인연 八種變異因緣 여덟 가지로 변하고 달라지는 인연. 색법이든 무색법이든 일어난 법이 변이하는 여덟 가지 인연. 긴 세월 쌓아둠(積時貯畜 Ⓢ kāla-parivāsa), 타인에 의해 망가짐(他所損害 Ⓢ paropakrama), 사용에 의해 손실됨(受用虧損 Ⓢ upabhoga), 세월따라 변해 달라짐(時節變異 Ⓢ ṛtu-vipariṇāma), 불타버림(火所焚燒 Ⓢ agni-dāha), 물에 떠내려감(水所漂爛 Ⓢ udaka-kleda), 바람이 불어 말라버림(風所鼓燥 Ⓢ vāyu-śoṣa), 다른 연을 만남(異緣會遇 Ⓢ pratyayāntara-saṃgati)을 말한다. 『유가사지론』 권34(대정장30, p.471b7)에 "무엇이 여덟 가지 변하고 달라지는 인연인가? … 적시에 저축이란, 유색제법은 비록 좋은 곳에 안치해 수호한다고 해도 오랜 시간이 지나면 저절로 훼손되고 그 색이 무너져 변이할 수밖에 없다는 것이다. 타인에 의한 훼손이란, 갖가지 색법이 가령 타인에 의해 갖가지로 두드려 맞거나 갖가지로 훼손되면 갖가지로 형색이 변이하게 된다는 것이다. 사용에 의한 손실이란, 각각 다른 주인에 속하는 갖가지 물건은 받은 이가 수용해 쓰는 강력한 힘 때문에 손감되어 변이하게 되는 것이다. 시절의 변이란, 가을과 겨울에 우거진 숲과 약초의 꽃과 잎과 열매 등이 시들고 누렇게 되어 떨어지고, 봄과 여름에는 가지·잎·꽃 열매가 푸르고 무성하게 되는 것을 말한다. 불타버린 인연이란, 큰 불이 나서 촌읍과 나라의 성과 수도를 불태워서 모두 잿더미가 되는 것을 말한다. 물에 떠내려간 인연이란, 큰 홍수가 나서 촌읍과 나라의 성과 수도를 휩쓸어버려 모두 잠기게 되는 것을 말한다. 바람이 불어 말라버린 인연이란, 큰 바람이 세차게 불어 젖은 옷과 젖은 땅과 농사와 우거진 숲이 말라서 시들게 되는 것을 말한다. 이상한 연을 만남이란 … 또 탐욕이 있는 이가 진에의 연을 만나 탐욕의 번뇌가 그치고 진에의 번뇌가 일어나게 되는 것을 말한다. … 또 안식이 현전해 있더라도 성향미촉의 경계 등 다른 경계와 다른 연을 만나게 되면 다른 분의 식이 일어나게 되는 것을 말한다. … 일체유색과 무색법에 있을 수밖에 없는 변이도 다 이와 같은 여덟 가지 인연을 따를 뿐이다. 云何八種變異因緣 … 積時貯畜者 謂有色諸法 雖於好處安置守護 而經久時自然敗壞其色衰損變異可得 他所損害者 謂種種色法 若爲於他種種捶打種種損害 卽便種種形色變異 受用虧損者 謂各別屬主種種色物 受者受用增上力故損減變異 時節變異者 謂秋冬時叢林藥草華葉果等萎黃零落 於春夏時枝葉華果青翠繁茂 火所焚燒者 謂大火縱逸焚燒村邑國城王都悉爲灰燼 水所漂爛者 謂大水洪漫漂蕩村邑國城王都悉皆淪沒 風所鼓燥者 謂大風飄扇 濕衣濕地稼穡叢林乾曝枯槁 異緣會遇者 … 又有貪者會遇瞋緣 貪纏止息 發起瞋纏 … 眼識正現在前 會遇聲香味觸境等 餘境餘緣起異分識 … 一切有色及無色法所有變異 皆由如是八種因緣"라고 하였다. [참고문헌]『瑜伽師地論』, *Śrāv-bh.474.*

팔종변화자재지용 八種變化自在之用 여덟 가지 신통변화(神通變化). 보살이 중생 교화를 위해 나투는 여덟 가지 화작(化作) 능력을 말한다. 작게 만드는 능력(能作小)·크게 만드는 능력(能作大)·가볍게 만드는 능력(能作輕)·자유자재하게 만드는 능력(作自在)·중생의 주재자로 존재하는 능력(能有主)·먼 곳에 도달하는 능력(能遠到)·대지를 진동시키는 능력(能動地)·마음먹은 대로 남김없이 이루는 능력(隨意所欲盡能得)을 말한다. 팔신변(八神變)·팔자재아(八自在我)라고도 한다. 『법계차제초문』 권3(대정장46, p.693b14)에 "보살이 고르게 공경하는 법에 잘 머무른다면 일체중생과 함께 할 수 있다. 마치 물과 젖처럼 중생의 마음이 이미 친애하는 바이기에 쉽게 교화하여 제도할 수 있는데, 만약 중생의 희유한 믿음을 일으키고자 한다면, 반드시 대신통을 나투어야 한다. 대신통이란 육통을 말한다. … 여덟 가지 변화의 자재한 용만으로도 중생을 이롭게 하는 공력이 깊어 이승은 헤아릴 수 없다. 菩薩善住和敬之法 則與一切 猶如水乳 衆生心旣親愛 故易可化度 若欲生物希有之信 必須現大神通 大神通者 卽六通也 … 但八種變化 自在之用 利物功深 二乘所不能測", "첫째는 능작소다. 변화력으로써 스스로 자기를 작은 몸으로 화작하고 또 타인을 작은 몸으로 화작하거나, 또는 세계의 모든 것을 작은 것으로 내지 모든 것을 티끌과 같은 것으로 화작할 수 있으니, 이를 작은 것으로 화작할 수 있는 능력이라 한다. 둘째는 능작대이다. 변화력으로써 스스로 자신을 큰 몸으로 화작하고 또 타인을 큰 몸으로 화작하거나, 또는 세계의 모든 것을 큰 것으로 내지 허공을 가득 채울 만한 것으로 화작할 수 있으니, 이를 큰 것으로 화작할 수 있는 능력이라 한다. 셋째는 능작경이다. 변화력으로써 스스로 자신의 몸을 가볍게 하거나 세계와 그 모든 것을 가볍게 하고 내지 기러기 털처럼 가볍게 할 수 있으니, 이를 가벼운 것으로 화작할 수 있는 능력이라 한다. 넷째는 능작자재이다. 변화력으로써 큰 것을 작은 것으로, 작은 것을 큰 것으로, 긴 것을 짧은 것으로, 짧은 것을 긴 것 등등으로 만들 수 있으니, 이를 자유자재하게 만들 수 있는 능력이라 한다. 다섯째는 능히 주인이 된다. 변화력으로써 대인으로 화작하더라도 깔보는 마음 없이 일체중생을 항복시키고 일체중생을 섭수하며 일체중생에 대해 자유자재함을 획득할 수 있으니, 이에 주재자로 존재할 수 있다고 한다. 여섯째는 능원도이다. 변화력으로써 의도대로 멀리 도달할 수 있는 능력에는 네 가지가 있다. 첫째는 비행하여 멀리 도달하는 것이며, 둘째는 이곳에서 사라져 저곳에서 나타나는 것이며, 셋째는 직접 가지 않고도 먼 것을 옮겨와 가깝게 하는 것이며, 넷째는 일념에 두루 시방에 도달하는 것이니, 이를 멀리 도달할 수 있는 능력이라 한다. 일곱째는 능동지이다. 변화력으로써 대지를 여섯 가지나 열여덟 가지 방식으로 진통하게 할 수 있으니, 이를 대지를 진동시킬 수 있는 능력이라 한다. 여덟째는 수의소욕진능득이다. 변화력으로써 하나의 몸을 여러 몸으로 화작할 수 있고 여러 몸을 하나의 몸으로 화작할 수 있으며, 석벽을 모두 통과할 수 있고 물위와 허공을 걸을 수 있으며, 해와 달을 손으로 만질 수 있으며, 땅으로 물을 물로 땅을 불로 바람을 바름으로 불을 돌로 금을 금으로 돌을 만드는 등 사대를 부릴 수 있으니, 이를 마음먹은 대로 남김없이 이룰 수 있는 능력이라 한다. 一 能作小 以變化力 能自作已之小身 亦化作他之小身 或化作世界所有小物 乃至皆如微塵 是爲能作小 二 能作大 以變化力 自化作已之大身 亦化作他之大身 或化作世界所有大物 乃至滿虛空 是爲能作大 三 能作輕 以變化力 能自輕已身 亦輕他身 或輕世界及所有 乃至令如鴻毛 是爲能作輕 四 能作自在 以變化力 能以大爲小 以小爲大 以長爲短 以短爲長 如是等種種中 能作自在也 五 能有主 以變化力 能化爲大人 心無所下 降伏一切 攝受一切 於一切衆生 而得自在 故名爲有主 六 能遠到 以變化力 故能遠到有四種 一 飛行遠到 二 此沒彼出 三 移遠令近 不往而到 四 一念遍到十方 是爲遠到 七 能動地 以變化力 能令大地六種震動 及十八種震動 故名能動 八 隨意所欲盡能得 以變化力 能得一身能作多身 多身能作一身 石壁皆過 履水蹈虛 手捫日月 能轉四大 地作水 水作地 火作風 風作火 石作金 金作石 是爲隨意所欲盡能得"라고 하였다. 〔참고문헌〕『法界次第初門』. ⇨ 팔신변 八神變, 팔자재 八自在 ❶

팔종별해탈율의 八種別解脫律儀 Ⓢ aṣṭadhā pratimokṣākhyāḥ, Ⓣ so-sor-thar-pa ces-bya rnam brgyad. 여덟 가지 별해탈율의(Ⓢ prātimokṣa-saṃvara). 여덟 부류의 대중이 구족계를 받을 때 각각의 계법(戒法)에 대해 획득하는 무표색(無表色)이다. 필추율의(苾芻律儀 Ⓢ bhikṣu-saṃvara : 比丘戒)·필추니율의(苾芻尼律儀 Ⓢ bhikṣuṇī-saṃvara : 比丘尼戒)·정학율의(正學律儀 Ⓢ śikṣamāṇā-saṃvara : 式叉摩那戒)·근책율의(勤策律儀 Ⓢ śrāmaṇera-saṃvara : 沙彌戒)·근책녀율의(勤策女律儀 Ⓢ śrāmaṇerī-saṃvara : 沙彌尼戒)·근사율의(近事律儀 Ⓢ upāsaka-saṃvara : 優婆塞戒)·근사녀율의(近事女律儀 Ⓢ upāsikā-saṃvara : 優婆夷戒)·근주율의(近住律儀 Ⓢ upavāsa-saṃvara : 近住戒)를 말한다. 『구사론』 권14(대정장29, p.72b19)에 "〔논〕 별해탈율의의 상의 차별에는 여덟 가지가 있다. 첫째는 필추율의이고, 둘째는 필추니율의이고, 셋째는 정학율의이고, 넷째는 근책율의이고, 다섯째는 근책녀율의이고, 여섯째는 근사율의이고, 일곱째는 근사녀율의이고, 여덟째는 근주율의이다. … 비록 여덟 가지 명칭이 있지만, 실재하는 계체(戒體)는 네 가지일 뿐이니, 첫째는 필추율의이고, 둘째는 근책율의이고, 셋째는 근사율의이고, 넷째는 근주율의이다. 오직 이 네 종류의 별해탈율의만이 모두 계체가 있는 것으로서 실재하니, 그 상이 각각 차별되기 때문이다. 왜 그러한가? 필추율의를 여의고서 별도의 필추니율의가 존재하지 않으며, 근책율의를 여의고서 별도의 정학율의와 근책녀율의가 존재하지 않으며, 근사율의를 여의고서 별도의 근사녀율의가 존재하지 않기 때문이다. 論曰 別解脫律儀相差別有八 一 苾芻律儀 二 苾芻尼律儀 三 正學律儀 四 勤策律儀 五 勤策女律儀 六 近事律儀 七 近事女律儀 八 近住律儀 … 雖有八名實體唯四 一 苾芻律儀 二 勤策律儀 三 近事律儀 四 近住律儀 唯此四種別解律儀皆有體實 相各別故 所以者何 離苾芻律儀 無別苾芻尼律儀 離勤策律儀無別正學勤策女律儀 離近事律儀無別近事女律儀", 『구사론송소론본』 권14(대정장41, p.894c12)에 "이와 같은 여덟 가지를 모두 모아 제일의 별해탈율의라 한다. '실재하는 계체는 네 가지일 뿐이다'란 계체를 밝히는 것이다. 이름은 비록 여덟 가지지만 실재하는 계체는 네 가지이니 첫째는 필추율의, 둘째는 근책율의, 셋째는 근사율의, 넷째는 근주율의다. 如是八種 總名第一別解脫律儀也 實體唯有四者 明體也 名雖有八實體唯四 一 苾芻 二 勤策 三 近事 四 近住"라고 하였다. 〔참고문헌〕『俱舍論』, 『俱舍論頌疏論本』, 『俱舍論記』 권14(대정장41, p.217b6), *Abh-k-bh.205.* ⇨ 팔율의 八律儀[1], 별해탈율의 別解脫律儀, 율의 律儀[1], 칠중율의 七衆律儀

팔종별해탈율의무표색 八種別解脫律儀無表色 여덟 가지 별해탈율의로서의 무표색. 『입아비달마론』 권상(대정장28, p.981b2)에 "별해탈율의에는 다시 여덟 가지가 있다. 첫째는 필추율의, 둘째는 필추니율의, 셋째는 근책율의, 넷째는 정학율의, 다섯째는 근책녀율의, 여섯째는 근사남율의, 일곱째는 근사녀율의, 여덟째는 근주율의이다. 이와 같은 여덟 가지는 오직 욕계에 속하는 것이다. … 무표는 오직 한 찰나로 존재하지만 총종류로 의지하기에 상속한다고 설하는데, 별해탈율의는 서원에 의해 받아 얻으니 앞의 일곱 가지는 목숨이 다할 때까지이고, 또 여덟 번째 근주율의는 하루 동안만 유지된다. 또 앞의 일곱 가지는 네 가지 인연으로 버리게 되는데 첫째는 배워할 할 바를 버리기에, 둘째는 목숨이 다하기에, 셋째는 선근이 끊어지기에, 넷째는 남녀의 두 근이 생겨났을 때다. 여덟 번째 율의는 앞의 네 가지 인연과 밤이 다하면 버린다. 別解脫律儀復有八種 一 苾芻律儀 二 苾芻尼律儀 三 勤策律儀 四 正學律儀 五 勤策女律儀 六 近事男律儀 七 近事女律儀 八 近住律儀 如是八種唯欲界繫 … 亦有無表唯一刹那 依總種類故說相續 別解脫律儀由誓願受得 前七至命盡第八一晝夜 又前七種捨由四緣 一 捨所學故 二 命盡故 三 善根斷故 四 二形生故 第八律儀卽由前四及夜盡捨"라고 하였다. 〔참고문헌〕『入阿毘達磨論』. ⇨ 무표색 無表色

팔종보구족 八種報具足 여덟 가지 과보의 구족. 팔종이숙원만(八種異熟圓滿)이라고도 한다. 수구족(壽具足 Ⓢ āyuḥ-saṃpad)·색구족(色具足 Ⓢ varṇa-saṃpad)·종성구족(種性具足 Ⓢ kula-saṃpad)·자재구족(自在具足 Ⓢ aiśvarya-saṃpad)·신어구족(信言具足 Ⓢ ādeya-vākyatā)·대력구족(大力具足 Ⓢ maheśākhyatā)·인구족(人具足 Ⓢ manuṣyatva)·역구족(力具足 Ⓢ bala)을 말한다. 『보살지지경』 권1(대정장30, p.891c10)에 "무엇을 보라 하는가? 보에는 여덟 가지가 있다. 첫째 수명구족, 둘째 색구족, 셋째 종성구족, 넷째 자재구족, 다섯째 신어구족, 여섯째 대력구족, 일곱째 인구족, 여덟째 역구족이다. 수명이 길어 오래 머무는 것을 수명구족이라 한다. 용모가 단정한 것을 색구족이라 한다. 높은 종족으로 태어나는 것을 종성구족이라 한다. 큰 재력과 많은 무리와 많은 권속을 획득하는 것을 자재구족이라 한다. 송사를 판가름내고 법도를 제정하여 받고 기부함에 모두 정도를 취하니 무릇 하는 말마다 사람들이 믿고 따르니 이를 신언구족이라 한다. 큰 명성과 큰 방편과 큰 지혜와 갖가지 기예가 있어 대중의 공경과 존중과 찬탄을 받으면 대력구족이라 한다. 장부법을 성취하면 인구족이라 한다. 병이나 근심이 적어 무엇이든 해낼 수 있는 것을 역구족이라 한다. 云何爲報 報有八種 一者 壽具足 二者 色具足 三者 種性具足 四者 自在具足 五者 信言具足 六者 大力具足 七者 人具足 八者 力具足 長壽久住 是名壽具足 顔容端政 是名色具足 生於上族 是名種性具足 得大財大衆大眷屬 是名自在具足 斷決事訟 制作法度 受與寄付悉從取正 凡所出言人所信伏 是名信言具足 有大名稱大方便大智慧 種種技藝爲人所重 大衆恭敬尊重讚歎 是名大力具足 成就丈夫法 是名人具足 少病少惱有所堪能 是名力具足"라고 하였다. 〔참고문헌〕『菩薩地持經』, *Bodh-bh.19.* ⇨ 팔종구족 八種具足, 팔종이숙원만 八種異熟圓滿, 이숙 異熟

팔종보살광명 八種菩薩光明 Ⓢ aṣṭākāro bodhisattvāvabhāsaḥ, Ⓣ byang-chub-sems-pa'i snang-ba rnam-pa-brgyad. 보살의 여덟 가지 광명. 『대방등대집경』 권2(대정장13, p.9a7)에 "부처님께서 다시 다라니자재왕보살에게 말씀하시길 '선남자여! 보살마하살에겐 여덟 광명 있으니, 이 여덟 밝음으로 능히 모든 어둠 무너뜨리니 깨끗한 보살행이다. 佛復告陀羅尼自在王菩薩 善男子 菩薩摩訶薩有八光明 以是八明 能壞諸闇 淨菩薩行', "무엇이 그 여덟인가? 첫째 념광, 둘째 의광, 셋째 행광, 넷째 법광, 다섯째 지광, 여섯째 실광, 일곱째 신통광, 여덟째 무애지광이다. 何等爲八 一者 念光 二者 意光 三者 行光 四者 法光 五者 智光 六者 實光 七者 神

通光 八者 無礙智光"라고 하였다. 〔참고문헌〕『大方等大集經』, 『寶性論』(대정장31, p.822a26), *Ratna-ut.6.*

팔종분별 八種分別 Ⓢ aṣṭa-vidho vikalpaḥ, Ⓣ rnam-par-rtog-pa-rnam-pa-brgyad-po. 세간에 유전(流轉)하는 법을 낳는 여덟 가지 분별. 팔종망상(八種妄想)·팔종류(八種謬)·팔종희론(八種戱論)·팔종사분별(八種邪分別) 등이라고도 한다. 자성분별(自性分別 Ⓢ svabhāva-vikalpa)·차별분별(差別分別 Ⓢ viśeṣa-vikalpa)·총집분별(總執分別 Ⓢ piṇḍagrāha-vikalpa)·아분별(我分別 Ⓢ ahamiti-vikalpa)·아소분별(我所分別 Ⓢ mameti-vikalpa)·애분별(愛分別 Ⓢ priya-vikalpa)·비애분별(非愛分別 Ⓢ apriya-vikalpa)·피구상위분별(彼俱相違分別 Ⓢ tadubhaya-viparīto vikalpa)을 말한다. 『유가사지론』 권36(대정장30, p.489c9 : *Bodh-bh.*, p.34)에 "또 모든 어리석은 이는 이와 같이 드러나는 진여를 훤히 알지 못하기에, 이 인연을 좇아 여덟 가지 분별을 굴려 능히 삼사를 일으켜 일체 유정세간과 기세간을 일으킨다. 又諸愚夫 由於如是所顯眞如不了知故 從是因緣 八分別轉 能生三事 能起一切有情世間及器世間 tasyā eva tathatāyā evam-aparijñātatvād-bālānāṃ tan-nidāno 'ṣṭa-vidho vikalpaḥ pravartate tri-vastu-janakaḥ. sarva-sattva-bhājana-lokānāṃ nirvartakaḥ", "어떻게 하여 이러한 팔종분별이 삼사를 일으키는가? 자성·차별·총집분별의 세 분별이 분별희론의 소의와 소연사를 일으키니, 색 등의 상사를 의지하는 연으로 삼기에 명상언설에 섭수되며, 명상언설이 드러내는 분별희론은 이 사에 대해 분별하고 계탁하니, 하나가 아닌 많은 품류차별이 있다. 云何如是八種分別能生三事 謂若自性分別 若差別分別 若總執分別 此三分別能生分別戱論所依分別戱論所緣事 謂色等想事爲依緣故 名想言說所攝 名想言說所顯分別戱論 卽於此事分別計度 非一衆多品類差別", "아와 아소의 두 분별은 온갖 그밖에 견해의 근본과 만의 근본과 살가야견을 내며, 온갖 그 밖의 만의 근본에 있는 아만을 낸다. 애분별과 비애분별과 피구상위분별은 각기상응하는 바대로 탐욕과 진에와 우치를 낸다. 이 팔종분별이 이와 같은 삼사를 내니, 곧 분별희론의 의지하는 연(緣)의 사와 견·아만의 사와 탐진치의 사이다. 若我分別若我所分別 此二分別能生一切餘見根本 及慢根本薩迦耶見 及能生一切餘慢根本所有我慢 若愛分別 若非愛分別 若彼俱相違分別 如其所應能生貪欲瞋恚愚癡 是名八種分別能生如是三事 謂分別戱論所依緣事 見我慢事 貪瞋癡事", "이중 분별희론이 의지하는 연의 사를 소의지로 하여 살가야견과 아만을 내며, 살가야견과 아만을 의지하여 탐진치를 내니, 이 삼사로 널리 일체세간의 유전품법이 드러남을 알아야 한다. 當知此中分別戱論所依緣事爲所依止 生薩迦耶見及以我慢 薩迦耶見我慢爲依生貪瞋癡由此三事普能顯現一切世間流轉品法", 『유가사지론약찬』 권10(대정장43, p.138a9)에 "앞의 셋은 법집의 방편이고, 넷째와 다섯째는 인집의 방편이며, 뒤의 셋은 삼독의 방편이다. 前三法執方便 四五人執方便 後三三毒方便"라고 하였다. 〔참고문헌〕『瑜伽師地論』, 『瑜伽師地論略纂』, *Bodh-bh.34·35.* ⇨ 자성분별 自性分別, 차별분별 差別分別, 총집분별 總執分別, 아분별 我分別, 아소분별 我所分別, 애분별 愛分別, 비애분별 非愛分別, 피구상위분별 彼俱相違分別, 팔종망상 八種妄想, 팔종희론 八種戱論, 팔종분별전능생삼사 八種分別轉能生三事

팔종분별전능생삼사 八種分別轉能生三事 여덟 갈래(自性 差別 總執 我 我所 愛 非愛 彼俱相違)로 분별해 쉬지 않고 굴러서 능히 세 갈래 사태(六根 六境 我見 我慢 貪瞋癡)를 일으키다. 나아가 이렇게 세 가지 사태로 일체유정과 기세간(一切有情及器世間)을 흘러 구르는 온갖 법들이 있게 되니 즉 세계가 있게 된다. 『현양성교론』 권16(대정장31, p.558b14)에 "〔논〕 팔종으로 분별하여 능히 세 가지 일을 낳는다. 무엇이 세 가지인가? 첫째는 분별희론으로 일으킨 사태(Ⓢ vikalpādhiṣṭhānasya prapañca-vastunaḥ)이고, 둘째는 아견과 아만의 사태이고, 셋째는 탐진치의 사태이다. 論曰 八種分別能生三事 何等爲三 一 分別戱論所依緣事 二 見我慢事 三 貪瞋癡事", 『유가사지론』 권36(대정장30, p.489c9)에 "또 모든 어리석은 범부는 이와 같이 드러난 진여를 분명히 알지 못하기에, 이 인연 좇아 여덟 가지로 분별하여 거듭 구르며 세 가지 사태를 낳고 모든 유정세간과 기세간을 일으킨다. … 어떻게 이와 같은 여덟 가지 분별이 능히 세 가지 사태를 낳는가? 저 자성분별과 차별분별과 총집분별 이 세 분별은 분별희론이 의지하는 바로서 색 등으로 떠올리는 일들이 의지해 연으로 삼기 때문인데, 이름과 상인 언설로 거둔다. 명상언설소현의 분별희론인즉 이 사태의 분별계탁은 한무리 다품의 차별이 아니다. 만약 아분별과 아소분별 이 두 분별은 나머지 모든 견의 근본이자 만의 근본인 살가야견(Ⓢ satkāya-dṛṣṭi : 有身見)을 낳고 나머지 모든 만의 근본인 아만을 낳는다. 가령 애분별과 비애분별과 피구상위분별은 각각의 경우에 따라 탐욕과 진에와 우치를 낳는다. 이것을 여덟 가지 분별이 이와 같은 세 가지 사태를 낳는다고 하는 것이니, 분별희론에 의지해서 일어나는 사태, 살가야견과 아만의 사태, 탐진치의 현상이 그것이다. 이 중에서 분별희론에 의지해 일어나는 사태를 의지처로 하여 살가야견과 아만이 생겨나고, 살가야견와 아만을 의지처로 하여 탐진치가 생겨나니, 이 세 가지 사태로 인해 두루 일체 세간의 유전하는 품류의 법이 현현한다. 又諸愚夫由於如是所顯眞如不了知故 從是因緣八分

別轉能生三事 能起一切有情世間及器世間 云何名爲八種分別 … 云何如是八種分別能生三事 謂若自性分別 若差別分別 若總執分別 此三分別能生分別戲論 所依分別戲論所緣事 謂色等想事爲依緣故 名想言說所攝 名想言說所顯分別戲論 卽於此事分別計度 非一衆多品類差別 若我分別若我所分別 此二分別能生一切餘見根本 及慢根本薩迦耶見 及能生一切餘慢根本所有我慢 若愛分別 若非愛分別若彼俱相違分別 如其所應能生貪欲瞋恚愚癡 是名八種分別能生如是三事 謂分別戲論所依緣事 見我慢事 貪瞋癡事當知此中分別戲論所依緣事爲所依止 生薩迦耶見及以我慢 薩迦耶見我慢爲依生貪瞋癡 由此三事普能顯現一切世間流轉品法", 원측(圓測)의 『해심밀경소』 권2(卍속장34, p.662b9)에 "대당삼장은 '팔종분별은 모두 무부무기인 이숙생으로서의 혜를 그 자성으로 하며, 또한 심사를 그 자성으로 한다'라고 하였다. '세 가지 사태를 낳는다'란, 처음 세 가지 분별이 희론으로 의지해 일으키는 사태들로서 육근과 육경을 능히 낳고, 다음의 두 가지 분별로 능히 아견과 아만을 낳으며, 뒤의 세 가지 분별은 차제로 능히 탐진치를 낳는다는 것이다. 이중에 의지해 연하는 사태들이 토대가 되어 아견과 아만을 낳고, 아견와 아만이 토대가 되어 탐진치를 낳는데, 이 세 가지 현상으로 인해 유정과 기세간의 유전하는 품류의 법이 현현한다. 大唐三藏云 八種分別 皆以無覆無記異熟生慧 爲其自性 或可尋伺以爲自性 生三事者 初三分別 能生戲論所依緣事六根六境 次二分別 能生我見及以我慢 後三分別如次能生貪瞋痴 當知 此中所依緣事爲所依故 生我見慢見慢爲依 生貪瞋痴 由此三事 能現有情及器世間流轉品法"라고 하였다. 〔참고문헌〕『顯敭聖敎論』, 『瑜伽師地論』, 『解深密經疏』. ⇨ 팔종분별 八種分別

팔종불환 八種不還 성문사과(聲聞四果)의 하나인 불환과(不還果 Ⓢ anāgāmi-phala)의 성자가 반열반(般涅槃 Ⓢ parinirvāṇa)에 들어갈 때 열반에 들어가는 처소와 양상에 따라 여덟 가지로 나눈 것. 중반열반(中般涅槃 Ⓢ antarā-parinirvāyin : 中般)·생반열반(生般涅槃 Ⓢ upapadya-parinirvāyin : 生般)·유행반열반(有行般涅槃 Ⓢ sābhisaṃskāra-parinirvāyin : 有行般)·무행반열반(無行般涅槃 Ⓢ anabhisaṃskāra-parinirvāyin : 無行般)·상류왕색구경(上流往色究竟 Ⓢ ūrdhvaṃsrota : 上流般)·현법반열반(現法般涅槃 Ⓢ dṛṣṭa-dharma-parinirvāyin : 現般)·왕무색불환(往無色不還 : 無色般)·부정반열반(不定般涅槃 : 不定般)을 말한다. 칠종불환(七種不還)에 부정반열반을 더했다. 『대비바사론』 권174(대정장27, p.873c12)에 "다섯 가지 불환이 있으니, 중반열반·생반열반·유행반열반·무행반열반·상류왕색구경이 그것이다. 이 다섯 가지가 일체를 거두는가, 아니면 일체가 이 다섯 가지를 거두는가? … 일체가 다섯 가지를 거두는 것이지 이 다섯이 일체를 거두지 못한다. 어떤 것들을 거두지 못하는가? 현법반열반과 왕무색불환을 거두지 못한다. … 일체란 일곱 가지 불환이니, 즉 앞의 다섯 가지에 현법반열반과 왕무색불환을 더한 것이다. … 〔문〕 또한 부정반열반하는 이도 있으니 욕계에서 반열반하기도 하고 색계에서 반열반하기도 하며 무색계에서 반열반하기도 한다. 여기서는 어째서 설하지 않은 것인가? 〔답〕 설해야 함에도 설하지 않은 것은 다른 뜻이 있는 것이라고 알아야 한다. 또 그는 곧 일곱 가지 불환중에 거두기에 따로 설하지 않는다. 즉 그가 만약 욕계에서 반열반하는 이라면 현법반열반으로 거두고, 색계에서 반열반하는 이라면 다섯 가지 불환으로 거두며, 무색계에서 반열반하는 이라면 왕무색불환으로 거둔다. 有五不還 謂中般涅槃 生般涅槃 有行般涅槃 無行般涅槃 上流往色究竟 爲五攝一切 爲一切攝五耶 … 答 一切攝五 非五攝一切 不攝何等謂現法般涅槃 及往無色不還 … 一切者謂七不還卽前五并現法般涅槃 及往無色不還 … 問 亦有不定般涅槃者 謂或於欲界而般涅槃 或於色界而般涅槃 或於無色界而般涅槃 此中何故不說 答 應說而不說者當知此義有餘 復次彼卽攝在七不還中故不別說 謂彼若在欲界般者 卽現法般涅槃攝 色界般者卽五不還攝 無色界般者卽往無色不還攝"라고 하였다. 〔참고문헌〕『大毘婆沙論』. ⇨ 오종불환 五種不還, 칠종불환 七種不還, 불환과 不還果

팔종비구비구니 八種比丘比丘尼 비구비구니를 여덟 종으로 나눈 것. 『사분율』 권1(대정장22, p.571a24)에 "비구에 경우에는 명자비구·상사비구·자칭비구·선래비구·걸구비구·착할절의비구·파결사비구 그리고 대계(大戒)를 받으며 백사갈마를 법에 맞게 성취하고 처소를 얻은 비구가 있다. 若比丘者 名字比丘 相似比丘 自稱比丘 善來比丘 乞求比丘 著割截衣比丘 破結使比丘 受大戒白四羯磨如法成就得處所比丘", 같은 책 권22(대정장22, p.714a15)에 "비구니의 경우에는 이름만 비구니, 모습만 비슷한 비구니, 스스로를 비구니라 칭하는 비구니, '잘 왔도다'라고 말해진 비구니, 걸식하는 비구니, 할절의를 입은 비구니, 결사(結使)를 깨뜨린 비구니, 대계를 받고 백사갈마를 법에 맞게 성취하고 처소를 얻은 비구니 등이 있다. 이 비구니들 중 대계를 받고 백사갈마를 하여 법에 맞게 성취하여 처소를 얻고 비구니법 안에 머물러야 하니, 이것이 비구니의 정의이다. 若比丘尼者 名字爲比丘尼 相似比丘尼 自稱比丘尼 善來比丘尼 乞求比丘尼 著割截衣比丘尼 破結使比丘尼 受大戒白四羯磨如法成就得處所比丘尼 是中比丘尼 若受大戒 白四羯磨 如法成就 得處所 住比丘尼法中 是謂比丘尼義", 『율종신학명구』 권중(卍속장105, p.650b12)에 "팔종비구 : 첫째 명자, 둘째 상사, 셋째 자칭, 넷째 걸구, 다섯째 착할절의, 여섯째 파결사, 일곱째 선래, 여덟째 수대계이다. 八種比丘 一 名字 二 相似 三 自稱 四 乞求 五 著割截衣 六 破結使 七 善來 八 受大戒"라고 하였다. 〔참고문헌〕『四分律』, 『律宗新學名句』.

팔종사인 八種似因 법을 논함에 있어 여덟 가지로 잘못된 인(似因 Ⓢhetvābhāsa). 인(因) 되지 못한 것을 인으로 제시하는 여덟 가지 경우를 말한다. 『방편심론』(대정장32, p.25b25)에 "〔문〕 어떤 것을 '사인'이라고 하는가? 〔답〕 '사인'은 법을 논함에 있어 커다란 잘못이니 깨달아 알아서 속히 버려야 한다. 이러한 '사인'을 내가 설명하겠다. '사인'은 표면적인 양상에 따르면 무량한 뜻이 있지만 간략하게 하면 오직 여덟 가지일 뿐이다. 첫째는 제멋대로 말을 함에 의해서 생기는 잘못이며, 둘째는 같고 다름에 나아가서 생기는 잘못이고, 셋째는 의심스럽거나 그렇듯한 인이며, 넷째는 때가 지난 말이고, 다섯째는 류가 같은 것 때문이며, 여섯째는 말로만 같은 것을 말하며, 일곱째는 말을 다르게 하는 것이며, 여덟째는 서로 어긋나게 되는 것이다. 問曰 何名似因 答曰 凡似因者 是論法中之大過也 應當覺知 而速捨離 如此似因 我當宣說 似因隨相 有無量義 略則唯八 一 隨其言橫爲生過 二 就同異而爲生過 三 疑似因 四 過時語 五曰 類同 六曰 說同 七名 言異 八曰 相違"라고 하였다. 〔참고문헌〕『方便心論』. ⇨사인 似因

팔종선다라니자륜문 八種旋陀羅尼字輪門 모든 다라니의 자문(字門)을 여덟 가지로 돌아가며 풀 수 있도록 열린 문. 팔종선전석(八種旋轉釋)이라고도 한다. 『대일경소』 권7(대정장39, p.656a16)에 "여기에서 선다라니자륜상이란 한 자로 일체자의 뜻을 풀고, 일체자로 한 자의 뜻을 풀며, 한 자의 뜻이 일체자의 뜻을 성립시키고, 일체자의 뜻이 한 자의 뜻을 성립시키며, 한 자의 뜻으로 일체자의 뜻을 부수고, 일체자의 뜻으로 한 자의 뜻을 부수는 것을 말한다. 한 자와 일체자의 경우 역순으로 이와 같이 돌아가게 할 수 있다. 此中旋陀羅尼字輪相者 謂以一字釋一切字義 以一切字釋一字義 以一字義成立一切字義 以一切字義成立一字義 以一字義破一切字義 以一切字義破一字義 如一字一切字者 逆順旋轉例此可知", "한 자로 일체자를 푼다는 것은 무엇인가? 예컨대 가(迦 𑖎)자를 풀 때 다만 갖가지 인연으로 본불생을 관하기만 하면 지음이 없는 뜻을 알거나 내지는 하(訶 𑖮)자를 풀 때 갖가지 인연으로 본불생을 관하면 인이 없는 뜻을 아는 것과 같다. 云何以一字釋一切字 如釋迦字時 但以種種因緣觀本不生 卽見無所作義 乃至釋訶字時 亦以種種因緣觀本不生 卽見無因義", "일체자로 한 자를 푼다는 것은 무슨 뜻인가? 예컨대 아(阿 𑖀)자문을 풀 때 갖가지 인연으로 지음이 없음을 관하면 본불생의 뜻을 알 수 있고 내지는 갖가지 인연으로 제법에 인이 없음을 관하면 본불생의 뜻을 알 수 있는 것과 같다. 나머지 자도 이러한 예와 같으니 자세하게 설하리라. 云何以一切字釋一字 如釋阿字門時 以種種因緣觀無造作 卽見本不生義 乃至以種種因緣觀諸法無因 卽見本不生義 餘字例爾 當廣說之", "일체자가 한 자를 성립시킨다는 것은 일체법이 본불생이니 지음이 없기 때문이다. 마치 허공에 분별할 수 있는 상이 없는 것과 같다. 행업이 없기 때문이며 합할 것도 없기 때문이고 내지는 인이 없기 때문이다. 그것이 본래불생이기 때문이다. 云何一切字成立一字 謂一切法本不生 以無作故 如虛空無相故 無行故無合故乃至無因故", "무엇이 한 자로 일체자를 성취한다 하는가? 일체법 지음이 없으니 본래 불생이기에 내지는 일체법 인이 없기에 그 바탕 불생이기 때문이다. 云何一字成一切字 謂一切法無作 以其本不生故 乃至一切法無因 以其本不生故", "일체자가 한 자를 부순다는 뜻은 무엇인가? 만약 어떤 사람이 제법에 근본이 있고 생겨남이 있다고 집착한다면 그 말을 부수어야 한다. 만약 제법이 지음을 떠났지만 생함이 있다고 말한다면 그 뜻은 옳지 않다. 내지 제법의 인을 얻을 수 없지만 생함이 있다고 말한다면 그 뜻은 옳지 않다. 云何以一切字破一字 如人執諸法有本有生 應破彼言 若諸法離於造作而云有生者 是義不然 乃至若諸法因不可得而云有生者 是義不然", "한 자가 일체자를 부순다는 것은 무엇인가? 어떤 이가 지음이 있다고 집착한다면 그 말을 부수어야 한다. 만약 제법이 본래불생이라는 뜻이 성립하는데 지음이 있다고 말한다면 그 뜻은 옳지 않다. 내지는 인이 있다고 집착하는 경우에도 그 말은 논파된다. 만약 제법이 본불생이라는 뜻이 이미 성립하였는데 인이 있다고 한다면 그 뜻은 옳지 않다. 云何一字破一切字 如人執有造作 應破彼言 若諸法本不生義已成立而云有作 是義不然 乃至執有因者 亦破彼言 若諸法本不生義已成立而云有因 是義不然", "역순으로 돌아간다는 것은 무슨 뜻인가? 만약 법이 본래불생이라면 지음이 없다. 짓는 일이 없다면 허공에 상이 없는 것과 같다. 만약 허공처럼 차별상이 없다면 행업이 없다. 만약 행하는 바가 없다면 상응하는 것이 없다. 만약 상응하는 것이 없다면 변천이 없다. 내지는 인이 없다고 하는 경우에 법이 본래불생임을 알아야 한다. 이것을 순방향이라 한다. 만약 법에 인이 없다면 진실로 얻을 수 있는 것이 없다. 만약 진실로 얻을 것이 없다면 자성이 둔하다. 만약 자성이 둔하다면 본성이 공적함을 알아야 한다. 만약 본래 공적이라면 상이 없음을 알아야 한다. 내지는 본래불생이어서 인이 없음을 알아야 한다. 이와 같이 여덟 가지 뜻의 문으로 자재하게 돌아가며 설명하는 것을 말한다. 云何逆順旋轉 所謂若法本來不生則無造作 若無造作 則如虛空無相 若如虛空無相 卽無有行 若無所行 則無有合 若無有合則無遷變 乃至若無因者當知法本

不生 是名爲順 若法無因 則諦不可得 若諦不可得則自性鈍 若是自性鈍者當知本性寂 若本寂者當知無相 乃至若本不生者當知無因 如是八種義門 自在旋轉說之"라고 하였다. [참고문헌]『大日經疏』. ⇨실담자문 悉曇字門, 자문字門, 사십이자문 四十二字門

팔종선우상 八種善友相 여덟 가지 좋은 벗의 모습. 『유가사지론』 권44 「보살지 菩薩地」(대정장30, p.534c28)에 "마땅히 알라. 보살은 여덟 가지를 성취해야 능히 좋은 벗의 뭇 모습을 두렷이 채운다. 첫째는 계에 머묾(住戒)이니, 모든 보살의 율의계 중에 묘하고 잘 안주해야 빠짐도 뚫림도 없다. 둘째는 많이 들음(多聞)이니, 각혜가 성취된다. 셋째는 갖추어 증함(具證)이니, 닦아 이루는 바를 얻어 하나를 따라 뛰어나고 잘하여 사마타 비발사나에 이른다. 넷째는 불쌍히 여김(哀愍)이니, 안으로 자비를 갖추고 능히 자기를 버려 현법에 즐거이 머물면서 세세하고 부지런함에 게으름 없이 다른 이를 요익케 한다. 當知 菩薩成就八支 能爲善友衆相圓滿 一者住戒 於諸菩薩律儀戒中 妙善安住 無缺無穿 二者多聞 覺慧成就 三者具證 得修所成 隨一勝善 逮奢摩他毘鉢舍那 四者哀愍 內具慈悲 能捨自己 現法樂住 精勤無怠 饒益於他", "다섯째는 두려움 없음(無畏)이니, 다른 이를 위해 정법의 가르침을 펼쳐 설할 때 공포로 인해 생각과 말을 잊지 않는다. 여섯째는 견뎌 참음(堪忍)이니, 다른 이가 가볍게 보고 웃고 조롱하고 비루하게 말하여 거스르고 막는 등의 일과 달갑지 않은 언로와 갖가지 악행에 대해 전부 다 능히 참는다. 일곱째는 게으름 없음(無倦)이니, 그 힘이 채워져 세고 능히 자주 사유해 가리고 사부대중에서 자리하여 정법을 설할 때는 말에 더듬거림이 없고 마음에 피곤하여 꺼림이 없다. 여덟째는 좋은 말솜씨(善詞)니, 말이 갖춰져 두렷이 가득 참에 법성을 허물어트리지 않고 언사가 유창하여 분명하다. 五者無畏 爲他宣說正法教時 非由恐怖忘失念辯 六者堪忍 於他輕笑 調弄鄙言 違拒等事 非愛言路 種種惡行 皆悉能忍 七者無倦 其力充强 能多思擇 處在四衆 說正法時 言無謇澁 心不疲厭 八者善詞 語具圓滿 不壞法性 言詞辯了"라고 하였다. [참고문헌]『瑜伽師地論』, 『勸發菩提心集』 권중(대정장45, p.393c1), 『解深密經疏』 권8(한불전1, p.403a13).

팔종성 八種聲 Ⓢ aṣṭavidhaḥ śabdaḥ. 여덟 가지 소리(Ⓢ śabda). 성처(聲處)의 여덟 가지 소리이다. 유집수대종(有執受大種)과 무집수대종으로 나누고 이를 다시 유정명(有情名)과 비유정명(非有情名)으로 나눈 뒤 다시 듣기 좋은 소리(可意聲)와 거슬리는 소리(不可意聲)로 나눈다. 『구사론』 권1(대정장29, p.2c11 : *Abh-k-bh.*, p.6)에 "소리에는 여덟 가지가 있다. 유집수 또는 무집수의 대종을 인으로 하는 것과, 또 유정명과 비유정명의 차별에 의해 네 가지가 되며, 이는 다시 듣기에 좋은 것과 불쾌한 것의 차별에 의해 여덟 가지가 된다. 聲唯八種 謂有執受 或無執受大種爲因 及有情名非有情名差別爲四 此復可意及不可意差別成八 śabdas tv aṣṭavidhaḥ. upāttānupāttamahābhūtahetukaḥ sattvāsattvākhyaś ceti caturvidhaḥ. sa punar manojñāmanojñabhedād aṣṭavidho bhavati", "유집수의 대종을 근거로 하는 소리란 말이나 손 등에 의해 일어나는 음성을 말하며, 바람·숲·강 등에 의해 일어나는 음성을 무집수의 대종을 근거로 하는 소리라 한다. 유정명의 소리란 말로 하는 업을 말하며, 나머지는 비유정명의 소리이다. 執受大種爲因聲者 謂言手等所發音聲 風林河等所發音聲 名無執受大種爲因 有情名聲 謂語表業 餘聲則是非有情名 tatropāttamahābhūtahetuko yathā hastavākchabdaḥ. anupāttamahābhūtahetuko yathā vāyuvanaspatinadīśabdaḥ. sattvākhyo vāgvijñaptiśabdaḥ. asattvākhyo 'nyaḥ", 『구사론기』 권1(대정장41, p.18b25)에 "'소리에는 여덟 가지가 있다 ~ 여덟 가지가 된다'라고 하였는데, 이하는 따로 풀이할 것이다. 들리는 것을 소리라 한다. 차별하면 여덟 가지다. 첫째는 근으로 집수하는 대종을 인으로 유정이 그 이름을 알고 좋아하는 소리이고, 둘째는 유정이 근으로 받아 들을 수 있으며 거슬리는 소리이고, 셋째는 근으로 들을 수 있는 유정 아닌 것들이 내는 대종을 인으로 해서 유정 아닌 것들이 듣기 좋은 소리이고, 넷째는 근으로 들을 수 있는 유정 아닌 것들이 내는 대종을 인으로 해서 유정 아닌 것들이 거슬리는 소리를 말한다. 근이 없는 존재들이 대종을 인으로 내는 소리에도 네 가지가 있으니 이에 준해 풀 수 있다. 聲有八種至差別成八者 此下別解 所聞名聲 差別有八 一 有執受大種爲因有情名可意聲 二 有執受大種爲因有情名不可意聲 三 有執受大種爲因非有情名可意聲 四 有執受大種爲因非有情名不可意聲 無執受大種爲因聲亦有四種 准此應釋"라고 하였다. [참고문헌]『俱舍論』, 『俱舍論記』, *Abh-k-bh.* ⇨성 聲, 성처 聲處, 유집수 有執受, 무집수 無執受

〈표〉팔종성

제십이도第十二圖	유집수대종인성有執受大種因聲	유정명有情名	가의可意	뇌성등雷聲等
			불가의不可意	관현적성등管絃笛聲等
		비유정명非有情名	가의可意	화인가책성등化人呵責聲等
			불가의不可意	화인연어化人軟語等
	무집수대종인성無執受大種因聲	유정명有情名	가의可意	질가박수급곡성등叱呵拍手及哭聲等
			불가의不可意	합의박수성등合意拍手聲等
		비유정명非有情名	가의可意	질가성등叱呵聲等
			불가의不可意	가곡성등歌曲聲等

팔종소작 八種所作 여덟 가지 지어야 할 것. 『유가사지론』 권13 「삼마희다지 三摩呬多地」(대정장30, p.346c19)에 "무엇이 지어야 할 바인가? 팔종소작을 말하니, 첫째 멸의지, 둘째 전의지, 셋째 변지소연, 넷째 희락소연, 다섯째 득과, 여섯째 이욕, 일곱째 전근, 여덟째 인발신통이다. 云何所作 謂八種所作 一 滅依止 二 轉依止 三 遍知所緣 四 喜樂所緣 五 得果 六 離欲 七 轉根 八 引發神通", 『유가론기』 권5(대정장42, p.404c1・한불전13, p.286a4)에 "첫째 멸의지란 능히 더불어 악 사라지게 함을 의지로 삼는 것이다. 둘째 전의지란 곧 더불어 선 낳음을 의지로 삼는 것이다. 변지란 알기를 잘하고 뛰어나게 함이니, 고락의 연하여 나는 법을 두루 알아서 염리심을 내는 것이다. 희락이란 멸제와 도제를 기뻐하며 즐거워함이다. 一 滅依止者 能與滅惡爲依止 轉者 謂與善生爲依止 遍知謂知善巧 遍知苦樂緣生等法生厭離故 喜樂者 謂喜樂滅道"라고 하였다. 〔참고문헌〕『瑜伽師地論』, 『瑜伽論記』. ⇨ 소작 所作

팔종수구계 八種遂求戒 Ⓢ aṣṭa-vidha vighātārthika-śīla. 보살이 중생을 따라다니며 구하는 여덟 가지 계. 하지 않기를 바라는 몸과 입으로 짓는 일곱 가지 불선업에 도구로 남을 해하는 일을 더했다. 단명(斷命 : 殺生)・불여취(不與取)・예욕사행(穢欲邪行 : 邪淫)・허망(虛妄)・이간(離間)・추악(麤惡)・기어(綺語)・악촉(惡觸)이다. 『유가사지론』 권42(대정장30, p.522b9 : *Bodh-bh.*, p.127)에 "무엇이 보살의 수구계인가? 이 계에는 크게 여덟 가지가 있음을 알아야 한다. 보살은 스스로 자세히 사유하기를, '나는 그가 산목숨을 끊음, 주지 않은 것을 취함, 더러운 욕망에 의한 그릇된 행위, 허망한 말, 이간의 말, 거칠고 나쁜 말, 교묘하게 꾸민 말, 손・흙덩이・몽둥이 등 여러 좋아하지 않는 촉으로 나를 가해하지 않기를 구한다. 云何菩薩遂求戒 當知此戒略有八種 謂諸菩薩自諦思惟 如我悕求勿彼於我現行斷命 不與而取 穢欲邪行 虛妄 離間 麤惡 綺語 手塊杖等 諸非愛觸加害於我 tatra katamad bodhisattvasya vighātārthikaśīlam. tad aṣṭavidhaṃ veditavyam. iha bodhisattvaḥ svayam evaivam anucintayati. yathāham arthī jīvitena na me kaścij jīvatād vyaparopayet. adattam ādadyāt kāmeṣu mithyācaret mṛṣāvācaṃ bhāṣeta paiśunyaṃ pāruṣyaṃ sabhinnapralāpaṃ kuryāt pāṇiloṣṭatāḍanasaṃsparśaiś cāniṣṭair vihiṃsāsaṃsparśaiḥ samudācared iti", "내가 이를 구했지만, 다른 이가 만약 어겨 현행한다면, 내가 구하는 바를 따르지 않아 내 마음이 기쁘지 않게 된다. … 보살은 이와 같이 자세히 사유한 뒤에 목숨이 위태로운 상황에서도 여덟 가지 구하는 바를 따르지 않아 마음이 기쁘지 않은 일을 다른 이에게 현행하지 않으니, 이러한 여덟 가지를 보살의 수구계라 한다. 我求是已 他若相違而現行者 我求不遂我意不悅 … 菩薩如是審思惟已 命難因緣亦不於他現行八種所求不遂不悅意事 如是八種說名菩薩遂求戒 tasya me evam arthinaḥ sacet pare viparyayeṇa samudācareyuḥ tena me syād vighātas tan me syād amanāpam. … iti pratisaṃkhyāya bodhisattvo jīvitahetor api parān aṣṭavidhenāmanāpena na samudācarati. idaṃ bodhisattvasyāṣṭākāraṃ vighātārthikaśīlamity ucyate", 『유가론기』 권10(대정장42, p.540c16)에 "수구계란 구역에서는 식고계라 하였다. 여덟 가지가 있다는 것은 몸과 말로 짓는 일곱 가지 불선업도와 손・흙덩이・몽둥이 등으로 살생하는 방편이 여덟 번째가 된다. 遂求戒者 舊名息苦戒 有八種 謂身語七不善業道 及手塊杖等殺之方便以爲第八"라고 하였다. 〔참고문헌〕『瑜伽師地論』, 『瑜伽論記』, *Bodh-bh.*

팔종수기 八種授記 여덟 가지 수기. 여래께서 발심한 중생에게 미래에 반드시 부처가 될 것을 예언해주는 일. 『법화문구』 권7(대정장34, p.97b2)에 "『영락경』 9권에 여덟 종류의 수기가 있다. 자신은 이미 알지만 다른 사람이 알지 못한다. 다른 사람들이 다 알지만 스스로는 알지 못한다. 자신과 대중이 모두 안다. 자신과 대중이 함께 알지 못한다. 가까이는 알지만 멀리는 알지 못한다. 멀리는 알지만 가까운 것은 알지 못한다. 가깝거나 멀거나 함께 안다. 가깝거나 멀거나 함께 알지 못한다. 자신은 이미 알지만 다른 사람이 알지 못한다는 것은 발심해서 스스로 서원을 했지만 아직 널리 다른 사람에게 미치지 못하고, 사무소외를 얻지 못했으며, 아직 좋은 방편을 얻지 못했기 때문이다. 대중은 다 알지만 스스로 알지 못하는 것은 발심이 광대하여 사무소외와 좋은 방편을 얻었기 때문이다. 모두 안다는 것은 제7지에 있어서 무외와 좋은 방편으로 공관을 얻었기 때문이다. 모두 알지 못한다는 것은 아직 제7지에 들어가지 못해서 무착행을 얻지 못했기 때문이다.(운운) 멀리는 알지 못하는 것이란 미륵을 말한다. 모든 근을 구족하고 여래무착행을 버리지 않았기 때문이다. 가까운 것은 알지 못하는 사람은 아직 현성행을 연설할 수 없으니, 사자응이 이런 사람이다. 멀고 가까움을 함께 아는 자는 모든 근을 구족하고 무착행을 버리지 않는 자이니 유순보살이 이 사람이다. 가깝고 먼 것을 함께 알지 못하는 것은 좋은 방편을 얻지 못하여 여래장을 모두 알 수 없으니, 등행보살이 이 사람이다. 瓔珞第九 八種授記 己知他不知 衆人盡知己不知 己衆俱知 己衆俱不知 近覺遠不覺 遠覺近不覺 俱覺 俱不覺 己知他不知者 發心自誓未廣及人 未得四無所畏 未得善權故 衆人盡知己不知者 發心廣大得無畏善權故 皆知者 位在七地無畏善權得空觀故 皆不知者 未入

七地未得無著行(云云) 遠者不覺者 彌勒是也 諸根具足不捨如來無著之行故 近者不覺 此人未能演說賢聖之行 師子膺是也 近遠俱覺者 諸根具足不捨無著之行 柔順菩薩是也 近遠俱不覺者 未得善權不能悉知如來藏 等行菩薩是也"라고 하였다. 〔참고문헌〕『法華文句』. ⇨ 수기 授記

팔종시 八種施 Ⓢ aṣṭau dānāni, Ⓣ sbyin-pa brgyad. 여덟 가지 보시로 베풂다. 수지시(隨至施)·포외시(怖畏施)·보은시(報恩施)·구보시(求報施)·습선시(習先施)·희천시(希天施)·요명시(要名施)·위장엄심자조심위자유가위득상의이행시(爲莊嚴心爲資助心爲資瑜伽爲得上義而行惠施)를 말한다. 팔시(八施)·팔종보시(八種布施)라고도 한다. 『구사론』 권18(대정장29, p.96b26 : *Abh-k-bh.*, p.270)에 "만약 보살들이 실천한 혜시로서 이것이 널리 유정을 이롭고 즐겁게 하는 인이 된다면, 비록 해탈한 이가 해탈한 이에게 보시한 것이라고 할 수는 없지만 보시의 복덕에 있어서는 가장 수승하다고 할 수 있다. 이러한 보시를 제한 여덟 가지 종류의 보시 중에서 여덟 번째 보시의 복덕 또한 가장 수승하다고 할 수 있다. 若諸菩薩所行惠施 是普利樂諸有情因 雖不名爲脫施於脫 而於施福亦爲最勝 除此更有八種施中 第八施福亦爲最勝 yad vā dānaṃ bodhisattve dadāti sarvasattvahitahetos tad amuktasyāpy amukte 'bhyādānam agram. tat sthāpayitvā yāni bhagavato 'nyāny aṣṭau dānāny uktāni teṣām aṣṭamam agram iti vartate", "여덟 가지 보시란 무엇인가? 첫째는 수지시이고, 둘째는 포외시이고, 셋째는 보은시이고, 넷째는 구보시이고, 다섯째는 습선시이고, 여섯째는 희천시이고, 일곱째는 요명시이고, 여덟째는 마음을 장엄하기 위해, 마음을 돕기 위해, 유가를 돕기 위해, 상의(涅槃)를 획득하기 위해 실천하는 혜시이다. 八施者何 一 隨至施 二 怖畏施 三 報恩施 四 求報施 五 習先施 六 希天施 七 要名施 八 爲莊嚴心爲資助心爲資瑜伽爲得上義而行惠施 katamāny aṣṭau. āsādya dānaṃ, bhayadānam, adan me dānaṃ, dāsyāmi me dānaṃ, dattapūrvaṃ me dānaṃ, pitṛbhiś ca pitāmahaiś ceti dānaṃ dadāti, svargārthaṃ dānaṃ, kīrttyarthaṃ dānaṃ, cittālaṃkārārthaṃ dānaṃ cittapariṣkārārthaṃ yogasaṃbhārārtham uttamārthasya prāptaye dānaṃ dadāti", "수지시에 대해 옛 스승들은 '자기와 가까운 이나 친지에게 비로소 시여하는 것이다'라고 하였다. 포외시란, 이러한 재물에 파괴되는 모습이 현전하는 것을 보고는 차라리 보시하여 상실하지 않으려는 것이다. 습선시란, 선인·조부·가법에 따라 혜시를 실천하는 것이다. 그 밖의 보시에 대해서는 알기 쉽기에 별도로 해석하지 않는다. 隨至施者 宿舊師言 隨近已至方能施與 怖畏施者 謂見此財壞相現前寧施不失 習先施者 謂習先人父祖家法而行惠施 餘施易了故不別釋 tatrāsādya dānaṃ yat āsannebhya upagatebhyo dānaṃ dadātīti paurāṇāḥ. bhayadānaṃ yad vināśābhimukhaṃ dṛṣṭvā varaṃ dadāmīti dadāti śeṣaṃ sugamatvān na vibhaktam"라고 하였다. 〔참고문헌〕『俱舍論』, *Abh-k-bh.* ⇨ 팔시 八施

팔종식 八種食 여덟 가지 음식. 소(酥)·기름(油)·꿀(蜜)·석밀(石蜜)·젖(乳)·낙(酪)·생선(魚)·고기(肉)를 말한다. 팔종미식(八種美食)이라고도 한다. 『마하승기율』 권17(대정장22, p.362b10)에 "만약 비구가 한 곳에서 빌어 팔종미식 얻은 다음 각각 따로 먹었다면 많은 바야제(Ⓢ pāyattika)를 얻는다. 만약 비구가 팔종식을 다른 곳에서 구하여 한 곳에서 먹었다면 하나의 바야제를 얻지만, 많은 곳에서 구하여 각각 따로 먹었다면 많은 바야제를 얻는다. 若比丘一處乞得八種美食 各各別食 得衆多波夜提 若比丘八種食 異處乞 一處食 得一波夜提 衆多處乞 各各別食 得衆多波夜提", 『사분율계본소행종기』 권4(卍속장62, p.913b4)에 "팔종미식이란 소·유·밀·석밀·유·낙·어·육을 말한다. 八種美食 謂酥 油 蜜 石蜜 乳 酪 魚 肉也"라고 하였다. 〔참고문헌〕『摩訶僧祇律』, 『四分律戒本疏行宗記』.

팔종식구삼능변 八種識具三能變 여덟 가지 식은 세 가지(異熟 思量 了別)로 능히 변한다. 『종경록』 권47(대정장48, p.691a13)에 "경론들에서 여덟 가지 종류의 식이 있다고 공통적으로 말하는데, 첫째 안식, 둘째 이식, 셋째 비식, 넷째 설식, 다섯째 신식, 여섯째 의식, 일곱째 말나식, 여덟째 아뢰야식 그것이다. 經論通辯 有八種識 一 眼識 二 耳識 三 鼻識 四 舌識 五 身識 六 意識 七 末那識 八 阿賴耶識", "이 여덟 가지 식은 모두 세 가지 능변이니, 첫째는 이숙능변으로서 제8식이고, 둘째는 사량능변으로서 제7식이며, 셋째는 요별능변이니 전6식이다. 『성유식론』에서 말하길 '식이 전변한 것의 상은 무량한 종류이지만 능변인 식의 종류를 구별하면 오직 세 가지 뿐이다. 첫째는 이숙식이니 제8식에 해당한다. 대부분 이숙성이기 때문이다. 둘째는 사량식이니 제7식에 해당한다. 끊임없이 심찰하고 사량하기 때문이다. 셋째는 요별경식이니 전6식에 해당한다. 경계의 구체적인 특징을 요별하기 때문이다'. 此八種識 具三能變 一異熟能變 卽第八識 二思量能變 卽第七識 三了別能變 卽前六識 唯識論云 識所變相 雖無量種 而能變識 類別唯三 一謂異熟 卽第八識 多異熟性故 二謂思量 卽第七識 恒審思量故 三謂了境 卽前六識 了境麤相故"라고 하였다. 〔참고문헌〕『宗鏡錄』, 『成唯識論』 권2(대정장31, p.7b26). ⇨ 팔식 八識[1], 삼능변 三能變

팔종신구율의 八種身口律儀 여덟 가지 신업(身業)과 구업(口業)의 율의. 팔종수구율의라고도 한다. 『대지도론』 권13(대정장25, p.153b11)에 "시라라고 하였는데, 간략히 말하면 몸과 입의 율의로서 여덟 가지가 있다. 해치지 않고(殺生), 겁탈하지 않고(偸盜), 사음하지 않고, 거짓말하지 않고, 이간질하지 않고, 욕하지 않고, 교묘하게 꾸며 말하지 않고, 술 마시지 않으면서 깨끗하게 목숨을 유지하는 정명을 계라 한다. 尸羅者 略說身口律儀有八種 不惱害 不劫盜 不邪婬 不妄語 不兩舌 不惡口 不綺語 不飮酒 及淨命 是名戒"라고 하였다. 〔참고문헌〕『大智度論』. ⇨ 팔종수구계 八種邃求戒

팔종심계평등 八種心界平等 여덟 가지 법으로 마음의 세계를 평등히 하다. 지·수·화·풍·허공·법계·해탈·열반과 같이해서 평등을 성취한다. 『대보적경』 권111 「정신동녀회 淨信童女會」(대정장11, p.624c21)에 "(부처님께서 말씀하시기를) '다시 동녀는 여덟 가지 마음과 경계의 평등을 성취하는데, 무엇이 그 여덟인가? 첫째, 마음이 땅과 같다. 둘째, 마음이 물과 같다. 셋째, 마음이 불과 같다. 넷째, 마음이 바람과 같다. 다섯째, 마음이 허공과 같다. 여섯째, 마음을 법계와 같이 한다. 일곱째, 마음을 해탈과 같이 한다. 여덟째, 마음을 열반과 같이 한다. 이것을 팔종심계평등이라고 한다'라고 하셨다. 그때 세존께서 거듭 게송을 설하여 말하셨다. '마음을 땅처럼 고르게 하여 일체를 짊어지네. 선에서든 악에서든 늘거나 주는 일 없네. 마음을 물처럼 고르게 하여 모든 더러움을 씻어내네. 세간을 길러서 키우고 번뇌의 갈증을 없애네. 마음을 불처럼 평등하게 하여 번뇌를 불태워 없애네. 크나큰 횃불의 광명으로 비추지 못하는 곳이 없네. 마음을 바람처럼 평등하게 하여 자리함도 의지함도 없네. 계를 바람에 퍼트려 향기롭게 해서 삼세에 널리 흐르네. 마음을 허공처럼 평등하게 하여 견해 떠나 청정하네. 두루 일체에 들지만 마구니 따르지 않네. 마음을 법계처럼 평등하게 하여 편안하게 잘 머무네. 늘지도 줄지도 않아 항상 들지만 평등하네. 성문연각 얻은 해탈에 얽히지 않아 벗어날 일도 없네. 생사이든 열반이든 오는 것도 없고 가는 것도 없네. 고요함에 편안하게 머무르며 삼세에 널리 자유롭다'. 復次童女 成就八法心界平等 何者爲八 一者 心如地故 二者 心如水故 三者 心如火故 四者 心如風故 五者 心如虛空故 六者 心等法界故 七者 心等解脫故 八者 心等涅槃故 是名八種心界平等 爾時世尊 重說偈言 等心如地 荷負一切 於善於惡 無所增減 等心如水 洗諸垢穢 養育世間 除煩惱渴 等心如火 燒滅煩惱 大炬光明 無所不燎 等心如風 無處無依 颺戒聞香 流遍三世 等心如空 離見淸淨 遍入一切 而不隨魔 等心法界 善得安住 不增不減 常入平等 聲聞緣覺 所得解脫 無有縛者 亦無解者 生死涅槃 無來無去 安住寂靜 遍遊三世"라고 하였다. 〔참고문헌〕『大寶積經』. ⇨ 평등 平等 **1**

팔종심묘논법 八種深妙論法 여덟 가지로 깊고 뛰어나게 논하는 법. 비유(譬喩)·수소집(隨所執)·어선(語善)·언실(言失)·지인(知因)·응시어(應時語)·사인비인(似因非因)·수어난(隨語難)을 말한다. 『방편심론』(대정장32, p.23c5)에 "이와 같은 여덟 가지 깊고 묘한 논법을 내가 간략히 설명하여 모든 논의 문을 열고 희론을 끊겠다. 첫째는 비유이고, 둘째는 수소집이며, 셋째는 어선이고, 넷째는 언실이며, 다섯째는 지인이고, 여섯째는 응시어이며, 일곱째는 사인비인이고, 여덟째는 수어난 등이다. 如此八種深妙論法 我當略說 爲開諸論門 爲斷戲論故 一曰 譬喩 二 隨所執 三曰 語善 四曰 言失 五曰 知因 六 應時語 七 似因非因 八 隨語難", "비유에 두 가지가 있으니 첫째 구족유(具足喩 : 肯定·同喩), 둘째 소분유(少分喩 : 否定·異喩)이다. 집착하는 바를 따르는 것이니 구경의 뜻을 말하고, 어선이란 말을 뜻에 따르게 하는 것을 말하며, 언실이란 말이 리에 어긋나는 것이다. 지인이란 두 가지 인을 아는 것이니 첫째는 생인이고, 둘째는 요인이다. 말함에 때에 응한다 하니, 만약 먼저 계와 입을 말하고 후에 오음을 말하면 불응시다. 언어의 차제에 잘 통달하는 것을 응시어라고 한다. 사인이란, 예를 들면 아지랑이는 물인 듯하지만 실로 물이 아닌 것과 같은 경우이니, 어떤 논자가 말을 꾸며대어 물이라고 한다면 이것이 사인이다. 수언난이란, 새옷이라고 말하는 경우에 곧 비난하여 옷은 시가 아니거늘 어떻게 새롭다 이름할 수 있겠는가 한다면 이와 같은 말을 따라 말하는 어려움이라고 한다. 喩有二種 一 具足喩 二 少分喩 隨所執者 名究竟義 語善者 謂語順於義 言失者 謂言乖於理 知因者 能知二因 一 生因 二 了因 語應時者 若先說界入 後說五陰 名不應時 若善通達言語次第 是則名曰應時語也 似因者 如焰似水而實非水 若有論者 嚴飾言辭 以爲水者 是名似因 隨言難者 如言新衣 卽便難曰 衣非是時 云何名新 如是等名隨言難也"라고 하였다. 〔참고문헌〕『方便心論』. ⇨ 비유 譬喩, 수소집 隨所執, 어선 語善, 언실 言失, 지인 知因, 응시어 應時語 **1**, 사인 似因, 수어난 隨語難

팔종안 八種眼 Ⓢ aṣṭa-vidha cakṣu. 눈(眼)으로 봄에 있어 여덟 가지로 달리 익힌 것들에 의지한다는 뜻이다. 『유가사지론』 권3(대정장30, p.292b14 : *Yogā-bh.*, p.64)에 "또 눈에 한 가지 있으니 능히 색을 본다. … 또는 여덟 가지를 세우는데, 의처로서의 눈(肉眼)·변화하는 눈·선업이숙에서 생겨난 눈·불선업이숙에서 생겨난 눈·음식에 의해 장양된 눈·수면이 장양한 눈·범행이 장양한 눈·정으로 길러진 눈이 그것이다. 復次眼有一種 謂能見色 … 或立八種 謂依處眼 變化眼

善業異熟生眼 不善業異熟生眼 食所長養眼 睡眠長養眼 梵行長養眼 定所長養眼 aṣṭavidham adhiṣṭhānacakṣuḥ kuśalakarmavipākajam akuśalakarmavipākajam āhāropacitaṃ svapnopacitaṃ brahmacaryopacitaṃ samāpāyupacitaṃ"라고 하였다. 〔참고문헌〕『瑜伽師地論』, *Yogā-bh.* ⇨ 의처안 依處眼

팔종약 八種藥 여덟 가지 약. 팔정도(八正道) 또는 오문선(五門禪)과 인연관(因緣觀)·자비관(慈悲觀)·부정관(不淨觀)을 비유한다. 이 여덟 가지로도 다스릴 수 없는 병이 있듯이, 사바라이중죄와 오무간업은 다스릴 수 없는 뜻의 비유로 쓰였다. 36권본『대반열반경』권9(대정장12, p.660b26)에 "또한 선남자여! 비유컨대 저 양의가 팔종약 알아서 일체병 멸하지만 오직 아살사병(Ⓢ asādhya)만은 능히 없앨 수 없음과 같다. 일체계경·선정·삼매 또한 이와 같아서 능히 일체탐·에·우치·모든 번뇌들이라는 병을 다스리고 번뇌라는 독침 등과 화살을 능히 뽑을 수 있지만 사중금·오무간죄 범하는 것만은 능히 다스릴 수 없다. 復次 善男子 譬如良醫 解八種藥 滅一切病 唯不能除阿薩闍病 一切契經禪定三昧 亦復如是 能治一切貪恚愚癡諸煩惱病 能拔煩惱毒刺等箭 而不能治犯四重禁五無間罪",『대반열반경집해』권23(대정장37, p.469a18)에 "법요 말하길 '나머지 계경들은 양의에 비유한다. 경에 팔종약 있는데 고·공·무상·무아·부정·자심·인연·관불을 말한다. 팔종병 멸함이란, 사도와 삼독과 등분이다. 이 아래에 열 가지 비유 있는데 모두 경에 뛰어난 힘 있어 능히 중죄도 뽑을 수 있음을 밝혔다. 여덟 약이란 팔정도를 말한다'. 法瑤曰 餘契經譬良醫 經有八種藥 謂苦 空 無常 無我 不淨 慈心 因緣 觀佛 滅八種病 四倒三毒 及等分也 此下有十譬 悉明經有勝力 能拔重罪 八藥者 謂八正道也",『열반경회소』권9(卍속장57, p.15a1)에 "팔종은 팔정을 비유한다. 또 무상·부정 등 오문과 인연·자비·부정관으로 팔종이 된다고도 한다. 八種譬八正 又云 無常不淨等五門 因緣 慈悲 不淨觀爲八種"라고 하였다. 〔참고문헌〕『大般涅槃經』,『大般涅槃經集解』,『涅槃經會疏』.

팔종언 八種言 여덟 가지로 말하다. 다섯 무리 대중에게 설법을 할 때 따라야 하는 여덟 가지 말. 희락할 만한 말(可憙樂言)·잘 풀어보이는 말(善開發言)·난해함을 잘 푼 말(善釋難言)·잘 분석하는 말(善分析言)·잘 수순해 들어가는 말(善順入言)·다른 것을 끌어 증명하는 말(引餘證言)·뛰어난 변재의 말(勝辯才言)·으뜸의 뜻을 따라 나아가는 말(隨宗趣言)을 말한다.『유가사지론』권81(대정장30, p.754b27)에 "대중에게 설한다는 것은 다섯 무리 대중에 상대하여 여덟 가지 말을 선설하는 것이다. 무엇이 여덟 가지인가? 첫째는 가희락어이고, 둘째는 선개발어이고, 셋째는 선석난어이고, 넷째는 선분석어이고, 다섯째는 선순입어이고, 여섯째는 인발증어이고, 일곱째는 승변재어이고, 여덟째는 수종취어이다. 說衆者 謂處五衆宣八種言 何等爲八 一者 可憙樂言 二者 善開發言 三者 善釋難言 四者 善分析言 五者 善順入言 六者 引餘證言 七者 勝辯才言 八者 隨宗趣言", "다섯 무리 대중이란, 첫째는 재가중이고, 둘째는 출가중이고, 셋째는 청정한 믿음이 있는 대중이고, 넷째는 사악한 대중이고, 다섯째는 그 중간의 대중이다. 五衆者 一在家衆 二出家衆 三淨信衆 四邪惡衆 五處中衆", "희락할 만한 말이라 하였는데, 여기에는 다섯 가지 상이 있다. 첫째는 근거 있는 말이고, 둘째는 비유가 있고, 셋째는 입으로 말함에 원만하고, 넷째는 문구가 아름답고, 다섯째는 언사가 명료한 것이다. 잘 풀어보이는 말이라 하였는데, 깊어 숨은 뜻을 열어 요지가 드러나도록 하고, 거친 뜻은 가려 깊고 그윽하게 하기 때문이다. 난해함을 잘 푼 말이라 하였는데, 대략적으로 말하면 다섯 가지 난해함을 벗어나게 하기 때문이다. 잘 분석하는 말이라 하였는데, 낱낱의 법을 한층 더한 도리에 의지하거나 내지 쪼개서 열 가지로 하거나 혹은 이 보다 더 많게 분석하기도 하니, 세 가지 법에 의지하여 설하기도 하고 네 가지 염주에 의지해 말하는 경우와 같다. 잘 수순해 들어가는 말이라 하였는데, 잘 드러내면서 계경과 응송 등의 법을 해석해 드러낼 뿐이지 결코 다른 외도의 사론은 끌어오지 않기 때문이다. 다른 것을 인용해 증명하는 말이라 하였는데, 다른 경을 인용하여 말한 바를 성립시킨다. 뛰어난 변재의 말이라 하였는데, 자신이 인증한 바에 따라서 잘 분별하기 때문이다. 종을 따라 말에 나아간다 하였는데, 마달리가(Ⓢ mātṛka : 論母)에 의지하여 분별해 현시하거나, 또는 다른 전도 없이 설법자가 설법한 언교에 의지해 도리에 맞게 해석하는 것이다. 可憙樂言者 當知有五相 一有證因 二有譬喩 三語具圓滿 四文句綺靡 五言詞顯了 善開發言者 開深隱義令麤顯故 辯麤顯義令深隱故 善釋難言者 以要言之 當知離五種難善成就故 善分析言者 於一一法依增一道理 乃至析爲十種 或復過此 如依三法說或依四念住 … 善順入言者 唯善顯現解釋契經應頌等法 終不引餘外道邪論 引餘證言者 謂引餘經成立所説 勝辯才言者 隨自所忍善分別義 隨宗趣言者 依摩呾理迦分別顯示 或依其餘無倒說者所說言教 如理解釋"라고 하였다. 〔참고문헌〕『瑜伽師地論』.

팔종업 八種業 **1** 여래께서 나투시는 빛의 여덟 가지 작용. 각업(覺業)·인업(因業)·권서업(卷舒業)·지업(止業)·항복업(降伏業)·경업(敬業)·시현업(示現業)·청업(請業)을 말한다.『십지경론』권2(대정장26, p.131a15)에 "〔논〕 어째서 여래께서 신통력을 나투어 광명 놓으시길 한결같이 청하는가? … 이 빛에는 여덟 가지 업이 있다. … 첫째는 각업이니 이 빛이 보살들의 몸에 비추면 여래의 힘의 가피임을 스스로 깨우친다. … 둘째는 인업이니 아승기빛에는 모두 무량광명권속이 있다. … 셋째는 거두고 펴는 업이니 펼치면 아승기세계에 두루 이르고 거두면 다시 평상의 빛으로 들어간다. … 넷째는 그치는 업이니 모든 악도의 갖가지 고뇌를 없애준다. 다섯째는 항복업이니 모든 마궁전의 위광이 드러나지 못하게 하고 마군이 놀리고 두려워하게 하여 교화할 중생을 괴란할 수 없도록 한다. … 여섯째는 공경하는 업이니 부사의한 부처님의 신통력을 드러내기 때문이다. … 일곱째는 시현업이니 시방세계의 모든 부처님께 의해 가피 입는 보살들의 큰 모임이 대중들이 보도록 한다. … 여덟째는 청하는 업이니 소리 높여 게로 말씀하신다. 論曰 何故如來現神通力放光同請 … 此光有八種業 … 一者 覺業 是光照諸菩薩身已 自覺如來力加 … 二者 因業 阿僧祇光皆有無量光明眷屬 … 三者 卷舒業 舒則遍至阿僧祇世界 卷則還入常光 … 四者 止業 除滅一切惡道種種苦惱 … 五者 降伏業 令一切魔宮威光不現驚怖恐懼 不能壞亂可化衆生 … 六者 敬業 現不思議佛神力故 … 七者 示現業 加十方世界諸佛所加菩薩大會令此衆見 … 八者 請業 發聲說偈"라고 하였다. 〔참고문헌〕『十地經論』. **2** 비유자(譬喻者)가 설한 여덟 가지 업. 『구사론소』 권15(대정장41, p.659b25)에 "또 유여사는 여덟 가지 업을 설한다. 순현법수업에는 두 가지가 있으니, 첫째는 이숙이 결정된 것이고, 둘째는 이숙이 결정되지 않은 것이다. 순차수업·순후차수업·순부정수업에도 각각 두 가지가 있으니, 첫째는 이숙이 결정된 것이고, 둘째는 이숙이 결정되지 않는 것이다. 이것들이 여덟 가지 업이다. 復有餘師說八種業 謂順現法受業有二種 一異熟決定 二 異熟不決定 順次生受業 順後次受 順不定受業 亦各有二 一異熟決定 二異熟不決定 是謂八業"라고 하였다. 〔참고문헌〕『俱舍論疏』. ⇨ 팔업 八業[1] **3** 청정법계의 여덟 가지 업. 『대승장엄경론』 권3(대정장31, p.604c1)에 "업의 심히 깊음에 여덟 종이 있으니, 첫째 보의지업, 둘째 성숙중생업, 셋째 도구경업, 넷째 설정법업, 다섯째 화소작업, 여섯째 무분별업, 일곱째 지부작업, 여덟째 해탈지업이다. 業甚深有八種 一 寶依止業 二 成熟衆生業 三 到究竟業 四 說正法業 五 化所作業 六 無分別業 七 智不作業 八 解脫智業", "〔게〕 비유컨대 저 큰 보장이 뭇 보배들이 의지하는 바임과 같으니, 깨끗한 계 또한 이와 같아서 불법의 의지네. 〔석〕 이 게는 법계의 의지업을 현시하였으니, 청정법계는 력·무외 등 모든 보리분의 보배가 의지하는 바이기 때문이다. 偈曰 譬如大寶藏 衆寶之所依 淨界亦如是 佛法之依止 釋曰 此偈顯示法界依止業 由淸淨法界爲力無畏等諸菩提分寶所依止故", "〔게〕 비유컨대 저 빽빽한 구름 펼쳐져 비 뿌림에 백곡 이룸과 같으니, 법계 또한 이와 같아서 흐르는 선중생을 익힌다네. 〔석〕 이 게는 법계의 성숙중생업을 현시하였으니, 청정법계 좇아 온갖 선근들 흘러나와 중생을 성숙케 하기 때문이다. 偈曰 譬如密雲布 灑雨成百穀 淨界亦如是 流善熟衆生 釋曰 此偈顯示法界成熟衆生業 由從淸淨法界流諸善根成熟衆生故", "〔게〕 비유컨대 저 해와 달이 차면 밝고 깨끗한 륜 원만함과 같으니, 깨끗한 계 또한 이와 같아서 선근 모여 원만하다네. 〔석〕 이 게는 법계의 도구경업 모임을 현시하였으니, 복지가 청정법계를 말미암아 이와 같은 두 모임 원만을 얻기 때문이다. 偈曰 譬如日月盈 皎淨輪圓滿 淨界亦如是 善根聚圓滿 釋曰 此偈顯示法界到究竟業聚 謂福智由淸淨法界如此二聚 得圓滿故", "〔게〕 비유컨대 저 일륜 나옴에 흘러나온 빛 일체 비춤과 같으니, 깨끗한 계 또한 이와 같아서 흘러나온 설로 군생 교화한다네. 〔석〕 이 게는 법계의 설정법업을 현시하였다. 偈曰 譬如日輪出 流光照一切 淨界亦如是 流說化群生 釋曰 此偈顯示法界說正法業", "〔게〕 비유컨대 저 햇빛 합하여 같은 일로 세간 비춤과 같으니, 깨끗한 계 또한 이와 같아서 부처님께서 합하여 같은 업으로 교화하신다네. 〔석〕 이 게는 법계의 화소작업을 현시하였으니, 비유컨대 많은 해의 많은 빛 일시에 화합하여 같이 한 일 지음과 같아서 말림과 열 등을 이른다. 이와 같이 많은 부처님의 많은 지 일시에 화합하여 같이 한 업 지으니 변화 등을 이른다. 偈曰 譬如日光合 同事照世間 淨界亦如是 佛合同業化 釋曰 此偈顯示法界化所作業 譬如多日多光 一時和合 同作一事 謂乾熟等 如是多佛多智 一時和合 同作一業 謂變化等", "〔게〕 비유컨대 햇빛 비춤에 무한하고 또한 일시이듯 깨끗한 계에 부처님의 빛 비치는 두 일 또한 이와 같다네. 〔석〕 이 게는 법계의 무분별업을 현시하였으니, 비유컨대 저 햇빛 두루 비춤에 분한 없고 또한 일시임과 같듯 이와 같이 부처님의 빛 두루 비춤에 무한하고 일시임도 또한 이와 같다. 偈曰 譬如日光照 無限亦一時 淨界佛光照 二事亦如是 釋曰 此偈顯示法界無分別業 譬如日光普照 無有分限 亦復一時 如是佛光普照 無限一時 亦復如是", "〔게〕 비유컨대 모든 햇빛들 구름 등 가림 있다고 설함과 같이 깨끗한 계의 제불의 지에도 중생의 장 있다고 설함과 같다네. 〔석〕 이 게는 법계의 부작업을 현시하였으니, 비유컨대 저 햇빛에 구름 등이 가림 되면 이 때문에 비추지 못함과 같다. 이와 같이 부처님의 빛도 중생의 과실이 장이 되니 오탁이 많기 때문이다. 이 때문에 짓는 바 있지 않다. 偈曰 譬如諸日光 說有雲等翳 淨界諸佛智 說有衆生障 釋曰 此偈顯示法界不作業 譬如日光 雲等爲翳 是故不照 如是佛光 衆生過失爲障 五濁多故 是故不有所作", "〔게〕 비유컨대 물들게 적셔주는 재의 힘으로 옷을 종종의 색으로 물들이듯 깨끗한 계의 원행하는 힘은 해탈의 종종의 지라네. 〔석〕 이 게는 법계의 해탈지업을 현시하였으니, 비유컨대 저 물든 옷이 늘어나는 재의 힘을 말미암아 어떤 곳에선 종종의 색을 얻지만 어떤 곳에선 종종의 색을 얻지 못함과 같다. 삼승의 깨끗한 계 또한 그러해서 원 행하는 힘을 말미암아 제불의 해탈로 종종의 지를 얻지만, 이승의 해탈로는 종종의 지를 얻지 못한다. 偈曰 譬如滋灰力 染衣種種色 淨界行願力 解脫種種智 釋曰 此偈顯示法界解脫智業 譬如染衣 由滋灰力 有處得種種色 有處不得種種色 三乘淨界亦爾 由行願力 諸佛解脫 得種種智 二乘解脫 不得種種智" 라고 하였다. [참고문헌]『大乘莊嚴經論』.

팔종욕해 八種欲解 Ⓢ aṣṭākāra āśaya. 여덟 가지 하고자 하는 알음알이. 한층 더한(增上) 의지를 가지고 선업과 불선업을 짓게 해서 현재의 과(現法果)와 함께 하는 여덟 가지 뜻을 가진 생각들이다. 유고욕해(有顧欲解 Ⓢ apekṣāśaya)·무고욕해(無顧欲解 Ⓢ nirapekṣāśaya)·손뇌욕해(損惱欲解 Ⓢ upakārāśaya)·자비욕해(慈悲欲解 Ⓢ karuṇāśaya)·증해욕해(憎害欲解 Ⓢ āghātāśaya)·정신욕해(淨信欲解 Ⓢ prasādāśaya)·기은욕해(棄恩欲解 Ⓢ kṛtaghnāśaya)·지은욕해(知恩欲解 Ⓢ kṛtajñāśaya)를 말한다.『유가사지론』권9(대정장30, p.318a22 : *Yogā-bh.*, p.184)에 "'현재의 법에 과와 함께 하는 것'이라 하였으니 두 가지 인연이 있다. 선업과 불선업이 현법의 과와 함께 하는 것이니, 첫째는 욕해를 따르는 것이고 둘째는 일어난 일에 의한 것이다. … 욕해에는 또 여덟 가지가 있다는 것을 알아야 한다. 與現法果者 有二因緣 善不善業與現法果 一 由欲解故 二 由事故 … 應知欲解復有八種 tatra dṛṣṭadharmaphalataḥ. dvābhyāṃ kāraṇābhyāṃ karma dṛṣṭaphalaṃ bhavaty akuśalaṃ vā kuśalaṃ vā. āśayato vastutaś ca. tatrāśayo'ṣṭākāro veditavyaḥ", "유고욕해란 불선업을 지어서 현법과를 받은 이가 되게 하는 것이니, 이는 가령 어떤 사람이 증상의 욕해로 그 몸을 살펴 애착하고 재물을 연모하고 모든 있는 것들을 연모해 불선업을 짓는 것이다. 有顧欲解 造不善業受現法果者 謂如有一由增上欲解 顧戀其身 顧戀財物 顧戀諸有 造不善業 tatrāpekṣāśayato'pi karmākuśalaṃ dṛṣṭadharmavedanīyaṃ. yathāpīhaikatyo'dhimātrāṃ kāyanirapekṣatāṃ bhoganirapekṣatāṃ bhavanirapekṣatām abhisaṃskaroti", "무고욕해란 … 가령 어떤 사람이 강렬한 의지를 가지고 그 몸을 연모하지 않고 재물을 연모하지 않고 모든 유를 연모하지 않아 선업을 짓는 것이다. 손뇌욕해란 … 가령 어떤 사람이 다른 유정보특가라에 대해 강렬한 품류로 괴롭히려는 욕해로 불선업을 짓는 것이다. 無顧欲解 … 謂如有一以增上欲解 不顧其身 不顧財物 不顧諸有 造作善業 損惱欲解 … 謂如有一於他有情補特伽羅 以增上品損惱欲解 造不善業 tatra nirapekṣāśayato … yathāpīhaikatyo'dhimātrāṃ kāyanirapekṣatāṃ bhoganirapekṣatāṃ bhavanirapekṣatām abhisaṃskaroti. tatrāpakārāśayato … yathāpīhaikatyaḥ parasattveṣu parapudgaleṣv adhimātram apakārāśayam abhisaṃskaroti", "자비욕해란 … 가령 어떤 사람이 다른 유정인 보특가라에 대해 강렬한 품류의 자비를 베풀려는 의지를 가지고 선업을 짓는 것이다. 증해욕해란 … 가령 어떤 사람이 불법승에 대해 또 한 가지 존중받아야 할 일에 따라 강렬한 품류로 미워해 해치고자 하는 욕해로 불선업을 짓는 것과 같다. 慈悲欲解 … 謂如有一於他有情補特伽羅 以增上品慈悲欲解造作善業 憎害欲解 … 謂如有一於佛法僧 及隨一種尊重處事 以增上品憎害欲解 造不善業 tatra karuṇāśayato … yathāpīhaikatyaḥ parasattveṣu parapudgaleṣv adhimātraṃ karuṇāśayam abhisaṃskaroti. tatrāghātāśayato … yathāpīhaikatyo buddhe vā dharme vā saṅghe vānyatamānyatamasmin vā gurusthānīye vastuny adhimātram āghātāśayaṃ pratighātāśayam abhisaṃskaroti", "정신욕해란 … 가령 어떤 사람이 불법승에 대해 또 한 가지 존중받아야 할 일에 따라 강렬한 품류의 깨끗한 믿음의 욕해로서 선업을 짓는 것과 같은 일이다. 기은욕해란 … 가령 어떤 사람이 부모의 처소에 대해 또 한 가지 보은해야 할 곳에 강렬한 배은욕해나 기광욕해나 흉포한 욕해로 불선업을 짓는 것과 같은 일이다. 淨信欲解 … 謂如有一於佛法僧等 以增上品淨信欲解 造作善業 棄恩欲解 … 謂如有一於父母所 及隨一種恩造之處 以增上品背恩欲解 欺誑欲解 酷暴欲解 造不善業 tatra prasādāśayato … yathāpīhaikatyo buddhe vā dharme vā saṅghe vādhimātraṃ prasādāśayam adhibhuktyāśayam abhisaṃskaroti. tatra kṛtaghnāśayato … yathāpīhaikatyo mātari vā pitari vānyatamānyatamasmin vopakāravastuny adhimātraṃ kṛtaghnāśayam abhidrohāśayaṃ raudrāśayam abhisaṃskaroti", "지은욕해란 … 가령 어떤 사람이 부모 등에 대해 강렬한 품류의 지은욕해나 보은욕해로 선업을 짓는 일이다. 知恩欲解 … 謂如有一於父母等 以增上品知恩欲解 報恩欲解 所作善業 tatra kṛtajñāśayato … yathāpīhaikatyo mātari pitari vānyatamānyatamasmin vopakāravastuny adhimātraṃ kṛtajñāśayaṃ pratyupakārāśayam adhimātram abhisaṃskaroti"라고 하였다. [참고문헌]『瑜伽師地論』, *Yogā-bh.*

팔종원융 八種圓融 ➡ 팔원 八圓

팔종위역학법팔종수순학법 八種違逆學法八種隨順學法 법을 익힘에 여덟 가지로 거스르거나 수순하는 것. 계정혜(戒定慧) 삼학(三學)을 수순함에 있어 거스르거나 수순하는 일이다. 『유가사지론』 권80(대정장30, p.746a3)에 "바르게 닦아 보내는 중에 학법에 위배되는 여덟 가지가 있고, 학법에 수순하는 여덟 가지가 있다. … 이것과 서로 어긋나게 하면 바로 학법에 수순하는 여덟 가지임을 알아야 할 것이다. 正修遣中有八種違逆學法 有八種隨順學法 … 與此相違當知卽是八種隨順學法", 『유가론기』 권21(대정장42, p.798b27)에 "'학법에 거스르는 여덟 가지'란, 첫째는 오욕에 탐착해 그 공을 허무는 것이고, 둘째는 경에 탐착해서 자재를 얻지 못함이고, 셋째는 이미 자재하지 못하기에 삼학을 닦음에 장애되고, 넷째는 이미 장애하기에 더러움이 타게 되어 사람들의 비난과 불쾌를 사고, 다섯째는 온통 더러움에 물들기에 번개가 싹에 손실을 입히듯이 삼학을 손실하고, 여섯째는 삼학을 이미 손실했기에 부정한 삼업의 종기가 일어나고, 일곱째는 이미 종기가 일어났기에 마음에 번뇌가 생겨나서 안온히 삼학을 닦을 수 없고, 여덟째는 이미 이러한 통증으로 인해 온갖 번뇌의 병이 견고하여 색을 끊기 어렵게 된다. 八種違逆學法者 一者 耽著五欲唐捐其功 二者 耽著於境故不得自在也 三者 既不自在故障修三學 四者 既能障礙故 令成黜垢 不避譏嫌 五者 盡有黜垢故 損失三學 如電損苗也 六者 既損於學故 能起不淨三業之瘡皰 七者 既有瘡皰故 心生悔惱 不得安穩修三學也 八者 既熱惱故 諸煩惱病堅牢難斷色也"라고 하였다. 〔참고문헌〕『瑜伽師地論』, 『瑜伽論記』.

팔종유루소의 八種有漏所依 유루의 여덟 가지 의지처. 팔종의(八種依)라고도 한다. 『유가사지론석』(대정장30, p.887c2)에 "유여의지(Ⓢ sopadhikā bhūmi)란, 유여의열반지를 말한다. '의'란 유루의 의지처로서 크게 여덟 가지가 있다. 첫째는 시설의로서 오취온을 말하는 것이니, 이에 의지하기에 가유의 존재를 상정하여 종성 등이라 하는 것이다. 둘째는 섭수의로서 일곱 가지 섭사를 말하는 것이니, 자기의 부모·처자·노비·일꾼·동복·친구·권속에 해당한다. 셋째는 주지의로서 네 가지 식(段食 觸食 意思食 識食)을 말한다. 넷째는 유전의로서 네 가지 식주(色趣識住 受趣識住 想趣識住 行趣識住)와 십이연기를 말한다. 다섯째는 장애의로서 모든 천마를 말한다. 일곱째는 적열의로서 모든 선정의 즐거움을 말한다. 여덟째는 후변의로서 아라한의 상속하는 모든 온을 말한다. 有餘依地者 謂有餘依涅槃地也 依者卽是有漏所依 略有八種 一 施設依 謂五取蘊 由依此故施設假者 名種性等 二 攝受依 謂七攝事 卽自父母 妻子 奴婢 作使 僮僕 朋友 眷屬 三 住持依 謂四種食 四 流轉依 謂四識住十二緣起 五障礙依 謂諸天魔 六 苦惱依謂諸欲界 七 適悅依 謂諸定樂 八 後邊依 謂阿羅漢 相續諸蘊"라고 하였다. 〔참고문헌〕『瑜伽師地論釋』. ⇨ 팔종의 八種依, 유루법 有漏法, 유여의지 有餘依地

팔종율의 八種律儀 **1** 여덟 가지 율의(Ⓢ saṃvara). 『유가사지론』 권53(대정장30, p.590a29)에 "또 율의에는 크게 여덟 가지가 있음을 알아야 할 것이다. 첫째는 능히 일으키는 율의이고, 둘째는 거둬 받는 율의이고, 셋째는 지켜 보호하는 율의이고, 셋째는 다시 돌이켜 이끄는 율의이고, 다섯째는 하품의 율의이고, 여섯째는 중품의 율의이고, 일곱째는 상품의 율의이고, 여덟째는 청정함의 율의이다. … 이와 같은 여덟 가지를 다 모아 오직 셋으로 세우면, 첫째는 받아 약속하는 율의이고, 둘째는 가져 지키는 율의이고, 셋째는 청정율의이다. 앞의 두 가지는 받는 율의이며, 방호함과 다시 견인함은 가져 지키는 율의이며, 하중상의 율의는 맹서함(受)의 율의와 가져 지키는 율의 두 가지에 통하며, 정려의 율의와 무루의 율의는 청정함으로 거둔다. 復次律儀當知略有八種 一 能起律儀 二 攝受律儀 三 防護律儀 四 還引律儀 五 下品律儀 六 中品律儀 七 上品律儀 八 清淨律儀 … 如是八種總立唯三 一 受律儀 二 持律儀 三 清淨律儀 前二是受 防護還引是持 下中上三通受持二 靜慮無漏是清淨攝"라고 하였다. 〔참고문헌〕『瑜伽師地論』. ⇨ 환인율의 還引律儀, 하품율의 下品律儀, 청정율의 清淨律儀 **2** ➡ 팔율의 八律儀**1**

팔종음 八種音 여래께서 갖추신 여덟 가지 음성. 팔음(八音)이라고도 한다. 여래팔음(如來八音)·팔종청정음(八種清淨音)·팔종범음성(八種梵音聲)·팔범(八梵) 등이라고도 한다. 『중아함경』 권41 「범마경 梵摩經」(대정장1, p.687b28)에 "사문 구담은 입으로 '팔음'을 낸다. 첫째 심심, 둘째 비마루파, 셋째 입심, 넷째 가애, 다섯째 극만, 여섯째 활구, 일곱째 분료, 여덟째 지 등이니 많은 사람들이 사랑하고 즐거워하며 늘 생각하는 대상으로 마음이 안정되도록 한다. 沙門瞿曇 口出八種音聲 一曰 甚深 二曰 毘摩樓簸 三曰 入心 四曰 可愛 五曰 極滿 六曰 活瞿 七曰 分了 八曰 智也 多人所愛 多人所樂 多人所念 令得心定", 『대보적경』 권69(대정장11, p.393a11)에 "여래의 팔종음을 얻어 들으면 천중으로서 기뻐하지 않는 이 없으며, 반드시 여래의 가르침을 호지하며 정법을 수순하여 저 설한 대로 행하네. 得聞如來八種音 天衆靡不皆喜悅 當得護持如來教 隨順正法如說行", 『보살영락경』 권11(대정장16, p.101b20)에 "여래의 얼굴을 보면 제법이 자연히 족하며 입으로 팔종음 펴시니 건넨 사람 헤아릴 수 없네. 瞻覩如來顔 諸法自然足 口演八種音 度人無有量", 『화엄현담회현기』 권4(卍속장12, p.49a1)에 "〔초〕 일음 중에 일체음 갖췄다란, 『범마유경』에 따르면 팔종음 있다. 첫째 최호음이니 저 가릉빈가와 같기 때문이고, 둘째 이료음이니 언사가 명료하기 때문이며, 셋째 유연음이니 거칠고 사나움 없기 때문이다. 鈔 一音之中具一切音者 准梵摩喩經 有八種音

一 最好音 如迦陵頻伽故 二 易了音 言辭辨了故 三 柔軟音 無麤獷故", "넷째 조화음이니 대소가 모두 알맞기 때문이며, 다섯째 존혜음이니 두려움 없기 때문이고, 여섯째 불오음이니 착오가 없기 때문이며, 일곱째 심묘음이니 배꼽(臍輪)에서 발성하기 때문이고, 여덟째 불녀음이니 그 소리 씩씩하고 맑기 때문이다. 四 調和音 大小皆中故 五 尊慧音 無戰懼故 六 不悞音 無錯悞故 七 深妙音 臍輪發聲故 八 不女音 其聲雄朗故"라고 하였다. 〔참고문헌〕『中阿含經』, 『大寶積經』, 『菩薩瓔珞經』, 『華嚴懸談會玄記』. ⇨팔음 八音, 극호음 極好音, 불갈음 不竭音, 불녀음 不女音, 불오음 不誤音, 심원음 深遠音, 유연음 柔軟音, 존혜음 尊慧音, 화적음 和適音

팔종의 八種依 여덟 가지 의시설안립(依施設安立 Ⓣphung-po-gdags-pa-rnam-par-gzhag-pa). 유여의지(有餘依地 Ⓢsopadhikā bhūmi)의 세 가지 시설안립(施設安立 : 地 寂靜 依) 중 하나인 의시설안립으로서 아직 의지할 몸(依身)이 남아 있는 위에서의 여덟 가지 의를 말한다. 시설의(施設依 Ⓣgdags-pa'i phung-po)·섭수의(攝受依 Ⓣyongs-su-gzung-ba'i phung-po)·주지의(住持依 Ⓣgnas-pa'i phung-po)·유전의(流轉依 Ⓣ'jug-pa'i phung-po)·장애의(障礙依 Ⓣbar-du-gcod-pa'i phung-po)·고뇌의(苦惱依 Ⓣsdug-bsngal-gyi phung-po)·적열의(適悅依 Ⓣdga'-ba'i phung-po)·후변의(後邊依 Ⓣtha-ma'i phung-po)가 그것이다. 지(地)·적정(寂靜)시설과 동시에 안립해야 할 법처(法處)를 말한다. 『금광명최승왕경소』 권2(대정장39, p.216c22)에 "『유가사지론』 권50에 따르면 유여의지에는 세 가지 시설이 있으니 첫째는 지시설안립이고, 둘째는 적정시설안립이며, 셋째는 의시설안립이다. 准瑜伽五十 有餘依地有三施設 一 地施設 二 寂靜施設 三 依施設", "의시설안립에는 팔종의가 있다. 첫째는 시설의이고, 둘째는 섭수의이며, 셋째는 주지의이고, 넷째는 유전의로 네 가지 식주에 해당하며, 다섯째는 장애의이니 천마를 말하고, 여섯째는 고뇌의이니 일체욕계를 말하며, 일곱째는 적열의이니 정려에 의지함을 말하고, 여덟째는 후변의를 말한다. 의란 의지해야 할 법이다. 依施設有八種依 一 施設依 二 攝受依 三 住持依 四 流轉依 卽四識住 五 障礙依謂天魔 六 苦惱依 一切欲界 七 適悅依 謂依靜慮 八 後邊依 依謂所依", 『유가사지론』 권50(대정장30, p.576c27)에 "무엇이 의시설안립인가? 여덟 가지 의가 있다. 첫째는 시설의이고, 둘째는 섭수의이고, 셋째는 주지의이고, 넷째는 유전의이고, 다섯째는 장애의이고, 여섯째는 고뇌의이고, 일곱째는 적열의이고, 여덟째는 후변의이다. 云何依施設安立 謂有八種依 一 施設依 二 攝受依 三 住持依 四 流轉依 五 障礙依 六 苦惱依 七 適悅依 八 後邊依", "무엇을 시설의라 하는가? 이를테면 오취온을 말하니 이것에 의지하기에 아·유정·명자·생자·능양육자·보특가라·의생·유동 등이라는 모든 상 등과 상을 빌린 언설을 쓸 수 있고, 또 이것에 의지하기 때문에 이와 같은 명자, 이와 같은 생류, 이와 같은 종성, 이와 같은 음식, 이와 같은 고락의 수용, 이와 같은 장수, 이와 같은 오래 머묾, 이와 같은 수량변제 등이라는 모든 상 등의 상을 빌려 써서 언설을 상정하는 것이다. 云何施設依 謂五取蘊由依此故 施設我及有情命者生者能養育者 補特伽羅意生儒童等諸想等 想假用言說 及依此故 施設如是名字如是生類 如是種姓如是飮食 如是領受苦樂如是 長壽如是久住 如是壽量邊際等諸想等想 假用言說", "무엇을 섭수의라 하는가? 일곱 가지 받아들이는 것을 말하는데, 즉 자기의 부모·처자·노비·일꾼·동복·친구·권속이니, 앞의 (본지분 중) 「의지」에서 이미 널리 설명하였다. 이것에 의지해서 모든 유정류로 거둬 받아들이는 바가 있음을 안다. 云何攝受依 謂七攝受事 卽自已父母妻子 奴婢作使僮僕 朋友眷屬 七攝受事 如前意地已廣分別依此了知諸有情類有所攝受", "무엇을 주지의라 하는가? 네 가지 식을 말하니, 단식·촉식·의사식·식식이 그것이다. 이것에 의지하기에 이미 태어난 유정이 존속하고, 생존을 구하는 모든 이를 기른다. 云何住持依 謂四種食 卽段食 觸食 意思食 識食 由依此故已生有情住立支持 又能攝養諸求有者", "무엇을 유전의라 하는가? 네 가지 식주와 십이연기를 말하니, 색취식주·수취식주·상취식주·행취식주와 무명은 행을 연으로 하고 행은 식을 연으로 하며 내지 생은 노사를 연으로 한다는 것이다. 이것에 의지하기에 모든 유정류는 오취생사에 수순하여 유전한다. 云何流轉依 謂四種識住及十二緣起 卽色趣識住 受趣識住 想趣識住 行趣識住 及無明緣行行緣識廣說乃至生緣老死 由依此故 諸有情類於五趣生死隨順流轉", "무엇을 장애의라 하는가? 모든 천마를 말하니, 이러저러한 선법을 닦는 곳이 있는 곳마다 곧 그 앞에 와서 장애를 만든다. 云何障礙依 謂諸天魔隨有彼彼修善法處 卽往其前爲作障礙", "무엇을 고뇌의라 하는가? 모든 욕계를 다 고뇌의라 하는데, 이것에 의지하기에 유정들이 우고를 경험한다. 云何苦惱依 謂一切欲界皆名苦惱依由依此故令諸有情領受憂苦", "무엇을 적열의라 하는가? 정려와 등지의 즐거움을 적열의라 하는데, 이것에 의지하기에 모든 유정의 부류는 이것에 대해 현재 그 선정에 들어가거나 그것을 낳아 오랫동안 정려와 등지에 있는 적열을 경험한다. 云何適悅依 謂靜慮等至樂名適悅依 由依此故 諸有情類若卽於此現入彼定 若生於彼長夜領受靜慮等至所有適悅", "무엇을 후변의라 하는가? 아라한의 상속신으로서 모든 온을 말하니 이것에 의지하기에 아라한들이 지니고 있는 최후신을 설하는 것이다. 〔문〕 아라한으로서 필추는 모든 번뇌를 영구히 멸진해서 유여

의지에 머물고 있는데 몇 가지 의와 함께 상응한다고 해야 하는가? 〔답〕 한 가지 의지처와 한결같이 상응한다고 해야 하니 이는 후변의를 말한다. (부모를 제외한) 여섯 가지 섭수하는 것과는 공통적으로 상응하지 않고, 유전의와 장애의와는 한결같이 전혀 상응하지 않으며, 그 나머지의 의지처와는 상응하는 것도 아니고 상응하지 않는 것도 아니다. 이러한 것을 의시설안립이라 한다. 云何後邊依 謂阿羅漢相續諸蘊 由依此故說諸阿羅漢任持最後身 問 阿羅漢苾芻諸漏永盡住有餘依地 當言與幾種依共相應耶 答 當言與一種依一向相應 謂後邊依 與六攝受事不共相應 與流轉依與障礙依 一向全不相應 與所餘依非相應非不相應 是名依施設安立"라고 하였다. 〔참고문헌〕『金光明最勝王經疏』, 『瑜伽師地論』. ⇨ 시설건립 施設建立, 지시설안립 地施設安立, 유전의 流轉依, 후변의 後邊依, 유여의지 有餘依地

팔종이숙원만 八種異熟圓滿 여덟 가지 이숙의 원만. 보살이 능히 자타를 이롭게 함에 세 가지 인과법(異熟 福德 智慧)이 있고, 그중에 이숙과(異熟果)로서 갖추게 되는 여덟 가지 원만함. 수량원만(壽量圓滿)·색상원만(色相圓滿)·종족원만(種族圓滿)·자재원만(自在圓滿)·신어원만(信言圓滿)·대세원만(大勢圓滿)·장부상원만(丈夫相圓滿)·용력원만(勇力圓滿)을 말한다. 팔종보구족(八種報具足)이라고도 한다. 40권본『화엄경』 권26(대정장10, 781c24)에 "선남자여! 남와 남에게 이익이 되는 세 가지 법이 있으니, 첫째는 이숙인과이고, 둘째는 복덕인과이며, 셋째는 지혜인과이다. 善男子 能利自他有三種法 一者 異熟因果 二者 福德因果 三者 智慧因果", "무엇을 이숙인과라 하는가? 여덟 가지가 있다. 첫째는 수량의 원만이고, 둘째는 색상의 원만이고, 셋째는 종족의 원만이고, 넷째는 자재의 원만이고, 다섯째는 신어의 원만이고, 여섯째는 대세력의 원만이고, 일곱째는 장부상의 원만이고, 여덟째는 용력의 원만이다. 云何異熟 謂有八種 一者 壽量圓滿 二者 色相圓滿 三者 種族圓滿 四者 自在圓滿 五者 信言圓滿 六者 大勢圓滿 七者 丈夫相圓滿 八者 勇力圓滿", "선남자여! 무엇을 보살의 수량원만이라 하는가? 이른바 수명이 길어서 세간에 오래 머무는 것이다. 무엇을 보살의 색상원만이라 하는가? 이른바 형상이 단정하고 상호가 특출해 사람들이 보기를 좋아하고 싫어하는 마음이 없는 것이다. 무엇을 보살의 종족원만이라 하는가? 이른바 부귀한 찰제리나 바라문의 집안에 태어나는 것이다. 무엇을 보살의 자재원만이라 하는가? 이른바 큰 재력과 지위와 권속을 얻어 하는 일이 마음대로 되고 사람들의 섬김을 받는 것이다. 무엇을 보살의 신어원만이라 하는가? 이른바 내뱉는 말이 진실하여 사람들이 반드시 믿고 받아들이며 온갖 송사를 처리하는 데 마음에 치우침이 없으며 결단하는 데 있어 저울로 다는 듯하며, 말과 행동에 모순이 없어 책망도 아첨도 없는 것이다. 무엇을 보살의 대세원만이라 하는가? 이른바 명성이 높고 멀리 퍼져 있고 용맹하게 정진하며, 성품이 유화하여 비난이나 칭찬에 동요하지 않는 것이며, 기예의 업에 있어 능가할 이가 없으며, 대중이 모인 가운데 처해 있으면서 모두에게 존중받는 것이다. 무엇을 보살의 장부상원만이라 하는가? 이른바 장부상을 구족하여 어떤 흠결도 없는 것이다. 무엇을 보살의 용력원만이라 하는가? 이른바 과보가 수승하여 몸에 항시 병이 없고 마음의 힘이 강건해 어떤 것도 훌륭하게 감당할 수 있는 것이다. 이와 같은 여덟 가지 법을 보살의 이숙원만이라 한다. 善男子 云何菩薩壽量圓滿 所謂 壽命長遠 久住世間 云何菩薩色相圓滿 所謂形色端嚴 相好殊勝 人所樂見 心無厭足 云何菩薩種族圓滿 所謂生於豪貴剎帝利種婆羅門家 云何菩薩自在圓滿 所謂得大財位及大眷屬 所作隨心 人所宗奉 云何菩薩信言圓滿 所謂出言誠諦 人必信受 理諸諍訟 心無高下 凡所決斷 如執權衡 言行無違 無求無諂 云何菩薩大勢圓滿 所謂名稱高遠 勇猛精進 志性柔和 毀譽不動 工巧藝業 無能過者 處大衆會 咸所尊重 云何菩薩丈夫相圓滿 所謂具丈夫相 離諸殘缺 云何菩薩勇力圓滿 所謂報力殊勝 身常無病 心力勇健 有勝堪能 如是八法 是爲菩薩異熟圓滿"라고 하였다. 〔참고문헌〕『華嚴經』. ⇨ 팔종보구족 八種報具足

팔종이숙인유삼연증장 八種異熟因由三緣增長 여덟 가지 이숙인은 세 가지 연을 따라서 증장한다. 마음의 청정(心淸淨)·가행청정(加行淸淨)·복전청정(田淸淨)을 말한다. 『유가사지론』 권36(대정장30, p.484c16 : *Bodh-bh.*, p.20)에 "앞에서 설한 팔종이숙은 여기서 설한 여덟 가지를 인으로 하고, 또 이 모든 인은 크게 세 가지 연을 말미암아 증장할 수 있으니, 능히 원만하고 한층 더한 광대한 이숙을 감해 일어나게 한다. 무엇이 세 가지 연인가? 첫째는 마음의 청정이고, 둘째는 가행청정이며, 셋째는 복전청정이다. 當知前說八種異熟 以此所說八種爲因 又此諸因略由三緣而得增長 能感圓滿增上廣大異熟令起 何等三緣 一 心淸淨 二 加行淸淨 三 田淸淨 ity aṣṭavidhasya vipākasyāyam aṣṭavidho hetur veditavyaḥ. sa punar ayaṃ hetuḥ samāsatas tribhiḥ kāraṇaiḥ puṣṭo bhavati paripūrṇasya puṣṭasyodārasya vipākasyābhinirvṛttaye. trīṇi kāraṇāni katamāni. cittaśuddhiḥ prayogaśuddhiḥ kṣetraśuddhiś ca", "만약 무상정등보리의 청정의요에 저 선근으로써 결정코 회향하고, 용맹하고 지혜로운 의요의 순수하고 두터우며 광대하여 깨끗한 믿음으로 수행하고, 법을 함께하는 이들을 보면 깊이 환희를 일으키고, 낮과 밤 찰나에 대부분 법에 수순하고 심에 수순하며 사에 수순하면 이를 마음의 청정이라 한다. 若於無上

正等菩提淸淨意樂 用彼善根決定迴向 猛利意樂純厚廣大淨信修行 見同法者深生歡喜 日夜刹那於多隨法隨尋隨伺名心淸淨 tatra yā ca śuddhāśayatā anuttarāyāṃ samyaksaṃbodhau teṣāṃ kuśalamūlānāṃ pariṇamanād yā ca tīvrāśayatā ghanarasenodāreṇa prasādenādhyācaraṇād yā ca sahadhārmikasya darśanenābhipramodanā yā ca pratidivasaṃ pratikṣaṇaṃ tad anudharmam eva bahulam anuvitarkaṇānuvicāraṇā. iyam ucyate cittaśuddhiḥ", "이러면서 오랫동안 거듭 수습하고, 틈 없이 해야 할 바를 항시 맡아서 하고, 다른 이가 이 선에 대해 아직 받아 행하지 않으면 찬미하여 수용하게 하고, 이미 받아 행하면 찬미하여 기뻐하게 하니, 이와 같이 모든 선근에 대해 안주하고 건립하는 것을 가행청정이라 한다. 卽於其中長時數習 無間所作常委所作 他於此善若未受行讚美令受 若已受行讚美令喜 卽於如是所有善根安處建立 名加行淸淨 tatra yo dīrghakālābhyāso nirantarakāritā ca nipuṇakāritā ca pareṣāñ cāsamātte tasmin kuśale samādāpanāya varṇavāditā samātte vā punaḥ saṃharṣaṇāya varṇavāditā teṣām eva ca tasmin kuśalamūle sanniveśanā pratiṣṭhāpanā. iyam ucyate prayogaśuddhiḥ", "간략히 말해 능히 바로 이와 같은 가행을 일으키고 또 바로 이 가행의 과에 안주하는 것을 복전청정이라 한다. 當知略說能正發起如是加行 及正安住此加行果 名田淸淨 tatra samāsataḥ prayogasya samyaksampādanāt tasyaiva ca samyakprayogasya phale 'vasthāpanāt kṣetraśuddhir veditavyā", 『유가론기』 권9(대정장42, p.498a19)에 "'첫째는 마음의 청정이다'란 곧 믿음이고, '둘째는 가행청정이다'란 믿음으로 인해 행을 일으키기 때문이고, '셋째는 복전청정이다'란 믿음과 행으로 인해 공양을 받을 만하기에 복전청정이라 한 것이다. 一心淸淨 卽是信也 二加行淸淨者 因信起行故 三田淸淨者 由信行堪受供養名田淸淨"라고 하였다. [참고문헌] 『瑜伽師地論』, 『瑜伽論記』, *Bodh-bh.* ⇨ 이숙인 異熟因, 팔종구족 八種具足

팔종인기탑 八種人起塔 여덟 갈래의 뛰어난 이들(如來 菩薩 緣覺 阿羅漢 阿那含 斯陀含 須陀洹 轉輪聖王)을 위해 탑을 일으키다. 『삼장법수』 권25(대장경보편22, p.472a9)에 "팔종인기탑 : … 첫째는 여래탑이다. 여래에는 세 가지 뜻이 있으니, 비롯하는 곳 없이 오신 분(無所從來) 또는 가는 곳 없는 분(無所去)이어서 이는 법신의 뜻이다. 제일의제를 '여'라 하고 정각을 '래'라 하니 보신의 뜻이다. 여실한 도를 타고 오셔서 정각을 이루었다는 의미에서 이는 응신의 뜻이다. 즉 여래께는 만덕이 다 구비되어 있고 세 가지 깨달음(自覺 覺他 覺行)이 모두 원만해 천상과 인간이 모두 존경하여 높이 받드는 바이기에 입멸하신 뒤에 탑을 세워 공양해야 한다. 八種人起塔 … 一 如來塔 如來有三義 若云無所從來 亦無所去 此法身義也 第一義諦名如 正覺名來 此報身義也 乘如實道 來成正覺 此應身義也 謂如來萬德悉備 三覺俱圓 天上人間 所共尊仰 是故滅後 應當起塔供養", "둘째는 보살탑이다. 보살은 범어로 갖추어 말하면 보리살타이고 중국어로 각중생 또는 각유정이다. 즉 보살은 위로는 불도를 구하고 아래로는 중생을 교화하니 모든 중생을 애민히 여기는 마음이 깊어 그 부류에 따라 몸을 나투어 제도하는 바가 무량하기에 입멸하신 뒤에 탑을 세워 공양해야 한다. 二 菩薩塔 菩薩 梵語具云菩提薩埵 華言覺衆生 又云覺有情 謂菩薩上求佛道 下化衆生 憫物情重 隨類現身 度脫無量 是故滅後 應當起塔供養", "셋째는 연각탑이다. 즉 십이인연을 관하여 진제리를 깨우치기에 연각이라 한다. 그는 삼계생사를 이미 다하고 인천에게 복전이 될 수 있기에 탑을 세워 공양해야 한다. 三 緣覺塔 謂觀十二因緣 覺眞諦理 故名緣覺 以其三界生死已盡 能爲人天而作福田 應當起塔供養", "넷째는 아라한탑이다. 범어 아라한은 중국어로 무생·무학·응공이라 한다. 즉 삼계생사를 이미 다했기에 무생이라 하는 것이고, 그는 번뇌가 이미 다해 더 이상 배울 법이 없기에 무학이라 하는 것이며, 그는 세간복전으로서 인천공양을 받아 마땅하기에 응공이라 하는 것이니, 이에 입멸하신 뒤에 탑을 세워 공양해야 한다. 四 阿羅漢塔 梵語阿羅漢 華言無生 又云無學 又云應供 謂三界生死已斷 故名無生 以其煩惱已盡 無法可學 故名無學 以其應受人天供養 爲世福田 故名應供 是故滅後 應當起塔供養", "다섯째는 아나함탑이다. 범어 아나함은 중국어로 불래라 하니 욕계의 번뇌(惑)을 남김없이 단멸시켜 욕계로 와서 생을 받을 일이 없기에 불래라 한다. 그는 세간복전으로서 인천의 공양을 받아 마땅하기에 응공이라 하는 것이니, 이에 입멸하신 뒤에 탑을 세워 공양해야 한다. 五 阿那含塔 梵語阿那含 華言不來 謂斷欲界惑盡 不來欲界受生 故名不來 以其應受人天供養 爲世福田 是故滅後 應當起塔供養", "여섯째는 사다함이다. 범어 사다함은 중국어로 일래라 하니 욕계 유정지(有頂地) 구품사혹 중 앞의 육품은 이미 끊었으나 뒤의 삼품은 아직 남아 있어 반드시 다시 욕계에 한 번 생을 받기에 일래라 한다. 그는 세간복전으로서 인천의 공양을 받아 마땅하기에 입멸하신 뒤에 탑을 세워 공양해야 한다. 六 斯陀含塔 梵語斯陀含 華言一來 謂欲界有九品思惑 前之六品已斷 後之三品尙在 更須欲界一番受生 故名一來 以其應受人天供養 爲世福田 是故滅後 應當起塔供養", "일곱째는 수다원탑이다. 범어 수다원은 중국어로 예류라 한다. 즉 삼계의 견혹을 이미 멸진시켜 성도라는 법의 흐름에 참예해 들어갔기에 예류라 한다. 그는 세간복전으로서 인천의 공양을 받아 마땅하기에 입멸하신 뒤에 탑을 세워 공양해야 한다. 七

須陀洹塔 梵語須陀洹 華言預流 謂斷三界見惑已盡 預入聖道法流 故名預流 以其應受人天供養 爲世福田 是故滅後 應當起塔供養", "여덟째는 전륜왕탑이다. 즉 전륜성왕을 말하는데, 아직 번뇌를 끊지는 못했고 아직 삼계를 벗어나지 못했지만 세간의 존경을 받는 이로서 복덕의 힘으로 사천하를 다스렸고 십선으로 훌륭히 군생을 교화하고 양육했으니, 이에 입멸하신 뒤에 탑을 세워 공양해야 한다. 八 轉輪王塔 謂轉輪聖王 雖未斷惑 未出三界 然以福德之力 治四天下 又以十善化育羣生 爲世之所尊敬 是故滅後 應當起塔供養"라고 하였다. [참고문헌]『三藏法數』. ⇨ 팔종탑 八種塔

팔종인이비여대비 八種因異悲與大悲 대비(大悲)와 비(悲)가 다른 여덟 가지 인(因). 자성(自性)·행상(行相)·소연(所緣)·의지(依地)·의신(依身)·증득(證得)·구제(救濟)·애민(哀愍)이 그것이다.『구사론』권27(대정장29, p.141a21 : *Abh-k-bh.*, p.415)에 "이 대비(大悲)가 비(悲)와 다른 점은 여덟 가지 인 때문이다. 첫째는 자성에 의한 것이니, (대비는) 무치가 (비는) 무진이 자성으로서 서로 다르기 때문이다. 둘째는 행상에 의한 것이니, (대비는 苦·行·壞의) 세 가지가 (비는 苦苦의) 한 가지로 행상으로서 서로 다르기 때문이다. 셋째는 소연에 의한 것이니, (대비는) 삼계가 (비는 욕계의) 한 가지 계가 소연으로서 서로 다르기 때문이다. 넷째는 의지처에 의한 것이니, (대비는) 제4정려에 (비는) 그 밖의 지에 통하는 것으로서 서로 다르기 때문이다. 此與悲異由八種因 一 由自性 無癡無瞋自性異故 二 由行相 三苦一苦行相異故 三 由所緣 三界一界所緣異故 四 由依地 第四靜慮通餘異故 svabhāvato 'dveṣāmohasvabhāvatvāt. ākārata ekatriduḥkhatākāratvāt. ālambanata ekatridhātvālambanatvāt. bhūmitaś caturdhyānacaturthadhyānabhūmikatvāt", "다섯째는 소의신에 의한 것이니, (대비는) 오직 부처의 몸에 (비는) 그 밖의 몸에 통하는 것으로서 서로 다르기 때문이다. 여섯째는 증득에 의한 것이니, (대비는) 유정지를 여읠 때에 (비는) 욕계를 여읠 때에 증득되는 것으로서 서로 다르기 때문이다. 일곱째는 구제에 의한 것이니, (대비는) 사업의 성취로서의 구제이고 (비는) 희망으로서의 구제로서 서로 다르기 때문이다. 여덟째는 애민에 의한 것이니, (대비는 삼계에 대한) 평등의 애민이고 (비는 욕계에 대한) 불평등의 애민으로서 서로 다르기 때문이다. 五 由依身 唯佛通餘身有異故 六 由證得 離有頂欲證得異故 七 由救濟 事成希望救濟異故 八 由哀愍 平等不等哀愍異故 saṃtānataḥ śrāvakādibuddhasaṃtānajatvāt. lābhataḥ kāmadhātubhāvāgravairāgyalabhyatvāt. aparitrāṇaparitrāṇataḥ atulyatulyakaruṇāyanāc ca"라고 하였다. [참고문헌]『俱舍論』, *Abh-k-bh.* ⇨ 대비 大悲

팔종일체사고 八種一切事苦 Ⓢ aṣṭākāraṃ sarva-vastukaṃ duḥkham. 보살이 감내해야 하는 일들에 따르는 여덟 가지 고통. 의지처고(依止處苦)·세법처고(世法處苦)·위의처고(威儀處苦)·섭법처고(攝法處苦)·걸행처고(乞行處苦)·근구처고(勤劬處苦)·이타처고(利他處苦)·소작처고(所作處苦)를 말한다.『유가사지론』권42(대정장30, p.523c29 : *Bodh-bh.*, p.132)에 "무엇을 보살이 온갖 고통을 그대로 받아 참아낸다고 하는가? 모든 보살은 마땅히 다음과 같이 익힌다. '나는 옛적부터 욕행에 의지한 동기로 항시 온갖 욕탐을 구하여, 고의로 사택하여 괴로움의 인이 되는 갖가지 고통스러운 온갖 욕탐을 추구하였고, 추구하는 동안에 무량하고 강렬한 큰 고통을 견뎌 받았으니, 이를테면 갖가지 이익에 목숨을 바쳤고 농사를 지었으며 왕으로서의 일 등이었다'. 云何菩薩安受衆苦忍 謂諸菩薩應如是學 我從昔來依欲行轉 常求諸欲 故意思擇爲諸苦因 追求種種苦性諸欲 於追求時忍受無量猛利大苦 所謂種種殉利務農勤王等事 tatra bodhisattvasya duḥkhādhivāsanākṣāntiḥ katamā. iha bodhisattva idaṃ pratisaṃśikṣate. mayā khalu pūrvaṃ kāmacaryāsu vartamānena kāmān paryeṣatā pratisaṃkhyāya duḥkhahetutayā duḥkhātmakānāṃ kāmānām arthe prabhūtāni tīvrāṇi duḥkhāni abhyupagatāni adhivāsitāny anubhūtāni kṛṣivaṇijyārājapauruṣyaprayuktena", "'내가 이제 안락으로 이끄는 가장 뛰어난 선품을 구하기 위해서는 사택하여 백천구지의 큰 고통도 견뎌 받거늘, 얼마 되지 않는 작은 괴로움을 참아내지 못하겠는가!' 我今爲求能引安樂最勝善品 尙應思擇忍受百千俱胝大苦 況少小苦而不忍受 sāmpratam tu mama sukhāhārake kuśale prayuktasya pratisaṃkhyāya tataḥ koṭiśatasahasraguṇasya duḥkhasyādhivāsanābhyupagamaḥ pratirūpaḥ syāt. prāg eva tato nyūnasya", "이와 같이 이에 맞게 바로 사유하기에 보리를 구하기 위해 일체의 일에 따르는 고통을 능히 다 참아 받아낸다. 무엇을 일체의 일에 따르는 고통이라 하는가? 이 고통에는 크게 여덟 가지가 있음을 알아야 할 것이다. 如是如理正思惟故 爲求菩提悉能忍受一切事苦 云何名爲一切事苦 當知此苦略有八種 evaṃ yoniśo manasi kurvan bodhāya prayukto bodhisattvaḥ sarvavastukaṃ duḥkhamadhivāsayati. sarvavastukaṃ duḥkhaṃ katamat. tatsamāsataḥ aṣṭākāraṃ veditavyam", "첫째는 의지처에 따르는 고통, 둘째는 세속법에 따르는 고통, 셋째는 위의처에 따르는 고통, 넷째는 섭법처에 따르는 고통, 다섯째는 걸행처에 따르는 고통, 여섯째는 근구처에 따르는 고통, 일곱째는 이

타행에 따르는 고통, 여덟째는 소작처에 따르는 고통이다. 一 依止處苦 二 世法處苦 三 威儀處苦 四 攝法處苦 五 乞行處苦 六 勤劬處苦 七 利他處苦 八 所作處苦 sanniśrayādhiṣṭhānaṃ lokadharmādhiṣṭhānam īryāpathādhiṣṭhānaṃ dharmaparigrahādhiṣṭhānaṃ bhikṣākavṛttādhiṣṭhānam abhiyogaklamādhiṣṭhānaṃ sattvārthakriyādhiṣṭhānam itikaraṇīyādhiṣṭhānañ ceti"라고 하였다. 〔참고문헌〕『瑜伽師地論』, *Bodh-bh.*

팔종자재 八種自在 여덟 가지로 걸림없음. 팔신변(八神變)·팔자재(八自在)라고도 한다. 『대지도론』 권10(대정장25, p.132c6)에 "〔문〕 꽃은 적고 세계는 많은데 어떻게 가득 채울 수 있는가? 〔답〕 부처님의 신통력 때문이니, 위와 같이 여덟 가지 능력으로 마음먹은 대로 변화시키는 법이 있다. 큰 것을 작게 만들 수 있고, 작은 것을 크게 만들 수 있고, 가벼운 것을 무겁게 만들 수 있고, 무거운 것을 가볍게 만들 수 있고, 자유무애하고, 의지대로 도달할 수 있고, 대지를 진동시킬 수 있고, 원하는 바를 성취할 수 있다. 모든 대성인은 다 이 여덟 가지 자재를 얻었으니, 그렇기에 부처님께서는 작은 꽃으로 동쪽의 항하의 모래알 수만큼 같은 세계를 가득 채우신다. 또 이로써 중생들에게 미래의 복보는 마치 저 작은 꽃으로 동방세계를 가득 채우는 것과 같음을 보이신다. 問曰 華少而世界多 云何滿 答曰 佛神通力故 如上八種自恣變化法 大能令小 小能令大 輕能令重 重能令輕 自在無礙 隨意所到 能動大地 所願能辦 諸大聖人皆得是八種自在 是故佛能以小華滿東方如恒河沙等世界 又復以示衆生未來福報 如此少華 滿東方世界"라고 하였다. 〔참고문헌〕『大智度論』. ⇨ 팔종변화자재지용 八種變化自在之用, 팔신변 八神變, 팔자재 八自在 ■

팔종장 八種障 Ⓢ aṣṭa-āvaraṇa, Ⓣ sgrib-pa brgyad. 대승을 수지하면 벗어날 수 있는 여덟 가지 장애. 부처님을 경시하는 장애(輕佛障)·법을 경시하는 장애(輕法障)·해태의 장애(懈怠障)·지족이 적은 장애(少知足障)·탐욕이 작용하는 장애(貪行障)·교만이 작용하는 장애(慢行障)·후회가 작용하는 장애(悔行障)·확정되어 있지 않음의 장애(不定障)를 말한다. 『대승장엄경론』 권6(대정장31, p.621a4 : *Sūtr.*, p.83)에 "〔석〕 이 두 게송은 대승에서 장애를 끊는 공덕을 현시하는 것이다. 장애에는 여덟 가지가 있다. 첫째는 부처님을 가벼이 여기는 장애이고, 둘째는 법을 가벼이 여기는 장애이고, 셋째는 해태장이고, 넷째는 지족할 줄 모르는 장애이고, 다섯째는 탐이 작용하는 장애이고, 여섯째는 만이 작용하는 장애이고, 일곱째는 회가 작용하는 장애이고, 여덟째는 정하지 못하는 장애이다. 부처님을 가벼이 여기는 장애를 다스리기 위해 대승경에서 설하시길 옛적 비바시불이 곧 나의 몸이라고 설한 것이다. 釋曰 此二偈顯示大乘斷障功德 障有八種 一者 輕佛障 二者 輕法障 三者 懈怠障 四者 少知足障 五者 貪行障 六者 慢行障 七者 悔行障 八者 不定障 爲對治輕佛障故 大乘經說 往昔毘婆尸佛卽我身是 buddhe 'vajñāvaraṇasya pratipakṣasaṃbhāṣā. aham eva sa tena kālena vipaśvī samyaksaṃbuddho 'bhūvam iti", "법을 가벼이 여기는 장애를 대치하기 위해 대승경에서 무량항하사만큼 많은 부처님의 처소에서 대승을 수행하여 이에 이해할 수 있게 되었다고 설한 것이다. 해태를 대치하기 위해 대승경에서 설하길 만약 어떤 사람이 안락국토에 나기를 원한다면 그 모두가 왕생을 득하며, 무구월광불의 명호를 칭념하면 반드시 부처가 된다고 한 것이다. 爲對治輕法障故 大乘經說 於無量恒河沙佛所 修行大乘乃得生解 爲對治懈怠障故 大乘經說 若有衆生願生安樂國土 一切當得往生 稱念無垢月光佛名 決定當得作佛 dharme 'vajñāvaraṇasya pratipakṣasaṃbhāṣā. iyato gaṃgānadīvālikāsamānabuddhān paryupāsya mahāyāne 'vabodha utpadyata iti. kauśīdyāvaraṇasya pratipakṣasaṃbhāṣā. ye sukhāvatyāṃ praṇidhānaṃ kariṣyanti te tatropapatsyanta iti. vimalacandraprabhasya ca tathāgatasya nāmadheyagrahaṇamātreṇa niyato bhavaty unattarāyāṃ samyaksaṃbodhāv iti", "지족할 줄 모르는 장애를 대치하기 위해 대승경에서 어떤 곳에서는 보시 등의 행을 찬탄하고 또 어떤 곳에서는 보시 등의 행을 비방하는 식으로 설한다. 탐이 작용하는 장애를 대치하기 위해 대승경에서 모든 부처님 국토는 지극히 아름답고 즐거운 곳이라고 설한 것이다. 만이 작용하는 장애를 대치하기 위해 대승경에서 부처님의 국토가 가장 수승함을 성취한 곳이라고 설한 것이다. 爲對治少知足障故 大乘經說 有處讚歎檀等行 有處毀呰檀等行 爲對治貪行障故 大乘經說 諸佛國土極妙樂事 爲對治慢行障故 大乘經說 或有佛土最勝成就 alpamātrasaṃtuṣṭyāvaraṇasya pratipakṣasaṃbhāṣā. yatra bhagavān kvacid dānādi vivarṇayati anyatra varṇitavān. rāgacaritasya cāvaraṇasya pratipakṣasaṃbhāṣā. yatra bhagavān buddhakṣetravibhūtiṃ varṇayati. mānacaritasyāvaraṇasya pratipakṣasaṃbhāṣā. yatra bhagavān kasyacid buddhasyādhikāṃ saṃpattiṃ varṇayati", "회가 작용하는 장애를 대치하기 위해 대승경에서 어떤 중생이 불보살에게 이익이 되지 않는 일을 일으켜도 선도에 날 수 있다고 설한 것이다. 확정되어 있지 않음의 장애를 대치하기 위해 대승경에서 모든 부처님께서는 성문에게 수기를 내려 장차 부처가 되고 일승을 설할 수 있다고 설한 것이다. 이를 대승을 수지하면 여덟 가지 장애에서 벗어나게 된다고 한다. 爲對治悔行障故 大乘經說 或有

衆生於佛菩薩起不饒益事得生善道 爲對治不定障故 大乘經說 諸佛授記聲聞當得作佛及說一乘 是名受持大乘得離八障 kaukṛtyāvaraṇasya pratipakṣasaṃbhāṣā. ye buddhabodhisatveṣv akāraṃ kariṣyanti te sarve svargopagā bhaviṣyantīti. aniyatabhedasyāvaraṇasya pratipakṣasaṃbhāṣā. mahāśrāvakāṇāṃ buddhatve vyākaraṇadeśanā ekayānadeśanā ca"라고 하였다. [참고문헌]『大乘莊嚴經論』, *Sūtr.*

팔종장 八種漿 ➡ 팔종갱약 八種更藥

팔종장양공덕경 八種長養功德經 조송(趙宋)대 법호(法護) 등 한역. 1권. 대정장24, p.1104b18~c14, No.1498에 수록되어 있다. 발심하여 팔재계(八齋戒)를 받는 공덕을 설하고 있다. 『팔종장양공덕경』(대정장24, p.1104b24)에 "'팔종장양법은 팔계임을 알아야 할 것이다'. … '이른바 첫째는 살생하지 않는 것이고, 둘째는 훔치지 않는 것이고, 셋째는 범행이 아닌 행위를 하지 않는 것이고, 넷째는 거짓말을 하지 않는 것이고, 다섯째는 술을 마시지 않는 것이고, 여섯째는 때가 아닐 데 먹지 않는 것이고, 일곱째는 화만으로 몸을 장식하지 않고 노래하거나 춤추거나 놀이를 하지 않는 것이고, 일곱째는 높고 튼 상에 앉거나 눕지 않는 것입니다. 제가 이제 이와 같은 일을 버리겠으니 원컨대 청정한 금계의 팔종공덕을 버리지 않게 하옵소서'. 當知八種長養法者 所謂八戒 … 所謂 一 不殺生 二 不偸盜 三 不非梵行 四 不妄語 五 不飮酒 六 不非時食 七 不花鬘莊嚴其身及歌舞戱等 八 不坐臥高廣大床 我今捨離如是等事 誓願不捨淸淨禁戒八種功德"라고 하였다. [참고문헌]『八種長養功德經』. ⇨ 팔재계 八齋戒, 팔관 八關

팔종정명 八種定名 정(定)의 여덟 가지 이름. 원효(元曉)의 『금강삼매경론』 권상(한불전1, p.606c1)에 "정의 이름은 같지 않으니 대략 여덟 종이 있다. 첫째 삼마희다라 이름하니, 이는 등인이라 한다. 혼침과 도거의 치우침을 멀리 여의기에 이름하여 등이라 하고, 신통 등 공덕들을 이끌어 발하기에 이름하여 인이라 한다. 또 이것이 평등하게 이끌어 회 없음과 환회와 안락이 이끌리는 바이기에 등인이라 이름하니, 이로 말미암아 욕계정과는 같지 않기 때문이다. 定名不同 略有八種 一名三摩呬多 此云等引 遠離惛沈掉擧之偏 故名爲等 引發神通等諸功德 故名爲引 又此等引 無悔歡喜安樂所引 故名等引 由此不同欲界定故", "둘째 삼마지라 이름하니 이는 등지라 한다. 등의 뜻은 앞과 같고, 능히 마음을 다스리고 지녀 달리거나 흩어지지 않게 하기에 등지라 이름한다. 또 정혜가 평등하여 서로 여의지 않게 하기에 등지라 이름한다. 구역에 삼마제라 하였는데 또한 곧 등지다. 二名三摩地 此云等持 等義同前 能制持心 令不馳散 故名等持 又定慧平等 令不相離 故名等持 舊云三摩提 亦卽等持", "셋째 삼마발제라 이름하니 이는 등지라 한다. 평등하게 지니는 중에 능히 뛰어난 위에 이를 수 있기에 등지라 이름한다. 三名三摩鉢提 此云等至 等持之中 能至勝位 故名等至", "넷째 타연나라 이름하니 이는 정려라 한다. 적정하게 사려하기 때문이다. 또한 능히 흩어지는 생각을 고요하게 할 수 있기 때문이다. 구역에 선나라 하고 혹은 지아나라고 하였는데, 방속에 따라 다른 말이지만 똑같이 정려를 이른다. 四名馱演那 此云靜慮 寂靜思慮故 又能靜散慮故 舊云禪那 或云持阿那 方俗異語 同謂靜慮也", "다섯째 사마타라 이름하니 이는 지라 한역한다. 마음으로 하여금 경을 그치게 하기에 이름하여 지라 한다. 五名奢摩他 此譯云止 令心止境 故名爲止", "여섯째 심일경성이라 이름하니 마음으로 하여금 경에 전일하게 하는 성이기에 심일경성이라 이름한다. 구역에 일심이라 일렀으니 이는 줄였기 때문이다. 六名心一境性 令心專一於境之性 故名心一境性 舊云一心 是略故也", "일곱째는 이름하여 정이라 한다. 소연을 살펴 정하기에 이름하여 정이라 한다. 七名爲定 審定所緣 故名爲定", "여덟째는 정사라 이름하니 뜻은 앞의 설과 같다. 八名正思 義如前說"라고 하였다. [참고문헌]『金剛三昧經論』. ⇨ 삼마지 三摩地, 등지 等持, 정려 靜慮, 선나 禪那, 사마타 奢摩他, 심일경성 心一境性, 정 定 ■

팔종정어 八種淨語 Ⓢ aṣṭau vāk-pariśuddhīḥ. 『방광대장엄경』을 듣고서 이를 칭탄하고 찬미한 공덕의 과보로 얻는 여덟 가지 청정한 말. 『방광대장엄경』 권12(대정장3, p.616b10 : *Lal-v.*, p.316)에 "만약 어떤 선남자나 선여인이 이 경을 듣게 되어 칭탄하고 찬미하면, 이 사람은 장차 여덟 가지 청정한 말을 얻는 것이다. 무엇이 여덟인가? 첫째는 말과 행동이 서로 응하니 서로 어긋남이 없기 때문이고, 둘째는 하는 말마다 중생들 승복하니 가히 따를만하기 때문이고, 셋째는 한 말이 유연하니 거칠거나 사납지 않기 때문이다. 若有善男子善女人 得聞是經稱揚讚美 是人當得八種淨語 何等爲八 一者 言行相應 無違諍故 二者 所言伏衆 可遵承故 三者 所言柔軟 不麤獷故 ya kaścin mārṣā imaṃ lalitavistaraṃ dharmaparyāyaṃ bhāṣamāṇāya sādhukāraṃ dāsyati, so'ṣṭau vākpariśuddhīḥ pratilapsyate. katamā aṣṭau. tad yathā. yathāvāditathākāritāṃ satyānuparivartivākkarmapariśuddhyā. ādeyavacanatāṃ parṣadabhibhavanatayā. grāhyavacanatāṃ anuddhuratayā", "넷째는 한 말이 부드럽고 아름다우니 중생을 거두기 때문이고, 다섯째는 소리 가릉빙가 같으니 중생을 기쁘게 하기 때문이고, 여섯째는 음성 천둥치듯 하니 외도를 절복시키기 때문이고, 일곱째는

맑고 깨끗한 음성 얻으니 세간을 뛰어넘기 때문이고, 여덟째는 부처님의 음성을 얻으니 중생의 근기에 응하기 때문이다. 四者 所言和美 攝衆生故 五者 聲如迦陵頻伽 悅樂衆生故 六者 聲如殷雷 摧伏外道故 七者 得梵音聲 超過世間故 八者 得佛音聲 應衆生根故 ślakṣṇamadhuravacanatāṃ apāruṣyasattvasaṃgrahaṇatayā. kalaviṅkarutasvaratāṃ kāyacittodbilyakaraṇatayā. taduktavacanatāṃ sarvasattvair anabhibhavanatayā. brahmasvaratāṃ sarvasvarābhibhavanatayā. siṃhaghoṣābhigarjitasvaratāṃ sarvaparapravādibhir anabhibhavanatayā. buddhasvaratāṃ sarvasattvendriyaparitoṣaṇatayā. imā aṣṭau vākkarmapariśuddhīḥ pratilapsyate"라고 하였다. [참고문헌] 『方廣大莊嚴經』, *Lal-v.*

팔종좌처 八種坐處 Ⓢ aṣṭa āvāsana. 설법사(說法師)를 위해 법좌(法座)를 준비한 공덕으로 얻는 여덟 좌처. 『방광대장엄경』 권12(대정장3, p.616b4 : *Lal-v.*, p.316)에 "만약 어떤 선남자나 선여인이 이와 같은 경을 듣고자 원해서 설법사를 위해 고좌(高座 : 법좌)를 마련해 드리면 몸을 바꿔 장차 여덟 가지 좌처를 얻을 것이다. 무엇이 여덟 가지인가? 첫째 장자의 좌처이고, 둘째 거사의 좌처이다. 若有善男子 善女人 願樂欲聞如是等經 與說法師敷置高座 轉身當得八種坐處 何等爲八 一者 長者坐處 二者 居士坐處 yaḥ kaścin mārṣā imaṃ lalitavistaraṃ dharmaparyāyaṃ bhāṣitukāmasya dharmabhāṇakasya dharmāsanaṃ prajñāpayiṣyati, tasyāṣṭāvāsanapratilambhāḥ pratikāṅkṣitavyāḥ sahaprajñapte āsane. katame'ṣṭau. tad yathā śresṭhyāsanapratilambhaḥ. gṛhapatyāsanapratilambhaḥ", "셋째 전륜왕의 좌처이고, 넷째 호세(護世 : 四天王)의 좌처이고, 다섯째 제석좌처이고, 여섯째 범왕좌처이고, 일곱째 보살이 보리를 얻을 때 앉는 자리이고, 여덟째 여래께서 정법륜을 굴리실 때의 앉는 자리이다. 三者 輪王坐處 四者 護世坐處 五者 帝釋坐處 六者 梵王坐處 七者 菩薩得菩提時所坐之處 八者 如來轉正法輪所坐之處 cakravartyāsanapratilambhaḥ. lokapālāsanapratilambhaḥ. śakrāsanapratilambhaḥ. vaśavartyāsanapratilambhaḥ. brahmāsanapratilambhaḥ. bodhimaṇḍavarāgragatasya bodhisattvabhūtasyāpratyudāvartyanihatamārapratyarthikasiṃhāsanapratilambhaḥ. anuttarāsamyaksaṃbodhim abhisaṃbuddhasya ato'nuttaradharmacakrapravartanāsanapratilambhaś ca pratikāṅkṣitavyaḥ"라고 하였다. [참고문헌] 『方廣大莊嚴經』, *Lal-v.*

팔종주처 八種住處 ➡ 팔주 八住

팔종죽 八種粥 부처님께서 가시국(迦尸國 Ⓢ Kāśi) 죽원(竹園 Ⓢ Veṇuvana)에서 비구들과 안거하실 때 거사들이 보시하였던 여덟 가지 죽. 『십송율』 권14(대정장23, p.100a24)에 "당시 죽이 없었기에 종종 죽을 만들었는데, 소죽 · 호마죽 · 유죽 · 유죽 · 소두죽 · 마사두죽 · 마자죽 · 청죽이었다. 다 되어 부처님께 바치자 부처님께서 '중승에게 줘라'라고 말씀하셨지만 중승은 받지 않고 '부처님께서 저희들이 팔종죽 먹는 것을 허하지 않으셨습니다'라고 한 다음 이 일을 부처님께 말씀드렸다. 이에 부처님께서 말씀하시길 '오늘부터 여덟 가지 죽 먹는 것을 허락한다'. 値時無粥 卽作種種粥 酥粥 胡麻粥 油粥 乳粥 小豆粥 摩沙豆粥 麻子粥 淸粥 辦已奉佛 佛言 與衆僧 衆僧不受 佛未聽我等食八種粥 以是事白佛 佛言 從今日 聽食八種粥", 같은 책 권56(대정장23, p.415c26)에 "죽법이란, 부처님께서 팔종죽 먹는 것을 허하셨는데, … 먹을 때 소리 내지 않는다. 이를 죽법이라 이름한다. 粥法者 佛聽食八種粥 … 啜時不作聲 是名粥法"라고 하였다. [참고문헌] 『十誦律』.

팔종진여 八種眞如 여덟 가지 진여(Ⓢ tathatā). 불생(不生) · 불멸(不滅) · 부단(不斷) · 불상(不常) · 불일(不一) · 불이(不異) · 불래(不來) · 불거(不去)라는 일체법상을 보냄으로써 드러나는 진여를 말한다. 『불지경론』 권7(대정장26, p.322c26)에 "[경] 일체법은 진여이지만, 두 가지로 청정상을 장애한다. … 또한 여덟 가지로 설하니, 생하는 것도 아니고 멸하는 것도 아니며, 단도 아니고 상도 아니며, 같은 것도 아니고 다른 것도 아니며, 오는 것도 아니고 가는 것도 아닌데, 이 여덟 가지는 상을 보냄으로써 드러나는 진여이다. 經曰 一切法眞如 二障淸淨相 … 或說八種 謂不生不滅 不斷不常 不一不異 不來不去 八遣相門所顯眞如"라고 하였다. [참고문헌] 『佛地經論』. ⇨ 진여 眞如, 칠진여 七眞如

팔종탑 八種塔 여덟 가지 탑. 여래 · 보살 · 벽지불 · 아라한 · 아나함 · 사다함 · 수다원 · 전륜성왕으로 세간의 복전이 되기에 입멸 후 탑을 세워 기린다. 층위와 장엄이 차별하다. 팔종인기탑(八種人起塔)이라고도 한다. 『번역명의집』 권7(대정장54, p.1168a13)에 "『후분경』에 '부처님께서 아난에게 고하시길 「부처의 반열반으로 다비 이미 마치면 일체사중은 사리 거둬 취하여 칠보병에 두고 마땅히 구시나성 안 사거리에 칠보탑 세워야 하는데 높이 13층이고 위에 윤상 있어야 한다〈운운〉. 後分經 佛告阿難 佛般涅槃 茶毘旣訖 一切四衆 收取舍利 置七寶甁 當於拘尸那城內四衢道中 起七寶塔 高十三層 上有輪相〈云云〉", "벽지불탑은 응당 11층이어야 하며, 아라한탑은 4층으로 하고 온갖 보배들로 장엄해야 하며, 전륜왕 또한 칠보로 장엄하되 층급은 없어야 한다. 어째서인가? 삼계 모든 존재들이 아직 고에서 아직 벗어나지 못했기 때문이다.」'라고 하였다. 辟支佛塔 應十一層 阿羅漢塔 成以四層 亦以衆寶 而嚴飾之 其轉輪王 亦七寶成 無復層級 何以故 未脫三界諸有苦故", "『십이인연경』에 '팔종탑에도 노반이 있으며, 불탑은 8중, 보살은 7중, 벽지불은 6중, 사과는 5중, 삼과는 4중, 이과는 3중, 초과는 2중, 윤왕은 1중이어야 한다'라고 하였다. 十二因緣經 八種塔 並有露槃 佛塔八重 菩薩七重 辟支佛六重 四果五重 三果四 二果三 初果二 輪王一"라고 하였다. [참고문헌]『翻譯名義集』. ⇨ 팔종인기탑 八種人起塔

팔종행상 八種行相 제법(諸法)의 여덟 가지 움직이는 모습. 『대비바사론』 권74(대정장27, p.381b13)에 "그대 필추들이여! 안으로 정을 닦으며 여실히 관찰해야 하니 '제행은 무상·고·공·비아·인·집·생·연이다'라고 한다. 이렇게 여덟 가지 고귀한 혜의 행상으로 말미암아 모든 때에 모든 유(有)를 관하여야 할 것이다. 汝等苾芻應內修定如實觀察 諸行無常苦空非我因集生緣 由此八種聖慧行相 於一切時應觀諸有"라고 하였다. [참고문헌]『大毘婆沙論』. ⇨ 행상 行相1

팔종희론 八種戲論 팔종분별(八種分別)과 같다. 원측(圓測)의 『해심밀경소』 권2(卍속장34, p.662a17)에 "'희론'이란 말은 여덟 가지 망상을 말한다. 여기서 그 뜻을 설하면, 어리석은 범부는 이 두 가지가 없고 말을 여읜 경에 어리석어 미하기에 즐거이 유위와 무위라는 두 가지 법에 즐겨 붙들려서 여덟 가지 희론에 휘둘린다. 여덟 가지 희론에 대해서는 『유가사지론』 권36의 설과 같은데, 거기서는 '또 모든 어리석은 범부는 이와 같이 드러나는 진여에 대해 분명히 알지 못하기에 이와 같은 인연으로부터 여덟 가지로 거듭 뒤쳐서 능히 세 가지 일을 일으키고 일체유정세간과 기세간을 일으키는 것이다'라고 하였다. 여덟 가지 분별이란, 첫째는 자성분별이니 일체법에 대해 색·소리 등과 같이 자성을 분별하는 것이다. 둘째는 차별분별이니 이렇게 분별된 것들에 대해 볼 수 있는 것과 볼 수 없는 것 등으로 분별하는 것이다. 셋째는 총집분별이니 저 색·소리 등에서 유정·아·집·군대·숲 등을 계탁하는 것이다. 넷째는 아분별이고 다섯째는 아소분별이니 모든 유루와 유취의 법 상에다 아라고 계탁하거나 아의 소유라고 계탁하는 것이다. 여섯째는 애분별이다. 일곱째는 비애분별이다. 여덟째는 서로 모두 어긋나있다는 분별이다. 言戲論者 八種妄想 此中意說 愚夫於此無二離言境中 痴所惑故 樂著有爲無爲二種法上八種戲論 八種戲論如瑜伽論三十六說 彼云 又諸愚夫 由於如是所顯眞如 不了知故 從是因緣 八分別轉 能生三事 能起一切有情世間及器世間 八分別者 一者 自性 於一切法分別自性 如色聲等 二者 差別 謂卽於彼分別可見不可見等 三者 總執 謂卽於彼色聲等上 計有情我舍軍林等 四 我分別 五者 我所分別 於諸有漏有取法上 卽計爲我 或計我所 六 愛分別 七者 非愛 八 俱相違"라고 하였다. [참고문헌]『解深密經疏』, 『瑜伽師地論』 권36(대정장30, p.489c9). ⇨ 팔종망상 八種妄想, 팔종분별 八種分別

팔좌 八座 ➡ 팔종좌처 八種座處

팔주 八住 머묾(住)에 대한 여덟 가지 뜻. 진제(眞諦)의 설로서 경계주(境界住)·의지주(依止住)·위의주(威儀住)·미사수명주(未捨壽命住)·범주(梵住)·천주(天住)·성주(聖住)·불주(佛住)를 말한다. 삼신(三身)에 배대하면, 앞의 셋은 화신(化身), 다음의 셋은 응신(應身), 마지막 둘은 법신(法身)의 머묾에 당한다. 원측(圓測)의 『해심밀경소』 권1(卍속장34, p.610b1)에 "진제삼장은 여덟 가지 뜻으로 주를 풀었다. 첫째는 경계주다〈일체의 십육대국으로서 사사공양을 올리던 곳이고 부처님이 유행하던 곳이기에 경계주라 한다〉. 둘째는 의지주이다〈일체의 승가람에 해당하는데 기사굴산·가란다죽림 등이 바로 의지하는 처소이다〉. 셋째는 위의주이다〈행주좌와의 네 가지 위의를 말한다〉. 넷째는 목숨을 아직 버리지 않았을 때 머묾이다〈현재 아직 반열반에 들지 않아서 계신(戒身)과 정신(定身) 등 오분법신으로 머무는 것을 말한다〉. 다섯째는 범들에 머묾이다〈사무량심을 말하는데 가령 부처님께서 대비심에 머무시는 것이기에 범주라 한다〉. 여섯째는 하늘에 머묾이다〈사선을 말하는데 곧 초선·제2선·제3선·제4선에 해당하며, 제4선이 가장 수승하기에 부처님께서는 여기에 머무신다〉. 일곱째는 성주이다〈이는 해탈에 해당하는데 해탈에는 네 가지가 있다. 첫째는 무심정에 들어 잠시 괴로움이 멸한 해탈이고, 둘째는 공정에 들어 모든 견이 멸한 해탈이고, 셋째는 무원정에 들어 탐애가 멸한 해탈이고, 넷째는 무상정에 들어 (有·無 등의) 네 가지 희론방(戲論謗)이 멸한 해탈이니, 부처님께서는 무상정에 머무시어 마음에 번뇌가 전혀 없다〉. 여덟째는 불주이다〈부처님께서는 생하는 바도 없고 멸하는 바도 없으며 처소도 없는 법 중에 머무시면서 이 여덟 가지 처에 머무심을 구족하기에 불주라 한다. 삼신으로 가리겠다. 앞의 세 가지 주는 화신의 머묾이고, 다음의 세 가지 주는 응신의 머묾이며, 마지막 두 가지 주는 법신의 머묾이다. 앞의 화신과 응신은 능주이고 법신은 소주이다〉. 眞諦三藏 八義釋住 一 境界住〈謂一切十六大國四事供養之處 是佛所遊履 故云境界住〉 二 依止住〈是一切僧伽藍 耆闍崛山迦蘭陀竹林等 是所依止〉 三 威儀住〈謂行住坐臥四威儀〉 四 未捨壽命住〈謂現在未般涅槃 住戒定等五分法身中也〉 五者 梵住〈謂四無量心 佛在大悲心中 故名梵住也〉 六者 天住〈謂四禪 卽初禪二禪三禪四禪 第四禪最勝 佛住此中〉 七者 聖住〈謂是解脫 解脫有四 一 入無心定暫滅苦 二 入空定滅諸見 三 入無願定滅貪愛 四 入無相定

滅四謗 佛住無相定中心惑都盡也〉 八 佛住〈佛住無生無滅無處所法中 而具足在此八處 故名佛住 三身而辨 前三住卽是化身住次三是應身 後二是法身 前二身是能住 後法身是所住也〉"라고 하였다. [참고문헌] 『解深密經疏』.

팔준 八駿 주목왕(周穆王)의 여덟 마리 뛰어난 말(名馬). 종횡으로 자유롭고 신속해 따라 미칠 수 없는 기세 뛰어난 마음의 행로를 비유한다. 『조정사원』 권3(卍속장113, p.72a10)에 "팔준 : 『목천자전』에 따르면, 천자의 여덟 마리 말 뛰어났으니, 첫째는 적요, 둘째는 도려, 셋째는 백희, 넷째는 화류, 다섯째는 녹이, 여섯째는 거황, 일곱째는 유수, 여덟째는 산자이다. 八駿 穆天子傳 天子之八駿 一曰 赤腰 二曰 盜驪 三曰 白犧 四曰 驊騮 五曰 騄耳 六曰 渠黃 七曰 踰輪 八曰 山子", 『설두어록』 권5 「학인을 전송하며 送僧」(대정장47, p.699b21)에 "봄바람 급하고, 봄바람 급하네! 팔준이 내달려도 따라잡지 못하겠네. 남북과 동서 어디거나 붙들어 매는 그때, 그대 곧바로 우뚝한 봉우리에 서련만. 春風急春風急 八駿奔馳追不及 南北東西把定時 爲君直上孤峯立", 『종용록』 10칙 「평창 評唱」(대정장48, p.233c20)에 "주목왕 팔준이 구름을 타고 달려 나는 새마저 앞지른다. 그 때문에 '뛰어난 말이 끄는 수레 바람마저 좇는다'라고 한다. 이 송을 노파는 능히 한 스님 감당하였지만 조주가 감당해 무너뜨림은 면치 못했고, 조주 비록 노파는 능히 감당하였으나 낭야의 점검까지는 피할 수 없었다. 周穆王八駿 有乘雲而趨行越飛鳥者 故曰良駟追風也 此頌婆子能勘僧 而不免趙州勘破 趙州雖能勘婆 而不免瑯琊點檢", 『월강정인어록』 권하(卍속장123, p.309b9)에 "금까마귀 옥토끼 베틀 북처럼 급하거늘 팔준인들 어찌 따라 잡을 수 있으랴? 金烏玉兔如梭急 八駿如何追得及"라고 하였다. [참고문헌] 『祖庭事苑』, 『雪竇語錄』, 『從容錄』, 『月江正印語錄』.

팔중 八衆 ❶ Ⓟ aṭṭha parisā. 인천(人天) 중에서 여덟 부류의 유정(有情) 대중. 찰리중(刹利衆)·바라문중(婆羅門衆)·거사중(居士衆)·사문중(沙門衆)·사천왕중(四天王衆)·도리천중(忉利天衆)·마중(魔衆)·범천중(梵天衆) 등이다. 『장아함경』 권3 「유행경 遊行經」(대정장1, p.16b18 : *Mahāparinibbāna-sutta*, *DN. 2*, p.109)에 "부처님이 아난에게 말하였다. '세간에 팔중이 있다. 무엇이 그 여덟인가? 첫 번째는 찰리중, 두 번째는 바라문중, 세 번째는 거사중, 네 번째는 사문중, 다섯 번째는 사천왕중, 여섯 번째는 도리천중, 일곱 번째는 마중, 여덟 번째는 범천중이다'. 佛告阿難 世有八衆 何謂八 一曰刹利衆 二曰婆羅門衆 三曰居士衆 四曰沙門衆 五曰四天王衆 六曰忉利天衆 七曰魔衆 八曰梵天衆 aṭṭha kho imā ānanda parisā. katamā aṭṭha khattiya-parisā brāhmaṇa-parisā gahapati-parisā samaṇa-parisā cātummahārājika-parisā tāvatiṃsa-parisā māra-parisā brahma-parisā", 『대지도론』 권25(대정장25, p.243c25)에 "'대중 속에서 사자후를 한다'고 하였으니, 대중은 팔중을 말하는 것으로, 사문중·바라문중·찰리중·천중·사천왕중·삼십삼천중·마중·범중 등이다. 중생은 이 여덟 대중에 대해서만 지혜를 기대한다. 그러므로 경에서 다만 이 팔중만을 설하는 것이다. 衆中師子吼者 衆名八衆 沙門衆 婆羅門衆 刹利衆 天衆 四天王衆 三十三天衆 魔衆 梵衆 衆生於此八衆 悕望智慧 是故經中 但說是八衆"라고 하였다. [참고문헌] 『長阿含經』, 『大智度論』, 『瑜伽師地論』 권3(대정장30, p.294a28), *DN.* ❷ Ⓢ aṣṭau nikāyāḥ. 교단의 대중 여덟 부류. 별해탈율의(別解脫律儀)를 수지하는 비구(比丘)·비구니(比丘尼)·식차마나(式叉摩那)·사미(沙彌)·사미니(沙彌尼)·우바새(優婆塞)·우바이(優婆夷)·근주(近住)를 말한다. 『구사론』 권14 「분별업품 分別業品」(대정장29, p.73a27 : *Abh-k-bh.*, p.207)에 "누가 어떤 율의를 성취하는가? 게송으로 읊는다. '여덟이 별해탈을 이루고 정려와 성법(聖法)을 얻은 이는 정려와 도생을 이루네. 뒤의 둘은 마음을 따라 전전하네'. 논하여 말한다. '팔중이 모두 별해탈율의를 성취하니, 곧 필추에서 근주에 이르기까지이다'. 誰成就何律儀 頌曰 八成別解脫 得靜慮聖者 成靜慮道生 後二隨心轉 論曰 八衆皆成就別解脫律儀 謂從苾芻 乃至近住 athaiṣām saṃvarāṇāṃ kena kaḥ samanvāgataḥ. prātimokṣānvitā aṣṭau. prātimokṣa-saṃvareṇa-aṣṭau nikāyāḥ samanvāgatā bhikṣur-bhikṣuṇī yāvad-upavāsastho 'ṣṭamaḥ"라고 하였다. [참고문헌] 『俱舍論』, *Abh-k-bh.*

팔중법 八重法 ❶ 보살의 여덟 가지 무거운 계법(戒法). 『보살선계경』(대정장30, p.1015a3)에 "보살계엔 팔중법이 있는데, 사중은 앞과 같다. 보살이 이양을 탐하기에 스스로 자신을 찬하고 보살계를 얻어 보살지에 머문다면 이를 보살의 제5중법이라 이름한다. 菩薩戒者有八重法 四重如先 菩薩若爲貪利養故 自讚其身 得菩薩戒 住菩薩地 是名菩薩第五重法", "보살에게 저 같은 스승의 동학 중에 보살의 방등법장을 비방하고 비슷하지만 법 아닌 것을 받아 배우고 떠받드는 이가 있다면 응당 함께 지내서는 안 되며, 만약 정히 이미 알았다면 남에게 그의 덕을 찬탄해서는 안 되니, 이를 보살의 제8중법이라 이름한다. 菩薩若有同師同學 誹謗菩薩方等法藏 受學頂戴相似非法者 不應共住 若定知已 不得向人讚歎其德 是名菩薩第八重法", "보살에는 두 종이 있으니 첫째는 재가이고 둘째는 출가인데, 재가는 육중이고 출가는 팔중이다. 이 팔중법을 보살이 하나라도 범하거나 구족하여 범한다면 현재에 무량무상보리를 능히 장엄할 수 없으며 마음으로 하여금 능히 적정케 할 수도 없다. 菩薩有二種 一者 在家 二者 出家 在家六重 出家八重 是八重法 菩薩若犯一一重法 若具足犯 現在不能莊嚴無量無上菩提 現在不能令心寂靜"라고 하였다. 〔참고문헌〕『菩薩善戒經』. ❷ Ⓟ aṭṭha-garu-dhamma. 팔경법(八敬法)과 같은 말. 『구담미기과경』(대정장1, p.856c20)에 "여인에게 마땅히 팔중법을 시설하여 여인으로 하여금 범하지 못하게 해야 한다. 여인은 마땅히 목숨 다할 때까지 이 계를 갖춰야 한다. 女人當施設八重法 令女人不得犯 女人當盡命具此戒", 『십송율』 권40(대정장23, p.290c22)에 "부처님께서 사위국에 계실 때 장로 우바리가 부처님께 여쭈길 '세존이시여! 마하바사파제구담미는 팔중법을 받았기에 즉시 출가하여 구족계를 받고 비구니법을 이뤘습니다. 다른 비구니들은 어떻게 해야 합니까?' 부처님께서 말씀하시길 '현전에서 백사갈마해야 한다'. 佛在舍衛國 爾時 長老優波離問佛言 世尊 摩訶波闍波提瞿曇彌 受八重法故 卽是出家 受具足戒 成比丘尼法 餘比丘尼當云何 佛言 應現前白四羯磨", 『선견율비바사』 권7(대정장24, p.718b24 : *Sp.*, p.242)에 "중법을 받고 구족계를 얻었다란, 마하파사파제비구니가 팔중법을 받고 곧 구족계를 얻었다는 말이다. 受重法得具足戒者 摩訶波闍波提比丘尼 是受八重法 卽得具足戒 garudhammapaṭiggahaṇaupasampadā nāma mahāpajāpatiyā aṭṭhagarudhammapaṭiggahaṇe anunnāta upasampadā", 『지관보행전홍결』 권4(대정장46, p.253c4)에 "팔경이란, 『십송율』에서 팔중법이라 했는데 여기서는 다만 팔경이라고 할 뿐이다. 八敬者 十誦名八重法 秖名八敬"라고 하였다. 〔참고문헌〕『瞿曇彌記果經』, 『十誦律』, 『善見律毘婆沙』, 『止觀輔行傳弘決』, *Sp.* ⇨ 팔경법 八敬法, 팔바라이 八波羅夷

팔중주 八中洲 Ⓢ aṣṭa antara-dvīpa, antar-dvīpāḥ aṣṭau, Ⓣ gling-phran-brgyad. 사대주 사방 각각 가장자리에 딸린 두 곳씩의 중주. 차말라주(遮末羅洲 Ⓢ Cāmara)·벌라차라주(筏羅遮末羅洲 Ⓢ Avara-cāmara), 제하주(提訶洲 Ⓢ Deha)·비제하주(毘提訶洲 Ⓢ Videha), 사체주(舍搋洲 Ⓢ Śāṭhā)·울달라만달리나주(嗢怛羅漫怛里拏洲 Ⓢ Uttara-mantriṇa), 구랍바주(矩拉婆洲 Ⓢ Kurava)·교랍바주(憍拉婆洲 Ⓢ Kaurava)를 말한다. 『구사론』 권11(대정장29, p.58a8)에 "다시 여덟 곳의 중주가 있으니 이는 대주(大洲)에 부속되어 있다. 이 사대주는 가장자리에 각각 두 곳의 중주가 있으니 (須彌山을 중심으로) 남쪽 섬부주(贍部洲 Ⓢ Jambūdvīpa) 가장자리에 있는 두 곳의 중주 중 하나는 차말라주(遮末羅洲 Ⓢ Cāmara)이고, 다른 하나는 벌라차말라주(筏羅遮末羅洲 Ⓢ Avaracāma)이다. 동쪽 승신주(勝身洲 Ⓢ Pūrvavideha) 가장자리에 있는 두 곳의 중주는 하나는 제하주(提訶洲 Ⓢ Deha)이고, 다른 하나는 비제하주(毘提訶洲 Ⓢ Videha)이다. 서쪽 우화주(牛貨洲 Ⓢ Avara-godānīya) 가장자리에 있는 두 곳의 중주는 하나는 사체주(舍搋洲 Ⓢ Gāṭhā, Śāṭhā)이고, 다른 하나는 울달라만달리나주(嗢怛羅漫怛里拏洲 Ⓢ Uttaramantriṇaḥ)이다. 북쪽 구로주(俱盧洲 Ⓢ Uttarakuru) 가장자리에 있는 두 곳의 중주는 하나는 구랍바주(矩拉婆洲 Ⓢ Kuru)이고, 다른 하나는 교랍바주(憍拉婆洲 Ⓢ Kaurava)이다. 이 모든 중주에는 다 사람이 거주한다. 어떤 이는 '오직 한 곳에는 나찰사(邏刹娑 Ⓢ rākṣasa : 羅刹)가 거주한다'라고 한다. 後有八中洲 是大洲眷屬 謂四大洲側 各有二中洲 贍部洲邊二中洲者 一 遮末羅洲 二 筏羅遮末羅洲 勝身洲邊二中洲者 一 提訶洲 二 毘提訶洲 牛貨洲邊二中洲者 一 舍搋洲 二 嗢怛羅漫怛里拏洲 俱盧洲邊二中洲者 一 矩拉婆洲 二 憍拉婆洲 此一切洲 皆人所住 有說 唯一邏刹娑居", 『순정리론』 권31(대정장29, p.516a1)에 "또 여덟 곳의 중주가 있으니 이는 대주(大洲)의 권속이다. 사대주 가장자리에 각각 두 곳의 중주가 있으니 (須彌山을 중심으로) (남쪽) 섬부주(贍部洲 Ⓢ Jambu-dvīpa) 가장자리에 있는 두 곳의 중주 중 하나는 차말라주이고, 다른 하나는 벌라차라주이다. (동쪽) 승신주(勝身洲 Ⓢ Pūrva-videha) 가장자리에 있는 두 곳의 중주는 하나는 제하주이고, 다른 하나는 비제하주이다. (서쪽) 우화주(牛貨洲 Ⓢ Apara-godānīya) 가장자리에 있는 두 곳의 중주는 하나는 사체주이고, 다른 하나는 울달라만달리나주이다. (북쪽) 구로주(俱盧洲 Ⓢ Uttara-kuru) 가장자리에 있는 두 곳의 중주는 하나는 구랍바주이고, 다른 하나는 교랍바주이다. 이 모든 중주에는 다 사람이 거주한다. 하열한 업의 증상력으로 인해 태어난 것이기에 거기에 머무는 이들의 신체 형태는 비루하다. 復有八中洲 是大洲眷屬 謂四大洲側 各有二中洲 贍部洲邊二中洲者 一 遮末羅洲 二 筏羅遮末羅洲 勝身洲邊二中洲者 一 提訶洲 二 毘提訶洲 牛貨洲邊二中洲者 一 舍搋洲 二 嗢怛羅漫怛里拏洲 俱盧洲邊二中洲者 一 矩拉婆洲 二 憍拉婆洲 此一切洲皆人所住 由下劣業增上所生 故住彼人 身形卑陋"라고 하였다. 〔참고문헌〕『俱舍論』, 『順正理論』, *Abh-k-bh.162.*, *Yogā-bh.38.*

팔지 八支 ❶ Ⓢ aṣṭāṅga, Ⓟ aṭṭhaṅgika. 팔지성도(八支聖道 Ⓢ āryāṣṭāṅga-mārga : 八正道)를 가리킨다. 『중아함경』 권43 「구루수무쟁경 拘樓瘦無諍經」(대정장1, p.701c15 : *Araṇavibhaṅga-sutta*, *MN.3*, p.231)에 "성도에는 여덟 가지 갈래가 있으니 정견 내지 정정이니 이를 여덟 가지라 한다. 有聖道八支 正見乃至正定 是謂爲八 ayam eva ariyo aṭṭhaṅgiko maggo. se yyathīdaṃ sammādiṭṭhi sammāsaṃkappo sammā vācā sammākammanto sammā-ājīvo sammāvāyāmo sammāsati sammāsamādhi"라고 하였다. 〔참고문헌〕『中阿含經』, *MN.*, *Sūtr. 79.* ⇨팔정도 八正道 ❷ 유가공부에 필수배움처인 여덟 가지. 무착(無著)과 세친(世親)이 지은 팔론(八論)을 말한다. 『남해기귀내법전』 권4(대정장54, p.230a4)에 "유가를 배워 마치려면 무착의 여덟 논서 몸소 다해야 한다〈첫째는 『유식이십론』, 둘째는 『유십삼십송』, 셋째는 『섭대승론』, 넷째는 『대승아비달마집론』, 다섯째는 『변중변론』, 여섯째 『연기경석』, 일곱째는 『대승장엄경론』, 여덟째는 『대승성업론』이다. 이 중에서는 비록 세친이 지은 것도 있지만 그 공은 무착에게 돌아가야 한다〉. 瑜伽畢學 體窮無著之八支〈一 二十唯識論 二 三十唯識論 三 攝大乘論 四 對法論 五 辯中邊論 六 緣起論 七 大莊嚴論 八 成業論 此中雖有世親所造 然而功歸無著也〉"라고 하였다. 〔참고문헌〕『南海寄歸內法傳』. ⇨팔론 八論[1] ❸ Ⓢ aṣṭāṅga, Ⓣ yan-lag-brgyad. 팔재계(八齋戒 Ⓢ aṣṭāṅga upavāsaḥ)를 가리킨다. 『구사론』 권14(대정장29, p.75c6 : *Abh-k-bh.*, p.214)에 "다 모아 들어올려 '재'라고 부르고 따로 설하여 '지'라 한다. 따로인 것이 모여서 모여진 하나가 되기에 지라는 이름 얻게 된다. 가령 수레의 여러 분과 사지의 군대(四支軍 : 象 馬 車 步)와 오지의 가루약과 같이 재계의 팔지 또한 그러한 줄 알아야 한다. 總摽齋號別說爲支 以別成總得支名故 如車衆分及四支軍五支散等 齋戒八支應知亦爾 samudāyasyāvayavā aṅgāni. yathā rathasyāṅgāni caturaṅgo balakāyaḥ pañcāṅgaṃ tūryaṃ tathāṣṭāṅga upavāso draṣṭavyaḥ"라고 하였다. 〔참고문헌〕『俱舍論』, *Abh-k-bh.* ⇨팔재계 八齋戒

팔지 八智 ❶ 여덟 가지 지. 대치(對治)·자성(自性)·가행(加行)·행상(行相)·행상소연(行相所緣)을 위해 결택해서 정한 지(決定智). 법지(法智 Ⓢ dharma-jñāna)·유지(類智 Ⓢ anvaya-jñāna)·타심지(他心智 Ⓢ paracitta-jñāna)·세속지(世俗智 Ⓢ saṃvṛti-jñāna)·고지(苦智 Ⓢ duḥkha-jñāna)·집지(集智 Ⓢ samudaya-jñāna)·멸지(滅智 Ⓢ nirodha-jñāna)·도지(道智 Ⓢ mārga-jñāna)를 말한다. 십지(十智) 중 진지(盡智)와 무생지(無生智)를 제한 여덟 가지이다. 『대비바사론』 권106(대정장27, p.547b5)에 "어째서 이중에 팔지를 세워 있게 하는가? 〔답〕 다섯 가지 일 때문에 팔지가 있다고 상정한다. 첫째는 마주해 다스려야 하기에 법지와 유지를 세우고, 둘째는 자성 때문에 세속지를 세우며, 셋째는 가행 때문에 타심지를 세우고, 넷째는 행상 때문에 고지와 집지를 세우며, 다섯째는 행상의 소연 때문에 멸지와 도지를 상정하는 것이다. … 〔문〕 어찌해서 지라 한 것이고 지는 어떤 뜻인가 결정의 뜻이 지의 뜻이다. 云何此中立有八智 答 以五事故立有八智 一 對治故立法類智 二 自性故立世俗智 三 加行故立他心智 四 行相故立苦集智 五 行相所緣故立滅道智 … 問 何故名智 智是何義 答 決定義是智義", "존자 승가벌소는 다음처럼 설했다. '하나의 지라고 말해야 하니 이를테면 결정지이다. 결정의 뜻이 지의 뜻이기 때문이다. 이 결정지에는 두 가지 차별이 있다. 첫째는 유루이고 둘째는 무루이다. 만약 유루의 것이라면 자성으로 인해 세속지라 하고, 만약 무루의 것이라면 대치의 차별로 인해 다시 두 가지를 세우니, 욕계를 대치하는 것이면 법지라 하고, 색계와 무색계를 대치하는 것이면 유지라 한다. 곧 앞의 세 가지 지로 만약 다른 이의 심과 심소법을 아는 것이면 타심지라 한다. 또 무루지는 행상의 차별로 인해 다시 네 가지 지를 상정하는 것이니, 만약 고제에 대해 네 가지 행상을 만들어서 작용하는 것이면 고지라 하고, 나아가 도제에 대해 네 가지 행상을 만들어서 작용하는 것이라면 도지라 한다'라고 하였다. 尊者僧伽筏蘇說曰 應說一智 謂決定智 以決定義是智義故 此決定智有二差別 一者 有漏 二者 無漏 若有漏者 由自性故名世俗智 若無漏者 由對治差別故 復立二種 謂對治欲界者名法智 對治色無色界者名類智 卽前三智若能知他心心所法名他心智 又無漏智由行相別復立四智 若於苦諦作四行相轉者名苦智 乃至若於道諦作四行相轉者名道智"라고 하였다. 〔참고문헌〕『大毘婆沙論』. ⇨십지 十智[1] ❷ 사법지(四法智)와 사유지(四類智). ⇨법지 法智, 유지 類智[1], 팔인팔지 八忍八智, 고법지 苦法智, 고류지 苦類智 ❸ 지(智)를 여덟 가지로 나누어 살핀 것. 법주지(法住智)·열반지(涅槃智)·사생지(死生智)·누진지(漏盡智)·숙주수념지(宿住隨念智)·묘원지(妙願智)·진지(盡智)·무생지(無生智) 등이다. 『대비바사론』 권106 「수지납식 修智納息」(대정장27, p.547a3)에 "묻는다. 이 팔지(法智 類智 他心智 世俗智 苦智 集智 滅智 道智)로 일체지를 아우른다면 다시 팔지가 있으니, 법주지·열반지·사생지·누진지·숙주수념지·묘원지·진지·무생지다. 이와 같은 팔지는 어떤 지에 섭하는가? 답한다. 그 응하는 바에 따라 모두 여기에 섭한다. 곧 법주지는 인(因)을 아는 지(智)다. 그러므로 삼계의 하중상의 과법으로 머무는 바의 인을 알기에 저 지는 바로 이 사지에 의해 섭하니 곧 법지, 유지, 세속지, 집지다. 열반지는 멸(滅)을 아는 지(智)다. 저 지는 바로 이 사지에 의해 섭하니 곧 법지, 유지, 세속지, 멸지다. 사생지는 바로 이 세속지에 의해 섭한다. 존자 묘음이 설하길 '사생지는 사지에 의해 섭하니 곧 법지, 유지, 세속지, 고지다'라고 하였다. 問 若此八智 攝一切智 復有八智 謂法住智 涅槃智 死生智 漏盡智 宿住隨念智 妙願智 盡智 無生智 如是八智 何智攝耶 答 隨其所應 皆攝在此 謂法住智 是知因智 故知三界 下中上果法 所住因故 彼智 卽

此四智所攝 謂法類世俗集智 涅槃智 是知滅智 彼智 卽此四智所攝 謂法類世俗滅智 死生智 卽此世俗智所攝 尊者妙音說 死生智 四智所攝 謂法類世俗苦智"라고 하였다. [참고문헌]『大毘婆沙論』, 『阿毘曇毘婆沙論』 권45(대정장28, p.343b14). ⇨ 법주지 法住智, 열반지 涅槃智, 사생지 死生智, 누진지 漏盡智, 숙주수념지 宿住隨念智, 묘원지 妙願智, 진지 盡智, 무생지 無生智

팔지계 八支戒 팔재계(八齋戒). 『유부율』 권46(대정장23, p.882b16)에 "(妙音長者가 五百人에게) 물었다. '이제 어디로 가시렵니까?' '실라벌성 급고독장자의 처소로 가서 팔지계를 받으려 합니다'. 又問 今欲何之 答曰 欲往室羅伐城 給孤獨長者處 受八支戒", 『미륵하생성불경』(대정장14, p.427c18)에 "혹 사재일이나 신통월에 팔지계를 받아 지니었으니 나의 법 중에 와서 났도다. 或於四齋辰 及在神通月 受持八支戒 來生我法中"라고 하였다. [참고문헌]『有部律』, 『彌勒下生成佛經』, 『釋氏要覽』 권상(대정장54, p.272a12). ⇨ 팔재계 八齋戒

팔지근주재계 八支近住齋戒 Ⓢ āṣṭāṅga-samanvāgatam upavāsam, Ⓣ yan-lag-brgyad dang-ldan-pa'i bsnyen-gnas. 근주율의(近住律儀)인 팔재계(八齋戒)를 말한다. 『구사론』 권15(대정장29, p.80c10 : *Abh-k-bh.*, p.226)에 "또 선체(Ⓢ ṣaṇḍha : 鼓子) 등은 마치 소금밭과 같기에 선계나 악계가 생겨날 수 없으니, 세간을 직접 보면 소금밭에는 훌륭한 모나 거친 풀이 자랄 수 없기 때문이다. 又扇搋等如鹹鹵田故不能生善戒惡戒 世間現見諸鹹鹵田 不能滋生嘉苗穢草 api khalv āśraya eva sa teṣāṃ tādṛśa ūṣarakṣetrabhūtaḥ śaṇḍhapaṇḍakobhayavyañjanottarakauravāpāyikānāṃ yatrāśraye saṃvaro 'pi na virohaty asaṃvaro 'py ūṣāra iva kṣetre sasyam apy atimātraṃ kakvam apīti", "만약 그렇다면, 어째서 계경에서 '난생인 용은 반월 팔일마다 궁에서 인간계로 나와서 팔지의 근주재계를 받고자 한다'라고 한 것인가? 이는 묘행을 획득하는 것이지 율의를 획득하는 것이 아니다. 따라서 율의는 오직 인취와 천취에만 존재한다고 하는 것이다. 若爾何故 契經中言 有卵生龍半月八日 每從宮出來至人間 求受八支近住齋戒 此得妙行 非得律儀 是故律儀唯人天有 yat tarhi sūtra uktam aṇḍajo bhikṣavo nāgo 'ṣṭamyāṃ pakṣasya bhāvanād abhyudgamyāṣṭāṅgasamanvāgatam upavāsam upavasatīti. sucaritamātraṃ tat teṣāṃ na saṃvaraḥ. tasmād eva manuṣyāṇām eva saṃvaraḥ"라고 하였다. [참고문헌]『俱舍論』, *Abh-k-bh.* ⇨ 팔재계 八齋戒, 근주계 近住戒, 팔계재 八戒齋, 재 齋

팔지덕 八支德 Ⓢ aṣṭāṅga, Ⓣ yan-lag-brgyad. 여덟 가지 덕. 수미산(須彌山)의 팔해(八海) 중 일곱 곳의 내해(內海)의 팔공덕수(八功德水)의 특징으로서, 일반적으로 달고(甘) 차갑고(冷) 부드럽고(軟)가볍고(輕) 청정하고(淸淨) 냄새가 나지 않고(不臭) 마실 때 목구멍을 손상시키지 않고(飮時不損喉) 마시고 나서 장을 해치지 않는 것(飮已不傷腸)을 말한다. 『유가사지론』 권2(대정장30, p.287a16 : *Yogā-bh.*, p.39)에 "또 칠금산 사이에는 물 있어 여덟 가지 공덕을 갖추고 있으니 내해라 한다. 又七金山其間有水具八支德 名爲內海 teṣāṃ punaḥ saptānāṃ kāñcanaparvatānām antarāle yad udakaṃ tad aṣṭāṅgopetaṃ. sa cābhyantaraḥ samudraḥ", "곧 이 옆에 무열대지가 있어 그 너비와 깊이가 각각 오십 유선나 크기인데 미세한 금모래가 그 바닥에 두루 깔려있고 여덟 가지 공덕을 갖춘 물이 그 안을 가득 채우고 있다. 卽於此側有無熱大池 其量深廣各五十踰繕那 微細金沙遍布其底 八支德水彌滿其中 tasyaiva sāmantakenānavataptaṃ mahāsaraḥ pañcāśadyojanagambhīraṃ pañcāśadyojanavistāraṃ suvarṇavālukāstṛtam aṣṭāṅgopetapānīyasampannam abhirūpaṃ darśanīyaṃ prāsādikaṃ", 『유가론기』 권1(대정장42, p.329a22)에 "여덟 가지 공덕을 갖춘 물이란, 첫째 달고, 둘째 차갑고, 셋째 부드럽고, 넷째 가볍고, 다섯째 청정하고, 여섯째 냄새가 나지 않고, 일곱째 마실 때 목구멍 손상시키지 않고, 여덟째 마시고 나서 장을 해치지 않는 물을 말한다. 八德水者 一 甘 二 冷 三 軟 四 輕 五 淸淨 六 不臭 七 飮時不損喉 八 飮已不傷腸"라고 하였다. [참고문헌]『瑜伽師地論』, 『瑜伽論記』, *Yogā-bh.* ⇨ 팔공덕수 八功德水 ■

팔지도 八支道 Ⓢ aṣṭāṅgika mārga, Ⓟ aṭṭhaṅgiko maggo. 팔정도(八正道). 『유부율파승사』 권17(대정장24, p.190a8)에 "제불의 상법에 대자비가 있어 중생을 거두어 들이고 결정코 안아 감싸면서 정관에 머문다. 만약 능히 세 일을 길들인다면, 네 폭류를 넘고 사신족에 안주하며 오지를 모두 갖추고 오도를 뛰어넘는다. 칠각분에 머무르며 팔지도를 보이고 선교방편으로 구정을 따라 들어 십력을 모두 갖추니, 그 명성이 시방계에 두루 차서 천전자재륜왕보다 배가 뛰어나다. 諸佛常法 有大慈悲 攝受衆生 決定擁護 卽住正觀 若能調伏三事 超四暴流 安四神足 五支具足 超過五道 住七覺分 示八支道 善巧方便 隨入九定 具十種力 名稱遍滿於十方界 倍勝千轉自在輪王", 『선견율비바사』 권5(대정장24, p.705b16 : *Sp.*, p.172)에 "법은 지을 수 없으니, 팔지도가 있어 뭇 법 중에 으뜸이다. 法不作 有八支道 衆法之上 dhammāsaṅkhatā ariyo aṭṭhaṅgiko maggo tesaṃ aggam akkhāyatīti", 『금강반야바라밀경파취착불괴가명론』 권하(대정장25, p.892b26)에 "팔지도 떠나 열반 얻는다 함은 허황되고 실속 없다. 離八支道 言得涅槃 虛誑不實"라고 하였다. 〔참고문헌〕『有部律破僧事』, 『善見律毘婆沙』, 『金剛般若波羅蜜經破取著不壞假名論』, *Sp.* ⇨ 팔정도 八正道, 팔성도 八聖道

팔지보살 八地菩薩 십지(十地) 중 제팔부동지(第八不動地 Ⓢ aṣṭamī acalā bodhisattva-bhūmi)에 머무는 보살. 제8지부터 불퇴전위(不退轉位 Ⓢ avinivartanīya)라 한다. 『유가사지론』 권79(대정장30, p.737c23)에 "〔문〕 이미 팔지에 든 보살은 어떤 모습인가? 〔답〕 가행이 없고 공용도 없는 무상계작의로 맡겨 자유롭기 얻었기에, 동요함 있을 리 없다. 일체상에 자재를 얻었기에 청정지에 머문다고 해야 한다. 問 已入第八地菩薩當言何相 答 當言於無加行無功用無相界作意 得任運故無有動搖 於一切相得自在故住淸淨地", 『성유식론』 권9(대정장31, p.53b19)에 "이와 같이 제7지에서의 가행은 제8지 중의 공용이 없는 도를 장애한다. 따라서 제8지에 들게 되면 곧 영구히 끊는다. 그것이 영구히 끊어지기에 두 가지 자재함을 얻는다. 따라서 (『유가사지론』 권78에서) 제8지에서 두 가지 우치와 저 추중이 끊어진다고 설하는 것이다. 첫째는 상 없이도 짓는 공용에 어리석고, 둘째는 상 자재에도 어리석어 (제7지에서는) 상에 대해 자재하지 못하기 때문이다. … 제8지 이상에서는 순전히 무루도가 자연히 일어나기에 삼계의 번뇌가 영구히 현행하지 않는다. (하지만) 제7식 중의 미세한 소지장은 오히려 여전히 현기할 수 있다. 생공(生空 : 我空)의 지혜와 이 과(果 : 後得智·滅定)가 그것(法執)을 거스를 수 없기 때문이다. 如是加行障八地中無功用道 故若得入第八地時便能永斷 彼永斷故得二自在 由斯八地說斷二愚及彼麤重 一 於無相作功用愚 二於相自在愚 令於相中不自在故 … 八地以上純無漏道任運起故三界煩惱永不現行 第七識中細所知障猶可現起 生空智果不違彼故", 『대승보운경』 권4(대정장16, p.264b9)에 "팔지보살은 적정의 몸을 얻었으니, 이미 모든 희론을 여의어 번뇌란 없기 때문이다. 八地菩薩得寂靜身 已遠離一切戱論 無煩惱故", 『유가사지론약찬』 권11(대정장43, p.140b24)에 "제8지 이상을 불퇴전위라 하니, 지금 이 제8지보살부터 처음으로 퇴전하지 않음을 획득했기 때문이다. 八地以上名不退轉位 今此第八地菩薩 初得不退故"라고 하였다. 〔참고문헌〕『瑜伽師地論』·권78(대정장31, p.730a24), 『成唯識論』, 『大乘寶雲經』, 『瑜伽師地論略纂』, 『解深密經疏』 권8(卍속장35, p.24a15). ⇨ 십지 十地, 불퇴전위 不退轉位, 보살계위 菩薩階位

팔지성도 八支聖道 Ⓢ āryāṣṭāṅgo mārgaḥ, āryāṣṭāṅga-mārga, Ⓟ ariyo aṭṭhaṅgiko maggo, Ⓣ 'phags-pa'i-lam-yan-lag-brgyad-pa. 여덟 가지 지분의 고귀한 길. 정견(正見)·정지(正志 : 正思惟)·정어(正語)·정업(正業)·정명(正命)·정방편(正方便 : 正精進)·정념염(正念)·정정(正定)을 말한다. 팔정도(八正道)와 같다. 『중아함경』 권21 「설처경 說處經」(대정장1, p.565b15)에 "아난이여! 나는 본디 너에게 팔지성도를 설하였으니, 즉 정견·정지·정어·정업·정명·정방편·정념·정정이 그 여덟 가지이다. 아난이여! 이 팔지성도를 그대는 어린 비구들에게 설하여 그로써 그들을 가르쳐야 할 것이니 만약 어린 비구들에게 팔지성도를 설하여 그로써 그들을 가르치면 그들은 곧 안온을 얻고 힘을 얻고 즐거움을 얻어 몸과 마음이 번뇌의 열에 휩싸이지 않아 몸이 마칠 때까지 범행할 것이다. 阿難 我本爲汝說八支聖道 正見 正志 正語 正業 正命 正方便 正念 正定 是謂爲八 阿難 此八支聖道 汝當爲諸年少比丘說以敎彼 若爲諸年少比丘說敎此八支聖道者 彼便得安隱 得力得樂 身心不煩熱 終身行梵行", 『대비바사론』 권74(대정장27, p.382a26)에 "〔문〕 이러한 강에서는 무엇을 뗏목 삼아야 하는가? 〔답〕 팔지성도는 마치 뗏목과 같아서 천백의 중생의 의지처가 되어 강을 따라 이 언덕에서 저 언덕으로 건넘에 뜻대로 노닐듯이 이른다. 이와 같이 무량무변유정들이 성도에 의지해 생사의 차안에서 열반의 피안에 도달할 수 있는데, 자재하게 노닐듯 감상할 수 있기에 팔성도를 뗏목에 비유하는 것이다. 問 於此河中誰爲船栰 答 八支聖道如有船栰 百千衆生之所依止 從河此岸渡至彼岸隨意遊適 如是無量無邊有情依止聖道 從生死此岸至涅槃彼岸 自在遊賞故 八聖道猶如船栰", 『유가사지론』 권29(대정장30, p.445a12 : *Śrāv-bh.*, p.327)에 "〔문〕 어떤 인연에서 팔지성도라 하는가? 〔답〕 성자인 유학 이상으로서 이미 (聖諦의) 자취를 본 이는 팔지로서 행적을 거두는 바른 길로 남김없이 모든 번뇌를 끊고 능히 해탈을 끝내 작증하니 이에 팔지성도라 한다. 問 何因緣故名八支聖道 答 諸聖有學已見迹者 由八支攝行迹正道 能無餘斷一切煩惱 能於解脫究竟作證 是故名爲八支聖道 kena kāraṇenāryāṣṭāṃgo mārga ity ucyate. āha. āryasya śaikṣasya dṛṣṭapadasyāyaṃ mārga iyaṃ pratipadaṣṭābhir aṃgaiḥ saṃgṛhītāḥ. apariśeṣaḥ. sarvakleśaprahāṇāya vimuktisākṣātkriyāyai tenocyate āryāṣṭāṃgo mārgaḥ"라고 하였다. 〔참고문헌〕『中阿含經』, 『大毘婆沙論』, 『瑜伽師地論』, *Śrāv-bh.*, *Sutr.79.*, *AN.4.203.* ⇨ 팔성도 八聖道

팔지수 八池水 극락정토의 여덟 못물. 『관무량수경』(대정장12, p.342b23)에 "부처님께서 아난과 위제희에게 고하시길 '수상이 이뤄지고 나면 다음으로 마땅히 물을 상해야 한다. 물을 상하고자 한다면, 극락국토엔 팔지수 있는데 하나하나의 못물마다 칠보로 이뤄져 있다'. 佛告阿難及韋提希 樹想成已 次當想水 欲想水者 極樂國土 有八池水 一一池水 七寶所成"라고 하였다. [참고문헌]『觀無量壽經』. ⇨ 팔공덕수상 八功德水想

팔지어 八支語 여래께서는 여덟 가지로 말씀하심. 『대명삼장법수』 권24(영락장182, p.378a4)에 "팔지어〈『현양성교론』에 나옴〉: 첫째, 상수어. 수는 처음이다. 부처님의 모든 설하신 바는 반드시 열반을 향해 가는 길을 첫머리로 삼기에 상수어라 이름한다〈범어 열반은 멸도라고 한역한다〉. 八支語〈出顯揚聖敎論〉 一 上首語 首 始也 謂佛凡有所說 必以趣向涅槃之道 而爲首先 故名上首語〈梵語涅槃 華言滅度〉", "둘째, 미묘어. 부처님께서 설하신 법은 언사가 유연하고 아름답고 미묘하여 사람들로 하여금 즐겨 듣게 하기에 미묘어라 이름한다. 二 美妙語 謂佛所說法 言辭柔輭 嘉美微妙 令人樂聞 故名義妙語", "셋째, 현료어. 부처님께서 법을 설하심에 기를 따라 펼치시어 모든 사리가 명백하게 드러나기에 현료어라 이름한다. 三 顯了語 謂佛說法 隨機演暢 於諸事理 顯白明了 故名顯了語", "넷째, 이해어. 부처님께서 법을 설하심에 선교방편으로 모든 중생들로 하여금 곧 해오 얻게 하기에 이해어라 이름한다. 四 易解語 謂佛說法 善巧方便 令諸衆生 卽得解悟 故名易解語", "다섯째, 낙문어. 부처님께서 법을 설하심에 시의적절하고 어음이 유창하며 사리에도 갖춰 밝아 해당되는 중생 가운데 기뻐하며 즐겨 듣지 않는 이가 없기에 낙문어라 이름한다. 五 樂聞語 謂佛說法 稱適機宜 語音宣暢 事理該明 當機之衆 無不喜樂聽聞 故名樂聞語", "여섯째, 무의어. 부처님께서 법을 설하심에 기를 따라 열어 이끌지만 의지하거나 붙들리는 바 없으며 희망하지도 않고 타인이 믿고 난 이후에 설하시기에 무의어라 이름한다. 六 無依語 謂佛說法 隨機開導 無所依著 亦不希望 他人信已 而後爲說 故名無依語", "일곱째, 불역어. 부처님께서 법을 설하심에 모든 중생의 근량을 아시고 수순하여 거스르지 않으므로 그들로 하여금 각자 이익을 얻게 하시기에 불역어라 이름한다. 七 不逆語 謂佛說法 知諸衆生根量 隨順不違 使其各得獲益 故名不逆語", "여덟째, 무변어. 부처님께서 법을 설하심에 대지혜와 대변재를 갖추고서 성에 들어맞게 펼치시는데 궁극이 없기에 무변어라 이름한다. 八 無邊語 謂佛說法 具大智慧 具大辯才 稱性宣演 無有窮極 故名無邊語"라고 하였다. [참고문헌]『大明三藏法數』.

팔지재 八支齋 Ⓟ aṭṭhaṅga-susamāgata uposatha. 근주계(近住戒)인 팔재계(八齋戒)를 말한다. 『별역잡아함경』 권15(대정장2, p.482a25)에 "14일 · 15일과 매달 8일 그리고 신족월 재일에 계 지키고 무너뜨리지 않으며 팔지재 갖춰 받으면 귀신이 어지럽힐 수 없다네. 十四十五日 及以月八日 神足月齋日 持戒不毁缺 具受八支齋 鬼神不擾亂", 『관약왕약상이보살경』(대정장20, p.666b10)에 "만약 우바새 · 우바이 있어 이 경을 듣고 지심으로 따라 기뻐한다면 잠깐 사이 지나 오계 범하고 팔지재 깨뜨렸더라도 빠르게 청정 얻는다. 若有優婆塞 優婆夷 聞此經者 至心隨喜 經須臾間 若犯五戒 破八支齋 疾得淸淨"라고 하였다. [참고문헌]『別譯雜阿含經』, 『觀藥王藥上二菩薩經』, 『雜阿含經』 권50(대정장2, p.364a9), *AN.1.144.* ⇨ 팔재계 八齋戒

팔지재법 八支齋法 팔재계(八齋戒). 『대방편불보은경』 권6(대정장3, p.159c20)에 "재법은 정오 이후 먹지 않음을 체로 하며, 팔사가 도와 재의 체를 이루고 서로 지지하기에 팔지재법이라고 한다. 이에 팔재라고 말하며 구재라고 이르지는 않는다. 齋法 過中不食爲體 八事助成齋體 共相支持 名八支齋法 是故言八齋 不云九也"라고 하였다. [참고문헌]『大方便佛報恩經』, 『千佛因緣經』(대정장14, p.67a29). ⇨ 팔재계 八齋戒

팔지팔인 八智八忍 ➡ 팔인팔지 八忍八智

팔직도 八直道 여덟 가지 올곧은 도. 팔정도(八正道)를 가리킨다. 『아비담감로미론』 권2(대정장28, p.977c4)에 "직견 · 직사 · 직어 · 직업 · 직명 · 직념 · 직방편 · 직정을 팔직도라 한다. 直見 直思 直語 直業 直命 直念 直方便 直定 是謂八直道", 『좌선삼매경』 권하(대정장15, p.280a5)에 "팔직도는 행인이 열반을 얻게 한다. 八直道能令行人得至涅槃", 『유마경문소』 권7(卍속장27, p.950a6)에 "또 사제 중에 있는 도제를 팔정도 또는 팔직도라 한다. 사견의 왜곡을 여의기에 직심이라 한다. 又四諦中有道諦 卽是八正道 亦名八直道 離邪見曲名直心也"라고 하였다. [참고문헌]『阿毘曇甘露味論』, 『坐禪三昧經』, 『維摩經文疏』. ⇨ 팔정도 八正道

팔직성도분 八直聖道分 여덟 가지 올곧고 고귀한 도의 분. 팔정도(八正道)를 가리킨다. 『입세아비담론』 권8(대정장32, p.213a25)에 "또 별도의 수행이 있으니 여덟 가지 곧은 고귀한 도의 분이다. 일체고를 멸하려면 남김없이 네 가지 법을 관한다. 復有別修行 八直聖道分 爲滅一切苦 觀無餘四法"라고 하였다. [참고문헌]『立世阿毘曇論』. ⇨ 팔정도 八正道

팔직성전 八直聖田 여덟 가지 곧고 귀한 밭. 팔정도(八正道)를 밭에 비유하였다. 『성실론』 권14(대정장32, p.351b18)에 "또 도품이라는 누각은 계를 기둥으로 삼으며, 선정심이라는 성은 계를 성곽으로 삼으며, 생사의 강을 건너는 데는 계행을 교량으로 삼으며, 선인의 무리로 들어가는 데는 계를 인장으로 삼으며, 팔직성전이라는 밭도 계행을 밭두렁으로 삼으니, 밭에 밭두렁이 없으면 물이 머물지 못하듯이 깨끗한 계가 없으면 선정의 물 머물지 못한다. 又道品樓觀以戒爲柱 禪定心城以戒爲郭 度生死河以戒爲橋樑 入善人衆以戒爲印 八直聖田戒爲壃畔 如田無畔水則不住 如是若無淨戒則定水不住"라고 하였다. [참고문헌]『成實論』. ⇨ 팔정도 八正道

팔직정로 八直正路 여덟 가지로 곧고 바른 길. 팔정도(八正道)를 가리킨다. 『출요경』 권28(대정장4, p.764b5)에 "'정견 항시 현전하여 일어났다 사라지는 법을 분별한다' 하였는데, 어떤 사람이 덕을 수습할 때는 깊이 스스로 자신을 알아야 하니, 마치 집에 있는 재산을 주인이 스스로 분별할 수 있어야 하듯 도를 행하는 사람도 마찬가지로 여덟 가지 곧은 길을 따라 걸으며 네 가지 치달리는 더럽고 탁한 것을 다스리고, 지혜라는 등불을 들고 삼독이라는 어둠의 방을 비추어 일어났다 사라짐의 이유를 분별하면서 하나로 고요함에 돌아가 걸림이 없으리니, 이 중에서 도를 취하는 데 어떤 어려움이 있겠는가? 따라서 '정견 항시 현전하게 해서 일어났다 사라지는 법을 분별하게 한다'라고 설하신 것이다. 正見恒在前 分別起滅法者 人之修德深自知己 如家有財主自能別 行道之人亦復如是 涉八直之正路御四駛之穢濁 執智慧之錠燈 照三毒冥室 分別起滅之所由 歸之一定而無礙 於中取道有何難乎 是故說曰 正見恒在前 分別起滅法也"라고 하였다. [참고문헌]『出曜經』. ⇨ 팔정도 八正道

팔직행 八直行 여덟 가지로 바르게 행하다. 팔정도(八正道)와 같은 말. 『수행본기경』 권하(대정장3, p.470b21)에 "정의 뜻을 얻고서 대비 버리지 않으며 지혜방편으로 마침내 묘한 요체 드러내서 삼십칠도품의 행에 통하였다. 무엇을 삼십칠품이라 하는가? 첫째 사의지, 둘째 사의단, 셋째 사신족, 넷째 오근, 다섯째 오력, 여섯째 칠각의, 일곱째 팔직행이다. 以得定意 不捨大悲 智慧方便 究暢要妙 通三十七道品之行 何謂三十七品 一爲四意止 二爲四意斷 三爲四神足 四爲五根 五爲五力 六爲七覺意 七爲八直行", 『출요경』 권7(대정장4, p.647a8)에 "왕의 교령을 백성 모두 따르거늘, 하물며 지금 여래께서 지니신 무량의 창고 말해 무엇하겠는가! 무엇이 이것인가? 소위 사의지·사의단·사신족·오근·오력·칠각의·팔직행이다. 이 도법들이 있어서 결사를 다할 수 있으니, 훌륭하고 아름다움이 이보다 뛰어난 것은 없다. 王者教令 民悉靡從 況今如來有無量之藏 何者是耶 所謂四意止 四意斷 四神足 五根 五力 七覺意 八直行 有此諸道之法 得盡結使 爲良爲美 無過上者"라고 하였다. [참고문헌]『修行本起經』, 『出曜經』. ⇨ 팔정도 八正道

팔진도 八眞道 Ⓢ āryāṣṭāṅgo mārgaḥ. 여덟 가지로 진실에 이르는 길. 팔정도(八正道)와 같은 말. 『반니원경』 권하(대정장1, p.187c7)에 "나 본래 행한 바에 여덟 가지 진실에 이르는 길 있으니, 제1사문 또한 이를 좇아 얻으며 제2·제3 내지 제4사문도 모두 이를 좇아 이루지만, 이 팔진도 보지 못한다면 저이는 사문사도 얻지 못하느니라. 吾本所履 有八眞道 第一沙門 亦從是得 二三至四 皆從是成 若不見此八眞道者 彼爲不得沙門四道", "소위 팔진도란, 첫째 정견이니 금세와 후세에서 선을 지으면 복되게 살고 악하면 재앙 얻음을 보며, 고를 알고 습을 알아 멸행으로 도 얻는다. 所謂八眞道者 一爲正見 見今世後世 作善有福 爲惡得殃 知苦知習 滅行得道", "둘째 정사이니, 사유해 기꺼이 출가하며 다투고 화내는 마음을 없앤다. 二爲正思 思樂出家 去諍怒心", "셋째 정언이니, 말이 진실하고 지성스러우며 유연하고 믿음직하다. 三爲正言 言諦至誠 柔軟忠信", "넷째 정행이니, 죽이지 않고 삿되지 않으며 음심이 없다. 四爲正行 不殺不邪 無有婬心", "다섯째 정명이니, 이로움·옷·음식을 구함에 도로써 하며 삿되지 않다. 五爲正命 求利衣食 以道不邪", "여섯째 정치이니, 악행을 억제하고 선한 뜻을 일으킨다. 六爲正治 抑制惡行 發起善意", "일곱째 정지이니, 몸·받아들임·마음·법에 대한 네 가지 관(四念處)에만 뜻을 두어 비상·고·비신·비정을 안다. 七爲正志 志惟四觀身痛意法 解非常苦非身非淨", "여덟째 정정이니, 한결같이 무위를 향해 사선행을 이룬다. 八爲正定 一向無爲 成四禪行", "사문과 범지가 이 팔정을 밟아가니 이에 네 가지 성도를 이루고 능히 사자후할 수 있다. 나의 어진 제자들은 행에 방일 없으며 세간의 뜻 멸하였기에 나한을 얻느니라. 沙門梵志 履此八正 乃成四道 能師子吼 我賢弟子 行無放逸 世間意滅 故得羅漢"라고 하였다. [참고문헌]『般泥洹經』, *Mp-s.376.* ⇨ 팔정도 八正道, 팔성도 八聖道

팔진행 八眞行 여덟 가지로 진실을 행하다. 팔정도(八正道)와 같은 말. 『증일아함경』 권3(대정장2, p.561b20)에 "무엇을 삼십칠품도라고 하는가? 사의지·사의단·사신족·오근·오력·칠각의·팔진행을 말한다. 云何三十七品道 所謂四意止 四意斷 四神足 五根 五力 七覺意 八眞行"라고 하였다. [참고문헌]『增壹阿含經』.

팔창 八瘡 여덟 가지 번뇌를 종기에 비유한 것. 팔자(八刺)라고도 한다. 『보법의경』(대정장1, p.924c10)에 "이와 같이 기뻐하며 행하는 이는 도제자로서 능히 팔창을 멸할 수 있다. 如是喜行者 道弟子 爲能得滅八瘡", "무엇이 그 여덟인가? 첫째는 욕이라는 종기, 둘째는 진에라는 종기, 셋째는 어리석음이라는 종기, 넷째는 교만이라는 종기이다. 何等爲八 一爲欲瘡 二爲瞋恚瘡 三爲愚瘡 四爲憍慢瘡", "다섯째는 애라는 종기, 여섯째는 무명이라는 종기, 일곱째는 이로움과 명성을 공경한다는 종기, 여덟째는 의혹으로 분명히 알지 못한다는 종기이다. 행자가 이미 이를 행했다면 팔창을 능히 가라앉히고 멸하여 문득 해탈을 얻는다. 五爲愛瘡 六爲癡瘡 七爲利恭敬名聞瘡 八爲疑不了了瘡 行者已爲是 八瘡能沒能滅 便爲得度世"라고 하였다. 〔참고문헌〕『普法義經』.

팔척간 八尺間 여덟 자 크기의 방장실(方丈室). 크지도 작지도 않아 누구나 들고나지만 오척도 구척도 아닐 수 있는 이가 출생하는 곳의 뜻이다. ⇨ 당호 唐戶

팔천매호마 八千枚護摩 부동명왕을 본존으로 하여 닦는 밀교 호마법. 십곡(十穀)을 끊고 채식하며 하루 세 번 부동법을 닦으며 자비주를 십만 번 염송하며 마지막 하루 밤낮 동안 단식하고 팔천 매의 유목(乳木)을 태운다. 이것은 여덟 가지 식(識)에 있는 무수한 번뇌를 끊는다는 의미이다. 『성하야흘리박대위노왕립성대신험공양염송의궤법품』 권하(대정장20, p.167b6)에 "채식을 하고 염송하여 십만 번을 채운다. 하루 밤낮을 먹지 않고 대공양을 베풀기 시작하여 호마작법을 행한다. 고련목의 양끝을 유즙에 적셔서 팔천 매를 한도로 삼아 태우면 성립한다. 호마행이 만족되면 마음 속에 있는 바라는 것이 모두 성취를 얻는다. 菜食作念誦 數滿十萬遍 不食一日一夜 方設大供養 作護摩事業 以苦練木 兩頭搵蘇 燒八千枚爲限已成 初行滿心中所有望求 悉獲得成就"라고 하였다. 〔참고문헌〕『聖賀野紇哩縛大威怒王立成大神驗供養念誦儀軌法品』. ⇨ 부동명왕 不動明王

팔탑 八塔 팔대보탑(八大寶塔)의 줄임말. 『대승본생심지관경』 권1(대정장3, p.296a14)에 "또 이 빛 중에 팔탑 나투니 모두 중생의 양복전이라네. … 만약 이 팔탑을 만들어 공양한다면 현신으로 복과 목숨이 저절로 연장되며 지혜가 증장되어 무리의 높임을 받으며 세간과 출세간의 원이 모두 원만해진다네. 又此光中現八塔 皆是衆生良福田 … 若造八塔而供養 現身福壽自延長 增長智慧衆所尊 世出世願皆圓滿", 『대승본생심지관경천주』 권1(卍속장34, p.125a16)에 "세간의 토지는 능히 오곡을 생하여 신명을 자양하므로 토전이라 이름하지만, 여래의 팔탑은 능히 백복을 낳아 혜명을 자양하므로 복전이라 한다. 世間土地 能生五穀 資養身命 名曰土田 如來八塔 能生百福 資養慧命 故云福田"라고 하였다. 〔참고문헌〕『大乘本生心地觀經』, 『大乘本生心地觀經淺註』. ⇨ 팔대보탑 八大寶塔

팔파뢰이 八簸賴夷 팔바라이(八波羅夷). 『출삼장기집』 권11(대정장55, p.81c8)에 "또 비구니에게 구족계를 주는 작법글이 적은 것은 바로 대비구에게 주는 법을 가져 써서 다른 부분만 역출했기 때문이다. 팔파뢰이에도 다른 것이 없으니 마땅히 비구의 그것에 의하면 족할 뿐이다. 又授比丘尼大戒文少 將卽用授大比丘法 而出其異也 八簸賴夷無二 亦當依比丘足耳"라고 하였다. 〔참고문헌〕『出三藏記集』. ⇨ 팔바라이 八波羅夷

팔표 八表 팔방(八方)의 끝. 아주 먼 곳을 일컫는다. 『출요경』 권6(대정장4, p.638b24)에 "죄 범하지 않고 선 행하면 이름 한층 더한다란, 명성이 팔표에까지 들리고 덕량이 시방에 사무쳐서 그의 이름을 듣는 이들 그의 가르침을 도탑게 믿고 받아들이지 않는 이가 없다. 이에 죄 범하지 않고 선 행하면 이름이 한층 더한다고 하였다. 不犯善名增者 名稱聞於八表 德量徹于十方 其有聞者莫不篤信承受其教者 是故說曰 不犯善名增也"라고 하였다. 〔참고문헌〕『出曜經』.

팔품도 八品道 여덟 가지로 품받아 가는 길. 팔정도와 같은 말. 현성팔품도(賢聖八品道)라고도 한다. 『증일아함경』 권38(대정장2, p.756c9)에 "생사를 유전한 지 오래되어 세계를 건너가고자 하였으나, 현성팔품도를 알지도 또 보지도 못하였네. 이제 나 진실을 보았으며 또 팔품도 들었기에 문득 다한 끝인 제불이 이른 곳을 얻었다네. 流轉生死久 欲涉度世界 賢聖八品道 不知又不見 今我以見諦 又聞八品道 便得盡邊際 諸佛所到處", 『대보적경』 권12(대정장11, p.65c5)에 "사의지·사의단·사신족념·오근·오력·칠각·팔품도라는 행을 들었으니, 이 삼십칠품을 들었기에 무상과 공을 알았다네. 聞四意止 四意斷 四神足念 五根 五力 七覺 八品道行 以得聞是三十七品 解無常空"라고 하였다. 〔참고문헌〕『增壹阿含經』, 『大寶積經』. ⇨ 현성팔품도 賢聖八品道

팔풍 八風 사람의 마음을 흔드는 여덟 가지 바람. 팔법(八法)·팔세풍(八世風)이라고도 한다. 『유마의기』 권1(대정장38, p.433c14)에 "이와 쇠 두 종은 신을 잡아 설한 것이니, 재물 꽃다워 자기를 적시고 이름 내서 이

〈표〉 팔풍

풍風	설문說文	역위통괘험 易緯通卦驗	여람유시람 呂覽有始覽	회남자추형훈 淮南子墜形訓
동東	명서풍明庶風	명서풍明庶風	도풍滔風	조풍條風
동남東南	청명풍淸明風	청명풍淸明風	숙풍熟風	경풍景風
남南	경풍景風	경풍景風	거풍巨風	거풍巨風
서남西南	량풍凉風	량풍凉風	처풍凄風	량풍凉風
서西	창합풍閶闔風	창합풍閶闔風	류풍飂風	류풍飂風
서북西北	부주풍不周風	부주풍不周風	려풍厲風	려풍厲風
북北	광막풍廣漠風	광막풍廣漠風	한풍寒風	한풍寒風
동북東北	융풍融風	조풍條風(調豐)	염풍炎風	염풍炎風

롭게 함이고 살생·속박 등의 일을 쇠라 한다. 利衰二種約身以說 財榮潤己 名之爲利 殺縛等事 說以爲衰", "훼·예·칭·기는 입에 나아가 가린 것이니, 지난 악을 꾸짖

고 욕함을 훼라 하고 지난 선을 말하고 칭찬함을 예라 하며 당한 악을 말함을 기라 하고 당한 선을 논함을 칭이라 한다. 毁譽稱譏 就口而辨 過惡罵辱 名之爲毁 過善談讚 目之爲譽 當惡而遵 名之爲譏 當善而論 謂之爲稱", "고락으로 마음에 나아간 이 팔법은 세간에 똑같이 있어 팔풍이라고도 하는데, 능히 사람의 마음을 흔들 수 있지만 여래는 이들에 전혀 흔들리시지 않는다. 苦樂就心 此之八法 在世同有 亦名八風 能動人心 如來於此 悉皆不動", 『번역명의집』 권3(대정장54, p.1108a16)에 "『불지경론』에서 팔풍을 밝히길, 마음에 드는 일을 얻으면 이롭다 하고 잃으면 무너진다 하며, 눈앞에 없는데 헐뜯고 부정하면 훼라 하고 찬미하면 예라 한다. 佛地論明八風 得可意事 名利 失可意事 名衰 不現誹撥 名毁 不現讚美 名譽", "현전에서 찬미하면 칭이라 하고 헐뜯고 부정하면 기라 하며, 몸과 마음을 으르고 괴롭히면 고라 하고 신심을 알맞고 기쁘게 하면 락이라 한다. 現前讚美名稱 現前誹撥 名譏 逼惱身心 名苦 適悅身心 名樂"라고 하였다. [참고문헌] 『維摩義記』, 『翻譯名義集』, 『大乘本生心地觀經』 권2(대정장3, p.300b13), 『大乘本生心地觀經淺註』 권2(卍속장34, p.176b6). ⇨ 세간팔풍 世間八風

팔학법 八學法 여덟 가지 유학법. 십무학법(十無學法) 중 정해탈(正解脫)과 정지(正智)를 제한 여덟 가지로서 팔정도(八正道)를 가리킨다. 팔유학법(八有學法)과 같다. 『대비바사론』 권65(대정장27, p.337c20)에 "무엇을 유위의 불환과라 하는가? 이 과의 득(果得)과 이 득의 득으로서 … 모든 유학의 근(根)·유학의 역(力)·유학의 계(戒)·유학의 선근(善根)·팔학법을 비롯해 그러한 종류의 모든 유학법을 유위의 불환과라 한다. 云何有爲不還果 謂此果得及此得得 … 若諸學根學力學戒學善根八學法 及此種類諸學法 是名有爲不還果"라고 하였다. [참고문헌] 『大毘婆沙論』. ⇨ 십무학법 十無學法

팔한나락가 八寒㮈落迦 Ⓢ śīta-narakā aṣṭau, Ⓣ grang-ba'i-dmyal-ba-brgyad. 여덟 가지 차가운 나락가(Ⓢ naraka : 地獄). 알부다(頞部陀 Ⓢ Arbuda)·니랄부다(尼剌部陀 Ⓢ Nirarbuda)·알찰타(頞哳吒 Ⓢ Aṭaṭa)·학학바(臛臛婆 Ⓢ Hahava)·호호바(虎虎婆 Ⓢ Huhuva)·올발라(嗢鉢羅 Ⓢ Utpala)·발특마(鉢特摩 Ⓢ Padma)·마하발특마(摩訶鉢特摩 Ⓢ Mahāpadma)를 말한다. 알부다와 니랄부다는 수포가 생겨나고 그 수포가 터질 정도라는 의미에서 포(皰)와 포렬(皰裂)로 한역하며, 알찰타·학학바·호호바·올발라는 추위에 떠는 소리에 의지해 이름한 것이고, 나머지 셋은 추위에 신체가 무너져내린 모습을 꽃에 비유한 것이다. 『구사론』 권11(대정장29, p.58c29 : *Abh-k-bh.*, p.164)에 "또 여덟 가지의 차가운 나락가가 있다. 그 여덟 가지가 무엇인가? 첫째 알부다, 둘째 니랄부다, 셋째 알찰타, 넷째 학학바, 다섯째 호호바, 여섯째 올발라, 일곱째 발특마, 여덟째 마하발특마이다. 復有餘八寒㮈落迦 其八者何 一 頞部陀 二 尼剌部陀 三 頞哳吒 四 臛臛婆 五 虎虎婆 六 嗢鉢羅 七 鉢特摩 八 摩訶鉢特摩 anye śītanarakā aṣṭau. tad yathā arbudo nirarbudaḥ aṭaṭo hahavaḥ huhuvaḥ utpalaḥ padmo mahāpadmaś ca", "여기에 있는 유정들은 엄혹한 추위에 핍박되어 몸과 소리의 변화에 따라 이 명칭을 상정한 것으로서 이 여덟 가지 나락가는 남섬부주 아래, 앞에서 설한 바와 같은 대지옥에 옆에 나란히 있다. 此中有情嚴寒所逼隨身聲變以立其名 此八幷居贍部洲下如前所說大地獄傍 teṣāṃ sattvānāṃ tīvraśītābhihatānāṃ kāyaśabdavikārānurūpāṇy etāni nāmāni. te 'py asyaiva jambūdvīpasyādhastāt mahānarakānāṃ tiryak", 『구사론기』 권11(대정장41, p.187a28)에 "알부다는 포로 한역하는데, 엄혹한 추위에 몸이 핍박을 당해 그 몸에 수포가 생겨나는 곳이다. 니랄부다는 포렬로 한역하는데, 엄혹한 추위에 몸이 핍박을 당해 몸의 수포가 터지는 곳이다. 다음의 세 가지는 추위에 핍박을 당해 입에서 기이한 소리를 내는 곳이다. 올발라는 청련화로 한역하는데, 엄혹한 추위에 핍박을 당해 몸이 터지고 찢어져 마치 청련화처럼 변하는 곳이다. 발특마는 홍련화로 한역하는데 엄혹한 추위에 핍박을 당해 몸이 터지고 찢어져 마치 홍련화처럼 변하는 곳이다. 마하발특하는 대홍련화로 한역하는데, 엄혹한 추위에 핍박을 당해 몸이 마치 대홍련화처럼 변하는 곳이다. 頞部陀 此云皰 嚴寒逼身其身皰也 尼剌部陀 此云皰裂 嚴寒逼身身皰裂也 次三寒逼口出異聲 嗢鉢羅 此云青蓮花 嚴寒逼切身變拆裂如青蓮花 鉢特摩 此云紅蓮花 嚴寒逼切身變拆裂如紅蓮花 摩訶鉢特摩 此云大紅蓮花 嚴寒逼切身變拆裂如大紅蓮花"라고 하였다. [참고문헌] 『俱舍論』, 『俱舍論記』, *Abh-k-bh.* ⇨ 팔대지옥 八大地獄❷, 지옥 地獄

팔한빙지옥 八寒氷地獄 팔한지옥(八寒地獄)과 같은 말. 『대지도론』 권16(대정장25, p.176c19)에 "이와 같이 종종 팔대지옥의 밖을 둘러싸고서 다시 십육소지옥이 권속으로 있는데, 팔한빙과 팔염화로 그 중의 죄독은 가히 보고 들을 수 없다. 如是等種種八大地獄 周圍其外 復有十六小地獄爲眷屬 八寒氷 八炎火 其中罪毒 不可見聞", "팔한빙지옥이란 첫째 알부다〈조금 많은 구멍이 있다〉, 둘째 니라부다〈구멍이 없다〉, 셋째 아라라〈추위에 떠는 소리이다〉, 넷째 아파파〈역시 추위를 걱정하는 소리이다〉, 다섯째 후후〈역시 추위를 걱정하는 소리이다〉, 여섯째 구파라〈이 지옥의 외벽은 청련화 같다〉, 일곱째 파두마〈홍련화로 죄인이 안에 태어나 고통을 받는다〉, 여덟째 마하파두마로 여덟이 된다. 八寒氷地獄者 一名 頞浮陀〈少多有

孔〉 二名 尼羅浮陀〈無孔〉 三名 阿羅羅〈寒戰聲也〉 四名 阿婆婆〈亦患寒聲〉 五名 睺睺〈亦是患寒聲〉 六名 漚波羅〈此地獄外壁 似靑蓮花也〉 七名 波頭摩〈紅蓮花 罪人生中 受苦也〉 八名 摩訶波頭摩 是爲八"라고 하였다. 〔참고문헌〕『大智度論』. ⇨ 팔한지옥 八寒地獄

팔한지옥 八寒地獄 Ⓢ śīta-narakā aṣṭau, Ⓣ grang-ba'i-dmyal-ba-brgyad. 추위로 고통받는 여덟 지옥. 팔한빙지옥(八寒氷地獄)·팔한날락가(八寒捺落迦)라고도 한다. 팔열지옥(八熱地獄) 옆에 하나씩 붙어 있으며, 남염부주(南閻浮洲)로부터 지하 500유순 밑에 있다고 한다. 경론에 따라 이름이 다르다. 『법집명수경』(대정장17, p.662a17)에 "무엇이 팔한지옥인가? 소위 포지옥·포열지옥·호호범지옥·혁혁범지옥·아타타지옥·청련화지옥·홍련화지옥·대홍련화지옥을 말한다. 云何八寒地獄 所謂皰地獄 皰烈地獄 虎虎凡地獄 哧哧凡地獄 阿吒吒地獄 靑蓮花地獄 紅蓮花地獄 大紅蓮花地獄", 『구사석론』 권8(대정장29, p.216a26)에 "〔석〕 또 나머지 팔한지옥이 있다. 첫째 알부다, 둘째 니랄부다, 셋째 아타타, 넷째 아파파, 다섯째 구후후〈항과 후를 반절한 음〉, 여섯째 울파라, 일곱째 파두마, 여덟째 분다리가이다. 이 여덟 곳에서 중생은 극한 추위에 핍박받으며 몸에서 소리를 내고 부스럼이 변하는 모습을 나타내기에 이 이름을 세웠다. 釋曰 復有餘八寒地獄 一 頞浮陀 二 尼剌浮陀 三 阿吒吒 四 阿波波 五 漚睺睺〈香候反〉 六 鬱波羅 七 波頭摩 八 分陀利柯 於此八中 衆生極寒所逼 由身聲瘡變異相 故立此名"라고 하였다. 〔참고문헌〕『法集名數經』, 『俱舍釋論』, *Abh-k-bh.164.* ⇨ 팔대지옥 八大地獄 ❷, 지옥 地獄

팔한팔열 八寒八熱 팔한지옥(八寒地獄)과 팔열지옥(八熱地獄)을 아울러 부르는 말. 『대승본생심지관경』 권1(대정장3, p.294a2)에 "있는 바 일체의 팔한팔열과 모든 지옥들 중에서 죄업중생이 고통 받는 상 내지 시방의 축생·아귀가 고통 받는 상과 일체세간의 오취중생이 고락 받는 상 등 이와 같은 것들이 모두 이 금색대광명 중에 나타난다. 所有一切 八寒八熱 諸地獄中 罪業衆生 受苦之相 乃至十方 畜生餓鬼 受苦之相 一切世間 五趣衆生 受苦樂相 如是皆現於此金色大光明中", 『법화현찬』 권6(대정장34, p.765c21)에 "날락가(Ⓢ naraka)에 셋 있으니, 첫째 근본, 둘째 옆에 붙어 있는 것, 셋째 홀로 떨어져 있는 것이다. 근본이란 바로 팔열과 팔한을 말한다. 捺落迦有三 一 根本 二 近邊 三 孤獨 根本卽是八熱八寒", 『천태사교의』(대정장46, p.776a16)에 "첫째, 지옥도. 범어로 날락가며 니려(Ⓢ niraya)라고도 하는데 고구라 한역하며, 이곳이 땅 밑에 처하기에 지옥이라고 한다. 一 地獄道 梵語捺洛迦 又語泥黎 此翻苦具 而言地獄者 此處在地之下 故言地獄", "팔한과 팔열 등 대지옥과 각각에 권속이 있어 그 류는 무수하며, 그곳에서 고통받는 이들은 각자 지은 업에 따라 경중과 보내는 겁수 등이 있는데, 가장 무거운 곳에서는 하루 동안 팔만사천의 생사를 반복하며 보내는 겁이 무량하다. 상품의 오역죄와 십악을 지으면 이 도의 몸을 감한다. 謂八寒八熱等大獄 各有眷屬 其類無數 其中受苦者 隨其作業 各有輕重 經劫數等 其最重處 一日之中 八萬四千生死 經劫無量 作上品五逆十惡者 感此道身"라고 하였다. 〔참고문헌〕『大乘本生心地觀經』, 『法華玄贊』, 『天台四教儀』. ⇨ 팔대지옥 八大地獄 ❷, 지옥 地獄, 팔열지옥 八熱地獄, 팔한지옥 八寒地獄

팔합사팔 八合思八 발합사파(發合思巴)를 달리 부르는 말. 『불조통기』 권48(대정장49, p.433c17)에 "중통 원년에 크게 사면하고 널리 승니를 득도시켰다. 12월에 범승 팔합사팔을 황제의 스승으로 삼고 옥인을 주면서 불교의 일을 거두게 하였다. 中統元年大赦 普度僧尼 十二月 以梵僧八合思八爲帝師 授以玉印 統釋教事"라고 하였다. 〔참고문헌〕『佛祖統紀』. ⇨ 발합사파 發合思巴

팔해 八海 수미산과 그 주위를 둘러싼 여덟 겹의 산 사이마다의 여덟 개 바다. 아홉 산과 함께 구산팔해(九山八海)라고 불린다. 『묘법성염처경』 권4(대정장17, p.429c12)에 "비유컨대 저 소미로가 네 보배로 장엄되어 이뤄졌으며 칠금산이 주위를 두르고 팔해가 맑고 깨끗한 것과 같다네. 세존의 모습은 비할 데 없고 이지는 언전을 여의었으며 만행으로 인위를 닦아 채워 삼신의 과덕이 두렷하니, 인천이 우러르며 과거의 인연 설해주시길 원하였네. 譬如蘇彌盧 莊嚴四寶成 七金周圍遶 八海湛然淸 世尊相無比 理智離言詮 萬行因修滿 三身果德圓 人天瞻仰望 願說宿因緣", 『구사론』 권11(대정장29, p.57c5)에 "〔송〕 산 사이에 팔해 있는데 앞의 일곱은 내해(Ⓢ ābhyantara samudra)라 이름하니 최초의 넓이는 8만이요 네 변은 각각 세 배라네. 나머지 여섯은 반반으로 좁아지며 여덟 번째를 외해(Ⓢ bāhya mahodadhi)라 이름하는데 (넓이는) 3낙차 2만에 2천유선나라네. 頌曰 山間有八海 前七名爲內 最初廣八萬 四邊各三倍 餘六半半陜 第八名爲外 三洛叉二萬 二千踰繕那", "〔논〕 묘고(Ⓢ Sumeru)가 처음이 되고 철륜위산(Ⓢ Cakravāḍa)이 최후이며 중간의 팔해 중 앞의 일곱을 내라 이름한다. 일곱 중에는 모두 팔공덕수(Ⓢ aṣṭāṅgopeta pānīya)가 갖춰져 있다. … 이와 같은 칠해 중 처음의 넓이는 8만인데 지쌍산(Ⓢ Yugandhara) 안쪽 둘레를 잡으면 사면이 각각 세 배니, 각각 2억 4만유선나를 말한다. 論曰 妙高爲初 輪圍最後 中間八海 前七名內 七中皆具八功德水 … 如是七海 初廣八萬 約持雙山內邊周

量 於其四面 數各三倍 謂各成二億四萬踰繕那", "나머지 여섯 바다는 양이 반반으로 좁아진다란, 두 번째 바다의 넓이는 4만이고 내지 일곱 번째는 넓이가 1,250이라는 말이다. 이들의 둘레를 설하지 않은 것은 번다하기 때문이다. 여덟 번째를 외라 이름하는데 짠 물이 가득하며 넓이는 3억 2만 2천이다. 其餘六海 量半半陜 謂第二海 量廣四萬 乃至第七 量廣一千二百五十 此等不說周圍量者 以煩多故 第八名外 醎水盈滿 量廣三億二萬二千"라고 하였다. [참고문헌]『妙法聖念處經』, 『俱舍論』, *Abh-k-bh. 160.* ⇨ 구산팔해 九山八海, 팔공덕수 八功德水 ❶

팔해탈 八解脫 Ⓢ aṣṭau-vimokṣāḥ, Ⓟ aṭṭha vimokkhā. 색(色)과 무색(無色)에서의 해탈. 욕계에서의 욕망함이 없는즉 등져 버려서(背捨) 머무는 정으로 팔해탈도(八解脫道)・팔해탈처(八解脫處) 또는 팔배사(八背捨)・팔유무(八惟無・八惟務) 등이라고도 한다. 『중아함경』 권24 「대인경 大因經」(대정장1, p.582a17 : *Mahānidāna-sutta, DN.2,* p.70)에 "또한 아난아! 팔해탈이 있다. 무엇이 그 여덟인가? 색으로 색을 관하니 이것을 제일해탈이라 한다. 復次 阿難 有八解脫 云何爲八 色觀色 是謂第一解脫 aṭṭha kho ime ānanda vimokkhā. katame aṭṭha. rūpī rūpāni passati. ayaṃ paṭhamo vimokkho", "또 안으로 색상이 없이 밖으로 색을 관하니 이를 제이해탈이라 한다. 또 정해탈신으로 증하고 성취해서 노니니 이는 제삼해탈이다. 復次 內無色想外觀色 是謂第二解脫 復次 淨解脫身 作證成就遊 是謂第三解脫 ajjhattaṃ arūpasaññī bahiddhā rūpāni passati. ayaṃ dutiyo vimokkho. subhant' eva adhimutto hoti. ayaṃ tatiyo vimokkho", "다시 일체색상 벗어나 유대상도 없고 약간상도 남지 않아 무량공처며, 이 무량하고 텅 빈 경계를 성취하여 자유로우니 이를 제사해탈이라 한다. 復次 度一切色想 滅有對想 不念若干想 無量空處 是無量空處成就遊 是謂第四解脫 sabbaso rūpa-saññānaṃ samatikkamā paṭigha-saññānaṃ atthagamā nānatta-saññānaṃ amanasikārā ananto ākāso ti ākāsānañcāyatanaṃ upasampajja viharati. ayaṃ catuttho vimokkho", "다시 무량공처 건너면 무량식처이니 이곳에서 자유로워 제오해탈이라 한다. 復次 度一切無量空處 無量識處 是無量識處成就遊 是謂第五解脫 sabbaso ākāsānañcāyatanaṃ samatikkamma anantaṃ viññāṇan ti viññāṇañcāyatanaṃ upasampajja viharati. ayaṃ pañcamo vimokkho", "또 그 일체무량식처 벗어나면 무소유처이며 이 무소유처를 성취하여 머무니 이를 제육해탈이라 한다. 復次 度一切無量識處 無所有處 是無所有處成就遊 是謂第六解脫 sabbaso viññāṇañcāyatanaṃ samatikkamma n'atthi kiñcīti ākiñcaññāyatanaṃ upasampajja viharati. ayaṃ chaṭṭho vimokkho", "또 모든 무소유처를 벗어나면 비유상비무상처이며 이 비유상비무상처를 성취하여 머무니 이를 제칠해탈이라 한다. 復次 度一切無所有處 非有想非無想處 是非有想非無想處成就遊 是謂第七解脫 sabbaso ākiñcaññāyatanaṃ samatikkamma nevasaññānāsaññāyatanaṃ upasampajja viharati. ayaṃ sattamo vimokkho", "또 모든 비유상비무상처를 벗어나면 상도 지도 사라진 해탈신을 깨우쳐 성취해서 노닐듯 하니, 혜로써 모든 누진지를 관하니 이를 제팔해탈이라 한다. 復次 度一切非有想非無想處 想知滅解脫身 作證成就遊 及慧觀諸漏盡知 是謂第八解脫 sabbaso nevasaññā-nāsaññāyatanaṃ samatikkamma saññā-vedayita-nirodhaṃ upasampajja viharati. ayaṃ aṭṭhamo vimokkho", 『대승의장』 권13(대정장44, p.718a25)에 "『잡아비담심론』에 따르면 사선을 선이라 하고, 팔해탈은 배사라 하며, 사무색정과 멸진정과 무상정은 통틀어 정수라 이름하고 공・무상・무원은 삼마제라 한다. 그러므로 그 논에서 '모든 선과 배사・정수・삼마제'라 하였으니, 이 네 가지 이름으로 모든 정이 서로 다름을 나타낸다. 『성실론』에 따르면 사선을 선이라 하고, 사공은 정이라 하며, 팔해탈은 해탈이라 한다. … 팔해탈이라 한 것은 이름해서 해탈이라 하여 하계인 속박을 끊었기 때문이고, 아래인 욕계의 허물을 등지기 때문이기도 하니, 등져 버리기에 배사라 한다. 依如毘曇 四禪名禪 八解脫者 名爲背捨 四無色定 滅盡無想 通名正受 空無相無願 名三摩提 故彼論言 諸禪及背捨正受三摩提 用此四名 表別諸定 若依成實 四禪名禪 四空名定 八解脫者 名爲解脫 … 八解脫者 名爲解脫 絶下縛故 又背下過故 云背捨", 같은 책 권13(대정장44, p.730c6)에 "팔해탈이란 무엇인가? 경에서는 팔배사라고도 한다. 용수의 해석처럼 오욕을 등져 깨끗하게 해서 착하는 마음을 버리고 떠나므로 배사라 한다. 또한 아래 욕계의 허물을 등지기에 배사라고도 하며, 굴레와 속박을 벗어나므로 해탈이라 한다. 八解脫者 經中亦名 八背捨也 如龍樹釋 背淨五欲 捨離著心 故名背捨 又背下過 亦名背捨 免絶羈縛 稱曰解脫"라고 하였다. [참고문헌]『中阿含經』, 『大乘義章』, 『雜阿毘曇心論』 권6(대정장28, p.921c13), 『俱舍論』 권29(대정장29, p.151b1), *DN.* ⇨ 팔배사 八背捨, 팔승처 八勝處

팔해태사 八懈怠事 Ⓟ aṭṭha kusīta-vatthūni. 여덟 가지로 풀어 게으르게 하는 일. 수행자가 식사(食事)・사업(事業)・행로(行路)・병고(病苦)의 이유로 정진을 미루고 쉬면서 성취하고자 노력을 기울이지 않는 것을 말한다. 『집이문족론』 권18(대정장26, p.441c8)에 "여덟 가지 해태의 일이라고 하였는데, 무엇이 여덟 가지인가? 구수여! 마땅히 알아야 하니, 가령 어떤 한 무리들 있어 … '나는 먹은 게 적어 몸의 힘이 쇠약해져 닦아야 할 뛰어난 행을 닦아 나아갈 수 없으니, 우선 누워서 쉬어야겠다'. … 이렇게 생각하는 것을 첫 번째 해태의 일이라 한다. 八懈怠事者 云何爲八 具壽當知 如有一類 … 我食旣少身力羸劣 不能進修所修勝行 且應偃臥以自將息… 是名第一懈怠事", "'나는 먹은 게 많아 배가 부르고 몸이 무거워서 닦아야 할 뛰어난 행을 닦아 나아갈 수 없으니, 우선 누워서 쉬어야겠다'. … 이를 두 번째 해태의 일이라 한다. 我食旣多身飽悶重 不能進修所修勝行 且應偃臥以自將息 … 是名第二懈怠事", "'나는 낮에 사업을 경영하느라 몸이 힘들고 피곤하여 이제 밤에는 뛰어난 행을 닦아 나아갈 수 없으니, 우선 누워서 쉬어야겠다'. … 이렇게 생각하는 것을 세 번째 해태의 일이라 한다. 我於晝時旣營事業身力勞倦 今於夜分不能進修行修勝行 且應偃臥以自將息 … 是名第三懈怠事", "'나는 내일 사업을 해야 해 승행을 닦아 나아갈 수 없으니, 우선 누워서 몸의 힘을 길러야겠다'. … 이렇게 생각하는 것을 네 번째 해태의 일이라 한다. 我旣明日當作事業 不應進修所修勝行 且應偃臥長養身力 … 是名第四懈怠事", "'나는 낮에 길을 걸어 다녀서 몸이 힘들고 피곤하여 이제 밤에는 승행을 닦아 나아갈 수 없으니, 우선 누워서 쉬어야겠다'. … 이렇게 생각하는 것을 다섯 번째 해태의 일이라 한다. 我於晝時旣行道路身力勞倦 今於夜分不能進修所修勝行 且應偃臥以自將息 … 是名第五懈怠事", "'나는 내일 길을 떠나야 해 승행을 닦아 나아갈 수 없으니, 우선 누워서 몸의 힘을 길러야겠다'. … 이렇게 생각하는 것을 여섯 번째 해태의 일이라 한다. 我旣明日當行道路 不應進修所修勝行 且應偃臥長養身力 … 是名第六懈怠事", "'나는 지금 병고에 시달려 몸의 힘이 쇠약해져 승행을 닦아 임할 수 없으니, 우선 누워서 쉬어야겠다'. … 이렇게 생각하는 것을 일곱 번째 해태의 일이라 한다. 我正病苦之所嬰纏身力羸劣 不任進修所修勝行 且應偃臥以自將息 … 是名第七懈怠事", "'나는 병고를 만나 시달리다가 낫기는 했지만, 아직 오래되지 않아 몸의 힘이 쇠약해 승행을 닦아 임할 수 없으니, 우선 누워서 쉬어야겠다'. 이렇게 생각을 한 뒤 아직 얻지 못한 바를 얻기 위해, 아직 도달하지 못한 바에 도달하기 위해, 아직 증하지 못한 바를 증하기 위해 부지런히 노력하지 않음이니 이를 여덟 번째 해태의 일이라 한다. 我遭病苦之所嬰纏 雖愈未久身力羸劣 不任進修所修勝行 且應偃臥以自將息 作是念已 遂不精勤求得未得 求至未至 求證未證 是名第八懈怠事"라고 하였다. 『디가니카야』 제33경 「합송경 *Saṅgīti-sutta*」(*DN.3.*, pp.255~256)과 상응한다. 〔참고문헌〕『集異門足論』, *DN.* ⇨ 팔정진사 八精進事, 해태 懈怠

팔행 八行 여덟 가지로 행함. 팔정도(八正道)와 같은 말. 『대안반수의경』 권하(대정장15, p.170b6)에 "수식으로 또한 팔행에 빠져드니, 뜻을 씀이 바르기에 팔행에 들어간다. 數息 亦墮八行 用意正 故入八行", "정한 뜻과 자심과 깨끗한 법 염함이 직신이 되고, 지성한 말과 부드러운 말과 곧은 말과 되돌리지 않는 말을 직어로 삼고, 지혜와 신의와 인욕이 마음속에 있음을 직심이라 한다. 소위 소리·몸·마음으로 쉼을 십선이라 하니 행에 빠져든다. 定意 慈心 念淨法 是爲直身 至誠語 軟語 直語 不還語 是爲直語 黠在意 信在意 忍辱在意 是爲直心 所謂以聲身心息 是爲十善 墮道行也", "수식으로 또한 직견에 빠져드니 자세히 관하기에 직견이 되며, 또한 직행에 빠져드니 도를 향하기에 직행이 되고, 또한 직치에 빠져드니 삼십칠품경을 써 행하고 지니니 직치가 되며, 또한 직의에 빠져드니 제를 염하기에 직의가 된다. 數息 亦墮直見 用諦觀 故爲直見 亦墮直行 用向道 故爲直行 亦墮直治 用行三十七品經 故爲直治 亦墮直意 用念諦 故爲直意", "또한 직정에 빠져드니 뜻이 희고 깨끗해서 마병을 무너뜨리기에 직정이 된다. 이것이 팔행이다. 무엇이 마병인가? 색·성·향·미·세활(觸)이 마병이 되며, 이를 받아들이지 않는 것이 마병을 무너뜨림이 된다. 亦墮直定 用意白淨 壞魔兵 故爲直定 是爲八行 何等爲魔兵 謂色 聲 香 味 細滑 是爲魔兵 不受是爲壞魔兵"라고 하였다. 〔참고문헌〕『大安般守意經』. ⇨ 팔정도 八正道

팔현관 八現觀 『현관장엄론 現觀莊嚴論』에서 시설한 여덟 가지 현관. 삼지(三智 : 一切相·道·一切種)를 증(證)하고자 사가행(四加行 : 圓滿一切相·頂現觀·刹那)을 수습(修習)하여 그 과(果)인 구경일법신(究竟一法身)에 이르는 현관이므로 팔사(八事)라고도 한다. 첫째, 일체상지(Ⓢ sarvākāra-jñatā : *Abhis-a.*, pp.1~128)는 성문과 연각의 지로 일체법 여소유성(如所有性)과 진소유성(盡所有性)에 대한 지혜다. 둘째, 도지(Ⓢ mārga-jñatā : *Abhis-a.*, pp.129~412)는 성문·연각의 수행도와 보살의 견도·수도에 대한 지혜다. 그리고 이 도지를 올바로 수습하려면 일체종지가 무엇인지 알아야 하기에 셋째 일체종지(Ⓢ sarvajñatā : *Abhis-a.*, pp.413~444)를 시설한다. 일체(一切)에 대한 이들 삼지는 모두 173종의 행상을 거두고 있으며, 사가행 수습에 앞서 반드시 알아야 할 대경(對境)으로서 시설되었다. 사가행(제4장~제7장) 중 첫째인 원만일체상가행은 삼지의 173종 행상을 차례로 수습하여 깨우치는 것으로 일체상현등각(一切相現等覺 Ⓢ sarvākāra-abhisaṃbodha : *Abhis-a.*, pp.445~763)이라고 한다. 일체상현등각을 성취한 이는 바야흐로 현관의 정점에 이르니 이를 정현관(頂現觀 Ⓢ mūrdha-abhisamaya : *Abhis-a.*, pp.764~907)이라 한다. 정현관을 일단 증한 이는 그 증한 바를 굳히기 위해 총별(總

別)로 점차로 수습한다. 이것을 점현관(漸現觀 Ⓢ anupūrva-abhisamaya : *Abhis-a.*, p.908)이라고 한다. 점현관을 수습하여 마친 이는 사가행의 마지막인 일찰나현등각(一刹那現等覺 Ⓢ ekakṣana-abhisaṃbodha : *Abhis-a.*, pp.908~910)에 이르러 자신이 증한 모든 것을 한 찰나에 현관한다. 그리고 그 두 번째 찰나에 법신(Ⓢ dharmakāya : *Abhis-a.*, pp.911~926)이 마침내 현전한다. 이는 173종 행상을 깊이 관하고 사가행을 수습한 힘으로 얻는 구경의 과위로 오직 불지(佛地)에서만 가능하다. 『현관장엄론』의 팔현관은 이전까지의 모든 수행도를 종합하려는 시도였고, 티베트밀교에서는 성취법(成就法 Ⓢ sādhana)과도 밀접한 관계를 맺으며 사실상 같은 뜻으로 쓰이게 되었다. 〔참고문헌〕 U.Wogihara *Abhis-a.*(東洋文庫, 1932), 谷口 富士夫 『現觀体驗の研究』(東京 : 山喜房佛書林, 2002) pp.57~63. ⇨ 현관 現觀, 현관장엄론 現觀莊嚴論

팔현성 八賢聖 Ⓢ aṣṭau puruṣa-pudgalāḥ. 사향사과(四向四果)의 성자(聖者)들을 가리키는 말로 팔보특가라(八補特伽羅)라고도 한다. 『중론』 권4 「관사제품 觀四諦品」(대정장30, p.32b13 : *Madhy-ś.*, p.209)에 "만약 일체가 모두 공이라면 생도 없고 멸도 없으니, 이와 같다면 사성제라는 법도 없다네. 사제가 없기에 고를 보고 집을 끊고 멸을 증하고 도를 닦는 이와 같은 일들은 모두 없다네. 若一切皆空 無生亦無滅 如是則無有 四聖諦之法 以無四諦故 見苦與斷集 證滅及修道 如是事皆無 yadi śūnyam idaṃ sarvam udayo nāsti na vyayaḥ, caturṇām āryasatyānām abhāvas te prasajyate. parijñā ca prahāṇaṃ ca bhāvanā sākṣikarma ca, caturṇām āryasatyānām abhāvān nopapadyate", "이 일들이 없기에 사도과도 없으며, 사과가 없기에 얻거나 향하는 이 또한 없다네. 저 팔현성이 없다면 승보도 없으며, 사제가 없기에 법보 또한 없다네. 법보와 승보가 없기에 불보 또한 없으니, 이와 같이 공을 설한다면 이는 삼보를 깨뜨리는 것이라네. 以是事無故 則無四道果 無有四果故 得向者亦無 若無八賢聖 則無有僧寶 以無四諦故 亦無有法寶 以無法僧寶 亦無有佛寶 如是說空者 是則破三寶 tadabhāvān na vidyante catvāryāryaphalāni ca, phalābhāve phalasya no na santi pratipannakāḥ. saṃgho nāsti na cet santi te 'ṣṭau puruṣapudgalāḥ, abhāvāc cāryasatyānāṃ saddharmo 'pi na vidyate. dharme cāsati saṃghe ca kathaṃ buddho bhaviṣyati, evaṃ trīṇy api ratnāni bruvāṇaḥ pratibādhase"라고 하였다. 〔참고문헌〕 『中論』, *Madhy-ś.* ⇨ 사향사과 四向四果, 팔배 八輩, 팔인 八人[1], 팔보특가라 八補特伽羅

팔현성도 八賢聖道 Ⓟ ariyo aṭṭhaṅgiko maggo. 현성들이 즐겨 밟아 열반을 성취하는 여덟 갈래 길. 팔정도(八正道)와 같은 말. 『장아함경』 권10 「삼취경 三聚經」(대정장1, p.60a3)에 "무엇이 열반으로 향하는 여덟 법인가? 팔현성도를 말하니, 정견 · 정지 · 정어 · 정업 · 정명 · 정방편 · 정념 · 정정이다. 云何八法向涅槃 謂八賢聖道 正見 正志 正語 正業 正命 正方便 正念 正定", 『출요경』 권17(대정장4, p.701a17)에 "만약 처음으로 의지를 발하여 불도를 높인다면, 또한 사의지 · 사의단 · 사신족 · 오근 · 오력 · 칠각의 · 팔현성도를 얻는데 이를 삼십칠품이라 이른다. 若初發意志 崇佛道者 復得四意止 四意斷 四神足 五根 五力 七覺意 八賢聖道 是謂三十七品", 『사분율명의표석』 권25(卍속장70, p.781a7)에 "팔현성도 : 팔지성도 또는 팔정도라고도 한다. 첫째 정견, 둘째 정사유, 셋째 정어, 넷째 정업, 다섯째 정명, 여섯째 정정진, 일곱째 정념, 여덟째 정정이다. 八賢聖道 或云八支聖道 又云八正道 一 正見 二 正思惟 三 正語 四 正業 五 正命 六 正精進 七 正念 八 正定", "이 여덟을 통틀어 정도라 이름함은, 정은 삿되지 않다는 뜻이니, 지금 이 여덟 법을 치우치거나 삿됨에 의하지 않고 행하기에 정이라고 이름한다. 이것은 모든 현성들이 즐겨 밟는 바이며 통하여 열반에 이르기에 도라고 이름한다. 是八通名正道者 正 以不邪爲義 今此八法 不依偏邪而行 故名爲正 是諸賢聖之所遊履 而通至涅槃 故名爲道也"라고 하였다. 〔참고문헌〕 『長阿含經』, 『出曜經』, 『四分律名義標釋』, *DN.3.102.* ⇨ 팔정도 八正道

팔혜 八慧 『해심밀경』에 의지한 혜(慧)의 여덟 가지 차별한 덕. 첩혜(捷慧) · 속혜(速慧) · 이혜(利慧) · 출혜(出慧) · 승결택혜(勝決擇慧) · 대혜(大慧) · 광혜(廣慧) · 무등혜(無等慧)를 말한다. 원측(圓測)의 『해심밀경소』 권1(卍속장21, p.198b20)에 "〔석〕 여덟 번째는 온갖 혜의 차별한 공덕이다. 이 모든 혜를 풂에 여러 설이 같지 않다. … 따라서 친광은 (『불지경론』 권2에서) '부처님께서 설하신 교법과 비나야에 대해 빠르게 그 뜻에 든다면 첩혜라 한다. 이 중에 많은 뜻에 들기에 속혜라 한다. … 미세한 의미에 들어간다는 뜻에서는 예리한 혜라 한다. 생사에서 출리하는 묘한 혜를 얻음에는 출혜라 한다. 이 혜는 열반요인이라는 뜻에서 승결택혜라 한다. … 문답에 대해 결택함이 무궁무진하다는 의미에서는 대혜라 한다. 깊고 넓고 원만해서 잘 통달한다는 뜻에서 광혜라 한다. 연약한 근성 등의 성문중은 이러한 혜를 뛰어넘을 수 없다는 뜻에서 무등혜라 한다'라고 하였다. 釋曰 第八諸慧差別德 釋此諸慧 諸說不同 … 故親光云 於佛所說法毗奈耶 速入其義 故名捷慧 卽於此中 多入其義 故名速慧 … 入微細義 故名利慧 得能出離生死妙慧 故名出慧 此慧能爲涅槃了因 是故說名勝決擇慧 … 問答

決擇無窮盡故 名爲大慧 深廣圓滿善通達故 名爲廣慧 於叜根等諸聲聞衆 此慧勝故 名無等慧", "만약 『유가사지론』 권83에 따르면 다른 설들과 약간 다르다. '… 진소유성과 여소유성을 능히 잘 깨우치기에 예리한 혜라 한다. 출리법인 세간이욕에 대해 잘 안다는 뜻에서 출혜라 한다. 세간의 온갖 이욕법에 대해 잘 알기에 승결택혜라 한다. 이 혜를 오랫동안 거듭 익혔기에 대혜라 한다. 이 혜는 무량무변 행하는 경이기에 광혜라 한다. 그밖에 모든 혜는 비할 바가 아니기에 무등혜라 한다.' 若依瑜伽與彼少異 八十三云 … 能善了知盡其所有如所有故 名爲利慧 於出離法世間離欲善了知故 名爲出慧 世間諸離欲法能了知故 名勝決擇慧 謂卽此慧長時串習 故名大慧 謂卽此慧無量無邊所行境故 名爲廣慧 其餘諸慧無與等故 名無等慧"라고 하였다. [참고문헌] 『解深密經疏』, 『佛地經論』 권2(대정장26, p.299a15), 『瑜伽師地論』 권83(대정장30, p.761a21). ⇨ 해심밀경 解深密經

팔황 八荒 팔방을 달리 이르는 말. 『지관보행전홍결』 권1(대정장46, p.161c26)에 "사유와 사방을 팔방이라 하는데, 팔극 또는 팔황이라고도 이름한다. 四維四方爲八方 亦名八極 亦名八荒"라고 하였다. [참고문헌] 『止觀輔行傳弘決』. ⇨ 팔방상하 八方上下

팔희유법 八希有法 여래께서 세간에 출현하실 때(如來應供正等正覺出現世間) 여덟 가지 희유한 법. 『대견고바라문경』 권상(대정장1, p.208b12)에서 제석천주가 부처님의 가르침을 받아 천중들에게 설한 세존의 여덟 가지 희유법으로(時 帝釋天主承佛敎勅 宣說世尊八希有法) 다음과 같다. 결정코 아수라들은 줄고 천중들은 늘어, 많은 사람들을 이익되고 안락하게 해주심이 희유하다(決定損減阿脩羅衆 增益天衆 能令多人利益安樂 如是利樂 是爲希有). 법교를 연설하여 천인을 이익되게 하시니, 모든 견해를 깨뜨리는 법·물들고 더러운 것을 여의는 법·관하는 법·결백한 것을 따르는 법·모든 수를 아는 법·교만함을 없애는 법·갈애의 흐름을 조복하는 법·무명을 깨뜨리는 법·의지를 끊는 법·탐애를 여의는 법·적멸법·열반법 등을 연설하심이 희유하다(宣說法敎 利益天人 所謂破諸見法 離染汚法 順觀法 潔白法 了知諸受法 除憍慢法 調伏渴流法 破無明法 斷依止法 離貪愛法 寂滅法 涅槃法 如是宣說諸法 是爲希有). 성문들을 위해 분노가 없는 법을 닦는 학법을 가르치시고, 또 수행하는 이가 넓은 들 고요한 곳에서 다툼이 없는 행을 닦을 때, 다니거나 머물거나 앉으나 누우나 시끄럽고 분주함을 여의고 또 떠들썩하고 번화함을 떠나서 자신을 의지하고 자신을 따르며, 자신의 즐거움에 따르며 자신의 사랑하는 바를 따라 다른 사람과 함께 하지 말고 스스로 행함을 따르도록 가르치심이 희유하다(爲諸聲聞敎示學法 謂所應修諸無瞋法 以此緣故 如來應供正等正覺重重敎示 諸修行者 應於曠野寂靜等處修無諍行 若行 若住 若坐 若臥 遠離憒鬧及離諠繁 隨自依止 隨自色相 隨自忻樂 隨自所愛 勿雜他人 隨自應行 如是敎示 是爲希有). 온갖 음식을 받아 공양하시더라도 항상 중미(中味)와 상미(上味)만을 얻어 공양하시며, 또 바른 맛·제일미·흩어지지 않는 맛을 얻으신다. … 공양받는 음식은 교만함을 멀리 여의고, 머무름과 집착함이 없고 언제나 허물을 여의고 바른 지혜를 일으켜 항상 세간을 벗어나도록 한다. 이런 법으로 일체를 가르치심이 희유하다(雖復隨順受諸飮食 如來常得食中上味 及得正味 得第一味 得不離散味 … 所受飮食 遠離憍慢無住無著 常離過失起正智慧 常欲出離 復以此法敎示一切 是爲希有). 신통을 갖추셨으며 성문들을 위해 신통법을 말씀하시고 가르쳐 인도하여 닦고 행하도록 가르치심이 희유하다(具足神通 爲諸聲聞說神通法 敎示開導使令修行 如是敎示 是爲希有). 온갖 의혹과 희론을 여의고 선법 가운데 두려움 없음을 얻으심이 희유하다(離諸疑惑 亦離疑論 於善法中得無所畏 如是離疑者 是爲希有). 제법 가운데 설하신 것과 같이 행하시며, 행하시는 것과 같이 말씀하시고, 제법으로 가르쳐 수행하도록 가르쳐 보임이 희유하다(於諸法中如說能行 如行能說 復以諸法 示開導使令修行 如是敎示 是爲希有). 열반과 열반에 드는 길을 가르치시되, 증장하고 충만하여 다함이 없으며, 뛰어난 방편으로 열반법과 잘 성취하는 법을 설하여 수행하게 하므로 더욱더 하기를 다함 없게 하심을 가르쳐 보임이 희유하다(敎示涅槃及涅槃道 增長充滿無有窮盡 … 敎示涅槃及涅槃道 善巧宣說諸涅槃法及善安立 使令修行增長無盡 如是敎示者 是爲希有). [참고문헌] 『大堅固婆羅門經』.

패 沛 Ⓟ phassa. 근과 경(根境)이 합하는 뜻으로 십이인연(十二因緣) 중 여섯째인 촉(觸)을 달리 이르는 말. 『나선비구경』 권중(대정장32, p.711b25)에 "무엇 등이 밖으로 향함인가? 눈이 색을 향하고 귀가 소리를 향하고 코가 향을 향하고 입이 맛을 향하고 몸이 매끄러움을 향하고 마음이 탐욕을 향하는 이것이 육외향이니 패라 이름한다. 패는 합이니 패로 고락을 아는 것이니, 고락을 쫓아 은애가 생하고 은애로부터 탐욕이 생한다. 何等爲外向 眼向色 耳向聲 鼻向香 口向味 身向滑 心向貪欲 是爲六外向 名爲沛 沛者 合 沛者 知苦知樂 從苦樂生恩愛 從恩愛生貪欲"라고 하였다. [참고문헌] 『那先比丘經』, *Mil.51.* ⇨ 촉 觸 ②

패 唄 부처님 덕을 노래로 찬탄하는 일. 『비니모경』 권6(대정장24, p.833a12) "부처님께서 비구들에게 말씀하시길 '너희들이 패하는 것을 들어주겠다' 하였다. 패란 말로 설해 드리는 일이다. 佛告諸比丘 聽汝等唄 唄者 言

說之辭", 『법원주림』 권36 「패찬편 唄讚篇」(대정장53, p.574 b12)에 "서방에는 패가 있고 동국에는 찬이 있다. 찬은 글을 좇다가 음으로 맺지만, 패는 짧은 게로 흐르듯 읊는다. 그 일의 뜻으로 견주면 이름은 달라도 실은 같다. 그러므로 경에 이르길 '미묘한 음성으로 부처님 덕을 노래하여 찬한다' 하니 이를 일컫는다. 尋西方之有唄 猶東國之有讚 讚者 從文以結音 唄者短偈以流頌 比其事義 名異實同 是故經言 以微妙音聲 歌讚於佛德 斯之謂也"라고 하였다. [참고문헌] 『毗尼母經』, 『法苑珠林』. ⇨경패 經唄, 범패 梵唄, 패닉 唄匿, 패성 唄聲, 패찬 唄讚, 찬패 讚唄

패 牌 ❶ 표찰. 긴요한 사항을 적어두는 작은 판. 밀교에서는 다리니·진언 등을 새겨 외우기 위한 법구이며, 선림에서는 대중을 위한 알림글이나 법문 등을 새겨 건다. 선림의 패는 보통 세로 1자(尺) 5마디(寸), 가로 1자 정도의 나무판을 쓰며, 좌선(坐禪)·상당(上堂)·개욕(開浴) 등의 때를 알리는 용도다. 『대보누각다라니경』 권상(대정장19, p.622b24)에 "과거세에 악업을 지니게 된 저 일체 유정의 부류가 이 다라니의 위력에 말미암는다. … 깃발에 안치하거나 경권에 써 두거나 깨끗한 모직 및 담장·벽·패·판 등에 적어두거나 … 결정코 불퇴전의 위없는 보리를 얻게 될 것이다. 先世惡業所持者 彼一切有情類 由此陀羅尼威力 … 若置幢上 若書經卷 若書素氎 及牆壁牌板 … 決定當得不退轉無上菩提", 『종경록』 권51(대정장48, p.717c27)에 "이 진실한 유식의 종지는 온 성인이 함께 좇는 바로 이 땅에서나 서천에서나 깨뜨리는 이가 있지 않다. … 하나의 비량을 세우고 금패에다가 적어두었지만 18일이 지나도록 그 누구도 논파하여 물리치지 못하였다. 此眞唯識旨 千聖同遵 此土西天 無有破者 … 立一比量 書在金牌 經十八日 無有一人 敢破斥者", 『설두어록』 권2(대정장47, p.681b1)에 "자호화상은 산문 앞에 패 하나를 내걸었는데, 그 패에는 이렇게 적어져 있었다. '자호에 개가 있으니, 위로는 사람의 머리를 취하고 가운데로는 사람의 허리를 취하며 아래로는 사람의 다리를 취하니 헤아리자마자 목숨을 잃을 것이다'. 紫湖和尙 山門立一牌 牌上有字云 紫湖有狗 上取人頭 中取人腰 下取人脚 擬議則喪身失命", 『백장청규』 권7 「신괘탑인점입료다 新掛搭人點入寮茶」(대정장48, p.1150b25)에 "점다패를 내걸어 대중에게 알리되, 이렇게 써 둔다. 〈금일 아침 재를 마치고 물러나면 아무개 상좌와 아무개 상좌 줄을 서서 데리고 오되, 3인·6인·9인을 그 정도로 한다〉. 掛點茶牌報衆書云 〈今晨齋退 某甲上座 某甲上座列寫 或三人六人 九人爲度〉"라고 하였다. [참고문헌] 『大寶樓閣陀羅尼經』, 『宗鏡錄』, 『雪竇語錄』, 『百丈淸規』. ❷ 예경이나 법요를 위한 단(壇) 위에 모시는 각종 패. 삼보패(三寶牌)·불명패(佛名牌)·원패(願牌)·경패(經牌)·전패(殿牌)·영가패(靈駕牌) 등이 있다. 기단인 좌대(座臺)와 몸체인 패신(牌身) 그리고 상부장엄으로 구성되며, 패신에 글을 새겨넣는다. 삼보패는 '시방삼보자존 十方三寶慈尊'〈그림1〉, 불명패에는 '교주석가여래 敎主釋迦如來'〈그림2〉, 경패로는 '실상묘법연화경 實相妙法蓮華經'〈그림3〉이 있고, 전패로는 중앙에 '나무법신비로자나불 南無法身毗盧遮那佛'과 좌우로 '주상전하 主上殿下' '왕비전하 王妃殿下'〈그림4〉, 영가패는 '십류고혼등중 十類孤魂等衆'〈그림5〉 등이라 새긴다. 대부분 목재로 제작하고 무늬 넣어 양감있게 조각하며 단청으로 장엄한다. 이외에도 도량옹호패(道場擁護牌)와 반승용의식패(飯僧用儀式牌)〈그림6〉 등이 있으며, 선림에서 수시

〈그림1〉삼보패 조선후기

〈그림2〉불명패 조선후기

〈그림3〉경패 1606년

〈그림4〉전패 조선후기

〈그림5〉영가패 조선후기

〈그림6〉도량옹호패와 반승용의식패 통도사 양산 조선후기

로 대중에게 알림문을 종이에 써서 붙이기 위해 만든 백패(白牌) 등이 있다. 〔참고문헌〕『통도사 금강계단과 도량장엄 의식구』(통도사성보박물관. 2009) ⇨경패 經牌, 불명패 佛名牌, 위패 位牌, 전패 殿牌, 패위 牌位

패겁 敗劫 Ⓟ saṃvaṭṭa-kappa. 괴겁(壞劫)을 달리 이르는 말. 『장아함경』 권12 「자환희경 自歡喜經」(대정장1, p.77c19)에 "여러 사문·바라문이 갖가지 방편으로 정의삼매에 들어 그 삼매심에 따라 80성겁과 패겁을 기억하여 알고서 저 외도들 말한다. '이 세간은 영원하니 나머지 견해는 거짓이다. 무슨 까닭인가? 나는 기억하여 알기 때문이니, 성겁과 패겁의 존재를 안다. 또한 과거의 성패겁까지 알고 또 미래세겁 성패도 나는 모두 안다'. 諸沙門婆羅門 種種方便 入定意三昧 隨三昧心 憶識八十成劫敗劫 彼言 此世間常 餘者虛妄 所以者何 以我憶識故 知有成劫敗劫 復過是知過去 成劫敗劫 未來劫之成敗 我亦悉知"라고 하였다. 〔참고문헌〕『長阿含經』, 『中阿含經』 권57(대정장1, p.784b2), 『舍利弗阿毘曇論』 권20(대정장28, p.656c10), *DN.3.109.* ⇨괴겁 壞劫

패결 敗缺 이기지 못해 허물이 되어버리다. 패궐(敗闕)이라고도 한다. 『완릉록』(대정장48, p.387b9)에 "달마가 서쪽에서 온 일은 바람 없는데 물결을 일으킴이며, 세존께서 꽃을 들어 보이신 일도 한바탕 잘못된 일이었다. 여기에 이르러서야 염라대왕에게 무어라 말하겠는가? 천성일지라도 어찌 하지는 못하리라. 達摩西來無風起浪 世尊拈花 一場敗缺 到這裏 說甚麽閻羅老子 千聖尙不柰爾何", 『경덕전등록』 권12 「위부대각전 魏府大覺傳」(대정장51, p.295a22)에 "이 눈먼 나귀 찾아와서는 자신의 무너져내린 흠결 토해내고는 가사를 벗어던지고 통쾌한 한 방을 기다린다. 遮瞎驢 來遮裏納敗缺 卸却衲帔 待痛決一頓"라고 하였다. 〔참고문헌〕『宛陵錄』, 『景德傳燈錄』. ⇨패궐 敗闕

패경초 孛經抄 오(吳)대 지겸(支謙) 한역. 1권. 대정장17, pp.729a2~736b1, No.790에 수록되어 있다. 『패경』·『패초경』 등이라고도 한다. 앞서 기원정사가 조성된 인연을 설하고, 이어서 비선익왕(파사익왕)이 불교에 귀의하여 이도(異道)가 쇠퇴하자 이도무리들이 계략을 짜서 부처님을 함정에 빠뜨리려 기원정사에서 여인을 살해하여 정사의 나무 아래 매장했다. 7일이 지난 후 부처님에 의해 이 추악한 모의가 발각되는 일이 있었다. 부처님께서 이 인연을 본생담으로 밝힌다. 곧 옛날 포린나국(蒲隣奈國)에 사는 구담이라는 범지에게 세 아들이 있었는데, 그중에 막내아들의 이름이 패였다. 패는 아버지가 돌아가신 후 출가하여 도인이 되었다. 후에 남달왕(藍達王)이 다스리던 대국의 국사로 추대되어 정무에 참여하여 두터운 신임을 받았지만, 나라를 어지럽히던 네 명의 대신과 왕후인 호수부인(好首夫人)의 첨언에 의해 산으로 들어갔고, 나라는 쇠락하고 백성은 고통을 받았다. 왕이 후회하면서 패에게 돌아와 줄 것을 거듭 요청하였고, 패는 다시 국사가 되어 선정을 베풀었다. 패는 부처님의 전신이고, 남달왕은 파사익의 전신이었다. 이 경을 들은 3억의 사람들이 모두 오계(五戒)를 받고 부처님의 말씀을 기쁘게 받아들였다고 한다. 이역본으로는 후한(後漢) 때 지루가참(支婁迦讖)이 한역한 『패본경 孛本經』 2권과 성견(聖堅)이 한역한 『패경』 1권이 있었다고 하지만 현재는 전하지 않는다. 〔참고문헌〕『出三藏記集』 권2(대정장55, p.6b22).

패광 佩光 불상의 머리 뒷부분의 원상(圓相)이니, 두패(頭佩) 또는 신패(身佩)라고도 한다. 이 가운데 수패(水佩)는 얕은 먹물(淡墨)로 그리는데 검은 빛 옷을 말한다. ⇨북금 北金, 두광 頭光, 신광 身光

패괴 敗壞 ❶ Ⓢ vināśa. 무너져 내리다. 모든 유위법의 자상이다. 『입능가경』 권1(대정장16, p.518b5 : *Laṅk.*, p.17)에 "부처님께서 능가왕에게 말씀하셨다. '능가왕이여, 당신은 항아리 등이 영원할 수 없어 무너져 가는 법인 줄 모르시오?' 佛告楞伽王 楞伽王 汝不見瓶等 無常敗壞之法 bhagavān-āha, nanu laṅkādhipate dṛṣṭo ghaṭādīnāṃ bhedanātmakānāṃ vināśa-dharmiṇāṃ", 『대보적경』 권77(대정장11, p.436b11)에 "받아 가져 있게 되는 상은 무엇이나 사견이다. 보살은 일체상을 다 버려서 자비심을 닦는다. 중생이 무너져 내리기에 갖가지 상도 무너져 내리고, 상이 무너져 내리기에 드러난 온갖 일들도 무너져 내리며, 만사가 무너져 내리기에 견해도 무너져 내린다. 보살은 바로 이러한 때 모든 법을 무너뜨리고 자비를 닦아 모은다. 이와 같은 자비를 얻은 바 없는 자비라 하고, 이와 같은 무소득자비를 법자라 하며, 이와 같은 법자를 (佛地에서 구현하는 자비라서) 불자라 한다. 所有受相 皆名邪見 菩薩悉滅 一切諸相 修集慈心 衆生敗壞 故相亦敗壞 相敗壞故 事亦敗壞 事敗壞故 見亦敗壞 菩薩爾時 壞一切法 修集於慈 如是慈者 名爲無所得慈 如是無所得慈 名爲法慈 如是法慈 名爲佛慈"라고 하였다. 〔참고문헌〕『入楞伽經』, 『大寶積經』, *Laṅk.* ❷ Ⓢ vi-√pad, vipādayati, Ⓣ phung-bar-byed-pa. 지혜 얻지 못하다. 『유가사지론』 권36(대정장30, p.488c9 : *Bodh-bh.*, p.31)에 "이와 같이 없다고 주장하는 사람은 스스로 파멸할 뿐만 아니라 세간에서 그 견해를 추종하는 사람들까지 파멸시킨다. 如是無者 能自敗壞 亦壞世間 隨彼見者 sa ātmānam-api vipādayati. loko 'pi yo 'sya dṛṣṭyanumata āpādyate"라고 하였다. 〔참고문헌〕『瑜伽師地論』, *Bodh-b* *h*. **3** Ⓢ upahata. 물건 등이 손상을 입다. 『법집요송경』 권3(대정장4, p.790b22 : *Udāna-v.*, p.318)에 "자주 스스로 번뇌를 일으킨다면 마치 저들 기물들 부서지듯 하니, 생사로 거듭 유전하면서 길이 빠져 벗어날 기약 없으리라. 數自興煩惱 猶彼器敗壞 生死數流轉 長沒無出期 yadīrayasi hātmānaṃ kaṃsīvopahatā sadā, jāti maraṇa-saṃsāraṃ ciraṃ hy anubhaviṣyasi"라고 하였다. 〔참고문헌〕『法集要頌經』, *Udāna-v.*

패괴보살 敗壞菩薩 불종(佛種)을 무너뜨린 보살. 성취보살(成就菩薩)과 맞선다. 『대지도론』 권29(대정장25, p.271a28)에 "또한 보살에는 두 무리가 있다. 하나는 패괴보살, 또 하나는 성취보살이다. 패괴보살은 본래 아누다라삼막삼보리심을 일으켰지만 선한 인연을 만나지 못하여 다섯 가지 개부심으로 잡행을 행하여 자리를 옮겨 크나큰 부귀를 누리며 국왕이 되기도 하고, 대귀신왕이나 용왕 등이 되기도 한다. 본래 지었던 신구의 악업이 청정하지 않기에 모든 부처님 앞이나 천상이나 인계 중 죄 없는 곳에 태어나지 못한다. 이를 패괴보살이라 한다. 復次 菩薩有二種 一者 敗壞菩薩 二者 成就菩薩 敗壞菩薩者 本發阿耨多羅三藐三菩提心 不遇善緣 五蓋覆心 行雜行 轉身受大富貴 或作國王 或大鬼神王 龍王等 以本造身口意 惡業不淸淨故 不得生諸佛前 及天上 人中無罪處 是名爲敗壞菩薩"라고 하였다. 〔참고문헌〕『大智度論』, 『十住毘婆沙論』 권4(대정장26, p.38c26).

패괴자행유정 敗壞自行有情 무너져 내림을 스스로 행하는 유정. 『대반야경』 권593(대정장7, p.1070c27)에 "모든 유정은 모두가 무너져 사라지는 것 스스로 행하는 유정일 뿐이다. 一切有情 皆是敗壞自行有情"라고 하였다. 〔참고문헌〕『大般若經』.

패군 敗群 대중을 무너뜨리다. 화합승을 무너지게 하다. 『선원청규』 권10 「백장규승송 白丈規繩頌」(卍속장111, p.935a17)에 "재물을 훔치면서 다투고, 주색에 빠져 승가의 법도를 더럽힐 경우, 빠르게 청정한 대중에게서 떠나도록 해야 하니, 머물도록 허용하면 대중이 무너진다. 盜財竝鬪諍 酒色汚僧倫 速遣離淸衆 容留卽敗群", 『백장청규』 권6 「귀경문 龜鏡文」(대정장48, p.1146c19)에 "수행하는 이들을 불안하게 하고, 대중을 무너뜨리려 떠나지 않는다. 修行者不安 敗群者不去"라고 하였다. 〔참고문헌〕『禪苑淸規』, 『百丈淸規』.

패궐 敗闕 실패 또는 허물. 뛰어난 법으로 상응하지 못해 온통 허물뿐인 사태. 패결(敗缺)이라고도 한다. 『임제록』(대정장47, p.506a12)에 "이 늙은이 오늘도 온통 잘못한 일 뿐이구나. 這老漢 今日敗闕也", 『경덕전등록』 권12 「여주보응전 汝州寶應傳」(대정장51, p.298b26)에 "학인이 참구하러 오자 보응이 불자를 세웠다. 학인이 '오늘은 얻을 것이 없군요' 하자 보응이 불자를 내려놓았다. '아직도 이렇게 하시는군요'라고 함에 보응이 방을 때렸다. 僧到參 師擧拂子 僧曰 今日敗闕 師放下拂子 僧曰 猶有遮箇在 師乃棒之"라고 하였다. 〔참고문헌〕『臨濟錄』, 『景德傳燈錄』. ⇨ 패결 敗缺

패근 敗根 무너져 싹을 틔우지 못하는 뿌리. 패종(敗種)·패종이승(敗種二乘)·초종(焦種) 등이라고도 한다. 대승에서 성문연각(聲聞緣覺)의 이승을 소승이라 비판하는 주제어 중 하나다. 이승은 초목의 종자나 뿌리가 썩어 영원히 성불할 수 없다고 비난한다. 『삼론현의』(대정장45, p.6a6)에 "『대품반야경』에서는 이승을 어리석은 개라 꾸짖었고, 『유마경』에서는 성문을 썩은 뿌리라 폄하하였다. 大品 呵二乘爲癡狗 淨名 貶聲聞爲敗根", 『법화문구기』 권8(대정장34, p.296a27)에 "만약 법화에 이르면 썩은 뿌리가 다시 돌아오고, 입멸한 자라면 삼계를 벗어나 다시 살아난다. 若至法華 敗根還復 若入滅者 出界方生", 『불조역대통재』 권20(대정장49, p.698b9)에 "유마가 썩은 뿌리라고 한 비판은 공에 떨어지는 치우친 견해를 물리치는 말이다. 維摩敗根之議 破落空之偏見"라고 하였다. 〔참고문헌〕『三論玄義』, 『法華文句記』, 『佛祖歷代通載』.

패기 唄器 대중에서 소리내는 용도로 쓰는 법기(法器). 종(鐘)·고(鼓)·건추(犍椎)·석장(錫杖)·경쇠(磬)·요령(鈴) 등을 말한다. 『선림상기전』 권27 「패기문 唄器門」(대장경보편19, p.718a14)에 제법기(諸法器)·건추·대종(大鐘)·백팔종(百八鐘)·전종(殿鐘)·승당종(僧堂鐘) 등의 조목이 그것이다. 〔참고문헌〕『禪林象器箋』.

패닉 唄匿 Ⓢ bhāṇaka. 소리내 찬탄하는 것. 범패(梵唄). 『일체경음의』 권59(대정장54, p.699c10)에 "패닉〈패는 포와 개를 반절한 음이다. 범어 음사어 바사(Ⓢ bhāṣ)는 찬탄이라 한역한다. 패닉은 잘못된 음사어로 보인다. 바는 차음으로 포와 하를 반절한 음이다〉. 唄匿〈蒲介反 梵言婆師 此言讚歎 言唄匿者 疑訛也 婆借音蒲賀反〉", 『사분율명의표석』 권6(卍속장70, p.489a17)에 "패닉은 잘못된 음사어로 보인다. 범패라고도 하는데 모두 범천의 음악을 뜻한다. 『법원주림』에 이렇게 전한다. '서방의 패를 살펴보면 동국의 찬을 닮았다. 찬은 문구를 따라가다가 장구를 마무리짓고, 패는 짧은 게로 송을 퍼뜨린다. 저들 사의를 비교해 보면 명칭은 다르지만 내용은 같다'. 言唄匿者 疑譌也 或云梵唄 皆梵天之音也 法苑云 尋西方之有唄 猶東國之有讚 讚者 從文以結章 唄者 短偈以流頌 比其事

義 名異實同"라고 하였다. 〔참고문헌〕『一切經音義』, 『四分律名義標釋』. ⇨ 범패 梵唄, 패 唄

패다 貝多 ❶ 보리수(菩提樹). 『보살계의소』 권상(대정장40, p.570c10)에 "보리수 아래 앉아서 도를 증득하여 그 이유로 도수라 하고, 사유라고도 하며, 범어 음사어는 패다이다. 坐菩提樹下得道 因名道樹 亦曰思惟 梵音貝多也"라고 하였다. 〔참고문헌〕『菩薩戒義疏』. ⇨ 보리수 菩提樹 ❷ 불경(佛經). 장경(藏經). 『치문경훈』 권1 「불공서무이전 不工書無以傳」(대정장48, p.1046b2)에 "교화의 전통을 잃지 않고 도는 장구하게 이어져 더욱 멀리 알려지도록 할 것이다. 이에 부처님 제자들은 경과 율을 결집하여 패다의 장경이 되었고, 공자는 시와 서를 산정하여 죽간의 경서가 되었다. 글쓰는 공부를 하지 않았다면 그러한 대사는 성취할 수 없었을 것이다. 使教風不墜 道久彌芳 故釋氏經律 結集貝多 孔子詩書 刪定竹簡 若不工書 事難成就"라고 하였다. 〔참고문헌〕『緇門警訓』. ❸ ➡ 패다라엽 貝多羅葉

패다 唄多 패다라(貝多羅 Ⓢ pattra)의 줄임말. 『성유식론소초』 권1(卍속장80, p.203b7)에 "패엽은 저 인도의 경론을 이르는 말로서 그것들이 모두 패다의 잎(貝多羅葉)에 쓰기에 붙여진 이름이다. 貝葉者 其西國經論 皆向唄多葉上寫也"라고 하였다. 〔참고문헌〕『成唯識論疏抄』. ⇨ 패다 貝多

패다라엽 貝多羅葉 패다라 나무(Ⓢ pattra)의 잎. 경문을 새기던 나뭇잎. 패다라·패다·패엽(貝葉)이라고도 한다. 지금도 남전불교지역에는 이 잎에 서사하는 전통이 남아 있기도 하다. 패다라의 학명은 *Laurus oassia*이지만 서사용도의 모든 나뭇잎을 가리키기도 한다. 그중 서사하기에 가장 적절한 소재가 다라수(多羅樹 Ⓢ tāla)의 잎이다. 1세기부터 10세기까지 인도불교도들은 경율론 삼장(三藏)을 서사한 패엽경(貝葉經)을 지니고 다녔다. 과거에는 중앙아시아나 중국 신강(新疆)·티베트·네팔 등지에 가거나 이들 지역의 불교도들이 인도로 가서 불교를 배운 다음 대량의 패엽경을 지니고 왔으며, 11세기와 12세기 이슬람교가 인도에 침입하자 다시 불교도들이 밖에서 역경과 전법활동을 하게 되었다. 이로 인하여 위의 지역에서 대량의 패엽경이 발견되었는데, 삼장을 비롯하여 전설·고사·시편(詩篇)·역사물 등을 포괄한다. 종이가 발명된 후 일반 경권은 패다라엽과 같은 형태의 보존방식을 전승했는데, 티베트 경전이 그 일례다. 또한 패엽경의 형태를 모방한 경우는 동엽(銅葉 Ⓟ tambapaṇṇi)·화피(樺皮 Ⓢ bhūrja, Ⓟ ābhujī)·지(紙)·백사(白四) 등이 있다. 패엽경을 눌러서 만든 협판(夾板)의 경우는 범협(梵夾)이라 한다. 패엽 전적의 장정법을 모방한 서책은 그 재료가 화피가 되었거나 종이가 되었거나 모두 패엽본(貝葉本)이라 부르기도 한다. 화피전적은 지극히 제한적으로 전해지는데, 그 나무(樺樹)가 인도 서북의 계빈(罽賓)이나 중앙아시아 화전(和闐)·구자(龜茲) 등과 같은 높은 산악지대에서 자라기 때문이다. 해당 지역에서는 화피로 제작한 경전이 출토되며, 이 무리의 초본은 고대인도어에 한정되고 그 연대도 매우 이르다. 그 뒤 화피는 점차 패엽으로 대체되었다. 패엽은 본래 인도에서는 일반적으로 유행하였지만 중앙아시아에서는 불교 전적에 한하여 쓰였다. 그 주요한 문자로는 범어·티베트어·위구르어 등이고, 도화라어를 비롯하여 고대 터어키어와 고대 인도어 그리고 소수의 한문도 보인다. 『유가대교왕경』 권3(대정장18, p.572b25)에 "또한 성취하는 법이 있다. 지송하는 사람은 패다엽이나 화피나 비단에 진언을 쓰고 이전처럼 의법을 치른 다음 그 사람의 집 문 밖에 몰래 묻어둔다면 속히 항복받을 것이다. 復次 成就法 持誦者 用貝多葉 或樺皮 或匹帛上 書於眞言 如前儀法 於彼人舍門外密埋 速得降伏", 『금광명최승왕경소』 권2본(대정장39, p.200a18)에 "다라수에 대하여 전하는 말로는 '모양이 크고 잎은 좁고 길다'고 한다. 곧 패다라엽이다. 서국에서는 이 나무의 잎에 글을 적었다. 多羅樹者 傳云 形大葉狹長 卽貝多羅葉 西國書此樹葉", 『범망경보살계약소』 권7(卍속장60, p.901a3)에 "패다라엽 : 안형이라 한역한다. 종려나무를 닮았는데, 곧은 모양에 높이 자라고 잎은 길고 넓으며 윤택이 난다. 따서 서사용으로 쓴다. 貝多羅葉 此云岸形 似椶櫚 直而且高 葉長廣色光潤 採以書寫", 『고림청무습유게송』 권상 「고장주패엽위시색게 古藏主貝葉爲示索偈」(卍속장123, p.532b13)에 "걸출한 인물이 나에게 패다엽(경전)을 보여주니 천축에서 왔고 광명이 번득하였네. 高人示我貝多葉 來自竺乾光燁燁", 『도솔구경집』 권중 「언종법사 彦琮法師」(卍속장149, p.558b8)에 "천축에서는 패다라엽으로 경권을 서사하므로 엽전이라 한다. 天竺 以貝多羅葉 書寫經卷 故曰葉典", 『유양잡조』 「목편 木篇」에 "패다는 마가다국(Ⓢ Magadha)에서 난다. 크기는 예닐곱 길이고, 겨울을 지나고도 시들지 않는다. 이 나무는 세 종류가 있다. 첫째는 다라사력차패다, 둘째는 다리파력차패다, 셋째는 부파력차다라다리이다. 모두 그 잎에 글자를 적는 용도이다. 부도(部闍)는 한 빛깔이며 그 껍질을 벗겨서 서사한다. 패다는 범어로 엽이라 한역한다. 패다파력차는 엽수라 한역한다. 서역의 경서는 이들 세 가지

껍질과 잎으로 쓰며, 잘 보존하면 오륙백 년까지 유지할 수 있다. 貝多 出摩伽陁國 長六七丈 經冬不凋 此樹有三種 一者 多羅娑力叉貝多 二者 多梨婆力叉貝多 三者 部婆力叉多羅多梨 并書其葉 部闍一色 取其皮書之 貝多是梵語 漢翻爲葉 貝多婆力叉者 漢言葉樹也 西域經書 用此三種皮葉 若能保護 亦得五六百年"라고 하였다. [참고문헌]『瑜伽大教王經』,『金光明最勝王經疏』,『梵網經菩薩戒略疏』,『古林淸茂拾遺偈頌』,『兜率龜鏡集』,『酉陽雜俎』,『仏教植物辭典』(國書刊行會, 1982). ⇨ 패서 貝書, 패엽 貝葉, 다라수 多羅樹, 다라엽 多羅葉, 다라엽경 多羅葉經, 범협 梵篋, 사경 寫經 ❶

패다수하사유십이인연경 貝多樹下思惟十二因緣經 지겸(支謙) 한역. 1권. 대정장16, pp.826b4~827b20, No.713에 있다.『패다수하십이인연경』·『십이인연경』·『문성십이인연경 聞城十二因緣經』·『수하사유십이인연경 樹下思惟十二因緣經』·『사유십이인연경』이라고도 하며,『연기성도경 緣起聖道經』등과 동본이역이다. [참고문헌]『歷代三寶紀』권6(대정장49, p.63c18),『出三藏記集』권3(대정장55, p.16a2),『開元釋教錄』권2(대정장55, p.488a10). ⇨ 십이인연경 十二因緣經

패모 貝母 어미 조개. 새끼들 이끄는 양상으로 고통을 초래하는 무명에 비유한다. 40권본『대반열반경』권31(대정장12, p.553a17)에 "생사 허망함을 관찰하지 못하고 혹에 빠져 근심에 이르니 마치 물고기가 낚싯바늘 삼키는 듯하고, 항상 앞서 끌며 다른 모든 업이 따라 좇음이 마치 어미 조개가 새끼들 이끌듯 한다. 不能觀察生死虛妄 耽惑致患 如魚呑鉤 常先引導 諸業隨從 猶如貝母 引導諸子"라고 하였다. [참고문헌]『大般涅槃經』,『摩訶止觀』권5하(대정장46, p.69a9).

패문 貝文 패다라엽(貝多羅葉)에 적은 글. 불경(佛經)을 말한다.『대명고승전』권8「진자전 眞慈傳」(대정장50, p.931a10)에 "패문을 좋아하는 마음이 간절하여 강사를 두루 돌아다녔다. 耽嗜貝文 遍遊講肆",『가태보등록』권22「진종황제 眞宗皇帝」(卍속장137, p.303a17)에 "제위에 오른 이후 패문을 두루 열람하여 조교에 깊은 이해가 들면서 화엄의 도리를 환하게 스스로 터득하였다. 臨御以來 歷覽貝文 探賾祖教 乃於華嚴 曉然自得"라고 하였다. [참고문헌]『大明高僧傳』,『嘉泰普燈錄』. ⇨ 패다라엽 貝多羅葉

패방 敗房 쓰러져 가는 방. 객비구에게 머물게 해서는 안 되는 방.『마하승기율』권4(대정장22, p.257a5)에 "그때 방사를 담당하는 비구가 손님 비구에게 언짢은 옛일이 있어서 이런 생각을 떠올렸다. '내가 지금 네놈을 처치할 기회를 얻었으니 패방을 주어서 죽게 만들 것이다'. 그러고는 패방을 주었는데, 기둥과 벽이 위태롭게 무너질 지경이고 비다라가 놀래키는 장소와 부단나 등의 여러 악귀가 나타나는 장소 살모사와 전갈이 모여드는 곳이었다. 이런 곳을 보인 다음에 주면 월비니죄가 되고, 그가 고통을 당한 경우에는 투란차죄가 되며, 만약 죽음에 이르게 하면 바라이죄가 된다. 時知房舍比丘與客比丘 先有嫌 便作是念 我今得子便 當與破房 令其必死 便與敗房 柱壁危壞 近毘多羅恐怖之處 富單那諸惡鬼處 近蚖蛇處 若示與時 得越比尼罪 彼受苦痛時 得偸蘭罪 若死者 波羅夷"라고 하였다. [참고문헌]『摩訶僧祇律』.

패비구 唄比丘 좋은 소리로 법을 설하던 부처님 재세시의 비구. 영성비구(鈴聲比丘)·추루비구(醜陋比丘)·묘성존자(妙聲尊者) 등이라고도 한다. 형모는 추했으나 음성이 아름다워 게송을 읊조리는 소리(唄聲)가 사람과 동물을 모두 감동시켰으므로 패비구라 불렸다.『현우경』권11(대정장4, p.424b11)에 "그때 기원 동산에 비구가 하나 있었다. 그 생김새는 매우 추하였으나 음성 남달리 아름다워 소리 높여 읊조리면 그 소리가 극히 화창하여 군인무리가 귀를 기울이며 언제까지고 싫다 하지 않았고, 코끼리와 말도 귀를 세우고 선 채로 들으면서 가려하지 않았다. 왕이 이상하게 여기고 시종을 돌아보며 물었다. '어째서 저러느냐?' 시종이 '게송 읊조리는 소리를 들은 뒤로 코끼리와 말이 발길을 멈추고 서서 듣고 있습니다'라고 답하자 왕이 '축생도 법을 즐겁게 듣거늘 우리들 사람이 어찌 가서 듣지 않을 수 있겠느냐'라 하고는 곧바로 무리와 함께 갑자기 기원 동산으로 돌아왔다. 도착해서 코끼리에서 내린 다음 칼 풀고 일산도 거두고서 곧바로 부처님 계신 곳으로 가 예를 올리고 문안인사를 드리자 읊조리던 그 비구는 게송 읊조리는 소리를 그쳤다. 왕이 먼저 부처님께 어쭈었다. '조금전에 게송 읊조리던 소리를 들으니 맑고 아름다우며 조화롭게 울려퍼져 흠모의 정을 품었습니다. 원하건대 그를 만나 보고 십만전을 보시하고 싶습니다'. 時祇洹中 有一比丘 形極痤陋 音聲異妙 振聲高唄 音極和暢 軍衆傾耳 無有厭足 象馬竪耳 住不肯行 王怪 顧問御者 何以乃爾 御者答言 由聞唄聲 是使象馬 停足立聽 王言 畜生尙樂聞法 我曹人類 何不往聽 卽與群衆 暫還祇洹 到下象乘 解劍却蓋 直進佛所 敬禮問訊 彼唄比丘 唄聲已絶 王先問言 向聞唄音 淸妙和暢 情豫欽慕 願得見識, 施十萬錢"라고 하였다. [참고문헌]『賢愚經』. ⇨ 패성 唄聲

패사 唄師 범패(梵唄)로 부처님 덕을 찬탄하는 스님.『영산화상청규』권상(대정장82, p.434c14)에 "다음으로 유나가 총례게를 드니 대중이 같이 따라 부른다. 게로 이르길 '우리 이 도량 저 제주처럼 일체현성 모습 나투신 중에, 이 몸 저 현성전에 머리 발에 닿도록 절하며 목숨 다해 귀의합니다'. 다음으로 패사가 범패로 부르니 '여래 묘색 신세'라 한다. 次維那擧總禮偈 大衆同和 偈云 我此道場如帝珠 一切賢聖影現中 我身於彼賢聖前 頭面接足歸命禮 次唄師 唱梵唄 唄云 如來 妙色 身世"라고 하였다. [참고문헌]『瑩山和尙淸規』.

패사문 稗沙門 쭉정이와 같은 사문. 사문다운 덕이 없어 벼인 듯하지만 쭉정이처럼 외양만 닮은 사문을 가리킨다. 패제(稗稊)라고도 한다. 『대보적경』 권113(대정장11, p.642b1)에 "가섭아! 피와 같은 사문이란 무엇인가? 가섭아! 비유하자면 보리밭에 피가 보리와 함께 자라면 그 모양이 보리와 비슷하여 가려내지 못하여 그 때 농부는 '이 피와 보리는 모두 좋은 보리다'라고 생각했다가 나중에 이삭이 나는 모양을 보고서야 잘못 생각했음을 알고는 '모두가 보리'라고 말할 수 없다고 아는 경우와 같다. 가섭아! 마찬가지로 피와 같은 사문이 대중 속에 섞여 있으면 계를 지키고 덕행을 갖추고 있는 듯하여 시주들이 볼 때 모두 사문이라 생각하지만, 저들 어리석은 사람들은 참으로 사문이 아님에도 사문이라 하고 범행인이 아님에도 스스로 범행을 한다고 말한다. 迦葉 云何稗沙門 迦葉 譬如麥田中生稗麥 其形似麥 不可分別 爾時 田夫作如是念 謂此稗麥 盡是好麥 後見穟生爾乃知非 不得名言 一切是麥 迦葉 如是稗沙門 在於衆中似是持戒有德行者 施主見時 謂盡是沙門 而彼癡人 實非沙門 言是沙門 非梵行人 自言梵行"라고 하였다. [참고문헌]『大寶積經』, 『月江正印語錄』 권하(卍속장123, p.311a17). ⇨ 패제 稗稊

패서 貝書 패다라엽(貝多羅葉)에 쓴 글. 패엽불경(貝葉佛經)을 가리킨다. 『관무량수불경의소』 권상(대정장37, p.280a17)에 "소승의 경부에서 패서를 남김없이 총괄하여도 정토를 언급한 한 글자를 찾을 수 없는데 하물며 정토에 왕생하도록 권하는 내용이야 말해 무엇하랴? 小乘經部 括盡貝書 曾無一字 說有淨土 何況勸生", 『마하지관의례수석』 권5(卍속장99, p.922b9)에 "가섭 이후와 달마 이래로 패서가 대대로 이어지며 서쪽에서 이 땅으로 흘러와 교설의 과목은 날로 더욱 새롭게 늘어났을지언정 어찌 쇠락한 적이 있었던가! 迦葉之後 達磨以來 貝書源源 西流此土 敎之科目 日益開廣 敎之本味 寧有敗亡"라고 하였다. [참고문헌]『觀無量壽佛經義疏』, 『摩訶止觀義例隨釋』. ⇨ 패다라엽 敗多羅葉

패성 孛星 Ⓢ Puṣya. 이십팔수(二十八宿) 중 하나. 불사(弗沙) 등이라 음사하고 귀수(鬼宿)라고 한역한다. 태장만다라 최외원(最外院) 동쪽에 모신 존격으로 종자는 (pu), 삼매야형은 연상성(蓮上星), 존형은 살색, 인상은 이십팔수총인(二十八宿總印)이다. 진언은 '나마사만타붓다남 푸샤낙샤트라 스바하 namaḥ samantabuddhānāṃ puṣyana kṣatra svāhā 널리 제불께 귀의합니다. 패성이여! 스바하'이다. 『번역명의집』 권1(대정장54, p.1058b25)에 "불사의 바른 음사는 부사이다. … 구마라집(鳩摩羅什)법사는 불사보살을 이렇게 푼다. '이십팔수 가운데 귀성의 이름이다. 태어날 때 귀숙의 기운에 상응한 이유로 붙여진 이름이다. 불성이라고도 하고 패성이라고도 한다'. 弗沙 正名富沙 … 什師解 弗沙菩薩云 二十八宿中鬼星名也 生時相應鬼宿 因以爲名 或名沸星 或名孛星", 『속일체경음의』 권5(대정장54, p.953c11)에 "곽박이 주석해 말하길 '패성이라고도 한다. 그 모양이 빗자루에 쓸린 자국과 같다'. 패는 빗자루로 쓸면서 생긴 흔적을 닮아서 (쓴다는 의미로) 소성이라 하고, 패성이라고도 하며, 참창성이라고도 하고, 혜성이라고도 한다. 郭璞注云 亦謂之孛星 言其形孛 孛似掃彗 或云掃星 或云孛星 或云攙槍星 或云彗星也"라고 하였다. [참고문헌]『翻譯名義集』, 『續一切經音義』. ⇨ 귀수 鬼宿, 불사 弗沙 [2], 불사성 弗沙星, 이십팔수 二十八宿

패성 唄聲 경문을 읊조리는 소리. 패음(唄音)이라고도 한다. 『출요경』 권21(대정장4, p.721c14)에 "그때 라바나발제라는 비구가 고요히 한적한 경계에서 게송 읊조리는 소리가 맑게 파고들어 네 무리의 병졸들 중 듣지 않은 이가 없었다. 時有一比丘 名羅婆那拔提 寂然閑靜 唄聲淸徹 令四種兵 莫不聞者", 『석씨요람』 권상(대정장54, p.276a15)에 "『십송율』에 '비구 발제는 패성으로는 으뜸이다'라고 하였다. 十誦云 比丘跋提 於唄聲中第一"라고 하였다. [참고문헌]『出曜經』, 『釋氏要覽』, 『賢愚經』 권11(대정장4, p.424b19). ⇨ 패비구 唄比丘

패수니 貝戌尼 Ⓢ paiśunya. 현의(顯義)에서는 이간어(離間語)의 뜻이지만 밀의(密義)에서는 상승공(常勝空)을 함의한다. 『섭대승론석』 권8(대정장31, p.428b25)에 "〈논〉 무엇이 패수니인가? 항시 최승공에 머물 수 있는 것이다. … '항시 가장 뛰어난 공에 머물 수 있는 것이다'란 세간에서 훈석하는 문사도리에 의지해서 위에서 물었던 패수니라는 말에 답한 것이다. 이 패수니라는 것은 드러난 뜻으로는 이간하는 말(離間語)을 가리키지만, 숨은 뜻으로는 항시 뛰어난 공(常勝空)을 드러낸다. '패'는 승(勝 Ⓢ parama)의 뜻이고 '수'는 공(空 Ⓢ śūnya)의 뜻을 표하는 것이며, '니'는 상(常 Ⓢ nitya)의 뜻을 표한다. 여기서 숨은 뜻을 취할 때는 문과 답이 상응하지만 드러난 뜻으로는 그렇지 못하다. 云何貝戌尼 若能常居最勝空住 … 若能常居最勝空住者 依世訓釋文詞道理 答上所問貝戌尼言 此貝戌尼 顯目離間語

密詮常勝空 貝表勝義 戍表空義 尼表常義 今取密義問答相應 顯則不爾"라고 하였다. 〔참고문헌〕『攝大乘論釋』.

패악 唄樂 입으로 불어 소리 내는 나발 등 악기. 『백장청규』 권3 「출상괘진전다탕 出喪掛眞奠茶湯」(대정장48, p.1128c15)에 "고사와 상사가 함께 의론하여 상의・향정・진정・당번・패악・감전산의・탕로・도등・죽비・주장・불자・향합・법의 등의 장례물품을 조절하여 갖추도록 한다. 庫司喪司相關 提調喪儀香亭 眞亭幢幡唄樂 龕前傘椅 湯爐挑燈 竹篦主丈拂子 香盒法衣等物"라고 하였다. 〔참고문헌〕『百丈淸規』.

패야 敗也 졌다! 졌구나! 잘못을 인정하는 말이지만 성패(成敗)의 저편에 설정하는 관문(關門)인 한에서만 효용을 지니는 말이다. 또한 겨룰 만한 상황임을 승인하는 뜻이기도 하다. 『설두어록』 권1(대정장47, p.671c20)에 "현사에게 어떤 학인이 물었다. '대이삼장에 세 번째 질문을 받았을 때 어째서 혜충국사(慧忠國師)를 못 보았는지요?' '그대가 답해 보라. 앞선 두 차례에서는 보았을까?' 이 문답에 대한 설두의 염이다. '잘못했다. 잘못했다'. 僧問玄沙 大耳三藏 第三度爲什麽不見國師 玄沙云 爾道 前來兩度還見麽 師拈云 敗也 敗也", 『종용록』 38칙 「평창 評唱」(대정장48, p.252c17)에 "설봉이 '임제는 참으로 낮도적을 매우 닮았다'라고 하였으며, 만송은 '졌다!' 하였고, 설두는 '훔치는 데 뛰어난 도둑은 귀신도 알아채지 못한다. 설봉에게 들켜버린 이상 임제의 솜씨는 뛰어나지 않다'라고 하였다. 雪峯云 臨濟大似白拈賊 萬松道 敗也 雪竇云 夫善竊者鬼神莫知 旣被雪峯覷破 臨濟不是好手"라고 하였다. 〔참고문헌〕『雪竇語錄』, 『從容錄』. ⇨ 패궐 敗闕

패야제 貝夜提 바일제(波逸提 Ⓢ pāyattika)의 다른 음사어. 『비나야』 권7(대정장24, p.879a3)에 "이와 같이 세존께서 꾸짖은 다음 사문 위해 결계하셨다. '만약 비구가 희롱하고 웃으며 거짓말을 한다면 패야제다'. 如是世尊誨責已 爲沙門結戒 若比丘 戲笑妄語者 貝夜提"라고 하였다. 〔참고문헌〕『鼻奈耶』. ⇨ 바일제 波逸提

패연법우 霈然法雨 Ⓢ abhimukha-pravarṣaṇa-pralamba. 쏟아지듯 내리는 법의 비. '법이 내려 소나기처럼 적시다'의 뜻이다. 60권본 『화엄경』 권57(대정장9, p.765c21 : *Gaṇḍ-vy.*, p.353)에 "사(ष)자를 소리내어 읽으면 반야바라밀문에 드니, 이를 쏟아지듯 내리는 법의 비라 한다. 唱娑字時 入般若波羅蜜門 名霈然法雨 ṣakāraṃ parikīrtayato abhimukha-pravarṣaṇa-pralambaṃ nāma prajñāpāramitā-mukham-avakrāntam"라고 하였다. 〔참고문헌〕『華嚴經』, *Gaṇḍ-vy.*

패엽 貝葉 패다라엽(貝多羅葉)의 줄임말. 경문(經文)을 써넣은 잎이므로 경전이나 경의 말씀을 뜻하기도 한다. 『대보적경』 「서 序」(대정장11, p.1a18)에 "관중의 도속이 비록 패엽의 글을 전수했지만 강좌(강동)의 민중들은 연화의 취지를 깊이 알지 못하였다. 關中道俗 雖傳貝葉之文 江左黎元 未極蓮花之旨", 『인왕반야경소』 권1상(대정장33, p.430b29)에 "전대의 번역은 이치에 미처 융통하지 못했기에 범문의 경전(梵夾)과 대조하면서 다시 번역하게 되자 패엽의 말들이 결코 누실되는 경우가 없었고 부처님의 친설은 더욱 상세하게 드러났다. 前代所譯 理未融通 望依梵夾 再有翻譯 貝葉之言 永無漏略 金口所說 更益詳明", 『화엄경감응전』(대정장51, p.177c26)에 "화엄에는 불가설 찰해의 티끌 수처럼 무수한 게품이 있지만 어찌 패엽에 모두 베껴 놓을 수 있겠는가! 그 모두가 모든 대보살의 다라니력으로 기억하여 지니는 내용일 뿐이다. 華嚴有不可說刹海 微塵數偈品 豈貝葉所能傳寫 皆諸大菩薩 陀羅尼力之所記持", 『경덕전등록』 권17 「신사서암전 新羅瑞岩傳」(대정장51, p.343b23)에 "'무엇이 이 교인지요?' '패엽으로는 거두어 다하지 못한다'. 問 如何是敎 師曰 貝葉收不盡"라고 하였다. 〔참고문헌〕『大寶積經』, 『仁王般若經疏』, 『華嚴經感應傳』, 『景德傳燈錄』. ⇨ 패다라엽 貝多羅葉

패엽경 貝葉經 패다라엽(貝多羅葉)에 쓴 경전. 다라엽경(多羅葉經)이라고도 한다. 『학불고훈』 권6(가흥장34, p.15c11)에 "965년(건덕3) 창주의 도원스님이 서역에서 돌아오면서 불사리와 패엽경 40협을 가지고 왔다. 乾德三年 滄洲僧道圓 自西域還 得佛舍利 及貝葉經四十夾"라고 하였다. 〔참고문헌〕『學佛考訓』. ⇨ 다라엽경 多羅葉經, 패다라엽 貝多羅葉, 패다 貝多 ❷

패엽궁 貝葉宮 절. 불사(佛寺). 패엽(경전)을 모신 궁전. 『고금도서집성선집』 권123 「봉화구월구일등자은사부도응제 奉和九月九日登慈恩寺浮圖應制」(대장경보편15, p.709c3)에 "고요한 연화세계의 등불 깜박이는 그 패엽궁에서, 황금빛 사람이 꿈속에서 백마 타고 성을 나오시네. 땅에서 탑이 솟아 향 사르어 허공에 두루 알리려 하자, 하늘이 노래하고 봄피리 이에 따라 울렸는데 봄바람만은 아니었다네. 肅肅蓮花界 熒熒貝葉宮 金人來夢裏 白馬出城中 涌塔初從地 焚香欲遍空 天歌應春籥 非是爲春風"라고 하였다. 〔참고문헌〕『古今圖書集成選輯』.

패엽사 貝葉寺 황해도 신천군 용진면 구월산(九月山)에 있던 절. 패는 패(唄)로도 쓴다. 일제강점기 31대본산의 하나였는데, 당시는 한산사(寒山寺)라고 불렸다. 『운양집』 권10 「한산사중수기 寒山寺重修記」에는 한명제(漢明帝) 때 구업(具業)조사가 와 머물며 구업사라 불렀다고 하였고, 『염헌집』 권28 「구월산패엽사기 九月山貝葉寺記」에는 신라 때 창건한 뒤 고려를 거쳐 조선에 이르러 영락년간(1403~1424)에 신균(信均)화상이 중건하였고, 만력년간(1573~1619)에도 왜적에 의해서 불탄 것을 성임(省稔)화상이 중건하였는데, 그 뒤에 송월당(松月堂)의 제자 천오(天悟)가 단월이 되어 의초(儀楚)·설의(雪儀)·선문(善文)·지웅(智雄)·지선(智禪)·혜영(慧映) 등과 함께 중창하였다고 전한다. 한편 서역(西域)을 유력(遊歷)한 신라 고승이 패엽경(貝葉經)을 가지고 온 뒤, 당시 장단 화장사(華莊寺)에 패엽경 일속(一束)을 소장하면서 패엽사라고 불렸다고도 전한다. 이밖에도 신라 법심(法深)선사 창건설, 신라 애장왕 때 패엽 개창설 등이 전한다. 1503년(연산군 9)에 전라도 쌍봉사(雙峯寺)·경상도 견암사(見巖寺) 등과 함께 수륙재를 설행하였던 도량으로, 임란 전에도 황해도 주요 사찰로 자리하였으며, 1564년(명종 19)에는 『법화경』이 개판(開板)되기도 하였다. 1875년(고종 12)에 하은(荷隱)장로가 재건하면서 사지(寺誌)에 따라 한산사로 이름을 바꾸고 문수보살도량으로 삼았다. 이 때 해주 북숭산(北嵩山)의 신광사(神光寺)와 위치를 알 수 없는 월출암(月出庵) 등은 말사였다. 구월산에 단군(檀君)을 모신 흔적과 관련하여, 1471년(성종 2)에 황해도관찰사 이예(李芮)에게 내린 교서에는 "단군 천왕당(天王堂)은 원래 구월산 상봉(上峯)에 있었는데, 훗날 아래에 패엽사가 있다고 하여 … 사찰 위 봉우리로 옮겼다. … 천왕당 … 옛 터전은 아직도 있는가. 檀君天王堂 本在九月山上峯 後以貝葉寺在其下 … 移於寺之前峯 … 天王堂 … 古基猶存歟"라고 하였고, 다음해에 이예가 올린 단군·환웅·환인의 삼성당(三聖堂) 사적에는 "속언에 … 사우(祠宇)는 패엽사 서쪽 대증산(大甑山)에 있는 절 주변에 있었는데, 절 아래 작은 봉우리로 옮겼다가 다시 소증산(小甑山)으로 옮겼으며, 지금의 삼성당이다. … 패엽사도 또한 삼성당 서쪽 6리 쯤의 한 고개와 한 시내를 사이에 두고 있다"라고 전한다. [참고문헌] 『東國輿地勝覽』, 『成宗實錄』 권13 2年 11月 28日·권15 3年 2月 6日, 『燕山君日記』 권48 9年 1月 28日, 『雲養集』(韓國文集叢刊328, p.412a13), 『恬軒集』(韓國文集叢刊148, p.455a10), 『韓國寺刹全書』 권하 p.1120d3·1121a1. ⇨ 구업사 具業寺, 한산사 寒山寺 [9]

패위 牌位 이름 새겨 영단(靈壇)이나 조사전 단(壇) 위에 모시는 패. 『백장청규』 권3 「천화 遷化·전신입탑 全身入塔」(대정장48, p.1129a23)에 "매일 세 때에 다탕을 올리고 대중이 모여서 경을 독송한다. 패위를 조당으로 맞아들이고 나서 독송을 마친다. 신임 주지가 오기를 기다린 다음에 조당에 들어가 불사를 시작하는 경우도 있다. 每日三時 上茶湯 集衆諷經 俟迎牌位入祖堂則止 或待新住持至 方入祖堂有佛事", 『열조제강록』 권31 「안패 安牌」(卍속장112, p.641b10)에 "부처님 열반일에 천동성(天童性)선사가 자신의 패위를 조당으로 보내면서 패위를 받들고 말했다. '삼계가 모조리 큰 꿈이고, 시방세계는 하나의 뻥 뚫린 허공과 같다. 저들이 단상견에 떨어질까 염려하여 다시 허공 향해 그중에 구멍을 뚫는다. … 일러보라! 바른 자리에 단정하게 자리한 한마디 또 어떻게 해야 할까?' 할을 한 번 내지르고 마침내 패위를 내려놓았다. 佛涅槃日 師送自牌位 入祖堂 捧牌位云 三界都來總大夢 十方世界一空洞 爲他恐墮斷常見 又向虛空中鑿空 … 且道 正位端居一句 又作麽生 喝一喝 遂放牌位", 『별암동문록』 권하(가흥장39, p.356c5)에 "고봉노인(原妙) 삼주기에 패위를 옮겨 가화천녕의 조당에 들이고 말했다. '부처가 있는 곳에는 머물러서는 안 되고, 부처가 없는 곳은 급하게 달려 지나가라. 옛 사람은 이렇게 말했고 노인께서도 이렇게 들었으니 「몸을 숨긴 곳에서 자취를 남기지 말고, 자취 없는 곳에는 몸을 숨기지 마라」고 한 말과 참으로 닮은 듯하지만 바른 눈으로 살펴보면 제대로 아는 사람을 속이지 못한다', … 마침내 패위를 받들고 조당에 이르러 패위를 봉안하고 말했다. '부처가 있는 곳에는 간절한 마음으로 머물러야 하고, 부처가 없는 곳이라고 하여 달려 지나가지 마라. 원앙 노니는 호수의 풍월은 예전 그대로 빛나고, 자두나무의 이슬 맺힌 꽃 향기 어찌 그리도 가득한지. 돌!' 高峰老人三周 送牌位 入嘉禾天寧祖堂 有佛處不得住 無佛處急走過 古人恁麽道 老人恁麽擧 大似藏身處沒縱跡 沒縱跡處莫藏身 正眼看來 難瞞識者 … 遂捧牌位至祖堂安位曰 有佛處切須住 無佛處勿走過 鴛湖風月舊時輝 檇李露花香正熟 咄"라고 하였다. [참고문헌] 『百丈清規』, 『列祖提綱錄』, 『別菴同門錄』. ⇨ 위패 位牌, 패 牌

패의 敗醫 실패한 치료법. 치료할 적절한 때를 알지 못함의 뜻으로, 중생을 교화함에도 때가 있음을 비유한다. 『대법고경』 권하(대정장9, p.297c29)에 "다시 가섭아, 만약 어떤 사람이 처음 열병을 얻었을 때는 약이나 다른 온갖 치료를 해서는 안 된다. 왜 그런가? 적절한 때가 이르지 않았기 때문이다. 반드시 치료할 때를 기다리고 나서 치료해야 한다. 적절한 때인지 그렇지 않은지 두 때를 모른다면 이를 실패한 치료법이라 한다. 이에 병이 적당한 한도에 이른 다음에 치료해야 한다. 만약 적당한 한도에 이르지 않았을 경우라면 반드시 때를 기다려야 한다. 이와 마찬가지로 중생 가운데 이 경을 비방하는 이들이 허물이 깊어졌을 때 진심으로 스스로 뉘우치며 '아! 괴롭다. 내가 저지른 일을 이제야 알겠구나'라고 하는 때에 이르러서야 마땅히 일을 거두어들여 구하고 거두어야 한다. 復次 迦葉 若有士夫 初得熱病 不應與藥 及餘衆治 所以者何 時未至故 要待時至 然後乃治 二處不知

是則欺醫 是故病熟 然後應治 若未熟者 要待時至 如是衆生謗此經者 過患熟時 深自悔責 嗚呼 苦哉 我之所作 今始覺知 至於爾時 應以攝事 而救攝之"라고 하였다. 〔참고문헌〕『大法鼓經』.

패일제 貝逸提 바일제(波逸提 Ⓢ pāyattika)의 다른 음사어. 『비나야』 권9(대정장24, p.889b14)에 "육군비구는 항상 십칠군비구와 함께 다투었는데 두 무리가 함께 길을 가고 있었다. 육군비구가 십칠군비구에게 말했다. '너희들이 앞에 가면서 벌레를 밟아 죽였으니 패일제를 범했다. 당장 와서 우리에게 잘못을 참회해야 마땅하다'. 그때 십칠군비구가 다가와서 잘못을 참회하였다. 모든 십이법비구가 그 이야기를 듣고는 세존께 가서 아뢰자 세존께서 이르셨다. '만약 다른 비구가 벌레를 죽이지 않았음에도 벌레를 죽였다고 거짓으로 증언한다면 타(바일제)이다'. 六群比丘 常與十七群比丘共諍 二群共著道行 六群比丘語十七群比丘言 汝等前行蹈殺虫 犯貝逸提 可時來向我悔過 時此 十七群比丘 卽向悔過 諸十二法比丘聞 往白世尊 世尊告曰 若比丘不殺虫 證言殺虫者 墮"라고 하였다. 〔참고문헌〕『鼻奈耶』. ⇨ 바일제 波逸提

패자 牌子 알림판. 대중이 함께하는 사원에서 많이 쓰기에 선문일화에 자주 등장한다. 『운문광록』 권하(대정장47, p.572a16)에 "나물밭에 들어가 거름더미에 꽂힌 알림판을 보고 한 학인에게 '무엇이라 적혀 있느냐?'라고 묻자 아무 대꾸가 없었다. 운문이 '그대가 내게 묻거라'라고 함에 그가 묻자 운문이 대답했다. '아무도 믿지 않을까 걱정된다'. 因入菜園 見糞堆上牌子 問僧 道什麽 僧無對 師云 儞問我 僧便問 師云 恐人無信", 『서장』 「답조태위장 答曹太尉狀」(대정장47, p.938c17)에 "어느 날 아침 공양 뒤에 알림판을 빼어들고 돌아가며 백 사람 조실로 불러들였습니다. 그중 목숨을 등지고 미끼를 물고 걸려드는 물고기처럼 말에 딸려오는 이들도 있었고, 흙덩이 던진 사람 무는 사자 같은 안목을 지닌 이들도 있었습니다. 一日粥後 撥牌子 輪一百人入室 間有負命者上鉤來 亦有咬人師子"라고 하였다. 〔참고문헌〕『雲門廣錄』, 『書狀』, 李智冠『四集私記』 p.114.

패자 稗子 Ⓢ koraduṣa, Ⓟ kudrūsaka. 피의 낟알. 『우파니샤드 *Upaniṣad*』의 철인들은 아트만(Ⓢ ātman)이 피의 낟알보다 작다고 생각하였다. 『중아함경』 권15 「전륜왕경 轉輪王經」(대정장1, p.523a13 : *Cakkavattisīhanāda-sutta*, *DN.3*, p.71)에 "사람의 수명이 열 살이었던 시기에는 패자라는 곡식이 가장 맛있는 먹이였다. 마치 오늘날 사람들이 갱량을 최상의 음식으로 여기는 것과 같다. 人壽十歲時 有穀名稗子 爲第一美食 猶如今人 粳粮爲上饌 dasavassāyukesu bhikkhave manussesu kudrūsako aggaṃ bhojanānaṃ bhavissati. seyyathā pi bhikkhave etarahi sāli-maṃsodano aggaṃ bhojanānam", 40권본 『대반열반경』 권8(대정장12, p.412c17)에 "성문과 연각은 중생들에게 '아는 어떻게 생겼을까?'라고 물으면 '내가 아의 상을 보니 크기가 엄지손가락만 하다'라고 답하기도 하며, '쌀알만 하거나 피의 낟알만 하다'라고도 한다. 聲聞緣覺 問諸衆生 我有何相 答言 我見我相 大如拇指 或言 如米 或如稗子", 『일체경음의』 권24(대정장54, p.458b19)에 "패자〈패와 두를 반절한 음이다. 『주좌전』에 '풀인 듯 곡식인 듯한 것이다' 하였고, 『설문』에는 '벼와 다르다. 벼 화를 뜻으로 삼고 비를 소리로 삼는다'〉라고 하였다. 稗子〈音敗杜註左傳云 草之似穀者也 說文 禾別也 從禾卑聲〉"라고 하였다. 〔참고문헌〕『中阿含經』, 『大般若經』, 『一切經音義』, *DN.*

패제 稗稊 쭉정이와 피. 벼인 듯 곡물인 듯하지만 알맹이가 없는 풀이다. 대중에 섞여 살지만 비구로서의 덕이 없는 이들을 비유한다. 패사문(稗沙門)이라고도 한다. 『원형석서』 권1 「상원형석서표 上元亨釋書表」(대정장 보편32, p.172b23)에 "참으로 승도(僧徒)라는 밭에 섞인 쭉정이와 피요, 선이라는 숲에 쌓아둔 통나무와 같다. 寔緇田之稗稊 禪林之樸樕者也"라고 하였다. 〔참고문헌〕『元亨釋書』. ⇨ 패사문 稗沙門

패종 敗種 Ⓢ vinaṣṭāni bījāni, pūti-bīja, Ⓣ sa-bon-rul-ba. 썩은 종자. 싹을 틔울 수 없어 패근(敗根)과 통한다. 『유마경』 권상(대정장14, p.527c16 : *Vikī-n.*, p.244)에 "현자여! 우리들은 어찌하여 영원히 그 뿌리를 끊어 이 대승에서 썩은 종자와 같이 되었단 말입니까? 賢者 吾等何爲 永絶其根 於此大乘 已如敗種 tat kin nu bhūyaḥ kariṣyāma atyantopahatendriyā dagdhavinaṣṭānīva bījāny abhājanībhūtā iha mahāyāne", 『오분율』 권3(대정장22, p.16a24)에 "범행을 수행하지 않으면서 스스로 이미 수행했다고 말하니, 불법에서 썩은 씨앗과 같다. 不修梵行 自言已修 於佛法中 猶如敗種", 『화엄현담회현기』 권18(卍속장12, p.284a3)에 "패종이란 썩은 씨이라는 말이니 씨로서 싹을 틔우지 못한다는 뜻이다. 보리심을 일으키지 못한다는 뜻도 이와 같다. 言敗種者 朽敗種子 種之不生芽也 今不能發菩提心義 亦如是矣"라고 하였다. 〔참고문헌〕『維摩經』, 『五分律』, 『華嚴懸談會玄記』, *Vikī-n.*, *Abh-k-bh.224.*

패종이승 敗種二乘 썩은 씨앗과 같아서 보리(菩提)의 싹이 자랄 수 없는 이승. 『지관보행전홍결』 권3(대정장46, p.250b16)에 "권말에 또한 '일승의 도는 오직 여래만 증득하시니, 외도나 이승이나 범천이 증득할 수 있는 경지는 아니다'라고 하였다. 그것이 『법화경』에서 '삿된 견해에 물든 엄왕이나 오역죄를 저지른 조달이나 축생·용녀 그리고 패종이승에 이르기까지 모두 부처가 될 수 있다는 기별을 받았다'라고 하는 취지와 비교할 거리가 되겠는가? 卷末又云 一乘道者 唯如來得 非外道二乘梵天之所得也 豈與法華 邪見嚴王 五逆調達 畜生龍女 敗種二乘 皆悉得記作佛耶"라고 하였다. 〔참고문헌〕『止觀輔行傳弘決』. ⇨ 패종 敗種

패주 貝珠 고대 인도의 화폐 단위. 패치(貝齒)라고도 한다. 『유가론기』 권21(대정장42, p.795b1)에 "'가리사반나(Ⓢ kārṣāpaṇa)'라고 하였는데, 태사(泰師) 등이 말하길 '반나는 패주의 명칭이다'라고 하였다. 言迦理沙槃拏者 泰師等云 槃拏是貝珠名", 『번역명의집』 권3(대정장54, p.1107b3)에 "80매의 패주가 1발나에 해당하고, 60발나가 가리사발나에 해당한다. 迦利沙鉢拏 八十枚貝珠 爲一鉢拏 十六鉢拏爲迦利沙鉢拏", 『사분율소식종의기』 권4(卍속장66, p.154b17)에 "서방의 시역에서는 본래 패주가 통용되는데, 이를 또한 패치라고도 한다. 西方市易本用貝珠 或名貝齒"라고 하였다. 〔참고문헌〕『瑜伽論記』, 『翻譯名義集』, 『四分律疏飾宗義記』. ⇨ 가리사파나 迦利沙波拏

패지가 貝支迦 Ⓢ pratyeka. 벽지불(辟支佛 Ⓢ pratyekabuddha)의 줄인 음사어. 『일체경음의』 권10(대정장54, p.364b15)에 "연일각〈독각 또는 연각이라고도 한다. 벽지불이라고도 하지만 모두 범어를 잘못 옮긴 예다. 바른 음사어는 벽문가 또는 패지가다. 독각이라 한역한다〉. 緣一覺〈又云 獨覺 又云 緣覺 舊經云 古佛 又言辟支佛 又皆梵言訛轉也 此言辟文迦 或云貝支迦 此云獨覺是也〉"라고 하였다. 〔참고문헌〕『一切經音義』. ⇨ 벽지불 辟支佛

패찬 唄讚 소리내서 부처님의 덕을 찬탄하는 일. 또는 그러한 경문(經文)의 형식. 범패(梵唄)라고도 한다. 『증계대승경』 권상(대정장16, p.654a7)에 "생황과 북과 수많은 음악에 맞추어 노래하고 가송으로 찬탄하니, 그 아름다운 목소리로 마음을 기쁘게하고 허공을 가득 채우면서 찾아와 공양하고 부처님의 공덕과 장엄한 색상을 찬탄하였다. 笙鼓衆音 歌唱唄讚 美聲悅意 遍滿虛空 而來供養 歎佛功德 色相莊嚴", 『자은전』 권7(대정장50, p.259c9)에 "또한 보배로 장엄한 수레 50승에 대덕들이 앉으셨고, 다음으로 경성의 스님들이 향과 꽃을 들고 가송으로 찬탄하며 뒤따랐으며, 다음으로 문무백관이 각자 호위대를 거느리고 열을 지어 따랐다. 又莊寶車五十乘 坐諸大德 次京城僧衆 執持香花 唄讚隨後 次文武百官 各將侍衛 部列陪從"라고 하였다. 〔참고문헌〕『證契大乘經』, 『慈恩傳』. ⇨ 범패 梵唄

패책 唄策 범패(梵唄)를 기록한 책자. 『원형석서』 권29 「음예지 音藝志」(대장경보편32, p.324b16)에 "양인(良忍)이 성명에 조예가 깊어지던 어느 날 패책의 화묵보를 펼치자 별안간 책에서 광명이 뻗어나왔다. 이를 계기로 세인들은 양인의 미덕을 미루어 알았다. 忍深于聲明 一日披唄策畫墨譜 忽策中出光明 自此世推 忍之美焉"라고 하였다. 〔참고문헌〕『元亨釋書』. ⇨ 범패 梵唄

패첩 貝牒 패다라엽(貝多羅葉)으로 엮은 책. 패다라엽에 경문을 적고 순서대로 엮어 실로 꿰매어 만든 첩책(牒冊). 80권본 『화엄경』 「서 序」(대정장10, p.1a21)에 "패첩의 신령한 글이 때마다 우리에게 이르렀고 세월의 운도 두루 들어맞았다. 貝牒靈文 亦時臻而歲洽", 『해동고승전』 권1 「유통 流通」(대정장50, p.1015b18·한불전6, p.89c4)에 "서방의 대성인 부처님께서 멸도하시자 바로 그때 아난 등이 부처님의 말씀을 결집하여 빠짐없이 패첩에 실었다. 경율론과 계정혜는 이렇게 하여 비로소 세상에 유행하기 시작하였다. 西方大聖人 方滅度耳 於是 阿難等結集金言 具載貝牒 經律論 戒定慧爰方啓行", 『일체경음의』 권21(대정장54, p.433c21)에 "패첩〈패는 배와 개를 반절한 음, 첩은 도와 협을 반절한 음이다. 패는 패다수의 잎을 말하며 범본의 경전이라는 뜻으로 취하여 쓴다. 첩은 간첩을 말하며 경서를 통칭한다〉. 貝牒〈貝北蓋反 牒徒頰反 貝謂貝多樹葉 意取梵本經也 牒謂簡牒 卽經書之通稱也〉"라고 하였다. 〔참고문헌〕『華嚴經』, 『海東高僧傳』, 『一切經音義』. ⇨ 패다라엽 貝多羅葉

패치 貝齒 ➡ 가리사파나 迦利沙波拏, 패주 貝珠

패편 貝編 불경(佛經). 또는 불서(佛書). 패다라(貝多羅)를 엮은 것. 당(唐)대 단성식(段成式 ?~863)이 지은 『유양잡조 酉陽雜俎』의 편명이기도 하다. 〔참고문헌〕『酉陽雜俎前集』 권3(대장경보편17, p.397a4).

패한국 怖捍國 고대 서역 지명. 파락나(破洛那)·발한나(拔汗那)라고도 하며, 중국 사서에서 대완(大宛)이라 하였고 현재의 우즈베키스탄 동부의 페르가나(Fergana)에 비정된다. 『대당서역기』 권1(대정장51, p.871b13)에 "이곳에서 동남쪽으로 1천여 리를 가면 패〈부와 폐를 반절한 음이다〉한국에 도착한다. 둘레는 4천여 리에 달하고 사방 경계가 산으로 둘러싸여 있다. 토지는 비옥하고 농산물 수확이 잘 된다. 꽃과 과일이 풍부하고 양과 말을 기르기에 적합하다. 기후에 따른 온도는 차고 사람들의 성품은 강직하고 용맹하다. 언어는 주변국과 다르고, 용모는 추하고 남루하다. 수십 년 동안 전체를 통솔한 군주가 없어 추장과 호족이 힘을 다투고 있으며 서로 신하로서 복종하지 않는다. 하천과 기슭에 의지하여 야지와 도심지를 나누어 생활한다. 從此東南千餘里 至怖〈敷廢反〉捍國 怖捍國 周四千餘里 山周四境 土地膏腴 稼穡滋盛 多花菓 宜羊馬 氣序風寒 人性剛勇 語異諸國 形貌醜弊 自數十年 無大君長 酋豪力競 不相賓伏 依川據險 劃野分都"라고 하였다. 〔참고문헌〕『大唐西域記』.

패협 貝莢 Ⓢ patra. 패엽(貝葉)으로 엮은 경. 『삼국유사』 권4(대정장49, p.1004a25·한불전6, p.344b15) 의해(義解)5 귀축제사(歸竺諸師)에 "석아리나〈야라고도 한다〉발마〈□라고도 한다〉는 신라인이다. 처음부터 바른 가르침을 바라서 일찍이 중화로 들어갔다. 성스러운 자취를 뵙기를 사모하여 용기 다듬어 더할나위 없게 되자 정관년간에는 장안을 떠나 오천축에 도착하였다. 나란다사에서 머무르며 율장과 논장을 충분히 열람하고 패협을 간추려 베꼈다. 돌아가고픈 마음이 사무쳤으나 바라던 바를 이루지 못하고, 문득 사찰에서 무상을 맞으니 세랍이 대략 일흔이었다. 釋阿離那〈一作耶〉跋摩〈一作□〉 新羅人也 初希正教 早入中華 思覲聖蹤 勇銳彌增 以貞觀年中離長安到五天 住那蘭陀寺 多閱律論 抄寫貝莢 痛矣歸心 所期不遂 忽於寺中無常 齡七十餘"라고 하였다. 〔참고문헌〕『三國遺事』. ⇨ 패엽 貝葉

팽다헌공 烹茶獻供 차를 끓여 공양으로 올리다. 『삼국유사』 권3(대정장49, p.991c24·한불전6, p.323a2) 흥법(興法)3 생의사석미륵(生義寺石彌勒)에 "(생의는) 꿈에서 깬 다음 벗과 더불어 표시된 곳을 찾아 그 골짜기에 이르러 땅을 파보니 돌 미륵상이 나왔다. 삼화령 위에다 모시고, 선덕여왕 13년(644) 갑진세에 절을 창건하고 머물렀다. 훗날 생의사라고 불렀다〈지금은 와전되어 성의사가 되었다. 충담사가 해마다 3월 3일과 9월 9일에 차를 끓여 공양으로 올렸던 것은 바로 이 존상이다〉. 旣覺 與友人尋所標 至其洞掘地 有石彌勒出 置於三花嶺上 善德王十三年甲辰歲 創寺而居 後名生義寺〈今訛言性義寺 忠談師每歲 重三重九 烹茶獻供者 是此尊也〉"라고 하였다. 〔참고문헌〕『三國遺事』. ⇨ 헌다 獻茶

팽불단조 烹佛煆祖 부처 삶고 조사 단련하다. 팽불팽조(烹佛烹祖)라고도 한다. 『벽암록』 「보조서 普照序」(대정장48, p.139a5)에 "저 오직 설두선사만이 종을 넘고 격을 벗어난 바른 안목을 갖추고 정당한 법령을 끌고 당기지만 늘 그런 틀 드러내지 않는다. 부처 삶고 조사 단련하는 연장 부여잡고 납승의 향상하는 그 끝 어딘가 놓지 않고 노래부를 뿐. 其惟雪竇禪師 具超宗越格正眼 提掇正令 不露風規 秉烹佛煆祖鉗鎚 頌出衲僧向上巴鼻"라고 하였다. 〔참고문헌〕『碧巖錄』, 『列祖提綱錄』 권32(卍속장112, p.654b1). ⇨ 팽불팽조 烹佛烹祖

팽불팽조 烹佛烹祖 부처도 불리고 조사도 불리다. 용광로에 녹여 아주 다른 물건 만들듯이 자성분별 여지없이 녹여 부처되고 조사되는 선문(禪門) 단련처의 비유다. 팽불단조(烹佛煆祖)·팽불련조(烹佛煉祖) 등이라고도 한다. 『경덕전등록』 권16 「소요회충전 逍遙懷忠傳」(대정장51, p.332b14)에 "학인이 소요에게 물었다. '용광로의 맹렬한 불꽃 무슨 물건을 불립니까?' '부처를 불리고 조사를 불린다' '부처와 조사는 어떻게 불립니까?' '업은 그 중에 있다' '무엇을 불러와 업이라 합니까?' '부처의 힘도 그것만 못하다'. 問 洪鑪猛焰烹鍛何物 師曰 烹佛烹祖 曰 佛祖作麼生烹 師曰 業在其中 曰 喚作什麼業 師曰 佛力不如", 『대혜어록』 권5(대정장47, p.830a6)에 "선원에 들어와서 방장실을 가리키고 대중을 불러 말하였다. '이곳이야말로 부처와 조사를 불리는 큰 풀무이자 생사를 단련하는 집게와 망치다. 주인에게 얼굴 없음을 이상하게 여기지 마라. 법이 이와 같기 때문이지 억지로 그렇게 한 것이 아니다. 이미 법이 이와 같으니 또 억지로 할 것이 없다. 생각해보라. 최초의 한마디 또 어떻게 말하는가? 자세히 알아냈는가? 낚싯대 쪼개 다해야 거듭 대나무 심고, 수고를 따지지 않다가 얻고 난 뒤에야 문득 쉰다'. 入院指方丈 召大衆云 這裏是烹佛烹祖大鑪鞴 鍛生鍛死惡鉗鎚 莫怪主人無面目 法如是故非彊爲 法旣如是 又非彊爲 且道 最初一句 又作麼生還委悉麼 釣竿斫盡重栽竹 不計功程得便休", 『백운어록』 권하(한불전6, p.659a5)에 "나는 임진년 정월 봄 직접 지은 거처에서 단련을 받아 익히어 상원이 되기 33일 전에 무심(無心)이라는 위없는 종지에 빈틈없이 계합하였다. 조사와 부처를 불리는 큰 화로와 범부도 성인도 사르는 모진 집게와 망치로 억겁으로 전도한 망상 사루니 아승기겁을 거치지 않고도 법신을 손에 넣었다. 我於壬辰正月春 躬造室中受熏煉 上元前三十三日 密契無心無上宗 烹佛烹祖大爐鞴 煆凡煆聖惡鉗鎚 燒我億劫顚倒想 不歷僧祇獲法身", 『나옹어록』 「신광사입원 神光寺入院」(한불전6, p.712b5)에 "다음으로 방장실에 이르러 말하였다. '이 방은 부처와 조사를 불리는 거대한 화로이다'. 주장자를 집어 세우고서 말하였다. '이것은 부처와 조사를 죽이는 날카로운 검이다. 대중들이여, 이 검 아래서 몸을 뒤친 자 있는가? 막지 않을 테니 나와 보라. 개의치 말고 나와 보라'. 주장자를 세워 한 번 내리치고서 말하였다. '우리 집안의 적자 아니고서야 그 누가 감히 이곳 향해 머리 내밀 수 있겠는가?' 할을 한 번 내지르고 법좌에서 내려왔다. 次到據室云 此室是烹佛烹祖底大爐 拈柱杖云 這箇是煞佛煞祖底利劒 大衆 還有劒下翻身底麼 不防出來 不防出來 卓拄杖杖一下云 除是我家親嫡子 誰人敢向裏頭行 喝一喝 便下座", 『삼봉집』 「금강산유점사설선당중건기 金剛山楡岾寺說禪堂重建記」(한불전10, p.468a8)에 "낙성연을 크게 설행하였는데, 이날 월송선사가 (설선당을) 세 번 돌고서 자리에 올라 주장자를 내려치고서 '대중들이여'라고 외쳐 부르고서 말하였다. '이 선원은 부처와 조사를 불리는 큰 화로이며 여러 부처 여러 조사와 더불어 안심입명하는 자리다. 또한 생사 분별을 두들겨 패는 집게와 망치이며 축생아귀와 더불어 같이 살고 같이 죽는 곳이다'. 大設落成讌 是日月松禪師 圍繞三匝 昇座卓柱杖 召大衆云 卽此禪院 烹佛烹祖大爐鞴 與諸佛諸祖安身立命處 亦是鍛生鍛死惡鉗鎚與畜生餓鬼同生同死"라고 하였다. 〔참고문헌〕『景德傳燈錄』, 『大慧語錄』, 『白雲語錄』, 『懶翁語錄』, 『三峯集』.

팽소승 彭紹升 1740~1796. 중국 청(淸)대 학자이자 거사. 법명은 제청(際淸), 호는 척목(尺木) 또는 이림거사(二林居士)·지귀자(知歸子), 자는 윤초(允初). 강소성(江蘇省) 소주(蘇州) 장주(長洲 : 吳縣·平江區) 출신. 부친은 저명한 관리이자 학자였던 지정(芝庭) 팽계풍(彭啓豊)이다. 사족집안에서 태어나 일찍이 고문(古文)과 송명(宋明)의 이학(理學)을 섭렵하였다. 16세 때부터 제생(諸生)이 되어 1761년(건륭26)에 진사(進士)에 뽑혔으나 바로 귀가하였고, 1769년(건륭34)에는 지현(知縣)에 임명되었으나 관직에 나아가지 않았다. 어려서는 불교를 좋아하지 않다가 마음 밝히기 위해 3년 동안 도가(道家) 수행하였지만 진전이 없었다. 그러던 차에 문득 대장경을 열람하다가 마음 깨닫는 일이 모두 불교에 있음을 알고 믿기 시작하였다. 이때 고반룡(高攀龍)과 유유민(劉遺民)을 흠모하여 호를 이림(二林)이라고 하였는데, 둘 모두 동림(東林)이라는 호를 썼기 때문이다. 모친이 돌아가자 3년상을 치렀고 부친이 돌아간 후에는 염불도량을 세워 부모님의 극락왕생을 빌었다. 29세에는 육식을 끊었고, 다시 5년 후에는 문학정(聞學定 1712~1788)선사에게 보살계를 받고 정행하면서부터 스스로를 '지귀자'라고 칭하였다. 이 무렵 문학정에게 정토업에 대한 가르침을 받고 소주 문성각(文星閣)에서 폐관하고 일행삼매(一行三昧)를 닦았다. 수많은 저술 중에 불교관련 저술은『무량수경기신론 無量壽經起信論』3권·『관무량수경약론 觀無量壽佛經約論』1권·『아미타경약론 阿彌陀經約論』1권·『거사전 居士傳』56권·『선여인전 善女人傳』2권과 유불(儒佛)의 일치를 주장한『일승결의론 一乘決疑論』1권 및『화엄염불삼매론 華嚴念佛三昧論』1권, 게송으로 모아 놓은『이림창화시 二林唱和詩』등이다. 제자로는 그의 조카이기도 한 팽희속(彭希涑 1761~1793)이 있다. 〔참고문헌〕『居士傳』 권56(卍속장149, p.1009b3), 『淨土聖賢錄續編』권2(卍속장135, p.415a6).

페노로사 Fenollosa, Ernest Francisco 1853~1908. 어니스트 프란시스코 페노로사. 미국 태생의 동양미술사가, 철학자. 미국 보스턴(Boston) 미술관에서 1890~1987년 동안 동양부장을 맡았고, 이후 일본으로 와서 동경국제대학에서 철학과 정치경제학을 가르치기도 했다. 일본의 현대화가 가속화되던 메이지대에 일본예술의 보존과 가치에 깊은 관심을 기울이고 이를 서구에 소개시키는 데 중요한 역할을 했다. 불교에 귀의하였는데, 유언에 따라 유골은 교토 부근 명찰인 미이데라(三井寺)에 안치되었다. 〔참고문헌〕Lawrence W.Chisolm *Fenollosa : the Far East and American Culture* (New Haven : Yale University Press, 1963).

페르 Féer, Henri Léon 1830~1902. 앙리 레옹 페르. 프랑스 태생의 인도학 및 불교학자. 국립도서관(Courses libres prés la Bibliothéque Imperiale)에서 푸코(Foucaux) 아래서 수학했으며 그의 후임으로 동양어학원(École des Langues Orientales Vivantes)에서 티베트어와 몽골어를 1864년부터 1874년까지 가르쳤다. 1869년부터 고등연구실습원(École pratique des Hautes Études)에서 티베트학회를 맡았고, 1872년부터 국립도서관의 사본분야를 담당했다. 힌두와 조로아스터교에 대해 연구를 진행하기도 했지만 그의 주된 관심사는 불교문헌의 비교연구였다. 티베트어와 몽골어뿐만 아니라 산스크리트어와 팔리어에도 정통했기에 불교문헌 전반에 걸쳐 *Samyutta-Nikaya*(1884~1898)·*Pañcagatidīpana*(1884)·*Avadāna-śataka*(1891) 등의 다양한 편집본과 번역본을 출판했다. 〔참고문헌〕Léon Feer *Contes Indiens: Les Trente-Deux Récits du Trône (Batris-Sinhasan) Ou les Merveilleux Exploits de Vikramaditya* (Paris : Ernest Leroux, 1883), Léon Feer *Avadāna-çataka: cent légendes bouddhiques* (Paris : Ernest Leroux, 1891), Henry Carnoy 'Feer Heri-Léon' (*Dictionnaire biographique international des écrivains Paris Imprimerie de l'Armorial français*, 1909) p.31.

펠리오 Pelliot, Paul Eugène 1878~1945. 폴 외젠 펠리오. 프랑스 태생의 동양학자이자 탐험가. 특출한 중국어 실력으로 베트남 하오나의 프랑스극동학원(École Française d'Extrême-Orient)에서 중국학 교수를 역임했다. 프랑스 정부가 지원하는 중국 투르키스탄 탐험대를 맡아 1906년에 현지 조사를 시작했고, 중앙아시아 탐험중에도 몽골어, 아랍어, 페르시안, 티베트어, 산스크리트 등을 습득했다고 한다. 이때 쿠차(Kucha)에서 쿠차어로 된 문서들을 수집했는데, 이는 펠리오의 스승 중 한명이었던 범어학자 실뱅 레비(Sylvain Lévi)에 의해서 이후에 번역되었다. 펠리오는 둔황(敦煌)의 막고굴(莫高窟)의 고문헌 발견자로 알려져 있으나, 그가 소식을 듣고 그곳을 방문한 것은 1908년으로, 고고학자인 아우렐 슈타인(Aurel Stein 1862~1943)이 방문해 자료를 수집해 간 이후였다. 하지만 펠리오는 중국어를 비롯한 해박한 언어 능력으로 남아 있던 방대한 자료들의 가치를 더 자세히 파악할 수 있었고, 짧은 시간 동안에 이들을 검토해 중요한 것들을 빠르게 가려낼 수 있었다고 한다. 이후 막고굴의 사원장을 설득하여 다량의 자료를 헐값에 구입해 프랑스로 보내게 되는데, 이 중에는 혜초의 『왕오천축국전』의 사본도 포함되어 있었다. 또한 이 때 발굴한 13~4세기의 크메르(Khmer)제국의 사신으로 파견되었던 주달관(周達觀 1266~1346)이 쓴 『진랍풍토기 眞臘風土記』 사본을 연구해 이를 서구에 번역, 소개했는데, 이는 차후 앙코르 유적을 발굴하는 중요 자료가 되었다. [참고문헌] Hartmut Walravens *Paul Pelliot (1878~1945) His Life and Works-A Bibliography* (Bloomington : Research Institute for Inner Asian Studies, 2001). ⇨ 돈황문헌 敦煌文獻, 레비 Lévi, Sylvain

편 便 뜻이나 상황에 맞게 하다의 뜻으로 쓴다. 『경덕전등록』 권19(대정장51, p.357a20)에 "마주치는 것들마다에서 모두 알아차린다고 해도 오히려 뜻대로인 것은 아니다. 觸目承當得 猶是不著便", 『조당집』 권7 「암두전활장 巖頭全豁章」(고려장45, p.278c23)에 "설봉이 (암두에게) 말하였다. '금생에는 뜻대로 되는 일이 없어서 문수(文邃) 같은 스님과 함께 이리저리 여러 곳을 다니다가 다른 이들에게 누만 끼쳤는데, 지금은 사형과 함께 여기에 왔더니 또 잠만 주무시는군요'. 峯云 今生不著便 共文邃个漢行數處 被他帶累 今日共師兄到此又只管打睡", 『오등회원』 권20 「혜통청단장 慧通清旦章」(卍속장138, p.809b10)에 "한 번 듣고서 문득 깨우쳤다 해도 이미 두 번째 끝에 떨어진 것이고, 한 번 들어 바로 행한다 한들 일찍이 뜻대로인 것도 아니다. 一聞便悟 已落第二頭 一舉便行 早是不著便"라고 하였다. [참고문헌] 『景德傳燈錄』, 『祖堂集』, 『五燈會元』.

편 篇 모아 묶는 일. 이름과 자성과 그 다한 뜻이 같은 것들을 고르게 모으는 일로 율장에서 계목(戒目)을 오편칠취(五篇七聚)로 모으는 일 등을 말한다. 『사분율행사초비』 권6(卍속장67, p.575a9)에 "대체로 편을 세우려면 반드시 세 가지를 고르게 해야 하니, 명·체·구경이 그것이다. 凡立篇者 必具三均 名體究竟", 『사분율행사초자지기』 권중(대정장40, p.253a16)에 "삼균을 갖추면 편이라고 한다. 具三均者 名篇", 『사분율행사초간정기』 권9(卍속장68, p.539b8)에 "지금 '편'이라고 말하는 것은 이런저런 류들을 모아 고르게 한 것을 취하여 편을 만든 것이다. 대체로 '편'이라는 글자를 붙이려면 반드시 빠짐없이 세 가지를 고르게 해야 한다. 今言篇者 取流類均等爲篇 凡立篇字 必具三均"라고 하였다. [참고문헌] 『四分律行事鈔批』, 『四分律行事鈔資持記』, 『四分律行事鈔簡正記』. ⇨ 편취 篇聚, 오편칠취 五篇七聚

편각사 片角寺 충청북도 진천군 진천읍 태령산(胎靈山)에 있던 절. 『동국여지승람』 권16 충청도 진천현 불우에 "편각사〈모두 태령산에 있다〉. 片角寺〈俱在胎靈山〉", 『범우고』 충청도 진천에는 "지금은 폐사되었다. 今廢"라고 하였다. [참고문헌] 『東國輿地勝覽』, 『梵宇攷』, 『韓國寺刹全書』 권하 p.1121a3.

편경 匾磬 소리 내는 법구 중 하나로 돌로 만든 경(磬). 석경(石磬)이라고도 한다. 『백장청규증의기』 권9 「경 磬」(卍속장111, p.863b18)에 "편경은 돌로 만들고 모양은 운판과 비슷하다. 방장실 행랑 바깥에 매단다. 손님이 주지를 만나려 할 때 지객이 세 번 친다. 匾磬 石爲之 形似雲板 懸方丈廊外 有客見住持 知客鳴三下"라고 하였다. [참고문헌] 『百丈清規證義記』. ⇨ 경 磬

편고 偏枯 치우쳐 메마름. 기울어 굳어지다. 두렷해 밝지(圓明) 못함의 뜻이다. 『오가종지찬요』 권상 「분양십팔문 汾陽十八問」(卍속장114, p.524a16)에 "편벽문 : 학이 마른 소나무에 서 있을 때는 어떤가? 치우쳐 고집스럽게 묻기만 할 뿐이다. 偏僻問 鶴立枯松時如何 偏枯僻執而問也", 『선림승보전』 권12 「천복승고 遷福承古」(卍속장137, p.492a4)에 "하는 말마다 낱낱이 삼승에 딱 맞고, 대답하는 구마다 반드시 시절에 의지하니 이와 사를 겸비하고 손님과 주인을 밝히 알아야 비로소 두렷하다 하니, 그렇지 않으면 기울어 굳어졌다 한다. 所出言語 一一要合三乘 對答句中 須依時節 具理事分賓主 方謂之圓 不然 謂之偏枯", 『도오오진선사어요』(고존숙어록19, 卍속장118, p.408a7)에 "똑같이 출세한 큰스님들이지만, 중생을 맞이해 이롭게 하는 가르침에는 차이가 있다. 견처 치우쳐 굳었는가? 아니면 중생을 이롭게 함이 두루하지 못해서 그런가? 눈 밝은 사람이라야 이 소식에 통하리라. 一等是出世尊宿 接物利生 言教有異 爲復見處偏枯 爲復利生不普 明眼底人 通箇消息", 『취암가진선사어』(속고존숙어요1, 卍속장118, p.854a11)에 "파사익왕은 물을 줄은 알았으나 답할 줄은 몰랐고, 부처님은 답할 줄은 아셨으나 물을 줄은 몰랐다. 왜 그런가? 파사익왕은 일에만 치우쳐 움직일 줄 모르고, 부처님은 이치에서 치우쳐 그대로이시기 때문이다. 내가 그대를 볼 수 있었더라면 석가노인의 낯가죽 두터운지를 횃불 들어 비춰 보리라. 波斯匿王 解問不解答 世尊解答不解問 何故 波斯匿王 事上偏枯 世尊 理上偏枯 上藍當時若見 點把火照看 釋迦老漢 面皮厚多少", 『치문경훈』 권1 「권참선문 勸參禪文」(대정장48, p.1047c23)에 "견해는 치우쳐 메마르고 수행은 게으르며, 혹은 성인의 경계만을 높이 올려놓고 자신의 영명함은 외롭게 해서 등지니 어찌 덕상과 신통을 알겠는가. 범부도 도를 깨달을 수 있음을 믿지 않기 때문이다. 見解偏枯 修行懶惰 或高推聖境 孤負己靈 寧知德相神通 不信凡夫悟道"라 하였다. 〔참고문헌〕『五家宗旨纂要』, 『禪林僧寶傳』, 『道吾悟眞禪師語要』, 『翠巖可眞禪師語』, 『緇門警訓』.

편곡 偏曲 치우쳐 굽다. 바르고 곧은 정직(正直)과 상대된다. 『대비바사론』 권104(대정장27, p.539a4)에 "세 가지 연 때문에 삼마지라고 이름한다. 첫 번째는 평등하기 때문이고, 두 번째는 거둬 지니기 때문이며, 세 번째는 서로 그럴듯하게 이어가기 때문이다. 평등하기 때문이라고 한 이유는 이렇다. 시작도 없는 때부터 번뇌·악행·사견·전도가 심심소를 기울고 굽게 해서 구를 뿐이었기에 이 정(定)의 힘으로 심심소로 하여금 경에 있어 정직과 평등으로 구르게 한다. 이런 까닭에 '삼마지'라고 한다. 由三緣故 名三摩地 一平等故 二攝持故 三相似相續故 平等故者 謂無始來 煩惱惡行 邪見顚倒 令心心所 偏曲而轉 由此定力 令心心所 於境正直 平等而轉 故名三摩地", 『법화문구』 권5(대정장34, p.62c4)에 "오승의 가르침은 굽고 곧지가 않고, 통교와 별교는 곁으로 치우쳐 바르지가 않다. 이제 저 치우치고 굽은 것은 모두 버리고, 오직 정직한 하나의 도만을 설하겠다. 五乘是曲而非直 通別偏傍而非正 今皆捨彼偏曲 但說正直一道也", 『사념처』 권4(대정장46, p.577c1)에 "『대반열반경』에 '지게미와 보릿겨를 먹이지 않고 황소와도 한 무리로 두지 않으며 고원에도 하습지에도 두지 않는다'고 하였다. 하습이란 평범하며 삿된 네 가지 전도이고, 고원은 치우치고 굽은 네 가지 전도다. 지게미는 어리석음이고, 보릿겨는 성냄이며, 황소는 탐욕이다. 大經 不令噉酒糟麥麩 不與特牛同共一群 不在高原 亦不下濕 下濕者 凡邪四倒也 高原者 偏曲四倒也 酒糟是愚癡麥麩是瞋恚 特牛是貪欲"라고 하였다. 〔참고문헌〕『大毘婆沙論』, 『法華文句』, 『四念處』. ⇨ 평등 平等 ■

편공 片供 밀교 관정의식에서 작은 단(小壇)에 공양하는 일. 공양을 전공(前供) 셋과 후공(後供) 셋으로 나누는데 그 중 하나를 편공이라 한다. 삼매야계에서는 전공의 편공을, 금강계와 태장 양부에서는 전공과 후공을 활용한다. 전공은 신불에게 드리는 공양이고 후공은 고불에게 드린다. 『편구초』(대정장78, p.697c26)에 "삼매야계 때는 우협의 탁자에 알가 등을 준비한다. 다만 보통의 알가 등과 같지 않다. 이 알가기를 편공이라 한다. 三昧耶戒時 右脇机ニ閼伽等備之 但不似普通之閼伽等 此器名片供也"라고 하였다. 〔참고문헌〕『遍口鈔』.

〈표〉 편공

후공 後供	알도화 閼塗華	금강반 金剛盤	화 火	알도화 閼塗華	전공 前供

편공 偏空 공에 기울다. 단공(但空), 단공(單空), 허무공견(虛無空見)이라고도 한다. 『법화현의』 권8(대정장33, p.781c23)에 "비유하면 파리주와 여의주라는 두 구슬은 서로 비슷하여 형과 류와 하고자 함이 같다. 그러나 파리는 단공이어서 비 내리듯한 보배일 수 없었고 여의주는 역공이지만 비 내리는 보배일 수 있었다. 파리주는 그 보배가 아니므로 단공을 비유한다. 여의주는 비 내릴 수 있었으므로 중도를 비유한다. 이것은 유무를 합으로 나아가면 속이 되니, 거짓을 가려내고 참됨을 드러내게 한다. 지금 경의 체는 여의주와 같다. 譬頗梨如意兩珠相似 形類欲同 而頗梨但空 不能雨寶 如意珠 亦空亦雨寶 頗梨 無寶以喩偏空 如意能雨 以喩中道 此就有無合爲俗 簡僞顯眞 今經體同如意也", 『대반열반경소』 권23(대정장38, p.175c10)에 "이승이 스스로를 위해 행함은 범부보다 뛰어나지만 다른 것들을 교화함은 보살보다 열하다. 비록 중도의 상과 이름 짓고 고락행을 결정하지만, 이승은 공에 기울기에 제일의공을 보지 못한다. 二乘自行勝於凡夫 化他邊劣於菩薩 雖作中道之想名定苦樂行 二乘偏空故不見第一義空", 『천태사교의』(대정장46, p.778a1)에 "그러나 보살에는 이근과 둔근의 두 종류가 있다. 둔근이면 다만 치우친 공만을 보고, 불공을 보지 못한다. 然於菩薩中有二種 謂利鈍 鈍則但見偏空不見不空"라고 하였다. 〔참고문헌〕『法華玄義』, 『大般涅槃經疏』, 『天台四教儀』. ⇨ 편진 偏眞, 사공 邪空, 악취공 惡取空, 완공 頑空, 원공 圓空 ■

편공당 偏空堂 그저 비어있을 뿐인 집. 기울어 공하기만 한 경에 머무는 뜻이다. 『경덕전등록』 권15 「백운약전 白雲約傳」(대정장51, p.320b23)에 "학인이 백운에게 물었다. '편공당에도 앉지 않았고 무학위에도 머무르지 않았다면, 이런 사람은 어딜 향해 안치해야 합당하겠습니까?' '맑은 하늘에는 번개 쳐 그림자 지지 않는다'. 僧問 不坐偏空堂 不居無學位 此人合向什麽處安置 師曰 靑天無電影"라고 하였다. 〔참고문헌〕『景德傳燈錄』.

편교 偏教 치우친 가르침. 원교(圓教)와 대칭한다. 『법화현의석첨』 권17(대정장33, p.939c22)에 "편교는 모두 '삿되다'라고 일컫는 점을 마땅히 알라. 當知偏教 皆名爲邪", 『화엄경소초』 권7(대정장36, p.49c8)에 "다른 법사는 혹 이렇게 말한다. '『반야경』은 공교요, 『법화경』은 중도교요, 『열반경』은 상주교다. 이것은 원교요, 저것은 편교다' 하여 하나의 경만을 국한해서 정한다. 지금은 그렇지 않기에 '하나의 부중에 여러 가지가 있음을 허용한다'라고 한다. 여기에서 '있음을 받아들인다'고 한 것은 반드시 많을 것을 갖출 필요는 없고 때로는 하나나 둘, 또는 셋이나 넷일 수 있다. 餘師或云 般若是空教 法華是中道教 涅槃是常住教 此是圓教 此是偏教 局定一經 今則不爾 故云 一部之中 容有多故 而言容有者 不必具多 或一或二 或三或四", 『사명존자교행록』 권4(대정장46, p.892b29)에 "굳이 눈앞에 드러난 일념에 집착하여 망심을 부처와 고르다 여기는 것은 바로 옛 사람의 착오에 떨어져 굳게 믿어 하는 말이다. 만약 다시 이런 망념분별을 버리고 진여를 찾는다면 다시 편교로 수행함과 같으리니, 마치 물결을 버리고 물을 구하며 그릇을 버리고 금을 구하는 것과도 같다. 强執現前一念 妄心均已是佛 正墮古人錯 將强認之說矣 若更棄此妄念別覓眞如 復同偏教所修 猶如棄波求水 捨器求金焉", 『능가경주해』 권2(대정장39, p.372b21)에 "뜻을 관찰할 뿐인 선은 편교일 뿐이니, 보살로서 닦는다 하면 인아 등 켜켜이 쌓인 앞을 떠난다고 해야 한다. 觀察義禪是偏教菩薩所修者 謂人我等 疊前所離也"라고 하였다. [참고문헌] 『法華玄義釋籤』, 『華嚴經疏鈔』, 『四明尊者教行錄』, 『楞伽經註解』. ⇨ 원교 圓教

편단 偏袒 단(袒)으로도 쓴다. 『석씨요람』 권중(대정장54, p.278b20)에 "편단 : 천축의 위의이다. 이 예법은 조위시대부터 오래도록 거쳐 지금에 이르고 있다. 율에서 오른쪽 어깨 한쪽을 드러낸다고 하였으니, 이는 웃옷을 벗어 항복을 뜻하는 것(肉袒)이다. 또 율에서 일체의 공양은 모두 편단을 한다고 하였는데, 이는 작업을 맡는 데 편리함으로 보이는 것이다. 偏袒 天竺之儀也 此禮自曹魏世寢至今也 律云 偏露右肩 卽肉袒也 律云 一切供養 皆偏袒 示有便於執作也"라고 하였다. [참고문헌] 『釋氏要覽』. ⇨ 편단우견 偏袒右肩

편단우견 偏袒右肩 Ⓢ ekāṃsam uttarāsaṅgaṃ kṛtva, Ⓟ ekaṃsaṃ uttarāsaṅgaṃ karitva, Ⓣ bla-gos-phrag-pa-gcig-tu-gzar-te. 가사(袈裟)를 걸칠 때 왼쪽 어깨는 덮어 감싸고 오른쪽 어깨만을 드러내는 것. 원래는 존경을 나타내는 고대 인도의 예법으로 불교에도 그대로 수용되었다. 보통 오른쪽 무릎을 땅에 대는 우슬착지(右膝著地)와 짝이 되는 위의(威儀)다. 편로우견(偏露右肩)·편단우비(偏袒右臂)·편단일견(偏袒一肩)·편로일박(偏露一膊)·우견편단(右肩偏袒) 등이라고도 하고, 줄여서 편단(偏袒)이라고도 한다. 양쪽 어깨를 모두 덮어 감싸는 통견(通肩)은 화상(和尙)이나 아사리들이 제자들 앞에 취하는 위의다. 『장아함경』 권3 「유행경 遊行經」(대정장1, p.17a23)에 "부처인 내가 대광명을 놓자 꿰뚫어 비춤에 끝이 없고 아득히 어두운 곳까지 밝음이 미치지 않는 곳이 없었다. 각기 서로 볼 수가 있는 그때 나는 읊어서 이렇게 말하였다. '유위와 무위의 두 행(行) 중에 나는 이제 유위를 버리려 하네. 마음속으로 삼매정을 오로지 하니 마치 새가 알을 깨고 나오는 듯하네'. 이때 현자 아난이 자리에서 일어나 오른쪽 어깨를 드러내고 오른쪽 무릎을 땅에 댄 다음 두 무릎을 땅에 대고 합장한 채로 부처님께 아뢰었다. '오직 원컨대 세존께서는 1겁 동안 머무시기를 바라며 멸도하지 마십시오. 중생을 어여쁘고 불쌍히 여기시고 하늘과 인간을 이롭게 해주십시오'. 그 말을 들은 세존은 침묵으로 대답하지 않았다. 佛放大光 徹照無窮 幽冥之處 莫不蒙明 各得相見 我時頌曰 有無二行中 吾今捨有爲 內專三昧定 如鳥出於卵 爾時 賢者阿難 卽從座起 偏袒右肩 右膝著地 長跪叉手 白佛言 唯願世尊 留住一劫 勿取滅度 慈愍衆生 饒益天人 爾時 世尊默然不對", 『잡아함경』 권1(대정장2, p.3c29)에 "또 다른 어떤 비구가 자리에서 일어나 오른쪽 어깨를 드러내어 부처님께 예배를 올리고 한쪽에 자리하였다. 有異比丘從座起 偏袒右肩 爲佛作禮 却住一面", 『금강경』(대정장8, p.748c24 : *Vajr-pr.*, p.27)에 "그때 장로 수보리가 대중들 속에 있다가 자리에서 일어나 오른쪽 어깨를 드러내고 오른쪽 무릎을 땅에 대고 합장을 하여 공경을 표하고 부처님께 아뢰었다. '희유합니다. 세존이시여. 여래는 모든 보살을 잘 기억해두시고, 모든 보살에게 잘 부촉하십니다'. 時長老須菩提在大衆中卽從座起 偏袒右肩 右膝著地 合掌恭敬而白佛言 atha khalv āyuṣmān subhūtir utthāyāsanād ekāṃsam uttarāsaṅgaṃ kṛtvā dakṣiṇaṃ jānumaṇḍalaṃ pṛthivyāṃ pratiṣṭhāpya yena bhagavāṃs tenāñjaliṃ praṇamya bhagavantam etad avocat āścaryaṃ bhagavan paramāścaryaṃ sugata yāvad eva tathāgatenārhatā samyaksaṃbuddhena bodhisattvā mahāsattvā anuparigṛhītāḥ paramenānugraheṇa", 『오분율』 권16(대정장22, p.110c29)에 "화상을 청하는 법은 다음과 같다. 반드시 오른쪽 어깨를 들어내고 가죽신을 벗어 두 무릎을 꿇고 두 손으로 화상의 발을 부여잡고 이렇게 말해야 한다. '저 아무개는 지금 존자께서 화상이 되어주시기를 구합니다. 존자는 저를 위해 화상을 되어주십시오. 저는 기쁘게 존자를 화상으로 모시고 의지하겠습니다. 존자께서 화상이 되어주신다면 구족계를 받을 수 있습니다'. 이와 같이 세 번을 구하면 화상은 응답으로 이렇게 말한다. '그렇게 하겠다. 앞으로 그대를 훈계하리니, 그대는 방일하지 말거라'. 請和尙法 應偏袒右肩 脫革屣胡跪 兩手捧和尙足 作是言 我某甲 今求尊爲和尙 尊爲我作和尙 我樂爲尊和尙依止 尊爲和尙故 得受具足戒 如是三求 和尙應答言 可爾 當教誡汝 汝莫放逸", 『사분율』 권52(대정장22, p.955b25)에 "이때 육군비구가 남과 투쟁하고 옷 등을 걷어 올리고 목에 두르고 머리를 싸고 통견으로 옷을 입고 가죽신을 신고서 상좌와 함께 이야기하였다. 비구들이 부처님께 아뢰자 부처님께서 말씀하셨다. '응당 그러해서는 안 된다. 응당 오른쪽 어깨만을 드러내고 가죽신을 벗으며 상좌 앞에 이르러 몸을 조금 굽히고 합장하며 이와 같이 말해야 한다. 「제가 아뢰고자 하는 바가 있습니다'. 그러면 상좌는 응당 답하여 말해야 한다. 「저 법과 저 율에 맞게 설하라」라고'. 時 六群比丘 共他鬪諍 反抄衣衣 纒頸 裹頭 通肩被衣 著革屣 共上座語 諸比丘白佛 佛言 不應爾 應偏露右肩 脫革屣 至上座前 小曲身合掌 白如是言 我欲有所白 上座應答言 如法如律說", 『근본살바다부율섭』 권13(대정장24, p.601c22)에 "무릇 높은 이의 곳에 이르면 가고 머물고 앉는 위의가 높지도 낮지도 않아야 하고, 통견으로 옷을 입어서는 안 되며, 무릎을 세워 발로 밟아서도 안 되고, 몸을 곧게 세우려 해서도 안 되며, 얼굴을 등지고 앉아서도 안 되고, … 말하여 가르치시는 바 있으면 응당 거슬러서는 안 되고 다만 묵묵히 공경하여 머물러야 하며, 시샘하지도 말고 화내지도 말며 죄악의 마음 없애고서 늘 공경하며 공양해야 한다. 만약 공경을 닦지 않는다면 모두 타죄를 얻는다. 凡到尊處 行住坐儀 不高不下 不通肩披衣 不竪膝蹋足 不直努身 不背面坐 … 有所言敎 不應違逆 但應默然 恭敬而住 不嫉不恚 除罪惡心 恒爲敬養 若不修敬者 咸得墮罪", 『금강반야소』 권2(대정장33, p.100a24)에 "편단우견은 사제간의 의칙을 표한 것이니 길이 이끌고 책려하겠다는 모습을 보이는 것이며, 또한 나라법을 따르는 것이다. 그러므로 우러름을 표함에 어깨를 드러내는 것이다. 偏袒右肩者 旣表師弟之儀則 示永有驅策之相 又是隨從國法 故修敬袒肩", 『관음의소』 권상(대정장34, p.922a10)에 "편단우견 : 외국에서 어깨를 드러냄은 존경의 의미고, 오른쪽을 드러냄은 붙들고 받듦에 편함을 보인 것이다. 제자가 스승을 섬기어 복무하는 위의를 나타낸다. 이런 까닭에 어깨를 드러냄으로 공손을 삼는 것이다. 偏袒右肩者 外國以袒爲敬 露右者示執奉爲便 表弟子事師充役之儀 是故 以袒爲恭也"라고 하였다. 스승이 제자를 대할 때는 양어깨를 모두 가사로 덮는 통견형식을 취하는 등의 율장전승과는 다르게 불상의 착의법에서는 편단과 통견의 양식이 시대를 따라 유행하기도 했는데, 중국 초기불상에서는 오른쪽 어깨를 살짝 가린 변형 편단우견 형식을 취한 예도 있다. 중국 대동 운강석굴 제20굴 본존상이 대표적인데, 중국 감숙성 양주(涼州)에서 처음 시작했다고 보고 양주식 편단우견이라고 부르기도 한다. 통일신라 불상의 경우 8세기를 기준으로 그 이전에는 주로 통견(通肩) 불상이, 이후에는 편단우견 불상이 상대적으로 많다. 편단우견의 대표 예는 국보 제24호 경주 석굴암 본존상, 국보 제26호 불국사 금동비로자나불좌상, 국보 제27호 금동아미타여래좌상이다. 〔참고문헌〕『長阿含經』, 『雜阿含經』, 『金剛經』, 『五分律』, 『四分律』, 『根本薩婆多部律攝』, 『金剛般若疏』, 『觀音義疏』, 『大智度論』 권7(대정장25, p.109b7), *Vajr-pr.*, *SN.3.100.*, A.B.Griswold 'Prolegomena to the Study of the Buddha's Dress in Chinese Sculpture'(*Artibus Asiae26-2*, 1963) pp.85~131. ⇨통견 通肩, 편부좌견 偏覆左肩, 우슬착지 右膝著地

본존상 운강석굴 제20굴 대동 중국

편단우비 偏袒右臂 편단우견(偏袒右肩). 『장아함경』 권2 「유행경 遊行經」(대정장1, p.14a11)에 "그때 자리에 한 범지가 있었는데 이름은 병기였다. 자리에서 일어나더니 오른쪽 어깨와 팔을 드러내고 오른쪽 무릎을 땅에 댄 다음 부처님께 차수를 하고 게송으로 찬탄하였다. 是時座中 有一梵志 名曰幷暨 卽從座起 偏袒右臂 右膝著地 叉手向佛 以偈讚曰"라고 하였다. 〔참고문헌〕『長阿含經』, 『佛本行集經』 권4(대정장3, p.668b9), 『鼻奈耶』 권3(대정장24, p.863a18).

편단착의 偏袒著衣 편단(偏袒)으로 가사를 걸치다. 스승을 삼고자 할 때 제자 되는 이가 취하는 가사법이다. 스승은 통견으로 위의를 갖춘다. 『중아함경』 권3 「파라뢰경 波羅牢經」(대정장1, p.446c12)에 "그때 파라뢰가 미니는 자리에서 일어나 오른쪽 어깨가 드러나도록 가사를 입고 부처님께 차수를 하고 아뢰었다. '정말로 뛰어나십니다. 구담께서 설하신 것은 극도로 미묘하였고, 비유도 훌륭하고 증명도 훌륭하였습니다'. 於是 波羅牢伽彌尼 卽從座起 偏袒著衣 叉手向佛 白世尊曰 甚奇 瞿曇所說極妙 善喩善證", 『십송율』 권21(대정장23, p.149c4)에 "비구가 앞선 다섯 가지 모든 법을 성취하고 법랍 10세를 채운 경우에는 응당 다른 이의 의지처가 되어야 한다. 어떻게 하는가? 의지처를 구하고자 하는

비구는 자리에서 일어나 오른쪽 어깨가 드러나도록 가사를 입고 가죽신을 벗은 후 두 무릎을 꿇은 채로 두 손으로 장로의 두 발을 잡고서 이와 같이 말해야 한다. '저 아무개 비구는 장로에게 의지하기를 구합니다. 장로께서 제가 의지하는 것을 허락해주신다면 저는 장로에

게 의지하여 머무르겠습니다'. 재차, 삼차에 결쳐 또한 이와 같이 구해야 한다. 若比丘有上諸五法成就 滿十歲 應與他依止 云何應與 所欲求依止比丘 從座起 偏袒著衣 脫革屣 胡跪兩手捉長老兩足 應如是語 我某甲比丘 從長老乞依止 長老與我依止 我依止長老住 第二第三 亦如是乞"라고 하였다. 〔참고문헌〕『中阿含經』, 『十誦律』.

편단파 偏袒派 ➡ 에캄시카니카야 Ekaṃsika-nikāya

편담 匾擔 멜대로 양어깨에 짐지다. 또는 땔나무 묶은 짐. 편담(扁擔 楄擔 楄檐)으로도 쓴다. 『종문무고』(대정장47, p.956b18)에 "오조법연(五祖法演)은 마침내 부산법원(浮山法遠)에게 가서 참학하며 이 공안(興化存奬)에 대해 가르침을 청하였다. 부산이 말하였다. '비유를 하자면 흡사 이렇다. 삼가촌에 나무 파는 이 있어 양어깨에 등짐 진 채로 중서당에 가서 「오늘은 무슨 일을 의논하는가?」라고 한다'. 오조가 말하였다. '이러할 때 대단한 일 있을 리 없습니다'. 부산은 자신이 이미 나이도 많고 귀가 어두워졌으므로 젊은 장로 한 명을 추천하여 알려주었으니, 그가 바로 백운수단(白雲守端)이다. 부산이 말하였다. '이 노승이 비록 그와 면식이 있는 것은 아니지만, 그가 지은 임제의 삼돈방에 관한 게송을 본 인연이 있네. 견해가 정결하여 가서 물어 결단할 만하네'. 오조는 그 말을 따랐다. 祖遂來參浮山遠 請益此公案 遠云 有箇譬喩 恰似箇三家村裏賣柴漢 夯一條匾擔了 却問中書堂 今日商量甚事 祖云 恁地時 大段未在 浮山遠 既年尊耳聵 遂指教參一箇小長老 乃白雲端也 老僧雖不識他 見他頌臨濟三頓棒因緣 見得淨潔 可往咨決 祖從之", 『경덕전등록』 권30 「천동굉지소 天童宏智疏」(대정장51, p.465c21)에 "자기가 부르고 자기가 답하며 주인 짓고서는 이것 성성하다 한다. 양어깨 끝에 온갖 일들 매달려 따르고 포대 안은 가지가지로 얻어 넣는다. 自呼自應而作主 許是惺惺 匾擔頭事事挑來 布袋裏般般著得", 『임제록』(대정장47, p.501c20)에 "'나는 출가자다'라고 말하면서 다른 이가 불법 물어오면 입 닫아 아무런 말 못하고 눈은 시커먼 구멍 같으며 입은 양어깨 짐진듯 한다. 이와 같은 부류는 미륵불이 세상에 나오는 때를 만나더라도 다른 세계로 이송되고 지옥에 붙어서 고통을 받게 될 것이다. 道我出家 被他問著佛法 便卽杜口無詞 眼似漆突 口如楄檐 如此之類 逢彌勒出世 移置他方世界 寄地獄受苦", 『남악단전기』 「오조법연 五祖法演」(卍속장146, p.933a17)에 "부산법원(浮山法遠)이 오조법연에게 말했다. '내가 하나의 비유를 들어 그대에게 말해 주겠다. 그대는 마치 작은 마을에서 땔나무를 파는 이가 나무 매단 등짐 지고 십자가두에 서서 사람들에게 「중서당(中書省에서 정사를 보는 곳)에서 오늘 무슨 일을 논의하고 있습니까?」라고 묻는 것과 같다'. 遠云 我有個譬喩 說似你 你一似個三家村裏 賣柴漢子 把個匾擔向十字街頭 立地問人 中書堂今日 商量甚麽事", 『속전등록』 권11 「상람광적 上藍光寂」(대정장51, p.532a10)에 "법상에 올라 주장자를 잡고 '대중들이여!'라 부르고 말했다. '나를 아는가? 눈은 말뚝 같고, 입은 편담 진듯 곱다 거칠다 말이 없고, 짠지 싱거운지 알려 하지 않는다. 이렇게 해서 백천 가지 과오를 범해 왔으니, 여러 선덕들 중에서 산승 위해 참회시켜 줄 사람 있는가?' 잠깐 침묵하다가 '사람을 몹시도 조급하게 만드는군'이라고 말한 뒤 주장자를 세워 놓고 법상에서 내려왔다. 上堂 橫按拄杖 召大衆曰 還識上藍老漢麽 眼似木突 口如匾擔 無問精粗 不知鹹淡 與麽住持 百千過犯 諸禪德 還有爲山僧 懺悔底麽 良久曰 氣急殺人 卓拄杖 下座", 『별봉운화상어』(속고존숙어요6, 卍속장119, p.173b7)에 "『법화경』에서 부처님께서는 일승법만 있을 뿐 이승도 삼승도 없다고 말씀하셨다. 산에는 꽃이 피어 비단인 듯하고, 계곡물 맑아 쪽빛으로 빛나네. 어떤 법으로도 말할 수 없어서 그저 땔나무 짐진 듯하리. 佛說一乘法 無二亦無三 山花開似錦 澗水湛如藍 支提遮裏 無法可說 贏得口似匾擔", 『벽암록』 18칙(대정장48, p.158a27)에 "위대한 혜충국사도 그의 질문에 몰리자 입가가 축 늘어진 채 아무 말도 못했다. 大小大國師 被他一拶 直得口似匾檐"라고 하였다. 〔참고문헌〕『宗門武庫』, 『景德傳燈錄』, 『臨濟錄』, 『南岳單傳記』, 『續傳燈錄』, 『別峰雲和尙語』, 『碧巖錄』, 『正法眼藏』 권2(卍속장118, p.70a3).

편두파매 匾頭被罵 편두 꾸짖음 당하다. 황룡혜남(黃龍慧南)이 자명초원(慈明楚圓)의 꾸짖음으로 깨우친 인연. 머리가 넓적한 황룡의 별명이 남편두(南匾頭)다. 『선원몽구』 권하 「편두파매」(卍속장148, p.268a7)에 "자명이 머무는 조실로 한걸음에 달려가 말하였다. '저 혜남이 어둡고 견문이 좁아 도인을 보고도 알지보지 못하였습니다. 오늘 야참 법문을 듣는데 마치 길을 헤매다가 나침반을 얻는 것과 같았습니다. 그러하오니 오직 대자비로 다시 법시를 내려주시어 남은 의심을 없애주십시오'. 因趍詣慈明之室曰 惠南以闇短望道未見 此聞夜參如迷行得指南之車 然唯大慈 更施法施 使盡餘疑", … "다음날 찾아가니 또 만나자마자 꾸짖었다. 황룡은 부끄러워 좌우를 살피고서 말하였다. '베풀지 못한 것을 바로 잡고자 맺어주시길 구할 뿐입니다. 꾸짖음이 어찌 자비로 법을 베푸는 방법일 수 있습니까?' 자명이 웃으면서 말하였다. '이것이 꾸짖는 것이냐?' 그 말에 묵묵히 그 뜻을 깨닫고 자기도 모르게 말하였다. '늑담의 말이야말로 정말 죽은 말이었구나'. 明日詣之 又遭詬罵 師慙見左右 卽曰 政以未解求決耳 罵豈慈悲法施之式 慈明笑曰 是罵耶 於是默悟其旨 失聲曰 泐潭果是死語", "황룡이 게송 지어 자명에게 올렸다. '총림의 걸출한 이 조주로다. 노파를 간파함에 유래가 없네. 이제 사해 맑아 저 거울 같으리니, 다니는 사람들 길을 원수처럼 여기지 마시길'. 자명이 손으로 '몰자' 쓰고는 황룡을 바라보자, 황룡이 그 즉시 '유자'로 바꾸었다. 그리고 그 묘밀함에 마음속 깊이 탄복하였다. 한 달쯤 머물다가 작별하고 떠났다. 獻語曰 傑出叢林是趙州 老婆勘破沒來由 而今四海清如鏡 行人莫以路爲讎 慈明以手點沒字顧師 師卽易有之字 而心服其妙密 留月餘辭去"라고 하였다. [참고문헌]『禪苑蒙求』, 『續傳燈錄』 권7(대정장51, p.506a14), 『聯燈會要』 권13(卍속장136, p.647b2), 『禪林僧寶傳』 권22(卍속장137, p.526b15). ⇨ 혜남 慧南, 초원 楚圓

편력 遍歷 두루 다니다. 불도를 위해 제방의 선지식을 찾거나 세간의 온갖 일들을 몸소 겪고 깨우치며 다니는 일이다. 유행(遊行)·편참(遍參)·역참(歷參)·편력제방(遍歷諸方)이라고도 한다. 편(遍)은 편(徧)으로도 쓴다. 『대반열반경』 권상(대정장1, p.196a20)에 "여래가 답하여 말하였다. '나는 3개월 후에 반열반에 들 것이기에 비야리성에서 여러 촌읍을 지나고 여기에 도착한 것이다'. 如來卽答之言 我却後三月 當般涅槃 從毘耶離城 遍歷村邑 次第到此", 『불본행집경』 권12 「각술쟁혼품 捔術爭婚品」(대정장3, p.709a16)에 "일체의 인간과 천상과 건달과 아수라·가루라 등 존재하는 모든 문자와 서체와 경전에 대해 태자는 두루 돌아다녀 모두 통달하였네. 一切人間及天上 乾闥修羅迦樓羅 所有文字諸書典 太子遍歷皆通達", 『벽암록』 31칙 「평창 評唱」(대정장48, p.170b6)에 "옛 사람들은 행각하며 총림을 두루 돌아다니며 오직 이 일만을 생각에 담고서, 저 곡록목상 위의 노화상이 안목을 갖추었는지 갖추지 못하였는지를 간별하고 싶어 했다. 옛 사람들은 한 마디의 말로 서로 맞아떨어지면 머물렀지만, 한 마디라도 맞아 떨어지지 않으면 곧장 떠나버렸다. 古人行脚 遍歷叢林 直以此事爲念 要辨他曲錄木床上老和尙 具眼不具眼 古人一言相契卽住 一言不契卽去", 같은 책 51칙 「평창」(대정장48, p.186a22)에 "자, 말해보라. 마디져 모난 속임수가 어디에 있는가? 설봉이 비록 제방 두루 다니긴 했으나, 결국에는 오산의 가게에서 암두로 인해 격발되어 비로소 보금자리 끊고 크게 사무쳤다. 且道 節角誵訛 在什麽處 雪峯雖遍歷諸方 末後於鰲山店 巖頭因而激之 方得勦絶大徹", 『양고승전』 권2(대정장50, p.337a27)에 "도보(道普)는 본디 고창 출신이다. 서역을 지나 여행하며 여러 나라를 두루 돌아다녔다. 普本高昌人 經遊西域 遍歷諸國", 『경덕전등록』 권17 「나산도한전 羅山道閑傳」(대정장51, p.341a21)에 "귀산으로 출가하였고 나이가 다 차자 구족계를 받고 선지식 찾아 두루 다녔다. 出家於龜山 年滿受具 遍歷諸方"라고 하였다. [참고문헌]『大般涅槃經』, 『佛本行集經』, 『碧巖錄』, 『梁高僧傳』, 『景德傳燈錄』. ⇨ 유행 遊行

편로우견우슬착지 偏露右肩右膝著地 오른쪽 어깨 드러낸 채 오른쪽 무릎 땅에 대다. 『장아함경』 권4 「유행경 遊行經」(대정장1, p.25c27)에 "그때 아난이 오른쪽 어깨를 드러내고 오른쪽 무릎을 땅에 댄 채로 부처님께 아뢰었다. '세존이시여, 현재는 사방의 사문과 기구와 지혜 높고 경과 율을 명석하게 해석하며 청정하고 높은 수행을 한 이가 세존을 찾아와 뵙습니다. 저는 그 덕에 예경을 올리고 가까이서 뵙고 인사를 드릴 수 있는데, 부처님께서 멸도하신 후에는 그들도 다시 찾아오지 않아 마주할 일이 없을 터이니 어떻게 하오리까?' 爾時 阿難偏露右肩 右膝著地 而白佛言 世尊 現在四方沙門耆舊多智 明解經律 淸德高行者 來覲世尊 我因得禮敬 親覲問訊 佛滅度後 彼不復來 無所瞻對 當如之何"라고 하였다. [참고문헌]『長阿含經』, 『大乘理趣六波羅蜜多經』 권2(대정장8, p.871a16).

편료 便了 바로 알아차리다. 머뭇거림 없이 곧바로 깨우쳐 마치는 뜻이다. 『임제록』(대정장47, p.501c28)에 "학인이 물었다. '무엇이 진실한 부처이고 진실한 법이며 진실한 길입니까? 열어 보이시길 바랍니다'. 임제가 말하였다. '부처란 마음의 맑고 깨끗함이 그것이요, 법이란 마음에서 빛나는 밝은 그것이며, 길이란 처처에서 걸림없어 깨끗이 빛나면 그것이다. 이 셋은 하나이며 모두 텅 빈 이름일 뿐 실로 있는 것이라곤 없다. 진실하고 바르게 도를 배우는 사람이라면 념념의 마음 끊어짐도 틈새도 없이 한다. 달마대사는 서토에서 온 이후로 다만 사람으로서 미혹되지 않는 이 찾았을 뿐이다. 훗날 만난 2조는 한 마디 말에 곧바로 깨달았으니, 비로소 종전의 공부가 쓸모없음을 알았다'. 問 如何是眞佛 眞法 眞道 乞垂開示 師云 佛者 心淸淨是 法者 心光明是 道者 處處無礙淨光是 三卽一 皆是空名 而無寔有 如眞正學道人 念念心不間斷 自達磨大師 從西土來 秖是覓箇不受人惑底人 後遇二祖 一言便了 始知從前虛用功夫", 『경덕전등록』 권8 「남전보원전 南泉普願傳」(대정장51, p.258c4)에 "하루는 어떤 대덕이 남전에게 물었다. '마음 그대로 부처라고 해도 안 되고, 마음도 아니고 부처도 아니라고 해도 안 됩니다. 스님 생각은 어떠신지요?' '대덕이여, 그저 믿은 즉시 마음 그대로가 부처임을 문득 깨우칠텐데, 다시 무엇 때문에 된다느니 안 된다느니 하십니까? 이는 마치 대덕이 밥 먹기를 마친 다음에 동쪽 회랑 위부터 서쪽 회랑 아래까지 다니며 온통 사람들에게 먹었는지 안 먹었는지 물을 필요 없는 것과 같습니다'. 一日有大德 問師曰 卽心是佛又不得 非心非佛又不得 師意如何 師云 大德 且信卽心是佛便了 更說什麽得與不得 只如大德喫飯了 從東廊上西廊下 不可總問人得與不得

也"라고 하였다. 〔참고문헌〕『臨濟錄』, 『景德傳燈錄』, 『禪關策進』(대정장48, p.1105a21).

편목 篇目 묶어 이름짓다. 『방등삼매행법』「서문 序文」(대정장46, p.943a19)에 "편목을 두는 것은 법에 시작과 끝이 있음을 알게 하기 위함이다. 存篇目者 令知法有始終也"라고 하였다. 〔참고문헌〕『方等三昧行法』, 『四分律行事鈔資持記』 권중(대정장40, p.274c24). ⇨ 편 篇

편문 偏門 ❶ 방편으로 치우친 문. 『법화문구기』 권3(대정장34, p.210b12)에 "편문에 오히려 편문이라는 이름이 없는데, 하물며 원만한 곳이겠는가. 偏門尙無偏門之名 何況圓所", 『유마경약소수유기』 권10(대정장38, p.839b22)에 "별교의 지전위를 편문이라 한다. 만약 초지라면 '두렷한 이에 들었다'라고 한다. 別教地前名爲偏門 若初地名入圓理", 『지관보행전홍결』 권10(대정장46, p.443a27)에 "천문이란 황성의 정문이고, 나머지 문은 편문이다. 앞의 두 가르침이 진제왕을 본다면, 뒤의 두 가르침은 중도왕을 본다. 天門者皇城正門 餘門者偏門也 前之兩教見眞諦王 後之兩教見中道王"라고 하였다. 〔참고문헌〕『法華文句記』, 『維摩經略疏垂裕記』, 『止觀輔行傳弘決』. ❷ 떳떳한 정문(正門)이 아닌 쪽문. 토론에서 패배한 이나 거짓으로 승문에 들어온 이나 바라이를 범해 빈출되는 이들을 내보내는 문. 『벽암록』 13칙 「평창 評唱」(대정장48, p.154a10)에 "서천에서 뜻을 겨뤄 이기면 손에 붉은 깃발을 집어 들고, 패배한 자는 가사를 뒤집어 입고 쪽문으로 출입한다. 西天論議勝者手執赤旛 負墮者 返披袈裟 從偏門出入", 『경덕전등록』 권6 「선문규식 禪門規式」(대정장51, p.251a23)에 "때로는 그(假號竊形한 이등)가 범한 것이 있는 경우에는 주장자로 후들겨 패고 대중을 모아놓고 그의 가사와 의발과 도구를 태운 다음, 쪽문으로 내쫓아 보내는 것은 치욕을 보이기 위함이다. 或彼有所犯 卽以拄杖杖之 集衆燒衣鉢道具 遣逐從偏門而出者 示恥辱也"라고 하였다. 〔참고문헌〕『碧巖錄』, 『景德傳燈錄』. ⇨ 방편문 方便門

편반 鞭瘢 [P] kasāhata. 채찍 자국. 몸에 채찍 자국이 있는 사람은 출가에 제한을 받는다. 『마하승기율』 권23(대정장22, p.419b12)에 "부처님께서 말씀하셨다. '오늘 이후로 편반 있는 사람은 출가시켜서는 안 된다. 편반이라 함은 (채찍을 맞아) 부어오르거나 움푹 파인 경우다. 치료하고서 자국이 도로 평평하게 회복되어 살가죽과 다르지 않게 되면 출가할 수 있다. 편반 있는 사람은 출가시켜서는 안 되지만 이미 출가한 경우에는 쫓아내서는 안 된다. 만약 출가시키고 구족계를 받게 한다면 월비니죄를 범하는 것이다. 이것을 편반이라고 한다'. 佛言 從今日後 鞭瘢人不應度出家 鞭瘢者 若凸若凹 若能治瘢還平復 與肉膚不異者 得與出家 鞭瘢人不應與出家 若已出家者 不應驅出 若與出家受具足者 越比尼罪 是名鞭瘢"라고 하였다. 〔참고문헌〕『摩訶僧祇律』, *Vin.1.75.*

편발 編髮 [S] [P] jaṭin, jaṭā, [T] thal-ba. 머리카락을 땋은 것. 또는 머리카락을 땋아 상투를 올린 것. 바라문(婆羅門 [S] Brāhmaṇa : 梵志)의 대표적인 외형 중에 하나다. 결발(結髮)·변발(辮髮)이라고도 하고, 머리카락을 풀어헤치면 피발(被髮)이다. 사문인 비구들이 체발(剃髮)함과 구별해 외도들을 특정하는 말이기도 하다. 『중아함경』 권11 「빈비사라왕영불경 頻鞞娑邏王迎佛經」(대정장1, p.497b4)에 "어느 때 부처님이 마가다국을 유행하시며 대비구중과 함께 하셨다. 천 명의 비구 모두 집착 없는 지진이었으니 본래는 다 편발외도였다. 一時 佛遊摩竭陀國 與大比丘衆俱 比丘一千 悉無著至眞本皆編髮", 같은 책 권16 「비사경 蜱肆經」(대정장1, p.529a18)에 "그때 불을 섬기는 편발범지가 저 사람들과 할 일을 마치고서 본래 자리로 다시 돌아와서 물었다. '소년아, 너는 놀지 않고 불씨를 수시로 잘 살피었느냐?' 소년이 아뢰었다. '존자여, 제가 밖에 나가서 놀다 와보니 불이 꺼져버렸습니다'. 是時 事火編髮梵志 彼於人間所作已訖 還歸本處 到已問曰 年少 汝不遊戲 隨視種火不令滅耶 年少白曰 尊者 我出遊戲 火後遂滅", 『잡아함경』 권9(대정장2, p.63c14 : *Lohicca-sutta, SN.4.* p.118)에 "머리카락을 땋으며 털가죽옷을 입고 계도견으로 몸에 재를 칠하네. 거친 옷으로 육신을 가리고 주장자와 물병을 지니네. 모양으로는 바라문이라 흉내내서 이양을 구하네. 編髮衣皮褐 戒盜灰坌身 麤衣以蔽形 執杖持水瓶 假形婆羅門 以求於利養 kharājinaṃ jaṭāpaṅko mantā sīlabbataṃ tapo kuhanā vaṅkaṃ daṇḍā ca udakā ca manāni ca vaṇṇā ete brāhmaṇānaṃ", 『입세아비담론』 권6(대정장32, p.200b21)에 "사천왕천의 장식은 갖가지로 같지 않다. 때로는 긴 머리카락을 나누어 상투 짓고, 때로는 머리카락과 수염을 모두 깎는다. 때로는 정수리의 상투 하나를 남기고 나머지 머리카락은 모두 없애는데, 이를 '주라계'라고 한다. 때로는 수염과 머리카락을 뽑아 없애고, 때로는 머리카락과 수염을 자른다. 때로는 머리카락을 땋고, 때로는 머리카락을 풀어헤친다. 때로는 앞쪽 머리카락은 자르고 뒤쪽 머리카락은 풀어헤치면서 둥글게 만든다. 때로는 나체이고, 때로는 옷을 입는다. 때로는 위는 덮고 아래는 드러내고, 때로는 아래는 덮고 위는 드러낸다. 때로는 위아래를 모두 덮고, 때로는 앞뒤를 가린다. 四天王天莊飾種種不同 或有長髮分作兩髻 或有剃落髮鬚 或頂留一髻餘髮皆除 名周羅髻 或拔除鬚髮 或有剪髮剪鬚 或有編髮或有被髮 或剪前被後令圓 或有裸形 或著衣服 或覆上露下 或覆下露上 或上下俱覆 或止障前後", 『일체경음의』

권28(대정장54, p.497b15)에 "편발〈삼창의 고문에서는 판(辮)이라는 글자와 같다고 했다. (편은) 포와 전을 반절한 음이다. 어긋나게 짜는 것이다. 경에서 '나계'라고 말하는 것이 또한 이것이다〉. 編髮〈三蒼古文 辮字同 蒲典反 交織也 經中言螺髻者 亦是也〉"라고 하였다. 〔참고문헌〕『中阿含經』, 『雜阿含經』, 『立世阿毘曇論』, 『一切經音義』, *SN.*, *Abh-k-bh.140.*, *Sāṃkhy-k.28.*, *DN.2.341.*

편발범지 編髮梵志 Ⓢjaṭila, Ⓟjaṭila, jaṭilaka. 머리를 땋은 범지(梵志). 『오백제자본기경』「우위가섭품 優爲迦葉品」(대정장4, p.195a13)에 "이런 공덕의 뿌리에 연으로 천상에 나기를 아주 오래도록 하네. 다시 인간계에 나서도 세력 있는 종족에 속하네. 아직 등정각을 뵙지 못하고 집을 버리고 출가하여 다른 길 익히네. 니련하 물가에서 지내며 오래도록 편발지를 익혔다네. 緣是功德本 生天上甚久 來還生人間 在於勢族種 未見等正覺 捨家學異道 在泥蓮水邊 久習編髮志", 『유마힐경』 권상(대정장14, p.520c1)에 "편발범지가 사리불에게 말했다. '현자시여, 이 불국토를 청정하지 않다고 말하지 마시오. 제가 보기에는 석가모니부처님의 국토가 청정하게 장엄된 모습이 마치 저 청명한 천궁과 같습니다'. 編髮梵志 謂舍利弗言 惟賢者 莫呼是佛國 以爲不淨 我見釋迦文佛國嚴淨 譬如彼淸明天宮"라고 하였다. 〔참고문헌〕『五百弟子本起經』, 『維摩詰經』, 『賢劫經』 권4(대정장14, p.30a7), *Sp.240*·*994.* ⇨ 편발 編髮

편방부정교 偏方不定敎 치우쳐 모나서 정할 수 없는 가르침. 삼교(頓 漸 不定)의 하나인 부정교(不定敎)를 수식하는 말이다. 『대품경유의』(대정장33, p.66b12)에 "성론사는 말한다. 부처의 가르침은 세 가지를 벗어나지 않는다. 첫째, 돈교이니 화엄과 같은 대승경 등이다. 둘째, 치우쳐 모난 부정교이니 승만경, 금광명경, 유교경, 불장경 등이다. 셋째, 점교는 사아함으로부터 열반경 등이 이것이다. 成論師云 佛敎不出三 一者頓敎 如華嚴大乘等也 二者偏方不定敎 如勝鬘金光明遺敎佛藏經等也 三者漸敎 如四阿含及涅槃是也", 『법화현의』 권10(대정장33, p.801a22)에 "따로 한 경이 있다. 돈교와 점교로 거두지 않으면서 불성의 상주를 밝히는 것이니, 승만경·금광명경 등이 이것이다. 이것은 편방부정교라고 한다. 別有一經 非頓漸攝 而明佛性常住 勝鬘光明等是也 此名偏方不定敎"라고도 한다. 〔참고문헌〕『大品經遊意』, 『法華玄義』. ⇨ 부정교 不定敎

편법 偏法 치우친 법. 원법(圓法)의 상대어다. 『법화문구』 권10(대정장34, p.145b9)에 "보란 두루 널리 미친다. 제법은 무량하니, 만약 두루 미치지 못한다면 이것은 치우친 법이다. 만약 두루 미친다면 이것은 원만한 법이다. 普者周遍也 諸法無量 若不得普則是偏法 若得普者則是圓法", 『법화문구기』 권3(대정장34, p.209c25)에 "처음, 방원으로 법을 푼다. 정한 틀을 상대해서 편과 원을 나누니, 써서 나툼은 묘일 수만은 없다. '삼방일원'이라는 것은 모름지기 (천태)사교에서 갖춘 이름으로 법을 쓴다. 바로 치우친 법이란 이름하면 방편이다. 初釋法方圓 以對規矩而分偏圓 用顯非妙 三方一圓者 雖卽四敎俱名法用 正以偏法名爲方便"라고 하였다. 〔참고문헌〕『法華文句』, 『法華文句記』. ⇨ 원법 圓法

편벽 編辟 짜인 틀대로 몰아치다. 분양선소(汾陽善昭)는 이 말을 선문답의 한 형식으로 시설하여 편벽문(偏僻問·編辟問)이라고 하였다. 『오가정종찬』 권2「남당원정 南堂元靜」(卍속장135, p.942b14)에 "남당은 오조산에서 괘탑할 때, 오조가 '(馬祖의) 마음 그대로 부처'·'목주의 담판'·'남전의 고양이 목 베기'·'조주의 개에도 불성이 있는가' 등의 화두를 가지고 짜인 틀대로 몰아세워도 마주한 대로 명료해서 막히거나 거리끼는 것이 없었다. 그런데 '자호의 개' 화두를 들었을 때는 답함이 조금 늦었다. 오조가 갑자기 얼굴을 돌리고 남당에게 말하기를 '아니다'라고 하자, 남당이 '아닌 것이 무엇입니까?'라고 되물었다. '이것이 아닌 것이면 앞선 것들도 모두 아니다' '화상께서 자비로 가리켜 보이십시오' '저 자호의 한 마리 개 간수하라'. 師在祖塔 祖擧卽心卽佛 睦州擔板 南泉斬貓 趙州狗子話 編辟之 所對了無滯礙 又擧子胡狗話 答稍遲 山遽轉面曰 不是 師曰 不是却如何 山曰 此不是 和前面都不是 師曰 望和尙慈悲指示 山曰 看他道子胡一隻狗", 『조정사원』 권2(卍속장113, p.50b6)에 "편벽 : 벽(辟)은 응당 핍이라고 해야 한다. 다그치는 뜻이다. 編辟 辟 當作逼 迫也"라고 하였다. 〔참고문헌〕『五家正宗贊』, 『祖庭事苑』, 『無準師範語錄』 권3(卍속장121, p.924b14). ⇨ 편벽문 編僻問

편벽문 編辟問 기울게 하여 몰아치다. 분양십팔문(汾陽十八問) 중 하나다. 묻는 이가 치우친 관점이나 구체적인 사물을 가지고 상대를 몰아세워 답하게 하는 질문이다. 편(編)은 편(偏)으로도 쓰고, 벽(辟)은 벽(僻)으로도 쓴다. 『벽암록』 45칙「평창 評唱」(대정장48, p.182a18)에 "십팔문 중에 이를 편벽문이라고 한다. 설두가 말하기를 '편벽하게 노고추를 몰아붙인다'고 하였으니 만법을 편벽하게 만들어 하나로 돌아가 치닫게 했다는 뜻이다. 저 학인은 저 조주를 몰아서 비틀려고 하였으나, 조주 또한 아랑곳 않는 작가였다. 몸 돌릴 수 없는 곳에서 몸을 빼내는 길이 있어서 과감히 입을 쩍 벌리고 말하기를 '내가 청주에 있을 때 무명 적삼 한 벌을 만들었더니 무게가 일곱 근이었다'라고 하였다. 十八問中 此謂之編辟問 雪竇道 編辟曾挨老古錐 編辟萬法 敎歸

一致 這僧要挨拶他趙州 州也不妨作家 向轉不得處有出身之路 敢開大口便道 我在青州 作一領布衫 重七斤",『오가종지찬요』 권상(卍속장114, p.524a16)에 "편벽문 : '학이 말라비틀어진 소나무에 서 있을 때는 어떻습니까?'라 하니 기울어 메마르게 해서 궁벽진 것에 매달려 묻는 것이다. 偏僻問 鶴立枯松時如何 偏枯僻執而問也", 『선림보훈합주』 권2(卍속장113, p.343b17)에 "학인이 물은 것을 편벽문이라 하고, 조주(趙州)가 답한 것은 '손 가는 대로 가져와 뜻없는 길에서 하는 말'이다. 僧問處 名偏僻問 州答處 名信手拈來無意路話"라고 하였다. 〔참고문헌〕『碧巖錄』, 『五家宗旨纂要』, 『禪林寶訓合註』. ⇨편고 偏枯, 분양십팔문 汾陽十八問

편변혁시 編邊革屣 가장자리 박거나 수놓아 꾸민 가죽신. 비구에게 금한다. 『사분율』 권39(대정장22, p.847a11)에 "육군비구가 편변혁시를 신고 다니자 부처님이 말씀하였다. '가지지 마라'. 六群比丘 著編邊革屣 佛言不應畜", 『선견율비바사』 권17(대정장24, p.793c16)에 "편변혁시는 공작의 꽁지 깃털로 가장자리 꿰매 꾸민 것이다. 編邊革屣者 以孔雀尾編邊 多帶革屣 無解"라고 하였다. 〔참고문헌〕『四分律』, 『善見律毘婆沙』, 『四分律名義標釋』 권26(卍속장70, p.800a10).

편병 偏病 치우친 병. 유무(有無)·단상(斷常) 등에 치우쳐 사견을 일으키는 것. 『중관론소』 권1(대정장42, p.2a18)에 "저 경에 이르길, 중생이 일으키는 견해는 무릇 두 종류가 있다. 첫째, 단견. 둘째, 상견. 상견도 없고 단견도 없는 것이라야 중도라고 이름한다. 편을 마주한 중이라 하니, 이것은 말로 한 이치를 잡아서 마주해 편병을 깨뜨리는 것이다. 그러므로 중이라고 이름한다. 如經云 衆生起見凡有二種 一斷二常 無常無斷乃名中道 對偏中者 此約所詮之理對破偏病 故名爲中", 『삼론현의』(대정장45, p.7b23)에 "다만 바름(正)에는 세 가지가 있다. 첫째, 편병을 마주하고 지목해서 바르게 하니 대편정이라고 이름한다. 둘째, 편을 다 없애 깨끗하게 해서 바르게 하니 진편정이라고 하는 것이다. 셋째, 편병이 이미 없어지면 정도 또한 머무를 수 없다. 편도 아니고 정도 아니니 무엇으로 아름답다고 할 것인지 알지 못한다. 굳이 찬탄하기를 바르다 할 뿐이니 절대정이라고 하는 것이다. 但正有三種 一對偏病目之爲正 名對偏正 二盡淨於偏名之爲正 謂盡偏正也 三偏病旣去 正亦不留 非偏非正 不知何以美之 强嘆爲正 謂絶待正也"라고 하였다. 〔참고문헌〕『中觀論疏』, 『三論玄義』.

편복 蝙蝠 박쥐. 파계비구의 비유다. 『불장경』 권상 「정계품 淨戒品」(대정장15, p.788c12)에 "사리불아, 비유컨대 저 황문이 남자도 여인도 아닌 것처럼 파계비구 역시 그렇다. 재가자도 아니요 출가자도 아니니, 목숨 마친 후에는 곧장 지옥으로 들게 된다. 舍利弗 譬如黃門 非男非女 破戒比丘 亦復如是 不名在家 不名出家 命終之後 直入地獄", "사리불아, 비유컨대 저 박쥐가 새 잡으려 할 때 굴로 들어 쥐가 되고, 쥐 잡으려 할 때 허공 날아 새가 되니, 실로 진짜 새의 쓰임은 없고 그 몸은 냄새나고 더러운데도 어둠만을 즐기는 것처럼 파계비구 역시 그렇다. 舍利弗 譬如蝙蝠欲捕鳥時 則入穴爲鼠 欲捕鼠時 則飛空爲鳥 而實無有大鳥之用 其身臭穢 但樂闇冥 破戒比丘 亦復如是", 『구사론』 권2 「분별계품 分別界品」(대정장29, p.7a22)에 "저 모든 박쥐와 올빼미 등의 눈처럼 눈이 있긴 하나 낮에는 막힘이 있고 밤에는 그렇지 않다. 如諸蝙蝠鵂鶹等眼 有眼於晝有礙非夜"라고 하였다. 〔참고문헌〕『佛藏經』, 『俱舍論』, 『一切經音義』 권45(대정장54, p.607c7). ⇨오백편복 五百蝙蝠

편부좌견 偏覆左肩 Ⓢekāṃsam uttrāsaṅgaṃ kṛtvā, Ⓣbla-gos-phrag-pa-gcig-tu-gzar-te. 왼쪽 어깨만을 덮다. 편단우견(偏袒右肩)을 달리 표현한 말이다. 『대반야경』 권573 「찬탄품 讚歎品」(대정장7, p.961c9)에 "그때 만수실리보살이 자리에서 일어나 부처님 발에 이마를 대어 절을 하고 가사로 왼쪽 어깨를 덮고 오른쪽 무릎을 땅에 댄 채 합장하고서 공손하게 부처님께 아뢰었다. '여래의 공덕은 희유하고 대등한 것이 없으며 불가사의합니다. 과거·현재·미래의 모든 부처님들 모두 다름이 있지 않습니다'. 爾時曼殊室利菩薩 卽從座起 頂禮佛足 偏覆左肩 右膝著地 合掌恭敬 而白佛言 如來功德 希有無等 不可思議 過去未來 現在諸佛 皆無有異", 『유가사지론』 권30 「성문지 聲聞地」(대정장30, p.448c8 : *Śrāv-bh.*, p.351)에 "청문하려 할 때에는 왼쪽 어깨만 덮고 오른쪽 무릎을 땅에 대거나, 혹 낮은 자리에 거하여 몸을 굽혀 앉아 합장공경하며 깊이 부끄러움과 두려움을 내고, 조심스레 고개 숙여 부드러운 말로 유가를 청문한다. 將請問時 偏覆左肩 右膝著地 或居下坐 曲躬而坐 合掌恭敬 深生愧畏 低顔軟語 請問瑜伽 upasaṃkramya kālena-avakāśaṃ kṛtvā, ekāṃsam-uttarāsaṅgaṃ kṛtvā, dakṣiṇaṃ jānu-maṇḍalaṃ pṛthivyāṃ pratiṣṭhāpya, nīcataram-evāsane niṣadya, sa pratīśena yoga āyācitavyaḥ"라고 하였다. 〔참고문헌〕『大般若經』, 『瑜伽師地論』, 『大寶積經』 권46(대정장11, p.271a4), *Śrāv-bh.* ⇨편단우견 偏袒右肩

편삼 偏衫 승복(僧服) 중 하나. 왼쪽 어깨를 덮는 승기지(僧祇支)와 오른쪽 어깨를 덮는 부견의(覆肩衣)를 꿰맨 것. 양쪽 어깨를 모두 덮는 내의(內衣). 편(偏)은 편(編)으로도 쓴다. 여러 문헌에 따르면, 위(魏)대 처음 고안된 방식이라고 한다. 더운 인도에서는 덮을 일이 없었기에 벗은 어깨가 자연스러웠으나, 추운 지역으로 옮겨와서는 풍토와 위의 등에 맞게 편삼 등의 법의가 생겨나게 되었다. 『남해기귀내법전』 권2(대정장54, p.214c14)에 "그러나 동하(東夏)의 추위는 혹독하여 몸을 찢는 듯하니, 만약 따뜻하게 입지 않는다면 서로 마주

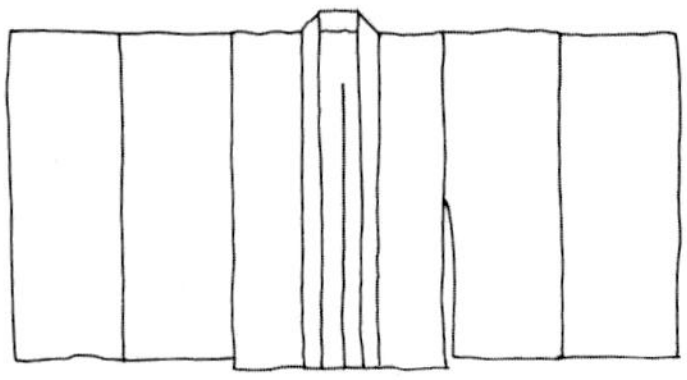

보아 앓다가 죽을 것이다. 이미 힘겨운 연을 만나 이치로서는 반드시 널리 건져야 한다. 방군과 편단으로 속인 무리와 가린다. 오직 내복은 추운 동절기에만 잠시 입는 것이지 본래의 법제가 아니고 목숨을 유지하기 위해 방편적으로 허용된 것임을 알아야 한다. 마치 수레에다 기름을 칠하는 것과 같다. 마음속으로는 충분히 부끄러워해야 하고, 끝내는 입지 않는 것이 극히 아름다운 일이다. 然而 東夏寒嚴 劈裂身體 若不煖服 交見羸亡 旣爲難緣 理須弘濟 方裙偏袒 形簡俗流 唯立播衣 寒冬暫著 知非本製 爲命權開 如車置油 內生慚厚 必其不著 極是佳事", "이외에 핫옷・바지・잠방이・적삼과 같은 종류는 모두 결단코 차단해야 하고, 엄동설한이 사그라들면 몸에 걸쳐 두르는 것은 합당하지 않다. 한편 편삼을 입는 것은 진실로 권하거나 제한하지 않는다. 이는 번거로움을 없애고 긴요함만을 얻은 것이다. 성인의 마음으로 우러러 따르고 스스로 잠시 옳다고 여겨 따라서 한몸으로 전해받지만, 대중을 그르치게 할까 두렵다. 自餘袍袴褌衫之類 咸悉決須遮斷 嚴寒旣謝 卽是不合擐身 而復更著偏衫 實非開限 斯則去繁得要 仰順聖情 自隨乍可 一身傳授 恐爲誤衆", 『사분율행사초자지기』 권하(대정장40, p.364c28)에 "세상 사람들이 편삼이 승기지와 부견의 두 가지인 줄 알지 못한다. 但世人不識褊衫 卽是祇支覆肩二物", 『불제비구육물도』(대정장45, p.901b14)에 "이 지역에서는 오래전부터 승기지를 아울러 입어왔다. 후위(後魏)대 이르러 처음으로 오른쪽 소매를 더하고 양끝을 봉합하여 '편삼'이라고 일컬었다. 옷자락을 자르고 열어서 본래의 모습을 간직하였다. 그러므로 편삼은 왼쪽 어깨를 덮으니 승기지에 바탕하고, 오른쪽을 덮는 것은 부견의에 해당한다. 此方往古 並服祇支 至後魏時 始加右袖 兩邊縫合 謂之偏衫 截領開裾 猶存本相 故知偏衫左肩 卽本祇支 右邊卽覆肩也", 『석씨요람』 권상(대정장54, p.270b6)에 "편삼 : 옛날 승가의 옷에 관한 율제에 따르면 오직 승기지〈한역하여 '부박의' 또는 '엄액의'라고 한다〉만 있었다. 이는 왼쪽 어깨를 덮고 지나서 오른쪽 겨드랑이를 가리는데, 대체로 삼의에 받쳐 입기 때문이다. 곧 천축에서 옷 입는 방식이다. 축도조의 『위세록 魏世錄』에 따르면 위 궁인들은 스님이 한쪽 팔을 드러내놓는 것을 좋지 않게 보았다. 그래서 편단을 짓지만 승기지 위에다 꿰매어 서로 붙게 하였다. 이로 인하여 '편삼'이라고 하였다〈옷의 등쪽을 열어 옷깃을 겹치도록 한 것은 위대의 옷 짓는 유풍이다〉. 偏衫 古僧依律制 只有僧祇支〈此名覆膊 亦名掩腋衣〉 此長覆左膊 及掩右掖 蓋儭三衣故 卽天竺之儀也 竺道祖魏錄云 魏宮人見僧袒一肘 不以爲善 乃作偏袒 縫於僧祇支上相從 因名偏衫〈今開脊接領者蓋遺魏制也〉", 『선림상기전』 권26 「편삼」(대장경보편19, p.695a9)에 "도충이 말한다. '승기지와 부견의 두 가지를 합쳐서 편삼이라고 한다. 『사분율행사초자지기』에서는 편삼(褊衫)이라고 썼다. 『설문해자』에서 편(褊)은 옷이 작은 것을 말한다고 하였다'. 忠曰 合祇支覆肩二物 名偏衫 資持記作褊衫 說文 褊 衣小也"라고 하였다. [참고문헌] 『南海寄歸內法傳』, 『四分律行事鈔資持記』, 『佛制比丘六物圖』, 『釋氏要覽』, 『禪林象器箋』, 『百丈淸規』 권5(대정장48, p.1139a17), 『翻譯名義集』 권7(대정장54, p.1171c10), 『仏教法具図鑑』(國書刊行會, 1993). ⇨ 승기지 僧祇支, 부견의 覆肩衣, 의삼 衣衫

편소사외 偏小邪外 치우친 소승과 삿된 외도. 『지관대의』(대정장46, p.460b16)에 "그러므로 이 미묘경은 모든 법의 바탕이 되고, 이에 이 묘관은 모든 행의 샘이다. 이와 같아야 비로소 치우친 소승과 삿된 외도를 벗어나는 까닭에 십법의 으뜸으로 자리잡는다. 故此妙境爲諸法本 故此妙觀 是諸行源 如是方離 偏小邪外 所以居在十法之首", 『능가경주해』 권3하(대정장39, p.398c22)에 "그러므로 여래께서 스스로 증하신 법은 삿된 외도나 치우친 소승으로서 공유이변에 붙들린 이들로서는 알 수 없다. 오직 대승보살이라야 닦아 증할 수 있으므로 '마땅히 닦고 배워야 하리!'라고 훈계한 것이다. 然如來自證之法 非邪外偏小 著空有二邊者之所能知 唯大乘菩薩 能修能證 故誡云 應當修學"라고 하였다. [참고문헌] 『止觀大意』, 『楞伽經註解』.

편식추 遍食槌 선원에서 공양 때 죽이나 밥을 대중 모두 각각의 발우에 채웠음을 알리고자 치는 건추(揵椎). 편은 편(徧), 추는 추(椎)라고도 쓴다. 『백장청규』 권6 「일용궤범 日用軌範」(대정장48, p.1145a13)에 "편식추 소리를 듣고는 상하 주변을 살피고 서로 아침인사하고 음식을 향해 읍을 하되 정면에서 손을 양쪽으로 흔들면 안 된다. 聞遍食椎 看上下肩 以面相朝揖食 不得正面以手搖曳兩邊", 『입중수지』(卍속장111, p.949b17)에 "유나는 편식추를 치고 나서 다시 수좌를 바라보면서 멀리서 한 번 인사를 올린다. 維那 打遍食槌訖 却去首座對面 遙一問訊"라고 하였다. [참고문헌] 『百丈淸規』, 『入衆須知』. ⇨ 추 椎, 건추 揵椎

편심수식 偏心授食 치우친 마음으로 음식을 주게 하

다. 계목을 갖춰 말하면 재속가편심수식계(在俗家偏心受食戒)라 하고, 사바라제제사니(四波羅提提舍尼 Ⓢpratideśanīya : 對說惡法 · 悔過法 · 可呵法) 중 하나다. 『사분율』 권19 「사제사니 四提舍尼」(대정장22, p.696c1)에 “만약 비구가 백의의 집에서 먹는데 이 중에 어떤 비구니가 지시하여 ‘모갑에게 국을 주세요. 모갑에게 밥을 주세요’라고 하면, 비구는 반드시 저 비구니에게 이렇게 말해야 한다. ‘대매여, 이제 모름지기 비구가 먹기를 마칠 때까지 그만하십시오’. 만약 한 비구도 저 비구니에게 ‘대매여, 이제 모름지기 비구가 먹기를 마칠 때까지 그만하십시오’라고 말하지 않으면, 이 비구는 반드시 잘못을 뉘우치며 ‘대덕이여, 저는 꾸짖을 만한 법으로 모름지기 하지 않아야 할 바를 범하였습니다. 저는 이제 여러 대덕 앞에서 잘못을 뉘우칩니다’라고 해야 한다. 이 법을 회과법이라 한다. 若比丘至白衣家內食 是中有比丘尼指示 與某甲羹 與某甲飯 比丘應語 彼比丘尼如是言 大姊且止 須比丘食竟 若無一比丘 語彼比丘尼如是言 大姊且止 須比丘食竟者 是比丘應悔過言 大德 我犯可呵法 所不應爲 我今向諸大德悔過 是法名悔過法”, 『사분율행사초』 권중(대정장40, p.89c20)에 “재속가편심수식계는 네 가지 연으로 이루어진다. 첫째는 백의의 집, 둘째는 치우친 마음으로 차제를 넘게 해서 가리켜 주게 하는 것, 셋째는 대중이 아무 말 않고 받고도 꾸짖지 않은 것, 넷째는 삼켜 버리고 마는 것이다. 在俗家偏心授食戒 四緣成 一 白衣舍 二 偏心越次指授 三 大衆默受不訶 四 隨咽結”라고 하였다. [참고문헌] 『四分律』, 『四分律行事鈔』, 『新刪定四分僧戒本』(卍속장61, p.548a15), 李智冠 『南北傳六部律藏比較硏究』 pp.pp.267~268. ⇨ 대설악법 對說惡法

편애 偏愛 기울여 애착하다. 두루 사랑하지 않고 어느 한편만 좋아하는 마음. 아집(我執)을 근본으로 하며, 평등에서 오는 자비심(無緣慈)과 어긋나는 심소이다. 『현우경』 권9(대정장4, p.412c17)에 “아우가 형이 받은 구슬을 보았고 그 때문에 이런 마음을 품었다. ‘우리 부왕을 생각하면 베푸시는 은혜와 자비가 고르지 못하시구나. 내 형만 좋아하시고 나는 마음에 두지 않는다’. 弟得見珠 因而懷情 念我父王 恩慈不普 偏愛我兄 我不在意”, 60권본 『화엄경』 권19(대정장9, p.521a29)에 “보살마하살은 이와 같이 보시할 때 평등한 마음으로 치우쳐 아끼는 마음도 없고 명성을 구하는 마음도 없다. 菩薩摩訶薩 如是施時 以平等心 無偏愛心 不求名心”, 『월등삼매경』 권2(대정장15, p.556c9)에 “만약 어떤 중생이 찾아와 공경을 표한 뒤 예배하고 존중하며 공양을 베풀지라도, 보살은 그를 편애함이 없으니 세간의 체성을 깊이 통달하였기 때문이다. 若有衆生來恭敬 禮拜尊重興供養 菩薩於彼無偏愛 深達世間體性故”, 『대지도론』 권45(대정장25, p.384a15)에 “만약 편애함이 있다면 도적처럼 여길 일이니 아를 무너뜨리는 고른 마음이야말로 불도의 근본이다. 若有偏愛 則爲是賊 破我等心 爲佛道之本”, 『십주비바사론』 권7(대정장26, p.59a11)에 “만약 자기 새끼를 편애한다면, 지혜의 힘을 버려야 하니, 자식에게 평등하게 행함으로써, 모든 중생을 두루 자애롭게 한다. 若於子偏愛 卽以智力捨 因子行平等 普慈諸衆生”, 『원각경대소초』 권11(卍속장14, p.922b12)에 “이제 무아여서 몸과 마음이 모두 허깨비와 같고 다른 모든 법 또한 다르지 않은 줄 깨우쳤으니 어찌 이 몸만 편애하여 아끼겠는가! 그러므로 모든 중생을 도탈시킴에 싫다는 마음이 들지 않는다. 今了無我 身心皆幻 與諸法無異 何偏愛惜此身 故於度脫群生 而無厭倦”, 『원각경직해』 권하(卍속장16, p.126b1)에 “아에 집착하기에 아에 치우쳐 애착한다. 아를 애착하는 마음이 있다면 아를 애착하는 견 또한 더욱 늘어나고 아를 거스릴 경우 틀림없이 미워하는 마음이 일어날 것이다. 그러므로 미워하는 마음도 애착에서 일어나니, 그 애착에 따라주지 않기에 미워할 뿐이다. 이렇게 애증이 뒤섞여 무명의 종자를 키운 뒤에 눈앞에서 작용하도록 일으키므로 무수한 겁 동안 생사를 거듭하며 애증이 끊어지지 못한다. 以執我故 則偏愛我 若有愛我者 則更增長我之愛見 若違我者 必生憎怨 然憎怨亦從愛起 以不順其愛 故憎怨耳 以此憎愛 資熏無明種子 發起現行故 劫劫生生 愛憎未斷”라고 하였다. [참고문헌] 『賢愚經』, 『華嚴經』, 『月燈三昧經』, 『大智度論』, 『十住毘婆沙論』, 『圓覺經大疏鈔』, 『圓覺經直解』.

편액 扁額 전각(殿閣) 등에 이름을 새겨 걸어두는 액자. 편액(扁額)이라고도 하고, 주로 가로로 쓰기에 횡액(橫額)이라고도 한다. 『용원개청어록』(卍속장121, p.474a5)에 “새로 연 승당에 들어가 편액을 걸고 법좌에 올라 법문하였다. 入新僧堂 挂扁額上堂”, 『자암범어록』 권16(가흥장36, p.971a14)에 “학인이 물었다. ‘제가 천 리 밖 먼 곳에서 찾아온 것은 다만 일대사 밝히지 못한 까닭입니다. 화상께서 자비를 베풀어 가르쳐 주십시오’. 자암이 편액을 가리키며 말했다. ‘저 모양의 대(大)자를 그대 안에 누구 있어 사람 인(人)자로 베낄 수 있겠는가?’ ‘있습니다’ ‘이미 있는데 또 가져다 무엇 하려 하는가?’ 학인이 망연해 하자 자암이 말했다. ‘허공이 봉황 두 마리 품고 피리 부니, 그 소리 귀먹은 늙은이는 듣는다’. 僧問 學人千里遠來 只爲大事不明 乞和尙垂慈指示 師指扁額曰 者樣大字 你那裏可有人寫得麼 僧曰 有 師曰 旣有又到 者裏討箇甚麼 僧茫然 師曰 空將雙鳳管 吹與老聾聽”, 『괄허집』 「괄허대화상행장 括虛大和尙行狀」(한불전10, p.323c4)에 “또 서법을 익혀 불전과 승료의 편액 대부분 그 손에서 나왔다. 又工書法 佛殿僧寮

之扁額 多出其手", 『혼원집』 권2 「금강록 金剛錄」(한불전11, p.721b5)에 "30리 상원암에 이르렀는데 암자는 절(월정사) 위에 있어 서로 거리가 30리다. 대웅전과 응진전은 모두 금자편액이다. 至三十里上院庵 庵在寺上而相距三十里也 大雄殿應眞殿 皆金字扁額"라고 하였다. 〔참고문헌〕『龍源介淸語錄』, 『蔗菴範語錄』, 『括虛集』, 『混元集』, 『百丈淸規證義記』 권7(卍속장111, p.805b8).

편양 鞭羊 언기(彦機)의 법호다. ⇨ 언기 彦機

편양당집 鞭羊堂集 편양언기(鞭羊彦機 1581~1644)의 시문집. 3권 1책. 한불전8, pp.244a1~263c1에 전한다. 서문은 1647년(인조25) 동주산인(東州山人) 이민구(李敏求)가 지었는데, 『동주집』 권2 「편양자언기선사시문집서 鞭羊子彦機禪師詩文集序」(한국문집총간94, p.296a1)로 수록되었다. 권1에 시 92편, 권2에 기문·권문·행장·발문·설 등 10편, 권3에 소·표·서장 등 14편이 있다. 법문으로는 「선교원류심인설 禪敎源流尋釰說」에 사교일리(四敎一理)·교선일문(敎禪一門)·삼선일미(三禪一味) 등이 있으며, 서산의 법맥을 상재한 「서산행적초 西山行蹟草」는 조선후기법통설에 영향을 미쳤다. 「경판후발 經板後跋」은 서산이 삭녕 용복사(龍腹寺)에서 모았던 화엄(華嚴)·법화(法華)·원각(圓覺)·능엄(楞嚴)·반야(般若)·범망(梵網) 등의 경장과 전등(傳燈)·념송(拈頌)·선요(禪要)·서장(書狀)·선원제집(禪源諸集) 등 선교를 망라한 경판발문으로서, 조선불교소의경전의 실상을 전하는 귀중한 자료다. 1633년 사월초파일 표훈사 서산행적비건립법회시 쓴 「표훈사입비재사 表訓寺立碑齋詞」, 염불왕생의 길을 보여주는 「원불표 願佛表」 등이 있다. 또한 부휴당(浮休堂) 등 출재가자를 망라한 편지글과 부모형제의 천도소(薦度疏) 등도 전한다. 그 외에도 주석하였던 묘향산·보개산·봉래산 일대 사찰의 기문과 권문 등이 전한다. 권1 말미 상산후인(常山後人) 쓴 「발문」(한불전8, p.250c14)에 "적저세(赤猪歲 : 丁亥이니 1647년) 늦봄(음력 3월) 기망(음력 16일)에 백운암에서 새겼고 용복사에 봉안하였다. 歲在赤猪 暮春之旣望 刻于白雲藏於龍腹"라고 하였다. 용복사장판본이 송광사성보박물관·동국대도서관·국립중앙도서관·규장각한국학연구원 등에 소장되어 있다. ⇨ 언기 彦機

편양암 鞭羊庵 대구광역시 달성군 조아산(曹娥山)에 있던 암자. 1768년경에 편찬된 『대구부읍지』 불우에 "성첩을 보수할 때 감색과 석공의 공양 장소였는데, 그 뒤 무인년에 관찰사 조운규가 창설하였다. 城堞修補時 監色石工供億 次戊寅年 巡相趙雲逵刱設", 『범우고』 경상도 대구에 "성첩을 보수할 때 석공을 위한 공양 장소로 삼았다가 영조 무인(1758·영조34)에 관찰사 조운규가 창설하였다. 城堞修補時 爲石工供億 英祖戊寅 觀察使趙雲逵刱設"라고 하였다. 〔참고문헌〕『大邱府邑誌』, 『梵宇攷』, 『韓國寺刹全書』 권하 p.1121a5.

편운산망일사응진전이건상량문 片雲山望日寺應眞殿移建上樑文 팔관(捌關 ?~1782) 지음. 『진허집』 권2(한불전10, pp.176b18~177a10)에 전한다. 평안남도 평원군에 있었던 망일사에 16나한을 모신 응진전을 지으면서 법륜이 만세로 상전(常轉)하기를 기원하며 적은 글로 "이로 말미암아 월허장로가 여러 사람과 함께 모의하고 설심선사가 모두 일체가 되어 함께 일을 이루어냈다. 由是 月虛長老 與衆僉而同謀雪心禪師 偕一聽而共化"라고 하였다. 〔참고문헌〕『振虛集』. ⇨ 망일사 望日寺 ❼

편운점태청 片雲點太淸 조각구름 크고도 맑은 하늘에 점찍다. 『능엄경』 권9(대정장19, p.147b8)에 "마땅히 알라! 공이 그대 마음속에서 일어남이 마치 조각구름 크고도 맑은 하늘에 점찍듯 한다. 當知 虛空生汝心內 猶如片雲點太淸裏", 『능엄경정맥소』 권9(卍속장18, p.823b13)에 "공이 대각중에 생하니 마치 바다의 한 방울 거품과 같다. 또한 조각구름을 비유함으로써 세계가 허깨비처럼 미미하고 아득하여 쉽게 사라져 없어질 수 있음을 밝혔다. 空生大覺中 如海一漚發 又喩片雲 以明世界 虛幻微茫 易以消殞矣", 『원오어록』 권4(대정장47, p.729a14)에 "삼세 모든 부처님들께서도 다만 스스로 알 뿐이라 말씀하시고, 조사 서쪽에서 오셨지만 온전히 들어보이지 못하며, 일대장교로 말하고 풀지만 미치지 못한다. 대답해 보라! 이 궁색한 지경에서 어떻게 말해야 미리 나루터 지을 도리 말할 수 있을까? 알겠는가? 조각구름이 맑은 하늘에 점점이 박힌 꼴이니 이미 두 번째 견해에 떨어졌다. 三世諸佛 只言自知 祖師西來 全提不起 一大藏教 詮註不及 且道 到這裏 作麽生說 預作津梁底道理 還委悉麽 片雲點太淸 已落第二見"라고 하였다. 〔참고문헌〕『楞嚴經』, 『楞嚴經正脈疏』, 『圜悟語錄』.

편원 偏圓 ❶ 편교와 원교를 말한다. 교상판석(敎相判釋)의 틀 중 하나다. 『법화문구』 권7 「석약초유품 釋藥草喩品」(대정장34, p.91b27)에 "권실의 두 지혜로 비추는 편원의 양경에 통달하여 걸림이 없다. 그러므로 능히 권실의 두 가르침을 설한다. 二智所照 偏圓兩境 通達無礙 故能說權實二教", 『대반열반경집해』 권8(대정장37, p.413b1)에 "가르침에는 편원이 있고, 해석 또한 가르침에 따른다. 教有偏圓 解亦隨教也", 『법화문구기』 권1(대정장34, p.160a20)에 "가르침의 망은 법계에 이미 걸쳐 있고, 열반은 편과 원에 기필코 두루 존재한다. 教網旣亘於法界 涅槃必遍於偏圓", 『사교의』 권3(대정장46, p.730b1)에 "이가 비록 같기는 하나 그 들어가는 문에는 다르니, 가르침의 문에 이미 편원의 다름이 있다. 理雖是同 而門有異 教門旣有偏圓之殊", 『간화결의론』(한불전4, p.733c18)에 "원교의 십신십지 등은 모두 삼신사지 중에 갖춘 덕이니, 그 모두 증득한 이를 잡아서 증지경계의 편・원・권・실을 논한 것이다. 요즘 상에 집착한 이란 육안으로 본 것도 의심하여 믿지 않는데, 어찌 더불어 도에 대해 말할 수 있겠는가? 圓教十身十智等 皆三身四智中具德 爾皆約得入者 證智境界 偏圓權實論之 今時着相者 以肉眼所見 疑之不信 豈可與之語道也"라고 하였다. [참고문헌] 『法華文句』, 『大般涅槃經集解』, 『法華文句記』, 『四教儀』, 『看話決疑論』. **2** 편정오위에서 가리는 편과 원. 『조동오위현결』 권상 「동산오위현결 洞山五位顯訣」(卍속장111, p.231b1)에 "정위에서 오히려 치우치니 편위에서 간별해야 두 뜻을 원만히 갖춘다. 이에 대해 조산이 가려 말하였다. '정위에서 도리어 치우친다고 한 것은 사물을 마주하지 못함 때문이다. 비록 마주하지 못해도 사물이 역으로 갖추어진다'. 광휘(廣輝)가 해석한다. '오히려 갖춘다는 말은 용을 온전히 갖춘다는 뜻이다'. 별시에 가려 말하였다. '정중에 용이 없는 것은 편으로 삼고 온전히 씀으로서 원이 된다. 이것이 두 가지 뜻이다'. 正位却偏 就偏辨得 是圓兩意 曹山揀云 正位却偏者 爲不對物 雖不對 物却具 輝釋云 却具者 具用也 別時揀云 正中無用爲偏 全用爲圓 是兩意"라고 하였다. [참고문헌] 『曹洞五位顯訣』.

편위 偏位 치우쳐 자리하다. 편정오위 중 하나로 불평등차별의 위여서 평등무차별의 정위(正位)와 맞선다. 『조산어록』(대정장47, p.531c10)에 "편위 비록 치우친다지만 원이기도 한 두 뜻이다. 연중에서 가려 얻으면 이는 말이 있는 중에 말 없는 것이다. 위를 좇아 가려 말한다. '「편위는 비록 치우친다지만 원이기도 한 두 뜻이다」라는 말은 용처마다 딱 맞는 것 세우지 않기 때문이다. 적적이라 하면 진실하지만 항상 작용하지는 않는다'. 따로 간별하여 말한다. '「편위는 비록 치우침이지만 원이기도 하다」라는 말은 비록 용중일지라도 사물도 없고 마주칠 일도 없다. 이 두 가지 뜻을 비록 용에 나아가 밝히지만 아무리 말해도 상할 일 없다. 이래야 종일 말해도 말하지 않는 듯하다'. 별시에 간별하여 말한다. '편위 도리어 원이어서 갖춰진 연일지라도 물들지 않는다'. 偏位雖偏 亦圓兩意 緣中辨得 是有語中無語 逐位揀曰 偏位雖偏 亦圓兩意者 爲用處不立的的 的的則眞不常用也 別揀曰 偏位雖偏亦圓者 用中無物無觸 是兩意雖就用中明 爲語中不傷 此乃竟日道如不道 別時揀曰 偏位却圓 亦具緣中不觸", 『조동오위현결』 권중 「묘희시중 妙喜示衆」(卍속장111, p.250b16)에 "편위란 색계다. 그 안에 갖가지 모든 잡만상이 있다. 偏位者 卽色界也 內有種種 諸雜萬像", 같은 책 권중 「선조산본적선사축위송 先曹山本寂禪師逐位頌」(卍속장111, p.248a2)에 "오위 중 두 번째 편위는 연을 밟는 것이다. 二 偏位 涉緣也"라고 하였다. [참고문헌] 『曹山語錄』, 『曹洞五位顯訣』. ⇨ 편정오위 偏正五位, 오위 五位**3**, 정위 正位**2**

편위중래 偏位中來 치우쳐 자리한 채로 오다. 편위래(偏位來)라고도 한다. 『조산어록』(대정장47, p.532a4)에 "편위중에서 온다는 말은 '사대성색중에서 오지만 시비가 일어나는 곳에는 처하지 않는다'는 뜻이다. 그러므로 '연중에서 가려 얻는다 하는 이것이 편위중에 온다는 것이다'라고 한다. 偏位中來者 語從四大聲色中來 不處所是非 故云 緣中辨得 是偏位中來也", 같은 책(대정장47, p.528b1)에 "학인이 조산에게 물었다. '오위로 손님을 맞이할 때 어떻게 하는지요?' '그대는 지금 오위 중 어떤 위를 묻고 있는가?' '저는 편위중을 좇아 와서, 스님께서 정위 향하는 중에 맞아주시기 바랍니다' '맞이하지 않겠다' '어째서 맞이할 수 없는지요?' '편위중으로 떨어져 가버릴까 염려되기 때문이다'. 이번에는 조산이 학인에게 물었다. '다만 저 맞이하지 않는 것이 손님 마주함인가, 나그네 마주하지 못함인가?' '진작에 손님맞이는 다 마쳤습니다' '그렇다, 그래!' 僧問 五位對賓時如何 師曰 汝卽今問那箇位 僧云 某甲從偏位中來 請師向正位中接 師曰 不接 僧云 爲甚麽不接 師曰 恐落偏位中去 師却問僧 秖如不接 是對賓 是不對賓 僧云 早是對賓了也 師曰 如是 如是", 『조동오위현결』 권상(卍속장111, p.235a12)에 "편위중에서 온다한즉 연을 겸한다. 마치 '지금 오가는 이것을 무엇이라 불러야 될까?'라고 물음에 아무 대꾸가 없자 동산이 스스로 '(어떻게 불러도) 안 된다, 안 돼!'라고 대신 답함과 같다. 이러한 예 또한 많은데, '말이 있는 중에(편위) 말이 없다(정위)'라고 부른다. 偏位中來者則兼緣 如云 卽今往來底 喚作什麽卽得無對 洞山自代云 不得 不得 此例亦多 呼爲有語中無語也"라고 하였다. [참고문헌] 『曹山語錄』, 『曹洞五位顯訣』.

편유편무 偏有偏無 치우쳐 유라 하고 치우쳐 무라 하다. 『금강경휘찬』(卍속장40, p.277a10)에 "정한 법이 없다는 것은 치우쳐 유도 아니고 치우쳐 무도 아니어서, 이는 법과 비법을 아우르는 말로서 '법도 아니고 비법도 아니다'라는 뜻이다. 無有定者 不偏有 不偏無 兼法與非法言 所謂非法非非法也", 『아미타경요해편몽초』 권상(卍속장91, p.894b11)에 "진에 따르므로 상이 없지만 치우쳐 무인 것은 아니며, 속제에 따르므로 상이 아닌 것이 없어서 치우쳐 유인 것이 아니다. 이변에 치우치지 않으므로 중도다. 이미 이 원증일진대는 원진이기도 하고 원속이기도 하다. 어쩔 수 없이 실상이라 이름을 붙이지만 실상 또한 이름이 없지만 붙일 이름이 없지도 않아 억지로 이름을 붙여 실상이라 부른다. 隨眞故無相 非偏無也 隨俗故無不相 非偏有也 不偏二邊 故是中道 旣是圓中 亦是圓眞 亦是圓俗也 不得已强名實相者 實相無名 亦無不名 强安名喚作實相也", 『금강경파공론』(卍속장39, p.294a5)에 "속제의 언덕에서 말하면, 일체는 모두 유이지만 십계 다 공이므로 치우친 공은 아니다. 이 공은 모든 법을 갖추고 있으므로 진여라 한다. 십계는 모두 유이지만 치우친 유는 아니다. 이 유인즉 모든 상 사라져 없기에 진여라고도 한다. 여지로써 여리와 같아지기에 편유상도 편무상도 취하지 않는다. 이렇게 공과 유로 고른 법이어서 다 얻어 흔들림 없다. 約俗諦邊 一切皆有 十界皆空 故非偏空 此空卽具一切法 名爲眞如 十界皆有 故非偏有 此有卽泯一切相 亦名眞如 今以如智 如於如理 故不取偏有相 不取偏空相 而空有等法 皆得不動", 『조론소』 권상(卍속장96, p.860b17)에 "편유와 편무에 나아가 마음은 유도 아니고 무도 아니라고 풀이한다. 마음 있다 하면 미혹된 생각이고, 마음 없다 하면 치우쳐 무라 하게 되니, 치우쳐 무라 한 이것이야말로 소승의 멸심정이다. 어찌 미혹된 생각으로 무에 치우쳐 그것을 법신이라 표방할 수 있겠는가? 就偏有偏無 釋心非有非無 有心卽惑情 無心卽偏無 偏無卽是 小乘滅心定也 豈可惑情偏無 而標法身耶", 『천여유칙어록』 권8(卍속장122, p.950b16)에 "저들 중생 가운데 갖가지 이름과 모습에 미혹되어 유에 착하는 이들에게는 공을 설해 부수고, 유에 착하지 않지만 다시 공에 착하는 이들에게는 유를 설하여 그 집착을 빼앗는다. 치우친 공이나 치우친 유나 진실로 실법이 아니지만, 유도 아니고 공도 아니라고 해도 뜻을 다해 마친 것은 아니다. 若彼衆生 爲名相所迷 而著於有者 說空以破之 或不著有 而復著於空者 說有以奪之 偏空偏有 固非實法 不有不空 亦非了義"라고 하였다. 〔참고문헌〕『金剛經彙纂』, 『阿彌陀經要解便蒙鈔』, 『金剛經破空論』, 『肇論疏』, 『天如惟則語錄』.

편의 便宜 마땅함을 편들다. 사람과 때와 상황에 따라 마땅한 편에 서다의 뜻으로 방편(方便)을 말한다. 『현우경』 권4(대정장4, p.374c28)에 "대덕의 편치 않으심에 마땅한 편에서는 무엇을 드셔야겠습니까? 大德所患 便宜何食", 『제제방등학경』(대정장9, p.375a7)에 "훌륭하시구나, 세존이시여! 때를 따라 마땅한 편에 서서 경의 도를 가려내어 펼치시고 법을 보는 이 눈이 영원히 남아 있도록 하시는군요. 善哉 世尊 隨時便宜 頒宣經道 令斯法目 永得久存", 『화엄경소』 권8(대정장35, p.560c7)에 "(방편이라는 말에서) 방은 방법을, 편이란 마땅함을 거드는 것이다. 方謂方法 便謂便宜", 『허당록』 권9(대정장47, p.1052a15)에 "마치 꿀에 숨은 비상과 같다. … 이곳에서는 누구도 난관을 돌파할 마땅한 다룰 수단을 찾을 수 없다. 如蜜裡砒霜 … 這裏 無爾討便宜處", 『경덕전등록』 권12 「호계암주전 虎谿菴主傳」(대정장51, p.296a6)에 "호계가 따귀를 후려갈기자 학인이 말했다. '오늘에야 사람들 편의 봐줄 줄 알아야 함을 알겠군요' '여전히 한 방 맞아야겠구나'. 師便摑之 僧曰 知道今日落人便宜 師曰 猶要棒在"라고 하였다. 〔참고문헌〕『賢愚經』, 『濟諸方等學經』, 『華嚴經疏』, 『虛堂錄』, 『景德傳燈錄』. ⇨ 방편 方便, 낙편의 落便宜 1 2, 득편의 得便宜, 멱편의 覓便宜

편입 編入 엮어 넣다. 경론 따위를 차제에 맞게 대장경에 입장(入藏)한다는 말로 쓴다. 『미륵하생성불경』 「발跋」(대정장14, p.428b19)에 "송장에 이 경이 들어 있지 않음 실수일 따름이니, 이제 거란대장경에서 찾아 엮어 넣었다. 宋藏無此經者 失之耳 今得於丹藏 而編入之", 『불조통기』 권44(대정장49, p.405a1)에 "전후 두 왕조에서 남긴 어제의 불승문집을 대장경에 편입토록 청하였다. 又請以兩朝御製佛乘文集 編入大藏"라고 하였다. 〔참고문헌〕『彌勒下生成佛經』, 『佛祖統紀』.

편작 扁鵲 중국 전국(戰國)시대의 명의(名醫). 인도의 명의 기바(耆婆)와 견준다. 노(盧) 출신으로도 보기에 노의(盧醫)라고도 하며, 월 출신(越醫)으로 보기도 한다. 편은 편(偏)과 혼용한다. 『한서 漢書』 「예문지 藝文志」에 『편작내경 扁鵲內經』 9권과 『편작외경 扁鵲外經』 12권이 기록되어 있으나 실물은 전하지 않으며, 『사기 史記』에도 전기가 수록되어 있지만, 의학적 바램을 반영한 갖가지 전설의 인물로 보는 견해가 일반적이다. 『지관보행전홍결』 권6(대정장46, p.343b12)에 "편작은 『춘추후어 春秋後語』에 따르면 월의 의사라 한다. 제를 지나는 길에 환후를 보고는 '왕의 병이 지금은 피부 속에 있습니다'라고 말했다. 환후가 '과인은 아무 병도 없는데 어째서 병도 없는 사람을 치료하여 공을 세우려 드는가?' 닷새 뒤에 다시 왕을 보고 '병이 혈맥에 있습니다'라고 하였으며, 또 닷새 뒤에는 '병이 창자와 위에 있습니다'라고 하였다. 닷새 뒤에 편작이 뒷걸음치며 달아나자 환후가 그를 쫓아가서 달아나는 까닭을 묻도록 시켰다. 편작이 말했다. '병이 피부 속에 있을 때는 뜨겁게 찜질하여 치료할 수 있고, 혈맥에 들 경우는 침과 뜸으로 치료할 수 있으며, 창자와 위에 침범하면 주약으로 치료할 수 있지만, 이것을 넘은 다음 골수까지 파고들면 운명의 소관이지 치료할 수 없습니다'. 扁鵲者 後語云 越醫也 因過齊見桓侯云 王有疾在腠理 桓侯曰 寡人無疾 如何欲治無疾爲功 五日後 復見王云 有疾在血脈 五日後 見云 有疾在腸胃 五日後 扁鵲退走 桓侯使人逐之問其故 扁鵲云 疾在腠理可湯熨 在血脈可鍼炙 在腸胃可酒藥 過此後在骨髓 司命所及 不可治也", 『원각경대소초』 「서 序」(卍속장14, p.409a8)에 "편작의 의술로는 초목이란 초목은 모두 약으로 쓰듯이 진실로 그 적절한 활용법을 터득한다면 진실한 말이 아님이 없다. 偏鵲之醫 草木皆藥 苟得其用 莫匪誠言", 『종용록』 83칙 「평창 評唱」(대정장48, p.280c13)에 "도려낼 수도 없고 감쌀 수도 없는 그러한 병은 화타도 손을 쓰지 못하고 편작도 미간만 찌푸릴 뿐이다. 所謂攢簇不得底病 華陀拱手 扁鵲攢眉", 『검관자익어록』(卍속장122, p.93a16)에 "유마 : 속된 기운 제거하지 못하여, 병이 한결같은 그 침묵에 들어 있다네. 노나라 명의 편작도, 그대 고치지 못하리라. 維摩 俗氣不除 病在一默 扁鵲盧醫 醫你不得"라고 하였다. 〔참고문헌〕『止觀輔行傳弘決』, 『圓覺經大疏鈔』, 『從容錄』, 『劒關子益語錄』. ⇨ 기바 耆婆[1], 기바편작 耆婆扁鵲

편장 便掌 느닷없이 손바닥 올려 때리다. 방(棒)이나 할(喝)을 쓰듯 선사들간의 특징적 행의다. 『임제록』(대정장47, p.503a23)에 "임제가 '무슨 일로 내일이라 말씀하시는지요? 지금 당장 맞으시죠'라고 한 뒤 느닷없이 따귀를 때렸다. 황벽이 '이 미친놈아! 이곳까지 와서 호랑이 수염을 뽑느냐'. 師云 說什麽來日 卽今便喫 道了便掌 黃蘗云 這風顚漢 又來這裏捋虎鬚", 『원오어록』 권17(대정장47, p.791b15)에 "누군가 나 숭녕에게 '부모에게서 나기 전에 콧구멍은 어디에 있는가?'라고 물으면 그냥 정면 향해서 곧바로 따귀 날릴 뿐이다. 或有問崇寧 父母未生已前 鼻孔在什麽 只劈口便掌", 『설봉문열어록』(고존숙어록40, 卍속장118, p.673a11)에 "수좌가 물었다. '덕산의 종승은 접어두고 어떻게 하는 것이 임제의 대용인지요?' '그대는 어디 갔다 오기라도 했느냐?' 수좌가 머뭇거리자 설봉이 문득 따귀 올려붙였다. 首座問 德山宗乘卽不問 作麽生是臨濟大用 師云 你甚處去來 首座擬議 師便掌"라고 하였다. 〔참고문헌〕『臨濟錄』, 『圜悟語錄』, 『雪峰文悅語錄』.

편정오위 偏正五位 차별의 편위(偏位)와 무차별평등의 정위(正位)로 다섯 위를 시설한 조동종(曹洞宗)의 설. 동산오위(洞山五位)라고도 한다. 동산양개(洞山良价)가 먼저 제시하고 조산본적(曹山本寂)이 변용했다. 동산양개의 오위는 『오위현결 五位顯訣』에 의지한 정위각편(正位却偏)·편귀수편역원양의(偏位雖偏亦圓兩意)·정위중래(正位中來)·편위중래(偏位中來)·상겸대래(相兼帶來)이고, 조산이 이어받아 정중편(正中偏)·편중정(偏中正)·정중래(正中來)·편중지(偏中至)·겸중도(兼中到)의 오위를 정립하였다. 편정오위는 각각 주역의 손괘(巽卦)·태괘(兌卦)·대과괘(大過卦)·중부괘(中孚卦)·중리괘(重離掛)에 상응하고, 군신오위의 군위(君位)·신위(臣位)·군친신(君親臣)·신향군(臣向君)·군신합(君臣合)에 대응하며, 공훈오위의 향(向)·공(功)·봉(奉)·공공(共功)·공공(功功)에도 각각 상응한다. 『인천안목』 권3 「조동문정 曹洞門庭」(대정장48, p.320c7)에 "문득 편중에 정을 알아차림도 있고, 정에서 편을 알아차림도 있으며, 서로 겸하기도 하고, 문득 같고 문득 달라서 편정오위·사빈주·공훈오위·군신오위·왕자오위·내외소 등의 사태를 보인다. 편정오위란, 정중편이란 체에서 용을 일으킴이고, 편중정은 용에서 체로 돌아감이며, 겸중지는 체와 용이 아울러 이름이고, 겸중도는 체와 용이 함께 사라짐이다. 忽有偏中認正者 忽有正中認偏者 忽相兼帶 忽同忽異 示以偏正五位 四賓主 功勳五位 君臣五位 王子五位 內外紹等事 偏正五位者 正中偏者 體起用也 偏中正者 用歸體也 兼中至 體用並至也 兼中到 體用俱泯也", 『오가종지찬요』 권중 「동종편정오위 洞宗偏正五位」(卍속장114, p.530a4)에 "정중편 : 정위인즉 공계로서 본래 물이란 없으며, 편위는 색계로서 만 갈래 형상이 있다. 정중편이란 학인이 구르고 움직일 줄 몰라서 겁 밖에 멈춰 있으니, 이만으로 외롭고 사(事)를 결하기에 정중편을 세워 이를 등지고 사로 나가며 체를 좇아 용을 일으키고, 말이 없는 중에 말을 있게 한다. 正中偏 正位卽空界 本來無物 偏位卽色界 有萬象形 正中偏者 爲學人不知轉動 滯在劫外 則孤理而缺事 故立正中偏 背理就事 從體起用 無語中有語也", "편중정 : 편위 가운데 정위란, 학인이 물상에 붙들려 금시에 막혀 오롯이 사뿐이고 이를 결하기에 편중정을 세워 사를 버리고 이로 들어가며 용을 거두어 체로 돌아가고, 말 있는 중에 말 없게 한다. 偏中正 偏中正者 爲學人著於物象 滯在今時 則孤事而缺理 故立偏中正 舍事入理 攝用歸體 有語中無語也", "정중래 : 정중래란, 존귀위중에 거처하지 않아 교화도 없지만 교화하지 못하는 일이 없다. 무슨 언구라도 있다 해도 다 무를 좇아 읊어낸 소식이니, 빌리지 않으면서 무엇이 빌려와서 발길을 돌려 자리를 뒤치니 머리에 뿔 달고 털옷 입고서 이류 속으로 돌아와 어느 곳에서나 빈틈 없이 이류로서 행한다. 처처에 빈틈없이 비록 금시에 있어도 금시에 떨어지지 않으니, 이것이야말로 몸 뒤치는 한 길이다. 正中來 正中來者 乃是不居尊貴位中 無化而無所不化 凡有言句 皆

〈표〉편정오위

			군자오위 君子五位	왕자오위 王子五位		공훈 功勳
☴	손괘 巽卦	◓ 군위 君位	정중편 正中偏	탄생 誕生	군친신 君親臣	향向
☱	태괘 兌卦	◒ 신위 臣位	편중정 偏中正	조생 朝生	신향군 臣向君	공功
䷛	대과괘 大過卦	◉ 군친신 君親臣	정중래 正中來	미생 未生	군 君	봉奉
䷼	중부괘 中孚卦	○ 신향군 臣向君	편중지 偏中至	화생 化生	신 臣	공공 共功
䷝	중리괘 重離卦	● 군신합 君臣合	겸중도 兼中到	수생 囚生	군신도합 君臣道合	공공 功功

從無中唱出 不借而借 迴途轉位 戴角披毛 向異類中來 處處無間 雖居今時 而不落今時 此轉身一路也", "겸중지 :

겸중지란, 전의 편정 두 위를 아울러 기미가 보이기 전에 모조리 집어낸다. 쇠사슬 오고가게 해서 혈맥을 고리로 이은 뒤에 거두고 폄에 자재해서 묘용으로 기를 따르니 의심해 막힐 일 없다. 마치 어떤 사람 집으로 돌아오는데 도달하기도 전에 다른 업이 닥쳐와 도중에 남을 위하여 곁들여 일하는 듯한다. 밝음과 어둠 쌍으로 놓아서 작가는 험처에서 노닌다 한다. 兼中至 兼中至者 兼前偏正兩位 盡在機前拈出 往來鉤鎖 血脈連環 卷舒自在 妙用隨機 更不疑滯 如人歸家 未到而至別業 乃在途中 爲人邊事 明暗雙放 作家弄險處也", "겸중도 : '아우르는 중에 도달한다'라 하니, 앞선 네 위를 아울러 묘를 곁한 채로 정위로 돌아온다. 또한 마음껏 온갖 연에 남몰래 응하고, 이전과 다름 없이 어떤 유에도 떨어지지 않는다. 동정으로 시위함에 일상에서 자재하고 온전한 바탕 꾸려 거둬서 다시는 남겨 흐를 일 없게 한다. 공훈 해칠 일 없이 밝음과 어둠 쌍으로 거둠이 바로 이것이다. 兼中到 兼中到者 兼前四位 挾妙而歸正位 亦任冥應衆緣 依然不墮諸有 動靜施爲 平常自在 全體該收 更無遺漏 功勛不犯 明暗雙收 是也"라고 하였다. 〔참고문헌〕『人天眼目』, 『五家宗旨纂要』, 『四集私記』 p.99. ⇨ 동산오위 洞山五位, 오위 五位[3], 공훈오위 功勳五位, 군신오위 君臣五位, 왕자오위 王子五位, 오위왕자 五位王子, 오위유삼 五位唯三, 오위일위 五位一位, 조동오위 曹洞五位

편정회호 偏正回互 치우치고 바른 것들 돌아가며 자리 바꾸다. 『시식단의』(卍속장104, p.833b1)에 "이를 불러들여 사를 일으킬지라도, 사 또한 어찌 다하랴? 거울에 의지하여 모습 나투지만 형인들 어찌 다함이 있으랴? 이 사구야말로 바로 종문의 뜻이 가리키는 바다. 겁 밖에 금시를 다 쳐버려 한 조각으로 만들고, 편정이 돌아가며 서로 바꾸니, 손님과 주인이 그대로 분명해지는 뜻이다. 稱理起事 事復何窮 依鏡現形 形寧有盡 此四句 正是宗門意旨 劫外今時 打成一片 偏正回互 賓主歷然之旨"라고 하였다. 〔참고문헌〕『施食壇儀』. ⇨ 변진성오 變盡成五, 불회호 不廻互, 삼첩오변 三疊五變

편좌 偏坐 앉는 방법 중 하나. 무릎 하나를 세우고 앉는 법이다. 편가(偏跏)와 같다고 보기도 한다. 『아타박구원수대장상불다라니경수행의궤』 권하(대정장21, p.201c8)에 "귀신을 다스리려면 편좌로 앉아 왼손으로 사타구니를 받치고 오른손은 엄지로 새끼손가락과 약손가락 손톱을 누르고 집게손가락와 가운뎃손가락은 똑바로 세운다. 若勅鬼神 卽偏坐 以左手托跨 右手以大指 押小指無名指甲上 直竪頭指中指", 『동산어록』(대정장47, p.517b19)에 "동산이 상좌가 예배하러 찾아오는 모습을 보고 물었다. '와서 무엇을 하려 하느냐?' '화상 때문에 오지 않았습니다' '존자께 예배하려거든 나는 편좌하고 있겠다'. 師看上座來禮拜 師曰 來作什麽 云 不爲和尙來 師曰 若禮尊者 某甲則偏坐"라고 하였다. 〔참고문헌〕『阿吒薄俱元帥大將上佛陀羅尼經修行儀軌』, 『洞山語錄』.

편중불편경 便重不便輕 무거워야 기울지 가벼움엔 편들지 않는다. 『종용록』 7칙 「본칙 本則」(대정장48, p.231b10)에 "화상께서 대중에게 법을 말해 주시기 바랍니다〈무거움에 편들어 가벼운 건 기울이지 않는구나〉. 請和尙爲衆說法〈便重不便輕〉", 같은 책 86칙 「본칙」(대정장48, p.282c8)에 "이와 같이 세 차례 거듭하고 나서 황벽에게 작별인사를 올리고 대우를 친견하였다〈무거움에 쏠려서 가벼움 돌보지 않는구나〉. 如是三度 乃辭蘗 見大愚〈便重不便輕〉", 『무문관』 40칙 「평창 評唱」(대정장48, p.298a9)에 "위산은 한때 용기를 부렸지만 백장이 친 울타리는 벗어날 수 없었던 것은 어쩔 수 없었다. 점검해 보면 무거움에 쏠려 가벼운 편은 돌보지 않았던 것이다. 어째서 그럴까? 그것은 바로, 머리에 감싼 수건은 풀었으나(전좌) 쇠목칼(위산의 주인) 차고 일어났기 때문이다. 潙山一期之勇 爭奈跳百丈圈圚不出 檢點將來 便重不便輕 何故 聻 脫得盤頭 擔起鐵枷", 『인천안목』 권6 「육조 六祖」(대정장48, p.334c26)에 "허리춤에 돌 묶어 방아 찧는 소리, 노로는 무거운 편에 서서 가벼움 돌보지 않았구려. 황매의 의발 몸소 얻었지만, 조계와의 거리 여전히 수십 정이나 떨어졌다. 石墜腰間舂碓鳴 老盧便重不便輕 黃梅衣鉢雖親得 猶較曹溪數十程"라고 하였다. 〔참고문헌〕『從容錄』, 『無門關』, 『人天眼目』.

편중정 偏中正 기울인 중에서도 바르다. 편정오위(偏正五位) 중 두 번째인 편위(偏位) 중 정위. 『종문현감도』(卍속장112, p.935b10)에 "편중정 : 옥인은 몸소 대위의 거울 앞에 서지 않고, 별빛마저 가라앉은 한밤중에 서기 짙게 깔렸으니, 여전히 청산은 정수리 드러내지 않는구나. 偏中正 玉人不親臨臺鏡 子夜星沉瑞氣濃 依舊青山不露頂", 같은 책(卍속장112, p.939a1)에 "편위 가운데 정위. 〔주〕 편이란 이에 바로 금시구로서 태양문 아래의 일이니 유구라 한다. 정은 바로 정체로서 명월당 앞의 일이니 무구라 한다. 무구야말로 좋이니 잊어서는 안 된다. 만약 유구에 무구종지 곁하게 한 즉시 편중에 정을 얻는 것이다. 편이란 좌우에서 모시는 사람이고 정위란 존귀한 사람이다. 항상 때마다 그를 받들고 마음마다 빈틈이 없어야 하며 찰나마다 어긋남이 없어야 비로소 그와 함께할 수 있다. 이에 그런 사람 있는 줄 알아야 받들며 소중히 여길 줄 알고 잠시라도 등지면 안 된다. 만약 잠시라도 없으면 죽은 사람과 같다. … 또한 편위는 금시의 육근육식에 속하고, 정위는 저편으로서 금시에 떨어지지 않는다. 다만 육근육식 아래에서 저편의 사람을 밝히기만 한다면 편위 중에 정위를 얻을 수 있다. 偏中正 註曰 偏乃是今時句 太陽門下事 名有句 正是正體 明月堂前事 名無句 無句是宗 不得昧却 若於有句傍無句宗旨 卽是偏中得正也 偏是左右人 正是尊貴人 常要時時奉他 須得心心無間 念念無差 始得與他相應 是故知有底人 始解奉重 輒不得暫時違背 若暫時不在 如同死人 … 又偏屬於今時 六根六識也 正是那邊 不落今時 只於六根六識下 明得那邊人 偏中得正", 『인천안목』 권3(대정장48, p.314b1)에 "무엇이 편중정인가? 분양(汾陽)이 말하길 '터럭 만한 씨가 큰 나무를 이루고, 한 방울 물이 강호가 된다' 말하였고, 도오(道吾)는 '만 갈래 강물과 천이나 솟은 산이 거울처럼 밝다'라고 하였으며, 굉지(宏智)는 '백발의 노파가 거울 보며 부끄러워한다'라고 하였고, 취암(翠巖)은 '둥글둥글 한 덩이 모자람도 남음도 없다'라고 하였으며, 화엄조각(華嚴祖覺)은 '날이 밝자 도둑이 마른 우물에 몸을 던졌다'라고 하였다. 如何是偏中正 汾云 毫末成大樹 滴水作江湖 吾云 萬水千山明似鏡 智云 白髮老婆羞看鏡 巖云 團欒無少剩 覺云 天曉賊人投古井"라고 하였다. 〔참고문헌〕『宗門玄鑑圖』, 『人天眼目』. ⇨ 편정오위 偏正五位, 동산오위 洞山五位

편중지 偏中至 기울인 채로 지극하다. 편정오위(偏正五位) 중 네 번째. 편위 중에 정위(正位)를 아우름으로써 지극함에 이른다. 겸중지(兼中至)라고도 한다. 『종문현감도』(卍속장112, p.940a13)에 "겸중지·편중지. 〔주〕 전의 유구로 옴이다. 전을 좇아 온 정위 중으로 옴이니 이는 유구이고, 유구는 금시에 속하니 편위라 한다. 그러므로 편중지를 가리켜 유구로 옴이라 하기에, 기 서로 맞바꾸지 않는다. 그런 까닭에 편정 두 위 모두 기전에 잡아 드러내 다하지만 다시는 서로 자리 바꾸지 않는다. 〈兼偏〉中至 註曰 從前有句中來 前來 是正位中來 是有句 有句屬今時 名偏位也 故指偏中至 是有句中來 機不回互 所謂以偏正兩位 盡在機前括出 更不回互矣", 『조동오위현결』 권중(卍속장111, p.250a7)에 "'편중지란 무엇인가?' '기에 당면하여 서로 바꾸지 않으며, 마주하고 있지만 다음도 앞도 없다'. 如何是偏中至 師云 當機不回互 覿面無後先", 같은 책 권중(卍속장111, p.254a17)에 "편중지란 말 중에 묘를 머금은 지극한 뜻이 되는 것이어서 상처 입을 일도 없기 때문이다. 그래서 이야말로 나그네이면서 주인인 것이다. 偏中至者 爲語中妙含至理 得不傷故 亦是賓中主"라고 하였다. 〔참고문헌〕『宗門玄鑑圖』, 『曹洞五位顯訣』. ⇨ 편정오위 偏正五位, 동산오위 洞山五位, 겸중지 兼中至

편지청정 偏指淸淨 오직 청정만을 치우쳐 가리킨다는 말. 일변에 치우쳐 진실을 볼 수 없도록 한다. 『십불이문지요초』 권상(대정장46, p.709c5)에 "만약 오직 청정한 진여만 치우쳐 가리키고 진심만 기울여 가리킨다면 초심자가 불도에 들어가는 길을 막아서 이름과 모습들의 경만이 더 늘게 된다. 若也偏指淸淨眞如 偏唯眞心則杜初心入路 但滋名相之境", 『원각경협송집해강의』 권11(卍속장87, p.977a2)에 "이렇게 말함은 삿된 무리들이 남들에게 잘못된 공을 설하게 하여 치우쳐 좁은 망심으로 오직 청정진여와 완공·석공·환화공만을 치우쳐 가리킴을 말하고 있다. 범부는 알지 못하여 이 삿된 방법을 배워 마음의 병을 고치려 하지만 그 병은 더욱 깊어지니 결국 삿된 스승의 잘못이다. 此言邪黨 敎人說邪空 偏小妄心 偏指淸淨眞如 及頑空 析空 幻化空 凡夫不識 學此邪方 要治心病 其病轉深 邪師過謬"라고 하였다. 〔참고문헌〕『十不二門指要鈔』, 『圓覺經夾頌集解講義』.

편진 偏眞 치우친 진실. 편공(偏空)·단공(但空)만을 말해서 구경진여도 중도실상도 아닌 뜻이다. 『금강경찬요간정기』 권5(대정장33, p.213b18)에 "여어등이란 소승에 비록 생공의 이가 있지만 참된 진여는 아니다. 이것은 치우친 진실이어서 아직 근원에 사무치지 못했기 때문이다. 대승의 안에서는 삼공을 드러내니 공병도 또한 공하게 한다. 이것이 구경의 진여법이다. 如語等者 小乘雖有生空之理 非實眞如 以是偏眞未徹源故 大乘之內具顯三空 空病亦空 是究竟眞如法也", 『인왕호국반야경소』 권1(대정장33, p.254c27)에 "이 실상에 기준하면 또한 두 가지가 있다. 첫째 공이고, 둘째 불공이다. 함께함이란 단지 공만을 보고 불공을 보지 못한다. 무명을 끊지 못해서 다만 견사만을 버린다. 이것이 편진의 실상이다. 불공이란 중도실상을 이름한다. 準此實相亦有二種 一共 二不共 共者但見於空不見不空 不斷無明但除見思 此偏眞實相 不共者名中道實相"라고 하였다. 〔참고문헌〕『金剛經纂要刊定記』, 『仁王護國般若經疏』.

편진원진 偏眞圓眞 치우쳐 진실인 것과 두렷해 진실인 것. 천태의 사교판(藏通別圓)을 둘로 나눈 뜻이다. 『사교의』 권3(대정장46, p.730a16)에 "지금 불법의 네 갈래 문은 모두 하나의 리로 들어갈 수 있음을 밝힌다. 다만 두 가지로 같지 않다. 첫째, 삼장교와 통교의 네 갈래 문은 다같이 편진의 리에 들어간다. 둘째, 별교와 원교의 네 문은 원진의 리에 들어간다. 今明佛法四門 皆得入一理 但有二種不同 一者三藏通教兩種四門同入偏眞之理 二者別圓兩教四門 同入圓眞之理"라고 하였다. 〔참고문헌〕『四教儀』. ⇨ 편진 偏眞

편집 偏執 Ⓢ durgṛhīta. 치우쳐 붙들리다. 변견(邊見)·편견(偏見) 또는 편집견(偏執見)과도 통한다. 『대반야경』 권394(대정장6, p.1038b27)에 "정법을 듣지 못하여 항상 갖가지 아와 유정이라는 견 그리고 모든 견들의 갈래에 갇히게 되니 단상에 떨어지거나 이변에 치우쳐 집착한다. 不聞正法 常爲種種 我有情見 及諸見趣之所執藏 墮在斷常 二邊偏執",『불퇴전법륜경』 권4(대정장9, p.249c17)에 "중생은 탐이 많아, 치우쳐 붙들려서는 망상만을 취한다. 衆生多貪著 偏執取妄想",『무외삼장선요』(대정장18, p.944a12)에 "중생근기가 같지 않기에 대성께서 베푸는 교설도 하나가 아니다. 하나의 법에 치우친 집착으로 서로 시비를 일으켜서는 안 된다. 오히려 인천보도 받지 못할 것인데 하물며 위없는 도이겠는가! 衆生根機不同 大聖設敎亦復非一 不可偏執一法 互相是非 尙不得人天報 況無上道",『법화문구기』 권5상(대정장34, p.239c7)에 "유와 무에 기울어 있은즉 변견이라 한다. 偏執有無 卽邊見也",『대반열반경집해』 권63(대정장37, p.571c20)에 "이렇기에 치우쳐 집착해서 하나의 법은 옳고 그 나머지 법은 틀리다고 여겨서는 안 된다. 가섭은 이 품(迦葉菩薩品)에서 이끌어 말하길 부처님께서 49년 동안 정해서 설하지 않으셨다고 한다. 치우친 집착을 가진 사람은 모두 부처님의 뜻을 잃는다. 是則 不可偏執 一法爲是 而餘法非也 迦葉今引 四十九年 不定之說 偏執者 皆失佛意",『유마경현소』 권6(대정장38, p.557b22)에 "만약 이 가르침 받으면 능히 기울어 집착한 유무의 혹을 무너뜨릴 수 있다. 인연으로 있으나 공함을 알고 진실의 무루를 일으킨다. 그 유의 공을 인하여 진실로 있으면서 공한 것을 보는 그것이 제일의의 문이다. 若稟此敎 能破偏執 有無之惑 見因緣有空 發眞無漏 因有空見眞有空 卽第一義之門也",『반야심경요론』(卍속장41, p.815b1)에 "이승은 치우쳐 붙들려서 공만 보고 색을 보지 못한다. 二乘偏執 見空而不見色"라고 하였다. 〔참고문헌〕『大般若經』,『不退轉法輪經』,『無畏三藏禪要』,『法華文句記』,『大般涅槃經集解』,『維摩經玄疏』,『般若心經要論』, Abh-k-bh.459·460.

편차 編次 차제를 두어 엮다.『법화현의』 권7(대정장33, p.765a15)에 "이 십묘를 풀어 다시 또 십중을 삼는다. 첫째 간략하게 열 가지 뜻으로 풀고, 둘째 차제를 일으킨다. … 둘째 생기란, 이 십종의 뜻은 연에 나아가 바로 설하지만 경문에 흩어져 있으니 이제 차제를 두어 엮으려 하기에 생기해야 한다. 釋此十妙 又爲十重 一 略釋十意 二 生起次第 … 二 生起者 此十種義 赴緣直說 散在經文 今欲編次 故須生起",『낙방유고』「낙방유고병서 樂邦遺稿幷序」(대정장47, p.231c6)에 "종효가 낙방의 전후 두 책을 차제를 일으켜 엮고, 일 따라 제목을 드러내 다하였는데, 조용히 생각해 보건대 이 책은 오롯이 군생을 이끌어 정토로 돌아가게 하니 또한 가히 낙방귀지라고 할 만하다. 宗曉編次樂邦前後兩書 隨事標題 盡之矣 靜而思之 此書專導群生 歸於淨土 亦可目爲樂邦歸志",『연종보감』「서 序」(대정장47, p.303b10)에 "이 때문에 염불의 도가 세간에 창행하였으니 지금의 천년에 이르러서는 그것을 일러 연종이라 한다. 옛을 떠남이 이미 멀어지고 법은 흘러 헤어졌으니 사도가 뒤섞이고 미지마저 애매해졌다. 이로 인해 우담화상이 숙원력에 힘입어 정종을 애통해 하던 차 진실심을 떨쳐 요지를 찾고자 차제로 본말을 엮고 진위를 가려내어 십문으로 정하고는 이름하여 보감이라 하였다. 是以 念佛之道 唱行於世 迨今千年 謂之蓮宗也 去古已遠 法流成弊 邪道混淆 微旨曖昧 由是 優曇和尙 乘宿願力 痛嗟正宗 奮眞實心 探尋要旨 編次本末 剖分僞眞 定爲十門 名曰寶鑑"라고 하였다. 〔참고문헌〕『法華玄義』,『樂邦遺稿』,『蓮宗寶鑑』.

편참 遍參 ➡변참 遍參

편철성서 編綴成書 모으고 나눈 후 꿰매어 책을 만들다.『금강경영설』(卍속장39, p.587b3)에 "종래의 주소는 모두 선종참화이다. 고덕들이 거량한 뜻을 모으고 꿰매어 책이 되게 했다. 아울러 효명태자의 32분(分)은 안목의 빛을 덮어 가로막으니, 곧장 보금자리 뒤쳐 벗어나게 하고 밭두둑을 쓸어 없애서 떨어져 자잘한 부수러기 되게 하였으니 글줄기 구하지도 말고 앞뒤와 심천도 가리지 말아야 한다. 從來註疏 皆以禪宗參話 舊德擧義 編綴成書 兼之昭明 三十二分 蔽錮眼光 卽有翻脫窠臼 掃却畦町 而零雜瑣碎 不求章脉 不辨前後淺深",『어제간마변이록』 권8(卍속장114, p.502b17)에 "천하의 후세학인들에게 바른 수행로 보이려고 천태·현수·자은 세종의 상수를 모음과 아울러 삼장의 중요한 문장과 적확한 종지를 들어서 서로 어려운 점에 묻고 답한 것들을 펼쳐 서로 묻고 답하게 하려 해서 묶어 꿰매서 책을 이루어 100권이 되니 이름을『종경록』이라 하였다. 배우는 이로 하여금 위없는 비밀법문으로 눈 들어 문득 보게 하였고 발 들어 다니게 하였으니, 가난한 아들을 용장에 들게 해서 마음껏 집어 들게 하였으니 족히 10세에 걸쳐 부유하게 한 것과 같다. 示天下後世學人正修行路 集天台賢首慈恩三宗上首 共擧三藏要文的旨 設爲更相問難 編綴成書 一百卷 名曰宗鏡錄 使學者於無上秘密法門 擧目便見 擧足便行 如貧子之入龍藏 信手拈來 足富十世"라고 하였다. 〔참고문헌〕『金剛經郢說』,『御製揀魔辨異錄』.

편초 偏抄 Ⓢ utkṛṣṭikā. 가사 한쪽을 걷어올리는 행위. 양쪽을 걷어올리는 쌍초(雙抄)와 함께 율에서 금한다.『십송율』 권19(대정장23, p.136a23)에 "그때 육군비구가 가사 한쪽을 걷어올리고 집안으로 들어갔다. 거사들이 비난하며 '사문석자들은 스스로「덕이 있어 훌륭하다」고 하면서 가사 한쪽을 걷어올리고 집안으로 들어가는 꼴이 왕이나 대신인 듯 한다'고 비아냥거렸다. 부처님께서 이 일을 들으시고 비구들에게 이르셨다. '지금부터는 가사 한쪽을 걷어올리고 집안으로 들어가지

마라. 마땅히 배워야 한다. 만약 가사 한쪽을 걷어올리고 들어가면 돌길라이다. 가사 한쪽을 걷어올리지 않고 들어가면 범하지 않는다'. 爾時 六群比丘 偏抄衣入家內 諸居士訶責言 沙門釋子 自言 善好有德 偏抄衣入家內 如王如大臣 佛聞是事 語諸比丘 從今不偏抄衣入家內 應當學 若偏抄衣入 突吉羅 不偏抄衣入 不犯", 『근본살파다부율섭』 권14(대정장24, p.606b3)에 "상하의 의복에서 좌우 어느 한쪽을 걷어올려서 몸의 형체가 드러나게 하거나, 한 쌍으로 걷어올려서 양쪽을 모두 접어 어깨 위에 걸쳐두면 안 된다. 이와 같은 행보 대인상이라 할 수 없으니 모두 멀리 여의어야 한다. 上下衣服 不得偏抄一邊 露現形體 雙抄者 總攝兩邊 置於肩上 凡是行步 非大人相者 皆應遠離"라고 하였다. 〔참고문헌〕『十誦律』, 『根本薩婆多部律攝』, *Prāt-m.244.*

편취 篇聚 비구·비구니의 별해탈계인 구족계(具足戒)의 계목(戒目). 범계(犯戒)의 경중(輕重)과 다스리는 방도(治罪)에 따라 오편(五篇)과 칠취(七聚) 등으로 나눈 것을 말한다. 『사분율행사초』 권중(대정장40, p.46c6)에 "먼저 편취를 밝히고 그 뒤에 과보를 밝힌다. 먼저 오편칠취를 뜻을 기준으로 차등지어 나누고, 죄의 과목을 바르게 묶어 여섯 가지 법을 세운다. 初明篇聚 後明果報 初中五篇七聚 約義差分 正結罪科 止樹六法", 『사분율행사초자지기』 권중1상(대정장40, p.253a23)에 "편취라는 말은 계본에 국한하지 않고 이렇게 이름을 붙이기만 하면 온갖 죄도 거느려 거둔다. 今言篇聚 不局戒本 但是立名 統收衆罪", 『법화현의』 권3하(대정장33, p.717b4)에 "편과 취로 작법하니 이것이 금계다. 금계란 짓는 일 없이 발현되어야 청정이라 하고 청정하면 선에 머물게 되어 선한 계라 말하니, 이것이야말로 선을 행함이다. 篇聚作法 卽是禁戒 禁戒 若發無作 乃名淸淨 淸淨卽止善 而言善戒 卽是行善也", 『대반열반경소』 권9(대정장38, p.88c11)에 "깊고 묘한 뜻 무엇인가? 그것은 편취의 계율이라고 어째서 단번에 설하지 못했을까? 계란 바로 대승의 상락아정이므로 깊고 묘하다고 한다. 深妙義者 何不頓說 篇聚戒律 戒是大乘 常樂我淨 故言深妙", 『유마경약소수유기』 권3(대정장38, p.751b26)에 "만약 달리 말하자면 장교와 통교는 오편칠취의 별해탈계를 수지하고, 별교와 원교는 대승의 범망계를 수지한다. 若作別說 則藏通持篇聚 別圓持梵網"라고 하였다. 〔참고문헌〕『四分律行事鈔』, 『四分律行事鈔資持記』, 『法華玄義』, 『大般涅槃經疏』, 『維摩經略疏垂裕記』. ⇨ 계 戒, 오편 五篇, 오편칠취 五篇七聚, 칠취 七聚, 율장 律藏, 팔리율장 Pāli律藏

편향 偏向 기울어 향하다. 『경덕전등록』 권1 「아난전 阿難傳」(대정장51, p.206c5)에 "아난은 다시 생각하였다. '내가 만약 한 나라에 기울어 향해서 반열반에 들면 여러 나라가 다툴 것이다. 이런 일은 일어나서는 안 된다. 반드시 평등하게 모든 유정을 제도해야 한다'. 그러고는 항하 흐르는 물속에서 적멸에 들고자 하였다. 阿難復念 我若偏向一國 而般涅槃 諸國爭競 無有是處 應以平等度諸有情 遂於恒河中流 將入寂滅", 『종용록』 96칙 「평창 評唱」(대정장48, p.289c23)에 "천동의 뜻은 '어짊과 의리는 가난한 곳에서 가장 먼저 끊어지고, 세간의 물정은 돈 있는 집으로 기운다'는 것이다. 나 만송은 이렇게 말하겠다. '종문의 뜰 시설하기는 구봉보다는 못하지만 이로 들어 깊이 말함에 있어서는 좌원(座元 : 首座)의 백 걸음이나 앞이다'. 天童 仁義先于貧處斷 世情偏向有錢家 萬松道 門庭施設 不如九峯 入理深談 猶較座元百步"라고 하였다. 〔참고문헌〕『景德傳燈錄』, 『從容錄』.

폄 貶 헐뜯다. 얕보다. 낮추어 보다. 『일체경음의』 권13(대정장54, p.384b2)에 "정현(鄭玄) 주석의 『주례』에 '폄은 깎아내리다라는 뜻의 감이다'라고 하였고, 하휴 주석의 『공양전』에는 손상을 뜻하는 손이라 하였으며, 『모시전』에 '떨어뜨리다라는 뜻의 추 또는 낮추어 보다라는 뜻의 비'라고 하였다. 鄭注周禮 貶者 減也 何休注公羊傳 損也 毛詩傳 墜也 或作卑", 『금강경찬요간정기』 권4(대정장33, p.203a29)에 "삼독은 탐진치이다. 이 말은 유정을 해롭게 함을 밝힌 말이므로 낮추어 보아 독이라 한다. 三毒卽貪瞋癡 此明能害有情 故貶云毒"라고 하였다. 〔참고문헌〕『一切經音義』, 『金剛經纂要刊定記』.

폄박 貶剝 깎아내리다. 비난하다. 배척하고 비난하다. 박은 박(駁)과 통한다. 제삼자나 후인들의 비판적 평석을 뜻한다. 『임제록』(대정장47, p.497a6)에 "일체시중에 함부로 짐작하지 마라. 알거나 알지 못하거나 모두 착각이기 때문이다. 분명히 이렇게 말할 뿐이니, 이제 천하사람을 깎아내리도록 맡기겠다. 一切時中 莫亂斟酌 會與不會 都來是錯 分明與麽道 一任天下人貶剝", 『설두어록』 권2(대정장47, p.684b9)에 "어느 날 법좌에 오른 뒤 대중이 모이자마자 '제방의 평석에 맡기리라' 하고는 곧바로 법좌에서 내려왔다. 一日 上堂 大衆纔集 師云 一任諸方貶剝 便下座"라고 하였다. 〔참고문헌〕『臨濟錄』, 『雪竇語錄』. ⇨ 척기미모 剔起眉毛

평 萍 물에 떠다니는 풀. 부평초(浮萍草). 『조정사원』 권4(卍속장113, p.125b10)에 "부평초 의지해 이리저리 흐른다 해서 정처 없다고 여기지 마라. 萍依殊流 匪謂無定", 『어제소요영』 권6(고려장35, p.976c2)에 "길을 간다고 해서 이르지 못할까 흔히들 의심 일으킨다. 마치 부평초 따라 흘러 뒤쳐 엎어지듯 하여 정함이 없다. 道之未達 多起狐疑 若萍之隨流 翻覆無定", 『천산잉인어록』 권2(가홍장38, p.226a28)에 "모였다 흩어지는 세간의 만사가 마치 물에 뜬 부평초와 같고 바람에 날리는 잎과 같아서 본래 머무는 곳이 없다. 世間聚散如水上萍 如風中葉 本自無定"라고 하였다. 〔참고문헌〕『祖庭事苑』, 『御製逍遙詠』, 『千山剩人語錄』.

평교 平交 평하게 어울리다. 기우는 일 없이 어울리다. 『선림상기전』 권6(대장경보편19, p.190a17)에 "도충(道忠)이 말한다. '평교란 위를 같이하는 무리가 고른 뜻이다. 곧 도덕과 지위와 나이가 모두 나와 가지런해 고른 것을 말한다'. 忠曰 平交者 同位等輩也 謂道德位年皆與我齋等也", 『선원청규』 권5 「중중특위전점 衆中特爲煎點」(卍속장111, p.905a12)에 "저 고르게 사귈 수 있고 계랍이 같을 경우〈법권 또는 아우나 조카의 무리〉 다만 안부만 묻는 인사로 청한다. 如平交 或戒臘相等〈或是法眷弟姪之類〉 但問訊請之", 『경덕전등록』 권12 「여주남원전 汝州南院傳」(대정장51, p.299b2)에 "'상상근기의 사람도 맞이하시는지요?' '맞이한다' '스님께서 맞이해 주시기 바랍니다' '평등한 관계가 되기도 해야 한다'. 問 上上根器人 還接否 師曰 接 僧曰 便請師接 師曰 且得平交", 『염팔방주옥집』 권상(卍속장119, p.232b18)에 "단하와 방공(龐居士)은 평소에 평등한 관계로 만날 경우는 기왓장 부딪혀 빛을 내듯 하였지만, 고요함에 문 닫아 들어앉음에 이르면 순금도 빛을 잃었다. 丹霞龐公尋常平交相見 瓦礫生光 洎乎把定封疆 眞金失色"라고 하였다. 『종보도독어록』 권3(卍속장126, p.137a4)에는 6조 혜능이 영가현각(永嘉玄覺)과 초대면에서 그를 인가하여 일숙각(一宿覺)이라는 별명이 붙은 일화를 들었는데 "평등한 관계로다, 평등한 관계야! 平交 平交"라고 착어를 붙였다. 〔참고문헌〕『禪林象器箋』, 『禪苑淸規』, 『景德傳燈錄』, 『拈八方珠玉集』, 『宗寶道獨語錄』.

평교수좌 平交首座 동등한 관계의 수좌. 『영산청규』 권하 「연중행사 年中行事」(대정장82, p.441c6)에 "장로수좌에게는 양전삼배를 올리고, 평교수좌의 경우는 촉례로 삼배만 올리면 된다. 長老首座 兩展三拜呈 如平交首座 只觸禮三拜"라고 하였다. 〔참고문헌〕『瑩山淸規』.

평기 平欺 그저 그렇다고 여기다. 나름의 자성을 제대로 보지 않아 기만하다. 『조당집』 권7 「설봉의존장 雪峰義存章」(대장경보편25, p.440b7)에 "어쩔 수 없이 그대에게 이와 같이 말은 했지만 이미 그대를 그저 그렇게 보게 되었다. 事不得已 向汝與麼道 已是平欺汝了也", 『가태보등록』 권17 「불등여승장 佛燈如勝章」(卍속장137, p.255a16)에 "사람이면 다 석가를 받아들이고 낱낱이 달마를 업신여긴다지만, 종강에 대한 질문을 받기만 하면 꼼짝 못하고 다들 '속수무책이다'라고 한다. 人人領略釋迦 箇箇平欺達磨 及乎問著宗綱 束手盡云放過"라고 하였다. 〔참고문헌〕『祖堂集』, 『嘉泰普燈錄』.

평남불교자선교회 平南佛教慈善教會 1914년 3월 25일 건봉사평양포교소에 설립된 신행단체. 「평남불교자선교회취지서」에 따르면, '불교의 진리를 준수함'을 목적으로 '신도회원이 互相敦睦하여 救苦諸難에 祀弔'하기 위해 결성되었다. 회원 중 생존자는 현재부(現在簿)에 기입하여 축원하고, 사망자는 과거부(過去簿)에 기입하여 영단(靈壇)에 위패를 봉안하고 조향석다(朝香夕茶)에 『반야심경』을 강송하였다. 『건봉사본말사적』에 '1913년 평양부에 포교소를 설치하였다가 未幾에 廢하다'라 하였으므로, 오래 유지되지 못했다. 〔참고문헌〕『乾鳳寺本末事蹟』(亞細亞文化社, 1977) p.14, 『韓國近世佛教百年史』 권3 「各宗團體本山」 p.13.

평도교 平道教 법성에 따라 차별없이 평등하게 설한 교설. 중생의 근기에 들어맞게 설하는 선교방편을 펼치는 굴곡교(屈曲教)와 대칭한다. 당초 인법사(印法師)나 민법사(敏法師)가 세운 이교(二教) 중 하나로 평등도교(平等道教)라고도 한다. 『화엄경』이 그 대표적인 교설이다. 『대승본생심지관경천주』 권1(卍속장34, p.8a17)에 "평도란 비로자나불께서 설하신 경을 말한다. 그 법성에 따라 평등하게 설했으니 『화엄경』이 그 예다. 비록 근기 따로 있어 각자 다르게 조복하게 하지만 모두 법성에 부합하는 선교방편으로 일시에 문득 풀어놓기에 평도교라 한다. 平道者 謂盧舍那所說之經 隨其法性 平等而說 如華嚴經 雖有隨機 各別調伏 皆是稱性善巧 一時頓演 故名平道教"라고 하였다. 〔참고문헌〕『大乘本生心地觀經淺註』. ⇨ 굴곡교 屈曲教

평등 平等 ❶ Ⓢ sama, samatā, sāmya, Ⓣ mnyam-pa-nyid, mthun-pa. 고르고 같이해서 다함이 없는 뜻. 자성이 적정(寂靜)하여 생멸(生滅)이 없는 자리. 처음 발심한 때와 정각을 성취함의 때가 전후 없어서 시간을 넘어서는 뜻. 번뇌와 업과 고뇌가 없는 진여실제의 사태. 일체법자성에 상이 없어(無相) 차별할 수 없는 자리. 범계(犯戒)와 지계(持戒)의 차별이 없는 진법계에서의 행위 평등. 무분별지로 얻은 경계. 범성(凡聖)의 차별도 유정(有情)과 기세간(器世間)의 차별도 사라져 없는 경계. 역순경에 분별이 없어 평정한 마음. 위없어 바르게 고르고 치우침 없는 깨달음인 무상정등정각(無上正等正覺)의 다른 이름이고, 제법실상(諸法實相)의 뜻이기도 하다. 『승천왕반야경』 권4(대정장8, p.706b27)에 "'세존이시여, 무엇이 아견을 내어 진실한 이를 가린다는 것입니까?' 부처님께서 승천왕에게 말씀하셨다. '대왕이여, 오음신을 헛되이 집착하여 아가 있다 하여 아견을 낸다. 진실한 법은 자성이 평등하여 집착하는 이도 집착할 것도 없는데, 아견으로 서로 어긋나기에 가린다고 한다. 대왕이여! 이와 같은 아견은 안에도 없고 밖에도 없으며 안팎으로도 없으니, 머무는 바가 없어 적정이라고 하는데 이것이 평등이다. 아견을 멀리 여의어 평등에 통달하는 것을 진실공이라고 한다. 공·무상·무원을 관하니 자성이 적정하여 생멸하지 않으며 취착하지 않고 아견을 멀리 여의면 그 이름이 평등이다'. 世尊 云何生我見 障眞實理 佛告勝天王言 大王 於五陰身妄執有我 卽生我見 眞實之法 自性平等 無能所執 我見相違 是故爲障 大王 如是我見 不在內 不在外 不在內外 若無所住 名爲寂靜 卽是平等 遠離我見 通達平等 名眞實空 觀空 無相 無願 自性寂靜 不生不滅 不取不著 遠離我見 名爲平等", 『니건자소설경』 권9(대정장9, p.356c27)에 "평등이라 말한다. 공을 보아 평등하니 법진실이고, 상이 없어 평등이니 모든 상을 부수기 때문이며, 원도 없는 평등이니 삼계에 착하지 않기 때문이고, 난 일 없는 평등이니 무생의 성이기 때문이며, 행이 없는 평등이니 행함 없는 성이기 때문이고 … 해탈평등이니 무명 없는 성이기 때문이며, 열반평등이니 생사 없는 성이기 때문이다. 言平等者 見空平等 法眞實故 無相平等 壞諸相故 無願平等 不著三界故 不生平等 無生性故 無行平等 無行性故 … 解脫平等 無無明性故 涅槃平等 無生死性故", 80권본 『화엄경』 권37(대정장10, p.193c9 : *Daś-bh.*, p.31)에 "모든 법은 상이 없기에 평등하고, 실체가 없기에 평등하며 … 유와 무가 둘이 아니기에 평등하다. 一切法 無相故平等 無體故平等 … 有無不二 故平等 sarva-dharma-animitta-samatayā ca sarva-dharma-alakṣaṇa-samatayā ca … sarva-dharma-bhāva-abhāva-advaya-samatayā", 『대가섭문대보적정법경』 권2(대정장12, p.205a13)에 "초발심 좇아 곧바로 도량에 이르고 무상각을 성취하고 유정을 피안에 실어 나르지만, 바람도 없고 애착도 없으며, 원수도 친족도 없이 기울임 없이 고르게 거두어들여 보리를 얻게 한다. 從初發心 直至道場 成無上覺 運度有情 無求無愛 無冤無親 平等攝受 令得菩提", 『대방등대집경』 권50(대정장13, p.337a4)에 "평등이란, 성스러운 지혜로 삼계에서 일체법의 뜻 행하고, 진여실제에서 진실 그대로의 앎을 얻으면 번뇌의 길도 업의 길도 고통의 길도 없을 것이다. 이러한 뜻이 있기에 평등이라는 이름이 있다. 平等者 謂以聖慧 於三界行 一切法理 眞如實際 得如實知 無煩惱道 業道苦道 以是義故 名爲平等", 『열반론』(대정장26, p.279b13)에 "여래께서 세상에 출현하시어 자비희사라는 사무량심은 평등하여 어떤 차별도 없었기에 천마와 외도에서 일천제까지 똑같은 자식이라는 생각으로 두려움이 없으셨다. 如來出世 以慈悲喜捨 四無量心 平等無有差別 無有天魔外道 乃至一闡提 如一子想無所畏", 『십지경론』 권8(대정장26, p.168a6)에 "이 중에서는 일체법 상이 없고 일체유무는 둘이 아닌 평등이기 때문이다. 이 십이입의 일체법자성은 상이 없어 평등하기 때문이다. 是中一切法無相 乃至一切有無 不二平等故 是十二入 一切法自性 無相平等故", 『대반야경』 권574(대정장7, p.967c4), "중죄 범한 비구가 지옥에 떨어질 일 없고 깨끗이 계를 가진 이가 하늘에 나는 일도 아니다. … 어째서인가? 사리자야, 진법계중에서는 가진다 해도 범한다 해도 그 성은 평등하여 차별이 없기 때문이다. 犯重苾芻 非墮地獄 淨持戒者, 非得生天 … 何以故 舍利子 眞法界中 若持若犯 其性平等 無差別故", 『인왕호국반야경소』 권하(대정장33, p.501a10)에 "'한 가지 상으로 평등하다'라 한 것은, 저 지혜 둘이 아닌즉 일상평등이다. 一相平等者 如智不二 卽一相平等", 『화엄경소』 권4(대정장35, p.739b7)에 "평등이란 말은 분별이 없음이니, 분별 없는 지로 진여를 바르게 깨우치면 두 가지로 취하는 상에서 벗어나므로 평등이라 한다. 言平等者 卽無分別 無分別智 正證眞如 離二取相 故云平等", 『대일경소』 권18(대정장39, p.763b18)에 "'나다, 사람이다'라는 온갖 법에 착하지 않아야 항상 평등하다. 이렇게 평등하면 원친이 둘이 아니어서 이익이 있거나 없거나 가벼이 또는 중히 여기는 무리들 일체에 평등하여 마음에 더하고 덜함이 없다. 不著我人諸法 而常平等 此平等者 卽是怨親不二 有益無益 輕重之類 一切平等 心無增減", 『왕생론주』 권상(대정장40, p.828c12)에 "평등이란 제법의 바탕이고 모양새다. 平等是諸法體相", 『기신론소필삭기』 권8(대정장44, p.342a12)에 "평등이란 성인과 범부나 유정과 기세간으로 둘이 없어 두렷해 가득할 뿐이다. 言平等者 聖凡情器 無二圓滿故", 『관능가경기』 권5(卍속장25, p.906a7)에 "평등이라는 말은 상과 무상, 생과 무생, 아와 무아, 인이나 법이라 하는 것들이 모두 기울음 없이 같다는 뜻이다. 所言平等者 謂相與無相 生與無生 我與無我 若人若法 皆平等矣"라고 하였다. 자비를 비롯한 모든 실천행의 근저에는 평등심이 들어 있다. 『증도가주』(卍속장111, p.369b1)에 "바람이 나뭇가지 스치면 그 소리를 들을 뿐 선한지 악한 소리인지 분별하지 않듯이, 원친이 있더라도 능히 평등하게 보는 마음 일으켜 자비희사라는 사무량심을 성취한다면, 마주치는 순역의 경에서 평등한 마음으로 확 트여 자재해서 걸림 있지 않으리라. 譬若風過樹頭 祇聞其聲 不生分別善惡之音 卽起怨親平等之心 以能成就 慈悲喜捨 四無量心 卽於時中 所遇逆順之境 以平等心 坦然自在 無有罣礙", 『건중정국속등록』 권8 「서암지재장 瑞巖智才章」(卍속장136, p.142a15)에 "법좌에 올라 말했다. '하늘은 평등하므로 항상 천하를 덮고, 땅은 평등하므로 언제나 만물을 실는다. 해와 달은 평등하므로 사계절 그 어느 때나 밝고, 열반은 평등하므로 범성에 둘이 없다. 사람의 마음 평등하면 높낮이를 놓고 다툴 일 없다'. 주장자를 잡고 내리치고서 말했다. '모든 선하는 이들이여, 이 주장자라는 놈이 밤낮으로 여러분에게 평등법문을 설한다. 들었는가? 만약 들었다면 여러분 감히 보증하여 행각해 마쳤다 하리. 듣지 못했다고 하더라도 여러분 정수리에 반듯한 눈이 박혀 있다고 인정하겠다. 왜 그런가? 이 법은 평등하여 고하가 없기 때문이다. 이를 아누다라삼막삼보리라 한다'. 잠깐 침묵하다가 웃으며 말했다. '다음 글 길다'. 上堂云 天平等故常覆 地平等故常載 日月平等 故四時常明 涅槃平等 故凡聖不二 人心平等 故高低無諍 拈拄杖 卓一下 云 諸禪者 這拄杖子晝夜爲諸人 說平等法門 還聞麽 若聞去 敢保諸人 行脚事畢 若言不聞 亦許諸人 頂門上眼正 何故 是法平等 無有高下 是名阿耨多羅三藐三菩提 良久 笑云 向下文長"라고 하였다. 〔참고문헌〕『勝天王般若經』, 『尼乾子所說經』, 『華嚴經』, 『大迦葉問大寶積正法經』, 『大方等大集經』, 『涅槃論』, 『十地經論』, 『大般若經』, 『仁王護國般若經疏』, 『華嚴經疏』, 『大日經疏』, 『往生論註』, 『起信論疏筆削記』, 『觀楞伽經記』, 『證道歌註』, 『建中靖國續燈錄』, *Daś-bh.*, *Bodh-bh.28·139·140.* ⇨ 무상정등정각 無上正等正覺, 제법실상 諸法實相❶, 적정 寂靜 ❷ ➡ 평등비량 平等比量

평등가가 平等家家 인간계와 천상계로 생을 받아 나기를 반복함에 하늘과 인간을 오고 감이 없이 한 계(界)에서 열반하는 경우. 인천을 오고 가며 생을 받아 열반하면 부등가가(不等家家)라 한다. 가가란 '집과 집을 오가다'라는 말로, 한 집에서 다른 집으로 옮겨가듯 이 세계에서 죽었다가 저 세계에 나서 생사 거듭함을 말한다. 『사교의주휘보보굉기』 권6(卍속장102, p.544b10)에 "다음으로 가가의 뜻을 푼다. 가가란 나서 몸 받는 곳이 하나가 아니라는 뜻이다. 인중에 삼주에서는 장씨나 왕씨로 같지 않고, 천상은 육욕천으로 궁전 등이 다르다. 그러므로 천가가·인가가와 부등가가·평등가가로 구분한다. 『지관보행전홍결』 권6상〈권6〉(대정장46, p.331c27)에 '가가란 천과 인 두 가지로 같지 않다. 천은 육욕천에서 두세 번 오가며 나다가 원적을 증한다〈이것은 천가가다〉. 인은 인계에서 두세 가문에 나거나 두세 주에 나기를 반복하다가 원적을 증한다' 하였다〈이것은 인가가다. 이상은 모두 평등가가다〉. 만약 천에 세 번 나고 사람으로 두 번 난다면 천삼인이이고, 천에 두 번 나고 사람으로 한 번 난다면 천이인일이다〈천부등가가〉. 사람으로 두세 번 남은 이를 뒤집어 생각하여 알 수 있다〈인부등가가〉. 그러므로 천가가는 먼저 인계에서 견도를 얻은 다음에 넘어서거나 차제로 선을 닦고 악을 끊기를 서너 차례 반복한 뒤에 천계의 두세 곳에 난다. 인계에서는 이와 반대다. 천가가는 마지막으로 천계에 나서 남은 번뇌를 끊으면 원적을 증한다고 한다. 인계에서의 가가도 이에 준하여 알 수 있다. 次釋家家之義 家家者 受生處不一也 人中三洲 張王不同 天上六欲 宮殿等別 故論天家家人家家 不等家家 平等家家 輔行六上〈六〉云 家家者 有二不同 謂天及人 天謂欲天三二家生 而證圓寂〈此天家家〉 人謂人處或三二家 或三二洲 而證圓寂〈此人家家 已上皆平等家家也〉 若天三生 天三人二 若天二生 天二人一〈天不等家家〉 人生三二 反此可知〈人不等家家〉 故天家家 先於人中得見道已 若超若次 進斷三四 後於天中 三二處生 人中反此 天家家者 於最後生天中 餘殘結斷 名得圓寂 人中家家準此可知"라고 하였다. 〔참고문헌〕『四教儀註彙補輔宏記』. ⇨ 가가성자 家家聖者

평등각 平等覺 연기로 있을 뿐이어서 바탕 없이 깨끗한 일체법의 평등함을 깨우치다. 『대애경』 권5(대정장13, p.433a21)에 "제법 평등한 줄 알아서 정각 성취했다네. 이에 평등의 깨달음을, 여래께서는 두루 나타내시노라. 於諸法平等 由已成正覺 是故平等覺 如來而普現", 『지심범천소문경』 권3(대정장15, p.22a8)에 "여래는 일체제법이 다 본래 깨끗하고 자연스레 서로 좇아 평등한 줄 깨우친다. 이런 까닭에 평등정각이라 불린다. 如來曉了 一切諸法 悉爲本淨 自然無本 逮平等覺 以故因號平等正覺", 『수행도지경』 권7(대정장15, p.225c23)에 "보살은 지혜로운 이여서 이익 구하고자 멀리 떠돌지 않는다. 생사도 열반도 없이 해서 평등의 깨달음을 성취한다. 菩薩如明人 求利不遠遊 無生死泥洹 得成平等覺"라고 하였다. 〔참고문헌〕『大哀經』, 『持心梵天所問經』, 『修行道地經』. ⇨ 정등각 正等覺

평등각경 平等覺經 ➡ 무량청정평등각경 無量淸淨平等覺經, 무량수경 無量壽經

평등견 平等見 Ⓢ samadarśin, Ⓟ samanupassanā, Ⓣ mnyam-par-lta-ba. 고르고 가지런하게 보다. 아(我)와 법(法)이 본래 있는 것 아니어서(無所有) 일체법이 고공무상(苦空無常)인 줄 아는 정견(正見)으로서의 견. 평등관(平等觀)이라고도 한다. 『대생의경』(대정장1, p.845b24 : *Mahānidana-sutta*, *DN.2*, p.67)에 "그때 세존께서 아난에게 말씀하셨다. '내가 이제 너를 위해 감수하는 법(受法)이 없음을 설하리니, 너는 마땅히 진실로 듣고 자세히 받아 지니며 선하게 뜻 짓고 기억하여 사유하라. 아난아, 마땅히 알아야 한다. 아상을 떠나면 곧바로 법을 받음도 없게 된다. 왜일까? 아법이 있어야 법을 받아들임도 따라 일어나기 때문이다. 아법이 공함을 요달한다면 받는 이가 어디에 있을 수 있겠는가? 아난아, 아와 법 받음이 둘 다 사라져 마쳤다면 이미 있는 것이라고는 없으리니 평등견에 머문다'. 爾時世尊 告阿難言 我今爲汝 說無受法 汝當諦聽諦受 如

善作意 記念思惟 阿難當知 離於我相 卽無受法 何以故 我法若有 受法隨生 爲由了達我法是空 何有受者 阿難 我及受法 二皆滅已 卽無所有 住平等見 tatra ānanda, yo so evam āha na hi eva kho me vedanā attā no pi appaṭisaṃvedano me attā attā me vediyati, vedanādhammo hi me attā ti, so evam assa vacanīyo vedanā va hi āvuso sabbena sabbaṃ sabbathā sabbaṃ aparisesā nirujjheyyuṃ sabbaso vedanāya asati vedanānirodhā api nu kho tattha ayam aham asmīti siyāti. no hi etaṃ bhante. tasmāt iha ānanda etena petaṃ nakkhamati. naheva kho me vedanā attā, no pi appaṭisaṃvedano attā, attā me vediyati, vedanādhammo hi me attā' ti samanupassituṃ", 『법인경』(대정장2, p.500c6)에 "수행자라면 마땅히 숲으로 가거나 나무 아래 등 여러 한적한 곳에서 색에 대해서 '색이란 고공무상이어서 마땅히 싫어해 버려야 한다'고 여실히 관찰해서 평등견에 머무른다. 이와 같이 수상행식도 고공무상인 줄 관해서 마땅히 싫어해 떠나야 할 것이라 여겨 평등견에 머물러야 한다. 若有修行者 當往林間 或居樹下 諸寂靜處 如實觀察色 是苦是空是無常 當生厭離 住平等見 如是觀察受想行識 是苦是空是無常 當生厭離 住平等見", 『집이문족론』 권15(대정장26, p.432b14)에 "평등견이란 팔성도 중에서 정견을 일컬어 평등견이라고 한다. 平等見者 謂八聖道支中正見 名平等見", 『유가사지론』 권36 「보살지 菩薩地」(대정장30, p.487b21 : *Bodh-bh.*, p.28)에 "이와 같이 보살은 뛰어난 뜻 행하기에 일체법 평등하고, 평등하여 진여혜로 여실하게 관찰하여 일체처에서 평등견을 갖추고 평등심을 갖추어 더없이 뛰어나게 버릴 줄 안다. 如是菩薩行勝義故 於一切法平等 平等以眞如慧如實觀察 於一切處 具平等見 具平等心 得最勝捨 arthe parame caran sarvadharmāṃstayā tathatayā samasamān yathābhūtaṃ prajñayā paśyati. sarvatra ca samadarśī samacittaḥ san paramām upekṣāṃ pratilabhate"라고 하였다. [참고문헌] 『大生義經』, 『法印經』, 『集異門足論』, *DN.*, *Bodh-bh.* ⇨ 평등관 平等觀, 평등 平等 ■

평등관 平等觀 평등으로 봄. 차별 없이 가지런히 보다. 평등견(平等見)이라고도 한다. 60권본 『화엄경』 권9 「초발심보살공덕품 初發心菩薩功德品」(대정장9, p.453c11)에 "제법을 평등하게 보면 여래와 더불어 가지런해지리. 平等觀諸法 則與如來等", 80권본 『화엄경』 권44 「십인품 十忍品」(대정장10, p.235a26)에 "저 같음 없는 이가 설한 바처럼 평등하게 제법을 관하면 평등하게 견뎌내지 못할 것 없어서 능히 평등지를 이룬다네. 如無等所說 平等觀諸法 非不平等忍 能成平等智", 『제법집요경』 권9(대정장17, p.508c18)에 "뛰어난 법과 하찮은 법 등에 대해 높다거나 낮다는 마음을 내지 않고 지로써 평등히 관하면 이를 설하여 적정이라 이름하네. 於勝劣等法 心不生高下 以智平等觀 此說名寂靜", 『대지도론』 권83(대정장25, p.644c22)에 "보시하는 물과 주는 이와 받는 이를 평등하게 관하기에 이른바 '모두 얻을 수 없다'라고 한다. 布施物 與者 受者 平等觀故 所謂皆不可得", 『불성론』 권3(대정장31, p.802a10)에 "이와 같이 일체제법을 여래께서는 모두 보고 모두 아신다. 평등으로 말미암아 고르고 같은 줄 이미 통달하여 여여하고 진실하기 때문이다. 경과 지와 같아서 더할 것도 덜할 것도 없으니 이를 이름하여 평등관이라 한다. 如是一切諸法 如來悉見悉知 由平等平等已通達 如眞實故 境智等無增減 是名平等觀", 『금강삼매경론』 권중(대정장34, p.988b13)에 "공으로부터 가에 듦을 평등관이라 한다. … 평등관이라 진을 녹여 속을 관함이니, 곧 후득지의 방편이다. 속을 관하되 저 환과 같이 보아 득실을 취하지도 않고 나아갈 것도 막을 것도 없으므로 평등이라 한다. 從空入假 名平等觀 … 平等觀者 融眞觀俗 卽是後得智之方便 觀俗如幻 不取得失 無適無莫 故名平等", 『화엄경탐현기』 권15(대정장35, p.384a14)에 "지관을 함께 행해서 그친즉 관함을 평등관이라 하고, 관한즉 그침을 깊이 들어가 구족한다라고 한다. 止觀俱行 謂卽止之觀 名平等觀 卽觀之止 名深入具足"라고 하였다. [참고문헌] 『華嚴經』, 『諸法集要經』, 『大智度論』, 『佛性論』, 『金剛三昧經論』, 『華嚴經探玄記』. ⇨ 평등 平等 ■, 평등견 平等見

평등교 平等教 인법사(印法師)가 세운 이교(二教) 중 하나. 법성(法性)의 이치에 따라 평등한 진리를 설하는 가르침. 『화엄경』에 상당하고 평도교(平道教)·평등도교(平等道教) 등이라고도 한다. 중생근기에 맞춰 방편으로 돌아가게 하는 가르침은 굴곡교(屈曲教)다. 『신화엄경론』 권3(대정장36, p.735a9)에 "열 번째는 당대 강남의 인법사가 세운 이교다. 첫째는 석가경으로 굴곡교라고 하는데, 기의 성을 좇아 따라 헤아려서 설하기 때문이다. 둘째는 『화엄경』으로 노사나십신의 평등교다. 저 법사는 두 교를 세우고 네 가지로 분별하였다. 첫째는 설하는 주체가 다름이니, 저 석가화신께서 설하신 것과 이 노사나십신께서 설하신 것이다. 둘째는 처소가 다름이니, 저 사바세계 나무 아래 풀 자리 위에서 설하신 것과 이 연화장세계 보배나무 아래 금빛자리에서 설하신 것이다. 셋째는 모인 대중이 다름이니, 저 성문과 보살 더불어 설하신 것과 이 오직 보살극위와 더불어 설하신 것이다. 넷째는 설한 내용이 다름이니, 전자는 다만 그때 당면한 것에 처해서 설한 것이다. 후자의 요지는 시방에서 함께 설한 것으로 『화엄경』 중에 설하는 것과 같다. 第十唐朝 江南印法師 立二教者 一 釋迦經 名

屈曲教 以逐機性隨計說故 二 華嚴經 盧舍那十身 平等教 彼法師立二教 略有四別 一 主別 謂彼釋迦化身所說 此舍那十身所說 二 處別 謂彼娑婆世界 木樹草座上所說 此於蓮華藏世界寶樹金座上所說 三 衆別 彼與聲聞及菩薩說 此唯菩薩極位同說 四 說別 謂彼但是當方所說 此要十方同說 如華嚴經中說"라고 하였다. 〔참고문헌〕『新華嚴經論』, 『華嚴經疏鈔玄談』 권4(卍속장8, p.449b9). ⇨ 평도교 平道教, 굴곡교 屈曲教, 인사이교 印師二教

평등금강 平等金剛 개부연화여래(開敷花如來)의 밀호. 또는 여래사보살(如來捨菩薩)의 밀호. 『태장금강교법명호』(대정장18, p.203b9)에 "남방 개부연화여래〈밀호는 평등금강〉. … 여래사〈밀호는 평등금강〉. 南方 開敷花如來〈號平等金剛〉 … 如來捨〈號平等金剛〉"라고 하였다. 〔참고문헌〕『胎藏金剛教法名號』.

평등대비 平等大悲 Ⓢ sama-kāruṇya, Ⓣ snying-rje-snyoms-pa. 고르게 차별없이 크게 안타까워함. 80권본 『화엄경』 권46(대정장10, p.243a10)에 "일체제불은 모두 평등대비를 빠짐없이 갖추고 계시기에 늘 일체중생을 버리지도 떠나지도 않으신다. 一切諸佛 皆悉具足 平等大悲 恒不捨離 一切衆生", 『화엄경소』 권30(대정장35, p.725a2)에 "비록 공과 무상을 잘 닦더라도 자비심으로 중생을 버리지 않으므로 평등대비라 한다. 雖善修空無相 而慈悲不捨衆生 故云平等大悲", 『유가사지론』 권44(대정장30, p.535a15 : *Bodh-bh.*, p.164)에 "(모든 보살은) 평등대비를 구족하니, 모든 유정의 낮거나 중간이거나 뛰어난 품류에 대하여 마음에 치우쳐 무리짓는 일 없다. 具足平等大悲 於諸有情劣中勝品 心無偏黨 sama-kāruṇyaś-ca bhavati. sarva-sattveṣu hīna-madhya-viśiṣṭeṣu na pakṣapatitaḥ"라고 하였다. 〔참고문헌〕『華嚴經』, 『華嚴經疏』, 『瑜伽師地論』, *Bodh-bh.164.* ⇨ 평등 平等❶, 대비 大悲

평등대왕 平等大王 저승에서 망자의 죄를 심판하는 시왕(十王) 중 하나. 평등왕(平等王)이라고도 한다. 『염라왕공행법차제』 권1(대정장21, p.375b15)에 "지부신군의 평등대왕과 지부의 모든 백사관속·도관사자·제사부류는 단장에 강림하시어 저의 공양을 받으소서. 地府神君 平等大王 一切地府百司官屬 都官使者 諸司部類 降臨壇場受我供養"라고 하였다. 〔참고문헌〕『焰羅王供行法次第』. ⇨ 시왕 十王

평등대지 平等大智 생사와 열반·번뇌와 보리·중생과 부처라는 차별없이 제법(諸法)의 평등함을 보는 큰 지혜. 『화엄경』 권57(대정장10, p.304b11)에 "대사자왕분신은 두려움 없음에 머무르는 평등대지를 무기로 삼아 온갖 마구니와 외도를 물리친다. 大師子王奮迅 安住無畏平等大智 以爲器仗 摧伏衆魔 及外道故", 『주대승입능가경』 권5(대정장37, p.470c9)에 "모든 번뇌를 떠나는 것은 이승의 해탈이어서 단지 분단생사를 다하는 것을 해탈이라 하지만 실은 일체해탈을 얻지 못한 것이다. 법에 아가 없음을 깨우친 평등대지여야만 바로 여래의 진실해탈이다. 離諸煩惱是二乘解脫 謂但盡分段生死名爲解脫 其實未得一切解脫 達法無我平等大智 即是如來眞解脫"라고 하였다. 〔참고문헌〕『華嚴經』, 『注大乘入楞伽經』.

평등대혜 平等大慧 차별없이 고르게 같아서 한없이 큰 지혜. 반야(般若)의 다른 이름이다. 『법화경』 권4(대정장9, p.32b27)에 "이때 보탑 가운데에서 큰 음성으로 찬탄하여 말했다. '착하고 착하다. 석가모니불이여! 능히 평등한 대혜로 보살의 법을 가르치고, 부처가 호념하는 『묘법화경』을 대중을 위해 설하는구나'. 爾時寶塔中出大音聲歎言 善哉善哉 釋迦牟尼世尊 能以平等大慧 教菩薩法 佛所護念 妙法華經 爲大衆說", 『대품경유의』(대정장33, p.66c16)에 "네번째, 파야(Ⓢ prajñā)라고 이름한다는 것은 능히 중생으로 하여금 부처의 수량과 같게 여기는 평등대혜이니, 저 「다보불품」 중에 논한 것과 같다. 第四名波若者 能令衆生 同佛壽量 平等大慧 如多寶佛品中論也", 『법화문구』 권8(대정장34, p.113b5)에 "평등대혜란 반야와 어떠한가? 석론 79권에 이른다. '반야는 삼세제불의 묘법으로 한 성에 문이 사방으로 있어서 모두 들어갈 수 있는 것과 같다'. 반야도 또한 묘법이라 부르는 것이고, 이 경에서 평등대혜라고 부르는 것임을 알아야 한다. 두 글이 서로 그 뜻을 가리키고 있음을 알 수 있다. 平等大慧者 與般若云何 釋論七十九云 般若是三世諸佛妙法 如一城門四方皆入 當知般若亦稱妙法 此經稱平等大慧 二文相指其意可知"라고 하였다. 〔참고문헌〕『法華經』, 『大品經遊意』, 『法華文句』.

평등도교 平等道教 평등도의 가르침. 평등교라고도 한다. 『화엄오교장』 권1(대정장45, p.481a5)에 "둘째, 『노사나경』이다. 곧 평등도의 가르침이니 법성을 좇아 자재하게 설한다. 즉 『화엄경』이 이것이다. 二 盧舍那經 謂平等道教 以逐法性自在說故 即華嚴 是也"라고 하였다. 〔참고문헌〕『華嚴五教章』. ⇨ 평등교 平等教

평등무아 平等無我 고르고 같아서 아가 없는 뜻. 삼무아(三無我) 중 하나로 제일의공(第一義空)을 말한다. 『유마경소기』 권중(卍속장28, p.766a6)에 "삼무아의 뜻이란 중생무아·법무아·평등무아이니, 평등무아란 곧 제일의공이다. 갖춤은 저 뒤의 글과 같으니 「관중생품」에 삼공을 구족하였는데, 삼공은 곧 무아다. 三無我義者 衆生無我 法無我 平等無我 平等無我 即第一義空

具如後文 觀衆生品 具足三空 三空卽無我"라고 하였다. 〔참고문헌〕『維摩經疏記』. ⇨ 삼무아 三無我 2

평등법 平等法 고르고 가지런해 차별없는 법. 유무소득(有無所得)도 체용(體用)도 염정(染淨)도 범성(凡聖)도 부처와 유정(佛有情)도 모두 차별없어 한결같아 고른 법. 『장아함경』 권1 「대본경 大本經」(대정장1, p.9b2)에 "평등법을 관찰하여 마음을 쉬고 번뇌가 없으면, 생사의 멍에를 벗었기에 지혜로써 법륜을 굴린다. 觀察平等法 息心無垢穢 以離生死扼 智慧轉法輪", 『증일아함경』 권48(대정장2, p.806b29)에 "무릇 정법을 행함이란 평등법을 얻는 것이다. 夫行正法 獲平等法", 『대품반야경』 권21(대정장8, p.374a3)에 "수보리야, 유소득과 무소득에 평등하면 이를 무소득이라 한다. 이와 같이 수보리야, 보살마하살은 유소득과 무소득을 평등히 한 법 중에서 배워야 한다. 須菩提 有所得無所得平等 是名無所得 如是 須菩提 菩薩摩訶薩 於有所得無所得 平等法中 應學", 『대승이취육바라밀다경』 권9(대정장8, p.906a13)에 "또한 자씨야, 이 삼매평등하면 보리평등하고, 보리평등하면 모든 유정이 평등하며, 모든 유정이 평등하면 모든 법이 평등하다. 이와 같은 평등법을 얻어 마치면 이를 진삼매에 머문다고 한다. 復次 慈氏 此三昧平等 卽菩提平等 菩提平等 卽一切有情平等 一切有情平等 卽一切法平等 得如是平等法已 是名住眞三昧", 『광박엄정불퇴전륜경』 권5(대정장9, p.279c19)에 "평등법을 널리 설하시고, 평등법 중에 머무시며, 일체법 한결같음을 깨달으셨으니, 이에 세간의 지혜로운 님에게 절을 올리옵니다. 宣說平等法 住平等法中 覺一切法等 故禮世間智", 『화엄경소』 권23(대정장35, p.671b27)에 "남이 없는 평등법에 머문다는 말에는 두 가지 뜻이 있다. 첫째는 체에 의지하여 용을 일으키니 용은 체를 떠나지 못한다는 뜻이다. 둘째, 체로서의 용은 평등하여 남이 없다는 뜻이다. 이는 용의 상이다. 言住無生平等法者有二義 一依體起用 用不離體故 二體之與用 平等無生故 此卽用之相也", 『소실육문』 「오성론 悟性論」(대정장48, p.371a14)에 "미할 때는 벗어날 세간이 있지만, 깨닫고 나면 벗어날 세간도 없다. 평등법 중에서는 성인과 다른 범부는 보이지 않는다. 迷時 有世間可出 悟時 無世間可出 平等法中 不見凡夫 異於聖人", 『원각경대소초』 권6(卍속장14, p.678b2)에 "평등한 법이란 물들거나 깨끗한 법 모두 공하다는 뜻이며, 모두 진성이라 부를 수 있는 것이다. 「문수장」에서 '본래 생사도 깨달음의 지혜도 없으며, 여법계성마저도 깨끗이 없앤다'라는 말과 그대로 같다. 平等法者 染淨諸法皆空故 皆稱眞性故 正同文殊章中 本無生死覺智 亦泯如法界性也"라고 하였다. 〔참고문헌〕『長阿含經』, 『增壹阿含經』, 『大品般若經』, 『大乘理趣六波羅蜜多經』, 『廣博嚴淨不退轉輪經』, 『華嚴經疏』, 『小室六門』, 『圓覺經大疏鈔』. ⇨ 평등 平等 1

평등법계 平等法界 고르게 한결같은 법들의 세계. 중생심 따라 차별하게 드러내서 중생(衆生)도 법(法)도 부처(佛)도 있게 하는 것은 그 바탕이 둘도 없고(無二) 분별도 없어(不眞分別)서 높고 낮음(高下)과 깊고 얕음(深淺)의 능소(能所)가 없이 평등할 수 있어서다. 법계는 중생・법・부처 모두 없이 평등하기에 비로소 부처도 법도 중생도 있을 수 있게 한다. 80권본 『화엄경』 권22(대정장10, p.18c3)에 "일체중생의 국토 그 어디나 두루 머물기에 물러나지 않는 정법중에 나서 일체법 평등한 법계에 머문다. 중생심 마땅히 여기는 것 따라 불가설불가설의 종종차별한 여래의 몸을 나툰다. 遍住一切衆生國土 從於不退正法中生 住於一切平等法界 明了衆生心之所宜 現不可說不可說 種種差別如來之身", 『화엄경의해백문』 「종지보요문 種智普耀門」(대정장45, p.629c26)에 "일곱째, 기와 어울려 감한다는 것은 번뇌인 티끌 그대로이게 하는 평등법계에서 지혜에 따라 나툰다. 기가 크면 뜻도 크고, 기 작으면 드러냄도 작다. 중생의 근성에 따라 깨우쳐 가리킴에 심천이 있게 하는 것으로 기감을 삼는다. 이 기감이야말로 온전한 여래법신으로서 고스란히 응하여 나타남이다. 七 會機感者 謂塵如如 平等法界 隨智所顯 機大則義顯亦大 機小則理顯亦小 隨衆生之根性 有證悟之淺深 是爲機感 卽此機感 全如來法身 而應現也", 『화엄경문의요결문답』 권3(卍속장12, p.682a14)에 "스스로의 바탕에 둘이 없음을 안다면 유위를 보지도 무위라고 보지도 않아서 둘이 없다는 것마저 없이 한다. 평등법계에서는 다만 둘이 있어 둘이 없게 하고, 단지 둘이 없는 것으로서 둘이 되게 한다. 다만 평등으로서 불평등이 있게 하고, 다만 불평등으로서만이 평등하게 한다는 말이다. 若見自體無二 不見有爲 不見無爲 不無無二 謂平等法界 只二成無二 只無二成二 只平等成不平等 只不平等 成爲平等", 『대승장엄경론』 권6(대정장31, p.622c21)에 "마치 솜씨 뛰어난 화가가 평평한 벽에 들쭉날쭉한 모양이 일어나도록 그리면 실제로는 높낮이가 없지만 높낮이가 있는 듯 보는 경우와 같다. 진실하지 못한 분별도 이와 같다. 평등법계 두 상이 없는 곳이지만, 항상 봄이 있어 보는 이와 보이는 이 있어 두 상이 있다. 이에 두려워하지 말아야 한다. 譬如善巧畫師 能畫平壁 起凹凸相 實無高下 而見高下 不眞分別 亦復如是 於平等法界 無二相處 而常見有 能所二相 是故 不應怖畏", 『석선바라밀차제법문』 권1하(대정장46, p.481a11)에 "보살은 법화의 일행삼매 등 여러 삼매를 닦아 평등법계의 깊지도 않고 얕지도 않음 관하므로 차제가 아니라 한다. 『무량의경』(대정장9, p.387b11)에서 '크고 곧은 도를 실행함에 어려움에 머물 일 없기 때문이다'라고 한 말과 같다. 菩薩修法華 一行等諸

三昧 觀平等法界 非深非淺 故名非次第 如無量義經說 行大直道 無留難故", 『도서』 권상2(대정장48, p.402c5)에 "평등법계에는 부처도 없고 중생도 없다. 법계마저도 임시 이름이며, 마음 이미 있는 것 아닌데 누가 법계를 말하는가! 닦고 닦지 않음도 없고, 부처와 부처 아님도 없다. 설령 법 하나 있어 열반보다 뛰어나다 한들 나는 이 또한 꿈이나 허깨비와 같다고 말하겠다. 우리를 구속할 수 있는 법도 없고, 우리가 될 수 있는 부처도 없다. 무릇 짓는 일 있다 해도 다 미망일 뿐이니, 이와 같이 요달해서 본래 일마저 없게 하니 마음에 의지할 것이 없고 전도에서 벗어나 비로소 해탈이라 할 것이다. 平等法界 無佛無衆生 法界亦是假名 心旣不有 誰言法界 無修不修 無佛不佛 設有一法 勝過涅槃 我說亦如夢幻 無法可拘 無佛可作 凡有所作 皆是迷妄 如此了達 本來無事 心無所寄 方免顚倒 始名解脫"라고 하였다. 〔참고문헌〕『華嚴經』, 『華嚴經義海百門』, 『華嚴經文義要決問答』, 『大乘莊嚴經論』, 『釋禪波羅蜜次第法門』, 『都序』.

평등법성 平等法性 Ⓢ sama-dharmatā, samāna-dharmatā, Ⓣ chos-mnyam-pa-nyid, mnyam-pa-'di-dang-chos-nyid. 고르고 한결같은 법들의 자성. 성처(聖處)과 세간(世間), 삼세(三世) 등 차별을 여윈 경(境)의 평등성이나, 변계소집성(遍計所執性)을 여윈 지(智)의 평등한 법성을 말한다. 이러한 일체법평등성은 일미(一味)나 허공(虛空)에 비유한다. 『불지경론』 권5(대정장26, p.314c2)에 "이와 같이 설한 크게 건지는 대자애라 하지만 일체처에 차별없이 구르기에 평등이라 하니, 이러한 평등을 법성이라 한다. 또는 설한 바 크게 건지는 큰 자애의 평등법성을 소연으로 하기에 경에 나아가서도 평등법성이라 한다. … 이와 같은 지를 평등법성이라 하니 변계소집성을 멀리 여의었기 때문이다. … (계경에서) '성인이 세간에 처함이 고르고 한결같아 한 맛이니, 마치 허공과 같다' 하였으니, 이를 곧 평등법성이라 한다. 如是所說弘濟大慈 遍一切處無差別轉 故名平等 卽此平等說名法性 或卽所說弘濟大慈平等法性爲所緣故 就境說名平等法性 … 如是智名平等法性 遠離遍計所執性故 … 聖處世間平等一味猶如虛空 卽此說名平等法性", 『유가사지론』 권28(대정장30, p.441b21 : *Śrāv-bh.*, p.302)에 "가령 식이 없는 몸의 색이 과거에는 식성이 있었다고, 또 식이 있는 몸의 색이 미래에는 식성이 없을 것이어서, 상사한 법성과 평등법성을 경으로 삼는 것을 내외몸으로 순신관에 머문다 한다. 若緣無識身色於過去時有識性 有識身色於未來時無識性 相似法性平等法性爲境 是名於內外身住循身觀 avijñānakasya ca rūpasyātīte kāle savijñānatāṃ avijñānakasya ca rūpasyānāgate kāle avijñānatāṃ tulyadharmatāṃ samadharmatāṃ ālambanīkurvann adhyātmabahirdhā kāye kāyānudarśī viharati"라고 하였다. 〔참고문헌〕『佛地經論』, 『瑜伽師地論』, *Śrāv-bh.*

평등법신 平等法身 두 법이 없는 법신 또는 팔지(八地) 이상의 법성생신(法性生身)의 보살. 적멸평등(寂滅平等)의 법을 증한 보살을 말한다. 세친(世親)의 『섭대승론석』 권5(대정장31, p.347c23)에 "'부처님의 둘 없음 얻어 뛰어난 저 언덕에 머무신다'란, 평등법신이 바라밀다로 성취해 채운 공덕을 말한다. 둘이란 것이 없는 법신을 평등법신이라 한다. 즉 이와 같은 둘이란 것 없는 법신이야말로 청정한 바라밀다를 잘 얻는다. 得佛無二住勝彼岸者 卽是平等法身波羅蜜多成滿功德 謂無二法身名平等法身 卽於如是無二法身得善淸淨波羅蜜多", 『왕생론주』 권하(대정장40, p.840a19)에 "평등법신이란 팔지 이상의 법성생신보살을 말한다. 적멸평등이란 이 법신보살이 증한 적멸평등의 법을 말한다. 이 적멸평등의 법을 얻었기에 평등법신이라 한다. 평등법신의 보살이 증득한 바를 적멸평등법이라 한다. 平等法身者八地已上法性生身菩薩也 寂滅平等者 卽此法身菩薩所證寂滅平等之法也 以得此寂滅平等法故名爲平等法身 以平等法身菩薩所得故名爲寂滅平等法也"라고 하였다. 〔참고문헌〕『攝大乘論釋』, 『往生論註』. ⇨ 법성생신 法性生身, 적멸평등 寂滅平等, 법신 法身, 적멸 寂滅

평등비 平等比 ➡ 평등비량 平等比量

평등비량 平等比量 Ⓢ sāmānyato dṛṣṭam anumānam. 상키야(數論 Ⓢ Sāṃkhya)에서 주장하는 세 가지 비량(三比量 : 有前 有餘 平等) 중 하나로 말(末)을 말미암아 본(本)을 견주어 아는 비량이다. 아트만(Ⓢ ātman) 등 제근(諸根)에 현전하지 않는 원인을 그 결과에 견주어 추론할 때 쓴다. 『금칠십론』 권상(대정장54, p.1246a1)에 "이 논에서 양(量)을 세움에 세 가지다. … 둘째 비량이란, 앞선 것을 증으로 삼는다. 비량에 셋이 있다. 첫째는 유전(有前 Ⓢ pūrvavat), 둘째는 유여(有餘 Ⓢ śeṣavat), 셋째는 평등이다. … 외도가 말하였다. '비량에 셋이 있다고 하였는데, 어떤 양이고 어떤 경계이기에 능소로 통달하는가?' 此論中立量有三 … 二者 比量 比量者 以證爲前 比量有三 一者 有前 二者 有餘 三者 平等 … 外曰 說比量有三 何量何境界 能所得通達", 같은 책(대정장54, p.1246a26 : *Sāṃkhy-k.*, 제6송, p.10)에 "평등비량에 의지하여 근을 넘어서는 경을 얻어 성취한다. 만약 의지하는 바 비량으로 드러내지 못하면 성언량을 따른즉 나타난다. 依平等比量 過根境得成 若所依比不顯 隨聖言則現 sāmānyatas tu dṛṣṭād atīndriyāṇāṃ pratītir anumānāt, tasmād api cāsiddhaṃ parokṣam āptāgamāt sādhyam", "평등량에 의지함

이란, 비량중에 이를 평등량이라 하니 자성과 아(我) 이 경들은 근을 넘어서기에 평등량으로 능히 가려낼 수 있다. 대(大 Ⓢ mahat) 등의 모든 말(末 Ⓢ kārya)들에는 세 가지 덕(德 Ⓢ tri-guṇa)이 있으니 첫째는 락(Ⓢ sattva), 둘째는 고(Ⓢ rajas), 셋째는 치암(Ⓢ tamas)이다. 이 말덕은 본덕(Ⓢ kāraṇa : Prakṛti)을 여의면 말덕인즉 성취되지 못한다. 말덕을 말미암아 본덕을 견주어 안다. 그리하여 자성도 평등을 말미암아 견주어 성취한다. 아란 마땅히 결정되어 있는 것이어서 대(大) 등이 변하고 달라져 다른 것이 되었기 때문이다. 그러므로 아 또한 평등으로 성취한다. 만약 비량으로 증함에 의지하여도 어떤 뜻이 성취될 수 없다면, 지 밖으로 나가버린 것인 만큼 성언량에 의지하여 알게 된다. 마치 저 위의 천제석과 북울단월과 같다. 依平等量者 謂於比量中 是曰平等量 自性及與我 此境過根故 平等能別 大等諸末有三種德 一樂 二苦 三癡闇 此末德離本德 末德則不成 故由末德比本 是故自性由平等比成 我者應決定有 大等變異爲他故 故我亦由平等成 若依證比量 有義不得成 爲出智外故 依聖言得解 如上天帝釋北鬱單越等", "외도가 말하였다. 볼 수 없다면 있는 줄 어떻게 아는가? [답] 드러난 일을 연하여 그 인을 보는 것이니, 인인 자성으로 지은 일이기 때문이다. 평등비량에 의지해 자성이 실유함을 알 수 있다. 外曰 若不可見 云何得知有 答曰 緣事見因 自因自性所造事 依平等比量知自性實有"라고 하였다. [참고문헌] 『金七十論』, *Sāṃkhy-k.*

평등사 平等寺　경상북도 포항시 남구 장기면 묘봉산(妙峯山)에 있던 절. 『동국여지승람』 권23 경상도 장기현 불우에 "평등사. … 〈모두 묘봉산에 있다〉. 平等寺 … 〈俱在妙峯山〉", 『범우고』 경상도 장기에 "지금은 폐사되었다. 今廢"라고 하였다. [참고문헌] 『東國輿地勝覽』, 『梵宇攷』, 『韓國寺刹全書』 권하 p.1121a8.

평등사심시 平等捨心時　마음 고르게 해서 높고 낮음 없게 하는 때. 법을 들을 수 있는 때로서 육성취(六成就) 중 하나인 '일시 一時'의 뜻 중 하나다. 원측(圓測)의 『해심밀경소』 권1(卍속장34, p.605a9)에 "진제삼장의 『칠사기』에서 '일시'라 함에 열 가지 뜻이 있다. … 열 번째는 평등사심의 때다〈가령 마음 자주 물러나 있게 되면 이는 쳐져 있어 이때는 법을 들어도 들어가지 못하고, 가령 마음이 동요해 있으면 이는 들뜸이라 하는데 이때도 법을 들어도 들지 못한다. 가령 정법을 버리는 마음을 짓는다면 이는 무명의 불평등심이어서 이때도 청법에 들어갈 수 없다. 하지만 가라앉음에서 빠져나오고 들뜸 눌러서 고르게 멈추게 해서 중을 얻어 기억하고 버려 평등한 줄 알게 되면 정법을 얻어 들어갈 수 있기에 평등사심의 때라 한다〉. 眞諦三藏七事記云 一時有十義 … 十 平等捨心時〈若心多退 名爲下心 聽法不入 若心動踊 名爲高心 聽法不入 若作棄捨正法心 此是無明不平等心 聽亦不入 若能拔沉抑浮 調停得中念知捨平等 得入正法 故云平等捨心時〉"라고 하였다. [참고문헌] 『解深密經疏』. ⇨ 행사 行捨, 일시 一時❶, 육성취 六成就❶

평등상 平等相　제법이 고르게 같아 성・상・주・위(性相住位)에 차별 없는 모습. 『대품반야경』 권26 「평등품 平等品」(대정장8, p.413c16)에 "부처님께서 수보리에게 고하셨다. '이 제법의 평등상을 나는 설하여 깨끗하다고 하느니라. 수보리야, 어떤 것들이 제법의 평등이겠느냐? 이른바 그대로여서 달라질 일 없고 거짓되지 않으며, 법의 모습이고 법의 성이며, 법으로 머물고 법으로 자리한다. 실로 그 틀을 가지기에 부처가 계시든 계시지 않든 법성은 언제나 머문다. 이를 정(淨)이라 이름하느니라. 세제인 고로 설하길 최제일의는 아니라 설하니, 최제일의는 일체의 언어논의음성을 넘느니라'. 佛告須菩提 是諸法平等相 我說是淨 須菩提 何等是諸法平等 所謂如不異不誑 法相法性 法住法位 實際 有佛無佛 法性常住 是名淨 世諦故說非最第一義 最第一義 過一切語言論議 音聲"라고 하였다. [참고문헌] 『大品般若經』, 『大智度論』 권95(대정장25, p.727b9). ⇨ 평등 平等❶

평등성 平等性　❶ Ⓢ samatā, Ⓣ mnyam-pa-nyid. 진여의 12가지 뜻(十二眞如) 중 하나. 『유가사지론』 권43(대정장31, p.528c19 : *Bodh-bh.*, p.146)에 "일체법에 대해 평등성을 깨닫고, 대총상(大總相 : 眞如)에 들어서 모든 알아야 할 것들이 모여드는 그 끝을 끝내 통달하며, 더해서 있게 하거나 덜어내 없게 하는 두 끝을 멀리 여의고 중도에 수순해 들어간다. 於一切法悟平等性 入大總相究達一切所知邊際 遠離增益損減二邊 順入中道 sarvaṃ dharmeṣu samatānugatā mahāsāmānyalakṣaṇapraviṣṭā jñeyaparyantagatā samāropāpavādāntadvaya vivarjitatvān madhyamapratipadanusāriṇī", 『성유식론소초』 권4(卍속장80, p.315b16)에 "평등성이라 하였는데, 함이 있는 것들 평등하지 않지만 진여야말로 평등하다. 平等性者 爲不平等性 眞如是平等也"라고 하였다. [참고문헌] 『瑜伽師地論』, 『成唯識論疏抄』, *Bodh-bh.* ⇨ 평등 平等❶, 십이진여 十二眞如, 십종평등성 十種平等性 ❷ Ⓢ samatā. 평등한 상태. 혼침(昏沈)과 도거(掉擧)를 여읜 마음의 상태로서 행사(行捨 Ⓢ upekṣā)의 양상. 『구사론』 권4(대정장29, p.19b16 : *Abh-k-bh.*, p.55)에 "마음의 평등성에 경각의 성이 없음을 사라 한다. 心平等性無警覺性說名爲捨 upekṣā cittasamatā cittānābhogatā", 『구사론소』 권4(대정장41, p.528c21)에 "혼침과 도거라는 불평등성을 마주해 다스리기에 평등성이라 한다. 對治沈掉不平等性故名平等"라고 하였다. [참고문헌] 『俱舍

論』, 『俱舍論疏』, *Abh-k-bh.* 3 ➡ 평등성지 平等性智

평등성공 平等性空 모든 법 고르게 한결같이 그 바탕 공하다네. 『반야등론석』 권15(대정장30, p.130a15)에 "유도 없고 무도 없으며, 유이기도 하고 무이기도 함도 없고, 유도 아니고 무도 아님도 없다. 이것을 제법실상인 평등성공이라 한다. 이로써 모든 희론을 사라지게 해서 안온한 도를 얻는다. 有亦無 無亦無 亦有亦無亦無 非有非無亦無 是名 諸法實相 平等性空 滅諸戲論 得安隱道", 『대지도론』 권96(대정장25, p.730c21)에 "〈경〉 수보리가 다시 물었다. '처음으로 뜻을 일으킨 보살은 어떤 방법으로 교화하여야 평등성공을 알도록 할 수 있는지요?' 〈논〉 수보리의 의중은 이렇다. 성이 공한 법이야말로 범부인이 크게 두려워하는 처다. 성은 공해서 있는 것이란 없다는 소리를 들으면 마치 깊은 수렁에 임한 듯할 것이다. 왜 그런가? 도를 증득하지 못한 모든 사람은 나의 마음이라는 깊은 집착으로 법이 공함을 두려워해서 이렇게 생각한다. '불교인은 선행을 닦으라 권하면서 끝내는 있는 것이란 없는 중으로 돌아가게 하는가!'라고. 이런 까닭에 수보리는 '어떤 방편으로 처음으로 뜻을 일으킨 이들을 깨우치겠는가?'라는 취지로 물었던 것이다. 須菩提復問 云何敎化 新發意菩薩 令知平等性空 須菩提意謂 性空法是 凡夫人 大怖畏處 聞性空無所有 如臨深坑 何以故 一切未得道者 我心深著故 怖畏空法 作是念 佛敎人勤修善行 終歸入無所有中 以是故 須菩提問 以何方便 敎誨是新發意者", "〈경〉 부처님께서 응답하셨다. '모든 법 앞서 있다가 지금은 없지 않느냐?' 〈논〉 부처님의 의중은 처음으로 마음을 일으킨 이들이 뒤에는 마땅히 없게 될 것을 두려워하므로 '모든 법이 이전에는 있다가 지금은 사라지고 없지 않더냐?'라고 반문하셨다. 수보리는 모든 법이 전에도 본래 없었고 지금도 없음을 스스로 뚜렷하게 알고 있지만, 다만 처음으로 마음 일으킨 이들이 아라는 견해에 덮여 있기에 두려움을 일으킬 뿐이다. 뒤집혀 있음 없애고 진실한 견해를 얻고 끝내 잃는 일이 없도록 하려면 모든 번뇌와 전도의 실상을 알게 하니, 소위 성공이라 말하는 이 때인즉 공포가 없게 된다. 이와 같은 법을 처음 뜻을 일으킨 이들에게 마땅히 가르쳐야 한다. 만약 모든 법 앞서 도를 행해서 만이 없다고 하면 두려울 수밖에 없지만, 처음부터 본래 없기에 없다고 한다면 두렵지 않을 것이니 다만 전도를 없애기 위함이다. 佛答 諸法先有今無耶 佛意 以新發意者 怖畏後當無故 說 諸法先有今無耶 須菩提 自了了知 諸法先自無 今亦無 但以新發意者 我見心覆 故生驚怖 爲除顚倒 令得實見 竟無所失 知諸煩惱 顚倒實相 所謂性空 是時則無恐怖 如是等法 應敎新發意者 若諸法先有 以行道故無 應當恐怖 初自無故 不應恐怖 但爲除顚倒耳", 『대승광백론석론』 권3(대정장30, p.203c5)에 "또한 모든 법 관해 보니 평등한 성으로 공이어서 저것이나 이것이나 함께 사라지고 자타의 상마저 사라진다. 두루 교화받을 모든 유정에게 연에 매이지 않는 자비를 일으켜 미묘한 법의 비를 적셔줄 뿐이라네. 復觀諸行 平等性空 彼此俱亡 自他想滅 遍於一切 所化有情 起無緣慈 澍妙法雨"라고 하였다. 〔참고문헌〕『般若燈論釋』, 『大智度論』, 『大乘廣百論釋論』. ⇨ 평등 平等, 공 空

평등성인 平等性印 고르고 같은 성이라 정해 움직일 수 없게 하다. 『대반야경』 권578(대정장7, p.986b4)에 "이미 잘도 두렷이 깨우치신 일체여래의, 필경에는 공적하고 고르게 같은 자성의 움직일 수 없는 자취라네. 已善圓證 一切如來 畢竟空寂 平等性印", 『해의보살소문경』 권12(대정장13, p.507c5)에 "일체법 평등성이라는 법인에 찍혔으니, 모든 법은 허공과 같아서 모두 차별이 없기 때문이다. 一切法 平等性印所印 諸法等虛空 悉無差別故"라고 하였다. 〔참고문헌〕『大般若經』, 『海意菩薩所問經』. ⇨ 평등성지 平等性智

평등성지 平等性智 Ⓢ samatā-jñāna, Ⓣ mnyam-pa-nyid-kyi-ye-shes. 사지(四智) 또는 오지(五智) 중 하나. 유루의 제7말나식(末那識 Ⓢ manas)을 뒤쳐 얻는 지. 평등지(平等智)라고도 한다. 『대승본생심지관경』 권2(대정장3, p.298c16)에 "평등성지란 무엇인가? 아견식을 뒤쳐서 이 지혜를 얻는다. 그리하여 자타평등하여 능히 둘 다 무아임을 증한다. 이와 같은 것을 평등성지라고 한다. 平等性智 轉我見識 得此智慧 是以能證 自佗平等 二無我性 如是名爲 平等性智", 『불지경론』 권3(대정장26, p.302a19)에 "평등성지란 무엇인가? 즉 자신과 타인이 모두 평등함을 관찰하고, 대자대비로 항상 상응하여 끊임이 없으며, 불지 건립하지만 열반에 머물지 않고, 모든 유정중생들이 즐거움 따라 수용신토의 갖가지 모습을 나타내 보이며, 묘관찰지와는 함께 의지하지 않으니, 이와 같은 함을 평등성지라고 한다. 平等性智者 謂觀自他 一切平等 大慈大悲 恒共相應 常無間斷 建立佛地無住涅槃 隨諸有情所樂示現 受用身土種種影像 妙觀察智 不共所依 如是名爲 平等性智", 『발보리심론』(대정장32, p.573c23)에 "삼십칠존 중에서 오방의 부처님 존위는 각각 하나의 지혜를 나타낸다. … 남방의 보생불은 평등성지를 성취하므로 관정지라고도 한다. 於三十七尊中 五方佛位 各表一智 … 南方寶生佛 由成平等性智 亦名灌頂智也"라고 하였다. 〔참고문헌〕『大乘本生心地觀經』, 『佛地經論』, 『發菩提心論』, 『攝大乘論釋』 권9(대정장31, p.372a16), *Sūtr.46.*, *Mvyut.5.* ⇨ 사지 四智 1, 오지 五智 1, 전식득지 轉識得智

평등성지상응위 平等性智相應位 제7식인 말나삼위(末

那三位) 중 평등성지(平等性智 Ⓢ samatā-jñāna)와 상응하는 위. 무구이숙식을 연하여 일어난다. 『유식의사기』 권5본(대정장71, p.372a18)에 "일반적으로 말나식에는 세 위가 있는데 무엇인가? 〔답〕 첫째는 보특가라아견상응위이고 … 둘째는 법아견상응위이고 … 셋째는 평등성지상응위다〈모든 여래상속에 통하고 보살의 견도와 수도 중 법공지과가 현전하는 위다. 저 말나는 무구이숙식 등을 연하여 평등성지를 일으킨다〉. 凡末那有三位者何 答 一 補特伽羅我見相應位 … 二 法我見相應位 … 三平等性智相應位〈通一切如來相續 菩薩見道及修道中法空智果現前位 彼末那緣無垢異熟識等起平等性智〉"라고 하였다. 〔참고문헌〕『唯識義私記』. ⇨ 평등성지 平等性智, 말나식 末那識

평등심 平等心 Ⓢ sama-citta, samatā-citta, Ⓣ snyoms-pa'i-sems. 평등한 마음. 원친(怨親)을 떠난 마음. 나아가 마음과 부처와 중생을 차별하지 않는 마음. 40권본 『대반열반경』 권15(대정장12, p.453c18)에 "보살은 이때 부모 곁에서나 가장 원수진 이들 속에서나 평등심을 얻어 차별이 있을 리 없다. 선남자야, 이를 자얻음이라 이름하나 대자는 아니다. 菩薩爾時 於父母所及上怨中 得平等心 無有差別 善男子 是名得慈 非大慈也", 『유가사지론』 권36(대정장30, p.487b21 : *Bodh-bh.*, p.28)에 "보살은 승의를 행하기에 일체법에 평등평등하다. 진여혜로 실답게 관찰하여 일체처에 평등견을 갖추고 평등심마저 갖추니, 최승사를 얻었음이다. 菩薩 行勝義故 於一切法 平等平等 以眞如慧 如實觀察 於一切處 具平等見 具平等心 得最勝捨 arthe parame caran sarvadharmāṃstayā tathatayā sama-samān yathābhūtaṃ prajñayā paśyati. sarvatra ca sama-darśī sama-cittaḥ san paramām-upekṣāṃ pratilabhate", 『금광명최승왕경소』 권2본(대정장39, p.211b15)에 "〔문〕 직심은 무엇을 바탕으로 삼는가? 〔답〕 일체중생에게 마음을 평등히 함을 바탕으로 삼는다. 이 뜻은 원한 맺은 유정이거나 친한 유정이거나 평등한 마음과 자비심으로 연민한다는 것이다. 問 直心以何爲本 答 以於一切衆生 平等心爲本 此意 怨親有情之所 等心悲愍故", 『원각경협송집해강의』 권10(卍속장87, p.958b5)에 "마음과 부처와 중생, 이들 셋은 차별이 없으니 이 청정한 마음과 평등한 마음과 걸림 없는 마음으로 원각에 들어간다. 心佛衆生 三無差別 以此淸淨心 平等心 無罣礙心 入圓覺"라고 하였다. 〔참고문헌〕『大般涅槃經』, 『瑜伽師地論』, 『金光明最勝王經疏』, 『圓覺經夾頌集解講義』, *Bodh-bh.*, *Laṅk.292.*

평등심섭 平等心攝 Ⓢ samacittatā-parigraha, Ⓣ sems-mnyam-pa-nyid-kyis-yongs-su-'dzin-pa. 보살이 중생을 거두는 네 가지 일(四種攝衆生) 중 하나. 『대승장엄경론』 권13(대정장31, p.657a28 : *Sūtr.*, p.176)에 "둘째, 평등심으로 거둔다. 초지에 들어가면서부터 자타가 평등하다는 마음을 얻어 거두어들인다. 二平等心攝 由入初地 得自他平等心攝故 sama-cittatā-parigraha ātma-para-samatā-lābhād abhisamaya-kāle"라 하였다. 〔참고문헌〕『大乘莊嚴經論』, *Sūtr.* ⇨ 사종섭중생 四種攝衆生, 사섭법 四攝法

평등연 平等緣 불보살이 동체지력(同體智力) 있어 인·원·심·행·익·기(人願心行益機) 여섯 가지로 같게 해서 중생과 함께하는 일. 『대승기신론』(대정장32, p.578c26)에 "평등연이란 일체제불보살들이 다 일체중생을 도탈시키고자 원한다. 자연스레 훈습하며 항상 버리지 않으니 동체지력 쓰기 때문이다. 따라 응해서 보고 들으며 나타나 업을 짓는다. 그런 까닭에 중생은 삼매에 의지하여야 평등을 얻고 모든 부처님을 볼 수 있다. 平等緣者 一切諸佛菩薩 皆願度脫 一切衆生 自然熏習 恒常不捨 以同體智力故 隨應見聞 而現作業 所謂衆生 依於三昧 乃得平等 見諸佛故", 『대승기신론의기별기』(대정장33, p.289c24)에 "평등연중에 여섯이 있다. 첫째, 평등한 사람이다. 논에서 불보살이라 한 말과 같다. 둘째, 평등한 원이다. 논에서 모두 도탈시키고자 원한다는 말과 같다. 셋째, 평등한 마음이다. 논에서 자체로 훈습한다는 등의 말이다. 넷째, 평등행을 풀이한다. 논에서 동체지력이라 한 말과 같다. 곧 자신과 타자가 동일체성을 분명하게 아니, 같은 줄 아는 지혜를 동체지라 한다. 다섯째, 평등한 이익이다. 논에서 보거나 듣는다고 한 말과 같다. 여섯째, 기를 평등하게 해서야 평등상을 본다. 논에서 삼매에 의지하여 부처님을 본다는 말과 같다. 平等緣中有六 一 平等人 如論佛菩薩故 二 平等願 如論皆願度故 三 平等心 如論自體熏等故 四 釋平等行 如論以同體智力故 謂了知自他同一體性 知同之智 名同體智 五 平等益 如論見聞等故 六 令平等機 見平等相 如論依三昧見佛故"라고 하였다. 〔참고문헌〕『大乘起信論』, 『大乘起信論義記別記』. ⇨ 차별연 差別緣

평등왕 平等王 **1** 저승의 시왕(十王) 중 여덟째 왕. 망자가 죽은 지 100일째 되는 날 만난다. 『정토오회염불약법사의찬』(대정장47, p.480b16)에 "염불의 깊은 삼매를 얻으면 삼악도의 평등왕을 두려워 하지 않네. 若得念佛深三昧 不怕三塗平等王", 『지장보살발심인연시왕경』(卍속장150, p.775b5)에 "여덟째 평등왕〈관세음보살〉 안으로 자비를 품고 밖으로 분노한 모습을 드러내네. 보시한 이에게 교화하고 탐욕스런 이에게는 형벌을 내리네. 이때 천존이 게송으로 설한다. 망자가 백일이 되면 더욱 두려움에 떨고 몸은 형틀에 매이고 채찍질 당하네. 남녀가 노력하여 공덕을 지으면 오묘한 선행을 따라 천당을 만나네. 第八平等王〈觀世音菩薩〉 內含慈悲 外現怒相 且施敎化之 且貪刑罰之 爾時 天尊說是偈言 亡人百日 更恓惶 身遭枷械被鞭傷 男女努力造功德 從玆妙善見天堂", 『예수시왕생칠경』(卍속장150, p.780b2)에 "여덟째, 죽은 지 백일에는 평등왕을 지난다. 第八 百日過平等王"라고 하였다. 〔참고문헌〕『淨土五會念佛略法事儀讚』, 『地藏菩薩發心因緣十王經』, 『預修十王生七經』. ❷ 인류 최초의 군주. 갖춘 이름은 대평등왕(大平等王 Ⓢ Mahāsaṃmata-rāja, Ⓟ Mahāsammata rājan)이고 마하삼마할라사(摩訶三摩曷羅闍)로 음사한다. 『불조통기』 권1(대정장49, p.138c27)에 "대겁이 시작할 때 세계가 처음 생겨나고 광음제천이 화생하여 사람이 되었다고 한다. 이때 의논하여 위덕을 가진 한 사람을 세웠으니 선을 상주고 악을 벌주는 평등왕이었다. 사람들이 함께 재물을 바치고 마침내 민주라는 이름을 얻었다. 大劫之始 世界初成 光音諸天 化生爲人 云云 於是議立一人有威德者 賞善罰惡號平等王 衆共供給 遂有民主之名"라고 하였다. 〔참고문헌〕『佛祖統紀』, 『長阿含經』 권6(대정장1, p.38b23), 『翻譯名義集』 권3(대정장54, p.1094b18), *DN.3.93.* ⇨평등주 平等主

평등왕 시왕탱화 통도사 양산 1798년

평등위 平等位 Ⓢ samāvasthā. 고르고 한결같은 마음. 사(捨 Ⓢ upekṣā : 行捨)를 성취한 상태다. 성류(性類)는 선(善) 또는 무기(無記)다. 『유가사지론』 권11(대정장30, p.331c23 : *Samā-bh.*, p.153)에 "무엇을 한결같아 사에 머문다 하는가? 이를테면 행하지만 기울음 없이 한결같은 상태를 말한다. 평등위 중에서 마음이 노닐듯 관하기 때문이다. 云何等住於捨 謂行平等位 於平等位中 心遊觀故 katham upekṣā saṃtiṣṭhate. sa māvasthāvacārako bhavati. samāyām avasthāyām cittam avacārayati", 같은 책 권23(대정장20, p.406c20 : *Śrāv-bh.*, p.66)에 "무엇을 행평등위라 하는가? 평등위란 선한 버림(善捨)이나 무기로 버림(無記捨)이니, 그는 뜻에 맞지 않게 분별해 번뇌를 일으킴에 있어 뜻으로 잘 방호하고, 그런 뒤 선한 사와 무기의 사 중에서 바르게 행한다. 이에 행평등위라 한다. 云何名爲行平等位 平等位者 謂或善捨或無記捨 由彼於此非理分別 起煩惱 意善防護已 正行善捨無記捨中 由是說名行平等位 kathaṃ samāvasthāvacārako bhavati. samāvasthocyate. upekṣā kuśalā vā avyākṛtā vā sa tasmād ayoniśo vikalpāt saṃkleśasamutthāpakāt tan mānasaṃ rakṣitvā kuśalāyām vā upekṣāyām avyākṛtāyām vā avacārayati", 『유가론기』 권19(대정장42, p.732c8)에 "'평등위'라고 하였는데, 선이나 무기성과 상응할 때 념을 가져 방호하기에 평등위라 한다. 言等位行者與善無記性相應時 有念防護名平等位也"라고 하였다. 〔참고문헌〕『瑜伽師地論』, 『瑜伽論記』, *Samā-bh.*, *Śrāv-bh.* ⇨평등 平等❶

평등의 平等義 성허공십의(性虛空十義) 중 하나로 진여성의 바탕이 일체법에 평등한 뜻. 『석마하연론』 권3(대정장32, p.615a3)에 "(성허공십의 중) 셋째는 평등의이니, (허공은) 가려 택함이 없기 때문이다. 三者 平等義 無簡擇故", 『대명삼장법수』 권30(영락장182, p.639a6)에 "셋째는 평등의 뜻이니 평등이란 진여성의 체는 일체법에 있어 고르게 같아 다름이 있을 수 없음을 말한다. 三 平等義 平等者 謂眞如性體 於一切法 等無有異也"라고 하였다. 〔참고문헌〕『釋摩訶衍論』, 『大明三藏法數』. ⇨성허공십의 性虛空十義

평등의취 平等意趣 Ⓢ samatā-abhiprāya, Ⓣ mnyam-pa-nyid-la-dgongs-pa. 누군가와 같다고 말하여 뜻에 나아가게 하다. 사의취(四意趣) 중 하나로 법동의취(法同意趣)·평등의(平等意) 등이라고도 한다. 『섭대승론본』 권중(대정장31, p.141a18 : *Mah-saṃ.*, p.41)에 "첫째, 평등의취다. 설하길 '나는 옛적 언젠가 그러한 때와 그러한 시절에 승관정등각자라 불리었다'라고 말하는 것이다. 一 平等意趣 謂如說言 我昔曾於彼時彼分 卽名勝觀正等覺者 mnyam pa nyid la dgongs pa ni 'di lta ste. nga nyid de'i tshe de'i dus na de bzhin gshegs pa dgra bcom pa yang dag par rdzogs pa'i sangs rgyas rnam par gzigs su gyur to zhes bya ba lta bu'o", 『섭대승론석』 권5(대정장31, p.346a29)에 "평등의취란, 어떤 사람이 비슷한 법을 취하여서는 이와 같다고 말하니 '그는 바로 나다'라고 하는 예와 같다. 세존 또한 그렇게 하셨으니 평등법신을 마음 속에 품어 있게 하고서는 '나는 그 옛적 일찍이 그곳 등에 있었지만, 저 과거세 비바시불은 아니고 지금의 석가모니다'라고 말씀하신 경우와 같다. 평등한 뜻에 의지해 일으킨 의취를 이와 같이 설하신 것이다. 平等意趣者 謂如有人 取相似法 說如是言 彼卽是我 世尊亦爾 平等法身 置在心中 說言 我昔曾於彼等 非彼昔時毘鉢尸佛 卽是今日釋迦牟尼 依平等義 所起意趣 作如是說"라고 하였다. 〔참고문헌〕『攝大乘論本』, 『攝大乘論釋』, *Mah-saṃ.* ⇨사의취 四意趣, 법동의취 法同意趣

평등이성 平等理性 일체법 평등한 뜻으로서의 성. 무루지(無漏智)로서 깨우치는 진실이고, 모든 분별의 상이 다하여(一切相盡) 증감(增減)도 고하(高下)도 없게 되고 나아가 생사와 열반의 경계에 자재한 원융중도의 바탕이 되는 뜻이다. 『보우경』 권9(대정장16, p.321b23)에 "여래께서는 저 번뇌의 티끌 없으므로 무루지 일으켜 갖가지 모든 법의 자재하고 평등한 이성을 증득하고 갖가지 모든 삼마지와 삼마발지로 행하는 경계에 통달한다. 如來無彼煩惱塵垢 起無漏智 證得一切諸法 自在平等理性 通達一切諸三摩地 三摩鉢底 所行境界", 『화엄경삼보장』 권상(대정장45, p.619b14)에 "넷째, 이(理)가 나타난다는 말은 이와 같은 상들 다하였기에 평등이성 일찍이 나타나지 않을 수 없다는 뜻이다. 『유가사지론』에서 한 가지 진여 안에서 이름하길 유전진여라 한다. 이 유전을 심사해서 상이 다하면 참된 이가 드러나기에 그것으로 이름을 삼았다. 또한 경에서 '생사 그대로 열반이다'라고 한 구절들은 모두 이 뜻이다. 이에 모든 불보살은 생사에서 항상 열반을 보고, 언제나 열반을 보지만 항상 생사에서 논다. … 이 도리에 의지하여 모든 부처님께서는 열반계 일으키지 않고 항상 생사중에 있으면서 중생들을 교화하신다 하는 등이니, 자비와 지혜가 서로 장애가 되지 않는다는 말은 이를 가리킨다. 四 理現者 卽由如是相自盡故 平等理性 未嘗不現 論中一種眞如內 名爲流轉眞如 以尋思此流轉 相盡眞理現露故以爲名 又經云 生死卽涅槃等 皆此義也 是故 諸佛菩薩看於生死 常見涅槃 常見涅槃 恒遊生死 … 依是道理 諸佛 不起涅槃界 常在生死中 敎化衆生等 悲智無礙 斯之謂矣", 『화엄경소』 권22(대정장35, p.664c17)에 "셋째, 사리무애법계는 삼세로 일어나지만 그대로 평등한 이성일 뿐이다. 사를 따라 이로 어울리는 뜻으로, 일어난 일들끼리도 서로 걸림 없음도 품는다. 三 事理無礙法界 三世之事 卽平等理性也 事隨理融義 含事事無礙", 『능엄경서지미소』(卍속장90, p.485b9)에 "두렷한 이를 이야기함으로써 진성을 밝힌다. 원이란 바로 두렷이 어울리는 중도이고, 이란 바로 고르고 같은 이의 바탕이다. 명이란 밝게 깨달음이고, 진성 두 글자는 우리가 본래 갖춘 묘한 마음을 곧바로 가리킨다. 이 마음은 본래부터 거짓되지 않기에 진이라 하고, 예부터 지금까지 바뀌지 않아 성이라 한다. 則談圓理 以明眞性 圓 是圓融中道 理是平等理性 明 是明悟 眞性二字 直指吾人本具妙心 此心從來不妄曰眞 古今不改 曰性", 『현수오교의』 권6(卍속장104, p.102a17)에 "만약 상이 없다면 늘어나거나 줄어드는 일도 없을 것이다. 『부증불감경』(대정장16, p.466b8)에 '모든 어리석은 이들은 하나의 법계를 진실 그대로 알지 못하기에 사견심 일으켜 중생계가 늘어났다거나 중생계가 줄어들었다고 한다' 하였는데, 모두 평등한 이성에는 고하의 법이 있을 리 없음을 드러낸다. 若無有相 則無增減 不增不減經云 一切愚癡 不如實知 一法界故 起邪見心 謂衆生界增 衆生界減 皆顯平等理性 無有高下法也"라고 하였다. [참고문헌] 『寶雨經』, 『華嚴經三寶章』, 『華嚴經疏』, 『楞嚴經序指味疏』, 『賢首五敎儀』. ⇨ 평등 平等 **1**, 이성 理性

평등인 平等忍 일체법 평등함을 견뎌 깨우침. 무생인(無生忍)과 통하며 초지에서 얻는다. 『대승이취육바라밀다경』 권10(대정장8, p.915a19)에 "가장 큰 방편이란 보살마하살이 평등인을 얻어서 생사에도 머물지 않고 열반도 증하지 않는 것이다. 大方便者 菩薩摩訶薩 得平等忍 不住生死 不證涅槃", 『대지도론』 권77(대정장25, p.601a11)에 "보살은 반야를 행할 때 제법에 대한 평등인을 얻고, 평등인을 얻었기에 공을 행하더라도 사무량심을 일으킨다. 菩薩行般若時 得諸法平等忍 得平等忍故 雖行空 亦能生四無量心", 『대지도론소』 권24(卍속장87, p.513a17)에 "모든 법에 대한 평등인이란 무생인이다. 諸法平等忍者 卽是無生忍也", 『인왕호국반야경소』 권5(대정장33, p.283a19)에 "먼저 말한 평등인이란 실지를 드러낸다. 유와 무를 쌍으로 비추어 물들지 않는다. 사섭 등은 방편의 지를 보인다. 初平等忍者 卽標實智 雙照有無而不染也 四攝等 標方便智也", 원측(圓測)의 『인왕경소』 권하(대정장33, p.417a19 · 한불전1, p.106c6)에 "평등인이라는 말은, 제1장에서 그 실지여서 유무상 벗어남을 밝히니 이를 평등인이라 한다. 言平等忍者 第一章 明其實智 離有無相 名平等忍", 『주인왕호국반야경』 권3(卍속장41, p.379a2)에 "평등을 증하면 초지에서 평등인에 머문다. 여러 경론에 준하면 대부분 삼아승지로 성불한다고 설한다. 이제 경에서는 지전에 이미 삼아승기를 거쳤다는 말은 『화엄경소초』 권22(대정장36, p.173c29)에 '지전보살과 이승성자는 견도초에 지에 들기에 모두 구경이라 여기므로 삼기성등정각이라 한다. 또한 부처님께서도 그 적절한 이치에 따르기에 『보운경』에서 「실로 무량아승기겁을 지났다」 하시며, 대경 「화장품」 초 소에 풀어 모아놓았다'라고 전한다. 能證平等 卽初地住平等忍 準諸經論 多說三阿僧祇成佛 今經地前 已經三阿僧祇者 演義鈔謂 地前菩薩 二乘聖者 見初入地 皆謂究竟故 說三祇成等正覺 亦佛隨宜故寶雲經 實經無量阿僧祇劫 大經華藏品初 疏有會釋"라고 하였다. [참고문헌] 『大乘理趣六波羅蜜多經』, 『大智度論』, 『大智度論疏』, 『仁王護國般若經疏』, 『仁王經疏』, 『注仁王護國般若經』, 『華嚴經疏鈔』. ⇨ 무생법인 無生法忍

평등인과 平等因果 고르고 같을 수밖에 없는 인과. 오주인과(五周因果) 중 하나이다. 『화엄경탐현기』 권1(대정장35, p.120b5)에 "셋째, 평등인과다. 저 「보현품」에서 설하는 평등해 두렷한 인과 「성기품」에서 설하는 평등해 가득찬 과가 그것이다. 이상의 두 문은 인과를 드러내 알게 한다. 三 平等因果 如普賢品說 平等圓因 性起品說 平等滿果 上二門是 生解因果",『화엄경소』권12(대정장35, p.590c9)에 "이 평등인과로 보면 인이란 이에 과중에서의 인이고, 과란 이에 과로서의 용이다. 그러므로 과 속으로 거둔다. 其平等因果 因乃果中之因 果乃此果之用 故屬果收",『화엄경담현결택』권6(卍속장11, p.1007a4)에 "다음으로 평등인과를 가린다. 인은 과와 다름이 없는 인이고, 과도 과와 다름 없는 인이다. 서로 사무쳐 하나가 아니고, 인과 과가 뚜렷히 구분되지만 전혀 다르지 않다. 次辨平等因果 謂因無異果之因 果無異果之因 交徹而不一 因果歷然而莫殊"라고 하였다. 〔참고문헌〕『華嚴經探玄記』,『華嚴經疏』,『華嚴經談玄抉擇』. ⇨ 오주인과 五周因果

평등일상 平等一相 평등해 한 모습일 뿐. 연으로 일어나는 모든 법 그 바탕 공으로 평등하다는 말이다.『대반야경』권569(대정장7, p.937b7)에 "두 갈래 상 있을 리 없어 하나다 다르다 하는 경계 모두 넘어서고, 평등하여 한 모습일 뿐이라 하니 심도 사도 행하지 않는다. 無有二相 過一異境 平等一相 尋伺不行",『무상의경』권상(대정장16, p.471b16)에 "생사와 열반계 평등해 한 상일 뿐이라고 관하여 정도를 얻고, 그 마음이 편안하게 머물면 주처없이 머무니 청정열반이다. 생사로 돌아다녀도 물들 일 없고, 대비심 수행을 근본으로 삼아 의지가 높고 강건하여 자리잡고 흔들리지 않기 때문이다. 觀於生死 及涅槃界 平等一相 至得正道 其心安止 住無住處 清淨涅槃 遊行生死 不被染汚 修大悲心 以爲根本 志力高强 堅住不動",『화엄경입법계품유가의궤』(대정장19, p.709b17)에 "다시 자심과 모든 중생심과 제불심이 본래 다름이 있을 리 없어 평등해 한 상일 뿐이라고 관찰해 대보리심을 성취한다. 復應觀察 自心 諸衆生心 及諸佛心 本無有異 平等一相 成大菩提心",『중론』권3(대정장30, p.25a18)에 "일체가 실이라고 한 것은 제법의 실한 바탕 찾아 들어가면 모두 제일의의 평등한 한 가지 상에 들어가게 되니 곧 무상을 말함이다. 마치 모든 물줄기가 다른 색과 다른 맛이지만 바다로 흘러들어가면 한 색과 한 맛인 것과 같다. 一切實者 推求諸法實性 皆入第一義 平等一相 所謂無相 如諸流異色異味 入於大海 則一色一味",『반야심경약소연주기』권상(대정장33, p.559c28)에 "이렇게 연으로 나는 모든 법은 그 성이 공하여 평등한 한 가지 상이다. 此緣生 卽是性空 平等一相"라고 하였다. 〔참고문헌〕『大般若經』,『無上依經』,『華嚴經入法界品瑜伽儀軌』,『中論』,『般若心經略疏連珠記』.

평등일심 平等一心 평등해 하나일 뿐인 마음. 탐진치 없어서 망심 일으키지 않는 마음, 불지견(佛知見)으로 쓰는 마음, 수증(修證)마저 버린 온전한 여래의 평등법신(如來平等法身)으로 일체시(一切時)에 도(道)에 합하는 마음 등을 말한다.『대승수전선설제법경』권상(대정장15, p.775a8)에 "탐진치를 벗어나 다시는 짓는 일이 없도록 하면 자성청정하고 허망함 일어나지 않아 평등한 일심으로 산란함 있지 않다. 離貪嗔癡 無令更作 自性清淨 虛妄不生 平等一心 無有散亂",『대승지관법문』권2(대정장46, p.651a5)에 "만약 하나의 마음으로 저들 바라보면 길거나 짧거나 모두 없는 것이어서 본래 평등한 하나의 마음일 따름이다. 바로 심체평등하여 길지도 않고 짧지도 않기에 심성에서 일어나는 길거나 짧은 상은 있을지라도 길거나 짧은 실이란 없다. 이런 연유로 서로 거둘 수 있다. 若以一心望彼 則長短俱無 本來平等一心也 正以心體平等 非長非短故 心性所起 長短之相 卽無長短之實 故得相攝",『종경록』권42(대정장48, p.661c15)에 "여기서 논하는 인과는 오직 실상을 인으로 삼아 다시 그 실상을 써서 과로 삼는다. 다만 인과가 평등한 하나의 마음일 뿐임을 깨우치기에 마침내 전후나 동시라는 견해를 지어내지 않는다. 만약 이와 같이 하나의 마음을 믿어 들면 모두 두렷한 인과 묘한 과를 성취한다. 今所論因果者 唯以實相爲因 還用實相爲果 但了平等一心故 終不作前後同時之見 若能如是 信入一心 皆成圓因妙果", 같은 책 권82(대정장48, p.871c15)에 "〔문〕 만약 미함과 깨달음 모두 평등한 하나의 마음이라면 어째서 혹을 끊고 과를 증함에 느리고 빨라 평등치 못한가? 〔답〕 비록 하나의 마음에서 본말이 평등함을 깨우칠지라도 헛되이 익힌 중생계중에 차별종자를 익히지 않아도 훈습이 되어 시작없는 때로부터 견고하므로 느닷없이 버려 보내기 어렵다. 십지위에 이르러도 여전히 색심이라는 두 습기가 남아 있는 것이다. 만약 용맹하게 정진하여 찰나마다 항상 불지견으로 다스리지 않는다면 청정하게 될 실마리는 없다. 問 若無迷悟 平等一心 云何斷惑證果 遲速不等 答 雖了一心 本末平等 以妄習衆生界中 差別種子 不熏而熏 無始堅牢 卒難除遣 至十地位 猶有色心二習 若不勇猛精進 念念常與佛知見治之 無由得淨",『원각경직해』권상(卍속장16, p.114a16)에 "위에서 '위에 고하가 있고 증에 차제가 있다'고 한 말은 모두 적멸심체를 깨우치지 못하여 헛되이 닦고 증함이 있다고 해서 능소로 마주해 기다리게 함을 잊지 못하게 하여서 깨달음에 천심이 있게 한다. 이제 평등한 하나의 마음만을 보여 움직이는 대로 도와 합하여야 두렷이 깨닫고 단번에 증하는 묘지라 하겠다. 중생이 나날이 쓰고 드러내 깨우치는 그 모든 것이 여래의 평등법신이다. 만약 일념도 내지 않는다면 온전한 바탕 저절로 나타나므로 '평소 모든 때에 부득이 망념을 일으켜서는 안 된다' 하였으니, 겨우 일념 일어난즉 지금 눈앞의 일은 당장에 미하리라. 上言 位有高下 證有次第者 皆爲不了 寂滅心體 妄有脩證 不忘能所對待故 悟有淺深 今示平等一心 任

運合道 乃圓悟頓證之妙旨也 以衆生日用現證 全是如來平等法身 若一念不生 全體自現 故云 居一切時 不得故起妄念 以纔起一念 卽迷現量故也"라고 하였다. 〔참고문헌〕『大乘隨轉宣說諸法經』, 『大乘止觀法門』, 『宗鏡錄』, 『圓覺經直解』. ⇨ 평등 平等 ❶, 일심 一心

평등자상삼마지 平等字相三摩地 Ⓢ samākṣaro nāma samādhi, Ⓣ yi-ge-mnyam-par-'god-pa-zhes-bya-ba'i-ting-nge-'dzin. 백팔삼매(百八三昧) 중 하나. 자등상삼매(字等相三昧)라고도 한다. 『대반야경』 권414(대정장7, p.76a15 : *Pañca-pr.*, p.201)에 "무엇을 평등자상삼마지라 하는가? 이 삼마지에 머물 때 평등한 글자의 모습 모두 고르게 지닌다. 이에 평등자상삼마지라 한다. 云何名爲平等字相三摩地 謂若住此三摩地時 得諸等持平等字相 是故名爲平等字相三摩地 tatra katamaḥ samākṣaro nāma samādhiḥ yatra samādhau sthitvā sarvasamādhīnāṃ samākṣaratām pratilabhate tenocyate samākṣaro nāma samādhiḥ"라고 하였다. 〔참고문헌〕『大般若經』, *Pañca-pr.*

평등주 平等主 Ⓟ sammata-rāja. 인민의 재산과 쟁송 등을 고르게 해서 차별없게 하길 바라 대중이 그 소임을 맡긴 주인공. 찰제리인 왕(王)이 세간에 있게 된 인연에서 생겨난 말이다. 마하삼말다왕(摩訶三末多王)이라고도 한다. 『장아함경』 권6 「소연경 小緣經」(대정장1, p.38b11)에 "그때 중생들이 별도로 밭을 분할받아 각자 그 터의 경계를 세우자 점차로 도둑질하려는 마음이 일어나 남이 수확한 작물을 훔쳤고, 그 나머지 다른 중생들이 알고 나서는 '당신들의 소행은 잘못이다! 당신들의 소행은 잘못이야! 스스로 밭을 소유하고 있으면서 남의 재물을 가지고 갔으니 지금 이후에는 더 이상 그렇게 해서는 안 된다'라고 말했다. 그 말을 듣고도 저들 중생은 도둑질을 그만 두지 않았다. … 그때 저들 무리중에 몸이 장대하고 얼굴 생김새가 반듯하며 위덕을 갖춘 한 사람을 선출하고 나서 그에게 말하였다. '당신이 지금부터 우리들을 위해 평등주가 되어 보호해야 할 이들은 보호하고, 마땅히 꾸짖을 이들은 꾸짖고, 내쫓아야 할 이들은 내쫓아 주시오. 마땅히 함께 곡물을 모아 공급하리다'. 그때 선출된 그 한 사람은 여러 사람의 말을 듣고서 주인이 되어 쟁송을 판단하여 처리하였고 모든 사람들은 곡물을 함께 모아서 공급하였다. 그때 그 한 사람이 다시 좋은 말로 모든 사람을 위로하자 모든 사람이 듣고 나서 다들 크게 기뻐하였고 모두 함께 칭찬하며 '훌륭하십니다! 대왕이시어! 훌륭하십니다! 대왕이시어!' 라고 말했다. 이를 계기로 세간에는 왕이라는 이름이 생겼고 바른 법으로 백성을 다스렸기에 찰리(Ⓟ khattiya)라 하였으니, 그때부터 세간에 처음으로 찰리라는 이름이 생겼다. 彼時衆生 別封田地 各立疆畔 漸生盜心 竊他禾稼 其餘衆生見已 語言 汝所爲非 汝所爲非 自有田地 而取他物 自今已後 勿復爾也 其彼衆生 猶盜不已 … 時 彼衆中 自選一人 形體長大 顏貌端正 有威德者 而語之言 汝今爲我等 作平等主 應護者護 應責者責 應遣者遣 當共集米 以相供給 時 彼一人聞衆人言 卽與爲主 斷理諍訟 衆人卽共集米供給 時 彼一人 復以善言 慰勞衆人 衆人聞已 皆大歡喜 皆共稱言 善哉 大王 善哉 大王 於是 世間便有王名 以正法治民 故名刹利 於是世間 始有刹利名生", 『석씨요람』 권상 「성씨 姓氏」(대정장54, p.258a27)에 "그중 한 사람의 용모와 자질이 탁월하여 세인의 존경과 신뢰를 받았고 대중이 의론하여 세우기를 백성의 주인이라 하였으니, 마하삼마가라사(Ⓟ mahā-sammata rājā)라 하였고 함께 원하는 만큼 거두고 나뉬다〈이것이 조세의 시원이다〉. 그러므로 그 씨를 찰제리〈밭의 주인이라는 뜻으로 처음에는 땅과 밭만을 나누었으나, 쟁송이 있게 되자 그것을 해결하는 주가 되었다〉라 명명하였다. 中有一人 容質瓌偉 世所欽信 衆議立爲民主 號摩訶三摩曷羅闍〈此云大平等主〉 各願輸賦供億〈此祖稅之始〉 故命氏刹帝利〈此云土田主 謂初分土田 各有諍訟使主之〉"라고 하였다. 〔참고문헌〕『長阿含經』, 『釋氏要覽』, 『釋迦譜』(대정장50, p.2a3), *DN.3.93.* ⇨ 마하삼말다왕 摩訶三末多王, 평등왕 平等王 ❷

평등주인옹 平等主人翁 기울지 않아 고르게 주인노릇하는 이. 『보봉어록』(고존숙어록43, 卍속장118, p.723a7)에 "보봉이 균주의 구봉에 있다가 대중과 작별인사를 나누는 만참 때 불자를 올리고서 말했다. '옛날에 세존께서는 꽃을 들었고 가섭은 미소지었다. 오늘 밤엔 나 귀종이 불자를 들었고 대중은 조용하다. 다시 적연할 뿐이어야 하는가? 미소짓는 이가 옳은가? 또한 이것은 무엇인가? 나 귀종이 불자를 든 동작과 세존께서 꽃을 든 모습이 같은가, 다른가? 같다고 말하자니 법에 같은 상이란 없고, 다르다고 말하자니 어찌 두 가지가 있으랴? 오래 참구한 선덕들은 듣는 순간 알아차리겠지만, 후진으로서 초심자라면 자세히 살펴야 한다'. 잠깐 침묵하다가 말했다. '법법이 모두 종으로 돌아가니(귀종), 기에 임해서는 반드시 변통해야 하리라. 신령한 저 끝과 밝고 묘한 자리마다 기울지 않아 한결같은 주인옹 계시네'. 師在筠州九峰 辭衆晚參 遂擧拂子云 昔日世尊拈花 迦葉微笑 今夜歸宗擧拂 大衆寂然 爲復寂然者是 微笑者是 又是箇什麽 只如歸宗擧拂 與世尊拈花 是同是別 若言同 法無同相 若言別 豈有兩般 久參先德 聞擧便了 後進初機 却須子細 良久云 法法總歸宗 臨機要變通 靈源明妙處 平等主人翁", 『솔암범종어록』(卍속장121, p.110b6)에 "무쇠 덩어리 위에 여기저기 꿰맨 흔적 터지고, 마른 강줄기 속에 물고기 지나간 자취가 드러난다. 묘용이라 해도 신통력이라 해도 틀리다. 큰 집에는 별다른 일은 없으니 평등하게 주인노릇 하는 어른이 있을 뿐이다. 돌! 늙어서 두 귀가 먹었다. 生鐵團上 迸開罅縫 枯河道裏 露出魚蹤 不是妙用 亦非神通 大家無別事 平等主人翁 咄老來雙耳聾"라고 하였다. 〔참고문헌〕『寶峰語錄』, 『率菴梵琮語錄』. ⇨ 주인공 主人公

평등지 平等智 Ⓢ samatā-jñāna, Ⓣ mnyam-nyid-ye-shes, mnyam-pa-nyid-kyi-ye-shes. 평등성지(平等性智)와 같다. 『불지경론』 권3(대정장26, p.304a15)에 "평등성지와 상응하는 심품은 보살이 초지에서 처음 현관할 때 최초로 현행한다. … 무루의 관 등이 현전할 때에는 항시 현행하지만 유루의 마음이 현전할 때는 다시 문득 끊어진다. 이와 같이 펴고 구르며 제10지에 이르는데, 최후심일 때로부터 이 이후 미래제가 다할 때까지 항상해서 잠시도 끊어지는 일이 없으니, 유루위의 아뢰야식이 항시 말나라는 하나의 식과 함께 일어나는 것과 같이, 무루위중의 대원경지도 항시 평등성지와 일시에 일어나기에 평등성지 또한 간단이 없다. 平等性智相應心品 菩薩初地初現觀時最初現行 … 無漏觀等現在前時恒常現行 若有漏心現在前時則便間斷 如是展轉乃至十地 最後心時自此已後盡未來際 常無間斷 如有漏位阿賴耶識 恒與末那一識俱起 無漏位中大圓鏡智 亦應常與平等性智一時而起 故平等智亦無間斷", 같은 책 권5(대정장26, p.314b18)에 "또한 유정은 단지 무분별을 연해야 평등행상으로 모든 것 임시로 선 것임을 분명히 아니, 유정성은 평등하기 때문이고 연생 등의 법성은 평등하기 때문이며, 무아의 진여성은 평등하기에 평등지라 한다. 亦緣有情但無分別 平等行相了知一切假立 有情性平等故 緣生等法性平等故 無我眞如性平等故 名平等智", 『대승장엄경론』 권3(대정장31, p.606c29)에 "제7식을 구르게 해서 평등지를 획득한다. 轉第七識得平等智"라고 하였다. 〔참고문헌〕『佛地經論』, 『大乘莊嚴經論』, *Laṅk.135.*, *Sūtr.46.* ⇨ 평등성지 平等性智

평등진여 平等眞如 일체법(一切法)에 고르게 같은 일미(一味)의 진여로서 이즈러짐 없이 성취된 실상(圓成實相)을 말한다. 『해심밀경』 권2(대정장16, p.693a21)에 "무엇을 제법의 원성실상이라 하는가? 일체법의 평등진여를 말한다. 云何諸法圓成實相 謂一切法平等眞如", 원측(圓測)의 『해심밀경소』 권4(卍속장34, p.746b15)에 "〈경〉 일체법의 평등진여를 말한다. 〔석〕 … 일체법에 두루한 일미의 진여를 체성으로 한다. 『중변분별론』에 따르면 원성실성이다. 謂一切法平等眞如 釋曰 … 遍一切法一味眞如 以爲體性 若依中邊 圓成實性", 『금강반야경지찬』(대정장85, p.78a26)에 "상 없음과 상응하는 정혜에 의지하기에 일체법의 평등진여를 관한다. 생사와 열반은 본래 다르지 않고 중생과 제불도 성에 차이 없지만, 망상으로 보리가 번뇌 되고 깨달으면 생사 바로 열반이다. 由依無相相應定慧 觀一切法 平等眞如 生死涅槃 本來不異 衆生諸佛 性自無差 由妄想故 菩提爲煩惱 若了悟也 生死卽涅槃"라고 하였다. 〔참고문헌〕『解深密經』, 『解深密經疏』, 『金剛般若經旨贊』.

평등체 平等體 평등한 바탕. 『신력입인법문경』 권1(대정장10, p.932a17)에 "평등도 없고 차별도 없는 평등지라 한다. 소위 평등마저 없는 체이어야 평등체다. 왜 그런가? 평등체로 무평등체와 다르지 않고, 저 무평등체는 평등체와 다르지 않기 때문이다. 평등이 없는 체 그대로 평등이기 때문이며, 저 무평등체 의지한 평등지로 모든 법이 평등하기 때문이다. 有言無平等無差別 平等智者 所謂無平等體 卽平等體 何以故 以平等體不異 無平等體 無平等體 不異平等體 卽無平等體 是平等故 依彼無平等體 平等智 一切法平等故", 『금강선론』 권9(대정장25, p.861b16)에 "만약 중생에게 법신이 없다면 '법신의 평등한 체에는 증감이 없어 모자람이 없다'고 말할 수 없고, 또한 '법신은 본래 청정하여 나도 없고 남도 없다' 등으로도 말하지 못한다. 若衆生無法身 則不得言 法身平等體 無增減 無所缺少 亦不得言 法身本淨 無我人等也", 『돈오입도요문론』 권상(卍속장110, p.849a4)에 "평등한 바탕에서 헛되이 분별 일으켜서 헛된 식에 매달려 몸을 받아 나니, 이를 식음이라 한다. 於平等體 妄起分別 繫著虛識受生 名爲識陰"라고 하였다. 〔참고문헌〕『信力入印法門經』, 『金剛仙論』, 『頓悟入道要門論』.

평등평등 平等平等 Ⓢ sama-sama, Ⓣ mnyam-pas-mnyam-pa, mtshungs-pa-mnyam-pa. 평등하고 또 평등하다. 항상 중도로 행하고 능소가 평등함을 강조한 표현이다. 『대반야경』 권380(대정장6, p.962a8)에 "모든 유정들 그 마음이 평등하여 차별한 생각 없이 보시를 행하니, 위로는 모든 부처님을 따르고 아래로는 방생에 이르기까지 평등하고 또 평등하여 분별하는 일 없다. 왜 그런가? 모든 보살마하살은 갖가지 법과 유정들 스스로의 상이 모두 공하여 도무지 차별이란 없음을 밝게 통달하였으므로 다르다는 상이 없고 분별도 없이 보시를 행한다. 於諸有情 其心平等 無差別想 而行布施 上從諸佛 下至傍生 平等平等 無所分別 何以故 諸菩薩摩訶薩 了達諸法 及諸有情 自相皆空 都無差別 故無異想 無所分別 而行布施", 『금강삼매경론』 권하(대정장34, p.994c18)에 "평등평등이란 세 번째 언제나 행하는 중도를 말한다. 이변에 떨어지지 않으므로 평등이라 하고, 항상 행함을 드러내기에 거듭하여 평등이라 한다. 平等平等者 卽是第三 常行中道 不墮二邊 故曰平等 爲顯常行故 重言平等", 『섭대승론석』 권6(대정장31, p.416a1

0)에 "평등평등이란 연하는 것들마다에 도무지 소유란 없고 능히 연하는 이 또한 있는 줄 모르니, 소연능연 두 가지로 평등평등하다. 平等平等者 謂如所緣 都無所有 如是能緣 亦無所有 是故 所緣能緣二種 平等平等"라고 하였다. 〔참고문헌〕『大般若經』, 『金剛三昧經論』, 『攝大乘論釋』, *Bodh-bh.28.*, *Mah-saṃ.53.*

평등학 平等學 평등을 익히다. 무자성공(無自性空)의 평등을 늘 깨우치다. 『대반야경』 권520 「교편품 巧便品」(대정장7, p.662a29)에 "만약 보살마하살이 능히 이와 같이 배우니 보리의 자량이 신속하게 원만해질 것이다. 만약 보살마하살이 이와 같이 배울 때 모든 보살마하살대중과 함께 한다면 이를 평등학이라고 명명한다. 若菩薩摩訶薩 能如是學 菩提資糧 速得圓滿 若菩薩摩訶薩 如是學時 與諸菩薩摩訶薩衆 名平等學", 같은 책 권520 「학시품 學時品」(대정장7, p.662b5)에 "그때 구수 선현이 부처님께 아뢰었다. '무엇이 보살마하살평등성이며, 모든 보살마하살이 그 중에서 배워서 「평등을 배운다」라고 하는 것입니까?' 부처님이 선현에게 말씀하셨다. '안으로 공에서부터 무성자성공에 이르기까지가 보살마하살의 평등성이다. 모든 보살마하살은 그 중에서 익히기에 「평등을 배운다」고 한다. 평등을 익히기에 무상정등보리를 신속하게 증한다'. 爾時 善現便白佛言 云何菩薩摩訶薩平等性 諸菩薩摩訶薩 於中學故 名平等學 佛告善現 內空乃至無性自性空 是菩薩摩訶薩平等性 諸菩薩摩訶薩 於中學故 名平等學 由平等學 速證無上正等菩提"라고 하였다. 〔참고문헌〕『大般若經』.

평등향 平等香 Ⓢ sama-gandha, Ⓣ dri-mnyam-pa. 삼향(三香) 또는 사향(四香) 중 하나. 좋아하는 향(好香)과 나쁜 향(惡香)의 용이 없는 향. 즐기지도 피하지도 않는 사수(捨受)에 수순하는 향. 『입아비달마론』 권상(대정장28, p.981a8)에 "냄새에는 세 가지가 있다. 첫째는 호향이고, 둘째는 오향이며, 셋째는 평등향이다. … 만약 이 두 가지 모두 아니라야 평등향이라 한다. 香有三種 一 好香 二 惡香 三 平等香 … 若俱相違名平等香", 『오사비바사론』 권하(대정장28, p.992b11)에 "(不苦不樂의) 사수의 상태에 수순하는 것을 평등향이라 한다. 順捨受處名平等香", 『순정리론』 권1(대정장29, p.334b28)에 "오직 사대종의 세력으로 생겨난 것을 평등향이라 한다. 唯四大種勢力所生 名平等香"라고 하였다. 〔참고문헌〕『入阿毘達磨論』, 『五事毘婆沙論』, 『順正理論』, *Abh-k-bh.7.*, *Yogā-bh.7.* ⇨ 삼향 三香

평등허공 平等虛空 Ⓢ gagana-same. 평등한 허공. 여공(如空)·등공(等空)이라고도 하며, 가가나삼미(伽伽那三迷)라고 음사한다. 『대일경소』 권12(대정장39, p.708b2)에 "가가나삼미〈등공이다〉 … 다음으로 가가나삼미란 말은 비록 만덕을 갖췄지만 표시하는 바 없음이 대공과 같기에 거듭 말하였다. 伽伽那三迷〈等空也〉 … 次復言伽伽那三迷者 雖具萬德 而無所表示 同於大空 故重言也"라고 하였다. 〔참고문헌〕『大日經疏』. ⇨ 가가나삼미 伽伽那三迷, 여공 如空 ❶

평등호 平等護 Ⓟ upekhā. 이변(二邊)을 떠나 평등을 유지함. 어느 편으로도 치우치지 않는 사(捨)와 통한다. 『장아함경』 권12 「자환희경 自歡喜經」(대정장1, p.78c10 : *Sampasādanīya-sutta, DN.3,* p.113)에 "온갖 세간에서 좋아하는 색이나 싫어하는 색이나 두 가지 모두 버려 마치고 닦아 평등하게 지켜서 오롯이 기억해 잊지 않는다면 이것을 현성의 신족이라 한다. 於諸世間 愛色 不愛色 二俱捨已 修平等護 專念不忘 斯乃名曰 賢聖神足 paṭikkūlañ ca appaṭikūlañ ca tad ubhayaṃ abhinivajjetvā upekhako vihareyyaṃ sato sampajāno ti, upekhako tattha viharati sato sampajāno. ayaṃ bhante iddhi anāsavā anupadhikā ariyā ti vuccati"라고 하였다. 〔참고문헌〕『長阿含經』, *DN.*

평등회 平等會 차별없이 모두 고르게 모이는 법회(法會). 상하·귀천·승속 등을 가리지 않고 막을 일 없어 누구나 모이기에 무차대회(無遮大會)라고도 한다. 『금강경휘찬』(卍속장40, p.265a8)에 "이미 이전에는 중생 제도를 부촉해 놓고서 다시 멸도할 중생이 진실로 없다고 한 까닭은 무엇인가? 진여의 경계 안에는 중생과 부처라는 가명이 끊어지고, 평등한 법회 안에는 자타의 형상이 없기 때문이다. 旣先囑其度生 而又說實無衆生得滅度者 何 由眞如界內 絶生佛之假名 平等會中 無自他之形相", 『함허득통어록』 「원각경서분 圓覺經序分」(한불전7, p.237c14)에 "광명장 안에서 범성이 어울리고, 그 평등한 모임중에서 교화의 모습 나타내니, 한마디 떨어지기도 전에 소리가 대지 울리고, 말해 마쳤지만 온전한 기틀 드러나지 않네. 光明藏裏融凡聖 平等會中現化儀 不下一言聲振地 發言終不露全機", 『남사』 권7 「양무제기 梁武帝紀」에 "동태사로 행차하여 평등회를 열었다. 幸同泰寺 設平等會"라고 하였다. 〔참고문헌〕『金剛經彙纂』, 『涵虛得通語錄』, 『南史』. ⇨ 무차대회 無遮大會

평론 評論 말을 고르게 해서 서로 논하다. 여러 사람이 모이지만 그 자리를 평등히 해서 주고받으며 의론하다. 또는 이런저런 말을 해서 고르게 하다. 화합승가(和合僧伽 Ⓢ saṃgha)를 유지하는 바탕이다. '화합하는(saṃ) 무리(gaṇa)'의 뜻에서 화합의 처음도 끝도 평론해 수긍해서 함께하는 것이기 때문이다. 『불본행집경』 권47(대정장3, p.873a2)에 "그때 저들 하늘무리들이 다시 함께 평하고 논하여 마침내 그 여인을 드디어 받아들였다. 時 彼天衆 更共評論 遂授彼女", 『대위덕다라니경』 권16(대정장21, p.823b14)에 "또한 파승이란 무슨 뜻인가? 파계하고 나서 부처님의 교계를 비방하는 그 사람을 가리켜 파승이라 한다. 고르게 말하고 주고받으며 의론한다는 뜻에서 승이라 하는데, 저들 무리는 평론하는 자리에 그 일원으로 거둘 수 없으니 승이 아니다. 復次 言破僧者 謂破戒已 毁謗佛所敎戒 彼名爲破僧也 以評論故 名爲僧也 彼等人輩 於評論處 不攝是數 故非僧也", 『근본살바다부율섭』 권13(대정장24, p.601c4)에 "비구가 승가에 있으면서 어떤 사안을 평론할 때 … 대중이 말한 대로 따라 행하지 않는다면 파일지가를 얻는다. 若苾芻在僧伽中 評論事時 … 如衆所說 不依行者 得波逸底迦", 『원오어록』 권8(대정장47, p.750a2)에 "산승은 잘못 말하지 않을까 염려하지 않고 이 확실하게 이런저런 말을 고르게 논하여 저 일단의 시절을 보냈다. 山僧不惜眉毛 確實評論 這一段時節去也", 『벽암록』 31칙 「수시 垂示」(대정장48, p.170a23)에 "옛 사람의 공안은 에둘러 말하지 않을 수 없다. 대답해 보라! 무슨 일 있어 평하고 논했을까? 古人公案 未免周遮 且道 評論什麽邊事"라고 하였다. 〔참고문헌〕『佛本行集經』, 『大威德陀羅尼經』, 『根本薩婆多部律攝』, 『圜悟語錄』, 『碧巖錄』. ⇨ 파승 破僧, 화합승 和合僧, 파계 破戒

평륙 平陸 육지. 또는 너르고 고른 들판(平原). 『능엄경』 권2(대정장19, p.113b20)에 "이 염부제는 대해수를 제외하면 중간의 육지로 삼천의 주가 있다. 此閻浮提除大海水 中間平陸 有三千洲", 『능엄경전』 권2(卍속장88, p.963a1)에 "『이아』에 '넓고 고르게 펼쳐진 것을 육이라 하고, 모래 더미를 주라 한다'라고 하였다. 爾雅云 廣平曰陸 沙聚曰洲", 『능엄경정맥소』 권2(卍속장18, p.412b6)에 "평륙은 물이 없는 땅이고, 물로 둘러쌓인 육지를 주라 한다. 平陸 卽無水地 水環陸地曰洲"라고 하였다. 〔참고문헌〕『楞嚴經』, 『楞嚴經箋』, 『楞嚴經正脈疏』.

평립수마슬상 平立手摩膝相 Ⓢ sthitānavanata-pralamba-bāhutā. 삼십이상(三十二相) 중 하나로 선 자세에서 손이 무릎까지 내려오는 상. 정립수마슬상(正立手摩膝相)·수수과슬상(垂手過膝相)·수과슬상(手過膝相)·평주수과슬상(平住手過膝相)이라고도 한다. 『보살지지경』 권10(대정장30, p.955b19)에 "차제로 행을 닦아 삼업이 청정하고 병을 살펴서 그에 맞는 약을 베풀며, 모든 아만을 떠나 수습하고 만족할 줄 알기에 평립수마슬상을 얻는다. 次第修行 三業淸淨 瞻病施藥 離諸我慢 修習知足故 得平立手摩膝相"라고 하였다. 〔참고문헌〕『菩薩地持經』, *Mvyut.17.* ⇨ 삼십이상 三十二相, 수수과슬상 垂手過膝相, 수과슬상 手過膝相

평발 平鉢 발우를 평하게 들다. 발우에 음식을 받을 때 넘칠만큼 받지 않기 위함이다. 『중아함경』 권41 「범마경 梵摩經」(대정장1, p.687b1)에 "사문 구담은 음식을 받을 때 발우를 평하게 하신다. 沙門瞿曇 受食平鉢", 『사분율』 권20(대정장22, p.703a12)에 "마땅히 발우를 평하게 해서 음식을 받아야 하니, 식차가라니법이다. 當平鉢受食 式叉迦羅尼", 『사분율행사초』 권중(대정장40, p.90b9)에 "발우를 평하게 하고 음식을 받는다는 말은 발우에 넘치지 않게 함이다. 平鉢受食者 非溢鉢也", 『사분계본약의』 권4(卍속장63, p.313a1)에 "육군비구가 공양하러 가서 발우가 넘치도록 음식을 받아 국과 밥을 버렸다. 거사들은 그들이 마치 굶주린 사람과 같다고 비난하였다. 부처님께서 듣고 계를 제정하셨다. 평발이란 음식을 받을 때 차고 넘치도록 하지 말라는 규정이다. 범하면 위와 같다. 발우가 작아서 가득차는 경우는 범한 것이 아니다. 六群赴供 溢鉢受食 遺棄羹飯 居士譏其如饑餓人 佛聞故制 平鉢者 受食不可過滿也 犯者同上 或鉢小故滿者 不犯"라고 하였다. 〔참고문헌〕『中阿含經』, 『四分律』, 『四分律行事鈔』, 『四分戒本約義』.

평백 平白 ❶ 아무 일 없이. 까닭 없이. 어조사 지(地)를 붙여 쓰기도 한다. 『벽암록』 22칙 「평창 評唱」(대정장48, p.163b13)에 "원래 그 어떤 일조차 없는데, 까닭도 없이 그런 이야기를 하여 남을 의심하도록 만든다. 元無一星事 平白地上 說這般話疑人"라고 하였다. 〔참고문헌〕『碧巖錄』. ❷ 더할 것 없이 분명함. 『허당록』 권1(대정장47, p.992c4)에 "모두들 물 한 방울도 없다고 하고 두드림 없는데도 물결이 하늘까지 요동친다. 알 수는 없으나 조주는 분명히 주장자 한 자루를 잃었다. 盡道一滴也無 鼓起滔天之浪 殊不知 趙州平白 失却一條杖子"라고 하였다. 〔참고문헌〕『虛堂錄』.

평보 平步 Ⓢ arajaska. 편안한 걸음. 쫓기고 달릴 일 없이 일체사를 평정한 이의 걸음걸이. 『불소행찬』 권1(대정장4, p.4a10 : *Buddh-c.*, p.12)에 "순수한 빛깔의 잘 길들여진 착한 소로서, 살찌고 형체 반듯하며, 편안한 걸음에 짙고 향기로운 젖마저 나오니, 때에 맞게 모두 구름처럼 모여드네. 純色調善牛 肥壯形端正 平步淳香乳 應時悉雲集 puṣṭāś ca tuṣṭāś ca tathāsya rājye sādhvyo 'rajaskā guṇavatpayaskāḥ, udagravatsaiḥ sahitā babhūvur bahvyo bahukṣīraduhaś ca gāvaḥ", 『응암담화화상어』(속고존숙어요4, 卍속장119, p.30a18)에 "문득 주장자 잡고 말했다. '주장자라 부른즉 옥과 돌 분간할 수 없고, 주장자라 부르지 않은즉 금과 모래 섞여 어지럽다. 이 하나인 듯 반개인 듯 사이에서 실마리 잘 가린다면 틀림없이 편안히 푸른 구름 위를 걷겠지만, 그렇지 못하다면'. 주장자를 세우고 말했다. '재빨리 눈 붙이고 보라!' 驀拈拄杖云 喚作拄杖 玉石不分 不喚作拄杖 金沙混雜 其間 一箇半箇 善別端由 管取平步青雲 苟或未然 卓拄杖云 急著眼看"라고 하였다. 〔참고문헌〕『佛所行讚』『應庵曇華和尙語』, *Buddh-c.*

평보융 平普融 생몰연대 및 행적 미상. 대혜종고(大慧宗杲)가 1122년 장산(莊山)의 원오극근(圜悟克勤)을 찾아가는 도중에 그가 주석하던 태평사(太平寺)에 들려서 묵조선(默照禪)을 익혔다. 『서장』「답왕교수장 答王教授狀」(대정장47, p.934c10)에 "밀수좌는 나 종고가 그와 함께 평보융의 회하에 모여 보융의 요령 남김없이 얻었다 여겨 그 스스로 안락을 삼았습니다. 그러나 지은 바 참으로 당신이 자세히 쓴 소식에서 벗어나지 못했습니다. 이제서야 그릇됨 알고서 따로 안락처 터득한 다음에야 비로소 내가 조금도 속이지 않았음을 알게 되었습니다. 密首座 宗杲與渠 同在平普融會中相聚 盡得普融要領 渠自以爲安樂 然所造者 亦不出左右書中消息 今始知非 別得箇安樂處 方知某無秋毫相欺"라고 하였다. 〔참고문헌〕『書狀』, 『宗門武庫』(대정장47, p.947c4).

평보청소 平步青霄 푸른 하늘 편안히 걷다. 『벽암록』 27칙 「본칙 本則」(대정장48, p.167b25)에 "운문이 말했다. '알몸 그대로 드러내는 갈바람이다〈하늘 무너질까 버티고 땅 꺼질까 떠받치는구나. 쇠못을 자르고 쇳덩이를 끊는다! 다 벗은 벌거숭이요 깨끗이 씻은 알몸일세. 푸른 하늘 편안히 걷는구나〉'. 雲門云 體露金風〈撐天拄地 斬釘截鐵 淨裸裸 赤灑灑 平步青霄〉", 『밀암어록』(대정장47, p.970c20)에 "백장은 잘도 호랑이 머리 위에 걸터앉았고, 호랑이 꼬리를 풀어 거둘 줄도 알았다. 비록 머리와 꼬리 모두 온전히 했지만 결국은 그 근원에 사무치지 못했다. 지금 학인이 나에게 '무엇이 기특한 일인가요?' 묻는다면 다만 그와 마주해 일러주리라. '나라를 위해 개당한다'라고. 그 학인이 절을 올린다면 '은혜 알아야 은혜에 보답할 줄 안다' 말하겠다. 말해 보라! 백장과 같은가 다른가? 만약 가려낸다면 푸른 하늘 편안히 걸으리라. 百丈善能據虎頭 亦解收虎尾 雖然頭尾兩全 至竟未徹源底 今日忽有問靈隱 如何是奇特事 只對他道 爲國開堂 僧若禮拜 但云 知恩方解報恩 且道 與百丈 是同是別 若揀得出平步青霄", 『송원숭악어록』(속고존숙어요4, 卍속장119, p.45b15)에 "한거롭게도 푸른 하늘 편안히 걷다가, 고개 돌리고서야 우주 저 아래로 나지막한지 알았다. 等閒平步青霄外 回首方知宇宙低", 『요암청욕어록』 권2(卍속장123, p.628b6)에 "달마는 서천에서 온 뒤로 불립문자・직지인심・견성성불만 설했을 뿐, 처음부터 복잡하고 가시 돋친 말로 묘를 겹치고 그윽함 거듭해서 씹어서 맛보도록 한 일은 없었다. 산승은 분명하게 그대들에게 말해 주었다. 그대들은 이를 믿어야 할까? 믿지 않아야 할까? 믿는다면 푸른 하늘 편안히 걸을 수 있고, 믿지 않는다면 온몸 더럽혀질 것이다. 그러나 다시 온몸 더럽히는 그 순간 푸른 하늘을 편안하게 걷는 도리가 있고, 푸른 하늘을 편안하게 걷는 바로 그때 온몸 더럽히는 소식 있음을 알아야 한다. 少室西來 只說不立文字 直指人心 見性成佛 初無勾章棘句 疊妙重玄 與你咬嚼 山僧分明與你道了 是你信也好 不信也好 信則平步青霄 不信則通身泥水 然雖如是 却須知通身泥水處 有平步青霄底道理 平步青霄時 有通身泥水底消息"라고 하였다. 〔참고문헌〕『碧巖錄』, 『密菴語錄』, 『松源崇嶽語錄』, 『了菴清欲語錄』.

평사 平事 일을 치우침 없이 고르게 하다. 『현우경』 권5(대정장4, p.382b11)에 "왕은 이 사람에게 맡겨 나라를 위해 일을 고르게 하니, 쟁송의 굽고 곧음을 그로 말미암아 결하도록 하였다. 王任此人 爲國平事 諍訟曲直由之取決"라고 하였다. 〔참고문헌〕『賢愚經』.

평사왕오원경 萍沙王五願經 『불가사왕경 弗加沙王經』을 달리 이르는 말. 평사왕 즉 빈바사라왕의 다섯 가지 원을 펼쳤다는 뜻이다. 이는 불가사왕(弗加沙王)의 출가를 펼친 부분과 함께 이 경의 두 축을 이룬다. 『역대법보기』 권5(대정장49, p.58c4)에 "『불가사왕경』 1권〈일명 『평사왕오원경』이라고도 한다. 도안은 '출전은 『중아함경』이다'〉이라고 하였다. 弗加沙王經一卷〈一云 萍沙王五願經 道安云 出中阿含〉"라고 하였다. 〔참고문헌〕『歷代法寶紀』. ⇨ 빈바사라왕 頻婆娑羅王, 불가사왕경 弗加沙王經

평산당도지 平山堂圖志 청대 조지벽(趙之璧) 지음. 10권. 『중국불사사지휘간 中國佛寺史志彙刊』 제1집에 수록되어 있다. 평산당은 중국 강소성(江蘇省) 강도현(江都縣) 촉강(蜀岡)에 있는 절이다. 당대 감진화상(鑒眞和尙)이 장년에 타향에서 공부하다가 고향인 양주(揚州)로 돌아와서 이곳에 거주하였다. 유송(劉宋) 효무제(孝武帝 457~464) 때 창건하였는데 당시 효무제가 대명(大明)을 연호로 사용하였으므로 대명사라는 이름을 붙였다. 수 문제(文帝) 때인 601년(인수1) 9층의 부도를 세우고 서영사탑(棲靈寺塔)이라 불렀고, 이를 계기로 대명사와 서영사를 아울러 불렀지만 똑 같은 절이다. 당대인 843년(회창3) 탑이 불탄 뒤로 서영사라는 이름은 사라지고 대명사로 불렸다. 송대인 1048년(경력8) 구양수(歐陽修)가 양주를 다스리던 시절에 대명사 서남쪽 모퉁이에 평산당이라는 당우를 세운 뒤에 대명사는 점차 쇠락하다가 명대인 천순년간(1457~1464)・홍치년간(1488~1505)・정덕년간(1506~1521)에 각각 건축하여 규모를 갖추게 되었다. 청초 전각을 널리 세우고 당우를 확장한 다음 1765년(건륭30) 법정사(法淨寺)라 개명하였다. 그 뒤로는 사람들이 '사'라는 명칭이 아니라 평산당으로 통칭하였다. 건륭년간(1736~1795) 조지벽이 10권의 본서를 지으면서 산수를 경(經)으로 삼고 평산당 좌우의 당우와 원정(園亭)의 풍경을 위(緯)로 삼아 신한(宸翰)·도(圖)·명승(名勝)·예문(藝文)·잡식(雜識)이라는 5문으로 나누었다.

평산화상 平山和尙 고려의 나옹혜근(懶翁惠勤)이 친견했던 중국 임제종(臨濟宗) 평산처림(平山處林 1279~1361). 『나옹화상가송』(한불전6, p.742a21)에 "임금이 다시 청하여 평산화상을 찬하다 : 가슴에 품은 극한 독기 하늘을 찌르니, 부처와 조사도 감히 그 앞에 나서지 못했다네. 임제의 거센 바람 바다 밖까지 불더니, 삼한 어실에 영원토록 전해지네. 上復請讚平山和尙 胸中極毒氣衝天 佛祖無能敢向前 臨濟狂風吹海外 三韓御室萬年傳"라고 하였다. 〔참고문헌〕『懶翁和尙歌頌』. ⇨처림 處林, 혜근 惠勤

평상 平常 ❶언제나와 같이 그렇게 할 뿐. 평소. 일상의 뜻이다. 조사선(祖師禪)의 주제 중 하나다. 『임제록』(대정장47, p.497c27)에 "도모하는 일이 없어야 귀한 사람이니 다만 조작하지 않는다. 다만 언제나 그렇게 할 뿐이다. 無事是貴人 但莫造作 秖是平常", 『원오어록』 권4(대정장47, p.729b25)에 "걸음걸음마다 실상의 터를 밟아 걸림없이 하고, 마음마음마다에서 언제나와 같이 그렇게 어긋남 없이 한다. 不妨步步踏著實地 心心契證平常", 『송고연주통집』 권18(卍속장115, p.215a16)에 "언제나와 같이 늘 그러한 줄 알아 깨우쳐 고향에 도달함에도, 요즘 사람들은 대부분 평상에 떨어질까 두려워한다. 悟得平常達本鄕 時人多怕落平常"라고 하였다. 〔참고문헌〕『臨濟錄』, 『圜悟語錄』, 『頌古聯珠通集』. ⇨평상무사 平常無事 ❷➡부산십육제 浮山十六題

평상대세 平常大勢 늘 그렇듯이 하는 크나큰 힘. 임제종의 사대세 또는 팔대세(八大勢) 중 하나. 『오가종지찬요』 권상 「제종팔대세 濟宗八大勢」(卍속장114, p.518b12)에 "세 번째, 평상대세 : 가령 불러 화근인 정병과 같이 도리어 본래 있던 곳에 놓는다. 온갖 행위하여 움직여 구르는 것들 본래 온 곳 남김없이 살핀다. 第三 平常大勢 如喚過淨甁 却安舊處 施爲動轉 盡見本來"라고 하였다. 〔참고문헌〕『五家宗旨纂要』. ⇨사대세 四大勢, 제종팔대세 濟宗八大勢

평상무사 平常無事 마음 기우는 일 없이 고르고 떳떳하게 해서 일 없게 하다. 『임제록』(대정장47, p.498a16)에 "불법에는 써서 공들일 여지가 없으니, 다만 이 늘 그렇게 하여 일 없이 한다. 똥싸고 오줌누고 옷 입고 밥 먹으며 졸리면 잔다. 어리석은 사람 나를 비웃겠지만 알만한 사람은 무슨 말인지 안다. 佛法無用功處 秖是平常無事 屙屎送尿 著衣喫飯 困來卽臥 愚人笑我 智乃知焉", 『대혜어록』 권14(대정장47, p.868a28)에 "늘 그렇게 해서 일 없이 한다. 하늘은 하늘이고 땅은 땅이며, 노주는 나무로 만들었고 금강신장은 진흙으로 빚었다. 배고프면 먹고 졸리면 잘 뿐이니, 다시 무슨 일이 남았는가? 平常無事 天是天 地是地 露柱是木頭 金剛是泥塑 飢來喫飯困來打眠 更有何事", 『금강경주해』 권4(卍속장38, p.945a2)에 "후인들이 선법을 부순다고 하기에, 곧바로 가리켜 일체선악범성에서 취사하고 증애하는 마음 없게 하고, 고르고 떳떳하게 해서 일 없이 한다. 그러므로 '선법 아닌 그대로 바로 선법이다'라고 한 것이다. 後謂卽破善法 直教一切善惡凡聖 無取捨憎愛之心 平常無事 故云 卽非善法 是名善法也"라고 하였다. 〔참고문헌〕『臨濟錄』, 『大慧語錄』, 『金剛經註解』.

평상무생구 平常無生句 ➡대양삼구 大陽三句, 대양삼구석 大陽三句釋

평상사 平常事 늘 그래서 떳떳한 일. 조작해 거스를 수 없거나 분별 버려야 보이는 사태. 『보암인숙어록』 권2(卍속장120, p.596b1)에 "절의 일꾼도 평상사를 믿으면 해골 뚫어 콧구멍까지 꿸 수 있다네. 많은 일 중에 하나요 하나 중에 많은 일인 줄 깨우치니, 성 동쪽 사는 할머니도 피할 수 없으리라. 淨人若信平常事 穿過髑髏連孔鼻 多中一了一中多 城東老母難迴避", 『영각광록』 권3(卍속장125, p.427b8)에 "학인이 물었다. '삼천칠백으로 얽힌 갈등(공안)은 접어 두고 평상사란 무엇인지요?' '차 마시고 밥 먹는 일이다' '대중의 분상에서는 도대체 어떠한지요?' '밥 먹고 차 마시는 일이다' '그렇다면 낱낱의 모든 일이 평상이겠군요'. 영각이 곧바로 소리를 내질렀다. 僧問 三千七百葛藤卽不問 如何是平常事 師云 喫茶喫飯 進云 大衆分中 又作麼生 師云 喫飯喫茶 進云 恁麼則箇箇盡平常也 師便喝"라고 하였다. 〔참고문헌〕『普庵印肅語錄』, 『永覺廣錄』.

평상심시도 平常心是道 언제나 늘 그렇게 움직이는 마음이 그대로 도다. 분별로 조작함이 없고 그 어디에도 의지함이 없어 고르고 떳떳한 마음이야말로 그대로 가야 할 길이다. 마조도일(馬祖道一)이 강조한 이후로 조사선문에 널리 쓰이는 핵심술어다. 『마조어록』(卍속장119, p.812a7)에 "평상심이 도다. 무엇을 평상심이라 하는가? 조작이 없고 시비가 없으며, 취하거나 버림도 없고, 단상도 없으며, 범부도 없고 성스러움도 없다. 平常心是道 何謂平常心 無造作 無是非 無取捨 無斷常 無凡無聖", 『임제록』(대정장47, p.499c7)에 "그래서 말한다. '누구라도 도를 닦는다 해서 도를 행함이 아니고,

만가닥 삿된 경계가 다투어 일어날 것이다. 지혜의 칼을 빼어든다 해도 베어낼 한 물건 없으니, 밝음이 제 모습을 드러내기도 전에 어둠이 저절로 밝아진다'라고 한다. 그래서 옛 사람은 '평상심이 도다'라고 하였다. 대덕들이여! 굳이 무슨 물건 찾는단 말인가? 지금 눈앞에서 법을 들으며 의지할 것 없는 도인이 역력한 분상에서 분명하여 조금도 모자람 없다. 所以言 若人修道道不行 萬般邪境競頭生 智劍出來無一物 明頭未顯暗頭明 所以 古人云 平常心是道 大德 覓什麽物 現今目前聽法 無依道人 歷歷地分明 未曾欠少"라고 하였다. [참고문헌]『馬祖語錄』, 『臨濟錄』. ⇨ 마조도일 馬祖道一

평상어 平常語 늘 하시는 말씀. 어렵지 않은 말. 『전우관형어록』 권19 「오언율 五言律」(가흥장28, p.761b12)에 "조사 청원행사(靑原行思)의 탑에 절 올리며 읊다. 〈제1수〉 조계에게 이어받은 밀인 받들고 청원산에 머무시니, 바탕 그대로 곧은 마음에 기교 없었고 늘 하시는 말씀 어렵지 않았네. 구름 깊어 새마저 길 잃은 길에 골짜기 멀어 사람들 끊겼다 해도 천년을 거듭 새날이리니, 반드시 알라. 등한히 한 적 없음을. 禮靑原祖塔 曹溪承密印 來住靑原山 質直心無巧 平常語未艱 雲深迷鳥道 溪遠隔人間 千載重新日 應知不等閒"이라고 하였다. [참고문헌]『顓愚觀衡語錄』, 『宗鑑法林』 권35(卍속장116, p.450b8). ⇨ 평상사 平常事

평상진심 平常眞心 고르고 떳떳해 진실일 뿐인 마음. 법도 상도 없이 해서(無法無相) 온갖 차별에 일으킬 일 없는 마음을 말한다. 『금강경과의회요주해』 권6(卍속장92, p.361b18)에 "만약 법도 없고 상도 없음 깨우친다면 평상진심이 그대로 법의 바탕 공적한 불생불멸이리라. 다만 어떤 생각이라도 일어날 때 붙들지도 말고 끊지도 말며 취하지도 않고 버리지도 않아 삼제에 자취가 남지 않고 일념으로 두렷해 다 갖춘즉 생사와 열반이 평등하여 둘이 없고 망심은 본래 공하여 진심만 드러나리라. 若悟無法無相 平常眞心 卽法體空寂 不生不滅 但起念時 莫執莫斷 不取不捨 卽三際無踪 一念圓具 則生死涅槃 平等無二 妄心本空 眞心顯矣", 『진심직설』 「진심무지 眞心無知」(대정장48, p.1003c12)에 "진심은 본래 갖추어져 있으니 평상이 아닌 경계 따라 갖가지 차별을 일으키지 않는다. 그런 까닭에 평상진심이라 한다. 眞心本具 不隨不平常境 生起種種差別 所以名平常眞心也"라고 하였다. [참고문헌]『金剛經科儀會要註解』, 『眞心直說』.

평상진정견해 平常眞正見解 고르게 떳떳해서 참되고 바른 견해. 『임제록』(대정장47, p.498a24)에 "무릇 출가자라면 평상진정견해 반드시 가려 얻어야만 한다. 부처를 가리고 마구니도 가려내고, 참과 거짓을 가리며, 범부와 성인도 가린다. 이와 같이 가린다면 참된 출가라 한다. 만약 마구니와 부처님을 가려내지 못하면 이 집에서 나와서 저 집으로 들어가는 딱 그 모양이니, 업을 짓는 중생이라 부를 뿐 아직 참된 출가라 할 수 없다. 夫出家者 須辨得平常眞正見解 辨佛辨魔 辨眞辨僞 辨凡辨聖 若如是辨得 名眞出家 若魔佛不辨 正是出一家入一家 喚作造業衆生 未得名爲眞出家"라고 하였다. [참고문헌]『臨濟錄』. ⇨ 평상심시도 平常心是道

평생 平生 생애를 거쳐 늘 그렇게 하다. 언제나 그렇게 변함없이 살아가다. 『분양어록』 권상(대정장47, p.596c12)에 "지금 사람 있어 들어와 문 얻은 이 있는가? 재빨리 들어와 취해서야 평생을 등질 일 없을 것이다. 如今還有人 入得門麽 快須入取 免得辜負平生", 『황룡혜남어록』(대정장47, p.635a10)에 "평생에 마음속을 사람 향해 기울인다 해도, 알고 지내는 사이가 오히려 모르는 사이만도 못하다. 平生心膽向人傾 相識不如不相識", 『원오어록』 권14(대정장47, p.777a21)에 "오조(法演)노사께서 평생 홀로 우뚝해서 누구도 오르기 허용하지 않았으니, 마른 듯 폭폭한 곳에 벽인 듯 선 채로 오직 이 하나만을 의지하였다. 五祖老師 平生孤峻 少許可人 乾曝曝地壁立 只靠此一著", 『대혜어록』 권12 「문준선인구찬 文俊禪人求讚」(대정장47, p.862a15)에 "평생에 살림살이라곤 전혀 없어, 빈 손으로 편의만을 찾노라. 平生沒活計 赤手討便宜", 『분양어록』 권상(대정장47, p.598c16)에 "만약 이를 밝힐 수만 있다면 한 구 중에 삼현과 삼요가 있고, 손님과 주인이 뚜렷하며, 평생의 일 가려 마치고, 돌아다니며 참구할 일도 마칠 것이다. 若能於此明得去 一句中有三玄三要 賓主歷然 平生事辦 參尋事畢"라고 하였다. [참고문헌]『汾陽語錄』, 『黃龍慧南語錄』, 『圜悟語錄』, 『大慧語錄』.

평생저 平生底 늘 그렇기만 한 생의 그 바닥. 사무쳐 알 수 없는 심연. 『운외운수어록』(卍속장124, p.1001b4)에 "통전좌의 입적을 맞아 하화(下火)하다. '몸 온통 이것이요, 몸 구석구석이 이것이다. 정병을 발로 차 뒤집고서야 평생의 그 끝인 심연을 알아차렸다'. 불 던지고 말했다. '맹렬한 불인들 일찍이 태워 죽인 적이 있었던가?' 通典座火 通身是 徧身是 淨缾踢倒 識得平生底 擲火云 猛火何曾燒得死", 『개암진어록』 권9(가흥장29, p.363b15)에 "평생 저 끝의 일 있어 바람과 빛을 떠넘긴다. 햇볕은 따스하고 꽃 활짝 피어 낱낱이 분주할 뿐이네. 平生底事付風光 日暖花開個個忙"라고 하였다. [참고문헌]『雲外雲岫語錄』, 『介菴進語錄』.

평생행각사필 平生行脚事畢 한평생 돌아다니며 수행하여 깨우쳐야 할 일. 『경덕전등록』 권23 「황벽법제전

黃檗法濟傳」(대정장51, p.389b10)에 "다시 법좌에 올라 잠깐 침묵하다가 말했다. '만약 황벽의 주장자를 알아차렸다면 한평생 다니며 해야 할 일을 마칠 것이다. 안녕히'. 又上堂 良久曰 若識得黃檗杖子 平生行脚事畢 珍重", 『속등존고』 권5 「본원선달장 本源善達章」(卍속장145, p.119a13)에 "어느 날 때가 되었음을 알고 대중을 오도록 하여 한평생 행각한 일 말해 마치고는 잠깐 사이에 꼿꼿이 앉은 자세로 입적하였다. 一日自知時至 會衆敍平生行脚事畢 須臾端坐而寂"라고 하였다. [참고문헌] 『景德傳燈錄』, 『續燈存稿』.

평석 平昔 언제나 옛 그대로. 『위산어록』(대정장47, p.580b14)에 "향엄은 드디어 늘 보던 문자를 태우고 '이 생에도 불법을 익히지 못하고 오랜 세월 밥이나 축내는 일개 중으로 살면서 심신의 괴로움을 덜었습니다' 라고 말한 뒤 스승(위산)과 작별하였다. 香嚴 遂將平昔所看文字燒 却云 此生不學佛法也 且作箇長行粥飯僧 免役心神 乃辭師", 종보본 『단경』 「발 跋」(대정장48, p.364c9)에 "육조대사가 언제나 옛 그대로 설했던 법은 모두 대승의 원돈의 종지였다. 그 때문에 그 어록을 제목하여 경이라 하였다. 六祖大師 平昔所說之法 皆大乘圓頓之旨 故目之曰經"라고 하였다. [참고문헌] 『潙山語錄』, 『壇經』. ⇨ 육조단경 六祖壇經

평승지 平僧地 「국내사찰현행세칙 國內寺刹現行細則」에 시설된 법계 중 제3급에 해당하는 스님. 종명(宗名)이 없는 범승(凡僧)으로서 법랍(法臘) 20세 이상인 스님을 가리킨다. [참고문헌] 『韓國近世佛教百年史』 권4 「各種法會」 p.3. ⇨ 국내사찰현행세칙 國內寺刹現行細則

평시 平視 Ⓢ madhyamā. 치켜뜨거나 내려뜨지 않고 평하게 보다. 『대비공지경』 권3(대정장18, p.594c2)에 "두 눈으로 평하게 보며 때로는 코 끝을 보기도 한다. 二目平視 或視鼻準上"라고 하였다. [참고문헌] 『大悲空智經』, *Ht.40.*

평신 平信 1819~1896. 조선후기 합천 해인사 스님. 휘는 평신(平信), 호는 예봉(禮峰), 속성은 전(全)씨, 아버지의 휘는 상락(尙樂), 어머니는 김해(金海) 김씨니, 1819년(순조19) 11월 12일 지례군(知禮郡 : 지금의 金陵郡 知禮面)에서 태어났다. 15세 때인 1833년(순조33) 합천 해인사로 찾아가 호운지선(浩雲志璇)스님을 은사로 하여 스님이 되었다. 스님이 된 후 부지런히 고행정진하는 한편 교학연구에도 몰두하였다. 공심(公心)과 대중을 아끼는 마음(愛衆心)이 남달리 강하여 가는 곳마다 대중외호의 책임을 면치 못했다. 스승으로부터 받은 법답(法畓)과 자신이 증식(增殖)한 전지(田地)를 모두 해인사에 헌납하였는데, 그 내력은 다음과 같다. 야로 대복원(冶爐大服員) 우자(宇字) 50두지(斗只 : 마지기), 백양원(白良員) 행자(行字) 2두지, 당계원(當溪員) 황자(荒字) 2두지, 분평원(分坪員) 월자(月字) 2두지, 무릉잠암원(武陵岑岩員) 6두지 등 62두지의 논(畓)은 해인사 팔만대장경판전에 헌납하였고, 가야면 숭산 상매원(伽倻面 崇山 上梅員)의 초자(誚字) 14두지의 논은 해인사 시왕전(十王殿 : 冥府殿)에, 별상원(別常員)의 주자(珠字) 6두지와 가천원(加川員)의 5두지의 논은 해인사 대웅전(大雄殿)에 각각 헌납함으로써 무소유를 행하여 파재간탐(破財慳貪) 법재구족(法財具足)의 본보기가 되었다. 이 밖에도 보시로 받은 돈마저 알뜰히 저축해 모두 해인사에 희사하여 당우를 보수토록 하였다. 수십년 동안 염불주력하며 진언수행을 철저히 하다가 1896년(陰曆은 乙未年이니 1895년임) 12월 24일 세수 78, 법랍 63세를 일기로 입적하였다. 입적할 때가 다가왔다고 문도들에게 알린 후 3일째인 밤중에 서쪽 향해 가부좌를 맺고 단정히 앉아 백팔염주를 세 번 돌려 염불한 후 조용히 입적하였다. 5일이 지나도록 낯빛이 생시와 다름이 없었으며, 화장한 곳의 풀이 타지 않는 기이함도 보였다. 이를 본 사람들은 삼매법력이라면서 숨은 도인이라고 칭송이 자자했다. 제자에는 완허장섭(翫虛仗涉 1849~1900), 손제자에는 경산경식(擎山敬植 1870~1907) 등이 있다. 행장은 남전한규(南泉翰圭 또는 光彦)가 지었고, 반산허훈(般山許薰)이 비문을 지어 1893년(고종30)에 세운 비가 해인사 홍제암 동쪽 비림(碑林)에 있다. [참고문헌] 「禮峯平信禪師行狀」(『南泉禪師文集』 p.142), 「陜川海印寺禮峯堂平信大師碑文」(智冠 『韓國高僧碑文總集 朝鮮朝·近現代』 pp.748~749). ⇨ 장섭 仗涉

평실 平實 늘 그렇게 실이게 하다. 기울어 헛되지 않게 하다. 『벽암록』 6칙 「착어」(대정장48, p.146b16)에 "뒷머리에 박힌 화살을 뽑는다. 이것은 어떤 소식인가. 늘 그래서 실함에 떨어져 있구나. 腦後拔箭 是什麽消息 墮在平實處", 『직주설두송고』 권상(卍속장117, p.511b4)에 "학인이 향림에게 물었다. '무엇이 달마가 서천에서 온 까닭인지요?〈가르침을 바란다〉' '오래 앉았더니 피곤하구나〈언제나이듯 실 그대로를 바로 가리켰다〉'. 僧問香林 如何是祖師西來意〈請益〉 林云 坐久成勞〈平實直指〉", 『사심오신어록』(卍속장120, p.254a9)에 "어떤 사람은 또 이렇게 말한다. '산을 보고는 산이라고만 하고, 물을 보고는 물이라고 하니 일체처에서 늘 그렇듯 실일 뿐이게 한다. 무릇 문답 있으면 다만 실로서만 대한다. 안타깝다, 안타까와! 이러한 이야기 모조리 여우의 견해에 불과하니, 자기를 파묻고 옛 성인들의 은혜마저 등지는 일이다'. 有底又道 見山但喚作山 見水但喚作水 一切處平

實去 凡有問答 但據實祇對 苦哉 苦哉 恁麽說話 總是野狐見解 非唯埋沒自己 抑亦辜負先聖"라고 하였다. [참고문헌] 『碧巖錄』, 『直註雪竇頌古』, 『死心悟新語錄』.

평실견해 平實見解 고르고 실한 견해. 기울어 헛되지 않은 견해. 『인천안목』 권1(대정장48, p.305a16)에 "제방에서는 다만 고르고 실한 견해만을 바래서 붙들어 옮기지 않는다. 저들은 전수하려고 할 뿐 깨달음 있다고 믿지 않는다. 설령 분양이 다시 살아나서 직접 저들에게 자세히 설명해 주더라도 틀리다고 여길 것이다. 諸方但要 平實見解 執之不移 只欲傳受 不信有悟 假使汾陽復生 親爲剖析 亦以爲非"라고 하였다. [참고문헌] 『人天眼目』.

평심당기 平心堂記 이색(李穡) 지음. 『동문선』 권75와 『목은문고』 권6에 전한다. 고려말 조계종의 안상인(安上人 : 호는 三興)이 스승 환암(幻菴)으로부터 '평심당'이란 당호(堂號)를 받고 이색에게 기문을 청하였다. "우리 유자는, 마음 쓰기를 공평하게 하고 기를 다스리기를 화이로 하니, 수신제가로써 천하를 평하게 할 뿐이다. 상인의 뜻은 여기에만 그치지 않고, 만덕과 만행을 구비하여 삼계를 이끄는 스승이 되려 하심이라. … 상인께서는 평심으로 늘 고요히 앉으십시요. 吾儒者 用心以平 治氣以易 所以修齊而及天下平耳 上人之志 非止此也 具萬德備萬行 爲三界導師而已矣 … 上人平心宴坐"라고 하였다. [참고문헌] 『東文選』 권49 「三興銘幷序」, 『牧隱文藁』(韓國文集叢刊5, p.44a2).

평양동종 平壤銅鍾 북한 국보 문화유물 23호. 평양 소재. 높이 254.0cm. 1726년 조성된 조선후기의 종이지만, 15세기에 제작된 대형 종과 같은 특징이 있다. 용뉴는 2마리의 용이 대칭을 이루는 쌍용뉴이며, 몸체 중앙에 3줄의 굵은 선을 중심으로 상부와 하부를 구분하였다. 상부는 다시 굵은 선을 중심으로 2개의 공간으로 나누어 위에는 관음보살과 신장상, 아래에는 문왕팔괘와 능형의 구름무늬를 새겼다. 하부도 굵은 선으로 3개의 공간으로 나누고, 위에는 능형의 구름무늬, 가운데에는 명문, 아래에는 당좌를 새겼다. 명문에 따르면, 이 종은 1726년(영조 2) 제작되었으며, 당시에는 대동관(大同館) 앞에 걸었다가 1827년(순조 27)에 종각을 다시 짓고 현재의 장소로 옮겼다. [참고문헌] 『북한문화재도록』(문화재연구소, 1993) p.150.

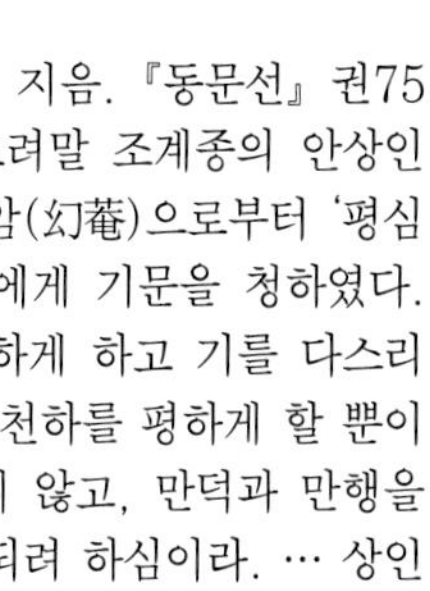

평양부대성산광법사중수기 平壤府大聖山廣法寺重修記 추붕(秋鵬 1651~1706) 지음. 『설암잡저』 권3(한불전9, p.328a21~b23)에 전하는 평안남도 대동군 광법사를 중수하고 기록한 글이다. 「평양부대성산광법사중수기」(한불전9, p.328b9)에 "성을 석으로 삼은 이들 근심하지 않는 것이 옳겠는가. 드디어 덕이 크고 행함이 넓을 자를 구할 뿐이니 서조법사가 추대하여 대맹주로 삼았다. … 아! 산이 그 사람을 만나지 않으면 성스러움 얻을 수 없고, 절이 이 산에 있지 않으면 법이 옛 성스러움에서 넓어질 수 없으니, 이 또한 물과 수가 모여 합함이니 어찌 사람의 일을 우연이라 하겠는가. 姓釋爲者不掛懷可乎 遂求德大而行廣者 瑞祖法師 推爲大盟主 … 吁 山不遇斯人 聖不得其大於此寺 寺不在此山 法不得其廣於古聖 是亦物數之萃合 豈人事之偶然者哉"라고 하였다. [참고문헌] 『雪巖雜著』. ⇨ 광법사 廣法寺 [1]

평양사 平壤寺 평안남도 순천군 풍산면에 있던 절. 『사탑고적고』에는 "옛 터가 … 성중동 자모산성 내에 있다. 古址 … 城中洞慈母山城內"고 하였다. [참고문헌] 『寺塔古蹟攷』, 『韓國寺刹全書』 권하 p.1121a10.

평연사 平延寺 고르게 펴는 절. 절을 뜻으로 풀어 부르는 별명이다. 사해만생을 고르게 거두는 본보기가 되기에 이렇게 부른다. 담연(湛然 711~782)이 『지관보행전홍결』에서 시설한 성취법이다. 성황을 탑사로 삼고(以城隍爲塔寺) 곽읍으로 승방을 쓰며(用郭邑作僧坊), 화목한 부부로 성중을 삼고(和夫妻爲聖衆) 덕 있는 이를 추대하여 삼강으로 삼으며(推令德作三綱), 노인을 상좌로 모시고(遵耆年爲上座) 어질고 지혜로운 이를 뽑아 집사에 충당하며(選仁智充執事), 용기와 지략이 있는 이를 찾아 법사로 삼음(求勇略作法師) 등이다. 『지관보행전홍결』 권2(대정장46, p.211b10) "무릇 부처님이란 대자를 뿌리로 삼으시기에 마침내 백성이 고통스럽지 않아야 하고, 진흙과 나무마저도 삼가 받들진데, 청컨대 평연대사를 지음에 사해의 만성을 거두어들이고, 굽은 소견을 바르게 해서 가람에 이승오전만을 치우쳐 봉안하는 일이 없기를 권합니다. 평연사란, 도속의 틈이 없고 멀고 가까움을 가려 고르지 않습니다. 夫佛者以大慈爲本 終不苦役黎民 虔恭泥木 請造平延大寺 容著四海萬姓 不勸立曲見伽藍偏安二乘五典 平延寺者 無間道俗 罔擇冕親"라고 하였다. [참고문헌] 『止觀輔行傳弘決』.

평영사 平迎寺 고르게 맞아들이는 절. 1328년(충숙왕15) 운묵(雲默)의 『석가여래행적송』(한불전6, p.516a11)에 "평영사란 도속의 틈 없고 원친을 가림도 없다. 平迎寺者 無間道俗 罔擇寃親"라 하였고, 담연(湛然 711~782) 『지관보행전홍결 止觀輔行傳弘決』의 평연사를 인용하여 뜻이 통하게 하였다. [참고문헌] 『釋迦如來行

蹟頌』. ⇨ 평연사 平延寺

평온 平穩 고르고 안온함. 기울어 흔들림이 없는 상태. 『원오심요』 권상종 「시찬상인 示璨上人」(卍속장120, p.720a15)에 "영가는 '그 자리에서 벗어나지 않고도 늘 고요하다'(『증도가』 대정장48, p.396b12)라고 하였으니, 친절하기가 이 말을 넘어서는 것은 없다. 또 '찾더라도 그대가 볼 수 없음을 안다'라고 하였으니, 다만 그 자리에서 고요할 뿐이기 때문이다. 두 끝 앉은 채로 끊어서 평온하게 할 뿐이며, 결코 분별의 틀을 지어내어 찾지 마라. 구하려 하자마자 그림자 잡으려는 듯 허망하리라. 永嘉云 不離當處常湛然 親切無過此語 覓則知君不可見 但於當處湛然 二邊坐斷使平穩 切忌作知解求覓 纔求卽如捕影也", 『벽암록』 2칙 「평창 評唱」(대정장48, p.142a17)에 "그런 까닭에 옛 사람은 말하길 '쳐 한 조각일 뿐이면 옛 그대로 보리니, 산은 산이고 물은 물이며, 긴 것은 길고 짧은 것은 짧으며, 하늘은 하늘이고 땅은 땅이다'라고 하지만, 때로는 산은 산이라 하지 않고 물은 물이라 하지 않으니, 마침내는 어떻게 해야 평온할 수 있을까? 바람이 불어오면 나무 흔들리고, 파도가 일어나면 배가 높이 뜨며, 봄에는 만물이 생하고 여름에는 자라며 가을에는 거두고 겨울에는 감춘다. 所以古人道 打成一片 依舊見 山是山 水是水 長是長 短是短 天是天 地是地 有時喚天作地 有時喚地作天 有時喚山不是山 喚水不是水 畢竟 怎生得平穩去 風來樹動 浪起船高 春生夏長 秋收冬藏", 『굉지광록』 권6(대정장48, p.76a27)에 "낮에는 해를 보고 밤에는 달을 본다. 이렇게 서로 속일 일 없는 시절이야말로 일개 납승이라 하리라. 평온하게 행하고 밟아가는 곳에서는 자연히 꿰맨 흔적마저 없게 되리라. 晝見日 夜見月 不相瞞底時節 箇是衲僧 平穩行履處 自然無稜縫"라고 하였다. 〔참고문헌〕『圓悟心要』, 『證道歌』, 『碧巖錄』, 『宏智廣錄』.

평원사 平原寺 경상남도 산청군 삼장면 지리산(智異山)에 있는 대원사(大源寺)의 옛 이름. 『한국사찰전서』 권하 평원사에는 "대원사가 처음 창건하였을 때의 옛 이름이다. 大源寺初建時之舊名"라고 하였는데, 『사탑고적고』에는 "삼장면 평촌리에 있다. 논에는 좌상의 동불이 있고, 석탑은 옆으로 넘어져 있는데, 대원사의 옛 터라고 말하곤 한다. 在三壯面坪村里 畓中有銅佛坐像 石塔側壞 稱爲大源寺舊址"라고 하였다. 1918년에 석전정호(石顚鼎鎬 1870~1948)가 쓴 『석전문초』 석림초(石林草)의 「지리산대원사중건기 智異山大源寺重建記」에는 "절의 창건은 아주 오래되었다. 신라 진흥왕 9년(548)에 연기조사가 거친 수레 길을 열어 지팡이를 심고 절을 지었는데, 이것을 강주 평원사라고 부른다. 이후 천여 년동안 흥폐의 사적은 전하는 바가 없어 말할 수조차 없다. 조선 숙종 11년(1685) 을축에 회암운권선사가 덕산 불장암에서 옛 터에 이르러 가람을 크게 짓고는 대원암으로 이름을 바꾸었다. … 고종 경인(1890)에 구봉혼공이 … 암자의 이름을 고쳐 대원사라고 하였다. 寺之初建 甚古也 羅代眞興王九年 緣起祖師爰啓蓽路 植杖建刹 是謂康州平原寺 爾后千齡餘 興廢之蹟 無徵可言 當朝鮮肅宗十一年乙丑夏 檜岩雲捲禪師 自德山佛藏庵 而至相舊址 而宏構伽藍 改榜曰大源菴 … 高宗庚寅 九峰昕公 … 革庵號 而命題曰大源寺"라고 하였다. 〔참고문헌〕『寺塔古蹟攷』, 『石顚文鈔』 pp.53~55, 『韓國寺刹全書』 권하 p.1121a12·권상 p.284a6. ⇨ 대원사 大源寺

평월 平月 법호는 평월(平月). 『동사열전』 권4 「백련선사전 白蓮禪師傳」(한불전10, p.1031b01)에 "(백련도연은) 제자 넷이 있었으니 평월계형이다. 有弟子四人 曰平月戒馨"라고 하였다. 〔참고문헌〕『東師列傳』.

평일 平日 늘 그런 날. 언제나와 같은 날. 평소. 보통 때. 『용서증광정토문』 권3(대정장47, p.259b15)에 "그래서 언제나와 같이 구차하게 명예 쫓고 이익을 다툰다. 然平日則區區趨名競利", 『선관책진』 「균주황벽운선사시중 筠州黃檗運禪師示衆」(대정장48, p.1098a21)에 "언제나와 같이 구두삼매만 익힌다. 平日只學口頭三昧", 『벽암록』 11칙 「평창 評唱」(대정장48, p.151c2)에 "살아서는 나날이 어떤 말을 하셨는지요? 未審平日有何言句"라고 하였다. 〔참고문헌〕『龍舒增廣淨土文』, 『禪關策進』, 『碧巖錄』.

평장 平章 고르게 드러내다. 『유부율』 권30(대정장23, p.789a7)에 "대덕이시여! 저는 다녔더니 매우 피곤하여 의견을 주고받을 겨를이 없습니다. 설령 평장의 자리를 마련하더라도 날이 밝기를 기다립시다. 大德 我行疲極 無暇商量 設有平章 待至天曉", 『심진문집』 권8 「소요편 逍遙篇」(대정장52, p.684a3)에 "(요임금은) 부유하면서도 교만하지 않고 높은 자리에서도 으시대지 않았으니, 백성과 고르게 펼쳤으니 만국이 서로 도와 화목하다. 富而不驕 貴而不舒 平章百姓 協和萬國"라고 하였다. 〔참고문헌〕『有部律』, 『鐔津文集』.

평장사 平章事 당송(唐宋)대 관직. 동평장사(同平章事)라고도 한다. 고려 때 내사문하성(內史門下省)의 정이품. 공평하게 품평하여 품위를 밝히는 관직 또는 백성을 한결같이 분명하게 다스리는 관직이라는 뜻이다. 『수능엄의소주경』 권1(대정장39, p.827a19)에 "나라 평화롭고(平) 매듭져 밝혀(章) 섬기는 일(事)을 평장사라 한다. 平和章明國政之事 曰平章事"라고 하였다. 〔참고문헌〕『首楞嚴義疏注經』.

평전 平展 고르게 해서 펴다. 차별함 없고 숨기지 않는다. 『설두어록』 권2(대정장47, p.679b24)에 "용천검과 평범한 칼과 도끼 같은 무쇠지만 이둔으로 현격히 달라서, 무딘 말과 천리마는 같은 길을 가지만 느리고 빠름에 차이가 있다. 타오르듯 분명하구나. 하나 나오면 하나 들고 반이 열린 듯 반은 닫힌다. 고르게 펼치며 흐르는 것들 시험삼아 흑백을 가려보라. 龍泉與刀斧 同鐵利鈍懸殊 駑駘與驥馬 同途遲速有異 酌然 酌然 一出一入 半合半開 平展之流 試辯緇素", 같은 책 권3(대정장47, p.692a5)에 "만약 고르게 편즉 양편이 서로 다치지 않겠지만, 법령 그대로 따른다면 피차가 함께 위태로울 것이다. 이 차이를 점검할 수 있겠는가? 若平展則兩不相傷 據令則彼此俱嶮 還點檢得麽", 『원오어록』 권12(대정장47, p.769a25)에 "고르게 펴 의견을 교환하면 향상사 있겠지만, 납승의 본분사에 근거하여 살피면 반푼의 가치도 없다. 왜 그런가? 사람마다 본래 하늘까지 통하는 길이 제각각 있기 때문이다. 若是平展商量 則有向上事 若據衲僧本分事上 不直半分 何故 他家自有通霄路"라고 하였다. [참고문헌] 『雪竇語錄』, 『圜悟語錄』.

평정 平正 ❶ Ⓢ sama, Ⓣ mnyam-pa. 땅 등이 고르게 바른 것. 『잡아함경』 권10(대정장2, p.67c25)에 "사해 안에 있는 그 땅은 평정하였고 어떤 독가시도 없었다. 於四海內 其地平正 無諸毒刺", 『유가사지론』 권4(대정장30, p.298b28 : *Yogā-bh.*, p.93)에 "또 그 하늘들이 소유한 땅은 고르게 반듯해서 마치 손바닥처럼 높고 낮음이 없었다. 又彼諸天所有地界 平正如掌竟無高下 sarvaś ca bhūmibhāgo devānāṃ pāṇitalasamo notkūlanikūlaḥ"라고 하였다. [참고문헌] 『雜阿含經』, 『瑜伽師地論』, *Yogā-bh.*, *Saddh-p.65.* ❷ 판결 등이 공정한 것. 『불소행찬』 권1(대정장4, p.4c24)에 "탐욕과 분노에 의지하지 않고 침묵을 지키는 데 뜻을 두었다. 다투고 소송함에 평하고 바르게 해서 그쳤으니, 하늘에 제사지냄이 논쟁을 해결하는 복보다 낫다고 여기지 않았다. 不依貪恚想 志存於寂默 平正止諍訟 不以祠天會勝於斷事福"라고 하였다. [참고문헌] 『佛所行讚』. ❸ 고르고 바르게 하는 대중들의 모임. 『법온족론』 권1(대정장26, p.457b2)에 "무엇을 '또는 평정을 마주한다'고 하는가? 평정에는 세 가지가 있다. 첫째는 마을의 평정이고, 둘째는 성의 평정이고, 셋째는 나라의 평정이다. 이 모든 평정의 모임을 현전케 해서 다 같이 따져 물을 때를 '평정을 마주한다'고 한다. 何等名爲或對平正 平正有三 一 村平正 二 城平正 三 國平正 此諸平正聚集現前同檢問時 名對平正"라고 하였다. [참고문헌] 『法蘊足論』.

평제호 平齊戶 평제군(平齊郡)의 호. 북위(北魏)대 담요(曇曜)스님은 불교교단의 물적 기반을 단단히 다지고 민생복리를 넓힐 목적으로 평제의 호를 승기호(僧祇戶)로 삼아달라고 주청하였다. 『위서』 「석노지 釋老志」에 "담요가 주청하였다. '평제호와 모든 인민에게 해마다 곡물 60곡을 승조에 거두어들이는데 이를 승기호라 하고, 그 곡물을 승기속이라 한다. 흉년이 되면 굶주린 인민들에게 구휼용으로 공급한다'. 曇曜奏 平齊戶及諸民有能歲輸 谷六十斛 入僧曹者 卽爲僧祇戶 粟爲僧祇粟 至於儉歲 賑給饑民"라고 하였다. [참고문헌] 『魏書』. ⇨ 담요 曇曜, 승기속 僧祇粟, 승기호 僧祇戶

평제탑 平濟塔 충청남도 부여군 부여읍 동남리 정림사지에 위치한 국보 제9호 오층석탑의 이칭(異稱). 기단하부에 소정방(蘇定方)의 「평제기공문 平濟紀功文」이 새겨져 있어 평제탑(平濟塔)이라 불렸다. 『여지도서』 충청도 부여 고적에 "평제탑은 현 남쪽 1리 교촌에 있다. 소정방이 백제를 평정하고 입암에 기록하였으나, 지금은 새겨진 글자를 자세히 보기 어렵다. 平濟塔在縣南一里校村 前蘇定方平百濟 立巖以記功 而今則字刻 不可考見"라고 하였다. [참고문헌] 『輿地圖書』. ⇨ 부여정림사지오층석탑 扶餘定林寺址五層石塔

평지기골퇴 平地起骨堆 평지에서 해골 무더기를 일으키다. 평지생퇴부(平地生堆阜)·평지풍파(平地風波)·평지기파란(平地起波瀾) 등과 통한다. 『원오어록』 권7(대정장47, p.746b12)에 "성을 나오는 중 물러나 돌아와서 법좌에 올라 말했다. '대중이여! 본래 한 점의 문제라곤 없는데 평지에서 해골 무더기를 일으키려 하자마자 시간만 허비하고 말 것이다. 바로 이렇게 흐르는 물 따라 건다가 돌이켜 돌아왔다'. 出城中退院回 上堂大衆 幸自無一星兒事 剛然平地起骨堆 費盡工夫 只這是步隨流水却歸來", 『여정어록』 권하(대정장48, p.129a28)에 "하안거 맺고 소참 때 말했다. '평지에 해골 무더기를 일으키려 하고, 허공에 동굴을 파려 하는구나. 문득 두 겹의 관문을 뚫는다면 시커먼 칠통을 집어던지리라'. 結夏小參 平地起骨堆 虛空剜窟籠 驀透兩重關 拈却黑漆桶"라고 하였다. [참고문헌] 『圜悟語錄』, 『如淨語錄』. ⇨ 평지기파란 平地起波瀾, 평지풍파 平地風波, 평지생퇴부 平地生堆阜

평지기파란 平地起波瀾 평지에서 파란을 일으키다. 『대혜어록』 권10(대정장47, p.851b19)에 "조주가 수유를 방문함에 한 수 읊었다. '깊고 낮은지 주장자로 재니, 문득 평지에서 파란 일으킨다. 못 뒤집고 산 넘어뜨려 세상 놀래키더니, 바다에 이르고서야 바닥까지 메마른 줄 아누나'. 趙州訪茱萸 頌云 深淺聊將拄杖探 忽然平地起波瀾 傾湫倒嶽驚天地 到海方知徹底乾", 『건중정국속등록』 권5 「승천전종장 承天傳宗章」(卍속장136, p.92

b4)에 "학인이 물었다. '제가 손가락을 눌렀을 뿐인데 해인에서 빛 발한다면 어떻습니까?' '평지에서 파란 일으키는구나'. 問 如我按指 海印發光時如何 師云 平地起波瀾"라고 하였다. 〔참고문헌〕『大慧語錄』, 『建中靖國續燈錄』. ⇨ 평지기골퇴 平地起骨堆, 평지풍파 平地風波

평지끽교 平地喫交 평지에서 다리 꺾이다. 『대혜어록』 권1(대정장47, p.814a12)에 "만약 허튼 말을 지어내어 퍼뜨린다면 평지에서 다리 꺾여 넘어지는 꼴이고, 게다가 불법이라는 생각에 뿌리를 내리고 헤아린다면 눈썹도 수염도 다 떨어질 것이다. 若作世諦流布 平地喫交 更在佛法商量 眉鬚墮落", 『종용록』 26칙 「본칙 本則」(대정장48, p.244a13)에 "앙산이 눈으로 만든 사자를 가리키고 물었다. '이 빛깔보다 더한 색도 있을까?〈앙산은 제 다리에 꺾여 넘어졌다는 사실을 눈치채지 못했다〉'. 仰山指雪師子云 還有過得此色者麽〈仰山 不覺平地喫交〉", 『진헐청료선사어』(속고존숙어요2, 卍속장118, p.909b9)에 "오유봉 앞에서 삼배하고 자리로 돌아간 혜가는 평지에서 다리가 꺾여 넘어진 꼴이고, 더 나아가 달마는 그가 골수를 얻었다고 하였으니, 안타깝게도 수많은 후손들이 한꺼번에 그의 허물에 얽히게 되었다. 五乳峯前 三拜歸位 平地喫交 更言得髓 可憐無限兒孫 一時被他帶累", 『선권위어록』 권1(가흥장39, p.923a9)에 "노파가 비록 격을 벗어나는 솜씨와 안목을 갖추었지만 평지에서 다리가 꺾여 넘어진 것을 어찌하랴! 婆子 雖具出格手眼 怎奈平地喫交"라고 하였다. 〔참고문헌〕『大慧語錄』, 『從容錄』, 『眞歇淸了禪師語』, 『善權位語錄』.

평지생퇴부 平地生堆阜 평지에 무덤을 일으키다. 『운문광록』 권중(대정장47, p.563c2)에 "운문이 학인에게 '늘 그렇게 무리진 이는 잘못이 어디에 있을까? 그대가 나에게 집어내어 보거라' 묻고는 스스로 대신 답했다. '평지에 무덤을 일으켜서는 안 된다'. 問僧 常徒底人 過在什麽處 爾與我拈出來 代云 不可平地生堆阜"라고 하였다. 〔참고문헌〕『雲門廣錄』. ⇨ 평지기골퇴 平地起骨堆

평지암 平地庵 경기도 파주시 교하동에 있던 암자. 『전등본말사지』 원교하부폐지사원(原交河部廢止寺院)에 "와석면 지석리에 있다. 칠층석탑이 있는데, 높이는 약 한 장쯤이다. 在瓦石面支石里 有七層石塔 高一丈許"라고 하였다. 〔참고문헌〕『韓國寺刹全書』 권하 p.1121a14, 『傳燈本末寺誌』(亞細亞文化社, 1978) pp.343~344.

평지암 平指庵 경상북도 문경시 산북면 평정산(平頂山)에 있던 암자. 『한국사찰전서』 권하 평지암에는 "「김룡사사적」에 '남쪽으로 40~50리 쯤에 고정산 평지암과 자악산 성불암이 있는데, 모두 김룡사가 거느린 곳이다'라고 하였다. 金龍寺事蹟云 南距四五十里許 有高頂山 平指庵 慈岳山成佛庵 亦皆金龍之所統"고 하였다. 〔참고문헌〕『韓國寺刹全書』 권하 p.1121a16.

평지풍파 平地風波 평지에서 바람과 물결이 일어나다. 또는 평지에서 풍파를 일으키려는 시도. 『무준사범어록』 권1(卍속장121, p.859b9)에 "마등이 불경을 싣고 한나라에 들어와서 평지에서 풍파가 일어났고, 달마가 선법을 가지고 서천에서 찾아와 거듭 재앙을 더했다. 摩騰入漢 平地風波 達磨西來 重增殃禍", 『설암조흠어록』 권3(卍속장122, p.541a18)에 "태화산을 쪼개어 막혔던 황하를 흘려 보내었으나 밝은 대낮에 평지에서 풍파 일으켰다. 기량이 막히고 힘이 다해서는 원래 얻은 것 많지 않다. 擘開太華 放出黃河 靑天白日 平地風波 逗到伎窮力盡 元來所得不多"라고 하였다. 〔참고문헌〕『無準師範語錄』, 『雪巖祖欽語錄』. ⇨ 평지기골퇴 平地起骨堆, 평지기파란 平地起波瀾

평창 評唱 드러내 말해서 고르게 하다. 문답(問答)이나 공안(公案) 등을 소재로 선문(禪門)에서 말하는 방식이다. 『벽암록 碧巖錄』이나 『종용록 從容錄』 등의 공안집(公案集)에서 본칙(本則)과 송(頌)을 풀어 말하는 것이 전형적인 평창이다. 모든 공안집이 이 평창을 요소로 가지지는 않는다. 『벽암록』 권1(대정장48, p.140a10)의 머리 부분에 "선사(원오)가 예주 협산의 영천선원에 주석하면서 설두중현(雪竇重顯)화상의 송고를 평창한 어요. 師住澧州夾山 靈泉禪院 評唱 雪竇顯和尙頌古語要"라고 하여, 그 풀어 말함을 평창이라 명명함을 분명하게 밝혔으며, 『종용록』의 본래 제목인 『만송노인평창천동각화상송고종용암록 萬松老人評唱天童覺和尙頌古從容庵錄』에도 명시되어 있는데, "만송노인(萬松行秀)이 천동정각(天童正覺)화상의 송고를 평창한 종용암록"이라는 뜻이다. 그 밖에 『임천노인평창투자청화상송고공곡집 林泉老人評唱投子靑和尙頌古空谷集』·『임천노인평창단하순선사송고허당집 林泉老人評唱丹霞淳禪師頌古虛堂集』·『만송노인평창천동각화상염고청익록 萬松老人評唱天童覺和尙拈古請益錄』 등도 모두 앞의 예를 본으로 삼아 이어온 제명이다. 『선림보훈음의』(卍속장113, p.298b14)에 "벽암집 : 벽암은 산 이름. 원오선사는 여기에서 평창을 지어 설두의 송고를 풀고 이를 『벽암집』이라 하였다. 碧巖集 山名 圓悟禪師 在此作評唱 釋雪竇頌古 爲碧巖集也", 『무문혜개어록』 권하 「발문 跋文」(卍속장120, p.528a5)에 "『벽암집』 이후 공안에 대한 평창은 매우 많이 나왔지만 분별의 길에 떨어지지 않고 종지를 드러내 밝힌 본보기는 오직 무문혜개공이 아니겠는가? 나는 언젠가 『무문관』 48칙을 열람하면서 그렇다는 사실을 알게 되었다. 碧巖集之後 評唱公案甚

多 而不墮解路 發明宗旨者 獨無門開公乎 予曾閱無門關 四十八則 知其然矣", 『박산무이어록』「서 序」(卍속장125, p.398a11)에 "윤공(休潤)은 강습과 평창을 일로 삼았다. 潤公乃講習評唱爲事", 『오산정단어록』「서 序」(卍속장126, p.490b16)에 "기연으로 말미암아 송고를 짓고, 송고로 말미암아 평창을 모으며, 평창으로 말미암아 비요라 여기고는 그것을 비요행으로 행한다. 후대의 학인들이 평창도 모르면서 어떻게 송고를 알겠으며, 송고도 모르면서 어떻게 기연을 알겠으며, 기연도 모르면서 어떻게 자기 마음을 알겠으며, 자기 마음도 모르면서 어떻게 조사의 뜻을 알겠는가? 무릇 기연이란 활구일 따름이어서 살리고 죽임에 자재하고, 억누르는지 부추키는지 헤아릴 수 없으며, 범부의 길이나 성인의 길로도 다했기에 병을 치료하는 약과 같은 방편이 아니다. 至於由機緣 而頌古作 由頌古而評唱集 由評唱而所謂秘要者 行秘要行 則後之學者 評唱不知 安知頌古 頌古不知 安知機緣 機緣不知 安知自心 自心不知 安知祖意 夫機緣者 活句耳 生殺自在 抑揚莫測 凡聖路窮 是非藥病", 『자백존자전집』 권7(卍속장126, p.750b9)에 "대체로 비요를 곧바로 가리키는 것으로 여기고, 평창을 돕는 지팡이로 삼으며, 송고를 지나가는 길로 삼고, 기연을 넘치는 말로 삼는다. 이렇게 나불대는 무리들도 참선자라 부르니, 저들은 기연을 구하지 않고 송고를 구하고, 송고를 구하지 않고 평창을 구하며, 평창을 구하지 않으면서 비요를 구한다. 아! 말이 해롭기가 한결같이 이 지경에 이르렀음에도 도를 행하는 이들이 또 다시 언어문자로 남에게 보이려 하니, 불을 끄려 하면서 기름을 붓는 형국이 아니던가! 大都 以秘要爲直指 以評唱爲資托 以頌古爲過路 以機緣爲剩語 是嘈嘈之徒 號稱參禪者 不求之機緣 而求之頌古 不求之頌古 而求之評唱 不求之評唱 而求之秘要 嗚呼 語言之爲害 一至於此 而道人復示人 以語言文字 豈非救火 而油之也"라고 하였다. 〔참고문헌〕『碧巖錄』, 『禪林寶訓音義』, 『無門慧開語錄』, 『博山無異語錄』, 『吳山淨端語錄』, 『紫柏尊者全集』. ⇨ 염평 拈評, 염고 拈古

평창오대산중대적멸보궁 五臺山中臺寂滅寶宮 조선전기 목조건축. 보물 제1995호. 정면 3칸·측면 2칸의 익공계(다포식) 팔작지붕. 적멸보궁은 오대산의 중심인 비로봉과 주변 봉우리가 둘러싸고 있는 분지 가운데 중대의 해발고도 1,189m에 남동향으로 자리하고 있다. 불전의 기단(基壇)은 최근 가공한 장대석으로 낮게 1단 돌리고 기단 앞쪽으로 1단의 계단을 두었다. 초석(礎石)은 자연석이고 그 위에 내진주 10기, 외진주 10기 총 20기의 두리기둥을 놓아 내외진 평면을 구성하였다. 공포는 외진은 주심기둥 상부머리에서 출목없이 두공을 직접 올리는 익공식(翼工式)이고, 내진건물은 주심기둥 상부주두에 주심포를 놓고 사방으로 각 칸에 1조의 주간포를 놓는 다포식(多包式)으로 구성되어 차이가 있다. 가구(架構)는 대보를 중앙칸은 정면에서 후면까지 한번에 이어지게 하였고, 측벽은 내진주가 받치고 있다. 내부천장은 내진부 대보안쪽으로 사각반자를 가미한 우물천장으로 화려하다. 불전 중앙에 화려한 닫집과 불단만을 조성하고 따로 불상을 모시지 않는다. 내외부 동일하게 정면 3칸, 측면 2칸으로 외부는 익공식으로 조선후기구조를 보이지만, 내부는 기둥의 편수깍기, 창방뺄목의 형태, 살미와 첨차의 공안, 모각소로의 표현, 앙서상면의 곡선처리 등 부재의 치목수법과 구성형식이 조선 초중기의 고식기법을 유지하고 있다. 이처럼 적멸보궁은 국내에서 유례를 찾아볼 수 없는 내외부 이중구조형태의 전각이다. 〔참고문헌〕『오대산적멸보궁의 종합적 검토』(월정사성보박물관, 2002). ⇨ 적멸보궁 寂滅寶宮

평철 平哲 법호는 평철(平哲). 『동사열전』 권5 「회암선백전 悔庵禪伯傳」(한불전10, p.1056c1)에 "(회암심훈은) 첨찰산으로 출가하여 평철동지에게서 머리를 깎았다. 出家於尖察山 薙髮於平哲同知"라고 하였다. 〔참고문헌〕『東師列傳』.

평출 平出 고르게 드러내다. 기울임 없이 그대로 드러나다. 『운문광록』 권중(대정장47, p.562a6)에 "어떤 학인에게 '세간에서 어떤 사람의 죄가 가장 무거울까?'라고 묻고는 대신 답하였다. '기울지 않아 그대로 드러나지'. 問僧 世間是什麽人罪最重 代云 平出", 『설두어록』 권4(대정장47, p.694b13)에 "어느 날 원림에 머물면서 한 학인에게 '쓴 박은 뿌리까지 온통 쓰고, 참외는 꼭지까지 다 달다고 하는데, 이 일 어느 끝의 일을 밝히는 말인가?'라고 묻고 아무 대꾸가 없자 스스로 대신 답했다. '고르게 드러날 뿐이다'. 一日遊園次 問僧 苦瓠連根苦 甛瓜徹蒂甛 明得箇什麽邊事 僧無對 代云 平出"라고 하였다. 〔참고문헌〕『雲門廣錄』, 『雪竇語錄』.

평침 平沈 평지에 가라앉다. 침몰하다. 『동산어록』(대정장47, p.511c24)에 "다만 나귀에 앞서거나 말 뒤를 따르는 것이 자기를 위한 일인 줄 알고 있으니, 불법이 가라앉았다는 말은 이러한 실태를 가리킨다. 只是認得驢前馬後底 將爲自己 佛法平沈 此之是也", 『원오어록』 권8(대정장47, p.751a14)에 "움직인즉 그림자 드리우고, 알기라도 하면 얼음처럼 되어버리지만, 움직이지도 않고 알려하지도 않는다면 썩은 물에 무너져 내릴 것이다. 動則影現 覺則氷生 不動不覺 死水裏平沈", 『무문혜개어록』 권상(卍속장120, p.501b6)에 "법좌에서 : 대지를 침몰시키고 허공 높이 몸을 드러내니 석가와 미륵도 일제히 그 위풍 아래 선다. 法座 平沈大地 高出虛空 釋迦彌勒 齊立下風"라고 하였다. 〔참고문헌〕『洞山語錄』,

『圜悟語錄』, 『無門慧開語錄』.

평평 平平 늘 그렇듯 변함 없음. 평탄하게 펼쳐지거나 풍파 없이 고요히 가라앉아 있는 모양. 『출삼장기집』 권8 「마하발라야바라밀경초서 摩訶鉢羅若波羅蜜經抄序」(대정장55, p.52c8)에 "이렇게 나서 죽는 사람들이 그저 그렇게 생각함이 이와 같다. 此生死人 而平平若此", 『원오어록』 권3(대정장47, p.723c4)에 "오늘날 다행스럽게도 황제의 교화가 몰아쳐 불고, 제왕의 덕치는 평탄하게 펼쳐지고 있다. 今日幸遇 皇風蕩蕩 帝道平平"라고 하였다. 〔참고문헌〕『出三藏記集』, 『圜悟語錄』.

평평 訇訇 요란하다. 시끄럽다. 『분양어록』 권상(대정장47, p.596a24)에 "분양에게 물었다. '우두가 사조를 만나기 전에는 어째서 온갖 새들이 꽃을 물어다 바쳤는지요?' '시끄러웠지' '만난 다음에는 어째서 꽃 물어다 바치지 않았는지요?' '(우두의 자취를 찾느라 새들이) 참으로 요란하구나!' 問 牛頭未見四祖 爲甚百鳥嗡花獻 師云 訇訇地 見後爲什麽 不啣花獻 師云 訇訇地", 같은 책 권하(대정장47, p.614a27)에 "'법에는 더함도 덜함도 없는데 어째서 글자를 가득 채워 시끄럽게 할까?' 라고 묻고 스스로 답했다. '사람이 평하면 드는 말이 없고, 물도 고르면 치우쳐 흐르지 않는다'. 法無增減 爲什麽 滿字訇訇 代云 人平不語 水平不流"라고 하였다. 〔참고문헌〕『汾陽語錄』.

평포 平鋪 고르게 펼쳐 놓다. 숨김없이 펼쳐서 늘어놓다. '높고 낮음 없는 보통의' 또는 '평범한'의 뜻이다. 포는 포(布·舖)로도 쓴다. 『분양어록』 권상(대정장47, p.607a23)에 "고르게 펴서 더는 번잡하게 싣지 마라. 平鋪更不繁載", 『굉지광록』 권1(대정장48, p.17a6)에 "사방으로 터진 대로에서 사람들이 크게 소리치고, 고르게 펴놓고 사고 파니 의심할 일이라곤 전혀 없다. 十字街頭人大叫 平鋪買賣沒相猜", 『벽암록』 6칙 「평창 評唱」(대정장48, p.146a19)에 "또 '무엇이 정법을 간직한 바른 눈인지요?'라고 묻자 '보!'라고 답하였으니, 곧바로 해서 자신의 어떤 분별도 용납하지 않았다. 고르게 펴놓음에 이르러도 상대를 헐뜯었으니, 한마디라도 말을 던졌다 하면 쇠말뚝 같아서 맛조차 볼 수 없었다. 又問 如何是正法眼藏 門云 普 直是不容擬議 到平鋪處 又却罵人 若下一句語 如鐵橛子相似"라고 하였다. 〔참고문헌〕『汾陽語錄』, 『宏智廣錄』, 『碧巖錄』.

평화 平和 **1** 보살이 법계에 잠겨 움직이는 마음. 『열조제강록』 권37(卍속장112, p.719b6)에 "그 자리에서 평화로운 심경이 되어 온몸을 더럽히며 번뇌의 상황에 뛰어든다. 當處平和 拖泥帶水", 『불감선사어록』 권3(卍속장121, p.911b13)에 "제야소참이다. 지난 세월 그대로 새날이고 새해 그대로 지난해일 뿐이다. 새로운 세월 알고자 하는가? 원래 오래된 해가 거듭할 뿐이다. 이곳에 이르러 그저 한 철주 더한다 해도 꼬리 붙이고 머리에 쓸 뿐이고, 한 터럭 덜한다 한들 한 척 끝 짧아졌을 뿐이다. 비록 공을 좇아 놓아버려 당처를 평하고 고르게 할 뿐이니, 자연히 기를 다스려 깊숙이 통하리라. 따뜻함 저 깊은 계곡에서 나서 만물은 꽃다운 자태 드리워 펼치지만 원래 기른 공 잊은 채이고, 물과 달은 마음먹은 적 없고 바람과 구름도 저절로 다를 뿐이다. 정히 이러한 때 어떠한가? 길은 줍고 버린 적 없어서 옛 그대로이고 민생들 모두 즐겨 애써 풍년을 맞이하네. 除夜小參 舊歲卽新歲 新年卽舊年 要知新歲歲 元是舊年年 到這裏 添一銖則秤尾軒昂 減一毫則尺頭短促 須是從空放下 當處平和 自然律氣潛通 暖生幽谷 萬物獻敷榮之態 元樞忘煦育之功 水月無心 風雲自異 正恁麽時如何 路不拾遺眞古道 民皆樂業見豐年", 『도세품경』 권5(대정장10, p.646b3)에 "보살이라는 뜻에는 열 가지 일이 있다. 무엇이 그 열인가? 만약 법을 듣는다 하면 무엇으로 그 법의 뜻을 요약해 깨우치게 하는가이고, 공을 알아 깨우친다 하니, 일어난 일 없음을 알아 제법을 분별하지만 적정의 뜻을 닦아 머물 줄 안다. 본래 있는 것이란 없다는 것 알아 온갖 소리에 붙들리지 않고 저 진실의 때만을 같이해서 삼세로 한결같이 해서 법계의 평화로운 맛에 든다. 본래 없다는 뜻이란 여래만이 돌아갈 진실의 때이고 본래의 때이니, 깨우쳐 자세히 살필 뿐이다. 큰 멸도의 뜻은 고통의 굴레 끊어 다한 것이니, 보살행 닦아 온갖 수용할 것 모두 버린다. 이것으로 열 가지 뜻을 삼는다. 菩薩義理有十事 何謂爲十 若聞法者 以何爲要曉了法義 解達空者 知本無事 分別諸法 修寂靜義 恬泊之故 解無所有 不著諸音 爲如眞諦 等于三世 入於法界平和味故 本無義者 如來所歸眞諦本際 解之如審 大滅度義 斷勤苦患 修菩薩行 除諸所受 是爲十義"라고 하였다. 〔참고문헌〕『列祖提綱錄』, 『佛鑑禪師語錄』, 『度世品經』. **2** 몸과 마음이 고르고 조화로운 상태. 『잡아함경』 권36(대정장2, p.259c24)에 "세존께서 존자 바기사가 상에 기대 일어서려는 것을 보시고 말씀하셨다. '스스로 가벼이 움직이지 말라'. 세존이 곧장 앉으시며 존자 바기사에게 물으셨다. '그대 근심하고 고통스러워하더니 평화로워져 가히 참을 만한가? 몸의 온갖 고통은 더한가 덜한가?' 世尊見尊者婆耆舍 憑床欲起 語言 婆耆舍 莫自輕動 世尊卽坐 問尊者婆耆舍 汝所患苦爲平和 可堪忍不 身諸苦痛 爲增爲損", 『대보적경』 권13(대정장11, p.71c27)에 "말로 헐뜯는 일이 없어 심성이 평화롭다. 言無所毁 心性平和", 『현겁경』 권3(대정장14, p.26b12)에 "받들어 부드럽고 윤택하게 해서 깊이 평화에 이르렀다면 이는 인욕보다. 奉柔潤 深至平和 是忍辱報", 『대비바사론』 권151(대정장27, p.771b11)에 "몸이 고르고 조화로우니 목숨은 짧지 않겠지만, 몸이 쇠하여 목숨은 길지 못할 것이다. 若身平和 壽則無夭 若身損壞 壽則中夭", 『유가사지론』 권23 「성문지 聲聞地」(대정장30, p.408b12)에 "이러한 등류의 하고 많은 질병 있으니, 마시고 먹음으로써 몸 중에 일어난다. 혹은 먹는 바가 평화롭지 못한 까닭에 이 몸 중에 사라지지 않고 머문다. 如是等類 無量疾病 由飮食故 身中生起 或由所食 不平和故 於其身中 不消而住", 『남해기귀내법전』 권4(대정장54, p.232c9)에 "(慧智는 『법화경』 지송을) 마음에 맺어 일찍이 폐한 적이 없고 드러남에 육근이 맑고 선하며 사대 또한 평화로워, 육십년 중에 끝내 다른 병이 없었다. 契心曾無有廢 現得六根淸善 四大平和 六十年中 了無他疾", 『일체경음의』 권71(대정장54, p.768c7)에 "『광아』에 '중이란 평이고, 용은 화를 뜻한다'라고 하였으며, 『소이아』에 '용은 선을 뜻하니, 평화롭고 선한 사람이다'라고 하였다. 廣疋 中平也 庸和也 小尒疋云 庸善也 謂平和善人也", 『사분율명의표석』 권27(卍속장70, p.820a11)에 "(흰 粳米는) 오장을 평화롭게 하고 위의 기운을 도와 북돋우니 그 공을 대체할 음식은 없다. 平和五臟 補益胃氣 其功莫逮"라고 하였다. 〔참고문헌〕『雜阿含經』, 『大寶積經』, 『賢劫經』, 『大毘婆沙論』, 『瑜伽師地論』, 『南海寄歸內法傳』, 『一切經音義』, 『四分律名義標釋』.

평화사 平和事 Ⓢ kṣemaṃkara, Ⓣ bde-bar-byed-pa. 평화로운 일. 참아 견뎌서(忍辱) 얻는 남도 나도 평화로운 사태를 말한다. 『섭대승론』 권2 「입인과승상품 入因果勝相品」(대정장31, p.125a3 : *Mah-saṃ.*, p.60)에 "성내고 분노하는 마음 능히 다해 없앨 수 있기에 찬(羼)이라 하고, 다시 나와 남 모두 능히 평화로운 일을 일으키기에 제(提)라고 한다. 能滅除瞋恚 及忿恨心 故名羼 復能生自他平和事 故稱提 khro ba dang 'khon pa zad par byed pa dang. bdag dang gzhan dag la bde bar byed pas bzod pa'o", 『섭대승론석』 권9(대정장31, p.217a12)에 "〔논〕 다시 능히 자기와 타인의 평화로운 일을 일으킬 수 있기에 제라고 한다. 〔석〕 이 일이란 인과를 통달함이다. 이 인은 자신으로 하여금 성냄의 과실로부터 물들지 않게 하여 곧바로 스스로 평화롭고 이미 노여워하고 한맺힌 일 없어서, 타자의 고통을 일으키지 않으니 이야말로 타인들의 평화다. 論曰 復能生自他平和事 故稱提 釋曰 此事通達因果 此忍能令自身 不爲瞋恚過失所染 即是於自平和 旣不忿恨 不生他苦 即是於他平和", "경에서 설한 것처럼 인욕을 행하면 다섯 가지 덕을 갖는다. 첫째 한이 없고, 둘째 탓함이 없으며, 셋째 뭇 사람의 사랑을 받고, 넷째 좋은 평판을 얻고, 다섯째 좋은 도에 난다. 바로 이 다섯 가지 덕을 '평화로운 일'이라고 한다. 如經言 若行忍者 則有五德 一 無恨 二 無訶 三 衆人所愛 四 有好名聞 五 生善道 即此五德 名平和事"라고 하였다. 〔참고문헌〕『攝大乘論』, 『攝大乘論釋』, 『法苑珠林』 권78(대정장53, p.867c5), *Mah-saṃ.* ⇨ 찬제 羼提, 인욕 忍辱

평회 平懷 ❶ 변함없이 늘 그렇게 품어 가지다. 끝 어디에도 치우치지 않는 마음. 『신심명』(대정장48, p.376b25)에 "만유의 대상 쫓지도 말고, 공의 이치에 머물지도 마라. 한 가지로 평등한 마음 품으면, 쓸려간 듯이 저절로 사라지리라. 莫逐有緣 勿住空忍 一種平懷 泯然自盡", 『진심직설』 「진심묘체 眞心妙體」(대정장48, p.1000a18 · 한불전4, p.717a2)에 "옛부터의 주인옹이라 부르고, 위음나반인이라고도 하며, 공겁전자기라고도 하니, 이는 한 가지로 변함없이 고르게 품어 터럭만한 허물도 없다. 일체산하대지와 초목총림과 삼라만상으로 물들거나 깨끗한 모든 법이 모두 이로 좇아 난다. 喚作舊日主人翁 名曰威音那畔人 又名空劫前自己 一種平懷 無纖毫瑕翳 一切山河大地 草木叢林 萬象森羅 染淨諸法 皆從中出"라고 하였다. 〔참고문헌〕『信心銘』, 『眞心直說』. ❷ 평소에 품은 마음. 『오가종지찬요』 권상(卍속장114, p.526a18)에 "고르게 품어 늘 실해서 따라 오고 따라 갈 뿐 써 사량할 일 없으니, 드러난 것들 낱낱이 다 이것이다. 平懷常實 隨來隨去 不用思量 頭頭俱是"라고 하였다. 〔참고문헌〕『五家宗旨纂要』.

폐관 閉關 빗장쳐 문 걸다. 대중 등 안팎의 번거로운 인연을 모두 끊고 오롯이 수행하기 위해 문을 닫아거는 일. 지금도 무문관(無門關) 수행이라 하여 전통을 잇는다. 『송고승전』 권10 「영묵전 靈默傳」(대정장50, p.769a1)에 "그 뒤 동백산에 갔다가 갑자기 무엇엔가 중독되었지만 치료할 방도를 구하지 못해 문 닫아걸고 고요히 좌선하다가 얼마 지나지 않아 독이 사라지면서 빗방울처럼 땀을 흘린 끝에 다시 회복하였다. 後遊東白山 俄然中毒 而不求醫 閉關宴坐 未幾毒化 流汗而滴 乃復常矣", 『석옥청공어록』 권하(卍속장122, p.640a18)에 "둥글고 둥근 붉은 해 청산에 오르고 대나무 집 삽짝문은 언제나 닫혔다네. 백발의 노승은 잠들어 일어나지 않으니, 고달픈 인생 세월 따라 돌고 돌 뿐. 團團紅日上靑山 竹屋柴門尙閉關 白髮老僧眠未起 勞生磨蟻正循環", 『감산집』 권38(卍속장127, p.772a9)에 "폐관 9년 한으로 좌선하는 심오선인에게 주는 송 : 폐관하고 앉은 채로 9년이라 하니, 숭산에서 달마면벽하던 그 시절과 같구나. 석 자 눈이 허리춤까지 차오를지라도 맘 편히 하였단 그 말의 진실 몇 사람이나 알까? 示心悟禪人閉關九年 閉關枯坐九年期 好似嵩山面壁時 縱有齊腰三尺雪 安心一語幾人知"라고 하였다. 〔참고문헌〕『宋高僧傳』, 『石屋淸珙語錄』, 『憨山集』. ⇨ 엄관 掩關, 좌관 坐關

폐구의 弊垢衣 Ⓢmalināni vastrāṇi. 낡고 때묻은 옷. 비구가 입는 분소의 또는 불조(佛祖)가 번뇌와 함께 하며 중생을 교화함에 이 옷을 입는 것에 비유한다. 『대승이취육바라밀다경』 권4(대정장8, p.886b8)에 "이와 같이 구걸하는 이들은 낡고 때묻은 옷을 입고 온화한 얼굴에 부드러운 말로 나를 가엾이 여기고 찾아오니 참으로 나의 좋은 벗이다. 왜 그런가? 나 자신에게서 간탐의 허물을 버리게 하기 때문이다. 如是乞士 著弊垢衣 和顏軟語 愍我而來 是我良友 所以者何 除我身中 慳貪過惡", 『법화경』 권2(대정장9, p.18a21 : *Saddh-p.*, p.114)에 "그때 장자가 낡고 때묻은 옷을 입고 제분기를 든 모습으로 아들이 있는 곳에 찾아왔다. 於是長者 著弊垢衣 執除糞器 往到子所 gṛhītvā malināni vastrāṇi ca prāvaritvā, upasaṃkramet-tasya narasya antike", 『법화의소』 권7(대정장34, p.550a9)에 "임금이 입는 진귀한 복장을 벗고 낡은 옷을 입는다는 말은 화신을 말함이다. 실교를 숨기고 권교를 설하며 진신을 감추고 화신을 일으킴이다. 脫珍御服 著弊垢衣 謂化身也 既隱實教 而說權教 亦隱眞身 而起化身也", 『황룡혜남어록』 「송화선자 送和禪者」(대정장47, p.636a28)에 "비로자나의 성은 청정하지만 청정을 지킬 수만은 없어, 낡고 때묻은 옷을 입고 세속에 들어가 아껴 있는 것들 깨뜨려야 하리라. 毘盧性清淨 清淨不須守 宜著弊垢衣 入俗破慳有"라고 하였다. 〔참고문헌〕『大乘理趣六波羅蜜多經』, 『法華經』, 『法華義疏』, 『黃龍慧南語錄』, *Saddh-p.*

폐권입실 廢權立實 권을 폐하고 실을 세우다. 천태의 설로 권교를 버리고 일승(一乘)을 세우는 뜻으로 폐권현실(廢權顯實), 폐삼현일(廢三顯一)이라 하며 개권현실(開權顯實)과 상대한다. 『법화경』 권1 「방편품 方便品」(대정장9, p.10a19 : *Saddh-p.*, p.57)에서 "곧바로 방편을 버리고 무상도를 설할 뿐이다. 正直捨方便 但說無上道 saṃlīyanāṃ sarva vivarjayitvā, bhāṣāmi … tāṃś-caiva bodhāya samādapemi"라고 한 말씀을 가리킨다. 『법화의소』 권4(대정장34, p.510c3)에 " '다만 무상도를 설할 뿐이다'라는 말은 입실을 밝혔다. 예전에는 폐실입권하였고, 지금은 폐권입실을 보였다. 但說無上道者 明立實也 昔廢實立權 今廢權立實也", 『천태사교의』(대정장46, p.775b11)에 "다음으로 『법화경』을 설하여 전의 돈점을 열어 돈도 아니고 점도 아님으로 모아 들였기에 권을 열어 실을 드러낸다고 하고, 이를 폐권입실이라고도 하며, 삼승을 회통하여 일승에 돌아가게 한다고도 한다. 次說法華 開前頓漸 會入非頓非漸 故言開權顯實 又言廢權立實 又言會三歸一", 『법화현의』 「서왕 序王」(대정장33, p.681b3)에 "꽃이 떨어짐은 권을 닫음에 비유하고, 열매인 연실이 이루어짐은 실을 세움에 비유한다. 華落譬廢權 蓮成譬立實"라고 하였다. 〔참고문헌〕『法華經』, 『法華義疏』, 『天台四教儀』, 『法華玄義』, *Saddh-p.* ⇨개권현실 開權顯實, 회삼귀일 會三歸一, 본적이문 本迹二門, 연화삼유 蓮華三喩

폐납 敝衲 낡은 가사(衲衣). 누더기 옷으로 폐납(弊衲)이라고도 한다. 납자(衲子)의 전형적인 외양이기도 하다. 『신승전』 권5 「도순전 道舜傳」(대정장50, p.977b10)에 "몸에 누더기 걸쳐 볼만한 구석이라곤 전혀 없었다. 身著弊衲 略無可採", 『광청량전』 권3(대정장51, p.1122b25)에 "겉모습 볼품없었고 옷이라 해야 겨우 누더기뿐이었으며, 음식도 먹다 남은 것이었고, 명예에 물들지 않아 사람들 성인처럼 흠모하였다. 外相麤鄙 衣唯弊衲 食且衆殘 不染聲名 人欽若聖", 『영각광록』 권25(卍속장125, p.685b8)에 "낡은 누더기 머리까지 덮어쓴 한 늙은이, 텅빈 산 빗소리 중에 고요히 앉아 동굴 가린 구름 문득 갈라지자 아침 해 메달리고, 숲의 새들 다투어 지저귀고 새벽바람 불어온다. 敝衲蒙頭一老翁 空山晏坐雨聲中 洞雲忽破懸朝旭 林鳥爭騎囀曉風"라고 하였다. 〔참고문헌〕『神僧傳』, 『廣淸涼傳』, 『永覺廣錄』. ⇨납의 衲衣, 폐납의 幣衲衣, 분소의 糞掃衣

폐납의 幣衲衣 낡은 납의. 누더기 가사. 십이두타(十二頭陀) 중 하나. 『잡아함경』 권41(대정장2, p.302a2)에 "그때 존자 마하가섭은 오랫 동안 사위국 아란야의 상좌처에 머물면서 수염과 머리털을 기르고 낡은 가사 걸친 채 부처님의 처소로 왔다. 爾時 尊者摩訶迦葉 久住舍衛國 阿練若床坐處 長鬚髮 著弊衲衣 來詣佛所"라고 하였다. 〔참고문헌〕『雜阿含經』. ⇨납의 衲衣, 납의 納衣, 분소의 糞掃衣, 십이두타 十二頭陀

폐람바 吠嵐婆 Ⓢvairambha, Ⓣrnam-par-'thor-ba. 바람의 이름. 해와 달을 움직여 돌게 하는 바람. 철위산(鐵圍山) 사이에 분다. 닿는 곳마다 모조리 파괴시킨다는 뜻으로 산소지(散所至)라고도 한다. 폐람(吠嵐)·폐람바(吠藍婆)·폐람바풍(吠藍婆風·吠嵐婆風 Ⓢvairambhā vāyavaḥ)·폐람승가(吠嵐僧伽) 등으로도 쓰고, 신맹풍(迅猛風)·선풍(旋風) 등으로 한역한다. 『대비바사론』 권177(대정장27, p.888b26)에 "이를테면 부처님의 피부는 섬세하고 부드러워서 티끌이나 물이 묻을 수 없으니 … 설사 부처님께서 먼지로 된 산을 발로 걸으신다 해도 폐람바풍이 그 와중에 먼지를 떨쳐내니 부처님의 몸과 부처님의 발바닥에 티끌 하나라도 더럽게 붙으려 해도 이는 가능하지 않다. 謂佛皮膚細滑塵水不住 … 設佛以足蹈於塵山 吠嵐婆風於中擊坌 欲令佛身及佛足下一塵染著無有是處", 같은 책 권117(대정장27, p.609c7)에 "또 어떤 이는 '색계와 무색계에는 진에를 대치함이 있으니 등인(等引 Ⓢsamāhita)의 자심

(慈)으로 진 있을 수 없다. 마치 이곳에 만약 폐람바풍이 있다면, 이곳에는 구름장이 끝내 머물 수 없는 것과 같다. 상계도 또한 그러하여 진에를 대치하는 등인 중의 자심이라는 폐바라풍이 있기에 진에라는 구름장이 그곳에도 머물지 못한다'라고 하였다. 復有說者 色無色界有瞋對治 謂等引慈故無有瞋 如於是處若有吠藍婆風 是處雲場終不得住 上界亦爾 有瞋對治等引中慈 吠藍婆風故瞋雲場於彼不住"『순정리론』 권60(대정장29, p.674a11)에 "저 다른 논사들은 '념의 날숨은 폐람바에 이르렀다가 되돌아온다'라고 하였다. 경주(經主：世親)는 이에 대해 그 논사를 파척하면서 '이 념은 진실작의(Ⓢ tattva-manasikāra)와 함께 일어나는 것이기에 지식념의 날숨이 풍륜 등(폐람바)에 이른다고 염(念：勝解作意)해서는 안 된다'라고 하였다. 有餘師說 念出息風至吠嵐婆復還旋返 經主於此斥彼師言 此念眞實作意俱起 不應念息至風輪等", 『구사론기』 권22(대정장41, p.341b8)에 "폐람바는 철위산 사이에 부는 바람이다. 또 진제는 '폐람바는 항기로 한역하는데 해와 달을 움직여 돌게 하는 바람이다'라고 하였다. 吠嵐婆 是鐵圍山間風 又眞諦云 吠嵐婆此云恒起 卽是運轉日月風也", 『유가사지론약찬』 권8(대정장43, p.114a19)에 "폐람바는 한역하여 선풍이라 한다. 구역에서는 선람풍이라 하였다. 吠藍婆此云旋風 舊云旋嵐風也", 『주조론소』 권2(卍속장96, p.222a11)에 "올바른 범음으로는 폐람바라 한다. 이는 한역하여 산소지라 하는데 바람의 이름이다. 이 바람은 부는 곳마다 모조리 흩어져 무너지지 않는 것이 없다. 正梵語云吠藍婆 此云散所至 卽風名 此風所至無不散壞", 『일체경음의』 권70(대정장54, p.767b7)에 "폐람바〈(람 자는) 력과 함의 반절음이다. 구역의 경론을 살펴보면, 비람바·선람바·비람바·수람바라고도 썼는데, 이는 다 범어에 대한 지방어이다. 한역하여 신맹풍이라 한다〉. 吠嵐婆〈力含反 案舊經論中或作毗藍婆 或言旋藍婆 又作鞞嵐婆 或作隨藍婆 皆梵之楚夏耳此云迅猛風〉"라고 하였다. 〔참고문헌〕『大毘婆沙論』, 『順正理論』, 『俱舍論記』, 『瑜伽師地論略纂』, 『注肇論疏』, 『一切經音義』, *Abh-k-bh.340.*, *Śrāv-bh.216.* ⇨ 비람풍 毘嵐風, 철위산 鐵圍山

폐람승가 吠嵐僧伽 폐람바(吠嵐婆)와 같다. 겁재(劫災) 때 부는 맹폭한 바람을 말한다. 『일체경음의』 권13(대정장54, p.383b1)에 "폐람승가〈(람 자는) 로와 함의 반절음이다. 겁재 때의 강력하고 매서운 바람의 이름이다. 이 바람은 맹폭하여 세계를 무너뜨린다〉. 吠嵐僧伽〈魯含反 劫災時大猛風名也 此風猛暴能壞世界〉"라고 하였다. 〔참고문헌〕『一切經音義』. ⇨ 폐람바 吠嵐婆, 비람풍 毘嵐風

폐로 閉爐 매년 음력 2월이나 3월 화롯불을 끄는 날. 시작하는 날은 개로(開爐)다. 『선원청규』 권4(卍속장111, p.898b16)에 "10월 1일에 개로하고, 2월 1일에 폐로한다. 十月一開爐 二月一閉爐", 『백장청규』 권7「월분수지 月分須知」(대정장48, p.1154c26)에 "2월 초하루, 승당 안의 화로를 닫는다. 二月 初一日 僧堂內閉爐"라고 하였다. 〔참고문헌〕『禪苑淸規』, 『百丈淸規』.

폐립 廢立 ❶ Ⓢ anyaḥ prakāraḥ. 버림과 세움. 임시의 자성을 갖는 법 등을 버리거나 세우는 일. 『구사론』 권1(대정장29, p.5b26 : *Abh-k-bh.*, p.15)에 "어떤 이는 저 병이 깨지면 병이 아니듯 이와 같이 온이 멈추면 응당 온이 아니어야 한다고 설한다. 그러나 저들은 처와 계에서 예로써 응당 잘못이다. 이와 같이 이미 온들의 폐립을 설하였다. 有說 如甁破非甁 如是蘊息應非蘊 彼於處界例應成失 如是已說諸蘊廢立 yathā ghaṭoparamo na ghaṭa evaṃ skandhoparamo na skandho bhavitum arhatīty apare. teṣāṃ dhātvāyataneṣu apy eṣa prasaṅgaḥ. uktaḥ skandhānām anyaḥ prakāraḥ", 『법화현찬』 권4(대정장34, p.718b27)에 "없이 하거나 세운다 하니, 어째서 오탁만을 세우고 증감하지 않았는가? 〔답〕 중생에는 둘이 있으니 첫째는 악행으로 재가의 백의를 말하고, 둘째는 사행으로 출가의 외도를 말한다. 廢立者 何故唯立五濁 不增減耶 答 衆生有二 一 惡行 謂在家白衣 二 邪行 謂出家外道", "백의는 혜가 없으므로 번뇌가 늘 때 번뇌탁이라 이름하고, 외도는 삿된 해로 제멋대로 추구할 때 세워 견탁이라 한다. 또 모든 둔혹들을 번뇌탁이라 이름하고, 나머지 이혹들을 견탁이라 이름한다. 白衣無慧 煩惱增時 名煩惱濁 外道邪解 浪推求時 立爲見濁 又諸鈍惑 名煩惱濁 諸餘利惑 名爲見濁"라고 하였다. 〔참고문헌〕『俱舍論』, 『法華玄贊』, *Abh-k-bh.* ❷ ➡ 폐권입실 廢權立實

폐마 弊魔 Ⓟ māra. 폐악(弊惡)한 마구니. 악마(惡魔). 『중아함경』 권56「라마경 羅摩經」(대정장1, p.778a16)에 "마땅히 알라. 그는 폐마를 따르고 스스로 폐마가 되며, 폐마의 수중에 떨어지고 폐마의 그물에 걸려들며, 폐마의 올가미에 묶이고 폐마의 속박에서 벗어나지 못한다. 當知 彼隨弊魔 自作弊魔 墮弊魔手 爲魔網纏 魔羂所纏 不脫魔纏", 『증일아함경』 권19(대정장2, p.643a7 : *Vakkali-sutta*, *SN.3*, p.124)에 "이는 폐마 파순이 바가리의 신식이 어디 있는지 알고자 하는 것이다. 此弊魔波旬 欲得知婆迦梨神識所在 māro pāpimā vakkalissa kulaputtassa viññāṇam samannesati kattha vakkalissa kulaputtassa viññāṇam patiṭṭhitan ti"라고 하였다. 〔참고문헌〕『中阿含經』, 『增壹阿含經』, *SN.* ⇨ 마 魔, 악마 惡魔, 폐마파순 弊魔波旬

폐마시목련경 弊魔試目連經 오대 지겸(支謙) 한역. 1

권. 대정장1, pp.867a2~868c19, No.67에 수록되어 있다. 과거세에 마왕이 부처님 제자를 요란시킨 죄로 대지옥에 떨어진 이야기를 목련이 설하는 경이다. 『중아함경』「항마경 降魔經」과 동본이역으로, 상응하는 팔리 경전은 맛지마니카야 제50경 *Māratajjaniya-sutta* (*MN.1*, pp.332~338)이다. 『개원석교록』 권2(대정장55, p.488b8)에 "『폐마시목련경』 1권〈일명 『마요란경』이다. 장방록에는 '이전의 기록을 보면 『중아함경』 제30권에 이역이 보인다'라고 하였다〉. 弊魔試目連經一卷〈一名 魔嬈亂經 房云 見舊錄出中阿含第三十卷異譯〉"이라고 하였다. [참고문헌] 『開元釋敎錄』. ⇨ 마요란경 魔嬈亂經

폐마파순 弊魔波旬 Ⓟ Māro pāpimā. 불법을 가로막는 마파순(魔波旬 Ⓢ Māra-pāpīyas) 또는 악마파순(惡魔波旬). 『마요란경』(대정장1, p.865c29)에 "저 폐마파순은 제 멋대로 할 기회를 구하거나 그 인연을 찾더라도 그러한 기회를 얻을 수 없고 그 인연도 잡지 못할 것이다. 彼弊魔波旬 求其便 索其因緣 不能得便 不得其因緣", 『증일아함경』 권3(대정장2, p.560c18)에 "폐마파순이 항상 그대 뒤에서 악행을 저지를 기회를 구하면서 선근을 망치려 한다. 弊魔波旬 恒在汝後 求其方便 壞敗善根라고 하였다. [참고문헌] 『魔嬈亂經』, 『增壹阿含經』, *SN.3.124*. ⇨ 마파순 魔波旬, 파순 波旬

폐문 閉門 문 닫아 걸다. 번잡한 인연들 끊고 한 곳에 머물며 수행하는 뜻으로 폐관(閉關)과 통한다. 『보운경』 권2(대정장16, p.217a28)에 "문을 닫아걸 때에는 일체중생에게 악취문 닫히기를 원한다. 若閉門時 願一切衆生 閉惡趣門", 『마하지관』 권4하(대정장46, p.42b29)에 "홀로 한 방에 처해서 어떤 사물도 끼어들지 못하게 해서 문을 닫아걸고 고요히 앉아 바른 진실 사유한다. 獨處一房 不干事物 閉門靜坐 正諦思惟"라고 하였다. [참고문헌] 『寶雲經』, 『摩訶止觀』. ⇨ 폐관 閉關

폐문타수 閉門打睡 문 닫아걸고 잠들다. 『종용록』 1칙 「시중 示衆」(대정장48, p.227c29)에 "문 닫아걸고 잠든 채로 상상의 근기를 접하고, 돌아보고 기지개 켜면서 자세히도 중하의 근기 위한다. 어찌 더없이 구불대는 법좌에 올라 귀신 눈동자 희롱하겠는가! 閉門打睡 接上上機 顧鑑頻申 曲爲中下 那堪上曲錄木 弄鬼眼睛", 『오등회원』 권19 「혜근불감장 慧懃佛鑑章」(卍속장138, p.742a1)에 "혜근이 어느 날 방장에 갔다가 말을 꺼내기도 전에 오조법연(五祖法演)에게 욕을 먹고 부끄러운 마음으로 물러났다. 요사에 돌아와 문 닫아걸고 잠들지만 오조에 대한 원망이 그치지 않았는데 오조가 벌써 은밀하게 알고 찾아가 문을 두드렸다. 師一日造方丈 未及語 被祖詬罵 懡㦬而退 歸寮閉門打睡 恨祖不已 悟已密知 卽往扣門"라고 하였다. [참고문헌] 『從容錄』, 『五燈會元』.

폐불 廢佛 불교를 무너뜨리는 갖가지 정치적 행위. 권력을 가진 이나 그 힘을 등에 업고 불교교단을 탄압해서 승니를 강제로 환속시키거나 경전과 불상을 훼손하는 따위의 만행을 가리킨다. 법난(法難)·파불(破佛)·방불(謗佛)·폐석(廢釋) 등이라고도 한다. 『불조통기』 권34(대정장49, p.328c12)에 "이사는 진시왕에게 경서를 불사르고 유자를 파묻도록 권하였다. 그것이 천도를 거스르고 인륜을 끊는 폐해는 매우 심하였다. 최호는 태무제(재위 423~452)에게 불교를 무너뜨리고 그 경전을 불사르고 문도를 파묻도록 권하였는데(北魏廢佛) 이는 진대 시행했던 구법을 활용한 것이다. 李斯勸秦 焚書阬儒 其爲逆天道絶人理爲甚矣 崔浩勸太武 廢佛 焚其經 阬其徒 此用秦舊法也", 같은 책 권42(대정장49, p.389b25)에 "북주(北周) 무제(武帝)의 폐불(574) 때 법사 지현의 항변은 용맹하고 강하여 무제가 굴복시킬 수 없었고, 당 무종(武宗)의 사태(845) 때도 (동명이인의) 법사 지현이 논좌에 올라 불교를 변론하였는데 도사의 무리들이 굴복시킬 수 없었다. 周武廢佛 法師知玄 抗辨精壯 帝不能屈 唐武沙汰 法師知玄 登論座 道流不能屈라고 하였다. [참고문헌] 『佛祖統紀』. ⇨ 법난 法難, 파불 破佛, 방불 謗佛, 사태 沙汰❷, 북위폐불 北魏廢佛, 북주폐불 北周廢佛, 회창폐불 會昌廢佛

폐사 廢寺 허물어진 절. 버려져 아무도 머물지 않는 절. 『국청백록』 권2 「왕답장주사 王答蔣州事」(대정장46, p.805a1)에 "사탑이 불태워지도록 버려두었으니 늘어진 가옥들이 여기저기 흩어지는 꼴과 같았다. 종소리와 경 읽는 소리는 끊어졌으며 마을의 닭 울음과 개 짖는 소리도 들리지 않았다. 허물어진 절은 불난 다른 주택과 함께 있어 발우를 들고 탁발 나갔다가 소득 없이 돌아오니 승중이 의지할 곳이 없어 참으로 한탄스러운 일이었다. 그 터의 복이 다하여 마침내 폐허로 변하였으나 그 나머지 당우와 탑은 불이 나던 당시부터 훼손되지 않았다. 橫使寺塔焚燒 如比屋流散 鐘梵輟響 鷄犬不聞 廢寺同於火宅 持鉢略成空返 僧衆無依 實可傷歎 彼地福盡 方成丘墟 所餘堂塔 本不壞毁", 『불조통기』 권54(대정장49, p.471a26)에 "수문제는 조칙을 내려 북주(北周) 폐불 때 허물어진 절을 모두 수리하고 호구마다 돈을 내어 경전와 불상을 세우도록 명하였다. 隋文帝 詔周朝廢寺 咸與修營 戶口出錢 建立經像", 『정토왕생전』 권하(대정장51, p.124a26)에 "현정(玄鼎)은 천하의 폐사를 다시 일으켜 크게 범찰을 부흥시킬 것을 주청하였다. 玄奏天下廢寺宜再興 復大興梵刹"라고 하였다. [참고문헌] 『國淸百錄』, 『佛祖統紀』, 『淨土往生傳』.

폐삼현일 廢三顯一 삼승(三乘)을 버리고 일승(一乘)을 드러내다. 천태(天台)의 설이다. 『법화현의』 권7하(대정장33, p.773a9)에 "꽃이 지고 열매 맺음이 폐삼현일의 비유다. 오직 일불승으로 곧바로 도량이 이를 뿐이다. 華落蓮成 卽喩廢三顯一 唯一佛乘 直至道場", 같은 책 권9하(대정장33, p.797c7)에 "폐삼현일이라 함은 바로 교를 버림이다. 비록 그 분별은 파하더라도 교를 버리지 않는다면 상을 심어 다시 살아나게 하고 교에 집착하여 혹이 일어나게 하기에 교를 버린다 한다. 곧바로 방편을 버리고 다만 무상도만을 설할 뿐이다. 시방의 불국토에 오직 일승법만 있으니, 이승도 없고 삼승도 없다. 廢三顯一者 此正廢教 雖破其情 若不廢教 樹想還生 執教生惑 是故廢教 正直捨方便 但說無上道 十方佛土中 唯有一乘法 無二亦無三라고 하였다. 〔참고문헌〕『法華玄義』. ⇨개현 開顯, 폐권입실 廢權立實

폐색 閉塞 닫아 막아버리다. 『무량수경』 권상(대정장12, p.269b19)에 "저 지혜의 눈을 뜨고 이 캄캄한 어둠을 사라지게 해서 모든 악도를 막아 닫아버리고 선취문에 통달한다. 開彼智慧眼 滅此昏盲闇 閉塞諸惡道 通達善趣門", 『주조론소』 권3(卍속장96, p.257b15)에 "〈논〉 알음알이도 총명함도 닫고 막는다. … 〈소〉 닫고 막는다는 말은 없애서 끊는 뜻이다. 총이란 듣는 것에 밝다는 의미다. 閉智塞聰 … 閉塞者 泯絶也 聰者 聽之明也"라고 하였다. 〔참고문헌〕『無量壽經』, 『注肇論疏』.

폐수 閉手 Ⓢ peśī의 음사어. 모태에 있는 세 번째 7일 사이에 변화하는 모습. 폐호(閉戶) 또는 응결(凝結)이라 한역한다. 『대보적경』 권55(대정장11, p.323a17)에 "세 번째 7일 동안 모태에 있는 기간에 다시 업의 바람에 감응하니 이를 장구라 한다. 이 바람의 힘으로 점차 응결되어 그 안부타가 변화하여 폐수가 되는데 그 모양은 약을 찧는 공이와 같이 짧고 작다. 그 모태 안의 열에 의해 끓고 삶아지면서 이와 같이 사대라는 요소는 점차 자라게 된다. 第三七日 處母胎時 復感業風 名爲藏口 由此風力 令漸凝結 其安浮陀 轉爲閉手 狀如藥杵 而復短小 於其胎中內熱煎煮 如是四大 漸漸增長"라고 하였다. 〔참고문헌〕『大寶積經』.

폐숙 弊宿 Ⓟ Pāyāsi. 바라문 이름. 이견(異見)을 퍼뜨리다 동녀가섭(童女迦葉 Ⓟ Kumāra-Kassapa)에 의해 교화되어 재가신자가 되었다. 『장아함경』 권7 「폐숙경 弊宿經」(대정장1, p.42c1 : *Pāyāsi-sutta*, *DN.2*, p.316)에 "폐숙 바라문은 늘 이견을 가지고 사람들에게 설하여 말하였다. '다른 세상은 없으며, 또한 다시 태어남도 없고, 선악의 과보도 없다'. 弊宿婆羅門常懷異見 爲人說言 無有他世 亦無更生 無善惡報 pāyāsirājaññas sa evarūpaṃ pāpakaṃ diṭṭhigataṃ uppannaṃ hoti. iti pi n'atthi paraloko n'atthi sattā opapātikā n'atthi sukaṭadukkaṭānaṃ kammānaṃ phalaṃ vipāko ti"라고 하였다. 〔참고문헌〕『長阿含經』, *DN.*

폐숙경 弊宿經 Ⓟ Pāyāsi-sutta. 『장아함경』 권7(대정장1, p.42b24)에 전하며 『중아함경』 권16 「비사경 蜱肆經」(대정장1, p.525a10), 『대정구왕경 大正句王經』(대정장1, p.831a6)과 상응하는 경. 『구마라가섭경 鳩摩迦葉經』·『동가섭해난경 僮迦葉解難經』과 동본이역으로, 상응하는 팔리경전은 디가니카야 제23경(*DN.2*, pp.316~358)이다. 부처님 입멸 후의 일을 전하고 있는 남전(南傳) 5부 10종 중에 하나다. 구마라가섭(鳩摩羅迦葉)이 바라문 폐숙을 만나 문답형식으로 교화한다. 그 문답은 길면서도 잘 짜여진 경전으로 평가받는다. 이 점에서 『미란왕문경 彌蘭王問經』 곧 『나선비구경 那先比丘經』과 견줄 수 있다고도 한다. 바라문 폐숙은 내세의 존재와 화생유정(化生有情) 그리고 선악의 업보 등을 부정한다. 구마라가섭은 여러 가지 비유를 끌어들여 그의 잘못된 견해를 물리치면서 뛰어난 도론 솜씨를 보여줌으로써 폐숙이 귀의하고 5백의 무리가 추종하였다.

폐시 閉尸 Ⓢ peśī의 음사어, Ⓣ ltar-ltar-po, nar-nar-po. 태내오위(胎內五位) 또는 태장팔위(胎藏八位) 중 세 번째. 탁태 후 3주차로서 배아(胚芽) 단계에 해당한다. 응결(凝結)·혈육(血肉)·연육(軟肉 耎肉)·육단(肉團)·초육(初肉) 등으로 한역하며, 폐시(蔽尸)·비시(卑尸)로도 음사한다. 『유가사지론』 권2(대정장30, p.285a1 : *Yogā-bh.*, p.28)에 "만약 살덩이가 생성되었지만 여전히 극히 유연한 상태라면 폐시라 한다. 若已成肉仍極柔軟 名閉尸 māṃsībhūtaṃ śithilaṃ ca peśī", 『법화경현찬』 권4(대정장30, p.285a1)에 "삼칠일 이내를 폐시라 하고 한역하여 응결이라 하는데 마치 숙혈(熟血)이 약간 응결되어 있는 것과 같기에 서역에서는 숙혈을 일어 폐시라 한다. 三七日內名閉尸 此云凝結 猶如熟血稍凝結故 西域呼熟血云閉尸", 『창소지론』 권2(대정장32, p.232b14)에 "폐시〈한역하여 육단이라 한다〉. 閉尸〈此云肉團〉", 『구사론』 권9(대정장29, p.47c23 : *Abh-k-bh.*, p.130)에 "모태에서의 분위에는 다섯 가지가 있다. … 셋째는 폐시위이다. 謂母胎中分位有五 … 三 閉尸位 etāḥ pañca garbhāvasthāḥ … peśī … avasthāḥ", 『구사론기』 권9(대정장41, p.164a10)에 "폐시는 한역하여 혈육이라 한다. 閉尸 此云血肉", 『구사론소』 권9(대정장41, p.597a7)에 "폐시는 한역하여 연육이라 한다. 閉尸 此云軟肉", 『일체경음의』 권47(대정장54, p.622a7)에 "폐시〈또한 비시로도 음사하는데 한역하여 육단이라 한다. 3주차에 이르러 응쳐져서 살덩어리가 이루어지는데 남자아이라면 위가 넓고 아래가 좁으며 여자아이라면 위가 좁고 아래가 넓다〉. 閉尸〈亦名卑尸 此云肉團至三七日結聚成肉團 若男則上闊下狹 若女則上狹下闊〉", 『번역명의집』 권6(대정장54, p.1160b23)에 "폐시는 폐시·가나라고도 하며, 한역하여 응결이라 한다. 모습은 피가 뭉쳐진 것과 같아서 취혈 또는 연육이라고 한다. 탁태 3주째이다. 蔽尸 或閉尸 或伽那 此云凝結 狀如就血 或云聚血 或云耎肉 胎三七日", 『법화경소의찬』 권3(卍속장45, p.476a16)에 "폐시위란 한역하여 연육이라 한다. 閉尸位者此云耎肉"라고 하였다. [참고문헌] 『瑜伽師地論』, 『法華經玄贊』, 『彰所知論』, 『俱舍論』, 『俱舍論記』, 『俱舍論疏』, 『一切經音義』, 『法華經疏義纘』, 『翻譯名義集』, *Yogā-bh.*, *Laṅk.285.* ⇨ 태내오위 胎內五位, 태장팔위 胎藏八位

폐악 弊惡 ❶ 해진 누더기. 분소의(糞掃衣 Ⓢ pāṃsukūla)를 달리 이르는 말. 『출요경』 권29 「범지품 梵志品」(대정장4, p.769c20)에 "폐악을 입고, 몸소 법을 받아 행하며, 한가한 곳에 거처하며 사유하니, 이를 범지라 한다. 被服弊惡 躬承法行 閑居思惟 是謂梵志"라고 하였다. [참고문헌] 『出曜經』. ⇨ 분소의 糞掃衣, 폐악의 弊惡衣 ❷ 거칠어 악한 모든 마음작용과 언행. 『불장경』 권중(대정장15, p.793b2)에 "만약 비구가 있어 이 경을 들어도 마음이 청정하지 않고 기쁘지도 즐겁지도 않다면 이를 폐악비구라 한다. 若有比丘 得聞是經 心不淸淨 不喜不樂 是則名爲 弊惡比丘", 『아비담비바사론』 권8(대정장28, p.56c7)에 "부처님말씀을 듣고서 의심을 일으키면 폐악이라 하고, 스님의 말을 듣고 의심하면 폐악이라 하지 않는다. 因佛生疑 名爲弊惡 因僧生疑 不名弊惡", 『법화경대관』 권4(卍속장50, p.247b2)에 "폐악이란 사바세계에 망가진 사람과 악인이 많다는 뜻이다. 弊惡者 言娑婆世界 壞人惡人多也", 『법화경대성』 권6(卍속장51, p.332b9)에 "폐악이란 타고난 덕을 망가뜨리고 악업을 짓고 쌓는 이들이다. 弊惡者 謂損壞性德 造積惡業之人也"라고 하였다. [참고문헌] 『佛藏經』, 『阿毘曇毘婆沙論』, 『法華經大窾』, 『法華經大成』.

폐악의 弊惡衣 해진 누더기. 분소의(糞掃衣 Ⓢ pāṃsukūla)를 달리 이르는 말. 『증일아함경』 권3(대정장2, p.558a13)에 "폐악의를 입고도 부끄러움이 없으니 면왕비구가 그이다. 著弊惡衣 無所羞恥 所謂面王比丘是", 『보살행문제경요집』 권중(대정장17, p.950b3)에 "성문도 그러하니 십이두타로 마음을 닦아 거두기 때문이다. 홀로 아란야에 머물며 폐악의를 즐겨 입은 다음에야 세간의 번뇌에서 해탈한다. 聲聞亦爾 十二頭陀 修攝心故 獨住阿蘭若 樂弊惡衣 然後 解脫世間煩惱"라고 하였다. [참고문헌] 『增壹阿含經』, 『菩薩行門諸經要集』. ⇨ 분소의 糞掃衣, 폐악 弊惡 ❶

폐적입본 廢迹立本 자취는 닫고 본을 세우다. 천태에서 세운 말로 폐적현본(廢迹顯本)이라고도 한다. 『법화문구찬요』 권1(卍속장46, p.646b10)에 "셋째로 꽃이 떨어지고 연밥이 맺히는 것은 폐적입본의 비유니, 경에 이르길 '제불여래의 법은 모두 이와 같으니, 중생을 건지시기에 모두 실해서 헛되지 않다'라고 하였다. 三 華落蓮成 譬廢迹立本 經云 諸佛如來 法皆如是 爲度衆生 皆實不虛"라고 하였다. [참고문헌] 『法華文句纂要』.

폐적현본 廢迹顯本 자취 감추고 본래 가르침 드러내다. 본문삼유(本門三喩) 중 하나다. 폐적입본(廢迹立本)이라고도 한다. 『법화현의』 권7(대정장33, p.773a17)에 "셋째로 꽃이 떨어지고 연밥이 맺히는 것은 폐적현본의 비유다. 이미 본지를 알아서 다시는 자취에 미하지 않으므로 법신에서 도 닦아 상지를 원만하게 한다. 三 華落蓮成 譬廢迹顯本 旣識本已 不復迷迹 但於法身修道 圓滿上地也", 같은 책 권9(대정장33, p.798c3)에 "폐적현본이란 또한 설법에 나아간 것이다. 옛날 오탁장이 무거워 멀리 본지 설함을 얻지 못하다가 적문 중에 가까이 이뤄짐을 보여주기만 하였는데, 지금은 장애가 없어졌고 기가 동했으므로 보리수 왕사성(王城)에서의 적중의 설들을 폐해야 하니 전부 방편이기 때문이며, 가까운 것 집하는 마음이 이미 끊어졌고 가까이 한 가르침도 역시 봉해 그치게 했다. 廢迹顯本者 亦就說法 昔爲五濁障重 不得遠說本地 但示迹中近成 今障除機動 須廢道樹王城迹中之說 皆是方便 執近之心旣斷 封近之敎亦息", "경문에 '이때 이래로 나 늘 이 사바세계에서 설법교화하였고 또한 다른 백천만억나유타아승기국에서 중생을 이끌어 이롭게 하였느니라' 하였는데 바로 한 때의 적문의 가르침을 폐하고 구원의 본지에서의 설을 드러냄이다. 文云 自從是來 我常在此娑婆世界 說法敎化 亦於餘處百千萬億那由他阿僧祇國 導利衆生 卽是廢一期之迹敎 顯久遠之本說也"라고 하였다. [참고문헌] 『法華玄義』.

폐전교 廢前敎 앞선 가르침 폐하다. 이전에 삼정육(三淨肉)을 먹어도 된다고 허했던 것을 『열반경』에서 폐하고 금한 일을 가리킨다. 『사분율행사초』 권하(대정장40, p.118a1)에 "먹어도 되는 미음이란 일체의 쌀뜨물·미숫가루 물·젖·낙·장이다. 모든 율에서는 생선과 고기도 시식이 된다고 밝혔는데, 이는 이전에 설했던 가르침을 폐하는 것이니 『열반경』에 이르길 '오늘부터 제자들이 고기 먹는 걸 허하지 않으니, 자식의 살과 같다는 상으로 관찰하라' 하였다. 時漿者 一切米汁 粉汁 乳 酪 漿 是 諸律並明 魚肉爲時食 此是廢前敎 涅槃云 從今日後 不聽弟子食肉 觀察如子肉想"라고 하였다. [참고

문헌] 『四分律行事鈔』. ⇨시식 時食, 비시식계 非時食戒

폐전담지 癈詮談旨 말을 버리고 뜻을 주고 받다. 『법화현찬』 권7(대정장34, p.794a4)에 "폐전담지는 바로 멸제가 아니기에 『유가사지론』에서도 사제 외에 비안립제라고 설하였다. 癈詮談旨 卽非滅諦 故瑜伽中 四諦之外 說非安立諦", 『법화현찬요집』 권27(卍속장54, p.598b11)에 "넷째 승의승의는 폐전담지라고도 이름하니, 별상이 없어서 안립하지 않을 뿐이니 자내증이기 때문이다. 第四勝義勝義 亦名癈詮談旨 無別相 唯非安立 自內證故", 『백법문답문서초』 권4(국가도서관선본불전27, p.112b8)에 "폐전담지란 진여묘리가 깊고 깊기에 후득지로는 가히 연할 수 없다. 말이 사라지고 생각도 끊어져서 말 길마저 끊어졌기에 오직 참된 성자만이 근본지로 안으로 연할 뿐이다. 癈詮談旨者 謂眞如妙理甚深故以後得智 不可緣 言亡慮絶 言語道斷 唯眞聖者 以根本智內緣之也"라고 하였다. [참고문헌] 『法華玄贊』, 『法華玄贊要集』, 『百法問答聞書抄』. ⇨폐전담지제 廢詮談旨諦, 의전담지 依詮談旨

폐전담지제 廢詮談旨諦 말을 닫아버리고 뜻만을 주고 받을 수 있는 진실. 승의승의제(勝義勝義諦)를 말한다. 『성유식론술기』 권1(대정장43, p.244a17)에 "넷째 폐전담지제란 하나로 실한 여를 말하는데 바탕 묘할 뿐 말을 여의었으므로 이미 승의라 이름하였으며 세속승의는 넘어서기에 다시 승의라고 이름하였다. 四 廢詮談旨諦 謂一實如 體妙離言 已名勝義 過俗勝義 復名勝義", 『대승법원의림장』 권2(대정장45, p.287c10)에 "넷째 승의승의제는 폐전담지제라고도 이름한다. 앞의 세 가지는 안립승의라 이름하고 네 번째 한 가지가 비안립승의다. 四 勝義勝義諦 亦名廢詮談旨諦 前之三種 名安立勝義 第四一種 非安立勝義"라고 하였다. [참고문헌] 『成唯識論述記』, 『大乘法苑義林章』. ⇨승의승의제 勝義勝義諦

폐제희자미생원왕 吠提呬子未生怨王 폐제희의 아들인 아사세왕. 폐제희는 위제희(韋提希 Ⓢ Vaidehī), 그녀의 아들 미생원왕은 아자세(阿闍世 Ⓢ Ajātaśatru)를 가리킨다. 『대비바사론』 권66(대정장27, p.341b10)에 "계경에서 다음처럼 설하신 바와 같다. '폐제희의 아들인 미생원왕은 부처님이 계신 곳으로 가 세존의 두 발에 정례하고 한쪽에 물러나 앉았다. 如契經說 摩揭陀主吠提呬子未生怨王 來詣佛所到已頂禮世尊雙足退坐一面"라고 하였다. [참고문헌] 『大毘婆沙論』. ⇨위제희 韋提希, 아사세 阿闍世

폐지상소 廢紙上疏 최눌(㝡訥 1717~1790) 지음. 『묵암대사시초』 권후(한불전10, pp.22a8~24b7)에 전한다. 전라남도 낙안군에 있었던 징광사(澄光寺)에 부가된 지역(紙役)을 폐지해달라고 청하는 상소다. 징광사가 신라시대에 철감국사(哲鑑國師)에 의해 창건된 이래 국가의 비보(裨補)를 도왔고 병자호란 때 임경업(林慶業)이 의지한 바 있으며 지금 충일당(忠一堂)에 철감국사와 임경업의 초상화를 모셔놓고 있는 등의 사적을 들어 징광사의 사격을 알리고 더하여 종이를 납부하는 역을 맡게 되어 겪게 되는 불교사원의 고통을 13개 조항으로 나누어 언급하였다. 「폐지상소」(한불전10, p.22c3)에 "본 읍에서 천고의 세월동안 민호가 담당한 종이 만드는 역이 백족의 운납의 몸에 더해졌습니다. 아! 발우 하나에 의지하는 생애가 만이나 되는 이들의 무거운 짐을 담당하게 되었으니 태산이 새의 알 위를 누르는 것과 같으니 어찌 위태롭지 않겠습니까. 스님으로서 애통해 함이 이것이 두 번째입니다. 及本邑千古民戶之紙役 加之於白足雲衲之身 嗚呼 以一鉢生涯 當萬夫重擔 其猶壓泰山於鳥卵之上 豈不殆哉 僧之哀痛 此二也"라고 하였다. [참고문헌] 『默庵大師詩抄』. ⇨징광사 澄光寺

폐친 幣覯 객스님에게 보시하는 물품. 『교원청규』 권1(卍속장101, p.706b9)에 "폐친을 갖춤에 마땅히 저 예에 맞아야 하며 가볍게 보아서는 안 된다. 備幣覯當如禮不可輕蔑"라고 하였다. [참고문헌] 『敎苑淸規』.

폐침망찬 廢寢忘餐 잠자는 것도 폐하고 밥 먹는 일도 잊다. 폐침망식(廢寢忘食)이라고도 한다. 『반야심경사관해』 「서문 序文」(卍속장92, p.930a13)에 "대사는 부처를 익히는 이다. 그의 말은 우리 유가와 달랐지만 평생 잠자는 것도 폐하고 밥 먹는 일도 잊어가며 불도를 구하여 말로 보일 수 있는 경지에 이르렀으며, 그 마음씀 또한 우리 유가와 같았다. 師 學佛者也 其言與吾儒殊而生平廢寢忘餐 以求至乎立言之地 其用心 亦與吾儒同", 『기신론찬주』 권상(卍속장71, p.897a11)에 "대승을 배우는 이들은 잠자는 것도 폐하고 밥 먹는 일도 잊어야 한다. 學大乘者 須廢寢忘餐"라고 하였다. [참고문헌] 『般若心經事觀解』, 『起信論纂註』.

폐탑인 閉塔印 탑인(塔印) 중 하나인 무소부지인(無所不至印)은 개탑인(開塔印)과 폐탑인 두 종으로 나누는데, 개탑인이 허심합장하고 좌우수의 대지(大指)를 약간 벌려 서로 붙인 두지(頭指) 윗마디에 붙이는 것과는 달리 대지를 붙여서 닫힌 모양을 취한다. ⇨탑인 塔印, 무소부지인 無所不至印, 개탑인 開塔印

포 包 수행자가 짐을 싸는 것. 『선림상기전』 권30(대장경보편19, p.857b13)에 "포 : 짐을 싸는 법은 청규에 상세하다〈유단 항목에도 간략하게 보인다〉. 包 裝包法

詳淸規〈又畧見油單處〉"라고 하였다. [참고문헌] 『禪林象器箋』. ⇨ 장포법 裝包法, 타포 打包

포 胞 Ⓟ abbuda. 포(疱)와 같다. 『잡아함경』 권49(대정장2, p.357c28 : *Indaka-sutta*, *SN.1*, p.206)에 "그대 세존께서 게송으로 답하셨다. '가라라(Ⓟ kalala)가 처음이 되고, 그 가라라에서 포가 생기며, 그 포에서 육단(Ⓟ pesī)이 생기며, 그 육단에서 견후(Ⓟ ghana)가 생긴다'. 爾時 世尊說偈答言 迦羅邏爲初 迦羅邏生胞 胞生於肉段 肉段生堅厚 paṭhamaṃ kalalaṃ hoti, kalalā hoti abbudaṃ. abbudā jāyate pesī, pesī nibbattati ghano", 원측(圓測)의 『해심밀경소』 권3(卍속장34, p.728a17)에 "대장삼장은 '갈라람은 한역하여 화합이라 하고, 알부담은 한역하여 포라 한다'라고 하였다. 大唐三藏云 羯羅藍此云和合 頞部曇此云胞"라고 하였다. [참고문헌] 『雜阿含經』, 『解深密經疏』, *SN.* ⇨ 포 疱, 태장팔위 胎藏八位

포 疱 물집. 『출요경』 권5(대정장4, p.636c3)에 "중생이 있게 된다는 것은 사대를 연하여 생하고 사대를 연하여 자라나며 사대를 연하여 끝난다. 이들은 무엇인가? 소위 물집에서 생함이 이것이니 모두 전신으로 탐착하고 애미하였기 때문이다. 或有衆生 緣四大生 緣四大長 緣四大終 此何者是 所謂疱生是 皆由前身貪著愛味故"라고 하였다. [참고문헌] 『出曜經』.

포 皰 ❶ Ⓢ arbuda, Ⓣ chu-bur-can. 종기. 사계(邪戒)와 사견(邪見)을 비유했다. 『구사론』 권18(대정장29, p.93c12 : *Abh-k-bh.*, p.262)에 "전후로 포의 쌍전에는 … 법륜승이 파괴되는 일이 없었다. … 정계와 정견에 포가 일어나지 않았을 때에는 반드시 이 두 포가 생겨나 비로소 파괴될 수 있기 때문이다. 初後皰雙前 … 無破法輪僧 … 於正戒見皰未起時 要二皰生方可破故 arbudāt pūrvaṃ yugāc … cakrabhedo na jāyate. … madhye 'py arbudāt pūrvaṃ na bhidyate yāvac chāsane śīlārbudaṃ dṛṣṭyarbudaṃ ca notpannaṃ bhavati", 『구사론기』 권18(대정장41, p.278c15)에 "포는 창포를 말하니 사계와 사견을 두 종기라 한 것이다. 사계란 (제바달다가) 오법을 도라고 한 것을 말하고, 사견이란 부처님의 팔정도를 버려서 도가 아니라 한 것을 말한다. 皰謂瘡皰 邪戒邪見名爲二皰 邪戒謂說五法是道 邪見謂撥佛八正非道"라고 하였다. [참고문헌] 『俱舍論』, 『俱舍論記』, *Abh-k-bh.* ❷ Ⓢ Arbuda, Ⓣ Chu-bur-can. 팔한지옥인 팔한나락가(八寒㮈落迦) 중 하나인 알부다(頞部陀). 『유가사지론』 권4(대정장30, p.294c13 : *Yogā-bh.*, p.74)에 "이 외에 또 여덟 곳 추운 나락가처가 있다. 무엇이 여덟인가? 첫째는 포나락가다. … 이를테면 포나락가에서 생을 받는 유정은 곧 그 땅의 극중하고 광대한 추위 만나 온몸이 오그라드는데, 마치 창포와 같기에 이 나락가를 포나락가라 한다. 此外復有八寒那落迦處 何等爲八 一 皰那落迦 … 謂皰那落迦中受生有情 卽爲彼地極重廣大寒觸所觸 一切身分悉皆卷縮猶如瘡皰 故此那落迦名皰那落迦 teṣām eva … pare nāṣṭau śītanarakasthānāni. tad yathā arbudo … arbudopapannāḥ sattvās tadbhūmikenodāreṇa śītena spṛṣṭā arbudavat sarvāśrayeṇa saṅkocam āpadyante. tasmāc ca sa narako 'rbuda ity ucyate"라고 하였다. [참고문헌] 『瑜伽師地論』, *Yogā-bh.* ⇨ 팔한나락가 八寒㮈落迦 ❸ 태내오위(胎內五位) 또는 태장팔위 중 두 번째. 알부담(頞部曇 Ⓢ arbuda)의 한역. 포(疱)와 같다. 『달마다라선경』 권2(대정장15, p.323a18)에 "분단이란 가라라부터 시작해 차례대로 포·육단·견후·지절·영아·동자로 생겨나는 것을 말한다. 分段者 從迦羅邏 次起皰 肉段 堅厚 肢節 嬰兒 童子"라고 하였다. [참고문헌] 『達摩多羅禪經』. ⇨ 포 疱, 알부담 頞部曇❶, 태내오위 胎內五位, 태장팔위 胎藏八位

포각황금봉록전 抛却黃金捧碌甎 황금 내다 버리고 질그릇 받들다. 『허당어록』 권3(대정장47, p.1005b11)에 "스님 묻기를 '한마디 하든 하지 않든 저 등나무 다른 나무에 기댐과 같으니, 이 뜻은 어떻습니까?' 허당 말하길 '물을 움켜잡으니 달이 손 안에 있고, 꽃놀이에 향 옷에 가득하다' '나무 쓰러져 등나무 시들지만 구는 돌아가 어디에 붙습니까?' '황금 내다버리고 질그릇을 받드는구나'. 僧問 有句無句 如藤倚樹 此意如何 師云 掬水月在手 弄花香滿衣 僧云 樹倒藤枯 句歸何處嚮 師云 抛却黃金捧碌甎"라고 하였다. [참고문헌] 『虛堂語錄』.

포갈국 捕喝國 고대 서역의 나라. 『당서 唐書』 「서역전 西域傳」에서는 포활(布豁)이라 하였다. 수안국(守安國)이라 한역한다. 지금의 우즈베키스탄 도시 부하라(Bukhara)에 비정된다. 『대당서역기』 권1(대정장51, p.871c19)에 "포갈국은 둘레 천육칠백 리이고 동서로 길며 남북으로는 좁다. 토산물과 풍속은 삽말건국과 같다. 이 나라로부터 서쪽으로 사백여 리면 벌지국에 이른다. 捕喝國 周千六七百里 東西長 南北狹 土宜風俗 同颯秣建國 從此國 西四百餘里 至伐地國"라고 하였다. [참고문헌] 『大唐西域記』.

포감 蒲龕 싸서 온기를 유지케 하는 온포(溫蒲). 『선림상기전』 권28(대장경보편19, p.806b10)에 "포감 : 『희수소담선사광록』의 '선방십사 禪房十事' 중 포감에 대한 송에서 '백 번 두르고 천 겹 거듭 싸매도 흑산 안에 앉아 있음을 면할 수 없으니, 고금에 얼마나 많은 눈 먼 이들을 끌어다가 온몸을 풀숲에 들게 하였는가!' 하였다. 포의 뜻은 포단 항목을 보라. 蒲龕 希叟曇禪師廣錄 禪房十事 蒲龕頌云 百币千重包裹 未免黑山裏坐 古今多少生盲 引得全身入草 蒲義 見蒲團處"라고 하였다. 〔참고문헌〕『禪林象器箋』. ⇨ 포단 蒲團

포결 皰結 포(疱)와 같다. 『창소지론』 권2(대정장32, p.232b13)에 "알부담〈이것은 한역하여 포결이라 한다〉. 頞部曇〈此云皰結〉", 『법화경삼대부보주』 권1(卍속장43, p.920b11)에 "아부다 : 알부다라고도 하는데 한역하여 포결이라 한다. 이것은 (탁태 후) 14일째에 굳은 우유에 하나의 종기 같은 응결이 생겨난 것이다. 阿浮陀 亦云頞部陀 此翻爲皰結 此是二七日於凝酪上 生一皰結也"라고 하였다. 〔참고문헌〕『彰所知論』, 『法華經三大部補注』. ⇨ 포 疱, 알부담 頞部曇

포계사 蒲溪寺 고려시대에 창건된 절로, 다만 그 절에 있던 반자(盤子)만이 전한다.

포계사반자 浦溪寺盤子 고려시대 쇠북(반자). 지름 34.0cm. 이화여대박물관 소장. 1202년(태화2) 포계사에서 만든 쇠북이다. 측면에 2개의 고리가 달렸고, 뒷면은 전이 짧고 넓은 공명구가 형성된 반자형 쇠북이다. 고면(鼓面)에는 3개의 동심원으로 4개의 공간을 만들고, 당좌구에는 중심 하나에 여덟 연자와 10엽 연잎을 표현하였다. 중구에 문양없이 여백을 두었고, 외구에는 구름무늬를 새겼다. 측면에는 태화 2년인 1202년 포계사에서 새로운 반자를 만들었는데, 무게는 10근이고 동량은 포계사 주지 저관이고, 서울의 장인 한종수가 만들었다는 명문이 새겨져 있다. 泰和二年壬戌四月日 蒲溪寺新造盤子 重十斤 棟梁同寺住持比丘 著觀 懸排此寺 京良工 韓宗守 〔참고문헌〕『韓國金石全文』中世上 p.939.

포고 布鼓 베로 만든 북. 소리내지 못하는 북이다. 언제나 소리 없이 육근(六根)의 문 앞에 당도해 현전해서 시끄러운 온갖 경들의 비유다. 『조정사원』 권3(卍속장113, p.86a14)에 "포고 : 한대 왕존이 동평상이 되어 왕의 태부에게 이르길 '소리 없는 포고 지니고 뇌문을 향한다오' 하였는데, 설하는 이 말하길 '뇌문은 월나라 회계의 성문이다. 큰 북이 있는데 월에서 치면 소리가 낙양까지 들린다. 포고는 베로 만든 북으로 소리가 안 난다. 무란 소리나지 않음이다' 하였다. 布鼓 漢王尊爲東平相 謂王之太傅曰 毋持布鼓向雷門 說者曰 雷門 越之會稽城門也 有大鼓 越擊之 聲聞洛陽 布鼓 以布爲鼓 無聲也 毋 音無", 『송고연주통집』 권19(卍속장115, p.231b1)에 "바다처럼 깊고 산처럼 굳거늘 모기 등에 공중에서 세찬 바람을 놀리고 개미는 쇠기둥을 흔들려 하는구나. 가리고 택함이여 문 앞에 놓인 소리 없는 북이로다. 〈설두중현(雪竇重顯)의 송〉 似海之深 如山之固 蚊虻弄空裏猛風 螻蟻撼於鐵柱 揀兮擇兮 當軒布鼓 〈雪竇顯〉"라고 하였다. 〔참고문헌〕『祖庭事苑』, 『頌古聯珠通集』.

포고 怖高 Ⓢ trāsatā-māna, trāsa unnati, Ⓣ skrag-dang-dngang. 두려움과 높임(慢). 여실견에는 없는 것이다. 『변중변론』 권하(대정장31, p.475c3 : *Madhy-vibh.*, p.68)에 "염정의 뜻은 모두 얻을 수 없으니, 염정품에는 덜하거나 더함이 없다. 이로써 그중에는 두려움도 내세울 것도 없으니, 여실견에는 두려움도 자랑함도 없다. 마땅히 알라. 이것을 두 가지 뒤집힘이 없는 것이라 한다. 以染淨義 俱不可得 故染淨品無減無增 由此於中無怖無慢 如實知見無怖高者 應知 是名於二無倒 na kasyacit saṃkleśo na vyavadānaṃ ato na saṃkleśa-pakṣe kasyacid dhāniḥ na vyavadāna-pakse kasyacid viśeṣaḥ yatas trāso vā syād unnatir vā-ity ayam atrāse 'n-unnatau ca-aviparyāsaḥ"라고 하였다. 〔참고문헌〕『辯中邊論』, *Madhy-vibh.*

포곤당 布裩襠 베로 만든 잠방이. 『영각원현광록』 권8(卍속장125, p.497b17)에 "한 스님 묻기를 '어느 날 아침 뱀이 포곤당에 든다면 이것은 무슨 시절입니까?' 영각 말하길 '급하다!' 問 一朝蛇入布裩襠 是甚麽時節 師曰 急"라고 하였다. 〔참고문헌〕『永覺元賢廣錄』.

포광 包光 1884~1967. 근세 불교학자. 영수(映遂)의 호다. ⇨ 김영수 金映遂, 영수 映遂

포교 布敎 가르침 널리 펴다. 널리 펴 가르치다. 『불본행경』 권7(대정장4, p.113b19)에 "먼 옛날 매우 힘센 사람들은 우쭐거리며 스스로 대단하다 하면서 답하였다네. '선림에서 전쟁하다가 죽거나 상함에 어찌할 바를 알기 어려웠는데 부처님께서 세간에 널리 가르침 펴셔서 수고로움 없애시고 자만함 없게 하셨으니 어떻게 부처님을 위하지 않고서 위태롭고 취약한 목숨을 사랑한다 하는가!' 往古烈力士 貢高答自大 戰諍於仙林 死傷難呰計 佛布敎世間 除勞滅自大 如何不爲佛 愛危脆命爲", 『출요경』 권23(대정장4, p.732c28)에 "사람에게 예리하고 빠름 있더라도 깨달음이 같지 않으니 혹은 듣고서 스스로 깨닫기도 하고 혹은 모습 보고서 깨닫는 이도 있다. 이 때문에 성인께서는 포교하심에 병 따라 다가가 약을 주심에 헛되지 않으시다. 그중 이근의 무리는 세간을 만 가지로 변하기 때문에 한가지로 대처할 수 없음을 관하고는 위로는 무위를 구하기를 마치 머리 불타듯 한다. 왜 그런가. 저 모든 곳 비어 고요해서 더없이 한가롭고 안락하니 영원히 텅빈 그 끝에 합하여 신을 깨끗이 해 흔들리지 않는다. 人有利疾 俱寤不同 或有聞而自寤 或有覩形而解者 是以聖人 布敎若干 應病適前 投藥不虛 其中利根之徒 觀世萬變 難可同處 上求無爲 如救頭然 所以者何 彼處虛寂 閑靜安樂 永合虛表 澄神不動", 『근본살바다부율섭』 권14(대정장24, p.616c20)에 "칠불세존께서는 포쇄다일이 되면 근기 따라 가르침 펴심에 다소로 같지 않으셨다. 처음엔 여섯 달에 한 번만 청정하게 하는 포살하시어 그 간략히 한 핵심의 가르침 설하셨고, 다음엔 다섯 달 내지 석가여래께서는 반달 반달마다 이 간략히 한 핵심의 가르침 설하셨다. 七佛世尊 褒灑陀日 隨機布敎 多少不同 初則六月 一爲長淨 說其略敎 次則五月 乃至釋迦如來 半月半月 說斯略敎", 『존바수밀보살소집론』 권8(대정장28, p.782a1)에 "또한 색신으로 설법하면 비구는 부처님을 탄하고 법을 탄하며 비구승을 탄한다. 뜻으로 견뎌 참고 마음으로 좋아하고 기뻐하여 늘 멀리 여의지 않으니, 입으로 펼 바 아니다. 마음을 깨끗이 하는 것으로 깨끗함을 삼으니 마땅히 목숨 다해 약속해서 귀의함 받아야 하며, 처음 출가한 사람에게 계율구족을 설하셨다. 본래 지은 바 행법으로 비행을 떠나며, 또한 이에도 미치지 못하고 저에도 머물지 않는다. 이와 같이 점점 가르침 넓히고 이와 같이 점점 짓고, 점점 뭇 일들 서로 도우며, 증상율과 증상의 자취로 해탈하여 계를 설하니, 이와 같이 점점 포교한다. 復次 以色身說法 比丘歎佛 歎法 歎比丘僧 意堪忍 心好喜 常不遠離 不以口所陳 心淨爲淨 當受歸命 亦說初出家人 戒律具足 本所造行去離非行 亦不及此亦不及彼 如是漸漸布敎 如是漸漸而作 漸漸佐助衆事 增上律 增上迹 解脫而說戒 如是漸漸布敎", 『법화현의』 권10(대정장33, p.812c2)에 "성인께서 널리 펴 가르치시니, 각각 돌아가 따를 것 있지만 제가의 가르침 가려 판단함에 하나가 아니다. 어떤 한 이는 이르길 '석가의 일대는 돈점을 벗어나지 않는데, 점에는 칠계오시가 있으니, 세간에서 함께 같이 전함에 이것을 말하지 않음이 없다'라 하였고, 또 이르길 '오시라는 말로 어찌 가히 정해질 수 있겠는가! 다만 쌍림 이전에는 여지가 있는 말씀이었기에 불료의였다면, 열반으로 크게 높이 드러내시니 이렇게 해서 이것으로 요의를 삼으셨다'라고 하였다. 聖人布敎 各有歸從 然諸家判敎非一 一云 釋迦一代 不出頓漸 漸有七階五時 世共同傳 無不言是 又云 五時之言 那可得定 但雙林已前 是有餘不了 涅槃之唱 以之爲了", 『대반열반경현의』 권하(대정장38, p.14a1)에 "마치 저 소가 젖을 냄에 지극함에 이르면 제호이듯이 모든 부처님께서 가르쳐 널리 펴심의 그 끝은 중생이 자성을 보게 하는 견성일 뿐이다. 지금 이 경이야말로 최후의 말씀이셨으니 비유하자면 저 제호라 하겠다. 如牛出乳 極至醍醐 諸佛布敎 極於見性 今經是最後之說 喩彼醍醐", 『자기산보문』 「찬삼보편 讚三寶篇」에 "대개 듣자 하니, 아득해 막막하고 끝도 없이 파도칠 뿐인 바다에서 그 누가 건져 제도하겠으며, 한없이 어둡고 캄캄한 방에 그 누가 등불을 켜겠는가! 우리의 크신 성인이시며 깨우치신 황제께서 자비를 드리우시고 그 모습 나투셨으니 가르침의 그물 널리 펴시고 손잡아 건지셨다. 법계 중에 갈 길 가리켜 더없이 환하게 비추셨다네. 진실의 수레 이미 방편의 문을 열어 드디어 닦아 갈 길 여셨다. 이렇기에 녹원에서 말씀하시어 작은 길 가던 교진여 등 깨우치시기 시작하시어 학림에서 그 교화 마치셨다. 일승의 가르침 가섭에게 맡기셨기에 그로부터 법의 구름 법의 비는 군생들 남김없이 적셔 물들이셨다. 盖聞 渺渺洪波 誰爲濟渡 昏昏暗室 孰作明燈 我大聖覺隍 垂慈現相 布敎網而撈攏 法界指要路而顯煥 眞乘旣開 方便之門 遂啓修行之路 是以 初談鹿苑 明小道於憍陳 終化鶴林 付一乘於迦葉 良由 法雲法雨 俱霑洽於群生", 유몽인(柳夢寅)의 『어우집』 권5 「가야산팔만대장경전상량문 伽倻山八萬大藏經殿上樑文」(한국문집총간63, p.426b6)에 "이백년 태평의 때에 선풍 때맞춰 일어나 진작하였고, 팔만대장경의 보전 날 지기도 전에 완성되었네. 승속이 가지런히 기뻐하고 산도 물도 그 빛깔 움직였네. 깊이 살펴 생각하니 칠조께서 가르침 펴신 것을 양종에서 받들어 유통하였네. 二百年泰平禪風應時而作 八萬大藏經寶殿不日以成 僧俗齊懽 山河動色 竊以七祖布敎 兩宗承流"라고 하였다. 〔참고문헌〕『佛本行經』, 『出曜經』, 『根本薩婆多部律攝』, 『尊婆須蜜菩薩所集論』, 『法華玄義』, 『大般涅槃經玄義』, 『仔夔刪補文』, 『於于集』. ⇨ 유통 流通, 전법 傳法

포교당 布敎堂 가르침 널리 펴기 위해 건립한 공간. 수행대중이 머무는 산사와 달리 대중들이 많이 모일 수 있는 곳에 설치하였으며, 19세기 초 시작되었다. 『조계고승전』 「조계종사경명선사전 曹溪宗師景溟禪師傳」(한불전12, p.417c2)에 "본래 함평인이었는데 영광군 기동리에 살았다. 성은 강씨로 아버지는 재평이고 어머니는 주씨에 태민이시다. 함풍 8년 무오(1858) 12월 3일에 났다. … 을묘 어느 봄날 벌교포교당에서 연을 따라 천화하였다. 本咸平人 靈光郡基東里寓居 姓姜 父在平 母朱氏 名泰敏 咸豊八年戊午 十二月三日生 … 乙卯春赴筏橋布敎堂 隨緣說化", 같은 책 「조계종석호선사전 曹溪宗錫虎禪師傳」(한불전12, p.424a17)에 "법명은 형순이고 호는 석호다. 속성은 임씨고 아버지의 휘는 환상이고 어머니는 □씨다. 명치 20년 정해(1887) 10월 2일 곡성군 석곡면 온수리에서 태어났다. … 대정 13년 갑자(1924)에 벌교포 불교포교사와 사립송명학관장을 겸했다. 法名炯珣 號錫虎也 俗姓林氏 父諱煥相 母□氏 明治二十年丁亥 十月二日 生於谷城郡石谷面溫水里 … 十三年甲子 筏橋浦佛教布教師私立松明學舘長兼行"라고 하였다. 〔참고문헌〕『曹溪高僧傳』. ⇨ 교당 教堂

포구 包鉤 비구들이 유행할 때 짐 보따리를 멜 수 있게 만든 갈고리. 『선림상기전』 권30(대장경보편19, p.858a7)에 "포구 : 『칙수청규』 「장포 裝包」에 이르길 '짐 보따리를 작은 자물쇠로 잠그고 포구를 그 위에 매단다' 하였는데, 푸는 이 말하길 '짐 보따리 위에 갈고리를 매단다란, 도처에서 의지하여 머물 때면 갈고리로 의발대를 괘탑한다' 하였다. 도충이 말한다. '포구란 짐을 몸에 편하게 메기 위한 도구이지 반드시 괘탑으로 쓰는 것은 아니다'. 包鉤 敕修淸規 裝包云 包用小鎖鎖之 仍繫包鉤於上 解者曰 包上繫鉤者 到處若依住 則以鉤掛搭衣鉢袋也 忠曰 包鉤者 蓋便裝包於身之具 非必掛搭之用也"라고 하였다. 〔참고문헌〕『禪林象器箋』.

포구조곤경조득개하 拋鉤釣鯤鯨釣得箇蝦 낚싯바늘 던져 곤(鯤)이나 고래를 낚으려 했으나 걸린 것은 개구리라네. 『벽암록』 91칙 「송평창 頌評唱」(대정장48, p.216a15)에 "설두 다시 말하길 '청풍이 다시 불어와 뿔 다시 생겨나길 바란다면〈사람사람마다 무소뿔 부채 갖고 있어 십이시중 온전히 그 힘 얻는데, 어째서 물어보면 모두 알지 못할까? 말해 얻을 수 있는가?〉 雪竇復云 若要淸風再復 頭角重生〈人人有箇犀牛扇子 十二時中 全得他力 因什麽問着總不知還道得麽〉", "선객들에게 각자 일전어 내리기를 청하겠으니〈염관이 아직 있구나. 세 번 굴러 마쳤군〉, 묻겠노라. 「부채 이미 부서졌으니, 나에게 무소 데려오거라」〈한 개든 반 개든 있겠군. 돌! 선상을 밀어 뒤집기에 딱 좋군〉'. 請禪客各下一轉語〈鹽官猶在 三轉了也〉 問云 扇子旣破 還我犀牛兒來〈也有一箇半箇 咄 也好推倒禪床〉", "이때 한 스님 나와 말하길 '대중은 승당으로 들어가시오!〈도둑이 달아난 후에 화살을 당겼군. 창을 뺏겨 버렸다. 앞으로 가도 마을을 만나지 못하고 뒤로 되돌아가도 객점에 이르지 못하리〉'. 時有僧出云 大衆參堂去〈賊過後張弓 被奪却槍 前不搆村 後不迭店〉", "설두 할하며 이르길 '낚싯바늘을 던져 곤이나 고래를 낚으려 했건만, 걸린 것은 개구리로구나' 한 다음 법좌에서 내려왔다. 雪竇喝云 拋鉤釣鯤鯨 釣得箇蝦蟆 便下座", 『고림청무어록』 권1(卍속장123, p.414a12)에 "상당하여 들기를 '운문 말하길 「물을 줄 아는 이 있다면 물음 하나 내놓아 보거라」. 한 스님 나와 절 올리고 말하길 「스님의 감정 청합니다」 운문 이르길 「낚싯바늘을 던져 곤이나 고래를 낚으려 했건만 걸린 것은 개구리로구나」'. 上堂 擧 雲門云 有解問話者 置將一問來 僧出禮拜云 請師鑑 門云 拋鉤釣鯤鯨 釣得箇蝦蟆", "고림 이르길 '운문이 비록 토끼 보고 매를 풀었지만 점검해 보면 손해가 적지 않았으니, 산승이라면 그러지 않겠다. 물을 줄 아는 이 있다면 물음 하나 내놓아 보거라. 만약 어떤 스님 나온다면 곧바로 그에게 말하리라. '삼생육십겁이다' 師云 雲門雖則見兎放鷹 撿點將來 失利不少 山僧卽不然 有解問話者 置將一問來 若有僧出 卽向它道 三生六十劫"라고 하였다. 〔참고문헌〕『碧巖錄』, 『古林淸茂語錄』.

포군 布裙 베로 된 속옷. 『선원청규』 권4(卍속장111, p.897a8)에 "갈 때 포군을 써서 먼지에 물듦 없기를 바란다. 磨用布裙 庶免塵汚"라고 하였다. 〔참고문헌〕『禪苑淸規』.

포근 抱根 조선후기 금어(金魚). 18세기 중반에 경상도 양산・울산 등 지역에서 활동하였다. 1734년(영조10)에 수화승 임한(任閑)과 함께 양산 통도사(通度寺) 영산전 「석가모니후불탱」을 그렸고, 1736년(영조12)에 단독으로 통도사 「오계수호신장번 五戒守護神將幡」 제3계를 그렸으며 수화승 임한과 함께 울산 석남(石南寺) 「석가여래후불탱」도 그렸다. 1744년(영조20)에 고성 옥천사(玉泉寺)에서 수화승 효안(曉岸)과 함께 「영산회상탱」・「지장탱」 및 「시왕탱」 등을 그렸다. 〔참고문헌〕『韓國의 佛畫』 권3 pp.230~231.

포금 布金 금을 펴서 깔다. 수달장자가 기원정사의 터를 사기 위해 금을 땅에 깔아 산 뒤 승가에 드렸다. 『선원청규』 권9(卍속장111, p.927a16)에 "무릇 도는 홀로 움직이지 않는다. 이끄는 것은 사람으로 말미암는다. 청정총림을 이루고자 한다면 가히 세행을 버려서는 안 된다. 하물며 금 펴서 깔은 선불장 중에 이미 출가해 참여한 것은 더 말해 무엇 하겠는가! 마땅히 깊이 경사스럽고 다행이라 여겨야 한다. 이제 여기서 가르쳐 보이기 위해 대략 3장을 들고자 하니, 잘 의지하여 행한다면 비로소 부처의 자식이 되리라. 夫道不孤運 引之由人 欲成淸淨叢林 不可遺於細行 而況布金地上 選佛場中 旣預出家 宜深慶幸 今玆敎示 略擧三章 若善依行 方爲佛子"라고 하였다. 〔참고문헌〕『禪苑淸規』. ⇨ 수달포금매지 須達布金買地, 장자포금 長者布金

포날아라 布捺諾羅 Ⓢ pudgala의 음사어. 보특가라(補特伽羅)를 말한다. 『중허마하제경』 권10(대정장3, p.963c29)에 "비구들이여! 나에겐 이와 같은 지견이 있기에 능히 아상・인상・중생상・수자상・포날아라상・마나바가상 내지 주재하거나 받들어 모시는 상과 모든 지은 바 선악의 인과를 알지 못함이 없으며, 이 온을 버리고서 다시 다른 온으로 가는 이와 같은 등의 일 또한 있다고 할 만한 것이라고는 없다. 諸苾芻 我有如是知見 非不能知我相 人相 衆生相 壽者相 布捺諾羅相 摩

拏噓迦相 乃至主宰承事等相 或諸所作善惡因果 捨此蘊已復趣他蘊 如是等事 亦無所有"라고 하였다. 〔참고문헌〕『衆許摩訶帝經』. ⇨ 보특가라 補特伽羅

포납 布衲 베로 만든 누더기. 또는 이를 입은 스님. 『운문광록』 권하(대정장47, p.573b22)에 "운문이 설봉에 있을 때 한 스님 설봉에게 묻기를 '무엇이 「눈에 닿아도 도를 알지 못하니 발 움직여 걸어간들 어찌 길을 알겠는가?」입니까?' '하늘이시여! 하늘이시여!' 이 스님 알아듣지 못하고 마침내 운문에게 묻기를 '하늘의 뜻은 무엇입니까?' '세 근 마와 한 필의 베다' '모르겠습니다' '다시 세 척의 대나무나 받들어라'. 후에 설봉이 듣고 기뻐하며 말하길 '나는 늘 이 포납을 보통내기가 아니라 여기고 있었다'. 師在雪峯時 有僧問雪峯 如何是觸目不會道 運足焉知路 峯云 蒼天 蒼天 僧不明 遂問師 蒼天意旨如何 師云 三斤麻 一匹布 僧云 不會 師云 更奉三尺竹 後雪峯聞 喜云 我常疑箇布衲", 『설두어록』 권1(대정장47, p.672c22)에 "설두 들기를 '귀종이 김 매던 차에 한 마리 뱀을 보자 호미로 끊어 죽였다. 한 스님 보고 문득 말하길 「오랫동안 귀종을 흠모해 왔건만 원래 추행사문이었군요」 「그대가 거친가, 내가 거친가?」 후에 설봉이 덕산에게 묻기를 「고인이 뱀을 죽인 뜻은 무엇입니까?」 덕산 문득 때리자 설봉 문득 달아났다. 덕산이 「포납!」하고 부름에 설봉이 고개 돌리자 덕산 이르길 「훗날 깨닫거든 비로소 이 노인의 철저한 노파심을 알걸세」'. 擧歸宗鋤草次 見一條蛇 以鋤斬之 僧見便問 久響歸宗 元來是箇麤行沙門 宗云 爾麤 我麤 後雪峯問德山 古人斬蛇意旨如何 德山便打 雪峯便走 德山召云 布衲 雪峯迴首 德山云 他後悟去 方知老漢徹底老婆心", 『종용록』 53칙 「본칙평창 本則評唱」(대정장48, p.260c24)에 "석문온총 이르길 '황벽의 수시는 굉장히 기특했지만, 포납이나 걸치고 화두 끌고 당긴다면 한쪽 눈 잃고 말리라'. 石門聰云 黃蘗垂示 不妨奇特 纔被布衲挨拶 失却一隻眼", 『경덕전등록』 권18 「현사사비전 玄沙師備傳」(대정장51, p.343c29)에 "당 함통 초년에 막 서른이었는데 문득 출가를 원하여 고깃배 버리고 부용산의 영훈선사를 찾아가 출가하였으며 예장 개원사의 도현율사에게 가 구족계 받았다. 누더기 입고 짚신 신었으며 숨 쉴 수 있을 만큼만 먹으면서 늘 종일 연좌하였기에 대중이 모두 다르다고 여겼다. 唐咸通初年 甫三十 忽慕出塵 乃棄釣舟投芙蓉山靈訓禪師落髮 往豫章開元寺道玄律師受具 布衲芒屨 食才接氣 常終日宴坐 衆皆異之"라고 하였다. 〔참고문헌〕『雲門廣錄』, 『雪竇語錄』, 『從容錄』, 『景德傳燈錄』.

포니아갈 布儞阿喝 Ⓢ pūti-agada의 음사어. 약으로 쓰는 대소변. 부란약(腐爛藥)·진기약(陳棄藥) 등으로 한역한다. 『사분율개종기』 권7(卍속장67, p.20b3)에 "서방 범승들은 모두 청결하기에 만약 이 배설물을 먹는다면 대중이 받아들이지 않을 것이며, 또 외도들이 듣는다면 극히 비웃으며 헐뜯으리라. 고로 지금 바르게 푸니잔기약이라 하는데 범어로 포니아갈〈부란식약이라 한역한다〉이며 바로 버리는 물이다. 고로 『오분율』 권16에 잔기약이라 하였다. 西方梵僧 並皆淸潔 若有食玆穢汙 衆所不容 又若外道等聞 極生笑謗 故今正解 謂是殘弃藥 梵云 布儞阿喝〈此云 腐爛食藥〉 卽是所棄之物 故五分第十六云 殘棄藥"라고 하였다. 〔참고문헌〕『四分律開宗記』. ⇨ 부란약 腐爛藥, 진기약 陳棄藥

포다라 逋多羅 Ⓢ Potalaka의 음사어. 보타락가(補陀落迦)라고 한다. 관세음보살의 주처로 널리 알려진 곳이다. 『불공견삭주경』(대정장20, p.399a6)에 "이와 같이 나는 들었다. 한때 바가바께서 포다라산 정상 관세음궁전을 거처로 삼았다. 如是我聞 一時 婆伽婆在逋多羅山頂觀世音宮殿所居之處", 『화엄경탐현기』 권19(대정장35, p.471c3)에 "광명산이란 저 산에 나무와 꽃들 늘 빛나서 대비의 광명인 보문시현의 관세음보살을 상징한다. 이 산은 남인도 남쪽에 있는데 천축에서의 본명은 포다라산이다. 이것의 바른 한역어는 없으며, 의역하면 작은 나무들 가득 덮여 장엄한 산이다. 또 『십일면경』을 이 산에서 설하였다. 光明山者 彼山樹花 常有光明 表大悲光明 普門示現 此山在南印度南邊 天竺本名 逋多羅山 此無正翻 以義譯之 名小樹蔓莊嚴山 又十一面經 在此山說"라고 하였다. 〔참고문헌〕『不空羂索咒經』, 『華嚴經探玄記』. ⇨ 보타락가 補陀落迦

포다리자 布多梨子 부처님 재세 시 범지(梵志) 이름. 포리다거사(晡利多居士 Ⓟ Potaliya gahapati)다. 『십주비바사론』 권11(대정장26, p.80c19)에 "분별해서 답한다(Ⓢ vibhajya-vyākaraṇa : 分別起)란, 포다리자 범지가 사마제(Ⓢ Saṃṛddhi : 三彌提)에게 '어떤 사람이 고의로 신구의업을 지으면 어떤 과보를 받습니까'라고 묻자 사마제가 정해 말했으니 '어떤 사람이 신구의로 고의로 업을 지으면 고뇌보를 받습니다'라고 답한 것과 같다. 分別答者 如布多梨子梵志問娑摩提 有人故作身口意業 受何等果報 娑摩提定答 有人以身口意故作業受苦惱報"라고 하였다. 〔참고문헌〕『十住毘婆沙論』. ⇨ 포리다거사 晡利多居士, 분별기 分別起

포다외도 餔多外道 도회외도와 같은 말. 『자은전』 권4(대정장50, p.245a24)에 "저 포다외도·이계외도·누만외도·수징가외도와 같은 네 류는 모양새와 옷입음이 같지 않으며, 수론외도〈구역에 승거라 함〉·승론외도〈구역에 위세사라 함〉 이 두 가는 세운 뜻도 다르다. 포다의 무리는 재를 몸에 바르는 것을 수도로 여기는데 온몸이 창백하여 아궁이에 웅크린 고양이 같다. 如餔多外道 離繫外道 髏鬘外道 殊徵伽外道 四種形服不同 數論外道〈舊曰僧佉〉 勝論外道〈舊曰 衛世師也〉 二家立義有別 餔多之輩以灰塗體 用爲修道 遍身艾白 猶寢竈之猫狸"라고 하였다. [참고문헌]『慈恩傳』. ⇨ 도회외도 塗灰外道

포단 蒲團 좌선 때 깔고 앉는 자리. 지역에 따라 풀로 엮거나 면포로 만든다. 『임제록』(대정장47, p.504b5)에 "용아 후에 취미에게 가 묻기를 '무엇이 조사가 서쪽에서 온 뜻입니까?' 취미 말하길 '나에게 포단이나 주거라'. 용아 문득 포단을 취미에게 건네자 취미 받자마자 문득 때렸다. 용아 말하길 '때린다면 때리는 대로 놔두겠지만, 어쨌든 조사의 뜻은 없군요'. 牙後到翠微問 如何是祖師西來意 微云 與我過蒲團來 牙便過蒲團與翠微 翠微接得便打 牙云 打卽任打 要且無祖師意", 『종감법림』 권62(卍속장116, p.784a10)에 "학인이 조산에게 물었다. '포단에 단정히 앉아 있을 때는 어떻습니까?' '우러러 보기만 하니 몸을 보지 못한다' '여전히 용을 빌린 것입니까?' '겨우 앉았다 할 때 바로 용이다. 산을 옮기고 바다를 메우며 선을 말하고 도를 설해야만 용이 되는 것은 아니다'. 曹山因僧問 端坐蒲團時如何 師曰 望不見身 曰 還假用也無 師曰 纔說坐時 便是用也 不可移山塞海 說禪說道 方爲用也", 『시시호념불』(卍속장110, p.324b13)에 "새벽 인시에는 염불하며 정신을 집중해야 하니, 고요히 좌단에 앉아있으면 하늘이 얼마 후 이미 밝아온다네. 寅時念佛要留神 靜坐蒲團天已明", 『선림상기전』 권28(대장경보편19, p.807a4)에 "포단 : 도충 말하길 '앉는 물건 부들을 엮어 만드는데 그 모양 둥글기에 포단이라 한다. 일본에선 속칭 면단이라 하는데 포단의 뜻을 크게 잃었다. 『비아』에 이르길 「포는 수초다. 골풀과 비슷하여 가늘며 등줄기가 있다. 물가에 나며 부드럽고 매끄럽고 따뜻해서 가히 자리로 쓸 수 있다」 하였다'. 蒲團 忠曰 坐物 以蒲編造 其形團圓 故言蒲團 和俗稱眠單 爲蒲團大失義 埤雅云 蒲 水草也 似莞而褊 有脊 生於水厓 柔滑而溫 可以爲席", "『영평청규』「변도법」에 이르길 '포시에 차의를 입고 승당에 들어가 단위로 간 다음 포단을 꺼내어 좌선에 쓰는데 단을 펴지는 않는다' 하였다. 도충 말하길 '단은 면단을 말하니, 가히 포단과 면단은 다른 물임을 알 수 있다'. 永平淸規 辨道法云 晡時 衩衣入堂 就單位 出蒲團而用坐禪 未展單矣 忠曰 單 謂眠單 可知蒲團眠單二物也"라고 하였다. [참고문헌]『臨濟錄』, 『宗鑑法林』, 『時時好念佛』, 『禪林象器箋』.

포단나 布單那 Ⓢ pūtana의 음사어. 복이 가장 뛰어난 아귀. 포달나(布怛那)·부타나(富陀那)라고도 한다. 『수호대천국토경』 권하(대정장19, p.591b11)에 "포단나는 모습이 저 앵무와 같다. 布單那者 形如鸚鵡", 『교적의기』 권하(대정장39, p.1035a26)에 "포단나는 냄새나는 것 또는 열병귀라 한역한다. 布單那者 此云 臭惡 亦云 熱病鬼", 『일체경음의』 권12(대정장54, p.381c14)에 "포단나〈범어로 귀 이름이다. 부단나 혹은 부타나라고도 하는데 모두 잘못 줄여서 바르지 않다. 취예라고 한역한다. 비록 몸에서 냄새나고 더럽지만 아귀 중 복이 가장 뛰어난 이다〉. 布單那〈梵語鬼名也 或名 富單那 或云 富陀那 皆訛略不正也 此言 臭穢 雖身形臭穢 是餓鬼中福之最勝者〉", 『불정존승다라니경석』(卍속장92, p.154a16)에 "포단나〈냄새나는 아귀라고 한역한다〉. 布單那〈此云 臭餓鬼〉", 『대보적경』 권36(대정장11, p.205b18)에 "빛을 놓아 불토 비추고 모든 산의 왕을 비추며 세존께서 신통을 나투시어 법 즐기는 이들 제도하시니, 제천·용·사람과 구반다아귀·포달나 등의 무리 서로 만나도 장애 없다네. 放光照佛土 幷耀諸山王 世尊現神通 濟度樂法者 諸天龍及人 鳩槃荼餓鬼 布怛那等衆 互相見無障", 『육도가타경』(대정장17, p.453c5)에 "남의 보시의 복을 가로막고 음식을 훔치면 포달나에 떨어지니 굶주리고 비어 아귀 된다네. 障他布施福 偸盜於飮食 墮在布怛那 飢虛爲餓鬼", 『일체경음의』 권21(중화장57, p.66a10)에 "포달나 : (가운데는) 도와 달을 반절한 음이다. 구역에 부단나 혹은 부다나라고 하였는데 의역하여 취라고 하지만, 아귀 중 뛰어난 이다. 布怛郍 都達反 舊云 富單郍 或作 富多郍 此義言臭 是餓鬼中勝者也"라고 하였다. [참고문헌]『守護大千國土經』, 『教跡義記』, 『一切經音義』, 『佛頂尊勝陀羅尼經釋』, 『大寶積經』, 『六道伽陀經』, *Mmayu.1.* ⇨ 부타나 富陀那

포달락가산 布咀洛迦山 Ⓢ Potalaka. 포달락가산(布咀落迦山), 보달락가산(補怛洛迦山), 보타락산(補陀洛山)이라고도 한다. 남인도 바닷가의 남쪽에 있는 산. 관세음보살의 주처로 전승되는 곳이다. 『대당서역기』 권10(대정장51, p.932a14)에 "말랄야산(Ⓢ Malaya) 동쪽에 포달락가산이 있다. 산길이 위험하고 바위의 골짜기가 기이하게 기울어져 있다. 산정상에 연못이 있는데 물이 거울같이 맑으며, (그 물이) 흘러나와 대하로 가는데 주위의 산을 20번 돌아 흘러서 남해로 들어간다. 연못 옆에 돌로 지은 천궁이 있는데 관자재보살이 와서 노니는 정사다. 秣剌耶山東有布呾洛迦山 山徑危險 巖谷敧傾 山頂有池 其水澄鏡 流出大河 周流繞山二十匝 入南海 池側有石天宮 觀自在菩薩往來遊舍", 『보타락가신지』 권1에 "화엄경 말회에 비슬지라 거사가 선재동자에게 말했다. '남쪽에 산이 있는데 보달락가라고 하고 보살이 계시는데 이름은 관자재다'. 현장이 적기를 포달락가라 하였다. 남인도 말라구타국의 남쪽에 있는 말랄야산의 동쪽이라 했는데 말한 것과 뜻이 명백하게 이와 같으니 지금 정해현 동해 중에 보타산이 있는데, 또한 곧 보달락가라고 여겨진다. 관자재보살이 법을 설하는 곳이라고 이 산지에 적혀있다. 華嚴末會 鞞瑟胝羅居士告善財言 南方有山 名補怛洛迦 有菩薩名觀自在 奘師所記 爲布呾洛迦 在南印度 秣羅矩吒國之南 秣剌邪山之東 道里明白如此 乃今定海縣東海中 有普陀山 亦以爲卽補怛洛迦觀自在菩薩說法之處 著之山志"라고 하였다. 〔참고문헌〕『大唐西域記』, 『普陀洛迦新志』(『中國佛寺史志彙刊』10, 1985) p.3a6. ⇨ 보타락가 補陀洛迦, 보타산 普陀山, 관자재보살 觀自在菩薩, 포다라 逋多羅

포대 布俗 ❶ 물건을 넣는 자루. 요즈음 걸망이라고 부르며 수행자의 살림살이를 상징하기도 한다. 『삼국유사』 권4(대정장49, p.1004a6 · 한불전6, p.344a16) 의해(義解)5 양지사석(良志使錫)에 "석장 끝에 포대 하나 매달면 석장이 저절로 날아서 단월의 집에 이르렀다. 錫杖頭掛一布俗 錫自飛至檀越家", 『운외운수어록』(卍속장124, p.995b15)에 "하안거 마치는 날 법좌에 올랐다. '시비의 소굴을 쓸어없애고, 갈등해 드러내 퍼뜨리는 문자는 끊어 버려라! 오늘 포대 풀어헤쳐 놓아버려서 동으로 서로 떠날 필요 없다. 주장자도 꺾어버리고 이곳에 머물라. 왜 그런가? 벽안의 호승(달마)은 9년 동안 면벽하면서 심장과 간담 녹아서 무쇠처럼 한덩어리였다'. 解夏 上堂 蕩盡是非窠窟 截斷葛藤露布 今日放開布俗 不要東去西去 拗折拄杖 向者裏住 何故 碧眼胡僧坐九季 心膽渾如生鐵鑄"라고 하였다. 〔참고문헌〕『三國遺事』, 『雲外雲岫語錄』. ❷ 계차(契此)의 별명. 포대(布袋)라고도 쓴다. 『개복도녕어록』 권상(卍속장120, p.464a5)에 "포대는 어리석었고 풍간은 요설을 부렸다. 관음대비의 천안으로 찾아도 자취가 없으니, 체는 묘하고 텅비어 그윽해 깊어 백비를 끊었다. 布俗癡憨 豐干饒舌 大悲千眼覓無蹤 體妙虛玄百非絶"라고 하였다. 〔참고문헌〕『開福道寧語錄』. ⇨ 계차 契此, 포대화상 布袋和尙

포대걸전 布袋乞錢 포대화상(布袋和尙)이 돈을 빌다. 『선원몽구요림』 권상(卍속장148, p.196b16)에 "포대걸전〈『경덕전등록』 권27과 『불조통기』에 전이 있음〉: … 한 스님이 포대화상 앞을 지나가고 있을 때였다. 포대화상 이에 그 스님의 등을 한 번 어루만지자 스님 고개 돌렸다. 포대화상 말하길 '나에게 한 푼만 주시오' '제대로 말한다면 그대에게 한 푼을 주겠소'. 그러자 포대화상 포대를 내려놓고는 차수한 채 서 있었다. 布袋乞錢〈傳燈二十七佛祖統紀有傳〉 … 有一僧在師前行 師乃拊背一下 僧回頭 師曰 乞我一文錢 曰 道得卽與汝一文 師放下布囊叉手而立"라고 하였다. 〔참고문헌〕『禪苑蒙求瑤林』.

포대낙백 布袋落魄 포대화상 정신 나간 듯하다. 『선원몽구요림』 권중(卍속장148, p.256a17)에 "포대낙백〈『오등회원』 권2〉: 다듬고 덧붙여 말한다. '음광은 겁을 말할 정도로 좌선하는데, 포대는 해만 지나도 정신 나간 듯하구나. 부스럼 딱지투성이인 개조차도 하늘에 나기를 바라지 않으니 도리어 구름 위를 나는 백학을 비웃는구나'. 布袋落魄〈會元二〉 和補曰 飮光論刦坐禪 布袋經年落魄 疥狗不願生天 却笑雲中白鶴"라고 하였다. 〔참고문헌〕『禪苑蒙求瑤林』.

포대리성추자 布袋裏盛錐子 포대 안에 송곳날 서 있다. 끝내 숨기지 못할 것의 비유다. 『양기어록』(대정장47, p.641c13)에 "양기 상당하여 말하길 '날이 갑자기 개어 물정 상쾌하고 편안하니 걸음 옮기려 하면 천이나 되는 몸의 미륵이요 움직여 쓰고자 함에 곳 따라 석가로다. 문수와 보현이 모두 여기에 있으니, 대중 가운데 남에게 속지 않는 이 있다면 문득 말하라. 내(雲蓋)가 밀기울 섞어 밀가루 팔겠다. 비록 이렇지만 포대 안에 송곳 가득하리'. 上堂 景色乍晴 物情舒泰 擧步也千身彌勒 動用也隨處釋迦 文殊普賢 總在者裏 衆中有不受人瞞底 便道 雲蓋和麩糶麵 然雖如是 布袋裏盛錐子", 『설두어록』 권1(대정장47, p.676b17)에 "설두 상당하여 말하길 '포대 안에 송곳날 서 있다면 고개 내밀지 않아야 고수다'. 다시 말하길 '대중이여! 설두라는 송곳이 고개 내밀었는데, 곁에서 그렇다 할 수 없어 나설 선객은 없는가?' 잠시 뒤 말하길 '모두들 이미 고개 움츠리고 있었으니 어쨌든 제방으로 점검받길 허하노라'. 上堂云 布袋裏盛錐子 不出頭是好手 復云 大衆 雪竇錐頭出也 莫有傍不肯底禪客出來 良久云 諸人旣乃縮頭 且聽諸方檢責"라고 하였다. 〔참고문헌〕『楊岐語錄』, 『雪竇語錄』.

포대성오구 布袋盛烏龜 포대 안에 거북이 꿈틀거리다. 『송고연주통집』 권37(卍속장115, p.465a11)에 "양주 석문소원선사〈석문혜철의 사법제자〉. 한 스님 묻길 '무엇이 조사가 서쪽에서 온 뜻입니까?' 석문 말하길 '포대 안에 거북이 꿈틀거린다'. 襄州石門紹遠禪師〈嗣石門徹〉 僧問 如何是祖師西來意 師曰 布袋盛烏龜", "찢고 나와 사람을 놀라게 하는 한마디 포대 안의 거북이 꿈틀거린다. 납승은 잘못 알지 말아야 하니 흑두 아직 나기 전이다. 〈동산효총(洞山曉聰)의 송〉 剖出驚人句 布袋裏烏龜 衲僧莫錯會 黑豆未生時 〈洞山聰〉"라고 하였다. 〔참고문헌〕『頌古聯珠通集』. ⇨ 포대리성추자 布袋裏盛錐子

포대송 布袋頌 포대화상(布袋和尙) 계차(契此 ?~916)를 읊은 송. 영징상좌(靈澄上座) 등이 지은 송이 전하며, 고려 때 이자현(李資玄)도 같은 제목의 송을 남겼다고 하나 전하지 않는다. 또는 포대를 베고 노숙했던 포대화상의 행적을 소재로 한 송이기도 하다. 『천성광등록』 권22 「영징상좌장」(卍속장135, p.826a3)에 "포대송 : 미륵(포대화상)의 짒신 비록 한 짝이지만, 실도 삼베도 바늘도 필요없는 새것이라네. 서토의 호승(달마)에게 엮이자마자, 총령에 다시 발자국 남겼다네. 서로 전하길 모두들 기특하다 떠벌리지만, 내가 보기로는 기력만 허비한 꼴이라네. 후인들이 가문을 잇지 않은 탓에, 지금에 이르도록 짚신 나뉘고 쪼갠다. 布袋頌 彌勒鞋雖一隻 非是絲麻針刺 剛被西土胡僧 葱嶺更留蹤跡 相傳盡誇奇特 若約余觀費力 後人不紹家門 直至如今分析", 『송고연주통집』 권38(卍속장115, p.478a9)에 "자명에게 학인이 물었다. '시끄러운 저자에서 고요한 때 찾는 일 무엇인지요?' '포대 베고 누었다'. 송으로 읊는다. '포대 베고 편히 잠들며 자유로우니, 저들 인물 시끄럽게 재잘대건 말건 그냥 두리라. 거친 옷과 조악한 음식은 더구나 괘념치 않으니, 동쪽에서 해가 뜨는 일 뉘라서 상관하랴!' 〈海印超信信〉'. 慈明因僧問 鬧中取靜時如何 師曰 頭枕布袋 頌曰 枕袋安眠得自由 任他人物鬧啾啾 麤衣糲食尤無念 誰管扶桑日出頭 〈海印信〉", 『천은어록』 권9(가흥장25, p.564b2)에 "시끄러운 저자에서 고요함 찾아도 여전히 속속들이 다 밝히진 못하리니, 포대에 머리 베고 잔들 어떤 일이 그다지 분명하랴? 소 타고 다시 소 발자국 찾아 나서니, 산승과 마주치면 한 방 맞기 좋은 일일세. 鬧中取靜 猶未徹困 布袋枕頭 那事有分 騎牛更去覓牛蹤 撞著山僧好一頓"라고 하였다. 〔참고문헌〕『天聖廣燈錄』, 『頌古聯珠通集』, 『天隱語錄』. ⇨ 계차 契此, 포대화상찬 布袋和尙贊

포대염과 布袋拈果 포대화상 과일을 집어 들다. 『선원몽구요림』 권하(卍속장148, p.271b17)에 "포대염과〈『경덕전등록』 권27〉 : 포대화상 사거리에 서 있었다. 한 스님 묻길 '뭐하는 겁니까?' 포대 이르길 '기다리던 사람이로군' '왔습니다'. 포대 귤 하나를 가져다 스님에게 건넸다. 스님 받으려 하자 포대 손을 거둬들이며 이르길 '그대가 아니구나'. 布袋拈果〈傳燈廿七〉 布袋在通衢立 有僧云 作什麽 布袋云 等箇人 僧云 來也 布袋取一橘子與僧 僧纔接 布袋縮手云 你不是者箇人"라고 하였다. 〔참고문헌〕『禪苑蒙求瑤林』.

포대착성추 布袋著盛錐 포대 안에 송곳날 서있다. 포대리성추자(布袋裏盛錐子)와 같다. 『벽암록』 50칙 「본칙 本則」(대정장48, p.185b7)에 "스님 운문에게 묻길 '무엇이 진진삼매입니까?〈천하의 납승들 모두 이 속에서 보금자리 짓는다. 입안 가득 서리 머금었구나. 모래 뿌리고 흙 뿌려서 뭐하자는 건가?〉' 운문 이르길 '발우 안의 밥, 통 안의 물〈포대 안에 송곳 가득하고 금과 모래 뒤섞였다. 잘못 가져 잘못에 나아가니 함원전 안에서는 장안을 묻지 마라〉'. 僧問雲門 如何是塵塵三昧〈天下衲僧 盡在這裏作窠窟 滿口含霜 撒沙撒土 作什麽〉 門云 鉢裏飯 桶裏水〈布袋著盛錐 金沙混雜 將錯就錯 含元殿裏不問長安〉"라고 하였다. 〔참고문헌〕『碧巖錄』. ⇨ 포대리성추자 布袋裏盛錐子

포대화상 布袋和尙 ?~916. 오대(五代) 스님. 명주(明州 : 浙江省) 영파부(寧波府) 봉화현(奉化縣) 출신. 속성 미상. 늘 본분에 합하는 뜻에서 계차(契此)라 자칭했으며, 호는 장정자(長汀子)이다. 뚱뚱하고 이마에 주름이 있었으며 배가 불룩했고 말에 격식이 없었으며 아무데서나 잠 잤다고 한다. 늘 주장자로 포대를 짊어지고서 저잣거리에 들어가 보이는 물건을 구걸하였으며 공양물을 모두 포대 안에 넣고 다녔기에 포대화상이라 불렸다. 눈 속에서 잠자지만 몸이 젖지 않았다고 하며, 길흉이나 비 오는 일 따위를 예측하면 맞지 않는 경우가 없었다고 한다. 후량(後粱) 916년(정명2) 3월 3일 명주 봉화현 악림사(岳林寺)의 동랑(東廊) 아래에서 입적하였는데, 일설에는 당대 천복년간(901~903)에 봉천(奉川)에서 입적했다고도 한다. 세간에서 미륵(彌勒)의 화신으로 간주되었기에 강소성과 절강성에서는 초상을 그려 전해 옴이 많고 오래 되었으며, 황벽산(黃檗山) 만복사(萬福寺)에는 미륵보살의 상으로서 천왕전(天王殿)에 포대상(布袋像)을 봉안하고 있고, 일본에서는 칠복신(七福神)의 하나로 추앙받는다. 그림으로 많이 유통되기도 하였는데 조선후기 도화서(圖畵署) 화원 설탄(雪灘) 한시각(韓時覺 1620~?)이 수묵(水墨)으로 그린 그림이 전하며, 송대 곽암(廓庵)의 십우도(十牛圖) 열 번째 「입전수수 入廛垂手」 도상에도 저자거리의 포대화상이 그려져 있다. 포대화상의 전기와 어록을 수록한 책도 있는데, 천태산(天台山) 국청사(國淸寺) 주지 무몽담악(無夢曇噩) 짓고 청 도광 27년(1847) 명주(明州 : 浙江省) 악림사(岳林寺) 성덕(性德)이 간행하였다. 갖춘 이름은 『정응대사포대화상전 定應大師布袋和尙傳』이며 『미륵전 彌勒傳』이라고도 한다. 광여(廣如)가 지은 「포대화상후서 布袋和尙後序」와 운산사(雲山寺) 혜지(惠智)가 지은 「중각미륵전약기 重刻彌勒傳略記」 등

직조포대화상상 요녕성박물관 중국 청

포대화상 천동사천불전 영파 중국

이 함께 실려 있다. 〔참고문헌〕『景德傳燈錄』 권27 「布袋和尙傳」(대정장51, p.434a19).

포대화상찬 布袋和尙贊 포대화상을 찬탄하는 글. 『영각광록』 권21(卍속장125, p.639a9)에 "포대화상찬 : 크기도 한 배와 넓기도 한 창자! 보아하니 거두어 감출 만한 세계 없도다. 이 원 언제나 채워질지 알 수 없으니 다만 한바탕 껄껄대고 웃을 뿐이다. 大了肚 寬了腸 看來無界不收藏 未知此願何時滿 祇好呵呵笑一場", 『감산집』 권33(卍속장127, p.692a8)에 "포대화상찬 : 자세히 보니 가슴속엔 있는 것이라고는 없고, 다시 살펴보니 손에는 없지 않구나. 이와 같이 누추한 모습 일으켜, 도리어 분 발라 웃음거리 되었다네. 어깨에 주장자 걸터메고 발걸음 자재해서 구속도 없구나. 어린아이들에게 놀림만 당하지 않았더라도, 웅맹한 장부라 불려 마땅했으리라. 布袋和尙贊 諦觀胸中不有 看來手中不無 生成如此䆲䆹 翻却笑人糊塗 肩頭横擔拄杖 脚根自在無拘 若不被小兒搬弄 則可稱雄猛丈夫", 『가태보등록』 권22 「효종황제장 孝宗皇帝章」(卍속장137, p.307a1)에 "포대화상찬 한 수를 지었다. '포대에는 하늘 땅 담아 놓고, 주장자에 해와 달 메달았네. 대단히 구질구질하고 더럽지만, 승 중에는 걸출한 인물이요, 참으로 어리석어 보이지만, 나라 안에서 상대할 이가 없도다. 법령 행했다 하면 한 방에 한 줄기 상처 남길 정도로 혹독하고, 정황에 들어맞추었다 하면 사람을 죽이려 들어서 반드시 피를 보는 극치에 이르노라. 특별나구나, 특별나! 한 점 분명했으니 붉게 타는 화로에 떨어진 눈송이라네'. 製布袋和尙贊曰 袋貯乾坤 杖挑日月 藞藞苴苴 僧中之傑 憨憨癡癡 域中之絶 令行兮 一棒一條痕 逗機兮 殺人須見血 別別 分明一點紅爐雪", 『오등전서』 권53 「대몽덕인장 大夢德因章」(卍속장141, p.161b3)에 "포대화상찬 한 수를 지었다. '주장자에 포대 매고 속세를 달리니, 본분사야 친밀하게 깨우친 적 있었던가! 아득히 떠도는 업식 망망하여 본래 뿌리내린 곳 없으니, 입 벌리고 어떤 사람을 비웃는지 알지 못하네'. 作布袋和尙贊曰 杖挑布袋走紅塵 底事何曾見得親 業識茫茫無本據 不知開口笑何人"라고 하였다. 〔참고문헌〕『永覺廣錄』, 『憨山集』, 『嘉泰普燈錄』, 『五燈全書』. ⇨ 포대송 布袋頌

포도 抱道 불도를 품어 섬기는 이. 『종문십규론』(卍속장110, p.881b1)에 "천하에 총림이 더없이 성하고 선사도 극히 많아서 모인 무리가 오백 아래로 내려가지 않지만 법을 겨룰 만한 이 한둘도 없는데, 간혹 도를 품은 이나 깨끗이 행하는 이들이 있다. 且如天下叢林至盛 禪社極多 聚衆不下半千 無法況無一二 其間或有抱道之士 潔行之人"라고 하였다. 〔참고문헌〕『宗門十規論』.

포도 蒱桃 포도(葡萄). 포도(蒲桃)로도 쓴다. 『순정리론』 권38(대정장29, p.561b4)에 "만약 포도즙으로 빚어 만든 술맛은 마시고 난 뒤 몽매하게 하여 마음대로 할 수 없으니, 마치 독약 마신 귀신에게 홀려 정신을 잃은 미친 모습 같다. 따라서 이미 초가 된 것이 아니면 마시지 못하게 하신 것이다. 若蒱桃汁醞成酒味飮已令悶不得自在 如飮毒藥鬼魅所持失志猖狂 故不令飮非已成酢", 『잡아비담심론』 권1(대정장28, p.878c21)에 "또는 소의근과 소연이 같은 경우가 있으니, 가령 포도 알맹이를 볼 때다. 或依緣等如見蒱桃果"라고 하였다. 〔참고문헌〕『順正理論』, 『雜阿毘曇心論』.

포도감 抱徒憨 Ⓢ bauddha의 음사어. 부처님을 섬기는 이. 불교도(佛敎徒)를 말한다. 한역하여 불제자(佛弟子)라 한다. 『성유식론술기』 권1(대정장43, p.262a18)에 "가령 '불타'라는 말은 깨달은 이를 말하는 것이고, '포도감'이라는 말은 부처님을 섬기는 이를 말한다. 如言佛陀是覺者 若言抱徒憨是事佛者"라고 하였다. 〔참고문헌〕『成唯識論述記』. ⇨ 불제자 佛弟子

포도비나야가 抱刀毘那夜迦 비나야가(毘那夜迦 Ⓢ Vināyaka)의 일종. 『표치만다라의궤』(대정장20, p.135a13)에 "다음으로 포도미낭야가는 흰 코끼리 머리에 사람의 몸으로 몸은 희고 밝은 색이네. 왼손은 권인을 맺었고 오른손은 보검을 쥐었으며, 팔찌와 영락으로 장엄된 옷을 입었고 염만이 주위를 둘러싸고 있네. 次抱刀尾曩野迦 白象頭人身 身相白皓色 左定結拳印 右慧持寶劍 鐶釧瓔珞衣 焰鬘遍圍繞"라고 하였다. 〔참고문헌〕『幖幟曼荼羅儀軌』. ⇨ 비나야가 毘那夜迦 ❶

포도수진언 蒲桃手眞言 『천수경』의 진언 중 하나. 『천수천안관세음보살대비심다라니』(대정장20, p.119b18)에 "열매와 갖가지 곡식을 심은 이라면 포도수에 해당하고 그 진언은 '옴 아마라 검제이녕 살바하 [illegible]'다. 若爲果蓏諸穀稼者 當於蒲桃手 眞言 唵 阿摩攞劍帝儞儜 薩嚩賀", 『천광안경』(대정장20, p.120a16)에 "증익법은 마니부를 활용한다. 그러므로 여의수 · 보궁수 · 보경수 · 백련수 · 청련수 · 보탁수 · 자련수 · 포도수가 있다〈이것이 여덟 가지 법이다〉. 增益法用摩尼部 是故有如意珠手寶弓手寶經手白蓮手靑蓮手寶鐸手紫蓮手蒲桃手〈是爲八法〉"라고 하였다. 〔참고문헌〕『千手千眼觀世音菩薩大悲心陀羅尼』, 『千光眼經』.

포라 布羅 Ⓢ pūlā의 음사어. 장식을 한 단화(短靴). 복라(福羅 · 腹羅) · 부라(富羅)라고도 한다. 『일체경음의』 권58(대정장54, p.693a10)에 "복라〈바른 음사어는 포라이며 단요화라고 한역하는데, 요는 오와 표를 반절한 음이다〉. 福羅〈正言 布羅 此譯云 短靿靴 靿音烏豹反〉", 같은 책 권65(대정장54, p.740b7)에 "복라〈복라·부라라고도 하며 바른 음사어는 포라이고 단요화라고 한역한다〉. 腹羅〈或作 福羅 或云 富羅 正言 布羅 此云 短靿靴也〉"라고 하였다. 〔참고문헌〕『一切經音義』.

포라나 晡剌拏 Ⓢ Pūraṇa, Ⓟ Pūraṇa, Ⓣ rDzogs-byed의 음사어. 무인외도(無因外道)의 이름. 포(布)는 포(晡)로도 쓴다. 육사외도(六師外道) 중 한 명. 포랄나(晡剌拏)·부란나(富蘭那)·부랄나(棓剌拏)라고도 한다. 온전히는 포랄나교치가(布剌拏憍雉迦 Ⓢ Pūraṇa-Kāśyapa)·부란나가섭(富蘭那迦葉 Ⓟ Pūraṇa-Kassapa : 不蘭迦葉)이다. 『대비바사론』 권114(대정장27, p.590a26)에 "두 명의 외도가 있었는데 한 명은 우계를 수지한 포랄나교치가였다. … 그때 포날나는 스스로 (부끄럽고 분한 마음을) 억제하면서 부처님께 아뢰었다. … '원하옵건대 대자시여! 저를 위해 우계를 수지한 이는 장차 어느 취로 가며 무엇으로 태어나는지 설해주소서'. 세존께서 말씀하셨다. '수지한 수계에 만약 결범이 없다면 장차 소로 태어날 것이고, 만약 결범이 있다면 지옥에 떨어질 것이다'. 有二外道 一名布剌拏憍雉迦 受持牛戒 … 時布剌拏便自抑止而白佛言 … 唯願大慈爲我宣說 受持牛戒 當何所趣當何所生 世尊告曰 受持牛戒若無缺犯 當生牛中 若有缺犯當墮地獄", 『구사론소』 권17(대정장41, p.672b8)에 "포라나는 만이라 한역하며 구역에서는 부루나라고 하였는데 틀렸다. 이 사람은 선을 끊었지만 오역죄를 짓지는 않았기에 사정은 아니다. 布剌拏 此云 滿 舊云 富樓那 訛也 此人斷善 而不造逆 故非邪定", 『일체경음의』 권70(대정장54, p.766c14)에 "포라나〈락과 할을 반절한 음이다. 보라나라고도 하며 포라고 하는데 구역에서는 부란나라고 하였다〉. 布剌拏〈洛割反 或作 補剌拏 此云 蒲 舊言 富蘭那〉", 『속일체경음의』 권9(대정장54, p.971b19)에 "포라나〈구역에 부란나라고 했는데 틀렸다. 갖춰 바르게 음사하면 포라나가섭파라고 해야 하는데, 포라나는 만이라 한역하고 가섭파는 성으로서 구씨라고 한역한다. 이는 무인을 주장하는 외도의 이름이다〉. 晡剌拏〈舊云 富蘭那 訛也 具正應云 晡剌拏迦葉波 晡剌拏 此云 滿 迦葉波 姓 此云 龜氏也 此是計無因外道名也〉", 『법화현찬요집』 권21(卍속장54, p.397b17)에 "비법륜이란, 포라나 등 육사가 굴린 팔사지륜을 비법륜이라 이름한다. 非法輪者 謂布剌拏等六師 所轉八邪支輪 名非法輪"라고 하였다. 〔참고문헌〕『大毘婆沙論』, 『俱舍論疏』, 『一切經音義』, 『續一切經音義』, 『法華玄贊要集』, *Abh-k-bh.251.* ⇨ 부란나가섭 富蘭那迦葉, 무인외도 無因外道, 육사외도 六師外道

포라나 布剌拏 Ⓢ Pūrṇa. 『석비바사론』을 지은 논사. 한역하여 원만(圓滿)이다. 『대당서역기』 권3(대정장51, p.888a5)에 "(가습미라국) 왕성 서북쪽 이백 여리에 상림가람인데 포랄나〈한역하여 원만이다〉논사가 이곳에서 『석비바사론』을 지었다. 王城西北行二百餘里 至商林伽藍 布剌拏〈唐言圓滿〉論師於此作釋毘婆沙論"라고 하였다. 〔참고문헌〕『大唐西域記』.

포라나가섭파 布剌拏迦葉波 Ⓢ Pūraṇa-kāśyapa의 음사어. 부란나가섭(富蘭那迦葉). 『사분율소식종의기』 권7(卍속장66, p.466a17)에 "문 중에 범지가 육사를 찾아갔다고 했는데, 종은 비록 여섯이지만 사람은 열이다. 첫째는 부란가섭〈바른 범음은 포라나가섭파다. 포라나는 만이라 하고, 가섭파는 음광이라 한역하는데 성이다〉이다. 文中梵志諮訪六師 宗雖有六 而有十人也 第一不蘭迦葉〈正梵音云 布剌拏迦葉波也 布剌拏 此云 滿也 此是名也 迦葉波 此云 飮光 此是姓也〉"라고 하였다. 〔참고문헌〕『四分律疏飾宗義記』. ⇨ 부란나가섭 富蘭那迦葉

포라나가섭파자 晡剌拏迦攝波子 부란나가섭. 『유부율』 권13(대정장23, p.692b27)에 "이때 파파국에 외도 육사 있어 멀지 않은 곳에 머물고 있었으니, 소위 포라나가섭파자·말새갈리구사리자·산서이비자지자·아포다계사감발라자·각구타가다연나자·니건타신야저자였다. 일체지도 아니면서 일체지만을 품었으며 사람들로 하여금 갈망해 귀성하게 하였다. 爾時 波波國 有外道六師 不遠而住 所謂 晡剌拏迦攝波子 末塞羯利瞿舍梨子 珊逝移毘剌知子 阿市多雞舍甘跋羅子 脚倶陀迦多演那子 尼健陀愼若低子等 非一切智 懷一切智慢 令諸人衆 渴仰歸誠"라고 하였다. 〔참고문헌〕『有部律』.

포라나매달려연니불달라 布剌拏梅呾麗衍尼弗呾羅 Ⓢ Pūrṇa-maitrāyaṇī-putra, Ⓟ Puṇṇa-mantāni-putta의 음사어. 부처님의 십대제자(十大弟子) 부루나(富樓那)를 부르는 말. 『대당서역기』 권4(대정장51, p.890b8)에 "포라나매달려연니불달라〈만자자라고 한역한다. 구역에 미다라니자라고 하였는데 잘못 줄였다〉. 布剌拏梅呾麗衍尼弗呾羅〈唐言 滿慈子 舊日 彌多羅尼子 訛略也〉"라고 하였다. 〔참고문헌〕『大唐西域記』. ⇨ 부루나 富樓那 ❶

포라나매달리예니자 布剌拏梅怛利曳尼子 Ⓢ Pūrṇa-maitrāyaṇī-putra, Ⓟ Puṇṇa-mantāni-putta의 음사어. 부루나(富樓那). 『이부종륜론소술기』(卍속장83, p.433a18)에 "포라나매달리예니자는 만자자라고 한역하는데, 아비달마의 결집을 맡았다. 布剌拏梅怛利曳尼子 此云 滿慈子 當結集阿毗達磨"라고 하였다. 〔참고문헌〕『異部宗輪論疏述記』. ⇨ 부루나 富樓那 ❶

포라나지야 褒羅那地邪 Ⓢ purāṇa-dvitīyā의 음사어.

비구의 출가 전 배우자. 고이(故二)·구제이(舊第二)·본이(本二) 등으로 한역한다. 『번역명의집』 권3(대정장54, p.1107a19)에 "포라나지야 : 구제이라고 한역한다. 褒羅那地邪 此云 舊第二", 『사분율명의표석』 권3(卍속장70, p.448a4)에 "고이 : 고는 구이다. 범음은 포라나지야인데 구제이 혹은 본이라고 한역하며, 예전 아내로서 속세를 버리고 출가하여 다시는 처의 이름이 없으며 본디 세속에 있을 때 처는 부 다음 자리이기에 고이라고 부른다. 故二 故者 舊也 梵音 褒羅那地邪 此云 舊第二 或云 本二 卽舊妻也 謂捨俗出家 無復妻名 以其本在俗時 妻居次故 因名爲故二也"라고 하였다. 〔참고문헌〕『翻譯名義集』, 『四分律名義標釋』. ⇨ 고이 故二

포련 布蓮 조선후기 취원의 법호(法號). ⇨ 취원 就洹

포로 布露 Ⓢ saṃprakāśayati. 널리 드러내 퍼지게 하다. 『정법화경』 권9(대정장9, p.124a6)에 "여래께서 멸하신 후 경전을 모든 불국에 두루 퍼뜨려 세존께서 멸도하신 곳에까지 미치게 하겠습니다. 저 소재에서 이 경을 강설하면 이익이 많을 것입니다. 만약 이 묘전의 요지를 수지하고 강독서사하며 남을 위해 설하는 이 있다면 덕가히 헤아릴 수 없습니다. 如來滅後 布露經典 遍諸佛國 及世尊土滅度之處 於彼所在 講說斯經 多所利益 若有受持 此妙典要 講讀書寫 爲人說者 德不可量"라고 하였다. 〔참고문헌〕『正法華經』, *Saddh-p.386*.

포로 蒲盧 나나니벌. 『수능엄의소주경』 권7(대정장39, p.924c4)에 "포로는 나나니벌이다. 애벌레를 취하여 새끼로 삼으니 자기 소생이 아닌 것으로 인을 삼는다. 蒲盧 蜾蠃也 取青虫爲子 非己所生 推因", 『능엄경전』 권7(卍속장89, p.218b12)에 "포로란, 『이아』 「석충」에 이르길 '나나니벌은 포로다' 하였고, 주하길 '허리가는 벌이며 세속에서 열옹이라 부른다. 벌레나 거미를 잡아 새끼로 삼는다' 하였다. 蒲盧者 爾雅 釋虫云 果蠃蒲盧 注云 卽細腰蜂 俗呼之爲蠮螉 或採菜虫蜘蛛爲子"라고 하였다. 〔참고문헌〕『首楞嚴義疏注經』, 『楞嚴經箋』.

포로갈지섭벌라 逋盧羯底攝伐羅 Ⓢ Avalokiteśvara의 음사어. 관자재보살(觀自在菩薩)이다. 『화엄경탐현기』 권19(대정장35, p.471c7)에 "관세음이란 광세음이라는 이름도 있고 관자재라는 이름도 있다. 범어 이름으로 포로갈지섭벌라인데 포로갈지는 관이라 한역하고 비로는 광이라 한역한다. 발음이 가까운 까닭에 광으로 한역했다. 섭벌라는 자재라고 한역한다. 섭다는 음이라 한역한다. 범본의 경전들을 교감하면 섭다라고 소리내거나 섭벌라라고도 하여 번역이 같지 않다. 관세음은 경중에서 '즉시 그 음성을 들으면 모두 해탈한다'고 하였고, '세간을 고르게 관하고 소리를 따라 고통을 구제하기에 관세음이라 한다'고 풀이 하였다. 觀世音者 有名光世音 有名觀自在 梵名逋盧羯底攝伐羅 逋盧羯底此云觀 毘盧此云光 以聲字相近是以有翻爲光 攝伐羅此云自在 攝多此云音 勘梵本諸經中有作攝多 有攝伐羅 是以翻譯不同也 觀世音經中卽時觀其音聲皆得解脫 解云等觀世間隨聲救苦名觀世音"라고 하였다. 〔참고문헌〕『華嚴經探玄記』.

포로나발다라 布嚕那跋陀羅 Ⓢ Pūrṇabhadraḥ. 비사문천(毘沙門天)의 권속인 야차팔대장 중 하나. 아사리소전만다라(阿闍利所傳曼荼羅)에서는 비사문천의 서쪽 길상공덕천(吉祥功德天) 다음에 있는 존격이다. 양손에 활과 화살을 들었다. 『대일경소』 권(대정장39, p.634c16)에 "둘째는 포로나발다라이고 만현으로 한역한다. 二名布嚕那跋陀羅 譯曰滿賢"라고 하였다. 〔참고문헌〕『大日經疏』. ⇨ 만현 滿賢, 야차팔대장 夜叉八大將

포로사 布路沙 Ⓢ puruṣa의 음사어. 로(路)는 로(嚕)로도 쓴다. 인(人)·장부(丈夫)·신아(神我) 등으로 한역한다. 『자은전』 권3(대정장50, p.239b16)에 "장부는 인도어로 포로사라 이름한다. 丈夫 印度語名 布路沙", 『범어잡명』(대정장54, p.1232a14)에 "장부 : 포로사. 丈夫 布嚕沙 𑖢𑖲(pu)𑖨𑖳(rū)𑖬(ṣa)", 『금광명경조해』 권상(卍속장31, p.768a12)에 "범어 포로사는 인이라 한역한다. 梵語布路沙 此翻人"라고 하였다. 〔참고문헌〕『慈恩傳』, 『梵語雜名』, 『金光明經照解』.

포로사포라 布路沙布邏 Ⓢ Puruṣapura의 음사어. 북인도 건타라국(犍馱羅國 Ⓢ Gandhāra)의 도성이었던 곳. 부루사부라(富婁沙富羅)라고도 한다. 지금의 파키스탄 페샤와르(Peshāwar)에 비정한다. 『법현전』(대정장51, p.858b12)에서는 불루사국(弗樓沙國)이라 하였으며, 장부국(丈夫國)이라 한역한다. 중앙아시아·아프가니스탄과의 접경지역으로서 예부터 정치문화적으로 중요했으며, 카니슈카왕(Ⓢ Kaniṣka)이 머물렀던 곳인데 성 밖에 40길이 넘는 거대한 탑을 건립하기도 하였다. 동진(東晉)의 법현(法顯)이 방문하였을 때에는 불교융성기였으며 700여 스님들이 부처님의 발우를 수호하고 있었다 하였지만, 당(唐) 현장(玄奘)이 방문하였을 때에는 쇠락한 모습만 남아 있었다고 한다. 『대당서역기』 권2(대정장51, p.879b23)에 "건타라국은 동서로 1000여 리, 남북으로 800여 리다. 동쪽으로는 인더스강과 임해 있으며 나라의 도성은 포로사포라라고 부르는데 둘레가 40여 리다. 健馱邏國 東西千餘里 南北八百餘里 東臨信度河 國大都城號布路沙布邏 周四十餘里"라고 하였다. [참고문헌]『法顯傳』, 『大唐西域記』. ⇨ 부루사부라 富婁沙富羅, 포색갈라벌지성 布色羯邏伐底城

포롱 包籠 대중들 각각에게 분배하는 옷 등을 넣는 고리짝. 대나무로 엮어 만든다. 『백장청규』 권6(대정장48, p.1148a17)에 "혹은 조당으로 가서 대중에게 포롱을 건넨 다음 개봉하여 의물을 꺼낸다. 或就照堂 對衆呈過包籠 開封出衣物"라고 하였다. [참고문헌]『百丈淸規』.

포리바비제하 逋利婆鼻提賀 Ⓢ Pūrva-videha의 음사어. 사대주(四大洲) 중 불바제인 동승신주(東勝身洲)를 말한다. 『일체경음의』 권53(대정장54, p.658b21)에 "불바제〈불우체 혹은 불바비제하 혹은 포리바비제하라고 한다. 포리바는 전이라 한역하고 비제하는 이체라고 한역한다. 혹은 불과 바제를 병칭하기도 하며, 혹은 비제하라고도 하는데 틀렸다〉. 弗婆提〈或名 弗于逮 或云 弗婆毘提呵 或云 逋利婆鼻提賀 逋利婆 此譯云 前 鼻提賀 此云 離體 或云 弗者並婆提 或言 毘提呵 訛也〉"라고 하였다. [참고문헌]『一切經音義』. ⇨ 동승신주 東勝身洲, 사대주 四大洲

포마 怖魔 마(魔)들을 두렵게 하다. 비구오덕(比丘五德) 중 하나 또는 비구(Ⓢ bhikṣu)의 한역어 중 하나다. 『대지도론』 권3(대정장25, p.80a5)에 "또한 비는 포라 하고 구는 능이라 하니, 능히 마왕과 마인민들을 두렵게 할 수 있다. 출가하여 머리 깎고 가사 입으며 계 받는 이때 마들이 두려워한다. 復次 比名 怖 丘名 能 能怖魔王及魔人民 當出家剃頭 著染衣受戒 是時魔怖", "어째서 두려워하는가? 마왕은 말하길 '이 사람은 반드시 열반에 든다' 하는데, 저 부처님께서 '어떤 사람이 능히 머리 깎고 가사 입고서 일심으로 계 받으면 이 사람은 점점 결을 끊고 고를 여의어 열반에 든다'라고 설하심과 같다. 何以故怖 魔王言 是人必得入涅槃 如佛說 有人能剃頭著染衣 一心受戒 是人漸漸斷結 離苦入涅槃", 『금강선론』 권1(대정장25, p.801c26)에 "비구란 외국말을 그대로 소리낸 것이며, 중국에서는 뜻으로 풀어 걸사 혹은 파악 혹은 포마라고 하는데, 딱 맞는 바른 이름이 없기에 서역의 본래소리 그대로 있게 하였다. 比丘者 外國正音 此方義釋 或云 乞士 或云 破惡 或云 怖魔 無正名相播 故仍存西本也", 『금강반야경찬술』 권상(대정장33, p.126b21)에 "비구에는 다섯 가지 뜻이 있다. 첫째는 포마인데, 마음 일으켜 출가하면 사마가 두려워하기 때문이다. 比丘者 此有五義 一 怖魔 創心出家 四魔怖故", 『금강경찬요간정기』 권2(대정장33, p.188b16)에 "포마란, 처음 출가한 날 비행야차가 외쳐 알리면 마궁에까지 들리기에 두려워한다. 한 사람이 출가하여 펴고 구르며 교화 펼치면 저들의 권속이 줄어들기 때문이다. 怖魔者 謂初出家日 飛行夜叉唱 乃至魔宮聞故怖也 以一人出家 展轉化度 損減眷屬故", "그러나 출가인은 인으로부터 과에 이르기까지 세 번 악마를 두렵게 하니, 출가할 때와 보리심 발했을 때와 정각 이뤘을 때이다. 앞의 두 번은 두려워할 뿐이지만 뒤에는 전쟁을 불사하는데, 부처에게 꺾이므로 항복하지 않는 이가 없다. 然出家人 從因至果 三度怖魔 謂 出家時 發菩提心時 成正覺時 前二但怖 後乃興戈 爲佛所摧 莫不降伏"라고 하였다. [참고문헌]『大智度論』, 『金剛仙論』, 『金剛般若經贊述』, 『金剛經纂要刊定記』. ⇨ 비구오덕 比丘五德, 비구 比丘

포만 怖慢 Ⓢ trāsatā-māna, Ⓣ skrag-dang-dngang. 두려움과 교만. 『중변분별론』 권하(대정장31, p.462b6 : *Madhy-vibh.*, p.68)에 "염오와 청정은 법과 인 둘에 있어 다 없으니, 없기에 두려워하지도 지나치게 내세우지도 않아 이 두 곳에는 전도가 없다네. 染汚及淸淨 法人二俱無 無故無怖慢 是二處無倒 saṃkleśaś ca viśuddhiś ca dharmapudgalayor na hi, asatvāt trāsatāmānau nātaḥ so 'trāviparyayaḥ"라고 하였다. [참고문헌]『中邊分別論』, *Madhy-vibh.*

포만천망 布幔天網 천망 널리 펼치다. 장만천망(張幔天網)이라고도 한다. 『운문광록』 권중(대정장47, p.566c16)에 "어느 날 운문이 말하였다. '하늘망 가득 펼쳐 용 사로잡고, 끈달린 망을 펼쳐서는 새우 바지락 건진다. 그대들은 생각해보라. 그렇다면 소라는 어디에 있을까?' 운문이 대신 말하였다. '안목을 갖추라'. 一日云 布幔天網打龍 布絲網撈鰕摝蜆 爾道 螺蚌落在什麽處 代云具眼"라고 하였다. [참고문헌]『雲門廣錄』, 『聯燈會要』 권4(卍속장136, p.488b1). ⇨ 장만천망 張幔天網

포명 晡冥 포(晡)는 신시(申時). 오후 4시 무렵. 해가 저무는 때. 팔재계(八齋戒) 중 일곱 번째인 해 진 후로 먹지 않는 때를 말한다. 『육도집경』 권8(대정장3, p.48c27)에 "궁 안의 황후귀인에게 칙명을 내려 매월 6재일에 팔계를 받들게 하였다. 첫째, 주변을 자비롭게 돌보고 아껴서 중생을 살린다. 둘째, 도둑질을 삼가며 부자는 가난함을 구제한다. 셋째, 곧고 청정함을 지니고 참됨을 지킨다. 넷째, 믿음을 가지고 붓다의 가르침을 말한다 … 일곱째, 신시 이후로는 음식을 입에 넣지 않는다. 여덟째, 향과 꽃으로 만든 기름을 삼가 몸에 가까이 하지 않는다. 음란한 노래와 삿된 음악을 더러운 행위로 여겨 하지 않는다. 明勅宮中皇后貴人 令奉八戒月六齋 一當慈惻愛活衆生 二愼無盜富者濟貧 三當執貞淸淨守眞 四當守信言以佛敎 … 七者晡冥食無歷口 八者香華脂澤 愼無近身 婬歌邪樂毋以穢行"라고 하였다. [참고문

헌]『六度集經』. ⇨ 팔재계 八齋戒

포모시자 布毛侍者 조과도림(鳥窠道林)의 법사(法嗣)인 초현회통(招賢會通)을 가리키는 말. 스승인 조과가 베 곁에 붙은 털(布毛)을 불어 보인 인연으로 깨달았기에 당시 시자인 초현을 이렇게 불렀다. 『송고연주통집』 권8(卍속장115, p.84b3)에 “시자 회통 있었으니 당 덕종 때 육궁의 관리였는데 관직을 버리고 조과를 따라 출가하였다. 수 년을 정진하였지만 인가를 받지 못하자 어느 날 작별 인사를 고하였다. 이에 조과 말하길 ‘어디로 가려느냐?’ ‘제방으로 불법을 배우러 갑니다’ ‘불법이라면 노승에게도 조금은 있다’ ‘무엇이 화상의 불법입니까?’ 有侍者會通 乃唐德宗六宮使 棄官從師落髮 伏勤數年 未蒙印授 一日告辭 師曰 往甚處 通曰 往諸方學佛法去 師曰 若是佛法 老僧亦有少許 曰 如何是和尙佛法”, “조과가 베 곁의 털을 집어 한번 불자 회통이 바로 크게 깨달았으며 다시는 다른 곳으로 가지 않고 곁에 머물렀다. 후에 법을 열고 조과의 적자가 되었는데, 포모시자라고 불리기도 하였다. 師拈起布毛 吹一吹 通於言下大悟 更不復他遊 乃居左右 後開法爲的嗣 或號布毛侍者”라고 하였다. [참고문헌]『頌古聯珠通集』.

포반살반 抛半撒半 반은 내던지고 반은 흩어버리다. 여지없이 하다의 뜻이다. 『종용록』 69칙 「송 頌」(대정장48, p.271a13)에 “절름발이에 손마저 쥐가 났고〈가까이 가지 않을테니 허둥대지 마라〉 머리카락과 수염은 덥수룩하니〈사람들이 보고 싶어하지 않는군〉, 많은 것 취할 수 없을 뿐 아니라 하나도 감당하지 못하는구나〈문을 열면 부드럽고 불을 붙이면 축축하다〉. 跛跛挈挈〈不近休忙〉 髭髭毿毿〈人不喜覰〉 百不可取 一無所堪〈開門又軟 種火又濕〉”, “그러나 묵묵히 자신의 경지가 평온함을 알며〈신발 속에서 발가락을 움직이고 있군〉 등등하니 그 누가 뱃속에서부터 바보였다고 말하는가?〈바보 같은 모습 속에 간교함을 품고 있다〉 널리 온 법계가 온통 밥이 되니〈토해 낼 수도 삼킬 수도 없군〉, 콧구멍 느긋하게 늘어뜨리며 참학에 배부른 그대로 내버려둔다네〈반은 내던지고 반은 흩어버리네〉. 默默自知田地穩〈靴裏動指頭〉 騰騰誰謂肚皮憨〈呆裏撒奸〉 普周法界渾成飯〈吐不出咽不下〉 鼻孔纍垂信飽參〈抛半撒半〉”라고 하였다. [참고문헌]『從容錄』.

포발 布髮 머리카락 풀어 덮다. 석가세존 본생 때 유동으로서 진흙탕길 위를 걸으시는 연등불 위해 머리 풀어 깔아드린 일을 말한다. 이때 석가세존이 되시리라 수기 받았다. 『대승본생심지관경』 권1(대정장3, p.295c18)에 “과거 마납선인의 시대에 머리카락 풀어 땅을 덮어 연등불께 공양하였는데, 이러한 정진의 인연 때문에 8겁 후에 생사의 바다를 뛰어넘었다네. 昔爲摩納仙人時 布髮供養然燈佛 以是精進因緣故 八劫超於生死海”, 『이출보살본기경』(대정장3, p.617c22)에 “부처님께서 말씀하시길 ‘그대가 심중에 원하는 바를 얻게 하리라. 이후 90겁이면 겁의 이름은 발라일 것인데, 그대는 반드시 석가문불이 되리라’. 보살 부처님의 말씀을 듣고 심중으로 크게 환희하며 곧 머리카락 땅에 펴서 부처님이 밟고 지나가게 하였다. 佛言 令汝得心中所欲願者 却後九十劫 劫名 拔羅 汝當爲釋迦文佛 菩薩聞佛語 心中大歡喜 卽布髮令佛足蹈之”, “부처님께서 다시 말씀하시길 ‘네가 후세에 도를 얻고 세간을 건네게 할 것이며, 또한 반드시 나와 같은 부처 되리라’. 이때의 부처님은 선세의 부처님이신데 호는 제화갈라불이시다. 復言 令汝後世得道度世 亦當如我作佛 是時佛者 先世佛 號曰 題和竭羅佛”, 80권본 『화엄경』 권80(대정장10, p.443b26)에 “저 연등세존 계신 곳에 꽃 흩뿌리고 머리카락을 땅에 깔아 공양하였으며, 이로부터 깊고 묘한 법을 깨닫고서 늘 이 도로 중생을 교화하셨다네. 於彼然燈世尊所 散華布髮爲供養 從是了知深妙法 恒以此道化群生”라고 하였다. [참고문헌]『大乘本生心地觀經』, 『異出菩薩本起經』, 『華嚴經』. ⇨ 유동 儒童, 연등불 燃燈佛, 수기 授記

포발가 抱跋迦 서인도출신 논사 승군(勝軍 Ⓢ Jayasena)의 별명. 『성유식론술기』 권4(대정장43, p.352a15)에 “여러 (소승의) 논사들은 이(人無我)에 대해 아직 요달할 수 없었다. 하지만 큰 이름의 거사가 있었다. 그는 덕이 두텁고 지혜가 드높아 그 명성이 일시에 떨쳤고 영예 팔방으로 흘렀다. 그러자 사람들은 감히 그 존덕을 부정할 수 없어 부르기를 포발가라 하였다. 한역하여 식읍이라 한다. 그 익힌 업은 충분한 것이어서 마땅히 마을 사람들 먹여 살리고도 남기에 식읍이라 했으니, 그가 바로 승군논사이다. 諸師於此未能了達 然有大名居士 德重智高 芳振一時 英流八表 時人不敢斥其尊德 號曰抱跋迦 此云食邑 以其學業有餘理當食邑 卽是勝軍論師”라고 하였다. [참고문헌]『成唯識論述記』, 『因明入正理論疏』 권중(대정장44, p.121b17). ⇨ 승군 勝軍

포발엄니 布髮掩泥 머리카락 땅에 펴서 진흙탕을 덮다. 석가세존의 본생담에 근거하며 포발(布髮)이라고도 한다. 『대반야경』 권99(대정장5, p.551b29)에 “그대들 마땅히 알라. 나 과거 연등여래응정등각께서 세간에 출현하셨을 때 중화성의 사거리 나들목에서 연등불 뵙고서 다섯 송이의 꽃 흩뿌리고 머리카락 땅에 깔아 진흙탕 덮은 다음 무상법 들었다네. 汝等當知 我於往昔然燈如來應正等覺出現世時 於衆花城四衢路首 見然燈佛 散五莖花 布髮掩泥 聞無上法”, 『대지도론』 권4(대정장25, p.87a13)에 “계나시기불로부터 연등불에 이르기까지 2아승기 되는데, 이 중에 보살은 일곱 송이의 청련화를 연등불께 공양하였으며, 사슴가죽옷을 깔고 머리카락 땅에 깔아 진흙탕 덮었다. 이때 연등불께서는 문득 수기를 내리시며 '너 마땅히 내세에 부처 될 것인데 석가모니라 이름하리' 하셨다. 從罽那尸棄佛 至燃燈佛 爲二阿僧祇 是中菩薩 七枚青蓮華 供養燃燈佛 敷鹿皮衣 布髮掩泥 是時燃燈佛 便授其記 汝當來世作佛 名釋迦牟尼", 『법화현의』 권7(대정장33, p.766b8)에 "혹은 과거 마납이었을 때 연등불 만나 다섯 송이 꽃 바치며 흩뿌렸고 머리카락 땅에 깔아 진흙탕 덮었으며 허공으로 뛰어올라 무생인 얻자 부처님께서 석가문이라는 이름과 함께 수기를 주셨다. 或言昔爲摩納 値然燈佛 五華奉散 布髮掩泥 躍身虛空 得無生忍 佛與受記 號釋迦文"라고 하였다. 〔참고문헌〕『大般若經』, 『大智度論』, 『法華玄義』. ⇨ 포발 布髮, 연등불 燃燈佛, 유동 儒童

포벽화 包壁畵 목조전각의 창방(昌枋) 위 포와 포 사이 벽에 그리는 그림. 포벽에는 나한과 조사를 그리기도 하지만 여래를 주로 그리기에 불벽(佛壁)이라고도 부른다. 여수 홍국사(興國寺) 대웅전 내부 포벽에는 17세기에 조성한, 아미타수인을 맺고 연화좌에 앉은 모습과 합장하고 측면을 향한 모습의 여래도 32점과 나한도 2점이 그려져 있는데, 포벽화마다에 시주자의 이름을 적었다. 부안 내소사 대웅보전내 북측면에 대나무와 매화를 그린 외에 모든 내부 포벽에 설법인을 한 여래를 모셨고, 양산 통도사 대광명전 외부에는 비록 박락이 심하긴 하지만 여래·보살·나한·고사인물·화훼기명 등 다양한 벽화가 그려져 있다. 〔참고문헌〕『사찰벽화』(미술문화, 1999), 『한국의 사찰벽화』(성보문화재연구원·문화재청, 2006~2015). ⇨ 불교벽화 佛敎壁畵

불좌상 내소사대웅보전

통도사명부전 외부포벽화

포복 袍服 가사 아래 입는 옷으로 소매가 넓고 앞섶을 감싸기에 포라 하고 하단 폭을 크게 해서 주름잡아 내렸기에 상이라 해서 상포복(裳袍服)·포상(袍裳)이라고도 하였지만 지금은 장삼이라 한다. ⇨ 장삼 長衫

포불각 抱佛脚 부처님 다리를 붙잡고 매달리다. 『보능숭선사정토시』(卍속장110, p.792b12)에 "젊은 나이에 염불할 때 의심 말아야 하니 한 마디 미타가 세간 나오는 터라네. 생사 도래함에는 노소가 없으니, 시비로 어찌 마니 얻을 수 있겠는가! 생전에 미리 자량과 비용 갖추면 이후 자연히 써도 모자람 없거늘, 임종 때를 기다려 부처님 다리 끌어 안고 매달리지 말아야 하니 목숨 다한 후에 후회한들 어찌할 수 없다네. 少年念佛莫心疑 一句彌陀出世基 生死到來無老少 是非安得有摩尼 生前預辦資量費 去後自然用不虧 莫待臨時抱佛脚 命終追悔不能爲"라고 하였다. 〔참고문헌〕『普能嵩禪師淨土詩』.

포사 逋沙 Ⓢ poṣa, Ⓟ posa의 음사어. 포는 포(哺)로도 쓰며 포로사(布路沙 Ⓢ puruṣa)라고도 한다. 사부(士夫)·대부(大夫) 등으로 한역한다. 『일체경음의』 권17(대정장54, p.414b9)에 "포사〈(첫 자는) 포와 오를 반절한 음이다. 보루사라고도 하고 혹은 부류사라고도 하는데 모두 틀렸다. 바르게 말하면 부로사이며, 사부 혹은 대부라 한역한다. 경 중에 혹 보라고 했는데, 틀렸다〉. 逋沙〈布五反 又作補婁沙 或言 富留沙 皆訛也 正言 富盧沙 此言 士夫 或言 大夫 經中或作 甫 訛也〉", 같은 책 권32(대정장54, p.521b11)에 "포사〈(첫 자는) 포와 호를 반절한 음이다. 경 중에 혹 포사 또는 보사라고 하였으며 부루사라고도 했는데, 모두 틀렸다. 바르게 말하면 부로사이며, 사부 또는 장부라고 한역한다〉. 哺沙〈布胡反 經中或作 逋沙 又作 補沙 又亦作 富樓沙 皆訛也 正言 富盧沙 此云 士夫 亦言 丈夫也〉"라고 하였다. 〔참고문헌〕『一切經音義』. ⇨ 포로사 布路沙

포사니 蒲闍尼 Ⓢ Ⓟ bhojanīya의 음사어. 충분히 씹고 먹어 배를 채울 만한 음식. 포는 포(蒱)로도 쓴다. 정식(正食)이라 한역한다. 『마하승기율』 권36(대정장22, p.521a26)에 "만약 비구니가 거다니식과 포사니식을 얻고서 다시 익히거나 남에게 익히게 하거나 다시 볶거나 남에게 볶게 하거나 다시 끓이거나 남에게 끓이게 하고서 병들지 않은 비구니가 먹는다면 바야제다. 若比丘尼 得佉陀尼食 蒲闍尼食 更煮 使人煮 更熬 使人熬 更煎 使人煎 不病比丘尼食者 波夜提", 『십송율』 권26(대정장23, p.194a2)에 "무엇이 다섯 종의 포사니식인가? 첫째 밥, 둘째 보릿가루, 셋째 말린 밥, 넷째 생선, 다섯째 고기이니, 이와 같은 다섯 종이 포사니식이다. 何等五種蒲闍尼食 一 飯 二 麨 三 糒 四 魚 五 肉 如是五種 蒲闍尼食", 같은 책 권42(대정장23, p.307b6)에 "식이란 다섯 거다니와 다섯 포사니와 다섯 사식이다. 다섯 거다니란 음식으로 먹는 뿌리·줄기·잎·꽃·열매이고, 다섯 포사니란 밥·보릿가루·말린 밥·생선·고기이며, 다섯 사식이란 죽·조·보리·가라지·가사식이다. 食者 五佉陀尼 五蒲闍尼 五似食 五佉陀尼者 根食 莖食 葉食 華食 果食 五蒲闍尼者 飯 麨 糒 魚 肉 五

似食者 穈 粟 穬麥 莠子 加師食",『청관음경소천의초』 권3(대정장39, p.997a7)에 "정식이란, 『사분율』에 이르길 '다섯 종의 포사니가 있는데 정식이라 한역하며 보릿가루·밥·말린 밥·생선·고기를 말한다' 하였다. 正食者 四分律云 有五種蒲闍尼 此云 正食 謂麨 飯 乾飯 魚 肉也",『사분계본소행종기』 권3(卍속장62, p.800a6)에 "첫째, 포사니는 시약을 말한다. 一 蒱闍尼 謂時藥也",『사분율명의표석』 권13(卍속장70, p.597b15)에 "오종정식 : 범어로 포사니 혹은 보사니라 하는데, 정식이라 한역하니 밥·보릿가루·말린 떡·생선·고기를 말한다. 五種正食 梵云 蒱闍尼 或云 菩闍尼 此云 正食 謂 飯 麨 乾餅 魚及肉也",『비니토요』 권2(卍속장70, p.302b18)에 "이 율에서는 식에 두 종이 있다. 첫째는 포사니식으로 오정식을 말하는데 첫째 밥, 둘째 보릿가루, 셋째 말린 밥, 넷째 생선, 다섯째 고기이다. 此律食有二種 一 蒲闍尼食 謂五正食 一 飯 二 麨 三 乾飯 四 魚 五 肉"라고 하였다. [참고문헌]『摩訶僧祇律』,『十誦律』,『請觀音經疏闡義鈔』,『四分戒本疏行宗記』,『四分律名義標釋』,『毗尼討要』, *Vin.4.84.* ⇨ 식 食, 사야니 奢耶尼, 포선니 蒲繕尼, 정식 正食, 오정식 五正食

포사다 逋沙他 Ⓢ poṣadha의 음사어, Ⓟ posatha, Ⓣ gso-sbyong. 재(齋)라 한역하며 포살(布薩)이라고도 음사한다. 포는 포(晡·布)로도 쓴다.『법집요송경』 권2「청정품 淸淨品」(대정장4, p.785b6 : *Udāna-v.*, p.228)에 "현세에 남을 해치지 않으면 죽으면서도 근심이 없다네. 그 분은 도를 보고 두려움 없으니 권속 중에 가장 뛰어나시네. 탁하고 검은 업을 제거하고 오직 희고 깨끗한 행만을 닦네. 애욕을 건너 청정함을 얻고 더럽고 나쁜 행을 버리네. 계를 지니어 항상 청정한 포사타요, 삼업이 항상 청정하니 그 청정으로 출가라 하네. 現世不施害 死而無憂慼 彼見道無畏 眷屬中最勝 除斷濁黑業 惟修白淨行 度愛得淸淨 棄捨穢惡行 持戒常淸淨 淸淨晡沙他 三業恒淸淨 淸淨名出家 yo jīvite na tapate maraṇānte ca sarvaśaḥ, sa vai dṛṣṭapado dhīro jñātim adhye virocate. kṛṣṇāṃ dharmāṃ viprahāya śuklāṃ bhāvayata bhikṣavaḥ, okād anokam āgamya vivekam anubṛṃhayet, tatra cābhirametāryo hitvā kāmān akiñcanaḥ. śuddhasya hi sadā phalguḥ śuddhasya poṣathaḥ sadā, śuddhasya śucikarmaṇaḥ sadā saṃpadyate vratam",『구사석론』 권11(대정장29, p.232b24 : *Abh-k-bh.*, p.213)에 "선근이 약한 중생을 생장시키고 다시 선근을 깨끗하게 하기에 포사다라 이름하니, 저 게로 말함과 같다. 〈송〉 이로 말미암아 능히 기를 수 있으며 자타가 선심을 깨끗하게 하기에 불여래께서 설하셨으니 이를 포사다라 이름한다네. 生長單薄善根衆生 復淨善根故 名布沙他 如偈言 由此能長養 自他淨善心 故佛如來說 此名布沙他 alpakuśalamūlānāṃ kuśalamūlapoṣaṇāt poṣadha iti vā. poṣaṃ dadhāti manasaḥ kuśalasya yasmād uktas tato bhagavatā kila poṣadho 'yam iti",『일체경음의』 권65(대정장54, p.741c9)에 "포사다〈혹은 보사다라고도 하는데 증장이라 한역한다. 보름마다 차마(懺悔)하여 계의 뿌리를 증장시킨다는 말이다. 차마는 인이라 한역하는데 나의 죄를 용서한다는 말이다. 구역에 참이라 하였는데 잘못 줄였다〉. 布沙他〈或作 甫沙他 此云 增長 謂半月叉磨 增長戒根 叉磨 此云 忍 謂容恕我罪 舊名懺者 訛略也〉",『번역명의집』 권7(대정장54, p.1173a14)에 "포사다 : 재일이라 한역한다.『청관음경소』에 이르길 '재는 제(齊)로 신구업을 가지런히 한다는 말이다. 제는 바로 중도이니, 정오 이후에 먹지 않는 것은 중도법계 외에 다시 다른 법은 없음을 나타낸다' 하였다. 逋沙他 此云 齋日 請觀音經疏云 齋者 齊也 齊身口業也 齊者 只是中道也 後不得食者 表中道法界外更無別法也", "지금 불자들은 정오를 지나면 먹지 않는 것을 재라고 하는데, 이는 또한 삿됨을 막고 욕을 그치며 가지런하지 못한 것을 가지런하게 한다는 뜻을 취한 것이다. 今釋氏 以不過中食爲齋 亦取其防邪訖欲齊不齊之義也"라고 하였다. [참고문헌]『法集要頌經』,『俱舍釋論』,『一切經音義』,『翻譯名義集』,『起世經』 권8(대정장1, p.349c17),『起世因本經』 권8(대정장1, p.404c21), *Udāna-v.*, *Abh-k-bh.* ⇨ 포살 布薩, 재 齋, 재일 齋日, 포살일 布薩日

포사월 布史月 Ⓢ Pauṣa의 음사어. 인도력(印度曆)의 10월. 음력 10월 16일부터 11월 15일 사이. 양력으로는 12월부터 1월 사이. 보사(報沙)라고도 한다.『범어잡명』(대정장54, p.1233c5)에 "10월 : 포사〈길게 발음〉. 十月 布史〈引〉"라고 하였다. [참고문헌]『梵語雜名』. ⇨ 보사 報沙, 보사월 報沙月

포산 包山 대구광역시 달성군과 경상북도 청도군에 걸쳐있는 산. 비슬산(琵瑟山) 혹은 소슬산(所瑟山)이라고 한다.『동국여지승람』 권27 경상도 현풍현(玄風縣) 산천(山川)에는 비슬산의 다른 이름이 포산(苞山)이라고 하였다.『삼국유사』 권5(대정장49, p.1016b24·한불전6, p.365b1) 피은(避隱)8 포산이성(包山二聖)에 "포산〈마을에서 소슬산이라 하는데 바로 범음이며 여기서는 포라 한다〉. 包山〈鄕云所瑟山 乃梵音 此云包也〉"라고 하여 감싼다(包)는 뜻으로 포산이라고 이름한 이유를 설명하였다.「군위인각사보각국존정조탑비문 軍威麟角寺寶覺國尊靜照塔碑文」(『교감역주역대고승비문』 고려편4)에 의하면 일연(一然)이 1227년(고종14)의 승과에 합격한 이후 포산 보당암(寶幢庵)에 머물면서 선관(禪觀)을 닦았으며 1275년(충렬왕1)에는 포산 동쪽 기슭에 용천사(湧泉寺)를 중수하여 불일사(佛日社)로 만들었다고 한다. ［참고문헌］『三國遺事』, 『東國輿地勝覽』, 李智冠『校勘譯註歷代高僧碑文』高麗篇4. ⇨ 비슬산 琵瑟山

포산구성 包山九聖 ➡ 포산이성 包山二聖

포산이성 包山二聖 포산에서 수행한 신라 때의 두 성사(聖師) 관기(觀機)와 도성(道成). 『삼국유사』 권5(대정장49, p.1016b22·한불전6, p.365a23) 피은(避隱)8에 관기·도성의 이야기와 함께 982년(성종1)에 포산의 도성사(道成寺)에서 만일미타도량(萬日彌陀道場)을 열고 50년 동안 정근(精懃)한 성범(成梵), 구성유사(九聖遺事)의 설화도 전한다. 같은 책에 "신라 때 관기와 도성 두 성사는 어느 즈음의 사람인지 모르겠으나 함께 포산에 은거하였다. … 지금 산중에서 일찍이 아홉 성인의 남겨진 일을 적었지만 상세하지 않다. 아홉 분은 관기·도성·반사·첩사·도의·자양·성범 ·금물녀·백우이시다. 羅時有觀機道成二聖師 不知何許人 同隱包山 … 今山中 嘗記九聖遺事 則未詳 曰 觀機 道成 搬師 楪師 道義 子陽 成梵 今勿女 白牛師"라고 하였다. ［참고문헌］『三國遺事』. ⇨ 관기 觀機[2], 도성 道成

포살 布薩 Ⓢ poṣadha, poṣatha, upavāsa, Ⓟ uposatha, posatha의 음사어, Ⓣ gso-sbyong. 승가에서 결계대중(結界大衆)이 매월 2회 보름마다 함께 모여 계목을 듣고 외우고(說戒) 죄를 돌아보거나 고백하고 참회해서 청정중(淸淨衆)을 유지한다. 오포사타(烏逋沙他)·오파바사(鄔波婆沙)·포사다(布沙他·逋沙他·褒沙陀)·포살다바(布薩陀婆)·포쇄다(布灑他·褒灑陀) 등이라고도 음사하며, 공주(共住)·근주(近住)·단(斷)·단증장(斷增長)·사(捨)·선숙(善宿)·설계(說戒)·장양(長養)·장정(長淨)·장주(長住)·재(齋)·정주(淨住)·증장(增長) 등으로 한역한다. 포살당(布薩堂 Ⓟ uposathāgāra : 說戒堂) 등에 함께 모여 계율에 정통한 비구에게 바라제목차(波羅提木叉 Ⓟ pāṭimokkha : 戒本)를 설해 줄 것을 청한 다음, 지난 보름 동안의 행이 계에 어김이 없는지 돌이키고 어김이 있다면 스스로 대중 앞에서 참회함으로써 비구들이 청정한 계율에 오래도록 머물고 선법을 장양하며 공덕을 증장하게 한다. 또한 재가 신도도 보살계를 수지한 이는 범망계포살장에 들어가 포살을 할 수 있으며, 육재일(六齋日)에는 팔재계(八齋戒)를 지키고 설법을 들으며 승가에 공양한다. 『사분율』 권58(대정장22, p.1001b4)에서는 네 가지로 나누어 삼어포살(三語布薩)·청정포살(淸淨布薩)·설바라제목차포살(說波羅提木叉布薩)·자자포살(自恣布薩)을 시설하였고, 『오분율』 권18(대정장22, p.122a19)에서는 다섯 가지로 나누어 심념구언(心念口言)·향타설정(向他說淨)·광략설계(廣略說戒)·자자포살(自恣布薩)·화합포살(和合布薩)을 시설하였으며, 『선견율비바사』 권16(대정장24, p.786b2)에서는 십사일포살(十四日布薩 Ⓟ cātuddasika)·십오일포살(十五日布薩 Ⓟ paṇṇarasika)·화합포살(和合布薩 Ⓟ sāmaggī uposatho)·승포살(僧布薩 Ⓟ saṅghe uposatho)·중포살(衆布薩 Ⓟ gaṇe uposatho)·일인포살(一人布薩 Ⓟ puggale uposatho)·설바라제목차포살(說波羅提木叉布薩 Ⓟ suttuddeso uposatho)·정포살(淨布薩 Ⓟ pārisuddhi-uposatho)·칙포살(勅布薩 Ⓟ adhiṭṭhāna-uposatho)의 아홉 가지를 시설하였다. 『미사새오분계본』(대정장22, p.194c28)에 "대덕들이여! 지금 포살하여 바라제목차를 설하리니 일체 함께 듣고 잘 생각하고 기억하라. 만약 죄 있으면 마땅히 드러내야 하지만 죄 없는 이 묵묵히 있으라. 침묵하기에 나와 대덕들 청정함을 마땅히 알리라. 저 성자 침묵하듯 나와 대덕들 또한 이와 같다. 諸大德 今布薩說波羅提木叉 一切共聽 善思念之 若有罪 應發露 無罪者 嘿然 嘿然故 當知我及諸大德淸淨 如聖嘿然 我及諸大德 亦如是", "만약 비구 이와 같이 대중중에서 이렇게 세 번 소리내 물었지만 죄 있음을 기억하고도 발로하지 않는다면 일부러 거짓말한 죄 얻는다. 일부러 거짓말한 죄 때문에 부처님이 차도법 설하셨으니, 발로한다면 안락 얻겠지만 발로하지 않는다면 죄 더욱 깊어지리라. 若比丘 如是衆中 乃至三唱 憶有罪不發露 得故妄語罪 故妄語罪 佛說遮道法 發露者 得安樂 不發露 罪益深", 『사분율비구계본』(대정장22, p.1023a8)에 "나 이미 계경 설하였으니 중승의 포살 마친다. 나 지금 계경 설하였는데 설한 바 공덕들 일체중생에게 베푸니 모두 함께 불도 이루리라. 我已說戒經 衆僧布薩竟 我今說戒經 所說諸功德 施一切衆生 皆共成佛道", 『대비구삼천위의』 권상(대정장24, p.913b22)에 "포살은 깨끗이 머문다는 정주라고 한역하는데, 뜻으로는 비구의 화합을 장양한다고 말한다. 만약 백일갈마 짓고도 화합할 줄 모른다면 이를 포살을 모른다고 이름한다. 布薩者 秦言淨住 義言長養比丘和合 若作百一羯磨 而不知和合 是名不知布薩", 『대지도론』 권13(대정장25, p.159b22)에 "나 아무개가 신업이 불선하고 구업이 불선하며 의업이 불선하다면 탐욕·진에·우치 때문입니다. 만약 금세나 과세에 이와 같은 죄 있다면 금일 성심으로 참회하겠습니다. 몸이 청정하고 입이 청정하고 마음이 청정하며 팔계를 받아 행하니 이것이 포살이다. 공주라고 한역한다. 我某甲 若身業不善 若口業不善 若意業不善 貪欲 瞋恚 愚癡故 若今世 若過世 有如是罪 今日誠心懺悔 身淸淨 口淸淨 心淸淨 受行八戒 是則布薩 秦言 共住", 승장(勝莊)의 『범망경술기』 권하(한불전2, p.171c4)에 "만약 포살하는 날이면 늘 새롭게 배워야 하는 보살은 보름보름마다 포살을 하되,

십중계와 사십팔경계를 외워야 한다. 이때 여러 부처님과 보살의 형상 앞에서 행하되, 한 사람이 포살하면 한 사람이 외고, 두 사람이나 세 사람 내지 백천 인이 포살하여도 한 사람이 외운다. 외우는 이는 높은 자리에 앉고 듣는 이는 낮은 자리에 앉으며, 각각 구조 칠조 오조 가사를 입는다. 若布薩日 新學菩薩 半月半月布薩 誦十重四十八輕戒 時 於諸佛菩薩形像前 一人布薩 卽一人誦 若二人三人乃至百千人 亦一人誦 誦者 高座 聽者 下坐 各各 被九條七條五條袈裟", 의적(義寂)의 『보살계본소』 권하말(한불전2, p.292a17)에 "보살승니는 반월이 되면 양쪽에서 포살을 행하여 대승과 소승의 두 가지 계본을 소리 내어 외워야 하니 그렇지 않으면 경구죄다〈다시 본문을 꼼꼼히 살펴볼 것〉. 재가보살은 집안에 깨끗한 방이 있으면 보름마다 스스로 소리 내어 외워야 하고 깨끗한 방이 없다면 유순 안에 있는 절에서 보살계포살을 하는 곳이 있으면 마땅히 가서 들어야 한다. 두 가지 다 행하지 않으면 경구죄를 범하는 것이다. 만약 자신의 집이 시끄럽고 궁색하며 유순에 보살계를 위한 법회가 없다면 범하는 것은 아니다. 菩薩僧尼 至半月 應兩邊布薩 誦大小二本 不者輕垢〈更詳本文〉 在家菩薩 若家內有淨室 半月應自誦 若無者 由旬內寺舍 作菩薩布薩 則應往聽 都不者 輕垢 若自家諠迫 及由旬內無菩薩會集者 不犯也"라고 하였다. [참고문헌] 『四分律』, 『五分律』, 『善見律毘婆沙』, 『彌沙塞五分戒本』, 『四分律比丘戒本』, 『大比丘三千威儀』, 『大智度論』, 『梵網經述記』, 『菩薩戒本疏』, *Prāt-m.160.*, *Divy.398.*, *Mvyut.265.*, *Vin.1.175.*, *Sp.875.* ⇨ 포사다 逋沙他, 포쇄다 褒灑陀

포살건도 布薩犍度 Ⓢ Poṣadha-vastu, Ⓟ Uposatha-khandaka의 음사어. 율장에서 포살의식법을 설한 편장(篇章)의 이름. 『오분율』에서는 포살법(布薩法), 『사분율』에서는 설계건도(說戒犍度), 『유부율』에서는 포살사(布薩事)라고 하였다. 『사분율』 권54(대정장22, p.968b4)에 "일체수계법을 한 곳에 모은 것을 수계건도라 하고, 일체포살법을 한 곳에 모은 것을 포살건도라 하며, 일체안거법을 한 곳에 모은 것을 안거건도라 하고, 일체자자법을 한 곳에 모은 것을 자자건도라 한다. 一切受戒法 集一處 爲受戒犍度 一切布薩法 集一處 爲布薩犍度 一切安居法 集一處 爲安居犍度 一切自恣法 集一處 爲自恣犍度", 『사분율행사초』 권상(대정장40, p.34b20)에 "율에 '포살법을 한 곳에 모은 것을 포살건도라 한다' 하였는데 바로 설계다. 律云 布薩法一處 名布薩犍度 卽說戒也"라고 하였다. [참고문헌] 『四分律』, 『四分律行事鈔』, *Vin.1.136.* ⇨ 설계건도 說戒犍度, 이십건도 二十犍度, 율장 律藏, 팔리율장 Pāli律藏

포살공주 布薩共住 포살하며 함께 머물다. 동일결계(同一結界)에 깨끗이 머무는(淨住) 화합승(和合僧) 즉 승가의 대중을 일컫는 말이다. 『십송율』 권22 「포살법 布薩法」(대정장23, p.158b3)에 "부처님께서 모든 비구들에게 말씀하셨다. '지금부터 두 가지 포살을 허한다. 첫째는 14일, 둘째는 15일이다. 첫째는 공양 전, 둘째는 공양 후다. 첫째는 낮이요 둘째는 밤이다. 아란야처든 취락변이든 지금부터 나는 하나로 포살하며 함께 머물러 화합하여 계 맺음을 허락한다. … 이와 같이 말한다. 「대덕 스님들이시여, 아무개 비구가 사방의 결계상을 소리내 말합니다. 이 모든 상 안쪽은 계내입니다. 이 중에서 대중은 하나로 포살하며 함께 머무를 터이니 결계를 짓습니다. 여러 장로께서는 누구든 이 중에서 하나로 포살하며 함께 머물러 결계 짓는 것을 인정하신다면 침묵하시고, 누구든 인정치 않으신다면 말씀해 주십시오」. 대중은 이 중에서 하나되어 포살하고 함께 머물러 계 맺었음을 마친다. 대중이 인정하여 침묵하였기에 이 일은 이와 같이 지닌다'. 佛語諸比丘 從今聽二種布薩 一 十四日 二 十五日 一 食前 二 食後 一 晝 二 夜 若阿練若處 若聚落邊 從今我聽一布薩共住 和合結界 … 如是白 大德僧聽 某甲比丘 唱四方界相, 是諸相內是界內 是中僧 一布薩共住 作結界 誰諸長老 忍是中一布薩共住作結界者 默然 誰不忍便說 僧是中一布薩共住結界竟 僧忍默然故 是事如是持"라고 하였다. [참고문헌] 『十誦律』, 『十誦羯磨比丘要用』(대정장23, p.502c23). ⇨ 포사다 逋沙他, 포살 布薩, 결계 結界❶, 화합승 和合僧

포살다바 布薩陀婆 Ⓢ upoṣadha, poṣadha, Ⓟ uposatha의 음사어. 포살(布薩)을 말한다. 『사분율행사초』 권상(대정장40, p.34b17)에 "포살은 정주라고 한다. 『출요율의』에 이르길 '이것은 교살라국의 말이다' 하였고, 6권 『니원경』에 이르길 '포살은 장양으로 두 뜻이니, 첫째는 청정한 계에 머묾이고, 둘째는 공덕을 증장시킴이다' 하였으며, 『잡아함경』에 포살다바라고 하였다. 布薩此云淨住 出要律儀云 是憍薩羅國語 六卷泥洹云 布薩者長養 二義 一 淸淨戒住 二 增長功德 雜含云 布薩陀婆", 『사분율행사초간정기』 권8(卍속장68, p.470b3)에 "포살다바는 또한 범어다. 바른 본음은 우보다바이니, 중천축의 바른 범어이기에 바른 본음이라고 하였다. 布薩陀婆 亦是梵語也 正本音優補陀婆 謂且中天正梵故 故云正本音也", "아래에서 스스로 풀어 이르길 '우는 단이라 한역하니, 일체 악들을 모두 그치고 끊어 몸을 더럽히지 않게 하기 때문이다. 보다바는 증장이라 한역하니, 악이 이미 사를 여의었으므로 반드시 선을 닦아 선법의 공덕이 생기게 하기 때문이다' 하였다. 下自釋云 優言斷者 一切諸惡皆止斷 令不汚體也 補陀婆言增長者 謂惡旣已離事 須修善令善法功德生故"라고 하였다. [참고문헌] 『四分律行事鈔』, 『四分律行事鈔簡正記』.

포살당 布薩堂 Ⓟ uposathāgāra, uposathagga. 포살 때 스님들이 모이는 곳. 설계당(說戒堂)이라고도 한다. 『오분율』 권18(대정장22, p.121c8)에 "당시 비구들이 노지에서 포살하였기에 모기·비바람·흙먼지에 곤란을 겪었다. 이에 부처님께 말씀드리자 부처님께서 말씀하시길 '포살당 짓는 걸 허하노라' 하셨다. 時諸比丘露地布薩 爲蚊虻 風雨 塵土所困 以是白佛 佛言 聽作布薩堂", 『백장청규증의기』 권7(卍속장111, p.781b8)에 "만약 같은 한 계 중에 보살과 비구승이 함께 머무는데 포살일을 만났다면, 먼저 포살당에 모여 비구계를 외우고 다음으로 불전 안에서 보살계를 외운다. 만약 어려운 연을 만나 계로부터 멀리 떨어져 있다면 먼저 비구계를 약송하고 다음으로 보살계를 광송한다. 若一界中 咸是菩薩比丘僧共住 逢布薩日 先集布薩堂 誦比丘戒 次於佛殿內 誦菩薩戒 設遇難緣 去界尙遠 則先略誦比丘戒 次廣誦菩薩戒"라고 하였다. 〔참고문헌〕『五分律』, 『百丈淸規證義記』, *Vin.4.107.*, *Sp.186.*

포살식 布薩食 재일(齋日)에 공양하는 깨끗한 음식. 『사분율산보수기갈마소제연기』 권4(卍속장64, p.944a1)에 "포살식이란 깨끗한 재일의 음식이다. 布薩食者 亦是淨齋之食耳"라고 하였다. 〔참고문헌〕『四分律刪補隨機羯磨疏濟緣記』. ⇨ 재 齋

포살일 布薩日 Ⓟ uposatha, uposatha-divasa. 포살을 행하는 날. 포쇄다일(褒灑陀日)이라고도 한다. 『오분율』 권18(대정장22, p.125c7)에 "부처님께서 왕사성에 계셨다. 이때 세존께서는 포살일에 비구들과 함께하셨는데 앞뒤로 둘러싸인 채 노지에 앉아 비구들에게 고하시길 '그대들은 조용히 하라. 이제 포살에 당하여 바라제목차를 설하겠다'. 佛在王舍城 爾時 世尊 布薩日 與諸比丘 前後圍繞 露地而坐 告諸比丘 汝等寂默 今當布薩 說波羅提木叉", 『사분율』 권35(대정장22, p.817c26)에 "이때 비구들은 날마다 설계로 피곤하였다. 이에 부처님께서 말씀하시길 '응당 날마다 설계해서는 안 된다. 지금부터는 포살일에 설계함을 허한다'. 時諸比丘日日說戒疲惓 佛言 不應日日說戒 自今已去 聽布薩日說戒", 『십송율』 권22(대정장23, p.159c15)에 "상좌가 포살 짓고자 한다면 자리에서 일어나 오른쪽 어깨 드러나게 가사 입고서 가죽신 벗고 무릎 꿇어 땅에 대고 합장한 다음 응당 이와 같이 말해야 한다. '장로들은 기억하시오! 오늘은 승중의 포살일이니 14일 또는 15일이오. 장로들은 아시오. 나 청정하며 무차도법 기억해 가졌으며 청정하여 포살 지으려 하니 계를 가진 대중 가득하였기 때문이오'. 若上座欲作布薩 從座起 偏袒著衣 脫革屣 蹋跪合掌 應如是語 長老 憶念 今僧布薩日 若十四日 若十五日 長老知 我淸淨 憶持無遮道法 淸淨作布薩戒衆滿故"라고 하였다. 〔참고문헌〕『五分律』, 『四分律』, 『十誦律』, *Sp.53·96.* ⇨ 포살 布薩, 포쇄다일 褒灑陀日

포살호 布薩護 Ⓢ upavāsa, Ⓣ bsnyen-gnas. 팔재계(八齋戒)를 달리 이르는 말. 재가자가 육재일(六齋日)과 삼장재월(三長齋月)에 팔재계를 수지하고 포살을 행하기에 이렇게 부르는데, 호(護)는 율의(律儀 Ⓢ saṃvara)를 의미하며 재가자의 계를 가리키기도 한다. 『사분율행사초』 권상(대정장40, p.34b19)에 "『구사론』에서 팔계라고 이름하여 말하길 포살호라 하였고, 『명료론』에서는 마음에 두기에 호라 이름하였으며, 몸과 입에 있어서는 계라 이름한다고 하였다. 俱舍論名八戒云布薩護也 明了言 在心名護 在身口名戒也"라고 하였다. 〔참고문헌〕『四分律行事鈔』, *Abh-k-bh.213.* ⇨ 팔계 八戒, 팔재계 八齋戒, 육재일 六齋日

포삼 布衫 베적삼. 『대혜어록』 권4(대정장47, p.827c27)에 "대혜 상당하여 들기를 '한 스님 조주에게 묻기를 「화상께서는 친히 남전을 뵈었다고 들었습니다. 맞습니까?」 조주 이르길 「진주에서 큰 무가 난다」. 또 다른 스님 조주에게 묻기를 「만법이 하나로 돌아간다면 그 하나는 어디로 돌아갑니까?」 조주 이르길 「나 청주에서 베적삼 한 벌 지었는데 무게가 일곱 근이었다」. 上堂 擧僧問趙州 承聞 和尙親見南泉 是否 州云 鎭州出大蘿蔔頭 又僧問 萬法歸一 一歸何處 州云 我在靑州 作一領布衫重七斤", "운거순노부 말하길 「진주의 무는 크고 청주의 베적삼은 무겁다는데, 그 중의 뜻을 알고 싶은가? 닭은 오경에 운다」 하였다'. 雲居舜老夫道 鎭州蘿蔔大 靑州布衫重 要會箇中意 雞向五更啼", "대혜 말하길 '운거의 이와 같은 말은 마치 익숙한 것을 잊기 어렵다 한 듯했지만, 경산이라면 그렇지 않았으리라. 진주의 무는 종래로 컸고 청주의 베적삼은 무게 분명한데도 납자들이 머리를 맞대고 분명한 뜻을 구하려 하니 마치 모기와 등에가 쇠못을 물고 있는 것 같다'. 師云 雲居恁麽道 大似熟處難忘 若是徑山 卽不然 鎭州蘿蔔從來大 靑州布衫斤兩明 衲子聚頭求的旨 却似蚊虻咬鐵釘", 『허당어록』 권2(대정장47, p.1001b19)에 "한 스님 묻길 '어떤 한 사람이 십이시중에 한 물건에도 의지하지 않을 땐 어떻습니까?' 허당 이르길 '암내 나는 베적삼을 벗어 버려야 한다' '이미 일물에도 의지하지 않는데 또 무엇을 벗습니까?' '꼭꼭 씹어 먹으면 굶주리기 어렵다'. 僧云 有一人十二時中不依倚一物時如何 師云 鶻臭布衫須脫却 僧云 旣不依倚一物 又脫箇甚麽 師云 細嚼難飢"라고 하였다. 〔참고문헌〕『大慧語錄』, 『虛堂語錄』.

포새 蒲塞 Ⓢ Ⓟ upāsaka의 음사어. 우바새(優婆塞)를 말한다. 이포새(伊蒲塞)라고도 한다. 『삼국유사』 권4

(대정장49, p.1005c27·한불전6, p.347b8) 의해(義解)5 자장정률(慈藏定律)에 "무릇 자장이 처음으로 세운 사탑이 10여 곳인데 매번 한 곳씩 지을 때마다 반드시 남다른 상서가 있었다. 이에 포새들의 공양물들이 저자를 가득 메웠으며 오래지 않아 절이 이뤄졌다. 凡藏之締構寺塔 十有餘所 每一興造 必有異祥 故蒲塞供塡市 不日而成"라고 하였다. 〔참고문헌〕『三國遺事』. ⇨ 우바새 優婆塞, 이포새 伊蒲塞, 청신녀 淸信女

포색갈라벌지성 布色羯邏伐底城 Ⓢ Puṣkarāvatī. 고대 인도 북부 간다라(Ⓢ Gandhāra : 乾陀羅)에 있던 도시로 가니색가왕가람(迦膩色迦王伽藍)이 있었던 곳이다. 현재의 파키스탄 페샤와르(Peshawar : 布路沙布邏城) 동북쪽 스와트(Swat)강 건너편에 있는 챠르사다(Chārsadda)에 비정된다. 알렉산드로스(Alexandros) 원정 때 이미 대도시로서 번영을 누리고 있었고, 중국 사서에도 순선성(循鮮城)·수선성(修鮮城)이라는 이름 등으로 밝혀져 있다. 『대당서역기』 권2(대정장51, p.881a9)에 "가니색가왕가람에서 동북 방향으로 50여리를 가서 큰 강(스와트)을 건너면 포색갈라벌지성에 당도한다. 둘레가 십사오리인데, 거주하는 인구는 아주 많아 집과 집들이 마을로 이어져 있다. 성 서쪽 문 밖에 하늘을 모시는 사당이 있는데, 천상은 위엄이 있고 영이함도 계속 이어지고 있다. 성 동쪽에는 솔도파가 있는데, 무우왕이 건립한 것으로 과거불 네 부처님께서 설법하시던 곳이다. 옛 성현은 중인도로 신을 내려 중생을 이끌었으니, 특히 이 땅에 참으로 많았다. … 성 북쪽으로 사오리 떨어진 거리에 옛 가람이 있는데 정원과 당우들은 황량하고 승도는 매우 적다. 그런데 모두들 소승법을 따라 익히고 있다. 迦膩色迦王伽藍 東北行五十餘里 渡大河 至布色羯邏伐底城 周十四五里 居人殷盛 閭閻洞連 城西門外 有一天祠 天像威嚴 靈異相繼 城東有窣堵波 無憂王之所建也 卽過去四佛 說法之處 先古聖賢 自中印度 降神導物 斯地寔多 … 城北四五里 有故伽藍 庭宇荒涼 僧徒寡少 然皆遵習小乘法教, 『대비바사론』 권130(대정장27, p.676b2)에 "언젠가 존자 만원이 걸식을 하려고 포색갈라벌지성에 들어가던 차에 성문 앞에서 뜻하지 않게 늙은 한 아귀녀를 만나게 되었다. 一時 尊者滿願 爲乞食故 將入布色羯邏伐底城 於城門前忽然見一老餓鬼女"라고 하였다. 〔참고문헌〕『大唐西域記』, 『大毘婆沙論』, 『慈恩傳』 권2(대정장50, p.230b5), 『漢書』 권96, 『舊唐書』 권198. ⇨ 부루사부라 富婁沙富羅

포서포조 捕鼠捕鳥 새 잡고 쥐도 잡다. 새가 되지도 못하고 쥐도 되지 못하는 박쥐. 파계승(破戒僧)을 비유한다. 『불장경』 권상(대정장15, p.788c14)에 "사리불아, 비유컨대 박쥐가 새를 잡으려 할 때에는 굴로 들어가 쥐가 되고, 쥐를 잡으려 하는 때에는 허공을 날며 새가 되지만 참으로 쥐나 새다운 용은 없으니, 그 몸이 더럽고 냄새나며 어둠만 좋아할 뿐이다. 사리불아, 파계한 비구도 이와 같다. 포살자자에 들어가지도 않고 왕자사역에도 들어가지 않아 백의라 하지도 못하고 출가라 하지도 못한다. 마치 시신을 태우고 남은 나무는 땔감으로도 다시 쓰지 못하는 것과 같다. 舍利弗 譬如蝙蝠 欲捕鳥時 則入穴爲鼠 欲捕鼠時 則飛空爲鳥 而實無有 鼠鳥之用 其身臭穢 但樂闇冥 舍利弗 破戒比丘 亦復如是 旣不入於布薩自恣 亦復不入王者使役 不名白衣 不名出家 如燒屍殘木 不復中用"라고 하였다. 〔참고문헌〕『佛藏經』, 『釋門歸敬儀』 권상(대정장45, p.855b5).

포석 蒲席 왕골로 짠 자리. 또는 왕골과 자리. 『십이문론소』(대정장42, p.185a15)에 "왕골과 자리가 일체라는 말은 외도들은 왕골 밖에 따로 자성을 지닌 것으로서의 자리가 있기에 왕골과 다르다고 여긴다. 言蒲席一體者 外謂蒲外別有自性之席 而異於蒲"라고 하였다. 〔참고문헌〕『十二門論疏』.

포석 鋪席 물건을 팔고 사는 상점. 법을 주고받음이 이와 같아 법석(法席)을 비유한다. 『원오어록』 권12(대정장47, p.767a9)에 "산승은 27년 동안 점포 하나 열어놓고 모든 사람에게 붙어 쓰는 것들 풀고 얽힌 것 없애주며 박힌 것 빼고 쐐기도 뽑아 주었다. 山僧二十七年 開箇鋪席 與一切人 解黏去縛 抽釘拔楔", 『종용록』 18칙 「평창 評唱」(대정장48, p.238c26)에 "조주 비록 큰 점포 차렸지만, 문제는 그저 벌려놓고 흥정하기 바쁠 뿐이다. 趙州雖大開鋪席 要且 只是平展商量"라고 하였다. 〔참고문헌〕『圜悟語錄』, 『從容錄』.

포석투하 抱石投河 돌 품은 채로 강물에 몸을 던지다. 하는 강(江)·연(淵) 등으로 쓰기도 한다. 『유마경약소』 권1(대정장38, p.580b21)에 "이 경에 이르길 '모든 부처님의 해탈은 마땅히 중생심 중에서 구해야 한다' 하였으니, 문자에 집착하고 마음을 떠나서 불보살의 해탈을 구하는 사람은 돌을 품은 채로 못에 몸을 던지고 밤에 돌아다니며 촛불 끈다 하리라. 此經云 諸佛解脫 當於衆生心行中求 若執文字離心 而求佛菩薩解脫者 可謂抱石投淵 夜遊去燭", 『석상초원어록』(卍속장120, p.165a16)에 "학인이 물었다. '일단 얻으면 영원히 얻는 그 때 어떤 것인지요?' '돌 품은 채로 강물에 몸을 던진다'. 問一得永得時如何 師云 抱石投河", 『정원약집』 권6 「장산개암장 蔣山芥菴章」(卍속장145, p.361b18에 "이리저리 흩날리는 마음이 일거든 흩날리는 바로 그 자리 능히 살피라. 구해도 없는 곳이라면 흩날리던 생각도 저절로 가버릴 것이다. 돌이켜 구하는 마음을 구하려 들면 구하던 그 마음이 어디 남아 있으랴? 바로 이렇게 하는 때 무어라 해야 할까? 돌 끌어앉고 강물에 몸을 던진다. 若起紛飛之心 卽究紛飛之處 究之無處 則紛飛之念自除 返究究心 則能究之心安在 正恁麼時如何 抱石投江"라고 하였다. [참고문헌] 『維摩經略疏』, 『石霜楚圓語錄』, 『正源略集』, 『維摩經』 권중(대정장14, p.544c6).

포선 枹璿 1868~1944. 근세 양주 봉선사(奉先寺) 스님. 휘는 포선이고, 호는 해은(海隱)이며, 속성은 신씨(申氏)요, 본관은 평산(平山)이다. 속명은 윤영(允泳)이요, 아버지의 휘는 석태(錫泰)며 어머니는 밀양손씨(密陽孫氏)부인이니 1868년(고종5) 7월 8일 서울 누하동에서 태어났다. 1879년(고종16) 12살 때 월하(月荷)스님을 은사로 하여 스님이 되었고, 1902년(광무6) 45세 때 봉선사에서 월초거연(月初巨淵)의 법을 이어 받은 후 1928년 61세 때 봉선사 주지에 취임하였고, 1939년 71세 때 두 번째로 봉선사 주지를 역임하고는 1944년 퇴임한 바로 그 해에 입적하였으니 세수 77, 법랍은 66세였다. 퇴경상로(退耕相老)가 비문을 지어 1944년 음력 10월에 세운 비가 봉선사에 있다. [참고문헌] 『退耕全書』 권1 pp.481~482, 智冠 『韓國高僧碑文總集 朝鮮朝·近現代』 pp.946~947.

포선니 蒲繕尼 Ⓢ bhojanīya의 음사어. 먹기 좋으며 충분히 배부른 부드러운 음식. 선은 선(膳)·사(闍) 등이라고도 음사한다. 『마하승기율』 권36(대정장22, p.521a26)에 "음식은 거다니식과 포사니식이다. 飮食者 佉陀尼食 蒲闍尼食", 『유부율』 권36(대정장23, p.821b23)에 "다섯 가지 포선니식이 있다〈머금어 씹는 뜻이다〉. 먹으면 충분히 배를 채울 수 있다. 무엇이 그 다섯인가? 첫째는 밥, 둘째는 맥두반, 셋째는 보릿가루, 넷째는 고기, 다섯째는 떡이다. 이 다섯을 먹을 때 족식이라 한다. 有五種蒲繕尼食〈是含噉義也〉 食成足食 云何爲五 一飯 二麥豆飯 三麨 四肉 五餠 噉此五時 名爲足食"라고 하였다. [참고문헌] 『摩訶僧祇律』, 『有部律』. ⇨ 포사니 蒲闍尼, 반자포선니 半者蒲膳尼, 식 食, 사야니 奢耶尼, 십오종식 十五種食, 이오식 二五食

포설 鋪設 존숙의 다례(茶禮)를 위해 단 위에 갖춰 차려놓다. 『백장청규』 권2 「제사열반 帝師涅槃」(대정장48, p.1117a22)에 "날이 되면 법좌 위에 공경히 패위를 안치하고 법에 맞게 갖춰 차려놓아야 하니 향·꽃·등촉·차·과일과 같은 맛난 음식을 엄정하게 갖추어 공양한다. 至日法座上 敬安牌位 如法鋪設 嚴備香花燈燭茶果 珍羞供養"라고 하였다. [참고문헌] 『百丈淸規』.

포소 布素 소박한 옷 또는 그 소재. 포는 무명이나 삼베와 같은 옷감, 소는 흰 색 또는 무늬 없는 한 가지 색. 『선원청규』 권9(卍속장111, p.926a2)에 "옷은 소박하게 입고 무늬를 넣지 않는다. 衣取布素 不以文彩", 『선림보훈합주』 권2(卍속장113, p.351b1)에 "입는 옷은 소박하였고 명성과 이양에는 전혀 마음을 두지 않았다. 衣惟布素 聲名利養 了無所滯", 『감산집』 권29(卍속장127, p.625a14)에 "정광거사(正光居士)는 비록 깊은 궁에 살았지만 입는 옷은 소박하였고 거친 음식을 달게 받아들이며 언제나 생사 꺼리는 마음으로 뜻을 품고 벗어날 길을 구하였다. 居士雖處深宮 衣唯布素 甘心蔬食 每厭生死 志求出離"라고 하였다. [참고문헌] 『禪苑淸規』, 『禪林寶訓合註』, 『憨山集』.

포쇄다 褒灑陀 Ⓢ poṣadha의 음사어. 포살(布薩)을 말한다. 포쇄타(布灑他·布灑陀)라고도 한다. 『일체경음의』 권60(대정장54, p.708b1)에 "포쇄다〈포는 보와 모를 반절한 음, 쇄는 사와 가를 반절한 음으로 범어 음사이다. 한역하면 장정이다. 중승이 화합하여 보름이 되면 하기에 반월포살이라 한 말이 그것이다〉. 褒灑陀〈上保毛反 次沙假反 梵語也 唐云 長淨 衆僧和合半月 半月布薩 是也〉", 『유부율』 권1(대정장23, p.630c11)에 "함께 머물지 못한다 하니, 이 범인은 모든 비구와 함께 머물 수 없다. 포쇄다나 수의사에 의하거나 단백·백이·백사 따위의 갈마에 의하거나, 만약 대중에게 일이 생기면 마땅히 12인을 뽑아서 이 죄를 판정하는 기한을 둔다. 그 동안에는 법이 되었거나 음식이 되었거나 함께 수용할 수 없다. 이로 말미암아 응당 함께 머물지 않는다고 한다. 言不共住者 謂此犯人 不得與諸苾芻 而作共住 若褒灑陀 若隨意事 若單白 白二 白四羯磨 若衆有事 應差十二種人 此罪差限 若法若食 不共受用 是應擯棄 由此名爲 不應共住", 『집이문족론』 권4(대정장26, p.381a11)에 "다섯 가지로 죄를 드러낸다. … (넷째로) 어떻게 포쇄타 때에 거죄를 안립하는가? [답] 포쇄타 때에 죄를 고백하기로 선택한 이는 다음처럼 말한다. '이 필추대중은 화합하여 함께 앉아 포쇄타를 하고 있으니, 나 아무개 필추는 포쇄타를 위해 다른 이의 죄를 고백하기로 선택하였습니다'. 이를 포쇄타 때에 거죄를 안립한다고 한다. 謂五種擧罪 … 云何布灑他時安立擧罪 答 謂布灑他時所差擧者 作如是言 此苾芻衆和合共坐作布灑他 我某苾芻爲布灑他之所差擧 是名布灑他時安立擧罪", 『대비바사론』 권2(대정장27, p.10a7)에 "이를테면 대중에 있을 수 없게 되더라도 다른 이에게 뜻을 전해 포쇄타를 할 때 어떤 비구들이 포쇄타를 얻게 할 수 있다. 謂如僧衆布灑他時 有諸苾芻雖不在衆 由與欲故得布灑他", 『구사론기』 권16(대정장41, p.261b19)에 "포쇄타는 한역하여 장양이라 하니, 계를 설하는 것을 듣고서 선근을 장양하는 것을 말한다. 구역에서 포살이라 한 것은 변한 말이다. 布灑他 此云長

養 謂聞說戒長養善根 舊云布薩 訛也”, 『대비바사론』 권116(대정장27, p.602b24)에 “〔답〕 파갈마란, 동일계 내에서 두 승가가 각각 따로 머물면서 포쇄타와 갈마와 설계를 하는 것을 말한다. 答 破羯磨者 謂一界內有二部僧各各別住 作布灑陀羯磨說戒”, 『범망경보살계약소』 권4(卍속장60, p.826a14)에 “포살은 온전히 한역해 포쇄타라 한다. 포쇄는 장양이란 뜻이고, 타는 정제란 뜻이다. 즉 보름마다 대중이 모여 계를 설하여 곧 선법을 장양하고 자신의 마음을 청정히 하며 온갖 불선을 버리는 것을 말한다. 布薩 具云布灑陀 布灑是長養義 陀是淨除義 謂由半月半月集衆說戒 便能長養善法 淸淨自心 除諸不善也”라고 하였다. 〔참고문헌〕 『一切經音義』, 『有部律』, 『集異門足論』, 『大毘婆沙論』, 『俱舍論記』, 『梵網經菩薩戒略疏』. ⇨ 포살 布薩, 여욕 與欲, 결계 結界

포쇄다일 褒灑陀日 포살일(布薩日)을 달리 부르는 말. 『유부율』 권31(대정장23, p.798b3)에 “만약 비구들이 계 밖으로 사람을 보낸다면 대중은 악작죄를 얻으며, 보내진 사람이 만약 가서 (남을) 가르치고 잡도리한다면 타죄를 얻는다. 비록 계 안으로 사람을 보낸다 해도 포쇄다일이 아니면 대중은 악작죄를 얻으며, 보내진 사람이 가서 가르치고 잡도리한다면 타죄를 얻는다. 비록 계 안이고 또한 포쇄다일이라 해도 대중이 모이지 않았다면 죄를 얻음이 앞에서와 같다. 若諸苾芻 於界外差人者 衆得惡作罪 被差之人 若往敎誡 得墮罪 若雖於界內差人 而非褒灑陀日 衆得惡作罪 被差之人 若往敎誡 得墮罪 若雖於界內 復是褒灑陀日 然衆不集 得罪同前”, 같은 책 권39(대정장23, p.843c29)에 “훗날 다른 때에 포쇄다일이 되어 그 두 용왕이 부처님 처소에 찾아와 부처님 발에 이마를 붙이고 절을 올리고 나서 한 편에 앉았다. 後於異時 至褒灑陀日 彼二龍王 來至佛所 禮佛足已 在一面坐”라고 하였다. 〔참고문헌〕 『有部律』. ⇨ 포살일 布薩日

포슬치 補瑟置 Ⓢ pauṣṭika의 음사. 사종(四種) 호마법 중 하나로 증익법(增益法)으로 한역한다. 『약출호마의』(대정장20, p.934b10)에 “호마법은 네 가지로 설한다. … 둘째 포슬치〈증익 또는 부귀라고 한역한다〉. … 포슬치를 구하는 이는 화로를 반월 또는 팔각으로 만든다. 護摩法者說其四種 … 二 補瑟置〈此云增益 或云富貴〉 … 若求補瑟置 爐如半月或作八角”라고 하였다. 〔참고문헌〕 『略出護摩儀』. ⇨ 호마 護摩

포슬치가 布瑟致迦 Ⓢ pauṣṭika의 음사. 사종 호마법 중 증익법. 포슬치가(布瑟置迦)·포슬치(補瑟置)라고도 음사한다. 이익을 더하기 위해 행하는 밀교작법이다. 『요략염송경』(대정장18, p.62a14)에 “증익을 닦는 이는 다리를 교차하고 무릎을 세워 동쪽을 향하며 사각형 화로를 마주하고 환희하고 앉아서 성취법을 행하면 이를 포슬치가라 한다. 修增益者 交脚竪膝而向東方 對於方相歡喜而坐 作成就法 名布瑟致迦”, 『일자불정륜왕경』 권2(대정장19, p.237a8)에 “만약 포슬치가법에서 다라니를 외울 때나 음식을 태울 때는 동쪽을 보고 한결같은 마음으로 가부좌하여 단정히 앉아 주문을 외운 후에 매번 솔·바·하 세 자를 덧붙인다. 若布瑟置迦法作誦呪時 燒火食時 面東一心跏趺端坐 呪後每加窣嚩訶三字”, 『오불정삼매다라니경』 권2(대정장19, p.272c14)에 “항상 포슬치가법을 행하고자 한다면 오유마를 백갱미로 화합하여 화식법을 한다. … 포슬치가법을 행하되 미라목·아수가목·아차나목·보리목·살야가목으로 항상 태운다. … 바람이 원만하게 되고 구하는 것이 뜻대로 되므로 포슬치가라고 한다. 若欲常作布瑟置迦法 亦以烏油麻和白粳米 作火食法 … 作布瑟置迦法 以弭攞木 阿輸迦木阿緹那木菩提木薩惹迦木 常然燒火 … 願得圓滿求者如意故 名布瑟置迦”, 『금강정경의결』(대정장39, p.811c18)에 “모든 원력이 신속하게 이루어지고 재물과 수명 등을 증장하고 일체가 스스로 조복하며 보는 이는 모두 공경하고 갖가지 모습으로 허공을 바르게 유행하며 웅황 등을 성취하면 이를 포슬치가라 한다. 諸願力速成增長財命等 一切自調伏 見者皆敬念 種種相端正遊行虛空中 成就雄黃等 是名布瑟致迦”라고 하였다. 〔참고문헌〕 『要略念誦經』, 『一字佛頂輪王經』, 『五佛頂三昧陀羅尼經』, 『金剛頂經義訣』. ⇨ 증익법 增益法, 호마 護摩

포슬파 布瑟波 Ⓢ puṣpa의 음사어. 꽃. 화(華·花)라고 한역한다. 『능엄경』 권7(대정장19, p.136a25)에 “포슬파하라〈식화귀〉. 布瑟波訶囉〈食花鬼〉”, 『하야게리바관세음보살수법단』(대정장20, p.172c4)에 “하야게리바관세음을 파견하려면 손에 소라비포슬타〈(마지막) 두 음을 1음절로 발음한다. 한역하여 ‘백화’라고 한다〉를 손에 들고 주문을 한 번 외우고 상(像)을 한 번 때린다. 이와 같이 일곱 번을 반복한다. 若欲發遣何耶揭唎婆觀世音者 手執素羅毘布瑟波〈二合 又云 柏花〉 呪一遍已 一打像上 如是七遍”, 『번역명의집』 권3(대정장54, p.1103b25)에 “포슬파는 한역하여 ‘화’라고 한다. 布瑟波 此云華”, 『능엄경정해평림』(卍속장90, p.328b11)에 “포슬파는 꽃이다. 布瑟波 花也”라고 하였다. 〔참고문헌〕 『楞嚴經』, 『何耶揭唎婆觀世音菩薩受法壇』, 『翻譯名義集』, 『楞嚴經精解評林』, 『施餓鬼甘露味大陀羅尼經』(대정장21, p.484b24).

포승가리 布僧伽梨 베(布)로 만든 승가리(Ⓢ Ⓟ saṃghāṭī). 가사(袈裟)를 말한다. 『대지도론』 권1(대정장25, p.58a18)에 “곧바로 차닉에게 명하여 백마에 수레를 걸게 하였다. 깊은 밤 성을 넘어 12유순을 달려 바가바선인이 머무르던 숲에 이르렀다. 칼로 머리카락을 자르고 뛰어난 보배옷을 거친 베로 만든 승가리와 바꾸어 입었다. 卽命車匿 令被白馬 夜半踰城 行十二由旬 到跋伽婆仙人所住林中 以刀剃髮 以上妙寶衣 貿麤布僧伽梨", 『법원주림』 권12 「칠백결집부 七百結集部」(대정장53, p.376b8)에 "존자 대가섭은 작은 목건련〈같은 이름을 가진 사람이 여섯이었고 모두들 대신통을 부렸다〉을 시켜서 승계단에 종을 울려 대중을 모이게 하였다. 그때 백억 사천하에서 평범하거나 성스러운 스님들 일체가 모두 모이자, 백사갈마를 시행하여 빈두로와 아난을 선택했다. 아난은 고좌에 올라가서 부처님의 포승가리를 걸치고 먼저 『유교경』을 암송하니, 마치 부처님이 계실 적에 교계를 맺으시는 모습과도 같았다. 尊大迦葉 使小目連〈同名者六人 皆大神通也〉 於僧戒壇 鳴鍾集衆 時百億四天下凡聖僧等 一切皆集 便白四羯磨 屭賓頭盧 及阿難已 阿難昇高座 披佛布僧伽梨 先誦遺敎經 如佛在世 約勅之相", "그때 대보살과 아라한, 일체비구와 천룡팔부가 모두 다 슬피 울었으니, 스스로를 이길 수 없었다. 그때 대가섭이 자리에서 일어서 포승가리를 입고 손으로 니사단을 집고 고좌 앞으로 다가가 좌구를 펼쳐 아난에게 예를 갖춘 다음 오른쪽으로 세 번 돌고 섰다. 時大菩薩 阿羅漢 一切比丘 天龍八部 聞皆悲泣 不能自勝 爾時大迦葉 卽從座起 著布僧伽梨 手執尼師壇 至高座前 敷座具禮 阿難已 右繞三匝而立"라고 하였다. 〔참고문헌〕『大智度論』, 『法苑珠林』, 『釋門章服儀』「序文」(대정장45, p.834a15). ⇨승가리 僧伽梨, 칠백결집 七百結集

포시 晡時 Ⓢsāyāhna-samaya, saṃdhyā, Ⓟsāyaṇha-samaya. 오후 3~5시 경. 12시로는 신시(申時) 또는 해질녘을 가리킨다. 『십송율』 권4(대정장23, p.23c27)에 따르면, 중후(中後)와 일몰(日沒) 사이의 시간이다. 『사분율』 권3(대정장22, p.587a29)에 "그때 답파마라의 아들이 포시에 고요한 자리에서 일어나 의복을 매만진 다음 떠나 세존의 처소에 이르렀다. 時 沓婆摩羅子 晡時 從靜處起 整衣服往 至世尊所", 『운문광록』 권상 「십이시가 十二時歌」(대정장47, p.553b16)에 "포시인 신시에 장삼이사도 말의 진실을 이해한다. 晡時申 張三李四會言眞", 『분양어록』 권하 「십이시가」(대정장47, p.629b11)에 "포시에 만 갈래 차별 꿰고, 천 가지 분별로 진실을 가린다. 하나 바르게 해서 백 가지 삿된 도 함께 일어나지 못하니, 십력으로 원통하기에 세존이라 부른다네. 晡時串萬別 千差識取眞 一正百邪俱不起 十力圓通號世尊", 『설두어록』 권5 「왕복무간 往復無間」(대정장47, p.704a8)에 "포시인 신시, 다급하게 뛰는 길 위의 저 사람, 짚신 밟아 다했건만 고향길은 아득하고, 정수리에는 뜨거운 종 일만근 이고 있구나. 晡時申 急急趍生路上人 草鞋踏盡家鄉遠 頂罩燒鍾一萬斤", 『백장청규』 권6 「좌참 坐參」(대정장48, p.1143b13)에 "포시가 되면 승당 안에 향을 준비하고 등을 켠다. 將晡時 僧堂內 裝香點燈"라고 하였다. 〔참고문헌〕『十誦律』, 『四分律』, 『雲門廣錄』, 『汾陽語錄』, 『雪竇語錄』, 『百丈淸規』, 『景德傳燈錄』 권29 「寶誌和尙十二時頌」(대정장51, p.450b9), *Sukh-vy. I.45.*, *MN.1.427.*, *SN.2.205.*

포식 飽食 Ⓟodarikatta, bhatta-sammada. 배부르게 먹다. 물리도록 많이 먹다. 『육도집경』 권3(대정장3, p.11c13)에 "왕은 후에 목숨이 다하려는 때 마치 강건한 사람처럼 배부르게 먹고 편안히 누운 채로 문득 도리천에 났다. 王後壽終 如强健人 飽食快臥 忽然上生忉利天上", 『낙방유고』 「임종을 맞아 염불할 수 없는 열 종류의 사람(世有十種人 命終不得念佛)」(대정장47, p.239b23)에 "여덟째, 포식이 도가 지나쳐 혼미하여 죽음에 이른다. 八 飽食過度 昏迷致死"라고 하였다. 〔참고문헌〕『六度集經』, 『樂邦遺稿』, *MN.1.461.*, *SN.5.64.*

포실집 蒲室集 원대 소은대흔(笑隱大訢) 지음. 연준(延俊) 등 엮음. 15권. 대장경보편24, pp.189a8~356a9에 수록되어 있다. 오회사어(烏回寺語), 선종대보국사어(禪宗大報國寺語), 중천축사어(中天竺寺語), 대용상집경사어(大龍翔集慶寺語), 진찬(眞贊), 게송(偈頌), 서(序), 제발(題跋), 고사(古辭), 고시(古詩), 율시(律詩), 절구(絶句), 연(聯), 기(記), 명(銘), 서문(書問), 소(疏) 등으로 구성되어 있다.

포악 暴惡 ⓈⓅcaṇḍa, Ⓣgtum-pa.난폭하고 흉악하다. 또는 그러한 사람이나 행위. 인욕(忍辱)을 약으로 삼는다. 『증일아함경』 권9(대정장2, p.590c16 : *Cullavagga, Vin.2,* p.195)에 "세존께 '이 코끼리는 포악하여 해를 입힐까 두려우니 멀리 피하셔야 합니다'라고 아뢰자 세존께서 말씀하셨다. '무서워 마라, 아난아! 내가 이제 여래의 신통한 손으로 이 코끼리를 항복시키겠다'. 白世尊曰 此象暴惡 將恐相害 宜可遠之 世尊告曰 勿懼 阿難 吾今當以如來神手 降伏此象 ayaṃ bhante nālāgiri hatthi caṇḍo manussaghātako imaṃ racchaṃ paṭipanno. paṭikkamatu bhante bhagavā paṭikkamatu sugato ti. āgacchatha bhikkhave mā bhāyittha. aṭṭhānametaṃ bhikkhave anavakāso yaṃ parūpakkamena tathāgataṃ jīvitā voropeyya", 『대반야경』 권567(대정장7, p.931a1)에 "성품이 포악한 사람에게는 인욕을 행하도록 가르친다. 性暴惡者 敎行忍辱", 『번역명의집』 권2(대정장54, p.1078c18)에 "야차는 용건이라 한역하고 포악이라고도 한역한다. 夜叉 此云勇健 亦云暴惡"라고 하였다. 〔참고문헌〕『增壹阿含經』, 『大般若經』, 『翻譯名義集』, *Vin.*, *Mvyut.147.*

포악아육왕 暴惡阿育王 Ⓢ Caṇḍa-aśoka. 음사어는 전다아수가(旃陀阿輸柯). 불교를 신행하기 전 아육왕의 별명. 『잡아함경』 권23(대정장2, p.163b27)에 "왕의 몸은 초라하고 피부는 거칠었다. 여러 채녀들이 마음속으로 왕을 사랑하지 않고 증오하였기에 손으로 무우화수를 꺾어 망쳐놓았다. 왕이 잠에서 깨어 무우수화를 살펴보니 땅에 낭자하게 어지렵혀 있었다. 분노심이 일어나 여러 채녀를 묶어 불로 태워 죽여버렸다. 왕의 행동이 이렇듯 포악하였기에 '포악아육왕'이라 일컬었다. 王形體醜陋 皮膚麤澁 諸婇女輩 心不愛王 憎惡王故 以手毁折無憂華樹 王從眠覺 見無憂樹華 狼藉在地 心生忿怒 繫諸婇女 以火燒殺 王行暴惡 故曰 暴惡阿育王"라고 하였다. ［참고문헌］『雜阿含經』, 『釋迦譜』 권5(대정장50, p.77b21), *Divy.374.* ⇨ 아육왕 阿育王

포암 蒲庵 ❶ 조선후기 스님. 법호는 포암(蒲庵). 서암일화(瑞巖日華)의 법손(法孫)이다. 『동사열전』 권3 「서암선사전 瑞巖禪師傳」(한불전10, p.1028c01)에 "서암의 법제자는 석담만의, 석담의 법제자는 호봉성관, 포암덕정, 선월행정이다. 瑞岩之子 石潭萬宜 石潭之子 虎峰聖舘 蒲庵德政 船月幸政"라고 하였다. ［참고문헌］『東師列傳』. ❷ 전라남도 장흥군 천관면 지제산(支提山)에 있던 암자. 『지제지』 암실(庵室)에 "포암은 포봉 남쪽 절벽에 있다. 벽에 의지하여 수 장쯤되는 석대를 쌓아 돌비탈길을 통하게 하였고, 돌 사이의 사방 한 장 정도인 곳에다가 한 칸의 작은 암자를 지었다. … 모든 돌에는 이끼가 끼어 덥수룩한 듯 보이지만, '대불' 두 글자가 새겨져 있다. 모습은 상수리나무와 같이 큰데 이끼를 쓸고 글자를 새겼으므로, 지금까지 이끼가 번지지는 않아, 사람들이 모두 이상하게 보았다. 경종 계묘(1723・경종3)에 무너졌다. 蒲庵在蒲峯南崖 依壁築石臺數丈 以通磴道 占得石隙方丈 構一間小菴 … 全石苔髮鬖鬆 而有大佛二字 畫大如橡 掃苔成字 自古及今苔不侵蝕 人皆以爲異觀 景宗癸卯年間壞"고 하였다. ［참고문헌］『支提誌』, 『韓國寺刹全書』 권하 p.1122a11.

포어 捕魚 Ⓢ kaivarta, Ⓟ kevaṭṭa, Ⓣ nya-pa. 물고기를 잡다. 고기잡이. 불율의로 삶을 영위하는 열두부류(十二種不律儀家) 중 하나다. 『장아함경』 권14 「범동경 梵動經」(대정장1, p.93c28 : *Brahmajāla-sutta, DN.1,* p.45)에 "마치 재주가 좋은 고기잡이가 촘촘한 그물로 작은 연못을 덮으면, 연못중에 사는 생류들이 다 그물 안에 들어 피할 곳이 없어서 벗어나지 못하는 것과 같음을 알아야 할 것이다. 猶如巧捕魚師 以細目網覆小池上 當知池中水性之類 皆入網內 無逃避處 齊是不過 seyyathāpi bhikkhave dakkho kevaṭṭo vā kevaṭṭantevāsī vā sukhumacchikena jālena parittaṃ udakadahaṃ otthareyya", 『대지도론』 권7(대정장25, p.114b29)에 "또 물고기를 잡듯 하니 앞서 던진 그물로 다 잡지 못하면 뒤에 던질 그물로 잡는 것과 같다. 又如捕魚 前網不盡 後網乃得", 『대비바사론』 권117(대정장27, p.607a25)에 "열두 가지 불율의로 살아가는 이들이 있으니 … 다섯째는 물고기를 잡는 집단이다. … 생계를 위해 새들을 잡는 것이니 물고기를 잡는 등의 집단들도 이와 같다. 有十二種不律儀家 … 五捕魚 … 爲活命故採捕衆鳥 捕魚等亦如是"라고 하였다. ［참고문헌］『長阿含經』, 『大智度論』, 『大毘婆沙論』, *DN., Laṅk.246.*

포염 泡焰 Ⓢ marīci. 아지랑이. 무상(無常)이나 덧없음의 비유로 양염(陽焰)이라고도 한다. 『대장엄론경』 권5(대정장4, p.286a13)에 "이 몸은 마치 물거품이나 파초 그리고 포염과 같다. 此身如聚沫 芭蕉及泡焰", 『법화경』 권6(대정장9, p.47b5)에 "세간 모두가 굳고 오래가지 못하니, 물거품이나 아지랑이와 같다. 그대들 모두 마땅히 싫어 떠나겠다는 마음 속히 일으켜야 하리. 世皆不牢固 如水沫泡焰 汝等咸應當 疾生厭離心"라고 하였다. ［참고문헌］『大莊嚴論經』, 『法華經』, *Saddh-p.351.* ⇨ 여몽환포영여로역여전 如夢幻泡影如露亦如電

포옥 抱玉 옥을 품다. 『십불이문지요초』 권하(대정장46, p.716c24)에 "비록 코끼리가 들어가면 물이 흐려지고 구슬을 넣으면 맑아지지만 흐려지는 연도 물과 더불어 있다. 종래로 깨닫지 못해 탁함 앞에 있으니, 마치 산이 옥을 품듯 하고 모래에 금 있는 것처럼 옥은 덩어리진 채로 본래 있다. 雖象入則濁 珠入則清 而其濁緣 與水俱有 從來未悟 故濁在前 如山抱玉 如沙有金 鑛璞本有", 『십불이문지요초상해』 권하본(卍속장100, p.437b3)에 "산과 모래는 일념을 비유하고, 옥을 품거나 금이 섞여 있음은 법성의 정용을 비유한다. 옥 품은 광석은 전체가 미한 중에 있고 물든 것들 중에 본유를 성취하고 있음을 비유한다. 山沙喩一念 抱玉有金 譬法性淨用 鑛璞譬全體在迷 濁成本有也"라고 하였다. ［참고문헌］『十不二門指要鈔』, 『十不二門指要鈔詳解』.

포옥지비 抱玉之悲 옥을 품은 슬픔. 변화(卞和)의 고사. 옥을 돌로 여겨 알아주지 않아 슬퍼한다는 말로, 왕유(王維) 「육조능선사비명」에 "선사가 깨우치신 것은 (용녀가 부처님께) 구슬 바치고 돌아보던 일과 같다. 세인들이 알지 못함은 변화가 옥을 끌어안고 슬퍼하던 일과 같다. 先師所明 乃類獻珠之顧 世人未識 猶多抱玉之悲"라고 하였다. ［참고문헌］「六祖能禪師碑銘」. ⇨ 변화삼헌 卞和三獻, 변벽 卞璧

포와단 布臥單 펴고 접으며 앉거나 눕기 위해 베로 만든 자리. 수행자가 갖추어야 할 도구(道具) 중 하나로 면단(眠單)이라고도 하며, 잘 때는 펴고 앉을 때 반으로 접어서 쓴다. 『선원청규』 권1 「변도구 辨道具」(卍속장111, p.877b9)에 "총림에 들어가려면 먼저 도구를 갖추어야 한다. 곧 삿갓·주장자 … 포와단·면피·정건삼조 등을 말한다. 將入叢林 先辨道具 所謂爲山笠 拄杖 … 布臥單 綿被 淨巾三條"라고 하였다. 〔참고문헌〕 『禪苑淸規』. ⇨ 면단 眠單, 비구십육물 比丘十六物

포외 怖畏 Ⓢ Ⓟ bhaya, uttrāsa, Ⓣ skrag-pa, 'jigs-pa. 두려워 떨다. 공무아(空無我)를 사무쳐 알지 못함에서 비롯한다. 그래서 깨우친 이의 덕이 무소외(無所畏)다. 『십주비바사론』 권2(대정장26, p.27a12)에 "또한 보살은 초지를 얻고 모든 두려움이 없기에 마음에 기쁨이 넘친다. 만약 두렵다면 마음이 기쁘지 않을 것이다. … 아와 아소가 없기 때문이니 어떻게 이런 모든 두려움이 있겠는가? 復次 菩薩得初地 無諸怖畏故 心多歡喜 若怖畏者 心則不喜 … 無我我所故 何有是諸畏", 『월등삼매경』 권9(대정장15, p.610c6)에 "법사는 칼을 보고도 두려워하지 않으니, 법은 결국 공이라고 사념하기 때문이다. 중생 가히 죽일 수 없으니, 공이어서 아도 인도 없으니 석벽 같기 때문이다. 法師見刀不怖畏 以其思念空法故 無有衆生而可殺 空無我人如石壁", 『정법염처경』 권63(대정장17, p.376a24)에 "이와 같은 사람은 죽음을 두려워하니, 제세간 실로 견고함 없어 일체가 모두 고이며 일체무아이고 일체가 모조리 공하다 관해야 한다. 如是之人 怖畏死故 觀諸世間 悉無堅固 一切皆苦 一切無我 一切皆空", 『광백론본』(대정장30, p.184b2)에 "어리석은 사람은 공법이라는 이름만 듣고도 모두 큰 두려움을 일으킨다. 마치 힘이 아주 센 사람을 보고는 겁이 나 달아나는 것과 같다. 愚聞空法名 皆生大怖畏 如見大力者 怯劣悉奔逃", 『대승광백론석론』 권6(대정장30, p.218c13)에 "본래 무아이고 모든 법 공하므로 열반에 대하여 전혀 두려움이 없다. 本來無我 諸法皆空 故於涅槃 全無怖畏", 『성실론』 권11(대정장32, p.327c8)에 "만약 누구라도 참된 공의 지혜가 생기기 전이라면 아라는 마음 있기에 무아 설함을 들으면 두려움이 일어난다. 예컨대 부처님께서 '만약 범부인이 공하여 무아라는 소리를 들으면 다시는 아무 일도 하지 못하여 큰 공포를 느낄 것이다'라고 하신 말씀과 같다. 그러므로 공의 지혜를 얻지 못했음을 알 수 있다. 아라는 마음 있기에 열반을 두려워하고 사견에 휩싸인다. 공을 아는 진실한 지혜를 얻고 본래 없음을 안다면 두려워할 일이 없다. 若人未生 眞空智慧 有我心故 聞說無我 卽生恐懼 如佛言 若凡夫人 聞空無我 更不復作 則大驚怖 故知未得空智 有我心故 怖畏泥洹 則爲邪見 得眞空智 知本來無 則無所畏"라고 하였다. 〔참고문헌〕 『十住毘婆沙論』, 『月燈三昧經』, 『正法念處經』, 『廣百論本』, 『大乘廣百論釋論』, 『成實論』, *Yogā-bh.137.*, *Śrāv-bh.131.*, *Madhy-vibh. 29.* ⇨ 오포외 五怖畏 ❶❷, 사무소외 四無所畏

포외계 怖畏戒 Ⓢ bhaya-śīla, Ⓣ 'jigs-pa'i-tshul-khrims. 두려움 때문에 계를 가진다. 사종계(四種戒) 중 하나다. 『구사론기』 권18(대정장41, p.287b7)에 "첫째는 포외계이다. 여기에도 네 가지가 있다. 첫째, 의식을 해결하며 살아가지 못할 수 있다는 두려움 때문이다. 둘째, 세간에 퍼지는 악명이 두렵기 때문이다. 셋째, 대중이 내리는 벌이 두렵기 때문이다. 넷째, 미래세에 악취에 떨어지는 과보가 두렵기 때문이다. 이런 이유로 계를 받아서 지킨다. 一 怖畏戒 於中有四 一 怖衣食不活畏故 二 怖世間惡名畏故 三 怖大衆治罰畏故 四 怖未來惡趣畏故 受護尸羅"라고 하였다. 〔참고문헌〕 『俱舍論記』, *Abh-k-bh.273.* ⇨ 불활 不活❶, 사종계 四種戒❶, 사종지계 四種持戒, 지계 持戒

포요 包腰 허리춤에 짐을 둘러매다. 길을 떠나 만행의 의지를 드러내는 모양새다. 『운암극문어록』 「행장 行狀」(卍속장120, p.211b10)에 "뜻풀이 불사르고 나서 허리춤에 짐을 둘러매고 남쪽으로 떠났다. 旣焚其疏義 包腰而南", 『임간록』 권상(卍속장148, p.599b1)에 "할을 한 번 내지르고 법좌에서 내려와 허리춤에 짐을 둘러매고 떠나자 일단의 대중이 크게 놀라 만류하였으나 듣지 않았다. 喝一喝 下座 包腰而去 一衆大驚 遮留之不可"라고 하였다. 〔참고문헌〕 『雲菴克文語錄』, 『林間錄』.

포운 布雲 19세기 후반 대구 팔공산 동화사 스님. 호는 포운. 휘는 윤경(閏褧)이다. 〔참고문헌〕 『팔공산 동화사』(동화사·국립대구박물관, 2009). ⇨ 윤경 閏褧

포운 圃雲 구한말 정수(定守)의 법호다. ⇨ 정수 定守

포운 浦雲 1807~1867. 조선후기 해남 대흥사 스님. 휘는 응원(應元), 호는 포운(浦雲), 속성은 김씨니, 1807년(순조7) 전라남도 강진군 파미(巴尾)에서 태어났다. 응원(應元)의 법호이다. ⇨ 응원 應元

포월 抱月 ❶ 18세기초 스님 포월(抱月)의 법호. ⇨ 초민 楚旻 ❷ 구한말 스님. 1941년에 관림(觀林)이 그린 진영이 지리산 화엄사(華嚴寺)에 있으며 석전정호(石顚鼎鎬 1870~1943)가 영찬(影讚)을 지었다. 「화엄사포월선사상찬 華嚴寺抱月禪像贊」(『석전문초』 석림초 p.64)에 "오랫동안 백련사주였으며 범패를 잘하여 음성으로 불사를 지으니 진면목이라 이를 만합니다. 久作白蓮社主 好梵唄 以音聲作佛事 可爲是眞面目"라고 하였다.

〔참고문헌〕『石顚文鈔』石林草.

포육 苞育 감싸안아 기르다. 포(苞)는 포(包)와 같다. 『출요경』 권12(대정장4, p.677a24)에 "옛날 사위성 안에 한 장자가 있었다. 삼보를 독실하게 믿고 자애와 인으로 보시를 베풀어서 중생을 감싸안아 기르면서 모든 궁핍한 이들을 보살폈다. 昔舍衛城裏有一長者 篤信三尊慈仁惠施 苞育衆生賙諸窮乏", 『초일명삼매경』 권1(대정장15, p.533a29)에 "보살에는 네 가지 일이 있어 이 정을 빨리 얻는다. 무엇이 네 가지인가? 중생을 감싸안고 기르기를 어린 자식과 같이 한다. 항상 큰 자비행하여 피차가 있지 않다. 어리석음 깨우치길 권유해서 도의 밝음을 보게 한다. 밤낮으로 정진하여 도에 뜻을 둘 뿐 구할 것이 없다. 이것이 네 가지다. 菩薩有四事疾得斯定 何等爲四 苞育衆生愛若赤子 常行大慈無有彼此 勸誨愚癡示以道明 晝夜精進志道無求 是爲四"라고 하였다. 〔참고문헌〕『出曜經』, 『超日明三昧經』.

포응 布應 구한말 봉직(奉直)의 법호. 1900년에 세운 대선사포응당봉직공덕불망비(大禪師布應堂奉直功德不忘碑)가 해인사 비림에 있으며, 비문은 이지관(李智冠) 『가야산해인사지』 p.767에 "특히 가야를 보호하신 일을 돌에 어찌 말해 다하리요! 공덕 우뚝한 산과 같으니 길 들어옴에 더욱 넓어졌도다. 特護伽倻 石何盡言 功德同屹 路口尤大"라고 하였다. 〔참고문헌〕『伽倻山海印寺誌』 p.716. ⇨봉직 奉直

포의 布衣 베옷. 소박한 무명옷. 『불조역대통재』 권7(대정장49, p.528a18)에 "축승랑은 경조 출신이다. 오직 강설을 소임으로 삼고 거친 음식을 먹고 베옷을 입으며 뜻은 세속 밖에 두었다. 竺僧朗 京兆人也 專以講說爲任 而疎食布衣 志耽物外"라고 하였다. 〔참고문헌〕『佛祖歷代通載』. ⇨포삼 布衫

포의 蒲衣 ❶ 조선후기 스님 심여(心如 1828~1875)의 실호(室號). ⇨심여 心如[2] ❷ 부들로 엮어 만든 허름한 옷. 『목암문강어록』「문수대사초의상 文殊大士草衣相」(卍속장123, p.802a12)에 "포의를 몸에 걸치고 금문을 손에 쥐었으니 어찌 사사무애로 근본묘광삼매를 밝힌 성자라 하지 않으랴! 蒲衣被體 金文在手 詎非所謂事事無礙 發明根本妙光三昧者也"라고 하였다. 〔참고문헌〕『穆菴文康語錄』.

포이아갈 布儞阿喝 Ⓢ pūtimukta의 음사어. 비구 사법(四法) 중 하나. 부란식약(腐爛食藥)·부란약(腐爛藥)·진기약(陳棄藥)이라고도 한다. 『사분율개종기』 권7본(卍속장67, p.20b5)에 "범어로 포이아갈〈부란식약이라 한다〉이다. 버린 물건이기에 『오분율』 16권에 '잔기약'이라 하였다. 梵云 布儞阿喝〈此云腐爛食藥〉 卽是所棄之物 故五分第十六云 殘棄藥"라고 하였다. 〔참고문헌〕『四分律開宗記』. ⇨부란약 腐爛藥, 진기약 陳棄藥

포자관 布字觀 아(अ 阿)자 등의 범자(梵字)를 진언행자의 마음과 신체에 포치하고 그 자의(字義)를 관상하여 자신을 가지하는 관법. 포자엄신관(布字嚴身觀)이라고도 한다. 금강계는 지혜를 중시하여 마음에서 자륜(字輪)을 관상하고 태장계는 이(理)를 탐구하므로 신체에서 법신(法身)의 자(字)를 포치하고 자신이 대일여래와 같다고 관상한다. 오자엄신관(五字嚴身觀)·십구포자(十九布字)·백광변조(百光遍照)·삼부사처륜관(三部四處輪觀)은 모두 포자관이다. 『대일경소』 권17(대정장39, p.755b13)에 "마음에 포치하므로 심심이라 한다. 평소 심심이라 부르는 것은 의식과 말나식이다. 지금 여기에서는 뜻에 다름이 있다. 아자를 진언행자의 마음에 포치함을 말한다. 아는 일체법의 핵심이고 마음에 포치하였으므로 심심이라 하였다. 이는 최초의 범자이므로 먼저 마음에 포치한다. 마음은 일체지분의 주인이다. 아자 역시 그러하다. 이는 일체진언의 주이다. 이것을 포치하고 나머지 다른 범자는 일체지분에 포치하는데 하품의 설명과 같다. 이 아자는 원만한 밝음의 비춤이 있다. 욕망에 물든 진언행자의 마음이 진실한 지혜의 마음과 더불어 서로 화합하면 진실 안에서 같아지고 함께 일미가 된다. 이와 같이 관하는 이가 바로 여래이다. 그러므로 '만약 이와 같이 관상하는 이는 나와 같다'고 한 것이다. '나'란 부처님께서 스스로를 가리키신 것이다. 또한 다시 대아는 여래와 같다. 그러므로 곧바로 '이것이 나다'라고 한 것이다. 布於心故名心心也 如常說心心者 謂意及末那 今此中義有異 謂以阿字而布於行者之心 阿是一切法心 而布於心 故名心心也 猶此是最初故先布於心 心是一切支分之主 阿字亦爾 是一切眞言之主 旣布此竟 其餘諸字則布於一切支分 如下品說也 然此布阿字法 卽是前文所說 先觀其心八葉開敷置阿字其上 此阿字卽有圓明之照也 將行者染欲之心 與眞實慧心而相和合 卽同於眞而共一味也 如是觀者卽是如來 故云彼若如是作者卽是我也 我者佛自指也 又復大我者卽是如來 故云卽是我也"라고 하였다. 〔참고문헌〕『大日經疏』. ⇨아자관 阿字觀

포자품 布字品 『대일경』 제17품의 이름. 종자를 자리잡아 놓다의 뜻이다. 범자의 종자를 진언행자의 오체(五體)에 포치하는 관법을 설한다. 『대일경의석연밀초』 권9(卍속장37, p.239b13)에 "포자품이란, 포는 포치한다는 뜻이고 자는 자문이다. 가거에서부터 암악 등에 이르기까지 하나하나가 모두 법계에 들어가는 문이라는 뜻이다. 자가 문과 같으므로 자문이라 한다. 또한 자는 포치의 대상이고 포치하는 것은 포치의 주이니 주에 의지하여 해석하면 진언행자가 낱낱의 자를 목구멍과 턱에서 정수리에 이르기까지 열 자의 자리에 분명하게 포치하면 마음이 항상 현전하니 이와 같은 진언행자는 등정각을 이루었다고 하거나 일체지자라고도 한다. 그러므로 포자품이라 한다. 布字品者 布謂安布 字卽字門 謂此從迦佉 乃至暗噁等 一一皆是入法界門 字卽門故 故曰字門 又字是所布 布是能布 作依主釋 行者將一一字 從咽下齶上 乃至頂 十字處分明安布 心常現前 如是行者 卽得名爲成等正覺 乃至名爲一切智者 故曰布字品也"라고 하였다. [참고문헌]『大日經義釋演密鈔』. ⇨ 대일경 大日經

포장 包藏 속에 감추다. 품어 간직하다. 『불명경』(대정장14, p.189a14)에 "지금 만약 참회하지 않으면 죄악이 날로 깊어지므로 흠을 속에 감추게 되니 부처님께서 허용하지 않으실 것이다. 今日若不懺悔 罪惡日深 故包藏瑕疵 佛教不許", 『발보리심론』(대정장32, p.574c17)에 "이 보리심은 모든 부처님의 공덕법을 능히 품어 간직하므로 만약 닦고 증득하여 드러낸다면 모든 사람의 길잡이가 될 것이다. 此菩提心 能包藏一切諸佛功德法故 若修證出現 則爲一切導師"라고 하였다. [참고문헌]『佛名經』, 『發菩提心論』.

포장규굴 抱贓叫屈 훔친 물건 끌어안고 억울하다고 외치다. 온통 남의 살림살이인 줄도 모르고 아까워하다의 뜻이다. 『원오어록』 권1(대정장47, p.716a15)에 "조사의 수단이란 것이 훔친 물건을 끌어안고서 억울하다 외침이니, 향상하는 기관이라면 소리높여 메아리 그치게 해야 하리. 祖師巴鼻 是抱贓叫屈 向上機關 是揚聲止響"라고 하였다. [참고문헌]『圜悟語錄』.

포전인옥 抛塼引玉 벽돌 버리고 옥을 얻다. 『경덕전등록』 권16 「설봉의존전 雪峰義存傳」(대정장51, p.328a19)에 "설봉이 경청에게 말했다. '옛날에 어떤 노숙이 관인을 인도하여 승당을 돌면서 「이 한 무리 대중들은 모두 불법승을 공부합니다」라고 하자 관인이 「금가루가 비록 귀하다고는 하지만 눈에 붙어서야 어떠하겠습니까?」라고 하였는데, 노숙은 아무 말도 못했다'. 경청이 그 노숙을 대신하여 답했다. '본래 벽돌 버려 옥을 얻고자 하였습니다'. 師謂鏡淸曰 古來有老宿 引官人巡堂云 此一衆 盡是學佛法僧 官人云 金屑雖貴 又作麽生 老宿無對 鏡淸代曰 比來抛塼引玉"라고 하였다. [참고문헌]『景德傳燈錄』, 『五祖法演語錄』 권1(대정장47, p.652b27).

포정해우 庖丁解牛 포정이 소를 풀어헤치다. 『장자 莊子』 「양생주 養生主」에 나온다. 『십이문론소』 「서 序」(대정장42, p.173b28)에 "포정이 소를 발라내면서 가죽의 온전한 형태 상하지 않고 소 풀어헤치니, 소의 몸은 텅 비었다. 그러므로 「외편」에서 '포정 생활 12년 동안 온전한 소 몸통을 못 보았다'라고 하였으니, 소의 몸통 사라져 없다는 뜻이다. 용수의 방편반야는 임시의 이름 부수지 않고 모든 법이 필경공임을 밝혔으니, 마치 가죽을 상하지 않고 온전히 도려내는 일과 같다. 庖丁解牛 不傷皮完 而全牛體解散 牛體便空 故外篇云 庖丁十二年 不見全牛 卽牛體空也 龍樹 方便波若 不壞假名 明一切法 卽畢竟空也 如不傷皮割完也", 『조론신소』 권중(대정장45, p.213c4)에 "포정이 소 풀어헤치니 칼날 움직임 익어 묘하기에 '칼날 노닐듯 한다'고 한다. 그가 '칼날을 자유롭게 놀리는 솜씨는 틀림없이 뼈와 살 사이의 빈틈이 있기 때문이다'라고 했던 말이 그 뜻이다. 庖丁解牛 運刃熟妙 故曰游刃 彼云 其於游刃 必有餘地矣"라고 하였다. [참고문헌]『十二門論疏』, 『肇論新疏』, 『碧巖錄』 94則 「評唱」(대정장48, p.218a4). ⇨ 무후인 無厚刃

포제목지비살사 晡堤木底鞞殺社 Ⓢ pūtimukta-bhaiṣajya의 음사어. 부란약(腐爛藥)·진기약(陳棄藥) 등이라 한역한다. 『남해기귀내법전』 권3(대정장54, p.225a20)에 "범어 '포제목지비살사'라는 음사어에서 포제는 진, 목지는 기, 비살사는 약이라 한역한다〈곧 진기약이다〉. 梵云 晡堤木底鞞殺社 晡堤是陳, 木底是棄, 鞞殺社譯之爲藥〈卽是陳棄藥也〉"라고 하였다. [참고문헌]『南海寄歸內法傳』, 『四分律名義標釋』 권24(卍속장70, p.770a13), *Mvyut.265.* ⇨ 부란약 腐爛藥, 진기약 陳棄藥

포조 包條 행각(行脚)하는 수행자의 도구(道具) 중 하나로 싸서 묶고 멜 수 있는 끈. 물건을 묶어 끼워서 다는 용도다. 『선원청규』 권1 「장포 裝包」(卍속장111, p.878a5)에 "다음으로 포조를 묶는다〈그런 다음 침자·다통·정병을 끼워서 끈 위에 놓고 전포의 좌우에 놓는다〉. 次繫包條〈然後 揷枕子茶筒淨甁 放條上 在前包左右安置之〉"라고 하였다. [참고문헌]『禪苑淸規』.

포조 捕鳥 Ⓢ śākuntika, Ⓣ bya-pa. 십이불율의(十二不律儀) 중 하나. 새를 잡아 연명하는 일. 망조(網鳥)라고도 한다. 『법온족론』 권1(대정장26, p.455b7)에 "무엇을 가리켜 피묻은 손이라 하는가? 양을 도살하거나 닭을 잡거나 돼지를 도살하는 살생과 새를 포획하거나 물고기를 잡거나 사냥을 하거나 강도질을 하거나, 망나니나 용을 잡거나, 감옥을 지키거나 개를 잡거나, 그물이나 덫을 치는 행위 등을 가리켜 피묻은 손이라 한다. 何名血手 謂諸屠羊 屠雞屠猪 捕鳥捕魚 獵師劫盜 魁膾縛龍 守獄煮狗 施罝弶等 是名血手", 『잡아비담심론』 권3(대정장28, p.890b22)에 "새를 잡는 일이란 새를 죽여서 연명하는 것을 말한다. 捕鳥者 殺鳥自活"라고 하

였다. [참고문헌]『法蘊足論』, 『雜阿毘曇心論』, *Yogā-bh. 191.* ⇨ 십이불율의 十二不律儀

포죄원멸 怖罪怨滅 두려워해서 죄짓고 원한 맺으며 사라지게 하다. 오계(五戒) 버리고 지킴을 말한다. 『십송율』 권60(대정장23, p.449a21)에 "만약 어떤 사람이 다섯 가지 두려운 일, 다섯 가지 죄인 일, 다섯 가지 원수인 일, 다섯 가지 없앨 일을 저지른다면, 이 사람은 다섯 가지 포죄원멸로 인해 죽은 뒤에는 마치 역사가 팔을 굽혔다 펴는 사이에 지옥에 떨어질 것이다. 무엇이 다섯 가지인가? 첫째는 살생이고, 둘째는 투도이고, 셋째는 사음이고, 넷째는 망어이고, 다섯째는 음주이다. 만약 어떤 사람이 다섯 가지로 두려워하고 다섯 가지로 죄 지으며, 다섯 가지로 원수지고 다섯 가지 없앨 일을 저지르지 않는다면, 이 사람은 다섯 가지 포죄원멸로 인해 죽은 뒤에는 마치 역사가 팔을 굽혔다 펴는 사이에 천상에 태어날 것이다. 무엇이 다섯 가지인가? 첫째는 불살생이고, 둘째는 불투도이고, 셋째는 불사음이고, 넷째는 불망어이고, 다섯째는 불음주이니 또한 이를 포죄원멸이라 한다. 若人五怖 五罪 五怨 五滅 是人五怖罪怨滅故 死後譬如力士屈伸臂頃墮於地獄 何等五 一者 殺 二者 偸 三者 邪婬 四者 妄語 五者飮酒 若人五怖 五罪 五怨 五滅 是人五怖罪怨滅故 死後譬如力士屈伸臂頃生於天上 何等五 一者不殺 怖罪怨滅 不偸 不邪婬 不妄語 不飮酒 亦如是怖罪怨滅"라고 하였다. [참고문헌]『十誦律』. ⇨ 오포죄원 五怖罪怨

포차 布茶 다구(茶具)를 가지런히 늘어놓다. 차 마실 준비를 한다는 뜻. 『선원청규』 권5 「당두전점 堂頭煎點」(卍속장111, p.902b3)에 "행자가 다구를 가지런히 늘어놓고〈향대에는 향로만 두고, 향합·약접·다잔은 각각 한 곳에 놓는다〉 나서 주지인에게 아뢴다. 行者齊布茶訖〈香臺只安香爐 香合藥楪茶盞 各安一處〉 報覆住持人"라고 하였다. [참고문헌]『禪苑淸規』.

포참 飽參 참하기를 가득차게 하다. 『운암진정어록』(고존숙어록42(卍속장118, p.714a14)에 "참하여 배부른 납자라면 한번 친소를 가려야 하리. 飽參衲子 試辨親疎", 『굉지광록』 권6(대정장48, p.75b13)에 "다시 충분히 참해 넉넉히 해야 구름 끊어지고 바람도 그칠 것이며, 맑은 가을 강물에 달 떨어지면 물에 잠긴 하늘 끝이 없으리니, 저 바닥까지 닿게 밝혀야 비로소 옳다. 却須飽參 雲斷風休 秋淸月落 水天無際 底處單明始得"라고 하였다. [참고문헌]『雲庵眞淨語錄』, 『宏智廣錄』.

포참인 飽參人 참해 모자람이 없게 한 사람. 곧 파참인(罷參人)·참포인(參飽人)과 통한다. 『굉지광록』 권2(대정장48, p.19c5)에 "배불리 참한 사람이 아니면 모르리니, 참해 충분하여 분명하게 알면 구할 일 없으리라. 不是飽參人不知 參飽明知無所求"라고 하였다. [참고문헌]『宏智廣錄』. ⇨ 참 參, 파참인 罷參人

포채도중형 布彩圖衆形 갖가지 빛깔로 온갖 모습 그리다. 『능가경』 권1(대정장16, p.484c24 : *Laṅk.*, p.48)에 "마치 화가나 그 화가의 제자가 갖가지 빛깔로 온갖 모습 그리듯이, 내가 설함도 이와 같다. 다양한 빛깔이지만 본디 무늬가 없어, 붓도 아니고 바탕도 아니니, 중생을 기쁘게 하고자, 온갖 모습들 그려 꾸밀 뿐이라네. 譬如工畫師 及與畫弟子 布彩圖衆形 我說亦如是 彩色本無文 非筆亦非素 爲悅衆生故 綺錯繪衆像 citra-ācāryo yathā kaścic-citrāntevāsiko 'pi vā, citra-arthe nāmayedraṅgān deśayāmi tathā hy aham. raṅge na vidyate citraṃ na bhūmau na ca bhājane, sattvānāṃ karṣaṇārthāya raṅgaiś citraṃ vikalpyate"라고 하였다. [참고문헌]『楞伽經』, *Laṅk.*

포책가 布磔迦 Ⓢ Potalaka의 음사어. 보타락(補陀落)·보타락가(補陀落伽)라고도 한다. 『자은전』 권3(대정장50, p.238c19)에 "개제를 마치자 잠시 후 한 바라문이 무리 밖에서 슬피 울다 다시 말하고 웃었다. 사람을 보내어 그 소이를 묻자 답하길 '저는 동인도 사람인데 일찍이 포책가산의 관자재보살상 앞에서 왕이 되게 해 달라고 발원하였습니다. 開題訖 少時 有一婆羅門 於衆外 悲啼而復言笑 遣人問其所以 答言 我是東印度人 曾於布磔迦山觀自在菩薩像所 發願爲王", "그러자 보살께서 저를 위해 몸을 나투시어 저를 꾸짖으시며 말씀하시길 「그대 이 원 짓지 마라. 후에 모년월일 나란다사에서 계현법사(Ⓢ Śīlabhadra)가 지나국승을 위해 『유가론』을 강할 것이니 그대 마땅히 가서 들어라. 이 법 들음으로 인해 후에 부처님 뵙게 될 터이니 어찌 왕이 되려 하느냐」 하셨습니다. 菩薩爲我現身 訶責我言 汝勿作此願 後某年月日 那爛陀寺 戒賢法師 爲脂那國僧 講瑜伽論 汝當往聽 因此聞法 後得見佛 何用王爲", "이제 지나승 오셨음을 봤고 법사께서 다시 강하셨으니 예전 말과 같으므로 슬퍼하다 기뻐한 것입니다'. 이에 계현법사 인하여 하여금 머물러 듣게 하였다. 今見脂那僧來 師復爲講 與昔言同 所以悲喜 戒賢法師 因令住聽"라고 하였다. [참고문헌]『慈恩傳』. ⇨ 보타락가 補陀洛迦

포천괄지 包天括地 하늘 품고 땅마저 갈무리하다. 『건중정국속등록』 권13 「황룡원숙장 黃龍元肅章」(卍속장136, p.203a11)에 "예부터 오늘에 이르도록 하늘 품고 땅 갈무리하니, 어찌 오가며 바뀔 일 있으며 어찌 새 것과 옛 것으로 달라지겠는가? 대유령의 매화 봄소식 흐드러지고 언덕의 버드나무 안개 가득하니, 영고성쇠 자리 바꾸고 전후로 서로 주고 받는다. 선수행자들이여, 알겠는가? 본래 그대로이면서 그렇지 않고, 그렇지 않으면서 그렇다. 亘古邁今 包天括地 豈去來之所易 何新舊之所遷 嶺梅發泄 岸柳含煙 榮衰互換 前後交參 諸禪者會麽 法爾非爾 不然而然", 『선요』「시중 示衆」(卍속장122, p.714b8)에 "쇠에 점 찍어 금 만들고 천성과 함께하니 그 어찌 얕은 이들 볼 수 있겠는가? 반드시 솥 들어올리고 산을 뽑아버리는 힘 있고, 하늘 품고 땅 쓸어 담는 도량에 박힌 못을 자르고 망상의 쇠를 끊는 기틀로 봉황 잡고 용을 낚아채는 솜씨여야 하리. 若要點鐵成金與千聖同域 豈淺識小見者 所能擬議 直須具擧鼎拔山力 包天括地量 斬釘截鐵機 打鳳羅龍手"라고 하였다. 〔참고문헌〕『建中靖國續燈錄』, 『禪要』.

포철 布裰 편삼(偏衫)과 군자(裙子)를 나누지 않고 하나로 엮은 옷. 곧게 내리닫이로 만들었기에 직철(直綴·直裰)이라고 한다. 한국에서는 장삼(長衫)이라 부른다. 『백장청규』 권5(대정장48, p.1139a25)에 "직철 : 전해 말하길, 전의 무리들이 '스님들에게 편삼이 있으면 군자가 없고 군사가 있으면 편삼이 없다' 하였다. 마침내 두 옷을 합쳐 하나로 기웠다(直裰)고 한다. 그러다가 보화는 나무로 만든 직철을 찾았고, 대양은 가죽신과 포철을 전했다 했으니 옛날에도 있었던 사례다. 直裰相傳前輩見僧 有偏衫而無裙 有裙而無偏衫 遂合二衣爲直裰 然普化索木直裰 大陽傳革履布裰 古亦有矣"라고 하였다. 〔참고문헌〕『百丈淸規』. ⇨편삼 偏衫, 포삼 布衫, 직철 直綴, 장삼 長衫, 보조장삼 普照長衫

포초비니 布草毘尼 Ⓢ tṛṇa-prastāraka, Ⓟ tiṇavatthāraka. 땅에 풀을 펴듯 해서 쟁사(諍事)를 사라지게 하다. 승가에 쟁사가 일어 해결의 실마리마저 보이지 않을 때, 그 일에 관련된 쌍방이 화해하는 일. 포지회과(布地悔過)라고도 한다. 풀이 땅의 더러움을 가리듯 분쟁의 당사자 전원이 참회함으로써 사라지게 하기에 여초부지(如草覆地)라고 한다. 『십송율』 권20(대정장23, p.147a17)에 "부처님께서 말씀하셨다. '지금부터 포초비니를 허용한다. 이 포초비니로써 승중 가운데 갖가지 일 일어나면 마땅히 사라지게 해야 한다. 무엇을 포초비니라 하는가? 이 포초비니법으로써 승중 가운데 갖가지로 일어나는 쟁사를 멸한다'. 佛言 從今聽布草比尼 用是布草比尼 僧中種種事起應滅 云何布草比尼 以是布草比尼法 滅僧中種種所起事", 『마하승기율』 권13(대정장22, p.335b3)에 "그때 존자 아난이 부처님 처소로 가서 머리를 부처님 발에 대고 예를 올린 다음 부처님께 여쭈었다. '세존이시여, 포초비니라고 하는데 무엇을 가리켜 포초비니라 하는지요?' 부처님께서 아난에게 말씀하셨다. '만약 비구들 사이에 분쟁이 일어나 함께 그칠 수 없어 화합하지 않으면서 두 패로 갈라진 대중이 참지 못하고 악한 마음을 일으켜 서로에게 악담을 하고 각자 「법 그대로 따르지 않아서 참을 수 없는 사태가 일어났다」고 말한다. 아난아, 그때 응당 재빨리 대중을 집합시켜 법에 맞고 율에 맞게 분쟁에 관련된 일부의 대중 가운데 숙덕의 지사가 인연에 맞는 말솜씨로 피하지 않고 분명하게 법을 설하며 화합과 중승의 공덕을 찬탄한 다음 … 이렇게 말한다. 「대덕들이여, 우리들이 어째서 동일한 법에서 신심으로 출가했으면서 쟁사를 일으키고 서로의 입장에 멈춰서 화합하지 못해 둘로 갈라진 무리가 참지 못하고 각각 악한 마음을 일으켜 서로 말만 할 뿐 법 그대로 따르지 않아 참을 수 없는 사태가 일어나게 되었습니까? 이 모두가 잘 사유하지 못한 소치이니, 금세에 괴롭게 살다가 후세에 악도에 떨어질 것입니다. 대덕들이여, 마땅히 각자 이 쟁사를 버려야 하니 저 풀이 땅 덮듯이 해야 합니다. 제가 지금 모든 장로들에게 참회하니 각자 생각을 내려놓고 화합하며 함께 머뭅시다」'. 爾時 尊者阿難 往至佛所 頭面禮足 白佛言 世尊 所謂布草毘尼 云何名布草毘尼 佛語阿難 若比丘諍事起 同止不和二部衆不忍 生惡心共相言 各各說不隨順法 不忍事起 阿難 爾時 應疾疾集僧 如法如律 應一部衆中 有宿德知事因緣辯才 明了說法不怯 讚歎和合 衆僧功德 … 作是言 諸大德 我等云何 同一法中 以信出家 而起諍事 同止不和二部衆不忍 各各生惡心 共相言說 不隨順法 不忍事起 一切皆是 不善思惟所致 今世苦住 後墮惡道 諸大德 當各各棄此諍事 如草布地 我今向諸長老懺悔 各各下意 和合共住"라고 하였다. 〔참고문헌〕『十誦律』, 『摩訶僧祇律』, *Vin.2.104.* ⇨여초부지 如草覆地, 여초상엄 如草相掩, 여초포지 如草布地, 멸쟁건도 滅諍犍度

포총림 飽叢林 총림에서 배부르다. 또는 총림을 배불리다. 오래 참구한 사람. 구참(舊參)·노참(老參)·구참(久參)이라고도 한다. 『설두어록』 권4(대정장47, p.695a10)에 "설두가 어느 날 학인에게 물었다. '어디서 오는가?' '목욕하고 옵니다' '삼신 가운데 어떤 몸이 목욕했는가?' '북소리 앞이기도 하고, 북소리 뒤이기도 합니다' '총림 배부르게 하는 이구나'. 師一日問僧 甚處來 僧云 浴來 師云 三身中那一身浴 僧云 或鼓聲前 或鼓聲後 師云 飽叢林", 『천성광등록』 권22 「숭승광조장 崇勝光祚章」(卍속장135, p.817b12)에 "'삼승십이분교 자세히도 금시를 위한다 하니, 향상하는 종승을 스님께서 지시하여 가르쳐주시기 바랍니다' '총림에서 배 채운 이 알았어야 했다' '그렇다면 상속이 끊어지겠군요' '빨리 절하라!' 問 三乘十二分敎 曲爲今時 向上宗乘 乞師指敎 師云 也知道者飽叢林 進云 恁麽則絶相續也 師云 快禮拜着"라고 하였다. 〔참고문헌〕『雪竇語錄』, 『天聖廣燈錄』.

포타파루경 布吒婆樓經 Ⓟ Poṭṭhapāda-sutta. 『장아함경』 권17, 대정장1, pp.109c22~112c19에 수록된 경. 상응하는 팔리경은 디가니카야 제9경 「폿타파다숫타」(*DN.1*, pp.178~203)다. 포타파루라는 범지(梵志)가 한 번은 포타파루숲에서 부처님을 맞이하여, 다른 한 번은 부처님 계신 곳에 나아가 법을 묻는 형식이다. '인도 연도 없이(無因無緣) 상(想)이 생멸한다'거나 '명(命)으로 말미암아 상이 생멸한다'거나 '대귀신(大鬼神)이 큰 위력으로 생각을 갖고 오간다'는 범지들의 제론(諸論)에 대해 부처님께서 '인연이 있어 상이 생하고 멸한다 有因緣而想生 有因緣而想滅' 하시고는 구차제정(九次第定 : 四靜慮 四無色定 想知滅定)을 들어 차제로 상을 멸하는 인연(次第滅想因緣)을 설하신다. 이어 범지가 상이 곧 아(想卽是我)인지 물은즉 부처님께서 사대육입·욕계천·색계천·무색천 등이 아라는 말은 '그만두라 且置' 하시고, 다만 '사람의 상이 생하고 멸할 뿐 但人想生 人想滅'이라 설하신다. 범지가 부처님께 나아가 법을 청한 두 번째 만남에서는 결정기(決定記)와 불결정기(不決定記)가 있음을 설하시는데, 불결정기란 '세간은 변함없다 世間有常' 또는 '여래는 끝이 없다, 끝이 없지 않다 如來非終非不終'는 등의 희론에 기(記)하지 않는 것이다. 결정기란 사제(四諦)를 말하니 이야말로 법과 뜻에 합하는(法合義合) 범행의 첫머리(梵行初首)로, 적멸지식(寂滅止息)이요 정각(正覺)이자 사문(沙門)이며 니원(泥洹)이라고 하셨다.

포탈라궁 Potala宮 티베트 라사에 있는 달라이 라마의 궁전. 관세음보살이 머문다고 하는 전설적인 장소인 포탈라(Potala)에서 이름을 따온 포탈라산(普陀洛伽山)에 위치해 있다. 1649년부터 1959년까지 겨울 궁전으로 쓰였으나 달라이라마의 망명 이후 박물관으로 사용되어 왔다. 1994년에는 세계문화유산으로 지정되었다. 이 궁전의 터는 7세기 경 송첸감포 왕이 지었던 왕궁의 자리로 알려져 있다. 현자들의 조언에 따라 대풍(Ⓣ Bras-spungs)사원과 세라(Ⓣ Se-ra)사원 사이 라사의 구시가지의 성스러운 자리를 골라 제5대 달라이라마인 아왕로상갸초(Ⓣ Ngag-dbang-blo-bzang-rgya-mtshom 1617~1682)가 1645년에 짓기 시작해서 내각을 1649년에 이곳으로 옮겼다. 이와 별개로 공사는 계속되었는데, 외부 구조를 갖추는 데 삼년, 내부를 완성하는데 사십 오년이 걸려 제5대 달라이라마의 열반 이후인 1694년에 완공되었다. 고도 3700m이상에 위치해 있으며, 붉은 산 위에 지어졌기에 높이가 무려 300m에 이른다. 하단부는 기둥들로 이뤄져 있고 계단을 통해 위층으로 올라갈 수 있는데, 건물들이 위로 갈수록 좁아지는 형태를 띠며, 금빛 지붕이 씌어 있다. 중앙 건물은 붉은 색으로 확연히 구분되기에 홍궁(紅宮 Ⓣ Pho-brang-mar-po)으로 불린다. 역대 달라이라마의 사원과 기도실 등이 있으며 달라이라마의 거주처인 백궁(白宮 Ⓣ Pho-brang-dkar-po)은 하부에 위치해 있다. [참고문헌] Hugh Chisholm 'Lhasa' (*Encyclopædia Britannica*, 1911) pp.529~532.

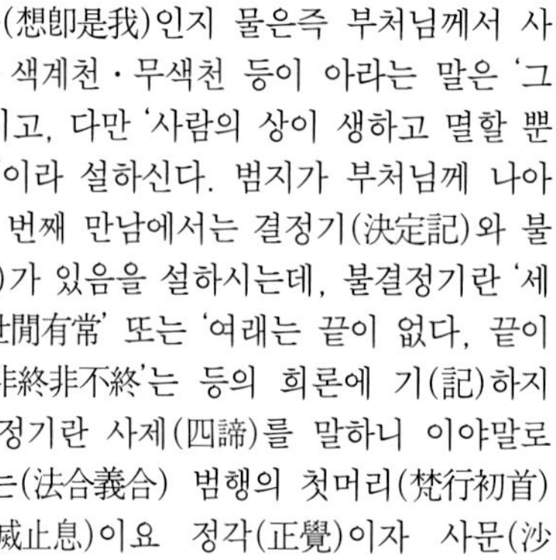

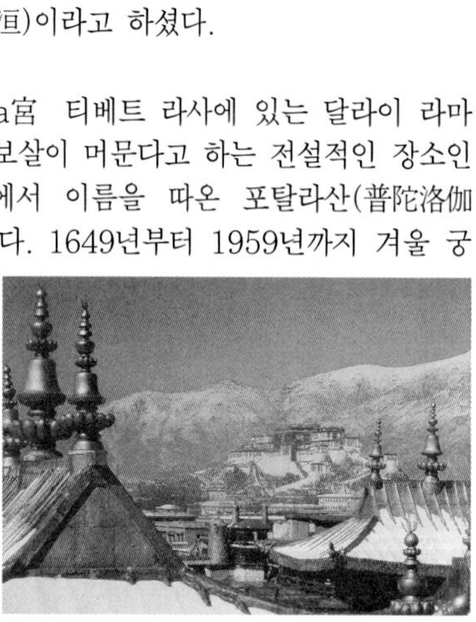

포태 胞胎 Ⓢ garbha, Ⓟ gabbha, bhava. 감싸 품은 태아. 어머니 배속의 태아. 『관무량수경』(대정장12, p.344b11)에 "이 관을 행하는 사람은 포태에 처하지 않고 항상 모든 부처님의 정묘국토에 머문다. 作是觀者 不處胞胎 常遊諸佛 淨妙國土", 『중음경』 권상(대정장12, p.1063b4)에 "포태에 처해 있는 중에 받는 몸 모양새 여러 종류다. 處在胞胎中 受形多種類", 『포태경』(대정장11, p.886a11)에 "이제 그대에게 사람이 어머니 만나 생하여 포태할 때 설하리니 자세히 듣고 잘 생각하라. 當爲汝說 人遇母生 受胞胎時 諦聽 善思念之", 『나선비구경』 권하(대정장32, p.699b22)에 "탐욕이 없으면 포태가 없고, 포태가 없의면 나지 않으며, 나지 않으면 늙지 않고, 늙지 않으면 병들지 않으며, 병들지 않으면 죽지 않는다. 無貪欲者無胞胎 無胞胎者不生 不生者不老 不老者不病 不病者不死", 『일체경음의』 권9(대정장54, p.360b8)에 "포태〈포는 보와 교를 반절한 음이다. 『설문』에 '태아 감싼 옷을 포라 한다' 하였다〉. 胞胎〈補交反 說文 皃生裹衣者 曰胞也〉"라고 하였다. [참고문헌] 『觀無量壽經』, 『中陰經』, 『胞胎經』, 『那先比丘經』, 『一切經音義』, *Abh-k-bh.21.*, *Dhp.35.*, *Sn.152.*

포태경 胞胎經 Ⓢ Garbhāvakrāntinirdeśa-sūtra, Ⓣ 'phags-pa tshe-dang-ldan-pa dga'-bo mngal-du 'jug-pa bstan-pa shes-bya-ba theg-pa chen-po'i mdo. 서진(西晋)대 축법호(竺法護) 한역. 1권. 대정장11, pp.886a3~890b29, No.317에 수록되어 있고 티베트역본(北京版 No.760)도 전한다. 모태(母胎)에 드는 인연과 모태에서 38갈래로 7일 동안 생장하며 변하는 모양새와 출태 7일 후에 생하는 8만 시충(尸蟲)의 이름을 설하고, 마지막에는 오음(五陰)이 모두

무상·고·무아아소를 설한다. 『대보적경』 권55(대정장11, pp.322a15~326b4)에서 아난(阿難)에게 설해주신 부처님의 인처태회(人處胎會)의 이역이다.

포토바 Po-to-ba 1027~1105. 티베트불교 카담파의 스승 포토바린첸샐(Ⓣ Po-to-ba-rin-chen-gsal)의 줄인 이름. 28세 되던 해 라뎅사원(Rwa-sgreng-gom-pa)에서 출가해서 돔퇸파('Brom-ston-pa 1005~1064)의 주요한 세명의 제자 중 한명이 되었다. 나머지 두 명은 푸충바(Phu-chung-ba-gzhon-nu-rgyal-mtshan 1031~1106)와 첸가출팀바르(Spyan-snga-tshul-khrims-'bar 1038~1103)이다. 또한 아티샤(Ⓢ Atiśa 982~1054)의 제자로도 잘 알려져 있다. 15년간의 정진을 끝낸 후 오십 세가 되던 해부터 여러 곳을 다니며 카담파의 여섯 가지 주요경전인 『대승장엄경론 *Mahāyānasūtrālaṃkāra*』, 『보살지 *Bodhisattvabhūmi*』, 『대승집보살학론 *Śikṣāsamuccaya*』, 『입보살행론 *Bodhisattvacaryāvatāra*』, 『자타카 *Jātaka*』, 그리고 아티샤의 『보디파타프라디파 *Bodhipathapradīpa*』에 대한 가르침을 펼쳤다 한다. 팬율('Phan-yul)지방을 중심으로 활동하면서 포토사원(Po-to-dgon pa)도 세웠다. 또한 이후 라뎅사의 사원장을 지냈다. 수많은 제자를 길러냈는데, 주요 제자에는 샤르파욘탄닥(Shar-ba-pa-yon-tan-grags 1070~1141)·세랍갸초(Shes-rab-rgya-mtsho 1059~1131) 등이 있다. [참고문헌] Mi nyag mgon po *Gangs can mkhas dbang rim byon gyi rnam thar mdor bsdus* (Beijing : Krung go 'i bod kyi shes rig dpe skrun khang, 1996) pp.16~23, George Roerich *The Blue Annals* (New Delhi : Motilal Banarsidass, 1979) pp.263~264.

포폄 褒貶 칭찬해 기리고 꾸짖어 나무라다. 『법화현의석참』 권2(대정장33, p.823a19)에 "또한 부처가 문수와 정명을 찬탄하는 것은 포다. 성문보살을 절복하게 하는 것은 폄이다. 그 예는 너무 많아 다 적을 수 없다. 그 마음 깨끗한즉 불국토 청정해진다. 이 방에 들어간자 다른 향기는 맡지 못하며 번뇌와 습기를 다한 자는 꽃이 옷에 붙지 않는다. 성문에는 약간이 있지만, 그 걸림없는 지혜에 약간이란 없다. 바로 이렇게 말하는 것이 포폄의 뜻이다. 又佛歎文殊淨名 褒也 聲聞菩薩被折 貶也 其例蓋多不能具記 隨其心淨卽佛土淨 入此室者不嗅餘香 結習盡者華不著也 聲聞有若干 其無礙慧無若干也 卽是褒貶之意", 『대반열반경집해』 권19(대정장37, p.455b23)에 "지수가 말했다. 이를 드러내고자 하여 먼저 어리석음과 지혜 잡아서 기리거나 나무라는 경문이다. 처음 1행 반 게는 먼저 승복해 행하는 사람들의 능과 불능을 드러냈다. 智秀曰 將欲顯理 先約愚智 褒貶經文 初一行半偈 先出服行之人 有能不能"라고 하였다. [참고문헌] 『法華玄義釋籤』, 『大般涅槃經集解』.

포폄구 褒貶句 칭찬해 기리고 꾸짖어 나무라는 말을 같이 하는 구. 제종십삼종구(濟宗十三種句) 중 제12구. 『오가종지찬요』 권상 「제종십삼종구」(卍속장114, p.521a5)에 "열두 번째, 포폄구이다. 훌륭한 사리여! 변소에서 기르는 똥강아지로구나. 十二 褒貶句 好箇闍黎 廁中餵狗", 『운문광록』 권하(대정장47, p.576c4)에 "포폄구 : 금가루도 눈에 앉으면 티끌일 뿐이고, 옷에 감춘 진주라면 법 위에 먼지이며, 자기 신령함 중히 여길 줄도 모르면, 부처와 조사는 어떤 사람인가? 褒貶句 金屑眼中翳 衣珠法上塵 己靈猶不重 佛祖爲何人"라고 하였다. [참고문헌] 『五家宗旨纂要』, 『雲門廣錄』, 『雪竇語錄』 권2(대정장47, p.682c17). ⇨ 제종십삼종구 濟宗十三種句

포폄억양교 褒貶抑揚教 ➡ 억양교 抑揚教, 오시교판 五時教判

포학 暴虐 Ⓢ tīkṣṇa, raudra. 난폭해 재앙을 부를 만하다. 『앙굴계경』(대정장2, p.510b21)에 "이 국토에는 앙굴계라는 크고 악독한 한 놈의 도적이 인민에게 살해를 일삼는다. 포학하고 자비라곤 없는 그 마음 때문에 촌락의 주거지는 편히 쉴 수가 없다. 於此國土 有大惡賊 名鴦崛髻 殺害人民 暴虐無慈心 村落居止 不得寧息", 『현우경』 권3(대정장4, p.367a21)에 "파사익왕이 세상을 떠난 뒤에 태자 유리가 섭정으로 왕이 되어 포학하고 무도하게 술취한 코끼리를 몰아 인민을 밟아 죽인 숫자가 헤아릴 수 없을 정도로 많았다. 波斯匿王 崩背之後 太子流離 攝政爲王 暴虐無道 驅逐醉象 蹋殺人民 不可稱計", 『일체경음의』 권23(대정장54, p.454b6)에 "포학〈포는 보와 보를 반절한 음이다. 『옥편』에 '포는 능히 범한다는 뜻이고, 학은 재앙이다'〉. 暴虐〈暴蒲報反 玉篇曰 暴陵犯也 虐災也〉"라고 하였다. [참고문헌] 『央掘髻經』, 『賢愚經』, 『一切經音義』, *Śata-śa.113·129.*

포학조대 飽學措大 배움에 이미 넉넉하여 그 씀도 크다. 『연등회요』 권4 「귀종지상장 歸宗智常章」(卍속장136, p.499b1)에 "자사(刺史) 이발(李渤)이 물었다. '일대장교는 무슨 일을 밝혔습니까?' 귀종이 주먹을 들고 보여주며 말했다. '알겠소?' '모르겠습니다' '배움 이미 넉넉하여 무엇이든 알아야 하는데 주먹도 모르시오?' '저는 참으로 모르겠습니다' '알아듣는 사람 만나면 도중에서도 마음껏 써먹겠지만, 제대로 된 사람을 만나지 못한다면 허튼 말만 퍼뜨리게 됩니다'. 李問 一大藏教 明甚麽邊事 師擧拳示之云 會麽 云 不會 師云 飽學措大 拳頭也不識 云 某甲實不會 師云 遇人卽途中受用 不遇人卽

世諦流布"라고 하였다. 〔참고문헌〕『聯燈會要』.

포함 包含 품어 머금다. 『대반야경』 권363(대정장6, p.872b27)에 "이 반야바라밀다야말로 진여·실제·법계를 품어 머금기에 반야바라밀다라 한다. 於此般若波羅蜜多 包含眞如 實際 法界故 名般若波羅蜜多", 『대반열반경소』 권6(대정장38, p.69a23)에 "법계 품어 머금기에 일체법 거두니 써도 다하지 않기에 이름하여 장이라 한다. 法界包含 攝一切法 用不可盡 名之爲藏", 『법화경통의』 권1(卍속장49, p.814b11)에 "넓고 커서 품어 다하니 중생과 부처가 평등하고 의보와 정보가 둘이 아니다. 그러므로 크다고 한다. 廣大包含 生佛平等 依正不二 故曰大", 『화엄경소』 권40(대정장35, p.813a25)에 "여래장 품어 다해 밖이 없으므로 대공이라 한다. 如來藏 包含無外 故云大空"라고 하였다. 〔참고문헌〕『大般若經』, 『大般涅槃經疏』, 『法華經通義』, 『華嚴經疏』.

포혜 蒲鞋 짚신. 짚신 삼는 일. 『삼국유사』 권5(대정장49, p.1012b28·한불전6, p.358b24) 감통(感通) 7 광덕엄장(廣德嚴莊)에 "짚신 삼는 일을 업으로 삼고 처자를 끼고 살았다. 蒲鞋爲業 挾妻子而居"라고 하였다. 〔참고문헌〕『三國遺事』.

포후후 飽齁齁 배불리 먹어 씩씩거리다. 또는 배불리 먹고 코 골며 자는 모양. 참구(參究)함에 극에 이르러 더할 여지 없음을 비유한다. 끝에 어조사 지(地)가 붙기도 한다. 『염팔방주옥집』 권중(卍속장119, p.266a12)에 "올해는 채소값 싸고 가는 데마다 무우 투성이니, 한 푼으로 하나 사서 얻은 사람마다 배불리 먹고 씩씩거릴 것이다. 時年蔬菜賤 滿地蘿蔔頭 一文買一箇 得者飽齁齁", 『대혜어록』 권3(대정장47, p.820c4)에 "만약 한 마디 제대로 한다면 승이거나 속이거나 유정이거나 무정이거나 모두들 배불러 씩씩거리겠지만, 제대로 말하지 못한다면 나에게 밥값을 돌려줘야 하리. 若道得一句子 若僧若俗 有情無情 盡皆飽齁齁地 若道不得 還我飯錢來"라고 하였다. 〔참고문헌〕『拈八方珠玉集』, 『大慧語錄』.

포휴란라 袍休蘭羅 Ⓢ Prabhūtaratna의 음사어. 다보불(多寶佛). 『번역명의집』 권1(대정장54, p.1058b23)에 "포휴란라는 한역하면 '대보'라는 뜻으로 곧 다보불을 뜻한다. 『살운분다리경』에 나온다. 袍休蘭羅 漢言大寶 卽多寶佛 出薩雲分陀利經"라고 하였다. 〔참고문헌〕『翻譯名義集』, 『法華文句』 권8(대정장34, p.113a14). ⇨ 다보불 多寶佛

폭류 暴流 Ⓢ ogha, Ⓣ chu-bo. 세차게 흐르다. ❶ 유정(有情)이 삼계(欲 色 無色)로 흘러 쉬지 못함의 비유. 『유가사지론』 권8(대정장30, p.314b20 : *Yogā-bh.*, p.166)에 "번뇌차별이라 하니 여러 가지로 차별함을 알아야 한다. … 심히 건너기 어렵고 흐름 따라 떠내려가기에 폭류라 한다. … 폭류라 하면 네 가지 폭류다. 욕폭루·유폭루·견폭루·무명폭루가 그것이다. 煩惱差別者 多種差別應知 … 深難渡故 順流漂故名暴流 … 暴流者四暴流 謂欲暴流 有暴流 見暴流 無明暴流 kleśānāṃ paryāyaḥ katamaḥ. bahavaḥ paryāyāḥ. … durgādhatvād anusroto mahāritvāc ca oghāḥ. … oghā iti catvāra oghāḥ kāmaugho bhavaugho dṛṣṭyogho 'vidyaughaḥ", 같은 책 권18(대정장30, p.376a9)에 "이와 같이 바른 믿음을 의지처로 삼고 안내자로 삼으면, 온갖 욕폭류를 건널 수 있다. … 불방일을 의지처로 삼고 안내자로 삼으면, 색계와 무색계에 속하는 두 가지 유폭류를 끊을 수 있으며, 모든 무명폭류와 견폭류 두 가지를 끊을 수 있다. 그렇기에 '대해를 건넌다'라고 한 것이다. 如是正信爲依爲導 便能越度諸欲暴流 … 如是由不放逸爲依爲導 能斷色無色繫二有暴流及斷一切無明與見二種暴流 是故名爲超渡大海", 『대승아비달마집론』 권4(대정장31, p.677b14 : *Abh-s.*, p.47)에 "흐름 따라 떠내려가 휘둘림이 폭류의 뜻이니, 잡염에 수순하기 때문이다. 隨流漂鼓是暴流義 隨順雜染故 sroto 'nukūlaḥ pravāhāvartta oghārthaḥ. saṃkeśānvayataḥ"라고 하였다. 〔참고문헌〕『瑜伽師地論』, 『大乘阿毘達磨雜集論』, *Yogā-bh.*, *Abh-s.* ⇨ 사폭류 四暴流 ❷ 육근(六根)이 육경으로 흘러 쉬지 못함의 비유. 『유가사지론』 권17(대정장30, p.373a6)에 "폭류에는 여섯 가지가 있으니, 안폭류는 온갖 색을 볼 수 있는 것이고 내지 의폭류다. 暴流有六 謂眼暴流 能見諸色 乃至意暴流", 『유가론기』 권5(대정장42, p.420a16)에 "오하분결 끊을 때 오근의 폭류를 건너고, 오상분결을 끊어서 제6의 근의 폭류를 마땅히 건넌다. 斷五下分結時 度五根暴流 斷五上分結時 當度第六意根暴流"라고 하였다. 〔참고문헌〕『瑜伽師地論』, 『瑜伽論記』. ❸ 일체종자를 함유해 간단없이 구르고 펴는 아뢰야식(阿賴耶識)의 비유. 『유가사지론』 권76(대저장30, p.718c2)에 "아타나식 아주 깊고 미세하니 일체종자는 마치 폭류와 같다. 나는 범부에게는 이를 열어 보이지 않으니, 그들이 분별해 붙들고는 아라 여길까 우려해서다. 阿陀那識甚深細 一切種子如暴流 我於凡愚不開演 恐彼分別執爲我", 『성유식론』 권3(대정장31, p.14c10)에 "이것은 일체법 진실의 종자이니, 연해서 치고 올라 문득 굴러 식이라는 파도를 일으켜 항상해서 간단이 없으니 마치 폭류와 같기 때문이다. 是一切法眞實種子 緣擊便生轉識波浪恒無間斷猶如瀑流"라고 하였다. 〔참고문헌〕『瑜伽師地論』, 『成唯識論』. ⇨ 폭류 瀑流❷, 종자 種子❶, 아뢰야식 阿賴耶識

폭류 瀑流 **1** Ⓢ ogha, anusrota, Ⓣ chu-bo. 쉼없이 거침없이 흐르다. 폭포처럼 흐르다. 폭류(暴流)와 같다. 『별역잡아함경』 권16(대정장2, p.486b2)에 "마치 폭류에 온갖 초목들 떠내려가게 하고 파도쳐 길을 막음이 갈애의 물거품 현성의 길을 막아서듯 한다. 譬如瀑流 漂衆草木 聚沫塞路 愛之聚沫 遮賢聖道", 『유가사지론』 권30(대정장30, p.448c28 : *Śrāv-bh.*, p.352)에 "그대는 이제 네 폭류로 떠돌아 빠져있는 중생류 중에서 홀로 이러한 폭류를 건너려 하네. 汝今乃能於爲四種瀑流漂溺衆生類中 獨求越度如是瀑流 caturoghānusrotopahatā yām oghānutarttukāmaḥ"라고 하였다. [참고문헌] 『別譯雜阿含經』, 『瑜伽師地論』, *Śrāv-bh.*, *Abh-k-bh.306.* **2** 머물지 않고(非常) 끊이지도 않아(非斷) 상속(相續)해서 거침없이 흐르는 아뢰야식(阿賴耶識)의 비유다. 『성유식론』 권3(대정장31, p.12c4)에 "(제4게송에서) '항'이라 말해서 끊어짐 없어 구르다는 뜻을 표한 것이지 '상 常'이라는 뜻은 아니다. 비유하면 폭포처럼 거침없이 흐름이 인과법도 그렇다. 마치 폭포의 물 흘러 끊이지도 않고 상주하지도 않아서 상속하여 긴 시간 떠돌아 빠져있음과 같다. 이 식도 또한 그러해 무시이래로 생멸상속해서 그대로일 수도 끊을 수도 없어서 유정을 빠져 떠돌게 해서 나올 수 없게 한다. 恒言遮斷轉表非常 猶如瀑流因果法爾 如瀑流水非斷非常相續長時有所漂溺 此識亦爾 從無始來生滅相續非常非斷 漂溺有情令不出離", "또 저 폭류 비록 바람 등이 쳐 온갖 파랑 일으키듯 해서 끊임이 없으니, 이 식이란 것 또한 그러해서 비록 온갖 연 만나 안식 등 일으켜서 언제나 서로 이어간다. 又如瀑流雖風等擊起諸波浪而流不斷 此識亦爾 雖遇衆緣起眼識等而恒相續", "또 폭류가 물 위아래로 물고기나 풀 등이 따라 흘러 버리지 못함과 같다. 이 식도 또한 그러해 안의 습기와 밖의 촉 등의 법에 늘 서로 따라 구른다. 又如瀑流漂水下上魚草等物隨流不捨 此識亦爾 與內習氣外觸等法恒相隨轉", "이와 같은 법과 유로 뜻을 드러냄은 이 식이 시작 없는 인과일 뿐이어서 단상의 뜻은 아니다. 이 식의 성(性)은 무시이래 찰나찰나로 과로 나고 인으로 멸할 뿐이다. 과로 날 뿐이어서 단이 아니고 인으로 멸할 뿐이어서 상도 아니다. 단도 상도 아닌 이것이 연기의 뜻이다. 그러기에 이 식으로 언제나 구를 뿐인 것이 저 흐름과 같다. 如是法喩意顯此識無始因果非斷常義 謂此識性無始時來刹那刹那果生因滅 果生故非斷 因滅故非常 非斷非常是緣起理 故說此識恒轉如流"라고 하였다. [참고문헌] 『成唯識論』, 『成唯識論述記』 권3(대정장43, p.338a22).

폭수 暴水 Ⓢ ogha. 거세게 흐르는 물. 폭류(瀑流)와 같다. 아뢰야식(阿賴耶識)의 비유다. 『유가사지론』 권76(대정장30, p.718b8)에 "비유하면 크고 거센 물 흐름과 같아서 한번 파도쳐 연이 현전하면 오직 한 파랑이 일어나고, 만약 두 개 또는 많은 파랑을 일으키는 연이 현전하면 많은 파랑이 일어나지만, 이 폭수 스스로 흘러서 끊음도 다함도 없다. 譬如大暴水流 若有一浪生緣現前 唯一浪轉 若二若多浪生緣現前 有多浪轉 然此暴水自類恒流無斷無盡", 『성유식론연비』 권1(대정장43, p.811a17)에 "이 식 이름하여 아다나라 하는데, 아뢰야 또는 심이라고도 한다. 의지처가 되기에 육식신이 구를 수 있다. 마치 폭수에 의지해 파랑 이는 듯하고, 맑고 티 없는 거울에 의지해 영상이 생겨남과 같다. 此識名阿陀那 亦名阿賴耶 亦名爲心 爲依止故六識身轉 如依暴水而有浪生 依淨明鏡有影像起"라고 하였다. [참고문헌] 『瑜伽師地論』, 『成唯識論演祕』, *Daś-bh.17.*

폭장 曝葬 **1** ➡ 풍장 風葬 **2** 다비(茶毘)하고 수습한 사리를 가루로 만들어 나무숲이나 산천에 뿌리는 장법(葬法). 『남송원명선림승보전』 권12 「여중무온전 恕中無慍傳」(卍속장137, p.735b13)에 "홍무 19년(1386) 7월 게 설하시길 '칠십칠년 설할 만한 법 없었네. 마지막으로 남기는 한마디 노주의 떠들썩한 말일 뿐. 돌!'이라 하시고는 곧게 앉은 채로 가셨다. 일전에 당부의 말을 남기셨는데, 세상의 예법에 따르지 말고 뼈와 재를 물이며 대나무숲에다 뿌림으로써 무상함을 나타내라 하셨다. 문인이 감히 그 명함을 지키지 못하고, 취산 당오의 언덕에다 솔도파를 세우고 입감하여 묻었다. 洪武十九年七月 說偈曰 七十八年 無法可說 末後一句 露拄饒舌 咄 端坐而化 日前遺囑 屛世禮 以骨灰散水竹間 用表無常 門人不敢守命 乃於翠山唐嶴之原 建窣堵 以龕瘞焉"라고 하였다. [참고문헌] 『南宋元明禪林僧寶傳』, 『五燈全書』 권51(卍속장141, p.137a15). ⇨ 다비 茶毘

폭지단 爆地斷 폭죽 터지듯 느닷없이 끊어지다. 폭지일성(爆地一聲)과 통한다. 『설암조흠어록』 권4(卍속장122, p.572b14)에 "또한 말하고 멈춤으로 아무리 들어 보이려 해도 미칠 수 없는 곳에서 문득 확 트여 현전한다. 이는 묘희(大慧宗杲)가 말하길 불붙어 터지듯 끊어지는 때의 바로 그 소식인 것이다. 且謂於語默 提撕不及處 忽然豁爾現前 此正妙喜所謂 爆地斷時消息也", 『오등엄통』 권24 「약암통문장 箬庵通問章」(卍속장139, p.1036a11)에 "홀연히 쪼아 부수다가 느닷없이 '탁!' 하고 소리내며 끊어져야 비로소 이 일은 남에게서 얻을 수 없음을 알게 될 것이다. 말해보라! 사람에게서 얻지 못한다는 말 무슨 뜻인가? 밤새 꽃 떨어지고 비 내리더니, 시내 가득 물 향기 흘러내리네. 忽然 啐地折 爆地斷 始信此事 不從人得 且道 不從人得時如何 一夜落花雨 滿溪流水香"라고 하였다. [참고문헌] 『雪巖祖欽語錄』, 『五燈嚴統』. ⇨ 폭지일성 爆地一聲, 박지일파 嚗地一破

폭지일성 爆地一聲　폭죽 터지듯 나는 단 한 번의 소리. 폭지일파(爆地一破)・박지일파(曝地一破)와 통한다. 『선종결의집』「철저궁연문 徹底窮淵門」(대정장48, p.1011b15)에 "시작부터 지금까지 의심해 풀 수 없었기에 앞 사람 의심했던 것 지금 사람이 고스란히 의심한다. 지금 사람이 의심하는 바로 그것 조주가 설한 바로 그것이다. 느닷없이 의심덩어리상에서 폭죽 터지듯 나는 단 한 번의 소리에 저 소식 사무쳐 보아 쉬어버리리다. 이제 더는 말할 일 없으리니, 말 많은즉 한없이 멀어지리라. 從始至今 疑而不決 所以前人疑的 卽是今人疑的 今人疑的 卽是疑著 趙州說的 驀然疑團子上 爆地一聲 徹見那邊消息去也 此說且止 言多去道遠矣", 『선관책진』「천목고봉묘선사시중 天目高峯妙禪師示衆」(대정장48, p.1100c25)에 "다만 마음일랑 일으키지 말라. 지키는 귀신 지키려 하면 오고가니 의심덩어리 갑자기 '탁!' 하고 터져 단 한 번 소리냄에 틀림없이 하늘 놀라고 땅이 흔들릴 것이다. 但莫起心 如箇守屍鬼子 守來守去 疑團子 欻然爆地一聲 管取驚天動地", 『영각광록』 권4(卍속장125, p.448b18)에 "한마디 화두상에 온전히 써두고 살펴 오고 살펴 가되 홀연히 터지듯이 단 한 번의 소리에 몸도 마음도 세계도 하나로 고르게 무너져 내리니, 천차만별 하루아침에 어울려 통하고 일곱으로 그윽하고 여덟 겹으로 묘한 것마저 하루아침에 사라져 없게 되리라. 全用在一句話頭上 看來看去 忽然爆地一聲 則身心世界 一旦平沉 千差萬別 一旦融通 七玄八妙 一旦消滅"라고 하였다. 〔참고문헌〕『禪宗決疑集』, 『禪關策進』, 『永覺廣錄』. ⇨ 박지일파 曝地一破, 폭지단 爆地斷

폭지일파 爆地一破　터지듯 단 한 번에 부수다. 폭지일성(爆地一聲)・박지일파(曝地一破) 등과 통한다. 『선가귀감』(한불전7, p.638a21)에 "생사를 대적하려면 모름지기 이 한 생각 터지듯 단번에 무너짐 얻어야 바야흐로 생사마저 얻었다 한다. 若欲敵生死 須得這一念子 爆地一破 方了得生死", "〈평〉 '폭'이란 칠통 쳐부수는 소리다. 칠통 쳐부숴야 생사를 대적할 수 있다. 모든 부처가 인지에서 법을 행함이 다 이렇게 했을 따름이다. 爆 打破漆桶聲 以打破漆桶 然後生死可敵也 諸佛因地法行者 只此而已"라고 하였다. 〔참고문헌〕『禪家龜鑑』. ⇨ 폭지일성 爆地一聲, 폭지단 爆地斷, 박지일파 曝地一破

폭천산 瀑泉山　설잠(雪岑) 김시습이 『십현담요해』를 지었던 산. 「서문」 말미(한불전7, p.309a11)에 "성화 을미(1475년) 복숭아꽃 피는 계절 재생패(초순)에 청한비구 설잠이 폭천산중에서 풀다. 成化乙未 桃節 哉生覇 淸寒苾蒭雪岑注于瀑泉山中"라고 하였다. 〔참고문헌〕『十玄談要解』. ⇨ 설잠 雪岑

폭천집 瀑泉集　설두중현(雪竇重顯) 지음. 원응(圓應) 엮음. 1권. 『설두어록』 권4(대정장47, pp.692b7~698a7)에 해당한다. 1030년(천성8) 서문을 붙여 간행했다. 제자 원응이 설두의 수시자답과 인연・제창 및 학인의 청익에 대하여 응수한 150여 칙(則)을 모아서 엮었으며, 마지막에 설두의 「참동계착어 參同契著語」와 진찬(眞讚)이 붙어 있다. 『불과격절록』「서 序」(卍속장117, p.449a9)에 "명각선사(설두)의 『폭천집』은 현재 대장중에 있어 볼 수 있지만 태고의 듣기 어려운 소리여서 화답하는 이들이 드물다. 원오선사가 마디 치고 그 틈 불러내 사람들이 저도 모르게 손발로 춤사위가 나오도록 하였지만, 안타깝게도 이 땅에 오래된 간행본만 남았다. 明覺禪師瀑泉集 見存乎大藏中 大古希音 和者鮮矣 圓悟禪師 擊節乎其間 敎人不覺手舞足蹈 可惜此土之舊刊"라고 하였다. 〔참고문헌〕『雪竇語錄』, 『佛果擊節錄』. ⇨ 명각선사어록 明覺禪師語錄

폭포 瀑布　거침없이 쏟아져 내리는 물. 『화엄경소초』 권76(대정장47, p.668a24)에 "누각에 올라 거울 세우니 황하 일대 온통 다 거울 중에 들고, 천 길의 폭포 한 자로 나툰다. 登樓持鏡則 黃河一帶 盡入鏡中 瀑布千丈 現於徑尺", 『오조법연어록』 권하(대정장47, p.668a25)에 "바위 치고 돌며 쏟아지는 폭포가 창 앞에 떨어진다. 遶巖瀑布窓前落"라고 하였다. 〔참고문헌〕『華嚴經疏鈔』, 『五祖法演語錄』.

폭포암 瀑布庵　**1** 인천광역시 강화군 화도면 상방리 마니산 망경대(望京臺)에 있던 암자. 조선 후기 양명학 강화학파(江華學派) 이광사(李匡師)의 조카인 우신(虞臣) 이충익(李忠翊)이 1768년(영조44)에 혜운(慧雲)과 창건하였으나 곧 철거되었다. 충익이 종형 유공(幼公) 이영익(李令翊 1738~1780)에게 창건을 알린 시 「폭포암성보유공종형 瀑布菴成報幼公從兄」(『초원유고』 책1)에 "노스님과 가난한 유자가 터놓고 함께 참하네. 老釋寒儒許共參", 이영익의 화답시 제목(『신재집』 책1)에 "우신이 근래에 부처의 이치에 뛰어나더니, 스님과 마니산 망경대 폭포 아래에 작은 암자를 짓고 자호를 폭포암주인이라 했다고 들었다. 虞臣近長佛理 聞與釋子 構小庵 於摩尼山望京臺漫布下 自號瀑布庵主人", 이영익의 「제우신시축 題虞臣詩軸」(같은 책)에 "우신이 혜운과 폭포암을 지었다. 虞臣與僧慧雲 結瀑布庵"라고 하였다. 〔참고문헌〕『椒園遺藁』(韓國文集叢刊255, p.468a1), 『信齋集』(韓國文集叢刊252, p.434b2・b7). **2** 강원도 고성군 외금강면 금강산 발연폭포(鉢淵瀑布) 위에 있던 암자. 조선 후기 금강산유람기 중 김창즙(金昌緝)은 1712년(숙종38) 75세의 설봉자징(雪峰自澄 1638~1717)이 제자들을 가르치고(『포음집』 권6 「東游記」), 유정원(柳正源)은 1754년(영조30) 5월 초4일 보인상인(輔仁上人)이 열대여섯 제자들과 송경하는(『삼산집』 권5 「遊金剛山錄」) 모습 등의 일을 전하였으나, 18세기 후반의 『범우고』에 '今廢'라고 하였다. 허정법종(虛靜法宗)의 「유금강산록」(『허정집』 권하・한불전9, p.518b19)에 "(1711년에) 그 위에 암자를 지었는데 폭포라 편액하였다. 설봉대사가 제자들과 공을 말하며 좌선하였다. 其上架庵 以瀑布額 有雪峯大師 與二三子 談空而坐", 어유봉(魚有鳳)의 「재유금강내외산기 再遊金剛內外山記」(『기원집』 권20)에 "(1733년 9월 13일에) 폭포암에 올라 자징대사 부도와 비를 보았다. 上瀑布庵 觀自澄大師浮圖及碑"라고 하였다. [참고문헌] 『圃陰集』(韓國文集叢刊176, p.455b1), 『三山集』(韓國文集叢刊219, p.448b16), 『梵宇攷』, 『虛靜集』, 『杞園集』(韓國文集叢刊184, p.219b16), 『韓國寺刹全書』 권하 p.1122b1. ⇨ 자징 自澄 **3** 경상남도 함양군 안의면 덕유산 심진동(尋眞洞)에 있던 암자. 1776년(영조52)에 조술도(趙述道)가 덕유산을 유람하고 지은 「남유록 南遊錄」(『만곡집』 권9)에 "(심진동에서 浮屠庵을 지나) 폭포암에 이르러 문득 폭포를 보니, 허공으로 솟구쳤다 내리니 수십 척이다. 至瀑布庵 忽見瀑布 跳空下數十尺"라고 하였다. [참고문헌] 『晚谷集』(韓國文集叢刊 續集92, p.320a4). **4** 경상북도 영동군 심천면 고당리 옥계폭포 곁에 있던 암자. 송방조(宋邦祚 1567~1618)의 「영동옥계폭포암 永同玉溪瀑布庵」(『습정집』 권1)이 전한다. [참고문헌] 『習靜集』(韓國文集叢刊 續集15, p.190a15). **5** 평안도 묘향산에 있던 암자. 허정법종(虛靜法宗 1670~1733)의 「속향산록 續香山錄」(『허정집』 권하・한불전9, p.524c15)에 "폭포암을 지나 금강암을 보았다. 過瀑布庵 見金剛庵"라고 하였다. [참고문헌] 『虛靜集』.

표 杓 Ⓢdarva. 밀교에서 호마법 등을 닦을 때 사용하는 법구. 크고 작은 두 종류가 있는데 큰 자루는 주표(注杓), 작은 자루는 사표(瀉杓)・제표(祭杓)라고 부른다. 큰 자루는 기름이나 오곡 등의 공물을 화로 안으로 끌어다 넣는 것이고, 작은 자루는 공물을 큰 자루있는 곳으로 흐르게 하거나 직접 화로 가운데로 흘려넣는 데 쓴다. 『금강정유가호마의궤』(대정장18, p.920a29)에 "나는 지금 다음으로 주표와 사표의 모습을 설할 것이다. 이에 따라서 성취하면 지송자는 속히 얻으리라. 주표는 1주량이며 법목은 단단한 것으로 하며, 구멍이 없게 만들어야 하고 입구는 묘하고 단엄하게 해야 한다. 가로는 네 마디 정도여야 한다. 깊이는 한 마디가 되게 하라. 모양은 길상자와 같게 해서 가운데에 삼고저를 새기고 아주 단엄하게 해야 한다. 손잡이 둘레는 사람들이 잡기에 충분해야 한다. 입구 주변과 자루의 끝부분에 연꽃무늬를 새겨야 한다. 사표의 길이 및 둘레, 그리고 각루의 문양은 모두 주표의 모습과 같게 한다. 나무도 또한 앞에서 설한 것과 같다. 我今次應說 注杓瀉杓相 於此作成就 持誦者速疾 注杓一肘量 法木令堅密 無孔穴應作 口應妙端嚴 橫當四指量 深量用一指 形如吉祥字 於中三股杵 應令極端嚴 柄圍足人把 近口與柄末 應作蓮花文 瀉杓長及圓 并及刻鏤文 皆如注杓相 木亦如前說"라고 하였다. [참고문헌] 『金剛頂瑜伽護摩儀軌』, *Udāna-v.313.*

표 漂 Ⓢbhramati, Ⓟvuyhati, Ⓣ'khyams-pa. 떠다니다. 유정이 생사의 바다 떠도는 것의 비유다. 표닉(漂溺)이라고도 한다. 『아비담비바사론』 권26(대정장28, p.192b14)에 "떠돌다의 뜻이 바로 흐르다의 뜻이다. 아래로 떠내려간다는 것이 유의 뜻이다. … 표의 뜻이 유의 뜻이란 온갖 중생을 모든 세계와 모든 취에 나서 생사 중에 떨어져 있게 함을 말한다. 漂義是流義 流下義是流義 … 漂義是流義者 漂諸衆生 墮在諸界 諸趣諸生生死中", 『순정리론』 권53(대정장29, p.641a15)에 "이러한 모든 번뇌 능히 이생들 떠돌게 해서 온갖 선품에서 떠나게 함이 있지만, 성자들을 표류하게 할 수는 없다. 표류하게 한 뒤에는 모든 이생류로 하여금 널리 좋아할 수 없는 계취로 나서 합하게 하지만, 성자들은 합하게 하려 해도 그렇게 하지는 못한다. 謂此諸惑能漂異生 容有令離一切善品 漂諸聖者則不可然 漂已能令諸異生類 遍與非愛界趣生合 令聖者合則不可然"라고 하였다. [참고문헌] 『阿毘曇毘婆沙論』, 『順正理論』.

표계 表戒 드러나 보이게 행하는 계. 이름과 계목을 가져 타인이 분명히 알 수 있는 계다. 계체(戒體)로 잡아 말하면 무표계(無表戒)다. 『사분율개종기』 권6(卍속장66, p.977b10)에 "묶어서 두 가지가 되는데 하나는 표계이고, 또 하나는 무표계다. 먼저 표와 무표라는 각각의 다른 이름을 풀고, 다음으로 공통하는 이름으로 목을 가진 계를 풀이한다. 표라는 말은 몸과 말로 조작하여 표시를 남김으로써 남들이 분명히 알 수 있으므로 표라 한다. 束爲兩 一曰表戒 二無表戒 先釋別名 表與無表 次釋通名所目之戒 所言表者 身語造作 有所表示 令他了知 故名爲表"라고 하였다. [참고문헌] 『四分律開宗記』. ⇨ 계 戒, 계체 戒體, 무표계 無表戒, 표무표계 表無表戒, 작계 作戒, 무작계 無作戒

표계무표계 表戒無表戒 ➡ 표무표계 表無表戒

표공 表公 신라 스님 진표(眞表). 『삼국유사』 권4(대정장49, p.1009b4・한불전6, p.353a22) 의해(義解) 5 심지계조(心地繼祖)에 "팔꿈치와 이마 모두에서 피나듯 함은 표공(진표)이 선계산에서 하던 것이다. 肘顙俱血類表公之仙溪山也", 진표전간(眞表傳簡)에서는 "이에 표공이 참회를 일으켜 간자를 얻고 법을 물어 부처를 본 것은 가히 무고한 것이 아니라고 할 수 있다. 乃知表公翹懺得簡聞法見佛可謂不誣"라고 하였다. 〔참고문헌〕『三國遺事』. ⇨ 진표 眞表

표금운 表錦雲 구한말 범패의 거장. 동만월(東滿月)의 제자로 홍국사(興國寺)에 주석하였다. 〔참고문헌〕『韓國佛教音樂硏究』(서울대출판부, 1981). ⇨ 만월 滿月 ■

표기 幖記 Ⓢ netā, Ⓣ mtshon-pa. 드러내 표해서 알게 하다. 표치(標幟)라고도 한다. 인도하는 표식이나 사람. 중생을 선도하여 이끄는 부처님과 같은 지위를 가리킨다. 『법륜보참』 권9(卍속장130, p.63a8)에 "자기 몸 앞에 금강살타지신이 네 가지 인으로 에워싼 모습이 둥근 달과 같게 하고 한 송이 연꽃과 같으며 각각 본래의 위의에 머물며 표기를 손에 쥐고 각각 오불보관을 쓰고 있다고 관상한다. 則於身前 想金剛薩埵智身 四印圍繞 同一月輪 同一蓮華 各住本威儀 執持幖記 各戴五佛寶冠"라고 하였다. 〔참고문헌〕『法輪寶懺』, *Mvyut. 1.*

표덕 表德 덕을 드러내다. 차정(遮情)과 대칭한다. 차정표덕은 주로 화엄종과 진언종에서 쓰고, 차전표전은 주로 법상종에서 쓴다. 차정표덕은 법체를 잡아 말하고 차전표전은 말을 근거한 용어다. 『화엄오교지관』(대정장45, p.512c18)에 "표덕이라 한 것은, '연기는 유인가?'라고 물으면, '그렇다. 환으로 있는 것 없지 않기 때문이다'라고 답한다. '무인가?'라고 물으면 '그렇다. 성이 없는즉 공하기 때문이다'라고 답한다. '유이기도 하고 무이기도 한가?'라고 물으면, '그렇다. 둘 다 두어도 걸림이 없기 때문이다'라고 답한다. '유도 아니고 무도 아닌가?'라고 물으면, '그렇다. 서로 빼앗아 쌍으로 사라지기 때문이다'라고 답한다. 또한 연해 일어나기에 유이고, 연하여 일어나기에 무이며, 연으로 일어나기에 유이기도 하고 무이기도 하며, 연으로 일어나기에 유도 아니고 무도 아니다. … 차표로 두렷이 어울려 걸림 없기에 자재할 따름이다. 만약 능히 이와 같이 한다면 비로소 연기법을 보게 될 것이다. 表德者 問 緣起是有耶 答 是也 幻有不無故 問 是無耶 答 是也 無性卽空故也 問 亦有亦無耶 答 是也 不礙兩存故 問 非有非無耶 答 是也 互奪雙泯故 又以緣起故 是有 以緣起故 是無 以緣起故 是亦有亦無 以緣起故 是非有非無 … 遮表圓融無礙 皆由緣起自在故也 若能如是者 方得見緣起法也"라고 하였다. 〔참고문헌〕『華嚴五教止觀』. ⇨ 차정표덕 遮情表德, 차전 遮詮, 표전 表詮, 연기법 緣起法

표덕호 表德號 ➡ 도호 道號 ■

표령 標領 드러내 내세울 만하다. 그만큼 탁월하게 빼어난 면모. 탁월한 인물 또는 본보기를 가리킨다. 『백론소』 「서 序」(대정장42, p.233c6)에 "용수에게는 제자가 많았지만 제바가 드러내 내세울 만하다. 龍樹多有門人 而提婆最爲標領", 『양고승전』 권4 「출잠전 竺潛傳」(대정장50, p.348a1)에 "그때 간문이 재상이 되었는데 조야에서는 그를 지덕이라 여겼지만, 축잠이야말로 도속의 본보기였다. 于時 簡文作相 朝野以爲至德 以潛是道俗標領", 『법화의소』 권9(대정장, p.580a27)에 "천이백이라 하니 이는 삼승도를 얻은 첫 제자들 수이고, 이 천이백 가운데 오백이 빼어난 인물이므로 오백이라 하였다. 千二百是 得三乘道之初數 此千二百中 五百爲標領 故云五百耳"라고 하였다. 〔참고문헌〕『百論疏』, 『梁高僧傳』, 『法華義疏』.

표모 縹帽 담청색(淡靑色) 모자. 표모자(縹帽子)·표모(縹冒)라고도 한다. 속칭 화모자(華帽子)·모자(帽子)라고도 하며, 과두(裹頭)라고도 한다. 머리를 감쌌던 인도풍에 기원한다. 부처님 재세시 인도 북방은 추웠기에 비구들이 솜털로 만든 모자로 머리를 감싸도 되도록 허용하였고, 중국에서는 수양제(隋煬帝)와 천태지의(天台智顗)의 일화에 기원해서 전한다. 『선림상기전』 권26(대장경보편19, p.694b3)에 "교가에는 표모자가 있다. 『연남기담』에 '태가(천태종)와 밀가(밀교)에 표모자가 있다. 과두라고도 한다'라고 하였고, 『종봉잡집』에 '수양제가 천태〈지의〉대사에게 청하여 보살계를 받았는데 당시 몹시 추운 날씨로 양제가 어의의 담청색 소매를 풀어 대사의 머리를 감싸도록 하였다'라고 하였다. 또 일본의 환무제는 예산전교대사에게 청하여 원돈보살계를 받았는데 무제는 수양제의 고사에 따라 표모를 하사하였다. 이때부터 태가에서는 그 위에 오른 이들만 썼고 오르기 전에는 쓰지 못하였다. 도충(道忠)이 말한다. '양제가 옷소매를 풀어서 지자의 머리를 감쌌다는 기사가 중국에 전하는 예는 보지 못했다'. 教家有縹帽子 燕南紀談云 台家密家 有縹帽子 又名裹頭 宗鳳雜集云 隋煬帝 請天台〈智顗〉大師 受菩薩戒 時祁寒 帝解御衣縹袖 令裹大師頭 又日本桓武帝 請叡山傳教大師 受圓頓菩薩戒 帝準隋帝故事 賜縹帽 自此台家得其位者披之 未得位 則不得著之 忠曰 煬帝解衣袖 裹智者頭 中華記傳 未見所載"라고 하였다. 〔참고문헌〕『禪林象器箋』. ⇨ 과두 裹頭

표몰 漂沒 Ⓟ √vah, vuyhati. 떠돌며 잠기다. 생사대해를 육도로 부침함을 말한다. 『대반열반경』 권상(대정장1, p.193a27)에 "모든 중생 모두 다 생사하는 큰 바다에 떠돌며 잠깁니다. 바라옵건대 여래시여, 바다를 건너는 배가 되어주시옵소서! 一切衆生 皆悉漂沒 生死大海 唯願如來 爲作舟航", 『잡아함경』 권28(대정장2,

p.199b14 : *Bhaya-sutta, AN.1,* p.178)에 "때로는 산에 내리는 큰비로 홍수 넘쳐흘러 취락이 떠 사라지니 인민이 달아나 모자가 헤어진다. 有時 山中大雨 洪水流出 漂沒聚落 人民馳走 母子相失 mahāmeghe kho pana bhikkhave vuṭṭhite mahā udakavāhako sañjāyati. mahā udakavāhake sañjāte tena gāmāpi vuyhanti nigamāpi vuyhanti nagarāpi vuyhanti. gāmesu pi vuyhamānesu nigamesu pi vuyhamānesu nagaresu pi vuyhamānesu tattha mātā pi puttaṃ na paṭilabhati putto pi mātaraṃ na paṭilabhati", 『무상의경』 권상(대정장16, p.469c17)에 "이 여래의 세계는 한량도 없고 끝도 없지만 모든 번뇌에 숨어 가린 채 생사의 물결을 따라 육도에 떠돌며 잠긴다. 시작도 없이 돌고 돌기에 나는 이름해서 중생계라 한다. 是如來界 無量無邊 諸煩惱㲉之所隱蔽 隨生死流 漂沒六道 無始輪轉 我說名衆生界"라고 하였다. [참고문헌] 『大般涅槃經』, 『雜阿含經』, 『無上依經』, *AN.*

표무표 表無表 Ⓢ vijñapty-avijñapti, Ⓣ rnam-par-rig-byed dang rnam-par-rig-byed-ma-yin-pa. 자성이 있음에도 드러나 보여 다른 이가 알 수 있는 것과 드러내 보일 수 없는 것. 표업(表業 : 表色)과 무표업(無表業 : 無表色). 표무표업(表無表業)·표무표색(表無表色)이라고도 한다. 『구사론』 권13(대정장29, p.67c1 : *Abh-k-bh.*, p.192)에 "이와 같이 설한 모든 업 중에서 신업과 어업 모두 표와 무표를 자성으로 한다는 것을 알아야 한다. … 사(思)의 힘에 의해 이러저러한 이름의 몸 일으키는 것을 신표업이라 한다. … 어표업의 체는 바로 음성이다. 무표업상에 대해서는 앞에서 이미 설하였다. 應知如是所說諸業中 身語二業俱表無表性 … 由思力故 別起如是如是身形名身表業 … 語表業體謂卽言聲 無表業相如前已說 te tu kāya-vāk-karmaṇī pratyekaṃ vijñapty-avijñapti-svabhāve veditavye … citta-vaśena kāyasya tathā tathā saṃsthānaṃ kāyavijñaptiḥ … vāksvabhāvo yaḥ śabdaḥ saiva vāgvijñaptiḥ … avijñaptiḥ pūrvam evoktā", 『구사론기』 권13(대정장41, p.201a20)에 "'표무표를 함께 성으로 한다'라고 하였다. 이와 같이 설한 모든 삼업 중 신어 두 업은 표무표를 모두 자성으로 한다는 것이다. … 첫째로 자심의 선함 등 능히 보여 타인이 알도록 할 수 있기에 표업이라 한 것이고, 둘째로 자신의 마음만은 표시할 수 없는 것이기에 무표업이라 하니, 이러한 차별로 인해 두 가지 이름을 세운 것이다. 의업은 색이 아니어서 표시할 수 없기에 표라 할 수 없고, 또 표할 수 없기에 표가 없어서 또한 없다고 할 뿐이다. 俱表無表性者 應知如是所說諸三業中 身語二業俱表無表性 … 一 能表示自心善等令他知故名表 一 卽不能表示自心故名無表 由斯差別立二種名 意業非色 不能表示故不名表 由無表故無表亦無"라고 하였다. [참고문헌] 『俱舍論』, 『俱舍論記』, *Abh-k-bh.* ⇨ 표업 表業, 무표업 無表業

표무표계 表無表戒 표계와 무표계. 몸과 말로 드러내 보여 지키는 계와 지켜 가지지만 밖으로 드러나지 않는 계. 80권본 『화엄경』 권31(대정장10, p.802c23)에 "그대는 마땅히 표계와 무표계를 부지런히 닦아야 한다. 성계이거나 차계이거나 죄가 되거나 죄가 되지 않음을 미세하게 관찰하여 빠뜨리거나 덜함이 없도록 해야 하기 때문이다. 汝應勤修 表無表戒 謂若性若遮 有罪無罪 微細觀察 無缺減故", 『화엄경소』 권24(대정장35, p.676b24)에 "색온을 뒤쳐 계신을 성취하니, 표계와 무표계가 모두 색온일 따름이기 때문이다. 轉色蘊 成於戒身 表無表戒 皆色蘊故", 『사분율행사초비』 권2(卍속장67, p.286a1)에 "저 종에서는 표계와 무표계가 모두 색을 바탕으로 삼는다고 말하면서 '표는 이미 이 인이라 하고 무표는 과'라고 한다. 明彼宗之中 言表無表戒 俱用色爲體 云表旣是因 無表是果"라고 하였다. [참고문헌] 『華嚴經』, 『華嚴經疏』, 『四分律行事鈔批』. ⇨ 계 戒, 계체 戒體, 표계 表戒, 무표계 無表戒

표무표색 表無表色 표색(表色 Ⓢ vijñapti-rūpa)과 무표색(無表色 Ⓢ avijñapti-rūpa). 표무표(表無表)와 같다. 『대비바사론』 권122(대정장27, p.634c17)에 "또 표색과 무표색을 버려 없다 한다면, 폐제희(Ⓢ Vaidehī)의 아들인 미생원왕(Ⓢ Ajātaśatru)이 아버지를 살해한 무간업을 실제 실현한 것이 아니어야 할 것이니, 드러내 행위할 때에는 부왕의 목숨은 여전히 존속했고, 부왕의 목숨이 끊어졌을 때 표업은 이미 사라져버렸기 때문이다. 선행하는 표업의 힘으로 말미암아 후행하는 무표업을 획득하기에 미생원왕의 무간업은 실제 실현된 것이다. 又若撥無表無表色 吠題呬字 未生怨王 應當不觸害父無間 謂發表位父命猶存 父命終時表業已謝 由先表力得後無表故 未生怨觸無間業", 『대승법원의림장』 권3(대정장45, p.299a13)에 "표색과 무표색에는 다 합하여 십문으로 분별한다. … 이름을 열거함이란, 첫째는 표색이고 둘째는 무표색이다. 구역에서는 작색과 무작색이라 하였다. 표색에는 두 가지가 있으니 첫째는 신표업이고 둘째는 어표업이다. … 임시의 신표업은 색처 중의 표색을 성으로 하고, 가로서 어표업은 말소리를 체로 한다. 表無表色合以十門分別 … 列名者 一 表色 二 無表色 舊名作色無作色 表色有二 一 身表業 二 語表業 … 假身表業 以色處中表色爲性 假語表業以聲爲體", 『성유식론』 권1(대정장31, p.4c8)에 "표색과 무표색 이미 실유가 아닌가? 이것은 실유가 아니다. 왜 그러한가? 먼저 신표색이 만약 실유라면, 무엇을 성으로 하는가? 만약 신체적 형태라고 한다면, 바로 실유가 아니다. 나눌 수 있는 것이기 때문이다. 길 등의 극미는 존재할 수 없기 때문이다. 만약 움직임이라고 한다면 또한 실유가 아니다. 생기자마자 바로 멸해서 동의 뜻마저 없기 때문이다. 表無表色豈非實有 此非實有 所以者何 且身表色若是實有 以何爲性 若言是形便非實有 可分析故 長等極微不可得故 若言是動 亦非實有 纔生卽滅無動義故"라고 하였다. [참고문헌] 『大毘婆沙論』, 『大乘法苑義林章』, 『成唯識論』. ⇨ 색 色, 표색 表色[1], 무표색 無表色

표미 豹尾 구요(九曜) 중 하나인 혜성(彗星)의 별명. 혜성은 계도성(計都星 Ⓢketu)이라고도 하는데, 깃발 모양에서 붙여진 이름이다. 표미는 '표범의 꼬리'라는 말로 장수의 깃발에 다는 장식이기도 하다. 『범천화라구요』(대정장21, p.461a15)에 "흐르는 해가 이 계도에 이르면 은성이기도 하며, 일명 표미라 한다. 行年至此計都 亦是隱星 一名豹尾"라고 하였다. [참고문헌] 『梵天火羅九曜』, 『七曜攘災決』 권중(대정장21, p.446b1). ⇨ 계도성 計都星, 구요 九曜

표방 標榜 드러내 알리다. 표방(標牓·標搒)이라고도 쓴다. 『주유마힐경』 권1(대정장38, p.327c28)에 "위에서는 사람을 경의 이름으로 삼았고, 여기서는 법을 경의 이름으로 삼았다. 법을 경의 이름으로 삼은 까닭에 뜻이 돌아갈 것을 드러내 알리고자 함이다. 上以人名經 此以法名經 以法名經 所以標榜旨歸", 『임제록』 「서 序」(대정장47, p.496a24)에 "암곡에 소나무 심어 후인들에게 드러내 알게 하였다. 巖谷栽松 後人標榜", 『전심법요』(대정장48, p.384a9)에 "이 방편이야말로 조사의 길 드러내는 표시물이다. 此便是祖師之標榜也", 『종용록』 74칙 「평창 評唱」(대정장48, p.274b17)에 "이들 모두 일체법의 진실을 드러내는 알림판으로 세운 것이다. 此皆立一切法之標榜也"라고 하였다. [참고문헌] 『注維摩詰經』, 『臨濟錄』, 『傳心法要』, 『從容錄』.

표백 表白 드러내 말하다. 모두가 들리도록 소리내 말하는 것으로 창도(唱導)·계백(啓白)·개백(開白)·개계(開啓)라고도 한다. 『승사략』 권중 「행향창도 行香唱導」(대정장54, p.242a17)에 "사리불은 말솜씨가 뛰어나 일찍이 상좌가 된 뒤로 부처님을 찬송하며 대중을 이끄는 솜씨가 매우 훌륭하여 백의가 크게 기뻐하였다. 이를 표백의 실타래라 할 만하다. 舍利弗 多辯才 曾作上座 讚導頗佳 白衣大歡喜 此爲表白之椎輪也", 『석씨요람』 권상(대정장54, p.276b2)에 "표백 : 『승사략』에 따르면, 창도라고도 한다. 시작은 서역의 상좌가 무릇 법을 청할 때마다 주원으로써 단월의 마음을 기쁘게 하였던 일이다. … 『양고승전』 권13(대정장50, p.417c15)에 '무릇 창도에서 소중히 여기는 요건으로 네 가지가 있다. 첫째는 좋은 소리, 둘째는 적절한 말, 셋째는 뛰어난 논변, 넷째는 널리 앎이다. 좋은 음성이 아니면 대중을 깨우칠 수 없고, 판단할 줄 모르면 때에 알맞게 전할 도리가 없으며, 재능이 없으면 다채롭게 하지 못하고, 넓게 알지 못하면 의지할 근거가 없다'라고 하였다. 表白 僧史略云 亦曰唱導也 始則西域上座凡赴請 呪願以悅檀越之心 … 梁高僧傳云 夫唱導所貴者 其事四焉 一聲 二辯 三才 四博也 非聲無以警衆 非辯無以適時 非才言無可采 非博語無依據", 『선림상기전』 권17(대장경보편19, p.543a17)에 "표백 : 도충이 말한다. '주원을 소리내 읽고 불사의 내역을 보이게 드러내 대중에게 알린다. 이를 표백이라 한다'. 表白 忠曰 宣讀呪願 凡表顯事 以白告衆 此謂表白"라고 하였다. 『광홍명집』 권15(대정장52, p.205a2)에 수록된 남조(南朝) 양간문제(梁簡文帝)의 「창도문 唱導文」은 후세의 표백문(表白文) 형식과 같다. 또한 총림에서 방장(方丈)이 과당(過堂)에서 특정한 일로 대중에게 표백할 경우는 표당(表堂)이라 한다. [참고문헌] 『僧史略』, 『釋氏要覽』, 『梁高僧傳』, 『禪林象器箋』, 『廣弘明集』, 『金剛頂略出念誦經』 권2(대정장18, p.237a22). ⇨ 계백 啓白, 주원 呪願, 창도 唱導

표백제사갈마 表白第四羯磨 갈마를 행할 때 한 번 안건을 백(白)하여 드러내고 세 번 찬반 여부를 물어 마치기에 총 네 차례를 거쳐 마치는 것. 백사갈마(白四羯磨 Ⓢjñapti-caturthena karmaṇā)·일백삼갈마(一白三羯磨)라고도 한다. 『유가사지론』 권53(대정장30, p.590c27)에 "표백제사갈마를 지음과 동시에 간략히 추학처 따르는 것까지를 거둬 받으면 이를 '구족지'라고 한다. 이 갈래를 온전히 갖추기에 '처음으로 필추가 필추계를 갖추었다'라고 말한다. 若作表白第四羯磨 及略攝受隨麤學處 是名受具足支 由具此支故 名初苾芻具苾芻戒", 『표무표장서완기』(卍속장98, p.181b14)에 "표백제사갈마는 짓는다는 것은 일백삼갈마다. 표백하는 수를 통틀어서 '제사'라고 말한 것이다. 作表白第四羯磨者 一白三羯磨 通數表白 名爲第四"라고 하였다. [참고문헌] 『瑜伽師地論』, 『表無表章栖翫記』, 『瑜伽論記』 권14(대정장42, p.619a12), 『大乘法苑義林章』 권3(대정장45, p.301c27). ⇨ 백사갈마 白四羯磨, 일백삼갈마 一白三羯磨

표법 表法 법을 드러내 보이다. 방등참법(方等懺法) 중 하나이기도 하다. 『신화엄경론』 권37(대정장36, p.976b4)에 "장자가 답해 말하길 '나는 일체 모든 향을 잘 구별해 안다'라고 한 답은 두 가지 뜻을 갖고 있다. 첫 번째는 실제로 세간의 모든 향을 안다는 것이다. 두 번째는 향으로써 법을 표한 것이다. 長者答言 我善別知一切諸香 有二義 一 實知世間諸香 二 以香表法", 『국청백록』 권1 「방등참법」(대정장46, p.798a20)에 "표법은 다섯 번째다. 행자가 이미 십심의 역순을 알았으면 마음으로 거쳐야 할 온갖 일을 바르게 관하여 낱낱의 인연중에서 모두 뛰어난 법을 표한다. 마음과 마음이 서로 이어 도에 틈이 없이 관하면 불이문으로 들어간다. … 향니로 땅에다 그려 그림을 채색하여 장식한다는 것은 다음과 같은 뜻이다. 땅은 법성을 표상하고 향은 복덕을 표상하며 그림은 지혜를 표상한다. 복덕과 지혜 두 가지로 법신을 장엄한다는 뜻이다. 5색으로 덮는다 함은 5음을 표상하니, 불성에 붙어 있지도 않고 불성을 떠나 있지도 않아 연 없는 자비심을 일으켜 일체를 두루 덮는다. 24형상이란 12인연의 역순을 표상한다. 表法第五行者 旣識十心逆順 以正觀心歷衆事 一一緣中 皆表勝法 心心相續 觀道無間 入不二門 … 香泥塗地采畫莊嚴者 地表法性 香表福德 畫表智慧 福慧二種莊嚴法身也 五色蓋者 表於五陰 不卽佛性 不離佛性 起無緣慈 普覆一切也 二十四形像者 表十二因緣逆順觀也"라고 하였다. 〔참고문헌〕『新華嚴經論』, 『國淸百錄』. ⇨ 방등참법 方等懺法

표병 杓柄 주걱의 자루. 손잡이. 마음대로 부릴 수 있는 방편이다. 『대혜어록』 권13(대정장47, p.864c13)에 "이러한 사람 있는가? 없다면, 손잡이는 나 운문의 손에 쥐어져 있다. 마음대로 놓아주기도 하고 붙들어 매기도 하며, 유라고도 하고 무라고도 하며, 허라고도 하고 실이라고도 하며, 비춘다고도 하고 쓴다고도 하며, 손님이라고도 하고 주인이라고도 할 것이니, 모두가 이 안에서 말미암는다. 還有恁麽人麽 如無 杓柄却在雲門手裏 放行把住 說有說無 說虛說實 說照說用 說賓說主 總由這裏", 『벽암록』 75칙 「본칙 本則」(대정장(48, p.202b18)에 "자루 화상의 손안에 있는 것을 어쩌겠습니까? 爭奈杓柄 在和尙手裏", 『종용록』 29칙 「시중 示衆」(대정장48, p.246a14)에 "장고(長考)하는 바둑에 느려터진 행마(行馬)로 도끼자루 썩도록 시간만 보내다가 눈알 돌아가는 짧은 순간에 머리 어둑해지면 손잡이 빼앗아 버린다. 만약 귀신의 소굴에 터를 잡고 죽은 뱀을 살리겠다고 틀어잡고 있다면 전세를 뒤집을 길이 있겠는가? 遲棊鈍行 爛却斧柯 眼轉頭迷 奪將杓柄 若也打在鬼窟裏 把定死蛇頭 還有變豹分也無"라고 하였다. 〔참고문헌〕『大慧語錄』, 『碧巖錄』, 『從容錄』.

표복 杓卜 주걱점. 주걱을 던져 길흉 헤아리는 점술(占術). 또는 둥근 그릇에 물 돌게 하여 멈추는 위치나 방향으로 길흉을 따지는 점술이다. 『조정사원』 권6(卍속장113, p.174a12)에 "표복 : 풍속에 국자를 던져 놓고서 길흉을 점치니 표복이라 한다. 杓卜 風俗抛杓 以卜吉凶者 謂之杓卜"라고 하였다. 〔참고문헌〕『祖庭事苑』. ⇨ 표복청허성 杓卜聽虛聲

표복청허성 杓卜聽虛聲 주걱점 쳐서 들려주는 헛소리. 『천성광등록』 권15 「풍혈연소장 風穴延沼章」(卍속장135, p.731b2)에 "풍혈이 '출몰하며 거두고 펴서 스님과 더불어 씀을 같이합니다'라고 하자 경청이 '주걱점 쳐서 들려주는 헛소리려니, 푹 자고 배불러 떠드는 말일 뿐이다'라고 응수했다. 師云 出沒卷舒 與師同用 淸云 杓卜聽虛聲 熟睡饒譫語", 『원오어록』 권11(대정장47, p.765a9)에 "'좋은 소리가 귓전에 울리면 누구라도 귀를 쫑긋 세우고 듣게 되겠지요' '주걱점을 쳐서 들려주는 헛소리겠지'. 進云 好音在耳 人皆聳去也 師云 杓卜聽虛聲"라고 하였다. 〔참고문헌〕『天聖廣燈錄』, 『圜悟語錄』.

표산 俵散 나누어 흩으다. 『밀적역사대권신왕경게송』(대정장32, p.784a18)에 "팔만사천으로 몸을 나눈 진신사리, 유정계에 갈라 흩으니 보탑이 여기서 일어나리라. 八萬四千分身眞舍利 俵散情界寶塔從此起", 『선원청규』 권3 「전좌 典座」(卍속장111, p. 892b8)에 "화축은 때를 따르고, 나누고 흩어서 이로움 같게 하니, 고르게 힘써야 한다. 火燭依時 俵散同利 務要均平"라고 하였다. 〔참고문헌〕『密跡力士大權神王經偈頌』, 『禪苑淸規』. ⇨ 진신사리 眞身舍利

표산삼매 飄散三昧 Ⓢ vikiraṇo nāma samādhi, Ⓣ rnam-par-'thor-ba-zhes-bya-ba'i-ting-nge-'dzin. 백팔삼매 중 하나. 능산삼매(能散三昧)라고도 한다. 『대반야경』 권52(대정장5, p.295a5 : *Pañca-pr.*, p.201)에 "선현이 부처님께 여쭈었다. '세존이시여! 무엇을 가리켜 표산삼마지라 하는지요?' '선현아! 이 삼마지에 머무는 순간 일체등지의 법에 대한 집착마저 뿔뿔이 흩어지게 한다. 이에 표산삼마지라 한다'. 世尊 云何名爲飄散三摩地 善現 謂若住此三摩地時 飄散一切等持法執 是故名爲飄散三摩地 tatra katamaḥ vikiraṇo nāma samādhiḥ yatra samādhau sthitvā sarvasamādhibhiḥ sarvadharmān vikirati vidhamayati tenocyate vikiraṇo nāma samādhiḥ", 같은 책 권488(대정장7, p.483a21)에 "무엇을 가리켜 표산삼마지라 하는가? 이 삼마지에 머무는 순간 모든 정으로 능히 온갖 법들 흩어지도록 하므로 표산삼마지라 한다. 云何名爲飄散三摩地 謂若住此三摩地時 能令諸定 飄散諸法 是故名爲飄散三摩地라고 하였다. 〔참고문헌〕『大般若經』, *Pañca-pr.* ⇨ 백팔삼매 百八三昧, 능산삼매 能散三昧

표상 標相 Ⓢ saṃjñapti, cihna, Ⓣ brda-sprod-pa. 두드러지게 드러낸 모양. 『대장엄론경』 권9(대정장4, p.304b17)에 "마땅히 법복 입고 삭발하여 표상 짓고는 일체를 모두 버려야 하거늘 어떤 사유로 다시 다투었는가? 이와 같은 표상으로 마땅히 다툼 끊어야 하리라.

應當念被服 剃頭作標相 一切皆棄捨 云何復諍競 如此之標相 宜應斷鬪諍", 같은 책 권15(대정장4, p.344a2)에 "이렇게 한즉 어리석어 나찰의 표상일 뿐이다. 그대들 뒤쳐 미친 법을 성취했다고 하는 것이다. 此卽是愚癡 羅刹之標相 是故說汝等 成就顚狂法", 『순정리론』 권43(대정장29, p.588c29)에 "아라한인은 별다른 표상이 없어 이미 식별하기 어렵고 또 (아라한이) 아님도 알기 어렵다. 阿羅漢人無別標相 旣難識是亦難知非", 『화엄경소초』 권46(대정장36, p.359c15)에 "모든 행이 무상하다는 이것이야말로 유위의 표상이고, 열반은 적정하다 하니 무위의 표상이다. 一切行無常 是有爲標相 涅槃寂靜 是無爲標相", 『유가론기』 권11(대정장42, p.558a13)에 "무상이란 바로 유위의 표상이며, 고란 유루법의 표상이며, 무아란 일체법의 표상이며, 열반적정이란 무위법의 표상이다. 無常是有爲標相 苦是有漏法標相 無我是一切法標相 涅槃寂靜是無爲法標相", 『경율이상』 권21(대정장53, p.116b5)에 "(사자는 사냥꾼이) 가사를 입은 것을 보고는 다음처럼 생각했다. '이 염의라는 것은 선인의 표상인데, 내가 만약 그를 해친다면 악심으로 모든 현성을 대하는 것이다'. 見著袈裟便自念言 此染衣者善人標相 我若害之 則爲惡心向諸賢聖"라고 하였다. 〔참고문헌〕 『大莊嚴經論』, 『順正理論』, 『華嚴經疏鈔』, 『瑜伽論記』, 『經律異相』, *Yogā-bh.51.*, *Śikṣ.7.*

표상현법 表相現法 신라하대 스님 순지(順之) 설(說). 현법상표(現法相表)라고도 부른다. 1편. ○월륜상과 牛·卍·王·人·厶·佛·土의 글자들을 조합한 17가지 그림(相)으로 법(法)을 드러낸 것이다. 『조당집』 권20 「오관산서운사화상(순지)」(고려장45, pp.356a23~357b18)에 수록되어 있다. 이것이 다시 한불전3, pp.762c5~764c5에 『조당집소재순지화상설』의 편으로 등재되었다. 또 고려 때 지겸(志謙·至謙 1145~1229)이 집록한 『종문원상집』 내(한불전6, pp.75a9~77a8)에도 전한다. 순지는 앙산혜적(仰山慧寂 807~883)의 법을 이어받은 만큼 위앙종(潙仰宗)의 가풍에 따라 원상을 응용하여 다양한 법문을 드러내었는데, 『조당집』에 "스님은 언제인가 상을 표하여 법을 드러냄으로써 무리들에게 이치를 증함에 느리고 빠름이 있음을 보였다. 師有時表相現法 示徒證理遲疾"라고 하였다. 사대(四對)의 8상, 양대(兩對)의 4상, 다시 사대(四對)에 5상으로 모두 17가지로 원상의 뜻을 열고 닫으며 풀어냈으니, 다음과 같다. "네 가지로 마주한 여덟 가지 상이다. 四對八相", "○ 이 상은 열반상에 의지한다. 또한 그 이름이 이불성상이다. 군생과 뭇 성인이 모두 이 상에 의지한다. 상 비록 다르지 않지만 미오로 같지 않아서 범부가 있고 성인이 있다. ○ 所依涅槃相 亦名理佛性相 與群生衆聖皆依此相 相雖不異 迷悟不同 故有凡夫有聖", "㊎ 이 상은 소가 인욕의 풀을 먹는 상이니 견성성불상이라 한다. 왜냐하면 경에 이르길, 설산에 풀이 있는데 그 이름이 인욕초다. 소가 이것을 먹고서 제호를 출생하기 때문이다. ㊎ 此相者 牛食忍草相 亦名見性成佛相 何以故 經云 雪山有草 名爲忍辱 牛若食者 則出醍醐", "○犇 이 상은 삼승이 공을 구하는 상이다. 삼승이 진공 설함을 듣고 더 나아가고픈 마음 있으나 아직 진공에 증입하지는 못하기 때문이다. ○犇 此相者 三乘求空相 何以故 三乘人聞說眞空 有心趣向 未證入眞空", "㊎ 이 상은 노지에서 노는 흰 소 상이다. 말하되 노지란 불지이니 또한 제일의공이다. 백우란 법신으로서의 묘혜를 말함이니 흰 소가 원상에 들어가 있는 모습이다. ㊎ 此相者 露地白牛相 謂露地者 佛地 亦名第一義空 白牛者 諸法身之妙慧也 是故 表一牛入圓相也", "牛○ 이 상은 과가 닦은 인과 상응한 상이다. 처음 발심하여 머물러 비록 정각을 성취했다 하지만 중생을 지혜롭게 하는 혜 등은 아직 얻지 못했기에 행만은 위를 다 지니지 못했기 때문이다. 牛○ 此相者 契果修因相 何以故 初發心住 雖成正覺 而不導衆行慧等佛地 行不過位故", "㊍ 이 상은 인이 남김없이 두렷해 과도 가득한 상이다. 어째서 월륜상 위 끝에 우(牛)자가 와서 붙고 월륜상 중심에 만(卍)자를 마주하게 하였는가. 답한다. 월륜상 위에 우(牛)자를 붙인 것은 계과수인상이고 월륜상 중심에 만(卍)자를 둔 것은 인원과만상이다. 인이 옴을 들고 과와 마주함을 나타냈다. ㊍ 此相者 因圓果滿相也 問 何故月輪相上頭着牛字來 月輪相中心着卍字對之 答 月輪相上頭着牛者 契果修因相 月輪相中心着卍字者 因圓果滿相 擧因來 現果對之", "○牛 이 상은 공을 구해서 정진하는 상이다. 문전 초암의 보살이 공을 구하기 때문이다. 경에 이르길, 삼아승기보살행으로 참기 어려운 것 능히 참고 행하기 어려운 일 능히 행하여 마음 구해 쉰 적 없으니 이것을 표함이다. ○牛 此相者 求空精行相 謂門前草庵 菩薩求空故 經云 三僧祇修菩薩行 難忍能忍 難行能行 求心不歇 故表此相也", "㊏ 이 상은 점차로 실제상을 증함이다. 보살이 겁을 지나는 수행으로 네 가지 마적을 부수고 비로소 무루진지를 얻고 불지에 증입해 다시는 닦고 익힐 것 없어서 마치 성왕이 군적을 항복시킨 듯하니 국계가 안녕해서 다시는 원수와 적들이 흔들 일 없는 상을 표한다. ㊏ 此相者 漸證實際相 何以故 若有菩薩經劫修行 壞四魔賊 始得無漏眞智 證入佛地 更無餘習所恒 似聖王降伏群賊 國界安寧 更無怨賊所怛 故表此相也", "다음은 양대사상이다. 허를 보내서 실을 가리킨다. 此下 兩對四相 遣虛指實", "牛㊅ 이 상은 상해로 교상을 보내는 것이다. 만약 어떤 사람이 부처님께서 설하신 일승보법을 잘 능히 검토해 찾아서 능히 해탈하고 실로 착오가 없는 듯하지만 자기의 이지로는 깨우치지 못해서 온전히 타인의 설을 의지하는 것을 보인 상이다. 牛㊅ 此相者 想解遣

教相 謂若有人 依佛所說一乘普法 善能討尋 善能解脫 實不錯謬 而不了自已理智 全依他人所說 故表此相也", "○人 이 상은 고향 알아 샘 찾아 돌아간 상이다. 경에 이르길, 신을 돌이켜 빈 굴에 머물러 조복키 어려운 것 항복시키고 마군의 결박에서 벗어났으니 초연히 노지에 앉아 모든 음 다 알아버린 반열반이 바로 이 상이다. ○人 此相者 識本還源相 經云 廻神住空窟 降伏難調伏 解脫魔所縛 超然露地坐 識陰般涅槃者 卽此相也", "○人牛 이 상은 머리에 미하여 그림자 찾는 상이다. 만약 어떤 사람이 자기부처와 정토를 깨우치지 못한 채로 타방의 부처와 정토를 믿어 알아서 일심으로 온전히 정토에 왕생해서 부처도 보고 법도 들으려 한다. 부지런히 닦고 선행하며 부처의 이름 부르고 정토의 명상도 떠올리는 상이다. ○人牛 牛此相者 迷頭認影相 何以故 若有人不了自已佛及淨土 信知他方佛淨土 一心專求往生淨土 見佛聞法故勤修善行 念佛名號及淨土名相", "○人 이 상은 그림자 등지고 머리를 아는 상이다. 중생이 만약 빛을 돌이켜 지혜를 발해 진공을 달득하면 자기부처와 정토 일시에 가지런히 나타난다. 마음 밖에 정토를 구하지 않게 되니 원상 중심의 인(人)자를 버리지 않지만 아래의 우(牛)자는 버린다. ○人 此相者 背影認頭相 … 衆生若廻光發智達得眞空 自已佛及淨土 一時齊現 不求心外淨土佛 故不祛圓相中心人字 祛下牛字也", "다시 다음은 네 가지로 상대한 다섯 가지 모습이다. 又此下 四對五相", "○ 이 상은 함을 들어 뚜껑 찾아 덮는 상이니 반달이 서로 원상을 기다린 상이다. 만약 어떤 이가 이 반달상을 가져와 묻기를 다시 반달이 있으면 더해 마주할 수 있는지 묻고 함을 들어 찾아 덮으려 하니, 답하는 이가 함을 가져와 덮어 꼭 맞게 하니 함과 뚜껑 서로 꼭 맞아떨어진다. 이미 둥근달 모양으로 나타났으니 원상인즉 제불의 바탕임을 보임이다. ○ 此相者 擧函索蓋相 亦名半月待圓相 若有人將此相來問 更添半月對之 此則問者 擧函索盖 答者將盖着函函盖相稱 故已現圓月相也 圓相則表諸佛體也", "○ 이 상은 옥을 잡은 채 찾음이 꼭 맞아 틈이 없는 상이다. 만약 어떤 이가 이 상을 가져와 묻기를 둥근달 중심에 무엇을 그려 넣어 보아야 하는지 묻는다면 이는 옥을 잡은 채로 묻는 것이니 답하는 이가 구슬인 줄 알고 문득 손을 뻗치는 것이다. ○ 此相者 把玉覓契相 若有人將此相來問 圓月中心着某對之 此則問者把玉覓契故 答者識珠便下手", "○厶 이 상은 낚싯바늘 이미 드리운 채로 이어 찾는 상이다. 만약 어떤 이가 이런 모습하고 찾아와 주변에서 더할 것 찾아 인(人)자 붙이려 하니, 마주한 이는 낚싯줄 드리고 찾는 이 위해 보배그릇 이어 주면 된다. ○厶 此相者 釣入索續相 若有人將此相來問 某字邊添着人字 對之 此則問者釣入索續故 答續成寶器也", "○佛 이 상은 이미 보배그릇 성취한 상이다. 만약 어떤 이가 이 상 가져와 묻는다면 둥근달 중심에 토(土)자 붙여 마주한다. ○佛 此相者 已成寶器相 若有人將此相來問 又作圓月相中心着土字 對之", "㊏ 이 상은 그윽이 찍을 뿐으로 상을 가리키는 것이다. 현전하는 온갖 상으로부터도 아득히 멀리할 뿐이니 다시는 교의 뜻으로 거둔 것들에 속하지 않는다. 만약 어떤 사람이 단지 한 개만을 상대하고서는 과연이라 한다면 그것은 본 것이 아니다. ㊏ 此相者 玄印旨相 逈然超前現衆相 更不屬敎意所攝 若有人似个對面付果然不見", "그러므로 삼조께서 이르시길, 터럭이라도 어긋남 있으면 천지로 벌어진다 하셨다. 그러나 깊고 그윽해 만나지 못할 것이 없으니 누가 능히 이 상을 알리오. 만약 그런 사람 있어 보고 알아 깨우친다면 종자기 백아의 가야금 소리 들은 듯하고 제바가 용수의 모습 본 듯하리니 이것이야말로 그 사람 마주해서 알지 못할 일 없지 않겠는가. 흡사 파인이 백설의 노래 듣고 추자가 정명의 무리에 들 듯하리라. 가사 후학의 근기 깊고 지혜로워 장차 이러한즉 문득 깨우치리니 저 닭이 알을 품어 줄탁이 동시일 것이고, 상성에 지둔한 이는 깨우치기 어려울 뿐이니 마치 눈먼 이 모양에도 색에도 거듭 그르칠 뿐인 것과 같으리라. 故三祖云 毫釐有錯 天地玄隔 然不無玄會之 誰能識此相也 若是其人見而諳會 如子期聽百牙之琴 提婆見龍樹之相 不是其人對面不識 似巴人聞白雪之歌 鶖子入淨名之會 假使後學根機玄利 將是則頓曉 如鷄把卵啐啄同時 相性遲鈍者學而難曉 似盲人相色而轉錯耳"라고 하였다. [참고문헌] 『祖堂集』, 『祖堂集所載順之和尙說』, 『宗門圓相集』, 『人天眼目』 권4(대정장48, p.322b12). ⇨순지 順之, 위앙종 潙仰宗, 원상 圓相

표색 表色 **1** Ⓢ vijñapti, prativijñapti, Ⓣ rnam-par-rig-byed. 색으로 드러난 것. 유식(唯識)에서는 삼종색(顯 形 表色) 중 하나다. 『유가사지론』 권1(대정장30, p.279b3 : *Yogā-bh.*, p.4)에 "저(眼識) 소연이란 색이다. 눈으로 볼 수 있고 마주 대할 수 있는 것이다. 이것에는 여러 종이 있는데, 간략히 설하면 세 가지이다. 현색·형색·표색이 그것이다. … 표색이란, 취하고 버리며, 굽히고 펼 수 있으며, 가고 머무르고 앉고 눕는 이와 같은 따위의 색을 말한다. 彼所緣者 謂色 有見有對 此復多種 略說有三 謂顯色形色表色 … 表色者 謂取捨屈伸 行住坐臥 如是等色 cakṣurvijñānasyālambanaṃ katamat. yad rūpaṃ sanidarśanaṃ sapratighaṃ. tat punar anekavidhaṃ. samāsato varṇṇaḥ saṃsthānaṃ vijñaptiś ca … vijñaptiḥ katamā. tad yathādānaṃ nikṣepaṇaṃ samiñjitaṃ sthānaṃ niṣadyā śayyābhikramo 'tikrama ity evam ādiḥ", "표색이라 하는 것은, 이렇게 취집된 색이 생멸하면서 상속하고, 변이하는 인으로 말미암아 앞서 생겨난 곳에서 다시 생겨나지 않고 굴러 다른 곳에서 생겨나는 것인데, 틈새

없이 또는 틈새 있기도 해서 가깝거나 먼 등의 차별이 생기는 것이며, 또는 이곳에서 변하고 달라져 생겨나는 것을 표색이라 한다. 表色者 謂卽此積集色生滅相續 由變異因於先生處不復重生轉於異處 或無間或有間 或近或遠差別生 或卽於此處變異生 是名表色 vijñaptiḥ katamā. tasyaiva pracitasya rūpasyotpannaniruddhasya vairodhikena kāraṇena janmadeśe cānutpattis tadanyadeśe ca nirantare sāntare vā sannikṛṣṭe viprakṛṣṭe vā tasminn eva vā deśe 'vikṛtotpattir vijñaptir ity ucyate", "표색이란 업용을 의지해 구르고 움직이며 차별하게 되는 것이다. 表色者 謂業用爲依轉動差別 vijñaptiḥ karmakriyā ceṣṭe hā parispanda iti paryāyāḥ", 『유가론기』 권1(대정장42, p.316b20)에 "표색은 (몸을) 굽히고 펴는 등을 말하는데, 곧 형색으로 거둔다. … 업용이란 사업을 말하는 것이다. 이 사업을 의지로 삼아서 모든 형색 있는 것들이 움직여 굴러 차별하게 하는 것을 표색이라 한다. 表色謂屈申等 卽是形色所收故 … 業用者思業也 由此思業爲依故諸有形色動轉差別說名表色", 『성유식론요의등』 권2(대정장43, p.696c25)에 "〔문〕 어째서 색처 중에서는 따로 표색을 세우는가? 어째서 성처 중에서는 표성(表聲)을 상정하지 않는 것인가? 〔답〕 색법이 현현한 바이기에 별도로 표색을 상정한다. 소리의 특징은 알기 어렵기에 별도로 (표성을) 상정하지 않지만, 네모남·둥긂·길·짧음의 부류는 알 수 있기 때문이다. 또 풀이한다. 색 중에서 형색의 경우 표시되는 않는 것이 있기에 색 중에서 별도로 표색을 상정한 것이다. 問 何故色中別立表色 聲中何故不立表聲 答 色法顯現故別立表 聲相難知故不別立 方圓長短類亦可知 又解 色中形色有非表 於色之中別立表"라고 하였다. 〔참고문헌〕『瑜伽師地論』, 『瑜伽論記』, 『成唯識論了義燈』, *Yogā-bh.*, *Śikṣ.250.* ⇨ 삼종색 三種色 ❷ Ⓢ vijñapti, vijñapti-rūpa, Ⓣ rnam-par-rig-byed, gzugs kyi rnam-par-rig-byed. 아비달마에서의 표업(表業)과 같다. 신표업(身表業)와 어표업(語表業)을 말한다. 무표색(無表色)에 대칭한다. 『구사론』 권13(대정장29, p.70c29 : *Abh-k-bh.*, p.201)에 "표색은 오직 두 가지 유사지(有伺地 : 有尋有伺無尋唯伺)에만 있다. 즉 욕계와 초정려에 통하는 것으로 그 위의 지중에는 표색이 있다고 할 수 없다. 表色唯在二有伺地 謂通欲界初靜慮中 非上地中可言有表 vijñaptis tu savicārayor eva bhūmyoḥ. kāmadhātau prathame ca dhyāne na tata ūrdhvam"라고 하였다. 〔참고문헌〕『俱舍論』, *Abh-k-bh·65.* ⇨ 표업 表業, 신표업 身表業, 무표색 無表色

표색 縹色 담청색(淡靑色). 옅은 청색 또는 하늘색과 통한다. 『대지도론』 권6(대정장25, p.102b25)에 "허공 가히 볼 수 있는 법이 아니지만 멀리 보기에 안광이 굴러서 하늘색을 볼 뿐이다. 모든 법도 이와 같아서 공하여 있는 것은 없지만, 사람이 무루의 실지혜와 멀어지기에 실상을 버리고 피아와 남녀와 옥사와 성곽 등을 보고 갖가지 잡다한 만물에 마음을 붙이는 것이다. 虛空非可見法 遠視故 眼光轉見縹色 諸法亦如是 空無所有 人遠無漏實智慧故 棄實相 見彼我男女 屋舍城郭等 種種雜物心著"라고 하였다. 〔참고문헌〕『大智度論』.

표생 表生 표업(表業) 또는 표색(表色)으로부터 생겨난다는 것. 『순정리론』 권2(대정장29, p.338a10)에 "마음 따라 구른 색은 표색 좇아 나지 않으니 색이 아니어야 하기 때문이다. 隨心轉色不從表生 應非色故", 『유가론기』 권14(대정장42, p.617c22)에 "〔문〕 무표로서 표로부터 생겨나지 않는 경우가 있으니 (선행하는) 신업과 어업이 없기 때문이고, 또 스스로는 뜻이 있어 표를 성취하기 때문이다. 만약 그렇다면 스스로 (律儀를) 받을 때 예불하면서 (마음속으로) 말을 하는 것은 어찌 표업이 아니라 하겠는가? 지금 풀이한다. 타인이 알 수 있을 만한 표시가 없기에 신업과 어업이 없다고 하는 것이지, 자신에게 신업과 어업이 없다는 것이 아니기에 이 또한 표로부터 생겨나는 것이다. 問 則有無表不從表生 無身語故 自有意成表故 若爾 則自受時 禮佛發言 豈非表業 今解 無表他令知 故說無身語 非自無身語業也 故亦有表生"라고 하였다. 〔참고문헌〕『順正理論』, 『瑜伽論記』. ⇨ 표업 表業, 무표업 無表業

표석 標釋 드러내놓고 풀다. 표문(標文)과 석문(釋文)을 말한다. 『대비바사론』 권14(대정장27, p.71b3)에 "낱낱의 구 중에는 표가 있고 석이 있다. 가령 '모든 악은'이라고 하는 것은 표이고, '짓지 마라'라고 하는 것은 석이다. 내지 '이것이 모든 부처님의'라고 하는 것은 표이고, '가르침이다'라고 하는 것은 석이다. 一一句中有標有釋 謂諸惡者是標 莫作者是釋 乃至是諸佛者是標 敎者是釋", 『순정리론』 권27(대정장29, p.495b21)에 "저 상좌가 말하길 '모든 성교에서 있는 사실로서 부처님 스스로 드러내시고 푸신 것을 요의경이라 하고, 그 밖의 계경을 불요의경이라 한다'고 하였다. 彼上座言 諸有聖敎 佛自標釋 名了義經 所餘契經 名不了義", 같은 책 권60(대정장29, p.676a6)에 "염을 가진 이의 혜는 더욱 밝기 때문이다. 이를테면 혜가 안주할 수 있는 것은 염으로 가졌기 때문이니, 이는 바로 염의 힘이 도와 비로소 뜻에 머물 수 있었다는 뜻이다. 이와 같이 염주라는 이름을 드러내 풀 때 오직 혜에 의지하지 다른 법에 의지하지 않는다. 따라서 널리 풀어서 표한 이름과 같이 한다. 이름과 뜻이 서로 따르니 여기에 어떤 과실이 있겠는가? 以有念者慧增明故 謂慧得住由念所持 是念力資

方得住義 如是標釋念住名時 唯依於慧不依餘法 是故廣釋 如所標名 名義相符斯有何失"라고 하였다. 〔참고문헌〕『大毘婆沙論』, 『順正理論』.

표시 表示 Ⓢ vijñapti. 겉으로 드러내다. 속으로 체득한 경계를 말 따위로 보여준다는 뜻. 『대보적경』 권2(대정장11, p.7b20)에 "언설로 있는 것들 다 표시라 한다. 이렇게 표시하는 법은 모두 실로 있는 것 아니니 보살은 표시법 취해서 견실하다고 여기지 않는다. 所有言說 悉名表示 是表示法 皆非實有 菩薩不應 取表示法以爲堅實", 『제개장보살소문경』 권10(대정장14, p.731a22)에 "이 법은 오직 안으로 증하는 진실일 뿐 문자와 언어 아니다. 왜 그런가 이 법은 모든 문자를 넘어서기 때문이고 모든 언설을 벗어나기 때문이다. 此法唯內所證 非文字語言 而能表示 何以故 此法出過 諸文字故 離諸言說故", 『대반야경』 권547(대정장7, p.817a8)에 "그때 부처님께서 모든 천자에게 이르셨다. '내가 설하는 법은 공·무상·무원·무조·무생·무멸·적멸·열반·법계를 상으로 삼는다. 왜 그런가? 부처님께서 설하는 법은 의지함이 없기 때문이니, 마치 저 허공 드러내 보일 수 없는 것과 같다'. 爾時 佛告諸天子言 我所說法 以空無相無願 無造無生無滅 寂滅涅槃 法界爲相 所以者何 佛所說法 無所依止 譬如虛空 不可表示", 같은 책 권559(대정장7, p.887a26)에 "복전이 없기에 복성 또한 공하며 드러내 보인 이름도 모두 얻을 수 없으므로 광대바라밀다라 한다. 福田無故 福性亦空 表示名言 皆不可得 故名廣大波羅蜜多", 『해심밀경』 권1(대정장16, p.690a26)에 "상 없이 행한 바로 안으로 깨우쳤으나, 말로 할 수 없고 겉으로 드러낼 방도 끊어졌다네. 모든 희론 그친 승의제, 일체의 거칠거나 미세한 분별의 상을 넘어서노라. 內證無相之所行 不可言說絕表示 息諸諍論 勝義諦 超過一切尋思相", 『해심밀경소』 권2(卍속장34, p.681a6·한불전1, p.191a10)에 "표시라는 말은 위에서 설한 바 견문각지라는 네 가지 표시다. 言表示者如上所說 見聞覺知 四種表示"라고 하였다. 〔참고문헌〕『大寶積經』, 『除蓋障菩薩所問經』, 『大般若經』, 『解深密經』, 『解深密經疏』, *Laṅk.322.*

표식 表式 드러나 보이는 모양새. 본보기. 『보살본행경』 권중(대정장3, p.115b23)에 "나는 불을 피우지 않았습니다. 만약 불을 피웠다면 분명히 연기와 재라는 표식 있어야 합니다. 我不燃火 若燃火者 當有烟灰表式", 『대보적경』 권113(대정장11, p.639c2)에 "(가사는) 성인의 표식이어서 적멸행과 자비심 수순해서 욕에서 벗어나 사라지게 한 이라야 마땅히 입는다. … 지계라 하면 성인의 표식이고, 선정이란 성인의 표식이며, 지혜란 바로 성인의 표식이다. … 모든 번뇌를 끊은 경계가 성인의 표식이다. 가섭아! 이를 성인의 열두 가지 표식이라 한다. 聖人表式 隨順寂滅行 慈悲心 離欲滅者之所應服 … 持戒是聖人表式 禪定是聖人表式 智慧是聖人表式 … 斷一切漏是聖人表式 迦葉 是名聖人十二表式"라고 하였다. 〔참고문헌〕『菩薩本行經』, 『大寶積經』.

표업 表業 Ⓢ vijñapti, Ⓣ rnam-par-rig-byed, rnam-rig-byed. 밖으로 드러나 타인이 알 수 있는 행위. 무표업(無表業 Ⓢ avijñapti)의 상대어다. 구역(舊譯)은 유교업(有教業)이다. 보통 신표와 어표 2가지 업을 말하는데, 유식에서는 의표업을 더하여 3가지를 말한다. 『순정리론』 권33(대정장29, p.531b29)에 "이와 같이 설한 모든 업 중에서 신어이업은 모두 표무표의 성임을 알아야 한다. 그러므로 본론에서 말하길 '어떤 것을 신업이라고 하는가? 신으로 있는 표업과 무표업을 말한다. 어떤 것을 어업이라고 하는가? 말로서 있게 되는 표업과 무표업을 말한다'. 다시 어떤 연유로 오직 신어업만이 표업과 무표업을 자성으로 하고 의업은 그렇지 않은가? 의업 중에는 그러한 특성이 없기 때문이다. 즉 능히 드러내 보일 수 있기에 '표업'이라고 하니, 자신의 마음을 드러내 보여서 다른 이가 알게 하기 때문인데, 사(思)에는 이런 일이 없기에 '표업'이라고 하지 않는 것이다. 이런 연유로 신업과 어업만을 표업이라 하고 의업은 그렇지 않다고 하는 것이다. 應知如是所說諸業中 身語二業 俱表無表性 故本論言 云何身業 謂身所有表及無表 云何語業 謂語所有 表及無表 復有何緣 唯身語業 表無表性 意業不然 以意業中 無彼相故 謂能表示 故名爲表 表示自心 令他知故 思無是事 故不名表 由此但言身語二業 能表非意", 『유가사지론』 권53(대정장30, p.589b16)에 "만약 다른 이에게 드러내 보이고자 하지 않고, 오직 스스로 마음으로 일으켜 안의 뜻으로 사유해 택할 뿐이고 말하지 않으며, 단지 선·염오·무기법으로 현행하는 의표업만 일어날 뿐이라면 의표업이라고 한다. 이 중에 어떤 몸이 어느 곳에서 사라지고 다른 곳에 생기거나 이곳에서 변이하여 생기게 될 뿐이라면 신표업이라고 하며, 말소리만 있을 뿐이라면 어표업이라 하고, 마음으로 짓고 사유할 뿐이라면 의표업이라고 한다. 若有不欲 表示於他 唯自起心 內意思擇 不說語言 但發善染汚無記法現行意表業 名意表業 此中唯有身餘處滅於餘處生 或卽此處 唯變異生 名身表業 唯有語音 名語表業 唯有發起 心造作思 名意表業"라고 하였다. 〔참고문헌〕『順正理論』, 『瑜伽師地論』, *Abh-k-bh.200.* ⇨ 무표업 無表業, 삼표업 三表業

표운 表云 ?~1846. 조선후기 해남 대흥사(大興寺) 스님. 호는 철우(鐵牛)이니 전라남도 강진군 백도(白道)에서 태어났다. 어려서 부모를 모두 잃어 고아였다.

해남 두륜산(頭輪山)으로 들어가 화전(火田)을 일구어 생활하다가 발심하여 현해모윤(懸解慕閏)선사를 은사로 하여 스님이 되었으니 수룡색성(袖龍賾性)의 사형(師兄)이고, 문암영유(聞庵永愈)의 스승이다. 어려운 사람을 돕는 자선사업을 많이 한 탓으로 가선대부(嘉善大夫)의 품계를 받고 또한 종사(宗師)의 법계도 받았다. 짓는 일 없는 넉넉함(無作之饒)과 상도 없는 자비(無相之慈)를 실천하였으므로 사람들이 대둔사의 자비보살이라고 존경하였다. 1814년(순조14)에 다산(茶山) 정약용이 철우(鐵牛)라는 호를 지어 건넸다. 1846년(헌종12) 3월 27일 대흥사 산내 적련암(赤蓮庵)에서 입적하였다. 제자에는 문암영유가 있고, 손제자에는 회일(會日)이 있다. [참고문헌]『東師列傳』권4「鐵牛禪德」(한불전10, p.1036a4).

표원 表員 통일신라 경주 황룡사(皇龍寺) 스님. 생몰연대는 알 수 없다. 저서로는『화엄경문의 요결문답 華嚴經文義要決問答』4권(혹은 5권)을 지었는데, 그 구성내용을 보면 다음과 같다. 칠처구회의(七處九會義)·설경시의(說經時義)·설경불의(說經佛義)·육상의(六相義)·수십전유의(數十錢喩義)·연기의(緣起義)·탐현의(探玄義)·보법의(普法義)·발보리심의(發菩提心義)·실제의(實際義)·여여의(如如義)·법계의(法界義)·일승의(一乘義)·분교의(分教義)·십주의(十住義)·십행의(十行義)·십회향의(十廻向義)·십지의(十地義) 등을 각각 삼문(三門 : 釋名 出體 問答分別)으로 구분하여 해석한 것이다. 전질 4권이니 한불전2, pp.350b1~397a21에 수록되어 있다.『화엄경요의문답 華嚴經要義問答』3권도 지었으나, 일실되고 전하지 않는다. [참고문헌]『華嚴宗章疏并因明錄』(대정장55, p.1133c9),『華嚴宗經論章疏目錄』(大日本佛教全書 제1책 p.134하),『韓國佛教撰述文獻總錄』p.66.

표월지 標月指 달을 가리키는 손가락. 경전의 모든 교설과 갖가지 법을 상징한다.『원각경』(대정장17, p.917a27)에 "수다라교는 달을 가리키는 손가락과 같아서 만약 달을 보았다면 가리키던 손가락은 결국 달이 아님을 분명하게 알 것이다. 모든 여래께서 갖가지 언설로 보살에게 열어보이시는 것도 이와 같다. 修多羅教 如標月指 若復見月 了知所標 畢竟非月 一切如來 種種言說 開示菩薩 亦復如是",『어주원각경』권상(卍속장15, p.771b7)에 "손가락으로 인하여 달을 보니, 달을 보았다면 손가락을 잊는다. 교로 인하여 마음을 말할 뿐이니, 마음을 깨닫고 나면 교는 잊는다. 因指見月 見月忘指 因教詮心 悟心忘教",『원각경심경』권3(卍속장93, p.1002b2)에 "교는 물고기나 토끼를 잡는 통발이나 올무와 같다. 다만 교에 집해서는 안 되니 교가 결국은 병이 되기 때문이다. 그러므로 '달을 가리키는 손가락'이라 한다. 달을 알기 전에는 손가락을 빌려서 가리키지만, 손가락으로 인하여 달을 보았다면 보고 나서 반드시 손가락을 잊어야 한다. 만약 손가락 붙들고 달이라 여겨도 오히려 여전히 옳지 않으니, 하물며 달이 손가락 아님에랴! 마찬가지로 석존의 일대장교 모두 임시로 베풀어 펼쳤을 뿐이다. 教如筌蹄 可取魚兎也 但不可執教 教仍是病 故云標月指 未識月時 假指指之 因指見月 見了須亡指 若執指爲月 尙猶不可 何況月非指乎 一大藏教 皆是假施設",『금광명경현의습유기』권1(대정장39, p.15a28)에 "이름이라 바로 능히 말하는 것이어서 달을 가리키는 손가락과 같고, 체란 말로 가리킨 것이니 달과 같다. 名是能詮 如標月指 體是所詮 如所標月"라고 하였다. [참고문헌]『圓覺經』,『御註圓覺經』,『圓覺經心鏡』,『金光明經玄義拾遺記』. ⇨지월 指月 ❶

표의 表儀 법다워 본보기 되는 위의(威儀)를 드러내다. 본을 보이다.『송고승전』권14「담일전 曇一傳」(대정장50, p.798c1)에 "큰 자비 펴서 중생을 거두고, 만행을 닦아 본보기 보인다. 布大慈以攝衆 修萬行以表儀",『백장청규』권6「귀경문 龜鏡文」(대정장48, p.1146b12)에 "대중스님들께 다듬은 모양새 보이기에 수좌를 둔다. 表儀衆僧 故有首座"라고 하였다. [참고문헌]『宋高僧傳』,『百丈清規』.

표의 縹衣 담청색(淡青色) 옷. 푸른 빛 옷(青衣)으로 청의동자가 입는다.『당고승전』권25「도선전 道仙傳」(대정장50, p.651b13)에 "도선이 병져 힘들어할 때 표의 입은 동자가 푸른 냇물에서 나와 그릇에 묘약을 담아 무릎을 꿇고 바치기에 마셨더니 얼마 지나지 않아 나았다. 仙或勞疾 見縹衣童子 從青溪水出 椀盛妙藥 跪而進服 無幾便愈"라고 하였다. [참고문헌]『唐高僧傳』.

표의명언 表義名言 뜻을 드러내는 이름과 말. 경만을 나타내는 것은 현경명언(顯境名言)이다.『성유식론』권8(대정장31, p.43b3)에 "명언에는 두 가지가 있다. 첫째는 표의명언이니 능히 뜻을 말하는 음성의 차별이다. 名言有二 一 表義名言 卽能詮義音聲差別"라고 하였다. [참고문헌]『成唯識論』. ⇨표의명언종자 表義名言種子, 명언종자 名言種子, 현경명언종자 顯境名言種子

표의명언종자 表義名言種子 뜻을 드러내는 이름과 말로서의 종자. 두 가지 명언종자(表義名言種子 顯境名言種子) 중 하나다.『약술법상의』권중(대정장71, 136b25)에 "명언종자는 두 가지다. 첫째는 표의명언종자이다. … 이름을 인으로 해 일어나는 종자를 표의명언종자라 한다. 표의명언이란 능히 뜻을 말하는 음성차별이다. 말해서 소리 내지 않으면 명언이 아니다. 하지만 이름이야 말로 소리의 굴곡차별로서 오직 무기성일 뿐이다. 색과 심 등의 종자를 훈습할 수 없다. 이름을 인으로 하기에 마음이 그 명을 따라서 오온삼성의 법인듯 변하게 해서 훈습해 종자를 성취한다. 비록 또한 구 등에 의지해서 훈습이 이루어지더라도 모두 모아 '명 名'이라 한 것은 제법을 말해 불러내는 데에는 명이 가장 뛰어나기 때문이고, 또 명언을 나아가게 또는 물러나게 해서 구자를 거두기 때문이다. … 표의명언은 오직 제6식으로만 연하여 훈습한다. 나머지 식은 모두 연할 수도 일으킬 수도 없다. 名言種子 有其二種 一 表義名言種子 … 因名起種 名表義名言種子 表義名言 卽能詮義 音聲差別 非詮表聲 是非名言 然名是聲之屈曲差別 唯無記性 不能熏成色心等種 以因名故 心隨其名 變似五蘊三性法等 而熏成種 雖亦有依句等 而成熏習 摠說爲名 詮召諸法 名最勝故 名言進退攝句字故 … 表義名言 唯第六識緣之熏習 餘皆不緣 亦不能發", 『성유식론술기』 권8(대정장43, p.516c23)에 "일체종자를 훈하는 것은 다 심심소로 말미암는다. 심심소가 종자를 훈함에는 외적 연(명언)에 의지하는 경우도 있고 외연에 의지하지 않는 경우도 있다. … 외연에 의지하는 경우를 표의명언이라 한다. … 하지만 명 자체로 종자를 능히 훈습할 수 없다. 〔문〕 (제6식이) 오경을 연하여 종자를 훈습하는 경우도 마찬가지로 외연에 의지하는 것이다. 그런데 어째서 따로 뜻을 인으로 훈습하는가? 〔답〕 경은 강력한 연이 아니다. 경을 인해서 마음을 훈한다 하지만 단지 나타난 경에 거두어질 뿐이다. 능히 말로 할 수 있는 법이 있어 인을 일으켜 붙들게 해서 흐르고 구르며 생사한다. 이 뛰어난 용의 씀을 연삼아 훈하기에 표의명언훈습을 세운다. 一切熏種 皆由心心所 心心所熏種 有因外緣 有不依外 … 若依外者 名表義名 … 然名自體不能熏種 問曰 如緣五境而熏種等 亦依外緣 何不別說因義熏習 答 境非勝緣 因境而心熏 但是顯境所攝 有能詮之法 令因起執流轉生死 帶此勝用爲緣而熏故 立表義名言熏習"라고 하였다. 〔참고문헌〕『略述法相義』, 『成唯識論述記』. ⇨ 명언종자 名言種子, 현경명언종자 顯境名言種子, 종자 種子 ❶

표자 俵子 사호(寺號)를 찍은 종이인 인지(印紙). 장재(葬齋) 등의 보시를 행하기 전에 미리 모인 대중들이 이것을 지녀 보시를 받는다. 『선림상기전』 권23(대장경보편19, p.646a3)에 "도충(道忠)이 말한다. '표자란 인지의 일종이다'. 忠曰 俵子 蓋印紙之類"라고 하였다. 〔참고문헌〕『禪林象器箋』.

표장 表章 ❶ 뜻을 드러내 보이기 위한 행위나 물건. 『무량수경』 권상(대정장12, p.266a8)에 "천인들 드리운 나뭇가지 잡고 못에서 나왔으며 신령스런 새들 날개 펴고 도량에 이르렀으며 길상동자 감득한 징표로 길상초 바치자 그를 가엾게 여겨 보리수 아래에 깔고는 결가부좌를 하였다. 큰 광명 쏟아지게 해서 마왕이 이것을 알게 되었다. 天按樹枝得攀出池 靈禽翼從往詣道場 吉祥感徵表章功祚 哀受施草 敷佛樹下 加趺而坐 奮大光明使魔知之"라고 하였다. 〔참고문헌〕『無量壽經』, 『佛祖統紀』 권1(대정장49, p.138c25). ❷ 뜻을 다듬어 가려 정해서 드러내는 일. 『대승기신론의소』 권1(대정장44, p.178c11)에 "처음 가운데 세 부분이 있다. 첫째 갈래 열어 표하고, 둘째 바르게 뜻을 풀고, 셋째 다 모아 매듭짓는다. 다음으로 입의분을 설한다 하는 것이 바로 표장문이다. 입이란 제정의 뜻이다. 뜻이란 깊은 까닭이 있는 것이므로, 이것을 지목하여 뜻으로 삼았다. 대승의 극한 이치가 어찌 얕은 것을 말미암겠는가. 그러므로 깊은 이유가 있다. 初中有三 一表章門 二正釋義 三以總結 次說立義分者 是表章門 立者制定義 義者有深所以 目之爲義 大乘極理豈是淺由 故深所以"라고 하였다. 〔참고문헌〕『大乘起信論義疏』.

표저 瘭疽 손가락 끝이 곪아 붓는 병. 또는 농이나 염증. 『선비요법경』 권상(대정장15, p.251a7)에 "몸의 거죽을 보면 온갖 더러운 물건이 담겨 있는 가죽포대와 같다. 무량한 농와 무수한 악창이 모두 그곳에 들어 있다. 或見身皮 猶如皮囊 盛諸不淨 無量瘭疽 百千癰疾 悉在其中", 『일체경음의』 권43(대정장54, p.595b18)에 "표저〈표는 필과 요를 반절한 음, 저는 천과 여를 반절한 음이다. 『광아』에 '누런 농이 표가 된다. 저는 종기를 이른다'〉. 瘭疽〈必遙反 下千余反 廣雅 瘫成爲瘭 疽瘡名也〉"라고 하였다. 〔참고문헌〕『禪祕要法經』, 『一切經音義』.

표적 表的 드러내 닿고자 하는 바로 그 뜻. 본보기. 『우란분경소절중소』(卍속장35, p.324a12)에 "한 경으로 드러내 닿고자 함이 저 임금이나 해와 같고 바다나 달과 같다. 一經之表的 如君如日 如海如月"라고 하였다. 〔참고문헌〕『盂蘭盆經疏折中疏』.

표전 表詮 드러내 말로 하다. 의전담지(依詮談旨)라고도 한다. 차전(遮詮)에 대칭한다. 『순정리론』 권14(대정장29, p.414b8)에 "만약 명을 앞서 마음에 담아놓지 않았다면, 설사 말을 하더라도 결코 정해 드러낼 말이 없을 것이고, 또한 다른 이로 하여금 뜻을 알게 할 수도 없을 것이다. 若不以名先蘊心內 設令發語無定表詮 亦不令他於義生解", 『종경록』 권25(대정장48, p.560a22)에 "'마음이 곧 부처이다'라고 하는 이 말은 표전으로서 곧바로 그 사실을 드러내 보여서 자신의 마음을 몸소 깨우치게 해서 자성을 보아 깨우쳐 마치는 것이고, '마음도 아니고 부처도 아니다'라고 하는 이 말함을 막아버리는 것이다. 卽心卽佛 是其表詮 直表示其事 令親證自心 了了見性 若非心非佛 是其遮詮", 같은 책 권34(대정장48, p.616a12)에 "차전과 표전은 전혀 다르다. … 표전으로서 종의 가르침이 나타내는 바를 직접 보이고 건립하기 위함이다. … 표전과 차전이 다른 것은 … 표전은 그 옳은 바를 드러내는 것을 말한다. … 표전이란 곧바로 체에 당해서 보이는 것이다. 만약 '지견각조·영감광명·낭랑소소·당당적적' 등으로 말한다면 모두 표전이다. 遮表全殊 … 爲表詮直示建立顯宗之敎 … 遮詮表詮異者 … 表謂顯其所是 … 表者 直示當體 … 若云知見覺照 靈鑒光明 朗朗昭昭 堂堂寂寂等 皆是表詮", "또 가령 소금에 대해 말하면서 '싱겁지 않다'라고 하는 것은 차전이고, '짜다'라고 하는 것은 표전이다. 또 물에 대해 말하면서 '말라 있지 않다'라고 하는 것은 차전이고, '축축하다'라고 하는 것은 표전이다. 공종은 차전만을 쓰지만, 성종은 차전과 표전 모두를 쓴다. 지금 사람들은 모두 차전을 두고 깊다고 하도 표전을 두고 얕다고 한다. 如說鹽云不淡是遮 云鹹 是表 說水云不乾 是遮 云濕 是表 空宗但遮 性宗有遮有表 今時人皆謂遮言爲深 表言爲淺"라고 하였다. 〔참고문헌〕『順正理論』, 『宗鏡錄』. ⇨ 의전담지 依詮談旨, 폐전담지 廢詮談旨, 차전 遮詮, 차전표전이 遮詮表詮異

표전 漂轉 Ⓢbhramayati, ā-√pad, Ⓣ'khyam-par byed-pa. 뜬 채로 구르다. 생사(生死)의 큰 바다(大海)에 자재할 수 없기에 뜬 채로 떠돌다. 『구사론』 권1(대정장29, p.1b21 : *Abh-k-bh.*, p.2)에 "모든 미혹 능히 세간에 떠돌게 하는 것이니, 이로 인해 부처님께서 저를 마주할 법을 설하였다고 전하니, 이는 세간으로 하여금 택법을 가려 얻게 하기 위함이다. 諸惑能令世間漂轉生死大海 因此傳佛說彼對法 欲令世間得擇法故 kleśāś ca lokaṃ bhramayanti saṃsāramahārṇave 'smin atas taddhetos tasya dharmapravicayasyārthe śāstrā kila buddhenābhidharma uktaḥ", 『대비바사론』 권151(대정장27, p.769a26)에 "(유정 중에서) 마치 바람 회오리치는 듯한 각혜로 떠서 돎이 파랑 위의 해와 같은 이가 있다. 猶若風颷覺慧漂轉如波上日", 『유가사지론』 권73(대정장30, p.704b27)에 "만약 마음을 무상계에 둔다면 일체 모든 상도 현전하지 않지만, 마음 무상계에 둘 수 없다면 원하는 바를 따를 수 없게 되고, 바로 온갖 상으로 그 마음 들떠 구르게 된다. 若安置心於無相界 一切諸相皆不現前 若不安心於無相界 不隨所欲便爲諸相漂轉其心"라고 하였다. 〔참고문헌〕『俱舍論』, 『大毘婆沙論』, 『瑜伽師地論』, *Abh-k-bh.*, *Daś-bh.28.*

표전문 表詮門 말로 드러낼 수 있는 문. 차전문(遮詮門)에 대칭한다. 무성(無性)의 『섭대승론석』 권8(대정장31, p.429c1)에 "〔석〕(논에서) 무분별지의 자성에 의지해 다섯 가지 상 떠남을 설한 것은 차전문으로 지의 체상을 설한 것이다. 표전문으로는 설할 수 없기에 분별문을 닫아버림으로써 무분별지라는 그 상을 알 수 있게 한다. 釋曰 依智自性說離五相 由遮詮門說智體相 以表詮門不可說故遣分別門 無分別智其相可了"라고 하였다. 〔참고문헌〕『攝大乘論釋』. ⇨ 표전 表詮, 차전문 遮詮門

표전차전 表詮遮詮 표전과 차전. 말해 보이거나 말로 드러냄을 막는 것. 『성유식론』 권1(대정장31, p.3c27)에 "넷째는 법으로 있는 것과 가지런한 성으로 있는 것은 하나도 아니지만 다른 것도 아니라고 주장하는 저 사명(Ⓢājīvika) 등의 경우다. 이들의 주장은 옳은 뜻 아니다. 왜 그러한가? 하나도 아니고 다른 것도 아니라는 주장은 동과 이가 하나라는 주장이기 때문이다. 하나도 다르지도 않다는 것은 차도 되고 표도 된다. 만약 오직 표전이려면 쌍으로 아니어서는 안 된다. 만약 다만 차전이려면 주장하는 바가 없어야 한다. 또는 차전이기도 하고 표전이기도 하다면 서로 어긋난다. 표전도 아니고 차전도 아니라 한다면 마땅히 희론이다. 四執有法與有等性非一非異 如邪命等 彼執非理 所以者何 非一異執同異一故 非一異言爲遮爲表 若唯是表應不雙非 若但是遮應無所執 亦遮亦表應互相違 非表非遮 應成戲論", 『순정리론』 권77(대정장29, p.757a28)에 "세간에도 역시 오직 막아 말함이 있지만 또한 능히 차하면서도 표를 겸하는 말도 볼 수 있다. 어떻게 이것(無色이라는 말)이 ('무색이 있다'는 의미에서 보면) 단지 차전일 뿐이겠는가? 그래서 '아(अ)'라는 말을 설하여 차표를 모두 나타내는 것이라 한다. 謂世亦有唯是遮言 亦見有能遮而兼表 如何顯此非但是遮 故說阿言具顯遮表"라고 하였다. 〔참고문헌〕『成唯識論』, 『順正理論』. ⇨ 표전 表詮, 차전 遮詮

표제집 表制集 ➡ 대당대흥선사대변정대광지삼장표답비 大唐大興善寺大辯正大廣智三藏表答碑, 불공삼장표제집 不空三藏表制集

표종장 標宗章 종을 드러내 묶은 글. 『종경록』 100권을 구성하는 총 삼부 중 제1부. 권1 말미의 일부를 제외한 전체에 해당한다. 『종경록』 권1 「표종장」(대정장48, p.417b5)에 "자세히 들어본다. 조사(달마)께서 선의 리를 내세워 묵묵히 상응해갈 바른 종지를 전하였고, 부처님께서는 교문을 펼치셔 그 말씀으로 큰 뜻을 세우셨다. 곧 앞서 간 현인들이 품받아 후학들이 돌아감 있게 하였다. 그런 까닭에 먼저 표종장을 펴리니 의문이 있게 해서 묻고 의문을 결하고자 답하게 했다. 詳夫 祖標禪理 傳默契之正宗 佛演敎門 立詮下之大旨 則前賢所稟 後學有歸 是以 先列標宗章 爲有疑故問 以決疑故答"

라고 하였다. [참고문헌]『宗鏡錄』. ⇨ 종경록 宗鏡錄

표출 漂出 띄워 내놓다. 파도에 밀려 나오다. 『보살본생만론』 권4(대정장3, p.344a14)에 "이 사람은 사위성 가운데 대상의 부인으로 스스로 용모를 뽐내어 복업을 닦지 않았다. 남편의 총애를 받으면서 일체를 손해나게 하였다. 함께 길을 가다가 여기에 이르러 물에 빠져 목숨을 잃었는데, 바다도 주검은 받아들이지 않아서 해안으로 밀려나왔다. 옛날에 아꼈던 몸 이 벌레가 될 따름이고, 후에 지옥에 들어가 온갖 고통스런 보를 받았다. 此是舍衛城中大商之婦 自恃顔貌不修福業 承夫寵念 損害一切 偕行至此沒水而終 海不納屍漂出在岸 猶愛故身 作此蟲耳 後入地獄受諸苦報", 『현우경』 권1(대정장4, p.355b22)에 "그래서 몰래 집을 나가 높은 바위에서 스스로 떨어졌다. 땅에 떨어졌지만 아무 데도 다친 데가 없었다. 다시 강으로 나가 물 속에 몸을 던졌다. 그러나 물에서 밀려나와 아무 고통이 없었다. 다시 독약을 삼켰으나 독기운이 돌지 않아 죽을 길이 없었다. 於是密去 自墜高巖 旣墮在地 無所傷損 復至河邊 投身水中 水還漂出 小無所苦 復取毒藥 而呑噉之 毒氣不行 無由致死"라고 하였다. [참고문헌]『菩薩本生鬘論』, 『賢愚經』. ⇨ 불숙사시 不宿死屍

표충사 表忠寺 경상남도 밀양시 단장면 영취산(靈鷲山)에 있는 절. 1742년(영조 18)에 이덕수(李德壽)가 찬술한 「표충사사적 表忠祠事蹟」에는 "서산, 송운, 기허 세 분의 현사의 영령을 편히 모신 곳으로, 절이 아닌 사당이다. 西山松雲騎虛三賢師安靈之所 不寺而祠"라고 하였다. 임진왜란이 일어나자 서산휴정(西山休靜 1520~1604)과 사명유정(泗溟惟政 1544~1610)은 승병을 이끌고 왜적을 토벌하였고, 기허영규(騎虛靈圭 ?~1592)는 싸우다가 순국하였다. 그 뒤 조정에서는 충성을 기려 표충사를 건립하였고, 후에 표충서원(表忠書院)의 편액을 사했다. 1714년(숙종30)에 밀양군수 김창석(金昌錫)이 발의하여 다시 중건하였는데, 사명대사가 일본에 갈 때 대구 용연사(龍淵寺)에 봉안하였던 불상을 옮겨와 사당 왼쪽 새로 지은 건물에 봉안하였고, 주변에 요사도 지었다. 1738년(영조14)에 사명의 5세 법손이자 운문사 설송연초(雪松演初 1676~1750)의 제자인 남붕(南鵬)이 영의정 김재로(金在魯)·좌의정 송인명(宋寅明)·우의정 조현명(趙顯命)에 퇴락된 모습을 말하여, 복호(復戶) 5결을 하사받으면서 경상도 관찰사의 지원도 겸하게 되어 취안(翠眼)·상현(尙玄)과 다시 사우를 중건하였다. 1742년에는 사우의 동쪽에 송운대사영당비(松雲大師影堂碑)를 세웠다. 1838년(헌종4)에 사명의 8세 법손인 월파천유(月坡天有)가 밀양도호부사 심의복(沈宜復)과 논의하여 이전에 남붕이 뜻을 두었던 약산(藥山)의 옛 절터로 옮겨 새로 법당 4동, 지전(持殿) 1동, 요사 2동, 암자(庵子) 3곳을 건립하였다. 현재 국보 제75호로 지정된 청동은입사향완(青銅銀入絲香垸), 보물 제467호인 삼층석탑 등을 비롯하여 석등, 대광전(大光殿), 고승진영 및 팔상도, 사명대사 관련 교지, 분충서난록목판(奮忠序難錄木板), 사명집목판, 사명대사일본상륙행렬도팔곡병(八曲屛), 목조석가삼불좌상 등 19건이 유형문화재로 지정되어 있고, 팔상전·만일루·명부전 등도 문화재자료로 보존되고 있다. 특히 사명대사께서 입으셨던 금란가사(錦襴袈裟)와 장삼(長衫)은 국가민속문화재로 전한다. [참고문헌]『東國輿地勝覽』 권26 密陽都護府 佛宇, 『韓國寺刹全書』 권하 表忠寺, 『朝鮮寺刹史料』 권상 「表忠寺事蹟」·「書院移建事蹟」·「載藥山靈井寺古蹟」. ⇨ 대흥사 大興寺 [9]

표충사 表忠祠 ❶ 경상남도 밀양시 영취산(靈鷲山)에 있었던 사당. 임진왜란 때 의승장으로 공을 세웠던 휴정·유정·영규(靈圭 ?~1592)를 위한 사당이다. 표충사(表忠寺)의 전신(前身)이다. 『가산고』 권4 「표충사이건기 表忠祠移建記」에 의하면 1838년(헌종4)에 영정사(靈井寺)의 옛 터로 옮기기로 결정하였는데 밀양도호부사 심의복(沈宜復)의 도움을 받고 월파천유(月波天有) 등이 주도하여 1840년까지 3년의 공사가 이루어졌다고 한다. 1742년(영조18)에 세워진 「표충사사적비 表忠寺事蹟碑」에 "영남 밀양(密州) 영취산에 서산(휴정)·송운(유정)·기허(영규) 세 분 대사의 각령을 모시는 곳이다. 절이라 하지 않고 사당이라고 한 것은 속세의 법에 따라 그들의 공을 보답하려는 것이다. 嶺南密州之靈鷲山 有西山松雲騎虛三大師 安靈之所 不寺而祠 遵世法而報其功也"라고 하였고, 『가산고』 권4 「표충사이건기 表忠祠移建記」(한불전10 p.787a1)에 "무술년 봄에 마침 부의 동쪽 영정사가 오랫동안 폐사되었으므로 읍의 사서인이 합동하여 말하기를, '표충사를 옮기기에 충분하다. 신위를 이곳에 옮기는 것이 옳다'라고 하였다. … 토목의 역은 무술년 겨울에 시작해서 기해년과 경자년의 3년간 쉴 틈이 없었다고 한다. 戊戌春 偶於府東靈井寺永廢 混邑士庶人皆曰 表忠祠旣熟移 節移於彼可也 … 土木之役 自戊戌年冬 至己亥庚子 三年之距日 不暇給云"라고 하였다. [참고문헌]『伽山藁』, 『大東地志』, 趙東元 『韓國金石文大系』 4(원광대학교출판국, 1985). ⇨ 표충사 表忠寺 ❷ 전라남도 해남군 대흥사 경내에 있는 사당. 임진왜란 때 의승장으로 공은 세운 휴정(休靜 1520~1604)·유정(惟政 1544~1610)·처영(處英 생몰년미상)을 위한 사당이다. 1792년(정조16)에 세워진 「표충사건사사적비 表忠祠建祠事蹟碑」에 의하면, 대둔사(大芚寺) 스님 천묵(天默)·계홍(戒洪) 등이 서울에 와서 휴정이 승병을 가장 먼저 일으켰는데 유정을 모신 사명서원(泗溟書院)에서 배향되고 있을 뿐이고 그 포상이 휴정에게 미치지 못함을 상언하였다. 이에 정조가 사당을 지으라고 윤허하고, 표충이라고 사액하였다. 대둔사에 휴정의 사당이 세워진 연유는 스님이 입적하면서 의발(衣鉢)을 대둔사에 전하는 등의 유언이 있었기 때문이다. 『범해선사문집』 권1 「대둔사지약기 大芚寺志畧記」(한불전10, p.1078c22)에 "건륭 53년 무신년인 우리 정조대왕 12년에 이에 명령하여 사당을 세우게 하였고 두륜산은 표충이라 사액하고 향산은 수충이라 하였다. 사명(유정)과 뇌묵(처영)을 좌우에 배향하였다. 7년이 지난 갑인년에 임금이 서산대사의 화상과 당의 이름을 써서 본원에 내렸다. 乾隆五十三年戊申 我正宗大王十二年 爰命立祠 賜額頭輪曰表忠 香山曰酬忠 泗溟雷默 左右腏享 越七年甲寅 御製西山大師畫像堂銘降于本院"라고 하였다. [참고문헌] 『梵海禪師文集』, 『大東地志』, 趙東元 『韓國金石文大系』1(원광대학교출판국, 1979). ⇨ 대흥사 大興寺 9

표충사만일회사적 表忠寺萬日會事蹟 밀양 표충사의 정토결사 맺은 일을 적은 글. 『조선사찰사료』 권상에 「만일회사적 萬一會事蹟」으로 전한다. 표충사의 월암상인(月庵上人)이 혜원(慧遠)의 유풍과 발징(發徵)의 여원을 이어 절의 서북쪽에 48칸의 선실을 짓고 동림(東林)에서의 옛 결사를 맺고 수행하였다고 한다. 선실의 편액을 '영남제일선원 嶺南第一禪院'이라 하였고, 48칸은 아미타불의 48서원을 의미한 것이다. 육자염불(六字念佛)을 밤낮으로 계속하여 왕왕 영험한 일이 있었다고 하였다. [참고문헌] 『朝鮮寺刹史料』. ⇨ 표충사 表忠寺

표충사삼층석탑 表忠寺三層石塔 경상남도 밀양시 단장면 구천리 표충사에 있는 신라시대 석탑. 보물 제467호. 높이 7.7m. 단층기단에 삼층의 탑신을 올린 석탑이다. 일반적으로 법당 앞이 아닌 승방인 만일루(萬日樓) 앞 마당에 위치해 있으며 동편으로 같은 시기에 제작된 것으로 보이는 석등이 거의 붙어 있다. 기단부는 단층으로 지대석과 면석, 갑석으로 이루어졌다. 탑신부는 각층 몸돌 탑신과 지붕돌 옥개석을 별석으로 구성했다. 몸돌 모두 우주를 새겼으나 면석에 조각 등은 따로 없다. 지붕돌은 모두 4단의

받침에 상단 2단 각형괴임으로 상층 몸돌을 받게 했다. 각 층 지붕돌 처마는 전각부에서 반전을 주고 풍경을 달았다. 지금의 것은 후대에 타공하여 매단 것으로 보인다. 상륜은 소형 옥개 모양 노반을 두고 복발·앙화·보륜·보개·수연을 차제로 올렸으나 후대에 변형된 것으로 보인다. 상륜부에는 철제 찰주가 관통하고 있다. 단층기단석탑으로는 비교적 이른시기의 작품으로 보이며, 또한 1995년 탑의 해체수리에서 불상을 포함한 다량의 장엄구 일괄(보물 제1944호)이 발견되었다. [참고문헌] 『밀양』(국립김해박물관, 2017), 『경남의 석탑Ⅲ』(국립문화재연구소, 2018).

표충사삼층석탑출토유물일괄 表忠寺三層石塔出土遺物一括 밀양 표충사 삼층석탑 내에서 발견된 불상과 장엄구 일괄. 보물 제1944호. 표충사호국박물관 소장. 1995년 삼층석탑 해체수리과정에서 발견된 기단 적심부 내의 유물일괄품으로 소형불상 19구·청동탑편 다수·유리구슬 5개·상평통보 1점과 개수탑기비(改修塔記碑)등이 발견되었다. 불상의 연대는 통일신라에서 고려시대에 이르며 도상도 다양하다. 또한 개수탑기비를 통해 홍치(弘治) 4년인 1491년에 탑을 수리했음을 알 수 있다. 납입된 불상은 여래상이 16구, 보살상이

개수탑기비탁본 1491년

3구이며 이 중 일부는 두부가 결실된 파불상태다. 여러 시대에 걸쳐 탑을 수리했음을 알 수 있다. 특히 개수탑기비는 1491년 2월 영정사(靈井寺 : 표충사 옛 이름)의 탑이 기울어 위태로워지자 사부대중이 시주하여 탑을 수리하고 시주자의 명단을 기록해 두었는데, 현재까지 탑내에서 발견된 유일한 기비문이다. [참고문헌] 『불사리신앙과 그 장엄』(통도사성보박물관, 2000), 『밀양』(국립김해박물관, 2017).

표충사상량문 表忠祠上樑文 윤지범(尹持範 1752~1821) 지음. 『조선사찰사료』 권상에 전한다. 1789년(정조13)에 작성된 전라남도 해남군 대흥사(大興寺) 내 표충사의 상량문이다. 사명대사 휴정(休靜 1520~1604)과 유정(惟政 1544~1610)·처영(處英)의 공로를 언급하고 명 장수 이여송(李如松 1549~1598)이 이를 존경하였다고 서술하였다. 천묵(天默)·계홍(戒洪)이

서울로 올라가 표충사를 창건하도록 허락을 받고 천여 명의 스님이 모여 완성한 사실을 기록하였으며, 상량 후에 단월의 풍격이 없어지지 않고 보살의 공덕이 외롭지 않기를 기원하는 내용이다. [참고문헌]『朝鮮寺刹史料』. ⇨ 표충사 表忠祠[2]

표충사서원향례복사기 表忠寺書院享禮復祀記 표충서원의 향례를 다시 올린 내역을 적은 글이다. 『조선사찰사료』 권상(pp.600~601)에 수록되어 있다. 찬술자와 찬술 연도는 알 수 없으나 "신미년 각원훼철시 … 후십삼년계미 … 갑신춘. 辛未年 各院毁撤時 … 後十三年癸未 … 甲申春"이라고 하여, 1871년(고종8)에 흥선대원군이 실시한 서원철폐령의 13년 뒤인 1883년(고종20)과 1884년의 내역을 담았으므로, 1884년 봄에 향례를 다시 올리게 되면서 작성한 것으로 보인다. 사명유정(四溟惟政)은 현사(賢師)이자 진신(盡臣)이기에 사우를 건립하고 향례를 올렸는데, 서원철폐령이 시행된 뒤 사우는 구름 속에 홀로 있는 듯 적막하였다. 1883년에 표충사 포허(包虛)와 찬명(璨溟)이 운수행각하다가 공주·금산 등지에 이르러 철폐령 이후에도 유학사림(儒學士林)이 기허영규(騎虛靈圭)를 예의를 갖추어 받드는 것을 보았다. 밀양에 돌아와 밀양 사림에게 설명하고 밀양도호부사 권인국(權仁國)에게 알렸는데, 향리(鄕吏) 임윤병(任尹秉)의 제안에 따라 각 호(家戶)와 표충사에서 헌성금(獻誠金)을 모아 1884년 봄부터 다시 향례를 재개하였다. [참고문헌]『朝鮮寺刹史料』 권상.

표충사송운대사영당비명 表忠祠宋雲大師影堂碑銘 이의현(李宜顯 1669~1745) 지음. 밀양 표충사에 배향된 송운대사 유정(惟政 1544~1610)의 초상화가 있는 곳에 세워진 비이다. 현재 성균관대학교 박물관에 소장되어 있다. 김진상(金鎭商 1684~1755)이 글씨를 쓰고 유척기(兪拓基 1691~1767)가 전액을 썼다. 1742년(영조18)에 세워졌다. 비문을 지은 이의현의 문집인 『도곡집』 권12에 「밀양표충사송운대사영당비명〈병서〉 密陽表忠祠松雲大師影堂碑銘〈并序〉」라는 이름으로 수록되어 있다. 비문에 의하면, 밀양에 표충사를 세워 휴정(休靜 1520~1604)·영규(靈圭 ?~1592)와 유정이 함께 배향되었고 유정의 초상화가 표충사에 있다고 한다. 비문 후반부 대중질에는 관료로 영의정부터 지방 수령과 그 지역 사림(士林), 스님으로 종장(宗匠)부터 일을 담당한 이들의 이름을 남겼다. [참고문헌]『陶谷集』, 趙東元 『韓國金石文大系』4(圓光大學校出版局, 1985). ⇨ 유정 惟政[1], 땀이흐르는호국신비 ○○○○○護國神碑

표충사승련암연수각기 表忠寺勝蓮庵蓮壽閣記 세환(世煥 1853~1889) 지음. 『혼원집』 권1(한불전11, p.717a14~b11)에 전한다. 건운(健運) 상인이 1883년(고종20)에 승련암의 서북쪽에 소실(少室)을 지었는데 그의 법제자(法嗣)가 현당(玄堂)으로 삼아 건운상인의 자호인 연수를 따서 연수암이라고 이름하였으며, 계환(戒環)의 『묘법연화경해 妙法蓮華經解』와 주돈이(周敦頤)의 「애련설 愛蓮說」을 인용하여 연(蓮)의 뜻도 풀고 있다. "지난 계미년 봄에 승련암의 서북쪽에 소실을 지었다. … 그 사이에서 낮에는 좌선할 만하고 밤에는 잠잘 만했다. 뒤쪽 정원에 대나무 길렀고 앞쪽에 몇 그루의 소나무 심었다. 송죽 모두 군자의 절개를 나타낸다. 주인이 스스로 연수라고 이름하였고 암자 또한 연으로 이름지으니 스님의 마음을 대개 이에서 볼 수 있다. 아! 스승이 선원을 창건하여 승련이라고 제액하고 그 제자가 현당을 만들어 연수라고 이름지었다. 去癸未春 築小室于勝蓮庵之西北隅 … 于其間 晝閒可坐 夜閒可睡 後而一園脩竹 前而數株疎松 松竹皆君子節也 主人自號蓮壽 庵又命蓮 師之心 蓋見于此矣 吁 其法傳創禪院 眉以勝蓮 其法嗣修玄堂 目以蓮壽"라고 하였다. [참고문헌]『混元集』. ⇨ 승련암 勝蓮庵

표충사창건기 表忠祠刱建記 해남 대흥사 경내 표충사 창건기. 1791년(정조15)에 응운징오(應雲憕旿) 지음. 『조선사찰사료』 권상에 전한다. 춘계천묵(春溪天默)과 동지인 계홍(戒洪)의 건의로 왕명을 받아 창건되고 사액되었다. 「창건기」에는 임진왜란이 일어나자 휴정(休靜 1520~1604)이 제자인 유정(惟政 1544~1610)과 처영(處英)에게 병사(兵事)를 위촉하여 공을 세운 사실, 유정이 일본으로 가서 독사갱(毒蛇坑)과 철마탄화(鐵馬炭火) 등의 속임수에 걸리지 않아 존경을 받고 포로 3천 여명을 쇄환한 사실들 적었다. [참고문헌]『朝鮮寺刹史料』. ⇨ 표충사 表忠祠[2]

표충사청동함은향완 表忠寺靑銅含銀香垸 고려시대 향완. 국보 제75호. 1177년(명종7)에 조성되었고, 경상남도 밀양 표충사호국박물관에 있다. 높이는 27.5cm, 구경(口徑)은 26.1cm. 넓은 전의 쪽 면에 57자의 은입사로 된 명문이 있다. 고려시대의 전형적인 향완 형식을 갖추었으며 균형잡힌 비례로 안정감이 뛰어나다. 넓은 전의 윗면 여섯 곳과 몸체 네 곳에 두른 원 안에 '범 梵' 자와 구름과 용무늬를 은입사하였는데, 특히 굵고 가는 선으로 유려하게 표현된 용의 모습에서 고려대 뛰어난 은입사기법을 보여준다. 「명문」에 "대정 17년(1177) 정유 6월 8일 법계의 살아 있는

이와 가신 이들 함께 보리의 원을 더하고자 청동에 은실 넣어 향완 일좌를 조성하였다. 무게가 8근이었다. 동량도인(棟梁道人 : 化主僧)은 효초(孝初)와 통강주(通康柱) 등이 삼가 지극한 정성을 내어 특별히 조성하며, 수희자 글로 적는다. 大定十七年丁酉 六月八日 法界生亡共增菩提之願 以鑄成靑銅含銀香垸一副 重八斤印 棟梁道人孝初通康柱等 謹發至誠特造 隨喜者射文"라고 하였다. 〔참고문헌〕『韓國金石全文』 中世下 p.843. ⇨ 표충사 表忠寺, 향완 香垸

표충사청허당대선사보장록 表忠祠淸虛堂大禪師寶藏錄 청허당 휴정(休靜 1520~1604)의 행장. 1606년(선조 39)에 유정(惟政)·해안(海眼) 등이 작성하였다. 「금자보장록 金字寶藏錄」이라고도 한다. 『동사열전』 권2 「청허존자전 淸虛尊者傳」(한불전10, p.1016c16)에 "「금자보장록」 1권은 임종 때 유언의 말씀이며, 해남 두륜산 대둔사에 두었다. 金字寶藏錄一卷 臨終遺言辭也 藏於海南頭輪山大芚寺"라고 하였다. 「청허당대선사보장록」의 말미 발문에 해당 글이 호남의 민가에서 발견되어 계홍(戒洪) 등이 조정에 보고하였고 대흥사에 표충사가 건립되어야 할 당위성과 대흥사를 현창할 목적으로 쓰였으며, 휴정이 입적하기 전에 직접 의발을 대둔사에 전하도록 한 점, 대둔사는 삼절이 있는 곳이라는 점, 휴정이 허백명조(虛白明照 1593~1661)로 하여금 이를 주관하도록 했다는 점 등을 드러내 썼다. 1795년에 김낙일(金洛一)이 찬술한 「서산대사행록」(『조선사찰사료』 권상)과 『대둔사지』 권하에 일부 수록되어 전하며, 『대둔사지』에서는 이 글의 8가지 오류를 지적하고 있다. 〔참고문헌〕『東師列傳』, 『朝鮮寺刹史料』, 『大芚寺志』(亞細亞文化社, 1983).

표충암 表忠庵 밀양 표충사(表忠寺)의 옛 이름. 경상남도 밀양시 무안면 중산리 영취산 백화암(白華庵) 옛터에 있었으며 18세기 영조년간의 『해동지도』 등 고지도에서 '표충암'이 확인된다. 표충사는 1838년부터 3년의 불사 끝에 지금의 위치인 밀양시 단장면 구천리 재악산의 옛 영정사(靈井寺) 터로 옮겨졌다. 『가산고』 권4 「표충사이건기 表忠祠移建記」(한불전10, p.786c16)에 "무술(1838) 봄, 뜻하지 않게 부 동쪽 영정사가 영영 닫히자 온 읍의 사람들이 모두 말하길 '표충사 이미 옮길 때가 되었고 옥절도 그곳으로 옮기는 게 옳다'고 하였다. 주부사가 길에서 듣고는 원의 유사들과 주지와 여러 스님들을 모셔 자리를 드리고는 맹서하여 말하길 '옥절이 저 영취산 한 모퉁이에 있으니 보통의 언덕으로 짊어진들 싣지 못합니다. …' 토목의 일로 무술년(1838) 겨울부터 기해(1839)와 경자(1840)에 이르기까지 3년의 날들 쉴 겨를 없었다. 戊戌春 偶於府東靈井寺永廢 混邑士庶人皆曰 表忠祠旣熟移 節移於彼可也 主府使道聞知之 召院有司及住持諸釋 賜之座 乃誓之曰 節彼靈鷲一堣 凡罔負不乘矣 … 土木之役 自戊戌年冬 至己亥庚子三年之距日 不暇給云"라고 하였다. 〔참고문헌〕『伽山藁』, 『海東地圖』. ⇨ 표충사 表忠寺

표치 幖幟 Ⓢ puṇḍraka, Ⓟ mariyādā. 표치(標幟)라고도 한다. ❶ 드러내 다른 모든 이들이 알게 하는 깃발. 깃발을 내건 무리의 상징을 그림이나 글귀 등으로 그려 보이고 높이 들어 많은 이들이 보게 한다. 『장아함경』 권6 「소연경 小緣經」(대정장1, p.38b9)에 "다시 서로에게 '함께 땅을 나누어 각자 따로 표치를 세우자'라고 한 다음 땅을 나누고 따로 표치를 세웠다. 復自相謂言 當共分地 別立幖幟 卽尋分地 別立幖幟", 『일체경음의』 권1(대정장54, p.316b24)에 "표치〈표는 필과 요를 반절한 음이다. 『계원주총』에 '깃발이다'라고 하였고, 『설문』에는 '표는 치와 같다'라고 하였다. … 『광아』에 '치는 깃발이다'라고 하였다〉. 幖幟〈上必遙反 桂苑珠叢云 幡旗之類也 說文 幖卽幟也 … 廣雅 幟幡也〉"라고 하였다. 〔참고문헌〕『長阿含經』, 『一切經音義』, *DN.3.92.* ❷ 밀교(密敎)에서 인계(印契) 등으로 제존(諸尊)의 덕을 드러내는 것. 『섭대일경공양방편회』 권3(대정장18, p.84b14)에 "여래를 믿고 깨우친 원력으로 생겨난 법계의 표치로서 가장 큰 연꽃이 출현하였다. 如來信解 願力所生 法界幖幟 大蓮華王出現", 『대일경지송차제의궤』(대정장18, p.184b6)에 "오른손(智慧手)으로 금강권을 하고 풍륜(검지)을 똑바로 곧게 편 다음 백호 사이에 두는데 마치 저 비구지의 모습과 같게 하니 저것의 표치라네. 이 인을 대인이라 이름하니 마음속으로 떠올리면 온갖 악마들을 없앤다네. 當以智慧手 而作金剛拳 正直舒風輪 加於白毫際 如毘俱知形 是則彼幖幟 此印名大印 念之除衆魔", 『대일경소』 권13(대정장39, p.714a26)에 "만약 어떤 중생이 이 법을 행한다면 인으로 가지하기에 또한 여래법계신과 같다. 이 인이란 곧 법계의 표치다. 이 인으로 법계의 체를 표시하므로 법계당이라 이름한다. 若有衆生 行此法者 以印加持故 亦同如來法界身也 此印者 卽是法界之幖幟 以此印故 標示法界之體 卽名法界幢也", 『대일경의석연밀초』 권5(卍속장37, p.104b18)에 "이 모든 것이 법계표치라 하였다. 『절운』에 '표란 머리 끝에 기이고, 치란 깃발이다'라고 하였다. 머리 위에 기를 둠은 그 주인을 알리려 함이다. 군대가 행진할 경우 기를 앞에 있게 하여 주인이 누구인지 알게 한다. 법계를 드러내는 표치도 이와 같다. 제불여래께서 모든 대회의 만다라 중심에 이 무상보리라는 기치를 건립하시고 팔부 등 무리로 선근 있는 이들로 하여금 이런 종종의 모습들 보게 한즉 법계의 주인을 알아보고 다가서서 수행한다. 그러므로 '모두가 법계를 드러내는 표치이다'라고 한 것이다.

皆是法界幖幟者 切韻 幖者 頭上幟也 幟卽旗幟 頭上置幟要識其主也 謂軍旅旣行 旗爲前導 則識其主也 法界幖幟亦復如是 諸佛如來 於一切大會 漫荼羅中 建此無上菩提幖幟 能令八部等類 善根性者 觀此種種像類 則知法界之主 親近修行 故曰 皆是法界幖幟也"라고 하였다. 〔참고문헌〕『攝大日經供養方便會』, 『大日經持誦次第儀軌』, 『大日經疏』, 『大日經義釋演密鈔』, *Mañj-m.*

표치 標致 높이 드러내 보여 지극한 모습. 『원오어록』 권8(대정장47, p.749b8)에 "이와 같이 드러내 다한 모습이 비록 맑고 소박하나, 대장부라면 마땅히 자유로워야 한다네. 如斯標致雖淸拙 大丈夫兒合自由", 『대혜어록』 권7(대정장47, p.839a25)에 "이와 같이 드러내 다했더라도 아직 작가는 아니다. 만약 운문에 이르렀다 하면 애써 집어내지 않는다. 如斯標致 未是作家 若到雲門不勞拈出", 『선림보훈』 권2(대정장48, p.1022c20)에 "옛날에 복엄양아(福嚴良雅)화상은 언제나 진여모철(眞如慕喆)의 면모 지극해 숭상할 만하다고 좋아했다. 昔福嚴雅和尙 每愛眞如喆 標致可尙", 『선림보훈음의』(卍속장113, p.254b9)에 "표치 : 표는 (보이도록 높이) 든다는 뜻이다. 우뚝하고 빼어난 모습 지극함이다. 標致標 擧也 言其超卓傑立之極也"라고 하였다. 〔참고문헌〕『圜悟語錄』, 『大慧語錄』, 『禪林寶訓』, 『禪林寶訓音義』.

표친 俵儭 보시받은 돈이나 물건을 대중에게 나누어주는 행위. 친은 친(䞋)으로도 쓴다. 『선원청규』 권6 「중연재 中筵齋(卍속장111, p.908b11)에 "유나가 경쇠를 울리면 수좌는 재물을 베푼다. 시주가 직접 나누어주기도 하고, 지사가 대신 행하기도 한다. 대중이 식사를 마치고 법회를 시작할 때 쯤이나 때로는 유나가 경쇠를 울리면서 '처세계여허공' 등을 염송하고 간략하게 소문 중 큰 뜻만을 취하여 회향하고 십불의 명호를 불러 마치면 경쇠를 울리고 일어난다. 維那鳴磬 首座施財 或財主俵儭 或知事代行 大衆食畢 法事頭 或維那鳴磬 念處世界如虛空等 略取疏中大義 迴向 念十佛罷 鳴磬而起", 『입중수지』(卍속장111, p.950a1)에 "지사는 향을 사른 다음 행자와 함께 보시물을 나누어준다. 知事燒香 同行者俵儭", 『운암진정문선사어』(속고존숙어요2, 卍속장118, p.931b14)에 "오늘 장주가 국밥을 마련해 베풀었으니 소참을 마치고 물러가 차나 마시세. 今日莊主 設饡飯俵儭 參退喫茶"라고 하였다. 〔참고문헌〕『禪苑淸規』, 『入衆須知』, 『雲菴眞淨文禪師語』.

표탄 表歎 법회 등에 앞서 불조나 고승(高僧)의 덕을 찬탄하는 의식. 『선원청규』 권6 「간장경 看藏經」(卍속장111, p.907b13)에 "유나가 불조의 덕을 찬탄하고 법회를 여는 소를 읽으면, 염불사리가 범패를 부르고, 그 소리를 마친 다음에 대중은 경을 펼친다. 維那表歎宣開啓疏 念佛闍梨作梵 候聲絶 然後大衆開經"라고 하였다. 〔참고문헌〕『禪苑淸規』.

표탑 標塔 표지(標識)로 삼고자 세운 탑. 뜻을 널리 알리려 세운 탑을 말한다. 『당고승전』 권4 「현장전 玄奘傳」(대정장50, p.449a2)에 "아육왕의 표탑은 높이가 열 길이었다. 育王標塔 擧高十丈", 『자백존자전집』 권15 「제금강경탑 題金剛經塔」(卍속장126, p.890a2)에 "그 표탑과 표불이 문득 미묘하게 합하니 칠보로도 그 시공을 펼칠 도리가 없거늘 제석과 범천인들 어디서 그 솜씨 섞으랴! 다만 한 마음이 일어나지 않는 그 자리를 터로 삼고, 쓰지 않는 처를 용으로 삼을 뿐이니, 세존께서 이 경을 설하시기도 전에 이 탑은 앞서 이미 성취되었다. 『경』에 '마땅히 그 어디에도 머물지 말고 마음을 일으켜야 한다'라고 함은 온전히 이 탑의 주각일 뿐이다. 及其標塔標佛 忽然妙合 則七寶無所施其工 帝梵何所關其巧 直自一心不生處爲基 不生用處爲用 世尊未說是經 此塔先已成就 經云 應無所住 而生其心 全是此塔註脚"라고 하였다. 〔참고문헌〕『唐高僧傳』, 『紫柏尊者全集』.

표풍귀 飄風鬼 Ⓟ paṁsupisācaka. 회오리 바람으로 흙먼지 일으키는 귀신. 『중아함경』 권57(대정장1, p.784c19)에 "구담이시여! 저는 표풍귀 볼 능력도 없는데 하물며 어떻게 누구보다 빼어난 청정천안으로 이 중생들 언제 죽는지 언제 태어나는지 … 취에 들 때 선처로 가는지 불선처로 떨어지는지 이들 중생이 지은 업에 따라 그것을 진실 그대로 볼 수 있겠습니까? 瞿曇 我尙不能見飄風鬼 況復淸淨天眼 出過於人 見此衆生死時生時 … 趣至善處 及不善處 隨此衆生之所作業 見其如眞耶"라고 하였다. 〔참고문헌〕『中阿含經』, *MN.2.32.*

표현 表顯 드러내 나투다. 글로 써 보인 가르침을 말한다. 『임제록』(대정장47, p.498c5)에 "저 십이분교는 드러내 보이고자 하신 말씀이다. 학인들이 알지 못하고 겉으로 드러난 명구상만을 향해 알음알이 의지할 뿐이니 인과에 떨어져 삼계생사 면하지 못한다. 秖如十二分教 皆是表顯之說 學者不會 便向表顯名句上生解 皆是依倚 落在因果 未免三界生死", 같은 책(대정장47, p.502c7)에 "길 나선 무리들이여! 얻는 부처 얻을 수 있는 것 아니고 삼승오성 그리고 원돈의 자취에 이르기까지 모두가 한때의 약병으로 서로 다스렸을 뿐이다. 실법이라곤 전혀 없다. 설령 있더라도 그 모두가 그럴듯하게 드러내 나툴 뿐인 것이니, 길에 뿌린 글처럼 가지런히 정리하여 이와 같이 설할 뿐이다. 道流 無佛可得 乃至三乘五性 圓頓教迹 皆是一期藥病相治 並無實法 設有 皆是相似表顯 路布文字差排 且如是說", 『허당록』 권4(대정장4

7, p.1014a7)에 "공부에 마음을 붙인지 수십년간 경론을 펼치고 뒤지다가 나중에야 비로소 세간 건지려 드러내고 나툼임을 알았다. 마침내 일시에 내던지고 참선할 생각을 일으킨 다음 선지식을 만나고서야 도를 보는 눈이 밝아지게 되어 삿됨과 바름을 가려낼 수 있었다. 留心數十年之間 披尋經論 後來方知 是濟世表顯 遂乃一時抛却 發意參禪 遇善知識 方得道眼明白 辨得邪正"라고 하였다. 〔참고문헌〕『臨濟錄』, 『虛堂錄』.

표훈 表訓 신라 제35대 경덕왕(재위 742~765) 때 스님. 의상조사(義湘祖師 625~702)의 십대제자 중 한 스님으로 경주 불국사(佛國寺)에 주석하였으며 생몰연대는 알 수 없다. 스님은 도덕과 화엄경에 조예가 깊었을 뿐 아니라 신통력 있어 자주 도리천을 왕래하기를 이웃 마실 다니듯 했다(師往如隣里). 『삼국유사』 권2(대정장49, p.974c13·한불전6, p.292b3) 표훈대덕(表訓大德)에 "어느 날 경덕왕이 표훈스님을 궁 안으로 초빙하여 부탁하되, '짐이 늙도록 후사를 이을 아들이 없어 큰 걱정이니, 스님께서 제석천(忉利天)에 자주 왕래하신다니 짐을 위해 상제(上帝 : 제석천왕)에게 간청하여 왕자를 낳도록 기도해 달라'고 하였다. 부탁을 받은 표훈대덕이 천제에게 고하고 내려와 왕에게 말하길, 제석천이 이르기를 딸을 구한다면 가하지만 왕자를 원한다면 어렵다고 하더라는 뜻을 전했다. 왕이 다시 원하기를 '공주를 태자로 바꾸어 주시도록 다시 청해 달라'고 했다. 제석이 말하되 '간곡히 원한다면 그렇게 해줄 수는 있지만 아들을 생산하여 설사 왕이 되더라도 나라가 위태로워질 것이다'라고 했다. 스님이 지상으로 내려오고자 할 때 제석이 다시 스님에게 말하되 '하늘이 사람을 점지해 주는 질서 조금도 어지럽게 할 수 없습니다. 그러나 지금 스님께서는 천상에 왕래하시기를 마치 이웃마을과 같이 하시니, 천기를 누설할까 염려되오니 앞으로는 절대로 도리천에는 오시지 말라'고 하였다. 스님이 옥황상제의 말을 왕에게 전했다. 그러나 왕은 설사 나라가 위태로워지는 한이 있더라도 후계할 왕자만 얻으면 만족하다고 했다. 이렇게 왕비 만월부인이 태자를 생산했다. 그 후 8년 만에 왕이 죽자 태자가 8세 때 즉위하였으니, 그가 바로 제36대 혜공왕(재위 765~780)이다. 왕의 나이가 어려서 태후인 만월부인이 얼마동안 섭정하였고 조정이 문란하여 도처에 도적이 봉기하는 등 건잡을 수 없었으니, 표훈이 말한 대로였다. 王一日詔表訓大德曰 朕無祐不獲其嗣 願大德請於上帝而有之 訓上告於天帝 還來奏云 帝有言 求女卽可 男卽不宜 王曰 願轉女成男 訓再上天請之 帝曰 可則可矣 然爲男則國殆矣 訓欲下時 帝又召曰 天與人不可亂 今師往來如隣里 漏洩天機 今後宜更不通 訓來以天語諭之 王曰 國雖殆 得男而爲嗣足矣 於是滿月王后生太子 王喜甚 至八歲王崩 太子卽位 是爲惠恭大王 幼冲故大后臨朝 政條不理 盜賊蜂起 不遑備禦 訓師之說驗矣"라고 하였다. 〔참고문헌〕『三國遺事』, 『三國史記』 권9 新羅本紀9 惠恭王 16年 4月.

표훈사 表訓寺 강원도 회양군 내금강면 금강산 만폭동(萬瀑洞)에 있는 절. 대본산 유점사(楡岾寺)의 말사였다. 『동국여지승람』 권47 회양도호부(淮陽都護府) 산천·불우에는 금강산 안팎에 자리한 108곳의 절 가운데 정양사(正陽寺)·장안사(長安寺)·마하연(摩訶衍)·보덕굴(普德窟)·유점사(楡岾寺)와 함께 가장 이름난 절이라고 하였고, 이정구(李廷龜)도 「유금강산기 遊金剛山記」(『월사집』 권38)에서 금강산에서 가장 큰 절이었다고 하였다. 「금강산표훈사내력 金剛山表訓寺來歷」(『조선사찰사료』 권상, p.95)에는 670년(문무왕10)에 표훈조사(表訓祖師)가 창건하였고, 1459년(세조4)에 세조가 크게 보수하였으며, 1890년(고종27)과 1893년에 화산대사(華山大師)와 형운대사(衡雲大師)가 각각 반야보전을 중수하고 영산전을 처음 건립하였다고 하였으나, 전승으로는 신라승 표훈이 능인(能仁)·신림(神林)과 함께 창건하였다고도 전한다. 남효온(南孝溫)이 쓴 「유금강산기 遊金剛山記」(『추강집』 권5)에는 1485년(성종16) 4월 28일에 표훈사에서 머물 때, "절에 지원 4년 무인(1338·충숙왕7) 2월의 비가 있으니 바로 대원황제가 건립한 것이다. 명을 받든 신 양재가 찬하고 고려 우정승 권한공이 썼다. 대개 황제가 표훈의 스님들께 반승함으로써 만인에게 연을 맺어준 일을 적었다. 寺有至元四年戊寅二月碑 乃大元皇帝所立 奉命臣梁載撰 高麗右政丞權漢功書 蓋記其皇帝飯表訓僧 作萬人結緣也"라고 하였다. 1398

표훈사 전경·능파각·영산전·어실각

년(태조7)에 천재지변이 일어나자 오대산 상원사(上院寺)와 함께 왕실주관의 법석을 열기도 하였다. 1408년(태종8)에는 명 사신 황엄(黃儼)이, 1427년(세종9)에는 명 사신 창성(昌盛)과 백언(白彦)이, 1432년에도 창성이 이곳과 정양사에서 반승하였다. 1424년 선교양종(禪敎兩宗)의 사찰로 전국 36곳의 절을 지정하였을 때에는 150명의 스님이 상주하였다 한다. 1459년(세조5)에는 왕명으로 개수(改修)하였다가, 세조가 1466년에 장안사와 정양사를 거쳐 이곳에 와서 수륙회(水陸會)를 열었다. 그 뒤 세조의 위패를 모시는 원당으로 삼았는데, 1796년(정조20)에는 홍수로 훼손된 것을 보수하였다. 이경석(李景奭)이 쓴 「풍악록 楓嶽錄」의 '등정양사헐성루망일만이천봉 登正陽寺歇性樓望一萬二千峯'(『백헌집』)에는 "절의 본전은 반야라고 이름하였다. 조우인이 쓴 글에 당 위의 불좌는 서향이라고 하였다. 寺之正堂 名以般若 曺公友仁所書云 堂上佛座向西"라고 하였으니, 반야보전(般若寶殿)은 언제나 반야를 설법하고 있는 법기보살(法起菩薩)의 상주처인 금강산 봉우리를 향하게 한 것이다. 현존하는 당우로는 반야보전, 명부전, 영산전, 어실각 등이 있다. 〔참고문헌〕『太祖實錄』 권14 7年 8月 17日, 『太宗實錄』 권15 8年 5月 4일, 『世宗實錄』 권24 6年 4月 5日 권36 · 9年 5月 21日 · 권57 14年 8月 10日, 『世祖實錄』 권38 12年 3月 21日, 『正祖實錄』 권44 20年 6月 10日, 『東國輿地勝覽』, 『秋江集』(韓國文集叢刊16, p.91a3), 『月沙集』(韓國文集叢刊70, p.125a2), 『白軒集』(韓國文集叢刊95, p.497a7), 『朝鮮寺刹史料』 권상, 『韓國寺刹全書』 권하 p.1126b5, 『북한의 전통사찰』(대한불교조계종 · 양사재, 2011) pp.120~179.

표훈사내력 表訓寺來歷 표훈사와 그외 정양사(正陽寺) · 마하연(摩訶衍)의 창건과 중수 등의 내력을 적은 글. 지은이 등은 알 수 없다. 『조선사찰사료』 권하 pp.95~96에 전한다. 표훈사는 670년(문무왕10)에 표훈조사가 창건한 뒤, 1459년(세조5)에 세조가 보수하여 일신(一新)하였으며, 1890년(고종27)에는 화산대사(華山大師)가 영산전(靈山殿)을 건립하였다. 정양사는 672년에 회정선사(懷正禪師)가 창건한 뒤, 1459년에 세조가 대장경 인출본을 봉안한 뒤 중수하였고, 1906년(광무10)에도 보우대사(普雨大師)가 국왕의 명령으로 보수하고 대장경을 인출하여 봉안하였다. 마하연은 661년(문무왕1)에 의상조사(義湘祖師)가 창건한 뒤, 1831년(순조31)에 월송대사(月松大師)가 중건하였다고 전하고 있다. 〔참고문헌〕『朝鮮寺刹史料』.

표훈사도산사기현판 表訓寺都山寺記懸板 이곡(李穀) 지음. 도산사 창건 과정을 담은 기문과 1869년(고종6)에 건립된 표훈사의 암자 백화암(白華庵)의 수충영각(酬忠影閣)에 걸린 현판이다. 『조선사찰사료』 권하 pp.96~99에 수록되어 있다. 『가정집』 권3 기(記)와 『동문선』 권70 기에는 「창치금강도산사기 剏置金剛都山寺記」라는 제목으로 수록되었는데, 기문 끝 부분의 도산사 창건주 조림(趙琳) 관련 설명은 삭제하고 현판을 덧붙였다. 기문에는 창건과 관련하여, 금강산 서북쪽의 고개는 사람이 오가면서 반드시 쉬어야 할만큼 가팔라서 주변이 적막하였다. 1339년(충숙왕 복위7)에 쌍성총관 조림이 산승(山僧) 계청(戒淸)과 상의하여 임도현(臨道縣)의 땅을 사서 절을 짓고 임금을 축원하는 도량으로 삼았다. 봄가을에는 곡식을 배로 싣고 와 출입하는 이들에게 먹였고, 그 나머지는 산중의 여러 난야에 나누어 겨울과 여름의 식량으로 충당하였는데, 이를 매년 하도록 하면서 '도산'을 절이름으로 내걸었다고 하였다. 현판에는 1593년(선조26)에 작성된 서산휴정(西山休靜)과 사명유정(四溟惟政)의 직첩(職帖)을 쓴 것인데, 휴정을 '대광보국숭록대부영의정겸이조판서병조판서국일도총섭의병대장증자대각등계존자 大匡輔國崇祿大夫領議政兼吏曹判書兵曹判書國一都摠攝義兵大將贈紫大覺登階尊者'로 삼은 교지와 유정을 각각 '절충장군행용호분위상호군자 折衝將軍行龍虎賁衛上護軍者', '영의정이조판서 양국대장자 領議政吏曹判書兩國大將者', '대선교등계승의병대장군겸동지이조판서의금부사통제군사령 大禪敎登階僧義兵大將軍兼同知吏曹判書義禁府事統諸軍司令'으로 삼은 교지 3매이다. 〔참고문헌〕『稼亭集』, 『東文選』, 『朝鮮寺刹史料』. ⇨ 도산사 都山寺, 휴정 休靜, 유정 惟政 ■

표훈사반야보전삼차중건기현판 表訓寺般若寶殿三次重建記懸板 1890년(고종27)에 동선정의(東船淨義) 지음. 『유점사본말사지』 표훈사 pp.467~469와 『조선사찰사료』 권하 pp.99~102에 수록되어 있다. 반야보전 세 번째 중건과정을 적어 반야보전에 매달았던 현판이다. 한성(漢城) 화계사(華溪寺)의 화산정섭(華山定燮)은 전각이 오래되어 적막한 탓에 살고자 하는 이가 없어진 것을 알고 표훈사의 보암정기(寶庵定基)와 함께 중건하기로 뜻을 모았다. 그 뒤 한양의 단월 이극락행(李極樂行)을 통해 익종비 신정왕후(神貞王后)의 당오전(當五錢) 시주를 받고, 부사(府使) 김두환(金斗煥) · 양지현감(陽智縣監) 송병준(宋秉畯) 등의 사재를 받아 1889년에 기공하였다. 화산대사가 도중에 입적하자 보암이 주관하여 1890년에 마쳤다. 〔참고문헌〕『楡岾寺本末寺誌』, 『朝鮮寺刹史料』.

표훈사백화암청허당휴정대사비문 表訓寺白華庵淸虛堂休靜大師碑文 청허휴정(1520~1604)의 행적 등을 적은 비문. 1630년(인조8)에 건립한 것을 1632년에 제자 언기(彦機) · 쌍흘(雙仡)이 금강산 표훈사 백화암에 다시 건립하였다. 원 이름은 「유명조선국사국일도대선사선교도총섭부종수교보제등계존자서산청허당휴정대사비명병서 有明朝鮮國賜國一都大禪師禪敎都摠攝扶宗樹敎普濟登階尊者西山淸虛堂休靜大師碑銘幷序」로, 1912년에 간행된 『조선불교월보』 제10호 pp.17~21과 『조선불교통사』 권상 pp.463~469에 수록되어 있다. 서(序)·명(銘)은 이정구(李廷龜 1564~1635)가 지었고, 글씨와 전액(篆額)은 신익성(申翊聖 1588~1644)이 썼다. 「회양표훈사백화암청허대사비문 淮陽表訓寺白華庵淸虛大師碑文」(이지관 『교감역주역대고승비문』 조선편1, p.232)에 "우리 동방의 태고화상이 중국 하무산에 들어가 석옥청공(石屋淸珙)으로부터 법을 이어받아 귀국한 후, 환암혼수(幻庵混修)에게 전수하였고, 환암은 귀곡각운(龜谷覺雲)에게 전해주었으며, 귀곡은 벽계정심(碧溪正心)에게 전수하였고, 정심은 벽송지엄(碧松智儼)에게 전하였으며, 지엄은 부용영관(芙蓉靈觀)에게 전하였고, 영관은 서산에게 전하였으니, 이것이 실로 임제종의 정맥인 것이다. 그러므로 서산스님만이 오직 홀로 그 종맥을 이었다고 할 수 있다. 吾東方太古和尙 入中國霞霧山 嗣石屋而傳之幻庵 幻庵傳之龜谷 龜谷傳之正心 正心傳之智嚴 智嚴傳之靈觀 靈觀傳之西山 此實臨濟之正派 而惟西山獨得其宗云"라고 하여, 청허휴정의 법맥을 밝혀 청허문도의 법통관을 명확히 드러냈다. 1632년에 이식(李植 1584~1647)이 쓴 음기(陰記)에는 유정(惟政)을 상수로 문정(門庭)에 53명, 송계(松桂)를 상수로 문조(門助)에 55명의 이름을 새겨넣었고, 시주질에 경기·황해·강원 등지의 인원과 당시 표훈사 주지 만우(萬雨)를 비롯한 소임자 명부도 적었다. 〔참고문헌〕『朝鮮佛教月報』, 『朝鮮佛敎通史』, 『朝鮮金石總覽』 권상, 李智冠 『校勘譯註歷代高僧碑文』 朝鮮篇1, 智冠 『韓國高僧碑文總集』 朝鮮朝·近現代 pp.50~57. ⇨ 휴정 休靜, 서산대사비 西山大師碑

표훈사종기 表訓寺鍾記 정난정(鄭蘭貞) 지음. 『조선금석총람』 권하 pp.1217~1218에 수록되어 있다. 표훈사 범종 조성내역을 적은 글이다. 1469년(예종1)에 영순군(永順君) 이부(李溥) 주관으로 유점사(楡岾寺)에서 종을 주성(鑄成)하여 금강산 지맥을 진압하였는데, 1475년(성종6) 가을에 큰 바람이 불어 훼손되었다. 1656년(효종7) 5월에 비구 신등(信登) 등이 1,500근으로 다시 주성하였지만 1741년(영조17) 2월에 전각과 함께 소실되었다. 1775년(영조51) 4월에 보원(普圓)이 시주를 받아 1,300근으로 다시 조성하였으나 1777년(정조1) 8월에 절 전체가 표류하여 훼손되었다. 비구 심포(心抱)가 아쉬워하여 1782년(정조6) 4월에 서수망(徐守旺) 등의 보시를 받아 1,400근으로 고쳐 주성하였다. '순치13년 병술 順治十三年丙戌'이라고 하였는데, 순치 13년은 병신(丙申)이고, 병술은 순치 3년(1646·인조24)이며, 범종의 소실은 '건륭 6년 임술 乾隆六年壬戌'이라고 하였으나 건륭 6년은 신유(辛酉)이고 임술이라 하면 건륭 7년이니 간지기재의 착오로 보인다. 〔참고문헌〕『朝鮮金石總覽』 권하.

푸드갈라 pudgala ➡ 보특가라 補特伽羅, 포날아라 布捺誐羅

푸라나 Purāṇa 푸라나란 '오래된, 옛날 옛적'이라는 뜻으로 인도의 신화와 설화 등 광범위한 이야기를 담은 전승 문학의 한 장르를 이름한 것이다. 주로 쉬바(Śiva)·비수뉴(Viṣṇu)·브라흐마(Brahmā) 등과 관련한 힌두교 관련 문헌들이며 자이나교에 속한 것도 있다. 대부분 산스크리트어로 쓰였으나 타밀어나 기타 인도어로도 전해진다. 역사와 신화를 담은 서사시를 포함하는 이티하사(Ⓢ Itihāsa : '실로 있었던 대로'라는 의미)라는 인도 문학 장르와 유사점이 많기에 '이티하사푸라나(Ⓢ itihāsapurāṇa)'라고 합해 부르기도 한다. 푸라나 문헌들은 전승서(Ⓢ smṛti)로 분류되기에 오랜 시간에 걸쳐 편집·편찬되어 전승되었다. 인도의 가장 오래된 서사시 중 하나인 『마하바라타 *Mahābhārata*』에서도 화자인 브야사(Ⓢ Vyāsa)를 푸라나의 편찬자(Ⓢ vyāsa)라고 기술한다. 현재까지 전승되는 문헌 중 기원후 6세기 이전에 이미 유통되었을 것으로 보이는 18층의 고층 푸라나는 '마하푸라나 mahāpurāṇa'라고 부르는데, 『아그니푸라나 *Agni-p*』, 『나라다푸라나 *Nārada-p*』, 『마르칸데야푸라나 *Mārkandeya-p*』, 『마츠야푸라나 *Matsya-p*』, 『쿠르마푸라나 *Kūrma-p*』, 『파드마푸라나 *Padma-p*』, 『링가푸라나 *Liṅga-p*』, 『바가바타푸라나 *Bhāgavata-p*』, 『브라흐마바이바르타푸라나 *Brahmavaivarta-p*』, 『브라흐마푸라나 *Brahma-p*』, 『브라흐만다푸라나 *Brahmāṇḍa-p*』, 『가루다푸라나 *Garuḍa-p*』, 『쉬바푸라나 *Śiva-p*』, 『스칸다푸라나 *Skanda-p*』, 『바마나푸라나 *Vāmana-p*』, 『바라하푸라나 *Varāha-p*』, 『바유푸라나 *Vāyu-p*』, 『비슈누푸라나 *Viṣṇu-p*』를 말한다. 〔참고문헌〕 P.V.Kane *History of Dharmaśāstra* (Pune : Bhandarkar Oriental Research Institute, 1962) pp.816~821.

푸라나카사파 Pūraṇa Kassapa Ⓢ Pūrṇa Kāśyapa. 기원전 6세기경 석가세존과 마하비라(Ⓢ Mahāvira)와 동시대에 활동한 육사외도(六師外道) 중 한 명. 불란가섭(不蘭迦葉)·부란나가섭(富蘭那迦葉) 등으로 음사한다. 선악의 구별과 그에 따른 과보를 인정하지 않았기에 도덕부정론자라 하고, 노예로 태어나 알몸으로 고행하였기에 벌거숭이 외도라고도 불린다. 디가니카야 *Sāma*

ññaphala-sutta(*DN.1*, p.53)에 "과보, 자제, 제어, 정직한 말에 의한 그 인으로부터의 공덕은 없으며 공덕의 생겨남도 없다. dānena damena saṃyamena saccavajjena natthi puññaṃ natthi puññassa āgamo"라고 하였다. [참고문헌] 『四分律』 권32(대정장22, p.791b6), *DN.* ⇨ 불란가섭 不蘭迦葉

푸로히타 Purohita 인도 베다 제식의 제관을 지칭하는 말, 제식을 주도하여 집도하므로 푸로(Ⓢ puro : 앞서) 히타(Ⓢ hita : 있는)라고 한다. 하지만 원래 베다의 주요 제사장으로는 『리그베다 *Ṛgveda*』의 암송자 호트리(Ⓢ hotṛ), 『사마베다 *Sāmaveda*』 등의 암송자 우드가트리(Ⓢ udgātṛ), 『야주르베다 *Yajurveda*』를 암송하고 제식의 장소와 제단을 준비하는 아드바르유(Ⓢ adhvaryu), 그리고 브라흐만(Ⓢ brahman)이 언급된다. 여기에 푸로히타란 이름은 나오지 않지만, 네 번째인 브라흐만과의 연관성을 주장하는 학자들도 있다. 원래 푸로히타는 왕실이나 특정 가문에 속해 제식을 집행하는 제관을 지칭했으나, 베다 희생제의가 사라져가면서 모든 제관을 통칭하는 용어로 자리잡게 되었다. [참고문헌] Henk Bodewitz *Vedic Cosmology and Ethics*(Leiden : Brill, 2019) pp.46~65.

푸루샤 Puruṣa 산스크리트어 남성명사로 흔히 사람(人)을 뜻하는 일반명사이지만 『베다』·『우파니샤드』 등 힌두문헌과 상키야(Ⓢ Sāṃkhya : 數論)에서는 '우주적 아'와 '순수의식(純粹意識)'을 가리키는 형이상학적 개념으로 전용한다. 『리그베다 *Ṛgveda*』(X.90.2)의 「푸루샤찬가 Puruṣasūkta」에 "푸루샤란 바로 과거에 있었으며 미래에 있을 모든 것이요, 또한 음식을 통해 성장하게 하는 불멸의 주(主)이시다. Puruṣa eva-idam sarvam yad bhūtam yac ca bhavyam, utāmṛtatvasyeśāno yad annenātirohati"라 하였고, 인도에서의 사성제(四姓制 Ⓢ catur-varṇa : 브라만 크샤트리야 바이샤 수드라)도 이 푸루샤에서 유래하였다고 말한다. 또한 상키야는 푸루샤를 절대적 순수의식 즉 신아(神我)라 부르며, 근본원질(根本原質)인 프라크리티(Ⓢ Prakṛti)와 함께 전변(轉變)해서 세계를 있게 하는 근본원리로 상정한다. 『금칠십론』 권상(대정장54, p.1250b5 : *Sāṃkhy-k.*, p.26)에 "아는 구하여 삼덕을 보려하되 스스로의 성 독존이니, 저 절름발이와 눈먼 이 합하듯 이 뜻으로 말미암아 세간을 낳는다. 我求見三德 自性爲獨存 如跛盲人合 由義生世間 puruṣasya darśanārthaṃ kaivalyārthaṃ tathā pradhānasya, paṅgvandhavad ubhayor api saṃyogas tatkṛtaḥ sargaḥ"라고 하였다. [참고문헌] *RV.*, *Sāṃkhy-k.* ⇨ 능식 能食[1], 근본원질 根本原質, 보로사 補盧沙, 신아 神我

푸루숏타마 Puruṣottama 12세기경 활약했던 불교도이자 산스크리트어 및 프라크리티(Prakṛti)어 문법학자. 파니니의 『아슈타드야이 *Aṣṭādhyāyī*』에 대한 주석인 『바샤브리티 *Bhāṣāvṛtti*』를 저술했는데, 파니니 이후 문법학의 중요 작품으로서 후기 문법학자들에 의해 또 다시 주석되었다. 이 문헌의 편집본은 여타 그의 저작들과 함께 출판되었다. [참고문헌] D.C.Bhattachary *Paribhāṣāvṛtti, Jñāpakasamuccaya, Kārakacakra* (Rajshahi : Verendra Research Museum, 1946).

푸르나기리 Pūrṇagiri 인도 밀교 전통 중 하나인 삼바라(Ⓢ Saṃvara) 전통의 경전에서 언급되는 24개의 성스러운 장소(Ⓢ pīṭha) 중 하나. 기리(Ⓢ giri)는 '언덕, 작은 산'이라는 뜻으로, 푸르나기리는 콜라기리(Ⓢ Kollagiri 혹은 Kolagiri)라고도 불리는데, 정확히 어디를 가르키는 것인지는 알 수 없다. 아바야카라굽타(Ⓢ Abhayākaragupta 12세기경)는 그의 저서 『암나야만자리 *Āmnāyamañjarī*』에서 "마하락슈비 여신과 땅의 수호신인 아그니무카가 있는 그 푸루나기리의 산꼭대기는 (밀교수행자들이) 만나는 장소이다. tatra pūrṇagirau parvatāgraṃ milanasthānaṃ yatra mahālakṣmīr devī agnimukhaḥ kṣetrapālaḥ"라고 주석한다. [참고문헌] Tsunehiko Sugiki 'Rethinking the Buddhist Discourse on Holy Sites in the Ḍākārṇava: A Critical Edition and a Translation of the Sanskrit Ḍākārṇava Chapter 50-3' (*WIAS Research Bulletin* 10, 2018) pp.39~90.

푸리 Purī 인도 오릿사(Orissa)주의 도시로 부바네슈와르(Bhuvaneswar)에서 남쪽으로 60km 정도 떨어진 곳에 벵갈만에 접해서 위치한다. 자간나타(Ⓢ Jagannātha)는 '세계의 주인'이라는 뜻으로 비슈누를 지칭하는데, 푸리(Puri)는 12세기경에 지어진 자간나타 사원이 있는 곳으로도 유명하다. 이 사원은 힌두교 4대 순례지 중 하나로, 동쪽의 강가(Gaṅga)왕조의 아난타바르만(Anantavarman)왕에 의해서 지어지기 시작해 아들이었던 아낭가비마(Anaṅgabhima) 2세 왕 때에 완성되었다고 전한다. 이곳에는 또한 힌두교도들이 순례를 마치고 몸을 씻는 성스러운 장소로 여기는 다섯 저수지(Ⓢ pañca-tīrtha)도 있다. 사원의 주요 세 신들이 수레를 타고 일반에게 공개되는 라타야트라(Ⓢ Rathayātrā)라고 불리는 수레축제가 매년 6~7월경에 열린다. 이 축제는 푸리가 가장 유명하지만 인도 외에 방글라데시와 네팔에서도 열린다.

푸생 Poussin, Louis de la Vallee 1869~1938. 루이 드 라 발레 푸생. 벨기에 출신의 불교학자로 20세

기 불교학을 이끈 유럽의 대표적인 학자다. 19살에 박사학위를 받고, 이후 루뱅대학(Louvain University)에서 산스크리트, 팔리어, 아베스타어를 공부해 1891년 동양언어학박사(docteur en langues orientales)가 되었다. 이후 프랑스 파리의 소르본(Sorbonne)대학에서 실뱅 레비(Sylvain Levi) 아래서 산스크리트어를 공부한 후 불교학을 위해 한문과 티베트어를 익혔다. 1893년 벨기에의 겐트(Ghent)대학에서 그리스어와 라틴비교문법학 교수를 맡아 퇴임한 1929년까지 학생들을 가르쳤다. 『아비달마구사론 阿毘達磨俱舍論』의 6권짜리 완역인 *L'Abhidharmakośa de Vasubandhu* (1923~1931), 『입보리행론 入菩提行論』의 번역인 *Bodhicaryavatara : Introduction à la pratique des futurs Buddhas* (1907), 『성유식론 成唯識論』의 번역인 *Vijñaptimātratāsiddhi : La Siddhi de Hiuan-Tsang* (1928~1929)이 잘 알려져 있다. [참고문헌] Etienne Lamotte 'Louis de La Vallée Poussin'(*Bulletin de l'Ecole française d'Extrême-Orient* 38, 1938) pp.479~483.

푸샤미트라 Puṣyamitra 기원전 185~149년. 동인도에서 마우리야(Ⓢ Maurya)왕조를 멸망시키고 슝가(Ⓢ Śuṅga)왕조를 세운 첫 번째 왕으로 불사밀다라(弗沙蜜多羅)로 음사하고 차우(差友)라 한역한다. 불교문헌들은 푸샤미트라가 불교경전과 사원을 파괴하고 불교도들을 탄압했다고 전한다. 『아육왕경』 권5(대정장50, p.149a24 : *Divy.*, p.434)에 "불사밀다라왕은 네 가지 군대로 무장하고서 부처님 법을 무너뜨리고자 계사로 갔다. 弗沙蜜多羅王 嚴駕四兵欲壞佛法 往至鷄寺 rājā puṣyamitraś caturaṅgabalakāyaṃ saṃnāhayitvā bhagavacchāsanaṃ vināśayiṣyāmīti kukkuṭārāmaṃ nirgataḥ"라 하였다. [참고문헌] 『阿育王經』, *Divy.*

푸샨 Pūṣan 인도 베다 및 힌두신화에 등장하는 태양신(Ⓢ Āditi)의 자손(Ⓢ Ādityas) 중 하나. 보선신(普善神)이라고도 한다. '번영하게 하다'는 뜻의 어근 √puṣ에서 파생한 말로 여행과 목축, 결혼 등을 관장하는 신이다. 『리그베다 *Ṛg-veda*』 찬가에서 단독으로, 또는 소마(Ⓢ Soma)나 인드라(Ⓢ Indra)와 함께 그 이름을 읊는다. 푸라나(Purāṇa)문헌에서도 태양신의 열두 자손 중 한 명으로 나온다. [참고문헌] *ṚV.*, *Bh-p. 12.11.27-49.*

푸셰 Foucher, Alfred Charles Auguste 1865~1952. 프랑스의 인도학자로 인도예술사와 불교도상학의 권위자였다. 1865년 프랑스 북서쪽 항구도시 로리앙(Lorient)에서 출생, 어려서 부모를 여의고 외할아버지의 보살핌 속에 자랐다. 1881년 고등학교 과정을 마친 뒤, 교사였던 부친처럼 교육자가 되고자 고등사범학교(École normale supérieure) 진학했으며, 그곳에서 동년배로 훗날 유럽 중국학의 거장이 되는 에두아르 샤반(Édouard Chavannes 1865~1918)을 만나 교우를 맺었다. 이후 고등연구원(École pratique des hautes études)에 들어가 아벨 베르겐느(Abel Bergaigne 1838~1888)와 실뱅 레비(Sylvain Lévi 1863~1935)로부터 산스크리트어를 배웠고 실뱅 레비의 동료이자 벗이 됐다. 첫 번째 논고 'Le Buddhāvatāra de Kṣemendra'(끄셰멘드라의 「붓다로 변한 비쉬누」, 1892)를 쓴 뒤, 알버트 그륀베델(Albert Grünwedel 1856~1935)의 저작 *Buddhistische Kunst in Indien* (인도의 불교미술, 1893)에 대한 비평과, 헤르만 올덴베르그(Hermann Oldenberg 1854~1920)의 *Le Buddha, sein Leben, seine Lehre, seine Gemeinde*(붓다, 그의 삶과 가르침과 공동체, 1890)의 프랑스어 번역을 1894년에 발표하면서 프랑스 학계에 이름을 알렸다. 1895년, 영국 캠브리지대학 도서관에 소장된 인도의 11세기 채색(彩色) 필사본 한 편을 연구한 결과물 'Étude d'iconographie bouddhique'(불교도상연구)이란 논문으로 고등연구원 디플롬(diplôme)을 취득했다. 1895~1897년 페샤와르(Peshawar) 일대에서 현지탐사를 수행했다. 1900년 푸셰는 *Étude sur l'iconographie bouddhique de l'Inde d'après des Documents nouveaux*(인도의 불교 도상 연구 : 최신 문헌 자료에 의거하여)를 발표했고, 이어 1905년 *L'Art greco-bouddhique du Gandhāra*(간다라의 그리스-불교미술)로 문학박사 학위를 받는 한편, *Étude sur l'iconographie bouddhique de l'Inde d'après des textes inédits*(인도의 불교도상 연구 : 미간행문헌자료에 의거하여)를 펴냈다. 이후 푸셰는 1905~1907년 베트남 하노이의 프랑스 극동연구소(École française d'Extrême-Orient) 책임을 맡았고, 1907년 귀국해 소르본대학 문학부에서 강의와 고등연구를 이어갔다. 제1차세계대전 와중인 1915~1916년에는 컬럼비아대학 교환교수 자격으로 미국에 머물렀고, 종전 후 1918년 가을부터 3년 동안 인도고고학조사국(Archaeological Survey of India) 책임자 존 마샬경(Sir John Marshall 1876~1958)의 초청으로 인도고고학탐사에 참여했다. 그 사이 1919년 스리랑카 콜롬보에서 으제니 바쟁(Eugénie Bazin 1889~1952)과 결혼했다. 1918년부터 1926년까지는 인도·스리랑카·네팔·이란·아프가니스탄·캄보디아·일본·한국·중국을 넘나들며 아시아에 체류했다. 그 중 특기할 것은 아프가니스탄에 체류한 1922~1925년의 행적이다. 푸셰는 당시 프랑스정부의 공식대표 자격으로, 향후 30년간 아프가니스탄의 유물발굴에 프랑스가 독점권을 갖는다는 내용의 양국간 협정서에 서명하고, 주아프가니스탄프랑스고고학조사단 창설을 주도했다. 하지만 고대박트리아, 옛 그리스의 과거가 묻혀 있는 곳이라 여겨 열정을 쏟았던 아프가니스탄은 푸셰가 연구자로서 유일하게 실패한 땅으로 남게 된다. 1924년에는 갓 창설된 도쿄의 메종 프랑코-자포네즈(Maison franco-japonaise)를 1년간(1925~1926) 이끈 뒤 1926년 가을 프랑스로 돌아왔고, 1928년 에밀 세나르(Émile Senart 1847~1928)가 사망하자 그 뒤를 이어 소르본대학 인도문명연구소(Institut de civilisation indienne)소장직을 맡는 동시에 프랑스 금석문학아카데미(Académie des Inscriptions et Belles-Lettres)회원으로 선출됐다. 1937년 은퇴할 때까지 소르본대학과 고등연구원에서 강의를 이어갔고, 주 저작들로 *The Monuments of Sāñchī*(산치대탑, 1939), *La Vieille Route de l'Inde, de Bactres à Taxila*(인도의 옛 길, 박트르에서 탁실라까지, 1942), *La vie du Bouddha*(붓다의 생애, 1949) 등을 펴냈다. 프랑스 영예의 훈장이라는 레지옹 도뇌르(Légion d'honneur)를 생애 무려 세 빈이나 수상했던 푸셰는, 1952년 10월 30일 향년 87세로 프랑스의 쏘(Sceaux)에서 눈을 감았다. 푸셰의 마지막 저작이 된 *Les Vies antérieures du Bouddha*(붓다의 전생들, 1955)는 사후 출간됐다. [참고문헌] Paul Demiéville 'Nécrologie : Alfred Foucher(1865~1952)'(*T'oung Pao* 42, 1954) pp.406~411, Alfred Merlin 'Notice sur la vie et les travaux de M.Alfred Foucher, membre de l'Académie'(*Comptes rendus des séances de l'Académie des Inscriptions et Belles-Lettres* 98-4, 1954) pp.457~466, Robert Fazy, 'Alfred Foucher(1865 à 1952) et son œuvre'(*Asiatische Studien-Études Asiatiques* Ⅶ, 1953) pp.81~98.

푸슈카라 Puṣkara ❶ 푸른 연꽃을 지칭하는 범어. 『차라카상히타 *Carakasaṃhitā*』 등의 인도 의학문헌에서는 소화를 돕는 약재를 만들 때 쓰는 국화과의 일종인 선복화(Inula racemosa)를 지칭한다. ❷ 인도 라자스탄의 도시 아지메르(Ajmer)에서 서쪽으로 12km 떨어진 곳에 위치한 힌두 성지 푸쉬카르(Pushkar)의 범어명이자 그 지역에 위치한 호수의 이름. 인도 전지역에서 유일하게 창조의 신 브라흐마(Brahmā)를 모시는 사원이 위치해 있으며 푸라나 등의 문헌에서도 성지로서 언급된다. ❸ 소마데바(Somadeva 11세기)가 저작한 인도 설화집 『카타사리트사가라 *Kathāsaritsāgara*』 6장 293송에 등장하는 날라(Nala)왕의 형제 이름. "어느 날, 날라는 그의 형제인 푸슈카라의 집에서 하얗고 아름다운 단타라고 하는 황소를 보았다. kadācit puṣkarākhyas ya gṛhe tasyānujasya saḥ, nalo dadarśa dāntākhyaṃ sundaraṃ dhavalaṃ vṛṣam"라 하였다. [참고문헌] N.M.Penzerk *The Ocean of Story Being C.H. Tawney's Translation of Somadeva's Katha Sarit Sagara* (B.R. Publishing Corporation, 2014).

푸슈파단타 Puṣpadanta ❶ 자이나교의 24명의 지나(Ⓢ Jina : 승리자) 중 아홉 번째 티르탕카라(Ⓢ tīrthaṅkara)의 이름. 수비디나타(Ⓢ Suvidhinātha)라고도 불린다. 전통에 따르면 태양족 익슈바쿠(Ⓢ Ikṣvaku) 왕조의 수그리바(Ⓢ Sugrīva)왕의 아들로 제1대 지나인 리샤바(Ⓢ Ṛṣabha)가 세운 승가(僧伽 Ⓢ saṃgha)를 재설립했으며, 모든 카르마를 멸하여 깨달은 자가 되었다고 전한다. [참고문헌] *Aparājitapṛcchā*. ❷ 인도의 우주론에서 세상의 여덟 방향을 각기 수호하는 코끼리들 중의 하나. 푸슈파단타는 그 중 북서쪽의 수컷 코끼리로, 쌍을 이루는 암컷의 이름은 슈브라단티(Ⓢ Śubhradantī)이다. [참고문헌] *Amarakośa* 1.3.182~185. ❸ 인도 푸라나에서는 쉬바의 수행원 중 한 명으로 그려지며, 쉬바가 파르바티(Ⓢ Parvatī)에게 하는 이야기를 몰래 듣다가 저주를 받게 된다.

푸슈파카 Puṣpaka ❶ 힌두교의 삼신 중 창조의 신인 브라흐마가 만든 다섯 개의 탈 것(Ⓢ vimāna) 중의 하나로, 부(富)의 신인 쿠베라(Kubera)가 이를 선물로 받아 하늘을 나는 데 사용한다. ❷ 힌두교의 사원(prāsāda) 혹은 사원의 만다파(maṇḍapa)라고 하는 홀(hall)의 건축양식 중 하나로, 『마츠야푸라나 *Matsyapurāṇa*』에서는 64개의 기둥을 지닌 홀을 지칭한다.

푸자 Pūjā 숭배·의례·공양을 의미하는 산스크리트어. '모시다, 공경하다'라는 뜻의 동사 어근 √pūj에서 파생된 용어. 베딕 제식의례를 특별히 지칭하는 야즈나(Ⓢ yajña)라는 용어와는 다르게, 푸자는 공양을 뜻하는 일반적인 용어로 통용된다. 『쉬바푸라나 *Śiva-purāṇa*』 1.16.29에 "공양으로 베다의 목적이 성취되고, 그러한 마음상태로부터 지혜가 생기므로, (원하는 바를) 성취하게 하는 것이다. pūjāryate hy aneneti vedeṣvarthasya yojanā, pūrṇabhogaphalasiddhiś ca jāyate tena karmaṇā. manobhāvāṃs tathā jñānam iṣṭabhogārthayojanāt"라고 하였다. 힌두교는 푸자를 어떤 신성(神性)을 향한 예배로 전제하지만, 이와 달리 대승불교는 푸자를 보시(布施 Ⓢ dāna)로 이해하며 법공양(法供養 Ⓢ dharma-pūjā)·여래공양(如來供養 Ⓢ tathāgata-pūjā)·물공양(物供養 Ⓢ āmiṣa-pūjā) 등으로 나눈다. 『법화경』 권6(대정장9, p.53b8)에 "일월정명덕불 앞에서 천보의로 스스로 몸을 감고 온갖 향유

붓고는 신통력으로 원하여 몸을 사르니 광명이 80억 항하사세계 두루 비추었다. 그 중에 제불께서 때를 같이하여 기려 말씀하시길 '훌륭하고 훌륭하다, 선남자여! 이야말로 참된 정진이니 이를 진법공양여래라 한다. … 이와 같은 등의 온갖 물공양도 능히 미치지 못한다. … 선남자여, 이를 제일의 보시라 하니 모든 보시중에서도 가장 높고 가장 위다. 법으로써 모든 여래께 공양드리기 때문이다.' 於日月淨明德佛前 以天寶衣而自纏身 灌諸香油 以神通力願而自然身 光明遍照八十億恒河沙世界 其中諸佛同時讚言 善哉善哉 善男子 是眞精進 是名眞法供養如來 … 如是等種種諸物供養 所不能及 … 善男子 是名第一之施 於諸施中最尊最上 以法供養諸如來故"라고 하였다. [참고문헌]『法華經』, *Saddh-p.408.*, *Śivapurāṇa.* ⇨공양 供養

푸충바쇤누겔첸 Phu-chung-ba-gshon-nu-rgyal-mtshan 1031~1106. 티베트불교 카담파의 스님. 카담파사원인 겔라캉(rGyal-lha-khang)에서 출가해, 돔퇸파의 삼형제라 불리는 삼대 제자 중 한 명이 되었다. 다른 두 명은 포토바(Po-to-ba 1027~1105)와 챈가출팀바르(Spyan-snga-tshul-khrims-'bar 1038~1103)이다. 아티샤(Atiśa)로부터도 수학했다고 전한다. 돔퇸파에게 수학한 후 이 셋은 카담파의 가르침을 전하기 위해 중앙 티베트를 여행했다. 초기 카담파의 사원 중 하나인 푸충(Phu-chung)사를 팬윌('Phan-yul)에 세웠다. [참고문헌] George Roerich *The Blue Annals*(New Delhi : Motilal Banarsidass, 1979) pp. 73·235~236·267~268.

푸코 Foucaux, Philippe Édouard 1811~1894. 에두아르 필립 푸코. 프랑스 출신의 티베트학자로 불어로 된 티베트어 첫번째 문법서(*Grammaire de la langue tibétaine*, 1858)를 썼고, 유럽의 티베트학회의 첫 번째 회장을 역임했다. 외젠 뷔르누프(Eugène Burnouf) 아래서 인도학을 수학한 후 티베트어를 독학했다. 이후 1842년부터 동양어학교(École des langues orientales)에서 티베트어 강사가 되어 가르치기 시작했지만 강의에 대한 재정지원이 끊어진 후에도 학생들을 계속해서 가르쳤다. 민족지학회(Sociéte d'Ethnographie)의 회원으로 활동했으며, 프랑스 제2제정이 수립된 후에는 콜레주드프랑스(Collège de France)의 임원으로 선출되었다. 부인인 메리섬머(Mary Summer)도 불교학자였다. [참고문헌] Bernad Le Calloc'h 'Philippe-Edouard Foucaux : First Tibetan teacher in Europe'(*Tibet Journal* 12-1, 1987) pp.39~49.

푹갈라판냐티 Puggala-paññatti 팔리논장(論藏 Abhidhamma-piṭaka)을 이루는 일곱 권 중 네 번째 권. 『인시설론 人施設論』이라고 한역된다. 오온(五蘊 Ⓟkhanda)·십이처(十二處 Ⓟāyatana)·십팔계(十八界 Ⓟdhātu)·진실(諦 Ⓟsacca)·오근(五根 Ⓟindriya)·아(我 Ⓟpuggala)의 여섯 가지 이름(Ⓟpaññatti)에 대해 다루는데, 이 중 아 하나의 이름에서 열 가지로 구분하는 각종 방법을 망라하여 총 365종류의 아를 분류해 논한다. [참고문헌] B.C.Law *A Designation of Human Types*(Pali Text Society Bristol, 1922). ⇨인시설론 人施設論, 칠론 七論

푼나마사 Puṇṇamāsa 붓다 재세 시 사위성(Sāvatthi)의 브라민으로, 결혼하여 아들이 태어난 후 출가하였다. 전생에 차크라바카(Ⓟcakravāka) 새였던 그는 비파시(Ⓟ Vipassī) 붓다에게 꽃을 공양한 인연으로, 사성제를 관하여 아라한이 되었다. *Th.*, p.3에, 아들과 함께 아내가 찾아와 그를 돌아가게 하려 하자 "앎을 성취하고 평온하여 스스로를 다스린 이는 이생 혹은 다른 생에서도 희구하는 바를 떠난다. 모든 법에 물들지 않기에 세간의 생멸을 깨우친다네. vihari apekkhaṃ idha vā huraṃ vā, yo vedagū samito yatatto, sabbesu dhammesu anūpalitto, lokassa jaññā udayabbayañ ca 'ti"라고 답했고, 이를 들은 아내는 포기하고 돌아갔다. [참고문헌] *Th.*

푼나카 Puṇṇaka 석존의 가르침을 구한 바와리(Ⓟ Bāvarī)의 열여섯 바라문 중 한 명. 그의 질문과 붓다의 대답은 「푼나카의 질문 *Puṇṇakamāṇavapucchā*」(*Sn.*, pp.199~201)에 전한다. 제사를 통해서는 생과 노사를 벗어날 수 없다는 세존의 가르침에 "누가 그것들을 벗어날 수 있습니까? atha ko carahi devamanussaloke atāri jātiñ ca jarañ ca mārisa" 하고 다시 묻자, 세존께서 푼나카에게 "세상 어떤 것에도 동요하지 않으며, 평온하여 갈망이 없고 장애도 없으며, 욕망에서 떠난 이가 생사를 벗어난다. saṃkhāya lokasmiṃ parovarāni yass'iñjitaṃ n'atthi kuhiñci loke, santo vidhūmo anigho nirāso atāri so jātijaran ti brūmī"고 답했다. [참고문헌] *Sn.201.*

푼다리칵샤 Puṇḍarīkākṣa ❶인도의 삼신(三神) 가운데 하나인 비슈누(Viṣṇu)의 이명(異名). 인도 사상가 슈리다라(Śrīdhara 13~14세기)는 이를 '심장이라 불리는 연꽃에 충만한 이 hṛdayākhyaṃ puṇḍarīkam aśnute vyāpnotīti tathā', '연꽃과 같은 눈을 지닌 이 puṇḍarīke ivākṣiṇo yasyeti', '쉬바를 숭배하기 위한 연꽃을 눈으로 삼은 이 śivārādhanārthaṃ puṇḍarīkīkṛtam akṣī yeneti' 등의 해설을 붙여 풀이한다. [참고

문헌〕 T.Upreti *Viṣṇumahāpurāṇam of Vedavyāsa with Sanskrit Commentary 'Ātmaprakāśa of Śrīdharācārya' 2 vols*(New Delhi : Parimal Publications, 2011). ❷ 대승불교의 십지(十地) 중 구지(九地)에 이르렀던 500분의 전생불의 이름 가운데 하나. 〔참고문헌〕 *Mah-v.140.* ❸ 15~16세기 활동했던 인도 문법가 푼다리칵샤 비드야사가라(Ⓢ Puṇḍarīkākṣa Vidyāsāgara)를 줄여 부르는 이름. 『카탄트라브야카라나 *Kātantravyākaraṇa*』의 주석인 『카탄트라파리쉬슈타티카 *Kātantrapariśiṣṭaṭīkā*』와 『밧티카브야 *Bhaṭṭikāvya*』의 주석인 『칼라파디피카 *Kalāpadīpikā*』 등을 저작했다.

푼요다야 Puṇyodaya ❶ 공덕(puṇya)의 일어남(udaya)이라는 뜻으로, 문맥에 따라 색계(色界 Ⓢ rūpa-dhātu) 사선정(四禪定) 중 넷째 위에서 행자가 도달하는 하늘. 이때 푼요다야는 푼요파팟티(Ⓢ Puṇyopapatti, Ⓣ bSod-nams-las-skye-ba)와 동의어이며, 복생천(福生天)이라 한역된다. 『대비바사론』 권136(대정장27, p.702b7)에 "복생천의 몸 길이는 이백오십유선나이다. 福生天身長 二百五十踰繕那"라 하였다. 〔참고문헌〕 『大毘婆沙論』. ⇨ 복생천 福生天 ❷ 7세기 활약했던 중앙아시아의 스님이자 역경가인 나제(那提 Nati)의 이명. 의역하여 복생(福生), 음역하여 포여오벌야(布如烏伐耶)라고 한다. 〔참고문헌〕 Li-kouang Lin 'Punyodaya (Na-t'i), un propagateur du tantrisme en Chine et au Cambodge a l'epoque de Hiuan-tsang'(*Journal asiatique* 227, 1935) pp.83~100. ⇨ 복생 福生

품 品 Ⓢ varga, prakāra, parivarta, kalāpa, paṭala, Ⓟ vagga, Ⓣ sde. 고르게 같은 것들(均 同)과 구별해 다른 것들(別 異)을 나눠 모아 묶음으로 가려낸 것. 『법화문구』 권1(대정장34, p.1b27)에 "품이란 중아함에서 발거(Ⓢ varga, Ⓟ vagga)라 한 것을 번역하여 '품'이라 하였다. 품이란 뜻으로서의 류가 같은 것들을 모아 한 묶음으로 한 것이기에 '품'이라 한다. 品者 中阿含 云跋渠 此翻爲品 品者 義類同者 聚在一段 故名品也", 『법화의소』 권1(대정장34, p.452b13)에 "품이란 외국에서 '발거'라고 하며, 이곳에서는 '품'이라고 한다. 품에서 '품별'한 것은 28장으로 뜻을 밝힘이 각기 다르기에 '별'이라고 칭한다. 品者 外國名跋渠 此稱爲品 品云 品別 以二十八章 明義各異 故稱爲別", 『구사론』 권4 「분별근품 分別根品」(대정장29, p.18b16)에 "일체법을 간략히 하자면 다섯 품이다. 첫째는 색, 둘째는 심, 셋째는 심소, 넷째는 심불상응행, 다섯째는 무위이다. 一切法略有五品 一色 二心 三心所 四心不相應行 五無爲", 『인명정리문론본』(대정장32, p.1c29)에 "이 가운데 만약 품과 더불어 세워진 법이 가깝거나 균등하면 설하여 '동품'이라고 하니, 일체의 뜻을 모두 '품'이라 이름하기 때문이다. 만약 세워진 것이 없다면 설하여 '이품'이라고 한다. 此中 若品與所立法 隣近均等 說名同品 以一切義皆名品故 若所立無 說名異品", 『신화엄경론』 권9(대정장36, p.774c18)에 "품이란 고르고 다른 뜻이다. 오위와 신심의 같거나 다른 층차, 의의 류에 따라 다르게 펴고, 나아가 닦음에 성글고 익는 등으로 각각 나누고 꿰이 있어 차제로 분명하다. 후학들로 하여금 스스로 뿌리가 되는 행을 알아채고 나아가 행함에 미혹하지 않게 한다. 그러므로 품류로 고르고 다른 뜻을 삼는다. 品者 均別義 明五位及信心 同異差降 意類別敘 進修生熟各有條貫 次第分明 令後學者 自識本行 進修不惑 故爲品類均別義也", 『잡아함경』 권5(대정장2, p.35a10)에 "모든 도의 품을 갖추고 수행하여 가득 차올라 족하면 영원히 모든 악을 떨쳐낸다. 具諸道品 修行滿足 永離諸惡", 60권본 『화엄경』 권12 「보살십무진장품 菩薩十無盡藏品(대정장9, p.478a23)에 "무엇을 보살마하살이 다함 없이 듣고 지니는 장이라고 하는가? 이 보살은 모든 부처님의 처소에서 한 품의 수다라 듣고 지니고 나아가 불가설불가설의 수다라를 듣고 지님에 한 자 한 구도 잊지 않는다. 何等爲菩薩摩訶薩 無盡聞持藏 此菩薩於諸佛所 聞持一品修多羅 乃至聞持不可說不可說修多羅 未曾忘失一字一句"라고 하였다. 〔참고문헌〕 『法華文句』, 『法華義疏』, 『俱舍論』, 『因明正理門論本』, 『新華嚴經論』, 『雜阿含經』, 『華嚴經』, 『阿毘曇八犍度論』 권2(대정장26, p.779a14).

품 稟 ❶ 받아들여 품다. 『대정구왕경』 권상(대정장1, p.833b8)에 "유정이든 무정이든 모두 사대를 품받았으니, 저 사대의 이합집산에 따라서 부드럽고 단단하고 차갑고 뜨거움으로 다름이 있게 된다. 有情無情 皆稟四大 以彼四大有其合散 是有軟硬冷熱之異", 『잡아함경』 권46(대정장2, p.340a6)에 "오직 여래정법만이 무너져 늙는 상이 없네. 이 정법 품받으니 영원토록 안온한 곳에 도달하네. 唯如來正法 無有衰老相 稟斯正法者 永到安隱處"라고 하였다. 〔참고문헌〕 『大正句王經』, 『雜阿含經』, 『法華經』 권3(대정장9, p.20b4). ⇨ 품교 稟教, 품학 稟學 ❷ 일이 있음을 알게 해서 잊지 않게 하다. 진상(秦上)의 뜻. 품복(稟覆)·품사(稟辭) 등의 용법에 쓰인다. 『백장청규』 권2 「상당 上堂」(대정장48, p.1119b9)에 "보통 초하루나 보름에 시자는 하룻밤 전에 주지에게 '내일 오전에 축성상당이 있습니다'라고 아뢰고, 다음날 아침 재차 아뢴다. 凡旦望侍者 隔宿稟住持云 來晨祝聖上堂 次早再稟", 『선림상기전』 권13 「품 稟」(대장경보편19, p.473b13)에 "도충이 말한다. '일이 있음을 아뢰는 것을 품이라고 한다'. 忠曰 白事曰稟"라고 하였다. 〔참고문헌〕 『百丈清規』, 『禪林象器箋』, 『禪林備用清規』 권1(卍속장112, p.60b2). ⇨ 품복 稟覆, 품사 稟辭

품계 稟戒 계를 받아 품다. 수계(受戒)를 말한다. 『아미타경의소』(대정장37, p.358a15)에 "계를 받아 악업을 깨뜨리고, 정혜로는 혹을 부순다. 稟戒破業 定慧破惑", 『만선동귀집』 권상(대정장48, p.965a25)에 "보살은 계 받아 품음을 스승 삼아 부처님 내리신 말씀 밝히고 따른다. 菩薩 稟戒爲師 明遵佛勅", 『경덕전등록』 권16 「암두전활전 巖頭全豁傳」(대정장51, p.326a10)에 "소싯적에 청원의에게 삭발을 하고 장안의 보수사로 가서 구족계 품받아 경율의 모든 것 익혔다. 少禮淸原誼公落髮 往長安寶壽寺稟戒 習經律諸部"라고 하였다. [참고문헌] 『阿彌陀經義疏』, 『萬善同歸集』, 『景德傳燈錄』, 『觀音義疏記』 권2(대정장34, p.943c14). ⇨ 수계 受戒

품관사 品官寺 충청북도 영동군 영동읍 부용리 품관산(品官山)에 있는 절. 대한불교조계종 법주사(法住寺)의 말사이다. 백제와의 싸움에서 전사한 아들 관창(官昌)의 명복을 빌기 위해 품일(品日)장군이 670년(문무왕10)에 창건하였다. 창건 때의 사적이 전하지 않았으나 1980년 단국대학교 발굴조사단에 의해 송대 연호(976~983)인 '태평흥국 太平興國'이 써진 기와 발견으로 신라대 창건을 확인하였다. 고종 당시 영동 현감 김재순(金在舜)이 절터에서 석불상을 찾은 후에 중창하였고, 1927년 포교당을 세웠으나 1937년 석불상이 도난당하면서 사세도 기울었다. 1957년 금성사(錦城寺)로 이름을 바꾸어 중건하였고, 1964년에 침허(枕虛)가 중건하면서 품일과 관창 이름 앞 자를 따서 품관사로 명명하였다. 1996년부터는 금성어린이집을 개원하여 운영중이며, 현존하는 당우로는 대웅전·요사 등이 있다. [참고문헌] 『寺誌』(충청북도, 1982).

품교 稟敎 가르침을 받아 품다. 『금강반야소』 권1(대정장33, p.85a26)에 "가르침을 받아 품는 무리가 '필경공'이라는 설법을 듣고 문득 사견을 일으켜서는 곧 인과가 없다 하며 이제를 놓치게 된다. 이러한 단견은 반야를 가리니, 이러한 장애 때문에 부처님께서 이 경을 설하셨다. 稟敎之徒 聞畢竟空 便起邪見 謂無因果 則失二諦 此之斷見 障於般若 爲此障故 佛說斯經", 『법화현의』 권7(대정장33, p.764b14)에 "이(理)와 사(事)의 가르침을 모두 본(本)이라 하고, 가르침을 받아서 수행하는 것은 적(迹)이라 한다. 마치 사람이 자리에 의지하면 행적이 있게 되니, 그 자취를 구하면 자리를 얻는다. 理事之敎 皆名爲本 稟敎修行 名爲迹 如人依處 則有行跡 尋跡得處也"라고 하였다. [참고문헌] 『金剛般若疏』, 『法華玄義』, 『法華經義記』 권6(대정장33, p.647b8).

품구 稟具 구족계를 품받다. 품받아 구족하게 되다. 받아 품기에 품수(稟受)라고도 한다. 『운문광록』 권하 「행록 行錄」(대정장47, p.575c9)에 "무릇 전적을 외워버리면 번거롭게 다시 열 일 없었으니, 지징(志澄)율사가 깊은 법기라 여겨 칭찬하였다. 성인이 되어 머리를 깎고 비릉단에서 구족계를 받았다. 다시 지징에게 돌아와 지근에서 모시며 여러 해를 강론하여 『사분율』의 깊은 뜻 새겨 다했다. 이미 비니계가 엄정하였고 깨우침 더욱 깊고자 하여 곧 지징을 떠나 목주의 도종선사를 뵈러 갔다. 도종은 황벽의 후예였다. 凡誦諸典 無煩再閱 澄深器美之 及長落髮 稟具於毘陵壇 後還澄左右侍講數年 賾窮四分旨 旣毘尼嚴淨 悟器淵發 乃辭澄 謁睦州道蹤禪師 蹤黃檗之裔也", 『법안어록』(대정장47, p.588a25)에 "일곱 살에 신정 지통원의 전위선사에게 의탁하여 삭발하고, 약관에 월주 개원사에서 구족계를 품받았다. 때마침 율장 희각스님이 명주 무산 육왕사에서 교화하여 한창이었는데, 법안은 가서 미리 듣고 익히며 그 미묘한 종지를 궁구하였다. 그러던 중 틈틈이 유전도 곁해 보아 가며 글 또한 우아하게 하였다. 희각율사는 이를 가리켜 우리 문하의 자유(子游)이자 자하(子夏)라고 하였다. 七歲 依新定智通院全偉禪師落髮 弱齡稟具於越州開元寺 屬律匠希覺師 盛化於明州鄮山育王寺 師往預聽習 究其微旨 復傍探儒典 遊文雅之場 覺師目爲我門之游夏也"라고 하였다. [참고문헌] 『雲門廣錄』, 『法眼語錄』, 『欒邦文類』 권3(대정장47, p.186c9), 『景德傳燈錄』 권22(대정장51, p.384a28). ⇨ 품구계 稟具戒, 구족계 具足戒

품구계 稟具戒 구족계(具足戒)를 받다. 『양고승전』 권8 「석혜차전 釋慧次傳」(대정장50, p.379b27)에 "열여덟 살이 되자 경론을 잘 알아 통하여 서주(徐州) 땅에 명성이 퍼졌다. 마침내 구족계를 받으니, 학업에 종사함이 더욱 깊어졌다. 至年十八 解通經論 名貫徐土 迄稟具戒 業操彌深", 『삼국유사』 권4(대정장49, p.1001c14·한불전6, p.340a17) 의해(義解)5 원광서학(圓光西學)에 "진왕에게 상소하여 도법에 귀의하겠다고 청하자 칙명으로 그것을 허락하였다. 이에 삭발하고 옷을 물들여 입고서 구족계를 받았다. 강론하는 곳을 돌아다니며 아름다운 본보기 모두 갖추고 그윽한 말을 거둬 챙겨가며 세월과 기회를 버리지 않았다. 上啓陳主 請歸道法 有勅許焉 旣爰初落采 卽稟具戒 遊歷講肆 具盡嘉謀 領牒微言 不謝光景"라고 하였다. [참고문헌] 『梁高僧傳』, 『三國遺事』, 『佛祖歷代通載』 권10(대정장49, p.555c7). ⇨ 품구 稟具, 구족계 具足戒

품류족론 品類足論 Ⓢ Abhidharma-prakaraṇa-pāda. 세우(世友 Ⓢ Vasumitra) 지음. 당대 현장(玄奘) 한역. 18권. 고려장25, pp.149a1~270c4, No.949·대정장26, pp.692b18~770a20, No.1542에 수록되어 있다. 『설일체유부품류족론 說一切有部品類足論

』·『아비달마품류족론 阿毘達磨品類足論』 등이라고도 한다. 아비달마육족론(阿毘達磨六足論 : 『集異門足論』『法蘊足論』『施設足論』『識身足論』『品類足論』『界身足論』) 중 하나이다. 설일체유부의 관점에서 갖가지 법을 정리·분류하여 문답형식으로 논하고 있으며, 「변오사품 辯五事品」·「변제지품 辯諸智品」·「변제처품 辯諸處品」·「변칠사품 辯七事品」·「변수면품 辯隨眠品」·「변섭등품 辯攝等品」·「변천문품 辯千問品」·「변결택품 辯決擇品」 등 총 8품으로 구성되어 있다. ①「변오사품」: 색법(色法)·심법(心法)·심소법(心所法)·심불상응행법(心不相應行法)·무위법(無爲法) 등 5위법(位法)을 설명한다. ②「변제지품」: 법지(法智)·유지(類智) 등의 10지(智)와 그 경 등에 대해 논한다. ③「변제처품」: 12처(處)·제법상섭(諸法相攝) 등을 밝힌다. ④「변칠사품」: 18계(界)·12처·5온(蘊)·6계(界)·10지법(地法)·5법(法)·6신법(身法) 등 7사(事)를 설명한다. ⑤「변수면품」: 98수면법(隨眠法)에 대해 설명한다. 본 품은 『법온족론 法蘊足論』의 「잡사품 雜事品」과 내용이 매우 유사하다. ⑥「변섭등품」: 669가지 법 낱낱을 자세하게 밝힌다. ⑦「변천문품」: 5학처(學處)·4증정(證淨)·4사문과(沙門果)·4통행(通行)·4성종(聖種)·4정단(正斷)·4신족(神足)·4념주(念住)·4성제(聖諦)·4정려(靜慮)·4무량(無量)·4무색(無色)·4수정(修定)·7각지(覺支)·22근(根)·처온계 등을 설명한다. ⑧「변결택품」: 2법·3법 등으로부터 98수면법까지 낱낱이 자세하게 밝힌다. 이역본으로 구나발다라(求那跋陀羅 Ⓢ Guṇabhadra)와 보리야사(菩提耶舍 Ⓢ Bodhiyaśas)가 함께 한역한 『중사분아비담론 衆事分阿毘曇論』(대정장26, No.1541)이 있는데 이것은 구역(舊譯)이라 하고, 교학적인 측면의 발전이 반영된 『품류족론』을 신역(新譯)이라 한다. 『오사비바사론 五事毘婆沙論』(대정장28, No.1555)·『살바다종오사론 薩婆多宗五事論』(대정장28, No.1556) 등도 본 논서의 이역본이다. 『구사론기』 권1(대정장41, p.8c2)에 "부처님께서 열반에 드신 지 100년 후에 제바설마는 『식신족론』 7천 송을 지었으며〈제바설마는 천적이라고 한역한다〉, 300년 초에 벌소밀다라는 『품류족론』 6천 송을 지었다〈이것은 구역 『중사분아비담론』이다〉. 佛涅槃後 一百年中 提婆設摩 造識身足論 七千頌〈此云天寂〉 至三百年初 筏蘇密多羅 造品類足論 六千頌〈卽是舊衆事分阿毘曇也〉"라고 하였다. 〔참고문헌〕『俱舍論記』, 『俱舍論疏』 권1(대정장41, p.466b16). ⇨ 육족론 六足論

품명 稟命 목숨 같은 말씀 품어 지니다. 명령하는 말을 받아 품다. 종보본 『단경』「돈점 頓漸」(대정장48, p.358b14)에 "(神秀가) 어느 날 문인 지성에게 명하였다. '그대는 총명하고 지혜로우니 나를 위해 조계에 가서 법을 들을 수 있을 것이다. 만약 들은 바가 있게 되면 온 마음을 다하여 기억해두었다가 돌아와서 나에게 설하거라'. 지성은 명령을 받고 조계로 가서 대중들을 따라 찾아가서 가르침을 청하였다. 온 곳을 말하지 않자 그때 육조가 대중에게 밝혔다. '지금 법을 훔치려는 사람이 이 법회에 잠입하여 있도다'. 一日命門人志誠曰 汝聰明多智 可爲吾到曹溪聽法 若有所聞 盡心記取 還爲吾說 志誠稟命至曹溪 隨衆參請 不言來處 時祖師告衆曰 今有盜法之人 潛在此會", 『경덕전등록』 권4 「지암전 智巖傳」(대정장51, p.228b21)에 "지암이 정관 17년(643) 건업으로 돌아가 우두산에 들어갔다. 법융(法融)선사를 뵙고 일대사를 밝히어내자, 법융선사가 지암에게 말하였다. '내가 일전에 도신(道信)대사의 진결을 받고서, 터득했던 모든 것들이 사라지게 되었다. 설령 한 법이 있어 열반보다 뛰어나다 하더라도 나는 그 역시 꿈 같고 허깨비와 같다고 설하리라. 티끌 하나 날아올라 하늘을 가리고, 겨자 하나 떨어져도 땅을 덮는 법이다. 그대는 지금 이제 이런 견해마저 뛰어넘었으니, 내가 다시 말해서 무엇하겠는가. 산문을 가르치고 이끎을 그대에게 맡길 것이다'. 지암은 명을 품받고서 (우두종의) 제2세가 되었다. 師貞觀十七年 歸建業入牛頭山 謁融禪師 發明大事 禪師謂師曰 吾受信大師眞訣 所得都亡 設有一法 勝過涅槃 吾說亦如夢幻 夫一塵飛而翳天 一芥墮而覆地 汝今已過此見 吾復何云 山門化導 當付之於汝 師稟命爲第二世"라고 하였다. 〔참고문헌〕『壇經』, 『景德傳燈錄』, 『百丈清規』 권2(대정장48, p.1119c4).

품문 稟問 미리 알아야 할 일이나 허락받아야 할 일을 품은 채 여쭙다. 청문(請問)이라고도 한다. 『선원청규』 권1 「청인연 請因緣」(卍속장111, p.884a7)에 "새롭게 괘탑하는 사람이 만약 예전에 일찍이 문신한 적이 있다면, 입실할 때에 향을 사르고 품문한다. '고하옵니다. 화상은 자비를 구하오니, 예전과 같이 입실하게 하여 주십시오'라고 말한다. 허락하면 좌복을 넓게 펼치고 세 번 절을 한다. 新掛搭人 如舊曾問訊 卽於入室時 燒香稟問云 告 和尙慈悲乞 依舊入室 允則大展三拜", 같은 책 권4 「당두시자 堂頭侍者」(卍속장111, p.900a9)에 "야간의 진중과 아침 죽 공양 전의 문신 때와 같이 마땅히 내일 또는 당일 전점다탕과 처리해야 할 일을 품문해야 한다. 如夜間珍重 粥前問訊 卽當稟問 來日或今日 有煎點茶湯及處置之事"라고 하였다. 〔참고문헌〕『禪苑淸規』.

품복 稟覆 아뢰다. 여쭙다. 보고 올리다. 품(稟)·복(覆) 모두 장상(長上)에게 '아뢴다'는 뜻이다. 『백장청규』 권1 「기도 祈禱」(대정장48, p.1115a11)에 "미리 때를 챙기는 고사는 주지에게 품복하여 먼저 그 의도를 부탁드린다. 유나는 당사행자에게 알려 대중들이 알 수 있게 기도패를 내건다. 預期庫司 稟覆住持 先付意旨 維那知會堂司行者 報衆掛祈禱牌", 『선원청규』 권2 「염송念誦」(卍속장111, p.885b13)에 "삼팔일에 당사행자는 공양이 끝난 후에 주지에게 아뢰고, 그런 다음에 패를 내건다. "三八日 堂司行者 齋後稟覆住持人訖 然後掛牌", 같은 책 권5 「당두전점 堂頭煎點」(卍속장111, p.902a14)에 "시자는 야참 또는 아침 죽 공양 전에 당두에게 여쭌다. 侍者 夜參或粥前 稟覆堂頭"라고 하였다. 〔참고문헌〕『百丈清規』, 『禪苑清規』.

품사 稟辭 간직한 생각 말로 하다. 말씀 올리다. 윗사람에게 곡절을 말하다. 『백장청규』 권5 「유방참청 遊方參請」(대정장48, p.1140a14)에 "사장이 되는 스님에게 말씀을 올리되, '도 있는 존숙이 머무는 곳을 바라서, 그곳 거처에 의지하여 괘탑하기를 구한다〈율에 준하자면, '비구는 법이 있고 먹을 것이 있는 곳에는 응당 머물러야 하고, 법은 있으나 먹을 것이 없다고 해도 또한 응당 머물러야 한다. 그러나 법은 없고 먹을 것만 있다면 머물러서는 안 된다'고 하였다〉'라고 한다. 稟辭師長 慕有道尊宿處 依棲求掛搭〈准律云 比丘有法有食處應住 有法無食處亦應住 無法有食處不應住〉"라고 하였다. 〔참고문헌〕『百丈清規』, 『備用清規』 권2(卍속장112, p.75b6).

품수 稟受 품어 받다. 받아 지녀 잊지 않다. 『잡아함경』 권49(대정장2, p.359c1)에 "증상아비부천자가 다시 게송으로 설하였다. '혹암을 싫어해 떠나고자 해서 마음으로는 항상 스스로 거두고 지키고, 영원히 세간의 언어 쟁론법을 떠나네. 여래이신 큰 스승으로부터 사문법을 품어 받은 후 세간을 잘 감싸 지켜서 온갖 악함을 짓지 않게 하리'. 增上阿毘浮天子 復說偈言 厭離於黑闇 心常自攝護 永離於世間 言語諍論法 從如來大師 稟受沙門法 善攝護世間 不令造衆惡", 『우바새계경』 권5 「정삼귀품 淨三歸品」(대정장24, p.1061b4)에 "선남자여, 모든 고통을 부수고 번뇌를 끊어 위없는 적멸락 받으니, 이러한 인연으로 삼귀의를 받는다. 그대 묻기를 무엇이 삼귀의인가 물으니, 선남자여, 그것은 곧 불법승이니라. 불이란 능히 번뇌의 인을 부수면 바른 해탈 얻는다고 말씀하시는 이다. 법이란 그대로 번뇌인 부순 진실한 해탈이다. 승이란 번뇌인 부수고 정해탈 얻음을 품어 받은 이이다. 善男子 爲破諸苦 斷除煩惱 受於無上寂滅之樂 以是因緣受三歸依 如汝所問 云何三歸依者 善男子 謂佛法僧 佛者 能說壞煩惱因 得正解脫 法者 卽是壞煩惱因 眞實解脫 僧者 稟受破煩惱因 得正解脫", 『원인론』(대정장45, p.710c16)에 "업이 이미 성숙하면 부모로부터 두 기들 몸소 받고 업식과 화합하여 사람의 몸을 성취한다. 業旣成熟 卽從父母 稟受二氣 與業識和合 成就人身"라고 하였다. 〔참고문헌〕『雜阿含經』, 『優婆塞戒經』, 『原人論』.

품승 稟承 품어 받아서 받들어 잇다. 『호국경』(대정장1, p.872b23)에 "호국장자는 부처님의 가르침 품어 받아서 받들고는 부처님께 절을 올리고 물러났다. 자신의 집에 돌아가 부모님에게 아뢰었다. '아버지, 어머니, 자비롭게 여기시어 제 말씀을 들어주십시오. 저는 부처님의 회상에서 부처님의 설법을 들었습니다. 들었던 그 법을 저는 모두 이해하고 곧바로 바른 믿음을 일으켰습니다. 즐거이 출가를 하고자 하니, 오직 아버지와 어머니께서는 제 출가를 허락해 주시기를 바랍니다. 護國長者 稟承佛旨 禮佛而退 還歸其舍 白父母言 父母慈念 願聽我言 我於佛會 聞佛說法 其所聞法 我悉了知 卽起正信 樂欲出家 唯願父母 當聽許我"라고 하였다. 〔참고문헌〕『護國經』, 『增壹阿含經』 권48(대정장2, p.807a21), 『順正理論』 권13(대정장29, p.404a9).

품식 品食 귀한 사람을 모시듯 잘 차려 공양하는 것. 배식(陪食)이라고도 한다. 『비용청규』 권1 「달마조사기 達磨祖師忌」(卍속장112, p.65a18)에 "산문에서 공양을 설행할 때 시주받은 바 없이도 품식하며 삼배를 올린다면, 아마도 예가 과하여 아첨하는 꼴이 될 것이다. 山門設供 無嚫 有品食三拜者 恐禮過成諂", 『선림상기전』 권25 「품식」(대장경보편19, p.681b2)에 "도충이 말한다. '품식은 또한 배식이다. 배(陪)는 품(品) 자와 서로 같다. 그러므로 품식이라고 한 것이다'. 忠曰 品食 亦是陪食也 相陪如品字 故曰品食也"라고 하였다. 〔참고문헌〕『備用清規』, 『禪林象器箋』.

품식 稟識 식(識)을 품다. 알음알이 품은 유정(有情) 또는 중생(衆生)을 일컫는 말로 함식(含識)·함령(含靈)이라고도 한다. 『대보적경』 권3 「삼율의회 三律儀會」(대정장11, p.19b13)에 "다른 이로 하여금 법을 버리게 하면 이번 목숨을 마치고서 빠르게 공장가에 나서 식을 품받지만 항상 어리석고 어두우리. 令他棄捨法 從茲而命終 速生工巧家 稟識常愚闇", 『불위승광천자설왕법경』(대정장15, p.126c15)에 "대왕이시여, 마땅히 아셔야 합니다. 일체중생 알음알이 품은 무리들이어서 모두 다 이와 같이 끝내 영원할 수 없고 무너져버릴 뿐이니, 이 몸 지켜가기도 믿기도 어렵습니다. 념념으로 옮겨가서 여러 번뇌가 들끓어 애착하며 즐거워할 만한 것이 없습니다. 지혜로운 이라면 그 누가 염리심을 일으키지 않겠습니까? 大王當知 一切衆生 稟識之類 悉皆如是 終爲無常之所滅壞 體難保信 念念遷移 多諸煩惱 無可愛樂 誰有智者 不生厭離", 『법원주림』 권40(대정장53, p.603c28)에 "삼도육도 모두가 덮어 얽힘 면하고, 알아챔 품받고 신령함 품은 이들 다같이 묘과에 오르리니 주인되는 이 베풀어 행하라. 庶三塗六道 俱免蓋纏 稟識含靈 同登妙果 主者施行"라고 하였다. 〔참고문헌〕『大寶積經』, 『

佛爲勝光天子說王法經』, 『法苑珠林』, 『法門名義集』(대정장 54, p.200a27). ⇨ 유정 有情, 중생 衆生, 함식 含識

품의 稟意 품은 생각을 예를 갖춰 말하다. 『백장청규』 권3 「하유서 下遺書」(대정장47, p.1130a29)에 "처음 절에 당도하면 시자를 만나고, 그의 인도를 받아 주지를 뵙고 향 꽂고 큰절해 서로 본다. 향을 피우고 차를 마시고서 몸을 일으켜 생각을 말씀드리고 마치면 다음 갈 곳을 배웅 받는다. 다음에 두수·고사·단료·몽당 등 여러 곳에 가서 서로 보고서 날을 의논한다. 初到寺見侍者 引見住持 揷香展拜相看 燒香喫茶 起身稟意 畢送安下處 次到頭首 庫司單寮 蒙堂諸處 相看擬日"라고 하였다. 〔참고문헌〕『百丈淸規』.

품일 品日 범일(梵日 810~889)을 말한다. 「와룡산 자운사왕사증시진명국사비명 臥龍山慈雲寺王師贈諡眞明國師碑銘」에 "인하여 교지를 받고 굴산으로 적을 옮겨(외삼촌) 품일의 법손이 되었다. 因受朝旨 移籍於崛山 爲品日孫"라고 하였으며, 『경덕전등록』 권10 항주염관제안선사법사(杭州鹽官齊安禪師法嗣) 중 한 명으로 '신라품일선사(新羅品日禪師)'라고 기록하였으며, 『조선선교고』, 『조선불교통사』 등에서도 '신라품일'이라고 기록하였다. 〔참고문헌〕『景德傳燈錄』, 『朝鮮禪教考』, 『朝鮮佛教通史』. ⇨ 범일 梵日

품조 品藻 이리저리 품을 매기고 꾸며 말하다. 『종문무고』(대정장47, p.954c14)에 "왕형공(王荊公 : 王安石)이 하루는 장산찬원(蔣山贊元)선사를 찾아갔다. 자리에 앉아 이야기를 하며 고금을 품평하였다. 장산이 말하였다. '상공의 말 기운이 다른 이를 몰아세우고 있습니다. 아마도 글 짓고 찾아 헤매는 노역으로 심기가 흐트러진 듯합니다. 어찌 좌선하여 이 일대사를 몸소 체험하지 않으십니까?' 王荊公 一日訪蔣山元禪師 坐間談論 品藻古今 山曰 相公口氣逼人 恐著述搜索勞役 心氣不正 何不坐禪體此大事", "형공이 이 충고를 따르다가 어느 날이 되어 장산에게 말하였다. '좌선은 진실로 사람에게 해를 끼치지 않더군요. 저는 수년간 「호가십팔박」을 짓고자 하였으나 이루지 못하였는데, 간밤에 앉아 모두 성취하였습니다'. 장산이 껄껄 크게 웃었다. 公從之 一日 謂山曰 坐禪實不虧人 余數年要作胡笳十八拍不成 夜坐間已就 山呵呵大笑", 『허당어록』 권9(대정장47, p.1048c15)에 "양차공(楊次公 : 梁傑)은 스스로를 천의의회화상의 후예라고 여겼습니다. 그 파도치듯 언변을 좇아 그를 품평하는 제방에서는 모두들 법장비구의 후신이라고 일컬었습니다. 그런데 오직 경산종고(徑山宗杲)만은 그것을 믿지 않았습니다. 결국 이 사람은 어떤 사람일까요? 楊次公自見天衣懷和尙之後 縱其波辯 品藻諸方 咸謂法藏比丘後身 獨徑山殊未之信 畢竟此是何人"라고 하였다. 〔참고문헌〕『宗門武庫』, 『虛堂語錄』.

품지 稟持 품어 가지다. 품받아 간직해 잊지 않다. 『중허마하제경』 권10(대정장3, p.962b18)에 "그때 민미사라왕이 정전에 홀로 앉아 사유하며 늘 다섯 가지 일을 생각했다. '첫 번째 여래 응공 정변지 명행족 선서 세간해 무상사 조어장부 천인사이신 불세존께서 세간에 출현하시기를 항상 바란다. 두 번째 일찍 그 분(부처님)께 가서 우러러 예를 올리고 따라서 기뻐한다. 세 번째 도착해서는 바로 법을 듣는 다. 네 번째 설하신 법을 모두 다 깨우쳐 안다. 다섯 번째 나를 위해 받은 계 받고나서는 품어 가져 잊지 않는것이다'. 時民彌娑囉王 在正殿上 獨坐思惟 常念五種之事 一者 常願如來 應供正遍知 明行足善逝 世間解無上士 調御丈夫天人師 佛世尊 出於世間 二者 早得往彼 瞻禮隨喜 三者 到已便得聞法 四者 如所說法 悉能了知 五者 爲我受戒 受已稟持", 『출삼장기집』 권13 「지참전 支讖傳」(대정장55, p.95c23)에 "지참은 본디 월지국 사람이다. 행함이 곧고 순하며 깊이가 있고 성품은 개방적이고 영민하였다. 법과 계 품어 가져 정밀하고 부지런함에 명성이 자자하였다. 支讖 本月支國人也 操行淳深 性度開敏 稟持法戒 以精勤著稱"라고 하였다. 〔참고문헌〕『衆許摩訶帝經』, 『出三藏記集』, 『佛祖歷代通載』 권16(대정장49, p.634a5).

품질 品秩 품받은 법마다의 자리. 임시로 자성을 갖는 것들끼리의 자리매김을 말한다. 『마하지관』 권4(대정장46, p.37c24)에 "상품에 또 여러 종이 있으니, 곧 삼계제천에 각기 품질이 있다는 말이다. 上品又多種 謂三界諸天各有品秩也", 『승사략』 권하 「봉수관질 封授官秩」(대정장54, p.250a23)에 "연각과 응진은 네 과로써 한자리에 앉아 깨우침 성취하고 삼생백겁을 지나 이름을 드러내니, 이것이 성현의 품질이다. 緣覺應眞 以四果一坐而證成 經三生百劫而彰號 此聖賢之品秩也"라고 하였다. 〔참고문헌〕『摩訶止觀』, 『僧史略』, 『法華文句記』 권3(대정장34, p.195c28).

품품 品品 자성을 가져 다른 법들. 『범망경』 권상(대정장24, p.1001a29)에 "이른바 부처님 마음으로 행하신 초각정인은 신각·사각·정각·상각·염각·혜각·관각·의각·낙각·사각이다. 이는 품품마다의 방편도로 마음과 마음이 정에 드는 과다. 이런 사람은 정중에 머무르며 불꽃 이어지듯 법을 보아 공을 행한다. 所謂說佛心行 初覺定因 信覺思覺 靜覺上覺 念覺慧覺 觀覺猗覺 樂覺捨覺 是品品方便道 心心入定果 是人住定中 焰焰見法行空", 『대지도론』 권68(대정장25, p.534b18)에 "또한 이 『반야바라밀경』을 관하여 살필 때 품품마다 다

공이어서 즐거울 만한 곳 없어 이런 기억 짓게 되니 '나는 이 경에 대해서는 어떤 맛도 느끼지 못하겠다'라고 하며 바로 내다버린다. 반야바라밀은 일체 모든 기쁨의 근본인데도, 이 사람이 그 맛을 느끼지 못하는 것은 바로 마구니가 일으킨 일인 것이다. 復次 觀看是般若波羅蜜經時 品品皆空 無可樂處 作是念 我於是經 不得滋味 便棄捨去 般若波羅蜜 是一切諸樂根本 此人不得其味 是爲魔事"라고 하였다. [참고문헌]『梵網經』,『大智度論』,『大毘婆沙論』 권63(대정장27, p.327c26),『中論』 권2(대정장30, p.12b8).

품학 稟學 품받아 익히다.『관음현의기』 권2(대정장34, p.901b2)에 "이런 까닭에 우리 집안에서는 대체로 권실을 논함에 반드시 이 셋을 밝혀야 한다. 만약 그렇게 하지 않는다면 품받아 익히는 무리들이 권실의 상을 다 알지 못할 것이다. 是故今家 凡論權實 須明此三 若不然者 稟學之徒 則不盡知權實之相",『조론소』 권중「은사유유민서문 隱士劉遺民書問」(대정장45, p.181c24)에 "(유유민은) 입산한 다음에 스스로를 국가가 버린 백성이라고 일컬었다. 그러므로 이름을 '유민'이라고 바꾸었다. 처음 도생(道生)법사는 구마라집법사로부터 품받아 익혔는데 훗날 여산으로 돌아오며「반야무지론」을 얻어다 유유민공에게 보였다. 入山已後 自謂是國家遺棄之民 故改名遺民也 初生法師入關 從什法師稟學 後還廬山 得無知論 以示劉公", "유유민공이 혜원(慧遠)법사에게 보여서 이로 인해 공동으로 연구에 매진하였고 드디어 이 글을 보내어 그 그윽한 곳을 물었던 것이다. 비록 그 자취 유유민공에게 있지만 또한 이것은 혜원법사의 뜻이 담겼다. 劉公以呈遠法師 因共研盡 遂致此書 問其幽隱處 雖言迹在於劉公 亦是遠法師之意也"라고 하였다. [참고문헌]『觀音玄義記』,『肇論疏』,『三論玄義』(대정장45, p.7b8),『梁高僧傳』 권12(대정장50, p.407b22).

품행 品行 뜻을 가져 행함.『출요경』 권26「쌍요품 雙要品」(대정장4, p.749c2)에 "'음식에 대해 싫어해 족함을 모른다면 이런 것들은 범부의 품행이다'라고 말한 뜻은 이렇다. 저 수행하는 사람이 구하기만 하고 싫어할 줄 모르며 얻은 것을 포대에 감추고서 인색한 마음에 버리지 못하면 훗날 목숨을 마치고 난 다음에 범부의 품행을 받는다. 이런 까닭에 '음식에 대해 싫어해 족한 줄 모른다면 이런 것들은 범부의 품행이다'라고 설한 것이다. 於食無厭足 斯等凡品行者 彼修行人 乞求無厭 得而藏囊慳心不捨 若後命終 受凡品行 是故說曰 於食無厭足 斯等凡品行也"라고 하였다. [참고문헌]『出曜經』,『方等三昧行法』(대정장46, p.946a15).

풍 風 ❶ Ⓢ vāyu, Ⓟ vāyu, vāta, Ⓣ rlung. 사대(地水火風) 또는 육대(地水火風空識) 중 하나. 풍대(風大)를 말한다.『구사론』 권1(대정장29, p.3b19 : *Abh-k-bh.*, p.9)에 "바람이란 바로 풍계이니, 세간에서 움직이는 것으로 바람이라는 이름을 세우기 때문이다. 또한 땅 등 세간의 떠올림에 따른 이름이듯, 바람 또한 현색과 형색으로 '또한 이렇다 말한다'라고 한 것이니, 가령 세간에서 (현색으로 인해) 모래바람이라고 하고 (형색으로 인해) 회오리바람이라 하는 것과 같으니, 이것이 현색과 형색으로써 바람을 표시하고 있기 때문이다. 風卽風界 世間於動立風名故 或如地等隨世想名 風亦顯形 故言亦爾 如世間說黑風團風 此用顯形 表示風故 vāyus tu dhātur eva ya eva tu vāyudhātuḥ sa eva loke vāyur ity ucyate tathāpi ca yathā pṛthivī varṇas aṃsthānam ucyate lokasaṃjñayā tathā vāyur api",『현양성교론』 권1(대정장31, p.483b28)에 "바람 역시 두 가지이니, 첫째 안에서의 것, 둘째 밖의 것이다. 내풍이란 각각 따로인 몸 안에 안 등 오근과 저 거처하고 의지하는 것으로 가벼운 움직임만으로도 거두고 붙들어 거둘 수 있는 자성이 있는 유집수를 말한다. 또한 한층 모여 쌓인 것으로 있으니, 이른바 위아래와 가로질러 다니는 들고나는 숨 등 모든 이와 같은 것들이다. 이것이 내풍의 바탕이 되어, 발동하여 일을 짓고 수용함을 업으로 삼는다. 밖이라 한 것은 각각으로 따로인 몸 밖의 색 등 다섯 가지 경의 의지처로서, 가볍게 움직임 거두지만 잡아들이는 성은 아니다. 또한 한층 쌓여 모인 것도 있으니 이른바 산과 벼랑을 부수고 숲과 나무를 쓰러뜨리는 것 등인데, 저들 흩어져 무너지면 의지할 데가 없으므로 고요해진다. 만약 바람을 구하려는 사람은 옷을 움직이거나 부채를 흔드는데, 동요하지 않아 연이 없으면 쉰다. 이와 같은 것들이 외풍의 바탕이니, 의지하고 수용해서 업으로 삼고, 변하게 하고 무너지게 해서 업으로 삼으며, 마주해 다스리고 도와 기름을 업으로 삼는다. 風亦二種 一 內 二 外 內謂各別身內 眼等五根 及彼居處之所依止 輕動所攝 有執受性 復有增上積集 所謂上下摸行 入出氣息 諸如是等 是內風體 發動作事 受用爲業 外謂各別身外色等 五境之所依止 輕動所攝 非執受性 復有增上積集 所謂摧破山崖 偃伏林木等 彼旣散壞 無依故靜 若求風者 動衣搖扇 其不動搖無緣故息 諸如是等 是外風體 依持受用爲業 變壞受用爲業 對治資養爲業"라고 하였다. [참고문헌]『俱舍論』,『顯揚聖敎論』, *Abh-k-bh.*, *SN.1.15.* ⇨ 풍대 風大❶ ❷ 바람.『대비바사론』 권35(대정장27, p.183c12)에 "마치 사나운 바람이 불면 먼저 가지와 잎사귀를 꺾고 그런 뒤에 뿌리를 뽑는 것과 같다. 如猛風吹樹 先摧枝葉 然後拔根"라고 하였다. [참고문헌]『大毘婆沙論』. ❸ Ⓢ vāyu. 상키야(Ⓢ Sāṃkhya : 數論)에서 상정한 이십오제(二十五諦)의 오대(五大) 중 하나.『금칠십론』 권중(대정장54, p.1252c7)

에 "다섯 가지 풍으로서 첫째는 파나(Ⓢ prāṇa), 둘째는 아파나(Ⓢ apāna), 셋째는 우다나(Ⓢ udāna), 넷째는 바나(Ⓢ vyāna), 다섯째는 사마나(Ⓢ samāna)이다. 若五種風 一者 波那 二者 阿波那 三者 優陀那 四者 婆那 五者 婆摩那"라고 하였다. [참고문헌]『金七十論』, *Sāṃkhy-k.34.* ⇨ 오대 五大❶, 이십오제 二十五諦

풍 馮 408~504. 중국 남북조대 양(梁)에서 활동했던 비구니. 속성은 풍(馮)씨. 고창(高昌) 출신. 당시 사람들이 공경하고 중하게 여겨서 그의 성(姓)으로 이름을 삼았기에 풍니(馮尼)라고도 불렸다. 『비구니전』 권4 「고창도낭중사풍니전 高昌都郎中寺馮尼傳」에 의하면, 30세에 출가하여 고창 도낭중사(都郎中寺)에 머물면서 하루에 한 번 채소로만 식사하며 계행으로 정진하였다. 여섯 손가락을 태워 공양하였는데 매번 불길이 손바닥에까지 닿을 때까지 하였으며 『대반열반경 大般涅槃經』을 3일에 한 번씩 암송하였다. 법혜(法慧)에게 구자국(龜玆國)으로 가서 법을 구할 것을 권하였으며 그가 귀국할 때 소식도 없었는데 풍 비구니가 미리 알고 대중을 모아 마중하였다고 한다. 504년에 96세로 입적하였다. [참고문헌]『比丘尼傳』.

풍간 豐干 당대 스님. 봉간(封干)이라고도 한다. 시작(詩作)에 능했다. 한산(寒山)·습득(拾得)과 함께 국청사삼은(國淸寺三隱)이라 불린다. 일곱 자 남짓한 신장으로 머리털을 자르고 눈썹을 민 모습에 베옷을 입었다. 출가하여 천태산 국청사에 거처하면서 낮에는 쌀을 빻는 소임을 맡아 일하고 밤에는 시를 읊었다. 자유롭게 말하니 일정한 법도를 따르지 않았다. 질문을 받으면 다만 수시(隨時)라는 두 글자로 응할 뿐 그 이상 다른 말은 없었다. 언젠가는 노래를 부르며 호랑이를 타고 산문으로 바로 들어와 모든 사람이 두려워하였는데 이때부터 대중의 존경을 받았다. 선천년간(712~713) 경조(京兆 : 長安)에서 태수 여구윤(閭丘胤)의 병을 치료해 주기도 하였는데 마지막 행적은 자세하지 않다. 다만 풍간시(豐干詩) 수 편과 『풍간습득시 豐干拾得詩』 1권이 『한산자시집 寒山子詩集』에 수록되어 있다. [참고문헌]『景德傳燈錄』 권27(대정장51, p.433b11), 『聯燈會要』 권29(卍속장136, p.925b15), 『五燈會元』 권2(卍속장138, p.80a16), 『神僧傳』 권6(대정장50, p.986b5). ⇨ 국청삼은 國淸三隱

풍간요설 豐干饒舌 풍간이 태수 여구윤(閭丘胤)에게 한산과 습득을 만나보라고 추천했던 인연. 『선원몽구』 권하(卍속장148, p.263a4)에 「풍간요설」이라는 항목이 보이는데 『경덕전등록』을 전거로 삼았다. 『경덕전등록』 권27 「한산자전 寒山子傳」(대정장51, p.433c15)에 "풍간이 입적한 후에 여구공이 입산하여 방문하였다가 한산과 습득 두 사람이 화로에 둘러앉아 담소를 나누는 모습을 보았다. 여구가 모르는 결에 절을 올리자 두 사람 연이어 꾸짖었고, 절의 스님들이 경악하여 '대관이시여! 어째서 미치광이에게 절을 하십니까?'라고 하였다. 한산이 다시 여구의 손을 잡고 웃으며 '풍간의 요설일세!'라고 하면서 한참 있다가 잡은 손을 놓았다. 그때 이후 한산과 습득은 손잡은 채 송문을 빠져나가서는 다시는 절에 들어오지 않았다. 暨豐干滅後 閭丘公入山訪之 見寒拾二人 圍鑪語笑 閭丘不覺致拜 二人連聲咄叱 寺僧驚愕曰 大官 何拜風狂漢耶 寒山復執閭丘手 笑而言曰 豐干饒舌 久而放之 自此寒拾相攜出松門 更不復入寺"라고 하였다. [참고문헌]『景德傳燈錄』.

풍검 豐儉 넘치게 하거나 아껴쓰다. 살림살이 함에 있어 지혜로운 방편을 말한다. 『중허마하제경』 권6(대정장3, p.949a5)에 "천자야, 다만 지역마다의 산물에 따라 쌀이거나 콩이거나 그대의 살림 형편에 따라 공양해 바칠 뿐이니 마련하면 나는 그대로 받겠다. 天子 但以隨方所有 或米或豆 聽汝豐儉 以作供獻 我卽受之", 『벽암록』 88칙 「착어 著語」(대정장48, p.212c9)에 "분에 따라 점포 하나 열었다. 집안 따라 넘치게도 하고 아끼기도 한다. 隨分開箇鋪席 隨家豐儉", 『종용록』 20칙 「송頌」(대정장48, p.240b4)에 "가문에 넘치게 하고 아껴 씀은 때에 임해 쓸 뿐이다〈소금과 식초가 빠져서는 안 되겠지〉. 家門豐儉臨時用〈闕鹽醋不得〉"라고 하였다. [참고문헌]『衆許摩訶帝經』, 『碧巖錄』, 『從容錄』.

풍경 風磬 ➡ 풍탁 風鐸, 종 鐘

풍경 諷經 소리내어 경문(經文)을 읽다. 『유일마니보경』(대정장12, p.193a11)에 "마치 의원이 한 그릇에 약을 담아 두었더라도 스스로 병을 치유할 수 없듯이 비록 풍경을 많이 하더라도 계를 지키지 않음도 마찬가지이다. 譬如醫滿 一具器藥 不能自愈其病 雖多諷經 而不持戒", 『백장청규증의기』 권2 「기청 祈晴」(卍속장111, p.605b6)에 "재시와 죽시 두 때 이후 종을 울려 대중이 모여서 풍경한다. 사흘이나 닷새나 이레 동안 수시로 시행한다. 齋粥二時 後鳴鐘 集衆諷經 或三日 五日 七日 隨時而行", 『입중수지』 「조기 祖忌」(卍속장111, p.965b15)에 "당사행자는 소를 갖추고 방장에게 먼저 아뢰고 수좌는 향과 꽃 등을 안배하여 공양한다. 혼종을 친 다음에 염송하고 풍경하기도 한다. 堂司具疏 先覆方丈 首座安排香花等供養 或昏鐘鳴 念誦諷經"라고 하였다. [참고문헌]『遺日摩尼寶經』, 『百丈淸規證義記』, 『入衆須知』.

풍경패 諷經牌 풍경할 장소와 시간을 대중에게 알리고

자 내거는 패. 불전(佛殿)에 한정되지 않고 토지당(土地堂)에서도 하고, 시주(施主)가 원하는 곳에서 행하기도 하기 때문이다. 『백장청규』 권1 「성절 聖節」(대정장48, p.1113a11)에 "행자는 주지에게 '내일 아침 불전에서 계건풍경이 있습니다'라고 아뢰고 이어서 모든 요사에 알린 뒤에 풍경패를 내건다. 行者 就覆住持 來早殿上 啓建諷經 仍報諸寮 掛諷經牌"라고 하였다. 〔참고문헌〕『百丈淸規』.

풍계 風界 Ⓢ vāyu-dhātu, Ⓟ vāyo-dhātu, Ⓣ rlung-gi-khams. 바람이라는 계. 자상(自相 : 動性)과 소조색(所造色 : 輕性)을 임시로 가져 유지(保持)하기에 '계'라 한다. 『집이문족론』 권8(대정장26, p.400a29)에 "사대종이란, 첫째 지계이고, 둘째 수계이고, 셋째 화계이고, 넷째 풍계이다. 四大種者 一 地界 二 水界 三 火界 四 風界", 『법온족론』 권10(대정장26, p.503a29)에 "무엇이 풍계인가? 풍계에는 두 가지가 있으니, 첫째는 내풍계, 둘째는 외풍계다. 어떤 것을 내풍계라고 하는가? 이 몸 안에 있으면서 각각 따로 움직이는 성과 류이며 붙들 수 있고 거둘 수 있는 것을 말한다. 이것은 다시 어떤 것인가? 이 몸 안의 상행풍 · 하행품 · 방행품 … 수지절풍 · 입출식풍 등을 말한다. 다시 그 이외에 몸 안에 있는 각각의 움직이는 성질과 종류이며 집수가 있는 것을 내풍계라고 한다. 무엇이 외풍계인가? 이 몸 밖에 있는 모든 밖으로 거두는 움직이는 성과 움직이는 류로서 붙들어 들일 수 없는 것이다. 이것들 다시 또 어떠한 것인가? 이른바 동풍 · 서풍 · 남풍 · 북풍과 먼지 있는 바람 · 먼지 없는 바람 · 회오리바람 · 사나운 바람과 폐람바 바람 · 작은 바람 · 큰 바람 · 한량없는 바람 · 풍륜의 바람과 허공에 의지하여 부는 바람이다. 또 그 밖의 움직이는 성과 움직이는 류로서 집수가 없는 것이 있다. 이것을 바로 밖의 풍계라고 한다. 앞의 안의 것과 여기의 밖의 것을 통틀어 풍계라고 한다. 云何風界 謂風界有二種 一 內 二 外 云何內風界 謂此身內 所有各別 動性動類 有執有受 此復云何 謂此身中 或上行風 或下行風 或傍行風 … 隨支節風 入出息風 復有所餘 身內各別 動性動類 有執有受 是名內風界 云何外風界 謂此身外諸外所攝動性動類無執無受 此復云何 謂東風西風南風北風 有塵風無塵風 旋風暴風吠嵐婆風 小風大風無量風 風輪風依空行風 復有所餘動性動類無執無受 是名外風界 前內此外 總名風界", 『구사론』 권1(대정장29, p.3b1 : *Abh-k-bh.*, p.8)에 "지수화풍은 능히 자상과 소조색을 가지기에 계라 이름한다. … 『품류족론』과 계경에서 '무엇을 풍계라 하는가? 가벼움(輕) 등으로서 움직이는 성이다'라고 하였다. 또한 경성을 소조색으로 여기고, 따라서 풍계는 움직임을 자성으로 하는 것이다. 업을 들어 그 바탕을 드러냈기에 또한 가벼움이라고 말한 것이다. 地水火風能持自相及所造色 故名爲界 … 品類足論及契經言 云何名風界 謂輕等動性 復說輕性爲所造色 故應風界動爲自性 擧業顯體故亦言輕 ity ete catvāraḥ svalakṣaṇopādāyarūpadhāraṇād dhātavaś catvāri mahābhūtāny ucyante … vāyudhātuḥ katamo laghusamudīraṇatvam iti prakāraṇeṣu nirdiṣṭaṃ sūtre ca tat tu laghutvam upādāya rūpam apy uktaṃ prakaraṇeṣu ato ya īraṇāsvabhāvo dharmaḥ sa vāyur iti karmaṇā 'sya svabhāvo 'bhivyaktaḥ"라고 하였다. 〔참고문헌〕『集異門足論』, 『法蘊足論』, 『俱舍論』, *Abh-k-bh.*, *MN.1.188.* ⇨ 풍 風❶, 풍대 風大❶

풍계 楓溪 ❶ 1640~1708. 조선후기 해인사 스님. 명찰(明詧)의 법호. ⇨ 명찰 明詧 ❷ 조선후기 전남 광주(光州) 원효사 현정(賢正)의 법호. ⇨ 현정 賢正

풍계 豊溪 조선후기 스님. 전라도 대둔산 안심사(安心寺) 산내 화장암(華藏庵)에 오랫동안 주석하였다. 추파홍유(秋波泓宥 1718~1774)의 『추파집』에는 형(兄) · 장실(丈室)이라 칭한 글과 풍계의 제자인 응서(應瑞) · 찰휘(察暉)에게 준 글 등이 전한다. 「숙화장암우풍계화상증 宿華莊庵遇豊溪和贈」(『추파집』 권1 · 한불전10, p.61a20)에 "그대는 어느 산에서 왔는가? 나는 황악산에서 왔다네. 서로 만나 한바탕 웃다보니 가을색이 회화나무 마당에 들어왔네. 君自何山至 我從黃嶽來 相逢成一笑 秋色入庭槐", 「증풍계장실 贈豊溪丈室」(같은 책 · 한불전10, p.62b17)에 "만난 사람 많았어도 그대 같은 이 드물어 적확한 현담으로 대중들 모이게 하지요. 이십년 전 밟았던 땅 삼천리 밖에서 또 사립문 두드립니다. … 설봉 이제 적막하다 말하지 마실지니 전라도 땅 법우 다시 펄펄 내릴 것입니다. 見人雖衆似君稀 的確玄談衆所歸 二十年前曾踐地 三千里外又敲扉 … 莫謂雪峯今寂寞 海陽法雨更霏霏"라고 하였다. 〔참고문헌〕『秋波集』.

풍계당명찰대사행장 楓溪堂明詧大師行狀 보제등계대사행장(普濟登階大師行狀)이라고도 한다. 1640~1708. 풍계스님의 행적을 기록한 행장. 1710년(숙종36)에 제자인 동빈문일(東賓聞佾)이 지었는데 한불전9, pp.159a10~160a20에 수록되어 있다. 〔참고문헌〕『楓溪集』 권하. ⇨ 명찰 明詧

풍계사 豊溪寺 경상남도 합천군 가회면에 있던 절. 『사탑고적고』에는 "(절터에) 탑의 대석인 듯한 것이 하나 있고, 기와 조각도 있다. 似塔臺石者一個 及瓦片存焉"고 하였다. 〔참고문헌〕『寺塔古蹟考』, 『韓國寺刹全書』 권하 p.1127a10.

풍계집 楓溪集 조선후기 풍계명찰(楓溪明詧 1640~1708)의 시문집. 3권 1책. 한불전9, pp.122a1~159b24에 수록되어 있다. 1711년(숙종37)에 문인 동빈문일(東賓聞佾) 등이 엮었다. 명찰의 행장인 「보제등계대사행장 普濟登階大師行狀」에는 "원래 유고 7편을 모았으나 재력이 부족하여 3편만을 판각하였고, 나머지는 흩어져 있어서 후일을 기약하였다. 裒集遺稿七篇 而財力殘薄 堇將三篇鋟梓 餘在亂帙中 期以後日"고 하였다. 맨 앞에는 「집서 集序」에 이어, 권상에는 많은 관인·유학자에게 보낸 수차류(酬次類) 91편을 수록하였다. 권중에는 1695년(숙종21)에 여심도인(如心道人)이 쓴 「두회유완록시서 蠹會游翫錄詩序」와 함께 명찰이 쓴 「유완총록 遊翫揔錄」을 실었는데, 영동·영서·호서·경기 일대의 명승과 사찰을 다니며 읊은 제일관동록(第一關東錄) 55편·제이호서록(第二湖西錄) 19편·제삼기내록(第三畿內錄) 72편 등 146편이다. 권하에는 봉암사(鳳岩寺), 가야산 백련암(白蓮庵)·보문암(普門庵) 등과 관련된 기(記), 「석음설 惜陰說」, 「동계집서 東溪集序」 등의 서, 제문(祭文), 행장, 권문(勸文) 등 사륙전문(四六箋文) 25편을 수록하였다. 맨 뒤에는 「보제등계대사행장」을 붙였다. 현재 서울대학교 규장각한국학연구원, 동국대학교 경주캠퍼스 도서관, 계명대학교 동산도서관 등에 소장되어 있다. 〔참고문헌〕『韓國佛教全書』 권9. ⇨ 명찰 明詧

풍곡사 風谷寺 전라북도 남원시 보절면 만행산에 있던 절. 종이를 분정했던 절이다. 『동국여지지』 권5하 전라도 남원도호부 사찰에 "풍곡사〈모두 만행산에 있다〉. 風谷寺〈俱在萬行山〉", 『용성지』 권4 불우(佛宇) 풍곡사에 "법당·정루·선당·승당·관음전·상실·관음전이 있다. 法堂正樓禪堂僧堂觀音殿上室浮屠殿", 『각사등록』 「남원현공사 南原縣公事」 영조 12년(1736) 4월 초3일에 "남원의 초주지 80권을 분정하여 와호소를 삼았다. … 80권 중 50속을 세 절에 분정한다. … 난계사와 풍곡사는 가난한 절이어서 분정할 때 거론하지 않았지만, 지소에서 저물을 떠낼 때 난계와 풍석사로 하여금 사서 들였다가 다음 차례에 분정하였다. … 풍곡사 정저는 104근이다. 南原草注紙八十卷分定爲有臥乎所 … 八十卷內五十束 三寺分定 … 蘭溪風谷寺段 素是殘寺 故谷寺分定中勿爲擧論 紙所浮出楮物 使蘭溪風谷寺 貿納次分定爲去乎 … 風谷寺 正楮一百四斤"이라고 하였고, 황위(黃暐 1605~1654)의 『당촌집』 권1 시(詩)에 「하풍곡사연구 下風谷寺聯句」, 최시옹(崔是翁 1646~1730)의 『동강유고』 권1에 「유풍곡사 遊風谷寺」라는 시가 전한다. 〔참고문헌〕『東國輿地志』, 『龍城誌』, 『各司謄錄』, 『塘村集』(韓國文集叢刊30, p.113b14), 『東岡遺稿』(韓國文集叢刊46, p.467a7), 『韓國寺刹全書』 권하 p.1127a7.

풍골구 風骨句 바람 속에 감춘 뼈 있는 한 마디. 『가태보등록』 권20 「간당행기장 簡堂行機章」(卍속장137, p.283b9)에 "중추 팔월 아침 뜰 안으로 시원한 바람이 드니 뼈 시린 바람 맞은 적 없는데도 시름에 뒤척이는 사람은 밤이 길어졌음을 알리라. 仲秋八月旦 庭戶入新涼 不露風骨句 愁人知夜長", 『무문관』 24칙 「송 頌」(대정장48, p.296a19)에 "드러나지 않는 바람 속의 뼈 있는 한 마디 말에 앞서 이미 나눠 가졌네. 앞으로 나와 조잘대며 떠드니, 그대가 참으로 당황하여 어쩌지 못함을 알겠구나. 不露風骨句 未語先分付 進步口喃喃 知君大罔措"라고 하였는데, 이는 운문문언(雲門文偃)의 송을 차용한 것이다. 〔참고문헌〕『嘉泰普燈錄』, 『無門關』, 『聯燈會要』 권24 「雲門文偃章」(卍속장136, p.828a7).

풍과수두요 風過樹頭搖 바람 스치면 나무 끝 흔들릴 뿐. 『남송원명선림승보전』 권13 「초산소기장 楚山紹琦章」(卍속장137, p.746a17)에 "또한 달마 서쪽에서 온 뜻 물으니 '눈이 녹으면 산꼭대기 드러나고, 바람이 스치면 나무가 흔들릴 뿐'이라고 답한다. 又問 祖師西來意 曰 雪消山頂露 風過樹頭搖", 『벽암록』 99칙 「송 頌」(대정장48, p.223a18)에 "한 나라의 국사라 한 것 또한 억지로 붙인 이름일 뿐이다〈어찌 반드시 허공꽃이나 물에 잠긴 달이라 하랴? 바람이 스치면 나무 흔들린다〉. 一國之師亦强名〈何必空花水月 風過樹頭搖〉"라고 하였다. 〔참고문헌〕『南宋元明禪林僧寶傳』, 『碧巖錄』.

풍광 風狂 미치광이. 바람인 듯 걷잡을 수 없는 행동. 『이취육바라밀다경』 권3(대정장8, p.877c2)에 "아무 말도 없으면 어리석다 하고, 무슨 말이거나 하면 미치광이라 한다. 無言稱癡闇 有語謂風狂", 『분양어록』 권하 「삼찬대사 三瓚大師」(대정장47, p.625a18)에 "세인들은 미치광이라 보았지만, 가공(慧可)은 큰 그릇임을 알았다. 世人見風狂 可公知大器"라고 하였다. 〔참고문헌〕『理趣六波羅蜜多經』, 『汾陽語錄』.

풍광가애 風光可愛 움직여 빛나니 가히 볼 만하다. 『벽암록』 4칙 「본칙 本則」(대정장48, p.143b14)에 "덕산은 법당 등지고 짚신을 신자 바로 떠났다〈풍광 볼만하지만 공안 아직 두렷하지 못하네. 겨우 머리에 삿갓을 썼는가 했더니 발 밑에 짚신 잃었다. 이미 몸 상하고 목숨마저 잃어버렸구나〉. 德山背却法堂 著草鞋便行〈風光可愛 公案未圓 贏得頂上笠 失却脚下鞋 已是喪身失命了也〉", 『대등국사참상어요』(선본불전46, p.3a4)에 "한 학인이 '만약 어떤 사람이 한 스님 밀어 낸다면 어떻게 마주하시겠습니까?'라고 묻자 대등국사가 '그 장면 볼 만하겠구나'라고 대답했다. 僧云 若忽有人 推出一僧 如何祗對 師云 風光可愛"라고 하였다. 〔참고문헌〕『碧巖錄』, 『大燈國師參詳語要』.

풍광부 風狂夫 미치광이. 풍광자(風狂子)·풍전한(風顚漢)이라고도 한다.『송고승전』권19「한산자전 寒山子傳」(대정장50, p.831c22)에 "절의 스님들이 태수가 한산에게 절 올리는 모습을 보고는 놀라서 말했다. '대관이시여! 어찌 미치광이에게 예를 차리십니까?' 寺僧見太守拜之 驚曰 大官 何禮風狂夫耶"라고 하였다. [참고문헌]『宋高僧傳』. ⇨ 풍광자 風狂子

풍광자 風狂子 미치광이. 풍광부(風狂夫)라고도 한다. 한산(寒山)과 습득(拾得)을 가리킨다.『경덕전등록』권27「천태풍간전 天台豐干傳」(대정장51, p.433b14)에 "본사 부엌에는 두 고행자가 있는데 한산자와 습득이라 한다. 두 사람은 밥을 지으며 종일토록 이야기를 주고받지만 몰래 들어보려 해도 알아들을 수 없어 당시 사람들이 미치광이라 여겼다. 오직 풍간하고만 친하였다. 本寺廚中有二苦行 曰寒山子拾得 二人執爨 終日晤語 潛聽者都不體解 時謂風狂子 獨與師相親",『한산자시집』「서 序」(가흥장20, p.653c8)에 "범인들 헤아리지 못하여 미치광이라 여겼다. 凡人不測 謂風狂子",『자백존자전집』권19(卍속장126, p.974a11)에 "마치 미치광이가 모자와 신발을 뒤집어 쓰듯 하였다. 譬如風狂子 顚倒冠與屨"라고 하였다. [참고문헌]『景德傳燈錄』,『寒山子詩集』,『紫柏尊者全集』.

풍구 風甌 소리내는 옹기. 흙으로 빚은 작은 사발 모양의 소리내는 풍경이다. 탑의 옥개(屋蓋) 끝이나 처마 끝에 매단다.『허당록』권3(대정장47, p.1009a11)에 "허공에 오른 듯한 철탑 오래도록 그곳에 있고, 깊은 밤에 풍구 전하는 말 알아듣는 이 누구인가? 凌空鐵塔鎭長存 夜深誰聽風甌語",『고설철어록』권20(가흥장28, p.406c5)에 "참된 조사의 뜰 알고 싶으면, 전각에서 울리는 풍구 소리를 들어보라. 欲知眞祖門庭 試聽風甌鳴殿閣"라고 하였다. [참고문헌]『虛堂錄』,『古雪哲語錄』. ⇨ 풍탁 風鐸

풍국 豊國 백제 제27대 위덕왕(재위 544~598) 때의 스님. 일본에 백제 불교를 전파한 스님이나 다만 그가 살았던 지방 이름만으로 불려 풍국(豊國)이라 일컫게 되었다.『일본서기 日本書紀』에 따르면 스님이 불교를 해외에 전파키 위해 일찍이 일본에 건너갔으나, 당시 일본 불교는 아직 널리 유포되지 못했으므로 일본의 봉고국(豊後國 : 九州地方의 한 작은 나라)의 민가에 숨어 지냈다. 587년 4월 병자일(丙子日 : 日本의 用明王이 이해 4월에 죽고 그해 8월 崇峻王이 卽位하였다. 백제 威德王 34년 때다)에 용명왕(用明王)이 병에 걸려 궁중으로 불려갔다. 왕이 스님으로부터 부처님의 법력(法力)을 듣고 군신을 불러 '짐이 지금부터 삼보(三寶)에 귀의하려 하니, 경들은 나라의 공론을 모아 결정·공포토록하라'는 조칙을 내렸다. 이 때 물부수옥대련(物部守屋大連)과 중신승해련(中臣勝海連) 등이 왕의 명령에 이의(異議)를 제기하되 "어찌 종래로 숭배해 오던 국신(國神)을 등지고 다른, 특히 타국에서 전래된 타신(他神)을 공경할 수 있겠습니까? 유래(由來)로 이 같은 일을 공의에 붙인 적은 없었습니다"라고 강력히 반대하자, 소아마자숙녜대신(蘇我馬子宿禰大臣)은 "우리들은 신하로서 마땅히 천황의 조칙을 받들어 돕는 것이 옳은 일이지 어찌 감히 조칙을 어길 수 있겠는가!"라고 반박했다. 그러자 왕의 아우이며 황자로 책봉되었던 혈수부황자(穴穗部皇子)가 스님을 궁중으로 불러들여 소병법회(消病法會)를 열어 왕의 병이 쾌차하게 되었다. 그 후 쇼토쿠태자(聖德太子)가 섭진(攝津 : 大阪 부근)의 고마타케(駒嶽)에 중산사(中山寺)를 세워 낙성하는 날 스님을 초빙하여 법문을 듣고 공양존사(供養尊師)로 삼았다. 그 후 이 절의 주지로 모셨다. [참고문헌]『朝鮮佛敎通史』권상 pp.39~40,『日本佛敎書紀』,『本朝(日本)高僧傳』.

풍규 風規 바람 불 듯 격의없이 감화하는 뜻에서의 본보기.『설두어록』권5(대정장47, p.703c13)에 "어디에나 떨쳐 본보기 되니 고금에 다 알고, 서로 만나면 있는 줄 아니 지음이면 들어보이리라. 落落風規今古情 相逢會有知音擧", 같은 책 권6「토각주장 兎角拄杖」(대정장47, p.707b16)에 "천하를 헤쳐 쥐고 마음껏 행할 줄 아니, 높이 떨쳐 바람인 듯 본보기 보이니 어찌 그 끝이 있으랴! 解拈天下任橫行 高振風規有何極",『원오어록』권2(대정장47, p.720b19)에 "사람을 죽이는 칼과 살리는 칼이 모두 오랜 옛적 풍규이고 오늘날의 추요다. 殺人刀活人劍 上古之風規 亦是今時之樞要",『연등회요』권9「임제의현장 臨濟義玄章」(卍속장136, p.576b1)에 "이들 두 작가를 보아하니 몰아치거나 누르거나 하면서 바람인 듯한 본보기 드러내었으니 손 맞잡고 높은 산에 오르듯 하였다. 그렇다 해도 옆에서 지켜보는 사람이 비웃지 않을 수 없다. 看此二員作家 一拶一捺 略露風規 大似把手上高山 雖然如是 未免傍觀者哂"라고 하였다. [참고문헌]『雪竇語錄』,『圜悟語錄』,『聯燈會要』.

풍금사 風錦寺 경기도 연천군 북면 풍금동에 있던 절.『사탑고적고』에는 "석축이 있는데, 주위는 약 백사십 칸 정도이고 높이는 약 세 칸이지만 곳곳이 무너졌다. 有石築 周圍約一百四十間 高約三間 處處崩壞"고 하였다. [참고문헌]『寺塔古蹟攷』,『韓國寺刹全書』권하 p.1127a9.

풍기명봉사내원서별당창건번와기 豊基鳴鳳寺內院西別堂創建翻瓦記 세환(世煥 1853~1889) 지음.『혼원집』권1(한불전11, pp.718c23~719a23)에 전한다. 경

상북도 예천 명봉사를 1884년(고종21)부터 3년간 중창하면서 조전(祖殿)·별실(別室)·곡루(穀樓)·동서별당(東西別堂) 등을 완성하였는데 그 중 6칸의 서별당에 기와까지 덮고 마침을 기리기 위해 지은 글이다. 문종(文宗)의 태실이 봉안된 곳이고 정조(正祖)의 글씨가 남아 전하는 등의 인연이 깊어 중창비용을 지원받았다. 「풍기명봉사내원서별당창건번와기」(한불전11, p.719a2)에 "무릇 이 가르침의 성하고 쇠함은 실로 사원의 폐하고 흥함에 말미암는다. 진실로 심의 대원과 염력을 구족한 자가 아니면 어찌 옛 것을 고치고 새롭게 하겠는가. … 환명대사와 범운화상이 별좌로 공사를 시작하였으니 역사를 감독한 공덕이 바다와 같다고 받들어 기억할 따름이다. 蓋斯學之隆替 實有由於寺院之廢興 而苟不有誠心大願念力具足者 庸詎能修舊而新之乎 … 幻溟大師梵雲和尙 始修之別座 奉念董役德海云爾"라고 하였다. [참고문헌]『混元集』. ⇨ 명봉사 鳴鳳寺

풍난조성쇄 風暖鳥聲碎 봄바람 따스하고 새 소리내 지저귀다. 『원오어록』 권2(대정장47, p.720b26)에 "맑은 날은 맑은 날이어서 비오는 날은 비오시기에, 산은 그저 산이고 물은 그대로 물이다. 그중 어느 편이 만이나 되는 보살인가? 봄바람 따스하고 새소리 부서지며, 해 높이 떠서 꽃 그림자 거듭 아롱지네. 晴是晴 雨是雨 山是山 水是水 阿那箇是萬菩薩 風暖鳥聲碎 日高華影重", 『대천보제어록』(卍속장121, p.324a4)에 "작년에는 가난했지만 송곳도 있고 땅도 있었다. 올해의 가난은 땅도 없고 꽂을 송곳도 없으니, 궁한 즉 변해야 하고 변하면 통한다. 봄바람 따스하고 새 소리내 지저귀며, 해 높이 떠서 꽃 그림자 짙구나. 去年貧 有錐有地 今年貧 無地無錐 窮則變 變則通 風暖鳥聲碎 日高花影重"라고 하였다. [참고문헌]『圜悟語錄』, 『大川普濟語錄』.

풍단 風壇 염마천(閻魔天)을 본존으로 작법하기 위한 만다라단. 풍륜단(風輪壇)·풍륜만다라(風輪曼荼羅)·반월단(半月壇)이라고도 한다. 검은색 반월형(半月形)이고 증익법과 항복법에 활용한다. 풍조(風燥)를 비롯한 다른 존격이 머무는 것으로 그려지는 경우도 있다. 『대일경』 권5(대정장11, p.36a10)에 "허공무구존은 마땅히 윤인으로써 윤상을 스스로 둘러싸는데 풍단에 구족되어 있다. 虛空無垢尊 應當以輪印 輪像自圍繞 具足在風壇", 『대일경소』 권16(대정장39, p.744a19)에 "남방 염마왕은 풍단을 만들어야 한다. 단 중앙에 차인〈수인 등의 경우 이 단의 한 모서리에서 몸을 향하고 한 모서리에서는 바깥을 향한다. 또는 편의대로 안치한다〉 염마왕 오른쪽에 사후를 그리고 방울로 인계를 삼는다. 만약 몸을 그린다면 그것을 쥐고 있다. 왼쪽에 흑암후를 그리고 당을 인계로 삼는다. 이것이 당이다〈범본에서는 계도 또는 깃발이라 하였다〉. 南方閻摩王當作風壇 壇中畫但荼印〈若印等此壇一角向身一角向外也或隨彼便安置〉 王右邊畫死后 以鈴爲印 若畫形卽持之 左邊畫黑暗后 以幢爲印此幢也〈梵云計都亦旗也〉, 같은 책 권20(대정장39, p.781a9)에 "셋째 화존은 풍조라 부른다. 바람을 따라 태어났으니 바람의 아들이고 모습은 마르고 검다. 이는 안쪽은 색이 검고 바깥은 더욱 마른 모습이라는 뜻이다. 위와 같이 재 등을 칠했다. 이 존은 풍륜에 머무니 반월형이다. 또한 단좌하여 삼매에 든 모습으로도 그린다. 이는 진언행자가 처음 보리심을 일으켜서 수행을 닦아나가더라도 무시이래의 망상번뇌의 근본이 아직 제거되지 않았기에 자주 관하는 마음을 끌어다 부수고 어둠을 더하니 이 법을 지어야 함을 말한다. 바람은 머물지 않는다는 뜻이다. 또한 세간의 바람이 능히 무거운 구름을 없애는 것과 같다. 이는 머물지 않는 불도 이와 같이 온갖 장애를 흩어버릴 수 있다. 이 존은 풍단에 앉아 있고 손에는 비단을 들고 머리를 삼촌에서 오촌 정도 들고 양쪽 끝을 잡고 있으니 천의의 형태와 같으며 그 색은 청색이다. 第三火尊名爲風燥 從風所生 是爲風子 形燥黑也 此謂內色黑而外加燥形 如上塗灰等也 此尊處風輪中卽半月形也 亦作端坐三昧之形 謂行人初發菩提心雖欲進行 而無始來妄惑煩惱根本未除 數來牽破觀心而加暗蔽 謂作此法也 風是不住義 又如世間風能壞重雲 此不住之火亦如是 能散壞諸障也 此尊坐風壇中 手執帛去頭三五寸兩頭執之 如天衣形 其色靑也"라고 하였다. [참고문헌]『大日經』, 『大日經疏』. ⇨ 염마천 閻魔天

풍담 楓潭 1592~1665. 조선후기 스님. 휘는 의심(義諶)의 법호, 속성은 유(柳)씨며, 아버지의 휘는 화춘(華春), 어머니는 정(鄭)씨 부인이니, 1592년(선조25) 통진현(通津縣 : 지금의 경기도 김포시 통진면)에서 태어났다. ⇨ 의심 義諶 ❶

풍담문 楓潭門 조선후기 의심(義諶 1592~1665)이 세운 문파. 풍담은 의심의 법호이며, 편양언기(鞭羊彦機 1581~1644)의 제자이다. 『동사열전』 권2 「편양종사전 鞭羊宗師傳」(한불전10, p.1020a1)에 "편양의 문도로는 풍담계가 가장 번창하였다. 鞭羊之門 楓潭最昌"라고 하였고, 조선후기 이후 불교문파 중에서 큰 세력을 형성하였다. [참고문헌]『東師列傳』. ⇨ 의심 義諶 ❶

풍당불 風幢佛 부처님의 신통력으로 시방(十方)에서 한 대보살이 만불국토의 무량보살과 함께 만불국토의 무량불국토 밖의 일체세계에서 부처님 설법처로 찾아온 한 보살의 이름. 80권본 『화엄경』 권23(대정장10, p.121a22)에 그 명호가 거론되어 있다. 『신화엄경론』 권20(대정장36, p.855c24)에 "풍당불이라 한 것은, 손괘

(巽卦)로는 바람이고 백정이고 언설이고 붉은 색이며 태양임을 밝힌다. 밝음이고 백정이니 마치 바람에 형색이 없지만 온갖 향기가 불어와 모두 깨끗하게 하듯 하기 때문이다. 風幢佛者 明巽爲風 爲白淨 爲言說 爲赤爲日 爲明爲白淨 卽如風無形色 而香臭悉吹 皆令淨故"라고 하였다. [참고문헌] 『華嚴經』, 『新華嚴經論』.

풍대 風大 **1** Ⓢ vāyu-dhātu. 사대(地水火風)나 육대(地水火風空識) 중 하나로 움직임을 자성(動性)으로 하고, 모여 한층 더하면 사물을 움직이기도 하며, 한계없이 작용하기에 그 바탕 크고 넓어 대(大)라 한다. 풍계(風界)라고도 한다. 『구사론』 권1(대정장29, p.3b2)에 "이와 같은 사계를 또한 대종이라고도 하니 일체 나머지 색들의 소의성이기에, 그 바탕 막힘없이 넓다. 혹은 지 등으로 증성해서 모인 중에서는 그 형상이 크기에, 혹은 갖가지 큰 작용을 일으키기에 (풍대 등)이라 한다. … 풍계 능히 오래가게 하고, 오래가기에 한층 성하며, 또는 다시 흘러 끌어가기도 한다. … 풍계 움직임으로 그 자성이어서 능히 대종인 색을 끌기도 한다. 그렇게 상속해서 다른 방향에 이르게 하는 것이 마치 등불을 부는 것과 같으니, 그 이름이 움직임인 동이다. 如是四界亦名大種 一切餘色所依性故 體寬廣故 或於地等增盛聚中 形相大故 或起種種大事用故 … 風界能長 長謂增盛 或復流引 … 風界動性 由此能引大種造色 令其相續生至餘方 如吹燈光 故名爲動", 『종경록』 권69(대정장48, p.806a13)에 "허공의 성이 이미 어울림인데, 육대의 바탕 어찌 있겠는가? … 풍대 성이 없지만 사물에 붙어 드러나 움직일 뿐이다. 虛空之性旣融 六大之體何有 … 風大無性 附物彰動"라고 하였다. [참고문헌] 『俱舍論』, 『宗鏡錄』, *Laṅk.124.* ⇨풍 風**1**, 풍계 風界, 사대 四大**1**, 육대 六大**1** **2** 오대(五大) 중 하나. ⇨풍 風**3**

풍덕성 豊德城 Ⓢ Śrāvastī의 한역. 사위성(舍衛城)의 다른 이름. 『속일체경음의』 권2(대정장54, p.938c24)에 "실라벌〈마지막 음은 벌. 범어. 서역의 나라 이름이다. 갖추어진 명칭은 실라벌실지라고 해야 한다. 중국어로 번역하면 풍덕 혹은 문물이다. 곧 옛날에는 사위국이라고 한다. 이 성 가운데 사람들이 좋은 행위와 도덕을 잘 지키는 사람이 많았다고 말한다〉. 室羅筏〈下音伐 梵語 西域國名也 具足應云室羅筏悉底 此翻爲豊德 或曰聞物 卽舊云舍衛國也 謂此城中多出人物好行道德〉", 『능엄경직해』 권1(卍속장89, p.550a13)에 "실라벌 이 성은 한 나라의 도성이다. 번역하면 풍덕 혹은 문물이다. 네 가지 덕성을 갖추었기 때문이다. 풍요로운 재물과 욕심나는 경치에 다문과 해탈의 도덕높은 명성이 오천축에 함께 소문이 났기에 풍덕이나 문물이라고 한 것이다. 室羅筏是城名一國之都城也 譯云豊德或云聞物具四德故 謂饒財欲境多聞解脫道德名稱 五天共聞故云豊德及聞物也"라고 하였다. [참고문헌] 『續一切經音義』, 『楞嚴經直解』. ⇨사위 舍衛

풍덕암 豊德庵 평안북도 희천군 진면 묘향산(妙香山)에 있던 암자. 『태고사사법』에는 대본산 보현사(普賢寺)의 말사라고 하였다. [참고문헌] 『韓國寺刹全書』 권하 p.1127a11.

풍도 風刀 목숨 마칠 때 몸 곳곳에 부는 칼바람. 이때 느끼는 고통을 풍도고(風刀苦)라고 한다. 『불본행집경』 권5(대정장3, p.676b12)에 "혹 어떤 중생이 목숨을 마치는 날 풍도에 휘둘리니 마디마디 끊어지는 극심한 고통을 받는다. 혹은 기 다하고자 해서 숨쉬기도 불안하다. 이러한 인연으로 큰 고뇌를 받고 본심마저 놓친다. 或有衆生 命終之日 爲於風刀 節節支解 受於楚痛 或氣欲盡 喘息不安 以是因緣 受大苦惱 失於本心", 『지관보행전홍결』 권4(대정장46, p.259b13)에 "풍도를 말한다. 사람의 목숨이 끊어지려 할 때 반드시 업력으로 바람으로 풀어 흩어진다. 마치 풀무주머니 풀어지듯 숨쉬는 바람이 이어지지 않고, 도랑물이 풀리듯 혈맥도 흐르지 않으며, 기관이 풀어지듯 마디와 관절이 응하지 않는다. 불꽃 다하듯 온기가 없어지며, 그릇 부서지듯 골육이 흩어진다. 言風刀者 人命欲盡 必爲業力 散風所解 如解韛囊使息風不續 如解溝瀆使血脈不流 如解機關使筋節不應 如解火炬使暖氣滅盡 如解坏器使骨肉分離" 『석씨요람』 권3(대정장54, p.307a3)에 "풍도. 『정법염처경』에서 이른다. 목숨을 마칠 때 칼바람 모두 움직인다. 마치 천 개의 바늘이 그 몸을 찌르는 것과 같은 고통의 16분의 1에도 미치지 못한다. 만약 선업이 있다면 고뇌가 많지 않다. 『현종론』에 이른다. 다른 사람 듣기 좋은 말 해서 다른 사람을 험담하거나 했으면, 진실인지 진실하지 않은지에 따라서 사람의 마음에 상처를 입힌다. 이에 반드시 풍도의 괴로움 불러들인다. 風刀 正法念經云 命終時刀風皆動 如千尖刀刺其身上 十六分中猶不及一 若有善業則不多苦惱 顯宗論云 爲人好發言 譏刺他人 隨實不實 傷切人心 由此當招風刀之苦"라고 하였다. [참고문헌] 『佛本行集經』, 『止觀輔行傳弘決』, 『釋氏要覽』.

풍독 諷讀 소리내 외워 읽다. 『장아함십보법경』 권상(대정장1, p.235b14)에 "때로는 부처님 또한 경을 설하시지 않고 지혜로운 이들 또는 함께 배우는 이들 또한 경을 설하지 않더라도 들은 대로 받은 대로 마침내 곧 스스로 소리 내어 외워 읽으니, 이것이 행자의 두 번째 해탈이다. 或時佛亦不說經 慧者同學者亦不說經 但如聞如受竟便自諷讀 是行者二解脫", 『중아함경』 권36 「상적유경 象跡喩經」(대정장1, p.656a22)에 "생문범지가 극도로 좋은 흰 코끼리를 타고서 오백제자와 함께 이른 아침에 사위성을 빠져나와서 일이 없는 곳에 이르러 제자들에게 경서를 소리 내어 외우는 것을 가르치고자 하였다. 生聞梵志 乘極好白乘 與五百弟子俱 以平旦時 從舍衛出 至無事處 欲敎弟子 諷讀經書"라고 하였다. [참고문헌] 『長阿含十報法經』, 『中阿含經』, 『濡首菩薩無上清淨分衛經』 권하(대정장8, p.748c5).

풍등 風燈 바람 앞의 등불. 『마하지관』 권7상(대정장46, p.91b3)에 "몸은 외톨이와 같고, 입은 봄 개구리처럼 시끄러우며, 마음은 바람 앞의 등불같으니, 흩어져 부질없을 뿐이니 법이 현전할 수 없다. 이럴 때 마땅히 선정으로 다스림 삼는다. 身如獨落 口若春蛙 心如風燈 以散逸故 法不現前 是時應用禪定爲治", 『만선동귀집』 권하(대정장48, p.986b2)에 "또한 무상신속하여 념념으로 옮겨간다. 돌 부딪혀 번득이는 불, 바람 앞의 등불, 흐르는 물결, 지는 노을, 이슬이라 꽃이라 번개라 그림자라 하니, 그 무엇을 비유로 삼아도 충분치 않다. 又無常迅速 念念遷移 石火風燈 逝波殘照 露華電影 不足爲喩", 『금강경과의회요주해』 권8(卍속장92, p.421b1)에 "오늘 비록 편안할지라도 내일은 보장할 수 없다. 마치 봄날 꿈이 짧은 것과 같고, 바람 앞의 등불이 무상한 것 닮았다. 今日雖安 明朝未保 如春夢而短 似風燈無常"라고 하였다. [참고문헌] 『摩訶止觀』, 『萬善同歸集』, 『金剛經科儀會要註解』.

풍락암 豊樂庵 평안북도 희천군 동창면 두첩산(頭疊山)에 있는 암자. 대본산 보현사(普賢寺)의 말사였다. 『경허집』 「우 又」(한불전11, p.618c1)에 "샘물 길어 조밥 짓고 한가로이 누으니 풍락암에서의 하룻밤이 정겹다. 대도 천진하여 말을 잊은 곳인데, 산사의 동승은 때때로 향 사뤄 더욱 맑다네. 汲泉炊粟仍高枕 豊樂菴中一夜情 大道天眞忘語處 山童時有爇香淸"라고 하였다. [참고문헌] 『鏡虛集』.

풍랑현관 風浪絃管 바람에 파도쳐 피리 불듯 하네. 『왕생요집』 권상(대정장84, p.43b15)에 "함께 유리로 된 땅을 경행하고 전단림 숲에서 함께 노니네. 궁전에서 궁전까지 연못에서 연못에 이르기까지. 적막하려 할 때마다 바람에 부딪치는 파도소리 피리 불 듯 저절로 귓가에 부딪히네. 共經行於瑠璃地上 同遊戲於栴檀林間 從宮殿至宮殿 從林池至林池 若欲寂時 風浪絃管自隔耳下"라고 하였다. [참고문헌] 『往生要集』.

풍래노중 風來露重 바람이 불고 이슬 내리다. 『원오어록』 권18(대정장47, p.799b21)에 "바람이 불 줄 새는 벌써 알고, 이슬 무겁게 맺힐 줄 학은 미리 안다. 어떻게 그렇게 할 수 있는지 물어본들 새나 학이나 알 리가 없다. 風來鳥已覺 露重鶴先知 爲問何能爾 渠儂初不知"라고 하였다. [참고문헌] 『圜悟語錄』.

풍력소전 風力所轉 Ⓢ vātayantrayukto varttate. 바람의 힘으로 움직일 뿐 움직이는 이 따로 없음을 보이기 위한 뜻이다. 『유마경』(대정장14, p.539b24 : *Vikī-n.*, p.68)에 "이 몸 짓는 일 없지만 바람의 힘으로 구른다. 是身無作 風力所轉 niśceṣṭo yaṃ kāyo vātayantrayukto varttate", 『주유마힐경』 권2(대정장38, p.342a12)에 "구마라집(鳩摩羅什)이 푼다. '짓는 이 없이 지은 일은 있으니, 바람에 의해 구른다. 무지를 좇아 무작에 이르기까지 다시 공과 무아의 뜻 풀이하였다'. 승조(僧肇)가 푼다. '들어 움직이는 일이란 바람의 힘으로 부릴 뿐이니, 누가 짓는다 하겠는가?' 什曰 無作主而有所作者 風所轉也 從無知至無作 更釋空無我義也 肇曰 擧動事爲風力使然 誰作之也"라고 하였다. [참고문헌] 『維摩經』, 『注維摩詰經』, *Vikī-n.* ⇨ 작자 作者[1]

풍령 風鈴 바람에 소리내는 방울. 풍탁(風鐸)이라고도 한다. 『여정어록』 권하(대정장48, p.132b14)에 "풍령 : 온몸이 입이라 여겨 허공에 걸어두고, 동서남북으로 부는 바람도 상관치 않노라. 한결같이 더불어 반야를 이야기하니, 댕그랑 댕그랑! 風鈴 通身是口掛虛空 不管東西南北風 一等與渠談般若 滴丁東了滴丁東", 『석계심월어록』 권중(卍속장123, p.96a5)에 "풍령 울림이 아니라 내 마음 울릴 뿐이라 하니, 머리 쪼개 아교 단지에 넣듯 하고, 바람도 깃발도 움직인 일 없어 그대들 마음 움직일 뿐이라 하니, 써진 대로 판결한다. 非風鈴鳴 我心鳴耳 刺腦膠盆 非風幡動 仁者心動 據款結案"라고 하였다. [참고문헌] 『如淨語錄』, 『石溪心月語錄』. ⇨ 풍탁 風鐸, 종 鐘

풍류 風流 바람처럼 자유롭고 물처럼 거침없는 흐름이나 기틀. 『원오어록』 권20(대정장47, p.806c24)에 "태양 아래 들어올려 천차를 끊으니, 풍류가 바로 그 집에서 나왔음을 누가 믿으랴? 當陽提起截千差 誰信風流出當家", 『선림소어고증』 권4(卍속장112, p.874a7)에 "본보기 지어내 모양 두드려 억지로 풍류를 짓는다. 做模打樣 而强作風流", 『여정어록』 권상(대정장48, p.122b18)에 "설날 법좌에 올라 말했다. '오늘이 정월 초하루로구나. 단번에 상상의 대길을 들어보이니 길하여 이롭지 않음이 없다. 봄바람 고른 기운 흩어져 꽃 끝에 드니, 온갖 풀 티끌마다 국토마다 굴러 바람처럼 흐른다'. 正旦上堂 今朝正月初一 一擧上上大吉 吉無不利 春風和氣 散入花梢 百草頭 塵塵刹刹 轉風流"라고 하였다. [참고문헌] 『圜悟語錄』, 『禪林疏語考證』, 『如淨語錄』. ⇨ 불풍류처야풍류 不風流處也風流, 매풍류 賣風流, 영풍류

逞風流

풍륜 風輪 Ⓢvāyu-maṇḍala, vāta-maṇḍala, vāta-maṇḍalī, Ⓣrlung-gi-dkyil-'khor. 기세간(器世間)의 가장 아래에서 기저를 이루며 둥글게 돌고 있는 바람의 세계. 풍륜 아래는 허공륜(虛空輪)이며, 위에는 수륜(水輪)이 있다. 『구사론』 권11(대정장29, p.57a14 : *Abh-k-bh.*, p.158)에 "〔논〕 이 삼천대천세계는 이와 같이 안립해 있어 형량이 같지 않다. 모든 유정들의 업증상력으로 먼저 가장 아래 허공에 의지하여 풍륜이 생겨나는데, 넓어 헤아릴 수 없으며 두께도 16억 유선나다. 論曰 許此三千大千世界如是安立形量不同 謂諸有情業增上力 先於最下依止虛空有風輪生廣無數 厚十六億踰繕那 trisāhasramahāsāsralokadhātor evaṃ saṃniveśam icchanti. yad utākāśapratiṣṭham adhas tād vāyumaṇḍalam abhinivṛttaṃ sarvasattvānām. karmādhipatyena tasya yojanalakṣāṇāṃ ṣoḍaśakam udvedhaḥ pariṇāhenāsaṃkhyaṃ", "이와 같은 풍륜은 그 체가 견고하여 설사 1대낙건나(ⓈMahā-nagna : 大露形)가 금강륜(Ⓢvajra : 金剛杵)으로 위력을 다해 내리쳐도 금강륜이 부서지지 풍륜에는 어떤 손상도 없다. 또 모든 유정들의 업증상력으로 큰 구름 풍륜 위로 비 내리게 해서 수레바퀴만한 물방울 모이게 하니 수륜이 된다. 如是風輪其體堅密 假設有一大諾健那 以金剛輪奮威懸擊 金剛有碎風輪無損 又諸有情業增上力 起大雲雨澍風輪上 滴如車軸積水成輪 tathā ca dṛḍhaṃ yan mahālagno 'pi vajreṇa bhettum aśaktaḥ. tasyopariṣṭāt … maṇḍalam iti varttate. tasmin vāyumaṇḍale sattvānāṃ karmabhir meghāḥ saṃbhūyā kṣamātrābhir dhārābhir abhivarṣanti. tat bhavaty apāṃ maṇḍalam", 『유가사지론』 권2(대정장30, p.286c16 : *Yogā-bh.*, p.37)에 "이 대풍륜에는 두 가지 상이 있으니 위로 퍼진 앙주포이고, (둑처럼 둘레를 두르고 있는) 방측포다. 이로 인해 물을 가두어 흩어져 새어나가지 않도록 한다. 此大風輪有二種相 謂仰周布及傍側布 由此持水令不散墜 tat punar dvividham. uttānaśayaṃ pārśvaśayaṃ ca. yena tāsām araṃ tiryag vimānaḥ adhaś cāyatanaṃ"라고 하였다. 〔참고문헌〕『俱舍論』, 『瑜伽師地論』, *Abh-k-bh.*, *Yogā-bh.*, *Daś-bh.29.*, *Bodh-bh.234.* ⇨풍 風❶❷, 풍계 風界, 풍대 風大❶, 삼륜 三輪❷, 사륜 四輪❶, 오륜 五輪❷

풍륜단 風輪壇 호마를 위해 설치하는 반월 형태의 단. 풍단(風壇)이라고도 한다. 『태장계대법대수기』 권6(대정장75, p.107b16)에 "해대덕의 설에 의하면 '여섯째 달에 풍륜단을 관한다. 그 형은 반월이다. 다음으로 이 풍륜단 위에 화륜단을 안치하니 그 형은 삼각형이다. 화륜단 위를 관하여 함(hām) 람(rām) 두 종자를 안치하고 풍륜단에 함()자를 안치한다'고 하였다. 海大德說 第六月觀風輪壇 其形半月 次於此風輪壇上安火輪壇 其形三角 壇上觀安 二字種子 風輪壇安字"라고 하였다. 〔참고문헌〕『胎藏界大法對受記』. ⇨풍단 風壇

풍륜삼매 風輪三昧 바람 돌 듯한 삼매. 오륜삼매(五輪三昧) 중 하나. 마치 허공에 불어 걸림없이 해서 만물을 고동치게 하니, 출세간의 선근을 일으키며 견혹마저 부순다. 『석선바라밀차제법문』 권3(대정장46, p.493c13)에 "(오륜삼매 중) 세 번째는 풍륜삼매다. 세간의 바람에는 세 가지 뜻이 있는 것과 같다. 첫째는 허공에 노닐어 걸림없고, 둘째는 만물 두드려 움직이게 하며, 셋째는 능히 부수고 무너뜨린다. 수행자가 풍륜삼매를 일으킴 또한 이와 같다. 만약 선정에 의지해 (初禪 이상에서 얻는) 상사지혜무애방편 일으키니 마치 바람이 허공에 놀아 일체로 걸림없는 것과 같다. 두드려 움직이게 한다 하니, 방편도를 얻어 능히 갖가지 출세간선근을 격발하여 공덕이 나고 자란다. 파괴란 지혜방편으로 모든 견번뇌(見煩惱 : 見惑)를 꺾어 부술 수 있다는 것이다. 만약 이승인이 이 풍륜삼매를 얻으면 (別總相念處·煖·頂·忍·世第一法의) 다섯 가지 방편상사한 무루혜 일으키니, 보살이라면 곧바로 철륜의 십신위에 들어간다. 이를 풍륜삼매라 한다. 三 風輪者 如世間風有三義 一者 遊空無礙 二者 鼓動萬物 三者 能破壞 行者發風輪三昧亦如是 若因禪定發相似智慧無礙方便 如風遊空一切無礙 鼓動者 得方便道 卽能擊發種種出世善根 功德生長 破壞者 智慧方便 能摧破一切諸見煩惱 若二乘人得此風輪三昧 卽是五方便相似無漏慧發 若是菩薩 卽入鐵輪十信 是名風輪"라고 하였다. 〔참고문헌〕『釋禪波羅蜜次第法門』. ⇨오륜삼매 五輪三昧

풍륜제 風輪際 풍륜의 영역. 기세간(器世間)의 최하. 『관불삼매해경』 권1(대정장15, p.646b2)에 "또 부왕이시여! 염부제와 사천하에 금시조가 있는데 그 이름이 바로 가루라왕입니다. … 그는 금강산에서 곧장 내려가서 대수륜의 끝에 이르며, 대수륜의 끝에서 풍륜의 끝에 이르면 바람에 날려 다시 금강산에 이르는데 이와 같이 일곱 번 반복한 뒤에 목숨을 마칩니다. 復次父王 閻浮提中及四天下 有金翅鳥名正音迦樓羅王 … 從金剛山直下至大水際 從大水際至風輪際 爲風所吹還至金剛山 如是七返然後命終", 『신화엄경론』 권15(대정장36, p.816b26)에 "아래 방위 중 가장 아래는 풍륜의 영역이다. 깊고 굳어 틈이 없다. 下方最下是風輪際 甚堅密"라고 하였다. 〔참고문헌〕『觀佛三昧海經』, 『新華嚴經論』. ⇨풍륜 風輪

풍마국 豐馬國 ⓈAvanti. 십육대국(十六大國) 중 하

나. 아반제국(阿般提國)을 말한다. 구역에는 아반제(阿槃提)라 하고 알반제(頞飯底)라고도 한다. 『대비바사론』 권30(대정장27, p.153b17)에 "〔문〕 이 재와 법의 공양은 누가 베풀고 또 누가 받는가? 부처님께서는 모든 유정에게 재와 법 두 가지 공양을 베풀 수 있고 그들은 경우에 맞게 받을 수 있지만, 모든 유정은 부처님께 경우에 맞게 공양을 베풀 수 있지만 법공양은 베풀 수 없다. 부처님을 위해 법을 말할 수 있는 이는 없기 때문이다. … (어떤 이는) '그 비구는 풍마국에 머물면서 온갖 불사를 지었기에, 세존께서는 그를 찬탄하였으니 이는 곧 그 나라의 무량유정이 공경하고 정중하게 법을 받도록 하였기에 찬탄의 말씀을 한 것이지, 그에게서 법공양을 받았기 때문이 아니다'라고 하였다. 問 此財法供養誰設誰受 答 佛於一切有情能設財法二供養 彼隨所應能受一切有情於佛隨應能設財供養非法供養 無能爲佛說法者故 … 以彼苾芻在豐馬國作諸佛事 世尊讚彼更令彼國無量有情敬重受法故作是說 非爲於彼受法供養"라고 하였다. 〔참고문헌〕『大毘婆沙論』. ⇨ 아반제국 阿般提國

풍몽정 馮夢禎 1548~1595. 명대 수수(秀水 : 浙江省嘉興) 출신. 자는 개지(開之). 절개를 숭상하고 문장이 뛰어났다. 만력년간(1573~1620) 회시(會試)에서 장원으로 합격하여 관직이 국자감제주(國子監祭酒)까지 올랐다. 불법을 받들었는데 특히 선사들과 교유를 즐겨 운서주굉(雲棲袾宏)에게 보살계(菩薩戒)를 받아 공경하는 마음으로 가져 게을리 하지 않았다. 또한 자박진가(紫柏眞可)와 함께 염불삼매(念佛三昧)를 닦으면서 몸을 찔러 나온 피로 사경을 하여 대장경을 각인하였다. 평소에 항상 『능엄경』을 읽은 끝에 자신의 안목에서 풀이한 『능엄경석초 楞嚴經釋鈔』를 내놓기도 하였다. 1595년(만력23) 48세로 세상을 떠났다. 시호는 장간(莊簡)이고, 태자태보(太子太保)로 추증되었다. 『역대공거지 歷代貢擧誌』·『쾌설당집 快雪堂集』·『쾌설당만록 快雪堂漫錄』 등을 남겼다. 〔참고문헌〕『天台四教儀』「刻天台四教儀引」(대정장46, p.774c6), 『楞伽阿跋多羅寶經會譯』「楞伽會譯序」(卍속장1, p.445a1), 『吳都法乘』 권25「周母薛氏往生淨土傳」(대장경보편34, p.812b12).

풍미 風味 사람이 지니고 있어 바람처럼 다른 이에게 닿고 느껴 알게 하는 도(道)나 덕(德) 등의 실재. 『조론신소』 권중(대정장45, p.221a12)에 "풍미라 하면 조공(僧肇)의 덕풍과 도미를 말한다. 風味 謂肇公德風道味", 『심진문집』 권11 「산유창화시집서 山游唱和詩集敘」(대정장52, p.706a2)에 "무릇 시와 더불어 산수는 그 풍미가 담박하면서 고요하니, 천하에서 이를 좋아하는 이가 몇이나 되겠는가! 夫詩與山水 其風味淡且靜 天下好是者幾其人哉"라고 하였다. 〔참고문헌〕『肇論新疏』, 『鐔津文集』.

풍방 風方 바람부는 곳. 서북방(西北方)을 달리 이르는 말. 풍천(風天)을 서북방의 호방천(護方天)으로 간주하므로 이렇게 말한다. 『저리염송비밀법』 권상(대정장21, p.13b14)에 "이와 같이 떠올리고 나서 다시 마음으로 아(𑖀)자를 염송하며 풍방〈서북방〉에 향을 바른다. 如是想已 又心誦阿字 於風方〈西北方也〉用塗香"라고 하였다. 〔참고문헌〕『底哩念誦祕密法』, 『大日經疏』 권9(대정장39, p.678b19).

풍백단 風伯壇 재도량에 바람등 신을 모시는 단. 『오종범음집』 권상(한불전12, p.157b7)에 "대중이 모이는 전날 정축시(새벽2시), 마당에 풍백단을 세운다. 衆會前日正丑時 庭中設風伯壇", 『산보집』 권상 「지반삼주야십칠단배설지도 志磐三晝夜十七壇排設之圖」(한불전11, p.459b2)에 재도량 상단(上壇) 서쪽 제2열에 시설하며, "풍백단. 풍백과 우사 및 우레·번개·씨앗·싹 등을 담당하는 무리. 風伯壇 風伯雨師主雷主電主稼主苗等衆", 같은 책 「초일풍백우사단작법 初日風伯雨師壇作法」(한불전11, p.505b21)에 "일심으로 받들어 청하옵니다. 위풍 구족하고 신력 두루 돌리시어, 단비 내려 온갖 싹 빼어 적시고 심어 거둠 더욱 많게 하시는, 우사 풍백 전모 뇌공 무리들과 아울러 따르는 권속들이여! 법회에 내려오시어 도량을 지켜주소서. 一心奉請 威風具足 神力周旋 布甘雨而拔潤群萌 扇惠風而滋榮稼穡 雨師風伯電母雷公衆 并從眷屬 來臨法會 守衛道場"라 하였다. 풍백단의 의례문으로 『자기산보문 仔夔刪補文』에 「풍백우사청좌의문 風伯雨師請坐儀文」(『한국불교의례자료총서』 권2, p.291b1), 『산보범음집 刪補梵音集』에 「소청풍백우사위 召請風伯雨師位」(같은 책, p.616a5)와 「청풍백우사소 請風伯雨師疏」(같은 책, p.618a2), 1739년(영조15) 곡성 도림사 중간 『산보집』에 「중회일풍백우사권공절차 衆會日風伯雨師勸供節次」(같은 책 권3, p.104a3) 등이 전한다. 〔참고문헌〕『刪補集』, 『五種梵音集』. ⇨ 풍백우사청 風伯雨師請

풍백우사청 風伯雨師請 바람과 비 내리는 신을 재도량에 청하는 글. 『석문의범』 권하(p.43a12) 풍백우사소에 "삼가 초례의식을 베풂에 의지하여 장차 법사를 열고자 함에는 반드시 먼저 신총에 의지해야 하기에, 향화를 엄히 갖추고 맛난 음식 공양하는 위의로 삼가 우사 풍백 전모 뇌공과 따르는 권속 무리들을 청하옵니다. 엎드려 바라오니, 도타운 바람의 부드러운 기운과 단 못의 청량함이 만물에 미쳐 낳고 자라는 공이 있게 하시고, 나라를 편안케 하여 무너지는 어려움 없게 하소서. 謹依設醮儀式 將欲開啓法事 必先仗於神聰 是以嚴備香花 珍食供

養之儀 謹請雨師風伯 電母雷公 並從眷屬等衆 右伏以 淳風和氣 甘澤淸凉 及萬物 有生成之功 安國界 無崩摧之患"라고 하였다. 〔참고문헌〕『釋門儀範』.

풍변처 風遍處 Ⓢ vāyu-kṛtsnāyatana. 바람으로 가득해 그 밖이 없는 곳. 십변처(十遍處) 중 하나로 풍변처정(風遍處定)의 경이다. 『구사론』 권29 「분별정품 分別定品」(대정장29, p.151c28)에 "유여사가 설하기를 '(十遍處) 오직 풍변처만이 촉하는 바를 연하여 풍계를 경으로 삼는다' 하였다. 有餘師說 唯風遍處 緣所觸中 風界爲境", 『대비바사론』 권85(대정장27, p.441a15)에 "누군가는 이렇게 설한다. '앞의 일곱 변처는 안식을 가행으로 삼고, 중간의 한 변처는 신식을 가행으로 삼는다. 왜 그런가? 지변처·수변처·화변처는 형색과 현색을 연으로 삼기 때문이고, 풍변처는 움직이는 성으로 만남을 연으로 삼기 때문이다'. 有作是說 前七遍處 以眼識爲加行 中一遍處 以身識爲加行 所以者何 地水火遍處 以形顯色 爲所緣故 風遍處 以動性觸 爲所緣故", "또 이렇게 설하는 이도 있다. '앞의 여덟 변처는 모두 안식을 가행으로 삼는다. 이유가 무엇일까? 풍변처 또한 색을 연으로 삼기 때문이다. 예컨대 세간에서 동풍·남풍·서풍·북풍과 먼지가 든 바람과 먼지가 없는 바람과 비습박풍과 폐람바풍과 풍륜풍 등을 설하는 것과 같다. 그러므로 풍변처 역시 색처를 연한다'. 復有說者 前八遍處 皆以眼識爲加行 所以者何 風遍處 亦以色爲所緣故 如世間說 東風南風 西風北風 有塵風無塵風 毘濕縛風 吠嵐婆風 風輪風等 故風遍處 亦緣色處"라고 하였다. 〔참고문헌〕『俱舍論』, 『大毘婆沙論』, *Abh-k-bh.457.* ⇨ 십변처 十遍處, 풍변처정 風遍處定

풍변처정 風遍處定 Ⓢ vāyu-kṛtsnāyatana, Ⓣ zad-par-rlung-gi-skye-mched. 바람 끝도 없이 널리 가득하다 느끼는 삼매. 십변처정(十遍處定) 중 하나로 승해력(勝解力)으로 사유하고 가행(加行)으로 바람이 편재함을 느끼는 관상법(觀相法). 『집이문족론』 권19(대정장26, p.449a14)에 "〔문〕 풍변처정의 가행은 어떠한가? 관행을 닦는 이는 어떤 방편으로 능히 풍변처정에 실제로 드는가? 〔답〕 처음 그 업을 수습하는 이가 관을 수습하기 시작할 때는 이 세계에서 동방에 (또는 남방·서방·북방에) 있는 바람의 상을 취하든 … 먼지가 있는 바람의 상을 취하든 먼지가 없는 바람상을 취하든 폐습마(Ⓢ viśva : 毘濕婆) 바람상을 취하든 폐람바(Ⓢ vairambha) 바람상을 취하든 … 대풍륜의 바람상을 취하든 한다. 이와 같은 것들에 대해 경우에 맞게 하나의 상을 취하고는, 승해력으로 마음을 한데 묶어 사유하고 가상으로 관찰하여 이것은 어떠어떠한 바람상이라고 안립해서 믿고 안다. 問 風遍處定加行云何 修觀行者由何方便而能證入風遍處定 答 初修業者創修觀時 於此世界或取東方所有風相 … 或取有塵風相 或取無塵風相 或取吠濕摩風相 或取吠嵐婆風相 … 或取大風輪相 於如是等隨取一相 以勝解力繫念思惟假想觀察安立信解是某風相", "흩어져 움직이며 치달려 흐르는 마음을 거두기 위해 하나의 풍상 마음에 묶어 사유하는데, '이것은 그러한 바람이지 불 등이 아니다'라고 사유하는 것이다. … 나아가 이러한 마음 상속해서 오래가게 해야 하니, 이러한 가행으로 풍정에 들 수 있다. … 한번 이 정에 나아간 뒤 다시 '이 바람이 점차로 증대해 동서남북이 모두 이러한 바람으로 편만하다'라고 상상한다. 그는 '이 바람이 점차로 증대해 동서남북이 모두 이러한 바람으로 편만하다'라고 상상하기에 마음이 다시 산동치류하는 온갖 상으로 마음을 한데 묶어둘 수 없게 되면, '이 경들 모두 바람으로 편만하다'라고 사유한다. … 산동치류의 마음을 거둬들이기 위해 가득한 바람상으로 마음을 한데 묶어 놓고 '이렇게 가득한 것은 바람이지 편만한 불 등이 아니다'라고 사유한다. … 이런 가행으로 점차 풍변처정에 들 수 있다. 爲攝散動馳流心故 於一風相繫念思惟 謂此是風非爲火等 … 乃至令心相續久住 由斯加行能入風定 … 一趣定已復想此風 漸次增廣東南西北遍皆是風 彼想此風漸次增廣東南西北遍是風故 心便散動馳流諸相 不能一趣繫念一境 思惟此境遍皆是風 … 爲攝散動馳流心故 於遍風相繫念思惟 此遍是風非遍火等 … 由斯加行乃漸能入風遍處定"라고 하였다. 〔참고문헌〕『集異門足論』, *Mvyut.72.* ⇨ 십변처정 十遍處定, 십일체처 十一切處

풍병 風病 Ⓟ vātābādha. 풍병. 사대 중 풍대(風大)에 치우쳐서 생기는 병으로 지나치면 발광(發狂)한다. 『증일아함경』 권12(대정장2, p.602c24)에 "만약 부모가 한 곳에 모여 살아도 부친에게 풍병이 있고 모친에게 냉병이 있다면 태아가 이루어지지 않고, 만약 부모가 몸을 섞고 살아도 부친에게 풍병이 있고 모친에게 냉병이 있다면 태아가 이루어지지 않는다. 若復父母 集在一處 父有風病 母有冷病 則不成胎 若復父母 集在一處 母有風病 父有冷病 則不成胎", 『선비요법경』 권하(대정장15, p.264b11)에 "만약 풍병의 소인이 많은 사람이 풍대의 정에 들어가는 순간 풍대를 따르기에 쉽사리 광병에 걸린다면 마땅히 가르쳐 관불하게 해야 한다. 若風病多者 入風大定時 因風大故 喜發狂病 當敎觀佛", 『일체경음의』 권37(대정장54, p.553a5)에 "전간〈첫째 글자는 전과 년을 반절한 음이다. 『문자집략』에 '사계절의 바르지 못한 바람이 오장에 침입하면 정병이 된다'라고 하였고, 『광아』에 미친 병이라 하였으며, 『설문』에는 '풍병이며 역(疒) 변에 전(顚) 음을 따른다'고 하였다. 둘째 글자의 음은 한이다. 『설문』에는 이 또한 풍병이라 하였다〉. 癲癎〈上典年反 文字集略云 賊風入五藏 即癲病也 廣雅云 狂病也 說文 風病也 從疒顚聲 下音閑 說

文 亦風病也〉"라고 하였다. 〔참고문헌〕『增壹阿含經』, 『禪祕要法經』, 『一切經音義』, *MN.2.70.*

풍분신삼매 風奮迅三昧 아난이 열반하면서 항하사중에 몸을 넷으로 나눠 분산한 삼매. 『법화문구』에서 『중아함경』 7권을 전거로 하고 있지만 이 삼매 이름은 없이 이후 많은 문헌에서 그대로 인용 전승하였다. 『법화문구』 권2(대정장34, p.18b29)에 "스스로 서원을 하고 앉아서 열반에 들어가면서, (그곳에) 머무르려니 리차족의 원한이 있을까 두렵고, (다른 곳으로) 나아가자니 아사세왕의 원한을 살까 두려웠다. (그래서) 항하중에 풍분신삼매에 들어 몸을 넷으로 나누어서 일부는 천인에게, 일부는 용신에게, 일부는 비사리(사람)에게, 일부는 아사세왕에게 주었다. 自誓坐入涅槃 住恐離車有怨 進恐闍王有怨 於恒河中 入風奮迅三昧 分身爲四分 一與天 一與龍 一毘舍離 一阿闍世"라고 하였다. 〔참고문헌〕『法華文句』, 『佛祖統紀』 권5(대정장49, p.171b5). ⇨ 편향 偏向, 풍삼매 風三昧

풍사록 風使錄 삼봉(三峯) 화악지탁(華嶽知濯 1750~1839)의 법어집. 2권. 일실되어 전하지 않는다. 지탁의 문집인 『삼봉집』에 이 법어집에 관한 내용과 규모가 전한다. 『삼봉집』 「발문 跋文」(한불전10, p.481a9)에 "과연 시자 권우상인이 들을 바를 기록한 것이 있었으니, 사대부와 나눈 창화시구, 선자에게 준 살활의 기봉, 상당설화, 수륙소참, 법계관문 등의 법어를 나누어 2권으로 만들었다. 조사께서 보시고 유포를 허락지 않으시다가, 권우상인이 간절히 제목 정해주시기를 구하자 조사께서 웃으시며 '풍사록'이라고 이름 붙이시고 아울러 서문을 두었으나, 선비가 빌려 가서 완성하지 못하던 차에 권우상인 마저 입적하여 까마득히 전하지 못하게 되었다. 果有侍者 勸愚上人 隨聞所錄 與士大夫 唱和詩句 授禪子殺活機鋒 上堂說話 水陸小叅 法界觀文等法語 分爲兩秩 祖師見而不許流布 愚懇乞安題 祖師笑而風使錄名之 兼有序引 爲士人所借去 因不完璧 愚亦化去 茫無所傳", 같은 책 「행장 行狀」(한불전10, p.480c7)에 "저술하신 『풍사록』 2권은 속인이 훔쳐 갔다. 所著風使錄 二卷 被俗子偸取"라고 하였다. 〔참고문헌〕『三峯集』. ⇨ 삼봉집 三峯集 **2**

풍삼매 風三昧 풍분신삼매(風奮迅三昧)의 약칭. 큰 바람을 일으키는 삼매. 『치선병비요법』(대정장15, p.334a20)에 "만약 수행자가 풍삼매에 들어가면 하나의 자기 몸에 아홉 개의 머리가 있는 용인데, 각각의 용머리에 9백개의 귀와 무량한 입, 몸의 털구멍이 있음을 스스로 본다. 귀와 입은 큰 계곡과 같아서 모두 사나운 바람을 일으키면서 적당하고 재빠르게 치유를 한다. 若行者入風三昧 自見己身作一九頭龍 一一龍頭有九百耳 無量口身毛孔 耳及口如大溪谷皆出猛風 宜急治之", 『마하지관』 권1(대정장46, p.1a16)에 "아난에게 법을 부촉하다. 아난은 항하 가운데서 풍삼매에 들어 자기 몸을 넷으로 나누었다. 法付阿難 阿難河中入風三昧四派其身"라고 하였다. 〔참고문헌〕『治禪病秘要法』, 『摩訶止觀』. ⇨ 풍분신삼매 風奮迅三昧

풍색 風色 바람이라는 색. 일체(一切)로 안립할 수 없고 인연으로도 없는(無) 것들의 사례 중 하나. 『성실론』 권2(대정장32, p.256a20)에 "〔문〕 어떤 인연으로 있다고 하고, 어떤 인연으로 없다고 하는가? 〔답〕 있다는 것은 부처님께서 십이입을 설하셨는데 이를 일체라 한다. … 총상·별상·화합 등의 법과 파거제본성(Ⓢ prakrti : 勝因) 등과 세간사 중 토끼뿔·거북털·뱀발·소금향·바람색 등을 없다라고 이름한다. 또 경에서 부처님께서는 다음처럼 말씀하셨다. '허공에는 수레바퀴 자국이 없고, 외도에게는 사문이 없다. 범부는 희론을 즐기나 여래라 하면 바로 이러한 일이 없다'. 問曰 何因緣故說有 何因緣故言無 答曰 有者佛說十二入 名爲一切 … 總相別相和合等法 及波居帝本性等及世間事中兎角龜毛蛇足鹽香風色等 是名無 又經中佛說 虛空無轍跡 外道無沙門 凡夫樂戲論 如來則無有"라고 하였다. 〔참고문헌〕『成實論』. ⇨ 토각 兎角, 구모토각 龜毛兎角, 사족 蛇足

풍선 豊膳 넉넉하고 맛난 음식. 훌륭한 음식. 선은 선(饍)으로도 쓴다. 『무량수경』 권상(대정장12, p.266a20)에 "나라에 들어가 걸식하여 여러 맛난 음식을 공양받으시니, 저들이 공덕을 쌓으므로 복전을 드러내시고 법을 베풀시려 할 경우 기쁜 미소를 지으시며, 온갖 법을 약으로 삼아 세 가지 고통을 구하기 위해 치료하신다. 入國分衛 獲諸豊饍 貯功德 示福田 欲宣法 現欣笑 以諸法藥 救療三苦", 『대비바사론』 권183(대정장27, p.918b18)에 "어떤 주장에 따르면, 마치 손님을 접대할 경우 처음 맞이할 때와 마지막으로 보낼 때 모두 맛있는 음식을 베풀 듯이 이와 마찬가지로 정법이 처음 출현할 때와 후세에 장차 멸하려 할 때 모두 넉넉한 물건을 마련하여 공양한다. 有說 如待客法 初及後時 皆設豊膳 如是正法 初出現時 及後將滅 皆致豊厚資緣供養"라고 하였다. 〔참고문헌〕『無量壽經』, 『大毘婆沙論』.

풍선논사 風仙論師 바람을 열반의 인으로 보는 외도. 『외도소승열반론』(대정장32, p.157a7)에 "〔문〕 어떤 외도가 바람이 열반의 인이라 주장하는가? 〔답〕 세 번째 외도인 풍선논사는 '바람이 목숨을 가진 만물을 낳아서 기르고 목숨을 가진 만물을 죽인다. 바람은 만물을 만들기도 하고 만물을 파괴하기도 하니, 바람이 열반이다'라고 주장한다. 이에 풍선논사는 '바람은 항상 열반의 인이다'라고 주장한다. 問曰 何等外道說 風爲涅槃因 答曰 第三外道 風仙論師說 風能生長命物 能殺命物 風造萬物 能壞萬物 名風爲涅槃 是故 風仙論師說 風爲常是涅槃因", 『주대승입능가경』 권7(대정장39, p.482b24)에 "풍선논사는 바람이 만물의 생사를 주관하고 바람의 본성은 영원하다고 분별한다. 風仙論師 計風能生殺萬物 風性亦常"라고 하였다. [참고문헌] 『外道小乘涅槃論』, 『注大乘入楞伽經』.

풍설 風屑 비듬. 각질. 『선원청규』 권1 「부죽반 赴粥飯」(卍속장111, p.882a18)에 "머리를 긁어서 비듬이 발우에 떨어지게 해서도 안 된다. 亦不得抓頭 令風屑墮盂鎖中"라고 하였다. [참고문헌] 『禪苑淸規』, 『百丈淸規』 권6 「日用軌範」(대정장48, p.1145a20).

풍섬 豐贍 Ⓢ Samṛddhi, Ⓟ Samiddhi. 부처님 재세시 비구 이름. 구역에서는 식밀제(式蜜提)다. 삼미제(三彌提)라고도 한다. 『대비바사론』 권97(대정장27, p.502c27)에 "그리고 계경에서 '변하고 무너지기에 세속이라 한다'라고 설하였는데 가령 계경에서 다음처럼 설하였다. '구수 풍섬이 부처님이 계신 곳으로 나아가 두 발에 머리를 조아려 예를 표하고 부처님께 아뢰었다. 「세존이시여! 세속이라 말씀하셨는데 세속의 뜻은 무엇을 이른 것입니까?」 … 「이는 변해 무너지기에 세속이라 하는 것이다」. … 「무엇이 변괴하는 것입니까?」 … 「안처는 변괴할 수 있는 것이고 색처는 변괴할 수 있는 것이며 내지 의처도 변괴할 수 있는 것이고 법처도 변괴할 수 있다」'. 然契經中說可變壞故名世俗 如契經言 具壽豐贍來詣佛所 頂禮雙足而白佛言 世尊 所說世俗世俗義何謂耶 … 是可變壞故名世俗 … 何謂可變壞 … 眼處可變壞 色處可變壞 乃至意處可變壞 法處可變壞"라고 하였다. [참고문헌] 『大毘婆沙論』. ⇨ 삼미제 三彌提

풍성상주 風性常住 마곡보철(麻谷寶徹)이 부채를 부칠 때 바람을 소재로 주고받은 화두. 『염팔방주옥집』 권중(卍속장119, p.276b10)에 "마곡이 어느 날 부채를 부치고 있는데 한 학인이 물었다. '바람의 성 언제나 머무니 두루 있지 않은 곳이 없는데, 화상께서는 어째서 부채 흔드시는지요?' '그대는 바람의 성상주만을 알 뿐 두루 있지 않은 곳 없다는 뜻은 모르는구나' '두루 있지 않은 곳 없는 도리는 무엇인지요?' 마곡이 다시 부채를 부치자 그 학인이 절을 올렸다. 마곡이 말했다. '쓸모없는 사승 천 명이 나타난들 무슨 보탬이 되랴?' 擧 麻谷一日使扇次 僧問 風性常住 無處不周 和尙爲甚麽搖扇 谷云 你只知風性常住 且不知無處不周 僧云 作麽生是 無處不周底道理 谷却搖扇 僧禮拜 谷云 無用處師僧 著得一千个有什麽益", "불과(圜悟克勤)가 핵심을 집어내어 말했다. '그 학인은 오직 겉보기만 그럴 듯했지 머리는 있고 꼬리가 없는 모양이어서 안타까왔다. 마곡이라는 작가가 아니었다면 거의 그대로 놓아 줄 뻔하였다. 대중에게 물어보겠다. 어떤 측면을 깎아먹었던가? 향상하는 통로를 열어놓았는데 아는 사람이 몇이나 될까?' 佛果拈云 這僧一往可觀 可惜有頭無尾 若不是麻谷作家 洎儉放過 敢問大衆 且甚處是落節處 撥開向上竅 能有幾人知"라고 하였다. [참고문헌] 『拈八方珠玉集』.

풍속 風俗 한 지역에 바람처럼 옮겨 같이하게 된 것. 『법화문구기』 권10하(대정장34, p.356c8)에 "경에서 편단이라 한 말은, 중국에서는 사과의 뜻으로 맨몸을 드러내지만, 인도에서는 공경의 뜻을 표하며 몸 한편만을 드러내는 복장을 한다. 두 땅의 풍속이 같지 않을 따름이다. 經云 偏袒者 此土謝過而肉袒 彼國興敬 而偏服 蓋二土風俗不同耳"라고 하였다. [참고문헌] 『法華文句記』, 『五分律』 권4(대정장22, p.25a23). ⇨ 편단 偏袒

풍속불교조선대론 風俗佛教朝鮮對論 1894년 가등문교(加藤文教) 지음. 1권. 풍속인정(風俗人情)에서부터 사원승려(寺院僧侶)의 상태를 관찰하는 것에 중점을 두고 조선불교에 대해 기록하였다. 「총론 總論」·「불교전래 佛教傳來」·「종파 宗派」·「미술 美術」·「학술 學術」·「포교의 시책 布教之施策」·「사원승려」·「중고의 불교 中古之佛教」·「불교쇠미의 원인 佛教衰微之源因」·「이씨 즉위후의 불교와 승려 李氏卽位後之佛教と僧侶」·「대조선불교구조책 對朝鮮佛教救助策」으로 되어 있다.

풍송 諷頌 ⓈⓅ gāthā, Ⓣ tshigs-su-bcad-pa'i-sde. 십이분교(十二分教) 중 하나로 가타(伽陀)로 음사하고 고기송(孤起頌)이라고 한다. 『현양성교론』 권12(대정장31, p.538b27)에 "풍송이란 한 구로 설하거나 두 구로 설하거나 셋·넷·다섯·여섯 구 등으로 설하기도 한다. 諷頌者 謂以一句說 或二句說 或三四五六句等說"라고 하였다. [참고문헌] 『顯揚聖教論』, *Śrāv-bh.137.*, *Abh-s.78.* ⇨ 가타 伽陀 1, 고기송 孤起頌, 소승구부 小乘九部, 송 頌, 십이분교 十二分教, 십이부경 十二部經

풍송 諷誦 Ⓢ svādhyāya, svādhyāyana, Ⓣ kha-ton-byed-pa. 경이나 게송 등을 소리내어 외우다. 송경(誦經)·풍경(諷經)·풍독(諷讀)·독경(讀經) 등이라고도 한다. 인도 바라문(婆羅門)전통에서 행했던 육행(六行 Ⓢ ṣaṭ-karmāṇi) 중 하나이기도 하다. 『속화엄경약소간정기』 권1(卍속장5, p.12b8)에 "풍송이란 무엇일까? 『설문』에 '풍은 소리내 외운다는 뜻의 송이다. 풍 그대로 송이기 때문이다. … 네 번째, 풍송이란 첫째는 쉽게 외워서 지닌다는 뜻이고, 둘째는 게송을 즐기는 이를 위해 설한다는 뜻이다'. 諷誦者 說文云 諷誦也 諷卽誦故 … 四 諷誦者 一 爲易誦持故 二 爲樂偈頌說者故", 『백장청규』 권5 「사미득도 沙彌得度」(대정장48, p.1138a20)에 "앉으면 선정에 들고 일어서면 풍송한다. 삼악으로 통하는 길을 닫고 열반에 드는 문을 연다. 坐則禪思 起則諷誦 閉三惡道 開涅槃門"라고 하였다. 〔참고문헌〕『續華嚴經略疏刊定記』, 『百丈淸規』, *Madhy-vibh.63.* ⇨ 송경 誦經, 풍경 諷經

풍송통리 諷誦通利 외워 소리내 통하여 지혜롭게 되다. 『장아함경』 권15 「종덕경 宗德經」(대정장1, p.94a23)에 "이 바라문은 일곱 세대 동안 부모가 진정하여 남들이 가벼이 하거나 멸시하지 않았다. 이학삼부(삼부베다)를 풍송하여 통하여 지혜로웠고, 갖가지 경서의 속뜻을 빠짐없이 가려내었다. 此婆羅門 七世以來 父母眞正 不爲他人之所輕毁 異學三部 諷誦通利 種種經書 盡能分別", 『법화경』 권3(대정장9, p.25a29)에 "부처님께서 이 경을 설하시고 나자 열여섯 사미는 아누다라삼막삼보리를 성취하고자 모두 함께 수지하고 소리내 외웠으니 통하여 지혜로웠다. 說是經已 十六沙彌 爲阿耨多羅三藐三菩提故 皆共受持 諷誦通利"라고 하였다. 〔참고문헌〕『長阿含經』, 『法華經』.

풍신 風神 ❶ ➡ 풍천 風天 ❷ 사지(四智)를 바람의 신으로 삼은 뜻. 지혜라는 방편 가져야 널리 세간에 퍼지기 때문이다. 『신화엄경론』 권11(대정장36, p.789c11)에 "네 가지 지혜로써 풍신을 삼으니 능히 법을 나투어 자재하기 때문이고 풍신으로 잘 현행함을 표하기 위해서다. 이것을 제6지혜법으로 삼기에 지혜풍신으로 일체법행을 잘 드러내니 모두 자재하기 때문이다. 마치 저 십신위 중 제6신위의 불과를 동남방에 배대해서 불호는 구경지이고, 동남방은 손이 되기에 손으로써 풍신을 삼는다. 以四智爲風神 能現法自在故 以風神爲表善現行故 爲此第六智慧法 以智慧風神 善現一切法行 悉皆自在故 如十信位中 第六信位佛果配在東南方 佛號究竟智 爲東南方是巽 以巽爲風神", 같은 책 권33(대정장36, p.949b6)에 "풍신이란 마니를 보관으로 삼으니 밝고 깨끗한 무구지로 능히 교의 뜻 베풂을 표한다. 바람의 몸이 되어 능히 불어 일체만물을 무너뜨리고 흩뜨리기 때문이며 또한 능히 오르고 지녀 일체만물을 생장하기 때문이다. 그러나 본래 체성으로서의 의지가 없기에 때 여읜 보관으로 나타내는데 마치 법신의 지혜로 능히 교망을 설하여 번뇌를 흩어 무너뜨리지만 염정은 본래 의지할 바 없음과 같으니 손으로 풍교를 삼기 때문이다. 나머지는 저 경에 본래 갖춰져 있음과 같다. 風神者 以摩尼爲寶冠 表明淨無垢智 能設敎義 以風體 能吹壞散一切萬物 亦能昇持生長一切萬物 然自無體性所依 以離垢寶冠 表之像法身智慧 能說敎網 散壞煩惱 染淨自無所依 以巽爲風敎故 餘如經自具"라고 하였다. 〔참고문헌〕『新華嚴經論』.

풍신입화 風信入華 바람 소식 꽃에 들다. 『굉지광록』 권8(대정장48, p.88c22)에 "바람 소식 꽃에 드니 비단 걸친 듯하고, 달혼 물에 잠기더니 금빛소반 번쩍이네. 風信入華披錦段 月魂墮水濯金盤"라고 하였다. 〔참고문헌〕『宏智廣錄』.

풍심 風心 바람 같은 마음. 일체처로 흩어져 오직 보리의 씨를 뿌릴 뿐이니, 내외도 이승도 가리지 않는다. 60심 중 하나다. 『대일경소』 권2(대정장39, p.599a17)에 "무엇을 풍심이라 하는가? 일체처 스스로 일어나는 것을 성으로 하는 것을 말한다. 바람의 성은 산란하여 머물지 않는다. 이 사람의 마음 역시 그러하다. 일체처에서 널리 선근을 심으면서 세간 외도의 갖가지 천존과 삼승의 모든 행중에 모두 나름의 분이 있게 한다고 생각한다. 마치 많은 씨앗 일체처에 뿌린 듯하니 모아 성취하게 한다고 생각하는 것이 풍심이다. 마땅히 자갈밭의 불모지에서는 종자를 허비한다고 생각하고, 좋고 아름다운 복전의 기름진 자리를 구해야 한다. 오롯한 뜻으로 경작해야 얻는 것이 반드시 많다. 이런 생각으로 대치한다. 云何風心 謂遍一切處發起爲性者 風性散亂由不住故 此人心亦爾 於一切處遍種善根 謂於世間外道種種天尊及三乘諸行中 皆令有分 而作是念 如多種子於一切處遍之會有成者 當如是風心也 當念石田不毛虛費種子 當求良美福田膏腴之處 專意耕耨所獲必多 是彼對治"라고 하였다. 〔참고문헌〕『大日經疏』.

풍아전칙 風雅典則 바람처럼 움직이게 하고 아름다워 본보기 될 만한 법. 『십지경』 권2 「보살이구지 菩薩離垢地」(대정장10, p.542c19)에 "실이든 실이지 못하든 추악어를 떠나야 하니, 곧 다음과 같은 모든 언어입니다. 아리고 쏘고 거칠고 사나우며 깔끄럽게 타인을 찌릅니다. 타인을 성내게 하고 뒤돌아서게 하고 참혹하게 만듭니다. 용렬하고 비루하며 도저히 즐겁게 들을 수 없으며 듣는 이가 기쁘지 않으며 분노로 생겨나서 마치 불처럼 마음 태워 원한을 맺게 합니다. 뜻으로 번뇌를 일으키고 도저히 아끼고 즐길 수 없어 자타 능히 무너뜨립니다. (이러한 말이) 마음과 마음으로 계속 이어지니, 이와 같은 언어는 모두 다 멀리 떠나야 합니다. 若實若不實 離麤惡語 謂所有語 蜇螫麤獷 磣刺於他 令他瞋恨 背面慘厲 庸淺鄙惡 不可樂聞 聞者不悅 瞋忿所出 如火燒心 令生怨結 意起熱惱 不可愛樂 能壞自他 心心相續 如是等語 悉皆遠離", "그리고 항상 이와 같은 말을 해야 합니다. 윤택하고 유연해서 뜻으로 기쁘며 깊이 즐겁게 들을 만하고 듣는 이가 기뻐하니, 마음으로 잘 들어가고 바람처럼 움직이게 하고 아름다운 본보기 될 만하니, 많은 이들이 아끼고 기뻐하고 많은 이들이 기쁘고 즐깁니다. 마음으로 뛰게 하고 마음으로 하여금 즐겨 기대하니, 스스로와 다른 이를 깨끗하게 할 수 있어서 마음에 계속 이어지는 그런 말을 해야 합니다. 常作潤澤 柔軟悅意 深可樂聞 聞者生喜 善入於心 風雅典則 多人愛樂 多人悅樂 令心踊躍 令心悅豫 能淨自他 心相續語", 80권본『화엄경』 권35「십지품 十地品」(대정장10, p.185b13)에 "이와 같은 등의 (추악한 말은) 모두 버리고 떠나야 하고, 항상 윤택어·유연어·열의어·가락문어·문자희열어·선입인심어·풍아전칙어·다인애락어·다인열락어·신심용열어를 써야 합니다. 如是等語 皆悉捨離 常作潤澤語 柔軟語 悅意語 可樂聞語 聞者喜悅語 善入人心語 風雅典則語 多人愛樂語 多人悅樂語 身心踊悅語", 『일체경음의』 권22(대정장54, p.445b10)에 "풍아전칙어〈『시경』「서 序」에 '바람같이 해서 움직이게 하고, 가르쳐 변화시킨다'라고 하였다. 아(雅)는 바르다는 뜻이다. 『한서』 주석에 '아(雅)는 여유 있고 아름답다는 뜻이다'라고 하였다. 『이아』에서는 '전(典)은 경(經)이다'라고 하였다. 『모시전』에 '칙(則)은 법이라는 뜻이다'라고 하였다. 경에 의지하여 교화로 끌어들이는 말을 '풍전어'라 하고, 미묘한 방법의 설을 '아칙어'라 한다〉. 風雅典則語〈毛詩序曰 風以動之 敎以化之 雅 正也 漢書注曰 雅 閑麗也 爾雅曰 典 經也 毛詩傳曰 則 法也 依經化誘之言 謂之風典語 美妙方法之說 謂之雅則語也〉"라고 하였다. [참고문헌]『十地經』, 『華嚴經』, 『一切經音義』.

풍악 楓嶽 1701~1769. 조선후기 삼각산 중흥사(重興寺) 보인(普印)의 법호. ⇨ 보인 普印 ❸

풍악당보인대선사비 楓嶽堂普印大禪師碑 이복원(李福源 1719~1792) 지음. 보인(普印) 대선사의 비명. 『조선금석총람』 권하에 「고성유점사풍악당대사비 高城楡岾寺楓嶽堂大師碑」라는 이름으로 수록되어 있다. 조윤형(曹允亨 1725~1799)이 글씨와 전액을 썼고 1774년(영조50)에 세워졌다. 찬자인 이복원은 보인대선사를 알지 못했지만, 그 제자인 신수(信岫)가 행장을 가지고 와서 예전 이복원의 6대조인 월사(月沙) 이정귀(李廷龜 1564~1635)가 서산대사(西山大師) 휴정(休靜 1520~1604)의 명(銘)을 지었는데, 보인은 서산대사의 7세이고 이복원은 월사의 6세이니 두 집안의 인연을 드러내 글을 부탁하였다. [참고문헌]『朝鮮金石總覽』, 智冠『韓國高僧碑文總集 朝鮮朝·近現代』. ⇨ 보인 普印

풍악당집 楓嶽堂集 조선후기 풍악보인(楓嶽普印 1701~1769)의 문집. 1권. 연암 박지원(朴趾源 1737~1805)이 지은 「풍악당집서 楓嶽堂集序」(『연암집』 권7·한국문집총간252, p.109b11)와 『고선책보』 제3책 p.1666에 책 이름이 전한다. 「풍악당집서」(같은 책, p.109b24)에 "지금 풍악대사 보인의 시문을 보다가, 미처 다 보기도 전에 탄식하며 '내가 지난번 금강산 유람 중 만나서 방외의 교유를 맺고자 했으면서 인공을 놓치고 말았구나!'하였다. 그의 선정처는 내원통이었다. 今覽楓嶽大師普印詩文 未及卒業而歎曰 余向所欲遇以爲方外之遊者 失之印公歟 盖其禪定在內圓通"라고 하였다. [참고문헌]『燕巖集』, 『古鮮冊譜』. ⇨ 보인 普印 ❸

풍악산인 楓岳山人 풍악산인은 금강산에 주석하였던 스님 휴정(休靜 1520~1604)의 자호다. ⇨ 휴정 休靜

풍암 風岩 조선후기 스님. 풍암(楓岩)이라고도 한다. 『동사열전』 권4「연담종사전 蓮潭宗師傳」(한불전10, p.1030b2)에 연담유일(蓮潭有一 1720~1799)은 "풍암 등 10대 법사를 참알하고 교리에 통하였다. 叅於 … 楓岩 … 十大法師 通敎理"라고 하였다. 또한 해붕전령(海鵬展翎 ?~1826)은 손제자다. [참고문헌]『東師列傳』.

풍암 楓巖 ❶ 1688~1767. 조선후기 승주(昇州) 동화사(桐華寺) 스님 세찰(世察)의 법호. ⇨ 세찰 世察 ❷ 1695~1766. 조선후기 양주(楊州) 봉인사(奉印寺) 스님 취우(取愚)의 법호. ⇨ 취우 取愚

풍암 豊庵 ❶ 조선후기 스님. 『동사열전』 권6「팔굉선백전 八紘禪伯傳」(한불전10, p.1071c3)에 "(팔굉관홍은) 이후 풍암선사의 파계 계보를 이었다. 繼豊庵禪師派系譜系"라고 하였다. [참고문헌]『東師列傳』. ❷ 조선후기 스님 의례(宜禮)의 법호(法號). ⇨ 의례 宜禮

풍암문하사걸 楓岩門下四傑 조선후기 영조(英祖 1724~1776)대를 전후한 풍암세찰(楓岩世察 1688~1767)의 문하에 묵암최눌(墨庵最訥 1717~1790), 응암퇴옹(應庵退翁 1718~1794), 제운석준(薺雲碩俊 1719~1804), 벽담행인(碧潭幸仁 1721~1798) 등을 풍암 문하사걸이라 일컫는다. [참고문헌]「順天松廣寺浮休堂善修大禪師碑」(智冠 『韓國高僧碑文總集』 朝鮮朝·近現代) pp.78~83, 『曹溪山松廣寺史庫』 p.545.

풍암화상행장 楓巖和尙行狀 풍암세찰(楓巖世察 1688~1767)의 행장을 기록한 글. 1801년(순조1)에 와월교평(臥月敎萍 1760~1832)이 지어 영해약탄(影海若坦 1668~1754)의 『영해대사시집초』를 간행하면서 약탄의 제자인 「풍암화상행장」도 함께 수록하였다. 행장 말미에는 세찰이 항상 준제삼매(準提三昧)에 들어 40세 때 호랑이의 피해를 면했던 일과 1767년(영조43)

에 입적했을 때 다비 후에 2개의 명주(明珠)가 들어간 타지 않는 물건이 나와 사람들이 백옥대(白玉臺)라고 불렀다는 일화를 전하고 있다. [참고문헌]『影海大師詩集抄』(한불전9, pp.486b17~487a1). ⇨ 세찰 世察

풍약 豐約 많고 적음. 또는 상세함과 간명함. 『화홈공양의궤』(대정장18, p.936a28)에 "그 공양물의 수는 때에 따라 많기도 하고 적기도 하지만, 많다고 하여 아낌없이 많이 사루어서는 안 되고, 아낀다 하여 사루지 않아서도 안 된다. 其供養物數 隨時豐約 豐則不可多燒 約則不可令闕", 『주유마힐경』 권1(대정장38, p.328a13)에 "(僧肇의 말) 경은 경문이 많거나 적거나 믿어 전하지 않으면 안 되기에 '이와 같이 如是'라는 말을 세운다. 經無豐約 非信不傳 故建言如是"라고 하였다. [참고문헌]『火吽供養儀軌』, 『注維摩詰經』.

풍연 風煙 바람과 안개. 바람에 젖은 채 움직이는 자욱한 안개로 봄날의 풍광을 말하기도 한다. 『굉지광록』 권9(대정장48, p.104a14)에 "바람이 안개 거두며 맑아져 가을 흔적을 멀리 보내고, 초목들 봄의 은덕 빼어나게 뽐내누나. 風煙淸遠秋之痕 草木秀拔春之恩", 『종용록』 38칙 「송 頌」(대정장48, p.252c23)에 "미함과 깨달음이 서로 뒤칠 뿐이다〈터럭만큼도 떨어지지 못한다〉, 묘하게 전하지만 간명하다네〈이미 바람에 안개 덮였네〉. 迷悟相返〈不隔絲毫〉 妙傳而簡〈已犯風煙〉", 『영명도적』(卍속장146, p.983b18)에 "바람에 안개 자욱해 꽃이 피니 세계가 성취되고, 서리와 이슬 맞아 열매 익으니 왕자가 탄생한다. 風煙花開 世界成就 霜露果熟 王子誕生"라고 하였다. [참고문헌]『宏智廣錄』, 『從容錄』, 『永明道蹟』.

풍연 諷演 소리 높여 진언과 경구 등을 외워 펴다. 『유가집요염구시식의』(대정장21, p.483c25)에 "이로 말미암아 특별히 법연을 건립하여 스님대중들 정성껏 모여 비밀진언을 소리 높여 펼쳐서 미묘한 법식을 가지한다. 由是 特建法筵 虔集僧衆 諷演祕密眞言 加持上妙法食", 『백장청규증의기』 권1 「정절조축 正節早祝」(卍속장111, p.595a1)에 "비밀스런 장구를 소리내 펴서, 아름다운 불보살의 명호를 칭양한다. 諷演祕章 稱揚嘉號"라고 하였다. [참고문헌]『瑜伽集要焰口施食儀』, 『百丈淸規證義記』, 『佛祖統紀』 권21(대정장49, p.241c5).

풍욕석경 風峪石經 중국 산서성 태원현 서쪽 풍동사(風洞祠)에 있던 석경. 북제(北齊) 551년(천보2)에 60권본 『화엄경』을 석각하였으나 당(唐) 무주(武周) 때에 측천무후(則天武后) 명으로 80권본 『화엄경』을 새겼다. 현재, 풍욕에는 석경이 없고 산서성 진사(晋祠)에 인접한 사리탑(舍利塔) 아래 석경고(石經庫) 안에 봉안되어 있다. 청(淸) 주이존(朱彝尊)의 「풍욕석각불경기 風峪石刻佛經記」(『폭서정집』 권67)에 "태원현 서쪽 5리에 풍욕이 있다. … 안에 석불을 모셨고 불경을 새긴 석주 126개를 둘렀다. 太原縣之西五里 有山曰風峪 … 建石佛於內 環列所刻佛經 凡石柱一百二十有六"라고 하였다. [참고문헌]『曝書亭集』, 鎌田茂雄『中國仏教史』 권5 p.506. ⇨ 석경 石經

풍우 風宇 숨 품은 집. 타고난 성품이나 천성을 말한다. 『송고승전』 권29 「도은전 道隱傳」(대정장50, p.891b7)에 "천성은 우뚝하고, 성품은 넓고 담담하였다. 風宇高峙 情性宏淡", 『출삼장기집』 권14 「승가발마전 僧伽跋摩傳」(대정장55, p.104c8)에 "타고난 성품이 넓고 조용하여 도속이 모두 공경하였다. 風宇宏肅 道俗敬異"라고 하였다. [참고문헌]『宋高僧傳』, 『出三藏記集』.

풍운제회 風雲際會 바람과 구름을 때마침 만나다. 『허당록』 권1(대정장47, p.984c13)에 "그 피해가 홍성사 안에까지 미쳐 울타리가 무너지고 담장이 쓰러져 길도 끊어지고 사람의 자취도 사라졌다. 하지만 다행히도 바람과 구름을 때마침 만났으니, 역량 있는 사람 있어 한 치의 칼 휘두를 일 없이 잡초 깎고 뿌리 뽑았다. 문득 앉고 보니 태평시절 이르렀기에 소리 높여 그 시절 노래할 뿐이라네. 累及興聖寺裏 籬坍壁倒 道絶人荒 幸而風雲際會 有力量人 不施寸刃 削草除根 便見坐致太平 高歌舜日", 『종용록』 24칙 「송 頌」(대정장48, p.243a22)에 "바람과 구름을 때마침 만나 뿔이 생겼다〈때를 잘 만나면 지렁이가 교룡이 된다〉. 風雲際會頭角生〈時來蚯蚓作蛟龍〉"라고 하였다. [참고문헌]『虛堂錄』, 『從容錄』. ⇨ 풍호운룡 風虎雲龍

풍유 風猷 바람 불게 해서 이끌다. 바람 불게 해서 길에 들게 하다. 교화(教化)함을 말한다. 『당고승전』 권5 「법운전 法雲傳」(대정장50, p.464a22)에 "도의 바람 널리 떨쳐 도가 경성에 퍼졌다. 弘振風猷 道被京城", 『치문경훈』 권1 「고산원법사시학도 孤山圓法師示學徒」(대정장48, p.1044b21)에 "만약 그렇다면 비록 각각 교화를 퍼뜨리더라도 모두 함께 자비롭게 구제해서 화합의 바다로 같이 돌아갈 것이며 함께 해탈의 자리에 앉을 것이다. 이와 같이만 한다면 참으로 미로에서 길을 가리키는 나침판이며 교문의 목탁이리라. 若然者 雖各播風猷 而共成慈濟 同歸和合之海 共坐解脫之床 夫如是則 眞迷途之指南 教門之木鐸也"라고 하였다. [참고문헌]『唐高僧傳』, 『緇門警訓』.

풍일세계 豐溢世界 80권본 『화엄경』에 나오는 사바세계의 한 부분에 있는 세계. 『화엄경소』 권13(대정장35,

p.594a15)에 "넷째 북방 풍일세계. 풍일은 남방세계로부터의 이름이다. 앞의 품에서는 이 (북쪽)방향의 이름을 풍락이라 하였다. 四北方豐溢世界者 豐溢自南方界名 前品此方名爲豐樂"라고 하였다. 〔참고문헌〕『華嚴經疏』.

풍장 風葬 바람에 맡겨 장사지내다. 야장(野葬)·임장(林葬)이라고도 한다. 주검을 바람에 맡겨 그대로 두게 해서 자연스레 무너지고 사라지게 하는 장법. 『중허마하제경』 권11(대정장3, p.965a17)에 "세월이 오래 흘러 세 아들을 낳았다. 훗날 장자가 늙고 병들었는데, 약을 복용하고도 차도가 없고 점점 약해져만 갔다. 결국 무상에 이르자 세 아들은 예로써 시림에 장사지냈다. 그때 세 아들은 가르침을 떠올리며 아침저녁으로 눈물지었다. 歲月緜久 乃生三子 於後長者 年耄有疾 服藥不差 漸漸羸困 乃趣無常 三子以禮 葬於尸林 是時三子 思憶訓誨 旦暮啼泣", "또 집안이 부유함을 생각하며 함께 의논하여 추모의 의미로 복을 짓기로 하였다. 큰아들은 인색하고 예전부터 선한 것을 알지 못하다가 갑자기 보시하자는 의견을 듣자 처음에는 주저하였지만, 효로써 마음을 먹고 곧장 허용하였다. 又念家富 共議追福 長兄慳悋 先未知善 忽聞欲施 初卽遲疑 以孝存心 尋便允可", 『홍명집』 권7 「박고도사이하론 駁顧道士夷夏論」(대정장52, p.46a2)에 "태고인 그 처음에는 물성이 유순하여 예교를 빌리지 않아도 능히 화합할 수 있어서 형벌을 시행함이 없이 저절로 다스려졌다. 사람이 죽으면 들 한가운데 장사를 지내고 봉분을 세우거나 나무를 심지도 않았다. 상례에 관한 금제도 기약 따위가 없었다. 슬픔이 지극하면 울었으니, 이는 아주 옛적의 순수한 풍속으로 참으로 족히 본받을 만했다. 至夫太古之初 物性猶純 無假禮敎而能緝 不施刑罰而自治 死則葬之中野 不封不樹 喪制無期 哀至便哭 斯乃上古之純風 良足效焉"라고 하였다. 〔참고문헌〕『衆許摩訶帝經』, 『弘明集』. ⇨ 사장 四葬

풍재 風災 ➡ 풍재겁 風災劫

풍재겁 風災劫 Ⓢ vāyu-saṃvartanī-kalpa. 대겁(大劫) 가운데 세 번째 괴겁(壞劫) 말기에 일어나는 삼재(三災) 중 하나. 『장아함경』 권21 「세기경 世記經」(대정장1, p.137b16)에 "만약 풍재가 일어나는 때가 되면 과실천까지 이르니 과실천을 한계로 삼는다. 若風災起時 至果實天 果實天爲際", 『대승보살장정법경』 권20(대정장11, p.801a15)에 "풍재겁의 때에는 거대한 바람이 불어 이 삼천대천세계를 친다. 수미산왕을 비롯한 갖가지 모든 산과 바다까지 불어 높이 날리며 주변일체와 무수한 백천유순분량을 파괴하고 흩어지게 한다. 風災劫時 大風吹擊 此三千大千世界 須彌山王 及諸山大海 吹皷高起 破壞流散 周遍一切 乃至無數百千由旬分量", 60권본 『화엄경』 권35(대정장9, p.623c11)에 "비유하자면 풍재로 세계를 파괴하는 때에 괴산이라는 이름의 거대한 바람이 일어나 대천세계의 금강위산과 일체만물을 모두 무너뜨려 흩어지게 하고 마멸시키듯 한다. 譬如風災 壞世界時 有大風起 名曰壞散 悉能壞散磨滅 大千世界 金剛圍山 一切萬物", 『지관보행전홍결』 권5(대정장46, p.285b2)에 "풍재는 반드시 64겁을 지나야 비로소 삼선에 이른다. 風災 必經六十四劫 方至三禪"라고 하였다. 〔참고문헌〕『長阿含經』, 『大乘菩薩藏正法經』, 『華嚴經』, 『止觀輔行傳弘決』, *Abh-k-bh.189·191.* ⇨ 겁 劫, 대겁 大劫, 삼재 三災

풍재보살 豊財菩薩 Ⓢ Bhogavatī. 태장만다라(胎藏曼茶羅) 관음원(觀音院)에 자리한 존격. 백신관자재보살(白身觀自在菩薩)의 서쪽에 있다. 복덕과 지혜가 넉넉하여 구하고자 하는 이에게 능히 베푸는 보살이다. 밀호는 여의금강(如意金剛), 종자는 (sa), 삼매야형은 한 송이는 피고 한 송이는 피지 않는 두 송이 연꽃이다. 존형은 살색이 희고 왼손에 연꽃 두 송이를 들었는데 한 송이는 피어 있고 다른 한 송이는 꽃피지 않았다. 오른손은 구부리되 손은 앙장(仰掌)하고 소지와 무명지를 구부린 채 적련화 위에 결가부좌하여 앉은 모습이다. 수인은 연화합장(蓮花合掌)이고, 진언은 '옴 아리야다라리 스바하 oṃ āryadharāri svāhā. 옴 성스러운 보호자여! 스바하', 또는 '옴 아리야보가바티 스바하 oṃ āryabhogavati svāhā. 옴 성스러운 풍재여! 스바하'이다. 풍재는 재물이 넉넉함을 뜻한다. 『대일경』에서는 자재주(資財主)라고 하였다. 이 존격은 복덕과 지혜의 재물이 넉넉하여 복덕을 구하는 이에게 자재하게 재물을 베푼다. 두 송이 연꽃 중 피어있는 연꽃은 부처님의 지혜를 상징하고 피지 않은 연꽃은 중생의 마음이 부처의 종자를 갖추어 풍요함을 나타내는 것으로 해석한다. 〔참고문헌〕『曼茶羅図典』(大法輪閣, 2002).

풍전 風顚 청대 초 스님. 섬서성(陝西省) 출신. 속성은 이(李)씨. 14세에 결혼하였으나 18세에 갑자기 만물의 무상과 삼계가 화택과 같다는 생각을 절감한 끝에 "나이 열넷에 배필 만나 혼인하였으나, 밤마다 귀신과 잠을 잤

다니 참으로 우습다. 네 가지 은혜 덧없음을 오늘밤에 깨달았으니, 다시는 저 불구덩이에 떨어지지 않으리라. 一十四歲配姻緣 可笑夜夜伴鬼眠 四恩無義今宵悟 再不落他火坑間"라는 게송을 읊고 나서 서산사(西山寺)로 출가하였다. 6년 동안 참구하다가 한밤에 계곡에서 일어나는 바람소리를 듣고 크게 깨달았다. 어록이 남아 있다. 서안성(西安城) 서남쪽 모퉁이 풍전동(風顚洞) 안에 앉은 자세로 입적한 진신이 보존되어 있다.

풍전일구 風前一句 바람 앞 한 마디. 풍전구(風前句)라고도 한다. 『원오어록』 권4(대정장47, p.732c11)에 "한 스님이 말했다. '축성은 이미 받았으니 스님께서 가리켜 보여주십시오. 향상하는 종승사는 어떻습니까?' 원고가 말했다. '칠십삼 팔십사' '덕이 터 잡아 길이 금강계를 굳히니, 만국에서 온 조정의 하객들이 성명에 하례합니다' '바람 앞에 한마디 조어를 넘어선다'. 僧云 祝聖已蒙 師指示 向上宗乘事若何 師云 七十三八十四 僧云 德基永固金剛界 萬國來朝賀聖明 師云 風前一句超調御", 『자수회심광록』 권1(卍속장126, p.541b10)에 "자수가 9월 24일 입원하고 방장실로 들어가 웅크리고 앉아 말하였다. '방 하나 덩그러니, 이 무엇인가? 삼현십성이 앞다퉈 참한다. 납승은 바람 앞에 한마디 알지 못하니 사량하려 한즉 제이, 제삼으로 떨어지리라'. 師至九月二十四日入院 歸方丈 踞座云 一室寥寥 是何物 三賢十聖競頭參 衲僧不會風前句 擬欲思量落二三"라고 하였다. [참고문헌] 『圜悟語錄』, 『慈受懷深廣錄』, 『五燈全書』 권80(卍속장141, p.652a14).

풍전촉 風前燭 바람 앞의 촛불. 풍촉(風燭)이라고도 한다. 『보능숭선사정토시』(卍속장110, p.792b15)에 "구구가 아미타불이니 그 진실 드러내야 하고, 소리마다 부처님 명호이니 사량하지 마라. 나이 들수록 바람 앞의 등불처럼 위태롭고, 세월 갈수록 기와 위 서리 같구나. 句句彌陀須著實 聲聲佛號莫思量 年高好比風前燭 歲邁猶如瓦上霜"라고 하였다. [참고문헌] 『普能嵩禪師淨土詩』. ⇨ 풍중등 風中燈, 풍촉 風燭

풍전한 風顚漢 바람처럼 구르는 이. 미치광이의 뜻으로 격 밖의 선자(禪者). 『임제록』(대정장47, p.503a24)에 "황벽이 '저 바람처럼 뒤치는 이가 또 이곳에 와서 호랑이 수염을 뽑느냐!'라고 하자 임제가 할을 내지르고 나갔다. 黃蘗云 這風顚漢 又來這裏 捋虎鬚 師便喝出去"라고 하였다. [참고문헌] 『臨濟錄』.

풍중등 風中燈 바람 속의 등불. 풍촉(風燭)과 통한다. 『방광대장엄경』 권5(대정장, p.568b3)에 "인연에 의지하여 견실함 있을 리 없으니, 저 바람 속의 등불 같고 물거품과 같다. 依止因緣 無有堅實 如風中燈 如水聚沫", 『불소행찬』 권5(대정장4, p.47a14)에 "세간에 사는 인생, 긴긴밤 내 온갖 고통에 내몰리고, 요동쳐 스스로 안주하지 못하니, 바람 속의 등불 같구나. 人生於世間 長夜衆苦迫 擾動不自安 猶若風中燈", 『대지도론』 권26(대정장25, p.248a29)에 "산란한 마음 중에 실다운 일 볼 수 없다. 마치 물결 파도치면 얼굴을 비추어 볼 수 없고, 바람 속의 등불은 잘 비추지 못하는 것과 같다. 이러한 이유로 부처님께서는 '고요히 하지 못할 마음은 없다'고 말씀하셨다. 亂心中 不能得見實事 如水波蕩 不得見面 如風中燈 不得好照 以是故說 佛無不定心", 『지관보행전홍결』 권2(대정장46, p.203a3)에 "밀실은 무엇을 뜻하는가? 혜가 있어도 정이 없으면 바람 속의 등불이 사물 비춰 알지 못하게 함과 같다. 그러므로 고요한 방에서 미친 듯 부는 바람 떠난 지혜의 등불이라야 비로소 빛없는 무명이라는 큰 어둠을 깨뜨려 실상의 보배 분명히 드러내 볼 수 있게 한다. 言密室者 有慧無定 如風中燈 照物不了 故用定室 離狂散風 慧燈方破 無明大暗 使實相寶 顯了可見"라고 하였다. [참고문헌] 『方廣大莊嚴經』, 『佛所行讚』, 『大智度論』, 『止觀輔行傳弘決』. ⇨ 풍전촉 風前燭, 풍촉 風燭

풍즙 馮楫 ?~1153. 송대 거사. 자는 제천(濟川). 사천성(四川省) 수령(遂寧) 출신. 1118년(정화8)에 진사를 시작으로 관직을 지냈다. 불법에 심취하면서 스스로 '부동거사 不動居士'라는 호를 지었다. 불안청원(佛眼淸遠)의 가르침을 받고 그 법을 이었고, 다시 대혜종고(大慧宗杲)를 친견하고 심인을 얻었다. 만년에는 정토왕상의 염원을 부지런히 닦았고 자비를 들여 대장경을 보수하였다. 1153년(소흥23)에 입적하였다. 어록과 송고(頌古)가 있었다고 하나 전하지 않는다. [참고문헌] 『宗統編年』 권24(卍속장147, p.354b8), 『淨土聖賢錄』 권7(卍속장135, p.330b3), 『居士分燈錄』 권하(卍속장147, p.915a11), 『嘉泰普燈錄』 권23(卍속장137, p.322a11), 『大慧語錄』 권1(대정장47, p.814a29).

풍지향해 風持香海 연화장세계(蓮華藏世界)의 열 가지 모습 중 하나로 풍륜(風輪) 위로 향수해(香水海)를 떠받치고 있는 모습이다. 60권본 『화엄경』 권3 「노사나불품 盧舍那佛品」(대정장9, p.412b6)에 "다음 그 위에 있는 풍륜은 '장엄광명'이라 하는데, 일체유를 떠받칠 수 있습니다. 이와 같이 차례로 위에 수미산의 티끌만큼의 풍륜이 있는데, 가장 상층의 풍륜을 '승장'이라 하고 일체향수해를 떠받친다. 저 향수해 중에 대연화가 있어 '향당광명장엄'이라고 한다. 이것이 이 연화장장엄세계해를 떠받치고, 이 세계해 주변부에 금강위산이 두루 에둘러 있다. 次上風輪 名莊嚴光明 能持一切有 如是次上

有須彌山微塵等風輪 最上風輪名勝藏 持一切香水海 彼香水海中 有大蓮華 名香幢光明莊嚴 持此蓮華藏莊嚴世界海 此世界海邊 有金剛圍山 周匝圍遶", 80권본『화엄경』 권8「화장세계품 華藏世界品」(대정장10, p.39b4)에 "모든 불자들이여, 저 수미산에 미진수풍륜이 있고 그 가장 상층을 '수승위광장'이라 하는데, 보광마니장엄향수해를 떠받치고 있다. 이 향수해에 대연화가 있는데, 이름이 '종종광명예향당'이다. 화장장엄세계해가 그 중앙에 머무르는데 사방이 고르게 평평하고 청정하며 견고하다. 금강륜산이 주변을 에워싸고 있으며 땅과 바다와 뭇 나무들이 각기 구역을 달리해 있다. 諸佛子 彼須彌山微塵數風輪 最在上者 名殊勝威光藏 能持普光摩尼莊嚴香水海 此香水海有大蓮華 名種種光明蘂香幢 華藏莊嚴世界海 住在其中 四方均平 淸淨堅固 金剛輪山 周匝圍遶 地海衆樹 各有區別"라고 하였다. 이 모습을『화엄경소』 권11「화장세계품 華藏世界品」(대정장35, p.579a27)에 "아래 따로 나툰 것 드러내면 응당 열 가지가 있다. 첫째 소의풍륜, 둘째 풍지향해, 셋째 해출연화, 넷째 화지찰해, 다섯째 요대윤산, 여섯째 대면보지, 일곱째 지유향해, 여덟째 해간향하, 아홉째 하간수등, 열째 총결다엄이다. 準下別顯 應有十事 一 所依風輪 二 風持香海 三 海出蓮華 四 華持刹海 五 繞臺輪山 六 臺面寶地 七 地有香海 八 海間香河 九 河間樹等 十 總結多嚴"라고 하였다. [참고문헌]『華嚴經』,『華嚴經疏』,『華嚴經疏鈔』 권26(대정장36, p.200b23). ⇨연화장세계 蓮華藏世界, 풍륜 風輪

풍진 風塵 바람에 날리는 티끌. 또는 그러한 번뇌.『칠불경』(대정장1, p.153c8)에 "저 천제석은 이 동자야말로 참 불신이라는 사실을 알아보고 백산개를 들고 동자의 몸을 덮었다. 추위와 더위나 바람과 티끌 등 일체 모든 악 침범할 수 없었다. 彼天帝釋 見此童子 是眞佛身 執白傘蓋 覆童子身 寒熱風塵 一切諸惡 而不能侵",『대비바사론』 권104(대정장27, p.540c7)에 "몸과 마음은 가볍게 들떠 마치 저 바람과 티끌 같다. 만약 이 정에 들면 몸과 마음 동요하지 않아 편안해 고요하기가 저 산과 같게 된다. 身心輕躁 猶如風塵 若得此定 身心不動 安靜如山",『증도가주』(卍속장111, p.390b12)에 "비유컨대 세인들 바람에 날리는 쑥처럼 남북으로 떠돌다가 천리로 고향에서 점점 멀어져 헛되이 바람에 먼지처럼 나그네 되리라. 그래서 고덕은 '문 앞에 한없는 길 있지만 그 누가 고향에 돌아온 사람이던가?'라고 했다. 譬如世人 飄蓬南北 千里家鄕轉遠 枉作風塵之客也 古德云 門前無限路 誰是到家人",『선가귀감』(한불전7, p.641c12)에 "마음이 세간의 이익으로 물든 이들은 권문에 아부하고 바람에 떠도는 헛된 말만 좇아다니다가 도리어 세상 사람들의 비웃음을 사고 말 것이다. 心染世利者 阿附權門 趨走風塵 返取笑於俗人"라고 하였다. [참고문헌]『七佛經』,『大毘婆沙論』,『證道歌註』,『禪家龜鑑』.

풍진초동 風塵草動 티끌 날리고 풀잎 흔들리다.『벽암록』 24칙「평창 評唱」(대정장48, p.165b7)에 "티끌 날리고 풀잎 흔들리는 그 모든 것에서 실마리 구한다. 이를 격신구라고도 하는데, 뜻은 통하지만 말에는 거리가 있기 때문이다. 風塵草動 悉究端倪 亦謂之隔身句 意通而語隔",『굉지광록』 권5(대정장48, p.60c9)에 "좌선하는 사람이라면 바람에 티끌 날리고 풀잎 흔들리는 모습 스스로 살펴 벗어남 얻을 수 있지만, 그것이 경론을 말하는 것은 해서는 안 된다. 若是坐禪底人 風塵草動 自看得出 不可道是 說經說論",『용문불안어록』(고존숙어록32, 卍속장118, p.573b18)에 "무릇 선객이라면 바람과 티끌과 풀잎 흔들리는 때마다에서 모두 밝게 알아차리고, 조짐이 일어나거나 사라지기 전에, 그리고 사량해 뜻의 길 동하기 전에 문득 알아 취해야 비로소 선객이라 할 수 있다. 夫禪客者 風塵草動時 悉皆曉會 眹兆未生未落 思量意路未動時 便識取 方名禪客",『진헐청료어록』(卍속장124, p.627a10)에 "바람에 티끌 날리고 풀잎 흔들리니 경에 부딪히고 연을 만나는 그 모두에서 알아차려야 하니 다시 별도의 법은 없다. 천으로 변하고 만으로 바뀌더라도 스스로 그러해서 쳐 한 조각일 뿐이게 하니, 눈앞은 언제나 빛나서 마음껏 부려도 어두워지지 않으리라. 바로 이 한 조각 변함없는 빛조차도 잊어버려야 지혜로도 도달하지 못하는 곳이라 부르리. 風塵草動 觸境遇緣 盡底承當 更無別法 千變萬化 自然打成一片 常光現前 任運不昧 只箇一片常光 亦須忘了 喚作智不到處"라고 하였다. [참고문헌]『碧巖錄』,『宏智廣錄』,『龍門佛眼語錄』,『眞歇淸了語錄』.

풍채 風采 드러나 보임에 보기 좋은 모습이나 위의.『당고승전』 권9「혜철전 慧哲傳」(대정장50, p.493c28)에 "당시 팽성사의 보경이라는 스님은 강설을 잘하고 풍채도 있었다. 時 彭城寺寶瓊者 善講說有風采",『번역명의집』 권1(대정장54, p.1069a7)에 "구담승가제바는 제화라고도 하며 중천이라 한역한다. 계빈국 출신으로 드러내 보이는 위의도 본보기 될 만하였다. 瞿曇僧伽提婆 或名提和 此云衆天 罽賓國人 風采可範",『대혜어록』 권23「시중증거사 示中證居士」(대정장47, p.907b25)에 "풍채를 힐끗 보고는 말하기도 전에 마음으로 이미 받아들였습니다. 一見風采 未語而心已許之"라고 하였다. [참고문헌]『唐高僧傳』,『翻譯名義集』,『大慧語錄』.

풍처 風處 ❶ Ⓟ vāta-mukha. 바람이 부는 곳. 번뇌 없는 곳의 비유다.『선견율비바사』 권13(대정장24, p.765c6 : *Sp.*, p.576)에 "이 최후신으로서 닦아야 할 바 이미 마쳐 마땅히 열반을 취할 것이니, 비유하면 타오르는 등불을 바람이 부는 곳에 두면 오래지 않아 마땅히 꺼지듯이, 이 최후신도 또한 그러하다. 此最後身 所修已極 當取涅槃 譬如然燈置於風處 不久當滅 此身亦復如是 ahaṃ imaṃ antimasarīraṃ dhāremi tañ ca kho vātamukhe ṭhitapadīpo viya aniccatāmukhe ṭhitaṃ na cirass' eva nibbāyanadhammam", 『잡아비담심론』 권7(대정장28, p.924a5)에 "마치 깨끗한 기름과 심지에 의지하던 등불이 바람이 부는 곳 벗어나면 그 불꽃 더욱 밝듯이, 이와 같이 지혜 온갖 정에 의지해서 산란의 바람을 벗어나면 움직임 없이 타오른다. 如燈依淨油炷離風處光焰甚明 如是智依諸定離於亂風則不動而轉"라고 하였다. [참고문헌] 『善見律毘婆沙』, 『雜阿毘曇心論』, *Sp.* ❷ 신체 중 배꼽 아래 부분. 『백론소』 권1(대정장42, p.244b6)에 "배꼽 아래를 풍처라 하고, 배꼽 위부터 가슴까지를 열처라 한다. 從臍下是爲風處 從臍上至心名熱處", 『금칠십론』 권상(대정장54, p.1245a21)에 "가령 의방에서는 배꼽 이하를 풍처라 한다. 如醫方說從齊以下是名風處"라고 하였다. [참고문헌] 『百論疏』, 『金七十論』. ⇨ 열처 熱處

풍천 風天 Ⓢ Ⓟ Vāyu. 바람의 신. 리그베다에서 일천(日天)·화천(火天)과 함께 중시되었고 장수·명예·자손·복덕을 주는 신이었는데, 불교에서는 호세팔방천(護世八方天) 중 하나가 되었으며 밀교에서는 십이천(十二天) 중 하나로서 서북방을 관장하는 존격이다. 태장만다라에서는 외금강원(外金剛院) 십이천 중 하나로 최서북방(最西北方)에 자리한다. 종자는 (vā), 삼매야형은 당번(幢番), 형상은 흰 수염에 붉은 살색을 한 노인으로서, 머리에는 관을 쓰고 갑옷을 입었으며 왼손은 다리에 얹고 오른손은 창을 쥐었는데, 창끝에 기를 달았으며 노루를 탄 모습이다. 금강계만다라에서는 사집금강신(四執金剛神) 중 하나로서 서남방에 위치한다. 수인은 풍천인(風天印). 진언은 '나마 사만타 붓다남 바야베 스바하 namaḥ samantabuddhānāṃ vāyave svāhā 두루하신 제불께 귀의합니다. 풍천에게 스바하'이다. 풍천 곁에 풍천권속(風天眷屬 Ⓢ vāyava)이 있는데 복수의 동자형으로 오른손에는 끝에 반달과 태양이 달린 막대기를 든 채 앉아 있다. 풍천의 여성형인 풍천비(風天妃 Ⓢ vāyvī) 역시 태장계만다라 외원에 자리하는데 삼매야형은 당번(幢番), 종자는 풍천과 같다. 그 존형은 왼손은 앙장하되 검지·중지·무명지를 구부리고 오른손은 끝에 작은 주머니가 달린 장대를 쥔 채 앉은 모습이다. 그 수인은 풍천인이고, 진언은 '옴 바야베 스바하(oṃ vāyave svāhā)'이다. 풍천비 곁에는 풍천비권속(風天妃眷屬 Ⓢ vāyavīdevatā)이 있다. 『대일경소』 권5(대정장39, p.634c11)에 "가장 서북쪽 모서리에 방위를 수호하는 풍천의 권속을 안치한다. 最西北隅 置護方風天眷屬", 같은 책 권10(대정장39, p.684a11)에 "다음으로 풍신진언이니 또한 부처님의 화신이다. 삼매야형은 앞과 같다. 바야베 바자를 바탕으로 한다. 베는 묶는다는 뜻이다. 아자문에 들어가는 것은 묶임이 없다는 뜻이니 해탈이다. 옆에 아자의 점이 있으니 행이다. 셋째 베자는 언설이 없다는 뜻이다. 또한 이자를 더하면 삼매야이니 온갖 탈 것이다. 걸림없는 수레로 일체 중생을 제도한다는 뜻이다. 次風神眞言 亦佛化身也 三昧如前 皤也吠 以皤字爲體也 吠是縛義 入阿字門是無縛之義 卽解脫也 傍有阿字之點卽行也 第三吠字是無言說之義 又加伊字是三昧耶也 是諸乘 以無礙乘而度一切", 『대일경의석』 권7(卍속장36, p.737a18)에 "풍신진언 (vā) (ya) (ve) 바야베는 풍의 바른 음이다. 첫 바() 자는 진언의 바탕이다. 바는 묶는다는 뜻이니 아자문에 들어가면 본래 묶임이 없다. 묶임이 없으므로 진실한 해탈이다. 진실한 해탈이란 여래와 같다. 이는 탄다는 뜻이니 또한 이는 풍천의 수레이다. 마지막 베() 자는 무언삼매이니 필경공의 뜻이기도 하다. 이 해탈의 바람수레가 필경공에서 걸림없

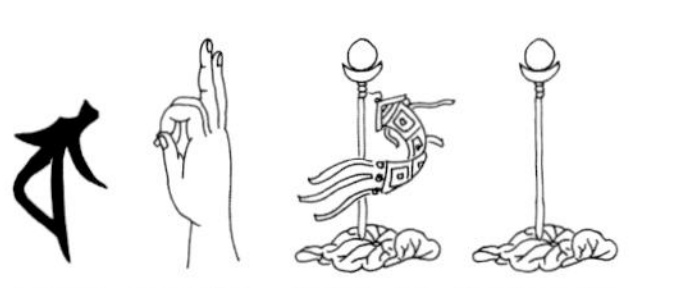
풍천과 풍천권속 태장만다라 최외원서방

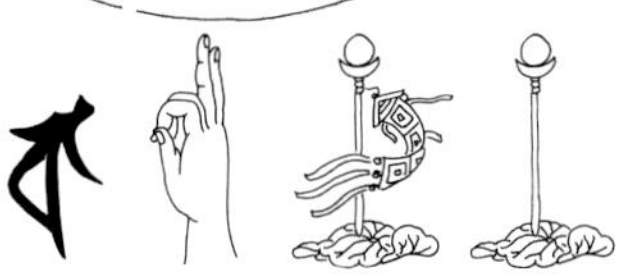
풍천비와 풍천권속 태장만다라 최외원서방

성신회·삼매야회·항삼세삼매야회 금강계만다라

이 구른다. 그러므로 오고 가는 풍신이 신속하게 뭇 중생들을 널리 제도한다. 又風神眞言 嚩野吠卽是風之正音以初嚩字爲眞言體 縛是縛義以入阿字門故本來無縛無縛故卽眞解脫 眞解脫者卽是如來也 是乘義也 又是一種風天乘也 末後吠字是無言三昧亦是畢竟空義 言此解脫風乘於畢竟空中 旋轉無礙 是故往返神速能普度羣生也"라고 하였다. 〔참고문헌〕『大日經疏』, 『大日經義釋』, 『曼茶羅図典』(大法輪閣, 2002).

풍촉 風燭 바람 속의 촛불. 풍전촉(風前燭)·풍중등(風中燈) 등과 통한다. 『수호대천국토경』 권중(대정장19, p.587b8)에 "번뇌도 누도 모두 이미 다하니, 저 바람 중의 촛불과 다름이 없다네. 사라지고 나서는 필경 다시 생하지 않으니, 이와 같이 생도 없고 멸도 없도다. 煩惱及漏皆已盡 如彼風燭無有異 滅已畢竟不復生 如是無生亦無滅"라고 하였다. 〔참고문헌〕『守護大千國土經』. ⇨ 풍전촉 風前燭, 풍중등 風中燈

풍취남안류우타북지련 風吹南岸柳雨打北池蓮 바람은 남쪽 언덕 버드나무에 불고, 비는 북쪽 연못 연꽃에 떨어진다. 『오등엄통』 권23 「공곡경륭장 空谷景隆章」(卍속장139, p.991b2)에 "일본 스님이 물었다. '무엇이 선인지요?' '대명국이 부상국(일본)과 마주함이지' '그렇다면 바람은 남쪽 언덕 버드나무에 불고, 비는 북쪽 못 연꽃에 떨어지겠군요' '여전히 밖의 경에 붙들려 있다' '밖의 경에 붙들리지 않음은 어떤 것인지요?' '그럴싸한 한 물건 가져 말하더라도 들어맞지 않는다'. 因日本僧問 如何是禪 師曰 大明國 對扶桑國 曰 恁麽則 風吹南岸柳雨打北池蓮 師曰 猶著外境在 曰 如何是不著外境 師曰 說似一物則不中", 『지월록』 권24(卍속장143, p.539a11)에 "만일 말의 자취에 의지하여 증거로 삼는다면 법문은 끊어져 사라지게 되고, 게다가 닦아 공 짓기라도 한다면 천성이 땅으로 침몰할 것이다. 만사 그 끝마다에 드러나 있고 물물마다에 진실을 밝히고 있으니, 조금도 머뭇거릴 필요 없이 그 무엇도 거치지 말고 곧바로 말하라. 고덕이 이 소식 말해 붙였다. '바람은 남쪽 언덕 버드나무에 불고, 비는 북쪽 못 연꽃에 떨어진다'. 또 '백로가 밭에 내려앉으니 천 점 눈송이요, 황 꾀꼬리가 나무에 올라앉으니 한 송이 꽃이다'라고 한다. 若憑言詮爲據 斷滅法門 更或造作修功 平沉千聖 頭頭顯露 物物明眞 不用躊躇 直截便道 古德著語云 風吹南岸柳雨打北池蓮 又白鷺下田千點雪 黃鸝上樹一枝花"라고 하였다. 〔참고문헌〕『五燈嚴統』, 『指月錄』.

풍취취 風吹毳 바람에 날려온 터럭. 주인이 있는 것은 적은 것이라도 취해서는 안 되는 뜻으로 강조한 예다. 『사분율』 권1(대정장22, p.574a13)에 "텅 빈 곳으로 바람에 날려온 모직물 … 등과 그 나머지 필수품의 경우 그 주인이 있음에도 훔치려는 마음으로 5전이나 5전 이상의 물건을 취하여 본래 있던 자리에서 옮기면 처음에는 리바라이고, 수를 써서 취하려 했다가 취하지 못했다면 투란차다. 空處者 若風吹毳 … 若復有餘 所須之物 有主 以盜心 取五錢 若過五錢 離本處 初離波羅夷 方便欲取 而不取 偸蘭遮"라고 하였다. 〔참고문헌〕『四分律』.

풍탁 風鐸 Ⓢghanta, kinkini. Ⓣdril-bu. 바람에 흔들리는 작은 종. 소리(聲)와 모양(色相)이 어울려 두 겹으로 장엄하는 뛰어난 법구다. 전각이나 탑의 처마 끝에 매달아 소리나게 한 종모양의 방울. 적은 종모양 몸통 안으로 종아래 풍판(風板)을 매다는데 바람에 흔들리면 줄에 매달린 설(舌)이 부딪혀 소리를 내기에 풍경(風磬)이라고도 한다. 또한 경전에서 황금·금동·은·옥 등 보배로 만들어진 장엄물로서 보탁(寶鐸)이라고도 한다. 백제시대 부여 부소산 절터와 능산리사지에서 풍탁의 풍판이 출토된 바 있고, 익산 미륵사지에서 발견된 풍탁은 뉴(紐)와 당좌(撞座)까지 갖추고 있어 한국범종의 시원양식으로 추정하기도 한다. 신라의 풍탁으로는 경주 황룡사지, 감은사지와 창녕 말흘리사지에서 다수의

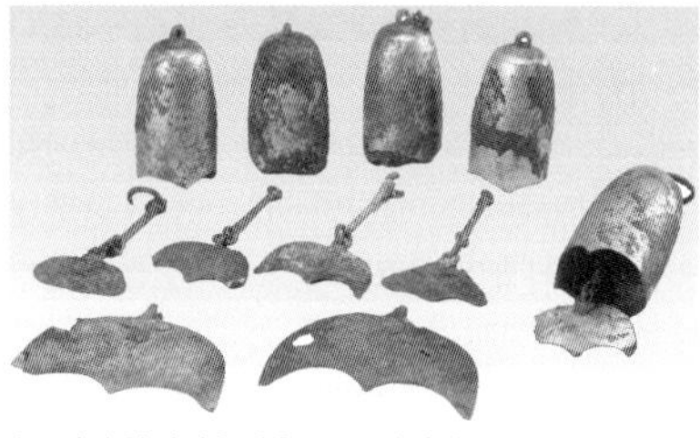

〈그림1〉창녕말흘리출토 국립김해박물관 통일신라

〈그림2〉파주선유리출토 국립중앙박물관(좌)·직지성보박물관(우) 고려

〈그림3〉리움미술관(좌)·충주숭선사지출토 국립청주박물관 고려

풍탁이 발견되었는데, 풍탁면은 사각, 원형, 마름모꼴 등 다양하고 입면은 종형과 사다리형이 많은데 표면에는 연화문, 만(卍)자형 등 다양하다. 통일신라시대 경남 창녕 말흘리 출토 풍탁〈그림1〉은 종모양의 작은 몸체에 새 날개 모양의 풍판을 조금 크게 달아 흔들리면 마치 새가 나는 듯한 모습이게 하였다. 고려대에 원형, 마름모명, 육각형으로 된 몸체 표면에 명문이나 범자, 불상문을 투각하

여 화려함을 더했다. 충주 숭선사지, 서산 보원사지, 청주 사직동, 파주 선유리 출토 풍탁〈그림2〉이 유명한데, 몸통을 각진 사면으로 다듬고 범자를 돋을새김하여 조형감이 뛰어나다. 특히 마치 대종을 그대로 줄여 놓은 듯한 당좌 등의 모양을 갖춘 충주 숭선사지 풍탁〈그림3〉도 전한다. 조선시대는 장식 없이 단순한 형태의 풍탁이 제작되었는데, 양주 회암사지 출토 금탁(琴鐸)은 모자형태에 둥근 테두리가 있다. 탑의 옥개 끝에는 풍탁을 매달았던 흔적인 풍탁공이 남아 전하고, 사리장엄구와 탑형사리기에도 풍탁을 달아 장엄하였다. 한편, 풍탁은 특히 소리내 울리는 뛰어난 방편이 있어 고래로 사원 풍경 중에 함께해서 특별한 정취를 자아내기에 시문(詩文)에 등장하기도 하는데, 채제공(蔡濟恭)의 『번암집』 권8 「정양사 등불 밝아 처마 끝 빗물 방울져 흐르고, 문을 열고 보니 숲속 안개 골짜기 가득하네. 만 갈래 떨어지는 물소리 들릴 뿐 저 땅끝에 있는 듯할 뿐이다. 밤이미 깊었는데 마침 노스님 여전히 곁해 계시네. 正陽孤燈 簷滴淋浪 開戶視之 林霞澒洞 但聞萬瀑水聲 如在地底而已 時夜已深 猶有老釋在傍」에 "달 저문 저 선산 기운 더욱 한창이고 영랑은 마땅히 젖은 채로 보라빛 구름에 오르네. 깊은 굴 속 부처 밝혀 등불은 여전한데 저 높은 곳에는 달도 없으니 몇 밤이나 지나갔는지. 풍경소리 해 저문 빗소리 이기지 못하고 석상 위에 몸 가득 휘도는 노을 걷어낼 수 조차 없는데, 잠 없는 노스님 염불 중에 계시리니 저 신령한 깊은 곳에 핀 꽃 다칠까 두려울 뿐이라네. 月暗仙山山氣多 永郎應濕紫雲車 幽龕照佛燈猶在 上界無鷄夜幾何 風鐸不勝終夕雨 石牀難掃滿身霞 無眠皓釋猶關念 恐損靈源深處花"라고 하였다. 〔참고문헌〕『樊巖集』, 『밝은 빛 맑은 소리 풍탁』(미륵사지유물전시관, 2011) p.120, 『깨달음을 찾는 소리 소리로 찾은 진리』(국립대구박물관, 2020). ⇨보탁 寶鐸

풍패 諷唄 경문 등을 소리내 외우다. 『불조통기』 권40 「숙종 肅宗」(대정장49, p.375c28)에 "누군가 황제에게 부처님의 구제하는 손길에 의지해야 한다고 권하자 사문 백인을 행궁으로 불러들여 조석으로 풍패하도록 명하였다. 황제는 어느 날 저녁 금색 몸의 사문이 보승여래를 외우는 꿈을 꾸고 측근에게 물었다. 或勸帝宜憑佛祐 詔沙門百人入行宮 朝夕諷唄 帝一夕夢 沙門身金色誦寶勝如來 以問左右"라고 하였다. 〔참고문헌〕『佛祖統紀』, 『佛祖歷代通載』 권13(대정장49, p.598b12).

풍항 風航 바람 타고 가는 배. 정토문(淨土門)이 이행(易行)임을 비유한다. 『왕생론주』 권상(대정장40, p.826b10)에 "비유하면 물길을 따라 배를 타고 가면 즐겁다. 이 무량수경우파제사는 대개 윗글을 부연한 아주 지극하여 물러나지 않는 순풍의 배인 것이다. 譬如水路乘船則樂 此無量壽經優婆提舍蓋上衍之極致不退之風航者也"라고 하였다. 〔참고문헌〕『往生論註』, 『百癡禪師語錄』 권28(가흥장28, p.150c2).

풍행초언 風行草偃 바람이 스치면 풀은 눕는다. 높아 위없고 깊어 헤아릴 수 없는 경계에서야 그릴 수 있는 풍경이다. 『논어』 「안연 顏淵」에 "군자의 덕은 바람과 같고, 소인의 덕은 풀잎과 같다. 풀잎 위로 바람이 스치면 풀잎은 반드시 눕는다. 君子之德風 小人之德草 草上之風 必偃"라는 말에서 유래하였다. 『원오어록』 권5(대정장47, p.737a8)에 "불법 그대로 세법이고 세법 그대로 불법이니, 진실한 도로써 행한다면 바람 스치면 풀 눕듯이 하리라. 산승이 자잘한 송 한 수로 말하리라. '지극히 간단하고 참으로 쉬운 이것들이 가장 높고 최고 귀하구나. 천성의 정수리로 돌아오면 세간과 출세간 모두 불가사의하니, 손가락 펼 동안에 팔만으로 열린 문 두렷이 성취하고, 한 번 뛰어 여래지로 곧바로 들어가노라'. 佛法卽是世法 世法卽是佛法 以眞道而行 風行草偃 山僧有箇小頌 至簡至易 最尊最貴 往還千聖頂顊頭 世出世間不思議 彈指圓成八萬門 一超直入如來地", 『밀암어록』(대정장47, p.970c7)에 "미진 속에 앉아 대법륜을 굴리고, 높아 위없으니 우러러 미칠 곳 없고, 깊어 아래 없으니 헤아릴 수 없다. 저절로 바람 불면 풀잎이 눕고 물줄기 모이면 도랑되는 듯하여 신통과 묘용도 이 아니고 법 그대로 그러한 것도 아니다. 왜 그런가? 이에 바로 그 사람에 당해서야만 이러할 수 있으니, 무량겁 이래로 눈 앞에서 받아 쓰는 경계이고 증명해 분명한 일이다. 설령 천불이 출현하실지라도 각각이 크고 보배 같은 광명 놓으리라. 坐微塵裏 轉大法輪 高而無上 仰不可及 淵而無下 深不可測 自然風行草偃 水到渠成 不是神通妙用 亦非法爾如然 何故 乃是當人 從無量劫來 現成受用境界 契券分明 直饒千佛出現 各各放大寶光"라고 하였다. 〔참고문헌〕『論語』, 『圜悟語錄』, 『密菴語錄』.

풍혈 風穴 ❶➡연소 延沼 ❷중국 여주(汝州) 풍혈산. 『조정사원』 권6(卍속장113, p.151b4)에 "풍혈은 여주에 있다. 연소(延沼)선사는 이곳에 거처한 인연에 따라 그 지명으로 이름(풍혈연소)이 붙여졌다. 풍혈의 혈은 여름에 바람이 나오고 추운 겨울에는 바람이 들어가는 동굴이다. 추울 때 이곳을 지나는 사람은 삿갓이 땅을 두드릴 정도로 몸을 움츠리게 된다. 風穴在汝州 昭禪師居焉 因處得名 其穴 夏則風出 寒則風入 有寒過者 笠子叩于地"라고 하였다. 〔참고문헌〕『祖庭事苑』.

풍혈사 風穴寺 위치 미상. 혜심(慧諶 1178~1234)의 『무의자시집』 권하 「빙도자전 氷道者傳」(한불전6, p.64b14)에 "도자의 성씨는 음씨이고 이름은 응정이며 자는 교연으로 수향인이다. … 10월에 태어났는데 온몸은 유리와 같이 투명하고 타고난 자질은 철석과 같이 굳셌다. 어려서는 풍혈사에 의지하였는데, 뜻을 새롭게 하고 자신을 단속하며 면목은 엄격하게 하였으니 위엄은 가히 범할 수 없었다. 道者姓陰氏 諱凝淨 字皎然 水鄕人也 … 十月而誕 通身瑩若琉璃 禀質硬如鐵石 幼依風穴寺 潔志律身 面目嚴冷 凜然不可犯"라고 하였다. [참고문헌]『無衣子詩集』.

풍혈선사어록 風穴禪師語錄 풍혈연소(風穴延沼)의 어록. 1권. 영락년간(1403~1424) 초기 간행. 풍혈의 간략한 전기와 상당어(上堂語) 등을 모은 책. 현존하는 것으로는 명대『고존숙어록』이 중간되면서 새롭게 모은 어록(고존숙어록7, 卍속장118, pp.240a10~242b5)이다. 원래『풍혈중후집 風穴衆吼集』이라는 제목이 붙어 있었던 본은『조정사원』권6(卍속장113, pp.151b3~174b17)에 인용되어 그 자구 해설이 보인다. 또한『천성광등록』권15「여주풍혈산연소선사 汝州風穴山延昭禪師」(卍속장135, pp.731a15~741a7)에 수록된 자료가『풍혈중후집』에 가장 가깝다.

풍혈중후집 風穴衆吼集 풍혈연소(風穴延沼) 지음. 권수 및 간행연대 미상. 풍혈연소의 어록으로 1154년(소흥24) 중간한『조정사원 祖庭事苑』권6(卍속장113, p.151b3)에 그 이름과 함께 주요 술어풀이만 보인다. 여기서 연소의 소는 소(昭)다.『선림상기전』권6(대장경보편19, p.173b6)에 "도충(道忠)이 말한다. '『풍혈중후집』은 현재 전하지 않는다.『고존숙어록』권7에 수록된『풍혈어록』(卍속장118, p.240a10)에는 동당이라는 말이 없어 어떤 동당으로 풀지 결정할 수 없다'. 忠曰 風穴衆吼集 今不傳 古尊宿錄 風穴語錄 無東堂語 未知解何東堂也"라고 하였다. [참고문헌]『禪林象器箋』,『從容錄』29則「評唱」(대정장48, p.246b26).

풍혈철우기 風穴鐵牛機 풍혈연소(風穴延沼)가 황하(黃河)의 수호신인 철우 곧 무쇠소를 조사의 기틀에 빗대어 드러낸 공안. 문답의 상대는 노피장노(盧陂長老)이다.『선문염송설화』1247칙「풍혈철우」(한불전5, p.831b23)에 "백운지병(白雲知昺)의 염 : 어둠 속에서 입안에 박힌 가시를 뽑아내주지만, 밝음 속에서는 아무 말도 못하도록 짓누른다. 칼날 온전히 해서 적에게 이기지 않는다면, 어떻게 전공(戰功) 높은 땀 흘린 말(노피장로) 알아보겠는가? 알겠는가? 금화살촉 잘 다룬 솜씨로 승리 거두었으나, 쇠채찍에 많이도 힘썼는데 원수 없어 안타깝다. 白雲昺拈 暗裏抽橫骨 明中坐舌頭 若非全鋒敵勝 爭見得功高汗馬 還會麼 金鏃慣調曾決勝 鐵鞭多力恨無讎"라고 하였다. [참고문헌]『禪門拈頌說話』. ⇨부대소정 不待消停, 상사 狀似

풍호운룡 風虎雲龍 바람은 호랑이 좇고 구름은 용을 따른다.『조정사원』권3(卍속장113, p.60b3)에 "풍호운룡 :『역』에 전하는 말이다. '소리 같아야 서로 응하고, 같은 기라야 서로 구하니, 물은 적셔 흐르고 불은 마른 곳으로 번지며, 구름은 용을 좇고 바람은 호랑이를 따른다'. 風虎雲龍 易傳云 同聲相應 同氣相求 水流濕 火就燥 雲從龍 風從虎",『굉지광록』권6(대정장48, p.75b8)에 "바람은 호랑이 좇고 구름은 용을 따르니, 어김없이 서로 따른다. 원래 그 틈엔 생각이란 붙을 일 없어서 이것이야말로 자연스런 일일 뿐이다. 납승이 변통함도 능히 인연화합할 따름이어서 다스려도 이와 같을 뿐이다. 오더라도 굳이 드러내지 않고, 가더라도 애써 숨지 않는다. 風虎雲龍 恰恰相隨 元不著意於其間 箇是自然事 衲僧變通 能以因緣和合 政如此也 其來而不彰 其去而不藏"라고 하였다. [참고문헌]『祖庭事苑』,『宏智廣錄』. ⇨풍운제회 風雲際會

풍후 風后 풍후선생(風后先生). 황제(皇帝)가 꿈에서 보고는 재상(宰相)으로 삼았던 당대의 현인이다.『원오어록』권18(대정장47, p.796a18)에 "풍후선생이 다만 하나만 알고 둘은 모른다. 風后先生 只知其一 不知其二",『불조역대통재』권21(대정장49, p.713b14)에 "황제 때 풍후이고, 요임금 때 무성자이며, 주대 노담이이고, 월대 범려이다. 黃帝時爲風后 堯時爲務成子 周時爲老聃 在越時爲范蠡"라고 하였다. [참고문헌]『圜悟語錄』,『佛祖歷代通載』. ⇨봉후선생 封后先生

프라마나바르티카 Pramāṇa-vārttika 인도불교의 인식론과 논리학의 기틀을 잡은 중요 사상가인 다르마키르티(Ⓢ Dharmakīrti 550~650)의 주요 저작.『양평석 量評釋』이라고 한역된다. 디그나가(Ⓢ Dignāga 480~540)의 *Pramāṇasamuccaya*(集量論)를 이슈바라세나(Ⓢ Īśvarasena 580~640)를 통해 수학한 후, 스승의 요청으로 주해한 것이라 전한다. 1장 *Svārthānumāna*(爲自比量), 2장 *Pramāṇasiddhi*(正量成就), 3장 *Pratyakṣa*(現量), 4장 *Parārthānumāna*(爲他比量)로 구성된다. 그리고 다시 이 주석에 대한 자주인『프라마나바르티카-스바브릿티 *Pramāṇavārttika-svavṛtti*』도 남겼다. 후대의 불교사상은 물론 미맘사(Ⓢ Mīmāṃsā)나 니야야(Ⓢ Nyāya) 등 불교 밖의 인도철학 학파에서도 그의 입장을 언급하고 반박할 정도로 인도사상사 전체에 큰 영향을 주었다. 이 문헌의 원문은 자주(自註) 혹은 후대 주석들과 함께 묶어 미야사카(Miyasaka, 1973)와 샤스뜨리(Shastri, 1968)에 의해 두 차례 편집출판되었지만, 현재에도 관련 문헌들의 부분

적이고 비판적인 편집본과 번역, 관련 연구결과들이 계속 이어지고 있다. 『양평석 量評釋』의 후대 주석들 가운데 프라즈냐카라굽타(Ⓢ Prajñākaragupta 750~810?)의 *Pramāṇavārttika-alaṅkāra*와 데벤드라붓디(Ⓢ Devendrabuddhi 630~690)의 *Pramāṇavārttika-pañjikā*, 카르나카고민(Ⓢ Karṇakagomin 770~830)의 *Pramāṇavārttika-vṛtti-ṭīkā*, 그리고 마노라타난딘(Ⓢ Manorathanandin 1040~1100)의 *Pramāṇavārttika-vṛtti*의 네 편은 산스크리트원문과 티베트역이 전해지지만, 라비굽타(Ⓢ Ravigupta 790~850)와 샹카라난다나(Ⓢ Śaṅkaranandana 800~980), 그리고 샤키야붓디(Ⓢ Śākyabuddhi 660~720)의 주석 등은 티베트역만 남아 있다. 지금까지의 인도 인식논리학 관련 연구성과는 EAST(Epistemology and Argumentation in South Asia and Tibet) 프로젝트의 웹사이트(east.ikga.oeaw.ac.at)에서 확인할 수 있다. ⇨ 양평석 量評釋

프라마나비니슈차야 Pramāṇaviniścaya Ⓣ tshad-ma rnam-par nges-pa. 『양결택 量決擇』 또는 『정량론 定量論』이라고도 한다. 법칭(法稱 Ⓢ Dharmakīrti)의 인명칠론(因明七論) 중 하나로 『양평석 量評釋』을 축약한 논서다. 티베트역본(北京版 No.5710)만 전한다. 현량(現量)·위자비량(爲自比量)·위타비량(爲他比量)의 3장(章)으로 이루어져 있으며 게송의 대부분은 『양평석 *Pramāṇavārttika*』과 『니야야빈두 *Nyāyabindu*』의 게송을 인용하였다. 현량·위타비량의 두 장은 『양평석』의 내용과 크게 다르지 않지만 비량을 위자비량과 위타비량의 뜻을 달리 드러내고자 하였고, 인(因)의 삼상(三相)을 자세히 논했다. 『양결택』 1장은 토사키 히로마사(戸崎宏正)·틸만 페터(Tilmann Vetter) 등의 번역이 있다. 에른스트 슈타인켈너(Ernst Steinkellner)는 나르탕·델게·북경판 티베트역을 비교 대조하는 한편 다른 논서들에 인용된 『양결택』 범어단편들을 모아 제2장 위자비량장을 재구성하였고, 그 결과를 독일어 번역 및 역주와 함께 *Pramāṇaviniścayaḥ, Zweites Kapitel : Svārthānumānam*, Teil Ⅰ, Tibetischer Text und Sanskrittexte(Wien 1973), ibid. Teil Ⅱ, Übersetzung und Anmerkungen(Wien 1979)으로 발표하였다. 3장의 연구로는 타니 타다시(谷貞志)·이와타 다카시(岩田孝)의 번역이 있고, 파스칼 위공(Pascale Hugon)·토루 토마베치(Toru Tomabechi)가 공동편집한 범본(梵本)에디션 *Dharmakīrti's Pramāṇaviniścaya, parārthānumāna*(2011)가 있다.

프라마나사뭇차야 Pramāṇa-samuccaya 인도불교 인식논리학을 정립한 디그나가(Dignāga 480~540)의 주요 저작중 하나로 『집량론 集量論』이라 한역된다. 1장은 현량(現量 Ⓢ pratyakṣa), 2장은 비량(比量 Ⓢ anumāna)의 두 가지 종류인 위자비량(爲自比量 Ⓢ svārthānumāna)과 위타비량(爲他比量 Ⓢ parārthānumāna), 3장은 종(宗 Ⓢ pakṣa)과 인(因 Ⓢ hetu), 4장은 유(喩 Ⓢ dṛṣṭānta), 5장은 타자의 배제를 의미하는 아포하(Ⓢ anyāpoha), 6장은 논리적 모순인 각종 오류(Ⓢ jāti)에 대해 다룬다. 2종의 티베트역이 전해지며, 1968년에 출판된 하토리(Hattori)의 티베트역 1장 교정과 영어번역이 있다. 중국에서 의정(義淨 635~713)이 『집량론』을 네 권으로 한역했다는 기록은 있으나 현재 전하진 않는다. 디그나가의 자주(自註)인 『프라마나사뭇차야브릿티 *Pramāṇasamuccayavṛtti*』도 티베트역으로 전해지며, 이슈바라세나(Ⓢ Īśvarasena, 580~640)가 쓴 주석 자체는 소실되었으나 후대 주석들의 인용을 통해 일부 전해진다. 지넨드라붓디(Ⓢ Jinendrabuddhi 8세기 중엽)의 주석인 『비샤라마라바티 *Pramāṇasamuccayaṭīkā Viśālāmalavatī*』의 일부를 담은 범어사본의 파편이 근래 확인되었다. 이 주석이 디그나가의 원문을 다수 포함하고 있기에, 이를 통해 『집량론』 1장을 복원·재구성한 스테인켈러(Steinkellner)의 산스크리트본(2005)과 5장에 대한 디그나가의 자주를 복원·재구성한 핀드(Pind)의 산스크리트본(2009)이 출판되어 있다. 또한 스테인켈러 외 2인에 의해 지넨드라붓디의 주석 1장(2005)과 2장(2012)이 출판되었고, 가츠라(Katsura)의 3장(2011)·4장(2016) 내용연구가 있으며, 5장의 연구도 출판될 예정이어서 『집량론』의 원문을 추적하는 연구성과들이 계속 이어지고 있다. ⇨ 집량론 集量論

프라바바티 Prabhāvatī '광채(prabhā)를 지닌 여인(-vatī)'이라는 뜻. ❶ 인도신화에서는 악마 바즈라나바(Vajranābha)의 딸이자, 크리슈나(Kṛṣṇa)의 아들인 프라디윰나(Pradyumna)와 결혼한 여인으로도 그려지며, 수리야데바(Sūryadeva)의 아내, 혹은 수브라흐만야(Subrahmaṇya)를 따르는 제자 등의 이름으로도 다수 등장한다. ❷ 인도의 탄트라전통 가운데 샤이바(Śaiva) 문헌에서는 메루(Meru)산의 북쪽 경사에 있는 도시이름으로, 인도불교의 금강승문헌에서는 성스러운 장소를 의미하는 피타(pīṭha) 중 옷디야나(Oḍḍiyāna)에 주하는 다키니(ḍākinī)의 이름으로 등장한다. ❸ 인도예술에 관한 고전인 『나티야샤스트라 *Nāṭyaśāstra*』에 기술되는 산스크리트 게송 운율(Ⓢ chandas)의 한 종류. 각 구(句 Ⓢ pāda)의 2·4·9·11·12번째 음절은 장음(長 Ⓢ guru), 나머지 음절들은 단음(短 Ⓢ laghu)으로 이뤄진다.

프라바카라 Prabhākara 기원후 6~7세기경에 활동했던 인도 사상가로 육파철학 중 미맘사(Mīmāṃsā) 전통에 속한다. 미맘사의 주요 문헌인 자이미니(Jaimini, 기원전 3~1세기경)의 『푸르바미맘사수트라 *Pūrvamīmāṃsāsūtra*』에 대한 샤바라(Śabara)의 『주석 *Bhāṣya*』을 해석하는 주석서 『브르하티 *Bṛhatī*』는 샤리카나타(Śālikanātha)의 주석과 함께 출판되었다(1934). 그의 관점은 프라바카라(Ⓢ Prābhākara)를 성립시켰고 이는 구루파(Guru派)라고도 불린다. 동일 전통에 속한 쿠마릴라(Kumārila)를 따르는 바타(Ⓢ Bhāṭṭa)와는 몇몇 관점에서 차이점을 보인다. 자이미니가 열거하는 바른 지식의 수단인 지각(知覺 Ⓢ pratyakṣa)와 추론(推論 Ⓢ anumāna), 그리고 베다의 성언량(聖言量 Ⓢ śabda)의 세 가지에, 프라바카라는 유비(類比 Ⓢ upamāna)와 가정(假定 Ⓢ arthāpatti)를 추가한다. 쿠마릴라는 여기에 비지각(非知覺 Ⓢ anupalabdhi)이란 항목을 더하여 총 여섯 가지를 인정한다. 성언량에 있어서도 프라바카라는 베다를 유익한 권위로 받아들이지만 쿠마릴라는 베다 이외에도 세속적인(Ⓢ laukika : pauruṣeya) 증언도 받아들인다는 점 등에서 대립하였다. [참고문헌] S.K Ramanatha Sastri *Bṛhatī of Prabhākara Miśra (on the Mīmāṃsāsūtrabhāṣya of Śabarasvāmin) With the Ṛjuvimalāpañcikā of Śālikanātha* (University of Madras, 1934).

프라산나파다 Prasannapadā 기원후 7세기경 활약했던 인도불교 중관학파의 중요 사상가인 월칭(月稱 Ⓢ Candrakīrti)이 쓴 용수의 *Mūlamadhyamakakārikā*(中論)에 대한 주석서 *Prasannapadā Madhyamakavṛtti*를 줄여 부르는 말. 용수의 사상에 대해 청변(清辨 Ⓢ Bhāviveka 490~570)과는 해석상의 차이를 보인다. 이러한 두 가지 입장은 인도를 넘어 티베트불교에도 큰 영향을 남기게 되는데, 이는 11~12세기에 월칭의 저작들이 본격적으로 티베트어로 번역(北京版 No.5260, 델게版 No.3860)되면서부터다. 이후 티베트의 사상가들은 이 두 입장 차이에 근거해 청변계통을 자립논증파(自立論證派 Ⓢ Svātantrika, Ⓣ rang rgyud pa), 월칭계통을 귀류논증파(歸謬論證派 Ⓢ Prasaṅgika, Ⓣ thal 'gyur pa)로 분류하여 발전시켰다. 이 분류법은 인도찬술문헌에서는 발견되지 않는다. 『프라산나파다』의 산스크리트 원문은 푸셍(Poussin 1903~1913)의 편집본이 널리 읽혀져 왔으나, 근래에 새롭게 12세기 무렵의 고층 사본들이 확인되면서 재교정본의 필요성이 대두되었고, 2015년 맥도날(MacDonald)의 1장 교정본이 출판되었다. 현대어 번역과 관련 연구도 활발하게 이어지고 있다. [참고문헌] La Vallée Poussin *Madhyamakavṛttiḥ. Mūlamadhyamakakārikās de Nāgārjuna avec la Prasannapadā Commentaire de Candrakīrti* (Petersburg : l'Académie impériale des Sciences 1903~1913), A.MacDonald *In Clear Words, The Prasannapadā, Chapter One* (Vienna : Austrian Academy of Sciences Press, 2015). ⇨중론 中論, 월칭 月稱, 청변 淸辨, 자립논증파 自立論證派, 귀류논증파 歸謬論證派

프라상가 Prasaṅga 인도 논리학에서 논제를 증명하는 과정에서 드러나는 상대방의 입장에 내재된 모순을 뜻하는 말로, 방론(傍論) 등으로 한역한다. 중관해석의 학파이자 티베트주해가들이 정립한 프라상기카(Prāsaṅgika : 귀류논증법)라는 명칭도 프라상가를 주요한 논증방법으로 사용하기에 붙여졌다. 프라상가를 이용한 논증은 타과논법(墮過論法), 파사논법(破邪論法)이라고도 한역된다. 일반적으로 인도논리학의 다양한 논쟁에서는 상대방의 모순을 지적하는 결론은 '이같이 (논적의 입장에 내재한) 모순으로 인해 (논적의 입장은 옳지 않다)'라는 뜻의 "iti prasaṅgena", "ity alaṃ prasaṅgena(且止傍論)" 등의 표현으로 끝맺는다.

프라상기카 Prāsaṅgika Ⓣ dBu-ma-thal-'gyur-pa'i-lugs. 귀류논증파(歸謬論證派). 중관에 대한 용수의 가르침 이후, 공을 파악하는 방법에 따라 프라상기카와 스바탄트리카(Svātantrika)라는 두 가지 계통의 해석방법이 생겼는데, 전자는 불호(佛護 Ⓢ Buddhapālita)에 의해서 후자는 청변(淸辨 Ⓢ Bhāviveka)에 의해서 세워졌다. 프라상기카는 귀류논증파(歸謬論證派)·필과성공파(必過性空派)·구연파(具緣派) 등으로 한역되는데, 월칭(月稱 Ⓢ Candrakīrti), 적천(寂天 Ⓢ Śāntideva) 등에 의해서 계승되었다. 논쟁에서 상대의 입장으로부터 모순된 결과를 이끌어내는 귀류(Ⓢ prasaṅga, Ⓣ thal 'gyur)방식을 사용하므로 프라상기카라고 불린다. 티베트에서 불호와 월칭의 중관학을 뜻하는 의미에서 프라상기카에 해당하는 용어(Ⓣ thal 'gyur ba)가 처음 사용되는 것은 11세기의 티베트논사인 파찹니마닥(Ⓣ Pa-tshab-Nyi-ma-grags 1055~1145)에 의해서다. 이에 학자들은 프라상기카라 부르는 해석학파는 아마도 월칭의 사후에 성립되었을 것으로 본다. [참고문헌] Karen Lang·Vincent Etschinger 'Candrakīrti'(Brill's Encyclopedia of Buddhism, 2019) pp.125~131. ⇨불호 佛護, 귀류논증파 歸謬論證派

프라샤스타파다 Praśastapāda 기원후 5~6세기경에 활동했던 인도 육파철학 중 바이셰쉬카(Ⓢ Vaiśeṣika)의 사상가. 『바이셰쉬카수트라 *Vaiśeṣikasūtra*』의 주석서 중 가장 이른 시기에 『파다르타다르마상그라하 *Pa*

dārthadharmasaṃgraha』를 저작했다. 이 저작은 그의 이름을 붙여 『프라샤스타파다바샤 *Praśāstapādabhāṣya*』라고도 불린다. 바이셰시카의 여섯 범주(句義 Ⓢ padārtha)론 가운데 속성(德 Ⓢ guṇa)의 종류는 전통적으로 색(色 Ⓢ rūpa)·미(味 Ⓢ rasa)·향(香 Ⓢ gandha)·촉(觸 Ⓢ sparśa)·수(數 Ⓢ saṃkhyā)·크기(量 Ⓢ parimāṇa)·개별성(別體 Ⓢ pṛthaktva)·결합(合 Ⓢ saṃyoga)·분리(離 Ⓢ vibhāga)·원격성(彼體 Ⓢ paratva)·근접성(此體 Ⓢ aparatva)·지(覺 Ⓢ buddhi)·즐거움(樂 Ⓢ sukha)·고통(苦 Ⓢ duḥkha)·욕망(欲 Ⓢ icchā)·혐오(瞋 Ⓢ dveṣa)·노력(勤勇 Ⓢ prayatna)의 열일곱 가지가 언급된다. 프라샤스타파다는 여기에 무게(重 Ⓢ gurutva)·습윤성(濕 Ⓢ dravatva)·윤택(潤澤 Ⓢ sneha)·법(法 Ⓢ dharma)·비법(非法 Ⓢ adharma)·소리(聲 Ⓢ śabda), 그리고 행(行 Ⓢ saṃskāra)의 일곱 가지를 더하여 총 24가지로 속성을 분석하였다. [참고문헌] V.Dvivedin *The Bhāshya of Praśastapāda together with the Nyāyakandalī of Śrīdhāra* (Benares : Vizianagaram Sanskrit Series 6. 1895).

프라세나지트 Prasenajit 기원전 6세기경 고대왕국인 코살라(Ⓢ Kosala)국의 태양족 익슈바쿠(Ⓢ Ikṣvāku)왕조의 왕. 승군왕(勝軍王)으로 한역하고 파사익왕(波斯匿王) 등으로 음사한다. 사위성(Ⓢ Śrāvastī Ⓟ Sāvatthī)을 수도로 삼아 왕국을 통치했고, 부처님께 귀의하여 승가의 외호자(外護者)가 되었다. 『여래시교승군왕경』(대정장14, p.789a9)에 "교살라주인 승군과 모든 세간천인 등 무리는 부처님 설하신 바 듣고 다 크게 기뻐하며 믿고 받아서는 받들어 행하였다. 憍薩羅主勝軍大王 及諸世間 天人等衆 聞佛所說 皆大歡喜 信受奉行", 『유부율파승사』 권9(대정장24, p.143a17 : *Saṅ-v.*, p.183)에 "이때 교살라주 승군왕 등은 (부처님의) 이 게송을 들어 마치고는 환희심 일어나 자리에서 일어나 부처님께 예를 올리고 갔다. 爾時 憍薩羅主 勝軍王等 聞此頌已 心生歡喜 卽從座起 禮佛而去 rājā prasenajit kauśalo bhagavato bhāṣitam abhinandya anumodya bhagavataḥ pādau śirasā vanditvā bhagavato 'ntikāt prakrāntaḥ"라고 하였다. 이 왕에 관한 이야기는 불교내전은 물론이고 인도설화집에서도 다뤄지며, 동명이인의 인물들도 푸라나 등의 인도신화와 서사시에 자주 등장한다. [참고문헌] 『如來示敎勝軍王經』, 『有部律破僧事』, *Saṅ-v.* ⇨ 승군왕 勝軍王, 파사익왕 波斯匿王

프라야가 Prayāga '제의를 행하는 장소'라는 뜻으로, 인도 우타르 프라데쉬(Uttar Pradesh)에 위치한 주요 순례지를 부르는 말. 이 지역의 원래 명칭은 알라하바드(Allahabad)였으나 2018년에 프라야그라지(Prayagraj)로 공식 명칭이 변경되었다. 이곳에서 인도의 대표적 축제인 마하쿰바멜라(Mahākumbhamelā)가 12년을 주기로 열린다. 강가(Gaṅgā)와 야무나(Yamunā), 그리고 전설의 강인 사라스바티(Sarasvati)가 만나는 지점에 위치하기에 트리베니(tri-veṇī : 세 가닥이 합쳐진 곳) 혹은 티르타라자(tīrtha-rāja : 순례지의 왕)라고도 불려 왔다. 전통적으로 인도의 『다르마샤스트라 *Dharmaśāstra*』와 『푸라나 *Purāṇa*』에서도 일생에 한 번은 방문해야 할 중요 성지로 언급된다. *MBh.*, p.510(3.83.74)에 "오! 바라타여, 삼계에 이보다 더 성스러운 곳 없다. 프라야가는 모든 순례지를 압도한다. tataḥ puṇyatamaṃ nāsti triṣu lokeṣu bhārata, prayāgaḥ sarvatīrthebhyaḥ prabhavaty adhikaṃ vibho"라고 하였다. [참고문헌] *MBh.*

프라자파티 Prajāpati '창조물의 주 生主'라는 뜻으로 베다시대부터 언급되는 인도의 창조주. 초기 우파니샤드 문헌에서는 브라흐마(Ⓢ Brahmā)의 창조능력이 인간의 모습으로 형상화된 것이었지만, 이후 힌두문헌들에서는 브라흐마의 동일어로서 창조자의 뜻으로 쓰일 때는 프라자파티-브라흐마라 불렸다. *MBh.*, p.2728(13.138.15)에 "아직 현현하지 못한 프라자파티-브라흐마에 의해서 세상의 움직이는 것과 움직이지 않는 것 모두 생겨나기에 그는 생과 멸을 지닌다. tathā prajāpatir brahmā avyaktaḥ prabhavāpyayaḥ, yenedaṃ nikhilaṃ viśvaṃ janitaṃ sthāvaraṃ caram"라고 하였다. 인도신화들은 프라자파티-브라흐마가 세상을 효율적으로 창조하기 위해 또 다른 여러 프라자파티(Ⓢ prajāpati)들을 만들었다고도 한다. 그 정확한 숫자는 문헌에 따라 여섯, 열, 열여섯 혹은 스물하나 등으로 다르다. 불교 내전(內典)에서는 생주(生主)·작자(作者)·재주(宰主)·주재(主宰) 등으로 번역되고 비판되는 술어다. [참고문헌] *MBh.* ⇨ 생주 生主, 작자 作者❷, 재주 宰主, 주재 主宰❶

프라즈냐 prajñā Ⓟ paññā. 지혜(智慧), 지(智) 또는 혜(慧)를 뜻하는 산스크리트어로 반야(般若)라고 음사한다. 접두어 pra와 '알다'의 뜻인 동사어근 √jñā에서 파생한 여성명사다. 인도문헌 전반에 쓰이지만 특히 불교에서는 일체법의 공성(Ⓢ śūnyatā)과 여(如 Ⓢ tathatā) 등을 깨우친 무분별지(無分別智 Ⓢ nirvikalpa-jñāna)를 가리키는 핵심용어로 발전하였다. 지혜는 문사수(聞思修)를 통해 얻어지므로 문소성혜(聞所成慧 Ⓢ śrutamayī-prajñā)·사소성혜(思所成慧 Ⓢ cintāmayī-prajñā)·수소성혜(修所成慧 Ⓢ bhāvanāmayī-prajñā)로 나눠지는데, 여기에 삼혜(三慧)의 근간인 생득혜(生

得慧 Ⓢ upapatti-pratilambhikā prajñā)를 더해 사혜(四慧)라고도 분류한다. 두 가지로 분류할 때는 삼혜를 거두어 유루혜(有漏慧 Ⓢ āsrava-prajñā)와 무루혜(無漏慧 Ⓢ anāśrava-prajñā)로 나뉜다. 이때 유루혜는 번뇌를 줄게 하지만 완전히 끊지는 못하고, 오직 무루혜를 통해서만 번뇌를 다한다고 설한다. 육바라밀 중 특히 여섯 번째 지혜바라밀(Ⓢ prajñā-pāramitā)을 강조하는 전통은 대승초기 반야경류 경들의 성립을 시작으로 광범위한 지역에서의 유통을 통해서도 드러나는데, 이는 의례적 측면에서도 지혜(Ⓢ Prajñā) 자체 혹은 반야바라밀(Ⓢ Prajñāpāramitā)이라는 경전의 숭배 나아가 여신숭배로도 발전했으며, 밀교에서는 일체(一切)에 내재한 본성으로서의 지혜와 방편의 합일을 강조하는 전통을 정착시켰다. [참고문헌] 『俱舍論』, *Abh-k-bh.*, *Abh-vy.* ⇨ 반야 般若❶, 지 智, 혜 慧

프라즈냐루치 Prajñāruci 기원후 6세기경 중국에서 활약했던 인도인 스님이자 역경가. 가우타마프라즈냐루치(Ⓢ Gautama-prajñāruci : 瞿曇般若流支)를 줄여 부르는 말로 반야유지(般若流支)라 음사한다. 『유식론 唯識論』, 『회쟁론 廻諍論』, 『정법염처경 正法念處經』, 『해탈계경 解脫戒經』 등 수많은 경전을 한역했다고 전한다. ⇨ 반야유지 般若流支

프라즈냐카라굽타 Prajñākaragupta Ⓣ Shes-rab-'byung-gnas-sbas-pa. 750~810?. 불교인명(因明)의 중요 논서인 법칭의 *Pramāṇavārttika*(量評釋)에 대한 주석 *Pramāṇavārttikālaṃkāra*를 지었다. 라비굽타(Ⓢ Ravigupta 790~850)의 스승이었다고 전하며, 그 이름과 저작은 9세기 활동한 니야야논사 자얀타 밧타(Ⓢ Jayanta Bhaṭṭa)의 글에서도 인용된다. 프라즈냐카라굽타는 단일한 인식이 다수 행상(Ⓢ ākāra)의 현현을 경험한다는 법칭의 관점을, '다양한(種種 Ⓢ citra) 형상과 단일한 인식은 다르지 않다'고 해석하며 '다양불이론(Ⓢ Citrādvaita)'의 입장을 세웠다. *Pramāṇavārttikālaṃkāra*, p.290에 "인식대상·인식주체·파랑 등의 행상(行相)을 다채롭게 지니는 인식은 오직 단일하기에, (인식의 상태란) 바로 저 다양한 형상과 다르지 않다. grāhyagrāhakanīlādyākārā citrā buddhir ekaiveti citrādvaitam eva"라고 하였다. [참고문헌] Rāhula Sāṅkrityāyana *Pramāṇavārttikabhāshyam or Vārtikālaṅkāraḥ of Prajñākaragupta* (Patna : Kashi Prasad Jayaswal Research Instititute, 1953).

프라즈냐카라마티 Prajñākaramati Ⓣ Shes-rab-'byung-gnas-blo-gros. 950~1030. 대학승(大學僧). 10~11세기 융성했던 인도 비크라마쉴라(Vikramaśīla)사원에서 라트나카라샨티(Ratnākaraśānti)·바기슈바라키르티(Vāgīśvarakīrti)·나로파(Nāropa)·라트나바즈라(Ratnavajra)·즈냐나슈리미트라(Jñānaśrīmitra)와 더불어 육현문(六賢門 Ⓣ mkhas-pa-sgo-drug)으로 꼽혔다. 샨티데바(Śāntideva 7~8세기)의 *Bodhicaryāvatāra*(入菩提行論)의 주석 중 하나인 *Bodhicaryāvatārapañjikā*(入菩提行論細疏)를 지었으며, 티베트역본(北京版 No.5273 데게版 No.3872)도 전한다. 9장에서 집중적으로 샨티데바의 유식중관의 입장을 이어간다. 이와 동시에 *Madhyamakāvatāra*(入中論)를 인용하면서 월칭(月稱 Ⓢ Candrakīrti)의 교학적 입장을 지지하고 계승한다. 또 다른 저작으로 *Abhisamayālaṃkāra*(現觀莊嚴論)의 주석인 *Abhisamayālaṃkāravṛttipiṇḍārtha*(現觀莊嚴論註攝義)가 있는데 티베트역(北京版 No.5193, 데게版 No.3795)으로만 전한다. [참고문헌] Louis de La Vallée Poussin *Prajñākaramatī's commentary to the Bodhicaryāvatāra of Çāntideva* (Calcutta : Bibliotheca Indica a collection of Oriental Works150, 1901~1914), Sridhar Tripathi *Bodhicaryāvatāra of Śāntideva with the Commentary Pañjikā of Prajñākaramati* (Darbhanga : Mithila Institute, 1960). ⇨ 현관장엄론 現觀莊嚴論

프라크리트 Prakrit Ⓢ Prākṛta. 기원후 1세기부터 기원후 12세기에 사용된 중기 인도아리아어에 속하는 인도 지방어. 광의로는 여러 지방어군의 전체를 아우르는 말로 쓰이지만, 협의로는 산스크리트어가 아닌, 마하라슈트라(Ⓢ Mahārāṣṭra)·샤우라세니(Ⓢ Śaurasenī), 혹은 마가디(Ⓢ Māgadhī) 등 특정 지방어를 가리킨다. 전통적으로 인도 문법가들은 '자연스러운, 본연의 말'을 뜻하는 프라크리트어를, '잘 만들어진 말'이라는 뜻으로 써서 산스크리트어와의 비교를 통해 설명한다. 한 예로 단딘(Daṇḍin 7~8세기)은 『카브야다르샤 *Kāvyādarśa*』(시의 거울)에서 프라크리트를 '산스크리트어와 동일한(Ⓢ tatsamam) 것'과 '산스크리트어로부터 파생한(Ⓢ tadbhavam) 것', 그리고 '지역적인(Ⓢ deśī) 것'으로 나눈다. 상류사회의 언어인 산스크리트와 상반된다는 인식 때문에 프라크리트어를 대중의 언어로 오해하기도 하는데, 근래 학자들은 오히려 비문, 연극 혹은 문학작품 등에 쓰인 문어(文語) 계통으로 보기도 한다. 프라크리트어로 쓰인 인도문학에는 할라(Hāla 1세기)의 *Gāhā Sattasaī*, 사르바세나(Sarvasena 4세기경)의 *Harivijaya*, 웃드요타나(Uddyotana)의 *Kuvalayamāla* 등 많은 작품이 전하는데, 산스크리트의 정통시 까비야(Ⓢ kāvya)의 기원을 프라크리트문학에서 찾기도 한다. [참고문헌] Andrew Ollett *Kāvyādarśa, Language of the Snakes-Prakrit, Sanskrit, and the*

Language Order of Premodern India (University of California Press, 2017).

프라크리티 Prakṛti 스스로 가진 성(自性)을 뜻하는 산스크리트어 여성명사. ❶ 인도 육파철학 중 상키야(Ⓢ Sāṃkhya)에 따르면 순수정신인 푸루샤(Ⓢ Puruṣa)와 대조적으로 근본적인 순수 물질을 칭하는 프라크리트는 아비약타(Ⓢ Avyakta : 未顯現) 혹은 프라다나(Ⓢ Pradhāna : 原質) 등으로 불리며 신아(神我)로 한역한다. 프라크리티는 사트바(Ⓢ sattva) · 타마스(Ⓢ tamas) · 라자스(Ⓢ rajas)라는 세 가지 특질(Ⓢ guṇa)을 지닌다. 순수 관조자로서의 푸루샤가 프라크리트를 만나면 세 특질의 균형에 변화가 생기면서 존재론과 인식론적인 측면에서 우주의 전개(Ⓢ pariṇāma)가 일어난다고 본다. 이러한 입장은 이후의 샤이바(Ⓢ Śaiva) 등은 물론 전반적인 인도 우주론의 기본적 토대로서 다양하게 받아들여졌다. ⇨ 자성 自性❷ ❷ 인도 문법학에서는 어형변화, 격변화, 혹은 접사 등이 붙기 전의 동사 어근(Ⓢ dhātu)과 명사 기본형(Ⓢ prātipadika)을 가리키는 용어로 쓰인다.

프라티하라왕조 Pratihāra王朝 기원후 8세기 중엽에서 11세기까지 북인도 라자스탄지역을 지배했던 왕조. 구르자라-프라티하라(Gurjara-Pratihāra)제국이라고도 한다. 나가바타(Nāgabhaṭṭa)왕이 세운 이 왕조는 처음에는 수도를 우자인(Ujjain)으로, 이후에는 카나우지(Kannauj)로 옮겨 통치했다. 동부의 팔라(Pāla)제국과 데칸 지역의 라슈트라쿠타(Rāṣṭrakuṭa)왕조와 함께 인도 대륙의 패권을 다투었으며, 이슬람 세력의 인도 침입을 저지하였다. 마헨드라팔라 1세(Mahendrapala I 885~910) 때는 서쪽으로는 벵갈, 북쪽으로는 히말라야 부근, 남쪽으로는 나르마다(Narmada)강 지역까지 영향력이 커졌으나 이후 왕권 다툼으로 멸망하였다. 특유의 조각과 건축술이 발전하여 다양한 사원을 건설하였다. 라자스탄 오시안(Osian)에 있는 마하비라(Mahāvīra) 자인(Jain)사원, 마드야프라데쉬(Madhya Pradesh)의 바테슈와르(Bateshwar, Vaṭeśvara)사원군, 라자스탄의 바롤리(Baroli)사원군 등이 대표적이고, 카주라호(Khajuraho)에도 많은 건축물을 남겼다.

프라파톰체디 Phra pathom Chedi 태국 나콘파톰(Nakhon Pathom)주에 있는 120.45m의 태국 최대 불탑. 고대 크메르어로 '대탑'이라는 뜻으로, 탑의 기원은 정확히 전하지 않으나 드바라바티(Dvaravati)문화의 영향권 아래 태국 최고(最古) 사원인 프라프라톰체디(Phra Prathon Chedi)와 함께 기원후 6~8세기 무렵에 세워졌다. 1831년에 태국의 몽꿋(Mongkut 1804~1868)스님이 발견한 직후 당시 재위중이었던 라마 3세에게 이 사원의 복원을 요청하였으나 허락을 받지 못했고, 이후 몽꿋스님이 왕위(王位)에 오른 후 재건하여 증축하였다.

프라판차 prapañca Ⓟ papañca, Ⓣ spros-pa. 퍼지다, 증식하다, 넘치다라는 뜻의 동사어근 √pañc에 접두어 pra가 결합한 용어로 희론(戲論) · 허위(虛僞) · 망상(妄想) · 분별(分別) 등으로 한역한다. 어근 √pañc는 '다섯'을 뜻하는 판차(Ⓢ pañca)와 관련되며, 한 손에 다섯 손가락이 있는 것처럼 5배수 개념을 함축하고 있다고도 설명한다. 증대(增大) · 분화(分化) · 현상(現象) 등의 뜻이 있어 힌두문헌에서는 세계의 다양성을 강조하는 데 주로 쓰지만, 불교에서는 해탈을 장애하는 넘치는 분별작용이라는 부정의 뜻을 수반한다. 팔리어 papañca는 니카야에서부터 나타나는데, 맛지마니카야 「밀환유경 蜜丸喩經」(*Madhupiṇḍika-sutta, MN.1*, p.111)에 "감수하고 헤아려 구별하고 판단하며 결정된 것을 증식한다. yaṃ vedeti taṃ sañjānāti, yaṃ sañjānāti taṃ vitakketi, yaṃ vitakketi taṃ papañceti"라고 하였다. 대승불교에서는 이 뜻이 더 확장되어 '개념화의 심적 작용(分別)'이나, '개념화된 대상 즉, 정신활동의 대상(妄想)'을 뜻하기도 하고, '심적 활동수단으로서 개념화된 용어(言語)' 자체를 지칭하기도 한다. 『중론』에서는 프라판차의 어원에서 파생된 용어가 6차례 등장한다. 『중론』 권1(대정장30, p.1b16 : *Madhy-ś.*, p.4)에 "능히 이 인연 설하시어 잘도 모든 희론 멸하시네. 能說是因緣 善滅諸戲論 yaḥ pratītyasamutpādaṃ prapañcopaśamaṃ śivam", 같은 책 권4(대정장30, p.36b2 : *Madhy-ś.*, p.155)에 "모든 법 가히 얻지 못하니, 일체희론 사라지리. 諸法不可得 滅一切戲論 sarvopalambhopaśamaḥ prapañcopaśamaḥ śivaḥ", 같은 책 권3(대정장30, p.23c28 : *Madhy-ś.*, p.214)에 "업과 번뇌를 버리기에 이름해 해탈이라 한다. 업과 번뇌는 실답지 않아서 (분별로부터) 나온다. (그 분별들 희론에서 생겨나는데,) 공에 들어 희론은 사라진다. 業煩惱滅故 名之爲解脫 業煩惱非實 入空戲論滅 karmakleśakṣayān mokṣaḥ karmakleśā vikalpataḥ, te prapañcāt prapañcas tu śūnyatāyāṃ nirudhyate"라고 하여 희론은 공의 체득으로써만이 버릴 수 있다고 하였다. 그러므로 같은 책 권3(대정장30, p.24a7 : *Madhy-ś.*, p.214)에 "스스로 알아 다른 것 따르지 않으니 적멸이야말로 희론 없음이네. 다름도 분별도 없으니 이러해야 실상이라 이름하네. 自知不隨他 寂滅無戲論 無異無分別 是則名實相 aparapartyayaṃ śāntaṃ prapañcair aprapañcitam, nirvikalpam anānārtham etat tattvasya lakṣaṇam"라고 하였다. [참고문헌]『中論』, *Madhy-ś.*, Bhikkhu Ñāṇanada *Concept and Reality in Early Buddhist Thought, An Essay on Papañca and Papañca-Sañña-Sankhā*(Sri Lanka : Buddhist Publication Society, 1971), Akira Saito *Prapañca in the Mūlamadhyamakakārikā*(Bulletin of the International Institute for Buddhist Studies2, 2019) pp.1~9. ⇨희론 戲論

프랑케 Franke, Rudolf Otto 1862~1928. 루돌프 오토 프랑케. 독일 출신의 인도학자. 쾨팅겐(Göttingen)대학에서 인도 문법학자 헤마찬드라의『링가누샤사나 *Liṅgānuśāsana*』와 그에 대한 주석의 독어 번역(*Hemacandra's Lingânuçâsana mit Commentar und Uebersetzung*. Dieterich, Göttingen, 1886)으로 박사학위를 받았다. 이후 쾨니히스베르크 대학에서 교수로 임용되어 산스크리트어를 가르쳤다. 주요 저작과 논문으로는 비문(碑文)과 동전을 중심으로 한 산스크리트어와 팔리어 비교 연구(*Pāli und Sanskrit in ihrem historischen und geographischen Verhältnis auf Grund der Inschriften und Münzen*, 1902), 팔리 문법과 사전편찬에 대한 역사비평서(*Geschichte und Kritik der einheimischen Paligrammatik und lexikographie*, 1902), 팔리어 문헌 비교 연구 등이 있다. [참고문헌] Helmuth von Glasenapp 'Franke, Rudolf Otto'(*Neue Deutsche Biographie*, 1961).

프레타 preta Ⓟpeta, Ⓣyi-dvags. 인도에서 '죽은 존재'를 뜻하는 말로, 목구멍은 바늘구멍 같지만 끊임없이 굶주리는 귀신과 같은 존재를 가리킨다. 불교에서는 아귀(餓鬼)라고 번역되며, 육도(六道) 가운데 하나인 아귀도(餓鬼道)에 머문다. 악행의 결과 아귀로 재생한다는 내용을 담은 *Petavatthu*(餓鬼事經)가 팔리경장 중 소부 Khuddaka-nikāya(小部)에 전한다. ⇨아귀 餓鬼, 쿳다카니카야 Khuddaka-nikāya

프리투 Pṛthu 인도 서사시『마하바라타 *Mahābhārata*』에서 프리투는 고대인도 왕 베나(ⓈVena)의 아들이며, 인도 신화에서는 비슈누(ⓈViṣṇu)신의 화신으로도 그려진다. 아버지 베나 왕이 베다 제식을 행하지 않아 세상이 가뭄에 들자 현자들은 그를 처단하게 되고, 죽은 그의 신체를 통해 새로운 생명을 만들어 내는데, 첫 번째로 니샤다(Niṣadha)라고 하는 난쟁이가 생겨나고 그 다음에 나온 것이 프리투이다. 여성의 몸을 통해서가 아니라 아버지로부터 태어난 것은 그의 탄생에 어떤 욕망도 개입되지 않았음을 뜻한다. 프리투(Ⓢpṛthu)는 '광대한'이라는 뜻을 지니는데, 이는 대지(Ⓢpṛthvī)와 관련된다. 기근을 해소하기 위해 숨어 버린 대지의 여신(ⓈPṛthvī)을 찾아내어 그녀를 살해하려 하자, 여신은 자신이 죽으면 모든 생명이 함께 사라지게 되니 자신을 보호해 줄 것으로 요구한다. 이에 프리투는 보호를 약속하면서, 인간의 시조가 되는 스바얌부바 마누(ⓈSvāvaymbhuva-manu)를 통해 인류에게 필요한 곡식과 농작물을 얻게 되는 것으로 그려진다. 이런 설화를 통해 그는 인류에게 처음으로 농경을 소개한 왕으로 여겨진다. 보다 자세한 이야기는 여타 푸라나 문헌들에서도 다뤄지며, 특히『바가바타푸라나 *Bhāgavata-purāṇa*』의 제4권의 14~23장에서 그가 전륜성왕(轉輪聖王 Ⓢcakravartin)으로서 태양족의 계보를 토대를 만드는 과정이 자세히 기술된다. ⇨전륜성왕 轉輪聖王

프린셉 Prinsep, James 1799~1840. 제임스 프린셉. 영국태생의 동양학자이자 수집가. 인도 캘커타 조폐국에서 시금 전문가로 일하면서 벵갈아시아학회지(Journal of the Asiatic Society)의 창립 편집장을 역임하면서 고전화폐와 인도유물에 대한 다수의 논문을 출판했다. 박트리아(Bactria), 쿠샨(Kushan)시대의 동전들의 문구를 판독하여 그 발전 단계에 대한 이론을 제시했고, 그리스어(Greek)-브라흐미(Brāhmī)의 두 가지 문자가 쓰인 동전을 비교 연구하여 브라흐미의 완전한 문자표를 만드는 데 공헌했다. 또 카로슈티(Kharoṣṭhī)문자로 된 동전과 비문을 연구하면서 인도금석학에 대한 출판물인 *Corpus Inscriptionum Indicarum*에 아이디어를 제공했다. 이러한 그의 업적은 인도 왕조들의 연대를 세우는 데 도움을 주었다. 프린세프의 동생이 그의 사후에 미출판되었던 그의 연구를 모아 두 권으로 엮어 출판하였다. [참고문헌] J.Losty 'Prinsep, James'(*Oxford Dictionary of National Biography*, 2009).

피 皮 **1** Ⓢtvac, carman, chavi, Ⓟtaca, chavi, Ⓣpags-pa, lpags-shun, ko-ba. 피부. 표면. 껍질.『장아함경』권7「폐숙경 弊宿經」(대정장1, p.44b7 : *Pāyāsi-sutta, DN.2*, p.339)에 "(바라문이 가섭에게 하였다) 저는 시종에게 명령해 그 사람을 묶어 두고 산 채로 그 피부를 벗겨내게 해 그 식신(識神)을 찾아보았지만 도무지 볼 수 없었습니다. 我勅左右收縛此人 生剝其皮 求其識神 而都不見 tyāhaṃ evaṃ vadāmi. tena hi bho imassa purisassa chaviṃ chindatha, app eva nām' assa jīvaṃ passeyyāmāti",『대비바사론』권28(대정장27, p.145b21)에 "만약 애착을 남김없이 끊고 저 연꽃이 물 위에 뜨듯 하여 필추는 이것과 저것을 버려서 마치 뱀이 옛 껍질을 벗듯 한다. … 이미 번뇌를 끊었다면 세간에 있으면서도 마음에 애착하는 바가 없으니, 마치 연꽃과 같기 때문이다. … 이것과 저것인 육근과 육진에 머무르지 않으니, 마치 뱀이 껍질을 벗어버리고 뒤돌아보지 않는 것과 같기 때문이다. 若斷愛無餘 如蓮花處水 苾芻捨此彼 如蛇脫故皮 … 已斷煩惱處在世間 心無所著如蓮花故 … 不住此彼六根六塵 如蛇脫皮無顧戀故", 『불성론』 권4(대정장31, p.807c26)에 "마치 암라 씨앗이 싹을 틔울 때 반드시 그 껍질을 부순 이후에나 날 수 있는 것과 같다. 譬如菴羅子生芽之時 必破其皮 然後得出"라고 하였다. 〔참고문헌〕『長阿含經』, 『大毘婆沙論』, 『佛性論』, *DN.*, *Gaṇḍ-vy.401.*, *Rāṣṭr.137.*, *Yogā-bh.84.*, *SN.2.238.* ❷ Ⓢ tvac. 오지근(五知根) 중 하나. 피근(皮根). 『금칠십론』 권상(대정장54, p.1250c7)에 "오지근이란, 첫째 이근이고, 둘째 피근이고, 셋째 안근이고, 넷째 설근이고, 다섯째 비근이다. 五知根者 一 耳 二 皮 三 眼 四 舌 五 鼻"라고 하였다. 〔참고문헌〕『金七十論』, *Māṭ-v.30.* ⇨ 오지근 五知根

피 被 ❶ 자거나 누울 때 덮는 이불 따위. 피단(被單)을 말한다. 『선원청규』 권2 「소참 小參」(卍속장111, p.886b17)에 "잠자리를 펼치거나 이불을 개면서 조용하고 조심스럽게 마음을 써야 한다. 開單摺被 低細用心", 『선림상기전』 권26(대장경보편19, p.712b10)에 "피 : 도충(道忠)이 말한다. 누워서 쉴 때 이로써 몸을 덮는 장복의 의례이다. 피단이라는 말이 이것이다. 被 忠曰 臥息以蓋身 章服儀 所謂被單 是也"라고 하였다. 〔참고문헌〕『禪苑淸規』, 『禪林象器箋』. ⇨ 피단 被單 ❷ 당하다. 『임제록』(대정장47, p.501c20)에 "말로는 '나는 출가했다'고 하지만, 다른 이가 불법을 묻기라도 하면 즉시 입을 닫고 아무 말도 못한다. 道我出家 被他問著佛法 便卽杜口無詞"라고 하였다. 〔참고문헌〕『臨濟錄』.

피가대쇄 披枷帶鎖 목에 칼 쓰고 족쇄 차다. 『임제록』(대정장47, p.501a13)에 "학인이 있어 목칼 쓰고 족쇄 찬 채로 선지식 앞에 나가면 선지식이 다시 한 겹의 목칼과 족쇄를 덧붙임에도 학인은 기뻐한다. 피차를 가리지 못하니 이를 나그네 불러 나그네 살피라 한다고 한다. 或有學人 披枷帶鎖 出善知識前 善知識 更與安一重枷鎖 學人歡喜 彼此不辨 呼爲客看客", 『경덕전등록』 권16 「봉상석주전 鳳翔石柱傳」(대정장51, p.330b25)에 "한 사람 말도 못하고 행하지도 못하니 마치 목숨 끊고 살기를 바라는 격이다. 이는 석녀가 목칼 쓰고 족쇄 찬 꼴이다. 一人 說不得 行不得 若斷命而求活 此是石女披枷帶鎖"라고 하였다. 〔참고문헌〕『臨濟錄』, 『景德傳燈錄』.

피가루자 皮可漏子 가죽 껍데기. 육신을 가리키지만 벗어던질 수 없는 실존의 몸과 마음(身心)을 다 들어 비유한다. 각루자(殼漏子)라고도 한다. 『열조제강록』 권17 「수법의제강 受法衣提綱」(卍속장112, p.441b17)에 "가사 끝 잡고 대중에게 말했다. '이것은 앞서 귀원선사가 이류 중에 살면서 남겨 놓은 껍데기다. 태양이 쪼이거나 바람 불어도 부서지지 않고, 칼로 베거나 톱으로 썰어도 열지 못한다. 업력이 무거우니 이 불초자에게 누를 끼치고 또 무리지어 들어서 가기도 하는구나'. 가사를 입고서 말했다. '답해 보라! 나귀인가? 말인가?' 拈衣示衆云 者箇是 先歸源向異類中遺下 皮可漏子 日炙風吹而不壞 刀斫鋸解而不開 業力旣重 累及不肖子 亦入其群隊去也 披云 且道 是驢是馬"라고 하였다. 〔참고문헌〕『列祖提綱錄』. ⇨ 각루자 殼漏子

피각루자선 皮殼漏子禪 가죽 껍질과 같이 단단한 선. 『벽암록』 98칙 「평창 評唱」(대정장48, p.222a15)에 "활발발한 사태 요한다면 다만 껍질 단단한 선을 참구하라! 곧바로 향해 높은 산 위에서 아래로 내리쳐도 깨지지도 않고 부서지지도 않는다. 若要活潑潑地 但參皮殼漏子禪 直向高山上 撲將下來 亦不破亦不壞", 『원오어록』 권13(대정장47, p.775b22)에 "선사께서는 항상 '유리병 선을 공부하지 마라. 누군가에게 가볍게 건들여지기만 해도 가루가 되도록 부서지기 때문이다. 참구할 때는 반드시 가죽 껍질과 같이 단단한 선을 참구하라! 높은 봉우리에서 아래로 내리쳐도 손상을 입지 않기 때문이다'라고 말씀하셨다. 先師常云 莫學瑠璃瓶子禪 輕輕被人觸著 便百雜碎 參時 須參皮可漏子禪 任是向高峯頂上撲下 亦無傷損"라고 하였다. 〔참고문헌〕『碧巖錄』, 『圜悟語錄』. ⇨ 피가루자 皮可漏子

피갑 被甲 Ⓢ saṃnāha, varmita, Ⓣ go-cha. 갑옷을 입다. 피갑주(被甲冑), 신피갑주(身被甲冑)의 줄임말. 보살의 굳건함은 모든 악의 침범을 막으므로 이와 같이 비유함. 80권본 『화엄경』 권57(대정장10, p.302b14)에 "보살마하살은 열 가지 갑옷을 입는다. 무엇이 열 가지 인가? 대자의 갑옷을 입고 일체중생을 구호하기 때문이다. 대비의 갑옷을 입고 일체의 모든 괴로움을 견뎌 참기 때문이다. 대원의 갑옷을 입고 일체 해야 할 일을 끝까지 하기 때문이다. 회향의 갑옷을 입고 일체 부처님의 장엄을 건립하기 때문이다. 복덕의 갑옷을 입고 일체중생을 요익케 하기 때문이다. 바라밀의 갑옷을 입고 일체중생을 제도하여 해탈케 하기 때문이다. 지혜의 갑옷을 입고 일체중생 번뇌의 어둠을 사라지게 하기 때문이다. 선교방편의 갑옷을 입고 넓은 문의 선근을 낳기 때문이다. 일체지혜의 마음 견고하여 산란하지 않은 갑옷을 입고 다른 승을 즐거워하지 않기 때문이다. 일심결정의 갑옷을 입고 일체법에 대해서 의혹을 멀리하기 때문이다. 이것이 열 가지가 된다. 만약 모든 보살이 이 법에 안주하면 여래의 무상의 갑옷을 입고 일체의 마군을 다 절복할 수 있다. 菩薩摩訶薩有十種被甲 何等爲十 所謂被大慈甲 救護一切衆生故 被大悲甲 堪忍一切諸苦故

被大願甲 一切所作究竟故 被迴向甲 建立一切佛莊嚴故 被福德甲 饒益一切諸衆生故 被波羅蜜甲 度脫一切諸含識故 被智慧甲 滅一切衆生煩惱闇故 被善巧方便甲 生普門善根故 被一切智心堅固不散亂甲 不樂餘乘故 被一心決定甲 於一切法離疑惑故 是爲十 若諸菩薩安住此法 則被如來無上甲冑 悉能摧伏一切魔軍"라고 하였다. 〔참고문헌〕『華嚴經』, 『除蓋障菩薩所問經』, *Abh-s.6.*, *Śikṣ.347.*

피갑작의 被鉀作意 Ⓢ saṃnāha-manasikāra, Ⓣ go-cha-yid-la-byed-pa. 칠종작의(七種作意) 중 하나. 갑옷을 입은 듯 견고한 결의(決意). 『대승장엄경론』 권5(대정장31, p.616b28 : *Sūtr.*, p.72)에 "다음으로 이렇게 생각하라. '나 이제 응당 모든 바라밀 만족시키도록 하여 큰 용맹 일으켜야 한다'고. 이를 피갑작의라 한다. 次作是念 我今應令 諸波羅蜜滿足 起大勇猛 是名被鉀作意 pratipattim ārabhya saṃnāhamanasikāro dānādiparipūraye saṃnahanāt"라고 하였다. 〔참고문헌〕『大乘莊嚴經論』, *Sūtr.* ⇨ 칠종작의 七種作意 ■

피갑정진 被甲精進 갑옷을 입은 듯이 정진하다. 『대보적경』 권19(대정장11, p.104a17)에 "그때 사리불이 다시 부처님께 아뢰었다. '세존이시여, 이제 간략하게 부동보살의 피갑정진에 깃든 수승한 공덕을 모두 찬탄하였습니다. 원하옵건대 세존께서 현재와 미래의 모든 보살을 거두어주시길 바라오며 널리 말씀해 주시십시오'. 부처님께서 사리불에게 이르셨다. '부동보살은 초발심에 머물 때 정진이라는 갑옷을 입어 이처럼 공덕이 불가사의한 것이다. 내가 이제 너에게 그 일부를 말할터이니 자세히 듣고 또 자세히 들은 뒤 잘 생각해 보도록 하라'. 時舍利弗 復白佛言 世尊 今已略讚 不動菩薩 被甲精進 殊勝功德 唯願世尊 爲攝受 現在未來 諸菩薩故 廣爲宣說 佛告舍利弗 不動菩薩 住初發心 被精進甲 如是功德不可思議 吾今爲汝 說其少分 諦聽 諦聽 善思念之", 『제개장보살소문경』 권3(대정장14, p.711a17)에 "선남자야, 무엇을 피갑정진이라 하는가? 만약 보살이 크게 정진할 마음을 일으켰다면, 두루 모든 유정 가운데 열반을 얻지 못한 이들은 열반을 얻도록 하고, 바라밀을 얻지 못한 이들은 모두 바라밀을 얻도록 하며, 해탈하지 못한 이들은 두루 해탈하도록 하고, 편안하지 않은 이들은 편안하도록 하며, 정각을 성취하지 못한 이들은 장차 정각을 성취하도록 하는 그것을 말한다. 善男子 云何是被甲精進 謂若菩薩 發大精進 普爲一切有情 未得涅槃者 令得涅槃 未得度者 悉令得度 未解脫者 普令解脫 未安隱者而令安隱 未成正覺者 當使成正覺", 『성유식론집해』 권9(卍속장81, p.593a10)에 "피갑정진이란 무엇인가? 발심한 최초의 때에 스스로 책려하며 '나는 장차 이와 같은 일을 하겠다. 결코 한 중생도 번뇌하지 않도록 하기 위해 정진할 것이며, 오직 모든 번뇌를 끊고자 정진을 행하고, 오직 모든 미혹의 뿌리를 뽑고자 정진을 행하며, 오직 모든 번뇌의 습기를 버리고자 정진을 행하겠다'라고 말하는 서원을 가리킨다. 被甲精進者 謂最初時自勵言 我當作如是事 如終不爲惱一衆生故 而行精進 但爲斷一切煩惱 而行精進 但爲拔一切惑本 而行精進 但爲除一切習氣故 而行精進"라고 하였다. 〔참고문헌〕『大寶積經』, 『除蓋障菩薩所問經』, 『成唯識論集解』.

피갑호신인 被甲護身印 십팔도(十八道) 중 하나. 밀교에서 금강의 갑옷처럼 진언행자를 마구니로부터 보호하는 수인(手印). 갑주신(甲冑印)・피갑호신(被甲護身)・피갑호신삼매야인(被甲護身三昧耶印)・호신삼매야(護身三昧耶)라고도 한다. 『무량수의궤』(대정장19, p.68b21)에 "다음으로 피갑호신인을 맺는다. 양손의 소지와

무명지는 오른쪽이 왼쪽을 누르는 형태로 안으로 깍지를 끼고 양손의 중지는 곧게 세워 끝을 붙이며 양손의 검지는 갈고리 모양처럼 구부려 중지 뒤에 두되 붙지 않게 하고 양손의 엄지는 모두 세워서 무명지에 붙이면 완성된다. 수인을 맺어 가슴에 두고 진언을 염송하는데 수인은 신체의 다섯 곳에서 한 번씩 염송한다. 먼저 수인을 이마, 오른쪽 어깨, 왼쪽 어깨, 가슴, 목 등 다섯 자리에 포치하고 일체 중생에게 대자비심을 두루 일으켜 대자비로 장엄한 갑옷을 입고 속히 장애와 곤란을 떠나 세간출세간의 가장 수승한 성취를 증득하도록 서원한다. 이와 같이 관하면 금강갑을 입게 되어 일체 모든 마구니가 감히 장애를 일으키고 곤란하게 하지 못한다. 호신진언은 '옴 바일라 의이 발라념 발다야 사바하'이다. 이 수인을 맺고 진언을 염송하면 자비로이 염려하는 마음의 힘으로 일체 천마와 장애하는 이가 모두 진언행자의 위광이 태양과 같음을 보고 각각 자비심을 일으키고 장애하지 못하고 악인이 마음대로 하지 못하며 번뇌의 업장이 몸을 물들이지 못한다. 또한 앞으로 다가올 악취의 괴로움을 막고 무상보리를 신속하게 증득한다. 次結被甲護身印 二小指二無名指 右壓左內相叉 二中指直竪頭相拄 二頭指屈如鉤形 附中指背勿令相著 二大指並竪捻無名指 卽成結印當心誦眞言 印身五處各誦一遍 先印額 次右肩 次左肩 印心及喉 是爲五處 卽起大慈悲心遍緣一切有情 願皆被大慈悲莊嚴甲冑 速令離諸障難 證得世間出世間上上殊勝成就 如是觀已 卽成被金剛甲 一切諸魔不敢障難 護身眞言曰 唵 嚩日囉 儗儞 鉢囉捻跛跢野 娑嚩賀 由結此印誦眞言 慈心愍念力故 一切天魔 及諸障者 悉見行人威光赫奕猶如日輪 各起慈心不能障礙 及以惡人無能得便 煩惱業障身不染著 亦護當來諸惡趣苦 疾證無上菩提"라고 하

였다. [참고문헌]『無量壽儀軌』.

피거비구 被擧比丘 Ⓟ cuditassa bhikkhu. 허물이 있다고 여겨져 다른 비구에 의해 대중에게 거론되는 비구. 다른 이의 허물을 들어 말하는 이는 거죄비구(擧罪比丘)다. 『잡아함경』 권18(대정장2, p.129c5)에 "부처님께서 사리불에게 말씀하셨다. '피거비구는 마땅히 다섯 가지 법으로 그 마음을 안정토록 해야 한다. 념하여 말하길, 저가 어떻게 알았든 사실을 거짓이라 하지 말고, 때 맞춰 한 말을 때에 맞지 않다 하지 말며, 이 뜻의 요익함도 요익함 없다고도 하지 말고, 부드러운 말을 거칠다 하지 말며, 자애의 마음을 성낸다고 하지 마라'. 佛告舍利弗 被擧比丘 當以五法 令安其心 念言 彼何處得爲實莫令不實 令時莫令非時 令是義饒益莫令非義饒益 柔軟莫令麤澁 慈心莫令瞋恚", 『십송율』 권27(대정장23, p.200a7)에 "'자자를 마친 피거비구에게도 그 몫의 옷을 나누어주어야 하는지요?'라고 묻자 부처님께서 '주어서는 안 된다'라고 말씀하셨다. 自恣竟 被擧比丘 應與衣分不 佛言 不應與"라고 하였다. [참고문헌]『雜阿含經』, 『十誦律』, *AN.3.197·198.* ⇨ 거죄 擧罪, 거죄오덕 擧罪五德, 자자 自恣

피고모연문 皮鼓募緣文 유일(有一 1720~1799) 지음. 『연담대사임하록』 권3(한불전10, p.270a20)에 전한다. 사원 내에 북(皮鼓)를 만들기 위해 시주를 권하는 글이다. 유일은 불상·불기·종·바라 등 법구조성을 위한 시주를 권하는 다수의 글을 작성하였다. 「피고모연문」에 "크고 오래된 절집에 어찌 큰 북과 큰 종이 없는가. 많은 단월들이 평소에 재물도 많이 들고 보물도 많이 들어갈 것이라고 하였는데, 옳은 이야기입니다. 다만 소가죽 두 조각이면 가능하니, 보초 약간이면 됩니다. 이에 소매에 짧은 소를 가지고 널리 여러 현인들에게 간청하니 각각 1관이나 2관을 내어놓으면 공덕의 연으로 문득 그 소리 삼천대천세계에 사무칠 것입니다. 許大古院宇 如何無大鼓大搥 幾多善檀那 素稱曰多財多寶是則是 只牛皮兩片動不動 當寶鈔若干 爰袖小疏 普懇諸賢 各捨取一貫二貫 功緣便聲徹三千大千世界"라고 하였다. [참고문헌]『淵潭大師林下錄』. ⇨ 법고 法鼓

피구상위분별 彼俱相違分別 Ⓢ tad-ubhaya-viparīto vikalpa, Ⓣ de-gnyi-ga-las-bzlog-pa'i-rnam-par-rtog-pa. 저 다른 것들과 서로 어긋난다고 아는 일. 팔종분별(八種分別 : 八妄想) 중 하나로 구상위분별(俱相違分別)·구상위망상(俱相違妄想)이라고도 한다. 『유가사지론』 권36(대정장30, p.490a21 : *Bodh-bh.*, p.36)에 "무엇을 저들과 함께해 서로 어긋난다고 분별하는가? 정묘함과 정묘하지 못함 및 뜻에 맞는 것과 그렇지 못한 것 모두 사태와 경계에 있어 떨어져 있는 것을 말한다. 云何名爲彼俱相違分別 謂緣淨妙不淨妙可意不可意俱離事境 priyāpriyobhayaviparīto vikalpaḥ katamaḥ. yaḥ śubhāśubha-manāpāmanāpatadubhayavivarjitavastvālambano vikalpaḥ"라고 하였다. [참고문헌]『瑜伽師地論』, 『解深密經疏』 권2(한불전1, p.178a23), 『瑜伽論記』 권7(한불전13, p.710b17), *Bodh-bh.* ⇨ 구상위분별 俱相違分別, 팔종분별 八種分別

피권 疲倦 Ⓢ klānta, pariśrama, pariśrama-klama, parikliśya, Ⓣ ngal-ba, yongs-su-ngal-ba, ngal-bas-dub-pa, nyon-mongs-pa. 피로해 하지 않으려 함. 『기세경』 권9(대정장1, p.357b7)에 "저들 모든 사람들 무희의 제삼선처를 얻게 된다. 힘써 공력을 들이지 않고 피곤하여 늘어지는 일 있을 리 없어 저절로 얻게 된다. 彼諸人等 當得無喜第三禪處 不勞功力 無有疲倦自然得之", 『일체경음의』 권4(대정장54, p.330c5)에 "피권〈앞 글자의 음은 피이다. 가규(賈逵) 주석 『국어』에 '피는 노(勞)의 뜻이다'라고 하였으며, 『광아』에는 '피는 권을 뜻하기도 하고 (힘이 다했다는 의미에서) 극(極)이라고도 한다'라고 하였다. 뒤 글자는 규와 원을 반절한 음이다. 『광아』에 '권은 극이다'라고 하였고, 공안국(孔安國)의 『상서』 주석에 '권은 (게으르다 또는 늘어지다는 뜻의) 해이다'라고 하였으며, 『옥편』에 '권은 (그침을 뜻하는) 지이다'라고 하였다〉. 疲倦〈上音皮 賈注國語 疲勞也 廣雅 疲亦倦也 極也 下逵願反 廣雅倦極也 孔注尙書 倦懈 玉篇 倦止也〉"이라고 하였다. [참고문헌]『起世經』, 『一切經音義』, *Yogā-bh.14·116.*, *Śrāv-bh.120.*, *Bodh-bh.85.*

피금 披衿 옷깃을 풀다. 속을 보여주다. 흉금을 털어놓다. 피금(披襟)으로도 쓰고 진심을 드러낸다는 뜻의 피심(披心)과도 통한다. 『양고승전』 권1 「백시리밀다라전 帛尸梨密多羅傳」(대정장50, p.327c19)에 "만나서 온종일 찬탄을 거듭하다가 흉금을 털어놓고 마음마저 맞게 되었다. 見之終日累歎 披衿致契", 『개원석교록』 권5(대정장55, p.525c17)에 "숨김없이 속을 털어놓고 자문을 구하지 않는 이가 없었고, 그로 인하여 공경하면서 좋아하는 마음이 들었다. 莫不披衿諮問 敬而愛焉라고 하였다. [참고문헌]『梁高僧傳』, 『開元釋敎錄』.

피난석 避難石 육조혜능(六祖慧能)이 의발(衣鉢)을 뺏으려는 무리를 피해 몸을 숨겼던 돌. 종보본 『단경』 「기연 機緣」(대정장48, p.355a20)에 "그때 보림사라는 옛 절이 있었는데, 수 말엽 이래 전쟁으로 폐사였다. 그 옛 터에 다시 범우를 건립하고 육조스님을 모셔와 머무르게 하니, 금새 보방(寶坊)이 이루어졌다. 스님이 9개월여 정도 머무르는데, 다시 악당에게 쫓기게 되었다.

스님이 앞산으로 피하자 불을 놓아 초목을 불태웠다. 스님은 몸을 숨겨 돌 틈에 들어가 화를 면하였는데, 돌에 지금도 스님이 가부좌를 했던 무릎 흔적과 가사로 눌린 무늬가 남아있다. 이 일로 그 돌을 '피난석'이라고 부른다. 時寶林古寺 自隋末兵火已廢 遂於故基 重建梵宇 延師居之 俄成寶坊 師住九月餘日 又爲惡黨尋逐 師乃遯于前山 被其縱火焚草木 師隱身挨入石中得免 石今有師趺坐膝痕 及衣布之紋 因名避難石"라고 하였다. [참고문헌]『壇經』,『憨山集』 권37(卍속장127, p.752a16),『重修曹溪通志』 권7(대장경보편30, p.168a5). ⇨ 혜능 慧能

피납 披衲 납의(衲衣) 즉 가사를 입다.『석씨계고략』 권2(대정장49, p.795c1)에 "부대사(傅大士)가 어느 날 머리에 관을 쓰고 납의를 걸치고 짚신을 신고 있으니 양무제(梁武帝)가 '스님의 형색입니까?'라고 물었다. 대사가 손가락으로 관을 가리켰고 '도사의 형색입니까?'라고 묻자 손가락으로 짚신을 가리켰으며, '속인의 형식입니까?'라고 묻자 대사가 손가락으로 납의를 가리켰다. 大士一日 頂冠 披衲 靸履 帝問 是僧邪 士以手指冠 帝曰 是道邪 士以手指靸履 帝曰 是俗邪 士以手指衲衣"라고 하였다. [참고문헌]『釋氏稽古略』.

피낭 皮囊 Ⓢ dṛti. 가죽 주머니. 신체를 비유하기도 한다.『대보적경』 권81(대정장11, p.467a12)에 "이와 같은 채녀들은 밖의 색으로 치장하여 곱지만, 가죽 주머니에는 힘줄과 뼈를 담고 있을 뿐입니다. 살과 뼈와 똥오줌으로 채운 속은 깨끗하지 못하니, 이렇게 참으로 죽은 시체를 어떻게 즐거워하겠습니까? 如此婇女假外色 唯有皮囊盛筋骨 肉血屎尿內不淨 此眞死屍云何樂",『나옹화상가송』「의주 意珠」(한불전6, p.735a11)에 "가죽 포대에 숨겨져 있으니 누가 알아보랴? 밤낮 가리지 않고 밝은 빛이 대대로 번득이네. 皮囊隱在誰能識 晝夜淸光劫劫寒"라 하였다. [참고문헌]『大寶積經』,『懶翁和尙歌頌』, *Suv-pr.173.* ⇨ 피대 皮袋, 피가루자 皮可漏子

피노 Finot, Louis 1864~1935. 루이 피노. 프랑스 태생의 고고학자이자 동양학자. 실뱅 레비(Sylvain Levi) 아래서 산스크리트어를 수학한 후 조교로 임명되어 산스크리트어를 가르쳤다. 그러다 1897년에 프랑스 극동학원(Ecole française d'Extrême-Orient)의 전신인 인도차이나 탐사대의 고고학 탐험대를 맡아 앙코르 일대의 발굴에 힘썼다. 1920년부터 1930년까지 프랑스 고등연구원(École Pratique des Hautes Études)의 원장과 콜레주드프랑스(Collège de France)의 인도차이나역사 문헌학과 교수를 역임했고, 1989년에 극동학원이 세워진 이래 네 번에 걸쳐 원장을 역임했다. 인도는 물론 앙코르와 캄보디아의 다양한 비문에 대한 연구인 '*Archéologie indochinoise*'(1921), '*Les questions de Milinda, Milinda-Pañhha. Traduit du pali avec introduction et notes*'(1923), '*Inscriptions d'Angkor*'(1925), '*Nouvelles inscriptions du Cambodge*'(1928) 등의 업적을 남겼다. [참고문헌] Pierre Singaravélou '*Louis Finot*'(*Dictionnaire des orientalistes de langue française* Éditions Karthala, 2008) p.390.

피능수식 彼能受識 Ⓢ tad-upabhoktṛ-vijñapti, Ⓣ de-la nye-bar-spyod-pa'i rnam-par-rig-pa. 십일식(十一識) 중 하나. 육식(六識)을 말한다. 구역에는 정수식(正受識)이라 하였다.『섭대승론본』 권중(대정장31, p.137c29 : *Mah-saṃ.*, p.24)에 "이 중에서 무엇이 의타기상인가? 아뢰야식을 종자로 하는 허망분별에 속하는 모든 식이다. 이것은 다시 무엇인가? … 피능수식 등이다. 此中何者依他起相 謂阿賴耶識爲種子 虛妄分別所攝諸識 此復云何 … 彼能受識 de la gzhan gyi dbang gi mtshan nyid gang zhe na. gang kun gzhi rnam par shes pa'i sa bon can yang dag pa ma yin pa kun rtog pas bsdus pa'i rnam par rig pa'o. … de la nye bar spyod pa'i rnam par rig pa", "피능수식 등은 … 명언훈습종자에 의지하는 것이다. … 피능수식은 안 등의 육식계임을 알아야 할 것이다. 彼能受識 … 由名言熏習種子 … 彼能受識 應知卽是眼等六識界 de la nye bar spyod pa'i rnam par rig pa gang yin pa dang. … de ni mngon par brjod pa'i bag chags kyi sa bon las byung ba'i phyir ro. de la nye bar spyod pa'i rnam par rig pa ni mig gi rnam par shes pa la sogs pa'i khams drug tu rig par bya'o"라고 하였다. [참고문헌]『攝大乘論本』, *Mah-saṃ.* ⇨ 십일식 十一識

피다 皮陀 Ⓢ Veda의 음사어. 인도 바라문교의 성전『베다 *Veda*』의 음사어 중 하나. 베다(吠陀)·위다(韋陀)라고도 한다.『백론소』 권상(대정장42, p.251a25)에 "이전에 피다라고 한 말은 이곳에서 음사에서 변한 것으로 위다라 한다. 本云皮陀 此間語訛 故云韋陀",『아비담비바사론』 권51(대정장28, p.378a12)에 "피다와 피다 보조학의 경을 모두 잘 알았다. 善通皮陀 及皮陀分經",『금칠십론』 권중(대정장54, p.1253a24)에 "나는 (네 가지 중) 먼저 어떤 피다를 배워야 할까? 我當先學何皮陀"라고 하였다. [참고문헌]『百論疏』,『阿毘曇毘婆沙論』,『金七十論』. ⇨ 베다 吠陀

피다분 皮陀分 Ⓢ vada-aṅga.『베다 *Veda*』의 보조학(補助學).『사제론』 권1(대정장32, p.378b19)에 "사

제 외에 네 가지 피다와 피다분 등을 모른다고 무명이라 하지 않는다. 不知四諦外 四皮陀 皮陀分等 不名無明"라고 하였다. [참고문헌]『四諦論』. ⇨ 베다 吠陀

피단 披袒 다 덮어 입거나 한쪽만 덮다. 가사(袈裟)를 입는 두 가지 방법. 피란 두 어깨를 모두 덮는 통견(通肩)과, 단이란 오른쪽 어깨를 드러내는 편단우견(偏袒右肩)이다. 『석씨요람』 권상(대정장54, p.270a28)에 "피단 : 〈단이란 살을 드러낸다는 뜻의 육단〉 『사리불문경』에 이렇게 전한다. '어떤 때에 피와 단인가 여쭙자〈피는 두 어깨를 모두 덮고, 단은 오른쪽 어깨만 드러낸다〉 부처님께서 「함께 공양하거나 식사할 때에는 편단해야 하니 편하게 일을 해야 하기 때문이다. 복전을 지을 때는 두 어깨를 덮어야 하니 그것으로 복전의 상을 드러내기 때문이다」라고 말씀하셨다'〈다음과 같이 푼다. '공양하는 때에 맞춘다는 말은 무슨 뜻인가? 부처님을 친견하거나 부처님께 예를 올리거나 삼사에게 인사를 드리거나 대중과 함께 수행할 때 등의 경우이다. 복전을 짓는다는 말은 무슨 뜻인가? 가지런히 좌선하거나 송경하거나 취락에 들어가 나무 아래 앉아 있을 때 사람들이 복전상의 단엄한 모습을 보도록 함을 말한다. 만약 부처님을 마주해서 두 어깨를 모두 가린다면 오백의 생사윤회 동안 철갑지옥에 떨어질 것이다'〉. 披袒〈袒卽肉袒〉 舍利弗問經云 於何時披袒〈披卽通覆兩肩 袒卽偏露右臂〉 佛言 隨供食時 應偏袒 以便作事故 作福田時 應覆兩肩現福田相故〈記云 隨供養者 如見佛 禮佛 問許三師 入衆等時也 作福田者 謂計齊坐禪 誦經 入聚落 樹下坐時 使人見田相端嚴故 若對佛通披者 五百生墮鐵甲地獄〉"라고 하였다. [참고문헌]『釋氏要覽』, 『舍利弗問經』(대정장24, p.901b23). ⇨ 통견 通肩, 편단우견 偏袒右肩

피단 被單 수행자의 침구(寢具). 피는 위에 덮는 침구이고, 단은 면단(眠單)으로 바닥에 까는 침구이다. 『선원청규』 권1 「장포 裝包」(卍속장111, p.877b16)에 "후포에는 피단·면의·친한을 넣어 둔다. 後包內 安被單綿衣襯汗"라고 하였다. [참고문헌]『禪苑淸規』. ⇨ 피被❶, 면단 眠單

피대 皮袋 가죽 포대. 육신을 비유하기도 한다. 피가루자(皮可漏子)·각루자(殼漏子)·피낭(皮囊)과 통한다. 『경덕전등록』 권30 「석두화상초암가 石頭和尙草庵歌」(대정장51, p.461c21)에 "암자 속에서 죽지 않는 사람을 알고자 하는가? 어찌 지금 이 가죽 포대를 벗어나랴! 欲識庵中不死人 豈離而今遮皮袋", 『오조법연어록』 권중(대정장47, p.661c16)에 "법좌에 올라 말했다. '부처님 시대와 멀어지면서 사람들이 매우 게을러졌다. 거슬리면 화를 내고 기분 내키면 애착을 일으킨다. 말해보라! 화를 내지도 않고 애착을 일으키지도 않는 것 무엇일까? 동해의 가위요, 티베트의 가죽포대다'. 上堂云 去聖時遙 人多懈怠 逆則生嗔 順則生愛 且道 作麽生是不嗔不愛 東海剪刀 西番皮袋", 『대혜어록』 권16(대정장47, p.881c3)에 "이 무슨 똥 같은 선이란 말인가! 한결같이 가죽포대 속에 채우고 있는 것인 것을. 是甚麽屎禪 一向塱在皮袋裏"라고 하였다. [참고문헌]『景德傳燈錄』, 『五祖法演語錄』, 『大慧語錄』. ⇨ 피가루자 皮可漏子, 피낭 皮囊, 각루자 殼漏子

피대자 皮袋子 가죽주머니. 육신을 비유한다. 더럽다는 의미로 취피대자(臭皮袋子)라고도 한다. 『담연원징어록』 권6(卍속장126, p.244a5)에 "운남 출신 학인 원명이 (담연에게) 물었다. '일대사를 아직 밝히지 못하였으면 부모님을 잃은 듯 여기고, 일대사를 이미 밝혔어도 부모님을 잃은 듯 여기라는 뜻은 무엇입니까?' '모두 별다른 사람을 따르지 말라는 뜻이다' '나타태자는 뼈를 부셔서 아버지에게 돌려주고, 살은 어머니에게 돌려준 다음 허공에 본래 몸 드러내고 부모를 위해 법을 설하였습니다. 무엇이 나타의 본래 몸입니까?' '날 때 어머니로부터 받은 가죽주머니라고 오인하지 마라'. 雲南僧圓明問 大事未明 如喪考妣 大事已明 如喪考妣 意旨如何 師云 總不繇別人 問 那吒太子析骨還父 以肉還母 然後於虛空中現身 爲父母說法 如何是那吒本身 師云 休認娘生皮袋子", 『열조제강록』 권35 「천암장선사위누청옹입광 千巖長禪師爲樓淸翁入壙」(卍속장112, p.697a3)에 "85년 전 부모에게 나기 전 가죽주머니 있지 않았는데, 85년 후 부모가 낳아준 가죽주머니 마침내 흙속으로 돌아가는구나. 85년 동안 보고 듣고 알아차리고 희로애락하며 높고 낮음 구별하고 선과 악 나눴다. … 이제 저 주인공이 벗어던진 가죽주머니가 관속에 담겨있다. 생각해보라. 부모로부터 나기 전 얼굴과 같은가, 다른가? 八十五年前 未有父母所生皮袋子 八十五年後 父母所生皮袋子 終歸土裏 八十五年中 有見聞知覺 有喜怒哀樂 別尊卑分善惡 … 如今主人公抛了皮袋子 盛在棺材裏 且道 與父母未生前面目 同耶 不同耶"라고 하였다. [참고문헌]『湛然圓澄語錄』, 『列祖提綱錄』. ⇨ 취피대자 臭皮袋子

피도 鈹刀 Ⓟ karavīra-patta. 끝이 뾰족한 칼. 또는 기다란 대침(大鍼). 『중아함경』 권60 「전유경 箭喩經」(대정장1, p.805a11)에 "아직 화살을 뽑아서는 안 된다. 나는 반드시 먼저 화살촉이 비(錍) 모양인지 모(矛) 모양인지 피도 모양인지를 알아야만 한다. 아직 화살을 뽑아서는 안 된다. 나는 반드시 먼저 화살촉을 만든 장인이 성은 무엇이고 이름은 무엇이며 어디에서 태어났고 키는 어떤지 몸골이 거친지 정결한지 피부색은 검은지 흰지 검지도 희지도 않은지 동서남북 어디에 만들었는지 알아야만 한다. 이렇게 생각한 사람은 결국은 그것을 알지도 못하고, 그 중간에 목숨이 끊어지고 말 것이다. 未可拔箭 我應先知箭鏑 爲鉀爲矛 爲鈹刀耶 未可拔箭 我應先知作箭鏑師 如是姓 如是名 如是生 爲長短麤細 爲黑白不黑不白 爲東方西方南方北方耶 彼人竟不得知 於其中間 而命終也", 『사분율』 권42(대정장22, p.871a7)에 "부처님께서 말씀하셨다. '칼로 찢어 피를 내고 약 바르는 것을 허용한다. 아울러 함께 피도 갖는 것을 허용한다'. 佛言 聽刀破出血 以藥塗之 亦聽畜鈹刀", 『일체경음의』 권59(대정장54, p.704a9)에 "피도〈필과 피를 반절한 음이다. 『설문』에서 '대침'이라고 하였다. 의가에서 종기를 찢는 데 쓴다〉. 鈹刀〈疋皮反 說文 大鍼也 醫家用以爲破癰也〉", 『사분율명의표석』 권28(卍속장70, p.831b15)에 "피도 : 피(鈹)는 편과 피를 반절한 음이다. 음은 비(批)이다. 설문에서 '대침'이라고 하였다. 의가에서 악창을 찢는 용도로 쓴다〈침(鍼)은 속어이고, 침(針)으로 쓴다〉. 鈹刀 鈹 篇夷切 音批 說文云 大鍼也 醫家用以破癰也〈鍼 俗作針〉"라고 하였다. 〔참고문헌〕 『中阿含經』, 『四分律』, 『一切經音義』, 『四分律名義標釋』, *MN.1.429.*

피독 披讀 Ⓢ vācana, Ⓣ klog-pa. 십법행(十法行) 중 하나로 대승의 경전을 소리내 읽어 기억해 마음에 입히는 일. 또는 다른 이의 글을 펴 읽는 일. 『변중변론』 권하(대정장31, p.474b24 : *Madhy-vibh.*, p.63)에 "〔논〕 이 대승에는 십법행이 있다. … 다섯째는 스스로 피독하는 것이다. 論曰 於此大乘有十法行 … 五 自披讀 mahāyānasya … svayaṃ ca vācanaṃ", 『변중변론술기』 권3(대정장44, p.31b29)에 "청정한 신해를 일으켜 공경과 존중의 마음으로 피독하는 법행을 말한다. 타인도 피독하도록 권하는 일도 또한 여기에 포함된다. 發淨信解 恭敬重心披讀法行 勸他披讀亦此中收", 『유부율』 권17(대정장23, p.717b14)에 "'(태자가) 지금은 장성하여 따르는 무리가 많고, 다른 이들은 안락한데 오직 나만 홀로 괴롭구나'. 이와 같이 쓴 다음 인장을 찍고서 오다이에게 주었다. 그러자 오다이(Ⓢ Udayin)는 정반왕의 칙서를 가지고 실라벌(Ⓢ Śrāvastī)로 가서 세존의 처소에 이르자 칙서를 올렸다. 세존은 칙서를 받고서 바로 몸소 읽으셨다. … '내가 너와 함께 (겁비라성으로) 갈 것이다'. 今旣長成已 徒衆數無邊 餘人受安樂 唯吾獨辛苦 書了印訖與鄔陀夷 時鄔陀夷持王勅書往室羅伐 至世尊所奉上勅書 世尊受書便自披讀 … 我共汝去"라고 하였다. 〔참고문헌〕 『辯中邊論』, 『辯中邊論述記』, 『有部律』, *Madhy-vibh.* ⇨ 십법행 十法行

피동분 彼同分 Ⓢ tat-sabhāga, Ⓣ de-dang mtshungs-pa. 동분(同分)과 맞닿아 있는 상태. 근(根)과 경(境)과 식(識)의 삼사(三事)가 상호교섭하지 않아 스스로의 용인 자업(自業)이 성취되지 못하는 사태. 가령 안계(眼界)의 경우 안근이 색을 보지 못하기에 과거의 멸한 안근이거나 현재의 멸하고 있는 안근이거나 미래의 멸할 안근과 아직 나지 않은 법인 불생법의 안근 이 네 가지 경우는 안근으로서 자신의 작용인 봄(見)을 성취할 수 없기에 피동분으로서의 안근이라 한다. 또 피동분은 동분을 견인해 낳아서 작용하게 한다는 의미에서 저 피동분의 안근은 동분의 안근에 대한 가능태라 할 수 있다. 십팔계(十八界) 중 법계(法界)를 제외한 십칠계는 동분(同分)과 피동분에 통한다. 비등분(非等分)·여유분(餘有分)이라고도 한다. 동분에 대칭한다. 『구사론』 권2(대정장29, p.10a14 : *Abh-k-bh.*, p.28)에 "만약 스스로의 업을 짓는 것이라면 동분이라 하고, 스스로의 업을 짓지 않는 것이라면 피동분이라 한다. … 가습미라국(Ⓢ Kāśmīra)의 비바사사(Ⓢ Vaibhāṣika)는 '피동분의 안(眼)에는 단지 네 가지만 있을 뿐이니, 색을 보지 못하게 되었으니 이미 멸하였거나 지금 멸하고 있거나 당래 멸할 것과 나지 않은 법이 바로 그것이다'라고 설하였다. 若作自業名爲同分 不作自業名彼同分 … 迦濕彌羅國毘婆沙師說 彼同分眼但有四種 謂不見色已正當滅及不生法 uktaṃ bhavati yaḥ svakarmakṛt sa sabhāga iti … tatsabhāgaṃ cakṣuḥ kāśmīrāṇāṃ caturvidham. yad dṛṣṭvā rūpāṇi niruddhaṃ nirudhyate nirotsyate vā yac cānutpattidharmi", "서방(西方 Ⓢ Gandhāra)의 논사들은 다섯 가지가 있다고 하니, 앞의 불생법을 다시 두 가지로 분류한 것으로서 첫째는 (식·근은 있지만 연은 없는) 유식속의 불생법이고 둘째는 (근은 있지만 식은 없는) 무식속의 불생법이다. 내지 신계의 경우도 그렇다는 것을 알아야 할 것이다. 의계의 피동분은 오직 불생법뿐이다. 西方諸師說有五種 謂不生法復開爲二 一 有識屬 二 無識屬 乃至身界應知亦然 意彼同分唯不生法 pāścāttyānāṃ punaḥ pañcavidham. tad evānutpattidharmi dvidhā kṛtvā vijñānasamāyuktaṃ cāsamāyuktaṃ ca. evaṃ yāvat kāyo veditavyaḥ. manas tv anutpattidharmakam eva tatsabhāgam", "(색계의 경우) 피동분의 색에도 네 가지가 있으니 눈이 보지 못함이니 이미 멸하였거나 지금 멸하고 있거나 당래 멸한 것과 불생법이 바로 그것이다. … 근경식 세 가지는 서로 교섭하기에 이를 분(Ⓢ bhāga)이라 하는 것이다. 또는 다시 분이란 바로 자신의 작용이며, 또는 다시 분이란 (근경식의 화합으로) 생겨난 촉(所生觸)에 해당한다. 彼同分色亦有四種 謂非眼見已正當滅及不生法 … 根境識三更相交涉故名爲分 或復分者是己作用 或復分者是所生觸 tatsabhāgāni caturvidhāni. yāny adṛṣāny eva niruddhāni nirudhyante nirotsyante vā yāni cānutpattidharmīṇi … indriyaviṣayavijñānānām anyonyabhajanaṃ kāritrabhajanaṃ vā bhāgaḥ. sa eṣām astīti sabhāgaḥ. sp arśasamānakāryatvād vā", "(근경식이) 같아서 이분(교섭작용)을 갖기에 동분이라 한다. 이와 달리하는 것을 피동분이라 한다. 동분은 아니지만 그러한 동분과 종류 및 분(교섭작용)이 같으면 피동분이라 한다. 同有此分故名同分 與此相違名彼同分 由非同分與彼同分種類分同 名彼同分 ye punar asabhāgās te teṣāṃ sabhāgānāṃ jātisāmānyena sabhāgatvāt tatsabhāgāḥ", 『순정리론』 권6(대정장29, p.362b20)에 "어째서 (동분과) 피동분의 종류와 분이 같다고 하는가? 동분과 피동분은 같은 봄(同見)이고, 같은 상(等相)이고, 같이 처(同處)하고, 같은 계(同界)이고, 서로 인(因)이 되기 때문이고, 서로 속하기(相屬) 때문이고, 서로 이끌어 내기(相引)에 동류와 분(교섭작용)이 같다고 한 것이다. 云何與彼種類分同 謂此與彼同見等相 同處同界 互爲因故互相屬故 互相引故 種類分同"라고 하였다. [참고문헌] 『俱舍論』, 『順正理論』, *Abh-k-bh.*, *Pañ-s.23.* ⇨ 동분 同分❶, 유식속 有識屬, 무식속 無識屬

피라닐사국 彼羅痆斯國 ⓢ Vārāṇasī. 바라나시. 바라나국(波羅奈國)이라고도 음사한다. 『유방기초』 「왕오천축국전 往五天竺國傳」(대정장51, p.975b8)에 "○일을 가면 피라닐사국에 당도한다. 이 나라도 망하여 왕이 없다. … 다시 이 피라닐사국에서 ○○월을 가면 중천축국의 왕이 머무는 성에 당도한다. 성의 이름은 갈나급자(ⓢ Kānyakubja : 曲女城)이다. 이 중천국 왕의 경계는 극도로 넓고 백성은 번한하다. 왕은 9백 마리의 코끼리를 가지고 있다. 日至彼羅痆斯國 此國亦廢無王 … 又卽從此彼羅痆斯國 □□月至中天竺國王住城 名葛那及自 此中天王境界極寬 百姓繁閑 王有九百頭象"라고 하였다. [참고문헌] 『遊方記抄』. ⇨ 바라나시 Vārāṇasī, 바라나국 波羅奈國

피뢰전법 避雷電法 밀교에서 벼락으로 인한 재앙과 공포를 그치게 하기 위해 행하는 작법. 『금광명최승왕경』 권7(대정장16, p.433b6)에 "이때 세존께서 대중 속에서 아난에게 말씀하셨다. '그대들은 여의보주라는 다라니가 있어 모든 재액을 멀리 떠나고 또한 나쁜 뇌전을 막을 수 있음을 알아야 한다. 爾時世尊 於大衆中 告阿難陀曰 汝等當知有陀羅尼 名如意寶珠 遠離一切災厄 亦能遮止諸惡雷電", "그대들은 잘 들으라. 동방에 아게다라는 광명뇌왕이 있고, 남방에 설저로라는 광명뇌왕이 있으며, 서방에 주다광이라는 광명뇌왕이 있고, 북방에 소다말니라는 광명뇌왕이 있으니 선남자와 선녀인 중에 이와 같은 뇌왕의 이름을 듣고 방위를 아는 사람이 있다면 그 사람은 일체의 두려운 일을 멀리 떠나고 횡액이 모두 사라질 것이다. 만약 머무는 곳에 이 사방의 뇌왕 이름을 쓰는 사람은 머무는 자리에 뇌전의 공포가 없고 또한 재액과 온갖 장애가 없을 것이며 때 아닌 때에 죽음이 모두 멀리 떠날 것이다'. 汝等諦聽 於此東方有光明電王名阿揭多 南方有光明電王名設羝嚕 西方有光明電王名主多光 北方有光明電王名蘇多末尼 若有善男子善女人得聞如是電王名字 及知方處者 此人卽便遠離一切怖畏之事 及諸災橫悉皆消殄 若於住處書此四方電王名者 於所住處無雷電怖 亦無災厄及諸障惱 非時枉死悉皆遠離", "이때 세존께서 다라니를 설하시기를 '달질타 이미 이미 이미 니민달리 질리로가 로갈이 질리수라파이 갈로차 갈로차저 아무개와 이 자리는 일체 두려움과 모든 고뇌 그리고 뇌전과 벽력 내지 횡사가 모두 멀리 떠납니다. 스바하'이다. 爾時世尊卽說呪曰 怛姪他 儞弭 儞弭 儞弭 尼民達哩 窒哩盧迦 盧羯儞 窒哩輸攞波儞 曷路叉 曷路叉 我某甲及此住處 一切恐怖 所有苦惱雷電霹靂乃至抂死悉皆遠離莎訶"라고 하였다. [참고문헌] 『金光明最勝王經』.

피리사 避里寺 경상북도 경주시 남산(南山)에 있던 염불사(念佛寺)의 옛 이름. 『삼국유사』 권5(대정장49, p.1017b22・한불전6, p.366c12) 피은(避隱)8 염불사(念佛師)에 "남산 동쪽 기슭에 피리촌이 있는데, 촌에 있는 절은 이로 인해 피리사라고 부른다. 절에는 이상한 스님 있는데 이름과 성씨를 말하진 않았지만 항상 미타를 염하였다. … 본래 피리사에 주석하였으므로, 고쳐서 염불사라 불렀다. 南山東麓有避里村 村有寺因名避里寺 寺有異僧 不言名氏 常念彌陀 … 其本住避里寺 改名念佛寺"고 하였다. [참고문헌] 『三國遺事』, 『韓國寺刹全書』 권하 p.1127a16. ⇨ 염불사 念佛寺❸, 염불사 念佛師

피리타만다파 Piritamandapa 스리랑카에서 봉행하는 기도법 중 하나로 단을 결계하고 기도하기에 결단기도(結壇祈禱)라고도 한다. 주요 명절 및 기념일에 법회와 재(齋)를 봉행할 때 행한다. 법식(法式)이 성대하여 청정단장(淸淨壇場)을 설치하고 해 질 무렵부터 비구대중이 단 앞에 앉아 패엽경(貝葉經)을 독송하는데, 익일 새벽까지 교대로 이어 끊이지 않게 한다. 미리 준비한 실을 신도의 팔에 두르게 하여 호신부(護身符)로 삼으며, 단 위에 헌공(獻供)한 청정수(淸淨水)를 나누어 마시고 심신의 청정과 안녕을 기원한다.

피린곡선대각니추 披鱗曲鱔帶角泥鰌 비늘 덮인 뱀장어와 뿔 달린 미꾸라지. 『종용록』 44칙 「본칙 本則」(대정장48, p.255b16)에 "학인이 흥양부화상에게 물었다. '사갈(용왕)이 바다에서 나오자 하늘과 땅이 고요합니다. 눈 앞에 자세히 드러난 실상은 어떠합니까?〈비늘 덮인 뱀장어와 뿔 달린 미꾸라지로구나〉' 僧問 興陽剖和尙 娑竭出海乾坤靜 覿面相呈事若何〈披鱗曲鱔帶角泥鰌〉"라고 하였다. [참고문헌] 『從容錄』.

피마 被馬 말에다 수레를 걸다. 피(被)는 피(鞁)로도 쓴다. 『수행본기경』 권하 「출가품 出家品」(대정장3, p.467c19)에 "태자가 일체의 존재하는 것들 관하여 보니 허깨비와 같고 마술과 같으며 꿈과 같고 메아리와 같아 모두다 공으로 돌아가거늘, 어리석은 이만이 지키려 한다. 곧바로 차닉을 불로 급히 말에 수레를 걸게 하자, 차닉이 말하였다. '날도 아직 밝지 않았는데, 말을 몰아 어떻게 달립니까?' 太子觀見一切所有 如幻如化 如夢如響 皆悉歸空 而愚者保之 卽呼車匿 急令被馬 車匿言 天尙未曉 被馬何湊"라고 하였다. 〔참고문헌〕『修行本起經』, 『普曜經』 권4 「告車匿被馬品」(대정장3, p.508b21).

피모대각 披毛戴角 털옷에 뿔 달다. 소(牛) 등의 이류(異類)의 모습을 하다. 기꺼이 이류의 모습으로 윤회의 바다에 들어 떠나지 않는 이류중행(異類中行)을 말한다. 피는 피(被)로도 쓴다. 『임제록』(대정장47, p.500c22)에 "그대 만약 념념으로 마음을 쉬지 못해서 문득 저 무명 나무에 오르고 만다면 곧바로 육도사생에 들어 털옷 걸치고 뿔 달게 되리라. 爾若念念心歇不得 便上他無明樹 便入六道四生 披毛戴角", 『운문광록』 권상(대정장47, p.551a18)에 "'만약 또 다시 털옷 걸치고 뿔 다는 일이 생기면 어쩌는지요?' '그대 그저 말이나 익히는 무리라 알리라'. 僧云 若有更披毛戴角 作麽 師云 將知爾秖是學語之流", 『경덕전등록』 권29 「십현담 十玄談」(대정장51, p.455c9)에 "위를 뒤치다 : 털 걸치고 뿔 달고 저자로 들어가고, 우담발화는 불꽃 속에서 피누나. 번뇌 바다 중에서는 비 내리고 이슬 되며, 무명 산 위에서는 구름 되고 우레 치리. … 금 자물쇠 채운 깊은 집에 머물 일 없이 이류 중에 행해서 거듭 윤회하리라. 轉位 披毛戴角入鄽來 優鉢羅華火裏開 煩惱海中爲雨露 無明山上作雲雷 … 金鎖玄關留不住 行於異類且輪迴"라고 하였다. 〔참고문헌〕『臨濟錄』, 『雲門廣錄』, 『景德傳燈錄』. ⇨ 삼종타 三種墮, 이류중행 異類中行

피박세활불수진구상 皮薄細滑不受塵垢相 Ⓢ sūkṣma-suvarṇa-chavi. 삼십이상(三十二相) 팔십종호(八十種好) 중 하나. 세박피상(細薄皮相) · 피박호상(皮薄好相) · 피부박상(皮膚薄相) · 피부세활상(皮膚細滑相) 등이라고도 한다. 『과거현재인과경』 권1(대정장3, p.627b7)에 "열여섯 번째, 피부가 엷고 미세하며 매끄러워 조금도 먼지라고는 묻지 않으니, 모기나 파리도 머물지 못한다. 十六者 皮薄細滑不受塵垢 不停蚊蚋"라고 하였다. 〔참고문헌〕『過去現在因果經』, 『大品般若經』 권24(대정장8, p.395c10), 『坐禪三昧經』 권상(대정장15, p.276b4), 『大智度論』 권88(대정장25, p.681a13). ⇨ 삼십이상 三十二相, 세박피상 細薄皮相

피방사 避方寺 강원도 고성군 수동면에 있던 절. 『사탑고적고』에 "남쪽으로 약 오백칸 거리의 피방곡에 석탑 한 기 있는데 온전한 편이다. 南方約五百間距離 避方谷有石塔一座 稍完全"고 하였다. 〔참고문헌〕『寺塔古蹟攷』, 『韓國寺刹全書』 권하 p.1127a22.

피번뇌 皮煩惱 외진(外塵)과 부딪혀 일어나는 번뇌. 『대승보운경』 권5(대정장16, p.266c21)에 "보살은 어떻게 피 · 육 · 심이라는 상중하품의 세 가지 번뇌에서 억념하고 관찰하여 안락하게 머물 수 있는가? 보살마하살은 피번뇌에서 관찰하고 육 · 심번뇌에서도 관찰한다. 관찰하기에 그 인연을 알게 된다. 이 모든 번뇌가 어떤 연을 쫓아 나서 이 온갖 인연 있게 되고 다시 무엇에 의지하여 생하는지를 안다. 곧 번뇌의 인연이 바로 이 무명임을 깨우쳐 알고 본다. 云何菩薩 於皮肉心 上中下品 三種煩惱 憶念觀察 得安樂住 菩薩摩訶薩 於皮煩惱 而觀察之 肉心煩惱 亦觀察之 以觀察故 知其因緣 是諸煩惱 從何緣生 是諸因緣 復依何生 卽得知見 煩惱因緣 則是無明", 『섭대승론석』 권4(대정장31, p.180b4)에 "만약 이 이름으로 외진을 분별하여 욕진 등을 일으킨다면 이를 피번뇌라 한다. 若以此名 分別外塵 起欲瞋等 名皮煩惱", 같은 책 권11(대정장31, p.231c14)에 "피번뇌의 장애를 없애 초지에 든다. 爲除皮煩惱障 入初地"라고 하였다. 〔참고문헌〕『大乘寶雲經』, 『攝大乘論釋』. ⇨ 피육심삼번뇌 皮肉心三煩惱, 심번뇌 心煩惱, 육번뇌 肉煩惱, 삼번뇌 三煩惱❷, 삼장 三障❹, 번뇌장 煩惱障

피번뇌장 皮煩惱障 삼장(三障) 중 하나. 피(皮) · 육(肉) · 심(心)의 번뇌장 중 첫째. 외진(六境)을 만나 일어나는 번뇌로서 삼장(三障 : 所知障 解脫 禪定) 중 소지장을 말한다. 『섭대승론석』 권11(대정장31, p.231c13)에 "〔논〕 십지 중 지마다에 각기 삼아승기를 지나 이를 들어가 머무르고 나온다고 한다. 〔석〕 피번뇌장 버리기 위해 초지에 든다. … 왜 그러한가? 지마다에 보살번뇌에 삼품이 있으니 상품을 피라 한다. … 상품이란, 하품도로 부순 것을 말한다. 論曰 於十地中地地各三阿僧祇 謂入住出 釋曰 爲除皮煩惱障入初地 … 何以故 地地菩薩煩惱有三品 上品名皮 … 上品者下品道所破", 『대명삼장법수』 권8(영락장181, p.677b5)에 "피번뇌장 : 삼계중의 사혹이다. 탐진치 등 번뇌를 말하니 밖의 육진을 마주해 일어나는 것이 마치 피부가 몸의 밖을 향해 있는 것과 같기에 피번뇌장이라 한다. 皮煩惱障 卽三界中思惑也 謂貪瞋癡等煩惱 對外六塵而起 如皮在身外 故名皮煩惱障"라 하였다. 〔참고문헌〕『攝大乘論釋』, 『大明三藏法數』. ⇨ 삼장 三障, 피육심삼번뇌 皮肉心三煩惱

피부세연 皮膚細輭 Ⓟ sukhumacchavī. 삼십이상(三

十二相) 중 하나. 『장아함경』 권1 「대본경 大本經」(대정장1, p.5b7 : *Mahāpadāna-sutta, DN.2*, p.17)에 "열네 번째, 피부가 곱고 부드러워 더러운 먼지가 묻지 않는다. 十四 皮膚細軟 不受塵穢 sukhumacchavī sukhumattā chaviyā rajojallaṃ kāye na upalimpati", 『사분율명의표석』 권21(卍속장70, p.723b9)에 "만약 보살마하살이 지혜로운 이를 가까이하고 어리석은 사람을 멀리하면서 즐겨 문답하고 지나는 길을 소지한다면 이 업연으로 피부가 곱고 부드러우며 몸의 털은 오른쪽으로 감길 것이다. 若菩薩摩訶薩 親近智者 遠離愚人 善喜問答 掃治行路 以是業緣 皮膚細輭 身毛右旋"라고 하였다. 〔참고문헌〕『長阿含經』, 『四分律名義標釋』, 『佛本行集經』 권9(대정장3, p.692c28), *DN.* ⇨ 삼십이상 三十二相, 피박세활불수진구상 皮薄細滑不受塵垢相

피부탈락진유유일진실 皮膚脫落盡唯有一眞實 껍데기 떨어져 다하니 오롯이 하나의 진실뿐이라네. 40권본 『대반열반경』 권39(대정장12, p.597a25)에 "그 나무 떨쳐 썩어서 껍질도 가지도 잎도 다 떨어져 버리고는 오로지 올곧은 것 실로 있게 되리라. 여래 또한 이와 같아서 가진 것 다 떨구고 오직 일체가 진실한 법으로 있을 뿐이라네. 其樹陳朽 皮膚枝葉 悉皆脫落 唯貞實在 如來亦爾 所有陳故 悉已除盡 唯有一切眞實法在"라는 경문에 의지해 이어진 말이다. 『주화엄법계관문송』 권하(대정장45, p.702c9)에 "〈송〉 터럭만큼의 정에도 걸리지 않으니, 어느 곳인들 빛나지 않으랴? 〈주〉 껍데기 떨어져 다하니 오롯이 드러난 것 하나인 진실이라네. 纖毫情不掛 何處不光輝 皮膚脫落盡 獨露一眞實", 『연등회요』 권19 「약산유엄장 藥山惟儼章」(卍속장136, p.738b14)에 "마대사가 어느 날 약산에게 물었다. '그대가 요즘 본 경계 어떠한가?' '껍데기 떨어져 다하니 오롯이 있는 것이라고는 진실뿐입니다' '그대 얻은 바 가히 마음바탕 결해서 사지로 펴졌다고 할 만한데, 어찌 세 줄기 대껍질로 허리 졸라매고 인연 따라 산에 머물지 않는가?' '제가 무슨 대단한 사람이라고 감히 산에 머문다 말하리까' 馬大師一日問師 子近日見處如何 師云 皮膚脫落盡 唯有眞實在 馬云 子之所得 可謂恊於心體 布於四肢 旣然如是 宜將三條篾 束取肚皮 隨處住山去 師云 某甲又是何人 敢言住山"라고 하였다. 〔참고문헌〕『大般涅槃經』, 『註華嚴法界觀門頌』, 『聯燈會要』.

피분열반 彼分涅槃 Ⓢ tad-aṅga-nirvāṇa, tad-āṅśika-nirvāṇa, Ⓣ de'i yan-lag-gi mya-ngan-las-'das-pa. 저 분만의 열반. 모든 번뇌(諸煩惱) 중 일분(一分)만을 끊어 조복했을 뿐 일체번뇌 끊지 못한 열반. 정정(淨定)·무루정(無漏定)·미정(味定)에 해당한다. 『유가사지론』 권11(대정장30, p.331a17 : *Samā-bh.*, p.148)에 "때로는 다시 저 피분열반이라 한다. … 온갖 번뇌 중 일분만을 끊었기에, 결정이라 할 수 없기에 피분열반이라 한다. 或復名爲彼分涅槃 … 由諸煩惱一分斷故 非決定故 名彼分涅槃 tadaṅganirvāṇam api dhyānam ucyate … kleśānām ekadeśaprahāṇāt tenāṅgena nirvāṇam iti kṛtvānekāntikatvāc ca", 『대승아비달마집론』 권5(대정장31, p.681c25 : *Abh-s.*, p.63)에 "세간도로써 종자 꺾어 엎드리게 해서 얻은 멸이기에 세존께서 달리 이름해 피분열반이라 하신 것이다. 謂以世間道摧伏種子所得滅 是故世尊別名說爲彼分涅槃 laukikamārgair bījanigraheṇa yo nirodho labhyate. ato bhagavatā tadāṃśikanirvāṇam ity ucyate", 『유가론기』 권4(대정장42, p.380c2)에 "정정·무루정·미정을 '일분만을 끊은 것'이라 한다. 저 미정 등으로 온갖 번뇌의 일분만이라도 끊었기에 적정의 뜻이 있어 열반이라고는 할 수 있지만, 이것은 유위로 빠르게 움직인 것일 뿐 무위로서 결정적 응적이 아니기에 피분열반이라 한다. 정정과 무루정의 바탕도 유위일뿐 실제로는 열반이 아니라, 단지 번뇌의 없음에 의거해 그 (원만)열반과 적은 분 상사한 것이지 결정적인 것은 아니기에 피분열반이라 한다. 淨定無漏定味定名爲一分斷 彼味定名諸煩惱一分斷故 有寂靜義名爲涅槃 以是有爲速動 非是無爲決定凝寂 名彼分涅槃 淨及無漏體是有爲 實非涅槃 但據無惑 與彼涅槃少分相似 非決定故名彼分涅槃 或淨四靜慮現行煩惱一分斷故種子未斷後還退生非決定故名彼分涅槃", 『성유식론소초』 권18(卍속장80, p.915a16)에 "'피'란 저 외도를 말하고, '분'이란 적은 분을 말한다. 세존께서는 저 외도에게 '만약 나의 과 중에서 무루도로써 번뇌를 끊어 얻은 바를 열반이라 한다. 그대는 이미 오직 번뇌를 조복하여 얻은 것일 뿐이니 이는 피분열반으로 거둔다'라고 설하였다. 彼者彼外道 分謂少分 世尊語彼外道曰 若我果中 用無漏斷惑所得 名爲涅槃 汝旣唯伏惑得者 卽是彼分涅槃攝也"라고 하였다. 〔참고문헌〕『瑜伽師地論』, 『大乘阿毘達磨集論』, 『瑜伽論記』, 『成唯識論疏抄』, *Samā-bh.*, *Abh-s.*

피빈구적 被擯求寂 멸빈(滅擯) 당한 사미(沙彌). 구적은 사미(Ⓢ śrāmaṇera)의 한역어 중 하나다. 『유부율』 권39(대정장23, p.842c7)에 "만약 비구가 멸빈 당한 사미인 줄 알면서도 거두어 들여 요익케 하고 같은 방에 묵도록 한다면 바일지가이다. 若苾芻知 是被擯求寂 而攝受饒益 同室宿者 波逸底迦", 『근본살파다부율섭』 권12(대정장24, p.592c28)에 "거둬들인다는 말은 더불어 의지하게 한다는 뜻이다. 요익케 한다는 말은 그에게 의발을 준다는 뜻이고 가르쳐 익힐 수 있게 해도 이익을 준다고 한다. 같은 방에 묵을 경우, 이틀이 지나면 각각 1타죄에 해당하고, 사흘이 되면 2타죄를 얻는다. 만약 함께 의지하게 하고 가르쳐 독송하게 하면 모두 타죄를 얻는다. 言攝受者 謂與依止 爲饒益者 給彼衣鉢 或教學業亦名饒益 與同室宿 經初二日 各一墮罪 至第三日 得二墮罪 若與依止及教讀誦, 皆得墮罪"라고 하였다. [참고문헌]『有部律』, 『根本薩婆多部律攝』, 『有部苾芻尼毘奈耶』 권15(대정장23, p.987c15). ⇨ 멸빈 滅擯, 구적 求寂

피선연다 皮禪延多 Ⓢ Vaijayanta, Ⓟ Vejayanta의 음사어, Ⓣ rNam-par-rgyal-byed. 도리천(忉利天)의 선견대성(善見大城)에 있는 전각. 즉 제석천(帝釋天)이 머무는 궁전으로 비사연(毘闍延)·비사연다(毘闍延哆)·비사야타(毘闍耶他)라고도 음사한다. 진제(眞諦)는 피사연다(皮闍延多)로 음사하였고, 현장(玄奘)은 수승전(殊勝殿)으로 한역하였다. 『입세아비담론』 권2(대정장32, p.182c7)에 "보배중각의 이름은 피선연다다. 길이는 오백유순, 너비는 이백오십유순, 둘레는 일천오백유순, 기둥의 높이는 구유순이며, 첫째 금, 둘째 은, 셋째 유리, 넷째 파리가의 네 가지 보배로 이루어져 있다. … 제 일층은 진금, 이층은 백은, 삼층은 유리로 된 각각의 층마다에 있는 세 겹의 보령은 미풍에도 흔들려 묘음성 내는데 마치 오분음악 일으켜 … 다라수 소리 내니 능히 중생으로 하여금 오욕 일으켜 얽히게 하듯 한다. 寶樓重閣 名皮禪延多 長五百由旬 廣二百五十由旬 周迴一千五百由旬 柱高九由旬 四寶所成 一 金 二 銀 三 琉璃 四 頗梨柯 四種寶塼以爲柱礎 … 第一層 眞金所成 二白銀 三琉璃 其一一層 三重寶鈴 微風吹動 出妙音聲 譬如五分音樂 … 多羅樹聲能令衆生起五欲縛", 『구사석론』 권8(대정장29, p.217a26 : *Abh-k-bh.*, p.168)에 "천제석이 머무는 궁전은 대성의 중앙에 있는데 피사연다라 이름 한다. 종종 보배로 장엄되었기에 이곳이야말로 가장 뛰어나다. 天帝釋所住宮殿 在大城中央 名皮闍延多 由種種寶類所莊飾故 此處最勝 śakrasya devānām indrasya vaijayanto nāma prāsādo nagarasya madhye nānāratnasthānavidhānasaṃpadā sarvānyabhavanaśrīmahimnā"라고 하였다. [참고문헌]『立世阿毘曇論』, 『俱舍釋論』, 『俱舍論』 권11(대정장29, p.59c28), *Abh-k-bh.*, *MN.1.337.* ⇨ 비사연 毘闍延

피성 彼性 Ⓢ tanmaya. 앞서 있던 것의 자성(此性)이 아닌 것으로서의 성. 『해탈도론』 권10(대정장32, p.450c27)에 "무엇을 인연의 물드는 성이라 하는가. 이 행과 이 상으로써 무명행이 성립하고, 저 행을 연하여서 저 상과 저 성인 것이다. 저 성인은 다른 것을 연할 일 없이 해서 혜명으로 이와 같은 일체를 통달한다. 이를 인연의 물든 성이라고 일컫는다. 何因緣染性者 以是行以是相 成無明行 緣彼行 彼相彼性 彼聖人不他緣 以慧明通達如是一切 此謂因緣染性"라고 하였다. [참고문헌]『解脫道論』. ⇨ 섭피성 攝彼性

피세 彼世 Ⓟ paro loko. 지금 세상(此世)이 아닌 세상. 『중아함경』 권24 「대인경 大因經」(대정장1, p.578b20)에 "차세에서 피세에 이르고 피세에서 차세로 이르러 거듭 오가면서 생사에서 벗어날 수 없다. 從此世至彼世 從彼世至此世 往來不能 出過生死", 『성선주의천자소문경』 권하(대정장12, p.129b6)에 "어떤 법을 취하지 않아야 하는가? 차세와 피세를 취하지 않고, 삼계부터 일체법에 이르기까지 모조리 취하지 않는다는 말이다. 不取何法 所謂不取 此世彼世 不取三界 至一切法 悉皆不取", 『해탈도론』 권9(대정장32, p.443c23)에 "차세에 났다가 피세에 나면서도 저 선인 이와 같이 마음 수행해 깨끗하지만 숙명을 기억함이 한 가지가 아니리라. 於此世生 於彼世生 彼坐禪人 如是以心修行淸白 憶宿命不一種"라고 하였다. [참고문헌]『中阿含經』, 『聖善住意天子所問經』, 『解脫道論』, *MN.3.71.* ⇨ 차세 此世

피셸 Pischel, Karl Richard 1849~1908. 칼 리하르트 피셸. 독일 태생의 인도학자. 아돌프 프리드리히 슈텐즐러(Adolf Friedrich Stenzler 1807~1887) 아래서 수학하며 1870년 칼리다사(Kālidāsa)의 『샤쿤탈라 *Śakuntalā*』 전승본들에 대한 연구(*De Kalidasa e Cakuntali recensionibus*)로 박사학위를 받았다. 이후 1875년 키엘(Kiel)대학에서 산스크리트어와 비교언어학 교수가 되었다. 1885년에서 1902년 동안 할레(Halle)대학의 인도학과 비교언어학 교수로서 칼 프리드리히 겔트너(Karl Friedrich Geldner 1852~1929)와 함께 베다연구를 수행하고 그 결과를 세권의 책으로 출판했다. 1902년에 베를린(Berlin)대학의 인도학 교수가 된 후 투르판(Turfan)에서 발견된 『우다나바르가 *Udānavarga*』의 산스크리트사본 파편을 연구해 편집본(1908)을 출판했다. 1908년 강의차 방문한 인도에서 사망했다. 프라크리티어에 대한 문법서(*Grammatik der Prakrit-Sprachen*, 1900)가 가장 잘 알려져 있으며 사망 두 해 전에는 붓다의 일생을 다룬 책(*Leben und Lehre des Buddha*, 1906)을 출판했다. 그의 연구는 동시대의 유명작가인 헤르만 헤세(Hermann Hesse)와 토마스 만(Thomas Mann)의 작품에도 영향을 주었다. [참고문헌] Friedrich Wilhelm 'Pische, Richard'(*Neue Deutsche Biographie*, 2001) p.481.

피소수식 彼所受識 Ⓢ tad-upabhukta-vijñapti, Ⓣ des nye-bar-spyad-par bya-ba'i rnam-par-rig-pa. 육진(六塵 : 六境)을 말한다. 구역은 응수식(應受識)이다. 『섭대승론본』 권중(대정장31, p.137c29)에 "이 중에서 무엇이 의타기상인가? 아뢰야식을 종자로 하는

허망분별로 거두는 모든 식이다. 이것은 다시 무엇인가? … 피소수식 등이다. … 피소수식은 … 명언훈습종자를 말미암는다. … 피소수식은 마땅히 색 등의 여섯 외계임을 알아야 할 것이다. 此中何者依他起相 謂阿賴耶識爲種子 虛妄分別所攝諸識 此復云何 … 彼所受識 … 彼所受識 … 由名言熏習種子 … 彼所受識 應知卽是色等六外界",『성유식론소의연』권11(卍속장79, p.669a17)에 "'색 등의 육진을 피소수식이라 이름한다'라고 하였다. 그 뜻을 설하겠다. 육진이란 바로 받아들인 것이고, 육식은 능히 받는 것이기에 색 등의 육진은 저 육식으로 수용된 법이다. 色等六塵名彼所受識者 意說 六塵是所受 六識爲能受故 色等六塵是彼六識所受用法"라고 하였다. 〔참고문헌〕『攝大乘論本』,『成唯識論疏義演』, *Mah-saṃ. 25.* ⇨ 십일식 十一識, 피능수식 彼能受識

피소작혜 彼所作慧 성제자(聖弟子)가 일으켜야 할 모든 뛰어난 혜(勝慧).『집이문족론』권13(대정장26, p.422b27)에 "또 구수여! 모든 성제자는 혜를 갖추어 안주하는데 … 피소작혜·정진고혜 등이 그것이니 이를 다섯째 수승한 지라 한다. … 피소작혜라 하였는데, 저에 의해 이끈 바로 익혀 틈새 없이 길 가서 얻은 바 뛰어난 혜를 말한다. 復次具壽 諸聖弟子具慧安住 … 彼所作慧正盡苦慧 是名第五勝支 … 彼所作慧者 謂彼所引學無間道所有勝慧"라고 하였다. 〔참고문헌〕『集異門足論』.

피승나 被僧那 갑옷을 입다. 음사어 승나(Ⓢ saṃnāha)는 갑옷을 뜻하는 개(鎧) 또는 갑(甲)으로 한역하며, 피갑(被甲)이라고도 한다. 사홍서원(四弘誓願)을 몸에 걸치는 갑옷에 비유한 뜻이다. 개를 붙여 '피승나개'라고도 한다.『광찬경』권5(대정장8, p.180c6)에 "세존께서 수보리에게 이르셨다. '보살마하살은 발심하길 이와 같이 해야 하니 생사에 있기를 한량이 있을 리 없다 해서 승나갑옷 입고서 일체 있는 것 버리지만 버린 일도 없으니 나는 마땅히 고른 마음으로 이들 모든 중생의 무리 속에서 평등한 뜻만을 일으켜야 하리라'. 世尊告須菩提 菩薩摩訶薩 發心如是 在於生死 無有限量 被僧那鎧 一切所有 捨而不捨 吾當等心 於此一切 衆生之類 發平等志",『출삼장기집』권9「여산출수행방편선경통서 廬山出修行方便禪經統序」(대정장55, p.66a3)에 "마침내 승나를 입으리라 서원하고 열반에 이름은 자기에게 맡길 뿐이었으니 품은 덕 잊지 않았으므로 이곳에 유훈으로 남겨 둔 것이다. 遂誓被僧那 以至寂爲己任 懷德未忘 故遺訓在茲"라고 하였다. 〔참고문헌〕『光讚經』,『出三藏記集』. ⇨ 사홍서원 四弘誓願, 승나 僧那 ❶

피십이시사 被十二時使 십이시 온 종일 부림 당할 뿐.『연등회요』권6「조주종심장 趙州從諗章」(卍속장136, p.533b18)에 "'하루 모든 시각에 어떻게 마음을 써야 하는지요?' '너는 하루 모든 시각에 부림을 당하지만 노승은 모든 시각을 부린다'. 問 十二時中 如何用心 師云 汝被十二時使 老僧使得十二時",『할당혜원광록』권3(卍속장120, p.963b3)에 "단지 큰 법에 밝지 못했기에 십이시 중에 부림을 당하니 물 따라 흘러 구른다. 只爲大法不明 被十二時使 隨物流轉"라고 하였다. 〔참고문헌〕『聯燈會要』,『瞎堂慧遠廣錄』.

피아 彼我 ❶ 나(吾) 아닌 밖에 있는 것들의 아(我).『장아함경』권21「세기경 世記經」(대정장1, p.141b15)에 "현성제자는 아야말로 큰 근심이고 악창이며 가시일 뿐인 줄 알아 아를 나의 아라는 생각을 버리고 무아행을 닦는다. 또한 저 아 또한 무거운 짐이고 방일이며 유위라 여긴다. 마땅히 아가 있다고 해도 유위이고 아가 없다 해도 유위다. 賢聖弟子 知我爲大患 爲癰 爲刺 捨吾我想 修無我行 觀彼我爲重擔 爲放逸 爲有 當有我是有爲 當無我是有爲",『대반야경』권154(대정장5, p.831a23)에 "이 중에서는 진여 등도 가히 얻을 수 없는데 하물며 저아나 무아가 있을 수 있겠는가! 此中尙無眞如等可得 何況有彼我與無我"라고 하였다. 〔참고문헌〕『長阿含經』,『大般若經』. ❷ 남과 나. 저편과 이편. 적군과 아군.『굉지광록』권1(대정장48, p.14c7)에 "이 일로 따지자면 천리여도 같은 바람일 뿐 어떻게 남과 나 사이의 거리가 멀다고 하겠는가! 若論此事 千里同風 何彼我之相遼"라고 하였다. 〔참고문헌〕『宏智廣錄』.

피안 彼岸 Ⓢ pāra, Ⓟ pāra, pārimaṃ tīraṃ. 저편의 언덕. 차안(此岸 ⓈⓅ apāra)과 대칭한다. 업과 번뇌를 중류(中流)라 하고, 생사(生死)의 경계를 차안이라 하며, 열반을 피안이라 한다. 60권본『화엄경』권11(대정장9, p.470b10)에 "비유해 저 강물 피안에 이르지도 않고 차안으로 오지도 않으며 중류를 끊지도 않으면서 능히 중생을 피차의 언덕으로 건낼 뿐인 것과 같다. 흘러 통할 뿐이기 때문이다. 보살마하살도 이와 같아서 생사에 나아가지도 않지만 열반으로 가지도 않으며 생사 중 흐름에 머물지도 않으니, 이 언덕 군생들 능히 건져 건넬 뿐이어서 피안에 이르도록 한다. 그곳 안온하고 두려움 없으며 근심도 번뇌도 없는 곳이다. 譬如河水 不至彼岸 不來此岸 不斷中流 能度衆生 於彼此岸 以流通故 菩薩摩訶薩 亦復如是 不趣生死 不趣涅槃 亦復不住 生死中流 而能濟度 此岸群生 到於彼岸 安隱無畏 無憂惱處",『석선바라밀차제법문』권1상(대정장46, p.478a18)에 "피안에 이른다는 말은, 생사는 차안이고 열반은 피안이며 번뇌는 중류이니 보살은 상이 없는 묘혜로써 선정의 배를 태고 생사의 차안에서 열반의 피안으로 건너간다. 言到彼岸者 生死爲此岸 涅槃爲彼岸 煩

惱爲中流 菩薩以無相妙慧 乘禪定舟航 從生死此岸 度涅槃彼岸", 『기신론직해』 권하(卍속장72, p.203a17)에 "범어 바라밀(pāramitā)은 도피안이라 한역한다. 피안이란 구경으로 진실한 이 그 어느 때 어딘가이다. 梵語波羅蜜 此云到彼岸 言彼岸者 乃究竟眞實際也", 『무량수경연의술문찬』 권상(대정장37, p.134c25)에 "피안이란 참된 뜻이다. 이 참된 성을 증하므로 구경이라 한다. 저 경 중에 '피안에 이른다'라고 한다. 언제나 이제를 비춰 자타를 이롭게 하니 참된 덕이라 할만 하기 때문이다. 彼岸者 眞理 證此實性故云究竟 卽彼經中 到於彼岸也 恒照二諦 以利自他 可謂實德故", 『금강경주해』 권1(卍속장38, p.850b10)에 "차안은 중생이 지은 업 고를 받아 생사윤회하는 땅이고, 피안은 모든 불보살이 구경에 초탈하여 청정안락한 땅이다. 此岸者 乃衆生作業受苦 生死輪迴之地 彼岸者 謂諸佛菩薩 究竟超脫 淸淨安樂之地"라고 하였다. 〔참고문헌〕『華嚴經』, 『釋禪波羅蜜次第法門』, 『起信論直解』, 『無量壽經連義述文贊』, 『金剛經注解』, *Aṣṭ-pr.94.*, *SN.4.175*·*180.* ⇨ 도피안 到彼岸

피안도품 彼岸道品 Ⓟ Pārāyana-vagga. 『숫타니파타 *Suttanipāta*』의 마지막 품. 의품(義品 Aṭṭhakavagga)과 함께 경집(經集)을 구성하는 주요 품으로 아지타(Ajita 阿耆多)·팃사메테야(Tissametteyya 帝須彌勒) 등 열여섯 명의 바라문학동(māṇava)의 물음(pucchā)에 답하는 게(偈)와 의석(義釋)을 모았다. 파라연나(波羅延那)로 음사한다. 의품과 마찬가지로 석존재세시 성립하여 전승되었다. 서게(序偈 Vatthu-gāthā) 56게를 포함해 전체 174게와 의석인 산문으로 이루어져 있고, 일부 게(偈)는 『상윳타』·『앙굿타라니카야』 및 한역 『잡아함경』에서도 발견된다. 즉 제1의석인 '아지타마나바풋차 Ajitamāṇava-pucchā'의 제7번 게는 『상윳타니카야』 「집생경 *Bhūta-sutta*」·「칼라라경 *Kaḷāra-sutta*」(*SN.2*, pp.47~49)과 그에 상응하는 『잡아함경』 권14 제345경(대정장2, p.95b12)에 인용되었고, 제2의석인 '팃사메테야마나바풋차 Tissametteyyamāṇava-pucchā'의 제2·제3번 게는 『앙굿타라니카야』 「마지헤경 *Majjhe-sutta*」(*AN.3*, p.399)과 그 상응경인 『잡아함경』 권43 제1164경(대정장2, p.310b22)에 인용되었으며, 제3의석인 '푼나카마나바풋차 Puṇṇakamāṇava-pucchā'의 제6번 게는 『앙굿타라니카야』 「아난다경 *Ānanda-sutta*」·「삼매경 *Samādhi-sutta*」(*AN.1*, pp.132~134·*AN.2*, pp.44~46)과 그에 상응하는 『잡아함경』 권35 제982경(대정장2, p.255c10)에 인용되었다. 〔참고문헌〕『南傳藏』 권44, 水野弘元 『パーリ論書研究』(春秋社, 1997), W.Stede, *Cullaniddesa*(PTS, 1918) pp.1~56. ⇨ 의석 義釋 1

피안사 彼岸寺 평안남도 대동군 임원면 구표동(舊表洞)에 있던 절. 『사탑고적고』에 "동북쪽으로 약 이백 칸쯤에 있으며, 밭 가운데에는 기와 조각이 흩어져 있다. 東北約二百間 田中瓦片散存"고 하였다. 〔참고문헌〕『寺塔古蹟攷』, 『韓國寺刹全書』 권하 p.1127a15.

피안회 彼岸會 일본불교에서 춘분(春分)과 추분(秋分) 때 설행하는 법회. 줄여서 피안(彼岸)이라고도 한다. 춘추분을 기준으로 전후 3일씩 총 7일 동안 거행된다. 일본은 춘추분이 모두 국경일로서 이 기간 신도들은 절을 찾아 참배하며 조상들의 묘도 찾아 살핀다. 겸창(鎌倉) 시대부터 성행한 일본 고유의 불사로서 인도는 물론 중국이나 한국에서는 살필 수 없다. ⇨ 피안 彼岸

피애올지 被礙兀地 걸린 채로 우뚝할 뿐. 『보권좌선의』(대정장82, p.1b14)에 "오직 앉아 힘쓸 뿐이어서 막힌 그대로 우뚝할 뿐이다. 비록 만으로 다르고 천으로 어긋나더라도 다만 참선하여 도를 가릴 뿐이니, 어찌 자기집 앉은 자리를 던져 버리고 부질없이 타국의 번잡한 경계를 오가는가! 唯務打坐 被礙兀地 雖謂萬別千差 秖管參禪辨道 何抛却自家之坐床 謾去來他國之塵境"라고 하였다. 〔참고문헌〕『普勸坐禪儀』.

피업 皮業 오(吳)대 현자. 영천(穎川) 출신. 강승회(康僧會)가 친견한 세 현자 중 한 사람. 『안반수의경』 「서 序」(대정장15, p.163c2)에 "나 승회는 남양의 한림·영천의 피업·회계의 진혜를 뵀다. 이 세 현자의 정도로 향한 믿음은 두텁고 조밀하였으며 잡고 의지하는 덕은 넓고 반듯했다. 會見南陽韓林 穎川皮業 會稽陳慧 此三賢者 信道篤密 執德弘正"라 하였다. 『양고승전』 권1 「안세고전 安世高傳」(대정장50, p.324a28)에는 문업(文業)이라 했고, 같은 책의 다른 판본에는 대업(大業)이라 하였다. 〔참고문헌〕『安般守意經』, 『梁高僧傳』, 『出三藏記集』 권6 「安般守意經序」(대정장55, p.43b27).

피여금색 皮如金色 Ⓢ suvarṇa-varṇa, Ⓟ suvaṇṇa-vaṇṇa. 삼십이상(三十二相) 중 하나. 금색상(金色相)이라고도 한다. 『니건자소설경』 권6(대정장9, p.342c23)에 "열네 번째, 사문 구담의 피부는 황금색과 같다. 十四者 沙門瞿曇 皮如金色", 같은 책 권6(대정장9, p.345a26)에 "손발에서 좋은 빛으로 빛나고 피부색으로 깨끗하니, 이와 같은 모든 공덕, 그 하나하나를 싫어할 수 없다네. 手足善光澤 皮如金色鮮 如是諸功德 一一不可嫌"라고 하였다. 〔참고문헌〕『尼乾子所說經』, *DN.2.17.* ⇨ 삼십이상 三十二相, 금색상 金色相

피열 披閱 열어 보다. 펼쳐 읽다. 『해심밀경』 권2(대정장16, p.695c7)에 "이 경전을 비록 공경하거나 남에게 설해 주거나 서사하여 보호해 지니거나 펼쳐 보여 널리 퍼뜨리거나 은근하게 공양하거나 받아서 외우거나 반복하여 익히더라도 여전히 그렇게 닦은 상으로 가행을 일으킬 수는 없다. 於此經典 雖能恭敬 爲他宣說 書寫護持 披閱流布 殷重供養 受誦溫習 然猶未能 以其修相發起加行", 『일체경음의』 권50(대정장54, p.638c16)에 "피열〈열은 여와 설을 반절한 음이다. 살피다·검사하다는 뜻의 간열이다. 『소이아』에 '열은 갖춘다는 뜻의 구이다'라 하였다〉. 披閱〈餘說反 簡閱也 小尒雅 閱 具也〉", 같은 책 권51(대정장54, p.643c20)에 "피열〈 … 그 글의 동이점을 펼쳐 읽고 세밀하게 살핀다〉. 披閱〈 … 今披讀尋閱 其論文同異也〉"라고 하였다. 〔참고문헌〕『解深密經』, 『一切經音義』.

피염 疲厭 Ⓢkilāsitā, khinna, khedita, Ⓣskyor-ba, mi-dga′-ba. 피로해 꺼리다. 『보운경』 권7(대정장16, p.237c2)에 "선남자야, 보살에게는 또한 피곤해 꺼리지 않는 열 가지 법이 있다. 무엇이 그 열 가지인가? 항상 중생을 위해 오래 생사에 처하여도 마음에 피염이 없다. 중생을 위하므로 능히 생사를 받으니 무량고에서도 피염이 없다. 성문인을 위하여 선법을 닦도록 가르치지만 피염을 일으키지 않고, 마음으로 상대를 업신여기지도 않으면서 수행해 법을 깨우치니 피염을 일으키지 않는다. 보리법을 갖추느라 피염을 일으키지 않고, 비록 열반을 구하다가 열반을 증하지 못할지라도 점차로 깊이 흘러들어가 보리법의 언덕에 이른다. 선남자야! 이러한 열 가지 일 갖춘다면 보살이 마음으로 피로해 싫어함 없다고 한다. 善男子 菩薩復有十法 名不疲厭 何等爲十 常爲衆生 久處生死 心無疲厭 爲衆生故 能受生死 於無量苦 亦無疲厭 爲聲聞人 敎修禪法 不生疲厭 心不輕賤 修行覺法 不生疲厭 具菩提法 不生疲厭 雖求涅槃 而不證涅槃 漸深流注 至菩提法岸 善男子 具此十事 是名菩薩心不疲厭"라고 하였다. 〔참고문헌〕『寶雲經』, *Saddh-p.128.*, *Bodh-bh.136.*, *Madhy-vibh.25.*

피엽의관음 被葉衣觀音 ⓈParṇaśabarī. 태장만다라 관음원의 존격. 연꽃잎에 싸여있는 관음이라 하지만 적련화 위에 앉아있다. 밀호는 이행금강(異行金剛), 삼매야형은 미부연화장(未敷蓮花杖). 종자는 (sa). 수인은 오른손은 여원인(與願印), 왼손은

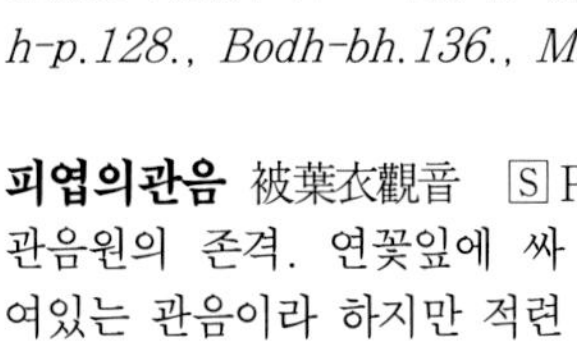

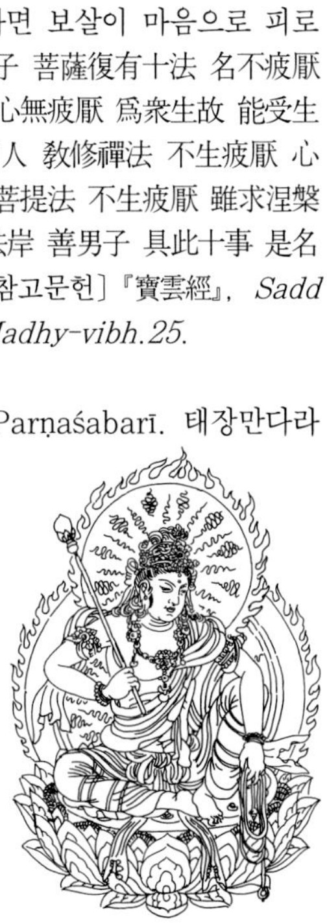

견삭(羂索)을 쥔 형상이다. 존형은 살색이 희고 왼손에는 견삭을 쥐고 왼쪽 무릎을 세운 채 적련화에 앉은 모습이다. 진언은 '옴 파르나샤바리 훔 팟 oṃ parṇaśabari hūṃ phaṭ. 옴 피엽의관음이여! 훔 팟'이다. 파르나샤바리는 '파르나수(樹) 잎사귀를 두른 샤바리족 여인'의 뜻도 있다. 샤바리족은 산악민족으로 인도 농경사회에 공포의 대상이었을 것으로 추정되며, 처음에는 분노존의 성격을 갖고 있었으나 동아시아에 유입되면서 온화한 관음의 모습으로 변형된 것으로 보인다. 〔참고문헌〕『曼荼羅図典』(大法輪閣, 2002).

피엽의관자재 被葉衣觀自在 ➡ 피엽의관음 被葉衣觀音

피엽의법 被葉衣法 엽의관음(葉衣觀音)을 본존으로 닦는 밀교 작법. 역병·기근·병란·도적·가뭄 등이 일으키는 재앙을 그치도록 하고 복덕과 이익을 증진시키기 위해 수습한다. 『엽의관자재보살경』(대정장20, p.447a28)에 "'저에게 엽의관자재보살마하살다라니가 있어 일체 중생의 재앙과 역질·굶주림·도적·병란·가뭄·별자리의 어지러움을 없애고 복덕을 증장시키며 영토를 풍요롭게 하고 인민을 안락하게 할 수 있습니다' 我有葉衣觀自在菩薩摩訶薩陀羅尼 能除一切有情災禍 疫疾飢儉劫賊刀兵 水旱不調宿曜失序 亦能增長福德國界豐盛人民安樂", "심진언은 '옴 발라나사바리 훔 발탁'. 이때 관자재보살이 이 다라니를 설한 후에 부처님께 말씀드렸다. '선남자선여인이 이 다라니를 한 번 외우면 자신을 지키고 두 번 외우면 반려자를 지키며 세 번 외우면 가족을 지킬 수 있고 네 번 외우면 마을을 지키며 다섯 번 외우면 한 나라를 지킬 수 있습니다. 나라에 전염병이 유행하면 흰 천을 구하되 너비는 일 주 반이고 길이는 이 주가 되게 합니다. 먼저 화공이 정결하게 재계하게 하고 구마이즙을 약간의 청록과 섞고 향교와 혼합하는데 동물성 아교는 쓸 수 없습니다. 心眞言曰 唵 鉢囉拏捨嚩哩 吽發吒 時觀自在菩薩 說此陀羅尼已 白佛言世尊 若善男子善女人 誦此陀羅尼一遍 卽護自身 若誦兩遍卽護伴侶 若誦三遍能護一家 若誦四遍護一聚落 若誦五遍護一國界 若國內疫病流行 應取白氎闊一肘半長二肘 先令畫人潔淨齋戒 以瞿摩夷汁和少青綠 以香膠和 勿用皮膠", "귀수일을 택하여 엽의관자재보살상을 그리는데 그 상은 천녀형이고 머리에는 보관을 썼으며 관에는 무량수불이 있습니다. 영락과 팔찌로 그 신체를 장엄하는데 몸에는 원광의 화염이 둘러싸고 있으며 보살상에 네 개의 팔이 있으니 오른쪽 첫째 손은 가슴 높이에서 길상과를 들었고 둘째 손은 시원인을 맺었습니다. 왼쪽 첫째 손은 도끼를 쥐고 둘째 손은 견삭을 든 채 연꽃 위에 앉아 있습니다. 取鬼宿日 畫葉衣觀自在菩薩像 其像作天女形 首戴寶冠冠有無量壽佛 瓔珞環釧莊嚴其身 身有圓光火焰圍

遶 像有四臂右第一手當心持吉祥菓 第二手作施願手 左第一手持鉞斧 第二手持羂索 坐蓮華上", "그림이 성취되면 장대에 걸어서 한 사람이 들게 하는데 장대를 든 사람은 틈 없이 엽의관자재보살다라니를 외웁니다. 북을 치고 경쇠를 울리는데 두들기는 막대기는 적지왕진언으로 스물한 번 가지한 후 두드립니다'. 畫像成已懸於竿上 令一人執持 執竿之人無間斷誦葉衣觀自在菩薩陀羅尼 聲鼓鳴磬 所擊之杖用𢀷枳王眞言 加持二十一遍方乃擊之"라고 하였다. 〔참고문헌〕『葉衣觀自在菩薩經』.

피예안 被翳眼 덮혀 볼 수 없는 맹인의 눈을 말한다. 『대비바사론』 권76(대정장27, p.391c14)에 "또는 어떤 안근은 물속에서든 뭍에든 양쪽에서 걸림없으니, 앞에 상이 사라져버렸으니 곧 피예안이다. 또는 어떤 안근은 밤에는 장애가 있고 낮에는 가림이 없으니 마치 부엉이·올빼미 등의 눈이다. 또는 어떤 안은 밤에도 낮에도 양쪽에서 걸림 없으니 말·사슴·고양이·삵 등의 안이다. 或有眼於水於陸二俱無礙 謂除前相卽被翳眼 或有眼於夜有礙於晝無礙 如鵂鶹等眼 或有眼於晝有礙於夜無礙 如人等眼 或有眼於晝於夜二俱有礙 如馬鹿猫狸等眼 或有眼於晝於夜二俱無礙 謂除前相卽被翳眼 此中有礙者謂境界有對"라고 하였다. 〔참고문헌〕『大毘婆沙論』.

피욕 被褥 입거나 덮는 것. 『장아함경』 권13 「아마주경 阿摩晝經」(대정장1, p.84a11)에 "저 다른 사문바라문들 남이 믿어 베푼 것 먹으면서 게다가 수단을 부려 온갖 물질적 이양 구한다. 상아와 잡다한 보석을 비롯하여 높고 넓으며 큰 평상과 갖가지 수 놓은 비단 이부자리 따위를 구하지만 우리 불법에 들어온 이에게 이와 같은 일은 없다. 如餘沙門婆羅門 食他信施 更作方便 求諸利養 象牙雜寶 高廣大牀 種種文繡 綩綖被褥 入我法者無如是事", 『일체경음의』 권15(대정장54, p.398a24)에 "피욕〈앞 글자는 피와 미를 반절한 음이다. 『논어』에 '반드시 잠잘 때 입는 옷 따로였고, 그 길이는 당신의 키 한 배 반이었다'라고 하였다. 공안국은 '오늘날의 덮는 것'이라 하였고, 고야왕은 '피는 침구'라 하였다. 뒤 글자는 여와 촉을 반절한 음이다. 『고성』에 '수놓은 비단으로 짠 털옷을 욕이라 한다'라 하였다〉. 被褥〈上皮媚反 論語曰 必有寢衣 長一身有半 孔安國曰 今之被也 顧野王曰 被卽衾也 下如燭反 考聲云 以繒綵衣氍曰褥〉"라고 하였다. 〔참고문헌〕『長阿含經』, 『一切經音義』.

피우삼월 避雨三月 비를 피하는 석달. 안거(安居)를 보내는 인도의 우기(雨期) 석달. 『중본기경』 권하(대정장4, p.158b9)에 "부처님께서 그때 비구들과 함께 이 나라에 머무시며 비를 피하는 석달을 보내시고 가사를 보수하고 나서 가사를 걸치고 발우를 지니고서 나라를 나서 떠나셨다. 佛時 與諸比丘 留止是國 避雨三月 補成衣已 著衣持鉢 出國而去"라고 하였다. 〔참고문헌〕『中本起經』, 『大愛道比丘尼經』 권상(대정장24, p.945c23). ⇨ 안거 安居, 하안거 夏安居

피위 被位 승당(僧堂 : 큰방)에서 함께 생활함에 있어 스님들이 참선하거나 간경하는 등 일어나고 앉으며 눕기도 하는 각자에게 정해진 자리. 괘탑단위(掛搭單位), 단위(單位), 집사단위(執事單位), 용상방위(龍象榜位)라고도 한다. 와위(臥位)라고도 한다. 『입중일용』(一名 日用軌範 : 卍속장111, p.943b7)에 "큰 방에 들어갈 때, 상간(上間 : 左側門)으로 들어갈 땐 왼쪽 발을 먼저 들여놓고, 하간(下間 : 右側門)으로 들어갈 적엔 오른쪽 발을 먼저 들여놓는다. 정해진 자리(被位)로 돌아가 취침하려 할 때에는 요(眠單)를 반쯤 걷고 잠시 좌선하다가 눕는다. 歸堂 若在上間 左脚先入 若在下間 右脚先入 歸被位 將眠 單收一半 坐定"라고 하였다. 〔참고문헌〕『入衆日用』, 『永平道元禪師淸規』 권상 「辨道法」(대정장82, p.323b22), 『禪林象器箋』 권2(불광장, 禪藏, p.135).

피위도 被位圖 승당(僧堂)에서의 대중들의 피위(被位)를 나타낸 그림. 피위란 대중 각각의 좌선 등을 위해 정해진 자리를 말한다. 『선림상기전』 권24(대장경보편19, p.649b2)에 "피위도 : 구설에 '피위도는 승당에서의 대중자리다'라고 하였다〈발위도 항목을 보라〉. 『칙수청규』 발위도에 '피위는 이것을 모방하는데 판수를 구분하지는

〈표〉승당피위도

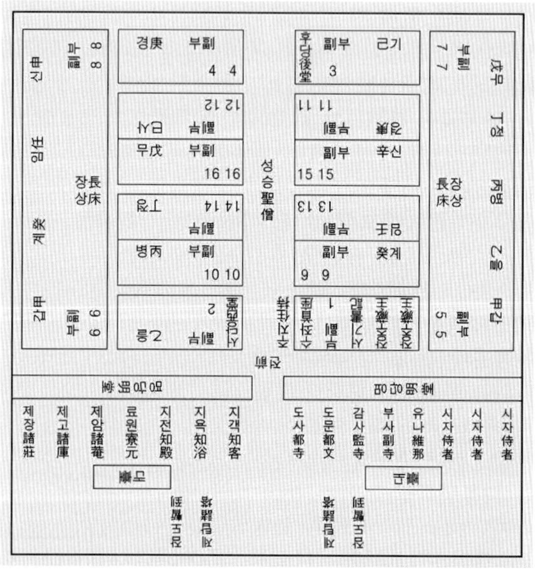

않는다〈발위도 항목을 보라〉'라고 하였다. 도충이 말한다. '피위에서는 판수를 구분하지 않으니 지금 기록되어 있는 내용과 같다. 『비용청규』에 갑을병정의 차제로 앉는 것이 피위다. 판수란 첫째 수좌, 둘째 서당, 셋째 후당,

넷째 후당분수이고 다섯째·여섯째·일곱째·여덟째는 〈그림〉과 같으니 이것이 발위이며, 판수 옆의 한 자리가 부발위이다. 또한 첫째 부발위는 수좌의 우측이고, 둘째 부발위는 서당의 좌측이며, 나머지도 이런 식으로 알 수 있다'. 被位圖 舊說曰 被位圖者 僧堂大衆位也〈又見鉢位圖處〉 敕修淸規 鉢位圖云 被位倣此 不分板首〈見鉢位圖處〉 忠曰 被位 不分板首 如今所錄 備用淸規 甲乙丙丁次第坐 是被位也 板首者 第一首座 第二西堂 第三後堂 第四後堂 分手 第五 第六 七八如圖 是鉢位也 板首側一位 是副鉢位也 且第一副鉢位 首座右側 是也 第二副鉢位 西堂左側 是也 已下例知"라고 하였다. [참고문헌]『禪林象器箋』. ⇨ 피위 被位, 총림대중좌위도 叢林大衆座位圖

피육골수 皮肉骨髓 피부·살·뼈·골수. 달마(達磨)가 입적하기 전에 보인 진면목 소식이다. 『광지광록』 권9(대정장48, p.115a14)에 "서로 이은 차제 피부·살·뼈·골수로구나. 모양새 고불의 가문에서 갈리지만, 숨 내쉼은 선조의 코에서 나온다네. 하나인 근원으로 이미 돌아갔으니, 삼매의 티끌 온전히 일어나리라. 평탄해 거침없는 평등한 마음, 눈부셔 휘황찬란한 저절로 그러한 지혜일세. 相承次第 皮肉骨髓 形分古佛家 氣出阿祖鼻 一根源旣還 三昧塵全起 坦坦蕩蕩平等心 煒煒煌煌自然智"라고 하였다. [참고문헌]『宏智廣錄』. ⇨ 달마피육골수 達磨皮肉骨髓

피육심삼번뇌 皮肉心三煩惱 피번뇌·육번뇌·심번뇌 등 세 가지 번뇌. 피혹(皮惑)·육혹(肉惑)·심혹(心惑)이라고도 한다. 『삼무성론』 권상(대정장31, p.870b26)에 따르면, 이들 번뇌는 각각 소지장(所知障)·해탈장(解脫障)·선정장(禪定障) 등 세 가지 장애를 수반하는데 초지(初地)에서 들고 머물고 나오면서(入住出) 세 가지 모두 버린다. 『불성론』 권2(대정장31, p.795a5)에도 이를 시설하고 유식의 삼성(三性)에 배대하였다. 『대승보운경』 권5(대정장16, p.266c21)에 "보살이 어떻게 피·육·심이라는 상중하품 세 가지 번뇌를 기억 관찰하고 안락하게 머물 수 있는가? 보살마하살은 피번뇌에 대하여 관찰하고, 육번뇌와 심번뇌도 관찰한다. 관찰하기에 그 인연을 안다. 이 모든 번뇌는 어떤 인연에서 생하는가? 이 모든 인연은 또 무엇에 의지해 생하는가? 이러면 번뇌의 인연은 무명이고 무명의 인연은 불선으로 사유했기 때문임을 알게 된다. 불선한 사유는 또 어떤 인연으로 생하는가? 정법을 듣지 못했기 때문이다. 정법을 듣지 못함은 또한 어떤 인연인가? 선한 벗을 가까이하지 못했기 때문이다. 이와 같이 알아 마치면 은 번뇌의 인연과 번뇌의 원유와 번뇌의 경계를 모두 능히 멀리 벗어나 안락하게 머물 수 있다. 云何菩薩 於皮肉心 上中下品 三種煩惱 憶念觀察 得安樂住 菩薩摩訶薩 於皮煩惱 而觀察之 肉心煩惱 亦觀察之 以觀察故 知其因緣 是諸煩惱 從何緣生 是諸因緣 復依何生 卽得知見 煩惱因緣 則是無明 無明因緣 不善思惟 不善思惟 復何因生 不聽正法 不聽正法 復何因緣 不近善友 如是知已 煩惱因緣 煩惱源由 煩惱境界 悉能遠離 得安樂住", 『섭대승론석』 권11(대정장31, p.231c14)에 "피번뇌의 장애를 없애고자 초지에 들고, 육번뇌장을 버리고자 초지에 머물며, 심번뇌장을 버리고자 초지에서 나온다. 爲除皮煩惱障 入初地 爲除肉煩惱障 住初地 爲除心煩惱障 出初地"라고 하였다. [참고문헌]『三無性論』, 『佛性論』, 『大乘寶雲經』, 『攝大乘論釋』, 『瑜伽論記』 권19(대정장42, p.754c15·한불전14, p.489b15). ⇨ 심번뇌 心煩惱, 육번뇌 肉煩惱, 피번뇌 皮煩惱

피은 避隱 **1** 세간을 피하여 고요히 하다. 『보속고승전』 권13 「일본몽창국사전 日本夢窗國師傳」(卍속장134, p.233b12)에 "오대산의 흡강암, 여부의 박선암·퇴경암·도솔내원이 모두 스님이 피은하던 곳이다. 五臺山之吸江庵 與夫泊船庵 退耕庵 兜率內苑 皆師避隱之所"라고 하였다. [참고문헌]『補續高僧傳』, 『三國遺事』 권5 「避隱第八」(한불전4, p.363a19). **2** 가려 보이지 않게 하다. 『오분율』 권18(대정장22, p.128c22)에 "어려운 일이 없는 이상 몰래 숨어 계를 설해서는 안 된다. 若無難事 不應避隱處說戒", 『마하승기률』 권40(대정장22, p.545b23)에 "가려진 곳이나 아무도 없는 곳에서는 맨몸으로 목욕해도 죄가 되지 않는다. 若避隱處 無人處 裸浴無罪"라고 하였다. [참고문헌]『五分律』, 『摩訶僧祇律』.

피익 彼益 유정으로 하여금 이해가 생겨나게 하는 것. 소리(聲)가 생겨나 세간에 퍼지게 되는 처소(處所)의 다섯 가지 중에 하나다. 『유가사지론』 권15(대정장30, p.361a29)에 "무엇을 처소와 근재를 시설해 건립한다 하는가? 처소에는 간략히 다섯 가지가 있음을 알아야 한다. 첫째 상속, 둘째 명호, 셋째 총략, 넷째 피익, 다섯째 선설이다. 云何處所根栽施設建立 當知處所略有五種 一相續 二名號 三總略 四彼益 五宣說", 『유가론기』 권5(대정장42, p.414a26)에 "소리의 근본을 근재라 하니 바로 자(字)다. 소리가 나오는 곳을 처소라 하는데, 소리가 나오는 곳이기에 본래 성명이다. 이를테면 겁 처음 일어났을 때 범왕이 일백만 송의 성명을 창조했다. … 상속이란, 성명 중 소리를 합하고 글자를 합하는 법을 하나의 품으로 삼았다. … 명호란 겁초 때 범왕이 낱낱의 법에 모두 천 개의 이름을 세웠지만 … 모두 거둬 하나의 품으로 한 것이다. 총략이란 성명론 중 근본 약요이다. 피익이란 이 차중에 간략히 유정으로 하여금 이해가 생겨나게 하는 것을 피익이라 한다. 선설이란 간략히 한 중에 널리한 것이다. 聲根本名曰根栽 則是字也

出聲處所名爲處所 出聲所故本聲明也 謂劫初起 梵王創造一百萬頌聲明 相續者 是聲明中合聲合字法爲一品 … 名號者 劫初時梵王於一一法皆立千名 … 總爲一品 總略者 … 是聲明中根本略要 彼益者 是次中略令物生解名爲彼益 宣說者 是廣宣說 謂略中廣"라고 하였다. 〔참고문헌〕『瑜伽師地論』, 『瑜伽論記』.

피작 彼作 Ⓢ parakṛta. 다른 이가 짓다. 스스로 짓다의 자작(自作)과 함께 작자(作者) 없음을 말하기 위해 설정된 말로 타작(他作)이라고도 한다. 『대지도론』 권6(대정장25, p.104b26)에 "모든 법도 이와 같이 자작도 아니고, 피작도 아니며, 함께 짓는 공작도 아니고, 인연이 없는 것도 아니다. 諸法亦如是 非自作 非彼作 非共作 非無因緣", 『중론』 권2(대정장30, p.17a2 : *Pras.*, p.101)에 "자작이 성립되지 않는다면, 어떻게 피작의 고라 하겠는가? 만약 저 사람이 고를 짓는다 해도, 그 또한 자작이라 부를 뿐이다. 自作若不成 云何彼作苦 若彼人作苦 卽亦名自作 svayaṃ kṛtasyāprasiddher duḥ khaṃ parakṛtaṃ kutaḥ, paro hi duḥkhaṃ yat k uryāt tat tasya syāt svayaṃ kṛtam", 『중관론소』 권7(대정장42, p.104a6)에 "아래 반에서 다른 이에게 자체가 없음을 밝혔다. 그 사람도 그에게는 자신이니, 만약 그에게 자체가 있다면 그라고 말할 수 있지만, 그 자체가 없는데 어떻게 그가 짓는 일이 있을 수 있겠는가? 下半明彼無自體者 彼於彼卽是自 若有彼之自體 可言彼 旣無彼自體 豈有彼作耶"라고 하였다. 〔참고문헌〕『大智度論』, 『中論』, 『中觀論疏』, *Pras.* ⇨ 작자 作者❶, 자작 自作, 타작 他作

피접 被接 뛰어난 행자가 불보살의 맞잡음을 입어 별과 원으로 수승한 과를 성취하게 되는 일. 천태의 교의(敎義)로 수접(受接)이라고도 한다. 피접에는 별접통(別接通), 원접통(圓接通), 원접별(圓接別)의 세 갈래가 있다. 『법화현의석참』 권7(대정장33, p.868c4)에 "셋째 같은 중에 이끌어 '무명을 깨뜨리고 성불한다'는 것. 이것은 통교에서 피접보살이 팔지 후에 이르러 무명혹을 깨뜨리고 별교와 원교의 초지에서 처음 팔상불에 머무르는 것이다. 三引同中破無明成佛者 此是通敎被接菩薩 至八地後破無明惑 成別圓初地初住八相佛也", 『마하지관』 권3(대정장46, p.34c29)에 "만약 통교의 때만이라 말한다면 무명을 파함을 논할 수 없어, 팔지를 벽지불지라고 한다. 이를 좇아 맞잡음 입어 중도가 있음을 안다. 구지에서 무명을 누르고 10지에서 무명을 부시니 곧 부처라고 이름한다. 若齊通爲言不論破無明 八地名支佛地 從此被接知有中道 九地伏無明 十地破無明 卽名爲佛"라고 하였다. 〔참고문헌〕『法華玄義釋籤』, 『摩訶止觀』. ⇨ 별접통 別接通, 원접별 圓接別, 원접통 圓接通

피중사 彼中事 저 중의 일. 기중사(其中事)·개중사(箇中事)라고도 한다. 길(道) 찾아 공부해 마침내 이르러서 하게 되는 일 또는 할 수밖에 없게 되는 일을 말한다. 정한 바 없이(無住) 자재로 행하는 도중(道中)의 본분의 일(本分事)이다. 『경덕전등록』 권20 「대안성장 大安省章」(대정장51, p.368b13)에 "학인이 물었다. '겹겹으로 막힌 빗장 때문에 소식이 통할 수 없을 때는 어떻게 하는지요?' '어찌 이곳에 도달해 있으면서 그러느냐?' '도달한 다음에는 어떻게 하는지요?' '저곳 중의 일 어떻게 해야 하나?' 問 重重關鎖 信息不通時 如何 師曰 爭得到遮裏 曰 到後如何 師曰 彼中事 作麽生"라고 하였다. 〔참고문헌〕『景德傳燈錄』.

피지 皮紙 피부를 종이로 삼아 경문을 필사한다는 말. 『종경록』 권26(대정장48, p.562a26)에 "피부를 종이로 삼고 뼈를 붓으로 삼아 필사하여 수지한다. 皮紙骨筆繕寫受持"라고 하였다. 〔참고문헌〕『宗鏡錄』.

피지심 陂池心 둑방에 갇힌 듯한 마음. 60심 중 하나로 계속되는 명리와 이익 등에도 목말라 해서 싫어해 족할 줄 모르는 마음. 『대일경』 권1(대정장18, p.3a1)에 "무엇이 피지심인가? 목마름에 수순하여 싫어해 만족할 법이 없음을 말한다. 云何陂池心 謂隨順渴無厭足法", 『대일경소』 권2(대정장39, p.597c23)에 "피지심이란 목마름에 수순할 뿐이어서 싫어해 족하는 법이 없음을 말한다고 한 뜻은 다음과 같다. 비유컨대 둑방에 갇힌 못에 온갖 물 흘러들지만 끝까지 싫어해 거절할 줄 모르는 것과 같다. 이 마음도 그러하니 명리와 이익·권속 등의 일이 그 몸에 몰려 와도 끝내 꺼려 족할 줄 모른다. 심지어 법을 배움에 대해서도 역시 그러하다. 마치 이미 우유죽을 얻고서도 빨리 먹으려 하지 않고 다른 미식을 갈망하는 것과 같다. 여기에서는 소욕지족으로 대치한다. 云何陂池心 謂隨順渴無厭足法者 譬如陂池 若衆水流入終無厭足 是心亦爾 若名利眷屬等事來集其身 終無厭足 乃至於所學法亦爾 如已得乳糜不務速食 更復渴望餘味 是中少欲知足以爲對治"라고 하였다. 〔참고문헌〕『大日經』, 『大日經疏』.

피차 彼此 Ⓢ paraspara. 저것과 이것. 근과 경(根境), 나와 다른 이(自他), 만물의 차별. 임시로 자성을 가져 모두 다른 것(法)들. 공하여 원래 바탕(體)도 자성(性)도 없어 있는 것 아니지만 유위의 모습 가져 이것과 저것으로 달리 유지되는 온갖 세제(世諦)의 법들을 말한다. 『중아함경』 권7 「다계경 多界經」(대정장1, p.723c20)에 "세존께서 답하셨다. '아난이여! 만약 어떤 비구가 인연과 인연 따라 일어남을 보고서 「이것을 인하여 저것이 있으니 이것이 없으면 저것도 없고, 이것이

생하면 저것이 생하니 이것이 멸하면 저것도 사라진다. 이를테면 무명을 연하여 행이 있고 내지 생을 연하여 노사가 있으니 무명이 멸하면 행이 멸하고 내지 생이 멸하면 노사가 멸한다」라고 참 그대로 안다면, 아난이여! 이와 같은 비구는 인연을 안다'. 世尊答曰 阿難 若有比丘見因緣及從因緣起 知如眞 因此有彼 無此無彼 此生彼生 此滅彼滅 謂緣無明有行 乃至緣生有老死 若無明滅 則行滅 乃至生滅 則老死滅 阿難 如是比丘知因緣", 같은 책 권30「원가경 怨家經」(대정장1, p.617c11)에 "피차의 두 법은 서로에게 어긋나 크게 이롭지 못하다. 彼此二法更互相違 大得不利", 『보살종도솔천항신모태설광보경』 권7(대정장12, p.1055a16)에 "부처님께서 법인보살에게 고하셨다. '제법은 공이어서 있는 바 없으며 저것도 없고 이것도 없음을 알아 피차를 보지 않는다면, 이를 인종이라 이른다'. 佛告法印菩薩 解知諸法 空無所有 無彼無此 不見彼此者 是謂人種", 『화엄경소초』 권30(대정장36, p.231b19)에 "일곱째 피차가 서로 알지 못한다란, 둘이 서로 의지하므로 모두 체용이 없기에 서로 알지 못한다. 각수가 이르길 '제법은 작용이 없으며 또한 체성도 없다. 이 때문에 저들 일체는 각각 서로 알지 못한다'라고 하였다. 七 彼此無知者 二互相依 皆無體用故不相知故 覺首云 諸法無作用 亦無有體性 是故彼一切 各各不相知", 『주유마힐경』 권3(대정장38, p.357c28)에 "〈경〉 라후라여! 출가자에겐 저것도 없고 이것도 없으며 또한 중간도 없다. 구마라집이 말했다. '이는 바로 인 중에서 밝히는 열반의 모습이다'. 승조가 말했다. '거짓 출가자는 이 생사를 싫어하고 저 열반을 높이기에 중간과 세 곳으로 다르지만, 참된 출자자는 온갖 쌓인 것들 보내 버리고 피차마저 잊으니 어찌 시비와 세 곳의 다름이 있겠는가!' 도생이 말했다. '피란 출가이고 차란 아이며, 중간이란 이 두 법이다. 공덕의 이로움이 이 셋에서 나왔는데, 셋이 이미 무이니 어찌 공덕의 이로움이 있겠는가!' 羅睺羅 出家者 無彼無此 亦無中間 什曰 此卽因中明涅槃相也 肇曰 僞出家者 惡此生死 尊彼涅槃 故有中間三處之異 眞出家者 遣萬累 亡彼此 豈有是非三處之殊哉 生曰 彼者 出家也 此者 我也 中間者 此二法也 功德之利 出於此三 三旣爲無 何有功德利哉", 『유마경약소』 권5(대정장38, p.630c2)에 "글은 둘이 되니 첫째는 스스로 행함이고, 둘째는 다른 이와 함께함이다. 첫째 자행이란 곧 중도를 바르게 관하여 소승의 피차·중간·무위·열반을 깨뜨린다. 어째서인가? 성문의 경에서 열반은 피안이고 생사는 차안이며 번뇌는 중류임을 밝혔지만, 피차와 중류는 모두 대승의 차안이다. 만약 중도를 관하여 참된 무위를 얻으면 피차와 중류를 보지 않고 곧바로 불성을 보니 참된 무위라 이름한다. 육십이견을 여읜 이는 중도를 바르게 관하여 참된 무위를 얻고서 계내외의 일체제견을 여읜다. 文爲二 一 自行 二 化他 一 自行者 卽是正觀中道 以破小乘彼此中間無爲涅槃 何者 聲聞經明涅槃爲彼岸 生死爲此岸 煩惱爲中流 是則彼此中流 皆是大乘此岸 若觀中道 得眞無爲 則不見彼此中流 卽見佛性 名眞無爲 離六十二見者 正觀中道 得眞無爲 離界內外一切諸見", 『유마경의소』 권6(대정장38, p.987a5)에 "생사는 본래 없기에 차안이 아니며, 열반은 이제 있지 않기에 피안이 아니다. 이미 피차가 없는데 어찌 팔정과 중류가 있겠는가! 또 늘 생사에 있기에 저것이 아니고 열반을 버리지 않기에 이것이 아니며, 쌍으로 두 행을 행하지만 치우쳐 붙들리는 바 없기에 중류도 아니다. 生死本無 故非此岸 涅槃今不有 故非彼岸 旣無彼此 何有八正中流 又常在生死 故不彼 不捨涅槃 故不此 雙行二行 無所偏著 故不中流", 『백론소』 권하(대정장42, p.304c29)에 "〔문〕 무엇 때문에 하나를 가지고 다름을 깨뜨리고 다름을 가지고 하나를 깨뜨린다고 말하지 않고, 피차를 잡는다고 말하는가? 〔답〕 하나와 다름이란 말은 국한되지만 피차란 말은 다 갖췄기 때문이니, 이것은 변함없고 저것은 무상하며 이것은 생사이고 저것은 열반이듯 이와 같이 일체다. 問 何故不言 執一破異 執異破一 而言執此彼耶 答 一異語局 彼此語該 此常彼無常 此生死彼涅槃 如是一切也", 『조론소』 권1(대정장45, p.174a11)에 "여기서 '물에 피차가 없다'라는 말은 모두 『중론』의 뜻이다. 今云物無彼此者 通是中論意也", 『조론신소』 권중(대정장45, p.219c29)에 "용을 거둬 체로 돌아가니 체와 용은 하나다. … 같기에 피차에 무심하지만, 이것과 저것이라 하여 심과 경을 가리킨다. 攝用歸體 體與用一 … 同故無心於彼此 彼此目心境也", 『대승지관법문』 권2(대정장46, p.650b6)에 "〔문〕 만약 진제를 잡으면 본래 뭇 상들 없기에 섭과 불섭을 논하지 않지만, 세제에 의지하면 피차가 차별되기에 가히 대소로 서로 거둘 수 없다. 〔답〕 만약 이제가 한결같이 다른 체라면 가히 여래께서 힐난하실 수 있다. 지금 이미 체로써 용을 지음을 세제라 이름하고 용이 전부 체임을 진제라 이름하니, 어찌 서로 거두지 않겠는가! 問曰 若約眞諦 本無衆相 故不論攝與不攝 若據世諦 彼此差別 故不可大小相收 答曰 若二諦 一向異體 可如來難 今旣以體作用 名爲世諦 用全是體 名爲眞諦 寧不相攝"라 하였다. 〔참고문헌〕『中阿含經』, 『菩薩從兜術天降神母胎說廣普經』, 『華嚴經疏鈔』, 『注維摩詰經』, 『維摩經略疏』, 『維摩經義疏』, 『百論疏』, 『肇論疏』, 『肇論新疏』, 『大乘止觀法門』, *Laṅk.125.*

피차불착편 彼此不著便 피차 뜻대로 되지 못하다. 『대혜어록』 권9(대정장47, p.847a18)에 "학인이 대혜에게 말했다. '오늘 밤 적게 내주고 큰 것 만났습니다' '나 이미 느닷없이 거친 풀 숲에 들었고, 그대 서둘러 똥구덩이 속으로 뛰어 들었군' '피차 뜻대로 되지 않는군요' '과연 나를 따를 뿐이지만'. 進云 今夜小出大遇去也 師云

我已無端入荒草 爾又跳入屎坑裏 進云 彼此不著便 師云 果然隨我來"라고 하였다. [참고문헌]『大慧語錄』, 『人天眼目』 권1(대정장48, p.305b8).

피차착편 彼此著便 너와 나 뜻대로 하다. 『종용록』 45칙 「송 頌」(대정장48, p.256a18)에 "발 아래 끈도 끊어졌으니 나는 자유다〈걸음에 맡겨 창주를 지났구나〉, 코끝 흙도 다했으니 그대는 도끼질 쉬어야 하리〈너와 나 뜻대로 되었네〉. 脚下線斷我自由〈信步過滄洲〉 鼻端泥盡君休斲〈彼此著便〉", 『투자의청어록』 권상(卍속장124, p.444b12)에 "투자가 한숨 내쉬고 말했다. '다시 질문할 사람 있는가? 없다면 서로 편한 대로 생각하자'. 師噓一聲云 更有問話者麽 若無 彼此著便"라고 하였다. [참고문헌]『從容錄』, 『投子義青語錄』.

피차호무피차호유 彼此互無彼此互有 피차 서로 없게도 하고 피차 서로 있게도 하다. 피차 서로 있게 함은 서로 들여 있게 하여 돕는 상입(相入) 또는 상자(相資)의 측면(門)이고, 피차 서로 없게 함은 서로 마주해 거둬들이는 상즉(相卽) 또는 상섭(相攝)의 방편(門)이다. 『화엄경소초』 권4(대정장36, p.26c13)에 "상즉을 기준으로 한다면 서로 만나지 않는 관계이고, 상입을 기준으로 한다면 서로 만나는 관계이다. 곧 만약 십주와 십행 등을 기준으로 삼는다면 전체 지위가 서로 거두어들이는 관계이다. 곧 피차가 서로 없는 관계로 각자 법계 어디나 두루 펴져 있다는 말은 상즉문이다. … 피차가 서로 있는 관계로 함께 법계 어디나 두루 펴져 있다는 말은 상입문이다. 若約相卽 卽不相見 若約相入 則許互見 言若約十住與十行等 全位相攝 則彼此互無 各遍法界者 是相卽門 … 彼此互有 同遍法界者 是相入門", 『화엄경의해백문』(대정장45, p.632c23)에 "만약 서로 거두어들여 피차가 서로 없는 관계라면 (피차가 각각 一切이므로) 별도로 일체를 언급할 수 없다. 반면에 서로 도와 피차가 서로 있는 관계라면 (피차가 어울려야 一切가 되므로) 동일하게 일체라 말할 수 없다. 그러나 양자 모두 주(主) 그대로 반(伴)이므로 말미암아 동일하기도 하고 다르기도 하다. 그러므로 주 가운데 주도 있고 반도 있으며 반 가운데 반도 있고 주도 있음을 알아야 한다. 若相攝彼此互無 不可別說一切 若相資則彼此互有 不可同說一切 皆由卽主卽伴 是故亦同亦異 當知 主中亦主亦伴 伴中亦伴亦主也"라고 하였다. [참고문헌]『華嚴經疏鈔』, 『華嚴經義海百門』.

피체 披剃 가사 입고 삭발하다. 피승의(披僧衣)와 체발(剃髮)을 말한다. 삭발염의(削髮染衣)를 삭염이라 하는 예와 같다. 막 출가한 승니(僧尼)를 말한다. 『선원청규』 권8 「계사미 誡沙彌」(卍속장111, p.922b1)에 "승복을 입고 삭발하기 이전에 오조〈다름 아닌 오조의 만의를 입어야 한다〉와 군삼・분자・혜삽을 준비한다. 먼저 오계를 받고 다음에 십계를 받는다. 결코 칠조・구조를 입거나 큰 발우를 쓰거나 승상에 앉고 눕거나 큰 스님들과 섞여 있으면 안 된다. 未披剃前 准備五條〈正合披五條縵衣〉 裙衫鐼子鞋靸 先受五戒 次受十戒 切不得著七條九條及用頭鉢 坐臥僧床 與大僧雜處", 『경덕전등록』 권4 「초현회통전 招賢會通傳」(대정장51, p.230c24)에 "조과선사가 피체하고 구족계를 주었다. 鳥窠卽與 披剃具戒"라고 하였다. [참고문헌]『禪苑淸規』, 『景德傳燈錄』, 『洞山語錄』(대정장47, p.519b22). ⇨ 낙발염의 落髮染衣, 삭발염의 削髮染衣, 삭염 削染, 체발 剃髮

피치 披緇 물들인 검은 옷 입다. 출가자(出家者)의 표상이다. 『아미타경통찬소』 권상(대정장37, p.335c20)에 "탐욕은 고를 부르는 근원임을 알고, 호색은 재앙을 받는 근본임을 깨달아 영예를 내던지고 세속을 버린 다음 체발하고 치복을 입는다. 이런 이유로 '탐욕을 떠난다'고 한다. 知貪欲是 招苦之源 悟好色是 受殃之本 捨榮棄俗 剃髮披緇 故云離欲也", 『오도법승』 권21 「답연사견증 荅衍師見贈」(대장경보편34, p.545a19)에 "치복을 입고 가족과 작별하였다. 披緇別家人"라고 하였다. [참고문헌]『阿彌陀經通贊疏』, 『吳都法乘』.

피타 Pīṭha 자리(座) 또는 앉을 곳. 불교경전에서는 좌(座)・좌상(坐床)・탑석(榻席) 등으로 한역하였다. 『유가사지론』 권42(대정장30, p.524a23 : *Bodh-bh.*, p.133)에 "위의처고란 마땅히 알지니 이 행주좌와의 네 가지 위의다. 보살은 그 중에 행하거나 앉거나 주야로 항시 모든 장법으로부터 그 마음을 깨끗이 닦고, 때가 아니면 끝내 평상이나 자리나 풀깔개나 잎깔개에 옆구리 대지 않으니, 보살은 이 피로함이 낳는 괴로움 다 능히 참아 받으며 이를 연하여 정진을 게을리 하지도 그만두지도 않는다. 威儀處苦者 當知 卽是行住坐臥四種威儀 菩薩於中若行若坐 晝夜恒時從諸障法淨修其心 終不非時脇著床座草敷葉敷 菩薩於此疲所生苦悉能忍受 不由此緣精進懈廢 catvāra īryāpathāḥ. caṃkramaḥ sthānaṃ niṣadyā śayyā ca. tatra bodhisattvaḥ caṃkramaniṣadyābhyāṃ divārātrau vā āvaraṇīyebhyo dharmebhyaścittaṃ pariśodhayaṃstana nidānaṃ pariśramajaṃ duḥkhamadhivāsayati. na tvakāle pārśvamanuprayacchati mañce vā pīṭhe vā tṛṇasaṃstare vā parṇasaṃstare vā"라고 하였다. 힌두교에서는 신들이 천계에서 내려와 앉아 있는 곳을 가리키기에 성소(聖所)라고 번역하며, 인도건축에서는 쉬바의 링가(Ⓢ liṅga)가 설치되는 자리나 기단부를 말한다. 피타는 인도 중기의 샥티즘(Śaktism) 사조와 긴밀히 연

관되며, 인도 신화에서 쉬바의 배우자였던 사티(Satī)가 자신의 아버지인 닥샤(Dakṣa)왕이 개최한 신들을 위한 잔치에 남편 쉬바가 초대받지 않은 것에 분개하여 스스로 불속에 뛰어든 이야기에 기원을 둔다. 축제에 뒤늦게 도착한 쉬바는 부인 사티의 죽음을 알고 분노하여 시신을 끌어 안고 우주를 멸망시키는 죽음의 춤을 추기 시작한다. 이 와중에 사티의 신체들이 인도 전역에 걸쳐 떨어졌는데, 그 장소들이 피타(pīṭha)인 성소로 여겨지게 되고 힌두 순례지의 주요한 목록을 형성하게 된다. 샤이바 탄트라와 인도 밀교의 두 전통은 서로 유사한 성소 목록을 기술한다. 예를 들면, 불교 삼바라(Śaṃvara, Saṃvara) 전통에서는 24개의 장소 목록을 열거하는데, 이는 요기니탄트라 군의 경전의 두드러진 특징 중에 하나라고 할 수 있다. 『헤바즈라탄트라 *Hevajratantra*』 계열의 경전들에서도 성소의 종류를 피타(Ⓢ pīṭha)·우파피타(Ⓢ upapīṭha)·크셰트라(Ⓢ kṣetra)·우파크셰트라(Ⓢ upakṣetra)·찬도하(Ⓢ chandoha)·우파찬도하(Ⓢ upachandoha)·멜라파카(Ⓢ melāpaka)·우파멜라파카(Ⓢ upamelāpaka)·필라바(Ⓢ pīlava)·우파필라바(Ⓢ upapīlava)·슈마샤나(Ⓢ śmaśāna)·우파슈마샤나(Ⓢ upamśmaśana)의 총 열 두 가지로 세분한다. 불보살을 모시는 성스러운 자리로서의 피타는 외부적(Ⓢ bāhya)인 의미에서는 지리적인 실제 장소를, 내부적(Ⓢ adhyātma)인 의미에서는 명상의 한 방법으로 이분되어 설명되기도 한다. 동일한 전통에 속한 남성 수행자와 여성 수행자는 밀교 수행을 위해 경전에서 서술되는 성소들에서 만나게 되는데, 이 때에 촘마(Ⓢ chommā)라고 불리는 특별 제스처와 언어 등을 이용해 서로를 식별하게 된다고 설해진다.

피피공 彼彼空 Ⓢ itaretara-śūnyatā, Ⓣ gcig-gis-gcig-stong-pa-nyid. 이것이 저것을 향해 없다 하고 저것이 이것을 향해 없다 해서 있을 것이라고는 없게 되는 뜻. 칠공(七空) 중 하나다. 『능가경』 권1(대정장16, p.488c20 : *Laṅk.*, p.75)에 "무엇이 피피공인가? 저에 저것이 없어 비었다면 이것을 가리켜 피피공이라 한다. 비유컨대 녹자(사위성의 장자) 어머니 집에 코끼리·말·소·양 등은 없지만 비구 대중이 없지는 않은데도 저곳 비었다고 말하지만 집과 집의 성이 비었다는 뜻은 아니며, 비구와 비구의 성이 없다는 뜻도 아니고, 다른 곳에 코끼리와 말이 없다는 뜻도 아닌 것과 같다. 이것을 모든 법의 자상이라 한다. 저것이 저것에 대해 저것이 없는 것이 피피공이라 한다. 云何彼彼空 謂於彼無彼空 是名彼彼空 大慧 譬如鹿子母舍 無象馬牛羊等 非無比丘衆 而說彼空 非舍舍性空 亦非比丘比丘性空 非餘處無象馬 是名一切法自相 彼於彼無彼 是名彼彼空 itaretara-śūnyatā punar mahāmate katamā. yaduta yadyatra nāsti tat tena śūnyam-ity-ucyate. tadyathā mahāmate śṛgālamātuḥ prāsāde hastigavaiḍakād yā na santi. aśūnyaṃ ca bhikṣubhir iti bhāṣitaṃ mayā. sa ca taiḥ śūnya ity-ucyate. na ca punar mahāmate prāsādaḥ prāsādabhāvato nāsti bhikṣavaś-ca bhikṣu-bhāvato na santi. na ca te 'nyatra hastigavaiḍakādyā bhāvā nāvatiṣṭhante. idaṃ mahāmate svasāmānya-lakṣaṇaṃ sarvadharmāṇām. itaretaraṃ tu na saṃvidyate. tenocyate itaretara-śūnyatā-iti", 『능가경주해』 권1(대정장39, p.365b21)에 "피피공이란 바로 외도가 분별하는 공을 말한다. 이것을 마주해서 말하길 다만 저 비었다 하고 이것은 빈 것이 아니므로 '저것에 저것이 없는 공'이라 한다. 彼彼空者 正謂外道 所計之空 對此言之 但空於彼 而不空此 故云 於彼無彼空", 『주대승입능가경』 권3(대정장39, p.456a11)에 "이것을 서로 없는 공이라 한다. 이것에 저것이 없고, 저것에 이것이 없어 공이라 한다. 저것에 이것 있고, 이것에 저것 있을 경우 공이라 하지 않는다. 此名互無空 於此無彼 於彼無此 故名空 於彼有此 於此有彼 卽不名空"라고 하였다. [참고문헌] 『楞伽經』, 『楞伽經註解』, 『注大乘入楞伽經』, *Laṅk.* ⇨ 칠공 七空

피피희락애 彼彼喜樂愛 Ⓢ tatra-abhinandinī tṛṣṇā, Ⓣ de-dang-der-mngon-par-dga'-ba'i-sred-pa. 저것 저것이라 하며 기꺼워 즐기며 목말라 하다. 애(愛)의 자성 세 가지 중 하나로 아직 얻지 못한 경계에 화합(和合) 등을 바라 구하는 애. 애(愛)·후유애(後有愛)·희탐구행애(喜貪俱行愛)와 함께 집성제(集聖諦)로 거둔다. 피피흔락염애(彼彼欣樂染愛)라고도 한다. 『유가사지론』 권27(대정장30, p.435b15 : *Śrāv-bh.*, p.258)에 "경계를 바라 구함에 다시 두 가지가 있다. … 아직 얻지 못한 경계에 바라고 구해서 화합하고 함께 목말라 하니 피피희락애라 한다. 希求境界復有二種 … 於未得境界希求和合俱行愛 名彼彼喜樂愛 viṣayaprārthanā punardvividhā … yā punaraprāpteṣu viṣayeṣu saṃyogābhilāṣasahagatā tatra tatrābhinandinītyucyate", 『유가사지론』 권67(대정장30, p.673a6)에 "피피희락애란 아직 얻지 못해 구하는 바의 경계이니, 화합하려 하거나 떨어지지 않으려거나 한층 더 하려거나 하는 모든 있을 법한 갈망을 말한다. 彼彼喜樂愛者 謂於未得所求境界 或爲和合 或爲不離 或爲增益諸所有愛"라고 하였다. [참고문헌] 『瑜伽師地論』, *Śrāv-bh.* ⇨ 희탐구행애 喜貪俱行愛, 애 愛

피혁건도 皮革犍度 Ⓢ carma-vastu, Ⓟ camma-khandhaka, Ⓣ ko-lpags-kyi-gshi. 팔리율·사분율(四分律) 이십이건도(二十二犍度) 또는 근본유부율(根本有

部律) 십칠건도(十七犍度) 중 다섯 번째. 피혁사(皮革事)라고도 한다. 혁사(革屣)·와구(臥具)·상(床)과 그 밖의 가죽으로 만든 것들의 사용 등에 관한 규정이다. 대체로 비구가 가죽 용품을 몸에 걸칠 때 법에 적합한지 그렇지 않은지를 설명한다. 추운 지역에서 비구들이 가죽 옷가지를 착용하는 등의 정황을 고려한다. 『사분율』 권54(대정장22, p.968b7)에 "가죽 용구에 관한 모든 법을 한 곳에 모아 피혁건도라 한다. 一切皮革法集一處爲皮革犍度", 『사분율소』 권8 「피혁건도」(卍속장65, p.791a8)에 "그러므로 자자를 마친 다음 행화에 필요한 물품을 갖추니 그중 가죽 신 신어야 하니 길을 감에 요긴하게 쓴다. 然 自恣已訖 將行化物 皮革履屣 是道行要用"라고 하였다. [참고문헌] 『四分律』, 『四分律疏』. ⇨ 이십건도 二十犍度

피혜 皮鞋 가죽신. 가죽신은 리(履), 삼(麻)으로 엮은 신인 구(屨)로 구분하기도 한다. 『유부율피혁사』 권하(대정장23, p.1056c24)에 "실라벌성에서 있었던 인연이다. 당시 비구들이 가죽신 신은 발에 종기가 생겨 걸식할 때 바라문이나 거사들이 보고 물었다. '성자여! 발은 까마귀가 쪼아서 상처가 났습니까?' '그렇지 않습니다. 가죽신에 문질려서 손상되었습니다' '어째서 (묶음용) 긴 끈을 (신발에) 붙이지 않습니까?' '세존께서 허락하지 않으셨습니다'. 이 일로 부처님께 아뢰자 부처님께서 비구들에게 이르셨다. '가죽 끈 붙인 신을 신도록 허용한다'. 緣在室羅筏城 聽著皮鞋 時諸苾芻 爲於皮鞋磨脚瘡 乞食之時 婆羅門居士見 作如是言 聖者 脚被老烏所傷耶 報言 不爾 是皮鞋磨損 何不著其長帶 答言 世尊未許 時諸苾芻 以緣白佛 佛告諸苾芻 聽著皮帶鞋"라고 하였다. [참고문헌] 『有部律皮革事』, 『翻譯名義集』 권3(대정장54, p.1108b15).

필경 畢竟 Ⓢatyanta, ātyantikatva, Ⓣgtan-du, gtan-du-ba-yin-pa. 다해 마쳐 더할 것이 없음. 40권본 『대반열반경』 권27(대정장12, p.524c11)에 "선남자야, 필경에 두 가지가 있다. 하나는 장엄필경이고, 다른 하나는 구경필경이며, 하나는 세간필경이고, 다른 하나는 출세필경이다. 장엄필경이란 육바라밀이고, 구경필경이란 모든 중생이 얻고 말 일승이다. 일승은 불성이라 부르는 것은 이 뜻 때문이어서 나는 일체중생이 누구나 불성을 가지고 있다고 설한다. 모든 중생에게 누구나 일승이 있지만 무명에 덮혀 있어 볼 수 없을 뿐이다. 善男子 畢竟有二種 一者 莊嚴畢竟 二者 究竟畢竟 一者 世間畢竟 二者 出世畢竟 莊嚴畢竟者 六波羅蜜 究竟畢竟者 一切衆生 所得一乘 一乘者 名爲佛性 以是義故 我說一切衆生 悉有佛性 一切衆生 悉有一乘 以無明覆故 不能得見", 『대반열반경집해』 권27(대정장37, p.478c12)에 "필경이란 부처가 되어서야 이에 얻는다. 또한 필경이란 마음의 상 일어나지 않는 것이다. 畢竟者 成佛乃得也 又言畢竟不起心相也", 같은 책 권69(대정장37, p.604a16)에 "필경이란 바로 여지없는 무여열반이다. 畢竟者 是無餘涅槃也", 『법화현의』 권하(대정장33, p.717b21)에 "필경이란 것은 세워 다해 마쳤기에 위없는 것으로서의 법이다. 畢竟者 竪究竟無上之法也", 『대지도론』 권50(대정장25, p.422a7)에 "(필경청정이라는 말에서) 필경이란, 만약 행자가 무에 의지하여 유를 파했다면 유에 대해서는 청정을 얻었겠지만 무에서는 청정하지 못하니 의지해 멈췄기 때문이다. 畢竟者 若行者依無而破有 於有得清淨 於無未清淨 以依止故", 『화엄경소초』 권38(대정장36, p.292b22)에 "승조(僧肇)는 '필경이란 맺어 정했음을 말함이다'라고 하였다. 소승관법으로는 생멸을 무상의 뜻으로 간주하지만, 대승의 보살은 불생멸을 무상의 뜻으로 여긴다. 무상이라는 이름은 같지만 그윽해 다다르는 곳 전혀 달라 만날 길 없다. 肇公云 畢竟者 決定之辭也 小乘觀法 以生滅爲無常義 大乘之士 以不生滅爲無常義 無常名同 而幽致殊絶矣"라고 하였다. [참고문헌] 『大般涅槃經』, 『大般涅槃經集解』, 『法華玄義』, 『大智度論』, 『華嚴經疏鈔』, *Abh-k-bh.4.*, *Bodh-bh.18.*, *Sūtr.114.* ⇨ 구경 究竟

필경각 畢竟覺 끝내 다해서 깨우치다. 무상각(無上覺)과 통한다. 『대방등대집경』 권25(대정장13, p.176b6)에 "시절을 잘 알고 시절을 넘어서 정법의 무더기 수호하면 필경에 깨우치고 바르게 깨우치고 실답게 깨우쳐 모든 번뇌에서 멀리 벗어나 일체의 그 무엇에도 꾸짖어 책망함을 받지 않을 것이다. 善知時節 過於時節 護正法聚 畢竟覺 正覺 實覺 遠諸垢穢 不爲一切之所呵責"라고 하였다. [참고문헌] 『大方等大集經』. ⇨ 무상각 無上覺

필경고 畢竟苦 Ⓢatyanta-duḥkha, Ⓣgtan-du-sdug-bsngal-ba. 『유가사지론』에서 설하는 4고(別離苦 斷壞苦 相續苦 畢竟苦) 중 하나. 끝내 열반이라곤 없는 오취온의 고. 『유가사지론』 권44(대정장30, p.536a14 : *Bodh-bh.*, p.167)에 "넷째, 필경고란 참으로 반열반의 법이라고는 없는 모든 유정의 무리가 받는 오취온고를 말한다. 四 畢竟苦 謂定無有般涅槃法 諸有情類 五取蘊苦 atyanta-duḥkham-aparinirvāṇa-dharmakāṇāṃ sattvānāṃ ye pañcopādāna-skandhāḥ"라고 하였다. [참고문헌] 『瑜伽師地論』, *Bodh-bh.* ⇨ 고 苦

필경공 畢竟空 Ⓢatyanta-śūnyatā, Ⓣmtha'-las-'das-pa-stong-pa-nyid. 십육공(十六空) 또는 십팔공(十八空) 중 하나. 지경공(至竟空)이라고도 한다. 모든 법은 결정코 실체로 있지 않고 그것으로 인식할 수 없으며 소유의 형식으로 전환할 수 없다는 맥락에 따르는 공의 뜻. 불가득(不可得)·무소유(無所有) 등의 개념을 수반한다. 본래부터 집착 불가능한 만법의 양태이기도 하다. 『대반야경』 권51(대정장5, p.291a23 : *Pañca-pr.*, p.196)에 "선현이 부처님께 여쭈었다. '세존이시여, 무엇을 필경공이라 하는지요?' '선현아, 필경은 모든 법이 끝내 얻을 수 없다는 말이다. 이 필경은 필경공으로 말미암는다. 왜 그런가? 항상해서도 무너져서도 아니고 본성이 그렇기 때문이다. 선현아, 이것을 필경공이라 한다. 善現白佛言 世尊 云何畢竟空 佛言 善現 畢竟謂諸法究竟不可得 此畢竟由畢竟空 何以故 非常非壞 本性爾故 善現 是爲畢竟空 tatra katamā atyanta-śūnyatā yasya anto na-upalabhyate tad atyantam atyantena śūnyam akūṭastha-avināśitām upādāya tat kasya hetoḥ prakṛtir asyaiṣā iyam ucyate atyanta-śūnyatā", 『대지도론』 권31(대정장25, p.289b26)에 "필경공이란, 유위공과 무위공으로 모든 법을 파하여 보내 남김이 없도록 하니 이를 필경공이라 한다. … 또한 일체 모두 끝내는 공이며, 이 필경공이라 함도 공하다. 공이어서 법이란 있을 리 없기에 허와 실로 마주함도 없다. 또한 필경공은 모든 법을 파하여 남김이 없도록 하므로 필경공이라 하며, 조금이라도 남은 그 무엇이 있다면 필경이라 하지 않는다. 만약 대립하는 관계이므로 반드시 있다고 말한다면 이는 타당하지 않다. 畢竟空者 以有爲空無爲空破諸法 令無有遺餘 是名畢竟空 … 復次 一切法皆畢竟空 是畢竟空亦空 空無有法故 亦無虛實相待 復次 畢竟空者 破一切法 令無遺餘 故名畢竟空 若小有遺餘 不名畢竟 若言相待故應有 是事不然", 같은 책 권31(대정장25, p.292b22)에 "필경공이란 남는 것 있을 리 없음을 가리키고, 성공이란 본래 늘 그러함을 가리킨다. 마치 물의 성은 차지만 불을 빌려서 뜨겁고, 불이 그치면 다시 찬 것으로 돌아감과 같다. 필경공은 허공 같아 언제나 생하지도 않고 멸하지도 않으며 더럽혀지지도 않고 깨끗해지지도 않으니 어떻게 성공과 같다고 하겠는가? 또한 모든 법은 필경공이다. 왜 그런가? 성 어떻게 해도 얻을 수 없기 때문이다. 모든 법의 성은 공하다. 왜 그런가? 필경공하기 때문이다. 또한 성공이랑 대부분 보살이 행하는 경계이고, 필경공은 대부분 부처님이 행하는 바다. 왜 그런가? 성공중에 다만 인연화합만 있을 뿐 실성이 없지만, 필경공은 삼세로 청정하기 때문이다. 畢竟空者 名爲無有遺餘 性空者 名爲本來常爾 如水性冷 假火故熱 止火則還冷 畢竟空 如虛空常不生不滅 不垢不淨 云何言同 復次 諸法畢竟空 何以故性不可得故 諸法性空 何以故 畢竟空故 復次 性空 多是菩薩所行 畢竟空 多是諸佛所行 何以故 性空中 但有因緣和合 無有實性 畢竟空 三世淸淨", 『중론』 권1(대정장30, p.1b26)에 "모든 법은 생하지도 멸하지도 않으며 하나도 하니고 다르지도 않다는 등이 필경공이자 무소유다. 所謂一切法 不生不滅 不一不異等 畢竟空 無所有", 『변중변론』 권상(대정장31, p.466a21 : *Madhy-vibh.*, p.25)에 "유정을 위해 항상 요익함을 짓고 공을 관하기에 필경공이라 한다. 爲於有情 常作饒益 而觀空故 名畢竟空 sadā sattva-hitāya ca atyanta-sattvahitārthaṃ", 『십팔공론』(대정장31, p.861c12)에 "아홉 번째, 필경공이다. 항상 남에게 이익을 주고자 보살은 공을 닦는다. 필경 항상 남에게 이익을 주고자 중생이 다할 때까지 언제나 교화하겠노라고 서원한다. 이 마음에도 집착이 남아 있기에 이렇게 마음을 관하고 이 마음에서 결정코 필경이라는 생각을 버리도록 하여 저절로 이익이 되어야 비로소 진실지이고 필경공이라 한다. 第九畢竟空 爲恒利益他 菩薩修空 畢竟恒欲利他 至衆生盡 誓恒敎化 此心有著 今此觀心 此心定令捨畢竟之心 自然利益 方是眞實智 名畢竟空也", 『인왕경소』 권중1(대정장33, p.457b25)에 "필경공이란 모든 법 구해 다한다 해도 얻을 수 없다는 말이다. 이 필경도 필경공으로 말미암음이니 세간이나 세간이 아니거나 공하다. 畢竟空者 謂諸法究竟不可得 此畢竟 由畢竟空 世非世空故", 『화엄경의해백문』(대정장45, p.635b16)에 "필경공이란 번뇌인 티끌에서 일어나 움직이는 모습 지울 일 없이도 항상 비어 고요하니, 이를 필경공이라 한다. 지금 차별사상이 비록 남아 있다 해도 그 상은 얻을 수 없고 이름도 얻을 수 없으며 뜻마저도 얻을 수 없어 모든 것 얻을 수 없으니 이를 필경공이라 한다. 畢竟空者 謂塵不泯事相 而常空寂 是爲畢竟空也 今事相雖存 卽相不可得 名亦不可得 理義不可得 以一切不可得 名爲畢竟空", 『법계차제초문』 권하(대정장46, p.690a6)에 "아홉째, 필경공이다. 필경공은 앞의 여덟 가지 공으로 모든 법을 파하여 필경 남김없이 깨끗하므로 필경이라 한다. 만약 어떤 법도 없고 마쳐 다해 붙들 것이라고는 없다면 그 때문에 필경공이라 한다. 九畢竟空 畢竟空者 以前八空 破諸法畢竟盡淨 名爲畢竟 若無諸法 亦無畢竟之可著 故名畢竟空"라고 하였다. [참고문헌] 『大般若經』, 『大智度論』, 『中論』, 『辯中邊論』, 『十八空論』, 『仁王經疏』, 『華嚴經義海百門』, 『法界次第初門』, *Pañca-pr.*, *Madhy-vibh.* ⇨ 공 空, 십팔공 十八空

필경공적 畢竟空寂 다해 마쳐서 비고 고요함. 『대보적경』 권50(대정장11, p.297c22)에 "만약 모든 법이 필경 공적하다면 이를 여리정관이라 한다. 若觀諸法 畢竟空寂 是則名爲 如理正觀", 『불장경』 권하(대정장15, p.801a12)에 "제법실상이란 필경에 공적하니 이것이 불도이다. 諸法實相 畢竟空寂 卽是佛道", 『대승기신론의기』 권하(대정장44, p.284b24)에 "어떤 이는 '평등하여 공·무상·무원, 무원·무친, 무인·무과로서 필경공적이니 이를 참된 열반이라 한다'고 한다. 或說平等 空無相

無願 無怨無親 無因無果 畢竟空寂 是眞涅槃"라고 하였다. [참고문헌]『大寶積經』,『佛藏經』,『大乘起信論義記』.

필경단 畢竟斷 Ⓢatyanta-prahāṇa. 마침내 다 끊어 더 할 것이 없음. 부처님의 단원덕(斷圓德) 중 넷 중에 하나.『구사론기』권1(대정장41, p.3c3)에 "모든 번뇌장 끊어서 택멸을 얻지만, 물듦이 없어 지도 없는 정장(不染無知定 : 定障)을 끊으면 비택멸을 얻는다. 곧 앞의 두 가지 장애를 끊고서 물러나지 않으니 필경단이라고 한다. 若一切煩惱障斷 得擇滅 若不染無知定障斷 得非擇滅 卽前二障斷已不退 名畢竟斷",『구사론소』권27(대정장41, p.780a2)에 "필경단이란 물러나지 않음을 드러낸다. 畢竟斷者 顯不退"라고 하였다. [참고문헌]『俱舍論記』,『俱舍論疏』, *Abh-k-bh.* ⇨단원덕 斷圓德, 삼종원덕 三種圓德

필경락 畢竟樂 끝내 얻어 잃을 일 없는 낙. 사종락(四種樂) 중 하나로 보리락(菩提樂)이라고도 한다. 36권본『대반열반경』권25(대정장12, p.771c22)에 "적정엔 사종락 있으니 무엇이 그 넷인가? 첫째 출가락, 둘째 적정락, 셋째 영멸락, 넷째 필경락이니, 이 네 즐거움 얻음을 이름하여 적정이라 한다. 寂靜者 有四種樂 何等爲四 一 出家樂 二 寂靜樂 三 永滅樂 四 畢竟樂 得是四樂 名爲寂靜",『대반열반경집해』권55(대정장37, p.551c20)에 "필경락이란 두 열반 얻음이다. 畢竟樂者 得二涅槃也",『대반열반경의기』권8(대정장37, p.831c6)에 "필경락이란『보살지지경』(대정장30, p.891b12)에서는 이름하여 보리락이라 하였다. 무루의 성도로 길이 번뇌 끊으므로 필경락이라 이름한다. 畢竟樂者 地持名爲菩提樂也 無漏聖道 永斷煩惱 名畢竟樂",『대승의장』권14(대정장44, p.754a25)에 "네 가지 즐거움이란 … 넷째 필경락으로『지지론』중에 보리락이라 이름하였다. 출세의 성도는 한번 얻으면 물러나지 않기에 필경이라 이른다. 言四樂者 … 四畢竟樂 地持論中 名菩提樂 出世聖道 一得不退 故云畢竟"라고 하였다. [참고문헌]『大般涅槃經』,『大般涅槃經集解』,『大般涅槃經義記』,『大乘義章』. ⇨사종락 四種樂, 보리락 菩提樂

필경멸 畢竟滅 끝내 마쳐 사라지다. 멸제(滅諦)를 가리킨다. 80권본『화엄경』권36(대정장10, p.191c8)에 "모든 뜨거운 번뇌가 필경 사라지므로 무생지의 진실(滅諦)을 남김없이 안다. 一切熱惱 畢竟滅故 知盡無生智諦",『대방광보협경』권하(대정장14, p.477c14)에 "무명이 멸하면 필경멸이라 한다. 이에 무명의 멸은 모든 행의 멸이다. 無明若滅 名畢竟滅 是故無明滅 則諸行滅",『열반경소사기』권8(卍속장58, p.293a11)에 "필경멸이란 혹을 끊고 멸을 얻기에 필경멸이라 한다. 畢竟滅者 斷惑得滅 名畢竟滅"라고 하였다. [참고문헌]『華嚴經』,『大方廣寶篋經』,『涅槃經疏私記』.

필경무 畢竟無 ➡오종무 五種無❶❷

필경무열반 畢竟無涅槃 필경 열반은 없다. 또는 결코 열반의 성이 없는 일천제(一闡提 Ⓢicchantika)를 가리키기도 한다.『십주비바사론』권8(대정장26, p.61a2)에 "만약 죄 정해져 있는 것이라면 필경 열반은 없어야 한다. 若罪定有 則畢竟無涅槃",『능엄경소해몽초』권6(卍속장21, p.442a2)에 "아전지가(일천제)는 극악이라 한역하고, 필경이라 한다. 필경 열반의 성이 없기에 무성천제이다. 고산은 '아전가는 아천지가라고도 음사해서「열반을 즐겨 바라지 않는 자」라 하니 그릇 앎이 지나치다'라고 주장한다. 阿顚底迦 此云極惡 名爲畢竟 以畢竟無涅槃性故 卽無性闡提 孤山云 阿顚迦 亦云阿闡底迦 不樂欲涅槃者 誤之甚矣"라고 하였다. [참고문헌]『十住毘婆沙論』,『楞嚴經疏解蒙鈔』. ⇨일천제 一闡提

필경무열반법 畢竟無涅槃法 Ⓢatyanta-aparinirvāṇa-dharma, Ⓣgtan-yongs-su-mya-ngan-las-mi-'da'-ba'i-chos-can. 필경 열반을 성취할 법은 없다는 말. 모든 선법(善法)을 없애어 열반에 들어갈 수 있는 가능성(因)을 소멸하였다는 뜻이다.『대승장엄경론』권1(대정장31, p.595a28 : *Sūtr.*, p.13)에 "필경무열반법이란, 인이 없기에 저들은 반열반의 성이 없다는 뜻이다. 이는 단지 생사만을 구할 뿐 열반을 기꺼워하지 않는 사람을 가리킨다. 畢竟無涅槃法者 無因故 彼無般涅槃性 此謂但求生死 不樂涅槃人 atyantāparinirvāṇadharmā tu hetuhīno yasya parinirvāṇagotram eva nāsti",『능현중변혜일론』권1(대정장45, p.416c11)에 "또한 필경천제라고도 한다.『보성론』에 따르면, 무량한 시간이기에 필경무열반법이라 하며,『열반경』불성론의 설 또한 그러하다. 又云 畢竟闡提 據寶性論云 以無量時故 名畢竟無涅槃法 涅槃經佛性論說亦爾"라고 하였다. [참고문헌]『大乘莊嚴經論』,『能顯中邊慧日論』, *Sūtr.* ⇨일천제 一闡提

필경무제이공 畢竟無際二空 끝내 다 마쳐 공한 뜻과 가이 없어 공인 뜻. 필경공과 무제공.『대반야경』권379(대정장6, p.958c7)에 "모든 보살마하살은 깊은 반야바라밀다를 행하면서 필경과 무제라는 두 가지 공을 관찰하고, 필경과 무제라는 두 공에 안주하여 저들 유정 위해 정법을 설하면서 이렇게 말한다. '그대들 마땅히 알아야 하리! 색은 공이어서 아도 아소도 없으며, 수상행식은 공이어서 아도 아소도 없다'. 諸菩薩摩訶薩 行深般若波羅蜜多 觀察畢竟無際二空 安住畢竟無際二空 爲彼

有情 宣說正法 謂作是言 汝等 當知 色是空 無我我所 受想行識是空 無我我所", 같은 책 권530(대정장7, p.720b12)에 "모든 보살마하살은 깊은 반야바라밀다를 행하면서 두 가지 공에 머물러 모든 법을 관찰한다. 필경공과 무제공이라는 두 공이 그것이다. 諸菩薩摩訶薩 行深般若波羅蜜多 住二種空 觀察諸法 所謂畢竟無際二空"라고 하였다. 〔참고문헌〕『大般若經』. ⇨필경공 畢竟空, 무제공 無際空

필경불생 畢竟不生 ❶Ⓢatyanta-anutpanna, Ⓣgtan-mi-skye-ba. 끝내 나는 일 없다. 필경불멸(畢竟不滅)을 수반하여 일체법의 공(空)인 뜻으로서의 반야바라밀을 나타낸다. 『대반야경』 권7(대정장5, p.37a22)에 "아와 유정 등 끝내 생한 일도 없고 또한 멸한 적도 없다. 저들 이미 필경에 불생불멸이라면 어떻게 반야바라밀다를 수행하겠으며, 갖가지 공덕으로 승리 거둘 수 있겠는가! 我有情等 畢竟不生 亦復不滅 彼旣畢竟不生不滅 云何當能修行 般若波羅蜜多 及得種種功德勝利", 『대품반야경』 권7(대정장8, p.269c4)에 "필경에 나지 않는 그것이 반야바라밀이고, 반야바라밀은 끝내 생하지 않는 것이니, 반야바라밀과 필경불생은 둘도 아니고 다르지도 않다. 畢竟不生 卽是般若波羅蜜 般若波羅蜜 卽是畢竟不生 般若波羅蜜 畢竟不生 無二無別", 『대지도론』 권37(대정장25, p.335c23)에 "부처님께서 스스로 인연을 설하시니 '이들 중생 필경에 생하지 않으며 생하지 않기에 멸하지도 않는다'라고 하셨다. 만약 법이 생하지도 않고 멸하지도 않는 그것이 법성의 상이라면 법성은 곧 이 반야바라밀일 것이니 어떻게 반야바라밀이 반야바라밀을 행하겠는가? 佛自說因緣 是衆生畢竟不生 不生故不滅 若法不生不滅 卽是法性相 法性卽是般若波羅蜜 云何般若波羅蜜 行般若波羅蜜", 『십이문론』(대정장30, p.162a26)에 "일체처를 좇아 구하지만 얻을 수 없다. 이에 과는 필경 생하지 않고, 과가 필경 생하지 않기에 일체유위법은 모두 공하다. 왜냐하면 일체유위법은 바로 인이고 그대로 과이기 때문이다. 一切處 推求不可得 是故 果畢竟不生 果畢竟不生故 則一切有爲法皆空 何以故 一切有爲法 皆是因是果", 『구사론소』 권4(대정장41, p.539b22)에 "필경불생이란 잠시도 생하지 않는 법을 말한다. 예컨대 안식 등은 연이 없으면 생하지 않는 것과 같다. 이들 또한 모두 필경불생이라 할 수 있으니, 비택멸을 얻기 때문이다. 言畢竟不生者 簡暫不生法也 如眼識等 闕緣不生 皆亦得名畢竟不生 得非擇滅故"라고 하였다. 〔참고문헌〕『大般若經』, 『大品般若經』, 『大智度論』, 『十二門論』, 『俱舍論疏』, *Vajr-pr.48*. ❷끝내 살아나지 못하다. 번뇌 따위가 끊어 다해서 더는 나지 않는다는 뜻이다. 『불본행집경』 권7(대정장, p.686b25)에 "모든 번뇌의 갖가지 뿌리를 뽑고, 모든 번뇌의 온갖 결박을 잘라내니, 다라수의 머리를 자르면 결코 자라지 못하는 것과 같다. 能拔一切煩惱諸根 割斷一切諸煩惱結 猶如截於多羅樹頭 畢竟不生"라고 하였다. 〔참고문헌〕『佛本行集經』.

필경불퇴 畢竟不退 ❶천태종 스님 지욱(智旭)이 설한 사불퇴(四不退)의 하나. 정토에 나서는 다시는 물러나지 않는 것. ⇨사불퇴 四不退[4] ❷성취한 수행위나 얻은 법에서 물러나지 않는 뜻. 『성유식론관심법요』 권7(卍속장82, p. 582a15)에 "이 정을 수습함에 세 품으로 나눈다. 하품으로 닦는 사람은 현법에서 반드시 물러나기에 능히 빨리 돌아와서 현전을 이끌 수가 없다. 중품으로 닦는 사람은 현법에서 반드시 퇴전하지 않는다. 설사 물러나도 빨리 돌아와서 현법을 이끌 수 있다. 상품으로 닦는 사람은 끝내 퇴전하지 않는다. 修習此定 品別有三 下品修者 現法必退 不能速疾 還引現前 中品修者 現不必退 設退〈亦能〉速疾還引現前 上品修者 畢竟不退"라고 하였다. 〔참고문헌〕『成唯識論觀心法要』.

필경사자 畢竟死者 끝내는 죽는 자. 『화엄오교장』 권2(대정장45, p.486b16)에 " 저 『열반경』에서 이르길 세 종류의 사람 가운데 반드시 죽는 이라 한 것은 일천제가 불성이 없는 것을 비유한다. 如涅槃經云 三種人中畢竟死者 喩一闡提無佛性也"라고 하였다. 〔참고문헌〕『華嚴五教章』, 『評金剛錍』(卍속장103, p.887b2).

필경의 畢竟依 끝내 의지가 되시는 분. 부처님을 찬탄해 부르는 말. 『찬아미타불게』(대정장47, p.421a7)에 "모든 중생과 함께 안락국에 가서 태어나기를 원합니다. 지심으로 귀의하고 서방 아미타불께 목숨 되돌려 예를 올립니다. 청정광명이 마주할 이 없어라. 그러므로 부처님 다시 불러 마주할 빛 없다 하네. 그 광명 만나는 자 업의 사슬 사라지리니 이에 필경에 의지할 분에게 머리 숙일 뿐입니다. 願共諸衆生往生安樂國 南無至心歸命禮 西方阿彌陀佛 淸淨光明無有對 故佛又號無對光 遇斯光者 業繫除 是故稽首畢竟依"라고 하였다. 〔참고문헌〕『讚阿彌陀佛偈』, 『起信論疏記會閱』 권7(卍속장72, p.510a10).

필경자마생 畢竟作麽生 끝내는 어떻게 해야 하리. 『임제록』(대정장47, p.506b7)에 "명화의 처소에 이르자 명화가 물었다. '그저 오기만 하고 가기만 해서 무엇하려 하는가?' '부질없이 짚신이나 닳아 없앨 뿐이겠지요' '필경에는 무엇 하려 하느냐?' '노한께서 말귀도 못 알아들으시는군요'. 到明化 化問 來來去去 作什麽 師云 秖徒踏破草鞋 化云 畢竟作麽生 師云 老漢話頭也不識"라고 하였다. 〔참고문헌〕『臨濟錄』. ⇨작마생 作麽生

필경적멸 畢竟寂滅 Ⓢatyanta-upaśama, Ⓣgtan-du-nye-bar-zhi-ba. 마침내 그 끝은 고요해 다 사라지다. 일체법 그 자성이 공하여 끝내 열반일 뿐임을 말한다. 『대반야경』 권529(대정장7, p.718a20)에 "아와 아소 그리고 만 등 이 모든 번뇌는 마침내 그 끝은 적멸이니 모든 행 저 꿈과 같고 내지 심향성과 같다고 진실 그대로 견뎌 받아들인다. 이렇게 견딤을 지라 하고 이 지를 얻었기에 무생법인을 얻었다고 한다. 此令一切 我及我所慢等煩惱 畢竟寂滅 如實忍受 諸行如夢 廣說乃至 如尋香城 此忍名智 得此智故 名爲獲得無生法忍", 『불퇴전법륜경』 권2(대정장9, p.237b24)에 "보리를 얻고 나면 마침내 그 끝은 적멸이니, 영원히 생사를 벗어나, 열반을 얻으리라 생각한다. 得菩提已 畢竟寂滅 永離生死 取涅槃想", 80권본 『화엄경』 권24(대정장10, p.132a28)에 "보살은 이와 같이 모든 법 마침내 그 끝은 적멸이라고 관하여 모든 청정한 선근을 성취한다. 菩薩如是觀 一切法畢竟寂滅 成就一切淸淨善根", 『순정리론』 권27(대정장29, p.492c24)에 "이 나머지 경전에서 설하길 '생 등의 고통 끝내는 고요해 다 사라져 버린 적멸이어서 반열반이라 한다'라고 설한다. 由是餘經 說生等苦 畢竟寂滅 名般涅槃", 『유마경소』 권1(대정장85, p.368c19)에 "몸의 공적을 설하지만 필경적멸을 설하지 않음은 이 한 구절은 법공관을 가르쳐서 몸의 공적을 설해서 이치상 오음의 바탕 있는 것 아니기에 몸이 공적함을 바로 밝혔다. 필경적멸을 설하지 않는 까닭도 성문과 다르기 때문이다. 성문인은 몸이 열반에 들면 영원한 적멸이라 여기지만, 지금은 보살을 가르침이어서 비록 열반을 얻어도 영원히 멸도하지 않고 항상 삼유를 따라 중생을 교화한다고 한다. 說身空寂 不說畢竟寂滅者 此之一句 教法空觀 說身空寂 正明理無陰體非有 故身空寂 不說畢竟寂滅者 還異聲聞 聲聞之人 身入涅槃 謂爲永滅 今教菩薩 雖得涅槃 不永滅度 常隨三有 教化衆生"라고 하였다. [참고문헌] 『大般若經』, 『不退轉法輪經』, 『華嚴經』, 『順正理論』, 『維摩經疏』, *Sūtr.148.* ⇨ 적멸 寂滅

필경전 畢竟轉 남김 없이 끝도 없이 구르다. 모든 중생이 지을 일을 수용신의 부처님 스스로 지어서 법계 가득 굴리다. 중생들 근기에 따라 다르게 변화하여 굴리는 권시전(權時轉)과 대칭한다. 『유가사지론』 권74(대정장30, p.707c7)에 "필경전이란 저 다함 없이 불가사의한 모든 부처님의 자성인 크나큰 광명을 굴리듯 하니 이와 같이 모든 유정이 지을 일을 능히 짓고 굴린다. 畢竟轉者 謂如無盡 不可思議 諸佛自性 大光明轉 如是能作一切有情 所作事轉", 『유가론기』 권20(대정장42, p.765b28·한불전3, p.222b12)에 "필경전이란 바로 자수용신이다. 마치 욕계의 사람들은 지은 선업이 열하기에 팔척의 몸을 얻을 뿐이지만, 모든 천의 업 점차로 뛰어나기에 차제로 커지다가 색구경천에 이르면 신장이 만육천유순이 되는 경우와 같다. 불과는 선의 극이기에 모든 색근이 법계 어디나 두루해서 수량을 헤아릴 수 없을 정도다. 문비(文備)는 '필경전은 실수용신이라 한다. 끝내 원만하고 법계에 가득 차오른다. 안 등의 모든 근 낱낱으로 법계 어디나 두루하고, 광명도 두루하다. 이에 광명에 근거하여 분명히 설한 것이다' 하였다. 畢竟轉者 卽自受用身 如欲界人 善業劣故 但得八尺身 諸天業漸勝 故次第增長 乃至色究竟身長萬六千由旬 佛果善極故 諸色根皆遍法界 出過數量 備云 畢竟轉 名實受用身 究竟圓滿 遍滿法界 眼等諸根 一一卽遍法界 光明亦遍 是故 且據光明說"라고 하였다. [참고문헌] 『瑜伽師地論』, 『瑜伽論記』.

필경정 畢竟淨 Ⓢatyanta-viśuddhatva. 반야바라밀 행해서 일체법 무생(無生)인 줄 알아서 보면 난 적 없는 법이기에 물들 일도 없어서 끝내 깨끗할 뿐이다. 『대반야경』 권498(대정장7, p.532a23)에 "그때 구수선현이 부처님께 아뢰었다. '세존이시여, 이와 같이 보살마하살이 깊은 반야바라밀을 행하면서 다분히 일체법상을 진실 그대로 관찰하여 바로 그때 보살마하살은 아부터 보는 이에 이르기까지 남이 없기에 필경에 깨끗함을 본다. 색에서 식에 이르기까지 무생이고 마침내 깨끗하다고 보기 때문입니다. … 보살마하살과 보살마하살의 법이 무생이고 필경에 깨끗하다고 보기 때문이며, 모든 여래응정등각과 모든 여래응정등각의 법이 무생이어서 끝내는 청정하다고 보기 때문입니다'. 爾時 具壽善現白佛言 世尊 若時菩薩摩訶薩 行深般若波羅蜜 多如實觀察一切法相 是時 菩薩摩訶薩 見我乃至見者無生 畢竟淨故 見色乃至識無生 畢竟淨故 … 見菩薩摩訶薩 及菩薩摩訶薩法無生 畢竟淨故 見諸如來應正等覺 及諸如來應正等覺法無生 畢竟淨故", 『대지도론』 권43(대정장25, p.374a24)에 "부처님께서 말씀하셨다. '나오지도 않고 생하지도 않으며 얻음도 없고 지음도 없는 이것을 필경정이라 한다'. 佛言 不出不生 無得無作 是名畢竟淨", 『금강반야소』 권2(대정장33, p.102b8)에 "중생이 보살과 다르다고 보지 않고, 보살이 중생과 다르다고 보지 않기에 중생과 보살 모두 마침내 그 끝에서는 깨끗하다. 항상 이러한 관을 짓기에 언제나와 같은 마음이라 한다. 不見衆生 異於菩薩 不見菩薩 異衆生故 衆生菩薩 皆畢竟淨 常作此觀 名曰常心"라고 하였다. [참고문헌] 『大般若經』, 『大智度論』, 『金剛般若疏』, *Aṣṭ-pr.94.*

필경지 畢竟智 더할 것 없이 끝내 다해 마친 지혜. 『화엄경탐현기』 권12(대정장35, p.334b19)에 "대승법은 보살이 머무는 거처이고 대승에 머물면서 마음이 물러나지 않으면 필경지라 한다. 大乘法 是菩薩住處 住於大乘 心不退轉 名畢竟智", 『대반열반경의기』 권6(대정장3

7, p.767c5)에 "자리의 분이 높고 극하므로 필경지라 한다. 位分高極 名畢竟智", 같은 책 권9(대정장37, p.863b27)에 "지로는 다해 증했기에 필경지라 한다. 爲智窮證 名畢竟智", 같은 책 권10(대정장37, p.903b5)에 "세 번째는 필경지라 한다. 상을 떠난 궁극을 필경이라 하고, 지의 체성을 지라 한다. 三名畢竟智 離相窮極 稱曰畢竟 是智體性 名之爲智"라고 하였다. [참고문헌]『華嚴經探玄記』, 『大般涅槃經義記』.

필경청정 畢竟清淨 Ⓢatyanta-pariśuddha. 『대반야경』 권350(대정장6, p.798b15)에 "이와 같이 보살은 일체법 가히 얻을 수 없다고 관하기에 지을 것 없이 하고, 조작이 없기에 생이 없으며, 생이 없기에 멸도 없고, 멸이 없기에 필경청정하여서 언제나 머물기에 변할 것 없다. 如是菩薩 觀一切法 不可得故無作 無作故無生 無生故無滅 無滅故畢竟清淨 常住無變", 80권본 『화엄경』 권30(대정장10, p.163b26)에 "일체법으로 있고 없어지는 법은 끝내는 청정임을 깨우쳐 안다. 了達一切有無之法 畢竟清淨", 『대보적경』 권112(대정장11, p.636b22 : *Kāśy*., p.43)에 "일체제법은 본래 때 없어 필경청정임을 보니 스스로에게 의지할 뿐 결코 다른 것에 의지하지 않는다. 見一切諸法 本來無垢 畢竟清淨 而自依止 亦不依他 atyanta-pariśuddhaś ca prakṛtyā sarvadharmā asaṃkliṣṭān paśyati ātmadvīpaś ca bhavaty ananyadvīpaḥ dharmato 'pi", 『열반경소사기』 권3(卍속장58, p.81a16)에 "필경청정이라 한 것은 쌍인 것 보내버려서 이에 깨끗하게 한다. 畢竟清淨者 雙遣乃淨", 『열반경소삼덕지귀』 권3(卍속장58, p.423b6)에 "필경청정이란, 그윽히 진실과 합해 만남이 극하기에 필경이라 하고, 공통의 상과 차별의 상이 서로 잊기에 청정이라 한다. 畢竟清淨者 冥眞會極 故曰畢竟 通別相亡 故曰清淨"라고 하였다. [참고문헌]『大般若經』, 『華嚴經』, 『大寶積經』, 『涅槃經疏私記』, 『涅槃經疏三德指歸』, *Kāśy*. ⇨필경정 畢竟淨

필과성공파 必過性空派 ⓈPrasaṅgika, ⓉdBu-ma-thal-'gyur-pa'i-lugs. 인도 중관학파에서 공의 파악 방식 가운데 불호(佛護 ⓈBuddhapālita)가 세운 프라상기카(ⓈPrasaṅgika)를 지칭하는 한역. ⇨프라상기카 Prāsaṅgika

필기 弼基 생몰연대 미상. 호는 금우(錦雨). 경허성우(鏡虛盛祐 1849~1912)의 사제이며, 1901년에 조성한 진영이 해인사에 있다. 『경허집』「금우화상영찬 錦雨和尙影贊」(한불전11, p.614a13)에 "호은의 스승이자 화운의 제자로서, 문장에 능하고 어질어 덕있는 분이었다. 부처님 말씀 아닌 것 감히 말하지 않았고, 부처님 마음 아닌 것 감히 뜻으로 삼지 않았다. 虎隱之父 華雲之子 能文而賢 有德之士 非佛之言 不敢諟 非佛之心 不敢理"라고 하였다. [참고문헌]『鏡虛集』, 『伽倻山海印寺誌』 p.775.

필단사리 筆端舍利 붓 끝에서 떨어지는 사리. 뛰어나 귀한 글 또는 부처님 말씀 베껴 쓰거나 해서 남긴 글. 필봉사리(筆鋒舍利)라고도 한다. 『신승전』 권6 「규기전 窺基傳」(대정장50, p.989b21)에 "다음날 절 안에서 『미륵상생경』을 얻고서 꿈속에서 본 동자를 미륵불의 화현이라고 여겼다. 열어 널리 하고자 드디어 붓을 당겨 잡으니 붓 끝의 사리 연이어 떨어졌다. 明日於寺中 得彌勒上生經 以爲彌勒化現 欲開廣之 遂援毫而授 筆端舍利 累累而下"라고 하였다. [참고문헌]『神僧傳』. ⇨필봉사리 筆鋒舍利

필당득작불 必當得作佛 Ⓢsyāmo buddhā. 반드시 부처 지어 얻으리라. 『법화경』 권2 「비유품 譬喩品」(대정장9, p.12a22 : *Saddh-p*., p.70)에 "우리들이 옛날부터 세존의 설법 자주 들었으나, 이와 같이 심묘하여 뛰어난 법을 들어본 적이 없다네. 세존이 이 법을 설하시니, 우리들 모두 따라서 기뻐하네. 크나큰 지혜사리불이 지금 세존의 수기를 받았네. 우리들 또한 이와 같이 반드시 부처를 이룰 것이니, 일체세간에서 가장 뛰어나서 더 높은 이 없으리. 我等從昔來 數聞世尊說 未曾聞如是 深妙之上法 世尊說是法 我等皆隨喜 大智舍利弗 今得受尊記 我等亦如是 必當得作佛 於一切世間 最尊無有上 bahu dharmaḥ śruto 'smābhiarlokanāthasya saṃmukham, na cāyamīdṛśo dharmaḥ śrutapūrvaḥ kadācana. anumodāma mahāvīra saṃdhābhāṣyaṃ maharṣiṇaḥ, yathārtho vyākṛto hyeṣa śāriputro viśāradaḥ. vayamapyedṛśāḥ syāmo buddhā loke anuttarāḥ, saṃdhābhāṣyeṇa deśento buddhabodhimanuttarām"라고 하였다. [참고문헌]『法華經』, 『法華玄義釋籤』 권17(대정장33, p.939c28), 『維摩經略疏』 권4(대정장38, p.610c19), *Saddh-p*.

필당상삼매 畢幢相三昧 Ⓢniyata-dhvaja-ketu-samādhi. 108삼매의 하나. 『대품반야경』 권5(대정장8, p.251b25 : *Pañca-pr*., p.199)에 "무엇이 필당상삼매인가? 이 삼매에 머무르면 능히 모든 삼매 깃발을 유지할 수 있다. 이것이 필당상삼매이다. 云何名畢幢相三昧 住是三昧能持諸三昧幢 是名畢幢相三昧 tatra katamaḥ niyatadhvajaketur nāma samādhiḥ yatra samādhau sthitvā sarvasamādhīnāṃ niyatadhvajaṃ dhārayati ayam ucyate niyatadhvajaketur nāma samādhiḥe", 『대지도론』 권47(대정장25, p.399b1)에

"필당상삼매는, 이 삼매에 들어가면 모든 삼매의 웃어른이 되는 것이다. 비유하면 군장수 장차 깃발 얻으면 큰 상임을 나타내는 것과 같다. 畢幢相三昧者 入是三昧 則於諸三昧最爲尊長 譬如軍將得幢 表其大相"라고 하였다. [참고문헌]『大品般若經』, 『大智度論』, *Pañca-pr.*

필득가 必得家 Ⓢpiṭaka의 음사어. 비적가(比摘迦)라고도 하며, 장(藏)이라고 한역한다. 삼장(三藏)의 장은 이 말의 한역어다. 『대당서역구법고승전』 권하(대정장51, p.6c22)에 "무릇 명주란 범어로 비제다라필득〈정과 택을 반절한 음〉가인데, 비제(Ⓢvidyā)는 명주로 한역하고 다라(Ⓢdhara)는 기억해 가지는 지이며 필득가는 장이므로 응당 지명주장이라 해야 한다. 夫明呪者 梵云毘睇陀羅必得〈丁澤反〉家 毘睇 譯爲明呪 陀羅 是持 必得家 是藏 應云持明呪藏"라 하였다. [참고문헌]『大唐西域求法高僧傳』. ⇨비적가 比摘迦, 명주 明呪, 오장 五藏 ■

필락차수 畢洛叉樹 Ⓢplakṣa. 무우수(無憂樹 ⓈAśoka : 阿輸迦樹)의 다른 이름. 마야부인(摩耶夫人)이 이 나무 아래에서 싯달태자를 낳으셨다. '필락차'는 드높이 빛나다의 고현(高顯)이라 번역한다. 필락차수(畢落叉樹)·필리차수(畢利叉樹)·발라차수(鉢剌叉樹) 등으로도 음사한다. 40권본 『화엄경』 권26(대정장10, p.780a27)에 "이 삼천세계에 있는 욕계의 모든 하늘의 채녀와 용녀와 야차녀와 건달바 등 및 모든 세간 주인의 일체 채녀는 모두 환희심을 내며 각각 갖가지 여러 공양구를 지니고서 필락차수를 향하여 공손하게 서 있었다. 此三千世界所有欲界諸天 采女龍女 夜叉女 乾闥婆等 及諸世主 一切采女 皆生歡喜 各持種種諸供養具 向畢洛叉樹 恭敬而立", 『화엄경결의론』 권4(대정장36, p.1045a2)에 "필락차수는 한역하여 고현이라고 한다. 여래께서 이 나무 아래에서 태어나셨다. 이 나무의 줄기도 가지도 장엄하고 뛰어나서 높이 빛나기 때문이다. 畢洛叉樹 此云高顯 爲如來在此樹下生 此樹枝幹 莊嚴殊勝高顯故", 『일체경음의』 권23(대정장54, p.454c16)에 "필락차수〈혹은 '필리차'라고도 하고 한역하여 '고현'이라고 한다. 부처님께서 아래도 탄강하심에 높고 뛰어나서 그 이름이 인간과 천신에게 드러나 있었기에 '고현'이라고 한 것이다. 어떤 곳에서는 '부처님께서 아수가수 아래에서 태어나셨다'라고 하였다〉. 畢洛叉樹〈或曰畢利叉 此云高顯 謂佛於下降誕 則謂高勝名顯人天 故曰高顯也 或有處云 佛於阿戍迦樹下生者也〉", 『화엄경소』 권59(대정장35, p.949a18)에 "셋째로 마야부인은 필락차 아래에서 장차 (부처님) 신통한 변화를 보았는데, 이중에 둘이다. 먼저 징조를 보인 것이니 필락차는 높이 빛나다의 뜻이어서 고현이라 한역한다. 三 摩耶夫人 於畢洛叉下 覩將生神變 於中二 先標徵 畢洛叉者 此云 高顯", 『화엄경합론찬요』 권하(卍속장88, p.792b3)에 "필락차는 고현이라 한역하는데, 부처님의 덕을 표한다. 畢洛叉 此云高顯 表佛之德", 『화엄경행원품소』 권8(卍속장7, p.686b18)에 "필락차는 필발라(畢鉢羅)라고도 하며 고현이라 한역한다. 畢洛叉者 亦曰 畢鉢羅 此云 高顯"라고 하였다. [참고문헌]『華嚴經』, 『華嚴經決疑論』, 『一切經音義』, 『華嚴經疏』, 『華嚴經合論纂要』, 『華嚴經行願品疏』, 『月燈三昧經』 권6(대정장15, p.587b17), *Gaṇḍ-vy.291·292.* ⇨무우수 無憂樹, 아수가수 阿輸迦樹

필란납식리 必蘭納識理 ?~1332. 원대 라마승. 필랄특납실리(必剌忒納失里)·필란눌식리(必蘭訥識里)·필로나실리(必嚕那實理) 등이라고도 하고, 줄여서 식리(識理)라고도 한다. 북정(北庭) 갈마랍국(噶瑪拉國 : 또는 感木嚕國. 哈密力 인근에 비정) 출신. 처음 이름은 가륵알밀적리(嘉勒斡密迪哩) 또는 지랄와이적리(只剌瓦爾的里)이다. 어려서 휘화이(輝和爾 : Kizil)·외올아(畏兀兒 : Uighur) 등 서역의 언어를 배웠고, 삼장(三藏)과 여러 외국어에 통달하였다. 1302년(대덕6) 황명에 따라 제사(帝師) 파스파(八思巴)에게 계를 받고, 성종(成宗)을 대신하여 출가하였다. 이때부터 '필란납식리'라는 이름을 하사 받아 썼다. 황경년간(1312~1313)에 명에 따라 여러 범경(梵經)을 역출하였고, 이에 은인(銀印)을 받고 광록대부에 올랐다. 연우년간(1314~1319)에는 티베트의 여러 나라들(諸番)이 조공으로 보내온 표전(表箋)을 읽지 못하자, 필란납식리가 통역하였다. 1323(지치3)에는 금인(金印), 1331(지순2)에는 옥인(玉印)을 각각 하사 받았다. 그리고 칭호로 '보각원명광조굉변삼장국사 普覺圓明廣照宏辯三藏國師'라는 호도 하사 받았다. 이듬해 안서(安西)의 왕자 월로첩목아(月魯帖木兒)와 모반을 꾸민 죄로 사사(賜死)되었다. [참고문헌]『補續高僧傳』 권1(卍속장134, p.51b12), 『新續高僧傳』 권2(대장경보편27, p.36b1).

필력가 畢力迦 Ⓢpṛkkā, spṛkkā. 목숙향(苜蓿香·目蓿香). 또는 촉향(觸香). 필률가(必栗迦)·새필력가(塞畢力迦)라고도 음사한다. 학명은 *Trigonella corniculata, Linn*이다. 우리말로는 '개자리'라고 부른다. 『법화경』 권6 「약왕보살본사품 藥王菩薩本事品」(대정장9, p.53b5)에 "곧 여러 향, 전단·훈륙·도루바·필력가·침수·교향을 먹고, 또 첨복 등 여러 꽃 향유 마시기를 1,200년을 채웠다. 그런 후 향유를 몸에 바르고 일월정명덕불 앞에서 천보의 옷으로 스스로 몸을 감싸고 여러 향유를 부어 적시고서 신통력을 서원하면서 자기 몸을 태우니,

광명이 80억 항하사 세계를 두루 비추었다. 卽服諸香栴檀薰陸 兜樓婆 畢力迦 沈水膠香 又飮瞻蔔 諸華香油滿千二百歲已 香油塗身 於日月淨明德佛前 以天寶衣 而自纏身 灌諸香油 以神通力願而自然身 光明遍照八十億恒河沙世界", 『대보적경』 권32 「출현광명회 出現光明會」(대정장11, p.178c26)에 "다시 보화가 있으니 그 색이 특별히 뛰어난데 섞어 모아서 화만을 만들었다. 첨복가화만・목진린다화만 등 이와 같은 갖가지 무량무수한 것들이 보배 휘장 사이를 골고루 드리우며 두루 대회장을 장식하였다. 또 그 아래는 여러 상과 자리를 펼치고 뭇 보배 향을 사루니 필력가향・도마차향・전단향・울금향・청정향・열의향 등 이와 같은 갖가지를 화합시킨 미묘한 향으로 공양하였다. 다시 향수를 두루 길가에 뿌리고 온갖 꽃 땅에 뿌리니 처처마다에 넘쳐났다. 復有寶華 其色殊特 叢廁錯楺 以爲華鬘 薝蔔迦華鬘 目眞隣陀華鬘 如是種種無量無數 於寶帳間 周匝垂下 普遍大會 一切莊嚴 又於其下 敷諸床座 燒衆寶香 畢力迦香 都摩遮香 栴檀鬱金 淸淨悅意 如是種種和合妙香 而爲供養 復以香水 遍灑街道 雜華覆地 處處充滿", 『번역명의집』 권3(대정장54, p.1104c6)에 "필력가는 때로는 정향이라고 한다. 畢力迦 或云卽丁香"라고 하였다. 〔참고문헌〕『法華經』, 『大寶積經』, 『翻譯名義集』, 『大慧語錄』 권12(대정장47, p.862b12), 『仏教植物辭典』(國書刊行會, 1982).

필력차모리가 苾力叉慕里迦 Ⓢvṛkṣamūlika의 음사어. 나무 아래 자리라는 뜻으로 수하좌(樹下坐)라 한역한다. 『사분율소식종의기』 권5(卍속장66, p.233a2)에 "범어로 '필력차모리가'는 한역하여 '수하좌'라고 한다. 『대지도론』에 따르면 나무 아래에서 사유한다. 저 부처님이 태어나실 때, 법륜을 굴리실 때, 열반하실 때 모두 나무 아래에 계셨던 것처럼 한다. 행자는 모든 불법을 따라서 항상 나무 아래에 자리한다고 한다. 梵云 苾力叉慕里迦 此云樹下坐也 智論云 樹下思惟 如佛生時 轉法輪時 涅槃時 皆在樹下 行者隨諸佛法 常處樹下"라고 하였다. 〔참고문헌〕『四分律疏飾宗義記』, 『大智度論』 권68(대정장25, p.538a18).

필률 篳篥 갈대로 만든 피리. 가관(笳管), 노적(蘆笛)이라고도 하고, 필률(觱篥)이라고도 쓴다. 『일체경음의』 권56(대정장54, p.678b14)에 "필률〈찬문에 이른다. 필률은 강호의 악기 이름이다. 경문에는 필률(篳篥)이라고 쓰여져 있다〉. 必栗〈纂文云 必栗者 羌胡樂器名也 經文作篳篥也〉"라고 하였다. 〔참고문헌〕『一切經音義』, 『佛本行集經』 권2(대정장3, p.660c12).

필률지소달라 苾栗底蘇呾羅 ⓈVṛtti-sūtra. 비가라론(毘伽羅論 ⓈVyākaraṇa) 중 소달라(蘇呾羅 Ⓢsūtra)에 대한 주석(經疏). 이 중에서 가장 뛰어난 것이 나란다사(那蘭陀寺)의 학사 사야질저(闍耶昳底 ⓈJayāditya)가 지은 1천 8백송이다. 『남해기귀내법전』 권4 「서방학법 西方學法」(대정장54, p.228c19)에 "(비가라론 중) 다섯 번째는 필률지소달라이다. 이는 앞서 말한 소달라에 관한 해석이다. 고래로 풀어 지은 것들 그 류가 아주 많고, 그중에서 훌륭한 것이 일만팔천송이다. 저 경본을 펴서 상세하게 여러 뜻을 담론하였다. 온 세상(寰中)의 본보기 다하고 천인의 궤칙마저 끝까지 살폈다. 열다섯 살의 동자가 5년 동안 공부해야 비로소 이해한다. 신주의 사람이 서방으로 가서 학문을 구하려 한다면 반드시 이것을 알고 나서야 비로소 여타의 것을 학습할 수 있다. 만일 그렇게 하지 못한다면 헛되이 스스로를 수고롭게 하리라. 五 謂苾栗底蘇呾羅 卽是前蘇呾囉釋也 上古作釋 其類寔多 於中妙者 有十八千頌 演其經本 詳談衆義 盡寰中之規矩 極天人之軌則 十五童子 五歲方解 神州之人 若向西方 求學問者 要須知此 方可習餘 如其不然 空自勞矣"라고 하였다. 〔참고문헌〕『南海寄歸內法傳』. ⇨비가라론 毘伽羅論

필률지소달라의석 苾栗底蘇呾羅議釋 발전사라(鉢顚社攞)가 지은 *Vṛtti-sūtra*(苾栗底蘇呾羅)에 따른 세소(細疏). *Cūrṇi*(朱儞)라고도 한다. 『남해기귀내법전』 권4 「서방학법 西方學法」(대정장54, p.229a13)에 "다시 『필률지소달라의석』이 있다. '주니'라 하고 2만 4천송으로 학사 발전사라가 지었다. 이는 앞에서 언급한 경을 거듭 드러낸 것으로 아주 세밀하게 이치를 따진다. 상세하게 밝힌 다음 해석을 붙이는데, 추호만큼 작은 것도 나누고 쪼갠다. 경에 밝고서야 이것을 배우면 3년이 되어야 비로소 마친다. 공이 『춘추』나 『주역』과 닮았다. 復有苾栗底蘇呾羅議釋 名朱儞 有二十四千頌 是學士鉢顚社攞所造 斯乃重顯前經 擘肌分理 詳明後釋 剖折毫芒 明經學此三歲方了 功與春秋周易相似"라고 하였다. 〔참고문헌〕『南海寄歸內法傳』. ⇨필률지소달라 苾栗底蘇呾羅

필률차 畢栗蹉 Ⓢmleccha의 음사어. 오랑캐. 변방의 종족이나 지역을 일컫는 말. 멸려차(蔑戾車)라고도 음사하고, 률(栗)은 률(㗚)로도 쓴다. 『속일체경음의』 권5(대정장54, p.955b21)에 "멸려차〈첫 번째 글자는 면과 미를 반절한 음이고, 그 다음 글자의 음은 리와 결을 반절한 것이며, 마지막 글자는 치와 야를 반절한 음이다. 범어가 변한 것으로 바른 범음은 '필률차'다. 한역하자면 하천한 종족이라는 뜻으로 '즐겨 더러운 것을 다룬다'고 한다. 예의를 알지 못하고 음사로 귀신을 모시며 서로 죽이고 해친다. 미(彌)의 음은 변과 멸을 반절한 것이고, 차(蹉)의 음은 창과 하를 반절한 것이다〉. 蔑戾車〈上眠彌反 次音梨結反 下齒耶反 梵語訛也 正梵語畢栗蹉 此譯爲下賤種也 謂樂垢穢業 不知禮義 淫祀鬼神 互相殘

害也 彌音邊篾反 蹉音倉何反〉"라고 하였다. [참고문헌]『續一切經音義』. ⇨ 멸려차 蔑戾車

필률탁흘나 必栗託訖那 Ⓢ pṛthag-jana의 음사어. 이생(異生). 필률탁흘나(畢栗託仡那)로도 쓴다. 『금강반야론회석』 권3(대정장40, p.775b19)에 "필률탁흘나는 이생이라 한역한다. 必栗託訖那 此名異生", 『어주금강반야바라밀경선연』 권하(대정장85, p.43b11)에 "정음으로 하자면 응당 '바라필률탁〈어와 흘의 반절음〉나'라고 해야 한다. 바라(Ⓢ bāla)는 우(愚), 필률탁(Ⓢ pṛthag)은 이(異), 흘나(Ⓢ jana)는 생(生)이라 한다. 합치면 범부이생이다. 正應云 婆羅畢栗託〈魚訖反〉那 婆羅云愚 畢栗託云異 仡那云生 總云 愚夫異生"라고 하였다. [참고문헌]『金剛般若論會釋』, 『御注金剛般若波羅蜜經宣演』, 『一切經音義』 권71(대정장54, p.768c3). ⇨ 이생 異生

필륵지지가 畢勒支底迦 Ⓢ pratyeka의 음사어. 벽지불(辟支佛 Ⓢ pratyekabuddha). 독각(獨覺). 『석씨요람』 권중(대정장54, p.286c4)에 "독각은 범어로 '필륵지지가'라 하고, 한역하자면 '홀로 행하다'의 뜻이다. 獨覺 梵云 畢勒支底迦 唐言 獨行", 『번역명의집』 권1(대정장54, p.1060c25)에 "필륵지지가는 한역하자면 '각각 홀로 행한다'는 뜻이다. 畢勒支底迦 此云 各各獨行"라고 하였다. [참고문헌]『釋氏要覽』, 『翻譯名義集』. ⇨ 벽지불 辟支佛, 독각 獨覺

필릉 畢陵 필릉가바차(畢陵伽婆蹉)의 줄인 이름. 『법화경입소』 권1(卍속장47, p.19b13)에 "필릉은 한역하여 여습이라고 한다. 앞선 오백세 동안 바라문이었기에 그 남은 습으로 고고하였다. 항하수를 건널 때 물의 신에게 버럭 소리를 지르며 '계집종아, 흐름을 멈추어라'라고 말하면 항하수의 신이 물길을 두 갈래로 갈랐다. 물의 신이 부처님께 가서 하소연을 하자 부처님께서 바차에게 참회하며 사과하게 하였다. 그러자 합장을 하며 참회하며 '계집종아, 화내지 말거라'라고 말하였다. 대중들이 모두 웃어버렸다. 참회하면서도 또다시 욕을 하였기 때문이다. 畢陵者 此云餘習 前五百世爲婆羅門 餘習猶高 因過恒水 咄水神云 小婢駐流 恒水神卽爲分水兩派 神後來訴佛 佛令婆蹉懺謝 卽合手懺云 小婢莫瞋 大衆皆笑 懺而更罵"라고 하였다. [참고문헌]『法華經入疏』.

필릉가바차 畢陵伽婆蹉 Ⓢ Pilindavatsa, Ⓟ Pilindavaccha. 부처님 재세 시 비구 존자로 비행제일(悲行第一)이었다. 필릉가벌차(畢陵伽筏蹉)·필린다바차(畢鄰陀婆蹉)·필린다벌차(畢藺陀筏蹉)·비리다바차(比利陀婆遮)·필나바차(畢那嚩蹉)라고도 하고, 줄여서 필릉(畢陵)·필릉가(畢陵伽)·필린다자(畢鄰陀子)라고도 한다. 사위성(舍衛城)의 바라문종 출신으로 처음엔 몸을 숨기는 주문으로 명성을 얻었는데, 훗날 부처님을 뵌 다음 주력을 잃고 출가하여 불제자가 되었다. 부처님을 뵙기 전 오백 세나 바라문집안에서 났기에 오만한 습기가 남아 있어 부처님과 팔대성문(八大聲聞)을 제한 모든 사람에게 함부로 욕을 하였다. 이러한 인연 때문에 그를 여습(餘習) 또는 악구(惡口)라고 부른다. 다행히 부처님의 숙명통으로 악습의 인을 알고 참회하여 다시는 욕을 하지 않게 되었다. 신통력이 뛰어나 그 힘으로 속가의 조카를 구한 바 있고, 늘 안질(眼疾) 등 여러 질환으로 고생하면서도 비행(悲行)을 잘 행하여 끝내 아라한과(阿羅漢果)를 성취하였다. [참고문헌]『增壹阿含經』 권3「弟子品」(대정장2, p.558b28), 『阿羅漢具德經』(대정장2, p.832a2), 『得度因緣經』 권하(대정장2, p.850c13), 『法華經』 권1「序品」(대정장9, p.1c25), 『四分律』 권10(대정장22, p.627c22), 『大智度論』 권84(대정장25, p.649c14), 『一切經音義』 권78(대정장54, p.815b15), 『楞嚴經』 권5(대정장19, p.126b20), *Saddh-p.2.*, *Vin.3.248.*, *AN.1.24.* ⇨ 필릉만습 畢陵慢習, 필릉비행제일 畢陵悲行第一, 필릉신근원통 畢陵身根圓通

필릉만습 畢陵慢習 존자 필릉가바차(畢陵伽婆蹉 Ⓢ Pilindavatsa, Ⓟ Pilindavaccha)의 교만한 여습(餘習). 『마하승기율』 권30(대정장22, p.467c19)에 "존자 필릉가바차가 마을에 머무르고 있을 때 매일매일 항수(恒水 Ⓢ Gaṅgā)를 건너가 걸식을 하였다. 항수에 이르면 이렇게 말하였다. '수다라야, 멈춰라. 내가 지금 건너가려고 한다'. 항수가 멈추면 건너고서 이렇게 말하였다. '수다라야, 가거라'. 그러면 물이 다시 예전처럼 흘렀다. 尊者 畢陵伽婆蹉 在聚落中住 日日渡恒水乞食 到恒水上作是言 首陀羅住 我欲過 水卽住 過已作如是言 首陀羅 汝去 如是水流如故", "항수신은 마음이 썩 내키지가 않아 부처님이 머무시는 곳으로 갔다. 부처님의 발에 머리를 대는 절을 올리고 한쪽에 머무르며 부처님께 말하였다. '세존이시여, 존자 필릉가바차가 몹시 고약하게도 「멈추어라, 수다라여! 가거라, 수다라여!」라고 말을 합니다'. 부처님이 말씀하였다. '필릉가바차를 불러오라'. 그가 도착하자 부처님이 말씀하였다. '그대가 실제로 그랬는가?' 존자가 답하였다. '실제로 그러하였습니다'. 부처님이 말씀하였다. '항수신이 이와 같은 이유로 그대를 싫어하고 있다. 그대는 지난 일을 참회하라'. 水神不樂 往到佛所 頭面禮足 却住一面 白佛言 世尊 尊者 畢陵伽婆蹉語太苦 住首陀羅 去首陀羅 佛言 呼畢陵伽婆蹉來 來已佛言 汝實爾不 答言 實爾 佛言 恒神如是嫌汝 汝向懺悔", "필릉가바차가 (항수에게) 말하였다. '나의 잘못을 참회한다, 수다라여'. 항수신이 말하였다. '지난번의 수라다라고 한 말과 지금의 수다라라는 말은 어떤 차이가 있길래 잘못을 참회한다고 말하는 것이죠?' 필릉가바차는 오직 부처님과 8대 성문을 제하고 그 일체 모든 이에게 '수다라'라고 불렀다. 화상과 아사리와 여러 상좌들에게도 모두 '수다라'라고 불렀다. 畢陵伽婆蹉言 我悔過 首陀羅 恒神言 向首陀羅 今首陀羅 爲有何異 而言悔過 畢陵迦婆蹉 唯除佛八大聲聞 餘一切盡 言首陀羅 和上阿闍梨 諸上座皆 言首陀羅", "부처님께서 필릉가바차에게 말씀하였다. '그대의 수다라라고 부르는 잘못에 대해 여러 범행인들이 그대를 싫어하고 있다'. 존자가 답하였다. '세존이시여, 저는 마땅히 어찌해야 합니까? 저는 교만하지도 않고, 또한 스스로 다른 사람들을 크게 경멸하지도 않습니다. 그러나 제가 화상과 아사리와 여러 장로 비구들을 부를 때 소리를 내면 바로 수다라라는 말이 나옵니다'. 佛語畢陵伽婆蹉 汝首陀羅語過 諸梵行人嫌汝 答言 世尊 我當如何 我不憍慢 亦不自大輕蔑於人 然我喚和上 阿闍梨 諸長老比丘時 發聲便成首陀羅", "부처님이 비구들에게 말씀하였다. '이는 필릉가바차가 교만해서가 아니며 또한 스스로 다른 사람을 크게 경멸해서도 아니다. 과거 500세 동안 매번 바라문집안에 나서 수다라라고 말하는 익힌 기운이 다하지 않아서다'. 佛語比丘 是畢陵伽婆蹉非憍慢 亦非自大輕蔑餘人 從五百世來常生婆羅門家 首陀羅語習氣不盡", "부처님이 필릉가바차에게 말씀하였다. '그대는 본디 시작도 없는 때부터 나고 죽으며 쌓여온 탐욕과 성냄과 어리석음도 오히려 영원히 뽑아 없앴는데, 500세 동안의 습기는 능히 버리지 못하였다. 오늘 이후부터는 수다라라는 말을 쓰지 마라'. 세존의 가르침을 듣고서 공경으로 말미암아 다시는 절대 그 말을 쓰지 않았다. 이와 같은 비니 해 마친다. 이를 '삼바차'라고 한다. 佛語畢陵伽婆蹉 汝本從無始生死已來 貪欲瞋恚愚癡 尙能永拔 五百世習氣而不能除 從今日後 莫作首陀羅語 聞世尊敎 恭敬故永不復作 如是毘尼竟 是名三婆蹉", 『대지도론』 권26(대정장25, p.251b4)에 "또 필릉가바차는 항하신에게 꾸짖으며 '하녀야'라고 하였다. 이와 같은 등의 신구업은 앞서 지혜가 없는 것이고 또한 지혜에 따라 행하지도 못한 것이다. 부처님께는 이러한 일이 없었다. 又如畢陵伽婆蹉 罵恒神言 小婢 如是等身口業 先無智慧 亦不隨智慧行 佛無是事", 『화엄경소초』 권20(대정장36, p.151c17)에 "추중에는 세 가지가 있다. 첫째는 현기추중이니, 탐진치 등으로 행자로 하여금 마음으로 감당하기 힘들게 한다. 둘째는 종자추중이니, 번뇌종자가 여러 지혜를 방해한다. 셋째는 추중추중이니 실제로는 번뇌가 아니지만 번뇌인 듯하다. 예컨대 사리불의 성내는 여습과 필릉가바차의 교만한 여습 등이다. 麤重有三 一 現起麤重 貪瞋癡等 令行者心無堪任故 二 種子麤重 煩惱種子 障諸智故 三 麤重麤重 實非煩惱 似煩惱故 如身子瞋習 畢陵慢習等", 『종경록』 권76(대정장48, p.838c12)에 "필릉가바차는 교만한 여습을 가지고 있었는데, 과거생에 여러 번 그 몸이 대바라문이었고, 박학하고 재주가 많아 아만으로 사물을 가벼이 여겼기 때문이다. 畢陵伽婆蹉有慢習 往昔數生 身是大婆羅門 博學多才 我慢輕物"라 하였다. [참고문헌] 『摩訶僧祇律』, 『大智度論』, 『華嚴經疏鈔』, 『宗鏡錄』, 『止觀輔行傳弘決』 권2(대정장46, p.203c20), *Udāna-v.28.*, *Vin.3.248.* ⇨ 필릉가바차 畢陵伽婆蹉

필릉비행제일 畢陵悲行第一 필릉가바차(畢陵伽婆蹉) 부처님의 제자 중 비행에 있어 가장 뛰어나다. 『득도인연경』 권하(대정장2, p.850c9)에 "존자 필릉가바차가 대아거로 변하여 이런 신통을 드러냈다. 공중에서 나타나 성곽을 세 번 돌고 다시 공중에서 내려와 장자의 집으로 들어갔다. 그때 장자가 이런 모습을 보고서 선무독녀에게 물었다. '지금 여기로 대아거를 타고 와서 이와 같은 모습을 나타내고 이 집에 온 이가 그대의 스승인가?' 선무독녀가 답하였다. '이 분은 제 스승이 아니고, 부처님의 제자인 필릉가바차입니다. 늘 비행을 닦아서 부처님께서는 이 분을 비행제일이라고 하셨습니다. 이 존자 차례따라 온 것입니다'. 復次 尊者畢陵伽婆蹉 化大鵝車 現是神通 從空而來 三繞彼城 次從空下 入長者舍 爾時 長者見是相已 問善無毒女言 今此所來 乘大鵝車 現如是相 入此舍者 是汝師邪 女卽答言 此非我師 是佛弟子 名畢陵伽婆蹉 常修悲行 佛說此人悲行第一 是此尊者 次第而來", 『아라한구덕경』(대정장2, p.832a2)에 "또 성문 있어 능히 고통 중에서도 선행하고 비행하였으니, 필릉가바차필추가 그런 사람이다. 復有聲聞 能於苦中 善行悲行 畢陵伽婆蹉苾芻是"라고 하였다. [참고문헌] 『得度因緣經』, 『阿羅漢具德經』.

필릉신근원통 畢陵身根圓通 필릉가바차(畢陵伽婆蹉)가 신근(身根)으로 원통을 얻다. 이십오원통(二十五圓通) 중 하나다. 『능엄경』 권5(대정장19, p.126b20)에 "필릉가바차는 앉은 자리에서 일어나 부처님의 발에 머리를 대고 절을 한 다음에 부처님께 아뢰었다. '제가 처음 발심하고 부처님을 따라 입도하여 자주 여래께서 「어떤 세간이든 즐거워할만한 일이 있을 수가 없다」라고 설하시는 것을 자주 들어왔습니다. 성으로 들어가 걸식을 가는데 마음으로 법문을 생각하다가 길에서 저도 모르게 독가시에 찔려 발을 다쳐 몸을 움직일 때마다 욱신거리고 아팠습니다. 이것 도대체 무슨 앎인가 하다가 이 심한 아픔을 알게 되었습니다. 아픔을 느끼고 있음을 깨닫자 청정한 마음도 깨달아 아픔과 아픔을 느끼는 것조차 없어졌습니다. 저는 다시 사유하였습니다. 「이와 같이 하나의 몸에 어떻게 쌍으로 지각이 있겠는가?」 이런 기억 거두고 오래지 않아서 몸과 마음이 홀연히 텅비어 있게 되었습니다. 그렇게 21일을 지내자 모든 루가 비고 다하여 아라한을 이루었습니다. 부처님의 인가와 수기를 직접 받아 무학을 발명할 수 있었습니다. 부처님께서 원통에 대해 물으신다면, 제가 증득한 바 순전히 깨우쳐 몸을 보낸 것이니 이것이야말로 제일이라고 생각합니다'. 畢陵伽婆蹉 卽從座起 頂禮佛足 而白佛言 我初發心 從佛入道 數聞如來 說諸世間 不可樂事 乞食城中 心思法門 不覺路中 毒刺傷足 擧身疼痛 我念有知 知此深痛 雖覺覺痛 覺淸淨心 無痛痛覺 我又思惟 如是一身 寧有雙覺 攝念未久 身心忽空 三七日中 諸漏虛盡 成阿羅漢 得親印記 發明無學 佛問圓通 如我所證 純覺遺身 斯爲第一"라고 하였다. [참고문헌] 『楞嚴經』, 『楞嚴經要解』 권9(卍속장17, p.783a11). ⇨ 필릉가바차 畢陵伽婆蹉

필릉흘률지 苾陵吃栗知 Ⓢ Bhṛṃgiriṭi의 음사어. 마혜수라천(摩醯首羅天)의 아들. 필릉의률지(苾唛蟻嘌知)로도 음사한다. 『대일경소』 권6(대정장39, p.642c4)에 "남방의 필릉흘률지는 마혜수라의 아들이다. 몸이 극도로 마르고 야위었다. 항상 원수를 항복시키면서 설령 뼈와 살을 소진하더라도 반드시 승리를 얻게 해야만 한다. 그렇기에 이런 몰골을 하고 있다. 내가 생각건대 『대지도론』에서 항상 고행을 닦으며 살을 베어 불에 공양하여 제사를 지냄으로써 모든 악신을 감하여 나게 한다. 그래서 남방에 자리한다. 저 십이화천은 경(『대일경』)에서 간략하게 형상에 대해 설하였으나 하나의 신만은 이름을 빠뜨렸으니, 다만 모든 화천에 의지한 총상의 모습이다. 나머지는 도상으로 나타낸 것과 같다. 南方苾陵吃栗知 是摩醯首羅子 身極枯瘦 以常降伏怨敵 假使骨肉消盡 要令得勝 故爲此形 私謂 卽是智度所云 常修苦行 割肉祀火 感生諸惡神者 所以位在南方 其十二火天 經中略說形像 有一神闕名者 但依諸火天總相 餘如圖中所示也"라고 하였다. [참고문헌] 『大日經疏』, 『大智度論』 권13(대정장25, p.160a29). ⇨ 마혜수라 摩醯首羅

필리다 畢利多 Ⓢ preta의 음사어, Ⓟ peta. 아귀(餓鬼). 벽려다(薜荔多)라고도 음사한다. 『대방등대집경』 권55 「포염부제품 布閻浮提品」(대정장13, p.364a25)에 "그때 세존이 광야에 의지하여 머무는 일체의 필리다, 빈 집에 의지하여 머무는 일체의 비사차, 밭에 의지하여 머무는 일체의 부단나, 무덤 사이나 변소 주변에 머무는 일체의 가타부단나에게 고하셨다. '너희들은 각자 머무는 곳에서 나의 정법을 지키고 기르거라'. 그때 필리다 등은 각기 이렇게 말하였다. '오직 그렇게 하며 가르침을 받겠습니다'. 爾時世尊 告一切畢利多 依曠野住者 一切毘舍遮 依空舍住者 一切富單那 依野田住者 一切迦吒富單那 依於塚間及廁邊住者言 汝等各於住處 護持養育 我之正法 時畢利多等 各作是言 唯然受敎"라고 하였다. [참고문헌] 『大方等大集經』, 『不空羂索神變眞言經』 권19 「根本蓮華壇品」(대정장20, p.326c11), *Vin.4.269.* ⇨ 아귀 餓鬼, 벽려다 薜荔多

필리다만다파법회 畢利多曼陀波法會 ➡ 피리타만다파 Piritamandapa

필리야 必哩也 Ⓢ priya의 음사어. 애(愛)를 뜻한다. 『범어천자문』(대정장54, p.1199b15)에 "[悉曇] '필리〈두 음을 한 음절로 발음〉야'는 '사랑한다'는 뜻이다. [悉曇] 必哩〈二合〉也 愛"라고 하였다. [참고문헌] 『梵語千字文』.

필리양구주 畢利颺瞿洲 십육나한(十六羅漢) 중 한 분인 존자 라호라(囉怙羅 Ⓢ Rāhula : 羅睺羅)가 권속들과 머무는 땅. 『법주기』(대정장49, p.13b8)에 "제11존자(囉怙羅)는 자신의 일천이백 아라한과 함께 대부분 필리양구주에 머문다. 第十一尊者 與自眷屬千一百阿羅漢 多分住在畢利颺瞿洲"라 하였다. [참고문헌] 『法住記』, 『十六大羅漢因果識見頌』(卍속장3, p.842b8), 『楚石梵琦語錄』 권14(卍속장124, p.218a12). ⇨ 라후라 羅睺羅

필리잉가 畢哩孕迦 Ⓢ Piṅgala의 음사어. 빙갈라천(氷揭羅天). 『법륜보참』 권9(卍속장130, p.133a7)에 "일심으로 필리잉가 성스러운 하늘의 두 가지 진언과 만다라법을 받들어 청하옵니다. 一心奉請 畢哩孕迦聖天 二種眞言 曼荼羅法"라고 하였다. [참고문헌] 『法輪寶懺』. ⇨ 빙갈라천 氷揭羅天

필리잉가법 畢哩孕迦法 필리잉가(Ⓢ Piṅgala : 氷揭羅天)를 공양하는 수법(修法). 『대야차녀환희모병애자성취법』(대정장21, p.286c7)에 "저 환희모(歡喜母 Ⓢ Hārītī : 訶利帝母)는 왼손으로 한 어린 아이를 품고 있는데, 이름이 필리〈둘을 합하여 소리냄〉잉가이다. 지극히 단정하며 오른손은 가슴(乳) 가깝게 하며 길상과(석류)를 쥐게 한다. 아울러 시녀 권속을 그리는데 혹은 하얀 불자를 혹은 장엄구를 집는다. 그 상을 그리는 사람은 청정하게 목욕하고 새로 마련한 깨끗한 옷을 입고 팔계를 받아 지니고 법에 맞게 끝까지 그려야 한다. 其母左手於懷中抱一孩子 名畢哩〈二合〉孕迦 極令端正 右手近乳 掌吉祥果 於其左右 幷畫侍女眷屬 或執白拂 或莊嚴具 其畫像人 淸淨澡浴 著新淨衣 受持八戒 如法畫已", "세존이시여, 저는 지금 다시 사랑스런 아들 필리잉가의 다라니법을 설하여 모든 구함이 있는 이를 이롭게 하며 감싸 지키겠으니, 진언은 이렇습니다. '옴 치미 치녕 사바〈둘을 합하여 끌어 소리냄〉하'. 그 인은 두 손을 합장하고, 두 엄지를 함께 구부려 손바닥 중에 넣으면 이루어집니다. … 만약 이 다라니법을 받아 지닌 이가 있으면 나와 사랑스런 아들 필리잉가 그리고 아울러 모든 권속들이 그 사람을 일체제악귀신이 헤침과 흔들림으로부터 지켜줄 것입니다. 世尊 我今復說 愛子畢哩〈二合〉孕迦陀羅尼法 爲利益護持諸有求者 眞言曰 唵 致尾 致頼 娑嚩〈二合引〉賀 其印以二手合掌 二大指並屈 入掌中卽成 … 若有受持此陀羅尼法者 我及愛子畢哩〈二合〉孕迦 幷諸眷屬等 擁護是人 不令一切諸惡鬼神 有所侵擾"라고 하였고, 이하에 여러 구제법을 상세히 설하고 있다. [참고문헌]『大藥叉女歡喜母幷愛子成就法』,『法界聖凡水陸大齋法輪寶懺』권9(卍속장130, p.133a7). ⇨빙갈라천 氷揭羅天

필리차수 畢利叉樹 Ⓢ plakṣa. 필락차수(畢洛叉樹). 60권본『화엄경』권55「입법계품 入法界品」(대정장9, p.752c14 : *Gaṇḍ-vy.*, p.292)에 "마야부인이 이 숲속의 필리차수 아래에 앉았을 때 보살의 열 가지 생을 받는 자재함을 나타내셨다. 어떤 것들이 그 열 가지인가? 그때 욕계의 일체 천왕과 천자와 천녀와 색계의 모든 하늘 및 용·야차·건달바·아수라·가루라·긴나라·마후라가와 아울러 그 권속들이 전부다 구름처럼 모여들었다. 저 보살에게 공양을 올리고 싶어서였던 것이다. 摩耶夫人 於此林中 在畢利叉樹下坐時 現菩薩十種受生自在 何等爲十 爾時 欲界一切天王 天子天女 色界諸天 及龍夜叉 乾闥婆 阿修羅 迦樓羅 緊那羅 摩睺羅伽 幷其眷屬 皆悉雲集 爲欲供養 彼菩薩故 tatra kulaputra māyāyā devyāḥ plakṣadrumanilayagatāyāḥ saṃnipatitānāṃ sarvalokendrāṇāṃ sarvakāmadhātukānāṃ ca devaputrāṇāṃ sāpsarogaṇadevakanyāparivārāṇāṃ saṃnipatitānāṃ sarveṣāṃ ca rūpāvacarāṇāṃ devaputrāṇāṃ nirāmagandhānāṃ sarveṣāṃ ca devanāgayakṣagandharvāsuragaruḍakinna ramahoragāṇāṃ saparivārāṇāṃ saṃnipatitānāṃ bodhisattvapūjāsaṁprayuktānāṃ",『번역명의집』권3(대정장54, p.1100c2)에 "필리차 : '필락차'라고도 한다. 한역하여 고현이라고 한다. 부처님이 아래로 탄강하심에 높고도 뛰어나 이름이 천신과 인간들에게 드러나 있었기에 '고현'이라고 하였다.『본행경』에서는 '그때 마야부인은 땅에 써서 손으로 파라차수 가지를 붙잡은 채로 보살을 낳으셨다'라고 하였다. 畢利叉 亦名畢落叉 此云高顯 佛於下降誕 則爲高勝 名顯天人 故曰高顯 本行經云 是時摩耶夫人 立地以手執波羅叉樹枝 卽生菩薩"라고 하였다. [참고문헌]『華嚴經』,『翻譯名義集』, *Gaṇḍ-vy.* ⇨ 필락차수 畢洛叉樹

필린다 畢隣陀 Ⓢ Kaliṅga, Ⓟ Milinda. 고대 인도 서북부 지방에 있던 사갈국(舍竭國 Ⓟ Sāgala)의 왕. 나선비구(那先比丘 Ⓟ Nāgasena : 龍軍)와의 대론으로 유명하다. 미란(彌蘭) 또는 미란다(彌蘭陀)라고도 한다.『구사론』권30「파집아품 破執我品」(대정장29, p.155c17 : *Abh-k-bh.*, p.469)에 "옛날부터 여러 논사들이 이 난제(結)에 대해 이미 해명하였다. 옛날에 용군이라 이름의 대덕이 있었는데, 세 가지에 밝고 여섯 가지를 통달하였으며 팔해탈을 모두 갖추었다. 당시 필린다왕이 대덕이 머무는 곳으로 찾아와 이렇게 말하였다. '나는 지금 의심나는 점에 대해 물어보고 싶소이다. 그런데 모든 사문의 성품이 토론하기를 좋아한다는데, 존자는 바로 답해주실 수 있다면 내가 물음을 청해도 되겠소?' 대덕이 물음을 받기로 하자 왕이 바로 물었다. '명자와 몸(身)은 하나입니까, 둘입니까?' 대덕이 답하였다. '이는 분별해 말할 수 있는 것이 아닙니다'. 古昔諸師 已解斯結 昔有大德 名曰龍軍 三明六通 具八解脫 于時有一畢隣陀王 至大德所 作如是說 我今來意欲請所疑 然諸沙門性好多語 尊能直答 我當請問 大德受請 王卽問言 命者與身 爲一爲異 大德答言 此不應記 eṣa ca granthaḥ pūrvakair eva nirmocitaḥ. sthaviro hi nāgasenaḥ kaliṅgena rājñā upasaṃkramyoktaḥ. pṛcch eyam ahaṃ bhadantaṃ bahuvollakāśvaśramaṇā bhavanti. yadi yad eva pṛccheyaṃ tad eva vyākuryā iti. pṛcchety uktaḥ pṛṣṭavān. kiṃ nu sa jīvas tac charīram anyo jīvo anyac charīram iti. avyākṛtam etad ity avocat sthaviraḥ"라고 하였다. [참고문헌]『俱舍論』, *Abh-k-bh.* ⇨미란다 彌蘭陀

필마단창 匹馬單槍 한 필 말에 올라 창 하나 들고 적진으로 뛰어들다. 필(匹)은 필(疋)로도 쓰고, 창(槍)은 쟁(鎗)을 쓰기도 한다.『경덕전등록』권12「여주남원전 汝州南院傳」(대정장51, p.299b1)에 "학인이 남원에게 물었다. '한 필 말에 올라 창 하나만을 쥐고 뛰어들 때는 어떻습니까?' '내가 방망이 자르기를 기다리라' '상상근기인 사람도 도리어 마주하십니까?' '맞이하다마다' '청컨대 저를 받아주십시오' '벗이 되자꾸나'. 問 匹馬單槍來時如何 師曰 待我斫棒 問 上上根器人還接否 師曰 接 僧曰 便請師接 師曰 且得平交", 같은 책 권20「지주광제전 池州廣濟傳」(대정장51, p.362c7)에 "학인이 광제에게 물었다. '한 필 말에 올라 창 하나 들었을 때 어떻습니까?' '머리가 떨어진다' '무엇이 방외의 이야기입니까?' '그대는 무엇을 말하는가?' '무엇이 널리 건너게 하는 물입니까?' '굶주림도 목마름도 없다' '그렇다면 학인이 허탕을 치지는 않겠군요' '그대가 누군가의 지시 받고 있다는 것 확실히 알겠다'. 問 匹馬單槍時如何 師曰 頭落也 問 如何是方外之譚 師曰 汝道什麽 問 如何是廣濟水 師曰 無饑渴 曰 恁麽卽學人不虛設也 師曰 情知爾受人安排", 같은 책 권22「혜자명식전 慧慈明識傳」(대정장51, p.386b11)에 "학인이 혜자에게 물었다. '긴 뱀과 반달일랑은 묻지 않겠습니다. 한 필 말에 올라 창 하나 들고 적진으로 뛰어들 때는 어떻습니까?' '마강 다리 밑이다. 알겠는가?' '알지 못했습니다' '성수사 앞이다'. 問 長蛇偃月卽不問 匹馬單槍時如何 師曰 麻江橋下會麽 曰 不會 師曰 聖壽寺前"라고 하였다. 〔참고문헌〕『景德傳燈錄』, 『汾陽語錄』 권상(대정장47, p.603b28), 『大慧語錄』 권1(대정장47, p.814b1).

필명 畢命 목숨을 마치다. 또는 목숨이 다할 때까지. 『법구비유경』 권1(대정장4, p.579a13)에 "옛날 사위국에 대장자 있었으니 수달이라 이름하였는데 수다원을 얻었으며, 친우인 장자 있어 호시라 이름하였는데 불도와 의술들을 믿지 않았다. 昔 舍衛國 有大長者 名曰須達 得須陀洹 有親友長者 名曰好施 不信佛道 及諸醫術", "그때 (호시가) 중병 얻고 쇠약해져 침상에 눕자 종친과 친구들 모두 찾아와 병문안하며 병 다스리길 권했지만 죽을 지경에 이르렀음에도 들어주지 않으며 사람들에게 답하길 '나 해와 달 섬겼고 임금과 부모에게 충성하고 효도했으니 여기서 목숨이 다한들 끝내 뜻을 바꾸지 않겠소'. 時得重病 痿頓著床 宗親知友 皆就省問 勸令治病 至死不肯 答衆人言 吾事日月 忠孝君父 畢命於此 終不改志", 『출가연경』(대정장17, p.736c16)에 "이때 난제우바새와 오백의 청신사와 제천·세인·사부대중들이 부처님 설하신 바 듣고 목숨이 다할 때까지 수지하였으며, 두면예족하고서 주위를 돈 다음 펄쩍 뛰며 기뻐하고 갔다. 是時 難提優婆塞 及五百淸信士 諸天 世人 四輩之衆 聞佛所說 畢命受持 頭面遶竟 踊悅而去"라고 하였다. 〔참고문헌〕『法句譬喩經』, 『出家緣經』.

필명위기 畢命爲期 목숨 마칠 때까지 기약하다. 『유부율잡사』 권11(대정장24, p.251a15)에 "세존께 난다라는 아우 있었고 … 그 처의 이름 손다라였는데 의용의 단정함 세간에 드물었고 광채 출중하여 사람들이 즐겨 보는 바였다. 난다 저에게 사로잡혀 연착하였기에 잠시도 떨어지지 않았으며 물든 애정 중하여 죽을 때까지 함께하기로 하였다. 世尊有弟 名曰難陀 … 妻名孫陀羅 儀容端正 世間罕有 光華超絶 人所樂見 難陀於彼 纏綿戀著 無暫捨離 染愛情重 畢命爲期", 『낙방문류』 권4(대정장47, p.210a3)에 "대성께선 자비와 연민으로 오로지 명자 칭하기를 권하셨는데, 이름 부르는 것은 쉽기에 상속한즉 왕생한다. 만약 능히 위와 같이 념념상속하여 죽을 때까지 한다면 열이면 열 백이면 백 왕생한다. 어째서인가? 밖의 잡연 없이 정념 얻고 부처님의 본원과 상응하며 가르침에 어긋나지 않고 부처님 말씀에 따르기 때문이다. 大聖悲憐 直勸專稱名字 正由稱名易故 相續卽生 若能如上 念念相續 畢命爲期者 十卽十生 百卽百生 何以故 無外雜緣 得正念故 與佛本願相應故 不違敎故 順佛語故"라고 하였다. 〔참고문헌〕『有部律雜事』, 『樂邦文類』.

필발 蓽茇 Ⓢpippalī, Ⓟpippalī, pipphalī의 음사어. 필발리(蓽茇利)라 부르는 열매. 『십송율』 권17(대정장23, p.118a6)에 "육군비구 또 묻길 '그대는 기름·꿀·석밀·생강·호초·필발·흑염이 있습니까? 우리들이 필요합니다'. 마하남석 답하길 '먼저 있던 것은 승중에서 다 썼습니다. 남은 약으로 하리륵 등이 있으니, 필요하면 취하십시오'. 六群比丘又問 汝有油 蜜 石蜜 薑 胡椒 蓽茇 黑鹽不 我等須之 答言 先有僧中用盡 但有餘藥訶梨勒等 若須者便取", 『사분율명의표석』 권28(卍속장70, p.824a14)에 "필발 : 필발(蓽鉢) 혹은 필발라라고도 한다. 『백일갈마』에 이르길 '필발리는 곧 구장이다. 구역에 필발이라 하였는데, 줄인 말이다' 하였다. 蓽茇 亦作蓽鉢 或云蓽茇羅 百一羯磨云 蓽茇利 卽蒟醬也 舊云蓽茇 略也"라고 하였다. 〔참고문헌〕『十誦律』, 『四分律名義標釋』, *Vin.1.201.* ⇨ 필발리 蓽茇利

필발라 畢鉢羅 ❶ Ⓢpippala, Ⓟpipphala의 음사어. 뽕나무 과에 속하는 상록교목(常綠喬木). 중앙 인도와 벵갈 지역에 서식하며 필바라(畢波羅)·필발(畢鉢)·필발라(必鉢羅)·비발라(庳鉢羅) 등이라고도 한다. 석가모니부처님께서 이 나무 아래에서 깨달음을 얻으셨기에 보리수(菩提樹)라고도 불린다. 『금광명경문구기』 권6(대정장39, p.156b20)에 "도량의 보리수신이란, 여래께서 득도하신 곳이 이 나무 아래다. 나무의 본명은 필발라인데, 부처님께서 그 아래 앉아 보리지과 얻으셨으므로 이를 이름으로 삼았다. 言道場菩提樹神者 卽如來得道之場 在此樹下 然樹本名 畢鉢羅 佛坐其下 得菩提智果 立此爲名", 『속화엄경약소간정기』 권2(卍속장5, p.64b5)에 "이 왕사성으로부터 서쪽으로 200여 리 가면 가야라는 산이 있는데, 산 남쪽에 필발라란 이름의 나무가 있다. 부처님께서 그 아래에서 보리를 얻으셨기에 보리수라고 이름을 바꿨다. 去此王舍城 西二百餘里 有山名伽耶 山南有樹 名畢鉢羅 由佛於下 得菩提故 改名菩提樹也", 『법화경삼대부보주』 권11(卍속장44, p.339b9)에 "필발라 : 필발라는 나무 이름이다. 『서역기』에 이르길 '이 보리수는 줄기가 황백이고 가지와 잎은 푸르며 물기가 있어서 가을과 겨울에도 시들지 않는다' 하였다. 畢鉢羅 畢鉢羅者 樹名也 西域記云 是菩提樹 莖黃白 枝葉靑潤 秋冬不凋"라고 하였다. 〔참고문헌〕『金光明經文句記』, 『續華嚴經略疏刊定記』, 『法華經三大部補注』. ⇨ 보리수 菩提樹 ❷ 마하가섭(摩訶迦葉 ⓈMahākāśyapa)의 이름. 부모가 이 나무의 신에게 빌어서 낳았기에 이렇게 불렸다. 『법화문구』 권1(대정장34, p.9c23)에 "마하가섭은 대구씨라고 한역한다. 그 선대가 도를 배웠는데 신령스런 거북이가 선도를 등에 지고 응하였기에 덕을 따라 종족 이름을 지었다. 이에 구씨라고 한다. 摩訶迦葉 此翻大龜氏 其先代學道 靈龜負仙圖而應 從德命族 故言

龜氏", "필발라 혹은 필발파라연 혹은 제비리라고도 이름하는데 필발라나무다. 부모가 나무신에게 빌어 이 아들을 얻었기에 나무로 이름을 지었다. 名畢鉢羅 或畢鉢波羅延 或梯毘犁 畢鉢羅樹也 父母禱樹神 求得此子 以樹名之", 『화엄경소초』 권84(대정장36, p.657c28)에 "필발라는 곧 가섭의 이름이다. 그의 부모가 이 나무에 빌어 낳았기 때문이다. 畢鉢羅 卽迦葉名也 其父禱此樹而生故"라 하였다. 〔참고문헌〕『法華文句』, 『華嚴經疏鈔』.

필발라굴 畢鉢羅窟 Ⓢ Pippalī-guhā, Ⓟ Pipphalī-guhā. 중인도 왕사성(王舍城 Ⓢ Rājagṛha) 부근에 있던 석굴. 비발라석실(卑鉢羅石室)·빈파라굴(賓波羅窟)·필파라연석굴(畢波羅延石窟)이라고도 한다. 부처님께서 종종 좌선하셨다고 하며, 마하가섭도 곧잘 머물렀다. 부처님 입멸 후 제자들이 이곳에 모여 마하가섭을 중심으로 경장과 율장을 결집했다고 알려져 있지만, 팔리삼장 등에서는 왕사성 교외의 칠엽굴(七葉窟 Ⓟ Sattastaṇṇi-guhā)에서 제1결집이 이뤄졌다고 한다. 『유부율』 권25(대정장23, p.760b17)에 "이때 바라문을 공경하고 믿는 많은 거사들이 라호라가 있는 곳으로 찾아와 묻길 '대덕! 세존께선 지금 어디에 머물고 계십니까?' 불세존께서 죽림에 계실 때면 라호라 문득 알리길 '취봉산에 계십니다' 하였고, 취봉산에 계시면 '죽림에 계십니다' 하였으며, 필발라굴에 계시면 '서니가굴에 계십니다' 하였고, 서니가굴에 계시면 '필발라굴에 계십니다' 하였다. 時 有衆多敬信婆羅門居士等 來詣其所 問言 大德 世尊今者住在何處 若佛世尊在竹林中 時羅怙羅卽便報云 在鷲峯山 若在鷲峯山 報云 在竹林中 若在畢鉢羅窟 報云 在西尼迦窟 若在西尼迦窟 報云 在畢鉢羅窟", 『법화경삼대부보주』 권11(卍속장44, p.340a4)에 "가섭부 : 곧 상좌부다. 필발라굴 안에서 가섭 등 상좌와 오백나한이 결집하였기에 상좌부라 이름한다. 迦葉部 卽上座部也 謂畢鉢羅窟內 迦葉等上座 與五百羅漢結集 名上座部", 『사교의주휘보보굉기』 권3(卍속장102, p.375a1)에 "여래 입멸 후 상좌 대가섭 등 오백성인은 필발라굴 안에서 우파리에게 명하여 결집하였는데, 상좌부라 이름한다. 대중 바시가 등 천 명의 범성은 굴 밖에서 결집하였는데, 대중부라 이름한다. 이 둘을 승기라 통칭하는데 곧 근본이다. 如來滅後 上座大迦葉等五百聖人 於畢鉢羅窟內 命優婆離結集 名上座部 大衆婆尸迦等 一千凡聖 窟外結集 名大衆部 此二通稱僧祇 卽根本也"라고 하였다. 〔참고문헌〕『有部律』, 『法華經三大部補注』, 『四敎義註彙補輔宏記』, *SN.5.79*. ⇨ 결집 結集

필발라수 畢鉢羅樹 필발라 나무. 『화엄경소초』 권1(대정장36, p.4c24)에 "나무의 왕이란 말은 곧 보리수니 필발라수를 말한다. 이 나무는 높이 자라서 홀로 뭇 나무들을 뛰어넘기에 왕이라 칭한다. 言樹王者 卽菩提樹 謂畢鉢羅樹 此樹高聳 獨出衆樹 故稱爲王", 『범망경고적기』 권상(대정장40, p.699b11)에 "보리수란 필발라수니 가야성에서 서남쪽 24리다. 菩提樹者 畢鉢羅樹 在伽耶城 西南二十四里", 『불조통기』 권2(대정장49, p.145b8)에 "(싯다르타태자는) 곧바로 필발라수로 가서 스스로 발원하여 말하길 '나는 나무 아래에서 좌선할 것인데 도를 이루지 못하면 끝내 일어나지 않으리라〈많은 경전들에서 보리수라고 많이 말하는데, 이는 도라고 한역하니 이 나무 아래에서 좌선하여 성도했다는 말이다. 그 나무의 바른 이름은 필발라다〉'. 卽趣畢鉢羅樹 自發願言 我坐樹下 若道不成 要終不起〈諸經多言菩提樹 此翻爲道 言坐此樹下成道也 其樹正名畢鉢羅〉"라고 하였다. 〔참고문헌〕『華嚴經疏鈔』, 『梵網經古跡記』, 『佛祖統紀』. ⇨ 필발라 畢鉢羅 ❶

필발라야나 畢鉢羅耶那 Ⓢ Pippalāyāna의 음사어. 마하가섭(摩訶迦葉)의 이름. 필발라(畢鉢羅)라고도 한다. 『신집장경음의수함록』 권1(고려장34, p.634b3)에 "가섭〈위 음은 가, 아래 음은 섭이다. 범어로 가섭파라고 하며 음광이라 한역하는데 성이며 가파이다. 본명은 필발라야나이며 수하생이라 한역한다〉. 迦葉〈上音加 下音攝 梵云 迦葉波 唐言飮光 姓 迦波也 本名 畢鉢羅耶那 此云 樹下生〉"라고 하였다. 〔참고문헌〕『新集藏經音義隨函錄』. ⇨ 필발라 畢鉢羅 ❷

필발라풍 畢鉢羅風 Ⓢ pippalakā vāyavaḥ, Ⓣ shing-pib-pa-la'i-lo-ma-lta-bu'i-rlung. 내풍계(內風界) 중 하나. 매섭고 모진 바람. 필발라풍(蓽鉢羅風)으로도 쓴다. 『유가사지론』 권27(대정장30, p.430b12 : *Śrāv-bh.*, p.216)에 "내풍계 중에는 … 필발라풍 등이 있다. 內風界者 … 有畢鉢羅風 tatrādhyātmiko vāyudhātuḥ. … pippalaka … vāyavaḥ", 『유가론기』 권7(대정장42, p.447b8)에 "필발라풍이란 … 필발라(Ⓢ pippala)는 곧 사람이 먹는 그 필발라를 말한다. 이 바람은 (그 맛처럼) 매섭고 모진 것이기에 필발라에 비유한 것이다. 畢鉢羅風者 … 畢鉢羅 卽人食畢鉢羅也 此風辛楚由如畢鉢", 『유가사지론약찬』 권8(대정장43, p.114a14)에 "'필발라풍이 있다'라고 하였는데, 법사는 '사람에게 이 바람이 있으면 안색이 흑점처럼 된다'라고 하였다. 有畢鉢羅風者 法師云 人有此風色如黑點"라고 하였다. 〔참고문헌〕『瑜伽師地論』, 『瑜伽論記』, 『瑜伽師地論略纂』, *Śrāv-bh.* ⇨ 필발라 畢鉢羅 ❶, 풍계 風界

필발리 蓽茇利 Ⓢ pippalī, Ⓟ pippalī, pipphalī의 음사어. 호초과(胡椒科 : Piperaceae)에 속하는 식물의 열매. 부처님께서 비구들에게 먹기를 허용한 열매. 장과(漿果). 학명은 *Piper cubeba Linn*이며, 인도네시아 자바섬·수마트라 섬과 인도에 서식한다. 향신료로도 쓰이며, 줄여서 필발(蓽茇)이라고도 한다. 『유부백일갈마』 권8(대정장24, p.491a13)에 "부처님께서 말씀하시길 '다섯 종의 열매가 있으니, 첫째는 하리득지〈구역에 하리륵이라고 하였는데, 틀렸다〉, … 다섯째는 필발리〈바로 구장이다. 구역에 필발이라고 하였는데 줄인 말이다〉이다. 이 다섯 과를 허용된 때이든 그렇지 않은 때이든 병에 걸렸든 걸리지 않았든 마음대로 먹어도 된다'. 佛言 有五種果 一 呵梨得枳〈舊云 呵梨勒 訛〉

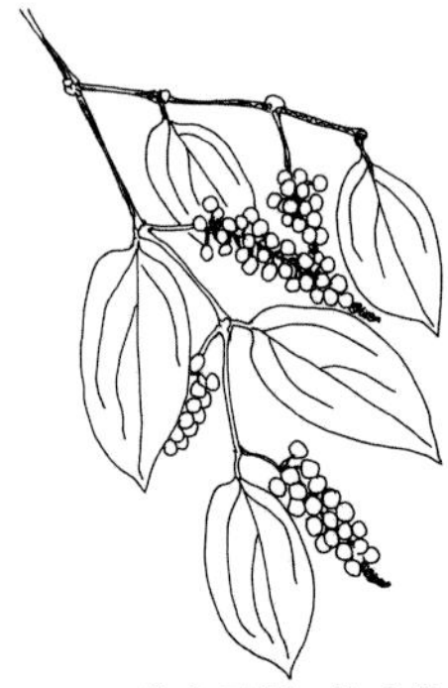

… 五 蓽茇利〈卽蒟醬也 舊云 蓽茇 略也〉 此之五果 若時非時 若病無病 並隨意食", 『사분율명의표석』 권28(卍속장70, p.823b9)에 "『유부율잡사』에 이르길 '다섯 종의 과가 있다. 첫째 여감자〈범어로 암마락가라고 한다. 구역에 암마륵이라고 하였는데 틀렸다〉, 둘째 하리륵, 셋째 비혜륵, 넷째 필발리〈필발리라고도 하며, 구역에 필발이라고 하였다〉, 다섯째 호초〈범어로 말속자라고 한다〉이다' 하였다. 雜事云 有五種果 一 餘甘子〈梵云 菴摩洛迦 舊云 菴摩勒 譌〉 二 訶梨勒 三 毗醯勒 四 畢鉢梨〈亦云 蓽茇利 舊云 蓽茇〉 五 胡椒〈梵云 末栗者〉"라고 하였다. [참고문헌] 『有部百一羯磨』, 『四分律名義標釋』, *Vin.1.201*, 『仏教植物辭典』(國書刊行會, 1982). ⇨ 필발 蓽茇

필백 匹帛 필로 된 비단. 필은 직물의 단위로 4장(丈)이다. 『대승무량수장엄경』 권하(대정장12, p.325b29)에 "부처님께서 미륵보살(慈氏)에게 말씀하시길 '비유하자면 저 관정위 받은 찰제리왕이 큰 옥 하나 두었는데 그 안에 … 전부 진보로 엄식하였으며 필요한 옷과 음식 부족함 없음과 같다. 이때 관정왕 태자 내쫓아 옥중에 가두고 다시 전재·진보·아름답고 고운 흰 비단·필백을 주어 마음대로 수용하게 한다'. 佛告慈氏 譬如受灌頂位 刹帝利王 置一大獄 於其獄內 … 皆以珍寶嚴飾 所須衣服飮食 無不豐足 爾時 灌頂王 驅逐太子 禁閉獄中 復與錢財 珍寶 羅紈 匹帛 恣意受用", 『선원청규』 권7(卍속장111, p.917a15)에 "금은·필백·과세물건·민간에서 사고팔 수 없는 물은 모두 가지고 다녀서는 안 된다. 金銀 匹帛 係稅 及禁榷之物 並不宜帶行"라고 하였다. [참고문헌] 『大乘無量壽莊嚴經』, 『禪苑淸規』.

필법성삼매 畢法性三昧 Ⓢ dharma-dhātu-niyata-samādhi의 음사어. 백팔삼매(百八三昧) 중 하나. 『대품반야경』 권5(대정장8, p.251b24 : *Pañca-pr.*, p.199)에 "무엇을 필법성삼매라고 이름하는가? 이 삼매에 머물면 결정코 법성을 알므로 필법성삼매라고 이름한다. 云何名畢法性三昧 住是三昧 決定知法性 是名畢法性三昧 tatra katamaḥ dharmadhātuniyato nāma samādhiḥ yatra samādhau sthitvā dharmadhātor niścayaṃ gacchati ayam ucyate dharmadhātuniyato nāma samādhiḥ", 『대지도론』 권97(대정장25, p.737b1)에 "필법성삼매란, 이 삼매 얻으면 일체법 보고 마침내 법성 중에 든다. 畢法性三昧者 得是三昧者 見一切法 畢入法性中", 『법화경입소』 권10(卍속장47, p.391b1)에 "또 필법성삼매를 선입이라 이름하니 법성을 다하기 때문이다. 又畢法性三昧 名善入 以窮法性故"라고 하였다. [참고문헌] 『大品般若經』, 『大智度論』, 『法華經入疏』, *Pañca-pr.* ⇨ 백팔삼매 百八三昧

필봉사리 筆鋒舍利 붓끝에서 생겨난 사리. 필단사리(筆端舍利)라고도 한다. 규기(窺基)가 『관미륵상생도솔천경찬 觀彌勒上生兜率天經贊』(줄여서 『미륵상생경소』라고도 함)을 짓게 된 연기와 관련한 이야기다. 『송고승전』 권4 「석규기전 釋窺基傳」(대정장50, p.726a4)에 "훗날 직접 오대산을 돌아다니고 태행산을 올랐다. 서하에 이르러 오래된 불우(佛宇)에서 잠을 자는데, 꿈속에서 몸은 산허리에 있고 그 낭떠러지에서 수많은 사람들이 고통에 비명 지르는 소리를 듣게 되었다. 비몽사몽간에 처음에는 그 소리를 듣는 것을 참을 수가 없었다. 後躬遊五臺山登太行 至西河古佛宇中宿 夢身在半山 巖下有無量人唱苦聲 冥昧之間 初不忍聞", "발걸음을 겨우 옮겨가며 그 첩첩이 쌓인 봉우리를 올라가니 전부 유리색이어서 모든 국토를 볼 수가 있었다. 올려다보니 하나의 성(城)이 있었고, 성에서 이런 소리가 났다. '머무시오. 머무시오. 거기, 규공은 아직 여기로 올라오기에 합당치 않소'. 잠깐 사이에 두 천동이 성에서 나와서 물었다. '당신은 산 아래에서 죄로 고통 받는 중생은 보았습니까?' 규기가 답하였다. '내가 그 소리를 듣기는 했는데 그 모습을 보지는 못했네'. 그러자 동자가 검 한 자루를 던져주며 말하였다. '배를 갈라보세요. 그러면 보일 것입니다'. 徙步陟彼層峯 皆瑠璃色 盡見諸國土 仰望一城 城中有聲曰 住住 咄 基公未合到此 斯須二天童自城出 問曰 汝見山下罪苦衆生否 答曰 我聞聲而不見形 童子遂投與劍一鐔曰 剖腹當見矣", "규기가 자신의 배를 가르자 빛이 양 갈래로 뿜어 나와 산 아래를 비추었다. 무수한 사람들이 극도의 고통 받는 모습이 보였다. 그때 동자가 성으로 들어갔다가 종이 두 축(軸)과 붓을 가지고 나와서 던졌다. 받아 들고 가다가 아침이 되었고 놀라움을 그칠 수가 없었다. 基自剖之 腹開有光 兩道暉映山下 見無數人 受其極苦 時童子入城 持紙二軸 及筆投之 捧得而去 及旦驚異未已", "지난 밤 꿈속 절에서 빛이 오랫동안 사라지지 않던 곳을 계속 찾아보았다. 여러 축으로 빛을 뿜고 있어 찾아 얻고 보니 『미륵상생경』이었다. 그리고서는 전날 밤 꿈을 떠올려 보니 이는 필시 자씨보살이

나에게 소를 지어서 유통시키고 그 이치를 펼치라는 뜻임을 알았다. 過信夜寺中有光 久而不滅尋視之 數軸發光者探之 得彌勒上生經 乃憶前夢 必慈氏令我造疏 通暢厥理耳", "마침내 붓 끌어 잡자, 붓끝에서 사리 14과가 떨어져 나왔다. 마치 오(吳) 지역에서 나는 앵두(含桃)만한 크기였고, 붉은 색에 사랑스럽기까지 하였다. 다음에 이어 방울져 떨어지는 것이 그 모양 마치 노란 좁쌀알 같았다. 遂援毫次 筆鋒有舍利二七粒而隕 如吳含桃許大紅色可愛 次零然而下者 狀如黃粱粟粒"라고 하였다. 〔참고문헌〕『宋高僧傳』, 『觀彌勒上生兜率天經贊』 권하(대정장38, p.299a13). ⇨ 필단사리 筆端舍利

필사 匹似 마치 …와 같다. 필여(匹如)라고도 하며, 비여(比如·譬如)와 통한다. 『공곡집』 27칙 「시중 示衆」(卍속장117, p.562b11)에 "삼십이상은 진흙으로 빚거나 그림으로 그려서 이뤄지기 어렵고 팔십종호는 치장한다고 이뤄지지 않으니, 마치 남에게 고함과 같아서 자기에게서 구함만 못하다. 알아차릴 수 있는 이 있는가? 三十二相 塑畫難成 八十種好 粧鑾不就 匹似告他人 不如求自己 還有認得的麼", 『서중무온어록』 권4(卍속장123, p.852a1)에 "남쪽의 혜능과 북쪽의 신수는 스승이 같고 아침이든 저녁이든 스승에게 가르침 청하는 때는 같은데, 어째서 종을 나눠 남과 북이라 하는가! 마치 뼈와 살이 괴리된 것과 같도다. 南能北秀同一師 朝參暮請同一時 胡爲分宗作南北 匹似骨肉成乖離"라고 하였다. 〔참고문헌〕『空谷集』, 『恕中無慍語錄』.

필사차 畢舍遮 Ⓢ piśāca의 음사어, Ⓣ sha-za. 팔부귀중(八部鬼衆) 중 하나. 방생(傍生)으로서 아귀(餓鬼)의 일종. 사람의 혈육(血肉)이나 정기(精氣) 등을 먹는 아귀를 말한다. 식육귀(食肉鬼)·식혈육귀(食血肉鬼)·담정기(啖精氣)·전귀(顚鬼) 등으로 한역하며, 비사차(毘舍遮)·비사사(毘舍闍)·비사자(臂舍柘)·비사지(毘舍支)·필사좌(必舍左) 등으로 음사한다. 『여래비밀대승경』 권15(대정장11, p.737c25)에 "내지 이 광야의 큰 성에 머무는 일체야차 … 필사좌 … 나머지 중생의 류들에게 나의 교칙 모두 고하여 말하길 '대중은 응당 알라. 금강수보살이 불세존께 이 광야의 큰 성에 내려와 7일 간 공양 받아 주시길 청하였으니, 그대들은 모든 분노와 악 거두고 청정심 발하며 광대환희의 뜻 일으켜 세존을 엄히 공양하며 정법 들어야 한다'. 乃至此曠野大城 所止一切夜叉 … 必舍左 … 幷餘所住諸衆生類 以我敎勅 悉告語之 衆等應知 金剛手菩薩 請佛世尊 來降於此曠野大城 期滿七日 作供養事 汝等宜應攝諸恚惡 發淸淨心 復起廣大歡喜之意 嚴供世尊 聽受正法", 『대집회정법경』 권5(대정장13, p.995b18)에 "약왕군보살이 저 부처님께 말씀 드리길 '세존이시여! 지금 이 회중에 무엇 때문에 팔만사천천자중과 … 이만오천구지필사좌중이 있는 겁니까? 무슨 뜻으로 이와 같은 대중들의 수가 심히 많은 것입니까?' 藥王軍菩薩白彼佛言 世尊 今此會中 何故有八萬四千天子衆 … 二萬五千俱胝必舍左衆 以何義故 如是等衆 其數甚多", 『대비바사론』 권172(대정장27, p.869a23)에 "가령 긴나락·필사차·혜로색가·바로니·절라파륵루나 등은 모두 방생취로 거둔다. 그들의 모습 비록 서 있지만 오히려 방생의 모습이 있다. 若緊捺落 畢舍遮 醯盧索迦 婆路尼 折羅頗勒窶羅等 皆傍生趣攝 彼形雖上立而猶有傍生相", 『구사론기』 권2(대정장41, p.34c19)에 "필사추는 한역하여 식혈육이라 하는데 귀의 다른 이름이다. 畢舍遮 唐言食血肉 鬼之異名", 『구사론소』 권2(대정장41, p.495b24)에 "필사추는 식혈육귀다. 구역에서는 필사자귀라 하였다. 畢舍遮 唐言食血肉鬼 舊名毘舍闍鬼", 『일체경음의』 권70(대정장54, p.763a10)에 "필사차〈구역 경전에서는 비사자 또는 비사자귀라 하였는데 귀의 이름이다. 아귀 중에서 강력한 부유이다〉. 畢舍遮〈舊經中名毗舍闍 亦言臂舍柘鬼名也 餓鬼中勝者也〉", 『번역명의집』 권2(대정장54, p.1086a26)에 "필사차는 비사지 또는 비사자라고도 한다. 한역하여 담정기라 하는데 사람과 오곡의 정기를 씹어 먹는다. 양말로는 전귀(顚鬼)라 하였다. 畢舍遮 又云毘舍支 又臂舍柘 此云啖精氣 噉人及五穀之精氣 梁言顚鬼", 『우란분경소효형초』 권2(卍속장94, p.805b2)에 "비사사는 바르게 필사차라 이르며 추귀라고 한역한다. 毗舍闍 正云畢舍遮 此云 醜鬼也"라고 하였다. 〔참고문헌〕『如來祕密大乘經』, 『大集會正法經』, 『大毘婆沙論』, 『俱舍論記』, 『俱舍論疏』, 『一切經音義』, 『翻譯名義集』, 『盂蘭盆經疏孝衡鈔』, *Abh-k-bh.19.* ⇨ 식육아귀 食肉餓鬼

필사한 匹似閑 늘 그런. 별것 아니어서 흔해빠진 것. 힘들이지 않고 늘 알 수 있는 것 같지만, 늘 다른 뜻으로 뒤쳐 챙겨볼 것들의 뜻이다. 비여한(譬如閒)이라고도 한다. 『원오어록』 권8(대정장47, p.747c27)에 "수미산을 겨자씨에 넣기는 쉽지 않지만 겨자씨를 수미산에 넣는 일은 별것 아니니, 황하를 휘저어 소락으로 만들고서 가뿐하게 조사관을 쳐서 뚫는다네. 須彌納芥不容易 芥納須彌匹似閑 長河攪著成酥酪 輕輕擊透祖師關", 『벽암록』 49칙 「본칙평창 本則評唱」(대정장48, p.184c22)에 "설봉은 작가라서 아주 쉽게 조금만 힘을 들여 다른 이 향해 일러주었을 뿐인데, 대응하면서 '그대가 그물에서 나오면 말해 주겠다' 하였는데, 분양은 이것을 정해문이라 하였고 동산 문하에서는 이것을 차사문이라 한다. 雪峯是作家 匹似閑只以一二分酬他 却向他道 待汝出網來 向汝道 汾陽謂之呈解問 洞下謂之借事問", 『할당혜원광록』 권1(卍속장120, p.907a11)에 "일대장교는 쓸모없는 가구이고 십지성인은 찢어진 짚신이며, 납승의 파비는 별 볼 일 없고 불조의 눈은 진흙으로 빚은 탄알이다. 一大藏教閑家具 十地聖人破草鞋 衲僧巴鼻匹似閑 佛祖眼睛泥彈子", 『석계심월어록』 권2(卍속장123, p.95a10)에 "석계심월 들기를 '한 스님 고덕께 묻기를 「해가 다했을 땐 어떻습니까?」「옛 그대로 맹춘은 아직 춥구나.」' 석계심월 이르길 '비록 평소에 늘 하는 말이라도 그런 뜻으로 이해하지 않은 연후라야 평소의 늘 그런 말 알 수 있다. 알겠는가? 맹춘에는 오히려 춥구나'. 擧僧問古德 年窮歲盡時如何 德云 依舊孟春猶寒 師云 雖是尋常匹似閑語話 不得作尋常匹似閑語話會 然後作尋常匹似閑語話會 會麼 孟春猶寒"라고 하였다. [참고문헌] 『圜悟語錄』, 『碧巖錄』, 『瞎堂慧遠廣錄』, 『石溪心月語錄』. ⇨ 비여한 譬如閒

필상부족필하유여 匹上不足匹下有餘 위로 짝하면 부족하고 아래로 빗대면 여유롭다. 『벽암록』 5칙 「본칙평창 本則評唱」(대정장48, p.144c29)에 "장경 운문에게 묻길 '설봉이 저렇게 말했는데, 얼굴 내밀어 보았자 얻을 것 있습니까?' '있다' '어떤 것입니까?' '결코 여우귀신 같은 견해 지어서는 안 된다'. 이에 설봉 이르길 '위로 짝하면 부족하고 아래로 빗대면 남는다. 나 다시 그대들 쳐서 갈등 일으켰구나' 한 다음 주장자 집어 들고 이르길 '설봉이 보이는가? 돌! 왕령 조금만 엄해도 시세 조작 허하지 않는다'. 長慶問雲門 雪峯與麼道 還有出頭不得處麼 門云 有 慶云 作麼生 門云 不可總作野狐精見解 雪峯云 匹上不足 匹下有餘 我更與爾打葛藤 拈拄杖云 還見雪峯麼 咄 王令稍嚴 不許攙奪行市", 『종감법림』 권5(卍속장116, p.89a10)에 "반야 길 가던 차에 어떤 사람 묻길 '당신 왜 이리 급하게 갑니까?' '당신은 왜 이리 늦게 가시오?' '당신의 성은 무엇입니까?' '당신과 성이 같지만, 범부인지 성인인지 사람들이 알 수 없소'. 般若行路次 有人問 汝行何急 祖曰 汝行何漫 又問 汝姓甚麼 祖曰 與汝同姓 或凡或聖 人莫能測", "파초계철(芭蕉繼徹) 이르길 '위에 비하면 부족하고, 아래에 비하면 남는다'. 芭蕉徹云 匹上不足 匹下有餘", 『보령인용어록』(卍속장120, p.359b18)에 "보령 상당에 이르길 '천지와 우주 사이에 보물 하나 있는데 은밀하게 형산에 있다. 말해 보라! 이것은 무슨 보물일까? 청·황·적·백·남·녀 등의 상이 아니니 이것을 어떻게 말할까? 비록 이렇지만 위에 비하면 부족하고, 아래에 비하면 남는다'. 上堂 乾坤之內 宇宙之間 中有一寶 秘在形山 且道是什寶 非青黃赤白男女等相 是何言歟 雖然如是 匹上不足 匹下有餘"라고 하였다. [참고문헌] 『碧巖錄』, 『宗鑑法林』, 『保寧仁勇語錄』.

필수 畢宿 Ⓢ Rohiṇī. 이십칠수(二十七宿) 또는 이십팔수(二十八宿) 중 하나. 태장만다라 외원(外院) 서쪽 또는 동쪽에 자리하는 존격이다. 목자(木者)·장양수(長養宿)·장육수(長育宿)·시로희이(尸嚧呬儞)·로희니(虜喜尼)라고도 한다. 다섯 개 또는 여덟 개의 별로 구성되고 프라자파티(Prajāpati)에 속한다. 종자는 𑖨𑖺(ro). 삼매야형은 연꽃 위의 별이고 수인은 이십팔수총인(二十八宿總印)이며 진언은 이십팔수총주(二十八宿總呪)로 '나마 사만타붓다남 로히니낙샤트라 스바하 namaḥ samantabuddhānāṃ rohiṇīnakṣatra svāhā. 두루하신 제불께 귀의합니다. 필수여! 스바하'이다. 태장현도만다라에서는 오른손에 연꽃을 들었고 그 꽃 위에 붉은 구슬이 있는 모습으로 묘사된다. 『마등가경』 권하(대정장21, p.406c28)에 "달이 필수에 있고 월식(月蝕)이 있는 경우 환난을 만나고 재앙과 곤란이 빈번하게 일어난다. 月在畢宿 而有蝕者 普遭患難 災亂頻興", 『수요경』 권하(대정장21, p.395b29)에 "필수. 농사와 씨뿌리는 일, 전택을 보수하고 결혼하는 일, 부엌을 만들고 음식을 만들거나 축사를 짓는 일에 적당하다. 도랑과 하천을 트고 교량을 보수하는 일 갖가지 안정시키는 일을 하고 의복을 만드는 일이 모두 길하다. 빌려주거나 빌려준 것을 받는 일은 마땅하지 않고 곡물과 술·음식·잡물을 거두는 일은 마땅하고 재물을 낳는 일은 마땅하지 않다. 畢宿 宜農桑種蒔修田宅嫁娶 作廚舍作食作畜生舍 通決渠河修橋梁 作諸安定之事 作衣服並吉 不宜取債放債 宜納穀及酒食雜物 不宜生財"라고 하였다. [참고문헌] 『摩登伽經』, 『宿曜經』, 『曼荼羅図典』(大法輪閣, 2002). ⇨ 이십팔수 二十八宿

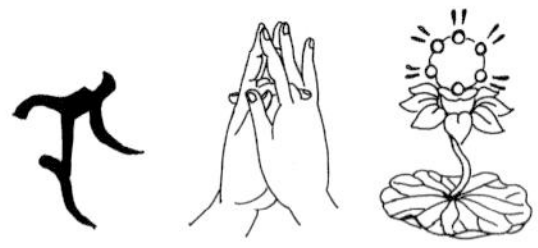

필수 筆受 역경관직. 역경장의 구원(九員) 중 하나. 범음을 한역하여 한문으로 만드는 역할을 한다. 『불조통기』 권43(대정장49, p.398b12)에 "다섯째 필수는 범음을 뒤쳐 중국말로 이룬다〈흘리나야는 다시 뒤쳐 심이고, 소달람은 뒤쳐 경이다〉. 五筆受 翻梵音成華言〈紇哩那野 再翻爲心 素怛覽 翻爲經〉", 『송고승전』 권3 「만월전 滿月傳」(대정장50, p.724c1)에 "필수란 반드시 중국말과 범어에 통하고 유와 공을 모아 배운 이를 말하는데, 서로 물어 자세히 안 연후에 붓을 내려 쓴다. 서진과 진 이래로 이 원을 세웠으니 곧 사문 도함 현척 요숭 섭승원부자다. 筆受者 必言通華梵學綜有空 相問委知然後下筆 西晉

僞秦已來 立此員者 卽沙門道含 玄賾 姚嵩 聶承遠父子"라고 하였다. [참고문헌]『佛祖統紀』,『宋高僧傳』. ⇨ 번역관직 翻譯官職

필수발다 *必輸跋陀* Ⓢ Viśva-bhadra의 음사어. 보현보살(普賢菩薩)을 말한다.『능엄경지장소』권5(卍속장24, p.479a9)에 "〈경〉 보현보살이 바로 자리에서 일어나 부처님의 발에 이마를 대고 예를 표한 다음 부처님께 말씀드렸다. 普賢菩薩 卽從座起 頂禮佛足 而白佛言", "〈소〉 범어 필수발다는 보현이라 한역한다. 고덕이 풀어 이르길 '대비원 일으키므로 보라 하고 널리 중생 건네므로 현이라 한다' 하였는데, 이는 지전인 자량과 가행 두 위를 잡은 것으로 소위 위전의 보현이 이것이다. 梵語必輸跋陀 此云普賢 古德釋云 起大悲願 曰普 廣度衆生 曰賢 此約地前資加二位 所謂位前普賢 是也", "또 이르길 '행이 법계에 두루하므로 보라 하고 위가 극성과 이웃하므로 현이라 한다' 하였는데, 이는 십지와 등각을 잡은 것으로 소위 당위에서의 보현이 이것이다. 又云 行彌法界 曰普 位隣極聖 曰賢 此約十地等覺 所謂當位普賢 是也", "또 이르길 '과가 극 아님이 없으므로 보라 하고 인문을 버리지 않으므로 현이라 한다' 하였는데, 이는 과를 지닌 채로 인 행함을 잡은 것으로 소위 위후의 보현이 이것이다. 又云 果無不極 曰普 不捨因門 曰賢 此約帶果行因 所謂位後普賢 是也",『정토생무생론회집』(卍속장109, p.91b3)에 "보현은 범어로 필수발다라고 한다.『비화경』에 이르길 '아미타불이 전륜왕이었을 때 여덟째 왕자의 이름이 민도였는데 보장불 앞에서 발원하였다. 普賢者 梵云必輸跋陀 悲華經云 阿彌陀佛 爲轉輪王時 第八王子 名曰泯圖 於寶藏佛前 發願", "부처님께서 바로 민도의 이름을 바꿔 보현이라 불러주시고는 미래에 북방의 지수선정공덕세계에서 아누다라삼막삼보리를 이루고 지강후자재상왕여래라는 명호로 불릴 것이라고 수기를 주셨다' 하였다. 佛卽改泯圖名 號爲普賢 授記未來於北方知水善淨功德世界 成阿耨多羅三藐三菩提 號曰智剛吼自在相王如來"라고 하였다. [참고문헌]『楞嚴經指掌疏』,『淨土生無生論會集』. ⇨ 보현보살 普賢菩薩

필승진 *必昇進* Ⓢ prativedhanā-bhavya. 육종아라한(六種阿羅漢) 중 반드시 오르고 나아가 부동법(不動法)을 성취하는 아라한. 신역은 감달법(堪達法)이다.『아비담심론경』권3(대정장28, p.851a1)에 "아라한에는 여섯이 있으니 퇴법·사법·호법·주법·필승진법·부동법이 그것이다. 阿羅漢六種者 謂退法思法護法住法必昇進法不動法 … 다소 예리한 지혜 있어 지극히 정진하면 반드시 부동법에 나아가 이르기에 필승진법이라 한다. 少利智極精進必能進至不動 名必昇進法",『잡아비담심론』권5(대정장28, p.913c21)에 "필승진이란 상방편도 있고 돈방편도 있다. 이는 둔근으로서 부동법을 얻는다. 必昇進者 常方便頓方便 是鈍根能得不動"『대승의장』권17(대정장44, p.806b4)에 "필승진에는 상방편도 있고 돈방편도 있으며, 이는 둔근으로서 이 두 방편을 통해 부동을 감득할 수 있으니 이를 필승진이라 한다. 必昇進者 有常方便及頓方便 而是頓根以二方便堪得不動 名必昇進"라고 하였다. [참고문헌]『阿毘曇心論經』,『雜阿毘曇心論』,『大乘義章』, *Abh-k-bh.372.* ⇨ 감달법 堪達法, 육종아라한 六種阿羅漢

필입변재삼매 *必入辯才三昧* Ⓢ nirukti-niyata-praveśa-samādhi의 음사어. 백팔삼매(百八三昧) 중 하나.『대품반야경』권5(대정장8, p.251c7)에 "무엇이 필입변재삼매인가? 이 삼매에 머물면 능히 모든 삼매에 대해 뛰어나게 말할 수 있으므로 필입변재삼매라 이름한다. 云何名必入辯才三昧 住是三昧 能辯說諸三昧 是名必入辯才三昧",『대지도론』권47(대정장25, p.399b21)에 "필입변재삼매란, 사무애 중 사변과 상응하는 삼매인데 보살이 이 삼매 얻으면 중생 말의 차제와 경서의 명자 등을 모두 알아서 모두 능히 분별함에 걸림이 없다. 必入辯才三昧者 四無礙中 辭辯相應三昧 菩薩得是三昧 悉知衆生語言次第 及經書名字等 悉能分別無礙"라고 하였다. [참고문헌]『大品般若經』,『大智度論』, *Pañca-pr.142.* ⇨ 백팔삼매 百八三昧

필재 *必才* 1292~1359. 중국 원대 스님. 대주(臺州 : 浙江省) 임해(臨海) 출신. 속성은 굴(屈) 씨. 자는 대용(大用). 일찍이 몽윤(蒙潤)으로부터 천태교관을 배웠고 경론에 두루 통하였으며 좌선에도 조예가 깊었다. 지정년간에 항주(杭州) 연복사(演福寺)에 머물렀는데 순제(順帝)로부터 불감원조(佛鑑圓照)라는 사호를 받았다. 1359년(지정19) 어느 날 세상과의 인연이 다하였음을 알고 향을 사른 다음 단정하게 정좌한 채로 합장하고서 세수 68세를 일기로 입적하였다. 저서에『묘현문구 妙玄文句』·『지관증치조문 止觀增治助文』·『법화열반강의 法華涅槃講義』·『장안형계법지예문시게 章安荊溪法智禮文詩偈』가 있다.

필정 *必定* ❶ 아비발치(阿鞞跋致). 필정(畢定)이라고도 한다. 반드시 정해져 있어 물러나지 않는 불퇴전위로 정정취(正定聚)·불퇴전(不退轉)의 뜻이다.『대지도론』권93(대정장25, p.714a28)에 "필정이란 곧 아비발치다. 아비발치는 삼악취에 떨어지지 않는다. 畢定者 卽是阿鞞跋致 阿鞞跋致者 不墮三惡趣",『십주비바사론』권1(대정장26, p.24c6)에 "일체보살 처음 발심할 때 반드시 다 필정에 들지 않고, 혹 어떤 보살은 초발심 때 필정에 들고, 혹 어떤 이는 점점 수행한 공덕으로 (필정에) 든다. 석가모니불과 같이 초발심할 때 필정에 들지 않고 후에 닦아 모은 공덕으로 연등불을 만나서야 필정에 든다. 그러므로 그대는 일체보살이 초발심할 때 곧바로 필정에 든다 함은 삿된 논의라고 말한다. 一切菩薩初發心時 不應悉入於必定 或有初發心時卽入必定 或有漸修功德 如釋迦牟尼佛 初發心時不入必定 後修集功德 值燃燈佛得入必定 是故汝說一切菩薩初發心 便入必定是爲邪論"라고 하였다. [참고문헌]『大智度論』,『十住毘婆沙論』. ⇨아비발치 阿鞞跋致, 아유월치 阿惟越致, 불퇴전위 不退轉位 **2** 반드시 정해져 바뀌지 않다. 불퇴(不退)의 뜻이다. 『장아함경』 권2(대정장1, p.12a6)에 "부처가 비구에게 말씀하셨다. 여섯가지 불퇴법이 있어서 법을 증장하게 해서 줄어듬이 있을 수 없다. 무엇이 여섯인가? … 다섯째 현성계를 지녀 빠트리거나 새는 것이 없고 또한 허물과 더러움이 없게 하여 반드시 바로 가져 움직이지 않는다. 佛告比丘 有六不退法 令法增長 無有損耗 何謂爲六 … 五者持賢聖戒 無有闕漏 亦無垢穢 必定不動", 『분별선악보응경』 권1(대정장1, p.898a5)에 "다시 어떻게 해야 몸과 마음이 원만하겠는가? 인욕을 수습하면 몸의 원만을 얻으며, 문사를 수습하면 마음의 원만을 얻고, 이러한 업을 수습하면 반드시 결정코 과를 얻는다. 復云何業得身心圓滿 修習忍辱得身相圓滿 修習聞思得心圓滿 此業修習必定得果"라고 하였다. [참고문헌]『長阿含經』,『分別善惡報應經』.

필정 畢定 다해 마쳐 바뀌거나 물러날 일 없는 뜻. 필정(必定)과 같다. 『범망경술기』(대정장85, p.744a26)에 "이 중 십해이상의 보살을 필정보살이라 이름한다. 또는 초지이상을 필정이라 이름한다. … 아라한·벽지불·필정보살을 성인이라 이름한다. 此中 十解以上菩薩名畢定菩薩 又初地以上 名爲畢定 … 蓋阿羅漢 辟支佛畢定菩薩 名爲聖人"라 하였다. [참고문헌]『梵網經述記』.

필정구 必定句 반드시 정한 바 있는 말씀. 십연생구(十緣生句)가 여래실상인(如來實相印)인 줄 알아서 다른 것들에 마음을 바꾸지 않기에 이렇게 말한다. 『대일경소』 권3(대정장39, p.609b1)에 "제불께서 이 열 가지 연생의 뜻으로써 사자후를 필정하여 여래성심의 실상인을 설하였다. 만약 믿고 이해할 수 있는 이 있다면 설령 시방세계의 모든 마구니들이 부처의 모습으로 화현하여 그럴듯한 반야를 설하더라도 능히 그 마음을 바꾸지 않으니, '법의 모습을 하고 있더라도 진실한 법은 이와 같지 않다'고 여긴다. 그러므로 필정구라고 한다. 諸佛以此十緣生義 必定師子吼說如來性心實相印 若有能信解者 假使十方世界一切諸魔 皆化身作佛說相似般若 亦不能變易其心 使法相不如是 故曰必定句"라고 하였다. [참고문헌]『大日經疏』.

필정보살 必定菩薩 Ⓢniyato bodhisattvaḥ. 다시 퇴전하지 않는 보살. 아유월치(阿惟越致)인 불퇴보살(不退菩薩)로 필정은 불퇴(Ⓢavivartika)라고도 한다. 『소품반야경』 권6(대정장8, p.564b24)에 "또한 수보리여! 만약 악마가 사문으로 변하여 보살소에 온 다음 '그대가 앞서 들은 독송을 후회하고 버려야 한다. 그대가 버리고 다시 듣지 않는다면 나 마땅히 늘 그대의 처소에 오리라. 그대가 들은 바는 부처님이 설하신 바 아니고 모두 글로 꾸며 섞은 말들이며 내가 설한 경이 참으로 부처님의 말씀이다'라고 말하였는데, 이 일을 듣고 마음에서 흔들려 화낸다면 마땅히 알라, 이 보살 제불로부터 수기받은 적 없으며 필정보살도 아니며 아유월치 보살성중에 머문 적도 없음을. 復次 須菩提 若惡魔化作沙門 至菩薩所 作是言 汝先所聞讀誦 宜應悔捨 汝若捨離不復聽受 我當常至汝所 汝所聞者 非佛所說 皆是文飾莊校之辭 我所說經 眞是佛語 若聞是事 心有動恚 當知 是菩薩 未從諸佛受記 非是必定菩薩 未住阿惟越致菩薩性中", 『십주비바사론』 권2(대정장26, p.26c20)에 "초지 얻은 필정보살은 제불에게 무량공덕 있으니 나 또한 반드시 이와 같은 일 얻으리라 념한다. 어째서인가? 자신은 이미 이 초지를 얻어 필정에 들어갔지만, 다른 이들은 이 마음 있을 리 없다. 이에 초지보살은 다분히 환희하지만 나머지는 그렇지 못하다. 得初地必定菩薩 念諸佛有無量功德 我當必得如是之事 何以故 我已得此初地入必定中 餘者無有是心 是故初地菩薩 多生歡喜 餘者不爾"라고 하였다. [참고문헌]『小品般若經』,『十住毘婆沙論』,『大寶積經』 권107(대정장11, p.600c11). ⇨초지보살 初地菩薩, 불퇴보살 不退菩薩, 아유월치 阿惟越致

필정보살 畢定菩薩 Ⓢniyato bodhisattvaḥ. 닦아 마쳐 정해진 위의 보살. 불퇴전위의 아비발치(阿鞞跋致)를 말한다. 『대품반야경』 권26(대정장12, p.409b22)에 "세존이시여, 필정보살은 악도 가운데 떨어져 납니까, 나지 않습니까? 나지 않는다. 수보리야! 너의 생각은 어떠한가? 만약 팔인이나 수다원, 사다함, 아나함, 아라한, 벽지불이 악도 가운데 나겠는가 나지 않겠는가? 나지 않습니다, 세존이시여! 世尊 畢定菩薩墮惡道中生不 不也 須菩提 於汝意云何 若八人 若須陀洹 斯陀含 阿那含 阿羅漢 辟支佛生惡道中不 不也 世尊", 40권본 『대반열반경』 권16(대정장12, p.460b13)에 "가장 나쁜 죽임은 부모와 아라한, 벽지불, 필정보살을 살해하는 것이다. 이것을 가장 나쁘다고 한다. 이 업의 인연으로 아비대지옥에 떨어져서 가장 큰 고통을 받는다. 이것을 가장 나쁜 살이라고 한다. 上殺者 父母乃至阿羅漢 辟支佛 畢定菩薩 是名爲上 以是業因緣故 墮於阿鼻大地獄中 具受上苦 是名上殺"라고 하였다. [참고문헌]『大品般若經』,『大般涅槃經』, *Pañca-pr.4.148.* ⇨필정 必定

필정취 必定聚 반드시 정한 바 있어 물러나지 않는 위. 반드시 부처가 되기로 결정되어 있는 위. 필정(必定)이라고도 하며 정정취(正定聚)와 같다. 『십주비바사론』 권1(대정장26, p.24b20)에 "〔문〕 무슨 이로움 얻었기에 능히 이 일들 이루고 필정지에 드는가? 또 어떤 마음으로 능히 이 원 발할 수 있는가? 〔답〕 부처님의 십력 얻으면 능히 이 일들 이룰 수 있으며 필정지에 들어 능히 이 원 발할 수 있다. 問曰 得何利故 能成此事 入必定地 又以何心 能發是願 答曰 得佛十力 能成此事 入必定地 能發是願", "〔문〕 무엇이 부처님의 십력인가? 〔답〕 … 이와 같은 부처님의 십력 얻었기에 큰 마음으로 발원하면 바로 필정취에 든다. 問曰 何等是佛十力 答曰 … 爲得如是佛十力故 大心發願 卽入必定聚"라 하였다. 〔참고문헌〕『十住毘婆沙論』. ⇨ 필정 必定[1], 정정취 正定聚

필조 弼照 조선후기 스님. 『동사열전』 권4 「금계선사전 錦溪禪師傳」(한불전10, p.1035a1)에 "두륜산으로 출가하여 필조장로를 은사로 삼았다. 出家于輪山 受恩于弼照長老"라고 하였다. 〔참고문헌〕『東師列傳』.

필지 畢地 아라한(阿羅漢)을 가리키는 말. 『음지입경』 권하(대정장15, p.180a3)에 "무엇이 그 다섯인가? 첫째 색욕, 둘째 불색욕, 셋째 치, 넷째 교만, 다섯째 불해다. 이상 오술이 족하여 이미 오결 버렸기에 문득 착할 바 없으며 이미 세간 건너 루 없으므로 마침내 바름 좇아 해탈 얻었으니 이를 필지라 한다. 何等爲五 一爲色欲 二爲不色欲 三爲癡 四爲憍慢 五爲不解 已上五術足爲已捨五結 便無所著 已度世無有漏 已竟從正得解脫 是爲畢地"라고 하였다. 〔참고문헌〕『陰持入經』, 『陰持入經註』 권하(대정장33, p.24a5). ⇨ 아라한 阿羅漢

필지멸도원 必至滅度願 반드시 멸도에 이르게 하리라는 원. 정토교에서 법장비구(法藏比丘)의 48원(願) 가운데 제11원으로, 자신이 부처가 된 국토의 모든 사람과 하늘들 반드시 열반에 이르게 하겠다는 서원이다. 『무량수경』 권1(대정장12, p.268a11 : *Sukh-vy. I*, p.16)에 "만약 내가 부처가 되었을 때 나라 가운데 사람과 하늘이 정취에 머물러 반드시 멸도에 이르지 않은 자가 있다면 정각을 성취하지 않겠습니다. 設我得佛 國中人天不住定聚必至滅度者 不取正覺 sacen me bhagavaṃs tasmin buddhakṣetre ye sattvāḥ pratyājāyeraṃs te sarve na niyatāḥ syur yad idaṃ samyaktve yāvan mahāparinirvāṇād mā tāvad aham anuttarāṃ samyaksaṃbodhim abhisaṃbudhyeyam", 『왕생론주』 권2(대정장40, p.844a7)에 "서원의 말. '만약 내가 부처가 되었을 때 나라 가운데 인천이 정취에 머물러 반드시 멸도에 이르지 않은 자가 있다면 정각을 성취하지 않겠습니다'. 부처의 원력을 연하기에 정정취에 머문다. 정정취에 머물기에 반드시 멸도에 이르고 모든 돌아가고 굴복하는 어려움이 없다. 그러므로 빠르게 얻는다. 두 번째 증득이다. 願言 設我得佛 國中人天不住正定聚必至滅度者 不取正覺 緣佛願力故住正定聚 住正定聚故必至滅度無諸迴伏之難 所以得速 二證也"라고 하였다. 〔참고문헌〕『無量壽經』, 『往生論註』, *Sukh-vy. I*. ⇨ 법장 法藏[3], 사십팔원 四十八願

필지보처원 必至補處願 반드시 보처에 이르게 하리라는 원. 정토교에서 법장비구(法藏比丘)의 48원(願) 가운데 제22원으로, 자신이 부처가 된 국토에 보살들 마침내 일생보처에 이르게 하겠다는 서원이다. 『무량수경』 권1(대정장12, p.268b8 : *Sukh-vy. I*, p.18)에 "만약 내가 부처가 되었을 때 타방 불토의 모든 보살대중이 나의 국토에 와서 난다면 마침내 일생보처보살에 이르게 하겠습니다. 본원으로 자재하게 교화할 이는 제하고 … 만약 그렇지 않다면 정각을 성취하지 않겠습니다. 設我得佛 他方佛土諸菩薩衆來生我國 究竟必至一生補處 除其本願自在所化 … 若不爾者 不取正覺 sacen me bhagavan bodhiprāptasya tatra buddhakṣetre ye sattvāḥ pratyājātā bhaveyus te sarve naikajātibaddhāḥ syur anuttarāyāṃ samyaksaṃbodhau sthāpayitvā praṇidhānaviśeṣāṃs … mā tāvad aham anuttarāṃ samyaksaṃbodhim abhisaṃbudhyeyam", 『아미타경소』(대정장37, p.325b3)에 "'만약 내가 부처가 되었을 때 타방 불토의 모든 보살대중이 나의 국토에 와서 난다면 마침내 일생보처보살에 이르게 하겠습니다. 그 본원으로 자재하게 교화할 이는 제한다'는 것은 부처의 본원력 때문에 저 국토에 나서 보처위에 들어갈 수 있는 이들이다. 設我得佛 他方佛土諸菩薩衆來生我國 究竟必至一生補處 除其本願自在所化者 以佛本願力故 生彼國者入補處位也" 라고 하였다. 〔참고문헌〕『無量壽經』, 『阿彌陀經疏』, *Sukh-vy. I*. ⇨ 사십팔원 四十八願, 일생보처 一生補處

필추 苾芻 Ⓢ bhikṣu, Ⓟ bhikkhu의 음사어, Ⓣ dge-slong. 비구(比丘). 추는 추(蒭)로도 쓴다. 『법화현찬』 권1(대정장34, p.667b9)에 "범어 필추의 소리가 변하여 비구라고 하는데, 다섯 가지 뜻 갖추고 있기에 번역하지 않는다. 첫째 포마라 하는데 처음 출가할 때 마궁이 흔들기 때문이다. 둘째 걸사라 하는데 이미 출가하면 걸식으로 자활하기 때문이다. 셋째 정지계라 하는데 점차 승수에 들어 응당 계 지켜야 하기 때문이다. 梵云 苾芻 訛云 比丘 由具五義 所以不翻 一曰怖魔 初出家時 魔宮動故 二言乞士 旣出家已 乞食自活故 三名淨持戒 漸入僧數 應持戒故", "넷째 정명이라 하는데 이미 계 받았으므로 일으키는 삼업이 무탐으로 발하며 탐하여 삿되게 목숨 유지하는 일 하지 않기 때문이다. 다섯째 파악이라 하는데 점점 성도에 의지해 번뇌를 멸하기 때문이다. 四云淨命 既受得戒 所起三業 以無貪發 不依於貪邪活命故 五曰破惡 漸依聖道 滅煩惱故", 『화엄경탐현기』 권18(대정장35, p.452a14)에 "비구란 범어로 세 이름 있으니 비호 혹은 필추 혹은 비구라고 하지만 이 중 바른 역은 없다. 뜻으로는 셋으로 한역하니 포마·파악·걸사다. 比丘者 梵有三名 或云比呼 或云苾芻 或云比丘 此無正譯 義翻有三 謂怖魔 破惡 及乞士", 『아미타경의소』(대정장37, p.358a13)에 "비구는 필추라고도 하는데 걸사라고 한역하니, 음식을 빌어서 몸을 자양하고 법을 빌어서 마음을 익하기 때문이다. 또 포마라고 한역하는데 뜻이 저 마들을 두렵게 하고 덕이 마들을 두렵게 하기 때문이다. 또 파악이라고 한역하는데 계를 받아 업을 깨뜨리고 정혜로 혹을 깨뜨리기 때문이다. 이 셋은 인위에서의 이름이고 과위에서는 여후라고 부른다. 比丘 或云苾芻 此翻乞士 乞食資身 乞法練心 又翻怖魔 志怖彼魔 德令魔怖 又云破惡 稟戒破業 定慧破惑 此三因名 果號如後", 『일체경음의』 권2(대정장54, p.320b20)에 "필추〈앞은 비와 일을 반절한 음이고, 뒤는 측과 우를 반절한 음이며, 범어로는 풀 이름이다. 승조법사는 뜻으로 풀었다. 필추에 네 뛰어난 덕 있으니, 첫째 깨끗하게 걸식하고 둘째 번뇌 깨뜨리며 셋째 능히 계 지킬 수 있고 넷째 능히 마 두렵게 할 수 있다. 범문은 교묘하여 한 단어에 네 뜻 다 머금었기에 범어를 남겨 놓았다〉. 苾蒭〈上毘逸反 下測虞反 梵語 草名也 僧肇法師義 苾蒭有四勝德 一名淨乞食 二名破煩惱 三名能持戒 四名能怖魔 梵文巧妙 一言具含四義 故存梵言也〉", 『해심밀경소』 권3(卍속장34, p.702a18·한불전1, p.20515)에 "필추란 말은 걸사라고 한역하며 구역에서는 비구라고 하였다. 『금강선론』에 이르길 '이는 범음인데 이곳에서는 뜻으로 풀어 걸사·파악·포마라고 하지만 번역할 만한 바른 이름이 없기에 범어 그대로 둔다' 하였다. 言苾蒭者 唐言乞士 舊云比丘 金剛仙云 此是梵音 此方義釋 或云乞士 或云破惡 或云怖魔 無正名相翻 故存梵語", "『대지도론』에 의하면, 다섯 뜻 있다. 첫째는 걸사로 청정하게 살아가기 때문이고, 둘째는 번뇌를 깨뜨리므로 비구라고 이름하며, 셋째는 출가한 사람의 호이고, 넷째는 청정하게 계를 지킨다는 뜻이며, 다섯째는 마를 두렵게 한다는 뜻이다. 依智度論 有其五義 一名乞士 清淨活命故 二破煩惱 名比丘 三出家人號 四名淸淨持戒 五名怖魔"라고 하였다. 〔참고문헌〕『法華玄贊』, 『華嚴經探玄記』, 『阿彌陀經義疏』, 『一切經音義』, 『解深密經疏』, *Pañca-pr.4.*, *Abh-k-bh.6·93.*, *DN.2.1.* ⇨비구 比丘

필추가시가십법경 苾芻迦尸迦十法經 송대 법천(法天 Ⓢ Dharmadeva) 한역. 1권. 부처님께서 스승이 되기 위해 구족해야 할 열 가지 법에 대해 설하신 경. 『가시가십법경 迦尸迦十法經』·『십법경 十法經』이라고도 한다. 대정장24, pp.956c4~957b21, No.1480에 수록되어 있다. 부끄러워할 줄 알아 계를 즐겨 지키고, 법을 많이 듣고 계율을 많이 들어 아는 등 열 가지 법을 구족해야 하는데, 그러지 못했으면서도 남을 출가시켜 구족계를 주고 남에게 의지처가 되려 한다면 돌길라(突吉羅 Ⓢ duṣkṛta)를 범하게 됨을 설하고 있다.

필추계 苾芻戒 율의계(Ⓢ saṃvara-śīla)인 비구계(比丘戒). 『유가사지론』 권40(대정장30, p.511a16 : *Bodh-bh.*, p.96)에 "율의계란 보살들이 받는 칠중의 별해탈율의를 말하는데, 바로 필추계·필추니계·정학계·근책남계·근책녀계·근사남계·근사녀계며, 이와 같은 칠종은 재가와 출가의 이분에 의지함을 응당 알아야 한다. 이를 보살의 율의계라 이름한다. 律儀戒者 謂諸菩薩所受七衆別解脫律儀 卽是苾芻戒 苾芻尼戒 正學戒 勤策男戒 勤策女戒 近事男戒 近事女戒 如是七種 依止在家出家二分 如應當知 是名菩薩律儀戒 tatra saṃvaraśīlaṃ bodhisattvasya katamat. yat saptanairṇāyikaṃ prātimokṣasaṃvarasamādānaṃ bhikṣubhikṣuṇī-śikṣamāṇā-śrāmaṇera-śramaṇeryyupāsakopāsikāśīlam. tad etad gṛhipravrajitapakṣe yathāyogaṃ veditavyam", 『유가론기』 권22(대정장42, p.810c16)에 "필추계에 의지한다 했는데, 가장 뛰어나기 때문이란 말은 비구계가 능히 선과 무루계를 낳는다는 뜻이다. 그러므로 가장 뛰어나다고 한다. 言依苾芻戒 由最勝故者 比丘戒 能生禪無漏戒 故名最勝"라고 하였다. 〔참고문헌〕『瑜伽師地論』, 『瑜伽論記』, *Bodh-bh.* ⇨비구계 比丘戒, 계 戒, 율의 律儀 ❶

필추니 苾芻尼 Ⓢ bhikṣuṇī, Ⓟ bhikkhunī의 음사어, Ⓣ dge-slong-ma. 비구니(比丘尼). 추는 추(蒭)로도 쓴다. 『관미륵상생도솔천경찬』 권상(대정장38, p.284b28)에 "범어 필추에는 다섯 뜻 갖춰져 있다. … 니는 여성이며, 여에 다섯 덕 있으므로 필추니라고 이름한다. 비구니란 말은 음을 다르고 간략히 한 것이다. 梵云 苾芻 此具五義 … 尼者 女聲 女有五德 名苾芻尼 言比丘尼者 音訛略也", 『일체경음의』 권2(대정장54, p.320b22)에 "필추니〈뜻은 앞에서 설함과 같으며, 출가한 여인을 아우르는 이름이다. 셋째로 성명에 따르면, 이는 곧 여성이다〉. 苾蒭尼〈義說同上 出家女之總名 三例聲明 此卽女聲也〉", 『우란분경소효형초』 권2(卍속장94, p.822a17)에 "비구는 바르게 필추라고 이른다. … 니는 여성이며, 여인이 다섯 덕 갖추므로 필추니라 이름한다. 比丘者 正云苾蒭 … 尼者 女聲 女具五德 名苾蒭尼"라고 하였다. 〔참고문헌〕『觀彌勒上生兜率天經贊』, 『一切經音義』, 『盂蘭盆經疏孝衡

鈔』, 『說無垢稱經疏』 권2(대정장38, p.1018b29), *Vajr-pr.62.*, *Abh-k-bh.124.*, *DN.3.116.* ⇨비구니 比丘尼

필추니오백계 苾蒭尼五百戒 비구니가 가져 지켜야 할 오백이나 되는 계. 『약사경직해』(卍속장35, p.382b5)에 "만약 오계·십계·보살사백계·필추이백오십계·필추니오백계를 받은 중에 이를 무너뜨리고 범한다면 악취에 떨어질 것을 두려워하지만, 능히 오롯이 저 부처님 명호 칭념하고 공경하여 공양한다면 결코 삼악취에서의 생을 받지 않는다. 若五戒十戒 菩薩四百戒 苾蒭二百五十戒 苾蒭尼五百戒 於所受中 或有毁犯 怖墮惡趣 若能專念 彼佛名號 恭敬供養者 必定不受三惡趣生"라고 하였다. [참고문헌] 『藥師經直解』. ⇨비구니계 比丘尼戒

필추니율의 苾芻尼律儀 Ⓢbhikṣuṇī-saṃvara, Ⓣdge-slong-ma'i-sdom-pa. 비구니로서 가져 지켜야 할 율의. 『구사론』 권14(대정장29, p.72b19 : *Abh-k-bh.*, p.205)에 "[논] 별해탈율의상차별에는 여덟이 있다. 첫째 필추율의, 둘째 필추니율의 … 여덟째 근주율의이다. 論曰 別解脫律儀相差別有八 一 苾芻律儀 二 苾芻尼律儀 … 八 近住律儀 bhikṣusaṃvaro bhikṣuṇīsaṃvaraḥ … upavāsasaṃvaraś ca", "이와 같은 여덟 가지 율의상차별을 묶어 제일별해탈율의라 이름하는데 비록 여덟 이름 있지만 실체는 오직 넷뿐이니 첫째 필추율의, 둘째 근책율의, 셋째 근사율의, 넷째 근주율의다. 如是八種律儀相差別 總名第一別解脫律儀 雖有八名 實體唯四 一 苾芻律儀 二 勤策律儀 三 近事律儀 四 近住律儀 eṣo 'ṣṭavidhasaṃvaraḥ prātimokṣasaṃvara ity ākhyāyate. nāmata eṣo 'ṣṭavidhaḥ. bhikṣusaṃvaraḥ śramaṇerasaṃvara upāsakasaṃvara upavāsasaṃvaraś ca", "오직 이 네 종의 별해율의만이 다 체실 있으며 상만이 각각 다르다. 어째서인가? 필추율의 떠나 따로 필추니율의 없으며, 근책율의 떠나 따로 정학율의·근책녀율의 없으며, 근사율의 떠나 따로 근사녀율의 없다. 唯此四種別解律儀 皆有體實 相各別故 所以者何 離苾芻律儀 無別苾芻尼律儀 離勤策律儀 無別正學勤策女律儀 離近事律儀 無別近事女律儀 ity eṣa caturvidhaḥ prātimokṣasaṃvaras tu dravyataḥ pratiniyatalakṣaṇatvāt bhikṣusaṃvarād bhikṣuṇīsaṃvaro nānyaḥ śrāmaṇerasaṃvarāc ca śikṣamāṇāśrāmaṇerīsaṃvarau upāsakasaṃvarād upāsikāsaṃvaro nānyaḥ", "다만 형 따라 구르기에 율의들로 하여금 필추·필추니 등이라 이름함이니, 근을 돌이킨 위일 뿐이다. 본래의 필추율의를 필추니율의라 이름하거나 혹은 필추니율의를 필추율의라 이름한다. 但由形轉 令諸律儀名爲苾芻苾芻尼等 謂轉根位 令本苾芻律儀 名苾芻尼律儀 或苾芻尼律儀 名苾芻律儀 liṅgato hi bhikṣubhikṣuṇyādīnāṃ nāmasaṃvāro bhavati. kathaṃ kṛtvā. parivṛtte hi vyañjane bhikṣur bhikṣuṇīty ucyate bhikṣunī ca punar bhikṣuḥ", 『구사론기』 권14(대정장41, p.217c19)에 "근을 굴린 위란, 필추가 근을 굴려 여인 되면 본래의 필추율의를 필추니율의라 이름하고, 필추니가 근을 굴려 남자 되면 본래의 필추니율의를 필추율의라 이름한다는 말이다. 謂轉根位者 若苾芻轉根爲女 令本苾芻律儀 名苾芻尼律儀 若苾芻尼轉根爲男 令本苾芻尼律儀 名苾芻律儀"라고 하였다. [참고문헌] 『俱舍論』, 『俱舍論記』, *Abh-k-bh.* ⇨비구니계 比丘尼戒, 팔율의 八律儀❶, 율의 律儀❶

필추성 苾芻性 Ⓢbhikṣubhāva, bhikṣutva, Ⓣdge-slong-nyid. 비구로서의 자성. 구족계(具足戒 : 近圓)를 받아 비구로서의 계체(戒體)를 성취한 이. 『유부율출가사』 권2(대정장23, p.1028a17)에 "이때 구리다와 오파저사는 세존 계신 곳에 이르러 부처님 발에 정례하고 물러나 한 면에 앉은 뒤 부처님께 말씀드리길 '세존이시여! 저희들이 선법 중에 출가하여 구족계(近圓) 받고 필추성 이루어 범행 닦고 지키게 해 주시기를 원합니다'. 時 俱哩多及鄔波底沙 至世尊所 頂禮佛足 退坐一面 白佛言 世尊 願與我等 於善法中 出家近圓 成苾芻性 修持梵行", 『유부율파승사』 권7(대정장24, p.133b29 : *Saṅ-v.1*, p.228)에 "(우루빈라가섭은) 생각이 끝나자 부처님 향해 합장하며 말하길 '대사문이시여! 제가 대사문의 법율 중에 출가하여 구족계 받고 필추성 성취하였으니, 제가 대사문의 법 중에 범행 수습할 수 있도록 허해 주시길 원합니다'. 念已合掌向佛白言 大沙門 唯願聽我於大沙門法律中出家 受具足戒 成苾芻性 令我於大沙門法中 修習梵行iti viditvā bhagavantam idam avocat. labheyāhaṃ mahāśramaṇasyāntike pravrajyām upasaṃpadaṃ bhikṣubhāvam. careyam ahaṃ mahāśramaṇasyāntike brahmacaryam"라고 하였다. [참고문헌] 『有部律出家事』, 『有部律破僧事』, *Saṅ-v.*, *Abh-k-bh.224.*

필추승 苾芻僧 Ⓢbhikṣu-saṃgha, saṃgha. 비구승가(比丘僧伽)를 말한다. 추는 추(蒭)로도 쓴다. 승(僧)은 4인(四人) 이상이어야 성취될 수 있기에, 1인으로서의 승은 있을 수 없다. 따라서 승은 중(衆 Ⓢsaṃgha) 즉 무리지어서만이 스님일 수 있다. 필추승중(苾芻僧衆)·필추승보(苾芻僧寶)라고도 한다. 외도중(外道衆)·외도승(外道僧)과 맞선다. 『대비바사론』 권126(대정장27, p.660a14)에 "가령 비나야에서 이렇게 설하였다. '선재자 등이 최초로 죄를 범했기에 세존께서 필추승을 모아 학처를 제정하였다'. 如毘奈耶作如是說 由善財子等最初犯罪 是故世尊集苾芻僧制立學處", 『대승법원의림장』 권6(대정장45, p.346b29)에 "(『유가사지론』 권60에서) '이를테면 아라한과 부처님을 상수로 하는 대필추승이다'라고 하였다. 이미 필추와 부처님을 상수로 한다고 하였는데 어째서 부처님은 승보로 거두지 않는가? 〔답〕 출가자와 외도를 모두 임시로 '승'이라 부르는데, 저 무리들과는 다르기에 '부처님을 상수로 해서' 부처님의 제자임을 나타낸 것이지 부처님이 곧 승인 것은 아니다. 대중부 등도 '부처님은 승으로 거두지 않는다' 한 것에서도 같다. 화지부는 승중에 부처님도 거둔다고 설한다. 謂阿羅漢及佛爲首大苾芻僧 旣云苾芻及佛爲首 如何說佛非僧寶攝 答 出家外道皆假號僧 爲異彼徒及佛爲首顯佛弟子 非佛卽僧 同大衆部等佛非僧攝 化地部說僧中有佛", 『사분율개종기』 권1(卍속장66, p.717b13)에 "제6니다나〈연기 혹은 인연이라 한역〉는 인연을 빌어 소리 높여 드러내기에 『대비바사론』(대정장27, p.660a13)에 이르길 '모든 경들 중에서도 온갖 연들을 만나야 설한 바 있게 되는데, 저 비나야에서 이와 같이 지어 설함과 같으니 선재자등이 최초로 범계함이 있었기에 세존께서 필추승 모이게 하고 학처 만들어 세우셨다' 하였다. 第六尼陀那〈此云 緣起 或曰 因緣〉 謂藉因緣 而宣唱故 故婆沙云 謂諸經中 遇諸因緣 而有所說 如毗那耶 作如是說 由善財子等 最初犯戒 是故世尊 集苾蒭僧 制立學處", 『자비약사보참』 권중(卍속장129, p.117b17)에 "만약 어떤 중생이 병고를 벗어나고 싶다면 마땅히 그 사람 위해 7일 밤낮으로 팔관재계 수지하고 응당 음식과 나머지 자구를 힘 따라 마련하여 필추승에게 공양해야 하며, 주야로 종일 예배하고 도 행하며 저 세존이신 약사유리광여래께 공양해야 한다. 若有衆生 欲脫病苦 當爲其人 七日七夜 受持八關齋戒 應以飮食 及餘資具 隨力所辦 供養苾蒭僧 晝夜六時 禮拜行道 供養彼世尊 藥師琉璃光如來"라고 하였다. 〔참고문헌〕 『大毘婆沙論』, 『大乘法苑義林章』, 『四分律開宗記』, 『大毘婆沙論』, 『慈悲藥師寶懺』, *Udāna-v.349.*, *Bhai.171.* ⇨필추 苾芻, 승가 僧伽, 비구승 比丘僧

필추오법경 苾芻五法經 973년(개보6) 북송 법천(法天 Ⓢ Dharmadeva) 한역. 1권. 비구가 구족해야 할 다섯 가지 법을 설한 경. 대정장24, pp.955a18~956b29, No.1479에 수록되어 있다. 아사리가 되려면 죄와 죄가 아닌 것, 가벼운 죄와 무거운 죄를 구별할 줄 알아야 하고 수계한 지 5년 이상이 지나야 하며, 만약 바라제목차를 알고 그것을 설할 줄 알며 결계를 알고 결계에 관한 일을 알며 수계한 지 5년 이상 지나면 의지아사리를 벗어나 홀로 설 수 있다고 설한 법문이다.

필추오연사계 苾芻五緣捨戒 비구는 다섯 가지 연이 있게 되면 지녔던 계를 버린다. 바라이죄(波羅夷罪)를 참괴(慚愧) 없이 반복적으로 범하는 경우, 남근 등이 없어졌거나 두 근이 동시에 생긴 경우, 학처(學處)를 버린 경우, 선근이 끊어진 경우, 중동분(衆同分)을 버린 경우 즉 목숨이 다한(命終) 때인 다섯 가지를 말한다. 『유가사지론』 권53(대정장30, p.592b29)에 "〔문〕 몇 가지 인연이 있어 필추율의를 받은 뒤 되돌려 버리게 되는가? 〔답〕 학처를 버렸기에, 또는 근본죄(根本罪 : 四波羅夷)를 범했기에, 또는 (男根이나 女根의) 형이 없어지거나 이형(二形)이 동시에 생겨났기에, 또는 (율의의 因인) 선근이 끊어졌기에, 또는 중동분을 버렸기에 필추율의를 받은 뒤 다시 버리게 된다. 問 有幾因緣苾芻律儀受已還捨 答或由捨所學處故 或由犯根本罪故 或由形沒二形生故 或由善根斷故 或由棄捨衆同分故 苾芻律儀受已還捨", 『유가론기』 권14(대정장42, p.620b22)에 "세 번째는 계를 버리는 인연이다. … 필추가 다섯 가지 연으로 계를 버리는 것에 대해 밝힌다. 본래 받을 때의 마음을 버렸기 때문이다. … (『유가사지론』 권40에서) '보살이 네 가지 타승처법(Ⓢ pārājayika-sthānīya-dharma : 波羅夷)을 범하고 반복적으로 현행하는데도 전혀 참괴가 없다면 이를 상품의 번뇌로 범하는 것이라고 함을 알아야 할 것이다'라고 하였다. … 형이 없어지는 것과 두 가지 형이 동시에 생겨나는 것이 각기 다른 인연이니 (사계의 인연은) 여섯 가지가 되어야 하지만 형의 부류를 함께 밝힌 것이기에 합하여 하나의 연으로 세운 것이다. 第三明捨戒緣 … 明苾芻五緣捨戒 … 捨本受心 … 菩薩犯四他勝處法 數數現行都無慚愧 當知是名上品纏犯 … 形沒及二形生各別爲緣 應是六緣 以俱明形類故 總立一緣", 『구사론기』 권15(대정장41, p.235b4)에 "여기에는 세 가지가 있다. 첫째는 기꺼이 뜻을 내어(意樂 Ⓢ āśaya) 받은 계가 만족스럽지 않기 때문이고, 둘째는 이 뜻을 알아주는 사람(有解人)과 대면해 서로 이해가 맞았기 때문이고, 셋째는 드러내 하는 업들이 받을 때 하고자 했던 업들과 어긋나기 때문이다. 이 셋이 갖추어져야 비로소 학처의 버림(棄捨)이 성취되기 때문이니, 이 중 어느 하나가 결여되면 버림이 성취되지 않는다. 就中有三 一者 由意樂不欣戒故 二 對有解人相領會故 三 發有表業違受表故 具三方成捨學處故 隨有所闕捨卽不成", "계는 동분의 증상력에 의지해 얻음이니 목숨 마침으로써 의지하던 중동분을 버림으로써 의지하던 계 또한 버리게 된다. 戒依同分增上力得 由命終故捨所依同分能依戒亦捨", "계는 본래 선근에 의지해 얻지만 지금 선근이 끊어졌기에 그 계를 버리게 된다. 따라서 『순정리론』 권39에서 '넷째는 인으로서의 선근이 끊어져 사라졌기 때문이니, 이를테면 표업무표업을 동시에 일으키는 마음이 끊어졌기 때문이다'라고 하였다. 戒本由善根得 今善根斷故捨彼戒 故正理云 四由斷滅所因善根 謂表無表業等起心斷故", 『순정리론』 권39(대정장29,

p.564b3)에 "다섯 가지 인연으로 말미암아 별해탈율의를 버리게 된다. 첫째 고의로 버리는 것이다. 말하자면 율의에 대해 아세야(阿世耶 : 意樂)로 말미암아 공경하고 흠모하는 마음을 품지 않으며, 학처를 버리기 위해 알아주는 이를 마주해 어긋나는 표업으로 차별하게 행하는 것을 말한다. 즉 학처를 버리고자 하는 마음만을 일으킬 뿐만이 아니니, 마치 율의 얻었지만 지킬 수 없는 듯하기 때문이고, 꿈속에서는 버릴 수 없는 것과 같기 때문이다. 또한 표업차별을 일으키는 것만이 아니니, 분노하거나 미치는 것 등으로 버릴 수 없기 때문이다. 또한 두 가지(버리고자 하는 마음과 수계심과 어긋나는 표업차별)로 말미암는 것만이 아니니, 축생 등에 대하여 마음과 표업을 일으켜서 버릴 수 없기 때문이다. (그러므로 율의를 버리고자 하는 마음 일으키고 알아들을 만한 사람에게 계율을 받을 때의 마음에 위배되는 말을 해야 율의를 버리게 된다). 둘째 목숨을 마침으로써 버리는 것이다. 말하자면 중동분의 증상력으로 율의를 얻기 때문이다. 셋째 의지하는 몸에 이형이 동시에 생겨남으로써 버리는 것이다. 말하자면 몸이 변할 때 마음도 따라 변하기 때문이다. 또한 이형은 뛰어난 것이 아니기 때문이다. 넷째 인이 되는 선근을 끊고 멸함으로써 버리는 것이다. 말하자면 표업과 무표업을 동시에 일으키는 마음이 끊어졌기 때문이니, 율의의 인연이 끊어졌다는 뜻이다. 목숨이 다해야 버리는 진수계(盡壽戒)는 이상 네 가지 인연에 의해 버리게 된다. 근주율의(近住律儀) 역시 밤이 다함으로써 버리게 된다. 말하자면 근주계는 이상의 네 가지 인연과 아울러 밤이 다함으로써 버리게 되는데, 지켜야 할 기한이 지났기 때문이다. '밤이 다하였다'란 무슨 말인가? 여명이 밝아오는 때를 말한다. 모든 궤범사들은 대부분 이와 같은 다섯 가지 율의를 버리는 연을 '사율의연'이라 인정한다. 由五緣捨別解律儀 一由故捨 謂於律儀 由阿世耶 不懷欣慕 爲捨學處 對有解人發起相違 表業差別 非但由起 捨學處心 如得律儀 心無能故 又在夢中 捨不成故 非但由起 表業差別 忿癲狂等 捨不成故 非但由二 對傍生等 起心發表 捨不成故 二 由命終 謂衆同分 增上勢力 得律儀故 三 由依止 二形俱生 謂身變時 心隨變故 又二形者 非增上故 四 由斷滅 所因善根 謂表無表業等起心斷故 是此律儀因緣斷義 捨盡壽戒由上四緣 近住律儀 亦由夜盡 謂近住戒 由上四緣 及夜盡捨 過期限故 夜盡者 謂明相出時 諸軌範師 多分共許 如是五種 捨律儀緣"라고 하였다. [참고문헌]『瑜伽師地論』·권40(대정장30, p.515c12),『瑜伽論記』,『俱舍論記』,『順正理論』, *Bodh-bh.109.* ⇨ 사계 捨戒

필추율의 苾芻律儀 Ⓢ bhikṣu-saṃvara, Ⓣ dge-slong-gi-sdom-pa. 칠종 또는 팔종별해탈율의(八種別解脫律儀) 중 비구가 가지는 율의. 비구가 수지해야 할 이백오십 가지 바라제목차(波羅提木叉 Ⓢ prātimokṣa)를 말한다. 일반적으로 네 가지 바라이법(波羅夷法)·열세 가지 승잔법(僧殘法)·두 가지 부정법(不定法)·서른 가지 사타법(捨墮法)·아흔 가지 단제법(單提法)·네 가지 제사니법(提舍尼法)·백 가지 중학법(衆學法)·일곱 가지 멸쟁법(滅諍法) 등 이백오십 가지로 이루어져 있다.『유가사지론』권53(대정장30, p.590c25)에 "필추율의는 네 가지 갈래로 거둔다. 무엇이 네 가지인가? 첫째는 구족계를 받는 갈래이고, 둘째는 계법에 따라 학처를 받는 갈래이고, 셋째는 다른 이의 마음을 따라 보호하는 갈래이고, 넷째는 받은 학처대로 따라 보호하는 갈래이다. 苾芻律儀四支所攝 何等爲四 一 受具足支 二受隨法學處支 三 隨護他心支 四 隨護如所受學處支", "가령 (제1갈마로서 대중에게 수계자를) 표백(表白)하고 제4갈마를 짓고난 뒤 또 간략히 (四波羅夷과 걸식 등 四依法으로서) 대강의 학처를 따르기로 수용하는 것을 구족지를 받는다고 한다. 이 갈래를 갖추기에 처음 필추가 필추계를 구족한다고 한다. 若作表白第四羯磨 及略攝受 隨麤學處 是名受具足支 由具此支故 名初苾芻具苾芻戒", "이 다음으로 비나야별해탈 중에 있는 모든 계(Ⓢ śīla)에 수순하게 되는데, 만약 그것에 의해 이끌리는 온갖 학처라면 그 일체에 대해 수호하고 봉행해야 한다. 이로 인해 별해탈율의(Ⓢ prātimokṣa-saṃvara)를 수호하는 이라고 불릴 수 있게 되고, 이를 계법에 따라 학처를 받는 갈래라 한다. 自此以後於毘奈耶別解脫中所有隨順苾芻尸羅 若彼所引衆多學處 於彼一切守護奉行 由此得名守護別解脫律儀者 是名受隨法學處支", "이 두 갈래를 성취한 이는 모든 궤범(軌範 : 威儀)이 구족되고 (백정의 집에 가지 않는 등) 소행(所行)이 구족되니 이를 타인의 마음을 따라 보호하는 지분이라 한다. 모든 궤범의 구족과 소행의 구족에 대해서는 권23「성문지」에서 이미 설하였다. 由成就此二支者所有軌範具足所行具足 是名隨護他心支 軌範具足所行具足 如聲聞地已說", "미세한 죄에 대해 두려움을 깊이 보고, 배워야 할 모든 학처에 대해 훼범하지 않으며, 설사 훼범하더라도 벗어날 수 있는데 이는 두려움을 깊이 보고 슬기롭기 때문이니, 이를 수지한 학처대로 따라 보호하는 지라 한다. 若於微細罪中深見怖畏 於所受學諸學處中能不毁犯設犯能出 謂由深見怖畏及聰叡故 是名隨護如所受學處支",『유가론기』권14(대정장42, p.619a5)에 "(첫째는) 곧 청정시라에 머무는 것이고 … (둘째는) 잘 수호해 해탈하는 계이고 … (셋째는) 구족히 하는 위의계이다. … 소행의 구족이란 백정의 집에 가지 않는 등이다. 則是住淨尸羅 … 卽是善守護別解脫戒 … 則具足是威儀戒 … 所行具足是不行屠家等",『사분율행사초비』권1(卍속장67, p.254b2)에 "근사가 근책율의 받고도 오계 버리지 않았다면 십계 받았기에 이때 십오율의 성취하게 된다. 근책이 필추율의 받았다면 이때 이백육십오율의 성취하여 얻는다. 近事受勤策律儀 不捨五戒 受得十戒 爾時成就十五律儀 勤策受苾芻律儀 爾時成就得二百六十五律儀"라고 하였다. [참고문헌]『瑜伽師地論』, 『瑜伽論記』, 『四分律行事鈔批』, 『四分戒本疏行宗記』 권1(卍속장62, p.313b4), *Abh-k-bh.205.*, *Abh-s.57.* ⇨ 바라제목차 波羅提木叉, 비구계 比丘戒, 계 戒, 율의 律儀

필추초오덕 苾芻草五德 설산 향초(香草)와 같은 다섯 가지 필추의 덕. 비구의 오덕을 비유한다. 『대명삼장법수』 권16(영락장182, p.92b9)에 "필추초오덕〈출전은 『번역명의집』〉: 필추는 설산의 향초다. 그것에는 다섯 가지 덕이 있는데, 이 비유로 비구 역시 이 덕을 갖추고 있기에 필추라고 하는 것이다〈범어 비구는 걸사라고 한역한다〉. 첫째는 체성유연이다. 바탕과 그 성이 유연하다 하니, 비구는 능히 신어의업 거칠어 함부로 함을 굴복시키는 것을 비유한다. 둘째는 인만방포다. 끌어 적시고 널리 폄이니, 비구가 법을 전해 사람을 구해서 끊이지 않는 것을 비유한다. 셋째는 형향원문이다. 태양빛 등지지 않는다 하니, 비구의 계덕으로 향기롭게 하니, 대중들이 기울여 듣는 것에 비유한다. 넷째는 능료동통이다. 능히 아픈 것을 치료한다 하니, 비구가 번뇌의 해악에 의한 고통을 끊는 것을 비유한다. 다섯째는 불배일광이다. 메아리와 향기 멀리 가게 하니, 비구가 정견과 정사유로 항상 부처님을 향하여 등지지 않는 것을 비유한다. 苾芻草五德〈出翻譯名義〉 苾芻雪山香草 謂其有五種德 以喻比丘 亦具此德 故稱爲苾芻也〈梵語比丘 華言乞士〉 一 體性柔輭 體性柔輭者 以喻比丘 能折伏 身語意業之麤獷也 二 引蔓旁布 引蔓旁布者 以喻比丘 傳法度人 延綿不絶也 三 馨香遠聞 馨香遠聞者 以喻比丘 戒德芬馥 爲衆所聞也 四 能療疼痛 能療疼痛者 以喻比丘 能斷煩惱毒害之痛苦也 五 不背日光 不背日光者 以喻比丘 正見思惟 常向佛日 而不背也"라고 하였다. [참고문헌]『大明三藏法數』, 『翻譯名義集』 권1(대정장54, p.1074a15), 『毘尼日用錄』(卍속장106, p.121a10). ⇨ 필추 苾芻, 비구오덕 比丘五德, 비구오의 比丘五義

필타구파라 苾吒瞿波羅 Ⓢ Pṛthukagopāla의 음사어. 아기를 보호하는 야차(夜叉). 『대공작주왕경』 권중(대정장19, p.467c1)에 "필타구파라〈호아라고 한역〉. 苾吒瞿波羅〈護兒〉"라고 하였다. [참고문헌]『大孔雀咒王經』.

필타무간 必墮無間 반드시 무간지옥에 떨어지다. 오역죄 또는 칠역죄 등의 중죄를 짓는 경우다. 『대승대집지장십륜경』 권4(대정장13, p.743a20)에 "이때 나찰의 어머니 문득 아들에게 고하여 말하길 '가사 입고 삭발한 이 해한다면 반드시 무간옥에 떨어져 오래도록 큰 고통 당하는 몸 받으리라'. 時 羅刹母便告子言 若害著袈裟 剃除鬚髮者 必墮無間獄 久受大苦器", 『무외삼장선요』(대정장18, p.943a25)에 "불자들인 그대들이여! 난 이래로 아버지를 죽이지 않았는가? 그대들은 어머니를 죽이지 않았는가? 부처님 몸에 피를 내지 않았는가? 아라한을 죽이지 않았는가? 화상을 죽이지 않았는가? 아사리를 죽이지 않았는가? 화합승을 깨뜨리지 않았는가? 諸佛子汝等 從生已來 不殺父耶 汝等不殺母耶 不出佛身血耶 不殺阿羅漢耶 不殺和尙耶 不殺阿闍梨耶 不破和合僧耶", "그대들이 위와 같은 칠역죄를 범했다면 응당 대중에게 발로참회해야 하며 숨겨서는 안 되니 반드시 무간에 떨어져 무량한 괴로움 받으리라. 부처님 가르침에 의하여 발로참회한다면, 반드시 중죄 소멸함 얻어 청정신 얻으며 불지혜에 들어 속히 무상정등보리를 증하리라. 범하지 않았다면 스스로 답해 없다고 하라. 汝等若犯如上七逆罪者 應須對衆 發露懺悔 不得覆藏 必墮無間受無量苦 若依佛敎 發露懺悔者 必得重罪消滅 得淸淨身入佛智慧 速證無上正等菩提 若不犯者 但自答無", 『산가의원』 권하(卍속장101, p.370a2)에 "만약 낮은 근기 사람이 연 만나 역죄 지으면 이미 깊이 참회할 줄도 모르리니, 역죄 또한 사라질 수 없어 비단 정토왕생만 막힐 뿐만 아니라 반드시 무간에 떨어진다. 若下根人 遇緣造逆 旣無重悔 逆罪不滅 非但障淨土生 必墮無間"라고 하였다. [참고문헌]『大乘大集地藏十輪經』, 『無畏三藏禪要』, 『山家義苑』. ⇨ 오역죄 五逆罪, 칠역죄 七逆罪

필희 弼熙 조선후기 스님. 법호는 지월(智月). 『동사열전』 권4 「금계선사전 錦溪禪師傳」(한불전10, p.1035a8)에 "법명은 근적, 호는 금계이다. … 두륜산에 출가하여 필조장로에게 법은을 받았고 지월필희법사에게 염향했다. … 수계자는 스무 분이고 전업자는 다섯 분이며 전법자는 월연이다. 名根績 號錦溪 … 出家于輪山 受恩于弼照長老 拈香于智月弼熙法師 … 授戒者二十人 傳業者五人 傳法者月淵"라 하였다. [참고문헌]『東師列傳』.

핍도 乏道 사문(沙門 Ⓢ śramaṇa)의 한역어 중 하나. 도에 있어 아직 부족하다고 스스로 겸손해 하는 말. 빈도(貧道)라는 한역어와 뜻을 같이 한다. 『대반열반경집해』 권68(대정장37, p.597b23)에 "보량이 말했다. '사문나(沙門那) 곧 사문의 한역어는 핍도이다. 오직 나고 죽을 뿐이어서 도가 부족하여 능히 모든 번뇌의 과보 또한 쉬지도 못한다. 팔성도를 빠짐없이 갖추고 덕행이 넘쳐 일렁이며 업의 속박 버려 다해야 사문의 과라 한다'. 寶亮曰 此言乏道 唯生死是 乏道能不息 一切煩惱果報 具八聖道 德行盈滿 業累消盡 名沙門果也"라고 하였다. [참고문헌]『大般涅槃經集解』. ⇨ 사문 沙門, 사문나 沙門那

핍박 逼迫 쉴 틈 없이 몰아붙이다. 다그쳐서 괴롭게 하다. 절박하여 피할 수 없는 사태. 온갖 번뇌로 생사하는 중생의 사태를 비유해 하는 말. 『장아함경』 권1 「대본경 大本經」(대정장1, p.9b16)에 "중생의 고액을 보노라면 노병사로 핍박하니, 이 삼악취 위해 지혜로 법륜을 굴리노라. 見衆生苦厄 老病死逼迫 爲此三惡趣 智慧轉法輪", 『방광대장엄경』 권2(대정장3, p.548a20)에 "한 중생도 이 때에는 탐진치 등 일체번뇌로 핍박당하지 않는다. 無一衆生 於此時中 爲貪瞋癡等 一切煩惱之所逼迫", 『일체경음의』 권4(대정장54, p.330a20)에 "핍박〈핍은 병과 극을 반절한 음이다. 『이아』에 '핍도 박의 뜻이다'라고 하였고, 두예(杜預) 주석의 『좌전』에 '핍은 가까이 오다(近)의 뜻이다'라고 했다. 박은 보와 격을 반절한 음이다. 『창힐편』에 '박도 다가선다는 뜻이다'라고 하였고, 『광아』에 '좁혀오다. 다그치다'라고 하였다〉. 逼迫〈上兵棘反 爾雅 逼亦迫也 杜注左傳 逼近也 下補格反 蒼頡篇 迫亦近也 廣雅 陿也 急也〉"라고 하였다. ［참고문헌］『長阿含經』, 『方廣大莊嚴經』, 『一切經音義』. ⇨ 핍찰 逼拶

핍박교방편 逼迫巧方便 몰아세워 성취케 하는 방편. 육종교방편(六種巧方便) 중 하나다. 『보살지지경』 권8(대정장30, p.933c2)에 "무엇을 가리켜 보살이 핍박교방편을 보인다고 하는가? 만약 보살이 주인이자 왕이라면 자신의 권속을 이렇게 교화할 것이다. 만약 나의 권속 가운데 부모를 부양하지 않거나 계를 범하는 이들이 있다면 나는 마땅히 그에게 공급하던 모든 물품을 끊고 귀양의 벌을 더하거나 국외로 내쫓을 뿐만 아니라 한 소임을 세워 그를 항상 사찰할 것이다. 저들 모든 중생은 두려움 때문에 선한 법을 부지런히 닦고 그들이 즐겁지 않을지라도 거세게 몰아붙여 닦도록 한다. 이를 보살의 핍박교방편이라 한다. 云何菩薩現逼迫巧方便 若菩薩爲主爲王 於自眷屬 作如是教 若我眷屬 有不供養父母 乃至犯戒者 我當斷其供給 或加謫罰 或至驅擯 立一士夫 常令伺察 彼諸衆生 以恐怖故 勤修善法 斷不善法 彼雖不樂 强逼令修 是名菩薩逼迫巧方便"라고 하였다. ［참고문헌］『菩薩地持經』. ⇨ 육종교방편 六種巧方便

핍박성 逼迫性 Ⓢ pīḍātmakatva, Ⓣ gnod-pa'i bdag-nyid-yin-pa. 몰아쳐 쉬지 못하게 하는 성. 고제(苦諦)의 네 가지 행상 중 고(苦)를 표상하는 말이다. 『구사론』 권26(대정장29, p.137a8 : *Abh-k-bh.*, p.399)에 "고성제에 네 가지 행상이 있으니, 첫째는 비상, 둘째는 고, 셋째는 공, 넷째는 비아이다. … 핍박의 성질이기에 고이다. 謂苦聖諦有四相 一非常二苦三空四非我 … 逼迫性故苦 duḥkhākārāś catvāraḥ … anityam. pīḍātmakatvāt duḥkham. … śūnyam … ānātmā"라고 하였다. ［참고문헌］『俱舍論』, *Abh-k-bh.*

핍생잠작견 逼生蠶作繭 막 태어난 누에에게 고치를 짓게 하다. 때를 가려 지혜롭게 하지 못함에 비유다. 『허당록』 권1(대정장47, p.988a25)에 "제방에서 막 태어난 누에에게 고치 짓게 하거나 수소에게 송아지를 낳게 하지만, 나의 이곳에서는 머리모양 살펴서 모자를 사고 집안의 형편에 따라 넉넉히 하거나 아껴쓰게 한다. 諸方逼生蠶作繭 特牛產兒 我者裏 買帽相頭 隨家豐儉", 같은 책 권3(대정장47, p.1007c2)에 "조주가 옆에 있던 학인에게 '사미는 문으로 들어왔고, 시자는 문 밖에 남아 있다'라고 한 말에 대하여 허당지우(虛堂智愚)가 평가한다. '막 태어난 누에에게 고치 짓게 하는 일은 쉽지만, 수소에게 송아지를 낳도록 하는 일은 그보다 어렵다'. 州謂旁僧云 沙彌得入門 侍者在門外 師云 逼生蠶作繭則易 要特牛產兒較難"라고 하였다. ［참고문헌］『虛堂錄』.

핍찰 逼拶 틈새없이 몰아치다. 핍박(逼迫)과 통한다. 『밀암어록』(대정장47, p.967b20)에 "경산은 법 조문이 있으면 조문에 따르고 조문이 없으면 판례를 따르니, 노주와 등롱을 몰아쳐 모두 마음을 텅 비우고 급제시키고자 한다. 徑山 有條攀條 無條攀例 逼拶露柱燈籠 盡要心空及第", 『박산선경어』 권상(卍속장112, p.951b5)에 "만약 마음을 먹고 깨달음을 기다린다면 결코 깨닫지 못하니 반드시 스스로 여지없이 몰아쳐 깨닫도록 해야 할 뿐이다. 若將心待悟 終不悟 只須逼拶令悟"라고 하였다. ［참고문헌］『密菴語錄』, 『博山禪警語』. ⇨ 핍박 逼迫

핍추 煏芻 Ⓢ bhikṣu의 음사어. 비구(比丘)·필추(苾芻) 등이라고도 한다. 핍(煏)은 '픽'으로도 읽는다. 『사분율산보수기갈마소제연기』 권3(卍속장64, p.765a9)에 "범어 본음은 부르길 '핍추'라 한다. 이쪽에서 전함에 변하기도 잃기도 하여 '비구'로 바뀌었다. 처음에는 포마라 한역하고, 다음에는 걸사, 후에는 파번뇌라 하였다. … 핍은 피와 핍의 반절이다. 梵本音 號曰煏芻 此傳訛失轉比丘也 初翻怖魔 次云乞士 後云破煩惱 … 煏皮逼反"라고 하였다. ［참고문헌］『四分律刪補隨機羯磨疏濟緣記』. ⇨ 비구 比丘, 필추 苾芻

하 下 ❶ Ⓢ adhas, adhara, adhastāt, Ⓟ adho, Ⓣ 'og. 아래. 공간을 점유해 있는 것들 사이에서 아래에 위치하다의 뜻. 『구사석론』 권1(대정장29, p.166b6 : *Abh-k-bh.*, p.16)에 "다시 우리 몸에서 안근의 의지하는 곳은 위이고, 이근은 다음 아래다. … 신근의 대부분은 설근 아래이지만 의근이 의지하는 곳은 그에 꼭 맞는 곳은 없다. 그러므로 저 처소에 따라 차제를 세운 것이다. 復次於身中 眼根依止在上 耳根次下 … 身多下舌 意根依止其中無有的處 故如處所立彼次第 atha vā asmin śarīre cakṣuṣo 'dhiṣṭhānam upariṣṭāt niviṣṭa

m. tasmād adhaḥ śrotrasya. … tasyāḥ kāyasya bāhulyena. manaḥ punas tāny eva niśritam adeśastham ceti yathāsthānam eṣāṃ kramaḥ syāt", 『유가사지론』 권2(대정장30, p.288b20 : *Yogā-bh.*, p.46)에 "건립의지란 무엇인가? 즉 가장 아래의 풍륜과 수륜과 지륜이니, 모든 유정중생들이 아래로 떨어지지 않도록 일어나 있으니, 이것을 의지라고 한다. 建立依持 謂最下風輪及水輪地輪 令諸有情不墜下故起 是名依持 pratiṣṭhādhārāḥ. tad yathādhastād vāyumaṇḍalaṃ jalamaṇḍalaṃ pṛthivīmaṇḍalaṃ ca. adhastāt sattvānām apatanasyaiṣa yonis tasmād ādhāra ityucyate"라고 하였다. 〔참고문헌〕『俱舍釋論』, 『瑜伽師地論』, *Abh-k-bh.*, *Yogā-bh.* **2** Ⓢ mṛdu, hīna, Ⓣ chung-ngu, dma'-ba. 어떤 것보다 품위에 있어 낮은 것. 하품(下品)을 말한다. 『대방등대집경』 권11(대정장13, p.68b20)에 "선남자야, 모든 중생의 하중상의 근기를 아는 것을 지혜라고 하며, 이것을 알고서 뜻에 따라 설법하는 것을 방편이라고 한다. 善男子 知諸衆生 下中上根 是名爲慧 知已隨意 而爲說法 是名方便", 『능가경』 권2(대정장16, p.494c26 : *Laṅk.*, p.117)에 "수다원(Ⓢ srota-āpanna : 預流)과 수다원의 과에 세 가지 차별이 있다. 어떤 것이 그 세 가지인가? 즉 하중상을 말한다. 하품의 수다원은 최대 일곱 번 태어난다. 有三種 須陀洹 須陀洹果差別 云何爲三 謂下中上 下者 極七有生 traya ime mahāmate srotaāpannānāṃ srotaāpattiphalaprabhedāḥ. katame trayaḥ. yad uta hīna madhyaviśiṣṭāḥ. tatra mahāmate hīnaḥ saptajanmabhavaparamaḥ"라고 하였다. 〔참고문헌〕『大方等大集經』, 『楞伽經』, *Laṅk.*, *Abh-k-bh.216.* **3** Ⓢ adhas, Ⓣ 'og. 윤회함에 보다 하취(下趣)인 삼악취(三惡趣). 『구사론』 권10(대정장29, p.56b12)에 "목숨을 마치는 위에서 몸의 분 중에 식(識)은 최후로 멸하는가? … 서서히 죽는 이로 하계와 인간계나 천계로 가는 이는 발과 배꼽과 심장에서 차례로 식이 멸한다. 즉 악취에 떨어지는 이를 하계로 간다고 하는데, 그의 식은 최후에 발에서 사라진다. 於命終位 何身分中 識最後滅 … 若漸死者 往下人天 於足齊心 如次識滅 謂墮惡趣 說名往下 彼識最後 於足處滅"라고 하였다. 〔참고문헌〕『俱舍論』, *Abh-k-bh.156.* ⇨ 삼악취 三惡趣 **4** Ⓢ avakṣepaṇa, nimna. 업에 있어서의 하강. 바이셰쉬카(Ⓢ Vaiśeṣika : 勝論)에서 말하는 업구의(業句義)의 오종업(五種業) 중 사업(捨業)과 같은 뜻이다. 『입능가경』 권10(대정장16, p.584b29)에 "활을 쏘고 돌과 나무를 던지는 것처럼, 힘이 다하면 다시 떨어진다네. 하나를 쏘면 다시 하나가 떨어지는 것처럼, 선과 불선 역시 그러하다네. 如放箭石木 勢極則還下 放一還下一 善不善亦爾", 『대비바사론』 권198(대정장27, p.991c11)에 "외도가 말하는 다섯 가지 업이란 들어 올려지는 것·내려오는 것·굽히는 것·펴는 것·다니는 것의 다섯 가지를 말한다. 外道所說五業 謂擧下屈申行"라고 하였다. 〔참고문헌〕『入楞伽經』, 『大毘婆沙論』. ⇨ 사업 捨業 **1** **5** 보살이 아닌 하근(下根). 범부나 이승 등을 말한다. 40권본 『화엄경』 권36(대정장10, p.830b27)에 "선남자여, 금강보는 모든 범부나 근기가 낮은 이가 얻을 수 없는 것처럼 보살마하살의 보리심금강의 일체지혜보 역시 이와 같으니, 모든 열한 마음의 범부나 이승이 얻을 수 있는 것이 아니다. 善男子 譬如金剛 非諸凡下之所能得 菩薩摩訶薩菩提心金剛一切智寶 亦復如是 非諸劣意 凡夫二乘之所能得"라고 하였다. 〔참고문헌〕『華嚴經』.

하 何 ⓈⓅ kim, katham, katama. **1** 의문부사로 쓰여 '어찌'·'왜'·'어떻게' 등의 뜻으로 뒤따르는 글을 이끈다. 여하(如何)·하여(何如)·운하(云何)·약하(若何)·내하(奈何) 등으로 쓴다. '왜'라는 의미로 쓰일 때는 하이고(何以故)라는 구로 쓴다. 『중아함경』 권60 「애생경 愛生經」(대정장1, p.801a5 : *Piyajātika-sutta, MN.2,* p.111)에 "구담이시여, 어째서 '만약 애가 일어나면 문득 시름·울음·우울·번거로움·괴로움이 생겨난다'고 말씀하십니까? 瞿曇 何言若愛生時 便生愁慼 啼哭憂苦 煩惋懊惱耶 kiṃ pana me na uppajjissanti sokaparidevadukkhadomanassupāyāsā ti", 『대지도론』 권35(대정장25, p.321a16)에 "모든 현성의 지혜는 모두 사제를 연하여 나는데, 어찌하여 멸제만을 설하는가? 諸賢聖智慧 皆緣四諦生 何以但說滅諦", 같은 책 권33(대정장25, p.306c9)에 "〔문〕 이 두 법은 눈이 아닌데, 어떻게 볼 수가 있는가? 〔답〕 이것은 지혜일 뿐이지만 임시로 '안'이라고 이름 삼았다. 問曰 此二法非眼 云何能見 答曰 此是智慧 假名爲眼", 『중론』 권1 「관인연품 觀因緣品」(대정장30, p.2a8)에 "만물에는 생(生)이 없다. 왜인가? 세간에 드러나 보이기 때문이다. 萬物無生 何以故 世間現見故", 『성유식론』 권4(대정장31, p.18a12)에 "만약 이 위에 종자를 지니는 식이 없다면, 후행하는 식에 종자가 없는데 어떻게 생할 수가 있는가? 若此位無持種識 後識無種如何得生", 『태고어록』 권상 「시중 示衆」(한불전6, p.676b15)에 "마치 저 크게 죽은 이인 듯할 뿐이니, 어찌하느냐 저찌하느냐는 생각을 버리고 단단히 해서 일개 무라는 글자만을 들라. 如大死人相似 放捨如何若何之念 單單提箇無字"라고 하였다. 〔참고문헌〕『中阿含經』, 『大智度論』, 『中論』, 『成唯識論』, 『太古語錄』, *MN.* **2** 의문형용사로 쓰여 '어떤 때'·'무슨 일' 등으로 의문을 일으킨다. 처(處)·시(時)·소(所)·인(人)·법(法) 등 명사를 수반한다. 『장아함경』 권3 「유행경 遊行經」(대정장1, p.20b14 : *Mahāparinibbāna-sutta, DN.2,* p.141)에 "여래께서 멸도한 다음에는 어떤 방법으로 다비해야 할 것인가? 如來滅度後 當以何法葬 kathaṃ mayaṃ bhante tathāgatassa sarīre paṭipajjāmāti", 80권본 『화엄경』 권17 「범행품 梵行品」(대정장10, p.88c13)에 "이 중에서 어떤 법을 '범행'이라고 하며, 범행은 어떤 곳으로부터 나오며, 누가 가지게 되는가? 此中何法 名爲梵行 梵行從何處來 誰之所有", 『운문광록』 권상(대정장47, p.551c29)에 "학인이 '설교는 어떤 사람을 위한 것이어야 합니까?'라고 물으니, 운문이 '가까이 와서 큰 소리로 물으라'라고 말하였다. 학인이 가까이 가서 묻자 운문이 때렸다. 問 說敎當爲何人 師云 近前來高聲問 僧近前問 師便打"라고 하였다. 〔참고문헌〕『長阿含經』, 『華嚴經』, 『雲門廣錄』, *DN.* **3** 의문대명사로 쓰여 '무엇'·'어떤 것' 등을 뜻한다. '무엇을 ~(이)라고 하는가'라는 뜻으로 쓰이는 운하(云何), '~는 무엇인가'라는 뜻으로 쓰이는 하위(何謂), '무엇이 ~인가'라는 뜻의 여하시(如何是) 등으로 쓰인다. 『중아함경』 권7 「상적유경 象跡喩經」(대정장1, p.467a9)에 "세존께서도 이와 같이 설하신다. '연기함을 보면 법을 보는 것이고, 법을 보면 연기함을 보는 것이다'. 까닭은 무엇인가? 世尊亦如是說 若見緣起便見法 若見法便見緣起 所以者何", 『구사론』 권1(대정장29, p.1c10 : *Abh-k-bh.*, p.3)에 "무루란 무엇인가? 도성제와 세 가지 무위이다. 어떤 것들이 그 세 가지인가? 허공과 두 가지 멸이다. 두 가지 멸은 무엇인가? 택멸과 비택멸이다. 無漏云何 謂道聖諦 及三無爲 何等爲三 虛空二滅 二滅者何 擇非擇滅 anāsravā mārgasatyaṃ trividhaṃ cāpy asaṃskṛtam. katamat trividham. ākāśaṃ dvau nirodhau ca. katamau dvau. pratisaṃkhyānirodho 'pratisaṃkhyānirodhaś ca", 『수심결』(대정장48, p.1006b3)에 "학인이 귀종화상에게 물었다. '무엇이 부처입니까?' '내가 지금 네게 말해줘도 아마 그대가 믿지 못할 것이오' '화상께서는 성실히 말씀하시는데, 어찌 감히 믿지 않겠습니까?' '바로 그대이니라' '어떻게 보임합니까?' '까끄라기 하나가 눈에 들어가니 허공 꽃이 어지럽게 떨어지는구나'. 학인이 그 말 한마디에 깨달음이 있었다. 僧問歸宗和尙 如何是佛 宗云 我今向汝道 恐汝不信 僧云 和尙誠言 焉敢不信 師云 卽汝是 僧云 如何保任 師云 一翳在眼 空華亂墜 其僧言下有省"라고 하였다. 〔참고문헌〕『俱舍論』, 『修心訣』, *Abh-k-bh.*, *Saddh-p.25.*, *Sukh-vy.Ⅱ.89.* **4** 반어사로 '어찌'·'어떻게'의 뜻이며 뒤이은 글자를 끌어 하감(何敢)·하필(何必)·하족(何足) 등의 형태로 쓴다. 『내녀기바경』(대정장14, p.902c27)에 "여러 어린 아이들이 함께 (기바를) 놀리며 말하였다. '애비도 없는 자식이요, 음녀의 소생인데 어찌 감히 우리를 깔보랴!' 諸小兒共罵之曰 無父之子 婬女所生 何敢輕我", 『십송율』 권8(대정장23, p.58a21)에 "혹 어떤 사람은 정결한 것을 좋아하기 때문이니, 어찌 벌레 죽이는 것이 두려워서 그러겠는가? 或有人喜淨潔故 何必畏殺虫", 『생경』 권5(대정장3, p.105b2)에 "괴이하게 여길 필요가 있겠는가? 나는 위없는 바르고 진실한 도를 이루어 최정각이 되었노라. 何足爲怪 吾成無上正眞道 爲最正覺"라고 하였다. 〔참고문헌〕『奈女耆婆經』, 『十誦律』, 『生經』. **5** 감탄사. '어찌나'·'얼마나' 정도의 뜻으로, 이어지는 문맥에 따른다. 『방광대장엄경』 권6 「출가품 出家品」(대정장3, p.576a3)에 "(耶輸陀羅는) 자신의 머리카락을 쥐어뜯으며 몸에 걸친 영락을 끊으며 슬피 울며 말하였다. '어찌 이리 아프고, 어찌 이리 괴로운가!' 自拔頭髮 絶身瓔珞 悲哭而言 一何痛哉 一何苦哉"라고 하였다. 〔참고문헌〕『方廣大莊嚴經』.

하 河 Ⓢ Ⓟ nadī, Ⓣ chu-rlung, chu-klung. 큰 냇물. 강(江). 『장아함경』 권20 「세기경 世記經」(대정장1, p.135a27)에 "일체의 사람들이 거하는 집에는 모두 귀신이 있어 빈 곳이란 있을 리 없다. 일체 거리나 골목, 네 거리, 백정의 가게, 무덤가에도 모두 귀신이 있어 빈틈이라곤 없다. 대체로 모든 귀신은 모두 의지하는 바 따라 이름을 삼는다. 사람에 의지하면 사람의 이름을 따고, 마을을 의지하면 마을의 이름을 따고, 성을 의지하면 성의 이름을 따고, 나라를 의지하면 나라의 이름을 딴다. 땅을 의지하면 땅의 이름을 따고, 산을 의지하면 산의 이름을 따며, 강을 의지하면 강의 이름을 딴다. 一切人民 所居舍宅 皆有鬼神 無有空者 一切街巷 四衢道中 屠兒市肆 及丘塚間 皆有鬼神 無有空者 凡諸鬼神 皆隨所依 卽以爲名 依人名人 依村名村 依城名城 依國名國 依土名土 依山名山 依河名河", 『번역명의집』 권3(대정장54, p.1099c11)에 "긍〈거와 승을 반절한 음〉가(Ⓢ Gaṅgā)는 한역하여 '천당에서 오다'라는 뜻이니, 살피자면 높은 곳에서 발원하기 때문이다. 또 일컫기를 '하신의 이름에 따라서 강인 하의 이름이 있게 되었다'고도 하는데, 『대당서역기』에서는 '구역에서는 항하라고 한다'고 하였다. 殑〈巨升〉伽 此云 天堂來 見從高處來故 又云 河神之名 以爲河名 西域記舊曰恒河"라고 하였다. 〔참고문헌〕『長阿含經』, 『翻譯名義集』, *Abh-k-bh.6.*, *SN.5.53.*

하 夏 **1** Ⓢ grīṣma, Ⓣ dpyid-ka. 여름. 하절기를 말한다. 『입능가경』 권3(대정장16, p.532c2 : *Laṅk.*, p.95)에 "여름이면 짐승들 물에 애착하니, 요동쳐 마음마저 미혹케 한다. 저곳에 물 있을 리 없건만, 망상 일으켜 보고서 물이라 하네. 저 의식종자같이 경계 움직여 견해 일으키네. 어리석음으로 취하여 실이라 여기나, 저 법의 생함은 마치 눈에 낀 티끌(翳)과 같다네. 如夏獸愛水 搖動迷惑心 彼處無水事 妄想見爲水 如意識種子 境界動生見 愚癡取爲實 彼法生如翳 mṛga-tṛṣṇā yathā grīṣ me spandate citta-mohanī, mṛgā gṛhṇanti pānīyaṃ na cāsyāṃ vastu vidyate. tathā vijñāna-bījaṃ hi spandate dṛṣṭi-gocare, bālā gṛhṇanti jāyantaṃ timiraṃ taimirā yathā"라고 하였다. 〔참고문헌〕『入楞伽經』, *Laṅk.* **2** Ⓢ varṣa, Ⓟ vassa. 하안거(夏安居)의 약칭. 대중들이 유행(遊行)을 멈추고 모여 결제(結制)하는 일. 인도에서는 비 내리는 우기 3개월 동안에 하기에 이렇게 부른다. 『적지과경』(대정장1, p.276a21)에 "아사세왕(阿闍世王)이 부처님께 아뢰었다. '그렇습니다. 세존이시여! 바라건대 한철 하안거 동안의 제 공양청을 받아주십시오. 王白佛 唯然世尊 願受我一夏之請", 『유부율잡사』 권35(대정장24, p.382c17)에 "내가 불률씨국에 자주 머무르지는 않았지만, 일찍이 3개월 동안 하안거 하는 시기에 그곳으로 가서 머물며 대중들에게 일곱 가지 물러서지 않는 법을 설하였다. 我不多時在佛栗氏國 曾於三月 坐夏之時 於彼而住 我時爲衆宣說七種不退轉法"라고 하였다. 〔참고문헌〕『寂志果經』, 『有部律雜事』, *Abh-k-bh.125.*, *SN.5.396.* ⇨ 하안거 夏安居, 안거 安居 **3** 법랍(法臘)을 세는 단위. 출가하여 하안거를 지낸 햇수에 따라 법랍을 헤아린다. 『유부율』 권31(대정장23, p.794c11)에 "무엇을 기숙위에 머문다고 하는가? 구족계를 받고 법랍 20하를 다 채우거나 그것을 넘어선 것이다. 云何住耆宿位 謂受圓具滿二十夏 或復過此", 『경덕전등록』 권14 「석루화상전 石樓和尙傳」(대정장51, p.312c16)에 "석루가 학인에게 물었다. '아사리는 계를 받은 지 몇 하나 되었는가?' '30하입니다'. 師云 闍梨受戒來多少夏 僧云 三十夏"라고 하였다. 〔참고문헌〕『有部律』, 『景德傳燈錄』. ⇨ 법랍 法臘

하 荷 **1** 메다. 짊어지다. 같은 뜻의 담(擔) 또는 부(負)와 함께 쓰기도 한다. 『앙굴마라경』 권4(대정장2, p.537c27)에 "비유하자면 대지가 네 가지 무거운 짐을 짊어진 듯하다. 어떤 것들이 그 네 가지인가? 첫째는 큰 물, 둘째는 큰 산, 셋째는 초목, 넷째는 중생이다. 이와 같이 대지는 네 가지 짐을 짊어진다. 譬如大地荷四重擔 何等爲四 一者大水 二者大山 三者草木 四者衆生 如是大地荷此四擔", 『백론』 권상(대정장30, p.168a23)에 "부처님 발에 머리 조아려 절 올리나이다. 가엾이 여기시는 세존이시여! 무량겁 동안 뭇 고통을 짊어지시어 번뇌가 이미 다하고 그 습기 또한 사라짐에 범천·제석천·용·천신이 모두들 공경 드리옵니다. 頂禮佛足哀世尊 於無量劫荷衆苦 煩惱已盡習亦除 梵釋龍神咸恭敬"라고 하였다. 〔참고문헌〕『央掘魔羅經』, 『百論』. ⇨ 하담 荷擔, 하부 荷負 **2** 입다. 은혜 입는 것을 뜻한다. 『대당서역기』 권7(대정장51, p.907a25)에 "고통과 재앙을 두루 경험하면서도 은덕을 입은 까닭에 한 번도 입 밖으로 소리를 내지 않았다. 備經苦厄 荷恩荷德 嘗不出聲"라고 하였다. 〔참고문헌〕『大唐西域記』, 『華嚴經疏鈔』 권12(대정장36, p.87c29).

하 訶 **1** Ⓢ 실담자 𑖮(ha)의 음사어. 실담(悉曇) 사십이자문 또는 오십자문의 하나. 가(賀·呵·哥) 등으로도 음사한다. hetu(因)·hata(害) 등의 h음에 쓰였으며, 밀교에서의 𑖮는 육대(六大) 중 풍대(風大)에 배당한다. 『유가법궤의』 권하(대정장19, p.382a5)에 "하(𑖮)자는 청색이고 서방이며 반월형이다. 𑖮訶字青色西方半月形"라고 하였다. 〔참고문헌〕『瑜伽法軌儀』. ⇨ 하자 訶字**1** **2** 꾸짖다의 뜻으로 가(訶)로 소리낸다. ⇨ 가오욕 訶五欲

하 霞 노을. 『대보적경』 권47(대정장11, p.278a2)에 "천년 동안 일찍이 우러러 허공·해·달·행성·별자리·구름·노을 등의 색을 바라보겠다는 생각을 일으킨 적 없다. 於千歲中 未曾起念 仰觀虛空 日月星宿 雲霞等色", 『십주비바사론』 권17(대정장26, p.121c9)에 "(離垢地의 보살은) 입술이 마치 붉은 노을 같고, 빈바(Ⓢ bimba) 열매와도 같다. 위아래가 서로 맞닿아 두껍지도 얇지도 않지도 않아 마치 붉은 진주 목걸이와도 같다. 脣如丹霞 如頻婆果 上下相當 不麤不細 如赤眞珠貫"라고 하였다. 〔참고문헌〕『大寶積經』, 『十住毘婆沙論』.

하가라구리가 何伽羅久履笴 Ⓢ agra-kulika. 부처님 재세시에 길에서 마주친 아이. 최승성(最勝姓)이라 한역한다. 가장 뛰어난 족성(族姓)이라는 뜻이다. 『아육왕경』 권1(대정장50, p.131c9)에 "그때 세존께서 걷다가 대로에 이르셨다. 대로에는 두 아이가 있었는데, 하나는 하가라구리가〈한역어는 최승성〉라는 아이였고, 다른 하나는 구리가〈한역어는 승성〉라는 아이였다. 爾時世尊行至大路 於大路中 有二小兒 一 是何伽羅久履笴〈翻最勝姓〉兒 一 是久履笴〈翻勝姓〉兒"라고 하였다. 〔참고문헌〕『阿育王經』, *Divy.366.*

하가타암 下伽陀庵 경상북도 영주시 풍기읍 소백산(小白山)에 있던 암자. 가타암은 상중하(上中下)로 있었다. 『퇴계선생문집』 권41 잡저(雜著)에 실린 이황(李滉 1501~1570)의 「유소백산록 遊小白山錄」에 "(1549·명종4) 4월 … 갑자일에 나는 뜻을 내어 상가타를 찾았다. … 그 동쪽에 동가타가 있었다. … 중가타의 입구에 이르렀는데, 스님이 없었으므로 들어가지 않았고, 몇 걸음을 가자 갑자기 물이 몇 층이나 흘러 내렸다. … 길이 작은 시내를 지나자 금당과 하가타암에 이르렀다. 중가타의 위에서 동쪽으로 들어가면 보제 등의 암자가 있고, 하가타의 주변에는 진공암이 있었지만, 모두 스님이 앓고 계셔서 들어가지 않았다. 하가타를 따라 내려오다가

시내를 건너 바로 관음굴로 올라가서 머물렀다. 四月 … 甲子 余作意尋上伽陁 … 其東偏有東伽陁 … 至中伽陁之口 中伽陁無僧 余不入 行數步 有瀑流數層 … 行度小澗乃至金堂 及下伽陁庵 其自中伽陁之上 東入有普濟等庵 下伽陁之傍 有眞空庵 皆以僧病不入 從下伽陁而下 渡澗直上觀音窟止宿", 황준량(黃俊良 1517~1563)의 『금계집』 외집 권1 시(詩) 「소백산욱금로중차회암운 小白山郁錦路中次晦菴韻」에 "납극과 봄 적삼인 채로 마음 가는대로 갔는데, 나도 모르게 하가타로 길 들어섰네〈하가타로 가는 길에서〉. 蠟屐春衫隨意去 不知行入下伽陀〈下伽陀路中〉", 1849년(헌종15)에 편찬된 순흥읍지인 『재향지』 불우에 "하가타암은 중가타암 아래에 있었다. 푸른 상봉우리가 빙 둘러있어 그윽하고 고요하여 기묘한 곳이었으나 지금은 폐사되었다. 下伽陀 在中伽之下 翠屛環抱 幽閴奇勝 今廢"라 하였다. 〔참고문헌〕『退溪先生文集』(韓國文集叢刊30, p.426a19), 『錦溪集』 外集(韓國文集叢刊37, p.64a10), 『韓國寺刹全書』 권하 p.1127b2, 『梓鄕誌』. ⇨ 상가타암 上伽陀庵, 중가타암 中伽陀庵

하각 下覺 Ⓢhīna. 낮은 소승의 깨달음. 『대승장엄경론』 권8(대정장31, p.633a28)에 "하각은 이승에 의지하여 행하는 사람이고, 상각은 대승에 의지하여 행하는 사람이다. 그 차제로 작은 이득과 큰 이득을 설하기 때문이다. 왜 그런가? 자신만을 이롭게 하기 때문이고, 타인까지 이롭게 하기 때문이다. 下覺者 依二乘行人 上覺者 依大乘行人 如其次第 說於小利 及大利故 何以故 爲自利故 爲他利故"라고 하였다. 〔참고문헌〕『大乘莊嚴經論』, *Sūtr.122.*

하간 下間 승방(僧房) 중 아래쪽. 당우(堂宇)의 좌측에 자리잡는다. 『선림상기전』 권3(대장경보편19, p.74a3)에 "하간 : 도충(道忠)이 말했다. '사람이 당우를 마주보면서 자기 몸의 좌측을 하간이라 한다. 법당과 방장을 기준으로 보면 서쪽, 승당으로 보면 남쪽, 고사로 보면 북쪽이 모두 하간이다'. 『백장청규』 권2 「고향」(대정장48, p.1120b15)에 '참두는 대중을 이끌어 법당 하간에서 유나와 시자에게 감사의 뜻으로 촉례 일배를 올린다'라고 하였다. 下間 忠曰 凡人鄕堂 己身左爲下間 法堂方丈則西 僧堂則南 庫司則北 此曰下間 敕修清規 告香云 參頭領衆 法堂下間 謝維那侍者 觸禮一拜"라고 하였다. 〔참고문헌〕『禪林象器箋』, 『百丈清規』. ⇨ 상간 上間

하감 遐鑒 멀리 아득한 곳까지 비추다. 『찬집백연경』 권1(대정장4, p.203a15)에 "그 명성은 멀리 사무쳤고, 세 가지 지혜(宿命通 天眼通 漏盡通)에 통달하여 아득히 먼 곳까지 비추니 그 명호는 바가바(Ⓢ Bhagavat 世尊)이시다. 名聲遠徹 三達遐鑒 名婆伽婆"라고 하였다. 〔참고문헌〕『撰集百緣經』.

하거 下炬 다비(荼毘)시 법구에 불을 붙이는 일. 하화(下火)·병거(秉炬)라고도 한다. 『개복도녕어록』 권하(卍속장120, p.475b17)에 "망승을 위한 하거 때 행한 법어이다. '살았어도 알지 못하고, 죽었어도 깨닫지 못하네. 알지 못하고 깨닫지 못한 그대로 거닐며 자재하시니, 남북동서 어찌 걸림있으랴. 말해 보라! 밝아 선하는 그 사람 지금 어디에 계신가? 알겠는가? 노지의 흰 소 찾을 길 없더니, 불 속에서 매미는 하늘로 날아오르네'. 爲亡僧 下炬 生也不知 死也不會 不知不會 逍遙自在 南北東西 曾無罣礙 且道 明禪人 卽今在什麽處 還知麽 露地白牛無覓處 火裏蝍蟟飛上天"라고 하였다. 〔참고문헌〕『開福道寧語錄』. ⇨ 하화 下火, 병거 秉炬, 병거불사 秉炬佛事, 다비 荼毘

하거사 下鉅寺 경상남도 합천군 가야산에 있었던 절이나 사적과 위치는 알 수 없다. 다만 해인사 사간판전(西齋)에 보관되어 있는 주본(周本) 『화엄경소』 권3 제32장 간기에 '신해년(1131) 5월 가야산(伽耶山) 하거사(下鉅寺) 조조(彫造), 하거사(下鋸寺) 도인 천장(天章)·계담(戒湛) 등이 모금하였다'라고 하였다. 〔참고문헌〕『華嚴經疏』.

하견 下肩 자신의 자리보다 하위에 있는 사람. 견하(肩下)·견차(肩次)라고도 한다. 상위는 견상(肩上) 또는 상견(上肩)이라 한다. 『선원청규』 권1 「부죽반 赴粥飯」(卍속장111, p.881b17)에 "수저의 머리 부분은 상견을 향하게 놓고, 발우 씻는 솔은 하견의 단위(單位) 밖 경계에 둔다. 匙筯頭向上肩 鉢刷安下肩單外緣"라고 하였다. 〔참고문헌〕『禪苑清規』. ⇨ 견상 肩上

하견성암 下見性庵 ❶ 강원도 고성군 서면 금강산(金剛山) 유점사(楡岾寺) 북쪽에 있던 암자. 유점사의 산내암자로 하견성암(下見聖庵)이라고도 불렀다. 이이(李珥 1536~1584)의 『율곡선생전서습유』 권1 시(詩) 「여지유풍악야 … 관자물치 余之遊楓嶽也 … 觀者勿嗤」에 "위아래 견성(암) 모두 날아갈 듯 위태롭게 길가에 우뚝 자리하고 있다〈불정대에서 돌아서 서쪽으로 가면 상견성과 하견성 두 암자 모두 두운암의 북쪽에 있다〉. 上下二見性 臨路危甍飛〈自佛頂臺還 西行則上見性下見性二庵 皆在斗雲庵之北〉"고 하였고, 허정법종(虛靜法宗 1670~1733)의 『허정집』 권하(한불전9, p.518a3) 록(錄) 「유금강록 遊金剛錄」에 "(불정대) 아래에 불정암이 있다. … 멀리 바라보니 … 성문봉이었고, 그 계곡은 성문백천동이었다. … 그 남쪽에는 상하견성암과 영대·영은·축수 등 여러 암자가 있는데, 모두 방문하지는 못하였다. 下

有佛頂庵 … 拭眼遙望 … 所謂聲聞峯 其壑曰聲聞百川洞 … 其南有上下二見性靈臺靈隱竺修等諸庵 皆不得訪"고 하였으며, 성해응(成海應 1760~1839)의 『연경재전집』 권51 산수기(山水記) 하 「기관동산수 記關東山水」에 "금강산 … 남점은 상견성암에 있는데, 암자 앞의 석대는 높이가 백장 정도이며, 동쪽으로 작은 고개 하나를 내려가면 하견성암이 있다. 金剛山 … 南岾有上見性菴 菴前石臺高百丈 東下一小嶺 有下見性菴"라고 하였다. 『금강대본산 유점사본말사지』의 부폐허제암(附廢墟諸庵)에는 하견성(下見聖)은 상견성(上見聖)과 함께 모두 폐사하였다고 기록하였다. 〔참고문헌〕『栗谷先生全書拾遺』(韓國文集叢刊45, p.467a8), 『虛靜集』, 『硏經齋全集』(韓國文集叢刊275, p.70a20), 『韓國寺刹全書』 권하 p.1127b11・1127b16, 『金剛大本山楡岾寺本末寺誌』(亞細亞文化社, 1977) p.16. **2** 경기도 양평군 용문면 미지산(彌智山)에 있던 암자. 『한국사찰전서』 권하 하견성암에 "용문사 서북쪽 고개에 있다. 龍門寺西北峙"고 하였다. 〔참고문헌〕『韓國寺刹全書』 권하 p.1127b9.

하견암 下見庵 경상남도 합천군 가야면 가야산(伽倻山)에 있던 암자. 이인상(李麟祥 1710~1760)의 『능호집』 권3 기(記) 「우두산기 牛頭山記」에 "가조창을 지나 멀리 우두산을 바라보면 뱀이 똬리를 튼 것처럼 한 뭉큼이다. … 동구에 이르면 삼봉은 또 점점 사라지고 사방을 둘러보면 사신대를 볼 수 없다. 작은 내를 건너 숲으로 백 여보쯤 가면 작은 절이 나오는데 하견암이라고 부른다. 불전 뒤에는 크고 둥근 봉우리가 있는데, 흙을 쌓은 것이 높고 소나무와 풀이 무성하다. 냇물 흐르는 소리는 옥구슬 구르는 소리와 같은데, 봉우리 아래를 갈아 전각의 주춧돌로 삼은 곳을 지난다. 過加祚倉 望見牛頭山 特蛇然一堆 … 至洞口 三峰又漸隱 而回望不見捨身臺 渡小溪穿林百餘步 得小寺 名曰下見菴 佛殿後有大圓巒 積土成高 而松卉蒨蔚 有澗流琤然 磨巒底殿脚而過"고 하였는데, 성해응(成海應 1760~1839)의 『연경재전집』 권51 산수기(山水記) 하 「기영남산수 記嶺南山水」에도 작은 시내를 건너 숲을 지나면 하견암이 있다고 하였다. 이만성(李萬成 1872~1922)의 『독산문집』 권2 잡저(雜著) 「유가야산록 遊伽倻山錄」에 "하견암. 불상이 모두 크고 원만하다. 下見菴 佛像皆有大圓"라고 하였다. 〔참고문헌〕『凌壺集』(韓國文集叢刊225, p.529a4), 『硏經齋全集』(韓國文集叢刊275, p.66b9), 『篤山文集』, 『韓國寺刹全書』 권하 p.1127b6.

하결 下結 욕계(欲界)의 번뇌. 『대반야경』 권377(대정장6, p.947c15)에 "이와 같은 중생이 하결이 옅어지면 일래자라고 부른다. 如是有情下結薄故名一來者", 『장아함경』 권5(대정장1, p.34b8)에 "여래께서 수기하여 말씀하셨다. '이 사람은 목숨이 다한 후에 다섯 가지 욕계의 번뇌를 끊고 천상에서 열반에 들고 다시 이 세간에 돌아오지 않으리라'. 如來記之 此人命終 斷五下結 卽於天上而取滅度 不來此世"라고 하였다. 〔참고문헌〕『大般若經』, 『長阿含經』.

하결진 下結盡 욕계의 번뇌 다하다. 다시 세간에 돌아오지 않는 불환과(不還果)의 증득에 해당한다. 『대반야경』 권529(대정장7, p.715a27)에 "이와 같은 중생 욕계의 번뇌 다하면 불환자라 부른다. 이와 같은 유정 색계의 번뇌 다하면 아라한이라 부른다. 如是有情下結盡故名不還者 如是有情上結盡 故名阿羅漢", 『십지거사팔성인경』(대정장1, p.916b21)에 "다섯 가지 욕계의 번뇌 다하면 화생할 수 있다. 그가 열반에 들면 아나함 되어 이 세간에 돌아오지 않으니 이 자가 거사가 된다. 五下結盡得化生 彼般涅槃成阿那含 不還此世間 是爲居士"라 하였다. 〔참고문헌〕『大般若經』, 『十支居士八城人經』.

하경 夏竟 하안거(夏安居)를 마치다. 하해(夏解)・하말(夏末)이라고도 한다. 『난제석경』(대정장2, p.505b22)에 "그때 모여 있던 많은 비구들은 가리 강당이나 나무 사이에 함께 앉아 부처님의 옷을 지으면서 이렇게 말했다. '이제 부처님께서 머지 않아 하안거를 마치시게 되니, 하안거가 끝나면 부처님 스스로 「안거 석 달을 이미 마쳤고 옷도 지었으니 사람들이 많은 곳으로 가야겠다」라고 말씀하실 것이다'. 是時 多聚會比丘 在迦梨講堂 樹間會坐 爲佛作衣 今佛不久夏竟 夏已盡佛自說 三月已竟作衣已 當到多人處", 『금광명경문구기』 권6(대정장39, p.150c29)에 "4월 16일에 안거를 시작하면 7월 15일 밤이 다하는 시간이 되어 마치는데, 이를 하경이라 한다. 若四月十六日結者 至七月十五日夜分盡 名夏竟"라고 하였다. 〔참고문헌〕『難提釋經』, 『金剛明經文句記』. ⇨ 안거 安居, 동안거 冬安居, 하안거 夏安居, 하말 夏末

하계 下界 Ⓢ adharo dhātuḥ, Ⓟ hīna dhātu, Ⓣ khams-'og. 낮은 계. 삼계를 기준으로 욕계(欲界)를 말한다. 상계(上界)와 대칭한다. 『불본행집경』 권5(대정장3, p.676b23)에 "하계 모든 하늘들 법을 듣고자 도솔천에 올라와 전하시는 법을 들었고, 상계 모든 하늘들도 법을 듣고자 도솔타천으로 내려와 전하시는 법을 들었다. 下界諸天 爲聽法故 上兜率天 聽受於法 上界諸天 復爲法故 亦有下來兜率陀天 聽受於法", 『아비담비바사론』 권55(대정장28, p.394c18)에 "또한 욕계는 하계, 색계는 중계, 무색계는 상계이다. 하계의 지혜에 의지함으로써 중계와 상계의 번뇌를 끊을 수는 없다. 復次 欲界是下界 色界是中界 無色界是上界 不可以緣下界智 斷中上界結"라고 하였다. 〔참고문헌〕『佛本行集經』, 『阿毘

曇毘婆沙論』, *Abh-k-bh.149.*, *SN.2.154.* ⇨ 상계 上界

하고경 何苦經 『중아함경』 권36(대정장1, pp.659b15~660b23, No26)에 수록된 경. 팔리경전 앙굿타라니카야 판차카니파타 제31경 *Sumanā-sutta*(*AN.3*, pp.32~34)의 게송분이 상응한다. 『법륜보참』 권2(卍속장129, p.876a8)에 "일곱 번째, 하고경은 생문범지가 재가와 출가의 괴로운 일과 즐거운 일 그리고 천인을 요익하게 하는 법에 대하여 던진 질문에 답하고, 선지식과 악지식을 흑월과 백월을 보듯이 해야 한다고 설한다. 七 何苦經 答生聞所問 在家出家 苦樂之事 及饒益天人法 觀善惡知識 如黑白月"라고 하였다. [참고문헌] 『法輪寶懺』, 『衆經目錄』 권4(대정장55, p.134a18), *AN.*

하고암 下庫庵 충청북도 보은군 속리산면 속리산(俗離山) 법주사(法住寺) 산내에 있던 암자. 상중하(上中下)의 창고였다가 1876년(고종13)에 암자로 바뀌었다고 전하며, 「법주사사적 法住寺事蹟」에는 "지금은 폐사되었다. 今廢"고 하였다. [참고문헌] 『韓國寺刹全書』 권하 p.1127b17. ⇨ 상고암 上庫庵

하관무사하수무어 何官無私何水無魚 어떤 관리라고 사사로움 없겠으며, 어떤 물이라고 물고기가 없겠는가? 끝내 다 비워 묘함 얻기 어려운 것의 비유다. 『허당록』 권3(대정장47, p.1005a12)에 "산승은 평소에 오물 끌어안을 만큼 넓은 도량을 좋아하여 남의 허물을 늘어놓으려 하지 않는다. 어째서 이럴까? 불자를 치고서 말했다. '어떤 관리라고 사사로움 없겠으며, 어떤 물에 물고기 없겠는가?' 山僧尋常 善於包荒 不欲宣人之過 因甚如此 擊拂子 何官無私何水無魚", 『대등국사어록』 권상(대정장81, p.199b20)에 "다시 오조법연(五祖法演)화상이 '무소가 격자창 창살 지나면서 뿔과 네 다리는 모두 빠져나왔는데 어째서 꼬리는 나오지 못할까?'라고 한 화두 집어 말하였다. '오조 늙은이는 다만 나온 것 보았을 뿐이고, 나오지 못한 부분은 보지 못하였다. 어째서 그런가? 어떤 관리라고 사사로운 정이 없겠으며, 어떤 물에 물고기 없겠는가?' 復擧 五祖演和尙云 牛過窓櫺 頭角四蹄全出 尾巴爲甚出不得 師拈云 五祖老子 只見其出底不見其不出底 何故 何官無私何水無魚"라고 하였다. [참고문헌] 『虛堂錄』, 『大燈國師語錄』.

하관음암 下觀音庵 ❶ 서울시 도봉구 도봉동 도봉산(道峯山)에 있던 암자. 『한국사찰전서』 권하(p.1127b19)에 "원통암 서쪽에 천은대사가 암자를 짓고 주석하였다. 圓通庵西 天隱大師 結庵而居"라고 하였다. [참고문헌] 『韓國寺刹全書』. ❷ 강원도 회양군 장양면 장연리에 있던 암자. 금강산 장안사(長安寺)의 산내 암자였다. 『유점사본말사지』 「장안사지 長安寺誌」에 따르면, 신라 때 창건되어 1881년(고종18) 금하(錦河)가 중수하였고, 1883년(고종20)에 대화주(大化主) 비구니 대덕(大德)과 정의(正義)·정문(正文) 등이 화주하고 비구 인담천원(印潭天圓)이 도감겸감역(都監兼監役)을 맡아 중건하였다. 『유점사본말사지』 편찬당시, 1881년 금하가 중수한 12칸 인법당 안에 1821년(순조21)에 일청(一淸)이 조성한 관음보살좌상과 숙천(淑泉)이 조성한 후불탱·신중탱이 봉안되어 있었다. [참고문헌] 『韓國寺刹全書』 권하 p.1128a3, 『楡岾寺本末寺誌』(亞細亞文化社, 1977). ❸ 충청북도 보은군 속리산면 사내리에 있던 암자. 암자터에 상하 2단의 축대가 남아있고 동남쪽에 정관대사탑으로 알려진 석종형 부도가 있다. [참고문헌] 『韓國寺址總覽』 권상 p.305. ⇨ 법주사 法住寺❷ ❹ 충청북도 영동군 황간면 백화산(白華山)에 있던 암자. 법주사의 말사인 반야사(般若寺)의 산내암자였으나 폐사되었다. [참고문헌] 『韓國寺刹全書』 권하 p.1128a1. ⇨ 반야사 般若寺❻

하교목입유곡 下喬木入幽谷 높이 자란 나무에서 내려와 그윽한 골짜기로 들어가다. 『시경』 「소아 小雅」 벌목(伐木)에는 "나무 치는 소리 쩌렁쩌렁, 새소리는 재잘재잘, 깊은 골짜기 나와 높은 나무로 자리 옮기네. 伐木丁丁 鳥鳴嚶嚶 出自幽谷 遷于喬木"라고 하였다. 『허당록』 권1(대정장47, p.986b10)에 "높은 나무에서 내려와 깊은 골짜기로 들어가니 자식이나 기르려 함일세. 자명은 어째서 연이어 두 번의 소리 질렀을까? 下喬木入幽谷 養子之緣 慈明爲甚麽 連喝兩喝", 『기신론속소』 권하(卍속장72, p.144b11)에 "뛰어난 행을 버리고 잡다한 업을 닦는다는 말은 높은 나무에서 내려와 깊은 골짜기로 들어간다는 뜻이다. 捨勝行而修雜業者 下喬木而入幽谷也", 『불조역대통재』 권22(대정장49, p.716a7)에 "높은 나무와 같은 고위직을 버리고 깊은 골짜기 천한 자리에 투신하니, 위를 뒤쳐 아래를 엎은들 어찌 잘못이라 하랴? 捨喬木之高遷 投幽谷之賤地 翻上倒下 以何謬哉"라고 하였다. [참고문헌] 『詩經』, 『虛堂錄』, 『起信論續疏』, 『佛祖歷代通載』.

하교육조 下教六條 고려 의종(毅宗)이 내린 여섯 조항의 교지(教旨). 1168년(의종22) 3월 26일 서경(西京 : 평양) 관풍전(觀風殿)에서 구폐혁신(舊弊革新)으로써 왕화(王化)를 부흥코자 내렸다. 음양을 받들어 따를 것(奉順陰陽), 불사를 숭중할 것(崇重佛事), 사문에 귀경할 것(歸敬沙門), 삼보를 보호할 것(保護三寶), 화랑정신을 숭상할 것(遵尙仙風), 백성을 구휼할 것(救恤民物) 등이다. 『고려사』 권18 세가(世家)18 의종 22년 3월 26일 하교육조 중 숭중불사(崇重佛事)에는 "조종때 개창한 비보사사와 예부터 법석을 정기적으로 행한 사사와 별도로 은혜를 빌던 사사 중 잔폐한 곳은 담당관이 즉시 수리할 것. 凡祖宗時 開創裨補寺社 及古來定行法席寺院 與別祈恩寺社 如有殘獘 主掌官 隨卽修葺", 귀경사문(歸敬沙門)에 "산림에 은둔한 청정고덕 승도를 소재관이 찾아뵙고 천거할 것. 其有淸高僧徒 遁迹山林者 所在官搜訪薦奏", 보호삼보(保護三寶)에는 "절의 진보·미면·잡물 등을 근래에 내시원과 여러 관아의 주청으로 비용을 취하니 승도가 한탄하고 원망한다. 지금부터 헌대에서 두루 타일러서 금단케 할 것. 其佛舍珍寶米麪雜物 近因內侍院及諸司奏取費用 僧徒嘆怨 自今憲臺 遍令曉諭禁斷" 등이라고 하였다. 〔참고문헌〕『高麗史』.

하구산목 河目海口 강처럼 긴 눈과 바다처럼 큰 입. 『법원주림』 권100(대정장53, p.1026c5)에 "태종 문황제는 태역태초의 기운을 받고 천황천제의 신령에 힘입었다. … 용의 얼굴과 봉황의 가슴을 드러내 보이고, 태양과 같이 밝은 이마와 달과 같이 그윽한 턱을 점지받았으며, 강처럼 긴 눈과 바다처럼 큰 입을 특별하게 얻었다. 太宗文皇帝 稟太易太初之氣 資天皇天帝之靈 幽房啓高陽之基 姚墟搆重華之業 赤光流戶紫氣衝天 龍顏鳳臆之形 日角月懸之兆 河目海口之異", 『원오어록』 권18(대정장47, p.800b11)에 "들기를 '학인이 투자에게 물었다. 「일대장교 도리어 기특한 일이라도 있습니까?」「하나로 크고 가득한 것 연출해보라」'라 하고는 원오가 읊었다. '돈점과 편원, 권실과 공유. 못부리와 철로 된 혀, 강 눈과 바다 입. 하나로 난 길 맑고 텅비어 옛과 지금으로 언제나와 같고, 팔각맷돌판이 허공중에 달린다'. 擧 僧問投子 一大藏教 還有奇特事也無 子云 演出一大藏 頓漸偏圓 權實空有 釘觜鐵舌 河目海口 一道淸虛亘古今 八角磨盤空裏走"라고 하였다. 〔참고문헌〕『法苑珠林』, 『圜悟語錄』, 『廣弘明集』 권13(대정장52, p.179c24).

하구식 下口食 Ⓟ adhomukha. 사사명식(四邪命食) 중 하나. 입에 밥 넣기 위해 약방이나 농사 짓고 나무 심으며 생계를 위한 일을 하는 것. 『대지도론』 권3(대정장25, p.79c8)에 "출가한 그 누구도 약을 합하거나 곡식을 심거나 나무를 가꾸는 등 부정하게 목숨 살리려는 자 하구식이라 한다. 有出家人合藥 種穀 植樹等 不淨活命者 是名下口食"라고 하였다. 〔참고문헌〕『大智度論』, *SN.3.238.* ⇨ 사사명식 四邪命食, 사구식 四口食

하국 何國 굴상이가(屈霜儞迦 Ⓢ Kuṣāṇika)의 한역어. 『송고승전』 권18(대정장50, p.822a3)에 "석승가는 총령 북쪽 하국 출신이다. … 상세히 설하면 하국은 쇄엽국 동북쪽에 위치하는데 쇄엽국에 부속되어 있다. 釋僧伽者 葱嶺北何國人也 … 詳其何國在碎葉國東北 是碎葉附庸耳", 『대당서역기』 권1(대정장51, p.871c12)에 "이 나라(劫布呾那國)에서 서쪽으로 300여 리를 가면 굴〈거와 물을 반절한 음〉상〈거성〉이가국〈하국이라고 한역〉에 도달한다. 從此國西三百餘里 至屈〈居勿反〉霜〈去聲〉爾迦國〈唐言何國〉", 『번역명의집』 권3(대정장54, p.1098a18)에 "굴상〈거성으로 읽음〉이가 : 『대당서역기』에 '하국으로 한역한다'라고 하였다. 屈霜〈去呼〉儞迦 西域記云 唐言 何國"라고 하였다. 〔참고문헌〕『宋高僧傳』, 『大唐西域記』, 『翻譯名義集』. ⇨ 굴상이가 屈霜儞迦

하군 下裙 구소락가(俱蘇洛迦 Ⓢ kusūlaka)의 한역어. 가슴을 가리기 위해 비구니가 입는 오의(五衣) 중 하나. 『비니지지회집』 권6(卍속장61, p.765b4)에 "또한 궐소락가라고도 하는데, 세로는 2주이고 가로는 5주이며 바로 하군을 말한다. 又名厥蘇洛迦 豎二肘 橫五肘 卽下裙也", 『사분율명의표석』 권20(卍속장70, p.709b10)에 "그러나 구소라는 구소락가와 음이 같으며, 이것은 바로 비구니가 입는 하군이다. 然俱蘇羅 是俱蘇洛迦 音同也 此卽尼之下裙"라고 하였다. 〔참고문헌〕『毗尼止持會集』, 『四分律名義標釋』. ⇨ 구소락가 俱蘇洛迦

하극 瑕隙 Ⓢ antara. 허물로 인한 틈새. 『출요경』 권24(대정장4, p.736b8)에 "자신의 허물과 틈새 잘 살피라는 말은 무슨 뜻인가? 사람은 남의 못한 점을 보기만 하고 자기의 허물은 보지 못하여 서로 시비하여 함께 비방한다. 마치 키질하는 사람이 곡식 가려 높이 올리면 가벼운 것 멀리 가고 무거운 알갱이는 가까이 남게 되는 일과 같다. 그러므로 '자기의 허물과 틈새 잘 살피고, 자기를 자랑삼아 드러내지 마라. 이렇게 저렇게 스스로 틈 있을 뿐이니, 저들 가벼운 티끌 날리듯 한다'라고 한다. 善觀己瑕隙者 人但見彼惡 不見己愆 互相是非 共相誹謗 猶如典場之人 抄穀高揚 輕者在遠 重者在近 是故說曰 善觀己瑕隙 使己不露外 彼彼自有隙 如彼飛輕塵", 『대지도론』 권22(대정장25, p.226a1)에 "그 어떤 흠결도 없어 청정계라 한다. 無諸瑕隙 名爲淸淨戒"라고 하였다. 〔참고문헌〕『出曜經』, 『大智度論』, *Śata-śa.34.*

하근 下根 Ⓢ mṛdv-indriya, Ⓣ dbang-po-rtul-po. 근기(根機) 낮은 사람. 둔근(鈍根)이라고도 한다. 상중하로 분류할 경우 최하를 말한다. 하기(下機)라고도 한다. 40권본 『대반열반경』 권14(대정장12, p.447c22)에 "가장 하근인 사람은 여래께서 끝내 위해 법륜을 굴리시지 못한다. 가장 하근인 이 바로 일천제다. 極下根者 如來終不爲轉法輪 極下根者 卽一闡提", 『삼근좌선설』(불장경84, p.444a6)에 "하근으로서 좌선하는 사람은 맺음을 귀하게 여기니, 선악업도를 벗어나 곧바로 마음 그대로 모든 불성의 샘 나툴 뿐이다. 下根坐禪者 且貴結

緣 離善惡業道 直以卽心 顯諸佛性源"라고 하였다. 〔참고문헌〕『大般涅槃經』, 『三根坐禪說』, *Abh-k-bh.361.* ⇨ 근기 根機, 둔근 鈍根

하근기 下根機 ➡하근 下根

하금강 夏金剛 금강계구회만다라(金剛界九會曼荼羅) 서남쪽의 존격. 운금강(雲金剛) 또는 시우금강(時雨金剛)이라고도 한다. 여름날의 치성한 구름처럼 만물을 윤택하게 하는 공덕을 상징한다. ⇨시우금강 時雨金剛

하기린복록사자공현제불세존보탑표 賀麒麟福祿獅子空現諸佛世尊寶塔表 무명씨(無名氏) 지음. 『동문선』 권33 표전(表箋)에 수록되어 있다. 표문에 의하면 "성인이 임금의 자리에 올라 빛을 열어 태평하니, 신과 물이 때에 응하여 아름다운 선물을 나타내곤 합니다. … 기린은 오행의 정이고 사자는 백수의 우두머리이니, 이에 복록 이끌어 드러냄 더욱이 고금에 드문 일입니다. 이 모두가 화기 심은 바입니다. 실로 지극한 다스림의 소감일 뿐입니다. 또한 여러 부처님의 보탑이 공중에서 보이고 채봉과 신룡이 태양 아래에 서로 날갯짓해서 다채로우니 상서는 답지하고 경축의 노래 주고받으며 높이 오르네. 聖人御極 光啓大平 神物應時 式昭嘉貺 … 麟爲五行之精 獅乃百獸之長 矧福祿之駢出 尤今昔之罕聞 皆由和氣之所鍾 實是至治之所感 且諸佛寶塔遍見於空中 而彩鳳神龍相翔於日下 禎祥沓至 慶頌交騰"라고 하였다. 〔참고문헌〕『東文選』.

하남교산동마애약사여래좌상 河南校山洞磨崖藥師如來坐像 교산동 선법사 경내에 있는 고려시대 마애불상. 보물 제981호 불상 높이 93cm. 이 마애불은 단독불로서 보주형 거신광배 안에 삼중원 두광과 이중 신광이 있다. 상호는 단정하며 높은 육계가 있다. 법의는 왼쪽어깨를 드러낸 편단우견이다. 왼손은 약그릇 들고 오른손은 가슴 앞으로 올렸다. 결가부좌하고 원형의 방석에 앉아 계시다. 대좌 상대는 앙련의 연화문장식이 화려하다. 중대는 4개의 기둥으로 조각되어 있고 위에 있는 상대받침과 하대석은 방형이다. 불상 우측면에는 28자가 세 줄로 새겨져 있다. "태평 2년, 정축년 7월 29일에 옛 석불 있던 그대로 중수하다. 지금의 황제(경종) 만세토록 사시기를 바랍니다. 太平二年丁丑七月卄九日古石佛在如賜乙重脩爲今上皇帝萬歲願"이다. 태평은 송 태종의 연호인(太平興國 976~983)을 가리키며 태평 2년은 977년(경종2)이다. 새로 조각한 흔적이 없어 불감이나 가구 등을 고쳤던 것으로 추정되고 있다. 처음 조성시기는 950년 이전이나 9세기중 조성된 것으로 보는 견해도 있다. 〔참고문헌〕 김춘실 「河南市 校山洞 〈太平 2年銘磨崖藥師如來坐像〉의 造成時期 검토」(『미술사연구』16, 2002) pp.45~54.

하남동사지삼층석탑 河南桐寺址三層石塔 경기도 하남시 춘궁동에 있는 고려시대 석탑. 보물 제13호. 높이 3.6m. 이중기단에 삼층탑신을 쌓아 올린 신라양식을 계승한 고려시대석탑이다. 여러매의 장대석으로 하대석을 마련하고 8매로 된 면석을 놓았다. 면석은 우주와 탱주를 생략하고 각면 3구씩의 안상을 조각하였고 하대갑석은 상면에 기울기가 뚜렷하며 상단에 호각형의 2단 괴임을 두었다. 상층기단 면석은 4매로 엇물림으로 결구하였는데, 남면은 결실되어 새로 복원했다. 탑신부는 몸돌과 지붕돌이 각각 하나의 돌이다. 몸돌은 모두 우주를 표현했는데 상층기단의 우주와 같이 폭이 좁은 것이 특징이다. 지붕돌은 층급받침이 1·2층은 5단, 3층은 4단으로 차이를 보인다. 낙수면은 완만하고 경쾌한 반전을 주었다. 상륜부는 모두 결실된 상태다. 외형상 신라의 이중기단양식을 따르고 있으나 우주나 탱주의 폭이 지나치게 좁고 상층기단 갑석하단의 부연이 형식화되고 전체적으로 둔중한 고려석탑의 미감을 지니고 있다. 제작시기는 옆에 위치한 오층석탑과 같은 고려초기일 가능성이 높아 보인다. 1966년 수리공사를 진행할 때 초층탑신의 원형사리공에서 사리기와 하층기단부에서 여래입상을 포함한 소석탑 여러기가 발견되었다. 〔참고문헌〕『불사리장엄』(국립중앙박물관, 1991), 박경식 『탑파』(예경, 2001).

하남동사지오층석탑 河南桐寺址五層石塔 경기도 하남시 춘궁동에 있는 고려시대 석탑. 보물 제12호. 높이 7.5m. 이중기단에 오층의 탑신을 올린 형태로 삼층석탑(보물 제13호)과 나란히 서 있다. 여러매의 판석으로 지대석을 깔고 하층면석과 갑석을 놓았다. 면석은 각면마다 부재의 수가 달라 통일성이 없고 우주나 탱주의 모각흔적은 관찰되지 않는다. 갑석은 부정형의 9매로 구성했는데 일부 파손후 복원된 것으로 보인다. 탑신부는 몸돌과 지붕돌이 각 층마다 여러매로 구성한 것이 특징이다. 초층탑신의 경우 2단

으로 하단은 4매의 돌로, 그 위에 1매의 돌을 얹어 마무리했다. 2층부터 5층까지 탑신은 1매로 구성했으며 모두 모서리에 얕게 우주를 새겼다. 지붕돌은 1·2·3층은 4매·4층은 2매·5층은 1매로 구성했다. 지붕돌 하단의 받침은 1층만 5단·1·3·4층까지가 4단·5층은 3단으로 줄어들고 있다. 지붕돌은 수평에 반전이 있고 상면에는 1단의 괴임을 두어 상층 탑신을 받게 했다. 상륜은 머리장식인 노반(露盤)만 남아 있다. 기단부의 부재결구가 정연하지 않고 초층탑신을 여러매의 돌로 구성하는 방법에서 고려석탑의 특징을 보인다. 또 전체적인 비례나 각층 지붕하단 받침의 숫자가 상이한 점 등 고려초기 중부지역에서 성행한 석탑양식을 보여준다. 〔참고문헌〕『불사리장엄』(국립중앙박물관, 1991), 박경식『탑파』(예경, 2001).

하남하사창동철조석가여래좌상 河南下司倉洞鐵造釋迦如來坐像 고려시대 철불좌상. 보물 제332호. 불상 높이 288cm. 현재 국립중앙박물관에 전시되어 있다. 이 불상은 하남시 하사창동에 있는 천왕사지에서 1910년 우리나라 최초의 박물관인 이왕가박물관으로 옮겨져 보관·전시되었다. 당시에 손상된 불상의 코와 귀, 양손, 팔 등의 일부를 보수하였으며, 1960년대 이후 다시 보수하여 지금의 모습이다. 이 철불좌상은 수인과 다리모양, 옷주름 등에서 석굴암 본존불을 모방하여 조성하고자 한 의도가 확연히 보인다. 나발의 머리에는 큰

육계가 있으며 엄숙한 상호다. 목에는 삼도가 있으며 편단우견의 법의를 걸쳤다. 결가부좌한 다리 사이로 부채꼴 형태의 옷자락을 표현하였다. 수인은 석굴암 본존불 수인과 동일한 항마촉지인이다. 불상의 양 무릎에는 딱딱하게 굳은 옻칠의 흔적이 남아 있어 원래 불상 전체에 두껍게 옻칠을 한 다음 도금했던 것을 알 수 있다. 이 불상은 높이 2.8m, 무게 6.2톤에 달하고 있어 우리나라에서 가장 큰 철불이다. 이 철조석가여래좌상은 고려초 경기도 광주의 대호족이며 혜종의 장인이기도 했던 왕규(王規)의 후원으로 10세기 전반기에 조성된 것으로 알려져 있다. 이 불상은 통일신라의 불상 제작 전통이 고려초에도 충실히 계승되고 있는 모습을 보여주는 중요한 불상이다. 〔참고문헌〕崔聖銀「高麗初期 廣州鐵佛坐像 硏究」(『佛敎美術硏究』2, 1995) pp.27~38.

하내원암 下內院庵 **1** 강원도 고성군 금강산(金剛山)에 있던 암자. 내원암이라고도 부른다. 신익성(申翊聖 1588~1644)의 『낙전당집』 권7 기(記) 「유금강내외산제기 遊金剛內外山諸記」에 "물가를 따라 십 여리쯤 가서 복령을 오르면 만경대다. … 그 아래 남쪽 골짜기에 상내원·중내원·하내원이 있다. 緣厓行十餘里上複嶺爲萬景臺 … 其下南洞 有上內院中內院下內院", 이경석(李景奭 1595~1671)의 『백헌집』 권10 시고(詩稿) 「풍악록 楓嶽錄」에는 "향적(암)을 거쳐 북쪽으로 오르면 하내원·중내원·상내원 세 암자가 있는데, 상내원은 폐사되었다. 由香積而北登 則有下內院 中內院 上內院三庵 而上內院廢"라고 하였다. 정필달(鄭必達 1611~1693)의 『팔송선생문집』 권3 시(詩) 「은선각 隱仙臺」에 "미륵(봉) 아래에 상중하내원 세 암자가 있는데 지금은 폐사하였다. 彌勒之下 有上中下內院三庵 今廢", 어유봉(魚有鳳 1672~1744)의 『기원집』 권20 기(記) 「유금강산기 遊金剛山記」에 "안문점에서 동쪽으로는 모두 외산인데, 봉우리 중에 가장 큰 것은 미륵·백마다. 미륵(봉) 동쪽에 중내원·하내원·향로암이 있다. 自鴈門岾以東 皆外山也 其峯之最大者曰彌勒白馬 彌勒東有中內院下內院香爐菴", 박태무(朴泰茂 1677~1756)의 『서계집』 권1 시(詩) 「유금강산기행 遊金剛山記行」에 "만경대에서 외산의 여러 승경을 보다〈유점(사)에서 서쪽으로 삼인봉을 지나 … 향로암에 이르러 미륵봉을 바라보고서 중내원암에 올랐다. … 하내원암 옛 터를 지나면 이 (만경)대다〉. 右萬景臺 望外山諸勝〈自楡岾西過三印峯 … 到香爐庵望彌勒峯 登中內院庵 … 過下內院庵舊址 有此臺〉"라고 하였다. 각 기록마다 폐사 시기에 다소의 차이가 있다. 〔참고문헌〕『樂全堂集』(韓國文集叢刊93, p.268a11), 『白軒集』(韓國文集叢刊95, p.495a2), 『八松先生文集』(韓國文集叢刊續32, p.176a3), 『杞園集』(韓國文集叢刊184, p.209a3), 『西溪集』(韓國文集叢刊續59, p.210b2), 『韓國寺刹全書』 권하 p.1128a8. ⇨내원암 內院庵[5] **2** 경상남도 양산시 하북면 천성산(千聖山)에 있는 내원암(內院庵). 『한국사찰전서』 권하 하내원암에 "본래 상하 두 개의 내원이 있었는데, 상내원은 폐사되었고 하내원만 남아 내원암이라고 칭한다. 按本有上下二內院 上內院廢 有下內院存而称內院庵"고 하였다. 〔참고문헌〕『韓國寺刹全書』 권하 p.1128a5. ⇨내원암 內院庵[13]

하누만 Hanumān 원숭이 모습을 한 힌두 신격 중 하나. 인도 고대 서사시인 『라마야나 *Rāmāyana*』의 주요 인물 중 한 명인 원숭이(Ⓢ vānara) 종족의 수장으로, 납치된 라마의 부인 시타(Ⓢ Sītā)를 구하기 위해 라마(Ⓢ Rāma)를 모시고 랑카(Ⓢ Laṅkā)섬에 사는 마왕 라바나(Ⓢ Rāvaṇa)를 물리치러 간다. 푸라나 문헌에서는 바람의 신 바유(Ⓢ Vāyu)의 아들로 그려진다. 『리그베다 *Ṛgveda*』에서 인드라와 관련해 등장하는 원숭이의 서술에서 하누만의 원형을 찾기도 하나, 이와 다르게 고

대 드라비다(Draviḍa) 숭배신격에서 연원한다고 보는 견해도 있었다. 푸라나에 나타나는 하누만의 신격화와 숭배화는 고대 서사시 성립 이후에 발생한 것으로 보는데, 이러한 경향은 점차 공고해져 각 힌두교 종파에서도 삼신(三神) 각각의 화신으로서 나타나게 된다. 하누만 숭배는 『라마야나』의 광범위한 전파, 박티(Ⓢ bhakti : 信愛)신앙의 발전과 맞물려 캄보디아, 인도네시아, 태국 등지의 남아시아에도 광범위하게 퍼졌다. 〔참고문헌〕 George M.Williams *Handbook of Hindu Mythology* (Oxford University Press, 2008) pp.146~148.

하니 訶尼 국토의 이름. 사의(捨義) 등의 뜻이다. 60권본 『화엄경』 권4(대정장9, p.419c25)에 "모든 불자여, 이 세계의 동북쪽 다음에 하니라는 이름의 국토가 있다. 諸佛子 此世界東北 次有國土 名曰訶尼", 『화엄경탐현기』 권4(대정장35, p.171a26)에 "하니는 사의 또는 생멸이라 한역한다. 본래의 말 정하기 어렵다. 訶尼此或云 捨義 或云 生滅 以本語難定也"라고 하였다. 〔참고문헌〕 『華嚴經』, 『華嚴經探玄記』.

하다 呵多 Ⓢ Hastaka, Ⓟ Hatthaka. 명리와 공경공양을 바라 거짓으로 말해 악도에 떨어진 비구. 『대지도론』 권11(대정장25, p.143c27)에 "〔문〕 예를 들면 제바달다와 하다 등도 삼장·사장·성문법·마하연법으로 사람들을 교화했지만 지옥에 들어갔다. 이 일은 어떠한가? 〔답〕 제바달다는 사견으로 인한 죄가 많고 하다는 망어로 인한 죄가 많으니, 도를 위해 청정하게 법보시를 한 것이 아니라 단지 명예와 이익과 공경과 공양을 구해서였다. 악한 마음으로 지은 죄 때문에 제바달다는 산 채로 지옥에 들어갔고 하다는 죽어서 악도에 떨어졌다. 問曰 如提婆達 呵多等 亦以三藏 四藏 聲聞法 摩訶衍法 教人 而身入地獄 是事云何 答曰 提婆達 邪見罪多 呵多妄語罪多 非是爲道淸淨法施 但求名利恭敬供養 惡心罪故 提婆達生入地獄 呵多死墮惡道", 『번범어』 권6(대정장54, p.1019a7)에 "하다〈파(破)라고 한역하며, 해(害) 또는 불승(不勝)이라고도 한다〉. 출처는 『대지도론』 권11. 呵多〈譯曰破 亦云害 亦云不勝〉 第十一卷"라고 하였다. 〔참고문헌〕 『大智度論』, 『翻梵語』, *Vin.4.1.*

하다벌나가라사지 訶多伐那伽羅寺志 스리랑카의 앗타나갈라(Attanagalla)사원의 역사를 기록한 핫타바나갈라비하라밤사(Ⓟ Hatthavanagallavihāravaṃsa)의 한역명. ⇨핫타바나갈라비하라밤사 Hatthavanagallavihāravaṃsa

하단 下壇 특별히 재(齋) 등을 시설할 때 상단(上壇)과 중단(中壇) 그 다음 차제로 설치하는 단. 불·보살·천중으로 모시는 증명단(證明壇)에서는 제석과 사천중 등을 하단에 모시며, 시식단(施食壇)에서는 시왕(十王)이 상단, 판관(判官) 등이 중단이고 그 나머지 일체영가 등이 하단이다. 하지만 상례로 법당 안에서는 중앙이 불보살을 모신 상단이고 예경(禮敬)과 축원(祝願), 송주(誦呪) 등을 수행한다. 남향해 우측이 신중(神衆)들을 모신 중단이며 '반야심경'과 '화엄경약찬게' 등을 외운다. 좌측에 상설된 감로단(甘露壇)이 하단이다. 이 하단에서는 음식 등을 마련해 영가 등을 위로하기에 시식(施食)이라 하고, 올리는 소문을 하단소(下壇疏)라고 하며, 영단(靈壇)이라고도 부른다. 『예수시왕생칠재의찬요』에 "첫째 삼신불은 상단, 둘째 지장보살에서 무독귀왕까지 중단, 셋째 제석천과 사천왕이 하단 이 셋이 모두 증명단이다. 다음 차제는 시왕이 상단, 하판관부터 신령 등이 중단, 그 나머지가 하단이다. 一三身佛爲上壇 二自地藏至無毒爲中壇 三帝釋四天王爲下壇 此三皆爲證明壇也 次以十王爲上壇 自夏判官至靈祇等爲中壇 其餘爲下壇也"라고 하였다. 〔참고문헌〕 『預修十王生七齋儀纂要』. ⇨시식 施食, 천도재 薦度齋, 영단 靈壇, 시식권공언해 施食勸供諺解, 시식법 施食法, 감로탱화 甘露幀畵

하단관욕당제 下壇灌浴堂制 하단 관욕당을 만드는 제식. 『산보집』 권상 「하단관욕당제」(한불전11, p.483a17)에 "욕실 3칸을 짓는데, 그 높이 2, 3자를 넘지 않으며 넓이 4자다. 길이는 자수를 논하지 않는다. 作室三間 其高不過二三尺 廣四尺 長則不論尺數 北壁全蔽"라 하고 삼칸육소(三間六所)에 천류(天類)·제왕(帝王)·장상(將相)·남신(男神)·후비(后妃)·여신(女身)의 관욕당을 시설한다. 『작법귀감』 권하(한불전10, p.588b8)에 "하단관욕규〈영청단이 있는 곁에 관욕실 3칸을 짓는다 … 여섯 곳 안에 각 상 하나씩 놓고 상 앞에 각각 목욕그릇을 놓으며 상 위에는 각 위패를 놓는다. 위패 뒤에는 각 타오르는 밝은 초를 두어 패의 그림자가 목욕그릇에 거꾸로 비치게 한다. 또 양치질을 할 깨끗한 물 여섯 그릇과 거울과 버드나무 가지로 만든 양치질할 도구를 한 상 위에 올려 모두 목욕그릇 곁에 둔다. 또 얼굴 수건과 몸 수건을 각 시렁 위에다 걸쳐두고, 종이옷은 접어서 각 이름을 쓰고 상자에 담아서 각 그 상에 놓은 후 장막을 드리운다. 장막 밖에 한 상을 놓아 향로와 등촉을 두고 미리 관욕할 물을 준비하는데 향내가 어우러진 끓은 물을 쓴다〉. 下壇灌浴規〈迎請壇在邊 作灌浴室三間 … 於六所內 各安一床 床前各置浴器 床上各安位牌 牌後各燃明燭 使牌影倒浴器 又以漱口淨水六器卯鏡 及灌匙楊枝 安於一床 皆置

浴器邊 又以面巾身巾 各掛架上 紙衣皮封 各書名目 以盛箱子 各安其床後垂帳 帳外置一床 安香爐燈燭 預備灌沐之水 而以香和湯〉"라고 하였다. [참고문헌] 『刪補集』, 『作法龜鑑』. ⇨ 천류구 天類區

하단탱화 下壇幀畵 하단 벽에 모시는 탱화. 하단은 상단의 향(向)좌측에 마련된 단으로 영단(靈壇)이라고도 한다. 단 위에는 영가(靈駕)의 위패(位牌)가 놓이는데, 중앙에는 '유주무주일체고혼 有主無主一切孤魂'이라 쓰인 위패가 언제나 자리한다. 하단탱화로는 대개 『불설우란분경 佛說盂蘭盆經』을 소의경전으로 하는 감로탱화를 건다. 감로탱화의 화면은 상중하단으로 구분하는데, 상단은 칠여래와 인로왕여래 그리고 관음·지장보살이 그려지고, 중단은 반승(飯僧) 장면과 아귀가 묘사되며, 중단의 향우측 가장자리에서 하단에 걸쳐 육도(六道)를 전생(轉生)하는 여러 유정(有情)들의 모습이 전개되어 있다. 마치 생생한 풍속화를 방불케 하는 감로탱화의 중단과 하단의 도상은 『천지명양수륙재의찬요 天地冥陽水陸齋儀纂要』 22편 소청하위(召請下位)에서 자세히 시설하고 있다. 소청하위에서는 인로왕보살(引路王菩薩)이 초혼(招魂)을 주관하는데 제왕(帝王)·명군(名君)·후비(后妃)에서 비구비구니, 억울하게 비명횡사한 중생, 아비지옥에서 고통받는 중생 및 모든 축생에 이르기까지 일체유정을 불러들인 "재앙은 역병과 괴질로 얽혀 있고 화근은 원수들 사이에 일어나니 요절하는 형상은 백 가지로도 모자라고 원한과 잔혹한 모습은 만 가지 상 殃纏疫癘 禍發仇讎 非唯夭枉百端 亦乃冤殘萬狀"이 감로탱화 중단과 하단에 걸쳐 적나라하게 묘사되었다. 간혹 불전의 하단탱화로서 지장탱화가 걸리기도 하며, 중단의 삼장탱화와 짝을 이루기도 한다. [참고문헌] 洪潤植 『韓國佛畵의 硏究』(圓光大學校出版部, 1980), 『天地冥陽水陸齋儀纂要』. ⇨ 감로탱화 甘露幀畵

하달라지국 訶達羅支國 아프카니스탄 지역에 위치했던 조구타국(漕矩吒國). 『대당서역기』 권12 「조구타국」(대정장51, p.939b26)에 "가람이 수백 곳이며 승도 만여 사람이 아울러 모두 대승교법을 익혀 배운다. 伽藍數百所 僧徒萬餘人 並皆習學大乘法教", 『노자화호경』 권1(대정장54, p.1266c15)에 "다시 신력으로 모든 오랑캐 왕을 부르자 멀고 가까움 묻지 않고 사람과 땅 다 모였으니, 우전국왕과 내지 주구반왕 … 계빈국왕과 하달라지왕 파상왕이다. 復以神力召諸胡王 無問遠近 人士咸集 于闐國王 乃至朱俱半王 … 罽賓國王 訶達羅支王 波斯國王"라고 하였다. [참고문헌] 『大唐西域記』, 『老子化胡經』. ⇨ 조구타국 漕矩吒國

하담 荷擔 Ⓢ dhārayati. 짊어지다. 메다. 책임 따위를 떠맡다. 하는 물건을 등에 짊어진다는 말이고, 담은 물건을 어깨에 멘다는 말이다. 『불본행집경』 권4(대정장3, p.668a28)에 "만약 이와 같은 모든 일을 떠맡을 수 있다면 그대가 바라는 원이 갖추어지지 못할 것이 없으리라. 若能荷擔 如是諸事 汝所求願 無不具足", 『대반야경』 권577(대정장7, p.983a26 : *Vajr-pr.*, p.44)에 "이와 같은 모든 유정은 그 어깨에 여래의 무상정등보리를 메고 있다. 如是一切有情 其肩荷擔 如來無上正等菩提 sarve te subhūte sattvāḥ samāṃśena bodhiṃ dhārayiṣyanti", 『금강경주석』(卍속장40, p.67b9)에 "이와 같이 할 수 있는 사람이라야 떠맡을 수 있는 사람이라는 말이다. 등에 짊어지는 것을 하라 하고, 어깨에 메는 것을 담이라 한다. 이런 사람이 몸으로 여래의 아누다라삼막삼보리라는 중책을 맡을 수 있다는 말이다. 言人能若此 卽是能荷擔之人 背負曰荷 肩挑曰擔 言此人是 能身任如來 阿耨多羅三藐三菩提之責者"라고 하였다. [참고문헌] 『佛本行集經』, 『大般若經』, 『金剛經註釋』, *Vajr-pr.* ⇨ 촉루 囑累, 출격도인 出格道人

하담아뇩다라삼먁삼보리 荷擔阿耨多羅三藐三菩提 아뇩다라삼먁삼보리를 짊어지다. 위없어 비할 데 없고 더없이 떳떳한 깨달음인 무상정등정각(無上正等正覺)을 어깨에 짊어진 채 견디다의 뜻이다. 하담여래아뇩다라삼먁삼보리(荷擔如來阿耨多羅三藐三菩提)라고도 한다. 『금강경』(대정장8, p.750c12)에 "수보리여! 간추려 말하면 이 경에는 불가사의하고 가히 헤아릴 수 없고 끝없는 공덕이 있으니, 여래께서는 대승을 발한 이 위해 설하시고 최상승을 발한 이를 위해 설하신다. 만약 어떤 사람이 능히 수지독송하여 널리 남을 위해 설한다면, 여래께서는 이 사람을 다 아시고 이 사람을 다 보시니 모두 헤아릴 수 없고 칭할 수 없으며 끝없고 불가사의한 공덕을 얻어 성취하며, 이와 같은 사람들이야말로 여래의 아뇩다라삼먁삼보리를 짊어질 수 있다. 어째서인가? 수보리여! 소법을 즐기는 이는 아견·인견·중생견·수자견에 붙들리므로 이 경을 능히 듣고 받아들이며 독송하여 남을 위해 해설할 수 없기 때문이다. 須菩提 以要言之 是經有不可思議 不可稱量 無邊功德 如來爲發大乘者說 爲發最上乘者說 若有人能受持讀誦 廣爲人說 如來悉知是人 悉見是人 皆得成就不可量 不可稱 無有邊 不可思議功德 如是人等 則爲荷擔如來阿耨多羅三藐三菩提 何以故 須菩提 若樂小法者 著我見 人見 衆生見 壽者見 則於此經 不能聽受讀誦 爲人解說", 『금강경오가해설의』 권하(한불전7, p.70b9)에 "〈설의〉 이 경 이미 위없는 지혜 위해 설해 왔으니, 만약 설해 지닌다면 이 사람 필시 뛰어난 지혜인이어서 불지견 얻은 이리니, 보리를 짊진다 해도 어떤 걸림도 없으리라. 성취 등이란 게에서 말하길 위없는 세계를 가득 채운 것이고, 하담이라 한 것은 무착이 이르길 보리라는 무거운 짐 어깨에 진 것을 말한다 하였다. … 〈육조〉 … 비록 번뇌의 수고로움 떠났지만 수고로움 떠났다고 생각하지 않아 무상정등정각을 얻은 것이기에 등짐 진 여래라 하였다. 〈說誼〉此經旣爲上智說來 若人持說 此必上智 得佛知見 荷擔菩提必無疑矣 成就等者 偈云滿足無上界 荷擔者無著云 肩負菩提重擔故… 〈六祖〉 … 雖離塵勞 不作離塵勞之念 卽得阿耨多羅三藐三菩提 故名荷擔如來", 『금강반야바라밀경론』 권중(대정장25, p.775b15)에 "이와 같은 사람 등은 여래의 아뇩다라삼먁삼보리를 짊어질 수 있다란, 보살의 무거운 짐을 어깨에 짊어진다는 말이다. 如是人等 則爲荷擔如來阿耨多羅三藐三菩提者 謂肩負菩薩重擔故", 『금강선론』 권7(대정장25, p.844c2)에 "'이와 같은 사람 등은 여래의 아뇩삼보리를 짊어질 수 있다'를 논에서는 참되고 묘한 법을 수지한다고 이름하였으니, 이 경을 지니는 사람은 이미 이 경을 수지하였기에 능히 법신여래의 대보리를 짊어질 수 있음을 밝혔다. 如是人等 則爲荷擔如來阿耨三菩提者 論名 受持眞妙法 明此持經之人 旣受持此經 則是能荷擔法身如來大菩提也", 『금강반야경찬술』 권하(대정장33, p.143a17)에 "이 경을 수지하는 이는 마땅히 능히 증하여 보리를 얻을 것인데, 비록 지금은 아직 얻지 못했지만 후에 반드시 얻을 것이기에 그러므로 하담이라 말하였다. 하는 짊어진다는 말이고 담은 메고 진다는 말이다. 수지란 말은 짊어져서 보리 얻기 때문이다. 受持之者 當能證獲菩提 雖現未得 後必得故 故言荷擔 荷謂荷負 擔謂擔揭 言受持者 則爲負揭 得菩提故", 『금강반야바라밀경주해』(대정장33, p.233c24)에 "이와 같은 사람이 이 법을 수행하면 불가사의한 공덕을 성취하기에 능히 여래의 무상보리를 짊어질 수 있지만, 저 소승은 능히 듣고 받아들여 독송하고 남을 위해 해설할 수 없으니 네 가지 견에 붙들리기 때문이다. 如是之人 修行此法 則成就不可思議功德故 能荷擔如來無上菩提 彼小乘不能聽受讀誦爲人解說 爲著四見故也"라고 하였다. 〔참고문헌〕『金剛經』, 『金剛般若波羅蜜經論』, 『金剛仙論』, 『金剛般若經贊述』, 『金剛經五家解說誼』, 『金剛般若波羅密經註解』. ⇨ 하담 荷擔, 아누다라삼막삼보리 阿耨多羅三藐三菩提, 무상정등정각 無上正等正覺

하당 下堂 소참(小參)이나 공양 후 승당을 내려오는 일. 『경덕전등록』 권19 「금륜가관전 金輪可觀傳」(대정장51, p.356a28)에 "대중이 야참을 마치고 승당에서 물러나는데 스님이 '대중들!' 하고 부르자 대중이 고개를 돌림에 '달을 보라!' 하였다. 大衆夜參後下堂 師召曰大衆 衆迴首 師曰 看月", 『선원청규』 권6(卍속장111, p.909b14)에 "유나는 건추를 치고 식사를 마친 다음 승당에서 내려간다. 아침 죽 먹을 때의 법과 같다. 維那打槌 食畢下堂 並同晨粥之法", 『선림상기전』 권9(대장경보편19, p.340b17)에 "하당 : 아침이나 점심 공양을 마치고 승당에서 내려가는 것을 하당이라 한다. 상간과 하간에 따라 상당과 하당이라 달리 부른다. 下堂 粥飯畢下僧堂此謂下堂 與上間下間 稱上堂下堂別"라고 하였다. 〔참고문헌〕『景德傳燈錄』, 『禪苑淸規』, 『禪林象器箋』.

하당추 下堂椎 공양을 마치고 승당에서 내려가도 됨을 알리는 건추(揵椎). 추(椎)와 추(槌)는 같이 쓴다. 『선림상기전』 권27(대장경보편19, p.743b2)에 "하당추 : 『선원청규』 「경중」에 '아침 공양을 마치고 건추를 한 번 치면 대중들은 승당에서 내려간다. 주지인이 승당에서 나오면 대중들은 그때 발우를 시렁에 올려놓는다' 하였다〈점심 공양 때 하당도 아침 공양법과 같다〉. 下堂椎 禪苑淸規 警衆云 粥罷打槌一下者 衆僧下堂也 住持人出堂 衆僧方可上鉢〈齋時下堂 同晨粥之法〉"라 하였다. 〔참고문헌〕『禪林象器箋』, 『禪苑淸規』 권6(卍속장111, p.909b9).

하도 河圖 황하에서 온 그림. 복희(伏犧)가 세상을 통치하던 시절에 황하(黃河)에서 출현했던 용마(龍馬)의 등에 새겨졌던 그림. 팔괘(八卦)가 그것이다. 『화엄경소초』 권16(대정장36, p.124b29)에 "하도에는 9편이 있고, 낙서에는 6편이 있다. 공안국은 '하도인즉 팔괘라야 옳고 낙서인즉 구주인 것이 옳다'라고 풀이했다. 河圖有九篇也 洛書有六篇也 孔安國云 以爲河圖則八卦是也 洛書則九疇是也", 『석씨계고략』 권1 「황제유웅씨 黃帝有熊氏」(대정장49, p.741b3)에 "황제가 하도를 받고서 일월성신의 상을 보고 이때 처음으로 천문에 관한 책이 나왔으며, 대뇨에게 명하여 오행의 실정을 탐구하도록 하였다. 帝受河圖 見日月星辰之象 於是始有星官之書 命大撓探五行之情"라고 하였다. 〔참고문헌〕『華嚴經疏鈔』, 『釋氏稽古略』.

하도불출두 鰕跳不出斗 새우 뛰지만 국자 밖을 나오지 못하다. 『운문광록』 권중(대정장47, p.562c28)에 "어느 날 말했다. '귀한 것도 천한 것도 아니라면 무엇에 의지해야 하나?'라 하고는 '새우 뛴다 한들 국자 밖으로 벗어나지 못한다'라고 대신 답했다. 一日云 非貴賤 據什麽 代云 鰕跳不出斗", 『벽암록』 89칙 「본칙 本則」(대정장48, p.213c26)에 "온몸이 손과 눈이다〈새우가 아무리 뛰어도 국자 밖으로 벗어나지 못한다. 그대 눈동자 바꾸고 혀끝마저 바꾸려 했다. 도리어 열 가지 얻었는가? 아버지를 불러 아버지 삼은 뜻을〉. 通身是手眼〈鰕跳不出斗 換却爾眼睛 移却舌頭 還得十成也未 喚爹作爺〉", 『고봉원묘어록』 권상(卍속장122, p.657b11)에 "법좌에 올라 주장자를 꼿꼿이 세우고 말했다. '사자굴과 사자후와 사자아 어디에도 앞뒤는 없다. 느닷없이 당장에 몸 뒤쳐야 남 앞에서 말할 수 있게 될 것이다. 지금 몸 뒤쳐 갈 수 있겠는가?' 주장자를 던지고 말했다. '새우 뛰어도 국자 밖으로 나가지 못한다'. 上堂 卓拄杖云 師子窟 師子吼 師子兒 無前後 驀然直下翻身 便解人前開口 卽今莫有翻身底麽 擲拄杖云 鰕跳不出斗"라고 하였다. 〔참고문헌〕『雲門廣錄』, 『碧巖錄』, 『高峰原妙語錄』. ⇨ 하마도불출두 鰕蟆跳不出斗

하도솔암 下兜率庵 ❶ 전라북도 고창군 아산면 도솔산(兜率山)에 있던 암자. 선운사(禪雲寺)의 산내암자로, 『조선사찰사료』 권하 하도솔암에 인용된 성화19년(1483·성종14) 계묘(癸卯) 정월일(丁月日)에 작성한 「덕원군별원당선운사중창산세사적형지안 德源君別願堂禪雲寺重刱山勢事蹟形止案」에는 "천주봉이 있는데, 봉우리 아래에 용문굴이 있으며, 나한을 봉안한 법당이 있다. 다음으로 상도솔암이 있고, 그 아래에 하도솔암이 있다. 有天柱峰 峰下有龍門窟 奉安羅漢法堂 次有上兜率庵 庵下有下兜率庵", 『조선사찰사료』 권상 「도솔산선운사창수승적기 兜率山禪雲寺刱修勝蹟記」에는 "하도솔암. 순치 15년(1658·효종9) 무술 봄에 창건하였다. 화주 한해인. 강희 8년(1669·현종10) 기유 봄에 고쳐 중건하였다. 화주 천호. 下兜率 順治十五年 戊戌春刱建 化主韓海印 康熙八年 己酉春改重建 化主天浩"라고 하였다. 〔참고문헌〕『朝鮮寺刹史料』, 『韓國寺刹全書』 권하 p.1128a13. ❷ 전라북도 완주군 운주면 대둔산(大芚山) 안심사의 옛 산내암자. 『한국사찰전서』 권하 하도솔암에 「안심사사적 安心寺事蹟」을 인용하여 안심사의 산내암자라고 하면서 "지금은 없다. 今無"고 하였다. 〔참고문헌〕『韓國寺刹全書』 권하 p.1128a11.

하두매수 河頭賣水 물가에서 물을 팔다. 담수하두매(擔水河頭賣)와 통한다. 『장령수탁어록』 권1 「수어백칙 垂語百則」(卍속장120, p.320b8)에 "만나기만 하면 집어내어 보이지 마라. 숨겨 없다 할 수 있겠는가? 물가에서 물을 팔아 무엇하랴? 相逢不拈出 還匿得也無 河頭賣水作麽", 『정원략집』 권11 「천희탁장 天喜卓章」(卍속장145, p.430a2)에 "서천 28조와 동토 6조 그리고 천하의 노화상에 이르기까지 건추를 잡고 불자를 세우면서 종승을 널리 알리기 바라지만, 물가에서 물을 팔고 바람 맞으며 먼지 터는 일과 무엇이 다른가? 西天四七東土二三 乃至天下老和尙 拈槌竪拂 冀闡宗乘 何異乎河頭賣水 逆風揚塵"라고 하였다. 〔참고문헌〕『長靈守卓語錄』, 『正源略集』, 『大慧普說』 권4(卍속장59, p.936a12). ⇨ 담수하두매 擔水河頭賣

하득 何得 어찌 얻을 수 있으랴. 『조당집』 권5 「운암담성장 雲巖曇晟章」(대장경보편25, p.399a12)에 "운암이 마당을 쓰는데 규사주가 물었다. '스님께서 어찌 스스로 부지런을 떠십니까?' '부지런을 떨지 않는 한 사람이 있긴 하지'. 師掃地次 叫寺主 問 師何得自驅驅 師曰 有一人不驅驅", 『앙산어록』(대정장47, p.583c1)에 "위산이 말했다. '적자야, 어째서 스스로 자기 목숨을 상하게 하느냐?' 潙山云 寂子 何得自傷己命"라고 하였다. 〔참고문헌〕『祖堂集』, 『仰山語錄』.

하등 河燈 물 위로 띄우는 등. 『선림상기전』 권16(대장경보편19, p.513a17)에 "『수호전』에 '7월 15일 우란분대재일에 연례로 각처에서 하등에 불붙여 띄우는데, 재를 닦을 때의 호사다'라 하였다. 도충이 말하기를, '하등이란 작은 조각판에 촛불을 세워 물 위로 흘려보내는 것이다. 지금 대청승사에서 칠월에 자비수참 닦을 때 이것을 만드는데, 실은 일이 수참에 관계되지만 우란분과는 관련되지 않는다' 하였다. 水滸傳云 七月十五日 盂蘭盆大齋之日 年例各處 點放河燈 修設好事 忠曰 河燈小片板樹燭 流之於水上 今大淸僧寺 七月修水懺作此 其實 事係水懺 而不關盂蘭矣", 『세종실록』 권53 세종 13년(1431) 9월 11일에 "창성이 두목을 시켜 지등 삼백개를 만들고 밀랍과 송진을 녹여 지등에 먹이고, 깨를 찧어 환을 만들고 기름 발라 지등 안에 놓고 불붙였다. 밤에 노량진에 배 띄우고 악공과 승도로 하여금 독경하면서 띄워 보냈으니, 하등이라 이름하였다. 昌盛令頭目作紙燈三百 消蠟蜜松脂灌紙燈 搗荏子爲丸 和以油 置紙燈中而燃之 夜泛于露梁水 令樂工及僧徒 作聲流之 名曰河燈"라고 하였다. 〔참고문헌〕『禪林象器箋』, 『世宗實錄』.

하락 下落 떨어지다. 『대혜어록』 권16(대정장47, p.880c18)에 "남에게 묻는 일 없이 낱낱에서 떨어져 버리는 것 스스로 알리라. 不著問人 一一自知下落", 『벽암록』 65칙 「평창 評唱」(대정장48, p.195c6)에 "저 선대로부터 온 허다한 공안 끝내 어떻게 그 떨어져 있는 곳 보는가? 只如從上來 許多公案 畢竟如何見其下落", 『선관책진』 「천기화상시중 天奇和尙示衆」(대정장48, p.1104c16)에 "종일 염불해도 이것이 온전히 부처 생각임을 알지 못한다. 이렇게 알지 못한다면 모름지기 이 '염불하는 이 누구인가?' 눈으로 나아가 간해 정하고 마음으로 나아가 정한 것 들어 보다 마침내 떨어져 버린 곳 마저 힘써 찾아야 하리. 終日念佛 不知全是佛念 如不知須看箇念佛的是誰 眼就看定 心就擧定 務要討箇下落"라 하였다. 〔참고문헌〕『大慧語錄』, 『碧巖錄』, 『禪關策進』.

하람 訶啉 Ⓢ hrūṃ. 실담자 의 음사. 제장불정(除障佛頂)의 종자(種子)다. 『대일경소』 권10(대정장39, p.686c23)에 "하람〈하는 행이라는 뜻이다. 람은 더러움이고 우는 삼매이다. 점은 대공이다. 이는 제장불정이다〉. 訶啉〈訶是行 囉是垢 烏是三昧 點是大空 此是除障佛頂〉"라고 하였다. 〔참고문헌〕『大日經疏』. ⇨ 종자 種子 ❷

하랍 夏臘 Ⓢvarṣāgra. 하안거(夏安居)를 지낸 햇수. 비구비구니로서 지낸 나이의 뜻으로 법랍(法臘)・계랍(戒臘)・법하(法夏)・법세(法歲)・승하(僧夏)라고도 한다. 『중허마하제경』 권13(대정장3, p.974c27)에 "그때 세존께서 대중에게 이르셨다. '출가자는 하랍의 차제에 따라서 그 존비를 지켜야 하며, 미래에 이르도록 예로 지켜 허물 되어서는 안 된다'. 爾時世尊 告大衆言 今出家者 可依夏臘次第 守其尊卑 乃至未來 禮不得闕", 『월등삼매경』 권5(대정장15, p.582b24 : *Sam-r.*, p.153)에 "마땅히 그 하랍을 물어야 하니, 기숙이라고 한다면 공양하고 공경하는 마음으로 머리를 그 발에 붙이는 예를 올려야 한다. 當問其夏臘 若是耆宿者 應供養恭敬 頭面接足禮 varṣāgraṃ paripṛcchitvā yas te vṛddhataro bhavet, kuryā hi gauravaṃ tatra śirasā pādavandanam"라고 하였다. 〔참고문헌〕『衆許摩訶帝經』, 『月燈三昧經』, 『釋氏要覽』 권하(대정장54, p.298c29), *Sam-r.* ⇨ 납 臘, 법랍 法臘, 법세 法歲, 계랍 戒臘

하려발마 訶黎跋摩 하리바르만(Ⓢ Harivarman)의 음사어. 『지관보행전홍결』 권6(대정장46, p.335c25)에 "논주란 『성실론』을 지은 하려발마다. 論主者 訶黎跋摩 造成實論"라고 하였다. 〔참고문헌〕『止觀輔行傳弘決』. ⇨ 하리바르만 Harivarman

하련어 煆煉語 불붙여 두드린 말. 『벽암록』 46칙 「평창 評唱」(대정장48, p.182c6)에 "이런 공안을 제방에서 하련어라 한다. 만약 이것이 풀무로 불붙여 다듬었다 하면 마음으로 행했을 뿐이다. 這般公案 諸方謂之煆煉語 若是煆煉 只成心行"라 하였다. 〔참고문헌〕『碧巖錄』.

하렴 下簾 발을 드리우다. 『염팔방주옥집』 권중(卍속장119, p.248b8)에 "불해가 말했다. '발을 말아 올리고 앉았으나 마주한 얼굴이 저 나루터로 떨어진 듯하고, 발을 내리고 돌아서 떨어진 나루터 서로 마주한 듯하다. 만약 시자 정신차렸다면 두 사람의 목숨은 온통 시자의 손아귀에 있었으리라'. 佛海云 捲簾而坐 對面隔津 下簾而回 隔津對面 若使侍者惺惺 二人性命 總在其手"라고 하였다. 〔참고문헌〕『拈八方珠玉集』.

하령 遐齡 멀기도 한 나이. 하염없이 긴 세월. 『출삼장기집』 권15 「혜원법사전 慧遠法師傳」(대정장55, p.110a10)에 "왕밀(王謐)이 편지 써서 말하길 '나이 겨우 마흔 일곱인데 쇠하기는 이순과 같습니다' 하자, 혜원(慧遠)은 답하길 '옛 사람은 한 자 크기의 옥을 아끼기보다는 촌음 더 중히 여겼습니다. 남은 시간을 살펴보면 얼마 남지 않은 듯하지만 긴 세월입니다. 단월께서 이미 행해 오셨듯이 따라 그 자성에 맡겨서 부처님 뜻에 올라 마음 고르십시요. 이렇게 밀어간다면 다시 어찌 저 하염없는 나이 선망하리요'. 謐修書曰 年始四十七 而衰同耳順 遠答曰 古人不愛尺璧 而重寸陰 觀其所存 似不存長年 檀越旣履 順而遊性 乘佛理以御心 因此而推 復何羨於遐齡耶"라고 하였다. 〔참고문헌〕『出三藏記集』.

하로나 訶魯那 Ⓢharuṇa의 음사어. 1에서 셀 수조차 없는 수인 아승기(阿僧祇)에 이르기까지의 사이에 있는 숫자. 80권본 『화엄경』 권45 「아승기품 阿僧祇品」(대정장10, p.237c)에 아승기 내지 불가설불가설(不可說不可說)에 이르기까지의 수량을 밝혔는데 "달라보타의 달라보타는 1하로나이고 하로나의 하로나는 1마노타이다. 達 步陀達 步陀 爲一訶魯那 訶魯那訶魯那 爲一摩魯陀"라고 하였다. 〔참고문헌〕『華嚴經』. ⇨ 십대수 十大數

하뢰 瑕纇 티. 결점. 결함. 하는 옥의 티, 뢰는 실의 부스럼. 『벽암록』 「서 序」(대정장48, p.139a13)에 "조나라 옥에 본디 티라고는 없었지만 인상여(藺相如)는 그런 것처럼 진왕을 속였다. 지극한 도는 참으로 불러할 말 없어야 하지만, 종사는 자비 드리워 폐단을 구할 뿐이다. 須知趙璧 本無瑕纇 相如謾誑秦王 至道實乎無言 宗師垂慈救弊", 『증도가송』(卍속장114, p.873b13)에 "마니주 : 본래 티랄 것 없어 정추마저 끊어졌노라. 달 밝고 바람 맑은 지난 해 밤, 한 척 배 나는 듯 동정호 건넜다네. 摩尼珠 本無瑕纇絶精麤 月白風淸去年夜 一帆飛過洞庭湖", 『언계광문어록』 권상(卍속장121, p.262b15)에 "육조는 알지도 못했다는 그 말, 누가 '변벽에 티라고는 없다'고 하는가? 달마는 알지 못했다는 그 말, 무쇠의 철조망이 눈앞에 던져져 있다. 六祖不會 誰云卞璧無瑕纇 達磨不識 生鐵蒺藜當面擲"라고 하였다. 〔참고문헌〕『碧巖錄』, 『證道歌頌』, 『偃溪廣聞語錄』, 『祖庭事苑』 권2(卍속장113, p.53b1).

하르샤 Harṣa 590~647. 인도 바르다나(Vardhana)왕조에 속한 왕으로, 606년에 북인도 전역을 다스렸다. 하르샤바르다나(Harṣavardhana)・실라디티야(Śilāditya)라고도 한다. 의역하여 희증왕(喜增王)・계일왕(戒日王)으로, 음역하여 갈리사벌탄나(曷利沙伐彈那) 등으로도 불린다. 카나우즈(Kannauj)를 수도로 삼아 동쪽으로는 카마루파(Kāmarūpa) 지역부터 남쪽으로는 나르마다(Narmada) 강유역에 이르는 지역을 정복했다. 전투 뿐만이 아니라 문학과 예술에도 조예가 깊어 『프리야다르쉬카 *Priyadarśikā*』・『라트나발리 *Ratnāvali*』・『나가난다 *Nāgānanda*』라는 세 편의 희곡 저자로 전해지며, 부처님께 바치는 찬가인 『수프라바타 *Suprabhāta*』와 『아슈타마하스타나차이티야 *Aṣṭamahāsthānacaitya*』를 남기는 등 불교에 귀의했던 것으로 알려진다. 하르샤의 재위기간 동안 인도를 방문한 현장(玄奘)도 『대당서역기 大唐西域記』에서 이 왕국에 관한 기록을 전하며, 시인 바나(Bāṇa)도 왕실의 지원을 받아 하르샤의 활약을 기린 『하르샤차리타 *Harṣacarita*』를 지었다. 〔참고문헌〕 Hans Bakker 'The Reign of Harṣavardhana(AD 612~647)'(*The World of the Skandapurāṇa*, 2014). ⇨계일왕 戒日王

하릉 訶陵 Ⓢyava. 말레이반도에 위치한 자바섬. 파릉(波陵)·사바(闍婆 : 社婆)·엽조(葉調)라고도 한다. 중국의 남북조시대 이후부터 인도와 중국을 잇는 해상로의 주요기착지 중 하나였으며, 중국전통의 범주로는 남해(南海) 곤륜국(崑崙國)의 하나로 분류한다. 기원전후에 인도인들이 이주하면서 불교와 힌두교 문화가 보급되기 시작했으며, 8세기에는 보로부두르(Borobudur) 탑군(塔群)이 조성되어 당시 불교문화가 흥성했음을 짐작할 수 있다. 이 탑들에 새겨진 부조(浮彫)들은 주로 대승경전의 소재들로 채워져 있다. 당 인덕년간(664~665)에는 익주(益州) 출신 회녕(會寧)율사가 하릉으로 건너가, 하릉 출신 야나발다라(若那跋陀羅 : 智賢)와 함께 『대반열반경후분』 2권(대정장12, No.377)을 한역하였다. 당 의정(義淨 635~713)삼장도 하릉을 경유하여 인도로 들어갔으며 불공(不空 705~774)삼장 역시 인도와 중국을 오갈 때 하릉을 경유하였다. 〔참고문헌〕 『大般涅槃經後分』, 『佛祖統紀』 권32(대정장49, p.316a3)·권39(대정장49, p.367c5)·권53(대정장49, p.465b5), 『大唐故大德贈司空大辨正廣智不空三藏行狀』(대정장50, p.292c23), 『大唐青龍寺三朝供奉大德行狀』(대정장50, p.295b16), 『宋高僧傳』 권1 「不空傳」(대정장50, p.712b19), 『大唐西域求法高僧傳』 권상(대정장51, p.4a6), 『南海寄歸內法傳』 권1(대정장54, p.205b13). ⇨과와 瓜哇, 남해 南海❶, 곤륜국 崑崙國, 회녕 會寧, 야나발다라 若那跋陀羅, 대반열반경후분 大般涅槃經後分, 파릉 波陵

하릉주 訶陵洲 중국 남쪽 말레이반도에 위치한 자바(Java)섬. 또는 그 섬에 있었던 여러 나라 중의 하나. 『대당서역구법고승전』 권1 「회령전 會寧傳」(대정장51, p.7a5)에 "인덕년중(664~665)에 남해로 가려고 배를 띄워 하릉주에 이르렀다. 3년간 머물면서 마침내 하릉국 다문승 야나발달라와 함께 『아급마경』에서 여래열반 분신의 일을 역출했다. 以麟德年中仗錫南海 汎舶至訶陵洲 停住三載 遂共訶陵國多聞僧若那跋陀羅 於阿笈摩經內譯出如來涅槃焚身之事"라고 하였다. 이 섬에 있는 바라부도(婆羅浮屠 : Borobudur) 대탑은 현재 세계최대의 대승불교건축으로 매우 아름다운 불교성지이다. 〔참고문헌〕 『大唐西域救法高僧傳』. ⇨보로부두르 Borobudur

하리 訶利 Ⓢhari의 음사어. ❶사자(師子)로 한역한다. 하리(呵梨)로도 쓴다. 『승만보굴』 권상(대정장37, p.3a19)에 "외국어로 하리는 사자로 한역한다. 『한서』에서 사자는 황색이라고 하였으나 실제로 다섯 색을 갖추었다. 다만 황색으로 보일 뿐이다. 모습 역시 지나치게 크지 않지만 위용은 능히 모든 짐승을 항복시키니 금수의 왕이다. 外國云呵梨 此云師子 漢書中說師子作黃色 然實應具五色 但見其黃色者耳 形容亦不過大 但以威猛能伏諸獸爲獸中王", 『번역명의집』 권2(대정장54, p.1086c19)에 "하리. 갈리라고도 한다. 사자라고 한역한다. 訶利 亦云喝里 此云師子"라고 하였다. 〔참고문헌〕 『勝鬘寶窟』, 『翻譯名義集』. ❷서방을 수호하는 호법신. 이십팔대 야차 중 하나. 『공작왕주경』 권하(대정장19, p.452a29 : *Mmayu.*, p.25)에 "아난아, 서방에 네 야차 대군주가 서방에 머물며 서방을 항상 수호한다. 그 이름은 이와 같다. 하리〈사자〉. … 빙가라〈청색〉. 阿難西方四夜叉大軍主住西方 常守護西方 其名如是 訶利〈梁言師子〉 … 氷伽羅〈梁言蒼色〉 paścimāyām ānanda diśāyāṃ catvāro mahāyakṣasenāpatayaḥ prativasanti, ye paścimāṃ diśaṃ rakṣanti paripālayanti. tadyathā. harir … piṅgalaś ceti"라고 하였다. 〔참고문헌〕 『孔雀王咒經』, *Mmayu.*

하리 訶梨 ❶Ⓢharītakī, Ⓟhāliddikāni의 줄인 음사어. 하리륵(訶梨勒)이라고도 한다. 『대승입능가경』 권1(대정장16, p.591c28 : *Laṅk.*, p.29)에 "어찌하여 항상 진실을 설해주지 않으시고 일체가 오직 마음이라고만 하십니까? 남녀림과 하리·아마라·계라사와 윤위, 그리고 금강산은 무엇입니까? 何不恒說實 一切唯是心 云何男女林 訶梨菴摩羅 雞羅娑輪圍 及以金剛山 kasmāt-tattvaṃ na sarvatra citta-mātraṃ prabhāṣase. naranārīvanaṃ kena harītaky-āmalīvanam, kailāsaś-cakravālaś-ca vajra-saṃhananā katham"라고 하였다. 〔참고문헌〕 『大乘入楞伽經』, *Laṅk.* ⇨가리륵 訶梨勒 ❷Ⓢharidrā의 줄인 음사어. 생강(生薑)이라고 한역한다. ⇨하리다강 呵梨陀薑 ❸Ⓢhari의 음사어. 사자(師子)라고 한역한다. ⇨하리 訶利❶ ❹『성실론』의 저자 하리발마(訶梨跋摩 Harivarman)의 약명(略名). 『금강반야경소』 권1(대정장33, p.85b25)에 "〔문〕 『열반경』에서는 불성을 밝혔지만 『반야경』에서는 어떻게 이러한 설이 있습니까? 〔답〕 『열반경』은 불성을 밝혔고, 『반야경』은 불성을 밝히지 않았다는 것은 하리발마의 문인이 이와 같은 말을 지어냈다. 여기에서 바수반두의 제자가 반야와 불성이 안과 목처럼 같은 것의 다른 이름임을 밝혔다. 問曰涅槃可明佛性 般若何有此說 答曰涅槃明佛性 般若未明佛性 此是訶梨門人作如此說 今婆藪弟子 明般若佛性 乃是眼目異名"라고 하였다.

〔참고문헌〕『金剛般若經疏』.

하리계라국 訶利鷄羅國 Ⓢ Harikela. 지금의 미얀마(Myanmar) 아라칸(Arakan)지방과 방글라데시(Bangladesh) 치타공(Chittagong)에 비정되는 고대국가. 의정(義淨)이 일년이나 머물렀다. 『대당서역구법고승전』 권하(대정장51, p.9b20)에 "사자주에서 다시 동북쪽으로 배를 타고 한 달을 가서 하리계라국에 이르렀다. 이 나라는 동천에서도 가장 동쪽에 있는 나라로서 섬부주(인도)의 땅이다. 從師子州 復東北泛舶一月 到訶利鷄羅國 此國乃是東天之東界也 卽贍部州之地也"라고 하였다. 〔참고문헌〕『大唐西域求法高僧傳』.

하리나 何履儺 Ⓢ hariṇa. 사슴. 아리나(阿履那)·갈리나(曷利拏)라고도 음사한다. 『대위덕다라니경』 권7(대정장21, p.786a4)에서는 "하리나〈산양〉 등이다. 何履儺〈山羊〉"라고 하였으나 『일체경음의』 권42(대정장54, p.582c13)에서는 "아리나〈이는 산양이라고 한역하였다. 바른 음사는 갈리나이니 큰 사슴을 다 모아 부르는 이름이다〉. 阿履那〈此云中山羊 正言曷利拏 總言麞鹿等名也〉"라고 하였다. 〔참고문헌〕『大威德陀羅尼經』, 『一切經音義』.

하리다 呵梨陀 ➡ 하리다강 呵梨陀薑

하리다강 呵梨陀薑 Ⓢ haridrā, Ⓟ haliddī. 황강(黃薑) 곧 강황(薑黃). 『사분율소』 권5(卍속장65, p.600b15)에 "하리다강은 황강이라 한역한다. 율문에서 음사어와 한역어를 아울러 드러냈기에 이렇게 쓴다. 呵梨陀薑者 漢云黃薑 律文胡漢 並彰故也"라고 하였다. 〔참고문헌〕『四分律疏』, 『四分律』 권12(대정장22, p.641c19), *Vin.3.35*, 『仏教植物辭典』(國書刊行會, 1982).

하리다산 呵犁陀山 ➡ 하리타산 呵梨陀山

하리륵 訶梨勒 Ⓢ Ⓟ harītakī의 음사어. 중국 영남(嶺南)·중남반도(中南半島)와 인도에서 나는 과실수. 학명은 *Terminalia chebula*. 오약(五藥) 중 하나. 천주지(天主持)·천주부래(天主苻來)라 한역한다. 하리륵(訶利勒·呵梨勒)·하리달계(賀唎怛繫)·하리득지(呵梨得枳)·삽옹수(澀翁樹)·하자수(苛子樹·呵子樹·訶子樹)라고도 음사한다. 잎은 길쭉한 원형이며 흰꽃을 피우고 초가을에 맺는 열매로 안질(眼疾)·풍사(風邪) 치료에 쓴다. 『오분율』 권15(대정장22, p.103a8)에 "그때 세존께서 몸에 풍환이 생겼는데 마수라산신이 하리륵 열매를 가지고 와서 부처님께 올리며 '부처님께서 드시고 풍환을 없애시기 바랍니다'라고 하였다. 부처님께서 받아 드셨더니 풍환이 사라져 결가부좌하고 이레 동안 해탈의 즐거움을 누리셨다. 爾時世尊 身有風患 摩修羅山神 卽取訶梨勒果奉佛 願佛食之 以除風患 佛受爲食 風患卽除 結跏趺坐 七日受解脫樂", 『유부율잡사』 권4(대정장24, p.223c28)에 "이 병은 하리륵을 복용하면 반드시 차도가 있을 것입니다. 此病可服訶梨勒 必當得差", 『번역명의집』 권3(대정장54, p.1103a14)에 "하리륵 : 신역의 음사어는 하리달계이며, 천주지래라 한역한다. 이 열매 약으로 쓰며 효용이 매우 많아 듣지 않음이 없다. 訶梨勒 新云 訶梨怛鷄 此云 天主持來 此果爲藥 功用至多 無所不入"라고 하였다. 〔참고문헌〕『五分律』, 『有部律雜事』, 『翻譯名義集』, 『梵語雜名』(대정장54, p.1238a14), *Saṅ-v.1.125.*, *MN.3.127*, 『仏教植物辭典』(國書刊行會, 1982).

하리륵림 訶梨勒林 Ⓢ harītakī-vana. 하리륵으로 이루어진 숲. 『중허마하제경』 권7(대정장3, p.952a26)에 "그때 제석천주가 멀리서 세존의 몸에 풍병이 났음을 알고 하늘에서 내려와 섬부주에 이르렀다. 보리수에서 가깝지도 멀지도 않은 곳에 하리륵 큰 숲에 머물며 이 숲에서 가장 좋은 하리륵을 따서 재빨리 부처님 처소로 갔다. … 세존께서 받으신 다음 얼마 되지 않아 복용하시고는 풍병 바로 없어져 몸 편안해 전과 같았다. 爾時帝釋天主 遙知世尊體發風病 自天而下 至贍部洲 去菩提樹 不近不遠 有大訶梨勒林 於中而住 於此林中 取得上好訶梨勒已 疾往佛所 … 世尊受已 尋便服食 風病卽除 體安如故"라고 하였다. 〔참고문헌〕『衆許摩訶帝經』, *Saṅ-v.1.125.* ⇨ 하리륵 訶梨勒

하리바 訶理婆 Ⓢ hariva, harita의 음사어, Ⓣ 'phrog-yas. 고대 극대수인 백이십전(百二十轉) 중 하나. 80권본 『화엄경』 권45 「아승기품 阿僧祇品」(대정장10, p.237c9 : *Gaṇḍ-vy.*, p.103)에 "니바라의 제곱은 1하리바이고, 하리바의 제곱은 1일동이다. 泥羅婆泥羅婆 爲一訶理婆 訶理婆訶理婆 爲一一動 nilambaṃ nilambānāṃ haritam, haritaṃ haritānāṃ vikṣobham"라고 하였다. 〔참고문헌〕『華嚴經』, *Gaṇḍ-vy.*, *Mvyut.246.* ⇨ 백이십전 百二十轉

하리바드라 Haribhadra **1** 기원후 8세기경에 활약했던 인도 대승불교 논사. 티베트어로는 셍게상포(Ⓣ Seng-ge-bzang-po), 한자로는 사자현(師子賢)이다. 티베트가 인도불교를 적극적으로 받아들이는 데 중요한 역할을 했던 샨타락시타(Ⓢ Śāntarakṣita)의 제자이자, 구히야사마자탄트라(Guhyasamājatantra)를 정립한 즈냐냐파다(Ⓢ Jñānapāda)의 스승으로 알려졌다. 동인도를 지배했던 팔라(Ⓢ Pāla)왕조의 다르마팔라(Ⓢ Dharmapāla)의 후원을 받아 불교 대승원인 비크라마쉴라(Ⓢ Vikramaśīla)를 세웠다. 이 사원은 이슬람의 지배로 인도에서 불교가 그 영향력을 완전히 잃어버리기 전까지 인도불교 중요 사상가들의 거점이 되었다. 미륵(Ⓢ Maitreyanātha)의 *Abhisamayālaṃkāra* (現觀莊嚴論)에 대한 주석인 *Abhisamayālaṃkāravivṛti*를 지었다. 여기서 하리바드라는 삼신(三身 Ⓢ tri-kāya)에 이어 네 번째 자성신(自性身 Ⓢ Svābhāvika-kāya)을 더해 주석하였는데, 이러한 관점은 라트나카라샨티(Ⓢ Ratnākaraśānti 11세기경), 아바야카라굽타(Ⓢ Abhayākaragupta 12세기경) 등의 후대 저자들에 의해서 이의가 제기되기도 하였다. 이 논쟁은 계속해서 티베트에서도 이어졌는데, 그의 입장을 따른 대표적 인물로는 총카파(Ⓣ Tsong-kha-pa 1357~1491) 등이 있다. ⇨ 사자현 師子賢 **2** 기원후 5~6세기에 활약한 자이나 백의파(白衣派 Ⓢ Śvetāmbara)의 스승이자 저자로, 하리바드라 수리(Ⓢ Haribhadra sūri)라고도 불린다. 전통에 따르면 브라민으로 태어났으나 자이나교의 여성지도자였던 야키니(Ⓢ Yākinī)의 가르침을 듣고 개종했다고 알려진다. 산스크리트어는 물론 프라크리티어로 논리학과 문학 등 다방면에 관한 저술을 남겼는데, 특히 자이나의 다원론(Anekāntavāda)을 집중적으로 논의한 『아네칸타자야파타카 *Anekāntajayapātakā*』와 인도 육파철학과 자이나를 비교한 『쌋다르사나사무차야 *Ṣaḍdarśanasamuccaya*』등이 잘 알려져 있다.

하리바르만 Harivarman 기원후 3~4세기경 불교 아비달마의 주요 문헌 중 하나인 『성실론 成實論』의 저자. 한역으로만 전하며, 하리바르만이란 이름은 사자주(師子冑)·사자개(師子鎧)·사자갑(獅子鉀)·하리발마(訶梨跋摩)·발마(跋摩) 등으로 한역한다. 『출삼장기집』 권11 「하리발마전서 訶梨跋摩傳序」(대정장55, p.78b28)에 의하면, 하리바드라는 중인도의 바라문 집안에서 태어났지만 스님으로 출가하여 설일체유부(Ⓢ Sarvāstivāda)의 쿠마랄라타(Kumāralāta)를 스승으로 하여 수학하였다. 하지만 설일체유부의 아비달마에 만족하지 못하고 삼장을 널리 공부하면서 오부(五部)의 모든 서로 다른 가르침을 연구하였다. 그러다 파탈리푸트라(Pāṭaliputra)의 승기부(僧祇部 Ⓢ Mahāsāṅghika)에 속한 사람들의 초대를 받았고, 거기로 가서 대승을 공부하고 성실론을 저술하였다. [참고문헌] 『出三藏記集』. ⇨ 하리발마 訶梨跋摩, 발마 跋摩 **1**, 사자개 師子鎧 **1**, 사자주 師子冑, 성실론주 成實論主, 성실종 成實宗

하리발다 呵梨跋陀 Ⓢ Haribhadra. 구나발마(求那跋摩 Ⓢ Guṇavarman 377~431)삼장의 조부. 『양고승전』 권3 「구나발마전」(대정장50, p.340a15)에 "태생은 찰리종으로 대대로 계빈국에서 정치를 가업으로 삼았다. 조부는 하리발다로 사자현이라 한역한다. 本刹利種 累世爲王治 在罽賓國 祖父呵梨跋陀 此言師子賢"라고 하였다. [참고문헌] 『梁高僧傳』.

하리발마 訶梨跋摩 『성실론 成實論』의 저자인 하리바르만(Harivarman)의 음사어. 『번역명의집』 권1(대정장54, p.1066a19)에 "하리발마는 송 말로는 사자개이며, 부처님 열반 후 9백년에 중천축국 바라문 아들로 났다. 처음에 살바다부에 의지해 출가하여 『성실론』을 지었다. 訶梨跋摩 宋言師子鎧 佛涅槃後九百年 出中天竺國 婆羅門子 初依薩婆多部出家 造成實論"라고 하였다. [참고문헌] 『翻譯名義集』, 『歷代三寶紀』 권8(대정장49, p.79a1). ⇨ 하리바르만 Harivarman

하리방샤 Harivaṃśa 인도 대서사시 『마하바라타 *Mahābhārata*』의 증보편 성격을 지닌 문헌으로, 이 또한 비야사(Vyāsa)를 저자로 기록한다. 『하리방샤푸라나 *Harivaṃśa-purāṇa*』라고도 불린다. '하리(Hari), 즉, 비슈누의 계보(vaṃśa)'를 주제로 크리슈나(Kṛṣṇa)의 선조와 영웅적 행보를 서술한다. '하리방샤파르반(Ⓢ Harivaṃśaparvan 1~45장)'과 '비슈누파르반(Ⓢ Viṣṇuparvan 46~113장)', '바비슈야트파르반(Ⓢ Bhaviṣyatparvan 114~118장)'의 총 세 갈래로 편집되었고 17세기 학자 닐라칸타(Ⓢ Nīlakaṇṭha)가 사본을 모아 총 318개(각각 55장, 129장, 138장으로 구성)의 장으로 엮은 유통본은 『마하바라타』와 함께 묶여 1936년에 출판되었으나, 이후 독립적인 문헌으로서 재출판되었다(1969~1971). 현재까지의 연구 결과는 이 문헌의 초기형태는 이전 편집본들보다 훨씬 짧은 분량이었을 것으로 본다. [참고문헌] Simon Brodbeck 'Harivaṃśa' (*Brill's Encyclopedia of Hinduism online*, 2019).

하리방샤푸라나 Harivaṃśa-purāṇa **1** '하리(Hari), 즉, 비슈누의 계보(vaṃśa)'를 서술하는 인도 고대 서사시. ⇨ 하리방샤 Harivaṃśa **2** 인도 자이나(Jaina)교 학자 지나세나(Ⓢ Jinasena)가 784년에 저작한 문헌으로, 총 66편으로 구성된다. 힌두교의 하리방샤와 구분하여 자이나 하리방샤라고도 불린다. 자이나 전통에 따라 제22대 티르탕카라(Ⓢ Tīrthaṅkara)인 네미나타

(Ⓢ Neminātha)의 일대기와 네미나타의 사촌인 크리슈나(Ⓢ Kṛṣṇa)의 모험을 다룬다. [참고문헌] Panna Lal Jain *The Harivaṃsa Purāṇa of Jinasena* (Bharatiya Jnanapitha, 2008).

하리삼 訶理三 Ⓢ harisa, hari의 음사어, Ⓣ thing-yug. 극대수인 백이십전(百二十轉) 중 하나. 80권본『화엄경』 권45「아승기품 阿僧祇品」(대정장10, p.237c11 : *Gaṇḍ-vy.*, p.103)에 "하리포의 제곱은 1하리삼이고, 하리삼의 제곱은 1해로가다. 訶理蒲訶理蒲 爲一訶理三 訶理三訶理三 爲一奚魯伽 halitaṃ halitānāṃ hariḥ, hariḥ harīṇām ālokaḥ"라고 하였다. [참고문헌]『華嚴經』, *Gaṇḍ-vy.*, *Mvyut.246.* ⇨ 백이십전 百二十轉

하리쉬찬드라 Hariścandra 인도 푸라나 문헌에 등장하는 익슈바쿠(Ⓢ Ikṣvāku)왕조에 속하는 전설의 왕. 전승에 따라 차이가 있다.『바가바타푸라나 *Bhāgavata-purāṇa*』에 따르면 트리샹쿠(Triśaṅku)왕의 아들로, 많은 아내가 있었음에도 아들을 얻지 못해 선인(仙人 Ⓢ ṛṣi)인 나라다(Nārada)의 조언으로 바루나(Varuṇa)신에게 간청해 이후 아들을 바치겠다는 약속을 하고서 로히타(Rohita)라는 아들을 얻었다. 하지만 이 아들에 대한 애착 때문에 바루나의 요청에도 불구하고 왕은 계속 희생제를 미뤘다. 이 사실을 안 아들은 숲으로 피신했고, 아버지가 신의 저주로 병에 걸렸다는 얘기를 들었으나, 인드라신의 만류로 육년의 시간을 숲에서 지내게 된다. 이후 슈나하세파(Śunaḥśepha)라는 이름의 사람을 사서 희생제의를 지내게 되고 왕의 병도 나았다고 전한다. 하지만,『마르칸데야푸라나 *Mārkaṇḍeya-purāṇa*』 8장에서는 제사장 비슈바미트라(Viśvamitra)가 왕의 부탁으로 아들을 얻기 위한 제사를 지냈고, 이후 아들을 얻은 하리쉬찬드라 왕에게 대가를 요구했다. 결국 왕은 물론 아내와 아들까지도 제사장에게 바쳐지고, 다시 불가촉천민(Ⓢ cāṇḍala)인 주인에게 팔려가게 되었다. 노예 생활을 하던 와중 뱀에 물려 아들이 죽자 왕은 이같은 불행이 과거에 자신이 지은 죄 때문이라는 것을 깨닫고 모든 것을 겸허히 받아들인다. 실제로는 변신했던 정의의 신인 그 주인은 아들의 장례를 준비하던 왕에게 본모습을 드러내고 아들을 되살려 준다. 결국 인드라신의 초대로 왕은 모든 권속과 함께 승천하는 것으로 끝을 맺는다. 이 같은 전설을 배경으로 하리쉬찬드라는 거짓을 말하지 않고 진실을 행하는 상징이 되었다.

하리야낭밀달라 賀里也曩蜜怛羅 칼야나미트라(Ⓢ kalyāṇamitra)의 음사. 선우(善友)를 뜻한다.『범어잡명』 권1(대정장54, p.1232b2)에 "선우는 하리야낭밀달라다. 善友 賀里也曩蜜怛羅"라고 하였다. [참고문헌]『梵語雜名』. ⇨ 선우 善友

하리제 柯利帝·訶利帝 ➡ 하리제모 訶利帝母

하리제남 訶利帝南 Ⓢ Hāritī, Hārītī. 하리지(訶利底)의 다른 음사어. 귀자모(鬼子母)를 말한다.『번역명의집』 권2(대정장54, p.1078a16)에 "하리제남.『금광명경』에서 '하리제남'이라 한 것은 범어다. 귀자모 등은 한역한 말이다. 이름은 비록 둘이지만 사람은 하나일 뿐이다. 그러므로 율에서 귀자모를 밝히고 뒤에 다 거둬 말하기를 '이때 왕사성 사람들음 모두 하리제모신이라 불렀다'고 하였다.『남해귀기내법전』에서 '서방의 시주는 승재일을 청하여 먼저 성승에 공양하고 다음으로 중승식을 행한 후에 마지막에 한 상을 차려서 하리제모를 공양한다'고 하였다. 訶利帝南 光明云 訶利帝南 此標禁語 鬼子母等 此顯涼言 名雖有二 人秖是一 故律中明鬼子母 後總結云 時王舍人衆 皆稱爲訶離帝母神 寄歸傳云 西方施主 請僧齋日 初置聖僧供 次行衆僧食 後於行末 安一盤 以供訶利帝母"라고 하였다. [참고문헌]『翻譯名義集』. ⇨ 하리지 訶利底

하리제모 訶利帝母 Ⓢ Hārītī. 출산과 아이를 보호하는 여신. 하리지(訶利底)·가리제(迦利帝) 등이라고도 음사한다. 귀자모신(鬼子母神)·애자모(愛子母)·환희(歡喜) 등이라 한역한다.『하리제모진언경』(대정장21, p.289c6)에 "하리제모를 그려라! 천녀 모습에 순수한 금색이다. 몸에는 천의를 걸치고 머리에는 영락을 썼다. 보대에 앉아 두 발을 아래로 늘어뜨리고 늘어뜨린 발 양편에 두 어린아이가 보대 곁에 서 있는 모습으로 그린다. 두 무릎에는 각각 한 명의 어린아이가 앉아 있다. 왼손으로 한 어린아이를 감싸 안고, 오른손에는 길상과를 들고 있다. 畫訶利帝母 作天女形純金色 身著天衣 頭冠瓔珞 坐寶臺上 垂下兩足 於垂足兩邊 畫二孩子 傍寶臺立 於二膝上 各坐一孩子 以左手懷中 抱一孩子 於右手中 持吉祥菓"라고 하였다. [참고문헌]『訶利帝母眞言經』, *Suv-pr.81.* ⇨ 귀자모신 鬼子母神

하리제모법 訶利帝母法 임신과 출산을 비롯하여 증익(增益)과 경애(敬愛)를 목적으로 하리제모(訶利帝母 Ⓢ Hāritī)를 본존으로 모시고 닦는 작법. 팔재계를 수지하고 하리제모상을 그려 방단(方壇)에 모시고 향(香)·화(花)·음식·알가수로 공양하고 진언으로 가지한다.『하리제모진언경』(대정장21, p.289c3)에 "어떤 여인이 자녀를 갖지 못하고 탯속에서 유산하고 거두지 못하는 것은 모두 사대가 마땅하지 않아서 자녀가 생기지 않는 것이다. 또는 귀신이 만든 장애 때문이니 이는 숙업의 인연으로 자녀를 갖지 못하는 것이다. 마땅히 흰 천을 일 주나 일 걸 또는 오 촌이나 뜻하는 크기대로 구해서 하리제모를 그린다. 천녀의 형상이고 금색 신체에 천의를 입었고 머리에 관을 쓰고 영락을 둘렀다. 보대 위에 앉아 양발을 아래로 내렸다. 내린 발 양쪽에 두 명의 아기를 그리는데 보대 곁에 서 있는 모습이다. 두 무릎 위에 각각 한 명의 아이가 앉아 있고 왼쪽에 한 아이를 품고 있으며 오른손으로 길상과를 들었다. 화공은 반드시 팔계를 받아야 하고 채색은 동물성 아교를 쓸 수 없다. 상을 그린 후에 방 하나를 깨끗하게 정리하고 엄식하여 향으로 방단(方壇)을 만들고 단에 상을 안치한다. 단 위에 갖가지 꽃을 뿌리고 달고 부드러운 음식과 우유죽·낙·밥·갖가지 과자·알가향수와 침수향을 태워 공양한다. 상은 서쪽을 향하고 진언행자는 동쪽을 향하여 상을 마주하고 매일 삼시에 염송하고 때마다 각각 천 번씩 염송하면 구하는 모든 일이 원만하게 만족된다. 또는 여인이 자녀를 원하는 법은 월경 후에 목욕하고 어미와 새끼가 똑같이 누런 색인 어미소의 젖 한 되를 은그릇에 넣고 오른손 무명지로 우유를 저으며 진언으로 천팔십 번 염송하며 가지한다. 그렇게 한 후에 마시면 닷새 이내에 태기가 생긴다. 若有女人不宜男女 或在胎中墮落斷緖不收 皆由四大不宜男女不能調適 或被鬼神作諸障難 此是宿業因緣不宜男女 應取白氎或一肘 或一搩手或長五寸或隨意大小 畫訶利帝母 作天女形像 金色身著天衣 頭冠瓔珞 坐寶臺上垂下兩足 於垂足兩邊畫二孩子 傍寶臺立於二膝上各坐一孩子 以左懷中抱一孩子 於右手中持吉祥菓 畫師應受八戒 其彩色中不用皮膠 畫像成已 淨治一室嚴儀塗拭 以香泥作方壇 置像壇中 以種種華散於壇上 復以甘脆飮食乳糜酪飯及諸菓子閼伽香水 燒沈水香而供養 像面向西持誦者面東 對像念誦每日三時 時別誦一千遍 取月生五日起首 先誦千萬遍 然後對像前念誦 所求一切事皆悉圓滿 又法女人欲得男女者 月經後澡浴 取黃牛乳母子同色者 搆乳一升置銀器中 以右手無名指攪乳 誦眞言加持一千八十遍 然後取服 至五日內則得有胎"라고 하였다. 〔참고문헌〕『訶利帝母眞言經』.

하리제모진언경 訶利帝母眞言經 1권. 당 불공삼장(不空三藏) 한역. 대정장21, pp.289b19~290b23, No. 1261에 수록되어 있다. 숙업에 의한 귀신의 장애 때문에 자녀를 임신하지 못하는 이의 소원을 성취하기 위해 닦는 작법. 하리자모를 본존으로 모시고 임신과 순산을 목적으로 닦으며 이외에도 환희(歡喜)와 경애(敬愛)를 얻거나 구설과 악몽을 제거하기 위한 경우에도 닦는다. 진언과 염송법 및 화상법(畵像法), 그리고 작단법(作壇法)을 설한다. ⇨ 하리제모법 訶利帝母法, 하리제모화상법 訶利帝母畵像法

하리제모화상법 訶利帝母畵像法 하리제모법(訶利帝母法)을 닦기 위해 하리제모 존상(尊像)을 그리는 법. 『대약차녀환희모병애자성취법』(대정장21, p.286c3)에 "먼저 흰 천이나 흰 비단 위에 크기에 따라 나의 환희모를 그린다. 천녀의 모습으로 지극히 아름답게 그린다. 몸은 백홍색이고 천 하늘의 비단 보대 옷을 입었고 머리에 관을 쓰고 귀에는 귀걸이가 있으며 흰 소라를 팔찌로 삼았고 갖가지 영락으로 신체를 장엄하였다. 보선대에 앉아 오른 발을 대의 남쪽에 내리고 있으며 무릎 곁에 두 아이가 있다. 어머니가 왼손으로 한 아이를 안고 있는데 이름은 필리잉가라 하고 지극히 단정하다. 오른손은 길상과를 들고 젖가슴 근처에 두었다. 그 좌우에 딸아이 권속들을 함께 그린다. 더러 흰 불자나 장엄구를 쥐고 있다. 그 상을 그리는 사람은 청정하게 목욕하고 정결한 새옷을 입고 팔계를 수지한다. 先於白氎上或絹素上 隨其大小畫我歡喜母 作天女形極令姝麗 身白紅色天繒寶衣 頭冠耳璫白螺爲釧 種種瓔珞莊嚴其身 坐寶宣臺垂下右足 於宣臺南邊 傍膝各畫二孩子 其母左手於懷中抱一孩子名畢哩孕迦 極令端正 右手近乳掌吉祥果 於其左右幷畫兒女眷屬 或執白佛或莊嚴具 其畫像人淸淨澡浴 著新淨衣 受持八戒"라고 하였다. 〔참고문헌〕『大藥叉女歡喜母幷愛子成就法』.

하리지 訶利底 Ⓢ Hāritī, Hārītī. 왕사성에서 사람의 아기를 몰래 데려가 먹던 야차녀(藥叉女). 하리지모(訶利底母)·하리제모(訶利帝母)·하리제(呵利帝)라고 음사하고 청색(靑色)·황색(黃色)·청의(靑衣)라고 한역한다. 귀자모(鬼子母)·애자모(愛子母)·천모환희(天母歡喜)라고 의역한다. 왕사성 산기슭에 살던 야차녀로서 용모가 뛰어나 환희라는 이름으로 불렸고 오백 명의 아들을 낳았다. 전생에 세운 삿된 원으로 말미암아 사람들의 아기를 잡아먹는 악업을 저지르다가 부처님의 위신력으로 삼보에 귀의하고 오계를 수지하여 불법을 수호하고 순산(順産)을 돕는 선신(善神)이 된다. 『유부율잡사』 권31(대정장24, p.361c23)에 "왕사성 사람들이 이 일을 듣고서 부처님 계신 곳에 가서 부처님 발에 예를 올리고 말씀 드렸다. '이 하리지 야차녀가 … 태어난 아들과 딸을 모두 훔쳐가서 잡아먹고 있습니다. 원컨대 세존께서 저희들을 불쌍히 여기셔서 조복해주시기 바랍니다' 이때 세존께서 말 없이 청을 받아들이셨다. 그들 모두 부처님께서 청을 받아들이신 것을 알고 부처님의 양발에 정례를 올리고 물러갔다. 王舍城人聞是事已 皆往佛所頂禮佛足 白言世尊 此訶利底藥叉女 … 所生男女咸悉盜去 以充飮食 唯願世尊憐愍我等爲作調伏 爾時 世尊默然受請 彼等咸知佛受請已 頂禮雙足奉辭而去", "다음날 아침이 되자 부처님께서 의발을 갖추시고 왕사성에 들어가 걸식하셨다. 순서대로 걸식하시고 본래 자리로 돌아와서 공양을 마치신 후에 하리지야차의 주처에 가셨다. 이때 야차녀는 나가서 없었고 어리고 사랑스런 아이들 집안에 남아있었다. 세존께서 발우로 그 위를 덮으니 여래위신력으로 형은 동생들 볼 수 없게 하였고 동생들은 형들 볼 수 있었다. 이때 야차녀가 머물던 곳에 돌아오니 어린 아이가 보이지 않았기에 곧 크게 놀라서 자리를 더듬으며 찾아다녔다. 至明清旦 佛卽著衣持鉢入城乞食 次第乞已還至本處 飯食訖卽往訶利底藥叉住處 時藥叉女出行不在 小子愛兒留在家內 世尊卽以鉢覆其上 如來威力令兄不見弟 弟見諸兄 時藥叉女迴至住處不見小兒 卽大驚忙觸處尋覓", "부처님 계신 곳에 이르러 부처님 발에 정례하고 한 쪽으로 물러나 앉아서 세존께 말했다. '저는 오랫동안 아기와 떨어졌습니다. 오직 자비를 베푸시어 제가 볼 수 있도록 해주시기 바랍니다' 부처님께서 하리지에게 말씀하셨다 '그대에게 자식이 몇인가?' '저에게 오백이나 되는 자식이 있습니다' '오백 자식 중에 한 자식이라면 없어지면 얼만큼 괴로운가?' '제가 만약 오늘 사랑하는 자식을 보지 못하면 반드시 뜨거운 피를 토하고 목숨이 끝날 것입니다' '오백 명의 자식 중에 한 명의 자식을 못보는 괴로움이 이와 같은데, 하물며 다른 이의 자식 한 명을 그대가 도둑질하여 잡아 먹는다면 그 괴로움은 어떻겠는가?' '그 괴로움은 저보다 갑절은 많을 것입니다' '그대는 이미 사랑하는 이와 이별하는 괴로움을 잘 알고 있는데 어찌 남의 자녀를 잡아먹겠는가?' 旣至佛所頂禮佛足 退坐一面白言世尊 我久離別小子愛兒 唯願慈悲令我得見 佛告訶利底藥叉女 汝有幾子 答言我有五百兒 佛言訶利底五百子中 一子若無 有何所苦 答言世尊 我若今日不見愛兒 必吐熱血而取命終 佛言訶利底 五百子中不見一兒受如是苦 況他一子汝偸取食此苦如何 答言此苦倍多於我 佛言訶利底 汝旣審知愛別離苦 云何食他男女耶", "'원컨대 세존께서 저를 깨우쳐 주십시오' '하리지여, 나의 계를 받을 수 있다. 지금 왕사성에 있는 사람들에게 모두 무외를 베풀어라. 만약 이와 같이 할 수 있다면 이 자리에서 일어나지 않고 사랑하는 자식을 볼 수 있다'. 答言唯願世尊 示誨於我 佛言訶利底 可受我戒 王舍城中 現在人衆 皆施無畏 若能如是 不起此坐得見愛兒", "'세존이시여, 저는 지금부터 부처님의 가르침에 의지하겠습니다. 왕사성의 현재 모든 사람들에게 무외를 베풀겠습니다' 이 말을 마치자 부처님께서 그녀가 사랑하는 자식을 볼 수 있게 하셨다. 이때 하리지는 여래께 귀의하여 금계를 청해 받으니 성 안의 사람들 모두 안락을 얻고 근심을 떠났다. 이때 하리지모는 직접 부처님 계신 곳에 가서 삼귀의와 불살생에서 불음주에 이르기까지 다섯 가지 가르침을 받았다. 答言世尊 我從今已去依佛教勅 王舍城中現在諸人皆施無畏 作是語已 時佛令彼得見愛兒 于時 訶利底歸依如來請受禁戒 城中人衆皆得安樂離諸憂惱 時訶利底母親於佛所 受三歸依幷五學處 不殺生乃至不飮酒", 『금광명최승왕경소』 권5(대정장39, p.191c6)에 "하리지는 청색이라 한다. 이것은 나찰귀모이고 오백의 자식이 있다. 삼보와 어린 남녀를 지극하게 보호한다. 訶利底 此云青色 是羅叉鬼母 有五百子 極護三寶幷小男女", 『불조통기』 권33(대정장49, p.321a25)에 "하리제는 악적으로 번역한다. 이는 귀자모이니 계를 받기 전에는 왕사성의 남녀를 잡아먹었다. 訶利帝此翻惡賊 蓋是鬼子母 未受戒時食王城男女", 『석씨요람』 권상(대정장54, p.275a16)에 "율에서 '중생식은 귀자모를 위한 것이다'고 하였다. 『비나야』에서 '하리제모가 자식을 구하기 위해 부처님께 삼귀의와 오계를 받은 후에 부처님께 「이제 무엇을 먹습니까?」라고 말씀드리니 「걱정하지 마라. 염부주의 나의 제자들이 항상 공양할 때 중생식을 내어 그대에게 베풀어 모두 배부르게 할 것이다」'라고 하였다. 律云 衆生食卽爲鬼子母也 毘奈耶云 訶利帝母爲求愛兒 佛爲受三歸五戒已 白佛言從今何食 佛言勿憂 於剡部洲有我弟子每食次 出衆生食施汝 皆令飽滿"라고 하였다. 〔참고문헌〕『有部律雜事』, 『金光明最勝王經疏』, 『佛祖統紀』, 『釋氏要覽』. ⇨ 귀자모신 鬼子母神, 하리티 Hārītī, 야차 夜叉

하리지사 訶利枳舍 Ⓢ Harikeśa의 음사어. 이십팔대야차(二十八大夜叉) 중 하나. 사자발(師子髮)로 한역한다. 『번역명의집』 권2(대정장54, p.1086c20)에 "하리지사는 헐리계사라고도 음사하고 사자발이라 한역한다. 訶利枳舍 亦云歇里鷄舍 此云師子髮"라고 하였다. 〔참고문헌〕『翻譯名義集』, *Mmayu.25.* ⇨ 야차 夜叉

하리타 ❶ Ⓟ Hārita. 『테라가타 *Theragāthā*』에 등장하는 인물로 붓다 재세시 사위성(舍衛城 Ⓟ Sāvatthī, Ⓢ Śrāvastī) 출신 브라만으로서, 불법을 듣고 출가하여 아라한과를 얻었다. ⇨ 테라가타 Theragāthā ❷ Ⓢ Harita. 『바가바타푸라나 *Bhāgavata-purāṇa*』에서 로히타(Rohita)의 아들, 하리쉬찬드라(Hariścandra)의 손자로 그려진다. 이외의 푸라나 문헌에서는 이야기에 따라 다양한 인물의 이름으로 등장한다. ❸ Ⓢ harita 인도의 연극과 음악, 무용 등 모든 장르를 다룬 고대 문헌인 『나티야샤스트라 *Nāṭyaśāstra*』의 23장에서 하리타(Ⓢ harita)는 노란색(Ⓢ pīta)과 파란색(Ⓢ nīla)을 섞었을 때 나오는 색을 가리킨다. 〔참고문헌〕 *Nāṭyaśāstra.23.76.* ❹ Ⓢ haritā. 인도 강황(turmeric). 학명은 *Curcuma longa*이다.

하리타산 呵梨陀山 정광여래(定光如來)가 머무는 산. 『사분율』 권31(대정장54, p.1043b14)에 "지금 정광여래는 하리타산 용왕궁에 계시면서 대광명을 내뿜어 삼천대천찰토를 가득 비추신다. 이 위신력으로 밤과 낮 달리하지 않는다. 今定光如來 在呵梨陀山 龍王宮 放大

光明 普照三千大千剎土 是其威神 令晝夜不別", 『번범어』 권9(대정장54, p.1043b14)에 "하리타산〈하리타는 한역하여 황이다〉. 呵梨陀山〈譯曰黃也〉"이라고 하였다. 〔참고문헌〕『四分律』, 『翻梵語』.

하리티 Hārītī 인도에서 순산과 양육을 담당하는 여신. 하리지(呵利底·阿利底)·하리제(訶利帝·訶哩帝)로 음사하고 귀자모신(鬼子母神)으로 한역한다. 아이를 보호하는 것으로도 여겨지지만, 동시에 부모와 아이에게 불행을 불러오는 악신의 모습으로도 그려진다. 하리티 여신은 동아시아에도 널리 전해졌다. 특히 일본에서는 관음의 여러 모습 중 하나인 환희모(歡喜母) 등으로 변모한다. 『법화경 法華經』 등에서는 락샤시(rakṣasī)인 야차(夜叉)로 묘사된다. 〔참고문헌〕 *Saddh-p.400.*, *Mañj-m.608.* ⇨ 하리지 訶利底, 귀자모신 鬼子母神

하리파인 下里巴人 전국시대(戰國時代) 초(楚)에 유행하기 시작한 통속가요. 『조론소』 권중(대정장45, p.183a2)에 "'오롯이 뛰어나게 소리 높이니 화답하는 이 드물다'라는 말은 승조법사가 이 「반야무지」의 뜻을 주창함에 그 문과 이가 뛰어나 절묘해서 응하여 화답하기가 어려웠음을 말한다. 그 사례는 『문선』 「송옥대초왕문」에 전한다. '가객이 영중에서 처음 노래한 일이 있었는데 그 시작이 「하리파인」이라 하였고, 나라 안에서 따라 부르는 이가 수천 명이었다. 그다음 「양아해로」를 부르자 나라 안에 따라 부르는 이가 수백 명이었다. 그다음 「양춘백설」을 부르자 나라 안에 따라 부르는 이가 수십 명뿐이었다'. 唱獨者應希者 謂肇法師 唱此般若無知之義 文理獨絶 難應和也 其事者 文選 宋玉對楚王問云 客有歌於郢中者 其始曰下里巴人 國中屬而和者數千人 其爲陽阿薤露 國中屬而和者數百人 其爲陽春白雪 國中屬而和者數十人", 『금강경영설』(卍속장39, p.587b2)에 "『금강경』에 대한 주석가가 생각보다 많아 수백에 이른다. 하늘을 덮을 만큼 널리 즐겨 오래되었으니 어찌 다시 「하리파인」이 필요하겠는가. 金經註家 無慮數百種 鈞天廣樂已張 何復須下里巴人"라고 하였다. 〔참고문헌〕『肇論疏』, 『金剛經郢說』, 『遺教經解』(卍속장59, p.24a11).

하리포 訶理蒲 Ⓢ halibhu, halita의 음사어, Ⓣ rmos-yas. 고대 극대수인 백이십전(百二十轉) 중 하나. 일동(一動)의 제곱. 80권본 『화엄경』 권45 「아승기품 阿僧祇品」(대정장10, p.237c10 : *Gaṇḍ-vy.*, p.103)에 "일동의 제곱은 1하리포이고, 하리포의 제곱은 1하리삼이다. 一動一動 爲一訶理蒲 訶理蒲訶理蒲 爲一訶理三 vikṣobhaṃ vikṣobhānāṃ halitam, halitaṃ halitānāṃ hariḥ"라고 하였다. 〔참고문헌〕『華嚴經』, *Gaṇḍ-vy.*, *Mvyut.246.* ⇨ 백이십전 百二十轉

하리하라 Harihara 하리는 비슈누신(神)이고 하라는 시바신(神)을 가리킨다. 하리하라는 두 신이 한몸이 된 모습을 말하며 일반적으로 신상(神像)의 왼쪽은 비슈누 오른쪽은 시바다. 그 형태는 비뉴수파와 시바파의 의례가 결합하여 성립하였으며, 신화적으로는 유해교반(乳海攪拌)에 바탕한다. 신과 아수라들이 젖의 바다를 휘저을 때 비슈누신이 아름다운 여신 모희의 모습으로 변신하였고, 시바가 한눈에 반하여 결합하여 낳은 아들이 하리하라라 한다.

하림사 下臨寺 경상북도 안동시에 있던 절. 『경상도속찬지리지』 안동대도호부 승사에 "부내 하림사 … 선종에 속한다. 府內下臨寺 … 禪宗屬"라 하였다. 〔참고문헌〕『慶尙道續撰地理誌』, 『韓國寺刹全書』 권하 p.1128b4.

하립지법 下笠之法 삿갓을 벗는 법. 『선원청규』 권1(卍속장111, p.878a7)에 "삿갓을 벗는 법 역시 손을 위로 하여 돌려서 벗는다. 오른손만 쓰되 삿갓 테두리를 위로 들어 오른쪽 어깨에 걸친다. 下笠之法亦當仰手旋轉下之 只用右手仰把笠緣當右肩提之"라고 하였다. 〔참고문헌〕『禪苑淸規』.

하마 蝦蟆 Ⓢ maṇḍūka, Ⓣ sbal-ba. 두꺼비. 마(蟆)는 마(蟇)로도 쓴다. 『운문광록』 권상(대정장47, p.549c7)에 "학인이 운문에게 물었다. '여섯 나라 편치 못할 때 어떻게 합니까?' '구름 높은 것이 비 올 기색이다' '위로 우러를 것 없고 아래로는 몸마저 없게 할 때는 어떻습니까?' '몸 감추는 한마디 어떻게 말해야 할까?' 학인이 절을 올리자 운문이 말하였다. '한 번은 놓아주겠으니, 한 번은 물어 오거라'. 학인이 말이 없자 운문이 말하였다. '이런 죽은 두꺼비'. 問 六國未寧時如何 師云 雲擎雨色 問 上無攀仰下無己躬時如何 師云 藏身一句作麽生道 僧便禮拜 師云 放過一著 置將一問來 僧無語 師云 這死蝦蟆", 『여정어록』 권2(대정장48, p.130a23)에 "두꺼비 같은 이 낚고서 할 하다니, 할 지어 쓸 일은 아니다. 釣蝦蟇漢一喝 不作一喝用", 『경덕전등록』 권12 「임제의현전 臨濟義玄傳」(대정장51, p.292b7)에 "임제가 손가락 한 번 튕겨 소리 내고 말했다. '알겠는가?' '모르겠습니다' '고래로부터 한없이 뛰어난 인 드러내어 찬탄하였으니, 두꺼비는 뛰어올라 범천에 오르고 지렁이 내달려 동해를 지나간다'. 師彈指一聲云 會麽 云 不會 師云 上來表讚 無限勝因 蝦蟆跳上梵天 蚯蚓走過東海", 같은 책 권15 「동산양개전 洞山良价傳」(대정장51, p.322b5)에 "학인이 동산에게 물었다. '뱀이 두꺼비를 삼켰습니다. 구해야 옳습니까, 구하지 않아야 옳습니까?' '구하면 두 눈으로 보지 못할 것이고, 구하지 않으면 몸이든 그림자든 드러나지 않겠지'. 僧問 蛇吞蝦蟆

救卽是 不救卽是 師曰 救卽雙目不覩 不救卽形影不彰"라고 하였다. [참고문헌]『雲門廣錄』, 『如淨語錄』, 『景德傳燈錄』, 『碧巖錄』 91칙(대정장48, p.216a21), *Abh-k-bh.19.* ⇨ 하마선 蝦蟆禪, 하마굴리출래 蝦蟵窟裏出來

하마굴리출래 蝦蟵窟裏出來 하마굴에서 벗어나다. 『벽암록』 72칙 「본칙 本則」(대정장48, p.200b13)에 "백장이 다시 운암에게 물었다. '목구멍과 입술 물리치고 어떻게 말하겠는가?〈하마굴에서 벗어났구나. 무슨 말을 하겠는가?〉' '화상에게 특별한 비결이라도 있으신지요?〈살갗에 달라붙고 뼈에도 붙었다. 진흙을 끌고 물에 들었네. 앞으로 간다 해도 마을에 닿지 않고, 뒤로 물러나도 점포에 이르지 못한다〉'. 百丈又問雲巖 倂却咽喉唇吻 作麽生道〈蝦蟵窟裏出來 道什麽〉 巖云 和尙有也未〈粘皮著骨 拕泥帶水 前不搆村 後不迭店〉"라고 하였다. [참고문헌]『碧巖錄』.

하마도불출두 鰕蟆跳不出斗 하마 뛴다 한들 벗어나지 못한다. 『경덕전등록』 권22 「사관명교전 師寬明教傳」(대정장51, p.386c24)에 "'무엇이 정인지요?' '하마 뛰어도 영역 밖으로 벗어나지 못한다' '어떻게 해야 벗어날 수 있는지요?' '남산에서 구름일고, 북산에 비가 내린다'. 問 如何是定 師曰 鰕蟆跳不出斗 曰 如何出得去 師曰 南山起雲 北山下雨"라고 하였다. [참고문헌]『景德傳燈錄』. ⇨ 하도불출두 鰕跳不出斗, 하마선 蝦蟆禪

하마도상범천 蝦蟆跳上梵天 두꺼비 하늘을 날다. '개미와 지렁이 달려 동해를 건너네 蚼蚓走過東海'와 함께 쓴다. 『월강정인어록』 권상(卍속장123, p.221b17)에 "상당하여 방거사가 '시방에서 함께 모이리니 낱낱으로 무위를 익히니, 이곳이 부처 뽑는 곳이라네. 마음 비워 급제하여 돌아간다'는 말을 들고 염하였다. '두꺼비 하늘로 날아오르고 지렁이 기어 동해를 건넌다'. 上堂 擧龐居士云 十方同聚會 箇箇學無爲 此是選佛場 心空及第歸 拈云 蝦蟆跳上梵天 蚯蚓抹過東海", 『요당유일어록』 권2(卍속장123, p.908b5)에 "상당하여 말하였다. '오천의 교전 한마디로 온전히 꾸리고 쇠망치 한번 쳐 시방이 진동한다. 두꺼비 하늘로 날아오르고 지렁이 기어 동해를 건넌다. 가련하다, 부대사여! 처처에 높은 집 무너지누나'. 上堂 五千教典 一句全該 一擊金槌 十方震動 蝦蟆跳上梵天 蚯蚓抹過東海 可憐傅大士 處處失樓閣"라고 하였다. [참고문헌]『月江正印語錄』, 『了堂惟一語錄』. ⇨ 구인주과동해 蚼蚓走過東海, 하마 蝦蟆

하마선 蝦蟆禪 하마인 듯 하는 선. 『종문무고』(대정장47, p.946b23)에 "유의옹은 불인선사 문하에서 참구한 적이 있어 자못 자부심을 지니고 진정선사를 매우 가볍게 여겼다. 어느 날 운거사에서 귀종사에 들렀다가 법당에서 진정선사를 만나자 물었다. '장로께서는 베껴쓰는 즐거움을 몇 년이나 누려오셨습니까?' '악기를 담당하는 관리가 오길 학수고대했소' '나는 이 절에 들어가지 않으리다' '지금 이 도량에 들어서 있음을 어찌겠습니까?' 유의옹이 머뭇거리자 진정이 손뼉을 치며 '하마인 듯 선 하네. 뛴다 한들 한 번 뿐이겠지요' 하였다. 또 앉아 있던 중에 납의를 가리키며 물었다. '이것은 무엇이라 부르오?' '선의라 합니다' '무엇을 선이라 합니까?' 진정이 옷을 털면서 '떨쳐버릴 수조차 없지요'라고 하자 유의옹 말이 없었다. 진정이 한 대 치고서 말했다. '당신이 이 정도 기량으로 노승을 감당하겠소?' 劉宜翁嘗參佛印頗自負 甚輕薄眞淨 一日從雲居 來遊歸宗 至法堂 見眞淨便問 長老寫戲來得幾年 淨曰 專候樂官來 翁曰 我不入這保社 淨曰 爭柰卽今在這場子裏 翁擬議 淨拍手曰 蝦蟆禪秪跳得一跳 又坐次 指其衲衣曰 喚作什麽 淨曰 禪衣 翁曰 如何是禪 淨乃抖擻曰 抖擻不下 翁無語 淨打一下云 爾伎倆如此 要勘老僧耶", 『천안승어록』 권6(가흥장26, p.686b14)에 "만참 때 말했다. '요즘 선문에는 두 갈래 선이 있다. 그중 하나는 하돈선이고, 또 하나는 하마선이다. 무엇을 복어인 듯 하는 선이라 하는가? 복어는 수면에서 헤엄치다가 문득 다리 기둥에 부딪히기라도 하면 다리 기둥 본래 무심한데 복어는 문득 고민한다. 무엇을 두꺼비인 듯 하는 선이라 하는가? 두꺼비는 비가 내리면 북이 울리듯 소리 지른다. 하늘에서 내리는 비가 무슨 마음을 품었다고 개구리가 소리질러 어찌 그리 괴로운가? 무엇을 괴로워하고 또 무엇을 괴로워하는가? 한 맛으로 소금밭일 뿐이다. 들여 맛보고 또 들여 맛보아 보았자 자기 목숨을 상하게 한다'. 晚參 近日禪門 有二種禪 一種河魨禪 一種蝦蟆禪 何謂河魨禪 河魨水面遊 忽然撞橋柱 橋柱本無心 河魨便納悶 何名蝦蟆禪 蝦蟆遇天雨 叫喚聲如鼓 天雨豈有心 蝦蟆叫何苦 何苦何苦 一味莽鹵 納悶納悶 自傷己命"라고 하였다. [참고문헌]『宗門武庫』, 『天岸昇語錄』. ⇨ 하마도불출두 鰕蟆跳不出斗

하말 夏末 하안거를 마치려 할 때. 『앙산어록』(대정장47, p.583b24)에 "앙산이 하안거를 마치려 할 때 위산에게 문안인사를 하러 가자 위산이 물었다. '그대는 하안거 기간에 올라온 모습을 보지 못했는데 하면에서 어떤 소임이라도 맡았었는가?' 師夏末問訊潙山次 潙山云 子一夏不見上來 在下面作何所務", 『초종혜방어록』(卍속장120, p.268b9)에 "하안거를 마치는 날 법좌에 올라 말했다. '하안거 맺기 전에 앞서 문에 들어갈 구 궁구하였지만, 안거 마친 다음에는 모름지기 벗어날 구 밝혀야만 하며, 바로 90일 중에 당해서는 양끝 끊어 없애는 구 밝혀야 한다. 설령 이들 세 구 밝히더라도 평상의 보금자리에 떨어지지 않을 수 없으리라'. 夏末 上堂云 未結夏已前 先窮入門句 解夏已後 須明出身句 正當九夏中

要明截斷兩頭句 直饒於此三句明得 未免落在 平常窠臼" 라고 하였다. 〔참고문헌〕『仰山語錄』, 『超宗慧方語錄』. ⇨ 하경 夏竟, 해하 解夏

하메 霞袂 노을 걸친 듯한 옷자락. 운납하메(雲衲霞袂)를 숙어로 한다. 『보타락가산전』「관음대사찬 觀音大士讚」(대정장51, p.1139b9)에 "눈썹은 하늘 끝 가을 밤달 닮았고, 금실로 짠 비단옷에 수놓아 노을 걸친 듯한 옷자락. 眉似天邊秋夜月 繡衣金縷披霞袂"라고 하였다. 〔참고문헌〕『補陀洛迦山傳』. ⇨ 운납하메 雲衲霞袂

하몽당 下蒙堂 총림(叢林)에서 소임에서 물러난 노승이 안식하는 곳. 『선림상기전』 권2(대장경보편19, p.46a10)에 "하몽당 : 『현극정선사원몽집』 「아육왕산하몽당기」에 '사명아육왕산 광리선사의 사문 아무개가 하몽당에서 지낸 지 몇 년이 되었다'라고 한다. 下蒙堂 玄極頂禪師圓菴集 阿育王山下蒙堂記云 四明阿育王山 廣利禪寺 沙門某 成下蒙堂有年矣"라고 하였다. 〔참고문헌〕『禪林象器箋』. ⇨ 몽당 蒙堂

하묘 夏苗 여름철 짐승들 농작물 싹을 해치지 못하게 행하는 왕의 여름사냥. 기화(己和) 『현정론』(한불전7, p.220b8)에 "무릇 봄 사냥, 여름엔 이삭을 위한 사냥, 가을엔 추수를 위한 사냥, 겨울엔 수렵을 위한 사냥이라 한다. 비록 선왕이 정한 법제라 하여도, 지금 큰 산속이나 바다섬 가운데는 사냥이 미치지 못하는 곳이 있어서 사람 더불어 생물들이 각자 살고자 하는 대로 각기 그 자리를 편안히 하여 타고난 목숨을 잘 마친다. 이로써 보자면 백성들이 왜 꼭 사냥으로 그들의 목숨 따라야 하겠는가? 옛사람이 '다 모아 둘러싸지도 말고 무리를 덮치지 말라' 한 것은 죽이는 것이 옳은 일 아닌 줄 알지만 불러 나오게 함은 부득이할 따름이다. 夫春蒐夏苗秋獮冬狩 雖先王之法制 今有大山之中海島之間 畋所不及之處 人與物各遂其生 各安其所而善終天年者 以此觀之 則夫民也 何必因其獵而遂其生也 古人敎以不合圍不掩群 此知其殺之不可而事出乎不得已也"라고 하였다. 〔참고문헌〕『顯正論』. ⇨ 춘수 春蒐

하무기 何無忌 생몰연대 미상. 광무장군(廣武將軍). 환현(桓玄)이 왕위를 찬탈하자 유유(劉裕) 등과 의병을 일으켜 환현을 제거하고 그 공에 따라 안성군(安城郡)에 봉해져 개국공(開國公)이 되었다. 『출삼장기집』 권12(대정장55, p.84a20)에 "「사문단복론」〈석혜원이 (袈裟 입는 것에 관하여) 하무기의 혜원비판에 응한 답서〉. 沙門袒服論〈釋慧遠何無忌難遠答〉"이라고 하였다. 〔참고문헌〕『出三藏記集』, 『梁高僧傳』 권6(대정장50, p.361a12).

하물 何物 무슨 물건. 도(道)나 수행하는 마음(心)등을 마주해 묻는 뜻이다. 『대방편불보은경』 권2(대정장3, p.132b23)에 "당신이 짊어진 것은 어떤 물건인가? 汝所擔揭者 是何物也", 『전심법요』(대정장48, p.382b10)에 "누군가 '무엇이 이 도이며, 어떻게 하는 것이 닦고 행함인가?'라고 묻자 황벽이 '도라는 것이 무슨 물건이기에 그대 수행하려 하는가?'라고 대답했다. 問 如何是道 如何修行 師云 道是何物 汝欲修行"라고 하였다. 〔참고문헌〕『大方便佛報恩經』, 『傳心法要』.

하미륵암 下彌勒庵 충청북도 보은군 속리산면 속리산(俗離山)에 있던 암자. 법주사(法住寺)의 산내암자로, 『한국사찰전서』 권하 하미륵암에 인용된 「법주사사적 法住寺事蹟」에 "지금은 폐사되었다. 今廢"라고 하였다. 〔참고문헌〕『韓國寺刹全書』 권하 p.1128b6.

하바자 訶嚩字 실담자 𑖮𑖿𑖪(hva). 실담사십이자문(悉曇四十二門) 또는 오십자문 중 하나. 바는 박(縛)으로도 쓰고 화(火)·화바(火婆)·회(回)·합박(嗑縛)·사바(沙波)·하바(訶婆)·하마(訶麽)라고도 음사한다. 『대방광불화엄경입법계품사십이자관문』(대정장19, p.708b28)에 "하바(𑖮𑖿𑖪)자를 말할 때 일체중생을 관찰하여 감임력으로 바다 속 반야바라밀문에 들어서 일체법 가히 불러낼 수 있는 자성이라 해도 얻을 수 없음을 깨닫는다. 𑖮𑖿𑖪訶嚩字時 入觀察一切衆生堪任力遍生海藏般若波羅蜜門 悟一切法可呼召性不可得故", 80권본 『화엄경』 권31(대정장10, p.804c14 : *Gaṇḍ-vy.*, p.354)에 "하바자를 소리낼 때 반야바라밀문에 매우 깊이 들어갈 수 있으니 이를 일체의 미세한 중생방편력을 관찰하여 바다인 듯 감춰진 공덕을 낳는다고 한다. 唱訶嚩字時 能甚深入般若波羅蜜門 名觀察一切微細衆生方便力出生海藏 hvakāraṃ parikīrtayataḥ sarvasattvābhavyāvalokanabala-saṃjāta-garbhaṃ nāma prajñāpāramitāmukham-avakrāntam", 『불공견삭신변진언경』 권14(대정장20, p.300c8)에 "하박자문에 들어가 일체법 가히 불러낼 수 있는 자성 얻을 수 없음을 안다. 入訶縛字門 解一切法可呼召性不可得故", 『화엄경소』 권59(대정장35, p.953c1)에 "하바자인즉 불러낼 수 있는 성품이니 연 없이 불러와서 유연이 되게 한다. 訶婆字卽可呼召性 無緣召令有緣故", 『화엄경소초』 권89(대정장36, p.691a7)에 "『소』의 서른둘째 하바자는 달리 번역해서 하바라고 하였다. 경문 중에서 푼 뜻은 연 없는 것 불러내 유연이 되게 하는 것이니 이 해석이 경에 부합한다. 『대지도론』에서 '화 자를 들으면 일체법에 음성이 없음을 안다. 화야는 「불러온다」로 한역한다'라고 하였다.. 疏三十二訶婆字 別譯爲訶嚩 文中釋義 無緣召令有緣 卽會經也 智論云 若聞火字卽知一切法無音聲 以火夜此言喚

來故”, 『화엄경행원품소』(卍속장7, p.708b5)에 “서른 둘째 하바자는 일체법 가히 불러내지만 그 성은 찾을 수 없음을 깨닫는다는 뜻이다. 이는 방편으로 일체중생 섭수하여 매우 광대한 공덕장 낳음을 말한다. 三十二訶嚩字 悟一切法 可呼召性不可得故 謂方便攝受一切衆生 出生深廣功德藏故”라 하였다. 〔참고문헌〕『大方廣佛華嚴經入法界品四十二字觀門』, 『華嚴經』, 『不空羂索神變眞言經』, 『華嚴經疏』, 『華嚴經疏鈔』, 『華嚴經行願品疏』, *Gaṇḍ-vy.*

하발 下鉢 ❶ Ⓟ omako patto. 가장 작은 발우. 발우 용량의 크기에 따라 상발(上鉢 Ⓟ ukkaṭṭho patto)·중발(中鉢 Ⓟ majjhimo patto)과 함께 세 가지로 나뉜다. 『마하승기율』 권10(대정장22, p.314c20)에 “비구가 여분의 발우를 10일 동안 비축하여 그 기간이 지나도록 지니고 있으면 니살기바일제(尼薩耆波逸提 Ⓢ naiḥsargika-prāyaścittika)를 범하는 것이다. … 여러 발우 중 상발·중발·하발을 10일이 지나도록 비축하면 니살기바일제를 범하는 것이고 나머지의 것은 범하는 것이 아니다. 若比丘 長鉢 得畜十日 若過者 尼薩耆波夜提 … 此中上鉢中鉢下鉢 畜過十日 尼薩耆波夜提 餘者不犯”, 『십송율』 권43(대정장23, p.313b18)에 “하발이란 무엇인가? 일발타의 밥과 반발타의 국과 국의 절반에 해당하는 분량의 다른 음식물을 담을 수 있는 크기의 발우를 하발이라 한다. 下鉢者 受一鉢他飯 半鉢他羹 餘可食物半羹 是名下鉢”라고 하였다. 〔참고문헌〕『摩訶僧祇律』, 『十誦律』, *Vin.3.243.* ⇨ 발 鉢 ❷ 대중이 공양 알리는 운판(雲版) 소리를 듣고 선반에 있던 자신의 발우를 내리는 법. 『선원청규』 권1 「부죽반 赴粥飯」(卍속장111, p.880b13)에 “먼저 밥먹는 자리를 향하여 앉고서 운판이 울리기를 기다렸다가 삼회를 친 다음에 일어나 발우를 내린다. 先於食位就坐 候長版鳴 及打三下 即起身下鉢”라고 하였다. 〔참고문헌〕『禪苑淸規』.

하발게 下鉢偈 발우를 내려놓고 대중이 자리에 앉으면 입승이 죽비를 친 다음 합장하고 함께 외우는 게송. “응량기를 잡아 가지니, 마땅히 모든 중생들이 법기 성취하여 천상과 인간의 공양받기를 원하나이다. 執持應器 當願衆生 成就法器 受天人供”라고 하였다. 〔참고문헌〕『日用作法』 二張右(海印寺板), 朴世敏 『韓國佛敎儀禮資料叢書』 권3 p.522b2, 『釋門儀範』 권상 p.103,19. ⇨ 발우공양 鉢盂供養

하발판 下鉢板 발우를 내려놓으라고 알고자 치는 판. 총림(叢林)에서 식사 준비를 할 때 고당(庫堂) 앞의 운판(雲板)을 세 번 치는 등의 표시로 발우를 내려놓는 규정이다. 판은 판(版)과 혼용한다. 『선림상기전』 권27(대장경보편19, p.735b16)에 “하발판 : 도충(道忠)이 말한다. ‘아침 죽공양 때는 길게 두드리는 것을 하발판이라 하고, 점심 재시에는 세 번 내려치는 하발판이다’. … 하발판에 관해서는 이설이 있다. 『선원청규』·『교정청규』에 따르면, 목어를 치기 전에 세 번 길게 치는 소리를 하발판으로 삼는다〈『교정청규』의 설은 「장판」 항목을 보라〉. 『입중일용』·『백장청규』에 따르면, 목어를 친 다음에 세 번 빠르게 치는 소리를 하발판으로 삼는다. 下鉢板 忠曰 粥時長板 名下鉢板 齋時三下板 爲下鉢板 … 下鉢板有異說 禪苑淸規 校定淸規 則以木魚已前 長擊三通 爲下鉢板〈校定說 見長板處〉 入衆日用 敕修淸規 則以木魚之後 三下疊疊者 爲下鉢板”라고 하였다. 〔참고문헌〕『禪林象器箋』.

하밥뒤첸 lHa-babs-dus-chen 티베트불교의 주요한 네 명절 중 하나. ‘하늘에서 내려오셨기에 크게 축하한다’는 뜻으로, 석가모니 붓다께서 도솔천으로 올라가 어머니 마야데비에게 석달간 불법을 가르치고 내려오신 것을 기념하는 날이다. 티베트력(Ⓣ lo-tho)에 따라 9월 22일에 열린다.

하방 下房 높낮이가 다른 두 방이 있을 경우 낮은 곳에 위치한 방. 『사분율』 권52(대정장22, p.957c2)에 “그 비구가 여래탑을 하방에 안치하고 자신은 상방에 묵자 부처님께서 말씀하셨다. ‘그렇게 하면 안 된다. 마땅히 여래탑을 상방에 안치하고 자신은 하방에 묵어야 한다’. 彼安如來塔置下房 己在上房宿 佛言 不應爾 應安如來塔在上房 己在下房中宿”라 하였다. 〔참고문헌〕『四分律』.

하방 何妨 어찌 방해가 되랴. 한번 ~해보면 어떤가의 뜻이다. 『조당집』 권4 「약산장 藥山章」(대장경보편25, p.389b4)에 “법공께서 왜 그리 바쁘시오? 이곳에서 육신보살이 출세하셨고 아울러 나한승이 원주를 맡고 있소. 절에 올라가 한번 절을 올리는 것이 어떻겠소? 法公何用忙 這裏有肉身菩薩出世 兼是羅漢僧造院主 何妨上山禮拜”, 『경덕전등록』 권28 「현사종일사비대사어 玄沙宗一師備大師語」(대정장51, p.447b13)에 “촘촘하게 스스로 궁구하고 자세하게 관해 봄이 어떻겠는가? 何妨密密地自究子細觀”라고 하였다. 〔참고문헌〕『祖堂集』, 『景德傳燈錄』.

하방 遐方 먼 저곳. 여기에서 떨어져 아주 먼 곳이다. 『국청백록』 권2 「술광산사서 述匡山寺書」(대정장46, p.805a16)에 “덕은 먼 곳까지 알려졌고 명성은 하늘 높이 퍼졌다. 德布遐方 聲高霄漢”라고 하였다. 〔참고문헌〕『國淸百錄』.

하배관 下輩觀 삼배관(三輩觀) 중 하나. 『관무량수경』

에서 설한 십육관(十六觀) 가운데 하품(下品)의 삼관(三觀)으로 구품(九品)의 왕생인(往生人)을 관하는데, 구품 중에서도 하삼품(下三品)을 관함을 하배관 또는 하배생관이라 한다. 『관무량수불경소』 권4(대정장37, p.276a25)에 "열여섯 번째, 하배관에서 선악 두 가지 행을 서술한다. 문 전에 간별해서 십일문 삼는다. 첫째, 고하고 명하시는 것들을 모두 밝힌다. 둘째, 그 위를 가려 정한다. 셋째, 연있는 생류를 다 모아 든다. 넷째, 삼심을 가려 정함으로써 정인으로 삼는다. 다섯째, 받아들일 수 있거나 없는 근기를 간별한다. 여섯째, 괴로움과 즐거움 두 법을 받음이 같지 않음을 밝힌다. 일곱째, 업을 닦는 시절에 느리고 빠른 것이 있음을 밝힌다. 여덟째, 수행한 바 돌이켜 구할 곳 향함을 밝힌다. 아홉째, 임종할 때 성인들 영접함이 같지 않고 떠나는 때가 느리기도 하고 빠르기도 함을 밝힌다. 열째, 정토에 저 꽃이 핌에 빠르기도 같지 않음을 밝힌다. 열한째, 꽃이 핀 다음 얻는 이익에 차이가 있음을 밝힌다. 위에서 비록 십일문으로 같지 않지만 총괄적으로 헤아려 하배삼위에 대한 간별을 마쳤다. 十六 就下輩觀 善惡二行 文前料簡 卽爲十一門 一者 總明告命 二者 辨定其位 三者 總擧有緣生類 四者 辨定三心 以爲正因 五者 簡機堪與不堪 六者 明受苦樂 二法不同 七者 明修業時節 延促有異 八者 明迴所修行 向所求處 九者 明臨終時 聖來迎接不同 去時遲疾 十者 明到彼華開 遲疾不同 十一者 明華開已後 得益有異 上來雖有十一門不同 總料簡 下輩三位竟"라고 하였다. 〔참고문헌〕『觀無量壽佛經疏』. ⇨ 십육관 十六觀

하백 河伯 물을 다스리는 신. 화엄신중(華嚴神衆)으로 주하신(主河神)이라고도 한다. 『화엄경소초』 권19(대정장36, p.149b10)에 "〔소〕 제11주하신은 곧 하백의 류이니, 외전에서는 설하여 하백이라 하기 때문이다. 疏第十一主河神 卽河伯之流者 外典說爲河伯故", 『열반현의발원기요』 권1(대정장38, p.21b2)에 "하백이란 물의 신인데, 천오라고 이름한다. 『산해경』에 '천오는 여덟 개의 머리에 열여덟 개의 꼬리가 있는데 또한 수백이라고도 이른다' 하였고, 「원신계」에 '하란 물의 우두머리다' 하였다. 河伯者 水神也 名天吳 山海經云 天吳八首十八尾 亦曰水伯 援神契曰 河者 水之伯", 『삼국유사』 권1(대정장49, p.963c15 · 한불전6, p.272c4) 기이(紀異)1 고구려에 "이때에 태백산 남쪽 우발수에서 한 여자를 만나 물었더니 말하길 '나는 하백의 딸 이름은 유화다'라고 하였다. … (주몽이) 물에 말하길 '나는 천제의 아들이요 하백의 손자인데 오늘 도망가다 뒤쫓는 이들이 닥치니 어찌할 것인가?' 라고 하였다. 이때에 고기와 자라들이 다리가 되어 건네준 후 다리는 풀어져 뒤쫓는 말들이 건널 수 없었다. 졸본주 현토군에 이르러 마침내 도읍하였다. 于時得一女子於太伯山南優渤水 問之云我是河伯之女 名栁花 … 告水曰 我是天帝子河伯孫 今日逃遁 追者垂及奈何 於是魚鼈成橋得渡而橋解 追騎不得渡 至卒夲州 玄菟郡之界 遂都焉"라고 하였다. 〔참고문헌〕『華嚴經疏鈔』, 『涅槃玄義發源機要』, 『三國遺事』. ⇨ 주하신 主河神, 화엄신중 華嚴神衆

하법 下法 Ⓢ hīno dharmaḥ. 낮은 법. 이승(二乘)의 법을 말한다. 『십주비사사론』 권4(대정장26, p.38c9)에 "만약 사람이 불승을 멀리 여의고 이승을 믿어 좋아하면, 이것이 하법을 좋아하는 것이다. 이 사람이 비록 상사를 즐길지라도 이승을 믿어 좋아하며 대승을 멀리하기에 역시 하법을 좋아한다고 한다. 若人遠離佛乘 信樂二乘 是爲樂下法 是人雖樂上事 以信樂二乘 遠離大乘故 亦名樂下法", 『중사분아비담론』 권5(대정장26, p.649b26)에 "무엇을 하법이라 하는가? 불선법과 은몰무기법이다. 云何下法 謂不善法 隱沒無記法"라고 하였다. 〔참고문헌〕『十住毘婆沙論』, 『衆事分阿毗曇論』, *Sapt-pr.343.*, *Bodh-bh.156.*

하법 夏法 하안거(夏安居) 함에 준수해야 하는 법도. 약속을 어기는 행위를 파하(破夏)라 한다. 『사분율행사초』 권상(대정장40, p.39c29)에 "만약 머물 곳을 결정하였으면 하법을 몸에 붙이고 어기지 말아야 한다. 결코 적절한 연고 없이 하안거 경계를 벗어나서는 안 되니 그것은 곧 파하이기 때문이다. 若得住處 夏法隨身 亦不得無緣出界 便破夏也"라고 하였다. 〔참고문헌〕『四分律行事鈔』. ⇨ 파하 破夏, 하안거 夏安居

하법 荷法 법을 짊어지다. 『불조통기』 권11(대정장49, p.210b23)에 "자운이 사오(思悟) 시자를 기리는 찬을 써서 돌에 새겼다. '사오는 나의 문도로서, 법을 떠맡고자 몸을 버렸다네. 불꽃과 같은 열정은 번득였고, 누렸던 즐거움은 흡족하였도다'. 慈雲爲讚以刻石曰 悟也吾徒 荷法捐軀 其焰赫赫 其樂愉愉"라고 하였다. 〔참고문헌〕『佛祖統紀』. ⇨ 하담 荷擔

하보문사 下普門寺 강원도 원주시 행구동 치악산(雉嶽山)에 있는 국향사(國享寺)의 다른 이름. 〔참고문헌〕『韓國寺刹全書』 권하 p.1128b8. ⇨ 국향사 國享寺

하보현암 下普賢庵 충청북도 보은군 속리산면 속리산(俗離山)에 있던 암자. 법주사(法住寺)의 산내암자인데, 『한국사찰전서』 권하 하보현암에 인용된 「법주사사적 法住寺事蹟」에는 "지금은 폐사되었다. 今廢"라고 하였다. 〔참고문헌〕『韓國寺刹全書』 권하 p.1128b9.

하부 荷負 Ⓢ ud-√vah, Ⓣ myong-bar-'gyur. 등에

짊지다. 『보살본연경』 권중(대정장3, p.59b14)에 "그 때 왕자는 모두 집안의 재물을 가난한 이들에게 보시한 다음 양 어깨에 두 아들을 짊어지고 처의 손을 끌고 설산으로 들어갔다. 爾時 王子悉以家財 布施貧乏 卽以兩肩 荷負二子 携將其妻 往雪山中", 『대승본생심지관경』 권2(대정장3, p.297a13)에 "이와 같은 네 가지 은혜는 모든 중생이 평등하게 짊어지고 있다. 如是四恩 一切衆生 平等荷負", 『대승본생심지관경천주』 권2(卍속장34, p.136b13)에 "짊어진다는 말은 실리게 한다는 뜻이고 머리에 인다는 뜻이기도 하며, 받아들인다는 뜻이다. 네 가지 깊은 은혜로 모든 것이 은혜 받아 적시므로 '평등하게 짊어지고 있다'고 한다. 荷負者 被戴也 或頂戴也 領受之義 言四種深恩 惠澤一切 故曰平等負荷", 『대반야경』 권572 「다라니품 陀羅尼品」(대정장7, p.956a18)에 "이때에 적정혜가 다시 말했다. '내가 듣건대 여래께서 계경에서 말씀하시기를, 모든 법의 제 성품은 나와 내 것이 없어서 기쁘게 할 수도 없고 성내게 할 수도 없다. 이 법은 평등하니, 보살들이 배워야 한다. … 마치 대지가 널리 능히 짐져 감당하지만 온갖 초목과 꽃·열매·약·나무 널리 모두에게 다 평등하게 하듯이, 보살이 이와 같은 다라니문을 증득하면 모든 유정들에게 그 마음 평등할 따름입니다'. 時 寂靜慧復作是言 我聞如來契經中說 諸法自性無我我所 無能令喜亦無令瞋 此法平等 菩薩應學 … 譬如大地普能荷負一切草木花果藥樹 皆悉平等 如是菩薩證得如是陁羅尼門 於諸有情其心平等", 『대지도론』 권15 「서품 序品」(대정장25, p.173a9)에 "또한 모든 대보살들은 중생들을 짊어지고서는 일체고 내지 저 아비지옥의 고통 받지만 마음에 싫은 생각 없으니 이것이야말로 정진이다. 復次 諸大菩薩荷負衆生 受一切苦乃至阿鼻泥犁中苦 心亦不懈 是爲精進", 『무주조산원증선사어록』 권1(대정장47, p.531a27)에 "때에 어떤 스님께서 물었다. '온몸이 붉게 문드러질 때 어떠하십니까?'. 선사께서 말씀하시길, '감당해 짊어질 뿐이지'. '짐지는 이 어떤 사람입니까?'. 원증선사가 말하길 '홍란이 화상에게 오지 못하게 해야지'. 時有僧問 遍身紅爛時如何 師曰荷負 云荷負什麽人 師曰 勿紅爛到闍黎", 『원오어록』 권2(대정장47, p.719a18)에 "종승을 짊어지고 조사의 심인을 붙들어 가진다. 荷負宗乘 提持祖印", 경흥(憬興) 『무량수경연의술문찬』 권중(한불전2, p.39c9)에 "보살은 이 네 군생들 스스로 무겁게 짊어짐으로써 성취하기에 하부라고 했다. 菩薩 荷此四群生爲自重擔 而成就 故云荷負"라고 하였다. 〔참고문헌〕『菩薩本緣經』, 『大乘本生心地觀經』, 『大乘本生心地觀經淺註』, 『大般若經』, 『大智度論』, 『撫州曹山元證禪師語錄』, 『圜悟語錄』, 『無量壽經連義述文贊』, *Abh-k-bh.165.*

하부사 下副寺 부사에 속하는 삼인 중 두 소임. 유나(維那) 상위의 한 부사는 상부사(上副寺)라 하는 반면, 유나 하위는 두 부사라 말한다. 『선림상기전』 권7(대장경보편19, p.255a5)에 "상하의 지사가 대체로 상부사와 하부사를 맡는다. 上下知事 蓋上副寺 下副寺也"라고 하였다. 〔참고문헌〕『禪林象器箋』. ⇨ 상부사 上副寺

하부사의암 下不思議庵 강원도 고성군 금강산(金剛山)에 있던 암자. 『추강집』 권5 「유금강산기 遊金剛山記」에 "동으로 향로봉이 있고, 봉 동으로 일곱의 큰 봉우리들이 서로 이어져 하나의 큰 산을 이루었다. … 다섯째 상부사의, 여섯째 중부사의, 일곱째 하부사의다. 부사의란 암자 이름이며 신라 스님 율사가 창건한 것이다. 東有香爐峯 峯東有七大峯相屬成一大山 … 其五 上不思議 其六 中不思議 其七 下不思議 不思議者 庵名也 新羅僧律師所創也"라고 하였다. 〔참고문헌〕『秋江集』(韓國文集叢刊16, p.93a17), 『虛靜集』 권하 「遊金剛錄」(한불전9, p.518b5), 『韓國寺刹全書』 권하 p.1128b13.

하북사 下北寺 경기도 여주시 환희산에 있던 절. 『동국여지승람』 권7 경기 여주목 불우에 "하북사〈환희산에 있다〉. 下北寺〈在歡喜山〉", 『범우고』 경기도 여주에는 "하북사. …〈모두 환희산에 있는데 지금은 폐사되었다〉. 下北寺 …〈俱在懽喜山 今廢〉"라고 하였다. 이규보(李奎報 1168~1241)의 『동국이상국전집』 권17 고율시(古律詩) 「모춘등하북사루 暮春燈下北寺樓」에 "아득해 안개 가득한 만 겹의 봉우리 겹겹으로 푸른데 바라보는 곳 어디가 신들의 도시인가. 한가로운 구름 찰나에 천으로 모양 바꾸고, 흐르는 물은 언제나 한결같이 소리 짓누나. 漠漠煙巒萬疊靑 望中何許是神京 閑雲頃刻成千狀 流水尋常作一聲"라고 하였다. 〔참고문헌〕『東國輿地勝覽』, 『梵宇攷』, 『東國李相國全集』 권17(韓國文集叢刊1, p.473b13), 『韓國寺刹全書』 권하 p.1128b11.

하분의 下分衣 허리 두르고 안에 입는(內裙) 하대류(下帶類)의 옷. 하복(下服)이라고도 한다. 상분의(上分衣)와 대칭한다. 『입중일용』(卍속장111, p.947b6)에 "욕탕에서 나오면서 (치마가 흐르지 않도록) 좌우를 당기고, 먼저 상분의와 직철을 입으며, 모두 가려졌으면 하분의를 입고 목욕용 치마(욕군)를 푼다. 出浴揾左右 先著上分衣并直裰 都遮卽著下分衣 解浴裙"라고 하였다. 〔참고문헌〕『入衆日用』, 『叢林校定淸規總要』 권하(卍속장112, p.54a18). ⇨ 상분의 上分衣

하비 下邳 중국 강소성(江蘇省)에 속한 현. 옛 성터가 지금의 비현(邳縣)에 있다. 『양고승전』 권5 「법광전 法曠傳」(대정장50, p.356c7)에 "법광의 속성은 역씨이고, 하비 출신이다. 姓睪 下邳人", 『일체경음의』 권90

(대정장54, p.881a5)에 "하비〈비의 음은 피다. 현 이름이다. 사주에 속한다. 『조씨군국』에 따르면, '사주에서 진이 천하를 병합하고 세운 비군에 하비현을 두었다' 한다〉. 下邳〈下音皮 縣名也 屬泗州 案曹氏郡國云 泗州秦倂天下 立爲邳郡 有下邳縣〉"라 하였다. 〔참고문헌〕『梁高僧傳』, 『一切經音義』.

하비로암 下毘盧庵 평안북도 영변군 북신현면 묘향산(妙香山)에 있던 암자. 『태고사사법 太古寺寺法』에는 대본산 보현사(普賢寺)의 산내암자였다고 하였다. 월파태율(月波兌律 1695~?)의 『월파집』(한불전9, p.672b6) 문(文) 「향산지 香山誌」에 "사암으로 논하면 비로(봉)의 남쪽 사십리 쯤에 상비로암이 있다. … (청량대) 서쪽으로 일리 쯤에 중비로암이 있다. … (삼성대) 동남쪽 이십리 쯤에 하비로암이 있는데, 가장 맑고 깨끗하다. 以寺菴論之 則毘盧之南四十里 有上毘盧菴 … 西向一里 有中毘盧菴 … 東南向二十里 有下毘盧菴 最極蕭洒"라고 하였다. 〔참고문헌〕『月波集』, 『韓國寺刹全書』 권하 p.1128b17.

하빈 河濱 옛 소임이름이니, 지금의 물을 기르는 수두(水頭)이다. ⇨ 수두 水頭, 육색방 六色榜

하빈 訶擯 Ⓢ avasādayati, Ⓣ sma-'bebs-par-byed-pa. 꾸짖어 쫓아내다. 『대비바사론』 권6(대정장27, p.28b18)에 "이 두 비구는 부처님의 정법에 전혀 뜻이 없었으므로 부처님께서 비난하여 배척하셨다. 이와 같은 모든 무리도 비난받고 배척당하였다. 此二苾芻 於佛正法 全無意樂 故佛訶擯 諸如是類 亦被訶擯", 『일체경음의』 권69(대정장54, p.756b6)에 "하빈〈빈은 필과 진을 반절한 음이다. 사마표가 주석한 『장자』에 '빈은 버린다는 뜻의 기이다'라고 하였고, 『사기』에 '서로 힘을 합하여 등져 쫓아내다'라는 대목이 그 뜻이다. 司馬彪注莊子云 擯棄也 史記云 相與排 擯也〉. 訶擯〈必振反 司馬彪注莊子云 擯棄也 史記云 相與排擯也〉"이라고 하였다. 〔참고문헌〕『大毘婆沙論』, 『一切經音義』, *Bodh-bh.115.*

하사 下邪 사사명식(四邪命食) 중 하나인 하구식(下口食)을 달리 이르는 말. 『영평지사청규』(대정장82, p.338c28)에 "네 번째, 하사는 갖가지로 뿌리나 오곡의 종자 등을 심어서 생계를 유지하는 방식이다. 이전의 사사식 중 하나로 사구식이라고도 하고 사부정식이라고도 하니, 생계를 유지하는 방법으로 옳지 않다. 四者 下邪 謂種種植根五穀等 以前四邪食 亦名四口食 亦名四不淨食不可食矣"라고 하였다. 〔참고문헌〕『永平知事清規』. ⇨ 하구식 下口食, 사사명식 四邪命食

하사월 夏四月 Ⓟ vassike cattāro māse. 여름 넉 달. 인도에서의 계절은 하기(夏期)·우기(雨期)·동기(冬期) 세 갈래로 구분하여 각각 넉 달이다. 『장아함경』 권5 「전존경 典尊經」(대정장1, p.32b3 : *Mahāgovinda-sutta, DN.2,* p.237)에 "나도 선숙들이 '여름 넉 달 동안 고요한 곳에 한가로이 거하며 사무량심을 닦는 이에게 범천이 내려와 함께 서로 본다'라고 했던 말을 들은 적이 있다. 我亦曾聞 諸先宿言 於夏四月 閑居靜處 修四無量者 梵天則下 與共相見 sutaṃ kho pana m' etaṃ brāhmaṇānaṃ vuddhānaṃ mahallakānaṃ ācariyapācariyānaṃ bhāsamānānaṃ. yo vassike cattāro māse paṭisallīyati karuṇaṃ jhānaṃ jhāyati so brahmānaṃ passati brahmunā sākaccheti sallapati mantetīti", 『대장엄론경』 권11(대정장4, p.316b26)에 "그때 세존께서 여름 넉 달의 안거를 마치시고 자자의 때에 왕이 소치는 목동들에게 명하였다. '이제 우유가 필요 없으니 물과 풀이 있는 곳으로 따라다니며 너희들 소를 방목하도록 하라'. 爾時世尊 於夏四月 安居已訖 於自恣時 王勅牧人 今不須乳 隨逐水草 放汝諸牛"라 하였다. 〔참고문헌〕『長阿含經』, 『大莊嚴論經』, *DN.*

하사자 訶娑字 하바자(訶婆字 Ⓢ hva-kāra)에서 바(婆)가 사(娑)로 잘못 표기되었다. 60권본 『화엄경』 권57(대정장9, p.766a11 : *Gaṇḍ-vy.*, p.45)에 "하사자부를 때 반야바라밀문에 드는데, 일체무연중생을 방편으로 섭수하여 하여금 바다 같은 무진장 나게 함을 관찰한다고 한다. 唱訶娑字時 入般若波羅蜜門 名觀察一切無緣衆生方便攝受令生海藏 hvakāraṃ parikīrtayataḥ sarvasattvābhavyāvalokanabalasaṃjātagarbhaṃ nāma prajñāpāramitāmukham avakrāntam"라 하였다. 〔참고문헌〕『華嚴經』, *Gaṇḍ-vy.* ⇨ 하바자 訶婆字

하사자암 下獅子庵 충청북도 보은군 속리산면 속리산(俗離山) 법주사(法住寺)의 산내암자. 『한국사찰전서』 권하 하사자암에 인용된 「법주사사적 法住寺事蹟」에 "지금은 폐사되었다. 今廢", 남몽뢰(南夢賚 1620~1681)의 『이계집』 권4 잡저(雜著) 「유속리산록 遊俗離山錄」에 "능선 하나를 넘어 사자암을 심방하였는데, 여러 암자와 규모를 비교할 수 있었으며, 상사자와 하사자 두 암자는 하나같이 이미 퇴락하였다. 逾一脊 訪獅子菴 比諸菴稍大 有上獅子下獅子二菴 而其一則已傾頹矣"라고 하였다. 〔참고문헌〕『伊溪集』 권4(韓國文集叢刊35, p.63b17), 『韓國寺刹全書』 권하 p.1128b9.

하산 下山 산을 내려오다. 산문을 떠나다. 중생과 섞여 법을 펼치다. 『경덕전등록』 권4 「법융전 法融傳」(대정장51, p.228b2)에 "장차 하산하려 함에 대중에게 말했다. '나는 다시 이 절을 밟지 않겠다'. 將下山謂衆曰 吾不復踐此山矣", 같은 책 권23 「구양혜충전 龜洋慧忠傳」(대정장51, p.395c14)에 "스님은 처음에 참례했던 날부터 본래의 자리로 돌아와 입적할 때까지 일찍이 산문을 나간 적이 없었다. 師始從參禮 以至返初示滅 未嘗下山", 『설두어록』 권1(대정장47, p.671b29)에 "보공이 사람을 시켜 사대화상에게 전하길 '어째서 하산하여 중생을 교화하지 않고 구름이나 쳐다보니 무엇 하려는지요?'라고 하였다. 사대가 듣고는 '삼세제불 내가 한 입으로 삼켜버렸거늘 어디에 다시 중생 있어 제도한다 하리오?'라고 응답하였다. 설두가 집어 말했다. '이 무슨 똥냄새란 말인가'. 寶公令人傳語思大和尚 何不下山 教化衆生 目視雲漢作什麼 思大云 三世諸佛 被我一口吞盡 何處更有衆生可度 師拈云 有什麼屎臭氣"라고 하였다. 〔참고문헌〕『景德傳燈錄』, 『雪竇語錄』.

하산수순 何山守珣 1079~1134. 송대 임제종 스님. 법호는 불등(佛燈), 속성은 시(施)씨. 호주(湖州 : 浙江省) 출신. '하산'은 산호로 호주 오정현(烏程縣)에 있다. 처음 출가해서는 광감행영(廣鑑行瑛) 문하에서 배웠고, 후에 불감혜근(佛鑑慧懃 1059~1117)을 만나 참학하고 법을 이었다. 법을 받고는 이산(禾山)에서 개창하였고, 이어 천성사(天聖寺), 하산 이충사(移忠寺), 천녕사(天寧寺)에서 법석을 열었다. 법을 이은 제자로는 조암요윤(稠巖了贇)과 거사인 시제(待制) 반량귀(潘良貴) 등이 있다. 〔참고문헌〕『釋氏稽古略』권4(대정장49, p.884a13), 『續傳燈錄』 권29(대정장51, p.666c1), 『嘉泰普燈錄總目錄』 권중(卍속장137, p.31b1). ⇨ 혜근 慧懃

하살 河殺 강에서 사람을 죽게 하다. 『마가승기율』 권4(대정장22, p.256b12)에 "'강에서 사람을 죽게 한다' 함은 만일 비구가 물가에서 경행할 적에 어떤 사람이 와서 묻기를 '장로여, 내가 이제 어느 곳에 가고자 합니다. 어느 나루를 좇아 건너야 합니까?' 하니, 이때 경행하던 비구는 그 사람에게 앞선 원한이 있었기에 생각하기를 '내가 이제 이 사람을 만났으니, 그에게 건너서는 안 될 곳을 일러주어 한 사람도 그를 구하지 못하게 해야겠다' 하고, 문득 건너서는 안 될 곳을 일러주었으니, 소용돌이치고 돌부리가 있어 위태롭고 물살마저 빠르고 악어들이 있는 곳이었다. 혹 저 언덕에 오르더라도 왕령으로 금한 곳이거나 도적이나 사자와 호랑이, 늑대와 독한 벌레들에게 어려움을 겪게 될 곳이었다. 이렇게 건너서는 안 될 곳을 일러주었을 때는 월비니죄를 범하는 것이고, 고통스럽게까지 하였다면 투란죄를 범하는 것이고, 죽게 했다면 바라이죄를 범하는 것이다. 이를 강물로 죽인다고 한다. 河殺者 若比丘在河邊經行 有人來問言 長老我欲至某處 應從何處渡 是比丘於彼人先有怨嫌 便作是念我今得是人便 示此非濟處 勿令一人得脫 便示非濟處 若洄澓處 伏石機激尸收摩羅等處 若上彼岸處 有王禁難 有賊難 有師子虎狼毒虫等難 示彼非濟處時 得越比尼罪 若受苦痛時 得偸蘭罪 若死者 波羅夷 是名河殺"라고 하였다. 〔참고문헌〕『摩訶僧祇律』. ⇨ 복석 伏石

하삼월최후일 夏三月最後日 여름 3개월의 마지막 날. 하안거가 끝나는 7월 15일로 마지막으로 자자하는 날을 말한다. 『오분율』 권19(대정장22, p.131b8)에 "이때 비구들 이렇게 생각했다. '세존께서 우리들에게 자자하라고 하셨으니 응당 함께 봉행해야 한다'. 문득 날마다 자자하거나 2일 혹은 3일 내지 5일에 한 번 자자하였다. 이를 부처님께 말씀드리자 부처님께서 말씀하시길 '그래서는 안 된다. 응당 하삼월최후일에 자자해야 한다' 하셨다. 時 諸比丘作是念 世尊敎我等自恣 應共奉行 便日日自恣 或二日 三日 至五日一自恣 以是白佛 佛言 不應爾 應夏三月最後日自恣"라고 하였다. 〔참고문헌〕『五分律』. ⇨ 자자 自恣

하상 下床 선상(禪床)에서 내려오다. 승당(僧堂)에서 자리(坐位)에서 일어나 내려오다. 하상(下牀)이라고도 한다. 『불조통기』 권42(대정장49, p.390a6)에 "조의 통치자인 왕공이 사원에 들어와 우러러보며 예배를 하는데 조주가 앉은 채로 물었다. '대왕께서는 아시겠습니까?' '모르겠습니다' '어려서부터 오후에 먹지 않아 몸이 이미 늙으니 사람을 보고도 선상을 내려갈 힘이 없습니다'. 왕이 더욱 예를 다했다. 다음 날 객승이 찾아와 전할 말 있다 하니 조주가 선상에서 내려와 맞이하자 시자가 그 뜻을 물었다. 이에 조주가 말하였다. '가장 높은 사람이 찾아오면 선상 위에서 맞이하고, 두 번째로 높은 사람이 찾아오면 선상을 내려가 맞이하며, 가장 낮은 사람이 찾아오면 산문 밖에서 맞이한다'. 趙帥王公 入院瞻禮 趙州坐而問之曰 大王會麼 王云 不會 師云 自小持齋身已老 見人無力下禪床 王尤加禮 翌日令客將傳語 師下床接之 侍者問其意 師曰 第一等人來 禪床上接 第二等人來 下禪床接 末等人來 山門外接", 『보암보장어록』 권5(卍속장123, p.993b3)에 "보암이 이 일을 들었다. '한 학인이 도오에게 물었다. 「화상의 심심처 무엇입니까?」 도오가 선상에서 내려와 여인의 절을 하며 말했다. 「당신이 멀리서 와 주셔서 감사드리지만 대접할 만한 게 없군요」'. 보암이 게송을 읊었다. '심심처를 곧바로 보여 저 향상의 사람에게 돌려주었구나. 선상에서 내려와 여인의 절 하였으니 대접으로서는 더없이 극진하다'. 擧僧問道吾 如何是和尚深深處 吾下禪牀 作女人拜云 謝子

遠來 無可祇待 直示深深處 還他向上人 下床施女拜 祇待更殷勤",『연등회요』 권25(卍속장136, p.858b12)에 "명초가 지자에서 수좌를 맡고 있었는데 평소 정수를 받지 않자 원주가 화를 내며 말했다. '상좌는 더러운 물과 깨끗한 물을 구분할 줄 모르는가? 어째서 정수를 받지 않는가?' 그러자 명초가 선상에서 뛰어내려와 정병을 집어 들고 말했다. '이것은 더럽습니까, 깨끗합니까?' 원주가 아무 말 없자 명초는 정병을 깨부쉈다. 師在智者 爲首座 尋常不受淨水 院主瞋云 上座不識觸淨 爲甚麽不受淨水 師跳下床 拈起淨甁云 這箇是觸是淨 主無語 師撲破淨甁"라고 하였다. 〔참고문헌〕『佛祖統紀』, 『宋菴普莊語錄』, 『聯燈會要』.

하상 下裳 속옷. 『백장청규』 권6(대정장48, p.1146a25)에 "먼저 상의와 직철(直裰 : 法衣)을 입어 (몸을) 모두 가린 다음 바닥에 내려와 속옷을 입는다. 先著上衣幷直裰 都遮了下地 却著下裳", 『능엄경지장소』 권5(卍속장24, p.452a17)에 "또한 니원승이라고도 하는데 사륵이라고도 하며 내의라고 한역한다. 단군이라고도 하는데 바로 속옷이다. 亦云泥洹僧 或名舍勒 譯爲內衣 又云短裙 卽是下裳", 『비니일용절요향유기』 권상(卍속장106, p.154b2)에 "열반승은 갖추어서 니바사나라고 하며 내의라고 한역한다. 군이라고도 하는데 바로 속옷이다. 涅槃僧 具云泥縛些那 此翻內衣 唐言裙 卽下裳也"라고 하였다. 〔참고문헌〕『百丈清規』, 『楞嚴經指掌疏』, 『毗尼日用切要香乳記』.

하상 遐想 아득해 그리워하다. 멀리 있거나 깊은 것을 떠올려 생각하다의 뜻이다. 『반야등론석』「서문 序文」(대정장30, p.51a5)에 "황제의 신도는 복희씨와 신농씨보다 멀리 있었으니 … 어머니를 지키고 자식을 보존하며 말하지 않아도 다스렸다. 기울어 다시 불교에 마음 두었으니 지극한 진실 아득히 떠올렸다. 皇帝神道 邁於義農 … 守母存子 不言而治 偏復留心釋典 遐想至眞", 『정토왕생전』 권상(대정장51, p.110b4)에 "계빈 사문 승가난제가 태원년간에 심양에 도착하자 『아비담심론』과 『삼법도론』의 중역을 멀리서 청하였으며, 만년에 구마라집이 동관을 통해 수도에 들어왔다는 소식을 듣고 향을 사르며 멀리서 그리워하며 글로 문안하였다. 罽賓沙門僧伽難提 太元中至尋陽 遠請重譯阿毘曇心及三法度論 晩聞羅什入關 焚香遐想 以致書問"라고 하였다. 〔참고문헌〕『般若燈論釋』, 『淨土往生傳』.

하생자 下生子 삼종자(三種子 : 隨生子 勝生子 下生子) 중 하나로 부모는 오계를 받아 지닌 선남자선여인이었으나, 이를 잇지 못한 불초한 자녀. 『잡아함경』 권31(대정장2, p.220c20)에 "세존이 여러 비구들에게 고하셨다. '세 종류의 자녀가 있다. 어떤 것들이 그 세 종류인가? 수생자 · 승생자 · 하생자이다. 무엇이 수생자인가? 자녀의 부모가 불살생 · 불투도 · 불음 · 불망어 · 불음주를 받아 지니고, 자녀 또한 따라 배워서 불살생 · 불투도 · 불음 · 불망어 · 불음주를 받아 지닌다. 이를 수생자라고 한다. 世尊告諸比丘 有三種子 何等爲三 有隨生子 有勝生子 有下生子 何等爲隨生子 謂子父母 不殺不盜 不婬不妄語 不飮酒 子亦隨學 不殺不盜 不婬不妄語 不飮酒 是名隨生子", "무엇이 승생자인가? 자녀의 부모가 불살생 · 불투도 · 불음 · 불망어 · 불음주를 받아 지니지 않았는데, 자녀는 불살생 · 불투도 · 불음 · 불망어 · 불음주를 받아 지닌다. 이를 승생자라고 한다. 何等爲勝生子 若子父母 不受不殺 不盜不婬 不妄語 不飮酒戒 子則能受 不殺不盜 不婬不妄語 不飮酒戒 是名勝生子", "무엇이 하생자인가? 자녀의 부모는 불살생 · 불투도 · 불음 · 불망어 · 불음주를 받아 지니었는데, 자녀는 불살생 · 불투도 · 불음 · 불망어 · 불음주를 받아 지니지 못한다. 이를 하생자라고 한다'. 云何下生子 若子父母受 不殺不盜 不婬不妄語 不飮酒戒 子不能受 不殺不盜 不婬不妄語 不飮酒戒 是名下生子"라고 하였다. 〔참고문헌〕『雜阿含經』, 『法苑珠林』 권52(대정장53, p.676b25), 『諸經要集』 권7(대정장54, p.65c24).

하생화 夏生花 여름에 피는 꽃. 바리사가(婆利師迦 Ⓢ vārṣika, Ⓟ vassika)의 한역어. 바사라(婆師羅)라고도 음사한다. 『일체경음의』 권26(대정장54, p.476b13)에 "바사라화〈바사가라고도 하며 하생화라고 한역한다〉. 婆師羅花〈亦云 婆師迦 此云 夏生花也〉"라고 하였다. 〔참고문헌〕『一切經音義』. ⇨ 바리사가 婆利師迦

하서대사 下西臺寺 충청남도 금산군 추부면 서대산에 있던 절. 『가람고』 전라도 진산에 "서대산에 있는데, 군의 동쪽 사십리쯤이다. 在西臺山 郡東四十里", 『범우고』 전라도 진산에는 "예전에는 상중하 세 서대가 있었는데, 중서대사는 지금 폐사하였다. 古有上中下三西臺 中西臺寺 今廢", 권이진(權以鎭 1668~1734)의 『유회당집』 권2 시(詩) 「등서대산 登西臺山」의 세주에 "10월에 진산 검동촌에 갔다. … 장수암을 거쳐 조카 해징 · 족손 세태 · 송정원 · 박래항과 함께 서대산 정상에 올랐다가 날이 저물어 내려와서 서대사에 묵었다. 十月往珍山檢東邨 … 歷長壽菴 與家姪海徵 族孫世泰 宋生正源 朴生來恒 同登西臺山絶頂 暮下西臺寺宿"라고 하였다. 〔참고문헌〕『伽藍考』, 『梵宇攷』, 『有懷堂集』 권2(韓國文集叢刊56, p.182a6), 『韓國寺刹全書』 권하 p.1129a1.

하서전 下西殿 전라북도 김제시 금구면 모악산 금산사(金山寺) 산내암자 서전암(西殿庵)의 다른 이름. 『한국사찰전서』 권하 하서전에 "금산사 서전암 金山寺西殿庵", 같은 책 권하 서전암에 "곧 김제군 금산면 서전이다. 卽金堤郡金山面西殿"라고 하였으며, 같은 책 권하 서전에는 '혹 서전암이라고 부른다'고 하면서 『태고사사법 太古寺寺法』을 인용하여 "금산면 모악산 금산사의 산내암자이며 대본산 위봉사 말사다. 金山面母岳山金山寺山內 大本山威鳳寺末寺", 광무 8년(1904)에 진월화상(振月和尙)이 중건하였다고 하였다. 〔참고문헌〕『韓國寺刹全書』 권하 p.1129a4·630b16·631a7. ⇨서전 西殿 2, 서전암 西殿庵 2

하성 下姓 Ⓢkula-bhraṃśa. 출생부터 신분이 정해지는 관습사회에서 낮은 신분을 말한다. 『잡아함경』 권23(대정장2, p.162b5)에 "이때 왕이 말했다. '나는 찰리로서 관정을 받은 왕이고 너는 이발사인데, 어떻게 너를 사랑할 수 있겠느냐?' 그 여인이 왕에게 말했다. '저는 천한 신분 출생이 아닙니다. 명망 있는 종족의 바라문의 딸입니다. 관상가가 저희 아버지께 「이 딸은 국왕께 시집보내야 합니다」라고 했기에 이곳에 왔을 뿐입니다'. 時 王言 我是刹利灌頂王 汝是剃毛師 云何得愛念汝 彼女白王言 我非是下姓生 乃是高族婆羅門之女 相師語我父云 此女應嫁與國王 是故來至此耳", 『대반야경』 권54(대정장5, p.305a5)에 "선현이여! 만약 보살마하살이 늘 겸손하고 공경하는 마음을 품으며 교만한 마음을 조복시킨다면, 이로 인해 출생이 낮은 신분으로 태어나지 않는다. 이것을 일러 보살마하살이 수행을 통해 교만한 업을 대치하여 깨뜨린다고 한다. 善現 若菩薩摩訶薩常懷謙敬 伏憍慢心 由此不生下姓卑族 是爲菩薩摩訶薩修治破憍慢業"라고 하였다. 〔참고문헌〕『雜阿含經』, 『大般若經』, *Bodh-bh.165.*

하성 何姓 4조 도신(道信)이 5조 홍인(弘忍)을 7세 어린아이일 때 만난 인연으로 생겨난 공안. 『경덕전등록』 권3 「도신전 道信傳」(대정장51, p.222b10)에 "어느 날 황매현 가던 길에 한 아이를 만났는데 골상이 기이하고 빼어나 보통의 아이와 달랐다. 이에 도신이 물었다. '너는 성이 무엇이냐?' '성이 있긴 한데 여느 성은 아닙니다' '무슨 성이냐?' '불성입니다' '너의 성은 없느냐?' '성이 공하기에 없습니다'. 도신은 속으로 이 아이가 법 그릇임을 알고는 시자를 시켜 아이의 집으로 가게 한 다음 부모에게 출가시키자고 청하였다. 부모도 숙세 인연이라 여겨 별로 난색을 표하지 않고 마침내 제자 삼게 하였는데, 이름을 홍인이라고 하였다. 一日往黃梅縣路 逢一小兒 骨相奇秀 異乎常童 師問曰 子何姓 答曰 姓卽有 不是常姓 師曰 是何姓 答曰 是佛性 師曰 汝無性耶 答曰 性空故 師默識其法器 卽俾侍者 至其家 於父母所乞令出家 父母以宿緣故 殊無難色 遂捨爲弟子 名曰弘忍"라고 하였는데, 이 공안에 대해 『종감법림』 권6(卍속장116, p.97a14)에 "백발 휘날리며 청산을 내려왔다가 7세 되어 돌아올 땐 옛 얼굴 그대로였네. 사람 오히려 젊어졌는데 소나무 이미 늙었다 하니, 옳다 그르다 이를 좇아 인간에 떨어진다네. 〈불국유백(佛國惟白)의 송〉 垂垂白髮下青山 七載歸來換舊顔 人却少年松已老 是非從此落人間 〈佛國白〉", 『선림유취』 권9(卍속장117, p.118a2)에 "초당선청(草堂善淸)이 말했다. '아비도 없고 형도 없어야 시비 끊어지니, 흐르는 강물 그 한가운데서 누군들 거꾸로 흐르는 때 가리겠는가! 서산에서 법 얻고는 동산으로 숨어 이 일 단지 혜능만이 알게 하였구나'. 草堂淸云 無父無兄絶是非 江心誰辨逆流時 西山得法東山隱 此事只教能者知"라고 하였다. 〔참고문헌〕『景德傳燈錄』, 『宗鑑法林』, 『禪林類聚』.

하성 河成 782~853. 화가(畵家)이자 개척자. 백제 멸망 후 9세기초에 일본으로 건너가 활약하였다. 특히 무예에 뛰어나 활을 잘 쏘고 검술에도 정통하였다. 일본에서는 구다라가와나리(百濟河成)라고 불린다. 그의 본성(本姓)은 여(餘)씨였으나 일부러 '백제 百濟'로 바꾸어 썼는데, 멸망한 조국을 잊지 않기 위한 뜻이 아닌가 한다. 그림에 뛰어나 여러 차례 문덕천황(文德天皇 851~858)의 부름을 받아 옛 사람들의 초상화를 그렸으며, 산수(山水)와 초목(草木), 충조(蟲鳥) 등을 살아 있는 듯 잘 그려 일본 화가들에게 크게 감화를 끼쳤다. 이 밖에도 초상화를 잘 그렸던 9세기 후반의 백제상량(百濟常良), 그리고 화소(畵所)에 소속되었던 10세기 말경 백제왕위효(百濟王爲孝) 등 백제란 성(姓)을 가진 백제 유민들이 있었으니, 이들이 하성(河成)의 후예들이 아닐까 추측하기도 한다. 〔참고문헌〕『文德實錄』 권5, 久野健 『日本美術史』(悅話堂, 1990), 安輝濬 「三國時代 繪畵의 日本傳播」(『國史館論叢』10, 1989).

하송라대 下松蘿臺 전라남도 장흥군 관산읍 천관산(天冠山)에 있던 암자. 『지제지』 암실(庵室)에 "하송라대·상송라대·미타암·사자굴〈모두 미타동에 있었는데, 지금은 모두 없다〉. 下松蘿臺上松蘿臺彌陀菴獅子窟〈俱在彌陀洞幷今無〉"고 하였다. 〔참고문헌〕『支提誌』, 『韓國寺刹全書』 권하 p.1129a9.

하수 下手 1 법랍 등이 낮아서 자리해 앉고 서거나 움직일 때 아래나 끝에 위치하는 이들. 『백장청규』 권5(대정장48, p.1142a11)에 "참두가 원래 자리로 돌아와 대중을 이끌고 일제히 인사하고 물러나면 부참이 대중을 이끌고 앞서 가고 참두는 끝에서 따른다. 중료 문밖에 이르면 하수는 선다. 參頭歸元位 領衆齊問訊而退 副參領衆先行 參頭居末 至衆寮門外 下手立"라고 하였다.

〔참고문헌〕『百丈淸規』. ❷ '무엇인가에 영향을 미쳐 바뀌게 하다'는 말로, 어떻게 해도 손 쓸 수 없는 그곳(無下手處)의 뜻으로 쓴다. 『동산어록』(대정장47, p.514b21)에 "동산이 하루는 설봉에게 물었다. '뭘 하다 오느냐?' '나무 베어 통을 만들고 오는 길입니다' '몇 개의 도끼로 베어서 만들었느냐?' '도끼 하나면 베어 만듭니다' '아직 여전히 그러저러한 일이구나. 저쪽의 일은 어떠하냐?' '손 쓸래야 쓸 곳이 없습니다' '여전히 이쪽 일이구나. 저쪽의 일은 어찌 하려나?' 설봉이 가 버렸다. 師一日問雪峯 作甚麽來 峯云 斫槽來 師曰 幾斧斫成 峯云 一斧斫成 師曰 猶是這邊事 那邊事作麽生 峯云 直得無下手處 師曰 猶是這邊事 那邊事作麽生 峯休去", 『조산어록』(대정장47, p.529b2)에 "학인이 조산에게 물었다. '나라 안에서 검을 어루만지고 있는 이 누구입니까?' '조산이다' '어떤 사람을 죽이려 합니까?' '전부 죽이려고 한다' '그러다 문득 본래 부모를 만나면 어떻게 할 겁니까?' '무엇을 가리겠는가!' '자기는 어찌할 수 없겠군요' '누가 나를 어찌할 수 있겠는가!' '어째서 죽이지 않습니까?' '손 쓸 곳이 없다'. 僧問 國內按劍者是誰 師曰 曹山 僧云 擬殺何人 師曰 但有一切總殺 僧云 忽逢本父母 又作麽生 師曰 揀甚麽 僧云 爭奈自己何 師曰 誰奈我何 僧云 爲什麽不殺 師曰 無下手處", 『법안어록』(대정장47, p.593b17)에 "법안이 들었다. '용아가 덕산에게 물었다. 「제가 막야검 쥐고서 스님의 머리를 취하려 할 때는 어떻습니까?」 덕산이 목을 가까이 내밀며 말했다. 「얏!」' 법안이 달리 말했다. '너는 어딜 향해 손을 대겠느냐?' 擧 龍牙問德山 學人仗鏌鎁劍 擬取師頭時如何 德山引頸近前云 囫 師別云 汝向甚麽處下手"라고 하였다. 〔참고문헌〕『洞山語錄』, 『曹山語錄』, 『法眼語錄』.

하수 夏水 구한말 스님. 호는 청련(靑蓮). 가야산 해인사(海印寺)에 오랫동안 주석하며 『다비문 茶毘文』·『육조단경 六祖壇經』 등을 간행하고 예봉평신(禮峰平信)·담화보정(曇華普淨) 등의 비를 건립하였다. 1882년(고종19) 『다비문』 간기 중 삼보(三輔)에 "維那 靑蓮夏水", 연화질(緣化秩)에 "佛尊 靑蓮夏水", 1883년(고종20) 『육조단경』 간기에 "持殿比丘 靑蓮夏水"라 하였다. 1893년(고종30)에 예봉대사비(禮峯大師碑)를 건립할 때에는 도감(都監)을, 1906년 담화대사유공비(曇華大師有功碑)를 건립할 때에는 유나를 맡았다. 〔참고문헌〕李智冠『伽倻山海印寺誌』 pp.717~718.

하수도암 下修道庵 전라남도 장흥군 천관산(天冠山)에 있던 암자. 『지제지』 암실(庵室)에 "수도동 밖 북쪽 기슭의 언덕 정상에 있는데, 세간에서는 소수도동이라고 부른다. 在修道洞外 北麓崖頂 諺稱小修道洞", 『한국사찰전서』 권하 하수도암에 "지금은 없다. 今無"고 하였다. 〔참고문헌〕『支提誌』, 『韓國寺刹全書』 권하 p.1129a6.

하승천 何承天 370~447. 남조(南朝) 유송(劉宋)의 관료이자 학자. 담성(郯城 : 山東省) 출신. 역법가(曆法家)로도 유명하다. 모친은 『기왕칠요력 旣往七曜曆』을 만든 서광(徐廣)의 누이이다. 5세 때 부친을 여의고 어머니에게 배웠는데, 성격이 깐깐하고 고집이 셌으며 기억력이 뛰어났고 여러 학문에 통달하였다고 한다. 무제(武帝) 때 상서사부랑(尙書祠部郎)을 시작으로 439년(원가16)에는 저작좌랑(著作佐郎)이 되어 국사(國史) 편찬에 참여하였으며, 443년(원가20)에는 종래의 역법을 보정하여 원가력(元嘉曆)이라는 새 역법을 제작하고 문제에게 진상하였다. 평소 유교와 도교를 중시하였고 불법을 믿지 않았지만 치성(治城) 사문 혜림(慧琳)과 교유하였다. 혜림이 『백흑론 白黑論』을 지었는데 종병(宗炳)·유소부(劉少府)와 논쟁하였으며, 『달성론 達性論』을 지어 불교의 인과설을 비판하고 정신은 몸을 따라 사라진다고 주장하였다. 또 『석달성론 釋達性論』을 지어 자신을 비판한 안연지(顔延之)와도 논쟁을 벌였으며 '중국 中國'을 논쟁하기도 하였으니 『중관론소』 「서문 序文」(대정장42, p.4b28)에 "첫째로 이 땅(中國)을 변방이라 지목하고 저곳(印度)을 중국이라 칭한 경우다. 옛날에 하승공과 엄법사가 이 땅과 천축 중 어디가 변이고 어디가 정인지에 대해 논쟁했었다. 一者 目此土爲邊地 彼秤爲中國 昔河承公 與嚴法師 諍此土天竺偏正之事"라고 하였다. 〔참고문헌〕『中觀論疏』.

하신등보위후삼만승재표 賀新登寶位後三萬僧齋表 이규보(李奎報)지음. 새로 보위에 오른 임금이 삼만 명의 스님께 공양을 올린 일에 대해 하례하는 표문. 『동국이상국전집』 권30에 "천축의 바른 가르침을 굳게 믿으시어 일백보좌를 베풀어 옥음을 자세히 듣고, 삼만의 스님들께 공양 올려 축원하게 하였으니 널리 향기롭게 하고 구름 덮듯 공양하셨습니다. 篤信竺乾之正敎 設一百寶座諦聽玉音 飯三萬膝衣 普熏雲供"라고 하였다. 〔참고문헌〕『東國李相國全集』(韓國文集叢刊2, p.21b1). ⇨ 재 齋

하신소비 河神小婢 물의 신 어린 계집종이여! 항하(恆河 Ⓢ Gaṅgā)를 낮추어 부른 말로 교만한 성품의 필릉가바차(畢陵伽婆蹉 Ⓢ Pilinda-vatsa)가 늘 그렇게 불렀는데, 부처님과 팔대성문(八大聲聞)을 제하고는 모든 사람을 수다라(首陀羅 Ⓢ śūdra)로 부르기도 하였다. 『대지도론』 권2(대정장25, p.71a17)에 따르면 걸식하고자 항하를 건널 때마다 강가에서 손가락을 튕기며 "소비야, 멈추어라! 물을 흘려보내지 마라. 小婢住 莫流水" 하며 물길이 갈라지게 하였으나, 이를 부처님께 하소연하자 필릉가바차를 가르쳐 참회하도록 하였지만 그가 합장하고는 "소비여, 화내지 마라! 이렇게 그대에게 참회하며 용서를 빌고 있지 않느냐. 小婢莫瞋 今懺謝汝"라고 함에 대중이 비웃었다. 부처님께서 '필릉가바차는 오백생이나 언제나 바라문가에 났기에 숙생으로 교만하여 남들을 업신여긴다'라고 대중을 이해시키시고 늘 방편으로 참고 가르치셨다. [참고문헌]『大智度論』, 『首楞嚴義疏注經』 권5(대정장39, p.898a11), 『止觀輔行傳弘決』 권2(대정장46, p.206a13). ⇨ 필릉가바차 畢陵伽婆蹉

하실다 訶悉多 Ⓢ Hastaka, Ⓟ Hatthaka. 석존재세시 교만하여 대중갈마를 받은 비구. 상력(象力)·상수(象首·象手)라고 한역한다. 『백일갈마』 권9(대정장24, p.494a1)에 "구수 오파리(ⓈⓅ Upāli)가 세존께 여쭈었다. '저 하실다〈수(手)라 한역한다〉비구, 대중중에 있으면서 남을 업신여기고 교만한 마음 일으켜 죄를 범하고 나서도 그 죄를 잘못으로 받아들이지 않았고, 모든 비구들이 꾸짖어도 또다시 받아들이지 않았습니다'. 이 인연으로 부처님께 아뢰었다. 具壽鄔波離 請世尊曰 大德 如訶悉多〈譯之爲手〉苾芻 於大衆中 生輕慢心 旣犯罪已 不臣其罪 諸苾芻詰 亦復不臣 卽以此緣白佛"라고 하였다. [참고문헌]『百一羯磨』. ⇨ 상력비구 象力比丘 ❶

하심 河心 60심 중 하나로 강물이 양쪽의 강둑을 따라 흐르듯 마음이 늘 상단(常斷)과 사정(邪正)을 오가는 것으로, 한 경(一境)에 전일(專一)하는 행으로 대치한다. 『대일경소』 권2(대정장39, p.597c18)에 "경에서 '무엇이 하심인가? 두 끝인 법에 의지해 따라 닦는 것이다'라 한 것은, 이 심성은 쌍으로 두 끝에 의지한다. 어느 때는 영원하다고 생각하면서 닦고, 어느 때는 끊어 없어진다고 생각하면서 닦는다. 또는 삿됨과 바름을 함께 믿기도 한다. 마치 강물이 두 언덕을 쌍으로 의지하는 것과 같으니, 떠 흐르는 것들 역시 한 쪽에만 의지하지 않는다. 이 중에서 다스리기 위해 진언행자가 마음을 한 경에 오롯이 하니 이르는 바가 있을 것이다. 마음을 지키지 않으면서 행하는 일이 모두 잘 처리되도록 하는 이치는 없다. 云何河心 謂順修依因二邊法者 此心性雙依二邊 或時修常 或時修斷 或復邪正兼信 如河水雙依兩岸 其所漂流之物 亦不定係一邊 此中對治 謂行人專心一境 則能有所至到 若心不定守能令事業俱辦 無此理也"라고 하였다. [참고문헌]『大日經疏』.

하심 夏心 조선후기 스님. 호은유기(好隱有璣 1707~1785)의 「현풍비슬산유가사기 玄風毘瑟山瑜伽寺記」(『호은집』 권4·한불전9, p.726a17)에 "정유년(1777·정조1)에 승통 하심이 가야산에 사람을 보내어 중수전말 기록을 청했다. 丁酉僧統夏心 遣人伽耶 請記顚末"라고 하였다. [참고문헌]『好隱集』. ⇨ 유가사 瑜伽寺 ❶

하안 何晏 ?~249. 삼국(三國) 조위(曹魏)대 노장(老莊)에 정통한 현학가(玄學家). 자는 평숙(平叔). 남양원(南陽宛) 출신. 이른 나이부터 재주가 출중하여 명성을 날렸다. 조조(曹操)가 그 어머니를 첩으로 맞아들였기에 왕실과 친밀하였다. 태도는 거만하였고 현학(玄學)을 좋아하였다. 문제(文帝)는 그의 행동거지를 싫어하였고, 명제(明帝)는 사치스러운 그의 생활을 배척하여 중용하지 않았다. 그 뒤 조상(曹爽)과 사마의(司馬懿) 사이에서 벌어진 권력투쟁에서 조상의 편에서 사마의를 물리칠 계책을 펼쳤지만 결국은 사마의에게 살해당했다. 왕필(王弼)과 교류하였다. 만물의 바탕을 무(無)라 하였고, 통치의 근본은 무위(無爲)라 주장하였다. 「무명론 無名論」·「수론 首論」·「무위론 無爲論」·『논어집해 論語集解』 등을 남겼다. [참고문헌]『三論玄義』(대정장45, p.2b6), 『釋氏稽古略』 권1(대정장49, p.771b4), 『佛祖統紀』 권26(대정장49, p.270a12).

하안거 夏安居 Ⓢ varṣa, Ⓟ vassa. 여름 삼개월 동안 대중이 정해진 영역(結界) 내에 머물며 수행하며 포살과 자자 그리고 갈마 등으로 머무는 일. 인도의 여름 우기(雨期)에 해당하는 4월 16일부터 7월 15일을 기한으로 삼기에 우안거(雨安居)라고도 한다. 우기에 유행(遊行)하지 않는 전통이다. 이 기간에 유행하면 자기도 모르게 초목이나 벌레 따위를 밟아죽일 우려가 있다고 여겨 동굴이나 사원에 머물면서 수행하였으니, 불법이 있기 전부터 행하던 선법(善法)의 전통을 적극 수용한 안거전통은 공화(共和 saṃgha)로서의 승가가 공주(共住)하는 인간의 위없는 본보기가 될 수 있게 하였다. 『오분율』 권19(대정장22, p.129a18)에 "안거를 맺는 법은 다음과 같다. 마땅히 편단우견을 하고 가죽신을 벗고서 한쪽 무릎을 꿇고 합장한 자세로 한 비구에게 말한다. '장로께서는 일심으로 기억해 주십시오! 저 아무개 비구는 이 지역에 머물면서 하안거를 보내려 합니다. 전 석달은 어떤 취락의 어떤 방사에 의지해 수행하겠으며, 만약 방사가 망가지면 마땅히 수리하겠습니다'. 이와 같이 세 번 말하면 '알겠습니다'라고 답한다. 結安居法 應偏袒右肩 脫革屣 胡跪合掌 向一比丘言 長老一心念 我某甲比丘 於此住處夏安居 前三月 依某聚落 某房舍 若房舍壞 當補治 如是三說 答言 我知", 『마하승기율』 권1(대정장22, p.233a27)에 "그때의 모든 비구들은 곳곳에서 하안거를 보냈는데, 안거를 시작한 이후로는 왕사성에 찾아와 세존께 예배하고 문안인사를 드린 다음 각자 즐겨 머물 장소를 정하였다. 어떤 비구는 비바라정사에 머물기도 하고, 백산정사에 머물기도 하며, 방산정사에 머물기도 하고, 선인의 굴에 머물기도 하며 … 어떤 비구는 원숭이정사에 머물기도 하였다. 時諸比丘 處處夏安居 安居已來 詣王舍城 禮拜問訊世尊 各隨所樂住 或住毘

婆羅精舍 或住白山精舍 或住方山精舍 或住仙人窟 … 或住猿猴精舍", 『십송율』 권1(대정장23, p.1a17)에 "하안거 석달이 지나고 자자를 마치고 가사를 짓고 나서 가사를 입고 발우를 들고 비야리로 돌아와 여러 나라를 두루 유행한 다음 본래의 취락으로 돌아왔다. 夏安居過三月 自恣竟 作衣畢 著衣持鉢 還毘耶離 經遊諸國 至本聚落", 『사분비구니계본』(대정장22, p.1037a6)에 "만약 비구니가 하안거를 마치고도 떠나지 않는다면 바일제다. 若比丘尼 夏安居訖 不去者 波逸提", 『선견율비바사』 권16(대정장24, p.788a18)에 "만약 하안거를 마쳤다면 마땅히 절에서 6유순 거리로 떠나야 한다. 만약 떠나지 않는다면 바일제다. 若夏安居竟 應去寺六由旬 若不去 波夜提罪", 『담무덕율부잡갈마』(대정장22, p.1051a27)에 "비구승가가 하안거를 마치고서 비구니승가도 하안거를 마치면 비구승이 삼사로서 자자를 설한다. 보고 들어 의심나는 것에 대하여 대덕승에 자비를 베풀어 가엾이 여겨 나에게 잘못을 일러달라 하고 내가 만약 죄라고 알면 마땅히 법대로 참회해야만 한다. 比丘僧夏安居竟 比丘尼夏安居竟 比丘僧說 三事自恣 見聞疑 大德僧慈 愍故語我 我若見罪 當如法懺悔"라고 하였다. [참고문헌] 『五分律』, 『摩訶僧祇律』, 『十誦律』, 『四分比丘尼戒本』, 『善見律毘婆沙』, 『曇無德律部雜羯磨』, *Rāṣṭr.122.*, *DN. 2.99.*, *Sp.958.* ⇨ 안거 安居, 동안거 冬安居

하야 何耶 Ⓢ Haya. 마두(馬頭 Ⓢ Hayagrīva)의 약칭. 『대일경의석연밀초』 권9(卍속장37, p.230b2)에 "하야는 범어의 약칭이다. 바르게 말하면 하연흘리바이고 마두라고 한역한다"라고 하였다. [참고문헌] 『大日經義釋演密鈔』. ⇨ 하야게리바 何耶揭唎婆

하야게률박 何耶揭嘌嚩 ➡ 하야게리바 何耶揭唎婆

하야게리바 何耶揭唎婆 Ⓢ Hayagrīva의 음사. 마두(馬頭)라고 한역한다. 게리바는 게률박(揭嘌嚩)으로도 쓴다. 명왕(明王) 또는 관음(觀音)의 명호이다. 『대일경소』 권5(대정장35, p.632c6)에 "다음으로 관자재보살 아래 하리게리바를 안치한다. 마두라고 한역하는데 그 몸은 황색도 아니고 적색도 아니며 해가 처음 뜰 때의 색이다. 흰 연꽃을 영락으로 삼아 몸을 장엄하였는데 불꽃의 맹렬한 위세와 밝기가 화만과 같다. 손톱은 길고 날카로우며 양쪽의 송곳니가 위로 돌출했고 머리털은 사자의 갈기와 같으니 극히 분노한 모습이다. 이는 연화부 분노지명왕이다. 전륜왕의 귀한 말이 수미산 주변의 네 대륙을 도는 것과 같고 모든 시간과 모든 장소에서 가려는 마음이 멈추지 않는 것과 같이 모든 보살의 대정진력 역시 그러하다. 그러므로 이와 같은 위맹한 기세를 얻어 생사의 무거운 장애에서 목숨을 돌보지 않는 것이다. 次於觀自在菩薩下 置何耶揭唎婆 譯云馬頭 其身非黃非赤 如日初出之色 以白蓮花爲瓔珞等 莊嚴其身 光焰猛威赫奕如鬘 指甲長利雙牙上出 首髮如師子項毛 作極吼怒之狀 此是蓮花部忿怒持明王也 猶如轉輪王寶馬巡履四洲 於一切時一切處去心不息 諸菩薩大精進力 亦復如是 所以得如是威猛之勢 於生死重障中 不顧身命". 『대불정여래방광실달다반달라대신력도섭일체주왕다라니경대위덕최승금륜삼매주품』(대정장19, p.181c9)에 "이때 관세음보살이 마두나찰의 몸을 드러내어 대신주를 설하였으니 하리게리바라 한다. 거대한 광명을 뿜어 일체 모든 신주를 빛으로 덮으니 모두 항복하였고 오직 하나의 몸이 드러나서 뚜렷하고 홀로 서 있었다. 爾時 觀世音菩薩 卽現馬頭羅刹身 說大神呪 名何耶揭唎婆 放大光明 映蔽一切諸來呪神 皆當降伏 唯顯一身 逈然獨立", 『하리게리바상법』(대정장20, p.170b19)에 "모두 네 개의 얼굴이 있다. 가운데 보살의 얼굴은 극히 단정하고 자비로운 얼굴에 안색은 붉고 희며 머리카락은 푸른 색이다. 왼쪽 얼굴은 크게 분노한 검은 색이며 개의 송곳니가 위로 돌출했고 머리카락이 화염처럼 곤두섰다. 오른쪽 얼굴은 크게 웃는 얼굴이고 붉고 희며 보살처럼 단정하고 머리카락은 푸른 색이다. 세 얼굴 머리 위에 각각 천관과 귀걸이를 하였고 천관 위에 화신불이 가부좌하고 앉아 있다. 가운데 얼굴의 정상 위에 푸른 마두가 입을 닫고 있는데 보살의 목 아래 보배영락을 걸었고 정수리 뒤에 원만한 광명이 여러 겹 이다. 왼손은 구부려서 가슴 앞에서 홍련화를 쥐고 있는데 그 연꽃과 보살의 머리가 왼쪽 팔과 나란하다. 그 꽃대 위에 화신불을 그리되 가사를 입고 결가부좌하였으며 광배가 있는 모습이다. 오른손은 손바닥을 위를 향해 다섯 손가락을 펼치고 팔은 수평이 되게 구부리고 그 손바닥에 진타마니〈여의주〉를 쥐었다. 總有四面 中菩薩面極令端正 作慈悲顔 顔色赤白頭髮純青 左邊一面作大瞋怒黑色之面 狗牙上出頭髮微竪如火焰色 右邊一面作大笑顔 赤白端正似菩薩面 頭髮純青三面頭上各戴天冠及著耳璫 其天冠上有一化佛結跏趺坐 中面頂上作碧馬頭仍令合口 菩薩頸下著寶瓔珞 項背圓光數重色作 左手屈臂手當乳前把紅蓮花 其蓮花與菩薩頭齊正臨左膊 其華臺上作一化佛 著緋袈裟結跏趺坐 項背有光 右手仰掌五指申 臂肘平屈 其手掌擎眞陀摩尼〈唐云如意寶〉"라고 하였다. [참고문헌] 『大日經疏』, 『大佛頂如來放光悉怛多般怛羅大神力都攝一切咒王陀羅尼經大威德最勝金輪三昧咒品』, 『何耶揭唎婆像法』. ⇨ 마두관음 馬頭觀音, 하야그리바 Hayagrīva

하야게리바관세음보살수법단 何耶揭唎婆觀世音菩薩受法壇 1권. 역자미상. 마두관음(馬頭觀音 Ⓢ Hayagrīva)을 본존으로 모시고 닦는 작법을 설한 의궤. 대정장20, pp.171c20~172c10, No.1074에 수록되어 있다.

먼저 작단법을 설한다. 청정한 곳에 단을 만들고 단 중앙에 연화좌를 베풀고 하야게리바관세음보살상을 안치한다. 동문(東門)의 연화좌에 십일면관음(十一面觀音)을 안치하고 북문(北門)의 연화좌에 팔비관음(八臂觀音)을 안치하며 남방에는 8용왕(龍王)을 안치한다고 설한다. 다음으로 하야게리바해금도인(何耶揭唎婆解禁刀印)·하야리게바대법신인(何耶揭唎婆大法身印)·하야게리바심인(何耶揭唎婆心印)·두인(頭印)·정인(頂印)·구인(口印)·아인(牙印) 등 마두관음의 갖가지 인명(印明)을 설한다.

하야게리바상법 何耶揭唎婆像法 1권. 역자 미상. 마두관음에 관한 밀교 의궤. 대정장20, pp.170b11~171c16, No.1073에 수록되어 있다. 하야게리바(Ⓢ Hayagrīva)는 팔대명왕(八大明王) 중 마두(馬頭)에 해당한다. 마두명왕의 화상법·저주법·염송법·결인법과 그 성취공덕을 설하고 있다. 하야게리바상은 사면이비(四面二臂)로 붉은 연꽃 위에 앉았는데 왼손에는 홍련화를 쥐고 오른손에는 여의보주(如意寶珠)를 쥔 모습이다. 또는 사면이비에 왼손에는 연꽃을 오른손으로는 시무외인을 맺은 상을 설하고 있다.

하야그리바 Hayagrīva 비슈누(Ⓢ Viṣṇu)의 화신(化身). '말(haya)의 목(grīva)을 지닌'이라는 뜻으로, '말의 얼굴을 한'이란 뜻의 하야쉬라스(Ⓢ Hayaśiras)·아슈바묵카(Ⓢ Aśva-mukha)라고도 불린다. 힌두교에서 하야그리바는 인간의 모습에 머리만 백마의 형상을 한 지혜의 신으로서 숭배된다. 『마하바라타 *Mahābhārata*』의 귀경게는 "지혜의 환희이신 신이시며, 깨끗해 수정 같은 모습으로, 모든 지혜를 담지하신 하야그리바에게 우리들 귀의합니다. jñānānandamayaṃ devaṃ nirmalaṃ sphaṭikākṛtim, ādhāraṃ sarvavidyānāṃ hayagrīvam upāsmahe"라고 하야그리바를 서술한다. 마두(馬頭)·하야게리파(何耶揭唎婆)·하야흘리바(賀野紇哩婆·賀野紇哩嚩) 등으로 한역한다. 밀교에서도 분노존의 하나로 묘사되는데, 이 경우는 마두관음(馬頭觀音)이라고도 한역된다. 〔참고문헌〕 *MBh.1.* ⇨ 마두관음 馬頭觀音, 하야게리바 何耶揭唎婆

하어 下語 말하다. 특히 자신의 견지를 남에게 보여 하는 말. 또는 공안집(公案集) 등에서 본칙(本則)이나 송(頌)의 구절 아래 붙이는 짧지만 활달한 평어(評語)이기도 하며, 착어(著語)와 같다. 『경덕전등록』 권20 「영안선정전 永安善靜傳」(대정장51, p.368c21)에 "낙보가 말했다. '그대가 열흘 내에 한마디 하여 얻은 바 있다면 그대가 떠나도 상관치 않겠다'. 樂普曰 限汝十日內下語得中 卽從汝去", 『동산어록』(대정장47, p.521b16)에 "신산이 이를 계기로 단번에 깨달아 하는 말마다 범상치 않았다. 神山因斯頓覺 下語非常", 『운문광록』 권하(대정장47, p.575a16)에 "그때 몇몇 학인이 자신의 견지를 보여 말하였으나 모두 들어맞지 않았다. 時有數僧 下語皆不契", 『선관책진』 「철산애선사보설 鐵山瑷禪師普說」(대정장48, p.1101b28)에 "만날 때마다 방장실에 들어 견지 보여 말했지만 '길에 들어섰다기에는 모자란다' 말할 뿐이었다. 每遇入室下語 只道欠在", 『직주설두송고』 권상(卍속장117, p.518a14)에 "이와 같은 하어는 도리어 남들이 이상하다 여길 뿐이다. 如此下語反惹人怪"라고 하였다. 〔참고문헌〕 『景德傳燈錄』, 『洞山語錄』, 『雲門廣錄』, 『禪關策進』, 『直註雪竇頌古』.

하연 河演 1376~1453. 조선전기 문신. 『세종실록』 권23 6년(1424) 2월 7일 대사헌(大司憲)으로서 불교 7종파를 선교 2개의 종으로 통합하고 사사(寺社) 및 사전(寺田)을 줄일 것을 건의하였으며, 『단종실록』 권7 1년(1453) 8월 15일에 "영의정이 되자 문종이 대자암을 중수하고자 하였으나 하연이 불가함을 고집하였다. 及爲領議政 文宗欲重修大慈庵 演執不可"라고 하였다. 〔참고문헌〕 『世宗實錄』, 『端宗實錄』.

하열 下劣 Ⓢ hīna, līna, avara, Ⓟ ibbha, Ⓣ dman-pa, zhum-pa, ngan-pa. 뛰어나 아름답지 못함. 속된 법(俗法)을 즐기거나 게을러 죄와 복을 뒤섞어 행하고, 큰 마음 낼 줄 몰라 소승에 머무르는 등이다. 『유부율파승사』 권6(대정장24, p.127b24 : *Saṅ-v.1*, p.134)에 "그때 세존께서 다섯 사람에게 '출가한 사람은 두 부류의 삿된 스승을 가까이해서는 안 된다'라고 이르셨다. 무엇이 두 부류인가? 첫째, 범부의 하열한 속법을 즐겨 집착하거나 음욕처에 빠져 즐긴다. 둘째, 스스로 자기 몸을 괴롭혀 가며 온갖 과실을 지어낸다. 爾時世尊告五人曰 出家之人 不得親近 二種邪師 云何爲二 一者樂著凡夫 下劣俗法 及耽樂婬欲處 二者 自苦己身 造諸過失 tatra bhagavān pañcakān bhikṣūn āmantrayate sma. dvāv imau bhikṣavo 'ntau pravrajitena na sevitavyau na vaktavyau na paryupāsitavyau. katamau dvau. yaś ca kāmeṣu kāmasukhālayānuyogo hīno grāmyaḥ prākṛtaḥ pārthagjanikaḥ. yaś cātmaklamathānuyogo duḥkho 'nāryo 'narthopasaṃhitaḥ", 『대지도론』 권77(대정장25, p.606b13)에 "하열이란 해태와 방일의 이름이니, 불법을 즐기지 않거나 한 마음으로 도를 행하지 않아 죄와 복을 뒤섞어 행한다. 이와 같이 하는 이는 능히 이 법을 배울 수 없다. 下劣者 名懈怠放逸 不樂佛法 不一心行道 罪福雜行如是等 不能學是法", 『사교의집해』 권상(卍속장102, p.39b11)에 "하열이라는 말은 큰 마음을 일으키지 못해

서 다만 적은 과만 구한다는 뜻이다. 천친은 이를 하열한 소승이라 불렀다. 言下劣者 不發大心 但求小果也 天親呼爲下劣小乘"라고 하였다. ［참고문헌］『有部律破僧事』, 『大智度論』, 『四敎義集解』, *Saṅ-v.*, *Abh-k-bh.285*·*397.*, *Śrāv-bh.204.*

하열승 下劣乘 Ⓢ hīna-yāna, Ⓣ theg-pa-dman-pa. 뛰어난 법(大乘)을 실어 나르지 못하는 수레. 소승을 말한다. 『이취육바라밀다경』 권9(대정장8, p.904c18)에 "무엇을 대비라 하는가? 대승혜로써 하열승을 거두니 같아 둘이 없다고 여기기 때문이다. 云何大悲 以大乘慧 攝下劣乘 等無二故", 『부자합집경』 권14(대정장11, p.958c8)에 "여래의 장자로서 하열승을 즐기지 않으니, 부처님 음성을 듣기만 한다면 오직 위없는 길로 나선다. 爲如來長子 不樂下劣乘 若聞佛音聲 唯趣無上道", 『대방등대집경』 권10(대정장13, p.64c27)에 "모든 중생에게 마음을 평등하게 하고, 항상 번뇌와 온갖 죄과를 살피며, 모든 하열승을 이겨내어 중생을 대승에 조복시킨다. 於諸衆生心平等 常觀煩惱諸罪過 能勝一切下劣乘 調伏衆生於大乘"라고 하였다. ［참고문헌］『理趣六波羅蜜多經』, 『父子合集經』, 『大方等大集經』, *Bodh-bh.229.*, *Madhy-vibh.65.* ⇨ 소승 小乘

하열전 下劣轉 육전의(六轉依) 중 하나로 이승인 성문(聲聞)과 연각(緣覺)이 자기의 이익과 고요함만으로 범부를 뒤쳐 깨우쳤다 하기에 하열이라 한다. 『성유식론』 권10(대정장31, p.54c16)에 "다섯 번째 하열전은 이승위를 말한다. 오로지 자기 이익만 구할 줄 알아 고통을 싫어하고 고요함만 좋아할 뿐이어서 중생이 공한 진여만 통달하여 번뇌의 종자를 끊고 진실의 택멸 깨우치는 뛰어난 능력 감당할 수 없으므로 하열전이라 한다. 五 下劣轉 謂二乘位 專求自利 厭苦欣寂 唯能通達 生空眞如 斷煩惱種 證眞擇滅 無勝堪能 名下劣轉"라고 하였다. ［참고문헌］『成唯識論』. ⇨ 육전의 六轉依

하엽 荷葉 ❶ Ⓢ patra. 연잎. 부거(芙蕖)라고도 한다. 『불정존승다라니진언』(대정장19, p.395b11)에 "금박에 주문을 써서 연잎에 붙인 다음 샘물에 놓아 두었다가 사람의 입으로 염송한다. 以金葉書呪 著荷葉上 著泉水中 念誦人口云", 『법화현의』 권7하(대정장33, p.774c19)에 "연잎이 나기 시작한다 하니 다시 범행을 닦음의 비유다. 荷葉始生 譬更修梵行", 『선림보훈순주』 권3(卍속장113, p.546b11)에 "옷이라 해 보았자 종려나무 껍질과 연잎이었으니, 명예와 이양 따위는 마음에 두지 않았다. 衣則椶皮荷葉 聲名利養 不關係于心"라고 하였다. ［참고문헌］『佛頂尊勝陀羅尼眞言』, 『法華玄義』, 『禪林寶訓順硃』, *Mañj-m.43.* ⇨ 부거 芙蕖 ❷ 1898~1971. 근세 수덕사 견성암(見性庵) 비구니 스님. 여류 시인이며 문학가이다. 휘는 하엽(荷葉), 속성은 김씨, 속명은 원주(元周)이고, 필명은 김일엽(金一葉)이다. 1898년(광무2) 6월 9일 평안남도 용강(龍崗)에서 태어났다. 아버지의 이름은 용겸(用兼)이니 독실한 기독교 신자여서 20세 때까지는 가족과 함께 교회에 다니면서 성장했다. 1904년 기독교이념의 구세(救世)학교에 입학하였으며, 1912년 함경북도 진남포(鎭南浦) 삼숭(三崇)보통여자학교의 보습과(補習科)를 수료했다. 이어 이화(梨花)학당을 졸업했다. 서대문구 아현동 소학교와 동대문 간호원 학교에서 교사생활도 했다. 그 뒤 일본에 유학하여 1920년 동경의 일신(日新)여자대학을 졸업하고 귀국하여 우리나라에서 최초로 발간된 여성잡지 『신여자 新女子』의 주필이 되었다. 소품·수필·시·단편소설 등을 계속하여 발표하고 여류시인으로서 문단에 이름을 알렸다. 1927년 불교교단의 기관지인 『월간불교』의 문예란 담당기자를 맡아 1932년까지 활동하다가 개인신상의 복잡한 사정을 피하여 1928년 31세 때 금강산 건봉사의 산내암자인 서봉암(棲鳳庵)을 찾아가 성혜(性惠) 비구니를 은사로 하여 스님이 되었다. 그 후 수덕사 견성암에서 정진하다가 1933년 그 곳 견성암의 입승(立繩)으로 후학을 지도했다. 1935년 밀양 표충사(表忠寺)에서 성혜스님을 계사로 하여 보살계와 비구니계를 받았다. 출가하기 전이나 후에 변함없이 여성의 지위향상과 개방을 촉구하였으며, 저서로는 수필 『어느 수도인의 회상(回想)』(1960)·『청춘을 불사르고』(1962)·『행복과 불행의 갈피에서』(1964)·『미래세가 다하고 남도록』(1974)·같은 해에 『청춘을 불사른 뒤』 등과 소설 『계시』·『자각』·『순애(純愛)의 죽음』·『사랑』 등을 남기고, 수덕사 환희암(歡喜庵)에서 1971년 1월 28일 세수 74, 법랍 43세를 일기로 입적하였다. ［참고문헌］趙演鉉『韓國 現代文學史』(人間社, 1961), 『大韓佛敎』(1971.2.7).

하엽단단단사경능각첨첨첨사추 荷葉團團團似鏡菱角尖尖尖似錐 연잎 저 거울인 듯 둥글둥글 마름꽃 뾰족뾰족 저 송곳인 듯. 『연등회요』 권21 「협산선회장」(卍속장136, p.774b4)에 "학인이 물었다. '무엇이 그럴듯한 한 마디인지요?' 협산이 말하길 '연잎은 둥글둥글 거울 같고, 마름잎 뾰족뾰족 송곳인 듯하다'라고 말한 뒤 '알겠는가?'라고 묻자 '모르겠습니다'라고 함에 이렇게 말했다. '바람 버들개지에 부니 털공 구르고, 비가 배꽃 때리니 나비가 날아간다'. 僧問 如何是相似句 師云 荷葉團團團似鏡 菱角尖尖尖似錐 復云 還會麼 云 不會 師云 風吹柳絮毛毬走 雨打梨花蛺蝶飛"라고 하였다. ［참고문헌］『聯燈會要』, 『大慧語錄』 권10(대정장47, p.855a28).

하엽록 荷葉綠 단청(丹靑)에 쓰이는 오채(五彩) 중 하나로 연잎에서 채취한 녹색염료다. 『태종실록』 권6 태종 3년 10월 26일에 "최인계가 하엽록을 진상하였다. 중국에서 생산되는 염료와 다른 점이 없었는데 (우리나라에서는) 인계가 처음으로 만들었다. 崔仁桂 進荷葉綠 與中國所産無異 仁桂始造也"라고 하였다. 〔참고문헌〕『太宗實錄』. ⇨ 단청 丹靑

하엽좌 荷葉座 연잎 펼친 듯한 대좌(臺座). 밀교(密教) 금강계(金剛界)의 제천(諸天)과 태장계(胎藏界) 석가원(釋迦院) 대성문(大聲聞)들이 모두 연잎을 자리로 삼는다. 『동자경염송법』(대정장19, p.744a5)에 "그 궁전에 하엽좌가 있다. 자리 위에 새겨진 발라(ᐁ)자는 변하여 대범천왕이 되고, 왕 주변의 하엽좌에 새겨진 미(ᐁ)자는 변하여 전단건달바대왕이 되며, 그 하엽좌 주변에 새겨진 훔(ᐁ)자는 십오귀왕장이 되는데, 칠만팔천의 귀신이 전후로 에워싼다. 其宮殿中 有荷葉座 座上有鉢羅字 變成大梵天王 王邊荷葉座有尾字 變成栴檀乾闥婆大王 其荷葉邊有吽字 成十五鬼王將 七萬八千鬼神前後圍匝", 『대일경소연밀초』 권9(卍속장37, p.224b4)에 "하청련엽이라 하였으니 청련의 잎을 하라 한다. … 또한 '화대에 앉지 못하도록 한다'고 한 까닭은 아직 보리의 종자를 지니지 않았기 때문이다. 荷靑蓮葉也者 靑蓮之葉 名之爲荷 … 又不令坐於華臺者 未有菩提之種故也"라 하였다. 〔참고문헌〕『童子經念誦法』, 『大日經疏演密鈔』.

하영대 下靈臺 강원도 금강산에 있던 절. 이명준(李命俊)이 1628년(인조6)에 지은 「유산록 遊山錄」(『잠와유고』 권3·한국문집총간속17, p.397a12)에 "아래로 법종이 계시는 자월암을 지나, 또 도화가 계시는 중영대를 거쳐 가니 하영대는 무너져 스님이 없었다. 下過紫月僧法宗守菴 又歷中靈臺 僧道和守菴 下靈臺頹廢無僧", 이경석(李景奭)이 1651년(효종2)에 지은 「풍악록 楓嶽錄」(『백헌집』 권10·한국문집총간95, p.503b6)에 "적목정에서 십여 리 가서 서쪽을 향해 오르면 상중하영대가 있는데, 모두 작은 암자이고 상령은 폐사되었다. 自赤木亭 行可十里餘 向西而登 則有上靈臺 中靈臺 下靈臺 皆小庵而上靈廢"라고 하였다. 〔참고문헌〕『潛窩遺稿』, 『白軒集』, 『韓國寺刹全書』 권하 p.1128b1.

하예 瑕翳 옥에 묻은 얼룩이나 흠. 『미증유정법경』 권1(대정장15, p.430c27)에 "또한 저 가장 뛰어나서 큰 마니보 맑아서 어떤 티끌 가림도 없는 것과 같았으니, 뜻대로의 덕 빠짐없이 갖춘다. 亦如最上 大摩尼寶 淨無瑕翳 具如意德", 『경덕전등록』 권2 「승가난제전 僧伽難提傳」(대정장51, p.212b17)에 "모든 부처님의 크고도 둥근 거울 안팎으로 어떤 흠도 없다. 諸佛大圓鑑 內外無瑕翳"라고 하였다. 〔참고문헌〕『未曾有正法經』, 『景德傳燈錄』, 『大慧語錄』 권4(대정장47, p.828b6).

하예 瑕穢 Ⓢ aṅgaṇa, doṣa, Ⓣ nyon-mongs-pa. 옥의 티. 『증일아함경』 권24(대정장2, p.677b6)에 "사리불 대중중에 극히 청정해서 결점이라고는 없었다. 此舍利弗 大衆之中 極爲淸淨 無有瑕穢", 『대지도론』 권67(대정장25, p.528c16)에 "여의보주 티라곤 있을 리 없고 허공에 먼지가 있을 리 없듯이, 반야바라밀 끝내 청정으로 모일 뿐이지만 사람들 스스로 사견 인연 일으켜서 비난하고 부수려 한다. 如如意寶珠無有瑕穢 如虛空無有塵垢 般若波羅蜜 畢竟淸淨聚 而人自起邪見因緣 欲作留難破壞"라고 하였다. 〔참고문헌〕『增壹阿含經』, 『大智度論』, *Śrāv-bh.15.*

하옥녀담기우표 賀玉女潭祈雨表 혜초(慧超) 지음. 『대종조증사공대변정광지삼장화상표제집 代宗朝贈司空大辨正廣智三藏和上表制集』 권5(대정장52, p.855a18)에 수록되어 있고 한불전3, p.382a1에도 게재되었다. 당나라 내도량(內道場)에 머물던 혜초가 774년(혜공왕10) 1월 26일에 대종(代宗)의 부탁을 중사(中使) 이헌성(李獻誠)으로부터 전달받고 주질현(盩厔縣) 옥녀담(玉女潭)에서 기우제를 설행했다. 비가 내리자 하례의 뜻으로 올린 표문이다. 표문에서는 "사문 혜초가 말씀드립니다. 지난 달 26일에 중사 이헌성이 받들어 알린 구칙 받들었습니다. 혜초로 하여금 주질현 옥녀담에 가서 향화하고 기우하게 하였습니다. … 처음에 단장을 세우니 계곡에서 큰 소리가 들렸고 사리 던지자 비가 족하게 실 내리듯 하여서 하룻밤 만에 초목이 꽃을 피웠고, 다음 날에는 냇물이 넘쳐 흘렀습니다. … 엎드려 생각하니 폐하의 성덕이 하늘을 움직이자 하늘의 은택 앞서 내린 것이니, 어찌 혜초 같은 하찮은 이의 정성이 감통한 것이겠습니까. 沙門惠超言 伏奉前月二十六日中使李獻誠奉宣口勅 令惠超往盩厔縣玉女潭修香火祈雨 … 初建壇場 谿聲乍吼 及投舍利 雨足如絲 一夕而草樹增華 信宿而川原流潦 … 伏惟陛下聖德動天 天澤先降 豈惠超微物 精誠感通"라고 하였다. 〔참고문헌〕『代宗朝贈司空大辨正廣智三藏和上表制集』, 『韓國佛教全書』. ⇨ 혜초 慧超

하외 遐外 아득히 먼 저 밖. 『출삼장기집』 권15 「지맹법사전 智猛法師傳」(대정장55, p.113b6)에 "매번 외국의 도인들이 석가의 남기신 자취 설하는 소리를 듣거나 갖가지 방등경이 서역에 퍼져 있다는 소식을 듣고는 항상 개탄하는 정감을 품어 마음만 아득히 먼 저 밖으로 내달릴 뿐이었으니, 만 리를 지척으로 삼아 천 년의 세월 가히 뒤돌아 따를 뿐이었다. 每見外國道人 說釋迦遺跡 又聞方等衆經 布在西域 常慨然有感 馳心遐外 以爲萬

里咫尺 千載可追也"라 하였다. 〔참고문헌〕『出三藏記集』.

하욕경 何欲經 『중아함경』 권37(대정장1, p.660c1~28)에 수록되어 있는 경. 상응하는 팔리경전은 앙굿타라니카야 착카니파타(Chakka-nipāta) 제52경 *Khattiya-sutta*(*AN.3*, pp.362~364)이다. 『수륙도량법륜보참』 권2(卍속장129, p.876a10)에 "여덟 번째, 하욕경에서는 생문범지가 찰리·거사·부인·도둑·범지·사문이 각각 무엇을 바라고 무엇을 행하며, 어떤 뜻을 세우고 무엇에 의지하며 어떻게 마치는지를 물었고, 부처님께서 그 하나하나에 답하셨다. 八 何欲經 生聞梵志問刹利居士 婦人 偸劫 梵志 沙門 各何欲 何行 何立 何依何訖 佛一一答之"라고 하였다. 〔참고문헌〕『水陸道場法輪寶懺』, 『閱藏知津』 권27(가흥장32, p.111a27), *AN.*

하우 下愚 매우 어리석은 사람. 『설무구칭경소』 권1(대정장38, p.993b24)에 "가장 지혜로운 사람은 부처님 지혜 담은 보신이고, 매우 어리석은 이란 이승과 범부다. 이승과 범부는 부처님의 진실한 지혜를 알 수 없다. 上智者 佛智報身 下愚者 二乘凡夫 二乘凡夫 未能知佛之眞智", 『십문변혹론』 권상(대정장52, p.553c12)에 "『논어』에 '오직 아주 지혜로운 성인과 매우 어리석은 사람만은 옮겨 가지 못한다' 하였으니, 중간 사람들이라면 옮겨 갈 수 있음을 밝힌 말이다. 語曰 唯上智與下愚不移 明中人則可移也"라고 하였다. 〔참고문헌〕『說無垢稱經疏』, 『十門辯惑論』.

하운사 夏運使 대혜종고(大慧宗杲)와 교류했던 사대부 중 한 사람. 본명은 하준(夏俊). 자는 지굉(志宏). 호는 각명거사(覺明居士). 운사는 군대의 식량과 군수품을 보급하는 벼슬 이름. 『서장』 「답하운사 答夏運使」(대정장47, p.929c19)에 대혜가 그에게 답한 편지가 전하는데, 요지는 "부처님께서는 일체법을 설하시어 일체의 마음을 건너게 하셨는데 내게는 일체의 마음이 없으니 어디에다 일체법을 쓰겠습니까. 또 나융은 이렇게 노래했습니다. '때마침 마음 쓰려거든 딱 맞게 무심을 쓰라. 굽이굽이 얘기하는 이름이나 모습은 지칠 뿐, 곧바로 설함에 번중함 없네. 무심으로 때맞게 쓰면 늘 써도 딱딱 맞는 무(無)일 뿐. 지금 설하는 마음 없는 자리 마음 있음과 더불어 다르지 않다네'. … 이른바 묵묵히 서로 들어맞는다 함은 바로 이런 것입니다. 佛說一切法 爲度一切心 我無一切心 何用一切法 又懶融云 恰恰用心時 恰恰無心用 曲談名相勞 直說無繁重 無心恰恰用 常用恰恰無 今說無心處 不與有心殊 … 所謂默默相契是也"라는 구에 보인다. 〔참고문헌〕『書狀』, 『普覺宗杲語錄』 권하 「覺明居士夏運使畫像讚」(卍속장121, p.91b10), 李智冠 『四集私記』 p.78. ⇨ 대혜종고 大慧宗杲

하원 下院 큰 절 경내에 떨어져 있는 주처로 사원의 논밭이나 산림(山林)을 관장하는 장주·원두·산감이 산과 들과 소작인 마을과 가깝게 지은 집. 『백장청규증의기』 권6(卍속장111, p.744a16)에 "장주와 원두가 따로 거처하는 곳으로 조금 떨어져 먼 곳이어서 하원이라 한다. 卽莊主園頭 另住之處 就稍遠者言 故名下院", 『불조역대통재』 권13(대정장49, p.598c7)에 "(신라 無漏 스님의 관을 들고) 회원현의 하원에 이르렀을 때 갑자기 조금도 들리지 않아 어쩔 수 없이 전신에 향니를 발라 하원에 남겨두었다. 至懷遠縣下院 輒擧不動 遂以香泥塑全身 留之下院", 『설두어록』 권4(대정장47, p.695a2)에 "설두가 어느 날 성으로 나왔다가 하원의 산주를 만나서 말했다. '산주의 신분으로 어째서 성 안에 있소?' 산주가 아무 말이 없자 설두가 스스로 말했다. '목숨 하찮게 여기는 물고기여야 낚싯줄 따라 올라옵니다'. 師一日出城 見下院山主 師云 旣是山主 爲什麽却在城中 山主無語 師自云 負命者上鉤來"라 하였다. 〔참고문헌〕『百丈淸規證義記』, 『佛祖歷代通載』, 『雪竇語錄』. ⇨ 장주 莊主

하월 河月 조선후기 스님의 당호. 선영(善影 1792~1880)이 하월당진영에 지은 찬(贊)이 『역산집』 권하(한불전10, p.961b23~c1)에 전한다. 누구의 당호인지 알 수 없다. 참고로 『역산집』에 부록된 선영의 문도명부에 수법(受法)한 이로 하월지학(河月智鶴)이 있지만 보통 진찬이란 자신보다 먼저 입적한 이를 위해 찬하기에 동일인물일 가능성은 적다. 〔참고문헌〕『櫟山集』.

하월충의다 夏月蟲蟻多 여름철에는 벌레가 많다는 말. 생명이 있는 미물도 함부로 살생해서는 안 된다는 의식을 일깨워주는 말이며 하안거 금족(禁足)의 주요한 이유이기도 하다. 『허당록』 권3(대정장47, p.1005a15)에 "다음 날 법좌에 올라 말했다. '길면 120일 짧으면 90일 여름철에 벌레들 많다. 황면노자께서 우리가 이리저리 달리다가 생명을 해칠까 염려하셨으므로 법도 세우시어 다니지 못하도록 금족하셨다. 오늘 아침 그 기한 다 채웠지만 내 문하에는 지금껏 감히 쉽게 발 내딛으려 하는 사람 하나도 없었다. 왜 그런가?' 주장자를 세우고 말했다. '밟는 걸음마다 돌길라죄를 범할까 염려해 주저하는가'. 次日上堂 長期百二十日 短期九十日 夏月蟲蟻多 黃面老子 恐爾東走西走 殺生害命 故立制以禁之 今朝期滿 鄮峯門下 未嘗有一人 敢容易下脚 何故 卓主丈 恐蹈著犯突吉羅罪"라고 하였다. 〔참고문헌〕『虛堂錄』. ⇨ 안거 安居, 하안거 夏安居

하위 何爲 왜 ~인가, 어찌 ~하려 하는가. 『출삼장기집』 권5(대정장55, p.42a27)에 "만약 불성이 있다면 도대체 무엇 때문에 모두 부처가 될 수 없는가? 若有佛

性 復何爲不得皆作佛耶', 종보본『단경』(대정장48, p.237b17)에 "육조가 말했다. '마음을 멈추고 고요를 관함은 병이요 선이 아니며, 오랫동안 눕지 않고 앉아 몸을 구속한들 이치에 무슨 보탬이 되겠는가? 나의 게송 한 수를 들어보라. 살아서는 앉아만 있고 눕지 않더니, 죽어서는 누워서 앉지 않는구나. 한 무더기 냄새나는 뼈에, 어찌 공과 세우려 하는가?' 師曰 住心觀靜 是病非禪 長坐拘身 於理何益 聽吾偈曰 生來坐不臥 死去臥不坐 一具臭骨頭 何爲立功課"라고 하였다. 〔참고문헌〕『出三藏記集』, 『壇經』.

하유 遐游 멀리 떠나다. '정토 향해 왕생하다'의 뜻이다. 『낙방문류』 권2 「정토왕생전서 淨土往生傳敍」(대정장47, p.169b5)에 "꿈속을 떠돌던 몸은 영구히 남아 있을 수 없어 무량수국 손짓함을 인하여 멀리 헤엄치려 다짐하였으니 어찌 그만 둘 수 있으랴? 夢游之軀 不可以長存 因指無量壽國 結之遐游 焉其已也"라고 하였다. 〔참고문헌〕『樂邦文類』.

하유서 下遺書 유서를 전하는 일. 존숙(尊宿)의 입적을 맞아 상사(喪事)를 마치고 후사를 당부했던 유서를 지니고 있던 주상(主喪)이 전사(專使)를 시켜 산문(山門) 안팎의 대중들에게 전한다. 『백장청규』 권3 「하유서」(대정장48, p.1129c16)에 "상사를 마치면 주상은 시자와 판사인에게 청하여 전사의 소임을 맡아 주도록 하며, 갈 길을 분담하여 모든 산중의 법권속들과 단월과 관원에게 각각 유서를 보낸다. 오직 존숙을 만나면 법어를 내리는 관례가 있으므로 반드시 능통한 사람에게 전사의 소임을 맡겨야 한다. 喪事畢 主喪請侍者辦事人 充專使 分路馳送 諸山法眷 檀越官員遺書 唯尊宿相見下語 須擇能事人充專使"라고 하였다. 〔참고문헌〕『百丈淸規』.

하유향 何有鄕 어찌 돌아갈 고향 있으리요. 무하유지향(無何有之鄕)이라고도 쓴다. 『서장』 「답엄교수장 答嚴敎授狀」(대정장47, p.937a29)에 "정결한 곳 그리워하지 마라. 깨끗한 곳 사람 곤하게 한다. 시원하게 트인 곳을 마음에 두지 마라. 쾌활하면 사람 날뛰게 한다. 저 물그릇에 맡겨 모나기도 둥글기도 짧기도 길기도 할 뿐이니, 놓아 버렸거나 놓아 버리지 못했거나 다시 자세히 사량해 보기 바라노라. 삼계가 되었거나 그 속의 만법이 되었거나, 돌아가 고향이라 할 만한 곳 있을 리 없으니, 만약 이렇게 하기만 한다면 본분사는 크게 어긋나게 되리라. 莫戀淨潔處 淨處使人困 莫戀快活處 快活使人狂 如水之任器 隨方圓短長 放下不放下 更請細思量 三界與萬法 匪歸何有鄕 若只便恁麽 此事大乖張"라고 하였다. 〔참고문헌〕『書狀』. ⇨ 무하유지향 無何有之鄕

하은 荷隱 1828~1898. 조선후기 황해도 신천 구월산 패엽사 스님 예가(例珂)의 법호. ⇨ 예가 例珂

하은당예가대사비명 荷隱堂例珂大師碑銘 조선후기 하은예가(荷隱例珂 1828~1898)의 행장을 담은 비명. 함명(涵溟)이 지어 황해도 신천 패엽사(貝葉寺)에 세웠다. 비문에 "월저의 문하 성월 탑하에 머리를 깎으시고 참선하여 도에 드시어 사십 여 년 열반의 정성과 견성의 도로 천년에 흐를 이, 하대사 한 분뿐이시다. 剃髮于月渚之門聖月榻下 衆禪入道 而四十餘年涅槃之誠 見性之道 流千載 荷師一人而已"라고 하였다. 『조선불교통사』 권상에 「하은대사비명〈병서〉 荷隱大師碑銘〈并序〉」에 중략(中略)이 있는 축약본이 전한다. 〔참고문헌〕『朝鮮佛敎通史』, 智冠 『韓國高僧碑文總集 朝鮮朝·近現代』 pp.786~787. ⇨ 예가 例珂

하은사 荷恩寺 중국 서안(西安)에 있던 절. 『당회요』 권48에 "신룡 2년(519)에 (慈澤寺를) 하택사로 바꾸었다. 그때 서경에 또한 하은사를 세웠다. 神龍二年 改爲荷澤寺 其時於西京亦立荷恩寺", 『법장화상전』(대정장50, p.285a10·한불전3, p.775b22)에 "제자 중 쟁쟁한 이로 대략 여섯을 들 수 있으니 … 하은사 종일 등이다. 其錚錚者略擧六人 … 荷恩寺宗一"라고 하였다. 〔참고문헌〕『唐會要』, 『法藏和尙傳』.

하응 河應 1870~1940. 근세 해인사(海印寺) 스님. 휘는 지흔(智昕), 호는 하응(河應)이다. ⇨ 지흔 智昕

하의 下衣 Ⓢ kanīyaḥ cīvaram, Ⓣ chos-gos-chung-ngu. 오조가사(五條袈裟)를 달리 이르는 말. 삼의(三衣) 중 가장 소박하므로 이렇게 부른다. 『유가사지론』 권24(대정장30, p.414b27 : *Śrāv-bh.*, p.115)에 "중의(七條衣)를 지니기도 하고, 하의를 지니기도 하며, 지니면서 옷으로 삼기도 하고, (삼의 이외에) 장의를 지니기도 하며, 작정해야 하고 이미 작정한 것을 지닌다. 이와 같은 모든 종류를 옷이라고 한다. 若有中衣 若有下衣 或持爲衣 或有長衣 或應作淨 或已作淨 如是一切 說名爲衣 yat punar asya madhyam vā kanīyo vā ādhiṣṭhānikam vā cīvaraṃ atirekacīvaraṃ vā. ādhiṣṭhānikaṃ vā. cīvaraṃ atirekacīvaram vā vikalpanārhaṃ vikalpayati tac cīvaram ity ucyate"라고 하였다. 〔참고문헌〕『瑜伽師地論』, *Śrāv-bh.* ⇨ 오조의 五條衣, 삼의 三衣[1], 가사 袈裟, 작정 作淨

하의 荷衣 1779~1852. 조선후기 해남 대흥사 스님 정지(正持)의 법호다. ⇨ 정지 正持[2]

하의갈마 下意羯磨 Ⓟ Paṭisāraṇīya-kamma. 비구가 뜻을 내려 참회하게 하는 갈마. 대중이 모인 곳에서 하지만 재가단월을 향해 마음을 낮추기에 하의라 한다. 『십송율』 권31(대정장23, p.224c19)에 "부처님께서 듣고 나시더니 비구들에게 말씀하셨다. '너희들은 울다라(Ⓟ Uttara)비구와 함께 하의갈마를 짓고 질다라(Ⓟ Citta)거사에게 뜻을 낮추어 참회하라. 만약 또한 이와 같은 사람이 있을 경우 스님일지라도 하의갈마를 지어 보여야 한다. 만약 비구가 삼사중에 범함이 있다면 마땅히 하의갈마를 지어 보여야 한다. 파계·파견·파위의라는 세 경우가 그것이다. 또한 세 가지 경우 마땅히 하의갈마를 지어 보여야 한다. 다툼을 즐겨했거나 언쟁을 즐겨했거나 비방을 즐겨했을 경우를 말한다. … 하의갈마를 짓는 법이란, 일심으로 화합한 대중에서 한 비구가 소리내어 이렇게 말한다. 「큰 덕을 갖춘 스님들은 들으십시오! 질다거사가 승가에 공양을 베풀기를 저 큰 집 섬기듯이 하였으나 울다라비구가 눈앞에서 거친 말로 욕하였습니다. 어떤 스님들은 그때 그곳에 이르러 참고 듣고만 있었습니다. 스님들과 울다라비구는 하의갈마를 짓고 질다거사에게 참회하도록 하십시오. 이렇게 알립니다」라고. 이와 같이 백사갈마를 행한다'. 佛聞已語諸比丘 汝等與鬱多羅比丘 作下意羯磨 令向質多羅居士 下意懺悔 若更有如是人 僧亦應與作下意羯磨 若比丘三事中有犯 應與作下意羯磨 破戒 破見 破威儀 又三種應 與作下意羯磨 憙鬪 憙諍 憙相言 … 作下意羯磨法者 一心和合僧 一比丘唱言 大德僧聽 質多居士供給僧 如事大家 是鬱多羅比丘 現前惡口呵罵 若僧時到僧忍聽 僧與鬱多羅比丘 作下意羯磨 令向質多居士懺悔 是名白 如是白四羯磨", 『사분율소』 권9(卍속장65, p.852a7)에 "『열반경』에서는 거죄갈마라 한다. 밖으로 허물을 드러내고 속인 앞에서 참회하므로 거죄라 한다. 『십송율』과 『오분율』 두 율장에서는 하의라 하고 『마하승기율』에서는 발희라 하는데, 백의에게 드러내 기쁘게 한다는 뜻이다. 涅槃 名爲擧罪羯磨 彰過於外 俗人前悔 故曰 擧罪 十五二律 稱爲下意 祇律 發喜 謂發白衣歡喜"라고 하였다. 〔참고문헌〕 『十誦律』, 『四分律疏』, *Vin.1.326.*

하이 遐邇 멀든 가깝든. 『육도집경』 권5(대정장3, p.26c6)에 "그 옛날 보살은 대국의 왕이었을 때 항상 네 가지(慈悲喜捨)로 고르게 하여 중생을 기르고 감쌌기에 그 명성이 아주 먼 곳까지 알려져 아름답다 찬탄하지 않는 이 없었다. 昔者菩薩 爲大國王 常以四等 育護衆生 聲動遐邇 靡不歎懿", 80권본 『화엄경』 권31(대정장10, p.170a18)에 "시작도 끝도 없고 멀고 가까움도 없이 여래의 자재한 위력을 드러낸다. 無始無末無遐邇 示現如來自在力", 『조론소』 권중(대정장45, p.184c28)에 "멀든 가깝든 모든 이가 우러러 노래한다는 말에서, 하는 멀다는 뜻이고 이는 가깝다는 뜻이다. 遐邇仰詠者 遐遠 邇近也"라고 하였다. 〔참고문헌〕 『六度集經』, 『華嚴經』, 『肇論疏』, 『分別功德論』 권4(대정장25, p.40c20).

하이고 何以故 Ⓢ tat kasya hetoḥ. 의문을 나타내는 관용어. '이 뭣고' 화두로도 유명하다. 답을 얻기 위한 의문이기도 하지만 의단(疑團)을 한층 더하게 해서 스스로 깨우치게 하는 방편어다. 왜 그런가? 무슨 까닭인가? 어째서 그런가? 왜냐하면, 어째서의 뜻으로 쓰여 뒤이어 그 까닭을 다시 끌어들여 말하거나 강한 의문을 더하게 해서 보이고자 하는 뜻을 한층 넓고 깊게 하거나 밝혀 알게 한다. 『칠불경』(대정장1, p.152b8)에 "부처님께서 말씀하시길 '비구여, 그대가 지금 한 말은 무슨 까닭인가?'라고 물으셨다. 佛言 苾芻 汝今所說 何以故", 『금강경』(대정장8, p.749a9 : *Vajr-pr.*, p.29)에 "진실로 멸도 얻은 중생은 없다. 왜 그런가? 수보리야, 만약 보살에게 아상·인상·중생상·수자상이 있다면 보살이 아니기 때문이다. 實無衆生 得滅度者 何以故 須菩提 若菩薩有 我相 人相 衆生相 壽者相 卽非菩薩 na kaścit sattvaḥ parinirvāpito bhavati. tat kasya hetoḥ. sacet subhūte bodhisattvasya sattvasaṃjñā pravarteta na sa bodhisattva iti vaktavyaḥ. tat kasya hetoḥ. na sa subhūte bodhisattvo vaktavyo yasya sattvasaṃjñā pravarteta jīvasaṃjñā vā pudgalasaṃjñā va pravarteta", 『앙산어록』(대정장47, p.586a3)에 "나 이제 분명하게 그대 향해 성변사 설하지만, 마음을 머물게 해서는 안 되니 다만 자기성의 바다 향해 여실하게 닦고 삼명육통은 요하지 않는다. 어째서 그런가? 이것은 성말변사이기 때문이다. 이제 마음을 알고 본에 이르고자 한다면 다만 그 본만을 얻고자 할 뿐 그 말은 걱정하지 않으니 다른 때 후일에 스스로 갖춰 가져가리라. 我今分明 向汝說聖邊事 且莫將心湊泊 但向自己性海 如實而修 不要三明六通 何以故 此是聖末邊事 如今且要識心達本 但得其本 不愁其末 他時後日 自具去在", 『대혜어록』 권23(대정장47, p.909c21)에 "제불 세간에 나오시고 조사 서쪽에서 왔지만 한 법도 가히 전해 줄 것 없다. 어째서 그런가? 전함 있고 줌 있다면 이는 무명법이요 유위법이어서 지혜법도 아니고 무위법도 아니기 때문이다. 諸佛出世 祖師西來 亦無一法 可以傳授 何以故 有傳有授 是無明法 是有爲法 非智慧法 非無爲法", 『종용록』 67칙 「송평창 訟評唱」(대정장48, p.269b22)에 "『신심명』에 '극히 적은 것 큼과 같으니 경계 잊어 끊였고, 아주 큰 것 작음과 같으니 끝을 볼 수 없다네' 하였으니, 혹 어떤 사람 묻기를 '세간에 어떤 물이 가장 큰가' 한다면 마땅히 진공이라 해야 한다. 어째서 그런가? 극대는 작음과 같으니 그 끝을 볼 수 없기 때문이다. 혹 어떤 사람 묻기를 '세간에 어떤 물이 가장 작은가' 한다면 마땅히 진공이라 해야 한다. 어째서 그런가? 극소는 큼과 같으니 경계를 잊어 끊었기 때문이다. 信心銘 極小同大 忘絶境界 極大同小 不見邊表 或有人問 世間何物最大 當曰 眞空 何以故 極大同小 不見邊表故 或有人問 世間何物最小 當曰 眞空 何以故 極小同大 忘絶境界故", 종보본 『단경』(대정장48, p.350c4)에 "선지식이여! 나의 이 법문은 하나뿐인 반야 따라 팔만사천지혜 생한다. 어째서 그런가? 세인들에게는 팔만사천진로가 있기 때문이니, 만약 진로 없으면 지혜가 늘 나타나서 자성을 떠나지 않는다. 善知識 我此法門 從一般若 生八萬四千智慧 何以故 爲世人有八萬四千塵勞 若無塵勞 智慧常現 不離自性", 『소실육문』(대정장48, p.367a5)에 "만약 물든 마음 따라 업을 짓는다면 그 얽힘과 덮임 받으니 그것을 이름하여 범이라 하며, 삼계에 빠져 종종의 괴로움 받는다. 어째서 그런가? 저 물든 마음이 진여의 바탕 가로막기 때문이다. 若隨染心造業 受其纏覆 則名之爲凡 沈淪三界 受種種苦 何以故 由彼染心 障眞如體故", 『최상승론』(대정장48, p.378a7)에 "만약 능히 또렷하여 정념 잃지 않고서 무위심 중에 배워 얻는 이라면 이는 참된 배움이지만, 비록 참된 배움이라 말해도 끝내 배운 바 없다. 어째서 그런가? 아와 열반 둘은 모두 공하기에 다시 둘도 없고 하나도 없으니, 그러므로 배운 바 없다. 若能了然 不失正念 無爲心中學得者 此是眞學 雖言眞學 竟無所學 何以故 我及涅槃 二皆空故 更無二無一 故無所學", 『완릉록』(대정장48, p.384b4)에 "설사 항사겁 동안 육도만행 행하여 불보리 얻었더라도 또한 구경 아니다. 어째서 그런가? 인연과 조작에 속하기 때문이니, 인연이 다하면 다시 무상으로 돌아간다. 設使恒沙劫 行六度萬行 得佛菩提 亦非究竟 何以故 爲屬因緣造作故 因緣若盡 還歸無常", 『선종영가집』(대정장48, p.391a15)에 "색은 끝없기에 마땅히 알라. 반야 또한 끝 없음을. 어째서 그런가? 경은 지 아니면 뚜렷하지 않으며 지는 경 아니면 생하지 않으니, 지 생한즉 뚜렷한 경이 생하고 경 뚜렷한즉 지 생하여 뚜렷하다. 色無邊故 當知 般若亦無邊 何以故 境非智而不了 智非境而不生 智生則了境而生 境了則智生而了", 『경덕전등록』 권28 「대주혜해전 大珠慧海傳」(대정장51, p.443a11)에 "어떤 행자 묻기를 '어떻게 정법에 머뭅니까?' 하자 선사 말했다. '정법 구하여 머문다면 이는 삿되다. 어째서 그런가? 법에는 삿됨과 바름 없기 때문이다'. '어떻게 부처 지어 갑니까?' '중생심 버릴 필요 없고, 다만 자성을 오염시키지만 마라'. 有行者問云 何得住正法 師曰 求住正法者是邪 何以故 法無邪正故 曰云 何得作佛去 師曰 不用捨衆生心 但莫汚染自性"라고 하였다. [참고문헌] 『七佛經』, 『金剛經』, 『仰山語錄』, 『大慧語錄』, 『從容錄』, 『壇經』, 『少室六門』, 『最上乘論』, 『宛陵錄』, 『禪宗永嘉集』, 『景德傳燈錄』, *Vajr-pr.*

하이마가 何夷摩柯 Ⓢ Haimaka의 음사어. 겁초(劫初)의 왕. 『기세인본경』 권10(대정장1, p.418a5)에 "비구들이여, 그 호로차가 왕이 되었을 때 저들 모든 무리들이 하이마가〈금자라 한역한다〉라 불렀다. 諸比丘 彼乎廬遮 作王之時 彼諸人輩 稱爲何夷摩柯〈隋言金者〉"라고 하였다. [참고문헌] 『起世因本經』.

하인 下忍 사선근(四善根)의 인위(忍位) 상삼품 중 하품. 인위의 최초 위로 십육행상(十六行相)을 빠짐없이 닦는 위다. 『유마경약소수유기』 권6(대정장38, p.790b1)에 "하인의 위에서 십육행상을 두루 관한다. 於下忍位 遍觀十六行相", 『법화경현찬요집』 권15(卍속장54, p.115b17)에 "하인과 중인은 이전의 난법과 정법을 같이 해서 사제를 빠짐없이 관하고 십육행상을 닦는다. 下忍 中忍 同前煖法頂法 具觀四諦 修十六行相"라고 하였다. [참고문헌] 『維摩經略疏垂裕記』, 『法華經玄贊要集』. ⇨ 사선근위 四善根位 ❶

하일 賀鎰 조선후기 강진 백련사(白蓮社) 스님. 호는 망해(望海), 하일은 휘이다. 정암즉원(晶巖卽圓 1738~1794)의 제자인데, 연담유일(蓮潭有一 1720~1799)은 그를 사리에 두루 밝아 판사안(判事眼)이 있다 하여 해사승(解事僧)이라 일컬었고, 아암혜장(兒庵慧藏 1772~1811)은 스님을 경율론 삼장에 밝다하여 담론사(談論師)라고 칭송하였다. [참고문헌] 『萬德寺誌』(亞細亞文化社, 1977) p.147.

하자 呵子 하리륵(呵梨勒 Ⓢ Ⓟ harītaka). 하는 하(訶)로도 쓴다. 계란형이고 시고 쓴 맛이 나며 약으로 쓴다. 『사분율행사초지자기』 권하(대정장40, p.379a26)에 "하리륵은 지금 하자라고 하는 바로 그것이다. 呵梨勒 今時所謂呵子 是也", 『사분율명의표석』 권28(卍속장70, p.822b7)에 "『남주기』에서 하리륵이라 하였으니 육릉이 이것이다. 『본초』에서는 속명으로 하자라 한다고 하였고 일명 수풍자라 한다. 南州記云 訶梨勒 卽六棱是也 本草云 俗名訶子 一名隨風子", 『사십이장경주』(卍속장59, p.78a3)에 "대천세계의 광대함은 중생의 의보이며 유루의 선법의 공업으로 이루어진 것이니 이것을 하자와 같다고 보면 본래 작은 것일 뿐이다. 大千之廣闊 衆生之依報 有漏善法共業而成 觀之如訶子 本爲小耳"라고 하였다. [참고문헌] 『四分律行事鈔資持記』, 『四分律名義標釋』, 『四十二章經註』, *Vin.1.206·4.259.* ⇨ 하리륵 訶梨勒

하자 呵字 Ⓢ ha-kāra. 실담자 𑖮. 실담사십이자문(悉曇四十二字門) 또는 오십자문 중 하나. 『방광대장엄경』 권4(대정장3, p.560b1)에 "하자를 부를 때 해로운 일체업번뇌로부터 길이 벗어나는 소리를 낸다. 唱呵字時出永害一切業煩惱聲", 『대반야경』 권53(대정장5, p.302c3 : *Pañca-pr.*, p.213)에 "하자문에 들어 일체법인의 성 가히 얻을 수 없음을 깨우친다. 入呵字門 悟一切法因性不可得故 ha-kāra-mukhāḥ sarvadharmāḥ hetor anupalabdhitaḥ"라고 하였다. 〔참고문헌〕『方廣大莊嚴經』, 『大般若經』, *Pañca-pr.*

하자 訶字 ❶ⓈⓈ ha-kāra. 실담자 𑖮. 실담사십이자문(悉曇四十二字門) 중 하나. 오대(五大) 중 풍대(風大)의 종자(種子). 『대일경』 권2(대정장18, p.10b17)에 "하자문은 일체법의 인을 얻을 수 없다는 뜻이다. 訶字門一切諸法因不可得故", 『유가법궤의』 권2(대정장19, p.382a5)에 "하(𑖮)자는 청색으로 서방의 반월형이다. 𑖮訶字青色西方半月形", 『대일경소』 권(대정장39, p.656a2)에 "하자문은 일체법의 인을 얻을 수 없다 했으니 다음과 같다. 범어 계달바(Ⓢ hetavas)는 인이라는 뜻이다. 인에 여섯 가지가 있고 인연의 뜻 중에서는 인에 다섯 가지가 있으니 아비달마의 자세한 설명과 같다. 만약 하자문을 본다면 일체의 모든 법 인연 좇아 나지 않음이 없음을 알게 되니 이것이 자의 상이다. 모든 법 구르고 펴며 인을 기다려 이루어지므로 마지막까지 의지함 없음을 알아야 한다. 그러므로 머묾이 없음을 제법의 바탕으로 한다고 설한다. 그러한 까닭은 『중론』과 같이 갖가지 문으로 제법인연을 관하면 모두 불생이기에 만법은 오직 마음임을 안다. 마음이라는 실상 그대로 일체종지이고 제불법계다. 법계란 곧바로 제법의 바탕일 뿐이어서 인이 될 수 없다. 이로써 말하면 인 또한 이 법계이고 연 또한 이 법계일 뿐이니, 인연에서 생긴 법도 법계다. 앞에서 아자문은 본을 좇아 말로 돌아가니 필경 이와 같은 자리에 이른다고 하였다. 지금 하자문 역시 말을 좇아 본으로 돌아가니 필경 이와 같은 자리에 이른다. 訶字門一切諸法因不可得故者 梵云係怛嚩 卽是因義 因有六種 及因緣義中 因有五種 如阿毘曇廣說 若見訶字門 卽知一切諸法 無不從因緣生 是爲字相 以諸法展轉待因成故 當知最後無依 故說無住爲諸法本 所以然者 如中論 以種種門觀諸法因緣 悉不生故 當知萬法唯心 心之實相 卽是一切種智 卽是諸佛法界 法界卽是諸法之體 不得爲因也 以是言之 因亦是法界 緣亦是法界 因緣所生法 亦是法界 前說阿字門 從本歸末畢竟到如是處 今亦訶字門亦從末歸本畢竟到如是處", 같은 책 권12(대정장39, p.703b6)에 "하자가 제일의 진실이라는 것은 무슨 뜻인가? 이는 풍만다라이다. 바람의 성 능히 증익할 수 있다. 바람이 일어남이란 마땅히 바람 짓고 쓰는 일이니 모두 단중에서 출생한다는 뜻이고 또한 이러한 모든 일을 생한다는 뜻이다. 만물 능히 소모하고 변화함에 정한 곳이 없다. 이 자의 쓰임 역시 그러하다. 인업 등이 일어나서 갖가지로 증장하며 무성하게 되는 일이 모두 자재를 얻는다. 만약 위에 점을 붙이면 이러한 일체 인업 등의 일을 능히 파괴할 수 있다. 그 법은 먼저 본존을 관상하되 이마 위에서 눈썹을 이어서 반월형을 만들고 𑖮𑖽(haṃ)자를 그 가운데 안치한다. 먼저 먼저 바깥에 만든다고 관상하고 되돌려 자기 몸에 만든다. 그 반월은 대위덕을 가진 위광의 상이다. 검은 불꽃이 밖으로 두루 솟아나면 바람이 불어 표치를 일으킨다. 악이란 그 상을 지극한 분노형으로 만든다는 뜻이다. 이것은 다만 풍륜으로서 존일 뿐 항삼세는 아니다. 訶字第一眞實者 此是風漫荼羅也 風性能增益也 風生者 謂應是作風用之事 皆此壇中出生也 亦是生此諸事也 萬物能消耗變化無方 此字事用亦爾也 謂因業等生 種種增長滋茂之事 皆得自在 若上安點 卽能壞彼一切因業等事也 其法先想本尊 於其額上連眉作半月形 𑖮𑖽(haṃ) 於中安字 先想外作卽迴作自身也 其半月有大威德威光之像 黑焰遍出於外 作風吹動之幖幟 惡謂其像作極忿怒形也 云此但是風輪之尊 非降三世也"라고 하였다. 〔참고문헌〕『大日經』, 『瑜伽法軌儀』, 『大日經疏』. ❷Ⓢ tsa-kāra. 실담자 𑖭. 실담사십이자문(悉曇四十二字門) 중 하나. 『화엄경입법계품』(대정장10, p.877b9 : *Gaṇḍ-vy.*, p.354)에 "하자를 외울 때 반야바라밀문에 들어가니 수행하여 일체 공덕의 바다에 들어감을 말한다. 唱訶字時 入般若波羅蜜門 名修行趣入一切功德海 tsakāraṃ parikīrtayataḥ sarvaguṇasāgara pratipattyavatāravigāhanaṃ nāma prajñāpārami tāmukhamavakrāntam"라고 하였다. 〔참고문헌〕『華嚴經入法界品』, *Gaṇḍ-vy.* ⇨ 차자문 嗟字門

하자 賀字 실담자 𑖮(ha)의 음사어. 실담오십자문(悉曇五十字門) 중 하나. 하(呵)·하(訶)·가(可欠)·가(歌)라고도 음사한다. 『문수문자모품』(대정장14, p.510a2)에 "하 자를 칭념할 때 번뇌를 없애니 욕을 떠나는 소리다. 稱賀字時 是害煩惱 離欲聲", 『금강정경석자모품』(대정장18, p.339a14)에 "하(𑖮)자문은 일체법의 인을 얻을 수 없다는 뜻이다. 𑖮賀字門一切法因不可得故", 『반야이취석』 권상(대정장19, p.609c22)에 "하(𑖮)자는 금강열희법지인의 진언이다. 𑖮賀字者 金剛悅喜法智印明也", 『대일경의석』 권7(卍속장36, p.744a13)에 "하라 한 것은 바로 풍륜의 자재한 용이다. 일체중생이 인을 기다리지 않고 이루어지는 경우가 없으므로 업에 따라 삼세중에 유전하여 자재함을 얻지 못한다. 오직 비로자나만이 제일인 무생의 때에 이르니, 일체인을 떠난다. 그러므로 자재한 신력 걸림없이 일체의 시공간으로 돌아 굴려서 무량한 중생을 열어 보리심을 일으키게 한다. 賀者 正是風輪自在之用 以一切衆生無不待因成故 隨業流轉於三世中不得自在 唯有毗盧遮那 至第一無生際故 離一切因 是故自在神力 旋轉無礙普遍一切時處 開發無量

衆生也"라고 하였다. 〔참고문헌〕『文殊問字母品』, 『金剛頂經釋字母品』, 『般若理趣釋』, 『大日經義釋』.

하자문풍대 訶字門風大 하자문은 풍대와 상응한다. 일체시처를 걸림없이 돌아다니며 무량중생이 보리심 내게 하는 뜻에서다. 하(訶)는 비로자나 법신진언 다섯 자 중 하나이기도 하다. 『대일경소』 권16(대정장39, p.749a18)에 "다음으로 하자를 관하여 곁에 반월 모양을 만든다. 그 색은 검정이고 저 글자 색중에 있어 더욱 깊은 검정이다. 또한 온 몸으로 가득하니 마치 몸 속의 풍대와 같다. 次觀訶字作側半月之形 其色黑 彼字在中色又深黑 亦遍於身 猶如身中風大也", 『즉신성불의』(대정장77, p.382a5)에 "인업을 얻을 수 없다는 것이 하자문이 풍대라고 한 뜻이다. 因業不可得者 訶字門風大也"라고 하였다. 〔참고문헌〕『大日經疏』, 『卽身成佛義』, 『初學題額集』 권하(대장경보편32, p.627a25). ⇨ 하자 訶字 ❶

하재 夏齋 고사(庫司) 곧 도사(都寺)가 총림대중에게 하안거(夏安居) 중에 베푸는 재. 사절(四節)로 베푼다 하면 결하(結夏)·해하(解夏)·동지(冬至)·세단(歲旦)이다. 『허당록』 권3(대정장47, p.1005c26)에 "법좌에 올라 말했다. '병불과 하재에 감사하며 한 소리로 「나무불!」을 칭념하였으니 모두 이미 불도를 성취하였다. 만약 금륜과 수륜 그리고 곤륜산 꼭대기까지 이 말이 전해졌다면 공은 어디로 돌아갈까?'라고 한 다음 불자를 치고 '훔! 훔! 어떤 떡 만들었는지 어서 가져오라'고 말했다. 上堂 謝秉拂夏齋 一稱南無佛 皆已成佛道 若說到金輪水際 崑崙山椒 功歸何所 擊拂子 吽吽 有甚饆饠 䭔子 快下將來"라고 하였다. 〔참고문헌〕『虛堂錄』.

하재상재 下載上載 내려주거나 실어주다. 『오등전서』 권53 「무문혜개장 無門慧開章」(卍속장141, p.162b1)에 "조주 말하길 '남쪽에서 왔다면 그에게 짐을 내리게 하고, 북쪽에서 왔다면 그에게 짐을 실어주겠다'라고 하였다. 이는 '세상의 인심은 차고 더운 것 살펴야 하고 사람의 낯빛 높고 낮음 쫓는다'라고 하는 것과 크게 닮았다. 趙州道 南來者 與他下載 北來者 與他上載 大似世情看冷暖 人面逐高低"라고 하였다. 〔참고문헌〕『五燈全書』. ⇨ 상재 上載

하재청풍 下載淸風 실은 것 내려놓고 맞는 맑은 바람. 『벽암록』 45칙 「송 頌」(대정장48, p.182a16)에 "실었던 것 내려놓고 맞는 맑은 바람 누구에게 전해 줄까?〈옛도 지금도 그러하니, 말해 보라! 설두가 그(조주)에게 화답한 노래일까? 그에게 자세히 풀어준 것일까? 한 아들만이 몸소 받았다〉. 下載淸風付與誰〈自古自今 且道 雪竇與他酬唱 與他下注脚 一子親得〉", 『직주설두송고』 권상(卍속장117, p.517b11)에 "(일곱 근 베적삼) 이제 서호중에 던져버렸으니, 실었던 것 내려놓아 맞는 맑은 바람 누구에게 전해 줄까?〈치우칠 대로 치우쳐 묻고 평실하게 답했다. 철저하게 파헤쳐 뒤집는 것을 실은 것 내놓는다 한다〉. 如今抛擲西湖裏 下載淸風付與誰〈編僻之問 平實之家答 徹底掀翻 名曰下載〉"라고 하였다. 〔참고문헌〕『碧巖錄』, 『直註雪竇頌古』.

하적 瑕謫 옥의 티. 적은 적(適)과 혼용한다. 하점(瑕玷)이라고도 한다. 『변정론』 권2(대정장52, p.501b24)에 "잘 가는 이는 자취 없고, 말에 뛰어난 이는 허물이 묻지 않으며, 잘도 헤아리는 이는 주책 쓰지 않으며, 잘 닫아거는 이 빗장이 없다. 善行者無轍迹 善言者無瑕謫 善計者不用籌策 善閉者無關鍵", 『금강경여시해』(卍속장39, p.378a13)에 "여래의 설법 사람을 구하고 만물 구하고자 펼쳐졌으니, 그 자취와 허물을 어떻게 찾을 수 있으랴? 如來說法 爲救人救物而設 其轍迹瑕謫 如何可尋"라고 하였다. 〔참고문헌〕『辯正論』, 『金剛經如是解』. ⇨ 하점 瑕玷

하전 下轉 본각을 등지고 무명 따라 구르는 문. 『석마하연론』 권2(대정장32, p.610a19)에 "모든 물든 법 힘이 있고 모든 깨끗한 법 힘이 없네. 본을 등지고 아래로 구름을 하전문이라 하네. … 〔논〕 염정의 모든 법에 서로 우열이 있게 해서 두 가지 문으로 구르며 들고 난다. 여기에서는 먼저 하전문을 설한다. 근본무명은 어떤 등의 법으로 익혀서 어느 때에 훈습하는가? … 나올 때에 내가 와서 다른 것에 의지하는 것이 바로 하전이다. 들어갈 때에 다른 것이 와서 나에게 의지하는 것이 상전이다. 이 뜻은 무엇인가? 나라고 하는 것은 진여본각의 여래장불이고, 온다는 것은 받아 익힌다는 뜻이다. 다른 것에 의지한다는 것은 스스로의 본각을 등지고 무명으로 다른 것에 의지한다는 뜻이다. 이러한 경문에 의지하여 해석하므로 불생불멸이 생멸과 화합한다고 한 것이니 이것이 바로 하전문이다. 諸染法有力 諸淨法無力 背本下下轉 名爲下轉門 … 論曰 由染淨諸法互有勝劣故 二種轉門得成而已 今當先說初下轉門 根本無明 以何等法而爲所熏 於何時中而作熏事 … 於出時中我來依他者 卽是下轉 於入時中他來依我者 卽是上轉 此義云何 我謂則是眞如本覺如來藏佛故 來謂受熏之義故 依他者背自本覺依無明他故 依此經文作解釋故 是故說言不生不滅與生滅和合 則是下轉門"라고 하였다. 〔참고문헌〕『釋摩訶衍論』. ⇨ 유전문 流轉門

하점 瑕玷 옥의 티. 하적(瑕謫)과 통한다. 80권본 『화엄경』 권18(대정장10, p.98a4)에 "보살은 이와 같이 삼보를 이어 융성케 하면서 일체행위에 과실이 있을 리 없고, 하는 일마다 모두 일체지문으로 회향한다. 이에 삼업 그 어디에도 허물이 없다. 菩薩如是 紹隆三寶 一切所行 無有過失 隨有所作 皆以迴向 一切智門 是故三業皆無瑕玷"라 하였다. 〔참고문헌〕『華嚴經』. ⇨ 하적 瑕謫

하정불승 下情不勝 보잘 것 없는 심정으로 가눌 길 없음. 『백장청규』 권2 「고향 告香」(대정장48, p.1120b8)에 "저희들 화상께서 자비로 열어 허락주심 입었으니, 보잘 것 없는 심정 가눌 길 없어 감격할 따름입니다. 某等蒙和尙 慈悲開允 下情不勝 感激之至"라고 하였다. 〔참고문헌〕『百丈淸規』.

하제 下祭 존숙(尊宿)의 진영(眞影) 앞에서 예를 올리거나 존숙이 다른 이에게 차등으로 베푸는 뜻이다. 『벽암록』 12칙 「평창 評唱」(대정장48, p.153c6)에 "육긍대부가 선주의 관찰사였을 때 남전에게 법을 물으러 들렀지만 남전은 입적하였다. 육긍이 상사를 듣고 절에 들어가 하제하던 중 껄껄대고 크게 웃었다. 陸亘大夫 作宣州觀察使 參南泉 泉遷化 亘聞喪入寺下祭 却呵呵大笑", 『선림상기전』 권19 「하제」(대장경보편19, p.570a6)에 "도충(道忠)이 말했다. '하제의 하는 안치한다는 말과 같으며, 내려 베푸는 하친으로서의 하의 뜻과 같다'. … 『방거사록』에 '석림이 어느 날 스스로 차를 내려 방거사에게 주었다' 운운하였다. 忠曰 下者 猶言安置也 同下嚫之下義 … 龐居士錄云 石林一日 自下茶 與居士云云"라고 하였다. 〔참고문헌〕『碧巖錄』, 『禪林象器箋』.

하조아나함경 荷鵰阿那含經 ➡ 가조아나함경 呵雕阿那鋡經

하족 下足 Ⓢ nikṣipta pāda. 발을 내딛다. 움직여 행하다의 뜻이기도 하다. 『기세경』 권1(대정장1, p.314a16)에 "발을 내디디면 (이 풀이) 눕고, 발을 들면 다시 일어선다. 下足則偃 擧足還復", 『대지도론』 권26(대정장25, p.256a10)에 "대자비심을 닦았기에 편안하게 발을 내딛고 발 아래 유연하시니 중생 만날 때마다 곧바로 즐거움을 얻게 한다. 修大慈悲心故 安庠下足 足下柔軟 衆生遇者 卽時得樂"라고 하였다. 〔참고문헌〕『起世經』, 『大智度論』, *Yogā-bh.93.* ⇨ 거족하족 擧足下足

하종 下種 씨를 뿌리다. '부처의 씨앗 뿌리다'의 뜻으로도 쓴다. 『잡아함경』 권4(대정장2, p.27a18)에 "부처님께서 바라문에게 이르셨다. '나도 밭을 갈고 씨를 뿌려 음식을 공양한다'. 佛告婆羅門 我亦耕田下種 以供飮食", 『인천안목』 권5(대정장48, p.328a27)에 "조사가 이 땅에 오셨으니 마치 한 그루 나무 같았다. 땅에 나아가 씨 뿌리고 인연이 화합하여 싹 틔운 일이었으니, 씨앗이란 달마와 아울러 이조였다. 且祖師來此土 如一樹子 就地下種 因緣和合 而生芽也 種卽達磨 幷二祖也"라고 하였다. 〔참고문헌〕『雜阿含經』, 『人天眼目』.

하좌 下座 ❶ 법좌에서 내려오다. 하좌(下坐)라고도 한다. 『임제록』(대정장47, p.496c6)에 "마곡이 임제를 법좌에서 끌어 내리고 올라가 앉았고, 임제는 가까이 가서 '안녕하세요?'라고 하였다. 마곡이 머뭇거리는 틈에 임제 역시 마곡 끌어서 법좌에서 내리고 임제가 다시 앉았다. 마곡이 바로 나가자 임제 바로 법좌에서 내려왔다. 麻谷拽師下座 麻谷却坐 師近前云 不審 麻谷擬議 師亦拽麻谷下座 師却坐 麻谷便出去 師便下座"라고 하였다. 〔참고문헌〕『臨濟錄』. ❷ 가장 낮은 위의 자리. 승당(僧堂) 등에 대중이 함께할 때 위치하는 가장 낮은 자리. 법계나 소임 또는 법납에 따른다. 『보살계본소』 권하(대정장40, p.679a19)에 "다음으로 상좌에서 하좌에 이르기까지 두루 다시 시작이 있게 한다. 큰스님과 사미를 가리지 않고 모두 차제로 차등짓는다. 次從上座至下座 周而復始 不簡大僧及沙彌 皆須次第差之"라고 하였다. 〔참고문헌〕『菩薩戒本疏』. ❸ 법랍이 낮은 스님. 『석씨요람』 권상(대정장54, p.261a6)에 "『비니모경』에 '무하에서 9하까지는 하좌, 10하에서 19하까지는 중하, 20하에서 40하까지는 상좌이다. 50하 이상은 모든 사문의 존경을 받으니 기숙이라 한다'라고 한다. 毘尼母云 從無夏至九夏 是下座 自十夏至十九夏 是中座 自二十夏至四十夏 是上座 五十夏已上 一切沙門之所尊 敬 名耆宿"라고 하였다. 〔참고문헌〕『釋氏要覽』.

하좌 夏坐 Ⓢ vassaṃ vuttha. 여름 한 때 앉다. 하안거(夏安居) 하다의 뜻이다. 좌하(坐夏)라고도 한다. 『중아함경』 권2 「칠거경 七車經」(대정장1, p.430a6)에 "세존께서 물으셨다. '비구들, 어디서 왔는가? 어느 곳에서 여름안거를 보냈는가?' 世尊問曰 諸比丘 從何所來 何處夏坐"라고 하였다. 〔참고문헌〕『中阿含經』, *MN.1.145・2.185.* ⇨ 하안거 夏安居, 안거 安居

하좌안거 夏坐安居 Ⓢ vassaṃ vuttha. 여름을 앉은 채로 지내다. 하안거(夏安居)를 말한다. 『별역잡아함경』 권8(대정장2, p.433b10)에 "그때 세존께서 가비라위국의 니구타림에서 하좌안거 하셨다. 爾時世尊 在迦毘羅衛國 尼拘陀林 夏坐安居"라고 하였다. 〔참고문헌〕『別譯雜阿含經』, *SN.1.199.* ⇨ 하안거 夏安居

하좌약 夏坐藥 하안거 기간에 쓸 약. 『오분율』 권8(대정장22, p.61c7)에 "부처님과 스님들에게 청하여 하좌약을 보시하도록 하고, 스스로 보내거나 남을 시켜 보낸다. 便請佛及僧 施夏坐藥 或自送 或使人送"라고 하였다. 〔참고문헌〕『五分律』.

하중 夏中 여름 중에 살생을 피하여 이 때 안거하기에 하안거(夏安居)를 말한다. 『십송율』 권44(대정장23, p.322c1)에 "여름인 때에는 여러 나라를 돌아다니면 온갖 산 풀과 작은 벌레들 밟아 죽인다. 夏中遊行諸國 殺諸生草小蟲"라고 하였다. [참고문헌] 『十誦律』. ⇨ 하안거 夏安居

하중 夏衆 여름안거를 함께하는 대중. 『형산청규』 권하(대정장82, p.439b24)에 "4월 3일, 반드시 하중의 계랍패 초고를 내보여야 하니, 이를 초단이라 한다. 四月三日 必出夏衆 戒臘牌草 名稱草單"라고 하였다. [참고문헌] 『瑩山淸規』.

하중행다탕병잔도 夏中行茶湯甁盞圖 하안거 대중에게 다탕을 베풀 때 병과 잔이 놓일 자리를 그린 그림. 『백장청규』 권7 「중료결해특위중탕 衆寮結解特爲衆湯」(대정장48, p.1150c20)에 "사월초 대중이 방장에 예방하여 괘탑에 대한 감사의 인사를 마치면 당사는 그림을 펼쳐 이미 정하고 있어야 한다. 요원은 계랍에 따라 경궤도·다탕문신도·청중계랍패·입료자차패·정발패·하중행다탕병잔도를 배치해야 한다. 四月初 待衆詣方丈謝掛搭罷 堂司圖帳已定 寮元依戒排經櫃圖 茶湯問訊圖 淸衆戒臘牌 入寮資次牌淨髮牌 夏中行茶湯甁盞圖"라고 하였다. [참고문헌] 『百丈淸規』. ⇨ 행다 行茶, 차 茶

하증침륜 下拯沈淪 아래로 내려가 번뇌의 수렁에 빠진 중생을 건지다. 파사(破邪)의 방법으로 하구침륜(下救沈淪)이라고도 하고, 현정(顯正)이라면 상홍대법(上弘大法)이다. 『삼론현의』(대정장45, p.1a13)에 "말로 가르면 비록 세 갈래가 있지만, 이치로는 오직 두 가지 바퀴길일 뿐이다. 하나는 현정이고 또 하나는 파사다. 파사라 하니 아래로 내려가 번뇌의 수렁에 빠진 중생을 건지고, 현정이라 하면 위로 올라가 큰 법을 널리 알린다. 但論雖有三 義唯二轍 一曰顯正 二曰破邪 破邪則下拯沈淪 顯正則上弘大法"라고 하였다. [참고문헌] 『三論玄義』. ⇨ 파사현정 破邪顯正

하지 下地 Ⓢ adho-bhūmika, adho-bhūmi, adhara-bhūmi, Ⓣ sa-'og-ma-pa, sa-'og-ma. 중생계를 삼계구지(三界九地)로 구분하고 불보살의 수행위를 오십위 등 차제로 시설하여 서로 상응해 구하는 등의 경우로, 상대적으로 아래인 계(界)나 지(地)를 말한다. 『대비바사론』 권4(대정장27, p.18b22)에 "같이 일을 가린다는 말은 상지의 견도위에서 응당 해야 할 일을 하지의 견도위에서도 능히 가려낼 수 있다는 뜻이다. 함께 대치한다는 말은 상지의 견도위에서 마주해 다스릴 미혹을 하지의 견도위에서도 대치할 수 있다는 뜻이다. 同辦事者 謂上地見道 所應作事 下地見道 亦能辦之 同對治者 謂上地見道 所對治惑 下地見道 亦能對治", 같은 책 권68(대정장27, p.355a23)에 "만약 오직 하지번뇌만 조복하여도 상지에 태어날 수 있다고 한다면, 욕계 문사혜의 힘으로 번뇌를 조복한 이는 응당 삼계구지에 나지 않을 것이니, 문혜사혜의 힘으로 삼계구지번뇌를 조복하여 일어나지 않도록 하기 때문이다. 수혜력으로 모든 번뇌를 조복하여 현행하지 못하도록 하는 것이 아니라, 뛰어난 문사혜로 하니 문혜와 사혜로써 모든 법을 분별하여 모든 번뇌를 엎드리게 하는 그것이 바로 뛰어난 수혜이기 때문이다. 若執唯伏 下地煩惱 卽得上生 諸以欲界 聞思慧力 伏煩惱者 彼應不生三界九地 聞思慧力 能伏三界 九地煩惱 令不起故 非修慧力 伏諸煩惱 令不現行 勝聞思慧 以聞思慧 分別諸法 伏諸煩惱 勝修慧故", 『순정리론』 권32(대정장29, p.526c11)에 "이 큰 삼재가 유정들을 핍박하면 하지를 버리게 해서 상천중에 모이도록 한다. 此大三災 逼有情類 令捨下地 集上天中", 『구사론기』 권4(대정장41, p.82c6)에 "삼계를 잡고, 때로는 구지에 따르며, 구품에 따르기도 하니 차별해 같지 않다. 상하로 모양새 있게 해서 하지를 추라 하며 상지는 세하다고 한다. 나아가 유정천에서 하지를 바라보면 세하다고 하며 멸진정을 바라보면 거칠다고 한다. 或約三界 或約九地 或約九品 差別不同 上下相形 下地名麤 上地名細 乃至有頂望下地爲細 望滅定爲麤"라고 하였다. [참고문헌] 『大毘婆沙論』, 『順正理論』, 『俱舍論記』, *Daś-bh.26.*, *Abh-k-bh.35.*, *Yogā-bh.15.*, *Śrāv-bh.194.*

하지 下智 Ⓢ adhara-jñāna. 낮은 지혜. 『대비바사론』 권131(대정장27, p.680c11)에 "상지로 인연을 관하므로 불보리를 얻고, 중지로 관함으로써 독각의 보리를 얻으며, 하지로 관함으로써 성문보리를 얻는다. 以上智觀因緣 故得佛菩提 以中智觀 得獨覺菩提 以下智觀 得聲聞菩提", 『양권무량수경종요』(대정장37, p.130b8)에 "이와 같은 일은 하지로 헤아릴 수 있는 것 아니므로 불가사의지라 한다. 如是等事 非下智所測 是故名爲不思議智"라고 하였다. [참고문헌] 『大毘婆沙論』, 『兩卷無量壽經宗要』, *Abh-s.16.*

하지사 下知事 지사의 소임을 내려놓다. 『선원청규』 권3 「하지사」(卍속장111, p.893a8)에 "직무를 맡은지 일 년이 지나 야간에 방장에 들어가 소임에서 물러남을 알리고 촉례 삼배를 올린 다음 나온다. … 주지 앞에서 양전삼배를 올리고 앞서 주지를 배웅하여 보낸다. 다음으로 대중과 인사를 나누고 헤어진다. 새로 소임을 맡은 지사와 요사를 돌며 특별히 기념하여 베푸는 다탕을 마치고, 새로 교체되는 지사와 옛 지사가 함께 본료로 가서 특별히 차를 베푼다. 執事一年外 夜間入方丈告退 觸

禮三拜而出 … 於住持人前 兩展三拜 先送出門 次與大衆問訊而而散 與新知事巡寮 茶湯特爲罷 却與新交代 舊同事就本寮 特爲煎點"라고 하였다. 〔참고문헌〕『禪苑淸規』. ⇨ 육지사 六知事, 지사 知事, 선림직위 禪林職位, 점다 點茶, 전점 煎點

하지옥 下地獄 ❶ 낮은 곳으로서의 지옥. 상지(上地)로서의 천계인 상천(上天)과 대칭한다. 『유식이십론술기』 권상(대정장43, p.988a1)에 "저 상천의 곳곳은 비록 뛰어나지만 여전히 악취인 방생 등도 나는 경우가 있고, 하지옥 비록 악한 이들 떨어지는 곳이지만 방생과 귀신이 나지 못하리라는 법은 없다. 如上天處處雖是勝 猶有惡趣 傍生等生 其下地獄 雖惡者處 何妨得有 傍生鬼生"라고 하였다. 〔참고문헌〕『唯識二十論述記』. ❷ 지옥에 떨어지다. 『경중경우경』 권3(卍속장109, p.866b4)에 "생각이 선하면 천당에 오르고, 생각이 악하면 지옥에 떨어지며, 한 생각에 곧바로 사람이 되고, 일념에 느닷없이 축생이 된다. 念善上天堂 念惡下地獄 一念直爲人 一念橫爲畜"라고 하였다. 〔참고문헌〕『徑中徑又徑』.

하지장암 下地藏庵 충청북도 보은군 속리산면 속리산(俗離山)에 있던 법주사(法住寺) 산내암자. 『한국사찰전서』 권하 「법주사사적 法住寺事蹟」에는 "지금은 폐사되었다. 今廢"라고 하였다. 〔참고문헌〕『韓國寺刹全書』 권하 p.1129a11.

하창룡굴 下蒼龍窟 창룡굴로 내려가다. 용인지 파도인지 구분하기도 어려운 푸른 용 굴로 들어 여의주 찾듯 목숨걸고 마주해 마음 찾는 비유다. 『벽암록』 3칙 「송頌」(대정장48, p.143a2)에 "그대 위해 몇 번이나 창룡의 굴로 내려갔던가?〈무슨 대단한 소식인 듯 마음 허투루 쓰지 말아야 하리라. 기특함 없다고 말 못하겠네〉 爲君幾下蒼龍窟〈何消恁麽 莫錯用心好 也莫道無奇特〉"라고 하였다. 〔참고문헌〕『碧巖錄』. ⇨ 창룡굴 蒼龍窟

하천 下賤 Ⓢ nīca, dīna, Ⓟ hīna-purisa, Ⓣ zhan-pa. 신분이 낮거나 귀하게 여기지 않는 사람. 『관정경』 권12(대정장21, p.533b14)에 "부처님께서 말씀하셨다. '세간에는 스스로 칭찬하여 모두 자신을 높이기를 좋아하는 사람들이 있다. 그들은 언젠가 삼악도에 떨어지고 그 뒤 다시 사람이 되더라도 소나 말을 끄는 노비가 되어 하천한 신분으로 태어날 것이다'. 佛言 世間有人 好自稱譽 皆是貢高 當墮三惡道中 後還爲人 作牛馬奴婢 生下賤中人", 『대반야경』 권530(대정장7, p.721c29)에 "존귀한 이들에게 베풀듯이 하천한 중생들에게도 그렇게 한다. 위로는 모든 부처님으로부터 아래로 방생에 이르기까지 평등하고 또 평등하여 분별함이 없으니, 복전에 우열의 차이가 있다고 보지 않는다. 왜 그런가? 모든 보살마하살은 일체법과 모든 유정들 스스로의 상이 모두 공이어서 전혀 차별이 없는 줄 알아서 다르다는 생각이 없이 보시를 행하기 때문이다. 如施尊貴 下賤亦爾 上從諸佛 下至傍生 平等平等 無所分別 不觀福田 勝劣有異 所以者何 諸菩薩摩訶薩 達一切法 及諸有情 自相皆空 都無差別故 無異想而行布施"라고 하였다. 〔참고문헌〕『灌頂經』, 『大般若經』, 『別譯雜阿含經』 권4(대정장2, p.398a7), *Yogā-bh.195.*, *Bodh-bh.270.*, *MN.1.25.*

하천단 河千旦 ?~1259. 고려후기 문인. 『고려사』 권102 열전(列傳)15 제신(諸臣) 「하천단」에 "천단은 이안현 사람이다. 성품 곧고 문장에도 능해 한 때 표전문은 모두 그의 손에서 나왔다. 만년에는 불경을 좋아하였다. 千旦 利安縣人 性質直 長於文章 一時表箋 皆出其手 晩好釋典"라 하였다. 『동문선』 권27 제고(制誥)에 「해동종수좌관고 海東宗首座官誥」와 「해동종승통교서 海東宗僧統敎書」를 지었다. 〔참고문헌〕『高麗史』, 『東文選』.

하천축사 下天竺寺 중국 절강성(浙江省) 항주(杭州) 전당현(錢唐縣) 서쪽으로 12리 지점에 있는 영은산(靈隱山) 비래봉(飛來峰) 기슭에 있는 절. 삼론종(三論宗) 길장(吉藏)과 동문인 천태지의(天台智顗)의 법우 진관(眞觀 538~611)이 595년(개황15) 도안(道安)과 함께 창건하였다. 처음 이름은 천축사이고, 당대에는 천축영산사(天竺靈山寺)라 하였으며, 당말 병화를 겪고 나서는 오월왕(吳越王) 전류(錢鏐)가 그 터에 오백나한원(五百羅漢院)을 건립하여 부흥하였고, 송초에는 영산사라 불렸다. 대중상부년간(1008~1016)에 천태종(天台宗) 산가파(山家派)의 자운준식(慈雲遵式)이 중건한 뒤 주석하였고, 조소(祖韶)가 그 뒤를 이었다. 『연종보감』 권4 「천축자운참주 天竺慈雲懺主」(대정장47, p.325b16)에 "준식이 하천축사 수백 칸을 세웠다. 師建下天竺寺數百間"라고 하였다. 1017년(천희1) 천축이라는 본래 이름을 회복하였고, 원말에는 화재를 맞았으며, 명대인 홍무년간(1368~1398) 중건하였고, 청대인 1699년(강희38)에도 중수하였다. 하천축법경사(下天竺法鏡寺)라고도 불린다. 〔참고문헌〕『蓮宗寶鑑』, 『佛祖統紀』 권48(대정장49, p.432b27), 『武林梵志』 권5 「下天竺寺」(대장경보편29, p.583a7), 『大明一統志』 권38, 『大淸一統志』 권217.

하청량사 下淸凉寺 경상북도 안동시 도산면 청량산 금탑봉(金塔峰) 아래에 있던 절. 현재는 상청량사(上淸凉寺)였던 응진전만 있고 하청량사의 흔적은 남아 있지 않다. 지금의 청량사는 금탑봉 북쪽의 옛 연대사(蓮臺寺) 자리에 있다. 『가람고』 경상도 안동과 『범우고』 경상도 안동에는 청량산에 있다고 하였으나 창건내역은 전하지 않는다. 주세붕(周世鵬 1495~1554)의 『무릉잡고』 권7 원집(原集) 잡저(雜著) 「유청량산록 遊淸凉山錄」에 "경진 … 별실·중대·보문 등 세 절은 항아리 안에 있는 것과 같았다. … 진불암에 들어갔는데 스님이 오랫동안 계시지 않았다. … 날이 저물어 하청량사에서 숙박하였다. 庚辰 … 別室中臺普門三刹 如在甕中 … 入眞佛庵 無僧久矣 … 天暝抵宿下淸凉寺", 권호문(權好文 1532~1587)의 『송암집』 권5 록(錄) 「유청량산록 遊淸凉山錄」에는 "산 이름은 청량이다. … 봉우리는 열둘이다. … 암자는 열 아홉이나 되니 백운·만월·원효·몽상·보현·문수·진불·연대·별실·중문·보문·상대승·하대승·상청량·하청량·김생·치원·극일·안중 등이라 부른다. 봉우리 이름은 주신재(주세붕)가 지었고 암자는 불자들이 매달았다. 有山曰淸凉 … 峯有十二 … 庵有十九 曰白雲 曰滿月 曰元曉 曰夢想 曰普賢 曰文殊 曰眞佛 曰蓮臺 曰別室 曰中臺普門 曰上下大乘 曰上下淸凉 曰金生致遠 曰克一安中 而峯則周愼齋所名也 庵則釋子所架", 배응경(裵應褧 1544~1602)의 『안촌집』 권3 잡록(雜錄) 「청량산유상록 淸凉山遊賞錄」에는 "다시 몇 보를 가면 영산전이 있고, 전각의 서쪽에 화엄대가 있어 매우 높고 크며, 두 걸음쯤에 상청량사가 있는데 오랫도록 황폐하였지만 행정스님이 고쳐 머문 지 겨우 한 달 정도된다. … 그 곁에 하청량사가 있는데 스님이 계시지 않아 황폐하였다. 更數步有靈山殿 殿西有華嚴臺極高豁 二步許有上淸凉寺 久爲荒廢 有僧行正 修理入居纔一月矣 … 其傍有下淸凉寺 無僧荒陋", 허목(許穆 1595~1682)의 『기언』 권28 하편 산천하(山川下) 「청량산기 淸凉山記」에 "고운굴이다. … 채하대인데 동쪽 조금 아래쪽은 영산전이라고 부른다. 석벽을 따라 오르다가 돌아서서 동쪽으로 수십여 보 쯤 가면 상청량(사)이고, 또 동쪽 조금 아래는 하청량(사)인데, 본청량(사)라고도 부르며 가장 오래되었다. 曰孤雲窟 … 彩霞臺 又其東少下曰靈山殿 從石壁上轉而東數十步曰上淸凉 又其東少下曰下淸凉 或曰本淸凉 識其最舊云", 이유(李瀷 1669~1742)의 『용포집』 권3 기(記) 「기청량산행 記淸凉山行」에 "상청량(사)는 신라 징관대사가 머물던 곳으로 전각은 거의 무너졌고, 하청량(사)는 (징)관스님의 제자가 머물렀던 곳으로 전각은 없이 터만 남았다. 상하청량(사)는 외청량(사)라고도 부르고, 연대사는 내청량(사)라고 부른다. 上淸凉 新羅澄觀大師所居 而屋幾壞 下淸凉 卽觀師弟子之所居 而有基無屋 上下淸凉 謂之外淸凉 蓮臺寺謂之內淸凉", 송환기(宋煥箕) 1728~1807)의 『성담집』 권11 잡저 「청량산유록〈신사〉 淸凉山遊覽錄〈辛巳〉」에 "수십 보를 나아가면 상청량암이 있고, 십여 보 쯤에는 하청량암이 있다. 進數十步而有上淸凉菴 十餘步而有下淸凉菴"라고 하였다. [참고문헌] 『武陵雜稿』 권7(韓國文集叢刊27, p.35a3), 『松巖集』 권5(韓國文集叢刊41, p.168a17), 『安村集』 권3(韓國文集叢刊續5, p.369b9), 『記言』 권28(韓國文集叢刊98, p.143a5), 『龍浦集』 권3(韓國文集叢刊續57, p.182b20), 『性潭集』 권11(韓國文集叢刊244, p.291a3), 『伽藍考』, 『梵宇攷』, 『韓國寺刹全書』 권하 p.1129a16. ⇨ 청량사 淸凉寺 7

하청사 下淸寺 전라남도 장성군 진원면 불대산(佛臺山)에 있던 절. 『동국여지승람』 권36 전라도 진원현 불우와 『범우고』 전라도 장성에는 상청사(上淸寺)와 함께 불대산에 있다고 하였다. 『오주연문장전산고』 경사편3 「석전총설 釋典總說」에 "천순 2년 기묘(1459) 2월에 역을 시작하여 9월에 마침을 알렸다. … 인출한 대장경 50건 중 47건 (각 사찰에 진장하였다) … 진원 하청사 1건. 天順二年己卯二月始役 九月告竣 … 印成大藏五十件內四十七件 … 珍原下淸寺一件"이라고 하였다. 김인후(金麟厚 1510~1560)의 『하서전집』 권5 오언절구(五言絶句)에는 「송중명독서하청사 送仲明讀書下淸寺」, 유창(兪瑒 1614~1690)의 『추담집』 권6 오언사율(五言四律)에는 「문성원유하청사 聞聖源遊下淸寺」, 임상덕(林象德 1683~1719)의 『노촌집』 권1 칠언율시(七言律詩)에는 「동제종형제 … 환지하청사 … 〈무자〉 同諸從兄弟 … 還至下淸寺 … 〈戊子〉」라는 시가 있다. [참고문헌] 『東國輿地勝覽』, 『五洲衍文長箋散稿』, 『河西全集』 권5(韓國文集叢刊33, p.92a9), 『秋潭集』 권6(韓國文集叢刊續18, p.134b12), 『老村集』 권1(韓國文集叢刊206, p.22b9), 『梵宇攷』, 『韓國寺刹全書』 권하 p.1129a3.

하추벽처 遐陬僻處 멀리 후미진 곳. 『원오어록』 「서序」(대정장47, p.714a9)에 "마치 저 비 내려 물 따라 멀리 후미진 곳까지 고르게 적시니, 마른 뿌리 굼벵이 싹에 이르기까지 크거나 작거나 각각 적셔 다하지만 큰 허공 본래 스스로 상이라곤 없고 짓는 일도 없다. 譬彼時雨 隨物濟潤 遐陬僻處 枯根蠹芽 若大若小 各各霑足 而太虛空 本自無相 亦無有作"라고 하였다. [참고문헌] 『圜悟語錄』.

하출도락출서 河出圖洛出書 황하(黃河)에서 역(易)의 도상(圖像)이 나왔고 낙수(洛水)에서 문서(文書)가 나왔다는 전설. 중국의 전설상 복희(伏羲)대에 황하에서 역의 괘상(卦象)을 등에 그린 용마(龍馬)가 나왔고, 하(夏)의 우왕(禹王)이 홍수를 다스릴 때 황하의 지류인 낙수에서 천하를 다스리는 대법(九疇)을 짊어진 거북(神龜)이 출현했다는 고사에 따른다. 이들 하도(河圖)와 낙서(洛書)는 『주역 周易』과 『홍범 洪範』 두 책의 유래라고 전한다. 『선림소어고증』 권3(卍속장112, p.859a4)에 "『역』에 '황하에서 그림 나왔고 낙수에서 글이

나왔으니, 성인이 법도로 삼았다'고 하였다. 아마도 치수의 공이 이루어지자 낙수의 거북이 상서임을 보증했으리라. 易言 河出圖 洛出書 聖人則之 盖治水功成 洛龜呈瑞", 『허당록』 권1(대정장47, p.991b3)에 "천기절에 법좌에 올라 말했다. '황하에서 그림 나왔고 낙수에서 글이 나왔다. 천둥쳐 변화하니 귀신도 그 까닭 헤아리지 못한다. 말해 보라! 이는 어떤 상서인가?' 잠깐 침묵하다가 말했다. '성인이 다시 났다'. 天基節 上堂 河出圖洛出書 雷霆變化 鬼神莫測其由 且道 是何祥瑞 良久 聖人復生"라고 하였다. 〔참고문헌〕『禪林疏語考證』, 『虛堂錄』.

하충 夏蟲 여름 벌레. 여름에만 잠깐 살아 얼음의 차거움을 모르는 벌레처럼, 때를 몰라 식견이 얕은 이를 비유한다. 『장자』 「추수편 秋水篇」에 "우물 안 개구리가 바다를 말할 수 없는 까닭은 그 공간에만 묶여 있기 때문이고, 여름 벌레가 얼음을 말할 수 없는 까닭은 그 시간에만 갇혀 있기 때문이다. 井蛙不可以語於海者 拘於虛也 夏蟲不可以語於冰者 篤於時也"라는 대목에서 유래한다. 『임간록』(卍속장148, p.610b1)에 "오호! 장자가 여름 벌레라 한 말은 이런 부류의 사람을 두고 했던 것이 아니겠는가! 嗚呼 莊子所謂夏蟲者 其斯人之謂乎" 라고 하였다. 〔참고문헌〕『莊子』, 『林間錄』, 『元叟行端語錄』 권7(卍속장124, p.55b16).

하취 嚇取 사종투도(四種偸盜) 중 하나. 위협하여 빼앗는 도둑질. 『약사경직해』(卍속장35, p.375b3)에 "때마다 남의 물건을 강제로 빼앗으니 반드시 무기로 위협하여 탈취한다. 當時强取人物 必以刀杖嚇取"라고 하였다. 〔참고문헌〕『藥師經直解』. ⇨사종투도 四種偸盜

하치아라바 呵侈阿羅婆 Ⓟ Haṭṭhaka Ālavaka. 수장자(手長者). 부처님 재세 시 재가 제자. 수아라바(手阿羅婆)라고도 한다. 『증일아함경』 권3 「청신사품 淸信士品」(대정장2, p.559c12 : *AN.1*, p.26)에 "항상 좌선하며 사유하는 이는 하치아라바이다. 恒坐禪思 呵侈阿羅婆是 catūhi saṅgaha vatthūhi parisaṃ saṅgaṇhantānaṃ", 같은 책 권30 「성문품 聲聞品」(대정장2, p.650a20)에 "언젠가 부처님께서 아라비 사당의 주변에 머무셨는데, 그때는 한겨울인지라 극도로 추웠고 수목은 앙상하게 가지만 남았다. 그때 수아라바장자의 아들이 저 성을 나와서 밖으로 경행을 하다가 점점 부처님의 처소에 가까이 이르게 되었다. 一時 佛在阿羅毘祠側 爾時 極爲盛寒 樹木凋落 爾時 手阿羅婆長者子 出彼城中 在外經行 漸來至世尊所"라고 하였다. 〔참고문헌〕『增壹阿含經』, 『釋迦譜』(대정장50, p.12c12), *AN.* ⇨수장자 手長者, 수아라바 手阿羅婆

하친 下親 벗으로 친한 사람. 『사교의비석』 권상(卍속장102, p.167a15)에 "상친〈부모·스승·존장〉, 중친〈형제·자매〉, 하친〈벗·아는 사람〉, 중인〈나쁘지도 않고 좋지도 않은 사이〉, 하원〈하친을 해친 사람〉, 중원〈중친을 해친 사람〉, 상원〈상친을 해친 사람〉. 上親〈父母師長〉 中親〈兄弟姉妹〉 下親〈朋友知識〉 中人〈非冤非親〉 下冤〈害下親者〉 中冤〈害中親者〉 上冤〈害上親者〉"이라고 하였다. 〔참고문헌〕『四教義備釋』.

하친 下嚫 불전(佛前)에 보시할 물건 등을 바치는 행위. 친은 달친(達嚫 Ⓢ dakṣiṇā)이라는 음사어의 생략형. 특히 재물류를 보시하는 재시(財施)의 경우는 친(嚫)이라 하고, 말로 법을 전하는 법시(法施)의 경우는 친(嚫)이라 구분하기도 하며, 손으로 보시를 받을 경우에는 친(攙)이라 한다. 친(襯)으로 같이 쓴다. 『백장청규』 권2 「불강탄 佛降誕」(대정장48, p.1115c27)에 "자리로 돌아가 삼배하고 다시 향을 올리고 나서 하친하고 차를 끓인다. 復位三拜再上香 下嚫點茶", 『선림상기전』 권29(대장경보편19, p.845b6)에 "구설에 '하친이란 보시물을 향로 위 연기에 쏘인 뒤 불조 앞에 안치하는 것이다'라고 한다. 舊說曰 下嚫者 用布施物 薰于爐上安置佛祖前也"라고 하였다. 〔참고문헌〕『百丈淸規』, 『禪林象器箋』. ⇨상친 上嚫, 달친 達嚫 ❶

하타가 呵吒迦 ➡하택가 訶宅迦

하타요가 Haṭhayoga 인도 나타전통(Ⓢ Nātha-saṃpradāya)을 세운 고락샤나타(Ⓢ Gorakṣa-nātha 13세기초)를 개조로 하는 인도수행전통과 관련 학파를 아우르는 용어. '힘·세력'을 뜻하는 하타(Ⓢ haṭha)에 요가(Ⓢ yoga)가 합쳐진 이 용어가 산스크리트문헌에서 본격적으로 언급되는 것은 11세기 무렵부터다. 파탄잘라요가(Ⓢ Pātañjalayoga)라고 불리는 팔지(八地 Ⓢ aṣṭāṅga)요가 체계에 기반하면서도 기존 탄트라법 등을 수용전개한 좌법이나 호흡 등의 신체적 수행방법을 보다 구체화시켰기에, 하타요가의 초기문헌들은 전통으로부터 벗어난 탈학파적 경향성을 보인다. 하타요가의 나타(Ⓢ nātha : 主)전통은 고락샤 이전, 태초의 스승을 쉬바(Ⓢ Śiva)로부터 다음 마첸드라나타(Ⓢ Matsyendra-nātha)로 전승하기에 그 연원을 샤이바(Ⓢ Śaiva)전통에 둔다. 하지만 이 전통의 『아므르타싯디 *Amṛtasiddhi*』와 같은 최초기문헌에서는 불교 탄트라의 흔적도 보인다. 즉, 기원후 9~12세기 여명기를 거쳐 15~6세기 전성기에 이르기까지 다양하게 전개되었다. 대표적 문헌으로 『고락싸샤타카 *Gorakṣaśataka*』, 『쉬바상히타 *Śivasaṃhitā*』, 『게란다상히타 *Gheraṇḍasaṃhitā*』, 『하타요가프라디피카 *Haṭhayogapradīpikā*』, 『케

차리비드야 *Khecarīvidyā*』 등이 있다. [참고문헌] James Mallinson 'Yoga : HaTha yoga'(*Brill's Encyclopedia of Hinduism* Leiden Brill, 2011) pp.770~781.

하택 荷澤 ❶ 낙양(洛陽) 하택사에 주석했던 신회(神會). 『도서』 「배휴서 裴休敍」(대정장48, p.398b15)에 "하택은 곧바로 지견을 가리켰다. 荷澤直指知見", 같은 책 권하1(대정장48, p.406c22)에 "달마 다만 마음만 전했을 뿐인데 하택은 어떤 이유로 지라 설했을까? 達摩但說心 荷澤何以說知", 『분양어록』 권하 「병풍가 屛風歌」(대정장47, p.623b13)에 "하택은 분명히 6조의 법을 이었다. 荷澤分明承六祖"라고 하였다. [참고문헌] 『都序』, 『汾陽語錄』. ⇨ 하택신회 荷澤神會, 신회 神會❶ ❷ ➡ 하택사 荷澤寺

하택가 訶宅迦 Ⓢ hāṭaka-prabhāsa의 음사어. 하타가(呵吒迦)라고도 음사하며, 금광명(金光明)·금색수(金色水)라 한역한다. 온전한 음사어는 하타가아라사(呵吒迦阿羅娑)이며, 금광즙약(金光汁藥)이라 한역한다. 도금(鍍金)의 재료라고도 하고, 불노(不老)의 영약이라고도 한다. 80권본 『화엄경』 권78(대정장10, p.432b23 : *Gaṇḍ-vy.*, p.401)에 "선남자야! 마치 하택가라는 약즙을 누군가 얻으면 그 한 량으로도 천 량의 구리를 모두 순금으로 바꿀 수 있지만, 천 량의 구리로는 이 약을 바꾸지 못하는 것과 같다. 善男子 如有藥汁 名訶宅迦 人或得之 以其一兩 變千兩銅 悉成眞金 非千兩銅能變此藥 tad yathā kulaputra asti hāṭakaprabhāsaṃ nāma rasajātam. tasya ekapalaṃ lohapalasahasraṃ svarṇīkaroti. na ca tadrasapalaṃ śakyaṃ tena lohapalasahasreṇa paryādātuṃ na lohīkartum", 『화엄경소초』 권89(대정장36, p.694c15)에 "하택가라는 이름의 약즙은 금색수라 한역한다. 아홉 번 뒤친 환단의 힘보다 더 강력하다. 藥汁名訶宅迦 此云金色水 甚於九轉還丹之力也", 『화엄경탐현기』 권20(대정장35, p.488c3)에 "아라사약의 온전한 음사어는 하타가아라사이고, 금광즙약이라 한역한다. 하타가는 금광명이라 한역하고, 아라사는 즙약이라 한역한다. 산 속의 우물 안에서 나오며, 용들이 지킨다. 만약 이것을 마신다면 누구나 선인이 될 수 있다. 阿羅娑藥者 具云呵吒迦阿羅娑 此云 金光汁藥 呵吒迦 云金光明 阿羅娑 云汁藥 出於山中井內 諸龍守護 若有得飮 皆成仙人"라고 하였다. [참고문헌] 『華嚴經』, 『華嚴經疏鈔』, 『華嚴經探玄記』, 『一切經音義』 권23(대정장54, p.456b23), *Gaṇḍ-vy.*

하택대사현종기 荷澤大師顯宗記 당대 하택신회(荷澤神會) 지음. 1권. 『경덕전등록』 권30(대정장51, pp.458c25~459b6)과 『전당문』 권916에 수록되어 있다. 『현종기』라고도 한다. "無念爲宗"으로 시작함으로써 무념을 분명하게 종지로 내세우며, 이 점에서 『단경 壇經』의 성립과 저자의 관련을 입증하는 자료이기도 하다. 그 원형은 돈황본 『돈오무생반야송 頓悟無生般若頌』으로 S 5619·S468 두 본이 있다. 양자는 별개의 필사본이라서 본문을 결합하면 상호보완이 된다. 다만 끝 부분의 본문이 들어맞는 S468이 『현종기』와 좀더 밀접하다.

하택사 荷澤寺 중국 하남성(河南省) 낙양(洛陽)에 위치한 절. 당대인 745년(천보4) 신회(神會)가 임금의 명에 따라 주석하였다. 신회는 여기서 자신이 6조 혜능(慧能)의 정통 계승자라 자임하고, 돈오(頓悟)를 기조로 내세워 북종(北宗)의 점수(漸修)를 맹공함으로써 선법(禪法)의 획기적 전환을 기획하였다. [참고문헌] 『宋高僧傳』 권8 「神會傳」(대정장50, p.757a9), 『高僧摘要』 권1 「神會傳」(卍속장148, p.673b2).

하택사화상신회오경전 荷澤寺和尙神會五更轉 ➡ 오경전 五更轉

하택신회 荷澤神會 하택사를 거점으로 남돈북점(南頓北漸)의 기치를 내세웠던 남종선(南宗禪)의 주창자 신회. 『전법정종기』 권7(대정장51, p.749c29)에 "대감(6조 慧能)의 2세는 낙양의 하택신회선사라 한다. 처음에는 사미의 신분으로 대감에게 법을 물으러 친견하였다가 문답으로 인하여 큰 지혜가 계발되었다. 계를 받은 다음에 대감의 입적을 맞았는데 북종(北宗) 신수의 설이 곳곳에 스며들어 무성해졌다. 신회는 마침내 경사로 가서 745년(천보4) 조사의 도를 홀로 판정하여 남종과 북종으로 구분하였고, 그 취지를 전하는 『현종론』을 저술하였다. 大鑒之二世 曰洛陽荷澤神會禪師 初以沙彌 參見大鑒 因問答乃發大慧 戒後會大鑒入滅 北秀之說浸盛 會遂趨京師 以天寶四年 獨斷祖道 爲南北宗 著書曰 顯宗論"라 하였다. [참고문헌] 『傳法正宗記』. ⇨ 신회 神會❶

하택신회대사어 荷澤神會大師語 『경덕전등록』 권28(대정장51, p.439b20)에 수록된 신회의 어록. 온전한 제목은 『낙경하택신회대사어 洛京荷澤神會大師語』이다.

하택종 荷澤宗 중국선종 제6조 혜능(慧能)의 제자 하택신회(荷澤神會)를 종조로 삼는 종파. 선종을 남종과 북종으로 갈라서 돈오(頓悟)를 중심으로 하는 남종의 선법을 선종사에 실제적인 세력으로 이끈 것이 하택종이다. 신회는 당 현종(玄宗) 때 낙양(洛陽) 하택사(荷澤寺)에 주석하였기에 이렇게 불리고, 그 종파도 마찬가지이다. 그는 남종의 돈오가 정통이고 신수(神秀)를 중심으로 하는 북종의 점수(漸修)는 방계(傍系)라고 주장하며, 평생을 6조와 남종선 현창(顯彰)에 바쳤다. 제자로는 태행산(太行山)에 주석하던 자주법여(磁州法如), 낙양 동덕사(同德寺)의 무명(無名), 형주(荊州) 국창사(國昌寺)의 행각(行覺), 기주(沂州) 보진원(寶眞院)의 광요(光瑤 : 光寶)·진평(進平)·하양공(河陽空)·복림(福琳)·운탄(雲坦)·도은(道隱) 등이 있다. 또한 법손(法孫)에 무명의 제자 청량징관(淸涼澄觀), 운탄의 제자 전증(全證), 도은의 제자 변진(辯眞) 등이 있다. 규봉종밀(圭峰宗密)의 주장에 따르면, 하택종의 법계는 순서대로 하택신회·법여(法如)·유충(惟忠)·도원(道圓)·종밀로 이어진다 하였으나, 근년에 연구로는 정중사(淨衆寺)의 신회 다음으로 남인(南印)·도원·종밀로 이어진다고도 주장한다. 하택종의 전개는 석두희천(石頭希遷 677~744)과 남악회양(南嶽懷讓 700~790)의 법계에서 본격화되었다가, 종밀(780~841) 이후에는 첨차 쇠락하였다. 신회가 "지라는 한 글자 온갖 묘함 드러내는 문이다. 知之一字 衆妙之門"라고 강조하며 지를 강조한 까닭은 정혜등지를 대전제로 하지만, 그중 혜와 상응하는 지를 부각한 뜻은 북종의 점수에 대한 비판을 효과적으로 수행하기 위해서였다. 이것은 그 뒤 조사선(祖師禪)에서 활발발한 용(用)을 중시하는 선법으로의 길을 터주기도 하였다. 또한 종밀은 하택종의 선법과 전통의 화엄교학을 아우르며 교선일치를 주장하였다. 이 밖에도 종밀은 마조도일(馬祖道一 709~788) 이후의 홍주종(洪州宗)에서 주장하는 평상심시도(平常心是道)를 비롯하여 행주좌와(行住坐臥) 등을 불성(佛性)의 드러남이라고 여기는 선법은 지용이 없는 악평등(惡平等)이라 비판하기도 하였다. ⇨ 남종 南宗, 북종선 北宗禪, 남종정시비론 南宗定是非論, 남능북수 南能北秀, 남돈북점 南頓北漸, 돈오 頓悟, 신회 神會 ❶

하택현종기 荷澤顯宗記 ➡ 하택대사현종기 荷澤大師顯宗記

하택화상선요 荷澤和上禪要 원진(圓珍)의 『일본국구법승원진목록 日本國求法僧圓珍目錄』·『입당구법목록 入唐求法目錄』에 기재되어 있는 하택신회(荷澤神會)의 저작. 현존하지 않는다.

하팔 下八 삼팔염송(三八念誦) 중 매월 이팔일(二八日)에 행하는 염송으로 8일(上八)·18일(中八)과 구분하여 28일을 하팔이라 한다. 『백장청규』 권2 「염송 念誦」(대정장48, p.1121b6)에 "주지가 나가면 양서도 뒤따라 나가 승당 앞에서 탕에 대한 감사를 올리고 주지는 괜찮다는 뜻을 전한다. 하팔의 날마다 탕을 함께하는 자리에 참석한다. 住持出 兩序隨出 至堂前謝湯 住持止之 下八赴湯"라고 하였다. 〔참고문헌〕『百丈淸規』. ⇨ 삼팔염송 三八念誦

하표 賀表 조정이나 국가에 좋은 일이 있을 때 신하나 백성으로서 바치는 경하(慶賀)의 글. 『동문선』 권31~33 표전(表箋)에 다수의 하표가 전한다. 스님이 작성한 하표로는 의천(義天 1055~1101)의 「하숙왕신즉위표 賀肅王新卽位表」(한불전4, p.541a12~17), 충지(沖止 1226~1293)의 「하신등보위표 賀新登寶位表」(한불전11, p.370a23~b11)·「하대가환조표 賀大駕還朝表」(한불전11, p.370b13~c1) 등이 전한다. 『해동조계복암화상잡저』의 「하대가환조표」(한불전11, 370b14)에 "맑은 행차가 꾀꼬리 소리를 띠고 처음으로 움직여 북정(원)을 향해 가셨다가 붉은 수레바퀴가 장차 기러기 날개인 듯 가지런히 날아 동토(고려)로 돌아오시니 햇빛이 비치는 곳은 모두 손뼉치고 뛰어오릅니다. 淸蹕帶鶯聲而始動 行指北庭 彤輪將鴈翅以齊飛 却廻東土 照臨所泊 抃躍悉均", 『정원신정석교목록』 권15(대정장55, p.882a11)에 "27일, 은대문으로 가서 또 다시 하표를 올렸다. '대홍선사의 삼장사문 지장은 아뢰옵니다. 듣자하니 관군이 승리하여 동경을 수복하고 역적의 도당들이 영원히 소멸하여 왕의 군사가 압도적으로 물리쳤다고 하옵니다. … 사문 지장은 진심으로 기쁘고 참으로 좋아서 삼가 말씀 올렸습니다'. 二十七日 就銀臺門又陳賀表 乃爲言曰 大興善寺 三藏沙門 智藏言 伏承官軍獻捷收復東京 逆黨氷銷 王師獨剋 … 沙門智藏 誠歡誠喜謹言"라고 하였다. 〔참고문헌〕『東文選』, 『海東曹溪宓菴和尙雜著』, 『大覺國師文集』, 『貞元新定釋敎目錄』.

하품계 下品戒 ❶ 삼종수(三種受) 중 하나. 부처님 열반 이후 수계할 법사가 없는 때에 스스로 불보살의 존상(尊像) 앞에서 서원을 올리고 수계하는 법을 말한다. 『영락본업경』 권하(대정장24, p.1020c4)에 "불자야! 수계에는 삼종수가 있다. … 셋째, 부처님 멸도 이후 천리 안에 법사가 없었던 때라면 마땅히 모든 불보살의 형상 앞에서 무릎을 꿇고 합장한 채로 스스로 서원하고 수계하며 마땅히 이렇게 말한다. '저 아무개는 시방의 부처님과 대지의 보살님들께 아뢰오니 저는 모든 보살계를 배우겠습니다'. 이상을 하품계라 한다. 佛子 受戒有三種受 … 三 佛滅度後 千里內無法師之時 應在諸佛菩薩形像前 胡跪合掌 自誓受戒 應如是言 我某甲白 十方佛及大地菩薩等 我學一切菩薩戒者 是下品戒"라고 하였다. 〔참고문헌〕『瓔珞本業經』. ⇨ 삼종수 三種受 ❷, 서상수계 瑞祥受戒 ❷ 백사로 갈마하는 계(白四羯磨戒) 중 오계(五戒). 『대방편불보은경』 권6(대정장3, p.159b16)에 "백사갈마계에는 상중하가 있다. 오계는 하품계다. 夫白四羯磨戒 有上中下 五戒 是下品戒"라고 하였다. 〔참고문헌〕『大方便佛報恩經』.

하품상생 下品上生 정토에 왕생하는 9품위 중 하품 중에 뛰어난 품. 『관무량수경』(대정장12, p.345c10)에 "하품상생이란, 어떤 중생은 대승경전을 비방하지는 않더라도 갖가지 악업을 짓고 악한 일을 많이 저지르면서 부끄러운 줄 모르다가 임종 시에 선지식을 만나 대승 12부경의 머릿제목 찬탄함을 듣고서 천겁의 극히 무거운 악업을 버리고, 지혜로운 이가 합장하여 나무아미타불을 염불하도록 가르쳐서 부처님의 명호를 칭념함으로써 50억겁 생사의 죄를 버려 없앤다. 이 때 아미타부처님께서 화현한 부처님과 대세지 보살과 관세음보살을 보내 그들 앞에 이르게 해서 '장하다, 선남자여. 그대가 부처님의 명호를 칭념하니 온갖 죄가 소멸하여 내가 그대를 맞이하려고 왔다'라고 칭찬한다. … 이 사람은 10소겁을 보내고 백법명문을 갖추고서 초지에 들어가니 이를 하품상생자라고 한다. 下品上生者 或有衆生 作衆惡業 雖不誹謗方等經典 如此愚人 多造惡法 無有慚愧 命欲終時遇善知識 爲讚大乘十二部經首題名字 以聞如是諸經名故 除却千劫極重惡業 智者復教合掌叉手 稱南無阿彌陀佛 稱佛名故 除五十億劫生死之罪 爾時 彼佛 卽遣化佛 化觀世音 化大勢至 至行者前 讚言善哉 善男子 汝稱佛名故 諸罪消滅 我來迎汝 … 經十小劫 具百法明門 得入初地 是名下品上生者"라고 하였다. 〔참고문헌〕『觀無量壽經』.

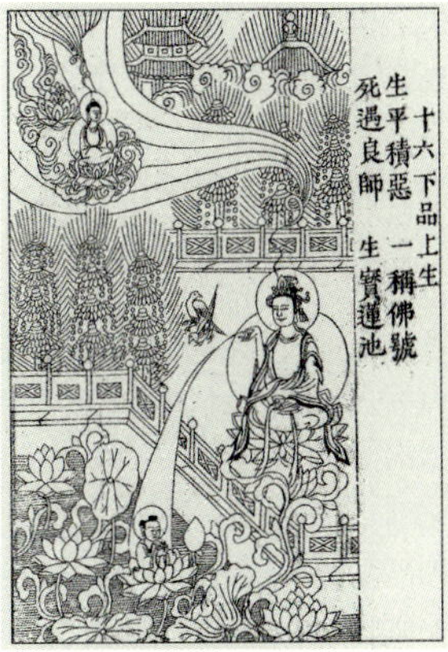

관무량수경 동국대도서관 1853년

하품상호 下品悉地 밀교에서 십심(十心)을 세 품으로 나눌 경우 앞의 4품의 실지. 하품으로 과(果)를 성취하는 방법이다. 『일자불정륜왕경』 권5(대정장19, p.259c14)에 "만약 천둥이나 벼락이 치는 소리를 듣고 상이 동요하였다면 이를 하품실지에서 증득하였다고 한다. 若聞雷聲霹靂之聲 或像動搖 名得證於下品悉地", 『밀종도차제론』 권3(대장경보편10, p.180a6)에 "만약 항복이나 하품실지를 구한다면, 마땅히 소 오줌과 좁쌀과 쌀을 마련하거나 자신의 피를 쓰기도 한다. 若求降伏 及下品悉地 應設牛尿粟米 或用自血"라고 하였다. 〔참고문헌〕『一字佛頂輪王經』, 『密宗道次第論』. ⇨ 실지 悉地, 아라파좌나 阿羅波左那

하품성취 下品成就 하품을 성취하는 것. 하품은 사선근(四善根) 중 난위(煖位)를 가리킨다. 『석화엄교분기원통초』 권4(한불전4, p.339c17)에 "하품성취란 난법을 이르고, 중품은 정법을 이르며, 상법은 인법을 이른다. 이 때문에 마땅히 알라. 난법은 악취 등에 대해 아직 결정코 여의지 못했음을. 下品成就者 是謂煖法 中謂頂法 上謂忍法 是故當知 煖法於惡趣等 未決定離"라고 하였다. 〔참고문헌〕『釋華嚴教分記圓通抄』. ⇨ 중품성취 中品成就 ■

하품율의 下品律儀 소분의 율의를 한정된 시간에만 지켜 가져 무량문의 이타율의는 행하지 못하는 율의. 『유가사지론』 권53(대정장30, p.590b13)에 "만약 살생 등의 모든 악업도에 대해 작은 분만을 멀리 여의고 적은 시간 동안만 멀리 여의면서 오직 자신만 멀리 여의되 다른 이에게 그렇게 나아가도록 권하지 않고, 무량문으로 찬양하고 찬술하지 않으며 또한 그 법을 함께 하는 이들을 보고서도 깊이 마음으로 경탄하고 크게 환희를 내지 않는다면, 이를 하품율의라 한다. 若於殺等諸惡業道 少分遠離少時遠離 唯自遠離不勸進他 不無量門稱揚讚述 亦不見彼諸同法者深心慶悅多生歡喜 是名下品律儀", 『법원의경』 권6(대정장71, p.259a21)에 "〔해〕 '적은 시간 동안'이란, 하루 또는 보름 또는 한 달 내지 일 년까지이니 이를 '적은 시간 동안'이라 한다. 解云 言小時者 或一日一夜 或半月一月 或至一年 是名小時"라고 하였다. 〔참고문헌〕『瑜伽師地論』, 『法苑義鏡』. ⇨ 팔종율의 八種律儀 ■, 율의 律儀 ■

하품중생 下品中生 정토에 왕생하는 9품위 중 하나. 『관무량수경』(대정장12, p.345c27)에 "하품중생이란 어떤 것인가? 어떤 중생이 5계·8계·비구계를 범하고 승가의 물건을 훔치며 청정하지 못하게 설법하고 참회하지 않으며 온갖 악법으로 자기를 장엄한다면 이러한 죄인은 악업 때문에 마땅히 지옥에 떨어지게 되니 임종 시에 지옥의 불꽃이 일시에 몰려온다. 이때 선지식이 대자대비한 마음으로 아미타불의 십력위덕과 광명신력을 찬탄하고 또한 계정혜 삼학과 해탈·해탈지견을 찬탄한다면, 이 사람이 이것을 듣고 80억겁 생사의 죄를 제거하고 지옥의 치솟은 불길이 시원한 바람으로 변하여 온갖 천화를 날리고 모든 천화 위에서는 화신불과 보살이 그를 맞이하여 한 찰나에 바로 칠보 연못의 연꽃 속에 왕생하도록 한다. 下品中生者 或有衆生 毁犯五戒八戒及具足戒 如此愚人 偸僧祇物

관무량수경 동국대도서관 1853년

盜現前僧物 不淨說法 無有慚愧 以諸惡法而自莊嚴 如此罪人 以惡業故 應墮地獄 命欲終時 地獄衆火 一時俱至 遇善知識 以大慈悲 卽爲讚說阿彌陀佛十力威德 廣讚彼佛光明神力 亦讚戒定慧 解脫 解脫知見 此人聞已 除八十億劫生死之罪 地獄猛火 化爲涼風 吹諸天華 華上皆有化佛菩薩 迎接此人 如一念頃 卽得往生七寶池中蓮花之內"라고 하였다. 〔참고문헌〕『觀無量壽經』. ⇨ 구품왕생 九品往生

하품참회 下品懺悔 상중하 삼품의 참회 중 가장 낮은 형태의 참회. 상품은 피눈물, 중품은 온몸의 뜨거운 땀, 하품은 눈물 흘리는 모습으로 각각 그 참회의 유형을 입증한다. 『왕생례찬게』(대정장47, p.447a17)에 "하품참회란 무엇인가? 온몸이 구석구석 다 뜨거워지는 동시에 눈에서 눈물을 흘리는 경우를 하품참회라 한다. 下品懺悔者 遍身徹熱 眼中淚出者 名下品懺悔"라고 하였다. 〔참고문헌〕『往生禮讚偈』.

하품하생 下品下生 정토에 왕생하는 9품위 중 하나. 『관무량수경』(대정장12, p.346a12)에 "하품하생이란 어떤 것인가? 어떤 중생이 불선업인 5역죄·10악업 등의 갖가지 불선업을 갖추면, 이렇게 어리석은 사람이 이러한 악업 때문에 악도에 떨어져서 여러 겁 동안 무궁한 고통을 받게 된다. 이 어리석은 이는 임종할 때 선지식을 만나 위로와 묘법을 설하고 염불에 대한 가르침을 듣더라도 고통이 닥쳐서 염불할 겨를이 없다. 이 때 도반이 '그대가 만일 고통에 핍박되어 아미타불을 염불할 상황이 못 되면 무량수불에 귀명하여 칭념하라'고 말하여 이와 같이 지심으로 소리 내어 끊어지지 않고 나무아미타불을 10념 칭념하면 불명을 칭념하였기에 칭념할 때마다 80억겁 생사의 죄를 없애고 목숨이 다할 때 마치 일륜이 그 사람 앞에 머물 듯이 금련화를 보게 되어 순식간에 극락세계에 왕생한다. 下品下生者 或有衆生 作不善業 五逆十惡 具諸不善 如此愚人 以惡業故 應墮惡道 經歷多劫 受苦無窮 如此愚人 臨命終時 遇善知識 種種安慰 爲說妙法 敎令念佛 彼人苦逼不遑念佛 善友告言 汝若不能念彼佛者 應稱歸命無量壽佛 如是至心 令聲不絶 具足十念稱南無阿彌陀佛 稱佛名故 於念念中 除八十億劫生死之罪 命終之時 見金蓮花 猶如日輪 住其人前 如一念頃 卽得往生極樂世界"라

관무량수경 동국대도서관 1853년

하였다. 〔참고문헌〕『觀無量壽經』.

하풍 下風 Ⓟ adhogamā vātā. 방귀. 대중이 함께하는 자리에서 승중의 위의를 손상하고 수행을 방해할 수도 있다고 보아 통제한다. 『마하승기율』 권35(대정장22, p.514a1)에 "부처님께서 말씀하셨다. '지금 이후에는 하풍에 관한 일은 마땅히 이와 같아야 한다. 무엇을 이와 같다고 하는가? 일부러 가스가 많이 차는 음식물을 먹어서 장난을 치면 안 된다. 선방에서 급하게 하풍이 몰려오는 경우는 마땅히 참아야 하며, 만약 참을 수 없을 경우라면 아래로 내려가 앉아야 한다. 만약 아래 좌석에 상좌의 스님이 있을 경우라면 윗자리로 가야 한다. 방귀 놓아 큰 소리를 내어서 이렇게 좌선하는 이들을 요란케 해서는 안 된다'. 佛言 從今已後 下風事應如是 云何如是 不得故食多氣物 用作調戱 禪房中 若急下風來者當制 若不可忍者 當向下坐 若下坐處 有僧上座者 應還向上座 放氣時 不得令大作聲 擾亂此坐"라고 하였다. 〔참고문헌〕『摩訶僧祇律』, *MN.1.188.*

하필불필 何必不必 어찌 반드시 그러해야 하고, 어찌 반드시 그렇지는 않은가. 꼭 맞아 머무는 법 없는(無有定法) 경계에서 할 수 있는 말이다. 이들 미묘한 틈새를 화두로 들기도 한다. 『홍화어록』(고존숙어록5, 卍속장118, p.221b8)에 "운거가 어느 날 법좌에 올라 말했다. '내가 20년전에 홍화에게 질문을 받았지만 당시에 나의 심기와 생각이 느리고 둔하여 말하지 못했다. 하지만 그가 던진 질문 기특해 외면할 수는 없었다. 지금 생각해 보면 「어째서 반드시 그래야 합니까?(하필)」라는 한마디면 되었을 텐데'. 그 뒤 어떤 학인이 홍화에게 그 말을 들려주자 홍화가 말했다. '20년이나 되었는데 겨우 하필이라는 그 말밖에 못하다니. 나라면 그렇게 답하지 않았을 것이다. 「반드시 그렇게 할 필요는 없다」(불필)는 한 마디조차 쓰지 않겠다'. 雲居一日 上堂云 我二十年前 興化問 我當時機思遲鈍 道不得 爲他致得問頭奇特 不敢辜他 如今祇消一箇何必 後有僧擧似師 師云 二十年祇道得箇何必 興化卽不然 不消一箇不必"라고 하였다. 〔참고문헌〕『興化語錄』.

하필화 何必話 하필불필(何必不必)이라는 화두. 진각혜심(眞覺慧諶)이 붙인 송이 전한다. 『진각국사어록보유』 「하필화」(한불전6, p.49c)에 "그림자가 분명하게 영초에 드리웠지만, 눈을 들어 그림자 알아보는 순간 옮겨 흘러 가버리네. 유인하는 탐간 들고 가장 높이 뜬 해와 기울어진 해 구분 없다고 말하지만, 아침과 저녁의 그림자가 다른 것을 어찌하랴! 晷影分明影草頭 擡眸認影卽遷流 據竿又道無中昃 爭奈朝晡早晚殊"라고 하였다. 〔참고문헌〕『眞覺國師語錄補遺』. ⇨ 하필불필 何必不必

탐간영초 探竿影草

하하품 下下品 Ⓢ mṛdu-mṛdu, Ⓣ chung-ngu'i-chung-ngu. 구품(九品) 중 최하품. 『대승본생심지관경』 권3(대정장3, p.303b13)에 "하하품이 염마왕의 계를 수지하면, 지옥에 살더라도 항상 자재하고, 금계를 훼손하여 악도에 태어날지라도, 계가 뛰어남으로 말미암아 왕이 될 수 있으리라. 下下品持琰魔王 處地獄中常自在 雖毁禁戒生惡道 由戒勝故得爲王", 『구사론』 권21(대정장29, p.111a28 : *Abh-k-bh.*, p.320)에 "상상품의 갖가지 모든 미혹일지라도 하하품의 도를 대치의 방편으로 삼을 수 있고, 하하품의 갖가지 모든 미혹에 이르기까지 상상품의 도를 대치의 방편으로 삼을 수 있다. 上上品所有諸惑 下下品道 能爲對治 至下下品 所有諸惑 上上品道 能爲對治 adhimātrādhimātrasya mṛdumṛdur iti vistareṇa paścāt pravedayiṣyāmaḥ"라고 하였다. 〔참고문헌〕『大乘本生心地觀經』, 『俱舍論』, *Abh-k-bh.* ⇨ 구품 九品

하행 下行 ❶ 대중중에 있어서의 아랫자리. 『마하승기율』 권14(대정장22, p.337b23)에 "부처님께서 사위성에 계셨는데 자세한 내용은 앞에서와 같다. 이때 한 거사가 알고 지내던 많은 비구들을 초청하였는데, 이 비구들 가운데 한 장로 비구가 마나타(Ⓢ mānatva)를 행하고 있었기에 아랫줄에 앉았다. 佛住舍衛城 廣說如上 爾時 有居士 請衆多知識比丘 是諸比丘中 有一長老比丘 行摩那埵 在下行坐", 『사분율』 권11(대정장22, p.639a29)에 "이때 부처님께서는 나열성 기사굴산에 계셨다. 이때 파리바사(Ⓢ parivāsa)와 마나타를 행하던 비구가 아랫줄에 앉았다. … 육군비구가 말했다. '이 사람은 이와 같은 죄를 범했기에 중승이 처벌하여 아랫줄에 앉게 한 것이다'. 爾時 佛在羅閱城 耆闍崛山中 時有行波利婆沙摩那埵比丘 在下行坐 … 六群比丘語言 此等犯如是事犯如是事故 衆僧罰使 在下行坐"라고 하였다. 〔참고문헌〕『摩訶僧祇律』, 『四分律』. ❷ Ⓟ ninnata. 따라 흐르다. 근(根)과 경(境)이 이어 따라 움직임이 물이 아래로 흐르듯 짓는 이(作者) 없이도 행함을 말한다. 『나선비구경』 권하(대정장32, p.713a22)에 "왕이 또 물었다. '무엇을 하행이라고 합니까?' 나선 비구가 왕에게 답했다. '높은 산 위 하늘에서 비가 내리면 물은 따라 흘러 마땅히 어떻게 행합니까?' '아래로 갑니다' '후에 다시 하늘에서 비가 내리면 그 물 흘러 또한 어떻게 흐릅니까?' '반드시 앞의 흐름 따라 흐릅니다' '앞서 흐르는 물이 어찌 뒤에 흐르는 물에게 「너는 내 뒤를 따라야 한다」 말하겠으며, 뒤에 흐르는 물이 어찌 앞서 흘러가는 물에게 「나는 반드시 그대 흐르는 대로 흘러 갈 것이다」 말하겠습니까? 앞서 흘러가는 물과 뒤에 흐르는 물이 서로 말해서 그런 것이겠습니까?' '물 각자 스스로 흘러 앞뒤로 서로 말하지 않습니다' '눈 또한 물과 같습니다. 눈은 정신에게 「너는 내 뒤를 따라 생겨나야 한다」고 말하지 않으며, 신 또한 안근에게 「나는 반드시 너의 뒤를 따라 날 것이다」라고 말하지 않으니, 안근과 신은 서로 말하지 않습니다. 이것을 하행이라고 합니다. 귀와 눈과 코와 입과 신과 의 또한 마찬가지입니다'. 王復問 何等爲下行者 那先報王言 高山上天雨 其水隨流 當如何行 王言 下行 那先言 後復天雨 其水流 當復如何行 王言 當隨前流水處行 那先問王言 前水寧語後水言 汝當隨我後來 後水寧語前水言 我當隨汝處流行 前水後水相語言爾不 王言 水流各自行 前後不相語也 那先言 眼亦如水 眼不語神言 汝當隨我後生 神亦不語眼言 我當隨汝後行生也 眼與神俱不相語也 是名爲下行 耳目鼻口身意亦爾"라고 하였다. 〔참고문헌〕『那先比丘經』, *Mil.57.*

하현라방 蝦蜆螺蚌 새우・바지라기・소라・대합. 크게 들어 여지없이 하는 대기대용(大機大用)이나, 사무쳐 남김없이 하는(徹照無底) 사태에 등장하는 사물들. 『벽암록』 33칙 「송 頌」(대정장48, p.172b28)에 "자라 낚을 때는 올가미 하나만 던져야 하리〈이렇게 왔다가 이렇게 가는구나. 한 번에 끌어내지는 못한다. 만약 개구리라면 어떻게 하겠는가? 새우・바지라기・소라・대합이라면 어쩌겠나. 반드시 자라를 낚아야 한다〉. 釣鼇時下一圈攣〈恁麽來恁麽去 一時出不得 若是蝦蟆 堪作什麽 蝦蜆螺蚌 怎生奈何 須是釣鼇始得〉", 같은 책 52칙 「송 頌」(대정장48, p.187b16)에 "바다에 들어갔으니 큰 자라를 낚아야 하리라〈길목 단단히 지키고 앉아서 범부이거나 성인이거나 지나지 못하게 한다. 새우・바지라기・소라・대합은 묻지도 말라. 대장부라면 둘씩 셋씩 짝짓지 않는다〉. 入海還須釣巨鼇〈坐斷要津不通凡聖 蝦蜆螺蚌不足問 大丈夫漢 不可兩兩三三〉", 『지월록』 권20 「운문문언장 雲門文偃章」(卍속장143, p.458b3)에 "대중에게 '하늘에 그물 펼쳐 용을 잡고, 실그물 던져 새우와 바지라기를 건져 올린다. 말해 보라. 소리와 대합 끝내 어느 곳일까?' 물은 뒤 스스로 대신 답했다. '제대로 눈 떠야지!' 示衆 布漫天網打龍 布絲網撈蝦摝蜆 你道 螺蚌落在甚麽處 代云 具眼"라고 하였다. 〔참고문헌〕『碧巖錄』, 『指月錄』.

하협 荷挾 짊어져 놓지 않아서 지키다. 하담협호(荷擔挾護)의 줄임말. 『선관책진』 「현사비선사시중 玄沙備禪師示衆」(대정장48, p.1098b14)에 "무릇 반야 공부하는 보살이라면 큰 근기로 가득 채워 큰 지혜가 있어야만 한다. 만약 느리고 둔한 근기라면 반드시 부지런히 애쓰며 참아내고 밤낮으로 피로를 잊고서 부모님 상을 당한 듯 해야 한다. 이렇게 급하고 간절하게 짊어져 지켜주는 사람(스승)까지 만나 뼈를 깎는 심정으로 진실을 구한다면 틀림없이 보아 얻게 되리라. 夫學般若菩薩 具大根器 有大智慧始得 若根機遲鈍 直須勤苦忍耐 日夜忘疲 如喪考妣相似 恁麽急切 更得人荷挾 剋骨究實 不妨亦得觀去"라고 하였다. 〔참고문헌〕『禪關策進』.

하화 下火 다비(茶毘)함에 법구(法軀)를 올려놓은 장작에 불을 붙이는 일. 하거(下炬)·병거(秉炬)라고도 한다. 그에 적절한 법어를 행하며, 불을 붙이는 순간에는 '스님, 불 들어갑니다' 소리 외치기도 한다. 『선원청규』 권7 「망승 亡僧」(卍속장111, p.913a2)에 "하화를 마치고〈법어가 있어야 한다〉, 아미타불의 명호를 열 번 칭념한다. 下火訖〈當有法語〉 十念阿彌陀佛", 『오조법연어록』 권상(대정장47, p.653c15)에 "망승을 불 붙이기 위해 횃불 들고 말한다. '화풍사대는 서로 등지니 시절을 맞아 연을 따라 자재하시라'. 爲亡僧下火 擧起火把云 火風四大 互相違背 當此時節 隨緣自在", 『원오어록』 권20(대정장47, p.810c26)에 "망승을 위한 하화에 붙여 : 오온산 꼭대기 열반으로 가는 길 열렸으니, 사방팔면 무너져 막힌 곳 전혀 없네. 몸 그대로 온통 금강의 눈일 뿐이니, 한 알 신령한 단약(丹藥)이 불속에서 타오르네. 爲亡僧下火 五蘊山頭涅槃路 四方八面沒遮攔 通身盡是金剛眼 一粒靈丹火裏燃", 『대혜어록』 권12(대정장47, p.862c24)에 "초선인을 위한 하화에 붙여 : 산 아래 보리 익고 누에 이미 거둔 이때, 한 무리의 죽은 사람들이 산 사내 보내네. 산 사람의 몸 무쇠금강인 듯하니, 지금 다시 붉게 타는 화로에 들어 단련하리라. 爲超禪人下火 山下麥黃蠶已斷 一隊死人送活漢 活人身似鐵金剛 卽今再入紅鑪鍛"라고 하였다. 〔참고문헌〕『禪苑淸規』, 『五祖法演語錄』, 『圜悟語錄』, 『大慧語錄』. ⇨ 하거 下炬, 병거 秉炬

하화중생 下化衆生 ➡ 상구보리하화중생 上求菩提下化衆生

하환암 下歡庵 충청북도 보은군 속리산면 속리산(俗離山)에 있던 법주사(法住寺)의 산내암자. 『한국사찰전서』 권하 「법주사사적 法住寺事蹟」에는 "지금은 폐사되었다. 今廢"라고 하였다. 〔참고문헌〕『韓國寺刹全書』 권하 p.1129a20.

하회 河淮 천태(天台)의 비조 혜문(慧文)의 주처. 하는 하북(河北), 회는 회남(淮南)을 가리킨다. 하회지류(河淮之流)는 천태의 무리를 가리키는 말로 쓰인다. 『마하지관』 권1상(대정장46, p.1b22)에 "남악은 혜문 선사를 섬긴 나머지 북제(北齊)의 고제(高帝)가 다스리던 때 홀로 하회로 찾아갔다. 그 법문은 세상에 알려진 도리가 아니었으니, 땅을 밟고 하늘 밑에 살면서도 하늘 높고 땅 두터운 줄 모르는 것과 같았다. 南岳事慧文禪師當齊高之世 獨步河淮 法門非世所知 履地戴天 莫知高厚"라고 하였다. 〔참고문헌〕『摩訶止觀』. ⇨ 혜문 慧文

하후월 夏後月 하안거 이후의 달. 7월 16일부터 8월 15일까지. 『십송율』 권28(대정장23, p.200b7)에 "비록 하후월에 가희나의를 받게 되더라도 비구가 이 계 안의 사람이면 마땅히 받는다. 雖夏後月 受迦絺那衣 若比丘入是界內者應受", 『비나야』 권3(대정장24, p.863b18)에 "그때는 매우 뜨거워 하후월이었고 더위가 한창이었다. 爾時甚熱 夏後月暑盛"라고 하였다. 〔참고문헌〕『十誦律』, 『鼻奈耶』.

학 學 ❶ Ⓢ śikṣā, śaikṣa, Ⓟ sikkhā, Ⓣ bslab-pa, slob-pa. 스스로 익혀 배우다. 계정혜(戒定慧)를 삼학(三學 Ⓢ trīṇi-śikśāṇi, Ⓟ tisso-sikkhā, Ⓣ bslab pa gsum)이라 부른다. 『잡아함경』 권14(대정장2, p.95b20)에 "저 비구는 싫어해 욕을 여의고 다해 남김 없도록 향하니 이를 학이라 한다. 彼比丘 厭離欲 滅盡向 是名爲學"라고 하였다. 〔참고문헌〕『雜阿含經』, *Sūtr.100·162.*, *AN.3.330.* ⇨ 삼학 三學 ❷ Ⓢ śaikṣa, Ⓟ sekha, Ⓣ slob-pa. 익혀 닦을 것이 남아 있는 상태인 유학(有學)의 줄임말. 무학(無學) 곧 아라한과(阿羅漢果)를 얻기 전의 모든 성자(聖者). 『법화문구기』 권8상(대정장34, p.304a18)에 "육즉 가운데 구경은 무학위이고, 나머지 넷은 학이라 하며, 이인즉 비학비무학이다. 六卽之中 究竟卽爲無學位 餘四名爲學 理卽非學非無學", 『법화의소』 권9(대정장34, p.582c14)에 "학과 무학에 대하여 대승과 소승이 같지 않다. 學無學有大小乘不同"라고 하였다. 〔참고문헌〕『法華文句記』, 『法華義疏』, *Mvyut.95.*, *SN.5.14.* ⇨ 유학 有學, 무학 無學❶ ❸ Ⓟ kaṭumikā. (스승으로부터) 배우다. 『나선비구경』 권하(대정장32, p.700a11)에 "나선이 왕에게 물었다. '왕께서는 어릴 때 스승을 좇아 글을 배우고 경전을 읽지 않았습니까?' '그렇습니다. 저는 늘 그렇게 계속해서 생각하였습니다'. 那先問王 王小時從師 學書讀經不 王言然 我續念之"라고 하였다. 〔참고문헌〕『那先比丘經』, *Mil.78.* ❹ Ⓟ bhikkhu. 수행승으로서의 비구. 『의족경』 권하(대정장4, p.185a15)에 "익히는 이들 중에 유독 신족이 많다. 學中獨多神足"라고 하였다. 〔참고문헌〕『義足經』, Sn.188.

학 鶴 두루미. 『장아함경』 권1 「대본경 大本經」(대정장1, p.10a15)에 "부처님 실로 어지러운 쌓인 것들(蘊) 없으시기에 욕심도 없고 사랑해 붙들리는 일도 없으시다. 움직이심 저 금시조인 듯하시고 저 학이 하늘도 못도 버리고 날아가듯 하신다. 佛悉無亂衆 無欲無戀著 威如金翅鳥 如鶴捨空池", 『법집요송경』 권1 「사문품 沙

門品」(대정장4, p.782c28)에 "세간에서 부르길 사문이라 하고, 그대 또한 사문이라 말하네. 모양도 옷도 사문인 듯하지만, 저 두루미 물고기 노림과 같을 뿐이리. 世稱名沙門 汝亦言沙門 形服似沙門 譬如鶴伺魚"라고 하였다. [참고문헌] 『長阿含經』, 『法集要頌經』.

학가 學家 Ⓢ śaikṣa-saṃmatāni kulāni, Ⓟ sekha-sammatāni kulāni. 재가에 있으면서 불도를 닦아 비구에게 남김없이 공양하여 가난한 집. 신심이 두터워 비구들에게 아낌없이 공양하지만 가난하여 승가대중들에게 그 집에는 한동안 드나들지 못하도록 백이갈마(白二羯磨)를 행하였다. 『마하승기율』 권21(대정장22, p.399a20)에 "만약 먼저 스님을 초대하고 나서 나중에 갈마를 행했다면 가격이 높고 귀중한 물건을 취해서는 안 되며 소소하고 값싼 물건은 취할 수 있다. 만약 학가에서 '존자께서는 무엇 때문에 이 보시를 받지 않으십니까? 제가 가난하기 때문입니까?'라고 말한다면, 이때는 '그대는 가난하지 않소. 세존께서 설하신 대로 수다원인 사람은 네 가지 법을 성취하였기에 성문 중에서 가장 큰 부자요'라고 말해야 한다. 若先請僧 後作羯磨 不得取大價重物 得取小小輕物 若學家言 尊者 何故不受是施 謂我貧耶 爾時 應語 汝不貧 如世尊所說 須陀洹人 成就四法 於聲聞中 最爲大富", 『사분율』 권19(대정장22, p.697b4)에 "학가라 한 것은 승가와 백이갈마를 한다. 學家者 僧與作白二羯磨", 『사분계본연기사의』(卍속장63, p.29b3)에 "학가란 도를 배우면서 가난한 사람의 집을 말한다. 學家者 謂學道而貧者之家也", 『사분계본여석』 권10(卍속장63, p.206b3)에 "학가란 다음과 같다. 학은 초과·이과·삼과를 말하는데, 번뇌가 아직 다하지 않아서 더 배워서 끊어야 한다. 이에 학이라고 한다. 가란 사성의 집안을 말한다. 이 학인은 여전히 재가에 머물기에 학가라고 한다. 學家者 學謂初果 二果 三果 惑漏未盡 還須學斷 故名爲學 家謂四姓之家 惟此學人 尙處居家 故名學家"라고 하였다. [참고문헌] 『摩訶僧祇律』, 『四分律』, 『四分戒本緣起事義』, 『四分戒本如釋』, 『五分律』 권10(대정장22, p.73a23), *Prāt-m.237.*, *Vin.4.180.*

학가갈마 學家羯磨 Ⓢ śaikṣa-saṃvṛti-saṃmata. 학가의 재산이 회복될 때까지 비구들에게 그 집에 가서 걸식을 해서는 안 된다는 결정을 내리는 작법. 『오분율』 권10(대정장22, p.72c24)에 "부처님께서 여러 가지 말씀으로 꾸짖으시고 나서 비구들에게 이렇게 말씀하셨다. '지금부터 비구들이 구사라장자를 위해 학가백이갈마를 행하는 것을 허락한다. 심지어는 한 명의 비구라도 그 집에 가는 것을 허락하지 않노라. 또한 한 비구라도 이렇게 말해야 한다. 「대덕 스님들께서는 들으십시오! 이 구사라장자는 비구들이 자기 집에 오면 갖가지 음식을 가져다가 발우에 가득 채워 보냈으며 조금도 남기지 않았기에 마침내 집안의 재물 남지 않게 되었습니다. 이제 학가갈마를 행하여 단 한 명의 비구도 다시는 이 집에 들어가는 걸 허용하지 않겠습니다. 승가는 때가 도래하였다면 이를 인가하고 허락하십시오. 이와 같이 말씀드립니다」'. 佛種種呵責已 告諸比丘 今聽諸比丘 爲瞿師羅長者 作學家白二羯磨 乃至不聽一比丘入其家 應一比丘唱言 大德僧聽 此瞿師羅長者 諸比丘往到其家 取種種食滿鉢而還 不留遺餘 遂使其家財物竭盡 今作學家羯磨 乃至不聽一比丘復入其舍 若僧時到 僧忍聽 白如是", 『마하승기율』 권21(대정장22, p.398b7)에 "부처님께서 비구들에게 말씀하셨다. '대신 비사는 보시가 지나쳐서 금전이 소진되었으니, 승가는 학가갈마를 시행해 줘야 한다'. 佛告諸比丘 大臣毘闍 布施太過 錢財竭盡 僧應爲作學家羯磨"라고 하였다. [참고문헌] 『五分律』, 『摩訶僧祇律』, *Prāt-m.237.* ⇨ 학가 學家

학가과수 學家過受 학가인 줄 알고 공양받다. 학가수식(學家受食)이라고도 한다. 『사분율』 권19 「사제사니四提舍尼」(대정장22, p.697a20)에 "만약 비구가 이곳이 학가이며 대중과 더불어 학가갈마를 마쳤음을 알고도 그 집에서 음식을 받아서 먹으면, 마땅히 다른 비구에게 허물을 뉘우치며 말하길 '대덕이여,저는 꾸짖음 받을 만한 법을 범하여 지금 대덕에게 허물을 뉘우칩니다'라고 해야 한다. 이 법을 회과법이라 한다. 若比丘知是學家 僧與作學家羯磨竟 而在其家 受飮食食 當向餘比丘悔過言 大德 我犯可呵法 我今向大德悔過 是法名悔過法"라고 하였다. [참고문헌] 『四分律』, 『十誦比丘波羅提木叉戒本』(대정장23, p.476c11), 『解脫戒經』(대정장24, p.664a5). ⇨ 사바라제제사니법 四波羅提提舍尼法

학가수식 學家受食 학가에서 음식을 받는 일로 비구에게 금하기에 학가수식계(學家受食戒)라고 한다. 『오분율』 권10(대정장22, p.73b4)에 "만약 비구가 병이 없고 먼저 초청을 받지 않았는데도 이 학가에서 음식을 공양 받았다면, 이 비구는 여러 비구들 앞에서 이렇게 잘못을 뉘우쳐야 한다. '저는 비난당할 만한 법에 떨어졌으니, 지금 대덕들께 잘못을 뉘우칩니다'. 이것을 일러 잘못을 뉘우치는 법이라고 한다. 若比丘無病 先不受請於是學家受食 是比丘 應向諸比丘悔過 我墮可呵法 今向諸大德悔過 是名悔過法", 『보살계본전요』(卍속장61, p.379b8)에 "학가에서 음식을 받아서는 안 되며, 위험하여 공포스러운 곳에서도 음식을 받아서는 안 된다. 不得學家受食 不得恐處受食"라고 하였다. [참고문헌] 『五分律』, 『菩薩戒本箋要』. ⇨ 학가 學家

학가지 瘧加持 학질(瘧疾) 앓는 이를 가지하여 낫게 하는 밀교 작법. 학병법(瘧病法)이라고도 한다. 『관자재보살설보현다라니경』(대정장20, p.20b2)에 "어떤 이가 학질을 앓으면 왼쪽 위 곁에서 환자에게 진언을 염송하면 낳는다. 若人患瘧 於左耳邊誦患者卽愈", 『불공견삭신변진언경』 권28(대정장20, p.386a7)에 "모든 학질에는 흰 끈 백팔 매듭을 가지하여 머리 위에 묶고 옷을 가지하여 입으면 낫는다. 若諸瘧病 加持白線索一百八結繫頭項上 及加持衣著 卽令除差", 『행림초』 권32(대정장76, p.236c4)에 "어떤 이가 학질을 앓는 경우에 그 기간이 하루 이틀 사흘 내지 이레가 되거나 오랜 기간 앓는다면 우황으로 이 진언을 써서 머리 위에 얹으면 낫는다. 若人患瘧 若一日二日三日乃至七日 或長時患瘧 用牛黃書此眞言戴之 卽得除差"라 하였다. 〔참고문헌〕『觀自在菩薩說普賢陀羅尼經』, 『不空羂索神變眞言經』, 『行林抄』.

학각 鶴脚 학의 다리. 긴 다리라고 여겨지니 짧은 오리다리(鳧脚) 때문이다. 『건중정국속등록』 권2 「지문광조장 智門光祚章」(卍속장136, p.56b5)에 "물었다. '무엇이 변할 수도 달리할 수도 없는 한마디입니까?' 선사가 말하였다. '변할 뿐이지' '끝내는 어떻게 됩니까?' '오리다리는 길어지고, 학 다리는 짧아질 테지'. 물었다. '무엇이 반야의 바탕입니까?' 선사가 말하였다. '조개는 밝은 달 품었지' '무엇이 반야로 씀입니까?' '토끼가 새끼를 품는 일이지'. 問 如何是不變異句 師云 變也 僧曰 畢竟如何 師云 鳧脚長 鶴脚短 問 如何是般若體 師云 蚌含明月 僧曰 如何是般若用 師云 兎子懷胎"라고 하였다. 〔참고문헌〕『建中靖國續燈錄』.

학거사 鶴居寺 황해도 은율군 구월산에 있던 절. 『동국여지승람』 권42 황해도 장연현 불우에는 "학거사 … 〈모두 구월산에 있다〉. 鶴居寺 … 〈俱在九月山〉", 『범우고』 황해도 장연에 "지금은 폐사되었다. 今廢"라고 하였다. 〔참고문헌〕『東國輿地勝覽』, 『梵宇攷』, 『韓國寺刹全書』 권하 p.1129b2.

학견 學見 익혀 진실(諦)을 보는 것. 학혜(學慧)와 같은 뜻이다. 무루(無漏)의 팔인(八忍)인 고법지인(苦法智忍) 내지 도류지인(道類智忍)과 팔지(八智)인 고법지(苦法智) 내지는 도류지(道類智)를 말한다. 무학견(無學見)에 상대한다. 『중사분아비담론』 권2(대정장26, p.632b3)에 "어떤 것을 견이라 하는가? 팔견을 견이라고 하니, 다섯 가지 사견·세속의 정견·학견·무학견이다. 그 이외의 것은 견이 아니다. 云何見 謂八見名見 謂五邪見 世俗正見 學見 無學見 餘非見", 『대비바사론』 권98(대정장27, p.506b10)에 "어떤 것이 학견인가? 〔답〕 학혜이다. 즉 무루인과 학팔지이니, 고법지인부터 금강유정까지의 모든 무루혜를 다 학견이라고 한다. 云何學見 答 學慧 謂無漏忍 及學八智 從苦法智忍 乃至金剛喩定 諸無漏慧 皆名學見"라고 하였다. 〔참고문헌〕『衆事分阿毘曇論』, 『大毘婆沙論』. ⇨ 학혜 學慧, 무루혜 無漏慧, 팔인팔지 八忍八智

학견적 學見迹 Ⓢśaikṣā dṛṣṭa-padāḥ, Ⓣslob-pa gzhi-mthong-ba. 익혀 본 것들의 자취. 유학위에서의 자취로 견혹은 끊었으나 수혹이 남은 단계다. 『중아함경』 권47(대정장1, p.721c9)에 "물주여! 현성제자는 이와 같이 바른 마음으로 해탈하고 나서 곧바로 일체생사 이미 다했고 범행 이미 섰으며 할 일을 모두 마쳤고 다시는 몸 받을 일 없기에 진실 그대로 안다. 이를 학견적이라 하고 팔지를 성취하였다고 하며, 누진아라한으로서 십지도 성취하였다고 한다. 物主 賢聖弟子 如是正心解脫已 便知一切生已盡 梵行已立 所作已辦 不更受有 知如眞 是謂學見跡 成就八支 漏盡阿羅訶 成就十支", 『아비담팔건도론』 권10(대정장26, p.818a22)에 "자못 삿된 지를 성취했으면 사견이 아닌가? 〔답〕 있다. 익혀 본 것으로서의 자취다. … 저 삿된 지 사라져 남음이 없으면, 저것은 사견인가? 혹은 있던 사견 이미 사라져 남음이 없게 되면 삿된 지는 아니지 않은가? 〔답〕 있다. 익혀 본 것으로서의 자취다. 頗成就邪智 非邪見耶 答曰 有 學見迹 … 若邪智已滅無餘 彼邪見也 頗有邪見已滅無餘 非邪智耶 答曰 有 學見迹", 『대비바사론』 권97(대정장27, p.504a25)에 "사지를 성취해도 사견은 아니니, 학견적이라 한다. 즉 도류지로 생겨났던 모든 유학위는 학견적이니, 이미 사성제의 자취를 모두 보았기 때문이다. 有成就邪智 非邪見 謂學見迹 卽道類智已生 諸有學位 名學見迹 已具見四聖諦迹故"라고 하였다. 〔참고문헌〕『中阿含經』, 『阿毘曇八犍度論』, 『大毘婆沙論』, *Yogā-bh.299.* ⇨ 유학위 有學位

학경 學冏 ❶ 조선전기 스님. 1484년(성종15) 전라도 고산 화암사(花巖寺)에서 『장수멸죄호제동자다라니경 長壽滅罪護諸童子陀羅尼經』·『대보부모은중경 大報父母恩重經』을 개판할 때 화주였고, 같은 절에서 1488년(성종19)에 『육경합부 六經合部』를 개판할 때 동참하였다. 『장수멸죄호제동자다라니경』 「간기」에 "화주는 학경과 료경이다. 化主 學冏 化主 了冏"라고 하였다. ❷ 조선후기 스님. 1630년(인조8) 평안도 성천 백련산(白蓮山) 영천사(靈泉寺)에서 『대혜보각선사서 大慧普覺禪師書』를 개간할 때 글자를 새긴(雕字) 다섯 스님 중 한 분이다. 「간기」에 "雕字 … 學冏"이라 하였다.

학계 學契 한 스님을 정해 섬겨서 상좌나 학인 등의 제자들이 결성한 모임. 재원을 모아 쓰기에 계라 한다. 특히 삼장(三藏)을 배우기 위해 모인 경우 강주(講主)를 중심해 모아서는 강의 등을 위한 비용으로 쓰고, 사후에는 다비나 재일을 챙기는 등 유법(遺法) 등의 사업을 위해 쓴다. 울암학계(蔚庵學契)・범해회중학계(梵海會中學契)・보제회중학계(普濟會中學禊)・법해당학계(法海堂學契)・월화당학계(月和堂學契)・호붕당학계(浩鵬堂學契)・청운화상학계(青雲和尙學契) 등이 확인된다. 『범어사지』에 수록된 「범어사보제루중수기 梵魚寺普濟樓重修記」에 의하면 1812년(순조12) 범어사의 보제루(普濟樓) 중수에 참여한 19개의 계 중 울암학계(蔚庵學契)가 보이는데, 이는 울암 경의(敬儀)의 제자들이 결성한 계로 이해되고 있다. 의순(意恂 1786~1866)의 『일지암문집』 권1 「범해회중학계서 梵海會中學契序」(한불전12, p.262b14~c9)는 범해 각안(覺岸 1820~1896)의 회중에서 결성한 학계이다. 법해당학계 이하의 4개 학계는 보정(寶鼎 1861~1930)의 『다송문고』 권1에 각 학계의 서문이 전하고 있어 그 실체를 확인할 수 있다. 각안의 『범해선사문집』 권2 「보제회중학계안서 普濟會中學禊案序」(한불전10, pp.1088c5~1089a8)에서 확인되는 보제회중학계는 10냥씩의 돈을 모아 그 이자로 강의 비용에 사용하였다고 한다. 혜견(慧堅 1830~1908)의 『용악당사고집』 「학계서 學契序」(한불전11, p.559a4)에 "대저 학계란 것은 유교와 석교 양가에서의 본원이다. … 배움은 반드시 스승이 있어야 하고 스승이 있으면 반드시 자본이 필요하다. 夫學契者 儒釋兩家之本源也 … 學則必有師 有師則必有資", 「범해회중학계서」(한불전12, p.262c3)에 "반드시 배움을 펼쳐보겠다는 이가 있어 그의 동료들과 함께 스승이 되기로 하고 계를 만들고는 나에게 한마디 서문을 부탁해 왔다. 有必宣學者 與其同伴爲師作契 要余一言弁案", 사성(師誠 1836~1910)의 『극암집』 권3 「학계서 學契序」(한불전11, p.580b22~c14)에 전하는 학계는 스승의 장례 비용을 마련하기 위해 결성된 것이다. 사성의 「학계서」(한불전11, p.580c6)에 "근래 사문(桑門)을 살펴보면 들 모여 계사를 짓는다. 학이라 하고 계라고 하고 참이라고 하는데, 모두 스승을 섬기는 만일에서 나온 것이다. 이름을 써서 나열하고 이자를 취하는 것은 스승을 모심에 유감이 없도록 하기 위함이다. 나는 이직 집지도 할 줄 모르는데 속수를 대신할 수 있겠는가. 불가에서 스승의 상례는 부모의 상례와 같으니 진실로 정성을 다해야 한다. … 아! 이 계 비록 옛 사람들이 계를 만든 뜻은 아니지만 이미 스승을 섬기는 도에서 나온 것이다. 近觀桑門 多修契事 曰學曰戒曰懺 皆出於事師之萬一 列書名合 錢取息謀 所以無憾於事師 余未知爲執贄乎 爲之代束脩乎 桑門喪師如親喪 固亦自盡也 … 吁 此契雖非古人修契之意 旣出於事師之道"라고 하였다. [참고문헌] 『梵魚寺誌』, 『一枝庵文集』, 『茶松文稿』, 『梵海禪師文集』, 『龍岳堂私藁集』, 『克庵集』, 韓相吉 『조선후기 불교와 寺刹契』(景仁文化社, 2006).

학계 學界 삼계(三界 : 學界 無學界 非學非無學界) 중 하나. 유학법(有學法)을 말한다. 『법온족론』 권11(대정장26, p.504c27)에 "어떤 것이 학계인가? 유학의 오온을 학계라고 한다. 云何學界 謂學五蘊 是名學界", 『사리불아비담론』 권7(대정장28, p.576c27)에 "어떤 것이 학계인가? 법 중에 성스럽고 무학이 아닌 것은 학계이다. 云何學界 若法聖非無學 是名學界"라고 하였다. [참고문헌] 『法蘊足論』, 『舍利弗阿毘曇論』. ⇨ 유학법 有學法, 무학계 無學界, 비학비무학계 非學非無學界

학계녀 學戒女 계를 배우는 여인. 식차마나(式叉摩那 Ⓢ śikṣamāṇā)의 한역어 중 하나. 『점찰선악업보경의소』 권상(卍속장35, p.156a8)에 "부처님께서 여인의 몸과 마음이 아직 지혜롭지 못하다 하여 사미니는 나이 열여덟 이후로 먼저 2년 동안 계를 배우도록 하셨으니 이를 식차마나라 하고 학계녀라 한역한다. 佛因女人根鈍 故沙彌尼 年十八已 先令與其二年學戒 名爲式叉摩那 此翻學戒女也"라고 하였다. [참고문헌] 『占察善惡業報經義疏』. ⇨ 식차마나 式叉摩那, 정학녀 正學女

학교 學校 익혀 가르치는 곳. 『맹자』에 "옛날에는 상・서・학・교를 설치하여 가르쳤다. 상은 기른다는 뜻, 교는 가르친다는 뜻, 서는 활을 쏜다는 뜻이다. 하에서는 교, 은에서는 서, 주에서는 상이라 하였고, 학이라 한즉 삼대가 함께 함이다. 設爲庠序學校 以敎之 庠者養也 校者敎也 序者射也 夏曰校 殷曰序 周曰庠 學則三代共之", 『석씨계고략』 권2(대정장49, p.784c28)에 "백이나 되는 신에게 예를 올리고 학교를 세웠다. 禮百神立學校", 『각호집』 권하(卍속장109, p.549a18)에 "학교에 있으면서 속진을 벗어나려는 생각을 품고 있다가 선지식을 찾아다니며 본분사를 궁구하기를 수 년이 지났다. 居學校中 有出塵想 尋訪知識 硏窮個事多年"라고 하였다. [참고문헌] 『孟子』, 『釋氏稽古略』, 『角虎集』. ⇨ 학당 學堂

학귀암 鶴歸庵 평안북도 영변군 읍내면 약산(藥山)에 있는 암자. 『태고사사법 太古寺寺法』에는 대본산 보현사(普賢寺)의 말사라고 하였다. 『조선총독부관보』 제818호(1915년 4월 28일 발행) 「사사・종교 社寺宗敎」 주지이동(住持異動)에 '4월 13일 강원월(康圓月) 겸무취직인가(兼務就職認可)'라고 하기 시작하여, 제4088호(1940년 9월 4일 발행)과 제5029호(1943년 11월 6일 발행)의 「종교」 주지이동에 각각 '7월 6일 지본인하(池本寅河) 임기만료 7월 27일 재임(再任)취직인가', '7월 27일 지본인하 임기만료 9월 25일 한산계인(韓山啓寅) 취직인가'라고 하는 등 30여 년간의 일제강점기

주지이취임 기록이 빼곡히 남아 전한다. [참고문헌]『朝鮮總督府官報』, 『佛教』 제14호 p.44, 『韓國寺刹全書』 권하 p.1129b4.

학눌 學訥 1888~1966. 효봉(曉峰)스님의 휘이니, 원명(元明)이라고도 한다. 일제강점기 교단정화에도 앞장섰고 대한불교조계종 종정을 역임한 스님. 속성은 이(李)씨, 속명은 찬형(燦亨), 본관은 수안(遂安). 아버지의 휘는 병억(炳億)이고, 어머니는 김(金)씨부인이다. 1888년(고종25) 5월 28일 평안남도 양덕군 쌍룡면 반성리 금성동에서 태어났다. 지혜가 총명하여 13세 때 할아버지로부터 이미 칠서(七書)를 배워 마쳤으므로 신동이라 불렸다. 18세 때 평양고보를 졸업하고, 26세 때 일본 와세다(早稻田)대학 법학과를 졸업하고 귀국하여 법조계에 투신하여 평양 복심법원(覆審法院) 판사로 재직 중, 당시 기미독립운동이 치열하여 애국투사들이 처참히 수형(受刑)당하는 것을 보고 큰 충격을 받고는 나라를 위한 구국열사들에게 죄를 주는 일을 할 수 없다고 판단 마침내 판사직을 던져 버렸다. 그리고는 집을 떠나 안심입명처를 찾고자 행상(行商)으로 가장하고 전국을 주유하면서 유명 인사를 만나 문답하였으나, 마음에 걸린 의문을 풀어주는 사람은 아무도 없었다. 이와 같이 약 3년 동안 방랑행각을 하다가 1925년 어느 날 금강산 유점사에서 석두보택(石頭寶澤)스님의 고명함을 듣고 금강산 신계사(神溪寺) 보운암(普雲庵)으로 찾아가 스님을 친견하고 절을 하였다. 선사께서 "어디서 왔는가?" "유점사에서 왔습니다" "몇 걸음에 왔는가?" 이때 스님께서는 주저 없이 벌떡 일어나 큰 방을 한 바퀴 돌고 나서 "이렇게 왔습니다"라고 하였다. 곁에 앉아서 지켜보던 스님이 "10년 공부한 스님보다 낫다"고 하며 스님이 되는 것을 허락하니, 이때 38세나 되는 늦깎이로 출가하였다. 그 후 신계사 산내의 미륵암·보운암·여여암 등 선방에서 장좌불와(長坐不臥)하면서 용맹정진하였으니, 한 번 앉으면 조는 일도 없었지만 일어날 줄도 몰랐다. 모든 사람들이 절구통수좌라고 불렀다. 1926년에는 통도사 내원암에서 용성진종(龍城震鐘)스님을 친견하고, 그 해 겨울에는 북간도(北間島)로 가서 수월음관(水月音觀)스님을 친견했다. 1927년 여름부터 신계사 미륵암에서 지냈고, 1928년(41세) 겨울부터 신계사 보운암에서 용맹정진하였고, 1929년 겨울 금강산 온정리(溫井里) 여여원에서 장좌불와하며 정진하였으며, 1930년 1월부터 1년 6개월 동안 금강산 법기암(法起庵) 뒤 토굴에서 일중식(日中食)만으로 용맹정진하다가 활연히 깨친 바를 얻고는 다음과 같은 오도송(悟道頌)을 읊었다. "바다 밑 제비집에 사슴이 알을 품고, 타는 불 속 거미집엔 물고기가 차를 달이네! 이 집안 소식을 뉘라서 감히 안다 하랴! 흰 구름 서쪽을 달리고 달은 동쪽에서 떠오르네! 海底燕巢鹿抱卵 火中蛛室魚煎茶 此家消息誰能識 白雲西飛月東起". 석두스님이 이를 보고 "봄날에 피는 꽃들이여 누굴 위해 피는가? 동쪽 상점에서는 서쪽 상점의 이익이 얼마인지 모른다네. 백발의 아들 검은머리 아버지를 뵈옵고 두 마리 진흙소 싸우며 바다에 드네! 春至百花爲誰開 東行不見西行利 白頭子就黑頭父 兩箇泥牛戰入海"라는 게송으로 응답했다. 1931년 겨울부터 유점사 선원 입승으로 있었고, 1932년 4월 8일 45세 때 유점사에서 동선정의(東宣淨義)스님으로부터 비구계와 보살계를 받았다. 1933년 여름 금강산 신계사 여여원에서 안거, 1935년 여름에는 설악산 봉정암(鳳頂庵)에서, 겨울에는 오대산 상원사(上院寺)에서, 1936년 여름은 태백산 정암사(淨巖寺)에서, 겨울철에는 덕숭산 정혜사(定慧寺) 등 제방에서 안거하였다. 1937년 여름부터 1946년까지 순천 송광사(松廣寺) 삼일암 조실(祖室)로서 대중을 지도하던 중 1937년 봄에는 서울 선학원(禪學院)에서 일본경찰의 회유와 협박에도 불구하고 한국불교의 정체성을 회복하기 위한 건당을 높이 세우는 유교법회(遺教法會)를 열었는데, 한영정호(漢永鼎鎬)·석두보택·만공일면(滿空日面)·동산혜일(東山慧日)·효봉학눌(曉峰學訥)·자운성우(慈雲盛祐) 등과 함께 했다. 1946년(59세) 겨울부터 1950년 여름까지 해인사 가야총림(伽倻叢林) 방장(方丈)으로 있다가 6·25전쟁으로 해산되었다. 1947년 해인사에서 상월(霜月)스님을 계사로 하여 43명의 스님과 함께 비구계를 중수(重修)하였다. 1950년 부산 온천동 금정사(金井寺)에서 안거, 1951년 여름부터 통영 용화사 도솔암에서 안거, 1952년(65세) 겨울부터 1954년 2월까지 용화사 뒤쪽 토굴에서 안거했다. 1954년 여름부터 통영 미륵산 미래사(彌來寺)에서 주석하다가 8월 17일 조계종단 정화준비위원으로 상경하여 안국동 선학원에서 머물렀다. 1955년 겨울 통영 미래사에서 안거, 1956년 여름 하동 쌍계사 탑전에서 안거하다가, 11월 네팔에서 개최한 세계불교도우의회(世界佛教徒友誼會) 제4차 대회에 한국대표로 참석하고, 인도와 네팔 등 동남아 불교국을 두루 순방하고 귀국하여 대한불교조계종 중앙종회 의장에 선출되었다. 1957년부터 1958년 2월까지 조계종 총무원장에 재직하다가, 1958년(71세) 정화종단(淨化宗團) 제3대 종정으로 추대되었다. 양주 홍국사에서 주석하다가 그 해 겨울부터 1959년 겨울까지 대구 동화사 금당(金堂)에서 주석하였다. 1960년 여름부터 1963년 9월까지 미래사 토굴에서 주석하였다. 1962년(75세) 4월 11일 통합종단 초대 종정으로 추대되었다. 1963년 10월에 병을 보이기 시작하였으니 대구 동화사로 옮겨 1966년 5월 13일까지 주석하다가, 그 해 5월 14일 밀양 표충사(表忠寺) 서래각(西來閣)으로 이석하였다. 그 해 10월 15일(음력 9월 2일) 오전 10시에 "내 평생 설한 일체법은 그 모두가 육손가락 일 뿐일세, 누가 나에게 오늘의 일을 묻는다면, 달은 천 강에 잠긴다 하리. 吾說一切法 都是早騈拇 若問今日事 月印於千江"하고 조용히 입적하시니 세수 79, 법랍 42세였다. 화장한 후 사리 50과가 출현하여 순천 송광사·밀양 표충사·통영 용화사 및 미래사에 행적비와 함께 나누어 봉안하였다. 경봉정석(鏡峰靖錫)스님이 비문을 짓고 영가(永嘉) 김충현(金忠顯)이 써서 1967년에 세운 비는 순천 송광사에, 승찬일각(僧璨一覺)이 짓고 최규성이 써서 1968년에 세운 비는 통영 용화사에, 서경수(徐京洙)가 짓고 석주(昔珠)스님이 써서 같은 해에 세운 비는 통영 미래사에 각각 있다. 그리고 3기의 비문은 『한국고승비문총집 조선조·근현대』 pp.1062~1076에 수록되어 있다. 저서로는 『효봉어록 曉峰語錄』 1권이 있고, 구산수련(九山秀蓮)·법정(法頂)·일각(一覺)·법흥(法興)·수산(秀山)·경월(鏡月)·고은(高銀)·박완일(朴完一) 등 많은 제자가 있다. 〔참고문헌〕『韓國佛敎最近百年史』, 『曹溪宗淨化史』, 智冠『韓國高僧碑文總集 朝鮮朝·近現代』. ⇨ 유교법회 遺敎法會

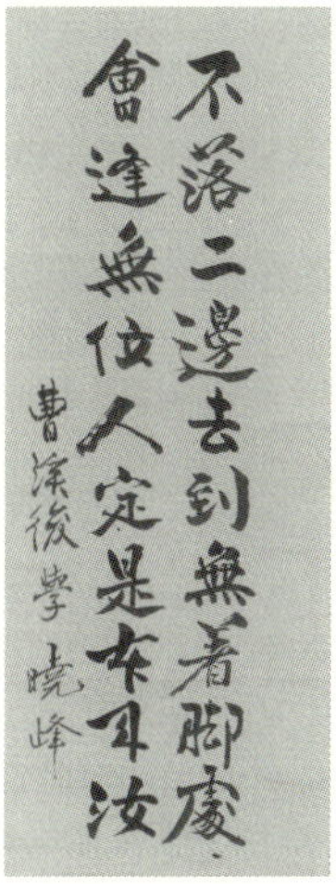

유묵 송광사성보박물관

학능 學能 조선후기 스님. 화담영원(華潭靈源 1776~1849)의 수법(受法)제자이다. 『동사열전』 권4 「회산강백전 晦山講伯傳」(한불전10, p.1044b1)에는 회산보혜와 함께 『화엄경』을 공부하는 "법천사의 학능. 法泉之學能"이라고 전한다. 〔참고문헌〕『東師列傳』.

학당 學堂 Ⓢlipi-śālā. 배움터. 『중아함경』 권37 「범지아섭화경 梵志阿攝惒經」(대정장1, p.663b28)에 "그 때 많은 범지들이 구살라에서 학당에 모여 이 일을 함께 논의하였다. 爾時 衆多梵志 於拘薩羅 集在學堂 共論此事", 『은색녀경』(대정장3, p.451a20)에 "그 동자는 여덟 살이 지난 다음 오백동자에 둘러싸여 학당에 이르렀다. 그 학당은 이전에 오백동자가 글을 배우던 곳이다. 然彼童子 過八歲後 五百童子 而圍遶之 將詣學堂 彼學堂處 先有五百童子學書"라고 하였다. 〔참고문헌〕『中阿含經』, 『銀色女經』, *Lal-v.87.* ⇨ 학교 學校

학당암 鶴堂庵 전라남도 화순군 도암면 천태산(天台山)에 있던 암자. 『태고사사법 太古寺寺法』에는 일제강점기에 대본산(大本山) 대흥사(大興寺)의 말사였던 화순 만연사(萬淵寺)의 산내암자였다고 했다. 학당암(學堂庵)으로 불리기도 하였으며, 6·25전쟁 때 화재로 소실되었다. 〔참고문헌〕『韓國寺刹全書』 권하 p.1129b6.

학도 學徒 Ⓢśiṣya, Ⓣslob-ma. 배우는 무리. 일정한 스승 문하에서 수업하는 제자들. 『구사론』 권1(대정장29, p.1a29 : *Abh-k-bh.*, p.2)에 "학도를 가르쳐 깨우치므로 논(Ⓢśāstra)이라 한다. 敎誡學徒 故稱爲論 śiṣyaśāsanāc chāstram", 『유가론기』 권1(대정장42, p.313a1)에 "범어로 사살달라라 하니 이는 논으로 푸는 것이다. 논에 이르길 묻고 답하여 제법의 성상을 결택하니 그것을 이름하여 논이라 한다. 『구사론』에 이르길, 배우는 무리들 가르쳐 깨우치게 하기에 불러 논이라 한다. 梵云舍薩怛羅 此云論釋 論云 問答決擇諸法性相 故名爲論 俱舍論云 敎誡學徒故稱爲論", 『인명입정리론소』 권상(대정장44, p.92c10)에 "논이란 헤아림이고 뜻을 논함이다. 헤아려 참된 것이나 그럴듯함을 정하고 의논해 상세히 해서 세우고 파한다. 성상을 결택해서 배우는 무리를 가르쳐 깨우치니 이름하여 논이라 한다. 論者 量也 議也 量定眞似 議詳立破 決擇性相 敎誡學徒 名之爲論", 『선혜대사록』 「비문 碑文」(卍속장120, p.37a14)에 "경락의 명승과 학도들이 구름처럼 몰려들었다. 京洛名僧 學徒雲聚"라고 하였다. 〔참고문헌〕『俱舍論』, 『瑜伽論記』, 『因明入正理論疏』, 『善慧大士錄』, *Abh-k-bh.*

학도 學道 Ⓢpra-√vraj, Ⓟpabbajati. 가고자 하는 길을 익히다. 불도를 행하다. 『장아함경』 권1 「대본경 大本經」(대정장1, p.4c26)에 "만약 출가하여 도를 익힌다면 반드시 정각을 이루어 십호를 모두 갖추게 될 것이다. 若出家學道 當成正覺 十號具足", 『보장론』(대정장45, p.144a27)에 "무릇 도를 익히는 이 셋이 있다. 그 하나 진실에 이르는 이고, 그 두 번째 가까이 할 뿐인 이이고, 그 세 번째 그저 듣기만 하는 이다. 익혀 배우려면 들어야 하고, 끊고 배우려면 가까이 해야 하고, 이 둘 지나서야 진실에 이르는 이다. 夫學道者有三 其一謂之眞 其二謂之隣 其三謂之聞 習學謂之聞 絶學謂之隣 過此二者謂之眞", 『대혜어록』 권20(대정장47, p.895a21)에 "도를 익힘에 별다른 기술 없으니, 오직 깨우침으로 그 끝을 삼아야 하리. 學道無他術 以悟爲則", 『만선동귀집』 권하 「부영명수선사수계 附永明壽禪師垂誡」(대정장48, p.993b6)에 "도를 배우는 문에 따로 기특함이란 없다. 다만 근진 아래 무량겁으로 좇아온 업식종자 씻어버릴 뿐이니, 그대들 다만 능히 정념을 씻어버리고 망연을 끊어 없애야 하리. 세간의 일체애욕경계 마주해서는 마음을 저 목석과 같이 해야 하리니, 곧바로 도의 눈 밝히지 못하더라도 자연히 깨끗한 몸은 성취하리. 學道之門 別無奇特 只要洗滌根塵下無量劫來業識種子 汝等但能消除情念 斷絶妄緣 對世間一切愛欲境界 心如木石相

似 直饒未明道眼 自然成就淨身", 『불조역대통재』 권14(대정장49, p.600c10)에 "모든 도를 익히는 이들이 념을 따라 떠돌 뿐이니, 대개 진심을 알지 못하고 본성을 보지 못하기 때문이다. 一切學道人 隨念流浪 蓋爲不識眞心 不見本性", 『백암집』 권상 「시독서제생 示讀書諸生」(한불전8, p.460a17)에 "맑게 마음의 먼지 털어내고 육근의 창도 닫아건다. 끝내 서강의 물 다 마시기를 기약하리라. 참선하는 것은 의심의 그물을 버리기 위함이요, 도를 익히려 함에는 먼저 아만의 깃대 꺾어야 한다네. 맑은 낮에 깎아지른 절벽을 마주하며 아름다운 나무 바라보고, 저녁엔 높은 누각 의지하여 시냇물 소리 듣노라. 세간의 기양 모두 녹여 버렸으나 시마만은 항복시키지 못했구나. 淨掃心塵閉六窓 終期一口吸西江 安禪只爲除疑網 學道先須折慢幢 晴對斷崖看好樹 晚憑危閣聽流淙 世間技癢都消盡 唯有詩魔未得降"라고 하였다. 〔참고문헌〕『長阿含經』, 『寶藏論』, 『大慧語錄』, 『萬善同歸集』, 『佛祖歷代通載』, 『栢庵集』, *Mahāvad-s.76.*, *DN.2.16.*

학도암 鶴到庵 서울특별시 노원구 중계동 불암산(佛巖山)에 있는 암자. 지금은 대한불교조계종직할교구 소속이며, 『태고사사법 太古寺寺法』에는 천보산(天寶山)에 있는데 대본산 봉선사(奉先寺)의 말사라고 하였다. 『봉선본말사지』 학도암 연혁에 "인조 2년(1624) 갑자에 무공화상(無空和尙)이 산내에 잇는 고사(古寺)를 당지(當地)로 이건(移建)하니 … 이태왕 15년(1878) 무인에 벽운화상(碧雲和尙)이 재창(再創)하였다"고 하였으며, 고적에는 "이태왕 9년(1872) 임신에 명성왕후의 명으로 절 뒤쪽 암벽에 높이 7장5척, 너비2장3척의 관음존상을 새겨 조성하였다"고 하였다. 1885년(고종22)에 영허(影虛)의 후손인 월해화진(越海和眞)이 쓴 「천보산학도암개금탱화시주록기 天寶山鶴到庵改金幀畵施主錄記」에는 "지금 이 학도암은 한양의 복지이자 국가의 제장이다. 암자는 예전에 폐허가 되어 성상마저 미쳐 갖추지 못하였기에, 벽운화상이 바로 비감의 마음을 발하고 뛰어난 장인 경선두타에게 정중히 청하여 탱화 여섯 축을 조성하고 불상을 개금하여 새롭게 하였다. 今此鶴到庵 漢陽福地 國家祝釐之所 以庵古物廢 聖像未具故 碧雲和尙頓發悲感之心 敬請良工慶船頭陀 幀畵六軸 改金一尊 一新成就"라고 하였다. 경내의 큰 암벽에는 "가경 24년(1819·순조19) 기묘 10월 청신녀 월영영주의 탑 嘉慶二十四年己卯十月 淸信女

月影靈珠之塔"과 "환□당선사취근탑 幻□堂禪師就根之塔"이라고 새긴 마애사리탑이 있다. 『불교』 제35호(1927년 5월 1일 발행)의 「본말사에 공적있는 자 11인에게 포상 本末寺에功績잇는者十一人의게褒賞」에 기록되었듯이, 1927년 당시에 주지로 있던 성담(聖曇)이 1912년 전후부터 머물면서 산림을 매입하여 경계를 확장하였으며, 6·25전쟁 때 소실되었다가 1965년에 명호스님이 중건하여 현재에 이른다. 현존하는 당우로는 대웅전·약사전·삼성각·요사 등이 있고, 유형문화재인 절 뒤의 마애관음보살좌상은 당당한 체구에 화려한 관을 쓴 채 연화대좌 위에 얇은 옷을 자연스럽게 펼친 세련된 모습이다. 〔참고문헌〕『佛敎』 제35호 p.50, 『韓國寺刹全書』 권하 p.1129b8, 『奉先本末寺誌』(亞細亞文化社, 1978) pp.135~136.

학도자 學道者 출가하여 도를 배우는 사람. 출가수행자(出家修行者). 『보장론』(대정장45, p.144a27)에 "무릇 도를 배운다 하는 이에 셋이 있다. 그중 첫째를 진실이라 하고, 둘째는 가깝다고 하며, 셋째는 듣는다고 한다. 익히고 배우면 듣는다고 하며, 익힐 일 이미 끊어 다했기에 가깝다 하고, 이 둘 모두 넘어선 경지를 진실이라 한다. 夫學道者有三 其一謂之眞 其二謂之隣 其三謂之聞 習學謂之聞 絶學謂之隣 過此二者謂之眞"라고 하였다. 〔참고문헌〕『寶藏論』.

학려 學侶 배워 익히려 함께 하는 이. 『불조역대통재』 권18(대정장49, p.658a22)에 "처음으로 명주 설두산에 주석하자 학려가 몰려들었다. 初住明州雪竇山 學侶臻湊", 『사분율개종기』 권6(卍속장66, p.977b2)에 "모든 학려들에게 바라노니 다시는 빠져 닦으려고만 하지 말라. 바라건대 한눈에 살펴 환하게 열려 애쓸 일 없게 하길 거듭 말한다. 冀諸學侶 不再沈研 庶望一覽 洞開無勞 三復者矣"라고 하였다. 〔참고문헌〕『佛祖歷代通載』, 『四分律開宗記』.

학려향난명 鶴唳響難明 학이 우는 속뜻을 밝히기 어렵다는 말. 『영각광록』 권27 「동상고철 洞上古轍」 권상(卍속장125, p.715b14)에 "무엇이 겸중지인가? 보현수가 답한다. '원숭이 우는 마음을 분간할 수 없고, 학이 우는 속뜻을 밝히기 어렵다'. 굉지정각이 답한다. '크게 써 현전하지만 어떤 법도에도 둘 수 없다'. 問 如何是兼中至 普賢秀云 猿啼音莫辨 鶴唳響難明 宏智覺云 大用現前 不存軌則"라고 하였다. 〔참고문헌〕『永覺廣錄』.

학력 學力 익혀 얻는 힘. 믿음(信)·정진(精進)·참(慚)·괴(愧)·지혜(慧)라는 힘을 말한다. 『잡아함경』 권26(대정장2, p.185c21)에 "이때 세존께서 비구들에게 다음과 같이 말씀하셨다. '다섯 가지로 익혀 얻는 힘이 있다. 무엇이 그 다섯인가? 믿음이라는 힘이 익혀 얻은 힘이고, 정진이라는 힘이 배워 가진 힘이며, 참이라는 힘이 익혀 얻는 힘이고, 괴라는 힘이 행으로 얻는 힘이며, 지혜라는 힘도 익혀 얻는 힘이다'. 爾時 世尊告諸比丘 有五學力 何等爲五 謂信力是學力 精進力是學力 慚力是學力 愧力是學力 慧力是學力"라고 하였다. 〔참고문헌〕『雜阿含經』.

학류 學流 공부하는 무리. 『석정토군의론』 권3(대정장47, p.48c3)에 "모든 학류에게 권하니 성인의 뜻만을 자세히 살필 따름이니 스스로 잘못하지도 말고 다른 이들 그르치지도 마라. 勸諸學流 審諦聖旨 勿得自誤 復誤餘人"라고 하였다. 〔참고문헌〕『釋淨土群疑論』.

학률 學律 Ⓟ vinayaṃ pariyāpuṇāti. 율을 익히다. 『선견율비바사』 권16(대정장24, p.786b14)에 "율사가 율을 가져 지녔기에 불법은 세간에 5천 년 세월 동안 머물 수 있었다. 이에 많은 비구들이 우파리에게 나아가 율을 익혔다. 율을 배운다는 것은 무엇인가? 읽고 외우고 뜻을 아는 것을 일러 율장을 배운다고 한다. 以律師持律故 佛法住世五千歲 是故多諸比丘 就優波離學律 云何學律 讀誦解義 是名學律", 『금광명경문구기』 권3(대정장39, p.120c11)에 "돌아 뒤쳐서 경로를 바꾼다 하니, 저 경을 익히다가 성취하지 못하면 다시 율을 배우려고 하고, 율장을 배우다가 성취하지 못하면 다시 논장을 배우려고 하는 것을 말한다. 이렇게 가볍고 조급한 사람은 끝내 공도 업도 성취할 수 없다. 迴轉易轍者 如學經未成 復欲學律 學律未成 復欲學論 此輕躁人 終不成功業也"라고 하였다. 〔참고문헌〕『善見律毘婆沙』, 『金光明經文句記』, *Sp.876*.

학륵나 鶴勒那 Ⓢ Haklenayaśa. 서역(西域) 월씨국(月氏國) 출신. 학륵나야사(鶴勒那夜奢)의 줄인 음사어이며, 학륵이라고도 한다. 선종(禪宗)에서는 인도 전승 28대 조사(祖師) 중 제23조다. 륵나는 음사어고 학은 한역어로 항상 학의 무리를 연모하여 붙여진 이름이라 한다. 바라문가에서 태어나 아버지는 천승(千勝), 어머니는 금광(金光)이라 하며, 칠불(七佛)께 기도를 올리던 중 수미산 꼭대기에서 동자를 만나는 꿈을 꾸고 잉태하였다. 22세에 출가하였고, 30세에 22조 마나라(摩拏羅)존자에게 법을 얻었다. 중인도에 이르러 무외해(無畏海)라는 국왕의 신임을 얻었다. 『경덕전등록』 권2 「학륵나전」(대정장51, p.214c3)에 "하나의 법이 일체의 법이니, 일체는 하나의 법으로 거둔다. 이 내 몸은 있는 것도 없는 것도 아니거늘, 어찌 일체탑에 사리 나눈다 하랴? 一法一切法 一切一法攝 吾身非有無 何分一切塔"라고 읊은 게송에 따라 그 사리를 나누지 않고 한 곳에 봉안하였다. 입적 시기는 『경덕전등록』을 비롯하여 그 이전의 『보림전』·『조당집』 등에 모두 후한(後漢) 헌제(獻帝) 때인 기축세(己丑歲) 곧 209년(건안14)이라 한다. 〔참고문헌〕『景德傳燈錄』.

학륵나 삼십삼조사탱
선암사 순천 1753년

학륵나송 鶴勒那頌 선종 제22대 마나라(摩拏羅) 조사가 학륵나에게 법을 부촉하며 전한 게송. 『조당집』 권2(고려장45)·『경덕전등록』 권2(대정장51, p.214a24)에 수록되어 있고 『서장』 권20 「시곽연거사」에도 수록되어 있다. 『사집사기』 p.131에 "마음은 만경 따라 구르고 구르는 곳마다에서 실로 능히 그윽할 뿐이네. 따라 흘러 견뎌서 자성 얻으면 기쁜 일도 없고 슬픈 일도 없다. 心隨萬境轉 轉處實能幽 隨流認得性 無喜復無憂"라고 하였다. 〔참고문헌〕『祖堂集』, 『景德傳燈錄』, 『書狀』, 『四集私記』.

학린 學璘 1575~1652. 조선시대 스님. 린(璘)은 린(璘)으로도 쓴다. 호는 취운(翠雲), 속성은 손(孫)씨이며, 아버지는 의연(義連), 어머니는 전(全)씨이다. 태양을 보는 태몽을 꾸고 1575년(선종8) 12월 9일 강화도에서 출생하여 15세 때 인정(印淨)을 은사로 하여 스님이 되었다. 그 후 금강산에 가서 서산(西山)을 친견하고, 그의 제자인 청련(青蓮)의 문하에서 10년간 참선하고 그의 법통을 이어받았다. 일찍이 『화엄경』을 보다가 책을 덮고 "온갖 경 구해도 온갖 마음 구함만 같지 못하다. 求諸經不如求諸心"라고 하고, 곧 축수굴(竺修窟)에 들어가 9년 동안 면벽(面壁)한 후 운달산(雲達山)으로 가서 5년간 좌선하다가 다시 명산을 두루 탐방하고, 1634년(인조12) 보개산(寶盖山)에 들어가 16년 동안 정진하다가 1651년(효종2) 9월 9일 세수 77세로 입적하였다. 다비한 후 사리가 나왔으므로 정두경(鄭斗卿 1597~1673)이 비문을 짓고 법혜(法慧)·육행(六行)·설현(雪玄) 등 제자들이 주선하여 1652년(효종3) 8월에 세운 비가 철원군 보개산 심원사(深源寺)에 있다. 〔참고문헌〕『朝鮮金石總覽』 권하, 『朝鮮佛敎通史』 권상.

학린암 鶴隣庵 함경남도 북청군 덕성면 대덕산(大德山)에 있던 암자. 『태고사사법 太古寺寺法』에는 대본산 귀주사(歸州寺)의 말사라고 하였다. 『여지도서』 함경도 북청부(北青府) 사찰에 "마을에서는 입암사라 하는데,

부의 북쪽 사십오리의 덕성사에 있다. 俗名立巖寺 在府北四十五里德城社",『가람고』 함경도 북청에 "덕성사에 있으며 부의 북쪽 사십오리이다. 在德城社 府北四十五里",『한국사찰전서』 권하 학린암에 "덕성(면) 금하산에 있다. 절의 서쪽 모퉁이에 높고 기이한 암벽이 있는데, 학이 그 위에 깃들었다고 전한다. 在德成金河山 寺之西隅 有高峻奇絶之岩 鶴棲其上故云"라고 하였다.『불교』 제10호(1925년 4월 1일 발행)의「관보초록 官報抄錄」 주지이동(住持異動)에 이어 같은 책 제39호(1927년 9월 1일 발행)의「관보초록」 주지이동에 '6월 15일 최경훈 사직 김창예(金昌乂) 취직'이라고 하는 등 일제강점기에 관리되던 사찰이다. 〔참고문헌〕『輿地圖書』,『伽藍考』,『佛敎』 제10호 p.50・제39호 p.56,『韓國寺刹全書』 권하 p.1129b10.

학림 學林 **1** 배움의 숲.『화엄경행원품소』 권10 간기(卍속장7, p.771a18)에 "바라건대, 부처님 가르침 전해 지녀 배움의 숲 가지 무성하고, 부처님 모신 집 무너질 일 없이 해서 향과 꽃 끊어지는 일 없이 하기를. 冀佛教傳持而學林枝茂 佛閣不朽而香華不怠",『다송시고』 권2「난국쟁영 蘭菊爭榮」(한불전12, p.625a21)에 "어느결에 감로의 샘에 이르렀고 배움의 숲마저 열리니, 형난초와 아우 국화 서로 다투어 주고받네. 俄到甘泉開學林 兄蘭弟菊共爭唫"라고 하였다. 〔참고문헌〕『華嚴經行願品疏』,『茶松文稿』. **2** 학림은 전통 강원(講院)을 이수한 이들이 보다 전문적으로 삼장을 익히는 과정을 말한다. 근래에는 직지사 내에 관응(觀應)스님의 강숙인 황악불교전문학림(黃岳佛教專門學林)을 열어 전강의 맥을 잇기도 하였다. 그러나 근대화 중에는 서구화된 교육 편재에 부응하는 이름으로 쓰였으니, 우리나라에서는 1915년에 불교고등강숙을 개편하여 전문학교과정의 불교중앙학림을 열었고, 각 지방 주요 거점 사찰에는 보통학교와 중등과정의 지방학림을 두기도 하였다. 〔참고문헌〕『韓國近世佛教百年史』 권2「教育編年」 pp.72~74. ⇨ 불교중앙학림 佛教中央學林, 중앙학림 中央學林

학림 鶴林 학이 무리진 듯한 숲. 석가세존 열반하시자 사라쌍수(沙羅雙樹) 모두 꽃이 피어 숲이 온통 백색으로 변한 모습이 마치 학이 무리를 지은 듯이 보였기에 이렇게 말한다. 백학림(白鶴林)・백림(白林)・곡림(鵠林)・학수(鶴樹)라고도 한다.『마하지관』 권1상(대정장46, p.1a15)에 "처음(초전법륜)에는 녹원이라 하였고, 중간에는 취두라 하였으며, 마지막(열반)에는 학림이라 하였다.始鹿苑 中鷲頭 後鶴林", 같은 책 권7상(대정장46, p.90c22)에 "학림에서 교화의 긴 여정 마쳐 다하셨으니, 한창이던 때 시들려 한 그 중간에서 열반에 드셨다. 鶴林施化已足 於榮枯中間 而入涅槃",『화엄경소초』 권7(대정장36, p.50a3)에 "처음에 녹원에서 시작하여 마지막에 학림에 이르기까지의 삼승과 일승을 아울러 점이라 한다. 始從鹿苑 終至鶴林 三乘一乘 並稱爲漸",『지관보행전홍결』 권1(대정장46, p.145a10)에 "학림이란, 구시성 아이라발제하변에 네 쌍의 나무가 있었으니 또한 쌍수라 하였는데, 사방에 각각 쌍이었기에 이름하여 쌍이라 하였다. 또 이르길 '뿌리는 나뉘었지만 위에서 합하였기에 이름하여 쌍이라 한다' 하였다. 부처님께서 중간에서 반열반하셨는데 열반의 때에 그 나무가 하얗게 변하였으니 마치 저 백학과 같았으므로 인하여 학림이라 이름하였다. 鶴林者 在拘尸城 阿夷羅跋提河邊 樹有四雙 復云 雙樹 四方各雙 故名爲雙 又云 根分上合 故名爲雙 佛於中間 而般涅槃 涅槃之時 其林變白 猶如白鶴 因名鶴林",『우란분경소초여의』 권1(卍속장94, p.836b8)에 "〈경〉 마지막 쌍림에 이를 때까지. 〈소〉 부처님께서 열반에 임하심에 네 쌍의 여덟 나무가 모두 하얗게 변하였으니 마치 저 백학이 그러함과 같았다. 終至鶴林 佛臨涅槃 四双八樹 皆悉變白 如白鶴然",『법화경삼대부보주』 권1(卍속장43, p.889a11)에 "학림은 또한 학수라고도 한다. 구시성 아이라발제하변에 나무가 네 쌍 있었는데, 부처님께서 중간에서 반열반에 드시자 그 숲이 하얗게 변했으니 마치 저 백학과 같았기에 학림이라 하였다. 鶴林 亦云鶴樹 拘尸城 阿夷羅跋提河邊 樹有四雙 佛於中間 而般涅槃 其林變白 猶如白鶴 故曰鶴林",『유교경보주』 권1(卍속장59, p.12a3)에 "〈경〉 사라쌍수 사이에서 장차 열반에 드시려 하였다. 〈주〉 이 나무는 사쌍팔척이 있는데 넷은 싱싱하고 넷은 말랐으니, 네 싱싱한 것들은 상락아정을 표하고 네 마른 것들은 고공무아무상을 표한다. 세존께서 입멸하실 때 여덟 나무 모두 변하여 하얗게 되었는데, 또한 이름하여 학림이라고도 한다. 於娑羅雙樹間 將入涅槃 此樹有四雙八隻 四榮四枯 謂四榮 表常樂我淨 四枯 表苦空無我無常也 世尊入滅之時 八樹皆變爲白 亦名爲鶴林也",『비니작지속석』 권1(卍속장65, p.37a4)에 "학림 : 세존께서 구시성 사라림 사이에서 반열반에 드셨는데, 숲의 나무들이 모두 하얘졌기에 학림이라 칭하였다. 鶴林 世尊 於拘尸城 娑羅林間 入般涅槃 林木皆白 故稱鶴林也",『사분율명의표석』 권36(卍속장70, p.948b13)에 "사라는 그 나무가 떡갈나무와 비슷하며 껍질은 청백이고 잎은 심히 빛나고 윤이 나며 네 나무가 특히 높다. 또한 쌍림이라고도 이름하며 혹은 학림이라고 한다. 娑羅 其樹類槲 而皮青白 葉甚光潤 四樹特高 又名雙林 或云鶴林",『지관보행수요기』 권1(卍속장99, p.224a11)에 "학림이란, 구시성 아이라발제하변에 있는데 부처님 열반시 그 숲이 하얗게 변했으니 마치 저 백학과 같았기에 이렇게 불렀다. 뭇 나무들을 림이라 이름하는데 이미 사쌍팔척이 있었기에 이름하여 림이라 하였다. 鶴林者 在拘尸城 阿夷羅跋提

河邊 佛涅槃時 其林變白 猶如白鶴 故云也 衆樹名林 旣有四雙八隻 故名爲林", 『석가여래성도기주』 권하(卍속장130, p.231b12)에 "부처님 열반하신 곳에 나무 있었는데 범어로 사라라고 하며 중국말로 견고라 한다. 사방에 각 둘이 있어 합한즉 여덟 이루는데, 높이는 다섯 장이고 위는 합했지만 아래는 떨어져 있다. 그 나무가 부처님 입멸 때 마르고 시들어 저 백학처럼 변색되었기에 학림이라 하였다. 佛涅槃處有樹 梵云娑羅 華言堅固 四方各二 合則成八 高五丈 上合下離 其樹 佛滅時 枯悴變色 如白鶴 故云鶴林"라고 하였다. [참고문헌] 『摩訶止觀』, 『華嚴經疏鈔』, 『止觀輔行傳弘決』, 『盂蘭盆經疏鈔餘義』, 『法華經三大部補注』, 『遺敎經補註』, 『毗尼作持續釋』, 『四分律名義標釋』, 『止觀輔行搜要記』, 『釋迦如來成道記註』. ⇨ 곡림 鵠林❶, 백학 白鶴, 사라수 娑羅樹

학림사 鶴林寺 ❶ ➡ 학서사 鶴棲寺❷ ❷ 중국 강소성(江蘇省) 진강(鎭江) 황학산(黃鶴山) 아래 있는 절. 처음 이름은 죽림사(竹林寺)였다. 진(晉)대인 321년(대흥4) 창건하였고, 유송(劉宋)의 무제(武帝)가 천한 신분이었던 시절 이곳에 살다가 왕위에 오르면서 지금의 이름으로 바꾸고 학림율원(鶴林律院)이라 불렀다. 당대인 개원년간(713~741)·천보년간(742~755)에 현소선사(玄素禪師) 법조(法照)가 우두산(牛頭山) 지위(智威)에게 법을 얻고 이곳으로 돌아왔을 당시 대중이 날로 늘어나면서 율사에서 선사(禪寺)로 바뀌었고, 고죽원(古竹院)이라고도 불렸다. 송대인 소흥년간(1131~1162) 중건하고 보은광효선사(報恩光孝禪寺)로 개칭하였다. 함순년간(1265~1274) 경청(慶淸)이 중수하였다. 명대는 영락(永樂)·홍치(弘治)·만력(萬曆) 삼조(三朝)에 걸쳐 중건하였다. 주요 요사로는 상희당(尙喜堂)·천우보화당(天雨寶華堂)·원음당(圓音堂) 등이 있고, 그 나머지는 적노당(積弩堂)·염계사(濂溪祠)·육수부사(陸秀夫祠)·단도궁(丹徒宮)·애련지(愛蓮池)·증포택(曾布宅)·미불택(米芾宅) 등도 역사성을 갖춘 유적이다. [참고문헌] 『佛祖歷代通載』 권13(대정장49, p.596b29), 『大明一統志』 권11.

학림사오층석탑 鶴林寺五層石塔 황해남도 장연군 장연읍 학림리에 있는 고려시대 석탑. 북한 국보문화유물 제83호. 높이 6.62m. 이중기단위에 오층의 탑신과 상륜으로 장식한 탑이다. 기단은 여러매의 할석으로 지대석을 깔고 4매로 하층기단면석을 구성했다. 면석은 모서리에 우주를 모각하고 각면 2구씩의 안상(眼象)을 넣어 장식하였다. 갑석은 호형(弧形)으로 복련의 연꽃을 넣었고 상면에 낮게 1단의 각형 괴임을 각출하여 상층기단 면석을 받게 했다. 면석은 4매로 각 면 1구씩 아래에 화형(花形)이 있는 안상을 조각해 놓았다. 상층갑석은 하층기단 갑석과 대칭을 이루도록 아래에 앙련을 돌려 조각하고 상면은 거의 경사가 없고 중앙에 매우 낮은 1단 괴임으로 탑신을 받고 있다.

탑신부는 탑신과 옥개가 각각 1매 올렸다. 탑신은 모두 모서리에 우주를 모각하였는데, 겹우주양식을 보이고 있다. 초층탑신은 1면에 모서리 우주와 맞닿은 커다란 문비를 마련하고 중심부에 자물쇠를 조각해 놓았다. 특히 5층 탑신 남면에는 꽃모양의 감실을 마련하고 나머지 3면은 화문을 별도로 새겨 장식성을 높였다. 옥개석은 모두 하단에 4단의 옥개받침을 두었고 처마는 수평을 이루다가 전각부에서 반전하였다. 풍경을 달았던 구멍이 남아 있고 상면에는 1단의 괴임을 두어 탑신을 받고 있다. 이 탑의 특이점은 상륜이 거의 완벽하게 남아 있는 점이다. 원반형의 노반위에 앙화(仰花)를 놓고 팔각 보륜(寶輪)과 보개(寶蓋)를 5단으로 처리하고 그 위로 상하로 원반형 부재를 사이에 두고 수연(水煙)을 장식했다. 마지막으로 보주(寶珠)와 용차(龍車)를 두고 최상부를 연봉형 부재로 마무리하였다. 기단부에 나타난 화형안상과 겹우주의 표현, 초층탑신 문비의 처리방식으로 보아 고려전기에 제작된 것으로 보인다. 특히 고려 석탑으로는 유례를 찾기 어려운 상륜이 완벽하게 남아 있어 고려탑 연구에 매우 귀중한 성보다. [참고문헌] 『북한의 문화재와 문화유적Ⅳ-고려편』(서울대출판부, 2000) p.137. ⇨ 학서사 鶴棲寺❷

학림사지 鶴林寺志 중국 강소성 황학산 학림사의 사지. 명대 명현(明賢) 편집. 4권. 만력년간(1573~1620) 허국성(許國誠)·고일복(高一福)이 『경구삼산전지 京口三山全志』를 수정하면서 「학림사지」 1권을 부록으로 달았다. 명현은 본지를 찬술할 당시 이전의 사지를 조사하여 비교하는 작업을 모두 마쳤다. 산천(山川)·건치(建置)·산계(山界)·전토(田土)·비명(碑銘)·고갈(古碣)·고승(高僧)·인물(人物)·기이부잡기(紀異付雜記)·기서(記序)·소문(疏文)·설(說)·시(詩)라는 14문으로 나뉜다. 특히 비명·고갈은 문헌 가운데 그 가치를 높이 평가받는다. 이 지는 1582년(만력10)에 처음으로 판각하였고, 지금은 『중국불사지전집 中國佛寺志全集』에 수록되어 있다. ⇨ 학림사 鶴林寺❷

학림암 鶴林庵 ❶ 서울특별시 노원구 상계동 수락산(水落山)에 있는 암자. 671년(문무왕11)에 원효대사가 창건하였고, 나옹(懶翁 1320~1376)이 중수하였다. 1

597년(선조30) 병화(兵火)로 소실되었다가 1624년(인조2) 무공(無空)이 중건하였다. 「학림암중수기 鶴林庵重修記」에 “정조 4년(1780) 경자에 최백과 궤징 두 선사가 수선하였다. … 순조 30년(1830) 경인에 추담화상이 다시 수선하였다. … 고종 17년(1880) 경진에 경선화주가 세 번째로 중수하였다. 正宗四年庚子 最伯軌澄兩師修繕 … 純祖三十年庚寅 秋潭和尙 再次修繕 … 李太王十七庚辰 慶船化主 三回重修”, 「학림암대방여각전각중수기 鶴林庵大房與各澱閣重修記」에 “이 암자는 수십 차례 중건하였으나 또 근자에 법우가 낡고 기울어 거꾸로 무너질 지경에 이르니 이를 보다 못하고 무오년 초여름 금운화상이 발심하여 작은 것 까지 모두 보시하여 모아 다시 중수하였다. 而此庵重建數三次 又爲近者法宇頹廢 至於顚覆之境 忍不目睹焉 戊午年孟夏 錦雲和尙 自發良心 收集於施鳩塵少之物 更爲重修”라고 하였다. 학림사와 관련된 인물로는 중종이 1786년에 자원군(自願軍) 부사질(浮莎秩)로 학림사 승 5인을 뽑았고, 아들 덕흥대군(德興大君 1530~1559)이 죽자 원거리에도 불구하고 묘소의 경내로 지정하고 봄·가을 제(齊)의 비용을 부담하도록 하였다. 이후 영허(映虛 1792~1880)가 “용운승행 선자를 좇아 양주 학림사에서 머리를 깎고 스님이 되었다. 從龍雲勝行禪者 祝髮于楊州鶴林”(한불전10, p.1040c13)라고 하였다. 또한 1856년(철종7)에 김정희(金正喜 1786~1856)가 쓴 「제해붕대사영정첩」에 발문을 쓴 초의(草衣 1786~1866)는 “지난 을해(1815·순조15) 해붕노화상을 모시고 수락산 학림암에서 한 해의 마지막 겨울을 보내고 있을 때 하루는 완당(추사)이 눈길을 헤치고 노승을 찾아와 공각의 소생을 깊이 토론하였다. 昔在乙亥 陪老和尙結臘於水落山鶴林菴 一日阮堂披雪委訪 與老師大論空覺能所生”라고 하였다. 학림사는 6·25전쟁 당시 소실되었다가 도원(道元)과 덕오(德悟)의 불사로 지금에 이른다. 현존하는 당우로는 대웅전·오백나한전·삼성각·요사 등이 있으며, 성보문화재로는 유형문화재 제211호 삼신불괘불도·제336호 석조약사여래삼불좌상 및 복장유물과 문화재자료 제32호 석불좌상 등이 있다. 〔참고문헌〕『日省錄』, 『輿地圖書』, 「題海鵬大師影幀帖」, 『東師列傳』 권4 「映虛講伯傳」, 『韓國寺刹全書』 권하 p.1130a4, 『奉先本末寺誌』(亞細亞文化社, 1978) pp.137~139. **2** 전라북도 완주군 봉동읍 봉실산(鳳實山)에 있는 학림사(鶴林寺). 대한불교조계종 금산사(金山寺)의 말사이며, 대본산 위봉사(威鳳寺)의 말사였다. 『한국사찰전서』 권하(p.1130a7)에 “신라시대 혜명선사가 처음 창건하였고, 고려의 나옹선사가 중창하였다. 新羅時代 惠明禪師初刱 高麗懶翁禪師重刱”라 하였다. 현존 당우로는 인법당·칠성각·요사 등이 있다. 〔참고문헌〕『韓國寺刹全書』.

학립사횡 鶴立蛇橫 학은 서고 뱀은 엎드려 기다. 『석문의범』 권하(p.173)에 “양무제(梁武帝)가 달마대사에게 ‘모든 경의 벽두에 이자도 아니고(以字不成) 또한 팔자도 아니라(八字不是) 하였으니 이것이 무슨 글자입니까?’ 물으니, 달마대사가 대답하되 ‘학이라면 선 것이고, 뱀이라면 엎드려 기는 것이라고 하였으니, 학립이란 능히 만법을 품어 쓸어 없애고, 사횡이라 하여 만법을 흘러 넘치게 해서 건립합니다’라 하고 다음의 게송을 읊었다. ‘학이 서고 뱀이 옆으로 기는 세는 쉬게 하지 못하듯 5천 문자가 모두 귀신의 근심일 뿐 공자 문하의 십철도 오히려 알지 못하건만, 귀걸이를 한 달마는 그저 고개 끄덕일 뿐’. 梁武帝 問達磨祖師 諸經書頭 以字不成 八字不是 是什麽文字 達磨云 鶴立蛇橫云云 鶴立 能含萬法 掃蕩 蛇橫 流出萬法 建立 偈云 鶴立蛇橫勢不休 五千文字鬼神愁 孔門十哲猶不會 穿耳胡僧暗點頭”, “仌은 학립이고 八은 사횡이니, 이 둘을 합하면 [illegible]이다. 仌 鶴立 八 蛇橫 合爲 [illegible]”, 『일용작법』에 “학립은 옴 아라남([illegible])이요, 사횡은 아라다([illegible])이다. 鶴立 唵 阿羅喃 橫蛇 阿羅陁”라고 하였다. 〔참고문헌〕『釋門儀範』, 『日用作法』, 『禪門拈頌說話會本』 권16(한불전5, p.502a21). ⇨ 목주이자 睦州以字

학매 學梅 조선전기 스님. 김시습(金時習 1435~1493)의 제자. 『매월당집』 「매월당선생전 梅月堂先生傳」(한국문집총간13, 58a6)에서 제자승(弟子僧)이라고 하였으며, 권3 「시학매 示學梅」(한국문집총간13, 132a18)에서는 두 수(首)의 시를 지어주기도 하였다. 『동사열전』 2 「부용조사전 芙蓉祖師傳」(한불전10, p.1012a1)에 “갑술년(1514·중종9)에 또 청평산으로 향하여 학매선자에게 나아가 선미를 문답하였다. 甲戌又向淸平山 投學梅禪子 扣擊禪微”라고 하였다. 〔참고문헌〕『梅月堂集』, 『東師列傳』.

학명 學明 조선후기 스님. 고불사(古佛寺) 소장 지눌(知訥 1158~1210)의 『정혜결사문』(한불전4, p.708a3) 간기(刊記)에 “대명 만력 36년(1608·선조41) 무신 6월일 순천 송광사 중간하였으니 산인학명이 썼다. 大明萬曆三十六年 戊申六月日 順天府松廣寺重刊 山人學明書”라고 하였다. 〔참고문헌〕『定慧結社文』.

학명 鶴鳴 1867~1929. 조선후기 스님. 계종(啓宗)의 법호이다. ⇨ 계종 啓宗

학모해 學謀害 유학(有學)의 저주. 타인에게서 고통받을 때 일으키는 분노와 저주의 마음을 말한다. 『아비담팔건도론』 권17(대정장26, p.853b4)에 “어떤 것이 학모해인가? 〔답〕 유학으로 욕이 아직 다하지 못해 다른 이에게 매질당하거나 손·돌·칼·몽둥이 등으로 맞으면, 그는 고통에 핍박받아 마음 내길 '저 사람은 혹독한 고통을 받고, 저 부인에게는 자식이 없기를' 하는 마음을 일으킨다. 이런 것이 학모해이다. 云何學謀害 答曰 如學欲未盡 被他捶打 若手石刀杖 彼痛所逼發心 使彼酷痛 使彼婦無子 如是學謀害", "또 유학으로 음이 다한 이가 다른 이에게 매질당하거나 손·돌·칼·몽둥이 등으로 맞으면, 그는 고통에 핍박을 받고 무욕에서 물러나니, 물러나서는 곧 '저 사람은 혹독한 고통을 받고, 저 사람의 부인에게는 자식이 없기를'하는 마음을 일으킨다. 이와 같은 것이 학모해이다. 如學婬盡 爲彼捶打 若手石刀杖 彼痛所逼 從無欲退已 退便發心言 使彼酷痛 使彼婦無子 如是學謀害"라고 하였다. 〔참고문헌〕『阿毘曇八犍度論』, 『大毘婆沙論』 권125(대정장27, p.654a27).

학몽 學夢 1890~1969. 근세 안변 석왕사(釋王寺) 스님. 학은 학(鶴)으로도 쓴다. 호는 설봉(雪峰), 속명은 지형(志衡) 속성은 장(張)씨이다. 1914년 25세 때, 안변 석왕사로 찾아가 성파(性波)스님을 은사로 하여 스님이 되었다. 그후 경율론 삼장을 연구하고, 제방으로 다니면서 참선수행을 하였는데, 특히 만공월면(滿空月面)선사로부터 많은 가르침을 받았다. 서울 안국동 선학원에서 후학을 지도하면서 포교에 힘을 기울였고, 부산 범어사 내원암(內院庵) 조실로 있으면서 큰절에서 『선문염송집 禪門拈頌集』을 강의하면서 토를 달아 1966년 법보원(法寶院)에서 간행하였다. 1969년 봄 부산시 당감동 선암사에서 세수 80, 법랍 55세로 입적하였는데, 특히 술을 좋아하여 일화가 많다. 〔참고문헌〕『佛教新聞』(1969.5.10).

학무상 學無上 Ⓢ śikṣā-anuttarya, Ⓟ sikkhā-anuttariya. 배움에 있어 위없이 하다. 육무상(六無上) 중 하나다. 『집이문족론』 권16(대정장26, p.433c6)에 "어떤 것이 학무상인가? … 만일 청정을 신애하여 능히 여래와 불제자가 설한 학처를 배우면, 나는 이런 류가 무상학을 배웠으니 능히 스스로를 이익케 하고 널리 설하여 나아가 이치에 맞는 법요를 빨리 증득할 것이라고 한다. 이것이 학무상이다. 云何學無上 … 淸淨信愛 能學如來及佛弟子所說學處 我說彼類 爲無上學 能自利益 廣說乃至 能疾證得如理法要 是名學無上"라고 하였다. 〔참고문헌〕『集異門足論』, *DN.3.250.* ⇨ 육무상 六無上, 계戒, 학처 學處

학묵 學默 조선전기 스님. 청허휴정(淸虛休靜 1520~1604)의 스승. 『청허당집』 권7 「상완산노부윤서 上完山盧府尹書」(한불전7, p.719b4)에 "또 도솔산으로 가서 학묵대사를 알현하니 대사 또한 어루만지며 인가해 주셨다. 又往兜率山 叅學嘿大師 師亦撫而印之"라고 하였고, 『동사열전』 권2 「청허존자전 淸虛尊者傳」(한불전10, p.1014c1)에도 같이 전한다. 〔참고문헌〕『淸虛堂集』, 『東師列傳』.

학문 學文 글을 배우다. 『논어』 「학이 學而」에 "(효도하고 어진 이를 가까이 하는 등) 행하고도 여력이 있으면 글을 배운다. 行有餘力 則以學文"는 말에 연유한다. 『원각경소초수문요해』 권1 「별명소귀 別明所歸」(卍속장15, p.482a5)에 "힘을 다 쏟고 나서 남은 힘이 있은 다음에 글에 종사한다. 그러므로 저들 유가에서는 좇아 섬기는 것을 학문이라 하지만 우리 불가에서는 참으로 들은 바 도를 때마다 익히고 아울러 강연하는 것이다. 力致之 待其有餘也 然後從事於文 然則 在彼則從事 乃學文也 在此則姑以 所聞之道 時習之兼以講演"라고 하였다. 〔참고문헌〕『論語』, 『圓覺經疏鈔隨文要解』. ⇨ 학문 學問

학문 學問 배우고 묻다. 앞선 진실인 경서 등을 알기 위해 배우고 묻다. 제자는 스승에 의지해 익히고 스승은 제자에게 가르쳐 푸는 일을 말하지만, 선정을 방해하는 일이라 하여 글공부만을 말하기도 한다. 『잡보장경』 권3(대정장4, p.460b16)에 "그 아우가 총명하고 학문이 박식하여 삼장경을 외웠다. 其弟聰明 學問博識 誦三藏經", 『대승현론』 권3(대정장45, p.36c13)에 "학문의 바탕은 반드시 스승에 의지하여 이어 익히는 것이다. 學問之體 要須依師承習", 『마하지관』 권4하(대정장46, p.42c18)에 "네 번째, 모든 연에 얽힌 잡무를 쉰다. 연에 얽힌 잡무가 선을 방해하는 연유가 매우 많기 때문이다. … 첫째는 생활, 둘째는 인사, 셋째는 기능, 넷째는 학문이다. … 넷째, 학문이란 경론을 독송하고 문답하며 승부를 다투는 등의 것들이 가져 기억해야 하기에 마음이 수고롭고 의지는 피로하며 말을 주고받으니 물이 탁하면 구슬 또한 흐려지는 격이라 어느 겨를에 다시 지관을 닦을 수 있겠는가? 이러한 학문도 버려야 하거늘 하물며 앞의 세 가지 말해서 무엇하랴! 第四 息諸緣務者 緣務妨禪由來甚矣 … 一生活 二人事 三技能 四學問 … 四 學問者 讀誦經論 問答勝負等 是也 領持記憶 心勞志倦 言論往復 水濁珠昏 何暇更得修止觀耶 此事尙捨 況前三務", 『취만어록』 권4(가흥장29, p.487c20)에 "학문은 참으로 제자가 할 일이고, 강해는 진실로 스승의 소임이다. 만약 학습만 하고 묻지 않는다면 밥을 눈으로만 보고 먹지 않는 것과 같고, 강하기만 하고 풀지 못한다면 처방전만 주고 약이 없는 경우와 같다. 學問 誠弟子之業 講解 實師長之任 若學而不問 猶見食而未餐 若講而不解 猶施方而無藥", 『소실육문』 「안심법문 安心法門」(대정장48, p.370b14)에 "〔문〕 세간 사람들 갖가지로 학문을 하는데 어째서 도를 터득하지 못하는가? 〔답〕

자기가 있는 채로 보기 때문에 도를 터득하지 못한다. 자기란 아를 말한다. 問 世間人 種種學問 云何不得道 答 由見己故不得道 己者我也"라 하였다. [참고문헌] 『雜寶藏經』, 『大乘玄論』, 『摩訶止觀』, 『吹萬語錄』, 『少室六門』.

학문승 學問僧 학문이 풍부하거나 학문에 종사하는 스님. 아직도 배우는 과정에 있다는 의미로 겸손하게 자신을 드러낼 때도 쓴다. 『유방기초』「남천축파라문승정비 南天竺婆羅門僧正碑」(대정장51, p.987b4)에 "학문승 이경이 꽃다운 명예를 우러러 동쪽으로 돌아가자고 요청하였다. 승정이 그 간절한 뜻에 감동하여 청을 사양할 수 없었다. 學問僧理鏡 仰其芳譽 要請東歸 僧正感其懇志 無所辭請", 『대승사론현의』 권5(卍속장74, p.60a17)에 "현경 3년(658) 세차 무오년(戊午年) 12월 6일 흥륜사 학문승 법안이 대황제와 내전의 대소신료를 위하여 공경하는 마음으로 의장을 받드옵니다. 顯慶三年歲次戊午年 十二月六日 興輪寺 學問僧法安 爲大皇帝 及內殿故 敬奉義章也"라고 하였다. [참고문헌] 『遊方記抄』, 『大乘四論玄義』.

학밀 學密 **1** 1875~1934(일설에는 1877~1936) 학밀은 휘이고, 호는 청호(晴湖), 아호(雅號)는 오은(五隱), 속성은 나(羅)씨, 1875년(고종12) 경기도 고양군(高陽郡)의 외딴 섬에서 태어났다. 아버지의 이름은 윤천(允天), 어머니는 원(元)씨로서 대대로 불심 깊은 집안에서 출생하였다. 부모는 늦게까지 대를 이을 아들이 없어 생남코자 해마다 정초(正初)가 되면 강원도 철원군 신서면 내산리 보개산 심원사(深源寺) 석대암(石臺庵)으로 가서 지장보살님께 18년간 기도하여 어머니의 현몽 끝에 잉태하여 출생하였다. 어려서부터 신동이라고 불리었다. 12세 때인 1886년(고종23) 한 스님이 집으로 찾아와 이 아이의 출가를 권했다. 부모는 상의한 끝에 허락하여 15세 때인 1889년 강원도 양양군 현북면 어성리 명주사(明珠寺)로 찾아가 월운당(月運堂) 해천(海天)을 은사로 하여 스님이 되었다. 그로부터 9년간 강원에서 학습하여 대교과를 졸업하였다. 1897년(광무1) 23세 때 비구계를 받았고, 은사인 월운(月運)을 법사로 하여 입실 건당하였으니 태고보우(太古普愚)의 18대(代)이고, 청허휴정(淸虛休靜)의 제12대 법손이다. 24세 때인 1898년(광무2)부터 본사인 명주사에서 개강하니 학인들이 구름처럼 모여들었다. 이어 오대산 월정사에서 후학을 지도하니 명성이 전국에 퍼졌다. 이 무렵 나라의 정세에 따른 불교계 상황 또한 심상치 않았다. 은사인 월운마저 입적하자 1908년 서울로 올라 왔다. 1910년 (융희4) 해인사 주지 회광사선(晦光師璿)이 일본 조동종 관장인 홍진설삼(弘津說三)과의 7조약으로 연합맹약을 체결하게 하는 데까지 이르자, 1911년 박한영(朴漢永) 등은 이에 맞서 임제종(臨濟宗)을 설립하는 등 종단의 대립과 갈등이 한층 더하자 깊이 실망한 채로 도반인 흥운(興雲)과 함께 양양 낙산사 홍련암(紅蓮庵)으로 가서 교화에 전념하다가 다음 해인 1912년 가을 서울 수도산 봉은사(奉恩寺)주지에 취임하고는 품었던 대사회적 실천을 유감없이 발휘하였다. 1914년 40세 때 전국 각 본산주지의 발의로 수송동(壽松洞) 각황사(지금 曹溪寺의 전신)에서 조선불교진흥회를 발족시킴에 따라 이 회의 이무부장(理務部長)을 맡았고, 또 회광사선(師璿)·호응(皓應) 등과 함께 상임 포교사에 임명되었다. 당시 일제의 수탈과 탄압이 날로 심하여 농민들이 전답을 잃고 고향을 떠나자 봉은사 주위의 임야를 개발하여 유랑민을 정착시키기도 하였다. 1925년 여름 지리한 장마가 월여 동안 계속되다가 마침내 7월에 이르러 3주야 동이로 쏟아 붓듯 호우가 내려 백여 년 만에 처음 있는 홍수로 한강(漢江) 수위가 40여 척으로 올라왔다. 수세는 시시각각으로 언덕을 할퀴고 봉은사에 마주한 잠실(蠶室)·부리(浮里)·신천(新川) 등 세 마을이 홍류에 휘말려 건물들 차례로 무너져 내렸고, 주민들 모두 나무 위로 올라가 울부짖어 천지가 진동하듯 했으나 누구도 가까이해 구할 수 없는 지경이었다. 이때 학밀스님은 '인생의 위급함이 이와 같거늘 만약 이를 능히 구제하지 않는다면 불교의 근본인 자비인들 어찌 있다 하랴! 유명계에 윤몰(淪沒)한 고혼 천만명을 천도하는 것이 어찌 황랑(荒浪)에 부로(俘虜)되려는 한 사람을 구제함만 같으리요!' 하여 맨발로 팔을 걷어 부치고(攘臂跣足) 동분서주하며 절에 들어가서는 대중을 독려하여 강가로 나아갔다. 많은 돈을 주고 뱃사공을 샀고, 사공(舟子)들도 목숨을 무릅쓰고 2일간에 걸쳐 구출하니 무려 7백8명을 어룡(魚龍)의 대열에서 건졌으며, 심지어 나무 위에 있던 사람을 선상으로 옮기자 수십 보도 미쳐 떠나기 전에 그 나무들은 맹도(猛濤)에 의해 송두리째 뽑혔으며, 위에 말한 세 개의 마을 또한 오직 단안(斷岸)과 복사(覆沙)만 남았을 뿐 일찍이 사람이 살았던 흔적조차 없게 되었다. 구출된 이들을 위해 스님은 봉은사 앞에 이재민 수용소를 설치하고 스님들은 물론 이웃 주민의 옷장을 털어 나누어주는 한편 사중(寺中)의 창고를 다 털어 죽과 범벅으로 급식하였으니, 봉은사의 전곡(錢穀)과 염장, 연료까지 마치 비로 쓸듯이 소진하였다. 이 때 봉은사의 조실은 한암중원(漢岩重遠)·총무는 엄응허(嚴應虛)·재무는 박심월(朴心月)·교무는 강성인(姜性仁) 그리고 이보인(李普仁)·이성우(李成佑)·권봉전(權奉典)·김서암(金瑞庵) 등을 필두로 한 대중 모두가 주지인 청호화상과 하나 되어 많은 생명을 건지자 당시 온 국민이 그를 산 부처(活佛)라고 칭송하였다. 이 일은 『봉은사본말사지』에 1925년 10월에 지백련(池白蓮)이 지은 「을축

수난구제공덕송 乙丑水難救濟功德頌」과 퇴경 권상로(退耕權相老)스님이 지은 「대본산봉은사주지나청호대선사수해구제공덕비문 大本山奉恩寺住持羅晴湖大禪師水害救濟功德碑文」 각각에 자세히 전한다. 1934년 세수 60, 법랍 48세를 일기로 입적하였는데, 화장 후 사리 93과가 출현하였다. 〔참고문헌〕『佛敎』26 附錄 p.1(韓國佛敎雜誌叢書 제3책, p.411), 『奉恩寺本末寺誌』, 나청호『不壞碑帖』. ⇨ 청호 晴湖, 불괴비 不壞碑, 비전 悲田 ❷ Ⓢ Buddhagupta. 인도 스님. 불타급다(佛馱笈多)라 음사하고 각밀(覺密)이라 한역하는데, 학밀은 각(覺)자의 잘못된 전승이다. 『당고승전』 권2 「달마급다 達摩笈多」(대정장50, p.435a2)에 "수계(授戒)할 당시 욱파제야(Ⓢ upādhyāya : 和尙)는 불타급다였는데 한역 이름은 학밀이다. 其郁波弟耶 佛馱笈多 此云學密"라고 하였다. 〔참고문헌〕『唐高僧傳』. ⇨ 각밀 覺密, 불타급다 佛馱笈多

학반야보살 學般若菩薩 반야를 배워 행하는 보살. 『선원청규』 권8 「좌선의 坐禪儀」(卍속장111, p.920a7)에 "무릇 반야를 익히는 보살이라 함에는 먼저 대비심을 일으켜 큰 서원을 발하고 삼매를 밀하게 닦아 중생을 제도하겠노라고 서원해야만 한다. 夫學般若菩薩 先當起大悲心 發弘誓願 精修三昧 誓度衆生", 『운문광록』 권상(대정장47, p.550c23)에 "법좌에 올라 말했다. '반야를 배우는 보살은 반드시 중생의 병을 알아야 하고 곧바로 반야를 배우는 보살의 병도 알게 된다. 가려낼 사람 있는가? 나와서 대중을 마주해 가려내어 보라'. 대중이 아무 말도 없자 이어서 말했다. '가려내지 못한다면, 내가 동으로 가건 서로 가건 막지 마라'. 上堂云 夫學般若菩薩 須識得衆生病 卽識得學般若菩薩病 還有人揀得麽 出來對衆揀看 衆無語 乃云 若揀不得 莫妨我東行西行라고 하였다. 〔참고문헌〕『禪苑淸規』, 『雲門廣錄』.

학방사 鶴放寺 경상남도 하동군 양보면 학방산(鶴放山)에 있는 절. 대한불교조계종 쌍계사(雙磎寺)의 말사로, 학방암(鶴放庵)·학방사(鶴芳寺)라고도 부른다. 『사탑고적고』에는 "소형석탑이 있고, 또 석불이 있는데 높이는 2척 8촌이고, 두께는 3촌이다. 有小形石塔 又有石佛 高二尺八寸 厚三寸"라고 하였다. 1996년에 진조(眞照)가 가람을 정비하였으며, 현존하는 당우로는 대웅전·미륵전·산신각·요사 등이 있는데, 산신각 안에는 '봉청산왕대신 奉請山王大神'이라는 글자를 새긴 큰 돌이 가운데 서 있고, 절 마당에는 부분 훼손된 석탑 2기가, 미륵전에는 마멸된 석불이 봉안되어 있다. 〔참고문헌〕『寺塔古蹟攷』, 『韓國寺刹全書』 권하 p.1130a10.

학법 學法 Ⓢ śikṣā dharmāḥ, Ⓟ sekhā dharmā, Ⓣ slob-pa'i chos. 익혀야 할 법이 있어 유학법(有學法)이라 하고, 유학자(有學者)가 성취하는 법으로 무학법(無學法)과 상대한다. 『구사론』 권24(대정장29, p.127a11 : *Abh-k-bh.*, p.365)에 "학법이란 어떤 것인가? 유학자의 무루유위법을 말한다. 學法云何 謂有學者無漏有爲法 atha śaikṣā dharmāḥ katame. śakṣasyānāsravāḥ", 『유가사지론』 권66(대정장30, p.668a11)에 "무엇이 학법인가? 즉 예류·일래·불환의 유학보특가라의 출세유위법이나 세간선법을 학법이라고 한다. 云何學法 謂或預流 或一來 或不還 有學補特伽羅 若出世有爲法 若世間善法 是名學法"라고 하였다. 〔참고문헌〕『俱舍論』, 『瑜伽師地論』, *Abh-k-bh.*, *Sp.1.20.* ⇨ 유학법 有學法, 무학법 無學法

학법관정 學法灌頂 제자의 위를 인정하는 밀교 의식. 스승의 지위를 인정하는 전법관정(傳法灌頂)에 상대한다. 수명관정(受明灌頂)·수법관정(受法灌頂)·지명관정(持明灌頂)·제자관정(弟子灌頂)이라고도 한다. 『대일경소연오초』 권3(대정장59, p.26b7)에 "학법과 전법이란 스승과 제자의 두 위를 인가하는 관정이다. 제자의 지위를 인가하는 것을 학법관정이라 하고 스승의 지위를 인가하는 것을 전법관정이라 한다. 이 두 가지는 거듭하여 진언행자가 수행에 들어가는 순서이므로 곳곳에서 이에 대해 밝혀놓았다. 學法傳法者 師資兩位灌頂也 印可資位名學法 印可師位名傳法 此二重眞言行者入修次第故 處處對明之也", 『계람습엽집』 권112(대정장76, p.885c2)에 "그 첫째는 학법관정이니 진언행자가 자증과 이타를 행하여 경궤를 전수하고 비밀교를 허락하는 것이다. 월삼매야의 잘못은 큰 죄이니 허락되지 않으면 어찌 비밀장을 펼치겠는가? 그러므로 대아사리에게 받아야 비밀장의 경궤의 수인과 진언을 열람할 수 있다. 허락하여 가능하게 하는 것을 삼마야라 하고 학법이라 이름 붙인다. 其第一則學法灌頂 謂行者爲自證利他 將授經軌 而主許祕 越三摩耶 誤猶大罪 未成許可 爭開密藏 然則云 從大阿闍梨受 可披覽密藏經軌之印眞言 令許可云三摩耶名學法矣"라고 하였다. 〔참고문헌〕『大日經疏演奧鈔』, 『溪嵐拾葉集』.

학법녀 學法女 Ⓣ dge-slob-ma. 식차마나(式叉摩那 Ⓢ śikṣamāṇā)의 한역어. 『사분율행사초』 권하(대정장40, p.155a5)에 "식차마나는 학법녀라 한역한다. 별도로 계를 받은 상태는 아니다. 먼저 불법에 뜻을 세워 육계법으로 마음을 수련함으로써 인연을 맺은 것으로 여긴다. 此云學法女 不別得戒也 先以立志 六法練心 爲受緣"라고 하였다. 〔참고문헌〕『四分律行事鈔』, *Mvyut.269.* ⇨ 식차마나 式叉摩那, 학계녀 學戒女

학봉오선사어록 鶴峰悟禪師語錄 청대 학봉제오(鶴峰

濟悟)의 어록. 2권. 상진(上震) 등 엮음. 가흥장38, pp.557a1~568a15에 수록되어 있다. 1695년(강희34) 서문을 붙여서 간행하였다. 상권에는 승좌(陞座)·소참(小參)·시중(示衆)·기연(機緣)·염송(拈頌)을, 하권에는 불사(佛事)·찬영(贊詠)·시게(詩偈)·가시(歌詩)를 각각 수록하였다. 말미에 행장(行狀)과 탑명(塔銘)이 붙어 있다.

학불 學佛 부처를 배우다. 부처가 되는 가르침을 익혀 행하는 일을 말한다. 『낙방문류』 권2 「관경구품도후서 觀經九品圖後序」(대정장47, p.170b23)에 "세간에서 부처를 배우는 이들이 처음에는 모두들 말하길 '생사하는 일이 가장 크기 때문이다'라고 하지 않음이 없지만, 명성과 이익으로 동요하여 세연에 빠지게 되면 생사대사는 접어두고 문제 삼지 않는다. 世之學佛者 其始莫不皆曰 爲生死事大故也 及乎聲利所動 世緣所汨 則死生大事 置而弗論"라고 하였다. 〔참고문헌〕『樂邦文類』.

학불대비심 學佛大悲心 부처님의 대비심을 익히다. 『관경소현의분』(대정장37, p.245c28)에 "부처님의 대비심을 배우면서, 기나긴 세월 동안 물러나지 않는 이, 청컨대 멀리서도 가피해 주시어, 념념에 모든 부처님 친견토록 하소서. 學佛大悲心 長時無退者 請願遙加備 念念見諸佛"라고 하였다. 〔참고문헌〕『觀經疏玄義分』. ⇨ 대비심 大悲心

학불법 學佛法 Ⓢ buddha-dharmeṣu √śikṣ. 불법을 배우다. 『소품반야경』 권1(대정장8, p.541a9 : Aṣṭ-pr., p.21)에 "만약 불법을 배우고 일체지인 살바야를 배운다면 무량무변의 불법을 배울 것이며, 무량무변의 불법을 배운다면 … 이 사람은 법에 있어 취할 것도 없고 다할 것도 없게 되어서야 배운다고 할 수 있다. 若學佛法 學薩婆若 則學無量無邊佛法 若學無量無邊佛法者 … 是人於法 無所取無所滅故學 yo buddhatve sarvajñatve vā śikṣate so 'prameyeṣv asaṃkhyeyeṣu buddhadharmeṣu śikṣate. yo 'prameyeṣv asaṃkhyeyeṣu buddhadharmeṣu śikṣate … sa na sarvajñatāyā api parigrahāya śikṣate notpādāya nāntardhānāya śikṣate", 『설무구칭경소』 권1(대정장38, p.1003c10)에 "불법을 배우는 이란 저 거대한 코끼리와 같다. 믿음을 손으로 삼고, 버림을 상아로 삼으며, 정념을 목으로 삼고, 지혜를 머리로 삼으며, 그 두 어깨에 선법을 모아 짊진다. 學佛法者 如大龍象 以信爲手 以捨爲牙 以念爲頸 以慧爲頭 於其兩肩 擔集善法"라고 하였다. 〔참고문헌〕『小品般若經』, 『說無垢稱經疏』, *Aṣṭ-pr.*

학불법성외도 學佛法成外道 불법을 배워 외도가 된 사람. 『마하지관』 권10상(대정장46, p.132c5)에 "불법을 배우고 외도가 되는 사람은 불법의 교문에 집착한 끝에 번뇌를 일으켜 뜻에 들어가지 못한다. 『대지도론』 권18(대정장25, p.194a28)에 '만약 반야의 방편을 얻지 못하면 아비담에 들어간 즉시 유에 떨어지고, 공에 들어간 즉시 무에 치우치며, 곤륵에 들어가서는 역유역무에 빠져든다'라고 하였고, 『중론』에는 '비유비무를 붙들면 우치론이라 하니, 정법에 기울어 붙들리면 도리어 삿된 인법이 된다. 만약 마하연의 네 문을 배우더라도 반야의 뜻을 잃고 삿된 불길에 태워지니 도리어 삿된 인법이 된다'라고 하였다. 學佛法成外道 執佛教門 而生煩惱 不得入理 大論云 若不得般若方便 入阿毘曇 卽墮有中 入空卽墮無中 入昆勒 墮亦有亦無中 中論云 執非有非無 名愚癡論 倒執正法 還成邪人法也 若學摩訶衍四門 卽失般若意 爲邪火所燒 還成邪人法"라고 하였다. 〔참고문헌〕『摩訶止觀』, 『大智度論』.

학빈 學顰 효빈(效顰)이다. 『종용록』 65칙 「평창 評唱」(대정장48, p.268a8)에 "마치 서시가 가슴 아파 가슴을 부여잡고 이맛살 찌푸린 것을 그녀의 아름다움 한층 돋보이게 하였다 해서 추녀들도 찡그림 따라하니 못생긴 얼굴 더 못나게 하는 것과 같다. 이는 입과 귀로만 배울 따름이어서 미묘한 깨달음에는 힘쓰지 않는 이들을 비판하는 비유이다. 如西施心痛 捧心而顰 更益其美 醜女學顰 更益其醜 此責口耳之學 不務妙悟者"라고 하였다. 〔참고문헌〕『從容錄』. ⇨ 효빈 效顰

학사 學肆 배우기 위해 모여드는 곳. 도량(道場)의 뜻이다. 사는 본래 점포(店鋪)의 뜻이 있는데 말로 늘어놓아 시비를 홍정하는 거점이라는 뜻이다. 『석씨요람』 권하(대정장54, p.295a23)에 "학사 : 사라 하면 팔기 위해 물건들을 펼쳐 놓는다. 후한 때 장해는 자가 공초였다. 배우려는 무리들이 따랐는데 그의 거처가 시장이었기에 지금도 배우는 곳을 사라 한다. 學肆 肆者 所以陳貨鬻之物也 因後漢張揩 字公超 學徒隨之 所居爲市故 今學處稱肆焉"라고 하였다. 〔참고문헌〕『釋氏要覽』, 『肇論疏』 권하(대정장45, p.190b15).

학산사 鶴山寺 함경남도 고원군 도성산에 있던 절. 『동국여지승람』 권48 함경도 고원군 불우와 『범우고』 함경도 북청에 "도성산에 있다. 在道成山"고 하였다. 김성일(金誠一 1538~1593)의 『학봉일고』 권1 시(詩) 「차서애운증법선 次西厓韻贈法禪」에 "학산사에서 독서한 지 손꼽아보니 지금 얼마나 지났나. 스님 오셔서 옛 일 이야기하며 소매 속 백운편을 꺼낸다. 讀書鶴山寺 屈指今幾年 山僧來話舊 袖出白雲篇"라고 하였다. 『선조실록』 권14 13년(1580) 윤4월 3일에는 김성일은 당시에 함경도순무어사(咸鏡道巡撫御史)라고 하였다. [참고문헌]『東國輿地勝覽』, 『梵宇攷』, 『宣祖實錄』, 『鶴峯逸稿』 권1, 『韓國寺刹全書』 권하 p.1130a13.

학살라 鶴薩羅 북인도 고대국가 조구타(漕矩吒 Ⓢ Jāguḍa)의 도성. 오늘날 아프가니스탄의 가즈니(Ghazni)의 동쪽에 있었다. 『대당서역기』 권12(대정장51, p.939b21)에 "학살라 지역에서 솟은 샘이 여러 줄기로 흘러 국인이 이익을 보았으니 그것으로 논밭에 물을 대었다. 鶴薩羅城中 踊泉流派 國人利之 以漑田也"라고 하였다. [참고문헌]『大唐西域記』.

학서 鶴西 조선후기 스님. 법호는 인봉, 법명은 학서(鶴西)다. 본래 통도사 스님이나 해인사 홍제암(弘濟庵)에서 오랫동안 주석하였고, 1883년(고종20)에 화주(化主)로서 『육조단경 六祖檀經』의 판각을 주도하고, 1885년(고종22)에도 화주로서 장경각(藏經閣) 법보전(法寶殿) 삼존불상을 개금하는 데 앞장섰다. 『경허집』 「인봉화상영찬 茵峰和尙影贊」(한불전11, p.614a17)에 "넉넉해 도타운 그 모습, 그 마음 또한 그대로 어지시네. 일념중에 부처되시려고 저 줄 당기듯 하시고 늘 패엽 외우시니 길을 닦음 또한 깊으셨다네. 참된 자태 엄연히 중당에 높이 걸리시니 중생과 부처 둘이 없어 엉긴 듯 하나 되었으니, 크게 그리워하고 깊이 기리며 절하는 손 높이 모두어 올립니다. 豊厚其貌 其心則賢 一念之中 佛覺如絃 常誦貝葉 做道又玄 眞儀儼爾 中堂高懸 生佛不二 凝然一圈 景慕深贊 拜手擎卷"라고 하였다. [참고문헌]『鏡虛集』, 李智冠 『伽倻山海印寺誌』 p.772·940, 「法寶殿佛像腹藏發願文」(李智冠, 앞의 책, pp.100~101).

전불심인부종수교인봉당대선사지진 해인사성보박물관 조선후기

학서사 鶴棲寺 ❶ 함경북도 무산군 학서산에 있던 절. 『범우고』 함경도 무산에 "학서사〈학서산에 있다〉. 鶴棲寺〈在鶴棲山〉"고 하였다. [참고문헌]『梵宇攷』, 『韓國寺刹全書』 권하 p.1130a15. ❷ 황해남도 장연군 괴림산에 있던 절. 학서사(鶴栖寺)·곡서사(鵠棲寺)·학림사(鶴林寺)라고도 부른다. '기자홍범도 箕子洪範圖'와 관련이 깊다. 『여지도서』 황해도 장연부(長淵府) 사찰과 『가람고』 황해도 장연에 "학서사〈부의 서쪽 삼십리 쯤인 순택방 괴림산에 있다. 이전에 지네가 많아 스님에게 해가 되었으므로 닭을 많이 키웠는데, 닭 한 마리 학으로 바뀌어 와서 머물렀기에 이름을 붙였다고 사적비에 쓰여 있다〉. 鶴棲寺〈在府西三十里 蓴澤坊槐林山中 舊多蜈蚣而害僧 故養鷄千群 其中一鷄化鶴來棲 故名 見事迹碑〉"고 하였는데, 『범우고』 황해도 장연에는 "곡서사〈괴림산에 있는데 절 뒤에는 사명대사영당이 있다〉. 鵠棲寺〈在槐林山 寺後有四溟大師影堂〉"고 하였다. 1628년(인조6) 4월에 무하자(無荷子) 지은 「황명조선국황해도장연부북송월산학림사사적지 皇明朝鮮國黃海道長淵府北松月山鶴林寺事蹟誌」(『조선사찰사료』 권하 pp.273~295)에는 장연부(長淵府)의 건치연혁을 정리하고서 연혁을 적었다. 북위(北魏) 아골마(阿骨摩)의 아들 묵호자(墨胡子)가 출가하여 법명을 아도(阿道)라 하고는 신라에 불법을 전한 뒤, 눌지왕대 오백대찰을 영건할 때 학림사를 창건하였다. 송월산은 칠십여 봉우리가 불보살과 승가의 모습이어서 주봉 비로와 거기서 갈라진 다섯 봉우리는 가섭·아난·향로·옥경·삼장 등으로 불렸으며, 각 봉우리 주변에는 봉우리 이름을 붙인 사암(寺庵)이 자리하였다. 당 현종이 상중에 조선 낭주(朗州) 월남(月南)의 도선(道詵)을 모시라는 꿈에서 깬 뒤, 사신을 보내 도선에게 능묘 자리를 점쳤는데, 도선은 일행(一行)을 만나 단서(丹書)를 받아 귀국하여 송악산(松岳山) 왕융(王融)에게 전하였다. 후손인 태조 왕건은 즉위한 다음 도선을 국사로 삼고 팔관대재를 설행하면서 일행의 가르침에 따라 천백의 사탑을 조성하여 산 이름을 송월산으로 불렀다. 그 뒤에 학이 깃들어 살아 백학암(白鶴巖), 백학동(白鶴洞), 청학동(青鶴洞) 등으로 불렸는데, 부처님께서 백학색으로 시멸하셨기에 학림사라고 불렀다. 고려 공민왕 때 나옹조사(懶翁祖師)가 중창한 뒤에는 지공조사(指空祖師)와 무학묘엄존자(無學妙嚴尊者)가 머물기도 하였다. 1459년(세조5)에 보광전을 중수하였고, 1499년(연산군5)에 혜암(惠庵)이 화주를 맡고 윤호(尹浩)가 단월이 되어 영산탱화 등을 봉안하였다. 창사 이래 선종의 수찰(首刹)이었다가 1562년(명종17)에 화엄 대덕 학상(學尙)·의열(義悅)·영규(靈珪) 등이 승풍(僧風)을 바르게 하면서 교종 주찰이 되었다. 1628년(인조6)에 지공(志公)이 중수하며 사적의 정리를 청할 때까지 충보(忠輔)의 본산으로 자리하였다. 1710년(숙종36)에 최도(崔濤)가 짓고, 김진서(金鎭西)가 글씨를 쓴 「유명조선국황해도장연서괴림산학서사사적비 有明朝鮮國黃海道長淵西槐林山鶴栖寺事蹟碑」에는 "장단부 서쪽 삼십(리)에 괴림산이 있고 학서사가 있다. 속전에 옛날에 한 노스님이 … 손수 호미로 무성한 풀 사이의 이끼를 파니 작은 암자 흔적이 갑자기 나타났다. … 그 암자를 괴림이라고 불렀다. … 학이나 고니 같기도 하고 그렇지 않기도 한 새 한 마리가 암자 앞에 날아와 괴림 위에 둥지를 틀었다. … 마침내 암자의 이름을 학서로 바꾸었다. 長潭府西三

十地 有山曰槐林 有寺曰鶴棲 俗傳 古有一老僧 … 手鋤茂草之間苔壤 則有一小菴倏然露出 … 名其菴曰槐林 … 有一鳥似鶴非鶴似鵠非鵠 飛集于菴前 作巢于槐上 … 遂改菴名曰鶴栖"고 하였으므로, 1710년 이전에 괴림산 학서사로 이름을 바꾼 듯하다. 『임하필기』 권16 문헌지장편(文獻指掌編) 「기자홍범도 箕子洪範圖」에 "선조 33년(1600)에 평안감사 서성은 기자가 무왕과 마주해 홍범을 말하는 모습을 조맹부가 중국에서 그린 것을 구하여 인현서원에 보관하였다. … 인조 4년(1626)에 정묘난을 당해 진본은 없어지고 초본만 있었다. … 한씨 성의 스님이 (진본을) 구하여 장연 학서사에 소장하였다가 뒤에 한연희에게 맡겼다. 숙종 45년(1719)에 한연희의 사대손인 한진태가 본원(인현서원)에 봉안하였는데, 본원의 그림과 조금도 다르지 않았다. 宣祖三十三年 平安監司徐渻 得趙孟頫所畫箕子對武王陳洪範圖於中朝 藏之仁賢書院 … 仁祖四年 値丁卯之亂 眞本見逸 惟存初本 … 有韓姓僧人得之 藏于長淵鶴棲寺 後托之韓連希 肅宗四十五年 連希四世孫晉泰 奉安于本院 與本院晬容 毫髮不爽", 『승정원일기』 742책 영조8년(1732) 5월 1일에 "정묘호란을 당해 잃어버렸습니다. 서원 옆 절의 스님이 다행히 구하여 … 본읍 기산 아래의 사인 한연희에게 전하였고 한연희는 사세 동안 집에서 보관하여 사람이 알지 못하였는데, 갑오년(1714)에 읍인 김경유가 기성의 그림이 한씨 집에 소장되어 있다는 것을 듣고 … 상소를 올렸는데, … 상소중에 '원 순제가 동쪽으로 우리나라에 행차하였을 때 기성의 그림이 중국에서 와서 본읍의 문수암에 봉안되었습니다. 세월이 오래되어 어디에 있는지 몰랐는데, 지금 다행히 학서사에서 구하였습니다.…'고 하였다. 値丁卯胡亂失之 院傍寺僧 幸以得之 … 傳與本邑箕山下士人韓連希 韓連希藏于家四世 人莫知之 往在甲午 邑人金景游 竊聞其箕聖粹容之藏在於韓氏家中 … 遽自疏 … 其疏中曰 元順帝東遊海東 箕聖遺像 來自中國奉安於本邑文殊菴 歲久泯沒 莫知在處 今幸得之於鶴棲寺云云", 『정조실록』 권12 5년(1781) 7월 23일에는 "(어느)암자의 스님이 스스로 기성의 후예라고 하면서 몸소 진본을 받들고 난을 피하여 장연 학서사에 와서 머물렀다. 菴僧自以箕聖遺裔 躬奉眞本 逃難來住於長淵鶴棲寺"고 하였다. 『한국사찰전서』 권하 홍국사에 소개된 「한미산홍국사만일회비기 漢美山興國寺萬日會碑記」에는 "철종 갑인년(1854·철종5) 봄에 장연 학서사에 있는 옹정 신미년(정미년·1727·영조3)에 사백여 근으로 주조한 범종과 삼존불상·칠성탱화 등을 홍국사로 옮겨 봉안하였다. 有哲宗甲寅春 有長連鶴棲寺 雍正辛未鑄四百餘斤梵鍾 三尊像佛像七星佛幀 運此安之"라고 하였는데, 일제강점기에 절터의 오층석탑, 벽담대사(碧潭大師)사리탑비, 사적비 등을 촬영한 사진이 현재 국립중앙박물관에 소장되어 있다. [참고문헌] 『輿地圖書』, 『伽藍考』, 『梵宇攷』, 『林下筆記』, 『正祖實錄』, 『承政院日記』, 『韓國寺刹全書』 권하 p.1129d10·p.1130a16·1211b8. ⇨ 곡서사 鵠棲寺

학서암 鶴棲庵 **1** 경기도 김포시 운양동 운양산(雲陽山)에 있던 암자. 『여지도서』 경기도 김포군읍지 사찰에 "지금은 없다. 今無"라고 하였다. [참고문헌] 『輿地圖書』, 『梵宇攷』, 『韓國寺刹全書』 권하 p.1130b4. **2** 경상북도 안동시 길안면 금곡리 황학산(黃鶴山) 용담사(龍潭寺)의 산내암자. 대본산 고운사(孤雲寺)의 말사였다. [참고문헌] 『韓國寺刹全書』 권하 p.1130b9. **3** 전라남도 완도군 생일면 생일도(生日島) 백운산(白雲山)에 있는 암자. 『문화유적총람』에 1615년(광해군7)에 선관도승이 건립하였다고 하였으나 문헌 기록은 전하지 않는다. 1719년(숙종45)에 천관사(天冠寺) 스님 화식(和湜)이 창건하였고, 1734년(영조10)에 화식의 상좌인 각명(覺明)이 중창한 후 1754년(영조30)에 삼창(三刱)하였다. 1800년(정조24)에 신란(愼蘭)이 사창(四刱)하면서 쓴 「학서암사중창기 鶴棲庵四重刱記」가 있으며, 다섯 번째 중창 이후인 1899년(고종36)에 이승태가 여섯 번째로 중창하였다. 1939년 일곱 번째 중창을 위해 「백운산학서암실적경고문 白雲山鶴棲庵實蹟敬告文」을 작성하였다. 2001년 대한불교조계종 백양사(白羊寺) 말사로 이관되어 운영되고 있으며, 현존하는 당우로는 대웅전·요사 등이 있다. [참고문헌] 『支提誌』, 『韓國寺刹全書』 권하 p.1130b7, 『文化遺蹟總覽』(文化財管理局, 1977) p.416. **4** 충청남도 예산군 덕산면 사천리 덕숭산(德崇山)에 있는 정혜사(定慧寺)의 산내암자. 『한국사찰전서』 권하(p.1130b5)에 "1913년 만공선사가 창건하였다. 一九一三年 滿空禪師刱建"라고 하였다. [참고문헌] 『韓國寺刹全書』.

학선 鶴仙 고려 제28대 충혜왕(忠惠王 재위 1330~1332)·제30대 충혜왕(再復位 1339~1344) 때 개성 홍법사(弘法寺) 스님으로 기개가 충천하여 왕과 맞설 정도였다. 생몰연대는 알 수 없다. 『고려사』 권36 충혜왕 재복위 3년(1342) 6월 22일(辛酉)조에 따르면 "왕이 홍법사에 행차하여 마치 학(鶴)과 같이 청수한 학선(鶴仙)스님을 보고 스님에게 장생(長生)의 비법을 물으니, 스님이 답하되 '사람은 날 때부터 정해진 분수가 있어 그 한계를 넘는 이치는 없으므로 다만 악한 일을 저질러 생명을 재촉하는 행동만을 하지 않을 따름입니다'라고 하였다. 이때 왕이 술사(術士)의 말을 믿고 개성시 남부 환희방(南部歡喜坊)에 있던 숭교사(崇教寺)를 철거하려 하므로 이때 학선(鶴仙)스님이 헐어야 할 까닭을 물으니, 왕이 말하기를 '서운관에서 주청하되 「숭교사가 있는 위치에 절이 있으면 반드시 역신(逆臣)이 나타난다」 하므로 앞으로 조적(曹頔 ?~1339)과 같은 반역자가 다시 생겨날까 두려워하여 이 절을 철폐하려 한다'고 하였다. 스님이 고하기를 '목종(穆宗 : 고려 제8대 임금, 재위 997~1009) 때부터 이미 이 절이 있었는데 그간에 역신이 몇이나 있었습니까?'라고 반문하여 철거를 중지시켰다. 幸弘法寺 見僧鬻仙 因問長生訣 鬻仙對曰 人有定分 無過限之理 但不可爲惡以促之 時 王 信術士言 欲撤崇教寺 鬻仙 問其故 王曰 書雲觀云 此地有寺 逆臣必生 予恐曹頔復生 是以毁之 對曰 有穆宗時 已有此寺 其間 逆臣有幾", 같은 책 충혜왕 재복위 4년(1343) 4월 5일(庚子日)에 "충혜왕이 학선스님을 감옥에 가두었으나, 스님은 거문고, 그림, 의술에 능할 뿐만 아니라 중국말, 몽고말에도 능통하였으므로 왕이 크게 존경하여 사부(師傅)라고 칭하였다. 왕전(王殿)에 올라와서도 왕에게 절을 하지 않으므로 신하들이 그를 미워하였다. 게다가 교지마저 조작하여 죄수를 풀어 주거늘 왕이 크게 진노하매 감찰사에게 명하여 국문 끝에 제주도로 귀양을 보냈다. 庚子 王 下僧鬻仙獄 鬻仙 善琴 畵 醫術 亦解漢蒙語 王 敬重 稱爲師傅 上殿不拜 時人 疾之 至是 矯旨放囚 王怒 命監察司 鞠之 流濟州"라고 하였다. 〔참고문헌〕『高麗史』 권36. ⇨ 혹선 鬻仙

학선암 鶴仙庵 전라북도 김제시 금산면 청도리 구성산(九成山)에 있는 암자로 대한불교조계종 금산사의 말사이다. 신라말 함월(含月) 창건 또는 고려 성종 7년(988) 창건설 등이 전한다. 1913년에 문주(文周)가 중창한 이래 1938년에 지장탱화, 1967년 산신탱화를 봉안하였다. 1980년부터 도웅(道雄)이 주석하면서 수행도량으로서의 모습을 갖추었고, 1986년에 후불탱화와 신중탱화를 봉안하였다. 1992년 인법당을 중수하고, 이듬해에 요사를 중건하고 칠성각을 중수하여 오늘에 이른다. 〔참고문헌〕『韓國寺刹全書』 권하 p.1130b11.

학성 學性 1830~1886. 조선후기 해남 대흥사 스님으로, 휘는 학성(學性), 호는 응암(應庵), 속성은 김씨니, 1830년(도광10 : 순조30) 전라남도 영암(靈岩)에서 태어났다. 16세 때인 1846년(헌종12)에 해남 대흥사로 찾아가 자행책활(慈行策活)스님을 은사로 하여 스님이 되었다. 지주의첨(遲舟懿沾)스님으로부터 비구계를 받았고, 범해각안(梵海覺岸)에게서 보살계를 받았으며, 뒤에 은사인 지주(遲舟)의 법을 이어 받았다. 강수동장(綱首洞長)·대흥사 유나와 주지 등 소임을 맡아 청렴하고 공평무사하게 수행했다. 1886년(고종23) 3월 15일 대흥사 청신암(淸神庵)에서 세수 57, 법랍 40세를 일기로 입적하였다. 〔참고문헌〕『東師列傳』 권6「應庵禪師傳」(한불전10, p.1072c1).

학성 學城 생몰연대 미상. 속성은 오(吳)씨. 밀양 표충사 스님이다. 근세 일제강점에 맞서 독립운동을 전개하였으니 장옥(章玉)·찰수(刹修)·영식(永植)·성흡(性洽)·연운(蓮紜)·응석(應石)스님 등과 함께 주동이 되어 1919년(己未年 3·1운동) 4월 4일 경상남도 밀양군 단장면 대룡리의 단장 장날(市日) 일제(日帝)에 항거하여 시위를 벌였다. 출동한 일본 헌병에 의해 364명이 체포되었고 그 중 학성스님을 비롯하여 71명이 검사국으로 송치되었다. 〔참고문헌〕『獨立運動史』 권3(독립운동사편찬위원회, 1971), 『密陽郡誌』. ⇨ 성흡 性洽, 연운 蓮紜, 영식 永植, 응석 應石, 찰수 刹修

학성암 鶴聖庵 평안북도 희천군 북면 묘향산(妙香山)에 있는 암자. 『태고사사법 太古寺寺法』에는 대본산 보현사(普賢寺)의 말사라고 하였다. 『불교』 제14호(1925년 8월 1일 발행) 「관보초록 官報抄錄」 만주지이동(卍住持異動)에 '5월 5일 정운암(鄭雲庵) 사직(辭職) 박원명(朴圓明) 취직(就職)'이라 하였다. 〔참고문헌〕『佛敎』 제14호 p.44, 『韓國寺刹全書』 권하 p.1130b13.

학소암 鶴巢庵 **1** 강원도 양양군 항현면 둔전리 송암산(松岩山)에 있던 암자. 『사탑고적고』에 "부락 서북쪽 약 1리 송암산 중턱에 있으며, 와편이 산재되어 있다. 部落西北方約一里 松岩山中腹 瓦片散在而已"라고 하였다. 〔참고문헌〕『韓國寺刹全書』 권하 p.1130b17. **2** 강원도 양양군 양양면 파일리 설악산(雪嶽山) 영혈사(靈穴寺) 산내에 있던 암자. 「영혈사사적 靈穴寺史蹟」에 "조선 숙종 42년(1716) 병신 사승 학천이 절 북쪽 기슭 10리쯤에 학소암을 창건하였다. … 조선 순조 26년(1826) 병술 학소암이 폐사하였다. 朝鮮肅宗四十二年 丙申 寺僧鶴天 寺北麓十里許 鶴巢庵刱 … 朝鮮純祖二十六年 丙戌 鶴巢庵廢"라고 하였다. 〔참고문헌〕『乾鳳寺本末事蹟』(亞細亞文化社, 1977) pp.175~176. **3** 전라북도 전주시 완산구 고덕산(高德山)에 있는 암자. 대한불교조계종 금산사(金山寺)의 말사이며, 대본산 위봉사(威鳳寺)의 말사였다. 『한국사찰전서』 권하(p.1130b15)에 "광혜화상이 초창하였고, 1934년에 춘곡이 중창하였다. 廣惠和尙初創 一九三四年 春谷重刱"라고 하였으며, 『사찰지』에는 태조 이성계가 이곳을 지나다가 산세가 아름답고 조용하며 산수가 깨끗하다고 하며 산왕각(山王閣) 혹은 산신각(山神閣)에서 공부하고 간 이후 1550년(명종5)에 광혜화상이 학소암으로 창건하였다고 전하지만 「학소암중창기 鶴巢庵重創記」에서는 1786년(정조10) 광혜(廣惠)가 중창하였다 하였다. 1875년(고종12)에 칠성탱과 독성탱을 조성하였고, 1925년에는 극락전의 아미타후불탱화와 인법당의 신중탱화 등이 봉안되었고, 1984년에는 문화재자료로 지정되었다. 〔참고문헌〕『韓國寺刹全書』, 『

寺刹誌』(전라북도, 1990). **4** 평안남도 덕천군 표양산(表陽山)에 있던 암자. 『범우고』에 이름과 위치, 『사찰고』에 본존불이 아미타불이라 전한다. 〔참고문헌〕『梵宇攷』, 『寺刹考』, 『韓國寺刹全書』 권하 p.1130b19.

학송 鶴松　조선후기 유관(有寬)의 법호. ⇨ 유관 有寬

학수 學洙　운허용하(耘虛龍夏 1892~1980)의 속명. ⇨ 용하 龍夏, 운허 耘虛

학수 鶴樹　부처님께서 반열반하시자 학처럼 하얗게 변한 나무. 학림(鶴林) 또는 사라림(沙羅林)·사라수(娑羅樹)·사라쌍수(娑羅雙樹)라고도 부른다. 『법화현의석첨』 권1(대정장33, p.817b28)에 "처음에 적장(寂滅道場)에서 시작하여 마지막으로 학수에서 열반에 드셨으므로 일기라 한다. 始自寂場 終乎鶴樹 故曰一期", 『북산록』 권1(대정장52, p.579b6)에 "그 사라림〈범어로 사라라고 하며, 견고라 한역하니 겨울을 이겨내서 시들지 않는다〉은 사쌍팔척으로 합하여 두 나무 되었는데, 가지를 드리워 아래를 가렸으며 무성하고 흰 것이 저 백학의 색과 같았으니, 이 때문에 그것을 일러 학수라 하였다. 굳센 잎이 서리를 머금어서 겨울을 나도 시들지 않았기에 그것을 일러 견고림이라 하였다. 其娑羅林〈梵云娑羅 此云堅固 凌冬不凋也〉 四雙八隻 合爲二樹 垂條下掩 離離皓素 如白鶴色 以是 謂之鶴樹也 勁葉含霜 凌冬不凋 故謂之堅固林也", 『원각경소초수문요해』 권1(卍속장15, p.496a14)에 "동방의 쌍은 부처님 뒤에 있었고 서방의 쌍은 부처님 앞에 있었으며, 남방의 쌍은 부처님 발에 있었고 북방의 쌍은 부처님 머리에 있었는데, 부처님께서 입멸하시고 나자 동서의 두 쌍이 합하여 한 나무 되었고 남북의 두 쌍 역시 합하여 한 나무 되어서 드리워 여래를 덮었는데 애처로워 하얗게 변하니 마치 저 백학과 같았으므로 이름하여 학수라 하였다. 또한 사라림이라고도 이름하는데 견고라 한역한다. 東方雙在於佛後 西方雙在於佛前 南方雙在於佛足 北方雙在於佛首 佛入滅已 東西二雙 合爲一樹 南北二雙 亦合爲一樹 垂覆如來 慘然變白 猶如白鶴 名爲鶴樹 亦名娑羅林 此云堅固", 『비니지지회집』 권1(卍속장61, p.664b15)에 "학수 : 학림이라고도 한다. 여래께서 세간에 나오셔서 법을 설하여 중생을 이롭게 하셨는데 교화의 인연이 있는 일이 끝나자 사라쌍수 사이에서 2월 15일에 열반에 드셨다. 쌍수가 모두 하얗게 변했는데 마치 저 학의 색과 같았기에 학림이라 이름하였다. 鶴樹 亦云鶴林 如來出世 說法利生 化緣事訖 於娑羅雙樹間 二月十五日 入涅槃 雙樹皆悉變白 猶如鶴色 故名鶴樹", 『중치비니사의집요』 권1(卍속장63, p.344a4)에 "부처님께서 열반에 드시자 쌍수가 모두 하얗게 변했으니 마치 저 학의 색과 같았기에 학수라 이름하였다. 佛入涅槃 雙樹皆悉變白 猶如鶴色 故名鶴樹", 『백법론현유초』 권1(卍속장87, p.263a12)에 "학수란 말은 곧 사라쌍수다. 부처님 입멸 때 변하여 백색이 되었는데 학인 듯하였으니 곧 금하 서변에 네 쌍의 나무가 있었다. 부처님께서 이 숲 중에 북쪽으로 머리를 두시고 서쪽을 면하고서 열반에 드셨는데, 바로 입멸 때 그때 이 네 나무는 곧 슬픈 소리를 내며 변하여 백색이 되었지만 네 나무는 원래대로 푸르러 변하지 않았다. 즉 동변에 두 나무 있었으니 푸른 것은 상수라 이름하였고 하얗게 변한 것은 무상수라 이름하였으며, 남변에 두 나무는 푸른 것은 낙수라 이름하였고 하얗게 변한 것은 무락수라 이름하였으며, 서변에 두 나무 있었는데 푸른 것은 아수라 이름하였고 하얗게 변한 것은 무아수라 이름하였으며, 북변에 두 나무 있었으니 푸른 것은 정수라 이름하였고 하얗게 변한 것은 무정수라 이름하였다. 言鶴樹者 卽是娑羅雙樹 佛入滅時 變爲白色 似鶴樹也 卽金河西邊 有四雙樹 佛於此林中 北首面西 入涅槃也 卽入滅時 時此四樹 便慘聲 變爲白色也 四樹元靑翠 不變也 卽東邊有二樹 靑者 名常樹 變白者 名無常樹 南邊二樹 靑者 名樂樹 變白色者 名無樂樹 西邊有二樹 靑名我樹 變白者 名無我樹 北邊有二樹 靑者 名淨樹 變白者 名無淨樹", 『조정사원』 권8(卍속장113, p.225a4)에 "학수 : 세존께서 반열반에 임하셨는데 그 사라림이 드리워 보상을 덮었다. 그때 곧 슬픔 이기지 못해 하얗게 변하니 마치 저 백학과 같았기에 학수라고 하였다. 鶴樹 世尊臨般涅槃 其娑羅林 垂覆寶牀 時卽慘然變白 猶如白鶴 故曰鶴樹"라고 하였다. 〔참고문헌〕『法華玄義釋籤』, 『北山錄』, 『圓覺經疏鈔隨文要解』, 『毗尼止持會集』, 『重治毗尼事義集要』, 『百法論顯幽鈔』, 『祖庭事苑』. ⇨ 학림 鶴林, 사라수 娑羅樹

학수사 鶴樹寺　강원도 원주시 귀래면 미륵산(彌勒山)에 있던 절. 산은 용화산(龍華山)으로도 불린다. 절의 북쪽에는 신라 경순왕(敬順王)의 영정(影幀)을 봉안한 경천묘(敬天廟)가 있다. 1632년(인조10)에 성탄(性坦)이 발문을 적은 「유명조선국강원도원주학수사사적 有明朝鮮國江原道原州鶴樹寺事迹」(『한국사찰전서』 권하 pp.1130b20~1131b19)에는 학수사가 경순성왕(敬順聖王 : 경순왕)의 별원당(別願堂)이라고 하였다. 경순왕은 고려 태조 왕건(王建)에게 나라를 넘겨주고 제천(堤川)에 이궁(離宮)을 짓고 머물렀다. 그 때 하늘에서 석불이 용화산 정상에 내려왔고, 왕은 이적(異蹟)에 감동하여 산 아래에 원당(願堂)을 짓고 영산회탱(靈山會幀)을 그려 봉안하였다. 그 뒤 수풀이 무성하고 날짐승과 들짐승만 오갈 정도로 황폐해졌는데, 황산(黃山)의 엽사(獵士)가 조성할 때 모습 그대로의 불상과 함께 영산회탱, 경순성왕과 경순성비를 함께 모신 흔적을 옛 전각에서 찾고는 감동하여 전각을 중수하고 탱화와 영정을 모셨다. 아울러 산에서 미륵을 보았으므로 산 이름을 미륵산으로 고쳤고, 절 이름도 용화학수(龍華鶴樹)라고 바꾸어 불렀다. 조선초에 이색(李穡)·권희(權僖)·권근(權近)·권우(權遇)·권전(權踐) 등이 정성을 다하여 옛 전각을 다시 건립하고 탱화와 영정을 다시 빛나게 하였다. 경순왕 영정은 언제인지는 알 수 없지만 자손과 사림(士林) 등이 예조(禮曹)에 바쳤다. 원주시에서 최근에 경천묘를 복원하면서 경순왕 영정을 다시 모사하여 모셨다. 박세당(朴世堂)의 문집『서계집』권4「석천록 石泉錄」하 '증축환 贈竺還'에는 진천(鎭川)이 고향인 환(還)은 어려서 출가하여 죽산(竹山)의 칠장사(七長寺)에 있다가 근래에 용화산 학수사(鶴樹寺)로 옮겨 머문 지 몇 년이 되었는데, 청휘(淸暉)의 제자 해운(海雲)을 스승으로 모셨고, 글씨에 능하고 독경을 잘하였으며, 글을 모아『어산집 魚山集』을 엮었다고 하였다. 〔참고문헌〕『韓國寺刹全書』권하,『西溪集』(韓國文集叢刊 134, pp.64b18~65a9).

학수종담 鶴樹終譚 학수에서 전한 마지막 설법. 학수는 학림(鶴林)의 이칭으로 부처님 열반처인 사라쌍수(沙羅雙樹), 종담은 그곳에서 남기신 최후의 설법. 경전으로는『불유교경 佛遺敎經』을 말한다.『영각광록』권27「동상고철 洞上古轍」(卍속장125, p.725b14)에 "용궁 가득한 장경은 의술의 도리이지만, 학수에서 전한 마지막 설법은 이치가 아직 깊지 못하다네. 참되고 청정한 법계에서 맞이하는 겨우 한 찰나가, 염부제에서는 벌써 팔천 년을 지난다네. 龍宮滿藏醫方義 鶴樹終譚理未玄 眞淨界中纔一念 閻浮早已八千年"라고 하였다. 〔참고문헌〕『永覺廣錄』.

학습 學習 배우고 익히다.『장아함경』권2「유행경 遊行經」(대정장1, p.11c13)에 "부처님께서 비구에게 말씀하셨다. '다시 칠법 있으니 법으로 하여금 증장하게 하여 덜거나 주는 일 없게 한다. 무엇을 일러 칠이라 하는가? … 여섯째 예전에 배워 익힌 것 기억해 가져 잊지 않는다'. 佛告比丘 復有七法 令法增長 無有損耗 何謂爲七 … 六者 昔所學習 憶念不忘",『중아함경』권29「사문이십억경 沙門二十億經」(대정장1, p.612a2)에 "이에 존자 사문이십억은 편안하고 조용히 홀로 머물며 연좌하고 사유하여 마음으로 이런 념 지었다. '만약 세존의 제자로서 부지런히 정법과 율을 배워 익히는 이 있다면 내가 제일이라 하지만, 모든 번뇌의 마음이 해탈을 얻지 못하였다. 나의 부모 집안은 극히 크게 부유해 즐거우며 허다히 재물도 많으니, 나 이제 차라리 계를 버리고 도행을 그만두고서 보시하여 여러 복업들 닦는 게 낫지 않겠는가'. 於是 尊者沙門二十億 安靜獨住 宴坐思惟 心作是念 若有世尊弟子 精勤學習 正法律者 我爲第一 然諸漏心 不得解脫 我父母家 極大富樂 多有錢財 我今寧可捨戒罷道行 欲布施修諸福業耶"라고 하였다. 〔참고문헌〕『長阿含經』,『中阿含經』. ⇨ 습학 習學

학실나 鶴悉那 북인도 고대국가 조구타(Ⓢ Jāguḍa)의 수도. 오늘날 아프가니스탄의 가즈니(Ghazni)에 비정된다.『대당서역기』권12(대정장51, p.939b17)에 "조구타국은 사방 칠천여 리 크기이다. 대도성은 학실나라 하며 사방 30여 리이다. 또는 대도성은 학살라성이고 그 성은 사방 30여 리라고도 한다. 이들은 모두 견고하고 높으며 험한 지형이다. 漕矩吒國 周七千餘里 國大都城 號鶴悉那 周三十餘里 或都鶴薩羅城 城周三十餘里 並堅峻險固也"라고 하였다. 〔참고문헌〕『大唐西域記』.

학심 學心 무루(無漏)의 두 가지 마음 중 하나. 유학성자의 마음으로 무학심(無學心)과 상대한다.『아비담비바사론』권15(대정장28, p.110b27)에 "자체는 해탈하였으나 몸은 그렇지 않은 것이란 곧 학심이다. 自體得解脫非身者 謂學心是也",『사리불아비담론』권27(대정장28, p.698c22)에 "어떤 것이 학심인가? 마음은 성스러우나 무학에는 이르지 못한 것을 학심이라고 한다. 云何學心 若心聖非無學 是名學心",『현종론』권11(대정장29, p.827a19)에 "학심은 네 가지로부터 곧바로 생기니, 즉 학심과 삼계의 선심을 말한다. 그리고 이것은 곧바로 다섯 가지 마음을 낳으니, 앞의 네 가지 마음과 무학의 한 가지 마음을 말한다. 學心從四無間而生 謂卽學心及三界善 卽此無間能生五心 謂前四心及無學一"라고 하였다. 〔참고문헌〕『阿毘曇毘婆沙論』,『舍利弗阿毘曇論』,『顯宗論』. ⇨ 무학심 無學心

학심사 鶴深寺 경상북도 안동시 풍산읍 죽전리(竹田里)에 있던 절.『사탑고적고』에 "신라시대 고찰로 터가 있다. 新羅時代古刹遺址云"고 하였는데,『문화유적총람』중권 안동군에는 1층 옥신석 남쪽에 감실이 돋을새김되었으나 기단부 등의 부재가 제법 훼손된 높이 3m의 '안동죽전동삼층석탑'이 절터에 남아 있다고 하였다.『영가지』권6 고적에 "악심사〈풍산현 북쪽 현공산 동구, 지금의 악심리에 있으며, 석탑이 남아 있다〉. 岳心寺〈在豐山縣北懸空山洞口 今岳心里 石塔猶在〉"라고 하였는데,『안동향토지』에도 주변 밭두둑에 옛 축대 흔적이 남아 있다고도 하였으므로, 악심사(岳心寺)로도 불린 듯하다. 〔참고문헌〕『寺塔古蹟攷』,『永嘉誌』,『韓國寺刹全書』권하 p.1131b20,『文化遺蹟總覽』中卷(文化公報部 文化財管理局, 1977) p.150, 宋志香『安東鄉土誌』(大星文化社, 1983). ⇨ 악심사 岳心寺, 안동죽전동삼층석탑 安東竹田洞三層石塔

학어 學語 말만을 익히다.『경덕전등록』권20「서룡유

장전 瑞龍幼璋傳」(대정장51, p.367b16)에 "말만 익히는 무리들은 스스로 자신을 돌아보아 곧게 할 줄 모르고 허공에서 꽃을 따거나 물에 잠긴 달을 뜨고자 할 뿐이다. 若是學語之輩 不自省己知非直 欲向空裏采華 波中取月", 『운문광록』 권상(대정장47, p.551a19)에 "그대 다만 말만 배우는 무리라. 將知爾秖是 學語之流"라고 하였다. 〔참고문헌〕『景德傳燈錄』, 『雲門廣錄』.

학어인 學語人 말만 익히는 사람. 『경덕전등록』 권28 「대주혜해화상어 大珠慧海和尙語」(대정장51, p.443c3)에 "마치 앵무새가 사람의 말만 익힐 뿐 사람의 뜻은 모르듯이 경은 부처님의 생각을 전함에도 부처님의 생각을 모르고 외우기만 한다면 말만 배우는 이라 하겠다. 如鸚鵡只學人言 不得人意 經傳佛意 不得佛意而但誦 是學語人"라고 하였다. 〔참고문헌〕『景德傳燈錄』.

학업 學業 Ⓢ śaikṣaṃ karma, Ⓣ slob-pa'i-las. 유학의 업. 유학의 신구의(身口意) 삼업과 사업(思業)을 말한다. 무학업(無學業)과 상대한다. 『품류족론』 권7(대정장26, p.718a1)에 "학업이란 어떤 것인가? 유학의 신어업 및 유학의 사업을 말한다. 學業云何 謂學身語業及學思", 『유가사지론』 권9(대정장30, p.320a6 : *Yogā-bh.*, p.192)에 "학업이란 이생이나 이생이 아닌 이가 배움을 연이어 가는 중에 갖게 되는 선업을 말한다. 學業者 謂若異生 若非異生 學相續中 所有善業 śaikṣaṃ karma pṛthagjanāpṛthagjana-śaikṣa-santānikaṃ kuśalaṃ"라고 하였다. 〔참고문헌〕『品類足論』, 『瑜伽師地論』, *Yogā-bh.*, *Abh-k-bh.257.* ⇨ 무학업 無學業

학열 學悅 조선 세조(世祖 재위 1455~1468) 때 대선사로서 뛰어난 불교학자이기도 하다. 많은 고승들과 함께 간경도감(刊經都監)에서 한문경전을 우리말로 번역하여 간행했던 스님이다. 『조선불교통사』 권상 p.415에 따르면 1464년 2월 28일 세조가 속리산 법천사(法泉寺 : 法住寺)에 갔을 때, 그때 마침 신미(信眉 : 慧覺尊者) · 사지(斯智) · 학열(學悅) · 학조(學祖 : 燈谷) 등 여러 스님들이 3일간 법회를 열어 회향함을 보고 서울로 돌아와 호조(戶曹)에 명하여 법주사에 논(畓) 200결(結)과 쌀 300섬을 하사하는 한편, 형조(刑曹)로 하여금 노비 30명도 주어서 사찰운영의 일을 돕도록 하였다. 1465년(세조11)에는 왕이 스님에게 공사 감독을 맡겨 오대산 상원사(上院寺)를 중창하였다. 1467년(세조13)에는 세조가 동순(東巡)길에 금강산에 들어가 담무갈(曇無竭)보살님께 예배를 드리고 동해변을 통해 내려오다가 양양 낙산사(洛山寺)에 들려 왕대비(王大妃 : 貞熹王后尹氏), 그리고 예종(睿宗)과 함께 원통전에서 관세음보살님을 참배하고 그 절에 모셔진 오색이 영롱한 부처님의 분신사리(分身舍利)를 친견하고 깊은 신심을 일으켜 스님에게 내탕금을 주어 절을 중건하고 3층 석탑을 9층으로 개축하였고, 1496년(예종1)에는 예종이 대종(大鐘)을 주조토록 하고 토지와 노비도 하사하였다. 스님은 상원사 · 법주사 · 법기암 · 낙산사 등의 불사 책임을 도맡아 성취하여 세조로부터 존경과 두터운 노상(勞賞)을 받았다. 성종(재위 1469~1494) 때 은퇴한 후 절을 떠나 제방을 두루 순방하였다고 한다. 〔참고문헌〕『世祖實錄』 권45 王14年(1648) 1月 23日 · 3月 20日, 『睿宗實錄』 권6 王1年(1469) 6月 27日, 『五臺山上院寺重創記』, 『朝鮮佛敎通史』 권상. ⇨ 학조 學祖

학온 學蘊 1613~1689. 명말 임제종(臨濟宗) 스님. 호는 지공(知空). 속성은 왕(王)씨. 운남(雲南) 이해(洱海) 출신. 나이 열넷에 계족산(鷄足山) 적광사(寂光寺)로 출가하여 『법화경』 · 『능엄경』 · 『원각경』 등의 경전을 배웠다. 출가한 나이를 열 살로 보기도 한다. 『신속고승전』 권22(대장경보편27, p.192a18)에 따르면 청대인 1648년(순치5) 옥림헌(玉霖軒)에 폐관(閉關)을 조성하고 『만불명경 萬佛名經』에 예배를 올리다가 3권의 나무(南無)라는 두 글자에 이르러 문득 몸과 마음의 속박이 떨어져나가면서 원만하고 밝아지는 느낌을 받고 "허공 그대로 부처님 몸이요, 나는 본디 세간의 사람이지만, 나의 성과 허공과 합하니, 부처님도 아니고 속인도 아니라네. 虛空是佛身 我本世間人 我性與空合 非佛亦非人"라는 게송을 지어 무주(無住)에게 점검을 받자 그가 인가해 주었고, 다시 밀행적인(密行寂忍)을 찾아가 자신의 견지를 밝히고 그 법을 이었다. 1689년(강희28) 5월 세수 77세로 입적하였다. 『지공온선사어록 知空蘊禪師語錄』 2권과 『초당집 草堂集』을 남겼다. 어록 권상의 「행록 行錄」(가흥장37, p.765c16)에 전기가 수록되어 있다. 〔참고문헌〕『新續高僧傳』.

학운 鶴雲 ?~1869. 조선후기 양양 명주사(明珠寺) 스님. 정원(正原)의 법호다. ⇨ 정원 正原

학운사 鶴雲寺 대전광역시 유성구 진잠동 금수산(錦繡山)에 있던 절. 『가람고』 · 『범우고』에 이름이 보이고 폐사의 때는 알 수 없다. 우암 송시열(宋時烈)이 손자 석주(疇錫)에게 보낸 시 「학운사기시주손 鶴雲寺寄示疇孫」(『송자대전』 拾遺1 · 한국문집총간116, p.10a2)에 "학사엔 이십년 전 자취가 있네. 鶴寺廿年前有跡", 최규서(崔奎瑞)가 1718년(숙종44) 겨울에 지은 「병후만록 病後漫錄」(『간재집』 권13 · 한국문집총간161, p.244a8)에 "경신년(1680 · 숙종6)에 … 서구 송석주가 김최숙과 함께 진잠 학운사에 와서 머물렀다. 庚申 … 宋疇錫敍九與金最熟 來住鎭岑鶴雲寺"라고 하였다. 〔참고문헌〕『伽藍考』,『梵宇攷』,『宋子大全』,『艮齋集』,『韓國寺刹全書』 권하 p.1132a2.

학원 鶴苑　절. 수행자들이 모이는 승원(僧園)을 말한다. 『집사문불응배속등사』「서 序」(대정장52, p.443b1)에 "굴수 곧 (부처님 설법처였던) 기사굴산(耆闍崛山 Ⓢ Gṛdhrakūṭa)과 같기를 바라고서 신기에 학원을 열고, 연하 곧 (부처님께서 깨달음을 얻고 교화를 펼쳤던) 니련선하(尼連禪河 Ⓢ Nairañjanā)에서의 교화 같기를 우러르며, 봉대(佛塔)를 가장 좋은 터에 쌓았다. 希風崛岫 啓鶴苑於神畿 仰化連河 構蜂臺於勝壤"라고 하였다. 〔참고문헌〕『集沙門不應拜俗等事』. ⇨승원 僧園

학원암 鶴源庵　평안남도 덕천군 덕천면 동학산(東鶴山)에 있던 암자. 『태고사사법 太古寺寺法』에는 대본산 법흥사(法興寺)의 말사라고 하였다. 『조선불교월보』 제4호(1912년 5월 25일 발행) 「관보초록 官報抄錄」 각말사주지취직인가(各末寺住持就職認可)　평안남도에는 '무릉면 학원암은 정혜오(鄭惠五) 겸무(兼務)'라고 하였고, 같은 책 제9호(1912년 10월 25일 발행) 「법흥사본말사법 法興寺本末寺法」 사격(寺格)에는 '남산사 등과 함께 일반말사로 하였다'고 한 이후로 「불교휘보 佛教彙報」 주지이동에는 '(1928년) 12월 3일에 이금하 재임'이라고 하는 등 일제강점기 내내 대중공의로 선임해야 할 주지를 관리인 양 임명·인가하였다. 〔참고문헌〕『朝鮮佛教月報』 제4호 p.70·제9호 p.59, 『佛教』 제22호 p.77·제58호 p.84, 『朝鮮總督府官報』 제4046호 p.168, 『韓國寺刹全書』 권하 p.1132a4.

학월 鶴月　1917~1979. 근대 대한불교조계종 스님. 휘는 희진(喜璡), 법명은 경산(京山), 호는 학월(鶴月)이니, 희진의 법호이다. ⇨희진 喜璡

학위보살 學位菩薩　유학위(有學位)의 보살. 초지부터 제10지까지를 증하는 과정에 있는 보살. 『인왕경』 권하(대정장8, p.830c7)에 "또 앞서 이미 익힌 보살이 있으니, 제1지·제2지·제3지에서 제10지까지를 증득한 보살이다. 復有先已學菩薩者 證一地二地三地 乃至十地", 원측(圓測)의 『인왕경소』 권하(대정장33, p.412c12·한불전1, p.99c6)에 "넷째 경에서 '또 앞서 이미 배운 보살이 있으니 ~ 십지에 이른 보살이다'라 함은 학위보살을 말한다. 제1지 내지는 제10지를 증득한 보살이다. 四 經 復有至乃至十地者 謂學位菩薩 有證一地 乃至十地" 라고 하였다. 〔참고문헌〕『仁王經』,『仁王經疏』.

학의 學義　❶ 배움의 뜻. 유학무학으로 탐진치(貪瞋癡) 등 번뇌를 끊는 일. 『대비바사론』 권77(대정장27, p.396c5)에 "〔문〕 '학' 등 세 가지 법의 뜻은 어떠한가? 〔답〕 탐진치가 없는 도로 탐진치를 배워 끊는 것이 배움의 뜻이다. 탐진치가 없는 도로 익힐 것 없이 해서 탐진치를 끊는 것을 이미 배워 끊었기에 이것이 무학의 뜻이다. 이 두 가지 서로 어긋나면 학도 무학의 뜻도 아니다. 問 學等三法 其義云何 答 以無貪瞋癡道 學斷貪瞋癡 是學義 以無貪瞋癡道 不學斷貪瞋癡 已學斷故 是無學義 與二相違 是非學非無學義"라 하였다. 〔참고문헌〕『大毘婆沙論』. ❷ 배워 익힘. 『증일아함경』 권42(대정장2, p.778b10)에 "비구는 항상 범행을 닦고 악법을 여의며, 많이 듣고 뜻을 익혀 그 차례를 잃지 않는다. 比丘常修梵行 離於惡法 多聞學義 不失次敍"라고 하였다. 〔참고문헌〕『增壹阿含經』. ❸ Ⓢ artha-vyutpatti, Ⓣ don-bye-brag-tu-shes-pa. 뜻을 배워 이해함. 『대승장엄경론』 권12(대정장31, p.654c11 : *Sūtr.*, p.171)에 "보살이 만약 부지런히 법을 설하면, 여덟 가지 과를 얻는다. … 여섯째 아직 뜻을 익히지 못한 이는 뜻을 익혀 얻도록 하는 것이다. 菩薩 若勤說法 能得八果 … 六 未學義者 令得學義 deśanāyāṃ prayuktasya bodhisattvasya-aṣṭa-vidhaṃ deśanāyāḥ phalaṃ veditavyaṃ … avyutpannānām artha-vyutpattir bhavati"라 하였다. 〔참고문헌〕『大乘莊嚴經論』, *Sūtr.* ⇨팔과 八果

학인 學人　❶ Ⓢ śaikṣa. 유학(有學)위에 있는 행자. 무학(無學)인 아라한(阿羅漢) 이전의 모든 위. 『사리불아비담론』 권8(대정장28, p.586a17)에 "무엇을 학인이라 하는가? 수다원과를 증득하려는 사람·이미 수다원과를 증득한 사람·사다함과를 증득하려는 사람·이미 사다함과를 증득한 사람·아나함과를 증득하려는 사람·이미 아나함과를 증득한 사람·아라한과를 증득하려는 사람을 학인이라 한다. 云何學人 趣須陀洹果證人 須陀洹人 趣斯陀含果證人 斯陀含人 趣阿那含果證人 阿那含人 趣阿羅漢果證人 是名學人"라고 하였다. 〔참고문헌〕『舍利弗阿毘曇論』, *Udāna-v.238.* ⇨유학 有學 ❷ 불도를 배우며 행하는 사람. 참선학도자(參禪學道者)를 뜻한다. 『백장어록』(고존숙어록1, 卍속장118, p.163b13)에 "어떤 학인이 물었다. '크게 수행해 마친 사람도 인과에 떨어집니까?' 有學人問 大修行底人 還落因果也無", 『임제록』(대정장47, p.499c23)에 "한결같이 깎은 비구들은 학인 향하여 '부처는 구경이고, 삼대아승기겁 동안 수행하여야 과를 채우고 비로소 도를 성취한다'라고 말한다. 有一般禿比丘 向學人道 佛是究竟 於三大阿僧祇劫 修行果滿 方始成道", 『운문광록』 권상(대정장47, p.545c4)에 "'어떻게 해야 학인으로서의 자기라 할 수 있는지요?' '산에서 노닐고 물에서 즐긴다'. 問 如何是學人自己 師云 遊山翫水", 『경덕전등록』 권9 「대안전 大安傳」(대정장51, p.267b24)에 "제가 부처를 알기를 구하는데 어떻게 해야 옳은지요? 學人欲求識佛 何者卽是"라고 하였다. 〔참고문헌〕『百丈語錄』, 『臨濟錄』, 『雲門廣錄』, 『景德傳燈錄』.

학인십팔 學人十八 유학(有學)인 열여덟 부류. 십팔학인(十八學人)이라고도 한다. 『대지도론』 권22(대정장25, p.224a8)에 "〔문〕 마치 부처님께서 급고독거사에게 이르시기를 '세간복전으로 공양받아 마땅한 이들이 두 부류가 있다. 학인이거나 무학인이 그들이다. 학인에 열여덟이고 무학인에 아홉이다'라고 하셨는데, 여기서는 어떤 이유로 여덟 비류만 설하는가? 〔답〕 그곳에서는 자세히 설하셨으므로 열여덟과 아홉이지만 여기서는 간략하게 설하므로 여덟이다. 그 스물 일곱 성인도 이 여덟로 모두 거둔다. 問曰 如佛告給孤獨居士 世間福田 應供養者 有二種 若學人 若無學人 學人十八 無學人有九 今此中何以故 但說八 答曰 彼廣說故 十八及九 今此略說故八 彼二十七聖人 此八皆攝"라고 하였다. 〔참고문헌〕『大智度論』. ⇨십팔학인 十八學人, 유학 有學

학인자기 學人自己 익힌다 하는 이로서의 자기. 공부하는 이로서의 주인공. 『경덕전등록』 권11 「대수법진전 大隋法眞傳」(대정장51, p.286a27)에 "'무엇이 배운다 하는 이로서의 자기입니까?' '이것이 나인 자기이다' '어째서 화상의 자기인지요?' '이것은 그대의 자기이다'. 問如何是學人自己 師曰 是我自己 僧云 爲什麽 却是和尙自己 師云 是汝自己", 같은 책 권24 「용흥유전 龍興裕傳」(대정장51, p.403b28)에 "'이 무엇이 공부하는 자기입니까?' '장삼이사지' '잠깐 전에 자기를 물었는데 어째서 장삼이사라고 하시는지요?' '그대 초조해하지 마라'. 僧問 是何是學人自己 師曰 張三李四 曰 比來問自己 爲什麽道 張三李四 師曰 汝且莫草草"라고 하였다. 〔참고문헌〕『景德傳燈錄』, 『智門光祚禪師語錄』(고존숙어록39, 卍속장118, p.664a7).

학일 學一 1052~1144. 열반 후 원응국사(圓膺國師) 시호를 추증했다. 고려전기 스님. 휘는 학일(學一), 자는 봉거(逢渠), 속성은 이씨, 아버지의 휘는 응첨(應瞻)이고, 어머니도 이씨니, 용이 방으로 들어오는 태몽을 꾸고 임신하여 1052년(문종6) 충청북도 괴산군 상모면 수안보(守安保 또는 保安 : 溫泉里)에서 태어났다. 어려서부터 젖도 먹으려 하지 않을 뿐만 아니라 오신채(五辛菜)와 고기는 일절 먹지 않았다. 1062년(문종16) 11세 때 진장(眞藏)스님을 은사로 하여 스님이 되었다. 13세 때 향수혜함(香水惠含)스님으로부터 비구계를 받은 후 참선수행을 하였다. 어느 날 혜함스님이 옛날 어떤 스님이 장경혜릉(長慶慧稜)선사에게 '어떤 것이 수행자의 출신로(出身路)입니까?' 하고 물었고 '이것이 바로 너의 출신로'라고 답한 화두를 들었다. 스님은 바로 훤히 선지(禪旨)를 터득했다. 이어 경율론 삼장을 널리 참구하였으나, 특히 『대반야경 大般若經』에 정통하여 반야삼매력(般若三昧力)마저 얻어서는 귀천을 불문하고 병을 치료해 아끼지 않았으므로 크게 추앙을 받았다. 1085년(선종2) 개성 광명사(廣明寺) 선불장(選佛場)에 나아가 상상과(上上科)에 합격했다. 이와 때를 같이 하여 대각국사 의천(義天)이 송에서 귀국하여 본국에 천태종을 중흥할 것을 서원하고 돌아와 새로운 천태교관(敎觀)을 펴자 선종총림의 명망 높은 선사 16~7명이 천태종으로 옮겨갔으며, 따라서 스님을 인유(引諭)하는 자가 많았다. 스님은 조도(祖道 : 선종)의 쇠퇴함을 안타깝게 여겨 끝내 선종을 지키고 이적(移籍)하지 않았다. 왕명으로 횡봉사(橫峯寺) 주지에 취임하여 스스로 열반의 터(終身之地)로 삼았다. 왕(宣宗)의 동생 문종의 아들 부여공(扶餘公 ?~1112)과 가까이 지냈다. 1099년(숙종4) 대각국사가 국태 민안을 위해 개성 홍원사(弘圓寺)에서 원각법회(한불전4, p.531a17의 講圓覺經發辭)를 열 때 스님을 부강사(副講師)로 삼고자 여러 번 청했지만 스님은 선(禪)과 교(敎)를 섞을 수 없다 하여 끝내 강사는 사양하고 다만 참석하여 청강할 뿐이었다. 이 때 숙종의 넷째 아들이며 대각국사의 조카인 훗날 원명국사(圓明國師)인 징엄(澄儼 : 初名은 澄佶)이 9세 때이던 어느 날 갑자기 숨이 멈추고 체온마저 식어버린 위급한 사태에 이르렀다. 급한 나머지 대각국사가 스님에게 구해 줄 것을 청하였고 스님이 단정히 앉아 『대반야경』을 염하자 마자 곧 소생하였다. 이를 본 의천은 스님을 더욱 존경하였다. 숙종이 스님의 반야삼매력의 위대함을 듣고 속리산 법주사 주지로 천거하였다. 1105년(예종1)에 삼중대사가 되고 장흥(長興) 가지산 보림사(寶林寺) 주지가 되었다가 얼마 후 개성시 소격전(昭格殿) 동쪽에 있던 귀산사(龜山寺)로 이주하였다. 1108년(예종3)에 선사가 되었으며, 1113년(예종8) 내제석원(內帝釋院)으로 옮겼고, 1114년에는 대선사(大禪師)에 올랐으며, 1117년(예종12)부터는 개성 안화사(安和寺)에 주석하였다. 1122년(예종17)에 인종이 병으로 스님을 궁중으로 청하여 왕사로 봉하려 하였으나 굳게 사양하였다. 1126년(인종4) 청도 운문사로 돌아갈 것을 청하였으나, 윤허를 받지 못하다가, 1129년(인종7) 9월 9일 왕사 직인과 편지를 왕에게 보내고 그 해 10월 9일 운문사로 들어갔다. 1144년(인종22) 12월 9일 오후 4시(哺時)에 단정히 앉아 "오음의 구름 한 조각, 흩어져 사라져 다해 남은 일 없지만 오직 외롭게 높이 떠 영원히 도는 달이여 티 없는 빛으로 태허에 출렁이네! 五陰雲一片 散滅盡無餘 唯有孤輪月 淸光溢太虛"라는 임종게를 읊은 다음, 세수 93, 법랍 82세를 일기로 입적하였다. 인종이 원응국사(圓應國師)라는 시호를 바쳤고, 스님은 가뭄에 비를 내리게 하고 장마에는 비를 그치게 하며 화재를 진화하는 등 많은 기적을 남겼다. 윤언이(尹彦頤)가 비문을 짓고 석탄연(釋坦然)스님이 써서 1147년 이후에 세운 비가 청도 운문사에 있다. 〔참고문헌〕『海東金石苑』 권7, 『朝鮮金石總覽』 권상 pp. 348~353, 『韓國金石全文』 中世上 pp.659~668, 李智冠 『校勘譯註歷代高僧碑文』 高麗篇3 pp.260~297.

학자 郝字 Ⓢ haḥ. 실담자 𑖮𑖾의 음사어로서 최일체마보살(摧一切魔菩薩)의 종자(種子)다. 『반야이취석』 권하(대정장19, p.615a11)에 "학(𑖮𑖾)자는 네 가지 뜻을 갖추고 있다. 일체법이 본래 불생인 뜻과 인의 뜻이다. 두 가지 아라는 뜻이다. 일체법이 본래 일어나지 않았다는 이치를 잃었기에 일체번뇌의 인이 된다. 번뇌인이 두 가지 아를 일으킨다. 인아와 법아다. 그러므로 일체외도와 제천들 아를 집착하고 법을 집착하니 이를 조복시켜 금강야차삼마지에 들어가 이 보살의 일자심진언을 사유하여 일체법본불생의 문에 들도록 한다. 그리하면 일체번뇌의 인을 떠난다. 번뇌가 떠나면 두 가지 무아인 인공과 법공을 증득하고 진여의 무수히 많은 공덕을 드러내니 이것이 삼계구지의 망심이 일으킨 온갖 미혹과 더러움을 초월하는 것이다. 그러므로 최일체마대보살이라 한다. 郝字具四義 一切法本不生義 因義 二種我義 由迷一切法本不生理 爲一切煩惱因 煩惱因起二種我 所謂人我法我 是故一切外道諸天執我執法 令彼調伏入金剛藥叉三摩地 卽思此菩薩一字心眞言 入一切法本不生門 則離一切煩惱因 煩惱旣離 卽證二種無我人空法空 則顯眞如恒沙功德 卽超越三界九地妄心所起諸惑雜染 是故名爲摧一切魔大菩薩也"라고 하였다. 〔참고문헌〕『般若理趣釋』.

학자 學者 부처의 성을 밝히 보기 위해 공부하는 이. 학인(學人)이라고도 한다. 『능가사자기』 「도신장 道信章」(대정장85, p.1288a20)에 "하나를 지켜 옮기지 않는다. 동정에도 언제나 머물러 배우는 이로 하여금 부처의 성을 밝히 보아 일찍이 고요의 문에 들게 한다. 守一不移 動靜常住 能令學者 明見佛性 早入定門"라고 하였다. 〔참고문헌〕『楞伽師資記』. ⇨ 학인 學人 ²

학장 學匠 크고 널리 익힌 사람. 『교상추요초』 권상(선본불전30, p.15a5)에 "크게 익히고 널리 공부했으니 모두 큰 학장이라는 뜻이다. 碩學宏學 同是大學匠義也"라고 하였다. 〔참고문헌〕『教相樞要鈔』.

학전 學專 조선전기 스님. 호는 일암(一庵), 휘는 학전(學專). 선당판사(禪堂判事 : 선종판사)를 역임하고 천순연간(1457~1464) 말에 서울 홍천사(興天寺)에서 후인을 가르쳤다. 나이들어서는 황해도 문화현(文化縣) 패엽사(貝葉寺)로 물러나 주석하였으며, 90세가 넘도록 강건하였다. 성품이 온화하고 겸손하였으며 내외전을 통달하였고 시 또한 잘 지어 당대의 명사들과 두루 교유하였다. 특히 사가(四佳) 서거정(徐居正 1420~1488)은 "혜원이 전신이신 일암 노스님, 도연명 높은 격조 이은 사가 노인. 惠遠前身一庵老 淵明高調四佳翁"이라 하며 일암과 자신의 교유를 호계삼소(虎溪三笑)에 비유하기도 하였다. 성현(成俔)이 지은 「제일암송당시권후 第一庵松堂詩卷後」가 『속동문선』18에 전한다. 〔참고문헌〕『續東文選』, 『四佳集』, 『秋江集』, 『慵齋叢話』.

학정 學淨 조선후기 스님. ❶ 추파홍유(秋波泓宥 1718~1774)의 「운봉백련암정루기 雲峯白蓮庵正樓記」(『추파집』 권3 · 한불전10, p.74a8)에 "날개 편 듯한 백련암은 옛날 인조(재위 1623~1649) 때 학정상인의 창건이다. 有庵翼然曰白蓮 昔我仁廟在宥之時 學淨上人所建也"라고 하였다. 〔참고문헌〕『秋波集』. ❷ 1660년(현종1) 대구 팔공산(八公山) 부인사(夫人寺) 개판 『선문조사예참의문』 간기에 "권화주 학정비구 勸化主 學淨比丘"라 하였다. 〔참고문헌〕『禪門祖師禮懺儀文』. ⇨ 선문조사예참문 禪門祖師禮懺文 ❸ 「안음영추사기 安陰靈鷲寺記」(『추파집』 권3 · 한불전10, p.77a4)에 "명년(1740 · 영조16)에 보안(普眼)이 또 학정 및 거사 수정 등 서너 명과 함께 재물을 모아 일을 감독하여 법당을 일으키니 이해 봄 2월에 시작하여 이듬해 여름 4월에 마쳤다. 明年 師又與學淨及居士守正等三四人 鳩財董事 搆起法堂 始於是年春二月 工訖於明年夏四月"라 하였다. 〔참고문헌〕『秋波集』. ⇨ 영추사 靈鷲寺 ³

학정득견고 學定得堅固 오오백년(五五百年) 중 두 번째 오백년. 선정견고(禪定堅固)의 때를 말한다. 『대방등대집경』 권55(대정장13, p.363b1)에 "다음 오백년 동안은 나의 정법에서 선정삼매가 견고하게 머물리라. 次五百年 我之正法 禪定三昧 得住堅固", 『안락집』 권상(대정장47, p.4b5)에 "불멸후 두 번째 오백년 동안은 선정을 배우는 일이 견고하게 될 것이다. 第二五百年 學定得堅固"라고 하였다. 〔참고문헌〕『大方等大集經』, 『安樂集』. ⇨ 선정견고 禪定堅固, 오오백년 五五百年

학정사 鶴井寺 경상북도 청도군 각산(角山)에 있던 절. 『경상도속찬지리지』 청도군에 "각산 학정사 등은 모두 선종에 속한다. 角山鶴井寺 皆屬禪宗"라고 하였다. 〔참고문헌〕『慶尙道續撰地理誌』, 『韓國寺刹全書』 권하 p. 1132a6.

학조 學祖 조선전기 세조(재위 1455~1468) 때 김천 황악산(黃岳山) 직지사(直指寺) 스님. 호는 등곡(燈谷),

학조는 휘다. 세조 때 학열(學悅)·신미(信眉) 등 여러 학승들과 함께 역경불사에 크게 기여하였으며, 세조는 물론 세조비 정희왕후(貞熹王后)·덕종비(德宗妃) 인수대비(仁粹大妃)·예종비(睿宗妃) 인혜왕대비(仁惠王大妃) 등의 뜻을 받아 사원의 중수, 역경, 경전판각, 경판인출 등 수많은 불사를 행하였다. 1458년(세조4)에는 해인사소장 대장경 50부를 영인하여 유통하였고, 1464년(세조10) 2월 28일에는 속리산 법주사 복천암(福泉庵)에서 세조를 모시고 신미(信眉)·학열(學悅) 등과 함께 큰 법회를 가졌으며, 1467년(세조13) 왕명으로 금강산 유점사 중창불사를 감독하였고, 1487년(성종18) 정희왕후의 명으로 합천 해인사 대장경판전을 확장·중수하였으며, 1495년(연산군1) 단속사 전 주지인 신문(信文)과 함께 해인사 원당암(願堂庵)을 중창하였고, 1500년(연산군6) 신비(愼妃)의 부탁으로 해인사 대장경 20부를 영인한 후 발문(『가야산해인사지』 p.290)을 지었으며, 1520년(중종15) 4월에도 고려대장경 1부의 영인불사를 마치고 그 회향법회에 108법사를 초빙하여 3일간 전독법회(轉讀法會)도 가졌다. 이와 같이 왕실의 배경으로 전국 주요 사찰에 많은 불사를 행한 탓으로 조정대신과 유생들의 반대와 모략도 많이 받았다. 홍사호(洪士灝) 등이 이극돈(李克敦)에게 보고하기를 '학조라는 중은 궁궐과 통할 뿐만 아니라, 광평대군(廣平大君 : 世宗의 五子)이 영응대군(永膺大君 : 世宗의 八子) 등과 가까이 해서 왕실을 마음대로 움직인다고 모략하였을 뿐 아니라, 영응대군 부인 송(宋)씨가 여종(侍婢)을 데리고 군장사(窘長寺)로 청법하러 갔는데 학조는 그의 여종과 사통하였다'(『燕山君日記』 4년(1498) 7월 12일조)라는 극한 모략을 받기도 하였다. 〔참고문헌〕『世祖實錄』 권41 13年 2月·권45 14年 1月·권46 14年 4月『睿宗實錄』 권1 卽位年 9月·권6 1年 6月, 『成宗實錄』 권14 3年 1月, 『朝鮮佛敎通史』 권상 p.409·415·423·447·449, 李智冠『伽倻山海仁寺誌』 p.793. ⇨ 영험약초 靈驗略抄, 오대진언 五大眞言, 복천암학조등곡화상탑 福泉庵學祖燈谷和尙塔, 법주사복천암등곡화상탑 法住寺福泉庵燈谷和尙塔

학족 學足 Ⓢ śikṣā-pada. 학처(學處)와 같은 말. 『대승장엄경론』 권4 「술구품 述求品」(대정장31, p.610a29)에 "제(制)라 하였으니 저 범한 이가 있게 돼 부처님(大師)께서 대중을 모이게 해서 저 사람의 과실을 알게 한 후 다스리고 배워 익혀야 할 것을 세우셨다. 制者 謂依彼犯人 大師集衆 說彼過失 制立學足", 『권발보리심집』 권하(대정장45, p.400b11)에 "자성이란 구족계를 가져 머물기에 모든 배워 구족히 해야 할 것들을 받아 익혔기 때문이다. 自性者 由住具戒 乃至受學諸學足故"라고 하였다. 〔참고문헌〕『大乘莊嚴經論』, 『勸發菩提心集』, *Sūtr.55.* ⇨ 학처 學處

학좌불 學坐佛 앉는 부처를 익히다. 좌선에 집착하는 선법을 돌이켜 깨우치게 하는 말이다. 『경덕전등록』 권5 「남악회양전 南嶽懷讓傳」(대정장51, p.240c25)에 "그대는 앉아 선함을 익히는가? 앉는 부처를 배우는가? 앉아 선함을 배운다면 선은 앉거나 눕는 것이 아니고, 앉는 부처를 배운다면 부처는 정해진 상이 없다. 汝學坐禪 爲學坐佛 若學坐禪 禪非坐臥 若學坐佛 佛非定相"라고 하였다. 〔참고문헌〕『景德傳燈錄』, 『大慧語錄』 권23(대정장47, p.910b10). ⇨ 남악마전 南嶽磨磚

학주 學住 Ⓟ sekho vihāro. 유학(有學) 끊고도 여전히 머물 것이 있다는 말. 『잡아함경』 권29(대정장2, p.207b11)에 "유학의 머무름이란 오개를 끊고도 여전히 머문다. 여래의 머무름은 오개를 이미 끊고 이미 알아 그 뿌리까지 끊는다. 學住者 斷五蓋多住 如來住者 於五蓋 已斷已知 斷其根本"라고 하였다. 〔참고문헌〕『雜阿含經』, *SN.5.327.* ⇨ 여래주 如來住

학중 學衆 배우는 무리. 산문(山門)의 수행자들. 『경덕전등록』 권21 「초경도광전 招慶道匡傳」(대정장51, p.374b4)에 "도광이 장경(長慶)의 뒤를 이어 초경사에 주석하자 학중은 이전과 같이 많았다. 師繼踵住於招慶 學衆如故"라고 하였다. 〔참고문헌〕『景德傳燈錄』.

학지 學地 Ⓢ śaikṣa-bhūmi, Ⓟ sekha, Ⓣ slob-pa'i sa. 유학(有學)의 위. 성문사과(聲聞四果) 중 무학위인 아라한 전의 위를 말한다. 『장아함경』 권4 「유행경 遊行經」(대정장1, p.25b29 : Mahāparinibbāna-sutta, DN.2, p.143)에 "나는 부처님의 은혜를 입고 학지를 얻어 머물고 있으나 그 과업 성취하기도 전에 부처님께서 멸도하신다. 我蒙佛恩 得在學地 所業未成 而佛滅度 ahañ ca vat' amhi sekho sakaraṇīyo satthu ca me parinibbānaṃ bhavissati yo mamaṃ anukampako", 『승천왕반야경』 권1(대정장8, p.687a10)에 "오직 아난만이 학지에 있어 수다원과를 얻었다. 唯阿難在學地 得須陀洹果"라고 하였다. 〔참고문헌〕『長阿含經』, 『勝天王般若經』, *DN.*, *Saddh-p.70.* ⇨ 유학 有學

학지 學知 배워 아는 것. 생지(生知)와 대칭한다. 『당고승전』 권1 「승가바라전 僧伽婆羅傳」(대정장50, p.426b4)에 "나면서부터 아는 이인 생지인이야말로 성이라 하고, 익혀 아는 이란 학지인 이는 그 다음이다. 生知者 聖 學知者次", 『금강경영설』 「설략총론 說略總論」(卍속장39, p.587a3)에 "(宗門과 敎門이 하나로 돌아감은) 마치 유가에서 말하는 생지와 학지 같아서 한 가지로 성으로 돌아갈 따름이다. 如儒家生知學知 同歸于聖耳"라고 하였다. 〔참고문헌〕『唐高僧傳』, 『金剛經郢說』.

학지 學智 Ⓟ sekha-ñāna. 유학위(有學位)의 지혜. 유학의 사법지(四法智)와 사류지(四類智)를 말한다. 불선청정지(不善淸淨智)와 같은 뜻이며, 선청정지(善淸淨智)인 무학지(無學智)와 상대한다. 『대지도론』 권18(대정장25, p.191a18)에 "학지란 고법지인의 지 내지 아라한의 아홉 번째 무애도 중 금강삼매혜를 말한다. 學智者 苦法智忍慧 乃至 向阿羅漢第九無礙道中金剛三昧慧", 『대비바사론』 권98(대정장27, p.506b12)에 "어떤 것을 학지라고 하는가? 〔답〕 유학의 팔지이니, 사법지와 사류지이다. 云何學智 答 學八智 謂四法智及四類智"라고 하였다. 〔참고문헌〕『大智度論』, 『大毘婆沙論』. ⇨ 법지 法智, 팔인팔지 八忍八智, 무학지 無學智

학처 學處 Ⓢ śikṣāpada, śikṣa, Ⓟ sikkhāpada, Ⓣ bslab-pa'i-gzhi, bslab-pa'i-gzhi'i-gnas, bslab-pa. 배워 의지해야 할 것들. 석가세존께서 대중과 더불어 제정하시고, 이후 반드시 이를 약속한 이들이 다시 대중이 되게 한 율장으로 전승된 계목(戒目)들을 가리킨다. 『대반야경』 권490(대정장7, p.493a28 : *Pañca-pr.*, p.220)에 "'선현아! 보살마하살이 배워야 하는 계를 굳게 지켜 옮기지 않으며, 그 중에 능히 상도 취하지 않으면, 이것이 보살마하살이 모든 학처를 언제나 버리지 않는 것이다'. 善現 若菩薩摩訶薩 於所學戒 堅守不移 而於其中能不取相 是爲菩薩摩訶薩 於諸學處常不棄捨 yaḥ sarvaśikṣāṇām apracāraḥ iyaṃ ucyate bodhisattvasya mahāsattvasya śikṣāyā aparityāgitā", 80권본『화엄경』 권14(대정장10, p.72c3)에 "만약 늘 제불을 믿고 받든다면 능히 계를 가져 학처를 닦는다. 만약 늘 계를 가져 학처를 닦을 수 있다면, 능히 온갖 공덕을 구족한다. 若常信奉於諸佛 則能持戒修學處 若常持戒修學處 則能具足諸功德", 『유부율』 권1(대정장23, p.629b20)에 "이런 인연으로 나는 열 가지 이익을 관하였으니, 성문제자들을 위해 비나야에 있어 그 학처를 제정하였다. 어떤 것이 그 열 가지인가? 첫째는 승가를 거두어 취하기 때문이다. 由此因緣 我觀十利 爲聲聞弟子 於毘奈耶 制其學處 云何爲十 一 攝取於僧故", 『법온족론』 권1(대정장26, p.458a18)에 "이와 같은 다섯 가지를 어찌하여 학이라 하고, 어찌하여 처라고 이름하여 학처라고 하는가? '학'이란 다섯 곳에 대해 아직 채우지 못한 것을 채우고자 항상 부지런히 굳고 바르게 수습함을 더함이니 이를 '학'이라고 한다. '처'란 살생 등을 여의는 것인데, 이것이 '학'이 의지할 바이므로 '처'라고 한다. 또한 살생 등을 여의는 것이 '학'이며 '처'이니, '학처'라고 한다. 如是五種 云何名學 云何名處 言學處耶 所言學者 謂於五處未滿爲滿 恒勤堅正 脩習加行 故名爲學 所言處者 卽離殺等 是學所依 故名爲處 又離殺等 卽名爲學 亦卽名處 故名學處"라고 하였다. 〔참고문헌〕『大般若經』, 『華嚴經』, 『有部律』, 『法蘊足論』, *Pañca-pr.*, *Abh-k-bh.206.*, *Bodh-bh.32.*, *Vin.1.59.* ⇨ 계율 戒律, 바라제목차 波羅提木叉, 오학처 五學處

학출은롱 鶴出銀籠 학이 은빛 둥지를 나오다. 『굉지광록』 권3(卍속장48, p.30c18)에 "그윽히 한 걸음 옮겨 학이 은빛 둥지를 나온다. 알겠는가? 몸 벗어난다 해도 한 빛깔이라 그림자 남길 일이 없지만, 같은 바람 중에 앉았다가 큰 공에 떨어질까 때문이라네. 密移一步 鶴出銀籠 還知麽 脫身一色無遺影 不坐同風落大功", 『오가종지찬요』 권중(卍속장114, p.545b7)에 "학이 은빛 둥지에서 벗어나다 : 이미 세중에 발을 옮길 줄 아니 저절로 사에도 머물지 않고 이에도 머물지 않으며 이편 저편 어디에도 머물지 않는다. 깊은 묘마저 두지 않거늘 부처와 조사인들 돌아보랴? 바다 뒤집고 수미산 넘어뜨린다. 천수로도 일으켜 세우지 못하고, 천안으로도 간파하지 못한다. 이곳 향해 옮겨 얻어야 문득 은빛 둥지 나왔다 하리. 鶴出銀籠 旣能細中移足 自然不住於事 不住於理 不住者邊那畔 玄妙不存 佛祖那顧 掀翻大海 踢倒須彌 千手拈不起 千眼覷不著 向者裏薦得 便是鶴出銀籠", 『영각광록』 권27 「동상고철 洞上古轍」(卍속장125, p.728a6)에 "깜깜한 중에 발을 옮기고, 학은 은빛 둥지를 벗어난다. 이는 존귀함 지킬 일 없다 함이니, 정히 위를 뒤치는 때라 할 만하다. 동안상찰(同安常察)이 말한다. '열반이라는 성 안이 오히려 위태롭기에 반드시 뒤쳐야 한다'. 暗中移足 鶴出銀籠 此不守尊貴 正當轉位時 同安察云 涅槃城裏尙猶危 故須轉也"라고 하였다. 〔참고문헌〕『宏智廣錄』, 『五家宗旨纂要』, 『永覺廣錄』.

학팔지 學八支 유학의 팔지. 팔정도(八正道)를 익히다. 『대비바사론』 권93(대정장27, p.480a13)에 "무엇이 익혀야 할 여덟 가지인가? 유학의 정견 내지 정정을 말한다. 云何學八支 謂學正見 乃至正定", 『잡아비담심론』 권10(대정장28, p.950b22)에 "'혹은 팔지 익혀서 굴러 타인의 마음에 이르렀다' 함은 무슨 말인가? 존자 구사는 '팔지 익혀 굴러 타인의 마음에 이르는 것이 전법륜이다'라고 했다. 그러므로 '여래께서 바라나선인들 주처에서 법륜을 굴리셨다'고 설한다. 或說學八支轉至於他心者 尊者瞿沙說 學八支轉至他心 名轉法輪 是故說如來 於波羅奈仙人住處 轉法輪"라고 하였다. 〔참고문헌〕『大毘婆沙論』, 『雜阿毘曇心論』. ⇨ 팔정도 八正道

학팔지 學八智 유학위(有學位)에서 성취하는 여덟 가지 지혜. 욕계사제를 끊는 사법지(四法智)와 무색계사제를 끊는 사류지(四類智)를 말한다. 무학팔지(無學八智)와 상대한다. 『아비담팔건도론』 권10(대정장26, p.820c7)에 "학지란 무엇인가? 〔답〕 학팔지이다. 學智云

何 答曰 學八智也",『대비바사론』 권102(대정장27, p.529c5)에 "무엇이 학지인가? 〔답〕 학팔지이다. 즉 유학위의 사법지와 사류지이다. 云何學智 答 學八智 謂學位 四法智 四類智"라고 하였다. 〔참고문헌〕『阿毘曇八犍度論』,『大毘婆沙論』. ⇨ 학지 學智, 무학팔지 無學八智, 팔인팔지 八忍八智

학학바지옥 臛臛婆地獄 Ⓢ Hahava-naraka, Ⓣ A-chu-zer-ba. 팔한지옥(八寒地獄) 중 하나. 너무 추워서 '학학'이라는 소리만 낼 수 있어 붙여진 지옥이다. 학학바(臛臛婆)지옥・학학범(郝郝凡)지옥・아바바(阿波波・阿婆婆)지옥・학학바나락가(臛臛婆奈落迦)라고도 한다. 『구사론』 권11(대정장29, p.58c29 : *Abh-k-bh.*, p.164)에 "다시 그 밖에 팔한나락가 있으니, 그 여덟 곳은 무엇인가? … 넷째 학학바이다. 復有餘八寒㮈落迦 其八者何 … 四 臛臛婆 anye śītanaraka aṣṭau. … hahavaḥ",『구사론소』 권11(대정장41, p.616b25)에 "학학바지옥에서는 추위가 더욱 심해져 혀는 움직일 수 없고 단지 학학이라는 소리만 낼 뿐이다. 臛臛婆者 寒轉增故 舌不得動 但得作臛臛聲",『정명경관중석초』 권상(대정장85, p.514a14)에 "팔한지옥이란 무엇인가? … 셋째는 알찰타(Ⓢ Aṭaṭa), 넷째는 학학바, 다섯째는 호호바(Ⓢ Huhuva)인데, 이 세 가지는 추위를 견디는 소리이다. 八寒地獄者 … 三 頞哳吒 四 臛臛婆 五 虎虎婆 此三忍寒聲"라고 하였다. 〔참고문헌〕『俱舍論』,『俱舍論疏』,『淨名經關中釋抄』, *Abh-k-bh.* ⇨ 팔한지옥 八寒地獄, 아바바지옥 阿波波地獄

학해 學海 남북조(南北朝)대 북조의 스님. 담현(曇顯)이라고도 한다. 경전에 박통하여 혜학(慧學)으로 명성이 자자하였다. 승상(丞相) 우문태흠(宇文泰欽)이 공경하여 그에게 대승경전에 근거하여『보살장중경요 菩薩藏衆經要』와『백이십법문 百二十法門』을 짓도록 청하였다. 천화・건덕년간(566~577)에 입적하였다. 〔참고문헌〕『唐高僧傳』 권1「菩提流支傳」(대정장50, p.429b24).

학해 學解 배워 알기만 하다.『원오어록』 권18(대정장47, p.796a19)에 "한가하게 익혀 안 것 가지고 조사의 마음을 매몰하지 마라. 莫將閑學解 埋沒祖師心",『대혜어록』 권19(대정장47, p.892c11)에 "요즘은 흔히들 스승 이어 배워 알 뿐 이 마음 등져 버리고는 말로 전수받은 그것을 종지라 여긴다. 今時多是 師承學解 背却此心 以語言傳授 謂之宗旨",『선관책진』「후서 後序」(대정장48, p.1109a24)에 "도를 가려내 비추는 마음이 없이 모두 익힌 알음알이에 떨어진다. 無辨道之照心 悉落學解"라고 하였다. 〔참고문헌〕『圜悟語錄』,『大慧語錄』,『禪關策進』.

학해탈무학해탈 學解脫無學解脫 유학(有學)의 해탈과 무학의 해탈.『별역잡아함경』 권8(대정장2, p.433c17)에 "그때 마하남이 아난에게 아뢰었다. '무엇 때문에 여래께서는 학계와 무학계, 학정과 무학정, 학혜와 무학혜, 학해탈과 무학해탈을 구분하여 말씀하십니까? 時摩訶男白阿難言 云何如來說 於學戒及無學戒 學定無學定 學慧無學慧 學解脫無學解脫",『장아함경』 권8「중집경 衆集經」(대정장1, p.50a3)에 "다시 두 가지 법이 있고, 두 가지 인과 두 가지 연이 있다. 하나는 학해탈이고 또 하나는 무학해탈이다. 復有二法 二因二緣 一者 學解脫 二者 無學解脫"라고 하였다. 〔참고문헌〕『別譯雜阿含經』,『長阿含經』. ⇨ 무학 無學❶, 유학 有學

학행적 學行迹 익혀 행하는 자취. 유학(有學)으로서 행하는 자취. 학도적(學道迹)・학적(學迹)이라고도 한다.『대비바사론』 권93(대정장27, p.480c2)에 "즉 유학자는 비록 선심을 일으키기도 하고, 불선심을 일으키기도 하며, 무기심을 일으키기도 하지만 항상 열반으로 나아가는 마음과 그 가행을 버리지 않기에 일체시에 배워야 할 것을 배운다고 한다. 그러나 때로는 배워야 할 것을 배우지 않기도 한다. 마치 사람이 길에서 잠시 쉬고 있을 때, 어떤 사람이 '어디로 가려고 하느냐?'라고 물으면, 그 사람이 '모처로 가려고 한다'고 답하는 것과 같다. 어디로 가려는 마음을 버리지 않았기에 비록 머물고 있으나 나아간다고 말할 수 있으니, 이것이 익히는 이들의 행적이기에 학행적이라고 한다. 謂有學者 雖或起善心 或起不善心 或起無記心 而恒不捨趣涅槃心及彼加行 故一切時 名學所學 然亦有時 不學所學 如人在路 暫憩息時 有人問言 欲何所趣 其人答曰 欲趣某方 以不捨趣心 雖住亦言趣 是學者行迹 故名學行迹"라고 하였다. 〔참고문헌〕『大毘婆沙論』.

학혁 學弈 바둑을 익히는 일. 혁은 혁(奕)과 같이 쓴다.『벽암록』「서 序」(대정장48, p.139c9)에 "(孔子는) 바둑을 배우려 해도 뜻 모름지기 오롯이 한다. (墨子는) 실에 물듦이 쉽다 하며 한탄하였다. 이처럼 대선지식들 부촉받기를 마음으로 하여금 포단 위에서 죽기를 각오하게 하였다. 學弈之志須專 染絲之色易悲 大善知識 爲之付囑 俾之心死蒲團"라고 하였다. 〔참고문헌〕『碧巖錄』,『禪林象器箋』 권21(대장경보편19, p.600b1).

학현 學玄 조선전기 스님.『청허당집』 권6「묘향산보현사신주종명 妙香山普賢寺新鑄鍾銘」(한불전7, p.710c1)에 "융경 4년(1570・선조3) 경오 여름, 묘향산의 도인 학현이라는 자가 큰 종 한 구를 만들었다. 隆慶四年庚午之夏 山之道人 學玄其名者 鑄大鍾一口焉"라고 하였다. 〔참고문헌〕『淸虛堂集』.

학혜 學慧 Ⓢ śaikṣā prajñā, Ⓟ sekhā paññā, Ⓣ slob-pa'i-shes-rab. 삼혜(三慧 : 學慧 無學慧 非學非無學慧) 중 하나. 유학(有學)의 지혜. 학명(學明)이라고도 한다. 『집이문족론』 권5(대정장26, p.387c27)에 "학혜란 무엇인가? 배워 뜻을 짓고 상응해서 법을 간택함에 극하게 간택하며, 가장 극하게 간택하며, 이해해 알고, 고르게 알고, 가까이 알고, 두루 알고, 기민하게 알며, 통달하고, 세세하게 살피며, 총명하며, 깨우쳐 밝으며, 지혜롭게 행하며, 집중하여 관하는 것, 이들을 학혜라 한다. 學慧云何 答 學作意相應 於法簡擇 極揀擇 最極揀擇 解了 等了 近了 遍了 機黠 通達 審察 聰叡 覺明 慧行 毘鉢舍那 名學慧", 『아비담팔건도론』 권10(대정장26, p.818b20)에 "학견이란 무엇인가? 〔답〕 학혜이다. 학지란 무엇인가? 〔답〕 유학의 팔지이다. 학혜란 무엇인가? 〔답〕 학견과 학지이다. 학혜란 이것을 말한다. 學見云何 答曰 學慧 學智云何 答曰 學八智 學慧云何 答曰 學見 學智 學慧 此之謂也"라고 하였다. 〔참고문헌〕 『集異門足論』, 『阿毘曇八犍度論』, *AN.1.220.* ⇨ 학명 學明, 삼혜 三慧 ❷

학혜득견고 學慧得堅固 오오백년(五五百年) 중 첫 번째 오백년. 해탈견고(解脫堅固)라고도 한다. 지혜를 익혀 해탈하는 이가 많은 때여서 붙여진 이름이다. 『안락집』 권상(대정장47, p.4b4)에 "부처님께서 멸도하신 뒤 첫 번째 오백년 동안은 나의 제자들이 지혜를 익히는 일이 견고하게 될 것이다. 佛滅度後 第一五百年 我諸弟子 學慧得堅固"라고 하였다. 〔참고문헌〕 『安樂集』. ⇨ 해탈견고 解脫堅固, 오오백년 五五百年

학훈 學熏 조선후기 스님. 연희(演熙) 등과 도반으로서 함께 힘을 모아 『법화경』·『능엄경』·『부모은중경』 등 많은 경을 판각하여 경상남도 울산군 웅촌면 고련리 원적산 운흥사(雲興寺)에 봉안하였다. 〔참고문헌〕 敬一 「金剛經後跋」(雲興寺板 『金剛經五家解』 권하말 · 한불전7, p.115a7). ⇨ 연희 演熙

학희 學喜 ➡ 실차난타 實叉難陀

학희 學熙 조선전기 스님. 벽송지엄(碧松智嚴 1464~1534)이 준 법어 「증학희선자 贈學熙禪子」(『벽송당야로송』· 한불전7, p.384c4)에 "달은 산 앞뒤로 빛나고, 바람은 바다 밖에서 맑게 불어오네. 누가 진면목인가 묻는다면, 다시 하늘가 기러기 가리키리. 月皛山前後 風淸海外中 問誰眞面目 更有點天鴻"라고 하였다. 〔참고문헌〕 『碧松堂埜老頌』.

한 恨 Ⓢ upanāha, upanahana, Ⓣ khon-du-'dzin-pa. 칠십오법(七十五法) 또는 백법(百法) 중 하나이며 십혹(十惑) 중 하나다. 분한 일을 잊지 못하고 원을 맺어 심하게 번뇌하는 마음. 소승에서는 소번뇌지법(小煩惱地法) 중 하나이고, 대승에서는 진에(瞋恚)의 일분(一分)으로 수번뇌(隨煩惱) 중 하나다. 『순정리론』 권54(대정장29, p.646b27)에 "애착하지 못할 상에 기억해 분별해서 분(忿 Ⓢ krodha) 이후에 이어 마음 일으켜 원수 맺는 것을 한이라고 한다. 어떤 논사는 말한다. '원결 버리려고 하여도 능히 벗어나지 못하게 하는 이러한 인을 한이라고 한다. 이러한 것이 있기에 원한 맺어 마음을 옭아매고 스스로 오래도록 괴로워하지만, 헛된 것이어서 과랄 것 없을 뿐만 아니라 사랑할 만한 경에 마저 따를 수 없게 하며 … 이런 것은 모든 지혜롭고 선량한 이들이 멀리하는 것으로 나뭇등걸일 뿐이어서 진실의 복전을 파괴한다. 이런 것들을 「한」이 갖고 있는 법이라고 한다'. 於非愛相 隨念分別 生續忿後 起心結怨 名恨 有餘師言 欲捨怨結 不能解脫 此因名恨 由有此故 怨結纏心 自惱長時 空無有果 於可愛境 令不隨順 … 是諸賢良 所遠離處 能爲株杌 壞實福田 此等名爲 恨所有法", "한과 분의 차별상은 무엇인가? 자작나무 껍질이 타는 것과 같이 그 양상은 맹렬하지만 그 나머지 세가 약한 것을 분이라 한다. 겨울방의 열기와 같이 그 양상은 경미하지만 그 나머지 세가 강한 것을 한이라고 한다. 이것으로 말미암아 어떤 사람은 '한'의 상에 대해 말한다. 분이 그치고 나서도 이어 생겨나서 마음을 탁하게 하는 것을 한이라고 한다'. 恨與忿相 有差別者 如樺皮火 其相猛利而餘勢弱 說名爲忿 如冬室熱 其相輕微而餘勢強 說名爲恨 由此故有說恨相言 忿息已續生 令心濁名恨", 『성유식론』 권6(대정장31, p.33b12)에 "어떤 것을 '한'이라고 하는가? 이 분함으로 앞섰던 것이 악을 품어 버리지 못하고 원을 맺음으로써 성을 삼는다. 불한을 장애해서 뜨겁게 괴롭게 하는 것으로 업이 된다. 즉 한을 맺는 사람은 참을 수 없어 항상 매우 괴롭기 때문이다. 이 역시 진에의 일분으로 바탕을 삼으니, 진에를 여의고는 따로 한의 상과 용이 없기 때문이다. 云何爲恨 由忿爲先 懷惡不捨 結怨爲性 能障不恨 熱惱爲業 謂結恨者 不能含忍 恒熱惱故 此亦瞋恚 一分爲體 離瞋無別 恨相用故"라고 하였다. 〔참고문헌〕 『順正理論』, 『成唯識論』, *Abh-k-bh.57.*, *Vijñ-t-bh.90.* ⇨ 오위칠십오법 五位七十五法, 오위백법 五位百法, 십혹 十惑, 소번뇌지법 小煩惱地法, 수번뇌 隨煩惱

한 釬 발우(鉢盂). 『선림상기전』 권28(대장경보편19, p.813b3)에 "발 : 『현응중경음의』에 '발우'라 하였다. … 또한 『설문』에 '밥그릇'이라 하였으며, 율문에서는 '한'이라 한다. 鉢 玄應衆經音義云 鉢盂 … 又說文云 飯器也 又律文作釬"라고 하였다. 『백유경』 권1 「승선실우유 乘船失釪喩」(대정장4, p.545c6)에 우(釪)는 우(盂)와 같은 자로 쓰였다. [참고문헌]『禪林象器箋』, 『百喩經』. ⇨ 발 鉢, 발우 鉢盂

한 閑 번뇌를 쉬어 번거롭지 않은 이, 원하는 바 다해 마쳐 한가한 이, 바삐 하지 않아도 되는 시간 등의 뜻이다. 『무량수경의소』(대정장37, p.120a2)에 "한한 사람이란 심중의 극한 어려움을 건넌 사람이니, 그 번뇌를 엎드리게 하였기에 한이라 말한다. 불한이란 외범의 사람이니, 번뇌에 부림당하기에 불한이라 이른다. 혹은 '불한은 이 사람이라 하겠고 한이란 바로 하늘이라 하겠다'라 한다. 閑者 濟心中劇難人 言其伏煩惱 故云閑 不閑者 外凡之人 爲煩惱所使 故云不閑也 或云 不閑是人 閑是天也", 『무량수경연의술문찬』 권중(한불전2, p.39a6)에 "어떤 이 설한다. '이승은 중생 구제에 있어서는 곧 한이라 하겠지만 보살이라면 불한이며, 범부는 닦는 것에서 곧 한이지만 보살은 불한이며, 이승과 범부는 무상도에 있어서 곧 한이지만 보살은 곧 불한이다'. 이는 모두에게 있어 그렇지는 않으니, 만약 저 말한 바와 같다면 응당 해태와 정진을 설해야 하기 때문이다. 한은 곧 짬 있는 곳이니 반드시 게으른 것은 아니다. 有說 二乘 於救生卽閑 菩薩不閑 凡夫 於修卽閑 菩薩不閑 二乘凡夫 於無上道卽閑 菩薩卽不閑 此皆不然 若如所言 應說懈怠精進故 閑卽閑處 必非孏惰故"라고 하였다. [참고문헌]『無量壽經義疏』, 『無量壽經連義述文贊』. ⇨ 불한 不閑, 제한불한 諸閑不閑

한 漢 사내. 남자. 천한 뜻으로 부를 경우는 저한(這漢)·풍전한(風顚漢)·담판한(擔板漢) 등으로 쓰고 '놈' 정도로 새긴다. 좋은 의미로는 호한(好漢)·대장부한(大丈夫漢) 등으로 쓴다. 『임제록』(대정장47, p.504a1)에 "그대 일개 속한이라 부를 뿐이었다. 將謂爾是箇俗漢"라고 하였다. [참고문헌]『臨濟錄』.

한가구 閑家具 부질없는 살림살이. 그 무엇으로 꾸며 가꾼다 해도 진실의 본분에서 살핀다면 쓸데없을 뿐이라는 뜻이다. 『경덕전등록』 권14 「약산유엄전 藥山惟儼傳」(대정장51, p.312b19)에 "태수 이고(李翶)가 다시 물었다. '무엇이 계정혜인지요?' '빈도의 이곳에서는 이렇게 한가한 살림살이는 없소이다'. 翶又問 如何是戒定慧 師曰 貧道遮裏 無此閑家具", 『원오어록』 권20(대정장47, p.806a5)에 "기관이란 것 그저 쓸모없는 살림살이고, 깊고 묘한 것으로 뒤섞인 것 부서진 짚신이라네. 무쇠 이마에 구리 머리로 부처와 조사를 넘어서고, 이리저리 팽개쳐 한 구덩이에 파묻는다. 機關並是閑家具 玄妙渾成破草鞋 鐵額銅頭超佛祖 橫拈倒捉一坑埋", 『오가종지찬요』 권하(卍속장114, p.550a9)에 "삼산등래(三山燈來)가 말했다. '이렇듯 엮어 늘인들 무슨 원숭이 희롱하는 한가한 살림살이란 말인가? 그렇기는 해도 반드시 모두가 자세히 알아야 한다네'. 三山來云 如此絡索 是甚麽弄猢猻底閑家具 雖然如是 也要大家知委"라고 하였다. [참고문헌]『景德傳燈錄』, 『圜悟語錄』.

한가파구 閑家破具 쓸모없고 낡은 살림살이. 한가구(閑家具)와 통한다. 『운봉문열어록』 「포대화상 布袋和尙」(고존숙어록41, 卍속장118, p.692b5)에 "곤하면 포대 끌어안고 말없이 하니, 지켜보다 못해 모두 의심하고 염려한다. 풀어 모든 이들에게 보여주지 않을 수 없지만, 이 무슨 쓸모없고 낡은 살림살이던가! 困來抱囊無語 傍觀盡生疑慮 未免開獻諸人 是甚閑家破具"라고 하였다. [참고문헌]『雲峰文悅語錄』. ⇨ 한가구 閑家具

한각 閑却 할 일 없어 버려두다. 『운개본화상어』(속고존숙어요4, 卍속장119, p.21b16)에 "도령(陶潛)이 산에서 떠난 뒤부터, 외로운 원숭이 내버려두니 숱한 밤을 운다. 自從陶令出山去 閑却孤猿數夜聲", 『천여유칙어록』 권4 「제요당선사송풍당도 題了堂禪師松風堂圖」(卍속장122, p.871b2)에 "바람은 형상 없는데 누가 알아보랴? 소리모양 본래 공하여 일어남도 사라짐도 없다네. 일어남도 사라짐도 없는 그곳 눈으로 능히 들을 수 있으니, 한 쌍의 귀일랑 할 일 없어 버려둔다. 風無形狀誰曾識 聲相本空無起滅 無起滅處眼能聞 閑却一雙新卷葉"라고 하였다. [참고문헌]『雲蓋本和尙語』, 『天如惟則語錄』.

한간마 韓幹馬 한간이 그린 말. 한간은 당대 화가로 인물이나 동물을 모사하는 솜씨가 탁월하였는데 특히 말 그림으로 유명하다. 소를 잘 그렸던 그의 제자 대숭(戴嵩)과 함께 선어록에 등장한다. 『가태보등록』 권27 「늑담담당준선사칠수 泐潭湛堂準禪師七首」(卍속장137, p.384b1)에 "능엄오불견시 : 사무쳐 끝이 없던 부처님의 노파심, 아난 위한 그 마음 뒤척여 깊으셨네. 한간의 말 넘실대는 풀밭에서 울고, 대숭의 소 버드나무 그늘에 누웠네. 楞嚴吾不見時 老胡徹底老婆心 爲阿難陀意轉深 韓幹馬嘶靑艸渡 戴嵩牛臥綠楊陰"라고 하였다. [참고문헌]『嘉泰普燈錄』. ⇨ 대숭우 戴嵩牛

한갈등 閑葛藤 한갓되이 얽히고설키다. 『경덕전등록』 권19 「운문문언전 雲門文偃傳」(대정장51, p.358b22)에 "그대가 만약 참으로 견처 있다면 한번 집어내어 보라. 그대와 더불어 헤아려 보리. 부질없이 호오도 모르면서 머리를 맞대고 끙끙대며 한갓되이 얽히고설키지 말길. 爾若實有箇見處 試拈來看 共爾商量 莫空不識好惡 矻矻地聚頭 說閑葛藤", 『치절도충어록』 권하(卍속장121, p.566b14)에 "수많은 책에 이미 쓸모없는 문자가 실려 있는 형편인데, 어째서 게다가 불필요한 살림살이를 보내는가? 巨帙已載閑葛藤 何堪又送閑家具"라고 하였다. [참고문헌]『景德傳燈錄』, 『痴絶道沖語錄』.

한거 閑居 Ⓢ vāsaṃ sevate, Ⓟ santa vihāra, phāsu viharati. 한가히 지내다. 거칠고 시끄러운 것 그쳐 막아 없이 머물다. 『장아함경』 권3 「유행경 遊行經」(대정장1, p.19a9 : *Mahāparinibbāna-sutta, DN.2,* p.130)에 "세존이시여! 출가한 사람은 청정한 곳에서 고요한 삶을 바라며 즐거워하니 참으로 기특하옵니다. 世尊 出家之人 在淸淨處 慕樂閑居 甚奇特也 acchariyaṃ bhante abbutaṃ bhante santena vata bhante pabbajitā vihārena viharanti", 『잡아함경』 권49(대정장2, p.361a7)에 "집이 아닌 곳으로 멀리 떠나 일없이 살며 고요한 즐거움을 누린다. 遠離於非家 閑居寂靜樂", 『중아함경』 권21(대정장1, p.560c8 : *Kaṇṭaka-sutta, AN.5,* p.134)에 "멀리 떠나 홀로 머물고 고요한 곳에 여유롭게 살면서 조용히 앉아 사유하리라. 遠離獨住 閑居靜處 宴坐思惟 tattha mayaṃ appasaddā appakiṇṇā phāsu vihareyyāma", 『문수사리불토엄정경』 권상(대정장11, p.893c4)에 "(속가 버리고 얻는 열 가지 덕 중) 두 번째, 항상 고요히 살기 좋아하여 시끄러운 것들 익히지 않는다. 二者 常好閑居 不習憒鬧"라고 하였다. [참고문헌]『長阿含經』, 『雜阿含經』, 『中阿含經』, 『文殊師利佛土嚴淨經』, *DN., AN., Buddh-c.134.*

한계 寒溪 ❶ 1630~1716. 조선후기 전주 종남산(終南山) 송광사(松廣寺) 스님 현일(玄一)의 법호. ⇨ 현일 玄一❷ ❷ 설징(雪澄)의 법호. 상봉정원(霜峰淨源 1627~1709)의 제자이다. 『호은집』 권2에 「한계찬〈출상보하〉 寒溪贊〈出霜峰下〉」(한불전9, p.714b3~11)이 전한다. 상봉의 제자로 『서역중화해동불조원류』 「금상어제태고비각현판 今上御製太古碑閣懸板」(한불전10, p.107c6~10)에 풍담법사상봉문파(楓潭法嗣霜峰門派)에 한계설징(寒溪雪澄)이 있어 유기(有璣 1707~1785)의 「한계찬」은 설징에 대한 찬문임을 알 수 있다. [참고문헌]『好隱集』, 『西域中華海東佛祖源流』.

한계당현일대사비문 寒溪堂玄一大師碑文 한계현일(1630~1716)의 행장을 담은 비문. 찬자는 알 수 없다. 스님이 입적한 이후에 사리와 유골을 수습하여 전라북도 완주군 소양면 대흥리 송광사 북쪽에 탑과 비를 세웠다. 현재 비는 송광사 부도원에 남아 있는데, 높이는 1.06m이다. 방형 비좌(碑座)를 갖추고 있으며, 상면은 호형(弧形)이다. 비신(碑身)이 부분적으로 파손되었고 표면의 마모가 심하여 일부 글자는 판독하기 어렵다. [참고문헌] 智冠 『韓國高僧碑文總集 朝鮮朝·近現代』 p.296. ⇨ 현일 玄一❷, 송광사 松廣寺❷

한계사 寒溪寺 강원도 인제군 북면 설악산 백담사(百潭寺)의 옛 이름. 「백담사사적 百潭寺史蹟」에 "신라진덕왕원년(新羅眞德王元年·647) 정미(丁未) 자장법사(慈藏法師) 사(寺)를 설악산(雪嶽山) 한계리(寒溪里)에 창(刱)하야 명(名)을 한계사(寒溪寺)라고 하고 미타상(彌陀像) 삼위(三位)를 조성봉안(造成奉安)하다"라고 하였고, 봉정암(鳳頂庵)·관음암(觀音庵)은 속암(屬庵)이라고 하였으며, 690년(신문왕10)에 소실되어 719년(성덕왕18)에 중건하였지만 785년(원성왕1)에 다시 소실되었기에, 790년에 사승 종연(宗演)·광학(廣學)·각동(覺洞)·영희(靈熙)·법찰(法察)·설흡(雪治) 등이 이건하고서 운흥사(雲興寺)라고 바꾸었다고 하였다. 그러나 조선시대에는 당시의 한계사나 옛 터로 자주 거론되곤 하였는데, 유몽인(柳夢寅 1559~1623)의 『어우집』 권6 제발(題跋) 「제감파〈최유해호〉부묵유금강산록후 題紺坡〈崔有海號〉副墨遊金剛山錄後」에는 "내가 한계사에서 묵었을 때 밤새 비가 내렸지만 아침이 되어 다시 감상하니, 폭포의 기세 웅장하여 비록 바람이 불어도 흩을 수 없으니 진실로 천하의 장관이었다. 한계사 옛 터의 형세는 동방에서 으뜸이었다. 한계사와 백운암은 요승 보우가 세간을 피해 숨었던 곳이다. 余宿寒溪寺 終夜雨 朝而再賞 瀑勢壯 雖風不散 眞天下壯觀也 寒溪寺舊基回勢之勝甲東方 寒溪寺白雲庵 妖僧普雨遁世之所也", 동계경일(東溪敬一 1636~1695)의 『동계집』 권2(한불전12, p.203c16) 기(記) 「설악산한계사가허루기 雪岳山寒溪寺架虛樓記」에 "무릇 설악은 나라의 명산이고 한계는 산 중에 승지이다. 夫雪岳 乃一國之名山 寒溪爲山中之勝地"라고 하였다. 김수증(金壽增 1624~1701)의 『곡운집』 권4 기(記) 「한계산기 寒溪山記」에 "(1691년 5월) 초십일 을미 … 아침을 먹고 한계(사) 옛 터로 내려갔다. 불우는 지난 해에 불탔는데, 석불 세 위도 불타 훼손된 채 깨진 기와 조각과 재 속에 있다. 오직 석탑만 절 마당에 서 있고, 작약 수북이 무리져 흐드러진 풀숲 사이로 활짝 피어 있을 뿐이다. 初十日乙未 … 早食 下寒溪舊基 佛宇災於上年 石佛三軀 燒毁於破瓦灰燼中 惟有石塔立庭際 芍藥數叢 正開於亂草間而已"라고 하였으나, 성해응(成海應 1760~1839)의 『연경재전집』 권51 산수기(山水記) 하 「기관동산수 記關東山水」에 "한계사는 설악의 서쪽에 있다. 남계역을 지나 물을 따라 아래로 내려가다가 고원통을 경유하여 한계사로 들어갔다. … 한계사 옛 터를 지나니 그 북쪽의 여러 봉우리는 우뚝 솟은 채 빼곡하여 두렵기까지 하다. 寒溪在雪嶽之西 由藍溪驛下流 過古圓通 入寒溪寺 … 歷寒溪寺舊基 其北諸峯矗立森羅可畏"라고 하였다. [참고문헌]『於于集』(韓國文集叢刊63, p.443a7), 『東溪集』, 『谷雲集』(韓國

文集叢刊125, p.210b13), 『硏經齋全集』(韓國文集叢刊275, p.70a20), 『韓國寺刹全書』 권하 p.1132a17, 『乾鳳寺本末事蹟』(亞細亞文化社, 1977) p.65. ⇨ 백담사 百潭寺

한계사지남삼층석탑 寒溪寺址南三層石塔 강원도 인제군 북면 한계리에 있는 신라시대 석탑. 보물 제1275호. 높이 3.32m. 이중기단 삼층 탑신의 전형이다. 파손되어 있던 것을 1985년 절터에 옮겨 복원했다. 6매의 장대석이 있고 지대석과 면석은 한돌이인데, 4매의 판석으로 결구했다. 각면에 3구씩의 안상(眼象)을 새겼다. 하대갑석은 2매이고 기울기가 있으며 상단 중앙은 호각형 괴임을 두어 H자형 상층면석을 받고 있다. 상대갑석은 2매로 하단에 부연이 있고 상면 중앙에 2단 탑신괴임을 두었는데, 갑석의 두께가 얇고 기울기는 없다. 탑신부는 몸돌과 지붕돌이 별석이다. 3층 탑신과 상륜은 결실되어 복원한 부재다. 1·2층 몸돌에도 새김은 없다. 지붕돌은 1·2층 모두 층급받침은 5단이고 2단의 괴임을 두어 탑신을 받고 있다. 처마는 반전을 보이며 풍경구멍도 남아 있다. 신라후기 9세기 중반에 제작된 성보다. 〔참고문헌〕 『寒溪寺』(강원대박물관, 1985), 『한국의사지』(문화재청·불교문화재연구소, 2013).

한계사지북삼층석탑 寒溪寺址北三層石塔 강원도 인제군 북면 한계리에 있는 신라시대 석탑. 보물 제1276호. 높이 4.12m. 이중기단 삼층탑신의 전형이다. 한계사지 남탑에서 북쪽 50m에 있다. 여러매의 장대석으로 하대석을 두고 4매의 지대석과 4매의 면석으로 하층기단을 구성했다. 면석의 좌우 모서리와 중앙부에 각각 우주와 탱주를 1주씩 새겨 넣었다. 하대갑석은 일부 훼손되어 새로운 부재를 끼워 넣었으나 원래는 4매로 상면은 약하게 기울기를 두었으며 상단에 2단의 호각형 괴임을 두어 상층면석을 받고 있다. 상층면석은 4매 엇물림 결구했는데, 탑신부는 몸돌과 지붕돌이 각각 별석으로 탑신은 모두 모서리에 우주를 새겼다. 지붕돌은 모두 하단의 받침이 4단이고 상면 2단의 괴임을 두어 윗층 탑신을 받고 있다. 지붕의 처마는 수평을 이루다가 전각부에서 경쾌한 반전을 보이며 전각부에는 풍경을 달았던 구멍이 남아 있다. 상륜부는 노반(露盤)만 남아 있는데, 상면에 2단의 띠돌림을 돋을새김했다. 보존상태가 양호하고 상하층 1:1탱주를 모각한 전형적인 9세기 후반의 단아하고 아름다운 신라석탑이다. 〔참고문헌〕 『寒溪寺』(강원대박물관, 1985), 『한국의사지』(문화재청·불교문화재연구소, 2013).

한광사삼층석탑 閑曠寺三層石塔 통일신라시대 석탑. 보물 제675호. 높이 2.7m. 경상북도 영천시 신녕면 화남리 한광사(閑曠寺)에 있다. 지대석의 동면 1매를 제외한 나머지 3매는 새로 복원된 부재이다. 하층기단의 하대면석은 1주의 탱주(撑柱)를 두었고 갑석을 각각 별조하였다. 갑석 상면은 기울기가 심한 편이며, 모서리에는 합각선이 뚜렷하고 솟음기법이 있는데, 중앙에 2단의 호·각형 중대받침을 두었다. 상층기단 면석은 판석으로 각 면 1주의 탱주를 두었고, 호각형 초층탑신 받침이 있다. 갑석은 상부에서 단부쪽으로 완만하게 기울어져 있으며, 모서리에는 합각선이 뚜렷하고 약하지만 솟음기법이 있다. 탑신은 각 층 탑신석과 옥개석이 각각 별조되었다. 탑신석에는 우주(隅柱)를 모각하였을 뿐 특별한 장식은 없다. 옥개석 처마 아래로는 4단의 옥개받침, 상단에는 1단의 각형굄을 두었다. 낙수면은 기울기가 급한 편이며 처마는 수평을 이루다가 전각부에서 합각선과 만나 강한 반전을 보인다. 3층 옥개석 상면에 방형의 찰주공이 남아 있을 뿐 상륜은 남아 있는 것이 없다. 이 석탑은 상하층 기단 1：1의 탱주숫자·4단의 옥개받침·전체 높이 3m 가량의 소형화된 모습으로 9세기 후반기에 유행한 양식이다. 〔참고문헌〕 『경상북도의 석탑Ⅴ』(국립문화재연구소, 2011). ⇨ 한광사 閑曠寺

한광사석조여래좌상 閑曠寺石造如來坐像 경상북도 영천시 신녕면 화남리 한광사(閑曠寺)에 봉안된 고려시대 석조비로자나불상. 보물 제676호. 높이 95.2cm·무릎폭 79cm. 안정감 있는 자세와 왜소한 체구 등에서 통일신라후기 불상의 특징을 보여준다. 작고 둥근 얼굴은 이목구비를 알아볼 수 없을 정도로 마멸되었으며 이마에 후보된 백호만 뚜렷하게 보인다. 통견(通肩)의 법의를

걸치고 있는데 전체적인 옷주름이 매우 형식적이다. 결가부좌한 다리는 유난히 넓고 양감이 있는 편인데 무릎 위쪽은 반듯하게 처리되어 경직된 모습이다. 두 손은 가슴 앞에 붙이고 지권인을 하고 있다. 대좌는 8각의 중대·연꽃이 조각된 상대와 하대로 이루어진 통일신라시대의 전형적인 팔각연화대좌다. 대좌 역시 마멸이 심하여 세부표현을 확인할 수 없다. [참고문헌]『경상북도 문화재도록』 권2(동해문화사, 1995).

한국불교소의경전 韓國佛敎所依經典 **1** 불교가 전래된 이후 한국인들이 의지한 경전(經典)들. 경전이라 말하지만 경율론(經律論) 삼장(三藏)과 그 주석서들 모두를 아울러 일컫는다. 자세히는 한국인들이 이들 삼장에 의지해 실제로 행한 신행(信行)과 연찬(硏鑽)의 결과로 남겨 전한, 즉 주석(註釋)과 사기(私記) 등의 형태로 출현한 문헌들도 다 거둘 수 있는데, 이들은 묵서(墨書)와 필사본(筆寫本) 그리고 금은(金銀) 등으로 쓴 사경본(寫經本)들과 인경자(印經字) 등의 활자와 목판(木板), 이에 의지한 인출본(印出本) 등의 형태로 전승되었다. 가장 으뜸의 소의경전이라면 단연 고려조 한국인의 손으로 직접 다듬고 새기고 편재한 세계 으뜸의 초조(初雕)와 재조(再雕)『국간고려대장경』이지만, 실제에 나아가서 살펴보면 크게 묵서부(墨書部)·사경부(寫經部)·국간사간판부(國刊寺刊板部)·찬술부(撰述部) 등으로 나눌 수 있다. 찬술부의 면면은 1976년『한국불교찬술문헌총록』으로 정리된 후 이어 출간된 총14책『한국불교전서』가 있고, 사간판부는 문화재청과 대한불교조계종문화재연구소가 협력하여 발간한『한국의사찰문화재 전국사찰목판일제조사』가 있다. 묵서와 사경부 자료총람은 아직 정리되지 않아 수집연구중에 있다. ⇨ 고려대장경 高麗大藏經, 한국불교전서 韓國佛教全書, 인경자 印經字 **2** 한국불교승가에서 학인들을 위해 시설하고 학습케 한 경전. 이 '한국불교소의경전'이란 1969년 당시 해인사(海印寺) 강주(講主)였던 가산지관(伽山智冠)이 학인들을 위한 '재래한국불교소의경전연구'란 이름으로 출간하려다 '재래 在來' 2자를 생략한 채 출간된 이후로 모든 학인들의 필수 참고서로 널리 유통되면서부터 쓰이게 된 말이다. 필자는「서문」에서 "오늘까지 제방강원(諸方講院)에서 불교교육의 중심과목이 되어 있었던 소위 이력(理縟)이라는 사미과(沙彌科), 사집과(四集科), 사교과(四敎科), 대교과(大敎科), 수의과(隨意科) 등의 교과목"을 언급하면서, "현금 한국불교를 법맥상속(法脈相續)으로만 관찰할 때에는 두말할 것도 없이 달마(達磨)의 법손(法孫)이며 문자(文字)를 세우지 아니하는 격외선종(格外禪宗)이므로 소의경전이란 있을 이치가 만무하다고 생각하겠지만 실지에 있어서는 그런 것도 아니다. 달마라도 자기의 깨친 바 안심견성법(安心見性法)을 선포할 적에 장애되는 명상집착(名相執着)을 제거하기 위하여 불립문자(不立文字)를 주장하였다. 그렇다고 해서 부처님께서 설하신 삼장십이부(三藏十二部)의 경론을 일시에 불태워 버리자는 것은 절대로 아니었다", "달마도 최후에『금강 金剛』,『능가 楞伽』의 양부경(兩部經)을 혜가대사(慧可大師)에게 전하면서 이 경이 중생교화에 적합하다고 하였다. 육조혜능(六祖慧能)도『금강경』의 '응무소주이생기심 應無所住而生其心'의 구절을 듣고 깨달은 뒤에 구결(口訣)까지 지어 세상에 유포(流布)하였으며, 중봉명본(中峰明本)도『금강경』을 읽다가 '하담여래아누다라삼막삼보리 荷擔如來阿耨多羅三藐三菩提'란 구절에 이르러 활연대오(豁然大悟)하였다", "후세에 이르러서는 선종에서『금강』과『능가』를 소의경전으로 알고 숭배해 왔다. 이 밖에『치문 緇門』이라든지『서장 書狀』이라든지 하는 것은 모두 선종 스님이 지은 바로써 선종에서 독습하는 것이었다", "고려중엽에 보조국사(普照國師)가 정혜결사(定慧結社)를 세우고 돈오점수(頓悟漸修)의 학설을 주장한 후로부터『절요 節要』와『도서 都序』와『계초심학인문 誡初心學人文』이 선종계에서 독습"하게 되었고, "그 후 여말(麗末)에 이르러서 나옹(懶翁)스님의 제자인 야운비구(野雲比丘)가 지은『자경문 自警文』이 또한 선종학과에 들게 된" 이후로 "『금강』『능엄』『선요』『절요』『도서』『서장』『자경』『초심』『염송』 등 십종과목이 고려시대 이후 선종의 독습교과"였으나, "반드시 수학하여야 되고 또한 반드시 선후차제가 있었던 것도 아니었다". "그 후 벽송지엄(碧松智儼 1464~1534) 때에 이르러 먼저『도서』와『절요』를 가르치기로 차례를 정하게 되었다", 이어「서문」에서는 벽송 당년까지도 아직 각종(各宗)이 문(門)을 나누어 자종(自宗)의 종지(宗旨)를 천양하기에 몰두하던 때이므로 선종에서『화엄 華嚴』,『법화 法華』 등 경을 학과로까지 이르게 하지 못하지만 벽송 스스로『법화경』을 강(講)하였고, 청허(淸虛)의 사세법손(四世法孫) 되는 월담설제(月潭雪霽 1632~1704) 때에 이르러서는 천태(天台), 화엄 등 종파의 벽들이 사라지고 태고(太古)의 법맥(法脈)으로 종지를 삼아 내경네경 구별없이 화엄, 법화 등 교종(敎宗)에서 숭상하던 경전들을 기한없이 강하기에 이르렀고, 월담화상은 이른바 대회(大會)라는 것을 개설하여서는 일대(一代)의 이역과정(理繹科程)을 정연하게 조직하기에 이른다. 이때 화엄종의 성전(聖典)이었던『화엄경』과『원각경 圓覺經』, 천태종이 숭상하던『법화경』과 원효의『발심문 發心文』이 선종학과 중에 들게 되었으니,『초심』『발심』『자경』『치문』으로 시작하여『서장』『도서』『선요』『절요』의 사집을 독습하고, 이어서『능엄』『법화』『금강』『원각』의 사교를 연찬한 이후,『화엄』『염송』을 강독하게 하였다. 다시 그 뒤에 사교 중『법화경』을 빼고『

기신론 起信論』을 이력에 넣게 되었으니, 현금 제방강원의 이역과정이 정착되었다 하면서, "저 정토종(淨土宗)이 『미타경 彌陀經』 『무량수경 無量壽經』 『십육관경 十六觀經』의 삼부(三部)를 제외하고 존재할 수 없으며, 또한 천태종(天台宗)이 『법화경』을, 율종(律宗)이 오부율(五部律)을, 선종(禪宗)이 삼처전심(三處傳心)을 각각 외면하고 있을 수 없었으므로, 여기에 사미과·사집과·사교과·대교과·수의과에 이어 선종부·율부·정토부의 소의경전들을 더하여 '재래한국불교소의경전'이라 이름한다"라 하였다. 『한국불교소의경전연구』의 편재는 1960년도 현행하던 강원학습의 본보기라 할 수 있기에 그 내역을 소개한다. [사미과 沙彌科] 지눌(知訥) 『계초심학인문 誡初心學人文』, 원효(元曉) 『발심수행장 發心修行章』, 나옹(懶翁)의 제자 야운(野雲)의 『자경문(自警文)』에 대한 저자·전래유통, 내용개요와 과분, 총자수를 실었고, 여러대 거쳐온 『치문경훈 緇門警訓』의 경우는 태고보우(太古普愚)가 전래한 것과 조선후기 백암성총(栢庵性聰)의 회편(會編)에 이르는 사적(史的)고찰과 활자판단권의 분류목차인 경훈(警訓)·면학(勉學)·서장(書狀)·선문(禪文)·시중(示衆)·게찬(偈讚) 등의 13종 순으로 소개하고 구편상중하권편재도 아울러 밝혔다. [사집과 四集科] 대혜종고(大慧宗杲)의 『대혜서장 大慧書狀』에서는 저자인 대혜와 그 저술과 제자들, 당시의 불교계 실정과 간화선과 묵조선 등을 개요하고, 이어 증시랑(曾侍郎)·이참정(李參政)·부추밀(富樞密)·진국태부인(秦國太夫人) 등 당대 지식인들과 주고받은 41편의 편지글을 살폈다. 규봉종밀(圭峰宗密)의 『선원제전집도서 禪源諸詮集都序』에서는 저자의 행적과 저술 및 집필동기·내용개요·전래유통을, 『고봉화상선요 高峯和尙禪要』에서는 개당보설(開堂普說)·결제(結制)와 해제(解制)의 시중(示衆)·만참(晩參)과 제야소참(除夜小參)·거사(居士) 신옹(信翁) 등에게 보여주고 답한 글과 실중삼관(室中三關) 등을 다루었다. 지눌의 『법집별행록절요병입사기 法集別行錄節要並入私記』에서는 해제와 찬집동기, 규봉(圭峰)과 청량(淸凉)의 칠대돈점(七大頓漸)에 대해서 논변하고 전래유통을 서술하였다. [사교과 四敎科] 『대불정수능엄경 大佛頂首楞嚴經』에서는 본경의 전역과 해제, 통석경제와 통서과판, 설시(說時)의 이론(異論)과 삼분과(三分科), 진위(眞僞)에 대한 시비(是非), 증신서(證信序)와 발기서(發起序), 『마등녀경 摩登女經』, 칠처징심(七處徵心), 전체 10권의 줄거리 중 제1권의 사약장(四若章)과 제3권의 세계(世界)와 겁파(劫波) 시간(時間)에 대한 법상 등을 자세하게 다루었다. 마명(馬鳴)의 『대승기신론 大乘起信論』에서는 마명 등 저자·역자·역어(譯語)에 대한 이론과 6마명설을 들어 고찰하고, 원효소(元曉疏)와 현수소(賢首疏)의 차이를 논하였으며 한중일 삼국의 주석서와 전래유통도 다루었다. 『금강반야바라밀경 金剛般若波羅密經』에서는 해제와 본경의 전역, 사처십육회(四處十六會) 과판에 있어서는 무착십팔주처(無着十八住處), 천친이십칠단의(天親二十七斷疑), 소명태자삼십이분(昭明太子三十二分)을 다루었고, 인도와 한중일에서의 찬술서, 육성취(六成就)·수보리(須菩提)의 칭호·주(住) 수(修) 항복(降伏)·범소유상(凡所有相)인 사구게(四句偈)·약이색견아게(若以色見我偈)·일체유위게(一切有爲偈) 등에 대한 육역(六釋)의 문구차이도 비교하였다. 실제로 강원교재로 쓰인 판본은 조선조 함허득통(涵虛得通)이 편집한 『금강경오가해설의 金剛經五家解說誼』인데 규봉(圭峰)의 찬요(纂要)와 육조(六祖)의 해의(解義)와 부대사(傅大士)의 제강송(提綱頌)과 야보(冶父)의 송(頌)과 종경(宗鏡)의 제강(提綱), 함허의 설의를 한데 모은 것으로, 경(經)을 익히되 선교(禪敎)를 아우르는 종문(宗門)의 찬술에 의지해 공부하는 전통이 두드러진 교과목이라 할 수 있다. 『대방광원각경 大方廣圓覺經』에서도 역자와 역년(譯年), 본경 12장 대의와 한중일 삼국의 주석서 찬술, 전래유통을 살폈다. [대교과 大敎科] 『대방광불화엄경 大方廣佛華嚴經』의 번역과 범본(梵本)·지분경(支分經)·결집(結集)에서부터 교주(敎主)·설시(說時)·흥기(興起)·용궁전래설 등과 아울러 80권 화엄경과 60권 화엄경 각 품의 요지와 내용개요, 십현문(十玄門)·사법계(四法界)·육상원융론(六相圓融論)은 물론 한중일삼국의 전래유통도 자세히 살폈다. [수의과 隨意科] 『묘법연화경 *妙法蓮華經*』에서는 개요·전역·보품(補品)과 『정법화경 正法華經』 『첨품법화경 添品法華經』, 인도와 한중일의 찬술내역을 다루었다. 『경덕전등록 景德傳燈錄』에서는 저자이설과 내용개요와 전래유통을, 『선문염송 禪門拈頌』에서는 편집과 강령(綱領) 및 주석서와 전래유통을 다루었다. [선종부 禪宗部] 『선종약사 禪宗略史』에서는 선종의 의의, 삼처전심(三處傳心)의 전거, 선종기원과 부법장설(付法藏說), 중국의 선종, 한국의 선법전래에서는 구산(九山)의 분립, 보조(普照)의 선법중흥 이래로 근대 경허(鏡虛)·만공(滿空)·혜월(慧月)·한암(漢巖)·용성(龍城)·수월(水月)에 이르기까지의 선지식, 이어 그리고 칠불(七佛)로부터 인도 28조 중국 29조 한국 21조를 이어온 78대의 선종사로 마무리 하였다. [율부 律部] 『사미율의요략 *沙彌律儀要略*』에서는 저자와 율의 소재 전적과 사미십계상도·식차마나육계와 계율문(戒律門)과 위의문(威儀門) 및 전래유통을 다루었다. 『범망경 梵網經』에서는 해제·전역·범본과 십중대계(十重大戒)·사십팔경계(四十八輕戒)·육중계(六重戒)·이십팔경계(二十八輕戒) 등 대승계 전반을 개요하였으며, 한중일 삼국의 찬술과 전래유통 또한 다루었다. 『사분율 四分律』에서는 해제와 사분율도표·

비구250계상도표·비구니348계상도표, 부파의 난립·비구250계상 8중법·비구니350계상 7중법, 북전계맥(北傳戒脈)과 남전계맥, 가사의 어의·덕명·의의 등 가사논석, 이어 『사분율』 주석과 유통전래 등을 다루었다. 〔정토부 淨土部〕『아미타경 阿彌陀經』에서는 구마라집역의 전역(傳譯)과 내용개요, 정토예경(淨土禮敬)·사십팔원예찬(四十八願禮讚)·연지대사(蓮池大師)의 사방원문(四方願文)·장로자각선사(長蘆慈覺禪師)의 참회발원문(懺悔發願文) 등을 자세히 소개하였다. 정토삼부경(三部經)에서는 인도로부터 수당(隋唐)·송(宋)·명청(明淸)대의 정토종과 혜원담란(慧遠曇鸞)의 2대계와 동림연사(東林蓮社)의 123인을 개요하였고, 신라의 정토종을 논하였으며, 중국과 우리나라 아미타경(阿彌陀經) 주석서 찬술전래와 유통각판 등을 상세히 다루고 있다. 이상의 『한국불교소의경전』에서 다룬 불전들이 이 땅에 불법이 전래된 이후 오늘날까지 전승되기까지는 앞선 선지식(善知識)들의 혜안(慧眼)과 실행(實行)이 뒤따랐기 때문인데, 제월경헌(霽月敬軒 1542~1632)은 『제월당대사집』 권하(한불전8, p.126c5)에 "이렇기에 배우는 이들에게 열어 보이고자 한다면, 우선 『도서』·『절요』로 불법지견을 결택케 해서 그 바탕 굳게 하고, 다음으로는 『선요』·『서장』으로 불법을 알음알이로 헤아리는 병을 쳐 부수고, 그 흉중에 씻어낸 연후에야 법어육단으로 참구의 긴요한 한 마디 할 수 있으리라. 是故開示學者之際 先以都序節要 決擇佛法之知見 以固其基本 次以禪要書狀 擊碎佛法知解之病 洒落其胸中 然後法語六段 以爲叅句之要節也"고 하였고, 편양언기(鞭羊彦機 1581~1644)는 『편양당집』 권2 「경판후발 經板後跋」(한불전8, p.255b4)에서 "이에 바로 『화엄』『원각』『능엄』『반야』『범망』들 경과 『전등』『염송』『선요』『서장』『선원별행』을 모아서, 서산께서 경기 삭녕 용복사 에 모아놓았던 판구들과 더불어 함께 할 수 있게 되었으니 공의 반은 이미 출현해 있었기에 이 일 이제서야 반듯하게 되었다. 於是 卽聚華嚴 法華 圓覺 楞嚴 般若 梵網等經 傳燈 拈頌 禪要 書狀 禪源別行 西山集于京畿朔寧龍腹寺 其板購與食償之 功半出於己 訾方其事也"라고 하였다. 경기 수청산 용복사에서 1632년(인조10)에 간행한 목판본 『금강경오가해설의』 권하 「금강경후발 金剛經後跋」(한불전7, p.115b10)에 "이에 두 스님(演熙와 學熏) 가진 것 다 털어 함께 종이를 마련한 후 『법화』『은중』『능엄』 수백 건을 인출하여 널리 명산제찰에 계신 멀고 가까운 납자들에게 베풀었다. 한편 이 뜻만으로 차지 않자 그 판본이 있는 곳을 찾아다니며 사교와 사집, 『전등』『염송』『화엄』『십지』 등과 선교의 진문 백여 건도 널리 보시하였으니 일시에 외우고 풀어 보게 하였다. 於是兩士 盡傾囊橐 共辦紙地 印出法華恩重楞嚴經數百件 廣施名山遠近衲子 又以爲不滿其意 隨其板本所在 出入兩湖 印出四教四集傳燈拈頌華嚴十地等禪教眞文百餘件 普施一時諷釋焉"라고 하였다. 부휴에게 배우고 서산의 입실제자였던 영월청학(詠月淸學 1570~1654)은 「사집사교전등염송화엄 四集四教傳燈拈頌華嚴」(『영월당대사문집』·한불전8, p.234b21~235b4)에서 앞서 밝힌 제경(諸經)들의 요지(要旨)를 7언8구의 게송으로 자세히 읊었고, 19세기 중반 해인사스님 추담정행(秋潭井幸)이 편집한 『승가일용식시묵언작법』에는 학인이라면 늘 외워 익숙한 제경대지(諸經大旨)를 일용작법으로 외워 잊지 않게 하였으며, 이력경전들의 서문들 만을 모아 외우게 한 운문사(雲門寺刊) 『제경서문 諸經序文』(2019년 수정증보판)과 이지관편 『요경서설 要經序說』(1980년) 등도 최근까지 널리 유통되고 있다. 선(禪)이든 교(教)든 불도(佛道)에 입문한 이들 모두가 종사문정(宗師門庭)의 후학(後學)임을 잊지 않게 하기 위한 시설(施設)이라면 그 모두가 소의경전이라 하겠다. 〔참고문헌〕『霽月堂大師集』, 『鞭羊堂集』 金剛經五家解說誼』, 『詠月堂大師文集』, 『僧家日用食時默言作法』. ⇨ 제경대지 諸經大旨, 재래한국불교전문강원교재제경대의 在來韓國佛教專門講院教材諸經大意

한국불교전서 韓國佛教全書 동국대학교 한국불교전서 편찬위원회(韓國佛教全書編纂委員會) 편찬. 한국인에 의해 찬술된 한국불교 전적을 집성한 자료집으로 2004년 12월에 14권으로 완간되었다. 원측(圓測 613~696)의 『불설반야바라밀다심경찬 佛說般若波羅蜜多心經贊』부터 구한말 송광사(松廣寺)의 도총섭(都摠攝)을 지낸 보정(寶鼎 1861~1930)의 『염불요문과해 念佛要門科解』에 이르기까지 총 171명의 저자에 의한 288종의 문헌을 수록하였다. 수록 문헌은 신라, 고려, 조선의 시대별로 편별(篇別)하고 각 시대는 다시 저자별로 분류하는 '시대순 저자별' 원칙으로 편찬되었는데, 이는 한국불교가 종파적 대립을 지양해 온 역사적 특질을 반영하기 위한 것이라고 한다. '시대순 저자별'의 분류는 각 책이 저자별 전집(全集)의 성격을 띠게 됨과 동시에 전체적으로 한국불교의 사상사를 구성시켜주는 장점을 보유하게 하였다. 수록된 내용은 장소(章疏)로 분류되는 불경 주석, 선승의 어록, 공안집, 게송, 여행기와 역사문헌, 비문, 시문, 한글 가사, 언해문 등이며 대부분 한문으로 기록되었으나 구결, 언해문, 한글로 된 가사도 소량 수록되었다. 동일한 책에 여러 종의 판본이 있는 경우는 최고 선본(善本)을 저본으로 삼고 나머지 판본의 차이를 철저하게 대조하여 각주로 처리하였으며 구두점을 대신하여 자간을 띄우는 방법을 사용하였다. 한국불교 문헌의 총집성은 일제강점기 때에 일부 추진된 적이 있는데, 이능화(李能和 1869~1943)를 회장으로 하여 조선불서간행회(朝鮮佛書刊行會)를 조직하고 총서 간행을 추진하면서 그 일환으로 1925년『조선불교간행예정서목록 朝鮮佛敎刊行豫定書目錄』을 간행하기도 하였다. 현재의『한국불교전서』간행은 1976년 동국대학교 불교문화연구소(佛敎文化硏究所)에서 편찬한『한국불교찬술문헌총록 韓國佛敎撰述文獻總錄』을 기초로 진행되었다. 목록의 완성과 전체 수록할 문헌의 종류와 양이 대략 정해짐에 따라 동국대학교에서 정재각(鄭在覺)을 위원장으로 하여 불전간행위원회(佛典刊行委員會)를 조직하고 간행을 시작하여 1979년에 1권이 발간되고 1980년에 신라시대편 전 3권이 출간되었다. 1981년에는 체제를 개편하여 기존 불교문화연구소의 업무를 대학출판부로 이관하고 출판부 내에 한국불교전서편찬실(韓國佛敎全書編纂室)을 설치하였으며, 당시 정각원(正覺院) 원장이었던 이지관(李智冠)을 위원장으로 추대하여 고려시대편 총3권을 출간한 이후 이지관의 총장재직시(1986~1990) 적극 독려하고 1989년에 10권을 간행하였기에 출간 당시 한국일보사가 제정한 제30회 한국출판문화상을 수상하여 그 가치를 인정받기도 하였다. 1994년에 보유편을 포함하여 12권으로 1차 완간하였고 2004년에 14권으로『한국불교전서』의 간행을 일단락하였다. 1~3권은 신라시대편, 4~6권은 고려시대편, 7~11권은 조선시대편, 12~14권은 보유편으로 구성되어 있다. 당시까지 학계에 알려지지 않은 유일본이나 희귀본을 다수 수록되었으며 완질인 기록뿐만 아니라 잔편(殘編)·단간(斷簡)을 포함하여 현대학자들에 의해 시도된 복원본 및 여러 문헌에 산재되어 인용된 내용도 수록되었다. 한국불교 학술자료의 파손과 유실을 막고 산일(散逸)된 자료의 체계적 정리를 통해 불교학은 물론 역사, 문화, 철학 분야에 도움을 주기 위한 목적으로 편찬되었다. 현재『한국불교전서』한글본의 간행사업이 진행 중이고 일부 내용이 영역(英譯)되기도 하였으며 동국대학교 불교학술원 '불교기록문화유산 아카이브'를 통해『한국불교전서』작업들이 제공되고 있다. 1970년『한국불교찬술문헌총록』을 기획하던 시기부터 계산하면 약 34년간 걸린 불사인데, 1989년 10권을 완성하기 직전에 초기부터 간행에 참여한 고익진(高翊晋)이 건강 악화되어 타계하기도 하였으며, 이 당시 출판비가 모자라서 이지관 개인이 모연한 사비를 내어놓기도 하는 등 많은 학자들의 참여와 노력으로 출판될 수 있었다. [참고문헌]『韓國佛敎全書』, 한보광「불교학 연구에 있어서『韓國佛敎全書』의 위상」(『電子佛典』2, 2000).

한규 翰圭 1868~1936. 합천 해인사 스님. 휘는 한규(翰圭), 자는 광언(光彦), 호는 남전(南泉). 석주(昔珠)스님의 은사스님이다. ⇨광언 光彦

한기경 閑機境 한가한 틀에 갇혀 마음 써 드러나는 경계. 『임제록』(대정장47, p.497c8)에 "다만 도를 위한다는 무리들 일체를 치달려 구할 뿐 마음 능히 쉬지 못하니, 저들 고인의 한가한 틀에 갇힌 기경에 오를 뿐이다. 秪爲道流 一切馳求 心不能歇 上他古人閑機境", 『벽망구략설』 권5(卍속장114, p.282b5)에 "그럼에도 임제는 어째서 거듭 스스로 삼현삼요라는 한가한 기경으로 우리 모든 이들 분상으로 불러들이는가? 是則 臨濟豈更自以三玄三要 閑機境 來爾我諸人分上乎"라고 하였다. [참고문헌]『臨濟錄』,『闢妄救略說』.

한기량 閑伎倆 쓸모없는 기량. 『굉지광록』 권8(대정장48, p.94c19)에 "평생을 쓸모없는 기량 남김없이 부리지만, 붉은 비늘의 잉어 산 채로 장독에 절여짐을 어찌하랴? 做盡平生閑伎倆 赤鱗無奈甕虀何", 『담연원징어록』 권1(卍속장126, p.180a6)에 "본래 참구하던 화두라는 것 문득 눈앞에 둔 채 오래오래 연해 익으면 자연스레 열려 깨우치리니, 간절히 자심중에 쓸모없는 기량을 일으켜 깨달음의 문을 닫아버려서는 안 된다. 將個本參話頭 頓在面前 久久緣熟 自然開悟 切不得 於自心中 起閑伎倆 塞却悟門"라고 하였다. [참고문헌]『宏智廣錄』,『湛然圓澄語錄』.

한단학보 邯鄲學步 한단의 걸음걸이 익히다. 한단은 조(趙)의 수도로, 흉내내기를 비판하는 한단학당보(邯鄲學唐步)의 고사가 선사들의 소재가 된다. 『일체경음의』 권96(대정장54, p.907a24)에 "한단〈앞 글자는 한과 란을 반절한 음, 뒷글자는 달과 란을 반절한 음이다. 『한서』에 '현 이름이며 조에 속한다'라고 하였고, 두예(杜預)가 주석한 『좌전』에 '광평현'이라 하였다〉. 邯鄲〈上汗蘭反 下怛蘭反 漢書云 縣名屬趙 杜注左傳 廣平縣也〉", 『설두어록』 권3(대정장47, p.687c8)에 "들었다. 경청이 '조주가「차나 마시게」라고 하였는데, 그대는 어떻게 이해하는가?'라고 묻자 학인이 곧바로 나갔다. 경청은 '한단에서 걸음걸이 익히려다 제나라 걸음걸이 잃어버린 형국일세'라고 하였다. 설두가 말했다. '그 학인은 한단 사람도 아닌데 무슨 이유로 그곳의 큰 걸음걸이 익히려 했을까? 제대로 가려낸다면 그에게 차라도 마시게 했어야 했다'. 擧 鏡淸問僧 趙州喫茶去 爾作麼生會 僧便出去 淸云 邯鄲學步 師云 者僧不是邯鄲人 爲什麼學唐步 若辯得出 與爾茶喫"라고 하였다. [참고문헌]『一切經音義』,『雪竇語錄』.

한당사 閑堂寺 함경북도 이원군 운달산(雲達山)에 있던 절. 『동국여지승람』 권49 함경도 이성현 불우에 "한당사〈운달산에 있다〉. 閑堂寺〈在雲達山〉", 『범우고』 함경도 이성에 "운달산에 있는데 지금은 폐사되었다. 在雲達山 今廢"라고 하였다. [참고문헌]『東國輿地勝覽』,『梵宇攷』,『韓國寺刹全書』 권하 p.1132a10.

한대사 寒大寺 경상북도 예천군 감천면 주마산(走馬山)에 있는 한천사(寒天寺)의 옛 이름. 『한국사찰전서』 권하 한대사에 "한천사의 본래 이름이다. 寒天寺之本名"라 하였고, 1803년(순조3)의 「한대사법당신창상량문 寒大寺法堂新創上樑文」과 1875년(고종12)의 「한대사연화기 寒大寺緣化記」에는 '한대사'라고 하였다. 〔참고문헌〕『韓國寺刹全書』 권하 p.1132b1. ⇨ 한천사 寒天寺

한도십영 漢都十詠 1479년(성종10)에 김수온(金守溫 1410~1481)이 한양의 명승을 읊은 여러 문인의 시를 엮어 간행한 시집. 김수온의 서문에는 "달성 서공은 … 스스로 정밀하고 깊고 넓게 익혀 빛나면서도 빼어난 글솜씨로 … 가는 곳에 따라 문득 그려 운하였고, 운의 모양을 갖춘 것들은 반드시 묶어 그 수가 아홉을 넘어 열에 이르렀는데, 두루 모아 한도십영이라고 하였다. … 국초에 양촌 권근과 삼봉 정도전이 모두 한도팔영을 읊었는데 … 어찌 저 빠진 것을 장차 기다릴 수 있겠는가. 이에 보완하여 마무리하였다. 達城徐公 … 自以精深宏博之學 光明峻偉之文 … 隨事輒形於韻 形韻必究其篇 其數逾九而至于十 通謂之漢都十詠 … 國初陽村權公三峯鄭公 皆撰漢都八詠 … 豈缺於彼者 將以待於此而補成歟"라고 하였다. 서거정이 지은 시 10수(首)는 제천정(濟川亭)·반송정(盤松亭)·양화진(楊花津)·마포(麻浦)·입석포(立石浦) 등 한강이나 지천(支川)을 조망하는 정자나 나루를 비롯하여 목멱산(木覓山)·전곶교(箭串橋) 등 한양의 대표적인 경관을 읊었는데, 이 일곱 곳에다가 특별히 불교관련 명승 세 곳도 더하였다. 사가독서(賜暇讀書)의 장소로 자주 참방(參訪)하던 삼각산(三角山) 장의사(藏義寺)를 「장의사에서 스님을 찾다 藏義尋僧」로, 연꽃으로 유명한 정동(貞洞)의 흥덕사(興德寺)를 「흥덕사에서 연꽃을 감상하다 興德賞蓮」로, 도성 전체를 화려한 등불로 수놓은 종로(鐘路)의 연등놀이를 「종로에서 연등을 구경하다 鐘街觀燈」로 읊었다. 서거정에 이어 강희맹(姜希孟 1424~1483)·이숙함(李淑瑊)·최숙정(崔淑精 1433~1480)·성현(成俔 1439~1504)·이승소(李承召 1422~1484)·성임(成任 1421~1484)·이봉(李封 1441~1493)·성종의 형인 월산대군(月山大君) 이정(李婷 1454~1488) 등 8명의 문인이 읊은 시를 차례로 더하였다. 그 중에 강희맹의 「종가관등」에는 "항성이 수많은 집에 떨어진 듯, 해질녘 곳곳마다 붉은 노을 뒤덮었네. 장대에는 하늘하늘 채색노끈 펄럭이고, 구슬나무에는 금속화가 주렁주렁 피었네. 산하와 대지가 대낮같이 변하니, 노래소리 북소리 다투어 울리고 사람들도 원숭이같이 재빠르구나. 소리 모아 경쟁하듯 부처님 오신 날 저녁을 노래하니, 성난 파도처럼 휩쓸린 탓에 이미 새벽이 온 줄도 모르네. 恒星髣髴墮千家 黃昏處處籠紅霞 長竿裊裊綵索飛 珠樹繁開金粟花 山河大地變白晝 歌鼓競沸人如狖 齊聲爭唱佛誕夕 奔波不覺已殘漏"라고 하여, 불탄절(佛誕節) 밤의 모습을 상세히 묘사하였다. 현재 1434년(세종16)에 주조한 초주갑인자(初鑄甲寅字)로 인출한 판본이 유일본으로 국립한국문학관에 소장되어 있다. 국가 소유의 활자를 개인이 임대하여 사용하면서 창작에 참여한 이들에게만 배포하기 위해서 소량만 인출하였을 것으로 추정된다. 〔참고문헌〕『漢都十詠』(국립한국문학관, 2021). ⇨ 연등회 燃燈會, 흥덕사 興德寺 ❶, 장의사 藏義寺 ❶

한도인 閑道人 할 일을 마쳐 자유로운 도인. 한은 간(閒)으로도 쓰였지만 한으로 읽고 새긴다. 『증도가』(대정장48, p.395c6)에 "배움도 끊고 함도 없는 한도인이여, 망상을 끊을 일도 진을 구할 일도 없다. 絶學無爲閒道人 不除妄想 不求眞", 『증도가주』(卍속장111, p.359b10)에 "한도인이라 하니 도와 상응하여 번뇌에 얽히지 않으므로 한이라 한다. 閑道人者 與道相應 不與塵勞拘繫 故名爲閑", 『진헐청료어록』 권2(卍속장124, p.638b11)에 "만약 한 번 보아 마쳐서는 문득 발랑을 높이 걸어 두고 주장자를 꺾어버린다. 한낱 이렇게 할 줄 아는 이라면 무위무사의 한도인이라 하겠네. 若一覿覿得 便請高掛鉢囊 拗折主丈 許你是箇 無爲無事底閑道人"라고 하였다. 〔참고문헌〕『證道歌註』, 『眞歇淸了語錄』. ⇨ 한인 閑人 ❷, 절학무위한도인 絶學無爲閑道人

한락삭 閑絡索 쓸데없이 새끼줄 엮다. 망상과 허망한 언설로 시절 낚아 버리는 것의 비유다. 『허당록』 권9(대정장47, p.1049c8)에 "동짓날 소참 때 말했다. '음이 극해 양이 생하니 이가 사를 따라 변한다. 이것이 우리 납승들의 살림살이다. 만약 능히 한생각에 돌아갈 줄 안다면, 춥고 더움 피해 옮겨다닐 일 없어 자연히 신령한 줄기 꿰뚫어 따뜻한 기운 서로 잇게 하리라. 「갈대피리로 재 날게 하고, 비단무늬에 실 더한다」하니 이 무슨 쓸데없이 새끼줄 엮는단 말인가'. 冬至小參 陰極陽生 理隨事變 是爾衲僧家家具子 若能一念知歸 不被寒暑之所遷 自然靈脈貫通 暖氣相接 道籥葭管飛灰 繡紋添線 也是什麽閑絡索"라고 하였다. 〔참고문헌〕『虛堂錄』, 『天如惟則語錄』 권2(卍속장122, p.846b10). ⇨ 낙색 絡索

한래한현 漢來漢現 한나라 사람 오면 한나라 사람 나툰다. 호래호현(胡來胡現)과 함께 쓴다. 티 없는 거울 오는 대로 비출 뿐이듯 번뇌 없고 분별 없어 자재한 사태의 비유다. 『경덕전등록』 권10 「조주종심전 趙州從諗傳」(대정장51, p.277a9)에 "밝은 구슬 손에 쥔 듯하니 오랑캐 오면 오랑캐 나타나고, 한나라 사람 오면 한나라 사람 비출 뿐이다. 노승은 한 줄기 풀 뽑아 장륙금신인 듯 쓰고, 장륙금신 가져서는 한 줄기 풀 쓰듯 한다. 부처 바로 번뇌고, 번뇌 그대로 부처다. 如明珠在掌 胡來胡現 漢來漢現 老僧把一枝草 爲丈六金身用 把丈六金身爲一枝草用 佛是煩惱 煩惱是佛"라고 하였다. [참고문헌]『景德傳燈錄』.

한량 限量 ❶ Ⓢ pramāṇa, paryanta-kṛta, Ⓟ matta, Ⓣ ran-pa. 헤아릴 수 있는 양. 무한량(無限量)의 상대어다. 『대지도론』 권29(대정장25, p.271c7)에 "[문] 박구라(Ⓢ Bakkula)아라한 등은 적은 베풂으로 큰 과보를 얻었는데 어찌하여 반야바라밀 쓰는가? [답] 박구라 등은 비록 과보를 얻었으나 겁수의 한량이 있을 뿐으로, 소도를 얻어 열반에 들었다. (그러나) 보살은 반야바라밀이라는 방편으로 회향하기에 적은 베풂으로도 그 복덕은 한량이 없고 가없는 아승기다. 問曰 如薄拘羅阿羅漢等 亦少施而得大報 何用般若波羅蜜 答曰 薄拘羅等 雖得果報 有劫數限量 得小道入涅槃 菩薩以般若波羅蜜方便迴向故 少施福德 無量無邊阿僧祇"라고 하였다. [참고문헌]『大智度論』. ❷ 고대 인도의 거리 단위인 유선나(踰繕那 Ⓢ Ⓟ yojana : 由旬)의 한역어. 『번역명의집』 권3(대정장54, p.1107b5)에 "유선나 : 한량이라고 한역한다. 踰繕那 此云限量"라고 하였다. [참고문헌]『翻譯名義集』. ⇨ 유선나 踰繕那, 유순 由旬 ❸ 성론에서 주장하는 말(言)이 갖는 9가지 상 중 하나. 『유가사지론』 권15(대정장30, p.359b8)에 "또한 이 성론은 아홉 가지 상으로 말이 원만함을 갖춘다. 첫째 불잡란, 둘째 불추광, 셋째 변료, 넷째 한량, 다섯째 뜻과 상응한 것, 여섯째 때에 맞는 것, 일곱째 결정, 여덟째 현료, 아홉째 상속하는 것이다. 이와 같은 일체상을 다 모아 말이 원만을 갖춘다고 한다. 又此聲論 由九種相 言具圓滿 一 不雜亂 二 不麁獷 三 辯了 四 限量 五 與義相應 六 以時 七 決定 八 顯了 九 相續 如是一切相 總名言具圓滿"라 하였다. [참고문헌]『瑜伽師地論』, *Sam-r.146.*, *Prāt-m.17.*, *Śikṣ.97.*, *MN.1.222.* ⇨ 무한량 無限量

한로 韓盧 ➡ 한로 韓獹

한로 韓獹 중국 전국시대(戰國時代) 한씨 집의 명견(名犬). 한로(韓盧)라고도 하는데, 로는 검다는 뜻이므로 흑구(黑狗)다. 『염팔방주옥집』 권하(卍속장119, p.296b13)에 "훌륭했던 한 마리 사람 쫓던 사자가 뒤쳐서는 흙덩이나 쫓는 개가 되었다. 好个咬人師子 翻成逐塊韓獹", 『서중무온어록』 권3(卍속장123, p.843a4)에 "후원의 나귀 풀을 뜯어 한번 배 채우면 한없이 배부르고, 굶주린 한씨의 개 부질없이 마른 뼈다귀나 물어뜯음과 견줄 수는 없다. 後園驢喫草 一飽一切飽 不比餓韓盧 空把枯骨咬"라고 하였다. [참고문헌]『拈八方珠玉集』, 『恕中無慍語錄』, 『祖庭事苑』 권1(卍속장113, p.10b13). ⇨ 한로축괴 韓獹逐塊, 사자교인 師子咬人

한로축괴 韓獹逐塊 한씨 집 명견(名犬) 흙덩이나 쫓는 다네. 『선문보장록』 「이혼발 李混跋」(卍속장113, p.1003b17)에 "지혜로운 근기 흙을 던진 사람을 무는 사자와 같고, 둔근이란 흙이나 쫓는 한씨 집 명견과 같다. 아! 사람 무는 이근은 드물고 흙 쫓아가는 둔근이 많기도 하다. 利根者 師子咬人 鈍根者 韓獹逐塊 於噫 咬人者寡 逐塊者衆"라고 하였다. [참고문헌]『禪門寶藏錄』. ⇨ 견축괴 犬逐塊, 광구축괴 狂狗逐塊, 교인사자 咬人師子, 난가진괴 攔街趁塊

한림 寒林 Ⓢ śīta-vana, Ⓟ sīta-vana의 한역어 중 하나. 『청관음경소천의초』 권4(대정장39, p.998c6)에 "경에서 한림이라 한 말은 시타림이다. 『마하승기율』에 '이 숲에는 시신이 많아서 누구라도 들어가기만 하면 추운듯 떨듯 하기에 「한」이라 한다'. 經寒林者 卽尸陀林 僧祇律云 此林多死屍 人入如寒可畏也", 『법화경삼대부보주』 권4(卍속장44, p.66a13)에 "『법화문구』에서 '시타림'이라 하나 바르게 음사하면 '시다바나'이고 한림이라 한역한다. 그 숲은 깊고 으슥할 뿐만 아니라 으스스하기도 하여 붙여진 이름이다. 文句云 尸陀林 正云 尸多婆那 此翻寒林 其林幽邃又寒 故以名焉"라고 하였다. [참고문헌]『請觀音經疏闡義鈔』, 『法華經三大部補注』, *Saṅ-v.1.167.*, *SN.4.40.* ⇨ 시타림 尸陀林

한림 韓林 오(吳)대 현인. 하남성(河南省) 남양(南陽) 출신. 강승회(康僧會)가 사사받았던 스승 중 하나로 거론하고 있다. 『대안반수의경』 「서 序」(대정장15, p.163c2)에 "전생의 복이 다 사라지지 않아서일까? 남양의 한림과 영천의 피업과 회계의 진혜를 만날 수 있었다. 이들 세 현인은 도를 향한 신심이 두텁고 빈틈없었으며 가져 보인 덕도 넓고 반듯했다. 宿祚未沒 會見南陽韓林 潁川皮業 會稽陳慧 此三賢者 信道篤密 執德弘正"라고 하였다. [참고문헌]『大安般守意經』.

한림경 寒林經 ➡ 대한림성난나다라니경 大寒林聖難拏陀羅尼經

한림소 寒林所 차갑게 식어버린 것들의 숲. 시타림인 공동묘지. 『수연집』 권1 「보천리난진망횡사군민방 普薦罹難陣亡橫死軍民榜」(卍속장101, p.1003b12)에 "원을 품은 비통한 아픔으로 한림소에는 슬픈 바람이 불고, 목메이는 하소연은 듣기도 괴로운데, 횡사한 억울함 헤아리기도 처량하다. 含冤酸楚 寒林所之悲風 嗚咽訴難窮橫死凄凉"라고 하였다. [참고문헌]『隨緣集』.

한림의 寒林衣 Ⓢśmaśāna-karpaṭa. 묘지에 버려진 누더기. 『대비공지경』 권1(대정장18, p.589a28 : *Ht.*, p.8)에 "한림의를 취하여 자리 아래 깔고 이 진언을 외우면 비를 멎게 할 수 있다. 取寒林衣 置於坐下 誦此眞言 卽能止雨 meghānāṃ sphāṭanaṃ vakṣye. śmaśānakarpaṭa upaviśya mantrajapena sphāṭayet"라고 하였다. 〔참고문헌〕 『大悲空智經』, 『烏樞瑟摩明王經』 권중(대정장21, p.148a6), *Ht.*

한마 汗馬 땀흘린 말. 전장(戰場)을 누비며 공을 쌓은 장군을 태웠지만 드러내 말하지 않는다. 드러나는 것(顯)과 숨은 것(隱)의 비유다. 『여정어록』 권하(대정장48, p.127a26)에 "불자 들어 말했다. '상견을 마쳤는데 무슨 일 나눠야 할까? 전부터 전장에서 땀흘린 말 알아보는 사람 없고 일대를 풍미한 장군의 공만을 거듭 거론할 뿐이다. 비록 그러하지만 은혜를 알고 은혜 갚는 한마디는 무엇일까? 사해의 파랑 잠잠하니 용은 잠들어 고요하고, 아득한 하늘 구름이 걷히니 학은 허공을 어루만지듯 날고 있네. 擧拂子云 相見已了 合談何事 從前汗馬無人識 只要重論蓋代功 雖然 知恩報恩一句如何 四海浪平龍睡穩 九天雲淨鶴摩空", 『조정사원』 권5(卍속장113, p.139b8)에 "한마 : 이광리는 이사장군을 위하여 대원국을 토벌하고 피땀 흘리는 말을 얻고서는 포조(또는 蒲梢)라는 이름을 붙였다. 한무제는 이 천리마를 찬양하는 노래를 지었다. 말이 출정해 땀흘린즉 공로가 있으므로 한마라 한다. 汗馬 李廣利 爲貳師將軍 伐大宛國 得汗血馬 名蒲捎 漢武作天馬之歌 馬出汗卽有功勞 故云汗馬"라고 하였다. 〔참고문헌〕 『如淨語錄』, 『祖庭事苑』.

한만 汗漫 끝도 없이 넘실대기만 해서 아득함. 『원오어록』 권4(대정장47, p.730c11)에 "한없이 넘실대는 것으로 논하자면 갈래 다르지만, 그 나아가 향함을 잡은즉 하나에 이른다. 論其汗漫則千差 拶其趣向則一致", 『고암여벽선사어』(속고존숙어요2, 卍속장118, p.920b6)에 "이 도 아득히 넓기는 큰 바다나 강하와 같고, 단단하기는 은산이나 철벽과 같다. 此道 汗漫如大海江河 堅剛如銀山鐵壁", 『종문십규론』(卍속장110, p.879b7)에 "만약 사(事)는 있지만 이(理)가 없다면 끈적하게 막혀 통하지 않고, 반대로 이는 있지만 사가 없다면 망막하게 넓기만 해서 돌아갈 곳이 없다. 두 가지 없애고 싶다면 어렵지만 두렷이 어울리게 둔다. 若有事而無理 則滯泥不通 若有理而無事 則汗漫無歸 欲其不二 貴在圓融"라고 하였다. 〔참고문헌〕 『圜悟語錄』, 『古巖如璧禪師語』, 『宗門十規論』.

한만몽장사체합벽대장전주 漢滿蒙藏四體合璧大藏全呪 대장경 중에서 다라니주(陀羅尼呪)를 뽑아 모아서 한문·만주어·몽고어·티베트어의 네 가지 글로 번역해 대조한 책. 8질 80책. 갖춘 이름은 『어제만한몽고서번합벽대장전주 御製滿漢蒙古西番合璧大藏全呪』이며, 줄여서 『대장전주 大藏全呪』라고도 한다. 제1행에 만주문자, 제2행에 한자, 제3행에 몽고 문자, 제4행에 티베트 문자를 배열하였다. 본서는 청 건륭 23년(1758)에 건륭제가 장친왕(莊親王)에게 명하여 범음(梵音)에 정통한 이를 선발하게 하고 바로잡은 다음 티베트 라마승 장가(章嘉 Ⓣ lCang-skya Rol-pa'i-rdo-rje)국사에게 감수하게 하여 1773년(건륭38)에 완성되었다. 다라니주의 연구에 가장 기본적인 전적으로 평가받고 있다. 청 건륭내부각본(淸乾隆內府刻本)이 1966년(민국18) 상해(上海) 함분루(涵芬樓)에서 영인되었기도 하였다.

한망상 閑妄想 쓸데없는 망상. 고집해 버리지 못하는 헛된 생각. 『고림청무습유게송』 권상 「화동서화상시거장주 和東嶼和尙示擧藏主」(卍속장123, p.543b7)에 "어떻게 하면 화살촉 한 번에 세 겹의 관문을 부수고 백천의 쓸데없는 망상을 모두 끊어버릴까? 何如一鏃破三關 截斷百千閑妄想", 『서중무온어록』 권5(卍속장123, p.864a3)에 "모든 제방에 한갓되이 벌린 망상을 끊어버리니, 방 하나 고요한 채로 온종일 열려 있으리라. 截斷諸方閑妄想 一室寥寥盡日開"라고 하였다. 〔참고문헌〕 『古林淸茂拾遺偈頌』, 『恕中無慍語錄』.

한명 閑名 **1** 쓸모없는 이름. 갇혀 고단하기만 한 이름. 『임제록』(대정장47, p.499c16)에 "그대가 이렇듯 저 쓸모없는 이름 실하다 여기니 크게 잘못된 생각이다. 설령 있다고 해도 모두가 의지해 변한 것들의 경이다. 보리에 의지하거나 열반에 의지하거나 해탈에 의지하거나 삼신에 의지하거나 경과 지로 의지하거나 보살에 의지하거나 부처에 의지한다. 그대는 이렇게 의지하여 변하는 국토 중을 향해 의지해서 무슨 물건 찾는단 말인가? 爾秖麽認他閑名爲實 大錯了也 設有 皆是依變之境 有箇菩提依 涅槃依 解脫依 三身依 境智依 菩薩依 佛依 爾向依變國土中 覓什麽物"라고 하였다. 〔참고문헌〕 『臨濟錄』. **2** 덧없는 명성. 『동산어록』(대정장47, p.526b6)에 "동산이 막 원적에 들려 하여 대중에게 말하길 '나 덧없는 이름 세간에 남겼는데 누구 있어 나 위해 없애주겠느냐?'라고 물었다. 대중 모두 답이 없던 그때 사미가 나와서 '화상의 법호를 말씀해 주십시오'라고 하자 동산이 말했다. '나의 덧없는 이름 사라져버렸네'. 師將圓寂 謂衆云 吾有閑名在世 誰人爲吾除得 衆皆無對 時沙彌出云 請和尙法號 師云 吾閑名已謝"라고 하였다. 〔참고문헌〕 『洞山語錄』.

한명 漢明 1830~1868. 월출산 도갑사(道岬寺) 스

님. 휘는 대운(大雲), 호는 한명(漢明), 자는 평운(平沄), 속성은 김씨니, 대운의 법호이다. ⇨대운 大雲

한명파리 閑名破利 덧없는 이름과 무너질 이양. 『원오심요』 권상 「시현상인 示顯上人」(卍속장120, p.712a16)에 "마침내 득실도 없게 함이 다 나의 씀씀이다. 이처럼 갈고 닦아 오래가면 생사하는 그즈음 벗어나리라. 세간이라야 보이는 덧없는 이름과 부서질 이양일 뿐이니, 저 바람에 떠도는 먼지요 꿈이고 허깨비여서 허공의 꽃일 뿐이리. 넉넉한 맘으로 속세를 넘어선다. 어찌 속진 떠난 대아라한이 아니랴? 了無得失 皆爲我用 似此磨琢久之 生死之際脫然 視世間閑名破利 如風過游塵 夢幻空花耳 翛然度世 豈非出塵大阿羅漢耶"라고 하였다. 〔참고문헌〕『圜悟心要』. ⇨명문이양 名聞利樣

한모탁수 寒毛卓竪 솜털이 빳빳이 서다. 두려워 섬뜩한 느낌 또는 새삼 알아차려 경이로운 마음을 말한다. 『연등회요』 권15 「대위모철장 大潙慕喆章」(卍속장136, p.675b9)에 "'우두가 사조를 만나기 이전에는 어떠했을까요?' '솜털이 빳빳이 섰겠지' '만나서 가르침을 받은 다음에는 어떠했을까요?' '이마에서 땀이 흘렀겠지'. 問牛頭未見四祖時如何 師云 寒毛卓竪 云見後如何 師云 額頭汗出", 『벽암록』 77칙 「평창 評唱」(대정장48, p.204b13)에 "그 학인이 운문에게 '어떻게 하는 것이 부처와 조사 넘어서는 이야기입니까?'라고 묻자 운문이 '호떡!'이라 답했다. 솜털 빳빳이 서지 않는가? 這僧問雲門 如何是超佛越祖之談 門云 餬餅 還覺寒毛卓竪麽"라고 하였다. 〔참고문헌〕『聯燈會要』, 『碧巖錄』.

한반다 漢盤陀 소륵국(疏勒國 Ⓢ Khāsa) 서남쪽 야르칸트(Yarkand)강 상류지역인 사리칼(Sarikal)계곡 주변에 있던 나라. 걸반다(朅盤陀 Ⓢ Khabanda)라고도 쓴다. 『낙양가람기』 권5(대정장51, p.1019a26)에 "8월 초에 한반타국의 경계로 들어가 서쪽으로 6일 걸어서 총령산에 올랐다. 八月初 入漢盤陀國界 西行六日 登葱嶺山"라고 하였다. 〔참고문헌〕『洛陽伽藍記』, 『洛陽伽藍記校釋』 권5(대장경보편12, p.226a2). ⇨걸반다국 朅盤陀國, 소륵 疎勒

한불한 閑不閑 번뇌 다해 한가할 수 있음과 그렇지 못함. 『무량수경』 권상(대정장12, p.266b15)에 "모든 극심한 고난(삼악도)에 떨어진 중생과 수행할 여유가 있거나 수행할 여유가 없는 중생을 구제하고자 진실한 경계를 분별하여 드러낸다. 濟諸劇難 諸閑不閑 分別顯示眞實之際", 『무량수경의소』(대정장37, p.120a2)에 "한이란 마음 속 극히 고난받는 이 건진 것이니 번뇌를 조복했기에 한이라 했고, 불한이란 외도나 범부가 번뇌에 시달리므로 불한이라 한다. 어떤 이는 '불한은 인계이고, 한은 천계'라고도 한다. 閑者 濟心中劇難人 言其伏煩惱 故云閑 不閑者 外凡之人 爲煩惱所使 故云不閑也 或云 不閑是人 閑是天也"라고 하였다. 〔참고문헌〕『無量壽經』, 『無量壽經義疏』. ⇨팔난 八難 ❶

한비 閑非 하찮은 시비(是非). 쓸모없는 논쟁. 한시한비(閑是閑非)의 줄임말. 『대응어록』 권하(대정장80, p.119c8)에 "(浴佛上堂) 모태에서 나기 전에 중생제도를 마쳤다고 하나, 이 또한 우리 가문의 두 번째 일일 뿐이다. 어찌 한 술 더 떠서 한 손가락으로 하늘을 가리키고 다른 손가락으로는 땅을 가리켜 까닭 없이 천고의 세월 동안 하찮은 시비를 일으켰을까? 母胎未出度人畢 也是我家第二機 那更指天復指地 無端千古惹閑非", 『연방시선』 「서방영 西方詠」(卍속장110, p.641a9)에 "서방에 왕생코자 서둘러 일찌감치 앞서 닦았으니, 쓸모없는 시비일랑 한번에 그어 없애고, 몸도 마음도 놓아버리고 부지런히 염불하였더니, 번뇌도 없고 근심도 없어라. 西方及早向前修 閑是閑非一筆勾 放下身心勤念佛 也無煩惱也無憂"라고 하였다. 〔참고문헌〕『大應語錄』, 『蓮邦詩選』.

한사 閑寺 ❶충청북도 옥천군 이원면 이원리 두암(斗岩) 부락 내에 있던 절. 『사탑고적고』에 "석탑은 높이 약 10척의 오층 방탑인데, 파손이 많이 되었다. 고려시대 유물이라고 전한다. 有石塔 高約十尺 五層方塔 多有破損 高麗時代遺物云"라고 하였다. 〔참고문헌〕『寺塔古蹟考』, 『韓國寺刹全書』 권하 p.1132a13. ❷경상북도 안동군 임하면 임하동에 있던 절. 『사탑고적고』에 "밭 한가운데 5층 방탑이 있다. 높이는 약 3칸이고 북쪽으로 기울었다. 탑의 북쪽 3칸 즈음에 석불 1구 계시는데 높이 3척 5촌이고 언제 무너질지 모른다. 有五重方塔在田中 高約三間 向北傾倒 塔北三間地 有石佛一軀 高三尺五寸 稍不完全"라고 하였다. 〔참고문헌〕『寺塔古蹟考』, 『韓國寺刹全書』 권하 p.1132a15.

한사 閑事 ❶쓸모없는 일. 『무문관』 19칙 「송 頌」(대정장48, p.295b23)에 "봄에는 온갖 꽃 피고 가을 달 밝으며, 여름에는 서늘한 바람 불고 겨울에는 눈 내린다. 만약 쓸모없는 일을 마음 끝에 두지 않는다면, 그 어느 때나 인간세의 좋은 시절이다. 春有百花秋有月 夏有涼風冬有雪 若無閑事挂心頭 便是人間好時節"라고 하였다. 〔참고문헌〕『無門關』. ❷번뇌 쉬어버려서 덧없는 일 없이 한 바로 그 일. 『경덕전등록』 권28 「남전보원전 南泉普願傳」(대정장51, p.445b17)에 "'강서대사(馬祖)는 「마음도 아니고 부처도 아니며 중생도 아니다」라고 하며 그대들 후인을 이렇게 이행하도록 하셨다. 요즘 학인들은 승복을 걸치고 옆집 일로 이 고요한 일

의심해서야 되겠는가?' '이미 마음도 아니고 부처도 아니며 중생도 아니라고 하였음에도 화상께서는 요즘 도리어 「마음은 부처가 아니고 지혜마저 도가 아니다」라고 하시니 알지 못하겠습니다. 이 무슨 일인지'. 江西大師云 不是心 不是佛 不是物 且敎爾後人 恁麽行履 今時學人 披箇衣服 傍家疑恁麽閑事 還得否 曰 旣不是心 不是佛 不是物 和尙今却云 心不是佛 智不是道 未審若何"라고 하였다. 〔참고문헌〕『景德傳燈錄』.

한사 閑辭 하지 않아도 될 말. 말해 소용없는 말. 『경덕전등록』 권21 「법도종일전 法瑫終日傳」(대정장51, p.375c16)에 "학인이 물었다. '따로 전하는 한마디 어떻게 나누어주는지요?' '참으로 듣기 아까운 질문이구나' '그렇게 한즉 따로 갚아야 하니 역시 떠날 수도 없겠군요' '이야말로 한가한 말일 뿐이다'. 問 別傳一句 如何分付 師曰 可惜許問 僧曰 恁麽卽別酬 亦不當去也 師曰 也是閑辭"라고 하였다. 〔참고문헌〕『景德傳燈錄』.

한산 寒山 당대 은사(隱士). 절강성(浙江省) 천태(天台) 시풍현(始豐縣) 서쪽 40km 지점의 한암(寒巖)에 살았지만 성씨를 알 수 없어 한산이라 불렸다. 한산자(寒山子) 또는 빈자(貧子)라고도 한다. 항상 국청사(國淸寺)로 가서 밥짓는 소임을 보는 습득(拾得)이라는 스님과 벗했다. 매번 대중이 먹고 남은 밥과 반찬을 거두어 큰 죽통에 담아두었다가 한산이 찾아오면 두 사람이 짊어지고 나갔다. 입은 옷 낡았고 마른 몸에 자작나무 껍질 모자 삼아 쓰고 큰 나막신을 신었다. 시 읊기를 즐겨하였고 하는 말마다 법다웠다. 대주(臺州)의 자사(刺史) 여구윤(閭丘胤)이 흠모하여 보시물을 가지고 자주 방문했지만 때마다 피하였다. 마지막에 몸을 암혈(巖穴)에 숨겼는데, 암혈이 저절로 닫히면서 종적마저 묘연해졌다. 절의 스님들이 남은 물건을 뒤져보았지만 산림 사이에 300여 수의 시만을 남겼다. 편집하여 『한산시 寒山詩』라는 제목을 붙였다. 『조당집』 권16(대장경보편25, p.604a5), 『송고승전』 권11 「위산영우전 潙山靈祐傳」(대정장50, p.777b25) 등에는 위산이 천태산에 갔다가 한산을 만났다는 기사가 보인다. 또한 『조주어록』(고존숙어록14, 卍속장118, p.330b15)에 조주(趙州)도 한산과 나눈 문답을 남겼다. 출신도 알 수 없고 연대도 이설이 있지만 당 현종(玄宗) 선천년간(712~713)의 인물로 보기도 하고, 태종(太宗) 정원년간(785~805)에 활동했다고도 하며, 헌종(憲宗) 원화년간(806~820)으로 보기도 한다. 고증에 따르면 예종(睿宗) 경운년간(710~711) 초년에 태어났고, 대종(代宗) 대력년간(766~780)에 천태산에 은거했다고 한다. 민간에는 문수보살(文殊菩薩)의 화신이라는 전설로 전하고, 아미타불(阿彌陀佛)의 화신이라는 풍간(豐干)과 보현보살(普賢菩薩)의 화신이라는 습득과 함께 삼성(三聖) 또는 삼은(三隱)이라 불린다. 모두 천태산 국청사에 은거하였기에 국청삼은(國淸三隱)이라고도 한다. 1733년(옹정11) 한산을 화성(和聖)에, 습득을 합성(合聖)에 각각 봉하고 화합이성(和合二聖) 또는 화합이선(和合二仙)이라 불렀다. 〔참고문헌〕『祖堂集』, 『宋高僧傳』, 『趙州語錄』, 『佛祖統紀』 권39(대정장49, p.364b3), 『佛祖歷代通載』 권15(대정장49, p.614b18), 『釋氏稽古略』 권3(대정장49, p.815b18), 『景德傳燈錄』 권27(대정장51, p.433c6). ⇨ 습득 拾得, 풍간 豐干, 국청삼은 國淸三隱, 풍간요설 豐干饒舌

한산 漢山 경기도 광주의 옛 이름. 『동사강목』 제2하 385년(진사왕1), 『한국지명연혁고』 등에 "봄 정월 백제가 한산에 불사를 짓고 10인의 승을 두었다. 春正月 百濟創佛寺於漢山 度僧十人"라고 하였다. 〔참고문헌〕『東史綱目』, 『韓國地名沿革考』.

한산가관 寒山茄串 한산이 가지 꿴 꼬치로 학인을 점검했던 인연. 『선원몽구』 권상(卍속장148, p.201a1)에 "한산가관 : 〈전거는 『오등회원』 권2〉 천태산 한산자는 대중스님들이 가지 굽고 있다가 가지 꼬치에 꿰어 한 스님 등 향해 한 대 때렸다. 그 스님이 돌아보자 한산이 연줄기 꼬치를 들고 말했다. '이것은 무엇이요?' 그 스님이 '이 미친놈!' 하고 소리치자 한산이 옆에 있던 다른 스님에게 말했다. '답해 보시오. 스님은 나의 소금과 식초를 얼마나 써버렸소?' 寒山茄串 〈會元二〉 天台山 寒山子 因衆僧炙茄次 將茄串 向一僧背上打一下 僧回首 山呈起茄串云 是甚麽 僧曰 這風顚漢 山向傍僧曰 你道 這僧費却 我多少鹽醋"라고 하였다. 〔참고문헌〕『禪苑蒙求』, 『五燈會元』 권2(卍속장138, p.80b6).

한산사 寒山寺 ❶ 서울특별시 양천구에 있던 절. 『여지도서』 경기도 양천현읍지 사찰에 "지금은 없다. 今無"라고 하였다. 〔참고문헌〕『輿地圖書』. ❷ 강원도 삼척군 도계읍 홍전리 동방산(東方山)에 있던 절. 『사탑고적고』에 "삼척으로부터 서남쪽으로 8리 떨어진 밭 한가운데 있다. 초석이 현존하며, 와편이 산재되어 있다. 기와와 자갈 사이에 무너진 석탑 4편이 있고, 그중 3편에는 연화가 새겨져 있다. 전해지는 말로는 고려 때 고찰이라고 한다. 田中自三陟距西南八里 礎石現存 瓦片散材 瓦礫中有倒壞石塔四片 三片刻蓮花 相傳高麗時古刹云"라고 하였다. 〔참고문헌〕『寺塔古蹟考』, 『韓國寺刹全書』 권하 p.1132b9. ❸ 경상북도 상주시 서곡동 식산(息山)에 있는 동해사(東海寺). 〔참고문헌〕『韓國寺刹全書』 권하 p.1132b7. ⇨ 동해사 東海寺 ❹ 전라남도 여수시 국동 구봉산(九鳳山)에 있는 절. 대한불교조계종 화엄사(華嚴寺)의 말사이며, 대본산 선암사(仙巖寺)의 말사였다. 1830년(순조30)에 작성된 「한산사중창서」에는 997년(명종24)에 보조국사(普照國師) 지눌(知訥 1158~1210)이 창건하였다고 전하나 근거가 없고, 1195년(명종25)에 창건 설이 전한다. 『문화유적총람』에는 1403년(태종3) 시학대사(始學大師)가 중수한 이후 폐사되었다가 1931년 주지 김환해(金煥海)가 개축하였다고 한다. 선암사의 수원화상(水元和尙)이 1936년 보광전, 1946년 칠성각, 1964년 범종각을 새로 지었고, 1982년 이기동(李基東) 화상이 요사, 해안(海眼)이 범종을 조성하였다. 현존하는 당우로는 대웅전 · 칠성각 · 용왕각 · 요사 등이 있다. 〔참고문헌〕『韓國寺刹全書』 권하 p.1132b4, 『文化遺蹟總覽』(文化財管理局, 1977) p.176. **5** 전라남도 화순군 동복면 신율리에 있던 절. 『여지도서』 전라도 흥양 누정에 "지금은 모두 폐사되었고 허물어진 담만 있을 뿐이다. 今俱廢 頹垣而已", 『사탑고적고』에 "석탑이 있다. 높이는 20척, 4층이며 하층의 폭이 두텁다. 각 8척이다. 有石塔 高二十尺 四層下層幅厚 各八尺"라고 하였다. 현재는 문화재자료 제63호 한산사지삼층석탑으로 지정되어 있다. 〔참고문헌〕『輿地圖書』, 『寺塔古蹟考』, 『韓國寺刹全書』 권하 p.1132b6. **6** 충청남도 보령군 천북면 학성리에 있던 절. 『동국여지승람』 권20 충청도 보령현 속진에 기록되어 있다. 성해응(成海應 1760~1839)의 『동국명산기』에 "영보정은 보령의 경계에 있고, 지금은 수군영이다. 땅에는 가히 장선할 수 있고 그 중에서 가장 경치가 좋은 구역을 한산사라고 칭하였다. 그러나 절에는 또한 색다른 경치는 없다. 永保亭在保寧界 今水軍營也 地可藏船 其勝區稱寒山寺 然寺亦無異觀"라고 하였다. 『한산세고』 권1에 이태연(李泰淵 1615~1669)의 「유이헌형제어한산사독래수영류회 留而獻兄弟於寒山寺獨來水營有懷」가 실려 있다. 『사탑고적고』에 "와편이 산재되어 있다. 건너편 언덕에는 오천 고소성을 마주하고 있어서 이에 고소성 이외에 한산사를 취하고 글귀의 뜻으로 이름하였다. 瓦片散材 與對岸鰲川姑蘇城相對 故取姑蘇城外寒山寺 句意名之"라고 하였다. 〔참고문헌〕『東國輿地勝覽』, 『東國名山記』, 『韓山世稿』, 『寺塔古蹟考』, 『韓國寺刹全書』 권하 p.1132b1. **7** 충청북도 제천시 남천동에 있는 절. 대한불교조계종 법주사(法住寺)의 말사이다. 1194년(명종24)에 조혜사(照慧寺)로 창건되었다가 1934년에 한산사로 개칭하였다. 1984년 현해가 법당과 요사를 중창하였고, 2003년 동범이 주지로 부임하였다. 2005년 전통사찰로 지정되었으며 2007년 법당의 기와불사 등 지속적인 가람정비가 이루어졌다. 현존하는 당우로는 대웅전 · 요사 등이 있으며, 석조여래입상이 문화재자료 제45호로 지정되어 있다. 〔참고문헌〕『寺誌』(충청북도, 1982) p.117. ⇨조혜사 照慧寺 **8** 평안북도 의주군에 있던 절. 『여지도서』 평안도 의주 사찰에 "부 동쪽 80리 월화리에 있다. 在府東八十里月化里坊"라고 하였고, 『가람고』와 『범우고』에도 이름과 위치가 기록되어 있다. 〔참고문헌〕『輿地圖書』, 『伽藍考』, 『梵宇攷』, 『韓國寺刹全書』 권하 p.1132b11. **9** 황해남도 신천군 용진면 패엽리 구월산(九月山)에 있던 패엽사(貝葉寺). 김윤식(金允植 1835~1922)의 『운양집』 권10 「한산사중수기 寒山寺重修記」에 "하은이 본사에 여러 번 홍망이 있으니 옛 이름을 고쳐달라고 청하였다. 나는 '이 산이 문수보살의 도량이었다고 사지에서 보았으니 한산사라고 고치시오'라고 했다. 荷隱以本寺屢有興廢 請改舊名 余曰 玆山爲文殊道場 見於寺誌 其改以寒山乎"라고 하였다. 〔참고문헌〕『雲養集』, 『韓國寺刹全書』 권하 p.1132b14. ⇨패엽사 貝葉寺 **10** 중국 강소성(江蘇省) 오현(吳縣 : 蘇州) 서쪽의 풍교진(楓橋鎭)에 있는 절. 풍교사(楓橋寺)라고도 한다. 남조(南朝) 양날때인 천감년간(502~519)에 창건하였다. 전하는 말로는 당대 원화년간(806~821) 한산(寒山)과 습득(拾得)이 이곳에서 암자를 짓고 살았다고 하며, 그 뒤 석두희천(石頭希遷)이 가람을 창건하여 한산사(寒山寺)라 하였다. 『한산사지』 권1(『中國佛寺史志彙刊』 제43, p.15a8)에 따르면, 당대 시인 장계(張繼)가 "달 지고 까마귀 울자 하늘엔 서리 가득하고, 강가 단풍 고기잡이 불 마주한 채 서글피 잠드네. 고소성 밖 한산사, 한밤에 종 울려 나그네 뱃전에 이르네. 月落烏啼霜滿天 江楓漁火對愁眠 姑蘇城外寒山寺 夜半鐘聲到客船"라고 읊은 「풍교야박 楓橋夜泊」이라는 시 한 수로 인해 천하에 명성이 퍼졌다. 또 달리 전하길 전의 이름은 묘리보명탑원(妙利普明塔院)이라 하였고, 송 태평흥국년간(976~983) 절도사 손승우(孫承祐)가 7층의 부도를 세웠다. 가우년간(1056~1063)

대웅보전 · 산문

한산사시비

보명선원(普明禪院)으로 개칭하였다. 원말에 전란으로 불탔고, 명 홍무년간(1368~1398)에 중수하였으며, 그 뒤 다시 여러 차례 보수하였다. 절에는 한산·습득·풍간(豐干)의 상과 함께 종루(鐘樓)·장경각(藏經閣) 등의 건축물이 있었으나 이미 폐허가 되어 옛 경관을 볼 수 없다. 다만 본전(本殿)에는 아직도 한산·습득의 석각이 남아 있으며, 편전(偏殿)에 문휘명(文徵明) 친필의 「풍교야박시벽비 楓橋夜泊詩壁碑」가 새겨져 있고, 청대 1905년(광서31) 일본인 이등박문(伊藤博文)이 기증한 종이 남아 있다. 문 밖에는 풍교라는 돌다리도 그대로다. 〔참고문헌〕『寒山寺志』, 『吳都法乘』 권10 「蘇州府楓橋寒山寺重興記」(대장경보편34, p.346b15), 『古今圖書集成職方典』 권678·686, 『神異典』 권115, 『大明一統志』 권8, 『大清一統志』 권515, 『蘇州府志』 권40, 『支那佛教史蹟評解』 권2.

한산사지 寒山寺志 청대 섭창치(葉昌熾) 지음. 3권. 1922년 간행. 『중국불사사지휘간 中國佛寺史志彙刊』 제43, pp.3a1~216a11에 수록되어 있다. 1911년(선통3) 11문으로 편찬되었다. 권1은 지교(志橋)·지사(志寺)·지상(志象)·지종(志鐘), 권2는 지비(志碑)·지승(志僧)·지산(志產)·지유(志遊)·지사(志事), 권3은 지시(志詩)를 수록하였고, 한산습득사적(寒山拾得事蹟)·한산시집해제(寒山詩集解題)·제가서독시화서발고증(諸家書牘詩話序跋考證) 등이 부록으로 붙어 있다.

한산소화 寒山燒火 한산이 군불 지피다. '습득은 땔나무 하고(拾得般柴), 풍간은 암자에 고요히 앉았다(庵中靜坐)'라 하여 하나의 풍경 중에 각각의 위의를 뚜렷이 드러낸다. 『조계진각국사어록』 「시광엄선인 示光嚴禪人」(한불전6, p.28c4)에 "삽계일익(霅溪日益) 화상이 법좌에 올라 말했다. '습득은 땔나무를 나르고, 한산은 군불을 지피는데, 풍간만은 암자에 고요히 앉은 채다. 말해 보라! 풍간에게 어떤 잘난 점이 있을까?' 잠깐 침묵하다가 말했다. '집안에 하찮은 일하는 이 없으면 군자도 할 일을 못한다. 참!' 무의자가 말한다. '습득이 땔나무 나른 일은 그럴듯하지 못하지만 그럴 만한 일이며, 한산이 군불을 지핀 행위 또한 그럴 만한 중에 그럴 만한 일 아니며, 풍간의 좌선 또한 이렇다 저렇다 한들 쓸데없는 일이다. 이렇게 주 달고 다리 더한들 착을 가져 착에 나아갈 뿐이니, 광엄상인은 스스로 참하고 스스로 깨우칠 일이다. 간절히 부탁드립니다'. 霅溪益和尙 上堂云 拾得般柴 寒山燒火 唯有豐干 庵中靜坐 且道 豐干有甚長處 良久云 家無小使 不成君子 叅 無衣子曰 拾得般柴 不伊麽中伊麽 寒山燒火 伊麽中不伊麽 豐干靜坐 伊麽不伊麽 了沒交涉 如上注脚 將錯就錯 光嚴上人 自叅自覺 囑囑"라고 하였다. 〔참고문헌〕『曹溪眞覺國師語錄』.

한산습득 寒山拾得 한산과 습득. 『허당록』 권6(대정장47, p.1030c11)에 "한산습득 : 부엌에서 대중 밥이나 훔쳐 먹고, 낭떠러지 끝에서 호랑이를 안은 채 잠들며,

청풍간법사각 한산습득비·한산습득상 한산사 소주 중국

하품하듯 장단구 읊다가, 돌아와서는 범서 펼친다. 참으로 소를 보려면, 가죽 뚫어야 하리라. 寒山拾得 爨下偸僧飯 崖根抱虎眠 懶吟長短句 來把梵書看 眞箇看牛 皮也須穿"라고 하였다. 〔참고문헌〕『虛堂錄』, 『圜悟語錄』 권17(대정장47, p.792b29). ⇨ 한산 寒山, 습득 拾得

한산습득도 寒山拾得圖 한산과 습득을 그린 그림. 산발하고 누더기 차림으로 서로 만나 활짝 웃는 모습이다. 습득은 붓이나 빗자루를 들고 있다. 중국 남송과 원대에 유행하였고 우리나라에서는 14세기 고려불화 「한산습득도」가 동경국립박물관에 전하고, 우리나라 사찰 극락전·나한전 등

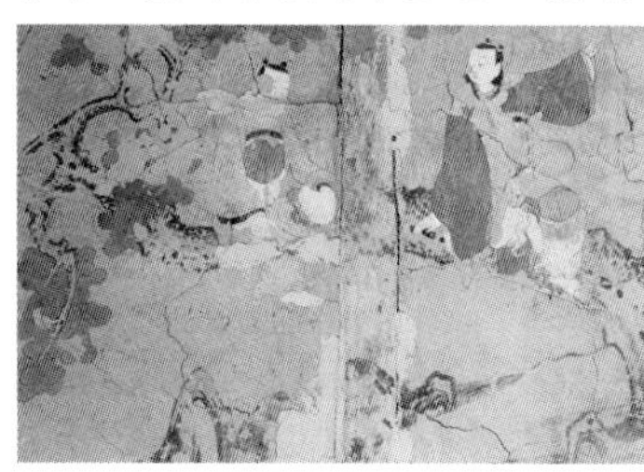

한산습득도 선운사 고창

전각의 외벽화로 그려지기도 하였다. 고창 선운사(禪雲寺) 나한전과 보성 대원사(大原寺) 극락전 외벽에는 동자머리를 하고 나무등걸에 걸터앉은 모습으로 그려졌고, 통도사 극락전 외벽에는 이마에 주름이 있는 노스님 모습으로 한산과 습득이 각기 다른 벽에 따로 그려졌다. 〔참고문헌〕『사찰벽화』(미술문화, 1999) pp.106~108, 『양산의사찰벽화』(양산시립박물관, 2018) pp.266~267. ⇨ 습득 拾得, 한산 寒山, 선종화 禪宗畵

한산시 寒山詩 ➡ 한산시집 寒山詩集

한산시집 寒山詩集 여구윤(閭丘胤) 편집. 3권. 가흥장20, pp.653a1~669c13에 수록되어 있다. 한산의 시 300여 수를 모은 시집. 말미에 풍간시(豐干詩)·습득시(拾得詩)를 합한 1권을 수록하여 3권이 된다. 세 시를 합한 편제를 가리켜 송대 『삼은집 三隱集』 또는 『삼

은시 三隱詩』라고도 불렀다. 오언율시(五言律詩)가 대종을 이룬다. 오언 285수, 칠언(七言) 20수, 삼언(三言) 6수로 총 311수다. 선기(禪機)와 탈속(脫俗)의 운치로 시류를 풍자하는 등의 시풍으로 널리 애독되었다. 뛰어난 운치로 육조(六朝)대의 곱고 아름다운 문풍(文風)으로 치우쳤던 폐단을 일신하였다는 평가도 받는다. 책머리에 여구윤의 「서 序」가 붙어 있다. 이본으로는 송대인 1189년(순희16) 우혈사문(禹穴沙門) 지남집본(志南輯本)과 명대 계익헌각본(計益軒刻本)이 있다.

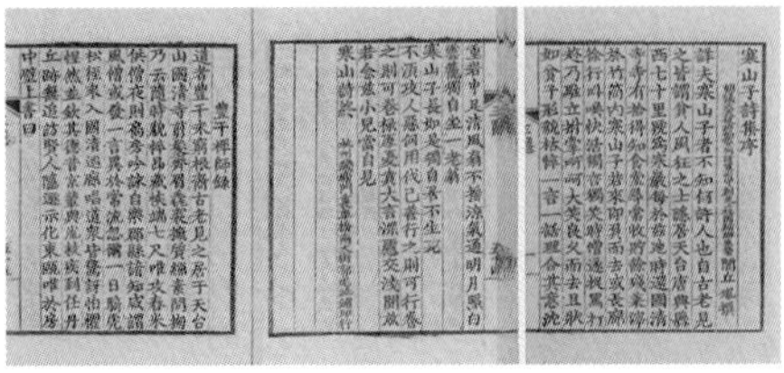
한산시집 봉은사 서울 1856년

한산이환 寒山離幻 이환은 사명대사 유정(惟政)의 자(字)이고, 한산은 그의 자호(自號)이다. 『허응당집』 권하 발문(한불전7, p.575c5)에 "만력 원년(1573년 · 선조6) 4월 어느날 한산이환이 삼가 발하다. 萬曆元年 四月 日 寒山離幻 謹跋"라고 하였다. 〔참고문헌〕『虛應堂集』. ⇨ 유정 惟政■

한산자 寒山子 ➡ 한산 寒山

한산자시집 寒山子詩集 ➡ 한산시집 寒山詩集

한산전 寒山殿 전라북도 고창군 아산면 도솔산(兜率山) 선운사(禪雲寺)에 있던 전각. 『조선사찰사료』 권상의 「도솔산선운사창수승적기 兜率山禪雲寺刱修勝蹟記」에 "강희 48년(1709년 · 숙종35) 기축 봄, 창건주전행판사경문. 康熙四十八年己丑春 刱建主前行判事敬文", 『한국사찰전서』 권하 한산전에는 "지금은 없다. 今無"라고 하였다. 〔참고문헌〕『朝鮮寺刹史料』 권상 p.265, 『韓國寺刹全書』 권하 p.1134a4.

한삼 汗衫 속옷. 중국에서는 세간인들이 입던 상의지만, 법의인 가사를 수한 스님에게는 속옷이다. 『밀암어록』(대정장47, p.959b1)에 "나(烏巨)에게 한 칙의 말이 있어도 종지를 떠받칠 수 있는 것은 아니니, 우선 천하의 납승들 몸에 붙어 있는 속옷(法執)을 벗겨 내는 일 무엇보다 중요하다. 烏巨有一則語 非是扶宗竪教 且要與天下衲僧 剝盡貼肉汗衫", 『선림상기전』 권26(대장경보편19, p.702a5)에 "한삼 : (『百丈淸規』) 「일용궤범 日用軌範」 '개욕 開浴'에 '목욕 도구를 꺼내어 한쪽에 내려놓고 상의를 벗는다'라고 하였다. 도충이 말한다. '중화인들의 상의와 하의 중 상의는 이곳의 우폐와 같으며 한삼 또는 중단이라 하고, 하의는 이곳의 전수와 같으며 군이라고 한다'. … 『천성광등록』 권25 「임계철선사장 林谿徹禪師章」에 '한 학인이 임계에게 물었다. 「달마대사가 서쪽에서 온 뜻은 무엇입니까?」 「몸에 딱 달라붙어 있는 속옷이구나」'라고 하였다. 汗衫 日用軌範 開浴云 取出浴具 放一邊 解上衣 忠曰 中華人 上下二衣 上衣如此方𦩷蔽 爲汗衫 又名中單 下衣 如此方前垂 是名裙也 … 廣燈錄 林谿徹禪師章云 問 如何是祖師西來意 師云 著體汗衫", 『조당집』 권11 「수룡도부장 睡龍道溥章」(대장경보편25, p.521b13)에 "세속의 한 관리가 황벽의 공양주에게 물었다. '황벽화상은 당나귀와 같은데 상좌는 공양주가 되어서 뭐하자는 겁니까?' 스님이 답이 없었다. … 어떤 사람이 수룡에게 이 이야기를 전해 주자 수룡이 말했다. '천주의 갈포는 속옷을 만들기에 안성맞춤이다'. 有俗官問黃蘗供養主 黃蘗和尙 驢馬相似 上座作供養主 作什摩 僧〈無對〉 … 有人擧似師 師云 泉州葛布好造汗衫"라고 하였다. 〔참고문헌〕『密菴語錄』, 『禪林象器箋』, 『祖堂集』.

한상식 閑相識 그저 서로 아는 사이. 말 없이도 아는 사이(知音)는 아님을 말한다. 『건중정국속등록』 권21 「선정보인장 善政普印章」(卍속장136, p.311b2)에 "'비록 들은 적 없는 일이라 해도 듣고 나면 그저 그렇다' '그렇다면 백아와 자기가 어찌 한갓되이 서로 알 뿐인가요?' '남전에서 돌호랑이를 쏘려다가 착오로 이장군을 죽였다'. 師云 雖曰未聞事 聞來也是閑 僧曰 若然者 伯牙與子期 豈是閑相識 師云 藍田射石虎 悞殺李將軍", 『서중무온어록』 권3(卍속장123, p.837b16)에 "밤에 다니는 것 허용하지 않지만, 날 밝으면 도착해 있어야 한다 : 한 주먹에 한 주먹 돌려주고, 한 발길질에 한 발길질 돌려준다. 백아와 자기여! 그저 아는 사이는 아니로구나. 不許夜行 投明須到 一拳還一拳 一踢還一踢 伯牙與子期 不是閑相識"라고 하였다. 〔참고문헌〕『建中靖國續燈錄』, 『恕中無慍語錄』.

한설화 閑說話 늘 하는 이야기. 별달리 주제를 들어 말하지 않는다. 『대혜보설』 「형상좌청보설 瑩上座請普說」(卍속장59, p.797b17)에 "나는 누군가 다른 이에게 선을 묻지 않는다. 다만 늘 하던 이야기를 할 뿐이지만 그의 속 알갱이를 다 알 수 있다. 某也不問他禪 只是閑說話 盡知他要領"라고 하였다. 〔참고문헌〕『大慧普說』.

한성 翰醒 1801~1876. 조선후기 고흥(高興) 능가사(楞伽寺) 스님. 휘는 한성(翰醒), 호는 침명(枕溟), 속성은 김씨요, 본관은 경주이다. 아버지의 휘는 이혁(以爀)이니 통정대부(通政大夫)였고, 어머니는 신창(新昌) 맹씨(孟氏)부인이다. 1801년(순조1) 음력 4월 9일 전라남도 고흥군 남양면 장담리에서 태어났다. 7세 때부터 서당에서 공부하여 육경(六經)에 정통했다. 사랑채에 머물던 관상가가 아버지에게 '이 아이가 만약 불교에 귀의한다면 세상에서 귀한 사람이 될 것'이라는 말을 듣고 출가할 것을 결심하고 1816년(순조16) 15세 때 팔영산(八影山) 능가사(楞伽寺) 스님이었던 숙부 권민(勸敏)장로에게 찾아가 그를 은사로 하여 스님이 되었다. 이어 은사로부터 사집(四集)을 배웠고, 춘파(春坡)율사로부터 비구계를 받았다. 17세 때에는 곡성(谷城) 운흥사(雲興寺)에서 5년간에 걸쳐 대운성홍(大雲性弘)강백으로부터 『화엄경』을 배웠다. 순창 귀암사(龜巖寺)에서는 백파긍선(白坡亘璇)에게서 『경덕전등록』과 『선문염송집』 등 선전(禪典)을 수학하였다. 1827년(순조27) 26세 때 영봉대사(影峯大師)의 법을 이어 받았으니 임제의현(臨濟義玄)의 36대이고, 태고보우(太古普愚)의 17대이며, 부휴선수(浮休善修)의 11대 법손인 셈이다. 1828년(순조28) 순천 송광사 보조암에서 처음으로 개강하여 학인을 지도하다가, 다음해인 1829년 승주(昇州) 선암사 대승암(大乘庵) 강주 청을 받아 이석하여 30년 동안 줄곧 후학을 지도하였다. 1876년(고종13) 10월 1일(『조선불교통사』 권상 p.597,7항에는 10월 2일) "팔 베고 남쪽 바다로 누웠으니, 한묵장 중에 놀던 꿈 깨지 않았네. 명호란 마침내 진실이 아님을 알았거늘, 문 밖으로 나간 나무인형이 어찌 참 모습이랴! 曲肱爲枕臥南溟 翰墨場中夢未醒 名號終知非實事 出門木像豈眞影"라는 스스로의 진영(眞影 : 影幀)에 제영(題詠)을 읊은 다음 조용히 입적하였으니. 세수 76, 법랍 62세였다. 이병휘(李秉輝)가 비문을 짓고 경운원기(擎雲元奇)스님이 음기(陰記)를 지었으며 송태회(宋泰會)가 써서 1915년에 세운 스님의 행적비가 순천 선암사에 있다. 전법제자(傳法弟子)에 화산오선(華山晤善) · 보운응준(普運應俊) · 설저묘선(雪渚妙善) · 영암상흔(影岩尙欣) · 만암대순(萬巖大淳) 등이었고, 전강제자(傳講弟子)에는 함명태선(函溟太先) 등이 있으며, 전선제자(傳禪弟子)로는 설두봉문(雪竇奉聞 : 뒤에 有炯으로 고쳤음) · 우담홍기(優曇洪基) · 경담서관(鏡潭瑞寬) · 용호해주(龍湖海珠) · 응화유한(應化有閑 : 一本에는 應知로 된 곳도 있음) 등 많은 제자를 배출하였다. 〔참고문헌〕『東師列傳』 권4 「枕溟講伯傳」(한불전10, p.1043c15), 『朝鮮佛敎通史』 권상 p.597, 權相老 『朝鮮佛敎略史』 p.241, 猊雲惠勤 「枕溟堂行狀」(『海東佛敎』 제8호 · 『韓國佛敎雜誌叢書』 권17, p.626), 「枕溟禪師碑」(『朝鮮佛敎叢報』 제2호 · 『韓國佛敎雜誌叢書』 권14, pp.103~104), 李秉輝 「順天仙岩寺枕溟堂翰醒大禪師碑文」(智冠 『韓國高僧碑文總集 朝鮮朝 · 近現代』, pp.714~716).

침명당대화상한성지진영
선암사 순천 조선후기

한송사 寒松寺 강원도 강릉시 남항진동(南項津洞)에 있던 절. 옛부터 문수보살(文殊菩薩)을 모시는 문수당(文殊堂 : 吉祥殿)이 있어 문수사로도 불렸다. 사선(四仙)이 차를 다려 마시던 한송정 옛 터에서 멀지 않은 곳에 있었다. 『범우고』 원춘도 강릉에는 "문수사〈혹은 한송이라고도 한다. 부의 동쪽 해안에 있다〉. 文殊寺〈一名寒松 在府東海岸〉", 『가람고』 강원도 강릉에 "문수사〈해안에 있는데 부 동쪽 10리 쯤이다〉. 文殊寺〈在海岸 府東十里〉", 『가정집』 권5 기(記) 「동유기 東遊記」에 "지정 9년(1349 · 충정왕1) 기축 가을에 금강산을 유람하려고 하였다. … 9월 … 12일 … 비 때문에 하루 더 머물다가 강성으로 나가 문수당을 참관하였는데, 사람들은 문수와 보현 두 석상이 땅속에서 솟아나왔다고 말한다. 至正九年己丑之秋 將遊金剛山 … 九月 … 十二日 … 以雨留一日 出江城 觀文殊堂 人言文殊普賢二石像從地湧出者也"라고 하였는데, 두 보살상은 현재 국보와 보물로 지정되어 각각 춘천박물관과 강릉시립박물관에 모셔져 있다. 『조선사찰사료』 권하 「오대산청학사창건사적 五始山靑鶴寺創建事蹟」에 "『임영지』에는 '문수보살과 보현보살은 서축으로부터 돌배를 타고 바다를 건너 점지한 이 주에 이르렀다'고 하였으므로, 동쪽의 한송사인즉 곧 문수의 옛 터이다. … 옛말에 문수와 보현이 승지를 점쳤는데, 각각 나무로 만든 오리가 날아서 하나는 한송에 이르고 하나는 본사(보현사)에 이르렀다. 臨瀛誌云 文殊菩薩普賢菩薩自西竺 乘石舟泛海 而出止占于此州云 故東有寒松寺 卽文殊古基 … 古語文殊普賢賭占勝地 各飛木鳧 一止寒松 一止本寺"라고 하여 문수당으로도 불렸고 문수사의 옛 터라고 하였다. 허적(許樀 1563~1640)의 『수색집』 권4 시(詩) 「요기김도원 遙寄金道源」에 "아득하구나, 구름과 달무리 진 한송사. 아득하구나, 안개 자욱한 파도에 쌓인 경포대. 茫茫雲月寒松寺 渺渺煙波鏡浦臺", 채팽윤(蔡彭胤 1669~1731)의 『희암집』 권2 시 「영주록 瀛洲錄」에는 "계유일 맑았다. 중씨와 내가 백원을 불러 한송과 경포에서 놀았다. … 소나무 사이를 지나 한송사 길상전에 올랐다. 단청이 영롱하여 창을 열고 앉았는데, 수리에 소나무가 빽곡하여 호젓하게도 산가의 풍취가 있었다. 癸酉晴 仲氏與余招百源爲寒松鏡浦之遊 … 歷松間登寒松寺吉祥殿 丹碧玲瓏 拓窓而坐 數里深松 蕭然有山家之趣", 이병성(李秉成 1675~1735)의 『순암집』 권4 시 「수성록〈기신해○재간성시〉 水城錄〈起辛亥○宰杆城時〉」 "오죽 난간 이슬 북으로 흐르고 한송의 범종소리

배 안에 떨어지네. … 〈오죽은 정자의 이름이고 한송은 절 이름이다〉 烏竹軒欄通濱北 寒松鐘梵落舟中 …〈烏竹亭名 寒松寺名〉"라고 하였다. 조하망(曺夏望 1682~1747)의 『서주집』 권3 시 「임영록 臨瀛錄」 한송사에 "명사십리 만 그루 소나무, 바다 향해 열린 빈 누각 여덟 창문, 한사와 진동은 어느 날에나 돌아오나, 물결쳐 푸른 바다에는 어룡만이 뛰노네. 鳴沙十里萬株松 一面虛樓洞八窓 漢使秦童何日返 蒼茫碧海戲魚龍", 김이만(金履萬 1683~1758) 『학고집』 권10 잡저 「동유록 東遊錄」에 "병신(1716 · 숙종42) 윤삼월 … 병인에 외삼촌을 따라 정숙과 함께 한송사에 갔다. … 절의 동남쪽 가까이에는 한송정 옛 터가 있는데 사선이 놀던 곳이라고 전한다. … 우물 옆에 석구와 석조가 있는데 사선이 차를 달이던 도구라고 전한다. 한송정이라는 것은 언제 세워졌고 언제 허물어졌는지 알 수 없지만, 터는 허물어졌고 들국이 풀인양 무성하다. 丙申閏三月 … 丙寅從舅氏暨鄭叔往寒松寺 … 寺之東南一牛鳴許有寒松亭舊址 所謂四仙遊賞之地也 … 井傍有石臼石竈 蓋四仙煎茶之具云 所謂寒松亭者 不知刱於何代毁於何年 而基址漫滅 鞠爲茂草", 유주목(柳疇睦 1813~1872)의 『계당집』 권1 시 「한송사차장평장〈우〉운〈사재강릉〉 寒松寺次張平章〈祐〉韻〈寺在江陵〉」에 "한송은 신라 때 감응 있었던 곳이라 하나 오늘 또 가을을 맞았네. 옛 자취 어디에도 없고 모래사장에는 백구만 있구나. 寒松羅代感 此日又逢秋 遺蹟都無處 明沙有白鷗"라고 하였다. 일제강점기 때 중건되었으나 현재는 터만 남았는데, 『사탑고적고』에는 "해안 모래터에 초석 드물게 박혔고 기와조각 흩어진 채 탑의 옥개 하나와 석조불상 있다. 海岸砂地 礎石占在 瓦片散亂 有塔蓋一個 又有石造佛像一軀"라 하였지만, 원래 석조보살좌상 2위가 있었는데 현재 국보로 지정된 높은 보관을 쓴 석조보살좌상은 대체로 온전한 편으로 1912년에 일본으로 반출되었다가 1965년에 반환하여 현재 국립춘천박물관에 있고, 훼손이 심한 또 다른 석조보살좌상은 보물로 지정하여 강릉오죽헌시립박물관에 있다. 〔참고문헌〕 『梵宇攷』, 『伽藍考』, 『稼亭集』 권5(韓國文集叢刊3, p.129b13), 『朝鮮寺刹史料』 권하 pp.54~62, 『水色集』 권4(韓國文集叢刊69, p.66a3), 『希菴集』 권2(韓國文集叢刊182, p.21a3), 『順菴集』 권4(韓國文集叢刊續59, p.67a3), 『西州集』 권3(韓國文集叢刊續64, p.271a15), 『鶴皐集』 권10(韓國文集叢刊續65, p.200a3), 『溪堂集』 권1(韓國文集叢刊313, p.233b5), 『寺塔古蹟考』, 『韓國寺刹全書』 권하 p.1134a6, 『文化遺蹟總覽』 권상(文化公報部 文化財管理局, 1977) p.358. ⇨ 문수당 文殊堂, 문수사 文殊寺 ❷

한송사지석조보살좌상 寒松寺址石造菩薩坐像 고려시대 석조보살좌상. 국보 제124호와 보물 제81호. 강릉시 남항진동 한송사지에서 출토된 두 보살상 중 국보 1구는 국립춘천박물관에, 보물 1구는 강릉시립박물관에 모셔져 있다. 백색 대리석으로 조성된 이 보살상은 일제강점기인 1912년 일본으로 반출되었다가 한일협정 후 1965년 돌려받았다. 이 보살상과 크기와 모양이 유사

한 또 다른 보살상이 머리와 오른팔이 결실된 채로 같은 터에서 출토되었다. 두 보살상에 대한 기록은 이곡(李穀)의 『가정집』 권5 「동유기 東遊記」에 "사람들이 말하기를 문수와 보현의 두 석상은 땅에서 솟아 나온 것이라 한다. 人言文殊普賢二石像從地湧出者也"라고 하였다. 국보 제124호 석조보살좌상은 원

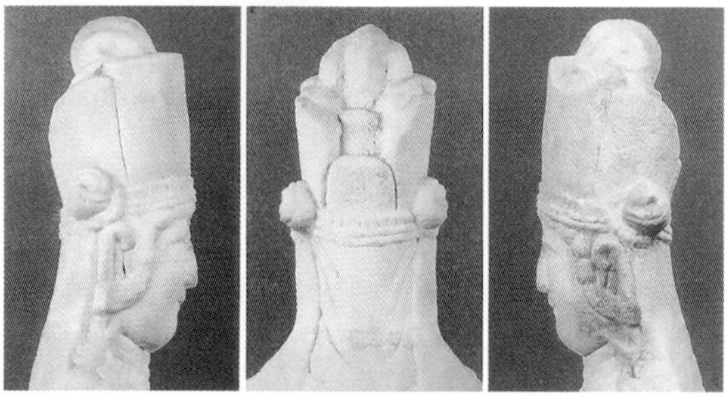

국보제124호 국립춘천박물관 10세기

보물제81호 강릉시립박물관 10세기

통형의 높은 관을 쓰고 있으며 이마에는 커다란 백호공이 있다. 보살상의 상호는 턱이 두드러진 채 눈 · 코 · 입이 얼굴 중앙으로 몰린 형태다. 원통형 보관과 턱이 발달된 형태의 보살상호는 고려시대 명주(溟洲) 지역 보살상의 특징 중 하나다. 양 어깨와 가슴을 가로지르는 천의는 두껍게, 다리를 덮는 옷자락 주름은 부드럽게 조각되었다. 양 손은 일반적인 불상 조각에 비해 크고 사실적이다. 오른손에 연꽃인 듯한 지물을 쥐고 있다. 한 돌에 새긴 원형대좌 위에 앉아서 왼발을 밖으로 내려뜨린 편안한 모습이다. 보물 제81호 보살상은 오른쪽 다리가 밖으로 향한 채 앉아 있어 두 보살상이 여래상을 중심으로 한 좌우의 협시였을 것으로 추정한다. 보물 제81호인 한송사지 석조보살좌상은 머리와 오른팔 부분이 파손되었으며 두상도 없다. 단지 배꼽과 아래 허리띠 매듭 등이 사실적으로 묘사되어 있어 국보 제124호 보살상과 차이를 보일 뿐이다. 이 두 보살상은 명주지역의 특색이 두드러진 10세기 초

의 대표적인 성보다. 〔참고문헌〕『稼亭集』, 崔聖銀 「溟州地方의 高麗時代 石造菩薩像에 대한 硏究」(『佛敎美術』5, 1980) pp.56~78. ⇨ 한송사 寒松寺

한습 閑習 평소에 익힌 습관. 『용수보살전』(대정장50, p.185a9)에 "왕이 대단히 갸륵하게 여기며 물었다. '어떤 사람인가?' 시자가 답했다. '이 사람은 모집에 응하였는데 봉록을 받지도 않으려 하고 금전을 취하려 하지도 않습니다. 그러나 일에 있어 공손하고 신중하며 늘 익힌 것이 이와 같으니, 무엇을 구하고 무엇을 원하는지 그 뜻을 알 수 없습니다'. 王甚嘉之 問 是何人 侍者答言 此人應募 旣不食廩 又不取錢 而在事恭謹 閑習如此 不知其意 何求何欲"라고 하였다. 〔참고문헌〕『龍樹菩薩傳』.

한시한쇄사리 寒時寒殺闍梨 추울 때 더욱 춥게 하는 스승. 『벽암록』 43칙 「평창 評唱」(대정장48, p.180b13)에 "동산이 '추울 때는 그대를 몹시 춥게 하는 아사리이고, 더울 때는 그대 몹시 덥게 하는 것이 스승이라네'라고 하였다. 이는 정중의 편이다. 비록 정위일지라도 다시 편위가 되고, 비록 편위라면 되돌려 원만한 정위가 된다. 山云 寒時寒殺闍黎 熱時熱殺闍黎 此是正中偏 雖正却偏 雖偏却圓"라고 하였다. 〔참고문헌〕『碧巖錄』. ⇨ 동산무한서 洞山無寒暑

한식 寒食 동지(冬至) 후 105일에 해당하는 절기(節氣). 불을 쓰지 않고 찬밥을 먹는 풍습에 따라 붙여진 이름이다. 춘추시대(春秋時代) 진문공(晉文公)이 공신 개자추(介子推)를 외면하자 면산(綿山)에 들어가 숨었고, 나중에 후회한 문공이 그를 불러내고자 산에 불을 질렀지만 끝내 나오지 않고 타 죽고 말았다. 이 일을 추념하여 생긴 풍속이라 전한다. 『조정사원』 권6(卍속장113, p.172a13)에 "한식 : 『형초세시기』에 '동지절 105일 뒤에 빠른 바람과 심한 비가 내리는 때를 한식이라 한다'고 하였다. 寒食 荊楚歲時記云 冬至節一百五日 卽有疾風甚雨 謂之寒食", 『수감해육회록』 권3(가흥장29, p.256a6)에 "한식날 법좌에 올라 말했다. '넓적다리를 잘라 군왕에게 바쳤던 개자추는 그 덕으로 공을 남겼으나 상은 받지 못하였다. 진문공이 어리석어 산에 맹렬한 불 놓아 불살라 죽였다. 천고에 소리 들려 애절한 슬픔을 자아낸다. 여러분은 오늘 개공을 보았는가? 찾아도 볼 수 없으리니, 산승이 살구꽃 핀 마을 콕 집어서 일러주리라'. 寒食上堂 割股奉君介子 德遺功不賞 晉文昏更加猛火 焚渠死 千古聞聲也斷魂 汝等今日 還見介公麽 覓則知君不可見 山僧指點杏華村"라고 하였다. 〔참고문헌〕『祖庭事苑』, 『水鑑海六會錄』.

한식제문 寒食祭文 일선(一禪 1533~1608) 지음. 『정관집』(한불전8, p.31b17~c16)에 전한다. 한식일에 돌아가신 아버지와 가족, 친지들을 추모해 제사 지내면서 올린 글이다. 「한식제문」(한불전8, p.31b20)에 "엎드려 생각건대 소자 부모에게 품받은 몸이지만 운수의 나그네가 되었으니 이미 정성스런 의례 할 수 없고 또한 몸을 보전하는 효도도 어겼습니다. … 사생에는 운수가 있어 비록 세월 아껴도 머물게 할 수는 없습니다. 청우의 해에 아버지께서 승천하더니 현마의 해에는 어머니 또한 세상을 버렸고 상이 아직 끝나지 않았는데 큰형이 이어서 돌아가셨으며 복이 겨우 끝나는가 했는데 막내 작은아버지가 또한 돌아가셨습니다. 아! 슬프도다. 고통 가슴 깊이 얽혔습니다. 여러 해 동안 산을 즐겨 뜻을 지키지만 하룻밤만은 되돌아 생각하고 멀리까지 품어 봅니다. 봄바람 맞으며 산을 내려와 아침해를 타고 무덤에 올랐습니다. 삼가 촌초의 정성으로 삼춘의 은혜를 보답하고자 하오니 백년의 그림자로써 천년의 마음에 닿고자 합니다. 사람에게 정성이 있다면 신은 반드시 흠향하십시오. 伏念小子 禀慈嚴之遺體 作雲水之遊賓 旣曠定省之儀 又違全膚之孝寧 … 抑死生之有數 雖愛日而莫留 青牛之歲 父先昇天 玄馬之年 母亦捐世 喪未終而長兄繼卒 服纔闋而季父又殂 嗚呼哀哉 痛纏心腑 多年守樂山之志 一夕思追遠之懷 帶春風而下山 乘朝日而上塚 庶將寸草之誠 聊報三春之澤 蓋以百年影 徂千載心 存人苟有誠 神必有享"라고 하였다. 〔참고문헌〕『靜觀集』.

한암 閑庵 고려 고종(재위 1213~1259) 때 스님. 특히 교리에 밝아 『능엄경』의 주석인 『수능엄경환해산보기 首楞嚴經環解刪補記』 2권을 지었다. 휘는 보환(普幻), 호는 한암(閑庵)이다. ⇨ 보환 普幻

한암 漢巖 1876~1951. 근세 선지식으로 오대산 상원사에서 무려 27년간 동구불출(洞口不出)하면서 자신의 수도와 후학을 지도한 스님이다. 휘는 중원(重遠), 호는 한암(漢岩), 속성은 방(方)씨, 본관은 온양(溫陽), 아버지의 휘는 기순(箕淳), 어머니는 선산길씨(善山吉氏)부인이니, 1876년(고종13) 3월 27일 강원도 화천 금화(錦華)에서 3형제 중 맏아들로 태어났다. 일제강점기 말에 조계종 종정(宗正)을 역임했다. ⇨ 중원 重遠

한암의승가오원칙 漢巖◯僧伽五原則 한암중원(漢巖重遠 1876~1951)선사는 구한말 강원도 오대산에 들어가 상원선원(上院禪院)에서 25년간 후학을 지도하면서 승가대중이 반드시 지켜야 할 다섯 가지 원칙을 제창하였다. 그 첫째는 임제선(臨濟禪)을 실수(實修)해야 한다. 둘째는 염불하는 자는 구칭(口稱)보다 자성미타(自性彌陀)를 관해야 한다. 셋째는 경전과 어록을 읽어야 한다. 넷째 혹자는 의식을 외형이라 하여 소홀히 여기는 자가 적지 않다. 그러나 의식즉불법(儀式則佛法)이라고 위의(威儀)가 결여되면 중생들은 내면의 법덕을 알지 못하므로 존경심을 일으킬 수 없다. 그러므로 안팎이 잘 정돈되어 복혜(福慧)가 구족하여야 신심을 일으키게 된다. 다섯째는 가람수호이니 사탑(寺塔)을 세우거나 선방(禪房)을 건설하는 것은 중생으로 하여금 복을 짓게 하는 원인을 제공할 뿐만 아니라, 수도의 장소를 만들고 따라서 불자들이 신행할 수 있는 공간을 제공하는 일이기에 그 공덕이 한량없다고 하였다. [참고문헌]『漢岩一鉢錄』,『漢岩思想照明세미나資料集』. ⇨중원 重遠

한암이초 寒巖異草 험한 벼랑에 난 이채로운 풀.『광지광록』권1(대정장48, p.14b10)에 "험한 벼랑에 난 알 수 없는 풀, 앉을 수만 있다면 공을 이루리. 밝은 달 흰 구름 밟으려 할 때마다 그림자 쪼개지네. 이럴 뿐이라면 어찌 밟아가야 하리? 寒巖異草 坐著成功 明月白雲 步時分影 正當恁麽時 如何行履",『무이원래광록』권9(卍속장125, p.193b14)에 "나산이 암두에게 '기멸이 멈출 수 없으니 어떻게 합니까?'라고 묻자 암두가 소리치며 '도대체 무엇이 기멸한단 말이냐?'라고 한 일을 들었다. '암두가 비록 찾아온 기틀에 나아가 잘도 응했지만 사람 만나 점검함 피해가지는 못하리라. 말해 보라! 그의 잘못은 어디에 있을까? 험한 벼랑의 이채로운 풀 외로이 지킨다 하지만, 흰 구름 위에 앉아 보면 산마루도 묘하지 않다'. 擧 羅山問巖頭 起滅不停時如何 頭咄云 是誰起滅 拈云 巖頭雖則 善赴來機 未免遭人簡點 且道 過在甚麽處 獨守寒巖異草青 坐却白雲宗不妙"라고 하였다. [참고문헌]『宏智廣錄』,『無異元來廣錄』.

한양 漢陽 조선후기 수원 용주사(龍珠寺) 스님이다. 휘는 용주(龍珠)이고, 호는 붕명(鵬溟) 또는 한양(漢陽)이다. ⇨용주 龍珠❷

한어 閑語 쓸데없는 말. 불필요한 말. 한언어(閑言語)라고도 한다.『건중정국속등록』권18「홍제종이장 洪濟宗賾章」(卍속장136, p.266a16)에 "학인이 물었다. '태성이 보좌에 임했으니, 조사의 뜻을 널리 일러주시기 바랍니다' '만 리 하늘에 구름 한 조각 없다' '은혜 깊어 할 말이 없군요' '좋은 바람이 앉은 자리 위로 불어오니, 더는 쓸데없는 말 세상에 전할 일 없겠구나' '천고의 순풍이 유달리 맑군요' '진짜 사자 새끼라서 사자후 잘도 내지르는구나'. 問 台星臨寶座 祖意願宣揚 師云 萬里不挂片雲 僧曰 恩深轉無語 師云 唯有好風來席上 更無閑語落人間 僧曰 千古淳風特地清 師云 眞師子兒 善師子吼"라고 하였다. [참고문헌]『建中靖國續燈錄』.

한언공 韓彦恭 940~1004. 고려전기 문신. 단주(湍州 : 황해북도 개성시 장풍군) 출신. 부친은 광록소경(光祿少卿)을 역임한 한총례(韓聰禮)이다. 성품이 명민하고 학문을 좋아하였다. 광종(光宗) 초에 15세의 나이로 광문원(光文院) 서생으로 들어갔다가 얼마 뒤 본원의 승사랑(承事郎)이 되었고, 또 내승지(內承旨)로 전임되었으며 이어 벼슬길에 있던 중 병부시랑을 역임할 때인 990년(성종9)에 성종의 명을 받아 송(宋)에 사은사(謝恩使)로 갔는데, 송에서는 한언공의 태도와 행동이 법도에 맞았으므로 '금자광록대부검교병부상서겸어사대부 金紫光祿大夫檢校兵部尙書兼御史大夫'라는 벼슬을 주었다. 이때 한언공은 황제에게 표(表)를 올려 대장경을 청하였고, 이에 황제는 대장경 481함(函) 2천5백권과『어제비장전 御製祕藏詮』·『어제소요영 御製逍遙詠』·『어제연화심륜회문게송 御製蓮華心輪廻文偈頌』을 하사하였고, 귀국 후 이를 성종에게 바쳤다. 그 후 현종(玄宗 재위 1009~1031)이 부모를 위해 개풍(開豊 : 개성시 장풍군)에 현화사(玄化寺)를 창건하고 이를 진장하였다. [참고문헌]『高麗史』권93 列傳6「韓彦恭傳」,『高麗史節要』권2 成宗 10年 4月,『宋史』권487 列傳246 外國3,「玄化寺碑文」(『朝鮮金石總覽』권상 p.245).

한영 漢永 정호(鼎鎬)의 법호이다. ⇨정호 鼎鎬

한오 漢悟 조선말 스님. 법호는 한운(漢雲).『동사열전』권4「용운선백전 龍雲禪伯傳」(한불전10, p.1045a1)에 "(용운의) 문인으로는 … 한운한오 … 한운의 제자 중 법해봉주가 있다. 門人 … 漢雲漢悟 … 漢雲 有弟子 法海琫注",「법해강백전 法海講伯傳」(한불전10, p.1069b18)에 "(법해는) 한운한오 선사의 처소에서 은혜를 받았고 법인도 받았다. 受恩受印於漢雲漢悟禪師處"라고 하였으며,「구연강백전 九淵講伯傳」에서는 법선(法宣)과 법형제임을 밝혔다. [참고문헌]『東師列傳』.

한용운 韓龍雲 1879~1944. 구한말 설악산 백담사(百潭寺) 스님. 종교가·문학가·시인·독립운동가·사상가이다. 휘는 봉완(奉玩), 자는 정옥(貞玉), 자호는 용운(龍雲), 호는 만해(萬海 : 卍海), 속성은 한(韓)씨, 본관은 청주, 아버지의 휘는 응준(應俊), 어머니는 온양 방씨(溫陽方氏)니 1879년(고종16) 8월 29일(음 己卯 7월 2일) 충청남도 홍성군 결성면 성곡리 491번지에서 한응준의 둘째 아들로 태어났다. 1884년(고종21) 6세 때부터 향리(鄕里)의 사숙(私塾 : 書堂)에서 한문을 배우기 시작하여『서상기 西廂記』를 독파하고『통감 通鑑』의 뜻을 해득하며『서경 書經』기삼백주(朞三百註)를 통달하여 총명한 어린이라는 칭송이 자자했다. 1892년(고종29) 전정숙(全貞淑)과 결혼한 후에도 계속 한학을 공부했다. 1896년부터 서당에서 학동(學童)들에게

『동몽선습 童蒙先習』부터 가르치기 시작했다. 이어 1894년 16살 때 동학혁명이 일어나자 부모와 형이 이에 관련되어 관군에 끌려가 피살된 후, 1896년 동학군 잔여 세력인 의병부대에 가담하여 활동하던 중 군자금을 마련하기 위해 홍성호방(洪城戶房)의 관고(官庫)를 습격하여 1천량을 탈취하는 등 활동했으나, 실패한 후 설악산 오세암(五歲庵)에서 피신하였고 인제의 설악산 백담사(百潭寺) 등지를 배회하였다. 1899년(광무3) 세계여행을 계획하고 하산하여 블라디보스토크로 갔으나, 되돌아와 27세 때인 1905년 1월 26일 백담사에서 김연곡(金蓮谷)을 은사로 하여 스님이 되었다. 이어 이학암(李鶴庵)으로부터 『기신론』·『능가경』·『원각경』 등을, 유점사에서 월화당 인학(月華堂仁學)으로부터 『화엄경』을 수학했다. 그 후 건봉사·백담사·오세암 등지에서 참선수행을 하다가 1908년(융희2) 전국 사찰대표 52명 중 한 사람으로 원흥사(元興寺)에 원종(圓宗) 종무원을 설립한 후 국제적 안목을 넓히기 위해 그 해 4월 일본으로 건너가 하관(下關)·궁도(宮島)·경도(京都)·동경(東京)·일광(日光) 등지를 순방하면서 신문물(新文物)을 시찰하고, 동경에 있는 고마자와대학(駒澤大學)에서 불교와 서양철학을 청강하였으며, 일본인 아사다교수(淺田教授)와 교류하는 한편 유학 중인 최린(崔麟)과도 교분을 맺고는 시베리아를 거쳐 귀국했다. 그 해 12월부터 경성의 명진측량강습소(明進測量講習所)를 개설하고 그 소장이 되었는데, 국토는 일제에 빼앗겼지만 개인소유와 사찰토지만이라도 수호하자는 염원으로 임했다. 1909년(융희3) 7월 30일 강원도 금강산 표훈사(表訓寺) 강원에서 강사로 있었고, 1910년 9월 20일에는 경기도 장단군 화산(華山) 강원의 강사로 취임하였다. 한일합방이 되자 독립군 군관학교를 방문하여 독립사상을 고취시키고, 만주와 시베리아 등지로 다니면서 독립운동도 전개하였다. 그러던 중 독립군들에게 적의 앞잡이로 낙인되어 총을 맞는 액난을 당하기도 하였다. 본국에 돌아와 1911년 순천 송광사에서 승려대회를 주도하는 한편 임제종인 한국불교를 일본 조동종에 예속시키려 하는 친일파 이회광 사선(李晦光師璿) 등을 몰아내고자 한영정호(漢永鼎鎬)·진응혜찬(震應慧燦)·종래(鐘來)·금봉병연(錦峰秉演) 등과 함께 동래 범어사에서 승려대회를 열고는 이를 분쇄하고자 범어사에 임제종종무원을 세우고 관장서리(管長署理)가 되었다. 이때 「불교유신론」을 백담사에서 탈고하였고, 1912년 범어사에서 불교대전(佛教大典)의 편찬을 계획하고 고려대장경을 열람하기 시작하였다. 이를 전후하여 경기도 장단군 화장사에서 「여자단발론 女子斷髮論」을 탈고하였다고 하나 전하지 않는다. 1915년부터 약 2년간 영남과 호남지방의 큰 사찰을 돌면서 대중을 규합하는 순회강연을 했으며, 그 중에 1917년 4월 『정선강의채근담 精選講義菜根譚』을 간행하였고, 1918년 9월부터는 서울 계동(桂洞) 43번지에서 발행인이 되어 월간지(月刊誌) 『유심 唯心』을 발행하기 시작했다. 1919년 3·1독립운동 때에는 민족대표 33인 중 한 사람으로 백용성스님과 함께 불교계를 대표하여 손병희(孫秉熙)를 포섭하고, 최남선(崔南善)이 작성한 독립선언서의 자구(字句)의 수정을 전담하고 공약삼장(公約三章)을 더하여 서명하였다는 이유로 일경에 체포되어 3년형을 받아 서대문 형무소에서 복역하다가 1922년 출옥하였다. 1924년 조선불교청년회를 조선불교총동맹(朝鮮佛教總同盟)으로 개편하고 김상호(金尙昊)·김법린(金法麟)·최범술(崔凡述) 등과 함께 일제(日帝)의 한국불교탄압에 맞섬과 아울러 대중화에도 노력하였다. 1928년 『건봉사본말사적 乾鳳寺本末史蹟』을 편찬하여 건봉사에서 발행하였으며, 1931년 청년스님들의 독립투쟁비밀결사체인 만당(卍黨)의 영수로 추대되었다. 1932년 54세 때 조선불교대표인물투표가 있었는데 한용운(韓龍雲)이 422표, 방한암(方漢巖)이 18표, 박한영(朴漢永)이 13표, 김태흡(金泰洽)이 8표, 이혼성(李混惺)이 6표, 백용성(白龍城)이 4표, 송만암(宋曼庵)이 3표, 백성욱(白性郁)이 3표 등으로 나타났으니, 대중들의 그에 대한 신망이 유독 높았다(『佛教』 108호 중 1932년 3월호인 通卷 제93호 발표). 1933년부터 『유마경』을 번역하기 시작하였고, 벽산(碧山)스님이 집터를 기증하고 동지인 방응모(方應謨)·박광(朴洸) 등 몇 사람이 성금을 모아 서울 성북구 성북동에 심우장(尋牛莊)을 지어 주었는데, 이 때 총독부 돌집을 마주하지 않으려 북향(北向) 집을 짓게 하였다. 1939년 7월 2일 답십리 청량사(淸涼寺)에서 박광(朴洸) 등의 주선으로 회갑(回甲)기념모임도 가졌다. 1940년 양산 통도사의 사적(史蹟)을 편찬하려고 수백 매의 자료를 수집하였으나 끝내 완성을 보지 못하였다. 1944년 6월 29일(음 5·9) 심우장에서 세수 66, 법랍 39세를 일기로 입적하였다. 미아리 화장장에서 화장한 후, 유해(遺骸)는 망우리 공동묘지에 안장하였다. 1962년 정부로부터 대한민국건국공로훈장중장(大韓民國建國功勞勳章重章)이 수여되었고, 1967년에 경봉정석(鏡峰靖錫)스님이 주선하여 서울 종로 2가 파고다공원에 비를 세웠으며, 1973년에는 『한용운전집』 6권이 발간되었다. 〔참고문헌〕『韓龍雲全集』 권6 pp.384~391. ⇨ 봉완 奉玩

한욱 寒燠 추위와 더위. 춥고 더운 계절이 이어진 1년인 한 해 동안의 뜻으로 쓴다. 『송고승전』 권12(대정장 50, p.784a26)에 "천태에서 구족계를 받고 나서 잠깐 돌아와 관직에서 물러난 뒤 곧바로 명산을 찾아 다녔는데 선지식이 있는 곳에서는 반드시 한 해는 머물렀다. 於天台受具 暫歸謝政 便尋訪名山 有知識處 必經寒燠", 『

남해기귀내법전』 권1(대정장54, p.206c16)에 "만약 추운 나라라면 단화를 신는 것을 허용하며, 그 밖에 신을 신는 것은 처한 곳에 따라 응용한다. 이미 지역이 달라서 춥고 더움이 같지 않기에 성교를 기준으로 하면 어긋남이 많이 있지만, 이치상 깊은 겨울에는 권하여 신을 신게 해서 몸을 보호할 수 있으며 봄이나 여름인 때에는 반드시 율장에 정한 대로 지켜야 한다. 若是寒國 聽著短靴 諸餘履屣 隨處應用 旣而殊方異域 寒燠不同 准如聖敎 多有違處 理可隆冬之月 權著養身 春夏之時 須依律制"라고 하였다. 〔참고문헌〕『宋高僧傳』, 『南海寄歸內法傳』.

한월 漢月 1573~1635. 명말 법장(法藏)의 호. ⇨ 법장 法藏 [7]

한유 韓愈 768~824. 당대의 대표적인 문인·학자·관료. 자는 퇴지(退之). 등주(鄧州 : 河南省) 남양(南陽) 출신. 시호는 문공(文公). 선대에는 창려(昌黎)에 살았으므로 창려선생(昌黎先生)이라고도 불렸다. 어려서 부모를 잃고 형수 밑에서 자랐으며, 792년(정원8)에 25세의 나이로 진사(進士)가 되었고 802년(정원18)에 사문박사(四門博士)가 되었으며 감찰어사(監察御使)가 되었지만 윤이실(尹李實)을 탄핵하여 양산(陽山 : 廣東省)으로 좌천되었다. 후에 죄를 사면 받아 국자박사(國子博士)·하남령(河南令)·사관수찬(史館修撰)·중서사인(中書舍人) 등을 역임하였으며 형부시랑(刑部侍郎)에 올랐지만, 헌종(憲宗)이 불사리를 궁 안으로 들여 3일 동안 공양하자 「논불골표 論佛骨表」라는 상소를 올려 불교를 믿어서는 안 된다고 간언하였고 이 일로 인해 황제의 노여움을 사 조주자사(潮州刺史)로 좌천되었다. 이 시기에 대전보통(大顚寶通)과 교유하였으며, 후에 다시 죄를 사면 받아 병부시랑(兵部侍郎)·이부시랑(吏部侍郎) 등을 역임하였고 824년(장경4)에 57세를 일기로 죽자 예부상서(禮部尙書)로 추증되었다. 「원도 原道」·「원인 原人」·「원성 原性」이라는 세 편의 글을 지어 유교(儒敎)에 의한 왕도(王道)의 확립을 주장하였고 불교와 도교를 배척하였는데 「원도」·「논불골표」·「여맹간서 與孟簡書」는 저명한 배불론으로 알려져 있다. 유종원(柳宗元)과 함께 육조(六朝) 때부터 유행하였던 사륙변려체(四六騈儷體)에 반대하여 고문(古文)을 부흥시키는 데 앞장섰는데 이 운동은 송대(宋代)에 달성되었으며, 후에 소식(蘇軾)에 의해 동한(東漢)대부터 수(隋)에 이르기까지 여덟 왕조 동안 쇠퇴하였던 문장의 기운을 다시 일으켜 세웠다는 찬사를 받기도 하였다. 당송팔대가(唐宋八大家)의 한 사람으로 꼽히며 송학(宋學)의 선구자로 평가받고 있다. 문집으로 『한창려집 韓昌黎集』 40권이 있다.

한율타 汗栗馱 Ⓢ hṛd, hṛdaya. 심(心)의 음사어. 육단(肉團)이라 한다. 『파지옥비밀다라니법』(대정장18, p.911b6)에 "무릇 사람의 한율타심 진실심이라 한다. 그 모습 연꽃잎 합해 있어 펼치기 전의 모습을 닮았다. 힘줄과 핏줄 있는 것으로 말하면 여덟 분으로 나뉜 채다. 남자는 위를 향하고 여자는 아래로 향한다. 이 연꽃이 활짝 펼쳐지도록 하여 여덟 잎의 백련화가 된다고 관상하라. 凡人汗栗馱心〈此云眞實心〉 形猶如蓮花合 而未敷之像 有筋脈約之 以成八分 男子上向 女人下向 觀此蓮花令其開敷 爲八葉白蓮花", 『능엄경집주』 권7(卍속장17, p.366a18)에 "사려해 아는 마음이니, 천축에서는 한율타라고도 하고, 중국에서는 초목의 마음이라 부른다. 卽慮知之心也 天竺又稱 汗栗馱 此方稱 是草木之心也", 『대일경의석연밀초』 권8(卍속장37, p.201a9)에 "범어 음사어 한율타를 바르게 음사하면 '걸률〈두 자를 합하여 한 음절〉나'이며, 육단이라 한역한다. 행자는 자신의 마음이 곧 부처라고 관하는 때 처음으로 내심을 관하여 크고 두렷해 밝은 것으로 짓고, 둥글고 밝은 그 안에 종자자가 있어 이 종자 굴려 본존의 몸 삼고 본존의 마음 위에 다시 원명등 있다고 생각한다. 梵語汗栗馱 正云 訖栗〈二合〉那 此譯爲肉團 行者若觀自心 卽佛之時 初觀內心 作大圓明 圓明內中 有種子字 轉此種子 爲本尊身 本尊心上復有圓明等"라 하였다. 〔참고문헌〕『破地獄祕密陀羅尼法』, 『楞嚴經集註』, 『大日經義釋演密鈔』. ⇨ 간율타 干栗馱

한의 限意 Ⓢ pradeśa-caryāyāṃ cittam upa-ni-√bandh. 한계를 두는 마음. 정해 끝이 있다고 여기는 마음으로 무한(無限)의 마음이 없는 뜻이다. 『유마경』 권하(대정장14, p.552c9 : *Vikī-n.*, p.374)에 "이때 유마힐이 사리불 등 대성문들에게 말했다. '그대들은 여래의 감로 맛이 나는 밥을 드셔도 좋습니다. 그러나 대비로 익힌 것이니 한계를 두는 마음으로 먹어서는 안 됩니다'. 時 維摩詰語舍利弗等諸大聲聞 仁者可食 如來甘露味飯 大悲所熏 無以限意食之 使不消也 atha vimalakīrtir licchaviḥ sthaviraṃ śāriputraṃ tāṃś ca mahāśrāvakān etad avocat. paribhuṅgdhvaṃ bhadantāḥ idaṃ tathāgatāmṛtabhojanaṃ mahākaruṇābhāvitam. mā ca pradeśacaryāyāṃ cittam upanibandhata mā na śakyata dakṣiṇāṃ śodhayitum", 『주유마힐경』 권8(대정장38, p.401a19)에 "승조가 말했다. '먼저 음식을 받는 법을 보여 주었다. 이 밥은 대비의 과로서 중생을 연민하는 뜻으로 마련된 것이고 비심에서 생겨난 것이다. 그러므로 대비로 익힌 것이라고 하였으니 닫힌 뜻으로 먹으면 능히 소화시킬 수가 없다. 만약 이 밥이 대비로 이룬 것이기에 불가사의함을 알고 깨달음을 구하려는 마음을 일으킨 다음 먹는다면, 보시한 시주의 은혜 소화시킬 수 있으니 끝이 없이 품은 뜻이라 하겠다'. 도생이 말했다. '이 밥은 대비에서 나왔기에 한계가 없다. 그러나 한계 두어 적다고 말한다면 이를 소화시킬 수 없다'. 肇曰 先示受食法也 此飯大悲之果 悲意所設 悲心所興 故名大悲所薰 以限意食之 則不能消 若知此飯大悲所成 不可思議 發道心而食者 則消報施主恩 無限閡意也 生曰 飯出大悲 則無限矣 而限言少者 則乃不消也", 『유마의기』 권4(대정장38, p.501c9)에 "취하여 적다고 정하는 것을 한의라고 한다. 取爲定少 名爲限意", 『유마경약소수유기』 권10(대정장38, p.844b14)에 "경에서 한의라고 하였는데, 현실을 버리고 이만을 구하는 것을 한의라고 하며 자비 없이 스스로만이 얻고자 함을 한의라고 한다. 經云限意者 捨事求理 名爲限意 無悲自度 亦名限意", 『유마경의소』 권6(대정장38, p.980b24)에 "적어서 충분하지 않다고 하는 것을 한의라고 한다. 謂少不包多 稱爲限意"라고 하였다. 〔참고문헌〕『維摩經』, 『注維摩詰經』, 『維摩義記』, 『維摩經略疏垂裕記』, 『維摩經義疏』, *Viki-n*.

한익 漢翊 조선말 스님 용주(龍珠)의 법호 중 하나. ⇨ 용주 龍珠②

한인 閑人 ❶ 일 없는 사람. 세간의 복잡한 일 모르는 사람. 『유부율잡사』 권3(대정장24, p.217b23)에 "부처님께서 실라벌성에 계셨는데, 이때 한 비구가 발우에 구멍이 나자 곧바로 발우를 가지고 대장장이가 있는 곳으로 찾아가 말했다. '현자여! 제 발우에 구멍이 났으니 메워 주시기를 부탁드립니다'. 그러자 대장장이는 이렇게 생각했다. '석가의 제자들은 모두 일 없는 사람들이니, 공임의 대가를 주려 하지도 않고 실속 없이 나를 부릴 것이다. 내가 만약 이 일을 해 준다면 다른 이들도 연이어 와서 빈번하게 이를 처리하느라 나의 생업이 무너지고 끝날 기약도 없을 것이다. 나 또한 시절을 미뤄야겠다 생각하고 말했다. '성자여! 제가 지금 짬이 없으니 내일 오셔야 합니다'. 佛在室羅伐城 時有苾芻 其鉢有穴 卽便持去 詣鍛師所 報言 賢者 我鉢有穴 幸能爲綴 彼作是念 諸釋迦子 皆是閑人 不與價直 虛相驅使 我若爲作 餘者續來 頻頻料理 廢我生務 未有竟期 我今宜可 且延時節 報言 聖者 我未有暇 明當可來"라고 하였다. 〔참고문헌〕『有部律雜事』. ❷ 깨우쳐 일체를 알아 일체를 행하지만 일 없이(無事) 하는 사람. 한도인(閑道人)이라고도 한다. 『원오어록』 권8(대정장47, p.749b5)에 "그래서 '불성의 뜻을 알고자 한다면 시절인연을 관해야 한다'라고 말하는 것이니, 시절이 도래하면 그 이치는 자연스레 드러난다. 바로 이러할 때 남김없이 알아차리는가? 숲속의 적막함 가득할 뿐이니 세간 밖에 한가로운 한 사람이로구나. 所以道 欲識佛性義 當觀時節因緣 時節若至 其理自彰 正當與麽時 還委悉麽 林間蕭散處 世外一閑人", 『대혜어록』 권4(대정장47, p.825c12)에 "거듭 울리는 맑은 경쇠 소리 시비를 벗어났는데 일 없는 한 사람 하늘과 땅 그 틈에 있다네. 數聲淸磬是非外 一箇閑人天地間", 『경덕전등록』 권15 「우두산미전 牛頭山微傳」(대정장51, p.324c16)에 "한 학인이 우두산미에게 물었다. '흑룡의 턱 밑 옥구슬은 묻지 않겠습니다. 어떻게 해야 집안의 보물을 알아차립니까?' '바쁜 중에 어찌 일 없는 사람이 될 수 있겠는가?' 問 不問驪龍頷下珠 如何識得家中寶 師曰 忙中爭得作閑人", 같은 책 권18 「행도인혜전 行珨仁慧傳」(대정장51, p.324c16)에 "한 학인이 행도인혜에게 물었다. '달마대사가 서쪽에서 온 뜻은 무엇입니까?' '대낮에 일 없는 사람은 없다'. 問 如何是西來意 師曰 白日無閑人"라고 하였다. 〔참고문헌〕『圜悟語錄』, 『大慧語錄』, 『景德傳燈錄』. ⇨ 한도인 閑道人

한인불첩입방 閑人不輒入榜 볼일 없는 사람의 출입을 금지하는 글을 적은 알림판. 『선림상기전』 권22(대장경보편19, p.616b13)에 "한인불첩입방 : 『와운일건록』에 '승당을 살피고 서당을 살핀 뒤에 절에 들어와 거실했는데 볼일이 없는 사람은 들어오지 말라는 말이 있기에 묻자 이를 보고서 답하였다. 「당나라에서는 존숙의 방에 대개 볼일이 없는 사람은 출입하지 말라는 방을 걸어 놓습니다.」'라고 하였다. 閑人不輒入榜 臥雲日件錄云 察堂省西堂入寺 據室 有閑人不輒入之語 問之 省答曰 唐土尊宿之室 例揭閑人不輒入之榜"라고 하였다. 〔참고문헌〕『禪林象器箋』.

한자 漢子 남자를 낮추어 부르는 말. '놈' 정도의 어감이지만 나이도 신분도 다 떨쳐 없는 뜻에서 오직 당처의 사람을 가리키기도 한다. 『조주어록』(고존숙어록14, 卍속장118, p.319a12)에 "천 사람이건 만 사람이건 모두 부처를 찾는 놈들이라서 아무리 찾아도 도인이라곤 한 사람도 없다. 一千人萬人 盡是覓佛漢子 覓一箇道人無", 『굉지광록』 권5(대정장48, p.71b23)에 "저 짐진 사람 같아서 어깨 모두 벗어버리려면 짊어진 짐 몽땅 날려버려야 곧바로 자유로운 사람이 된다. 만약 날려버리지 않는다면 다른 때 어느 날엔가에도 다만 짐이나 진 놈으로 살아가리라. 如人負檐 兩頭俱脫 和擔颺却始得 便是自由底人 若不颺却 他時異日 只成箇負檐漢子去"라고 하였다. 〔참고문헌〕『趙州語錄』, 『宏智廣錄』. ⇨ 한 漢

한적 閑寂 Ⓢ araṇya, raṇya, Ⓣ dgon-pa. 세간의 일 없어 겉으론 한가하고 번뇌 없어 마음이 고요한 곳. 『보살본생만론』 권2(대정장3, p.337c2)에 "어떤 외도의 바라문종성이 세상을 싫어해 출가하고, 선도를 닦아 익히며, 애욕을 멀리 여의고 분노를 일으키지 않으며, 물 마시고 열매 씹으며 고요한 곳에 즐겨 머물며, 손톱과 머리카락을 기르니 범지의 모습이 되었다. 有一外道婆羅門姓 厭世出家 修習仙道 遠離愛欲 不起瞋恚 飲水食果 樂居閑寂 長護爪髮 爲梵志相", 『집이문족론』 권17(대정장26, p.440a10)에 "고요한 곳에 머물기를 좋아한다고 하는데, 어떤 것을 고요한 곳에 머물기를 좋아한다고 하는가? 〔답〕 멀리 떨어져 있는 빈 집들을 모두 한적이라고 한다. 이런 곳에 머물며 기뻐하고 좋아하며 근심하지 않고 마음에 두려움이 없다면, 이를 고요한 곳에 머물기를 좋아한다고 한다. 樂居閑寂者 云何名爲樂居閑寂 答 諸空迥舍皆名閑寂 若住此中歡喜愛樂 不生愁思心無厭怖 是故說爲樂居閑寂"라고 하였다. 〔참고문헌〕 『菩薩本生鬘論』, 『集異門足論』, 『大毘婆沙論』 권105(대정장27, p.542b7), *Rāṣṭr.129.*, *Sam-r.10.*

한정 韓靖 고려 제18대 의종(재위 1146~1170) 때의 문신. 『고려사』 권17 의종 3년(1149) 11월 29일(丁未日)에 송(宋) 고종(高宗)의 생일인 만수절(萬壽節)을 축하사신으로 다녀왔으며, 왕이 인제원(仁濟院 : 貧民과 病者를 구하기 위한 집)에 불전(佛殿)을 따로 지을 때 이 일을 맡아보던 이원응이 죽자, 복직하여 불심(佛心)이 돈독한 거사(居士)로서 그 잔여 공사를 이어 원만히 완성시켰다. 〔참고문헌〕 『高麗史』 권17 毅宗 3年 11月條·권98 「列傳」 권11 金富軾傳內 敦中傳.

한정처 閑靜處 Ⓢ araṇya, Ⓣ dgon-pa. 고요한 곳. 수행하기 알맞은 장소. 『장아함경』 권1 「대본경 大本經」(대정장1, p.1b22)에 "그때 세존께서 고요한 곳에 계시면서 천이가 청정하셨으니 비구들이 이와 같이 논의하는 소리를 들으셨다. 爾時 世尊在閑靜處 天耳清淨 聞諸比丘 作如是議", 『법화현의석첨』 권13(대정장33, p.907c29)에 "십이억이는 부처님의 가르침을 듣고 나서 고요한 곳에서 부지런히 닦고 익혀서 아라한과를 얻었다. 二十億耳 聞佛教已 於閒靜處 精勤修習 得阿羅漢果"라고 하였다. 〔참고문헌〕 『長阿含經』, 『法華玄義釋籤』, *Yogā-bh.172.*, *Mvyut.150.*

한제 寒際 Ⓢ hemanta, Ⓣ dgun. 추운 때. 삼제(三際) 중 겨울철을 말한다. 인도에서의 9월 16일부터 다음 해 1월 15일까지, 또는 10월 16일부터 다음 해 2월 15일까지의 넉 달을 가리킨다. 첫 번째 달을 말가시라(末伽始羅 Ⓢ Mārgaśīrṣa), 두 번째 달을 보사(報沙 Ⓢ Pauṣa), 세 번째 달을 마가(磨佉 Ⓢ Māgha : 磨伽), 네 번째 달을 파륵루나(頗勒寠拏 Ⓢ Phālguna : 頗勒寠那)라고 한다. 『구사론』 권11(대정장29, p.59b7 : *Abh-k-bh.*, p.165)에 "해가 이 남섬부주를 운행하는데, 그 길에 차별이 있기에 낮과 밤이 줄거나 더함이 있다. 우기의 두 번째 달의 후반인 제9일째부터 밤이 점점 길어지고, 겨울의 네 번째 달의 후반 제9일째부터는 밤이 점점 짧아진다. 日行此洲 路有差別 故令晝夜 有減有增 從雨際第二月後半第九日 夜漸增 從寒際 第四月後半第九日 夜漸減 sūryasyeha gatibhedena rātridivasānām vṛddhihrāsau. tatra punaḥ varṣāṇāṃ dvitīye māse bhādrapade dvitīyasya pakṣasya navamyāṃ vardhate rātriḥ. saiva hemantānāṃ caturthe māse punar hīyate", 『구사석론』 권9(대정장29, p.220a15 : *Abh-k-bh.*, p.177)에 "〔게〕 12개월이 1년이다. … 〔석〕 한제는 4개월이다. 偈曰 十二月一年 … 釋曰 寒際有四月 dvādaśamāsakaḥ … catvāro māsā hemantānāṃ", 『구사론기』 권11(대정장41, p.187c24)에 "10월 16일부터 (이듬해) 2월 15일까지가 겨울 4개월이다. 從十月十六日 至二月十五日 爲寒際四月", 『유가론기』 권5(대정장42, p.411c3·한불전13, p.313c10)에 "9월 16일부터 (이듬해) 정월 15일까지를 한제라고 한다. 이 때에 늘 매우 춥기 때문이다. 從九月十六日 訖盡正月十五日 名爲寒際 以於此時 時極寒故"라고 하였다. 〔참고문헌〕 『俱舍論』, 『俱舍釋論』, 『俱舍論記』, 『瑜伽論記』, *Abh-k-bh.* ⇨ 삼제 三際 ❷

한좌 閑坐 ❶ 조용히 앉다. 『별역잡아함경』 권16(대정장2, p.490a29)에 "(천신의 말) 비구여, 당신은 지금, 숲에서 홀로 조용히 앉아, 불법승과 받은 계를 생각해야만, 환희심을 많이 얻고, 고의 그 끝도 알 수 있습니다. 比丘汝今者 處林獨閑坐 應念佛法僧 及已所受戒 多獲歡喜心 便知苦邊際"라고 하였다. 〔참고문헌〕 『別譯雜阿含經』. ❷ 모든 망념을 떠난 좌선. 한은 텅 비웠다는 말. 또는 텅 비우기만 하고 아무 작용이 없는 공허한 좌선. 『경덕전등록』 권14 「약산유엄전 藥山惟儼傳」(대정장51, p.311b20)에 "어느 날 약산이 앉아 있던 차에 석두가 보고서 물었다. '그대는 여기서 무엇하는가?' '아무것도 하지 않습니다' '그렇다면 한가히 앉았을 뿐이군' '한가히 앉았으니 그게 바로 무엇인가 하는 중이겠지요'. 一日師坐次 石頭覩之問曰 汝在遮裏作麽 曰 一切不爲 石頭曰 恁麽卽閑坐也 曰 若閑坐卽爲也", 『서장』 권29(대정장47, p.936c29)에 "저들 옛 사람을 보면 일개 한가히 앉는다 해도 누구도 어쩌지 못함이 있었다. 지금 도를 공부하는 인사들 대부분 한가한 곳에 그저 머물고만 있다 한다. 요즘 총림의 본분을 깨닫지 못한 무리들이니, 묵조라 말하는 이들이다. 看他古人 一箇閑坐 也奈何他不得 今時學道之士 多在閑坐處打住 近日叢林 無鼻孔輩 謂之默照者 是也"라고 하였다. 〔참고문헌〕 『景德傳燈錄』, 『書狀』.

한증승 汗蒸僧 조선전기 욕실(浴室)을 건립하여 한증(汗蒸 : 찜질)으로 병자를 치료하던 스님. 명호(明昊)·

천우(天佑)·을유(乙乳) 등이 활약하였으며, 1427년(세종9)에는 천우·을유의 청으로 임금이 쌀 50섬과 무명 50필을 내리고 의원(醫員) 1인을 배치하여 함께 구호토록 하였다. 『세종실록』 권36 9년 4월 24일에 "한증승 대선사 천우와 을유 등이 아뢰었다. … 저희들이 (명호의 일을) 계속하고자 널리 인연을 맺어 년전에 욕실을 더 지었더니, 한증으로 병을 버린 이들이 서로 이어져 끊이지 않았습니다. 汗蒸僧大禪師天祐乙乳等言 … 僧等意欲繼之 以廣緣化 年前加作浴室 汗蒸離病者 相繼不絶"라고 하였다. [참고문헌] 『世宗實錄』. ⇨ 불교복지 佛敎福祉, 을유 乙乳

한지 漢地 중국(中國). 한토(漢土)라고도 한다. 『금강반야소』 권1(대정장33, p.90c11)에 "이 경이 한지에 유행한 세월은 이백여 년 되지만 염송하는 이들이 얻은 이익은 이루 헤아릴 수 없을 정도로 많다. 此經 流行漢地 二百餘年 誦者得益 不可稱記", 『역대삼보기』 권4(대정장49, p.49d15)에 "백마사에서 이 『사십이장경』을 한역하고 기록에 근거하여 엮었으니, 이것이 중국에서 빛을 본 불경의 시초이다. 於白馬寺 翻出此經 依錄而編 卽是漢地 經之祖也"라고 하였다. [참고문헌] 『金剛般若疏』, 『歷代三寶紀』. ⇨ 한토 漢土

한지홀뢰 旱地忽雷 가문 땅에 홀연히 천둥 울리다. 『벽암록』 77칙 「본칙 本則」(대정장48, p.204b11)에 "학인이 운문에게 물었다. '여하시 부처와 조사를 넘어서는 이야기인지요?〈열었다. 가문 땅에 문득 천둥이 울리네. 몰아치는구나〉'. 僧問雲門 如何是超佛越祖之談〈開 旱地忽雷 㨹〉", 『삼의우어록』 권11(가흥장27, p.68b6)에 "'오늘 그대들 위해 간략하게 한 길로 통하게 하겠다'. 할을 한 번 내지르고 '마른 땅에 문득 천둥이 울리는구나' 라고 한 뒤 횃불 들고 말했다. '맑게 갠 하늘에 번개 친다'. 今日爲君 略通一線 喝一喝云 旱地忽雷 擧火苣云 晴空閃電"라고 하였다. [참고문헌] 『碧巖錄』, 『三宜盂語錄』.

한천사 寒天寺 경상북도 예천군 감천면 증거리 주마산(走馬山)에 있는 절. 대한불교조계종 직지사(直指寺)의 말사이며, 옛 이름 한대사(寒大寺)다. 1803년(순조3) 「한대사법당신창상량문 寒大寺法堂新刱上梁文」, 화서(花西) 찬(撰) 「선당중수기 禪堂重修記」와 1875년(고종12) 「한대사연화기 寒大寺緣化記」 등에는 신라 의상(義湘 625~702)이 678년(문무왕18)에 창건하였고, 3층 석탑을 조성하였다고 전한다. 이후 1803년 근천(謹天)이 법당을 중수하였고, 1808년에는 불량계의 도움을 받아 선당을 중수하였다. 1915년 언기(彦驥) 찬 「한천사불량계안서 寒天寺佛糧契案序」라 하였으니 이때 전후로 이름이 바뀐 듯하다. 1932년 장병주(張秉疇) 찬 「위선계서 爲先契序」와 「등촉계속수서 燈燭契續修序」, 『조선총독부관보』 등에 의해 주지임명이 계속되다가 1950년 6·25전쟁으로 소실되었고, 이후 중건되었으며 1994년에 법당인 유리광전을 새로 지은 이후 지금에 이른다. 현존하는 당우로는 유리광전·삼성각·요사 등이 있으며, 성보문화재로는 보물 제667호 철조비로자나불좌상·제1141호 금동자물쇠및쇠북, 시도유형문화재 제5호 삼층석탑 등이 있다. [참고문헌] 『朝鮮總督府官報』, 『韓國寺刹全書』 권하 p.1134a11.

한천사금동쇄및금고 寒天寺金銅鎖◯金鼓 보물 제1141호. 고려시대 자물쇠와 금고. 직지사성보박물관 소장. 자물쇠 길이 30.2/18.2/17.5cm. 금고 지름 39.0cm.

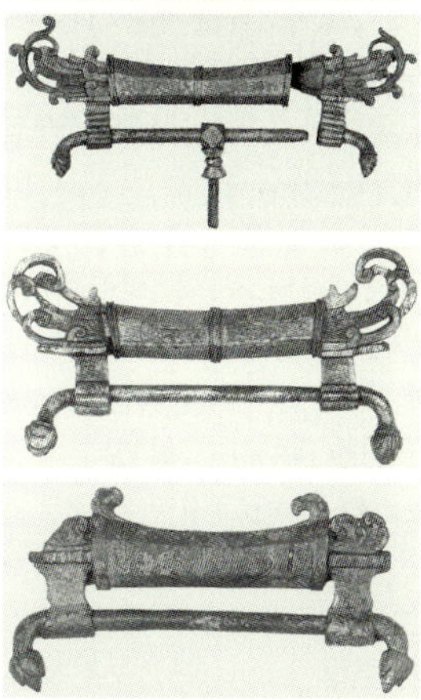

금동자물쇠 대·중·소

1989년 예천 한천사 경내 작업 중에 3점의 고려시대 금동자물쇠와 1점의 금고가 발견되었다. 3점의 자물쇠 중 가장 큰 자물쇠와 중간 크기의 것 모두 몸체 양 끝을 맞새김으로 덩굴무늬를 새겼으며, 어자문을 가득 시문하였다. 열쇠 구멍은 왼쪽에 만들었고, 걸림쇠는 비녀의 형태로 양 끝을 연꽃봉오리 모양으로 처리하였다. 가장 작은 자물쇠는 맞새김 기법으로 양 끝에 덩굴무늬를 새겼다. 안압지 출토 통일신라의 금동자물쇠와 유사한 모습이다. 함께 출토된 금고는 측면에 3개의 고리가 있으나 1개는 윗부분이 파손되었다. 뒷면은 전이 짧고 공명구가 넓은 반자형에 덩굴무늬가 새겨져 있다. 고면(鼓面)에는 2개의 동심원으로 3개의 공간으로 구획하였다. 안쪽의 당좌구에는 1개의 연자를 둘러싼 8엽의 연잎이 있게 하였고, 중구에는 구름무늬로 표현하였다. 외구는 무늬없이 여백으로 두었다. [참고문헌] 이난영 『한국고대의 금속공예』(서울대출판부, 2000) pp.242~244, 『직지성보박물관의 유물』(직지사, 2003) p.326·330.

한천사철조비로자나불좌상 寒天寺鐵造毘盧遮那佛坐像 경북 예천 한천사 대적광전 안에 봉안된 통일신라후기 철불. 보물 제667호 불상 높이 153cm. 이 철불은 1979년 사라진 오른팔과 왼손을 복원하였는데 이 때 약함을 들고 있는 팔과 손으로 복원되어 약사불로 알려졌었다. 2001년 보수를 위해 정밀검사를 하던 중 불상의 수인이 지권인이었음이 확인되어 2002년 현재와 같이 두 손을 마주잡은 형태의 지권인을 한 비로자나불로 되돌아왔다. 한천사 철불은 소발머리에 높은 육계를 갖고 있으며 살이 오른 단아한 얼굴이다. 오른쪽 어깨를 드러낸 편단우견형이며 결가부좌한 그 위로 반원형으로 주름잡힌 옷자락이 덮고 있다. 신체비례와 세부적인 조각수법 모두 우수하다. 철조불상은 9세기 후반기부터 본격적으로 등장하는데 한천사 철조비로자나불좌상은 이 때 만들어지는 철불 중에서도 작품성과 예술성이 돋보이는 뛰어난 성보다. 〔참고문헌〕 이숙희 『통일신라시대 밀교계 불교조각연구』(학연문화사, 2009) pp.131~226. ⇨ 한천사 寒天寺

한타홍 閑打哄 쓸데없이 시끄럽게 하다. 한가해 떠들다. 건타홍(乾打閧)이라고도 한다. 『영제융선사어록』 권상(가흥장28, p.411b10)에 "한 스님 묻기를 '화상께서는 자비롭게 무리를 위한다 하시며 하나하나 바닷속 침 찾듯 하셨는데, 제가 이제 습득하였으니 사존께 바칩니다' 하자 선사 이르길 '어리석은 사람은 꿈 말하지 마라' 하였다. 스님 나아가 이르길 '몸을 버리고 바른 길에 드니, 믿은즉 그대로 부처 마음입니다' 하자 선사 이르길 '그저 떠드는 소리다' 하였다. 問 和尙慈悲爲衆 個個海內尋針 我今拾得 獻與師尊 師云 癡人休說夢 進云 捨身入正道 信卽是佛心 師云 只管閑打哄"라고 하였다. 〔참고문헌〕 『永濟融禪師語錄』. ⇨ 건타홍 乾打閧

한토 漢土 중국. 한지(漢地)라고도 한다. 『석씨요람』 권상(대정장54, p.262c3)에 "영평 11년(68) 무진세에 이르러 칙령으로 안문 밖에 별도로 절을 세우고 백마라는 이름을 붙였다. 이것이 한토에 지은 불교 사원의 시초이다. 至十一年戊辰 勅於雍門外別建寺 以白馬爲名 卽漢土佛寺始也"라고 하였다. 〔참고문헌〕 『釋氏要覽』, 『高僧法顯傳』(대정장51, p.865c25). ⇨ 한지 漢地

한피처 閑避處 대중과 떨어져 고요한 곳. 『나선비구경』 권상(대정장32, p.694a9)에 "부처님께서 몸소 '대중이 나날이 많아지니 몸이 편안하지 않다'라고 생각하시고, 이들 대중에게서 떠나 고요한 장소로 가서 좌선하며 삼매에 들어 도를 생각하고 싶어 하셨다. 佛自念 人衆日多 身不得安 佛意欲捨人衆 去至閑避處 坐思念道"라고 하였다. 〔참고문헌〕 『那先比丘經』.

한한 閑漢 한심한 사람. 『경덕전등록』 권28 「약산유엄화상어 藥山惟儼和尙語」(대정장51, p.440c5)에 "위로 모든 부처님에 이르고 아래로 땅강아지와 개미에 이르기까지 온통 이 장단과 호오와 대소로 같지 않으니 만약 밖을 좇아 온 것이 아니라면 어디에 한가한 사람 있어 지옥 파길 기다리겠는가? 上至諸佛 下至螻蟻 盡有此長短好惡大小不同 若也不從外來 何處有閑漢 掘地獄待爾", 『조주어록』(고존숙어록14, 卍속장118, p.320a6)에 "오히려 떨어져 오를 일만 있으니 쫓아 따를 뿐이다. 노승 공부가 없어 뒤쫓기나 하는 한가한 놈이다'. 云 猶是隔階 趨附在 老僧無工夫 趨得者閑漢"라고 하였다. 〔참고문헌〕 『景德傳燈錄』, 『趙州語錄』.

한한지 閑閑地 분별할 일 없이 다 놓아버려 더없이 한가한 때. 『원오어록』 권8(대정장47, p.749c9)에 "늘 언제나와 같아서 다만 한한함만을 지켜 범부와 성인을 헤아리지 않는다. 다시 무슨 헤아릴 득실이나 벗어날 생사가 있겠는가? 尋常只守閑閑地 不起毫髮 凡聖情量 更有什麽 得失可疑 生死可出", 『담연원징어록』 권4(卍속장126, p.214b2)에 "명리·호오·시비·득실 등 일체를 잘라버리고 안으로 심식을 깨끗이 치움으로써 허공처럼 텅 비고 드넓어 기댈 한 물건도 없이 해서 놓아 일 없이 한가하게 할 뿐이니 저 숨만 붙어 있는 죽은 이 같으리. 所謂名利好惡 是非得失 一切斬斷 內泯心識 直使如虛空寬廓 無一物可寄 放敎閑閑地 如有氣死人相似"라고 하였다. 〔참고문헌〕 『圜悟語錄』, 『湛然圓澄語錄』.

한화 閑話 부질없는 이야기. 『대혜어록』 권8(대정장47, p.843c5)에 "부질없는 이야기 쓸데없는 이야기라 여기지 마라. 왕왕의 일이란 것은 이 부질없는 이야기에서 나온다. 莫將閑話爲閑話 往往事從閑話生", 『선원청규』 권9 「훈동행 訓童行」(卍속장111, p.928a9)에 "눈에 띄지 않는 곳에서 나누는 그저 그런 이야기에 이르기까지 지혜로운 이라면 서로 번갈아가며 경계한다. 及於屛處閑話 有智之人遞相警"라고 하였다. 〔참고문헌〕 『大慧語錄』, 『禪苑淸規』.

한회고목 寒灰枯木 ❶ 식은 재나 마른 나무. 석상칠거(石霜七去) 중 하나이기도 하다. 『종용록』 96칙 「본칙 本則」(대정장48, p.289b9)에 "식은 재나 고사한 나무처럼 하라〈무슨 숨이나 붙어 있겠는가?〉. 寒灰枯木去〈有甚氣息〉"라고 하였다. 〔참고문헌〕 『從容錄』. ⇨ 석상칠거 石霜七去 ❷ 활발한 작용이 전혀 없는 공무(空無)의 경계. 적멸(寂滅)에 집착하여 발생한다. 『응암담화어록』 권1(卍속장120, p.806a14)에 "출대했다가 돌아와 법좌에 올라 말했다. '철벽은산을 뚫고 지나 홍진의 시끌벅적한 저자에서 고불의 가풍을 고스란히 드러내고, 술집과 다방을 다니면서 납승의 수단을 불쑥 꺼내보였으니, 식은 재나 고목과 같이 해서 혼이 사라져 죽을 수밖에 없는 지경에 앉아 있을 뿐인 제방의 참선을 비웃었다'. 出隊歸上堂 透過鐵壁銀山 紅塵鬧市 全彰古佛家風 經過酒肆茶坊 突出衲僧巴鼻 冷笑諸方寒灰枯木 坐在無魂必死之地"라고 하였다. 〔참고문헌〕『應庵曇華語錄』.

한훤 寒暄 추위와 더위. 세월. 또는 안부를 묻는 일. 『분양어록』 권하(대정장47, p.620b14)에 "진시에 한 번 밥을 먹고 인시에 한 번 죽을 먹지만 보리와 곡물이 거칠든 곱든 상관하지 않으며, 해어진 납의로 추위와 더위를 보내면서 널리 인천에게 허다하게 복을 심는다네. 辰一齋寅一粥 麤細任從麥與穀 破衣壞衲度寒暄 普爲人天多植福", 『법화현찬요집』 권8(卍속장53, p.673b17)에 "〔문〕 도리와 유식은 어떻게 다른가? 〔답〕 도리는 법 자체를 잡아 이와 같이 고칠 수 없으니, 저 봄·가을·겨울·추위·더위 등이 다른 것과 같다. 유식도 다만 자신의 마음을 따라 짧기도 하고 길기도 하니 과거와 미래 등을 구성해 낸다. 만약 듣는 이라면 법을 갈망하고 흠모하여 한 번 앉아 들으면 세월 가는 줄도 모르니, 뜻 있는 사람은 날이 짧은 것을 아까워하지만 근심에 찬 사람은 밤이 깊은 줄만 안다. 問 道理唯識何別 答 道理約法體 如是不可改易 如春秋冬寒暄等別 唯識但隨自心 變長變短 成過未等 若是聽者 渴慕於法 一坐聽受 不覺寒暄 志士惜日短 愁人知夜長", 『선원청규』 권1(卍속장111, p.880a1)에 "차 공양이 끝나면 시자·고사·수좌·서기·장주·지객을 보며 '오늘 다행히 의지하여 머물 곳을 얻었습니다'라고 말하며 간단히 안부 인사를 올린다〈각자 촉례삼배한다. 예전에 잠시 지객의 처소에 온 적이 있었다면 또 절하지 않는다〉. 茶湯罷 乃看侍者庫司首座書記藏主知客云 此日多幸獲依棲 略敘寒暄〈各觸禮三拜 如曾作暫到知客處 更不作禮〉"라고 하였다. 〔참고문헌〕『汾陽語錄』, 『法華玄贊要集』, 『禪苑淸規』.

한흥사 漢興寺 경기도 광주시 남한산성면 남한산성(南漢山城) 내에 있던 절. 남한산성 축성시 창건하였다. 『가람고』 경기도 광주에 "한흥사 … 〈… 한남성 안에 있다〉. 漢興寺 … 〈… 在漢南城內〉", 『범우고』 경기도 광주에 "한흥사〈절 뒤에 아홉 그루의 소나무가 있는데, 병자(호)란 때 홀로 참벌을 면하고 지금도 있어 구송정이라고 부른다〉. 韓興寺〈寺後有九株松 丙子難獨免斬伐 至今尙存 名曰九松亭〉", 『정조실록』 권8 3년(1779) 8월 9일에 "(승지 서)유방이 '갑자(1624·인조2)에 (남한산성을) 축성할 때 각성이 먼저 두 절을 지어 국청·한흥이라고 이름하였다. …'고 말하였다. 有防曰 甲子築城時 覺性首創二寺 名以國淸漢興", 『인조실록』 권33 14년(1636) 12월 24일에 "이때에 성안이 포위된 지 오래되어 임금에게 올리는 여러 물건이 모두 부족하였는데, 한흥사 스님 희안이 백지 사십 권, 산채와 나복채 각 한 석씩을 진상하였다. 時城中被圍日久 供御諸物俱乏 漢興寺僧希安 進白紙四十卷 山蔬蘿葍菜各一石", 풍계명찰(楓溪明察 1640~1708)의 『풍계집』 권중(한불전9, p.143c7) 「제삼기내록 第三畿內錄」의 한흥사라는 시에 "한성 남쪽 언덕에 한흥사는 산세가 웅장하여 작은 정원 품어 호위하고 있구나. 漢城南畔漢興寺 山勢雄衛擁小園", 남학명(南鶴鳴 1654~1722)의 『회은집』 권2 기(記) 「유사군기 遊四郡記」에 "병인(1686·숙종12) 10월 초길(일)에 족숙 은궤옹과 함께 … 살곶이 다리를 건너고 삼전도를 지나 남한성에 들어와 개운사를 방문하여 풍향각에서 숙박하였다. … 축헌이라는 스님은 한흥사에서 왔고, 총섭 지일은 천주사에서 왔는데, (밤새) 등 매달고 말을 나누었다. 丙寅十月初吉 與族叔隱几翁 … 渡箭串橋涉三田渡入南漢城 訪開雲寺宿風香閣 … 有僧竺軒自漢興寺 揔攝智日自天柱寺來 懸燈軟語"라고 하였다. 같은 책 권1에는 「남한한흥사월야시최부윤〈창대 기축〉 南漢漢興寺月夜示崔府尹〈昌大 己丑〉」이라는 시도 전하며, 신성하(申聖夏 1665~1736)의 『화암집』 권2 시에도 「보입한흥사구점 시정보 步入漢興寺口占 示正甫」라는 시도 실려 있다. 임희성(任希聖 1712~1783)은 1735년(영조11)에 이곳에서 과거 공부를 하였는데, 『재간집』 권1 시 「경차가대인운 증종신상인〈유발부하〉 敬次家大人韻 贈宗信上人〈有跋附下〉」에는 "정수산인이 한흥사 선당에 제목을 적었다. 靜修散人 題于漢興寺之禪堂"라고 하였다. 2010~2012년에 사지 발굴조사 결과 건물터 13동·축대 10기·담장터 2기·계단터 2기·맷돌 등이 발견되었는데, 17~19세기 '승영사찰(僧營寺刹)'의 면모를 잘 보여주는 대표적인 유적이다. 〔참고문헌〕『伽藍考』, 『梵宇攷』, 『正祖實錄』, 『仁祖實錄』, 『楓溪集』 권중, 『晦隱集』 권1·권2(韓國文集叢刊續51, p.303b10·311b11), 『和菴集』 권2(韓國文集叢刊續56, p.28a18), 『在澗集』 권1(韓國文集叢刊230, p.412a14), 『韓國寺刹全書』 권하 p.1136b6, 『南漢山城 漢興寺址』(경기문화재연구원·남한산성문화관광사업단, 2014).

할 喝 소리지르다. 뜻을 품은 말이나 분별의 언사 그 밖에서 소리만을 지르다. 『선문염송설화』 181칙 「고칙 古則」(한불전5, p.179a15)에 "백장이 마조에게 다시 참하러 가니, 마조가 불자를 세웠다. 백장이 말했다. '이것 그대로 쓰십니까, 이를 떠나서 쓰십니까?' 마조가 불자를 본래 있던 자리에 걸자 백장이 말이 없었다. 마조가 말했다. '그대 이후로 두 입술 열어 무엇으로 사람을 위하겠는가?' 백장이 불자를 가져다 세우자 마조가 말했다. '이것 그대로 쓰는가, 이를 떠나 쓰는가?' 백장 또한 불자를 있던 자리에 거니, 마조가 냅다 할하였다. 백장 그 자리에서 바로 3일간 귀먹은 채로였다. 百丈再叅馬祖 祖竪起拂子 師云 卽此用 離此用 祖掛拂子於舊處 師良久 祖云 你已後開兩片皮 將何爲人 師遂取拂子竪起 祖云 卽此用 離此用 師亦掛拂子於舊處 祖便喝 師直得三日耳聾", 『임제록』「감변 勘辨」(대정장47, p.504a26)에 "임제가 스님에게 물었다. '어떤 때 소리 한번 지르니 저 금강보왕검과 같고, 어떤 때 소리 한번 내치니 저 웅크린 금빛털의 사자와 같으며, 어떤 때 소리치니 저 풀 그림자로 물고기 잡듯 하고, 어떤 때 할하지만 소리의 쓰임새 짓지도 않는다. 그대는 어떻게 아는가? 스님이 헤아리려 하자 임제가 곧장 소리질렀다. 師問僧 有時一喝 如金剛王寶劍 有時一喝 如踞地金毛師子 有時一喝 如探竿影草 有時一喝 不作一喝用 汝作麽生會 僧擬議 師便喝", 『양기어록』(대정장47, p.645a25)에 "양기가 스님에게 물었다. '어디서 왔느냐?' '전료에서 왔습니다' '석가노자는 어느 쪽에 구멍이 났더냐?' 학인이 할하였다. '무어라 말했는가?' 학인이 다시 할하였다. '딱 맞다'. 학인이 '그저 엎어지고 도망칠 뿐입니다'라고 말하자 양기가 바로 때렸다. 師問僧 甚處來 僧云 殿寮裏來 師云 釋迦老子作何面孔 僧便喝 師云 作麽 僧又喝 師云 恰是 僧云 一任踣跳 師便打", 『나옹어록』「신광사입원 神光寺入院」(한불전6, p.712b5)에 "주장자 내리치고 말했다. '우리 집안의 적장자가 아니고서 어떤 이가 감히 이곳 향해 머리 들고 다니랴?' 한번 소리지르고 자리에서 내려왔다. 卓拄杖杖一下云 除是我家親嫡子 誰人敢向裏頭行 喝一喝 便下座"라고 하였다. 〔참고문헌〕『禪門拈頌說話』, 『臨濟錄』, 『楊岐語錄』, 『懶翁語錄』. ⇨갈 喝, 방할 棒喝, 사방사할 四棒四喝, 사할 四喝, 임제할 臨濟喝

할각안정 瞎却眼睛 눈멀게 하다. 『공곡집』 20칙 「평창 評唱」(卍속장117, p.555b10)에 "만약 성인의 해골이나 부처님의 정수리를 차지했을지라도 헤아리려 한즉 얼굴 무너지고 엿보려는 순간 눈이 멀 것이다. 若占聖之髑髏 諸佛之頂顙 擬之則髑破面門 窺之則瞎却眼睛"라고 하였다. 〔참고문헌〕『空谷集』, 『無門關』 28則 「頌」(대정장48, p.296c16).

할고 割股 살을 베어 중생을 살리다. 『대보적경』 권102 「연기품 緣起品」(대정장11, p.574a16)에 "지나온 옛날 티없이 큰 자비를 닦으시어 두려워하는 비둘기 돌아옴에 건져 버리지 않으시고, 몸을 깎고 넓적다리 베어 피 넘쳐 흘리시면서도 살점을 저울달아 매에게 주어 대신하셨네. 往昔無垢修大慈 怖鴿歸投救不捨 剜身割股血滂流 稱肉與鷹而代之", 『삼국유사』 권3(대정장49, p.1000a13 · 한불전6, p.336c6) 탑상(塔像)4 대산월정사오류성중(臺山月精寺五類聖衆)에 "신효거사를 어떤 이는 유동보살화신이라 하였다. 집이 공주에 있었는데 어머니를 모시고 효순하였다. 어머니는 고기가 아니면 먹지 않았기에 거사는 고기를 구하려 산과 들로 다니다가 길에서 학 다섯 마리를 보고 쏘았더니 한 학이 한 깃만을 떨어뜨리고 가버렸다. 거사가 그 깃을 집어 눈을 가려 보았더니 사람들 모두 축생이었기에 고기를 얻지 못하였다. 그래서 넓적다리 살을 베어 어머니께 드렸다. 그 뒤에 출가하여 자기 집을 내놓아 절로 삼았는데, 지금의 효가원이다. 有信孝居士者 或云幼童菩薩化身 家在公州 養母純孝 母非肉不食 士求肉出行山野 路見五鶴射之 有一鶴落一羽而去 士執其羽遮眼而見 人人皆是畜生 故不得肉 而因割股肉進母 後乃出家 捨其家爲寺 今爲孝家院", 같은 책 권5(대정장49, p.1018b11 · 한불전6, p.368b7) 효선(孝善)9 향득사지할고공친경덕왕대(向得舍知割股供親景德王代)에 "웅천주 향득사지라는 이는 흉년으로 그 아버지가 거의 굶어죽기에 이르자, 넓적다리살을 베어 봉양하였다. 주의 사람들이 일을 갖추어 아뢰니 경덕왕이 상으로 조 500석을 내렸다. 熊川州有向得舍知者 年凶 其父幾於餒死 向得割股以給養 州人具事奏聞 景德王賞賜租五百碩"라고 하였다. 〔참고문헌〕『大寶積經』, 『三國遺事』. ⇨설산대사 雪山大士, 설산반게 雪山半偈, 전륜왕위반게완신연천등 轉輪王爲半偈剜身然千燈, 해육칭구장속일조 解肉秤軀將贖一鳥

할괴복 割壞服 조각내 기운 옷. 가사(袈裟)를 말한다. 『유부율』 권37(대정장23, p.831b11)에 "왕이 물었다. '그대들 군사는 어떤 이유로 가지 못하는가?' '대왕이시여! 저희들은 명을 받들어 출정하지만 승리를 거두지 못할까 두렵습니다. 지금 머리 깎은 사문들이 할괴복을 걸치고 알 수 없는 말을 하여 저희들이 근심하도록 합니다'. 問曰 汝等軍士 何故不行 白言 大王 我等奉命出征 恐成不利 今禿沙門 披割壞服 出無義言 令我憂惱"라고 하였다. 〔참고문헌〕『有部律』.

할노사 瞎老師 눈먼 노승. 『임제록』(대정장47, p.500b8)에 "저 삿됨과 바름 가리지 못하는 제방의 선지식들 학인들이 찾아와 보리열반이나 삼신경지 물으면 눈먼 노승이 해설해 주다가 학인들에게 비난받고는 주장자 들고 그들을 때리며 '예의범절도 없는 놈들!'이라 하지만, 스스로 이 선지식의 안목 없음일 뿐이니 화낼 일 아니다. 如諸方善知識 不辨邪正 學人來問 菩提涅槃 三身境智 瞎老師 便與他解說 被他學人罵著 便把棒打他 言無禮度 自是爾善知識無眼 不得嗔他"라고 하였다. 〔참고문헌〕『臨濟錄』, 『天聖廣燈錄』 권11(卍속장135, p.697a7).

할니시할 割尼尸割 Ⓢ Kaniṣka, Ⓟ Kanisika의 음사어. 가니색가왕(迦膩色迦王)이라고도 한다. 『창소지론』 권상(대정장32, p.231b9)에 "불교가 홍성한 이후 삼백

년이 지나 섬부주 서북쪽에 할니시할이라는 이름의 왕이 있었다. 興隆佛教後三百年 瞻部西北方有王 名日割尼尸割"라고 하였다. [참고문헌]『彰所知論』. ⇨가니색가왕 迦膩色迦王

할당선사어록 瞎堂禪師語錄 할당혜원(瞎堂慧遠)의 어록. 4권. 卍속장120, pp.899a1~985b18에 수록되어 있다. 제기(齊已)·여본(如本)·조순(祖淳)·법혜(法慧) 편집. 송대인 1177년(순희4) 간행. 원오극근(圜悟克勤)의 제자인 할당혜원의 어록이다. 『영은불해선사어록 靈隱佛海禪師語錄』·『할당혜원선사광록 瞎堂慧遠禪師廣錄』·『불해할당선사어록』·『불해선사광록』이라고도 한다. 권1에는 저주용반산수성선원어록(滁州龍蟠山壽聖禪院語錄)·저주낭야산개화선원어록(滁州琅琊山開化禪院語錄)·무주보제선원어록(婺州普濟禪院語錄)·구주자호산정업선원어록(衢州子湖山定業禪院語錄)·구주보은광효선원어록(衢州報恩光孝禪院語錄)·담주남악산대선원어록(潭州南嶽山南臺禪院語錄)·대주호국광은선원어록(台州護國廣恩禪院語錄)·대주천태산경덕국청선사어록(台州天台山景德國淸禪寺語錄)·대주부산홍복선사어록(台州浮山鴻福禪寺語錄)이 수록되어 있고, 권2에는 입내승좌록(入內陞座錄), 권3에는 서(序)·소참보설(小參普說)·법어(法語)·기연(機緣)이 수록되어 있으며, 권4에는 송고(頌古)·찬불조(讚佛祖)·게송(偈頌)·자찬(自讚)·발(跋)이 수록되어 있다.

할독노 瞎禿奴 눈멀고 머리 없는 머슴. 본분에서 멀어진 수행자를 비난하는 말 중 하나다. 『연등회요』 권20 「덕산선감장 德山宣鑑章」(卍속장136, p.760a15)에 "눈멀고 머리 벗겨진 머슴과 떼거리 양과 같은 스님들이 남들을 전도시켜 지옥에 떨어뜨린다. 瞎禿奴 羣羊僧 顚却他人 入地獄"라고 하였다. [참고문헌]『聯燈會要』. ⇨노독노 老禿奴, 독노 禿奴, 할독자 瞎禿子

할독자 瞎禿子 눈멀고 머리 깎은 이들. 안목이 없는 승중(僧衆)을 비판하는 말. 『임제록』(대정장47, p.499b13)에 "한 무리 눈멀고 머리 깎은 이들이 배불리 먹고 나서는 문득 좌선하고 관행하면서 망념의 번뇌를 붙들고 일어나지 않도록 한다 하며 시끄러움 꺼리고 고요한 곳만을 찾으니, 외도들이 바라는 법의 전형이다. 有一般瞎禿子 飽喫飯了 便坐禪觀行 把捉念漏 不令放起 厭喧求靜 是外道法"라고 하였다. [참고문헌]『臨濟錄』, 『天聖廣燈錄』 권11(卍속장135, p.695a8). ⇨할독노 瞎禿奴

할등 喝燈 마음의 등불 켜 옮겨 꺼지지 않음을 소리내 노래 찬탄함. 『석문의범』 권상(p.112a15) 「영산각배 靈山各拜」에 "할등. 달마께선 전등으로 살길을 삼으셨고, 종사께선 등을 밝혀 가풍을 지으셨네. 등등으로 서로 이어져 꺼지지 않을진댄, 대대로 유통되어 조사 종지 떨치리라. 喝燈 達摩傳燈爲計活 宗師秉燭作家風 燈燈相續方不滅 代代流通振祖宗"라고 하였다. [참고문헌]『釋門儀範』, 『刪補集』 권상(한불전11, p.466b12).

할라예 曷剌稊 Ⓢaraṇya의 음사어. 아란야(阿蘭若)의 다른 음사어. 본래의 의미는 숲. 『일체경음의』 권3(고려장56, p.864c11)에 "아란나행 : 아란나라고도 하는데 바른 음사어는 알라예다. 알은 무(无)라고 한역하고 라예는 쟁(諍)이라 한역하니, 다툼이 없는 뜻의 무쟁이라고 한다. 한가하고 고요하다는 뜻의 한한이라고도 하는데 이 또한 다툼이 없다는 말이다. 阿蘭那行 或言阿爛拏 正言曷剌稊 曷 此云无 剌稊 此云諍 名无諍也 亦言閑閑 亦无諍也"라고 하였다. [참고문헌]『一切經音義』. ⇨아란야 阿蘭若

할라유다 Halāyudha '쟁기를 무기로 지닌 자'라는 뜻. ❶인도 고대 신화에서는 크리슈나(Kṛṣṇa)의 형인 발라라마(Balarāma)의 별칭이다. 이 이름은 발라라마의 주무기가 쟁기(hala)와 절굿공이(muśala)기에 붙여진 이름이다. ❷기원후 10세기 무렵에 활동했던 인도의 시인이자 수학자. 시집 『카비라하스야 *Kavirahasya*』, 핑갈라(Piṅgala)의 운율서 『찬다하샤스트라 *Chandaḥśāstra*』의 주석서인 『므르타산지바니 *Mṛtasañjīvanī*』, 어휘사전집인 『아비다나라트나말라 *Abhidhānaratnamālā*』 등을 남겼다. [참고문헌] Maurice Winternitz *History of Indian Literature* (New Delhi : Motilal Banarasidas, 2008).

할라호라 曷羅怙羅 ⓈⓅRāhula. 라후라(羅睺羅)의 다른 음사어. 석존(釋尊)의 아들. 『일체경음의』 권13(대정장54, p.385c20)에 "하라호라〈(첫 글자는) 호와 고를 반절한 음이다. 구역에 할라호라·라후라·후라·라운·라후라 등이라고 하였는데 모두 범어 음사어이며 일식 때 태어났기에 이름 지었다. 실차난타는 부장(覆障)이라고 한역하였는데, 6년간 모태에 있으면서 태에 덮여 있었기 때문이라고 하였다. … 여래께서 본국으로 돌아오신 지 7일이 되었을 때 먼저 라후라를 제도하여 출가시키셨다〉. 何羅怙羅〈胡古反 古譯或云 曷羅怙羅 或云 羅吼羅 又吼羅 或言 羅雲 或言 羅睺羅 皆梵語 障日時生 因以爲名 叉譯爲覆障 以六年在母胎 爲胎所覆也 … 如來還國七日 先度羅睺出家也〉"라고 하였다. [참고문헌]『一切經音義』. ⇨라후라 羅睺羅❶

할루생 瞎屢生 눈멀고 어리석은 사람. 루는 루(婁)라고도 하며 어리석다는 뜻이고, 생은 그렇게밖에 못하는 사람을 가리킨다. 할려(瞎驢)·할한(瞎漢)·누생자(屢

生子)・둔루생(鈍屢生)・독루생(禿屢生) 등이라고도 한다. 『우암지급어록』 권8(卍속장124, p.357a11)에 "설암의 소 먹이는 일 은밀하지 못하니, 시내 동쪽이나 서쪽에서 소리와 발자국 다 드러난다네. 무지하고 눈멀고 어리석은 사람 끌어다가, 하루 내내 망망한 채로 가서 찾게 할 뿐이다. 한 번 먹여 삼십년 가는 장경과 어찌 견주랴? 조복하는 공이 깊어 내력이 있다네. 온전히 풀어놓기도 하고 온전히 거두기도 하며, 종횡으로 자유자재할 뿐 묶어 두지 않는다. 雪巖牧牛機不密 溪東溪西露聲跡 引得無知瞎屢生 終日茫茫去尋覓 何如長慶一牧三十年 調伏功深有來歷 或全放或全收 縱橫自在無拘留"라고 하였다. 〔참고문헌〕『愚庵智及語錄』. ⇨ 누생 屢生

할루정 割縷淨 조각난 명주(片縷)로 가사를 지어도 계를 범하지 않게 한 법. 할루는 조각난 명주를 옷감으로 사용한다는 말이고, 정은 범함이 없다는 뜻의 청정이다. 어쩔 수 없을 경우 미세하고 부드러운 옷감으로 만든 가사를 입을 수 있도록 제정한 법도이다. 청・흑・목란(青黑木蘭)이라는 삼괴색(三壞色)으로 물들일 방도가 없을 경우 법도에 맞지 않는 색을 삼의(三衣)로 사용하게 되므로 조각내어 다시 꿰맬 수 있도록 허용한다. 이렇게 하면 법도를 범하지 않으므로 할루정이라 한다. 『사분율행사초』 권중(대정장40, p.86b24)에 "이와 같이 좋은 옷 두 가지로 청정하게 해야 하니, 첫째는 할루정이니 조각내 깨끗하게 하는 것이고, 둘째는 점 찍어 청정하게 한다. 如是好衣二種淨 一 割縷淨 二 點淨", 『사분율행사초간정기』 권12(卍속장68, p.759a18)에 "할이란 15개로 조각내는 것이다. 물들여 거칠게 한다. 所言割者 謂割三五縷也 以染汁麤"라고 하였다. 〔참고문헌〕『四分律行事鈔』, 『四分律行事鈔簡正記』. ⇨ 점정 點淨

할리나 曷利拏 Ⓢ Ⓟ hariṇa의 음사어. 『번역명의집』 권2(대정장54, p.1089c4)에 "할리나는 노루나 사슴 등의 무리를 총괄하여 가리키는 명칭이다. 曷利拏 總言麞鹿等類"라고 하였다. 〔참고문헌〕『翻譯名義集』.

할별 瞎鼈 눈먼 자라. 불법(佛法) 만나기 매우 어렵다는 비유에 등장한다. 보통은 눈먼 거북으로 맹귀부목(盲龜浮木)이라 한다. 『출요경』 권2(대정장4, p.615c11)에 "마치 대지 안이 물로 가득하여 동서남북 그 어디도 빈 곳이 없는 그 땅에 눈먼 자라 한 마리 있어 셀 수조차 없는 무수천겁 동안 그 물에 살고 있으며, 한 뼘 크기의 단 하나 구멍난 얇은 판대기 바람 부는 대로 흘러다닌다. 그 눈먼 자라 백 년에 한 번 고개 들어 동쪽을 바라보는데 판대기 바람에 날려 남쪽에 있다면, 비구들이여, 어떤가? 저 눈먼 자라 그 구멍 만날 수 있겠는가? 猶如地界 水滿其中 東西南北 地無空缺處 有一瞎鼈 無數千劫 不可稱計 生長於水 有一薄板 縱廣一肘 唯有一孔 爲風所吹 然彼瞎鼈 經歷百歲 一舉東看 風吹板在南方 云何比丘 彼瞎鼈者 爲値孔不"라고 하였다. 〔참고문헌〕『出曜經』. ⇨ 맹귀부목 盲龜浮木, 부공 浮孔, 부목 浮木

할보시 割布施 쪼개고 나눠서 보시하다. 『오분율』 권4(대정장22, p.28a5)에 "이때 육군비구는 또 다시 돌아다니며 빌어 얻은 옷이 매우 많았다. 이때 모든 거사들 모여 함께 의논하여 말했다. '옷 잃은 비구가 아직 몇 사람이나 있소? 우리들 성 중에 남녀대소가 보시를 줄이고 나눠 이미 응당 족함을 넘어야 하는데, 어째서 다시 찾을까요? 설마 쌓아두었다가 팔고 사서 돈으로 바꿔 더는 가질 것 없이 하고는 범행을 닦지 않으려는 건 아닐까요?' 時 六群比丘 復更遍乞 得衣甚多 時 諸居士集共議言 失衣比丘 未有幾人 我等城中 男女大小 減割布施 已應過足 何以復索 將無欲以積畜販賣貨易 不修梵行耶"라고 하였다. 〔참고문헌〕『五分律』.

할사 割捨 베어 버리다. 『불본행집경』 권18(대정장3, p.736b2)에 "그대 권속들이여! 태자에 기울어져 애착하는 마음을 마땅히 베어 버려야 합니다. 汝等眷屬 於太子邊 宜應割捨 愛著之心", 『월등삼매경』 권8(대정장15, p.601a7)에 "저들은 자신의 몸에 연연하며 집착하기에 자신의 살과 피를 베어서 주지 못한다. 以其戀著已身故 不能割捨自肉血"라고 하였다. 〔참고문헌〕『佛本行集經』, 『月燈三昧經』. ⇨ 할애사친 割愛辭親

할안종사 瞎眼宗師 눈먼 종사. 『서장』 「답증시랑장 答曾侍郎狀」 제3서(대정장47, p.918b24)에 "위와 같아서 온갖 병통은 도를 배우는 사람의 일과는 무관하며 모두 눈먼 종사의 잘못된 지시일 따름입니다. 如上諸病 非干學道人事 皆由瞎眼宗師 錯指示耳"라고 하였다. 〔참고문헌〕『書狀』.

할안한 瞎眼漢 눈먼 사람. 바른 법을 못 보는 사람을 비하조로 부르는 말. 『서장』 「답증시랑장 答曾侍郎狀」 제3서(대정장47, p.918b14)에 "앞서 언급한 눈먼 사람이 남들에게 잘못 지시하는 가르침은 모두 물고기 눈알을 밝은 구슬로 오인하게 하여 이름을 고수하면서 이해를 일으키도록 하는 자들이다. 前來所說 瞎眼漢 錯指示人 皆是認魚目作明殊 守名而生解者"라고 하였다. 〔참고문헌〕『書狀』.

할애사친 割愛辭親 은애(恩愛)로 묶인 줄 자르고 어버이와도 이별하다. 『대승본생심지관경』 권4(대정장3, p.309a6)에 "은애로 묶인 줄 자르고 어버이와도 이별하니 불도에 든다. 割愛辭親入佛道", 『대승본생심지관경천주』 권4(卍속장34, p.263b7)에 "만약 세속의 은애를 잊지 못한다면 생사에서 나올 수 없다. 스스로를 구할 여가도 없을 터인데 어떻게 남을 구제할 수 있겠는가! 그러므로 반드시 은애로 묶인 줄을 자르고 어버이와 이별한 다음이라야 도를 성취하는 자가 된다. 若世俗恩愛不忘 生死不出 而自救不暇 焉能濟人耶 然必欲割愛辭親而後成道者", 『비니일용절요향유기』 권2(卍속장106, p.219b11)에 "은애를 자른다는 말은 버리기 어려운 것을 능히 버린다는 뜻이다. 곧 애견을 뿌리로 하는 가장 끊기 어려운 것이기에 자른다고 한다. 割愛者 難捨能捨也 謂愛見爲本 最難斷除 是故言割"라고 하였다. [참고문헌] 『大乘本生心地觀經』, 『大乘本生心地觀經淺註』, 『毗尼日用切要香乳記』.

할우 瞎牛 눈먼 소. 또는 한쪽 눈만 보이는 외눈박이 소. 범지(梵志)가 거사에게 부처님을 오해하여 불렀던 별명. 『장아함경』 권8 「산타나경 散陀那經」(대정장1, p.47b13)에 "그대의 스승은 항상 홀로 후미진 곳에 머뭅니다. 마치 외눈박이 소 풀 먹을 때 보이는 곳만 따라가듯 합니다. 그대들 스승 구담도 이와 같아서 치우쳐 홀로 보기를 즐기고 사람 없는 곳 좋아합니다. 그대들 스승이 만약 온다면 우리들은 외눈박이 소라 부를 것이오. 汝師常好 獨處邊地 猶如瞎牛食草 偏逐所見 汝師瞿曇 亦復如是 偏好獨見 樂無人處 汝師若來 吾等當稱 以爲瞎牛", 『우암지급어록』 권8 「할우가 瞎牛歌」(卍속장124, p.352b17)에 "담을 사이에 두고도 속을 다 들여다 보니, 스스로 눈먼 소라 부르노라. 내가 눈먼 소 찬양하는 노래를 부르면, 삼라만상이 웃으며 고개 끄덕인다네. 눈먼 소여! 아무도 알아보지 못하누나. 광대겁 이래로 짝할 이 없으니, 이류중에 행해서 자유 누리며, 눈으로 소리 듣고 귀로는 색 보노라. 隔垣見肝膽 自號爲瞎牛 我歌瞎牛歌 萬象笑點頭 瞎牛兒 人莫識 曠大劫來無等匹 異類中行得自由 眼處聞聲耳觀色"라고 하였다. [참고문헌] 『長阿含經』, 『愚菴智及語錄』.

할육출혈 割肉出血 살을 베어 피를 내다. 외도들이 행하던 고행이나 희생제로 육재일(六齋日) 당하여 살을 베어 피를 내고 그것을 불로 태워 천신에게 공양하기에 귀신들이 세계에 나타나게 되었다. 이렇듯 육재일의 기원이 피로 얼룩진 데 반하여, 불법에서는 불살생을 필두로 재계케 하여 육재일을 지킨다. 『대지도론』 권13(대정장25, p.160a28)에 "[문] 무엇 때문에 여러 악신 무리들이 이 6일에 사람을 괴롭히고 해치는가? [답] 『천지본기경』에서 설하길, 겁이 처음 성립되었을 때 다른 범천왕의 아들이자 모든 귀신의 아비가 되는 이가 범지의 고행을 닦고 천상의 시간으로 12년을 채우는데, 이 6일이 되면 살을 베고 피를 내어 불에다가 넣었다. 이런 까닭에 여러 악귀신들이 이 6일이 되면 갑자기 세력을 얻는 것이다. 問曰 何以故諸惡鬼神輩 以此六日 惱害於人 答曰 天地本起經說 劫初成時 有異梵天王子 諸鬼神父 修梵志苦行 滿天上十二歲 於此六日 割肉出血 以著火中 以是故 諸惡鬼神 於此六日 輒有勢力", "모든 귀신의 아비가 이 6일이 되는 날에 살을 베고 피를 내어 불에다가 넣기를 12년을 보내자 천왕이 내려와서 그 아들에게 물었다. '너는 무엇을 원하느냐?' '저는 자식이 있기를 원합니다' '선인(仙人)의 공양법에서는 향을 사르며 잘 익은 과일과 여러 청정한 것으로 받들어야 하거늘, 너는 어찌하여 살과 피를 불에다 넣어 죄악의 법처럼 하였느냐? 너는 선법을 깨뜨리고 나쁜 섬김을 즐기었으니, 너로 하여금 나쁜 자식을 낳게 하여 그들이 살을 씹고 피를 마시도록 하겠다'. 諸鬼神父 於此六日 割肉出血 以著火中 過十二歲已 天王來下 語其子言 汝求何願 答言 我求有子 天王言 仙人供養法 以燒香甘果諸淸淨事 汝云何以肉血著火中 如罪惡法 汝破善法 樂爲惡事 令汝生惡子 噉肉飮血", "이렇게 말하고 있을 때 불속에서 팔대귀신이 나타났다. 몸의 검기가 먹과 같고 머리칼은 누렇고 눈은 붉었으며 대광명이 있었다. 일체귀신이 모두 이 팔귀신으로부터 났다. 이런 까닭에 이 6일 되는 날에 몸의 살을 베어서 나온 피로 불에 넣었던 탓에 세력을 얻는 것이다. 저 불법중에는 날에 좋고 나쁨이 없지만 세간의 나쁜 날 인연을 따라서 재를 지키고 팔계를 받게 하는 것이다. 當說是時 火中有八大鬼出 身黑如墨 髮黃眼赤 有大光明 一切鬼神 皆從此八鬼生 以是故 於此六日 割身肉血 以著火中 而得勢力 如佛法中 日無好惡 隨世惡日因緣故 教持齋受八戒"라고 하였다. [참고문헌] 『大智度論』. ⇨ 육재일 六齋日, 팔재계 八齋戒

할자호여일목 瞎者護餘一目 외눈박이 남은 한 눈 보호하다. 『별역잡아함경』 권8(대정장2, p.430b15)에 "만약 어떤 비구가 금계를 잘 지켜 위의 구족히 하여 사람들 사이 오가더라도 훼범함이 없다. 설령 모르는 사이에 미소한 죄를 범하더라도 마음에서 큰 두려움을 일으켜 받은 계 지키기를 마치 외눈박이 남은 한 눈을 보호하듯이 한다. 若有比丘 善持禁戒 具足威儀 往返人間 無所毁犯 設誤犯 於微小罪者 心生大畏 持所受戒 猶如瞎者護餘一目", 40권본 『대반열반경』 권25(대정장12, p.515a29)에 "보살마하살이 항상 부지런히 지키는 그것은 보리심이다. 마치 세상사람들 자식 하나 지키듯 하고, 또 외눈박이 남은 눈 보호하듯 하며, 광야를 가는 사람이 길잡이를 보호하듯 한다. 菩薩摩訶薩 常勤守護 是菩提心 猶如世人 守護一子 亦如瞎者護餘一目 如行曠野守護導者"라 하였다. [참고문헌] 『別譯雜阿含經』, 『大般涅槃經』.

할절신체 割切身體 ➡ 할고 割股, 설산대사 雪山大士,

설산반게 雪山半偈, 전륜왕위반게완신연천등 轉輪王爲半偈剜身然千燈

할절의 割截衣 Ⓢ vastra-cchedana. 조각난 옷. 가사(袈裟)를 말한다. 『마하승기율』 권8(대정장22, p.299a11)에 "만약 어떤 비구가 후의 10일 중에 옷을 얻어 작은 할절의를 짓고자 하다가 큰 할절의를 지으려 한다면, 다른 비구가 이 비구에게 '장로여! 처음에는 작은 할절의를 짓으려 했는데 이제 어떤 이유로 큰 할절의를 지으려 하시오. 마땅히 처음의 생각대로 지어야 합니다' 라고 말할 것이다. 若比丘 後十日中得衣 欲作小割截衣 而作大割截衣 餘比丘語 是比丘言 長老 本欲作小割截衣 今何以作大割截衣 應如本作", 『일체경음의』 권12(대정장54, p.381c18)에 "울다라승〈범어 음사(Ⓢ uttara-āsaṅga)이다. 스님들이 평소에 입는 칠조가사의 이름이다. 할절의라고도 한다〉. 鬱多羅僧伽〈梵語 卽僧常服 七條袈裟之名也 亦名割截衣〉"이라고 하였다. 〔참고문헌〕 『摩訶僧祇律』, 『一切經音義』, *Laṅk.308.* ⇨ 가사 袈裟, 개봉 開縫, 명공할절 明孔割截, 삼의 三衣

할참 喝參 ➡ 갈참 喝參

할충궁 蠍虫宮 Ⓢ Vṛścika. 태장만다라 최외원에 머무는 존격. 십이궁(十二宮) 중 하나. 천할궁(天蠍宮)이라고도 한다. 종자는 (vṛ). 삼매야형은 궁전(宮殿). 존형은 검붉은 색의 땅강아지이다. 수인은 제요인(諸曜印). 진언은 '나마 사만타붓다남 브리스치카파타예 스바하 namaḥ samantabuddhānāṃ vṛścikapataye svāhā 널리 제불께 귀의합니다. 할충궁의 주(主)여! 스바하'이다. 십이궁의 하나로 황도(黃道)에서 태양 자리의 10월에 해당한다. 〔참고문헌〕 『曼荼羅図典』(大法輪閣, 2002)

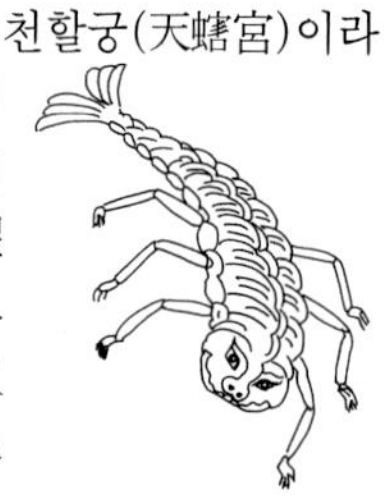

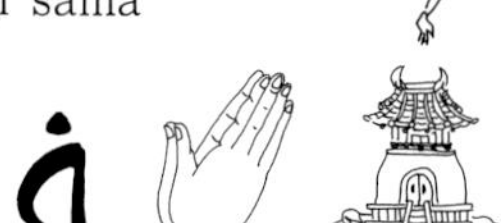

할하승당 喝下承當 크게 소리지르는 그때 마땅히 알아차리다. 『원오어록』 권2(대정장47, p.720a5)에 "방망이 끝에서 취해 깨우치니 흙모래 한 줌 쥐어 흩음이고, 소리치는 그때 알아차린다 하니 허공 받아들고 메아리 잡듯 할 뿐이다. 棒頭取證 撒土撒沙 喝下承當 承虛接響", 같은 책 권3(대정장47, p.725c11)에 "설령 몽둥이 끝 취하여 깨닫고 할 소리 아래 알아차린다 해도 오히려 이것 굽은 것으로 그 때라 여길 뿐이다. 直饒棒頭取證 喝下承當 猶是曲爲今時"라고 하였다. 〔참고문헌〕 『圜悟語錄』・권3(대정장47, p.725c11), 『碧巖錄』 60칙(대정장48, p.192c8). ⇨ 할 喝, 승당 承當

할한 瞎漢 눈먼 놈. 제대로 공부하지 못하는 이 등을 경책해 부르는 말. 『임제록』(대정장47, p.500c1)에 "십년 하고도 오년이 지나도록 사람이라곤 하나도 없고 모두들 풀이나 낙엽에 의지하거나 대나무에 붙어 사는 정령이나 야호정매인 것들이 갖가지 똥덩어리에 올라타서 마구 씹어먹는다. 눈먼 놈들아! 저 시방 신도들 보시물 함부로 낭비하면서 '나는야 출가한 사람이다'라고 떠벌이며 이와 같이 헛된 견해를 지어내느냐! 十年五歲 並無一人 皆是依草附葉 竹木精靈 野狐精魅 向一切糞塊上亂咬 瞎漢 枉消他十方信施 道我是出家兒 作如是見解", 『경덕전등록』 권14 「단하천연전 丹霞天然傳」(대정장51, p.311a23)에 "베푸는 이나 받는 이나 둘 모두 눈먼 놈들이다. 施者受者 二俱瞎漢"라고 하였다. 〔참고문헌〕 『臨濟錄』, 『景德傳燈錄』. ⇨ 한 漢

할향 喝香 향의 덕을 소리내 찬탄함. 『석문의범』 권상(p.108a3) 「상주권공 常住勸供」에 "할향. 한 조각 향을 바치옵니다. 덕용 헤아리기 어렵습니다. 뿌리는 티끌진 모래알 세계에 얽혔고, 그 잎은 다섯 수미산 가득 덮으시네. 喝香 奉獻一片香德用難思議 根盤塵沙界葉覆五須彌", 같은 책 권상(p.112a8) 「영산각배 靈山各拜」에 "할향. 옥도끼로 깎아 이룬 산세가 빼어나고 금향로 데워진 곳에서 상서로운 연향으로 아롱지네. 하늘 콧구멍 갖춘 이라면 모두 맡으리니, 계정혜해탈향 법계 가득 채우네. 喝香 玉斧削成山勢聳 金爐熱處瑞烟濃 撩天鼻孔悉遙聞 戒定惠解熏法界"라 하였다. 〔참고문헌〕 『釋門儀範』, 『五種梵音集』 권상 「靈山作法」(한불전12, p.158b15).

할향게 喝香偈 할하며 읊는 게송. 『산보집』 권중 「성도재작법절차 成道齋作法節次」(한불전11, p.493c9)에 "〈할향하여 이르기를〉 정각산중 한 조각 향은 수미산 제일 일 가장 높은 언덕이라네. 해마다 이 밤 화로중 사루어 본사이신 석가존께 공양합니다. 〈喝香云〉 正覺山中一片香 須彌第一最高岡 年年此夜爐中熱 供養本師釋迦尊", 『석문의범』 권하(p.160a5) 「축상작법 祝上作」에 "대중이 한 조각 값없는 향으로 시방 모든 찰해 널리도 채우네. 이 향기 맡는 이 모두 성불하고, 임금의 몸 항상 편안하여 만세를 누리소서. 大衆一片無價香 普熏十方諸刹海 遇聞香者皆成佛 上體恒安壽萬歲"라고 하였다. 〔참고문헌〕 『刪補集』, 『釋門儀範』, 『作法龜鑑』 권하 「焚修作法」(한불전10, p.581c7). ⇨ 할향 喝香

할화 喝花 꽃의 덕을 소리내 찬탄함. 『석문의범』 권상(p.113a4) 「영산각배 靈山各拜」에 "할화. 꽃의 왕 모란은 그윽한 향 머금고, 금술 달린 작약 온통 아름답고 향기롭네. 봉긋한 붉은 연꽃 염정을 함께 하며, 다시 핀 노란 국화 서리 뒤에 새로워라. 喝花 牧丹花王含妙香 芍藥金蘂體芬芳 菡萏紅蓮同染淨 更生黃菊霜後新"라고 하였다. [참고문헌]『釋門儀範』, 『刪補集』 권상 「靈山作法節次」(한불전11, p.466b18).

함 函 물건 담아두는 상자. 사리함(舍利函)과 경함(經函) 등이 있다. 『니건자소설경』 권10(대정장9, p.365a8)에 "그때 아사세왕이 나의 사리일분을 얻고는 금첩 위에 이 수다라를 써서 사리와 함께 일시에 갖추어 칠보함에 넣고는 왕사성 밖에 땅을 파서 구덩이를 만들어 그 중에 탑을 세우고는 장엄하기가 매우 빼어나게 하리니 사리함을 저 탑중에 모시리라. 爾時阿闍世王 於我舍利所得一分 於金疊上書此修多羅 幷與舍利一時俱置七寶函中 於王舍大城外 掘地作坑 於中立塔 莊嚴殊妙 以舍利函置彼塔中", 『낙양가람기』 권4 「백마사 白馬寺」(대정장51, p.1014c1)에 "절 위의 경함이 지금까지도 남아 있는데, 늘 향을 사루어 공양한다. 경함이 때로 광명을 놓아 당우를 환하게 비추니 도속이 예경하였다. 寺上經函至今猶存 常燒香供養之 經函時放光明 耀於堂宇 是以道俗禮敬之"라고 하였다. [참고문헌]『尼乾子所說經』, 『洛陽伽藍記』. ⇨ 경함 經函, 사리장엄구 舍利莊嚴具

함가 凾可 1611~1659. 명대 조동종(曹洞宗) 스님. 함가(函可)라고도 한다. 혜주(惠州) 박라(博羅 : 廣東省) 출신. 속성은 한(韓)씨, 자는 조심(祖心), 호는 잉인(剩人). 타고난 출중한 재능으로 어릴 때 유학(儒學)을 익혔다. 만력년간(1573~1620) 예부상서(禮部尙書)를 지냈던 아버지가 죽고 나서 종보도독(宗寶道獨) 문하에 들어가 출가하고 그 법을 이었다. 1644년(숭정17)에 남경에 들어갔다가 병란을 맞아 그곳에 머물렀다. 1659년(순치16) 11월 27일 세수 49, 법랍 20세로 입적하였다. 『천상잉인화상어록 千山剩人和尙語錄』 6권을 남겼다. 요녕성 조양사(朝陽寺)에 영탑이 있다. [참고문헌]『五燈全書』 권116(卍속장142, p.167b18).

함개 函蓋 담는 그릇과 그 덮개. 서로 응하는(相應) 것들의 비유다. 『대지도론』 권36(대정장25, p.327a13)에 "비유하자면 제자가 스승의 가르침을 그대로 따라 스승의 뜻을 거스르지 않는다면 이를 상응이라 한다. 이처럼 반야바라밀의 상을 보살도 이 상을 따라 지혜로 관함으로써 능히 얻고 능히 성취하지만 더함도 없고 덜함도 없으니 이를 상응이라 한다. 마치 담는 그릇과 덮개의 크기가 서로 들어맞듯 한다. 譬如弟子 隨順師教 不違師意 是名 相應 如般若波羅蜜相 菩薩亦隨是相 以智慧觀能得 能成就 不增不減 是名相應 譬如函蓋 大小相稱"라고 하였다. [참고문헌]『大智度論』.

함개건곤 函蓋乾坤 그릇과 덮개인 듯한 하늘과 땅. 운문삼구(雲門三句) 중 하나다. 『종용록』 76칙 「평창 評唱」(대정장48, p.275a28)에 "첫째, 함개건곤을 읊는 송이다. 하늘 땅과 만상, 지옥과 천당, 물물이 다 진실을 보이고, 낱낱의 것들 아무리 써도 이지러지지 않노라. 一 函蓋乾坤頌 乾坤幷萬象 地獄及天堂 物物皆眞見 頭頭用不傷", 『인천안목』 권2(대정장48, p.312a10)에 "원오가 말했다. '일체가 본래 진실하고 본래 공하니, 하나의 색과 하나의 맛조차도 묘체가 아님이 없다. 주저하지 않고 다 트여 자연스레 명백한즉 바로 하늘과 땅 그릇과 덮개인 듯하다'. 圓悟曰 本眞本空 一色一味 非無妙體 不在躊躇 洞然明白 則函蓋乾坤也", 『개선광감영화상어』(속고존숙어요6, 卍속장119, p.169b1)에 "'무엇이 함개건곤구입니까?' '꿰맨 구석 전혀 없어 바람 한 점 통하지 못한다'. 問 如何是函蓋乾坤句 師云 無縫不通風", 『건중정국속등록』 권11 「귀종혜통장 歸宗慧通章」(卍속장136, p.174a17)에 "'무엇이 함개건곤구입니까?' '해는 동쪽에서 떠서 저녁에 서쪽으로 진다'. 問 如何是函蓋乾坤句 師云 日出東方夜落西"라고 하였다. [참고문헌]『從容錄』, 『人天眼目』, 『開先廣鑒瑛和尙語』, 『建中靖國續燈錄』. ⇨ 운문삼구 雲門三句

함개상응 函蓋相應 상자와 덮개 서로 응하다. 함개상칭(函蓋相稱)과 통한다. 『관무량수불경소』(대정장37, p.188a6)에 "보리인 지혜는 법성과 더불어 상응하고 상명한다. 상응이란 마치 상자와 덮개가 어김없이 들어맞듯 하고, 상명이란 마치 물과 우유가 서로의 모습 감춰 어울리듯 한다. 菩提智慧 與法性相應相冥 相應者 如函蓋相應 相冥者 如水乳相冥", 『대지도론』 권2(대정장25, p.74b29)에 "온갖 법이 한량이 없듯이 지혜도 한량이 없어 헤아릴 수도 없고 끝도 없다. 저 상자 크면 덮개도 크고, 상자가 작으면 덮개도 작은 경우와 같다. 如諸法無量 智慧亦無量 無數無邊 如函大蓋亦大 函小蓋亦小"라고 하였다. [참고문헌]『觀無量壽佛經疏』, 『大智度論』. ⇨ 함개상칭 函蓋相稱

함개상칭 函蓋相稱 담는 것과 덮개 서로를 부르다. 『법화현의』 권2상(대정장33, p.697c9)에 "법으로 언제나이게 하니 모든 부처님 또한 언제나 계신다. 그릇과 덮개가 하나로 합하듯이 경계와 지혜가 불가사의하게 어울리므로 지묘라 한다. 以法常故 諸佛亦常 函蓋相稱 境智不可思議 故稱智妙", 『지관보행전홍결』 권7(대정장46, p.376c23)에 "반야에 수순해 더할 일도 덜할 일도 없다. 마치 상자와 덮개가 서로를 부르듯 하니 이를 상응이라 한다. 隨順般若 不增不減 如函蓋相稱 是名相應"라고 하였다. [참고문헌]『法華玄義』, 『止觀輔行傳弘決』. ⇨ 함개상응 函蓋相應

함개절류 函蓋截流 덕산연밀(德山緣密)의 삼구인 함개건곤(函蓋乾坤)·절단중류(截斷衆流)·수파축랑(隨波逐浪)을 다 담은 말. 『종문십규론』「대답불관시절겸무종안 對答不觀時節兼無宗眼」(卍속장110, p.879a13)에 "조동은 북치고 노래함을 용으로 삼고, 임제는 맞바꿈을 기틀로 삼으며, 운문은 상자와 덮개가 들어맞듯이 하거나 흐름을 잘라내고, 위앙은 네모와 둥근 것 묵묵히 어울리게 한다. 曹洞則敲唱爲用 臨濟則互換爲機 韶陽則函蓋截流 潙仰則方圓默契"라고 하였다. [참고문헌] 『宗門十規論』. ⇨ 덕산삼구 德山三句, 운문삼구 雲門三句

함개합 函蓋合 상자와 덮개 합하다. 함개상응(函蓋相應)·함개상칭(函蓋相稱)과 통한다. 『경덕전등록』 권30 「남악석두화상참동계 南嶽石頭和尙參同契」(대정장51, p.459b18)에 "사(事)는 상자와 덮개가 합하듯 하는 데 있게 하고, 이(理)는 화살촉 허공에서 이어 만나듯 하는 데 응한다. 事存函蓋合 理應箭鋒拄"라고 하였다. [참고문헌] 『景德傳燈錄』. ⇨ 함개상응 函蓋相應, 함개상칭 函蓋相稱

함걸 咸傑 1118~1186. 송대 임제종(臨濟宗) 양기파(楊岐派) 중 호구파(虎丘派) 스님. 복건성(福建省) 복청(福淸) 출신. 속성은 정(鄭)씨. 호는 밀암(密菴). 출가한 이후 선지식을 찾아 다니며 공부하다가 구주(衢州 : 浙江省) 명과암(明果庵)에 이르러 응암담화(應庵曇華)를 친견하고 그와 인연이 맞아 깨닫고 인가를 받은 뒤 오거암(烏巨庵)에 주석하였다. 상부장산화장사(祥符蔣山華藏寺)·경산사(徑山寺)·영은사(靈隱寺)·천동사(天童寺) 등에 주석하였다. 1186년(순희13) 세수 69세, 법랍 52세로 입적하였다. 『밀암화상어록 密菴和尙語錄』 1권을 남겼다. [참고문헌] 『大明高僧傳』 권8(대정장50, p.931c5), 『聯燈會要』 권18(卍속장136, p.735b4), 『嘉泰普燈錄』 권21(卍속장137, p.301a17).

함계 咸啓 당송(唐宋) 교체 혼란기 때 선사. 경산감종(徑山鑒宗) 또는 동산양개(洞山良价 807~869)의 제자. 『경덕전등록』 권11(대정장51, p.281c16)의 전등목록에는 감종의 제자라 하지만, 본문에 기연어구(機緣語句)가 실려 있지 않다. 같은 책 권17(대정장51, p.334a18)의 전등목록에는 동산의 제자로 기록하고, 본문에는 행적 없이 몇 구의 문답만이 전한다. 『전등록』의 혼선이 이후에도 답습되는데, 『송고승전』 권12(대정장50, p.779c23)에는 감종의 법을 이은 제자로 기록하고, 『연등회요』 권22(卍속장136, p.806b14)·『동산어록』(대정장47, p.518a7)에는 동산의 제자로 기록한다. [참고문헌] 『景德傳燈錄』, 『宋高僧傳』, 『聯燈會要』, 『洞山語錄』. ⇨ 감종 鑑宗, 동산양개 洞山良价

함계보처원 咸階補處願 미타인행사십팔원(彌陀因行四十八願) 중 하나로 일생보처원(一生補處願)이라고도 한다. 『예념미타도량참법』 권5(卍속장128, p.194a13)에 "함계보처원〈제22원. 만일 내가 성불하였을 때, 나라의 보살이 모두 일생보처위에서 보현도를 행할 것이니, 만일 그리 되지 않는다면 정각을 취하지 않겠습니다〉. 咸階補處願〈二十二者 若我成佛 國中菩薩 咸悉位階一生補處 行普賢道 若不爾者 不取正覺〉"이라고 하였다. [참고문헌] 『禮念彌陀道場懺法』, 『淨土紺珠』(한불전11, p.864a1), 『釋門儀範』 권상(p.85a19) 「誦呪篇」 朝誦呪文. ⇨ 일생보처원 一生補處願, 미타인행사십팔원 彌陀因行四十八願

함광 含光 당대 역경승. 불공삼장(不空三藏 Ⓢ Amoghavajra 705~774)의 제자. 741년(개원29) 불공을 따라 사자국(師子國)에 갔다가 747년(천보6) 당으로 돌아와 보수사(保壽寺)에 주석하였다. 766년(영태2) 오대산(五臺山) 금각사(金閣寺) 건립에 힘을 쏟았다. 금각사에 밀관도량(密灌道場)을 창건하기도 했다. 『비나야가아나발지유가실지품비요 毘那夜迦誐那鉢底瑜伽悉地品祕要』와 『대성환희쌍신비나야가천형상품의궤 大聖歡喜雙身毘那夜迦天形像品儀軌』 각 1권을 저술하였다. [참고문헌] 『宋高僧傳』 권27(대정장50, p.879b13).

함광의궤 含光儀軌 『비나야가아나발지유가실지품비요 毘那夜迦誐那鉢底瑜伽悉地品祕要』(대정장21, No.1273)의 다른 이름. 불공삼장(不空三藏)의 법을 이은 함광(含光)의 저술이므로 이렇게 약칭한다. 『비나야가아나발지유가실지품비요』(대정장21, p.321b27)에 "고금의 진언사들은 이를 비밀로 여겼기에 경전에 싣지 않았고 더러 진언이 나오더라도 그 이치를 드러내지 않았으니 말세의 학자들이 대단히 어려움을 겪었다. 그러므로 함광법사가 직접 불공지화상으로부터 이 법의 비의를 받은 즉시 말씀하신 내용에 근거하여 간략하게 기록하였다. 古今諸師 深祕之故不載經中 或出眞言不顯其理 末代學者多被障礙 是故 含光法師親從不空智和尙 纔受此法祕義 仍今聊擧略記之", 『박초자구결』 권19(대정장79, p.87b28)에 "이 의궤 초두에서 함광의 구전에 의거하여 이 의궤를 지었다고 하였다. 『함광의궤』에서 '보살은 이 몸을 나투어 부인으로 삼는다'고 하였는데 어긋나는 이유는 무엇인가? 若爾今軌初云 依含光口傳制此儀軌云云 含光儀軌云 菩薩現此身爲其婦 相違如何"라고 하였다. [참고문헌] 『毘那夜迦誐那鉢底瑜伽悉地品祕要』, 『薄草子口決』. ⇨ 비나야가아나발지유가실지품비요 毘那夜迦誐那鉢底瑜伽悉地品祕要

함굴사 函窟寺 황해도 수안군 공포면 관봉산(冠峰山)에 있던 절. 『태고사사법 太古寺寺法』에는 대본산 성불사(成佛寺)의 말사였다. 〔참고문헌〕『韓國寺刹全書』 권하 p.1136b10.

함궤 函櫃 승당(僧堂)의 대중이 행각할 때 쓰는 꾸러미 등을 임시로 넣어 두는 큰 궤. 『선원청규』 권1 「장포裝包」(卍속장111, p.878b3)에 "승당 중에 함궤가 있으니 행각용 꾸러미(行李)를 거두어 함궤에 넣어 두고 잠근다. 如堂中有函櫃 卽收行李 安函櫃中鏁之"라고 하였다. 〔참고문헌〕『禪苑淸規』.

함담 菡萏 봉긋이 피어오른 꽃봉오리. 꽃이 피기 직전의 모양새로, 핀 다음에는 부용(芙蓉)이라 한다. 『중허마하제경』 권3(대정장3, p.940c16)에 "또한 마치 연꽃이 피어 물에서 나오고 봉오리에서 향기가 풍기면 모든 유정 가운데 그것을 본 이들은 사랑하는 마음으로 즐기듯이 보살의 몸을 바라보는 이들이 공경하는 마음도 이와 같다. 又如蓮華 開敷出水 菡萏馨香 一切有情 見者愛樂 菩薩之身 見者恭敬 亦復如是", 『일체경음의』 권23(대정장54, p.450b1)에 "함담화〈함은 호와 감을 반절한 음, 담은 도와 감을 반절한 음이다. 『설문』에 '부거화를 피기 이전에는 함담이라 하고 핀 다음에는 부용이라 한다'라고 하였다. 『한서음의』에 '함담은 풍성한 모양이다'라고 하였다〉. 菡萏花〈菡胡感反 萏徒感反 說文曰 芙渠花 未發者 爲菡萏 已發者爲芙蓉也 漢書音義曰 菡萏 豐盛之貌也〉"라고 하였다. 〔참고문헌〕『衆許摩訶帝經』, 『一切經音義』.

함두탄타 頷頭歎吒 머리를 끄덕이며 감탄하다. 상대의 언행을 그대로 받아들인다는 뜻이다. 『출요경』 권20(대정장4, p.718a4)에 "범지가 부처님께 '진실로 그렇게 하시겠는지요?'라고 묻자 부처님께서 범지에게 '여래의 말에는 두 가지가 없다'라고 하셨다. 범지가 듣고 나서 머리를 끄덕이며 감탄하고 물러났다. 梵志問佛 爲審爾不 佛告梵志 如來言無有二 梵志聞已 頷頭歎吒而去"라고 하였다. 〔참고문헌〕『出曜經』.

함령 含靈 유정(有情)의 다른 이름. 심식(心識)을 머금은 모든 중생. 함식(含識)·함명(含命) 등과 통한다. 『대보적경』 권38(대정장11, p.221b9)에 "사마타라는 이(理) 그대로를 인으로 하고, 비발사나라는 연으로 말미암아, 이와 같이 해서 함령은 해탈을 증한다. 대사께서 진실 그대로 모두 능히 알아차리신다네. 由奢摩他如理因 及由毘鉢舍那緣 如是含靈證解脫 大師如實皆能了", 『아미타경소초』 권1(卍속장33, p.339a7)에 "함령이란 목석 아닌 것을 가린 것이니 모든 유정을 말한다. 含靈者 揀非木石 謂一切有情也"라고 하였다. 〔참고문헌〕『大寶積經』, 『阿彌陀經疏鈔』. ⇨ 함식 含識, 함명 含命

함로 鹹鹵 소금 머금다. 『업보차별경』(대정장1, p.894b15)에 "첫째, 죽이는 업 때문에 모든 밖의 보가 되는 대지를 소금기 머금은 불모지로 만들어 약초마저도 무기력하게 한다. 一者 以殺業故 令諸外報 大地鹹鹵 藥草無力", 『구사론기』 권3(대정장41, p.56c8)에 "이 몸이 열하기에 저들이 의탁할 것 아니다. 마치 소금 머금은 밭에 잡초도 자라지 않는 것과 같다. 此身劣故 非彼所依 如鹹鹵田 不生穢草"라고 하였다. 〔참고문헌〕『業報差別經』, 『俱舍論記』.

함로교학 鹹鹵磽确 소금기 머금은 불모지. 『화엄경탐현기』 권11(대정장35, p.320c27)에 "추악한 말을 했기에 그 땅 소금기 머금은 불모지로서 거칠고 열악하다. 麤惡語故 其地鹹鹵磽确穢惡"라고 하였다. 〔참고문헌〕『華嚴經探玄記』.

함맘이자 唅鑁二字 함(唅 ह hāṃ)과 맘(鑁 मं māṃ) 2자. 부동명왕(不動明王)의 종자(種子). 부동명왕진언 끝에 붙여서 쓴다. 『대일경소』 권10(대정장39, p.685a23)에 "함맘 마지막 두 자를 종자로 한다. 모든 구의 뜻이 모두 이것을 성취한다. … 함자의 하자는 행이라는 뜻이다. 또한 아 소리가 있는데 이는 마장을 두렵게 하는 금강삼매이다. 점은 대공이다. 이러한 대공의 부동행으로 일체 마장을 크게 두렵게 한다. 맘자의 마는 아라는 뜻이다. 아자문에 들어감은 무아와 같다. 이러한 대공의 무아삼매로 온갖 마구니들을 두렵게 한다는 뜻이다. 이 자 역시 아 소리와 점을 가졌다. 하·로·함·맘의 네 자에는 모두 아 소리가 있어 거듭 마구니를 놀라게 한다. 안팎의 두 가지 마장을 극도로 놀라게 한다는 뜻이다. 唅鑁 用後二字爲種子 諸句義皆成就此也 … 唅字訶是行義 又有阿聲是怖魔障金剛三昧也 點卽大空也 以此大空不動行 大怖一切魔障也 鑁字麽是我義 入阿字門卽無我也 又以此大空無我三昧 而怖畏衆魔 以此字亦有阿聲及點也 訶嚧唅鑁 四字皆有阿聲 卽是重重怖魔 極怖內外二障之義也"라고 하였다. 〔참고문헌〕『大日經疏』.

함명 含命 목숨 품다. 함령(含靈)과 통한다. 『대보적경』 권10(대정장11, p.53c5)에 "항하사와 같은 제불세계 가득한 중에 중생들 목숨 품은 무리들 있어 펴고 구르며 서로 아끼고 거듭해 나면서 모두들 죄지어 마쳐서는 사람의 몸을 받은 다음 생각하는 대로 좇아 난다. 正使恒河沙等 諸佛世界 滿中衆生 有含命類 展轉相愛 展轉相生 皆決罪畢 得爲人形 從思想生"라고 하였다. 〔참고문헌〕『大寶積經』. ⇨ 함령 含靈

함명 涵溟 1824~1902. 조선후기 장성 백양사 스님. 태선(太先)의 호이다. ⇨ 태선 太先, 태현 台現

함미 醎味 ❶ 짠맛. 온갖 흐름 바다의 짠맛으로 하나되듯이 일체법 한 맛(一味)의 뜻이다. 『보살행방편경계신통변화경』 권상(대정장9, p.305b15)에 "문수사리여, 비유하면 커다란 바다와 같으니, 비록 여러 가지 문으로 갖가지 물이 흘러들지만 들어온 다음에는 일미가 된다. 즉 짠맛이니, 늘 변함이 없다. 문수사리여, 커다란 바다란 여래의 커다란 지혜를 말하고, 갖가지 물이 흘러든다는 것을 일체의 모든 성문·연각·보살법을 말한다. 들어온 다음에는 일미가 된다란 일승의 무차별을 말한다. 文殊師利 喩如大海 雖種種門 衆水流入 入已一味 所謂醎味 以常住故 文殊師利 大海者 謂如來大智 種種水入 謂諸一切聲聞 緣覺 菩薩法也 入已一味 所謂一乘無差別故"라고 하였다. 〔참고문헌〕『菩薩行方便境界神通變化經』. ⇨ 일미 一味 ❷ Ⓢ lavaṇa, Ⓣ lan-tsha-ba. 짠맛. 『대승오온론』(대정장31, p.848b20 : *Pañc-s.*, p.3)에 "어떤 것을 맛이라고 하는가? 혀의 경계를 말하니, 단맛·신맛·짠맛·매운 맛·쓴 맛·싱거운 맛이다. 云何爲味 謂舌境界 甘味 酢味 醎味 辛味 苦味 淡味 rasaḥ katamaḥ jihvāgocaraḥ. madhuraḥ amalaḥ lavaṇaḥ kaṭuḥ tiktaḥ kaṣāyaś ca"라고 하였다. 〔참고문헌〕『大乘五蘊論』, *Pañc-s.* ⇨ 미 味❶, 오미 五味❷

함발라 頷鉢羅 ⓈⓅ kambala의 음사어, Ⓣ la-ba'am snam-bu. 가는 양모로 짠 옷. 『대당서역기』 권2(대정장51, p.876b13)에 "함〈허와 엄을 반절한 음이다〉발라의는 가는 양털로 짠 옷이다. 頷〈擄嚴反〉鉢羅衣 織細羊毛也"라고 하였다. 〔참고문헌〕『大唐西域記』, 『翻譯名義集』 권7(대정장54, p.1172b6), 『涅槃經疏三德指歸』 권2(卍속장58, p.403b3).

함밤 唅鍐 ➡ 함맘이자 含鑁二字

함생 含生 나서 살아 움직이는 것들. 살아 움직이는 것들의 뜻으로 함령(含靈)·함정(含情) 등과 통하며, 유정(有情)이라 한다. 『대당서역구법고승전』 권2(대정장51, p.11b21)에 "함생의 딛고 오르는 사다리가 되고, 탐욕의 바다를 건너는 배가 된다. 作含生之梯橙 爲欲海之舟艫"라고 하였다. 〔참고문헌〕『大唐西域求法高僧傳』. ⇨ 함령 含靈, 함정 含情, 유정 有情

함생동일진성 含生同一眞性 살아 있는 것들이라면 한결같이 품은 진실의 자성. 불성(佛性)의 뜻이다. 『소실육문』 「이종입 二種入」(대정장48, p.369c21)에 "이(理)로 든다 함은 교를 빌어 종을 깨닫는다는 것이다. 살아있는 것들이 동일한 진성이지만 모두 객진망상에 덮여 능히 드러나지 못했음을 깊이 믿는 것이다. 理入者 謂藉教悟宗 深信含生同一眞性 俱爲客塵妄想所覆 不能顯了", 『완릉록』(대정장48, p.384b26)에 "대도는 본래 평등한 까닭에 삶이 있는 것들의 동일진성을 깊이 믿고 심성은 다르지 않아 성 그대로 마음이고 마음이 성과 다르지 않아서 이름하길 조사라 한다. 大道本來平等 所以深信含生同一眞性 心性不異 卽性卽心 心不異性 名之爲祖"라고 하였다. 〔참고문헌〕『少室六門』, 『宛陵錄』.

함소약 含消藥 Ⓢ bhaiṣajya. 소화를 돕는 약으로 쓰는 음식물. 『오분율』 권5(대정장22, p.31c11)에 "만약 비구가 병에 걸리면 소·유·밀·석밀이라는 네 가지 함소약을 복용할 수 있는데, 한 번 받아서 7일까지 쓸 수 있다. 만약 기한을 넘어서면 니살기바일제다. 若比丘病得服四種 含消藥 酥油蜜石蜜 一受乃至七日 若過 尼薩耆波逸提"라고 하였다. 〔참고문헌〕『五分律』, 『十誦律』 권8(대정장23, p.61a11), *Prāt-m.202.*

함수유경 鹹水喩經 한역자 미상. 1권. 서진(西晉 265~316)대 한역되었다. 대정장1, p.811b1~c15, No.29에 수록되어 있다. 부처님께서 물을 소재로 일곱 가지 비유를 설하신 경이다. 사람이 물에 빠지면 물에서 나오기도 하고, 다시 침몰하기도 하며, 물에서 나와 언덕에 머물기도 하고, 저편의 언덕에 이르기도 한다. 이러한 비유로 죄악에 빠진 상태부터 증오에 이르기까지 일곱 단계를 밝혔다. 네 가지 한역본이 있으며, 그중 『중아함경』 「수유경 水喩經」이 가장 상세하다. 상응하는 팔리경전은 앙굿타라니카야 삿타카니파타(Sattaka-nipāta) 제15경 *Udakūpamā-sutta*(*AN.4*, pp.11~13)이다. 〔참고문헌〕『衆經目錄』 권3(대정장55, p.130a3), 『開元釋教錄』 권2(대정장55, p.501c19).

함순청규 咸淳清規 송대 유면(惟勉)이 편집한 『총림교정청규총요 叢林校定清規總要』의 별명. 함순 10년(1274)에 편찬되었기 때문에 세칭 '함순청규'라 부른다. 〔참고문헌〕『百丈清規』 권8(대정장48, p.1158b20), 『叢林校定清規總要』 권상(卍속장112, p.1a10). ⇨ 총림교정청규총요 叢林校定清規總要, 청규 清規

함시 函矢 갑옷과 화살. 익힌 것으로 맞서게 되듯이 견해를 달리하여 서로 충돌하는 경우의 비유다. 『불조역대통재』 권21(대정장49, p.711c18)에 "이미 스스로 말함에 서로 어긋나고 있으니, 어찌 갑옷과 화살 서로 공격하듯이 하는가? 既自語之相戾 何函矢之相攻", 『도서』 「배휴서 裴休序」(대정장48, p.398b23)에 "맹자는 '화살 만드는 이가 어찌 갑옷 만드는 이보다 어질지 못하다고 하겠는가? 갑옷 만드는 이도 갑옷을 입은 이가 다칠까 근심하고, 화살 만드는 이는 자신이 만든 화살이 사람을 상하게 하지 못할까 걱정한다'라고 하였다. 이것은 모두 익힌 기술에 따라 그러할 뿐이다. 孟子曰 矢人豈不仁於函人哉 函人唯恐傷人 矢人唯恐不傷人 蓋所習之術然也"라고 하였다. 〔참고문헌〕『佛祖歷代通載』, 『都序』.

함시 函昰 1608~1685. 명말청초대 조동종 스님. 자는 려중(麗中). 호는 천연(天然). 광주(廣州 : 廣東省) 번우(番禺) 출신. 속명은 증기신(曾起莘). 1608년(만력36) 10월 14일에 태어났으며, 26세 때 현서(賢書)가 되었지만 29세에 광산(匡山) 황암(黃巖)의 종보도독(宗寶道獨)을 찾아가 계합한 후 32세에 출가하여 스님이 되었다. 도독이 나부산(羅浮山 : 廣東省) 화수(華首)로부터의 청을 받고 옮겨 갔을 때 따라갔으며, 35세 때 그에게 법을 얻고 광주 하림(訶林)에 주석하였다. 1644년에 명이 멸망하고 청 군대가 그곳에 쳐들어와 명의 황손들을 죽이자 들판에 널려 있던 유골들을 수습하여 무덤을 만들어 매장하였으며, 41세 때 다시 하림에 주석하였고 43세 때에는 뇌봉(雷峰)으로 돌아가 작은 선원을 열었다. 후에 화수・해당(海幢)・단하(丹霞)・서현(棲賢) 등의 큰 사찰들에 차례로 주석하였으며, 1685년(강희24) 8월 27일에 세수 78, 법랍 47세를 일기로 입적하였다. 『능가경 楞伽經』・『능엄경 楞嚴經』・『금강경 金剛經』을 주석하여 『능엄경직지 楞嚴經直指』 10권・『능가경심인 楞伽經心印』 8권・『반야심경론 般若心經論』・『선취분필사시 禪醉焚筆似詩』 등의 저술이 있으며, 『여산천연선사어록 廬山天然禪師語錄』 3권과 『천연화상매설시 天然和尙梅雪詩』가 남아 있다.

함식 含識 Ⓢ sattva, bhūta의 한역어. 알음알이 품은 것들. 음사어는 살타(薩埵). 유정(有情)・중생(衆生) 등으로도 한역한다. 심식(心識)을 품은 유정 곧 살아 있는 모든 존재를 가리킨다. 함령(含靈)・함생(含生)・함류(含類)・함정(含情)・품식(稟識)이라고도 한다. 40권본 『화엄경』 권2(대정장10, p.670b4 : *Gaṇḍ-vy.*, p.24)에 "여래께서 세간에 나오시어, 적정의 대자비로써, 묘한 법의 수레바퀴 널리 굴려, 모든 함식에게 이익을 주셨다네. 如來興出世 寂靜大慈悲 普轉妙法輪 利益諸含識 arthāya sarvasattvānām utpadyante tathāgatāḥ, mahākāruṇikā dhīrā dharmacakrapravartakāḥ", 『보왕삼매염불직지』 권하(대정장47, p.376a15)에 "식을 품은 존재라면 모두 함께 왕생하여 누구나 그 계위에 깊이 들어간다. 但含識者 皆同往生 悉深入其階位也", 『사미학계의궤송주』(卍속장107, p.196a4)에 "일체함식이라 하니, 일체육도사생이 본래 여래지혜를 아는 식을 갖추고 있지만 온갖 무명과 번뇌에 덮혀 있을 뿐이니, 이를 함식이라 한다. 一切諸含識者 謂一切六道四生 本具如來智識 而爲諸無明煩惱之所覆蓋 名爲含識", 『자비도량수참법수문록』 권상(卍속장129, p.293b17)에 "함식이란 영을 머금고 식을 끌어안은 채 여섯 갈래로 윤회하며 네 가지로 나는 것들을 말한다. 含識者 含靈抱識 六趣四生也"라고 하였다. 〔참고문헌〕『華嚴經』, 『寶王三昧念佛直指』, 『沙彌學戒儀軌頌註』, 『慈悲道場水懺法隨聞錄』, *Gaṇḍ-vy.*, *Vikī-n.319.*, *Saṅ-v.1.143.* ⇨ 함령 含靈, 함생 含生, 함정 含情

함식생 含識生 Ⓢ bhautika-sarga, ayam-tridhā saragaḥ. 상키야(Ⓢ Sāṃkhya : 數論)의 용어. 감각을 가진 존재로 천도(天道)・수도(獸道)・인도(人道)만을 거둔다. 『금칠십론』 권하(대정장54, p.1259b6)에 "사유(四有) 중 제3생만을 '함식생'이라고 한다. 게로 설하기를 '천도에는 8분이 있고 수도에는 5분이 있으며 인도에는 오직 하나의 생만이 있으니 간략히 함식생이라고 하네'. 천도의 8분은 첫째 범왕생, 둘째 세주생, 셋째 천제생, 넷째 건달바생, 다섯째 아수라생, 여섯째 야차생, 일곱째 찰라생, 여덟째 사신생이다. 수도의 5분은 첫째 유족생, 둘째 비행생, 셋째 흉행생, 넷째 방형생, 다섯째 불행생이다. 인도에는 오직 하나의 생만이 있다고 한 것은 인도가 오직 한 류이기 때문이다. 함식에 세 종류가 있다고 설한 것은 곧 천도・수도・인도 셋을 말한다. 四有第三生 名含識生 如偈所說 天道有八分 獸道有五分 人道唯一生 略名含識生 天道有八分者 一梵王生 二世主生 三天帝生 四乾闥婆生 五阿修羅生 六夜叉生 七羅刹生 八沙神生 獸道有五分者 一由足生 二飛行生 三胸行生 四傍形生 五不行生 人道唯一生者 人道唯一類故 說含識有三種 謂天獸人三"라고 하였다. 〔참고문헌〕『金七十論』, *Sāṃkhy-k.52.*

함신 咸新 온통 새롭다. 새해맞이 인사말이다. 『여정어록』 권상(대정장48, p.123c3)에 "설날 아침에 법좌에 올라 말했다. '정월 초하루를 맞아 상서로운 기운이 일어나고, 만물이 모두 새롭구나. 가만히 보아하니 대중이여, 매화가 피어 이른 봄소식을 열었다. 보았는가?' 불자를 들고 말했다. '한 가지를 집어드니 눈에 낀 티끌이네'. 歲旦 上堂 元正啓祚 萬物咸新 伏惟大衆 梅開早春 還見麼 擧拂子云 一枝拈起眼中塵"라고 하였다. 〔참고문헌〕『如淨語錄』.

함안대산리석조삼존상 咸安大山里石造三尊像 경상남도 함안군 대산리 마을입구 보호각 안에 봉안된 고려시대 석조삼존불상. 보물 제71호. 본존불은 머리가 훼손되었으며 아미타정인을 하고 있다. 이러한 수인은 만당 이래 송대에 이르도록 중국 조각에서 크게 유행했던 아미타정인(阿彌陀定印)으로 묘관찰지인(妙觀察智印)이라고도 부르는데 금강정경류 의궤에 의지한 밀교계 도상으로서 아미타불특유의 별인(別印)이다. 이 수인은 나말여초부터 고려전기까지 주로 유행하였으며, 이후 고려말에 다시 아미타정인을 결한 석조불상이 유행하였다. 그 배경은 고려말 유행한 아미타신앙과 더불어 고려의 수도 개경에 있었던 민천사에서 이루어진 아미타정인을 결한 삼천불상의 조성이 중요한 계기가 되었던 것으로 이해한다. 협시보살상의 경우 좌협시상이 보병을 지물로 잡고 있으며 우협시보살상 머리위에는 띠 장식한 보살상이고 좌협시보살상은 머리위에 육계가 있어 상호만을 놓고 본다면 여래상인 듯하다. 석조삼존상이면서도 보살상으로서의 특징이 두드러지지 않는다. 이는 몽골 침략기후 조성된 고려시대삼존불상에서 나타나는 특징이기도 하다. [참고문헌] 정성권 「수원 봉녕사 석조삼존불상의 편년과 의의」(『동악미술사학』17, 2015) pp.313~335.

함양 含養 품어 기르다. 『불성론』 권4(대정장31, p.808a5)에 "칠지 이후로는 번뇌도 그러하여 비록 번뇌라고는 하지만 세 가지 덕이 있다. 첫째, 물들고 더러워지지 않는다. 지혜와 자비로 품어 길러지기 때문이다. 七地以還 煩惱亦爾 雖名煩惱 而有三德 一者 無染濁 智慧慈悲 所含養故", 『노자화호경』(대정장54, p.1267b17)에 "나는 곧바로 곤륜산에 오른 다음 날아서 자미성(紫微星)을 타고 삼계에 기를 퍼뜨려 일체를 함양한다. 我卽上登崑崙 飛昇紫微 布氣三界 含養一切"라고 하였다. [참고문헌] 『佛性論』, 『老子化胡經』.

함양교산리석조여래좌상 咸陽校山里石造如來坐像 경상남도 함양군 함양읍 함양중학교 교정에 있다는 고려시대 석조불상. 보물 제376호. 불상 높이 2.45m, 대좌 높이 1.58m. 편단우견(偏袒右肩)의 가사에 항마촉지인(降魔觸地印)을 한 불좌상이다. 현재 광배는 잃었지만, 처음에는 불상 전체를 감싸는 거신광(擧身光)이 대좌 위에 놓여 있었을 것으로 추정한다. 이 석불좌상의 가장 큰 특징은 대좌의 중대가 사각이다. 여주 고달사지의 대좌와 많이 닮아 있고, 고려전기에 유행했던 항마촉지인의 커다란 불상 중 하나다. 제작 시기는 고려 초 10세기 무렵으로 추정한다. 이 석불좌상이 자리한 지금 교산리 함양중학교의 옛터가 용산사(龍山寺)의 터라고 추정하기도 한다. 함양은 전라도와 경상도의 경계를 이룬 경남 서부에 자리 잡고 있어, 고대부터 교통의 요충지로 여러 학자들이 이곳을 거점 삼아 여행을 다녔던 곳이다. 또 '좌 안동 우 함양'이라고 불릴 만큼 학문과 문벌이 번성했던 지역이며, 특히 고려전기의 불교유적들이 적지 않다. 함양 교산리의 거대한 석불좌상은 고려전기 함양의 번영을 회상케 하는 대표적인 성보라 할 수 있다. [참고문헌] 최상봉 『韓國寺刹大觀 : 慶南編』(대한불교문화사, 1963) p.80.

함양덕전리마애여래입상 咸陽德田里磨崖如來立像 경상남도 함양군 마천면 덕전리에 있다는 고려전기 마애불상. 보물 제375호. 광배를 포함한 전체 높이 6.4m · 불상 높이 5.8m, 대좌 높이 66cm. 화강암 재질의 바위 표면을 대충 다듬고, 중앙에 돋을새김으로 광배와 대좌까지 온전히 갖춘 불입상을 조각했다. 넓적한 얼굴에 이목구비가 과장되어 있으며, 각 부분의 조각 새김선도 뚜렷하다. 좁은 이마, 짧은 목, 선명한 삼도(三道), 작은 나발(螺髮)과 육계(肉髻)가 특징이다. 강건하면서도 온화한 표정을 지녔다. 신체표현에서는 간략한 각법(刻法)과 입체감 없이 평편한 신체, 도식화된 옷주름 등 투박하고 비례 또한 고르지 않은 신체 등은 고려전기 거불(巨佛)의 주요한 특징을 잘 드러낸 작품이며, 특히 통견식 가사를 가슴에서 한 번 여며 접었다. 아쉽게도 이 마애불과 관련된 기록은 찾을 수 없지만, 남원과 하동으로 연결되는 길목에 자리하고 있어 고려전기 이 지역을 지나는 사람들에게 중요한 이정표를 겸하여 위안이 되었을 것이다. [참고문헌] 『문화유적분포지도 - 함양군』(함양군 · 영남대학교박물관, 2006) p.252.

함양법인사감로왕도 咸陽法印寺甘露王圖 경상남도 함양군 안의면 금천리 법인사의 조선후기 하단(下壇) 탱화. 1726년. 보물 제1731호. 세로 141cm · 가로 144cm. 비단 바탕에 채색. 초파일(初八日)이 있는 사월에 조성되었다. 선객들의 지리산 조망처이자 수도처로 이름 높았던 금대암(金臺庵)에서 조성해 당시 인근 5리 정도 거리에 있던 안국암(安國庵)에 봉안하였다. 화면의 단(壇)에는 전물(奠物)이 정연하게 진설되어 있고, '수륙연기 水陸緣起'의 면연귀왕(面燃鬼王)이 단의 의례승들을 향해 호궤합장하고 있으며, 그 주변에는 천도될 고혼(孤魂)들이 감로의 시식을 구하고 있다. 화면의 윗부분 왼쪽에는 고혼들을 벽련대(碧蓮臺)로 이끄는 인로

왕(引路王)보살이 번(幡)을 들고 나투었고, 중앙에는 아미타불삼존을 중심으로 칠여래들이 오른쪽 끝의 관음과 지장보살이 도상으로 서로 연동되어 있다. 거불(擧佛)의 아미타삼존과 칠여래가 함께한 도상이다. 의겸(義謙)화파인 수화승 채인(彩仁)의 화풍은 필선이 부드럽고 섬세하지만, 「운흥사감로탱」(1730) 등에서처럼 감로탱의 복잡한 화면 구성에서는 색대비는 단순하게 하는 경향이 있는데, 이 화면에서도 야단법석을 상징하는 밝은 황토색을 바탕으로 죽음을 맞은 고혼들을 위한 천도의 염원을 명료하게 드러내고 있다.

함양법인사목조아미타여래좌상 咸陽法印寺木造阿彌陀如來坐像 경상남도 함양군 안의면 금천리 법인사의 조선후기 목조불상. 보물 제1691호. 높이 83cm. 이 좌상은 1657년에 조능(祖能)이 수조각승으로서 조성한 불상이다. 원래의 봉안처는 함양(咸陽) 덕유산(德裕山)에 있었던 장수사(長水寺)의 부속암자인 은신암(隱身菴)이었다. 이 불상을 조성할 당시에 불상 말고도 불화를 함께 조성하여 봉안하였는데, 전체 불사의 책임은 영규(靈圭)가 맡았고, 불화는 심인(心印)이 책임을 맡았으며, 불상은 조능이 맡아 조성하였다고 기록하고 있다(時維順治十四年歲次赤鷄仲夏日 安陰地北嶺德裕山隱身菴 新建造像及畫像畢功已于后 … 畫員 靈圭 造成 祖能 玄修 文瓚 英悅 畫佛 心印 一信). 수조각승인 조능은 전라도 지역을 중심으로 활동한 조각승 법령(法靈)의 제자이며 혜희(惠熙)의 사제(師弟)로 추정되는 인물로, 17세기 중후반 전라도와 경상도 일대에서 활동한 것으로 알려져 있다. 발원문에는 존상의 명칭에 대한 기록이 없지만, 오른팔을 위로 올린 변형 시무외인을 지은 것으로 보아 아미타불일 것으로 추측된다. 이 얼굴은 길고 턱이 뾰족한 편이며, 귀는 조능의 또 다른 작품인 김제청룡사 관음상처럼 돌기가 확연하지는 않지만, 이륜에 안팎으로 돌출된 부분이 있다. 승기지 상단의 띠도 좁고 넓은 특징이 그대로 나타나 있으며, 오른쪽 하복부에서 승기지로 삽입된 부견의도 예각으로 꺾은 특징을 보인다. 두 다리 사이의 대의 옷주름이 강하게 양각된 모습도 조능이 조성한 불상의 가장 확연한 특징 중 하나이다. 무릎과 넓적다리 위의 대의는 윗면과 앞면이 부드럽게 이어지지 않고 모나게 이어지며, 그 사이의 옷주름들도 각선이 깊고 예리하게 표현한다. 전체적으로 조능의 작풍을 충실히 따르고 있어, 불사를 책임진 영규가 불상조성에 적극적으로 관여하지는 않은 듯하다. 〔참고문헌〕 송은석 『조선후기불교조각사』(사회평론, 2012) pp.312~313.

함양유치원 咸陽幼稚園 일제강점기 경상남도 함양군에 있던 유치원. 1927년 7월에 벽송사(碧松寺) 등 함양 인근의 6개 사찰이 연합하여 기성회(期成會)를 조직하고 소인극(素人劇) 등 활동으로 모금하여 1928년 11월 1일 함양불교포교당(咸陽佛敎布敎堂)에 개원하였다. 1929년 7월 9일 자모회(慈母會) 결성 등 운영지원활동이 있었으며, 1931년 미곡가(米穀價) 폭락으로 사찰의 재정지원이 어려워지자 잠시 문을 닫았다가 이듬해 5월에 재개원하였다. 〔참고문헌〕 『佛敎』 제54호 p.103, 『韓國近世佛敎百年史』 권2 「社會事業」 p.13, 『東亞日報』(1928.10.24.·1932.5.10).

함언 緘言 입 닫고 말하지 않다. 『화엄경소초현담』 「서 序」(卍속장8, p.347b8)에 "비록 종일 말한다 해도 말은 없는 것이니 어찌 입을 닫는 것으로 침묵을 지킨다고 하랴! 雖終日言而無言 豈可緘言 而守默哉", 『천성광등록』 권19 「쌍천욱장 雙泉郁章」(卍속장135, p.786a18)에 "입을 닫고 설하지 않는다 하니 삿된 견해와 바른 도리 가리지 못할까 걱정스럽다. 也擬緘言不說 恐邪正不分"라고 하였다. 〔참고문헌〕 『華嚴經疏鈔玄談』, 『天聖廣燈錄』, 『百丈淸規』 권6(대정장48, p.1146c8).

함원전 含元殿 당 수도 장안(長安)에 있던 궁궐. 『대혜어록』 권2(대정장47, p.819c17)에 "소리도 빛깔도 언어도 떠나 도의 참된 몸을 찾으려 한다 하니, 함원전 안에서 장안을 찾음과 크게 다르지 않다. 若離聲色言語求道眞體 大似含元殿裏更覓長安", 『서장』 권27 「답왕내한 答汪內翰」(대정장47, p.929a24)에 "본래 나기를 이미 물러나 있어 근성이 볼품없다 하며 다시 구하여 앞선 곳 들고자 한다면, 바로 함원전 안에서 장안을 묻는 것이다. 若自生退屈 謂根性陋劣 更求入頭處 正是含元殿裏問長安"라고 하였다. 〔참고문헌〕 『大慧語錄』, 『書狀』.

함월 涵月 1691~1770. 조선후기 문주(文州 : 함경남도 文州郡 文川面 盤龍山) 도창사(道昌寺) 스님. 휘는 해원(海源), 호는 함월(涵月), 자는 천경(天鏡), 속성은 이(李)씨니, 해원의 법호이다. ⇨해원 海源

함월당해원대사비 涵月堂海源大師碑 조선후기 해남 대흥사 함월해원(涵月海源 1691~1770)스님 행적을 담은 비. 전라남도 해남군 삼산면 구림리 대흥사에 있는데, 비문은 김상복(金相福 1714~1782)이 짓고, 이택수(李澤遂)가 써서 1773년(영조49)에 안변 석왕사(安邊釋王寺)에 세웠다가 1822년(순조22) 해남 대흥사로 옮겨 세웠다. [참고문헌] 『大芚寺誌』(亞細亞文化社, 1980) p.290, 『朝鮮佛教通史』 권상 p.557, 智冠 『韓國高僧碑文總集 朝鮮朝·近現代』 pp.462~463. ⇨ 대흥사함월당해원대사비 大興寺涵月堂海源大師碑

함월당해원대사행장 涵月堂海源大師行狀 1691~1770. 함월스님의 행적을 기록한 행장이니 1771년(영조47)에 제자인 성안(聖岸)이 지었는데, 한불전9, pp.631c22~632b23에 실려 있다. [참고문헌] 『天鏡集』 권하.

함윤 咸潤 송대 천태(天台) 산외파(山外派) 학승(學僧). 속성은 정(鄭)씨. 자는 거원(巨源). 월주(越州) 상우(上虞) 출신. 일곱 살 때 등자사(等慈寺)의 자명(子明) 문하에서 사사받아 율장(律藏)에 정통하였다. 그 뒤 천태산으로 가서 지자대사(智者大師)가 지은 삼관(三觀)을 읽다가 새롭게 눈을 떴다. 전당(錢塘) 개화사(開化寺)의 경소(慶昭)를 찾아가 가르침을 구하였다. 당시 『유마경』·『법화경』·『열반경』·『능엄경』 등의 깊은 뜻 터득하자 경소가 법좌를 나누어 설법할 기회를 주었다. 1007년(경덕4) 상우의 관리 배환(裴煥) 등이 등자사로 맞이하여 설법을 청하기도 하였다. 경소는 입적하기 전에 향로(香爐)와 불자(拂子)를 건네주어 범천사(梵天寺)의 법좌를 계승토록 하였다. 천희년간(1017~1021) 산외파의 주장을 지지하면서 사명지례(四明知禮)의 설을 비판하였다. 1025년(천성3) 회계(會稽) 영복사(永福寺)로 옮겼을 때 따라온 이들이 500명 이상 되었다. 저서에 『지가 指瑕』·『첨의 籤疑』 등이 있다. [참고문헌] 『佛祖統紀』 권10(대정장49, p.205b9), 『釋門正統』 권5(卍속장130, p.833b4).

함인 含忍 품어 참아내다. 『대지도론』 권14(대정장25, p.167c19)에 "어떤 사람이 금생에 나를 괴롭히고 욕보이며, 이익을 빼앗고 업신여기며, 속박한다 해도 마땅히 품어 참아야 한다. 만약 내가 참지 못하면, 지옥에 떨어져 무쇠로 된 담과 뜨거운 땅에서 한량없는 고통을 받는데, 태우고 구우며 삶는 등 고통이 말로 다할 수 없다. 若人今世惱我 毁辱 奪利 輕罵 繫縛 且當含忍 若我不忍 當墮地獄 鐵垣熱地 受無量苦 燒炙燔煮 不可具說", 『법온족론』 권3(대정장26, p.466c4)에 "나의 다문의 현성제자로 이와 같은 사성종(四聖種)을 성취한 이는 동서남북으로 의지해 머물지만 그곳에 사는 것 기껍지 않지만 그들은 즐거이 살고 있으니, 즐겁든 즐겁지 않든 모두 다 능히 품어 참고 견딘다. 我多聞賢聖弟子 成就如是四聖種者 若依東西南北方住 不樂居彼 而彼樂居 於樂不樂 俱能含忍", 『절의론』 권2(대정장52, p.803c23)에 "참고 인내하는 것이 인(仁)이란 무슨 말인가? 어진 마음을 오래 쌓고 널리 확대하면 일체의 선악이 그 마음을 움직일 수 없으니, 이것이 함인이다. 含忍爲仁者 蓋仁心積久而廣大 一切善惡 則不能動其心 是謂含忍也"라 하였다. [참고문헌] 『大智度論』, 『法蘊足論』, 『折疑論』.

함자 含字 실담자 (haṃ). 종자(種子) 중 하나로 풍륜을 상징한다. 『유가법궤의』 권상(대정장19, p.369a19)에 "함자는 하늘의 풍륜이니 눈썹 위에 구름이 낀 듯 저 겁풍 안치한다. 含字 卽是天風輪 安置於眉上 靉靆如劫風"라고 하였다. [참고문헌] 『瑜伽法軌儀』. ⇨ 실담 悉曇, 사십이자문 四十二字門, 오십자문 五十字門

함자 憾字 실담자 (haṃ) 또는 (hāṃ). 종자(種子) 중 풍계(風界)의 뜻을 품은 자다. 『삼종실지진언의궤』(대정장18, p.912c24)에 "공륜 중의 함자 짙고 어두운 색과 같은 모양으로 있다가 점차 펼쳐지며 넓어진다고 관상하라. 空輪之中想憾字 其如深玄色 漸舒廣成", 『성하야흘리박대위노왕립성대신험공양염송의궤법품』 권상(대정장20, p.159b13)에 "다음으로 응신 앞에서 관상한다. 하계의 풍륜에서 함자를 관상하라. 검은 색이 점차 멀어지며 반달 모양으로 어디에나 있는 상이 되니, 풍륜과 같다고 일컫는다. 次應身前想 於下界風輪想憾字 黑色漸引 形如半月遍相 稱如風輪라고 하였다. [참고문헌] 『三種悉地眞言儀軌』, 『聖賀野紇哩縛大威怒王立成大神驗供養念誦儀軌法品』. ⇨ 실담 悉曇, 사십이자문 四十二字門, 오십자문 五十字門

함장 含章 아름다운 품다. 장은 미(美) 또는 문장(文章)의 뜻이 있어 수려한 문장을 가리킨다. 『대승장엄경론』 권1(대정장31, p.589c21)에 "보살은 여래께서 멸도하신 이후 아름다움 품은 채 빼어났으니 삼십이상 갖춘 몸에 미세한 팔천억 매듭마저 그 바람 이어 모두 풀었다. 菩薩 以如來滅度之後 含章秀發 三十二相具體 而微八千億結 承風俱解", 『성유식론술기』 권1(대정장43, p.229b5)에 "현장은 아름다운 문장이었으니 무리중에 빼어났다. 玄奘 含章拔萃", 『성유식론소초』 권1(卍속장80, p.207a10)에 "함장에서 장이란 문장이다. 剃는 무리를 뜻한다. 뜻으로는 삼장법사를 나머지 사람들 모여 있던 곳에서 드러낸 것이지만, 그 삼장이라는 이름은 나머지 사람들 그 밖으로도 빼어났다. 含章 章者文章 萃者聚也 意顯三藏法師 與餘人聚集之處 其三藏名 卽出於餘人外"라고 하였다. 〔참고문헌〕『大乘莊嚴經論』, 『成唯識論述記』, 『成唯識論疏抄』.

함장 函丈 한 자(一丈)의 거리를 두고 가깝게 모셔 섬기는 스승 또는 꺼내줄 것이 많은 가르침 품은 스승이나 방장 등을 말한다. 장은 장(杖)이라고도 한다. 『경덕전등록』 권16 「대광거회전 大光居誨傳」(대정장, p.328c15)에 "처음에는 석상의 방 함장에 가서 법을 거듭 묻기를 두 해가 지났다. 初造于石霜之室函丈 請益經二載", 같은 책 권26 「반야우섬전 般若友蟾傳」(대정장51, p.424c13)에 "먼 곳에서 스승을 좇았으니 은밀하게 심지를 인가받았다. 遠趨函丈 密印心地", 『일체경음의』 권83(대정장54, p.848a4)에 "함장〈함은 합과 감을 반절한 음. 『모시전』에 '함은 들이다라는 뜻의 용(容)'이라 하였고, 『예기』에는 자리 사이에 한 자 거리를 둔다는 것이다〉. 函杖〈上合甘反 毛詩箋云 函容也 禮記 席間函杖是也〉"이라고 하였다. 〔참고문헌〕『景德傳燈錄』, 『一切經音義』, 『釋氏要覽』 권하 「函丈」(대정장54, p.295b13).

함장기 含藏記 밀교의 육기(六器) 중 도향기(塗香器). 향를 바르는 법구(法具)를 말한다. 진언행자가 작법을 마치고 전후의 공양한 꽃과 화만기(華鬘器)·알가기(閼伽器) 등에 남은 꽃과 그릇에 담은 물을 모두 도향기에 넣고는 도향기를 화만기에 겹치고 다시 이것을 알가기에 겹쳐 넣는데 이렇게 거듭 겹쳐 넣으므로 함장기라 이름한다. 도향기는 보현보살에 배대되는데 보현은 제팔식(第八識)인 함장식(含藏識)을 나타내므로 함장기라 부른다. 등(燈)·반(飯)·화(華)·도향(塗香)·알가(閼伽)·향(香) 등 육기는 각각 미타·석가·문수·보현·관음·미륵 등 제존에 상응한다. ⇨육기 六器

함장식 含藏識 일체종자(一切種子) 품고 있는 식. 제8 아뢰야식(阿賴耶識 : 阿黎耶識)을 말한다. 『능가경주해』 권1(대정장39, p.350a6)에 "제8아리야식은 곧 함장식으로 보살에 속한다. 第八阿黎耶識 卽含藏識 屬菩薩", 『종경록』 권49(대정장48, p.707b20)에 "경행처와 자기 집이나 부모와 권속 등 지금 볼 수 있는 것은 옛날에 보았기에 모두 제8함장식 중에 기억해 가져 마음에 두었던 것이고, 지금 마음이 움직이는 것이 아니니, 종자식이라고도 하고 함장식이라고도 한다. 所經行處及自家父母眷屬等 今所見者 由昔時見故 皆是第八含藏識中 憶持在心 非今心去 亦名種子識 亦名含藏識"라고 하였다. 〔참고문헌〕『楞伽經註解』, 『宗鏡錄』. ⇨아뢰야식 阿賴耶識, 제팔식십팔명 第八識十八名, 팔식십명 八識十名

함정 含情 정을 품은 존재. 유정(有情), 함식(含識)과 통한다. 『대승밀엄경』 권하(대정장16, p.744a10)에 "비유하면 대지에 의지하여, 온갖 물이 발생하니, 일체 모든 함정을 비롯하여, 온갖 보배가 그러한 것과 같이 장식도 이와 같아서, 온갖 식이 의지한다. 譬如依大地 發生種種物 一切諸含情 乃至衆珍寶 藏識亦如是 衆識之所依"라 하였다. 〔참고문헌〕『大乘密嚴經』. ⇨함식 含識

함주 頷珠 검은 용 턱 아래 구슬. 여룡함하주(驪龍頷下珠)라 한다. 『설봉의존어록』 권하 「용면방 龍眠方」(卍속장119, p.990a18)에 "푸른 바다 밤 깊어 밝은 달빛 위로 함주 한 알 빛으로 흩어지니 꽃 피듯 한다. 滄海夜深明月上 頷珠一顆散光華", 『초석범기어록』 권17(卍속장124, p.259a1)에 "빈손으로 누가 함주를 가져오랴? 옛도 지금도 진실로 용의 뿔을 드러낸 적이 없다. 赤手誰來得頷珠 古今不露眞頭角"라고 하였다. 〔참고문헌〕『雪峰義存語錄』, 『楚石梵琦語錄』. ⇨여룡함하주 驪龍頷下珠, 함하주 頷下珠

함중진제 含中眞諦 중을 품은 진실. 『종경록』 권65(대정장48, p.783a21)에 "이승은 공을 얻으면 공을 깨우쳤다 해서 만사를 그치지만, 보살이 공을 득하면 방편으로 이익케 하고자 일체를 두루 제도한다. 이로써 중도 품은 진제로 나아가 그 득실을 가려낸다. 二乘得空 證空休息 菩薩得空 方便利益 普度一切 此就含中眞諦 簡其得失也"라고 하였다. 〔참고문헌〕『宗鏡錄』.

함차 函次 경함(經函)의 차제. 고려대장경은 천자문(千字文)으로 함차를 써서 그 차제를 삼았다. 천(天)함의 600권 『대반야경』부터 동(洞)함의 『일체경음의』까지 639함에 1498부의 경전이 입장되었다. 고려 수기(守其)는 『대장목록』에 입장경의 함차와 권수와 종이분량 등을 낱낱이 기록해 두었으니, 같은 책(고려장39, p.215a12)에 "전적성곤지갈석거야동 함에 100권 종이 206첩 14장을 들이니 『일체경음의』 100권이다. 田赤城昆池碣石鉅野洞函 入一百卷 入紙二百六牒 十四張 一切經音義 一百卷"라고 하였다. 〔참고문헌〕『大藏目錄』. ⇨함 函, 경함 經函

함창상원사사불회탱 咸昌上院寺四佛會幀 1562년, 보물 제1326호, 세로 90.5cm·가로 74cm. 비단 바탕에 채색, 국립중앙박물관 소장. 조선 명종 17년(1562)에 조성된 불화로 화기에는 사회탱(四會幀)으로 이름하였다. 네 부처의 설법회상을 상하좌우로 구성하였는데 상단은 서방극락정토를 다스리는 아미타불과 동방유리광정토의 약사불이, 하단에는 석가모니불과 미륵불의 회상을 그렸다. 아미타불은 8대보살이 에워싸고 있으며, 약사불은 왼손에 약함을 든 채 협시인 일광·월광보살, 12신장과 회상을 이룬다. 나한에 둘러싸인 미륵불은 도상적 특징이 확실하지 않은 반면, 석가모니불은 오른쪽 어깨를 드러낸 우견편단의 법의에 오른 손으로 땅을 가리키는 촉지인을 취하였다. 인물 묘사가 정교하고 힘찬 필력의 금니선묘가 돋보인다. 금니로 기록한 화기 위쪽에는 합장한 네 보살과 사천왕을 배열해 안정감 있는 구도를 연출했다. 불화조성을 발원한 이는 풍산군 이종린(李宗麟 1538~1611)으로, 조선 제11대 중종의 5남인 덕양군의 장남이다. 그는 외조부 권찬(權纘)과 조모 숙원 이씨 등의 명복과 외조모, 부모인 덕양군 부부 등의 복을 빌며 사회탱과 서방아미타불탱, 중단탱을 조성해 함창 상원사에 봉안했다(新畫成西方阿彌陀佛一幀彩畵四會幀一面彩畵中壇幀一面送安咸昌地上院寺). 조선전기 다불신앙을 네 부처의 설법회상도로 구현한 유일한 불화로, 16세기 양식의 우수성을 확인할 수 있는 성보다. [참고문헌] 『韓國의 佛畫 畫記集』(성보문화재연구원, 2011) p.1338, 박은경 「朝鮮前期의 기념비적인 四方四佛畵」(『미술사논단』 7, 1998) pp.111~139.

함천욕일무애안 涵天浴日無涯岸 하늘 적셔 해마저 목욕시키니 그 언덕 가이 없다. 『종용록』 19칙 「송 頌」(대정장48, p.239b25)에 "푸른 바다 광활하고〈하늘을 적시고 해마저 목욕시키니 그 언덕 가이 없다〉, 흰 구름 한적하다〈학을 짝으로 삼아 바람을 따라 자유롭다〉. 滄海濶〈涵天浴日無涯岸〉 白雲閑〈伴鶴隨風得自由〉"라고 하였다. [참고문헌] 『從容錄』.

함토십허 含吐十虛 시방허공을 머금기도 토하기도 하다. 『능엄경』 권3(대정장19, p.119a28)에 "그대는 원래 알지 못했는가. 여래장 중에 있는 성식으로 밝은 지와 깨달아 밝은 진실한 식을 묘한 깨달음 맑은 채여서 법계에 가득하고 시방 허공을 머금고 토해내니 어찌 방소 있겠는가? 업을 따라서 발현하지만 세간이 무지하여 미혹함 인연 삼고 자연성이라 여긴다. 그러나 모두 식심으로 분별하고 계탁한 것이니, 다만 언설로 있을 뿐이고 도무지 실한 뜻은 없다. 汝元不知 如來藏中 性識明知 覺明眞識 妙覺湛然 遍周法界 含吐十虛 寧有方所 循業發現 世間無知 惑爲因緣 及自然性 皆是識心 分別計度 但有言說 都無實義", 『원오어록』 권3(대정장47, p.726a17)에 "밝디 밝아 뒤로 물러나 구르지 않고 역력해 남 없이도 견디는 것이여! 만유에 가득해 시방의 허공을 머금고 토한다. 보는 것 떠나고 듣는 것 끊어서 소리도 색도 뛰어넘었으니 만약 마음 그대로가 부처라 말한다면 이는 마치 머리 위에 머리 앉히듯 하리라. 다시 부처도 아니고 마음도 아니라고 말한다면 물거품 헤집어 불씨 찾는 듯 하리라. 明明不退轉 歷歷無生忍 彌綸萬有含吐十虛 離見絶聞超聲越色 若謂卽心卽佛 正如頭上安頭 更言非佛非心 大似撥漚覓火"라고 하였다. [참고문헌] 『楞嚴經』, 『圓悟語錄』, 『宗鏡錄』 권69(대정장48, p.805c17).

함통육년명금고 咸通六年銘金鼓 통일신라시대 쇠북(금고). 보물 제1907호. 지름 31.5cm. 국립중앙박물관 소장. 865년(경문왕5)에 제작된 우리나라에서 가장 오래된 쇠북이다. 불구(佛具)로서 금고라는 이름은 『금광명최승왕경 金光明最勝王經』 「몽견금고참회품 夢見金鼓懺悔品」에 의지한 것으로 금구(禁口)·금고(金鼓)·반자(飯子) 등으로 쓴다. 금고 소리를 듣고 고액(苦厄)을 멸하고 모든 죄를 참회토록 한다 하였고, 더불어 사찰에서 대중에게 공양시간을 알릴 때도 친다. 함통 6년명 쇠북은 우리나라 쇠북의 원형이 되고 있는데, 이후에 제작한 모든 쇠북은 함통 6년명 쇠북을 따르고 있다는 점에서 중요한 의미가 있다. 2009년 군위 인각사에서 발견된 쇠북은 함통 6년명 쇠북의 형태를 유지하면서 당좌구에 초보적인 무늬가 나타나고 있어, 함통 6년명 쇠북을 바탕으로 점차 변화된 것임을 알 수 있다. 측면에 3개의 고리가 있고, 뒷면은 전이 짧고 넓은 공명구를 이루고 있다. 고면은 2개의 동심원으로 3개의 공간을 만들었는데, 당좌구를 비롯해 중구와 외구에는 문양을 새겨넣지 않고 여백으로 두었다. 측면에는 고리 사이에 좌서(左書)로 명문에 "함통 6년 2월 12일 내□월사 금구를 조성함. 咸通陸歲乙酉二月十二日成內□月寺禁口"이라고 하였다. [참고문헌] 『韓國金石全文』 古代(亞細亞文化社, 1984) p.181, 최응천·김연수 『한국미의 재발견 8 금속공예』(솔, 2003) p.108.

함파 緘坡 1618~1693. 조선후기 해남 미황사(美黃寺) 스님. 휘는 덕한(德閑), 호는 함파(緘坡)다. 속성은 소씨(邵氏), 아버지의 휘는 현명(現明), 어머니는 김씨

(金氏)부인이니, 어느 날 밤 꿈에 어떤 스님이 밝은 구슬을 전해주는 태몽을 꾼 다음, 잉태하여 1618년(광해군10)에 태어났다. 설봉희안(雪峰希安 : 1636년 병자호란 때 강화에 피난한 왕자와 대신들에게 채소를 공급했던 스님) 스님을 은사로 하고 이봉 낙현(离峯)율사에게서 사미계를 받았다. 신심이 돈독하여 부처님 앞에서 팔을 태워 연비하고 사재를 털어 미황사에 지장암(地藏庵)을 창건하고 시왕탱(十王幀)을 봉안하고는 항상 참회정진을 하다가 1693년(숙종19) 세수 76세를 일기로 입적하였다. 1708년(숙종34) 병조좌랑춘추관기주관(兵曹佐郎春秋館記注官)이 비문을 지어 1737년(영조13) 11월 3일에 세운 '함파당덕한대사비 緘坡堂德閑大師碑'가 해남 미황사에 있다. 〔참고문헌〕 智冠『韓國高僧碑文總集 朝鮮朝·近現代』 pp.266~267. ⇨덕한 德閑

함하주 頷下珠 여룡함하주(驪龍頷下珠)의 줄임말. 함주(頷珠)라고도 한다. 『속전등록』 권29 「용아지재전 龍牙智才傳」(대정장51, p.666a11)에 "사심(死心)이 '무엇이 차별이 없는 일인지요?'라고 묻자 용아가 '황룡의 뿔을 두드리지 않고 어떻게 함하주를 알겠습니까?'라고 답했고, 사심은 바로 때렸다. 心曰 如何是無差底事 師曰 不扣黃龍角 焉知頷下珠 心便打"라고 하였다. 〔참고문헌〕『續傳燈錄』. ⇨여룡함하주 驪龍頷下珠, 함주 頷珠

함해 鹹海 Ⓢ lavaṇa-sāgara. 칠금산(七金山)과 철위산(鐵圍山) 사이에 있는 바다. 또는 그 바다에 사는 사가라용왕의 별명이기도 하다. 『대당서역기』 권1(대정장51, p.869a27)에 "칠금산 밖이 바로 함해이다. 이 바다 가운데 거주할 만한 곳으로는 대략 사주가 있다. 七金山外 乃鹹海也 海中可居者 大略有四洲焉", 『청관음경소천의초』 권4(대정장39, p.1003b28)에 "사가라는 바다로부터 이름을 따온 것이니, 자은은 '함해의 용'이라고 하였다. 娑伽羅 從海受名 慈恩云 卽鹹海之龍也", 『금광명경조해』 권하(卍속장31, p.808b10)에 "사갈라용왕은 사가라·사게다 등으로도 음사하며, 함해라고 한역하는데 곧 수미산 밖의 여덟 번째 바다이다. 娑竭羅龍王 或云娑伽羅 娑揭多 此翻鹹海 乃須彌山外 第八重海也"라고 하였다. 〔참고문헌〕『大唐西域記』, 『請觀音經疏闡義鈔』, 『金光明經照解』, 『北山錄』 권1(대정장52, p.576c5), *Ht.23*. ⇨사가라 娑伽羅, 팔해 八海

함향동사 含香洞寺 함경북도 경원군에 있던 절. 『범우고』 함경도 경원에 "부 남쪽 오십팔리에 있다. 在府南五十八里"라고 하였다. 〔참고문헌〕『梵宇攷』, 『韓國寺刹全書』 권하 p.1136b9.

함허 涵虛 1376~1433. 고려말 조선초 스님. 휘는 기화(己和) 또는 신여(信如), 호는 득통(得通) 또는 무준(無準), 구명(舊名)은 수이(守伊), 실호(室號)는 함허(涵虛)이다. 『함허득통화상어록』 「행장 行狀」(한불전7, p.251a15)에 따르면 "갑오년(1414) 춘 3월에 자모산 연봉사(황해도 平山郡 成佛山內에 있음)에 도착하여 한 방을 차지하니 함허당이라 하다. 甲午 春三月 到慈母山 烟峰寺 占一小室 名涵虛堂"라 하였다. 〔참고문헌〕『涵虛得通和尙語錄』. ⇨기화 己和

함허당득통기화행장 涵虛堂得通己和行狀 기화(己和 1376~1433)의 행장으로 1440년(세종22)에 작성되어 문인인 문수(文秀)가 글씨를 써서 희양산(曦陽山) 봉암사(鳳巖寺)에 보관하였다고 한다. 행장에는 기화의 생애와 함께 다비 이후 수습한 사리에서 기이한 향이 만연하여 이를 들은 자들이 공경하여 신앙하였으며 효령대군(孝寧大君 1396~1486)이 임금에게 아뢰고 문도들에게 명하여 4곳에 부도를 세운 일이 기록되었다. 글을 지은 야부(埜夫 : 野夫)는 보잘 것 없는 자신의 글이 스승인 기화의 위대한 덕행을 서술할 수 없지만, 후세에 알리는 것이 효를 숭상하는 것이고 효자와 효손의 지극한 정성이라고 언급하였다. 행장의 말미에는 모연문인(募緣門人)과 조양(助揚)한 신도, 각수(刻手) 등이 기록되어 있다. 함허당득통화상어록(한불전7, pp.250b~252a) 말미에 수록되어 있다. 〔참고문헌〕『涵虛堂得通和尙語錄』. ⇨기화 己和

함허당득통화상어록 涵虛堂得通和尙語錄 조선전기 스님 함허당 득통기화(得通己和 1376~1433)의 어록. 1권. 함허의 제자 야부(埜夫·野夫)와 시자 학미(學眉) 등이 편집. 초판본은 1440년(세종22) 희양산(曦陽山) 봉암사(鳳巖寺)에서 목판으로 개판하였다. 근대 이후의 간행본은 연인활자본으로 권상로(權相老)가 「금강경서 金剛經序」·「법화경후발 法華經後跋」 및 출가시(出家時) 등을 보편하여 1940년 월정사(月精寺)에서 간행하였다. 한불전7, pp.226a1~252a17에 수록되어 있다. 어록 형식 중 가장 핵심에 해당하는 상당(上堂) 법문이 없고, 시가(詩歌)가 많아서 『함허집』 또는 『함허당집』으로 불리기도 한다. 서두에는 출가 전 동문수학하던 전여필(全汝弼)이 1439년(세종21)에 쓴 서문이 붙어 있다. 문(文)은 총 29편이 전하는데, 「천왕태후선가법화제삼회 薦王太后仙駕法華第三會

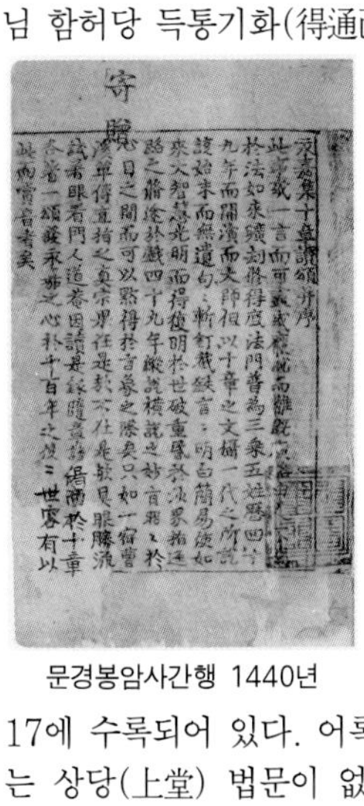

문경봉암사간행 1440년

」·「위원경왕태후선가하어 爲元敬王太后仙駕下語」·「위성녕대군헌가하어 爲誠寧大君仚駕下語」·「영귀하어 迎魂下語」·「송귀하어 迎魂下語」·「제단월청대영보설 諸檀越請對靈普說」·「현등사원당주위홍섭선가청보설 懸燈寺願堂主爲洪涉仙駕請普說」·「위옥봉각영헌향헌다헌반수어 爲玉峰覺靈獻香獻茶獻飯垂語」·「천진화상제문 薦珎和尙祭文」·「하화 下火」(2편)·「산골법어 散骨下語」 등 대부분이 천도(薦度)와 위령(慰靈)을 위한 법어이다. 이러한 점은 함허의 사조(師祖) 나옹혜근(懶翁慧勤 1320~1376)의 『나옹화상어록 懶翁和尙語錄』에서도 살필 수 있다. 앞선 법어와 달리 마지막에는 소편의 「시중 示衆」·「권념 勸念」이 있다. 이어 가찬(歌讚) 11편이 있는데, 「대승기신론석제병서 大乘起信論釋題幷序」·「원각경제 圓覺經題」(16수)·「법화경제 法華經題」(31수)·「법왕가 法王歌」·「반야가 般若歌」·「책수음 策修吟」·「자경음 自慶吟」·「미타찬 彌陀讚」 등 제문·찬문·가송 등이다. 본문의 마지막에 해당하는 시는 88편 110수가 전하는데, 교우하던 여러 스님과 문사(文士)들에게 부친 글이다. 부록으로 「법화경후발」과 야부가 쓴 「함허당행장」이 붙어 있고, 끝에는 간기(刊記)와 시주질(施主秩)이 있다. 〔참고문헌〕『朝鮮佛敎通史』 권하(대장경보편31, p.755a21). ⇨기화 己和, 나옹화상어록 懶翁和尙語錄

함허당득통화상현정론 涵虛堂得通和尙顯正論 ➡ 현정론 顯正論

함혈류 含血類 피를 머금은 채 살아가는 무리. 중생을 말한다. 『육도집경』 권1(대정장3, p.3a27)에 "내가 듣기로 제석은 중생을 두루 구제하고자 적심으로 슬퍼하며 기르려 함이 어진 어미를 넘어서니 피를 머금고 사는 무리가 그 보살핌 입지 않음이 없다고 한다. 吾聞 帝釋普濟衆生 赤心惻愴 育過慈母 含血之類 莫不蒙祐", 『능엄경소해몽초』 권1(卍속장21, p.133a12)에 "지옥의 고문을 두려워해야만 하니, 모든 함혈류를 죽이지 마라. 當畏地獄考治 勿殺諸含血類"라고 하였다. 〔참고문헌〕『六度集經』, 『楞嚴經疏解蒙鈔』.

함혈손인 含血噀人 피 머금고 남에게 뿜다. 손은 손(潠)·분(噴)과 통한다. 『건중정국속등록』 권2 「천복승고장 薦福承古章」(卍속장136, p.54a12)에 "선을 이야기하고 요를 말한다 하니 피 머금고 남에게 뿜는 일과 다르지 않다. 若也談禪說要 大似含血噀人", 『오등회원』 권18 「숭각공장 崇覺空章」(卍속장138, p.693a1)에 "야호화를 송으로 읊었다. '피 머금고 남에게 뿜지만, 앞서 그 입을 더럽혔구나. 백장이 말한 그 여우, 머리 잃은 채 미친 듯 달아나네. 불현 듯 불러 돌아보고는 거꾸로 재주마저 넘는구나'. 師頌野狐話曰 含血噀人 先汚其口 百丈野狐 失頭狂走 驀地喚回 打箇筋斗", 『벽암록』 79칙 「본칙 本則」(대정장48, p.205c5)에 "학인이 '화상을 한 마리 나귀라 불러도 되겠습니까?〈송곳 끝 예리한 줄만 알 뿐 뭉툭한 끝 모난 줄은 모른다. 비록 물을 거스르는 물결은 있을지라도 머리에 뿔이 달리지 않았다. 피 머금고 남에게 뿜는구나〉'라고 묻자 투자가 곧바로 때렸다. 僧云 喚和尙作一頭驢得麽〈只見錐頭利 不見鑿頭方 雖有逆水之波 只是頭上無角 含血噀人〉 投子便打"라고 하였다. 〔참고문헌〕『建中靖國續燈錄』, 『五燈會元』, 『碧巖錄』.

함호 含胡 끈적한 풀 머금다. 어떻게 해도 말로는 끝내 드러낼 수 없는 사태의 형용이다. 호는 호(糊)와 통한다. 『직주천동송고』 권하(卍속장117, p.797b17)에 "덕산부자는 참으로 모호함을 머금고 있구나〈덕산도 있는 힘을 다하였으나 드러내지 못하였고, 암두도 힘 다했으나 노래 불러 드러내지 못했다. 이는 마지막 한 마디 지극히 말하기 어렵기에 '크게 모호하다'고 한 것이다〉. 德山父子太含糊〈德山盡力 不能顯示 巖頭盡力 不能歌揚 此言 末後句 極是難說 故曰太煞含胡〉", 『신정홍인어록』(고존숙어록24, 卍속장118, p.468b9)에 "신정이 젓가락으로 나물을 집어 입에 넣고서 우물거리는 말투로 '무엇을 가리켜 상입이라 하는가?'라고 하였다. 師以筯夾菜置口中 含胡而語曰 何謂相入邪"라고 하였다. 〔참고문헌〕『直註天童頌古』, 『神鼎洪諲語錄』, 『宏智廣錄』 권8(대정장48, p.94a28).

함호기 陷虎機 호랑이 함정에 빠뜨리는 마음 씀. 『원오어록』 권2(대정장47, p.721c2)에 "험한 벼랑과 같은 한마디 준엄하고, 호랑이 함정에 빠뜨리는 선기 깊다. 險崖句峻 陷虎機深", 『설두어록』 권1(대정장47, p.672a25)에 "호랑이 함정에 빠뜨리는 기틀 밝히고자 한다면 반드시 본분납자라야 한다. 要明陷虎之機 也須是本分衲子"라고 하였다. 〔참고문헌〕『圜悟語錄』, 『雪竇語錄』.

함홍 涵弘 1805~1878. 조선후기 고운사(孤雲寺)스님. 휘는 치능(致能), 자는 운환(雲寰), 호는 함홍(涵弘)이다. ⇨치능 致能

함홍당집 涵弘堂集 조선후기 함홍치능(涵弘致能 1805~1878)의 시문집. 2권 1책. 한불전10, pp.968a1~994a16에 수록되어 있다. 김기선(金驥善 1806~1883)이 쓴 서문과 명원이 지은 행장에 "제자 명원이 1879년(고종16)에 엮었다. 訥庵野山者 收拾其詩文 圖壽其傳 可以不朽師也 … 崇禎紀元後五己卯孟夏 門人野山明遠盥手謹撰"라고 하였다. 김기선 서문 앞에는 19세기 중반에 활동하였던 통정대부 춘추관수찬관 이돈우(李敦禹)가 지은 「운환사시고서 雲寰師詩藁序」가, 김기선 서문 뒤에는 1879년에 허훈(許勳)이 작성한 또 다른 서문을 실었다. 권1에는 시 214수를 실었고, 권2에는 지인과 명원에게 보낸 편지인 서(書) 22편과 함께 「괄허화상유고서 括虛和尙遺稿序」 1편·「화상자찬 畵像自贊」 1편, 광흥사(廣興寺)·도리사(桃李寺) 법당 중창 및 몽음사(夢吟寺) 법당 개와 보수 발원과 관련한 문(文) 4편·권선문(勸善文) 1편을 수록하였으며, 맨 뒤에는 행장과 비명을 담았다. 특히 시 중에는 여러 사찰을 참방하면서 짓거나 고인을 추모해 지은 것도 있지만 유학자와 관인(官人)에게 보낸 것도 적지 않다. 1879년과 1881년에 각각 간행된 판본이 현재 국립중앙도서관과 계명대학교 동산도서관 등에 소장되어 있다. 〔참고문헌〕『韓國佛敎全書』 권10. ⇨ 치능 致能

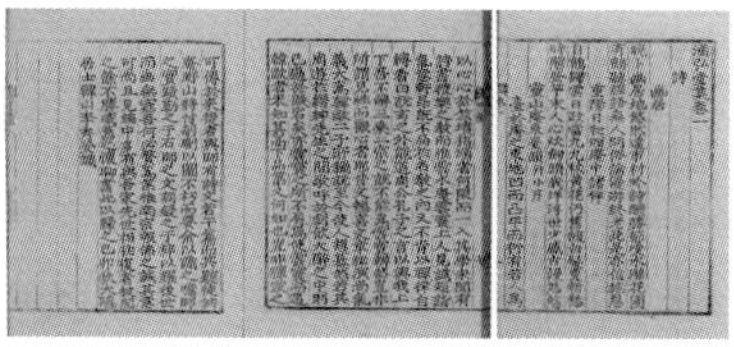

함홍당집 간행처미상 1879년

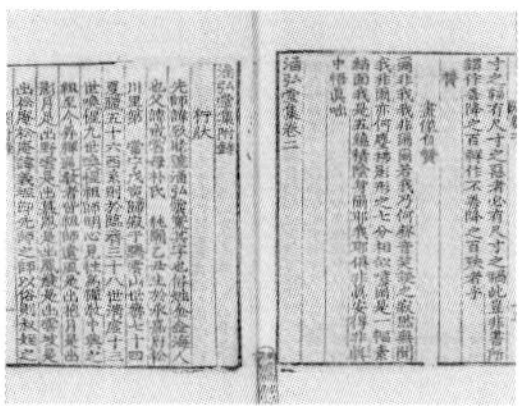

동국대학교중앙도서관 1897년

함홍당치능대사행장 涵弘堂致能大師行狀 1879년(고종16)에 스님의 제자인 야산명원(野山明遠)이 지었는데, 『함홍당집』 말미에 「행장 行狀」이라는 이름으로 수록되어 있다. 함홍당 치능(致能 1805~1878)의 행장으로 생애와 법계(法系), 주석한 사원 등을 서술하였다. 출가한 이후 숙부이자 스승이었던 송암(松庵)의 권고로 불교 뿐만 아니라 유교 경전도 공부하였는데 산동(山童)이 속학(俗學)을 한다고 비난하는 이도 있었지만, 뜻을 견고히 하고 학업을 성취한 후 삼장(三藏)의 바다에 노닐었다고 자부하였다고 한다. 『함홍당집』 권2(한불전10, pp.991c~992c)에 수록되어 있다. 〔참고문헌〕『涵弘堂集』 권2. ⇨ 치능 致能

함홍당치능비명 涵弘堂致能碑銘 방산거사(舫山居士) 허훈(許薰 1836~1907) 지음. 『함홍당집』 말미에 「비명〈병서〉 碑銘〈幷序〉」이라는 이름으로 수록되어 있고 『조선사찰사료』 권상에 「함홍선사비각문 涵弘禪師碑閣文」으로 게재되어 있다. 함홍당 치능(致能 1805~1878)의 비명으로 1879년(고종16)에 작성되어 그가 입적한 경상북도 고운사(孤雲寺)에 세워졌다. 비명에 의하면 치능은 조실부모한 후 숙부이기도 한 송암(松庵)에게 출가한 후 불교와 유교 경전을 배웠고 혼허화상(混虛和尙)과 팔봉화상(八峯和尙)에게 가르침을 받았다. 치능의 행장을 작성한 명원(明遠)이 찾아와 허훈에게 비명을 작성해달라고 청했다. 〔참고문헌〕『涵弘堂集』, 『朝鮮寺刹史料』. ⇨ 치능 致能

함홍정박 含弘靜泊 품어 더없이 크고 넓지만 늘 고요히 머물 뿐. 『출삼장기집』 권10 「도지경서 道地經序」(대정장55, p.69b2)에 "그것 모양 삼았음이니 품어 더없이 넓고 크지만 고요히 머물 뿐이고 면면히 있는 듯하지만 적막하고 아득해 말도 없어서 가려내는 이가 드물다. 其爲像也 含弘靜泊 綿綿若存 寂寥無言 辯之者幾矣"라고 하였다. 〔참고문헌〕『出三藏記集』.

함화 含華 피지 못한 연꽃 속에 품은 채로 있다. 비록 왕생하지만 꽃 속에 갇혀있는 경우다. 『관무량수불경소』 권3(대정장37, p.264a14)에 "비록 왕생하였어도 피지 못한 연꽃에 감싸여 있거나 변계에 나거나 궁태에 떨어지기도 한다. 雖得往生 含華未出 或生邊界 或墮宮胎"라 하였다. 〔참고문헌〕『觀無量壽佛經疏』. ⇨ 태궁 胎宮

함화미출 含華未出 피지 못한 연꽃 속에 갇혀 나오지 못하다. 의심을 가지고 염불수행을 한 이는 왕생 후에도 한 동안 피지 않은 연꽃 안에 갇힌 채로 삼보를 보거나 듣지 못한다. 『관무량수불경소』 권3(대정장37, p.264a13)에 "셋째로 몸을 버린 이후에 반드시 정토에 남을 밝혔고, 넷째로 정념을 닦은 인으로 뒤섞인 의심을 버리지 못해서 비록 왕생을 얻었지만 연꽃 안에 싸여 있어 아직 나오지 못했거나 혹은 변계에 나거나 혹은 태궁에 떨어짐을 밝혔다. 三 明捨身已後 必生淨土 四 明修因正念 不得雜疑 雖得往生 含華未出 或生邊界 或墮宮胎"라고 하였다. 〔참고문헌〕『觀無量壽佛經疏』. ⇨ 의성태궁 疑城胎宮, 태궁 胎宮, 변지해만 邊地懈慢

합 合 ❶ 합하다. 모으다. 다른 법(異法)들이 서로 의지하는 뜻이다. 『광찬경』 권7(대정장8, p.194a4)에 "수보리야! 보살마하살이 설사 골수와 근골이 얽혀 있는 것이 부서져 파괴되고 흩어져 돌아가 흙과 합하는 것을 보고는, 지금 이 육체도 그 법과 같다고 생각하여 안으로 자신의 몸을 관하여 그 마음을 조복하고 다스리니, 세간무명의 근심과 슬픔 또한 얻을 것도 볼 것도 없다고 여긴다. 須菩提 菩薩摩訶薩 假使見骨髓筋 纏碎壞分散 還與土合 觀察如是 今此軀體 其法如是 內自觀身 調御其意 於世無明愁慼之事 亦無所得 亦無所見", 『중론』 권2(대정장30, p.19b1 : *Madhy-ś.*, p.127)에 "다른 법들은 마땅히 합함이 있겠지만, 보는 일에는 다름이 있을 수 없기에 다른 상도 성취될 수 없으니 봄 등을 어찌 합하겠는가? 異法當有合 見等無有異 異相不成故 見等云何合 anyenānyasya saṃsargas tac cānyatvaṃ na vidyate, draṣṭavyaprabhṛtīnāṃ yan na saṃsargaṃ vrajanty ataḥ", 『구사론』 권13(대정장29, p.67c2

4 : *Abh-k-bh.*, p.193)에 "어떻게 땔나무 불과 합함으로 사라졌다 하는가? 땔나무가 불과 합한 후에는 볼 수 없기 때문이다. 如何知薪等由火合故滅 以薪等火合 後便不見故 kathaṃ tāvat bhavān kāṣṭhādīnām agnyād isaṃyogād vināśaṃ paśyāmīti manyate. teṣāṃ punar adarśanāt"라고 하였다. [참고문헌]『光讚經』, 『中論』, 『俱舍論』, *Madhy-ś.*, *Abh-k-bh.41.*, *Pañca-pr.207.* ❷ Ⓢ saṃyoga, Ⓣ yang-dag-par-gzud-pa. 뜻에 맞게 하다. 『불반니원경』 권하(대정장1, p.169b21)에 "만약 부처의 뜻을 알 수 있다면, 비구・비구니・우바새・우바이들에게 「어느 때 뵐 수 있습니다」라고 하였고, 「어느 때 뵐 수 없습니다」라고 하였으며, 공양받은 음식에 대하여 「드실 만합니다」라거나 「마실 만합니다」라고 하였고, 「누우실 때입니다」라거나 「일어나실 때입니다」라고 하였는데, 항상 부처님의 뜻에 맞게 하여, 일찍이 위의를 잃은 적이 없었다. 若知佛意 若云 某時可見 比丘 比丘尼 優婆塞 優婆夷 某時不可見 所供飮食 若言可食 可飮 可臥 可起 常合佛意 未嘗失儀", 『불개해범지아발경』(대정장1, p261a28)에 "사문이 말한 바는 반드시 말이 법의 스승이어야 하니, 듣지 않은 것을 마음대로 지어내지 않으며, 새벽과 밤에 송경을 하고, 잘못 됨이 없게 하여 정밀히 도의 요체를 행하며, 뭇 허물을 여의고, 사람을 위해 법을 설하되 사유함이 뜻에 맞게 해야 한다. 沙門所說 言必法師 其所不聞 不得意造 晨夜誦經 不得謬誤 精行道要 以除衆穢 爲人說法 思合義意", 『제법최상왕경』(대정장17, p.859a26)에 "이와 같이 비구는 대중 속으로 들어가야 하고, 승가의 업을 보고, 승가의 이로움에 합해야 하니, 이 세 가지 법을 구족하면, 마을에서 걸식함이 헛되지 않아 공양을 마쳐서는 깨끗한 보시가 되어 마땅히 제일의 이익을 얻는다. 如是比丘 入僧中 見僧業 合僧利 具此三法 不虛受聚落食 食已淨施 當得第一利益"라고 하였다. [참고문헌]『佛般泥洹經』, 『佛開解梵志阿颰經』, 『諸法最上王經』, *Bodh-bh.165.* ❸ Ⓟ phassa. 근과 경이 합하는 촉(觸)을 말한다. 『나선비구경』 권중(대정장32, p.713b24)에 "왕이 또 나선에게 물었다. '사람의 눈이 움직이면, 고락도 동시에 생겨나는 것입니까?' 나선이 답했다. '눈과 고락이 함께 일어나는데, 모두 근을 좇아 합해 일어난다'. 왕이 다시 물었다. '어떤 것들이 합한다 합니까?' 나선이 답했다. '양쪽이 서로 부딪치는 것을 합이라 합니다. 비유하면 두 마리 양이 서로 맞설 때 합이라 합니다'. 王復問那先言 人目生時 與苦樂俱生不 那先言 目與苦樂俱生 皆根從合生 王復言 何等爲合者 那先言兩相觸爲合 譬如兩羊相抵是爲合"라고 하였다. [참고문헌]『那先比丘經』, *Mil.60.* ⇨ 촉 觸❸ ❹ Ⓢ upanaya. 인명용어. 오지작법(五支作法 : 宗因喩合結) 중 하나. 『인명정리문론』(대정장32, p.8b5)에 "견줄 만한 것에서 종법성을 드러내기 위해 인의 말을 하고, 이것에서 불상리성을 드러내기 위해 유를 설하며, 비유를 드러내기 위해 종의 말을 한다. 유 중에서 이를 제하고 다시는 없으니, 그 나머지 지분들은 여타의 헤아려 살핌 등과 저 합하여 맺음 등을 막아 보내버리기 때문이다. 爲於所比 顯宗法性 故說因言 爲顯於此 不相離性 故說喩言 爲顯所比 故說宗言 於所比中 除此更無 其餘支分 由是遮遣 餘審察等 及與合結"라고 하였다. [참고문헌]『因明正理門論』. ⇨ 오지작법 五支作法 ❺ Ⓢ saṃyoga. 상키야(Ⓢ Sāṃkhya : 數論)에서 말하는 신아와 자성의 결합. 『금칠십론』 권1(대정장54, p.125b5)에 "아가 삼덕을 보려고 하고, 자성(Ⓢ prakṛti)은 독존(Ⓢ kaivalya)하려 하니, 저 절름발이와 소경이 합하듯 이 뜻으로 세간을 낳는다. 我求見三德 自性爲獨存 如跛盲人合 由義生世間"라고 하였다. [참고문헌]『金七十論』, *Māṭ-v.25.* ❻ Ⓢ saṃyoga. 바이셰쉬카(Ⓢ Vaiśeṣika : 勝論)에서 말하는 이십사덕(二十四德) 중 하나. 분리되었던 것이 재결합하는 것. 『십구의론』(대정장54, p.1263a1)에 "어떤 것이 이십사덕인가? … 여덟째가 합이다. … 합이란 무엇인가? 서로 만나지 못한 두 존재가 만날 때를 합이라고 한다. 여기에는 세 종류가 있으니, 첫째는 수일업생, 둘째는 구업생, 셋째는 합생이다. 수일업생이란 곧 동작하는 것이 동작하지 않는 것과 합해 생겨나는 것이고, 구업생이란 동작하는 두 존재에 의해 생겨나는 합을 말하며, 합생이란 곧 동작하지 않는 다수의 실체가 일어나 허공 등과 합함을 말한다 何者名爲二十四德 … 八 合 … 合云何 謂二不至至時 名合 此有三種 一 隨一業生 二 俱業生 三 合生 隨一業生者 謂從有動作無動作而生 俱業生者 謂從二種有動作生 合生者 謂無動作多實生時與空等合"라고 하였다. [참고문헌]『十句義論』, *Vaiś-s.40.* ⇨ 이십사덕 二十四德 ❼ ➡ 합작법 合作法

합 鴿 Ⓢ kapota, kapotaka, pārāvata, Ⓟ kapota. 비둘기. 음사하여 가포덕가(迦布德迦)라고 한다. 『육도집경』 권1(대정장3, p.1b24)에 "제석은 변하여 매(鷹)가 되고, 변경의 왕은 변하여 비둘기가 되었다. 釋卽化爲鷹 邊王化爲鴿", 『번역명의집』 권2(대정장54, p.1090c26)에 "가포덕가 또는 가포는 한역하여 '합'이라고 한다. 迦布德迦 或迦逋 唐言鴿"라고 하였다. [참고문헌]『中阿含經』, 『翻譯名義集』, 『大唐西域記』 권9(대정장51, p.925b17), *Saddh-p.83.*, *Rāṣṭr.133.*, *Mil.403.*

합간인 合干人 다비 등 대중이 모이는 일에 미리 힘쓰는 사람. 간은 관계. 합간 또는 합간인복(合干人僕)이라고도 한다. 『백장청규』 권3 「창의 唱衣」(대정장48, p.1129b6)에 "다비를 수행하는 상사인 합간인에게 귀중한 점은 공평한 마음으로 만행을 주관함에 있다. 유나가 값을 정하고 경쇠를 치면 행자는 앞뒤를 살펴보며 명자를 소리 내어 정하고, 지객은 이름을 베껴 단에 올리며, 시자는 이름에 따라 표를 발급한다. 喪司合干人 貴在公心主行 維那定價打磬 行者瞻顧前後 唱定名字 知客寫名上單 侍者依名發標", 『선림상기전』 권6(대장경보편19, p.210a16)에 "합간인 : 도충(道忠)이 말한다. '무릇 합해 모여 서로 미리 의논해 한 가지 일로 힘쓰는 사람을 합간인이라 한다'. 合干人 忠曰 凡合會干預一種事務人曰合干人"라고 하였다. 〔참고문헌〕『百丈淸規』, 『禪林象器箋』·권20(대장경보편19, p.589a6).

합결분별 合結分別 합해 맺었던 것에 대해 되돌아 구함. 허망한 여덟 가지 분별(八種分別) 중 하나다. 애착의 대상에 대한 탐욕에 속박되어 음욕을 추구하는 분별. 『유가사지론』 권17(대정장30, p.369b26)에 "화합해 맺어 분별함이란, 저 애착할 만한 일 중에 있어서의 존재하는 분별이다. 和合所結分別者 謂卽於彼可愛事中所有分別", 같은 책 권58(대정장30, p.625c24)에 "화합해 맺어 분별함이란, 탐욕에 얽히기에 온갖 욕을 되돌려 구하는 것을 말한다. 合結分別者 謂貪欲纏所纏縛故追求諸欲"라고 하였다. 〔참고문헌〕『瑜伽師地論』. ⇨ 팔종분별 八種分別

합구 合俱 함께 하는 뜻. 두 가지 구(俱) 중 하나. 『대비바사론』 권51(대정장27, p.264b1)에 "'구'에는 두 가지가 있으니, 첫째는 있어서 함께 하는 유구이고, 둘째는 합해야 하는 합구이다. … 합구란 예를 들면 유심유사와 유희유경각 등과 같은 것이다. 俱有二種 一者 有俱 二者 合俱 … 合俱者 如有尋有伺 有喜有警覺"라고 하였다. 『아비담비바사론』 권28(대정장28, p.205a22)에서는 불상리구(不相離俱)라고 하였다. 〔참고문헌〕『大毘婆沙論』, 『阿毘曇毘婆沙論』.

합단 合壇 각기 다른 목적을 갖는 작법을 하나의 호마단(護摩壇)에서 행하는 것. 합단호마(合壇護摩)라고 한다. 선무외(善無畏) 삼장이 한역한 『존승불정진언수유가궤의 尊勝佛頂眞言修瑜伽軌儀』「기우품 祈雨品」에 근거한다. 『사십첩결』 권10(대정장75, p.13b14)에 "〔문〕 합단호마란 무엇인가? 〔답〕 스승이 전한 것이다. 『존승의궤』「기우품」에서 볼 수 있다. 식재·증익·항복·경애 등의 네 가지 법이 갖추어졌을 때 닦을 수 있다. 이 합단 화로를 각각의 방향으로 돌리면서 닦는다. … 모든 단을 총섭하는 것은 남쪽이다. 식재법이 모든 단의 근본이기 때문이다. 問 合壇護摩者如何 答 師傳也 而大底見尊勝軌 祈雨品中 息增降敬四法俱時可修故 以此合壇爐旋向其方 修之也 … 總攝諸壇南也 息災是諸壇之本故"라고 하였다. 〔참고문헌〕『四十帖決』. ⇨ 합로 合爐

합동선 合同船 차별 없이 모두 함께 오르는 배. 승합선(乘合船)이라고도 한다. 『경덕전등록』 권5 「남악혜충전 南陽慧忠傳」(대정장51, p.245a13)에 "그림자 없는 나무 아래는 함께 오르는 배가 있고, 유리궁전에는 아는 사람이라고는 없구나. 無影樹下合同船 琉璃殿上無知識"라고 하였다. 〔참고문헌〕『景德傳燈錄』.

합두 合頭 딱 맞아 떨어지다. 『조당집』 권6 「동산양개장 洞山良价章」(대장경보편25, p.417a12)에 "들어맞는 경계 지키려 매달리면 벗어날 길이 없다. 守著合頭則出身無路", 『경덕전등록』 권29 「용아거둔송일십팔수 龍牙居遁頌一十八首」(대정장51, p.453a23)에 "누구라도 도를 배우려거든 탐해 구하지 말 일이니, 만사에 무심하기만 하면 도가 절로 들어맞는다네. 夫人學道莫貪求 萬事無心道合頭", 『원오어록』 권12(대정장47, p.767a10)에 "한 사람 낱낱이 틀어박힐 보금자리도 없고 헤아릴 일도 없이 하여 들어맞는 말 지을 일 없으며 그럴듯한 말도 하지 않으며 하나뿐인 물이라 해도 기대지 않을 것이다. 令一箇箇 無窠臼 無計校 不作合頭語 不作相似語 不依倚一物"라고 하였다. 〔참고문헌〕『祖堂集』, 『景德傳燈錄』, 『圜悟語錄』, 『大慧語錄』 권13(대정장47, p.863b6), 『雲門廣錄』 권중(대정장47, p.562a7).

합로 合爐 합단호마(合壇護摩)에 사용하는 화로. 식재·증익·항복·경애 등의 작법에 사용하는 네 가지 화로를 합하여 하나로 만든 것을 말한다. 화로의 사방에 각각의 작법을 나타내는 종자와 인계를 표시하고 각각의 방향을 따라 돌아가면서 작법한다. 『유가법궤의』 권하(대정장19, p.382a3)에 "호마단의 하나의 화로를 만들되 네 가지 화로의 형태를 갖춘다. 화로의 사방에 각각 종자를 쓴다. 종자자 𑖀(a) 아자·방형·황색은 동쪽, 𑖮(ha) 하자·청색·반월형은 서쪽, 𑖪𑖽(vaṃ) 밤자·흰색·원형은 북쪽, 𑖨𑖽(raṃ) 람자·붉은색·삼각형은 남쪽에 쓰고 바닥에 각각 인계 등을 그린다. 동쪽에는 바퀴, 북쪽에는 연꽃, 남쪽에는 금강저, 서쪽에는 갈고리를 그리되 각 작법의 본래 방위에 따라 그리거나 해당 방위에 따라 별도로 만든다. 作護摩壇一爐 具四種爐形 及爐內四方各書種子字 其種子字 𑖀阿字方形黃色東方 𑖮訶字靑色西方半月形 𑖪𑖽鑁字圓形北方白色 𑖨𑖽覽字赤色南方三角形 底各畫印契等 東方畫輪 北方蓮華 南方嚩日囉西方鉤 依本方畫之 或當方別造"라고 하였다. 〔참고문헌〕『瑜伽法軌儀』. ⇨ 합단 合壇

합론 合論 비유(譬喩)로 말해서 타인으로 하여금 자기도 모르게 이해하게 하는 논법. 드러내놓고 논하는 것을 개론(開論)이라 한다. 『유가사지론』 권11 「본지 本地」(대정장30, p.330b14)에 "웃음이란, 어떤 한 사람이 개론 또는 합론으로 인하여 이를 드러내고 웃는데 기쁨에 이(齒)를 드러내고 기쁨에 겨워 깔깔대고 웃는 것이다. 笑者 謂隨有一 或因開論 或因合論 現齒而笑 歡聚啞啞", 『유가론기』 권4(대정장42, p.379c15)에 "은밀하게 비유를 들어 말로 풀어내 합하게 해서 이해하게 하는 것을 합론이라고 한다. 隱密約喩 說話合之令解 名合論"라고 하였다. 〔참고문헌〕『瑜伽師地論』, 『瑜伽論記』. ⇨ 개론 開論, 비유 譬喩, 합비 合譬

합료청중 闔寮淸衆 모든 요사(寮舍)의 청정한 대중. 한 절에 머물며 수행하는 모든 대중을 가리킨다. 큰 산중의 모든 대중은 합산청중(合山淸衆)이라 한다. 『영평청규』 권상(대정장82, p.329c27)에 "모든 요사의 청정한 대중은 각자 부모·형제와 골육·사승·선지식에 마음을 두고 서로 자애롭게 대하고 자타가 돌아보고 연민하며 잠시 어렵게 만났을 뿐 참으로 만나기 어려웠음을 생각한다면 틀림없이 화합하고 화목한 낯빛만을 보이리라. 闔寮淸衆 各住父母兄弟 骨肉師僧 善知識之念 相互慈愛 自他顧憐 潛有難値 難遇之想 必見和合和睦之顔"고 하였다. 〔참고문헌〕『永平淸規』. ⇨ 합산청중 合山淸衆

합루긍 盍樓亘 Ⓢ Avalokiteśvara의 음사어. 광세음(光世音)이라 한역한다. 『일체경음의』 권16(대정장54, p.405a11)에 "합루긍〈앞 글자는 합, 뒤 글자는 망과 등을 반절한 음이다. 범어 음사어로 글자 뜻을 찾을 필요 없는 보살의 명호다〉. 盍樓亘〈上音合 下罔蹬反 梵語 不求字義菩薩名也〉"이라고 하였다. 〔참고문헌〕『一切經音義』, 『無量淸淨平等覺經』 권2(대정장12, p.290a21), 『翻譯名義集』 권1(대정장54, p.1062a3).

합리 合理 Ⓢ yukta, upapatti, Ⓣ rigs-pa, 'thad-pa, gtan-tshigs. 이(理)에 합하다. 『니건자소설경』 권3(대정장9, p.332c18)에 "마음이 어둡지 않고 법을 의심하지 않으니, 움직인즉 이에 합하고 잘못을 일으키지 않기 때문이다. 心不迷悶 不疑於法 動則合理 不生過非故", 『근본살바다부율섭』 권4(대정장24, p.547a9)에 "율의 말씀이란 이에 합하여 어김이 없음이다. 律語者 合理無差", 『대승광백론석론』 권7(대정장30, p.224a17)에 "저 종의 두 논사는 모두 이에 합하지 않는다. 彼宗二師 俱不合理"라고 하였다. 〔참고문헌〕『尼乾子所說經』, 『根本薩婆多部律攝』, 『大乘廣百論釋論』, *Śrāv-bh. 126.*, *Mvyut.200.*

합리 合離 ❶ 합하거나 떨어지게 하다. 인명(因明) 용어로 합작법(合作法)과 이작법(離作法)을 말한다. 『인명입정리론직소』(卍속장87, p.149a14)에 "헤아림 세우는 법에 비록 세 가지(宗 因 喩) 있으나, 반드시 합하고 버릴 두 사(詞)를 갖춤으로써 동유(同喩)와 이유(異喩)의 식을 가질 수 있다. 합작법에서는 반드시 인을 앞세우며 종을 뒤로하고, 이작법에서는 곧 종을 앞에 두며 인을 뒤에 둔다. 立量之法 雖有三支 必具合離二詞 以爲同異之式 合必先因後宗 離則先宗後因"라고 하였다. 〔참고문헌〕『因明入正理論直疏』, 『因明正理門論本』(대정장32, p.2c16). ⇨ 합작법 合作法, 이작법 離作法 ❷ ➡ 육리합석 六離合釋

합리중현보살상 蛤蜊中現菩薩像 조개 속에 출현한 관음보살상. 당(唐) 문종(文宗 재위 826~840)이 조개를 먹다가 관음보살의 형상을 보게 된 인연. 합리관음(蛤蜊觀音) 인연설이다. 『불조통기』 권42(대정장49, p.385c2)에 "당 문종이 어느날 조개를 먹는데 열리지 않는 것이 있었다. 분향하고 기도하였더니 갑자기 보살의 모습으로 변했다. 문종은 종남산 유정선사를 불러 이에 대해 물었다. 선사가 말했다. '무릇 물이란 헛되이 응하지 않습니다. 이는 폐하의 신심을 크게 하려 함입니다. 경에서 말하길 「이 몸으로 제도할 수 있는 이에게 응하여 그 몸을 드러내어 설법한다」고 하였습니다' 문종이 말했다. '보살은 나타났지만 설법은 듣지 못했습니다' '폐하께서 이를 목도한 것이 평범한 일입니까? 비범한 일입니까? 믿으십니까? 믿지 않으십니까?' '희유한 일이니 어찌 믿지 않겠습니까?' '이미 설법해 마쳤습니다' 문종은 크게 기뻐하며 천하의 사원에 관음상을 세울 것을 명했다. 一日食蛤蜊 有擘不開者 焚香禱之 俄變爲大士形 帝召終南山惟政禪師問之 師曰 夫物無虛應 此蓋廣陛下信心耳 經云 應以此身得度者 卽現此身而爲說法 帝曰 大士以現未聞說法 師曰 陛下覩此 爲常爲非常 爲信爲非信 帝曰 希有之事焉得不信 師曰 已說法竟 帝大悅 卽詔天下寺院立觀音像", 『불조역대통재』 권16(대정장49, p.632c10)에 "문종은 조개 먹는 것을 즐겼는데, 하루는 어찬으로 나온 조개 중에 벌리려고 해도 열리지 않는 것이 하나 있었다. 홀연히 보살상으로 변하니, 황제가 경이롭게 여기어 교지를 내려 홍선사로 보내고 대중스님들에게 예배하게 하였다. 신하들에게 어떤 상서로움인지 묻자, 어떤 이가 태일산의 유정선사가 불법에 아주 밝으니 그를 불러다가 묻는 것이 좋겠다 하였다. 文宗喜食蛤蜊 一日御饌中 有蛤蜊劈不張者 忽變菩薩像 帝驚異 有旨送興善寺 令衆僧瞻禮 因問侍臣 此何祥也 或對 太一山有惟政禪師 深明佛法 詔問之", "황제가 유정을 불러다가 물으니 유정이 답하였다. '물은 헛되이 응함은 없습니다. 이는 분명 폐하의 신심을 열게 함입니다. 경에서도 이르기를, 감응함에 보살의 모습으로써 득도하고자 하면 보살의 모습을 나타내어 설법을 한다고 하였습니다'. 황제가 말하였다. '보살의 모습이 지금 나타났지만 설법은 듣지 못했습니다'. '폐하께서 이를 보심은 보통의 일입니까, 보통의 일이 아닙니까? 또 믿으십니까, 믿지 않으십니까?' '비상한 상서로움인데, 짐이 어찌 믿지 않겠습니까?' 帝召政而問焉 對曰 物無虛應 此殆啓陛下信心耳 經云 應以菩薩形得度者 卽現菩薩形 而爲說法 帝曰 菩薩形今見矣 未聞其說法何也 對曰 陛下見此 以爲常耶 非常耶 信耶 弗信耶 帝曰 非常之瑞 朕焉不信", "'그렇다면 폐하는 설법을 이미 들으신 것이니, 어찌 듣지 못했다고 하겠습니까?' 황제는 크게 기뻐하며 천하의 사찰에 명하여 관음상을 세우고 받들어 재를 올리게 하였다. 政曰 陛下聞其說法矣 何謂未聞 帝大悅 詔天下寺 並立觀音像 奉祀焉"라고 하였다. 이 이야기는 수(隋) 황제와의 인연설로도 대흥선사(大興善寺) 『사탑기』 등에 따로 전하는데, 당(唐)대 단성식(段成式 ?~863)이 지은 『사탑기』(대정장51, p.1022c26)에 "(靖恭坊 大興善寺 素和尙院에서) 왼쪽으로 돌아보면 조개상이 있다. 예부터 전해 내려오는 인연은 이렇다. '수 황제가 조개 먹는 것을 즐겨 식사 때마다 꼭 조개를 곁들이기에 그 수가 천 개 만 개가 넘었다. 그런데 조개 하나가 몽치로 두들겨도 입을 다문 그대로였다. 황제가 기이하게 여겨 상 위에 두었더니, 어느 날 밤 빛이 나고 날이 밝자 살이 저절로 나왔는데 부처님 한 분과 두 보살의 상이 있었다. 황제는 비심에 젖어 뉘우치고서 조개를 먹지 않겠노라 맹세하였다. 이는 진(陳)대 선제의 일이 아니다'. 左顧蛤像 舊傳云 隋帝嗜蛤 所食必兼蛤味 數逾數千萬矣 忽有一蛤 推擊如舊 帝異之寘諸几上 一夜有光 及明肉自脫 中有一佛二菩薩像 帝悲悔誓不食蛤 非陳宣帝"라고 하였고, 이 인연에 대해 원(元)대 편집된 『역조석씨자감』 권5(卍속장132, p.88a4)에 경오육년(庚午六年 : 610)이라고 한 바를 따르자면, 이 황제는 수양제(隋煬帝 재위 604~618)에 해당한다. 〔참고문헌〕『佛祖統紀』·권53(대정장49, p.469a26), 『佛祖歷代通載』·권1(대정장49, p.481c6), 『寺塔記』, 『歷朝釋氏資鑑』, 『釋氏稽古略』 권3(대정장49, p.836c12), 『景德傳燈錄』 권4(대정장51, p.234a20), 『酉陽雜俎續集』 권5(대장경보편17, p.421a1).

합립마 哈立麻 1384~1415. 라마교 칼마파 제5세인 최펠상포(Ⓣ Chos dpal bzang po : 法吉祥賢). 명 성조(成祖) 4년에 서경(西京)에 들어왔고, 이듬해 만행구족십분최승원각묘지혜선보응우국연교여래대보법왕서천대선자재불(萬行具足十分最勝圓覺妙智慧善普應佑國演教如來大寶法王西天大善自在佛)이라는 칭호를 얻었다. 〔참고문헌〕『釋鑑稽古略續集』 권3(대정장49, p.941c6).

합만 鴿鬘 Ⓢ Kapotamālinī, Ⓣ Thi-ba'i phreng-ba. 습생으로 난 여자. 『대비바사론』 권120(대정장27, p.627a1)에 "습생이란 만타다·차로·오파차로·합만·암라위 등이다. 濕生者 如曼馱多 遮盧 鄔波遮盧 鴿鬘 菴羅衛等", 『구사론기』 권8(대정장41, p.155c23)에 "합만이란 무엇인가? 옛날에 한 임금이 있었는데 이름이 발라합마달다(Ⓢ Brahmadatta)였으며 정수(靜授)라고 한역한다. 그 임금의 겨드랑이에 물집이 있었는데, 거기에서 한 여자아이가 태어나니 합만이라고 하였다. 겨드랑이 아래에서 나오는 것이 마치 비둘기가 날아오르듯 하였고, 임금이 중히 여겨 머리쓰개인 양하였기에 이름이 되었다. 鴿鬘者 昔有一王 名跋羅哈摩達多 唐言靜授 於王腋下 有皰 生一女子 名爲鴿鬘 從腋下出 如鴿出飛 王重如鬘 故以名焉"라고 하였다. 〔참고문헌〕『大毘婆沙論』, 『俱舍論記』, *Abh-k-bh.119.*

합비 合譬 비유와 합하다. 『법화유의』(대정장34, p.643b14)에 "다음으로 비유와 합한다 하였으니 간략하게 열 가지 뜻을 밝힌다. 첫째, 이 꽃은 씨에서 생간다고 하여 일승에는 반드시 종자가 있음을 비유한다. 次合譬者 略明十義 一者 此花從種而生 喩一乘必有其種", 『인왕반야경소』 권중(대정장33, p.338a1)에 "합비에서 한 맛이라 한 말은 불성의 비유다. 번뇌 때문에 종종의 맛을 내니 지옥·축생 등이다. 지금 한 맛이라는 말은 얻을 수 없는 불이의 진성을 가리킨다. 合譬云一味者 譬佛性 以煩惱故 出種種味 所謂地獄畜生等 今謂一味者 卽是無所得 不二之眞性也", 같은 책 권하(대정장33, p.351a3)에 "비유의 글로 말하길 '물과 물결은 하나도 아니고 다르지도 않다'라고 하였는데, 움직이는 의미에서는 다르지만 습한 뜻에서는 같고, 행하는 뜻에서는 다르지만 이라는 뜻에서는 다르지 않음을 밝혔다. 다르지 않다는 말은 물결의 바탕이 물의 바탕이고, 행의 체가 이의 체와 같음을 밝힌 것이다. 합비의 문에서 '모든 행이 하나일 수 없다'는 것은 행상이 이와 다름을 밝혔다. 譬文云 如水與波 不一不異者 明動義異濕義似 行義異理義 言不異者 明波體卽水體 似行體卽理體 合譬中文云 乃至一切行不一者 明行相異理"라고 하였다. 〔참고문헌〕『法華遊意』, 『仁王般若經疏』. ⇨ 합론 合論, 비유 譬喩

합산 合山 대중이 모여 머무는 한 산중. 총림(叢林) 전체. 합산(闔山) 또는 전산(全山)이라고도 한다. 『설암조흠어록』 권2(卍속장122, p.524b4)에 "함께 늘어선 동서의 양서와 합산의 존귀한 대중들 각각의 도의 몸들에게 만복 일으켜 깃드소서. 同列兩序 合山尊衆 各各道體 起居萬福", 『정원략집』 권4 '제수광장 濟水洸章'(卍속장145, p.330b11)에 "합산의 대중이 운집하여 서로 새날을 경하하였다. 合山大衆雲集 互相慶賀新正"라고 하였다. 〔참고문헌〕『雪巖祖欽語錄』, 『正源略集』. ⇨ 합산 闔山, 총림 叢林

합산 闔山 대중이 모여 머무는 한 산중. 『영각광록』 권

17(卍속장125, p.608a10)에 "합산대중이 모여 대비신주를 지송하였다. 某集闔山大衆 持誦大悲神呪", 『대휴주어록』 권8(가흥장27, p.206b22)에 "합산의 기구(존숙)들이 찾아와 감사의 인사를 하려 하였다. 闔山耆舊欲來拜謝"라고 하였다. 〔참고문헌〕『永覺廣錄』, 『大休珠語錄』. ⇨ 합산 合山, 총림 叢林

합산청중 合山淸衆 한 산중에 결계하여 수행하는 청정대중. 『원암풍어록』 권16(가흥장37, p.403a5)에 "모든 산중에 청정한 대중이 또한 향기로운 음식을 배불리 먹었다. 合山淸衆 又飫香積"라고 하였다. 〔참고문헌〕『遠菴僼語錄』.

합생 合生 ❶ 화합생(和合生). 『사념처』 권3(대정장46, p.572b3)에 "무명이 법성과 더불어 합하여서 무량한 육도의 사(事)를 낳는다. 無明與法性 合生無量六道事", 『진심직설』(대정장48, p.1004a2)에 "모든 취(趣)가 전부 그러하니, 이미 그 업을 따르기에 합하여 나서 처해서는 즐겁다고 여기고, 나지 않은 곳은 즐겁지 않다고 여긴다. 합하여 난 곳은 자기가 의탁하는 곳이라 여기고, 나지 않은 곳은 타인이 의탁하는 곳이라 여긴다. 諸趣皆爾 旣從其業故 合生處爲樂 不生處爲非樂 以合生處 爲自己依託 不生處 爲他人依託"라고 하였다. 〔참고문헌〕『四念處』, 『眞心直說』, 『唯識二十論述記』 권2(대정장43, p.992b20). ❷ Ⓢ saṃyoga-ja. 바이셰시카(Ⓢ Vaiśeṣika : 勝論)의 용어. 이십사덕(二十四德) 중 하나인 합(合)의 한 형태. 『십구의론』(대정장54, p.1263a23)에 "합(合)이란 무엇인가? 두 가지 서로 닿지 못하다가 닿게 되는 때를 합이라고 한다. 이것에 세 가지가 있다. … 세 번째는 합생이다. … 합생이란 동작이 없는 것이 여러 실로 생할 때 허공 등과 더불어 합하는 것이다. 合云何 謂二不至 至時名合 此有三種 … 三 合生 … 合生者 謂無動作 多實生時 與空等合"라고 하였다. 〔참고문헌〕『十句義論』, 『成唯識論述記』 권1(대정장43, p.256b1). ⇨ 합 合❻, 이십사덕 二十四德 ❸ Ⓢ samudaya. 상키야(Ⓢ Sāṃkhya : 數論)의 용어. 삼덕(三德)이 합하여 생하는 것. 『금칠십론』 권상(대정장54, p.1249a7)에 "성은 변이하여 인을 내고, 삼덕은 합하여 변을 일으키네. 구르는 까닭으로 마치 물과 같고, 각각의 덕이 다르기 때문이네. 性變異生因 三德合生變 轉故猶如水 各各德異故"라고 하였다. 〔참고문헌〕『金七十論』, *Sāṃkhy-k.20.* ⇨ 삼덕 三德❹

합생득 合生得 칠종부(七種婦) 중 하나로 함께 생활하기로 약속하여 얻은 부인. 『십송율』 권3(대정장23, p.18c22)에 "합생득이란 이런 것이다. 예컨대 여인이 남자에게 '당신에게는 이러저러한 재물이 있고, 저에게는 이러저러한 재물이 있습니다. 아들과 딸을 낳아 기르면 앞으로 우리들을 공양할 것입니다'라고 말을 하여 얻으면, 이것을 합생득이라고 한다. 合生得者 若女人語男子言 汝有財物 我有財物 若生男女 當供養我等 是名合生得"라고 하였다. 〔참고문헌〕『十誦律』. ⇨ 칠종부 七種婦

합생성 合生聲 Ⓢ saṃyogajaḥ śabdaḥ. 바이셰시카(Ⓢ Vaiśeṣika : 勝論) 용어. 세 가지 소리 중 하나로 실체와 세력이 허공중에 합하여 내는 소리. 『십구의론』(대정장54, p.1265a18)에 "(세 가지 소리 중) 첫째는 합생성으로 부딪힐 실체가 있어 합해 세를 써 함께하는 것이니, 접촉하는 실체가 공처에서 합하는 것으로 인을 삼는다. 一 合生者 有觸實 合勢用俱 有觸實 空處合爲因"라고 하였다. 〔참고문헌〕『十句義論』. ⇨ 이생성 離生聲, 성생성 聲生聲

합송 合誦 모여 함께 외우다. 경문을 소리내 함께 외우는 일. 『당고승전』 권28 「석보경전 釋寶瓊傳」(대정장50, p.688a11)에 "성곽을 이끌고 독려해서 마을의 뜻을 앞세웠다. 매번 한 읍마다 반드시 30인을 맺어 『대품경』을 합송하고 사람마다 1권씩 따로 하게 하였으며 달마다 재를 베풀어 모였으니 모이면 각각 차제에 따라 외웠다. 率勵坊郭 邑義爲先 每結一邑 必三十人 合誦大品 人別一卷 月營齋集 各依次誦", 『사분율수기갈마소정원기』 권8(卍속장64, p.412b1)에 "합송은 함께 가지런히 소리내 외우는 것이다. 合誦 齊聲誦也"라고 하였다. 〔참고문헌〕『唐高僧傳』, 『四分律隨機羯磨疏正源記』.

합수화니 合水和泥 온몸 적시고 진흙으로 범벅되다. 중생과 함께하는 뜻이다. 『원오어록』 권10(대정장47, p.759b5)에 "어떤 때는 사방이 터진 큰 길에서 천 길의 벽처럼 서기도 하고, 어떤 때는 우뚝 솟은 봉우리 꼭대기 향하지만 온몸 물과 합하고 진흙과 어울리기도 한다. 有時 向十字街頭 壁立千仞 有時 向孤峯頂上 合水和泥", 『인천안목』 권1(대정장48, p.304a15)에 "온몸 물에 적시고 진흙 범벅되니 기에 응하여 물들과 만난다. 合水和泥 應機接物"라고 하였다. 〔참고문헌〕『圜悟語錄』, 『人天眼目』. ⇨ 화니합수 和泥合水, 타니대수 拖泥帶水

합십지장 合十指掌 Ⓢ daśanakha-kṛtakara-puṭāñjali, añjaliṃ praṇāmya namaskṛta. 열 손가락 합하다. 합장(合掌). 합장하면 열 손가락과 손바닥 모두가 붙기에 이렇게 말한다. 합십지조장(合十指爪掌)·합십지조(合十指爪)·합십지(合十指)·합십(合十) 등이라고도 한다. 『잡아함경』 권21(대정장2, p.150c12)에 "그때 질다라장자가 자리에서 일어나 오른쪽 어깨를 드러내고 오른 무릎을 땅에 대고 합십지장을 하였다. 時

質多羅長者 從座起 偏袒右肩 右膝著地 合十指掌", 『법화경』 권6「약왕보살본사품 藥王菩薩本事品」(대정장9, p. 53c2 : *Saddh-p.*, p.409)에 "부처님의 처소로 나아가 머리를 발에 조아리고 열 손가락끝 모은 채로 게송으로 부처님을 찬탄하였다. 往到佛所 頭面禮足 合十指爪 以偈讚佛 bhagavāṃs-tena-añjaliṃ praṇāmya taṃ bhagavantaṃ namaskṛtvānayā gāthāyābhiṣṭauti sma", 『선견율비바사』 권5(대정장24, p.705c17)에 "바라문은 바로 자리에서 일어나 부처님 주위를 세 번 돌고 사방에서 절을 올리고 물러났다. 합십지조장하고 차수하여 정수리 위에 놓고 걸어 나갔다. 婆羅門卽從坐起 遶佛三匝 四方作禮而去 合十指爪掌 叉手放頂上却行"라고 하였다. 〔참고문헌〕『雜阿含經』, 『法華經』, 『善見律毘婆沙』, *Saddh-p.*, *Gaṇḍ-vy.134.* ⇨ 합장 合掌

합연화 合蓮華 봉오리진 연꽃. 피기 전의 연꽃. 불심(佛心)인 여래장 피어나지 못한 채로 있는 유정의 비유다. 『대일경』 권1(대정장18, p.59a21)에 "먼저 두 손의 중간을 비운 모양으로 모아서 봉오리진 연꽃처럼 합장한다. 先以二手虛心 合掌如合蓮華", 『보리심론』(대정장32, p.574b22)에 "범부의 마음은 봉오리진 연꽃인 듯하고, 부처님의 마음은 저 보름달 같다. 凡人心如合蓮華 佛心如滿月", 『금강정보리심론약기』(卍속장95, p.700b10)에 "논에서 '범부의 마음은 봉오리진 연꽃 모양'이라고 한 말은 물듦도 붙들림도 없다는 뜻을 밝힌다. 객진번뇌에 얽혀 제 모습 드러내지 못할 뿐이므로 오무렸다(合) 한다. 곧 숨은 것은 여래장을 뜻한다. 論云 凡夫心如合蓮華者 明不染不著之義 爲客塵煩惱之所纏未顯得 故云合也 卽是隱爲如來藏之義", 『미륵상생경술찬』(卍속장91, p.640a5)에 "봉오리진 연꽃은 중생을 덮은 오욕의 마음을 비유한다. 合蓮華 喩覆盖衆生 五欲之心"라고 하였다. 〔참고문헌〕『大日經』, 『菩提心論』, 『金剛頂菩提心論略記』, 『彌勒上生經述贊』.

합용 合用 반드시 써야 하는. 꼭 필요한. 『백장청규』 권4「부사 副寺」(대정장48, p.1132c9)에 "병든 스님이 반드시 써야 하여 공급할 물품은 즉시 전하라. 病僧合用 供給之物 卽時應付", 『선림상기전』 권20(대장경보편19, p.588b9)에 "합용 : 도충(道忠)이 말한다. '쓰려고 하는 물품이다'. 合用 忠曰 所欲用之物也"라고 하였다. 〔참고문헌〕『百丈淸規』, 『禪林象器箋』.

합원대중 闔院大衆 절 안에 머무는 모든 대중. 『경덕전등록』 권6「선문규식 禪門規式」(대정장51, p.251a15)에 "절 안에 모든 대중은 아침저녁으로 모여 참문하고 법문 들으며, 장로는 상당하거나 법좌에 오르고, 주사와 도중은 늘어 서서 귀를 기울이고 듣는다. 其闔院大衆 朝參夕聚 長老上堂陞坐 主事徒衆 雁立側聆"라고 하였다. 〔참고문헌〕『景德傳燈錄』, 『百丈淸規』 권8「古淸規序」(대정장48, p.1158a13). ⇨ 합산 闔山, 합산 合山

합유 合糅 합해 섞다. 서로 다른 문구나 다양한 이설을 책이나 글로 조직하고자 합하고 섞는 일. 『성유식론요의등』 권1(대정장43, p.660a11)에 "이 논서를 지을 즈음 열 논사의 풀이를 모아서 번역하니 모두 『추요』와 같았다. 그러나 호법보살이 천백 년 뒤에 비로소 세상에 출현하여 이 논석과 『대승광백론석』을 지었고, 청변보살도 동시대에 출현하여 『대승장진론』을 지었다. 이때 대승이야말로 바야흐로 공과 유를 놓고 다툴 만했다. 及造此論 十師之釋 合糅翻譯 皆如樞要 然護法菩薩 千一百年後 方始出世 造此論釋 及廣百論釋 淸辨菩薩 亦同時出 造掌珍論 此時大乘 方諍空有"라고 하였다. 〔참고문헌〕『成唯識論了義燈』.

합은불영 鴿隱佛影 비둘기 부처님 그림자에 숨다. 40권본 『대반열반경』 권28(대정장12, p.529a4)에 "나 그 옛날 어느 때 사리불 및 오백의 제자와 함께 마가다국 첨파대성에 머물고 있었다. 그때 사냥꾼이 비둘기 한 마리를 쫓고 있었다. 이 비둘기 두려워하며 사리불의 그림자에 숨었지만 여전히 전율하였으니, 저 파초잎 흔들리듯 하였고 다시 나의 그림자에 숨어서는 안온해 하더니 두려워하지 않았다. 알아야 하리, 여래세존께서 지닌 필경의 지계는 몸의 그림자에 이르러서도 이러한 힘이 있다. 我昔一時 與舍利弗 及五百弟子 俱共止住 摩伽陀國 瞻婆大城 時有獵師 追逐一鴿 是鴿惶怖 至舍利弗影 猶故戰慄 如芭蕉樹動 至我影中 身心安隱 恐怖得除 是故當知 如來世尊 畢竟持戒 乃至身影 猶有是力"라고 하였다. 〔참고문헌〕『大般涅槃經』.

합자법 合字法 글자를 합하는 법. 『유가론기』 권5(대정장42, p. 414, b9)에 "인도에서 성명으로 구경의 극론을 삼아 세간에 성행했다. 상속이란 성명 중에 소리를 합하거나 글 합하는 법을 하나의 품으로 삼은 것이니 이것이 제일분이다. 西方以爲聲明究竟之極論 盛行於世也 相續者是聲明中合聲合字法爲一品 是第一分", 『성유식론장중추요기』 권상(卍속장78, p.106b18)에 "합자법이란 글자가 되게 하고 소리를 합해 굴곡케 하는 것이고 글자를 합하여 문자를 이름이 되게 하는 등이니, 미루어 생각하면 알 수 있다. 合字法者 合聲生屈曲 合字成字成名等 思之可知"라고 하고 있다. 〔참고문헌〕『瑜伽論記』, 『成唯識論掌中樞要記』.

합작법 合作法 인명용어. 동유(同喩)를 들어 인(因)과 종(宗)이 합하게 된다. 수반(隨伴)이라고도 한다. 이작법(離作法)과 상대한다. 『인명입정리론소』 권중(대정장44, p.109c17)에 "어미소가 가는 곳에 새끼소 반드시 뒤따르듯, 인이 있는 곳에 종은 반드시 따라 좇는다. 이것을 합이라 한다. 母牛去處 犢子必隨 因有之處 宗必隨逐 此爲合也"라고 하였다. [참고문헌] 『因明入正理論疏』, 『因明正理門論』(대정장32, p.8a14). ⇨ 선인후종 先因後宗, 선종후인 先宗後因, 이작법 離作法

합작성불 鴿雀成佛 비둘기도 까치도 부처 되다. 『법화현의』 권1하(대정장33, p.688b7)에 "혹은 중생의 미래사를 곧바로 기별하거나, '비둘기와 까치도 성불한다'라는 등에 이르기까지, 이런 류를 화가라나(Ⓢ vyākaraṇa)라고 한다. 或直記衆生未來事 乃至記鴿雀成佛等 是名和伽羅那"라고 하였다. [참고문헌] 『法華玄義』. ⇨ 기별 記別, 수기 受記, 화가라나 和伽羅那

합장 合掌 Ⓢ añjali, añjali-karman, kṛtājalī, añjalim √kṛ, añjalim pra-√ṇam, Ⓟ añjalim paṇāmeti, Ⓣ thal-mo, thal-mo-sbyor-ba, thal-mo-sbyar-ba-dang-mchod-pa'i-las. 두 손을 모으다. 손가락 열을 다 모으기에 합십지장(合十指掌)이라고도 한다. 『석씨요람』 권중(대정장54, p.277b15)에 "합장 : 중국의 차수와 같다. 『법원주림』에 '만약 손가락을 합했으나 그 바닥이 합하지 않는다면 마음이 오만하고 정이 흩어지기 때문이다. 반드시 손가락과 손바닥이 붙어서 그 사이가 비지 않도록 해야 한다. 合掌 若此方之叉手也 法苑云 若指合其掌不合者 良由心慢 而情散故也 必須指掌相著 不令虛也", 『법화경구해』 권2(卍속장47, p.955a5)에 "한 마음 가지런히 하여 두 손 서로 합하니 둘이 아님을 나타낸다. 齊其一心 兩掌相合 表不二也", 『법화경대성』 권4(卍속장51, p.225a10)에 "둘이 아님은 권도 아니고 실도 아닌 한 마음이니, 이변을 어울려 모으게 해서 중도로 돌아가므로 합장이라 한다. 不二卽是 非權非實之一心 融會二邊 歸於中道 故云合掌", 『법화경』 「방편품 方便品」(대정장9, p.9c12 : *Saddh-p.*, p.35)에 "공경하기에 합장하고 예를 올린다. 恭敬合掌禮 kṛtāñjalī sarvi sagauravāḥ sthitāḥ", 『관무량수경』(대정장12, p.345a12)에 "합장하고 차수하여 부처님들을 찬탄한다. 合掌叉手 讚歎諸佛", 『관음의소』 권상(대정장34, p.922a16)에 "합장이란 무엇인가? 이 땅에서는 손을 다소곳이 모음을 공이라 여기고, 외국에서는 합장을 경으로 여긴다. 손은 본래 두 쪽이지만 합하여 하나가 되니, 감히 경탄하지 않을 수 없어서 오로지 한 마음에 이름을 나타낸다. 한 마음에 상당하므로 이로써 경을 표한다. 合掌者 此方 以拱手爲恭 外國 合掌爲敬 手本二邊 今合爲一 表不敢敬誕 專至一心 一心相當 故以此表敬也"라고 하였다. 『대당서역기』 권2(대정장51, p.877c12)에 따르면 인도에서의 예법 모두 아홉 등급(九等)인데, 합장은 그중 네 번째라 한다. 합장의 상징을 밀교에서는 좌우 두 손을 금강계(金剛界)와 태장(胎藏) 또는 이(理)와 지(智) 등이 합하는 뜻으로 표하거나, 열 손가락 각각을 지수화풍공의 오대(五大)와 십바라밀(十波羅蜜) 등에 배대하기도 한다. 『금강경주강』 권상(卍속장92, p.754b7)에 "합장이란 마음이 도에 합하고 도가 마음에 합한다는 뜻이니, 이로써 돌아가 의지함을 보인다. 合掌者 心合於道 道合於心 以示其歸依也", 『금강반야경찬술』 권상(대정장33, p.128b6)에 "합장이란 듣는 사람의 마음이 법과 그윽이 합하게 한다. 合掌者 爲表聽者之心 與法冥合也", 『신화엄경론』 권34(대정장36, p.960a25)에 "합장이란 진속이 만나서 둘이 아니라는 뜻이다. 合掌者 眞俗會而不二也", 『금강경법안주소』 권상(卍속장92, p.666b8)에 "합장이란 열 손가락과 손바닥을 합하여 두 가지 생각이 없음을 말한다. 合掌者 合十指掌無二念也"라고 하였다. [참고문헌] 『釋氏要覽』, 『法華經句解』, 『法華經大成』, 『法華經』, 『觀無量壽經』, 『觀音義疏』, 『大唐西域記』, 『金剛經註講』, 『金剛般若經贊述』, 『新華嚴經論』, 『金剛經法眼註疏』, 『南海寄歸內法傳』 권2(대정장54, p.218a20), *Saddh-p.*, *Bhai.165.*, *Abh-k-bh.213.*, *Bodh-bh.96・161.*, *SN.3.100.* ⇨ 십이합장 十二合掌, 귀명합장 歸命合掌, 금강합장 金剛合掌, 안선합장 安禪合掌, 연화합장 蓮華合掌, 일심합장 一心合掌, 장궤합장 長跪合掌, 향내차합장 向內叉合掌, 허심합장 虛心合掌, 현로합장 顯露合掌, 호궤합장 胡跪合掌, 횡주지합장 橫柱指合掌, 합십지장 合十指掌, 천축구의 天竺九儀

합장 아난존자 다보사 나주

아난합장 아미타불화도
국립경주박물관 19세기

합장 合葬 결하여 함께 묻다. 『신수과분육학승전』 권14 「당선혜 唐善慧」(卍속장133, p.661b17)에 "정관 9년 정월 여산의 양천정사에서 마치니 춘추 49세다. 제자가 그 영여를 모셔 태원사문 혜달의 무덤에 합장하였다. 貞觀九年正月 終於驪山之凉泉精舍 春秋四十有九 弟子奉其靈輿 合葬於太原沙門慧達之兆", 호은유기(好隱有

璣 1707~1785)『호은집』 권2「제홍제존자문 祭弘濟尊者文」(한불전9, p.712c14)에 "지난 늦가을에 또 와서 공(사명유정)의 선산을 살피니, 숲의 나무와 풀숲으로 우거졌고 모랫돌 밝고 깨끗한데 오래된 묘 하나 무너져 평평한 땅이 되었습니다. 마을의 어르신들께 물으니 모두 말하길 '승대장의 부모님이 합장되었으나 손이 끊긴 지 오래다' 하는데 듣고는 눈물 흘러 이길 수 없었습니다. 이에 올봄 날을 잡고 음식 마련해 모든 촌부들 모아 묘 가까이 초목을 베고 먼 곳에서 짊어져다 돋보이게 봉분을 높였습니다. 공께서 과연 이로써 마음 풀리셨는지 모르겠습니다. 秋末又來 審公先山 林木蘂菀 沙石明潔 有一古墳 殆成平陸 鄉老咸言 僧大將先人合葬而絶孫久矣 聞不勝涕零 乃於今春 flag日辦食 會諸村夫 伐除近墓之草木 擔取遠武 特成高封 公果以此而釋然不"라고 하였다. 〔참고문헌〕『新修科分六學僧傳』, 『好隱集』.

합장게 合掌偈 합장하고 외우는 게. 부처님 앞에 향을 사른 다음 합장하고 꿇어 앉아 합장게를 외운다. 『석문의범』 권상 「재공편 齋供篇」 '상주권공 常住勸供'에 "두 손 모아 꽃을 짓고 사대육신 온몸으론 공양물 삼았네. 지성으로 올린 진실의 향 찬탄의 향연 가득하도다. 合掌以爲花 身爲供養具 誠心眞實香 讚歎香煙覆"라 하였다. 〔참고문헌〕『釋門儀範』 권상 p.108a12, 『靈山大會作法節次』(『韓國佛敎儀禮資料叢書』 권2, p.130b13).

합장수공 合掌手供 천축구의(天竺九儀) 중 하나로 두 손을 모아 합장한 손으로 받든다. 『사분율행사초간정기』 권16(卍속장68, p.980b13)에 "공경을 올리는 의식은 그 형식에 아홉 가지가 있다. … 네 번째는 합장수공이다. 致敬之式 其儀有九 … 四合掌手供"라 하였다. 〔참고문헌〕『四分律行事鈔簡正記』. ⇨ 천축구의 天竺九儀

합장암 合掌庵 전라남도 강진군 도암면 덕룡산(德龍山) 소석문(小石門) 위에 있던 암자. 1698년(현종24)에 중창기록이 전한다. 윤선도(尹善道) 손자 윤이후(尹爾厚 1636~1699)의 『지암일기』 1698년 9월 3일에 "가서 합장암을 보니 소석문 암석 사이에 있었다. … 암자의 규모는 1칸 8척이며, 암자 뒤 큰바위는 중간이 쪼개져 마치 두 손으로 합장한 모습이고, 두 손 사이인즉 깊은 굴이다. 굴 깊은 곳에서 샘이 솟으므로 쪼갠 대나무 이어 암자 곁으로 물을 끌어들였다. 往觀合掌庵 庵在小石門巖石間 … 庵制一間八隻 庵後大巖 中折若兩掌相合之狀 兩掌之間 卽成深窟 窟之奧有泉湧出 剖竹引水于庵之傍"라고 하였다. 『만덕사지』에 문곡(文谷) 김수항(金壽恒)과 삼연(三淵) 김창흡(金昌翕)의 시 2수도 전한다. 〔참고문헌〕『支菴日記』, 『萬德寺誌』(亞細亞文化社, 1976) pp.178~179, 『韓國寺刹全書』 권하 p.1136b20.

합장인 合掌印 양손을 합장하여 짓는 수인. 금강합장인, 연화합장인 등이 있다. 『제불경계섭진실경』 권상(대정장18, p.272c11)에 "다음으로 유가행자는 금강합장인을 맺는다. 먼저 양손을 합하고 열 손가락의 끝을 교차하되 오른손으로 왼손을 누르면 금강합장인이다. 일체의 인법이 여기에서 생긴다. 復次瑜伽行者 結金剛合掌印 先合二掌 次十指頭更互相叉 以右押左 卽是金剛合掌印 一切印法皆從此生", 『유가연화부염송법』(대정장20, p.6c10)에 "연화합장인은 양손의 손바닥에 빈 공간을 만들어 피지 않은 부용처럼 만든다. 結蓮華合掌印 兩手相虛其掌 似未開芙蓉", 『대일경소』 권15(대정장39, p.734a27)에 "공양에 간략히 네 가지가 있음을 알아야 한다. 첫째 향화 등의 공양〈도향과 등 내지 음식이다. 이것은 세간의 공양이고 단지 물건으로 봉헌하는 것이다〉이고, 둘째 합장〈예경을 의미한다. 이것은 수인이다〉이며, 셋째 자비이고, 넷째 운심이다. 향화가 법계를 가득 채운다고 관상하여 운심을 마치고 합장인을 활용한다. 자비와 함께 세 가지가 모두 운심이다. 그러나 경전에서 향화 등을 말하지 않았지만 뜻 자체에 반드시 포함되어 있다. 꽃을 든 손은 모두 합장인을 중첩한 것이다. 當知供養略有四種 一是供養香花等〈及塗香燈等乃至飮食 此是世間供養也但以物獻也〉 二者 合掌〈謂禮敬也 此是印也〉 三 慈悲 四 運心 謂想香花滿法界 運心已卽用合掌印也 并慈悲三事皆運心也 然經中不言香花等 於義必當有之也 花手此是都牒合掌印也"라고 하였다. 〔참고문헌〕『諸佛境界攝眞實經』, 『瑜伽蓮華部念誦法』, 『大日經疏』.

합장일심대 合掌一心待 합장한 채로 한마음으로 기다린다는 말. 오로지 부처님께서 설해 주시기만을 기다린다는 뜻. 『대승본생심지관경』 권1(대정장3, p.296b18)에 "모든 사람이 합장하고 한 마음으로 기다린다면 장차 여래의 안락한 궁전으로 들어갈 것이다. 諸人合掌一心待 當入如來安樂宮", 『법화경』 권1(대정장9, p.5b20)에 "모든 사람은 지금이 그때라는 사실을 알아야 하니, 합장하고 한 마음으로 기다리라. 부처님께서 법의 비를 내려서 구도자들을 충족시켜 주실 것이다. 諸人今當知 合掌一心待 佛當雨法雨 充足求道者", 『법화의소』 권2(대정장34, p.482b4)에 "합장하고 한 마음으로 기다린다는 말은 두 가지 위의를 견지하고 부처님께서 나중에 설해주시기를 기다린다는 뜻이다. 합장한 채 그 자리에 멈추고 위의를 바르게 하도록 하니, 몸은 특별한 작용이 없다는 말이고, 한 마음으로 마음을 안주하고 위의를 반듯하게 하니, 생각은 다른 대상을 별도로 가지지 않는다는 말이다. 合掌一心待者 令住二儀 待佛後說 合掌住身正威儀 謂身無別用 一心住心正威儀 謂意無他緣", 같은 책 권5(대정장34, p.513b4)에 "위의 문구에서 '모든 사람은 지금이 그때라는 사실을 알아야 하니, 합장하고 한 마음으로 기다리라'고 하였다. 기다린 다음에야 부처님께서 선정에서 일어나 법을 설하신다는 의미이다. 上文云 諸人今當知 合掌一心待 待後佛起定說法也"라고 하였다. 〔참고문헌〕『大乘本生心地觀經』, 『法華經』, 『法華義疏』. ⇨ 일심 一心 3

합장차수 合掌叉手 합장한 다음 손가락을 교차하는 자세. 밀교의 금강합장(金剛合掌)이 대표적이다. 『관무량수경』(대정장12, p.345a11)에 "수행자가 자금대에 앉아 있는 모습을 스스로 보고는 합장차수하고 제불께 찬탄하면, 한순간에 저 극락국토의 칠보로 된 연못에 난다. 行者 自見坐紫金臺 合掌叉手 讚歎諸佛 如一念頃 卽生彼國七寶池中", 『대교왕경』 권10(대정장20, p.775b16)에 "무릎을 꿇은 대로 합장차수하고 부처님을 향한 자세로 세존께 아뢴다. 長跪合掌叉手向佛 而白世尊"라고 하였다. 〔참고문헌〕『觀無量壽經』, 『大敎王經』. ⇨ 금강합장 金剛合掌, 차수 叉手 1

합중지 合中知 합하는 중에 알아차리다. 근(根)과 진(塵) 두 가지가 반드시 간극 없이 직접 접촉해서 일으키는 지각. 오근(五根)과 오진(五塵) 중 비설신(鼻舌身)이 이에 해당하고, 안이(眼耳)는 떨어져 있어도 지각 가능하므로 이중지다. 『능엄경』 권6(대정장19, p.130b2)에 "향을 합하는 중에 아니, 떨어진 즉시 원래 있을 리 없게 된다. 그 각 항상할 수 없으니 어떻게 원통을 얻겠는가! 香以合中知 離則元無有 不恒其所覺 云何獲圓通", 『능엄경전』 권6(卍속장89, p.171a17)에 "(鼻根이) 합해 티끌인 경과 만나야 비로소 안다. 爲合觸塵方知", 『능엄경정맥소』 권6(卍속장18, p.663b8)에 "초심의 범부는 반드시 연기 기다려 코에 합해야 비로소 향인 줄 알아차리고, 떨어지면 더이상 향이라는 상은 없다. 이 향은 상주하지 않아 항상 지각할 수 없다. 지각이 항상 있지 않다면 향도 항상 있지 않으니, 어떻게 향에서 원통을 얻을 수 있겠는가! 初心凡夫 必待烟合於鼻 方以覺香 離則無復香相 是香非常住 不能令覺常恒 覺不恒則香亦非恒 豈能於香 而得圓通哉", 『팔식규구찬석』(卍속장98, p.599a9)에 "비설신 삼근이 공간 갖추지 않으면 합해서 알지만, 공간 연 갖추어 근과 경이 멀리 떨어질 경우 향미촉 티끌들 모두 알 수 없다. 鼻舌身三 不具空緣 是合中知也 若具空緣 根境遠離 香味觸塵 俱不知故"라고 하였다. 〔참고문헌〕『楞嚴經』, 『楞嚴經箋』, 『楞嚴經正脈疏』, 『八識規矩纂釋』. ⇨ 오근 五根 1, 이중지 離中知, 삼사화합 三事和合

합지 合智 1 Ⓢ jñānena gatāḥ nirvikalpena, Ⓣ rnam-par-mi-rtog-ye-shes-ldan. 무분별지(無分別智)와 더불어 함께하는 지. 『대승장엄경론』 권7 「도섭품 度攝品」(대정장31, p.628a20 : *Sūtr.*, p.100)에 "〔게〕 육바라밀의 바탕 분별하니, 낱낱에 네 가지 상이 있네. 장애를 다스리거나 지혜와 합하며, 원을 채우거나 생을 성취한다. 〔석〕 … 합지란 모두 무분별지와 더불어 함께 행하니, 법무아에 통달하기 때문이다. 偈曰 分別六度體 一一有四相 治障及合智 滿願亦成生 釋曰 … 合智者 悉與無分別智共行 由通達法無我故 〈śloka〉 dānaṃ vipakṣahīnaṃ jñānena gataṃ ca nirvikalpena, sarvecchāparipūrakam api satvavipācakaṃ tredhā 〈bhāṣya〉 bodhisatvānāṃ dānaṃ caturvidhalakṣaṇaṃ … nirvikalpajñānasahagataṃ dharmanairātmyaprativedhayogāt", 같은 책 권9 「범주품 梵住品」(대정장31, p.635c22 : *Sūtr.*, p.121)에 "합지는 무분별지를 얻어 마주해 다스림이 뛰어나다. 合智 得無分別智 對治勝故 pratipakṣa-viśeṣa-yogataḥ", 같은 책 권10 「각분품 覺分品」(대정장31, p.640a14)에 "합지란 무분별지와 더불어 상응함이다. 合智者 與無分別知相應"라고 하였다. 〔참고문헌〕『大乘莊嚴經論』, *Sūtr.* ⇨ 무분별지 無分別智 2 온갖 중생을 따라 합하는 지혜. 『미륵보살소문경론』 권3(대정장26, p.247b4)에 "합지란 모든 중생을 따라서 어떠어떠한 여러 문(門)을 서로 선에 합치시킴으로써 이러저러한 방편문으로 선에 합하게 하니, 이런저런 문을 알고 의지케 해서 이런저런 중생과 합한다. 믿음대로 역량대로 분수대로 교화하는 것이다. 이것을 '합지'라고 이름한다. 合智者 隨諸衆生 以何等何等門相合善 知彼彼門 依彼彼門 合彼彼衆生 如信如力 如分敎化 是名合智"라고 하였다. 〔참고문헌〕『彌勒菩薩所問經論』.

합지인 合智印 밀교의 심인(心印). 여래의 무루지가 흩어지지 않도록 진언행자의 마음과 합하게 해서 견고하게 봉인하는 것. 폐심호인(閉心戶印)·폐심문인(閉心門印)·합심문인(闔心門印)·합지자인(闔智字印)·합지자다라니인(闔智字陀羅尼印)·여래견고권인(如來堅固拳印)·금강권삼매야인(金剛拳三昧耶印)·삼매야금강권인(三昧耶金剛拳印)·금강입인(金剛入印)이라고도 한다. 진언행자가 금강계법을 닦을 때 마음의 문호를 열어 지혜에 들어가는 수인을 맺고 진언을 염송하면서 무루지를 불러들여 흩어지지 않도록 가지하고 마음의 문을 봉인한다. 『금강발혜초』 권상(대정장79, p.107a1)에 "합지. 『생기』에서 '무루지를 불러들였는데 어떻게 흩어지게 하겠는가? 그러므로 마음의 문을 닫는다'고 하였다. 『천수의궤』에서 합지인은 금강권삼매야인이라 하였고 『유가연부염송법』에서는 개심문인삼마지라고 하였으며 『의궤』에서는 여래견고권인이라 하였다. 『약출경』에서 '아(अ) 자를 마음에 안치한 이는 밤(वं) 자로써 마음의 문호를 닫는다. 이 비밀한 말은 일체여래금강신증이다'라고 하였다. 合智 生起云 旣召入無漏智 何令散去 故次閉心殿門 千手軌合智印 名金剛拳三昧耶印也 瑜伽蓮部念誦法云 開心門印三摩地 儀軌云 如來堅固拳印 略出經云 以婀字置於心中者 以鑁字當閉心殿門戶 此密語是一切如來金剛身證", 『금강정대교왕경사기』 권5(대정장61, p.179c21)에 "『약출경』 권상13에서 합지인을 밝혀 말하기를 '다시 금강박 인계를 맺고 양손의 엄지를 손바닥 안으로 넣고 양손의 검지를 엄지 뒤에 붙이면 금강권삼매야계라 한다. 이 인계를 맺을 때 이 밀어를 염송한다. 「옴 발절라 모슬치 밤 oṃ vajra muṣṭi vaṃ」. 위에 설한 바와 같이 아( ) 자를 심 중에 안치한 이는 밤( ) 자로 항상 그 마음의 문호를 닫는다. 이 밀어는 일체여래의 금강 신어의를 능히 집지하므로 금강권이라 한다'. 略出經上十三明合智印云 復結金剛縛契已及智定二度屈入掌中 以進力度置智定度背上 是名金拳三昧耶契 結此契時而誦此密語 淹 跋折羅慕瑟致 鑁 如上所說 以婀字置於心中者 以鑁字常閉心殿門戶 此密語是一切如來金剛身語意能執持 故名金剛拳"라고 하였다. [참고문헌] 『金剛發惠抄』, 『金剛經大教王經私記』.

합천 廅天 Ⓢ parīttābha. 십칠천(十七天) 또는 십팔천(十八天) 중 하나. 합은 음사어 합파마나(廅波摩那)의 첫 글자이다. 고려본 『도행반야경』에서는 여천(廬天)이라 하고, 유광수천(有光壽天)・소광천(少光天)이라고도 한다. 『일체경음의』 권9(대정장54, p.361c22)에 "합천〈합은 오와 합을 반절한 음이다. 유광수천이라 한역한다. 색계(色界) 중 제이선 중 초천이다. 소광천이라고도 하는데 빛이 드물다는 뜻이다. (반면에) 합파마나(Ⓢ apramāṇābha)는 무량광천이라 한역한다. 제이선 중 두 번째 천이다. 이전의 광명보다 더욱 뛰어나고 더욱 미묘하다는 뜻이다. 여러 경에서 아파마파마나천이라 한 천이 이것이다. 바르게 음사하면 아발라마나바발리다바이다〉. 廅天〈烏合反 晉言有光壽天 是第二禪中初天也 亦名少光天 以光少故也 廅波摩那 晉言無量光天 卽二禪中 第二天也 以前光明 轉勝轉妙故也 諸經中 有作阿波摩波摩那天是也 應言阿鉢羅摩那婆鉢利多婆也〉"이라고 하였다. [참고문헌] 『一切經音義』, 『道行般若經』 권2(대정장8, p.435a12). ⇨ 무량광천 無量光天, 색계십팔천 色界十八天❶, 소광천 少光天

합천백암리석등 陜川伯岩里石燈 경상남도 합천군 대양면 백암리에 있는 신라시대 석등. 보물 제381호. 높이 2.57m. 석등이 위치한 장소는 '대동사지 大同寺址'로 알려져 있으나 근거가 없고 『삼국유사』 백엄사석탑사리(伯嚴寺石塔舍利)에 언급된 '백엄사'로 추정한다. 석등은 원래 주변에 흩어져 있던 것을 복원한 것으로 지금은 백암리 상촌마을 상촌저수지 아래 논밭 가운데 석조여래좌상과 나란히 서 있다. 석등은 전형적인 팔각간주석석등으로 화사석에는 사천왕상이 새겨졌다. 기단부는 하대와 간주 그리고 상대석으로 이루어졌다. 하대와

상대석에는 8엽의 복련과 앙련을 새겼는데, 연판 안에 따로 화문을 새겼고 연판 사이에는 간엽도 새겨넣어 화려함을 더했다. 화사석은 평면 8각으로 4면에는 장방형의 화창(火窓)을 마련하고 나머지 4면은 사천왕상을 양각했다. 화창에는 별도의 시설을 장엄한 듯 12개의 원공이 남아 있다. 사천왕상은 모두 입상으로 악귀를 조복하고 있으며 각각 방위에 맞게 보탑, 보검, 창 등을 들고 위엄을 드러냈다. 옥개석은 8각으로 평박한데, 하면에 1단의 각형받침을 두었고 낙수면은 완만하다. 옥개석 상면에 별도의 연화문을 새겨넣었다. 상륜부는 결실되었으나 현재는 소형보주를 올려놓았다. 이 석등은 기단부의 연꽃조각이 화려하고 화사석의 사천왕상 조각과 도상이 정연하여 우수한 전통을 이은 석등으로 평가받고 있다. 신라말에서 고려초로 넘어가는 과도기적 작품으로 보는 견해가 지배적이다. 구체적으로는 9세기말에 제작됐을 가능성이 높은 성보다. [참고문헌] 『석등조사보고서Ⅱ-이형식 편』(국립문화재연구소, 2001) pp.155~157, 『한국의 사지-울산광역시 경상남도』(문화재청・불교문화재연구소, 2013) p.570.

합천적연선사승탑 陜川寂然禪師僧塔 경상남도 합천군 가회면 중촌리에 있는 고려시대 승탑. 경상남도 시도유형문화재 제360호. 높이 2.56m. 영암사지(靈巖寺址)

에서 남서쪽으로 약1km 지점 떨어진 대기마을 뒤쪽 산자락에 위치해 있다. 전형적인 팔각원당형 승탑으로 적연국사(寂然國師) 영준(英俊 932~1014)의 탑으로 보고 있다. 원래 인근에 흩어져 있던 부재를 수습하여 복원한 것으로 탑신부는 결실되어 신부재로 보충하였다. 지대석은 하대석의 일부와 한 돌로 만들었다. 일부 파손이 있으나 원래는 방형이었던 것으로 보인다. 지대석 상면에는 각호각 3단의 괴임을 두어 하대석을 받고 있다. 하대석은 상대와 하대의 2부분으로 구성했는데, 하대 하대석은 각면 안상을 새기고 내부에 사자상(獅子像)을 한구씩 배치했다. 사자상은 앉은 자세로 정면이나 측면을 응시하고 있다. 상대 하대석은 2단형식으로 구획하고 하단

에는 운문(雲文)을 상단에는 구름속에 뒤엉켜 있는 운룡문(雲龍文) 조각하였다. 상단에는 각호각 3단의 괴임을 두어 중대석을 받고 있다. 중대석은 모서리에 우주를 생략하고 팔각의 형태만을 갖추고 있으면서 상단에 1단의 띠돌림을 두고 면석 내부에는 각면 1구씩의 안상(眼象)을 새겨 놓았다. 상대석은 하단에 3단의 각형받침을 두고 그 위로 16엽의 앙련문을 새겼는데 내부에 별도의 화문장식을 넣어 화려함을 더했다. 상단에는 1단의 낮은 각형괴임과 그 위로 고려시대 널리 유행한 2단의 굽형괴임대를 두어 탑신을 받고 있다. 탑신부는 모서리에 우주를 새겨 놓았으나 근래에 복원한 신부재다. 지붕골은 하단에 1단의 각형받침과 넓은 호형 처마받침을 두었다. 지붕돌 상면의 낙수면은 유려한 곡선을 그리고 있으며 우동마루를 높게 마련하고 끝에 커다란 화문으로 마무리했는데, 대부분 깨져 결실된 상태이다. 옥개석 상부에는 1단의 괴임만 남아 있을 뿐 상륜은 모두 결실되었고 상륜을 고정했던 원공이 남아 있다. 서울대학교 도서관에 남아 있는 적연국사자광지탑비명(寂然國師慈光之塔碑銘)에 따르면, 국사는 932년 태어나 개성인근 보법사(普法寺)와 내제석원(內帝釋院)에 주석하다가 1011년 영암사를 하산소(下山所)로 삼아 기거하였고 1014년(현종5) 83세로 입적하여 영암사 서봉에서 장사를 지냈다고 한다. 이 탑이 서있는 장소가 영암사 서쪽에 해당하고 영암사지에 남아 있는 2기의 귀부 가운데 하나가 적연국사의 비일 것으로 추정한다. 양식적으로는 의령 보천사지승탑, 화순 유마사해련탑과 유사하여 고려승탑의 편년과 변천을 이해하는 데 귀중한 성보다. [참고문헌] 李智冠『校勘譯註歷代高僧碑文』高麗篇2, 엄기표『석조부도』(학연문화사, 2003), 『한국사지총람-下』(문화재청·불교문화재연구소, 2010), 『합천 영암사지』II(경상문화재연구원, 2013). ⇨ 영암사 靈巖寺 ❷

합천치인리마애여래입상 陜川緇仁里磨崖如來立像 통일신라 마애불상. 보물 제222호. 불상 높이 7.5m. 해인사에서 가야산 정상을 향해 2km 정도 떨어진 해발 960m 지점에 위치하고 있다. 마애불상은 높이 8m에 가까운 거석불로서 판석형으로 다듬어진 한 매의 바위 전면부에 조각되었다. 바위는 장타원형의 거신광배 모양으로 다듬어져 있다. 일제강점기인 1934년 촬영된 사진에는 네모난 형태의 보개가 불상이 새겨진 바위 꼭대기에 올려져 있었다. 불상의 머리 뒤편에는 장식 없는 원형의 두광이 있다. 불상의 머리는 크고 넓은 육계로

방형에 가깝다. 상호는 볼에 살이 올랐으며 단정한 눈·코·입의 형태는 엄숙한 인상이다. 통견형 대의를 착용하였으며 왼쪽 어깨 아래에는 삼각형 모양의 옷자락이 매듭진 끈에 달려있다. 대의 안쪽 가슴에는 사선의 넓은 띠 형태로 내의를 표현하였다. U자형 옷주름은 무릎 아래까지 내려오며 별석 위에 발을 조각하여 붙여 놓았다. 수인은 엄지와 중지를 붙인 채 오른손을 들고 왼손은 손등을 보인 채 명치 부근에 대고 있다. 신라하대의 대표 사찰인 해인사에서 북편의 깊은 산 중턱에 단독상으로 제작된 아미타불로 여겨지는 치인리 마애불상은 거대한 크기가 주는 장중함과 우수한 조형성 등에서 통일신라시대 불교조각사의 중요한 성보 중 하나로 평가되고 있다. [참고문헌] 지강희 「신라하대 합천 치인리 마애불입상 연구」(『미술사학연구』274, 2012) pp.31~54.

합취구 合取口 입을 다물라 하다. 말하지 못하게 하다. 특히 발우공양 중에는 더욱이 말하지 않는다. 『경덕전등록』 권8 「남전보원전 南泉普願傳」(대정장51, p.257b23)에 "어느 날 대중에게 죽을 돌리고 있는데 마대사가 '통 안의 것은 무엇인가?'라고 묻자 '이 늙은이시여, 입 닫으시오! 어떻게 말씀을 하시다니'라고 응수했다. 一日爲僧行粥次 馬大師問 桶裏是什麽 師云 遮老漢 合取口 作恁麽語話"라고 하였다. [참고문헌] 『景德傳燈錄』.

합취구구 合取狗口 개 짖는 소리 같은 말을 하는 입은 닫으라는 말. '개주둥이 닥쳐라!' 정도의 비속한 어투다. 『운문광록』 권상(대정장47, p.546b7)에 "'무엇이 이 입술에 걸치지 않은 한마디인지요?' '개주둥이 닥쳐라!' 問 如何是不挂脣吻一句 師云 合取狗口", 『공곡집』 74칙 「본칙 本則」(卍속장117, p.609b6)에 "학인이 황련화상에게 물었다. '무엇이 이 소리 전의 한마디입니까?〈개주둥이 닥쳐라!〉' '소리 전에는 구 없으니 소리 후에 묻거라〈말이 곧고 마음이 진실하다〉'. 僧問黃連和尙 如何是聲前一句〈合取狗口〉 連云 聲前無句 聲後問將來〈語直心眞〉"라고 하였다. [참고문헌] 『雲門廣錄』, 『空谷集』.

합파마나 盍波摩那 Ⓢ Apramāṇābha의 음사어. 『번역명의집』 권2(대정장54, p.1075c9)에 "합파마나라는 음사어는 무량광이라 한역한다. 梵云盍波摩那 此云無量光"라고 하였다. [참고문헌] 『翻譯名義集』. ⇨ 무량광천 無量光天, 합천 盍天

합행 合行 만사에 알맞게 하다. 법도에 맞는 행. 또는 마땅히 해야 할 일. 『백장청규』 권4 「부사 副寺」(대정장48, p.1132c5)에 "공용으로 갖춘 상주의 재물은 비록 작은 분량일지라도 모두 시방의 모든 스님들 몫이다. 만약 절을 외호하는 관원이나 단월과 빈객을 맞이하거

나 전송하거나 경조사와 같은 법도에 맞는 모든 행으로서의 인사가 아니라면 결코 거짓 명목으로 지출하여 착복해서는 안 된다. 凡常住財物 雖毫末 並是十方衆僧有分 如非寺門外護 官員檀越 賓客迎送慶吊 合行人事 並不可假名 支破侵漁", 『선림상기전』 권20(대장경보편19, p.588b13)에 "합행 : 도충이 말한다. '합행이란 마땅히 해야 할 일이다'. 合行 忠曰 合行者 宜作爲之之事也"라고 하였다. 〔참고문헌〕『百丈淸規』, 『禪林象器箋』.

합행관정 合行灌頂 밀교에서 태장계와 금강계 양부를 합행하는 양부불이(兩部不二)의 관정. 합단관정(合壇灌頂)이라고도 한다. 하나의 단(壇)에 양부 만다라를 중첩시켜 펼침으로써 같은 단에서 양부의 관정을 행하는 태밀불공(台密不供)의 관정이다. 동밀(東密)의 경우 양부 각각의 관정 외에 양부불이의 합행관정을 행하지 않는다. 합행관정은 허가관정(許可灌頂)에서 행하지만 인법관정(印法灌頂)이나 사업관정(事業灌頂)에서는 행하지 않는다. 하루 밤 동안 양부를 닦아 불이를 나타내는 구지관정(具支灌頂)의 경우 각단관정(各壇灌頂)을 행하고 합행관정을 하지 않는다. 일본 전교대사(傳敎大師) 최징(最澄)이 당 영암사(靈巖寺) 순효(順曉)아사리로부터 태장계 관정과 대법을 받고 그 후 자각대사(慈覺大師) 원인(圓仁)이 다시 입당하여 금강계 관정과 소실지법을 전수받은 이래 천태밀교에서 전승되었다. 『계람습엽집』 권112(대정장76, p.884a20)에 "합행관정. 〔문〕 각대사의 상승에 두 가지가 있으니 태장계는 법전이고 금강계는 원정이다. 이 외에 합행을 전하기 어렵다고 말한다. 합행에 중요한 지위가 있는가? 이것이 소실지관정을 물리치는 문제는 어떠한가? 〔답〕 전교대사의 관정에 세 가지 인신이 있다. 삼부 각각의 지극한 밀인은 항상 양부합행이다. 삼부의 합행은 모두 각대사가 전한 이래 곡횡천구의 상승임은 의심할 것이 없다. 그러나 곡류는 장연(長宴)에 이르기까지 상승이 있었던 것으로 보이지만 그후에 점차 사라지다 세간에 끊어졌다. 그러므로 이 합행은 논하지 않는다. 자각대사는 널리 팔조를 방문하였다. 그 중 한 스승이 남향에 단을 세우고 관정을 주었다. 이 법식이 소실지법이고 합행법이다. 合行灌頂 問曰 於覺大師相承爲二 胎則法全 金元政 此外說難傳合行耶 將於合行有重位歟 抑蘇悉地灌頂如何 答云 傳敎大師御流灌頂有三印信 三部各至密印如常兩部合行 三部合行皆覺大師令傳以來 谷橫川俱相承無疑 然谷流迄至長宴見有相承 其後漸廢而絶世歟 故此合行且置不論 慈覺大師廣訪八祖 其中一師南向立壇奉授灌頂 此儀則是蘇悉地歟 將合行歟"라고 하였다. 〔참고문헌〕『溪嵐拾葉集』.

합행법 合行法 밀교 작법의 일종. 주존(主尊)과 그 권속 외에 다른 존격을 함께 공양하는 행법. 두 존격 이상을 합행하는 경우 주존의 공양법을 닦되 주존의 심월륜(心月輪)에 다른 존격들을 함께 관상하여 융회(融會)한다. 천태밀교의 양부합행법(兩部合行法)은 대부분 금강계 대일여래의 심월(心月)에서 태장계 대일여래를 관상하고 별존법(別尊法)을 닦을 때에도 대일여래의 심월에서 별존을 관상한다. 천태밀교의 경우 주존의 공양법만 닦지 않고 별존의 공양법을 함께 닦는 것을 합행법이라 부른다. ⇨ 양부합행법 兩部合行法

합혼 合昏 합혼수(合昏樹)의 동산. 『대보적경』 권120(대정장11, p.683a14)에 "또한 합혼이라는 이름의 동산이 있다. 가지·줄기·꽃·잎이 갖가지로 섞여 이곳을 꾸미고 있으며 무수한 나무숲은 청정하고 유연하기가 수정과 같고, 꽃과 열매가 언제나 풍성하게 자란다. 그 숲 나무 사이에는 온갖 적정 몸을 지녀 탐욕에서 벗어난 성자(牟尼)들이 깃들고 모인다. 항상 그곳에 들어가 있는 천상의 남녀들 언제나 들어오지만 탐애와 욕락을 누리려 하지 않는다. 復有園苑 名曰合昏 枝條花葉 雜糅莊飾 百千叢林 淸淨柔軟 猶如水精 花果常茂 其林樹間 諸寂靜身 離欲牟尼 是所棲集 天之男女 常所入者 皆不爲於貪愛欲樂"라고 하였다. 〔참고문헌〕『大寶積經』. ⇨ 합혼수 合昏樹, 시리사 尸利沙

합혼수 合昏樹 Ⓢ śirīṣa. 향약(香藥) 삼십이미(三十二味) 중 하나. 합환수(合歡樹)·합혼(合昏)이라고도 하며, 시리사(尸利沙)라고 음사한다. 『금광명최승왕경소』 권5(대정장39, p.302b12)에 "합혼수〈시리쇄〉. 合昏樹〈尸利灑〉", 『일체경음의』 권8(대정장54, p.351c10)에 "시리사〈범어 음사어로 길상이라 한역한다. 합혼수이며, 속칭 야합수이다〉. 尸利沙〈梵語也 此翻爲吉祥 卽合昏樹也 俗名爲夜合樹也〉"라고 하였다. 〔참고문헌〕『金光明最勝王經疏』, 『一切經音義』, 『金光明最勝王經』 권7(대정장16, p.435a2), *Suv-pr.97*. ⇨ 시리사 尸利沙

합화 合火 한 무리(一群). 합화(合伙)·화반(火伴)이라고도 한다. 화는 10인을 1조(組)로 삼았던 당대 병제(兵制)다. 동료나 한패를 나타내는 중간(仲間)의 뜻으로 와전했다. 『북간거간어록』(卍속장121, p.145a4)에 "90일 동안의 금족, 이 무슨 삼매인가? 한 무리가 떼거리를 지으며 이곳에서 넘어졌다가 저곳에서 굴렀다 하더구나. 九旬禁足 是何三昧 合火成群 東倒西擂", 『선종잡독해』 권1 「사수 四睡」(卍속장114, p.112a18)에 "풍간 그리고 습득과 한산자여! 털 빠진 늙은 호랑이에 기대려다 자빠졌구려. 한 무리가 마주보며 함께 꿈꾸면서, 밝은 달이 저 높이 떴음도 모르네. 〈허당지우(虛堂智愚)〉 豐干拾得寒山子 靠倒無毛老大蟲 合火鬥頭同做夢 不知明月上高峯 〈虛堂愚〉"라고 하였다. 〔참고문헌〕『北澗

居簡語錄』, 『禪宗雜毒海』.

합환수 合歡樹 합혼수(合昏樹)를 말하며 합환이라고도 한다. 『불본행집경』 권49 「오백비구인연품 五百比丘因緣品」(대정장3, p.880b23)에 “손으로 합환수의 가지를 잡고 흔들면 가지 하나가 흔들리면서 모든 나무의 가지와 잎이 서로 닿아 소리를 낸다. 以手捉合歡樹枝 而搖動之 一枝動已 擧樹枝葉 互相振觸 而有聲出”, 『번역명의집』 권3(대정장54, p.1102b28)에 “사리사는 합환이라 한역한다. 舍離沙 此云合歡”라고 하였다. 〔참고문헌〕『佛本行集經』, 『翻譯名義集』, 『陀羅尼集經』 권10(대정장18, p.877a8). ⇨ 합혼수 合昏樹, 시리사 尸利沙

합회유별리 合會有別離 Ⓢ saṃyogā viprayogāntāḥ. 합해 모인 것은 따로 헤어짐 있다. 회자정리(會者定離)라고도 한다. 『녹모경』(대정장3, p.454b16)에 “일체은애로 만남은 모두 인연의 합으로 말미암는다. 만남에는 언젠가 이별이 따르는 법, 무상하여 길이 갈 수는 없다네. 一切恩愛會 皆由因緣合 合會有別離 無常難得久”, 40권본 『대반열반경』 권2(대정장12, p.373a28)에 “성하면 반드시 쇠하고, 만남에는 틀림없이 이별이 따르노라. 젊은 세월은 영원히 멈추질 않고, 성했던 몸에도 병이 침범한다네. 목숨은 죽음이 삼켜버리니, 항상 머무는 법은 있을 리 없다네. 夫盛必有衰 合會有別離 壯年不久停 盛色病所侵 命爲死所呑 無有法常者”, 『유부율파승사』 권12(대정장24, p.161b1 : *Saṅ-v.2*, p.38)에 “쌓아놓은 그 모두가 힘없이 흩어지고, 아무리 숭고해도 반드시 추락하리라. 만남에는 이별이 따르고, 목숨 가진 모두들 죽음으로 돌아간다네. 積聚皆消散 崇高必墜落 合會有別離 有命咸歸死 sarve kṣayāntā nicayāḥ patanāntāḥ samucchrayāḥ, saṃyogā viprayogāntā maraṇāntaṃ hi jīvitam”라고 하였다. 〔참고문헌〕『鹿母經』, 『大般涅槃經』, 『有部律破僧事』, 『方等般泥洹經』 권하(대정장12, p.921b2), *Saṅ-v*. ⇨ 회자정리 會者定離

합회지옥 合會地獄 온갖 고통이 모인 지옥. 승가타지옥(僧伽陀地獄), 중합지옥(衆合地獄)이라고도 한다. 『수행도지경』 권3(대정장15, p.202b20)에 “어떤 죄인이 회합지옥에 떨어짐은 죄와 허물로 이르름이다. 죄인을 앉히고 나서 쇠못을 그 무릎에 박는다. 다음으로 다시 온몸 가득히 못질을 하면 몸이 부서져 무너져내리고 뼈와 살도 모두 그렇게 된다. 모든 뼈마디 풀어 헤쳐 각기 다른 곳에 떨어진다. 목숨이 끊어지려 하면 말할 수도 없이 답답하다가, 저절로 부는 바람에 날려 모든 못이 뽑히면서 이전처럼 평안하게 돌아가지만 다시 못으로 그 몸을 박는다. 헤아릴 수조차 없이 큰 이와 같은 고통이 백천만세로 이어진다. 其有墮在 合會地獄 罪垢所致 令罪人坐 鐵釘釘其膝 次復釘之 盡遍其體 身碎破壞 骨肉皆然 諸節解脫 各在異處 其命欲斷 困不可言 自然有風吹拔諸釘 平復如故 更復以釘 而釘其身 如是苦惱 不可計數 百千萬歲”라고 하였다. 〔참고문헌〕『修行道地經』, 『大智度論』 권16(대정장25, p.175b11). ⇨ 승가타지옥 僧伽陀地獄, 중합지옥 衆合地獄

핫다 Haḍḍa 지금의 아프가니스탄 동쪽, 잘랄라바드(Jalalabad)에서 동남쪽으로 10km 떨어진 지점에 있다. 옛 간다라 영역으로 불교가 번성했다. 잘랄라바드는 현장(玄奘 602?~664)의 『대당서역기』 권2(대정장51, p.879a26)에 나게라갈국이라 불리던 곳이다. 연등불수기(燃燈佛授記)의 석가세존의 본생이야기의 배경이자 불영굴(佛影窟)이 있었던 곳으로도 유명하다. 잘랄라바드 동남쪽의 핫다는 현장이 말하던 혜라성(醯羅城)에 해당한다. 핫다는 산스크리트어 ‘뼈’에서 유래했는데, 현장은 이곳에 부처의 정수리뼈, 눈(眼睛), 부처의 가사(袈裟 Ⓢ kaṣāya)와 석장(錫杖) 같은 보물이 있었다고 전한다. 『대당서역기』 권2(대정장51, p.878b27)에 “나게라갈국 … 성동 2리의 솔도파는 높이 3백여 척으로 무우왕이 세운 것이다. 돌을 쌓아 높이 일으켰고 조각도 뛰어나게 만들어졌는데, 석가보살이 연등불을 만났을 때 사슴가죽 옷을 깔고 머리를 풀어 진흙을 덮고서 수기를 받은 곳이다. 때가 괴겁만큼 흘렀지만 이런 자취 사라지지 않았다. 那揭羅曷國 … 城東二里 有窣堵波 高三百餘尺 無憂王之所建也 編石特起 刻雕奇製 釋迦菩薩值然燈佛 敷鹿皮衣 布髮掩泥 得受記處 時經劫壞 斯迹無泯”, “(가람 서쪽에) 예전에 부처님 그림자가 있었는데 밝아서 참 모습 같고 상호도 구족하여 엄연히 계신듯 하였다고 한다. 하지만 근래 사람들은 모두 보지 못하며 설령 보더라도 어렴풋할 뿐인데, 지성으로 기도하여 청하면 그윽이 감응하여 잠시 밝게 보이지만 그래도 오래 가지는 않는다. 昔有佛影 煥若眞容 相好具足 儼然如在 近代已來 人不遍覩 縱有所見 髣髴而已 至誠祈請 有冥感者 乃暫明視 尙不能久”, “영굴 문 밖에는 네모난 돌 두 개가 있다. 그 하나의 돌 위에는 여래께서 밟으신 자취 있는데 윤상이 희미하게 드러나고 빛이 밝을 때엔 촛불 같다. 영굴 좌우로는 많은 여러 석실이 있는데 모두 여래와 모든 성스러운 제자들이 정에 들던 곳이다. 영굴의 서북쪽 모퉁이에도 솔도파가 있는데 이곳은 여래께서 거니시던 곳이다. 그 옆에 솔도파에는 여래의 머리카락과 손톱이 있다. 影窟門外有二方石 其一石上有如來足蹈之迹 輪相微現 光明時燭 影窟左右多諸石室 皆是如來諸聖弟子入定之處 影窟西北隅有窣堵波 是如來經行之處 其側窣堵波有如來髮爪”, “성 동남으로 30여 리면 혜라성에 이른다. … 또 2층 누각이 있는데 동량엔 그림이 그려져 있고 기둥은 붉다. 두 번째 누각 중에 칠보의 작은 솔도파가 있는데 여래정골이 안치되어 있다. … 작은 칠보솔도파엔 여래의 촉루골이 있고 … 또 작은 칠보솔도파에 여래의 눈동자가 있으며 … 또 보배함으로 봉해서 여래승가지와 가사를 모셔두었다. 城東南三十餘里至醯羅城 … 復有重閣 畫棟丹楹 第二閣中有七寶小窣堵波 置如來頂骨 … 有七寶小窣堵波 以貯如來髑髏骨 … 又有七寶小窣堵波 有如來眼睛 … 又以寶函緘封而置如來僧伽胝袈裟"라고 하였다. 핫다 불교사원지의 조각은 스투코(stucco)조각이 압도적으로 많고, 진흙으로 만든 소조상(塑造像)도 많다.

핫다 천부상 기메미술관 프랑스

스투코상은 석회 또는 석고를 주재료로 대리석가루, 점토 등을 섞어 만든 조형물을 말한다. 핫다의 스투코상은 파키스탄 탁실라(Taxila) 불교사원지의 스투코상과 함께 가장 우아하고 아름다운 간다라 조각으로 손꼽힌다. 제작 시기는 대략 3~4세기이다. 1930년부터 1970년까지 이어진 발굴로 23,000여 점의 스투코과 소조상을 발굴했다. 당시 발굴한 핫다의 불교사원지의 조형물은 아프가니스탄 카불박물관과 프랑스 기메미술관이 나누어 소장했다. 아쉽게도 카불박물관의 유물은 전란으로 대부분 파괴되어 잃었지만, 기메미술관 소장품은 잘 남아 전한다. 〔참고문헌〕『大唐西域記』. ⇨ 나게라갈국 那揭羅曷國, 연등불 燃燈佛

핫다 소형 스투파 기메미술관 프랑스

핫타로하풋타 Hatthārohaputta 붓다 재세시 사위성(舍衛城 Ⓟ Sāvatthī, Ⓢ Śrāvastī)에서 가업을 이어 코끼리 조련사였다 출가한 비구. 가업을 잇던 중 코끼리가 아니라 스스로를 가다듬어야 한다고 생각해 붓다를 찾아가 가르침을 듣고 출가하여 아라한과를 얻었다. 그는 "과거에 내 마음은 원하는 바, 좋아하는 바와 기뻐하는 바에 대해서 방황했었다. 지금의 나는 흥분한 코끼리를 조련하는 조련자로서 (내 마음을) 확실하게 조련할 것이다. idaṃ pure cittam acāri cārikaṃ yen' icchakaṃ yatthakāmaṃ yathāsukhaṃ, tad ajj' ahaṃ niggahessāmi yoniso hatthippabhinnaṃ viya aṅkusaggaho'ti"라고 하였다. 〔참고문헌〕 *Th.11.*

핫타바나갈라비하라밤사 Hatthavanagallavihāravaṃsa 스리랑카의 아노마닷시(Ⓟ Anomadassī)왕의 명에 따라 쓰인 사원연대기. 13세기경의 저작으로 여겨지며 저자불명이다. 〔참고문헌〕 James D'Alwis *The Attanagalu-vansa or The history of the temple of Attanagalla : translated from the Pāli with notes and annotations* (New York : Nabu Press, 2011).

핫타카알라바카 Haṭṭhaka Ālavaka ➡ 하치아라바 呵侈阿羅婆

항 恒 **1** Ⓢ sadā, utkṛṣṭa-kālam, Ⓣ rtag-tu, rtag, dus-ring. 언제나. 늘. 한결같이. 『반니원경』 권하(대정장1, p.188b9)에 "부처님께서는 세간의 태양과 같아 언제나 중생의 어둠 걱정하여 없애 주신다. 佛爲世間日 恒憂除衆冥", 『별역잡아함경』 권13(대정장2, p.465c28)에 "성현과 정각과 성문을 가까이하고, 선서를 능히 믿어 믿음의 뿌리가 굳게 세워지면, 생처가 항상 존귀하고, 마지막에는 열반을 얻으리. 若親近賢聖正覺及聲聞 能信於善逝 信根立堅固 生處恒尊貴 最後得涅槃", 『대비바사론』 권187(대정장27, p.917b9)에 "삼세삼불타는 모든 근심의 독을 능히 깨뜨리셨고 그분들은 다 정법을 중시하고 언제나 법성에 머무셨다. 三世三佛陀 能破諸愁毒 彼皆重正法 恒住於法性", 『선견율비바사』 권4(대정장24, p.694b14)에 "만약 어떤 사람이 믿음이 있고, 늘 참괴를 일으키고, 계율 배우기를 좋아한다면 불법이 오래 머물 수 있다. 若人有信心 恒生慚愧 好學戒律者 佛法得久住", 『구사석론』 권3(대정장29, p.178b20 : *Abh-k-bh.*, p.55)에 "〔게〕 신·불방일·안·사·수·참·괴이다. 이근은 핍뇌가 아니며, 정진은 언제나 선법이다. 〔석〕 이와 같은 법들은 언제나 선심에서 일어난다. 偈曰 信不放逸安 捨羞及慚愧 二根非逼惱 精進恒於善 釋曰 如是等法 恒於善心中起 〈kārikā〉 śraddhā 'pramādaḥ praśrabdhir-upekṣā hrīr-apatrapā, mūla-dvayam-ahiṃsā ca vīryaṃ ca kuśale sadā 〈bhāṣya〉 ime daśa dharmā kuśale cetasi nityaṃ bhavanti", 『대승장엄경론』 권3(대정장31, p.602c23 : *Sūtr.*, p.35)에 "〔게〕 두 장애의 종자는 언제나 따르나, 그것을 멸함에 길이 남김없이 끊었다. 偈曰 二障種恒隨 彼滅極廣斷 kleśa-jñeya-vṛtīnāṃ satatam anugataṃ bījam utkṛṣṭa-kālaṃ yasminn astaṃ prayātaṃ bhavati suvipulaiḥ sarvahāni-prakāraiḥ", 〈석〉 번뇌장과 지장의 두 종자는 무시이래 항상 따라다니나 이제 길이 멸함을 얻었다는 말이다. 謂煩惱障智障二種種子 無始已來恒時隨逐 今得永滅極者 tat-pṛṣṭhalabdhān-anta-jñeya-viṣaya-jñānamārga-lābhāc ca. utkṛṣṭa-kālam ity anādikālam"라고 하였다. 〔참고문헌〕『般泥洹經』, 『別譯雜阿含經』, 『大毘婆沙論』, 『善見律毘婆娑

』, 『俱舍釋論』, 『大乘莊嚴經論』, *Abh-k-bh.*, *Sūtr.* ❷Ⓟ dhuva. 변화하지 않아 한결같음. 『중아함경』 권19 「범천청불경 梵天請佛經」(대정장1, p.547a23 : *Brahmanimantanika-sutta*, *MN.1*, p.326)에 "이에 세존께서 이르셨다. '범천이여, 너는 무상한 것을 항상하다 하고, 불변하는 것을 변화한다 하며, 있지 않는 것을 있다 하고, 요긴하지 않은 것을 요긴하다 하며, 끝이 있는 법을 끝이 없는 법이라 하고, 출요 아닌 것을 출요라 하며 이 출요를 위로 넘어 더 뛰어나고 묘하고 제일가는 것은 없다고 하는구나. 범천이여! 그대에게는 이러한 무명이 있구나'. 於是 世尊告曰 梵天 汝無常稱說常 不恒稱說恒 不存稱說存 不要稱說要 終法稱說不終法 非出要稱說出要 此出要更無出要過其上 有勝有妙有最者 梵天 汝有是無明 avijjāgato vata bho bako brahmā. yatra hi nāma aniccaṃ yeva samānaṃ niccan-ti vakkhati, addhuvaṃ yeva samānaṃ dhuvan-ti vakkhati, asassataṃ yeva samānaṃ sassatan-ti vakkhati", 『잡아함경』 권34(대정장2, p.243b14 : *Vepullapabbatam-sutta*, *SN.2*, p.191)에 "그때 세존께서 모든 비구들에게 이르셨다. '일체행은 무상하고 일체행은 불변하는 것이 아니며, 안정되지 않고 변하여 바뀌는 법이다. 비구들아, 일체행을 싫어하여 여의려는 마음을 내어 즐거운 해탈을 구해야 한다'. 爾時 世尊告諸比丘 一切行無常 一切行不恒 不安 變易之法 諸比丘 於一切行當生厭離 求樂解脫 evam aniccā bhikkhave saṅkhārā evam addhuvā bhikkhave saṅkhārā evam anassāsikā bhikkhave saṅkhārā. yāvañ-cidaṃ bhikkhave alam eva sabbasaṅkhāresu nibbinditum alaṃ virajjituṃ alaṃ vimuccituṃ", 『집이문족론』 권1(대정장26, p.367c18)에 "'이와 같은 사식은 항상하다고 해야 하는가, 무상하다고 해야 하는가?' '마땅히 무상하다고 해야 한다' '이러한 사식은 한결같다고 해야 하는가, 한결같지 않다고 해야 하는가?' '마땅히 한결같지 않다고 해야 한다'. 問 如是四食 當言常 當言無常 答 應言無常 問 如是四食 當言恒 當言非恒 答 應言非恒"라고 하였다. 〔참고문헌〕『中阿含經』, 『雜阿含經』, 『集異門足論』, *MN.*, *SN.* ❸Ⓢ nitya. 영원히. 변함없이. 『방광대장엄경』 권7(대정장3, p.580a2)에 "마치 더위에 고생하는 사람이 목마를 때 짠 물을 마시듯이 오욕도 그와 같아서 바라고 구한 것에 멈출 때가 없으며 언제나 생사 중에 있으면서 바퀴 돌듯 영원토록 끝이 없다. 만약 지혜 있는 이라면 마음을 깨끗이 하고 제근을 거두어 무루성도를 증득하니, 이래야 비로소 만족을 안다고 한다. 譬如熱乏人 渴逼飮鹹水 五欲亦如是 悕求無息時 常在生死中 輪轉恒無際 若有智慧者 心淨攝諸根 證無漏聖道 爾乃名知足", 『유가사지론』 권6(대정장30, p.304c13 : *Yogā-bh.*, p.125)에 "또한 그대들은 스스로의 뜻이 원하는 바를 말해야 한다. 삼세에 떨어지는 법은 항상한 상인가, 무상한 상인가? 만약 항상한 상이라면 삼세에 떨어져 있다는 것은 도리에 맞지 않는다. 만약 무상한 상이라면 삼세 중에 영원히 실유한다는 것은 도리에 맞지 않는다. 又汝應說自意所欲 墮三世法 爲是常相 爲無常相 若常相者 墮在三世 不應道理 若無常相 於三世中 恒是實有 不應道理 sa idaṃ syād-vacanīyaḥ. kaccid-adhva-patitaṃ dharma nitya-lakṣaṇam-icchasi anitya-lakṣaṇaṃ vā. sa cen-nitya-lakṣaṇaṃ try-adhva-patitam-iti na yujyate. sa ced-anitya-lakṣaṇaṃ. tena triṣv-adhvasu thatā-eva vidyata iti na yujyate"라고 하였다. 〔참고문헌〕『方廣大莊嚴經』, 『瑜伽師地論』, *Yogā-bh.*

항 降 ❶Ⓢ abhi-√bhū, jita. 떨어져 아래이게 하다. 가라앉히다. 항복케 하다. 『불소행찬』 권4(대정장4, p.32a19)에 "멀리서 여래께서 앉아 계신 모습을 보자 마음 가라앉고 제근 제어하였으며, 온갖 세속의 모습들 없애고 수레에서 내려 앞으로 걸어갔는데, 마치 천제석이 범천왕께 가는 모습과 같았다네. 遠見如來坐 降心伏諸根 除去諸俗容 下車而步進 猶如天帝釋 往詣梵天王", 『대반야경』 권479(대정장7, p.427b23)에 "악마들이 하는 사업보다 뛰어났으며 번뇌라는 적을 항복케 해서 업장들을 그치게 하였고, 일체 다른 논들로는 능히 엎드리게 할 수 없었던 성문과 독각들 그 양을 헤아릴 수 없었다. 超出衆魔 所作事業 降煩惱敵 息諸業障 一切他論 所不能伏 聲聞獨覺 不測其量", 60권본 『화엄경』 권48(대정장9, p.705a16)에 "선지식의 가르침으로 스스로를 둘러싸니 마치 제석이 아수라를 항복시켜 무너뜨리지 못하는 게 없는 것과 같았다네. 以善知識教 而自圍遶 猶如帝釋 降阿修羅 無能壞者"라고 하였다. 〔참고문헌〕『佛所行讚』, 『大般若經』, 『華嚴經』, *Gaṇḍ-vy.105.*, *Śata-śa.127.* ❷ … 을 벗어나면. … 이외에는. 『사교의주회보보굉기』 권2(卍속장102, p.326b10)에 "〔비〕 이 비밀교는 비록 여래의 교화 방식과 관련되지만 근기에 맞춰 설해진 비밀스런 이치는 오직 부처님과 부처님만이 아실 수 있으며, 이를 벗어나면 아난 같은 이도 여전히 알 수가 없는데 하물며 후학에 대해서는 더 말해 무엇하겠는가! 備 此秘密教 雖係如來化儀 然赴機之秘 惟佛與佛能之 降此 如阿難尙有未能 況後學耶"라고 하였다. 〔참고문헌〕『四教義註彙補輔宏記』.

항가 恒伽 ⓈⓅ Gaṅgā의 음사어. 갠지스강. 긍가(殑伽)·강가(强伽)라고도 한다. 『중아함경』 권2 「세간복경 世間福經」(대정장1, p.428b16)에 "주나여! 비유하자면 염부주로부터 흘러나오는 다섯 개의 하류 있는 것과 같으니 첫째를 항가, 둘째를 요우나(Ⓟ Yamunā),

셋째를 사로부(Ⓟ Sarabhū), 넷째를 아이라파제(Ⓟ Aciravatī), 다섯째를 마기(Ⓟ Mahī)라고 한다. 이들이 대해로 흘러들지만 그 중간에 있는 물들을 셀 수 없으니, 그 어떤 되나 말로도 저 큰 물의 수를 한정하거나 측량하거나 파악할 수 없다. 周那 譬如從閻浮洲 有五河流 一曰恒伽 二曰搖尤那 三曰舍勞浮 四曰阿夷羅婆提 五曰摩企 流入大海 於其中間 水不可數 有爾所升斛 唯不可限 不可量 不可得大水之數", 『증일아함경』 권21(대정장2, p.658b27)에 "지금 사대하의 물은 아녹달천에서 나온다. 그 사대하란 무엇인가? 소위 항가·신두·파차·사타를 말하는데 … 이때 사대하의 물은 아녹달천을 둘러싸고 나서 항가는 동해로 신두는 남해로 파차는 서해로 사타는 북해로 각각 흘러든다. 今有四大河水 從阿耨達泉出 云何爲四 所謂恒伽 新頭 婆叉 私陀 … 是時 四大河水 遶阿耨達泉已 恒伽入東海 新頭入南海 婆叉入西海 私陀入北海", 『구사석론』 권8(대정장29, p.215b13 : *Abh-k-bh.*, p.162)에 "이로부터 네 개의 대화가 흐르기 때문이다. 첫째 항가, 둘째 신두, 셋째 사다, 넷째 박수다. 從此池流出四大河 一恒伽 二辛頭 三私多 四薄搜 yataś catasro nadyaḥ sravanti gaṅgā sindhuḥ śītā vakṣuś ca"라고 하였다. 〔참고문헌〕『中阿含經』, 『增壹阿含經』, 『俱舍釋論』, *Abh-k-bh.*, *AN.4.101.* ⇨ 갠지스강 Ganses江, 항가하 恒伽河

항가달 恒伽達 Ⓢ Gaṅgika. 비구 이름. 하수(河授)라고 한역한다. 부모가 항가의 신에게 기도하여 얻은 아들이기에 이와 같이 이름을 지었으며, 왕사성 대부호의 아들로서 부모에게 청하여 출가한 뒤 도과(道果)를 얻었다. 『찬집백연경』 권10(대정장4, p.254b11)에 "관상가가 물었다. '본래 어디에서 구하여 이 아이를 얻었습니까?' 재상이 대답하였다. '예전에 항가의 천신에게 구하였습니다'. 이에 이름을 지어 항가달이라고 불렀다. 나이가 점점 들어 장성하자 부모에게 출가를 원한다고 말하였다. 相師問曰 本於何處 求得此兒 輔相答曰 昔從恒伽天神 求之 因爲作字 名恒伽達 年漸長大 便啓父母 求索出家", 『현우경』 권1(대정장4, p.356a8)에 "부처님께서 왕에게 말씀하셨다. '당시 저 대신은 한 사람을 살려서 깨달음을 얻게 되었는데 지금의 항가달이 그 사람입니다. 이러한 인연으로 인해 난 곳에서 중간에 요절하지 않았고 지금 저와 만나 응진이 될 수 있었습니다'. 佛告王曰 時彼大臣 救活一人 令得道者 今恒伽達是 由是因緣 所生之處 命不中夭 今値我時 逮致應眞"라고 하였다. 〔참고문헌〕『撰集百緣經』, 『賢愚經』, *Av-ś.253.*

항가라 恒迦羅 Ⓢ kaṅkara의 음사어. 수의 단위. 십빈바라(十頻婆羅) 또는 십대발라유다(十大鉢羅庾多)라고 한다. 긍갈라(矜羯羅)라고도 한다. 『일체경음의』 권21(고려장57, p.70b22)에 "빈발라 : (가운데 글자는) 포와 말을 반절한 음이다. 빈바라라고도 한다. 『불본행경』에 '백 항가라를 빈바라고 한다'라고 하였는데, 이 수는 십조에 해당한다. 頻跋羅 蒲沫反 或作頻婆羅 佛本行經云 百恒迦羅 名頻婆 此數當十兆也"라고 하였다. 〔참고문헌〕『一切經音義』. ⇨ 긍갈라 矜羯羅 ❶

항가제바 恒伽提婆 Ⓢ Gaṅgadevā. 강의 여신. 하천(河天)이라 한역한다. 부모가 항하(恒河)의 신에게 기도하여 얻었기에 이렇게 이름을 지었다고 한다. 『대품반야경』 권18(대정장8, p.349c3)에 "부처님께서 아난에게 말씀하셨다. '이 항가제바라는 자매는 미래세에 부처가 될 것인데 겁 이름은 성수(Ⓢ Tārakopāma)이고 부처의 명호는 금화(Ⓢ Suvarṇa-puṣpa)이니라. 아난아! 이 여인은 여인의 몸이 다하면 남자의 몸을 받고 아촉불(Ⓢ Akṣobhya)의 아비라제(Ⓢ Abhirati)국토에 날 것이며 그곳에서 범행을 청정하게 닦을 것이다. 아난아! 이 보살은 그 국토에서 역시 금꽃이라 불릴 것인데, 이 금화보살은 그곳에서 목숨이 다하면 다시 타방의 불국토로 갈 것이다. … 아난아! 이 금화보살마하살 또한 그와 같아서 하나의 불국토에서 또 다른 하나의 불국토로 갈 것이며 아누다라삼먁삼보리를 얻는데 부처를 보지 않은 적이 없을 것이다. 佛告阿難 是恒伽提婆姊 未來世中當作佛 劫名星宿 佛號金華 阿難 是女人畢是女身 受男子形 當生阿閦佛阿鞞羅提國土 於彼淨修梵行 阿難 是菩薩在彼國土 亦號金華 是金華菩薩 於彼壽終 復至他方佛國 … 阿難 是金華菩薩摩訶薩 亦如是 從一佛國 至一佛國 乃至阿耨多羅三藐三菩提 未常不見佛", 『대지도론』 권75(대정장25, p.591c16)에 "어떤 사람이 말하였다. 이 여인의 부모가 항가의 신에게 공양하여 이 딸을 얻었기에 항가제바라고 하였다. 항가는 하천 이름이고 제바는 천이라 한역한다. 有人言 是女父母 供養恒伽神 得此女故 言恒伽提婆 恒伽是河名 提婆名天"라고 하였다. 〔참고문헌〕『大品般若經』, 『大智度論』, *Pañca-pr.4.190.*

항가하 恒伽河 Ⓟ Gaṅgā nadī. 항하(恒河)라는 강. 『장아함경』 권18 「세기경 世記經」(대정장1, p.116c24)에 "아녹달지 동쪽에 항가하가 있는데 소의 입에서 나오며 500개 하천을 따라 동해로 흘러들어 간다. 阿耨達池東有恒伽河 從牛口出 從五百河 入于東海", 『일체경음의』 권22(대정장54, p.446c15)에 "항가하〈경전에 따르면 향산 정상에 아녹달지가 있는데 그 연못의 사면으로 각각 하나의 강물이 흐른다. … 남쪽으로 항가하를 접하고 있는데 은코끼리의 입에서 유출되며 그 모래는 백색 은이고 남인도로 유입되어 다시 남해로 흘러든다. … 그 연못의 가로세로는 50유순이며, 사면의 어귀는 각각 1유순이다〉. 恒伽河〈準經 香山頂上 有阿耨達池 其池四面 各流出一河 … 南面恒伽河 從銀象口流出 其

沙白銀 流入南印度 便入南海 … 其池縱廣 五十由旬 四面口 各一由旬也〉"라고 하였다. 〔참고문헌〕『長阿含經』, 『一切經音義』, *MN.4.101.* ⇨ 항하 恒河, 갠지스강 Ganses江

항경 恒景 634~712. 당대 천태종 스님. 속성은 문(文)씨. 당양(當陽 : 湖北省) 출신. 648년(정관22)에 출가하여 스님이 되었는데, 처음에는 문강(文綱)에게서 율장을 배웠으며 후에 옥천사(玉泉寺)로 가서 천태대사 지의(智顗)로부터 지관(止觀)을 익히고 절 남쪽에 용흥사(龍興寺)를 창건하였다. 중종(中宗) 재위 기간에 세 번이나 황제의 부름을 받고 조정에 들어가 계사(戒師)가 되었으며 709년(경룡3)에 황제에게 청하여 옥천산으로 돌아왔다가 황제가 임광궁(林光宮) 관문도량(觀門道場)에서 재를 베풀자 이교(李嶠)·도준(道俊)·현장(玄奘) 등과 함께 참석하였다. 저서로 『순료의론 順了義論』·『섭정법론 攝正法論』·『불성론 佛性論』 등이 있으며, 실차난타 등과 함께 80권본 『화엄경』의 역경 작업에 참여하기도 하였다. 712년(선천1)에 세수 79세를 일기로 입적하였다.

항광 項光 목 뒤에서 발하는 빛. 광배(光背)를 달리 표현한 말이다. 『관보현보살행법경』(대정장9, p.390a27)에 "그 연화대는 큰 마니보주인데 보현이라는 이름의 한 보살이 결가부좌를 하고 있다. 몸빛은 백옥색이고 50종의 빛이 나는데 그 빛은 50종의 색깔을 띠며 목 뒤에서 발하고 있다. 其蓮華臺 是大摩尼 有一菩薩 結加趺坐 名曰普賢 身白玉色 五十種光 光五十種色 以爲項光", 『관불삼매해경』 권3(대정장15, p.659c15)에 "어떤 사람이 부처님의 목 뒤에서 발하는 빛을 자세히 관한다면, 앞에서 걸어오면서 보는 이는 부처님을 앞에서 보고, 뒤에서 보는 이는 부처님을 뒤에서 보며, 좌측에서 보면 부처님을 왼쪽에서 보고, 우측에서 보면 부처님을 오른쪽에서 본다. 팔방에서 사람들이 와서 목 뒤에서 발하는 빛을 멀리서 보고는 각자 이렇게 말한다. '구담 사문께서 금산에서 자재하게 유행하시면서 우리가 있는 곳으로 오시는구나'. 이와 같이 사람들은 각자 다르게 보는데 이를 항광이라고 한다. 有人諦觀 佛項光者 前行看者 見佛在前 從後看者 見佛在後 左邊看之 見佛在左 右邊看之 見佛在右 八方人來 遙見項光 各作是言 瞿曇沙門 在金山中 遊行自在 來向我所 如是衆人 各各異見 是名項光"라고 하였다. 〔참고문헌〕『觀普賢菩薩行法經』, 『觀佛三昧海經』. ⇨ 광배 光背

항교천 恒憍天 Ⓢ Sadāmatta, Sadāmada, Ⓣ rtag-tu-myos, rtag-myos. 삼십삼천의 수호천(守護天). 『대비바사론』 권4(대정장27, p.19a19)에 "삼십삼천이 아소락(Ⓢ asura : 아수라)을 두려워하여 육군을 배치하여 스스로를 수호하는데 … 넷째가 항교천이다. 三十三天 懼阿素洛 安布六軍 而自守護 … 四 恒憍天", 『구사론』 권11(대정장29, p.59b26)에 "〔논〕 소미로산(蘇迷盧山 : 須彌山)에는 네 층급이 있다. … 항교는 세 번째 층급에 주한다. 論曰 蘇迷盧山有四層級 … 有名恒憍 住第三級", 『유식개몽문답』 권2(卍속장98, p.484a5)에 "〔문〕 하위 세 등급은 어디에 머무는가? 〔답〕 견수천·지만천·항교천이니, 이들은 모두 사천왕이 다스리는 천계이다. 問 下三級是何者居 答 堅首天 持鬘天 恒憍天 皆四天王所領之天"라고 하였다. 〔참고문헌〕『大毘婆沙論』, 『俱舍論』, 『唯識開蒙問答』, *Mañj-m.19.*, *Abh-k-bh.167.* ⇨ 수미사층급 須彌四層級

항룡복호 降龍伏虎 용을 항복시키고 호랑이를 조복하다. 『오조법연어록』 권상(대정장47, p.655c12)에 "용을 항복시키고 호랑이를 엎드리게 하고 조개를 줍거나 새우를 건지기도 한다. 或卽降龍伏虎 或卽摝蜆撈蝦"라고 하였다. 〔참고문헌〕『五祖法演語錄』.

항룡암 降龍庵 전라북도 김제시 금산면 모악산(母岳山) 금산사(金山寺)에 있던 암자. 『한국사찰전서』 권하 항룡암에는 "지금은 폐사하였다. 今廢"라고 하였다. 〔참고문헌〕『韓國寺刹全書』 권하 p.1137a6.

항마 降魔 Ⓢ māra-dharṣaṇa, māra-bhañja, mārābhibhu, Ⓟ māraṃ abhibhavati, Ⓣ bdud zil-gyis-gnon. 마를 엎드리게 하다. 『장아함경』 권1 「대본경 大本經」(대정장1, p.9b10)에 "무루의 힘으로 마를 항복시켰고 제근을 고요히 해서 함부로 하지 않았으니, 번뇌 다하여 마의 굴레 벗어나 지혜로 법륜을 굴렸다네. 無漏力降魔 諸根定不懈 盡漏離魔縛 智慧轉法輪", 60권본 『화엄경』 권4(대정장9, p.416b9)에 "도솔천 따라 목숨 버리시고 강신하여 모태에 계시다 태어나셨으며 마를 항복시키고 정각을 성취하신 뒤 위없는 법륜을 굴리셨다네. 중생이 좋아하는 바에 따라 갖가지 색으로 보여 나타내시지만 어떤 때에도 무너지지 않으시고 청정법륜 굴리셨다네. 從兜率捨壽 降神處胎生 降魔成正覺 轉無上法輪 隨衆生所樂 種種色示現 一切時不壞 轉淸淨法輪", 『대지도론』 권1(대정장25, p.58a22)에 "이때 보살은 고행하던 곳을 버리고 보리수 아래에 도착하여 금강좌가 있는 곳에 앉았다. 마왕은 18억만 무리 데리고 보살을 무너뜨리러 왔지만, 보살이 지혜와 공덕의 힘으로 마의 무리 항복시키고 나서 곧바로 아누다라삼먁삼보리를 얻었다. 爾時 菩薩捨苦行處 到菩提樹下 坐金剛處 魔王將十八億萬衆 來壞菩薩 菩薩以智慧功德力故 降魔衆已 卽得阿耨多羅三藐三菩提"라고 하였다. 〔참고문헌〕『長阿含經』, 『華嚴經』, 『大智度論』, *Lal-v.218.*, *Sūt* r.186., Mvyut.1., It.41.

항마경 降魔經 『중아함경 中阿含經』 권30에 있는 경. 대정장1, pp.620b9~623a4에 수록되어 있다. 마왕이 목련(目連)의 뱃속에 들어가 목련을 희롱하고 시험하자 목련이 마왕을 불러내어 옛날의 인연을 설하고 꾸짖어서 마왕을 두렵게 하고 항복시킨 법문이다. 상응하는 팔리경은 맛지마니카야 제50경 *Māratajjaniya-sutta* (*MN.1*, pp.332~338)이다. 『개원석교록』 권13(대정장55, p.612c1)에 "『폐마시목련경 弊魔試目連經』 1권 〈일명 『마요란경 魔嬈亂經』〉: 오대 월지국 출신 우바새 지겸 한역〈유실된 판본을 주워서 편입함〉. 오른쪽의 두 경전은 원본은 같지만 한역이 다르며, 『중아함경』 권30에 나오는 「항마경」과 원본이 같다. 弊魔試目連經 一卷〈一名 魔嬈亂經〉 吳月支優婆塞支謙譯〈拾遺編入〉 右二經 同本異譯 出中阿含經第三十卷與降魔經同本"라고 하였다. 〔참고문헌〕『開元釋教錄』.

항마군 降魔軍 1104년(숙종9)에 조직한 승군(僧軍). 여진 정벌을 위해 윤관(尹瓘 ?~1111)이 주청하여 조직한 별무반(別武班)과 함께 승도를 선발해서 이들을 항마군이라고 불렀다. 『고려사』 권81 병지(兵志)1 병제(兵制) 숙종 9년 12월조에 의하면, "윤관이 아뢰어 비로소 별무반을 설치했다. … 또한 승도를 선발해 항마군으로 삼았다. 국초에 내외 사원에 모두 수원승도가 있어 그들이 항상 노역을 집행해 군현의 주민과 같이 하였고 재산을 가진 자가 많게는 천백에 이르렀다. 국가가 군대를 일으킬 때마다 내외의 여러 사원 수원승도를 징발해서 여러 군에 분속시켰다. 尹瓘奏 始置別武班 … 又選僧徒爲降魔軍 國初內外寺院 皆有隨院僧徒 常執勞役 如郡縣之居民 有恒産者 多至千百 每國家興師 亦發內外諸寺隨院僧徒 分屬諸軍"라 하였다. 〔참고문헌〕『高麗史』. ⇨ 승군 僧軍, 모의승삼천호항마군 募義僧三千號降魔軍

항마상 降魔相 ❶ 석가세존의 일생을 여덟 장면으로 전승한 팔상(八相) 중 한 장면. 석가모니부처님께서 마군을 항복시키신 장면. 『사교의』 권7(대정장46, p.746a13)에 "다섯째로 항마상을 밝힌다. 보리수 아래에서 팔만천억의 귀병과 마의 무리 부수니 마왕의 적 무너지고 귀병마저 물러나 흩어졌다. 五 明降魔相者 卽於菩提樹下 破萬八千億鬼兵魔衆 魔王敗衄 鬼兵退散"라고 하였다. 〔참고문헌〕『四教義』. ⇨ 수하항마상 樹下降魔相 ❷ 부동명왕(不動明王 Ⓢ Acala) 등이 마를 항복시키기 위해 나타내는 모습. 『대방광선교방편경』 권3(대정장12, p.175a12)에 "보살이 바로 보망과 보만을 든 손으로 항마상을 지으면, 이때 온갖 마들은 모두 항복한다. 이때 84구지의 천·용·야차·건달바·아수라·가루라·긴나라·마후라가·인간과 인간이 아닌 존재 등이 모두 아누다라삼막삼보리심을 일으킨다. 菩薩 卽以寶網鬘手作降魔相 是時 諸魔卽皆降伏 爾時 有八十四俱胝天 龍夜叉 乾闥婆 阿修羅 迦樓羅 緊那羅 摩睺羅伽 人非人等皆發阿耨多羅三藐三菩提心", 『아타박구원수대장상불다라니경수행의궤』 권하(대정장21, p.199a21)에 "원수대장군께 공경하며 예를 올리니 이 분은 비로자나법신과 석가제불의 변화신이어서 세간의 고통 소리 들리는 대로 무진무변으로 화현하신다네. 때로는 보살의 기뻐하는 모습으로, 두 팔로 온갖 서원을 들어 주는 인상으로, 때로는 금강역사의 분노한 모습을 보여서 네 손에 무기를 들고 항마상을 나타내기도 하는데, 원수대장군의 본래 몸이 여래이니 세간을 구하고자 갖가지로 나툴 뿐이네. 敬禮元帥大將軍 此是毘盧遮那身 及以釋迦諸佛變 觀音無盡無邊化 或現菩薩喜悅形 兩臂與諸願印相 或示金剛忿怒身 四手執器降魔相 元帥本體是如來 爲救世間現種種"라고 하였다. 〔참고문헌〕『大方廣善巧方便經』, 『阿吒薄俱元帥大將上佛陀羅尼經修行儀軌』. ⇨ 팔상 八相

항마선사 降魔禪師 경산도흠(徑山道欽)의 법사인 장신사(章信寺) 숭혜(崇慧)를 일컫는 말. 법을 얻은 후에 암자에 거처하였으며 도사(道士) 사화(史華)와 논쟁을 벌여 논파하고 호국삼장(護國三藏)이라 불렸으며 칙명에 따라 안국사(安國寺)에 주석하였다. 세간에서 건자산(巾子山)의 항마선사라고 불렀다. 『송고승전』 권17 「석숭혜전 釋崇惠傳」(대정장50, p.817a11)에 "세간에서 건자산 항마선사라고 불렀던 이가 이 사람이다. 世謂爲巾子山降魔禪師 是也"라고 하였다. 〔참고문헌〕『宋高僧傳』, 『楞嚴經疏解蒙鈔』 권10(卍속장21, p.755b10).

항마인 降魔印 항마촉지인(降魔觸地印)·파마인(破魔印)이라고도 한다. 왼손은 금강권 맺어 무릎 위에 올리고 오른손 손바닥을 아래로 하여 무릎 아래로 내리는 인상. 석가모니부처님께서 성도하실 때 이 인상을 결인하자 지신이 용출하여 마구니가 물러갔다는 일화에서 붙여진 이름이다. 아촉여래(阿閦如來)와 천고뢰음여래(天鼓雷音如來)의 인상이다. 『조상양도경해』 권1(대정장21, p.948c20)에 "동방 금강부 주존은 부동여래이시다. 남색이고 수인은 석가불수인과 같다. 그래서 항마인이라 한다. 표치는 오고금강저를 세워서 왼손바닥 위에 둔다. 엄지와 무명지 두 개를 구부려 가진다. 東方金剛部主不動如來 藍色 手印於圖樣中釋迦佛手印同 謂之降魔印 幖幟則五股金剛杵竪置左掌上 而大拇無名二指捻持之"고 하였다. 〔참고문헌〕『造像量度經解』. ⇨ 촉지인 觸地印

항마저 降魔杵 마구니를 항복시키는 금강저. 금강명왕(金剛明王)의 지물(持物). 『대일경의석연밀초』 권10

(卍속장37, p.266b11)에 "(『대일경소』에서) 이 금강저의 머리에 사각형이 있다고 하였다. 보통 조소와 그림에서 금강신이 손에 든 것을 항마저라 하는데 바로 이것이다. 此杵頭有四角形者 如尋常塑畫金剛神手所執者 名降魔杵是也", 『수습유가집요시식단의』(卍속장104, p.895b6)에 "오른손에 금강항마저를 쥐었으니 위세력의 무게가 팔만사천 근이네. 右手執持金剛降魔杵 威勢力重八萬四千觔", 『경덕전등록』 권12 「서탑광목 西塔光穆」(대정장51, p.294a2)에 "선사께서 스스로 등촉을 들고 쌓인 땔감 위에 올라 삿갓을 쓰니 뒤에 원광의 형상이 생겼다. 손으로 주장자를 들어 항마저의 모양새를 취하고 선 채로 홍염속에서 임종했다. 師自執燈登積薪上 以笠置頂後作圓光相 手執拄杖作降魔杵勢 立終於紅焰中"라고 하였다. 〔참고문헌〕『大日經義釋演密鈔』, 『修習瑜伽集要施食壇儀』, 『景德傳燈錄』.

항마좌 降魔坐 결가부좌(結跏趺坐) 중 오른발을 먼저 올리는 좌법. 항복좌(降伏坐)라고도 한다. 『기신론소필삭기』 권19(대정장44, p.398c18)에 "그중 오른발로 왼쪽 넓적다리를 누르는 방식을 항마좌라 하고, 왼발로 오른쪽 넓적다리를 누르는 방식을 길상좌라 한다. 於中以右押左 爲降魔坐 以左押右 爲吉祥坐", 『일체경음의』 권8(대정장54, p.353b17)에 "결가부좌에는 대략 두 종류가 있으니 첫째는 길상좌고 둘째는 항마좌다. 앉을 때 먼저 오른발로 왼쪽 넓적다리를 누르고 다음으로 왼발로 오른쪽 넓적다리를 누르는데 이것은 바로 오른발로 누르는 방식이며 오른손 또한 왼손을 위에 올려놓으니 이를 항마좌라고 한다. 선종에서는 대부분 이 좌법을 전승하였다. 結跏趺坐 略有二種 一曰 吉祥 二曰 降魔 凡坐 皆先以右趾押左股 後以左趾押右股 此卽右押 右手亦左居上 名曰降魔坐 諸禪宗多傳此坐"라고 하였다. 〔참고문헌〕『起信論疏筆削記』, 『一切經音義』. ⇨ 항복좌 降伏坐

항마촉지인 降魔觸地印 ➡ 항마인 降魔印, 촉지인 觸地印

항복 降伏 Ⓢ nihata, dharṣayati, pragrahītavya, nigraha, sādya, Ⓟ abhivijayati, pasahaṃ, Ⓣ tshar-gcod-pa, ljid-gnon. 더는 행하지 못하게 해서 엎드리게 하다. 마음을 조복함에서부터 번뇌와 생사하는 오음의 무더기를 항복시켜 무여열반에 드는 일, 나아가 무생법인을 얻어 천마(天魔)마저 항복시킴에 이르기까지 그 뜻이 차별하다. 『금강경』(대정장8, p.749a5)에 "보살마하살들은 다음과 같이 그 마음을 항복시켜야 한다. '모든 중생의 류인 난생·태생 … 비유상비무상들을 내가 모두 무여열반에 들어 멸도하게 할 것이다'. 諸菩薩摩訶薩 應如是降伏其心 所有一切衆生之類 若卵生 若胎生 … 若非有想非無想 我皆令入無餘涅槃 而滅度之", "이와 같이 무수한 중생을 멸도하게 하지만 실제로 멸도를 얻은 중생은 없다. 어째서인가? 수보리여! 보살에게 아상·인상·중생상·수자상이 있으면 보살이 아니기 때문이다. 如是滅度無量無數無邊衆生 實無衆生得滅度者 何以故 須菩提 若菩薩有我相人相 衆生相 壽者相 卽非菩薩", 『유마경』 권상(대정장14, p.537a11 : *Viki-n.*, p.4)에 "삼보를 이어 일으킴으로써 능히 끊어지지 않게 하여 마와 원을 항복시키고 외도들을 다스릴 수 있었다. 紹隆三寶 能使不絶 降伏魔怨 制諸外道 triratnavaṃśānu pacchetṛbhiḥ nihatamārapratyarthikaiḥ sarvaparapravādyanabhibhūtaiḥ", 『금강반야경찬술』 권상(대정장33, p.129b15)에 "어떻게 항복시키느냐고 했는데, 인연을 따른 유위의 마음을 싫어해 떠남이다. 또한 일체악을 끊었다 하니, 이것이 바로 어떻게 마음을 항복시키느냐는 말의 답이다. 云何降伏者 謂厭離有爲心也 又斷一切惡者 卽是云何降伏其心也", 『유마경의소』 권1(대정장38, p.921a2)에 "항복이란, 소승에서는 사제를 보아 번뇌마를 항복시키고 무여열반에 들어 죽음의 무더기 항복시키며 신통과 주술로 저 천마마저 엎드리게 한다. 반면 대승의 항복이란 무생인 얻어 번뇌마를 항복시키고, 법신을 얻기에 오온의 마를 항복시키며, 무생인과 법신 다 얻기에 죽음의 무더기를 항복시키고 무동삼매를 얻어 천마를 항복시킨다. 言降伏者 小乘見四諦 降煩惱魔 入無餘涅槃 降於死陰 以神通呪術 伏彼天魔 大乘降伏者 得無生忍 降煩惱魔 得法身故 降於陰魔 得無生忍及法身 故降死魔 得無動三昧 降於天魔"라고 하였다. 〔참고문헌〕『金剛經』, 『維摩經』, 『金剛般若經贊述』, 『維摩經義疏』, *Vikī-n.*, *Lal-v.111.*, *Vajr-pr.28.*, *Madhy-vibh.49.*, *Mvyut.245.*, *DN.1.89·3.78.* ⇨ 조복 調伏

석가항복외도상
서안비림박물관 중국 당

항복 降服 ➡ 항복 降伏

항복법 降伏法 Ⓢ abhicāruka. 오종호마법(五種護摩法) 중 하나. 외도나 마구니와 같은 원수를 항복시키는 밀교 작법. 조복법(調伏法)·절복법(折伏法)이라고도 한다. 『건립만다라호마의궤』(대정장18, p.933b26)에 "항복법, 즉 아비차로가를 작법하는 경우 스물네 달이 다하도록 귀신과 악인이 정법안을 파괴하고 악룡과 독룡들이 때 아닌 때에 폭우를 내리고 서리가 농작물을 해치며 가뭄이 들고 귀매가 유행하여 곳곳에서 변괴를 나타내어 사람들이 편안하지 못하며 사는 곳이 제멋대로 어지러우며 불충과 불효를 행하는 것을 제압한다. 이 법은 능히 제어하여 없애고 세간을 안락하게 하므로 이 대방편을 베풀어 중생을 이롭게 한다. 안으로는 자비심을 일으키되 밖으로는 큰 분노를 드러낸다. 若作降伏法 阿毘遮嚕迦 二十四月盡 制鬼神惡人 破壞正法眼 及諸惡毒龍 非時降暴雨 霜雹損苗稼 水旱以不時 鬼魅遍流行 處處現變怪 人衆不安寧 所在橫惱亂 及行不忠孝 此法能制除 安樂世間故 設此大方便 兼利益於彼 內起慈悲心 外示大忿怒", 『대비공지경』 권5(대정장18, p.600c28)에 "다음으로 항복법을 닦는 이는 불여래와 자신의 스승을 향하여 먼저 극악한 중생이 불상을 훼손하고 성스러운 가르침을 파괴하는 것을 본대로 아뢰고 그가 머리와 발꿈치가 뒤집어진다고 마음으로 관상하면 그 사람의 머리 장식이 빠르게 진동하고 길을 가는 도중에 불구덩이에 들어갈 생각이 들고 마음에 불의 종자가 때에 맞추어 드러나니 이와 같이 보고서 찰나에 항복한다. 復次欲作降伏法者 向佛如來及自師尊 先作白已如其所見極惡衆生 毁佛形像破滅聖教 令生意樂作彼觀想頂踵顚倒 是人首飾速生顫動 行道路中思入火聚 心火種子應時現行 如是見已刹那降伏", 『유가대교왕경』 권5(대정장18, p.578c10)에 "다음으로 항복법은 진언을 염송하는 이는 먼저 훔 자가 불공성취불로 화현하되 그 신체는 녹색에 광대원만하다고 관상한다. 다시 빈미보살과 마마지보살을 관상하되 신체는 녹색이고 몸 전체에 금강광명이 두루 있으며 대분노상을 나투고 대천의 불을 내려서 그 항복시킬 사람의 몸에 불을 붙여 놀라게 한다고 관상한다. 復次降伏法持誦者先想吽字 化成不空成就佛 身相綠色廣大圓滿 復想顰眉菩薩及摩摩枳菩薩 身相綠色遍身金剛光明 現大忿怒相降大天火 燒彼降人身而作驚怖相", 『대일경소』 권8(대정장39, p.664a28)에 "식재호마는 먼저 항복법을 행해야 한다. … 증익호마를 하는 경우 먼저 항복법을 닦아야서 구족하고서 증익법을 닦는다. 그 항복호마는 한 가지 법으로 곧바로 성취되니 앞서의 방편을 베풀 필요는 없다. 凡息災護摩 先須作降伏法 … 如作增益護摩 先須作降伏法 方乃具足作增益法 其降伏護摩 一法直成不須設前方便", 『금강정경의결』(대정장39, p.811b7)에 "항복법이란 도를 행하는 사람은 반드시 위의가 있어야 함을 말한다. 그가 애욕과 즐거움을 항복시키지 않고 귀의하면 법륜을 펼치기 어렵다. 그러므로 응당 이 호마법을 닦아야 한다. 호마로는 사각형이고 붉은 색으로 만든다. 양 무릎을 겹쳐서 여현좌를 하거나 경전과 같이 걸터앉되 엉덩이를 땅에 붙이지 않는 것도 된다. 옷은 붉은 색으로 입고 그 마음으로 뛰어 오른다고 생각하며 진언을 염송한다. 降伏法者 謂行道之人須有威勝 彼不降伏愛樂歸依法輪難轉 是故應修此護摩法 壇爐俱方而作赤色 疊以雙膝如賢之坐 亦可如經蹲坐臀不著地也 衣以赤服 其心超踴而誦眞言"라고 하였다. 〔참고문헌〕 『建立曼荼羅護摩儀軌』, 『大悲空智經』, 『瑜伽大敎王經』, 『大日經疏』, 『金剛頂經義訣』, *Ht.6・94.*

항복부다경 降伏部多經 Ⓢ Bhūtaḍāmara-mahātantrarājā sūtra, Ⓣ 'byung-po 'dul-ba shes-bya-ba'i rgyud-kyi rgyal-po chen-po. 3권. 송대(宋代) 법천(法天) 한역. 온전한 이름은 금강수보살항복일체부다대교왕경(金剛手菩薩降伏一切部多大敎王經)이고 금강수보살대교왕경(金剛手菩薩大敎王經)이라고도 한다. 티베트역본(北京版 No.404)도 전한다. 부처님께서 금강수보살에게 일체의 귀류(鬼類 Ⓢ bhūta)를 항복시키기 위한 법을 설하신 경전. 상권에서는 갖가지 귀류〔部多〕를 항복시키는 진언과 비밀대만다라성취법을 설하고 천룡과 야차를 조복시키는 만다라법을 설한다. 중권은 금강수보살이 귀류를 항복시키기 위해 만월(滿月)에서 훔자를 관상하여 모든 죄를 없애는 관상법을 설한다. 하권에서는 귀류를 항복시키기 위한 분노만다라 의궤를 설한다. 만다라는 중앙에 분노존를 그리고, 오른쪽에는 대자재천(大自在天), 왼쪽에는 나라연천(那羅延天), 뒤에는 제석천과 여덟 천녀(天女)를 그린다. ⇨ 금강수보살항복일체부다대교왕경 金剛手菩薩降伏一切部多大敎王經

항복사마금강희삼매 降伏四魔金剛戱三昧 비로자나부처님께서 네 마구니를 항복시키고 육도 중생을 해탈시키는 진언을 설하신 삼매. 『대일경』 권3(대정장18, p.20a16)에 "이때 비로자나 세존께서 다시 항복사마금강희삼매에 머물러 네 마구니를 항복시키고 육도를 해탈시키며 일체지지를 만족하는 금강자구를 설하였다. '남무 사만다 발다남 아미라훔감'. 爾時 毘盧遮那世尊 又復住於降伏四魔金剛戱三昧 說降伏四魔解脫六趣 滿足一切智智金剛字句 南麽三曼多勃馱喃 阿味囉餠欠"이라고 하였다. 〔참고문헌〕 『大日經』.

항복사마삼마지 降伏四魔三摩地 네 마구니를 항복시킬 수 있는 삼매. 『대반야경』 권52(대정장5, p.293c19)에 "'세존이시여, 항복사마삼마지란 무엇입니까?' '수보리야, 이 삼매에 머물 때 네 마구니 원수를 모두 항복시킬 수 있다. 그러므로 항복사마삼마지라고 한다. 世尊 云何名爲降伏四魔三摩地 善現 謂若住此三摩地時 於四魔怨皆能降伏 是故名爲降伏四魔三摩地"라고 하였다. 〔참고문헌〕 『大般若經』.

항복사마진언 降伏四魔眞言 네 마구니를 항복시키고 육도를 괴로움에서 해탈시키는 진언. 항복사마금강희삼매에서 비로자나여래께서 설하신 다라니이다. 『화우궤별록』(대정장18, p.938a1)에 따르면 진언은 '아 비 라 훔 캄 阿 味 羅 吽 欠 āḥ vi ra hūṃ khaṃ'이다. 『대일경소』 권11(대정장39, p.701a29)에 "다시 이때 비로자나 여래께서 항복사마금강희삼매에 머물러 네 마구니가 항복하고 육도중생이 해탈하였다. 일체지지가 만족된 금강자구를 설했다는 것은 이 삼매에 머물러 능히 네 마구니를 항복시키고 육도의 번뇌업고를 제거하여 해탈의 즐거움을 주었고 또한 일체 범성의 희구하는 바를 만족시킬 수 있음을 의미한다. 부처님께서 이 삼매에 머물러 금강구진언의를 설하셨다. 이 다섯 자는 항복사마진언의 구절이다. 아()는 행이니 본불생의 행이다. 곁의 이점은 청정하게 제거한다는 뜻이다. 이 뜻은 네 마구니를 항복시켜 일체 괴로움을 없앤다는 것이다. 미()는 묶여있다는 뜻이다. 위에 획을 더하면 무박삼매이니 부사의해탈과 같다. 라()는 육근을 청정하게 한다는 뜻이다. 육근이 청정하므로 번뇌가 없다. … 또한 훔()에는 세 가지 뜻이 있으니 여래의 삼해탈과 같다. 수행으로 장애를 제거하여 세 가지 해탈을 성취하고 대공에 머문다. 감()은 대공이다. 부처님께서 이 진언을 설하실 때 금강수와 보현 등이 아직 눈뜸을 증득하지 못하였기에 일체의 일체지의 이와 같은 언설에 머리를 숙였다. 일체란 여기에서 범음이 의미하는 것을 말한 것이니 '만족되지 않은 것이 없다'라는 뜻이며 바로 창고라는 의미이다. 이러한 다섯 자가 창고가 되어 일체의 재부를 만족시킬 수 있음을 말한다. 復次時毘盧遮那如來 又復住於降伏四魔金剛戲三昧 四魔降伏六趣解脫 一切智智滿足金剛字句說者 住此三昧能降伏四魔 能除六趣煩惱業苦 而與解脫之樂 亦能滿足一切凡聖所有希願也 佛住此定而說金剛句眞言義 此五字卽是降四魔眞言句也 阿是行 所謂本不生行也 傍二點是淨除義 以此義能降伏四魔除一切苦也 味是縛義 加上畫是無縛三昧卽不思議解脫也 囉是淨六根義 由六根淨故無塵也 … 又吽有三義 卽如來三解脫也 修行除障故而三解脫 而住大空 欠者大空也 佛說此眞言時 金剛手及普賢等 得未曾有開敷眼 稽首一切一切智 如是說言 一切卽於此中 梵音意云 無所不足 卽是府庫義也 言以此五字爲庫 能滿一切財富也"라고 하였다. 〔참고문헌〕『火吽軌別錄』, 『大日經疏』.

항복아 降伏牙 Ⓢjinānkura Ⓣrgyal-ba'i-myu-gu. 보살(菩薩)의 별명 중 하나. 『대승장엄경론』 권12(대정장31, p.656a16)에 "다음으로 보살의 이름들의 차별상을 설하겠다. 〔게〕 다음과 같은 사실을 알아야 하니 보살들을 마하살(Ⓢmahā-sattva)이라고도 하며, 유혜자(Ⓢdhīmat)라고도 하고 상성취(Ⓢuttama-dyuti)라고도 한다네. 항복자(Ⓢjina-putra)라고도 하고 항복지(Ⓢjinādhāra)라고도 하며, 능항복(Ⓢvijetṛ)이라고도 하고 항복아라고도 한다네. 次說菩薩諸名差別偈曰 應知諸菩薩 亦名摩訶薩 亦名有慧者 亦名上成就 亦名降伏子 亦名降伏持 亦名能降伏 亦名降伏牙"라고 하였다. 〔참고문헌〕『大乘莊嚴經論』, *Sūtr.174.* ⇨보살 菩薩

항복인 降伏印 ❶환희모애자성취법(歡喜母愛子成就法)의 수인. 『대약차녀환희모병애자성취법』(대정장21, p.288b9)에 "다음으로 항복인은 양손을 내박하여 교차하고 양손의 소지를 갈고리처럼 만들고 양손의 무명지를 각각 좌우의 호구에 넣으며 양손의 중지는 세워서 붙이며 양손의 검지는 각각의 중지 뒤에 붙이고 양손의 엄지는 각각의 검지 가운데 마디에 붙이면 인상이 완성된다. 次結降伏印 二手內相叉 二小指相鉤 二無名指各左右入虎口 二中指豎合 二頭指各捻中指背 二大指各捻中指中節 其印相卽成"라고 하였다. 〔참고문헌〕『大藥叉女歡喜母幷愛子成就法』. ❷아타바구항복대마귀신인(阿吒婆拘降伏大魔鬼神印)의 다른 이름. 『아타박구원사대장상불다라니경수행의궤』 권하(대정장21, p.201c2)에 "좌우 양손을 바로 주먹쥐고 좌우 양 허벅지를 누르고 바로 윗입술로 아랫입술을 문 채 눈을 흘겨보면 바로 대항복인이다. 以左右二手急作拳 捺左右二腿上 急以上脣齧下脣 裂眶看 卽是大降伏印"라고 하였다. 〔참고문헌〕『阿吒薄俱元帥大將上佛陀羅尼經修行儀軌』. ❸훔가타야의궤의 항복인. 『훔가타야의궤』 권2(대정장21, p.243a8)에 "먼저 양손을 합장하고 양손의 소지를 세 촌 정도 떼고 양손의 엄지를 사자귀처럼 나란히 하면 이것이 대항복인이다. 先二手合掌 二地指三寸程開去 二大母指並如師子耳 此卽大降伏印"라고 하였다. 〔참고문헌〕『吽迦陀野儀軌』.

항복자재인 降伏自在印 북방금강명왕인(北方金剛明王印)의 다름 이름. 『묘길상대교경』 권3(대정장20, p.916a14)에 "북방명왕인. 양손의 중지와 무명지를 붙여 갈고리를 만들고 양손의 검지를 서로 갈고리 모양으로 만든다. 양손의 엄지로 봉우리를 만들어 스스로 지탱하게 하고 양손의 소지를 펴서 이마 왼쪽에 붙인다. 나머지는 앞의 동쪽 명왕과 같다. 이를 항복자재인이라 한다. 北方明王印 戒方忍願合相鉤 進力相鉤亦復耳 禪智以峯自相拄 檀慧而伸合額左 餘相並同東明王 號爲降伏自在印"라고 하였다. 〔참고문헌〕『妙吉祥大教經』.

항복좌 降伏坐 결가부좌(結跏趺坐) 중 하나로 항마좌(降魔坐)라고도 한다. 먼저 오른발로 왼쪽 넓적다리를 누르고 이어서 왼발로 오른쪽 넓적다리를 누르며 왼손을 오른손 위에 둔다. 이와 반대인 방식을 길상좌(吉祥坐)라고 한다. 천태와 선종 등 현교(顯敎)에서는 대부분 이 좌법을 전승한다. 『대승본생심지관경』 권8(대정장3, p.329c16)에 "범부행자 또한 이와 같아서 항복좌를 해서 몸이 동요하지 않게 하며 손으로는 지의 인계를 맺고서 은밀하게 진언을 떠올리니, 이 관상함에 능히 삼독을 멸하고 업장을 없애며 복덕과 지혜를 증장시키며 세출세원을 신속하게 성취하고 팔만사천번뇌장이 현행하지 못해서 항하사 등 소지장이 점점 사라져 무루대지인 능단금강반야바라밀이 현전하여 두렷이 차오르니, 신속하게 아누다라삼먁삼보리를 성취한다. 凡夫行者 亦復如是 作降伏坐 身不動搖 手結智印 密念眞言 入此觀時 能滅三毒 消除業障 增長福智 世出世願 速得圓滿 八萬四千 諸煩惱障 不能現起 恒河沙等 所知重障 漸漸消滅 無漏大智 能斷金剛般若波羅蜜 現前圓滿 速得阿耨多羅三藐三菩提", 『무량수경연의술문찬』 권상(대정장37, p.139b5)에 "결가부좌는 마를 항복시키는 좌법이다. 이 좌법에는 두 가지 상이 있으니, 첫째는 항복좌로서 왼손으로 오른손을 누르고, 둘째는 길상좌로서 오른손으로 왼손을 누른다. 結跏趺者 卽伏魔之坐 坐有二相 一 降伏坐 以左押右 二 吉祥坐 以右押左"라고 하였다. 〔참고문헌〕『大乘本生心地觀經』, 『無量壽經連義述文贊』.

항복진언 降伏眞言 가뭄에 비를 내리기 위해 용왕을 항복시키는 진언. 『대비공지경』 권1(대정장18, p.588c20)에 "항복진언은 '옴 훔 사하 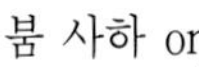 oṃ hūṃ svāhā'다. … 다시 항복진언은 '옴 붐 사하 oṃ vūṃ svāhā'라고 한다. 降伏眞言曰 唵 吽 莎賀 … 又降伏眞言曰 唵 捫 莎賀"라고 하였다. 〔참고문헌〕『大悲空智經』, *Ht.7.*

항분 抗分 맞서게 해서 나누다. 『낙방문류』 권4(대정장47, p.207a25)에 "원가(圓家 : 圓敎)의 사와 이는 한 바탕으로 다름이 없으니, 어찌 이들을 서로 맞서게 나눔으로써 이 뜻에 통할 수 있겠는가! 圓家事理 一體無殊 何得抗分 而通此義", 『번역명의집』 권4(대정장54, p.1113a3)에 "능히 말해진 글은 반드시 말한 바 뜻을 불러들여야 하고, 말해진 뜻은 반드시 언어로 표현된 글과 상응해야 하지만, 지금 이들이 맞서서 나뉜다면 물과 불인 듯하리라. 能詮之文 必召所詮之義 所詮之義 必應能詮之文 今若抗分 則成水火"라고 하였다. 〔참고문헌〕『樂邦文類』, 『翻譯名義集』.

항사 恒沙 항하 곧 갠지스강의 모래. 헤아릴 수 없고 불가사의한 것들을 형용하는 말이다. 『증일아함경』 권14(대정장2, p.619c28)에 "과거 항하사 모래 수처럼 많은 부처님들이 반열반에 드셨지만, 그대들 끝내 친견하지 못한 까닭은 모두 분노의 불길로 말미암는다. 過去恒沙數 諸佛般涅槃 汝竟不遭遇 皆由瞋恚火", 『대승본생심지관경』 권5(대정장3, p.316c4)에 "어떤 보살은 항사삼매를 두렷이 채우지 못해 끝내 아란야처를 떠나지 못한다. 或有菩薩 未能圓滿 恒沙三昧 終不捨離 阿蘭若處", 『인왕호국반야경』 권상(대정장8, p.836b5)에 "모든 부처님의 십력·사무외 등 항사공덕과 다른 누구와도 함께 하지 않는 법들이 모두 이와 같다. 諸佛如來力 無畏等 恒沙功德 諸不共法 悉皆如是", 『법화경』 권1「서품序品」(대정장9, p.3a6 : *Saddh-p.*, p.10)에 "나는 그 국토의 항사보살들이 갖가지 인연에 따라 불도 구함을 안다. 我見彼土 恒沙菩薩 種種因緣 而求佛道 paśyāmi kṣetreṣu bahūṣu cāpi ye bodhisattvā yatha gaṅgavālikāḥ, koṭīsahasrāṇi analpakāni vividhena vīryeṇa janenti bodhim", 『대보적경』 권18(대정장11, p.97c19)에 "아난아! 동방에 저 항사와 같은 계가 있고, 그 낱낱 계 중에는 항사의 부처님이 계시며, 저들 모든 부처님께서 각각 아미타불의 무량한 공덕을 칭찬하신다. 阿難 東方如恒沙界 一一界中 如恒沙佛 彼諸佛等 各各稱歎 阿彌陀佛 無量功德", 『무외삼장선요』(대정장18, p.945b29)에 "이렇게 관하고 나면 모든 불법의 헤아릴 수 없이 많은 공덕이 다른 것을 따라 깨닫는 대상이 아니라 하나로 꿰어져 있음을 저절로 통달할 것이다. 作是觀已 一切佛法 恒沙功德 不由他悟 以一貫之 自然通達", 『유마경현소』 권2(대정장38, p.527c12)에 "항사보살이 보살도를 배우지만 보살위 얻음은 드물고 대부분 이승위에 떨어진다. 恒沙菩薩 學菩薩道 少得入菩薩位 多墮二乘地", 『원각경약소』 권2(대정장39, p.569c2)에 "항하사 모래알처럼 묘한 쓰임 걸림 없어 생각할 수도 없거늘 고요에 머무는 마음이 어떻게 능히 어울려 합할 수 있겠는가! 恒沙妙用 無礙難思 住寂之心 何能契合", 『유심결』(대정장48, p.993c27)에 "하나의 상도 실상 아님이 없고, 하나의 인도 두렷한 인 아님이 없다. 항사여래 빛나서 눈앞인데, 시방의 불법은 손바닥 안에서 찬란하다. 無一相而非實相 無一因而非圓因 恒沙如來 煥若目前 十方佛法 皎然掌內", 『대승본생심지관경천주』 권5(卍속장34, p.341a1)에 "항사삼매란 처에 듦에 같지 않고, 용에 따라 이름을 달리하여 그 넓기가 항사와 같기 때문이다. 恒沙三昧者 用處不同 隨用名別 廣如恒沙故", 『법화경통의』 권4(卍속장49, p.870a2)에 "항사의 부처님을 친견했다는 말은 무슨 뜻인가? 항사성덕은 온통 마음의 샘에 있으니, 마음이라는 스승을 그대로 따르면 성덕이 나타난다는 뜻이다. 言得見恒沙佛者 所謂恒沙性德 總在心源 隨順心師 則性德顯矣", 『법화경지장소』 권7(卍속장93, p.844b10)에 "보살 스스로 보호해 진실한 원통으로 항사성덕을 모두 갖추고 기에 따라 응하며, 항사의 묘용 이로 좇아 드러냄을 말한다. 言菩薩自獲 眞實圓通 恒沙性德 皆悉具足 隨機應現 恒沙妙用 皆從此出", 『지장보살시왕경』(卍속장150, p.773a14)에 "매일 아침에 항사정에 들어갔다가 정에서 일어나 시방국토를 두루 돌며 유정집과 방과 문앞에 서거나 머무르니, 깨끗한 믿음으로 나를 생각하며 두 손을 펼치고 기쁘게 미소짓는다. 每日晨朝 入恒沙定 從定起

已 遍十方國 住立有情 室宅門戶 淨信念我 開於兩手 熙怡微笑"라고 하였다. [참고문헌] 『增壹阿含經』, 『大乘本生心地觀經』, 『仁王護國般若經』, 『法華經』, 『大寶積經』, 『無畏三藏禪要』, 『維摩經玄疏』, 『圓覺經略疏』, 『唯心訣』, 『大乘本生心地觀經淺註』, 『法華經通義』, 『法華經指掌疏』, 『地藏菩薩十王經』, *Saddh-p.*, *Lal-v.119.*, *Sam-r.20.*, *Sukh-vy. I .49.* ⇨ 항하사 恒河沙

항사 恒娑 Ⓢ haṃsa, Ⓣ ngang-pa. 거위(鵝). 기러기(雁). 또는 거위나 기러기 털. 60권본 『화엄경』 권59 「입법계품 入法界品」(대정장9, p.776a17 : *Gaṇḍ-vy.*, p.405)에 "보리심은 항사로 만든 옷이 되니, 일체의 어떠한 티끌과 허물도 받아들이지 않기 때문이다. 菩提心者 則爲恒娑衣 不受一切諸塵垢故 haṃsa-lakṣaṇaṃ vastraṃ sarvakardamadoṣair na kliśyate", 『대위덕다라니경』 권7(대정장21, p.785c22)에 "항사〈한역어는 아〉. 恒娑〈鵝〉", 『화엄경탐현기』 권20(대정장35, p.488b3)에 "항사는 한역하여 거위털이다. 이것으로 옷을 만들면 물을 묻혀도 젖지 않는다. 보리심이 티끌에 물들지 않음을 비유한 것이다. 恒娑者 此云鵝毛 以此爲衣 水澆不著 喩菩提心塵垢不染"라고 하였다. [참고문헌] 『華嚴經』, 『大威德陀羅尼經』, 『華嚴經探玄記』, *Gaṇḍ-vy.*

항사겁 恒沙劫 Ⓢ kalpa gaṅga-vālika. 셀 수 없는 겁의 세월. 『대승본생심지관경』 권1(대정장3, p.295a28)에 "원하건대 내세 항사겁에, 념념에 하늘과 인간의 스승 버리지 않으리니, 그림자가 몸을 따르듯이 잠시도 떠나지 않고, 밤낮으로 일체종지를 부지런히 닦으리라. 願於來世恒沙劫 念念不捨天人師 如影隨形不暫離 晝夜勤修於種智", 『법화경』 권2(대정장9, p.18c27 : *Saddh-p.*, p.119)에 "항사겁 동안 마음을 다하여 공경하리라. 於恒沙劫 盡心恭敬 śireṇa aṃsena ca yo dhareta paripūrṇakalpān yatha gaṅgavālikāḥ"라고 하였다. [참고문헌] 『大乘本生心地觀經』, 『法華經』, *Saddh-p.*

항사사 恒沙寺 경상북도 포항 항사리 운제산(雲梯山)에 있는 오어사(吾魚寺)의 옛 이름. [참고문헌] 『三國遺事』, 『韓國寺刹全書』 권하 p.1137a1. ⇨ 오어사 吾魚寺

항산 恒山 중국 산서성(山西省) 혼원현(渾源縣) 남쪽으로 20리 지점에 있는 산. 오악(五岳) 중 북악(北岳)에 해당한다. 한(漢) 문제(文帝)의 휘(諱)를 피하여 상산(常山)이라고도 불렀고, 송대는 대무산(大茂山)이라고도 하였다. 이전부터 역조(歷朝)의 제사 대상이 되는 곳이다. 북방 이민족과의 경계선이기도 하다. 『양고승전』 권5 「도안전 道安傳」(대정장50, p.351c28)에 "도안은 그 뒤에 태행산맥의 항산에 사탑을 창립하였다. 安後於太行恒山 創立寺塔"라고 하였다. [참고문헌] 『梁高僧傳』, 『讀史方輿紀要』 권39·44.

항산지 恒山志 청대 계경순(桂敬順) 엮음. 5권. 1763년(건륭28) 간행. 권1에 서문(序文)·도고(圖考)·목록(目錄)·어제(御製)·성지(星志), 권2에 형지(形志)·명지(名志)·사지(祀志)·봉지(封志)·묘지(廟志)·물지(物志)·사지(事志)·수지(水志)·설지(說志)·선지(仙志)·적지(蹟志), 권3에 경지(經志), 권4에 문지(文志 : 疏 議 碑 序 記 文 雜著), 권5에 시지(詩志 : 四言 五言 七言)을 수록하였다.

항삼세갈마회 降三世羯磨會 금강계(金剛界) 구회만다라(九會曼荼羅) 중 하나. 항삼세회(降三世會)라고 하고 『금강정경』에서는 삼계최승대만다라(三界最勝大曼荼羅)라고 한다. 성신회(成身會) 왼쪽에 위치한다. 금강살타가 분노한 모습의 항삼세명왕으로 나타나서 교화하기 어려운 중생을 항복시키기 위해 시설된 만다라이다. 금강계만다라의 아홉 집회 중 일곱은 『금강정경』 「금강계품」에 근거하여 지혜의 바탕을 드러냈다면 항삼세갈마회는 같은 경 「항삼세품」에 설하는 10만다라 중 첫째 만다라에 근거한다. 대자재천을 비롯한 신들이 포악하여 불교를 따르지 않았기에 금강살타가 항삼세명왕의 분노한 모습으로 나타났다. 특히 삼계의 주인을 자처하는 대자재천(大自在天)은 항삼세명왕을 따르지 않았는데 이에 분노한 모습으로 훔(吽)자 진언을 염송하였고 땅에 떨어진 대자재천과 그 천비(天妃)를 두 발로 밟았다. 이 때 대일여래가 자비의 진언을 염송하니 결국 대자재천은 불교에 귀의하였다고 『금강정경』은 전한다. 만다라의 구성은 대체로 성신회와 대동소이하지만 현도에 비교하면 성신회에서는 금강살타가 그려졌으나 항삼세회에서는 금강살타가 변화된 항삼세명왕을 그리고 있으며 현겁16존이 더해졌다. 여기에 외금강부의 네 모서리에 부동명왕비·대위덕명왕비·군다리명왕비·항삼세명왕비가 그려져 있다. 『금강정경』에서는 아촉여래가 항삼세명왕으로 몸을 변화시킨 것으로 설명되지만 현도만다라에서는 금강살타가 변신한 것으로 묘사되고 있다. 『진실섭경』 권10(대정장18, p.376a14)에 "나는 이제 순서대로 광대최상만다라를 설하리라. 그 상은 금강계와 같고 일체의 성취 중 가장 수승하다. 이를 삼계최승단이라 하고 금강삼매가 생겨난 곳이며 모든 불보살이 따라 펼쳐지는 문이니 모든 악한 이를 능히 부술 수 있다. 我今次第當演說 廣大最上曼拏羅 其相猶如金剛界 一切成就中最勝 此名三界最勝壇 金剛三昧所出生 諸佛菩提隨轉門 一切惡者皆能破", "그 단의 네 방위와 네 문 및 네 누각은 갖가지로 장엄되었고 네 줄이 평등하게 차이가 없으며 그림 있는 비단과 주만으로 수승하게 장엄되었다. 그 단의 네 귀퉁이와 모든 문호가 만나는 곳은 금강보로 그 사이를 엄식하였다. 이와 같이 나누어 단 밖의 경계를 펼쳐놓았으니 지혜로운 이는 이 안에서 잘 분별한다. 금강보 등의 수승한 장엄은 사방과 사문의

〈표〉 항삼세회

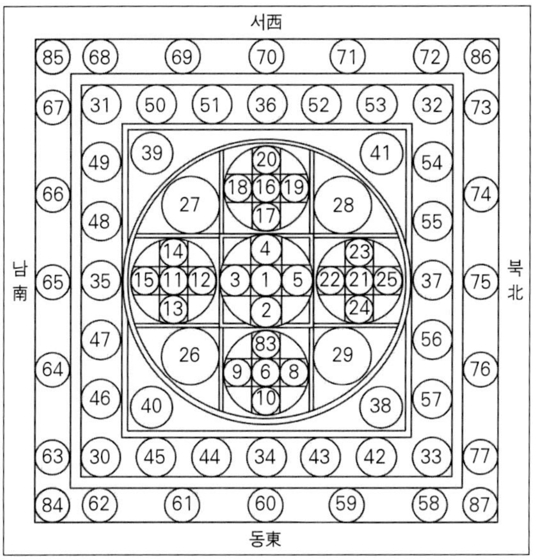

1. 비로자나여래毘盧遮那如來
2. 금강바라밀보살金剛波羅密菩薩
3. 보바라밀보살寶波羅密菩薩
4. 법바라밀보살法波羅蜜菩薩
5. 갈마바라밀보살羯磨波羅蜜菩薩
6. 아촉여래阿閦如來
7. 금강살타金剛薩埵
8. 금강왕보살金剛王菩薩
9. 금강애보살金剛愛菩薩
10. 금강희보살金剛喜菩薩
11. 보생여래寶生如來
12. 금강보보살金剛寶菩薩
13. 금강광보살金剛光菩薩
14. 금강당보살金剛幢菩薩
15. 금강소보살金剛笑菩薩
16. 무량수여래無量壽如來
17. 금강법보살金剛法菩薩
18. 금강리보살金剛利菩薩
19. 금강인보살金剛因菩薩
20. 금강어보살金剛語菩薩
21. 불공성취여래不空成就如來
22. 금강업보살金剛業菩薩
23. 금강호보살金剛護菩薩
24. 금강아보살金剛牙菩薩
25. 금강권보살金剛拳菩薩
26. 금강희보살金剛嬉菩薩
27. 금강만보살金剛鬘菩薩
28. 금강가보살金剛歌菩薩
29. 금강무보살金剛舞菩薩
30. 금강소향보살金剛燒香菩薩
31. 금강화보살金剛華菩薩
32. 금강등보살金剛燈菩薩
33. 금강도향보살金剛塗香菩薩
34. 금강구보살金剛鉤菩薩
35. 금강색보살金剛索菩薩
36. 금강쇄보살金剛鏁菩薩
37. 금강령보살金剛鈴菩薩
38. 지천地天
39. 수천水天
40. 화천火天
41. 풍천風天
42. 자씨보살慈氏菩薩
43. 불공견보살不空見菩薩
44. 멸악취보살滅惡趣菩薩
45. 제우암(음)보살除憂闇(音)菩薩
46. 향상보살香象菩薩
47. 대정진보살大精進菩薩
48. 허공장보살虛空藏菩薩
49. 지당보살智幢菩薩
50. 무량광보살無量光菩薩
51. 현호보살賢護菩薩
52. 광망보살光網菩薩
53. 월광보살月光菩薩
54. 무진의보살無盡意菩薩
55. 변적보살辨積菩薩
56. 금강장보살金剛藏菩薩
57. 보현보살普賢菩薩
58. 나라연천那羅延天
59. 구마라천俱摩羅天
60. 금강최천金剛摧天
61. 범천梵天
62. 제석천帝釋天
63. 일천日天
64. 월천月天
65. 금강식천金剛食天
66. 혜성천彗星天
67. 형혹천熒惑天
68. 나찰천羅刹天
69. 풍천風天
70. 금강의천金剛衣天
71. 화천火天
72. 비사문천毘沙門天
73. 금강면천金剛面天
74. 염마천焰摩天
75. 조복천調伏天
76. 비나야가毘那耶迦
77. 수천水天
83. 항삼세명왕降三世明王
84. 대위덕명왕비大威德明王妃
85. 군다리명왕비軍荼利明王妃
86. 항삼세명왕비降三世明王妃
87. 부동명왕비不動明王妃

여덟 기둥 사이에 있고 나전으로 장식된 누각은 매우 수승하고 금강의 수승한 기둥이 마땅히 안립되었다. 다섯 만다라가 엄식되었으며 만다라 가운데 법식에 따라 만들어졌으며 오색이 선을 따라 원만하도록 하였다. 其壇四方與四門 及四樓閣衆莊嚴 四線抨量等無差 繒帛珠鬘妙嚴飾 其壇所有四隅分 及諸門戶相合處 以金剛寶飾其間 如次分布外壇界 智者於中善分別 金剛寶等妙莊嚴 四方四門八柱間 鈿飾樓閣而殊妙 金剛勝柱應安立 五曼拏羅爲嚴飾 曼拏羅中依法抨 五色隨抨令圓滿", "사방불의 형상은 방위에 따라 법식에 근거하여 안치해야 한다. 금이나 은 또는 흙벽돌로 불좌를 가르침에 따라 조성한다. 所有四方佛形像 隨方依法應安布 或金或銀或土塼 造立佛座當如敎", "동방 부처님 앞에 안치해야 하니 화염 속에 금강저가 있다. 남・서・북방의 화염에도 역시 그러하니 보배와 연꽃과 갈마장을 안치한다. 東方佛前應安置 火焰中有金剛杵 南西北方焰亦然 寶及蓮華羯磨仗", "다음으로 금강보의 출현을 만들고 또한 저 불전에도 그리해야 한다. 지혜로운 이는 법식에 근거하여 금강훔가라의 수승한 단을 그려야 한다. 次作金剛步出已 亦然當於彼佛前 智者如應依法畫 金剛吽迦囉勝壇", "주의를 기울여 단의 경계를 구분하고 법식에 따라 금강선을 써야 한다. 나고 듦에 구분이 있어야 하고 경계를 위반하여 삼매를 깨트려서는 안 된다. 그 가운데 대금강살타를 그려야 하니 금강수성존을 말한다. 이 성존은 대청련화를 탔다. 금강훔가라의 수승한 상은 날카로운 송곳니가 밖으로 나와 지극히 무섭고 사납다. 다시 분노한 얼굴에 기쁘게 웃는 눈을 드러내니 금강보의 선묘한 상을 일으키고 염만의 대광명을 갖추었다. 왼발은 평보를 걸으며 위세 드러내고 대자재천을 밟고 오른발은 역시 그렇게 그리되 오마천후의 가슴 사이를 밟은 모습이다. 注意抨其壇界文 依法應用金剛線 若出若入分量中 不應違越破三昧 彼中應畫大薩埵 所謂金剛手聖尊 彼尊乘大青蓮華 金剛吽迦囉勝相 利牙外出極威猛 復現忿怒喜笑眼 擧金剛步善妙相 具彼焰鬘大光明 左足平步現威勢 踏彼大自在天身 右足如應畫亦然 烏摩天后乳間置"라고 하였다. 〔참고문헌〕『眞實攝經』.

항삼세대일여래 降三世大日如來 ➡ 항삼세여대일여래 降三世與大日如來

항삼세명왕 降三世明王 Ⓢ Trailokyavijaya, Vajrahūṃkara. 오대명왕(五大明王) 중 동쪽에 위치한 존격. 오불(五佛) 중 아촉여래의 분노형이다. 삼세를 항복시킨다는 말은 대일여래를 따르지 않은 대자재천(大自在天)을 항복시켰다는 뜻이다. 또한 삼세를 탐진치(貪瞋癡) 삼독(三毒)으로 해석하여 삼독을 조복시켰다고 해석하기도 한다. 밀호는 최승금강(最勝金剛). 형상은 삼면팔비(三面八臂)・사면팔비(四面八臂)・일면사비(一

面四臂)로 의궤에 따라 다르다. 몸의 색은 검푸르고 손에는 갖가지 기물을 들고 등뒤에서 화염이 치솟는 분노형으로 대자재천과 그의 비(妃) 오마(烏摩)을 밟고 있는데, 각각 번뇌장(煩惱障)과 소지장(所知障)을 끊음을 나타낸 것이다. 태장만다라에서는 지명원(持明院)에 머무는 존격이다. 이때 밀호는 훔가라금강(吽迦羅金剛)이고 종자는 (hūṃ), 삼매야형은 오고금강저(五鈷金剛杵)이며 수인은 항삼세인이다. 금강계만다라에서는 금강살타의 분노형이며 대일여래의 변현으로서 제8회 항삼세갈마회(降三世羯磨會)와 제9회 항삼세삼마야회(降三世三昧耶會)의 동쪽 월륜에 머문다. 금강계만다라 항삼세회와 항삼세삼마야회에는 항삼세명왕비(降三世明王妃)가 머무는데, 그 종자는 (hūṃ)이고 삼매야형은 삼고저(三鈷杵), 수인은 항삼세인이다. 존형은 회색 몸의 천녀형이며 양손으로 연꽃을 든 모습이다. 진언은 『연화부심염송의궤』(대정장18, p.322c29)·『금강정경유가문수사리보살법』(대정장20, p.706c15)에 의하면 '옴 손바 니손바 훔 흘리흔나 흘리흔나 훔 흘리흔나파야 훔 아낭야 곡 바아번 바일라 훔 반타 唵 遜婆 儞遜婆 吽 仡哩虋拏 吃哩虋拏 吽 仡哩虋拏跛耶 吽 阿囊耶斛 婆誐鑁 嚩日囉 吽 泮吒 oṃ sumbha nisumbha hūṃ gṛhṇa gṛhṇa hūṃ gṛhṇapaya hūṃ ānaya hoḥ bhagavaṃ vajra hūṃ phaṭ 옴 숨바여, 니숨바여 훔, 잡아주소서 훔, 잡아 이끌어 훔, 인도하소서, 호 세존이시여, 금강이여 훔 팟'이다. 『대일경소』 권10(대정장39, p.685b12)에 "다음으로 항삼세진언은 모두 비로자나 여래께서 법당고봉관가지삼매에 머물러 첫 서품에서 설하신 것과 같다. 여래께서 이 두 진언을 설하신 것은 모두 법불삼매로써 진언행자를 초발심에서부터 수호하고 증장하여 성불의 과보를 원만하게 하여 끝내 퇴전하거나 도 아닌 길에 떨어지지 않도록 하신 것이니, 이는 부동명왕과 같다. 세간의 조복하기 어려운 중생을 항복시키므로 항삼세명왕과 같다. 차례대로 설하자면 삼세라고 하는 것에서 세는 탐진치를 말하니, 이러한 삼독을 항복시키는 것을 항삼세라 한다. 또한 과거의 탐욕으로 인하여 현재에 탐욕의 과보로서의 몸을 받으며 다시 탐욕의 업을 낳아 미래의 과보를 받는 것처럼, 삼독 역시 그러하므로 항삼세라 한 것이다. 다음으로 삼세란 삼계를 말한다. 비로자나 여래께서 정수리부터 땅에 이르기까지 위에서 아래까지 순서대로 하나하나의 천계에 화현하여 무량한 권속을 교화하는 대천의 주존으로 화현하시니, 지금 저 천보다 백천만배 수승하여 일찍이 두려워 한 적이 없었다. 그런데 다시 어떤 중생이 있어서 나를 이기거나 법으로 항복시킬 수 있겠는가? 순서대로 천계를 내려오며 삼계의 주인을 항복시켰으니 이를 항삼세명왕이라 한다. 次降三世明王眞言 皆是毘盧遮那如來 住於法幢高峯觀加持三昧 如初序品中說也 如來說此二明 皆是彼法佛三昧 爲令行人從初發菩提心 守護增長令生成佛果圓 終不退失不墮在非道者 卽不動明王是也 爲降伏世間難調衆生故 卽降三世明王是也 相次說之 所謂三世者 世名貪瞋癡 降此三毒名降三世 又由如過去貪故今受此貪報之身 復生貪業受未來報 三毒皆爾 名爲降三世也 復次三世者名爲三界 謂毘盧遮那如來 始從有頂迄至下地 從上向下相次 一一天處皆化 化無量眷屬大天之主 今勝彼天百千萬倍 彼怖未曾有 更有何衆生而勝我耶 乃至以法而降伏之 卽次第而下 以能降伏三世界主故 名降三世明王也"라고 하였다. 일면사비의 형상에 대해서는 『자씨보살략수유가염송법』 권하(대정장20, p.595c18)에 "또한 대원명 아래 오른쪽에 항삼세명왕을 그린다. 반월륜만다라 안에 있는데 몸의 색은 검푸르고 눈 셋에 송곳니가 넷인 대분노형이다. 왼발은 구부린 채 앞을 향하고 오른발은 뒤에서 끌면서 월륜 속에서 달리는 자세다. 네 팔 중 양손은 삼매야심구인을 맺어 가슴 앞에 두고 왼손은 구부린 채 귀 위에서 금강구부를 쥐고 오른손은 정수리 아래에서 오고금강저를 들었으며, 주위에서는 불이 일어나는데 머리에는 오지관을 쓰고 입을 다물고 있다. 又大圓明下右邊 畫降三世明王 半月輪漫拏攞中身色奧青 三

항삼세명왕 태장만다라 지명원

금강계 항삼세삼매야회

영국사지금강령
한성백제박물관 고려

항삼세명왕상
서안비림박물관 중국 당

眼四牙大瞋怒形 屈左脚向前 拽右脚向後 於輪中如走勢 四臂 兩手結三昧耶心鉤印向胸心上 左一手曲 向耳上 把金剛鉤斧 右手直向頂峻下 把五股䥫耽囉 周旋生火 首冠五智冠閉口"라고 하였고, 사면팔비형에 대해서는 『금강정유가항삼세성취극심밀문』(대정장21, p.41a7)에 "양손을 가슴에 두고 왼손은 오고저를 쥐고 팔은 아래를 향하네. 다음으로 화살과 검을 곧게 쥐고 오고령 위에 두었네. 다음으로 활을, 다음으로 올무를 쥐었네. 각각 팔을 곧게 하여 쥐고 있네. 네 얼굴 중 정면은 청색이고 오른쪽은 황색이며 왼쪽은 푸른색이고 뒤쪽은 붉은 색인데 모두 분노한 표정이네. 자재천왕과 그 비를 깔고 앉은 것은 앞의 설명과 같네. 二羽仰當心 慧手持五鈷 努臂如下擬 次箭劍直執 定上五鈷鈴 次弓次執索 皆直引臂持 四面正青色 右黃左綠色 後紅咸忿怒 自在天王妃 爲座如前說", 삼면팔비형에 대해서는 『섭무애의궤』(대정장20, p.133b16)에 "서남방의 항삼세명왕은 해골에 불꽃상투관을 썼고 여름의 비구름 색이다. 세 얼굴 각각에 세 개의 눈이 있고 희미하게 웃는 얼굴이다. 백천의 팔을 구족하고 갖가지 기물을 쥐었는데, 여덟 팔의 모습을 드러내었으니 서원을 만족시키고자 한 것이다. 왼손에는 창·보궁·금강삭을 쥐었고 오른손에는 금강탁·보전·보검을 쥐었다. 양손으로 구세인을 맺는다. … 금강보로 만든 영락을 몸을 장엄하는 보배로 삼고 몸의 광명은 번개와 같으며 염만이 두루 있지 않은 곳이 없다. 왼발로 대자재천을 밟고 오른발로 천후를 밟아 그 악한 마음을 도탈시키고 불법승에 귀의하게 한다. 西南降三世髑髏火髻冠 夏時雨雲色 三面三三眼 阿吒吒微笑 具足百千臂 操持衆器械 示現八臂相 滿願弘誓故 左定執戟銷 左理抱寶弓 左定金剛索 右慧金剛鐸 右智持寶箭 右慧握寶劍 理智救世印 … 金剛寶瓔珞 以爲嚴身寶 身光霹靂相焰鬘靡不遍 左足蹈大天 右足蹈天后 度脫其惡心 令歸佛法僧"라고 하였다. 〔참고문헌〕『蓮華部心念誦儀軌』, 『金剛頂經瑜伽文殊師利菩薩法』, 『大日經疏』, 『慈氏菩薩略修瑜伽念誦法』, 『金剛頂瑜伽降三世成就極深密門』, 『攝無礙儀軌』, 『曼荼羅図典』(大法輪閣, 2002). ⇨ 항삼세명왕진언 降三世明王眞言, 항삼세인 降三世印

항삼세명왕진언 降三世明王眞言 금강살타가 항삼세명왕으로 변신하여 자재천을 항복시키기 위해 외운 진언. 항삼세법에서 악인을 항복시키기 위해 활용한다. 진언 전체에서 훔(吽 𑖮𑖳𑖽) 자가 네 번 반복되므로 사훔진언(四吽眞言)이라고도 한다. 항삼세진언 전체는 분절하여 금강계만다라 제존(諸尊)의 종자(種子)가 된다. 『항삼세분노명왕염송의궤』(대정장21, p.41a29)에 "이때 부처님께서 말씀하셨다. '훌륭하다, 분노왕이여. 그대는 항복진언을 설하는 것을 들어라'. 이때 네 얼굴에 여덟 팔을 지닌 극악한 대분노의 형상이 드러나니 세존께서 진언구송을 설하였다. '옴 소바이소바 훔 얼리하나 얼리하나 훔 얼리하나 바야 훔 아나야곡박가범 바일라 훔 반탁 oṃ sumbha nisumbha hūṃ gṛhṇa gṛhṇa hūṃ gṛhṇapaya hūṃ ānaya hoḥ bhagavaṃ vajra hūṃ phaṭ'. 이때 보현보살 등이 이 진언을 외울 때 삼천대천세계가 육종으로 진동하니 천마귀계에 있는 중생을 해치는 이들이 모두 두려워 안락을 얻지 못하고 각자 달아나며 분노존에게 말했다. '불쌍히 여기셔서 저의 두려움을 없애주시기만 바랍니다'. 이때 분노왕은 모두를 안은하게 하였는데 이미 오른발로 대자재마왕을 밟고 왼발로 마왕의 부인을 밟고 있었으니 국토의 중생이 모두 안락을 얻었다. 이 진언을 한 번 외우면 무량하고 무변한 마구니의 세계가 각각 고뇌와 열병에 시달리므로 진언행자에게 장애를 일으키는 이와 편의를 얻지 못하도록 하는 이가 노복으로 변하여 곤란을 일으키지 못하게 된다. 爾時 佛告言 善哉善哉忿怒王 汝聽說降伏眞言 則時示現四面八臂極惡大忿怒形相 說眞言句頌 眞言曰 唵 蘇婆儞蘇婆 吽 蘖哩訶拏 蘖哩訶拏 吽 蘖哩 訶拏 波耶吽阿那野斛婆誐哾嚩日羅 吽吽吒 爾時普賢大士等 說此眞言時 三千大千世界六種震動 所有天魔鬼界 於衆生生損害者 皆悉恐怖非得安樂 各走集白忿怒尊言 唯願愍念令我無恐懼 爾時忿怒王 皆令得安穩 則尙右足下踏大自在魔王 左足下踏魔婦人 於國土有情 皆令得快樂 誦此眞言一遍 則無量無邊魔界 各苦惱熱病故 於行者 生障礙者 無得便者 變成僕從乃到妨難"라고 하였다. 〔참고문헌〕『降三世忿怒明王念誦儀軌』. ⇨ 항삼세명왕 降三世明王

항삼세법 降三世法 밀교의 수행법. 항삼세명왕(降三世明王)을 본존으로 하고, 악인을 항복시키고 숙업을 없애기 위해 닦는 법. 승삼세(勝三世)·삼세승(三世勝)·항삼세금강보살(降三世金剛菩薩)이라고도 한다. 『진실섭경』 권11(대정장18, p.377c23)에 "다시 항삼세〈삼계최승이라고도 한다〉대만다라입 등의 의궤와 광대법의 활용을 설한다. 먼저 금강아사리는 금강분노제리제리인을 스스로 맺고 만다라에 들어간다. 이와 같이 들어간 다음 일체여래께 아뢰되 '세존여래시여, 제가 분노경애법을 닦아서 조복시켜야 할 이는 제가 조복시키고, 섭수해야할 이는 제가 섭수하겠으니 세존께서 저에게 교칙을 주시기만을 바랍니다. 제가 어떻게 해야 마땅하겠습니까?' 이와 같이 말하고 맺었던 금강분노제리제리인을 설하신 가르침대로 자기 가슴에 안치하고 금강구 등의 사업을 널리 작법한다. 작법이 끝나면 다시 갖가지 삼매인을 맺은 후에 일체여래의 위신이 건립된다. 다음으로 사종 비법공양을 하고 그 후에 다시 헌향 등으로 공양한다. 다음으로 금강제자를 만다라에 이끌어 들어오게 하는 의궤를 설한다. 금강아사리는 스스로 맺은 금강분노제리제리인을 제자가 맺도록 하고 대명주를 주되 '옴 훌리 한나 부일라 삼마야 훔밤' 이와 같이 항삼세법이 상응하여 마땅하게 일체 중생을 조복시키거나 섭수하여 금강수보살의 일체 사업이 모두 성취되고 또한 이루어야 할 모든 일이 성취된다. 그렇게 한 후에 서심대명을 주고 다음으로 제자의 얼굴을 덮은 비단을 제거하여 일체 만다라를 볼 수 있게 하면 제자가 만다라를 보자마자 일체 죄업을 제거하고 두루 삼세가 다하도록 항복시킬 수 있다. 이 항삼세법이 상응하니 대자재천 등의 일체 천중을 모두 소환하여 경계하고 금지하는 경애법과 조복법이 가능해지고 일체여래의 신력가지를 얻는다. 금강수보살마하살이 늘 지켜주니 또한 금강수시성취법을 얻는다. 復次宣說降三世〈亦名三界最勝〉大曼拏羅入等儀軌 廣大法用 所謂先當金剛阿闍梨 自結金剛忿怒帝哩帝哩印 入曼拏羅 如是入已 卽當啓白一切如來言 世尊如來 我作忿怒敬愛法 應調伏者我爲調伏 應攝受者我當攝受 唯願世尊授我敎勅 我當云何如應所行 作是言已 卽以所結金剛忿怒帝哩帝哩印 如敎所說安於自心 廣作金剛鉤等事業 作已復結衆三昧印 然後卽得一切如來威神建立 次作四種祕密供養 作已復獻香等供養 復次宣說引金剛弟子入曼拏羅儀軌 謂金剛阿闍梨 以自所結金剛忿怒帝哩帝哩印 令弟子結授是大明曰 唵 屹哩 恨拏 嚩日囉 三摩野 吽鑁 … 如是降三世法 得相應故 悉能隨應調伏攝受一切有情 所有金剛手菩薩摩訶薩一切事業 皆悉能作 復能常作諸成就事 然後授彼誓心大明 次當爲其去面帛已 乃令觀視一切大曼拏羅 而彼弟子 纔見曼拏羅時 卽能滅除一切罪垢 善能降伏普盡三世 此降三世法相應故 所有大自在天等 一切天衆悉能鉤召及作警悟禁縛敬愛調伏等事 得一切如來神力加持 金剛手菩薩摩訶薩 常時營衛 復得金剛手施成就法", 『비초』(대정장78, p.553c3)에 "항삼세법. 종자는 훔(𑖮𑖳𑖽). 삼마야형은 오고저. 도량관은 단상에 월륜이 있고 월륜 위에 있는 훔(𑖮𑖳𑖽)자가 오지금강저로 변성하고 항삼세존으로 변성한다. 여덟 팔에 네 얼굴을 가진 분노형이고 네 송곳니를 드러냈다. 두 손은 수인을 맺었고 오른쪽 두 번째 손은 방울을, 셋째 손은 화살을, 넷째 손은 날카로운 검을 쥐었다. 왼쪽 둘째 손은 삼지창을, 셋째 손은 활을, 넷째 손은 올무를 쥐었다. 오른발은 오른쪽으로 향하여 대자재천욕왕을 밟았고, 왼발은 그 왕비를 밟았으며 온몸에서 화광이 흐르고 몸색은 검푸르다. 降三世法種子 𑖮𑖳𑖽(hūṃ) 三摩耶形 五鈷 道場觀 壇上有月輪 月輪上有𑖮𑖳𑖽(hūṃ)字 變成五智金剛杵 變成降三世尊 八臂而四面 咲怒恐怖形 四牙露出 二手結印 右第二鈴 第三箭 第四利劍 左第二三戟 第三弓 第四索 右足 右旋 蹋彼大自在欲王 左足踐彼王妃 遍身流火光 身色玄靑", 『항삼세분노명왕염송의궤』(대정장21, p.41b18)에 "이 진언을 닦으려는 이는 동쪽을 향하여 존상 앞에 분노한 모습으로 앉아서 나의 몸이 본존인 위노왕과 다르지 않다고 관상하면 삼업이 청정해진다. 훔자를 세 번 외우면 또한 법계를 안락하게 한다. 두 손을 견고하게 맺고 이마에 올리고 좌우로 세 번 돌리면 벽제 결제가 이루어진다. 다음으로 지심합장하고 분노존과 뭇 성중께 예배한다. 일체 악인을 항복시키고자 한다면 삼각형의 호마로를 만들고 단을 남쪽으로 향하여 악목을 구해 진언 한 번 외울 때마다 하나씩 태우고 삼백스물네번을 채우면 악인이 스스로 항복하여 산채로 귀의한다. … 진언행자가 이 법을 닦을 때 49일 동안 오곡의 맛과 소금을 끊고 일심으로 다른 경계 없이 진언 십만번을 채워야 한다. 이때 본존이 극악하고 무서운 마구니의 모습을 드러내서 진언행자의 마음을 시험하는데 바로 이때 마음을 흩트리지 않아야 법이 성취된다. 若欲修此眞言者面東 像前忿怒坐 想我身則爲不異本尊威怒王 則淨三業 所謂吽字三遍 亦安法界 則二手堅固縛捧額上 左右三轉亦成辟除結界 次至心合掌 禮拜忿怒尊諸聖衆 若欲降伏一切惡人 作三角爐 壇向南 取惡木一遍一燒 滿三百二十四遍 惡人自降伏生歸依 … 若行者修此法時 七七日間 須斷五穀味鹽一心無餘境滿眞言十萬遍 爾時 本尊現形 作大惡怖魔體 試謙行者心 是時愼勿生散發則法成就"라고 하였다. [참고문헌] 『眞實攝經』, 『祕鈔』, 『降三世忿怒明王念誦儀軌』. ⇨ 항삼세명왕 降三世明王, 항삼세명왕진언 降三世明王眞言

항삼세분노명왕염송의궤 降三世忿怒明王念誦儀軌 밀교 의궤. 746~774년(천보5~대력9)경 불공(不空) 한역. 1권. 항삼세분노명왕이 항복(降伏)·식재(息災)·경애(敬愛) 등의 염송법의 차례를 설하는 내용. 먼저 항삼세명왕의 근본주와 그 위력을 설하고 결계(結界)·정삼업(淨三業)·예배(禮拜)를 설한다. 다음으로 항복법·식재법·경애법 및 저주법에 따라 각각의 호마법을 설하고 마지막으로 결계를 푸는 법·예법·출당(出堂)·반야경독송의 순서로 설한다. [참고문헌] 『降三世忿怒明王念誦儀軌』(대정장21, p.41a19).

항삼세분노지명왕존 降三世忿怒持明王尊 항삼세명왕의 다른 이름. 『대일경소』 권5(대정장39, p.633b20)에 "다음으로 아래쪽 북서 모서리에 항삼세분노지명왕존을 그린다. 머리에 보관을 쓰고 오고금강인을 맺고 비로자나를 우러러 보면서 교칙을 청하여 받는 모습과 같다. 경전의 게송에서 '자신의 목숨을 돌보지 않는다'고 하였으니 지극한 분노를 떨쳐 목숨을 돌보지 않는 모습을 드러내야함을 말한다. 법계 중생을 섭수하여 부르고자 하니 모두 법왕의 위명에 순종하도록 하는 것이다. 이는 또한 모든 일을 이루게 하는 진언이다. 이러한 다섯 여래 지혜와 자재력에 의해 번뇌를 씻어 없애고 꺾어 없애는 것은 모두 과지의 장엄에 이른다. 비단 장애하는 바가 없는 치우친 단공만을 증득하는 것이 아니다. 그러므로 오고인을 맺고 머리에 보관을 쓰고 풍륜속에 있는 것이다. 법화경에서 '모든 행이 불지견을 열어 청정을 증득하게 하기 위함이다'라고 한 뜻과 같다. 復次於下方西北隅際 作降三世忿怒持明王尊 首戴寶冠持五股金剛印 瞻仰毘盧遮那 如請受敎勅之狀 偈云不顧自身命者 謂應圖作至極忿怒奮不顧命之容 謂欲攝召法界衆生 皆使順從法王威命 此亦是成辦諸事眞言也 爲此五如來智大自在力之所滌除摧滅者 皆悉至於果地莊嚴 非唯無所障礙偏證但空而已 是故持五股印 首戴寶冠而在風輪之中 卽法花經 諸有所作 皆爲開佛知見 使得淸淨之意也"라고 하였다. [참고문헌] 『大日經疏』. ⇨ 항삼세법 降三世法

항삼세삼매야회 降三世三昧耶會 금강계(金剛界) 구회만다라(九會曼荼羅) 중 아홉째 만다라. 성신회(成身會) 왼쪽 아래에 위치한다. 『금강정경』에서는 금강삼매야비밀만다라(金剛三昧耶祕密曼荼羅)라고도 하고 『진실섭경』에서는 분노비밀인만다라(忿怒祕密印曼荼羅)라고 한다. 삼매야란 본서(本誓)를 뜻한다. 항삼세갈마회(降三世羯磨會)가 구제하기 어려운 중생을 항복시키는 대일여래의 신업(身業)을 나타낸다면 이 만다라는 대자재천을 항복시키리라는 본서를 세운 대일여래의 의업(意業)과 그 본서에 머무는 제존(諸尊)의 내증(內證)의 덕을 나타낸다. 자비로운 모습으로는 교화하기 어려운 중생을 항복시키기 위해 분노형으로 변한 금강살타를 비롯하여 제불보살이 세운 중생제도의 서원을 상징하는 각 존격의 지물(持物)을 묘사한다. 『금강정경』에 따르면 배치는 성신회와 유사하지만 대일여래의 자리에 불상을 안치하고 아촉불의 자리에 금강야차 및 금강저를 그린 점이나 보생불의 자리에 보주(寶珠)를 얹은 금강저를 그린 것은 현재 유포되는 만다라와 차이가 있다. 대자재천을 조복시키기 위해 염송한 진언은 훔(吽 hūṃ) 자가 네 번 등장하는데 전체 진언의 음절이 나누어져 항삼세삼매야회에 위치한 제존의 종자(種子)가 된다. 37존과 현겁16존·외금강부28존을 합하여 73존이 있다. ⇨ 항삼세명왕진언 降三世明王眞言

항삼세성취극심밀문 降三世成就極深密門 1권. 불공(不空)과 변지(遍智) 한역. 항삼세명왕을 본존으로 모시고 공양하는 의궤. 온전한 이름은 금강정유가항삼세성취극심밀문(金剛頂瑜伽降三世成就極深密門)이고 유가항삼세극심법문(瑜伽降三世極深法門)이라고도 한다. 대정장21, pp.39b22~41a14, No.1209에 수록되어 있다. 먼저 염송법의 순서를 설한 후 항삼세명왕이 모든 악을 항복시키기 위해서 자신의 몸을 드러내는 진언과 갖가지 다라니를 설하고 5부(部) 37존(尊)을 공양하는 다라니와 수인(手印)을 설한다. 마지막에는 사면팔비(四面八臂)의 분노형으로 항삼세 명왕을 그리는 화상법(畵像法)을 설한다. ⇨ 금강정유가항삼세성취극심밀문 金剛頂瑜伽降三世成就極深密門

항삼세여대일여래 降三世與大日如來 항삼세와 대일여래. 항삼세명왕은 대일여래의 분노신이다. 대일여래가 자성륜신(自性輪身)일 때 금강살타는 정법륜신(正法輪身)이고 항삼세는 교령륜신(敎令輪身)이 된다. 『인왕호국반야의궤』(대정장19, p.514a25)에 "다섯 보살은 이 종륜에 의지하여 몸을 드러내는 점에서 차이가 있다. 첫째는 정법륜으로 진실한 몸을 드러낸다. 닦은 바 행원의 과보로 증득한 몸이다. 둘째 교령륜이니 분노한 몸을 드러낸 것이다. 대비를 일으켰기에 위맹을 드러낸 것이다. 이 금강수는 보현보살이다. 손에 금강저를 든 것은 금강과 같이 바른 지혜를 일으켜서 아와 법의 미세한 장애를 끊을 수 있음을 드러낸 것이다. 교령륜에 의지하여 분노한 항삼세금강을 나툰 것이다. 然五菩薩依二種輪現身有異 一者 法輪 現眞實身 所修行願報得身故 二 敎令輪 示威怒身 由起大悲現威猛故 此金剛手卽普賢菩薩也 手持金剛杵者 表起正智猶如金剛 能斷我法微細障故 依敎令輪現作威怒降三世金剛"라고 하였다. [참고문헌] 『仁王護國般若儀軌』. ⇨ 정법륜신 正法輪身, 교령륜신 敎令輪身

항삼세여석가여래 降三世與釋迦如來 항삼세명왕과 석가여래의 관계. 정법륜(正法輪)과 교령륜(敎令輪)의 관계로 이해할 때 사바세계에 출생하여 팔상성도를 이룬 석가여래는 정법륜신이고, 수미산에서 마구니를 굴복시킨 항삼세명왕은 그 교령륜신에 해당한다. 『반야이취석』 권하 「오부존법 五部尊法」(대정장19, p.611b14)에 "정법륜과 교령륜이란 비로자나여래가 염부제에 모습을 나투어 성불하고 외도를 제도한 것이고, 수미산 정상에서 위노한 분노형의 모습을 드러내 마혜수라 등을 항복시킨 것이다. 所謂正法輪敎令輪 卽彼毘盧遮那 於閻浮提化相成佛 度諸外道 卽於須彌頂示現威猛忿怒形 降伏魔醯首羅等"라고 하였다. [참고문헌] 『般若理趣釋』. ⇨ 정법륜신 正法輪身, 교령륜신 敎令輪身

항삼세여아축여래 降三世與阿閦如來 항삼세명왕과 아축여래의 관계. 금강계 오지여래(五智如來)의 분상(分相)에서 자성륜신(自性輪身)은 금강살타이고 항삼세명왕은 동방 아축여래의 교령륜신(敎令輪身)에 배대된다. 『표치만다라의궤』「오부존법 五部尊法」(대정장20, p.130a7)에 "항삼세존〈아축불의 분노존이고 자성륜은 금강살타보살이다〉. 降三世尊〈阿閦佛忿怒 自性輪金剛薩埵菩薩〉"이라고 하였다. [참고문헌] 『幖幟曼荼羅儀軌』. ⇨ 정법륜신 正法輪身, 교령륜신 敎令輪身

항삼세의궤 降三世儀軌 ➡ 항삼세분노명왕염송의궤 降三世忿怒明王念誦儀軌, 금강정유가항삼세성취극심밀문

金剛頂瑜伽降三世成就極深密門

항삼세인 降三世印 항삼세법의 수인(手印). 양손을 주먹쥐고 검지를 세우고 양손의 소지를 걸고 가슴에 두는 수인. 『불정존승다라니진언』(대정장19, p.391a27)에 "다음으로 항삼세인을 맺는다. 양손을 금강권으로 만들어 양손의 소지를 손가락 등이 보이도록 갈고리를 만들어 걸고 양손의 검지는 각각 곧게 한다. 次結降三世印 二羽爲金剛拳 二地背鉤 二風各正直"라고 하였다. 〔참고문헌〕『佛頂尊勝陀羅尼眞言』.

항삼세존형 降三世尊形 ➡ 항삼세명왕 降三世明王, 항삼세법 降三世法

항삼세종자 降三世種子 항삼세명왕의 종자(種子). 『감로군다리보살공양염송성취의궤』(대정장21, p.45b4)에 "다음으로 동방에서 훔(𑖮𑖳𑖽)자를 관하면 이것이 항삼세법신종자이다. 次於東方觀吽字 是降三世法身種子", 『대일경공양차제법소』 권하(대정장39, p.807a20)에 "항삼세종자의 진언문에서 하 자는 행이고 아 음을 더하면 지극한 행이다. 이것으로 모든 행을 없애면 일체의 행을 행하지 않게 된다. 그러므로 제거의 뜻이 있다. 이것으로 능히 삼세를 항복시킨다는 뜻이다. 降三世種子眞言門 訶字是行 加阿聲是極行 以此除遣諸行 則是不行一切行 故有除義 以此能降三世也", 『대일경의석』 권7 「식장품 息障品」(卍속장36, p.751a3)에 "앞의 항삼세부동존의 진언은 모두 자재한 바람을 바탕으로 삼는다. 𑖮𑖯𑖾(hāḥ) 장음으로 발음하면 만행을 구족한다는 뜻이고, 열반점을 더하면 여래의 해탈력을 밝힌 것이다. 𑖮𑖯𑖽(hāṃ) 열반점을 더하면 여래의 대혜력을 밝힌 것이다. 지혜와 해탈이 서로 돕는 것은 양날개와 같아서 모든 일을 이루게 한다. 右降三世不動尊眞言皆以自在風爲體 𑖮𑖯𑖾長聲呼之具足萬行 加涅槃點爲明如來解脫力故 𑖮𑖯𑖽加成佛點爲明如來大慧力故 智斷相資 猶如二翼 皆能成辦諸事"라고 하였다. 〔참고문헌〕『甘露軍荼利菩薩供養念誦成就儀軌』, 『大日經供養次第法疏』, 『大日經義釋』.

항상계 恒常戒 언제나 가져 버리지 않는 계. 육종계(六種戒) 중 하나로 보살이 목숨을 잃는 위기에서도 버리지 않고 항상 지켜야 하는 계. 『권발보리심집』 권하(대정장45, p.402a25)에 "넷째, 항상계는 비록 목숨이 다할지라도 버리지 않는다는 뜻이다. 四 恒常戒 雖盡壽命 不棄捨故"라고 하였다. 〔참고문헌〕『勸發菩提心集』, 『大明三藏法數』 권20(영락장182, p.240b9). ⇨ 육종계 六種戒, 일체종계 一切種戒

항상속항섭수 恒相續恒攝受 언제나 이어 끊임없이 부는 바람과 언제나 거둬 지닌 채로 있어 때때로 움직이는 바람. 항상속풍(恒相續風)과 항섭수풍(恒攝受風). 『유가사지론』 권54(대정장30, p.599a27)에 "또한 바람에는 두 가지 있으니, 항상속과 불항상속을 이른다. 모든 륜을 움직이는 바람을 항상속이라 이름하고, 허공에서 움직이면 불항상속이라 이름하며, 물에서 움직이는 것을 항섭수라 이름한다. 또 마땅히 알라. 바람의 기관이 움직여 구르면 항상속이라 이름하고, 그 나머지 마땅히 알라. 항상속이 아님을. 復次 風有二種 謂恒相續 不恒相續 諸輪行風 名恒相續 在空行者 名不恒相續 在物行者 名恒攝受 又當知 風機關運轉 名恒相續 所餘當知 非恒相續", 『유가사지론약찬』 권14(대정장43, p.195a2)에 "논에서 바람을 풀어 이르길 '모든 돌며 움직이는 것을 항상속이라 이름한다' 하였는데, 마치 저 일륜과 월륜이 사천하를 돎에 모두 바람을 말미암기 때문임과 같다. 또 풍륜은 항상속이며, 또 맷돌·멍에 등도 모두 이것으로 거둔다. 또 물을 가져 흩어지지 않게 하는 것은 항섭수라 이름한다. 論解風云 諸輪行者 名恒相續 如日月輪 轉四天下 皆由風故 又風輪是恒相續 又磑軛等皆是此攝 又持物令不散者 名恒攝受"라고 하였다. 〔참고문헌〕『瑜伽師地論』, 『瑜伽師地論略纂』. ⇨ 풍 風❶❷, 풍대 風大❶, 풍륜 風輪, 윤행풍 輪行風

항설화엄 恒說華嚴 정한 때 없이 언제나 화엄을 설하시다. 80권본 『화엄경』 권47 「불부사의법품 佛不思議法品」(대정장10, p.249b6)에 "일체의 모든 부처님 능히 한 몸으로 화현하시어 불가설불가설불찰미진수 낱낱의 머리로 화현하시고는 불가설불가설불찰미진수의 혀 변화로 드러내신다. 다시 그 하나하나의 혀에서 불가설불가설불찰미진수 차별한 음성을 내시니 법계중생들 듣지 못함이 없다. 그 하나하나의 음성으로 불가설불가설불찰미진수의 수다라장을 연설하시고, 다시 그 낱낱의 수다라장은 불가설불가설불찰미진수의 법을 연설하고, 그 낱낱의 법에 불가설불가설불찰미진수의 문자와 구의가 있다. 一切諸佛能於一身化現 不可說不可說佛刹微塵數頭 一一頭化現 不可說不可說佛刹微塵數舌 一一舌化出不可說不可說佛刹微塵數差別音聲 法界衆生靡不皆聞 一一音聲演 不可說不可說佛刹微塵數修多羅藏 一一修多羅藏演 不可說不可說佛刹微塵數法 一一法有 不可說不可說佛刹微塵數文字句義", 『화엄경금사자장주』(대정장45, p.667b23)에 "이들은 모두 국토세간의 설법이자 여래께서 언제나 설하시는 화엄이다. 此皆國土世間之說法 如來恒說之華嚴也", 『석가여래행적송』 권상(한불전9, p.502a11)에 "『화엄경』과 더불어 『아함경』은 일시여서 앞과 뒤가 없네. 소승은 장륙의 부처님께서 단지 『아함경』 설하셨다 하고, 대승은 사나불께서 언제나 『화엄경』을 설하신다 하네. 한 부처님께서 하나의 음으로 설하시나 근기 따라 볼 뿐이어서 같지 않네. 비유하자면 다만 하나의 물일 뿐이나 넷이 봄이 각기 다른 것과 같으며, 저 다섯 천왕이 하나의 구슬을 보고 각기 다른 색이라 하듯 할 뿐이라네. 華嚴與阿含 一時無前後 小見丈六佛 但說阿含經 大覩舍那佛 恒說華嚴經 一佛一音說 機見乃不同 譬如但一水 四見各殊異 又如五天王 見一珠各色"라고 하였다. [참고문헌]『華嚴經』,『華嚴經金師子章註』,『釋迦如來行蹟頌』. ⇨ 대방광불화엄경 大方廣佛華嚴經, 일수사견 一水四見

항세 恒歲 매년. 『출삼장기집』 권8(대정장55, p.52b11)에 "경사에 와서 4년 째 접어들지만 이곳에서도 매년 두 차례 강설하면서 쉴 생각은 하지 않았다. 及至京師 漸四年矣 亦恒歲二 未敢墮息"라고 하였다. [참고문헌]『出三藏記集』.

항쇄 項鎖 죄인 목에 채우는 나무나 쇠로 된 사슬. 『잡보장경』 권1 「기노국연 棄老國緣」(대정장4, p.449c13)에 "천신이 다시 한 사람으로 변하여 손발은 차꼬로 묶고, 목에는 또 쇠사슬을 찼다. 몸 중에서 불이 나와 온몸을 태워 무너뜨렸다. 天神又復 化作一人 手脚杻械 項復著鎖 身中火出 擧體燋爛", 『법화현찬』 권10(대정장34, p.848b3)에 "팔에 있으면 '뉴', 다리에 있으면 '계'이니 곧 묶어 옥조이는 것이다. 나무가 목에 있으면 '가'라 하고, 쇠가 목과 허리에 있으면 '쇄'라 한다. 在手曰杻 在脚曰械 卽桎梏也 木在項名枷 鐵在項腰名鎖"라고 하였다. [참고문헌]『雜寶藏經』,『法華玄贊』.

항수 亢宿 Ⓢ Svātī, Ⓣ Sa-ri. 이십팔수(二十八宿) 중 하나. 동방 7수 중 두 번째. 『대방등대집경』 권42(대정장13, p.277a10)에 "항수 날에 무엇인가 도모하려면 가벼운 일이어야 한다. 亢宿之日 欲造作者 宜爲輕事", 같은 책 권56(대정장13, p.371a20)에 "동방칠수 … 두 번째, 항수는 출가하여 불도(佛道)를 구하는 이를 주관한다. 東方七宿 … 二者 亢宿 主於出家求聖道者", 『보성다라니경』 권4(대정장13, p.556a7)에 "살바지〈항수라 한역한다〉성의 기

운을 받고 난 사람은 남근 끝이나 남근 아래 부위에 누런 사마귀가 생긴다. 타고난 성이 탐욕이 많아 분노로 대중을 괴롭히고 지혜는 없다. 薩婆底〈唐言亢宿〉星生者 或男根頭 或在根下 有黃黶生 受性多貪 瞋惱大衆 而無智慧"라고 하였다. 종자자는 (sva), 삼매야형은 연상성(蓮上星)이며, 인계는 이십팔수총인(二十八宿總印)이다. 진언은 "나마 사만타붓다남 스바티나크샤트라 스바하. namaḥ samantabuddhānāṃ svātīnakṣatra svāhā 보변제불께 귀의합니다. 항수이시여, 스바하"이다. [참고문헌]『大方等大集經』,『寶星陀羅尼經』, *Mvyut.226*, 『曼荼羅図典』(大法輪閣, 2002). ⇨ 이십팔수 二十八宿

항수 恒水 Ⓟ Gaṅgā nadī. 항하(恒河 Ⓢ Ⓟ Gaṅgā)의 물. 『증일아함경』 권49(대정장2, p.814a28 : *Assu-sutta, SN.2*, p.179)에 "그때 세존께서 말씀하셨다. '어떠하냐? 비구들아, 너희들은 유전생사하고 고뇌를 겪으면서 슬피 울며 흘린 그 눈물이 많겠느냐? 저 항수가 많겠느냐?' 그때 비구들이 부처님께 아뢰었다. '저희들 여래께서 설하신 뜻을 관해보면 생사를 지나며 흘린 눈물이 저 항수보다 더 많습니다'. 爾時 世尊告諸比丘 云何比丘 汝等流轉生死 經歷苦惱 於中悲號涕泣 淚出爲多耶 爲恒水多乎 爾時 比丘前白佛言 我等觀察如來所說義 經歷生死 涕泣之淚 多於恒水 etad eva bhante bahutaraṃ yaṃ no iminā dīghena addhunā sandhāvataṃ saṃsarataṃ amanāpasampayogā manāpavippayogā kandantānaṃ rudantānaṃ assupasannaṃ paggharitaṃ, na tveva catusu mahāsamuddesu udakanti", 『방광반야경』 권16(대정장8, p.109b12)에 "비유하면 온갖 물 흘러들어 항하의 강이 되고, 큰 항수의 강가로 흘러든 모든 시냇물들이 큰 바다로 들어가 합해져 한 맛이 되듯이, 다섯 바라밀도 반야바라밀과 함께 살운야에 들어가 합해져 하나의 법이 되는 것 또한 그와 같다. 譬如衆流恒水江河 悉入大海合爲一味 五波羅蜜與般若波羅蜜 俱入薩云若 合爲一法 亦復如是"라고 하였다. [참고문헌]『增壹阿含經』,『放光般若經』, *SN・4.179.* ⇨ 항하 恒河

항수경 恒水經 서진(西晉)대 법거(法炬) 한역. 1권. 대정장1, pp.817a3~818a4, No.33에 수록되어 있다. 『법해경 *法海經*』이라고도 한다. 『중아함경』 「첨파경 瞻波經」과 동본이경이다. 목련(目連)이 계를 어긴 비구를 빈출한 일을 들어 부처님께서 계를 설하신 경이다. 상응하는 팔리경전은 앙굿타라니카야 아탓카니파타(*Aṭṭhaka-nipāta*) 제20경 *Uposatha-sutta*(*AN.4*, pp.204~208)이다. [참고문헌]『出三藏記集』 권4(대정장55, p.28c6), 『衆經目錄』 권2(대정장55, p.195b8), 『開元釋敎錄』 권20(대정장55, p.691b25).

항수선사 恒秀禪師 신라 스님. 도의(道儀)국사보다 먼저 중국에 가서 서당의 법을 물었던 스님. 「풍기비로암 진공대사법보탑비문」에 "앞서 향승인 항수선사가 일찍이 해서에 나서 강표지방으로 유학하여 서당지장에게 묻기를 '서당의 법이 만약 동이로 흘러간다면 어떤 아름다운 징조가 있는지, 그 묘참을 들려주실 수 있겠습니까'. 先是鄕僧 恒秀禪師 早産海西 廣遊江表 問西堂大師曰 西堂之法 儻注東夷 □□休徵 可聞妙讖"라고 하였다. 〔참고문헌〕「豐基 毗盧庵 眞空大師 普法塔碑文」(李智冠『校勘譯註歷代高僧碑文』 高麗篇1) pp.86~98.

항수전 恒隨轉 언제나 따라 구르다. 성(性)을 가져 한 가지 류(一類)로 서로 이어 구경위까지 끊이지 않아 종자를 성취하는 일. 진제(眞諦)의 역본에는 수축지치제(隨逐至治際)로 되어 있다. 『섭대승론석』 권2(대정장31, p.329c4)에 "항수전이란 … 아뢰야식이 대치도가 일어날 때까지 지속하는 것을 말한다. 가령 외부 법의 종자는 근이 머물 때까지 또는 익을 때까지 지속한다. 恒隨轉 … 謂阿賴耶識乃至治生 外法種子乃至根住 或乃至熟", 『성유식론술기』 권3(대정장43, p.310c9)에 "〔논〕 '셋째는 항수전으로 ~ 비로소 종자가 된다'. 〔술〕 반드시 긴 시간 그 성이 한 가지 류로 상속해 끊는 일 없다가 대치도에 이르게 되는데, 이를 이름하여 구경위에 이른다 한다. 論 三 恒隨轉至方成種子 述曰 謂要長時其性一類相續無斷 至得對治道 名至究竟位", 『종경록』 권72(대정장48, p.818a15)에 "셋째 항수전이란 반드시 오랫동안 한 가지 서로 이어서 구경위에 이르러야 비로소 종자로 성립한다. 三 恒隨轉者 謂要長時一類相續至究竟位 方成種子"라고 하였다. 〔참고문헌〕『攝大乘論釋』, 『成唯識論述記』, 『宗鏡錄』. ⇨ 종자육의 種子六義

항순중생 恒順衆生 언제나 중생을 따르리. 보현보살(普賢菩薩)이 일으킨 십대원(十大願) 중 아홉 번째 원. 40권본 『화엄경』 권40(대정장10, p.845c24)에 "선남자여 항상 중생의 뜻에 따른다는 것은 모든 법계 허공계 다하도록 시방찰해의 모든 중생 갖가지 차별하니, 이른바 난생·태생·습생·화생 혹은 지수화풍에 의지해 나서 머물고, 혹은 허공과 초목에 의지해서 나서 머문다. 善男子 言恒順衆生者 謂盡法界 虛空界十方刹海 所有衆生種種差別 所謂卵生胎生濕生化生 或有依於地水火風而生住者 或有依空及諸卉木而生住者", "비유하면 사막 한가운데 큰 나무가 있어서 뿌리가 물을 얻으면 가지와 이파리, 꽃과 열매가 무성해지는 것처럼, 생사광야에 깨달음의 나무도 이와 같다. 일체중생을 뿌리로 삼고 모든 부처님과 보살들이 꽃과 열매가 되어 대비의 물로써 중생을 넉넉히 하니, 능히 모든 불보살의 지혜라는 빛나는 열매를 성취할 수 있게 한다. 譬如曠野沙磧之中有大樹王 若根得水 枝葉 華果悉皆繁茂 生死曠野菩提樹王 亦復如是 一切衆生而爲樹根 諸佛菩薩而爲華果 以大悲水饒益衆生 則能成就諸佛菩薩智慧華果", "이와 같은 온갖 무리를 나는 모두 그들 따라 구르며 갖가지 일들 받들고 갖가지로 공양한다. 마치 부모를 공경하듯이 스승이나 어른 및 아라한 내지 여래를 받들듯이 고르게 대하며 달리하는 일 없다. 如是等類 我皆於彼 隨順而轉 種種承事 種種供養 如敬父母 如奉師長 及阿羅漢 乃至如來 等無有異"라고 하였다. 〔참고문헌〕『華嚴經』, *Gaṇḍ-vy.430*. ⇨ 보현보살십종대원 普賢菩薩十種大願, 보현행원 普賢行願

항순중생가 恒順衆生歌 고려초에 균여(均如)가 우리말로 노래한 보현십원가(普賢十願歌) 11수 중 제9수. 『균여전』 「가행화세분 歌行化世分」(한불전4, p.514a6)에 "각수왕은 어두운 세계 중생을 뿌리로 삼으시고 대비의 물로 적시어 아니 이울러라. 법계 가득 구믈구믈 할나도 함께 살고 함께 죽으며 념념으로 상속하여 쉴 틈이 없게 하리니, 부처가 했듯이 언제나 따르리라. 중생이 편안하면 부처도 바로 기쁘리라. 覺樹王焉 迷火隱乙根中沙音賜焉逸良 大悲叱水留潤良只 不冬萎玉內乎留叱等耶 法界居得丘物叱丘物叱 爲乙吾置同生同死 念念相續無間斷 佛體爲尸如敬叱好叱等耶 打心衆生安爲飛等 佛體頓叱喜賜以留也"라고 하였다. 〔참고문헌〕『均如傳』, 황패강 『향가문학의 이론과 해석』(일지사, 2001). ⇨ 균여전 均如傳, 보현십원가 普賢十願歌

항순중생송 恒順衆生頌 균여(均如)의 항순중생가를 문신 최행귀(崔行歸)가 번역한 한시. 『균여전』 「역가현덕분 譯歌現德分」(한불전4, p.515c19)에 "각수왕께서 광야 중 흐드러져 천만 갈래 생명들을 이롭게 합니다. 꽃과 열매는 본래 성현의 바탕이고, 줄기와 뿌리는 본래 범속의 알맹이입니다. 자비의 물 뿌려 신령한 뿌리 머금게 하니, 깨달음의 길 마땅히 좇아 행하고 업을 성취하리. 항상 따르고 두루 가르치면 모든 무리들 기뻐하니, 모든 부처님께서 기뻐하심이 적지 않음을 알리라. 樹王偏向野中榮 欲利千般萬種生 花果本爲賢聖體 幹根元是俗凡精 慈波若洽靈根潤 覺路宜從行業成 恒順遍敎群品悅 可知議佛喜非輕"라고 하였다. 〔참고문헌〕『均如傳』. ⇨ 보현십원가 普賢十願歌, 항순중생가 恒順衆生歌

항순중생원 恒順衆生願 항상 중생을 따르리라 세운 원. 『석문의범』 권상(p.86a14)에 "보현보살십종대원 … 항순중생원. 普賢菩薩十種大願 … 恒順衆生願"이라고 하였다. 〔참고문헌〕『釋門儀範』, 『華嚴經』. ⇨ 보현보살십종대원 普賢菩薩十種大願, 항순중생 恒順衆生

항시식 恒時食 Ⓢ ucita-bhakta-kāla. 시도 때도

없이 먹다. 비구율의로는 비시식(非時食)으로 엄정하게 지키고 근주율의(近住律儀)를 의지하는 신남신녀들은 하룻낮 하룻밤으로 지킨다. 『순정리론』 권37 「변업품 辯業品」(대정장29, p.552b26)에 "만약 능히 때에 의지해 먹을 수 있다면 아무 때나 먹는 일 막을 수 있기 때문이다. 스스로 근주율의를 받았음을 기억하고 능히 세간에 대해 깊이 싫어해 떠나려는 마음을 낳는다. 若有能持依時食者 以能遮止恒時食故 便憶自受近住律儀 能於世間深生厭離"라고 하였다. 『구사론』 권14(대정장29, p.75b29)에서는 항식시(恒食時)라고 하였다. 〔참고문헌〕『順正理論』, 『俱舍論』, *Abh-k-bh.214.* ⇨ 비시식계 非時食戒, 시식 時食 ②

항심사량 恒審思量 팔식(八識) 중 제7말나식(末那識)의 자성. 끊임없이 살피고 사유해 헤아려 움직임을 말한다. 제8식은 항상하나 사량(思量)이 없고, 제6식은 항상이 없으며, 전5식(識)은 항상과 사량 모두 없다. 『성유식론』 권2(대정장31, p.7b26)에 "식이 변한 바 상은 비록 헤아리기 어려울 정도지만 능히 변하는 식으로서의 유별은 오직 세 가지일 뿐이다. … 둘째는 사량식이니, 곧 제7식으로 항심사량하기 때문이다. 識所變相 雖無量種 而能變識 類別唯三 … 二 謂思量 卽第七識 恒審思量故", 『주대승입능가경』 권9(대정장39, p.499b24)에 "범어 말나는 염오의라고 한역한다. 제7전송식이 네 가지 혹과 함께하므로 염오라고 하며, 항심사량하므로 의라고 이름한다. 그러므로 사량이라고 말해 의로 삼았다. 梵音末那 此云染汚意 謂第七傳送識 與四惑俱 名爲染汚 恒審思量 名之爲意 故云思量以爲意"라 하였다. 〔참고문헌〕『成唯識論』, 『注大乘入楞伽經』. ⇨ 말나식 末那識

항아 姮娥 달의 요정이 된 여신(女神). 본래 활쏘기의 달인 예(羿)의 처였으나 불사(不死)의 약을 훔쳐 달로 달아났다. 『회남자』 「남명훈 覽冥訓」에 "예가 서왕모에게 불사의 약을 청하였는데, 항아가 훔쳐서 달로 달아났다. 羿請不死之藥 於西王母 姮娥竊以奔月", 『오조법연어록』 권상(대정장47, p.652a4)에 "반드시 가야 할 길가히 말로 한다면 이미 도일 수 없으니, 참으로 웃을 뿐이다! 항아가 하룻밤 사이에 원앙을 수놓았다 하니, 황금바늘 잡고 빼어난 솜씨를 드러낼 줄 알았다. 道可道非常道 眞可笑 姮娥一夜繡鴛鴦 解把金針呈巧妙"라고 하였다. 〔참고문헌〕『淮南子』, 『五祖法演語錄』.

항양 亢陽 양이 극에 달하다. 가뭄이나 교만한 마음을 비유하기도 한다. 『인왕경』 권하 「수지품 受持品」(대정장8, p.832c17)에 "천지와 국토에 양이 극에 달해 화염이 모조리 불사르고 온갖 초목에 극심한 가뭄으로 오곡 돋지 못하니, 토지마저 붉게 타고 백성들 사라진다. 이와 같은 변고의 때에도 이 경을 읽는다. 天地國土亢陽 炎火洞燃 百草亢旱 五穀不登 土地赫然 萬姓滅盡 如是變時 亦讀此經", 『불조통기』 권37(대정장49, p.349a26)에 "양무제(梁武帝)가 가뭄으로 지공에게 대책을 묻자 지공이 답했다. '구름(光宅雲法師)만이 비를 내리게 할 수 있습니다'. 帝以亢陽問誌公 公曰 雲能致雨", 『속일체경음의』 권5(대정장54, p.954a1)에 "항양〈… 『역』에 '건괘(乾卦 ☰)의 상구를 푼다. 용을 거슬러 후회할 일만 있게 한다' 하였으니, 양의 극함을 말한다〉. 亢陽〈… 易曰 上九 亢龍有悔 謂陽極也〉"라고 하였다. 〔참고문헌〕『仁王經』, 『佛祖統紀』, 『續一切經音義』.

항염마존 降閻摩尊 Ⓢ Yāmāntaka. 대위덕명왕(大威德明王). 염만덕가(閻曼德迦)·육족존(六足尊)이라고도 한다. 염마왕을 항복시키는 명왕이다. 『대일경소』 권6(대정장39, p.642a23)에 "항염마존은 문수의 권속이며 대위덕을 구족했다. 그 몸은 여섯 얼굴에 여섯 팔과 여섯 다리가 있다. 물소에 앉았으며 얼굴에는 눈이 셋이다. 몸의 색은 검은 구름과 같고 분노한 모습을 하고 있다. 降閻摩尊 是文殊眷屬 具大威勢 其身六面六臂六足 水牛爲座面有三目 色如玄雲 作極忿怒之狀", 『유가대교왕경』 권2(대정장18, p.566a16)에 "호랑이 가죽을 옷으로 입고 팔룡으로 엄식하였으며 해골을 머리에 쓰고 수염은 황색이며 물소에 올라 연꽃으로 장식한 자리에 앉아 오른 발은 내렸다. 아래에는 온갖 마구니들이 모두 공포에 떨었다. 또한 능히 염마왕을 항복시키는 왕이 대변재를 갖추었다고도 한다. 虎皮爲衣 以八龍嚴飾 髑髏爲冠 髮髩黃色 乘於水牛 飾以蓮花爲座 而垂右足 下面諸魔悉皆驚怖 亦名能降焰魔王具大辯才", 『대일경소연오초』 권16(대정장59, 177b19)에 "항염마존 등은 『첩결』 삼권에 이르기를 '염만덕가는 항염마존이라고도 하는데 염마왕을 항복시킨다는 뜻이다. 귀신의 부류이다. 염만이란 염마라는 뜻이고 덕가란 항복이라는 뜻이다'. 降閻摩尊等者 帖決第三云 炎漫德迦者 或云降炎魔尊 謂降伏炎魔王義也 鬼類故 炎漫者 炎摩也 德迦者 降義歟"라고 하였다. 〔참고문헌〕『大日經疏』, 『瑜伽大教王經』, 『大日經疏演奧鈔』. ⇨ 염만덕가명왕 閻曼德迦明王

항염마존수법 降閻摩尊修法 ➡ 염만덕가위노왕신주도량 閻滿德迦威怒王神呪道場, 염만덕가의궤 閻曼德迦儀

軌, 염만덕가명왕 閻曼德迦明王

항용발 降龍鉢 용을 항복시킨 발우. 독룡(毒龍)을 고요의 경계에서 항복시킨 석가세존의 발우. 『양고승전』 권10 「섭공전 涉公傳」(대정장50, p.389b26)에는 진(晋)대 고승 섭공(涉公)이 진왕(晋王) 부견(符堅)의 청에 따라 기우제를 지낼 때 용이 항복하여 섭공의 발우에 들어와 큰 비를 내렸다는 고사도 전한다. 『조정사원』 권7(卍속장113, p.219b13)에 "항룡발 : 『불본행집경』에서 말한다. 부처님께서 처음으로 법륜을 굴리시어 세 가섭을 항복시키시자 화신당에서 위엄을 떨치던 불길은 사라졌으나 저들 화룡의 독화는 사면에서 일시에 환하게 타올랐다. 오직 여래께서 앉아 계시는 곳만은 적정하여 불빛을 볼 수 없었다. 화룡이 이를 보고 점차로 부처님 처소에 나아가서는 문득 몸을 솟구쳐 부처님 발우 속으로 들어갔다. 이때 세존께서 손으로 발우를 드신 채 누지가섭의 처소에 이르셨다. 降龍鉢 本行經云 佛初轉法輪 降三迦葉 於火神堂 放威火滅 彼火龍毒火 四面一時洞然熾盛 唯有如來所坐之處寂靜 不見火光 火龍見已 漸向佛所 便卽踊身 入佛鉢中 爾時 世尊手擎於鉢 至頻螺迦葉所"라고 하였다. [참고문헌] 『梁高僧傳』, 『祖庭事苑』, 『佛本行集經』 권40(대정장3, p.843a6), 『雲門廣錄』 권중(대정장47, p.561b17), 『證道歌』(대정장48, p.396a22). ⇨ 용우 龍盂

항절 抗節 겨뤄 끊다. 마음 들어 겨뤄서 끊고 매듭짓다. 『송고승전』 권9 「지현전 志賢傳」(대정장50, p.763b25)에 "겨루고 끊으며 마음 닦아 율범을 어기지 않았다. 抗節修心 不違律範", 『광홍명집』 권23 「구마라집법사뢰 鳩摩羅什法師誄」(대정장52, p.265a4)에 "또한 겨뤄 끊어서 한 떨기 세속의 길을 불현듯 버리고 도문좇아 여유롭게 드나들며 소박함 받들었다. 又以抗節 忽棄榮俗 從容道門 尊尙素朴", 『영가집』 「서 序」(대정장48, p.387c3)에 "관하고 기억해 이어가며 마음마다 빈틈이 없었고, 처음부터 끝까지 겨루고 매듭지으니 쇠나 돌처럼 단단하였다. 觀念相續 心心靡間 始終抗節 金石方堅"라고 하였다. [참고문헌] 『宋高僧傳』, 『廣弘明集』, 『永嘉集』, 『釋鑑稽古略續集』 권3(대정장49, p.947b12).

항제 降提 석가모니부처님 재세 시 비구니. 『증일아함경』 권3(대정장2, p.559b29)에 "염광삼매에 들어 싹트는 것들 모두 비추니 항제비구니다. 入焰光三昧 悉照萠類 所謂降提比丘尼是"라고 하였다. [참고문헌] 『增壹阿含經』, 『釋迦譜』 권1(대정장50, p.12c2).

항주 杭州 중국 절강성(浙江省)의 수도. 항주부(杭州府) 항현(杭縣)의 속칭. 진대(秦代)에는 전당현(錢塘縣), 당대(唐代)에는 항주·여항군(餘杭郡), 남송(南宋)대 이곳에 도읍을 정하면서 임안부(臨安府), 명청대(明淸代)에는 항주부라 불렀다. 이곳은 오대오월(五代吳越)의 수도로서 절강성의 정치 중심지였다. 지리적으로도 내외교통의 요지로서 수당(隋唐) 이후 해외무역항으로 발달하여 세계 최대의 도시로 알려지기도 하였다. 원대(元代) 이후에도 국제도시로서 번영을 지속하였다. 전당강(錢塘江)과 서호(西湖)를 끼고 있다. 경산만수사(徑山萬壽寺)·오운산운서사(五雲山雲棲寺)·대자산호포사(大慈山虎跑寺)·천녕영조사(天寧永祚寺)·천목산대각사(天目山大覺寺)·남병산정자사(南屛山淨慈寺)·용산용책사(龍山龍冊寺)·용귀사(龍歸寺)·영은산상천축사(靈隱山上天竺寺)·중천축사(中天竺寺)·하천축사(下天竺寺)·영은사(靈隱寺)·영안사(永安寺)·운거산운거성수사(雲居山雲居聖水寺) 등 명찰이 많다.

항주 恒州 중국 하북성(河北省) 획록현(獲鹿縣) 동남쪽에 있는 주. 『불조역대통재』 권13(대정장49, p.593b17)에 "항주 자사 위제주와 방사 장과는 불로장생하는 비술이 있어 스스로 수백 살이라고 말했다. 측천무후(則天武后)가 부른 적이 있었지만 장과는 죽은 척하고 가지 않았다. 恒州 刺史韋濟奏 方士張果 有長年祕術 自言數百歲矣 則天嘗召之 果佯死不赴"라고 하였다. [참고문헌] 『佛祖歷代通載』.

항주로여항현백운종남산대보녕사대장경목록 杭州路餘杭縣白雲終南山大普寧寺大藏經目錄 ➡ 대보녕사대장경목록 大普寧寺大藏經目錄

항주본 杭州本 ➡ 대보녕사대장경목록 大普寧寺大藏經目錄

항주상천축강사지 杭州上天竺講寺志 명대 광빈(廣賓) 지음. 15권. 『중국불사사지휘간 中國佛寺史志彙刊』 제1집에 수록되어 있다. 상천축강사(上天竺講寺)는 절강성(浙江省) 항주 서호천축산(西湖天竺山)에 있는 절로 진(晉)대인 939년(천복4) 건축되었고, 오월(吳越) 충의왕(忠懿王)은 천축간경원(天竺看經院)을 지었다. 송대인 가우년간(1056~1063) 영감관음원(靈感觀音院)으로 개칭하였고, 원대인 1345년(지정5)에 다시 천축교사(天竺敎寺)로 개명하였다. 청대인 1666년(강희5) 절이 훼손되어 중건하였고, 1722년(강희61) 다시 훼손되어 1731년(옹정9) 중수하였으며, 1751년(건륭16) 법희사(法喜寺)라는 어제(御題)가 주어지면서 그 이름으로 알려지기 시작하였다. 이 절과 관련된 사지는 본래 이금정(李金庭)이 수정한 지와 관정분(管廷芬)의 『천축산지고 天竺山志稿』 12권이 있었다. 이 사지는 1897년

(광서23) 중각되어 유행했다. 보문시현품(普門示現品)·존숙주지품(尊宿住持品)·기계장엄품(器界莊嚴品)·제왕단월품(帝王檀越品)·재관외호품(宰官外護品)·풍범융오품(風範隆汚品)·시문기술품(詩文紀述品)으로 구성되어 있다. 그중 풍범융오품을 특별히 두었으니 절의 스님들이 잘못한 일을 숨김없이 기록하여 후학을 경계하였다.

항주자 杭州子 항주의 아들. 대혜종고(大慧宗杲)의 제자 무등유재(無等有才)의 별명. 의혹이 풀리는 순간 대혜가 이렇게 불러주면서 세상에 퍼진 호칭이다. 『증집속전등록』 권6(卍속장142, p.912b13)에 "어느 날 방장에 들어갔더니 묘희(대혜)가 물었다. '암자 안의 사람은 어째서 암자 밖의 일을 모르는가?' '메가는 대나무 장대 오를 뿐이지요'. 묘희가 죽비로 재빨리 한 대 치자 무등이 평생 품었던 의정이 얼음 녹듯 풀어졌다. 그때부터 묘희 늘 무등을 부르길 항주의 아들이라 하였다. 一日因入室 喜問 庵內人 爲什麽 不見庵外事 師曰 鮎魚上竹竿 喜以竹篦 迅擊一下 師平生疑情 渙然氷釋 喜每呼師爲杭州子"라고 하였다. 〔참고문헌〕『增集續傳燈錄』.

항주천룡 杭州天龍 대매법상(大梅法常 752~839)의 제자. 자세한 행적은 알 수 없고, 『경덕전등록』 권10(대정장51, p.280a18)에 "대중이여! 노승에게 기대지 마라. 올라오려면 바로 올라오고 내려가려면 바로 내려가라. 제각기 화장성해 있어 공덕 구족하여 걸림없는 광명일 뿐이니, 각각이 참해 가질 뿐이다. 안녕히! 大衆莫待老僧 上來便上來 下去便下去 各有華藏性海 具足功德無礙光明 各各參取 珍重"라는 상당어(上堂語)와 문답만이 전할 뿐이다. 〔참고문헌〕『景德傳燈錄』.

항창 恒昌 신라 스님. 826년(흥덕왕1)부터 827년 사이에 건립된 중초사당간(中初寺幢竿)의 「석주기 石柱記」(『조선금석총람』 권상 p.53)에 "절주통 황룡사 항창화상. 節州統皇龍寺恒昌和上"이라고 하였다. 〔참고문헌〕『朝鮮金石總覽』. ⇨ 중초사지당간지주 中初寺地幢竿支柱

항초 恒超 870~949. 오대십국(五代十國) 때의 스님. 속성은 풍(馮)씨. 범양(范陽 : 河北 保定) 출신. 거부의 가문에서 태어났다. 조부와 부친은 출사하지 않았을 뿐 대대로 유도(儒道)를 익혔다. 15세에 육적(六籍)에 통달하고 문장에 뛰어나 명성이 퍼졌다. 어느 날 문득 불경을 열람하다 부와 명성이 환포(幻泡) 같음을 깨닫고 주필사(駐蹕寺)로 가서 삭발하였다. 불철주야 정진하였는데, 얼마 되지 않아 속사(屬師 : 恩師)가 입적하고 말았다. 불교의 예법을 따르면서도 복상(服喪)의 예를 다한 인연이 연(燕) 지역에 미담으로 퍼졌다. 913년(건화3) 오대산(五臺山)에 올라 비구계(木叉戒)를 받았다. 이 무렵 전쟁이 끊이지 않아 통행이 어렵게 되자 위박진(魏博鎭)과 분주(汾州)에 머무르며 대소승의 경율론을 익혔다. 922년(용덕2) 개원사(開元寺) 동북쪽에 강원을 설치하고 여러 경론을 강하기 시작하여 20여 년 동안 30여 차례 중단없이 강설하였다. 이에 명성이 퍼져 장군 이군(李君)이 자의(紫衣)와 사호(師號)를 상부에 청하였다. 당시 상국 풍도(馮道)가 자신과 종친임을 알아보고 더욱 정중히 예우하며 귀의하고자 하였다. 항초는 세상에 알려지기를 꺼려오던 탓에 이를 몹시 달가워하지 않다가 949년(건우2) 미질을 앓고 입적하였다. 승랍 35, 세수 73세였다. 문인과 학도 100여 명이 다비하고 사리 200여 과를 수습하여 탑을 세웠는데, 풍도는 미처 이 사실을 모른 채 사호를 청하여 '덕정 德正'이라는 호가 내렸고, 황제는 칙문을 내려 석탑에 따로 새기게 하였다. 〔참고문헌〕『宋高僧傳』, 『新修科分六學僧傳』 권20(卍속장133, p.794b10), 『緇門崇行錄』「力辭賜紫」(卍속장148, p.820b14).

항포 行布 줄지어 펴다. 선후(先後)나 상하(上下)나 심천(深淺)이 있게 해서 중생의 근기에 따르는 방편문을 말한다. 차제 없이 어울려 두렷하면 원융(圓融)이다. 『화엄경소초』 권3(대정장36, p.21a16)에 "항포란 행의 위를 나누어 펼치기 위해서 오르내림에 깊고 낮음이 있게 함이다. 마치 제2회는 신을 밝히고, 제3회는 주를 밝히며, 제4회는 행을 밝히고, 제5회는 향을 밝히며, 제6회는 지를 밝히고, 제7회는 등각과 묘각을 밝힌다. 앞은 뒤가 아니고 뒤는 앞이 아니므로 줄지어 늘어놓는다 한다. 言行布者 行位分布 階降淺深 如第二會明信 三明住 四明行 五明向 六明地 七明等妙 前非是後 後非是前 故言行布". 『화엄강요』 권14(卍속장12, p.972b2)에 "첫째는 항포차제문, 둘째는 원융통섭문이다. 항포란 보이지 않는 미미한 것으로부터 현저히 보이는 것에 이르게 하든가, 얕은 것을 좇아 깊게 이르게 하는 등 차제로 서로 오르게 하는 것이니, 섬돌 놓아 피안에 오르게 한다. 『영락경』·『인왕경』·『기신론』·『유가사지론』 등의 설이 그 예다. 둘째, 원융이란 한 번의 위에서 모든 위를 다 갖추는 등이니 이 『화엄경』의 설과 같다. 一 行布次第門 二 圓融通攝門 行布者 謂從微至著 從淺至深 次第相乘 以階彼岸 如瓔珞仁王起信瑜伽等說 二 圓融者 謂一位具足一切位等 如此經說". 『화엄경약책』(대정장36, p.705b10)에 "항포라 말함은 위의 격차가 뚜렷하다. 이에 네 하늘 밟아 따로 여섯 위를 펼친다. 제2회는 십신을 섞어 닦으며 열 가지 깊고 깊음 나타내고, 제3회는 도리천궁에서 십주를 설하며, 제4회는 야마천궁 안에서 십행의 법문을 드러내고, 제5회는 도솔타천에서 십회향을 설하며, 제6회는 타화천 안에서 십지법문을 설하고, 제7회는 보광법당에서 등묘이각을 설하며, 제8회에서는 분명하게 두렷이 어울림을 드러낸다. 言行布者 次位歷然 故涉四天 別陳六位 第二會 雜修十信 顯十甚深 第三會 忉利天宮 方說十住 第四會 夜摩天內 彰十行法門 第五 兜率陀天 說十迴向 第六 他化天內 說十地法門 第七 普光法堂 正說等妙二覺 第八一會 正顯圓融", 『능엄경의소석요초』 권6(卍속장16, p.988a4)에 "소에서 '원융이 항포를 가리지 않는다'고 한 말은 무슨 뜻인가? 원융은 이를 잡고 가로지르니 하나의 위가 모든 위를 품어 끌어서 어울리게 한다. 항포란 사를 기준으로 해서 세우니 인이 과를 꾸릴 수 없어 뒤는 앞일 수 없기에 두 뜻이 서로 도와야 비로소 두렷이 묘할 수 있다. 만약 두 뜻이 서로 건져서야 교의 맛이 두렷해 실해서 하나의 뜻 따라 들 때마다 두 가지 반드시 서로 겯할 수 있다. 그러므로 『화엄경』에서는 첫 위에 머물러 정각을 성취하여 십계의 몸을 나투고 대불사를 지으며, 하나의 위에 일체위를 갖추고, 일체위 곧바로 하나의 위다. 비록 원융이 이와 같지만 위의 차제는 뚜렷하게 정해져 있어 고하가 섞여 넘치지 않는다. 疏 圓融不礙行布者 圓融是約理約橫 故一位卽 能包括含融 一切位也 行布 是約事約竪 故因不該果 後不是前 二義相資 方成圓妙 若知二義相濟 教味圓實 則隨擧一義 二必相兼 故華嚴初住成正覺 現十界身 作大佛事 一位具一切位 一切位卽一位 雖則圓融若此 而位次宛然 高下不濫", 『사교의집해』 권상(卍속장102, p.14b3)에 "항포라는 말에서 항은 줄세워 펴는 뜻이고, 포는 펴 손본다는 뜻의 포조다. 펴서 두고 늘어놓아 차제가 있게 한다는 뜻이다. 이것은 권기를 위하여 설하는 별교다. 言行布者 行謂行列 布謂布措 布置陳列 次第之義耳 此則爲權機 說別教也"라고 하였다. [참고문헌] 『華嚴經疏鈔』, 『華嚴綱要』, 『華嚴經略策』, 『楞嚴經義疏釋要鈔』, 『四教義集解』. ⇨ 칠처구회 七處九會

항포문 行布門 각기 다른 자성으로 널리 행하게 해서 차제와 심천을 드러내는 문. 『화엄경탐현기』 권1(대정장35, p.108c4)에 "(二門 중) 첫 번째 차제항포문은 곧 십신·십해·십행·십회향과 십지를 채운 후 바야흐로 불지에 이르기까지다. 미미한 것에서 현저한 것에 이르기까지 계위점차를 말한다. 一 次第行布門 謂十信十解 十行十迴向 十地滿後 方至佛地 從微至著階位漸次", 『화엄경소』 권1(대정장35, p.504b18)에 "첫 번째 항포문은 위의 차별을 세우는 것이다. 一 行布門 立位差別故", 『만선동귀집』 권중(대정장48, p.974a3)에 "항포문을 따르자면 세제상을 따라 앞과 뒤, 얕고 깊은 차별이 있다. … 항포라면 원융을 막지 않으니 두루 온갖 행 성취해서 모든 위의 공덕으로 증진하기 때문이다. 若約行布門 則隨世諦相 前後淺深 … 若行布 不礙圓融 遍成諸行 增進諸位功德故"라고 하였다. [참고문헌] 『華嚴經探玄記』, 『華嚴經疏』, 『萬善同歸集』, 『心賦注』 권4(卍속장111, p.130a13). ⇨ 이문 二門, 원융문 圓融門

항포문원융문 行布門圓融門 행해 펼치는 문과 두렷이 어울리는 문. 화엄의 중중무진법계를 풀어 알게 하는 교의다. 다르게 해서 널리 펴 무량한 덕이 있게 하고, 그 덕들이 어울려 서로 장애함이 없게 해서 자재를 얻게 하는 두 갈래 문을 말한다. 『화엄경소초』 권52(대정장36, p.407c24)에 "만약 십여가 각각 다르다고 보면 항포문이고, 만약 하나로 여여서 둘이 없음을 잡아서는 십여의 덕과 같이 각각 서로 거두게 되므로 원융문이다. 若約十如各異 卽行布門 若約一如無二 如十如之德 各互相收 卽圓融門", 『화엄경담현결택』 권6(卍속장11, p.987a7)에 "항포문 중에서는 항상 상을 내어 보이고, 원융문에서는 항상 상을 들이지만, 항포가 원융을 막지 않으므로 밖을 좇아 안에 이른다. 行布門中常相出 圓融門中常相入 行布不礙圓融故 從外而至內也", 『만선동귀집』 권중(대정장48, p.974a3)에 "항포문을 기준으로 하면 세제의 상을 따라 전후로 깊고 얕지만 지금 원융이 항포를 막지 않아 단번에 모든 행을 성취한다. 하나의 지 그대로 일체지이기 때문이다. 또한 항포가 원융을 막지 않으니, 모든 행을 두루 성취해 모든 위의 공덕으로 한층 나아간다. 若約行布門 則隨世諦相 前後淺深 今圓融不礙行布 頓成諸行 一地卽一切地故 若行布不礙圓融 遍成諸行 增進諸位功德故", 『심부주』 권4(卍속장111, p.130a13)에 "화엄에는 두 문이 있다. 하나는 항포문이고, 또 하나는 원융문이다. 항포라면 하나중에 무량이고, 원융이라면 무량중에 하나다. 저 『경』에서 '하나 속에서 무량을 이해하고, 무량 속에서 하나를 이해한다. 저들이 서로 의지하여 일어남을 깨우치면 장차 두려움 없음을 성취하리라'라고 한 말씀과 같다. 華嚴有二門 一 行布門 二 圓融門 若行布 則一中無量 若圓融 則無量中一 如經云 一中解無量 無量中解一 了彼互生起 當成無所畏 又約事行布 約理圓融 皆不出心 了之成佛 故云 當成無所畏"라고 하였다. [참고문헌] 『華嚴經疏鈔』, 『華嚴經談玄決擇』, 『萬善同歸集』, 『心賦注』, 80권본 『華嚴經』 권13(대정장10, p.63a1). ⇨ 원융문 圓融門, 항포 行布

항포원융 行布圓融 다르게 널리 펴면서도 두렷이 어울리다. 항포와 원융 서로 의지하지만 걸림없어 제법을 다르게 드러나게 하고 어울려 자재하게 한다. 『화엄경소』 권29(대정장35, p.722a29)에 "항포와 원융 걸림이 없으니 정해 붙들려서는 안 된다. 行布圓融無礙 不可定執", 같은 책 권31(대정장35, p.735c16)에 "삼승의 위에서는 초지 이전(地前)은 항포이고 초지 이상(地上)은 원융이다. 지금 일승위에서 보면 지전과 지상 함께 항포와 원융을 지닌다. 만약 함께 쌍으로 가린다면 전후가 다르지 않다. 만약 지전은 항포이고 지상은 원융이라고 한다면 전적으로 삼승과 같아서, 앞선 것은 천하고 뒤의 것은 깊으며 또한 항포와 원융이 각각 다른 교행인 듯 할 것이다. 이는 법성과 교행이 같지 않지만 떨어질 수도 없다는 것을 모르기 때문이다. 지전에서는 단지 원융만 드러내어 이미 삼승을 넘어서고, 지상에서는 자주 항포를 밝힘으로써 뛰어난 측면을 드러낸다. 三乘之位 地前行布 地上圓融 今一乘位 地前地上 俱有行布圓融 若俱雙辯 則前後不異 若地前行布 地上圓融 則全同三乘 前淺後深 又似行布圓融 各別教行 不知法性教行 非卽非離故 於地前但顯圓融 已過三乘 地上多明行布 以顯超勝", "뛰어남이란 무엇인가? 지전의 삼현위(三賢位)에서는 처음부터 끝까지 이미 원융으로 자재하고, 초지에 오른 이후로는 더욱 깊고 깊어 말로는 표현할 길이 없다. 위를 빌리지 않는다면 어떻게 깊음을 드러내겠으며, 삼승을 품지 않는다면 어떤 방법으로 한없는 너비를 드러내겠는가? 그러므로 허공을 나는 새의 자취 자취마다 허공과 합하고, 바다의 열 가지 덕은 덕마다 온통 바다이듯이, 지지마다에서 일체 모든 지의 공덕을 갖추고 거둔다. 勝相云何 謂賢位始終 已圓融自在 登地已去 則甚深甚深 言所不至 若不寄位 何以顯深 不包三乘 何以顯廣 故虛空鳥迹 迹迹合空 大海十德 德德皆海 地地之中 具攝一切 諸地功德", 『화엄경소초현담』 권2(卍속장8, p.396b12)에 "항포와 원융은 본래 하나의 이로서 평등하다. 이미 원융이 항포를 막지 않기에 무량의 덕을 성취한다. 行布圓融 本是一理平等 今圓融旣不礙行布 故成無量之德"라 하였다. [참고문헌] 『華嚴經疏』, 『華嚴經疏鈔玄談』. ⇨ 원융 圓融[1], 원융문 圓融門, 항포 行布, 항포문 行布門

항표 恒標 구마라집(鳩摩羅什)의 제자인 도항(道恒)과 도표(道標)를 함께 일컫는 말. 도항표(道恒標)라고도 한다. 불법의 연찬뿐만 아니라 치세(治世)에도 역량을 갖추었다. 요흥(姚興)의 환속 요청이 계속되자 몸을 숨겨 은거하였다. 『자은전』 권6(대정장50, p.255c16)에 "항과 표는 격하게 고사하였으나, 요흥의 의지를 꺾지는 못하였다. 결국 전쟁에 패배하는 치욕과 도망쳐 숨어 지내는 수고마저 마다하지 않았다. 恒標奮辭 姚興之心莫止 終致敗軍之辱 逃遁之勞", 『역대삼보기』 권8(대정장49, p.82a2)에 "진(秦) 임금 요흥은 도항과 도표 두 사람이 신기하고 뛰어나서 나라를 위한 국량으로 여기고 상서 요현에게 칙령을 내려 도항과 도표를 강제로 몰아붙여 도업을 버려두고 왕업을 도와 떨치게 하였다. 秦主姚興 以恒標二人 神氣俊朗 有經國之量 乃勅尙書令姚顯 令敦逼恒標 罷道助振王業", "다시 도항과 도표에게 조서로 이렇게 전하였다. '경들의 청청한 지조는 실로 가상하도다. 다만 사해에 군림하여 다스림에 재주가 급히 필요하여, 지금 상서 요현에게 칙령을 내려 경들의 법복을 빼앗고 시급한 세간을 돕도록 하였다. 진실로 마음으로 도의 참 이치를 보존코자 한다면 어찌 승속에 얽매이겠는가? 이런 소회 알아주기를 바라니 절개 지켜 사양하지 않기를 바라노라'. 又下書恒標等曰 卿等皎然之操 實在可嘉 但君臨四海 治急須才 今勅尙書令顯 令奪卿等法服 助翼贊時世 苟心存道味 寧繫白黑 望體此懷不以守節爲辭也" 하였고, "도항과 도표는 답신하기를 '지난 달 28일 조서를 받들었습니다. 도항과 도표의 법복을 빼앗으려 하시니, 명을 받듦에 슬픈 마음에 오정을 지킬 수조차 없었습니다'. 恒標等答曰 奉去月二十八日詔 令奪恒標等法服 承命悲懷 五情失守", "요흥은 그 후에도 자주 거듭 조서를 내렸는데 때마다 구하는 이 있어 겨우 면할 수 있었다. 도항이 탄식하여 말하였다. '옛 사람이 이렇게 말하였다. 「나에게 재화 보태는 이는 나의 정신을 손상시키고, 나에게 명성이 나게 하는 이는 나의 몸을 죽인다」'. 그리고는 산골짜기로 모습을 숨기고, 목숨을 마칠 때까지 숨어서 소식하고 선하며 세간인들 밖에서 자취를 이을 뿐이었다. 興後頻復下書 闔境救之 殆而得免 恒乃歎曰 古人有言 益我貨者損我神 生我名者殺我身 於是 竄影巖壑 畢命幽藪 蔬食味禪 緬迹人外"라고 하였다. [참고문헌] 『慈恩傳』, 『歷代三寶紀』, 『釋氏通鑑』 권3(卍속장131, p.805a1). ⇨ 도항 道恒[1], 도표 道標[1]

항하 恒河 Ⓢ Gaṅgā, Gaṅgā-nadī, Ⓟ Gaṅgā, Gaṅgā nadī. 인도의 땅을 길게 흐르는 사대하류(四大河) 중 하나인 갠지스강. 긍가하(恆迦河・恆伽河・殑伽河)라고도 한다. 천당에서 왔다(天堂來 Ⓢ Khāpagā)는 뜻이다. 『대지도론』 권7(대정장25, p.114a12)에 "이 항하야말로 부처님께서 나신 곳이면서 유행하신 곳으로서, 제자의 눈으로 보았기에 이를 비유로 삼았다. 是恒河是佛生處 遊行處 弟子眼見 故以爲喩", 같은 책 권7(대정장25, p.114a25)에 "이 사대강 중 항하가 가장 크다. 사방의 멀리 있는 모든 사람과 경서에서 모두 항하를 복덕으로 길상한 강이라 여긴다. 만약 그 속에 들어가 몸을 씻으면 모든 죄의 때가 남김없이 다한다고 여긴다. 사람들이 이 강을 공경해 섬기면서 모두가 함께 인지하므로 항하의 모래알을 비유로 삼는다. 是四河中 恒河最大 四遠諸人經書 皆以恒河爲福德吉河 若入中洗者 諸罪垢皆悉除盡 以人敬事此河 皆共識知 故以恒河沙爲喩", 『번범어』 권9(대정장54, p.1044b12)에 "항하〈항하라고도 하고, 항가라고도 하며, 가가라고도 한다. '천당으로부터 온다'라 역한다〉. 恒河〈亦云恒河 亦云恒迦 亦云迦伽 譯曰 天堂來也〉", 『대당서역기』 권4 「솔록근나국 窣祿勤那國」(대정장51, p.891b5)에 "저 나라 풍속에서 써서 남기기를, 이는 복을 주는 강물로서 죄의 허물이 쌓였더라도 목욕하기만 하면 문득 버릴 수 있다고 생각하며, 목숨을 가볍게 여기고 몸을 던져 하늘에 나는 복을 받으려 한다. 또한 죽어서도 유해를 이 강에 던지면 악취에 떨어지지 않고, 물에 띄워 흘려보내면 망혼이 구제를 받는다고 여긴다. 彼俗書記 謂之福水 罪咎雖積 沐浴便除 輕命自沈 生天受福 死而投骸 不墮惡趣 揚波激流 亡魂獲濟"라고 하였다. 〔참고문헌〕『大智度論』, 『翻梵語』, 『大唐西域記』, 『長阿含經』 권21 「世記經」(대정장1, p.137c25), *Buddh-c.108.*, *Vajr-pr.36.*, *SN.3.140·5.401.* ⇨ 갠지스강 Ganses江, 사대하 四大河

항하사 恒河沙 Ⓢgaṅgā-nadā-vāluka. 항하의 모래. 항변사(恒邊沙)·항수변유사(恆水邊流沙)·강하사(江河沙)·긍가사(兢伽沙)·긍사(恆沙)·긍하사수(恆河沙數) 등이라고도 한다. 헤아릴 수 없이 많은 수를 가리킨다. 『대품반야경』 권1(대정장8, p.217b17)에 "동방의 항하사와 같이 무수한 모든 불국토를 두루 비추었다. 遍照東方 如恒河沙等 諸佛國土", 『아미타경』(대정장12, p.347b20)에 "이와 같이 항하사의 수와 같이 많은 모든 부처님께서 각각 그 국토에서 광장설상을 드러내시고는 삼천대천세계를 두루 덮으시며 진실한 말씀을 하셨다. 如是等 恒河沙數諸佛 各於其國 出廣長舌相 遍覆三千大千世界 說誠實言", 『무량수경』 권상(대정장12, p.267b6)에 "헤아릴 수 없이 많은 위대한 성인들 수 저 항하의 모래와 같다. 無量大聖 數如恒沙"라고 하였다. 〔참고문헌〕『大品般若經』, 『阿彌陀經』, 『無量壽經』. ⇨ 항사 恒沙, 항하사수 恒河沙數

항하사수 恒河沙數 항하의 모래알만큼의 수. 헤아릴 수 없이 많은 수. 『수마제장자경』(대정장14, p.807a7)에 "이와 같은 갠지스강의 모래알 수와 같이 무수한 모든 부처님들이 선하지 않은 일체의 법을 끊고 깊고 깊은 무량선법을 닦아 모으시니, 모든 법에서 걸림이 없게 하시지만 모두가 다 영원한 것들이 아니다. 如是等恒河沙數 諸佛如來 斷除一切 不善之法 修集甚深無量善法 於諸法中 無所罣礙 而皆無常", 『금강경주해』 권3(卍속장38, p.933a8)에 "이문회가 말했다. '항하의 모래알 수라는 말은 중생에게 갖가지 망념이 있음을 밝히고자 무궁한 수의 모래를 들어서 비유로 삼았을 따름이다'. 李文會曰 恒河沙數者 欲明衆生有種種妄念 故擧無窮之沙 以爲喩耳"라고 하였다. 〔참고문헌〕『須摩提長者經』, 『金剛經註解』. ⇨ 항하사 恒河沙

항하유경 恒河喩經 ➡ 항수경 恒水經

항하중유칠중생 恒河中有七衆生 항하 중에 사는 일곱 중생. 『대반열반경』을 만나지만 그 인연이 각기 다름을 비유한다. 이 중 첫 번째인 '늘 물에 잠겨 있는 물고기 상몰(常沒)'은 『대반열반경』을 외도설이라 주장하며 믿지 않는 중생을 비유한다. 36권본 『대반열반경』 권32 「가섭보살품 迦葉菩薩品」(대정장12, p.821c14)에 "저 항하에 일곱 중생이 있는 것과 같으니, 첫째는 늘 잠겨 있는 것, 둘째 잠깐 나왔다가 도로 잠기는 것, 셋째 나와서는 가만히 머무는 것, 넷째 나온 후에 두루 사방을 살피는 것, 다섯째 두루 보고 다니는 것, 여섯째 다니다가 다시 머무는 것, 일곱째 물이든 땅이든 모두 다니는 것이다. … 이와 같이 미묘한 대열반의 강에는 또한 일곱 중생이 있으니 처음 늘 잠긴 것에서부터 내지 일곱 번째 혹은 들고 혹은 벗어나는 것에 이른다. 如恒河中有七衆生 一者 常沒 二者 暫出還沒 三者 出已則住 四者出已遍觀四方 五者 遍觀已行 六者 行已復住 七者 水陸俱行 … 如是微妙大涅槃河 其中亦有七種衆生 從初常沒乃至第七 或入或出"라고 하였다. 〔참고문헌〕『大般涅槃經』, 『涅槃經會疏』 권32(卍속장57, p.604b14). ⇨ 칠종하중보특가라 七種河中補特伽羅

항항시상상시 恒恒時常常時 Ⓢnityaṃ nityakālaṃ dhruvaṃ dhruva-kālam, Ⓣrtag-pa-rtag-pa'i dus ther-zug-ther-zug-gi-dus-su. 언제나 변함없이 그러할 뿐인 때이고, 늘 이어서도 바뀌지 않는 그러한 때. 『보우경』 권8(대정장16, p.318b21)에 "보살은 늘 그렇게 하고 언제나이게 해서 선한 품류가 드러나 앞에 있도록 한다. 菩薩 於恒恒時 及常常時 令善品現前", 『해심밀경』 권2 「일체법상품 一切法相品」(대정장16, p.693b17)에 "늘 그렇게 언제나 진실이 있을 리 없어서 자성이 없는 성일 뿐이다. 의타기상에서 변계소집상으로 말미암아 늘 그러한 때와 항상 그러한 때 진실 있을 리 없고 자성의 성이 없으니, 원성실상도 이와 같음을 알아야 한다. 於常常時 於恒恒時 無有眞實 無自性性 卽依他起相上 由遍計所執相 於常常時 於恒恒時 無有眞實 無自性性 圓成實相 當知亦爾", 『해심밀경소』 권3(卍속장34, p.716a4)에 "늘 그러한 때이고 항상 그러한 때라는 말을 푼다. 한 맛의 진여는 본래부터 전의 때에도 하나가 아니기에 언제나 변함없이 그러한 때라 하고, 이후의 때에도 하나가 아니기에 이어 변함없이 그러한 때라 한다. 이와 같은 때에 제법의 법성이 안립하고 법계도 안주한다. 云常常時 恒恒時者 解云 一味眞如 從本已來 前時非一 名常常時 後時非一 名恒恒時 於如是時 諸法法性安立法界安住"라고 하였다. 〔참고문헌〕『寶雨經』, 『解深密經』, 『解深密經疏』, *Yogā-bh.119.*

항해 恆海 근현대 중국 스님. 속성은 염(閻)씨. 이름은 청화(淸華). 자는 공생(空生). 하북성(河北省) 협수(浹水) 출신. 손중산(孫中山 : 孫文)의 부름에 응하여 회북(淮北)에서 혁명군을 세웠다. 여장(旅長)의 직위를 맡기도 하였다. 경산(磬山) 종감화상(宗鑑和尙)에 투신하여 출가하였다. 1921년 용지산(龍池山) 징광사(澄光寺)의 오심방장(悟深方丈)의 청에 따라 감원(監院)을 맡아보다가 후에 주지가 되었다. 왕백령(王柏齡)거사의 청으로 양주중녕사(揚州重寧寺)를 중흥하였다. 1937년 일본군이 침략했을 때 승속(僧俗) 천여 인을 모아 군제(軍制)를 부과하고 이곳에 피난시키고 항전하였다. 그 뒤에 식량이 바닥나면서 장렬하게 최후를 맞이하였다.

항행불공무명 恒行不共無明 언제나 행해서 다른 식들과는 함께하지 않는 무명. 오종무명(五種無明) 중 하나로 오직 제7식인 말나식(末那識)만이 행하는 무명. 항행불구무명(恒行不具無明)이라고도 한다. 『주대승입능가경』 권10(대정장39, p.503b7)에 "불공무명에는 두 가지가 있다. 첫째 항행불공이니, 오직 말나식에만 있다〈지말무명〉. 不共無明有二 一 恒行不共 唯末那有〈枝末〉", 『대승기신론열망소』 권2(대정장44, p.433a14)에 "제7식과 상응하는 인아치를 항행불공무명이라고 한다. 若與第七識相應之人我癡 名爲恒行不共無明", 『성유식론속전』 권5(卍속장81, p.139b13)에 "항행불공무명이란 오직 제7식에만 있기에 '항행'이라고 한다. 제7식에는 끊어짐이 없기 때문이다. 나머지 식에는 없기에 '불공'이라고 한다. 恒行不共者 唯第七有 故曰恒行 以第七識無間斷故 餘識所無 故曰不共"라고 하였다. 〔참고문헌〕『注大乘入楞伽經』, 『大乘起信論裂網疏』, 『成唯識論俗詮』. ⇨ 불공무명 不共無明, 오종무명 五種無明 ❶

해 亥 십이지(十二支) 가운데 마지막 가지. 시각이나 방위를 표시한다. 시각으로는 이경(二更) 곧 오후 10시, 달로는 음력 10월, 방위로는 서북(西北)과 북쪽 사이이다. 『총림공론』(卍속장113, p.909a1)에 "해는 십이지신 중 하나로 수기에 속하고 자리는 건방(서북방)에 위치하며 배정받은 터는 고요하다. 화는 끊어지고 목이 생하니 수가 왕성하고 금이 시드는 자리다. 亥爲十二支神之一 屬水 位居乾方 配地之靜 火絶木生水旺金病之鄕"라고 하였다. 〔참고문헌〕『叢林公論』.

해 垓 Ⓢ ayuta, nyarbuda, Ⓣ ther-'bum, dung-phyur. 아주 큰 수의 단위. 헤아리기 어려운 큰 수의 뜻으로 아유다(阿庾多 Ⓢ ayuta)라고 쓰였으나, 십경(十京 : 千億) 또는 1억(Ⓢ nyarbuda)으로 표기하는 등 일정하지 않다. 해(姟)라고도 쓴다. 『신화엄경론』 권30(대정장36, p.930c18)에 "황제산법에는 모두 스물세 가지 수가 있으니, 즉 일·이·삼·사·오·육·칠·팔·구·십·백·천·만·억·조·경·해·자·양·구·필·간·재이다. 黃帝算法 總有二十三數 謂一 二 三 四 五 六 七 八 九 十 百 千 萬 億 兆 京 垓 秭 壤 溝 疋 澗 載", 『일체경음의』 권30(대정장54, p.505b6)에 "『국어』에 '해는 수다'라 하였다. … 『풍속통』에서는 '십천을 만이라 하고, … 십조를 경이라고 하며, 십경을 해라고 한다'라고 하였다. 國語云 垓數也 … 風俗通云 十千曰万 … 十兆曰京 十京曰垓"라고 하였다. 〔참고문헌〕『新華嚴經論』, 『一切經音義』, 『翻譯名義大集』 권3(대정장54, p.1106b18), *Mvyut.249·250.* ⇨ 아유다 阿庾多

해 奚 어찌. 왜. 무엇. 의문사 하(何)와 같게 쓴다. 『반니원경』 권하(대정장1, p.190c25)에 "아난이 말하였다. '저는 이미 병으로 몸이 고통스러워 몸 싫어하여 근심할 뿐 세간을 떠날 수도 없으니, 어찌 도를 얻지 못합니까?' 가섭이 답하였다. '그대는 다만 계를 가질 뿐 몸 관하는 것을 행하지 않았다. 앉은 채로 생사에 의지해 밥 먹을 생각만 할 뿐 나고 죽는 행 미처 쉴 줄 몰랐기 때문이다'. 阿難言 我已患厭 身苦不得離世間 奚不得道 迦葉答言 汝但持戒 不行身觀 坐猗生死 有飯食想 而生死行 未休故也", 『원인론』(대정장45, p.708b28)에 "또 부귀빈천과 현우선악과 길흉화복이 모두 하늘이 시킨 대로라고 말한다면, 하늘이 준 목숨에 어찌 가난은 많고 부유함은 적으며, 천함은 많고 귀함은 적으며 내지 화는 많고 복은 적음이 있을 수 있는가? 진실로 많고 적음의 분이 하늘에 달렸다면 하늘은 어찌 이다지도 불평하단 말인가? 又言貧富貴賤 賢愚善惡 吉凶禍福 皆由天命者 則天之賦命 奚有貧多富少 賤多貴少 乃至禍多福少 苟多少之分在天 天何不平乎", 종보본 『단경』 「행유 行由」(대정장48, p.348b13)에 "내가 게송을 드리려는 뜻이 법을 구하기 위함이라면 좋지만, 조사의 위를 구하는 것이라면 나쁜 것이다. 오히려 범부의 마음과 같으니, 그 성스러운 위를 빼앗음과 어찌 다르다 하겠는가? 그렇다고 게를 드리지 못한다면 마침내 법은 얻을 수 없을 것이다. 我呈偈意 求法卽善 覓祖卽惡 却同凡心 奪其聖位奚別 若不呈偈 終不得法"라고 하였다. 〔참고문헌〕『般泥洹經』, 『原人論』, 『壇經』.

해 害 Ⓢ vihiṃsā, Ⓣ rnam-'tshe. 칠십오법(七十五法) 또는 백법(百法) 중 하나. 타인을 해롭게 하는 마음. 소승에서는 소번뇌지법(小煩惱地法) 중 하나이고, 대승에서는 진(瞋)으로 등류하는 수번뇌(隨煩惱) 중 하나다. 상대어는 불해(不害 Ⓢ ahiṃsā)다. 『본사경』 권2(대정장17, p.670a18)에 "만일 해함에 대해 알지 못하면 저 열반과도 멀어지고, 해에 대해 이미 아는 사람은 열반과도 멀지 않다. 내가 모든 유정들을 관하니 해함으로 물든 까닭에 돌아와서 악취에 떨어져 생사윤회를 받는다. 만일 바르게 깨닫고 알아 영원히 이 해침을 끊은 사람은 반드시 불환과를 증득하여 이 세간에 와서 나지 않는다. 若於害未知 彼去涅槃遠 於害已知者 去涅槃不遙 我觀諸有情 由害之所染 還來墮惡趣 受生死輪迴 若能正

了知 永斷此害者 定得不還果 不來生此間", 『구사론』 권21「분별수면품 分別隨眠品」(대정장29, p.109c10 : *Abh-k-bh.*, p.313)에 "해란 능히 타인을 핍박하는 것이니, 때리고 욕하는 등의 일을 능히 하는 것을 말한다. … 이 여섯 가지 번뇌구 중에서 … 해와 한은 진의 등류다. 害謂於他 能爲逼迫 由此能行 打罵等事 … 於此六種煩惱垢中 … 害恨 是瞋等流 viheṣṭhanaṃ vihiṃsā yena prahārapāruṣyādibhiḥ parān viheṭhayate. eṣām punaḥ ṣaṇṇāṃ kleśamalānāṃ … pratighaje upanāhavihiṃsane", 『성유식론』 권6(대정장31, p.33c13)에 "어떤 것을 해라고 하는가? 모든 유정중생에 대해 가엾게 여기는 마음이 없고, 손해를 끼치고 괴롭히는 것을 성으로 한다. '불해'를 장애하여 핍박하는 것을 업으로 한다. 즉 해가 있는 이는 타인을 핍박하기 때문이다. 이것 역시 진에(瞋恚)의 일분을 체로 한다. 진을 떠나서 달리 해의 상과 용이 없기 때문이다. 진과 해와 다르다 하는 것은 선에 준해 설해야 한다. 云何爲害 於諸有情 心無悲愍 損惱爲性 能障不害 逼惱爲業 謂有害者逼惱他故 此亦瞋恚一分爲體 離瞋無別 害相用故 瞋害別相 准善應說"라고 하였다. [참고문헌]『本事經』, 『俱舍論』, 『成唯識論』, *Abh-k-bh.*, *Vijñ-t-bh.90.* ⇨ 오위칠십오법 五位七十五法, 오위백법 五位百法, 소번뇌지법 小煩惱地法, 수번뇌 隨煩惱, 불해 不害 ❷

해 海 Ⓢ samudra, Ⓟ samudda. ❶ 바다. 생사하는 중생들의 끝없이 윤회하는 세계의 비유. 『잡아함경』 권8(대정장2, p.54b23 : *Samudda-sutta*, *SN.4*, p.157)에 "대해라고 말하는 것은 어리석은 범부가 하는 말이지 성인의 말씀은 아니다. 이는 크고 작은 물일 따름이다. 무엇이 성인이 설하는 바다인가? 안식으로 색을 보고 애념으로 물들어 탐하고 즐기는 신구의의 삼업이 바로 '바다'다. 言大海者 愚夫所說 非聖所說 此大小水耳 云何聖所說海 謂眼識色已 愛念染著 貪樂身口意業 是名爲海 samuddo samuddo ti bhikkhave assutavā puthujjano bhāsati. neso bhikkhave ariyassa vinaye samuddo. mahā eso bhikkhave udakarāsi mahā udakaṇṇavo. santi bhikkhave cakkhuviññeyyā rūpā iṭṭhā kantā manāpā piyarūpā kāmūpasaṃhitā rajanīyā. ayaṃ vuccati bhikkhave ariyassa vinaye samuddo"라고 하였다. [참고문헌]『잡아함경』, *SN.* ⇨ 생사대해 生死大海, 생사해 生死海 ❷ 화합승가로 함께하는 청정대해중의 비유. 『해팔덕경』(대정장1, p.819b23)에 "나의 도는 넓고 커서 대중을 합하여 하나이게 한다. 제왕의 종성, 범지의 종성, 군자의 종성, 하천의 종성이 와서 사문이 되면 모두 본성을 버리고 도로써 서로 가까이하니, 똑똑한 이와 어리석은 이가 서로 나아가며 뜻을 형제와 같이 한다. 마치 저 뭇 흐름이 합하면 '바다'라고 부르는 것과 같다. 吾道弘大 合衆爲一 帝王種梵志種 君子種下賤種 來作沙門者 皆棄本姓 以道相親 明愚相進 意如兄弟 猶彼衆流合名曰海"라고 하였다. [참고문헌]『雜阿含經』, 『海八德經』, 『增壹阿含經』 권21(대정장2, p.658c5), *Abh-k-bh.338.*

해 解 ❶ Ⓢ ā-√jña, ājñāna, pra-√jñā, prajānatā, prajānate, Ⓣ kun-tu-shes-pa. 법의 뜻 잘 이해하다. 지혜롭게 알다. 『금광명경』 권1「참회품 懺悔品」(대정장16, p.337a5 : *Suv-pr.*, p.22)에 "모든 부처님과 부모님의 은혜를 알지 못하고 선법도 알지 못하여 뭇 악을 꾸며 지었네. 不識諸佛 及父母恩 不解善法 造作衆惡 mātā-pitṝnavajānantā buddhānām-aprajānatā, kuśalaṃ cāprajānantā yattu pāpaṃ kṛtaṃ mayā", 같은 책 권1「공품 空品」(대정장16, p.340a13 : *Suv-pr.*, p.50)에 "내가 알 게 된 바와 같이 중생의 뜻도 알겠네. 이 몸은 허위이니 마치 저 텅 빈 무더기 같네. 육입의 촌락은 맺힌 도적들 머무는 곳으로, 일체가 스스로 머무름에 각각 서로 모르네. 안근은 색을 받고 귀는 소리 분별하며 코는 온갖 향 맡고 혀는 맛을 보네. 있는 바 신근은 모든 촉을 탐하여 받아들이고 의근 일체 제법을 분별하네. 如我所解 知衆生意 是身虛僞 猶如空聚 六入村落 結賊所止 一切自住 各不相知 眼根受色 耳分別聲 鼻嗅諸香 舌嗜於味 所有身根 貪受諸觸 意根分別 一切諸法 cittaṃ yathā ṣaḍviṣayāśritaṃ ca prajānate indriya gocaraṃ ca, rūpaṃ ca śabdaṃ ca tathaiva gandhaṃ rasaṃ ca sparśa tatha dharma-gocaram", 『유가사지론』 권37「보살지 菩薩地」(대정장30, p.497a4 : *Bodh-bh.*, p.56)에 "지혜성숙이란 정념을 구족하며 자성이 총명하고 빨라 감당해 견딜 만한 큰 세력 있게 된다. 능히 선설과 악설의 법의를 잘 알아 능히 받고 능히 지니며 능히 바르게 통달한다. 날 때부터 갖춘 묘혜 구족히 성숙해서 이 묘혜에 의지하여 견딜 만한 큰 세력 가지게 되었기에 그 마음으로 하여금 구경에 일체번뇌 해탈케 한다. 智慧成熟者 謂具足正念爲性聰敏 有所堪任有大勢力 能解善說惡說法義 能受能持 能正通達 具足成熟俱生妙慧 依此妙慧 有所堪任有大勢力 能令其心 究竟解脫一切煩惱 jñāna-paripākaḥ katamaḥ. smṛtimān bhavati meghāvī pratibalaś-ca bhavati subhāṣita-durbhāṣitānāṃ dharmāṇām-arthasya ājñānāyodgrahaṇāya dhāraṇāya prativedhāya. sahajayā prajñayā samanvāgato bhavati yāṃ prajñāmāgamya bhavyo bhavati pratibalaḥ sarvato 'tyantaṃ sarvakleśāccittaṃ vimocayitum"라고 하였다. [참고문헌]『金光明經』, 『瑜伽師地論』, *Suv-pr.*, *Bodh-bh.* ❷ Ⓢ ava-√budh, avabudhya, Ⓣ khong-du-chud-nas. 깨우쳐 알다. 『법화경』 권6(대정

장9, p.50a18 : *Saddh-p.*, p.371)에 "상정진보살아, 선남자선여인이 여래가 멸한 후에 이 경을 받아 지니며 읽거나 외우거나 해설하거나 서사하면 천이백억공덕을 얻느니라. 이 청정의근으로써 내지 한 게 한 구만을 들어도 무량무변의 뜻에 통달하니, 이 뜻 깨우쳐 알고 나면 한 구 한 게를 펼쳐 설함에 한 달 또는 넉 달 내지 한 해까지도 능히 할 수 있느니라. 常精進 若善男子善女人 如來滅後 受持是經 若讀若誦若解說若書寫 得千二百意功德 以是清淨意根 乃至 聞一偈一句 通達無量無邊之義 解是義已 能演說一句一偈至於一月 四月乃至一歲 satatasamitābhiyuktāsya bodhisattvasya mahāsattvasya tathāgate parinirvṛte imaṃ dharmaparyāyaṃ dhārayato deśayataḥ saṃprakāśayato likhato vācayatastairdvādaśabhirmanaskāraguṇaśataiḥ samanvāgataṃ manaindriyaṃ pariśuddhaṃ bhaviṣyati. sa tena pariśuddhena manaindriyeṇa yadyekagāthāmapyantaśaḥ śroṣyati, tasya bahvarthamājñāsyati. sa tāmavabudhya tannidānaṃ māsamapi dharmaṃ deśayiṣyati, caturmāsamapi saṃvatsaramapi dharmaṃ deśayiṣyati", 『능가경』 권1 「일체불어심품 一切佛語心品」(대정장16, p.480a21)에 "일체제불께서 손으로 그 정수리에 물 부어주시니, 자기 마음으로 경계를 드러내고 그 뜻을 잘 깨우쳤다. 갖가지 중생, 갖가지 심색과 무량한 열반의 문을 류를 따라 널리 나툼에 다섯 법의 자성이 두 가지 무아임을 알아서 구경에 통달하였다. 一切諸佛 手灌其頂 自心現境界 善解其義 種種衆生 種種心色 無量度門 隨類普現 於五法自性 識二種無我 究竟通達"라고 하였다. 〔참고문헌〕『法華經』, 『楞伽經』, *Saddh-p.* **3** 신해행증(信解行證) 중 해(解). 법에 대해 잘 알다. 청량징관(清涼澄觀)이 화엄(華嚴)의 뜻을 사분(四分)하는 중에 세운 두 번째 수인계과생해분(修因契果生解分)이다. 『화엄경소초』 권16(대정장36, p.123b8)에 "혹은 신해행증으로 거두어 다하기도 하니 경에 사분이 있다. 초회는 신이고, 다음 여섯은 해를 밝힘이고, 제8회는 행을 이룸이고, 제9회만 오직 증이다. 或信解行證攝盡 經有四分 初會是信 次六明解 八約成行 九唯證故", 『원각경약소』 권하2(대정장39, p.573a8)에 "해는 그 믿은 바를 앎이고, 수는 곧 그 안 바를 닦음이다. 解則解其所信 修則修其所解", 『원각경대소석의초』 권6(卍속장14, p.657b15)에 "해란 두 번째로 인을 닦아 과에 계합해 그 지해를 냄이다. 곧 제2회의 십신, 제3회의 십주, 제4회의 십행, 제9회의 십회향, 제6회의 십지, 제7회의 등각과 묘각 둘이다. 解者 二 修因契果 生其智解 謂第二會十信 三會十住 四會十行 九會十迴向 六會十地 七會等妙二覺也"라고 하였다. 〔참고문헌〕『華嚴經疏鈔』, 『圓覺經略疏』, 『圓覺經大疏釋義鈔』. ⇨ 신해행증 信解行證, 화엄사분 華嚴四分, 칠처구회 七處九會 **4** Ⓢ pravibhāga, Ⓣ rab-dbye, rab-tu-dbye-ba. 분별(分別)해 알게 하다. 『대승장엄경론』 권4 「술구품 述求品」(대정장31, p.610a28 : *Sūtr.*, p.55)에 "다시 (戒의) 네 뜻이란 첫째 인, 둘째 제, 셋째 해, 넷째 판이다. 인이란 죄를 범한 사람이다. 제란 저 범한 이에 의지해 대사가 대중을 모으고 저이의 과실을 설하여 마땅한 계목을 마름질해 세움이다. 해란 저 마름질한 바를 다시 널리 분별함이다. 판이란 무엇이 죄 얻음이고 무엇이 죄 얻음이 아닌지를 이와 같이 반드시 지님이다. 復四義者 一人 二制 三解 四判 人者 謂犯罪人 制者 謂依彼犯人 大師集衆 說彼過失 制立學足 解者 謂如所制 更廣分別 判者 謂云何得罪 云何不得罪 如是應持 punaś caturvidhenārthena vinayo veditavyaḥ. pudgalato yam āgamya śikṣā prajñapyate. prajñaptito yadā 'rocite pudgalāparādhe śāstā samnipātya saṃghaśikṣāṃ prajñāpayati. pravibhāgato yaḥ prajñapte śikṣāpade tad uddeśasya vibhāgaḥ. viniścayataś ca tatrāpattiḥ kathaṃ bhavaty anāpattir veti nirdhāraṇāt"라고 하였다. 〔참고문헌〕『大乘莊嚴經論』, *Sūtr.* **5** Ⓢ mokṣa, mucyate, parimocana, bandhana-mokṣa, Ⓟ mokkha. 벗어나다. 해탈하다. 풀려나다. 『의족경』 권상(대정장4, p.176a24)에 "묶임 사라지길 너무나 바라나 그 삿됨에 가려진 채로 머무니 바른 길을 가려서 멀어지도록 하네. 욕념으로는 지혜롭기가 어려워 포태에 묶인 채로 앉았네. 색에 묶임 견고하여 비록 풀려난다 하더라도 오고 가는 법을 관하지 못하니, 지혜야 말로 근본을 끊는다네. 繫舍多所願 住其邪所遮 以遮遠正道 欲念難可慧 坐可繫胞胎 繫色堅雖解 不觀去來法 慧是亦斷本", 『불소행찬』 권1 「생품 生品」(대정장4, p.3b14 : *Buddh-c.*, p.9)에 "어리석음의 그물로 스스로를 얽음에 곤궁함에도 의지할 바 없었네. 법왕이 세간에 나타나시어 중생의 속박을 능히 풀어주시었네. 愚癡網自纏 窮苦無所依 法王出世間 能解衆生縛 svairmohapāśaiḥ pariveṣṭitasya duḥkhābhibhūtasya nirāśrayasya. lokasya saṃbudhya ca dharmarājaḥ kariṣyate bandhanamokṣameṣaḥ", 『유마경』 권상 「불국품 佛國品」(대정장14, p.539a3 : *Vikī-n.*, p.50)에 "성문승을 구함에 삼만이천의 하늘과 사람은 유위법이 모두 다 무상임을 알고, 진구를 멀리 여의어 법안의 깨끗함을 얻었고, 팔천비구는 제법을 받을 일 없어 번뇌 다하고는 마음이 풀려났다. 求聲聞乘 三萬二千天及人 知有爲法 皆悉無常 遠塵離垢 得法眼淨 八千比丘 不受諸法 漏盡意解 tatra śrāvakayānikānāṃ devamanuṣyāṇām anityā bateme sarvasaṃskārā iti viditvā dvātriṃśatā prāṇisahasrāṇāṃ virajovigatamalaṃ dharmeṣu dharmacakṣur viśuddham. aṣṭānāṃ ca bhikṣusahasrāṇām anupādāy āsravebhyaś cittāni vimuktāni.", 『유마힐경』 권상(대정장14, p.521b15 : *Vikī-n.*, p.70)에 "불법신이란 복을 좇아 도와야 나는 것이고, 불신이라 하면 지를 좇아 나는 것이다. … 힘써 행한 정진의 공덕 좇아 나며, 선으로 풀어내고 정으로 맺어 올곧게 받는 것으로부터 나는 것이다. 佛法身者 從福祐生 佛身者 從智生 … 從强行精進功德生 從禪解定意正受生 dharmakāyo hi mārṣāḥ tathāgatakāyo … dhyāna-vimokṣa-samādhi-samāpatti-nirjātaḥ", 『중론』 권3 「관박해품 觀縛解品」(대정장30, p.21a10 : *Pras.*, p.290)에 "게송으로 답한다. '모든 행 생멸의 상이지만 묶일 일도 풀려날 일도 아니라네. 중생도 앞서 설한 것처럼 엮인 적도 푼 적도 없다네'. 答曰 諸行生滅相 不縛亦不解 衆生如先說 不縛亦不解 na badhyante na mucyanta udayavyayadharmiṇaḥ. saṃskārāḥ pūrvavat sattvo badhyate na na mucyate", 같은 책 권3(대정장30, p.21a13)에 "그대는 '모든 행과 중생에게 묶임과 풂이 있다'고 말하나 이 일은 그렇지 않다. 모든 행 념념으로 생멸하지만 그렇다고 속박과 해탈이 있는 것은 아니다. 중생에 대해서는 앞에서 다섯 가지로 구하여도 얻을 수 없음을 설하였으니, 어찌 속박과 해탈이 있을 수 있겠는가? 汝謂諸行及衆生有縛解者 是事不然 諸行念念生滅故 不應有縛解 衆生先說五種推求不可得 云何有縛解"라고 하였다. [참고문헌] 『義足經』, 『佛所行讚』, 『維摩經』, 『維摩詰經』, 『中論』, 『楞伽經』 권3(대정장16, p.501b9), *Buddh-c.*, *Vikī-n.*, *Pras・293.*, *Laṅk.161.*, *Sn.152.* ⇨해탈 解脫[1] **6** Ⓢ vyākhyā. 풀어 알다. 『입능가경』 권1(대정장16, p.519c12)에 "가타(Ⓢ gāthā : 偈)에는 몇 종류가 있으며, 어찌하여 길거나 짧은 구가 있는가? 법은 다시 몇 가지가 있으며, 뜻을 해석하는 것에는 다시 몇 가지가 있는가? 伽陀有幾種 云何長短句 法復有幾種 解義復有幾", 『대승입능경』 권1(대정장16, p.591b7 : *Laṅk.*, p.26)에 "가타에 몇 종류가 있으며, 장항구는 또한 어떠한가? 도리는 몇 가지가 다르며, 해석함에는 몇 가지로 차별하는가? 伽他有幾種 長行句亦然 道理幾不同 解釋幾差別 gāthā bhavetkatividhā gadyaṃ padyaṃ bhavetkatham. kathaṃ yuktiḥ katividhā vyākhyānaṃ ca kathaṃvidham"라고 하였다. [참고문헌] 『入楞伽經』, 『大乘入楞伽經』, *Laṅk.* **7** 알음알이로 알아 사무쳐 증(證)한 것이 아닌 뜻. 『임제록』(대정장47, p.498b21)에 "'나는 선을 알고 도를 알았다'고 말하면서 변재가 마치 강물을 뒤집어 놓은 듯이 한다 한들, 모두 지옥업 짓는 것일 뿐이다. 道我解禪解道 辯似懸河 皆是造地獄業"라고 하였다. [참고문헌] 『臨濟錄』. **8** 설법을 알아듣다. 부처님 말씀을 알아차린 아야교진여(阿若憍陳如). 『집이문족론』 권15(대정장26, p.432b5)에 "모든 지혜있는 이들과 더불어 범행을 함께한다 하였으니, 저 지혜로운 교진나 등을 말하니, 모두 지혜롭고 범행을 같이하는 이다. 與諸有智同梵行者 謂解憍陳那等 皆名有智同梵行者", 『법화현찬』 권1(대정장34, p.670a19)에 "처음으로 법륜을 굴리고, 부처님께서 '알았는가?'라고 물으시니, 다섯 비구 중 교진나가 먼저 답하길 '저는 이제 이해하였습니다'라고 하였으며, 정거천 등도 또한 이해하였다고 했는데, 이러한 인연으로 '해'라고 이름하였다. 교진이라는 성이 많았으므로 '해'로써 이름을 드러내었으며, '나'는 남성 소리니 남성으로 여성과 가리고자 다시 '나'라고 하였다. 그러므로 『대반야경』에서는 '해교진나'라고 하였다. 初轉法輪 佛問解未 五人之中 陳那先報 我今已解 淨居等天 亦言已解 因以爲名 名之爲解 憍陳之姓乃衆多 以解標名 那是男聲 以男簡女 故復云那 大般若云解憍陳那"라고 하였다. [참고문헌] 『集異門足論』, 『法華玄贊』, 『大般若經』 권566(대정장7, p.921b3). ⇨아야교진여 阿若憍陳如, 교진여 憍陳如 **9** Ⓢ adhyavasāya. 마주해 보고서야 알다. 현량의 뜻으로 근이 경을 수용해 아는 뜻이다. 『금칠십론』 권상(대정장54, p.1246a13 : *Sāṃkhy-k.*, p.9)에 "외도가 묻는다. '헤아림에 세 가지가 있다고 설하는데, 량의 상은 무엇인가?' 답한다. '대상(塵)을 마주해 알아차리는 것이 증량(證量 : 現量)이고, 견주어 아는 것에는 세 가지로 아니, 상과 상 지닌 것을 앞세우네. 성교란 성인의 말씀이라 하네'. 外曰 說量有三 量相云何 答曰 對塵解證量 比量三別知 相有相爲先 聖敎名聖言 tatra trividhasya pramāṇasya pṛthak lakṣaṇam upanyasyate. prativiṣayādhyavasāyo dṛṣṭaṃ trividham anumānam ākhyātam. tal liṅgaliṅgipūrvakam āptaśrutir āptavacanaṃ tu", "'진(塵)을 마주해 알아차리는 것이 증량이네'라고 한 구절은 이런 뜻이다. 귀가 소리를 알아듣는 것이다. 나아가 코가 냄새를 맡고 알아차리는 것까지다. 오직 이 알아차리는 것만으로는 능히 아는 것이 아니다. 이를 일컬어 '증량'이라고 한다. 對塵解證量者 耳於聲生解 乃至鼻於香生解 唯解不能知 是名爲證量 viṣayaṃ viṣayaṃ prati yo 'dhyavasāyo netrādīnām indriyāṇām pañcānāṃ rūpādiṣu pañcasu, tat pratyakṣaṃ pratipattirūpaṃ dṛṣṭākhyam"라고 하였다. [참고문헌] 『金七十論』, *Sāṃkhy-k.*

해 該 빠짐없이 고르게 하다. 널리 꾸리다. 『대방광총지보광명경』 권1(대정장10, p.887c15)에 "모든 상호를 떠나서 마음으로 결정을 얻고 은근하게 수습한다. 왜일까? 이와 같이 일체제법의 인과 고루 사무쳐 통달한 걸림없는 진실법임을 듣고 알아 마쳤다고 한 것이다. 離諸相好 心得決定 慇懃修習 何以故 謂聞如是 一切諸法因果 該徹通達 無礙眞實法故 成熟解了", 『경덕전등록』 권6 「백장회해전 百丈懷海傳」(대정장51, p.249b26)에

"어려서 속세를 떠나 삼학을 빠짐없이 연마하였다. 丱歲離塵 三學該練",『화엄경소』권41(대정장35, p.819c20)에 "일체법이라고 한 것은 만유의 이사의 법을 모두 모아 꾸려서 들어가 깨우친다 해도 사를 지나 다할 수 없기에 간략하게 그 열만을 폈다. 言一切法者 總該萬有理事之法 入卽證達 以歷事難窮 略陳其十",『신화엄경론』권31(대정장36, p.936b25)에 "이 품은 10신에서「출현품」까지 한가지 세로 처음과 끝의 인과본말을 통하게 해서 빠짐없이 하였기에 이 품의 이름을 세운 것이다. 此品通該 十信以來 至出現品 一勢始終 因果本末 以立其品名",『원각경약소』권상2(대정장39, p.537c5)에 "일승원교란 만유를 모두 꾸려서 바로 이 일심이라 하고, 이사와 본말에 다름이 없다. 一乘圓教 總該萬有 卽是一心 理事本末 無別異故"라고 하였다. [참고문헌]『大方廣總持寶光明經』,『景德傳燈錄』,『華嚴經疏』,『新華嚴經論』,『圓覺經略疏』,『菩薩本生鬘論』권4(대정장3, p.342c29).

해 懈 게으르다. 풀어져 느슨해지다. 해태(懈怠)로 써서는 심소법으로서 75법 또는 100법 중 하나다.『의족경』권상(대정장4, p.180c1)에 "버리고 떠올리지 않음에 속박이 있지 않고, 영리한 분석(解)을 따라서 끝내 게으르지 않다네. 捨不想無有縛 從黠解終不懈",『현겁경』권1(대정장14, p.2b9)에 "게으른 이는 부지런하게 해서 도와 가르침으로 점점 나아가서 법장의 위없는 지혜를 닦게 한다. 懈者使勤 轉進道教 修法藏無上慧",『일체경음의』권72(대정장54, p.777a11)에 "(劉熙의)『석명』에 '해(懈)는 해(解)이니, 골절이 풀어져 느슨해진 것을 말한다'고 하였다. 釋名云 懈者解也 言骨節解緩也"라 하였다. [참고문헌]『義足經』,『賢劫經』,『一切經音義』,『大智度論』권15(대정장25, p.172c29). ⇨ 해태 懈怠

해각 害覺 Ⓢ vihiṃsā-vitarka, Ⓟ vihiṃsā-vitakka. 해치거나 해침을 당할 수 있다고 생각해 살피는 마음. 삼악각(三惡覺) 또는 팔각(八覺) 중 하나로 뇌각(惱覺)이라고도 한다. 각은 심(尋)과 같고 관(觀)은 사(伺)와 같다. 삼독(三毒) 중 진에(瞋恚)의 심소다.『무량수경』권상(대정장12, p.269c10 : *Sukh-vy. I*, p.29)에 "불가사의한 조재영겁동안 보살의 무량한 덕행을 쌓고 심어서 욕각과 진각과 해각을 일으키지 않는다. 於不可思議 兆載永劫 積殖菩薩無量德行 不生欲覺 瞋覺 害覺 aprameyāsaṃkhyeyācintyātulyāmāpyāparimāṇānabhilāpyāni varṣakoṭīnayutāśatasahasrāṇi na jātu kāmavyāpādavihiṃsāvitarkā vitarkitavān",『아비담비바사론』권23「사품 思品」(대정장28, p.173c23)에 "해각에 대하여 어떤 이는 '에각(진에)이 해각이다'라고 주장한다. 害覺者 或有說者 恚覺卽是害覺", 같은 책 권23(대정장28, p.174a1)에 "어떤 사람은 '무명과 상응하는 각이야말로 해각이다. 어떻게 아는가? 가령『시설경』에서는「무엇 때문에 중생이 저다지도 두텁게 우치한가? 답하건대, 수행함에 해로운 계와 해롭게 하는 생각과 해롭게 하는 마음을 널리도 퍼뜨렸기에 우치함이 두터워지는 것이다」라고 설하였는데, 저런 것들과 상응하는 각을 해각이라 한다'라고 하였다. 復有說者 無明相應覺是害覺 何以知之 如施設經說 以何等故 衆生有重愚癡 答言 修行廣布害界害想害覺故 有重愚癡 彼相應覺 是名害覺",『대반열반경의기』권7(대정장37, p.797c16)에 "뇌각은 해각이라고도 한다. 남 생각해 해를 가하려 한다. 惱覺亦名害覺 念欲加害",『대명삼장법수』권7(영락장181, p.648b7)에 "(삼악각 중) 셋째는 해각이다. 일체범부라면 항상 원적에게 침해를 받으리라는 생각으로 살핀다. 그러므로 해각이라 한다〈각관이란 초심이 연에 있은즉 각이라 하고, 미세한 마음으로 분별하면 관이라 한다〉. 三 害覺 謂一切凡夫之人 常爲覺觀 怨賊之所侵害 故名害覺〈覺觀者 初心在緣曰覺 細心分別曰觀〉"라고 하였다. [참고문헌]『無量壽經』,『阿毘曇毘婆沙論』,『大般涅槃經義記』,『大明三藏法數』, *Sukh-vy. I.*, *Lal-v.53.*, *SN.3.93.* ⇨ 삼악각 三惡覺, 각관 覺觀

해간국 海澗國 Ⓢ Samudra-kaccha. 선재동자(善財童子)가 참방했던 53선지식(善知識) 중 미륵보살(彌勒菩薩)이 머물던 나라. 남천축(南天竺)에 있고 해안에 가까운 까닭에 붙여진 이름이다. 60권본『화엄경』권58(대정장9, p.767c6 : *Gaṇḍ-vy.*, p.360)에 "이 남방에 해간이라는 이름의 국토가 하나 있다. 於此南方 有一國土 名曰海澗 ayam ihaiva dakṣiṇāpathe samudrakaccho nāma digmukhapratyuddeśaḥ"라고 하였다. [참고문헌]『華嚴經』, *Gaṇḍ-vy.* ⇨ 입법계품 入法界品

해갈 解褐 베옷을 벗고 관직을 맡다. 벼슬길에 오르다.『불조통기』권26「십팔현전 十八賢傳」(대정장49, p.267c11)에 "스스로 그 재주를 믿고 시속을 따르지 않았으니 처음 벼슬길에 올라 부참군이 되었다. 自負其才 不預時俗 初解褐爲府參軍",『낙양가람기교석』권3(대장경보편12, p.146a9)에 "해갈은 석갈·석건이라고도 한다. 갈은 짧은 옷으로 가난한 이들의 복장이다. 해갈은 두건과 베옷을 벗고 관복을 입는 것이, 관리가 됨을 비유한다. 解褐 或曰釋褐 釋巾 褐 短衣也 貧者之所服 解褐謂釋巾褐 而衣官服 喩爲官也"라고 하였다. [참고문헌]『佛祖統紀』,『洛陽伽藍記校釋』.

해강 解講 강설을 마치다. 강설대중을 해산하다.『광홍명집』권19「어강금자마하반야바라밀경서 御講金字摩訶般若波羅蜜經序」(대정장52, p.237a23)에 "해강하는 날 사부대중이 운집하여 참례를 마치려 하자 정전 가득히 큰 불상에서 갑자기 광명을 놓았다. 백호에서 시작된 광명이 만자 좌우로 퍼져 신령한 모습 다투어 환하게 하여 황금 자태 눈부시게 빛나더니, 순식간에 좌측의 시방보살상에서 연이어 다시 광명이 번득였다. 至解講之辰 四衆雲集 懺禮纔畢 而正殿十方 大像忽放光明 起自毫間 遍於卍字左右 靈相炳發 金儀炫燿 俄而左邊 十方菩薩像 續復放光"라고 하였다. 〔참고문헌〕『廣弘明集』.

해결차제 解結次第 매듭진 차제를 풀다. 묶인 것 다 풀고 나면 하나의 끈일 뿐이듯이, 복잡하게 엮어 매듭진 듯하지만 서로 얽혀 있기에 풀고 나면 하나의 매듭도 없게 된다. 『능엄경』에서 이십오원통(二十五圓通 : 七大六根六塵六識)을 시설하였는데, 한 가지에 원통을 얻어 일체에 걸림없게 되는 뜻을 이해시키기 위해 석가세존께서 직접 수건을 묶었다 푸시면서 일러주신 비유다. 예를 들자면 관음보살은 이근(耳根)의 원통을 얻어 차제로 엮인 매듭을 단번에 푼다. 『능엄경』 권5(대정장19, p.124c16)에 "중간에는 참된 성품이 없으니, 이런 까닭에 갈대 엮인 것과 같다네. 맺고 풂에 그 인한 바 같으니, 성인과 범부에 두 길이 없다. … 맺힌 인의 차제를 푼다 하니, 여섯을 풀어 하나 또한 없게 하니, 육근을 가려내 두루 통해서 유에 들어 정각을 이룬다. 中間無實性 是故若交蘆 結解同所因 聖凡無二路 … 解結因次第 六解一亦亡 根選擇圓通 入流成正覺", 같은 책 권5(대정장19, p.125a4)에 "마음 오히려 '여섯 풀리어 하나마저 사라진다'는 이치를 통달하지 못했습니다. 묶은 윤차 푸는 것에 대해 오직 대비를 드리워 주십시오. 〈아난의 말〉. … 여래께서는 사자좌에 열반승을 정리하고 승가리를 거둬 칠보 책상을 보시고 책상에서 손을 뻗어 겁파라천이 바친 꽃수건을 집으셨다. 대중 앞에서 매듭 하나를 지으시고 아난에게 보이며 말씀하셨다. '이것을 무엇이라 일컫는가?' 아난과 대중이 함께 부처님께 아뢰었다. '그것은 매듭이라고 합니다'. 心猶未達六解一亡 舒結倫次 惟垂大慈 … 如來於師子座 整涅槃僧 斂僧伽梨 覽七寶机 引手於机 取劫波羅天所奉花巾 於大衆前 綰成一結 示阿難言 此名何等 阿難大衆俱白佛言 此名爲結", "이와 같은 순서로 꽃수건을 겹쳐 묶어 총 여섯 개의 매듭을 만드셨다. … 여섯 개의 매듭이 같지는 않으나 본래의 인을 되돌려 좇으면 하나의 수건으로 만들었을 뿐이다. 아무리 뒤섞으려 해도 끝내 이룰 수가 없다. 곧 그대의 육근 또한 이와 같다. 필경 같은 중에 필경 다름이 생겼다. 〈부처님의 말씀〉. 如是倫次 綰疊花巾 摠成六結 … 六結不同 循顧本因 一巾所造 令其雜亂 終不得成 則汝六根 亦復如是 畢竟同中 生畢竟異", "'여섯이 풀리어 하나마저 없게 된다'는 것 또한 이와 같다. 그대의 시작도 없는 심성이 광란하여 지견 헛되이 일어나고 허망을 일으킴에 쉬지 못한다. 수고로이 보아 티끌 일으키니, 마치 피로한 눈동자에 허공꽃 날듯 한다. 六解一亡 亦復如是 由汝無始 心性狂亂 知見妄發 發妄不息 勞見發塵 如勞目睛 則有狂花", "그대 마음에 따라 육근을 선택하라. 근의 묶음 버리면 티끌의 상이 저절로 사라지고 온갖 허망이 녹아 사라지리니, 진실 아닐진대 무엇을 기다리겠는가? … 이 근 비로소 풀리면 앞서 인공을 얻고, 공성이 원만하게 밝으면 법해탈을 이룬다. 법을 해탈하게 되면 모두 공해 생할 일 없다. 이를 보살이 삼매로부터 얻은 무생인이라 한다. 〈부처님의 말씀〉. 隨汝心中 選擇六根 根結若除 塵相自滅 諸妄銷亡 不眞何待 … 此根初解 先得人空 空性圓明 成法解脫 解脫法已 俱空不生 是名菩薩從三摩地得無生忍", 『능엄경원통소』 권10(卍속장19, p.926a17)에 "앞서 해결차제의 비유는 다만 육근의 차별과 그에 따른 원통의 선별을 '차제'라고 일컬은 것일 뿐이다. 前以解結次第爲喩者 但取六根差別 及選圓通 謂之次第也", 『능엄경비록』 권5(卍속장20, p.239a11)에 "이들 모두 해결차제를 말한 것이다. 그러므로 '매듭진 인의 차제를 푼다' 하였다. 하나를 풀고 둘을 풀어 여섯을 푸는 것에 이르는 것을 차제라고 일컬어서는 안 된다. 이와 같이 육근은 두렷이 육진을 빼버리니, 두렷이 벗어나기에 육해라 하고 육해 뒤에는 하나마저 없기에 여섯이 풀리면 하나마저 없게 된다 말한다. 만약 여섯이 풀리어 하나조차 없게 한다면, 반드시 하나의 원통을 근본으로 택하여 터득해야만 한다. 그러므로 '근을 선택한 원통이다'라고 한 것이다. 此皆言解結次第者也 故云解結因次第 不可謂解一解二 乃至解六爲次第耳 如是六根 圓拔六塵 圓脫是爲六解 六解之後 一也不存 故云六解一亦亡 若要六解一亡 須得擇一圓通根本 故云根選擇圓通"라고 하였다. 〔참고문헌〕『楞嚴經』, 『楞嚴經圓通疏』, 『楞嚴經秘錄』, 『首楞嚴義疏注經』 권5(대정장39, p.892c27·894b24). ⇨이십오원통 二十五圓通, 이근원통 耳根圓通, 원통 圓通[1], 결 結

해경 海瓊 1651~1686. 일본 황벽종(黃檗宗) 스님. 속성은 진(陳)씨. 자는 설당(雪堂). 천주부(泉州府 : 福建省) 동안현(同安縣) 출신. 1674년(연보2) 일본으로 건너갔다. 1682년(천화2) 성수산숭복사(聖壽山崇福寺) 경내에 불이암(不二庵)을 짓고 개기(開基)가 되었다. 1686년(정순3) 2월 16일에 세수 36세로 입적하였다. 〔참고문헌〕『黃檗東渡僧寶傳』 권하.

해경십불 解境十佛 『화엄경』에 의지해 나눈 두 갈래 십불 중 이해가 뛰어난 부처들. 두 갈래 십불은 지엄(智儼)의 『화엄공목장』에서 시설하였고, 이는 징관(澄觀)의 융세간십신(融世間十身)과 불상자유십신(佛上自有十身)과도 통한다. 균여(均如)의 『석화엄삼보장원통기』 권상(한불전4, p.169b18)에 "만약 일승(一乘)에 의지해 두 갈래 십불이 있고 이미 삼세간에 통하였으니 이는 곧 일체를 이사인법등으로 써서 다모아 불보체 삼고, 이에 모두 깨달음의 뜻으로 나아가 설한 것이다. … 또 해불 행불로 둘을 삼았으니 어떤 것인가? 답한다. 하나는 제8지 십불을 해불이라 하고 이세간품 십불을 행불이라 한다. 또는 말하길 이세간품에 나아가 인이 원만한 부처를 행이라 하고 신이 가득 차오른 십불을 해라하기도 한다. … 공목장 중에 제8지 십불은 인을 닦아 과와 상응해서 해를 일으킨다 하니, 이 분에서 설한 것을 해불이라 한다. 이세간품 십불은 법에 의탁해 나아가 닦는 분중에서 설했기에 해불이라 한 것이다. 믿음 차오른 십불을 해불로 삼았으니 열한 위중에도 마음으로 본 것을 알기에 해불이라 하였고 인이 두렷해진 십불을 행불이라 한 것이니 승위 중에 행하여 뜻을 깨우치기에 행불이라 한 것이다. 若依一乘 二種十佛旣通三世間 卽知用一切理事人法等 總爲佛寶體 仍皆就覺義說 … 又解佛行佛爲二解佛行佛 云何耶 答一云第八地十佛爲解佛 離世間十佛爲行佛 一云就離世間品 因圓十佛爲行 信滿十佛爲解 … 答孔目章中 第八地十佛 修因契果生解分中所說故解佛 離世間十佛 托法進修成行分中所說故行佛也 信滿十佛爲解佛者 以劣位中解心所見故解佛 因圓十佛爲行佛者 以勝位中行證義故行佛也", 『화엄공목장』 권2(대정장45, p.559c29)에 "일승의 뜻에 따르면 모든 공덕은 무엇이 되었건 두 가지의 십불을 떠나지 않는다. 첫째는 행경십불로 무

〈표〉 해경십불

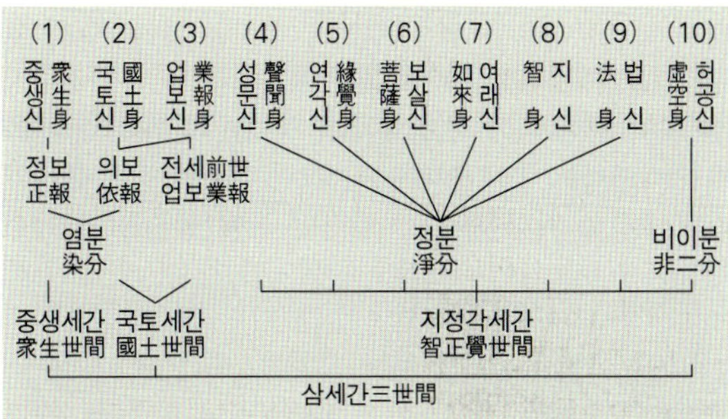

착불 등을 가리키니 「이세간품」의 설과 같다. 둘째는 해경십불로 제8지인 부동지 삼세간 중의 불신이니 중생신 등을 말한다. 자세한 것은 저곳의 설과 같다. 若一乘義所有功德 皆不離二種十佛 一 行境十佛 謂無著佛等 如離世間品說 二 解境十佛 謂第八地 三世間中 佛身 衆生身等 具如彼說"라고 하였다. [참고문헌] 『釋華嚴三寶章圓通記』『華嚴孔目章』. ⇨ 융삼세간십신 融三世間十身, 구족십신 具足十身, 내외십신 內外十身, 비로자나 毘盧遮那, 행경십불 行境十佛

해경풍표 解境風漂 경계 풀어헤쳐 바람 불게 해서 떠돌다. 『경덕전등록』 권6 「백장회해전 百丈懷海傳」(대정장51, p.250b10)에 "생사의 한복판에서 앎을 널리 익히고 알아 복도 구하고 지혜도 구하지만 뜻으로는 어떤 이익도 되지 않으니, 도리어 경계를 아는 척하는 바람에 떠돌다가 다시 생사의 바다로 돌아올 뿐이다. 부처는 구할 일이 없는 사람이니 구하려 하면 이치와 어긋난다. 於生死中 廣學知解 求福求智 於理無益 却被解境風漂 却歸生死海裏 佛是無求人 求之卽乖理"라고 하였다. [참고문헌] 『景德傳燈錄』.

해계 害界 Ⓢ hiṃsā-dhātu, Ⓟ vihiṃsā-dhātu, vihesā-dhātu, Ⓣ rnam-par-'tshe-ba'i khams. 중생에게 해를 끼치는 모든 것들. 삼불선계(三不善界 : 欲界 恚界 害界) 중 하나로 진에를 따라 일어나는 심소다. 『장아함경』 권8(대정장1, p.50a25 : *Saṅgīti-sutta*, *DN.3*, p.215)에 "다시 삼법이 있으니 욕계 에계 해계의 삼계를 일컫는다. 復有三法 謂三界 欲界 恚界 害界 tisso akusaladhātuyo kāmadhātu vyāpādadhātu vihiṃsādhātu", 『법온족론』 권11(대정장26, p.503c13)에 "무엇이 '해계'인가? 즉 손·흙덩이·칼·몽둥이 등의 물건 중에 하나라도 가져 유정을 때리는 등의 모든 파손 등과 손해 등의 해침이다. 분노로 일어나 능히 고통스러운 일을 일으키는 것들을 모두 이름하여 '해계'라고 한다. 또한 모든 해침과 해침과 상응하는 수상행식으로 함께 일으키는 신어업의 불상응행을 모두 모아 '해계'라고 한다. 云何害界 謂以手塊刀杖等物 隨一苦具 捶打有情 諸損等損害等害 瞋恚所起 能起苦事 總名害界 復次諸害及害相應 受想行識 幷所等起 身業語業 不相應行 總名害界"라고 하였다. [참고문헌] 『長阿含經』, 『法蘊足論』, *DN.*, *Abh-s-bh.46.*, *MN.3.63.* ⇨ 해 害, 삼계 三界 ❹, 무해계 無害界

해계 解界 ❶ 포살·갈마·자자·안거 등을 함께하기 위해 대중이 안주할 영역을 정하는 것을 결계(結界)라 하고, 그 계를 푸는 것을 해계라 한다. 섭승계(攝僧界)·섭의계(攝衣界)·섭식계(攝食界) 등으로 갈마작법에 따라 결계하고 푼다. 먼저 소계(小界)를 해제하고 나중에 대계(大界)를 해제하며 대계 안에서 먼저 섭의계를 해제하고 나중에 대계를 해제한다. 또한 대계 안에 계장(戒場)이 있는 경우 먼저 계장을 해제한 후에 대계를 해제한다. 삼계 중 섭승계와 섭의계는 각각 상 안에서 해제하고 섭식계는 상 밖에서 해제한다. 『사분율』 권35(대정장22, p.819c19)에 "대덕 스님들께서는 들으십시오. 이 주처의 비구는 한 곳에 같이 머물며 한가지로 같이 계를 설했습니다. 이제 계를 풀려 하니 어느 장로이시든 대중으로 지금 함께 머물며 함께 계를 설했던 계장을 푸는 것을 허락하시는 분은 말씀하지 않으셔도 되고, 허락하지 않는 분은 말씀해주시기 바랍니다. 대중이 허락하셨으니 함께 머물며 함께 계를 설했던 계장을

풀었습니다. 대중이 허락하시고 가만히 계셨으므로 이 일은 이렇게 처리되었습니다. 大德僧聽 此住處比丘 同一住處同一說戒 今解界 誰諸長老忍 僧今同一住處同一說戒解界者 默然 誰不忍者說 僧已忍 同一住處同一說戒解界竟 僧忍默然故 是事如是持"라고 하였다. 〔참고문헌〕『四分律』. ⇨결계 結界 **2** 밀교 작법에서 작법할 때 진언과 수인으로 도량을 결계한 후에 작법을 마치고 푸는 일. 『비로자나오자진언수습의궤』(대정장18, p.189b12)에 "왼쪽으로 돌면서 해계한다. 삼매인을 맺고 정수리 위에 안치하고 세 번 염송하며 성중께 바친다고 관상하며 예불하고 일어나 생각을 지키면서 경행한다. 대승의 방등경전을 염송하고 복덕을 일체 중생에게 회향하면 바람이 신속하게 원만해지고 마음으로 구하는 세간과 출세간의 실지가 성취된다. 左旋解界 結三昧印安於頂上 誦三遍 想奉送聖衆 禮佛而起隨意經行 讀誦大乘方廣經典 以福迴施一切衆生 願速圓滿 心所求 世間出世間悉地成就也"라 하였다. 〔참고문헌〕『毘盧遮那五字眞言修習儀軌』.

해계서 駭雞犀 닭을 놀라게 하는 무소뿔. 통천서(通天犀)라고도 한다. 아래 위 뚫린 형태로 천자의 띠를 장식한다. 『심부주』 권2(卍속장111, p.57a2)에 "해계서 베개는 사면 어디서 보아도 그 모습이 언제나 반듯하다. 정법으로 마음을 관찰하는 사람에게는 모든 것이 반듯하다. 마치 '삿된 사람이 정법을 관하면 정법도 따라서 삿되게 되고, 바른 사람이 삿된 법을 관하면 삿된 법도 따라서 반듯하게 된다'고 하는 말과 같다. 어떤 학인이 신풍의 양개화상에게 '무엇이 불법의 대의입니까?' 묻자 '해계서와 크게 같다'고 답하였다. 有駭鷄犀枕 四面觀之 其形常正 正法觀心之人 一切皆正 如云 邪人觀正法 正法亦隨邪 正人觀邪法 邪法亦隨正 有學人問新豐价和尙 如何是佛法大意 答云 大似駭鷄犀"라고 하였다. 〔참고문헌〕『心賦注』. ⇨동산해계서 洞山駭雞犀

해곡 海谷 1652~1726. 간성 건봉사(乾鳳寺) 스님. 휘는 처진(處珍), 호는 해곡이다. ⇨처진 處珍

해공수보리 解空須菩提 공을 깨우친 수보리. 수보리를 해공제일(解空第一)이라 한다. 『증일아함경』 권22 「수다품 須陀品」(대정장2, p.663a3)에 "과거세에 보시한 보에 따라 이 공덕 얻었도다. 이미 훌륭한 복전이었으니 공을 깨달은 수보리라네. 由本布施報 今獲此功德 已成良福田 解空須菩提"라고 하였다. 〔참고문헌〕『增壹阿含經』. ⇨해공제일 解空第一

해공제일 解空第一 공에 대한 이해로 으뜸이다. 부처님 십대제자 중 수보리(須菩提 Ⓢ Subhūti)의 별명. 『아라한구덕경』(대정장2, p.831c)에 "또한 성문이 늘 보시를 행하니, 능히 사라지지 않아 공을 깨우쳐 제일이 된다. 수보리비구가 그렇다. 復有聲聞 常行布施 而能不滅 解空第一 須菩提苾芻是", 『백론소』 「백론서소 百論序疏」(대정장42, p.232a11)에 "구마라집은 '진나라 사람 중 공에 대한 이해가 으뜸인 이는 승조가 바로 그 사람이다'라고 찬탄하였다. 什歎曰 秦人解空第一者 僧肇其人也라고 하였다. 〔참고문헌〕『阿羅漢具德經』, 『百論疏』. ⇨수보리 須菩提

해공지장경 海空智藏經 당(唐)대 도교에서 지어낸 경. 도사 여홍(黎興)과 방장(方長) 지음. 10권. 갖춘 이름은 『태상일승해공지장경 太上一乘海空智藏經』이고, 줄여서 『해공경』이라고도 한다. 『견정론』 권하(대정장52, p.569c12)에 "당 이후로 익주 도사 여홍과 예주의 도사 방장이 함께 『해공경』 10권을 지었다. 自唐以來 卽有益州道士黎興 澧州道士方長 共造海空經十卷"라고 하였다. 〔참고문헌〕『甄正論』. ⇨위경 僞經

해관 海觀 종욱(鍾郁 1884~1969)의 별호. ⇨종욱 鍾郁

해교진나 解憍陳那 오비구(五比丘) 중 한 사람인 아야교진여(阿若憍陳如 Ⓢ Ājñāta-Kauṇḍinya)를 말한다. ⇨해 解 **8**

해구 解鉤 발우를 묶은 수건의 매듭을 풀다. 『백장청규』 권6 「일용궤범 日用軌範」(대정장48, p.1144c21)에 "목어 울린 뒤에 길게 판소리 들리면 발우를 내려 몸에 가까이하고 바르게 놓는다. 그런 다음에 몸을 돌리되 또한 상견을 따라야 한다. 합장한 후에 발우를 잡고 한 손으로 매듭을 풀고 왼손으로 발우를 끈다. 몸을 돌려 바르게 하고 몸을 숙여 발우를 놓는다. 聞木魚後長板鳴 下鉢擡身 正起立定 然後轉身 亦要順上肩 合掌方取鉢 一手解鉤 左手提鉢 轉身令正 蹲身放鉢"라고 하였다. 〔참고문헌〕『百丈淸規』.

해궁 蟹宮 Ⓢ Karkaṭāka. 태장만다라 최외원에 머무는 존격. 십이궁(十二宮) 중 하나. 게자리에 해당한다. 종자는 (ka). 삼매야형은 궁전(宮殿). 존형은 흰색의 큰 게 모양이다. 수인

은 제요인(諸曜印). 진언은 '나마 사만타붓다남 카르카타카파타예 스바하 namaḥ samantabuddhānāṃ karkaṭākapataye svā

hā 널리 제불께 귀의합니다. 해궁의 주(主)여! 스바하'이다. 거해궁(巨蟹宮) 또는 방해궁(傍蟹)이라고도 한다. 황도의 유월에 해당된다. [참고문헌] 『曼荼羅図典』(大法輪閣, 2002).

해권 海權 1651~1715. 일본 황벽종(黃檗宗) 스님. 속성은 옹(翁)씨, 자는 대형(大衡). 뒤에는 해혜(海慧)라 불렸다. 본래 중국 흥화부(興化府)에서 허백성원(虛白性願)·광초홍선(廣超弘宣)·천지(千指)·천동위굉(天童慰宏) 등의 문하에서 공부하다가 1693년(원록6) 일본으로 건너가 장기(長崎)의 성수산숭복사(聖壽山崇福寺) 천태성안(千呆性侒) 문하로 들어가 다음 해 2월 15일 그 법을 이었다. 1715년(정덕5) 12월 28일 세수 65세로 입적했다. 『성수대형선사어록 聖壽大衡禪師語錄』 2권과 『성수대형선사창화집 聖壽大衡禪師唱和集』 1권이 전한다. [참고문헌] 『黃檗東渡僧寶傳』 권상.

해권론 解捲論 Ⓢ Hastavāla-prakaraṇa, Ⓣ Cha-has-kyi-yan-lag-ces-bya-ba'i-rab-tu-byed-pa. 진나보살(陳那菩薩 Ⓢ Dignāga) 지음. 진(陳)대 진제(眞諦) 한역. 1권. 당대 의정(義淨)이 한역한 『장중론 掌中論』과 동본이역이다. 손바닥 펴거나 주먹 쥐다의 뜻으로, 심식(心識)이 있어 펴고 거두지만 따로 체(體)라고는 없는 뜻을 밝혔다. [참고문헌] 『衆經目錄』 권1(대정장55, p.153c22), 『大唐內典錄』 권6(대정장55, p.295c23). ⇨ 장중론 掌中論

해남사 海南寺 충청남도 태안군 안면읍 정당리에 있던 절. 『사탑고적고』에 "부지 면적 약 1단보. 전면에 돌담과 와편이 잔존해 있으며, 더 이상의 유물은 없다. 서로 이어 전하기를 고승 무학(1327~1405)이 창건한 곳이라고도 한다. 敷地面積約 一反步 前面石垣及瓦片殘存 更無何等遺物 相傳高僧無學刱建處"라고 하였다. [참고문헌] 『寺塔古蹟考』, 『韓國寺刹全書』 권하 p.1137a6.

해녕 海寧 1606~1659. 황벽종(黃檗宗) 스님. 호는 무득(無得). 중국 복건성(福建省) 출신. 1628년(숭정1) 겨울 고산(鼓山)의 무이원래(無異元來) 문하로 출가하였고, 1630년(숭정3) 스승의 입적하자 황벽산(黃檗山)에 올라 밀운원오(密雲圓悟)를 친견한 다음 비은통용(費隱通容)·은원융기(隱元隆琦)의 가르침을 따랐다. 1640년(숭정13) 동안거 때 서당(西堂)이 소임을 맡았고, 1643년(숭정16)에는 광동성(廣東省) 조주(潮州)의 봉서사(鳳棲寺) 주지의 청을 받으면서 동시에 은원의 법을 이었다. 1650년(순치7) 가을에 복녕주(福寧州 : 福建省) 영덕현(寧德縣)의 옥상산용화사(玉象山龍華寺)에 주석하였다. 1659년(순치16) 세수 54세로 입적하였다. [참고문헌] 『禪燈世譜』 권6(卍속장147, p.609a4), 『檗宗譜略』 권상 「玉象山龍華寺無得寧禪師傳」.

해담 海曇 1862~1942. 근세 양산 통도사 스님. 휘는 치익(致益), 호는 해담(海曇), 자호(自號)는 증곡(曾谷)이니 스스로를 겸하하여 승(僧)도 속(俗)도 아니라는 뜻으로 증곡(曾谷)이라 하였다. ⇨ 치익 致益

해담당치익대사행록 海曇堂致益大師行錄 1862~1942. 해담스님의 행적을 기록한 행장. 1933년 스님 입적 전에 제자인 회당성환(晦堂性煥)이 써서 『증곡집』 권하(한불전12, pp.804c10~805b20)에 수록되어 있다. [참고문헌] 『曾谷集』 권하. ⇨ 치익 致益

해당비구 海幢比丘 Ⓢ Sāradhvaja. 선재동자(善財童子)가 참방한 오십삼선지식(五十三善知識) 중 여섯 번째로 만난 비구. 60권본 『화엄경』 권47(대정장9, p.697a9)에 "그때 선재는 한 마음으로 해당비구를 관찰하며 그의 삼매법문을 넘하고 불가사의보살경계도 사유하였다. … 이와 같이 뜻을 바르게 하여 관찰하기를 하루 밤낮을 하다가 칠일 밤낮에 이르고 반달과 한달에서 여섯 달 여섯 날까지 이르렀다. 이 시간을 지난 다음에야 해당비구는 삼매에서 일어났다. 爾時善財 一心觀察 海幢比丘 念彼三昧法門 思惟不可思議菩薩境界 … 如是正意觀察 一日一夜 乃至七日七夜 半月一月 乃至六月六日 過此以後 海幢比丘 從三昧起", 『화엄경탐현기』 권18(대정장35, p.460b7)에 "해당이라 하였으니, 고인이 이르길 '삼매 깊어 바다같고, 지혜 뛰어나 저 높이 펄럭이는 깃발같다'라고 하였고, 또 달리 '삼매에 든 몸이 유달리 뛰어나 저 장대라 하고, 업의 용이 번다하니 바다라 한다'고 풀기도 한다. 海幢者 古人云 定深如海 智勝若幢 又釋定身獨出名幢 業用繁多云海", 『화엄경소초』 권86(대정장36, p.672b26)에 "여섯 번째, 해당비구는 정심주에 의지하여 반야를 성취한다. 법성의 공을 깨달아 머무름도 없고 의지함도 없으며 삿됨도 없고 바름도 없기에, 칭찬과 비난을 들어도 진정하였으니 그 심념이 동요하지 않기 때문이다. 第六 海幢比丘 寄正心住 成就般若 了法性空 無住無依 無邪無正故 聞讚毁眞正 其心念不動故"라고 하였다. [참고문헌] 『華嚴經』, 『華嚴經探玄記』, 『華嚴經疏鈔』, *Gaṇḍ-vy. 76.* ⇨ 오십삼선지식 五十三善知識

해당비구찬 海幢比丘讚 해당비구에 대한 양걸(楊傑)의 찬. 총 55개 찬 가운데 여덟 번째 찬. 『원종문류』 권22 「대방광불화엄경입법계품찬 大方廣佛華嚴經入法界品讚」(卍속장103, p.832b10)에 "해당비구찬 : 해당이 가진 것 버려 보시의 문 열리고 보안의 광명 선재에게 비춘다. 찰찰마다 티끌마다로 변화할 뿐이어서, 다시 저

한 법도 밖의 끝에서 온 일이 없다. 海幢比丘讚 海幢捨得施門開 普眼光明示善財 刹刹塵塵諸變化 便無一法外邊來"라고 하였다. [참고문헌]『圓宗文類』.

해당사 海幢寺 중국 광동성(廣東省) 양성(羊城 : 廣州) 팔경(八景) 중 하나. 전하는 말로는 그 자리가 한조(漢朝) 천추사(千秋寺)의 옛터였는데, 청대인 1672년(강희11) 상가희(尙可喜)가 출자하여 천왕전을 짓고, 그 처는 대웅보전을 지으려는데 총독이 그들에게 두 전각과 후각을 짓도록 허락하였으며, 순무(巡撫) 유병권(劉秉權)은 산문을 지음으로써 전체 절의 범위가 그로 인하여 확대되었다고 한다. 경내에는 기이한 꽃과 나무가 많이 심어져 있다. 그중 응조수(鷹爪樹) 한 그루가 절의 귀중한 식물 중 하나이다. 별도로 태호석(太湖石)이라 불리는 괴석도 하나 있는데 돌 모양이 특이하여 운두우각(雲頭雨脚)과 맹호회두(猛虎回頭)라는 두 가지 자세가 보인다고 한다. 높이 2m 가량 되는 사대금강(四大金剛)은 이 절의 유명한 소상(塑像)이다.

해당아자무선사어록 海幢阿字無禪師語錄 청대 아자금무(阿字今無)의 어록. 상하 2권. 가흥장38, pp.253a11~282b27에 수록되어 있다. 금변(今辯) 중편(重編). 광주(廣州 : 廣東省) 해당사(海幢寺) 아자금무선사의 어록으로, 상권에는 상당(上堂)·보설(普說)·소참(小參)이 수록되어 있고, 하권에는 소참·다화(茶話)·송고(頌古)·서문(書問)·상찬(像讚)·불사(佛事) 등이 수록되어 있다. 권말에 고운경(古雲敬)이 쓴 「행장 行狀」이 붙어 있다. ⇨ 금무 今無

해덕 海德 바다의 덕. 『신화엄경론』 권2(대정장36, p.731c16)에 "저 큰 바다 온갖 것들 흘러 돌아간다. 모든 것 흘러든 다음에 따라 광대해져 모두가 다 바다의 덕을 함께 한다. 이 경 또한 그러하다. 만약 중생이 능히 믿고 들어간다면 여래성의 바다와 지혜의 바다 과덕과 같아지리라. 如大海衆流所歸 諸流入已 隨則廣大 皆同海德 此經亦爾 若有衆生能生信入者 則同如來性海智海果德"라고 하였다. [참고문헌]『海八德經』, 『新華嚴經論』. ⇨ 해팔덕경 海八德經

해도사유보살십종선법 海導師喩菩薩十種善法 바다의 길잡이(海導師)에 비유한 보살의 열 가지 선법. 『제개장보살소문경』 권12(대정장14, p.735c10)에 "첫째, 다른 이들의 믿음을 얻는다. 둘째, 남들에게 존경을 받는다. 셋째, 가리켜 능히 이끈다. 넷째, 다른 이들의 의지가 된다. 다섯째, 능히 목숨을 건진다. 여섯째, 자량을 잘 갖춘다. 일곱째, 재보가 풍부하다. 여덟째, 그쳐 족함이 없다. 아홉째, 능히 앞서 이끈다. 열째, 일체지의 성에 잘 도달한다. 어째서 남들에게 신임을 얻는 덕목에서 일체지의 성에 잘 도달하는 덕목까지라 하는가? 선남자여! 마치 바다의 길잡이를 왕이나 신하나 모두 신임하는 것과 같다. 보살로서 중생을 바른 길로 인도하는 대도사도 이와 같아서 모든 부처님들과 부처님의 성문제자들 모두 그를 신임한다. 一者 得他信許 二者 爲他所敬 三者 善作指引 四者 爲他依止 五者 能爲濟命 六者 善備資糧 七者 富有財寶 八者 無其止足 九者 爲作先導 十者 善到一切智城 云何是得他信許 乃至善到一切智城 善男子 如海導師 若王若王臣 皆悉信許 菩薩大導師 亦復如是 若諸佛若佛之聲聞弟子 皆悉信許"라고 하였다. [참고문헌]『除蓋障菩薩所問經』, 『大明三藏法數』 권30(영락장182, p.663a3).

해동 海東 당대 우리나라를 부르던 말. 『화엄경소』 권2(대정장35, p.510a20)에 "당대 초기에 해동의 원효 법사도 사교를 세웠다. 唐初海東元曉法師 亦立四敎", 『송고승전』 권4 「의상전 義湘傳」(대정장50, p.729c3)에 "해동의 화엄초조라 불릴 만하다. 號海東華嚴初祖也"라고 하였다. [참고문헌]『華嚴經疏』, 『宋高僧傳』.

해동 海棟 청(淸)대 임제종 스님. 법호는 법주(法柱). 속성은 진(陳)씨. 부친의 이름은 삼규(三桂), 모친은 조(趙)씨. 풍주(澧州 : 湖南 常德) 석문(石門) 출신. 장명성경(長明性炅)의 법을 이었다. 20세에 부모가 모두 돌아가자 유업(儒業)을 폐하고, 25세에 이르러 자리(慈利 : 湖南省 張家界) 칠성산(七星山)으로 가서 장명에게 삭발하고 3년을 참학한 후 사조인 영수진오(穎秀眞悟)의 좌하에서 구족계를 받았다. 스승 장명을 따라 법석을 옮겨 다니다가 장명이 진주(辰州 : 湖南 懷化) 포봉사(浦峰寺)의 주지가 되자 10여 년 시봉하였다. 장명에게 기별을 받고 제방을 역력하다가 1671년(강희10) 장명이 입적하자 포봉사로 돌아와 법석을 이어받고 20년 동안 대중을 이끌었다. 법을 전해 받은 문인으로는 혜승(慧昇)·혜거(慧渠)·해대(慧岱) 등이 있다. 『포봉장명경선사어록 浦峰長明炅禪師語錄』을 1권을 편집하였고, 자신의 법어가 담긴 『포봉법주동선사어록 浦峰法柱棟禪師語錄』 2권이 전한다. [참고문헌]『法柱海棟語錄』 권하 「行狀」(가흥장37, p.795c21). ⇨ 성경 性炅

해동 解冬 동안거(冬安居)동안의 결제(結制)를 풀다. 『백장청규증의기』 권8 「절랍장 節臘章」(卍속장111, p.830a15)에 "동안거를 시작하는 날은 시월 보름이고, 동안거를 푸는 날은 정월 보름이다. 이 석달 동안 오롯이 선나에 힘쓴다. 又結冬以十月望 解冬以正月望 以此三月 專務禪那"라고 하였다. [참고문헌]『百丈淸規證義記』. ⇨ 해하 解夏

해동고승전 海東高僧傳 각훈(覺訓) 지음. 고려 무신정권기인 1215년(고종2)에 찬술된 한국의 고승전. 우리나라 현존하는 자료 중 가장 오래된 고승전이다. 한불전 6 pp.89b1~101c2와 대정장50 pp.1015a23~1023a6에 전한다. 『법화영험전 法華靈驗傳』 권하 「현비구니신 顯比丘尼身」 말미(卍속장134, p.807b18 · 한불전 6, p.567a10)에 "『해동고승전』 제5에서 나옴. 出海東高僧傳第五"이라 한 것을 보아 적어도 5권 이상으로 구성되었을 것으로 짐작되지만 현재는 권1·2만이 전한다. 권1은 '유통일지일 流通一之一', 권2는 '유통일지이 流通一之二'라 하였다. 『해동고승전』에 입전된 인물은 권1에 순도(順道)·망명(亡名)·의연(義淵)·담시(曇始)·마라난타(摩羅難陀)·아도(阿道)·법공(法空)·법운(法雲)이고, 권2에는 각덕(覺德)·지명(智明)·원광(圓光)·안함(安含)·아리야발마(阿離耶跋摩)·혜업(慧業)·혜륜(慧輪)·현각(玄恪)·현유(玄遊)·현대범(玄大梵)이다. 한편 붙어 전한(附傳) 스님은 아도에게 흑호자(黑胡子 : 墨胡子)와 원표(元表)·현창(玄彰), 각덕에게는 명관(明觀), 지명에게는 담육(曇育), 원광에게는 원안(圓安), 안함에게는 호승(胡僧) 2인과 중국 스님(漢僧) 3인·담화(曇和)·안홍(安弘), 현각에게는 현조(玄照)와 이름을 알지 못하는(亡名) 2인, 현유에게는 승철(僧哲)이다. 권1 유통편 서두에 '논왈 論曰'로 시작되는 머리말 글이 있는데, "주에서 샘솟아 한에서 갈래짓고 진과 위에서 넓고 커졌으며 수당에서 흘러넘쳤으며 송에서 물결치더니 해동에는 깊이 스며들었다. 모두어 샘하면 부처님 입멸하신 후 지금 을해년(1215)까지 2164년이요, 불멸 후 1014년 후한에 들어 지금까지 1151년이며, 순도가 고구려에 들어온 지 지금까지 844년이다. 또한 길은 스스로 넓힐 수 없으니, 넓힌다면 사람을 말미암을 뿐이다. 그러므로 유통편을 지어 후대에 보이고자 함이다. 源乎周 派乎漢 汪洋於晋魏 汗漫於隋唐 波之於宋而淵泫於海東也 都算佛入滅至今乙亥二千一百六十四年 滅後第一千一十四年 入後漢 至今一千一百五十一年 自順道入句高麗 至今八百四十四年矣 且道不自弘 弘之由人 故著流通篇 以示于後"라고 하였다. 각각의 행장으로는 고구려·백제·신라에 불교를 전래한 인물과 수용한 자, 구법을 목적으로 중국 및 인도에 유학한 스님의 행적을 서술한 다음 마지막에는 '찬왈 贊曰'이라고 하여 예찬송을 붙였다. 권1 '논왈 論曰'에서 "그 옛날 양당송 고승전을 살펴보면 모두 '역경'편이 있지만 우리나라는 번역한 일이 없기에 이 과를 두지 않는다. 按古梁唐宋三高僧傳 皆有譯經 以我本朝無翻譯之事故 不存此科也"라고 하여 역경편이 아닌 유통편을 두었음을 말했고, 유통편 이후는 중국의 고승전 체재와 같이하면서도 의해(義解)·습선(習禪) 등의 10과(科)는 한국만의 독자적 구성이 있을 것으로 추정하기도 하며, 찬술시기인 고려 고종(高宗 재위 1213~1259) 대까지 인물의 행적이 담겼을 것이라고 본다. 또한 이름없는 스님들인 '망명 亡名' 조목마저 두어 그 자취를 남기고 있다. 사료를 이끄는 법은, 『법원주림 法苑珠林』이나 『대당서역구법고승전 大唐西域求法高僧傳』과 같이 널리 알려진 서적들은 출전은 밝히지 않는 반면, 그외의 출전을 비교적 자세히 밝히고 있다. 유통편의 '논왈 論曰'에서는 『법원주림』 혹은 『파사론 破邪論』·『불조통기 佛祖統紀』와 『대각국사외집 大覺國師外集』이 인용되었고, 고승들의 전기인 본문에서는 『삼국사기 三國史記』, 『양고승전 梁高僧傳』, 『당고승전 唐高僧傳』, 『송고승전 宋高僧傳』, 박인량(朴寅亮)의 『수이전 殊異傳』, 「자장전 慈藏傳」, 최치원(崔致遠)의 「의상전 義湘傳」, 의정(義淨)의 『대당서역구법고승전』, 고득상(高得相)의 시사(詩史), 「아도비 阿道碑」, 고기(古記) 등을 이끌어 왔다. 『해동고승전』은 『삼국유사 三國遺事』와 『법화영험전』에 인용되었고 1637년(인조15)에 저술된 김휴(金烋)의 『해동문헌총록 海東文獻總錄』에도 언급되고 있다. 그 후 언제부터인가 실전(失傳)되었다가 일제강점기에 해인사 주지였던 이회광(李晦光 1840~1911)이 경상북도 성주(星州) 어느 사찰에서 사본(寫本)으로 발견하였고 조선광문회(朝鮮廣文會)에 기증하여 전사(傳寫)되어 유포되었다. 그 외에도 일본인 천견륜태랑(淺見倫太郎)의 사본이 있는데, 이는 1914년 한남서림(翰南書林) 백두용(白斗鏞)에게서 매입한 후 1917년 도변창(渡邊彰)의 고초본(古鈔本)과 대교(對校)한 것이라고 한다. 현재 유통되고 있는 『해동고승전』은 조선광문회본과 천견본(淺見本)에 기초하고 있지만 두 본의 글자출입이 심하여 각각 다른 저본일 가능성도 남겨두고 있다. [참고문헌] 安啓賢 「覺訓 海東高僧傳(1215)」(『韓國을 움직인 古典百選』, 東亞日報社, 1978), 章輝玉 「海東高僧傳 解題」(『海東高僧傳 현대적 풀이와 주석』, 民族社, 1991). ⇨ 각훈 覺訓 [1], 고승전 高僧傳

해동금석원 海東金石苑 1832년(순조32)에 청(淸) 유희해(劉喜海)가 엮은 금석문 서첩. 4권 4책. 1881년(고종18)에 장덕용(張德容)이 쓴 발문이 있는 판본에는 신라·통일신라·고려 순으로 41편 중에 불교관련 금석문을 모았는데 석경·행장비·사적비·액제·종명 등 28편이 다수를 차지하며, 권1에 6편·권2에 6편·권3에 11편·권4에 5편 등이다. 「신라화엄경잔석 新羅華嚴經殘石」을 비롯하여, 신행(神行)부터 굉법(宏法)까지 신라 말 고려 초에 활동하였던 21명 선승들의 행장비와 「고려대자은현화사비명 高麗大慈恩玄化寺碑銘」·「신라백련사대자액 新羅白蓮社大字額」·「신라봉덕사종명 新羅奉德寺鐘銘」 등으로 사적(寺蹟)과 제액·종명 등 사물에 새겨 전하는 자취를 탁본해 모았다. 현재 한국학중앙연구원, 규장각한국학연구원, 성균관대학교존경각 등에 소장되어 있다.

해동문헌총록 海東文獻總錄 1637년(인조15) 11월에 김휴(金烋) 엮음. 필사본 1책. 고대부터 조선 인조대까지 우리나라와 중국에서 간행된 670여 종 도서를 모아 '논하거나 기술하여 지은이가 있으면 반드시 먼저 행적이 있고 이어 문장이 있게 된다. 論述作者 必須先行跡以後文章'라 하여 어제(御製)·제가시문집(諸家詩文集)·경사(經史) 및 제가잡저술(諸家雜著述) 등 23부로 편재되었다. 그중 불교문헌은 제가시문집에 원효(元曉)·의상(義相) 이래 사명유정(四溟惟政)까지 경론소·어록·법요·고승시문집 등의 형태로 54편이 실렸고, 제가잡저술에 6편이 수록되어 있다. 경론소로는 원효의 『화엄소 華嚴疏』·『삼매경소 三昧經疏』와 의상의 『법계도서 法界圖書』 및 함허(涵虛)의 『반야오가설의 般若五家說誼』·『현정론 顯正論』 등, 어록으로는 『원감국사어록 圓鑑國師語錄』·『태고어록 太古語錄』 등, 법요로는 『천지명양수륙재의찬요 天地冥陽水陸齋義纂要』 등, 고승시문집으로는 고려 천인(天因)의 『정명국사시집 靜明國師詩集』·조선 유정(惟政)의 『사명집 四溟集』 등이 수록되었다. 특히 신라 도선(道詵)의 『옥룡집 玉龍集』·고려 『식영암집 息影菴集』·조선 무학(無學)의 『계월헌인공음 溪月軒印空吟』 등 전하지 않는 문헌의 존재도 알 수 있게 한다. 또한 제가잡저술에는 이자현(李資玄)의 『선기어록 禪機語錄』 외 4편이 전하며, 김대문(金大問)의 『고승전』과 최이(崔怡)의 『제사원적 諸寺院籍』은 명록만 전한다. 필사본이 고려대도서관과 규장각한국학연구원 등에 소장되어 있다.

해동보살 海東菩薩 원효(元曉)를 높여 부르는 말. 『대각국사문집』 권16 「제분황사효성문 祭芬皇寺曉聖文」(한불전4, p.555a10)에 "유 ○년 ○월 ○일 구법사문 ○○는 삼가 다과로써 때 맞게 음식을 받들어 해동교주 원효보살님께 공양 올립니다. … 오직 우리 해동보살만이 성상을 아울러 밝히셨으니 그윽이 고금을 갈무리하시고 백가이쟁의 실마리들 고르게 하여 일대의 지극히 공명정대한 이론을 얻으셨습니다. 하물며 신통 헤아릴 수 없고 묘용 사유하기 어렵습니다. 티끌 비록 함께하시지만 그 진실 물듦이 없고, 빛 비록 어울리지만 그 바탕 변함 없으셨으니, 그 이름 중국과 인도에 떨치셨고 자비로운 교화는 저 지옥까지 밝게 하셨습니다. 찬양한다 하지만 진실로 그것을 헤아려 가늠하기는 어렵습니다. 維年月日 求法沙門某 謹以茶菓時食之奠 致供于海東敎主元曉菩薩 … 唯我海東菩薩 融明性相 隱括古今 和百家異諍之端 得一代至公之論 而況神通不測 妙用難思 塵雖同而不汚其眞 光雖和而不渝其體 令名所以振華梵 慈化所以被幽明 其在贊揚 固難擬議"라고 하였다. 〔참고문헌〕『大覺國師文集』. ⇨ 원효 元曉

해동불보 海東佛報 석전정호(石顚鼎鎬 1870~1948)가 간행한 불교잡지. 『조선불교월보 朝鮮佛教月報』의 후신으로, 대승불교현양을 목적으로 1913년 11월 20일에 창간하여 매달 한 호씩 1914년 6월 1일 제8호까지 간행하였다. 1915년 3월에 『조선불교진흥회월보 朝鮮佛教振興會月報』로 속간(續刊)하였다. 발간 규약(規約)에 "일(一), 본보(本報)는 대승불학(大乘佛學)을 천화(闡化)ᄒᆞ기로 종지(宗旨)함. 일(一), 본보는 순수(純粹)ᄒᆞᆫ 학리(學理)와 덕성(德性)을 공구계도(攻究啓導)를 요(要)ᄒᆞ고 절대적정치치담(絶對的政治侈談)과 시사득실(時事得失)은 불요(不要)홈"이라고 하였다. 제1호에 게재된 발간서(發刊序)는 예운산인(猊雲散人)이 썼다. 〔참고문헌〕『海東佛敎』(海東佛報社, 1914).

해동불조원류 海東佛祖源流 ➡ 서역중화해동불조원류 西域中華海東佛祖源流

해동사무외대사 海東四無畏大師 이엄(李嚴), 여엄(麗嚴), 경유(慶猷), 형미(迥微) 등 네 스님을 지칭하는 말이다. 이들은 모두 신라말에 당에 가서 운거도응(雲居道膺 ?~ 902)으로부터 법을 이어받고 귀국하여 각각 조동선풍(曹洞禪風)을 진작하였다. 진철대사(眞澈大師) 이엄(866~932)은 해주 수미산 광조사에서, 대경대사(大鏡大師 860~929) 여엄은 양평 보리사(菩提寺)에서, 법경대사(法鏡大師 871~921) 경유는 개풍(開豊) 오룡사(五龍寺)에서, 선각대사(先覺大師) 형미는 강진(康津) 무위사(無爲寺)에서 각각 선풍을 진작하다가 입적하였는데 이 스님들의 행적비가 현재 각기 그 절에 전한다. 〔참고문헌〕李智冠『校勘譯註歷代高僧碑文』 高麗篇 1. ⇨ 이엄 利嚴, 여엄 麗嚴, 경유 慶猷, 형미 迥微

해동석선탄사집 海東釋禪坦師集 고려후기 선탄(禪坦)의 시문집. 『동문선』에 「차보문사각상시운 次普門寺閣上詩韻」 등 시 7수와 강석덕(姜碩德 1395~1459)이 지은 「해동석선탄사시집서 海東釋禪坦師詩集序」만 전한다. 강석덕(姜碩德)의 서문(『동문선』94)에 "마침내 적어서 한 권으로 만들고 제목을 『해동석선탄사집』이라 하였다. 遂錄爲一卷 目之曰海東釋禪坦師集", 김휴(金烋 1597~1638)의 『해동문헌총록』「제가시문집 諸家詩文集」에 "『시격주』에 '선탄이 늘 관동을 유람하며 「명사십리 해당화 붉고, 흰 갈매기 쌍쌍이 날아 가랑비 내리듯 하네」라는 시를 지으니, 세상에서 소우선사라 하였다'. 詩格註曰 禪坦常遊關東 有詩云 鳴沙十里海棠紅 白鷗兩兩飛踈雨 世稱踈雨禪師", 이덕무(李德懋 1741~1793)

의 『청장관전서』 권35(한국문집총간258, p.66a20)에 "오직 고려 스님 선탄의 시 '명사십리해당홍 백구양양비소우'가 자못 맑고도 놀랍다. 惟高麗僧禪坦詩 明沙十里海棠紅 白鷗兩兩飛踈雨 頗淸警"라고 하였다. [참고문헌] 『東文選』, 『海東文獻總錄』, 『青莊館全書』. ⇨ 선탄 禪坦, 선탄집 禪坦集

해동유본현행록 海東有本現行錄 의천(義天 1055~1101)이 만든 『신편제종교장총록』의 다른 이름. 『해동현행록 海東現行錄』이라고도 불렸다. 『신편제종교장총록』은 외제(外題)이고 각 권의 맨 앞에는 각각 '해동유본현행록'이라 하였고, 3권으로 구성된 『신편제종교장총록』을 『해동유본현행록』 상중하로 구분하였다. 『성유식론술기서석』에 "의천 『해동현행록』. 義天海東現行錄"이라고 하였다. [참고문헌] 『新編諸宗教藏總錄』, 『成唯識論述記序釋』. ⇨ 신편제종교장총록 新編諸宗教藏總錄

해동전홍록 海東傳弘錄 진정국사 천책(天頙 1206~?) 지음. 『법화경』과 관련한 영험담을 기록한 책으로 전하지 않지만 『법화영험전』에 인용된 내용으로 『해동전홍록』의 내용을 짐작할 수 있다. 『법화영험전』에서 출처를 『해동전홍록』으로 전하는 내용은 권상의 「천제요경이입장〈정화택주〉 天帝邀經而入藏〈靜和宅主〉」, 「제친시통 帝親試通」과 권하의 「흑풍취기선방 黑風吹其船舫」, 「심경변산인지정서 深敬辯山人之精書」, 「감가최목백경회 堪歌崔牧伯慶會」, 「광명출어구각 光明出於口角」, 「함담생어설근 菡萏生於舌根」, 「보암도지혹강혹의 寶岩徒之或講或疑」 등이다. 『법화영험전』 권하 제16단에 기록된 「보암도지혹강혹의」 이후의 마지막 3편인 「연화원지약독약설 蓮華院之若讀若說」·「진금현서 珍禽顯瑞」·「망매고징 亡妹告徵」 또한 『해동전홍록』에서 출전했을 것으로 추정한다. 요원(了圓)이 지은 『법화영험전』 서문(한불전6, p.544a11)에 "『법화경』의 영험전으로는 당대 남곡 사문 혜상이 찬술한 『홍찬법화전』 10권, 송대 사명 사문 종효가 찬술한 『현응록』 4권이 있다. 또 우리나라(본조)에는 진정국사가 찬술한 『해동전홍록』 4권이 있다. 法華靈驗傳 有大唐藍谷沙門慧詳所撰弘贊傳十卷 大宋朝四明沙門宗曉所撰現應錄四卷 又有本朝眞淨國師所撰海東傳弘錄四卷"라고 하였다. [참고문헌] 『法華靈驗傳』. ⇨ 영험기 靈驗記, 천책 天頙

해동조계복암화상잡저 海東曹溪宓庵和尙雜著 수선사(修禪社)의 6대 사주인 원감국사(圓鑑國師) 충지(冲止 1226~1293)의 글을 모은 책. 간행연대는 알 수 없고 민영규(閔泳珪) 소장의 판본이 한불전11 pp.369a1~385b23에 수록되어 있다. 한불전의 편자가 작성한 목차에 의하면 표(表)·소(疏) 52편, 서답(書答) 12편으로 구성되어 있는데 서답에는 편지와 함께 제문(祭文)·원문(願文) 등이 있다. 『해동조계복암화상잡저』에는 원 황제에게 수선사의 토지를 돌려줄 것을 청하고 돌려받은 후 감사를 표한 「상대원황제표〈대본사작〉 上大元皇帝表〈代本社作〉」·「상대원황제사사복토전표 上大元皇帝謝賜復土田表」가 있어 충지의 국제적인 활동을 확인할 수 있는 자료이기도 하다. 또한 진명국사(眞明國師) 혼원(混元)을 위해 작성한 「충경왕사제문 冲鏡王師祭文」과 「천충경왕사소 薦冲鏡王師疏」 등을 포함하여 충지가 교류했던 스님 뿐만 아니라 관료, 그가 머물렀던 사원 등을 파악할 수 있다. 참고로 원감국사 충지의 또 다른 저서로는 『해동조계제육세원감국사가송 海東曹溪第六世圓鑑國師歌頌』이 전하고, 1297년(충렬왕23)에 쓰여진 「조계원감국사어록서 曹溪圓鑑國師語錄序」를 통해 그의 어록이 있었음을 유추할 수 있다. [참고문헌] 『海東曹溪宓庵和尙雜著』, 『韓國佛教全書』. ⇨ 충지 冲止

해동종 海東宗 고려시대에 존재했던 불교의 종파. 하천단(河千旦 ?~1259)이 작성하고 『동문선』 권27 제고(制誥)에 수록된 「해동종수좌관고 海東宗首座官誥」와 「해동종승통교서관고 海東宗僧統教書官誥」를 통해 고려시대 무신정권기에 해동종이 존재했음을 알 수 있다. 『동국이상국전집』 권25와 『동문선』 권67 기(記)에 수록된 이규보(李奎報 1168~1241)의 「왕륜사장륙금상영험수습기 王輪寺丈六金像靈驗收拾記」에 의하면 개경의 왕륜사가 해동종을 전법하는 사원이었다고 한다. 「해동종승통관고」에서는 원효(元曉)와 금강삼매(金剛三昧)를 언급하고 있어 해동종이 원효와 관련한 종파라고 이해되고 있다. 1919년에 이능화(李能和)가 지은 『해동조계제육세원감국사가송』(한불전6, p.370a7)의 중간서(重刊序)에는 "화쟁국사의 해동종은 잡화의 뜻이다. 和諍國師海東宗 是雜花之旨也"라고 하여 해동종을 화엄종류로 파악하기도 하였다. 한편 고려시대 불교 종파 중 하나인 분황종(芬皇宗) 또한 원효와 관련성이 큰 것을 근거로 김영수(金映遂)는 법성종(法性宗)이 곧 해동종이며 분황종이라고 하였고, 김영태(金煐泰)는 해동종과 분황종만이 관련되었다고 이해하였다. 이규보가 1225년(고종12)에 작성한 「왕륜사장륜금상영험수습기」에 의하면, "지금 도성의 북쪽에 왕륜사라는 절이 있는데 이곳은 해동종이 법륜을 항전하는 대가람이다. 절에는 비로자나 장륙 금상 하나가 있다. 들으니 옛날에 거빈과 교광이라는 두 비구가 금상을 주성하고자 함께 발원한 것이라고 한다. 今夫都城之北 有寺曰王輪 是海東宗恒轉法輪之大伽藍也 寺有毗盧遮那丈六金像一軀 聞昔有二比丘 曰巨貧曰皎光 同發願欲鑄成金像"라고 하였다. [참고문헌] 『東文選』, 『東國李相國全集』, 『海東曹溪第六世圓鑑國師歌頌』, 金映遂 「五教兩宗에 對하야」(『震檀學報』8, 19

37), 金煐泰『한국불교사』부록 : 한국불교의 종파 역사(경서원, 1997). ⇨ 분황종 芬皇宗, 왕륜사 王輪寺[2], 해동종수좌관고 海東宗首座官誥, 해동종승통교서관고 海東宗僧統教書官誥

해동종수좌관고 海東宗首座官誥 고려 무신정권기에 하천단(河千旦 ?~1259)이 지은 글. 해동종 스님으로 승계(僧階)가 삼중대사(三重大師)였던 이를 수좌(首座)로 승격시킨 문서다. 『동문선』 권27 제고(制誥)에 수록되어 있다. 관고에서는 "어떤 사람이 불교(浮屠)를 위하여 말하기를 출가함은 이에 장부의 일이라고 하였다. … 만일 자타를 같이 이롭게 하는 사람이 있다면 마땅히 포상을 더하여 그 영예를 달리해야 한다. 삼중대사 모(謀)는 … 오직 스님께서 세운 덕이 이미 크기에 짐이 소문을 듣고 오히려 기뻤다. 세상 사람들 평판 널리 거두어 같으니 특별히 수좌 자리의 실마리로서 영예롭게 보이게 함이다. 有人爲浮屠言 出家乃丈夫事 … 儻有自他之同利 宜加褒賞之異榮 三重大師某 … 惟師立德者旣大 肆朕聞風而尙嘉 廣收物議之同 特視席端之寵"라고 하였다. 〔참고문헌〕『東文選』. ⇨ 해동종 海東宗

해동종승통교서관고 海東宗僧統教書官誥 고려 무신정권기에 하천단(河千旦 ?~1259)이 지은, 해동종 스님을 승통(僧統)으로 임명하는 교서와 관고. 『동문선』 권27 제고(制誥)에 수록되어 있다. 관고에서 "적병이 지금까지 오지 않는 것은 실로 강석을 부지런히 한 소치이다. 況仇兵至今不來 實講席常勤所致"라고 하였으니, 이에 강석을 펴 기도함으로 외적의 침입 막기를 소망했음을 짐작할 수 있다. 교서에서는 "이름은 실을 드러내고 직은 덕을 표현하는 것이다. 그러므로 이 승가 모두가 바라는 바대로 가려서 스님들의 끝 간 데 없는 영예가 되게 함이다. 지금 승통의 고신 1통을 드리니 받으시길 바랍니다. 名以實旌 職由德表 所以採桑門之僉望 於焉領緇流之極榮 今賜僧統告身一通 至可領也"라고 하였으며, 관고에서는 "정법은 서쪽에서 오고 물결 동쪽을 적셨네. 연원이 넓어서 끝을 알 수 없는데 모순으로 서로 다툰 것이 여러 해다. 이에 원효(元曉)에 미쳐서는 신라대에 태어나 백가로 다른 다툼을 화해시키고 이문을 합하여 함께 돌아가게 하였으니, 진실로 그 남기신 꽃다움 이어 감이 있었다면 마땅히 높은 위계 더할 일이다. 해동종 수좌 ○○는 조사의 법기 전해서 인간의 복전 되셨고 일체인연 깨우치셨으니, 모두가 다생에 익혀 얻으신 금강삼매로서 부처의 성품 스스로 두렷하심일 뿐이다. 正法西來 餘波東浸 淵源浩不可知際 矛盾相爭者有年 爰及曉公 挺生羅代 和百家之異諍 合二門以同歸 苟有襲其遺芳 宜特加其峻級 海東宗首座某 傳祖法器 爲人福田 了知一切因緣 皆是多生熏習 得此金剛三昧 佛性自圓"라고 하였다. 〔참고문헌〕『東文選』. ⇨ 해동종 海東宗

해동천태시조 海東天台始祖 고려대에 천태종을 개창한 대각국사(大覺國師) 의천(義天 1055~1101)을 부르는 말. 숙종(肅宗 재위 1095~1105) 때에 국청사(國淸寺)를 창건하고 천태종을 개창한 공로를 인정하여 의천을 '해동천태시조'로 불렀다. 1131년(인종9) 천태종문도들에 의해 선봉사(僊鳳寺)에 세운 의천의 비명제액(題額)이 「남숭산선봉사해동천태시조대각국사지비명〈병서〉 南嵩山僊鳳寺海東天台始祖大覺國師之碑銘〈幷序〉」이다. 비명의 찬자인 임존(林存)은 비명 중에서도 '해동천태시조'인 대각국사의 비명을 작성한다고 서술하였고 음기도 '천태시조비음기 天台始祖碑陰記'라고 하였다. 〔참고문헌〕『大覺國師外集』, 李智冠『校勘譯註歷代高僧碑文』高麗篇3. ⇨ 의천 義天[1]

해동화엄시조부석존자찬 海東華嚴始祖浮石尊者讚 박인량(朴寅亮 ?~1096) 지음. 『원종문류』 권22 찬송잡문류(讚頌雜文類)에 수록되어 있고 『조선불교통사』 권하에도 재수록되었다. 신라 화엄종의 초조인 부석존자(浮石尊者) 의상(義相)의 덕을 찬한 글이다. 찬의 서문(한불전4, p.632a16)에 "그 남기신 꽃답고 아름다운 움직임들 대송사전(『송고승전』)과 삼한의 기록에 가득하다. … 역대고승은 모두 찬송을 두는데 애석하게도 부석 한 성인은 아직 사람들 찬한 것 없고, 오직 신라 한림학사 최공 치원이 「영유화상(의상)찬」 16구를 지었을 뿐이다. 그러나 이것은 거불산 석체사 스님이 능히 꿈 중에 드러난 일을 적어 미진하기에 부석의 남겨진 아름다움을 붓 들어 글로 짓고 곧 그 덕을 찬한다. 其遺芳餘美動 滿大宋史傳 三韓諺記 … 歷代高僧 皆有讚頌 惜哉 浮石一聖 未有人讚之 唯新羅翰林學士崔公致遠 有靈遊畵像讚十六句 然此以擧佛山石體寺僧能現夢中之事 述之似未盡 浮石之餘美 攬筆爲文 輒讚其德"라고 하였다. 총 144자로 구성된 찬문에는 의상이 종남산의 지엄(智儼)에게 입실한 일과 선묘(善妙)가 용으로 변해 부석사를 보호한 일, 의상이 십산(十山)에서 강의하여 십성(十聖)의 제자에게 전법한 일, 『화엄일승법계도 華嚴一乘法界圖』를 찬술한 일을 서술하고 있다. 〔참고문헌〕『圓宗文類』, 『朝鮮佛教通史』. ⇨ 의상 義湘, 의상선묘설화 義湘善妙說話, 의상십대제자 義湘十大弟子, 십찰 十刹[2]

해동화엄초조 海東華嚴初祖 의상(義湘)을 말한다. 『백화도량발원문약해』(한불전6, p.570c2)에 "고려조에 이르러 원교국사라는 시호로 추존하고 해동화엄초조로 삼았다. 至本朝追諡圓教國師 制爲海東華嚴初祖"라고 하였다. 〔참고문헌〕『白花道場發願文略解』. ⇨ 의상 義湘

해동화엄초조기신원문 海東華嚴初祖忌晨願文 최치원(崔致遠 857~?) 지음. 의천(義天 1055~1101)의 『원종문류』 권22 찬송잡문류(讚頌雜文類)(한불전4, pp.645b16~646a10)에 수록되어 있다. 성기(性起) 등이 신라 화엄종초조 의상(義湘)의 매년 열반일에 다례를 올리면서 발원한 글이다. 이에 "높은 산처럼 우러러 의지하였으니 어느 날에야 잊을 수 있겠습니까? 제자 성기 등은 비통함일랑 끊어 저 숨결 깊은 곳에 띄워놓고 입실의 감동만을 깊이 새겨 함께 사회를 만들어 법은에 보답하려고 합니다. 다례를 모시며 남기신 가르침 잊지 않겠습니다. 高山仰止 何日忘之 是以弟子性起等 悲切藏舟 感深入室 同成社會 用報法恩 每値忌晨 仰談遺教"라고 하였다. 〔참고문헌〕『圓宗文類』. ⇨ 의상 義湘

해등심 海等心 60가지 마음 중 하나. 대만심(大慢心)을 말한다. 『대일경』 권1(대정장18, p.3a25)에 "해등심이란 무엇인가? 항상 바다처럼 수용하여 스스로의 몸이 머물게 한다. 云何海等心 謂常如是受用自身而住", 『대일경소』 권2(대정장39, p.600a19)에 "해등심이란 항상 바다같이 자신을 수용하여 머문다 한다. 비유컨대 바다로 백천의 강을 받아 삼켜 끝이 없다. 이 마음 역시 그러하니 일체 뛰어난 일을 모두 자기에게 돌린다. 다른 사람 싫어하여 견줄 이 있을 수 없다고 하여 자신이 항상 이처럼 많은 장점을 가졌다고 여기고 스스로 수용하여 머문다. 앞의 마음을 높이기만 애써서 이 마음을 넓힌다고 집착한다. 그러므로 바다와 같이 한다고 하는 것이다. 행자는 이 마음을 알아차리고 마땅히 삼현십성과 같은 무량한 대공덕의 바다 점차 깊고 넓어진다고 기억하면서 자신의 마음이 일찍이 그것의 티끌이나 물방울도 되지 못한다고 스스로 다스려서 대만심을 일으키지 않아야 한다. 云何海等心 謂常如是受用自身而住者 譬如大海百川歸之呑納無限 此心亦爾 於一切勝事 皆歸之於己 謂嫌餘人無有比者 常自持如是衆多所長 自受用此而住 前心務高此心務廣 故云與海等同也 行者覺知已 當念三賢十聖等 無量大功德海 展轉深廣 自剋心行曾未得其塵渧 不應起大慢之心也"라고 하였다. 〔참고문헌〕『大日經』, 『大日經疏』. ⇨ 육십심 六十心

해라 該羅 꾸려 펴다. 『무량수경』 권하(대정장12, p.274a13)에 "의심의 그물 결정해 끊고 지혜 마음에서 나오게 해서 부처님의 교법에 꾸려 다해서 밖이 없게 한다. 決斷疑網 慧由心出 於佛教法 該羅無外", 『무량수경의소』(대정장37, p.123a18)에 "해라라 하였으니, 해라는 말과 라라는 말은 거두다의 뜻이다. 불법은 너무 넓어서 만 가지 법으로 덮어 다하지 못함을 분명하게 풀이한 대목이다. 該羅者 該之言及羅之言攝 明解佛法弘廣萬法無蓋盡也", 『마하지관』 권4상(대정장46, p.35c18)에 "종횡으로 꾸려 펴서 십관을 모두 갖춘다. 橫竪該羅十觀具足"라고 하였다. 〔참고문헌〕『無量壽經』, 『無量壽經義疏』, 『摩訶止觀』. ⇨ 해 該

해로절해로 解路絶解路 해로로 해로를 끊다. 『무이원래광록』 권23(卍속장125, p.289a10)에 "대개 천태교는 온전히 갈등으로 갈등을 쓸어버리고, 해로로 해로를 끊는다. 蓋台教全以葛藤掃葛藤 以解路絶解路"라고 하였다. 〔참고문헌〕『無異元來廣錄』.

해롱사사 解弄死蛇 죽은 뱀 풀어 놀게 하다. 『요암청욕어록』 권6「송달시자 送達侍者」(卍속장123, p.710b13)에 "통째로 이 몸 놓아 버려봄이 어떤가? 죽은 뱀 풀어 놀게 하면 마침내 살아나리라. 全身放下看如何 解弄死蛇終是活"라고 하였다. 〔참고문헌〕『了菴淸欲語錄』.

해료무상리 解了無常利 영원한 것 없음을 깨우쳐 마쳐서 얻는 이익. 네 가지 문교승리(聞敎勝利) 중 하나다. 원측(圓測)의 『해심밀경소』 권4(한불전1, p.253c5)에 "저 이것을 들어 마쳐서는 능히 일체 연으로 나서 행하는 것들 중에서 분에 따라 깨우쳐 안다. 늘 그렇게 있지도 어디에나 있지도 않아서 안온할 수 없고 변하여 무너지는 법임을. 彼聞是已 能於一切緣生行中 隨分解了 無常無恒 是不安隱 變壞法已", "〔석〕 이것은 세 번째 가르침 듣는 뛰어난 이익이다. 네 가지 승리이니 네 가지로 나눈다. 첫째 해료무상리다. … 즉 세존께서는 '무명을 인연하여 행이 있으며 나아가 노사가 있으니, 자재천 등으로부터 생긴 것이 아니다'라고 하셨다. 이것에 의하여 유정중생들은 분에 따라 이해해 마친다. 일체제법은 무상무항하며 무상하기에 안온하지 못하니, 저 열반과 같지 않으니 생멸을 여의어야 안주라 할 수 있다. 釋曰 此卽第三聞敎勝利 四種勝利 卽分爲四 一 解了無常利 … 謂世尊說 從無明緣行 乃至老死 不從自在天等所生 由斯有情 隨分解了 一切諸法 無常無恒 是無常故 卽不安穩 非如涅槃 離生滅故 卽是安住"라고 하였다. 〔참고문헌〕『解深密經疏』, 『解深密經』 권2(대정장16, p.694c17). ⇨ 문교승리 聞教勝利

해료불해료 解了不解了 Ⓢ avagamana-anavagamana. 견도(見道)와 수도(修道)에 장애가 되는 일곱 가지 문(門) 중 하나. 알 것 같기도 하고 알지 못하기도 하는 의(疑)를 말한다. 『유가사지론』 권8(대정장30, p.314a20 : *Yogā-bh.*, p.161)에 "일곱 가지 문 때문에 일체 번뇌는 견도와 수도에 장애가 됨을 알아야 한다. 즉 삿되게 알아 마쳤기 때문이고, 이해하지 못하고 알았다 하기 때문이고, 이해하는 듯 이해하지 못하는 듯 의심하기 때문이고, 삿된 이해에 미해 붙들리기 때문이고, 저 인을 의처로 하기 때문이고, 저 두려움에서 일어나기 때문이고, 멋대로 현행하기 때문이다. 由七門 一切煩惱 於見及修能爲障礙 應知 謂邪解了故 不解了故 解了不解了故 邪解了迷執故 彼因依處故 彼怖所生故 任運現行故 api khalu saptabhir mukhaiḥ sarvakleśā darśanabhāvanāvibandhakarā āvaraṇabhūtā veditavyāḥ. tadyathā mithyāvagamanataḥ anavagamanataḥ avagamānavagamanataḥ mithyāvagamapratipattitaḥ tannidānapadasthānataḥ taduttrāsasaṃjananataḥ nisargasamudācārataś ca", 『유가론기』 권2(대정장42, p.354a20 · 한불전13, p.142a4)에 "의심이 해료불해료이다. 疑是解了不解了"라고 하였다. [참고문헌] 『瑜伽師地論』, 『瑜伽論記』, *Yogā-bh.46.*, *DN.3.215.*, *MN.3.63.* ⇨ 의 疑 ❶

해룡사 海龍寺 경기도 동두천시 탑동동 해룡산에 있던 절. 안국사(安國寺)로도 불렸다. 『범우고』 경기도 포천에 "해룡사〈해룡산 감지 주변에 있었다. 혹은 안국사로 불렀는데 지금은 폐사되었다〉. 海龍寺〈在海龍山鑑池傍 或稱安國寺 今廢〉", 『세종실록』 권148 지리지(地理志) 양주도호부(楊州都護府) 포천현에 "해룡산〈현 서쪽에 있다. 산 위에 감지가 있는데, 가물 때 비를 빌면 가끔 효험이 있다. 곁에 해룡사가 있는데, 이로 인하여 산 이름을 지었다. 세간에는 '군마가 산 위를 마구 밟고 다녔는데, 비가 오지 않으면 어두워진다'고 전한다〉. 海龍山〈在縣西 山上有鑑池 旱則禱雨 往往有驗 旁有海龍寺 因是名山 俗傳有軍馬蹦踏山上 非雨則陰〉"이라고 하였다. [참고문헌] 『世宗實錄』, 『梵宇攷』, 『韓國寺刹全書』 권하 p.1137a10. ⇨ 안국사 安國寺 ❸

해룡왕 海龍王 Ⓢ Sāgara-nāga-rāja, Ⓣ rGya-mtsho'i klu. 바다에 사는 용왕. 『대승입능가경』 권1(대정장16, p.587b22 : *Laṅk.*, p.2)에 "그때 세존께서 해룡왕의 궁전에서 설법하시고 이레가 지나 바다에서 나오시자 무량억의 범석천과 호세천 그리고 모든 천룡들이 부처님을 받들어 영접하였다. 爾時 世尊 於海龍王宮說法 過七日已 從大海出 有無量億 梵釋護世 諸天龍等 奉迎於佛 tena khalu punaḥ samayena bhagavān sāgaranāgarājabhavanāt saptāhenottīrṇa 'bhūt. anekaśakrabrahmanāgakanyākoṭibhiḥ pratyudgamyamāno"라고 하였다. [참고문헌] 『大乘入楞伽經』, *Laṅk.* ⇨ 사가라 娑伽羅

해룡왕경 海龍王經 Ⓢ Sāgara-nāga-rāja-paripṛcchā, Ⓣ kLu'i-rgyal-po-rgya-mtshos-zhus-pa. 서진(西晉)대 축법호(竺法護) 한역. 4권. 대정장15, pp.131c8~157b3, No.598에 수록되어 있다. 부처님께서 왕사성(王舍城)의 영취산(靈鷲山)에 계실 때 해룡왕에게 육바라밀과 십덕(十德) 등의 보살법을 설하셨고, 연거아수륜(燕居阿須倫) · 무분용왕(無焚龍王) · 여보금(女寶錦) 등에게 기별(記莂)을 주셨으며, 여인과 용왕 · 아수라 등도 모두 성불하리라고 말씀하신 경이다. 모두 20품으로 구성되어 있다. 동진(東晉)대 혜원(慧遠)이 이 경을 읽었더니 연못에서 거대한 뱀이 허공으로 솟구쳐 비를 내리는 일이 전해진 이래로 비를 기원하는 기도를 올릴 때 많이 염송한다. [참고문헌] 『梁高僧傳』 권6 「慧遠傳」(대정장50, p.358a26), 『出三藏記集』 권2(대정장55, p.7b24), 『開元釋敎錄』 권2(대정장55, p.494c10).

해룡왕녀 海龍王女 해룡왕의 딸. 이름은 보금(寶錦)이고, 뛰어난 지혜로 항상 가섭존자(迦葉尊者)와 대승의 깊은 이치를 문답하여 부처님의 칭찬을 받고 성불하리라는 수기도 받았다. 『해룡왕경』 권3 「여금보수결품 女寶錦受決品」(대정장15, p.149b21)에 전한다. [참고문헌] 『海龍王經』.

해룡왕사 海龍王寺 위치 미상. 『삼국유사』 권3(대정장49, p.993a28 · 한불전6, p.325a17) 탑상(塔像)4 전후소장사리(前後所藏舍利)에 "신라말 보요선사가 두 번이나 오월에 이르러 대장경을 가져오니 곧 해룡왕사의 개산조이다. 羅末 普耀禪師再至吳越 載大藏経來 卽海龍王寺開山祖也", 『태조실록』 권9 5년(1396) 4월 17일에 "포주의 해룡왕사와 강음의 천신사에도 비 오기를 기도해 재를 베풀었다. 於抱州 海龍王寺 江陰 天神寺 設齋以祈雨"라고 하였다. [참고문헌] 『三國遺事』, 『太祖實錄』, 『韓國寺刹全書』 권하 p.1137a11.

해륜사 海輪寺 제주특별자치도 용담동 독포구에 있던 절. 서자복사(西資福寺)라고도 불렸다. 『동국여지승람』 권38 전라도 제주목 불우에 "해륜사〈서자복이라고도 한다. 주의 서쪽 독포 입구에 있다〉. 海輪寺〈一名西資福 在州西獨浦口〉", 『동국여지지』 권5상 전라도 제주목에 "해륜사〈주의 서쪽 대옹포 입구에 있다〉. 海輪寺〈在州西大甕浦口〉", 『대동지지』 권12 전라도 제주에 "옹포〈독포라고도 한다. (주의) 서쪽 팔십리에서 동남쪽에 월계사 옛 터가 있고 포구에 해륜사가 있다〉. 甕浦〈一云獨浦 西八十里 東南有月溪寺古址 浦口有海輪寺〉"라고 하였는데, 『범우고』 전라도 제주에는 "지금은 폐사되었다. 今廢"라고 하였다. 그외의 연혁은 전하지 않는다. [참고문헌] 『東國輿地勝覽』, 『東國輿地誌』, 『大東地志』, 『梵宇攷』, 『韓國寺刹全書』 권하 p.1137b2. ⇨ 서자복사 西資福寺 ❶

해리 奚哩 Ⓢ hrīḥ의 음사어. 실담자 . 진언의 종자(種子) 중 하나. [참고문헌] 『金剛頂略出念誦經』(대정장18, p.225c4).

해린 海麟 984~1067. 고려전기 법상(法相 : 瑜伽)에 밝았던 스님. 휘는 해린(海麟·海潾·海鱗), 자는 거룡(巨龍), 어릴 때의 이름은 수몽(水夢), 시호는 지광국사(智光國師), 탑호는 현묘(玄妙), 속성은 원(元)씨, 본관은 원주(原州), 아버지의 휘는 휴(休)이고 어머니는 이씨 부인인데, 바닷물이 맑게 출렁이고 샘에서 물이 솟아 넘치는 태몽을 꾼 다음 984년(성종3) 12월 그믐날(晦日)에 원주에서 태어났다. 7세 때 이수겸(李守謙) 문하에서 수학하였는데, 선생이 찬탄하되 '나는 너에게 더 가르칠 것이 없으니 다른 선생을 찾아라'고 권했다. 그 때 관상을 잘 보는 노파가 있어 관상과 수상을 보고 만약 출가하여 스님이 되면 세상에 가장 존귀한 사람이 될 것이라고 예언했다. 이 말을 들은 스님은 공맹(孔孟)의 도와 노장(老莊)의 사상이 모두 하찮케 여겨지고 오로지 출가하여 불교를 깨우치길 간절히 바랐다. 어릴 때 원주 명봉산(鳴鳳山) 법천사(法泉寺)로 찾아가 관웅(寬雄)스님을 모시고 공부하다가 관웅이 개성 해안사(海安寺) 조실로 있는 준광(俊光)스님에게로 보내어 그를 은사로 하여 스님이 되었다. 코끼리의 무게를 헤아릴 칭상지년(秤象之年 : 5~6세 때)에 이미 유서를 배울 만큼 배웠고, 까마귀를 쫓을 줄 아는 구오사미(驅烏沙彌 : 14세) 때에는 내전인 모든 경론을 독파하였다. 999년(목종2) 4월 16세 때 개성(開城) 탄현문(炭峴門) 밖 귀법사(歸法寺)의 옛 터 곁에 있었던 용흥사(龍興寺) 계단에서 비구계를 받았으며, 1004년(목종7) 개성 왕륜사(王輪寺)에서 담경(談經)으로 대선법계(大選法階)에 합격하였고, 통화연중(統和年中 983~1011)에는 강진홍도(講眞弘道)라는 법호도 받았으며, 1013년(현종4) 29세 때는 개성 숭교사(崇敎寺)를 창건할 때 감독책임을 맡았던 인연으로 그 절이 준공되자 초대 주지가 되었다. 1014년(현종5)에는 대사(大師)의 법계에 올랐고, 1017년(현종8) 34세 때는 명요돈오(明了頓悟)라는 칭호(稱號)를 받았다. 1021년(현종12) 평양(鎬京) 중흥사(重興寺)에서 강설 법회를 가졌으며, 태평년간(太平年間 1021~1030)에는 계정고묘응각(戒正高妙應覺)이라는 존호와 함께 중대사(重大師)의 법계를 받고, 이어 개성 수다사(水多師) 주지가 되었다가 1030년(현종21)에는 왕명으로 해안사 주지로 옮겼다. 제9대 덕종(德宗)이 크게 존경한 나머지 3중대사의 법계와 탐현도원(探玄道源)이라는 호와 마납가사(磨納袈裟) 한 벌을 바치고 얼마되지 않아 곧 수좌(首座)의 법계를 올렸다. 중희년중(重熙年中 1032~1055)에는 통제연오법동(通濟淵奧法棟)이라는 호를 바쳤으며, 1045년(정종11)에는 승통(僧統) 법계를 제수 받았다. 문종이 즉위하여 스님으로 하여금 임궁(琳宮 : 王宮)으로 초청하여 유심(唯心)의 묘의(妙義)를 강설토록 하였을 때, 승속을 불문하고 존경하지 않는 이가 없었다. 이 때 문하시중 중서령(門下侍中 中書令)이며, 문종의 장인(聘父)인 이자연(李子淵)이 11세 되는 그의 다섯째 아들을 스님에게 맡겨 출가시켰으니 그가 바로 전주 금산사 주지를 지낸 혜덕왕사소현(慧德王師韶顯)이다. 1054년(문종8) 8월 혜소대사정현(慧紹大師鼎賢)의 뒤를 이어 개풍 현화사(玄化寺) 주지가 되어 건물 등을 일신 중수하였다. 1056년(문종10) 11월 10일 제석원(帝釋院)으로 왕이 직접 행차하여 예를 갖추어 왕사로 추대하였고, 75세가 되던 1058년(문종12) 5월 1일부터 국사로 책봉코자 세 차례나 친서로 청하였으나 불응하므로 부득이 그 달 19일 왕이 친히 개성 봉은사(奉恩寺)로 행차하여 불전에서 예를 갖추고 책봉식을 가졌다. 이 때 궐위(闕位)된 왕사에는 영통사 주지 난원(爛圓 : 훗날 景德國師가 되었다)스님을 왕사로 책봉하여 후임 자리를 메웠다. 1059년 10월 8일 궁중에서 백고좌회(百高座會)를 가질 때 제1설주(第一說主)가 되었다. 1067년(문종21) 2월 원주 법천사로 돌아와 주석하다가 그 해 9월 22일 현화사에서 왕이 특별히 베푼 승재(僧齋)에 참석하고 돌아와 같은 해 10월 23일 법천사에서 세수 84, 법랍 72세를 일기로 입적하였다. 11월 9일 법천사 동쪽 산에서 화장하였다. 제자에는 수좌(首座)인 법령(法靈)과 삼중대사인 소현(韶顯 : 훗날 慧德王師가 되었다) 등 무려 1,370명이나 된다. 정유산(鄭惟産)이 왕명에 의해 비문을 짓고, 안민후(安民厚)가 조칙을 받들어 써서 1085년(선종2)강원도 원주군 부론면 법천리 법천사에 탑과 비를 세웠는데, 비는 국보 제59호로서 전체 높이는 455cm, 비신 높이는 295cm, 너비는 141cm이고, 탑의 이름은 현묘탑(玄妙塔)인데 국보 제101호로서 높이는 610cm, 팔각원당형(八角圓堂形)으로 기단부는 7층의 석재 각부에 가득히 조각이 장식되어 국내의 탑 중 가장 정교한 예술품이며 성보로 평가받고 있다. 비석은 본 위치인 법천사에 현존하고, 탑은 일제강점기 서울 경복궁 뜰로 옮겼으나 1950년 6·25전쟁 때 큰 피해를 당했던 것을 1957년 국가에서 보수하였고, 2005년 국립중앙박물관이 용산으로 이전할 때에도 경복궁 뜰에 남았다가, 2016년 국립문화재연구소로 옮겨져 보존처리되어 2024년 말쯤 법천사지로 회귀할 예정이다. [참고문헌]『高麗史』 권7, 文宗 10年(1056) 11月 10日(壬午日)·12年(1058) 5月 19日 (戊子日)條,『朝鮮金石總覽』 권상 pp.283~291,『海東金石苑』 권6(韓國金石文全書第二卷, p.419·438, 亞細文化社, 1981),『韓國金石全文』 中世上 pp.517~526, 李智冠『校勘譯註歷代高僧碑文』 高麗篇2 pp.348~395,『朝鮮佛敎通史』 권상 p.227·228. ⇨ 지광 智光 ❷

해림사 海臨寺 ❶ 전라남도에 있던 절. 백광훈(百光勳 1537~1582)의『옥봉집』 옥봉시집(玉峯詩集) 상 오언절구(五言絶句)에 「해림사 차석천선생〈임억령〉 海臨寺 次石川先生〈林億齡〉」, 같은 책 칠언절구(七言絶句)에 「해림사증정인사 海臨寺贈正仁師」, 옥봉별집(玉峯別集) 시(詩)에 「해림사 제수상인방 海臨寺 題修上人房」 등이 실려 있다. 〔참고문헌〕『玉峯集』(韓國文集叢刊47, p.103b2·116a10·144b1. **2** 제주도 제주시 용담동(龍潭洞)에 있던 절. 『사탑고적고』에는 "석불 1위가 있는데 높이는 12척으로, 만수사 옛 터에 있는 것과 같은 모양이다. 有石佛一基 高十二尺 與萬壽寺遺址所在者同型"라고 하였다. 〔참고문헌〕『寺塔古蹟攷』, 『韓國寺刹全書』 권하 p.1137b6. **3** 황해도 장연군 불타산에 있던 절. 해림사(海林寺)라고도 한다. 『동국여지승람』 권43 황해도 장연현 불우에 "해림사〈모두 불타산에 있다〉. 海林寺〈俱在佛陀山〉", 『여지도서』 황해도 장연부(長淵府) 사찰에 "해림사〈부의 남쪽 사십리 오이선방 불타산 남쪽 기슭에 있다. 이전에는 큰 바다 근처에 있었기에 (해림이라고) 이름하였다〉. 海臨寺〈在府南四十里 朽夷船坊佛陀山南麓 而前臨大海故名焉〉"라고 하였는데, 『범우고』 황해도 장연에는 "지금은 폐사되었다. 今廢"라고 하였다. 그외의 연혁은 전하지 않는다. 〔참고문헌〕『東國輿地勝覽』, 『輿地圖書』, 『梵宇攷』, 『韓國寺刹全書』 권하 p.1137b8·1137b4.

해마달라 奚麽怛羅 Ⓢhemātra, Ⓣgar-gzhal. 큰 수(數)의 단위. 80권본 『화엄경』 권45(대정장10, p.237c21)에 "나마달라(Ⓢnamātra)와 나마달라를 곱하면 하나의 해마달라가 되고 해마달라와 해마달라를 곱하면 하나의 비마달라(Ⓢvemātra)가 된다. 那麽怛羅那麽怛羅爲一奚麽怛羅 奚麽怛羅奚麽怛羅爲一鞞麽怛羅"라고 하였다. 〔참고문헌〕『華嚴經』, *Mvyut.246.*

해마도안 揩磨道眼 도의 눈 씻고 갈다. 나아갈 길 보는 눈 밝히고 정진하는 뜻이다. 『법집별행록절요』(한불전4, p.758a22)에 "늘 떨쳐 일어나라. 늘 깨어 있어라. 도안을 갈고 닦아 하나의 티끌도 받지 않음을 기본으로 삼아라. 時時提撕 時時擧覺 揩磨道眼 不受一塵 而爲基本"라고 하였다. 〔참고문헌〕『法集別行錄節要』.

해마사 醯摩闍 석가모니부처님 재세시 비구니. 『증일아함경』 권3(대정장2, p.559a11)에 "얼굴빛이 단정하고 사람들의 사랑과 존경받았으니 해마사 비구니다. 顔色端正 人所愛敬 所謂醯摩闍比丘尼是", 『번범어』 권3(대정장54, p.1001c5)에 "해마사〈해마사라고 해야 한다. 번역해 '눈에서 나다'라고 한다〉. 醯摩闍〈應云醯摩闍 譯曰雪生〉"라고 하였다. 〔참고문헌〕『增壹阿含經』, 『翻梵語』.

해만계 懈慢界 게으르고 만한 이들의 세계. 해만국(懈慢國)·해만변지(懈慢邊地)라고도 한다. 『보살처태경』 권3(대정장12, p.1028a13)에 "이 염부제에서 서쪽으로 12억 나유타 거리에 해만계가 있다. 쾌락이 넘치는 국토로 광대들이 노래하고 춤춘다. … 나중에야 뜻을 낸 중생이 아미타불국토에 왕생하고자 하여도 모두 해만국토에 물들고 붙들려 앞으로 나아가 아미타불의 국토에 왕생할 수 없다. 西方去此閻浮提 十二億那由他 有懈慢界 國土快樂 作倡伎樂 … 後發意衆生 欲生阿彌陀佛國者 皆染著懈慢國土 不能前進 生阿彌陀佛國"라고 하였다. 〔참고문헌〕『菩薩處胎經』.

해만성불 解滿成佛 사만성불(四滿成佛) 중 하나로 법성 깊이 이해해 차올라서 부처가 되다. 『법화경과습』 권4(卍속장93, p.292b5)에 "듣지 못했던 것 듣고 깨우쳐 차오르면 성불하는 일을 '득'이라 하고, 부처님처럼 알고 부처님처럼 보아 분별로 법에 대한 애착으로 막힘 없음을 '정'이라 한다. 聞所未聞 解滿成佛 曰得 佛知佛見 不爲分別法愛所障 曰淨", 『대명삼장법수』 권9(영락장181, p.715b5)에 "두 번째, 해만성불 : 해행지에 의지하여 법성을 깊이 이해한 다음 짓고 만듦이 없다. 생사라는 상도 일으키지 않고 열반이라는 상도 일으키지 않으며, 마음에 두려움도 없고 기쁨도 없으니, 이를 해만성불이라 한다〈해행이라는 말에서 해는 알아 마친 뜻이고 행은 닦아야 할 행이다〉. 二 解滿成佛 謂依解行地 深解法性 無造無作 不起生死想 不起涅槃想 心無所怖 亦無所欣 是爲解滿成佛〈解行者 解卽解了 行卽所脩之行也〉"라고 하였다. 〔참고문헌〕『法華經科拾』, 『大明三藏法數』. ⇨ 사만성불 四滿成佛, 만성불 滿成佛

해말 海沫 오약(五藥) 중 하나로 안약(眼藥)의 일종이다. 『대방등대집경』 권44 「삼귀제룡품 三歸濟龍品」(대정장13, p.290c24)에 감초(甘草)·아리륵(呵梨勒)·아마라(阿摩羅)·비혜라(毘醯羅)와 함께 제시되어 있고, 『관세음보살여의마니다라니경』(대정장20, p.201b14)에 "그때 관세음보살이 모든 중생에게 이익을 주고자 다시 최상으로 성취하는 안약에 관한 법을 설하였다. 그것을 쓰는 사람이라면 곧바로 뜻을 성취할 것이 분명하여 의심의 여지가 없다. 마나질라 … 해말〈바다에 떠오르는 돌이라고도 한다〉 … 등이다. 爾時 觀世音菩薩 爲利益一切衆生故 復說眼藥之法 成就最上 若有用者 卽得成就 決定無疑 摩那叱羅 … 海沫〈一名海浮石〉"라고 하였다. 〔참고문헌〕『大方等大集經』, 『觀世音菩薩如意摩尼陀羅尼經』, 『陀羅尼雜集』 권10(대정장21, p.637a3).

해맥 海脈 1652~1717. 일본 황벽종(黃檗宗) 스님. 속성은 허(許)씨. 자는 영원(靈源). 복주(福州 : 福建省) 연강현(連江縣) 출신. 출가한 후 1688년(원록1) 7월 일본으로 건너가 장기(長崎)에 머물다가 다음 해 천보성안(千呆性侒)의 기별(記莂)을 받았다. 1716년(형보1) 8월 만복사(萬福寺) 9세 주지로 있다가 다음 해에 은퇴했다. 1717년(형보2) 5월 18일 세수 66세로 입적하였다. [참고문헌]『黃檗譜略』, 『黃檗東渡僧寶傳』권상.

해명 海明 1597~1666. 명대 임제종(臨濟宗) 스님. 속성은 건(蹇)씨. 서촉(西蜀 : 四川省) 출신. 통명(通明) 또는 파산조사(破山祖師)라고도 한다. 나이 열아홉에 출가하여 혜법주(慧法主) 문하에서『능엄경』강설을 들었지만 의심을 풀지 못하고 마침내 초(楚)의 파두산(破頭山)에 주석하며 홀로 수년간 참구하다가 어느 날 깨우침이 있어 천동밀운원오(天童密雲圓悟)를 친견하고 인가를 받은 뒤 그 법을 이었다. 청대인 1666년(강희5) 세수 70세, 법랍 44세로 입적했다.『파산명선사어록 破山明禪師語錄』12권을 남겼다. [참고문헌]『五燈嚴統』권24(卍속장139, p.1022a8), 『五燈全書』권65(卍속장141, p.389a12).

해명 海冥 조선후기 해인사 장웅(壯雄)의 호. ⇨장웅 壯雄

해명학교 海明學校 경상남도 합천군 가야면 해인중학교(海印中學校)의 전신. 1906년 가야산 해인사(海印寺)에서 청년 스님들을 교육하기 위해 설립하였다. 진주 대원사(大源寺)와 함양의 벽송암(碧松庵)・영원암(靈源庵)・법화암(法華庵)과 통영 안정사(安靜寺) 등도 설립에 동참하였다. 1913년 3월 29일에 제1회 졸업 이래, 이듬해 3월 25일에 6명이 제2회 졸업하고 1916년 3월 이영재(李映宰) 등 9명이 제4회 졸업하였다. 해인사 극락암을 교사(校舍)로 쓰다가 1920년 합천군 가야면으로 이전하여 해인중학교가 되었다. [참고문헌]『海東佛報』제6호 p.509, 『朝鮮佛教界』제2호 p.92, 『韓國近世佛教百年史』권2「教育本山」pp.5~6, 李智冠『伽倻山海印寺誌』p.591・1176・1177. ⇨해인사 海印寺

해모 害母 Ⓢmātṛ-vadha, mātṛ-ghāta, Ⓣma-gsod-pa, ma-bsad-pa. 어머니를 해함. 오역(五逆) 중 하나로 오무간업(五無間業)에 떨어진다.『제법집요경』권7(대정장17, p.495c12)에 "또 어머니를 해하는 죄가 있으니, 악업 중에 이것을 넘어서는 것은 없다. 지옥에 떨어져 더 심한 지극한 고통을 받는다. 又復害母罪 惡業無過此 墮於地獄中 受增上極苦", 『대비바사론』권119(대정장27, p.619a8)에 "무간업에는 다섯 가지가 있으니, 첫째는 어머니를 해하는 것이고, 둘째 아버지를 해하는 것이다. … 두 가지 이유로 무간업을 건립하니, 첫째 양육의 은혜를 저버리는 것, 둘째 덕전을 파괴하는 것이다. 양육의 은혜를 저버리는 것이란 어머니와 아버지를 해하는 것이다. 無間業有五種 一 害母 二 害父 … 由二因緣建立無間 一 背恩養 二 壞德田 背恩養者 謂害母害父", 『사리불아비담론』권7(대정장28, p.158b14)에 "어떤 것이 어머니를 해하는 무간업인가? 어머니를 어머니라 생각하면서도 고의로 목숨을 끊는 것을 어머니를 해하는 무간업이라 한다. 云何害母無間 若母母想故斷命 是名害母無間"라고 하였다. [참고문헌]『諸法集要經』, 『大毘婆沙論』, 『舍利弗阿毘曇論』, *Śrāv-bh.6.*, *Abh-k-bh.259.* ⇨해부모 害父母, 살모 殺母, 오역 五逆, 오역죄 五逆罪, 오무간업 五無間業

해모 楷模 따라 할 만한 것. 본보기.『법화의소』권1(대정장34, p.462b11)에 "남이 없다고 바로 보니 그 바탕 본받을 만하므로 법이라 한다. 無生正觀 體可楷模故名爲法", 『사분율행사초자지기』권중1(대정장40, p.274c23)에 "본보기는 다르지 않으니 계의 바탕을 깨달으면 수많은 만 가지 경계가 모두 그러하다. 楷模不異若達戒本 萬境皆然"라고 하였다. [참고문헌]『法華義疏』, 『四分律行事鈔資持記』.

해문국 海門國 ⓈSāgara-mukha. 선재동자(善財童子)가 참방한 오십삼선지식(五十三善知識) 가운데 두 번째인 해운비구(海雲比丘 ⓈSāgara-megha : *Gaṇḍ-vy.*, p.51)의 주처. 60권본『화엄경』권46「입법계품 入法界品」(대정장9, p.690b29)에 "점차로 남방으로 가서 해문국토에서 해운비구의 처소에 이르렀다. 漸趣南方 海門國土 詣海雲比丘 anupūrveṇa yena sāgara mukhaṃ dikpratyuddeśo yena ca sāgaramegho bhikṣus tenopasaṃkramya", 『화엄경소』권56(대정장35, p.924c1)에 "해문국이란 저 나라 바로 남쪽 바다 입구에 해당하기 때문이며, 마음이라는 바다의 깊고 넓은 이치를 관함을 드러내서 마음의 땅 다스리는 문으로 삼는다. 海門國者 彼國正當 南海口故 表觀心海深廣爲治心地之門故"라고 하였다. [참고문헌]『華嚴經』, 『華嚴經疏』, *Gaṇḍ-vy.*

해미현지성비십명론 解迷顯智成悲十明論 당대 이통현(李通玄) 지음. 1권. 갖춘 이름은『석화엄경십이연생해미현지성비십명론 釋華嚴經十二緣生解迷顯智成悲十明論』이고, 줄여서『화엄십명론 華嚴十明論』이라고도 한다. 대정장45, pp.767c24~773c14, No.1888에 수록되어 있다. 십이연생(十二緣生)에 대한 깨달음 여부로 중생과 부처를 나누고, 10문(門)을 열어 설명한다. [참고문헌]『佛祖歷代通載』권13(대정장49, p.594c18), 『續傳燈錄』권15(대정장51, p.567b8).

해바라 奚婆羅 Ⓢhevara, Ⓣrgyad-yas, rgyas-ya

s. 큰 수(數)의 이름. 비도라(毘覩羅 Ⓢ viturṇa)의 제곱수. 80권본 『화엄경』 권45(대정장10, p.237c6)에 "비도라에 비도라를 곱하면 하나의 해바라가 되고, 해바라에 해바라를 곱하면 하나의 사찰이 된다. 毘覩羅毘覩羅爲一奚婆羅 奚婆羅奚婆羅爲一伺察"라고 하였다. 〔참고문헌〕『華嚴經』, *Mvyut.246*.

해반수면 害伴隨眠 결해서 해롭게 하는 번뇌. 삼수면(三隨眠 : 三使) 중 하나로 보살십지 중 전5지(地)에서 없애는 번뇌다. 해반사번뇌(害伴使煩惱)라고도 한다. 『유가사지론』 권78(대정장30, p.733a26)에 "(세 가지 수면 중) 첫째는 해반수면이니, 즉 전5지에 있는 것이다. 왜 그러한가? 선남자야, 후천적인 현행번뇌는 선천적 번뇌가 현행하는 것을 돕는다. 이것은 전5지에서 영원히 없어져 다시 생기지 않으므로 해반수면이라고 한다. 一者 害伴隨眠 謂於前五地 何以故 善男子 諸不俱生現行煩惱 是俱生煩惱現行助伴 彼於爾時永無復有 是故說名害伴隨眠", 『유가론기』 권21(대정장42, p.786b1 · 한불전14, p.592b8)에 "첫째 해반수면이다. 즉 견도에서 끊는 현행의 후천적 번뇌이니, 저 수도에서 끊는 선천적 번뇌를 돕는다. 견혹을 결해서 수혹으로 타오른다. 그러므로 후천적인 번뇌가 선천적인 번뇌를 돕는다고 할 따름이다. 전5지 중 있었던 구생혹인 수혹은 후천적 견혹과 함께하고 결함을 이미 여의었으므로 해반수면이라고 한다. 一 害伴隨眠 謂見斷現行不俱生惑 是彼修斷 俱生惑伴 由見惑伴 修惑熾然 是故 但說不俱生惑是俱生助伴 前五地中所有俱生修惑 已離見惑不俱生伴 故名害伴"라고 하였다. 〔참고문헌〕『瑜伽師地論』, 『瑜伽論記』, 『仁王經疏』 권상(대정장33, p.385b16 · 한불전1, p.56a14). ⇨ 삼수면 三隨眠❶, 수면 隨眠

해발심 解發心 네 가지 발심(四發心) 중 하나. 일체법이 모두 보리(菩提)임을 깨우치는 십해위(十解位)를 말한다. 『화엄경문의요결문답』 권2(한불전2, p.369a14)에 "둘째 해발심〈일체법이 모두 보리임을 아는 것을 해발심이라고 하니 십해위다〉. 二 解發心〈若解一切法 悉是菩提 名解發心 十解位也〉"라고 하였다. 〔참고문헌〕『華嚴經文義要決問答』. ⇨ 사발심 四發心, 해행발심 解行發心

해방선 海蚌禪 바다조개처럼 속을 다 드러내 보이는 선. 방합선(蚌蛤禪)이라고도 한다. 『정법안장』 권3(卍속장118, p.155a1)에 "나의 이쪽 경계는 해방선이니, 입을 열자마자 심장 · 간장 등 오장이 다 드러나 보인다. 我遮裏是海蚌禪 開口便見心肝五臟", 『오등전서』 권58 「천여유칙장 天如惟則章」(卍속장141, p.235b3)에 "천여가 대중에게 말하였다. '제방에는 해려선 · 해방선 · 철잔선 등이 있는데, 노승이라면 오히려 물 위의 떠있는 호로병과 같은 선이라 하겠다. 건드리면 문득 움직이고 잡으려 한즉 바로 돈다. 살아있는 물고기마냥 꿈틀거려 그대 어떻게 할 수 있는 것이 없다. 어제는 동지(冬至)여서 이제 일양(一陽)이 돌아왔기에 뿌리를 낳는다고들 말하였다. 여러분은 나를 위해 제기해 보시오'. 示衆 諸方有海蠡禪 海蚌禪 銕剗禪 老僧者裏 却是水上葫蘆禪 觸著便動 捺著便轉 活鱍鱍地 無你奈何處 昨日一陽來復 見說生根了也 諸人爲我提起看"라고 하였다. 〔참고문헌〕『正法眼藏』, 『五燈全書』. ⇨ 방합선 蚌蛤禪

해보탑 海寶塔 중국 녕하(寧夏) 은천시(銀川市) 북쪽 교외에 있는 탑. 북탑(北塔) · 혁보탑(赫寶塔) · 흑보탑(黑寶塔) 등이라고도 한다. 명 만력년간(1573~1619)에 나온 「삭방신지 朔方新志」에 따르면, 5세기 초 하국(夏國) 국왕 혁연발발(赫連勃勃)이 흑보탑을 중수하였다고 한다. 청대 1712년(강희51)과 1778년(건륭43) 모두 지진으로 파괴되어 보수하였다. 탑은 11층으로 높이는 53.9m이고, 벽돌로 쌓아 누각식(樓閣式)으로 세웠다. 사각형으로 변마다 중앙에 권문(券門)을 만들어 약간 밖으로 돌출된 모양이다. 탑의 외형으로 보면 윤곽선이 뚜렷하고 층마다 차이가 분명하며 모퉁이는 예리하고 조성되어 그 독특한 풍격을 닮은 예를 거의 볼 수 없다. 탑실(塔室)은 네모나고 사면에 모두 문이 있다. 정월 초하루와 대보름날 향을 사르고 예불을 드리는 풍속이 남아 있다. 나무 사다리를 따라 나선형으로 9층에 이르면 조망이 먼 곳까지 닿아 우뚝한 하란산(賀蘭山)과 면면히 흐르는 황하(黃河)가 보이는 등 강남의 풍경이 모조리 시야에 들어온다. 〔참고문헌〕『林我語錄』 권2 「住秦中寧夏海寶塔寺」(가흥장38, p.575c25), 『斌雅語錄』 권상(가흥장28, p.209c12).

해봉 海峯 ❶ 1707~1785. 조선후기 스님. 휘는 유기(有璣)이고, 호는 해봉 · 호은(好隱) · 운객(雲客) 등이니, 유기(有璣)의 법호다. ⇨ 유기 有璣 ❷ 조선후기 스님 성찬(聲贊)의 법호(法號). ⇨ 성찬 聲贊

해봉유기모친묘 海峰有璣母親墓 조선 후기 해봉유기(海峰有璣 1707~1785) 어머니의 묘. 스님의 모친은 밀양 박씨이며, 그 묘는 해인사 서쪽 마장동 뒷산 동쪽에 임좌좌(壬坐座)로 있다. 1978년까지 마장동 오경환씨가 매년 벌초를 해오다가 대구로 이사갔다. 묘의 면석명(面石銘)에 "유인 밀양 박씨의 묘 임좌좌이며, 불기 2965년(1938) 윤 7월에 유씨 해봉당 유기의 문계에서 세우다. 孺人密陽朴氏之墓 壬坐原 佛紀二九六五年(1938) 閏 七月 柳海峰堂 有璣 門稧中 立"라고 새겨져 있다.

해봉집 海峰集 조선후기 호은유기(好隱有璣 1707~1

785)의 문집인 『호은집』의 다른 이름. 해봉은 유기의 다른 호다. 『호은집』 발문에 "『호은집』은 해봉상인의 저작이다. 好隱集者 海峯上人之所著也"라고 하였다. 〔참고문헌〕『好隱集』. ⇨ 호은집 好隱集

해부모 害父母 Ⓢ mātṛ-pitṛ-vadha, mātā-pitṛ-vadha, Ⓣ pha-ma-bsud-pa. 부모를 해함. 오역(五逆 : 五無間)에 속하여 무간옥에 떨어지며, 도를 얻지 못하는 열한 가지 인간들 중에 하나다. 『증일아함경』 권47(대정장2, p.800a13)에 "어떤 중생은 도를 얻을 수 없다. 이런 사람에는 열한 부류가 있다. 어떤 것이 그 열한 부류인가? 즉 간사하고 거짓된 이 … 부모를 해하는 이 … 여래를 향해 악한 생각을 일으키는 사람이다. 범지야, 이와 같은 열한 부류의 사람은 이 팔정도를 얻을 수 없다고 한다. 有此衆生 不得道 如此之人 十一種 云何爲十一 所謂姦僞 … 害父母 … 起惡念向如來 是謂 梵志 十一之人 不能得此八種之道", 『구사론』 권18(대정장29, p.93c25 : *Abh-k-bh.*, p.262)에 "〔논〕 무슨 연유로 어머니를 해하는 것 등은 무간죄업이고, 그 이외의 것은 그렇지 않은가? 은혜의 터전을 버려 덕의 터전을 무너뜨리기 때문이다. 부모를 해함은 은혜의 터전을 버리는 것이다. 論曰 何緣 害母等成無間非餘 由棄恩田壞德田故 謂害父母是棄恩田 kasmāt mātṛvadhādiṣv ān antaryaṃ nānyatra. … mātāpitṛvadhe tāvad upa kāriṇo nirākaraṇāt"라고 하였다. 〔참고문헌〕『增壹阿含經』, 『俱舍論』, *Abh-k-bh.*, *Laṅk.138.* ⇨ 살부모 殺父母, 살부 殺父, 해모 害母, 오역 五逆

해분좌예 解紛挫銳 덧칠해 엉킨 것 풀고 너무 깎아 뾰족한 것은 꺾는다. 『노자』 4장에 "예리한 것을 꺾고, 덧붙인 것 푼다. 挫其銳 解其紛"라는 구에 따르며 왕필주(王弼注)에 "예리함 꺾어도 손실이 없고, 헝크러진 부분을 풀어도 힘들지 않다. 銳挫而無損 紛解而不勞"라고 하였다. 『건중정국속등록』 권17 「유백불국장 惟白佛國章」(卍속장136, p.260b4)에 "지는 닫고 총은 막는다. 분분한 것을 풀고 뾰족한 것은 꺾는다. 호리병 중에 해도 달도 뜨게 하고 표주박 속 하늘 땅 담듯 여래의 지극한 도를 궁구한다면, 큰 지만이 드러나 밝아서 진실의 샘 더없이 맑고 고요하리라. 閉智塞聰 解紛挫銳 跳壺中之日月 藏瓢裏之乾坤 究如來至道 則大智發明 眞源澄湛", 『치문경훈』 권3 「전선관법 傳禪觀法」(대정장48, p.1055a16)에 "다만 그때마다의 기에 올라 따라 변할 뿐이어서 엉킨 것 풀고 뾰족한 것들 꺾을 뿐이다. 但尙其乘機應變 解紛挫銳", 『치문경훈주』 권상(한불전8, p.581b8)에 "덧칠해 어지러운 마음 풀고 지혜로 날카롭게 된 뜻 꺾는다는 말이다. 此言 解釋其紛亂之心 折挫其惠利之志也"라고 하였다. 〔참고문헌〕『老子』, 『建中靖國續燈錄』, 『緇門警訓』, 『緇門警訓註』.

해분지 解分智 이해하여 가려 아는 지. 『사리불아비담론』 권10(대정장28, p.596b9)에 "어떤 것이 해분지인가? 지혜가 성스럽고 보가 있어 능히 번뇌를 끊을 수 있는 것을 해분지라고 한다. … 어떤 것이 해분지인가? 함께 이해해 풀어서 상응하는 것을 해분지라고 한다. 云何解分智 若智聖有報能斷煩惱 是名解分智 … 云何解分智 若共解解相應 是名解分智"라고 하였다. 〔참고문헌〕『舍利弗阿毘曇論』.

해분지비주분지 解分智非住分智 이해하여 가려 알지만 그 분에 머물지는 않는 지. 『사리불아비담론』 권10(대정장28, p.596c1)에 "어떤 것이 해분지비주분지인가? 이해해 가려 알지만 그 분을 고집하지는 않는 지를 해분지비주분지라고 한다. 云何解分智非住分智 若有解非住 是名解分智非住"라고 하였다. 〔참고문헌〕『舍利弗阿毘曇論』. ⇨ 해분지 解分智

해분지비증장분지 解分智非增長分智 증장하지 않는 해분지(解分智). 『사리불아비담론』 권10(대정장28, p.596c7)에 "어떤 것이 해분지비증장분지인가? 이해함 있지만 그보다 더한 뜻은 없는 지를 해분지비증장분지라고 한다. 云何解分智非增長分智 若有解非增長 是名解分智非增長分"라고 하였다. 〔참고문헌〕『舍利弗阿毘曇論』. ⇨ 해분지 解分智

해불암 海佛庵 전라남도 영광군 불갑면 모악산에 있던 절. 『태고사사법 太古寺寺法』에는 모악산 불갑사(佛甲寺) 산내암자로, 대본산 백양사(白羊寺)의 말사라고 하였다. 『가람고』 전라도 영광에 "해불암〈모악산에 있는데 현의 남쪽 삼십 리이다〉. 海佛庵〈在母岳山 縣南三十里〉", 『여지도서』 전라도 영광현 사찰에 "해불암〈현의 남쪽 삼십 리 쯤의 모악산 정상에 있다〉. 海佛庵〈在縣南三十里 毋岳山頂〉", 『범우고』 전라도 영광에는 "해불암 海佛菴", 백암성총(栢庵性聰 1631~1700)의 『백암집』 권하(한불전8, p.476a16) 문(文) 「모악산해불암기 母岳山海佛庵記」에 "고려 때 각진국사(覺眞國師 1270~1355)의 시에 '임금이 오성에 하사한 불갑사'가 여기다. 절에서 계곡 따라 점점 우거져 중간쯤 가서 정상에 이르기 전에 풀빛 능라와 노송 사이로 작은 암자가 있는데 해불이라고 부른다. 연화장로가 제방을 참례하고는 만년에 푸른 방에 들어 그 깊은 뜻 전해 다했다. … 하루는 아래쪽으로 계속 걷다가 옛 터를 보았다. 담은 무너지고 주춧돌 깨졌으며 칡과 등나무로 덮였기에, 산동에게 우거진 것을 베고 썩은 흙을 깎아내도록 하고서 배회하며 바라보니, 바다와 산의 형세 뛰어나 모두 이곳에 모였다. 대체로 병란 이후에 옮겨 지은 작은 암자에 이름 없은 것이다. 곧 바로 장인을 부르고 큰 재목을 베고서 병술년(1646·인조24) 봄에 기공하여 이듬해 가을에 준공하였다. … 지금 구련선하대사의 청을 받아 이곳에 안거하였는데, 때마침 구화처열대사가 사정을 다듬어서 글로 써 주기를 청하였으므로, 마침내 그 말을 차례대로 정리하고 눈으로 본 것을 적어 남기고자 한다. 麗朝覺眞國師詩 君賜筽城佛岬寺者是也 自寺沿溪轉麓 過半腰而未及冢頂 綠蘿蒼栝之間 有小庵曰海佛 蓮華長老 遍叅諸方 晩入碧巖之室 盡傳其奧 … 一日步武於下方 得一古基陁垣破礎 蒙被藤葛 命山童 芟蓁薉剷朽壤 徘徊觀望 海山形勝 盡萃於此 盖兵烽之後 移構小庵而冐名者也 卽召般倕 斮大章 權輿乎丙戌春 斷手于明年秋 … 今被九蓮善荷大師之請 安居于此 適九華處悅大師 理其事請書之 遂詮次其言 而兼筆其所觸目者 以爲記", 『동사열전』 권6(한불전10 p.1074a15) 「자운선사전 慈雲禪師傳」에 "스님의 법명은 천우이고 호는 자운으로, 영암 사람이다. … 인허선사에게 법인을 받았다. … 영광 불갑(사)의 해불(암)에 주석하며 중수하고서 낙성할 때 재를 베풀었다. … 스님은 정축(1817·순조17)에 나셔서 지금 갑오년(1894·고종31)에 일흔 여덟살로 법천사 목우암에 머물고 있다. 師名天祐 號慈雲 靈岩人也 … 受法印於仁虛禪師 … 住靈光佛甲海佛 重佛而落成 佛事齋 … 師丁丑生 今甲午年七十八 在法泉寺牧牛庵"라고 하였다. 홍석기(洪錫箕 1606~1680)의 『만주유집』 권6 서(序)에는 「불갑산해불암시서 佛甲山海佛菴詩序」, 김하구(金夏九 1676~1762)의 『추암집』 권5 기(記)에는 「해불암관서양기 海佛菴觀西洋記」 등이 실려 있고, 권이진(權以鎭 1668~1734)의 『유회당집』 권1 시(詩)에 1715년(숙종41)에 쓴 「을미사월유해불암간일락 乙未四月遊海佛菴看日落」, 기정진(奇正鎭 1798~1879)의 『노사집』 권1 시에 「해불암용판상운 海佛庵用板上韻」, 김영수(金永壽) 1829~1899)의 『하정집』 권1 시에 「해불암 여영광수조〈병세〉공작 海佛菴與靈光守趙〈秉世〉共酌」 등의 기문과 시가 전할 만큼 많은 이들이 인연지은 암자다. [참고문헌] 『伽藍考』, 『輿地圖書』, 『梵宇攷』, 『栢庵集』, 『東師列傳』, 『晩洲遺集』 권6(韓國文集叢刊續31, p.133a20), 『楸菴集』 권5(韓國文集叢刊續61, p.96a2), 『有懷堂集』 권1(韓國文集叢刊續56, p.165b9), 『蘆沙集』 권1(韓國文集叢刊310, p.33b17), 『荷亭集』 권1(韓國文集叢刊322, p.15b14), 『韓國寺刹全書』 권하 p.1137b10.

해불토 垓佛土 하고많아 셀 수 없는 불국토. 『불승도리천위모설법경』 권상(대정장17, p.788a7)에 "분별해가릴 만한 신족으로 깨우쳐 수순해 행하시니, 억 해불토에 노니셔도 국토에 대한 생각이 없으시며, 억 해불에 공양하셔도 제불에 대한 생각이 없으시네. 그러므로 이 뜻을 묻는 이들 널리 기쁨을 받으리라. 所分別神足 解了隨順行 遊億垓佛土 無有國土想 供養億垓佛 無有諸佛想 是故問此義 覩者普受欣", 『일체경음의』 권30(대정장54, p.505b6)에 "해불토〈『풍속통』에 … 10조는 경, 10경은 해이니, 수가 극히 많음을 말한다〉. 垓佛土〈… 風俗通云 … 十兆曰京 十京曰垓 言數之極多者也〉"라고 하였다. [참고문헌] 『佛昇忉利天爲母說法經』, 『一切經音義』.

해붕 海鵬 ?~1826. 조선후기 순천 선암사(仙巖寺) 스님. 휘는 전령(展翎), 시호는 해붕이다. ⇨ 전령 展翎

해붕집 海鵬集 전령(展翎 ?~1826)의 문집. 1권. 한불전12에 수록되어 있다. 법어(法語)와 경찬(慶讚) 131편, 시 63편으로 구성되었고 부록으로 장제(張濟)와 장타(張沱)가 쓴 「제해붕대사시축운 題海鵬大師詩軸韻」이 실려 있으나 문집 간행할 때 지어진 서(序)·발문이나 행장은 없다. 법어에는 전령이 쓴 서문을 붙였다. 경찬(慶讚)은 석가의 제자를 비롯하여 중국과 우리나라에서 이름난 대사(大師), 조사(祖師), 거사(居士), 그리고 당시 생존하던 고승들 131명에 대한 찬시로 그들이 성취한 도덕을 묘사하였다. 시는 칠언절구와 칠언율시가 대부분이며, 사찰을 소재로 한 시와 차운시가 많다. 연세대학교에 소장된 필사본에는 목차 없이 본문만 수록되어 있다. [참고문헌] 『海鵬集』. ⇨ 전령 展翎

해사 海師 Ⓢ Dāśa. 선재동자(善財童子)가 참방한 오십삼선지식(五十三善知識) 중 스물두 번째 뱃사공. 해도사(海導師)라고도 한다. 이름은 자재(自在 Ⓢ Vaira)이고 음사어는 바시라(婆施羅)다. 60권본 『화엄경』 권50(대정장9, p.713c3 : *Gaṇḍ-vy.*, p.142)에 "이곳에서 남쪽에 누각이라는 성이 있고, 그곳에 자재라는 이름의 뱃사공이 있다. 그대는 그곳에 가서 보살은 어떻게 보살행을 배우고 보살도를 닦는지 물어라. 於此南方 有城名曰樓閣 彼有海師 名曰自在 汝詣彼問 云何菩薩學菩薩行 修菩薩道 gaccha kulaputra ihaiva dakṣiṇāpathe kūṭāgāraṃ nāma nagaram. tatra vairo nāma dāśaḥ prativasati. tam upasaṃkramya paripṛccha-kathaṃ bodhisattvena bodhisattvacaryāyāṃ śikṣitavyam kathaṃ pratipattavyam", 『화엄경탐현기』 권19(대정장35, p.469a21)에 "해사자재란 불법의 바다와 생사의 바다에 잘 통달하여 배를 움직여 건너게 하기에 붙여진 이름이다. 海師自在者 於佛法海 及生死海 能善通達 及運度故 以爲名"라고 하였다. [참고문헌] 『華嚴經』, 『華嚴經探玄記』, *Gaṇḍ-vy.* ⇨ 오십삼선지식 五十三善知識, 바시라 婆施羅

해사 解卸 꾸러미를 풀다. 행장(行裝)을 풀다. 『선원청규』 권1 「단과 旦過」(卍속장111, p.878b9)에 "산문에 들어서면 다만 지나가는 객이 머물 곳만을 묻고 요사에 들어가 행장을 풀고 나서 위의를 갖추고 객위로 가서 '잠시 머물 객승이 뵙고자 합니다'라고 알린다. 入門先問旦過所在 入寮解卸訖 具威儀到客位云 暫到相看", 『입중수지』(卍속장111, p.954a17)에 "행장을 풀고 발을 씻은 다음에 각사에게 인사한다. 解卸洗脚畢 次客司人事"라고 하였다. 〔참고문헌〕『禪苑淸規』, 『入衆須知』.

해사 蟹寺 전라북도 부안에 있던 절. 이무(李袤 1600~1684)가 지은 「해사증김덕산 蟹寺贈金德山」이 『과암집』에 전한다. 1764년(영조40) 김득문(金得文 1732~1767) 등이 의송산(宜松山) 관련하여 부안현에 올린 「단자 單子」에 "건선면 해사가 있는 산은 곧 저희 선대의 묘가 있는 곳입니다. 乾先面蟹寺山卽民之先墓所"라고 하였다. 〔참고문헌〕『果菴集』, 『韓國寺刹全書』 권하 p.1148a10欄外.

해산 海山 조선전기 스님. 경성일선(敬聖一禪 1488~1568)의 스승. 『동사열전』 권2 「경성대덕전 敬聖大德傳」(한불전10, p.1013b1)에 "13세 때 단석산으로 들어가 해산법사에게 몸을 던져 3년 동안 좇아서 힘쓰다가 16세 때 머리를 깎았다. 年至十三 入斷石山 投海山法師 服勞三載 十六薙髮"라고 하였다. 〔참고문헌〕『東師列傳』. ⇨ 일선 一禪 ❶

해삼홍 解三洪 명말청초(明末淸初) 임제종 스님. 속성은 갈(葛)씨. 호는 해삼. 소주(蘇州 : 江蘇省) 가정(嘉定) 출신. 어릴 때부터 출가하기를 바라다가 나이 열일곱에 남상(南翔 : 江蘇省) 백학사(白鶴寺)의 회심(會心)을 은사로 낙발(落髮)하고, 스물 여섯에 구족계를 받았다. 1666년(강희5) 북경(北京)의 방생지(放生池)에 가서 대박행건(大博行乾)을 친견하였다가 나중에 그 법을 이었다. 그 뒤 북경 해회사(海會寺)에서 활동했던 전후의 시기에 일곱 선원(禪院)을 관리하다가 칙령을 받들어 석향산(錫香山) 홍광사(洪光寺)에 주석하였다. 〔참고문헌〕『五燈全書』 권93(卍속장141, p.830a15).

해상 害想 Ⓢ vihiṃsā-saṃjñā, Ⓟ vihiṃsā-saññā. 삼상(三想) 중 하나로 남을 해치려는 생각. 삼독(三毒) 중 진에(瞋恚)의 용이다. 진에상이라고도 한다. 해각(害覺)과 통한다. 『대승의장』 권5(대정장44, p.571b3)에 "진에는 해치려는 생각을 써서 먹이로 삼는다. 중생에 대하여 원한으로 해칠 생각을 일으키므로 진에가 일어나게 한다. 瞋用害想 以之爲食 以於衆生 生怨害想 故生瞋恚"라고 하였다. 〔참고문헌〕『大乘義章』, *Sukh-vy. I.29., MN.2.27.* ⇨ 해각 害覺, 삼상 三想 ❶

해생 海生 Ⓢ Samudra, Ⓟ Samudda. 석가세존 재세시 아라한과를 얻은 비구. 『찬집백연경』 권9 「해생상주연 海生商主緣」(대정장4, p.244b11)에 "이 때 성 중에 상인 오백이 바다에 들어가 보물을 캐려 했다. 상인의 우두머리가 가문에서 덕망 있는 이를 택하여 장가 들어 부인으로 삼아 함께 바다에 들어가려 하였는데, 열 달을 채워 사내아이를 낳았다. 이로 인해 해생이라고 이름을 지었다. 時彼城中 有五百賈客 欲入大海採取珍寶 時彼商主 選擇族望 娉以爲婦 將共入海 足滿十月 產一男兒 因爲立字 名曰海生"라고 하였다. 〔참고문헌〕『撰集百緣經』, *Av-ś.201.*

해생명 害生命 생명을 해치는 일. 악취에 떨어지는 신불선삼업(身不善三業)의 하나다. 『대반야경』 권535(대정장7, p.749c25)에 "생명을 해치거나, 주지 않은 것을 취하거나, 사행을 행하는 것, 이 세 가지 불선을 보살의 신업추중이라 한다. 若害生命 若不與取 若欲邪行 此三不善是名菩薩身業麤重", 『대비바사론』 권20(대정장27, p.103a8)에 "생명을 해침으로 여러 악취에 떨어지고, 저 고기를 먹음으로 후에 인간계에 나도 수명이 짧다. 또 어떤 사람은 말한다. '생명을 해침에는 두 가지 과실이 있으니, 첫째는 사랑받지 못한 것으로 나서 고통받고, 둘째는 저 애착하는 수명 끊어진다. 그에게 원치 않는 괴로움을 낳기에 여러 악취에 떨어지고, 그가 애착하는 수명이 끊어지기에 후에 인간계에 나더라도 수명이 짧다'. 由害生命 墮諸惡趣 由食彼肉 後生人中 壽量短促 復有說者 害生命者 有二過失 一者 生彼非愛苦受 二者 斷彼所愛壽量 由生彼非愛苦受故 墮諸惡趣 由斷彼所愛壽量故 後生人中 壽量短促"라고 하였다. 〔참고문헌〕『大般若經』, 『大毘婆沙論』. ⇨ 십불선업 十不善業

해석 解釋 Ⓢ vyākhyāna, nir-√diś, nirdeśa, Ⓣ rnam-par-bshad-pa. 풀어 알게 하다. 경문의 뜻을 널리 자세히 풀어 많은 이가 알게 하는 일이다. 『대지도론』 권65(대정장25, p.518a16)에 "해석이란, 마치 저 주머니 중에 보물이 있어도 주둥이 묶어 두면 아무도 모르듯이, 남에게 경권이라는 주머니를 풀어 그 뜻과 이를 풀어 알게 한다. 또한 무거운 물건을 쪼개어 가볍게 하는 일과 같아서 갖가지 인연과 비유로 본말을 해석함으로써 쉽게 알도록 한다. 解釋者 如囊中寶物 繫口則人不知 若爲人解經卷囊 解釋義理 又如重物 披析令輕 種種因緣譬喩 解釋本末令易解", 『현양성교론』 권13(대정장31, p.544c19)에 "또한 여섯 가지 상으로 마땅히 모든 불경을 해석해야 한다. 첫째, 모든 법을 두루 알아야 한다. 둘째, 악행과 대소의 혹을 버려야 한다. 셋째, 선행 거둠을 말미암는다. 넷째, 지혜로 병 등의 양상을 두루 알고 통달함으로 말미암는다. 다섯째, 저 과로 말미암는다. 여섯째, 자신과 타인이 모두 그 과 받음을 말미암는다. 이러한 여섯 가지 상으로 말미암고, 이전에 세운 모든 상으로 말미암는다면 마땅히 모든 불경을 잘 해석할 것이다. 復次 由六種相 應當解釋 一切佛經 一 由遍知諸法故 二 由捨惡行大小惑故 三 由受善行故 四 由智遍知通達病等行故 五 由彼果故 六 由自他受彼果故 由如是六相 及由如前建立諸相 應善解釋 一切佛經", 『십주비바사론』 권1(대정장26, p.22b5)에 "복덕이 있는 지혜로운 근기를 타고난 사람이라면 이 『십지경』의 경문을 듣고 곧바로 그 뜻을 이해하니 해석이 필요하지 않다. 이런 사람을 위해 이 논을 지은 것은 아니다. 若有福德利根者 但直聞是十地經 卽解其義 不須解釋 不爲是人 而造此論", 『유교경론』(대정장26, p.283a11)에 "내가 논을 건립함은 불경의 뜻을 해석하여 저들 모든 보살로 하여금 방편의 길을 알도록 하기 위함이라네. 我所建立論 解釋佛經義 爲彼諸菩薩 令知方便道", 『화엄오교장』 권4(대정장45, p.505a10)에 "해석이라는 말 또한 십문으로 전의 십의를 풀이하여 다함이 없음을 드러내는 것이다. 言解釋者 亦以十門 釋前十義 以顯無盡", 『화엄일승교의분제장의원소』 권9(卍속장103, p.317a17)에 "위에서 세운 뜻 이미 대연기법이기에 꾸려 거둠에 다함 없다. 지금의 이 현문은 다만 본래의 법에서는 현묘한 뜻을 뚜렷하게 밝히지만, 거듭할수록 생각으로 알기 어려우므로 해석이라 한다. 上之立義 旣是大緣起法 該攝無窮 今此玄門 但於本法之上 洞明玄妙 展轉難思 故言解釋"라고 하였다. 〔참고문헌〕 『大智度論』, 『顯揚聖教論』, 『十住毘婆沙論』, 『遺教經論』, 『華嚴五教章』, 『華嚴一乘教義分齊章義苑疏』, *Abh-k-bh.110.*, *Abh-s-bh.142.*, *Ratna-ut.100.* ⇨ 입문해석 入文解釋

해선 海宣 조선 제3대 태종(재위 1400~1418) 때 스님. 생몰연대는 알 수 없고 산중수행보다 민중구제에 앞선 안목을 갖추고 실행한 스님이다. 1406년(태종6) 한양(漢陽 : 서울)의 민가(民家)의 지붕들이 영(짚)으로 덮여 있어 1년에 한번씩 새롭게 덮어야 할 뿐만 아니라, 나라의 위신과 화재의 위험 등을 지적하여 기와를 구워 공급하는 일을 자청하고는, 10년 이내에 서울 성안의 민가 지붕을 모두 기와로 교체하리라고 서원을 세우고 조정에 기와를 구울 별요(別窯)를 설치하게 하여 각도마다 스님장인들을 선발해서 그 일을 하게 했다. 몇 년 만에 성안의 민가의 과반수를 기와로 덮는 데 성공하였지만, 계속된 흉년으로 경비를 충당하지 못하여 일시 중단했다가 1416년(태종16)에 다시 시작했다. 그 후 점점 기반이 잡혀 1425년(세종7)에는 나라에 의지하지 않았으니, 스님 스스로 모은 곡식 1,000섬을 기본자금으로 마련하고는 호조(戶曹)로 하여금 삼색지보(三色之寶)라는 기금을 마련하게 했다. 『세종실록』 권26 세종 6년(1424) 12월 7일에 "이 일을 위한 장구한 계획을 생각하니, 보(寶)를 세우는 것이 제일이겠습니다. 대개 기와를 굽는 데 세 가지 어려운 것이 있습니다. 땔나무를 준비하는 것이 첫째요, 공급하는 비용이 둘째요, 공전을 주는 돈이 셋째입니다. 만일 면포(緜布) 3천 필이 있으면 세 가지 보(寶)를 만들어 고찰관 정하고, 승도를 거느리고 쌀값이 쌀 때에 사들이고 비쌀 때에 팔아서, 그 본전은 두고 이자를 취하여 그 비용에 쓰면 세 가지 일을 다 해결할 수 있으니, 기와를 굽는 데 어찌 어렵겠습니까. 뒷사람이 나의 뜻을 계승하여 영구히 변경하지 아니하면, 도성 안이 모두 기와집이 될 것입니다. 思所以久長之計 無如立寶 夫燔瓦之功 其難有三 燒木之辦一也 供給之費二也 工役之錢三也 如得緜布三千匹 立爲三色之寶 定其考察之官 率領僧徒 米賤則買之 米貴則賣之 存其本 取其利 以贍其用 則三事可辦 燔瓦何難 後之繼吾志者 將永久而不替 庶幾都城之內 皆爲瓦家矣", "소승이 평안·황해 양도에 사사로이 쌀 1천 석을 준비한 것이 있는데, 이것을 그 도에 바쳐 군수물자에 충당하고, 충주 경원창의 진미를 받아서 보를 세우는 본전을 삼으면, 국가에는 해가 되지 않고 서울 사람에게 이익이 있는 일이니 임금께 전달하여 시행하라는 명령을 내리시기 바랍니다. 僧於平安黃海兩道 私備米一千石 願納於其道 充爲軍須 受忠州 慶原倉陳米 以爲立寶之本 則無害於國家 而有益於都人矣 伏望轉達於上 明降施行"라고 하였다. 1437년(세종19)에는 전국 선교양종(禪教兩宗) 소속 사원전(寺院田) 8,095결(結) 중에서 810결을 별요와 활인원(活人院) 그리고 귀후소(歸厚所 : 태종 때 설치한 從六品衙門으로 널을 만들어 민중에게 팔며 또한 장례에 관한 일을 담당하는 부서) 등에 속하게 해서, 스님들이 활동하는 경비로 충당하게 하였다. 〔참고문헌〕 『佛教福祉』(林松山出版社, 1983).

해선게 解禪偈 선을 풀이한 게송. 사마광(司馬光)이 이를 대제목으로 여섯 수를 지었다. 각각 지옥·극락·인과·불괴신(不壞身)·광명장(光明藏)·불보살을 주제로 하였다. 『치문경훈』 권6 「사마온공해선게 司馬溫公解禪偈」(대정장48, p.1073b19)에 "분노는 뜨거운 불덩이 같고, 이득 바라는 욕은 저 칼날과 같구나. 아침저녁 내내 허둥지둥, 이를 아비지옥이라 한다네. 忿怒如列火 利欲如銛鋒 終朝長戚戚 是名阿鼻獄"라는 게송이 그 첫 번째이다. 〔참고문헌〕 『緇門警訓』.

해선암 海仙庵 ❶ 전라남도 장흥군에 있던 암자. 『한국사찰전서』 권하 해선암에는 『지제지』를 인용하여 "전라남도 장흥군 대덕면 회령진(會寧鎭) 남쪽에 있었으나 지금은 없다"고 하였으나 『지제지』에는 이러한 내용이 아예 없다. 다만 조선후기에 장흥을 중심으로 활동한 위백규(魏伯珪 1727~1798)의 『존재집』 권1 시(詩)에 「숙해선암 宿海仙菴」이라는 제목의 시가 전한다. 〔참고문헌〕『支提誌』, 『存齋集』(韓國文集叢刊243, p.14b3), 『韓國寺刹全書』 권하 p.1137b3. ❷ 충청남도 천안시 동남구 풍세면 삼태리에 있던 암자. 1852년에 편찬된 천안군 읍지 『영성읍지』에 "해선암〈멀리 서쪽에 있었는데 지금은 폐사됨〉. 海仙庵〈在遠西今廢〉"라고 하였다. 절터에서 고려 석탑재와 기와조각 등이 출토되었으며, 백여 미터 떨어진 곳에 천안삼태리마애불이 있다. 〔참고문헌〕『寧城邑誌』. ⇨ 천안삼태리마애불 天安三台里磨崖佛

해설 解說 Ⓢ√bhāṣ, ud-√diś. 풀어 들려주다. 『법화경』 권6(대정장9, p.47b29)에 "하물며 한 마음으로 귀 기울이고, 그 뜻 나아간 길 풀어서 알려준다. 들은 대로 수행한다면, 그 복이 헤아릴 수 없이 많음에랴! 何況一心聽 解說其義趣 如說而修行 其福不可量"라고 하였다. 〔참고문헌〕『法華經』, *Buddh-c.70.*, *Śikṣ.135.* ⇨ 분별해설 分別解說, 해석 解釋

해설마장 海雪麻醬 해설(海雪)은 소금, 마장(麻醬)은 염장(塩醬). 간장과 된장 등을 말한다. 『석문의범』 권상 행선축원(行禪祝願) p.72에 '해설마장어무애 海雪麻醬語無礙'라 함은 소금, 염장 등 부식품(副食品)을 시주한 단월(檀越)들이 무애변재(無礙辯才)를 얻도록 하여 주시옵기를 기원하는 말이다. 〔참고문헌〕『釋門儀範』 권상.

해섭 該攝 남김없이 꾸려 거두다. 『화엄경탐현기』 권4(대정장35, p.175b4)에 "진과 망 꾸려 거둬서 두 가지 상 다하게 하니 둘이 없다. 以眞妄該攝 二相盡故無二也", 『화엄경소』 권47(대정장35, p.865a26)에 "하나의 문을 따라 열 가지 물음에 모두 답한다면 품어 안고 꾸려 거두기에 이 이름이 부사의다. 旣隨一門 皆答十問 則包含該攝 是以名不思議", 『법화현의석첨』 권17(대정장33, p.940c21)에 "다 꾸려 거둔다 하니, 생사와 번뇌 이미 일념에서 벗어나지 않는다면 이것 그대로 정혜인데 어찌 일심을 떠나겠는가? 그러므로 일심 중에 오행을 빠짐없이 갖춘다. 言該攝者 生死及煩惱 旣不出一念 卽此爲定慧 豈離於一心 故一心中 五行具足", 『능엄경현의』 권2(卍속장20, p.28a3)에 "다만 수능대정을 닦은즉 능히 만행을 다 꾸려 거둔다. 천태지의(天台智顗)가 '만약 뛰어난 방편으로 지관을 닦으면 일심에 만행을 빠짐없이 구족한다'라고 한 말이 그것이다. 但修首楞大定 卽能該攝萬行 天台所謂 若巧修止觀 卽能一心 具足萬行矣"라고 하였다. 〔참고문헌〕『華嚴經探玄記』, 『華嚴經疏』, 『法華玄義釋籤』, 『楞嚴經玄義』.

해섭문 該攝門 꾸려 다 거두는 문. 분별하는 분상문(分相門)과 함께 화엄 교설을 해석하는 두 가지 방법이다. 『화엄오교장』 권1(대정장45, p.478b24)에 "두 번째는 해섭문이다. 일체삼승등법은 본래로 모두 저 일승법이다. 왜 그런가? 삼승으로 일승을 바라서 두 문이 있기 때문이니, 다르지 않은 문과 하나일 수 없는 문을 말한다. 첫 번째 다르지 않은 문에도 두 가지가 있다. 첫째는 삼승 그대로 일승이기에 다르지 않고, 둘째는 일승 그대로 삼승이기에 다르지 않다. 二 該攝門者 一切三乘等法 本來悉是 彼一乘法 何以故 以三乘望一乘 有二門故 謂不異不一也 初不異中亦二 一 以三卽一故不異 二 以一卽三故不異"라고 하였다. 〔참고문헌〕『華嚴五敎章』.

해성리야 解性梨耶 아뢰야식(阿賴耶識)의 세 가지 뜻 중 하나. 원측(圓測)의 『해심밀경소』 권3(한불전1, p.217c4)에 "제8아리야식은 자체에 세 가지 뜻이 있다. 첫째 해성리야이니, 성불의 뜻이 있다. 第八阿梨耶識 自有三種 一 解性梨耶 有成佛義"라고 하였다. 〔참고문헌〕『解深密經疏』. ⇨ 아리야식 阿梨耶識, 아뢰야식 阿賴耶識, 과보리야 果報梨耶, 염오아리야 染汚阿梨耶

해세 解歲 동안거(冬安居)를 해제하는 날. 수세(受歲)와 대칭한다. 『선림상기전』 권4 「동안거 冬安居」(대장경보편19, p.86b15)에 "또한 10월 15을 수세이고, 정월 15은 해세이다. 又十月十五日受歲 正月十五日解歲"라고 하였다. 〔참고문헌〕『禪林象器箋』. ⇨ 수세 受歲❶

해수 咳嗽 ❶ 기침하다. 『대혜어록』 권9(대정장47, p.849b11)에 "다시 들었다. '예전에 한 부인이 재물을 보시하며 조주화상에게 대장경을 전독해줄 것을 청하였다. 조주는 선상을 내려와서 주변을 한 바퀴 돌고서 말하였다. 「장경 전독이 끝났다」. 심부름한 사람이 돌아가서 부인에게 그대로 전해주니 그 부인이 말하였다. 「앞서 한 번을 온전히 굴려주실 것을 청하였는데, 어찌 화상께서는 반만 굴리셨을까?」'. 復擧 昔有一婆子施財 請趙州和尙轉大藏經 趙州下禪床遶一匝云 轉藏已畢 人回擧似婆子 婆云 比來請轉一藏 如何和尙只轉半藏", "이에 대해 대혜가 말하였다. '대중들은 헤아려 이르길 「무엇이 나머지 절반일까?」 생각하고서는 어떤 이는 다시 한 번 주변을 도는 것이라고 말하고, 어떤 이는 손가락을 한 번 퉁기는 것이라 하고, 어떤 이는 기침을 한 번 하는 것이라 하며, 어떤 이는 소리를 한 번 내지르는 것이라 하고, 어떤 이는 손뼉을 한 번 치는 것이라 한다. 이러한 견해들이야말로 다만 부끄러운 줄도 모르는 일일 뿐이다'. 師云 衆中商量道 如何是那半藏 或云 再遶一匝 或彈指一下 或咳嗽一聲 或喝一喝 或拍一拍 恁麽見解 只是不識羞"라고 하였다. 〔참고문헌〕『大慧語錄』. ❷ Ⓢ Ⓟ kāsa. 기침병. 『마하승기율』 권17(대정장22, p.361c28)

에 "이와 같이 좋은 음식을 병들지도 않은 비구가 자신의 몸을 위해서 취하면 바야제를 범하는 것이다. … 병자라면 세존께서는 설하시기를 죄가 없다고 하셨다. 병이란 무엇인가? 누렇게 문드러지는 것, 옹창, 치질, (대소변을) 제어하지 못하는 것, 황달, 학질, 기침병, 소갈, 풍종, 수종 등 이와 같은 갖가지 것들을 병이라고 한다. 如是美食 不病比丘 爲身索者 波夜提 … 病者 世尊說無罪 病者 黃爛癰痤 痔病不禁 黃病瘧病 咳嗽痟羸 風腫水腫 如是種種 是名爲病"라고 하였다. 〔참고문헌〕『摩訶僧祇律』, 『中阿含經』 권7 「分別聖諦經」(대정장1, p.467c24), *AN.5.110.*

해식 楷式 본보기. 『범마유경』(대정장1, p.883c10)에 "사문 구담은 진실로 부처님이시다. 상호와 광명 갖추지 않으심이 없도다. 세상에 희유하니 진실로 '여래 응공 정각'이라고 일컬을 만하다. 나는 마땅히 돕고 좇아 본보기로 보아 섬겨서 어리석은 미혹함 변화시킴과 아울러 나의 스승으로 앞장서리라. 沙門瞿曇 眞是佛也 相好光明 靡不備焉 觀世希有 眞可謂如來 應供正覺 吾當翼從 觀尊楷式 以化愚惑 幷啓吾師", 『불본행경』 권2 「병사왕문사품 甁沙王問事品」(대정장4, p.72b7)에 "이제 모든 해식들 보니 그 바탕에 있어서는 숨은 부스러기일 뿐이니, 결정코 비추기를 밝게 하리니 전륜성왕의 위를 보일 뿐이다. 今見諸楷式 在體而隱胗 決定照然明 指示聖王位", 『사분율행사초』 권상(대정장40, p.2a19)에 "사(事)와 법이 서로 마주함에 법으로 오직 본보기 삼는다. 뜻에서 어긋나면 사는 이루어지지 않는다. 사는 정과 성에 통한다. 그러므로 경을 따라 그 득실을 마름한다. 事法相對 法唯楷式 乖旨則事不成 事通情性 故隨境制其得失"라고 하였다. 〔참고문헌〕『梵摩渝經』, 『佛本行經』, 『四分律行事鈔』.

해식 解識 제칠식의 열 가지 이름(七識十名) 중 하나. 『번역명의집』 권6(대정장54, p.1153b10)에 "제7말나식의 열 가지 이름은 무엇인가? … 여섯째 미를 돌이켜 바름 좇고 능히 사주번뇌를 끊으므로 해식이라고 한다. 七識十名 … 六 返迷從正 能斷四住煩惱 名爲解識"라고 하였다. 〔참고문헌〕『翻譯名義集』. ⇨ 칠식십명 七識十名

해신 海神 바다를 다스리는 신. 『비화경』 권8(대정장3, p.218c18)에 "이때 해신 있었으니 이름하여 조의라 하였는데 또 이런 말 지었다. '훌륭한 대장부여! 지금 이후로 곳곳에서 일생에 이르기까지 원컨대 나 늘 마땅히 그대 위해 어머니가 되어 주겠으니, 그대 성불하고 나서 또한 마땅히 나에게 위없는 도의 수기를 주시오'. 時有海神 名曰調意 復作是言 善大丈夫 從今已往 在在之處 乃至一生 願我常當爲汝作母 汝成佛已 亦當授我無上道記", 『불본행경』 권4(대정장4, p.79b29)에 "그 처음으로 정법륜 굴릴 때를 당하자 하늘·용·사람·귀와 해신이 모두 기뻐하여 곧 하늘꽃을 비 내렸는데 가히 칭하여 헤아릴 수 없었으며 중생은 이를 받고 힘입어 고를 따라 편안함을 얻었다네. 當其始轉 正法輪時 天龍人鬼 海神皆喜 卽雨天花 不可稱計 衆生蒙賴 從苦得安", 60권본 『화엄경』 권1(대정장9, p.396a11)에 "또 불가사의한 모든 해신들과 함께했으니, 그 이름은 보승광명신·금강혜신·보용랑신·잡화룡승신·보화광명신·수미장엄신·해음성신이었는데 이와 같은 일체가 부처님의 무량공덕의 바다로 스스로 충만하였다. 復與不可思議諸海神俱 其名曰 寶勝光明神 金剛慧神 普涌浪神 雜華龍勝神 寶華光明神 須彌莊嚴神 海音聲神 如是一切 以佛無量功德之海 而自充滿", 80권본 『화엄경』 권68(대정장10, p.369c2)에 "해난 당한 이를 위해 사공·어왕·마왕·귀왕·상왕·아수라왕 및 해신 지음을 보여 저 중생들 위해 악한 비바람 그치게 하고 큰 파도 쉬게 하며 그 도로를 이끌어 그 물가와 언덕을 보임으로써 두려움 면하게 하고 모두 안은을 얻게 한다. 또 이런 념 짓기를 '이 선근을 돌려 중생에게 베풀어 일체 괴로움들을 버리고 여의게 되기를 원합니다'라고 한다. 爲海難者 示作船師 魚王 馬王 龜王 象王 阿脩羅王 及以海神 爲彼衆生 止惡風雨 息大波浪 引其道路 示其洲岸 令免怖畏 悉得安隱 復作是念 以此善根 迴施衆生 願令捨離一切諸苦"라고 하였다. 〔참고문헌〕『悲華經』, 『佛本行經』, 『華嚴經』.

해신지귀부지가 海神知貴不知價 해신은 보배가 귀한 줄은 알지만 그 값은 모르다. 『밀암어록』(대정장47, p.961b11)에 "주장자 세워 한 번 치고는 대중에게 말했다. '하늘 땅 아직 서기도 전과 세계가 모양을 갖추기 전에 말해 보라! 이 한마디 어느 곳에 떨어져 있을까' 마침내 주장자 들고 말했다. '보고 또 보라! 해신은 귀한 줄 알지만 값을 몰라서, 인간세계에 남겨두고 밤의 어둠을 비추게 한다'. 주장자를 던지고 법좌에서 내려왔다. 拈拄杖卓一卓 乃召大衆云 乾坤未立 世界未形 且道遮一著 落在什麼處 遂提起云 看看 海神知貴不知價 留與人間光照夜 擲拄杖 下座", 『영각광록』 권2(卍속장125, p.425a4)에 "불자를 들고 '노승의 불자 끝에 있으니 또한 무엇이라 부르겠는가?'라고 한 뒤 잠깐 침묵하다가 말했다. '해신은 귀한 줄 알지만 그 값을 몰라서, 인간과 더불어 남아서 밤의 어둠을 비춘다'. 擧拂子云 在老僧拂子頭上 又喚作甚麼 良久云 海神知貴不知價 留與人間光照夜"라고 하였다. 〔참고문헌〕『密菴語錄』, 『永覺廣錄』, 『眞淨克文語錄』(고존숙어록43, 卍속장118, p.722b2).

해심 害心 Ⓢ āghāta-citta, pratigha-cittatā, Ⓣ gnod-pa … sems, khong-khro-ba'i-sems. 중생을

해하려는 마음. 『증일아함경』 권30(대정장2, p.713b18)에 "여섯 가지 법으로 지옥에 떨어지니 … 그 여섯 가지는 다른 이 해하려 하고, 내가 해하는 마음을 일으키고, 문득 뛸듯이 기뻐하는 것, 다른 사람으로 하여금 누군가를 해치게 하고자 해심을 일으키도록 하는 것이다. 有六法入地獄 … 云何爲六 欲害他人 我以起此害心 便歡喜踊躍 不能自勝 我當教人使害他 於中起害心", 『잡아비담심론』 권3(대정장28, p.890b25)에 "양을 도살하는 이는 비록 다른 중생을 죽이지 않더라도 일체중생에게 지는 불율의다. 왜 그런가? 일체중생이 양의 모습으로 나타나면 저 일체중생을 모두 해하려는 마음을 일으킬 것이다. 일체중생에게는 누구든 양이 될 수 있으며, 양이 되지 않더라도 역시 해하려는 마음은 율의를 어긴 것이다. 若屠羊者 雖不殺餘衆生 而於一切衆生所得不律儀 何以故 若一切衆生爲羊像在前者 於彼一切悉起害心 一切衆生 有作羊理故 若復無作羊理者 於彼亦有害心故 得不律儀"라고 하였다. 〔참고문헌〕 『增壹阿含經』, 『雜阿毘曇心論』, *Abh-k-bh.188.*, *Bodh-bh.4.*

해심 害尋 Ⓢ vihiṃsā-vitarka, Ⓣ rnam-par-'tshe-ba'i-rtog-pa. 삼불선심(三不善尋) 중 하나. 해와 상응하는 모든 마음. 『집이문족론』 권3(대정장26, p.377b2)에 "해심이란 어떤 것인가? 〔답〕 해와 상응하는 모든 마음이니, 찾아 구하고 두루 살펴 구하며, 가까이에서 찾아 구하고, 마음에 나타나고 확연히 나타나며, 눈앞에 환히 나타나고 미루어 헤아리고 구획하며 생각하고 분별하는 것 등을 모두 해심이라고 한다. 害尋云何 答 害相應諸心 尋求 遍尋求 近尋求 心顯了 極顯了 現前顯了 推度搆畫 思惟分別 總名害尋"라고 하였다. 〔참고문헌〕 『集異門足論』, 『法蘊足論』 권9(대정장26, p.497c19), *Śikṣ.39.* ⇨ 삼불선심 三不善尋, 무해심 無害尋

해심 海深 조선후기 스님. 백암성총(栢庵性聰 1631~1700)이 보낸 시 2수가 『백암집』 권상(한불전8, p.443b15·p.447a4)에 전한다. 제1수(한불전8, p.443b17)에 "천리 밖 옛 친구에게 어찌 몇 줄 글을 아끼랴. 故人千里外 那惜數行書", 제2수(한불전8, p.447a6)에 "그대에게 묻노니, 백제성 서쪽 절에서 결사하시는 고상한 분은 누구이신가. 問君百濟城西寺 結社高賓姓是誰"라고 하였다. 〔참고문헌〕 『栢庵集』.

해심밀경 解深密經 Ⓢ Saṃdhinirmocana-sūtra, Ⓣ 'Phags-pa dgongs-pa nges-par 'grol-pa shes-bya-ba theg-pa chen-po'i mdo. 당(唐)대 현장(玄奘) 한역. 5권. 고려장10, pp.709a1~743a19, No.154·대정장16, pp.688b3~711b22, No.676에 수록되어 있다. 또한 본 경의 「서품」을 제외한 나머지 7품이 『유가사지론』의 「섭결택분 攝決擇分」(권75~78)에도 본문이 거의 그대로 수록되어 있다. 현재 산스크리트어 판본은 전하지 않으며 티베트 역본(北京版 No.774) 만이 현존한다. 경 제목에 대해 원측(圓測)의 『해심밀경소』 권1(한불전1, p.123c6)에서 "해는 해석이고, 심은 매우 깊음이며, 밀은 비밀을 뜻한다. 이 경은 경행과의 세 가지가 비할 바 없이 뛰어남을 밝히는 것을 종지로 삼으니, 이와 같이 매우 깊은 뜻을 풀어 알게 하므로 해심밀이라 하였다. 解謂解釋 深卽甚深 密者秘密 此經宗明境行及果三種無等 解釋如是甚深之義 名解深密"라고 하였다. 본 경은 유식을 설한 대승경전으로 모두 8품으로 구성되어 있다. 제1 「서품 序品」에서는 부처님의 수용신(受用身)이 본 경을 설하심을 밝히고, 제2 「승의제상품 勝義諦相品」에서는 분별을 여읜 승의제에 대해 설하며, 제3 「심의식상품 心意識相品」에서는 아다나식(阿陀那識)·일체종자를 품은 아뢰야식(阿賴耶識)과 심(心)에 대해 설하고, 제4 「일체법상품 一切法相品」에서는 변계소집상(遍計所執相)·의타기상(依他起相)·원성실상(圓成實相)의 삼자성(三自性)에 대해 설한다. 제5 「무자성상품 無自性相品」에서는 상무자성성(相無自性性)·생무자성성(生無自性性)·승의무자성성(勝義無自性性)의 삼무자성(三無自性)을 밝히고, 제6 「분별유가품 分別瑜伽品」에서는 항상 지(止)와 관(觀)은 닦아 속박을 끊고 해탈하는 유가행에 대해 설하며, 제7 「지바라밀다품 地波羅蜜多品」에서는 십일지(十一地)와 십바라밀(十波羅蜜)을 설하고, 제8 「여래성소작사품 如來成所作事品」에서는 수행의 과로 얻는 여래의 몸과 국토에 대하여 밝힌다. 이중에서 제2품~5품까지는 유식의 경(境)을 밝힌 것이고, 제6품은 유식의 관법(觀法)을 설한 부분이며, 제7품은 유식의 행(行)을 설한 것이고, 제8품은 유식의 과(果)를 말하고 있다. 이역본으로는 보리유지(菩提流支 Ⓢ Bodhiruci) 한역의 『심밀해탈경 深密解脫經』 5권(대정장16, No.675)·진(陳) 진제(眞諦 Ⓢ Paramārtha) 한역의 『해절경 解節經』 1권(대정장16, No.677)·유송(劉宋) 구나발다라(求那跋陀羅 Ⓢ Guṇabhadra) 한역의 『상속해탈지바라밀요의경 相續解脫地波羅蜜了義經』 1권(대정장16, No.678)과 『상속해탈여래소작수순처요의경 相續解脫如來所作隨順處了義經』 1권(대정장16, No.679)이 있다. 주석서로는 신라 경흥(璟興)의 『소』 10권·당(唐) 현범(玄範)의 『소』 10권(또는 3권)·당 영인(令因)의 『소』 11권(또는 7권 내지 13권) 등 다양한 주석서가 있었다고 하나, 현재는 원측의 『해심밀경소』 10권과 원효(元曉)의 『해심밀경소서 解深密經疏序』만이 전한다. 〔참고문헌〕 『解深密經疏』, 『大唐內典錄』 권9(대정장55, p.315a29), 『古今譯經圖紀』 권4(대정장55, p.367b11), 『開元釋教錄』 권8(대정장55, p.555c13), 『貞元新定釋教目錄』 권9(대정장55, p.839a

17). ⇨심밀해탈경 深密解脫經, 해절경 解節經, 상속해탈지바라밀요의경 相續解脫地波羅蜜了義經, 상속해탈여래소작수순처요의경 相續解脫如來所作隨順處了義經

해심밀경소 解深密經疏 ❶신라 원측(圓測) 지음. 10권. 『해심밀경』(대정장16, No.676)에 대한 현존 유일의 주석서다. 한불전1, pp.123b1~478c5 · 卍속장34, p.581a1~卍속장35, p.100b9)에 수록되어 있다. 한불전에 수록된 판본은 티베트어 역본(北京版 No.5517 · 델게版 No.4016)에 근거하여 복원한 내용을 수렴한 완정본이고, 卍속장 판본은 권8의 권두(卷頭) 일부와 권10의 전문이 결락되어 있다. 원측은 본서의 「서품序品」에서 교흥제목(教興題目) · 변경종체(辨經宗體) · 현소의위(顯所依爲) · 의문정석(依文正釋)의 사문(四門)을 세워 경의 대의를 설명하고는 『해심밀경』은 이장(二藏) 중에서는 보살장(菩薩藏), 삼장(三藏) 중에서는 아비달마장(阿毘達磨藏), 십이분교(十二分教) 중에서는 논의경(論議經), 오교문(五教門) 중에서는 관행문(觀行門)을 소의로 한다고 하였다. 또한 『해심밀경』은 삼분과경(三分科經) 중 의교봉행분(依教奉行分)을 제한 교기인연분(教起因緣分)과 성교정설분(聖教正說分)만으로 이루어져 있다고 하였다. 그리고 성교정설분의 내용을 경행과(境行果)로 구분하여 풀이하였다. 즉 「승의제상품 勝義諦相品」 · 「심의식상품 心意識相品」 · 「일체법상품 一切法相品」 · 「무자성상품 無自性相品」 등은 유가수행자들이 관해야 하는 경계에 대한 내용이며, 「분별유가품 分別瑜伽品」과 「지바라밀다품 地波羅蜜多品」은 관행(觀行)에 대해 설한 것이고, 마지막의 「여래성소작사품 如來成所作事品」은 얻는 과(課)에 대한 것이라고 하였다. 원측은 『해심밀경』을 위와 같은 구조로 파악하고 문구 하나하나를 해석하면서 다양한 논사들의 주장을 끌어들여 그 차이점을 드러내거나 또는 어울리게 하여 거두기도 하면서 풍부하고도 적절하게 『해심밀경』의 뜻을 설득한다. 〔참고문헌〕『注進法相宗章疏』(대정장55, p.1141b28), 『新編諸宗教藏總錄』 권1(대정장55, p.1171b22 · 한불전4, p.687b5). ⇨해심밀경 解深密經 ❷신라 원효(元曉) 지음. 『신편제종교장총록』 권1(대정장55, p.1171b21 · 한불전4, p.687b21) 등에 책 이름이 보이나 전하지는 않고 「서문」만 남아있다. 〔참고문헌〕『新編諸宗教藏總錄』, 『注進法相宗章疏』(대정장55, p.1141b29). ⇨해심밀경소서 解深密經疏序 ❸신라 경흥(憬興) 지음. 5권. 『동역전등목록』(대정장55, p.1153a25)에 서명이 보이나 전하지 않는다. 〔참고문헌〕『東域傳燈目錄』. ❹당대 현범(玄範) 지음. 3권 또는 10권. 『동역전등목록』(대정장55, p.1153a22) 등에 서명이 보이나 전하지 않는다. 〔참고문헌〕『東域傳燈目錄』, 『法相宗章疏』(대정장55, p.1138c5). ❺당대 영인(令因) 지음. 11권(12권 또는 7권이라고도 함). 『법상종장소』(대정장55, p.1138c3) 등에 서명이 보이나 전하지 않는다. 〔참고문헌〕『法相宗章疏』.

해심밀경소서 解深密經疏序 신라 원효(元曉 617~686) 지음. 『해심밀경소』의 서문만이 한불전1, p.553a1~b1과 『동문선』 권83에 전한다. 본 서문에서 원효는 『해심밀경』에 대해 "유무의 법상을 열어, 승의로 끝 여읨을 보이셨다. 지관의 본말을 가려 세워서 그럴듯한 진실을 부수었으며, 교로는 삼장성교를 다했고 이로는 네 가지 도리를 다하였다. 행이라면 육바라밀다를 자세히 하였으며, 위(位)인즉 십지를 베풀었다. 십지의 행이 성취될 때 원만한 전의를 얻고 전의의 법신 불가사의해서 온갖 희론 끊는다. 開有無之法相 示勝義之離邊 明止觀之本末 簡立破之似眞 教窮三藏聖教 理盡四種道理 行卽分別六度 位卽宣說十地 十地行成之時 證得圓滿轉依 轉依法身 不可思議 絶諸戲論"라고 하였다. 〔참고문헌〕『解深密經疏序』, 『東文選』.

해아 孩兒 어린아이. 『경덕전등록』 권4 「조과도림전 鳥窠道林傳」(대정장51, p.230b26)에 "세 살 어린아이도 말할 수 있지만, 여든 먹은 노인일지라도 행하지 못한다. 三歲孩兒雖道得 八十老人行不得"라고 하였다. 〔참고문헌〕『景德傳燈錄』.

해아라한 害阿羅漢 Ⓢ arhad-vadha, arhad-ghāta, Ⓣ dgra-bcom-pa-gsod-pa, dgra-bcom-pa-bsad-pa. 아라한을 해치다. 오역(五逆 : 五無間) 중 하나다. 『대비바사론』 권115(대정장27, p.600a25)에 "어떤 것이 업장인가? 오무간업을 말한다. 어떤 것이 그 다섯 가지인가? … 셋째가 아라한을 해하는 것이다. 云何業障 謂五無間業 何等爲五 … 三 害阿羅漢", 같은 책 권119(대정장27, p.620a5)에 "〔문〕 아라한을 해하여서 무간죄를 얻듯이 모든 유학을 해하여도 역시 이런 죄를 얻는가? 〔답〕 얻지 않는다. 왜냐하면 앞에서 말한 무간죄는 두 가지 인연으로 얻으니, 첫째는 기른 은혜를 저버리는 것, 둘째는 덕의 밭을 부수는 것이다. (그러나) 여러 유학을 해하는 것은 덕전을 부수는 것은 아니다. 왜냐하면 저들에겐 공덕도 있고 과실도 있으며, 묘행도 있고 악행도 있으며, 선근도 있고 불선근도 있기 때문이다. 問 如害阿羅漢 得無間罪 害諸有學 亦得是罪耶 答 不得 所以者何 前說無間 由二緣得 一 背恩養 二 壞德田 害諸有學 非壞德田 以彼有功德 亦有過失 有妙行 亦有惡行 有善根 亦有不善根故", 『사리불아비담론』 권7(대정장28, p.583b17)에 "어떤 것이 아라한을 해하는 무간업인가? 고의로 아라한성문의 목숨을 끊는 것을 아라한을 해하는 무간업이라고 한다. 云何害阿羅漢無間 故斷阿羅

漢聲聞命 是名害阿羅漢無間"라고 하였다. [참고문헌] 『大毘婆沙論』, 『舍利弗阿毘曇論』, *Abh-k-bh.263.*, *Yogā-bh.185.* ⇨ 오역 五逆, 오무간죄 五五無間罪

해안 海岸 조선후기 스님. 법호는 인허(印虛). 『동사열전』 권3 「만화강사전 萬花講師傳」(한불전10, p.1026c1)에 "만화원오(1694~1758)는 인허해안에게 참회하고 계를 받았다. 受懺於印虛海岸"라고 하였다. [참고문헌] 『東師列傳』.

해안 海眼 ❶ 1567~? 조선중기 스님. 임진왜란 때 의승병(義僧兵)을 규합하여 왜적 퇴치에 큰 공을 세운 스님이다. 『중관대사유고』 부록(한불전8, p.220b16)에 호는 해안이라 하였고, 『서역중화해동불조원류』에 호는 중관(中觀)이라 하였으나 휘는 해안이고 호는 중관이다. 속성은 오(吳)씨니 1567년(명종22) 전라도 무안(務安)에서 태어났다. 선비가에 태어나 항상 독서와 글쓰기(寫字)를 게을리 하지 않았으며, 한 가지 듣고 열 가지 터득하였기에 이웃들이 기동(奇童)이라고 칭송했다. 어릴 때 어머니(天只)를 잃고 집안이 가난하여 표숙(表叔 : 外三寸)인 뇌묵처영(雷默處英)스님께 의탁하여 절에서 자라며 배웠다. 유교전적은 물론 시부(詩賦)에 이르기까지 박통하였다. 아버지가 집으로 데려가 과거 보아 출세하도록 권하였으나, 스님은 한묵(翰墨 : 文章)으로 출신하는 것은 모두 헛된 명예에 불과한 것이므로 불교수행으로 심공급제(心空及第)를 하는 것만 못하다면서 몰래 나와 스스로 머리를 깎고 스님이 되었다. 교리와 선리(禪理)를 깊이 연구하고는 남쪽의 두류산(頭流山 : 지리산)과 북방의 풍악산(楓岳山 : 금강산) 등 고적(古跡)을 모두 답사하고 선지식을 두루 친견하였다. 스님은 부종수교(扶宗樹敎)는 물론 시와 글씨에도 능통했다. 법계(法系)로는 청허휴정 → 뇌묵처영 → 중관해안 → 능허청간(淩虛淸侃) → 형곡복원(荊谷復遠)으로 이었다. 1592년 임진란에서 부터 1637년(丁丑年) 병자호란이 끝날 때까지 가사와 장삼 대신 갑옷을 입고 승군을 총통(總統)하였다. 성품이 강직하여 악을 미워하기를 원수와 같이 여겼으므로 많은 스님들이 오만하다고 싫어하는 이도 많았다. 의간(義侃)과 초간(初侃) 두 스님이 끝까지 스님을 시봉하면서 유고(遺稿)를 수습하여 엮어서 『중관대사유고』(한불전8, pp.200~220)라고 제목한 고판본(古板本)이 있고 1912년 1월에 간행한 것이 있다. 『죽미기 竹迷記』 1책 · 『화엄사사적기 華嚴寺事蹟記』 · 『금산사사적기 金山寺事蹟記』 등을 남겼는데, 『화엄사사적기』는 1697년(숙종23) 3월에 판각한 판본이 화엄사에 현존하는데, 창건으로부터 임진왜란으로 병화(兵火)를 입은 것까지 기록하였고 최치원(崔致遠)의 「대화엄불국아미타불상찬」 등도 몇 편 수록되었다. 끝으로 『금산사사적기』는 1635년(인조13) 11월에 고쳐 쓴 것을 1705년(숙종31) 5월에 다시 쓴 것이 전하고 있다. [참고문헌] 『中觀大師遺稿』, 『西域中華海東佛祖原流』(한불전10, p.105a12). ⇨ 중관대사유고 中觀大師遺稿 ❷ 1901~1974. 현대 부안 내소사(來蘇寺)스님 봉수(鳳秀)의 법호. ⇨ 봉수 鳳秀

해안국 海岸國 Ⓢ Sāgara-tīra. 선재동자(善財童子)가 참방한 오십삼선지식(五十三善知識) 중 세 번째 선주비구(善住比丘 Ⓢ Supraṣṭhita)의 주처. 『화엄경탐현기』 권18(대정장35, p.458a28)에 "해안국이라는 이름은 이 나라가 바닷가에 있어서 붙여졌다. 천축의 본래 이름은 해안능가도이다. 풀이하면 '이 나라의 길이 능가산으로 향하고 있다는 뜻이다'. 또한 승류법계의 언덕에 도달한다는 뜻이기도 하고, 이전에는 바다로 드는 문이라 했지만 지금은 해안에 도달했다는 의미이기도 하다. 海岸國者 此國在海濱故 天竺本名 海岸楞伽道 解云 此國道向 楞伽山故也 又到勝流法界之岸故 又前入於海門 今達到海岸故也"라고 하였다. [참고문헌] 『華嚴經探玄記』, *Gaṇḍ-vy.54.* ⇨ 선주비구 善住比丘

해안사 海安寺 황해도 개성시 봉명산(鳳鳴山)에 있던 절. 해안사(海晏寺)라고도 한다. 혜소국사(慧炤國師) 정현(鼎賢 972~1054)이 주지를 맡았고, 지광국사(智光國師) 해린(海麟 984~1067)이 출가하여 준광(俊光)이 된 곳이며, 혜덕왕사(慧德王師) 소현(韶顯 1038~1096)이 출가하여 주지로 있던 곳이다. 『고려사』 권53 지(志)7 오행(五行)1에 "9년(1131) 9월 정사에 큰 바람과 폭우, 천둥 번개로 1척 정도 물에 잠겼고, 현화사와 해안사 두 절 남쪽 산의 나무가 벼락을 맞았다. 九年九月丁巳 大風暴雨雷電 水深平地一尺 震玄化·海晏兩寺南山樹", 같은 책 권18 세가(世家)18 1157년(의종11) 4월 29일에 "왕이 백관을 거느리고 해안사에 행차하여 풍수를 살폈다. 王率百官 幸海安寺 相風水", 세가19 1175년(명종5) 5월 22일에 "왕(의종)의 초상을 해안사에 봉안하여 원당으로 삼았다. 而安其眞於海安寺 以爲願堂", 세가20 1181년(명종11) 12월 10일에는 "해안사를 중방의 원당으로 삼았다. 海安寺爲重房願堂"라고 하였다. 진화(陳澕)는 『매호유고』에 해안사에서 솔가지를 빌려왔다는 「종해안사걸송지 從海安寺乞松枝」, 이제현(李齊賢 1287~1367)은 『익재집』 권4에서 충선왕의 진영을 해안사에 옮겼다는 「충선왕진용 이안우해안사 忠宣王眞容 移安于海安寺」, 이색(李穡 1328~1396)은 『목은집』 권14 채수좌가 들렀다는 내용의 시와 자은종(慈恩宗)의 우세군(祐世君)이 이곳에서 경을 강론했다는 시 등 10세기에서 15세기에 걸쳐 사격(寺格)에 상응하는 많은 이야기들이 전한다. [참고문헌〕『高麗史』, 『梅湖遺稿』, 『益齋集』, 『牧隱集』, 『韓國寺刹全書』 권하 p.1137b13, 『金山寺誌』(亞細亞文化社, 1982) p.116, 李智冠 『校勘譯註歷代高僧碑文』 高麗篇2 「法泉寺智光國師玄妙塔碑」 pp.348~395 · 高麗篇3 「金山寺慧德王師眞應塔碑文」 pp.20~69.

해안사 海晏寺 ❶ 황해도 개성시에 있던 절. 『고려사』 권53 지(志) 권7 1131년(인종9) 9월 24일 정사(丁巳)에 "현화사와 해안사 두 절의 남쪽 산 나무가 벼락을 맞았다. 震玄化海晏兩寺南山樹", 김우번(金于蕃)이 찬한 「민영묘지명 閔瑛墓誌銘」에 "11월 12일 임인(1152 · 의종6)에 개성부 안 해안사 북쪽 기슭에서 유골을 장사지냈다. 十一月十二日壬寅 骨葬于開城府內海晏寺北麓"라고 하였다. 〔참고문헌〕『高麗史』, 『朝鮮金石總覽』 권상 pp.365~366. ❷ 일본 대마도(對馬島)에 있던 절. 『동사록』 갑자년(1624 · 인조2) 10월 4일에 "연안을 따라 1 마장쯤 가서 해안사에 사처를 두었다. 沿水邊一馬場許 下處於海晏寺", 10월 6일 · 을축년(1625 · 인조3) 2월 15일, 2월 24일에도 머무른 기록이 있다. 4월 12일에는 "문사 및 이중화, 이내승이 해안사에서 놀다 돌아왔다. 諸文士及李中和 李內乘 往遊海晏寺而歸", 4월 24일에는 서기(書記)와 제술관(製述官), 6월 11일에는 사신 2명이 왔다 갔다고 하였다. 1636년(인조14) 10월 10일에는 "포구가에 해안사와 서복사 두 절이 있었으나 누추하여 몸을 붙일 수가 없었다. 浦邊有海晏西福兩寺 而陋不可接"라고 하였다. 〔참고문헌〕『東槎錄』.

해안사 海眼寺 경상북도 영천시 청통면 팔공산(八公山) 은해사(銀海寺)의 옛 이름. 『한국사찰전서』 권하 은해사에 "본래 이름은 해안사이다. 신라 헌(덕)왕 3년(811) 신묘에 화재가 났고, 그 뒤에 지금의 터로 이건하고서 은해사라고 고쳐 불렀다. 本名海眼寺 新羅憲王三年辛卯火災 後移建于今址 改名銀海寺"라고 하였다. 〔참고문헌〕『韓國寺刹全書』 권하 p.951a8 · 1138a4. ⇨ 은해사 銀海寺

해암 海庵 조선후기 스님. 『동사열전』 권4 「설암선사전 雪岩禪師傳」(한불전10, p.1036c8)에 "총지사로 출가하여 해암선사에게 머리를 깎았다. 出家於揔持寺 剃髮於海庵禪師"라고 하였다. 〔참고문헌〕『東師列傳』.

해약 海若 바다를 지배하는 전설상의 수신. 『홍명집』 권14 「파마로포문 破魔露布文」(대정장52, p.94c28)에 "이를 보는 모든 이들로 하여금 가을 물이 저절로 많이 불었다는 하백의 생각을 버리고, 멀리 해저 깊은 문에서 노닐며, 천박한 가르침에 심정을 묶어 놓아 정신이 황당한 말로 놀라지 않도록 하였다. 令庶覽者 捨河伯秋水之自多 遠遊于海若之淵門 不束情於近教 而駭神于荒唐之說也", 『어선어록』 권11 「대각보제능인옥림수국사어록 大覺普濟能仁玉琳琇國師語錄」(卍속장119, p.376b10)에 "통수는 또한 어떻게 물을 짊어지고 강가에서 팔았을까? 마치 하백(황하의 신)이 해약을 만나자 문득 황홀해 정신을 놓았을 따름이다. 通琇更作麽 擔水河頭賣 直如河伯見海若 恍然自失耳"라고 하였다. 〔참고문헌〕『弘明集』, 『御選語錄』.

해약천후 海若川侯 바다신 해약과 강의 신 천후. 『송고승전』 권19 「회신전 懷信傳」(대정장50, p.833a25)에 "탑과 사찰은 장엄하고 화려하다지만 대부분 귀신에게 깃발을 빼앗겼고, 해약과 천후 또한 사람의 무리에 속하지 않는다. 凡塔刹嚴麗 多被鬼神取旃 海若川侯 亦非人也"라고 하였다. 〔참고문헌〕『宋高僧傳』.

해양암 海養庵 옛 소동문, 지금의 혜화문 밖에 있던 절. 『한국사찰전서』 권하 해양암에 "경성부 소동문 밖에 있었는데, 지금은 알 수 없다. 在京城府小東門外 今未詳"라고 하였는데, 소동문은 『성종실록』 권58 6년(1475) 8월 23일에 "내사옹의 상동문은 소춘문, 북문은 소동문으로 하였다. 內司饔上東門曰小春 北門曰小東"라고 하였다. 〔참고문헌〕『成宗實錄』, 『正祖實錄』, 『承政院日記』, 『韓國寺刹全書』 권하 p.1138a5.

해어남자 解語男子 말을 알아듣는 남자. 사태를 판단할 만한 어른 남자의 뜻으로 유지남자(有智男子)와 통한다. 『십송율』 권9(대정장23, p.70c16)에 "만약 비구가 말을 알아듣는 남자가 없는 곳에서 여인들에게 법을 설하여 대여섯 마디를 넘어섰거나 게로 설했다면 모든 것이 바야제이다. 若比丘無解語男子 爲女人說法 過五六語 若偈說 偈偈波夜提"라고 하였다. 〔참고문헌〕『十誦律』. ⇨ 유지남자 有智男子

해언사 海堰寺 전라남도 진도군 군내면 금골산에 있던 절. 해원사(海院寺)라고도 불렀다. 이주(李冑 1468~1504)의 『망헌유고』 습유(拾遺) 「금골산록 金骨山錄」에 "산의 주위는 대략 삼십여 리로, 아래에는 해원사라고 불린 대가람의 옛 터가 있는데, 구층석탑이 있고 탑의 서쪽에 버려진 우물이 있다. (절터) 위에 삼굴이 있어 맨 아래는 서굴이라 불리는데, 굴은 산의 서쪽에 있지만 창건이 언제인지는 알 수 없다. 근래에 일행스님이 향나무로 십육나한상을 조성하여 굴에 모셨고, 굴의 옆에는 따로 옛 절의 예닐곱 기둥이 있어 스님들이 머물고 있다. … 굴 북쪽 언덕을 깎아 미륵불을 모셨는데, 이전의 군수였던 유호지가 조성하였다. 승가에서 전하기를 '이 산이 옛날에는 신험이 많아 매년 능히 방광하여 신이함을 보이고, 역병이나 수재한재에 기도하면 반드시 응하였는데, 미륵불을 모신 뒤부터는 산이 다시 방광하지 않았다'고 하였다. … 마침내 금골록을 지어 서굴에 남겼다. … 홍치 임술년(1502·연산군8) 겨울 10월에 철성 이주가 기록한다. 山之周圍凡三十餘里 下有大伽藍古基曰海院寺 有石塔九層 塔西有廢井 上有三窟 其最下者曰西窟 窟在山之西麓 創始不知何代 近有僧一行造香木塑像十六羅漢安其窟 窟之傍別有古刹六七楹 緇徒居之 … 窟北崖斲成彌勒佛 古郡守柳好池所創 僧家相傳此山古多神驗 每年能放光示異 疫厲澇旱凡有祈禱必應 自斲彌勒成而山無復放光 … 遂書爲金骨錄 以遺西窟云 … 時弘治壬戌冬十月 鐵城李胄之錄", 『사탑고적고』에는 절터에 높이 12척인 사각의 오층석탑이 있다고 하였다. 금성초등학교 일대로 추정되는데, 1973년에 학교주변을 정비하면서 석재와 주춧돌, 기와조각 등을 발견하였고, 그 뒤에 청동불두와 청동불을 발견하기도 하였다. 현재는 보물로 지정된 금골산오층석탑이 서 있으며, 학교 뒷산에는 1469년(예종1)~1472년(성종3)에 진도군수로 재임한 유호지가 조성하였다는 금골산마애여래좌상이 있다. 절터에서 약 300m 위쪽에 대웅전과 심검당을 둔 한국불교태고종 사찰 해언사가 있다. [참고문헌]『忘軒遺稿』(韓國文集叢刊17, p.498a1), 『研經齋全集』 권51(韓國文集叢刊275, p.63a5), 『寺塔古蹟攷』, 『韓國의 寺址 현황조사 보고서』 2011下 전라남도2·광주광역시·제주특별자치도·부산광역시(문화재청·재단법인 불교문화재연구소, 2011) pp.177~179, 『韓國寺刹全書』 권하 p.1139a13. ⇨ 금골산오층석탑 金骨山五層石塔

해업 解業 업을 알다. 모든 일 있는 그대로 알고 보는 것을 말한다. 40권본 『대반열반경』 권33(대정장12, p.562c16)에 "일천제(Ⓢ icchantika)들에게도 선법이 있다고 하면 이는 뜻으로는 그렇지 않다. 왜냐면 만약 일천제무리에게 신업·구업·의업·취업·시업·해업이 있다면 이와 같은 업은 모두 삿된 업이기 때문이다. 그 까닭은 무엇인가? 인과를 구하지 않기 때문이다. 一闡提輩 有善法者 是義不然 何以故 一闡提輩 若有身業 口業 意業 取業 求業 施業 解業 如是等業 悉是邪業 何以故 不求因果故", 『사리불아비담론』 권7(대정장28, p.581a2)에 "무엇을 업을 안다 하는가? 일어난 일 있는 그대로 알고 보는 것이 해업이다. 云何解業 如事知見 是名解業"라고 하였다. [참고문헌]『大般涅槃經』, 『舍利弗阿毘曇論』.

해오 解悟 증오(證悟) 또는 철오(徹悟)와 대칭한다. 『법화경』 권4(대정장9, p.35c22)에 "무량한 중생이 법을 듣고 이해하여 깨닫고는 물러나지 않음을 얻었다. 無量衆生 聞法解悟 得不退轉", 『원각경대소』 권상1(卍속장14, p.238a16)에 "먼저 깨닫고〈드넓게 트여 단번에 깨우친다〉 후에 닦으면〈착하지도 않고 증하지도 않으면서 환하게 도와 합한다〉 해오이고, 먼저 닦고〈약을 복용하면〉 후에 깨달으면〈병을 없앤다〉 증오이며, 닦음〈무심하게 잊은 채로 비춘다〉과 깨달음〈맡겨 움직이고 고요히 안다〉이 일시여서 해와 증에 모두 통한다. 先悟〈廓然頓了〉後修〈不著不證 曠然合道〉爲解悟 先修〈服藥〉後悟〈病除〉爲證悟 修〈無心忘照〉悟〈任運寂知〉一時 卽通解證", 『종경록』 권36(대정장48, p.627b19)에 "또한 만약 움직여 깨우쳐서 닦는다면 해오이고, 닦음으로 인하여 깨닫는다면 증오다. 又若用悟而修 卽是解悟 若因修而悟 卽是證悟", 『화엄경소초』 권21(대정장36, p.164c17)에 "이 대목에서 말한 깨달음은 해가 비춤과 같아서 해오와 증오가 모두 단번에 이루어지니 돈수돈오다. 今言悟如日照 卽解悟證悟 皆悉頓也 卽頓修頓悟", 『무이원래광록』 권23(卍속장125, p.285a1)에 "또한 선을 논하자면 두 가지 깨달음의 문이 있다. 하나는 문자언어 좇는 중에 얻는 해오이고, 다른 하나는 자기 분상에서 참구하여 얻는 철오다. 무릇 해오자의 힘은 약하고 철오자의 힘은 강하다. 해오자는 마치 남이 설하는 사물을 듣는 것이고, 철오자는 몸소 눈으로 물을 보는 것과 같다. 듣거나 보는 것 비록 한가지라 하지만 의심함과 의심하지 않음은 참으로 하늘과 땅 사이처럼 멀다. 復次論禪者 有二種悟門 一者 從文字語言中得解悟 二者 從己分上參究 得徹悟 夫解悟者力弱 徹悟者力强 解悟者 如聞人說物 徹悟者 如親眼見物 聞見雖一 疑與不疑 實霄壤之遠也"라고 하였다. [참고문헌]『法華經』, 『圓覺經大疏』, 『宗鏡錄』, 『華嚴經疏鈔』, 『無異元來廣錄』. ⇨ 증오 證悟

해완가 澣浣家 빨래하는 일을 하는 집. 옷가지를 빠는 직업. 『출요경』 권5 「무방일품 無放逸品」(대정장4, p.637c20)에 "옛날에 존자 대목건련은 처음 출가하여 불도를 배우는 단계의 두 제자를 몸소 이끌어주었다. 한 사람은 빨래하는 일을 하다가 출가하였고, 다른 한 사람은 대장장이였다가 출가하였다. 昔尊者大目揵連 躬自度二弟子 初出家學道 一者 從澣浣家出 二者 從鐵作家出"라고 하였다. [참고문헌]『出曜經』.

해용왕 海龍王 ➡ 해룡왕 海龍王

해우경 解憂經 송대 법천(法天) 한역. 1권. 대정장17, pp.749b3~750b6, No.804에 수록되어 있다. 게찬(偈讚)·게술(偈述)에 이어 장행(長行)의 순서로 구성되어 있다. 부처님께서 기원(祇園)에 계시면서 비구들 위해 일체가 무상하므로 해탈하여 삼계를 벗어날 것을 설하셨다. [참고문헌]『閱藏知津』 권31(가흥장32, p.126a4), 『大中祥符法寶錄』 권7(금장111, p.761a9).

해우소 解憂所 근심을 푸는 곳. 정랑(淨廊)이라고 한다. 사찰의 대중화장실을 말한다. 순천 선암사와 영월 보덕사의 해우소는 2층 누각식으로 2층에서의 용변이

선암사 순천 · 보덕사 영월

1층에 모이고 왕겨나 재를 덮어 냄새 없이 거름이 되게 해서 밭에 뿌린다. 생태적 순환방식의 유산이라 여겨 문화재자료에 지정되었다. 선암사 해우소는 인(人)자 모양으로 부드럽게 곡선이 진 풍판에 '뒤깐'이라는 편액을 걸었으며, 보덕사 해우소는 대들보의 상량기록에 "광서 8년(1882 · 고종19) 임오 4월 초10일 유시에 세움. 光緖八年壬午四月初十日酉時立"이라 하였다. ⇨정랑 淨廊

해욱 海旭 조선후기 스님. 편양언기(鞭羊彦機 1581~1644)가 스님께 보낸 법어「증해욱선자 贈海旭禪子」(『편양당집』 권1 · 한불전8, p.245c24)에 "인생 저 날아가는 새와 같으니 납자는 시간을 아껴야 하리. 이제 고향 가는 길 나섰으니 잊지 말아야 할 것은 옛 부처의 마음 뿐이라네. 人生如過鳥 衲子惜光陰 此去鄕關路 無忘古佛心"라 하였다. [참고문헌] 『鞭羊堂集』.

해운 海雲 당대 밀교(密敎) 스님. 821년(장경1) 장안 청룡사(長安靑龍寺)의 동탑원(東塔院)에서 혜과(惠果)의 제자 의조(義操) 문하로 들어갔다. 같은 해 12월 스승을 따라 『서방군다리법』의 한역 작업에 필수(筆受) 소임을 맡았다. 834년(태화8) 9월 장안진창방정주사(長安晋昌坊淨住寺)에서 『약서금강계대교왕사자상승부법차제기 略敍金剛界大敎王經師資相承傳法次第記』 1권을, 같은 해 10월에는 『약서전대비로자나성불신변가지경대교상승부법차제기 略敍傳大毘盧遮那成佛神變加持經大敎相承付法次第記』 1권을 저술하였다. 양자를 묶어서 엮고 『양부대법상승사자부법기 兩部大法相承師資付法記』라 부르기도 한다. 당말에 밀교의 실정을 기록한 귀중한 사료(史料)로 평가한다. [참고문헌] 『西方軍吒利法』「序」(대정장21, p.49c4).

해운 海運 1580~1646. 조선후기 경열(敬悅)의 법호. ⇨경열 敬悅

해운비구 海雲比丘 Ⓢ Sāgara-megha. 선재동자(善財童子)가 참방한 오십삼선지식(五十三善知識) 중 두 번째인 비구. 해문국(海門國)에 머물고 항상 해안에서 법을 관하였다. 『화엄경탐현기』 권18(대정장35, p.457b17)에 "해운이라 한 것은 이 비구 항상 해안에서 연기하는 바다와 저 바다 위의 인법의 장엄함으로 두루 덮음이 저 구름과 같다고 관하는 까닭에 그 관함을 따라 이름 붙였다. 海雲者 此比丘 常在海岸 觀緣起大海 及彼海上 人法莊嚴 遍覆如雲 從所觀爲名", 『신화엄경론』 권35(대정장36, p.966a29)에 "두 번째 해운비구는 생사해의 십이지 본래 청정해서 부처님나라의 바다로 열린 문이라 관한다. 第二 海雲比丘 是觀生死海 十二有支 本來淸淨 佛國海門"라고 하였다. [참고문헌] 『華嚴經探玄記』, 『新華嚴經論』, *Gaṇḍ-vy.51.* ⇨오십삼선지식 五十三善知識, 해문국 海門國

해운비구찬 海雲比丘讚 해운비구를 찬하다. 양걸(楊傑)의 55선지식 찬 중 네 번째 찬. 『원종문류』 권22「대방광불화엄경입법계품찬 大方廣佛華嚴經入法界品讚」(卍속장103, p.832a16)에 "해운비구찬 : 바다가 드넓어 다함 없고, 부처님 공덕의 바다 극히 깊고 깊다네. 열두 해나 그 경계 관했더니, 보배 연꽃자리 위로 마음 파도쳐 오른다네. 海雲比丘讚 大海廣博不可盡 佛功德海極淵深 十有二年觀境界 寶蓮華座出波心"라고 하였다. [참고문헌] 『圓宗文類』.

해운사 海雲寺 **1** 경상북도 구미시 남통동 금오산(金烏山)에 있는 절. 대한불교조계종 직지사(直指寺)의 말사이다. 1925년에 철화가 절터에 해운암(海雲庵)을 세워 복원하였다. 「대웅전신축연유기 大雄殿新築緣由記」에는 1956년에 대웅전과 불상과 탱화 등을 조성하였다. 현존하는 당우로는 대웅전 · 지장보궁 · 삼성각 · 감로당 · 요사 등이 있다. [참고문헌] 『文化遺蹟總覽』 中卷(文化公報部 文化財管理局, 1977) p.110. **2** 황해북도 개풍군 영남면 청량산 아래에 있던 절. 전등사 말사였다. 『한국사찰전서』 권하 해운사에는 "지금의 해운암이다. 今之海雲庵"라고 하였고, 1802년(순조2)에 성운(性云)이 중건할 때 이현겸(李賢謙 1757~?)이 쓴 「청량산 해운암창건상량문병서 淸凉山海雲庵創建上樑文幷序」가 『전등본말사지』「해운암지 海雲庵誌」에 있는데, "절의 시작은 상세하지 않다. 세상에는 청량조사가 중국에서 와서 창건하였다고 전하는데 고려시대였다. 고려말에 폐사하였다. 寺之始莫詳也 世傳淸凉祖師 自中國來 刱建云 盖麗時也 麗末廢"라고 하였다. 1806년에는 묘징(妙澄)이 시주 박징화(朴徵華)와 함께 절 주변의 암벽에 약사여래상을 조성하였고, 1937년에는 주지 박민수(朴敏洙)가 중건하였다고 전한다. [참고문헌] 『韓國寺刹全書』 권하 p.1138a6, 『傳燈本末寺誌』(亞細亞文化社, 1978) pp.251~254. **3** 황해북도 평산군 모란산에 있던 절. 『동국여지승람』 권41 황해도 평산도호부 불우에 "해운사

… 〈모두 모란산에 있다〉. 海雲寺 … 〈俱在牡丹山〉", 『범우고』 황해도 평산에는 "지금은 폐사하였다. 今廢"라고 하였다. 〔참고문헌〕『東國輿地勝覽』, 『梵宇攷』, 『韓國寺刹全書』 권하 p.1138a7.

해운암 海雲庵 ❶ 전라남도 장흥군 관산읍 농안리 천관산(天冠山)에 있던 암자. 『지제지』에 "노초당 동남쪽 낮은 언덕에 있으며, 관음방이라고도 하였다. 지금은 없다. 在盧草堂東南小麓 亦名觀音房 今無"라고 하였다. 〔참고문헌〕『支提誌』, 『韓國寺刹全書』 권하 p.1139a10 欄外. ❷ 충청남도 당진시에 있던 암자. 『여지도서』 충청도 당진 사찰에 "현 서쪽 40리 초도 안에 있다. 在縣西四十里 在草島中"라고 하였고, 『범우고』에는 모락도(莫落島)에 있다고 기록하였다. 〔참고문헌〕『輿地圖書』, 『伽藍考』, 『梵宇攷』, 『韓國寺刹全書』 권하 p.1139a9. ❸ ➡ 해운사 海雲寺❷

해원 海圓 ❶ 1262~1340. 고려후기 스님. 이곡(李穀)이 지은 「대숭은복원사 고려 제1대사원공비문 大崇恩福元寺高麗第一代師圓公碑文」(『가정집』, 韓國文集叢刊 3 pp.138b~140a)에 따르면 원(元) 안서왕(安西王)의 초청을 받고 원에 가서 안서왕과 무종황제(재위 1307~1310)와 인종황제(재위 1311~1319) 등의 존경을 받았고 저폐(楮幣 : 紙幣) 2만 5천량을 시주받아 귀국하였다. 휘는 해원(海圓), 시호는 원공(圓空), 속성은 조(趙)씨며, 아버지는 검교감문위대호군(檢校監門衛大護軍)인 조혁(趙奕)이고, 어머니는 완산 이씨(完山李氏)부인이다. 1262년(고려 원종3) 함열군(咸悅郡 : 전라북도 咸悅縣이니 韓山郡의 동쪽)에서 태어났다. 모습이 단정하고 천품이 자상(慈祥)하였다. 부모가 생각하기를 이 아이는 큰 벼슬아치(大官)가 되지 않으면 마땅히 큰 복전(福田)스님이 될 것이라고 여겼다. 12세(一紀) 때 전주 금산사(金山寺)로 찾아가 석굉(釋宏)스님을 은사로 하여 스님이 되었다. 1294년(충렬왕20) 선불과(選佛科)에 합격하고 개성 불주사(佛住寺) 주지가 되었다. 스님께서 계행(戒行)이 청정하고 도덕이 고매하다는 소문을 들은 원의 안서왕(安西王)이 사신을 보내어 초청하므로 1305년(충렬왕31)에 원으로 갔으며, 안서왕 따라 북쪽으로 옮겨가서 2년간 살았는데, 그 곳은 경작을 하지 않고 목축으로 생계를 유지하기에 고기와 생즙(生汁)을 먹고 가죽과 털로써만 옷을 삼는 풍속이었다. 스님은 이런 의식(衣食)을 수용할 수 없어 기갈(飢渴)을 참으면서 더욱 계를 굳게 지킬 뿐이었다. 다시 원의 수도로 돌아왔다. 1307년(충렬왕33)에 무종황제(武宗皇帝 재위 1307~1311)가 대숭은복원사(大崇恩福元寺)의 제1세 주지로 추대하였고, 이어 인종황제(仁宗皇帝 재위 1312~1319)도 계속 숭앙하여 저폐(楮幣 : 紙幣) 2만 5천량을 희사하였다. 이 때 고려의 충숙왕도 크게 존경하여 본국 금산사(金山寺)의 요주(遙住 : 비록 원에 있으나 존경하는 뜻으로 명예주지로 모시는 것)로 추대하고 '혜감원명변조무애국일대사 慧鑑圓明遍照無礙國一大師'라는 호를 올리고 중대광 우세군(重大匡祐世君)으로 봉하였다. 스님은 지계와 학덕이 일세(一世)의 으뜸이었으며 유식학에 밝았다. 29년 동안 원에서 활동하다가 1340년(충혜왕1) 2월 18일 대숭은복원사의 무희당(無戲堂)에서 세수 79, 법랍 69세를 일기로 입적하였다. 이곡(李穀)이 비문을 지어 복원사에 세웠는데, 이 비문은 『동문선』 권118에 전한다. 〔참고문헌〕『稼亭集』, 『東文選』. ❷ 조선말 순천 송광사 스님. 문주(文周)의 법호다. ⇨ 문주 文周

해원 海源 1691~1770. 조선후기 함경남도 문천군(文川郡 : 옛 文州) 문천면 반룡산(盤龍山) 도창사(道昌寺) 스님. 휘는 해원(海源), 호는 함월(涵月), 자는 천경(天鏡), 속성은 이씨(李氏), 본관은 완산(完山 : 全州)이니, 목조(穆祖 : 李成桂의 高祖父) 이후 함흥(咸興)에서 살았다. 어머니는 조(趙)씨니 바다에서 큰 고기 한 마리를 얻는 태몽 이후 1691년(숙종17) 1월 23일 함흥에서 태어났다. 3세 때 어머니가 죽고 계모인 한(韓)씨 부인의 손에 의해 길러졌다. 일찍부터 스님이 되고자 하였으나 아버지가 허락하지 않았다. 마침내 14세 때인 1705년(숙종31) 몰래 도망나와 문주(文州) 도창사(道昌寺)로 찾아가 석단(釋丹)스님을 은사로 하여 스님이 되었다. 20세 때 능허영지(凌虛英智)율사로부터 비구계를 받았다. 그 후 제방으로 다니면서 법을 배우되 북방에서는 영암묘잠(靈岩妙岑)·학곡(鶴谷)·월화(月華) 등 강백을 친견하고 배움을 받았으며, 남방에서는 낙암의눌(洛岩義訥 1666~1737)·남악태우(南嶽泰宇 ?~1732)·회암정혜(晦庵定慧 1685~1741) 등 강주의 회하에서 경론을 배웠다. 6년 동안 환성지안(喚醒志安)스님을 모시면서 삼장을 수학하였고, 특히 화엄과 선문염송(禪門拈頌)에 정통하고는 이어 환성지안(1664~1729)의 법을 이어 받았으니 석가세존(釋迦世尊)의 제68대, 임제의현의 제30대, 태고보우(太古普愚)의 11대여서 청허휴정(淸虛休靜)의 6대 법손인 셈이니, 그의 법계(法系)는 57대 태고보우→58대 환암혼수(幻庵混修)→59대 귀곡각운(龜谷覺雲)→60대 벽계정심(碧溪正心)→61대 벽송지엄(碧松智儼)→62대 부용영관(芙蓉靈觀)→63대 청허휴정→64대 편양언기(鞭羊彦機)→65대 풍담의심(楓潭義諶)→66대 월담설제(月潭雪霽)→67대 환성지안(喚醒志安)→68대 함월해원(涵月海源)으로 이어진다. 40여 년간 강주로서 학인을 지도하여 이름이 높았을 뿐 아니라 빈민구제에도 남달리 적극적이었다. 어떤 물건에라도 애착이 없으며, 병든 이 보면 치료비 주고, 헐벗은 이에게 옷을 벗어주며, 죽은 자를 보면 염불하여 극락왕생을 빌어 주었다. 당대의 사람들이 스님을 불심도인(佛心道人)이라 칭송했다. 함북(咸北)과 호남(湖南)을 번갈아 오가면서 교화한 자취를 대략 살펴보면 남삼북삼(南三北三)이라 하였으니, 곧 1717년(숙종43) 27세 때의 가을에 남방으로 내려왔다가 1722년(경종2) 봄 북쪽으로 돌아갔었고, 1741년(영조17) 가을에는 다시 남쪽으로 왔다가 1746년(영조22) 봄에 북방으로 갔으며, 1753년(영조29) 가을에는 다시 남쪽으로 왔다가 1758년(영조34) 봄에는 다시 북쪽지방으로 돌아갔다. 1770년(영조46) 12월 13일 문도들을 불러놓고 "몸은 백운과 함께 꿈결같은 이 세상에 왔건만, 마음은 밝은 달 따라 어딜 향해 갈 것인가? 나서 오고 죽어감이 구름과 달 같으니, 구름 저절로 흩어지고 달 스스로 밝으리! 身與白雲來幻界 心隨明月向何方 生來死去惟雲月 雲自散兮月自明"라는 임종게 하시고 입적하시니 세수 80, 법랍 56세다. 화장한 후 영골(靈骨)과 생전(生前) 어금니에서 나온 사리를 안변 석왕사(釋王寺)에 사리탑을 세워 봉안하였고, 김상복(金相福)이 비문을 짓고, 이택수(李澤遂)가 쓰고, 김두열(金斗烈)이 전액(篆額)을 써서 1773년(영조49)에 세운 비는 해남 대흥사에 있다. 제자에는 완월궤홍(玩月軌泓)·영파성규(影波聖奎)·향습(香襲)·사산(四山) 등 24명이 있고, 저서는 『천경집 天鏡集』 3권이 있는데 한불전9, pp.600~633에 수록되어 있다. 이 밖에도 『법집별행록사기 法集別行錄私記』 1권이 있었으나 지금은 일실되고 없다. 영정은 설봉산 석왕사(雪峰山釋王寺)와 두륜산 대흥사(頭輪山大興寺)에 봉안했다. [참고문헌] 聖岸 「天鏡堂海源行蹟」(한불전9, p.631c22), 『東師列傳』 권3 「涵月宗師傳」(한불전10, p.1026b15), 『大芚寺志』(亞細亞文化社, 1980) pp.290~293, 『朝鮮佛敎通史』 권상 pp.557~558, 智冠 『韓國高僧碑文總集 朝鮮朝·近現代』 pp.462~463.

해원 廨院 절의 살림과 관청과 관련된 업무 일체를 담당하는 기관. 본래 해는 역소(役所) 또는 관청을 뜻하는 말이다. 『경덕전등록』 권23 「명초덕겸전 明招德謙傳」(대정장51, p.392c17)에 "명초의 어떤 사숙이 해원에서 심하게 병을 앓던 중 편지를 보내어 물었다. '내가 이렇게 큰 병에 걸려 이제는 통증까지 느끼고 있으니 어느 곳에도 이 몸 둘 곳이 없다. 도와줄 사람 어디에라도 있을까?' 師有師叔 在廨院患甚 附書來問曰 某甲有此大病 如今正受疼痛 一切處安置伊不得 還有人救得麽"라고 하였다. [참고문헌] 『景德傳燈錄』. ⇨ 해원주 廨院主

해원주 廨院主 해원의 업무를 주관하는 소임. 『선원청규』 권4 「마두원두장주해원주 磨頭園頭莊主廨院主」(卍속장111, p.897b11)에 "해원주의 직은 원문의 곡식을 거두어 매매하는 일과 대중의 숙식과 군현 관원의 교체를 살펴서 보고하는 일과 관청에서 보내온 공문서에 회신하는 일을 맡는다. 그 밖에 원문 공시의 재물상 이익을 거두는 업무도 하고, 멀리서 오는 시주를 영접하기도 한다. 廨院主之職 主院門收糴買賣 僧行宿食 探報郡縣官員交替 應報公家文字 或收族院門 供施財利 或迎待遠方施主"라고 하였다. [참고문헌] 『禪苑淸規』, 『禪林象器箋』 권7 「廨院主」(대장경보편19, p.272b16). ⇨ 해원 廨院

해월 海月 **1** 1693~1780. 조선후기 안성 칠장사(七長寺) 경률(敬律)의 법호. 스님의 호는 해월, 휘는 경률, 별호는 취운(翠雲), 속성은 이씨, 롱서공(隴西公)의 후손이며, 어머니의 성은 김씨이다. 늦게까지 아들이 없어 대해산(大海山 : 경기도 廣州邑에서 남쪽 약 20km 지점)에서 3일간 기도를 한 후, 어린 아이가 보자기에 싸여 달을 타고 내려와 가슴으로 들어오는 태몽 이후 1693년(숙종19)에 태어났다. 9세 때 이미 글을 배워 마치고, 15세 때인 1708년(숙종34) 설휘(雪輝)스님을 은사로 하여 스님이 되었다. 이어 서산대사 휴정(休靜)의 직손인 설봉관성(雪峰寬性)의 법을 이어 받았으니, 상봉정원(霜峰淨源 1627~1709)의 4대(代)손인 셈이다. 1780년(정조4)에 세수 88세를 일기로 입적하였다. 번암(樊巖) 채제공(蔡濟恭 1720~1799)이 비문을 짓고 1781년(정조5)에 세운 비가 경기도 안성군 이죽면 칠현리 칠장사에 있는데 마멸이 심하여 판독이 어렵다. 비신의 높이는 80cm, 너비는 56.5cm, 두께는 15cm이다. [참고문헌] 蔡濟恭 『樊巖集』 권57, 『韓國金石文大系』 권5 p.352, 智冠 『韓國高僧碑文總集 朝鮮朝·近現代』 pp.474~475. **2** 조선후기 해남 대둔사(大芚寺)의 스님 취정(取定)의 법호. ⇨ 취정 取定 **3** 조선후기 강진 만덕사(萬德寺) 최정(最定)의 호이다. ⇨ 최정 最定

해월사 海月寺 부산광역시 금정구 금성동 금정산성 안에 있는 정수암(淨水庵)의 옛 이름. 『가람고』 경상도 동래에 "해월사〈부의 북쪽 이십리로, 모두 금정산에 있다〉. 海月寺〈府北二十里 俱在金井山〉", 『범우고』 경상도 동래에 "해월사〈모두 금정산성에 있다〉. 海月寺〈俱在金井山城〉", 『대동지지』 권7 경상도 동래 성지(城池)에 "금정산성〈… 해월사가 있다〉. 金井山城〈… 有海月寺〉"이라고 하였다. [참고문헌] 『大東地志』, 『伽藍考』, 『梵宇攷』, 『韓國寺刹全書』 권하 p.1147b13. ⇨ 정수암 淨水庵 **2**

해월암 海月岩 중국 복건성 장포현(漳浦縣) 양산(梁山) 동쪽 기슭에 있는 절. 송대 건립되었는데 성(城)으로부터 40리 떨어져 있으며 산을 등지고 바다를 바라보고 있다. 남쪽에는 석반탑(石磐塔)이 장강(漳江) 하구로부터 바다로 흘러들어 가는 파도 한가운데 우뚝 서 있으며 북쪽에는 노인봉(老人峰)이 구름 사이로 높이 솟아 있다. 암굴(岩窟)은 천연 동굴인데 천장에 큰 돌 하나가 덮고 있으며 그 돌의 길이는 31m이고 넓이는 13m로서 이 동굴에 절이 건립되어 있다. 절 안 석벽에는 여래불(如來佛) 1존이 조각되어 있는데 해가 뜨면 이곳이 밝게 비치기에 일출규선(日出窺禪)이라고 불리며, 중추(中秋) 밤 8시 반 무렵에 달빛이 양각담(羊角潭)을 비추면 물에 반사된 빛이 부처님의 흉부를 비추기에 월조선심(月照禪心)이라고도 불린다. 절 앞의 난간에 기대어 전면의 풍광을 바라보면 바다와 하늘이 끝없이 펼쳐져 있어서 장관을 이루며, 석굴에는 돌에 새겨진 조각이 60여 개 있는데 그중에서도 명대 유정혜(劉庭蕙)가 쓴 공덕천(功德泉)이란 조각이 가장 빼어나다. 크고 작은 불상이 108존 있으며, 낙가경(落伽境)이라는 관세음보살의 부조는 굉장히 정교하며 생동감이 넘치고, 별유천(別有天)은 오래된 나무로 울창한데 그윽하고 시원하여 예부터 동천승경(洞天勝境)이라 칭해졌었다.

해월암 海月庵 **1** 전라북도 임실군 오수면 대명리에 있는 암자. 대한불교조계종 선운사(禪雲寺)의 말사이다. 『여지도서』 남원부 「오수역지 獒樹驛誌」 사찰에 "역터 서쪽 사산 중 저라산에 있으며, 관아와 거리는 1후지(한 화살이 날아가는 거리)이다. 在驛基西四山苧蘿山距衙舍一帿地"라고 하였는데, 지금도 오수역과 직선 거리 600m 이내로 가까이에 있다. 창건에 대해서는 1352년(공민왕1)에 해경(海境)·월산(月山) 두 스님이 창건하고 각자의 이름을 따서 '해월'이라 불렀다고 하며, 『한국사찰전서』 권하(p.1147b17)에서는 조선 태조 5년(1396) 무학대사 초창이라고도 하였다. 1556년(명종11) 남원부사(南原府使) 중건, 1747년(영조23) 양정봉(梁正峰) 중수, 1858년(철종9) 중건, 1915년 봉인(奉仁) 중창 등이 이어졌고, 1990년 정현(正賢)이 가람을 정비하여 오늘에 이른다. 당우로는 대웅전·칠성각·산신각·요사 등이 있다. '海月庵' 편액이 걸린 옛 인법당이 문화재자료 제24호로 지정되어 있다. 〔참고문헌〕『龍城誌』, 『輿地圖書』, 『韓國寺刹全書』 권하 p.1147b18. **2** 충청남도 서산시 대산면 화곡리 도비산(島飛山) 삼길사(三吉寺)의 옛 이름. 대한불교조계종 수덕사(修德寺)의 말사이다. 신위(申緯)가 1832년(순조32) 10월부터 이듬해 3월까지 평신진(平薪鎭) 첨사(僉使)로 있을 때 이곳에서 『법화경』을 읽었고, 오래된 암자에 편액이 없음을 안타까워하여 편액을 썼다. 1833년 2월에서 3월 사이에 지은 「자제해월암시탁본후 自題海月菴詩拓本後」(『경수당전고』 책20·한국문집총간291, p.444a6)에 "암자의 편액은 명준이 맡고, 시패는 명연이 맡았으며, 단청하여 불사를 행했다. 庵扁命準主之 詩牌命衍主之 以丹靑作佛事"라고 하였다. 존재(存齋) 박윤묵(朴允默 1771~1849)은 절의 성흡(性洽)과 교유하며 자주 왕래하여 「삼길산해월암승가사권선문 三吉山海月菴僧袈裟勸善文」(『존재집』 권25·한국문집총간292, p.491a20)·「증성흡수좌〈병소서〉 贈性洽首座〈幷小序〉」(같은 책 권12·한국문집총간292, p.231b19) 등 여러 시문을 남겼다. 『존재집』 권12(한국문집총간292, p.233a16)에 "해월암 스님 보학께서 새로 가사를 조성하고 재를 설행하여 성취함을 고하는데 스님들이 매우 많이 모였고, 각자 불사를 도왔다. 海月庵僧普學 新造袈裟 設齋告成 緇徒來會者甚衆 各助佛事"라고 하였다. 후에 『호산록』에 따라 삼길사(三吉寺)로 절 이름을 바꾸어 오늘에 이르며, 현존하는 당우로는 대웅전·산신각·요사 등이 있다. 〔참고문헌〕『警修堂全藁』, 『存齋集』, 『湖山錄』, 『韓國寺刹全書』 권하 p.1147b15. **3** 황해도 연백군 토산(兎山)에 있던 암자. 『가람고』에 "군 남쪽 15리에 있다. 在郡南十五里"라고 하였다. 〔참고문헌〕『伽藍考』, 『梵宇攷』, 『韓國寺刹全書』 권하 p.1147b20.

해월징무영 海月澄無影 달 품은 바다 너무도 맑아 그림자조차 없다네. 『임제록』(대정장47, p.506b13)에 "임제가 봉림에 이르자 봉림이 물었다. '어떤 사태라도 빌어 물으려는데 괜찮겠소?' '어째서 좋은 살점에 일부러 상처내려 하시오?' '달 품은 바다 너무도 맑아 그림자조차 없네. 놀던 물고기 스스로 길을 잃습니다' '바다에 비친 달 이미 그림자 없을진대 놀던 물고기가 어떻게 길을 잃겠소?' … 임제가 송 한 수를 읊었다. '큰 길 같은 것이라고는 다 끊었으니 마음대로 서로 동으로 오간다네. 부싯돌 반짝임도 미칠 수 없고 번개치듯 해도 통할 수 없다네'. 到鳳林 林問 有事相借問 得麽 師云 何得剜肉作瘡 林云 海月澄無影 遊魚獨自迷 師云 海月旣無影 遊魚何得迷 … 師乃有頌 大道絶同 任向西東 石火莫及 電光罔通"라고 하였다. 〔참고문헌〕『臨濟錄』.

해위정법론 害爲正法論 Ⓢ vihiṃsā-dharma-vāda, hiṃsā-dharma-vāda, Ⓣ 'tshe-ba'i-chos-su-smra-ba. 목숨들 해쳐 바른 법 삼다. 십육이론(十六異論 : 外道十六宗) 중 하나로 희생제 지내 해친 목숨 많을수록 하늘에 나는 바른 법이라고 주장하기에 해위정법종(害爲正法宗)이라고도 한다. 『유가사지론』 권6(대정장30, p.303c1 : *Yogā-bh.*, p.118)에 "열여섯 가지 낯선 이론 차별한 것으로 떳떳지 못한 생각 짓는 일 드러낸다. 어떤 것이 그 열여섯 가지인가? … 여덟째가 해위정법론이다. 由十六種異論差別 顯不如理作意 應知 何等十六 … 八 害爲正法論 ṣoḍaśa ime paravādāḥ. tad yathā … vihiṃsā dharma-vādaḥ", 같은 책 권7(대정장30, p.309c12 : *Yogā-bh.*, p.145)에 "해위정법론이란 어떤 한 사문이나 바라문이 이렇게 보고 주장함

을 말한다. 즉 '만약 저 사당 안에서 주술을 먼저 외우고 뭇 목숨들 해쳐서 제사지내는 사람이나 해침을 당하는 것이나 돕는 사람들 일체는 모두 다 하늘에 나게 된다'. 害爲正法論者 謂如有一 若沙門 若婆羅門 起如是見 立如是論 若於彼祠中 呪術爲先 害諸生命 若能祀者 若所害者 若諸助伴 如是一切 皆得生天 hiṃsādharmavādaḥ katamaḥ. yathāpīhekatya iti vistareṇa pūrvavat. yajñeṣu mantravidhipūrvakaḥ prāṇātipātaḥ. yaś ca juhoti yaś ca hūyate ye ca tatsahāyās teṣām sarveṣāṃ svargamanāya bhavatīti", "〔문〕 무슨 까닭으로 그 외도들은 이러한 견해를 일으키고 이와 같이 주장하는가? 〔답〕 이것은 도리에 어긋나는 이론으로서 아첨과 속임으로 일으키는 것이며, 도리를 자세히 관하지 않고 세운 것이다. 그러나 경쟁악겁이 일어났을 때 모든 바라문들이 옛날의 바라문법을 어기고 육식하고자 그릇되게 이러한 생각을 일으킨 것이다. 問 何因緣故 彼諸外道 起如是見 立如是論 答 此違理論 諂誑所起 不由觀察道理建立 然於諍競惡劫起時 諸婆羅門 違越古昔 婆羅門法 爲欲食肉 妄起此計 kena kāraṇenaivaṃ dṛṣṭir bhavaty evaṃ vādī bhavatīti. utsaṃsthavāda eṣa śaṭhaviṭhapito na tu yuktim abhisamīkṣya vyavasthāpitaḥ. kaliyuge pratyupasthite brāhmaṇaiḥ paurāṇaṃ brāhmaṇadharmam atikramya māṃsaṃ bhakṣayitukāmair etat pratyupakalpitaṃ" 라고 하였다. 〔참고문헌〕『瑜伽師地論』, 『顯揚聖教論』 권9(대정장31, p.521b19), 『瑜伽師地論分門記』(대정장85, p.817a9), *Yogā-bh*. ⇨ 십육이론 十六異論, 외도 外道

해육칭구장속일조 解肉秤軀將贖一鳥 살을 베어 저울에 달아 새 한 마리 구하려 했다네. 『육도집경』 권1(대정장3, p.1c6)에 "살바달왕이 곧 스스로 넓적다리살을 베어 저울에 달아 비둘기 무게와 같아지게 하였다. 비둘기 무거워질까 스스로 이 무게 이기지 못할까 베기를 이처럼 하였는데, 몸의 살 다하도록 비둘기 무게와 같아지지 않았다. 몸의 고통 무량하였으나 왕은 자비로 참아내며 비둘기 살아나기만을 바랐다. 卽自割髀肉秤之 令與鴿重等 鴿踰自重 自割如斯 身肉都盡 未與重等 身瘡之痛 其爲無量 王以慈忍心願鴿活", 『삼국유사』 권3(대정장49, p.987b26・한불전6, p.315c13) 흥법(興法)3 원종흥법염촉멸신(原宗興法厭髑滅身)에서 "왕이 말하기를, '살을 베어 몸을 저울달아 한 마리 새를 살려주려 했고, 피를 뿌려 목숨을 끊어서라도 스스로 일곱 마리 짐승을 가엾게 여겼다. 나의 뜻은 사람을 이롭게 함인데 어찌 죄 없는 이를 죽이리요? 그대 비록 공덕 짓는다고 할지라도 죄를 피함만 못하리라' 하였다. 사인(이차돈)이 말하기를, '일체 버리기 어렵지만 목숨에 불과합니다. 그러나 소신 저녁에 죽더라도 대교가 아침에 행해진다면, 불일 다시 중천에 오르고 성주께서는 길이 편안하실 것입니다' 하였다. 王曰 解肉枰軀 將贖一鳥 洒血摧命 自怜七獸 朕意利人 何殺無罪 汝雖作功德 不如避罪 舍人曰 一切難捨 不過身命 然小臣夕死大敎朝行 佛日再中聖主長安"라고 하였다. 〔참고문헌〕『六度集經』, 『三國遺事』. ⇨ 육도만상 六度滿相, 투애사호 投崖飼虎

해윤 海潤 1649~1708. 일본 황벽종(黃檗宗) 스님. 속성은 도(陶)씨. 자는 설엄(雪嚴). 본래의 휘는 상윤(上潤) 자는 혜운(慧雲)이었다. 소주부(蘇州府) 상숙현(常熟縣) 출신. 1674년(연보2)에 일본으로 건너가 장기(長崎)의 동명산흥복사(東明山興福寺)에 살았다. 1685년(정형2) 산중에 기수림(祇樹林)을 창건한 뒤에 성수산숭복사(聖壽山崇福寺)의 천태성안(千呆性侒) 문하에서 수행하다가 1689년(원록2) 그 법을 이었다. 그 뒤 기수림도 숭복사 경내로 옮겼다. 1708년(보영5) 세수 60세로 입적하였다. 법을 이은 제자로는 철주적랑(鐵舟寂浪) 등 네 명이 있다. 〔참고문헌〕『黃檗東渡僧寶傳』 권상, 『黃檗宗鑑錄』, 『黃檗宗系譜』.

해은 海恩 조선후기 처율(處律)의 법호(法號). ⇨ 처율 處律

해은 海隱 1868~1944. 근세 양주 봉선사(奉先寺) 스님. 포선(枹璿)의 법호다. ⇨ 포선 枹璿

해은사 海隱寺 경상남도 김해시 어방동 분성산(盆城山)에 있던 절. 『태고사사법 太古寺寺法』에는 대본산 범어사(梵魚寺)의 말사라고 하였다. 허훈(許薰 1836~1907)의 『방산집』 권3에 「제해은사〈사재분산진성내〉 題海恩寺〈寺在盆山鎭城內〉」라는 제목의 시가 전한다. 『불교』 제2호(1924년 8월 15일 발행)의 「관보초록 官報抄錄」 주지이동(住持異動)에 '(1924년) 3월 24일 배홍식(裵洪植) 임기만료(任期滿了) 5월 17일 강영명(姜永明) 취직인가(就職認可)'라고 하는 등 일제강점기 사격을 유지했다. 〔참고문헌〕『舫山集』 권3(韓國文集叢刊327, p.486b6), 『佛教』 제2호 p.68・제10호 p.55, 『韓國寺刹全書』 권하 p.1139a15.

해의 海義 조선전기 스님. 1443년(세종25) 고산(高山) 불명산(佛明山) 화암사(花岩寺) 개판 『묘법연화경요해 *妙法蓮華經要解*』 권4말과 1447년(세종29) 7월 나주목(羅州牧) 개간(開刊) 『원감국사가송』 간기(한불전6, p.394c7)에 "선사 해의. 禪師海義"라 전한다. 〔참고문헌〕『海東曹溪第六世圓鑑國師歌頌』.

해의 解義 Ⓢ artha-abhijña, vyākhyāna. 뜻을 알

다. 사물을 이해하다. 『장아함경』 권11 「선생경 善生經」(대정장1, p.71c23)에 "그 묻는 대로 따라 뜻을 잘 알게 한다. 隨其所問 令善解義", 『법화경』 권1(대정장9, p.7c4)에 "만약 어떤 비구가 진실로 아라한과를 얻었음에도 이 법을 믿지 않는다면 이는 있을 수 없는 일이다. 부처님 멸도 후 눈앞에 부처님이 계시지 않는 경우는 제한다. 왜 그런가? 부처님 멸도 후 이와 같은 경을 수지하고 독송하며 그 뜻을 이해하는 그러한 사람은 만나기 어렵기 때문이다. 若有比丘 實得阿羅漢 若不信此法 無有是處 除佛滅度後 現前無佛 所以者何 佛滅度後 如是等經 受持讀誦解義者 是人難得", 『우바새계경』 권2(대정장24, p.1043b17)에 "뜻을 이해하는 사람도 두 가지다. 하나는 법에 맞게 머물고, 다른 하나는 법에 맞지 않게 머문다. 법답게 사는 이는 자타를 모두 이롭게 하고, 법답지 못하게 사는 이는 자신과 타인을 이롭게 한다고 할 수 없다. 解義之人 復有二種 一 如法住 二 不如法住 如法住者 能自他利 不如法住者 則不得名自利他利"라고 하였다. 〔참고문헌〕『長阿含經』, 『法華經』, 『優婆塞戒經』, *Laṅk.26.*, *Abh-k-bh.244.*

해의답 解義答 사기답(四記答) 중 하나. 물음에 대해 그 뜻을 풀어 답하는 것. 분별기(分別記)·분별답(分別答)이라고도 한다. 『대지도론』 권2(대정장25, p.75a17)에 "네 종의 답이 있다. 첫째는 결료답이니 마치 저 '부처님께서는 제일의 열반이고 안은이다'와 같으며, 둘째는 해의답, 셋째는 반문답, 넷째는 치답이다. 有四種答 一 決了答 如佛第一涅槃安隱 二 解義答 三 反問答 四 置答"라고 하였다. 〔참고문헌〕『大智度論』. ⇨분별기 分別記, 사기답 四記答

해의보살소문정인법문경 海意菩薩所問淨印法門經 Ⓢ Sāgaramati-sūtra, Ⓣ 'phags-pa blo-gros rgya-mtshos shus-pa shes-bya-ba theg-pa chen-po'i mdo. 18권. 송대(宋代) 유정(惟淨) 한역. 해의보살법문경(海意菩薩法門經)·정인법문경(淨印法門經)이라고도 한다. 대방등대집경(大方等大集經) 중 해혜보살품(海慧菩薩品)의 동본이역으로 티베트역본(北京版 No.819)도 전한다. 해의보살의 청으로 부처님께서 여래신통경계대보장엄최승도량대보살궁(如來神通境界大寶莊嚴最勝道場大菩薩宮)에서 정인삼마지문(淨印三摩地門)을 설하시는 내용이다. 먼저 정인삼마지문을 얻기 위한 방법으로 일체지심보(一切智心寶)와 같은 보리심을 일으키고 제법평등관(諸法平等觀)으로 일체마군을 항복시키며 자신의 몸을 금강과 같이 가지하는 진언과 수인을 수지하고 정법을 얻는 방법 등을 설명한다. 반야부 계통의 공사상과 욕계(欲界)의 제천(諸天)을 소환하는 진언을 함께 설하는 경전이다.

해익 海翼 18세기 팔공산 동화사 스님. 호는 대봉(大鳳), 휘는 해익. 자세한 행적은 알 수 없다. 〔참고문헌〕『팔공산 동화사』(동화사·국립대구박물관, 2009) p.187.

해인 害因 Ⓢ virodha-hetu, mi-mthun-pa'i-rgyu. 사바라이를 범하게 하고 선법을 듣지도 알지도 행할 수도 없어 해치기만 하는 인. 『보살선계경』에서 시설한 십인(十因) 중 아홉 번째 인. 상위인(相違因)과 같은 뜻. 상대어는 불해인(不害因) 또는 무해인(無害因)이다. 『보살선계경』 권3(대정장30, p.977a15)에 "사바라이를 범하고, 선법을 원망하고 해치는 것을 해인이라고 한다. … 해인에 다섯 가지가 있으니, 성해·생해·불공주해·원해·정해이다. 犯四重禁 怨害善法 是名害因 … 害因有五 一者 聲害 二者 生害 三者 不共住害 四者 怨害 五者 定害", 같은 책 권3(대정장30, p.977c1)에 "무명을 인연하기에 구족성이 없고 여래와 함께 한 나라에 같이 살지 못하고, 선우를 멀리하여 법을 듣지 못하고, 뜻을 사유하지도 못하며, 법답게 머물지 못하고, 삼십칠도품을 수습할 수도 없으니 이것의 이름이 해인이다. 無明因緣故無具足性 不與如來共生一國 遠離善友 不得聞法 不思惟義 不如法住 不得修習三十七品 是名害因"라고 하였다. 〔참고문헌〕『菩薩善戒經』, 『施設論』 권5(대정장26, p.525a7), *Bodh-bh.69.* ⇨상위인 相違因 ■

해인 海印 바다에 그대로 무늬지다. 고요한 바다에 만상 이즈러짐 없이 무늬지다. 『화엄경탐현기』 권4(대정장35, p.189a13)에 "해인이란 비유에 따라 붙여진 이름이다. 마치 아수라의 사병들 허공에 늘어서면 바다 안에 그 모습 찍혀 나타나는 것과 같다. 보살이 삼매에 든 마음도 저 큰 바다와 같아서 기에 응해 다르게 나타남이 저 사병들인 듯한다. 海印者 從喩爲名 如修羅四兵 列在空中 於大海內 印現其像 菩薩定心 猶如大海 應機現異 如彼兵像故", 『화엄망진환원관』(대정장45, p.637b21)에 "해인이라는 말은, 진여본각이다. 망이 다하면 마음이 맑아져 만상이 가지런히 나타난다. 마치 저 큰 바다 바람이 불어 물결치다가 바람 그쳐 바닷물 고요해 맑게 되면 나타나지 못할 상이 없는 것과 같다. 言海印者 眞如本覺也 妄盡心澄 萬象齊現 猶如大海 因風起浪 若風止息 海水澄淸 無象不現", 『수능엄의소주경』 권4(대정장39, p.880c9)에 "해인이란, 『대방등대집경』에서 이르길 '염부제 모든 색상을 큰 바다는 모조리 도장 찍힌 듯 새겨 무늬진다'라고 한다. 불여래의 법신이라는 자성의 바다 널리 일체를 나투고 묘하게 써서 빛나게 하듯 한다. 言海印者 大集經云 閻浮所有色像 大海皆有印文 喩佛如來 法身性海 普現一切 妙用之光也", 『원각경협송집해강의』 권7(卍속장87, p.876b4)에 "해인이란, 들어간 삼매를 드러내는 바탕이고, 빛을 발한다는 말은 바탕 위에서 일어나는 크고 아름다운 쓺이다. 海印者 卽表所入之定卽體也 發光者 表於體上 起大妙用也"라고 하였다. 〔참고문헌〕『華嚴經探玄記』, 『華嚴妄盡還源觀』, 『首楞嚴義疏注經』, 『圓覺經夾頌集解講義』. ⇨해인삼매 海印三昧

해인경 海印鏡 바다에 그대로 무늬지듯 한 거울. 『법계도기총수록』 권상1(대정장45, p.728b11)에 "해인이라는 거울 중에 형상이란, 나의 오척 몸에 삼세간이 갖추어져 있어 따로 머물 곳이 없으므로 무주라 한다. 이 머무름이 없는 무주 그대로를 부동이라고도 한다. 부동이라 어디로도 기울어지지 않는 나의 몸이라면 어딜 좇아 어디고 구르겠는가? 이렇게 나타난 형상마다 반듯하면 그것이 거울바탕일 뿐이므로 비추는 거울 얻었을 때만이 상이 사라질 일 없으리라. 海印鏡中 所現像者 吾五尺身 具三世間 無別住處 故云無住 卽此無住 亦云不動 旣不動無側之吾身故 從何處轉何處耶 此所現像正 卽鏡體故 得鏡之時 像不泯也"라고 하였다. 〔참고문헌〕『法界圖記叢髓錄』. ⇨해인 海印, 해인삼매 海印三昧

해인도 海印圖 법계도. 『화엄일승법계도』 권1(대정장45, p.716a3)에 "일승법계의 그림은 시와 합해 한 줄로 이어졌는데 합시일인은 화엄경과 십지론에 의지하였다. 一乘法界圖 合詩一印 依華嚴經及十地論", 『법계도기총수록』 권1(대정장45, p.716a26・한불전6, p.768a5)에 " 한결같이 올라야 할 법계의 그림이 시와 합하여 한 줄로 이어져 인쳤으니 54각에 210자가 되었다. … 시와 합하여 한 줄로 인쳐 부처님께서 밖을 향해 품으시길 바다에 인치듯 함에 배대하였다. 시란 보현의 기틀을 표하였고 인이란 부처님께서 밖을 향하신 마음을 드러낸 것이다. 부처님께서 밖을 향해 마음의 인을 치심에 보현은 크나큰 기틀로 안으로 향하며 마음의 그 끝을 그윽이 합하기 때문이다. 一乘法界圖 合詩一印 五十四角 二百一十字 … 合詩一印配佛外餉海印 謂詩表普賢機 印表佛外向心 佛外向心印冥合普賢大機內向心頭故也", 같은 책 권상(대정장45, p.720c25・한불전6, p.775a23)에 "법으로 말하면 법계도, 비유로 말하면 해인도이다. 約法則法界圖 約喩則海印圖", 『대화엄법계도주』(한불전7, p.301c9)에 "법계도는 하나의 해인도로써 가없는 가르침의 바다를 두루 거두어들인다. 法界圖者 以一海印圖 圓攝無邊之敎海"라고 하였다. 『석문의범』 권하(p.155)에는 해인도와 십바라밀정진도가 함께 배열된 도상이 전한다. 〔참고문헌〕『華嚴一乘法界圖』, 『法界圖記叢髓錄』, 『大華嚴法界圖註』, 『釋門儀範』. ⇨법계도 法界圖

해인병현문 海印炳現門 법장(法藏)이 설정한 십문(十門)에서 아홉 번째 문. 『화엄경탐현기』 권1(대정장35, p.119c11)에 "아홉 번째, 바다에 무늬진 채로 빛나는 문이란 것에 두 뜻이 있다. 첫째, 과위에 준한다. 저 앞서 차별해 끝없는 교법은 모두 여래의 해인삼매에서 동시에 빛나서 두렷이 밝게 나타난다. 교화받는 근기일지라도 한가지로 연기해서 이 중에서 나타날 뿐이다. 이에 오직 이 삼매의 바다만이 이 교의 바탕일 뿐이다. … 둘째, 인위에 준한다. 보현 등 모든 대보살은 이 삼매를 얻자마자 앞의 업용과 같아져서 어떤 차별도 없다. 그러므로 십신 차오르는 위도 보현위 중에서도 이 삼매를 얻으니, 「현수품」의 설과 같다. 第九 海印炳現門者 亦有二義 一約果位 如前差別無盡敎法 皆是如來海印定中 同時炳然 圓明顯現 設所化機亦同緣起在此中現 是故 唯以此三昧海 爲斯敎體 … 二約因位 要普賢等 諸大菩薩 方得此定 同前業用 亦無差別 是故 十信滿處 普賢位中 亦得此定 如賢首品說"라 하였다. 〔참고문헌〕『華嚴經探玄記』.

해인사 海印寺 경상남도 합천군 가야면 치인리 10번지 가야산(伽倻山) 서남쪽 기슭에 정남향으로 자리한 대한불교조계종 제12교구본사다. 화엄십찰(華嚴十刹) 중 하나였으며 삼보사찰(三寶寺刹)의 하나다. 조계종의 종합수도도량으로서 5대총림 중 하나로 해인총림(海印叢林)이라 한다. **【가야산】** 해인사를 품고 있는 산으로서 높이 1,430m인데, 남쪽으로는 합천군, 서쪽에는 거창군, 북쪽에는 성주군, 동쪽으로는 고령군이 둘러싸고 있는 영산(靈山)이다. 『동국여지승람』 권30 합천군 불우 소리암(蘇利庵)에 "서거정 「중창기」에 '합천의 명산은 가야산이다. 또 이름하길 우두・설산・상왕・중향・지달이라 하는데, 대개 한 산인데 여섯 가지로 이름한다. 徐居正重創記 陜之名山曰伽倻 又號曰牛頭 曰雪山 曰象王 曰衆向 曰只怛 蓋一山而六號者也"라고 하였다. **【창건**

해인사 전경

연기】 〔순응順應과 이정理貞〕 943년(태조26)에 찬술된 작자 미상의 「가야산해인사고적 伽倻山海印寺古籍」에는 양(梁)의 보지(寶誌 418~514)스님과 관련한 연기가 전한다. 곧 스님이 임종할 때 「해동답산기 海東踏山記」를 문도들에게 맡기면서 "내가 죽은 후 신라의 두 스님이 법을 구하고자 올 터이니 이를 전해주어라"고 당부하였다. 그뒤 대가야국 국왕의 후손이자 해동 화엄종 초조인 의상(義湘)의 법손인 상원(相源)의 제자 신림(神琳)의 제자인 순응(順應)과 그 제자인 이정(理貞) 두 스님이 불교를 배우기 위해 입당(入唐)하여 보지스님의 문도를 만나 「해동답산기」와 유언을 전해 들은 뒤 보지의 탑묘(塔墓)를 참배하고는 "사람은 고금이 있으나 법은 전후가 없사옵니다"라면서 7일간 성정에 들었다가 법문을 청하였다. 그러자 탑에서 보지스님이 나와서 설법한 다음 의발과 함께 용무늬를 그린 가죽신인 망피혜(蟒皮鞋)를 전하며 "너의 나라 우두산(가야산) 서쪽에 불교가 크게 홍성할 명당이 있으니, 귀국하거든 특별한 비보(裨補)사찰로 해인사를 창건하라"고 당부하고서 탑 안으로 들어갔다. 두 스님은 귀국 후 우두산에 이르러 동북쪽에서 서쪽으로 고개를 넘었는데 길이 없어졌기에 사냥꾼을 만나 "그대들은 이 산을 누비고 다니니, 절을 지을 만한 곳을 보지 못하였소"라고 물었다. 사냥꾼은 "여기서 조금만 더 아래로 내려가면 물이 고인 곳(水泊處)이 있는데, 철기와가 흩어져 있으니 가서 보시오"라고 하였다. 두 스님이 물 고인 곳을 찾아보니 마음에 딱 맞는 곳이었으므로, 그 자리에 풀을 깔고 앉아 정진하였는데, 선정(禪定)에 들어 정문(頂門)으로부터 자색 광명을 발하여 그 서기가 하늘까지 닿았다. 때 마침 애장왕(재위 800~809) 왕비 박씨가 등창병(背瘡)을 앓았는데, 명의를 불러 치료하더라도 백약이 무효였다. 왕은 부처님의 가호에 힘입고자 고승이나 특별한 이승을 찾기 위해 전국으로 중사(中使)를 파견하였고, 그중 고령(高靈) 금산재(金山嶺)에 있던 한 중사가 서북쪽 가야산에서 서기가 충천하는 것을 본 뒤 '저 산중에 반드시 이인(異人)이 있을 것이다'고 생각하고는 가시덩굴을 헤치며 심산 계곡인 홍류동(紅流洞)까지 왔으나 하천 변 좁은 길로 더 나아갈 수 없었다. 그 때 한 마리 여우가 바위 곁으로 지나갔는데, 이리저리 방황하던 중에 이를 본 중사는 이상하게 여기고 따라갔다가 순응과 이정 두 스님이 입정하여 방광하고 있는 모습을 보고 존경하는 마음으로 예배를 드렸다. 그 뒤 중사는 왕의 바람을 두 스님께 말하고는 왕궁으로 모시고자 하였으나 스님들은 굳게 사양하였고, 대신 중사는 왕후의 병환을 알리면서 치병할 방법을 간청하였는데, 스님이 "궁궐에 무슨 나무가 없습니까?"라고 묻자 "배나무가 있습니다"라고 답하였다. 스님은 오색실을 내주면서 실의 한 끝은 배나무 가지에 매고, 다른 한 끝은 창구(瘡口)에 접합시키라고 하였다. 중사가 궁궐로 돌아와 왕에게 스님의 말씀을 아뢰고 시킨 대로 하였더니, 며칠 만에 배나무는 말라 죽고 등창은 없어져 왕비가 완쾌되었다. 왕은 너무나 기꺼워 보답하고자 가야산을 찾아 스님께 바라는 바를 여쭈었고 스님은 없다고 하였지만 왕이 계속 물으니 "신라의 국민정신 순화와 왕실의 보안, 국태민안을 기도할 절을 지으시라"고 하였다. 왕의 할머니 성목태후(聖穆太后)와 어머니 계화부인(桂花王后)도 함께 격려하였으니, 『삼국사기』 권10 애장왕 3년 8월조에서 "가야산 해인사를 창건하였다. 創加耶山海印寺"고 하였다. 802년(애장왕3) 8월부터 해인사 창건불사를 시작하였고 왕과 대신들은 지금의 원당 자리에 설치한 본부에 자주 와서 감독하였는데, 지금의 성보박물관 서쪽에 자리한 죄수를 수감하였던 옥가평(獄街坪), 해인사 서쪽 약 2km 지점에 왕을 수행하던 삼정승이 머물던 곳이라는 삼정리, 서쪽 약 4km 거리의 관원이 말을 매던 마을이라는 마장동, 이전에는 극락전 경내였으나 지금은 선원 경내 동쪽에 있는 어수정(御水井) 등 자취가 담긴 많은 유적이 남아 있고, 이전의 비로전 자리로 지금의 대적광전인 수박처에 있던 철기와는 현재 대적광전 지붕에 덮은 철기와라고 전한다. 해인사 창건불사가 끝나자 낙성(落成·慶讚) 법회를 마치고 왕실은 전답 이천오백결을 해인사에 헌납하였다. 〔희랑希朗과 왕건王建〕 해인사는 화엄종의 대표적인 사찰로 의상→상원(相源)→신림(神林)→순응(順應)→이정(理貞)으로 이어졌고 고려 때에도 그 위상은 여전하였으니, 화엄종 북악파(北岳派 : 伽倻山派)로 불렸고 구례 화엄사를 남악파(南岳派 : 智異山派)라고 불렀다. 상주(尙州)호족 아자개(阿慈介)의 아들 견훤(甄萱)과 송악(松岳·開城)호족 왕륭(王隆)의 아들 왕건(王建)이 신라말에 천하를 놓고 다툴 때 처음에는 왕건이 승승장구하였으나 견훤이 식량도 병력도 강한 탓에 팔공산(八公山)·비슬산(琵瑟山) 등지에서 견훤과 싸워 크게 패하고 후퇴하던 중 반룡사(盤龍寺)가 있는 지금의 고령군 쌍림면 미숭산(美崇山)에서 포위되어 전멸될 처지에 놓였을 때, 해인사 승통(僧統 : 주지) 희랑(希朗)에게 간청하였다. 희랑은 싸움에 가담하여 어느 한쪽을 도울 수는 없지만, 신라 땅에 살고 있고, 해인사가 신라 왕실과 깊은 인연이 있었을 뿐만 아니라 후삼국의 정통은 여전히 신라에 있음을 감안한 반면, 도선의 예언마저 기억하며 왕건의 간청을 받아들이기로 결심하고는 곧바로 화엄신장(華嚴神將) 중 용적대군야차왕(勇敵大軍夜叉王)을 불러 고려태조 왕건을 도우라고 명하였다. 야차왕은 신병(神兵)을 이끌고 견훤의 왕자 월광(月光)과 싸웠는데, 견훤 군사들은 진영의 북쪽인 해인사쪽 하늘에서 철갑옷을 입은 신병 수만 명이 허공 가득히 날아오는 것을 보고는 겁에 질려 태조에게 항복하였다. 태조는 희랑의 법력을 힘입어 망국멸족(亡國滅族)의 난을 면하고 천하를 얻게 된 기쁨으로, 희랑을 더욱 존중하여 전답 5백결을 헌납하고 당우를 새로 중수하였다. 희랑은 해인사의 제2창건주가 된 셈이다. 〔그 이후 고려시대〕 한편 고려시대에 해인사는 국가의 중요문서를 보관하기도 하였다. 『동국여지승람』 권8 죽산현 불우조 칠장사(七長寺)에 게재된 권근의 「송배중원수찬쇄

사서 送裵仲員修撰麗史序」에는 "처음에는 국사를 가야산 해인사에 두었는데, … 가야산이 나라에서 가장 멀고 험하고 해인사는 가야산에서도 가장 후미지고 깊이 막혔으므로, 국가에 비록 변란이 있더라도 혼란이 미치지 않았다. 初藏國史于伽耶之海印 … 伽耶在國最遠而險 海印在伽耶最僻而深阻 故國家雖有變 而亂未嘗及焉"라고 하였다. 안치하였던 고려의 사적(史籍)은 국세의 약화와 왜구의 침입을 염려하여 1379년(우왕5) 가을에 선산 득익사(得益寺)로 옮겼고, 1381년(우왕7) 가을에 왜구가 조령(鳥嶺)을 넘어 북쪽으로 옴에 따라 다시 충주 개천사(開天寺)로 옮겼지만, 1383년(우왕9) 여름에 충주의 주변까지 핍박하자 7월에 지금의 안성군 일대인 죽주(竹州)의 칠현산(七賢山) 칠장사(七長寺)로 옮겼다. 그러나 얼마 후 다시 개천사로 옮겼다가 조선시대에 이르러 세종(재위 1418~1450) 때 『고려사 高麗史』를 편찬하려고 한양으로 옮겼다. 해인사에서는 삼보옹호와 사적보호를 위해 매년 춘추에 사천왕재를 지냈는데, 재료(齋料)는 진주·합천과 지금의 성주인 흥안부(興安府)에서 담당하였고, 사고(史庫)의 당직(當直)은 가조현(伽祚縣)에서 두 사람, 야로현(冶爐縣)에서 두 사람씩 차출하였으며, 법당의 장등유(長燈油)는 야로 현사(縣司)에서 1년에 3말씩 부담하였다. [조선조의 중창] 조선시대에도 해인사에 대한 조정의 관심과 후원은 계속되었다. 1393년(태조2)에 태조 이성계는 해인사 정중탑(庭中塔)을 중수하고 대장경을 인출하여 탑안에 봉안하였다는 인경발문(印經跋文)을 직접 지었고, 신불(信佛) 군주인 세조는 불교로 국민을 복되게 하고자 대장경을 모든 사찰에 배포하여 불교를 널리 선양하도록 하였다. 특히 일본과의 교류에 있어서도 불교교류에 적극적이서 1458년(세조4)에는 공경대상의 사업을 추진하고자 파견하는 경차관(敬差官) 윤찬(尹贊)을 해인사에 보내 대장경 50부를 인출하기도 하였는데, 당시 판당(板堂)은 비좁은 데다가 비까지 새어 경판보전에 어려움이 적지 않았다. 세조는 혜각신미(慧覺信眉)·등곡학조(燈谷學祖) 등에게 조사하도록 하여 보고를 받은 후 경상도관찰사에게 명하여 40칸 목조건물을 건립하였는데, 웅장하고 화려하였지만 기와가 부실한 탓에 몇 년이 지나지 않아 무너져 내릴 지경이었다. 1468년에 세조가 승하하자 세조비인 정희왕후(貞熹王后)는 세조의 명복을 비는 한편 판전을 비롯하여 해인사의 모든 당우를 새롭게 중수하기로 발원하고서 원활한 불사설행을 위해서 1481년(성종12)에 주지 죽헌(竹軒)를 쉬게 하고 학조를 주지로 임명하였다. 그러나 흉년과 수해가 계속 이어지고 왕실변고도 끊임없이 일어나 불사착수가 미루어졌고, 1483년에는 정희왕후 마저 승하하였다. 세조의 장자이자 성종의 아버지 덕종비 인수왕대비(仁粹王大妃)와 세조의 차자 예종계비인 인혜왕대비(仁惠王大妃)가 정희왕후의 선지(先志)를 받들어 1488년(성종19)에 학조를 현장감독으로 모시고 궁중의 여러 물건을 관리하는 내수사에 명하여 백미 1천5백석, 면포 8백필(80同) 등을 공급하고 역승(役僧) 3백여 명을 동원하였다. 도편수 박중석(朴仲石)은 새 목재로 판당을 30칸으로 개축하고서 편액을 보안당(普眼堂)이라 하였고, 판당 안에 있던 불전(佛殿) 세 칸을 적광전 서쪽으로 옮기고 진상전(眞常殿)이라 하였으며, 조당(祖堂 : 조사전) 세 칸을 진상전 곁으로 옮겨 해행당(解行堂)이라 이름하고서 번와공사도 마쳤다. 다음해에도 백미 1천여 섬, 면포 7십여 동, 역승 2백여 명으로 궁현당(窮玄堂)·탐진당(探眞堂)·감물당(鑑物堂), 쌍운당(雙運堂)·일원료(一源寮)·곡응료(谷應寮)·총지료(摠持寮)·도병료(倒瓶寮) 등을 중창하고, 비로전·강당·식당·종루·중문을 중창하여 각각 대적광전·무설당(無說堂)·만월당(滿月堂)·원음각(圓音閣)·불이문이라 하고, 삼존불을 모두 개금하였다. 또한 식당을 고쳐 유리전(琉璃殿)이라 하고는 약사여래를 봉안하였고, 구대장전(舊大藏殿)을 대적광전 동쪽으로 옮겨 함허료(含虛寮·蕭然堂)라고 이름하고서 은자대장경 약간을 진장하였다. 이 밖에도 해설료(解說寮)·소연료(蕭然寮)·현감료(玄鑑寮)·원융료(圓融寮)·쌍할료(雙割寮)·호연료(浩然寮)·두원료(逗遠寮)·연기료(緣起寮)·명진료(冥眞寮)·현근료(玄根寮)·달속료(達俗寮)·성행료(省行寮)·중형료(重瑩寮)·전생료(轉生寮)·작숙료(作熟寮) 등을 지었고, 동쪽 누고(樓庫)를 무진장(無盡藏), 서쪽을 식영누고(式盈樓庫)이라고 하였다. 당시 불사는 부엌과 목욕탕인 포벽(庖湢), 마굿간과 뒷간인 구혼(廐溷) 등을 포함한 무려 1백6십여 칸을 신축·중건한 큰 역사였다. 아울러 동철 1천5백근과 납철 3백근을 섞어 범종을 조성하는 한편 홍고·목어·운판을 비롯하여 모든 법기(法器)를 갖추었기에, 와광(瓦光)과 금벽(金壁)이 산곡을 함께 훤히 비출 정도였다. 마침내 모든 불사를 마치고서 1490년(성종21) 9월 15일에 수천명의 스님을 모시고 낙성법회를 열었는데, 학조는 해인사중수전말을 기록하면서 조위(曹偉 1454~1503)에게 중수기를 짓게 하였다. 조위는 1491년(성종22)에 지은 「해인사중창기 海印寺重創記」(『매계집』 권4)에서 "등곡스님이 나에게 중수기를 짓게 하였으나 다만 겉모습만 기록하였을 뿐이다. 나는 유자로서 불교에 몽매하여 수선종복지리와 윤회인과지설에 대해서는 배운 바가 없으니, 그 나머지 공덕에 대하여서야 어찌 감히 논할 수 있으랴! 그러나 창건주 순응·이정스님과 해인사를 빛낸 고운 최치원선생·희랑조사, 그리고 인수·인혜양대비의 공덕을 해인사와 함께 잊어서는 안 될 것이다. 燈谷 … 走書求記甚勤 偉本儒者徒 於釋敎 蓋懵然者也 修善種福之理 輪回因果之說 未之學也 其餘功德 何足論

之有無哉 雖然崔文昌吾東文士之祖 此是終焉之地 則不可不致意於此 而況兩殿爲先后之誠 終始彌篤"라고 하였다. 하지만 그 뒤 해인사는 일곱차례나 큰 화재를 당하였다. 제1차 화재는 1695년(숙종21)에 일어났는데, 실화로 동쪽 여러 요사와 만월당·원음루 등이 모두 소실되었고, 다음해 봄에도 서쪽 여러 요사와 무설전 등이 잿더미가 되어 뇌음(雷音)이 재건하였다. 1743년(영조19)의 제3차 화재는 이전보다 커서 대적광전 앞계단인 대체(大砌) 아래 수백칸의 건물이 전소하였다. 경상도관찰사 김상성(金尙星 1703~1755)의 후원으로 능운(凌雲)이 복원하였다. 1763년(영조39)의 제4차 화재로 이전과 같이 전소하여 김상성의 사촌동생인 당시 경상도안찰사(按察使)가 시주하여 설파(雪坡)가 전보다 배나 더 웅장하게 중건하였다. 1780년(정조4)에는 제5차 화재가 일어났는데, 회은승혜(晦隱昇慧)가 지은 「대법당양간록 大法堂樑間錄」에는 당시 주지 성파염초(星坡念初)와 대중이 합심하여 성금을 모아 이전에 못지않게 복원하였다고 하였다. 제6차 화재는 1817년(순조17) 2월 1일에 일어났는데, 순식간에 장경각 아래 수백 칸의 불우와 십여방(十餘房)의 승료 전부를 태웠다. 당시 추사 김정희의 아버지인 경상도관찰사 김로경(金魯敬 1766~1840)이 사재 1만 냥을 희사하고, 경상도 70주(州)의 지방관에게 직권 모금액 1만 냥을 모았으며, 합천군수 서봉보(徐鳳輔)가 1천 냥, 제월성안(霽月聖岸)의 화주로 해인사 스님들이 각출한 성금 1만 냥 등으로 영월혜견(影月惠堅)·연월계윤(淵月啓潤)의 감독하에 주지 진숙(眞淑)이 복구하였다. 1871년(고종8)에는 제7차로 화재가 발생하여 법성료(法性寮)가 소실되었다. 그 뒤에 176년 동안 일곱번의 화재가 발생한 것은 해인

〈표1〉 해인사 연혁

연도	사적
802(애장왕 3)	·원성왕비 성목태후·소성왕비 계화부인 후원으로 순응·이정창건
신라말~고려초	·고려태조 왕건 복전 희랑 주석
고려말	·고려왕실실록 보관처
1393(태조 2)	·태조 정중탑중수·대장경 인출봉안
1458(세조 4)	·세조 대장경 50부 인출·판당 신축
1488(성종 19)	·성종의 어머니 인수왕대비·예종비 인혜왕대비 후원으로 학조 보안당·진상전·해행당신축·이건
1489~1490	·비로전 등 여러 당우 중건·신축, 불상 봉안·개금, 대장경 사경, 범종 조성 등 1백6십여칸의 대규모 불사 봉행
1695(숙종 21)	·원음루·만월당·여러 요사 소실
1696	·무설전·여러 요사 소실·뇌음재건
1743(영조 19)	·대적광전 아래 전각 모두 소실 경상도관찰사 김상성 후원으로 능운복원
1763(영조 39)	·대적광전 아래 전각 모두 소실 김상성 사촌동생 후원으로 설파중건
1780(정조 4)	·소실·복원, 대중 모연 복원
1817(순조 17)	·장경판전 외 전각·요사 등 전소, 경상도관찰사 김로경·합천군수 서봉보·경상도 70주 지방관 후원으로 진숙복원
1871(고종 8)	·법성료소실

사 안산(案山)인 남산이 화산(火山)이기 때문이라는 풍수설에 따라 해마다 음력 5월 5일 단오절에 남산 정상, 해인사 대적광전 앞과 사방에 소금물을 묻거나 담아두는 행사를 지금도 이어오고 있다. 또한 대적광전은 원래 좌향(坐向)이 자좌오향(子坐午向)이었는데, 1817년에 중창하면서 화재를 막기 위해서 축좌미향(丑坐未向)으로 변경하기도 하였다. 이상의 연혁을 정리하면 〈표1〉과 같다. **【당우와 성보문화재】** 해인사는 역사가 오래된 만큼 당우와 성보문화재가 상당히 많다. 이를 정리하면 〈표2〉와 같다. **【산내암자】** 현재 산내암자로는 해인사 서쪽에 원당암(願堂庵)·홍제암(弘濟庵)·용탑암(龍塔

〈표2〉 해인사 주요 당우 및 성보문화재 일람표
*국보 **보물 ***유형문화재 ****국가민속문화재 *****천연기념물

전각	규격·내용·인연 대중
장경판전	■* 법보전(法寶殿 북)·수다라장(修多羅藏 남) 1457(세조3) 중건 • 1488(성종19) 인수왕대비·인혜왕대비 시주로 학조확장중건 • 1622(광해군14)보수 • 1624(인조2)보수 • 세계 유일 대장경판 보존건물 정·측15·2칸 2동 1995유네스코 세계문화유산 등재 ■대장경판* 1398(태조7) 해인사 이전보관 2007 유네스코 세계기록유산 등재 ■고려목판** 사찰·지방관청 판각 경전·시문집 등 • 판전 좌우 동서사간판전 보관
대적광전(大方廣殿)	■*** 1818(순조18)중건 • 1970 가산지관(伽山智冠) 중수 정·측5·4칸 ■비로자나삼존불목소상*** 1897(광무1) 금당사(金塘寺)에서 이안 • 조선초 조성추정 ■석등*** 통일신라 조성추정 ■봉로석(奉爐石)*** 정중탑 앞에서 이건 ■신중도 1862(철종13) 덕운(德芸)·성규(性奎) ■범종** 1491(성종22)조성
대비로전	■정·측3·3칸 ■비로자나불목조좌상과 복장유물** 신라말~고려초 봉안 • 1167(의종21)중수 • 1490(성종21)개금중수 • 다라니·발원문·후령통·조각보 등 복장물 ■비로자나불목조좌상 복장전적** 『반야바라밀다심경』·진본『대방광불화엄경』 권16~20
극락전	1965 자운해체·선원 자리 중수 • 1973 봉주이건 정·측7·4칸 • 현재 율원
응진전(해행당)	1488건립 • 1817 제월성안(霽月聖岸)중창 • 1918 진영 조사전이안 정·측3·1칸
명부전	■1873(고종10) 보정(普淨)중창 • 1961 자운(慈雲) 보수 정·측3·2칸 ■지장보살삼존목조상과 시왕상*** 1673(현종14) 자수(自修)봉안 • 시왕상 1878 진해 성흥사(聖興寺)이안
보경당(普敬堂)	1982 도견(道堅) 명월당 철거 보경당건립·명월당은 사운당 앞 봉황문 서쪽으로 이건 정·측9·4칸 • 현재 불교회관
퇴설당(堆雪堂)	1817 제월성안중건 • 1962 자운중수 • 1965 근담해체 보수 • 1899(광무3) 경허주석 • 현재 총림방장실
해행당(解行堂·修禪社·祖師殿)	1817 제월성안중건 • 1899 범운(梵雲)중건 • 1915 회광사선(晦光師璿) 조사전으로 개축 • 1956 자운중수 • 2003 도림법전(道林法傳)주석처 정·측5·4칸 • 방장 부속실
법계당(法界堂)	ㄴ자 정·측6·7칸 • 주지 방사
심검당(관음전·지장전)	1914 천상궁(千尙宮) 정공심(淨空心) 시주로 회광사선(晦光師璿) 중창 • 1990 법전(法傳)해체·ㄷ자신축 정·측9·4칸 3채 해인사승가대학
궁현당(窮玄堂·選佛場)	1908(융희2) 회광사선중창 • 1940중건 • 1961 자운중수 • 1988복원 • 1991 법전 1동으로 개축 •강원 사교반 이하 학인 요사·대중공양간 정·측11·4칸
명월당	1947 환경(幻鏡)중창 • 주지실·종무소 • 1981 도견(道堅) 보경당(普敬堂)으로 변경
사운당(四雲堂)	1940 설호(雪醐)중수 • 1984중수 • 현재 종무소 정·측13·4칸
청화당(淸華堂·西殿)	명진건립 • 백호 등 비보·서북풍 방풍 • 현재 주지실 정·측7·3칸

우화당(雨花堂)	요사
만월당	해인사랑방 정·측9·2칸
적묵당	강원 교수사 방사
독성각(삼성각)	1940 설호(雪湖)중건 6각건물 • 이전 독성·가야산신·용왕 • 현재 독성만
응향각(노전·禪悅堂)	1936 고경덕원(古鏡德元)건립 · 2006 현응(玄應) 이전 명부전 이건·신축 ㄱ자
국사단(局司壇)	1899 범운중창 • 해인사 도량 지국(地局)옹호 신중봉안 정·측3·1칸
경학원	*** 1892(고종29) 왕·왕후·태자 삼전축리소(三殿祝釐所)인 경홍전(景洪殿)으로 범운건립 • 1946 임환경(林幻鏡) 경학원으로 변경 • 1956 자운 도서관으로 중수 • 1968 지월중수 • 2006 현응개축·번와 정·측3·2칸 • 승가대학도서관
범종각	1984 명진(明振)건립 정·측5·3칸
구광루	1818 경상도관찰사 김이재(金履載) 시주로 건립 • 이전 범종·홍고·운판·목어 등 사종건추(犍椎) • 상설전시관 활용 정·측7·4칸
수정실(水精室)	1972 가산지관 신축
수월문(水月門)	경학원 앞대문 ㄷ자 • 삼소굴(三笑窟 서) · 별좌실(別座室 동) • 1992 법전 철거후 적묵당 개건
해탈문	1817중건 • 1899(광무3) 범운중수
천왕문(鳳凰門·金剛門)	1817 제월성안(霽月聖岸)중창 정·측3·1칸
일주문	1457중건 • 1940 설호(雪醐)중건·목수 이화백(李花白) • 원래 홍하문(紅霞門) • 1930 허능산(許綾山)이 해강(海崗) 김규진(金圭鎭) 글씨로 '가야산해인사' 편액으로 교체 정·측1·1칸
불탑·승탑	■운양대길상탑** 895(진성왕9)사역보존전투 전사스님 천도발원건립 • 최치원 「묘길상탑기」찬술 ■삼층석탑(정중탑)*** 대적광전 앞마당 • 창건 때 건립 3단기단 3층탑신 • 1926해체수리 때 소불(小佛)9위발견·재봉안 ■정중소탑 명부전앞 • 살포령(殺捕嶺) 거덕사(擧德寺) 파탑 이건 ■수미정상사리탑(須彌頂上舍利塔) 장경판전 뒤 • 1986 일타(日陀)건립 ■홍제암 동쪽 사명당(四溟堂)부도**·송파당(松坡堂)부도·예봉당(禮峰堂)부도·계파당(桂坡堂)부도·환적당(幻寂堂)부도 • 국일암 주변 부휴당(浮休堂)부도·벽암당(碧巖堂)부도 • 약수암 주변 능운당(凌雲堂)부도·풍암당(豊庵堂)부도·해봉당(海峰堂)부도·모은당(慕隱堂)부도·희운당(喜運堂)부도·화적당(和寂堂)부도·정월당(淨月堂)부도·반송당(伴松堂)부도·평악당(平岳堂)부도·침운당(枕雲堂)부도·운봉당(雲峰堂)부도 • 용탑선원 주변 용성당(龍城堂)부도***·고한당(孤閑堂)부도
석비·탑비·탑지	■석존진신사리전래봉안비(釋尊眞身舍利傳來奉安碑) 1988 길상암앞 건립·일타(一陀)찬 ■반야사지원경왕사비(般若寺址元景王師碑)** 1118(예종13)건립·김부일(金富佾) 찬·이원부(李元符) 서(書) • 이전 가야면 구원리 반야사터 • 1988 해인사 사운당앞 이건 • 1990 길상탑북쪽 이건 ■사명대사석장비(四溟大師石藏碑)** 1612(광해군4) 홍제암 동쪽 건립·허균(許筠)찬·양만세(楊萬世)서 • 1943훼손 • 1958원형복원 ■사명대사신비(四溟大師新碑) 1947 홍제암 동쪽 건립·변영만(卞榮晩)찬·오세창(吳世昌)전(篆)·김태석(金台錫)서 ■해인사복고사적비(海印寺復古事蹟碑) 1769(영조45) 홍제암 동쪽 건립·해봉유기(海峰有璣)찬·신몽준(申夢駿)서 ■가야산해인사사적비(伽倻山海印寺事蹟碑) 1972 일주문 동쪽 건립·가산지관찬·벽안법안(碧眼法眼) 정액(頂額)·법혜(法慧)서 ■범운당취견대사비(梵雲堂就堅大師碑) 1893(고종30) 사운당 동쪽 건립 • 허훈(許薰)찬·성민(性玟)서 • 1971 가산지관 길상탑 남쪽 이건 ■범운당취견대사기공비(梵雲堂就堅大師紀功碑) 1901(광무5) 사운당 서쪽 건립 • 윤용선(尹容善)찬·응허한규(應虛翰奎)서 • 1971 가산지관 길상탑 남쪽 이건 ■예봉대사비(禮峰大師碑) 1893 홍제암 동쪽 비림 건립 • 허훈(許薰)찬 ■용성대사비(龍城大師碑)*** 1941 용탑선원 남쪽 건립·만해용운(卍海龍雲)찬·오세창(吳世昌)전·최종한(崔宗瀚)서 ■인곡당창수대사비(麟谷堂昌洙大師碑) 1980 운양대 사적비 북쪽 건립·일타(一陀)찬·혜암(慧庵)서 ■금담당병희대사비(錦潭堂秉喜大師碑) 1966 홍제암 동쪽 비림 건립·이은상(李殷相)찬·이순필(李淳弼)서 ■지월당병안대사비(指月堂炳安大師碑) 1976 길상탑 북쪽·일타(一陀)찬·오제봉(吳濟峰)서 ■영암당임성대사비(映岩堂任性大師碑) 1989 길상암 주변·가산지관찬·경지운(景知雲)서 ■고암당상언대사비(古庵堂祥彦大師碑) 1989 용탑전 남쪽 건립·일타찬·오제봉서 ■담화당보정대사비(曇華堂普淨大師碑) 1906(광무10) 사운당 동쪽 건립·곽종석(郭鐘錫)찬·응허한규(應虛翰奎)서·1971 가산지관 사적비 남쪽 이건 ■용성당진종대사 신비(龍城堂震鐘大師新碑) 1993 성보박물관 남쪽 건립·가산지관찬·효남(曉南)박명규(朴秉圭)서 ■자운당성우율사비(慈雲堂盛祐律師碑) 1995 운양대 남쪽 건립·가산지관찬·송천(松泉)정하건(鄭夏建)서 ■경성당덕률대사비(警惺堂德律大師碑) 2002 홍제암감원 종성(宗性)·용탑전감원 순민(純潤) 홍제암 동쪽 건립·가산지관찬 ■포응당봉진대사비(布應堂奉眞大師碑) ■운허당문오대사비(運虛堂文午大師碑) ■고운최치원비(孤雲崔致遠碑) ■고운최선생유허비(孤雲崔先生遺墟碑) ■내암정인홍비(來庵鄭仁弘碑) ■운양대 아래 군수이병태불망비(郡守李秉泰不忘碑) • 군수황운조(黃運祚)불망비 • 순상국윤광안불망비(巡相國尹光顏不忘碑) • 순상국김노경(金魯敬)불망비 • 군수서봉보(徐鳳輔)불망비 • 수의사김기찬유혜비(繡衣使金基纘遺惠碑) • 수의사조석여(曺錫輿)불망비 • 군수정헌조청덕혜정비(鄭憲朝淸德惠政碑) • 군수김영수거사비(金永壽去思碑) • 정립재시랑이용직송덕비(正立齋侍郎李容直頌德碑) • 통제사민형식(統制使閔炯植)불망비 • 관찰사조시영선정불망비(觀察使曺始永善政不忘碑) • 관찰사이지용(李址鎔)불망비 • 대차지대감강석호(大次知大監姜錫鎬)불망비 • 상궁천일청정공심(尙宮千一淸淨空心)불망비 • 김덕연무릉교답헌납(金德演武陵橋畓獻納)불망비
성보박물관	■희랑대사건칠좌상* 10세기전반 조성추정 • 현전유일 조사상 • 해행당·진상전·조사전·보장전 등 이전봉안 ■광해군 내외 및 상궁 옷 4점****1965수리 때 발견 ■대적광전 비로자나불목조좌상과 복장유물** 신라말~고려초 봉안 • 1167(의종21)중수 • 1490개금중수 • 철릭(帖裏)·사경낭(寫經囊)·직물편 등 복장물 ■대적광전 비로자나불목조좌상 복장전적** 정원본『대방광불화엄경』권16~20·『금광명경』권3·백지묵서사경(白紙墨書寫經) 등 8종전적 ■금동여래입상*** 1994 대적광전중수 때 마루밑에서 발견 • 통일신라 제작추정 ■영산회상도** 1729(영조5) 의겸(義謙)조성 ■감로왕도** 1723(경종3) 심감(心鑑)·신오(信悟) 등 조성 ■지장시왕도** 1739(영조15) 혜식(慧湜) 등 조성 ■동제소종(銅製小鐘)*** 고려시대 조성추정 • 해인사상소리암(上蘇利庵)명문 ■대적광전중건상량문*** 1818(순조18) 김정희(金正喜)찬 • 1971 보수 때 발견
나무	■학사대 전나무*****

庵), 동쪽에 백련암(白蓮庵)·희랑대(希郎臺)·지족암(知足庵)·극락암(極樂庵)·국일암(國一庵)·약수암(藥水庵), 앞쪽으로는 삼선암(三仙庵)·금선암(金仙庵)·보현암(普賢庵)·금강암(金剛庵), 서북쪽에 고운암(孤雲庵), 마장의 고불암(古佛庵), 남산의 청량사(淸凉寺) 등이 자리하고 있다. 산내암자의 역사도 오래되었으므로, 성보문화재가 다수 전한다. 원당암에는 보물로 지정된 성보문화재가 여럿 있는데, 다층석탑과 석등은 석탑의 탑신, 석등의 받침돌과 지붕돌이 특별히 점판암으로 구성하였으며, 1490년(성종21)전후에 봉안된 것으로 추정되는 아미타여래삼존목조상은 왕실 후원 배경과 조성 참여자를 확인할 수 있는 15세기의 대표적인 삼존상으로 손꼽히고, 2017년 개금불사 때 발견된 복장전적은『대방광불화엄경』진본과 정원본을 포함하여 고려목판을 대본으로 후대에 인출·장정한 29권 29첩

의 후쇄본으로 알려져 있다. 홍제암은 사명유정(四溟惟政)이 입적한 곳으로, 1614년(광해군6)에 혜구(慧球)가 영정을 봉안하고자 건립하였고, 광해군이 올린 '자통홍제존자(慈通弘濟尊者)'의 시호를 따서 홍제암이라 불렸다. 건물 안에는 조사전·영각(影閣)·홍각(弘閣)·조실·시자실 등 법당과 생활공간이 다양하게 구획되었는데, 특별히 사명유정과 관련된 공간을 한데 모았고, 공간의 위계에 따라 공포의 수법이나 칸의 규모 등을 달리하여 현재 보물로 지정되어 있으며, 서산휴정(西山休靜)·사명유정·기허영규(騎虛靈圭)의 영정은 18세기 후반의 대표적인 초상화로 유형문화재로 지정되어 있다. 그외의 유형문화재로는 해인사 본사에 18세기 조성으로 추정되는 목조아미타여래삼존불감, 1892년(고종29)에 박문환(朴文煥)의 시주로 서암전기(瑞庵典琪)·우송상수(友松爽洙) 등이 조성한 괘불탱, 국일암에 1780(정조4)에 조성된 벽암각성(碧巖覺性) 진영과 1885(고종22)에 수룡기전(繡龍琪銓)이 봉안한 구품도·제작시기 미상의 신중도, 백련암의 1761년(영조37)에 상정이 봉안한 여래목조좌상과 1711년(숙종37) 전후에 판각된 풍계집 목판·1749년(영조25)에 혜식(慧式)이 조성한 환적당의천 진영 등이 있다. 1677년(숙종3)에 조성되어 희랑대에 봉안되었던 지장보살목조좌상, 18~19세기에 봉안된 원당암 고승 11분 진영, 1874년(고종11)에 해인사 출신 수화승(首畵僧) 수룡대전(水龍大電)이 조성한 길상암 치성광여래도, 1892년에 순응·이정·희랑을 한 폭에 그린 홍제암 삼화상진영 등도 전한다. **【유적과 명소】** 해인사 주변에는 해인사와 관련한 유적이 많이 산재하고 있다. 특히 절터가 곳곳에 남아 있는데, 상봉과 천장대(天藏臺) 동쪽에 법왕암지(法王庵址), 중봉 석불 서쪽 건너편에 내원암지(內院庵址), 수원지 위쪽 중봉 석불 앞에 중봉암지(中峰庵址), 극락전 뒤에 범어로 극락을 뜻하는 소리암지(蘇利庵址), 홍제암 뒤쪽 살포령(殺捕嶺)에 거덕사지(擧德寺址), 성보박물관 북쪽에 무풍암지(無風庵址), 구원리 뒷산과 탑동에 태평암지(太平庵址)와 반야사지(般若寺址), 원당암 남쪽 기슭에 지모암지(智母庵址), 백련암 동쪽 능선 너머에 환적대지(幻寂臺址), 원당암 앞 기슭에 대성암지(大成庵址), 학사대 위쪽에 보문암지(普門庵址) 등이 있고, 남산제일봉 북쪽 기슭에는 추사 김정희의 삼촌인 영운(映雲)의 주석처인 불지암지(佛智庵址)도 전한다. 보현암지(普賢庵址)에는 1960년에 비구니 철마(鐵馬)가 토굴을 지으려다가 사중의 허락을 받지 못하였고, 1974년에 비구니 혜춘이 허락을 얻어 만성암(晩惺庵)이라 하다가 1976년에 다시 보현암으로 바꾸었다. 대가야국 태자인 월광이 창건하였다고 전하는 월광사지(月光寺址)는 한동안 폐사되었다가 1971년에 보광(普光) 김주성(金周成)이 재건하였다. 이외에도 사자문 밑 하천가에는 옥류정지(玉流亭址), 낙화담(落花潭)·광풍뢰(光風瀨) 석각 중간쯤에는 홍류동사담기우소(紅流洞沙潭祈雨)가 남아 있기도 하다. 가야산은 절경의 명산이기에 곳곳에 비장(秘藏)의 명소가 매우 많다. 신라말에 최치원은 신라의 천년사직이 기우는 것을 개탄하고는 가족을 데리고 가야산에 은둔하여 말년을 보내면서 스스로 이름을 붙이고 자필로 써서 새겨 놓았다는 13명소가 전하는데, 구원리 무릉교(武陵橋), 무릉교 위 칠성대(七星臺), 농산정 옆의 홍류동, 홍류동 위에 음풍뢰(吟風瀨), 해인사로 올라가는 길의 S자 커브 밑 벼루처럼 생긴 바위에 자필암(泚筆岩), S자 커브 동쪽 능선에 노스님이 피를 부는 모양의 취적봉(吹笛峰)과 완재암(宛在岩), 길상암 입구 위쪽에 낙화담(落花潭), 낙화담 밑에 분옥폭(噴玉瀑), 분옥폭 밑에 제월담(霽月潭), 분옥포 동쪽 S자 커브 밑 길동쪽에 첩석대(疊石臺), 제월담 밑에 광풍뢰, 응진전 뒤쪽에 최치원이 지팡이를 꽂은 곳이라고 전하는 학사대(學士臺) 등이다. 1918년에 예운(猊雲) 최동식(崔東植)이 당시 해인사 주지 이회광(李晦光)의 청탁을 받아 다시 19곳명소를 설정하고 찬시를 부쳤는데, 13명소에서 취적봉을 제외한 12명소에 가야산 상봉 바위굴의 우비정(牛鼻井), 그 산봉우리 밑의 봉천대(奉天臺), 구원리 입구에서 도원을 찾는다는 맥도원(覓桃源), 홍류동 서쪽 산봉우리인 취적봉(翠積峰), 홍류동 S자 커브길 동쪽에 회선대(會仙臺), 홍류동 양쪽 언덕의 낙화가 물위에 떠 흐른다는 축화천(逐花川), 최치원의 가야산 입산시(入山詩) 중 결구(結句)인 '흐르는 물로 온 산을 모두 감쌌네. 故敎流水盡籠山'에서 '농산'을 따서 정자의 이름으로 삼은 농산정(籠山亭) 등 일곱 명소를 더하였다. 이 밖에도 환선대(喚仙臺)·사자문(獅子門)·운양대(雲陽臺)·신부락 해인초등학교 앞의 용문폭포·홍제암 뒤쪽의 과음폭포·용탑선원 앞의 외나무다리·백련암 서쪽의 봉황대·백련암 뒤쪽의 절상대(絶相臺)·내원암(內院庵)터의 득검지(得劍池)·상봉 아래의 용각대(龍角臺)·해인사 앞산의 전망대(前望臺)·삼정리(三政里)·마장동(馬場洞)·옥가평(獄街坪) 등 많은 명소가 전하고 있다. **【역대주지】** 해인사는 창건 이래 지금까지 1,200년동안, 특히 1955년 교단정화 이후부터는 역대주지의 이·취임이 분명하지만 그 이전에는 대대로 이어져온 것을 분명하게 알 수 있는 기록은 전하지 않는다. 다만 문헌상에 나타난 것에 의지하여 〈표3〉과 같이 정리할 수 있다. **【해인사 사간판寺刊板과 인경연기문】** 국보 제32호 고려팔만대장경판(81,258판)을 봉안하고 있는 법보종찰 해인사는 창건 이후 때때로 사중에서 판각한 사간판(寺刊板) 장경판을 소장하고 있다. 동서재(東西齋)에 진장된 현존 사간판은 모두 158종 5,786판인데, 그중 국보 제206호로 지정된 28종 2,725판이 있고, 보물 제734호로 지정된 26종 11

〈표〉 해인사역대주지

시대	세순世順	당호 및 법명	재직연대	전 거
신라	제 1세	순응조사 順應祖師	802년	가야산해인사 고적기
	제 2세	이정조사 利貞祖師	804년	가야산해인사 고적기
	제 3세	결언대덕 決言大德	870~ 881년	가야산해인사 고적기
	제 4세	현준대사 賢俊大師	874년경	대각국사 문집
고려		희랑조사 希朗祖師	875~ 886년	가야산해인사 고적기
		익승선사 翼乘禪師	1094~ 1146년경	동문선 권64, 智異山水精社記
		신총대사 信聰大師	1365년	권희경權熹耕의 고려사경연구
조선		경남대사 敬南大師	1393년	이태조 印經跋文
		죽헌대사 竹軒大師	1458년	金守溫 印經跋文
		학조대사 學祖大師	1464년	조선왕조실록 세조조
		신문대사 信文大師	1488년	불교 제29호 P.44
		영운화상 靈雲和尙	1557년	瑞興高德山 星宿寺板 楞嚴經 제10권 刊記
		현수선사 玄修禪師	1574년	全羅道 高山地安心寺 板 高峰禪要刊記
		인현대덕 印玄大德	1686년 4월 6일	丁時翰의 山中日記上 제4張
		신암대덕 信庵大德	1686년 9월 15일	丁時翰의 愚潭文集 권19, 山中日記上 529장
		택인대덕 擇仁大德	1696년경	松潭靈珪 撰 海印寺影子殿 重創 上樑記
		수열화상 守悅和尙	1700년경	松潭靈珪 撰 海印寺影子殿 重創 上樑記
		치환선사 致還禪師	1704년경	松潭靈珪 撰 海印寺影子殿 重創 上樑記
		희십대덕 希什大德	1708년경	〃
		성오대사 性悟大師	1711년경	〃
		위한화상 位閑和尙	1719년경	〃
		신청대사 信淸大師	1723년경	〃
		계찰대덕 桂察大德	1727년경	〃
		홍해대사 弘海大師	1731년경	〃
		초인화상 楚仁和尙	1753년	松潭靈珪 撰 極樂殿重創上樑記
		보행대사 普行大師	1770년경	龍波道周 撰 藏經閣三尊改金記
		임기화상 任奇和尙	1773년	〃
		관수대덕 寬修大德	1795년	鏡岩應允 撰 海印寺白蓮庵 重創記
		몽찬선사 夢讚禪師	1799년경	影月惠堅 撰 海印寺鳳凰門 重創 上樑記
		돈혜대사 頓慧大師	1803년경	〃
		윤행화상 允幸和尙	1807년경	〃
		보연대덕 普演大德	1811년경	〃
		재근선사 在勤禪師	1815년	〃
		진숙대덕 眞淑大德	1817년 在任中	晦隱昇慧 撰 大寂光殿重創梁間錄
		자영화상 慈英和尙	1821년	影月惠堅 撰 海印寺鳳凰門補修 上樑文
		계탄선사 啓坦禪師	1840년	淵月啓潤 撰 海印寺四雲堂創建 樑間錄
		유성대사 有性大師	1871년	窮玄堂重創時 蓮城 桂洙書 大衆芳名錄
		관허의관 寬虛宜官	1873년 在任中	退庵淳禧 撰 大藏經殿有功 記
		영찬화상 英贊和尙	1874년경	窮玄堂重創時 蓮城 桂洙書 大衆芳名錄
		탁심선사 琢心禪師	1877년경	〃
		태감대덕 太鑑大德	1879년경	〃
		환행대덕 幻行大德	1882년경	〃
		여징화상 汝澄和尙	1885년경	〃
		덕암상률 德庵尙律	1887년	〃
		경암인성 鏡岩仁性	1893년경	高僧大德 編
		우운선주 友雲善舟	1898년경	尹容善 撰 梵雲大師紀功碑 (許 綾山의 恩師이며 禮 雲映鎬와 兄弟間임)
		포운정수 圃雲定守	1901년	藕堂達玄 撰 海印寺堆雪堂重創 上樑文
		김영해 문석 총섭金映海 文晳 總攝	1908년 취임	海印寺明月堂 懸置 近代住持 寫眞
		장제월 섭정 張霽月 攝政	1910년 취임	〃
일제	제 1세	이회광 사선 李晦光 師璿	1912년 취임	朝鮮佛敎月報 제2호 p.58
	제 2세	〃	1915년 취임	再任
	제 3세	〃	1918년 취임	三任
	제 4세	〃	1921년 취임	四任
	제 5세	김만응 상률 金萬應 尙律	1924년 취임	
	제 6세	백경하 대영 白景霞 戴英	1927년 취임	佛敎 제1호 p.49
	제 7세	허릉산 상현 許綾山 尙玄	1930년 취임	
	제 8세	이고경 덕원 李古鏡 德元	1934년 취임	
	제 9세	변설호 영세 卞雪醐 榮世	1936년 취임	
	제10세	변설호 영세 卞雪醐 榮世	1940년 취임	再任
	제11세	백경하 대영 白景霞 戴英	1944년 취임	重任
	제12세	임환경 재수 林幻鏡 在修	1946년 취임	幻鏡大禪師回顧錄 p.7, 年 譜
	제13세	최금봉 범술 崔錦峯 凡述	1949년 취임	
	제14세	이용조 인산 李龍祚 仁山	1952년 취임	法名은 世英
	제15세	박진허 화상 朴震虛 和尙	1955년 취임	
정화 淨化 이후	제 1세	김자운 성우 金慈雲 盛祐	1955년 9월 취임	해인사사적비
	제 2세	이청담순호 李靑潭淳浩	1957년 취임	해인사사적비

정화 淨化 이후	제 3세	김자운성우 金慈雲盛祐	1960년 취임	해인사사적비
	제 4세	조금담병희 曺錦潭秉喜	1963년 취임	해인사사적비 俗名은 福岩
	제 5세	박영암기종 朴暎岩淇宗	1965년 취임	해인사사적비 法名은 任性
	제 6세	김지월병안 金指月炳安	1967년 취임	해인사사적비 俗名은 奉萬
	제 7세	김혜암성관 金慧庵性觀	1970년 취임	해인사사적비
	제 8세	김자운성우 金慈雲盛祐	1970년 추대	해인사사적비 就任拒否
	제 9세	이가산지관 李伽山智冠	1970년 취임	11월부터 취임. 해인사사적비
	제10세	이성수수길 李性壽壽吉	1972년 취임	俗名은 壽吉
	제11세	홍봉주현희 洪奉珠玄喜	1973년 취임	대한불교 제615호
	제12세	이리산도광 李离山導光	1975년 취임	离山導光大禪師行狀 俗名 午南
	제13세	박인산현경 朴仁山玄鏡	1977년 취임	해인사사적비 俗名은 泳海
	제14세	이영공도성 李映空道成	1978년 취임	해인사사적비
	제15세	황김성도견 黃金城道堅	1980년 취임	俗名은 祐德
	제16세	송동광명진 宋東光明振	1982년 취임	俗名은 奉顯
	제17세	김동곡일타 金東谷日陀	1984년 취임	俗名은 思義
	제18세	김도임법전 金道林法傳	1986년 취임	俗名은 香奉
	제19세	김도임법전 金道林法傳	1990년 취임	再任
	제20세	이가산지관 李伽山智冠	1993년 취임	重任
	제21세	김성법 金性法		
	제22세	최보광성주 崔普光性柱		俗名은 正哲
	제23세	박수봉세민 朴秀峯世敏		
	제24세	허연암현응 許蓮庵玄應		

0판이 있다. 이 가운데에는 1236~1251년 사이에 판각한 재조본 국간판(再彫本國刊板)보다 먼저 새긴 귀중한 다수(多數)의 사간판이 현존한다. 수창(壽昌) 4년(고려 숙종3 : 1098) 조판간기를 남기고 있는 『진화엄경』 제45권 21장을 비롯하여 주본 40권본 『화엄경』·『금강경』·『능엄경요해』·『사분율산번보궐행사초상집기 四分律刪繁補闕行事鈔詳集記』 판 등은 국내에 남아있는 매우 귀중한 판본이다. 특히 『사분율산번보궐행사초상집기』는 도선율사가 지은 『사분율행사초』 14권에 대해 요(遼)대 징연(澄淵 : 생몰연대 미상. 南京 奉福寺僧)이 『상집기』 14권을 찬술하였는데, 이는 해인사사간판에만 있을 뿐, 해외 어디에도 없는 유일무이한 귀중본이다. 또한 『보현행원품』·『당현시범』·원효의 『십문화쟁론』·『대승기신론해동소』·의상의 『백화도량발원문』·『대각국사문집』 등이 전하며, 남양선생(南陽先生 : 白賁華 1180~1224)의 『시집』·목우자의 『수심결』·홍각범의 『임간록』·해봉의 『호은집』 판 등 문학작품도 있으며, 『몽산법어』·『오대진언』·『부모은중경』·『왕랑반혼전』·『미타경언해』 등 판본은 국문학연구에 비할 데 없는 귀중한 자료이다. 명연의 『염불보권문』·『신편염불보권문』·청허의 『운수단가』·『예념미타참법』·『아미타경』·허주덕진(1806~1888)의 『정토감주』·『용서정토문』·『정토발원문』·『염주경』 판 등은 정토계 자료이며, 불공(不空)의 『오대진언집』·『실담장』 판 등은 범어연구에 필수자료이고, 각종 인경발문(印經跋文)·『역대왕조연표』·『해인사고적』·『해인사사적』·『간기사』 판 등은 불교사연구에 소중한 자료이며, 『사분율비구이백오십계본』·『범망경보살계본』·『칠중수계의궤』·『사분율산번보궐행사초상집기』·『호계첩』 판 등은 율장에 관련된 귀중한 자료이고, 『능가경』·『선종영가집』·『고봉선요』·『금강경』·『선종유심결』·『육조법보단경』·『청허집』·『구자무불성간병론』·『경덕전등록』 판 등은 선종의 주요성보며. 『제반문』·『운수단』·추담정행의 『승가일용작법』·『시식문』·『천도문』·나암의 『석문가례초』·『다비작법』·『삼단작관변공』·『영혼』 판 등은 불교의례의 원전자료이고, 『진화엄경변상도』를 비롯하여 『주화엄경변상도』·『삼존변상도』·『부모은중경변상도』·『한산습득의 변상도』, 그리고 각 경 마다의 면지(面紙)에 해당하는 변상도 판 등은 불교의 선모문화(線模文化)의 자취이기도 하다. 이러한 변상도는 8세기를 전후한 당말(唐末) 이후로 불교의 영향을 받고 유행하던 설창문학(說唱文學)의 한 종류인데 불교경전에 나타난 여러 가지의 비유 및 본생담을 소재로 하여 교설을 대중에게 쉽게 이해시키려는 수단으로 시각적 방법을 동원하여 이루어진 것이니, 회화 및 소묘연구에 절대적인 자료가 되고 있다. 이와 같이 법보종찰 해인사의 사간판에는 길이 보존하고 전승해야 할 한국불교문화사의 다양하고 수승한 자료들이 모여져 있다. 세월이 오래될수록 자구의 마멸 등 판본훼손이 불가피하므로 탁본을 남겨 후대에 길이 전함이 마땅하다. [참고문헌] 『三國史記』, 『東國輿地勝覽』, 『梵宇攷』, 『朝鮮佛敎通史』 권상 p.100·348·442·617·683·pp.492~499, 『韓國寺刹全書』 권하 p.1139, 李智冠 『伽倻山海印寺誌』, 韓贊奭 『陜川海印寺誌』, 『海印寺誌』, 『韓國의 寺刹』 권7 海印寺, 『梅溪集』 권4(韓國文集叢刊16, p.334b5). ⇨ 고려대장경 高麗大藏經, 고려대장경판 高麗大藏經板, 대장경판 大藏經板, 대장경목록 大藏經目錄 [1], 해인사사간장경판 海印寺寺刊藏經板, 법보전 法寶殿, 장경각 藏經閣, 해인사장경판전 海印寺藏經板殿

해인사감로왕도 海印寺甘露王圖 1723년. 보물 제1697호. 세로 275cm·가로 261cm. 모시 바탕에 채색. 합천 해인사성보박물관에 소장된 조선시대 하단(下壇)

탱화. 초파일(初八日)이 있는 사월에 조성하였고 18세기초 문중의 고승들을 중심으로 수륙재의식집들이 활발히 간행되던 시기에 전 해인사 승통(僧統)인 한영(漢英)이 유나소(維那所)를 설립하고 수십 명의 전 승통, 주지 등과 함께 동참발원해 조성하였다. 이들 가운데 한영 등은 한 해 후에 해인사에서 회향된『자기문절차조열 仔夔文節次條列』간행에도 동참하고 있는데, 수륙재 의식문인『자기산보문』의 설단채비(設壇差備)를 위한 것이었다. 이러한 이유로 현행하는 감로왕도 중에 처음으로『자기산보문』에 나타나는 소대(燒臺)인 정토루(淨土樓)도상이 제왕제후 등의 주변에 그려져 있다. 수화승인 심감(心鑑)의 불화로 이 작품이 유일하게 전한다. 삼단폭포가 그려져 있는 청록풍의 깊은 산수, 아득한 절벽 위를 배경으로 발우(鉢盂) 대신 붉게 주칠 된 완(碗)으로 감로를 받들고 있는 독특한 쌍아귀도상을 비롯해, 화면의 각 장면들을 구분하기 위한 보색대비가 뛰어난 명징한 채운, 공필로 선과 면을 채운 매우 입체적인 인물표현, 고혼(孤魂)들의 맑은 표정 등은 당대의 탱화에서 보기 드문 화풍과 필법으로 매우 주목받는 성보다. [참고문헌] 강우방·김승희『甘露幀』(예경, 1995) pp.64~68.

해인사건칠희랑대사좌상 海印寺乾漆希朗大師坐像 보물 제999호, 높이 82.4cm. 고려초 10세기 조상으로 제작된 고승상. 합천 해인사성보박물관에 모셔져 있다. 희랑대사는 나말여초 해인사에서 활동했던 화엄스님으로서, 후백제의 견훤을 지지했던 남악파(南岳派)의 관혜(觀惠)에 대응하여 북악파를 이끌며 고려 태조를 도왔던 것으로 전한다. 이 상은 희랑대사의 모습을 등신대(等身大)에 가까운 크기로 형상화한 진영상(眞影像)이다. 몸에는 흰 바탕에 적색과 녹색의 작은 원점(圓點)무늬가 그려진 장삼을 입고, 그 위로 녹색의 굵은 조(條)들이 새겨진 적색가사를 편단우견으로 걸쳤다. 왼쪽 어깨 뒤와 왼쪽 가슴에는 가사가 흘러내리지 않도록 하는 고리와 끈매듭 즉 구뉴(鉤紐)가 사실적으로 표현되었다. 가슴 정면에는 작은 구멍이 뚫려있다. 이에 대해서는 예로부터 다양한 설이 있으며 수행자로서 그의 신이력을 나타낸 것으로 해석되기도 한다. 상의 재질은 앞쪽이 건칠이고 뒤쪽은 나무인 것이 확인되었는데, 본래는 상 전체를 건칠로 만들었다가 후대에 뒷면을 나무로 보수했을 가능성이 크다. 원래의 봉안처는 미상이나, 조선 1782년(정조6) 이덕무(李德懋 1741~1793)가 해인사에 갔을 때는 이 상이 진상전(眞常殿) 안의 우측 북벽 아래에 모셔져 있었다고 한다. 이덕무『청장관전서』권68「가야산기 伽倻山記」에 "얼굴과 손이 모두 까맣게 칠해졌고 힘줄과 뼈가 울퉁불퉁 나왔으며, 옷섶을 헤쳐 가슴을 드러냈는데 양쪽 유방 사이에 앵두가 들어갈 만한 구멍이 있다 面手髹漆 筋骨戌削 襟披胸現 乳間有竅容櫻 或象伊人生時 中脘炙痕 或是雕造多年 腐蠹成竅"라고 하였다. 따라서 얼굴과 손은 그 이후에 채색이 더해졌음을 알 수 있다. 또한 현재 가사의 군데군데에 금색이 남아있는 것으로 보아 표면에 금빛이 찬연했을 것이라 짐작한다. 생략할 곳은 과감히 생략하고, 강조할 곳은 대담하게 강조하여 노스님의 범상하지 않은 위용(偉容)을 사실적으로 표현하고 있는데, 나무로 깎아 조상하였기에 목조에서 풍기는 따뜻한 정감을 느낄 수 있다. 조성한 연대는 고려초인 930년경 이전으로 추정된다. 전하는 말로는 스님께서 생전에 스스로 자신의 앉은 모습으로 조성하였다고 한다. 진영 조각의 진수(眞髓)를 가장 잘 묘사함으로써 10세기 중엽 조각 가운데 최고의 걸작품으로 평가되고 있다. 또한 우리나라에서 전승된 유일한 고승목조진영상이라는 점에서도 가치가 큰 작품이다. [참고문헌]『靑莊館全書』, 李智冠『伽倻山海印寺誌』p.1047,『문화재대관 보물-불교조각Ⅰ』(문화재청, 2016) pp.174~176. ⇨ 희랑 希朗

해인사결동수정혜동생도솔동성불과계사문 海印寺結同修定慧同生兜率同成佛果稧社文 1899년(광무3) 11월 1일 해인사팔만대장경 인경불사 회향법회 때 경허성우(鏡虛惺牛)가 지은 글.『경허집』(한불전11, pp.601b9~607b5)에 수록되어 있다. 용악혜견(龍嶽慧堅 1830~1908)이 해인사 고려팔만대장경을 인출하고자 1897년(광무1) 5월 13일부터 7월 25일까지 70일간 기도하여 복행신장(腹行神將)이 나타나는 영감을 얻고는, 고종의 명령으로 탁지부(度支府) 전(錢) 30만 냥과 엽(葉) 6만 냥을 비롯하여 의정부 전 7천5백만 냥, 경운궁(慶雲宮 : 德壽宮) 전 1천5백만 냥, 경남관찰사 조시영(曺始永) 전 5백 냥, 합천군수 박기묵(朴起默)과 양산군수 김상필(金商弼) 전 5십 냥, 언양군수 최시명(崔時鳴)과 판서(判書) 이용직(李容直) 전 1백 냥, 통도사

대중스님들의 동참금 전 5천 냥, 전주단월(全州檀越) 전 8백 냥 등의 시주로 대장경 네 부를 인출하여 1899년(광무3) 11월에 통도·해인·송광사에 각 1부, 나머지 1부는 전국 명산대찰에 나누어 봉안할 때 인경회향과 범운(梵雲)이 화주로 지금의 퇴설당(堆雪堂)인 수선사(修禪社)를 창건하고 낙성식과 함께 대법회를 가졌는데, 이때 맹주(盟主 : 조실)로 초빙된 경허성우가 '모든 대중이 함께 정혜를 닦아 다 같이 도솔천 내원궁에 태어나 미륵불을 친견하고 동시에 불과를 이룩하자'는 취지로 지었다. 문자에 집착하지 말고 수정견성(修定見性)을 권하면서, 정혜를 닦아 동생도솔을 발원하여 상생도솔(上生兜率)을 목적으로 하지만 염불왕생도 배척하지 않으니 왕생정토와 상생도솔에 차별심을 일으키지 말라면서, '만행을 두루 닦되 오직 무념으로 종을 삼으라(萬行備修 唯以無念 爲宗)'고 강조하였다. 특히 계사대중(稧社大衆)의 일상생활 규범을 30조항의 정혜계사규례(定慧稧社規例)로 정하였는데 다음과 같다. ① 무상이 신속하여 생사대사를 판단하려면 먼저 부지런히 정혜를 닦아야 한다. ② 정혜를 닦고 행업을 결택하고서 공부를 잘하려면 선지식을 찾아야 한다. ③ 자고로 성불하려면 반드시 보살의 행원(行願)을 갖추어야 한다. ④ 이미 계사에 동참한 자는 정혜를 닦는 것으로 급선무를 삼아야 하고, 상생도솔하는 것만을 원하지 말아야 한다. ⑤ 능히 정혜를 닦는 자라면 도솔천에 태어나기를 원하지 않아도 참사(叅社)를 허락하고, 참답게 정혜를 닦는 자는 왕생극락을 발원하더라도 결사에 참여하여야 한다. ⑥ 결사하는 목적은 함께 모여 평화롭게 공부하려는 데 있다. ⑦ 신심이 확고하여 스스로 능히 수행할 수 있는 자는 한곳에 모이지 않아도 무방하다. ⑧ 도의 미숙과 성숙을 막론하고 형편이 부득이한 자는 억지로 계사에 참여하지 않아도 된다. ⑨ 앞으로 계사에 동참하는 자는 주소·성명·발원 등을 계책(稧冊)에 명기하여야 한다. ⑩ 처음으로 맺은 이 계사에 참여한 대중은 주소·성명 등을 우편으로 보내고 번거롭게 왕래하지 말아야 한다. ⑪ 계사에 참여한 사람은 각기 용맹정진심을 일으켜 도력을 이루어 미숙한 이를 성실히 지도하는데 방일하지 말아야 하며, 양심을 속이고 입사하면 안된다. ⑫ 심행이 포악한 자, 중죄를 범한 자, 나쁜 병과 악창(惡瘡)을 가진 자 등은 대중의 정진에 방해가 되므로 입사시키지 말아야 한다. ⑬ 견해가 같고 같은 길을 수행하는 자가 아니면 계사에 참여시키지 말라. ⑭ 계사에 함께 동참한 자 중 삼악도에 떨어졌거나 마외(魔外)에 빠진 자가 있으면 반드시 구제하여, 같은 길을 걸어가는 나그네처럼 등한하게 간과하지 말아야 한다. ⑮ 상생도솔하여 미륵여래를 친견하려면 고향의 부모를 뵈려는 것과 같이 간절히 염원하여야 한다. 잡념이 섞인 마음으로 천 번 백 번 염주를 돌리면서 염송하거나 공양예배하는 것보다 한 꼬치의 향, 한 잔의 차, 한 발우의 공양, 한 번의 예배가 수승하다. ⑯ 늘 함께 있으면서 계사에 동참하였던 자가 불행한 처지에 놓인 것을 보면 방치하지 말고 반드시 구제하라. ⑰ 죽음은 누구도 면할 수 없으므로, 임종에 다다른 자를 보면 간병을 하면서 무상법을 설하고 정혜의 이치를 설하여 상생도솔하는 원을 망각하지 않도록 하라. ⑱ 계사 근처에 죽은 자가 있으면 반드시 미륵여래와 시방삼보에 기원하는 천도재를 베풀어라. ⑲ 결사 회원이 죽은 날짜를 적어 각처의 회원들에게 발송하여 미륵불과 시방삼보에 기원하도록 권하고, 제삿날에도 추모하라. ⑳ 상생도솔과 왕생극락은 왕생난이(往生難易)이지만 도솔천과 극락세계의 차별은 없다. ㉑ 세상에 살면서 소분의 선업을 지었다면 모두 계사에 회향하여 함께 성불하여야 한다. ㉒ 먼저 계사에 참여하여 정혜를 닦아 자신의 능력을 키우고서 중생을 제도하여야 하니, 우선 수행하라. ㉓ 결사문을 각기 한 부씩 지참하여 각처로 나아가 권화(勸化)하되, 오자(誤字)와 낙자(落字)가 없도록 유의하라. ㉔ 우리 생명은 언제 끝날지 알 수 없으므로, 후인들이 모두 정혜를 닦아 영원토록 광도중생이 이어지도록 결사의 뜻을 널리 알리라. ㉕ 선참자는 계사에 동참하려는 자에게 규례와 계사의 뜻을 자세히 알려, 진정한 신심을 일으켜 부지런히 정진하도록 도모하라. ㉖ 여름과 겨울의 결제 대중에게 규례와 계사의 내용을 바르게 이해시켜 종취(宗趣)의 바른 인식과 초심인을 잃지 않도록 해야 한다. ㉗ 규례와 계사문은 우리 계사에 동참한 자에 국한된 것이므로, 다른 수행자가 보고 대수롭지 않게 여기더라도 못마땅하게 생각하여 시비를 일으키지 말라. ㉘ 규례는 우리 계사에 관계되는 것이므로, 이 밖의 다른 것들은 경론과 청규에 수록되어 있기에 번거롭게 인용하지 않는다. ㉙ 이 규례 외에 상정할 것도 있으나, 필요하다면 후일에 맹주와 지사(책임자), 계반(稧伴 : 大衆)이 함께 자세히 논의하여 계책(稧冊)에 수록하여 시행하라. ㉚ 규례를 각각 준수하고 나태하거나 방타(放墮)하여 자리이타의 보살행을 잃지 말라. [참고문헌] 『鏡虛集』. ⇨ 결동수정혜동생도솔동성불과계사문 結同修定慧同生兜率同成佛果稧社文

해인사고적기 海印寺古籍記 해인사 창건연기를 적은 글. 「가야산해인사고적기 伽倻山海印寺古籍記」라고도 한다. 중국 양(梁)나라 지공(誌公 : 寶誌·寶志·保志 418~514)이 입적(入寂)할 때, 「답산기 踏山記」를 제자에게 맡기면서 고려(高麗 : 新羅) 스님에게 전해줄 것을 당부하였다. 과연 순응과 이정 두 스님이 중국으로 유학을 가서 법을 구하였는데, 지공의 제자들이 「답산기」를 건네주면서 스님의 유언을 전달했다. 이 말을 들은 두 스님이 지공의 탑묘(塔廟) 앞에서 7일 동안 밤낮으로 간단없이 선정에 들어 법을 청하였다. 어느 날 묘의 문이 저절로 열리면서 지공이 나와 법을 일러주고 가야산(一名 牛頭山) 서쪽에 불법이 크게 왕성할 곳이 있으니, 비보대가람 해인사를 세울 것을 당부하였다. 두 스님은 귀국 후, 가야산에서 사냥꾼들을 만나 절을 지을 만한 장소를 물어보았는데, 사냥꾼들의 말을 듣고 간 장소가 마음에 흡족하였다. 풀을 깔고 앉아 선정에 드니 정수리(頂門)로부터 오색광명이 솟아올라 하늘 높이 뻗쳤다. 이때 애장왕의 비(妃)가 등창병이 났는데, 백약이 무효하여 마지막으로 법력(法力)이 높은 큰스님을 찾았다. 사신이 찬란한 광명(光明)이 하늘 높이 치솟아 있는 것을 보고 찾아갔다가, 두 스님이 방광(放光)하고 있는 것을 보았다. 공손하게 절을 하고 전후사정을 설명한 다음에 왕궁(王宮)으로 왕림(枉臨)해 주시기를 간청하였으나, 두 스님은 승낙하지 아니하였다. 대신 오색실(五色絲)을 주면서 한쪽 끝을 궁전 앞 배나무에 매고, 다른 쪽 끝을 왕비의 환부(患部)에 대면 곧 쾌차(快瘥)할 것이라고 일러주었다. 사신이 돌아가 임금께 보고하여 그대로 시행하였더니, 배나무는 말라죽고 왕비의 병은 씻은 듯이 나았다. 임금이 감격하여 802년(애장왕3)에 해인사를 창건하였다(昔梁朝寶誌公臨終以踏山記囑門徒曰 吾沒後有高麗二僧求法而來 以此記付之 後果有順應理貞兩大士入中國求法 誌公門徒見之 以踏山記付之 幷說臨終時語 … 七日七夜入定請法 墓門自開誌公出爲之說法 … 仍囑曰 汝國牛頭山西有佛法大興處 汝等還國可刱立別裨補大伽藍海印寺 … 二師還國到牛頭山自東北踰嶺而西遇獵人問曰 汝等因獵遍閱此山有可以刱寺地否 … 二師到水泊處見之甚叶其意籍草而坐入定頂門放光紫氣衝天 時新羅第三十九王哀莊大王王后患發背良醫無效 王大患之遣使臣分往諸方冀得碩德異僧 … 中使於路上望見紫氣疑其有異人 … 見二師入定光從頂門出 敬信禮拜請邀還王宮二師不許 中使乃以王后發背之患告之 師授以五色線曰 … 持此線一頭繫於梨樹 一頭接於瘡口卽無患 其使還報於王王依言試之 梨枯患差 王感之敬之使國人刱立玆寺焉 時哀莊三年壬午卽唐貞元十八年也). [참고문헌] 李智冠『伽倻山海印寺誌』pp.59~60·562~563,『朝鮮佛敎略史』권상 p.74. ⇨이정 利貞, 순응 順應, 해인사 海印寺

해인사길상탑 海印寺吉祥塔 경상남도 합천군 가야면 치인리 해인사 입구에 있는 통일신라시대 석탑. 높이 3.0m. 보물 제1242호. 이중기단에 삼층탑신을 지닌 통일신라양식이나 기단부에서 생략과 변형이 두드러진 석탑이다. 석탑은 입지적인 면에서 사찰의 중심지가 아닌 입구에 일주문 밖 도로변에 위치해 있는 것이 특이하다. 넓은 장대석으로 지대석을 마련하고 그 위에 하층기단을 형성하였다. 하층기단 면석은 지대석·면석·갑석을 모두 1매의 통돌로 제작하였고 모서리에 우주를 두고 면석 중앙부에 1주의 탱주를 두었다. 상면 갑석중앙에 얕게 괴임을 새기고 상층기단을 받치고 있다. 상층기단 역시 하층기단과 같은 1매의 통돌로 제작하였는데 중앙에 1주의 탱주를 새겼다. 이처럼 하층기단과 상층기단을 1매의 돌로 제작한 예는 다른 곳에서는 찾아보기 어렵다. 또한 전체적으로 상층기단의 높이가 낮아 기단부가 빈약한 느낌이 든다. 탑신부는 몸돌과 지붕돌이 각각 1매씩 총 6매로 구성되었다. 1층 몸돌을 제외한 2층과 3층의 높이는 급격히 낮고 옥개석의 층급받침은 5단으로 통일성을 보이고 있다. 옥개석의 처마는 네 모서리에서 경쾌하게 반전하며 옥개석 하단에는 물끊기 홈이 남아 있다. 상륜은 노반을 제외하고 모두 결실되었으나 최근 노반위로 보주형 석재를 새로 만들어 올려놓았다. 1

966년 이 석탑에서 도굴당한 탑지와 소탑 등이 압수되어 현재 국립중앙박물관에 보관되어 있다. 압수된 물품은 벽돌에 음각된 탑지(塔誌) 4매와 소탑 157기이다. 탑지는 신라말 문장가인 최치원(崔致遠)이 지은 것으로 유명한데, 해인사묘길상탑기(海印寺妙吉祥塔記) 외에 운양대길상탑기(雲陽臺吉祥塔記)·백성산사전대길상탑중납법침기(百城山寺前臺吉祥塔中納法賝記)·오대산사길상탑사(五臺山寺吉祥塔詞)로 각 사암(寺庵)마다 봉안하기 위하여 만든 것으로 추정된다. 기문에 따르면, 신라 진성왕대에 혼란한 상

탑지 국립중앙박물관 895년

황에서 도적들에게 목숨을 빼앗긴 승속(僧俗)의 영혼을 달래기 위하여 895년(진성왕5) 탑을 건립했음을 알 수 있다. 또한 유리니소탑 99기와 77기의 봉납으로 미루어 통일신라시대 조탑경으로 유행했던『무구정광대다라니경』에 의지한 건탑으로 짐작된다. 이 석탑은 하층기단과 상층기단을 각각 통돌로 조영하는 등 기존의 신라석탑에 비하면 조형성에서 많은 쇠퇴를 보이고 있으

나 탑지에 의해 제작년대가 확실한 탑이라는 점이 주목된다. 기문에는 장사(匠士) 스님 난교(蘭交)·청유(淸裕)와 부장사(副匠士) 거불(居弗)·견상(堅相)·구조(具租) 등 총 5인의 장인을 특별히 초청하여 만들었다고 한다. 이는 당시 신라의 수공업체계에서 스님장인의 직능이 세분화되어 있었고 여러 곳의 불사에 참여했음을 알 수 있다. 이 석탑을 통하여 탑의 건립에 필요한 경비와 물품 등을 알 수 있어 당시 사원경제를 파악하는 데 결정적 자료를 제공하고 있다. 또한 건탑이유와 건립과정을 통해 신라사회의 혼란상과 경제사, 도량형 등을 밝히는 데 매우 귀중한 자료를 제공하는 탑으로 평가된다. [참고문헌]『불사리장엄』(국립중앙박물관, 1991), 『불사리신앙과 그 장엄』(통도사성보박물관, 2000), 『경남의 석탑Ⅱ』(국립문화재연구소, 2017).

해인사낙화담 海印寺落花潭 합천 해인사 길상암(吉祥庵) 위쪽에 있는 소. 봄철에는 계곡의 좌우에서 여러 가지 꽃이 깊은 소(沼)에 떨어지고, 가을에는 꽃같이 아름다운 단풍이 물속으로 떨어지기에 낙화담이라고 이름하였다. [참고문헌] 李智冠『伽倻山海印寺誌』p.918.

해인사농산정 海印寺籠山亭 합천 해인사 홍류동(紅流洞) 최고운선생둔세비(崔孤雲先生遁世碑) 곁에 있는데, 1936년에 합천군수 정진기(鄭進基)가 최치원선생의 유적을 추모하기 위해 재건하였다. 농산(籠山)이란 최고운의 입산시인 "미친 물결 바위 치며 산을 울리어, 지척에서 하는 말도 분간할 수 없구나! 그래도 시비소리 이곳까지 들려 올까봐, 흐르는 물로 하여금 산을 감쌌네! 狂奔疊石吼重巒 人語難分咫尺間 尙恐是非聲到耳 故敎流水盡籠山" 중 제4구인 결구(結句)의 '진농산(盡籠山)'에서 '농산' 두 글자 딴 것이다. [참고문헌] 李智冠『伽倻山海印寺誌』p.915. ⇨ 해인사십삼명소 海印寺十三名所

해인사대장경판 海印寺大藏經板 ➡ 고려대장경판 高麗大藏經板, 해인사사간장경판 海印寺寺刊藏經板

해인사대장목록 海印寺大藏目錄 ➡ 대장경목록 大藏經目錄 [1], 해인사사간장경판 海印寺寺刊藏經板

해인사동형쌍불비로자나불좌상및복장유물 海印寺同形雙佛毘盧遮那佛坐像◯腹藏遺物 통일신라 시대에 제작된 현존 가장 오래된 목조불상. 보물 제1777호와 제1779호. 각기 해인사 법보전과 대적광전에 봉안되어 있다가 2007년 대비로전으로 옮겨 모셨다〈그림1〉. 법보전비로자나불상 내부에 직접 적은 신라대 묵서에 "서원하였습니다. 대각간주 발원의 등신과 비님의 부처님을 모시기로. 중화 3년 계묘(헌강왕9·883) 여름에야 부처님께 금을 입히니 비로소 성취하였습니다. "誓願大角干主燈身賜彌右座妃主燈身□ 中和三年癸卯此像夏節柒金着成"라고 하였는데, 2005년 개금 때 복장이 열렸고, 제1779호 대적광전불상은 이미 1992년 개금 때 고려와 조선대에 납입된 많은 복장유물이 발견되었다. 1490년의 중수발원문에는 세조비 정희왕후윤씨가 노후

〈그림1〉비로자나불 해인사대비로전 대적광전(좌)·법보전(우) 883년

한 대장전을 수보하려다 돌아가시자 며느리인 인수왕대비한씨와 인혜왕대비한씨 그리고 손주며느리이자 성종계비인 제헌왕후윤씨 등이 학조대사에게 부탁하여 판당(대장전)을 수보하고 비로전의 주존인 이 비로자나불상

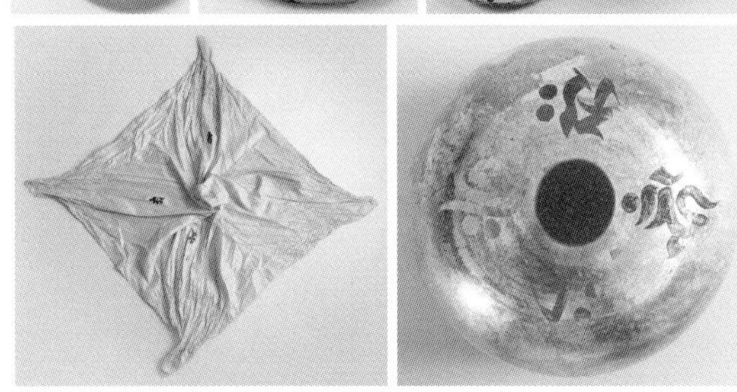

〈그림2〉후령통 대적광전(좌)·법보전(우)
사리호·은제팔엽연봉·외황초폭자·후령통뚜껑 1490년

도 중수개금하였다는 중수기와 똑같은 발원문이 2007년 법보전 비로자나불상에서도 발견됨으로써 비로소 두 불상이 통일신라대 동시에 발원·제작되고, 조선조에 동시에 중수되었음이 알려졌다. 두 불상 내부에 있다가 공개된 복장의 성보는 크게 사경낭(寫經囊)·후통령(喉筒鈴)류·경전류와 이들을 감싸고 묶은 각종 직물류와

의류 등이다. 특히 대적광전불상에서는 고려 충숙왕 13년(1326)에 지공(指空)스님이 고려에 머무는 동안 설계한 「문수최상승무생계첩 文殊最上乘無生戒牒」이 발견되었는데, 대승계수계첩으로 국내 3본(受持者 : 懶翁, 覺慶, 妙德) 밖에 전하지 않는 것이다. 후통령〈그림2〉도 현재까지 알려진 것 중 가장 크고(33.8cm · 33.3cm) 동으로 제작하고 오륜종자 등을 오방색으로 새겨 넣었으며 황초폭자로 단정하게 사각보에 싸인 채로 발견되었다. 그 안에는 수정구슬의 사리호(舍利壺), 은제 팔엽연봉(銀製八葉蓮峯), 오곡(五穀) · 오향(五香) · 오약(五藥) · 오황(五黃) · 오보(五寶)를 넣고 오색의 방형 · 삼각 등 보자기에 싼 오보병(五寶甁)들과 수정무공심주(水晶無空心珠) · 양면원경 등을 넣은 뒤 특별히 오색 · 오방에 맞춘 오륜종자와 진심종자(眞心種子) 등을 〈표〉와 같이 새겼다. 마지막에는 오색천으로 뚜껑을 두른 후 근봉지(謹封紙)로 마감했다. 경전류로는 고려대 제작의 『무량수경백지묵서사경』〈그림3〉 · 『반야바라밀다심경』 · 『불설아미타경』 · 『대방광불화엄경』 · 초조본 『약사유리광여래본원경』 · 『대비로자나성불경등일대교중무상일승제경소설일체다라니』 · 『금광명경』 · 『약사유리광여래본원공덕경』 · 『보협인다라니』 · 『범서총지집』류 등이 각기 다른 두루마리 형태로 법보전불상에 34종, 대적광전불상에 123종이 들어있었다. 청초명주바탕에 붉은 색 글씨로 쓴 「중수발원문」과 「황명홍치3년경술1490해인사중수기」〈그림4〉, 이 복장물들을 오방색으로 곱게 물들여 복장물을 싸고 묶은 보자기(布)들과 각종 끈(絲 · 紬 · 綃) 등 수십 종도 함께 모습을 드러냈으니 한껏 솜씨 뽐낸 민생들의 공예품 전시장인 듯하여 눈부시다. 더해서 중수발원한 왕실연인들의 철릭(帖裏) · 답호(搭胡) · 적삼 · 한삼 등의 의류들이 대적광전불상에 복장되어 있었다. 통일신라대 힘있는 이들의 발원으로 출생하신 비로자나부처님 두 분은 조선조 와서는 다시 신심 깊은 궁중의 여인들을 만났고, 고려조에 출생한 부처님 말씀 160여 종의 두루마리를 가슴에 품으셨고, 더해서 민생의 손끝에서 출생한 더없이 아름다운 솜씨로 장엄한 조선의 보배들을 다시 한번 한껏 품으셨다. 이 모두가 한결같이 '신심으로서만이 성취될 뿐인 공덕의 어머니. 信爲道元功德母'라고 『화엄경』 권6 「현수보살품 賢首菩薩品(대정장9, p.433a26)에서 설하고 있으니, 화엄종찰 해인사에서는 우연한 일만은 아니리라. 세간과 출세간이 서로 위하고, 왕실과 솜씨 좋은 장인들이 서로 도우며 부처를 섬겨왔던 1200여 년의 숭고하고 눈부신 시간들이 쌓인 채로 침묵하다가 느닷없이 21세기에 우리 앞에 다가왔기에 많은 이들이 경탄해 마지 않았다. 특히 「문수최상승무생계첩」은 14세기 이 땅에서는 승속이 평등하게 최상의 대승계를 수지한 채로 으뜸의 인류로 살았던 자취를 도장찍듯 드러낸 것이기도 하여 의미가 한층 깊다 하겠다. 근대 한국불교의 율풍을 진작하신 대율사 자운(慈雲)스님께서는 이 「무생계첩」을 「연화대장금강계가야산해인사천화계단보살계호계첩」이라는 이름으로 계승하여 수많은 이들에게 수계하여 널리 유통시키기도 하였다. [참고문헌] 『해인사대적광전법보전비로자나불복장유물조사보고서』(법보종찰해인사 · 문화재청, 2008), 『해인사비로자나불복장유물특별전』(해인사성보박물관, 2008), 『문화재대관 보물 불교조각Ⅰ』(문화재청, 2016). ⇨ 문수사리보살최상승무생계경 文殊師利菩薩最上乘無生戒經, 지공무생계 指空無生戒, 연화대장금강계가야산해인사천화계단보살계호계첩蓮華臺藏金剛界伽倻山海印寺千華戒壇菩薩戒護戒牒

〈표〉제진언도諸眞言圖 후령통

방위		동東	남南	서西	북北	중앙中央
색		청靑	적赤	백白	흑黑	황黃
오륜종자五輪種子	모양	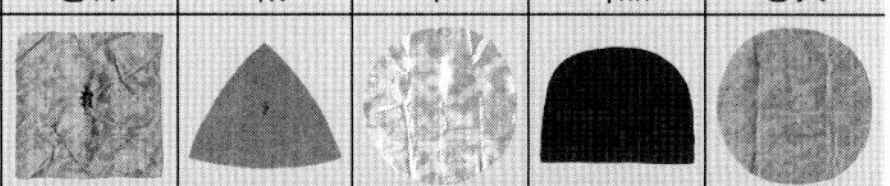				
	범자	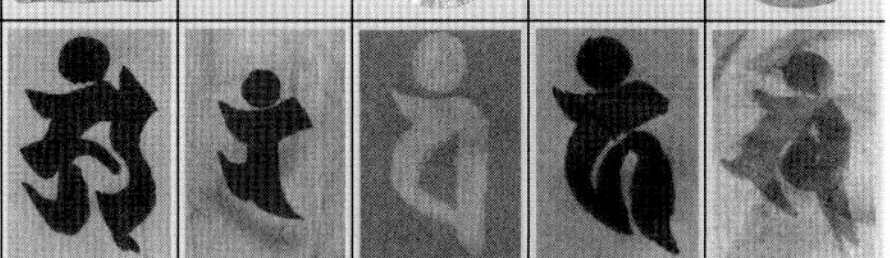				
진심종자眞心種子	범자					
사방주四方呪	범자	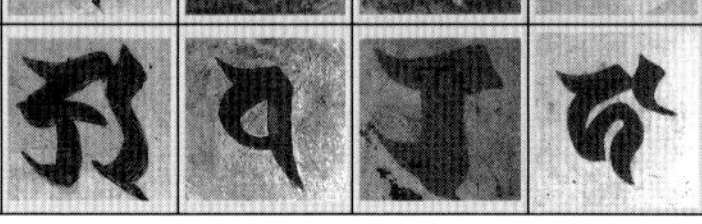				

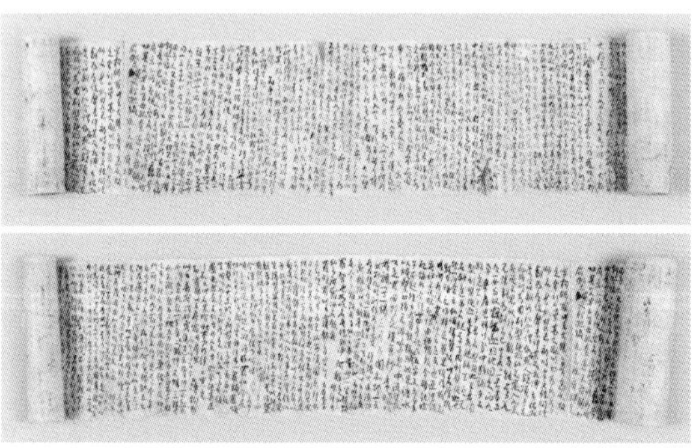

〈그림3〉무량수경백지묵서사경 고려 12~13세기

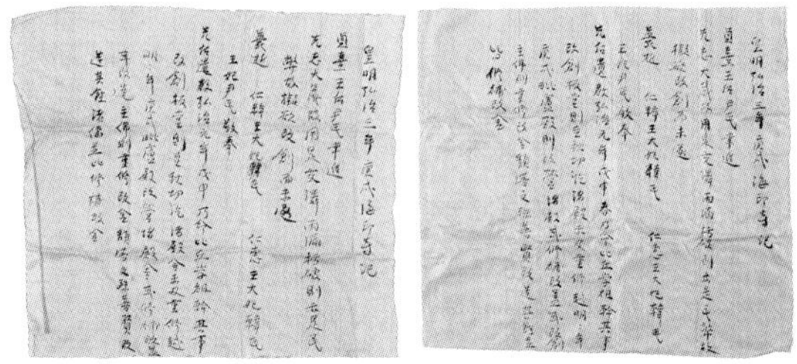

〈그림4〉황명홍치삼년경술해인사중수기 대적광전 · 법보전 1490년

해인사마장동 海印寺馬場洞 802년(애장왕3) 왕의 후원으로 해인사 창건불사를 진행하였으므로 왕이 불사를 독려하기 위해 행차하였을 때 호종원(護從員)들의 말을 묶어두었던 곳이다. 지금 삼정리 북쪽의 마장동이 그곳이다. 〔참고문헌〕 李智冠『伽倻山海印寺誌』 p.922. ⇨ 해인사삼정리 海印寺三政里

해인사묘길상탑기 海印寺妙吉祥塔記 해인사 일주문 동쪽 묘길상탑의 기문. 최치원 지음. 신라 진성여왕 9년(895)을 전후하여 7년간 궁예와 견훤의 싸움과 흉년으로 굶주린 장병들을 위해 당시 해인사 훈혁(訓畵) 대덕(大德)이 농촌으로 다니면서 벼 한 단씩 희사를 받아 군량에 충당하고 그 나머지로 3층석탑을 세웠으니 이는 오로지 전몰장병과 국태민안을 위한 호국탑이다. 석장(石匠)은 난교(蘭交)스님이었고, 탑의 높이는 13자, 소요경비는 황금 3푼, 수은 11푼, 동(銅) 5정(鋌), 철 260근, 숯 80섬, 벼 120섬 등이다. 〔참고문헌〕 李智冠『伽倻山海印寺誌』 p.629, 『韓國金石全文』 古代 p.234.

해인사무릉교 海印寺武陵橋 900년(효공왕4)에 최치원(崔致遠)이 해인사에 왔을 때 가야산(伽倻山)의 승경에 감탄하여 13개 명소에 이름을 붙이고 스스로 써서 새겨둔 것 중 하나이니 해인사 입구 구원리(舊源里) 앞 계천 칠성대(七星臺) 밑에 있는데 무릉도원(武陵桃園)의 경치와 비길 만하다고 여겨 이름붙였다. 〔참고문헌〕 李智冠『伽倻山海印寺誌』 p.905, 崔致遠 木板本「海印寺善安住院壁記」. ⇨ 해인사십삼명소 海印寺十三名所

해인사법보전비로자나불도 海印寺法寶殿毘盧遮那佛圖 합천 해인사 법보전에 봉안된 비로자나불도. 「화기」에 "금어는 하은위상 관허이관, 출초는 행전 봉익 법연 동신이다. … 동치 12년 계유(1873·고종10) 4월 어느 날 조성. 金魚 霞隱偉祥 貫虛以官 出草 幸典 奉益 法演 東信 … 同治十二年癸酉 四月日造成"라고 하였다. 화면을 상하 2단으로 나누고 상단에 본존 주위로 보살·제자·신중·천왕과 화불의 상반신이 그려졌고, 하단에는 네 여래와 두 천왕이 시립하였다. 45도 각도로 아래를 응시한 본존의 상호가 단정하고 원형의 두광과 물결무늬로 장엄한 신광을 두르고 있다. 철선으로 그리고 맑은 색감으로 채색하여 밝고 환하면서도 안정적인 구도로 그려진 성보다. 〔참고문헌〕 장희정 『조선후기 불화와 화사연구』(일지사, 2003) pp.194~196. ⇨ 응상 應祥 [2]

해인사봉안판고려대장경인경고 海印寺奉安板高麗大藏經印經考 ➡ 인경발문 印經跋文

해인사불량계서 海印寺佛糧契序 몽암기영(蒙庵箕潁) 지음. 『몽암대사문집』 권하(한불전10, p.380b6)에 수록되어 있다. 18세기 말에 조직된 합천 해인사 불량계는 고려팔만대장경이 봉안된 대장전(大藏殿)에 공양(供養)을 올리고 아침저녁으로 대장경을 지키며 그 주변을 청소하기(晨昏守掃) 위한 비용을 마련코자 결성되었다. 특히 같은 책(한불전10, p.380b6)에 "신분의 높고 낮음과 가난하고 부유함을 논하지 않으며 또한 재물의 풍족함과 적음, 시물의 중요함과 중요치 않음을 따지지 않고 시주금을 보내온 이들은 모두 계안에 이름을 올렸다. 소문이 퍼지자 천리 밖에서도 호응하여 몇 년이 되지 않고도 시주금은 백전이 넘고 밭은 1경(頃 : 町步와 같은 말. 1정보는 약 3,000평 넓이의 토지)을 넘어서 향화를 받들어 저승 가는 길에 보탬이 되도록 하였다. 不論人之高下貧富 亦不問財之豊纖輕重 凡輸其錢者 皆得名于冊 聲九皐 應千里 不幾年而錢過百 田踰頃 以奉香火 用資冥路"라고 하여 당시 불량계의 구성원 및 규모 등을 알려준다. 〔참고문헌〕 『蒙庵大師文集』. ⇨ 불량계 佛糧契

해인사사간장경판 海印寺寺刊藏經板 해인사에 보관되어 있는 사간(寺刊) 경판. 해인사에 봉안되어 있는 국간장경(國刊大藏經)과 대비하여 개별 사원에서 개판한 경전을 사간장경 혹은 사간본(寺刊本)이라 호칭한다. 해인사사간장경판의 일부가 국보 206호 '합천 해인사 고려목판(陝川 海印寺 高麗木板)'으로 지정되어 있다. 사간장경(寺刊藏經)은 사원에서 공양이나 포교를 위해 간행하거나 개인적 발원으로 조조한 경판을 말한다. 해인사에 봉안된 사간장경은 동재(東齋)와 서재(西齋)에 주로 보관되어 있는데 일부는 수다라장전(脩多羅藏藏殿)과 법보전(法寶殿)에 포함되어 있다. 해인사에서 자체적으로 조성한 경판과 다른 지역 사원에서 해인사로 유인된 경판 및 18세기 이후 인근 지역에서 대거 유입된 문중의 문집판 등이 포함되어 있는데, 불교경전과 의례작법에 관한 것·불경 언해판·판화·다라니·도판과 함께 문집도 포함되어 보관된 경판의 주제와 성격이 다양하고 복잡하다. 해인사에 고려시대 국간대장경을 봉안하면서 이후 해인사 뿐만 아니라 주변 사원에서 만들어진 경판이 해인사에 모이게 된 것으로 이해되며, 해인사가 경판을 인쇄할 수 있는 여건을 갖추고 있었던 것도 다양한 사간 경판이 모일 수 있는 이유가 되었다. 뿐만 아니라 해인사의 입지와 위상, 당시 교류가 있었던 사원과의 관계, 해인사가 자체적으로 경판 수집을 위한 일련의 노력을 한 것도 현재 해인사가 다량의 사간 장경을 보유할 수 있었던 배경으로 설명되고 있다. 해인사에 보관되어 있는 사간장경판의 판각 시기는 대체로 고려시대와 조선시대의 비율이 1 : 2 정도로 분포하고 조선시대 각판은 16~19세기의 것이 집중되어 있다. 당시까지 잡판(雜板)이라고 불리던 사간장경에 대해 1910년에 조사가 진행되어 1915년 해인사의 대장경 인출시 사간본의 일부도 인쇄되어 규장각에 기증되기도 하였다. 1926년에 대옥덕성(大屋德城)의 연구에서 목록을 제시하고 그 중 주요한 경판에 대해 문헌학적 연구가 수행되기 시작하였다. 1973년의 조사에서는 전체 139종, 6,073판이라고 보고되었으나 2009년의 연구에서는 164종, 10,747판으로 정리되기도 하였다. 이와 같은 차이는 경판이 보존되어 오던 중에 문집판과 같이 다소간의 이동을 거쳤다는 점·법보전이나 수다라전에 소장된 사간경판을 연구에 포함시키지 않은 점·판의 마멸이나 훼손으로 인한 누락·중복판 및 개별판의 종수 산정 기준에 따라 수량의 오차·사가판(私家板) 등 국간장경을 제외한 모든 경판을 포함하는 여부에서 오는 차이가 발생했기 때문이다. 대표적인 경판으로는 1098년(숙종3) 해인사 스님인 성헌(成軒)이 보시하여 개판한 3본『화엄경』을 위시하여 고려 최충헌정권 시기의 정안(鄭晏)이 발원하여 개판한『묘법연화경 妙法蓮華經』등이 있고 가장 최근의 것으로는 1959년 영귀암(靈龜庵)에서의 개판본이다. 문집류로는 대각국사 의천(義天 1055~1101)의『대각국사문집 大覺國師文集』·백분화(白賁華 1180~1224)의『남양선생시집 南陽先生詩集』·휴정(休靜 1520~1604)의『청허집 淸虛集』·유기(有機 1707~1785)의『호은집 好隱集』등이 포함되어 있다. [참고문헌] 徐首生「海印寺 寺刊藏經板 硏究」(『국어교육연구』5-1, 1973), 林基榮『海印寺 寺刊板殿 所藏 木板硏究』(경북대학교박사학위논문, 2009). ⇨ 사간본 寺刊本

해인사사자문 海印寺獅子門 합천 해인사의 약 2km 못 미쳐 큰절과 신부락으로 들어가는 갈림길이다. 1947년에 임환경(林幻鏡)주지가 자필로 써서 '四十九年何曾說 八萬藏經獨此方(49년간 무엇을 설했던고! 팔만장경판이 오직 이곳에만 있네!)'라고 새긴 약 10자 높이의 석표(石標)가 있고, 그 동쪽에는 약 3백 평의 룸비니원이 있는데, 해마다 부처님오신날 시련(侍輦)하는 장소이다. 1983년 동광명진(東光明振)주지가 약 20자 높이의 석주(石柱)를 세우고 그 위에 약 3자 높이의 입불탄생상(立佛誕生像)을 안치하였다. [참고문헌] 李智冠『伽倻山海印寺誌』p.919.

해인사사적 海印寺寺跡 해인사에 전해지는 역사 기록을 모아 편찬한 책. 해인사에서 간행했으나 간행 연도나 편찬자에 대한 기록을 확인할 수 없다. 29장으로 구성되어 있고 한 장은 7행 14자가 들어간 형태이다. 책의 제목이『가야산해인사고적 伽倻山海印寺古籍』으로 알려져 있지만, 943년(혜종즉위)에 기록된「해인사고적 海印寺古籍」이 책의 가장 앞에 기록되어 있어 생긴 오해이고, 판심에 사적(寺跡)이라고 표기되었으므로『해인사사적』으로 파악하는 것이 옳다.「해인사고적」과 함께「해인사유진팔만대장경개간인유 海印寺留鎭八萬大藏經改刊因由」·「해인사선안주원벽기 海印寺善安住院壁記」·「순응화상찬 順應和尙讚」·「이정화상찬 利貞和尙讚」·「희랑대덕군하일어가야산해사강화엄경복이한노소구막능취청일음일영오측오평십절성장가송기사 希朗大德君夏日於伽倻山海寺講華嚴經僕以捍虜所拘莫能就聽一吟一咏五側五平十絶成章歌頌其事」등 다수의 기록이 수록되어 있다. [참고문헌]『海印寺寺跡』.

해인사사적비문 海印寺事蹟碑文 **1** 유기(有機 1707~1785) 지음. 해인사의 역사와 김상성(金尙星)·김상철(金尙喆) 사촌형제에 의해 중창된 사실을 기록하였다.『조선사찰사료』권상에「해인사사적비 海印寺事蹟碑」라는 이름으로 수록되어 있다. 비문에 의하면 신라 애장왕(哀莊王) 때 순응(順應)에 의해 창건된 해인사는 고려 문종(文宗) 때 대장경판이 보관되었으며 1458년(세조4)에 판각(判閣)이 중수되고 대장경을 인쇄하였다고 한다. 1743년(영조19)에 화재로 수백 칸이 불탔으므로 관찰사 김상성이 재화를 내어 복구하고자 하였다. 1763년(영조39)에 다시 화재의 피해를 입자 김상성의 사촌인 김상철이 당시 관찰사로 재물을 희사하여 예전보다 더 크게 중창하였다. 김상성 등의 보시를 영구히 전하기 위하여 비문을 작성하였다고 한다. [참고문헌]『朝鮮寺刹史料』. ⇨ 해인사 海印寺 **2** 가산지관(伽山智冠) 지음.『가야산해인사지』에 전한다. 비문에는 해인사의 창건연기설화부터 고려 태조(太祖)와 희랑(希朗)의 일화, 조선 태조와 세조(世祖)의 명령으로 중수되고 대장경을 인경한 역사 뿐만 아니라 해인사 소속 암자의 개창과 중창, 역임 주지의 명단, 해인사가 소유한 보물 등이 기록되어 있다. 이후 편찬되는『가야산해인사지』의 기본적인 틀을 제공하고 있다. [참고문헌] 李智冠『伽倻山海印寺誌』. ⇨ 가야산해인사사적비 伽倻山海印寺事蹟碑

해인사사지 海印寺寺誌 이지관(李智冠) 편저(編著).『가야산해인사지』라는 이름으로 1992년에 간행되었다. 해인사의 사찰 사료가 인멸되는 것을 안타깝게 여긴 편자가 자료의 정리와 사지의 필요성을 절감하여 편찬하였다. 대중적이고 현대적인 사지 편찬의 대표적인 사례라고 할 수 있다. 이지관이 서술한 『가야산해인사지』 서문을 통해 그 편찬 목적과 내용을 알 수 있는데 서문에 의하면, "대소간(大小間)에 하나의 사찰에는 창건의 사적(事蹟)을 비롯하여 승가(僧伽)의 수행제도와 생활양식 등 그곳에서 배출된 고승대덕(高僧大德)의 행적이 있고 … 이같은 종교적 축적은 곧 한국불교의 토양이고 그곳에서 싹트고 이루어진 정신과 문화의 전통은 계승·발전되어야 할 것이며 그러기 위해서는 마땅히 사료의 기록은 갖추어져야 할 일이다. 그러나 오늘날 사적(寺蹟)의 사료가 제대로 갖추어지고 보존된 사찰은 극소수에 지나지 않는다. … 해인사의 특장(特長)을 십분 고려하여 엮어진 이 해인사지는 의외(意外)에도 편차의 어려움이 수반하였으나 일단은 목차와 색인에서 보는 바와 같이 가능한 자료를 놓치지 않으려 노력하였고 국내 제일인 해인사의 사적(寺蹟)을 전당(殿堂)·대장경판(大藏經版)·인경고(印經考)·산내암자(山內庵子)·금석문(金石文)·영정(影幀)·기행문(紀行文)·유지(遺址)·명소(名所)·역대고승(歷代高僧)·역대주지(歷代住持)·보물(寶物)·재산목록(財産目錄)·재적승려(在籍僧侶)·전설(傳說) 그리고 해인사와 관계되는 모든 자료를 묶어 망라하였다"라고 하였다. [참고문헌] 李智冠『伽倻山海印寺誌』. ⇨ 해인사 海印寺

해인사삼정리 海印寺三政里 신라 애장왕(재위 800~808)이 해인사 창건할 때 감독을 위해 해인사에 행차하였을 때 수행원인 삼정승이 머물렀던 곳. 애장왕의 왕비가 도저히 고칠 수 없는 등창병에 걸리자 순응(順應)스님이 고쳐주었으므로 왕이 이 막중한 은혜를 갚고자 802년(애장왕3)에 북궁 해인수(北宮海印藪) 즉 해인사를 창건토록 하였다. 이때 왕이 수시로 공사현장을 독려하기 위해 자주 해인사를 찾았으며, 그때마다 왕은 원당암에 머물렀고 수행원인 삼정승은 이곳에 머물렀다. 지금 용문폭포 위쪽 삼정리가 바로 그곳이다. [참고문헌] 李智冠『伽倻山海印寺誌』 p.922.

해인사석조여래입상 海印寺石造如來立像 나말여초 석불입상. 보물 제264호. 불상 높이 210cm. 이 불상의 지정명칭은 합천 해인사 석조여래입상이나 불상은 해인사에 있지 않다. 이 불상은 가야산 정상 상왕봉(우두봉 1,430m)아래 등산로와 약 20m 정도 떨어진 해발 1,230m 되는 지점에 있다. 불상 뒤편에는 넓고 큰 바위가 마치 병풍처럼 배치되었고 불상 앞에는 방형의 석재로 제단을 만들어 놓았다. 석불입상은 머리와 무릎아래 부분이 파손되어 있었던 것을 복원작업을 통해 결합한 후 네모난 판석위에 세워놓았다. 불상의 머리는 소발(素髮)이며 큰 육계가 있다. 얼굴의 형태는 부드러운 타원형이며 눈과 코 등이 마모되었으나 부드럽고 자비로운 인상을 풍긴다. 법의는 양 어깨를 덮는 통견을 입었으며 옷주름은 V자형에 가까운 U자형으로 가슴부터 허리아래까지 흐르다가 양 다리에서 별도의 주름이 만들어져

있다. 발목부근은 파손이 심하여 정확한 옷주름의 모습은 확인되지 않는다. 오른손은 시무외인으로 손을 가슴 아래로 들어 올려 손바닥이 밖을 향하게 피고 있다. 왼팔은 아래로 곧게 뻗어 내렸다. 이 불상은 불상의 상호와 잘록한 허리의 표현 방법 등에서 통일신라 불상 조성의 전통이 보인다. 그러나 불상의 양측면 옷자락이 팔 뒤편에서 아래로 흘러내려 불상의 외곽 형태를 잡아주는 모습은 나말여초 석불입상에서 자주 확인되고 있다. 또한 옷주름의 모습은 9세기 통일신라 석불입상의 옷주름과 비교했을 때 자유분방한 모습 또한 보이고 있다. 이러한 이유로 해인사 석조여래입상의 조성시기는 나말여초로 비정할 수 있다. 이 불상은 9세기 통일신라 불상 조성의 전통이 10세기로 전환되는 모습의 변화상을 보여주고 있다는 점에서 학술적으로 중요한 불상이다.

해인사선안주원벽기 海印寺善安住院壁記 900년(효공왕4) 12월에 최치원(崔致遠) 지음. 898년부터 시작한 해인사 중창불사 때 선안주원 벽에 해인사의 대덕과 사적을 적은 기문. 원제목은 「신라가야산해인사선안주원벽기 新羅迦耶山海印寺善安住院壁記」로, 『동문선』 권64 기(記)에 수록되어 있다. 신라는 해와 달이 높이 떠 가득하고 물과 바람이 순하고 화창하므로 잠자던 창생들을 떨쳐 깨어나게 해야 한다고 하면서, "도가 높으면 덕이 귀하게 되는데, 돌이켜 법의 우두머리로 삼아 바야흐로 무정과 유정을 적시니, 비로소 이름을 바로하여 대덕이라 불렀다. 道之尊 德之貴 瞻惟法首 方洽物情 必也正名 乃稱大德", "부처님께서 이 나라의 국왕과 신하들에게 법을 받들 것을 부촉하신 뜻이 깊었으니 그 까닭이 무엇인가? 세속을 교화하는 자량으로 삼고 현인을 받드는 것을 책무로 하였으니, 의지는 달리는 호랑이처럼 섬김은 용을 그리듯 하여, 나라가 있은즉 등불을 높이 달아 전하는 것으로 업을 삼은 것이다. 三界大師付囑尊法于邦君國宰 有深旨哉 其故何耶 化俗所資 尊賢是務 意圖馴虎 事甚好龍 故有國者欲俾業熾傳燈"라고 하였다. 해인사 조사 순응(順應)은 신림석덕(神琳碩德)을 본받아 교해를 탐색하고 선하에 이르러 바로 대덕의 자리에 올랐는데, 이미 천지의 영기를 머금고 산천도 수려한 곳에 어찌 절을 짓기 않겠는가라고 하고는 802년(애장왕3)

10월 16일에 해인사를 창건하였으니, 성목왕태후(聖穆王太后)가 깊은 신심으로 후원하였다. 순응이 갑자기 입적한 탓에 이정선백(利貞禪伯)이 승계하여 일신하였다. 일백년 후 중창불사하기까지 몸소 자신을 밝힌 대덕이 스물여덟 분, 송지(誦持)로 극락에 이른 스님이 다섯 분, 연창(演暢)으로 따로 법좌를 연 스님이 세 분이나 되었다. 최치원은 선안주원 벽 마지막 글에 "바라건대 입실자는 집의 기틀을 법에 따르게 하고, 부장자는 벽관으로 기틀에 응할지니라. 능히 지혜로우면 공이 있을 것이고, 스스로 죽을 줄 알면 길이 죽지 않으리라. 庶使入室者堂基順法 負墻者壁觀宜機 如能敏則有功 自得歿而不朽"라고 하였다. 〔참고문헌〕『東文選』.

해인사수월관음도 海印寺水月觀音圖 조선후기 불화. 세로 38.7cm · 가로 24.5cm. 종이 바탕에 채색. 동국대박물관 소장. 중앙에는 원형의 수월관음도가 있고, 윗부분에는 감지(紺色) 바탕에 불정심관세음보살모다라니(佛頂心觀世音菩薩姥陀羅尼)와 육자대명왕진언(六字大明王眞言)이 흰색 범자(梵字)로 표기되어 있으며, 아랫단에는 화기가 있다. 수월관음의 도상은 암벽 위에 유희좌(遊戲座)로 앉은 백의관음(白衣觀音)이 선재동자로 보이는 어린 아이를 품에 안고 있다. 관음의 왼편 낭떠러지에는 푸른 대나무가 있고, 오른편에는 버들가지가 꽂힌 정병과 청조(靑鳥)가 있으며, 암벽 아래에는 일렁이는 파도가 표현되어 있다. 색을 최소화하고 부드러운 고고유사묘(高古遊絲描)의 필법을 사용하였다. 화기에 의하면 1876년(고종13)에 수룡당(水龍堂) 대전(大電)이 조성하여 해인사 관음전에 봉안하였다. 진언에 보이는 불정심관세음보살모다라니는 주로 치병(治病) 및 난산(難産)과 재난구제를 바라는 것으로 특히 여성과 산모구제의 성격이 강하다. 일반 탱화와 크기 · 도상 · 화풍 등이 상이하며, 전통적인 자모(慈母) 관음신앙이 반영되어 있는 독창적인 불화이다.

해인사실화적 海印寺失火蹟 연파(蓮波)의 문인 퇴암(退庵) 지음. 해인사에서 있었던 화재와 그 피해, 복구사실을 기록하였다. 『가야산해인사고적 伽倻山海印寺古籍』으로 알려진 해인사의 고서(古書) 『해인사사적』에 수록되었고 『가야산해인사지 伽倻山海印寺誌』에 재수록되었다. 기록에 의하면, 1695년(숙종21)의 우연한 화재로 동쪽 요사와 만월각(滿月閣) · 원음각(圓音閣) 등이 불탔고 다음 해 봄에 또 화재가 나서 서쪽 요사와 무설전(無說殿) 등도 재해를 입었다. 1743년(영조19)과 1763년(영조39) · 1780년(정조4)의 잇따른 화재에도 인연있는 자가 계속 복구하였다. 1817년(순조17)에도 화재가 일어나 천여 칸이 모두 불타버렸는데 도백(道伯)이었던 김노경(金魯敬)이 영월(影月) · 연월(淵月)에게 수리하도록 하였다. 1871년(고종8)에 법성료(法性寮)가 불탔으나 아직 복구되지 않아 인연있는 자를 기다리고 있다고 하였다. 1695년부터 7차례나 화재가 났는데 오직 경각(經閣)만이 피해를 입지 않았으니 이러한 자취가 유실될 것을 걱정하여 산재한 기록에 의거하여 1874년(고종11)에 기록했다고 한다. 〔참고문헌〕『海印寺寺跡』, 李智冠 『伽倻山海印寺誌』.

해인사십삼명소 海印寺十三名所 900년(효공왕4)에 최치원이 처음으로 가야산 해인사에 왔을 때 가야산의 승경을 보고 감탄하여 13개 명소를 선정하고 스스로 써서 바위에 새겼는데, 지금도 거의 남아있으니 그 13개는 다음과 같다. 무릉교(武陵橋), 칠성대(七星臺), 홍류동(紅流洞), 자필암(泚筆巖), 음풍뢰(吟風瀨), 취적봉(吹笛峰), 완재암(完在巖), 광풍뢰(光風瀨), 제월담(霽月潭), 분옥폭(噴玉瀑), 낙화담(落花潭), 첩석대(疊石臺), 학사대(學士臺). 〔참고문헌〕李智冠 『伽倻山海印寺誌』 p.905, 崔致遠 木板本 「海印寺善安住院壁記」.

해인사어수정 海印寺御水井 신라 애장왕이 802년(애장왕3) 해인사 창건을 시작하면서부터 자주 해인사에 행림(幸臨)하여 머물 때 수용하였던 샘. 옛날에는 극락전 경내 동쪽에 있었으나, 1980년대에는 대장경판전으로 지었던 지금의 선방요사채 동쪽이었는데 매몰되었고 현재의 선원 담장 밖 극락전 뒤편으로 옮기게 되었다. 수질검사결과 매우 우수하였고 물의 무게도 다른 물보다 무거웠으며, 마치 우유처럼 흰색이었으므로 암물이라고 한다. 〔참고문헌〕李智冠 『伽倻山海印寺誌』 p.922.

해인사영산회상도 海印寺靈山會上圖 1729년, 보물 제1273호. 세로 334cm · 가로 240cm. 비단에 채색. 조선 18세기 영산회상도의 대표적인 작품으로 의겸화파에 의해 제작되었다. 비단 다섯 폭을 이어 만든 세로 334cm · 가로 240cm의 화면에 보살, 나한, 천부, 사천왕, 팔부중, 금강역사를 비롯해 총 253명을 인물을 균형감 있게 배치했다. 당당한 체구의 주존 석가모니불은 권속과 크기를 현격하게 구분하고, 위계에 따라 도열한 권속은 상단으로 갈수록 작게 표현해 원근감을 부여했다. 전체적으로 영산회상의 석가모니불을 강조하고 돋보이게 하는 구성으로, 오른쪽 어깨를 드러낸 석가모니불은 당당한 신체 비례와 체구에서 예배존상으로서의 권위를 강조했다. 반면 보살과 천부, 사천왕이 호위하는 화면 중단 위쪽으로는 채색 구름 사이로 나한, 팔부중, 금강역사를 시선의 방향, 표정과 섬세한 묘사에서 보다 자연스럽게 표현했다. 주홍과 녹색, 청색을 위주로 하면서 분홍, 양록 등 중간 색조의 비중이 높다. 본존 뿐 아니라 보살, 나한의 옷, 대좌에 이르기까지 촘촘하게 시문된 필력 있는 금니 문양은 의겸이 조선후기 이전의 불화 전통을 계승하였음을 입증한다. 화면 하단의 금니로 작성된 화기에 "옹정7년(1729·영조5) 여름 삼가 영산회도 1탱, 삼신회도 1탱, □□ 1탱, 몸을 나눈 지장도 1탱을 그려 가야산 해인사에 받들어 모심. 雍正七年夏 敬畵靈山會圖一幀 三身會圖一幀 □□一幀 分身地藏圖一幀 奉安于伽倻山海印寺"이라 하였으나, 전각의 잇따른 화재로 소실되고 영산회상도만이 현존한다. 수화승은 18세기 대표적 불화승 의겸으로 '붓의 신선(毫仙)'이란 호칭으로 기입되었으며, 여성(汝性)·행종(幸宗)·의안(依眼)·민희(敏熙)·채인(採仁)·일민(日敏)·만연(萬演)·숙연(叔演)·지원(智元)·초안(楚眼)·도현(道玄)이 참여했다. 의겸이 가장 왕성하게 활동하며 경상도와 충청도의 불사에도 관여하던 시기의 불화로, 조선후기 영산회상도의 우수성을 대표한다. [참고문헌] 『韓國의 佛畫 畵記集』(성보문화재연구원, 2011) p.164.

해인사옥가평 海印寺獄街坪 합천 해인사 성보박물관 서편 해인초등학교 터에 있었던 신라시대 감옥 터. 현재 금강암 남쪽의 위치한다. 802년(애장왕3) 왕의 후원으로 해인사를 창건하면서 왕이 친히 감독을 위해 자주 행림(幸臨)할 때 이곳에서 국정도 함께 보게 되었다. 그때마다 국법을 범한 자가 있으면 여기서 판죄(判罪)하여 수감시켰던 감옥터로서, 지금은 '오가리'라고 한다. [참고문헌] 李智冠『伽倻山海印寺誌』 p.922.

해인사옥등명 海印寺玉燈銘 1273년(고려 원종14) 3월 상주(尙州) 목사(牧士) 이숙립(李淑立)이 성수천장(聖壽天長)과 선망부모(先亡父母)의 왕생극락, 그리고 제자들의 무제반란(無諸反難) 및 법계중생의 공성불도(共成佛道)를 위해 큰 옥등을 만들어 해인사에 달았다. 그 명(銘)은 다음과 같다. "特爲聖壽天長之願 先考妣 生淨土 弟子無諸難反 終生淨土 法界衆生 共悟無生 造成大玉燈一個 懸于海印寺 至元十年 三月 日 尙州牧士 李淑立". [참고문헌] 『韓國金石全文』 中世下 p.1050.

해인사우비정 海印寺牛鼻井 합천 가야산 상봉의 바위굴 안에 있는 샘. 예부터 가야산을 우두산(牛頭山) 또는 상두산(象頭山)이라 하였기에, 이 석굴 속에 고인 물은 바로 소의 콧물이라는 뜻이며, 이곳에 많은 양의 물이 고여 있다. [참고문헌] 李智冠『伽倻山海印寺誌』 p.921.

해인사운양대 海印寺雲陽臺 합천 해인사 일주문 동쪽 삼선암(三仙庵) 뒤쪽의 주봉이다. 가야산의 산맥이 왼쪽으로 흘러 극락전 옆으로 내려와 여기서 맺은 매(崗)를 이루는데 이것이 곧 운양대이다. 여기에는 895년(진성여왕9)을 전후하여 약 7년간에 걸쳐 궁예(弓裔)와 견훤(甄萱)의 싸움과 흉년으로 죽은 고혼(孤魂)을 천도하기 위해 해인사의 훈혁(訓畵)스님이 농촌으로 다니면서 벼 한 단씩 희사를 받아 세운 삼층석탑인 길상탑(吉祥塔 : 일명 護國英靈慰靈塔)이 있다. 1960년경 길상탑의 부장품이 도굴되었으나 1965년 도굴꾼이 체포되어 되찾았는데, 그 장물에는 최치원이 지은 「해인사묘길상탑기 海印寺妙吉祥塔記」와 토탑(土塔) 99개 등이 포함되어 있었다. 이들은 모두 현재 국립중앙박물관에 있다. [참고문헌] 李智冠『伽倻山海印寺誌』 pp.688~735.

해인사원당암다층석탑및석등 海印寺願堂庵多層石塔◯石燈 경상남도 합천군 가야면 치인리 해인사 원당암에 있는 신라시대 특수형 석탑과 석등. 보물 제518호. 석탑 높이 2.38m, 석등 높이 1.86m. 경내 보광전 앞에 나란히 서 있다. 석탑은 탑신부를 점판암으로 조성한 청석탑(靑石塔)으로 보존상태가 양호하여 청석탑 양식의 표준작이 되고 있다. 기단부는 크게 2단으로 아래기단은 화강암으로 널돌 3매를 차례대로 쌓아 올려 구성하였다. 위층 기단은 불대좌형식으로 상하에 앙련과 복련을 두고 중대로 구성했다. 하대석은 각면 5판씩과 모서리 1판씩 총24엽의 복련문을 새겼고 상대석은 각면 7판과 모서리 1판씩 총32엽의 앙련문을 새겼다. 중대는 흰색을 띠는 옥석을 깍아 우주를 별석으로 세웠고 그 내부에 4매의 점판암 면석을 끼워 넣었다. 탑신은 10층으로 몸돌은

남아 있지 않고 옥개석만 포개놓은 모습이다. 옥개석은 동일한 모습으로 하단에는 2단의 받침과 처마 아래로는 앙련을 돌려 3단의 받침을 이뤘다. 또한 하단에 홈이 파져있어 원래 탑신을 고정했다. 처마는 수평을 이루다 전각부에서 반전을 이루고 있으며 모서리마다 풍경공이 남아 있다. 상륜은 1매의 옥돌로 구성된 부재로 낮은 노반과 복발로 구성했다. 석등은 다른 석등과는 달리 평면구조가 6각으로 특이한 형태이다. 6각의 화강암 지대석을 두고 그 위로 12엽의 연꽃을 조각한 복련을 뒀다. 간주석은 가늘고 긴편으로 기본형은 방형이나 네 모서리면을 모죽임한 형태다. 특이한 점은 한 면 상부와 하부에 각각 '상(上), 하(下)'의 글자를 음각해 두었다. 화사석은 결실된 상태이고 상대석은 하대석과 같은 12엽의 앙련문을 새겼다. 옥개석은 처마의 전각부의 일부가 마멸·결실되었으며 하단에는 3단의 받침이 각출되어 있다. 상륜 편구형의 석재가 하나 남아 있다. 원당암 다층석탑과 석등은 고려전기 전국적으로 유행하는 청석탑 중 가장 이른 시기의 탑이며 형태도 비교적 완전하여 한국탑파사에서 갖는 의미가 크다. 제작시기는 정확히 알 수 없으나 원당암이 각간 위홍의 원찰로 지정된 888~897년 사이에 건립되었을 것으로 보고 있다. [참고문헌]『불사리신앙과 그 장엄』(통도사성보박물관, 2000), 『경남의 석탑Ⅱ』(국립문화재연구소, 2017).

해인사원당암만일염불회 海印寺願堂庵萬日念佛會 해인사 원당암에서 설행되었던 서방정토로의 왕생을 기원하는 만일회. 근대 불교 잡지인『불교』29호에 실린「寶光明이 다시 나는 海印寺의 近況」에 의하면, 원당암은 본래 염불업(念佛業)을 전수하던 도량이었는데 1926년 당시 10여 년간 염불업이 폐지되었지만 다시 만일염불회를 설립했다고 하였으며 이와 관련해『불교』26호에는「해인사만일염불회취지서 海印寺萬日念佛會趣旨書」가 게재되기도 했다.『가야산해인사지』에서는 1887년(고종24) 정월이주(定月以珠)가 쓴「해인사원당정토사중수상량문 海印寺院堂淨土社重修上樑文」의 내용을 근거로 광서(光緖)년간(1875~1908)에도 원당암에 만일회가 이미 설립되어 있었다고 한다. 1929년 제월(霽月)이 다시 염불회를 개설하였으나 얼마 후 폐지되었다고 한다. [참고문헌]『佛教』 26·29호(佛教社, 1926), 李智冠『伽倻山海印寺誌』. ⇨ 원당암 願堂庵

해인사유진팔만대장경개간인유 海印寺留鎭八萬大藏經開刊因由 팔만대장경이 만들어지고 해인사에 봉안되게 된 유래를 설명한 불교설화. 선업을 쌓은 인연으로 죽었다가 살아 돌아와 팔만대장경을 만들게 되었다는 불교적 내용과 신라 문성왕(文聖王)대라는 시간적 배경으로 해인사에서 전해지는 연기설화다. 이야기의 내용은 다음과 같다. 경상남도 합천 사람으로 촌주에 상응하는 이서(里胥)의 지위에 있던 이거인(李居仁)이 842년(문성왕4)에 눈이 3개인 개를 길에서 주워 길렀다. 사자처럼 생긴 개는 하루에 한번만 먹고 이거인이 외출하면 5리를 따라가면서 배송(拜送)하고 돌아올 때도 5리까지 마중갔다. 844년(문성왕6)에 개가 병없이 죽자 관에 넣어 묻고 제사를 지내주었다. 846년(문성왕8)에 이거인도 죽었는데 명부(冥府)에서 그 개의 환생을 만나 조언을 듣고 염라대왕에게 살아서 법보(法寶)을 판각하려고 했다고 대답하여 귀록(鬼錄)에서 삭제되어 살아 돌아왔다. 이거인은 개의 부촉대로 팔만대장경판을 만들 것을 권하는 소문(疏文)을 작성하게 되고 이후 847년(문성왕9)에 신라 공주 자매가 병을 핑계로 국왕에게 대장경을 만들 화주를 구해달라고 요청하였으며 이에 이거인이 불려가게 되었다. 공주는 눈이 3개인 개의 환생이었고 국운(國運)이 오랫동안 공고하고 국왕이 장수할 것이라고 이야기하고 허락을 받아 여러 공인을 모아 거제현에서 경판을 새겨 해인사에 봉안하고 12번의 경찬회(慶讚會)를 행했다고 한다. [참고문헌]『朝鮮寺刹史料』.

해인사장경판전 海印寺藏經板殿 고려 재조대장경과 여러 사간본(寺刊本)을 봉안한 건물. 대장경판당(大藏經板堂)·대장판당(大藏板堂)·판당(板堂)·대장전(大藏殿)·대장경전(大藏經殿) 등으로도 불리며, 현재 국보로 지정되어 있다. 중앙 마당을 중심으로 정면 15칸·측면 2칸 익공계 우진각지붕의 수다라장(修多羅藏)·법보전(法寶殿)이 남북으로, 수다라장전과 법보전 양쪽 끝단에 정면 2칸·측면 1칸 맞배지붕의 사간전(寺刊殿)이 각각 동서로 마주하고 있다. 해인사 건물 중 가장 오래되었는데, 대장경판을 해인사로 모신 1398년(태조7)에 건립되었을 듯하다. 그 후에『어우집』권5「가야산팔만대장경전상량문 伽倻山八萬大藏經殿上樑文」에 "옛 문서를 상고하면 세조가 성화 연간(1465~1487)에 거듭 새롭게 하였다고 하였고, 내탕고(內帑庫) 재물을 보시한 것은 정희왕후가 교종의 청으로 도왔던 것이다. 稽之往牒 世廟重新於成化之年 捐其帑儲 貞熹助功於敎宗之請"고 하였고,『성종실록』권209 1487년(성종18) 11월 8일에는 "(학조가) '일찍이 정희왕후의 요청을 받고 해인사 대장경 판당을 중창하려고 하였는데, 일은 크고 힘은 모자라 세월을 미루다가 바람이 들이치고 비가 새어 거의 다 무너졌습니다'고 계를 보내니, … 승정원에 '학조는 선왕 때 중히 모셨고, 나 또한 정희왕후의 뜻을 직접 들었으니, 다른 스님이 대신하지 말고 학조 스님이 주관하도록 하라'고 전교하였다. 學祖詣承政院 啓曰 臣曾受貞熹王后懿旨 欲重創海印寺大藏經板堂 然功鉅力微 遷延歲月 風摧雨漏 頹圯殆盡 … 傳于承政院曰 學祖先王時見重之僧也 予亦親聞貞熹王后懿旨矣 勿以

他僧代之 仍令學祖掌之"고 하였으며, 『매계집』 권4 「해인사중창기 海印寺重創記」에는 "무신년(1488) 봄에 내수사의 미포 약간과 도료장 박중석 등을 보내 경판당 서른 칸을 개축하여 보안당이라 불렀고, 판당 중 불전 세 칸을 철거하여 적광전 서쪽으로 옮겨 짓고는 진상전이라고 하였으며, 조당 세 칸도 철거하여 진상전 옆으로 옮기고서 해행당이라고 하였다. 戊申春 施內需司米布若干石匹 遣都料匠朴仲石等 改搆藏經板堂三十間 扁曰普眼堂 又撤板堂中佛殿三間 移搆於寂光殿西 扁曰眞常殿 又撤祖堂三間 移搆於眞常殿側 扁曰解行堂"고 하였다. 1622년(광해군14)에 수다라장을 중수하였고, 1733년(영조9)에는 찬화(贊化)가 법보전 삼존상을 개금하였다. 건물의 가구(架構)는 5량(樑)으로 간단한 편인데, 배흘림이 큰 갓기둥의 맨 위쪽 기둥머리에 바로 대들보 끝을 얹었고, 그 위쪽에는 뾰족하게 뻗은 받침을 놓아 도리가 구르지 않도록 하였다. 대들보 위쪽의 가운데쯤에는 짧고 네모난 동자기둥을 놓아 마룻보의 끝을 받쳤고, 각 동자기둥은 아래 부분에 꽃무늬를 거꾸로 새긴 받침을, 윗부분에는 공포를 놓았는데, 공포의 꾸밈새는 보 밑을 받치는 쪽에는 풀잎 모양의 받침을, 도리 아래의 장여를 받치는 쪽에는 다포집 가구의 꾸밈새와 접시받침을 놓았다. 각 도리 위에는 짧은 서까래와 긴 처마 서까래를 걸친 홑처마를 놓았고, 그 위에 사방으로 경사를 보이는 우진각 지붕을 올렸다. 경판을 쌓아 보관하는 판가(板架)는 동서로 놓았는데, 살을 대어 만든 창문을 통해 들어온 직사광선이 땅에 반사되어 경판에 직접 닿지 않도록 벽면과는 제법 거리를 두었고, 흙바닥에서 올라오는 습기를 막고자 30cm 정도의 공간을 두었으며, 흙바닥에는 숯, 횟가루, 소금, 모래 등을 함께 다져 넣어 습기 조절과 해충 방제를 꾀하였다. 건물은 서남향으로 자리하였는데, 사계절 내내 햇빛을 가장 많이 받을 수 있음은 물론 바람이 건물을 비스듬히 스쳐 지날 수 있게 고려한 결과로, 건물 벽면의 위아래마다, 건물 앞면과 뒷면마다 크기를 다르게 꾸민 살창과 문틀만 달고 문을 달지 않은 건물 뒷면 출입문은 공기의 흐름을 원활히 한다. 경판 역시 글씨를 새긴 부분이 얇고 양쪽 끝의 마구리 부분은 두꺼워 바람이 글씨를 새긴 부분을 거쳐 위아래로 통하게 하였다. 현재 국보와 보물인 합천 해인사 고려목판(高麗木板)이 보관되어 있는 세계유일의 대장경판 봉안 건물로, 1995년 12월에 유네스코 세계문화유산으로 지정되었다. 〔참고문헌〕 『於于集』(韓國文集叢刊63 p.426b5), 『梅溪集』(韓國文集叢刊16 p.334b5), 『成宗實錄』, 李智冠 『伽倻山海印寺誌』 pp.92~113. ⇨ 대장경판당 大藏經板堂, 법보전 法寶殿, 장경각 藏經閣

해인사종 海印寺鍾 1491년(성종22). 보물 제1253호. 높이 85.0cm. 현재 해인사성보박물관에 소장되어 있지만, 원래는 해인사 대적광전에 있었다. 조선전기인 15세기 왕실 발원으로 만든 종과 같이 중국 종 양식을 따르고 있다. 먼저 용뉴는 두 마리의 용이 여의주를 중심으로 대칭을 이루는 쌍용뉴이며, 음통은 없다. 천판 가장자리에는 연판문이 띠를 이루며 새겨져 있다. 몸체 중앙에는 3줄의 굵은 선을 중심으로 몸체를 상하로 구분하고, 상부는 다시 한 줄의 굵은 선으로 위 아래로 구분하였다. 상부 위에는 4개의 연곽과 4구의 보살입상이 교대로 배치되어 있다. 연곽은 사다리꼴 형태로 그 안에는 9개의 연뢰가 배치되어 있고, 당초문이 연곽을 장식하고 있다. 명문은 네 곳의 연곽 아래 공간에만 양각으로 "홍치 4년(1491·성종22) 해인사 대적광전의 종을 만들었다. 弘治四年辛亥 成海印寺大寂光殿鍾"라고 새겨져 있다. 상부 아래에는 연화당초무늬가 새겨져 있다. 몸체 하단은 2개의 굵은 선으로 3개의 공간을 만들고 각기 다른 무늬를 표현하였다. 위에는 여의주를 쫓아가는 용이 가로로 새겨져 있고, 가운데에는 파도문, 아래에는 乾(☰) 坎(☵) 艮(☶) 震(☳) 巽(☴) 離(☲) 坤(☷) 兌(☱)의 문왕팔괘가 새겨져 있으며, 종을 치는 당좌는 없다. 〔참고문헌〕 염영하 『한국의 종』(서울대출판부, 1994) pp.406~408.

해인사지장시왕도 海印寺地藏十王圖 1739년. 보물 제1799호. 세로 150cm·가로 180cm. 비단 바탕에 채색. 합천 해인사 명부전에 있는 조선시대 중단 불화다. 수화승 혜식(慧湜)은 1742년에 영취사(靈鷲寺) 석가모니불도(국립중앙박물관 소장)를 조성할 때 가야산인으로 해인사에 적을 두고 이미 용면(龍眠)의 지위에 올라 있었으나 유존하는 불화는 거의 없다. 당시 원통전(圓通殿)에 봉안되었던 이 불화는, 3년 후인 1742년에 백중(百種)의 추선불사(追善佛事)에 맞춰 조성된 시왕도 1점과 함께 18세기 해인사 지장계 불화로 널리 알려져 있다. 혜식의 화풍은 후불탱화인 영취사 석가모니불도에 그의 절정의 기량이 잘 드러나 있는데, 원통형의 원만상호에 비수(肥瘦)가 있는 정련된 필선, 기물과 복식 표현에 드러난 창의성과 정교함은 이

시기의 해인사 불화를 대표한다고 해도 부족함이 없다. 이 지장시왕도는 영취사 석가모니불도에 비해 상대적으로 단순하지만, 문양과 장식에는 역시 특징적인 면모가 나타나 있다. 지장보살과 시왕 도상에 적색과 분홍색을 많이 사용하고 옷섶을 눈에 띌 정도로 도식화된 연화문으로 연속해 반복하거나 때론 이들 문양들을 서로 잇고 영락이나 유소처럼 늘어뜨려서 화면에 두드러지게 표현하고 있는데, 투구 형태의 관을 쓰고 있는 제10오도전륜(五道轉輪)대왕의 옷섶만 장식 없이 두었다.

해인사칠성대 海印寺七星臺 최치원이 900년(효공왕 4) 해인사에 들렀을 때 가야산 내에 13개 명소를 선정하여 이름을 붙이고 스스로 써서 바위에 새긴 것이 지금도 남아있는데 해인사 입구 구원리 앞, 홍류동 밑, 무릉교의 위쪽 계천 서쪽 등에 있다. [참고문헌] 李智冠『伽倻山海印寺誌』p.906, 崔致遠 木板本「海印寺善安住院壁記」. ⇨ 해인사십삼명소 海印寺十三名所

해인사판대장경 海印寺版大藏經 ➡ 고려대장경 高麗大藏經, 해인사사간장경판 海印寺寺刊藏經板

해인사학사대 海印寺學士臺 합천 해인사 대적광전 서쪽, 경학원(經學院) 뒤쪽에 위치한 백호등이다. 고운 최치원(孤雲崔致遠)이 한림학사(翰林學士)였기에 이 대(臺)를 학사대라고 한다. 이곳에는 최고운(崔孤雲)이 집고 다니던 지팡이를 꽂았다는 전나무가 약 세 아름(三抱)이 되는데, 하늘을 찌를 듯이 높이 솟아 있다. [참고문헌] 李智冠『伽倻山海印寺誌』p.920.

해인사홍류동 海印寺紅流洞 합천 해인사 입구에 있는 계곡. 900년(효공왕4)에 최치원이 처음으로 가야산에 왔을 때 가야승경에 매혹되어 13개의 명소를 선정하여 자필로 바위에 새겼는데 그중 하나이다. 무릉교를 지나 해인사로 들어오는 도중인데 계곡의 수석, 임상, 산화, 명조, 울창한 소나무 등 가야산에서 가장 아름다운 곳으로 주변에 농산정(籠山亭)·최고운선생둔세비(崔孤雲先生遁世碑)·최고운독서당·문창후최고운선생신도비명(文昌侯崔孤雲先生神道碑銘)·문창후최고운선생유허비(遺墟碑)·최고운제시석(崔孤雲題詩石)·우암 송시열(尤庵宋時烈)이 자필로 최고운 입산시(入山詩)를 새긴 암석·가산지관(伽山智冠)스님이 오랜 세월 동안 폭류(瀑流)로 마멸되어 사람들이 알지 못하던, 최고운제시석이 개울 복판에 있는 암석을 찾아 후대에 알리기 위해 세운 가야산홍류동최고운제시석처발견비(伽倻山紅流洞崔孤雲題詩石處發見碑) 등이 있다. [참고문헌] 李智冠『伽倻山海印寺誌』p.909, 李智冠「伽倻山紅流洞崔孤雲題詩石考」(『伽山學報』6, pp.357~360). ⇨ 홍류동최고운제시석고 紅流洞崔孤雲題詩石考

해인사홍제암 海印寺弘濟庵 조선후기 목조건물. 보물 제1300호. 정면 11칸·측면 8칸의 익공계 팔작지붕건물. 홍제암은 해인사의 산내 암자로 본사에서 북동쪽으로 약 200m 떨어진 곳에 있다. 조선후기 건립된 사찰의 암자는 어려운 경제

여건으로 인하여 하나의 건물에 여러 시설을 함께 설치하는 경우가 있는데 홍제암 역시 하나의 건물에 여러 용도의 시설을 함께 배치하고 있다. 건물의 기단은 경사진 대지에 맞춰 전면은 높고 후면은 낮게 조성하고 있는데 중앙 7칸은 장대석을 이용해서 정연하게 쌓아 높게 설정하여 단층으로 구성하고 좌우 2칸은 돌출형으로 기단을 낮게 설정한 대신 누하주를 설치하는 누각형으로 조성하고 있다. 건물의 전체 평면은 'H'자형으로 중앙부에 법당(法堂)이 있고, 법당의 동남쪽으로는 사명대사와 관련된 조사전이 있다. 그 남쪽으로는 영각(影閣)·홍각(弘閣)이 돌출되어 있고 뒤쪽에는 조실(祖室)과 시자실(侍者室)이 있다. 법당의 서북쪽으로는 부엌이 있고 부엌 앞쪽에는 지장전(地藏殿)이 뒤쪽으로는 원주실(院主室)과 주지실(住持室)이 있다. 한 건물에 여러 기능의 공간이 있지만 모든 공간은 마루를 통해 모두 연결되어 있다. 건물에 사용된 기둥은 외부에 노출되는 기둥은 두리기둥을 사용하고 있지만 내부에 사용된 기둥은 각기둥을 사용하고 있다. 건물의 공포(栱包)는 위계에 따라서 격식의 차이를 두고 있는데 법당과 조사전 홍각은 1출목 2익공(翼工)으로 동일하나 쇠서의 조각수법이 다르게 나타나고 있다. 지장전은 출목이고 없는 2익공이고, 영각의 측면과 부엌 등은 초익공으로 사용하고 있다. 가구(架構)는 2고주 7량가 구성으로 큰 규모에 맞게 구성되어 있으며, 지붕은 각 위치에 맞게 용마루와 내림마루, 추녀마루를 구성한 팔작집이다. 중앙 법당 내에는 지장보살 및 후불도를 봉안하였으며, 조사전에는 16명의 고승 영정을 봉안하고 있다. 암자의 건립 시기는 정확하지 않지만 사명대사가 입적한 것으로 유명하다. 산중 인법당으로 보기 드문 대형이며 위계와 격식에 맞게 건물의 의장적 차이가 뚜렷하다. [참고문헌] 李智冠『伽倻山海印寺誌』pp.599~613.

해인사홍제암삼화상진영 海印寺弘濟庵三和尙眞影 합천 해인사 홍제암에 모신 임진왜란 때 이 땅의 중생을 위해 몸을 아끼지 않으신 삼화상 휴정(休靜)·유정(惟政)·영규(靈珪)의 진영. 18세기 후반부터 19세기 후

반 사이에 조성되었으며 경남유형문화재로 지정되었다. 중앙의 휴정진영은 이목구비가 단정하고 등받이가 높은 의자에 오른쪽을 향해 결가부좌하였으며 녹색 장삼에 짧은 홍색 가사를 수하고 왼손은 주장자를 들었다. 향좌측의 유정진영도 의자에 걸터앉은 좌상으로 긴 홍색 가사를 수하고 양손에는 불좌를 들었다. 향우측 영규진영은 금방이라도 의자에서 일어나 나아갈 듯한 자세에 치켜뜬 눈썹과 분명히 응시하는 눈동자에서 강직한 기백마저 느껴진다. [참고문헌] 『한국의 초상화』(문화재청, 2007) pp.384~389. ⇨ 임란삼화상진영 壬亂三和尙眞影

해인삼매 海印三昧 60권본 『화엄경』 권6(대정장9, p.434c6)에 "일체를 드러내 보이시니 해인삼매의 세력 때문이라네. 불가사의하게 장엄한 찰토에서 일체 부처님 공경해서 공양하리라. 一切示現無有餘 海印三昧勢力故 不可思議莊嚴刹 恭敬供養一切佛", 『대방등대집경』 권15(대정장13, p.106c12)에 "마치 저 염부제의 모든 중생신과 나머지 색을 비롯하여 이와 같은 온갖 색이 바다중에 모두 무늬져 모양 그대로 있게 되니 대해인이라 한다. 보살 또한 이와 같이 대해인삼매를 얻고 나서 일체중생심 행함을 능히 분별해 보아 일체법문으로 다 지혜롭게 밝힌다. 이것을 가리켜 보살이 해인삼매를 얻어 일체중생 마음으로 행하는 것 볼 수 있다고 한다. 喩如閻浮提 一切衆生身 及餘外色 如是等色 海中皆有印像 以是故名大海印 菩薩亦復如是 得大海印三昧已 能分別見一切衆生心行 於一切法門 皆得慧明 是爲菩薩得海印三昧見一切衆生 心行所趣", 『화엄망진환원관』(대정장45, p.637b25)에 "경에 이르길 '삼라와 만상 단 한 법으로 찍었을 뿐이다' 하였다. 이 한 법이란 소위 일심이다. 이 마음이란 것이 일체세간과 출세간 거둬들여 이것이 일법계이고 대총상법문의 체다. 오직 망념에 의지하여 차별이 있을 뿐 망념을 떠난다면 오직 하나의 진여일 뿐이기에 해인삼매라 한다. 經云 森羅及萬象 一法之所印 言一法者 所謂一心也 是心卽攝 一切世間 出世間法 卽是一法界 大總相法門體 唯依妄念 而有差別 若離妄念 唯一眞如 故言海印三昧也", 『화엄오교장』 권1(대정장45, p.484a18)에 "이 일승교에서 일으키는 요의는 부처님의 해인삼매에 의지하는 중에 나오므로 삼승 등이 부처님의 후득지에 의지하여 나옴과는 같지 않다. 此一乘教起要 依佛海印三昧中出 不同三乘等 依佛後得智出"라고 하였다. [참고문헌] 『華嚴經』, 『大方等大集經』, 『華嚴妄盡還源觀』, 『華嚴五教章』. ⇨ 해인 海印

해인삼매론 海印三昧論 신라 명효(明皛) 지음. 1권 1책. 해인삼매를 논한 책으로 『화엄해인삼매론 華嚴海印三昧論』이라고도 한다. 1113년 8월에 서사(書寫)한 뒤 1721년 3월에 일본 고잔지(高山寺) 소장본과 대교(對校)한 책이 대일본속장경 제2편 제8투(套) 제4책과 대정장45, pp.773c18~775b26 · 한불전2, pp.397b1~399b24 등에 수록되어 있다. 『화엄경』의 요지를 7언 28구 196자의 송(頌)으로 정리하여 만든 도인(圖印)과 도인을 해설하는 글로 구성하였는데, 서문(序文)과 귀경송(歸敬頌)을 적은 뒤에 해인삼매를 논하고서 「해인삼매도」와 게송을 시설하였다. 도인의 뜻은 『화엄경』의 경문에 의지해 문답으로 간추려 설명하고서 회향송(廻向頌)을 붙였다. 명효는 서문(한불전2, p.397b6)에서 "무릇 대도 가이없어서 좁은 행으로는 능히 찾을 수 없고, 지극한 뜻 깊고 그윽해서 얕은 지혜로는 알 수 없다. … 요컨대 모나지 않은 대행으로만 비로소 대도라 부를 수 있고, 비지 않은 원지로만 아득히 저 이와 만날 수 있다. 夫大道無邊 非陜行之能尋 至理深玄 非淺智之所識 … 要以無方大行 始可稱道 孱空圓智 逈會理矣"라고 하였으며 "대삼매 있기에 해인이라고 이름하고는 속히 행자로 하여금 불퇴지에 이르게 할 수 있어서 작은 방편으로 대이익을 얻게 한다. 해인 안의 요의를 게송으로 읊은 것을 다라니라고 하는데, 일체계경의 요의를 모두 모아 가져서 일체제불의 공덕을 널리 품는다. 有大三昧名曰海印 速令行者至不退地 用小方便獲大利益 其印之內要義偈頌名陀羅尼 總持一切契經要義 普含一切諸佛功德"라고 하였다. 이어 법(法)과 의(義)로 크게 나누고, 법을 체(體) · 지(智) · 용(用)으로, 지를 이지(理智)와 양지(量智), 용을 응신(應身)과 화신(化身)으로 나누어 풀었다. 도인과 게송 뒤에는 이어 문답형식으로 이 그림의 특상들을 풀기도 했는데, 오십육개 각을 지은 것은 보살도 오십이위에 사섭법을 더한 뜻이며 "다라니의 뜻은 가이없는 행으로 법계와 같이해서만이 알 수 있는 경계다. 陀羅尼義 是無邊行 等法界智 所知境界"라고 강조하였고, 이를 아홉 종류의 사람이 알 수 있는 경계는 아님(非九種人所知境界)을 강조하여 더는 이 다라니에 견줄 것 없으니, 이 다라니에 의지해 위없는 깨달음 성취하기를 권한다. 『해인삼매론』은 의상(義湘 625~702)의 『일승법계도 一乘法界圖』와 비교되기도 하는데, 『일승법계도』 도인은 중앙에서 시작하여 오른쪽으로 돌아 출발점에서 끝나는 데 반해, 『해인삼매론』은 왼쪽으로 돌아 출발점으로 돌아와 끝나고, 『일승법계도』의 송은 법성(法性)에서 시작하여 불(佛)로 끝나지만 『해인삼매론』의 송은 생사(生死)에서 시작하여 열반(涅槃)으로 끝난다. 『일승법계도』와 『해인삼매론』 모두 도인을 방편으로 하였지만, 『해인삼매론』은 밀교의 금강계만다라와 같이 좌우선(左右旋) 향상향하와 일치하며, 참회발원도 밀교의 의궤로 이루어진 참법구조와 유사하여 원효와 의상의 화엄을 승계하면서도 밀교적 전통을 함께 한 것으로 의미를 더한다. [참고문헌] 海住 「一乘法界圖와 海印三昧論의 比較 研究」(『伽山李智冠스님華甲紀念論叢

韓國佛敎文化思想史』 권상, 1992). ⇨ 법계도 法界圖

해인삼매십의 海印三昧十義 해인삼매의 열 가지 뜻. 『대방광불화엄경소』 권16 「현수품」(대정장35, p.621b29)에서 드러냈다. 『종경록』 권18(대정장48, p.510a11)에서 "무릇 제불법신 널리 중생심에 두루해서 한가지로 일심인데 어째서 나타나기도 하고 나타나지 않기도 하는가. 夫諸佛法身 普遍衆生心 旣同一心 云何有現不現"를 푸는 뜻에서 거듭 인용하기를 "「청량소」에서 풀어 말하길 해인삼매에 열 가지 뜻이 있으니, 근과 기로 나타난 것이고 보살의 정심으로 능히 나툰 것이어서 공한 마음 아닌 것 없기에 삼매라 한다. 첫째는 무심으로 능히 나툰 것이니, 경에 이르길 공용 있을 리 없고 분별도 없다. 둘째, 나타나지만 나타난 것은 없으니 경에 이르길 저 빛과 그림자 같다 하였다. 셋째, 능히 나툰 것과 나타난 것들 하나가 아니다. 넷째, 다른 것들 아니다 경에 이르길 대해 능히 나투지만 나타난 것들과 하나가 아니고 물 밖에서 그 영상 구하지만 얻지 못하니 다른 것 아니다. 이 정심이 저 소현법들과 더불어 나타났을 뿐이니 곧 성으로서의 상일뿐이다. 능소가 완연하기에 곧 상의 성이기도 하다. 그래서 물아는 둘이 아니다. 다섯째, 오고 감이 없다. 만법을 자심에서 나투니 저들 또한 온 적 없고 이 몸 펼쳐 법계 자욱하게 하니 일찍 잠깐도 간 적은 없다. 여섯째, 넓고 크다. 경에 이르길 널리 모두 품어 감싸 버린 것 없으니 삼매심 밝혀서 법계 가득케 하니 중생색심이 모두 정심 중에 물들이어서 법계로 가득 움직이지만 이 마음 떠난 적 없다. 일곱째, 널리 나툰다. 경에 이르길 일체 모두 능히 나타난다 하였고, 또 보살은 널리 모든 심행을 인쳐서 광대하기가 다름없다 하였다. 이는 나투는 것들에 적고 큰 것 가리지 않기 때문이니 저 능현에서는 그 량이 널리 가득하다는 것이다. 여덟째, 문득 나툰다. 경에 이르길 일념에 나툰다. 말하길 전후가 없으니 마치 찍자마자 문득 나타나듯 한다. 아홉째, 언제나 나툰다. 저 맑은 거울이 나툴 때와 나투지 않을 때 있는 것은 아니다. 열 번째, 나타남이 없이도 나툰다. 저 맑은 거울 마주해 이르러서 바야흐로 사천의 모습 나투듯 하니, 마주하지 않고도 나투니 나타나지 않아도 나툰다 한다. 마주해 상대하지 않아도 언제나 삼제를 다 거둬 나투니 마주함이 없이도 나툰다. 疏釋云 海印三昧有十義 根器是所現 菩薩定心是能現 無不空心 故名三昧 一無心能現 經云 無有功用無分別 二現無所現 經云 如光影故 三能現與所現非一 四非異 經云 大海能現 能所異 故非一 水外求像不可得 故非異 顯此定心 與所現法 卽性之相故 能所宛然 卽相之性故 物我無二 五無去來 現萬法於自心 彼亦不來 羅身雲於法界 未曾暫去 六廣大 經云 普悉包容無所拒 明三昧心 周于法界 則衆生色心 皆定心中物 用周法界 亦不離此心 七普現 經云 一切皆能現 又云 菩薩普印諸心行 此與廣大異者 此約所現不簡巨細 彼約能現 其量普周 八頓現 經云 一念現故 謂無前後 如印頓成 九常現 非如明鏡 有現不現時 十非現現 如明鏡對至 方現四天之像 不對而現 故云非現現 以不待對 是故常現該三際也"라고 하였다. 〔참고문헌〕『大方廣佛華嚴經疏』, 『宗鏡錄』. ⇨ 해인삼매 海印三昧

해인소여선사어록 海印昭如禪師語錄 해인소여의 어록. 행순(行純)·도창(道彰)·종심(從心) 엮음. 卍속장122, pp.587b6~611b18에 수록되어 있다. 1317년(연우4) 간행. 『해인화상어록』 또는 『보조대선사어록 普照大禪師語錄』이라고도 한다. 증손중(曾巽中)의 서(序)에 이어 원주목평홍화선사어록(袁州木平興化禪寺語錄)·임강서균산혜력선사어록(臨江瑞筠山慧力禪寺語錄)·요주동호천선사어록(饒州東湖薦禪寺語錄)·송고(頌古)·게송(偈頌)·불조찬(佛祖讚)·자진찬(自眞讚)·발(跋)·법어(法語)·소불사(小佛事)·탑명(塔銘)·발(跋)로 구성되어 있다. 발은 청무(淸茂)·희릉(希陵) 두 사람이 각각 썼다.

해인수 海印藪 합천 해인사를 달리 부르는 이름. 북궁해인수(北宮海印藪)라고도 하였는데, 이는 왕도인 경주에서는 북쪽에 있는 별궁이었고, 신라 진성여왕이 해인사를 원당(願堂 : 願刹)으로 삼고 자주 가서 기도하고 머물렀기에 이렇게 불렀다. 〔참고문헌〕『梅溪集』 권4(韓國文集叢刊16, p.343b3). ⇨ 북궁해인수 北宮海印藪

해인암 海印庵 황해북도 개성시 천마산(天磨山) 대흥동(大興洞)에 있던 암자. 『동국여지승람』 권4 개성부상 산천에 "해인·취운·법림·운곡 등의 옛터가 있다. 有海印聚雲法林雲谷等古基"라고 하였다. 〔참고문헌〕『東國輿地勝覽』, 『韓國寺刹全書』 권하 p.1147b1.

해인정 海印定 화엄경의 교법을 출생시킨 삼매로 해인삼매(海印三昧)를 말한다. 『십구장원통기』 권하(한불전4, p.63b16)에 "융질대덕이 말하길 '해인의 분상문이 있고 해인의 통상문이 있다'고 하였다. 만약 해인분상문을 잡아보면 『화엄경』의 법은 해인정에 의지해 일어나며 하교법은 불후득지에 의지해 일어난다. 이 때문에 의지한 바 다른 문 중에는 해인의 분상문을 따라 말한 것이 된다. 만약 해인의 통상문을 준하면 한결같은 교화의 법은 모두 해인정으로부터 일어나기에 의상대덕의 뜻은 해인의 통상문을 따라 말한 것이다. 그러나 의상대덕이 '석가여래의 가르침 그물로 거둔 세 가지 세간은 해인삼매를 좇아 무성히 나와서 현현했다'고 말한 것 또한 오직 『화엄경』의 법만이 해인정에 의지해 일어났다고 한 것이다. 融質大德云 有海印分相門 有海印通相門 若約海

印分相門 則華嚴經法 依海印定起 下敎之法 依佛後得智起 故所依異門中 從海印分相門云也 若約海印通相門 一化之法 俱從海印定起故 想大德之義 從海印通相門云也 然想大德云 釋迦如來敎綱所攝三種世間 從海印三昧繁出現顯者 亦唯華嚴經法 依海印定起也"〔참고문헌〕『十句章圓通記』. ⇨ 해인삼매 海印三昧

해일 海日 1541~1609. 변산(邊山) 능가산(楞伽山) 실상사(實相寺) 스님. 휘는 해일(海日), 호는 영허(暎虛), 실호(室號)는 보응(普應), 속성은 김씨, 어머니는 홍(洪)씨니, 1541년(중종36) 9월 4일 전라북도 김제군 만경면에서 태어났다. 총명하여 어려서부터 파초잎으로 책갑을 만들었으며, 목소리는 마치 책 읽는 소리와 같았다. 8세 때 『대학 大學』을 배우면서 '증자(曾子)가 이르기를 열 사람이 보고 모두 대문(大文)이라고 하여야 모든 사람들이 존귀하게 여기는 귀인'이라는 대목에 이르러 선생에게 그 존엄에 대하여 물었으니, 선생이 도리어 두려워할 정도로 기동(奇童)이라고 칭송하였다. 15세 때 과거에 응시하였으나 합격하지 못하고, 19세 때 변산 실상사를 찾아가 인언(印彦)을 은사로 하여 스님이 되었다. 그로부터 5년간 스님을 시봉하면서 경론을 수학하였고, 지리산으로 가서 부용영관(芙蓉靈觀)을 친견하고 3년 동안 선과 교를 배웠다. 다시 금강산으로 가서 학징(學澄)대사를 참방하고 모든 일용사에 대하여 물어 공부하였으며, 이어 묘향산으로 가서 서산대사 휴정을 만나 뵙고 8만대장 중 의문처라면 모두 물으면서 상비로암(上毘盧庵)에서 10년간 정진하였다. 1589년(선조22) 능가산 실상사로 돌아와 『지장경』을 독송하다가 지장보살의 감로수관정을 감득하고 크게 깨달았다. 1591년(선조24) 은사인 인언대사가 입적하자 다비를 마친 후 천지를 집을 삼아 제방으로 만행하여 혹은 비구와 혹은 거사들과 함께 정토업을 닦았다. 실상사로 다시 돌아와 많은 스님을 모아 경론을 강설하였고, 1607년(선조40) 봄 전라북도 순창군 팔덕면 청계리 광덕산(廣德山) 연대암(蓮臺庵)으로 가서 1년을 지낸 후, 1608년(선조41) 6월 지리산 대암사(臺岩寺 : 南原, 雲峰縣)에 들어 지내다가 다음 해인 1609년(광해군1) 2월 5일 대중을 모아놓고 후사를 당부한 다음 세수 69, 법랍 50세를 일기로 입적하였다. 저서에는 『영허집』 4권이 있는데 1635(인조13)에 간행된 판본이다. 1635년(인조13)에 함영당(涵影堂)이 지은 「보응당영허대사행적 普應堂暎虛大師行蹟」(한불전8, pp.44c18~45b19)이 전한다. 〔참고문헌〕『暎虛集』.

해일체중생어언다라니 解一切衆生語言陀羅尼 Ⓢ sarvarutakauśalya-dhāraṇī, sarvarutakauśalyānugatāyā dhāraṇyāḥ, Ⓣ sgra-thams-cad-la-mkhas-pa'i-gzungs. 일체중생의 언어라면 모두 알아들을 수 있는 다라니. 『법화경』 권6 「약왕보살본사품 藥王菩薩本事品」(대정장9, p.53b27 : *Saddh-p.*, p.409)에 "저는 예전에 부처님께 공양드리고 일체중생의 언어를 모두 알아들을 수 있는 다라니를 얻었습니다. 다시 이 『법화경』의 팔백천만억 나유타·견가라·빈사라·아촉바 등의 게를 들었습니다. 我先供養佛已 得解一切衆生語言陀羅尼 復聞是法華經八百千萬億那由他 甄迦羅 頻婆羅 阿閦婆等偈 mayā bhagavataś-candrasūryavimalaprabhāsaśriyas-tathāgatasya pūjāṃ kṛtvā sarvarutakauśalyadhāraṇī pratilabdha-ayaṃ ca saddharmapuṇḍarīko dharmaparyāyo 'śītibhir-gāthā-koṭī-nayuta-śatasahasraiḥ kaṅkaraiś-ca vivaraiś-ca akṣobhyaiś-ca", 『법화경연의』 권6(卍속장52, p.505a15)에 "일체언어를 이해하는 다라니를 얻었다는 것은 앞서 보현의 색신삼매를 얻는 것이니 이는 정이고, 지금 언어를 이해하는 다라니를 얻었다 함은 혜다. 그러나 혜는 정을 떠나지 않고서도 있으니 이에 정으로서의 혜고, 정은 혜를 떠나지 않고서도 있으니 혜로서의 정이다. 곧 이름은 비록 다르지만 그 바탕은 하나다. 이것으로 보현색신삼매의 정을 능히 얻으니 몸이 없다면 드러날 수 없다. 이것으로 언어를 이해하는 다라니의 지혜를 얻을 수 있으니 설하지 못할 법이 없다. 이것이 바로 기에 따라 몸을 드러내고 갖가지 음성으로 다르게 노래하는 것이다. 得解一切語言陀羅尼者 前得普現色身三昧是定 今得解語言陀羅尼是慧 然慧非離定而有 乃卽定而慧 定非離慧而有 乃卽慧而定 是則名雖有二 其體是一 以其能得普現色身三昧之定 則無身而不現 以其能得解語言陀羅尼之慧 則無法而不說 所謂隨機現形 殊音類唱也"라고 하였다. 〔참고문헌〕『法華經』, 『法華經演義』, *Saddh-p·421.*

해일체중생어언삼매 解一切衆生語言三昧 Ⓢ sarvarutakauśalya-samādhi, Ⓣ sgra-thams-cad-la-mkhas ting-nge-'dzin. 일체 중생의 언어를 이해할 수 있는 삼매. 『법화경』의 16삼매 중 하나. 『대일경의석연밀초』 권3(卍속장37, p.51a16)에 "선교방편을 얻어 중생의 언어를 안다는 것은 일체중생의 언어를 이해하는 삼매를 증득했음을 의미한다. 得善巧知衆生語者 謂得解一切衆生語言三昧故", 『법화경문구보정기』 권10(卍속장45, p.341b9)에 "일체중생언어를 이해하는 삼매란 중도삼매의 갖가지 법이 갖추어져 다른 지역의 다른 중생들을 이해하지 못함이 없으니, 모두 실에 돌아가게 한다. 解一切衆生語言三昧者 中道三昧諸法具足殊方異類無不解 了皆歸實也", 『법화경구해』 권7(卍속장48, p.213a8)에 "시방국토에 존재하는 중생의 갖가지 언어와 음성을 모조리 이해할 수 있음을 일체중생어언삼매라 한다. 十方國土所有衆生 種種言音悉能解了 名解一切衆生

語言三昧",『법화경과주』권9(卍속장48, p.643a7)에 "일체중생의 언어를 이해하는 삼매 얻었다 하니,『대보적경』에서 '다시 일체중생의 언어를 이해하는 삼매가 있으니, 한 글자에서 일체자를 설하고 일체자가 한 글자와 같음을 깨우친다' 하였다. 得解一切衆生語言三昧者 大寶積經云 復有三昧名解一切衆生語言 謂於一字中說一切字 了一切字同於一字"라고 하였다. [참고문헌]『大日經義釋演密鈔』,『法華經文句輔正記』,『法華經句解』,『法華經科註』,『法華經』권7(대정장9, p.55a28), *Saddh-p.424.*

해입 解入 이해해 들다. 깨우쳐 들어가다. 녹아들다.『등목보살소문삼매경』권상(대정장10, p.578c20)에 "보살도 이와 같이 모든 국토에 알아 드니 국토란 국토는 다 환히 알지만 도무지 안다는 생각은 없다. 菩薩如是 解入諸土 都土都悉曉了 永無所著 都亦無念",『여래비밀대승경』권1(대정장11, p.704b27)에 "또한 뛰어난 지혜로 타자의 근기를 잘 분별하고, 모든 바라밀다의 뜻의 교법문에 잘 알아 든다. 復以勝智 善別他根 解入一切波羅蜜多 理教法門",『사교의주휘보보굉기』권8(卍속장102, p.717b11)에 "백천삼매에 녹아들어 한 가지 상도 상 없음을 비추니, 적멸하여 함이 없다. 解入百千三昧 照一相無相 寂滅無爲"라 하였다. [참고문헌]『等目菩薩所問三昧經』,『如來祕密大乘經』,『四教儀註彙補輔宏記』.

해자 孩子 Ⓢ dāraka. 어린아이. 해아(孩兒)라고도 한다.『죄업응보교화지옥경』(대정장17, p.450c18)에 "만약 어떤 중생이 부처님의 설법을 듣는다면 저 어린아이가 잃었던 엄마를 만나거나 병자가 의사를 만난 것과 같다. 若有衆生 聞佛說法 如孩子得母 如病得醫"라고 하였다. [참고문헌]『罪業應報教化地獄經』,『陀羅尼集經』권2(대정장18, p.799b14), *Divy.3.* ⇨ 해아 孩兒

해장 海藏 ❶ 바다처럼 온갖 것들 품은 창고.『화엄경소』권56(대정장35, p.929b10)에 "이제 하나 그대로 많은 것이라고 말하거나, 여러 가지로 많은 것들 그대로 하나라고 말하는 등의 열 가지 광대하고 깊은 법을 배우도록 하므로 해장이라 한다. 令學說一卽多 說多卽一等 十種廣大深法 故名海藏"라고 하였다. [참고문헌]『華嚴經疏』. ⇨ 용궁해장 龍宮海藏 ❷ 당대 스님.『당고승전』권21「각랑전 覺朗傳」(대정장50, p.612b6)에 율학(律學)을 받들어『사분율』을 거듭 강설하였으나 법을 이은 제자는 없었다. [참고문헌]『唐高僧傳』. ❸ 1628~1687. 청대 스님. 속성은 공(孔)씨. 안휘성(安徽省) 합비(合肥) 출신. 1687년(강희26) 세수 60세로 입적하였다. [참고문헌]『憨休敲空遺響』권2「徹宗藏公塔銘」(가흥장37, p.255a28).

해장사 海藏寺 감숙성(甘肅省) 무위현(武威縣) 성 서북 쪽으로 2km 지점에 있는 절. 진대(晉代)에 창립한 이래 거듭 보수를 거치다가 현재는 청대 건립한 패루(牌樓)·산문(山門)·대웅보전(大雄寶殿) 등이 남아 있다. 후원의 영균대(靈均臺)는 20m 높이로 위에 있는 무량전(無量殿)은 명대 건축물로 1487년(성화23)에 세운「중수고찰해장선사권연신관단월기 重修古刹海藏禪寺勸緣信官檀越記」라고 새겨진 비가 아직도 남아 있다. 전하는 말에 따르면 영균대는 원래 작은 섬으로 대 위에 절을 세웠으므로 해장이라는 이름으로 남아 있다고 한다. 청초가 되자 제선화상(際善和尙)이 모화(募化)하러 경사에 걸어갔다가 장경(藏經)을 받고 장경각(藏經閣)을 보수하면서 정식으로 해장사라 정했다. 절의 패루 앞에「해장선림 海藏禪林」이라는 네 글자가 적혀 있고, 양편의 버드나무는 하늘을 가릴 정도로 무성하며, 매년 초가을에 검푸른 연기 피어올라 구름이 된다고 한다. 무위현의 아름다운 경관 중 하나다.

해장암 海藏庵 평안북도 의주군에 있던 암자.『여지도서』평안도 의주 사찰에 "궁리암 연대 아래에 있다. 在亐里巖烟臺下"라고 하였다.『가람고』와『범우고』에도 이름과 위치가 기록되어 있다. 홍낙인(洪樂仁 1729~1777)의『안와유고』권5에「해장암고서 海藏庵稿序」가 실려 있다. [참고문헌]『輿地圖書』,『伽藍考』,『梵宇攷』,『安窩遺稿』,『韓國寺刹全書』권하 p.1148a2.

해장전 海藏殿 평안북도 영변군 북신현면 묘향산(妙香山)에 있던 절. 대본산 보현사(普賢寺)의 말사였다. [참고문헌]『韓國寺刹全書』권하 p.1148a4.

해재 解齋 재계(齋戒 Ⓢ upoṣadha)를 풀다. 일정 기간 계를 받아 가져 지키다가 푸는 일.『법원주림』권91(대정장53, p.955b5)에 "보살의 해제법을 말한다. '부처님께 귀의합니다. 법에 귀의합니다. 비구승단에 귀의합니다. 아무개는 몇 낮 몇 밤을 보살재를 가져서 분에 따라 단보시 등을 행하였으니 육바라밀을 얻을 것입니다. 모든 보살과 6만의 보살법 같이해서 밤낮으로 재계하며, 일분은 좌선하고 일분은 독경하며 일분은 누워서 쉬었습니다. 이것이 보살의 재일법입니다. 정월 14일부터 받고 17일에 풀었으며, 4월 8일부터 받아 15일에 풀었으며, 7월 1일부터 받아 16일에 풀었으며, 9월 14일부터 받아 16일에 풀었습니다〈출처 :『보살수재경』〉'. 菩薩解齋法言 南無佛 南無法 南無比丘僧 某若干日若干夜持菩薩齋 從分檀布施 當得六波羅蜜 如諸菩薩六萬菩薩法 齋日夜一分禪 一分讀經 一分臥 是爲菩薩齋日法 從正月十四日受 十七日解 從四月八日受 十五日解 從七月一日受十六日解 從九月十四日受 十六日解", "앞에 대해 서

숱한다. '이미 재를 받고서 해제하고자 하면 반드시 날새는 것 기다린 다음에라야 비로소 죽을 먹을 수 있다. 그렇지 않으면 파재다. 무엇이 밝아지는 상인가? 예컨대 『살바다론』에 따르면 날이 밝아지는 상에는 세 가지 색이 있다. 해가 염주제수를 비추면 흑색이 되고, 나뭇잎을 비추면 청색이 되며, 나뭇잎을 지나야 백색이 된다. 이 세 색 중에서 백색이 되어야 비로소 바로 이 때라 여겨 해재하고 죽을 먹을 수 있다'. 述曰 旣受齋已 若欲解齋 要待明相出時 始得食粥 不爾破齋 何名明相 如薩婆多論云 明相有三種色 若日照閻浮提樹 則有黑色 若照樹葉 則有靑色 若過樹葉 則有白色 於三色中 白色爲正 始得解齋 食其粥也"라고 하였다. [참고문헌] 『法苑珠林』, 『菩薩受齋經』(대정장24, p.1116b16), 『慈恩傳』 권1(대정장50, p.223c8). ⇨ 재계 齋戒, 재 齋, 육재일 六齋日, 팔관재계 八關齋戒

해재죽 解齋粥 재를 마치고 처음 먹는 죽. 재죽(齋粥)이라고도 한다. 금식하던 재계(齋戒 Ⓢ upoṣadha)를 풀고 처음 먹기에 죽으로 푼다. 『조주어록』 권하 「십이시가 十二時歌」(가흥장24, p.371a4)에 "아침 인시. 황폐한 마음에 쓰러져 가는 선원은 진실로 논하기 어렵다네. 해재죽 쌀 쌀 한 톨 없으니, 공연히 창 틈새 먼지를 마주하네. 오직 참새만 지저귈 뿐 찾아오는 벗 없으니, 홀로 좌선하며 곧잘 떨어지는 나뭇잎 소리 듣네. 그 누가 '출가승은 애증을 끊는다' 하였는가? 생각에 잠겨 나도 모르게 수건을 적시네. 平旦寅 荒村破院實難論 解齋粥米全無粒 空對閑窗與隙塵 唯雀噪勿人親 獨坐時聞落葉頻 誰道出家憎愛斷 思量不覺淚沾巾"라 하였다. [참고문헌] 『趙州語錄』, 『宋高僧傳』 권15(대정장50, p.804c29), 『聯燈會要』 권30(卍속장136, p.945a3). ⇨ 해재 解齋

해저사보주 海底四寶珠 바다 저 밑에 숨겨진 채로 있는 네 가지 보배구슬. 온갖 진귀한 것들 이것으로부터 나오듯이, 여래대지혜의 바다도 일체중생에게 온갖 지혜 얻게 한다는 것의 비유다. 80권본 『화엄경』 권51 「여래출현품 如來出現品」(대정장10, p.271b12)에 "불자여, 비유하자면 마치 큰 바다에 네 가지 보배구슬 있어 무량덕을 갖춘 채로 능히 바다 속 일체 진귀한 보배를 낳는 것과 같다. 만약 큰 바다 속에 보배구슬 없다면 이에 하나의 보배조차 얻을 수 없다. 어떤 것들이 그 네 가지인가? 첫째 쌓아 모으는 보배, 둘째 다함 없이 들여 가지는 일, 셋째 불타듯 하는 것들 멀리 떠나는 일, 넷째 온갖 것들 꾸며 가지는 일이라고 한다. 佛子 譬如大海 有四寶珠 具無量德 能生海內一切珍寶 若大海中 無此寶珠 乃至一寶 亦不可得 何等爲四 一名積集寶 二名無盡藏 三名遠離熾然 四名具足莊嚴", "불자여, 이 네 가지 보주는 일체범부나 모든 용신 등 모두 볼 수 없는 것이다. 왜냐하면 사갈용왕만이 이 보주를 가지고 단정하게 장엄하여 궁중의 깊고 비밀스러운 곳에다 안치해놓기 때문이다. 佛子 此四寶珠 一切凡夫 諸龍神等 悉不得見 何以故 娑竭龍王 以此寶珠 端嚴方正 置於宮中 深密處故", "불자여, 여래 응공 정등각의 큰 지혜 바다 또한 이와 같다. 그중에 네 가지 큰 지혜의 보주가 있어서 무량복과 지혜공덕을 구족하였다. 이로 말미암아서 일체중생과 성문독각과 유학무학과 모든 보살의 지혜 보배를 낳는다. 어떤 것들이 그 네 가지인가? 이른바 '물들어 집착 없는 뛰어난 방편의 대지혜보', '유위와 무위의 법을 잘 분별하는 대지혜보', '유위무위의 법 잘도 분별하는 대지혜보', '무량한 법 분별해 설하면서도 법성을 파괴하지 않는 대지혜보', '때에 맞는 것과 때에 맞지 않는 것을 알아서 일찍이 허물이란 없는 대지혜보다. 佛子 如來應正等覺 大智慧海 亦復如是 於中有四大智寶珠 具足無量福智功德 由此能生一切衆生 聲聞獨覺 學無學位 及諸菩薩 智慧之寶 何等爲四 所謂 無染著巧方便 大智慧寶 善分別有爲無爲法 大智慧寶 分別說無量法而不壞法性 大智慧寶 知時非時未曾誤失 大智慧寶", "모든 여래의 큰 지혜 바다중에 네 가지 보가 없는데도 어떠한 중생이 대승으로 들어갈 수 있었다면, 결코 있을 수 없다. 이 네 가지 지혜 보는 박복한 중생이 볼 수 있는 것이 아니다. 왜냐하면 여래의 깊고 비밀스러운 창고에 두었기 때문이다. 이 네 가지 지혜 보는 고르게 바르고 곧으면서도 단결하고 아름다워 두루 모든 보살대중을 이롭게 하여 그들 모두 지혜광명 얻게 한다. 若諸如來 大智海中 無此四寶 有一衆生得入大乘 終無是處 此四智寶 薄福衆生所不能見 何以故 置於如來深密藏故 此四智寶 平均正直 端潔妙好 普能利益諸菩薩衆 令其悉得智慧光明"라고 하였다. [참고문헌] 『華嚴經』, 『華嚴經疏鈔』 권18(대정장36, p.137b28), 『新華嚴經論』 권2(대정장36, p.731c24), 『大明三藏法數』 권13(영락장181, p.865a9).

해저아귀 海渚餓鬼 삼십육종아귀(三十六種餓鬼) 중 스물두 번째 아귀. 해저귀(海渚鬼)・주해저귀(住海渚鬼)라고도 한다. 음사어는 삼모다라제바(三牟陀羅提波)이다. 광야를 지나는 행인을 속여 준 것보다 더 많은 것을 취한 과보로 나서 바닷가에 사는 아귀다. 아귀로서 목숨이 다해 인간의 몸을 받더라도 남은 업으로 한 발이 없거나 짧은 채로 바닷가에 나지만 마실 물에 어려움 겪는다. 『정법염처경』 권16(대정장17, p.92b9)에 "(삼십육종아귀 중) 스물두 번째는 삼모다라제바이니, 해저아귀를 말한다. 二十二者 三牟陀羅提波 海渚餓鬼", 같은 책 권17(대정장17, p.98a5)에 "이 비구는 그 업의 과보를 알아 아귀의 세계를 관한다. 그는 문혜로 바닷가의 아귀들 등을 보게 되는데, 어떤 업으로 인해 그 중 나는가? 그는 문혜로 다음과 같이 안다. 이 중생은 전생에 광야를 건너가고자 하는 어떤 행인이 병고에 극히 지쳐 있는 것을 보고는 그 사람에게 값은 많이 취하고 대가는 적게 주었다. 악탐으로 교묘한 말로 아무도 없어 고달프고 먼 길마저 가는 사람을 속였다. 이 인연으로 바닷가에 난다. 比丘知業果報 觀餓鬼世間 彼以聞慧 觀於海渚諸餓鬼等 以何業故而生其中 彼以聞慧知 此衆生前世之時見有行人欲過曠野 病苦疲極 於是人所 多取其價 與直薄少 以惡貪故 巧辭欺誑曠野空乏遠行之人 以是因緣 生海渚中", "이 바닷가에는 우거진 숲도 못도 강도 없고 그곳은 극심히 뜨거운데, 겨울에도 열독이 치성해 인간의 여름의 열기에 비한다면 열 배도 넘을 지경이지만 아침이슬로 목숨을 이어갈 뿐이다. 바닷가에 머물지만 물을 얻을 수 없고 악업으로 인해 말라버린 바다를 보게 된다. 설사 우거진 숲을 본다 해도 모두 활활 타올라 큰 화염이 일고 있으니 희망이 없고, 온갖 나쁜 일이 모여들어 편안할 수 없다. 기갈에 몸이 타올라 신음하고 괴로이 눈물을 흘리고, 자신의 마음에 속아서 곳곳을 질주하며 슬피 울부짖어도 구해주거나 보호해주는 이 없고 의지하거나 기댈 곳도 없다. 머리카락은 쑥대밭처럼 어지럽고 몸은 파리하며 온몸의 핏줄이 거칠게 드러나 마치 그물과 같다. 是海渚中 無有樹林 陂池河水 其處甚熱 於彼冬日甚熱毒盛 欲比人間夏時之熱 過踰十倍 唯以朝露而自活命 雖住海渚 不能得水 以惡業故 見海枯竭 設見樹林皆悉熾燃 大火焰起 望心斷絶 衆惡臻集 無有安隱 飢渴燒身 呻嘷悲惱 自心所誑 處處奔走 悲聲叫絶 無救無護 無依無恃 髮髲蓬亂 身體羸瘦 一切身脈 皆悉麤現 猶如羅網", "이 아귀로서의 목숨이 끝나도 업을 따라 생사의 괴로움 받으며 유전하지만 인간의 몸 얻기 어려우니, 마치 바다 한가운데의 거북이가 떠다니는 나무의 구멍을 만나는 것과 같다. 만약 인간으로 태어나면 한쪽 발만 있거나 한쪽 발이 짧은 채 바닷가에 태어나 마실 물(漿水)에 대한 곤란을 겪는데, 남은 업 때문에 이러한 과보를 받는다. 從此命終 隨業流轉 受生死苦 人身難得 如海中龜値浮木孔 若生人中 生在海渚 或有一足 或復短足 困乏漿水 以餘業故 受如斯報", 『법원주림』 권6(대정장53, p.312b1)에 "스물두 번째는 해저아귀〈광야를 다니다 병고에 시달리는 사람을 보고는 그 사람을 속여 재물을 취했기에 바닷가에 태어나 사람의 것보다 열배가 넘는 한기와 열기의 고통을 받는다〉다. 二十二 海渚鬼〈由行曠野 見病苦人 欺人誑取財物 生海渚中 受寒熱苦 十倍過人〉"라고 하였다. 〔참고문헌〕『正法念處經』, 『法苑珠林』. ⇨ 삼십육종아귀 三十六種餓鬼, 아귀 餓鬼

해전용궁지지 海殿龍宮之旨 바다 속 궁전인 용궁의 교지(敎旨). 용수(龍樹)가 용궁에 들어가 대승경전을 얻어왔다는 전설에 따른다. 『파사론』 권하(대정장52, p.487a24)에 "팔만사천법장을 도라 머리 붙였으니, 그것이 이제와 십지의 터고, 기원과 녹원의 말씀이며, 바다 속 궁전 용궁의 교지다. 옥첩과 금서의 글자를 비롯하여 칠처와 팔회의 말씀 중 무엇이나 지극한 도를 백왕에 보이지 않는 것이 없고, 만고에 그윽한 바람 불게 하지 못함이 없다. 八萬四千之藏 稽其道也 二諦十地之基 祇園鹿苑之談 海殿龍宮之旨 玉牒金書之字 七處八會之言 莫不垂至道於百王 扇玄風於萬古"라고 하였다. 〔참고문헌〕『破邪論』. ⇨ 용궁해장 龍宮海藏

해절경 解節經 Ⓢ Saṃdhinirmocana-sūtra. 진(陳)대 진제(眞諦) 한역. 1권. 고려장10, pp.745a1~749b25, No.155・대정장16, pp.711b25~714c11, No.677에 수록되어 있다. 『해심밀경 解深密經』의 이역본이다. 제1불가언무이품(不可言無二品)에 통서(通序)에 해당하는 문장이 있기에 『해심밀경』의 서품(序品)에 해당한다. 제1불가언무이품의 나머지 부분과 제2과각관경품(過覺觀境品)・제3과일이품(過一異品)・제4일미품(一味品)은 『해심밀경』의 제2승의제상품(勝義諦相品)에 해당하고, 제4일미품의 마지막에 실린 유통분은 『해심밀경』의 여래성소작사품(如來成所作事品)과 같다. 원측(圓測)의 『해심밀경소 解深密經疏』에 따르면 역자 진제는 『해심밀경』 제3심의식상품(心意識相品) 이하분도 보았을 것으로 추정된다. 또 『해심밀경』이 보신(報身)과 보토(報土)의 설법이라 했지만, 본경은 왕사성 기사굴산으로 세간설법처를 설정하였다. 『해심밀경』 「승의제상품」이 반야중관의 입장을 이으면서도 유식의 교설도 연관지어 설하고 있으나, 본경은 반야중관의 입장만을 설한다는 점에서도 차이가 있다. 〔참고문헌〕『解深密經疏』 권1(한불전1, p.134a24). ⇨ 해심밀경 解深密經

해점거박 解粘去縛 달라붙어 있는 것들 풀고 묶인 것들 버리다. 원오극근(圜悟克勤)이 즐겨 썼으며, 추정발설(抽釘拔楔)과 함께 쓰기도 한다. 『원오어록』 권14(대정장47, p.777b12)에 "천 가지로 다르고 만 가지로 차별한 채 하나의 샘으로 돌아가니, 누구에게나 달라붙어 있는 것들 풀고 묶인 것들 버린다. 만약 말을 따라다니며 이해하려 들면 반드시 본분의 식량을 주어야만 한다. 千差萬別 會歸一源 可以與人 解粘去縛 若隨語作解 卽須與本分草料"라고 하였다. 〔참고문헌〕『圜悟語錄』, 『宏智廣錄』 권1(대정장48, p.5b9). ⇨ 추정발설 抽釘拔楔

해정 楷定 바르게 하여 정하다. 본보기 가져 정하다. 『도서』 권상1(대정장48, p.400b5)에 "경이란 저 먹줄 같아서 삿된 것과 바른 것 본보기 보여 정한다. 經如繩墨 楷定邪正故", 『법원주림』 권39(대정장53, p.591b28)에 "대체로 사찰을 짓는 법과 용은 본보기 정할 수가 없고, 그 시주와 시물을 넉넉히 하거나 아껴 씀에 있다.

결국 역량을 헤아려 지을 수밖에 없지만 반드시 마음을 씀에는 정성으로 지어야 하니, 그렇게 하면 절의 규모가 비록 작더라고 그 얻는 복은 넓고 크다. 夫造寺法用 不可楷定 隨其施主物有豊儉 雖量力而作 然須用心精誠而造 寺物雖小得福弘大"라고 하였다. [참고문헌] 『都序』, 『法苑珠林』, 『一切經音義』 권70(대정장54, p.767b22).

해정사 海鼎寺 전라북도 정읍시 고부면 용흥리 성황산(城隍山)에 있는 절. 고려대에 창건되었다가 폐사되었다. 『사탑고적고』에 "부근에 와편이 산재해 있는데, 그 중 '해정사'라는 문자가 있다. 3층 석탑은 전체 높이 8척 5촌으로 완전하다. 또 불상 1구가 있는데 높이 24척이며 두부와 오른팔은 끊어져 상했다. 附近散在瓦片 中有海鼎寺文字 有三重石塔 全高八尺五寸而完全 又有佛像一軀 高二十四尺 頭部及右腕折傷"라 하였고, 석탑은 유형문화재 제96호로 지정되어 있다. 6·25전쟁 후 사지(寺址)에 비구니 왕맹기(王孟基)가 중창하였고, 1990년 이태화가 대웅전과 요사를 지어 지금에 이른다. [참고문헌] 『寺塔古蹟考』, 『韓國寺刹全書』 권하 p.1148a6.

해제 解制 결제를 풀다. 한여름 석날 9순 또는 한겨울 9순 동안 대중이 결계(結界)하여 안거(安居)해서 밖으로 유행하지 않다가 결계를 풀고 자유롭게 함을 말한다. 인도에서 여름과 우기로 안거하던 전통은 여름과 겨울이 뚜렷한 동아시아로 옮겨서는 하동안거로 자리잡았다. 해제 후 다시 안거하는 일도 있어서 이를 후안거라 하기도 한다. 해하(解夏)·해결(解結)이라고도 한다. 여름철 안거는 결제는 음력 4월 15일이고 7월 15일까지며, 동안거(冬安居)는 음력 10월 15일에 결제하고 이듬해 음력 1월 15일에 해제한다. 『마하승기율』 권27(대정장22, p.451b10)에 "안거를 마친다 함은 전안거의 경우 4월 16일부터 7월 15일까지이고, 후안거의 경우 5월 16일부터 8월 15일까지이다. 만약 안거 대중 중에 한 사람만이 전안거를 하였다면 7월 15일 마땅히 대중 모두가 함께 모여 이 한 사람 받는 자자를 해야 한다. 자자를 마친 다음에는 자리를 지키며 8월 15일까지 지낸다. 일체대중이 후안거를 하면 대중 모두가 응당 8월 15일에 자자를 한다. 이것을 안거를 마치는 것이라고 한다. 安居竟者 前安居 從四月十六日 至七月十五日 後安居 從五月十六日 至八月十五日 若安居衆中有一人前安居者 至七月十五日 擧衆應同此一人受自恣 自恣訖坐至八月十五日 若一切後安居 一切應八月十五日自恣 是名安居竟", 『법원주림』 권29(대정장53, p.504a5)에 "인도의 여러 승가에서는 당 달력 5월 16일에 하안거에 들어가서 당 달력 8월 15일에 하안거를 해제한다. 이 역시 지역에 따라 쓰는 달력이 같지 않아서이니 하나로 정할 수 없다. 마치 설산 북쪽에 있는 나라들 중에는 봄 안거 또는 가을 안거를 지내는 경우가 있다. 印度諸僧以唐國五月十六日 入夏安居 以唐國八月十五日解夏 斯亦隨方 用曆不同 不可一定 如雪山北 有國坐春坐秋者", 『백장청규』 권7 「월분수지 月分須知」(대정장48, p.1155a12)에 "7월. 초순에 당사는 미리 모든 요사에 우란분회 때의 보고 읽을 경단을 보낸다. 미리 여러 대중의 재물을 거두어 곡식 공양을 마련한다. 13일에 능엄회를 마치고 해산한다. 15일 해제 때는 당일 밤에 우란분회를 설행하고 경전을 풍송하고 시식공양한다. 七月 初旬堂司 預出盂蘭盆會 諸寮看誦經單 預率衆財 辦斛食供養 十三日 散楞嚴會 十五日解制 當晚設盂蘭盆會 諷經施食", 『조정사원』 권6(卍속장113, p.156a3)에 "불교의 규식에서 해제함으로써 법랍을 받는 날로 여기니 '법세'라고 하는 것이 이것이다. 釋式 以解制受臘之日 謂之法歲 是矣", 『나옹어록』 「해제상당 解制上堂」(한불전6, p.713c14)에 "나옹선사가 법좌에 올라 말했다. '4월 15일 결제를 맞았다가 7월 15일이 되어 비로소 결제를 풀게 되었다. 납자 무리가 다시 흩어질 것이니, 봄 가고 가을 오듯이 새로운 것은 오랜 것으로 변하는 법이다'. 문득 주장자를 집어 세우고 말했다. '말해 보라. 이것은 맺은 것인가, 풀린 것인가? 모인 것인가, 흩어진 것인가? 간 것인가, 온 것인가? 새로운 것인가, 오랜 것인가? 변한 것인가, 변치 않는 것인가?' 師陞座云 四月十五當結制 七月十五方解結 衲子聚之 還復散 春去秋來新舊變 驀拈柱杖云 且道 這箇是結耶 是解耶 是聚耶 是散耶 是去耶 是來耶 是新耶 是舊耶 是變耶 是不變耶"라고 하였다. [참고문헌] 『摩訶僧祇律』, 『法苑珠林』, 『百丈淸規』, 『祖庭事苑』, 『懶翁語錄』, 『圜悟語錄』 권3(대정장47, p.723b18). ⇨안거 安居, 결제 結制, 자자 自恣

해제시중 解制示衆 해제 시 대중에게 보이다. 해제 때 법어를 하다. 『고봉어록』 권상(卍속장122, p.654a2)에 "해제시중 : 아홉 번의 열흘을 단단히 붙들고 그 끝 매인 채 터럭만큼도 지을 일 없게 하였네. 한 사람 한 사람 모두 살갗 뚫고 뼈 드러나도록 하여 아홉은 얼고 여덟은 떨어져 나갔다. 얼음같은 눈으로 보아 온다면 참으로 땅 파면서 하늘 찾으려 하니 천 가지로 만 갈래로 그릇될 뿐이다. … 답해 보라! 느닷없이 확탕·노탄·검수·도산 따위의 지옥과 마주치리니 어떻게 깃들고 머물 것인가? 解制示衆 九旬把定繩頭 不容絲毫走作 直得箇箇皮穿骨露 九零八落 冷眼看來 正謂掘地討天 千錯萬錯 … 且道 忽遇鑊湯爐炭 劍樹刀山 未審如何棲泊", 『오등전서』 권72 「만수서명진장 萬壽瑞明震章」(卍속장141, p.514b15)에 "해제시중 : 포대 묶었다 오늘 연다. 털 없는 쇠매를 풀어놓아 자유로우니, 허공 치고 올라서 돌아볼 일 없으리라. 종횡무진 그 어느 곳에도 둘 일 없이 해야 하리. 解制示衆 布袋結頭今日開 放出無毛鐵鷂

來 撞破虛空渾不顧 橫三竪四絶安排"라고 하였다. [참고문헌]『高峰語錄』,『五燈全書』. ⇨해제 解制, 안거 安居

해조음 海潮音 Ⓢjaladhara-garjita, Ⓣ'brug-gi sgra. 바다 파도치는 소리. 조수 따라 거듭 밀려오고 밀려가며 때를 따라 파도침이 중생의 온갖 근기와 시절인연 따라 거스르지 않듯 해서 불보살의 법음에 비유한다.『법화경』 권7「관세음보살보문품 觀世音菩薩普門品」(대정장9, p.58a24 : *Saddh-p*, p.452)에 "쟁송으로 관가에 처분을 기다리거나 두렵고 떨리는 군진중이라도 저 관세음보살 염하는 힘이라면 뭇 원수들이 모두 물러나 흩어지리라. 묘음과 관세음과 범음과 해조음이 저 세간음보다 뛰어나므로 반드시 항상 떠올려야 하리라. 념념에 의심을 마라. 관세음 깨끗해 고귀하시니 죽을 지경의 액난에서도 능히 의지가 되어 주시네. 諍訟經官處 怖畏軍陣中 念彼觀音力 衆怨悉退散 妙音觀世音 梵音海潮音 勝彼世間音 是故須常念 念念勿生疑 觀世音淨聖 於苦惱死厄 能爲作依怙 kalahe ca vivādavigrahe narasaṃgrāmagate mahābhaye. smarato avalokiteśvaraṃ praśameyā arisaṃgha pāpakā. meghasvara dundubhisvaro jaladharagarjita brahmasusvaraḥ, svaramaṇḍalapāramiṃgataḥ smaraṇīyo avalokiteśvaraḥ. smarathā smarathā sa kāṅkṣathā śuddhasattvaṃ avalokiteśvaram, maraṇe vyasane upadrave trāṇu bhoti śaraṇaṃ parāyaṇam",『약사염송의궤공양법』(대정장19, p.44c11)에 "깊고 깊은 묘한 음 저 바다 파도소리, 큰 법의 소리 떨쳐 법 아닌 것들 부수셔서, 능히 번뇌와 모든 어려움 없애주시니, 법의 바다 천둥소리에 나는 찬탄하며 예경하네. 甚深妙音 海潮音 振大法音摧異論 能除煩惱諸困苦 法海雷音我讚禮",『능엄경』 권2(대정장19, p.110c19)에 "그때 아난은 여러 대중과 함께 눈 똑바로 뜬 채 부처님을 바라보았는데, 눈동자 깜빡이지도 않은 채 몸과 마음 전도된 소재를 알지 못하였다. 부처님은 자비를 일으켜 아난과 여러 대중을 불쌍히 여기시어 해조음 발하시듯 함께 모인 대중에게 두루 말씀하셨다. 于時阿難 與諸大衆 瞪瞢瞻佛 目睛不瞬 不知身心顚倒所在 佛興慈悲 哀愍阿難 及諸大衆 發海潮音 遍告同會",『신화엄경론』 권10(대정장36, p.785a6)에 "해음이란, 온갖 선과 악, 칭찬과 비방의 소리 넓고도 많아서 마치 해조음처럼 들림을 밝혔으니, 걱정도 기쁨도 일으키지 않는다. 이는 조복의 뜻이요 능히 견딘다는 뜻이기도 하다. 또 스스로 소리를 해조음처럼 하여 때를 알아 중생을 교화하니 때를 잃지 않게 하기 때문이다. 海音者 明聞諸善惡毀讚音聲廣多 猶如海潮之音 不生憂喜 是調伏義 是爲能忍也 又以自聲如海潮音 知時敎化衆生 令無失時故"라 하였다. [참고문헌]『法華經』,『藥師念誦儀軌供養法』,『楞嚴經』,『新華嚴經論』,『大寶積經』 권40(대정장9, p.58a29),『觀音義疏記』 권4(대정장34, p.957b22), *Saddh-p.* ⇨법음 法音

해좌 解座 자리를 풀다. 자리를 정해 역경 등 대중불사가 성취되어 도량이나 법석을 해산하는 것을 뜻한다.『양고승전』 권2「불타야사전 佛陀耶舍傳」(대정장50, p.334b19)에 "홍시 12년(410)『사분율』 전44권과 아울러『장아함경』 등을 역출하였다. 양주 사문 축불념이 한역하고 도함이 필수하였다. 홍시 15년(413)에 이르러 역경도량의 자리를 해산하였다. 弘始十二年 譯出四分律 凡四十四卷 幷長阿含等 涼州沙門竺佛念 譯爲秦言 道含筆受 至十五年解座",『당고승전』 권28「석혜공전 釋慧恭傳」(대정장50, p.687a8)에 "혜공이 소리 내어 경제를 읊자 이상한 향기와 기운이 방 가득 찼다. 경문에 들어 읽자 천상에서 노래 짓듯 하였고 네 가지 꽃비도 내렸다. 음악은 맑고 고요하게 허공에 울리고, 꽃은 흩어지며 땅을 덮었다. 경 읽기를 마치고 자리에서 내려오자 저절로 법석이 정리되었고, 범행 마치자 꽃과 음악도 비로소 그쳤다. 恭始發聲唱經題 異香氛氳 遍滿房宇 及入文 天上作樂 雨四種花 樂則寥亮振空 花則霏霏滿地 經訖下座 自爲解座 梵訖花樂方歇"라고 하였다. [참고문헌]『梁高僧傳』,『唐高僧傳』,『出三藏記集』 권11(대정장55, p.78a24),『古今譯經圖紀』 권3(대정장55, p.359c20).

해주 海珠 ❶ 바다 밑의 보주(寶珠). 얻기 어려운 일을 비유한다.『남해기귀내법전』 권1(대정장54, p.205c26)에 "그 공을 돌아보면 참으로 산을 쌓는 수고로움에 이르고, 그 이익을 따지자면 때는 바다 속 구슬 가져다 빛나게 함이 있었다. 考其功也 實致爲山之勞 覈其益焉 時有海珠之潤"라고 하였다. [참고문헌]『南海寄歸內法傳』. ⇨해저사보주 海底四寶珠 ❷ ?~1887. 조선후기 스님. 경상북도 군위군 소보면 달산동 청화산(靑華山) 백련암(白蓮庵)에 주석하였던 큰 강주(大講主) 스님이다. 법호는 용호(龍湖).『동사열전』 권4「용호강백전 龍湖講伯傳」(한불전10, p.1043b4)에 따르면 속가에 있을 때는 추정의 훈에 돈독하였고(在家受趨庭之訓), 출가한 후에는 동산양개(洞山良价)화상과 같이 고향으로 성모(省母) 차로 찾아가 앞을 보지 못하는 어머니가 발을 씻어주었지만 아들의 신분을 밝히지 않았으며(出家絶洗足之歎), 입산하여 고행 정진함에는 제초작업(除草作業)하듯 하였고(效祝氏之際草 : 단하천연선사가 행자일 때 법사인 석두희천이 단하를 삭발득도 시키고자 아침 공양 끝에 대중에 알리기를 내일 대중의 제초작업 운력이 있을 것이라고 했다. 대중들 모두 삽과 호미를 들고 나왔으나, 단하 행자만은 머리를 축이고 대야에 물과 함께 대중 앞에 꿇어 앉았다는 고사), 설산동자의 구법을 흠모하였으며(慕雪山之求法), 덕산선감(德山宣鑑)의 예리한 방으로 분발하였고(發德山之鋭憤), 무착문희(無著文喜)선사 남방에서 북방의 먼 곳 청량산에 문수보살을 친견코자 삼보일배하여 3년 만에 문수를 친견한 참방도 지었다(作無着之參訪). 권상로의 『조선불교약사』 권하 p.24에 따르면 스님의 스승인 낙하취인(洛下取人)이 아도화상의 영전에서 발원한 끝에 스님을 얻어 상좌로 삼았다 하고, 또 이어 발원하기를 스님이 선지식이 되어 크게 종풍을 떨치도록 기도한 결과 현몽에 소종(小鐘)을 받아 세 번 친 다음 제자인 스님에게 전해준 이후로는 혜해(慧解)가 명철하고 덕망이 높아 사방으로부터 찾아온 학인의 신발이 항상 뜰 앞에 가득하였으니, 당시 화엄종주(華嚴宗主)로는 스님을 으뜸으로 꼽았다. 그 후 1887년(고종24) 8월 30일 입적하였다. 백련암을 『조선불교통사』에서는 사불산(四佛山) 대승사(大乘寺)의 산내암자인 백련사(白蓮社) 곧 미면사(米麵寺)라 했으나, 『동사열전』 「용호강백전」에서는 청화산(靑華山) 백련암(白蓮庵)이라 했으므로 군위군 소보면에 있던 청화산 백련암으로 추정한다. [참고문헌] 『東師列傳』, 『朝鮮佛教略史』, 『伽藍考』, 『大嶺志』, 『世傳初』, 『朝鮮佛教通史』 권상 pp.602~603, 『韓國寺刹全書』 권상 p.426b11.

해주구층탑 *海州九層塔* 황해남도 해주시 해청동에 있는 고려시대 석탑. 북한 국보문화유물 제70호. 높이 5.95m. 단층기단에 여러매의 탑신을 올려 현재는 8층을 유지하고 있는 탑이다. 기단은 2매의 판석으로 지대를 마련하고 하대석과 면석, 그리고 갑석 순으로 구성했다. 하대석은 각 면 2개의 액자형창을 조각하여 모서리 우주와 중앙의 탱주 형태를 마련했다. 면석과 갑석은 각각 1매로 면석은 탑신석처럼 처리하였으나 모서리 우주를 생략하였고 갑석은 하단을 사선형으로 하고 하면 안쪽으로 낮게 부연을 두었다. 상면은 옥개석처럼 경사를 두었으며 상면에 2단의 괴임을 각출하여 탑신을 받고 있다. 탑신부는 옥개석과 탑신석을 각각 별석으로 올렸다. 탑신은 모서리에 우주를 조각하였고 초층탑신부 1면에 문비형과 자물통도 새겼다. 옥개석은 반전을 두었고 하단은 처마를 깊이 두고 옥개받침을 얕게 새겨 넣는 퇴화된 양식을 보이고 있다. 또 각층 처마의 선이 일정하지 않아 원래의 탑신인지 의심스럽다. 9층 탑신부터 결실된 상태이나 현재 8층 옥개석 위에 보주형 석재를 새로 올려놓았다. 대석과 1매의 면석으로 구성하는 기단부와 탑신의 구성이 해주 신광리 신광사오층석탑과 유사하여 제작의 때를 고려말로 본다. [참고문헌] 『북한문화재해설집 I - 석조물편』(국립문화재연구소, 1997) p.20.

해주다라니석당 *海州陀羅尼石幢* 황해남도 해주시 해청동 해주공원에 있는 고려시대 대불정다라니석당. 높이 5.3m. 기본형 육각의 석당으로 이중기단위에 몸체인 석주, 상륜으로 구성했다. 기단은 6각의 지대석 위에 하대석을 놓았다. 하대석은 상하 1매석으로 아래 6

면은 모두 화형(花形) 안상(眼象)을 새겼고 상면에는 모서리에 과장된 귀꽃을 강조한 복련을 둘렀다. 중대석은 배가 부른 고복형(鼓腹形)으로 문양은 새기지 않았다. 상대석은 얇은 편으로 하단에 복련을 돌려 장식했는데, 화엽 내부에 별도의 화문을 장식해 화려함을 더하였다. 석주는 '대불정다라니당 大佛頂陀羅尼幢'이라는 명문과 함께 범자(梵字)로 새겼다. 지붕돌은 2중으로 거대한 옥개석위로 짧은 간주석과 아래 옥개석의 축소형을 올려 마무리했다. 옥개석은 하단에 3단의 받침이 있고 상단에는 2단의 괴임을 두었다. 상륜은 복발(覆鉢)과 보개(寶蓋)만 남아 있고 나머지는 결실되었으나 최근 보주를 복원해 놓았다. 현재 묘향산 보현사에 남아 있는 용천 성동리 다라니석당과 같은 양식이지만 크기의 축소와 각부의 양식적 퇴화가 있어 시대 내림을 짐작할 수 있다. [참고문헌] 『북한의 문화재와 문화유적Ⅳ - 고려편』(서울대출판부, 2000) pp.152~153.

해주오층석탑 *海州五層石塔* 황해남도 해주시 옥계동에 있는 고려시대 석탑. 북한 국보문화유물 제71호. 높이 4.63m. 이중기단에 오층의 탑신과 상륜을 올린 석

탑이다. 기단은 모서리와 상면을 대충 다듬은 대석을 지대석으로 놓고 그 위에 하층기단을 올렸다. 하층기단은 면석과 갑석이 일체형으로 모서리에 우주와 함께 중앙에 1주의 탱주를 새겼다. 갑석 상면의 기울기는 약하게 마련하였고 상면에 1단의 괴임을 두어 상층기단 면석을 받고 있다. 상층기단 면석은 1매로 모서리 우주와 중앙에 탱주를 모각했다. 갑석도 1매로 하단에 낮게 1단의 받침과 함께 안쪽으로 부연을 높게 두었고 상면은 거의 경사가 없이 낮은 2단 및 높은 1단 괴임으로 총 3단의 각형 괴임을 두어 초층탑신을 받고 있다. 탑신부는 옥개석과 탑신석을 각각 별석으로 올렸으며 탑신은 모두 모서리에 우주를 조각하였을 뿐 다른 조식은 없다. 옥개석은 3층까지 탑신받침이 5단이며 4층

부터는 4단으로 차이가 있으나 처마는 모두 모서리에서 경쾌하게 반전하는 형태로 비슷하다. 옥개석 모서리에는 모두 풍경을 달았던 흔적이 남아 있고 상단에는 낮은 1단의 괴임을 두어 상층 탑신석을 받게 했다. 상륜은 5층 옥개석과 1매석으로 구성된 노반석과 연봉형태의 보주가 놓여 있다. 이 탑은 일명 '해주석빙고오층석탑'이라고도 부르는데, 석탑인근에 석빙고가 있어 붙여진 이름이다. 석재의 구성이 일정하고 기단의 조성방식과 탑신부의 체감이 안정적인 수작으로 제작은 고려전기로 보인다. 〔참고문헌〕『북한의 문화재와 문화유적Ⅳ-고려편』(서울대출판부, 2000) pp.152~153.

해중 海衆 바다같은 무리. 한뜻으로 화합하는 일미화합(一味和合)의 승가대중(僧衆)을 말한다. 『석씨요람』 권하(대정장54, p.298b22)에 "해중 : 『증일아함경』 권45(대정장2, p.792a19)에 '대중스님들 저 큰 바다 같으니, 강물 흘러 모인 물이 바다라 부르는 것에 들어가면 곧 본래 이름 사라지고 대해라는 이름만 남기 때문이다' 하였다. 海衆 增一經云 衆僧 如彼大海 流河決水 以入乎海 便滅本名 但有大海之名", 『경덕전등록』 권21 「홍변묘과전 弘辯妙果傳」(대정장51, p.376b26)에 "해중이 구름처럼 몰려들었으니 스님께서 방편문을 열어 진실상을 보여주시길 청합니다. 海衆雲臻 請師開方便門 示眞實相"라 하였다. 〔참고문헌〕『釋氏要覽』, 『增壹阿含經』, 『景德傳燈錄』. ⇨ 대해중 大海衆, 화합중 和合衆

해중조거 奚仲造車 해중이 수레를 만들다. 월암선과(月庵善果)가 제기한 공안. 해중은 황제대(黃帝代)에 살았던 수레바퀴 발명자다. 『무문관』 8칙 「해중조거」(대정장48, p.294a6)에 "〈본칙〉 월암화상이 학인에게 물었다. '해중이 100개의 바퀴살이 달린 바퀴를 만들고 나서 두 바퀴를 들고는 그 양 끝의 축을 빼버렸다. 이것은 어떤 일을 밝히려는 것일까?' 〈평창〉 그 자리에서 밝히려면 눈은 유성과 같아야 하고 마음의 움직임은 번개 치듯 해야 한다. 〔송〕 기의 바퀴 구르는 곳이란, 통달한 사람도 오히려 미혹되리라. 사유상하로도 가고, 남북과 동서이기도 하다네. 月庵和尙問僧 奚仲造車一百輻 拈卻兩頭 去卻軸 明甚麽邊事 無門曰 若也直下明得 眼似流星 機如掣電 頌曰 機輪轉處 達者猶迷 四維上下 南北東西"라고 하였다. 〔참고문헌〕『無門關』.

해중행불가득 解中行不可得 네 가지 행불가득(行不可得) 중 하나로 분별지해(分別知解)로는 알 수 없는 행. 능히 인연짓는 이가 이미 공하여 분별한 일 없기 때문이다. 『인왕경』 권상(대정장8, p.828b4)에 "그러므로 반야공덕은 중생 중에서 행할 수 없지만 행하고 … 지해 중에서 행할 수 없지만 행하기에 반야는 불가사의하며, 일체제불과 보살께서는 그 중에서 행하시니 이 또한 불가사의하고, 일체여래께서는 허깨비와 같은 무주법 중에서 교화하시니 역시 불가사의하다. 是以般若功德 不可衆生中行而行 … 不可解中行而行 是故 般若不可思議 而一切諸佛菩薩於中行 故亦不可思議 一切諸如來於幻化無住法中化 亦不可思議", 원측(圓測)의 『인왕경소』 권중(대정장33, p.399c14・한불전1, p.79b5)에 "넷째 해중행불가득이니, 능히 인연짓는 이가 이미 공하기 때문이다. 四 解中行不可得 能緣空故"라고 하였다. 〔참고문헌〕『仁王經』, 『仁王經疏』. ⇨ 행불가득 行不可得, 경중행불가득 境中行不可得, 법중행불가득 法中行不可得, 인중행불가득 人中行不可得

해지 解知 ❶ 분별해서 알다. 진실은 알지 못하는 뜻이다. 『장아함경』 권2 「유행경 遊行經」(대정장1, p.13a3)에 "네 가지 깊은 법이 있다. 첫째 성계, 둘째 성정, 셋째 성혜, 넷째 성해탈이다. 이 법들은 미묘하기에 이해하여 알기가 어렵다. 나와 너희들이 훤히 밝히지 못하였기에 오래도록 생사의 경계에서 흘러 떠돌아다니기를 끝이 없었던 것이다. 有四深法 一曰聖戒 二曰聖定 三曰聖慧 四曰聖解脫 此法微妙 難可解知 我及汝等 不曉了故 久在生死 流轉無窮"라고 하였다. 〔참고문헌〕『長阿含經』. ❷ 깨우쳐 알다. 『과거현재인과경』 권3(대정장3, p.644c9)에 "(교진여는) 사제에 대해 이해하여 알고 있었기에 '아야(Ⓢ ājñāta : 解了)의 교진여'라고 이름 붙였다. 以於四諦得解知故 故名阿若憍陳如"라고 하였다. 〔참고문헌〕『過去現在因果經』. ❸ 지혜롭게 알다. 『정명현론』 권4(대정장38, p.876c10)에 "몸으로 때묻어 물듦을 끊은 것을 청정이라 하고, 통달하여 비추어 풀어 아는 것을 지혜라고 한다. 體絶穢染 名爲淸淨 達照解知 名爲智慧"라고 하였다. 〔참고문헌〕『淨名玄論』.

해징 海澄 1719~1804. 조선후기 순천 송광사 스님. 휘는 해징(海澄), 호는 제운(霽雲), 속성은 제(諸)씨, 본관은 칠원(漆原), 아버지의 이름은 석준(碩俊), 어머니는 배(裵)씨이다. 1719년(숙종45) 10월 13일 전라남도 순천군 송광면에서 태어났다. 15살 때 송광사 법안(法顔)선사를 은사로 하여 스님이 되었다. 임제(臨濟)의 32세 법손이며, 풍암세찰(楓巖世察)로부터 수학한 후 7년간에 걸쳐 『화엄경』 1부를 1자(字)마다 향을 칠하고 1배(拜)씩 하면서 시종여일(始終如一)하게 원만히 사경을 마쳤다. 그 후 제방으로 행각하면서, 퇴락된 사찰의 중수불사 등 부지런히 활약하다가 1804년(순조4) 10월 6일 세수 86, 법랍 69세를 일기로 송광사에서 입적하였다. 정만조(鄭萬朝)가 비문을 짓고 김돈희(金敦熙)가 써서 1902년에 세운 스님의 비가 송광사 북쪽 산기슭에 있다. 〔참고문헌〕『曹溪山松廣寺史庫』(亞

細亞文化社, 1977) p.609, 『朝鮮佛教叢報』9(寶蓮閣刊, 韓國佛教雜誌叢書14, pp.568~570), 智冠 『韓國高僧碑文總集 朝鮮朝·近現代』 pp.566~568.

해차안전단 海此岸栴檀 Ⓢ uragasāra-candana, Ⓣ tsan-dan-sbrul-gyi-snying-po. 수미산(須彌山) 남쪽 해안에 자라는 전단. 범어 uragasāra는 '용(龍)의 정수(精髓)'란 뜻이다. 『법화경』 권6 「약왕보살본사품 藥王菩薩本事品」(대정장9, p.53a29)에 "즉시 이 삼매(現一切色身三昧)에 들어가 허공 가운데 만다라화·마하만다라화·세말견흑전단을 뿌려 허공을 가득 채우는데 마치 구름처럼 내려왔다. 또 해차안전단의 향이 내리는데, 이 향 6수(銖)는 값어치가 사바세계와 같다. 卽時入是三昧 於虛空中 雨曼陀羅華 摩訶曼陀羅華 細末堅黑栴檀 滿虛空中 如雲而下 又雨海此岸栴檀之香 此香六銖 價直娑婆世界", 『법화경수수』 권9(卍속장51, p.918b5)에 "해차안이라 하였다. 묘고산 바다 남쪽 해안에 전단향이 있는데, 이것을 (전단향 중에) 가장 귀하게 여긴다. 海此岸者 妙高山海南岸 有旃檀香 此爲最貴"라고 하였다. [참고문헌] 『法華經』, 『法華經授手』, 『法華經三大部補注』 권10(卍속장44, p.312b17), *Saddh-p.408*. ⇨ 전단 栴檀

해창원 海昌院 중국 절강성(浙江省) 항주부(杭州府) 염관현(塩官縣)에 있는 절. 마조도일(馬祖道一)의 법사(法嗣)였던 제안(齊安)이 법흔(法昕)의 청을 받고 머무르며 마조의 선풍을 크게 떨쳤던 곳이다. [참고문헌] 『景德傳燈錄』 권7 「鹽官齊安傳」(대정장51, p.254a4).

해천괄지 該天括地 하늘 아우르고 땅도 꾸린다. 『경덕전등록』 권26 「통변도홍전 通辯道鴻傳」(대정장51, p.420a17)에 "만상삼라 모두가 진실상이라 하늘 아우르고 땅 품으며 옛도 다하고 지금도 구한다. 萬象森羅 咸眞實相 該天括地 亘古亘今"라고 하였다. [참고문헌] 『景德傳燈錄』, 『碧巖錄』 59칙 「垂示」(대정장48, p.191c14), 『天聖廣燈錄』 권24 「石門慧徹章」(卍속장135, p.841b14).

해천사 海川寺 순천 선암사의 옛 이름. 1761년 상월새봉(霜月璽篈)스님께서 잦은 화재를 예방하기 위해 산 이름을 청량(淸涼), 절 이름을 해천(海川)으로 바꿔 부른 데서 연유한다. 이곳에서 봉안하고 있는 「선암사영산회상도 仙巖寺靈山會上圖」의 화기(畵記)에도 이 도상을 그려 "해천사에 봉안한다. 奉安于海川寺" 하였다. ⇨ 선암사 仙巖寺[4], 선암사영산회상도仙巖寺靈山會上圖

해청사아육왕탑 海靑寺阿育王塔 중국 강소성(江蘇省) 연운시(連雲市) 동남부 화과산(花果山) 아래에 자리 잡은 탑. 북송(北宋)대 1026년(천성4)에 건립되었는데, 전탑(殿塔)형식의 벽돌탑으로서 8면 9층이며 높이는 약 35m다. 탑 안에는 회랑이 있고 1층부터 8층까지는 팔각이며, 탑 중심은 벽돌기둥으로 세웠고 기둥벽에 반원형의 불감(佛龕) 4개가 있지만, 9층에는 탑 중심의 기둥과 회랑이 사라지고 벽 위에 벽돌로 된 두공을 두어 팔각형의 조정(藻井)으로 구성하였다. 각 층마다 탑의 심주(心柱) 안으로 계단이 설치되어 있으며, 탑 안에서 나무 골조가 발견되었기에 건조 당시 목조골조를 채택했을 것으로 추정한다. 청대인 1668년(강희7) 7월에 산동성(山東省) 팽성현(郯城縣)에서 발생한 규모 8.5의 강진으로 인해 연운시도 막대한 피해를 입었지만 이 탑만은 손상 없이 잘 보존되었다. ⇨ 아육왕탑 阿育王塔

해체 解體 **1** 몸을 풀어 헤치다. 『이취육바라밀다경』 권4(대정장8, p.885c25)에 "만약 내가 여러 가지 재물을 쌓아두고 스스로 보시를 하지 않는다면, 이와 같은 물건은 나의 것이 아니어서 쓰는 것마저 자재할 수 없다. 헐벗은 몸과 같고 창고지기 자기 몫 없는 것처럼, 무상이라는 도적이 와서 바람이라는 칼로 몸을 흩어버릴 것이다. 아끼던 재물은 처첩이 가지고 가서 다른 사람을 받들 것이다. 若我積聚種種財物 不能自施 如是之物 非是我有 用不自在 同於裸形 如守藏人 自無其分 無常賊來 風刀解體 所愛財物 妻妾持去 別奉他人", 『정토혹문』(대정장47, p.300a9)에 "설령 그대가 이런 나쁜 인연이 없다고 한들 다만 나쁘지 않은 병에 걸려 죽는 것일 뿐, 바람이라는 칼이 몸을 흩트려 사대로 나눠 떠나리라. 마치 살아있는 거북이가 등껍질 통에서 빠져나온 듯하고, 게가 끓는 탕 속에 떨어지듯 할 터이니, 고통이 마구 닥쳐옴에 공포스럽고 당황스러워 염불을 하여도 마치지 못하리라. 直饒爾無此惡緣 只是好病而死 亦不免風刀解體 四大分離 如生龜脫筒 螃蟹落湯 痛苦逼迫 怕怖慞惶 念佛不得了也"라고 하였다. [참고문헌] 『理趣六波羅蜜多經』, 『淨土或問』. **2** 풀어 없게 한 바탕. 맺은 것(結) 즉 번뇌도 분별도 풀어헤쳐 없게 한 바탕의 뜻에서 진지와 무생지다. 『순정리론』 권67(대정장29, p.707a8)에 "계경에서 말하길 '상 없는 마음의 정은 해로써 과를 삼는다' 하였는데, 해의 바탕인즉 곧 진지와 무생지다. 又契經言 無相心定 以解爲果 解體卽是盡無生智"라고 하였다. [참고문헌] 『順正理論』. ⇨ 해탈 解脫[1]

해초 海超 조선전기 낙산사(洛山寺) 스님. 『용재총화』의 저자 성현(成俔 1439~1504)과 교류하였다. 『용재총화』 권6에 "낙산사 스님 해초는 우리 문중(成俔의 집안)에 출입한 지 오래였는데, 어느 날은 찾아와 부처님께 공양할 법구를 구하였다. 유본이 방에 있다가 말하였다. '높이 엮어 집 짓고 단청 칠하며 나무에 흙 붙여 상 삼아서 주야로 정성드려 먹인들 무슨 이익 있으리오'.

스님이 그 소리에 답하여 말하였다. '높이 엮어 집 짓고 단청 칠하며 밤나무 깎아 신주 만들고서 사중월에 정성으로 먹인들 무슨 이익이 있으리오'. 유본이 답하지 못하였다. 洛山寺僧海超 出入吾門已久 一日來求供佛之具 有本在房曰 高架棟宇 塗以丹雘 塑泥木爲像 晝夜虔誠而飼之 有何利益 僧卽應聲答曰 高架棟宇 塗以丹雘 斲栗木爲主 四仲之月 虔誠而飼之 有何利益 有本不能對"라고 하였다. 〔참고문헌〕『慵齋叢話』.

해타고 解打鼓 화산은 북 칠 줄 안다(禾山打鼓)라 한 공안. 『응암담화어록』 권1(卍속장120, p.810b8)에 "또한 모르는가? 화산 노인이 '북을 칠 줄 안다'라고 했던 말을. 가볍게 생각하지 마라! 단 오이는 꼭지까지 달고, 쓴 박은 뿌리까지 쓰다. 又不見 禾山老 解打鼓 休莽鹵 甛瓜徹蒂甛 苦瓠連根苦"라고 하였다. 〔참고문헌〕『應菴曇華語錄』. ⇨ 화산타고 禾山打鼓

해탈 解脫 ❶ Ⓢ vimokṣa, vimukti, mukti, mokṣa, parimocana, suvimukta, Ⓟ vimutta, vimokkha, vimutti, parimuccati, suvimuttaṃ. 비목저(毘木底)・비목차(毘木叉・毘目叉)・목차(木叉)・목저(木底)라고 음사하며, 승해(勝解)라고도 한역한다. 삼계의 속박으로부터 벗어난 욕전해탈(欲纏解脫)・색전해탈(色纏解脫)・무색전해탈(無色纏解脫), 청정한 본성을 말하는 성정해탈(性淨解脫)과 번뇌에 오염된 청정한 본성을 얻는 장진해탈(障盡解脫), 마음으로 탐애를 벗어난 심해탈(心解脫)과 지혜로 무명을 여윈 혜해탈(慧解脫), 번뇌해탈(煩惱解脫)을 비롯하여 열 가지 해탈을 말하는 십해탈(十解脫) 등 여러 가지 해탈이 있다. 유위해탈(有爲解脫)을 해탈이라 하고 무위해탈(無爲解脫)을 열반이라 구분짓기도 한다. 『잡아함경』 권35(대정장2, p.255b21 : *Sāriputta-sutta*, *AN.1*, p.133)에 "이 식신과 외경계라는 일체상에 있어 아・아소・아만의 부린 바 얽힘과 집착 없으니, 나 심해탈과 혜해탈로 현법에 있어 스스로 알아 증득하여 구족하게 머문다. 於此識身及外境界一切相 無有我我所我慢使繫著故 我心解脫 慧解脫 現法自知作證 具足住 saviññāṇake kāye … bahiddhā ca sabbanimittesu … ahaṅkāra-mamaṅkāra-mānānusayā na honti tañ ca ceto-vimuttiṃ paññā-vimuttiṃ upasampajja viharissāmā ti", 40권본 『대반열반경』 권5(대정장12, p.392b1)에 "늙음이란 옮겨 변함이라고 하는데, 머리털이 세고 낯이 주름지는 것이며, 죽음이란 몸이 부서지고 목숨이 다하는 것이다. 이와 같은 법 해탈 중에는 없으니, 이런 일이 없으므로 해탈이라고 한다. 여래에게도 또한 머리카락이 세고 낯 주름지는 유위법이 없기에 여래에게 늙음이란 없다. 늙음이 없기에 죽음도 없다. 또 해탈이란 무병이라고 한다. 즉 병이란 사백사병과 그밖에 밖으로부터 와서 몸을 침해하는 것인데, 이런 것이 없기에 해탈이라고 한다. 질병이 없는 것도 곧 진해탈이다. 老者 名爲遷變 髮白面皺 死者 身壞命終 如是等法 解脫中無 以無是事 故名解脫 如來亦無髮白面皺 有爲之法 是故 如來 無有老也 無有老故 則無有死 又解脫者 名曰無病 所謂病者 四百四病及餘外來 侵損身者 是處無故 故名解脫 無疾病者 卽眞解脫", 『삼법도론』 권중(대정장25, p.21b7)에 "〔문〕 무엇이 해탈인가? 〔답〕 해탈이란 욕색이 사라져 다하여 욕계와 색계에서 해탈하고, 그 위의 마음에 머묾도 다하여 삼계 다함에 이른다. 이것이 세 가지 해탈인데, 번뇌에서 해탈하므로 해탈이라고 한다. 問 云何解脫 答 解脫者 欲色滅盡 解脫欲界色界 滅上心住 及三界盡 是三種解脫 解脫於煩惱 故曰解脫", 『십지경론』 권2(대정장26, p.133a26)에 "'무엇을 해탈이라고 하는가?' 게로 말하길 '열반상과 고르게 같다'고 했다. 세간과 열반을 평등하게 거둬 취하기 때문이고, 성문이 일향에 세간을 등지는 것과는 같지 않기 때문이다. … 이와 같은 해탈은 타인의 음성을 관하는 것과 같은가? 그렇지 않다. 그러면 어떤 것을 관하는가? 게송에서 '언사로 설명할 수 있는 것이 아니다'라고 했다. 언어를 여의었기 때문이다. 세간의 지혜가 세간에 의지하는 것과 같은가? 그렇지 않다. 그러면 무엇을 의지하는가? 게송에서 '삼세를 훤출히 벗어났다'고 했다. 의지를 뒤쳐 상신에 의지하기 때문이다. … 그러면 무엇을 해탈이라고 하는가? 게송에서 '그 상이 허공과 같다' 하였다. 일체번뇌장애가 없기 때문이다. 云何解脫者 偈言 等同涅槃相 世間涅槃 平等攝取故 非如聲聞一向背世間故 … 如是解脫 可同他音聲觀耶 不也 云何觀 偈言 非言辭所說 離語言故 可同世間智依世間耶 不也 云何依 偈言 出過於三世 轉依止 依止常身故 … 云何解脫 偈言 其相如虛空 無一切煩惱障礙故", 『대지도론』 권61(대정장25, p.495c23)에 "해탈에는 두 가지가 있으니, 유위해탈과 무위해탈이다. 어찌하여 모두 '해탈과 더불어 같다'고 하는가? 〔답〕 내가 앞서 이미 설명했다. 범부인은 육안과 육식으로 전도되어 관하기에 보는 것이 다르지만, 만약 혜안으로 모든 법을 관하면 모두 허망하고, 오직 열반만이 실할 뿐이다. 이 유위해탈도 무위에 속하며, 무위를 따르기에 해탈이라고 한다. 解脫有二種 有爲解脫 無爲解脫 云何皆與解脫等 答曰 我先已說 凡夫人 以肉眼六識 顚倒觀故見異 若以慧眼觀諸法 皆虛妄 唯涅槃爲實 是有爲解脫 屬無爲 隨無爲 故名解脫", 『집이문족론』 권3(대정장26, p.375c28)에 "〈문〉 해탈이란 무엇인가? 〔답〕 세 가지 해탈이 있다. 어떤 것이 그 세 가지 해탈인가? 첫째는 심해탈, 둘째는 혜해탈, 셋째는 무위해탈이다. 解脫云何 答 三種解脫 何等爲三 一者 心解脫 二者 慧解脫 三者 無爲解脫", 『아비담팔건도론』 권2(대정장26, p.777a11)에 "무엇이 해탈인가? 〔답〕 저들 음노치가 없어 선근만이 상응하며, 마음 이미 해탈하였고 해탈할 것이며, 지금 해탈하는 것을 해탈이라고 한다. 무엇을 니원(Ⓢ nirvāṇa)이라고 하는가? 〔답〕 음노치 다하여 남음이 없는 것을 니원이라고 한다. 云何解脫 答曰 彼無婬怒癡 善根相應 心已解脫 當解脫 今解脫 是謂解脫 彼云何泥洹 答曰 婬怒癡盡無餘 是謂泥洹", 『대승광백론석론』 권2(대정장30, p.192a19)에 "만약 자기의 몸을 소연자재하게 하고 영원히 얽매임을 여의도록 한다면 해탈이라 한다. 若令己身 蕭然自在 永離繫縛 可名解脫", 『유가사지론』 권85(대정장30, p.775b7)에 "무엇이 해탈인가? 즉 이에 있어 엎드리게 해서 끊고 마주해 다스려 많이 닦고 익히기에 수면을 영원히 뽑아내는 것이니, 이와 같은 것을 염이욕해탈의 첫 번째 차별이라고 한다. 다시 차별이 있다. 즉 염위에서 계를 끊어 극히 원만하게 되기에 염이라고 하며, 그리고 '염'에 의지하여 비상비비상처를 제한 그 나머지 아랫 위에서 이욕을 얻을 때 이욕위를 시설하기에 '이욕'이라 하고, '비상비비상처'에서 이욕을 떠날 때는 해탈위를 시설하기에 해탈이라고 한다. 이것이 염·이욕해탈의 두 번째 차별이다. 云何解脫 謂卽於此伏斷對治 多修習故 永拔隨眠 如是名厭離欲解脫 第一差別 復有差別 謂於厭位 斷界極成滿故 名厭 卽依止厭 除非想非非想處 於餘下地 得離欲時 施設離欲位 故名離欲於非想非非想處 得離欲時 施設解脫位 故名解脫 是名厭離欲解脫 第二差別", 같은 책 권89(대정장30, p.802a5)에 "무엇이 해탈인가? 즉 필경에는 단대치를 일으키기 때문이며, 일체번뇌의 품류추중을 영원히 사라지게 하기 때문이니, 전의를 증득하여 모든 번뇌가 결코 끝내 생기지 않도록 하는 법을 성취하는 것을 해탈이라고 한다. 云何解脫 謂起畢竟 斷對治故 一切煩惱 品類麤重 永息滅故 證得轉依 令諸煩惱 決定究竟 成不生法 是名解脫", 『대승장엄경론』 권5(대정장31, p.614c21 : *Sūtr.*, p.67)에 "유소득을 벗어나기에 해탈이라고 한다. 〔게〕 아견으로 훈습된 마음, 모든 취에 유전한다. 마음을 안정시키고 안에 머물러서, 흐름을 돌이키는 것을 해탈이라 한다. 離有所得故 故名解脫 偈曰 我見熏習心 流轉於諸趣 安心住於內 迴流說解脫 ayam anupalambho vimuktiḥ. 〈śloka〉 cittam etat sadauṣṭhulyam ātma-darśana-pāśitam, pravartate nivṛttis tu tad adhyātma-sthiter matā", "〔석〕 다시 별해탈문이 있으니 '아견으로 훈습된 마음 모든 취에서 유전한다'란 무슨 말인가? 두 가지 아견 적셔 재가 되게 하기에 훈습이라고 한다. 훈습이 인이 되기에 생사에 유전하는 것이다. '마음을 안정시키고 내면에 머물러서 흐름을 돌이키는 것을 해탈이라 한다'란 무슨 말인가? 밖으로 연하는 것들 본래 있는 것들 아님을 알아서 마음을 내면에 두고 거둬서 흩어지지 않게 하면 저 흐름 돌이키니, 이것을 해탈이라고 한다. 釋曰 復有別解脫門 我見熏習心流轉於諸趣者 有二種我見滋灰 故言熏習 由此熏習爲因是故 流轉生死 安心住於內 迴流說解脫者 若知所緣不可得 置心於內 攝令不散 卽迴彼流 說名解脫 apara-prakāraś cittam etat sadauṣṭhulyaṃ pravartate janmasu. ātma-darśana-pāśitam iti dauṣṭhulya-kāraṇaṃ darśayati. dvividhena-ātma-darśanena pāśitamataḥ sadauṣṭhulyam iti. nivṛttis tu tad adhyātma-sthiter iti tasya cittasya citta evāvasthānād ālambana-anupalambhataḥ. niḥsvabhāvatā-paryeṣṭau ślokadvayaṃ"라고 하였다. 〔참고문헌〕『雜阿含經』, 『大般涅槃經』, 『三法度論』, 『十地經論』, 『大智度論』, 『集異門足論』, 『阿毘曇八犍度論』, 『大乘廣百論釋論』, 『瑜伽師地論』, 『大乘莊嚴經論』, *Sūtr.*, *AN.* ⇨ 십해탈 十解脫, 삼생해탈 三生解脫, 팔해탈 八解脫, 삼종해탈 三種解脫 **2** 오분법신(五分法身) 중 하나. 40권본 『대반열반경』 권36(대정장12, p.580a13)에 "아라한과는 곧 무학의 오분법신이니, 계·정·혜·해탈·해탈지견이다. 이 다섯 가지에 의지하여 피안에 도달하므로 피안에 이른다고 이름한다. 阿羅漢果者卽是無學 五分法身 戒定 慧 解脫 解脫知見 因是五分得到彼岸 是故名爲到於彼岸"라고 하였다. 〔참고문헌〕『大般涅槃經』. ⇨ 오분법신 五分法身 **3** 부처님의 명호. 60권본 『화엄경』 권4(대정장9, p.419b8)에 "불자들이여, 여기서 동남쪽에 희락이라고 하는 사천하가 있다. 거기서는 여래를 연화라 하기도 하며, 지혜의 불이라고도 하고, 지혜로운 사람이라고도 하며, 밀교라고도 하고, 해탈이라고도 하며, … 정진력이라고도 한다. 이와 같은 부처님을 일컫는 명호는 그 수가 일만이다. 諸佛子 次此東南方 有四天下 名曰喜樂 彼稱如來 或名蓮華 或名慧火 或名知人 或名密敎 或名解脫 … 或名精進力 如是等稱佛名號 其數一萬"라고 하였다. 〔참고문헌〕『華嚴經』. **4** 사제(四諦) 중 출세간의 인(因)인 도성제와 과(果)인 멸성제. 60권본 『화엄경』 권4(대정장9, p.420c17)에 "고멸도제란 무엇인가? 불을 끄는 것이라고도 하며, 뛰어난 가지라고도 하고, 정해 분별하는 것이라고도 하고, 물러나지 않는 것이라고도 하며 … 해탈이라고도 하고, 해탈하도록 하는 것이라고도 한다. 所名苦滅道諦者 或名滅火 或名勝枝或名定分別 或名不退 … 或名解脫 或名能令解脫", 같은 책 권4(대정장9, p.421b1)에 "고멸제란 구르지 않는 것이라고도 하며, 해탈이라고도 하고, 짓지 않는 것이라고도 하며, 애를 여윈 것이라고도 하고, 견고라고도 하며, 진실이라고도 하고, 어리석음을 여윈 것이라고도 하며, 적멸이라고도 하고, 현성이라고도 하며, 원수를 여윈 것이라고도 한다. 所名苦滅諦者 或名不轉 或名解脫或名無作 或名離愛 或名堅固 或名眞實 或名離癡 或名寂滅 或名賢聖 或名離怨敵"라고 하였다. 〔참고문헌〕『華嚴

經』. ⇨사성제 四聖諦

해탈견 解脫見 칠견(七見) 중 하나. 부처님께서 일체지(一切智)로 일체법(一切法)을 보는 것. 원측(圓測)의 『인왕경소』 권상(대정장33, p.383c12・한불전1, p.53b14)에 "일곱째 해탈견이니, 부처님께서는 일체지로 일체법을 보신다. 七 解脫見 佛以一切智 見一切法"라고 하였다. [참고문헌] 『仁王經疏』. ⇨칠견 七見❶

해탈견고 解脫堅固 해탈이 견고한 세월. 오오백년(五五百年) 중 첫 번째로 정법(正法)이 흥성하여 해탈을 얻는 이가 많은 때다. 해탈뇌고(解脫牢固)라고도 한다. 『대승본생심지관경천주』 권7(卍속장34, p.439b6)에 "첫 번째 오백년은 해탈견고다. 해탈은 자재의 뜻이다. 곧 모든 비구가 정법 안에서 처음의 오백년을 지내며 다른 것 익히는 것에 마음을 쏟지 않고, 오직 대승에 힘써 중생을 이익케 하고 해탈해 자재하니 견고하고 변하지 않는다. 第一五百年 解脫堅固 解脫卽自在之義 謂諸比丘於正法初五百年 不攻異學 唯務大乘 利益衆生 解脫自在堅固不變也"라고 하였다. [참고문헌] 『大乘本生心地觀經淺註』. ⇨오오백년 五五百年, 해탈뇌고 解脫牢固

해탈경 解脫經 Ⓢ muktaka-sūtra, Ⓣ mdo sil-bu. 어떤 경(經) 중에서 언급하는 별도의 경. 여경(餘經)・영락경(零落經)이라고도 한다. 『구사론』 권12(대정장29, p.63b9 : *Abh-k-bh.*, p.180)에 "경에서 말하길 '삼겁의 아승기야(Ⓢ asaṃkhyeya) 동안 정진수행해야 비로소 성불할 수 있다' 하였는데, 앞에서 말한 네 가지 겁 중 어떤 겁으로 쌓아야 삼겁의 무수(無數 : 阿僧企耶)가 되는가? 앞서 말한 대겁을 십백천 쌓고 쌓으면 삼겁무수가 된다. 이미 무수라 하고서 어찌하여 다시 삼이라 하는가? 무수는 헤아릴 수 없음을 나타내는 것이 아니다. 해탈경에서 설하길 '육십수 중에 아승기야는 그 중 하나일 뿐이다'라고 하였다. 經說三劫阿僧企耶 精進修行 方得成佛 於前所說四種劫中 積何劫成三劫無數 累前大劫爲十百千 乃至積成三劫無數 旣稱無數 何復言三 非無數言顯不可數 解脫經說六十數中 阿僧企耶是其一數 yad ucyate tribhir asaṃkhyeyaiḥ kalpānāṃ buddhatvaṃ prāpyata iti. tat katameṣāṃ kalpānām. ya eva mahākalpo nirdiṣṭaḥ … asaṃkhyeyānāṃ kalpānāṃ trayeṇa. katham asaṃkhyeyasyāsati saṃkhyeyāvasāne punas tritvam ucyate. naitad evaṃ veditavyam. kiṃ tarhi. ṣaṣṭiḥ sthānāntarāṇy asaṃkhyeyam iti muktakasūtraṃ paṭhyate", 『성유식론소의연』 권1(卍속장79, p.1a17)에 "네 가지 『아함경』으로 거두지 않은 것을 영락경이라고 하며, 해탈경이라고도 한다. 마치 저 아래에서 말하길 해탈경 중에서도 깊은 뜻으로 '아뢰야식이 있다'고 설하였는데, 바로 이것은 영락경을 가리킨다. 若四阿含經所不攝者 卽名零落經 亦名解脫經 如下云 解脫經中亦密意說有阿賴耶識 卽指此零落經也"라고 하였다. [참고문헌] 『俱舍論』, 『成唯識論疏義演』, *Abh-k-bh.* ⇨여경 餘經

해탈계 解脫戒 계(戒)를 받아 가져 지켜서 해탈하게 하는 것들로 칠중(七衆)이 각기 수지하는 별해탈율의(別解脫律儀 : 別解脫戒)를 말한다. 『정법염처경』 권25(대정장17, p.142c17)에 "다시 두 가지 계가 있으니, 하나는 재가계, 다른 하나는 출가계이다. 재가계란 오계를 말하고, 출가계란 해탈계를 가지는 것이다. 復有二種戒 一者 在家 二者 出家 在家戒者 所謂五戒 出家戒者 持解脫戒", 『해탈계경』(대정장24, p.659c10)에 "'대덕스님들은 들으십시오. 스님들이 이제 15일 포살일에 해탈계를 설하려고 합니다. 만약 스님들은 때가 이르렀으면 허락하십시오. 스님들이 포살하고 해탈계를 설하려고 다음과 같이 말씀드립니다. 「여러 대덕이시여, 이제 해탈계를 설하고자 합니다. 대중이 모였으면 묵묵히 듣고 그것을 잘 생각하십시오. 만약 범한 것이 있으면 드러내고, 범한 것이 없으면 묵묵히 계십시오. 묵묵히 계시므로 대중이 청정함을 알겠습니다」'. 大德僧聽 僧今十五日布薩 說解脫戒 若僧到時僧忍聽 僧作布薩 說解脫戒 白如是 諸大德 今說解脫戒 衆集默然聽 善思念之 若有犯者當發露 無犯者默然 默然故 知衆淸淨"라고 하였다. [참고문헌] 『正法念處經』, 『解脫戒經』. ⇨별해탈율의 別解脫律儀, 칠중계 七衆戒

해탈계 解脫界 해탈의 경계. 무위해탈(無爲解脫 Ⓢ asaṃskṛtā vimuktiḥ)의 삼계(三界 : 斷 無欲 滅)를 말한다. 『잡아함경』 권17(대정장2, p.118b25)에 "아난이 다시 상좌에게 물었다. '어떤 것을 모든 해탈계라고 하는가?' 상좌가 답하였다. '존자 아난이여, 저 단계・무욕계・멸계를 해탈계라고 한다'. 존자 아난이 또 상좌에게 물었다. '어떤 것을 단계 내지는 멸계라고 하는가?' 상좌가 답하였다. '존자 아난이여, 일체행을 끊는 것을 단계라고 하며, 애욕을 끊어버린 것을 무욕계라 하고, 일체행마저 사라진 것을 멸계라고 한다'. 阿難復問上座 云何諸解脫界 上座答言 尊者阿難 若斷界 無欲界 滅界 是名諸解脫界 尊者阿難 復問上座 云何斷界 乃至滅界 上座答言 尊者阿難 斷一切行 是名斷界 斷除愛欲 是無欲界 一切行滅 是名滅界"라고 하였다. [참고문헌] 『雜阿含經』, 『俱舍釋論』 권18(대정장29, p.285b15). ⇨단리멸삼계 斷離滅三界, 단계 斷界, 무욕계 無欲界❶, 멸계 滅界

해탈계경 解脫戒經 ❶ 계경(戒經). 율장(律藏)으로 전승한 계경(戒經)을 말한다. 『대지도론』 권2(대정장25,

p.66c9)에 "지금부터는 해탈계경이야말로 바로 큰 스승이니, 저 혜탈계경에서 설한 대로 신업과 구업 마땅히 그대로 행해야만 한다. 從今日 解脫戒經 卽是大師 如解脫戒經所說 身業口業 應如是行"라고 하였다. [참고문헌]『大智度論』. ⇨ 율장 律藏 **2** Ⓢ Prātimokṣa-sūtra. 원위(元魏)대 반야유지(般若流支 Ⓢ Prajñāruci) 한역. 1권. 대정장24, pp.659a3~665b9, No.1460에 수록되어 있다.『해탈계본경 解脫戒本經』이라고도 한다. 가섭유부(迦葉遺部 Ⓢ Kāśyapīya) 곧 음광부(飮光部가 전수하여 지니는 계본(戒本)이다. 모든 계본 가운데 근본설일체유부계경(根本說一切有部戒經)에 가깝다. [참고문헌]『大唐內典錄』 권8(대정장55, p.310c1),『閱藏知津』 권33(가흥장32, p.136b8).

해탈과 解脫果 Ⓢ visaṃyoga-phala, Ⓣ bral-ba'i-'bras-bu. 해탈이라는 열매. 오과(五果) 또는 삼과(三果) 중 하나다. 지로 모든 번뇌를 끊고, 유루법(有漏法)을 남김없이 멸하여 얻은 무루무위(無漏無爲)의 과로서 무위과(無爲果)·이계과(離繫果)라고도 한다.『아비담심론경』 권2(대정장28, p.843b2)에 "무루로 번뇌와 업을 끊으면 의과와 해탈과를 얻는다. … 해탈과란 무애도로 모든 번뇌를 끊은 것을 말한다. 無漏斷煩惱業 有依果解脫果 … 解脫果者 謂無礙道斷諸煩惱",『아비담감로미론』 권1(대정장28, p.968c4)에 "어떤 것을 해탈과라고 하는가? 지로 번뇌 멸한 것을 해탈과라고 한다. 云何解脫果 智滅結是謂解脫果"라고 하였다. [참고문헌]『阿毘曇心論經』,『阿毘曇甘露味論』, *Bodh-bh.72.* ⇨ 무위과 無爲果, 이계과 離繫果, 삼과 三果**1**, 오과 五果**1**

해탈관 解脫觀 해탈을 성취하기 위한 관법. 번뇌를 여의고 진실을 보거나 인연을 관하는 일.『대반니원경』 권1(대정장12, p.859b2)에 "욕을 여의고 탐할 것 없으니, 명료하게 진실을 보네. 이것이 해탈관이니 모든 나서 늙는 일 버리네. 離欲無所貪 明了見眞實 是爲解脫觀 捨除諸生老",『음지입경주』 권상(대정장33, p.17c24)에 "열두 번째 해탈관이니, 십이인연을 버리면 마땅히 해탈 얻음을 아는 것이다. 十二 爲解脫觀 知捨十二因緣 當得解脫"라고 하였다. [참고문헌]『大般泥洹經』,『陰持入經註』, *SN.5.433.*

해탈구족 解脫具足 Ⓟ vimutti-sampanna. 오분법신(戒 定 慧 解脫 解脫智見)을 구족히 하는 것 중 하나.『집이문족론』 권6(대정장26, p.393b26)에 "불제자들은 계를 구족하고 정을 구족하며 혜를 구족하고 해탈을 구족하며 해탈지견을 구족하므로, 마땅히 청하고 마땅히 엎드리며 마땅히 공경할 만한 무상복전이니 세상의 공경을 받을 만하다. 佛弟子衆 戒具足 定具足 慧具足 解脫具足 解脫智見具足 應請 應屈 應恭敬 無上福田 世所應供",『법온족론』 권3(대정장26, p.464a11)에 "해탈구족이란 유학과 무학승이 유학과 무학의 해탈을 성취하여 빠짐없이 갖춘 것을 말한다. 解脫具足者 謂學無學僧成就具足學無學解脫"라고 하였다. [참고문헌]『集異門足論』,『法蘊足論』, *SN.5.433.*

해탈군 解脫軍 **1** Ⓢ Ārya Vimuktisena, Ⓣ rNam-par-grol-ba'i-sde. 아리야비묵티세나. 기원후 6세기경 활동한 유가행중관파 논사. 궤범사(軌範師) 붓다다사(Buddhadāsa)의 조카로 정량부(Saṃmatīya) 쿠루쿨라파(Kurukulla派)로 출가하였다고 전한다. 티베트 전승 타라나타(Tāranātha)에 의하면 무착(無著)의 제자이지만, 부톤(Bu-ston)에 의하면 세친(世親)의 제자다. 환희지(歡喜地)에 이르러 부처님을 친견하고 법을 청해 듣고서『현관장엄론 現觀莊嚴論 *Abhisamayālaṃkāra*』의 가장 오래된 주석인 *'Phags pa shes rab kyi pha rol tu phyin pa stong phrag nyi shu lnga pa'i man ngag gi bstan bcos mngon par rtogs pa'i rgyan gyi 'grel pa*(北京版 No.5185, 데게版 No.3787, 聖二萬五千頌般若波羅密多優波提舍論現觀莊嚴論註)를 지었다. 이 주석의 일부(1章 Lee 2017, 5~8章 Nakamura 2011)는 산스크리트비판교정본으로도 출간되었는데, 최근의 연구에 의하면『현관장엄론』이 미륵에게 귀속된 것은 후대의 일로, 주석뿐 아니라 게송도 아리야비묵띠세나가 지은 것일 수 있다. **2** Ⓢ Bhadanta Vimuktisena, Ⓣ bTsun-pa-rnam-grol-sde. 기원후 6~7세기경의 논사. 아리야비묵티세나(Ⓢ Ārya Vimuktisena)의 제자로『현관장엄론』의 또 다른 주석인 *'Phags pa shes rab kyi pha rol tu phyin pa stong phrag nyi shu lnga pa'i man ngag gi bstan bcos mngon par rtogs pa'i rgyan gyi tshig le'ur byas pa'i rnam par 'grel pa*(北京版 No.5186, 데게版 No.3788, 聖二萬五千頌般若波羅密多優波提舍論現觀莊嚴論頌評釋)를 지었다. 범어사본은 확인되지 않고 티베트역으로만 전한다. 학자들은 아리야비묵티세나와 바단타비묵티세나의 주석이 내용적으로 유사할 뿐 아니라 서로 가까운 시기에 지어진 것으로 보지만, 두 주석이 저본으로 삼은『반야경』 사본은 각기 달랐다는 데 의견을 같이 한다. [참고문헌] Youngjin Lee *Critical Edition of the First Abhisamaya of the Commentary on the Prajñāpāramitā Sūtra in 25,000 Lines by Ārya-vimuktiṣeṇa, based on Two Sanskrit Manuscripts preserved in Nepal and Tibet* (Università degli studi di Napoli "L'Orientale", 2017), 이영진「새로 확인된『현관장엄론』게송사본과 아리야 비묵띠세나의『현관장엄론』주석서 콜로폰」(『불교학연구』43, 불교학

연구회, 2015) pp.217~243, Hodo Nakamura 'Ārya-Vimuktisena's Abhisamayālaṃkāravṛtti the earliest Commentary on the Abhisamayālaṃkāra'(Universitaetät Hamburg, 2014). ⇨ 현관장엄론 現觀莊嚴論

해탈금강 解脫金剛 ❶ 구치라(拘絺羅 Ⓢ Kauṣṭhila)보살의 밀호. 『태장금강교법명호』(대정장18, p.205a17)에 "구치라〈오성금강 또는 해탈금강이라고도 한다〉. 拘絺羅〈悟性金剛 亦名解脫金剛〉"라고 하였다. 〔참고문헌〕『胎藏金剛教法名號』. ❷ 금강령(金剛鈴 Ⓢ Vajrāveśa)보살의 밀호. 『태장금강교법명호』(대정장18, p.205c12)에 "령보살〈해탈금강〉 鈴菩薩〈解脫金剛〉"이라고 하였다. 〔참고문헌〕『胎藏金剛教法名號』. ❸ 무우암(無憂闇)보살의 밀호. 『태장금강교법명호』(대정장18, p.205c17)에 "무우암〈해탈금강〉 無憂闇〈解脫金剛〉"이라고 하였다. 〔참고문헌〕『胎藏金剛教法名號』.

해탈뇌고 解脫牢固 해탈견고(解脫堅固). 돈황본『금강반야경지찬』 권상(대정장85, p.81c29)에 "첫 번째 오백년은 해탈뇌고다. 성인의 행업을 즐겨 행하며 많은 사람이 성과를 얻기 때문이다. 第一五百年 解脫牢固 樂行聖行 多得聖果故"라고 하였다. 〔참고문헌〕『金剛般若經旨贊』, 『華嚴經疏鈔』 권2(대정장36, p.14a12), 『金剛經宗通』 권2(卍속장39, p.16a18). ⇨ 해탈견고 解脫堅固

해탈당상 解脫幢相 Ⓢ mokṣa-dhvaja. 해탈의 깃발 펄럭이는 듯한 모양새. 가사(袈裟) 수한 출가자의 모습을 말한다. 가사는 해탈당상의(解脫幢相衣)·해탈복(解脫服) 등이라고도 한다. 『대승대집지장십륜경』 권6(대정장13, p.752b17)에 "이렇게 수염과 머리털을 깎고 붉은 가사를 수한 출가자의 위의야말로 모든 현성들의 해탈의 깃발과 같은 모양새다. 此剃鬚髮 被赤袈裟 出家威儀 是諸賢聖 解脫幢相"라고 하였다. 〔참고문헌〕『大乘大集地藏十輪經』, 『大乘集菩薩學論』 권5(대정장32, p.89b5), *Śikṣ.68.* ⇨ 가사 袈裟, 해탈복 解脫服

해탈당상의 解脫幢相衣 해탈을 향해 펄럭이는 듯한 모습의 옷. 가사(袈裟)를 말한다. 『대승대집지장십륜경』 권4(대정장13, p.742c2)에 "항하사 모래와 같이 많은 부처님께서 이 해탈당상의를 수하시니, 만약 이에 대하여 악한 마음을 일으키면 결정코 무간지옥에 떨어진다. 被殑伽沙佛 解脫幢相衣 於此起惡心 定墮無間獄"라고 하였다. 〔참고문헌〕『大乘大集地藏十輪經』, 李智冠『校勘譯註歷代高僧碑文』 高麗篇2 p.351, 「原州法泉寺智光國師碑文」(『朝鮮金石總覽』 권상, p.286). ⇨ 당상복 幢相服

해탈대해 解脫大海 해탈해 크나큰 바다. 『임제록』(대정장47, p.498a20)에 "종래로 습기와 오무간업 좇아 있게 되었을지라도 스스로 해탈의 바다라고 여긴다. 縱有從來習氣 五無間業 自爲解脫大海", 『원수행단어록』 권5(卍속장124, p.41a1)에 "전체가 해탈의 바다요, 전체가 열반의 미묘한 마음이니, 구제할 기멸도 없고 벗어날 생사도 없다. 全體是箇解脫大海 全體是箇涅槃妙心 無起滅可求 無生死可出"라고 하였다. 〔참고문헌〕『臨濟錄』, 『元叟行端語錄』.

해탈덕 解脫德 열반의 삼덕(三德) 중 하나. 『대반열반경현의』 권하(대정장38, p.8c26)에 "해탈덕이란 바로 여래의 자재한 해탈이다. 그 성이 넓어서 속박도 없고 벗어남도 없는 그것이 넓고도 넓다는 뜻이고, 속박 그대로 벗어남인 줄 체득하니 그것이 멀리 벗어났다는 뜻이며, 중생을 조복한다 함도 도려낼 혹이 없다는 뜻이다. 이와 같은 해탈이라야 일체법 거두기에 해탈장이라고도 하고 해탈덕이라고도 한다. 解脫德者 即是如來自在解脫 其性廣博 無縛無脫 是廣博義 體縛卽脫 是遠離義 調伏衆生 是無創疣義 如是解脫 攝一切法 亦名解脫藏 亦名解脫德"라고 하였다. 〔참고문헌〕『大般涅槃經玄義』. ⇨ 반야덕 般若德, 법신덕 法身德, 삼덕 三德❶

해탈도 解脫道 ❶ Ⓢ vimokṣa, mokṣa-mārga. 해탈로 가는 길. 『불소행찬』 권3(대정장4, p.25a16 : *Buddha-c.*, p.145)에 "선왕족의 대선인은 보리수 아래에서 굳건한 서원을 세우고 해탈도를 성취하고자 하였다. 仙王族大仙 於菩提樹下 建立堅固誓 要成解脫道 tasmin vimokṣāya kṛtapratijñe rājarṣivaṃśaprabhave maharṣau", 60권본 『화엄경』 권2(대정장9, p.401c13)에 "(여래는) 방편자재하여 뒤쳐 미혹함이 없으며, 일체 공양을 다 받을 만하시다. 조금씩 가르쳐 해탈도를 열어 보이시니, 이를 깨끗한 눈의 방편지라 한다네. 方便自在無倒惑 悉應堪受一切供 漸教開示解脫道 是名淨眼方便地"라고 하였다. 〔참고문헌〕『佛所行讚』, 『華嚴經』, *Buddh-c.*, *Sam-r.169.* ❷ Ⓢ vimukti-mārga, adhimukti-mārga, mokṣa-mārga, Ⓣ rnam-par-grol-ba'i-lam, thar-pa'i-lam. 사도(四道 : 加行道 無間道 解脫道 勝進道) 중 세 번째 위. 이후 무루도로 택멸무위(擇滅無爲)를 얻는 찰나다. 『대비바사론』 권64(대정장27, p.330a26)에 "〔문〕 세속도로 모든 물듦 여읠 때 무간도와 해탈도에는 몇 가지 행상이 있는가? 〔답〕 모든 무간도에는 세 가지 행상이 있으니, 추행상·고행상·장행상이다. 모든 해탈도에도 세 가지 행상이 있으니 정행상·묘행상·이행상이다. 問 以世俗道離諸染時 無間解脫有幾行相 答 諸無間道有三行相 一 麤行相 二 苦行相 三 障行相 諸解脫道有三行相 一 靜行相 二 妙行相 三 離行相", "〔문〕 무간도 중 어떤 행상의 뒤에 해탈도의 어느

행상을 일으키는가? 〈답〉 어떤 이는 이렇게 말한다. '추행상의 무간도 이후 정행상을 일으켜 해탈도가 되고, 고행상의 무간도 뒤에 묘행상을 일으키면 해탈도며, 장행상의 무간도 뒤에 이행상을 일으키면 해탈도다'. 다른 논사들은 말하기를 '… 추·묘·고와 정·장·이는 상대하기 때문이다'. 問 無間道中 何行相後 起解脫道何行相耶 有作是說 從麤行相無間道後 起靜行相 爲解脫道 從苦行相無間道後 起妙行相 爲解脫道 從障行相無間道後 起離行相 爲解脫道 有餘師說 … 麤妙苦 靜障離對故", "〔평〕 이 일은 정할 수 없다. 추행상의 무간도 뒤를 좇아 정 등의 세 가지 행상을 수용하여 해탈도에 들 수도 있고, 고행상의 무간도로부터 그 뒤에 묘 등의 세 가지 행상을 일으켜서 해탈도를 삼을 수도 있으며, 장행상의 무간도로부터 그 뒤에 이 등의 세 가지 행상을 일으켜서 해탈도가 될 수도 있다. 이 여섯 가지 유루행상은 물듦 떠남에 따라 즐겨 일어나기 때문이다. 評曰 此事不定 從麤行相無間道後 容起靜等三種行相 爲解脫道 從苦行相無間道後 容起妙等三種行相 爲解脫道 從障行相無間道後 容起離等 三種行相 爲解脫道 以此六種有漏行相 隨離染者 所樂起故", 『순정리론』 권71(대정장29, p.725c12)에 "해탈도란 이미 마땅히 끊어야 할 장애를 해탈한 후 최초로 생기는 도를 말한다. 解脫道者 謂已解脫所應斷障 最初所生"라고 하였다. 〔참고문헌〕『大毘婆沙論』, 『順正理論』, *Abh-k-bh.49·255.*, *Śrāv-bh.506.*, *Ratna-ut.28.* ⇨ 사도 四道 **1**, 구해탈도 九解脫道, 단의지 斷疑智, 무간도 無間道, 정묘리 靜妙離, 추고장 麤苦障

해탈도론 解脫道論 Ⓢ Vimokṣamārga-śāstra, Ⓟ Vimutti-magga. 우파지사(優波底沙 Ⓢ Upatiṣya, Ⓟ Upatissa : 大光) 지음. 양(梁)대 승가바라(僧伽婆羅 Ⓢ Saṃghabhara, Saṃghapāla) 한역. 12권. 고려장28, pp.1009a1~1102a4, No.968·대정장32, pp.399c9~461c24, No.1648에 수록되어 있다. 해탈도에 대해 자세히 설한 논서이며 *Visuddhimagga*(淸淨道論)의 준거가 된 책이다. 모두 12품으로 구성되어 있는데, 제1「인연품 因緣品」은 계정혜(戒定慧) 삼학(三學)을 수행하여 해탈을 성취하게 하며, 제2「분별계품 分別戒品」은 계품을 분석, 제3「두타품 頭陀品」은 열세 가지 두타행에 대하여, 제4「분별정품 分別定品」은 갖가지 정에 대하여, 제5「멱선지식품 覓善知識品」은 스승과 도반에 대하여, 제6「분별행품 分別行品」은 욕행(欲行)·진에행(瞋恚行)·치행(癡行) 등 14가지 행에 대한 분별, 제7「분별행처품 分別行處品」은 38행처(行處)에 대하여, 제8「행문품 行門品」은 십부정관(十不淨觀)·십념(十念)·사무량심(四無量心)·사선(四禪) 등의 수행법에 대한 설명으로 본 논서의 권4~권8에 걸쳐 가장 큰 비중을 차지한다. 제9「오통품 五通品」에서는 오신통(五神通)에 대하여, 제10「분별혜품 分別慧品」은 행으로 얻는 지혜에 대한 분석, 제11「오방편품 五方便品」과 제12「분별제품 分別諦品」은 음(陰)·입(入)·계(戒)·인연(因緣)·성제(聖諦) 등에 대하여 자세히 분별한다. 『선견율비바사』에서는 본 논서를 『정도경 淨道經』·『정도비바사 淨道毘婆沙』·『아비담비바사 阿毘曇毘婆沙』 등의 이름으로 언급한다. 〔참고문헌〕『大唐內典錄』 권9(대정장55, p.324c21), 『大周刊定衆經目錄』 권10(대정장55, p.435a29). ⇨ 청정도론 淸淨道論

해탈득 解脫得 Ⓢ mokṣa-prāpti. 해탈도(解脫道)에서 바로 해탈을 얻는 것. 『아비담비바사론』 권14(대정장28, p.102c23)에 "해탈득이란 욕계의 견고소단의 열 가지 번뇌에서 해탈하는 것을 말한다. 解脫得者 謂欲界見苦所斷十使解脫是也", 『잡아비담심론』 권9(대정장28, p.947c26)에 "'만약 그 지에서 (번뇌를) 끊고 부수며 마주해 다스리면 곧 해탈득으로 거둔다'는 말은 무슨 뜻인가? 어떤 사람은 다음과 같이 말한다. '만약 그 지에서 (번뇌를) 끊고 대치하면 저 해탈득은 곧 그 지로 거둔다. 왜냐하면 끊어 마주해 다스리기 때문이다'. 이와 같은 설은 욕계의 견도와 수도로 (번뇌를) 끊어 해탈 얻음은 근본선과 미래선으로 거두는 것을 말한다. 若於彼地中 斷及壞對治 卽攝解脫得者 有說 若彼地 斷對治 彼解脫得 卽彼地攝 由斷對治故 如是說者 謂欲界見道修道斷 解脫得 禪未來攝"라고 하였다. 〔참고문헌〕『阿毘曇毘婆沙論』, 『雜阿毘曇心論』, *Abh-s-bh.37.* ⇨ 해탈 解脫 **1**

해탈무감 解脫無減 Ⓢ nāsti vimukti-hāniḥ, Ⓣ rnam-par-grol-ba-nyams-pa med-pa. 해탈하심에 덜함이 없으심. 십팔불공법(十八不共法) 중 하나다. 『대지도론』 권26(대정장25, p.250c2)에 "해탈무감이란, 해탈에는 두 가지 있어 유위해탈과 무위해탈이다. 유위해탈은 무루지혜와 상응하는 해탈이고, 무위해탈은 일체번뇌습기 도무지 사라져 남김없는 것을 이름한다. 부처님은 두 해탈에서 덜함이 없으시다. 왜 그런가? 성문과 벽지불은 지혜 크게 예리하지 못하고 번뇌도 다하지 못했기에 지혜에 덜함이 있지만, 부처님의 지혜는 제일 예리하고 번뇌의 습기가 영원히 다했기에 해탈에 덜함이란 없으시다. 解脫無減者 解脫有二種 有爲解脫 無爲解脫 有爲解脫 名無漏智慧 相應解脫 無爲解脫 名一切煩惱習 都盡無餘 佛於二解脫無減 何以故 聲聞辟支佛 智慧不大利故 煩惱不悉盡故 智慧有減 佛智慧第一利故 煩惱習永盡無餘故 解脫無減"라고 하였다. 〔참고문헌〕『大智度論』, *Mvyut.9.* ⇨ 십팔불공법 十八不共法

해탈무상 解脫無上 **1** Ⓢ vimukty-ānuttarya, Ⓟ vimuttānuttariya. 세 가지로 성취한 위없는 덕들인 삼

무상(三無上) 중 하나. 진지(盡智)와 무생지(無生智), 또는 부동심해탈(不動心解脫)을 가리키는 말이기도 하다. 『잡아함경』 권5(대정장2, p.36c28)에 "저는 일체를 여실히 아니, 나도 아니요 나와 다르지도 않으며, 그 사이에 있는 것도 아닙니다. … 저는 그때 세 가지 무상을 성취하니, 즉 지무상·해탈무상·해탈지견무상입니다. 이 세 가지 무상을 성취하면 큰 스승으로서 공경, 존중, 공양받음에 부처님같이 합니다. 彼一切如實知非我 非異我 不相在 … 彼於爾時 成就三種無上 智無上 解脫無上 解脫知見無上 成就三種無上已 於大師所恭敬尊重供養如佛", 『집이문족론』 권6(대정장26, p.391a2)에 "해탈무상이란 어떤 것인가? 〔답〕 진지와 무생지를 이름 붙여 해탈무상이라고 한다. 解脫無上云何 答 盡智 無生智 是名解脫無上", 『대승아비달마잡집론』 권7(대정장31, p.727a20 : *Abh-s-bh.*, p.63)에 "해탈무상이란 곧 무학의 부동해탈을 말한다. 일체해탈에서 가장 수승하기 때문이다. 解脫無上者 謂無學不動解脫 於一切解脫最爲勝故 vimuktyānuttaryam aśaikṣākopyā ca vimuktiḥ sarvavimuktiprativiśiṣṭatvāt"라고 하였다. 〔참고문헌〕『雜阿含經』, 『集異門足論』, 『大乘阿毘達磨雜集論』, *Abh-s-bh.*, *MN.1.235.* ⇨삼무상 三無上, 부동심해탈 不動心解脫, 진지 盡智, 무생지 無生智 ❷ Ⓢ prahāṇa-paramatā, Ⓣ spangs-pa-dam-pa. 일곱 가지로 위없는 뜻(七種無上 : 七最勝) 중 하나. 번뇌를 끊음에 가장 뛰어나기에 단최승(斷最勝)이라 하고 대열반이라고도 한다. 『보살선계경』 권3(대정장30, p.976a9 : *Bodh-bh.*, p.63)에 "해탈무상이란 여래는 능히 두 가지 장애(번뇌장과 소지장)를 부수기 때문이다. 解脫無上者 如來能壞二種障故 yat tathāgataḥ savāsanasarvakleśaprahāṇena niruttareṇāpratisamena jñeyāvaraṇaprahāṇena ca samanvāgataḥ. iyam asya prahāṇaparamatety ucyate", 『해심밀경소』 권8(한불전1, 397b22)에 "무상보리가 일곱 가지 무상을 갖추는 고로 무상이라 이름한다. … 해탈무상이기에 대열반이라고 이름한다. 無上菩提具七無上 故名無上 … 解脫無上故名大涅槃"라고 하였다. 〔참고문헌〕『菩薩善戒經』, 『解深密經疏』, 『瑜伽師地論』 권88(대정장30, p.796c24), *Bodh-bh.* ⇨칠종무상 七種無上, 단최승 斷最勝

해탈문 解脫門 ❶ Ⓢ vimokṣa-dvāra, vimokṣa-mukha, mokṣa-dvāra, mokṣa-mukha, Ⓣ thar-pa'i-sgo. 해탈로 드는 문. 삼해탈문(三解脫門)을 가리키기도 한다. 『아라한구덕경』(대정장2, p.833b16)에 "탐욕 영원히 이미 버렸으니, 해탈문을 깊이 터득하였다. 貪欲永已除 深得解脫門", 『방광대장엄경』 권10(대정장3, p.603b28 : *Lal-v.*, p.288)에 "진실법을 설하여 해탈문을 열고 모든 타고난 눈먼 이들 깨끗한 법의 눈 얻도록 한다. 說眞實法 開解脫門 令諸生盲 得淨法眼 vimokṣadvārāṇi apāvṛṇiṣva pracakṣva taṃ dharmanayaṃ hy akopyam, jātyandhabhūtasya janasya nātha tvamuttamaṃ śodhaya dharmacakṣuḥ", 『속화엄경약소간정기』 권2(卍속장5, p.83b10)에 "해탈문이란 무슨 뜻인가? 부처의 과로 자재해서야 불러 해탈이라 하고, 왕신 등이 각각 터득한 법을 이름해 문이라 한다. 이로 말미암아 부처님의 자재한 경지에 들어가므로 이는 해탈의 문이다. 言解脫門者 謂佛果自在 稱爲解脫 王神等各所得法 名之爲門 由此得入 佛自在故 此卽解脫之門"라고 하였다. 〔참고문헌〕『阿羅漢具德經』, 『方廣大莊嚴經』, 『續華嚴經略疏刊定記』, *Lal-v*・*7.*, *Gaṇḍ-vy.43.*, *Yogā-bh.213.* ⇨삼해탈문 三解脫門, 대해탈문 大解脫門, 무상해탈문 無上解脫門 ❷ 사찰의 중문(中門). 불이문(不二門)이라고도 한다. 월파태율(月波兌律 1695~?)의 『월파집』 「향산지香山志」(한불전9, p.674c13)에 "(보현사) 동쪽에 있는 천왕문엔 사천왕이 좌우로 줄지어 앉았는데 위엄과 영험이 두려워할 만하여 감히 바로 보지 못할 정도다. 남쪽을 향한 해탈문으로는 문수와 보현이 출입한다. 其東有天王門 四天王列坐左右 威靈可畏 不敢直視也 向南有解脫門 文殊普賢出入也"라고 하였다. 영암 도갑사(道岬寺) 해탈문은 국보로 지정되어 있다. ⇨도갑사해탈문 道岬寺解脫門, 불이문 不二門

해탈문 양화사 태천

해탈미 解脫味 Ⓢ vimukti-rasa. 불법(佛法)이라면 다 열반 또는 해탈이라는 이 한맛(一味)으로 거둔다. 『대지도론』 권100(대정장25, p.756b18)에 "불법은 모두 한가지이자 한맛이니, 괴로움 다한 해탈의 맛을 말한다. 佛法皆是一種一味 所謂苦盡解脫味", 『승만경』(대정장12, p.220b10)에 "열반이라는 한맛 등의 맛을 해탈미라 한다. 涅槃一味等味 謂解脫味"라고 하였다. 〔참고문헌〕『大智度論』, 『勝鬘經』, *Vikī-n.312.* ⇨일미 一味

해탈법 解脫法 Ⓢ mokṣa-dharma. 해탈을 성취하는 길을 일러주는 갖가지 교법. 또는 해탈이라는 법 자체를 말한다. 『별역잡아함경』 권2(대정장2, p.387a18)에 "삼독을 버리면 해탈이라는 법을 얻을 수 있다. 捨棄於三毒 能得解脫法", 『불퇴전법륜경』 권2(대정장9, p.236b20)에 "이와 같은 망상과 전도를 끊고자 해탈법을 설한다. 爲斷如是 妄想顚倒 說解脫法", 『설무구칭경소』 권6(대정장38, p.1102b5)에 "해탈법이란, 무위의 이치와 무루의 모든 법으로 모든 번뇌 떨쳐버림을 해탈이라 한다. 解脫法者 卽無爲理 無漏諸法 離諸煩惱 名爲解脫"라고 하였다. 〔참고문헌〕『別譯雜阿含經』, 『不退轉法輪經』, 『說無垢稱經疏』, *Buddh-c.146.*

해탈보상 解脫寶床 해탈을 성취하는 보배로운 평상. 『대승본생심지관경』 권5(대정장3, p.314a9)에 "이러한 인연으로 삼세제불과 연각성문이 청정하게 출가하여 몸에 가사를 걸쳤으니, 이들 세 부류의 성자가 함께 해탈보상에 앉아 지혜의 칼을 쥐고 번뇌의 마구니 물리친 다음 함께 한 맛의 제열반계로 들어간다. 以是因緣 三世諸佛 緣覺聲聞 淸淨出家 身著袈裟 三聖同坐 解脫寶床 執智慧劍 破煩惱魔 共入一味 諸涅槃界"라고 하였다. 〔참고문헌〕『大乘本生心地觀經』.

해탈복 解脫服 가사(袈裟)를 달리 이르는 말. 해탈당상(解脫幢相)·해탈의(解脫衣) 등이라고도 한다. 『대방광십륜경』 권5(대정장13, p.705b18)에 "해탈복 걸치고 속히 악견을 버린 뒤 열반으로 향해 가니, 마치 약으로 병을 다스리듯 한다. 著於解脫服 速疾捨惡見 趣向於涅槃 猶如藥治病", 『법원주림』 권22(대정장53, p.448b25)에 "참으로 훌륭하다, 해탈복이여! 상에 걸리지 않는 복전의 옷이여. 걸치고 받들며 계 그대로 행하며, 모든 중생 널리 제도하리라. 大哉解脫服 無相福田衣 披奉如戒行 廣度諸衆生"라고 하였다. 〔참고문헌〕『大方廣十輪經』, 『法苑珠林』. ⇨ 가사 袈裟, 해탈당상 解脫幢相

해탈분 解脫分 Ⓢ mokṣa-bhāgīya. 해탈이라는 과를 초래하는 온갖 수행의 인(因). 순해탈분(順解脫分)의 줄임말이다. 『화엄오교장』 권2(대정장45, p.490b7)에 "(하근기의) 모든 성문 가운데 가장 빨리 성취하는 경우는 세 번의 생사를 결쳐서(三生) 아라한과를 얻는다. 곧 첫 번째 생에서 해탈분을 심고, 두 번째 생에서 결택분을 그대로 따르며, 세 번째 생에서 번뇌가 다 사라지면서 과를 얻는다. 諸聲聞中 極疾三生得 阿羅漢果 謂於一生 種解脫分 第二生 隨順決擇分 第三生 漏盡得果"라고 하였다. 〔참고문헌〕『華嚴五教章』, *Abh-k-bh.157.* ⇨ 순해탈분 順解脫分, 삼생해탈 三生解脫

해탈분장 解脫分障 선정(禪定)을 장애하여 해탈을 얻지 못하게 하는 번뇌. 해탈장(解脫障)이라고도 한다. 『집이문족론』 권16(대정장26, p.436a7)에 "〔문〕 무슨 까닭에 '구분해탈보특가라'라고 하는가? 〔답〕 두 가지 장애가 있으니, 첫째 번뇌분장이고, 둘째 해탈분장이다. 이것을 구분이라고 한다. 이 보특가라는 그 두 가지 장애에서 마음이 모두 해탈하고, 지극하게 해탈하며, 길이 해탈하였으므로 '구분해탈보특가라'라고 한다. 問 何故名俱分解脫補特伽羅 答 有二分障 一 煩惱分障 二 解脫分障 是名俱分 此補特伽羅 於彼二分障 心俱解脫 極解脫 永解脫 是名俱分解脫補特伽羅"라고 하였다. 〔참고문헌〕『集異門足論』. ⇨ 해탈장 解脫障, 번뇌분장 煩惱分障

해탈사 解脫師 부처님의 명호 중 하나로 해탈로 이끄는 스승. 『잡아비담심론』 권9(대정장28, p.947b11)에 "겁이 줄어들 때 부처님께서 세상에 나오시니, 해탈로 이끄는 스승이시기 때문이다. 부처님이야말로 해탈사이시니, 생사 버리게 하기 위하여 세상에 출현하여 법을 설하신다. 劫減時 佛興於世 順解脫師故 佛是解脫師 爲捨生死 出世說法"라고 하였다. 〔참고문헌〕『雜阿毘曇心論』, 『阿毘曇心論』 권3(대정장28, p.820c9).

해탈상 解脫相 Ⓢ vimukti-lakṣaṇa, Ⓣ rnam-par-grol-ba'i-mtshan-nyid. 삼상(三相) 중 하나로 생사를 벗어난 모습. 『법화문구』 권7(대정장34, p.94a20)에 "해탈상이란 생사가 없는 상이다. … 해탈은 분단생사와 변역생사라는 두 끝의 업의 속박이 없다. 이에 해탈상이라 한다. 解脫相者 無生死相 … 解脫者 無分段變易二邊業縛 故名解脫相", 『법화의소』 권8(대정장34, p.561b29)에 "오주번뇌의 얽힘을 벗어났기에 해탈상이라 한다. 免五住煩惱縛 故名解脫相"라고 하였다. 〔참고문헌〕『法華文句』, 『法華義疏』, *Sūtr.40.* ⇨ 삼상 三相 8

해탈상 解脫想 Ⓢ mokṣa-saṃjñā, Ⓣ thar-pa'i 'du-shes. 해탈이라고 생각하는 일. 특히 색계와 무색계의 무상유정처와 비상비비상처 등을 해탈이라고 떠올리는 일 등이다. 『대비바사론』 권74(대정장27, p.382b15)에 "또 두 가지 처 있으니, 첫째는 무상유정처고, 둘째는 비상비비상처다. 〔문〕 무슨 까닭으로 세존께서는 이 두 처를 말씀하시는가? 〔답〕 외도의 해탈했다 여기는 상을 깨뜨리기 위해서다. 즉 모든 외도들은 이 두 가지 처에서 해탈상을 일으키므로 그런 생각을 깨뜨리고자 부처님께서는 '이 두 곳 나는 곳일 뿐이니, 참된 해탈은 아니다'라고 하신다. 復有二處 一 無想有情處 二 非想非非想處 問 何故世尊說此二處 答 爲破外道解脫想故 謂諸外道 於此二處 起解脫想 爲破彼想 佛說此二名爲生處 非眞解脫", 『순정리론』 권45(대정장29, p.599c23)에 "상이계(색계와 무색계)의 탐은 대부분 정의 경계 내에서 구르기에 유탐이라 한다. 또 어떤 사람은 색계와 무색계에 해탈상을 일으키므로 그런 생각을 막기 위한 것이다. 즉 상이계에서 해탈을 구할 수 있다 여겨 망상을 먼저 하고 거기에 나므로 저를 참된 해탈이라 생각한다. 부처님께서 그것을 참된 해탈이라고 생각함을 막기 위해서 상이계에 대해 유라는 이름을 세우셨다. 상이계를 탐하는 탐을 유탐상이라고 하셨다. 무릇 유라는 말은 몸이 생겨나는 뜻이다. 이렇게 한즉 해탈을 바라고 구한다면 일체유에서는 마땅히 바라거나 구할 수 없음을 드러내 보인 것이다. 上二界貪 多於定境內門而轉 故名有貪 又由有人 於色無色起解脫想 爲遮彼故 謂上二界 有求解脫 妄想爲先 得生於彼 故有計彼 爲眞解脫 佛爲遮其眞解脫想 故於上界立以有名 貪二界貪立有貪想 夫言有者 是生身義 此則顯示欲求解脫 於一切有不應希求"라 하였다. [참고문헌]『大毘婆沙論』,『順正理論』, *Abh-k-bh.279.*

해탈식 解脫食 구종식(九種食) 또는 오식(五食) 중 하나. 돈황본『관심론』(대정장85, p.1272b18)에 "다섯째 해탈식이니 마음이 늘 청정하여 속진에 물들지 않음을 말한다. 五者 解脫食 所謂心常淸淨 不染俗塵"라 하였다. [참고문헌]『觀心論』. ⇨구종식 九種食, 오식 五食, 오종출세간식 五種出世間食, 식 食, 출세오식 出世五食

해탈신 解脫身 ❶ Ⓢ vimukti-kāya. 번뇌를 버린 불신(佛身).『성유식론술기』권10(대정장43, p.603b1)에 "부처는 두 가지 이름을 얻으니 번뇌를 여의었으므로 해탈신, 소지장을 여의고 가없는 공덕 얻었으므로 법신이라 한다. 佛得二名 離煩惱故 名解脫身 離所知障具無邊德 名爲法身"라고 하였다. [참고문헌]『成唯識論述記』, *Ratna-ut.83.* ⇨불신 佛身 ❷ Ⓢ vimukti-kāya, vimukti-skandha, Ⓣ rnam-par-grol-ba'i lus. 오분법신(五分法身) 중 해탈법신(解脫法身).『해심밀경』권5(대정장16, p.708b21)에 "'세존이시여, 성문이나 독각이 얻은 바 뒤쳐 의지하는 몸도 법신이라고 합니까?' '선남자여, 법신이라고 하지 않는다'. '세존이시여, 어떤 몸이라고 해야 합니까?' '선남자여, 해탈신이라 한다. 해탈하여 얻은 몸이기 때문이다. 모든 성문연각과 모든 여래는 평등하고 평등하니, 법신에 따라서 차별이 있음을 설하니 여래법신에 차별이 있는 것은 한량없는 공덕으로 인한 매우 수승한 차별이어서 수를 헤아리거나 비유로는 미칠 수 없다'. 世尊 聲聞獨覺 所得轉依 名法身不 善男子 不名法身 世尊 當名何身 善男子 名解脫身 由解脫身故 說一切聲聞獨覺 與諸如來 平等平等 由法身故 說有差別 如來法身 有差別故 無量功德 最勝差別 算數譬喩 所不能及"라고 하였다. [참고문헌]『解深密經』. ⇨해탈온 解脫蘊, 오분법신 五分法身

해탈심 解脫心 Ⓢ vimukta citta, niḥsaraṇa-saṃjñin, Ⓟ vimutta citta, Ⓣ ranm-par-grol-ba, nges-par-'byung-ba'i-'du-shes can. 번뇌로부터 벗어난 마음. 선심(善心 Ⓢ kuśala citta)으로 거둔다. 불해탈심(不解脫心)의 상대어다.『대비바사론』권27(대정장27, p.140c26)에 "마음이 번뇌와 상응하면 해탈의 뜻은 없으니, 대치에 있어 같기 때문이다. 끊지 못했을 때는 아직 끊어지지 않았기에 해탈이라 할 수 없고, 끊어 마쳤어도 다음에는 함께 할 수 없기에 해탈이라고 할 수 없다. … 그러므로 해탈심은 결코 번뇌와 본래 상응하는 뜻은 없다'. 心與煩惱 若相應者 無解脫義 同對治故 若未斷時 以未斷故 不名解脫 若被斷已 俱不成就 不名解脫 … 故解脫心 必無煩惱本相應義",『구사론』권26(대정장29, p.136a19)에 "해탈심이란 선심의 자성이 상속하고 녹아들어 해탈한다. 解脫心者 謂善心 自性相續 容解脫故",『구사석론』권3(대정장29, p.183a25 : *Abh-k-bh.*, p.69)에 "성인들은 이 정(無想定)을 수습하는 일이 없다. 저들은 이 정을 보기를 깊은 구덩이처럼 본다. 무슨 까닭인가? 만약 사람이 이 정에서 해탈심을 일으켜 이 정을 닦는다고 하더라도 성인은 생사에 있어서는 해탈심을 일으키지 않는 것이다. 聖人不得 修習此定 彼見此定 如見深坑 何以故 若人於此定 起解脫心 乃修此定 聖人於生死 不起解脫心 na hy āryā asaṃjñisamāpattiṃ samāpadyante vinipātasthānam ivaitāṃ paśyantaḥ. niḥsaraṇasaṃjñino hi tāṃ samāpadyante"라 하여 진제(眞諦)는 출리상(出離想 Ⓢ niḥsaraṇa-saṃjñin)도 해탈심으로 한역하였다. [참고문헌]『大毘婆沙論』,『俱舍論』,『俱舍釋論』, *Abh-k-bh.397.*, *MN.1.59.* ⇨불해탈심 不解脫心, 출리상 出離想

해탈심갱 解脫深坑 해탈이란 깊은 구덩이.『대방등대집경』권13(대정장13, p.88a25)에 "선남자여, 마치 어떤 이가 깊은 구덩이에 떨어지면 자기나 남을 이롭게 할 수 없듯 성문연각도 이와 같아 해탈이란 구덩이에 떨어지면 자기나 남을 이롭게 할 수 없다. 善男子 譬如有人墜墮深坑 是人不能自利利他 聲聞緣覺 亦復如是 墮解脫坑 不能自利及以利他",『법화경대관』권1(卍속장50, p.103b13)에 "그때 세존께서 다시 게송으로 말씀하셨다. '그치고 그쳐라. 말하지 마라. 나의 법 묘하여 헤아리기 어렵다. 모든 증상만들은, 들어도 틀림없이 받들어 믿으려 하지 않으리라'. 〈석〉 거듭하여 그치게 하신 뜻은 무엇인가? 급할수록 더 천천히 가는 것이다. 저들이 오래도록 해탈의 깊은 구덩이에 빠져있었으니, 이제 내가 곧바로 구하여 나오게 하고자 하나, 듣고서 믿지 않고 도리어 법을 비방하는 잘못을 지을까 두려우니, 이것은 구덩이에 다시 구덩이를 파는 것이다. 이 집착 굳세어 버리지 못한다. 爾時 世尊重說偈言 止止不須說 我法妙難思 諸增上慢者 聞必不敬信 再止之者 彼愈急而 愈緩之也 彼等久墮 解脫深坑 今我說法 直欲援而出之 復恐聞而不信 反生謗法之愆 是坑塹中重添坑塹矣 此以執着堅固却之"라 하였다. [참고문헌]『大方等大集經』,『法華經大窾』.

해탈아 解脫我 Ⓢ mukta-ātman, Ⓣ bdag grol-ba. 해탈한 아(我). 외도 등이 설정하는 것으로 무아(無我)

의 뜻에서 오류다. 『구사론』 권30(대정장29, p.156b12)에 "다시 어떤 연유로 세존께서는 '여래는 사후에 존재하는가?' 등의 네 가지 질문에 대해 답하지 않으셨나? 역시 묻는 이가 의지하는 바(阿世耶 Ⓢ āśaya)를 관하셨기 때문이다. 묻는 이는 '이미 해탈아를 헛되이 헤아려 여래라고 한다'고 물었기 때문이다. 지금은 아가 존재한다고 계탁하는 것으로 힐문한다. '부처님께서는 어떠한 연유로 「현재 보특가라가 드러남은 있다」고 하시면서, 「여래는 사후에도 존재하는가」에 대해 말씀하시지 않은 것인가?' 저들(독자부)은 이렇게 말한다. '있다고 하면 상주한다는 허물에 빠지는 것을 염려하셨기 때문이다'. 復以何緣 世尊不記如來死後有等四耶 亦觀問者阿世耶故 問者妄計已解脫我 名爲如來 而發問故 今應詰問計有我者 佛何緣記有現補特伽羅 不記如來死後亦有 彼言恐有墮常失故", 『반야등론석』 권1(대정장30, p.54a24)에 "무여열반계 중에서는 단 하나의 해탈아도 있다고 할 수 없다. 앞에서 말한 것과 같은 오류를 피할 수 없기 때문이다. 無餘涅槃界中 一解脫我 此有不成 如先說過 不能避故"라고 하였다. 〔참고문헌〕『俱舍論』, 『般若燈論釋』, *Abh-k-bh.471.*, *Abh-s.25.* ⇨ 무기 無記, 십사무기 十四無記, 해탈상 解脫想

해탈온 解脫蘊 Ⓢ vimukti-skandha, Ⓟ vimutti-khandha, Ⓣ rnam-par-grol-ba'i-phung-po. 오분법신(五分法身 : 戒蘊 定蘊 慧蘊 解脫蘊 解脫知見蘊) 중 하나인 해탈온으로 거두는 모든 것을 말한다. 넓게는 승해(勝解) 등 해탈로 이끄는 일체를 말한다. 『법집명수경』(대정장17, p.660b27)에 "어떤 것을 출세오온이라고 하는가? 계온·정온·혜온·해탈온·해탈지견온을 말한다. 云何出世五蘊 所謂戒蘊 定蘊 慧蘊 解脫蘊 解脫知見蘊", 『집이문족론』 권7(대정장26, p.394b25)에 "해탈온이란 어떤 것인가? 〔답〕 세존께서 『변삼온기별경』 중에서 다음과 같이 말씀하신 것과 같다. '비구여, 마땅히 알라. 내가 말한 유학해탈·무학해탈·일체의 훌륭한 유학무학에 속하지 않은 해탈도 모두 해탈온이다'. 이것을 해탈온이라고 한다. 解脫蘊云何 答 如薄伽梵 於辯三蘊記別經中 作如是說 苾芻 當知 我說學解脫若無學解脫 若一切善非學非無學解脫 皆是解脫蘊 是名解脫蘊", 『대비바사론』 권33(대정장27, p.172b3)에 "어떤 것을 무학해탈온이라고 하는가? 〔답〕 무학의 작의와 상응하는 마음으로 이미 승해이고, 지금 승해이며, 장차 승해이다. 즉 진지와 무생지와 무학정견과 상응하는 승해는 이 온으로 거둔 것이기에 무위해탈은 아니다. 말하자면 일체법 중에서 두 법을 해탈이라고 하는데, 첫째는 택멸 즉 무위해탈이고, 둘째는 승해이니 즉 유위해탈이다. 경에 자재함을 해탈이라고 하지만 얽힘에서 벗어남을 말한 것은 아니다. 云何無學解脫蘊 答 無學作意相應心 已勝解 今勝解 當勝解 謂盡無生 無學正見 相應勝解此蘊所攝故 非無爲解脫 謂一切法中 二法 名解脫 一者擇滅 卽無爲解脫 二者 勝解 卽有爲解脫 於境自在 立解脫名 非謂離繫", 『순정리론』 권72(대정장29, p.731b4)에 "어떤 사람은 '혜해탈과 심해탈에 차별이 있다'고 하는데, 둘 다 해탈온이다. 경에서 설하는 이는 이중에 힘주어 말하기를 '오직 승해만을 해탈온이 아니라고 한다면, 진지의 힘으로 영원히 탐진치를 지워버린즉 마음이 티끌을 여읜 것만을 해탈온이라고 하겠는가'. 有說慧心 有差別故 應知 此二 卽解脫蘊 經主 此中 意作是說 非唯勝解 得此蘊名 若爾 是何 謂眞智力 能永除遣 貪及瞋癡 卽心離垢 名解脫蘊", 같은 책 권 권72(대정장29, p.731b25)에 "만약 여기서 마음의 번뇌여읨을 해탈온이라고 한다면, 별도의 해탈온은 없으니, 경에서는 전에 마음청정을 최승이라 설하지 않았어야 한다. '청정'과 '이구'는 그 뜻이 다르지 않기 때문이다. 또한 이 경에서 설한 '해탈온'은 이치상 실로 단지 '승해'만은 아니니, 의미상 '승해'와 같은 부류를 통틀어 '해탈온'이라고 한 것이다. 그렇다면 그가 설한 '오직 승해만을 해탈온이라고 하는 것은 아니다'고 한 것은 나와 다르지 않다. 그러므로 두 가지 해탈온이 체로는 승해이다' 한 것은 그 이치에 맞다. 又若此中 卽心離垢 名解脫蘊 無別解脫 經不應前說心淸淨最勝 淸淨離垢 義無別故 又此經說 解脫蘊言理實 亦非唯是勝解 意取勝解 及同聚法 總說名爲 解脫蘊故 由此彼說 非唯勝解 名解脫蘊 於我無違 是故 所言 二解脫蘊 體是勝解 其理極成"라고 하였다. 〔참고문헌〕『法集名數經』, 『集異門足論』, 『大毘婆沙論』, 『順正理論』, *Pañca-pr.1-1.37.*, *Abh-k-bh.388.* ⇨ 해탈신 解脫身 **1**, 유위해탈 有爲解脫, 오분법신 五分法身, 사온 四蘊 **1**, 무학오온 無學五蘊, 십무학법 十無學法

해탈월 解脫月 Ⓢ Vimukticandra. 보살 이름. 『화엄경』 「십지품 十地品」에서 청법(請法)하는 보살 중 상수(上首)로서 대중의 의문을 풀어주는 역할이 청량한 달과 같다고 하여 붙여진 이름이다. 『화엄경탐현기』 권9(대정장35, p.288b19)에 "해탈월 한 사람만이 제대로 청(請)하는 이이고, 부처님과 대중은 도와 청할 뿐이다. 곧 해탈월은 대중의 상수로서 대중에게 의혹이 있다고 알면 대신하여 계청하는 역할이다. 解脫月一人 是正請 佛及衆人 是助請 謂解脫月 是衆上首 知衆有疑 爲之啓請"라 하였다. 〔참고문헌〕『華嚴經探玄記』, *Daś-bh.5.*

해탈월보살 대방광불화엄경권제삼십칠 호림박물관 14세기중엽

해탈음성문자삼매 解脫音聲文字三昧 Ⓢ gīrghoṣākṣara-vimukta-samādhi. 백팔삼매(百八三昧) 중 하나로 이음성자어삼매(離音聲字語三昧)라고도 한다. 『대반야경』 권52(대정장5, p.296b1)에 "선현이 '세존이시여! 무엇을 해탈음성문자삼마지라 하는지요?'라고 묻자 부처님께서 응답하셨다. '선현아! 만약 이 삼마지에 머물 때면 모든 등지가 일체음성문자에서 해탈하여 온갖 상들 고요해짐을 본다. 이런 이유로 해탈음성문자삼마지라 한다. 世尊 云何名爲解脫音聲文字三摩地 善現 謂若住此三摩地時 見諸等持 解脫一切音聲文字 衆相寂靜 是故名爲解脫音聲文字三摩地"라고 하였다. 〔참고문헌〕『大般若經』, *Pañca-pr.202.* ⇨ 백팔삼매 百八三昧

해탈의 解脫衣 가사(袈裟). 해탈당상(解脫幢相)이라고도 한다. 『유부율잡사』 권37(대정장24, p.390c10)에 "몸에 사문의 해탈의 걸치고도 언제나 집안을 더럽히면서 수치심을 느끼지도 않고, 거짓을 품고 항상 진실되게 말하지 않는다면, 이를 불도를 더럽히는 네 번째 부류의 사람이라 한다. 身著沙門解脫衣 常爲汚家不羞恥 虛誑恒爲不實語 是名第四汚道人"라고 하였다. 〔참고문헌〕『有部律雜事』. ⇨ 해탈당상 解脫幢相, 해탈복 解脫服

해탈인 解脫人 해탈하여 걸림없는 이. 『불명경』 권4(대정장14, p.205c5)에 "어떻게 해탈한 사람이 지금 이와 같은 고통을 받는가? 어떻게 고해를 건너고서 다시 큰 바다 중에 빠졌는가? 云何解脫人 今受如是苦 云何以渡海 還沒大海中", 『비유경』(대정장4, p.801c2)에 "오욕에 마음으로 붙들리지 않아야 비로소 해탈인이라 한다. 五欲心無著 方名解脫人", 『경덕전등록』 권6 「백장회해전 百丈懷海傳」(대정장51, p.250a23)에 "보거나 듣거나 느끼거나 아는 것에 얽히지 않고 모든 경계에 미혹되지 않으면, 저절로 신통과 묘용 갖추게 되니 이것이 해탈인이다. 不被見聞覺知所縛 不被諸境所惑 自然具足神通妙用 是解脫人", 『원각경대소초』 권3(卍속장14, p.557b4)에 "끊을 일도 지을 일도 없어서 마음 가는 대로 맡겨 자재하니 해탈인이라 한다. 不斷不造 任運自在 名爲解脫人"라고 하였다. 〔참고문헌〕『佛名經』, 『譬喩經』, 『景德傳燈錄』, 『圓覺經大疏鈔』.

해탈인 解脫忍 십인(十忍) 중 하나. 원측(圓測)의 『인왕경소』 권중(대정장33, p.388b7・한불전1, p.60c13)에 "해탈인이란 바로 해탈신이다. 해탈에는 두 가지다. 하나는 유위해탈로 승해이고, 다른 하나는 무위해탈이다. 이것은 행온으로 거두는 번뇌를 모두 끊음으로써 기울여 행온으로 거두는 승해만을 얻기에 해탈인이라 함을 밝혔다. 경에 자재해서 해탈이라 하기 때문이다. 解脫忍者 是解脫身 解脫有二種 一者 有爲解脫 卽是勝解 二者 無爲解脫 此明由斷行蘊所攝煩惱 偏得行蘊所攝勝解名解脫忍 於境自在 名解脫故"라고 하였다. 〔참고문헌〕『仁王經疏』. ⇨ 십인 十忍 ❷

해탈인아 解脫人我 인아(人我)로부터의 해탈. 상키야(Ⓢ Sāṃkhya : 數論)의 신아(神我)를 말한다. 『금칠십론』 권하(대정장54, p.1260a7)에 "〈게〉 송아지를 키우기 위해 지성이 없는 것이 전변하여 우유가 되며, 인아를 해탈시키기 위하여 지성이 없는 자성 역시 그렇게 한다. … 〈논〉 '인아를 해탈시키기 위하여 무지성 역시 그러하다'란, 이와 같이 지성이 없는 자성도 아를 위해 일을 지어 해탈을 얻게 하니, 때로는 합하고 때로는 떨어지는데, 떨어져 버리고는 다시는 합하지 않는다. 爲增長犢子 無知轉爲乳 爲解脫人我 無知性亦爾 … 爲解脫人我 無知性亦爾者 如是無知自性 爲我作事 令得解脫 或合或離 離竟不更合"라고 하였다. 〔참고문헌〕『金七十論』, *Sāṃkhy-k.32.* ⇨ 신아 神我 ❷

해탈자재 解脫自在 Ⓢ adhimukti-vaśitā, Ⓣ mos-pa-la-dbang-ba. 보살의 십자재(十自在) 중 하나. 번뇌장과 소지장에서 벗어나 걸림없게 되다. 『십지경론』 권2(대정장26, p.131c2)에 "번뇌장과 지장에서 해탈자재를 얻으니, 그는 이 처에서 마음도 지도 걸림없어 뜻대로 위없는 낙을 누린다. 이것은 어떻게 알 수 있는가? 게송에 '모든 부처님들 견주어 같은 이 있을 리 없다' 하였으니, 일체지를 말한다. 於煩惱障 智障 得解脫自在 彼於此處 心智無礙 隨意所受 無上樂故 此云何知 偈言 諸佛無等等故 謂一切智故", 『법화현찬』 권10(대정장34, p.850a9)에 "여섯 번째, 해탈자재이다. 일체계 모든 부처님으로 가득함 보았다 했기 때문이니, 『섭론』에서는 승해자재라 한다. 六 解脫自在 見一切界 諸佛滿故 攝論名勝解自在"라고 하였다. 〔참고문헌〕『十地經論』, 『法華玄贊』, *Mvyut.27.* ⇨ 보살십자재 菩薩十自在

해탈장 解脫障 Ⓢ vimokṣa-āvaraṇa, Ⓣ rnam-par-thar-pa la grib-pa. 이장(二障) 중 하나. 해탈에 증입하는 것을 장애하는 일종의 불염오무지(不染汚無知) 또는 정장(定障)을 말한다. 번뇌장(煩惱障) 또는 근본장(根本障)과 대칭한다. 『대비바사론』 권54(대정장27, p.279a10)에 "장애에는 두 가지가 있어 번뇌장과 해탈장이고, 이 두 장애에서 마음이 해탈하므로 구해탈이라고 한다. 〔문〕 먼저 아라한과를 얻고 뒤에 멸정을 얻는다면 그는 해탈장에서 어떤 마음이 해탈하는가? 유루인가, 무루인가? 어떤 이는 '유루다. 무루심은 진지를 얻었을 때 이미 해탈하였기 때문이다'라고 말한다. 障有二分 一 煩惱障 二 解脫障 於二分障 心解脫故 名俱解脫 問若先得阿羅漢果 後得滅定者 彼於解脫障 何等心解脫 有

漏耶 無漏耶 有說 有漏 以無漏心 得盡智時 已解脫故", 『순정리론』 권70(대정장29, p.724b11)에 "어떤 것이 해탈장의 체인가? 모든 아라한이 마음은 이미 해탈하였지만 다시 해탈을 구하니, 해탈이 장애가 된다. 저 장애로서의 해탈 중에서 열한 무지인 무부무기성이 있어 해탈을 장애하니, 이것이 바로 해탈장의 체다. … 다른 논사는 '이 해탈장은 곧 모든 정에 자재하지 못한 것을 체로 여긴다'라고 하고, 또 다른 논사는 '이 해탈장은 곧 모든 정을 얻지 못함이 그 바탕이다'라고 하며, 또 다른 논사는 '저 가행에 있어 부지런히 구하지 않고, 듣지 않고, 자주 익히지 않기에 해탈이 일어나지 않으니, 바로 이것을 해탈장의 체라고 한다'. 何等名爲解脫障體 諸阿羅漢 心已解脫 而更求解脫 爲解脫彼障 謂於所障諸解脫中 有劣無知無覆無記性 能障解脫 是解脫障體 … 有餘師說 此解脫障 卽以於諸定不自在爲體 有餘師說 此解脫障 卽以諸定不得爲體 有餘師說 於彼加行 不勤求故 不聽聞故 不數習故 解脫不生 卽此名爲解脫障體"라고 하였다. 〔참고문헌〕『大毘婆沙論』, 『順正理論』, *Śrāv-bh.183.*, *Abh-s-bh.125.* ⇨ 이장 二障 ❷, 번뇌장 煩惱障, 불염오무지 不染汚無知

해탈장 解脫漿 해탈 미음. 묽은 미음으로 몸을 지탱할 정도의 소박한 음식. 『남원어요』(고존숙어록7, 卍속장118, p.237b11)에 "학인이 물었다. 무엇이 '해탈 미음입니까?' '질긴 그령과 띠풀도 스며들어 피가 되니, 올리는 음식도 많을 필요 없다'. 問 如何是解脫漿 師云 芭茆滲血 篡物不多"라고 하였다. 〔참고문헌〕『南院語要』.

해탈장 解脫藏 해탈을 향한 온(蘊)들 가득차다. 또는 채운 이. 『불본행집경』 권58(대정장3, p.919c23)에 "오래도록 선근 심으며 해탈장을 닦으면서 열반을 향해 번뇌를 등진다. 久種善根 修解脫藏 面向涅槃 背於煩惱", 『천수천안대비심경』(대정장20, p.109b12)에 "그 사람은 해탈장임을 알아야 한다. 천마와 외도마저 능히 붙들어 두지 못하기 때문이다. 當知其人 是解脫藏 天魔外道不能稽留故"라고 하였다. 〔참고문헌〕『佛本行集經』, 『千手千眼大悲心經』.

해탈장자 解脫長者 Ⓢ Muktakaḥ śreṣṭhī. 선재동자(善財童子)의 오십삼선지식(五十三善知識) 중 다섯 번째 장자. 60권본 『화엄경』 권46(대정장9, p.694b9)에 "그때 해탈장자는 과거에 쌓은 선근력과 부처님의 위신력 그리고 문수사리의 억념력에 의지하여 보살삼매문에 든다. 그 삼매문의 이름은 '모든 불찰을 거두는 무량선다라니(Ⓢ sarva-buddha-kṣetra-samavasaraṇa)'라 한다. 時 解脫長者 以過去善根力 佛威神力 文殊師利憶念力故 入菩薩三昧門 其三昧門 名攝一切佛刹 無量旋陀羅尼", 『신화엄경론』 권34(대정장36, p.960a12)에 "해탈장자는 세간의 속사이다. 세속에 살면서 진실 행함을 표한 것이니 해탈하기 이전의 해운비구라 한다. 생사에 머물지 않고 십이연생을 관하여 출세심을 얻었다. 以解脫長者 是世間俗士 表處俗行眞 名爲解脫前 海雲比丘不住生死 觀十二緣生 得出世心"라고 하였다. 〔참고문헌〕『華嚴經』, 『新華嚴經論』, *Gaṇḍ-vy.64.* ⇨ 오십삼선지식 五十三善知識

해탈장자찬 解脫長者讚 해탈장자에 대한 북송대 거사 양걸(楊傑)의 찬. 『원종문류』 권22(卍속장103, p.832b7)에 "해탈장자찬 : 시방세계의 티끌처럼 많은 불찰, 그곳마다 여래께서 도량에 앉아 계시네. 저 부처님도 오시지 않고 나도 가지 않지만, 밝고도 밝은 영상으로 물 가운데 비치누나. 解脫長者讚 十方世界微塵刹 各有如來坐道場 彼佛不來吾不往 明明影像水中央"라고 하였다. 〔참고문헌〕『圓宗文類』.

해탈죽비 解脫粥篦 해탈선사 죽 젓던 주걱으로 문수보살을 때리다. 『선원몽구』 권상(卍속장148, p.201a5)에 "『고칭량전』에 선하는 이야기다. 수나라 오대현 소과사의 해탈선사는 문수에게서 심인을 받은 이후 겸손하게 스스로 거두고 오로지 대중을 받들었다. 그 뒤 문수보살이 몸소 임하여 점검하였다. 해탈은 아침마다 대중 위해 죽을 쑤었다. 문수가 문득 그 앞에 나타났지만 해탈은 조금도 돌아보지 않았다. 문수가 경고하며 '내가 문수다'라고 하였으나 해탈은 죽을 젓던 주걱으로 때리면서 '문수는 문수일 뿐이고 해탈은 해탈일 뿐이다'라고 하였다. 문수가 마침내 게송 한 수를 읊었다. '쓴 오이는 뿌리까지 쓰고, 단 참외는 꼭지까지 달도다. 삼대겁 동안 수행했지만 도리어 저 노승의 노여움을 샀도다'. 古清凉傳 大隋五臺縣 昭果寺 解脫禪師 自文殊示 心印之後 乃謙卑自牧 專精侍衆 厥後 文殊躬臨試驗 解脫每淸旦 爲衆營粥 文殊忽見於前 脫殊不顧視 文殊警之曰 吾是文殊 脫以攪粥篦 便打曰 文殊自文殊 解脫自解脫 殊乃說偈曰 苦瓠連根苦 甜瓜徹蒂甜 修行三大劫 却被老僧嫌"라고 하였다. 〔참고문헌〕『禪苑蒙求』.

해탈지 解脫智 ❶ Ⓟ para-puggala-vimutti-ñāṇa. 다른 이의 해탈을 분명하게 아는 지혜. 사향사과(四向四果) 등을 분별하여 안다. 『장아함경』 권12 「자환희경 自歡喜經」(대정장1, p.78b1)에 "여래의 설법에 더없이 뛰어난 것이 있으니 해탈지라 한다. 해탈지란 세존께서 다른 이의 인연을 살핀 후 스스로 사유하시어 '이 사람은 수다원이고 이 사람은 사다함이며, 이 사람은 아나함이고 이 사람은 아라한이다'라고 아시는 지혜다. 如來說法 復有上者 謂解脫智 謂解脫智者 世尊由他因緣 內自思

惟言 此人是須陀洹 此是斯陀含 此是阿那含 此是阿羅漢"라고 하였다. 〔참고문헌〕『長阿含經』, *DN.3.108.* ⇨사향사과 四向四果 **2** Ⓢ vimukti-jñāna, Ⓣ rnam-par-grol-ba'i shes-pa. 모든 속박과 장애에서 벗어난 지혜. 『대방등대집경』 권6(대정장13, p.39b8)에 "일체법이 평등하여 둘이 없음을 보이기에 해탈지라 한다. 示一切法 等無二故 名解脫智", 『해심밀경』 권3(대정장16, p.700b11)에 "이 작증법 중 모든 해탈지로써 널리 다른 이를 위해 설하여 선양하고 개시한다. 於此作證法中 諸解脫智 廣爲他說 宣揚開示", 『해심밀경소』 권6(한불전1, p.335c5)에 "혹 '모든 해탈지'라 함은 지(智)의 바탕 장애를 떠남이다. 이를 '해탈지'라 한다. 或可 諸解脫智者 智體離障 名解脫智", 『대반열반경의기』 권6(대정장37, p.767c4)에 "장애를 벗어나 청정하니 해탈지라 한다. 出障淸淨 名解脫智"라고 하였다. 〔참고문헌〕『大方等大集經』, 『解深密經』, 『解深密經疏』, 『大盤涅槃經義記』, *Abh-k-bh.387.*

해탈지견 解脫知見 Ⓢ vimukti-jñāna-darśana, vimukti-jñāna, Ⓟ vimutti-ñāṇa-dassana, Ⓣ rnam-par-grol-ba'i-ye-shes-mthong-ba. 해탈을 연하여 일어나고 지(智)로 보기에 지견이며, 지장(智障)을 다 버리고 대자비마저 있어 삼신을 갖춘다. 진지(盡智)·무생지(無生智) 등을 말하며, 오분법신(五分法身) 중 하나다. 지는 지(智)로도 쓴다. 『대지도론』 권43(대정장25, p.270a19)에 "해탈지견은 진지로 거두니, 스스로 번뇌가 이미 다했음을 알고 삼계에서 해탈을 얻고는 그 중에서 뚜렷이 분명하게 알고 보는 것이다. 解脫知見 攝盡智 自知漏已盡 於三界得解脫 於是中了了知見", 『십주비바사론』 권3(대정장26, p.33b20)에 "해탈지견을 구족했다'는 말에서 지는 그 일을 아는 것이며, 견은 그 일을 환히 본다는 것이니 해탈 중에서 똑똑히 알고 보아 의심이 없는 것이다. 또 지는 진지이며, 견은 사제를 보는 것이다. 具足解脫知見者 知名識其事 見名明了其事 於解脫中了了知見無疑 又知名盡智 見名見四諦", 『섭대승론석』 권13(대정장31, p.249b22)에 "이승의 해탈지견 중에는 삼신이 없고, 보살의 해탈지견 중에는 삼신이 있으니 차별한다. 왜 그러한가? 이승은 지장을 멸할 수 없어 일체지가 없고 원만청정법신도 얻지 못하며, 대자비가 없어 남을 이롭게 하는 일을 하지 못하기에 응화신도 없다. 보살은 두 뜻을 갖추었으므로 삼신이 있다. 그러기에 삼신으로 지차별을 드러낸다. 二乘解脫知見中無三身 菩薩解脫知見中有三身 差別 何以故 二乘不能滅智障 無一切智故 不得圓滿淸淨法身 無大慈悲 不行利益他事故 無應化兩身 菩薩具此二義 故有三身 故以三身 顯智差別", 『금광명경문구기』 권1(대정장39, p.96a8)에 "스스로 알아 마치고 증함을 해탈지견이라 한다. 自識已證 名解脫知見也", 『구사론기』 권1(대정장41, p.32b20)에 "해탈지견이란 무엇인가? 곧 지로 보았기에 지견이라 하며, 해탈열반을 연하므로 해탈지견이라 한다. 또한 해탈신 중에서 일어나므로 해탈지견이다. 言解脫知見者 卽智名見 故名智見 緣解脫涅槃故 名解脫知見 又解脫身中起故 名解脫知見", 『대승의장』 권20(대정장44, p.850c10)에 "해탈지견이란, 방편을 행함에 의지해 알아 마치고는 번뇌마저 벗어났으니 해탈지견이라 하고, 실에 나아가 말하면 스스로의 실을 끝내 깨우치고 본래 물든 일 없었음을 아는 것이 해탈지견이다. 解脫知見者 據行方便 知已出累 名解脫知見 就實以論 證窮自實 知本無染 名解脫知見", 『성유식론소초』 권18(卍속장80, p.935a17)에 "해탈지견이란 곧 진지와 무생지이다. 解脫知見者 卽盡智無生智"라고 하였다. 〔참고문헌〕『大智度論』, 『十住毘婆沙論』, 『攝大乘論釋』, 『金光明經文句記』, 『俱舍論記』, 『大乘義章』, 『成唯識論疏抄』, 『成實論』 권1(대정장32, p.239c25), *Abh-k-bh.18·387.*, *Śikṣ.315.* ⇨오분법신 五分法身, 무생지 無生智, 진지 盡智

해탈지견구족 解脫知見具足 Ⓟ vimutti-ñāṇa-dassana-sampadā. 해탈지견을 구족함. 『법온족론』 권3(대정장26, p.464a12)에 "해탈지견을 구족함이란 유학무학승이 유학무학의 해탈지견을 성취하여 구족함을 말한다. 解脫智見具足者 謂學無學僧成就具足學無學解脫智見", 『성실론』 권1(대정장32, p.239c25)에 "해탈지견구족이란, 능히 일체에 있어 번뇌를 끊는 길 중에 념념으로 다 안다. 마치 저 나무 베는 이가 손에 도끼 듦에 지혜로운 사람은 어떻게 해야 쪼개 다하는지 아는 것처럼, 부처님께서도 이와 같이 번뇌를 끊는 지혜로 념념으로 다함을 다 분별하여 아신다. … 부처님께서는 여러 가지로 좋은 법을 말씀하시고 능히 해탈을 장애하는 모든 법을 깨뜨리시므로 해탈지견구족이라고 한다. 解脫知見具足者 能於一切斷結道中 念念悉知 如人伐木 手執斤斧 邊有智者 知柯微盡 佛亦如是 於斷結智 念念所盡 悉分別知 … 佛種種說妙法故 能破一切障解脫法故 名解脫知見具足"라고 하였다. 〔참고문헌〕『法蘊足論』, 『成實論』. ⇨해탈지견 解脫知見

해탈지견무감 解脫知見無減 해탈지견은 줄지 않는다. 십팔불공법(十八不共法) 중 육무감(六無減)의 뜻 중에 하나다. 『대지도론』 권26(대정장25, p.250c10)에 "해탈지견무감이란, 부처님께서는 모든 해탈 중에 지혜가 무량무변하고 청정하기에 해탈지견무감이라 한다. 解脫知見無減者 佛於諸解脫中 智慧無量無邊淸淨故 名解脫知見無減"라고 하였다. 〔참고문헌〕『大智度論』. ⇨십팔불공법 十八不共法, 육무감 六無減, 해탈지견 解脫知見

해탈지견신 解脫知見身 Ⓢ vimukti-jñāna-darśana-skandha, Ⓟ vimutti-ñāṇa-dassana-kkhandha. 해탈지견 가득한 몸. 후득지로 채운 것이기에 해탈지견온(解脫知見蘊)·해탈지견중(解脫知見衆)이라고도 한다. 『아비담비바사론』 권18(대정장28, p.130c15)에 "어떤 것이 무학의 해탈지견신인가? 〔답〕 진지와 무생지가 이것이다. 〔문〕 무슨 까닭으로 진지와 무생지가 무학의 해탈지견신이라고 하는가? 〔답〕 해탈인의 몸에서 생겨나기 때문이다. 云何無學解脫知見身 答曰 盡智無生智是也 問曰 何故說盡智無生智 是無學解脫知見身耶 答曰 以是解脫人身中生故", 『유마경약소』 권3(대정장38, p.606c20)에 "번뇌와 습기가 이미 멸하였고, 계정혜가 원만하고, 후유를 받지 않음을 밝게 알고 보는 것을 해탈지견신이라고 한다. 了了知見 正習已盡 戒定慧滿 不受後有 名解脫知見身", 『무량수관경의기』(대정장85, p.252a23)에 "해탈지견신은 후득지를 체로 한다. 解脫知見身 以後得智爲體"라고 하였다. 〔참고문헌〕『阿毘曇毘婆沙論』, 『維摩經略疏』, 『無量壽觀經義記』, 『大乘義章』 권10(대정장44, p.658a26), *SN.1.100.* ⇨ 해탈지견 解脫知見, 해탈지견온 解脫知見蘊, 해탈지견중 解脫知見衆

해탈지견온 解脫知見蘊 Ⓢ vimukti-jñāna-darśana-skandha, Ⓣ rnam-par-grol-ba'i-ye-shes-mthong-ba'i-phung-po. 진지(盡智)와 무생지(無生智)로 해탈의 법만을 연하는 몸. 해탈지견신(解脫知見身)·해탈소현신(解脫所現身)·해탈지견중(解脫知見衆)이라고도 한다. 『대비바사론』 권33(대정장27, p.172b9)에 "어떤 것이 무학의 해탈지견온인가? 〔답〕 진지와 무생지이다. 〔문〕 무슨 까닭으로 이 두 가지 지를 해탈지견온이라고 하는가? 〔답〕 해탈신 중에는 오직 이것만 있기 때문이고, 뛰어나게 능히 해탈사를 살펴 결정한다. … 진지와 무생지는 무학의 해탈지견온이다. … 무지를 마주해 다스리는 것이 해탈지견온이고 … 저 혜에 있어 사납지도 예리하지도 않고, 구하거나 찾을 일도 없으며, 가행마저 멈추었으니 무학의 해탈지견온이다. 云何無學解脫智見蘊 答 盡智無生智 問 何故 此二智 名解脫智見蘊 答 解脫身中 獨有此故 最能審決 解脫事故 … 盡智無生智 是無學解脫智見蘊 … 對治無知 是無學解脫智見蘊 … 若慧不猛不利 不推不求 不尋不覓 加行止息 是無學解脫智見蘊"라고 하였다. 〔참고문헌〕『大毘婆沙論』, 『仁王經疏』 권상(대정장33, p.372a19·한불전1, p.35b23), *Abh-s.77.*, *Mvyut.4.* ⇨ 해탈지견 解脫知見, 해탈지견신 解脫知見身, 해탈지견중 解脫知見衆

해탈지견중 解脫知見衆 해탈지견만으로 무리진 몸. 중(衆)은 온(蘊)과 같다. 『대지도론』 권21(대정장25, p.221a16)에 "해탈지견중에는 두 가지가 있다. 첫째 부처님께서는 모든 번뇌를 해탈한 중에서 진지로 스스로 깨달아 아셨으니, 괴로움이 다하고 그 집을 끊어 다하여 증득하여 마쳐서는 도마저 닦아 마치셨으니 진지해탈지견으로 무리진 몸이다. 고를 알아 마쳐서는 다시 알 일 없으시고, 도를 닦아 마쳐서는 다시 닦을 일도 없으시니 무생지해탈지견으로 무리지셨다. 解脫知見衆有二種 一者 佛於解脫諸煩惱中 用盡智自證知 知苦已 斷集已 盡證已 修道已 是爲盡智解脫知見衆 知苦已 不復更知 乃至修道已 不復更修 是爲無生智解脫知見衆", "둘째 부처님께서는 '이 사람은 공문에서 들어가 해탈을 얻으리라, 이 사람은 무상문으로 해탈을 얻으리라. … 이 사람은 오랜 후에 해탈을 얻으리라. 이 사람은 오래지 않아 해탈을 얻으리라'고 아신다. … 이 모든 해탈에 대해 분명하게 알고 보시니, 이것을 해탈지견으로 무리져 다 갖추셨다고 한다. 二者 佛知是人入空門得解脫 是人無相門得解脫 … 是人久久可得解脫 是人不久可得解脫 … 於是諸解脫中 了了知見 是名解脫知見衆具足"라고 하였다. 〔참고문헌〕『大智度論』. ⇨ 해탈지견 解脫知見, 해탈지견신 解脫知見身, 해탈지견온 解脫知見蘊

해탈지견향 解脫知見香 오분법신향(五分法身香) 중 하나. 종보본 『단경』(대정장48, p.353c12)에 "다섯째, 해탈지견향이다. 스스로의 마음 이미 선악에 반연함이 없고, 공에 가라앉아 고요를 지키지도 않으니, 반드시 널리 배우고 많이 들어서 스스로의 본심을 알고, 모든 부처님의 도리에 통달한 뒤에 그 빛 고르게 해서 중생을 맞이하니, 아도 인도 없게 되면 곧바로 보리에 이르러 진성이 바뀌지 않으리니 이를 해탈지견향이라 한다. 五解脫知見香 自心旣無所攀緣善惡 不可沈空守寂 卽須廣學多聞 識自本心 達諸佛理 和光接物 無我無人 直至菩提 眞性不易 名解脫知見香"라고 하였다. 〔참고문헌〕『壇經』. ⇨ 오분법신향 五分法身香

해탈지업 解脫智業 Ⓢ vimukti-sāmānya-jñāna-viśeṣa-karma, Ⓣ rnam-par-grol-bar 'dra-ba las ye-shes-khad-par-du-'phags-pa'i-phrin-las. 해탈의 지로 행하는 업. 무루계 삼종심심 중 업심심(業甚深)의 팔종상 중 하나다. 『대승장엄경론』 권3(대정장31, p.604b17)에 "〔게〕 비유하면 젖은 잿물의 힘으로 갖가지 색으로 옷색을 물들임과 같이, 정계의 행원력으로 해탈케 하는 갖가지 지혜라네. 〔석〕 이 게는 법계의 해탈지업을 드러내 보인다. 비유하면 저 각각의 옷이 젖은 잿물의 힘으로 어떤 곳은 갖가지 색 얻고 어떤 곳은 갖가지 색 얻지 못한다. 삼승의 깨끗한 계도 이와 같으니, 행원력 말미암은 제불해탈은 갖가지 지 얻지만, 이승해탈은 갖가지 지를 얻지 못한다. 偈曰 譬如滋灰力 染衣種種色 淨界行願力 解脫種種智 釋曰 此偈顯示法界解脫智

業 譬如別衣由滋灰力 有處得種種色 有處不得種種色 三乘淨界亦爾 由行願力 諸佛解脫得種種智 二乘解脫 不得種種智라 하였다. 〔참고문헌〕『大乘莊嚴經論』, *Sūtr.40.*

해탈지혜견혜륜 解脫智慧見慧輪 해탈지견신(解脫知見身)을 달리 이르는 말. 『바수밀소집론』 권4(대정장28, p.746a2)에 "비유하면 계륜·정륜·지혜륜·해탈륜·해탈지혜견혜륜과 나아가 십이인연륜 등의 법륜을 듣고 지니고 외우고 읽으며, 뜻에 물들거나 집착함 없고, 싫증내지 않으며, 마음이 산란하지 않고 잘 사유하면, 이를 성현들의 묵연이라 한다. 譬如戒輪 定輪 智慧輪 解脫輪 解脫智慧見慧輪 乃至十二因緣輪聞此輪已 持諷誦讀 意不染著 不厭 心不亂 善思惟 是謂賢聖默然"라 하였다. 〔참고문헌〕『婆須蜜所集論』. ⇨ 해탈지견신 解脫知見身

해탈처 解脫處 ❶ Ⓢ vimukty-āyatana, Ⓟ vimuttāyatana, Ⓣ rnam-par-grol-ba'i skye-mched. 해탈을 성취케 하는 법들이 일어나 머무는 곳. 『집이문족론』 권14(대정장26, p.425b15)에 "해탈처란 이 중에서 어떤 것을 해탈처라고 하는가? 〔답〕 이 중 일곱 가지 법을 해탈처라고 한다. 바르고 밝게 법을 아는 것·바르고 환하게 뜻을 아는 것·흔·희·경안·낙·정이다. 解脫處者 此中何謂 解脫處耶 答 此中七法 名解脫處 一者 正了知法 二者 正了知義 三者 欣 四者 喜 五者 輕安 六者 樂 七者 定", 『구사론기』 권1(대정장41, p.32b25)에 "다섯 해탈이란 무엇인가? 부처님 등의 설법을 듣고서 해탈을 얻는 것, 스스로 읽고 외워 해탈을 얻는 것, 타인에게 설법하여 해탈을 얻는 것, 고요한 곳에서 사유하여 해탈을 얻는 것, 정의 상을 잘 취하여 해탈을 얻는 것이다. 해탈이란 열반을 말하는데, 이 다섯 가지로 해탈을 얻기에 해탈처라고 한다. 言五解脫者 一 聞佛等說法得解脫 二 因自讀誦得解脫 三 爲他說法得解脫 四 靜處思惟得解脫 五 善取定相得解脫 解脫謂涅槃 因此五種得解脫故 名解脫處"라고 하였다. 〔참고문헌〕『集異門足論』, 『俱舍論記』, *Abh-k-bh.18.*, *Abh-s-bh.155.*, *DN.3.241.* ⇨ 오해탈처 五解脫處 ❷ Ⓢ vimokṣa-bhavana. 해탈이 성취되는 곳. 또는 때. 『대반열반경』 권상(대정장1, p.193a2)에 "삼십칠도품법인 사념처 … 팔성도는 그대가 마땅히 닦아 익히고 부지런히 사유해야 하니, 이 법은 반드시 해탈처에 이르게 한다. 三十七道品法 所謂四念處 … 八聖道分 汝應修習精勤思惟 此法能令到解脫處", 40권본 『대반열반경』 권5(대정장12, p.391c13)에 "대반열반이란 해탈처이니, 조복할 중생이 있는 곳을 따라 여래께서 그곳에 나타나시는데, 이 진실하고 깊은 뜻을 대열반이라 한다. 大般涅槃者 名解脫處 隨有調伏衆生之處 如來於中而作示現 以是眞實甚深義故 名大涅槃"라고 하였다. 〔참고문헌〕『大般涅槃經』, *Gaṇḍ-vy.37 6.* ⇨ 대반열반 大般涅槃, 삼십칠도품 三十七道品 ❸ 부처님의 생처(生處)인 람비니원(藍毘尼園 Ⓢ Ⓟ Luṃbinī.)의 한역어. 『아육왕경』 권2(대정장50, p.136c12 : *Divy.*, p.389)에 "우파급다(Ⓢ Upagupta)는 아육왕을 인도하여 부처님께서 태어나신 곳에 이르러 람비니숲〈해탈처라고 한역〉으로 들어가서 오른손을 들어 가리키며 말했다. '아육왕이시여, 이곳이 부처님께서 탄생하신 곳입니다'. 優波笈多 將阿育王至佛生處 入嵐毘尼林〈翻解脫處〉 擧右手指言 阿育王 此是佛生處 atha sthaviro pagupto rājānam aśokaṃ sarvaprathamena lumbinīvanaṃ praveśayitvā dakṣiṇaṃ hastam abhiprasāryovāca. asmin mahārāja pradeśe bhagavāñ jātaḥ"라고 하였다. 〔참고문헌〕『阿育王經』, *Divy.* ⇨ 람비니원 藍毘尼園 ❹ 용왕 또는 산 이름인 목진린다(目眞隣陀 Ⓢ Mucilinda : 目支隣陀)의 한역어. 『일체경음의』 권22(대정장54, p.447b22)에 "목진린다굴〈목진은 모진이라고도 하며 해탈이라 한역하는데, 용왕 이름이다. 린다는 처라 한역한다. 용왕이 이 굴에서 법문을 듣고 용의 고통에서 벗어났기에 용이 해탈하여 머문 굴이라고 한다〉. 目眞隣陀窟〈目眞 或曰牟眞 此云解脫 是龍名也 隣陀 此云處 謂有龍於此窟中聞法 解脫龍苦 故名龍解脫處窟也〉"라고 하였다. 〔참고문헌〕『一切經音義』. ⇨ 목진린다 目眞隣陀

해탈천 解脫天 Ⓢ Mokṣa-deva. 해탈한 하늘. 현장(玄奘)의 별명. 목차제바(木叉提婆)라고 음사한다. 『범어천자문』 「후서 後序」(대정장54, p.1196c3)에 "현장의 범명은 해탈천 또는 대승천이다. 玄奘之梵名 爲解脫天 或爲大乘天"라고 하였다. 〔참고문헌〕『梵語千字文』, 『慈恩傳』 권6(대정장50, p.248a10). ⇨ 현장 玄奘, 목차제바 木叉提婆❶

해탈청정법전 解脫淸淨法殿 해탈해 청정한 법의 전당. 『원각경』(대정장17, p.916c12)에 "원에 의지해 닦아 행하여 점차로 모든 장애를 끊으니 장애가 다 사라지고, 원이 차면 곧바로 해탈청정법전에 올라 대원각의 묘하고 장엄한 땅 증하리. 依願修行 漸斷諸障 障盡願滿 便登解脫淸淨法殿 證大圓覺妙莊嚴域", 『원각경약소』 권하(대정장39, p.553c3)에 "장애 다하면 행주좌와 일체시중에 마주해 바라는 일마다 해탈 아님이 없기에 청정법전에 비유한다. 障盡則 行住坐臥 一切時中 觸向無非解脫故 以淸淨法殿喩之"라고 하였다. 〔참고문헌〕『圓覺經』, 『圓覺經略疏』, 『圓覺經大疏』 권중(卍속장14, p.336b17).

해탈체 解脫體 Ⓢ vimukti, Ⓣ rnam-par-grol-ba. 해탈의 바탕이 되는 것들. 택멸무위·바라제목차·유위무위해탈 등을 말한다. 『설무구칭경소』 권5(대정장38, p.1083a4)에 "해탈의 바탕은 바로 택멸무위이다. 解脫

體 卽擇滅無爲", 『유교경론』(대정장26, p.284c20)에 "계는 해탈의 바탕으로서 능히 바르게 건널 수 있다. 저 경에서 '그러므로 바라제목차라고 한다'고 한 것과 같다. 戒是解脫體 能正度故 如經故名波羅提木叉故", 『구사론』 권25(대정장29, p.133c20 : *Abh-k-bh.*, p.388)에 "해탈체에는 두 가지 있으니, 유위와 무위다. 유위해탈이란 무학의 승해를 말하며, 무위해탈이란 일체번뇌가 멸한 것을 일컫는다. 유위해탈은 무학지를 이르는데, 지를 세워 이름한 것은 유위에 의지하기 때문이다. 解脫體有二 謂有爲無爲 有爲解脫 謂無學勝解 無爲解脫 謂一切惑滅 有爲解脫 名無學支 以立支名 依有爲故 keyaṃ vimuktir nāma. … saṃskṛtā cāsaṃskṛtā ca. tatra … kleśaprahāṇam asaṃskṛtā vimuktiḥ. aśaikṣād himokṣaḥ saṃskṛtā vimuktiḥ. saiva saṃskṛtā vimuktir aśaikṣāṅgam uktā. aṅgānāṃ saṃskṛtatvāt"라고 하였다. [참고문헌] 『說無垢稱經疏』, 『遺敎經論』, 『俱舍論』, 『俱舍論記』 권25(대정장41, p.382a5), *Abh-k-bh.* ⇨ 해탈 解脫 ❶, 택멸무위 擇滅無爲, 바라제목차 波羅提木叉, 유위해탈 有爲解脫, 무위해탈 無爲解脫

해탈풍 解脫風 해탈이라는 바람. 번뇌의 열기를 식혀주기에 바람에 비유한다. 『무량의경』(대정장9, p.384b21)에 "부처님께 법륜을 굴려 주시길 청하여 따라 순하고 능히 구른다. 먼저 악취에 떨어진 이들에게 방울져 적셔서 욕망의 티끌 잠기게 하며, 열반의 문을 열고 해탈이라는 바람을 불게 하여 세간의 뜨거운 고통을 버리고 법의 청량함을 얻는다. 請佛轉法輪 隨順能轉 微渧先墮 以淹欲塵 開涅槃門 扇解脫風 除世熱惱 致法淸涼"라고 하였다. [참고문헌] 『無量義經』.

해탈해 解脫海 Ⓢ vimokṣa-sāgara. 해탈의 바다. 해탈을 넓고 깊은 바다에 비유한 말. 『화엄경소』 권11(대정장35, p.574a28)에 "모두들 '부처님의 해탈해'라고 한 말은 일념으로 삼세가 부처님의 부사의해탈임을 두루 안다는 뜻이다. 皆云 佛解脫海者 以一念普知三世 是佛不思議解脫故"라고 하였다. [참고문헌] 『華嚴經疏』, *Gaṇḍ-vy.298.* ⇨ 해탈대해 解脫大海

해탈향 解脫香 오분법신향(五分法身香) 중 네 번째 향. 종보본 『단경』(대정장48, p.,353c11)에 "넷째, 해탈향이다. 스스로 마음에 반연이 없어 선도 악도 생각하지 않으며 자재하여 걸림이 없어 해탈향이라 한다. 四解脫香 卽自心無所攀緣 不思善 不思惡 自在無礙 名解脫香", 『소실육문』 「파상론 破相論」(대정장48, p.368b17)에 "넷째, 해탈향은 일체무명의 결박을 끊는 것이다. 四者 解脫香 所謂能斷一切無明結縛"라고 하였다. [참고문헌] 『壇經』, 『少室六門』. ⇨ 오분법신향 五分法身香

해탈허공장보살 解脫虛空藏菩薩 오대허공장보살(五大虛空藏菩薩) 중 하나. 『오대허공장보살속질대신험비밀식경』(대정장20, p.607b21)에 "활짝 핀 연꽃 위에 월륜이 있고 형색은 물처럼 희다. 중앙에 밤(वं)자가 변성하여 해탈허공장보살이 된다. 보관과 장엄은 앞서와 같으며 황백색 연꽃에 앉아 있는데 오른손은 시무외인이고 왼손에는 보련화를 쥐고 있다. 꽃 위에 독고저가 있고 색깔은 황색이다. 華上有月輪 形色水白 中央有鑁字 變成解脫虛空藏菩薩 寶冠如前莊嚴如前 坐黃白蓮華 右手施無畏 左手持寶蓮華 華上有獨鈷杵 色黃"라고 하였다. [참고문헌] 『五大虛空藏菩薩速疾大神驗祕密式經』.

해탈화 解脫話 해탈 이야기. 승찬(僧璨)과 도신(道信)이 주고받았다. 『진각국사어록보유』(한불전6, p.49a18)에 "해탈화〈사조가 삼조에게 물었다. '화상께서 풀어 벗어나는 법문을 주시기 바랍니다' '누가 그대를 속박하느냐?' '아무도 속박하지 않습니다' '본래 속박이 없는데 어째서 또 풀려나길 바라느냐?' 사조가 그 말을 듣자마자 크게 깨달았다〉. 바람 가히 묶을 수 있고 허공 가히 잡을 수 있지만, 이 한 물건 누군들 능히 얽어맬 수 있겠는가? 解脫話〈四祖問三祖曰 願和尙乞與解脫法門 三祖曰 誰縛汝 曰 無人縛 三祖曰 本無縛 何更求解乎 四祖言下大悟〉 風可繫空可捉 此一物誰能縛"라고 하였다. [참고문헌] 『眞覺國師語錄補遺』, 『景德傳燈錄』 권3(대정장51, p.221c19). ⇨ 승찬 僧璨, 도신 道信

해태 懈怠 Ⓢ kausīdya, kauśīdya, kusīda, ālasya, Ⓟ kusīta, kosajja, Ⓣ le-lo, snyom-pa, snyom-las. 게으름. 닦아 정진하지 않고, 선을 용맹하고 모질게 닦지도 않는 것을 말한다. 태(怠)라고도 하며 근(勤)과 정진(精進) 마주해 다스린다. ❶ 구사(俱舍)의 75법 중 하나. 모든 물든 마음(不善心과 有覆無記心)으로 일어나는 심소(心所)인 대번뇌지법(大煩惱地法 Ⓢ kleśa-mahā-bhūmikā dharmāḥ : 大隨煩惱)의 하나다. 『구사론』 권4(대정장29, p.19c6 : *Abh-k-bh.*, p.56)에 "태란 곧 해태로서, 마음으로 용맹하게 애쓰지 않는 것을 말한다. 이는 바로 앞에서 설한 부지런함으로 마주해 다스린다. 怠謂懈怠 心不勇悍 是前所說勤所對治 kauśīdyam cetaso nābhyutsāho vīryavipakṣaḥ", 『구사론기』 권3(대정장29, p.178c24)에 "해태란 마음에 뛰어난 능력이 없는 것이다. 懈怠 謂心無勝能", 『순정리론』 권11(대정장29, p.391c5)에 "태란 해태를 말한다. 즉 선한 일에 대해서는 수승한 능력을 없애거나 줄어들게 하고, 악한 일에 있어서는 과감하고 빠르게 성취하는 무명등류를 해태라고 한다. 이것으로 인해 비열하게 부지런한 성이라 설하니, 부지런히 익히는 것이 비천하고 더러우므로 해태라고 한 것이다. 怠謂懈怠 於善事業 闕減勝能 於惡事業 順成勇悍 無明等流 名爲懈怠 由此說爲

鄙劣勤性 勤習鄙穢 故名懈怠", 『집이문족론』 권17(대정장26, p.436c23)에 "어떤 것이 해태인가? 〔답〕 모든 낮은 것들에 정진하는 성, 열한 정진성, 정진을 피하는 성, 정진을 두려워하는 성, 나아가 마음이 매우 게으른 성, 마음이 매우 용맹하지 못한 성을 해태라 한다. 云何懈怠 答 諸下精進性 劣精進性 怯精進性 懼精進性 廣說乃至 心懈怠懈怠性 心不勇悍不勇悍性 是名懈怠라고 하였다. 〔참고문헌〕『俱舍論』, 『俱舍論記』, 『順正理論』, 『集異門足論』, *Abh-k-bh.*, *Sūtr.51.* ⇨ 대번뇌지법 大煩惱地法, 칠십오법 七十五法 **2** 유식(唯識) 오위백법 중 하나이고, 육위심소(六位心所)에서는 이십수번뇌(二十隨煩惱) 중 하나다. 『성유식론』 권6(대정장31, p.34b11)에 "무엇이 해태인가? 선악품을 닦거나 끊는 일에 대해 나태함을 성으로 삼고, 능히 정진을 장애하여 잡염더하는 것을 업으로 한다. 게으른 이는 잡염법 적셔 기르기 때문이다. 모든 잡염사에 대해 서두르고 부지런한 것도 해태라 한다. 선법을 물러나게 하기 때문이다. 云何懈怠 於善惡品修斷事中懶惰爲性 能障精進增染爲業 謂懈怠者滋長染故 於諸染事而策勤者 亦名懈怠 退善法故", 『대승아비달마집론』 권1(대정장31, p.665a29 : *Abh-s.*, p.9)에 "어떤 것이 해태인가? 우치분이다. 잠에 취해 늘 누워 있는 것을 즐기고, 마음으로 노력하지 않음을 체로 하고, 방편으로 선품 닦는 것 방해함을 업으로 한다. 何等懈怠 謂愚癡分 依著睡眠倚臥爲樂 心不策勵爲體 障修方便善品爲業 kausīdyaṃ katamat. nidrāpārśvaśayanasukhallikām āgamya mohāṃśikaś cetaso 'nabhyutsāhaḥ. kuśalapakṣaprayogaparipanthakarmakam", 『현양성교론』 권1(대정장31, p.482c18)에 "해태란, 잠이나 편히 기대거나 눕는 즐거움에 탐착하기에 (수도에) 오르고 나아가기를 두려워하고, 스스로 가벼이 여기기에 마음으로 힘쓰거나 독려하지 않음을 체로 삼고, 바른 정진을 일으키는 것을 장애함을 업으로 삼고, 나아가 해태 증장함을 업으로 삼는다. 경에서 '만약 게으름이 있으면 반드시 바르게 부지런함에서 물러난다'고 설한 바와 같다. 懈怠者 謂耽著睡眠倚臥樂故 怖畏升進 自輕蔑故心不勉勵爲體 能障發起正勤爲業 乃至增長懈怠爲業 如經說若有懈怠 必退正勤", 『대승오온론』(대정장31, p.849b19 : *Pañ-s.*, p.12)에 "해태란 무엇인가? 정진으로 다스리는 것으로, 모든 선품에 대해 마음이 용맹하지 못한 것을 성으로 한다. 云何懈怠 謂精進所治 於諸善品心不勇猛爲性 kausīdyaṃ katamat. kuśale cetaso 'nabhyutsāho vīryavipakṣaḥ"라고 하였다. 〔참고문헌〕『成唯識論』, 『大乘阿毘達磨集論』, 『顯揚聖敎論』, 『大乘五蘊論』, *Abh-s.*, *Pañ-s.*, *Sūtr.51.* ⇨ 백법 百法, 이십수번뇌 二十隨煩惱 **3** 삼마지를 장애하는 여섯 가지 과실 중 하나. 『광석보리심론』 권2(대정장32, p.567b12)에 "또한 다시 일체삼마지를 닦을 때 여섯 가지 과실이 있음을 알아야 하니, 게으름·소연을 잃는 것·가라앉음·들뜸·깨달음을 일으키지 않는 것·깨달음을 일으키는 것이다. 이 여섯 가지 과실이 생겨나면 팔종단행을 일으켜 다스린다. 又復當知諸修一切三摩地時 有六種過失 一 懈怠 二 所緣忘失 三 沈下 四 高擧 五 無發悟 六 發悟 此六過失生時 當起八種斷行對治"라고 하였다. 〔참고문헌〕『廣釋菩提心論』. ⇨ 팔단행 八斷行 **4** 열반법을 장애하고 생사에 떠돌게 하는 과실의 인이고 공덕의 장애. 원측(圓測)의 『해심밀경소』 권4(한불전1, p.243a24)에 "〈경〉 제행의 여러 과실을 관하지 못하면 방일과실로 중생을 해치리. 해태로 인해 주법과 동법에 없고 있게 하니, 놓치고 무너뜨림이 참으로 가엾구나. 〈소〉 … '해태로 주법과 동법 등'이라는 말은 두 번째로 해태과실을 밝혔다. 즉 해태란 과실의 인이자 공덕의 장애이다. 주법이란 곧 열반이니, 상주하며 멸하지 않기에 주라고 하였다. 동법이란 생사법이니, 앞에 생하였다 후에 멸하면서 삼유에서 유전하기에 동법이라 하였다. 不觀諸行衆過失 放逸過失害衆生 懈怠住法動法中無有 失壞可憐愍 … 言懈怠住法動法中等者 此明 第二懈怠過失 謂懈怠者 過失之因 功德之障 言住法者 卽是涅槃 常住不滅 故名爲住 言動法者 是生死法 前生後滅 流轉三有 故名動法"라고 하였다. 〔참고문헌〕『解深密經疏』.

해태경자경 懈怠耕者經 남조(南朝) 유송(劉宋)대 혜간(惠簡) 한역. 1권. 고려장20, p.1198a1~b19, No.852·대정장17, p.870b3~c8, No.827에 수록되어 있다. 『해태경아경 懈怠耕兒經』이라고도 한다. 밭 가는 농부가 부지런하지 못하고 게을러서 초래하는 과실을 듣고 불퇴전(不退轉)을 얻는 취지의 법문이다. 〔참고문헌〕『歷代三寶紀』 권10(대정장49, p.93b12), 『出三藏記集』 권4(대정장55, p.26c27).

해태불청법계 懈怠不聽法戒 게을러서 법을 청해 들으려 하지 않음을 경계하는 계. 사십팔경계(四十八輕戒) 중 일곱 번째로, 법을 설하는 곳이 있으면 어디든지 가서 듣는다는 청법자수계(聽法諮受戒)다. 천태(天台)의 『보살계의소』 권하(대정장40, p.575b23)에 "일곱 번째는 해태불청법계다. 제정한 뜻은 앞 계목인 법을 청하는데 설하지 않으면 안 된다는 불공급청법계(不供給請法戒)와 같다. 서사하면 3단이다. 第七 懈怠不聽法戒 制意與前同 序事三段", 『보살계소수견록』(卍속장95, p.253b12)에 "해태불청법 : 일체처에 법과 비니의 경율을 강설하는 곳이 있으면, 다만 이것은 하늘북 울리듯 해서는 알아듣는 이가 없다. 들을 줄 아는 사람은 시끄러운 곳이나 고요한 곳이나 가까운 곳이나 먼 곳이나 어디가 되었건 모든 곳이 법사의 제창처다. 懈怠不聽法 一切處有講法毗尼經律 只此是天鼓鳴 無人解聽也 解聽者 鬧處

靜處 近處遠處 皆法師提唱處"라고 하였다. [참고문헌]『菩薩戒義疏』, 『菩薩戒疏隨見錄』, 『梵網經』 권하(대정장24, p.1005b29). ⇨ 사십팔경계 四十八輕戒

해팔덕 海八德 ➡ 해팔덕경 海八德經

해팔덕경 海八德經 후진(後秦)대 구마라집(鳩摩羅什) 한역. 1권. 고려장19, pp.868a1~869a16, No.779·대정장1, p.819a3~c15, No.35에 수록되어 있다. 계경(戒經)의 팔덕을 바다의 여덟 가지 덕성에 비유한 경이다. 첫째 들어갈수록 점점 깊어져 걸림 없게 된다(稍入稍深 無前所礙). 둘째 조수처럼 때를 지나치지 않는다(海潮不過期先際). 셋째 주검으로 썩고 냄새나는 것 받아들이지 않는다(死屍臭朽 海不容焉). 넷째 온갖 보배를 가득 품어 천 가지로 기특하고 만 가지로 달라서 구해 얻지 못하는 것이 없다(海懷衆珍 … 千奇萬異 無求不得). 다섯째 강 멀리 흘러 모두 바다에 드니 모두가 옛 이름 버리고 합하여 그저 바다라 여길 뿐이다(五河流邁 俱入于海 皆去舊名合爲海). 여섯째 비 내려 넘쳐 흐르지만 더하거나 덜함이 없다(雨落河注 海水如故 益無增減). 일곱째 바다의 물고기 많지만 크고 당당하다(海有衆魚 巨軀巍巍). 여덟째 바닷물 하나로 짤 뿐이어서 끝이든 중심이든 한 맛이다(海水通鹹 邊中如一). [참고문헌]『開元釋敎錄』 권1(대정장55, p.484b27), 『貞元新定釋敎目錄』 권23(대정장55, p.948c19).

해포 解包 짐꾸러미를 풀다. 납자들이 결계 후 가사행리(袈裟行李)를 풀어 놓다. 『선원청규』 권7 「존숙입원 尊宿入院」(卍속장111, p.915b8)에 "입원하면 삼문 아래서 향 사르고〈법어를 해야 한다〉, 승당 앞으로 가 가사행리 풀어 놓으며, 후가에서 발 씻고 나서 승당에 들어가 성승께 참례하고 향 사른다. 入院 於三門下燒香〈當有法語〉 就僧堂前解包了 後架洗脚 入堂參聖僧燒香", 『보속고승전』 권16 「법주제전 法舟濟傳」(卍속장134, p.275b17)에 "전후로 20여 절에서 짐꾸러미 푼 다음 결코 문밖으로 나가지 않았다. 前後二十餘所 解包之後 不更出門戶"라고 하였다. [참고문헌]『禪苑淸規』, 『補續高僧傳』.

해하 解夏 여름 동안의 안거를 풀다. 하안거(夏安居) 동안의 결제(結制)를 푸는 일로 하경(夏竟)·하만(夏滿)·하해(夏解)라고도 한다. 『해하경』(대정장1, p.861b19)에 "그때 세존께서 안거 이미 다 채운 해하의 때인 15일에 당해서 비구대중과 함께 자리를 펴고 앉으셨다. 爾時 世尊安居旣滿 當解夏時 於十五日 與苾芻衆 敷座而坐", 『불본행집경』 권39(대정장3, p.835b24)에 "6월 16일에 안거를 시작하여 9월 15일에 모두 93인이 하안거를 마쳤다. 六月十六日安居 至九月十五日 合九十三人解夏", 『부용도해선사어』(속고존숙어요2, 卍속장118, p.905a7)에 "하안거 풀며 말했다. '오늘로 하안거를 마쳤다. 떠나거라. 남쪽으로 가고 북쪽으로 가라. 가는 곳마다에서 동이다 서다 헤아리겠지. 산문을 나서면서 귀 울릴 한마디를 주겠다. 진주에서 큰 무가 난다'. 解夏云 今日解夏了也 且去 南行北行 到處東卜西卜 出門聊贈一言 鎭州出大蘿蔔"라고 하였다. [참고문헌]『解夏經』, 『佛本行集經』, 『芙蓉道楷禪師語』. ⇨ 산하 散夏, 안거 安居, 하안거 夏安居, 하경 夏竟

해하경 解夏經 Ⓢ Pravāraṇa-sūtra. 법현(法賢 Ⓢ Dharmabhadra) 한역. 1권. 고려장34, pp.569a1~570a23, No.1253·대정장1, pp.861b10~862b1, No.63에 수록되어 있지만 율장에서 거두는 내용이다. 부처님께서 왕사성(王舍城) 가란다죽림정사(迦蘭陀竹林精舍)에 계실 때 비구들에게 설하신 경이다. 세존께서 안거를 마치고 자자(自恣)하는 법을 자세히 설한 경으로, 잡아함의 법납(法臘)을 더하는 뜻에서 이름붙인 『수신세경 受新歲經』·『신세경 新歲經』, 중아함의 『청정경』 등과 내용을 같이한다. [참고문헌]『閱藏知津』 권31(가흥장32, p.128b8), 『天聖釋敎總錄』 권하(금장110, p.699b7), 『大中祥符法寶錄』 권10(금장111, p.805a8). ⇨ 수신세경 受新歲經, 신세경 新歲經

해하재 解夏齋 하안거를 마치는 대중에게 베푸는 공양. 『선원청규』 권3 「감원 監院」(卍속장111, p.890b16)에 "마치 동재·연재·해하재·결하재 … 이상과 같은 재회를 베풀 경우, 감원에게 여력이 있으면 알아서 합당하게 마련하고, 여력이 미치지 못한다면 다른 이에게 나누어 마련하기를 청해야 한다. 如冬齋 年齋 解夏齋 結夏齋 … 如上齋會 若監院有力 自合營辦 如力所不及 卽請人勾當"라고 하였다. [참고문헌]『禪苑淸規』.

해하초 解夏草 하안거를 마치는 날 신도들에게 주는 풀로 엮은 방석. 해제 법회 시 스님들이 앉았던 자리여서 길상초라고 한다. 『석씨요람』 권하(대정장54, p.304c8)에 "해하초 : 오늘날 절강성(浙江省) 일대(浙右)의 스님들은 하안거를 마치는 날 비단에 동산의 풀을 묶어서 신도들에게 준다. 그 풀을 해하초라 한다. 이 풀의 의미를 헤아려 보면 이미 오분법신의 자리였기에 길상초라 한다. 解夏草 今浙右僧 解夏日 以綵束苑 以遺檀越 謂之解夏草 今詳此草 已爲五分法身座故 名爲吉祥草也"라고 하였다. [참고문헌]『釋氏要覽』.

해해산수점상사 解海算數占相師 물결치는 것 헤아려 점치는 이. 부처님 드실 우유죽을 보고 희유하다 찬탄하였다. 『불본행집경』 권25(대정장3, p.771c11)에 "우유죽 끓이고 있을 때, 마침 파도치는 것 헤아려 점치는 이가 그곳에 왔다. 우유죽이 물결치는 여러 가지 모양을 보고 점치고 나서 다음과 같이 말했다. '희유하고 희유하다! 누가 이 우유죽 드실까? 드신 뒤에 오래지 않아 감로의 묘약 증할 것이다'. 煮乳糜時 別有一善 解海算數 占相師 來至彼之處 見其乳糜 出現如是 諸種相貌 善占觀已 作如是語 希有 希有 是誰得此乳糜而食 彼人食已 不久而證 甘露妙藥"라 하였다. 〔참고문헌〕『佛本行集經』.

해행 偕行 결해서 같이 가다. 동행(同行)과 통한다. 『보살본생만론』 권4(대정장3, p.344a15)에 "함께 가서 이곳에 이르러 물에 빠져 죽었으나 바다도 주검을 받아들이지 않기에 떠돌다 해안으로 밀려 나왔다. 偕行至此 沒水而終 海不納屍 漂出在岸", 종보본 『단경』(대정장48, p.355b11)에 "그대가 염송하여 만 부에 이르는 경의 뜻을 얻고도 훌륭하다 여기지 않는다면 나와 함께 갈 만하다. 汝若念至萬部 得其經意 不以爲勝 則與吾偕行"라고 하였다. 〔참고문헌〕『菩薩本生鬘論』, 『壇經』, 『宗門武庫』(대정장47, p.944b10). ⇨ 동행 同行

해행 解行 ❶ 알고 행하다. 길장(吉藏)의 『법화현론』 권1(대정장34, p.361b2)에 "자인을 행으로 삼고 공혜를 해로 삼아 해행을 쌍으로 갖추고 설함에 반드시 사람을 이롭게 하면 이를 해행법사라 한다. 慈忍爲行 空慧爲解 解行雙備 說必利人 謂解行法師", 천태(天台)의 『유마경문소』 권3(卍속장27, p.892a8)에 "해와 행을 다 갖추니 눈과 발을 갖춘 것과 같아서 청량한 못에 도달할 수 있다. 그러므로 반드시 해와 행을 쌍으로 찬탄해야 한다. 若解行具足 如目足備 卽能到淸涼池 故須解行雙歎也", 담연(湛然)의 『법화현의석첨』 권2(대정장33, p.829c19)에 "여기서 눈은 멀었지만 다리를 절지 않는다는 말은 행은 있지만 해가 없는 것과 같고, 다리는 절지만 눈은 멀지 않았다는 말은 해는 있지만 행이 없는 것과 같다. 만약 해와 행을 다 갖춘다면 오히려 둘 다 온전하다. 今言盲而不跛 如有行無解 跛而不盲 如有解無行 若解行具足 猶如二全", 『심법요초』(한불전7, p.649c1)에 "불심종을 깨달아 고스란히 차이가 없어 해행이 상응하면 '조사'라고 한다. 悟佛心宗 等無差互 解行相應 名之曰祖", 『삼의우어록』 권9(가흥장27, p.55a20)에 "해와 행은 새의 두 날개와 같다. 解行鳥二翼"라고 하였다. 〔참고문헌〕『法華玄論』, 『維摩經文疏』, 『法華玄義釋籤』, 『心法要抄』, 『三宜盂語錄』. ⇨ 해행돈점 解行頓漸 ❷ 지전(地前)의 삼현위(三賢位)를 일컫는 해행지(解行地)의 줄인 이름. 『승만보굴』 권중(대정장37, p.41b25)에 "해행을 성취함으로 말미암아 초지에 든다. 由解行成就 得入初地", 『화엄경소초』 권56(대정장36, p.440a15)에 "해행은 관이고, 초지는 증이며, 제2지 이상은 설하여 수행이라 한다. 解行爲觀 初地爲證 二地以去 說爲修行"라 하였다. 〔참고문헌〕『勝鬘寶窟』, 『華嚴經疏鈔』. ⇨ 해행지 解行地 ❸ ➡ 해행발심 解行發心, 해행주 解行住

해행경별 解行境別 밝히 비추는 해경과 말과 생각을 끊는 행경은 다르다. 『화엄경소초』 권11(대정장36, p.78b24)에 "첫째는 하나 그대로 많은 것이고, 둘째는 많은 것 그대로 하나다. 셋째는 일 그대로 다이기도 하고 다 그대로 일이기도 하니 위의 두 가지를 합했기 때문이다. 이 세 구절은 모두 일다상즉이다. 넷째는 하나 그대로 다도 아니고 다 그대로 하나도 아니다. 또한 일과 다가 그대로 서로 즉한즉 서로 빼앗기 때문이다. 곧 일즉다를 말미암기에 다즉일이 아니며, 다즉일이므로 일 그대로 다가 아니니, 함께해서 서로 없게 하는 구다. 다섯째는 앞의 네 가지를 갖추기에 이를 해경이라 하니, 아울러 밝게 비추기 때문이다. 여섯째는 앞의 다섯 가지를 다 끊는다. 이는 행경으로서 말도 잊고 생각도 끊기 때문이다. 따라서 소에서 '해경과 행경은 다르다'라고 하였다. 一者 一卽多 二者 多卽一 三者 亦一卽多亦多卽一 合上二故 此之三句 皆是一多相卽 四 非一卽多非多卽一 亦由一多相卽 互相奪故 謂由一卽多故 非多卽一 由多卽一故 非一卽多 成俱泯句 五 或具前四 以是解境 並明照故 六 或絶前五 以是行境 言亡慮絶故 疏云解行境別"라고 하였다. 〔참고문헌〕『華嚴經疏鈔』.

해행당 解行堂 사찰 당우 중 하나. 알고 행하는 당우의 뜻으로 강당이나 이미 해행을 마치신 조사들을 모신 전각에 편액하기도 한다. 합천 해인사·평창 월정사·진천 보탑사·부산 범어사 등에 있다. 해인사 해행당은 인수(仁粹)·인혜(仁惠) 두 대비가 1483년(성종14)에 승하한 정희왕후(貞熹王后)의 명복을 빌고자 해인사를 중창하던 중인 1488년(성종19)에 "조당 3칸을 거두어 진상전 곁으로 옮겨 세워 해행당이라 편액하였다. 撤祖堂三間 移搆於眞常殿側 扁曰解行堂"(「해인사중수기」)라 하고, 1892년(고종29)에 삼화상진영을 "해인사에서 조성하여 해행당에 봉안한다. 造成于海印寺 奉安于解行堂"(「해인사삼화상진영화기」) 하였다. 〔참고문헌〕『伽倻山海印寺誌』, 『義龍集』.

해행돈점 解行頓漸 알고 행함에 단박에 또는 점차의 뜻. 『지관보행전홍결』 권1(대정장46, p.150b12)에 "문득 깨우치는 이는 앎과 행을 함께 단박에 이루고, 점차로 깨우치는 이는 앎을 단박에 이루고 행은 점차로 이룬다. 頓人行解俱頓 漸人解頓行漸", 같은 책 권3(대정장46, p.248a11)에 "단박에 알고 점차로 행하니, 해로는 다만 단박의 뜻만을 알 뿐이고 행으로 반드시 항사겁수를 지나야 한다. 解頓行漸 解但知於頓理而已 行必經歷

恒沙劫數", 같은 책 권5(대정장46, p.277c12)에 "두렷이 알아 점차로 지혜로워지니 다시 이런 해를 써서 방편을 이끌어 사와 이가 통해야 묘해라 하고, 이 묘해에 의지해야 바른 행이 선다. 이와 같은 해행으로 묘리를 취하더라도 딱 들어맞기 어려운데 하물며 치우쳐 부내의 한 문만을 가리킨다면 어떻게 원진묘위에 오를 것인가? 圓解稍利 復以此解 導於方便 事理融卽 乃名妙解 依此妙解 以立正行 如此解行 取於妙理 尙猶難當 況欲偏指 部內一文 何由可階 圓眞妙位"라고 하였다. [참고문헌]『止觀輔行傳弘決』. ⇨ 해행 解行 ■

해행발심 解行發心 삼종발심 중 하나. 십행(十行) 중 법공을 능히 깨우치고 십바라밀을 순행하여 익히고는 십회향위에 든다. 『대승기신론』(대정장32, p.581a17)에 "해행발심이란 마땅히 알라, 뒤쳐 수승해진다. 보살이 처음 바른 믿음을 일으킨 뒤로 제일아승기겁을 채우고자 해서 진여법 중에 깊은 이해가 현전해서 닦은 바로 상을 여읜다. 解行發心者 當知轉勝 以是菩薩從初正信已來 於第一阿僧祇劫將欲滿故 於眞如法中 深解現前 所修離相", "법성의 체는 간탐이 없음을 알기에 단바라밀을 수순수행하고 以知法性體無慳貪故 隨順修行檀波羅蜜", "법성은 물듦이 없고 오욕의 허물을 여의었음을 알아서 시라바라밀을 따라 수행하며 以知法性無染離五欲過故 隨順修行尸羅波羅蜜", "법성은 괴로움이 없고 분노와 번뇌를 여의었음을 알기에 찬제바라밀을 수순수행하며 以知法性無苦離瞋惱故 隨順修行羼提波羅蜜", "법성은 몸과 마음이라는 생각마저 없어 게으름도 여읨을 알기에 비리야바리밀을 따라 수행하며 以知法性無身心相離懈怠故 隨順修行毘梨耶波羅蜜", "법성은 항상 안정되어 그 체에 산란함이 없음을 알기에 선바라밀을 따라 수행하고 以知法性常定體無亂故 隨順修行禪波羅蜜", "법성은 체가 밝아 무명을 여의었음을 알기에 반야바라밀을 수순수행한다. 以知法性體明離無明故 隨順修行般若波羅蜜"라고 하였다. 『대승기신론의기』 권하(대정장44, p.278a14)에 "해행발심이란 십회향의 위에 있으면서 겸하여 십행을 취하는 것이니, 십행의 위 중에서 능히 법공을 알아, 십바라밀 따라 행하여 그 행이 순숙하며, 회향심을 발하여 십회향의 위에 드니 해행발심이라 한다. 解行發心者 位在十迴向 兼取十行 十行位中 能解法空 順行十度 行成純熟 發迴向心 入十向位 故云解行發心也"라고 하였다. [참고문헌]『大乘起信論』, 『大乘起信論義記』, 『釋摩訶衍論』 권7(대정장32, p.646b14). ⇨ 삼종발심 三種發心 ■

해행보살 解行菩薩 해행지(解行地 Ⓢ adhimukti-caryā-bhūmi)의 보살. 해행주보살(解行住菩薩)·승해행보살(勝解行菩薩)이라고도 한다. 『보살선계경』 권8 「여법주생보리지품 如法住生菩提地品」(대정장30, p.1003b1 : *Bodh-bh.*, p.222)에 "해행보살은 비록 이와 같은 세 가지 견뎌 아는 인이 있지만 마음은 청정하지 못하다. 왜냐하면 세 인을 행할 때 하중상이 있으니 청정하지 않기 때문이다. 희에 머물러 행할 때에야 모든 악을 다 끊어버리므로 청정하다. 또 희에 머물러 행할 때 아누다라삼막삼보리의 마음을 발하여 다른 이의 말에 순응하여 따르고 또 스스로 사유하는데, 이러한 두 가지 인연으로 그 마음이 굳세지니, 이것을 깨끗한 원이라고 한다. 解行菩薩 雖有如是三忍 心不淸淨 何以故 行三忍時 有下中上 不淸淨故 住喜行時 悉斷諸惡 是故淸淨 又住喜行時 發阿耨多羅三藐三菩提心 隨順他語 又自思惟 以是二緣 其心堅固 是名淨願 na tv asau adhyāśayaśuddhir ity ucyate. tat kasya hetoḥ. tathā hi so 'dhimokṣa ebhir anekavidhair upakleśair upakliṣṭaḥ pravartate. pramuditavihārasthitasya tu bodhisattvasya sarveṣām eṣām adhimokṣopakleśānāṃ prahāṇān nirūpakleśaḥ śuddho 'dhimokṣaḥ pravartate", 『범망경합주』 권2(卍속장60, p.660b10)에 "해행보살 비록 제법의 진실상을 알지만 아직 번뇌의 종자를 끊지 못하여 벗어나 길이 여의지 못하니, 알면서도 버리지 못한다. 解行菩薩 雖知諸法眞實之相 惑種未斷 未能脫然永離 是知而不捨", 원측(圓測)의 『해심밀경소』 권5(한불전1, p.273c16)에 "『유가사지론』 권47에는 '제보살의 승해행위에서는 보살의 닦음에 있어 짓는 바가 협소하거나, 결함이 있거나, 결정하지 못해 얻는 바에서 물러남이 있다'고 하였다. 또 '해행보살은 혹 한때 비록 대보리에 대해 발심하였더라도 다시 물러나 버린다'고 하였는데, 『보살선계경』 권8과 『보살지지경』 권9도 이 설을 함께 한다. 又瑜伽論四十七云 又諸菩薩勝解行位 於菩薩修 所作狹小 所作有缺 所作不定 所得有退 又云 解行菩薩 或於一時 於大菩提 雖以發心 而復退捨 善戒經第八 地持第九 亦同此說"라고 하였다. [참고문헌]『菩薩善戒經』, 『梵網經合註』, 『解深密經疏』, *Bodh-bh.* ⇨ 승해행보살 勝解行菩薩, 해행지 解行地

해행상응 解行相應 알고 행함이 서로 따르다. 『종경록』 권40(대정장48, p.654a14)에 "선남자여, 비유하면 모든 물줄기가 다 바다에 돌아가듯이 일체계경의 모든 정삼매는 모두 대승의 『대열반경』으로 돌아간다. 왜냐하면 구경에는 불성이 있음을 잘 설하였기 때문이다. 그러므로 불성이 있음을 겨우 알기만 해도 절로 해행이 서로 응하니, 마치 그물 쳐야 마침내 고기 잡고, 양식 꾸려야 반드시 앞으로 나아갈 수 있는 것과 같다. 善男子 譬如衆流 皆歸于海 一切契經諸定三昧 皆歸大乘大涅槃經 何以故 究竟善說有佛性故 所以纔知有佛性 自然解行相應 如結網而終是取魚 裹糧而必須前進", 『선가귀감』(한불전7, p.641a14)에 "서방정토 여기서 멀지 않으니, 마음

〈중생〉이 바로 부처〈아미타불〉이다. 이것은 지혜로운 중생을 위하여 그 바탕을 말씀하신 것이다. 가르침에는 권실이 있고, 말씀에는 현밀이 있다. 해행이 상응하면 원근이 모두 통한다. 그러므로 조사의 문하에는 아미타불을 부르는 이〈혜원〉도 있고, 주인공을 부르는 이〈서암〉도 있다. 西方去此不遠 卽心〈衆生〉是佛〈彌陀〉 此爲利根說性也 敎有權實 語有顯密 若解行相應者 遠近俱通也 故祖師門下 亦有或喚阿彌佛者〈慧遠〉 或喚主人公者〈瑞巖〉"라 하였다. [참고문헌]『宗鏡錄』,『禪家龜鑑』. ⇨ 해행 解行 1

해행생 解行生 알고 행함을 함께 하다. 삼생성불(三生成佛) 중 하나로 해행위(解行位)와 같다.『화엄경담현결택』 권2(卍속장11, p.859b16)에 "사십심위와 십지성인이 참되게 알고 참되게 행하는 것을 해행생이라고 한다. 四十心位 十地聖人 眞解眞行 名解行生"라고 하였다. [참고문헌]『華嚴經談玄抉擇』. ⇨ 해행위 解行位

해행위 解行位 알고 행하기에 오위행법을 일생에 성취하는 위. 화엄종에서 세운 삼생성불(三生成佛) 중 하나다.『화엄경탐현기』 권18(대정장35, p.454a9)에 "원교의 종지에 의하면 세 위가 있다. … 둘째는 해행위다. 이와 같은 오위행법을 단번에 닦는 것이다. 마치 선재동자가 이 생에서 성취한 것으로 보현위에 이르는 것이다. 依圓敎宗 有其三位 … 二 是解行位 頓修如此五位行法 如善財此生所成 至普賢位者是",『화엄오교장』 권2(대정장45, p.489c6)에 "둘째는 해행위를 성취한다. 즉 도솔천의 천자 등이 악도에서 벗어난 다음 한 생에 곧바로 이구삼매가 눈앞에 나타남을 얻고, 십지의 무생법인과 십안십이 등의 경계를 얻는 것을 말하는데, 자세한 것은「불소상광명공덕품 佛小相光明功德品」의 설과 같다. 또 선재동자가 처음 십신을 좇아 십지에 이르기까지 선우의 처소에서 일생에 한 몸으로 이와 같은 보현의 모든 행위를 구족함 또한 이런 뜻이다. 二 成解行位 謂兜率天子等 從惡道出已 一生卽得離垢三昧前 得十地無生法忍及十眼十耳等境界 廣如小相品說 又如善財 始從十信乃至十地 於善友所 一生一身上 皆悉具足 如是普賢諸行位者亦是此義也",『석화엄교분기원통초』 권1(한불전4, p.258a1)에 "삼승위에 기대 일승위를 가리면 삼위가 있다. 첫째는 견문위로 십신에 당하고, 둘째는 해행위니 삼현에 당하고, 셋째는 증입위이니 십지에 당한다. 寄三乘位 辨一乘位有三 一 見聞位 當十信 二 解行位 當三賢 三 證入位 當十地"라 하였다. [참고문헌]『華嚴經探玄記』,『華嚴五敎章』,『釋華嚴敎分記圓通抄』. ⇨ 삼생성불 三生成佛

해행주 解行住 Ⓢ adhimukti-caryā-vihāra, Ⓣ mos-pas-spyod-pa-la-gnas-pa. 육종주(六種住) 또는 십이주(十二住) 중 하나로 승해행주(勝解行住)·해행지(解行地)라고도 한다.『보살지지경』 권9(대정장30, p.940a7 : *Bodh-bh.*, p.218)에 "해행주란, 보살이 처음 발심해서 정심지는 아직 얻지 못했으니, 아직 정심지를 얻지 못한 보살이 행하는 바 모든 행을 해행주라 한다. 云何解行住 是菩薩初發心未得淨心地 未得淨心地菩薩所有諸行 是名解行住 tatra katamo bodhisattvasyādhimukticaryāvihāraḥ. iha bodhisattvasya prathamaṃ cittotpādam upādāya aśuddhādhyāśayasya yā kācid bodhisattvacaryā ayam asyādhimukticaryāvihāra ity ucyate",『유마경의소』 권5(대정장38, p.969c20)에 "둘째, 해행주이니 도종성이다. 二 解行住 道種性也",『법문명의집』(대정장54, p.202c14)에 "십이주지란 종성주〈십해와 십행이 이것이다〉, 해행주〈십회향이 이것이다〉, … 최상보살주〈십지가 이것이다〉이다. 十二住地 種性住〈十解十行是也〉 解行住〈十廻向是〉 … 最上菩薩住〈十地是〉"라고 하였다. [참고문헌]『菩薩地持經』,『維摩經義疏』,『法門名義集』, *Bodh-bh.* ⇨ 승해행주 勝解行住, 해행지 解行地, 육종주 六種住, 십이주 十二住

해행지 解行地 Ⓢ adhimukti-caryā-bhūmi, Ⓣ mos-pas-spyod-pa'i-sa. 지전(地前)의 삼현위(三賢位)인 십주(十住)·십행(十行)·십회향(十廻向)을 합한 위로 보살위를 7지로 설정할 경우 제2위다. 승해행지(勝解行地)·해행주(解行住)라고도 한다.『보살지지경』 권3(대정장30, p.901a7 : *Bodh-bh.*, p.59)에 "보살이 6지에 머물며 중생을 성숙시킨다. 즉 해행지에 머무는 보살은 해행주를 행하고, 정심지의 보살은 정심을 행한다. 菩薩 住於六地成熟衆生 謂住解行地菩薩 行解行住 淨心地菩薩行淨心 adhimukticaryābhūmisthito bodhisattvo 'dhimukticārī. śuddhādhyāśayabhūmisthito bodhisattvaḥ śuddhādhyāśayaḥ",『화엄공목장』 권2(대정장45, p.557c5)에 "칠지란『지지론』의 설과 같다. … 둘째 해행지이니, 곧 십행과 십회향이다. 七地者如地持論說 … 二者 解行地 卽十行 十迴向",『법문명의집』(대정장54, p.201c25)에 "도종성에는 십회향이 있으니 해행지라고도 하는데, 삼현위의 내범으로서는 상품이다. 道種性有十迴向 亦名解行地 三賢位之內凡之上品",『성유식론속전』 권9(卍속장81, p.257a5)에 "『섭대승론』에서는 오직 네 가지 위만을 세웠으니, 자량위와 가행위를 합하여 해행지로 삼았기 때문이다. 攝論中唯立四位 資糧加行 合爲解行地故",『성유식론학기』 권하(한불전1, p.634a6)에 "이 자량위는 아직 유식진여를 증하지 못했지만, 승해력에 의지하여 모든 승행을 닦으므로 역시 해행지로 거둠을 알아야 한다. 此位未證唯識眞如 依勝解力修諸勝行 應知 亦是解行地攝"라고 하였다. [참고문헌]『菩薩地持經』,『華嚴孔目章』,『法門名義集』,『成唯識論俗詮』,『成唯識論學記』, *Bodh-bh.* ⇨ 해행주

解行住, 칠지 七地❷, 삼현 三賢, 십회향 十廻向, 가행위 加行位, 자량위 資糧位

해형중육사경 解形中六事經 ➡마등녀해형중육사경 摩登女解形中六事經

해혜 海慧 ?~1145. 금(金) 희종(熙宗)대 스님. 출신은 미상이다. 영민하여 어릴 때부터 스승 없이 공부하였고, 한문이나 범어나 눈에 스치기만 하여도 다 외웠다고 한다. 강사(講肆)를 돌아다니다가 교학에 통달한 다음에 오대산(五臺山)에 들어가 15년 동안 좌선하였다. 어느 날 대장부라면 중생을 교화하는 일이 중요하다는 사실을 절감하고 연경(燕京)으로 가서 선사(禪寺)를 두루 돌아다니다가 1142년(황통2) 영도태자(英悼太子)가 상경회녕부(上京會寧府)의 궁 옆에 대저경사(大儲慶寺)를 세우고 다음 해에 개산조(開山祖)로 청하여 경내의 적경각(積慶閣)으로 맞아들였다. 1145년(황통5) 입적하였다. 희종과 도평황후(悼平皇后)가 친히 사리를 수습하여 다섯 곳에 나누어 탑을 세워 봉안하고, 불각우국대선사(佛覺祐國大禪師)라는 시호를 내렸다. 〔참고문헌〕『佛祖歷代通載』 권20(대정장49, p.687a25), 『釋氏稽古略』 권4(대정장49, p.886a11), 『大明高僧傳』 권7(대정장50, p.929b29).

해혜 解慧 Ⓟpaññā. 풀어 지혜롭게 되다. 『보요경』 권7(대정장3, p.524c17)에 "선으로 기쁜 것은 밥으로 삼고, 알아 지혜로움은 죽으로 삼으니, 길이 편안하고 변고는 없었다. 禪悅爲食 解慧爲漿 永安無橫"라고 하였다. 〔참고문헌〕『普曜經』, *SN.1.17.*

해호석 解虎錫 북제(北齊)대 승조(僧稠)선사 석장(錫杖)으로 호랑이의 싸움 말리다. 『당고승전』 권16 「승조전」(대정장50, p.553c29)에 "후에 회주의 서왕옥산에 가서 이전에 닦던 법을 수습하던 차에 두 호랑이 으르렁거리며 싸우는 소리 암자까지 흔들자 석장으로 뜯어 말리니 각자 흩어져 가버렸다. 後詣懷州 西王屋山 修習前法 聞兩虎交鬪 咆響振巖 乃以錫杖中解 各散而去"라고 하였고, 『신승전』 권3 「승조전」(대정장50, p.966c19)에도 같은 이야기가 전한다. 『증도가』(대정장48, p.396a22)에 "용을 항복시킨 발우, 호랑이 싸움을 말린 석장, 두 고리에 달린 금환 등 울려 역력하다. 降龍鉢 解虎錫 兩鈷金環鳴歷歷"라고 하였다. 〔참고문헌〕『唐高僧傳』, 『神僧傳』, 『證道歌』, 『祖庭事苑』 권7 「解虎錫」(卍속장113, p.220a1).

해호암 解虎庵 전라북도 김제시 금구면 모악산(母岳山) 금산사(金山寺)의 암자. 『한국사찰전서』 권하 금산사에는 "지금은 폐사다. 今廢"라고 하였다. 〔참고문헌〕『韓國寺刹全書』 권하 p.1148a10.

해혹 解惑 지혜인 해와 번뇌인 혹. 서로 마주해서 있고 또 없게도 되는 관계다. 『마하지관』 권8(대정장46, p.104c6)에 "가로막는 장애가 두터우면 마땅히 조도를 닦아야 하고, 이미 해와 혹이 서로 마주한다면 마땅히 원조의 수단을 찾아야 한다. 若遮障重 當修助道 旣解惑相持 便應索援", 『지관보행전홍결』 권6(대정장46, p.356b19)에 "그러므로 지혜가 있을 때는 번뇌가 없고, 번뇌가 있을 때는 지혜가 없다. 이에 『마하지관』에서 '해와 혹은 함께하지 않는다'고 하였다. 故有智慧時 則無煩惱 有煩惱時 則無智慧 是故 文云 解惑不俱", 『법화경문구보정기』 권5(卍속장45, p.182a18)에 "해혹이라 한 것은, 해라 하면 모든 교설 안팎에서 밝힌 범부위 이상에서 관혜이고, 혹이란 모든 교설에서 조복한 번뇌와 번뇌 다하지 못한 위다. 인천에서는 두 가지 번뇌를 갖춘다. 解惑者 解卽諸敎內外 凡位已上觀解 惑卽諸敎伏惑及惑未盡位 並於人天 皆具惑也"라고 하였다. 〔참고문헌〕『摩訶止觀』·권6(대정장46, p.85c9), 『止觀輔行傳弘決』, 『法華經文句輔正記』.

해회 海會 ❶ 바다처럼 모여 한 맛(一味)으로 움직이는 승가(衆) 또는 총림(叢林)의 대중(大衆)을 가리킨다. 『설두어록』 권2(대정장47, p.678a20)에 "서통(胥通)이 물었다. '절 이름을 해회라고 해 놓고 어째서 스님들은 백 명에 불과합니까?' '사람이 가난하면 지혜도 적다'. 胥云 旣是海會 爲甚只有百僧 師云 人貧智短"라고 하였다. 〔참고문헌〕『雪竇語錄』. ⇨해덕팔경 海德八經, 대해팔부사의 大海八不思議 ❷ 해인삼매(海印三昧)로 나툰 화엄의 바다. 『화엄경소초』 권1(대정장36, p.5c12)에 "모든 대보살도 생각으로 알 수 없거늘 하물며 범부의 분별로 그 아득한 경계를 헤아릴 수 있겠는가! 그러므로 헤아리기 어려운 해회라 한다. 諸大菩薩 尙不能思 豈況凡情 測其涯際 故云難思之海會", 『화엄경소초현담』 권1(卍속장8, p.360a16)에 "해회라는 말은 깊고 넓다는 뜻이다. 곧 보현 등의 성중들은 그 덕의 깊이는 부처님과 같고 그 수의 너비는 찰진과 같으므로 바다라 부른다. 言海會者 以深廣故 謂普賢等衆 德深齊佛 數廣刹塵故稱爲海"라고 하였다. 〔참고문헌〕『華嚴經疏鈔』, 『華嚴經疏鈔玄談』, 『華嚴經疏』 「序」(대정장35, p.503a14), *Gaṇḍ-vy.422.* ⇨해인삼매 海印三昧 ❸ ➡해회탑 海會塔

해회 解會 분별로 아는 것. 지해(知解)라고도 한다. 『운문광록』 권상(대정장47, p.545b25)에 "구하고 찾아 헤아려 알고자 하면 점점 더 얽히고 설켜 마음인즉 어긋난다. 求覓解會 轉沒交涉 擬心卽差", 『선관책진』 「몽산이선사시중 蒙山異禪師示衆」(대정장48, p.1099b11)에 "해인삼매라 해도 쓰려 하면 얻지 못한다. 앞선 알음알이 모아 좇아 쓰려한즉 얻을 것은 없다. 海印三昧 也用不得 從前解會的 也用不得"라고 하였다. 〔참고문헌〕『雲門廣錄』, 『禪關策進』. ⇨ 지해 知解

해회단 海會壇 바다처럼 모이게 해서 모신 단. 밀교의 만다라(曼荼羅 Ⓢ maṇḍala)를 이르는 말. 『분별성위경』「서 序」(대정장18, p.287c20)에 "무릇 진언다라니종이란 일체여래의 비밀하고 심오한 가르침이니 스스로 성스러운 지혜를 깨닫는 돈증의 법문이다. 또한 보살이 청정한 계율과 무량한 위의를 구족하고 일체 여래의 해회단에 들어가 보살의 직위를 받고 삼계를 초월한다. 부처님께서 가르치신 삼마지문을 받고 인연을 구족하여 공덕과 광대한 지혜를 단박에 쌓고 무상보리에서 퇴전하지 않는다. 천마의 일체번뇌와 죄장을 떠나고 찰나찰나 원융하게 증득한다. 夫眞言陀羅尼宗者 是一切如來祕奧之敎 自覺聖智 頓證法門 亦是菩薩 具受淨戒無量威儀 入一切如來海會壇 受菩薩職位 超過三界 受佛敎勅三摩地門 具足因緣 頓集功德 廣大智慧 於無上菩提 皆不退轉 離諸天魔一切煩惱及諸罪障 念念融證"라고 하였다. 〔참고문헌〕『分別聖位經』.

해회사 海會寺 ❶ 중국 절강성(浙江省) 항현(杭縣)에 있는 절. 투자의청(投子義靑)이 조동종(曹洞宗) 선풍을 떨치던 거점이다. 이전에는 석불지사(石佛智寺) 또는 대승석불사(大乘石佛寺)라고도 불렸다. 오월왕(吳越王)이 지었고, 북송(北宋)대인 상부년간(1008~1016) 적선회회사(積善海會寺)라 개명하였다. 그 뒤 수십 년이 지나 조동종이 쇠락하면서 운거도응(雲居道膺)의 후계에 의해 명맥이 유지되었고, 이어서 투자의청이 부산법원(浮山法遠)에게 의발(衣鉢)을 전수받은 다음 1073년(희녕6)에 이곳에 들어왔다. 〔참고문헌〕『武林梵志』 권1(대장경보편29, p.491a5). ❷ 산서성(山西省) 양성현(陽城縣) 동쪽으로 15리 지점의 대교촌(大橋村)에 있는 절. 894년(건녕1)에 창건될 당시는 곽속원(郭谷院)이었고, 당 소종(昭宗)이 용천선원(龍泉禪院)이라 개명하였으며, 금대인 1187년(대정27) 이곳에 주석하던 종우(宗祐)가 중수한 뒤 해회사로 다시 개명하였다. ❸ 안휘성(安徽省) 동성현(桐城縣) 동쪽으로 70리 지점의 백운산(白雲山)에 있는 절. 백운수단(白雲守端 1025~1072)이 창건하였다. 〔참고문헌〕『宗統編年』 권21(卍속장147, p.311b13), 『大明一統志』 권14, 『大淸一統志』 권76. ❹ 강서성(江西省) 여산(廬山) 남쪽 기슭에 있는 절. 명대인 1618년(만력46)에 창건하였고, 청대 중수하였다. 원대 명필 조자앙(趙子昂)이 서사(書寫)한 『법화경 法華經』과 심월화상(心月和尙)이 손으로 새긴 오백나한도탁본(五百羅漢圖拓本) 그리고 보초(普超)가 피로 서사한 『화엄경』이 지금까지 보존되어 있다.

해회성중 海會聖衆 바다처럼 넓고 깊은 성스런 무리들. 한 부처님이 계시면 반드시 한 세계가 있고, 그곳에는 반드시 성스런 무리들과 함께 하신다. 화엄성중·미타성중 등이 그들이다. 법장(法藏)의 『화엄경전기』 권1「부류 部類」(대정장51, p.153a15)에 "생각건대 이 경은 바로 비로자나부처님 법계신운으로 연화장장엄세계해에 계실 적에 해인삼매에 들어 보현 등의 해회성중과 더불어 대보살을 위해 설하신 것이다. 案 此經是毘盧遮那佛法界身雲 在蓮華藏莊嚴世界海 於海印三昧內 與普賢等 海會聖衆 爲大菩薩所說也", 『화엄경해인도량참의』 권42「직언찬불 直言讚佛」(卍속장128, p.706a4)에 "오직 원컨대 아미타불과 해회성중이시여, 몸은 연화대 머무시고 마음은 부처님 경에 머물게 하소서. 惟願彌陀海會聖衆 身住華臺 心存佛境"라고 하였다. 〔참고문헌〕『華嚴經傳記』, 『華嚴經海印道場懺儀』, 『大方廣總持寶光明經』 권5(대정장10, p.904c29). ⇨ 해회 海會❷

해회탑 海會塔 스님들(衆僧)의 유골을 함께 모신 탑. 보동탑(普同塔)·보통탑(普通塔)이라고도 한다. 해회는 모든 물줄기 다 품지만 썩은 것과 주검은 없게 하는 일미(一味)의 바다를 비유로 삼았다. 적멸(寂滅)에 들어 생사 벗어난 스님들의 법구를 함께 모신 뜻으로, 그 양식은 흔히 오륜탑(五輪塔)이고 전방에는 '해회탑'이라는 탑호를 새기고, 후방에는 사리공을 두었으며, 위에는 옥개를 덮고, 하부에 석감(石龕)을 조성하여 다비 때마다 사리를 수습하여 모신다. 『찬향록』 권하「사리무일순공전 闍黎無一純公傳」(卍속장125, p.880a5)에 "그해 12월 대한일에 사리를 해회탑에 봉안하였다. 卽於本年臘月大寒日 入舍利窟之海會塔", 『설봉지』 권8「중수해회탑기 重修海會塔記」(대장경보편24, p.629a7)에 "해회탑은 오래도록 설봉사 서쪽에 있었다. 진각대사가 창건한 때부터 스님들이 입적하신 분이 삼천여 분인데 모두 다비 후 사리가 탑으로 되돌아갔다. 海會塔舊在雪峰寺之西 眞覺大師所剏時 僧衆亡過者 三千餘人 俱荼毘歸骨于塔", 『선원청규』 권7「망승 亡僧」(卍속장111, p.913a6)에 "다음날 당주와 유나는 법사하여 사리를 수습하고 보동탑에 넣는다. 次日 堂主維那 法事收骨 入普同塔"라고 하였다. 〔참고문헌〕『餐香錄』, 『雪峰志』, 『禪苑淸規』. ⇨ 보동탑 普同塔, 보통탑 普通塔

해효 解曉 ❶ 무명주지와 습기를 끊어 얻은 해탈(解脫). 『유마경의소』 권5(대정장38, p.968c13)에 "얻지 못하고도 '얻었다' 하면 '증상만'이라 하니 이런 사람을 위해서 '삼독을 끊어야 해탈이다'라 설하였다. 또 은밀히 이승을 교화하여 대도로 돌아가게 하였는데 이승의 미구경마저 '구경'이라 한다면 이것이야말로 증상만이니 이런 사람을 위해서 다시 '무명주지와 그 습기를 끊어야 해효다'라 설하였다. 만약 이런 연이 아니었다면 부처님께서 '오주지(五住地)가 해효다'라 설하셨을 것이다. 未得謂得 名增上慢 爲此人故 說斷三毒 名爲解脫也 又密化二乘 令歸大道 二乘未究竟謂究竟 卽是增上慢也 爲此人故 更說斷無明住地 及以習氣 名爲解曉 若無此緣 佛說五住 卽是解曉"라고 하였다. [참고문헌] 『維摩經義疏』, 『維摩經』 권중(대정장14, p.548a16). ⇨ 해탈 解脫❶ ❷ 밝히 알다. 『석가여래응화록』 권상 「선인구도 仙人求度」(卍속장130, p.351b13)에 "용왕이 나라다선의 처소에 가서 이 게송의 뜻을 물었지만 분명하게 알지 못하였다. 龍王 至那羅陀仙所 問此偈義 不能解曉"라고 하였다. [참고문헌] 『釋迦如來應化錄』.

해희 海狶 돌고래. 희는 희(豨)와 같이 쓴다. 『유부율』 권32(대정장23, p.801a3)에 "상괭이와 돌고래가 있는 곳은 험난하다. 江豘海狶 在處爲難", 『일체경음의』 권61(대정장54, p.712b1)에 "해희라는 말은 바다 물고기로 그 형상이 돼지를 닮았기에 바다돼지라는 뜻의 해저라 한다. 강돈(상괭이)과 같은 무리이다. 言海豨者 海中魚 其形似猪 故名海豬 亦江豚之類也"라고 하였다. [참고문헌] 『有部律』, 『一切經音義』.

핵론 覈論 샅샅이 논하다. 『대반열반경집해』 권20(대정장37, p.461b13)에 "도생이 말했다. '이의 속을 샅샅이 논하면 반드시 연을 따라 날 뿐 다른 것도 아니고 스스로도 아니다'. 道生曰 覈論理衷 要從緣生 非他非自也", 『법화경의기』 권4(대정장33, p.619b17)에 "비록 열 가지 지가 있지만 수레의 몸통 샅샅이 살펴보면 오직 진지와 무생지만을 취할 수밖에 없고 그 나머지 여덟 지혜는 바르게 말해 수레의 몸은 아니다. 雖有十智 今覈論車體 唯取盡智 無生智 以當車體 其餘八智 非正車體"라고 하였다. [참고문헌] 『大般涅槃經集解』, 『法華經義記』.

핵실 覈實 실을 샅샅이 살피다. 핵실(核實)이라고도 한다. 『조론소』 권하(대정장45, p.193b15)에 "핵체 제이 : 실다운 것 샅샅이 하다. 열반의 바탕을 따져서 살핀다는 뜻에서 이와 같다고 한다. 覈體第二 覈實也 責覈涅槃之體 故云如此也", 『일체경음의』 권75(대정장54, p.798a8)에 "핵실〈핵이라고만 해도 같은 뜻이다. 핵은 호와 혁을 반절한 음이다. 『설문』에 '실다운 일을 살핀다는 뜻이고, 살펴 샅샅이 하다의 뜻이기도 하다'라고 한다〉. 覈實〈又作覈同 胡革反 說文 考實事也 亦審覈之也〉"이라고 하였다. [참고문헌] 『肇論疏』, 『一切經音義』.

행 行 ❶ Ⓢ gamana. 걷다. 또는 가다. 『기세인본경』 권10(대정장1, p.414b25)에 "비구들이여, 약간의 찰나(刹那 Ⓢ kṣaṇa)나 약간의 라파(羅婆 Ⓢ lava)와 모휴다(牟休多 Ⓢ muhūrta)에도 저 해의 궁전은 여섯 달을 북쪽으로 가는데, 해는 하루에 6구로사(俱盧奢 Ⓢ krośa)를 가면서 일찍이 잠시도 해의 길에서 벗어나지 않았다. 여섯 달을 남쪽으로 가는데, 역시 하루에 6구로사를 가면서 해의 길에서 어긋나지 않았다. 諸比丘 若干刹那 若干羅婆 及牟休多 其日宮殿 六月北行 日於一日 行六俱盧奢 不曾暫時 離於日道 六月南行 亦一日 行六俱盧奢 不差日道", 『득도인연경』 권하(대정장2, p.851b25)에 "그때, 사바세계의 주재자인 대범천왕은 이 일을 알고, 곧 색계의 모든 천자들과 함께 와서 부처님을 오른쪽에서 모시고 갔으며, 제석천주도 이 일을 알고, 곧 욕계의 모든 천자들과 함께 와서 부처님을 왼쪽에서 모시고 갔다. 時 娑婆界主 大梵天王 知是事已 卽與色界 諸天子衆 來佛右邊 侍衛而行 帝釋天主 知是事已 卽與欲界 諸天子衆 來佛左邊 侍衛而行"라고 하였다. [참고문헌] 『起世因本經』, 『得度因緣經』. ⇨ 사위의 四威儀 ❷ Ⓢ caryā, carita, Ⓟ cariyā, carita. 선(善)·불선(不善) 등의 행위. 『대집법문경』 권상(대정장1, p.227c9)에 "첫째는 선, 둘째는 불선이다. 어떤 것이 '선'인가? 즉 신업의 선행과 어업의 선행과 의업의 선행이다. 무엇을 '불선'이라고 하는가? 신업의 불선행과 어업의 불선행과 의업의 불선행을 말한다. 一 善 二 不善 何等爲善 謂身業善行 語業善行 意業善行 何名不善 謂身業不善行 語業不善行 意業不善行", 『사익범천소문경』 권3(대정장15, p.48c5)에 "항하사와 같은 겁을 하루로 삼고 이러한 삼십일을 한 달로 삼으며 열두 달을 일 년으로 삼는데, 이런 일 년으로 백천만억 겁을 지나 한 분의 부처님을 만난다. 이와 같이 하여 항하사와 같은 부처님의 처소에서 모든 범행을 행하여 공덕을 닦아 쌓은 다음에 아누다라삼막삼보리의 수기를 받아 마음에 휴식이 없고 피곤하거나 권태로움이 없는 이를 보살이라고 한다. 若恒河沙等劫爲一日一夜 以是三十日爲一月 十二月爲歲 以是歲數若過百千萬億劫 得値一佛 如是 於恒河沙等佛所 行諸梵行 修集功德 然後受阿耨多羅三藐三菩提記 心不休息 無有疲倦 是名菩薩"라고 하였다. [참고문헌] 『大集法門經』, 『思益梵天所問經』. ❸ Ⓢ saṃskāra, Ⓟ saṅkhāra, Ⓣ 'du-byed. 움직여(造作) 변하고(遷變) 이어감(相續)이 있는 무상(無常)한 일체유위법의 흐름. 십이지연기(十二支緣起)의 두 번째 지(支)와 오온(五蘊) 중의 행온(行蘊)을 말하며, 유위상(有爲相)인 생주이멸(生住異滅)로 움직인다. 『잡아함경』 권14(대정장2, p.95a24)에 "거룩한 제자는 행(行)에 대해 여실하게 알고, 행이 쌓이고, 행이 사라지고, 행이 사라지게 하는 길의 자취까지 여실하게 안다. 어떤 것이 행에 대해 여실하게 아는 것인가? 행에는 세 가지 있으니 신행·구행·의행이다. 이와 같이 행에 대해 여실하게 안다. 어떤 것이 행의 쌓임에 대해 여실하게 아는 것인가? 무명이 쌓이면 곧 행의 쌓임이다. 이와 같이 행의 쌓임을 여실하게 안다. 어떤 것이 행의 사라짐을 여실하게 아는 것인가? 무명의 멸이 곧 행의 멸이다. 이와 같이 행의 멸에 대해 여실하게 안다. 어떤 것이 행이 사라지게 하는 발자취를 여실하게 아는 것인가? 팔성도를 말한다. 聖弟子於行如實知 行集 行滅 行滅道跡如實知 云何行如實知 行有三種 身行 口行 意行 如是行如實知 云何行集如實知 無明集是行集 如是行集如實知 云何行滅如實知 無明滅是行滅 如是行滅如實知 云何行滅道跡如實知 謂八聖道",『출요경』 권23(대정장4, p.732b29)에 "'행이 제일의 괴로움이다'란 무슨 말인가? 사람이 세상에 처함에 뜻을 가져 나아감이 같지 않고 그 익히는 것 또한 각각 다르다. 굶주림과 추위에 고통받고 몸을 깎는 혹독한 괴로움도 당한다. 사람으로 몸을 받아도 모태 속의 어두운 곳에 처해 아프고, 설사 다시 세상에 나온다 해도 몸을 찢는 아픔이 있다. 모든 감관을 구족한 후에는 늙어 죽고 병드는 곤고함을 당해, 몸은 변하고 정신 또한 좇아 문득 저 선악과보를 받게 될 것이다. 이것은 짓고 행해서 이르게 된 것일 뿐이다. '행이야말로 제일의 고통이다'라고 한다. 行爲第一苦者 夫人處世 志趣不同 所習各別 飢寒勤苦 切身之酷 若人受形 當有處胎冥室之患 設復降形 有折體之惱 諸情具足 當有衰喪老病所困 形變神從 便當受彼善惡之報 斯由造行之所致也 是故說曰 行爲第一苦也",『대지도론』 권5(대정장25, p.100b12)에 "십이인연생법과 종종의 법문을 능히 솜씨 있게 설하셨으니, 번뇌·업·사가 차제로 펴고 구르고 상속하여 생하니 이를 십이인연이라 이름한다. 이 중 무명·애·취의 삼사를 번뇌라 이름하고, 행·유의 이사를 업이라 이름하며, 나머지 칠분을 사라 이름한다. … 무명 따라 업을 생하여 능히 세계과 짓기에 이름하여 행이라 한다. 十二因緣生法種種法門 能巧說 煩惱業事 次第展轉相續生 是名十二因緣 是中無明愛取三事 名煩惱 行有二事 名業 餘七分 名事 … 從無明生業 能作世界果 故名爲行", 같은 책 권36(대정장25, p.325b21)에 "행중(行衆 : 行蘊)이란 부처님께서 어느 때에는 '일체유위법을 이름하여 행이라 한다'라고 설하셨고 혹은 삼행을 설하셨으니 신행·구행·의행이다. … 아비담에서는 수·상을 제한 나머지 심수법과 무상정·멸진정 등 마음과 상응하지 않는 법을 이름하여 행중이라 한다. 行衆者 佛或時說 一切有爲法名爲行 或說三行 身行 口行 意行 … 阿毘曇 除受想 餘心數法 及無想定 滅盡定等心不相應法 是名爲行衆", 같은 책 권90(대정장25, p.696b21)에 "〔문〕 식은 어떤 인연으로 입태하는가? 〔답〕 행의 인연이다. 행은 곧 과거의 삼종업이니 업이 식을 가져 입태한다. 마치 저 바람이 불어와 아지랑이를 끊고 공중으로 가 버리듯 아지랑이가 바람에 의지함과 같다. 선세에 사람 몸 지었을 때 육식 타올랐으니 목숨 마칠 때 업이 식을 가져 입태하는 것이다. 〔문〕 위의 업은 어째서 유라 이름하고, 지금의 업은 어째서 행이라 이름하는가? 〔답〕 위에서는 금세의 업이 미래의 유가 되기에 이름하여 유라 하였지만, 지금의 업은 과거세에 이미 멸진하여 단지 이름만 있을 뿐이므로 행이라 한다〈천축어 산가라는 진나라 말로 행이다〉. 이 행의 인연을 무명이라 이름한다. 問曰 識何因緣故入胎 答曰 行因緣 行卽是過去三種業 業將識入胎 如風吹絶焰 空中而去 焰則依止於風 先世作人身時 然六識故 命終時 業將識入胎 問曰 上業何以名有 今業何以名行 答曰 上是今世業 爲未來有 故名爲有 今業 過去世已滅盡 但有名 名爲行〈天竺語 删迦羅 秦言 行〉 是行因緣名無明",『미륵보살소문경론』 권9(대정장26, p.273a20)에 "마치 저 사람이 탐심에 의지하여 살생함에 저곳에서 있었던 바 미함과 어리석음 등을 이름하여 무명이라 하고, 저곳에서 있었던 사와 상응하는 마음을 이름하여 행이라 함과 같다. 如人依止貪心殺生 彼處所有迷愚癡等 名爲無明 彼處所有相應思心 是名爲行",『대비바사론』 권24(대정장27, p.125b24)에 "〔답〕 과거생에 지은 바 업으로서 과가 이미 익은 것은 이미 쇠해서 수용하였으며 과와 더불어 마친 일이기에 세력이 없어서 능히 다시 후유의 이숙을 이끌 수 없는데 이미 조작했고 이미 변천했기에 설하여 행이라 이름한다. 그러나 현재생에 지은 바 업으로서 이 생 중에 과가 아직 익지 않은 것은 저것과 상위하기에 설하여 유라 이름한다. 答 過去生所造業 果已熟者 已衰朽 已受用 已與果 已辦事 無勢力 不能更引後有異熟 然已造作 已遷變故 說名爲行 現在生所造業 於此生中 果未熟者 與彼相違 說名爲有", 같은 책 권74(대정장27, p.383c2)에 "〔문〕 행온이란 무엇인가? 〔답〕 계경에 설하길 이것은 육사신이니, 안촉으로 생한 바 사 내지 의촉으로 생한 바 사다. 아비달마에서는 설하길 이 행온에는 대략 두 종이 있으니, 상응행과 불상응행이며 내지 광설하였다. 〔문〕 세존께서는 어째서 상응과 불상응의 행온 중에 치우치게 설하시어 사는 행온이 되고 나머지 행은 아니라고 하셨는가? 〔답〕 사는 시설된 행온의 법 중에서 가장 상수가 되며, 사는 능히 제행을 인도하고 거둬 기르기에 부처님께서 치우치게 설하신 것이다. … 또한 유위를 조작하기에 이름하여 행이라 하는데, 사는 짓는 성이지만 다른 법은 그렇지 않기에 부처님께서 치우치게 설하시어 사는 행온이라 하셨다. 問 行蘊云何 答 契經說 此是六思身 謂眼觸所生思 乃至意觸所生思 阿毘達磨說 此行蘊 略有二種 謂相應行 不相應行 乃至廣說 問 世尊何故 於相應不相應行蘊中 偏說思爲行蘊 非餘行耶 答 思於施設行蘊法中 最爲上首 思能導引攝養諸行 故佛偏說 … 復次 造作有爲 故名爲行 思是造性 餘法不爾

故佛偏說 思爲行蘊", 같은 책 권74(대정장27, p.384c28)에 "또한 행은 조작을 이르는데, 유위법 중 능히 조작하는 것은 사가 가장 뛰어나서 사는 다만 이 행온 중에 거둬지기에 이 행온을 홀로 이름하여 행이라 한다. 復次 行謂造作 有爲法中 能造作者 思最爲勝 思但攝在此行蘊中 故此行蘊 獨名爲行", 『구사론』 권1(대정장29, p.4a6 : *Abh-k-bh.*, p.10)에 "앞과 뒤의 색수상식을 제한 나머지 일체행을 행온이라고 한다. 그런데 세존께서 계경중에 '육사신이 행온'이라고 하신 것은 이것이 가장 수승하기 때문이다. 그 까닭은 무엇인가? '행'이란 지어 만듦인데, 사(思)야말로 바로 업의 성질로 조작의 뜻이 강하기에 가장 수승하다. 그러므로 부처님께서는 '만약 능히 유루의 유위를 조작하는 것이라면 이것을 행취온이라 한다'라고 설하셨다. 除前及後色受想識 餘一切行 名爲行蘊 然薄伽梵 於契經中 說六思身 爲行蘊者 由最勝故 所以者何 行名造作 思是業性 造作義强 故爲最勝 是故 佛說 若能造作 有漏有爲 名行取蘊 rūpa-vedanā-saṃjñā-vijñānebhyaś-catubbryo 'nye tu saṃskārāḥ saṃskāra-skandhaḥ. bhagavatā tu sūtre ṣaṭ cetanā-kāyā ity-uktaṃ prādhānyāt. sā hi karma-svarūpatvād-abhisaṃskaraṇe pradhānā. ata eva-uktaṃ bhagavatā saṃskṛtam-abhisaṃskaroti. tasmāt saṃskārā upādāna-skandha ity ucyata iti", 『유가사지론』 권10(대정장30, p.324c11)에 "〔문〕 무명은 행을 바라보아 몇 종의 연이 되는가? 〔답〕 모든 색의 행을 바라보면 증상연이 되지만, 무색행을 바라보면 세 연이 되니 등무간연·소연연·증상연이다. 이와 같이 나머지 지에 대해서도 연이 되는 많고 적음을 응당 이와 같이 알아야 하니, 유색지는 유색지를 바라보면 하나의 증상연이 되지만, 무색지를 바라보면 두 연이 되니 소연연과 증상연이다. 만약 무색지가 유색지를 바라보면 오직 한 연이 되지만 무색지를 바라보면 세 연이 되니 등무간연·소연연·증상연이다. 問 無明望行 爲幾種緣 答 望諸色行 爲增上緣 望無色行 爲三緣 謂等無間緣 所緣緣 增上緣 如是餘支 爲緣多少 應如此知 謂有色支 望有色支 爲一增上緣 望無色支 爲二緣 謂所緣緣 及增上緣 若無色支 望有色支 唯爲一緣 望無色支 爲三緣 謂等無間緣 所緣緣 增上緣", 같은 책 권52(대정장30, p.585c29)에 "〔문〕 만약 유위법이 생·노·주·멸의 네 유위상을 구족하여 가히 얻을 수 있다면, 어째서 세존께서는 첫째 생, 둘째 멸, 셋째 주이성이라는 세 종만을 설하셨는가? 〔답〕 일체행은 삼세로 나타나기 때문이다. 미래세를 따라 본래 없다가 생하니 이 때문에 세존께서는 미래세를 말미암아 유위법에 생이라는 유위상을 설하셨다. 그런데 저것은 이미 생하고 나면 떨어져 과거로 사라지니 이 때문에 세존께서는 과거세를 말미암아 유위법에 멸이라는 유위상을 설하셨다. 현재세의 법은 두 모습으로 나타나 머무름과 달라짐을 이른다. 소이는 무엇인가? 오직 현재시에만 가히 얻을 수 있는 머무름이 있으며, 전후로 변하여 달라짐 또한 오직 현재뿐이다. 이 때문에 세존께서는 현재세를 말미암아 유위법에 머무름과 다름을 다 모아 하나의 유위상으로 삼으셨다. 問 若有爲法 生老住滅 四有爲相 具足可得 何故世尊 但說三種 一 生 二 滅 三 住異性 答 由一切行 三世所顯故 從未來世 本無而生 是故 世尊 由未來世 於有爲法 說生有爲相 彼旣生已 落謝過去 是故 世尊 由過去世 於有爲法 說滅有爲相 現在世法 二相所顯 謂住及異 所以者何 唯現在時 有住可得 前後變異 亦唯現在 是故 世尊 由現在世 於有爲法 總說住異 爲一有爲相", 『성유식론』 권8(대정장31, p.43b27)에 "그러나 십이지는 대략 거두어 넷이 된다. 첫째는 능인지니 무명과 행을 이른다. 능히 식 등 다섯 과의 종자를 이끌기 때문이다. 이 중 무명은 오직 능히 바로 후세를 느끼는 선악업을 발할 수 있는 것만을 취하니, 곧 저 발한 바를 이에 이름하여 행이라 한다. 이로 말미암아 일체의 순현수업과 별조당업은 모두 행지가 아니다. 然十二支 略攝爲四 一 能引支 謂無明行 能引識等五果種故 此中無明 唯取能發正感後世善惡業者 卽彼所發 乃名爲行 由此一切順現受業別助當業 皆非行支", 『불성론』 권3(대정장31, p.802c15)에 "일체유위법을 행이라 이름하니, 네 가지 모습과 상응하기 때문이다. 네 가지 모습이란 첫째 생, 둘째 이, 셋째 주, 넷째 멸이다. 일체유위법은 전제를 잡으면 생이라는 모습과 상응하지만, 후제를 잡으면 멸이라는 모습과 상응하며, 중을 잡으면 이와 주라는 모습과 상응하는데, 행하고 부리면서 쉬지 않기에 이름하여 행이라 한다. 一切有爲法 名行 與四相相應故 四相者 一 生 二 異 三 住 四 滅 一切有爲法 約前際 與生相相應 約後際 與滅相相應 約中 與異住相相應 行役不息 故名爲行", 『중관론소』 권7(대정장42, p.104b7)에 "〔문〕 십이인연의 행지와 오음 안의 행음에는 어떤 다름이 있는가? 〔답〕 십이인연의 행지는 다만 인행이지만, 오음 중의 행음은 두 뜻을 갖추고 있다. 첫째 행음은 선악을 일으켜 짓는 인이므로 이름하여 행이라 하고, 둘째 네 음을 제하고 이외의 일체유위법은 모두 행음 중에 거두기에 이름하여 행이라 한다. 問 十二因緣行支 五陰內行陰 此有何異 答 十二因緣行支 但是因行 五陰中行陰 具有二義 一者 行陰起作善惡之因 名爲行 二者 除四陰以外 一切有爲法 皆攝在行陰中 故名爲行", 같은 책 권10(대정장42, p.162a1)에 "〔문〕 무엇 때문에 '무명이 연이 되어 행'이라고 말하고 '행이 연이 되어 무명'이라고 말하지 않는가? 〔답〕 『바사』에 '십이지가 전후로 상생하므로 앞은 뒤의 연이 되지만 뒤는 앞의 연이 되지 않는다'라고 하였기에 다만 무명이 행을 생할 뿐 행은 무명을 생하지 않는다. 〔문〕 무명은 모두 십이지에게 연이 되는데 어째서 단지 행의 연이된다고

만 하는가? [답] 가깝게는 행에게 연이 되지만 멀게는 십이지에게 연이 된다. 지금은 가깝게 설한 것이고 멀게는 설하지 않았기 때문이다. 問 何故言無明緣行 不言行緣無明 答 婆沙云 十二前後相生 前爲後緣 非後爲前緣 故但無明生行 行不生無明 問 無明皆爲十二作緣 何故但言緣行 答 近爲行作緣 遠爲十二作緣 今說近不說遠"라고 하였다 [참고문헌]『雜阿含經』, 『出曜經』, 『大智度論』, 『彌勒菩薩所問經論』, 『大毘婆沙論』, 『俱舍論』, 『瑜伽師地論』, 『成唯識論』, 『佛性論』, 『中觀論疏』, *Abh-k-bh.*, *SN. 3.21.* ⇨ 십이인연 十二因緣, 오온 五蘊, 유위삼상 有爲三相, 유위사상 有爲四相, 유위법 有爲法

행 幸 **1** 바라건대. 원컨대. 『무량수경』(대정장12, p. 267b14)에 "바라건대 부처님께서 저의 진실한 증거를 믿어 밝혀 주십시오. 저 국토에 서원을 일으켜 원하는 바에 힘써 정진하겠습니다. 幸佛信明 是我眞證 發願於彼 力精所欲", 『대당서역기』 권6(대정장51, p.903a18)에 "이때 정거천자는 이발사로 모습을 화현하여 날카로운 칼을 손에 들고서 천천히 걸어왔다. 그러자 태자가 그에게 말했다. '머리를 깎을 수 있는가? 바라건대 나를 깨끗하게 해 다오'. 화현한 이발사는 명을 받고 마침내 머리를 깎아 주었다. 時 淨居天子 化作剃髮人 執持銛刀 徐步而至 太子謂曰 能剃髮乎 幸爲我淨之 化人受命 遂爲剃髮"라고 하였다. [참고문헌]『無量壽經』, 『大唐西域記』. **2** Ⓢ dhanya. 다행히. 운 좋게. 『백오십찬불송』(대정장32, p.759c22)에 "나는 전생에 지은 복으로 인해 다행히 조어사를 만났으니, 산과 같이 드높은 공덕을 우러러 찬양하며 세존께서 설하신 말씀에 오래도록 보답하리라. 我因先世福 幸遇調御師 仰讚功德山 遠酬尊所說"라고 하였다. [참고문헌]『百五十讚佛頌』, *Śata-śa.76.*

행가 行家 뛰어난 장인. 무엇인가를 꾸준히 행하여 일가를 이룬 이. 『경덕전등록』 권16 「소산환보전 韶山寰普傳」(대정장51, p.333a27)에 "농부가 물시계를 세웠지 뛰어난 장인이 만든 것은 아니었다. 耕夫置玉漏 不是行家作"라고 하였다. [참고문헌]『景德傳燈錄』.

행각 行脚 문법(問法)하거나 중생교화를 위해 한곳에 머물지 않고 다니는 수행. 유방(游方·遊方)·유행(遊行) 등이라고도 한다. 머무는 일 없이 자유로운 납자(衲子)의 행각을 구름과 물과 같이한다 하여 운수(雲水)와 아울러 쓰기도 한다. 행각승(行脚僧)·운수승(雲水僧)·운수납자 등은 모두 같은 뜻이다. 『조정사원』 권8(卍속장113, p.240a1)에 "행각 : 행각이란 살던 곳에서 멀리 떠나 천하를 돌아다니며 정도 떨치고 속박도 내던지고서 스승과 벗을 찾아다니며 법을 구하여 깨우친다. 그런 이유로 배움에 특별히 정해진 스승이 없이 두루 찾아다니는 것을 섬긴다. 선재동자가 남쪽으로 구한 행적이나 상제보살이 동쪽으로 청한 일화가 모두 옛 성인들의 법을 구함이다. 영가현각(永嘉玄覺)이 강과 바다를 건너고 산천을 돌아다니며 스승을 찾아 도를 묻고 참선했던 일 또한 어찌 그렇지 않으랴! 行脚 行脚者 謂遠離鄕曲 脚行天下 脫情捐累 尋訪師友 求法證悟也 所以學無常師 遍歷爲尙 善財南求 常啼東請 蓋先聖之求法也 永嘉 所謂游江海涉山川 尋師訪道爲參禪 豈不然邪"라고 하였다. [참고문헌]『祖庭事苑』, 『釋氏要覽』 권하(대정장54, p.298b11). ⇨ 역참 歷參, 운수 雲水

행각법어 行脚法語 행각 떠나는 납자에게 주는 법어. 『계초심학인문』 「동산숭장주가 행각 떠나는 제자에게 주는 법어 東山崇藏主送子行脚法語」(대정장48, p.1005a19)에 "대저 행각하려 하면 반드시 이 도를 마음에 품어야 하며, 때마다 주어지는 공양이나 받아먹으며 그럭저럭 나날을 보내서는 안 된다. 반드시 생사라는 두 글자 가져 이마에 새겨놓고 십이시중에 겉치레는 찢어서 돌려놓고 언제나 매사에 분명하여야 비로소 옳다. … 그대 늦지 않게 칠통을 부수고 돌아와 내 등을 문질러 주길 바라네. 지극히 당부하고 당부하노라. 大凡行脚 須以此道爲懷 不可受現成供養了 等閑過日 須是將生死二字 釘在額上 十二時中 裂轉面皮 討箇分曉始得 … 望汝早早打破漆桶 歸來爲我揩背 至囑 至囑"라고 하였다. [참고문헌]『誡初心學人文』. ⇨ 행각 行脚

행각사 行脚事 행각해서 성취해야 할 일. 일대사(一大事) 또는 본분사(本分事)를 말한다. 『법안어록』(대정장47, p.588b4)에 "지장이 물었다. '어떤 것이 행각사인가?' '모르겠습니다' '모르겠다는 그 말이 가장 가까워 모든 것 끊었다'. 地藏云 作麽生是行脚事 師云 不知 地藏云 不知最親切", 『경덕전등록』 권23 「황벽법제전 黃檗法濟傳」(대정장51, p.389b11)에 "법좌에 올라 잠깐 있다가 말했다. '나 황벽의 주장자를 알아볼 수 있다면 평생을 행각한 일 마칠 것이다. 안녕히'. 上堂 良久曰 若識得黃檗杖子 平生行脚事畢 珍重"라고 하였다. [참고문헌]『法眼語錄』, 『景德傳燈錄』. ⇨ 납승행각사 衲僧行脚事, 납승본분사 衲僧本分事, 본분사 本分事

행각승 行脚僧 한곳에 머물지 않고 구법하거나 만행하여 널리 다니는 스님. 『분양어록』 권상(대정장47, p.597a24)에 "학인이 물었다. '어떻게 해야 첫 기틀 마주하는 한마디입니까?' '그대야말로 행각승 아닌가?' '무엇이 납승 가려내는 한마디입니까?' '서방정토에서도 해 뜨는 묘시라 하겠지'. 僧問 如何是接初機底句 師云 汝是行脚僧 如何是辨衲僧底句 師云 西方日出卯"라고 하였다. [참고문헌]『汾陽語錄』. ⇨ 행각 行脚

행각안 行脚眼 움직이면서도 움직이는 것들 보는 눈. 멈추지 않는(無住) 안목으로 멈추지 못한 것들(無常)을 사무쳐 아는 눈. 『벽암록』 66칙 「평창 評唱」(대정장48, p.196c4)에 "바랑 짊어지고 바리때 메고서 거친 풀 헤치면서 불조의 가풍을 흠모하여 돌아다니려면 반드시 행각하는 안목을 갖추어야 한다. 大凡挑囊負鉢 撥草瞻風 也須是具行脚眼始得", 『자명어록』(고존숙어록11, 卍속장118, p.286b1)에 "바로 이것이 남원의 주장자다. 도대체 무엇이 이 실상의 뜻인가? 그대들이 만약 보았다면 보고 듣는 그것에 돌림당할 것이며, 반대로 보지 못했다면 다니면서도 보는 안목은 어디에 두었단 말인가? 者個是南源拄杖子 阿那個是實相義 你若見去 被見聞所轉也 若不見 行脚眼在什麽處"라고 하였다. [참고문헌] 『碧巖錄』, 『慈明語錄』. ⇨ 행각 行脚

행강 行剛 1597~1654. 임제종 스님. 호는 기원(祇園). 가흥(嘉興 : 浙江省) 호(胡)씨의 딸. 밀운원오(密雲圓悟)를 은사로 삭발하고 구족계를 받았다. 그 뒤 금속사(金粟寺)의 석거통승(石車通乘) 문하에서 수행하다가 그 법을 이었다. 당시 본래면목을 참구하라는 지시를 받고 매진하였으나 소식이 없다가 끊임없이 피를 토하는 지경에 이르기까지 하던 어느 날 삭발한 머리카락이 떨어지는 순간 활연히 깨우쳤다. 그런 다음 매계복사원(梅溪伏獅院)에 주석하면서 선당(禪堂)을 열고 크게 대중을 이끌었다. 1654년(순치11) 9월 27일 세수 58, 법랍 23세로 입적하였다. 『복사기원선사어록 伏獅祇園禪師語錄』 2권(가흥장28, No.B210)을 남겼다. 어록의 「행장 行狀」과 「탑명 塔銘」에 주요 행적이 보인다. [참고문헌] 『五燈全書』 권72(卍속장141, p.497b7).

행건 行乾 1602~1673. 명말청초 임제종 스님. 호는 대박(大博). 속성은 호(胡) 씨. 촉(蜀 : 四川省) 달주(達州) 출신. 13세 때 서성사(西聖寺)로 출가하였고 20세 때 각지의 선지식을 찾아다닐 뜻을 세운 뒤 한수(漢水)를 건너 금속사(金粟寺)의 밀운원오(密雲圓悟)를 찾아뵈었다. 원오가 천동(天童)의 청을 받고 떠나게 되자 작별을 고하고 석거통승(石車通乘)을 찾아갔으며 통승이 입적하자 북쪽으로 가서 이름난 노숙들을 찾아뵈었다. 민충사(愍忠寺)에서 구족계를 받고서 다시 남쪽으로 내려와 용지(龍池)의 만여통미(萬如通微)를 찾아뵙고 51세에 인가를 받았다. 다시 작별을 고하고 북쪽으로 가서 연경(燕京 : 河北省)의 천진(天津) 지장암(地藏菴)·여래암(如來庵)·웅현(雄縣 : 河北省) 숭녕사(崇寧寺)·양촌(楊村 : 河北省) 보성사(報成寺)·탁주(涿州 : 河北省) 보도사(普度寺)·진문(津門) 반야사(般若寺)·서산(西山) 담자사(潭柘寺)·북경(北京) 법통사(法通寺)·자수사(慈壽寺) 등에 주석하였고, 만년에는 반산(盤山)으로 물러나 은거하다가 1673년(강희12) 8월 10일 세수 72세, 법랍 59세를 일기로 입적하였다. 어록으로 『대박건선사어록 大博乾禪師語錄』 5권(가흥장40, No.B472)이 있다.

행건도 行犍度 팔건도(八犍度) 중 하나. 선악의 업을 설한 편명(篇名). 『대명삼장법수』 권24(영락장182, p.411b1)에 "팔건도〈출처는 『팔건도론 八犍度論』〉. 범어 건도는 법취(法聚)라고 한역하는데, 부처님의 제자인 가전연이 모든 법문을 종류에 따라 여덟 범주(八聚)로 분류했기에 팔건도론이라고 한다. … 넷째, 행건도. 행은 신구의 삼업으로 일으키는 선악의 모든 행위를 말한다. 선행이란 몸으로 살생·도둑질·부적절한 음행을 짓지 않는 것이고, 입으로 거짓말·진실 없이 꾸미는 말·비방하며 이간질하는 말·거칠고 나쁜 말을 하지 않는 것이며, 마음속으로 탐욕·분노·어리석음을 일으키지 않는 것이다. 악행이란 몸으로 살생·도둑질·부적절한 음행을 하는 것이고, 입으로 거짓말·진실 없이 꾸미는 말·비방하며 이간질하는 말·거칠고 나쁜 말을 하는 것이며, 마음으로 탐욕·분노·어리석음을 일으키는 것이다. 이 때문에 행건도라고 한다. 八犍度〈出八犍度論〉 梵語犍度 華言法聚 謂佛弟子迦旃延 以諸法門 各從其類 分爲八聚 故名八犍度論 … 四 行犍度 行卽身口意三業所起善惡諸行也 善行者 身不殺盜婬 口不妄語綺語兩舌惡口 意不貪嗔癡 惡行者 身行殺盜婬 口起妄語綺語兩舌惡口 意起貪嗔癡 故名行犍度"라고 하였다. [참고문헌] 『大明三藏法數』. ⇨ 팔건도 八犍度

행걸 行乞 Ⓢ piṇḍa-bhakṣa-parāyaṇa, Ⓟ bhikkham pariyesati, bhikkhā-cariya. 다니며 걸식하다. 수행으로 걸식하다. 탁발(托鉢). 걸식(乞食)·행발(行鉢)이라고도 한다. 『비바시불경』 권하(대정장1, p.156c17)에 "바로 자리에서 일어나 가사 매무새를 가다듬고 손에 응량기를 집고서 차례대로 행걸하였다. 만도마성에 도착하자 안락녹야원으로 가서 잠깐 휴식하니 자재하여 두려움이 없었다. 卽從座起整衣服 手執應器 次第行乞 往滿度摩城 詣安樂鹿野園中 暫住止息 自在無畏", 『잡아함경』 권4(대정장2, p.22b23 : *Mātuposaka-sutta, SN.1*, p.181)에 "(젊은 婆羅門 鬱多羅가) 부처님께 아뢰었다. '세존이시여, 저는 항상 법에 맞게 행걸하고 그것을 가져다가 부모님께 공양하여 안락함을 얻고 괴로움을 여의게 합니다. 세존이시여, 제가 이렇게 행하면 많은 복을 받을 수 있겠습니까?' 白佛言 世尊 我常如法行乞 持用供養父母 令得樂離苦 世尊 我作如是 爲多福不 ahaṃ hi bho gotama dhammena bhikkhaṃ pariyesāmi. dhammena bhikkhaṃ pariyesitvā mātāpitaro posemi. kaccāhaṃ bho gotama evaṃkārī kiccakārī homīti", "부처님께서 울다라에게 말씀하셨다. '진실로 많은 복을 받는다. 왜 그런가? 법에 맞게 걸식하여 구하고 그것을 부모에게 공양하여 안락하게 하고 괴로움을 덜게 하는 경우에는 진실로 큰 복을 받는다'. 佛告鬱多羅 實有多福 所以者何 若有如法乞求 供養父母 令其安樂 除苦惱者 實有大福 taggha tvaṃ brāhmaṇa evaṃkārī kiccakārī hosi. yo kho brāhmaṇa dhammena bhikkhaṃ pariyesati. dhammena bhikkhaṃ pariyesitvā mātāpitaro poseti. bahu so puññam pasavatī ti"라고 하였다. 〔참고문헌〕『毘婆尸佛經』, 『中阿含經』, 『四分律』 권7(대정장22, p.611b29), *SN.*, *Laṅk.308.*, *MN.2.180.* ⇨탁발 托鉢, 걸식 乞食

행겁도 行劫盜 투도(偸盜). 도둑질하다. 『장아함경』 권6 「전륜성왕수행경 轉輪聖王修行經」(대정장1, p.40b29)에 "나머지 사람들이 전해 듣기를 도둑질한 어떤 이가 왕에게 재물을 받았다 하니, 이에 다시 다른 이의 물건을 도둑질하는 일이 생겨났다. 餘人轉聞有作賊者 王給財寶 於是復行劫盜他物", 36권본 『대반열반경』 권18(대정장12, p.727b18)에 "여러 중생들이 해가 떴을 때 갖가지 죄를 짓고 달이 떴을 때 다시 도둑질을 한다. 해와 달이 뜨지 않는다면 죄를 짓지 않는가. 비록 해와 달로 인하여 그 죄를 짓게 되었더라도, 저 해와 달은 진실로 죗값을 치르지 않는다. 有諸衆生 於日出時 作種種罪 於月出時 復行劫盜 日月不出 則不作罪 雖因日月 令其作罪 然此日月 實不得罪"라고 하였다. 〔참고문헌〕『長阿含經』, 『大般涅槃經』, 『百喩經』 권4(대정장4, p.556b2), 『大乘義章』 권7(대정장44, p.615a18). ⇨투도 偸盜

행경계 行境界 ❶ Ⓢ gocara, gocara-viṣaya, caryā-viṣaya. 수행의 경계. 들고(入) 머물러(住) 펴고 구르는(展轉) 뜻에서의 경계. 『십지경론』 권2(대정장26, p.132a24)에 "〈게〉 모든 지에 있어 뛰어난 지혜의 길로, 지에 들어가 머물고 구른다. 점차 연설하리라, 한량없는 행의 경계를. 〈논〉 어떤 것이 세 가지 점차인가? 첫째 관점차, 둘째 증득점차, 셋째 수행점차이다. 첫 번째·두 번째·네 번째 구는 모두 점차를 설한 것이다. 승진도란 십지의 승진도를 말하니, 이 십지를 설하는데 관하거나 의지해서 모든 지의 지혜를 낳기 때문이다. 들어간다란 어떤 지에 들어가는 것, 머문다란 아직 다른 지로 뒤쳐 향하지 못한 것, 펴 구른다란 지지마다 머무는 곳을 뒤치는 것이다. 행이란 들고 머물며 펴고 굴러서 성취하기 때문이다. 경계란 이 행의 갖가지로 달리한 경계다. 점이란 차제다. 설이란 주는 것이다. 諸地勝智道 入地住展轉 漸次而演說 無量行境界 何者三漸次 一 觀漸次 二 證漸次 三 修行漸次 第一 第二 第四句 皆說漸次 勝智道者 謂十地勝智道 說此十地 若觀若依止 能生諸地智故 入者 入地故 住者 未轉向餘地故 展轉者 地地轉所住處故 行者 謂入住展轉成就故 境界者 此行種種異行境界故 漸者 次第故 說者 授與故"라고 하였다. 〔참고문헌〕『十地經論』, *Gaṇḍ-vy.17·90.*, *Daś-bh.63.* ❷ Ⓢ gocaratva, Ⓣ spyod-yul yin-pa. 경계에 행하다. 경계에 작용(인식)하는 것을 말한다. 『아비담비바사론』 권2(대정장28, p.16a14)에 "이 오정근 각각으로 경계를 행하고, 마음은 모두 능히 갖가지 경계에 작용한다. 此五情根 各行境界 心悉能行種種境界", 『대승장엄경론』 권5(대정장31, p.614a13 : *Sūtr.*, p.65)에 "'무분별이기 때문이다'라고 한 것은 진실의 무분별상이니, 분별해서 경계를 행하지 않으니 희론이 없기 때문이다. 以無分別故者 是眞實無分別相 由分別不行境界 無戱論故 avikalpā ca vikalpāgocaratvāt niṣprapañcatayā"라고 하였다. 〔참고문헌〕『阿毘曇毘婆沙論』, 『大乘莊嚴經論』, *Sūtr.* ❸ 마달리가(摩怛理迦 Ⓢ mātṛkā)의 한역어 중 하나. 논모(論母)·본모(本母) 등으로도 한역한다. 『일체경음의』 권47(대정장54, p.619c3)에 "마달리가〈… 행모·본모·행경계라고 한역한다. 즉 행을 일으키는 소의이니, 능히 행을 낳기 때문이다〉. 摩怛理迦〈… 此云行母 亦云本母 云行境界 謂起行所依 能生行故也〉"라고 하였다. 〔참고문헌〕『一切經音義』. ⇨마달리가 摩怛理迦, 논모 論母, 본모 本母 ■

행경십불 行境十佛 원교(圓敎) 보살이 올바른 행법을 완성할 때 보게 되는 부처님의 열 가지 모습. 해경십불(解境十佛)에 대칭하고 십종견불(十種見佛)이라고도 한다. 60권본 『화엄경』 권42 「이세간품 離世間品」(대정장9, p.663b18)에 "불자여, 보살마하살은 열 가지로 부처님을 볼 수 있습니다. 어떤 등이 그 열 가지냐면, 이른바 (첫째) 무착불이니, 세간에 안주하여 정각을 이루기 때문입니다. (둘째) 원불이니, 출생하시기 때문입니다. (셋째) 업보불이니, 믿으시기 때문입니다. (넷째) 지불이니, 수순하시기 때문입니다. (다섯째) 열반불이니, 영원히 멸도하시기 때문입니다. 佛子 菩薩摩訶薩 有十種見佛 何等爲十 所謂 無著佛 安住世間成正覺故 願佛 出生故 業報佛 信故 持佛 隨順故 涅槃佛 永度故", "(여섯째) 법계불이니, 처함에 이르지 못하는 곳이 없으시기 때문입니다. (일곱째) 심불이니, 편안히 머무시기 때문입니다. (여덟째) 삼매불이니, 끝도 없이 집착이 없으시기 때문입니다. (아홉째) 성불이니, 결단코 정하셨기 때문입니다. (열째) 여의불이니, 널리도 덮으시기 때문입니다. 불자여, 이것이 보살마하살이 열 가지로 뵈옵는 부처님입니다. 만약 보살마하살이 이 법에 안주하면 능히 위없는 여래를 목도할 수 있습니다. 法界佛 無處不至故 心佛 安住故 三昧佛 無量無著故 性佛 決定故 如意佛 普覆故 佛子 是爲菩薩摩訶薩十種見佛 若菩薩摩訶薩安住此法 則能覩見無上如來"라고 하였다. 구역(舊譯)과 대응되는 신역(新譯) 80권본 『화엄경』 권58 「이세간품」(대정장10, p.308a21)에서는 '무착불'을 정각불(正覺佛), '지불'을 주지불(住持佛), '성불'을 본성불(本性佛), '여의불'을 수락불(隨樂佛)이라고 하였다. 『화엄공목장』 권2(대정장45, p.559c29)에 "일승의 뜻으로 있는 바 공덕이라면 다 두 종류의 십불을 떠나지 않는다. 첫 번째는 행경십불이니, 곧 무착불 등으로 「이세간품」에서 설한 것과 같다. 두 번째는 해경십불이니, 제8지 삼세간 중의 불신과 중생신 등이다. 若一乘義 所有功德 皆不離二種十佛 一 行境十佛 謂無著佛等 如離世間品說 二 解境十佛 謂第八地三世間中 佛身衆生身等", 『법계도기총수록』 권하(대정장45, p.765a2)에 "또 어떤 이는 이렇게 말한다. 해(解)란 바로 나아가며 닦는 이의 해이고, 경(境)은 넓다느니 좁다느니 하는 등의 법이다. 처음 수행하는 사람은 연기분의 무애법을 이해의 대상으로 삼기 때문이다. 행(行)이란 연기분의 보현행이고, 경(境)이란 십불자성의 바다다. 말하자면 연기분의 수행인이 저 성해를 행경으로 삼기 때문이다. 그러므로 옛 사람이 '일승의 행자는 오직 국토해를 닦는다'라고 말한 것이 바로 여기에 있다. 又有云 解者是進修者解也 境者廣狹等法也 初修之人 以緣起分無礙之法 爲所解故 行者是緣起分普賢之行 境是十佛性海 謂緣起分行人 以彼性海爲行境故 如古人言 一乘行者 唯修國土海 正在玆乎"라고 하였다. 〔참고문헌〕『華嚴經』, 『華嚴孔目章』, 『法界圖記叢髓錄』, 『釋華嚴三寶章圓通記』 권상(한불전4, p.169c15). ⇨ 십종견불 十種見佛, 해경십불 解境十佛

행계 行戒 Ⓢ ācāra-śīla. 사종계(四種戒 : 性 · 行 · 法志 · 初因) 중 하나. 행위 규범으로서의 계. 계급 · 종족 · 국가 등 각 집단을 유지하는 규범체계. 관행계(慣行戒)라고도 한다. 『해탈도론』 권1 「분별계품 分別戒品」(대정장32, p.402b9)에 "무엇이 행계인가? 예컨대 계급 · 종족 · 국가 · 외도 등의 법이다. 이를 행계라고 일컫는다. 云何行戒 如姓族國土 外道等法 是謂行戒", 『청정도론』 권1에 "족성 · 지방 · 종자에 따라 각기 자신들의 규정에 따라 받들어 지니는 계를 만들어 관행계로 삼는다. 族性地方宗派 各自規定 奉持之作持戒 爲慣行戒"라고 하였다. 〔참고문헌〕『解脫道論』, 『淸淨道論』, *Vism. 15.* ⇨ 사종계 四種戒[5]

행계 行界 **1** Ⓟ saṅkhāra-dhātu. 오온(五蘊) 중 하나인 행온(行蘊 : 行陰)으로 육사신(六思身)이다. 『법온족론』 권11(대정장26, p.504b25)에 "무엇이 행계인가? 육사신을 말한다. 즉 안촉 내지는 의촉으로 일어난 사를 행계라고 한다. 云何行界 謂六思身 卽眼觸所生思乃至意觸所生思 是名行界", 『사리불아비담론』 권7(대정장28, p.577c18)에 "어떤 것이 행계인가? 행음이 행계이다. 云何行界 行陰是名行界"라고 하였다. 〔참고문헌〕『法蘊足論』, 『舍利弗阿毘曇論』, *SN.3.55.* ⇨ 행온 五蘊, 육사신 六思身 **2** 수행된 것인 행(行 Ⓢ prakāra : 種 品 差別)과 계(界 Ⓢ dhātu). 『보살선계경』 권2(대정장30, p.973c19 : *Bodh-bh.*, p.54)에 "성문이나 연각이 (불보살과) 함께하지 않은 것에 세 가지가 있으니 세와 행과 계다. 여래께서는 일체중생의 한량없는 번뇌와 한량없는 대치를 모두 아시니, 이것을 세라고 한다. 행이란 육통 · 육바라밀 · 법성 · 자생의 불가사의를 행이라고 한다. 계란 일체세간의 걸림 없는 지혜를 계라고 한다. 聲聞緣覺不共有三 一者 細 二者 行 三者 界 如來悉知一切衆生無量煩惱無量對治 是名爲細 行者 名爲六通 六波羅蜜法性自生不可思議 是名爲行 界者 一切世間無礙智慧 是名爲界 asādhāraṇatā samāsatas tribhir ākārair veditavyā. sūkṣmataḥ prakārato dhātutaś ca. iha tathāgato bodhisattvo vā 'prameyāsaṃkhyeyānāṃ sattvānām aprameyāsaṃkhyena prabhāvopāyena yathā 'rthakriyā bhavati tad yathābhūtaṃ prajānāti. evaṃ sūkṣmataḥ. sarvaprakāreṇa cābhijñāprabhāveṇa dharmaprabhāveṇa sahajena prabhāveṇa samanvāgato bhavati. evaṃ prakārataḥ. sarvalokadhātavaḥ sarvasattvadhātavaś cāsya prabhāvaviṣayañ ca bhavati. evaṃ dhātutaḥ"라고 하였다. 같은 구문을 『보살지지경』 권2(대정장30, p.899c8)에서는 '분별'과 '계', 『유가사지론』 권37(대정자30, p.496b6)에서는 '품류'와 '계'라고 하였다. 〔참고문헌〕『菩薩善戒經』, 『菩薩地持經』, 『瑜伽師地論』, *Bodh-bh.* **3** 유위(有爲)의 자성. 『해심밀경』 권1(대정장16, p.691b6)에 "행계로서의 승의상은 하나라거나 다르다 하는 성과 상을 여의니, 만약 같다거나 다르다고 분별한다면 저것은 여리행이 아니네. 行界勝義相 離一異性相 若分別一異 彼非如理行", 원측(圓測)의 『해심밀경소』 권2(한불전1, p.201a23)에 "행계라는 말에서 행은 옮겨 흐르는 유위의 제행을 말한다. 계란 바로 성의 뜻인데 본래 두 가지 설이 있다. 하나는 유위자성을 이름해 행계라 한다. 다른 설에서는 제행은 모두 진여를 자성으로 삼기에 행계라 한다. 곧 행계를 승의로 삼는다. 言行界者 行謂遷流有爲諸行 界是性義 自有二說 一云有爲自性 名之爲界 一云 諸行皆以眞如爲自性 故名爲行界 卽以行界爲勝義也"라고 하였다. 〔참고문헌〕『解深密經』, 『解深密經疏』.

행계 行計 길 떠나는 계획. 『계소재경』(대정장24, p.945a3)에 "길 떠나는 계획이 이루어지질 않아서 다시 돌아왔을 뿐이다. 行計不成 故迴還耳", 『종용록』 13칙 「평창 評唱」(대정장48, p.235c9)에 "임제는 길 떠날 마음 성급하였고, 삼성 또한 느닷없이 서둘렀다. 臨際行計

速速 三聖又刦怱怱”라고 하였다. [참고문헌] 『戒消災經』, 『從容錄』, 『樂邦文類』 권5(대정장47, p.222a7).

행고 行苦 Ⓢ saṃskāra-duḥkhatā, Ⓟ saṅkhāra-dukkhatā, Ⓣ 'du-byed-kyi-sdug-bsngal, 'du-byed-kyi-sdug-bsngal-nyid. 삼고(三苦) 중 고고(苦苦)와 괴고(壞苦) 아닌 행고. 찰나에 생멸하는 무상한 일체법이 불러오는 괴로움을 말한다. 행고성(行苦性)이라고도 한다. 80권본 『화엄경』 권37(대정장10, p.194b17 : *Daś-bh.*, p.33)에 "십이지를 삼고라 하는데, 이 중에서 무명·행 내지 육처는 행고이며, 촉과 수는 고고이고, 그 나머지는 괴고이다. 十二有支 名爲三苦 此中無明行 乃至六處 是行苦 觸受是苦苦 餘是壞苦 api tu khalu punas triduḥkhatā dvādaśa bhavāṅgāny upādāya. tatra avidyā saṃskārā yāvat ṣaḍāyatanam ity eṣā saṃskāraduḥkhatā. sparśo vedanā caiṣā duḥkhaduḥkhatā. pariśeṣāṇi bhavāṅgāny eṣā pariṇāmaduḥkhatā", 『법계도기총수록』 권하(대정장45, p.748c1·한불전6, p.819b6)에 "경에서 설한 바와 같이 (십이지 중) 처음의 다섯 지는 옮겨 흐르는 모습 드러내기에 행고라 한다. 如此經說 謂初五支遷流相現 故稱行苦", 『대승의장』 권2(대정장44, p.509b16)에 "이 유위법이 옮겨 흐르는 것의 이름이 행인데, 행의 성은 불안하기에 행고라 한다. 此有爲遷流名行 行性不安故 云行苦", 『순정리론』 권57(대정장29, p.662a26)에 "이 삼고성은 그 체가 무엇인가? 반드시 '세 가지 수가 체다'라고 분명하게 말해야 하니, 세 가지 수로 말미암아 생기기 때문이다. 세 가지 수에 수순하는 법도 각기 상응하는 대로 역시 삼고성이라고 할 수 있다. 괴고도 마땅히 행고로 거두니, 괴는 무상의 차별한 이름이기 때문이고, 무상으로 따르는 것을 행고라 하기 때문이다. (그러므로) 이것으로 건립한 세 가지 괴로움은 성립하지 않는다. 此三苦性 其體是何 應定判言三受爲體 由三受故順三受法 如應亦得 三苦性名 壞苦亦應是行苦攝 壞是無常差別名故 無常所隨 名行苦故 由此所立三苦不成", "이러한 힐난은 옳지 않으니, 그 뜻에 차이가 있기 때문이다. 즉 뜻대로 행해서 찰나의 무상은 역시 행고라고 하지만, 오직 상속이 끊어진 것에 대해서만 괴고라고 할 수 있기에 그 뜻에 차이가 있다. 此難不然 義有異故 於可意行 刹那無常 亦名行苦 唯相續斷 得壞苦名 故義有別"라고 하였다. [참고문헌] 『華嚴經』, 『法界圖記叢髓錄』, 『大乘義章』, 『順正理論』, *Daś-bh.*, *Yogā-bh.26.*, *DN.3.216.*, *Mvyut.165.* ⇨ 삼고 三苦❶

행고 行高 1616~1669. 명말청초 임제종 스님. 호는 일수(逸叟). 속성은 진(陳)씨. 민(閩) 홍화(興化) 선유(仙遊) 출신. 어려서 연산동림(蓮山東林)에게 출가하여 스님이 되었고, 장년이 되자 조종(朝宗)을 찾아뵌 다음 금속사(金粟寺) 비은통용(費隱通容)을 참학하였으며, 후에 만여통미(萬如通微)를 용지(龍池)에서 찾아뵙고 법을 얻었다. 민으로 돌아와 통천사(通天寺)에 주석하였으며 1669년(강희8) 3월 12일에 세수 54, 법랍 40세를 일기로 입적하였다. 저서로 『통천일수선사어록 通天逸叟禪師語錄』 1권(가흥장39, No.B455)이 있으며, 문인 초원(超原)이 지은 행장이 함께 있다. [참고문헌] 『通天逸叟高禪師語錄』 「行狀」(가흥장39, p.689c23).

행고성 行苦性 Ⓢ saṃskāra-duḥkhatā, Ⓣ 'du-byed-kyi-sdug-bsngal, 'du-byed-kyi-sdug-bsngal-nyid. 삼고성(三苦性) 중 하나로 고의 자성이 고락사(苦樂捨)에 걸쳐 끊임없이 옮겨 흐름을 말한다. 행고(行苦)라고도 하며, 구역은 행고고(行苦苦)다. 『집이문족론』 권5(대정장26, p.384b22)에 "행고성이란 어떤 것인가? [답] 무색계의 제행은 행고로 말미암아 고이다. 또 뜻에 맞지 않는 제행이 고고로 말미암은 고이며, 뜻에 맞는 제행도 괴고이므로 고며, 고락이 아닌 사에 순한 제행도 행고로 고다. 行苦性云何 答 無色界諸行 由行苦故苦 復次 不可意諸行 由苦苦故苦 可意諸行 由壞苦故苦 順捨諸行 由行苦故苦", "또 모든 고로 느끼는 것들·그것과 상응하는 법·그것과 함께 하는 법·그로부터 생기는 것·그런 것들로서 사랑할 수 없는 이숙과는 고고이기에 고다. 모든 낙수와 그것과 상응하는 법·그것과 함께 하는 법 … 그런 종류로서 사랑하거나 사랑할 수 없는 것도 아닌 이숙과는 행고이기에 고다. 復次 若諸苦受 若彼相應法 若彼俱有法 若從彼生 若彼種類不可愛異熟果 由苦苦故苦 若諸樂受 若彼相應法 若彼俱有法 … 若彼種類非可愛非不可愛異熟果 由行苦故苦", 같은 책 권5(대정장26, p.384c7)에 "〈문〉 행고성이란 어떤 것인가? [답] 고고성과 괴고성을 제한 그 나머지 모든 유루행이 행고이므로 고이다. 行苦性云何 答 除苦苦性及壞苦性 諸餘有漏行 由行苦故苦", 『대승아비달마집론』 권3(대정장31, p.672a24 : *Abh-s.*, p.30)에 "어떤 것을 행고성이라고 하고, 몇 가지가 행고성이며, 어떤 뜻으로 행고성을 관하는가? 즉 불고불락수의 자상이고 불고불락수를 수순하는 법의 자상이니, 저 두 가지 추중에 섭수되어 두 가지를 여의지 못하니, 무상에 수반되어 안온할 수 없기에 고의 자성이 끊임없다. 云何行苦性 幾是行苦性 爲何義故 觀行苦性耶 謂不苦不樂受自相故 隨順不苦不樂受法自相故 彼二麤重所攝受故 不離二 無常所隨不安隱故 是行苦性 kathaṃ saṃskāraduḥkhatā kati saṃskāraduḥkhatāni kim arthaṃ saṃskāraduḥkhatāparīkṣā. aduḥkhāsukhavedanā svalakṣaṇato'pi aduḥkhāsukhavedanīyasvadharmalakṣaṇato'pi tadubhayadauṣṭhulyaparigrahato'pi dvayāvinir mokṣānityānubandhāyogakṣemato'pi saṃskāraduḥkhatā draṣṭavyā", 『대승아비달마잡집론』 권3(대정장31, p.716b14 : *Abh-s-bh.*, p.44)에 "불고불락수란 아뢰야식과 상응하는 수다. 불고불락수에 따르는 법이란 이 같은 수를 따르는 모든 행을 말한다. 저 두 가지 추중으로 거둔다는 것이란 고고와 괴고의 두 추중의 따른 바 되기 때문이다. 두 가지를 여의지 못하여 무상에 수반되어 안온할 수 없는 것이란, 두 가지 고를 해탈하지 못하고 한때는 고위에 떨어지고 또 어느 때는 낙위에 떨어져 항상 불고불락위에만 있는 것은 아니므로 무상할 수밖에 없어 안온할 수 없는 뜻이 행고성이다. 不苦不樂受者 謂阿賴耶識相應受 隨順不苦不樂受法者 謂順此受諸行 彼二麤重所攝受者 謂苦壞二苦麤重所隨故 不離二無常所隨不安隱者 謂不解脫二苦故 或於一時 墮在苦位 或於一時 墮在樂位 非一切時 唯不苦不樂位 是故無常所隨 不安隱義 是行苦性 aduḥkhāsukhā vedanālayavijñānasaṃprayuktā tadvedanīyāś ca saṃskārā duḥkhavipariṇāmaduḥkhatayor dauṣṭhulyenānugatatvāt tena duḥkhatādvayenāvinirmuktatvād ekadā duḥkhāvasthāṃ bhajante ekadā sukhāvasthāṃ na nityakālam aduḥkhāsukhāvasthā eva bhavanti. tasmād anityatānubandhārthenāyogakṣematvāt saṃskāraduḥkhatā veditavyā", "삼계이처와 모든 온의 일분을 제하면 일체는 행고성이다. 삼계란 의계와 법계와 의식계이고, 이처란 의처와 법처다. 일분이란 무루의 행상을 제한다. 불고불락하는 아가 있다는 집착을 버리고자 행고성을 관찰한다. 除三界二處 諸蘊一分 一切是行苦性 三界者 謂意界 法界 意識界 二處者 謂意處 法處 一分者 謂除無漏相 爲捨執著 有不苦不樂我故 觀察行苦性 skandhānām trayāṇāṃ dhātūnāṃ manodharmamanovijñānadhātūnām. dvayoś cāyatanayor manodharmāyatanayoḥ. ekadeśaṃ sthāpayitvānāsravalakṣaṇam tadanyāni sarvāṇīti"라고 하였다. 〔참고문헌〕『集異門足論』, 『大乘阿毘達磨集論』, 『大乘阿毘達磨雜集論』, *Abh-s.*, *Abh-s-bh.*, *Daś-bh.33.*, *Abh-k-bh.329.*, *Śrāv-bh.257.* ⇨ 삼고성 三苦性, 행고 行苦

행고행논사 行苦行論師 고행을 행하는 논사. 죄와 복은 숙세에 이미 다 결정되어 있으므로, 현세에서 빨리 괴로움을 다 받으면 사후에 열반을 얻는다고 주장하며 고행하는 외도다. 『외도소승열반론』(대정장32, p.157b18)에 "〔문〕 어떤 외도가 죄와 복이 다하고 덕 또한 다하는 것을 열반이라고 하는가? 〔답〕 열 번째 외도인 행고행논사의 주장이다. 問曰 何等外道 說罪福盡德亦盡故 名涅槃 答曰 第十外道 行苦行論師說"라고 하였다. 〔참고문헌〕『外道小乘涅槃論』. ⇨ 고행외도 苦行外道

행공 行功 수행으로 쌓은 공덕. 『집사문불응배속등사』 권1 「왕밀답환현응치경난삼수 王謐答桓玄應致敬難三首」(대정장52, p.446b10)에 "석가모니께서 보이신 길 깊다고 여긴다면 깊습니다만, 우러러 따르는 무리들이 공경해 더욱 돈독하게 함은, 대개 길을 만들어가는 도리는 반드시 행공에 바탕하고 이 행공의 아름다움은 이 분을 우러름 만한 것이 없기 때문입니다. 이와 같이 이에 행을 쌓아가는 인이야말로 내세를 여는 관건입니다. 以爲釋迦之道深 則深矣 而瞻仰之徒 彌篤其敬者 此蓋造道之倫 必資行功 行功之美 莫尙於此 如斯乃積行之所因 來世之關鍵也"라 하였다. 〔참고문헌〕『集沙門不應拜俗等事』, 『黃龍慧南語錄』(대정장47, p.631c22). ⇨ 공덕 功德

행공 行空 ❶ 공을 행하다. 반야에 의지해서도 반야를 떠난 다른 법으로 행하지 않는 것. 『대반야경』 권552(대정장7, p.841c23)에 "'세존이시여, 공이라는 것을 위해서 그대로 능히 행공할 수 있습니까?' '그럴 수 없다. 선현아' '세존이시여, 공을 떠나서 얻을 수 있는 법이 있어 능히 공을 행할 수 있습니까?' '그럴 수 없다. 선현아' '세존이시여, 반야바라밀다라는 것을 위해서 그대로 능히 행공할 수 있습니까?' '그럴 수 없다. 선현아' '세존이시여, 반야바라밀다를 떠나서 얻을 수 있는 법이 있어서 행공할 수 있습니까?' '그럴 수 없다. 선현아'. 世尊 爲卽空 能行空不 不爾 善現 世尊 爲離空有法可得 能行空不 不爾 善現 世尊 爲卽般若波羅蜜多 能行空不 不爾 善現 世尊 爲離般若波羅蜜多有法可得 能行空不 不爾 善現"라고 하였다. 〔참고문헌〕『大般若經』. ❷ Ⓢ pracarita-śūnyatā. 칠공(七空) 중 하나. 모든 온이 아와 아소를 떠나서 인과 업으로 일어나는 뜻이다. 『능가경』 권1 「일체불어심품 一切佛語心品」(대정장16, p.488c13 : *Laṅk.*, p.75)에 "무엇을 행공이라고 하는가? 음(陰 : 蘊)이 아와 아소를 떠나서 인으로 이루어지거나 지은 업에 따라 방편으로 일어나는 것을 말한다. 이것을 행공이라고 한다. 云何行空 謂陰離我我所 因所成所作業方便生 是名行空 pracarita-śūnyatā punar mahāmate katamā. yad-uta skandhā ātma-ātmīya-rahitā hetu-yukti-kriyā-karma-yogaiḥ pravartamānāḥ pravartante. tena-ucyate pracarita-śūnyatā-iti", 『입능가경』 권3(대정장16, p.529a3)에 "대혜여, 무엇이 행공인가? 모든 음들이 아와 아소를 떠나서 인에 의지해 업을 지음으로써 생을 얻게 되는 것을 말한다. 대혜여, 이런 까닭에 행공이라고 한다. 大慧 何者是行空 謂諸陰等 離我我所 依因作業 而得有生 大慧 是故名爲行空", 『대승입능가경』 권2(대정장16, p.599a3)에 "무엇을 행공이라고 하는가? 이른바 모든 온이 업과 인으로 말미암아 화합하여 일어나되 아와 아소를 떠난 것이다. 이를 행공이라고 한다. 云何行空 所謂諸蘊 由業及因 和

合而起 離我我所 是名行空"라고 하였다. [참고문헌] 『楞伽經』, 『入楞伽經』, 『大乘入楞伽經』, *Laṅk.* ⇨ 칠공 七空
❸ 온갖 견이나 습인에 의지함 없이 행하다. 『범망경』 권상(대정장24, p.1000a4)에 "물러서지 않는 마음이란 일체범부의 지위로 들지 않고, 잡되게 길러진 온갖 견해 일으키지 않으며, 또한 다시는 습으로 익힌 그럴듯한 아와 인을 일으키지 않아, 삼계업으로 들어 또한 공을 행하지만 머물거나 물러남이 없다. 不退心者 不入一切凡夫地 不起雜長養諸見 亦復不起習因相似我人 入三界業 亦行空而不住退"라고 하였다. [참고문헌] 『梵網經』.
❹ Ⓟ gacchati ākāse. 허공을 가르고 다니다. 『장아함경』 권16 「견고경 堅固經」(대정장1, p.101c11 : *Kevaddha-sutta, DN.1,* p.212)에 "멀든 가깝든 산이든 강이든 바위든 절벽이든 자유롭고 거리낌 없어 마치 허공을 다니듯 한다. 若遠若近 山河石壁 自在無礙 猶如行空 tiro-kuḍḍaṃ tiro-pākāraṃ tiro-pabbataṃ asajjamāno gacchati seyyathā pi ākāse", 『굉지광록』 권2(대정장48, p.22b16)에 "새는 하늘을 날고, 물고기는 물속에서 노니네. 鳥之行空 魚之在水"라고 하였다. [참고문헌] 『長阿含經』, 『宏智廣錄』, 『中阿含經』 권35 「傷歌邏經」(대정장1, p.651a13), *DN.*

행공 行鞏 송원(宋元)교체기 임제종 양기파(楊岐派) 스님. 법호는 석림(石林)·정자(淨慈). 천목문례(天目文禮 1167~1250)의 법을 이었다. 처음에는 안길(安吉 : 浙江 湖州) 상방사(上方寺)에서 주석하다가 사계(思溪 : 浙江 湖州 吳興)의 법보사(法寶寺), 융흥(隆興 : 江西 南昌)의 황룡사(黃龍寺), 오군(吳郡 : 江蘇 蘇州)의 승천사(承天寺) 등으로 법을 구하며 천력하였다. 훗날 항주(杭州)의 정자사(淨慈寺)에서 개당하고 학인을 제접하였다. 『증집속전등록』 권4(卍속장142, p.804a7)·『오등전서』 권49(卍속장141, p.101b15)·『속등존고』 권4(卍속장145, p.90b17) 등에 약간의 상당(上堂) 법문과 문답(問答)이 전한다. [참고문헌] 『增集續傳燈錄』, 『五燈全書』, 『續燈存稿』. ⇨ 문례 文禮

행공양 行供養 ❶ 받들어 길러서 불과(佛果)에 이르게 하는 일체행. 『대승의장』 권14(대정장44, p.742b16)에 "불과란 이 지극하게 된 곳이니 공양을 행하여 능히 저곳에 이르니, 이르고자 하는 곳으로 난 길(至處道)이라고 한다. … 『지론』 중에서 '행공양'이라 하였는데 이것에 세 가지가 있으니, 첫 번째는 재물공양으로 지처도로 삼고, 두 번째는 수희공양으로 지처도를 삼으며, 세 번째는 수행공양으로 지처도로 삼는다. 佛果是其所至之處 供養之行能至彼處 名至處道 … 地論之中名行供養 於中有三 一 財物供養 爲至處道 二 隨喜供養 爲至處道 三 修行供養 爲至處道"라고 하였다. [참고문헌] 『大乘義章』.
❷ 예배하고 계를 가지는 등 몸으로 행하는 일. 『십지경론』 권3 「환희지 歡喜地」(대정장26, p.138b13)에 "일체공양에는 삼종공양이 있다. 첫 번째는 이양공양으로 의복과 와구 등이다. 두 번째는 공경공양으로 향화와 번개 등이다. 세 번째는 행공양으로 수행·신행·계행 등을 말한다. 一切供養者 有三種供養 一者利養供養 謂衣服臥具等 二者恭敬供養 謂香花幡蓋等 三者 行供養 謂修行信戒行等", 『대일경공양차제법소』 권하 「공양의식품 供養儀式品」(대정장39, p.798c25)에 "이른바 공양에는 세 가지가 있다. 첫 번째는 외공양이니 향·꽃·음식과 연등으로 도량을 장엄하는 것 등이다. 두 번째는 행공양이니 설한 대로 받들어 행하고 예배하고 계를 지키는 등이다. 세 번째는 이공양이니 마음이 법체에 머물러서 밖을 연함이 없는 것이다. 所謂供養有三 一者 外供養 謂香華飮食 及燃燈莊嚴道場等也 二者 行供養 謂如說奉行 及禮拜持戒等也 三者 理供養 謂心住法體 無外攀緣也"라고 하였다. [참고문헌] 『十地經論』, 『大日經供養次第法疏』. ⇨ 삼종공양 三種供養❷

행과만위 行果滿位 행으로 열매 맺어 위를 채워서 부처가 되다. 부처의 자리를 채우는 두 가지 길 중에 하나다. 『범망경고적기』 권하(대정장40, p.702a21)에 "'곧장 제불위로 들어간다'라고 하였는데, 불위에는 두 가지가 있다. 첫 번째는 발심만위이고, 두 번째는 행과만위이다. 卽入諸佛位者 佛位有二 一 發心滿位 二 行果滿位"라고 하였다. [참고문헌] 『梵網經古跡記』. ⇨ 불위 佛位, 발심만위 發心滿位

행관 行觀 1616~1681. 명말청초 임제종 스님. 호는 영기(靈機). 속성은 주(周)씨. 민(閩) 용계(龍溪) 출신. 어려서 자운(慈雲)과 사자(師資)의 인연을 맺었으며 김포(金浦) 구운사(九雲寺)로 혜담(慧曇)을 찾아가 출가하여 스님이 되었다. 혜담의 입적 후 18세에 천동산(天童山) 밀운원오(密雲圓悟)에게 구족계를 받았으며, 이듬해에 금속사(金粟寺)에서 비은통용(費隱通容)을 찾아 29세에 부촉을 받았다. 다음 해에 호주(湖州 : 浙江省) 무강(武康) 상봉산(翔鳳山) 현충숭효자복사(顯忠崇孝資福寺)에 주석하였고 이후 38년 동안 이곳에서 교화에 힘썼다. 1671년(강희10)에 가흥부(嘉興府 : 浙江省) 석문현(石門縣) 복엄사(福嚴寺)로 옮겨 가 4년간 주석하였고, 다시 상봉산으로 돌아와 지내다가 1681년(강희20) 9월 29일에 세수 66세, 법랍 49세를 일기로 입적하였다. 저서로 『영기관선사어록 靈機觀禪師語錄』 6권(가흥장39, No.B448)이 있는데, 문인 초정(超正) 등이 지은 「행장 行狀」과 모제가(毛際可)가 지은 「상봉산현충숭효자복선사영기화상탑명 翔鳳山顯忠崇孝資福禪寺靈機和尙塔銘」이 함께 수록되어 있다. [참고문헌] 『

五燈全書』 권71 「靈機觀傳」(卍속장141, p.482a11), 『靈機禪師語錄』 「行狀」(가흥장39, p.455c3).

행교 行敎 몸과 말(身口)로 하는 행의(行儀)에 대한 가르침. 율장(律藏)에 의지해 계(戒)를 가져 행하기에 제교(制敎)라고도 하며, 경장(經藏)과 논장(論藏)에 의지해 선정과 지혜를, 곧 정(定)과 혜(慧)를 익히는 것을 화교(化敎)라 한다. 남산율종의 교판이다. 『사분율행사초』 권상 「서 序」(대정장40, p.3a29)에 "마음속 거스르고 순함은 뜻에 의지케 함을 종으로 삼은즉 화교를 본받고, 밖으로 쓰고 드러나게 함은 반드시 몸과 입을 보호하여야 하니 행교에 의지한다. 內心違順 託理爲宗 則準化敎 外用施爲 必護身口 便依行敎", 『사분율행사초자지기』 권상 「석서문 釋序文」(대정장40, p.174b29)에 "일대시교는 다 모아 화교와 행교로 돌아가게 해서 그 신해를 열어 넓힌다. 쓰고 버림을 연에 맡기기에 화교라 고 하고, 그 닦고 받듦을 제정하여 거스르면 허물이 되게 함은 행교라고 한다. 一代時敎 總歸化行 開其信解 用捨任緣 故名化敎 制其修奉 違反有過 名爲行敎", 『대승의장』 권1(대정장44, p.469a8)에 "화교로 설해진 것을 '수다라'라 하고, 행교로 설해진 것을 '비니'라 한다. 널리 이사·인과·시비를 펼치는 것은 화교요, 행위와 위의를 가려 밝히는 것은 행교다. 化敎所說 名修多羅 行敎所說 名曰毘尼 汎宣理事 因果是非 是化敎也 辨彰行儀 是行敎也"라 하였다. 〔참고문헌〕 『四分律行事鈔』, 『四分律行事鈔資持記』, 『大乘義章』, 『翻譯名義集』 권5(대정장54, p.1129c8). ⇨ 화교 化敎, 율장 律藏, 남산종 南山宗

행균 行均 요(遼)대 스님. 자는 광제(廣濟). 속성은 우(于)씨. 음운(音韻)·문자학(文字學)에 능통했다. 대장경의 문자에 주석을 붙인 『용감수감 龍龕手鑑』 4권을 저술하였다. 해설이 특출하여 가치가 높다고 평가받는다. ⇨ 용감수감 龍龕手鑑

행근본방편 行根本方便 사종방편(四種方便) 중 하나. 무생(無生)인 줄 알면서 대비를 일으켜 중생과 함께해서 열반에 머물지 않는다. 『석마하연론』 권7(대정장32, p.646c14)에 "첫째 행근본방편이란, 일체법자성이 난적 없음을 관하여 허망한 견해에서 벗어나고 생사에 머물지 않으며, 일체법이 인연화합이지만 업에 따른 과보는 잃는 일 없음도 관하여, 대비를 일으키고 온갖 복덕을 닦으며 중생을 거두고 교화하면서 열반에 머물지도 않으니 법성에 수순할 뿐 머물지 않는다. 一者 行根本方便 謂觀一切法自性無生 離於妄見 不住生死 觀一切法因緣和合 業果不失 起於大悲 修諸福德 攝化衆生 不住涅槃 以隨順法性無住故", 『대승기신론열망소』 권5(대정장44, p.454a4)에 "이런즉 일으켜야 할 바르고 곧은 마음을 방편행으로 삼은 것이니, 생사에 머물지 않는 것은 사마타관이고 열반에 머물지 않는 것은 비발사나관이다. 지관을 일심 중에 닦으니 진여법성을 따르기에 행근본방편이라고 한다. 此卽以所發正直心 而爲方便行也 不住生死 是奢摩他觀 不住涅槃 是毘鉢舍那觀 止觀一心中修 乃順眞如法性 故名行根本方便"라 하였다. 〔참고문헌〕 『釋摩訶衍論』, 『大乘起信論裂網疏』. ⇨ 사종방편 四種方便 ❶

행기 行氣 기를 움직이게 하다. 도교 양생술(養生術) 중 하나다. 『집고금불도논형』 권1 「위진사왕조자건변도론 魏陳思王曹子建辯道論」(대정장52, p.365b18)에 "세상에 있는 방사를 우리의 왕께서 모두 불러들이시니, 감릉에는 감시가 있었고, 여강에는 좌자가 있었으며, 양성에는 극검이 있었다. 감시는 행기와 도인에 능하였고, 좌자는 방중술에 밝았으며, 극검은 벽곡에 뛰어나 모두들 삼백세라고 불렀다. 世有方士 吾王悉所招致 甘陵有甘始 廬江有左慈 陽城有郄儉 始能行氣導引 慈曉房中之術 儉善辟穀 悉號三百歲"라고 하였다. 〔참고문헌〕 『集古今佛道論衡』, 『辯僞錄』 권2 「合氣爲道僞」(대정장52, p.761a5). ⇨ 도인 導引 ❷

행기 行基 668~749. 일본 내량시대(奈良時代) 법상종(法相宗) 스님. 호는 행기보살(行基菩薩). 속성은 고지(高志)씨이고 백제(百濟) 귀화인(歸化人) 가문으로 화천(和泉 : 大阪府) 출신이다. 나이 열다섯에 약사사(藥師寺)에서 유가(瑜伽)를 공부하였다. 그 뒤 여러 나라를 돌아다니며 교화하였는데 관상(觀想)과 정토(淨土) 법문을 널리 알려 따르는 도속무리가 천 명에 달하였다. 이런 연유로 항상 시봉하던 제자들이 연못을 파고 제방을 쌓아 도로를 넓히고 교량을 가설하는 바람에 승니령(僧尼令)을 위반하여 구금되기도 하였다. 성무천황(聖武天皇)이 그 융성한 덕을 숭상하여 귀의하였고 아울러 동대사(東大寺)·국분사(國分寺)·수간사(水間寺)의 건립에도 협조하였다. 마침내 일본에서 가장 이른 시기에 스님으로서는 최고계위에 해당하는 대승정(大僧正)이 되었다. 749년 세수 82세로 입적하였다. 문수보살의 화신으로도 일컬어진다. 〔참고문헌〕 『續日本記』 권7·권11·권17, 「行基年譜」, 「行基大菩薩行狀記」. ⇨ 수간사 水間寺

행기 行機 명대 선사. 자호는 간당(簡堂). 속성은 양(楊)씨. 천태산 국청사(國淸寺)에 주석하였다. 젊어서 속가의 처자식을 버리고 출세간의 도를 부지런히 공부하였다. 어느 날 나무가 쪼개어지면서 쓰러지는 소리를 듣고 평소에 품고 있던 의혹이 한꺼번에 해소되었다. 『대명고승전』 권6(대정장50, p.924b28)에 "원통은 생약 파는 점포를 열지 않고, 단출하게 죽은 고양이만 팔

뿐이다. 어떤 물건인지도 모르고 값을 헤아릴 도리도 없는데, 먹기만 하면 온몸에서 식은땀이 흐른다. 圓通不開生藥鋪 單單只賣死猫頭 不知那個無思算 喫著通身冷汗流"라는 법어 등이 전한다. 〔참고문헌〕『大明高僧傳』.

행기 幸期 신라 제54대 경명왕(재위 917~924) 때 스님. 선문구산(禪門九山)의 하나인 경상남도 창원 봉림사(鳳林寺)의 창건주인 진경심희(眞鏡審希)대사의 비를 세울 때, 비문은 경명왕(景明王)이 짓고, 스님의 문하승인 명필 행기스님이 써서 924년(경명왕8)에 세웠다. 비문 끝에 "門下僧 幸期 奉教書"라 쓰여 있다. 〔참고문헌〕『朝鮮金石總覽』 권상 p.97, 「昌原鳳林寺眞鏡大師寶月凌空塔碑文」(李智冠 『校勘譯註歷代高僧碑文』 新羅篇, pp.340~364). ⇨ 봉림사진경대사보월능공탑비 鳳林寺眞鏡大師寶月凌空塔碑

행기 幸冀 간절히 바라다. 『유마경약소수유기』 권2(대정장38, p.732a1)에 "바라 마지않습니다. 후대의 학덕이 있는 인사들이 삼장을 이어받아 융성하게 펼치기를. 幸冀後德 志務紹隆", 『출삼장기집』 권8 「대품경서 大品經序」(대정장55, p.53b2)에 "종장께서 끝까지 살펴보시길 간절히 바라오니, 문은 비록 좌우로 쓰지만 뜻만은 중도(中道)를 어기지 않았습니다. 幸冀宗匠通鑒 文雖左右 而旨不違中"라고 하였다. 〔참고문헌〕『維摩經略疏垂裕記』, 『出三藏記集』.

행년 行年 세간에서 보내는 햇수. 살아 지내는 나이를 말한다. 『구잡비유경』 권하(대정장4, p.522a21)에 "사람이 세상에서 살게 될 해는 백 세 또는 팔구십일 것이다. 人生在世 行年百歲 或八九十", 『송고승전』 권12 「종간전 從諫傳」(대정장50, p.779c6)에 "이날 질병 없이 입적하였고, 지나온 해는 80여 세였다. 是日無疾而化 行年八十餘矣"라고 하였다. 〔참고문헌〕『舊雜譬喩經』, 『宋高僧傳』, 『景德傳燈錄』 권20 「雲居道膺傳」(대정장51, p.361c20), 『書狀』 「答呂郎中狀」(대정장47, p.930c28).

행다 行茶 대중이 여법하게 차를 마시는 일. 『백장청규』 권4 「두수취승당점다 頭首就僧堂點茶」(대정장48, p.1136b13)에 "공양을 마치고 그 자리에 앉아 차를 끓인다. 두수는 승당에 들어가 향을 사르고 차를 돌린다. 齋畢就坐點茶 頭首入堂 炷香行茶"라고 하였다. 〔참고문헌〕『百丈淸規』. ⇨ 차 茶

행단 行端 1254~1341. 원대 임제종 대혜파(大慧派) 스님. 호는 원수(元叟). 속성은 하(何)씨. 절강성 임해(臨海) 출신. 대대로 유학(儒學)을 업으로 삼는 집안에서 자라 여섯 살에 어머니에게 유학을 배웠다. 장성하여 화성원(化城院)의 숙부 무상인(茂上人) 밑에서 삭발한 뒤에 경산(徑山) 장수선진(藏叟善珍) 문하에서 법을 받았다. 1300년(대덕4) 호주(湖州)의 상봉산자복선사(翔鳳山資福禪寺)에 주석하였다. 1304년(대덕8) 임금의 명에 따라 중천축만수사(中天竺萬壽寺)에 주석하면서 혜문정변선사(慧文正辯禪師)라는 호를 받았다. 오래 지나지 않아 영은경덕사(靈隱景德寺)에 주석하여 불일보조(佛日普照)라는 호(追號)를 받기도 하였다. 1322년(지치2) 경산흥성만수사(徑山興聖萬壽寺)에 주석하였다. 그 사이에 세 차례 금란가사(金襴袈裟)를 받고 아울러 역대 황제의 귀의도 받았다. 1341년(지정1) 8월 4일 세수 88, 법랍 76세로 입적하였다. 어록 8권을 남겼다. 〔참고문헌〕『續傳燈錄』 권36(대정장51, p.712a23), 『南宋元明禪林僧寶傳』 권10(卍속장137, p.708b14), 『增集續傳燈錄』 권3(卍속장142, p.792a16).

행단지견정 行斷知見淨 행할 것과 끊을 것을 알고 보아 청정함. 일곱 가지 청정함 중 하나다. 『성실론』 권2(대정장32, p.253a28)에 "행단지견정이란 무학도이다. 行斷知見淨者 無學道也", 『주유마힐경』 권7(대정장38, p.394a14)에 "여섯째, 행단지견정이다. 행은 고난·고이와 낙난·낙이의 네 가지 행이다. 단이란 모든 번뇌를 끊는 것이다. 유학지중에서는 스스로 해야 할 행과 끊어야 할 번뇌를 남김없이 알지 못한다. 무학위를 얻고 나면 진지와 무생지로 모두 스스로 해야 할 행과 끊어야 할 번뇌를 통달하여 분명하게 알고 본다. 이를 행단지견정이라 한다. 六 行斷知見淨 行謂苦難苦易 樂難樂易 四行也 斷謂斷諸結也 學地中盡 未能自知 所行所斷 旣得無學 盡智無生智 悉自知見 所行所斷 通達分明 是名行斷知見淨"라고 하였다. 〔참고문헌〕『成實論』, 『注維摩詰經』. ⇨ 칠종정 七種淨 **2**, 칠정화 七淨華

행달 行達 신라대 스님. 도륜(道倫)의 『유가사지론 瑜伽師地論記』에서 달사(達師)라는 이름으로 인용하고, 저술로 『유가론료간 瑜伽論料簡』 1권이 있다. 『동역전등목록』 강론록(講論錄)3(대정장55, p.1157a11)에 "瑜伽論料簡 一 卷 新羅學問 行達 撰"이라 하였고, 또 『유식추요기 唯識樞要記』 4권이라 하였으나 일실되었다. 『동역전등목록』 강론록3(대정장55, p.1158b25)에 "同記〈唯識樞要記〉 二卷 達 撰"이라 하였으니, 이 또한 신라의 행달스님으로 보인다. 〔참고문헌〕『東域傳燈目錄』, 『韓國佛教撰述文獻總錄』 p.51,1.

행당 行堂 **1** 행자(行者)가 거처하는 요사(寮舍). 행자당(行者堂)·행자료(行者寮)·행자방(行者房)·선승당(選僧堂)이라고도 한다. 또는 행당에 머무는 행자를 칭하기도 한다. 『백장청규』 권1 「성절 聖節」(대정장48,

p.1113a29)에 "행당에서 북이 울릴 때 판을 세 번 내린다. 其行堂 亦於鼓鳴時 鳴板三下", 같은 책 권2 「훈동행 訓童行」(대정장48, p.1122a9)에 "행당 앞에 패를 걸어 대중에게 알린다. 혼종이 울리면 행당 앞에서 판을 세 번 내리고 모든 행자들이 모인다. 行堂前 掛牌報衆 昏鐘鳴 行堂前鳴板三下 集衆行者", 같은 책 권5 「사미득도 沙彌得度」(대정장48, p.1136c26)에 "행당에서 발을 울리면 삭발할 이들을 인도해 나온다. 自行堂鳴鈸 引剃頭人出", 같은 책 권7 「방장점행당다 方丈點行堂茶」(대정장48, p.1154c9)에 "시자는 객두를 동반하고 행당에 가서 점다한다. 侍者同客頭 至行堂點茶", 『선림상기전』 권2(대장경보편19, p.56a3)에 "행당 : 행자가 머무는 당, 곧 행자료다〈누군가 '행당'이라고 부르면, 바로 행자를 말한다〉. … 도충이 말한다. '행당의 행자 중에서 스님이 된다'. 行堂 行者所居之堂 卽行者寮也〈若呼人爲行堂 則行者是也〉 … 忠曰 選箇中人 爲僧也"라고 하였다. [참고문헌] 『百丈淸規』, 『禪林象器箋』. ⇨ 동행당 童行堂, 선승당 選僧堂, 선불장 選佛場, 행자 行者❷ ❷ 총림의 소임 중 하나. 공양 때 반채(飯菜)와 차(茶)를 맡아 나누는 소임. 완두(碗頭)를 동반하기도 한다. 『백장청규증의기』 권8(卍속장111, p.855b11)에 "행당이 차를 가지고 차례에 따라 가지런히 따른다. 行堂將茶 次第斟齊"라고 하였다. [참고문헌] 『百丈淸規證義記』.

행당주 行堂主 행당의 상수(上首). 『선림상기전』 권7(대장경보편19, p.298b8)에 "행당주 : 행자당의 으뜸이다. 당주라고도 한다. 『백장청규』 권2 「위행자보설」(대정장48, p.1122a25)에 '참두와 당주가 시자실에 나아가 함께 주지에게 행당으로 내려와서 보설을 해주도록 청한다'라고 하였다. 行堂主 行者堂之主首 或單稱堂主 敕修淸規 爲行者普說曰 參頭堂主 詣侍司 同請住持下行堂" 하였다. [참고문헌] 『禪林象器箋』, 『百丈淸規』. ⇨ 행당 行堂❶, 행자 行者❷

행대 行大 Ⓢ pratipatti-mahattva, Ⓣ sgrub-pa-chen-po-nyid. 행함이 크고 넓어 위대함. 『대승장엄경론』 권12(대정장31, p.654c22 : *Sūtr.*, p.171)에 "둘째는 행대이니, 자리와 이타의 수행이 모두 구족되어 있기 때문이다. 二者 行大 由自利利他行 皆具足故 pratipattimahatvena dvayoḥ pratipatteḥ svārthe parārthe ca", 『법화경과습』 권1(卍속장93, p.207b13)에 "둘째는 행대이니, 보살이 대승을 행하니 능히 두 가지로 이롭게 하는 위대한 행이기 때문이다. 二 行大 謂菩薩修行大乘 能行二利大行故"라고 하였다. [참고문헌] 『大乘莊嚴經論』, 『法華經科拾』, *Sūtr.*

행도 行度 ❶ 이어져 줄지어 있는 모양. 『구사론』 권2(대정장29, p.12a17)에 "이 앞의 (안이비의) 세 근은 옆으로 늘어서 있기에 행도저에 높고 낮음이 없으니, 마치 꽃타래 쓴 듯하다. 此初三根 橫作行度處無高下 如冠花鬘 ādyāni trīṇīndriyāṇi mālāvad avasthitāni", 『구사론기』 권1(대정장41, p.31a12)에 "안이비의 셋은 마치 의지해 있는 모양에 위 아래가 있는 듯하지만, 근의 바탕에 의지해서는 높고 낮음이 없다. 眼耳鼻三 若據所依得有上下 若據根體卽無上下"라고 하였다. [참고문헌] 『俱舍論』, 『俱舍論記』, *Abh-k-bh.* ❷ 행해 가는 길. 『순정리론』 권31(대정장29, p.518b17)에 "어떤 이들은 '해와 달의 행도가 같지 않기에 둥글거나 이지러진 모습으로 나타난다'라고 하였다. 有餘師說 由日月輪行度不同 現有圓缺"라고 하였다. [참고문헌] 『順正理論』. ❸ 태내오위(胎內五位) 중 가라라(柯羅邏 Ⓢ kalala : 羯羅藍)의 때. 『수상론』(대정장32, p.161b3)에 "가라라의 처음부터 제7분 끝까지를 '행도'라 한다. 점점 증장하기에 '행'이라 하고, 중음위를 지나기에 건너간다는 뜻으로 '도'라고 한다. 從柯羅邏初 至第七分之終 名爲行度 漸漸增長故名行 過中陰位故名度"라고 하였다. [참고문헌] 『隨相論』. ⇨ 갈라람 羯羅藍

행도 行滔 671~759. 당대 스님. 육조혜능(六祖慧能) 입멸 후 탑을 지킨 수탑승(守塔僧). 『조계대사별전』(卍속장146, p.973a7)에 따르면, 숙종(肅宗)이 광주(廣州) 절도사 위리견(韋利見)의 주청에 따라 전수된 육조의 가사를 들고 입궐하라고 명하였지만 병을 핑계로 사양했다고 한다. 종밀(宗密)의 『선문사자승습도』(卍속장110, p.867a10)에서는 혜능이 입적을 앞두자 문인 초속(超俗)·법해(法海) 등과 함께 법의 부촉에 대해 물었다고 전한다. 759년(건원2)에 입적하였다. [참고문헌] 『曹溪大師別傳』, 『禪門師資承襲圖』.

행도 行道 ❶ Ⓟ cārikaṃ carati. 길을 가다. 『중아함경』 권16(대정장1, p.530a17)에 "저 상인들이 곧 오래된 물과 땔나무와 풀을 버렸다. 하루 걷고 나자 새로운 물과 땔나무와 풀을 얻지 못했다. 이틀, 사흘, 일주일을 걸었지만 아직도 새로운 물과 땔나무와 풀을 얻지 못했다. 일주일이 지나고 나서 식인귀에게 살해되었다. 彼商人等卽便棄捨故水樵草 一日行道不得新水樵草 二日三日乃至七日行道 猶故不得新水樵草 過七日已 爲食人鬼之所殺害"라고 하였다. [참고문헌] 『中阿含經』, *MN.2.45.* ❷ Ⓢ caryā, Ⓣ spyod-pa. 불도를 행하는 일. 『반니원경』 권상(대정장1, p.177a5)에 "만약 몸에 죄가 있으면 부모도 풀 수 없다. 이것이 항상한 것이 아님을 알고 마땅히 도를 행할 뿐이다. 若身有罪 親不能解 知此非常 當念行道", 『대지도론』 권2(대정장25, p.66b29)에 "부처님이 열반에 든 후에 우리는 어떻게 도를 행해야 합니까? 누구를 스승으로 해야 합니까? 욕 잘하는 차익과 어떻게 함께 머물러야 합니까? 불경은 처음에 어떤 말로 지어야 합니까? 이와 같은 갖가지 미래의 일을 마땅히 부처님께 물어야 했다. 佛般涅槃後 我曹云何行道 誰當作師 惡口車匿 云何共住 佛經初作何等語 如是種種未來事 應問佛"라고 하였다. [참고문헌]『般泥洹經』, 『大智度論』, *Saddh-p.48.* **3** 경행(經行)과 같은 의미다. 『법원주림』 권12(대정장53, p.372a20)에 "가섭의 앞뒤로 가르침을 받은 일천의 제자가 있었다. 모두 아라한이 되어서 항상 이곳 바위 위에 앉아서 경을 독송하고 경행하였다. 제자들 일곱 명이 저녁에 같은 꿈을 꾸었다. 迦葉前後教授一千弟子 皆得羅漢常坐此石 誦經行道 弟子七人同夕得夢"라고 하였다. [참고문헌]『法苑珠林』. ⇨경행 經行 **4** Ⓢ īryā-patha, Ⓣ spyod-lam. 위의로(威儀路). 비구들이 지키고 가려서만이 가는 길. 『방우경』(대정장2, p.547a8)에 "비구들은 어떻게 위의를 지켜 가야 합니까? 비구들은 여덟 가지 도를 자세히 살펴 행해서 가지 말아야 할 곳을 알아야 한다. 곧 기녀의 마을, 술집, 도박처에 결코 함부로 들어가면 안 된다. 이와 같이 비구는 위의를 지켜 갈 곳을 알아야 한다. 云何比丘知行道 比丘行審諦八道 知不可行處 婬里 酒家 博戲處 終不妄入 如是比丘爲知行道"라고 하였다. [참고문헌]『放牛經』, *Mvyut.245.* ⇨사위의 四威儀 **5** 염불기도 등을 하며 움직여 도는 행위. 『왕생서방정토서응전』(대정장51, p.107a17)에 "밤낮으로 여섯 때 염불해서 도를 행하며 음악도 함께 베풀었다. 매일 백명의 스님을 청하여 왕과 부인이 몸소 음식을 공양하였다. 日夜六時念佛行道 幷奏樂 每日請百僧 王與夫人親手行食", 『법원주림』 권13(대정장53, p.386a10)에 "그 달 20일에 스님 법통이 당나라 운이 잘 통하기를 원하여 서상을 바라며 불상을 돌며 행도를 하였는데, 그날 밤 방광하여 밝은 빛이 법당에 가득하였다. 其月二十日寺僧法通 以唐運將統 希求一瑞繞像行道 其夜放光明滿堂"라고 하였다. [참고문헌]『往生西方淨土瑞應傳』, 『法苑珠林』, 『百丈清規』 권1(대정장48, p.1114b21). ⇨행도송경 行道誦經, 요불 遶佛, 우요삼잡 右繞三匝 **6** ➡ 행로 行路[3]

행도 行瑫 **1** 수말당초(隋末唐初)대 육조혜능(六祖慧能)의 아버지. 『조당집』 이후의 선종사서(禪宗史書)에서 혜능의 아버지로 기록되어 있다. 『조당집』 권2 「혜능화상전 慧能和尙傳」(대장경보편25, p.343a11)에 "제33조 혜능화상은 중국 선종 6조로서 속성은 노씨이고 신주 출신이다. 아버지의 이름은 행도이고 본관은 범양인데 신주로 옮겨 살았다. 第三十三祖 惠能和尙 卽唐土六祖 俗姓盧 新州人也 父名行瑫 本貫氾陽 移居新州"라고 하였다. [참고문헌]『祖堂集』. **2** 오대송초(五代宋初)대 선사. 속성은 왕(王)씨. 복건성(福建省) 천주(泉州) 출신. 천주 개원사(開元寺)에서 수업하고 설봉의존(雪峰義存)을 사사하였으며 그의 법을 이었다. 복건성 복주(福州) 선종원(僊宗院)에 주석하였으며, 후에 민왕(閩王)의 귀의를 받고 가르침을 베풀었으며 인혜대사(仁惠大師)라는 호를 하사받았다.

행도 行韜 ?~1652. 청대 임제종 스님. 자는 대유(大庾). 속성은 조(趙)씨. 본명은 유선(庾先). 오강(吳江 : 江蘇省) 출신. 어렸을 때 백부를 따라 만봉(萬峰)의 한월법장(漢月法藏)을 찾아뵌 적이 있으며, 1646년(순치3)에 세상이 혼란스러워지자 무이산(武夷山)에 은거하였다. 이후 천태산 국청사(國淸寺)로 가서 퇴옹홍저(退翁弘儲)를 찾았으나 홍저가 영암(靈巖)으로 옮겨 뜻을 이루지 못하였으며, 오강 보은사(報恩寺)의 부석통현(浮石通賢)을 찾아 그에게 의지하다가 2년 뒤에 구족계를 받고 비구가 되었으며 인가도 받았다. 통현이 초계(苕溪 : 浙江省)로 옮기자 작별을 고하고 영암의 홍저를 찾아 그의 법을 이었다. 홍저가 천녕사(天寧寺)·서암사(瑞嵒寺)의 청을 받고 옮겨가자 따라가 참학하였으며 1650년(순치7)에 홍저의 명에 따라 국청사에 주석하였다. 1652년(순치9) 7월 25일에 입적하였으며, 어록으로 『대유선사주천태경덕국청선사어록 大庾禪師住天台景德國淸禪寺語錄』 1권이 있다.

행도송경 行道誦經 경행하면서 경을 독송하는 일. 『지관보행전홍결』 권1(대정장46, p.147c17)에 "곧 보현도량을 보이고 법화삼매를 행했다. 14일 동안 경행하고 독송을 하다가, 약왕보살본사품에서 모든 부처님께서 함께 약왕보살에게 이것이 참된 정진이며, 진실한 법공양이라고 찬탄하는 곳에 이르러 활연히 선정에 들어 법화삼매를 비추어 요달하였다. 卽示普賢道場行法華三昧經二七日行道誦經 至藥王品諸佛同讚藥王菩薩言 是眞精進眞法供養 豁然入定照了法華", 『삼장법수』 권4(대장경보유편22, p.162c11)에 "예를 들면 법화삼매를 닦는 것과 같다. 삼칠일을 기약하고 예불, 참회, 행도하면서 송경하여 일도 있게 하고 뜻도 있게 해서 함께 마땅히 정진해야 한다. 그러므로 두 가지 마음이 있는 것이다. 如修法華三昧 以三七日爲期 於中禮佛懺悔 行道誦經 有事有理 俱當精進 故有二種心也"라고 하였다. [참고문헌]『止觀輔行傳弘決』, 『三藏法數』, 『法華三昧懺儀』(대정장46, p.950a4). ⇨행도 行道[5]

행도수승 行道殊勝 행한 바 자취가 뛰어남. 네 갈래 사문 중 불법을 따르는 승도사문(勝道沙門)을 이르는 말. 『반니원경』 권1(대정장1, p..183b10)에 "사문은 네 종류가 있으니 반드시 이것을 식별해야 한다. 첫째는 행도수승, 둘째는 달도능언, 셋째는 의도생활, 넷째는 위도작예다. 무엇을 행도수승이라고 하는가? 부처님께서 설하신 법은 가히 불러 헤아릴 수 없고, 능히 행하심은 견줄 것이 없다. 마음을 항복받아 능히 제도하시니, 법을 위하여 근심하고 두려워하면서 세간을 이끄신다. 이러한 무리의 사문이 가장 수승하다. 沙門有四 當識別之 一曰行道殊勝 二曰達道能言 三曰依道生活 四曰爲道作穢 何謂殊勝 佛所說法 不可稱量 能行無比 降心能度 憂畏爲法 御導世間 是輩沙門爲最殊勝"라고 하였다. 〔참고문헌〕『般泥洹經』.

행도작무의 行道作務衣 일을 할 때 입는 법복. 안타회(安陀會)를 달리 이르는 말. 원내도행잡작의(院內道行雜作衣)라고도 한다. 『금강반야경소』(대정장85, p.152c21)에 "여래삼의 중 첫째는 안다회로 오조의이며 하품의 옷이다. 행도작무의라고도 하며 츤신의라고도 한다. 如來三衣 一者 安多會 五條衣 是下品服 亦名行道作務衣 亦名儭身衣"라고 하였다. 〔참고문헌〕『金剛般若經疏』. ⇨ 안타회 安陀會

행도적주 行道迹住 육종주(六種住) 중 하나로 별교보살(別教菩薩)이 머무는 제2이구지(離垢地)부터 제7원행지(遠行地)까지의 위. 중관을 수습하여 근본사혹(根本思惑)을 끊는데 증입의 자취가 남아 있기에 이렇게 부른다. 『마하지관』 권5(대정장46, p.60b24)에 "행도적주란 2지부터 7지에 이르는 단계로 수도위에 머문다. 行道迹住者 從二地 至七地 住修道也", 『지관보행수요기』 권5(卍속장99, p.347b12)에 "행도적주란 바로 별교의 수도위다. 行道迹住 卽別修道位"라고 하였다. 〔참고문헌〕『摩訶止觀』, 『止觀輔行搜要記』. ⇨ 육종주 六種住

행독 行讀 길에 나가 걸으며 경을 외우다. 고려시대 행해졌던 가구경행(街衢經行)을 말한다. 백성들을 위하여 경성(京城)의 거리를 3군데로 나누어 가마에 『반야경 般若經』을 실어 앞세우고 스님들이 걸으면서 경을 외웠다. 경행(經行)의 전통을 절 밖에서 행함이다. 『고려사』 권12 세가(世家) 예종(睿宗) 원년 6월에 의하면 "기축일에 임금이 장녕전에 나가서 승 담진(曇眞)에게 명하여 선을 설하여 비를 기원하게 하였다. 때는 국가에서 가구경행이 성행하였는데 5부의 인민들이 이를 본받아 각각 거주하는 마을에서 행독하였다. 행차가 궁궐의 서쪽 마을에 도착했을 때 마침 비가 내렸다. 임금이 쌀과 비단을 하사하고 다시 행독하게 하였다. 己丑 御長寧殿 命僧曇眞說禪祈雨 時國家盛行街衢經行 五部人民効此 各於所在里行讀 行至闕西里 適有雨 王賜米帛 更令行讀"라고 하였다. 〔참고문헌〕『高麗史』. ⇨ 가구경행 街衢經行

행동 行動 Ⓢ gati, Ⓣ 'gro-ba. 행하여 움직이다. 『대비바사론』 권113(대정장27, p.587b28)에 "또 어떤 이는 말한다. 세 가지 뜻으로 업이라고 하니, 첫째 작용이 있고, 둘째 행동이 있으며, 셋째 조작이 있기 때문이다. … '행동이 있다'라는 말은 곧 몸으로 하는 업이니, 실제로는 움직임이 없는데 다른 방향으로 가는 것과 같다. 復有說者 由三義故 說名爲業 一 有作用故 二 有行動故 三 有造作故 … 有行動者 卽是身業 雖實無動 如往餘方", 『대승성업론』(대정장31, p.781c18)에 "어떤 것을 행동이라고 하는가? 돌아서 어디론가에 이르는 것이다. 이것은 어디에서 거두는가? 색처로 거둔다. 어떤 연으로 돌아 어디론가에 이르는가? 그 차별의 상은 알 수 없다'. 云何名行動 謂轉至餘方 此攝在何處 謂色處所攝 何緣知此轉至餘方 謂差別相不可知故"라고 하였다. 〔참고문헌〕『大毘婆沙論』, 『大乘成業論』, *Abh-k-bh.33*.

행동 行童 동자(童子)인 행자. 동행(童行)이라고도 한다. 『종용록』 21칙 「본칙 本則」(대정장48, p.240c13)에 "운암이 땅을 쓸고 있을 때였다〈사미와 행동이 기력을 쓰지 못했군〉. 도오가 말했다. '너무 자질구레하군요〈병사를 매복시키고 싸움을 거는군〉'. 雲巖掃地次〈沙彌行童 不得氣力〉 道吾云 太區區生〈埋兵挑鬪〉"라고 하였다. 〔참고문헌〕『從容錄』. ⇨ 동행 童行

행득 行得 ❶ 반드시 행해서 얻다. 보살은 네 가지로 십지를 얻는데(菩薩四種得地 : 信 行 通達 成就), 그 중 행으로 얻는 열 가지가 있다. 『대승장엄경론』 권13(대정장31, p.659c7)에 "〔게〕 신으로 말미암고 행으로 말미암으며 통달로 말미암고 또한 성취로 말미암으니, 마땅히 알라. 모든 보살들이 십지를 얻음에 네 종 있음을. 〔석〕 네 가지로 지를 얻는다란, 첫째 신으로 말미암아 얻는 것, 둘째 행으로 말미암아 얻는 것, 셋째 통달로 말미암아 얻는 것, 넷째 성취로 말미암아 얻는 것이다. … 행으로 말미암는다란, 바른 행으로 모든 지들을 얻기 때문이니, 보살들은 대승법에 대해 열 가지로 바르게 행함이 있다. 첫째 서사, 둘째 공양, 셋째 흘러 전함, 넷째 청하여 듣고 받아들임, 다섯째 거듭 읽음, 여섯째 남을 가르침, 일곱째 익히고 외움, 여덟째 풀어 설함, 아홉째 생각하여 가려 가짐, 열째 닦고 익힘이다. 이 열 가지 바른 행으로 능히 무량공덕의 모임을 생할 수 있어서 이 행으로 지를 얻기에 행득이라 이름한다. 偈曰 由信及由行 由達亦由成 應知諸菩薩 得地有四種 釋曰 四種得地者 一 由信得 二 由行得 三 由通達得 四 由成就得 … 由行者 以正行得諸地故 諸菩薩 於大乘法 有十種正行 一 書寫 二 供養 三 流傳 四 聽受 五 轉讀 六 教他 七 習誦 八 解說 九 思擇 十 修習 此十正行 能生無量功德聚 此行得地 故名行得"라고 하였다. 〔참고문헌〕『大乘莊嚴經論』. ⇨ 보살사종득지 菩薩四種得地, 십정행 十正行 ❷

2 몸소 행하다. 『임제록』(대정장47, p.496c29)에 "이때 한 학인이 대중 속에서 나와 말했다. '제가 행하겠습니다'. 임제가 주장자를 집어 들어 그에게 건네자 그 학인이 머뭇거렸다. 그러자 임제가 바로 때렸다. 時 有僧出衆云 某甲行得 師拈棒與他 其僧擬接 師便打", 『허주보도어록』(卍속장123, p.163a9)에 "허주가 법좌에 올라 말했다. '한 장을 설한다 해도 1척을 행하는 것만 못하고, 1척을 행한다 해도 1촌을 버림만 못하다. 왜 그럴까? 산이 높아야 물 깊고 하늘이 맑아야 해가 밝다'. 할을 한차례 내질렀다. 上堂 說得一丈 不如行得一尺 行得一尺 不如離却一寸 何也 山高分水深 靑天分白日 喝一喝"라고 하였다. 〔참고문헌〕『臨濟錄』, 『虛舟普度語錄』. ⇨ 행취 行取

행등 行登 십주(十住) 중 하나. 마음에 동요함이 없는 무생법인(無生法忍)을 얻는 위를 말한다. 정심주(正心住)라고도 하며 십사(十事)·십학(十學) 등을 행한다. 『보살본업경』「십지품 十地品」(대정장10, p.450a29)에 "무엇을 행하여 오른다 하는가? 보살법으로 주함에 열 가지 있게 해서 머물고 제도를 성취한다. 何謂行登 菩薩法住有十事 度輒成", "부처님을 칭송하거나 기롱함을 듣고도, 법을 기리거나 비방함을 듣고도, 보살이 선하다거나 악하다는 말을 듣고도, 사람들이 서로 평해 주고받는 말을 듣고도, 사람이 많다거나 적다는 말을 듣고도, 경이 많다거나 적다는 말을 들어도, 생이 괴롭다거나 즐겁다는 말을 들어도, 사람을 제도하기 어렵다거나 제도하기 쉽다는 말을 들어도, 법이 흥한다거나 쇠한다는 말을 들어도, 도가 있는 때를 만났다거나 없는 때를 만났다거나 하는 일이 있어도 마음을 달리하지 않는다. 一聞稱佛譏佛心無異 二聞譽法毁法心無異 三聞菩薩善菩薩惡心無異 四聞人相評論心無異 五聞人衆人寡心無異 六聞經多經少心無異 七聞生苦生樂心無異 八聞人難度人易度心無異 九聞法興法衰心無異 十遭有道遭無道心無異", "한편 열 가지로 익힌다 하니, 마음에 상이 없고, 상을 거두지도 않으며, 몸이라 생각하지 않고, 내 것이 없고, 사견도 없고, 주재하는 이도 없으며, 받아들일 것도 없고, 허깨비와 같다 여겨, 이룰 것이 없어서, 소유할 것이라고는 없는 것이다. 이상이 믿음을 다하고 행하여 오른 지위다. 復有十學 心無想 不受想 不計身 無我所 無有見 無有主 無有受 爲如化 爲不成 無所有 是爲盡信行登之地"라고 하였다. 〔참고문헌〕『菩薩本業經』. ⇨ 정심주 正心住, 십주 十住

행등 行等 Ⓢ ākāra-samatā. 움직여 그대로 나타나다. 마음으로 행한 것이 법으로 같게 드러나는 일로 상응의 뜻이다. 오의평등(五義平等) 중 하나다. 신역은 행상평등(行相平等)이다. 『잡아비담심론』 권2(대정장28, p.881a21)에 "등의 뜻이란 바로 상응의 뜻이다. 또 때와 의지처와 행과 연이 등하다는 뜻 또한 상응의 뜻이다. … 행등이란, 만약 마음을 움직여 푸른 것을 내면 마음의 법도 또한 그렇다. 等義是相應義 復次時依行緣等義是相應義 … 行等者 若心行青生心法亦爾"라고 하였다. 〔참고문헌〕『雜阿毘曇心論』, *Abh-k-bh.62.* ⇨ 오의평등 五義平等

행력 行力 Ⓢ caryā-bala, Ⓣ spyod-pa'i-stobs. 보살십력(菩薩十力) 중 하나로 행함에 다함이 없다. 『대승의장』 권14「보살십력의 菩薩十力義」(대정장44, p.754c28)에 "또한 『화엄경』에서 다시 열 가지 힘을 설하고 있는데 앞서 언급한 열 가지와 같고 다른 부분이 있다. 그 열 가지의 이름은 무엇인가? … 여섯째는 행력인데 미래세가 다하도록 단절되지 않기 때문이다. 又華嚴中 更說十力 與前十種 有同有異 十名是何 … 六者 行力 盡未來際 不斷絶故"라고 하였다. 〔참고문헌〕『大乘義章』, *Mvyut.26.* ⇨ 보살십력 菩薩十力

행로 行路 **1** Ⓢ vartman, Ⓣ sngon-gyi lam. 닦아 나아가는 길. 행적(行蹟)의 뜻이다. 『출요경』 권26(대정장4, p.751b17)에 "'길을 감에 다시는 근심 없어 종일토록 해탈한 사람'이란, 수행하는 사람이 덕을 닦음에 스스로 자유로우니 온갖 고뇌를 끝냈기에 번뇌는 일어나지 않는다. 行路無復憂 終日得解脫者 履行之人 脩德自然 畢衆苦惱 不興塵垢", 『입능가경』 권10(대정장16, p.583c10 : *Laṅk.*, p.361)에 "이는 과거의 행로이니 나와 저 모든 부처님이 삼천수다라로 열반법을 설했다네. 是過去行路 我及彼諸佛 三千修多羅 說於涅槃法 purāṇikam idaṃ vartma ahaṃ te ca tathāgatāḥ, tribhiḥ sahasraiḥ sūtrāṇāṃ nirvāṇam atyadeśayan"라고 하였다. 〔참고문헌〕『出曜經』, 『入楞伽經』, *Laṅk.* ⇨ 노 路**3**, 도 道**8** **2** 길 가는 나그네. 『정법염처경』 권17(대정장17, p.101b5)에 "전생에 물 없고 험난한 광야에서 햇볕마저 불꽃처럼 뜨거울 때 복을 구하는 이가 나무를 심고 못을 만들어 길 가는 나그네에게 나누었다. 以前世時 於曠野無水嶮難之處 日光焰暑 求福之人 種殖林樹及造湖池 以給行路"라고 하였다. 〔참고문헌〕『正法念處經』. **3** Ⓢ adhvan, adhvāna-mārga, Ⓟ pantha, addhāna-magga, Ⓣ lam. 다니는 길. 『기세경』 권9(대정장1, p.353c29)에 "어떤 것을 백골로 생계를 삼는다고 하는가? 비구들아, 기근이 들었을 때 저 모든 사람들은 사거리나 시가지·성곽·다니는 길 등 이곳저곳에 가서 백골을 주워 물에 달여 즙을 내어 마시며 살아간다. 그러므로 흰 뼈로 생계를 삼는다고 한다. 云何名爲白骨爲業 諸比丘 飢饉之時 彼諸人民 若於四衢 若於街巷 城郭 行路 處處悉往 收拾白骨 水煎取汁 飮以活命

是故 名爲白骨爲業", 40권본『대반열반경』권28(대정장12, p.535a13)에 "보살마하살이 지혜로운 이를 가까이하고 어리석은 이를 멀리하며, 문답하길 좋아하며 다니는 길을 깨끗이 쓸면, 이런 업의 인연으로 피부가 보드랍고 몸의 털은 오른쪽으로 돈다. 若菩薩摩訶薩親近智者 遠離愚人 善憙問答 掃治行路 以是業緣 皮膚細軟身毛右旋"라고 하였다. [참고문헌]『起世經』, 『大般涅槃經』, *Bodh-bh.101.*, *Prāt-m.274.*, *MN.2.98.*, *Sn.22.* **4** 길 위로 감. 『잡아함경』권21(대정장2, p.151b24)에 "여러 상좌들은 소락과 꿀을 배불리 먹었으나, 늦봄의 더울 때라서 길 가는 것이 매우 힘들었다. 諸上座 食諸酥酪蜜飽滿 於春後月熱時 行路悶極", 『증일아함경』권35(대정장2, p.743c23)에 "이 경의 뜻은 아주 깊고 깊으니, 마치 어떤 사람이 길을 가다가 감로를 우연히 만나 매우 향기롭고 맛있어 아무리 먹어도 싫증나지 않는 것과 같다. 此經義理 極爲甚深 猶如有人行路 而遇甘露 取而食之 極爲香美 食無厭足"라고 하였다. [참고문헌]『雜阿含經』, 『增壹阿含經』.

행로난 行路難 인생이나 수행길의 어려움. 또는 이를 노래한 시나 가곡. 『선혜대사어록』권3에 수록된 부대사(傅大士)의 「행로난」(卍속장120, pp.27a6~33a10)에 명비단비상(明非斷非常)·명진조무조(明眞照無照)·명심상실상(明心相實相)·명무상허융(明無相虛融)·명범성비일비이(明凡聖非一非二)·명징심성무염(明懲心性無染)·명반야무쟁(明般若無諍)·명본제불가득(明本際不可得)·명무단번뇌(明無斷煩惱)·명적멸무심상행정진(明寂滅無心常行精進)·명법신득용자재(明法身得用自在)·명금강해탈(明金剛解脫)·명적정무조무득(明寂靜無照無得)·명삼공무성(明三空無性)·명공유불위(明空有不違)·명마원(明魔怨)·명법성용평등(明法性用平等)·명부사의불모(明不思議佛母)·명무각정진(明無覺精進)·명선미묘(明善微妙)의 20장이 실려 있다. 또 선성혜명(仙城慧命)이나 우두혜충(牛頭慧忠)의 작품도 있었으며, 돈황출토본(敦煌出土本)에는 「징심행로난 徵心行路難」(작자 미상)과 같은 제목의 작품이 있는 등 여러 종류가 있다. 나아가 포조(鮑照)나 이백(李白) 등 고래로 승속을 넘어서 널리 유행했던 형태의 글이다. [참고문헌]『善慧大師語錄』.

행로시 行路時 Ⓢ adhvāna-gamana-samaya, mārga-samaya, Ⓟ addhāna-gamana-samaya. 길을 갈 때. 안거(安居)하지 않고 유행(遊行)할 때를 말한다. 『오분비구니계본』(대정장22, p.209c18)에 "만약 비구니가 별청중식을 받는다면 특별한 경우를 제하고 바일제(Ⓢ pāyattika)이다. 특별한 경우란 병이 났을 때 … 길을 갈 때 … 큰 모임이 있을 때 등이 특별한 경우이다. 若比丘尼 受別請衆食 除因緣 波逸提 因緣者 病時 … 行路時 … 大會時 是名因緣", 『십송비구바라제목차계본』(대정장23, p.475c9)에 "만약 비구가 보름 안에 목욕한다면 바야제인데, 특별한 경우는 제한다. 특별한 경우란 더운 때인 봄의 남은 한 달 반과 초여름 한 달을 합한 두 달 반과 병들었을 때 … 길을 갈 때 등이 특별한 경우이다. 若比丘 半月內浴 波夜提 除因緣 因緣者 春殘一月半 夏初一月 是二月半 名熱時 除病時 … 行路時 是名因緣"라고 하였다. [참고문헌]『五分比丘尼戒本』, 『十誦比丘波羅提木叉戒本』.

행록 行錄 지나온 행적을 다듬어 적어 남긴 글. 행장(行狀)과 같다. 『임제록 臨濟錄』의 「행록」 등이 이것이다. 같은 책(대정장47, p.506c8)에 "선사의 휘는 의현이고 조주(曹州) 남화(南華) 출신으로 속성은 형(邢)씨인데 어려서는 남달리 영리하였고 커서는 효로 유명하였다. 머리를 깎고 출가하여 구족계를 받자 강당에 머물면서 계율을 공들여 연구하고 경론을 널리 연구하였는데, 오래지 않아 탄식하며 '이것은 세상을 구제하는 의술일 뿐 교외별전의 종지가 아니다'라고 말한 다음 곧바로 옷을 갈아입고 각지를 행각하였다. 처음에는 황벽을 찾아갔고 다음으로 대우를 찾아뵈었는데 그와 관련된 기연을 담은 말들은 「행록」에 실려 있다. 師諱義玄 曹州南華人也 俗姓邢氏 幼而穎異 長以孝聞 及落髮受具 居於講肆 精究毘尼 博蹟經論 俄而歎曰 此濟世之醫方也 非敎外別傳之旨 卽更衣游方 首參黃檗 次謁大愚 其機緣語句 載于行錄"라고 하였다. [참고문헌]『臨濟錄』.

행료 行潦 길 위에 고인 물. 『불조역대통재』권5(대정장49, p.511a13)에 "강이나 바다가 길 위에 고인 물과 다른 까닭은 깊고 광활하기 때문이고, 오악이 구릉과 다른 까닭은 높고 거대하기 때문이다. 江海所以異於行潦者 以其深廣也 五嶽所以別於丘陵者 以其高大也", 『출삼장기집』「서문 序文」(대정장55, p.1b15)에 "다만 길 위에 고인 물이 순수한 젖과 섞이지 않고 연산(燕山)에서 나는 돌이 초옥(楚玉 : 和氏璧)과 뒤섞이지 않기를 바랄 뿐이다. 庶行潦無雜於醇乳 燕石不亂於楚玉"라고 하였다. [참고문헌]『佛祖歷代通載』, 『出三藏記集』.

행름 行凜 조선후기 금강산 장안사(長安寺) 스님. 호는 금월(金月)이고 한암중원(漢巖重遠 1876~1951)의 은사스님이다. 한암스님이 1897년(광무1) 22세 때 인간과 우주의 근본(盤古)에 대한 의문을 품고 답해 주는 자가 없어 답답해 하던 차 금강산 장안사(長安寺)에서 행름금월(行凜金月)스님을 만나 스님이 되었다. [참고문헌]『漢巖一鉢錄』(1995) p.441, 智冠『韓國高僧碑文總集 朝鮮朝·近現代』p.1006. ⇨중원 重遠

행리 行利 Ⓟ attha-cariyā. 사섭사(四攝事)의 하나로 다른 이를 이롭게 하는 일. 이행(利行)의 이역어다. 『중아함경』 권33(대정장1, p.641c14)에 "'네 가지로 중생을 거둔다. 무엇이 네 가지인가? 첫째, 은혜로 베푼다. 둘째, 사랑스런 말을 한다. 셋째, 타인을 이롭게 하는 행을 한다. 넷째, 평등하게 이롭게 하는 행을 한다'. 이에 세존께서 이것을 게송으로 말씀하셨다. '은혜로운 보시와 좋은 말, 항상 남을 이롭게 하고, 중생을 고르게 함께 이롭게 하네. 그 이름 널리 멀리까지 이른다네'. 有四攝事 云何爲四 一者惠施 二者愛言 三者行利 四者等利 於是世尊說此頌曰 惠施及愛言 常爲他行利 衆生等同利 名稱普遠至", 『잡아함경』 권26(대정장2, p.185a5)에 "행리가 가장 뛰어난 사람은 모든 불신자를 믿음에 들게 하여 믿음을 건립하게 한다. 계를 세우는 자는 계를 잘 지키게 하고, 인색한 자는 보시하게 하며, 나쁜 지혜를 가진 자는 정지에 들어 건립하게 한다. 行利最勝者 諸不信者能令入信 建立於信 立戒者以淨戒 慳者以施 惡智者以正智令入建立", 40권본 『화엄경』 권4(대정장10, p.678a13)에 "큰 지혜와 위신력이 있어서 보리를 닦고 중생을 이익되게 하며 무량한 경계에서 반드시 구제하기를 서원하였으니, 오직 인자하신 존자께서는 허락하여 주옵소서. 有大智慧威神力 行菩提行利衆生 無量境界誓當求 唯願仁尊哀聽許"라고 하였다. [참고문헌] 『中阿含經』, 『雜阿含經』, 『華嚴經』, 『大乘同性經』 권상(대정장16, p.643a20), *DN.3.192.* ⇨ 이행 利行, 사섭법 四攝法

행리 行履 지나온 자취. 수행이력을 말한다. 총림에서 납자들의 수행이력 기록장부를 행리장(行履帳)이라 한다. 『위산어록』(대정장47, p.578b24)에 "앙산이 말했다. '저 혜적 한생을 살다 가니 그간의 살아온 자취 어디에 두어야 할까요?'라고 묻자 위산이 말했다. '나는 그대의 안목이 바르길 기대할 뿐 그대의 행리는 말하지 않으련다'. 仰山云 慧寂卽一期之事 行履在甚處麼 師云 祇貴子眼正 不說子行履", 『경덕전등록』 권21 「보자효오전 寶資曉悟傳」(대정장51, p.375b25)에 "학인이 물었다. '이 사람의 행한 자취는 어떤지요?' '차 마실 때가 되면 차를 마시고, 밥 먹을 때가 되면 밥을 먹는다'. 僧曰 此人行履如何 師曰 逢茶卽茶遇飯卽飯"라고 하였다. [참고문헌] 『潙山語錄』, 『景德傳燈錄』.

행림 行林 ❶ 행한 숲. 『수화엄오지망진환원관』(대정장45, p.637a21)에 "무성한 자성의 바다 다하고 저들이 행한 숲들을 모아 따로 여섯 갈래 문을 열고는 하나의 관으로 회통한다. 窮玆性海 會彼行林 別擧六門 通爲一觀"라고 하였다. [참고문헌] 『修華嚴奧旨妄盡還源觀』. ❷ 송대 법안종(法眼宗) 스님. 호는 조인선사(祖印禪師). 귀종의유(歸宗義柔)의 법을 이었다. 강서성(江西省) 여산(廬山)의 승천나한원(承天羅漢院)에 주석하였다. [참고문헌] 『天聖廣燈錄』 권26(卍속장135, p.865a6), 『五燈會元』 권10(卍속장138, p.378a5).

행립좌와 行立坐臥 가고 서며 앉고 눕는 것. 사위의(四威儀)의 뜻이다. 『대보적경』 권57(대정장11, p.332b10)에 "사위의 중 가고 서며 앉고 눕는 것도 모두 괴로움이다. 만약 늘 다니기만 해서 서거나 앉거나 눕지 못해서 고통받아 안락이 없으며, 항상 서 있기만 한다면 다니거나 앉거나 눕지 못해, 앉아 있기만 한다면 다니거나 서거나 눕지 못해, 누워 있기만 한다면 다니거나 서거나 앉지 못해 모두 극히 괴로워 안락할 수 없다. 四威儀中 行立坐臥 亦皆是苦 若常行時 不立坐臥 卽受苦無樂 若常立時 不行坐臥 若坐不行立臥 若臥不行立坐 皆受極苦而無安樂", 『십송율』 권11(대정장23, p.78a14)에 "비구방이란 대중에 속하거나 한 사람에 속하는 곳이며, 아주 작게는 사위의인 가고 서며 앉고 눕는 것이 허용되는 곳이다. 比丘房者 或屬衆僧 或屬一人 極小乃至容四威儀行立坐臥"라고 하였다. [참고문헌] 『大寶積經』, 『十誦律』. ⇨ 행주좌와 行住坐臥, 사위의 四威儀

행마 行魔 사람의 마음을 어지럽혀 수행을 방해하는 오마(五魔) 중 하나. 『매의경』(대정장17, p.530c11)에 "오마가 일어나면 사람의 뜻을 어지럽혀 도를 얻지 못하게 하니, 천군·죄군·행군·뇌군·사군이다. 도인이 도를 행함에 반드시 이 오마를 알아차려야 한다. 有五魔生亂人意 令人不得道 一者 天魔 二者 罪魔 三者 行魔 四者 惱魔 五者 死魔 道人行道 當覺是五魔"라고 하였다. [참고문헌] 『罵意經』.

행마나타인 行摩那埵人 마나타(Ⓟ mānatta)를 행하는 사람. 마나타란 승잔(僧殘)의 죄를 지은 이가 승중(僧衆)과 함께 머물지 못하고 그 벌로 별주(別住)하는 것을 말한다. 범계(犯戒)하여 별주하게 된 이가 현전승가를 구성하는 최소 인원인 4명 안에 들 경우 별주갈마를 행하지 못한다. 『십송률』 권30(대정장23, p.219b29)에 "마나타를 행하는 사람이 (현전승가의) 네 번째 사람이 되면 별주 갈마를 지을 수 없다. 行摩那埵人作第四人 不應作別住羯磨"라고 하였다. [참고문헌] 『十誦律』. ⇨ 마나타 摩那埵

행만 行滿 ❶ 화천(火天)의 이름. 불의 신인 화천은 보리로 행만하여 희론의 섶을 태운다. 『대일경소』 권20(대정장39, p.780c18)에 "두번째 화천은 행만이라 한다. 이름으로 뜻을 드러냈다. 그 범음 역시 진언이다. 처음 보리심을 일으키고 행을 닦아나가 그 행이 만족하면 부처라 한다. 이는 대비를 뿌리로 삼고 보리심을 종자로 삼은 것이다. 그 모습은 가을밤의 달과 같으니 광휘가 사면을 두루 비추고 몸에 흰옷을 입고 갖가지 공덕을 갖추었다〈몸이 단엄하고 살이 넉넉하여 기뻐할만 하다〉. 오른손에 염주를 들었고 왼손에는 보병을 들었다. 이 상은 월륜 속에 있으니 위에서 설한 내용과 같다. 이 마음이 원명하고 청정하다는 뜻이다. 이러한 수승묘행의 불로 때문은 마음의 희론섶을 태운다. 第二火者名爲行滿卽案名表義 其梵音亦卽眞言也 初發菩提心 次修於行 其行滿者卽名爲佛也 謂此卽大悲爲根菩提心種子故也 其形如秋夜月 光暉照朗四面周匝 身服白衣具種種德〈謂身端嚴肥滿可喜也〉 其右手持數珠 次左手合持軍持也 此像住於月輪中也 如上所說 卽是心性圓明淸淨之義 以此妙行之火焚於垢心戲論之薪也"라고 하였다. [참고문헌]『大日經疏』. **2** 당대 천태종 스님. 소주(蘇州) 출신. 스무살에 출가하여 스물다섯에 구족계를 받고 부사사(浮槎寺)에서 머물다가 형계담연(荊溪湛然) 문하에 들어갔다. 담연이 입적한 후에 천태산 불농사(佛隴寺)에 주석하며 법을 전했다. 840년에 일본 최징(最澄)이 입당하여 그에게 천태의 전적을 전수 받았다. 『육즉의 六卽義』 1권 · 『학천대종법문대의 學天台宗法門大意』 1권 · 『열반경소사기 涅槃經疏私記』 12권 · 『열반경음의 涅槃經音義』 1권 등을 지었다. **3** 송대 스님. 만주(萬州) 남포(南浦) 출신. 석상경저(石霜慶諸) 문하에서 선을 익히고 천태 화정봉(華頂峰) 지자원(智者院)에 머물렀다. 행적이 신이하여 당시 사람들이 관세음보살의 현신으로 여겼다. 개보년간(968~975)에 세수 88세로 입적했다.

행만성불 行滿成佛 사만성불(四滿成佛) 중 하나. 보리행원을 구족하여 일체번뇌를 없앤다. 『범망경직해사의』(卍속장61, p.208b9)에 "행만성불이라 하니 구경보살지에 의지하여 일체무명의 장애 없애는 것을 말한다. 보리행원을 모두 구족하면 이것이 행만성불이다. 行滿成佛 謂依究竟菩薩地 能除一切無明諸障 菩提行願 皆悉具足 是爲行滿成佛"라고 하였다. [참고문헌]『梵網經直解事義』. ⇨ 사만성불 四滿成佛

행모 行母 Ⓢ mātṛkā의 한역어. 논모(論母). 음사어는 마달리가(摩咀理迦) · 마이(摩夷) 등이다. 논모는 행법(行法)을 낳는 어미와 같은 역할을 하기에 이렇게 부른다. 『화엄경소』 권1(대정장35, p.507c8)에 "(마달리가는) 행모라 한역한다. 논장에 의지하여 행을 성취하기에 행의 어미라는 뜻이다. 此云行母 依藏成行故 行之母故", 『대승의장』 권1(대정장44, p.468b6)에 "마이라는 음사어는 행모라 한역한다. 행법을 가려내 말해서 능히 행법을 낳기에 행모라 한다. 言摩夷者 此名行母 辨詮行法 能生行故 名爲行母"라고 하였다. [참고문헌]『華嚴經疏』, 『大乘義章』. ⇨ 마달리가 摩怛理迦, 논모 論母

행묘 行妙 천태에서 말하는 적문십묘(迹門十妙)인 법화십묘(法華十妙)의 하나로 수행의 묘. '묘법연화경'의 첫 글자 묘(妙)를 해석한 열 가지 뜻 중에 하나로 지묘(智妙)나 경묘(境妙)와 함께 논한다. 한편 행묘는 크게 장통별원 사교(四教)에 의지한 숫자를 늘리면서 행하는 증수행과 『열반경』의 오행(五行 : 聖行 梵行 天行 嬰兒行 病行)에 의지한 행법이 있다. 『법화현의』 권2(대정장33, p.697c11)에 "행묘란 수를 더해가는 행, 차제로 하는 다섯 가지 행, 차제 없는 다섯 가지 행이다. 지로 인도해 가기에 행묘라고 말한다. 行妙者 謂增數行 次第五行 不次第五行 智導行故 故言行妙", 같은 책 권3(대정장33, p.715b20)에 "묘행이란 하나의 행이 곧 모든 행임을 말한다. 경에 '본래 무수한 부처님으로부터 온갖 도를 행하여 구족히 한다'고 하며, 또 '한량없는 여러 부처님 처소에서 깊고 묘한 도를 행한다'고 한다. 또 '모든 부처님에게 있는 도법을 행하여 다한다'고 한다. 이미 갖추어진 것을 더욱 깊이 하거나 다함없이 하는 뜻이다. 妙行者 一行一切行 如經 本從無數佛 具足行諸道 又云 無量諸佛所 而行深妙道 又云 盡行諸佛所有道法 旣具 復深 又盡"라고 하였다. [참고문헌]『法華玄義』. ⇨ 경묘 境妙, 십묘 十妙, 적문십묘 迹門十妙, 지묘 智妙

행무상 行無上 **1** Ⓢ pratipad-ānuttarya, Ⓟ paṭipadānuttariya, Ⓣ lam bla-na-med-pa. 삼무상(三無上) 중 하나로 무학(無學 : 阿羅漢)의 팔정도 · 사행적(四行跡 : 四通行)을 말한다. 사통행 중 낙속통행(樂速通行)을 일컫기도 한다. 『집이문족론』 권6 「삼법품 三法品」(대정장26, p.391a1)에 "행무상이란 어떤 것인가? [답] 무학의 팔지성도를 행무상이라고 한다. 行無上云何 答 無學八支聖道 是名行無上", 『대승아비달마잡집론』 권7(대정장31, p.727a19 : *Abh-s-bh.*, p.63)에 "행무상이란 낙속통행을 말한다. 일체행 가운데 제일이기 때문이다. 行無上者 謂樂速通行 一切行中 最第一故 pratipadānuttaryaṃ sukhā kṣiprābhijñā tasyāḥ sarvapratipadagratvāt", 『유가론기』 권5(대정장42, p.406b24 · 한불전13, p.294b6)에 "둘째 행무상이란 사행적을 말한다. 二 行無上 謂四行跡" 라고 하였다. [참고문헌]『集異門足論』, 『大乘阿毘達磨雜集論』, 『瑜伽論記』, *Abh-s-bh.* ⇨ 삼무상 三無上, 팔정도 八正道, 사통행 四通行, 낙속통행 樂速通行 **2** 위 없는 행. 이생(異生)들의 행이 아닌 성현의 행. 『집이문족론』 권16(대정장26, p.433c16)에 "어떤 것이 행무상인가? [답] 저 세존께서 말씀하시길 '… 만약 청정신애를 닦고 심은 바 있어, 능히 여래와 불제자가 행할 바를 능히 행하면, 나는 저들을 행무상으로 삼아 자신을 이롭게 함은 물론 널리 설하고 속히 여리법요를 깨닫게 하리니 이를 행무상이라 한다'. 云何行無上 答 如世尊說 … 若有修植

淸淨信愛 能行如來及佛弟子 所行之行 我說彼類 爲行無上 能自利益 廣說乃至 疾能證得如理法要 是名行無上"라고 하였다. 다른 무리의 보특가라가 행하는(如有一類補特伽羅) 행(調象行 調馬行 或調人行 調牛行 事火行 事月行 事日行 事藥行 事珠行 事星宿 宮殿等行 … 邪見行者)은 비록 행하기는 하지만 행할 바 아닌 하천한 본성의 이생들의 행이지 현성의 행은 아니다(雖有所行 非無所行 而是下賤本性異生 非賢聖行). 〔참고문헌〕『集異門足論』. ❸ Ⓢ pratipatti-pramatā, Ⓣ grub-pa-dam-pa. 칠종무상(七種無上 : 七最勝) 중 하나. 성행(聖行)·천행(天行)·범행(梵行)을 말한다. 정행최승(正行最勝)이라고도 한다. 『보살선계경』 권3(대정장30, p.976a10)에 "행무상이란 성행과 천행과 범행을 말한다. 성행은 세 가지 삼매인 공·무상·무원과 멸진정을 말하고, 천행은 사선과 사무색정을 말하며, 범행은 사무량심을 말한다. 이 세 가지 행은 부처님께서 사행을 항상 기꺼이 수습하는 데에서 나온다. 어떤 것이 그 네 가지인가? 성행에 두 가지가 있으니, 공삼매와 멸진정이다. 천행에는 한 가지가 있으니 제4선을 말한다. 범행에도 한 가지가 있으니 대비이다. 行無上者 所謂聖行 天行 梵行 聖行者 謂三三昧 空無相願 滅盡定 天行者 謂四禪 四無色定 梵行者 謂四無量心 是三種行 出佛四行常樂修集 云何爲四 聖行有二 一者 空三昧 二者 滅盡定 天行有一 謂第四禪 梵行亦一 所謂大悲"라고 하였다. 〔참고문헌〕『菩薩善戒經』, 『解深密經疏』 권8(한불전1, p.397c5), *Bodh-bh.63.* ⇨ 칠종무상 七種無上

행무색 行無色 Ⓢ ārūpya-ga, Ⓣ gzugs-med-par nye-bar-'gro-ba. 무색을 행하다. 오종불환(五種不還) 또는 칠종불환(七種不還) 중 네 가지 불환과의 성인이 욕계에서 곧바로 무색계에 나서 반열반(般涅槃)하는 것을 말한다. 무색계는 중유(中有)인 중반(中般)이 없기에 생반(生般)·유행반(有行般)·무행반(無行般)·상류반(上流般)의 네 가지만으로 행한다. 『대비바사론』 권175(대정장27, p.879b15)에 "행무색불환은 행색계불환에 비해 다섯 가지가 뛰어나다. 즉 계·지·번뇌를 끊은 것, 온을 손감하는 것, 삼마발지에 있어서 뛰어나다. 行無色不還 於行色界不還 有五事勝 謂界勝 地勝 斷煩惱勝 損減蘊勝 三摩鉢底勝 ", 『구사론』 권24(대정장29, p.125a3 : *Abh-k-bh.*, p.360)에 "행무색에 네 가지 차별이 있다. 즉 욕계에 있으면서 색계의 탐을 여의고, 여기서 목숨을 마치면 무색계에 나는데, 여기서의 차별은 오직 네 가지이니, 생반열반 등의 차별이다. 行無色者 差別有四 謂在欲界 離色界貪 從此命終 生於無色 此中差別 唯有四種 由生般涅槃 有差別故 anya ārūpyago 'nāgāmī yo rūpavītarāga itaś cyutvārūpyeṣūpapadyate. sa punaś caturvidha upapadyādiparinirvāyibhedāt", 『구사론소』 권24(대정장41, p.747c10)에 "〔논〕 행무색에서 ~ 차별이 있다. 〔석〕 낙정을 풀이한 것이다. 차별의 네 가지는 생반·유행반·무행반·상류반이다. … 행무색이란 욕계 중에서 색의 물듦을 여의고는 무색계에 나는 것으로 이 낙정에는 두 가지가 있으니, 색계에 난 다음 무색계에 나는 것과 색계에 나지 않고 무색계에 나는 것이다. 論 行無色者 至有差別故 釋 樂定也 差別有四 謂生般 有行 無行 上流 … 行無色者 在欲界中離色染已 生於無色 卽是樂定有二種也 一生色界已 生於無色 二 不生色界 生於無色"라고 하였다. 〔참고문헌〕『大毘婆沙論』, 『俱舍論』, 『俱舍論疏』, *Abh-k-bh.* ⇨ 오종불환 五種不還, 칠종불환 七種不還

행무지 行無知 Ⓢ saṃskāreṣv ajñānam. 십구종무지(十九種無知)의 하나로 인(因)에 대한 그릇된 생각으로 생겨나는 제행(諸行)에 대한 무지. 칠종무지(七種無知)에서는 인무지(因無知 Ⓢ hetāv ajñānam)와 함께 염정우(染淨愚 Ⓢ saṃkleśa-vyavadāna-saṃmoha)에도 속한다. 『유가사지론』 권8(대정장30, p.322c2 : *Yogā-bh.*, p.205)에 "인에 무지하다는 것은 무엇인가? 일어난 것에 대해 이에 맞지 않게 분별해서 인이 없다고 계탁하거나 자성·세성·사부·중간(梵王) 등이라는 고르지 못한 인이라고 계탁하는 등 모든 무지를 말한다. 저 인에 무지하여 인을 좇아 생겨나는 제행에 대한 무지 또한 마찬가지다. 於因無知云何 謂起不如理分別 或計無因 或計自在世性士夫中間等不平等因 所有無知 如於因無知 於從因所生諸行亦爾 hetāv ajñānaṃ katamat. ahetukaṃ vā kalpayato viṣamahetuṃ vā īśvara-prakṛti-puruṣa-antarādikaṃ vāyoniśaḥ kalpayato yad ajñānaṃ. yathā hetāv evaṃ hetusamutpanneṣu saṃskāreṣu", 『성유식론연비』 권6(대정장43, p.944a14)에 "무명에는 열아홉 가지가 있다고 하였는데 … (행무지란) 인을 좇아 생겨나는 제행에 대한 무지를 말한다. 無明有十九 … 於從因所生諸行無知"라 하였다. 〔참고문헌〕『瑜伽師地論』, 『成唯識論演祕』, *Yogā-bh.* ⇨ 십구종무지 十九種無知, 염정우 染淨愚, 인무지 因無知

행문 行門 Ⓢ caryā-mukha. 번뇌를 끊고 열반으로 나아가게 열린 문. 80권본 『화엄경』 권18 「명법품 明法品」(대정장10, p.97a17)에 "시비를 살펴 정하고 법인을 어기지 않으며 차제에 따라 가없는 행문을 건립하여 모든 중생으로 하여금 일체의 의심을 끊게 합니다. 是非審定 不違法印 次第建立無邊行門 令諸衆生斷一切疑", 『범망경』 권상(대정장24, p.1000b6)에 "일체 상이 사라지면 금강삼매문을 얻어 일체의 행문에 들어가고 허공과 같은 평등한 자리에 들어간다. 一切相滅 得金剛三昧門 入一切行門 入虛空平等地", 『화엄경소초』 권1

6(대정장36, p.121a19)에 "원융에 따르자면 낱낱의 행문이 모두 십의를 갖춘다. 若約圓融 一一行門 皆具十義"라고 하였다. [참고문헌] 『華嚴經』, 『梵網經』, 『華嚴經疏鈔』, *Gaṇḍ-vy.81.* ⇨ 행문해 行門海

행문 行聞 1610~1666. 임제종 스님. 호는 불고(佛古). 속성은 장(張)씨. 촉(蜀 : 四川省) 동천(潼川 : 天台縣) 출신. 나이 다섯에 청련사(靑蓮寺)의 인종석(印宗錫) 문하로 출가하였다. 21세에 금릉(金陵 : 江蘇省) 보은사(報恩寺)에서 구족계를 받았다. 『오등전서』 권78(卍속장141, p.617b11)에 "새는 바람의 세기와 방향을 미리 알고, 개미 따위는 비의 기운을 앞서 감지한다. 지혜로운 거울에는 흔적이 남지 않고, 신령한 샘물의 근원은 바닥을 드러내지 않는다. 마음도 아니고 부처도 아니라 하니, 곱디고운 달은 어떤 강물에도 가라앉지 않노라. 巢知風 穴知雨 智鑑無痕 靈源無底 不是心不是佛 月娟娟而萬水不沉"라는 등의 법어가 보인다. 1666년(강희5) 세수 57, 법랍 23세로 입적하였다. 『불고문선사어록 佛古聞禪師語錄』 3권(가흥장36, No.B364)을 남겼다. [참고문헌] 『五燈全書』.

행문관문홍원문 行門觀門弘願門 일본 정토종의 서산증공(西山證公 1177~1247)이 세운 삼문. 『관무량수경 觀無量壽經』의 정산이문(定散二門)은 관문, 그 이전의 가르침은 행문, 원력으로 세상에 출현하심은 홍원문이다. 『말대염불수수인』(대정장83, p.274a14)에 "혹자는 말한다. 행문관문홍원문 이 삼문을 세우니, 홍원문으로는 왕생할 수 있으나 저 행문의 사람은 왕생할 수 없다. 或人云 行門觀門弘願門 立此三門 弘願門得往生 其行門之人 不得往生"라고 하였다. [참고문헌] 『末代念佛授手印』. ⇨ 관문 觀門[3], 요문 要門[1]

행문해 行門海 행하여 과로 나아가게 열린 문이 바다와 같이 가없음. 80권본 『화엄경』 권3(대정장10, p.11a13)에 "용주 구반다왕은 가없는 행문해의 해탈문을 수습하였다. 龍主鳩槃茶王 得修習無邊行門海 解脫門"라고 하였고, 이 구절에 대해 징관(澄觀)은 『화엄경소』 권7(대정장35, p.49c24)에서 "자리이타행으로 과로 나아가게 하니 '문'이라 하고, 깊고 넓어서 다 헤아리지 못하니 '가없는 바다'라 하였다. 二利之行 趣果曰門 深廣難窮名無邊海"라고 풀었다. [참고문헌] 『華嚴經』, 『華嚴經疏』, 『華嚴經疏注』 권8(卍속장7, p.159a17). ⇨ 행문 行門

행밀 行謐 1606~1665. 임제종 스님. 호는 이은(二隱). 속성은 금(金)씨. 고투(古渝 : 河北省) 창주(昌州) 출신. 어린 시절 문필봉(文筆峰) 와불사(臥佛寺)로 출가한 다음 금릉(金陵 : 江蘇省)으로 가서 동탑(東塔)의 파산해명(破山海明)의 가르침을 받았다. 그 뒤로 여러 선사를 친견하다가 밀운원오(密雲圓悟)를 친견하였고, 원오가 통현사(通玄寺)에서 입적한 다음 임야통기(林野通奇)가 법석을 이어받자 그에게 귀의하여 39세에 그 법을 이었다. 1665년(강희4) 세수 60, 법랍 32세로 입적하였다. 『이은밀선사어록 二隱謐禪師語錄』 10권(가흥장33, No.B21)을 남겼다. [참고문헌] 『五燈全書』 권78(卍속장141, p.611a7).

행반열반 行般涅槃 Ⓢ sābhisaṃskāra-parinirvāyin, Ⓟ sasaṅkhāra-parinibbāyin, Ⓣ mngon-par-'du-byed-pa-dang-bcas-pas-yongs-su-mya-ngan-las-'das-pa. 유학인 18종 가운데 유행반열반(有行般涅槃)을 말한다. 아나함을 얻고난 후 아라한에 이르는 그 중간 단계다. 『중아함경』 권30(대정장1, p.616a10)에 "세상에 두 종류의 복전인이 있다. 무엇이 두 종류인가? 첫째, 학인이고, 둘째는 무학인이다. 학인에는 18종이 있고 무학인에는 9종이 있다. 거사여! 무엇이 18학인인가? 신행, 법행 … 향아나함, 득아나함, 중반열반, 생반열반, 행반열반, 무행반열반, 상류색구경이다. 世中凡有二種福田人 云何爲二 一者學人 二者無學人 學人有十八 無學人有九 居士 云何十八學人 信行 法行 … 向阿那含 得阿那含 中般涅槃 生般涅槃 行般涅槃 無行般涅槃 上流色究竟", 『삼장법수』 권16(대장경보유편22, p.337a18)에 "셋째, 유행반열반. 유행이란 곧 공용행을 더함이니 이는 아나함을 말한다. 욕계에서 제3과를 얻고 나서 욕계에서 죽어 색계에 난다. 빨리 열반과에 나아갈 수 없으므로 다시 많은 시간을 거치면서 부지런히 가행을 닦아 마침내 상지의 나머지 번뇌(오상분결)를 끊고 아라한을 얻어서 반열반에 드는 것이다. 三有行般涅槃 有行 卽加功用行也 謂此阿那含 於欲界得第三果已 從欲界沒 生於色界 不能速疾趣涅槃果 更經多時 勤修加行 方斷上地餘惑 得阿羅漢 入般涅槃也"라고 하였다. [참고문헌] 『中阿含經』, 『三藏法數』, 『尊婆須蜜菩薩所集論』 권5(대정장28, p.759c4), *Abh-s.86.*, *AN.1.233.* ⇨ 반열반 般涅槃, 오상분결 五上分結

행발백법 行鉢白法 발우 돌림을 알리는 법. 새 발우가 생겼을 때 상좌(上座)부터 물으며 돌리는 것을 말한다. 『승갈마』 권중(대정장40, p.529a23)에 "발우를 돌리며 대중에게 사루는 법〈저 비구의 발우에 대해 알리고 나서 승중에 물어야 한다. 다음과 같이 고한다〉 : '대덕 스님들께서는 들으십시오! 만약 승중께 때가 도래하였다면 승중은 승낙하십시오. 이 발우에 대해 차제로 먼저 상좌께 묻겠습니다. 이와 같이 아뢰니다〈이렇게 알리고 나서 (발우를) 가져다가 상좌께 드려야 한다. 만약 상좌가 취하지 않으면 저 비구에게 주는데, 저 비구는 발우를 마땅히 취해야 하며 중승을 보호해야 하는 까닭에 취하지 않아서는 안 되며 이러한 인연 때문에 상태가 가장 안 좋은 발우를 받아 지녀서는 안 된다. 만약 그렇게 한다면 돌길라다. 만약 상좌가 발우를 취하겠다면 상좌에게 줘야 하고 상좌의 종전 발우는 취하여 다음 자리의 스님에게 줘야 한다. 만약 (상좌가 발우를 취하지 않아) 다음 자리의 스님이 취한다면 상좌와 같게 한다. 이와 같이 거듭해서 하좌까지 이른다〉'. 行鉢白法〈彼比丘鉢 應作白已 問僧作如是白〉 大德僧聽 若僧時到 僧忍聽 以此鉢次第問上座白如是〈作此白已 當持與上座 若上座不取 與彼比丘 彼比丘應取 不應護衆僧故不取 亦不應以此因緣受持最下鉢 若受 突吉羅若上座取 應與上座 取上座鉢與次座 若次坐取 一如上座 如是展轉 乃至下座爾〉"라고 하였다. 〔참고문헌〕『僧羯磨』. ⇨ 행발인 行鉢人

행발심 行發心 사종발심(四種發心) 중 하나. 『화엄경문의요결문답』 권2(한불전2, p.369a15)에 "셋째 행발심〈일체행을 행하여 모두 보리에 합하게 하는 것을 행발심이라고 하니 십행과 십향위이다〉. 三 行發心〈行一切行 皆合菩提 名行發心 十行十向位也〉"라고 하였다. 〔참고문헌〕『華嚴經文義要決問答』. ⇨ 사발심 四發心, 사종발심 四種發心

행발인 行鉢人 Ⓟ pattagāhāpaka. 행발하는 사람. 발우를 다섯 번 이상 꿰매어 보수하지 않았는데 새로운 발우를 보시 받아 지니면 니살기(尼薩耆)에 해당한다. 이 경우 갈마를 통해 행발인을 선출하여 새로 받은 발우를 상좌에게 주고, 상좌가 지니던 발우를 제2좌에게 주면 제2좌가 지니던 발우는 다음 차제에게 주어 마지막까지 발우를 내림하는데 이 일을 행하는 이를 행발인이라 한다. 행발인은 갈마를 통해 여법하게 선출한다. 『마하승기율』 권10(대정장22, p.316a4)에 "행발인은 응당 이 발우를 승중의 상좌에게 준다. 상좌가 받으면 응당 지니고 상좌의 발우는 두 번째 상좌에게 준다. 이와 같은 수서로 신참 비구에게 이른다. 만약 취할 사람이 없는 경우 다시 원래 주인에게 돌려준다. 만약 발우가 비싼 경우 응당 팔아서 열 개의 발우를 값을 받는다면 9개의 발우 값은 대중 정주에 곧바로 들어가고 하나의 발우 값은 본래의 주인에게 돌아간다. 行鉢人應持此鉢與僧上座 上座若取應持 上座鉢與第二上座 如是次第 乃至無歲比丘 若都無人取者 應還本主 若是鉢大貴者 應賣取十鉢直 九鉢直入僧淨廚 一鉢還本主"라고 하였다. 〔참고문헌〕『摩訶僧祇律』, *Vin.2.177.* ⇨ 행발백법 行鉢白法

행방 行梆 나무판인 방(梆)을 치다. 『황벽청규』 「예법장 禮法章」(대정장82, p.776c6)에 "후에 나무판 세 번 치면 승당의 대중은 단위별로 무리짓는데, 매 단위의 8위가 무리가 되어 욕탕에 들어간다. 後行梆三下 堂衆挨單 每單八位入浴"라고 하였다. 〔참고문헌〕『黃檗淸規』.

행방탁발 行坊托鉢 탁발함에 때와 장소를 정하고 함. 『조선불교월보』 제6호에 "행방탁발은 탁발기일과 처소를 하나로 정하여 주지에게 인가를 받은 후에 시행함이 옳다. 行坊托鉢은 托鉢期日과 處所를 一定ᄒᆞ야 住持의게 認可를 受ᄒᆞᆫ後 施行ᄒᆞᆷ이 可ᄒᆞᆷ"라고 하였다. 〔참고문헌〕『朝鮮佛教月報』, 『韓國近世佛教百年史』 권4 「各種法會」 p.23. ⇨ 탁발 托鉢, 동량 棟樑 ❶, 매일탁발 每日托鉢

행방하할 行棒下喝 방을 휘두르고 할을 내지르다. 『용문불안어록』(고존숙어록29, 卍속장118, p.538a13)에 "어떤 이들은 단지 방을 휘두르고 할을 내지를 뿐이니, 저 범할 수 없는 법령에 밝기는 할까? 有般漢 祇管行棒下喝 還明他不犯之令麽"라고 하였다. 〔참고문헌〕『龍門佛眼語錄』, 『圜悟心要』 권하 「示張子固」(卍속장120, p.753b14). ⇨ 방할 棒喝

행방행할 行棒行喝 방 휘두르고 할 하다. 『임제록』(대정장47, p.504a5)에 "임제가 낙보에게 물었다. '이전부터 보통 한 사람이 방을 휘두르면 다른 한 사람은 할을 하는데 어느 편이 적합한가?' '모두 적합하지 않습니다'. 임제가 '적합한 경계는 무엇일까?'라고 물음에 낙보가 할 하자 임제는 이에 때렸다. 師問樂普云 從上來 一人行棒 一人行喝 阿那箇親 普云 總不親 師云 親處作麽生 普便喝 師乃打"라고 하였다. 〔참고문헌〕『臨濟錄』. ⇨ 행방하할 行棒下喝

행배 行輩 동년배. 『백장청규』 권2(대정장48, p.1123b29)에 "양서·사료·강호의 향인들·법권·소사·판사가 모두 제를 올리면, 주지는 영궤의 왼쪽에 있는다〈제산과 좌하인 서당의 법권 중 스님과 동년배가 되는 분이 있어서 제를 올리면 주지는 전사와 함께 답례로 절을 하며, 이하의 사람들에게는 답례로 절을 하지 않는다〉. 兩序 四寮 江湖鄕人 法眷 小師 辦事 皆有祭 住持居靈几之左〈如有諸山及座下西堂法眷 與師爲行輩者 上祭 則住持同專使答拜 以下 則不答拜〉"라고 하였다. 〔참고문헌〕『百丈淸規』.

행법 行法 ❶ 법을 몸소 행하다. 듣고 아는 법을 실행에 옮기다. 『출요경』 권27 「낙품 樂品」(대정장4, p.753c8)에 "저 수행인 깊은 법 미묘한 가르침 옹호하여 모든 오음의 덮개 버리니, 저 사납고 뜨거운 열에 좋은 덮개 얻고 힘입어 건너갈 수 있다. 그러므로 말씀하시길, '호법과 행법은 덮개처럼 그 모습 가려주네. 이는 응당 법과 율과 가르침으로 법을 행함에 악에 나아가지 않음이다. 彼修行人 擁護深法微妙之教 去諸陰蓋 如猛赫熱而獲好蓋 得蒙濟度 是故說曰 護法行法者 如蓋覆其形 此應法律教 行法不趣惡也", 『대장엄론경』 권12(대정장4, p.324c27)에 "그대들 법을 행하고자 하는 이여, 진에 일으켜서는 안 되니, 스스로 말해 법을 행하는 이라면, 대중에게 본보기가 되어야 함에도, 진에를 일으키고 있으니, 이는 마땅히 해서는 안 되는 일이라네. 汝欲行法者 不應起瞋恚 自言行法人 爲衆作法則 而起瞋恚者 是所不應作", 『선견율비바사』 권17(대정장24, p.791b19)에 "법을 행한다 하니, 곧 선하게 행함이어서 악법을 행하지 않는 것이다. 行法則善行 不行於惡法", 『사분율소』 권3(卍속장65, p.517a6)에 "행법이란 사의법과 여덟 가지로 바르게 익히는 것에 의지해서 행의 궤칙을 낳으므로 행법이라 한다. 言行法者 謂四依八正學之所依 生行軌則 故曰行法"라고 하였다. 〔참고문헌〕『出曜經』, 『大莊嚴論經』, 『善見律毘婆沙』, 『四分律疏』. ❷ 밀교의 의궤에 의지해 행하는 수법(修法). 삼종법(三種法)인 식재법(息災法)・증익법(增益法)・항복법(降伏法)에 경애법(敬愛法) 또는 구소법(鉤召法)을 더하여 사종법이나 오종법, 오종법에 연명법(延命法)을 더하여 육종의 행법이 있다. 『대일경』 권3(대정장18, p.18a23)에 "부지런히 진언행법을 닦아 진언의 실한 뜻에 통달하면 항상 좌선을 즐기고 즐겁게 성취하게 된다. 勤修眞言行法 通達眞言實義 常樂坐禪 樂作成就", 『대일경소』 권11(대정장39, p.693b4)에 "부지런히 진언행법을 닦는다는 말은 수행문에서 결코 중단하지 않으며 정체되는 일도 없다는 뜻이다. 만약 도중에 그만둔다면 정진하는 모습이 아니니, 장차 얻을 결과도 얻지 못할 것이고, 이미 얻은 결과도 잃게 된다. 勤修眞言行法者 於修行門 終不中斷 無有停滯 若在中路愆廢 卽非精進之相 當得者不得 已得者退失"라고 하였다. 〔참고문헌〕『大日經』, 『大日經疏』. ⇨ 사도가행 四度加行, 수법 修法

행법정 行法淨 십사비법(十事非法) 중 하나로 이미 행하던 것이어서 계율에 위배되지 않는다는 주장이다. 오분율에서는 습선소습정(習先所習淨), 사분율에서는 득상법(得常法)이라 하여 관습으로 받아들여진 행위를 부정(不淨)의 뜻으로 보지 않는다. 『십송율』 권60(대정장23, p.452a4)에 "삼보가가 대덕 이바가에게 말했다. '행법정은 실제로 계율에 저촉되지 않습니까?' 이바다가 답했다. '이미 행하던 법은 계율에 맞는 경우라면 관습적으로 행하더라도 계율에 저촉되지 않고 관습적으로 행하는 경우가 아니어도 계율에 저촉되지 않는다. 관습적으로 행하는 법이 계율에 저촉되는 경우에는 관습적으로 행하는 경우에도 저촉되고 관습적으로 하는 것이 아니더라도 저촉된다' '어떤 경우에 행하는 것이 저촉되어 관습적으로 행하더라도 저촉되고 관습적으로 행하는 것이 아니더라도 저촉됩니까?' '살생하는 죄는 관습적으로 행하는 경우에도 저촉되고 관습적인 경우가 아니어도 저촉된다. 투도・음행・망어・양설・악구・기어・인색・탐욕・분노・사견은 관습적인 경우에도 저촉되고 관습적인 경우가 아니더라도 저촉된다. 이는 행위 자체가 저촉되기에 관습적으로 행하는 경우도 저촉되고 관습적이 아닌 경우에도 저촉된다' '어떤 일들이 관습적으로 행하더라도 저촉되지 않고 관습적으로 행하지 않더라도 저촉되지 않습니까?' '살생하지 않고 도둑질하지 않고 삿된 음행을 하지 않고 거짓말・양설・악구・기어하지 않고 인색하지 않고 탐욕하지 않고 분노하지 않고 삿된 견해를 갖지 않는 것은 관습적으로 행하더라도 저촉되지 않고, 관습적으로 행하는 경우가 아니더라도 저촉되지 않는다'. 三菩伽言 大德梨婆多 行法淨實淨不 梨婆多答 有行法淨 行亦淨 不行亦淨 有行法不淨 行亦不淨 不行亦不淨 何等行法不淨 行亦不淨 不行亦不淨 答殺罪 行亦不淨 不行亦不淨 偸邪婬妄語兩舌惡口綺語慳貪瞋恚邪見 行亦不淨 不行亦不淨 是爲行法不淨 行亦不淨 不行亦不淨 何等行法淨 行亦淨 不行亦淨 答不殺不偸不邪婬不妄語兩舌惡口綺語慳貪瞋恚邪見 是爲行法淨 行亦淨 不行亦淨"라고 하였다. 〔참고문헌〕『十誦律』.

행법중간입좌작법 行法中間立座作法 밀교작법 도중 중요한 일 때문에 자리에서 일어날 경우에 행하는 작법. 오고인(五鈷印)을 맺고 훔(𑖮 吽)자를 염송한다. 또는 가사를 개어 예반(禮盤) 위에 안치하고 다시 염주를 그 위에 두기도 한다. 〔참고문헌〕『開心秘決』, 『密敎奧義』.

행법화참법 行法華懺法 법화삼매참의(法華三昧懺儀)를 가리킴. 『유방기초』(대정장51, p.993a16)에 "『차제선문』 11권, 『행법화참법』 1권, 『소지관』 1권. 第禪門十一卷 行法華懺法一卷 小止觀一卷"이라고 하였다. 〔참고문헌〕『遊方記抄』. ⇨ 법화삼매참의 法華三昧懺儀

행보게 行步偈 천도재가 끝나고 마지막 소대(燒台)에서 영가의 위패 태우며 외우는 게송이다. "떠나가는 천리 길 허공 가득한데, 돌아가는 길 번뇌일랑 다 잊고 극락에 이르러, 삼업 다 바쳐 삼보에 예경하니, 범성이 모두 함께 법왕궁에 모였네. 移行千里滿虛空 歸道情忘到淨邦 三業投誠三寶禮 聖凡同會法王宮"라고 한다. 〔참고문헌〕亘璇의 『作法龜鑑』 권상(朴世敏 『韓國佛敎儀禮資料叢書』 권3, p.386b3), 『釋門儀範』 권하 p.55a7.

행보정직 行步正直 Ⓢ sama-krama, Ⓣ gom-pa snyoms-pa. 팔십종호(八十種好) 중 하나. 『대명삼장법수』 권38 「팔십수형호 八十隨形好」(영락장183, p.82a9)에 "걸음걸이 반듯하시고, 단장하고 엄숙하시다. 行步正直 端莊嚴肅"라고 하였다. 〔참고문헌〕『大明三藏法數』, *Mvyut.26*. ⇨ 팔십종호 八十種好

행복 行僕 행자(行者)와 종복(從僕). 종복은 사원의 제반업무를 돕는 재가인을 말한다. 『백장청규』 권3 「신명사중상당다탕 新命辭衆上堂茶湯」(대정장48, p.1124c1)에 "대중이 문에서 전송하고, 행자와 종복은 문 밖에 늘어선다. 大衆門送 行僕門外排立"라고 하였다. 〔참고문헌〕『百丈淸規』. ⇨ 행자 行者

행복 行福 Ⓟ puñña-kiriyā. 복을 행하다. 복을 짓는 행위. 『반니원경』 권하(대정장1, p.190c19)에 "부처님을 만났을 때 공경하는 뜻을 내고 복 행하니, 모두가 미래에는 제4천상이나 미륵회상에 나서 해탈을 얻는다. 得值佛時 敬意行福 終皆當生第四天上 與彌勒會而得解脫", 『출요경』 권18(대정장4, p.707b17)에 "선행이 비록 미약해도 능히 중죄를 없애니, 인간계와 천계를 왕래하며 다시는 고뇌하지 않고, 이곳 좇아 저곳에 가더라도 복 받음이 무량한 줄 현재에도 알 수 있다. 방울방울져 끊이지 않아서 마침내 큰 그릇 가득 채우니, 용기 있는 사람은 복을 지어서 점점 성취한다. 善行雖微能除重罪 往來人天不更苦惱 從此適彼受福無量現在可知 渧渧不絶遂滿大器 勇者行福漸漸成就"라고 하였다. 〔참고문헌〕『般泥洹經』, 『出曜經』, *SN.1.102.*

행본 行本 수행 또는 만행의 바탕. 『화엄경탐현기』 권5(대정장35, p.198a1)에 "먼저 행의 바탕을 밝힌다. 보리심 일으킴이 십주의 바탕이다. 다만 이 마음을 구르게 해서 점차로 뛰어나게 하기에 다음에도 모든 위에서도 성취할 수 있기 때문이다. 先明行本 謂發菩提心 爲十住之本 但轉此心 漸增勝故 成後諸住故也", 『화엄경소초』 권34(대정장36, p.264b17)에 "행의 본이라 한 것은, 속전에서는 효를 모든 행의 본으로 삼는다 했는데, 아래에서 부처님 말씀으로 입증하였다. 言行本者 俗典以孝爲百行之本 下引佛教證", 돈황본 『본업영락경소』(대정장85, p.751c3)에 "모든 불보살행의 본이라 한 것은, 계야말로 대과의 바탕이고 뭇 행의 샘이리라. 一切佛菩薩行本者 戒是大果之本 衆行之原也"라고 하였다. 〔참고문헌〕『華嚴經探玄記』, 『華嚴經疏鈔』, 『本業瓔珞經疏』.

행부득저설부득저 行不得底說不得底 행하지만 끝내 얻을 수 없고, 말로 해도 결코 다할 수 없다. 『경덕전등록』 권9 「대자환중전 大慈寰中傳」(대정장51, p.267a8)에 "대자가 언젠가 대중에게 보이길 '한 길 말로 함이 한 자 행함만 못하고, 한 자 말함은 한 마디 행함만 못하다'라고 말하자 동산이 '나라면 그렇게 말하지 않겠다'라고 하였다. 어떤 학인이 물었다. '어떻게 하시겠습니까?' '끝내 행해서도 얻을 수 없는 것을 말로 하고, 말로 다할 수 없어 행할 뿐이다'. 有時示衆云 說得一丈 不如行取一尺 說得一尺 不如行取一寸 洞山云 我不恁麽道 僧云 作麽生 洞山云 說取行不得底 行取說不得底"라고 하였다. 〔참고문헌〕『景德傳燈錄』.

행불 行佛 부처의 길을 가다. 믿음을 성취하고 육근을 조복해 부처의 행을 하다. 『화엄오교장』 권2(대정장45, p.490b4)에 "〔문〕 만약 그렇다면 머무는 위에서의 성불이라 해야 마땅할텐데, 어째서 신만이라 하는가? 〔답〕 신이 성취됨으로 말미암아 부처를 행하지, 머무는 위의 부처라 하지 않는다. 問 若爾應言住位成佛 何名信滿 答 由信成故 是行佛 非位佛也", 돈황본 『관심론』(대정장85, p.1272b3)에 "또한 육시로 도를 행한다는 말은 육근중 일체시에 항상 부처를 행함이다. 도는 깨달음을 말하니, 모든 깨달음의 행을 닦아 육정을 조복하고 정행으로 언제나 버리지 않기에 온종일 도를 행한다고 한다. 又六時行道者 所爲六根之中 於一切時 常行佛 道者覺也 卽是修諸覺行 調伏六情 淨行長時不捨 名六時行道"라고 하였다. 〔참고문헌〕『華嚴五教章』, 『觀心論』.

행불가득 行不可得 Ⓢ caraṇa-anupalabdhi. 행은 얻을 수 없다. 모든 것(一切) 자성(性)이 공(空)한 중에 일어나기에 그 무엇도 얻어 가지거나 실체로 있을 수 없다는 것이니, 인(人)도 법(法)도 공하고 능히 행함(能緣)도 행해진 것(所緣)도 온통 공(空)하기 때문이다. 불가득은 유(有)로서의 실(實)이 없다는 뜻이기도 하다. 『대반야경』 권387(대정장6, p.1002b20)에 "본성이 공한 중에 일체보살마하살이 행하지만 얻을 수 없고, 모든 부처님의 무상정등보리도 역시 얻을 수 없다. 本性空中 一切菩薩摩訶薩 行不可得 諸佛無上正等菩提 亦不可得", 원측(圓測)의 『인왕경소』 권중(대정장33, p.399c12・한불전1, p.79b2)에 "첫째, 사람으로 행함도 얻을 수 없으니 중생이 공하기 때문이다. 둘째, 법중에 행도 얻을 수 없으니 법이 공하기 때문이다. 셋째, 경중에 행 또한 얻을 수 없으니 모든 연한 것들 공이기 때문이다. 넷째, 알아서 행한다 해도 행도 얻을 수 없으니 능히 알아 연하는 이마저 공하기 때문이다. 一 人中行不可得 以生空故 二 法中行不可得 以法空故 三 境中行不可得 所緣空故 四 解中行不可得 能緣空故"라고 하였다. 〔참고문헌〕『大般若經』, 『仁王經疏』, *Pañca-pr.213.* ⇨ 법중행불가득 法中行不可得

행불성 行佛性 만행(萬行)을 성취하는 종자현행으로서의 불성으로 이종불성(理佛性 行佛性) 또는 삼종불성(理佛性 行佛性 隱密佛性) 중 하나다. 『화엄경담현결택』 권3(卍속장11, p.891b8)에 "〔초〕 정인불성은 인이 되고〈이불성을 말한다〉, 연인불성은 연이 된다〈행불성을 말한다〉. 鈔 正因佛性爲因〈理佛性也〉 緣因佛性爲緣〈行佛性也〉", 『범망고적초』 권6(국가도서관선본불전15, p.279a4)에 "행불성은 모두 다 있는 것 아니기에 '모두들 나의 뜻을 틀림없이 이해하지는 못한다'라고 설하였으며, 이불성은 모두가 반드시 갖추기에 '뜻을 이해하지 못하는 이는 결코 없다'고 설하였다. 行佛性非悉有 故說一切定有不解我意也 理佛性一切必具 故言定無不解意也", 『유식의』 권4(국가도서관선본불전37, p.185a2)에 "〔문〕 불성은 몇 가지가 있는가? 〔답〕 세 가지가 있다. 첫째 이불성〈진여를 말한다〉, 둘째 행불성〈유루무루의 만행으로서 종자현행에 다 통한다〉, 셋째 은밀불성〈번뇌로 덮인 음계입 등을 말한다. 자세한 내용은 『혜일론』에 있다〉이다. 〔의〕 번뇌에 얽힌 진여는 불과인 열반사덕의 인이기에 이불성이라고 하고, 육바라밀 등의 만행은 불과를 성취하는 보리의 네 가지 지의 인이기에 행불성이라고 하며, 탐진 등은 끊어야 할 법으로서 능히 끊는 지혜를 낳는데 마치 똥으로 불의 인을 삼는 것과 같기에 은밀불성이라고 한다. 問 約佛性有幾 荅 有三種 一 理佛性〈眞如也〉 二 行佛性〈有漏無漏万行 通種子現行〉 三 隱蜜佛性〈煩惱陰界入等也 具如惠日論也〉 意曰 在纒眞如 是佛果涅槃四德之因故 名理佛性 六度等万行 成佛果菩提四智之因故 名行佛性 貪嗔等 是所斷法 生能斷智 如糞爲火因故 名隱蜜佛性"라고 하였다. 〔참고문헌〕『華嚴經談玄抉擇』, 『梵網古跡抄』, 『唯識義』. ⇨ 불성 佛性, 이불성 理佛性

행불퇴 行不退 악업진사혹을 파하거나 초지 이상을 말한다. 삼불퇴(三不退)·사불퇴(四不退)·오불퇴(五不退) 가운데 하나다. 『법화현의』 권4(대정장33, p.722b10)에 "견사혹을 깨뜨리기에 위불퇴를 얻어 진제삼매를 이루고, 악업의 진사혹을 부수기에 행불퇴를 얻어 속제삼매를 이루며, 무명을 깨뜨리기에 념불퇴를 얻어 중도삼매를 이룬다. 見思破故 得位不退 眞諦三昧成 惡業塵沙破故 得行不退 俗諦三昧成 無明破故 得念不退 中道三昧成", 『아미타경통찬소』 권2(대정장37, p.342c18)에 "불퇴에는 다섯 가지가 있다. 첫째 신불퇴, 둘째 위불퇴, 셋째 증불퇴, 넷째 행불퇴, 다섯째 번뇌불퇴다. 번뇌에 물들어 퇴전하는 바가 없기 때문이다. 不退有五 一信不退 二位不退 三證不退 四行不退 五煩惱不退 不被煩惱所退轉故", 『정토론』 권상(대정장47, p.86c9)에 "지금 경론에 의하면 해석에는 네 가지다. 첫째, 염불퇴이니 팔지이상에 있다. 둘째, 행불퇴이니 초지이상이다. 셋째, 위불퇴이니 십해 이상에 있다. 넷째, 처불퇴이니 서방정토를 말한다. 今依經論 釋有四種 一是念不退 謂在八地已上 二是行不退 謂在初地已上 三是位不退 謂在十解已上 四是處不退 謂西方淨土也"라고 하였다. 〔참고문헌〕『法華玄義』, 『阿彌陀經通贊疏』, 『淨土論』. ⇨ 삼불퇴 三不退, 사불퇴 四不退, 오불퇴 五不退

행불허망정진 行不虛妄精進 행함에 헛되지 않은 정진. 열 가지 정진 중 하나다. 원효(元曉)의 『영락본업경소』 권하(卍속장61, p.530a7·한불전1, p.522a17)에 "행함에 허망하지 않은 정진이니, 보시·지계·인욕·다문 등과 불방일을 거두어 도량에 이르기까지 중도에 쉬지 않는다는 뜻이다. 모든 마구니와 원수를 꺾어 항복시키는 정진이니, 실로 능히 삼독번뇌와 삿된 견해의 온갖 속박과 장애를 모조리 능히 없애 멸한다는 뜻이기도 하다. 行不虛妄精進 攝取施戒忍多聞等 及不放逸 乃至道場不中息故 除伏一切魔怨精進 悉能除滅 三毒煩惱 邪見諸纒障蓋故"라고 하였다. 〔참고문헌〕『瓔珞本業經疏』.

행비행승지 行非行勝智 행하는 것과 행함이 아닌 것을 아는 뛰어난 지. 『중변분별론』에서는 유위무위승지(有爲無爲勝智)라 한다. 십종승지(十種勝智) 가운데 마지막 승지다. 『십팔공론』(대정장31, p.866b9)에 "근본진실을 좇아 안(眼)에 세 가지 진실이 있다. 첫째는 분별안이고, 둘째는 종류안이며, 셋째는 진여안이다. 내지 행비행승지까지다. 從根本眞實 眼有三 一分別眼 二種類眼 三如眼 乃至行非行勝智", 『중변분별론』 권상(대정장31, p.455b1 : *Madhy-vibh.*, p.37)에 "이와 같은 십종진실이니 무엇이 그 열 가지인가? 첫째는 근본진실, 둘째는 상진실 … 열째는 승지진실이다. 승지 또한 열 가지로, 진실로 열 가지 아집을 대치함을 알아야 한다. 무엇이 그 열 가지인가? 첫째는 음승지 … 열째는 유위무위승지다. 如是十種眞實 何者爲十 一根本眞實 二相眞實 … 十勝智眞實 勝智又十種眞實 爲對治十種我執 應知何者爲十 一陰勝智 … 十有爲無爲勝智 ity etad daśavidhaṃ tatvaṃ yad uta mūlatatvaṃ lakṣaṇatatvaṃ … kauśalyatatvan ca. tat punar daśavidhaṃ daśavidhātmagrāhapratipakṣeṇa veditavyaṃ. tad yathā skandhakauśalyaṃ … saṃskṛtāsaṃskṛtakauśalyaṃ ca"라고 하였다. 〔참고문헌〕『十八空論』, 『中邊分別論』, *Madhy-vibh.*

행사 行事 뜻을 가려 행하는 일. 『사분율행사초자지기』 권상(대정장40, p.159b7)에 "행사라 하는 것은, 행이란 움직여 짓는 것으로 뜻을 삼고, 사란 이에 마주해서 드러나는 이름이다. 그러나 일의 모양새 여러 길 있지만 뜻으로는 반드시 정미롭게 해서 가려야 하니, 우선 일은 선악에 모두 통하지만 이것은 오직 선한 일에만 해당한다. 行事者 行以運造爲義 事卽對理彰名 然事相多途 義須精簡 初以事通善惡此唯善事"라고 하였다. 〔참고문헌〕『四分律行事鈔資持記』.

행사 行思 **1** 조선전기 스님. 호는 지환(知幻), 자는 무주자(無住子). 1574년(선조7) 나운장로(拏雲長老)의 부탁을 받고, 『육조단경 六祖壇經』을 판각하여 영인해 베풀기(印施)까지 하면서 발문(跋文)도 지었다. 18

83년(고종20) 해인사 판본인 덕이본(德異本) 말미에 이 발문이 붙어 있다. 〔참고문헌〕『六祖法寶壇經』(海印寺板, 1883). **2** ➡ 청원행사 青原行思

행사 行捨 Ⓢ upekṣā, upekṣaka, adhyupekṣaṇā. 마음으로 행함에 평등하고 정직하며 자유로움. 구사에서는 열 가지 대선지법(大善地法)이고 유식에서는 열한 가지 선심소(善心所) 중 하나. 행온(行蘊)으로서의 사(捨)이고 칠각지(七覺支) 중 사각지(捨覺支)다. 행사는 세 분위로 나뉘는데, 마음에 침몰(昏沈)과 책거(掉擧)가 없다는 의미에서 평등성(平等性), 마음에 침몰과 책거 각각에 대한 상하가행 없이 저절로 상속한다는 의미에서 정직성(正直性), 잡염법 일어남에 대한 우려가 없고 마음이 공용 없이 저절로 상속하는 뜻에서 무공용임운주성(無功用任運住性)을 특징으로 한다. 사(捨)라고도 하지만 수온(受蘊)의 사수(捨受)와 구별하여 쓴다. 『집이문족론』 권15(대정장26, p.430b15)에 "〔문〕 이 중에서 '사'는 무엇을 말하는가? 〔답〕 마음의 평등성·마음의 정직성·마음의 무경각임운주성 등을 여기에서 '사'라고 함을 알아야 한다. 또 어떤 이는 말한다. '육식과 상응하는 색·성·향·미·촉·법 등의 경을 연하는 사수를 사라고 한다'. 그러나 지금 여기서의 뜻은 마음의 평등성·마음의 정직성·마음의 무경각임운주성으로서의 행사를 사라 한다. 問 此中捨者 何所謂耶 答 心平等性 心正直性 心無驚覺任運住性 應知此中說名爲捨 復次有說 六識相應 緣色聲香味觸法境 捨受名捨 今此義中應知意說 心平等性 心正直性 心無驚覺任運住性 行捨名捨", 『순정리론』 권78(대정장29, p.762c7)에 "행사는 오직 대선지법에 속할 뿐이다. 行捨唯是大善法攝", 『대승백법명문론해』 권상(대정장29, p.762c7)에 "대선지법은 열한 가지란 … 열 번째는 행사이다. 善十一者 … 十 行捨", 『대비바사론』 권80(대정장27, p.412a23)에 "제3정려에 다섯 가지 지분이 있으니 첫째는 행사다. … 제4정려에는 네 가지 지분이 있으니 … 둘째는 행사다. 第三靜慮有五支 一 行捨 … 第四靜慮有四支 … 二 行捨", 『구사론』 권29(대정장29, p.132b18)에 "사각지는 행사를 체로 한다. 捨覺支以行捨爲體", 『대승아비달마잡집론』 권1(대정장31, p.697c19 : *Abh-s-bh.*, p.5)에 "'마음의 평등성' 등이라고 한 것은 초중후위로써 사의 차별을 밝힌 것이다. 왜 그러한가? 사가 심과 상응함으로써 침몰 등의 불평등성을 여의기에 최초로 마음의 평등성을 증득한다. 마음의 평등성을 말미암아 가행을 멀리 여의고 자연히 상속하기에 다음으로 또 마음의 정직성을 증득한다. 마음의 정직성에 안주함으로써 온갖 잡염법에 대해 두려워함이 없기에 최후로 공용마저 없이 머무는 성을 증득한다. 心平等性等者 謂以初中後位辯捨差別 所以者何 由捨與心相應離沈沒等不平等性故 最初證得心平等性 由心平等遠離加行自然相續故 次復證得心正直性 由心正直於諸雜染無怯慮故 最後證得心無功用住性 cittasamatādibhir upekṣāyā ādi-madhyāvasānāvasthā vyākhyātāḥ tathāhy upekṣayā yuktaṃ cittaṃ layādiveṣamyābhāvād āditaḥ samam tato 'nabhisaṃskāreṇa vahanāt praśaṭham tataḥ saṃkleśāśaṅkābhāvād anābhogāvasthitam iti", 『성유식론』 권6(대정장31, p.30b21)에 "무엇을 행사라 하는가? 정진과 세 선근(無貪 無瞋 無癡)이 심왕으로 하여금 평등·정직·무공용으로 머물게 함을 성으로 삼고, 도거를 대치하여 고요히 머물게 함을 업으로 한다. 이 네 가지 법이 심으로 하여금 도거 등의 장애를 멀리 여의고 적정히 안주하게 하는 것을 사라 한다. … 불방일로 먼저 잡염법을 없앰으로써 사는 다시 심왕을 적정하게 머물게 하기에 별도의 체가 없다. 불방일의 경우처럼 네 가지 법을 여의어서는 상과 용이 없기 때문이다. 적정하게 하는 것은 네 가지 법이기 때문이고, 적정하게 되는 것은 심 등이기 때문이다. 云何行捨 精進三根令心平等正直無功用住爲性 對治掉擧靜住爲業 謂卽四法令心遠離掉擧等障靜住名捨 … 由不放逸先除雜染 捨復令心寂靜而住 此無別體如不放逸 離彼四法無相用故 能令寂靜卽四法故 所令寂靜卽心等故", 『성유식론술기』 권43(대정장43, p.438c24)에 "〔술〕 행이란 행온을 말하니 행온 중의 사다. 수온 중의 사와 가려내 '행'이라는 말을 둔 것이지 행을 말하는 것은 아니다. 또한 네 가지 법으로 체를 삼을 뿐이다. 述曰 行者行蘊 行蘊中捨 簡受蘊中捨故置行言 非謂行也 亦以四法爲體"라고 하였다. 〔참고문헌〕『順正理論』, 『大乘百法明門論解』, 『大毘婆沙論』, 『俱舍論』, 『大乘阿毘達磨雜集論』, 『集異門足論』, 『成唯識論』, 『成唯識論述記』, *Abh-s-bh.* ⇨ 사 捨**1**, 대선지법 大善地法, 선심소 善心所, 행 行**3**

행사 行駛 내달리다. 빠르게 움직이다. 『현우경』 권4(대정장4, p.379b21)에 "그때 마침 오백 명의 상인이 바다에 들어가 보배를 채취하다가 마갈어(摩竭魚 Ⓢ makara)가 벌린 입에 닿으면서 배는 재빨리 내달려 마갈어 입에 떨어졌다. 爾時 適有五百估客 入海採寶 値魚張口 船行駛疾 投趣魚口", 『암흑두집』 권6 「옥림통수장 玉林通琇章」(卍속장145, p.944a12)에 "근래의 불법이 이와 같지 않으니, 앞 개울물 천천히 흐르니 물고기는 빠르게 헤엄치고, 뒷산마루는 바람이 낮게 부니 새들이 많이 머문다. 近來佛法不如此 前溪水緩魚行駛 後嶺風低鳥泊多"라고 하였다. 〔참고문헌〕『賢愚經』, 『揞黑豆集』.

행사의 行四依 수행자가 지녀야 할 네 가지 법. 사의(四依)라고도 한다. 『석문귀경의』(대정장45, p.861b2)에 "행사의는 다음과 같다. 율중에 본래 밝혀져 있다.

삼승의 행자가 모두 북돋아 써야 할 법이다. 곧 납의를 입고, 걸식하며, 나무 아래 살고, 진약만을 복용한다. 行四依者 律中自明 三乘行者 通所資用 所謂納衣 乞食 樹下 塵藥"라고 하였다. 〔참고문헌〕『釋門歸敬儀』. ⇨사의 四依❸, 사성종 四聖種❷

행사초 行事鈔 ➡사분율산번보궐행사초 四分律刪繁補闕行事鈔

행사초증휘기 行事鈔增暉紀 희각(希覺)이 지은 『사분율행사초 四分律行事鈔』 해설서로 전하지 않는다. 〔참고문헌〕『新編諸宗敎藏總錄』 권2(한불전4, p.690b8).

행사초회정기 行事鈔會正記 도의(道宜)의 『사분율행사초 四分律行事鈔』를 풀이한 윤감(允堪)의 저술. 현존하지 않는다. 후에 원조(元照 1048~1116)는 『행사초자지기 行事鈔資持記』를 저술하여 본서의 설에 이의를 제기한 이후 남산종(南山宗)은 『행사초회정기』를 따르는 파와 『행사초자지기』를 신봉하는 파로 나뉘었다. 〔참고문헌〕『行事鈔諸家記標目』(卍속장70, p.201a15).

행산 杏山 운암담성(雲巖曇晟)의 제자. 법명은 감홍(鑒洪). 『경덕전등록』 권15(대정장51, p.323b22)에 문답 두 가지가 전할 뿐이다. 〔참고문헌〕『景德傳燈錄』.

행삼 行森 1614~1677. 명말청초(明末淸初) 임제종(臨濟宗) 스님. 속성은 여(黎)씨. 박라(博羅 : 廣東省) 출신. 묘계행삼(茆溪行森)선사라고도 한다. 나이 일곱에 종보도독(宗寶道獨) 문하로 출가하였고, 운문사(雲門寺)의 설교원신(雪嶠圓信) 문하에서 공부하다가 다시 옥림통수(玉林通琇) 문하에서 법을 이었다. 1677년(강희16) 오산화엄사(吳山華嚴寺)에서 세수 64세로 입적하였다. 1733년(옹정11) 명도정각선사(明道正覺禪師)라는 추시(追諡)를 받았다. 『어선어록 御選語錄』 권11에 그 어록이 전하고, 『묘계삼선사어록 茆溪森禪師語錄』 1권을 남겼다. 〔참고문헌〕『正源略集』 권4(卍속장145, p.336a15), 『揞黑豆集』 권8(卍속장145, p.987b7).

행상 行相 ❶ⓈⓅākāra, Ⓣrnam-pa. 경계상을 가려 택해서 움직이는 뜻. 구사에서는 혜(慧)를 자성으로 하기에 소연인 상분(相分)을 행상이라 여기지만, 유식에서는 식을 떠나서는 행할 수 없기에 능연의 견분을 행상이라 한다. 『대비바사론』 권79(대정장27, p.408c25)에 "〔문〕 행상이란 그 자성이 무엇인가? 〔답〕 자성은 혜다. 이 혜야말로 행상이고 능행이며 소행임을 알아야 한다. … 어떤 이는 이렇게 말한다. '행상이란 총체적으로 일체의 심심소법을 그 자성으로 한다'. 이렇게 말한다면 모든 심심소는 다 행상이고 능행이며 소행일 것이다. … 또 어떤 이는 다음과 같이 말한다. '행상이란 일체법으로 그 자성을 말한다'. 이렇게 말한다면 모든 상응법이 또한 행상이며 능행이고 소행일 것이다. … 〔문〕 무슨 까닭에 행상이라 하며, 행상이란 무슨 뜻인가? 〔답〕 모든 경계상을 간택하여 구르게 할 때만이 행상의 뜻이다. 問 言行相者 自性是何 答 自性是慧 應知此中慧是行相 亦是能行 亦是所行 … 有作是說 言行相者 總以一切 心心所法 爲其自性 若作是說 諸心心所 皆是行相 亦是能行 亦是所行 … 復有說者 所言行相 以一切法 爲其自性 若作是說 諸相應法 亦是行相 亦是能行 亦是所行 … 問 何故名行相 行相是何義 答 於諸境相 簡擇而轉 是行相義", 『구사론』 권26(대정장29, p.137c2 : *Abh-k-bh.*, p.401)에 "이와 같이 행상이 혜를 체로 한다면 혜에는 마땅히 행상이 있지 않아야 하니, 혜는 혜와 더불어 상응하지 않기 때문이다. 그러므로 '모든 심심소가 경을 취함에 유별해서야 모두 행상이라고 한다'고 해야 한다. 혜와 그 나머지 모든 심심소법에는 소연이 있기에 다 능행이며, 일체유법은 다 소행이다. 如是行相 以慧爲體 若爾 慧應 非有行相 以慧與慧 不相應故 由此應言 諸心心所 取境類別 皆名行相 慧及諸餘 心心所法 有所緣故 皆是能行 一切有法 皆是所行 ākāro nāma ka eṣa dharmaḥ. prajñā-ākāraḥ. evaṃ tarhi prajñā sākārā na bhaviṣyati. prajñā-antara-asaṃyogāt. evaṃ tu yuktaṃ syāt. sarveṣāṃ citta-caittānām-ālambana-grahaṇa-prakāra ākāra iti. atha kiṃ prajñaiva-ākārayati na-ity-āha. kiṃ tarhi. tayā saha. ākārayanti sālambanāḥ. prajñā ca-anye ca sarve sālambanā dharmā ākārayanti. sarvam-ākāryate tu sat", "이 세 문에 의하건대 행상과 능행과 소행의 바탕에는 관협이 있으니, 혜는 행상과 능행과 소행과 통하며, 나머지 심심소는 오직 능행과 소행일 뿐이고, 그 나머지로 있는 법은 소행일 뿐이다. 由此三門 體有寬狹 慧通行相 能行 所行 餘心心所 唯能所行 諸餘有法 唯是所行 tad-evaṃ kṛtvā siddhaṃ bhavati prajñā ākāraś-ca-ākārayati ca-ākāryante ca. ālambanā ākāryanta eva-iti", 『성유식론』 권2(대정장31, p.10b2)에 "식을 떠나서 연할 경이 있다고 집착하는 이는 외경을 소연, 상분을 행상, 견분을 사라고 하니, 이것이야말로 심심소의 자체상이기 때문이다. 심과 심소는 소의와 소연이 같고 '행상'은 서로 비슷하다. '사'는 비록 수(數)로 같지만 상이 각기 다르니, 식수상 등의 행상이 각기 다르기 때문이다. 식을 여의고서 소연경 없음을 통달한 이는 상분이 소연이고, 견분이 행상이라고 한다. 상분과 견분이 의지하는 자체분을 사라고 하는데 바로 자증분이다. 執有離識所緣境者 彼說外境是所緣 相分名行相 見分名事 是心心所自體相故 心與心所 同所依緣 行相相似

事雖數等 而相各異 識受想等 相各別故 達無離識所緣境者 則說相分是所緣 見分名行相 相見所依自體名事 卽自證分"라고 하였다. 〔참고문헌〕『大毘婆沙論』, 『俱舍論』, 『成唯識論』, *Abh-k-bh*. ⇨ 견분 見分, 상분 相分, 행 行 ❸ ❷ 수행이나 행위의 양상. 『대반야경』 권332(대정장6, p.704b19)에 "선현아, 이 보살마하살은 모든 선지식을 가까이 하고 공양하며 공경하고 존중하며 찬탄할 수 없고, 불퇴전보살의 행상도 청문할 수 없으며, 모든 악마들이 하는 일을 물어 알 수도 없으므로 악마의 속박은 거듭 다시 견고해진다. 善現 是菩薩摩訶薩 不能親近供養恭敬 尊重讚歎 諸善知識 不能請問 得不退轉 菩薩行相 不能諮受 諸惡魔軍 所作事業 由斯魔縛 轉復堅牢", 『대승보살장정법경』 권24(대정장11, p.841c10)에 "이와 같은 진에 등 모든 악한 행업은 빈궁하고 비천하며 추한 사람들 속으로 이끈다. 사리자여, 나는 옛날부터 일찍이 이와 같은 행상을 짓지 않았으니, 보살마하살도 역시 이와 같은 행상을 짓지 않아야 한다. 如是瞋恚 諸惡行業 能令引趣 貧窮下賤 醜陋人中 舍利子 我自往昔不曾修作 如是行相 菩薩摩訶薩 亦應不修如是行相"라고 하였다. 〔참고문헌〕『大般若經』, 『大乘菩薩藏正法經』.

행상 行想　제행(諸行)에 대해 상을 가짐. 『해탈도론』 권11(대정장32, p.453c14)에 "저 좌선인은 이와 같이 한 뒤 '음입계에는 오직 음입계만으로서 있지 중생도 명도 없다' 여겨 이미 일어나도록 해 마쳐서는 행상을 얻는다. 이때 간략하게 두 가지를 지어 일어나도록 하니 이른바 명과 색이다. 彼坐禪人 如是已陰入界 唯有陰入界 無衆生無命 已令起已得行想 爾時已略作二種令起 所謂名色"라고 하였다. 〔참고문헌〕『解脫道論』.

행상 行像　장엄한 불상을 수레에 모시고 순행하는 불사. 불탄일(佛誕日)에 행하는 의식이다. 순성(巡城)·행성(行城) 등이라고도 한다. 인도·서역·중국·한국 등 불교전승지역에서 널리 행한 전통이다. 『대당서역기』 권1(대정장51, p.870b18)에 "모든 승가람에서 장엄한 불상을 진기한 보배로 장식하여 밝히고 비단으로 꾸미며 온갖 수레에 실으니 이를 행상이라 한다. 諸僧伽藍 莊嚴佛像 瑩以珍寶 飾之錦綺 載諸輦輿 謂之行像"라고 하였다. 행상의 기원에 대하여 『승사략』 권상(대정장54, p.237a25)에 "행상이란, 부처님의 열반 이후로 왕신들은 부처님을 친견하지 못했던 사실을 몹시 한탄하였다. 이로 말미암아 부처님의 강생상을 세우기 시작하였다. … 국왕과 서민이 모두 세속의 일을 잠시 미루고 경을 받아 법을 들으며 불상을 장엄하여 수레에 싣고 행진하였으니 이를 행상이라 한다. 우전국에서는 4월 1일에 행상하여 14일에 마쳤고, 왕과 그 부인도 그때서야 궁으로 돌아갔다. 行像者 自佛泥洹 王臣多恨 不親覩佛 由是立佛降生相 … 國王庶民 皆捐俗務 受經聽法 莊嚴佛像 戴以車輦 謂之行像 于闐 則以四月一日行像 至十四日訖 王及夫人 始還宮耳"라고 하였다. 또한 『법현전』(대정장51, p.862b14)에 따르면, 중인도(中印度) 마갈제국(摩竭提國 Ⓢ Magadha) 파련불성(巴連弗城 Ⓢ Pāṭaliputra)에서는 해마다 4월 초파일이면 행상의식을 거행했다고 한다. 네 바퀴의 수레에 대나무로 5층을 엮어 2장(丈) 정도 되는 탑 모양을 만든 다음 천신의 형상을 채색하여 그리고, 금은과 유리를 그 위에 장식하여 번개를 매달고 사방에 감(龕)을 만들면 좌불(坐佛)과 보살이 입시(立侍)하는 모양이 된다. 모두 20대의 수레에 수레마다 각각 다르게 장엄한다. 중국의 행상 풍속은 동진(東晉)대 대규(戴逵)가 오존(五尊)의 상을 만들면서 시작되었다고 전한다. 남북조(南北朝)부터 당·송에 이르기까지 행상 풍속은 전국적으로 퍼지고 더욱 성대하게 치러졌다. 『낙양가람기』 권3(대정장51, p.1010b8)에 "4월 7일 경사의 모든 불상을 이 절에 모신다. 상서사조가 등록해 놓은 불상이 모두 1천여 구나 된다. 초파일 당일이면 순서대로 선양문에 들어와 창합궁 앞에서 황제의 꽃비를 받는다. 이때 금꽃이 해를 가리고 보개는 구름 일듯 하며, 깃발과 깃대 숲을 이루고 향 연기 안개인 듯 무리지며 범음 음악이 천지를 요동치듯 한다. 四月七日 京師諸像 皆來此寺 尙書祠曹錄像 凡有一千餘軀 至八日節 以次入宣陽門 向閶闔宮前 受皇帝散花 于時金花映日 寶蓋浮雲 旛幢若林 香煙似霧 梵樂法音 聒動天地"라고 하였다. 〔참고문헌〕『大唐西域記』, 『僧史略』, 『法顯傳』, 『洛陽伽藍記』, 『釋迦方志』 권상(대정장51, p.960b8). ⇨ 불탄일 佛誕日

행상명공수 海上明公秀　바다 위 신기루가 나타나다. 잠시 나타났다 사라지는 것들의 비유로, 사로잡히거나 매혹되는 행위나 언설 등을 경계함에 등장한다. 『경덕전등록』 권16 「봉상석주전 鳳翔石柱傳」(대정장51, p.330b27)에 "동산이 말하길 '다만 저 바다 위로 명공이 뜬다면 어떻게 하겠는지요?' 하자 석주가 '마술쟁이들이 만났으니 손뼉치며 껄껄대고 웃는다'라고 답했다. 洞山曰 只如海上明公秀 又作麼生 師曰 幻人相逢 拊掌呵呵", 『벽암록』 75칙 「송 頌」(대정장48, p.203a7)에 "부르기는 쉽지만〈천하의 사람이 모두 의혹을 품는다. 썩은내 풍기는 고기에 파리가 꼬이는 법이지. 천하의 납승들 모두가 떨어지는 곳 알지 못한다〉, 보내버리기는 어렵다〈남김없이 잘라버려야 한다. 바다 위로 신기루가 나타났군〉. 呼卽易〈天下人總疑著 臭肉引來蠅 天下衲僧 總不知落處〉 遣卽難〈不妨勦絶 海上明公秀〉", 『영각광록』 권28(卍속장125, p.746a3)에 "바다 위로 신기루가 나타나 밝은 듯도 하고 흐린 듯도 하니, 편위 그대로 온전한 편위는 아닌 모양새다. 海上明公秀 半明半暗 卽偏不全偏之相"라고 하였다. 〔참고문헌〕『景德傳燈錄』, 『碧巖錄』, 『永覺廣錄』.

행상문 行相門 요별(了別)과 사량(思量)을 자성으로 움직이는 문. 『유식개몽문답』 권상(卍속장98, p.439b5)에 "(八識門義 중) 〔문〕 제1능변식에는 몇 가지 문을 통한 풀이가 있는가? 〔답〕 열두 가지 문이 있다. 첫째는 자상문〈처음인 아뢰야식〉이고 … 여섯째는 행상문〈(執受·處를) 요별함(了)〉이고 … 열두째는 복단위차제문〈아라한위에서 버린다〉이다. … 〔문〕 제2능변식을 풀이하는 데는 몇 가지 문의 뜻이 있는가? 〔답〕 열 가지 문이 있다. 첫째는 석명문〈다음의 말나식이다〉이고 … 다섯째는 행상문〈사량을 상으로 한다〉 … 열째는 복단문〈아라한위에 이르면 무기다〉이다. 問 初變識有幾門解 答 有十二門 一自相門〈初阿賴耶識〉 … 六 行相門〈了〉 … 十二 伏斷位次門〈阿羅漢位捨〉 … 問 解二能變 有幾門義 答 有十門 一釋名門〈次第末那〉 … 五 行相門〈思量爲相〉 … 十 伏斷門〈阿至無有〉"라고 하였다. 〔참고문헌〕『唯識開蒙問答』. ⇨ 행상 行相❶, 행 行

행상상 行狀相 Ⓢ ākāra-liṅga-nimitta, Ⓣ rnam-pa-dang-rtags-dang-mtshan-ma. 행상(行相)·상상(相狀)·상상(狀相). 현장(玄奘)에 따르면 이 셋은 이름은 다르지만 뜻은 같고, 원측(圓測)에 따르면 견분(見分)이 행이고 자증분(自證分)이 상(狀)이며 증자증분(證自證分)이 상(相)이다. 『유가사지론』 권47(대정장30, p.553c29 : *Bodh-bh.*, p.220)에 "〔문〕 승해행으로 머무는 보살이 활동할 때 행은 어떤 것이고, 형은 어떤 것이고, 상은 어떤 것이라고 알아야 하는가? 問勝解行住菩薩轉時 應知何行何狀何相 adhimukticaryā vihāre vartamānasya bodhisattvasya ke ākārāḥ kāni liṃgāni kāni nimittāni bhavanti", 같은 책 권47(대정장30, p.554b25 : *Bodh-bh.*, p.222)에 "곧 이와 같이 상품의 인으로 구를 때 앞서 말한 모든 행·상·상은 점차 남김없이 영구히 끊어지며, 이로부터 무간에 보살이 극환희주에 들어감을 알아야 한다. 卽於如是上忍轉時 於上所說諸行狀相 漸次能令無餘永斷 從此無間當知菩薩入極喜住 adhimātrāyām eva kṣāntau vartamānasyaiṣām ākāraliṅganimittānām aśeṣaprahāṇam anantarañ ca pramuditavihārapraveśo bodhisattvasya veditavyaḥ", 『유가론기』 권11(대정장42, p.564c12)에 "승해행에 머무름을 밝히는 데는 두 가지가 있다. 앞서는 행·상·상을 밝히는 것이고, 이후는 삼품의 인을 밝히는 것이다. 앞서의 '행은 어떤 것이고, 상은 어떤 것이고, 상은 어떤 것인가'에 대해 삼장은 다음처럼 말했다. '행이 바로 상(狀)이고 상(狀)이 바로 상(相)이니, 이름은 다르지만 뜻은 하나다'라고 하였다. 원측은 또 두 가지로 풀어 말한다. '하나는 머묾을 구별해서 세 때로 다르게 해서 행·상·상을 순서대로 배열해 물은 것이다. 다른 하나는 견분의 상을 행이라 하고, 자증분을 상(狀)이라 하며, 증자증분을 상(相)이라 한다' 하였다. 지금 구역 논을 살펴보면 단지 '어떤 행상인가'로 되어 있다. 또 아래 답중에는 따로 셋으로 풀이한 대목은 없다. 就明勝解行住有二 初辨行狀相後判三品忍 … 何行何狀何相者 三藏云 行則是狀 狀則是相 名異義一也 測師又述兩釋 一云 住別有三時異 故問行狀相如次配之 一云 見相名行 自證名狀 證自證分名相 今勘舊論 但問有何行相 又下答中無別解三"라고 하였다. 〔참고문헌〕『瑜伽師地論』, 『瑜伽論記』, *Bodh-bh.*

행상원 行相遠 Ⓢ ākāra-dūratā. 행상으로 멀리 떨어져 있음. 무색정(無色定)의 마음은 제4정려(第四靜慮)를 하지(下地)로서 관하여 추고장(麤苦障)의 행상을 지을 수 있지만, 욕계(欲界)의 법에 대해서는 극히 멀리 떨어져 있기에 이 행상들을 결코 지을 수 없는 뜻이다. 『대비바사론』 권96(대정장27, p.495c21)에 "또한 다음으로 악계를 마주해 다스리기에 선계가 있는 것인데, 무색계에서는 정해진 온갖 악계법을 능히 대치할 일 없기에 선계도 없다. 왜 그러한가? 온갖 악계법은 오직 욕계에만 있다. 무색계에서는 욕계에 대해 네 가지 원을 갖추고 있기에 (욕계의 악계의 법을) 능히 대치할 수 없다. 무엇이 네 가지 원인가? … 셋째는 행상원이다. … 따라서 무색정에는 정어(正語) 등(正業·正命)의 세 가지 계의 지분이 없다. 復次對治惡戒故有善戒 無色界定不能對治諸惡戒法 故無善戒 所以者何 諸惡戒法唯欲界有 無色於欲具四遠故不能對治 云何四遠 … 三 行相遠 … 故無色定無正語等三種戒支", 『순정리론』 권36(대정장29, p.545c12)에 "행상원이라 하였는데, 무색계의 마음으로는 끝내 능히 욕계의 법에서 짓는 고·추 등의 온갖 행상을 지을 수 없기 때문이다. 行相遠者 謂無色心 畢竟無能於欲界法作苦麤等諸行相故" 『구사론송소론본』 권7(대정장41, p.860c13)에 "행상원이라 하였는데, 무색계의 마음은 오직 제4선에 대해서만 고·추·장의 행상을 지을 수 있지 결코 욕계를 반연하여 고·추 등의 행상을 짓는 일이 없기 때문이다. 行相遠者 無色界心 唯於第四禪 作苦麤障行相 必無緣欲作苦麤等行相故"라고 하였다. 〔참고문헌〕『大毘婆沙論』, 『順正理論』, 『俱舍論頌疏論本』, *Abh-k-bh.103.* ⇨ 사원 四遠❷, 추고장 麤苦障

행상평등 行相平等 Ⓢ ākāra-samatā. 오의평등(五義平等) 중 하나. 한 가지 법을 연해서(緣一法) 한 가지 행상(一行相)만이 있게 되기에 모든 행상은 제 몫을 가져 평등하다는 뜻이다. 『구사론기』 권4(대정장41, p.84a2)에 "(오의평등 중) 셋째는 행상평등이다. 심과 심소법은 그 체가 맑고 깨끗해 어떤 경을 따라 연하더라도 각각 행상을 일으키는데, 때로는 하나의 법을 연할 때는 각각 하나의 행상을 일으키고, 또한 복수의 법을 연할 때는 각각 다수의 행상을 일으킨다. 하나든 다수든 행상은 모두 각별하고 따라 응하기에 모두 행상은 평등하다. 왜냐하면 다수의 법이 현전할 때 각각 다수의 행상이 있는 것이기에 행상이 하나로서 동일하다고 할 수 없다. 여러 논 중에서 심과 심소법이 동일행상이라고 하는 것은 우선 어떤 하나의 경을 연할 때 (심과 심소의 행상이) 상사하다는 뜻에 의지해 같다고 하는 것이지 실제로는 각기 다르다. 三 行相平等 心心所法 其體明淨隨緣何境各起行相 或緣一法各一行相 或緣多法各多行相 若一若多 行相皆各別 隨應皆是行相平等 以多現時各有多相故不言同一行相 諸論中說心心所法同一行相者 且據緣一境相似義同 理實皆別", "또 행상평등을 푼다. 이는 심과 심소법이 한 경을 같이 연함을 나타내는 것이기에 동일행상이라 한다. 따라서 여러 논에서 심과 심소법은 동일행상이라고 설한 것이다. 비록 거듭 행상은 각기 달라서 같지 않지만 상사함에 의지해 같기에 동일행상이라 할 뿐이다. 又解行相平等 此顯心心所法同緣一境 名同一行相 故諸論說心心所法 同一行相 雖復行相各別不同 據相似同故言同一行相"라고 하였다. [참고문헌]『瑜伽論記』, *Abh-k-bh.62.* ⇨ 행상 行相 ❶, 오의평등 五義平等

행생원 幸生院 황해북도 개성시에 있던 원. 『고려사』 권18 세가(世家)18 의종 21년(1167) 11월 무진(4일)에 "(왕이) 행생원으로 이어하였다. 移御幸生院"고 하였다. 그외의 연혁은 전하지 않는다. [참고문헌]『高麗史』, 『韓國寺刹全書』 권하 p.1148a14.

행서 幸西 1163~1247. 일본 겸창(鎌倉) 전기 정토종(淨土宗) 스님. 호는 성각방(成覺房). 처음에는 연력사(延曆寺) 서탑(西塔)의 스님으로서 종하방소보(鐘下房少輔)라 불리면서 천태(天台)를 수학하다가 1198년(건구9) 염불(念佛) 만이 구원이라 주장한 법연(法然)의 문하로 들어갔다. 염불을 탄압하여 아파(阿波)·대기(壹岐)로 유배를 당한 뒤 관동(關東)에서 포교하면서 한 목소리로 칭명(稱名)하거나 일념(一念)의 믿음으로 왕생을 성취할 수 있다는 일념의(一念義)를 설법하였다. [참고문헌]『法水分流記』, 『三長記』, 『百練抄』, 『民経記』, 安井廣度 『法然門下の教學』(法藏館, 1968).

행선 行善 Ⓟ ariya-vutti, kusala kamma. 선을 행하다. 행함에 선하게 하다. 또 계를 가져 지키는 것은 지선(止善)이고 보리심과 대원을 발하면 행선이라 한다. 『별역잡아함경』 권4(대정장2, p.397c11)에 "만약 능히 선을 행하는 이는 부드럽고 고르게 하고 닦아 참아 견뎌서 능히 사진제를 보아 성위에 든다. 若能行善者 柔和修忍辱 能見四眞諦 得入於聖位", 『나선비구경』 권2(대정장32, p.713c7)에 "나선이 말했다. '비유하면 사람이 마음과 생각이 선하고, 말이 좋고, 몸으로 선을 행하는 것과 같다. 선을 행함이 이와 같으면 죽은 후에 천상에 난다'. 那先言譬如人心念善口言善身行善 行善如是死後得生天上", 『법화경의기』 권8(대정장33, p.674c9)에 "중생이 선을 일으키는 것은 삼업과 십선을 벗어나지 않는다. 십선은 두 종류가 있다. 첫째 그쳐서 선한 것이고, 둘째 행하기에 선한 것이다. 衆生起善 不出三業十善 十善有二 一者止善 二者行善", 『승만보굴』(대정장37, p.25c14)에 "그치고 행하는 두 갈래 선을 벗어나지 않는다. 십대수를 받아 가진즉 이 지선이고, 지금 대원을 일으키는 것은 행선임을 밝힌다. 不出止行兩善 受十大受 卽是止善 今發大願 此明行善", 『관무량수불경소』 권4(대정장37, p.273b24)에 "곧 지행이선이 있다. 스스로 살생하지 않기에 지선이라고 이름한다. 남에게 살생하라고 하지 않기에 행선이다. 자신과 남의 악함을 처음 끊은 것이 지선이고, 마침내 영원히 끊은 것이 행선이다. 卽有止行二善 自不殺故名止善 教他不殺故名行善 自他初斷名止善 畢竟永除名行善"라고 하였다. [참고문헌]『別譯雜阿含經』, 『那先比丘經』, 『法華經義記』, 『勝鬘寶窟』, 『觀無量壽佛經疏』, *SN.1.100.*, *Mil.61.* ⇨ 지선 止善

행선 行禪 ❶ Ⓢ dhyāyin. 선을 하다. 『의족경』 권상(대정장4, p.175c19)에 "욕은 의당 멀리해야 하니 마치 뱀의 머리가 붙은 듯 하고, 세간락을 거슬러 마땅히 고요히 해 선을 행한다. 是欲當遠 如附蛇頭 違世所樂 當定行禪", 『대지도론』 권92(대정장25, p.706a17)에 "선을 행한다는 것 또한 공이다. 行禪者亦空", 『당고승전』 권24 「신라자장전 新羅慈藏傳」(대정장50, p.639a22)에 "마침내 높은 낭떠러지에 올라 홀로 고요히 선을 행하니, 호랑이도 피하지 않아서 언제나 하기 어려운 보시하리라 마음먹었다. 遂登隮隒 獨靜行禪 不避虎兕 常思難施"라고 하였다. [참고문헌]『義足經』, 『大智度論』, 『唐高僧傳』, *Udāna-v.458.* ❷ 걸으면서 행하는 선. 『원각경협송집해강의』 권11(卍속장87, p.977a8)에 "(어떤 외도는) 행선이나 좌선이나 선정을 익힐 필요가 없다고 여긴다. 行禪坐禪 不須習定", 『십송율』 권58(대정장23, p.437a27)에 "좌선하는 비구가 졸자 행선하던 비구가 주장자 두드려 깨우려다가 곧바로 죽고 말았다. 이 비구가 '내가 바라이를 범한 것일까?'라는 의문이 들어 이 일을 부처님께 여쭈었다. 坐禪比丘睡 行禪比丘 以法杖觸令覺 卽便死 是比丘生疑 我將無得波羅夷耶 是事白佛"라고 하였다. [참고문헌]『圓覺經夾頌集解講義』, 『十誦律』. ⇨ 좌선 坐禪

행선경 行禪經 『중아함경』 제176경(대정장1, pp.713

c22~716b12). 사선(四禪)과 공무변처, 식무변처 등 상(想)을 떠나는 것에 대하여 설한다. ⇨사선 四禪[1], 공무변처 空無邊處, 식무변처 識無邊處

행선정원 行宣政院 선정원(宣政院)의 지부로 승사(僧事)를 관장하는 기관. 원 순제(順帝) 때인 1334년(원통2)에 광교총관부(廣敎總管府) 16곳을 혁파하고 항주(杭州)에 처음으로 설치하였다. 원사(院使)를 제외한 동지(同知)·부사(副使) 각 2인과 동첨(同僉)·원판(院判) 각 1인씩을 두었다. 1336년(지원2)에 티베트에서 폭동이 일어나자 행선정원을 설치하고 에센테무르를 원사로 삼아 토벌하게 하였으며, 1342년(지정2)에는 강절(江浙)의 행선정원에 숭교소(崇敎所)를 설치하고 행중서성(行中書省)을 본받아 문관(問官)을 관리함으로써 스님과 백성에 관한 사무를 관장하게 하였다. 『선림상기전』 권1(대장경보편19, p.11b5)에 "행선정원 : 구설에 '조정에 있는 것을 선정원이라 하고 각 도에 있는 것을 행선정원이라 한다. 행은 봉행한다는 뜻이다'라고 하였는데 먼 지방의 주와 현은 통치하기 어렵기에 설치하여 선정원의 사무를 봉행하였다. … 『불조통재』에 '원 인종 연우 5년인 무오년 6월에 다시 행선정원을 세웠다'라고 하였고, 또 '문종 천력 원년인 무진년에 행선정원을 혁파하고 16곳의 광교총관부를 설립하여 승사를 관할하게 하였다'라고 하였다. 行宣政院 舊說曰 在朝廷曰 宣政院 在諸道曰 行宣政院 行 奉行也 謂遐方州縣 難通治 故置之 奉行宣政院事 … 佛祖通載云 元仁宗 延祐五年 戊午 六月 再立行宣政院 又云 文宗 天曆元年 戊辰革行宣政院 設立十六處廣敎總官府 以攝僧"라고 하였다. 〔참고문헌〕『禪林象器箋』. ⇨선정원 宣政院

행선축원 行禪祝願 현재 한국불교전승 승가에서 조석으로 대중이 예불할 때 올리는 축원문이다. 조선후기 진허팔관(振虛捌關 ?~1782) 『삼문직지』「경절문 勁節門」'행선축원규 行禪祝願規'(한불전10, pp.163a8)에 "축원에 행선이라 이름하였으니, 장로인 주지가 인시를 맞아 불조의 정법안장을 연설하였으니 마땅히 이어 묘시에는 선을 행한다. 수행하는 이로 하여금 네 가지 은혜 무거운 줄 알아 부지런히 닦게 함이다. 그러기에 앞서 축원함에 하늘과 생령들 위해 공히 삼처가 원만하기를 발원한다. 위로는 정법안을 얻고 돌이켜서는 저 중생을 향한다. 祝願名行禪者 長老住持 於寅時 演佛祖正法眼藏後 當卯行禪之時 欲使行人 知四恩重而勤修 故先祝天筭又爲生靈 共願三處圓滿 以上來自得正法眼 回之而向彼衆生 故名第一回向衆生 自初至含靈登彼岸也"라 하였으며, 오늘날 행하는 다음의 축원문과는 조금 다르지만 먼저 나라의 안녕과 천하가 태평하길 축원하고, 본사이신 석가세존을 따라 물러나지 않아 노사나의 깨우침 얻고 문수·보현·지장·관음보살과 같아지길 발원하고, 끝으로 산문과 대중이 편안하고 제천신들 삼보를 보호해서 미물들 피안에 이르기까지 보살도 행하길 발원하여 끝을 맺는다. 현행하는 축원문은 다음과 같다. "조석으로 향과 등불을 불전에 올려서 삼보에 귀의하여 금빛 부처님께 예배하노니 국계는 안녕하고 병혁은 녹아져서 천하가 태평하야 법륜을 굴리게 하소서. 원컨대 저희로 하여금 세세생생 나는 곳마다 언제나 반야의 큰 지혜로부터 물러나지 않게 하시며, 본사이신 석존의 용맹한 지혜를 얻게 하오며 저 노사나부처님과 같이 큰 깨달음을 얻게 하여지이다. 저 문수보살의 큰 지혜 같게 하시고 보현보살의 광대한 원행과도 같게 하소서. 지장보살님 끝없는 몸 나투심과 같게 하시고 저 관세음보살님의 삼십이응신과도 같게 하소서. 시방세계 나투지 않는 곳 없게 하시고 널리 중생들 무위도에 들게 하소서. 나의 이름 듣는 이 다 삼도의 괴로움 여의고 나의 모습 보는 이 해탈을 얻게 하소서. 이와 같이 교화하여 항하사겁 지나리니 끝내는 부처도 중생도 없게 하여지이다. 산문은 고요하여 슬픔도 근심도 끊어지고 사내의 재앙 길이 사라져 없으리. 토지신 천룡들 삼보를 보호하고 산신과 국사신도 정상을 도우리니 꿈틀대는 함령들 피안에 오르리. 세세생생 언제나 보살도 행해서 끝내 일체지 두렷이 성취하리. 마하반야바라밀 나무서가모니불 나무서가모니불 나무시아본사서가모니불. 朝夕香燈獻佛前 歸依三寶禮金仙 國界安寧兵革消 天下太平法輪轉 願我世世生生處常於般若不退轉 如彼本師勇猛智 如彼舍那大覺果 如彼文殊大智慧 如彼普賢廣大行 如彼地藏無邊身 如彼觀音三二應 十方世界無不現 普令衆生入無爲 聞我名者免三途 見我形者得解脫 如是敎化恒沙劫 畢竟無佛及衆生 山門肅靜絶悲憂 寺內災殃永消滅 土地天龍護三寶 山神局司補禎祥蠢動含靈登彼岸 世世常行菩薩道 究竟圓成薩婆若 摩訶般若波羅蜜 南無釋迦牟尼佛 南無釋迦牟尼佛 南無是我本師釋迦牟尼佛", 『석문의범』 권상 「축원편」 p.71b12 '행선축원(行禪祝願)'에 "이제까지 닦은 공덕을 삼처에 회향하니 모두 원만히 이루어지이다. 上來所修功德海 回向三處悉圓滿奉爲"라고 하였다. 〔참고문헌〕『三門直指』, 『釋門儀範』. ⇨축원 祝願

행설설행 行說說行 행한 그대로 설하고 설한 대로 행하다. 『이제의』 권중(대정장45, p.97b26)에 "모든 부처님께서는 행한 대로 설하시고, 설한 대로 행하신다. 행한 대로 설하시니 나의 행한 바를 그대로 설하시고, 설한 대로 행하시니 나의 설한 바를 행하신다. 나의 행한 바 그대로 설하면 그 설을 행설이라 하고, 나의 설한 바 그대로 행하면 그 행을 설행이라 한다. 諸佛如行而說如說而行 如行而說 說我所行 如說而行 行我所說 說我所行 說名行說 行我所說 行名說行"라고 하였다. 〔참고문헌]『二諦義』,『三論遊意義』(대정장45, p.120c4).

행성 行性 ❶ 일체지(一切智)를 얻어 성불(成佛)하기 전에 법보신을 지모(智母)로 삼아 행하는 성. 원측(圓測)의 『인왕경소』 권2(대정장33, p.406a27 · 한불전1, p.89)에 "제불이 아직 성불하지 않았을 때 미래불을 지혜의 어머니로 삼으니, 법신과 보신을 지모로 삼는다. '아직 얻지 않았을 때는 성으로 삼는다'는 것은 인위중에 있어서는 행성과 이성으로써 불성으로 삼는다. '이미 얻었을 때는 살바야라고 한다'는 것은 과위에 이르러서 법신본각과 보신묘각의 일체지로 삼는다는 것이다 … 두 번째, 행성을 거듭 푼다. 말하자면 앞에서 '여여문자로 온갖 지모를 닦는다'고 설했는데, 아직 능히 수행하는 모습의 차별을 드러내지는 못했다. 諸佛未成佛 以當佛爲智母 用法身報身爲智母 未得爲性者 在因位中 行性理性 以爲佛性 已得爲薩波若者 至果位中 法身本覺 報身妙覺 爲一切智也 … 第二重釋行性 謂前所說 如如文字 修諸智母 而未能顯修相差別"라고 하였다. [참고문헌]『仁王經疏』. ⇨ 이성 理性, 행불성 行佛性 ❷ 행함에 나아가 다르게 되는 성. 『대승의장』 권1(대정장44, p.475b13)에 "행성이라는 것은, 행을 달리 함에 셋이다. 첫째, 망견의 범부는 전도견을 일으킨다. 둘째, 실견의 성인은 망상심을 떠난다. 셋째, 여래는 희론을 익힘이 없다. 세 가지 행이 비록 다르지만 성과 체는 둘이 아니다. 같은 곡식 씨앗 심어도 싹과 줄기 등이 다른 것과 같다. 곡식의 성은 다르지 않지만 행하여 나아감에 성을 가린다. 그러므로 행성이라고 한다. 言行性者 行別有三 一妄見凡夫起顚倒見 二實見聖人離妄相心 三者如來無戲論習 三行雖殊 性體不二 其猶種穀牙莖等異 穀性無別 就行辨性故云行性"라고 하였다. [참고문헌]『大乘義章』.

행성 行省 1599~1668. 임제종(臨濟宗) 스님. 속성은 요(姚)씨. 본래 휘는 통성(通省). 자는 허주(虛舟). 사명(四明 : 浙江省) 자계(慈谿) 출신. 밀운원오(密雲圓悟)가 통성이라 붙여준 법명을 비은통용(費隱通容)이 행성이라 개명하였다. 28세 때 밀운이 금속사(金粟寺)에서 천동산(天童山)으로 옮겨가자 따라가 거사오계(居士五戒)를 받고 10년 동안 그 문하에서 공부하였다. 그 기간에 『천동사지 天童寺誌』를 편집하였다. 밀운이 은퇴하면서 이별하고 금속사의 비은통용을 찾아갔다. 46세에 전란을 맞이하여 가족이 흩어지고 어머니를 잃으면서 설두산(雪竇山)에서 구족계를 받고 정식으로 출가하였다. 1668년(강희7) 5월에 세수 70, 법랍 24세로 입적하였다. 『허주성선사어록 虛舟省禪師語錄』 4권과 『허주성선사시집 虛舟省禪師詩集』 2권, 『벌유초학 筏喩初學』 1권, 『허주선사주팔식규구송 虛舟禪師注八識規矩頌』 1권 등을 남겼다. 어록(가흥장33)의 「행장 行狀」·「행유 行由」·「탑명 塔銘」에 행적이 자세히 보인다. [참고문헌]『五燈全書』 권71(卍속장141, p.488a11).

행세간 行世間 Ⓟ saṅkhāra-loka. 세 가지 세간(行世間 衆生世間 處世間) 중 하나로 중생이 먹고 먹힘으로써 나고 죽기를 거듭해서 쉬지 않는 세간. 『선견율비바사』 권4(대정장24, p.696b29)에 "묻는다. 무엇을 일러 행세간이라 하는가. 답한다. 일체중생은 먹고 마심을 좇아 세간에 나기에 이를 행세간이라 한다. 問曰 何謂行世間 答曰 一切衆生 從飮食生 是爲行世間"라고 하였다. [참고문헌]『善見律毘婆沙』, *Sp.118*. ⇨ 중생세간 衆生世間, 처세간 處世間, 삼세간 三世間

행세속 行世俗 Ⓢ pratipatti-saṃvṛti, Ⓣ shes-pa'i-kun-rdzob. 삼종세속제(假 行 顯了) 중 하나로 유위로서 옮겨 흐르는 뜻을 두드러지게 한 이름이다. 삼성(三性) 중 의타기성(依他起性)으로 거두고, 사종세속제(四種世俗諦) 중에서는 도리·증득으로 거둔다. 『변중변론』 권중(대정장31, p.469b29 : *Madhy-vibh.*, p.41)에 "[논] 세속제에는 세 가지가 있으니 첫째는 가세속제, 둘째는 행세속제, 셋째는 현료세속제이다. 論曰 世俗諦有三種 一 假世俗 二 行世俗 三 顯了世俗 trividhā hi saṃvṛtiḥ prajñaptisaṃvṛtiḥ. pratipattisaṃvṛtiḥ. udbhāvanāsaṃvṛtiś ca", 『변중변론술기』 권2(대정장44, p.17c2)에 "두 번째 것은 유위로서 옮겨 흐르는 뜻을 드러내서 행세속이라 한다. 第二有爲遷流義勝 名行世俗", 『성유식론술기』 권9(대정장43, p.552c19)에 "두 번째 것의 체는 유위행이다. 바탕 그대로가 세속이다. 승의제와 가려 세속이기에 행이라 한다. 구역 『중변분별론』에서는 취행속제라 하였다. … 사종세속제 중에서는 두 번째(도리세속제)와 세 번째(증득세속제)로 거둔다. 세 번째로 거둔다고 하였는데, 이는 심 상에 변해서 사제인 듯한 상으로서의 도리이고, 사를 떠나지 못하기에 의타기로 거둔다. 第二體有爲行 正體是世俗簡勝義諦亦世俗故名爲行 舊中邊云取行世俗 … 四世俗中第二第三攝 第三攝者心上變似四諦相理 不離於事依他起攝"라고 하였다. [참고문헌]『辯中邊論』, 『辯中邊論述記』, 『成唯識論述記』, *Madhy-vibh.* ⇨ 도리세속제 道理世俗諦, 증득세속제 證得世俗諦

행세해탈 行世解脫 현행하는 동안의 해탈. 삼세(三世) 중 생겨난(已生) 바로 그 때에 현행하는 해탈을 말한다. 가령 '이탐(離貪)의 마음으로 지금 바로 해탈을 얻었다'라고 하였을 때 행세해탈과 상속해탈을 얻지만, 미래세에 없는 해탈은 없다. 『대비바사론』 권27(대정장27, p.141b21)에 "또 해탈에는 두 가지가 있다. 첫째는 행세해탈이고, 둘째는 상속해탈이다. 바로 생겨날 때에 두 가지 해탈을 갖추기에 치우쳐 말한 것이지, 나머지 미래심에는 상속해탈이 있고 행세해탈은 없기에 설하지 않을 뿐이다. 復次解脫有二種 一行世解脫 二相續解脫 正生時心具二解脫 故偏說之 餘未來心雖有相續解脫而無行世解脫 故不說之",『순정리론』 권72(대정장29, p.731c16)에 "만약 세간에 현행함에 나아가서 '해탈'이라는 이름을 세운 것이라면 오직 (무학의 마음이) 생할 때만이 '바로 해탈한다'고 할 수 있으니, 이 두 가지 뜻을 따로 나타내기 위해 '미래에 생할 때'라고 설한 것이다. … '탐을 여읜 마음으로 지금 바로 해탈한다'고 하였는데, '지금 해탈함'에 두 가지가 있으니 행세와 상속이다. … 가행으로 얻은 것이라면 겸하여 행세해탈로 존재한다고 인정된다. 온갖 무루심 일체는 다 행세해탈로서 존재한다. … 만약 '마음으로 깨우쳐 청정에 들고 안주하여 해탈을 얻었다' 한다면 이는 행세해탈에 대해 밝힌 것임을 알아야 할 것이다. 若就行世立解脫名 則唯生時名正解脫 爲別顯二義說未來生時 … 言離貪心今解脫者 今解脫有二 謂行世相續 … 加行得者亦許兼有行世解脫 諸無漏心一切皆有行世解脫 … 若心悟入淸淨安住得解脫者 應知此辯行世解脫"라고 하였다. 〔참고문헌〕『大毘婆沙論』,『順正理論』. ⇨ 상속해탈 相續解脫, 해탈 解脫

행수 行水 **1** 대중스님들 발우에 순차로 발우 씻는 물을 따르다. 『양고승전』 권10 「혜안전 慧安傳」(대정장50, p.393a26)에 "당시 사미였던 혜안에게 대중스님들이 열을 맞춰 앉아서는 물을 따르게 하는 일이 종종 있었다. 혜안은 언제나 빈 병을 잡고 상위에서 하위까지 나누었으나 물은 항상 마르지 않아 때마다 모두들 기이하게 여겼다. 時爲沙彌 衆僧列坐 輒使行水 安恒執空瓶 從上至下　水常不竭 時咸以異焉"라고 하였다. 〔참고문헌〕『梁高僧傳』. **2** 물을 다스리다. 치수(治水). 『종감법림』 권2(卍속장116, p.39b11)에 "요임금은 의제를 가지런히 하였고, 우임금은 치수에 뛰어났다. 堯之垂衣 禹之行水"라고 하였다. 〔참고문헌〕『宗鑑法林』.

행수 行秀 ➡ 만송행수 萬松行秀

행수 行修 **1** 이미 얻은 선법 등을 상속해 현전함. 이종수(二種修) 또는 사종수(四種修) 중 하나. 신역은 습수(習修)다. 『대지도론』 권17(대정장25, p.187a23)에 "닦음에는 두 가지가 있다. 첫째는 득수, 둘째는 행수다. … 행수란 일찍이 얻은 바를 드러내 닦는다. 修有二種 一 得修 二 行修 … 行修 名曾得 於現前修",『아비담감로미론』 권2(대정장28, p.974b17)에 "앞서 얻은 공덕으로 현전해 드니 이를 행수라 한다. 先得功德現在前入是謂行修",『아비담심론』 권10(대정장28, p.954a9)에 "네 가지 수습이 있으니 득수·행수·대치수·단수가 그것이다. … 행수란 일찍이 얻은 선법으로 상속하여 나게 하는 것을 말한다. 四種修 謂得修 行修 對治修 斷修 得修者 … 行修者 謂曾得善法相續生"라고 하였다. 〔참고문헌〕『大智度論』,『阿毘曇甘露味論』,『雜阿毘曇心論』. ⇨ 습수 習受, 득수 得修 **2** ?~950. 오대십국(五大十國) 때의 스님. 속성은 진(陳)씨. 천주(泉州) 출신. 귀가 어깨까지 내려와 장이화상(長耳和尙)이라 불렸다. 어릴 때 북암원(北巖院)으로 출가하여 열셋에 낙발하였다. 장락(長樂)의 계단(戒壇)에서 구족계를 받았고, 열여덟에 설봉의존(雪峰義存 822~908)의 문하에서 법을 받았다. 927년(후당 천무2)에 절중(浙中)의 고봉에 들어가서 큰 선원을 열었는데 묵묵히 좌선만 할 뿐 별다른 거창(擧唱)이 없었다. 누가 물어보면 웃기만 할 뿐 묵묵히 답하지 않았다. 여러 가지 이적을 행하였으므로 영명연수(永明延壽 904~975)는 정광불(定光佛)의 응신이라 찬탄하였다. 오월(吳越) 충의왕(忠懿王)이 종혜대사(宗慧大師)라는 시호를 올렸다. 〔참고문헌〕『宋高僧傳』(대정장50, p. 898c19),『佛祖綱目』 권34(卍속장146, p.627b17). ⇨ 장이화상 長耳和尙, 의존 義存

행수음 行受陰　움직여 음을 받아들이다. 오수온(五受蘊) 중 하나로 육사신(六思身)을 말한다. 행취온(行取蘊)과 같다. 『잡아함경』 권3(대정장2, p.15c28)에 "무엇을 행수음이라 하는가? 육사신을 말한다. 무엇이 여섯인가? 안촉으로 생하는 사와 내지 의촉으로 생하는 사이니, 이를 행수온이라 한다. 또한 그 행수온은 무상이고 고이고 변역의 법이다. 云何行受陰 謂六思身 何等爲六 謂眼觸生思 乃至意觸生思 是名行受陰 復次 彼行受陰 無常苦變易之法 乃至滅盡",『사리불아비담론』 권3(대정장28, p.546a24)에 "어째서 행음은 고귀하지 않은가? 만약 행음이 유루라면 행음으로서 고귀하지 않다. 무엇을 행음으로서 고귀하지 않다 하는가? 행해서 음을 받기에 행음으로서 고귀하지 않다고 한다. 云何行陰非聖 若行陰有漏 是名行陰非聖 云何行陰非聖 若行受陰 是名行陰非聖"라고 하였다. 〔참고문헌〕『雜阿含經』,『舍利弗阿毘曇論』. ⇨ 행취온 行取蘊, 오수온 五受蘊

행승 行僧　객승(客僧) 또는 행각승(行脚僧). 『설두어록』 권3(대정장47, p.689a7)에 "남전산 아래 어떤 암주가 살았다. 행승이 지나면서 암주에게 '요즘 남전화상이 세상에 나와 법을 전한다는데 어째서 찾아가 예배드리지 않소?'라고 묻자 암주가 대답했다. '비단 남전이 아니라 천불이 세상에 나왔다 해도 가지 않는다'. 南泉山下 有一菴主 行僧經過謂菴主云 近日南泉和尙出世 何不去禮拜 主云 非但南泉直饒千佛出興 亦不能去"라고 하였다. 〔참고문헌〕『雪竇語錄』. ⇨ 행각 行脚

행시 行市 시장. 상점이 늘어선 거리. 거량하고 분별하는 세간사의 비유다. 『양기어록』(대정장47, p.641a1)에 "법좌에 올라 말했다. '범부도 성인도 두지 않는데 불조라고 설 자리가 있겠는가? 대중이여! 맑고 고른 세계에서 그 누구라도 시장에서 참탈하는 일 허용하지 않는다'. 上堂 凡聖不存 佛祖何立 大衆 淸平世界 不許人攙奪行市"라고 하였다. 〔참고문헌〕『楊岐語錄』.

행시 行施 Ⓢ√dā, dāna, Ⓟpuññāni karoti, Ⓣsbyin-pa-byas-pa, sbyin-pa. 몸소 베풀다. 『중아함경』 권9(대정장1, p.480a15 : *Ugga-sutta*, *AN.4*, p.210)에 "너희들이 이곳에 머무르려고 하면 곧 머무를 수 있으니, 몸소 베풀어 복을 지어라. 만약 머무르고자 하지 않는다면 각자 돌아가라. 汝等欲得住於此者 便可住此 行施作福 若不欲住者 各自還歸 yā icchati sā idheva bhoge ca bhuñjatu. puññāni ca karotu. sakāni vā ñātikulāni gacchatu", 『불소행찬』 권4(대정장4, p.40a29)에 "한 대장자의 아들로 부리기파라고 하는 사람이 있었다. 대부호이며 재산이 많아서 부나발타와 같았다. 여래에게 나아가 교화를 받고 널리 몸소 베풀었다. 有大長者子 浮梨耆婆男 大富多錢財 如富那跋陀 即於如來前 受化廣行施"라고 하였다. 〔참고문헌〕『中阿含經』, 『佛所行讚』, *AN.*, *Bodh-bh.90.*

행시 行時 ❶ Ⓟgamana-samaya. 길에 나서서 움직일 때. 『오분율』 권7(대정장22, p.50c14)에 "부처님께서 이 일로 비구승가를 모아놓고 비구들에게 말씀하셨다. '지금부터 비구들이 길을 갈 때나 배를 타고 갈 때에는 별청식(別請食)을 받아도 된다'. 佛以是事集比丘僧告諸比丘 從今聽諸比丘行路時 船上行時 受別請衆食", 『장아함경』 권4 「유행경 遊行經」(대정장1, p.25c16)에 "전륜성왕이 지나갈 때에는 온 나라 사람들이 다 와서 우러러 맞이한다. 聖王行時 擧國民庶皆來奉迎"라고 하였다. 〔참고문헌〕『五分律』, 『長阿含經』, *Vin.4.73.* ❷ Ⓢsamaṅgin. 근경식(根境識)이 화합해 움직일 때. 『구사론』 권2(대정장29, p.10c22 : *Abh-k-bh.*, p.30)에 "만약 눈으로 본다고 한다면 나머지 식이 움직일 때에도 마땅히 본다고 해야 할 것이다. 若眼見者餘識行時亦應名見 yadi cakṣuḥ paśyed anyavijñānasamaṅgino 'pi paśyet", 『유가사지론약찬』 권5(대정장43, p.84b17)에 "초정려에는 네 가지 식신(眼耳身意)이 있어 마음 상에서 밖을 연하는데, 이는 마치 사람이 문밖으로 나가는 것과 같기에 행시라고 한 것이다. 初定有四識身心上外緣 如人出外 故言行時"라고 하였다. 〔참고문헌〕『俱舍論』, 『瑜伽師地論略纂』, *Abh-k-bh.* ❸ 걸을 수 있을 때. 『중론』 권2(대정장30, p.17b10)에 "저 갓난아기일 때의 몸(色)은 기어다닐 때의 몸이 아니고, 기어다닐 때의 몸은 걸을 때의 몸이 아니다. 걸을 때의 몸은 어린애 때의 몸이 아니다. 如嬰兒時色非匍匐時色 匍匐時色非行時色 行時色非童子時色"라 하였다. 〔참고문헌〕『中論』.

행시사익 行施四益 베풀어 행함에 네 가지로 이롭게 하다. 『구사론송소론본』 권18(대정장41, p.920a29)에 "〔송〕 자타를 모두 이롭게 하기 위해, 그리고 둘 다를 위하지 않고서도 보시를 행한다네. 頌曰 爲益自他俱不爲二行施", "〔석〕 스스로를 이롭게 함이란 자신의 이익을 위해 행하고 베푼다. 욕에서 벗어나지 못한 범부나 성인, 그리고 욕탐을 떠난 모든 이생류가 탑사를 받들어 베풀면, 이는 스스로를 이롭게 한다고 한다. 이숙을 부르기 때문이다. 탑사에는 아무런 이익도 없으니 받아 쓸 일이 없기 때문이다. 釋曰 爲益自者 爲益自身 而行施也 謂未離欲 若凡若聖 及離欲貪 諸異生類 奉施制多 此名自益 招異熟故 制多無益 不受用故", "타인을 이롭게 함이란, 타인을 이롭게 하기 위해 보시를 행한다. 욕을 벗어난 성자가 제 유정에게 베풀지만 자신에게는 이익이 없으니, 다음 생에 과를 받을 일이 없기 때문이다. 이에 타인에게 이익이 있을 뿐이니 타인이 받아 쓰기 때문이다. 爲益他者 爲益他身 而行布施也 謂離欲聖 施諸有情 自身無益 於第二生 不受果故 於他有益 他受用故", "모두를 이롭게 함이란, 모두란 자타이니 자타에게 이롭기에 보시를 행하는 뜻이다. 아직 욕탐에서 벗어나지 못한 성인과 범부 및 욕탐에서 벗어난 이생이 유정들에게 보시하면, 자신에게도 이익이 된다. 다음 생에 보시한 과보를 받기 때문이다. 또한 타인에게도 이익이 있으니, 타인은 향유하기 때문이다. 爲俱益者 俱謂自他 爲益自他而行施也 謂未離欲貪 若聖若凡 及離欲異生 施諸有情 自身爲益 於第二生 受施果故 於他有益 他受用故", "둘 다를 위하지 않고서도 행한다는 말은 자타를 위함이 아니고도 베풀고 행한다는 뜻이다. 욕을 여읜 성자가 탑사에 공양보시하지만 보를 초래하지도, 탑사 또한 받아 쓴 적이 없으니 둘 모두에게 이익이 있을 리 없다. 오직 공경하고 은혜 갚을 뿐이다. 不爲二行施者 不爲自他 而行施也 謂離欲聖 奉施制多 自不招果 他不受用 俱無有益 唯爲恭敬報恩故也"라고 하였다. 〔참고문헌〕『俱舍論頌疏論本』, 『俱舍論』 권18(대정장29, p.96a3), *Abh-k-bh.154·268.* ⇨ 이익 利益, 요익 饒益

행시종 行始終 행함에 시작과 끝이 있게 하다. 분별관행이 남아 있는 상태를 말한다. 보살의 십지시종(十地始終) 중 세 번째로, 사혜(思慧)에서 수혜(修慧)로 나아간다. 『십지경론』 권1(대정장26, p.125a6)에 "말하자면 보살은 십지로 처음과 끝을 얻기 때문이다. 이것은 근본시종으로 이 가운데 시란 믿음으로 가까이 하려고 하는 등이고, 종이란 모든 지를 기억해 가지는 것이다.

다시 아함등과 증거하는 것이 있어서 이와 같은 차제로 초상에 의지하며, 근본시종에 의지함을 알아야 한다. 열 가지 시종이 있다. 첫째, 섭시종이다 … 셋째, 행시종이다. 관분시 가운데 무루도품으로 수상각을 분별하기 때문이다. 저 경에서 '무루법을 분별하여 관하여 통달한다'라고 한 것과 같다. 所謂得菩薩十地始終故 此根本始終是中始者 信欲親近等 終者 念持諸地 復有阿含及證 如是次第依初相 應知依根本始終 有十種始終 一者攝始終 … 三者行始終 觀分時中無漏道品分別修相覺故 如經 觀達分別無漏法故", 『화엄경소』 권31(대정장35, p.740a24)에 "셋째, 행시종. 이것은 수혜이기에 수습이라고 이름한다. 무루법을 분별한다고 말하는 것은, 지상의 무루도품에서 의언분별을 일으켜서 관행하기 때문이다. 아직 증득하지 못했기 때문이다. 다만 분을 관할 때에 상을 가져 마음을 관한다. 아직 무상을 깨닫지 못했기에 분별이라고 말한다. 三行始終 以是修慧故名修習 言分別無漏法者 於地上無漏道品 起意言分別觀行故 以未證故 但是觀分之時帶相觀心 未覺無相故云分別"라고 하였다. [참고문헌] 『十地經論』, 『華嚴經疏』.

행식 行食 Ⓢ pariveṣaṇa. 대중에게 음식을 베풀다. 공양(齋)을 베풀다. 『유부율』 권34(대정장23, p.814c5)에 "육중필추 먼저 그 성에 이르러 문도의 집으로 갔다. 그가 보더니 공경하여 말했다. '성자여, 조금이라도 드십시요' '나는 다른 청을 받았습니다' 또 다시 말하길 '조금은 드셔도 괜찮습니다. 암몰라병입니다' '좋습니다' 그리고는 배불리 먹었다. 이때 걸식필추가 있어 문 앞을 지나니 장자가 나와서 보고 역시 불러서 병을 드시게 했다. 필추 말하길 '일좌식하니 두 곳에서 먹을 수 없습니다' 장자 말하길 '그렇다면 뜻대로 가시되 가지고 가서 드십시오' 한즉 작은 발우에 받아 저 청한 집으로 갔다. … 이때 용리장자는 대중이 좌정했음을 보자 각종 청정하고 맛좋은 음식들을 손수 올려 드려서 모두를 배부르게 하였다. 당시 저 장자는 대중에게 음식을 베풀 때 걸식하는 한 스님이 작은 발우 속에 남겨둔 밥을 보았는데, 대중공양이 끝나갈 즈음 그 걸식하는 스님 앞에 섰다. 걸식필추 생각하길 '지금 이 장자가 나를 보는 것이 하고 싶은 말이 있구나. 아직 말하지 않으니 나 마땅히 먼저 말하리' 하고는 말했다. '장자여, 어찌 나만이 이 암몰라병을 먹었겠습니까? 저 육중필추 또한 다 이것을 먹었습니다' … 세존께서 갖가지로 꾸짖으시길 '위의가 아니면 따라 행하지 말며 청정법이 아니면 응하여 해선 안 되거늘, 어찌 너희들 전전식을 하였는가?' 六衆苾芻前至此城 往門徒舍 彼見致敬 報言 聖者 當食小食 答曰 我受他請 又復白言 可食少許菴沒羅餠 答言 好 遂卽飽食 時有乞食苾芻 從門前過 長者出見 亦喚食餠 苾芻報曰 我一坐食 不應二處 長者曰 若如是者 隨意將去 就彼俱食 卽以小鉢受取 赴彼請家 … 時 勇利長者 覩衆坐定 手自奉獻 種種淸淨 上妙飮食 悉令飽滿 時 彼長者 行食之時 見乞食者 於小鉢中 所持之飯 行食將了 在乞食者前立 乞食苾芻 作如是念 今此長者 獨觀於我 欲有言說 乃至 此未發言 我當先語 報言 長者 何但我獨食此菴沒羅餠 彼六衆苾芻 亦皆食訖 … 世尊種種呵責 汝非威儀 非隨順行 非淸淨法 所不應爲 云何汝等作展轉食"라고 하였다. [참고문헌] 『四分律』, 『有部律』, *Divy.288.* ⇨ 행익 行益

행식 行識 칠식십명(七識十名) 중 하나로 제7말나식(末那識 Ⓢ manas)의 다른 이름. 『종경록』 권50(대정장48, p.712c14)에 "또 아홉 가지 식 중에 다 모두어 네 단으로 나누고, 나뉜 식마다 열 가지 이름을 세운다. … (육식 다음으로) 둘째는 칠식의 열 가지 명칭이다. … 일곱 번째로, 만약 아득히 먼 길을 걸어 도리에 수순하여 선을 낳기에 행식이라 한다. 又九識中總分四段 每識別立十名 … 二第 七識十名者 … 七 與涉玄途 順理生善 名爲行識"라고 하였다. [참고문헌] 『宗鏡錄』. ⇨ 칠식십명 七識十名, 말나식 末那識

행식법 行食法 대중에게 음식을 베푸는 법. 『유부율송』 권2(대정장24, p.638a19)에 "상좌가 있는 곳에 이르렀을 때 음식을 담아 나눠주는 사람은 '삼발라가다(Ⓢ saṃprāgata : 善至 · 正至 · 時至)'라고 말해야 하니, 이를 일러 행식법이라고 한다네. 當於上座所 行食者應言 三鉢羅佉多 是名行食法"라고 하였다. [참고문헌] 『有部律頌』. ⇨ 삼발라가다 三鉢羅佉多, 승발 僧跋

행식주 行識住 Ⓢ saṃskāra-vijñāna-sthiti, Ⓟ saṅkhāra-viññāṇa-ṭṭhiti. 식이 행온을 연하여 머물다. 사식주(四識住) 중 하나다. 『대보적경』 권37(대정장11, p.211a12)에 "행식주란 식이 행을 연하는 것이다. 식이 행중에 머무는 것이니, 이와 같이 하기에 희를 일으켜 머물러 붙들게 되는데, 이렇게 거듭 굴러서 점점 더해져 증장하고 견고하여 광대해진다. 行識住者 識緣於行 識住行中 由如此故生喜住著 轉加增長堅固廣大"라고 하였다. [참고문헌] 『大寶積經』, *Abh-k-bh.117.*, *SN. 3.55.* ⇨ 색식주 色識住, 사식주 四識住

행신시 行身施 눈(眼)이나 살을 베어 몸으로 보시하다. 『대승비분다리경』 권7(대정장3, p.282c6)에 "여래께서 행하신 신시단바라밀 관해 보니 이어 눈을 보시하시길 염부제에서 삼십삼천에 이르기까지 쌓아 채우셨다. 선남자여! 이것이 여래께서 몸을 보시한 보시바라밀을 간략하게 설한 것이다. 觀如來所行身施檀波羅蜜相續眼施 積滿閻浮提至三十三天際 善男子 此如來略說身施檀波羅蜜"라고 하였다. [참고문헌] 『大乘悲分陀利經』.

행심 行心 일본에서 활동한 신라출신 스님. 686년(신문왕6) 9월에 일본의 천무천황(天武天皇)이 죽자 반란을 일으킨 대진황자(大津皇子)의 참모였다. 발각되어 10월에 비주(飛州) 비탄가람(飛驒伽藍)으로 유배되었다. 스님이여서 주살하지 못하고 유배보내었다고 한다. [참고문헌]『日本書紀』권29,『元亨釋書』권21.

행심 行深 Ⓢgambhīraṃ caramāṇaḥ. 행함에 헤아릴 수 없어 깊다. 무분별지(無分別智)로 이공(二空)을 증해 모든 분별을 여의고 능소행도 없이 함을 행상으로 삼아 희론마저 끊기에 이같이 말한다.『반야심경』(대정장8, p.848c7 : *Prajñ-h.*, p.77)에 "관자재보살이 반야바라밀다를 행하여 깊을 때 오온이 모두 공함을 비추어 보고 온갖 고액을 건넸다. 觀自在菩薩行深般若波羅蜜多時 照見五蘊皆空 度一切苦厄 ārya-avalokiteśvaro bodhisattvo gambhīraṃ prajñāpāramitā-cāryāṃ caramāṇo vyavalokayati sma, pañca-skandhās tāṃś ca svabhāva-śūnyān paśyati sma",『반야심경찬』(대정장33, p.543c16)에 "'반야바라밀다를 행하여 깊을 때'라고 하였다. 둘째, 능히 관하는 지 중에 두 가지가 있음을 가린다. 먼저 지의 체를 밝히고 뒤에 지의 용을 밝힌다. 이것은 지의 체를 밝히는 것이다. '행'이란 나아가며 행함이니 이것이야말로 능히 관하는 지다. '깊음'이란 깊고 깊음이다. 깊음에는 두 가지가 있다. 첫째는 행의 깊음으로서 무분별지로 내증한 두 공이다. 모든 분별을 여의었기에 능히 행하는 이도 행할 것도 없는 것으로서 행상을 삼기에 '행함에 깊다'고 이름한다. … 둘째는 경으로서 깊음이니, 두 공의 뜻으로 유(有)와 무(無)의 상을 여의었고 모든 희론을 끊었음을 말한다. 무분별지로 이 깊은 경을 증하기에 '행함에 깊다'고 한 것이다. 行深般若波羅蜜多時者 第二辨能觀智於中有二 初明智體後辨智用 此辨智體 行謂進行是能觀智 深卽甚深深有二種 一者 卽行深 無分別智內證二空 離諸分別 無能所行以爲行相故名行深 … 二者 境深 謂二空理離有無相絕諸戲論 無分別智證此深境 故曰行深"라고 하였다. [참고문헌]『般若心經』,『般若心經贊』, *Prajñ-h.*

행악 行嶽 1614~1666. 명말청초대 임제종 스님. 호는 서운(棲雲). 오정(烏程 : 浙江省) 출신. 속성은 심(沈)씨. 처음에는 거사로서 무강(武康 : 浙江省) 보은원(報恩院)의 옥림통수(玉林通琇)를 찾아뵈었다가 1645년(순치2) 삭발하고 출가하여 스님이 되었다. 일대사(一大事)를 해결하기로 결심한 이후 천태산 동백궁(桐柏宮)에서 3년간 두타행을 하였고, 1663년(강희2)에는 보은원에 주석하다가 1666년(강희5) 10월 27일에 세수 53, 법랍 22세를 일기로 입적하였다. 보은원에 탑이 있고 제자로 남곡초영(南谷超穎)이 있다.

행약 行藥 대중에게 약을 돌리다.『선원청규』권5(卍속장111, p.903b14)에 "성승 오시게 해서 대전 앞에서 삼배 올린 후 승당을 한바퀴 돌고 자리에 따라 선다. 행약하기를 다해 마치면 가까이 가서 얼굴을 마주하고 인사하고 약 드시기를 청한다. 却來聖僧前大展三拜巡堂一匝 依位而立 行藥罷 近前當面問訊 仍請喫藥也"라고 하였다. [참고문헌]『禪院淸規』. ⇨ 행죽 行粥

행업 行業 ❶ Ⓢkarma-abhisaṃskāra, karman. 고락(苦樂) 등의 과보를 부르는 선악(善惡)의 행위. 신구의(身口意)로 짓는다.『무량수경』권상(대정장12, p.270a19 : *Sukh-vy. I*, p.39)에 "부처님께서 아난에게 말씀하셨다. '행업의 과보는 불가사의 하고, 제불의 세계도 불가사의하다'. 佛語阿難 行業果報不可思議 諸佛世界亦不可思議 bhagavān āha labdhas tvayānandehācintyaḥ karmāṇāṃ vipākaḥ karmābhisaṃskāro",『대보적경』권26(대정장11, p.143b4)에 "이러한 심과 심수법으로 선과 불선의 행업을 지으니 이 모든 중생은 행업을 인으로 하기에 과보를 얻는다. 是心心數法造作諸業若善不善 是諸衆生行業因故獲得果報",『중론』권4(대정장30, p.32a28)에 "모든 전도들을 사라지게 하기에 십이인연의 뿌리인 무명도 멸한다. 무명이 멸하기에 세 가지 행업 내지 늙음과 죽음 등도 멸한다. 滅諸顚倒故 十二因緣根本無明亦滅 無明滅故三種行業 乃至老死等皆滅"라고 하였다. [참고문헌]『無量壽經』,『大寶積經』,『中論』, *Sukh-vy. I.*, *Madhy-ś.138.* ❷ 보는 대로 행하는 업.『출요경』권8(대정장4, p.653b12)에 "마음으로 항시 행업의 뿌리를 억념하니, 행업에는 두 가지가 있다. 첫째는 정관이고 둘째는 부정관이다. 지혜로운 이는 깨끗한 것을 보고 지혜롭지 않은 이는 깨끗하지 못한 것을 본다. 心常憶念行業之本 行業有二種 一者淨觀 二者 不淨觀 智者淨觀 不智者不淨觀"라고 하였다. [참고문헌]『出曜經』. ❸ 왕생(往生)의 인(因)이 되는 수행.『정토론』권상(대정장47, p.88b25)에 "범성이 모두 왕생한다는 것은 알겠으나, 이들이 어떤 행업을 닦아야 왕생할 수 있는지는 알지 못하겠다. 已知 凡聖皆得往生 未知 此等人修何行業 而得生乎"라고 하였다. [참고문헌]『淨土論』. ❹ Ⓢgamana. 바이셰시카(Ⓢ Vaiśeṣika : 勝論)에서 상정한 업구의(業句義) 중 물질로서 이합집산하는 것.『십구의론』(대정장54, p.1263c2)에 "업구의란 무엇인가? 다섯 가지다. 무엇이 다섯 가지인가? … 다섯째는 행업이다. … 행업이란 무엇인가? 모든 질애 있는 실들이 화합하니 하나의 실에 의지하며 합하고 떨어지는 것이니 이를 행업이라 한다. 業句義云何 謂五種業名業句義 何者爲五 … 五 行業 … 行業云何 謂一切質礙實和合 依一實合離因名行業"라고 하였다. [참고문헌]『十句義論』, *Vaiś-s.2.* ⇨ 업구의 業句義

행업과무명 行業果無明 십이연기(十二緣起)의 무명을 십오종무명(十五種無明) 중 하나로 부르는 이름. 『대명삼장법수』 권34(영락장182, p.808a8)에 "열넷째는 행업과무명이니 십이인연 중 무명・행・애・취・유의 다섯은 번뇌로서 업의 인이고, 식 등의 일곱은 고(苦果)에 해당하니 이를 행업과무명이라 한다. 十四 行業果無明 謂於十二因緣中 無明行愛取有五者煩惱 是業因 識等七者是苦果 是爲行業果無明"라고 하였다. 〔참고문헌〕『大明三藏法數』. ⇨ 십오종무명 十五種無明

행업기 行業記 일대의 행실과 업적을 써 남기는 행장(行狀). 『낙방문류』 권3(대정장47, p.193c5)에 "고산원공(孤山圓公 : 孤山智圓)은 성상(省常)스님의 행업기와 연사비(蓮社碑)를 지었다. 孤山圓公 作師行業記 幷蓮社碑"라고 하였다. 〔참고문헌〕『樂邦文類』.

행업순일 行業純一 행함이 변함 없고 한결같음. 『임제록』(대정장47, p.504b28)에 "임제가 처음 황벽의 문하에 있을 때 행업이 잡되지 않고 한결같았으므로 수좌가 감탄하여 '비록 후배지만 무리들 중에 남다르다'라고 말한 다음 임제에게 물었다. '상좌는 여기서 얼마나 있었소?' '3년입니다' '황벽선사께 찾아가 물은 적이 있소?' '물은 적이 없습니다. 무엇을 물어야 할지 모르겠습니다' '그대는 어째서 당두화상께 가서 무엇이 불법의 적적대의인지 묻지 않는 것이오?' 임제가 이에 곧바로 황벽에게 가서 물었는데 묻는 말이 끝나기도 전에 황벽이 바로 때렸다. 師初在黃蘗會下 行業純一 首座乃歎曰 雖是後生 與衆有異 遂問 上座在此多少時 師云 三年 首座云 曾參問也無 師云 不曾參問 不知問箇什麽 首座云 汝何不去問堂頭和尙 如何是佛法的的大意 師便去問 聲未絶 黃蘗便打"라고 하였다. 〔참고문헌〕『臨濟錄』.

행여 行與 옮겨가며 드리다. 『유부율』 권42(대정장23, p.857c28)에 "잘 왔도다. 그대는 이 연꽃을 가져 대중스님들께 차례대로 드리거라. 잘 왔도다. 이 꽃을 부처님부터 승중에 이르기까지 차제로 드리거라. 善來 汝可持此蓮花行與僧衆 善來 持花從佛及僧次第行與"라고 하였다. 〔참고문헌〕『有部律』.

행역선좌역선 行亦禪坐亦禪 걸어도 선이고 앉아도 선이다. 선은 모양새 가져 행하는 것 아니라는 뜻이다. 『증도가』(대정장48, p.396a10)의 "걸어도 선이고 앉아도 선이어서 말하든 침묵하든 움직이든 고요하든 몸은 안정되고 자연스럽다. 날카로운 칼 만나서도 언제나 탄탄하고 독약이라 해도 놀라지 않아 아무일 없는 듯하다네. 行亦禪坐亦禪 語默動靜體安然 縱遇鋒刀常坦坦 假饒毒藥也閒閒"라는 구절에 나오는 말이다. 『대혜어록』 권21(대정장47, p.898b26)에 "만약 여기에서 저 다른 이의 본래면목을 알아차린다면 비로소 말할 수 있을 것이다. '걸어도 선이고 앉아도 선이어서 말하든 침묵하든 움직이든 그치든 몸은 늘 편안하다'라고 하지만, 아직 이러하지 못하다면 마땅히 때때로 발걸음을 물려 자기 발밑을 향해 자세하게 궁구해야 합니다. 若於這裏 識得他面目 始可說 行亦禪坐亦禪 語默動靜體安然 未能如是 當時時退步 向自己脚跟下 子細推窮", 『선문제조사게송』 권하(卍속장116, p.974b3)에 "어리석어도 안 되고 나태해도 안 되니 단번에 뛰어넘어 곧바로 부처의 경계에 들어간다. 걷는 것도 선이고 앉는 것도 선이니 진여에 통달하여 보는 대로 자재하다네. 莫愚癡 莫懈怠 一超直入佛境界 行亦禪 坐亦禪 了達眞如觀自在", 『북간거간어록』(卍속장121, p.138a6)에 "북간이 법좌에 올라 말했다. '걸어도 선이고 앉아도 선이어서 배고프면 밥 먹고 곤하면 곯아떨어지는데, 세 번 투자를 가고 아홉 번 동산에 올랐으니 엉뚱하게도 땅을 파서 하늘을 찾았네'. 上堂 行亦禪 坐亦禪 飢噇飯 困噇眠 三到投子 九上洞山 無端掘地覓靑天", 『송원숭악어록』 권상(卍속장121, p.591a5)에 "송원이 법좌에 올라 말했다. '걸어도 선이고 앉아도 선이어서 말하든 침묵하든 움직이든 그치든 몸은 늘 고요해 그러하다네. 천지에 가득해도 거둬들일 수 없지만 전부 다 가져온들 반푼 어치도 안 된다'. 上堂 行亦禪 坐亦禪 語默動靜體安然 帀地普天收不得 都來不直半分錢"라고 하였다. 〔참고문헌〕『證道歌』, 『大慧語錄』, 『禪門諸祖師偈頌』, 『北澗居簡語錄』, 『松源崇岳語錄』.

행역신 行疫神 세간에 전염병을 퍼트리는 신. 역병을 다스리기 위해 공양하는 경우도 있다. 『공양십이대위덕천보은품』(대정장21, p.384b15)에 "세간에 제천과 귀신 하고 많지만 어찌해서 오직 이러한 십이천만을 공양해서 국토를 안립하고 만백성을 안락하게 한다고 하는가? 십이천이 일체 천룡・귀신・성수・명관으로 온통 다 아우르기 때문에 공양한다. 십이천을 분명하게 알면 일체천룡 등의 보호를 얻는다. … 염마천과 온갖 오도명관・태산부군・사명・행역신・온갖 아귀 등이 함께 단장에 들어와서 동시에 공양을 받는다. 世有諸天鬼神其數甚多 何唯供養此十二天 安立國土萬姓安樂 謂十二天總攝一切天龍鬼神星宿冥官 是故供養 了知此十二天 卽得一切天龍等護也 … 焰魔天與諸五道冥官太山府君司命行疫神諸餓鬼等 俱來入壇場 同時受供"라고 하였다. 〔참고문헌〕『供養十二大威德天報恩品』.

행연 行緣 ❶ 행(Ⓢ saṃskāra)의 연. 무명을 가리키는 말. 십이연기(十二緣起)의 행의 연이 되는 것이기에 무명(無明 Ⓢ avidyā)은 따로 자성을 가진 체로 있어야 한다는 뜻으로 쓴다. 『구사론』 권10(대정장29, p.51c

15 : *Abh-k-bh.*, p.141)에 "이와 같이 무명에 따로 실체가 있으니, 이는 명(明)으로 다스리는 것이어서 다른 것도 아니고 없는 것도 아니다. 어떻게 그렇다고 아는 것인가? '(무명은) 행의 연이 된다'라고 설하였기 때문이다. 如是無明別有實體 是明所治非異非無 云何知然 說行緣故 evam avidyā 'pi vidyāyāḥ pratidvandva bhūtadharmāntaram iti draṣṭavyam. kuta etat. pratyayabhāvenopadeśāt", 『구사론기』 권10(대정장41, p.173b17)에 "'「행의 연이 된다」라고 설하였기 때문이다'란 답이다. 이 무명을 설하여 행의 연을 삼는다고 설하였기에 (무명이) 체로서 있음을 분명히 알 수 있다. 說行緣故者 答 說此無明爲行緣故明知有體"라고 하였다. 〔참고문헌〕『俱舍論』, 『俱舍論記』, *Abh-k-bh.* **2** 행하여 연을 삼다. 보살(菩薩)이 중생을 만나는 일. 육바라밀(六波羅蜜)과 사섭법(四攝法) 등의 보살행은 중생의 깨달음(得佛)을 위한 외적 조건(外緣)이 된다는 것. 『대승기신론』 권상(대정장32, p.578c20)에 "(諸佛·菩薩은) 내지 모든 지은 바 무량한 행으로 연하니 대비로 일으킨 훈습의 힘으로써 중생으로 하여금 선근을 증장하도록 하며, 또는 보거나 들은 이로 하여금 이익을 얻도록 하기 때문이다. 乃至一切所作無量行緣 以起大悲熏習之力 能令衆生增長善根 若見若聞得利益故", 『대승기신론약술』 권하(대정장85, p.1107c7)에 "'모든 지은 바 무량한 행연'이라 하니 모두 중생의 외연의 힘이 된다. 一切所作無量行緣 皆爲衆生外緣之力"라고 하였다. 〔참고문헌〕『大乘起信論』, 『大乘起信論略述』. **3** 행과 연. 행상(行相)과 소연(所緣)을 말한다. 『성유식론』 권10(대정장31, p.56c9)에 "행과 연이 미세하기에 알 수 없다고 한다. (대원경지는) 아뢰야식과 같이 세속도 연하기 때문이다. 行緣微細說不可知 如阿賴耶亦緣俗故", 『성유식론술기』 권31(대정장43, p.600b1)에 "'행과 인이 미세하다'란 행상과 소연을 말한다. 言行緣微細者 行相所緣也 因旣微細果亦難知 非不緣俗"라고 하였다. 〔참고문헌〕『成唯識論』, 『成唯識論述記』.

행염 行染 세속에 몸담아 물들다. 『백장청규』 권5(대정장48, p.1137b4)에 "삼세의 어떤 부처님도 집에 있으면서 도를 성취한다는 말을 한 적이 없으며, 역대 어느 조사도 번뇌와 세속에 물든 채로 남을 제도한 적이 없다. 三世諸佛 不說在家成道 歷代祖師 阿誰行染度人"라고 하였다. 〔참고문헌〕『百丈淸規』.

행영 行瑛 송대 임제종 황룡파 스님. 계주(桂州 : 廣西省) 영복현(永福縣) 출신. 속성은 모(毛)씨. 계주 보리사(菩提寺)에서 수업하고 출가해 구족계를 받았다. 유행하면서 가는 곳마다 인가를 받았지만 후에 동림상총(東林常聰)의 법을 이었다. 여산(廬山 : 江西省)의 개선화장선원(開先華藏禪院)에 주석하였고 이후 동계(東溪)에 머물렀으며 광감선사(廣鑑禪師) 호를 받기도 하였다. 어록인 『광감영선사어요 廣鑑瑛禪師語要』 1권이 『속고존숙어요』 권6에 수록되어 있다.

행예 行詣 Ⓟ cārittaṃ āpajjati. 찾아가 뵙다. 『장아함경』 권2(대정장1, p.15c26)에 "이때 현자 아난은 깜짝 놀라 모골이 송연하여 신속하게 부처님을 찾아뵈었다. 머리를 발에 조아려서 예배하고 한 쪽에 앉았다. 爾時 賢者阿難心驚毛竪 疾行詣佛 頭面禮足 却住一面"라고 하였다. 〔참고문헌〕『長阿含經』, *Vin.4.98.*

행오법 行五法 Ⓢ pañcasu dharmeṣu sthātavyam. 다섯 가지 법을 행하다. 『보살영락경』 「무단품 無斷品」 권9(대정장16, p.85c22)에서는 보살이 초발심을 일으킬 때 여덟 갈래로 행오법을 밝히고 있다. 반야부 경전에서는 보살이 제3주(住)에서 행오법을 수행한다고 한다. 『광찬경』 권7(대정장8, p.196b27)에 "다섯 가지 법을 행한다 하니 무엇인가? 널리 묻기를 싫어하지 않으면서 문자에 집착하지 않는다. 교화를 펼쳐 법을 베풀며 의식에 대한 생각을 하지 않는다. 불토를 깨끗하게 한다. 온갖 덕의 근본을 권하지만 또한 바라는 바가 없다. 이것이 다섯 가지 일이다. 行五法 何謂爲五 博問無厭不著文字 開化法施無衣食想 淨於佛土 勸衆德本 亦無所望 是爲五事", 『보살영락경』 권9(대정장16, p.85c22)에 "만약 선남자 선여인이 초발의로부터 보살심을 일으킬 때 오법을 행해서 겁나고 약한 마음을 품지 않는다. 무엇이 다섯 가지 법인가? 첫째, 앞사람이 도심을 버리지 않고 나아가도록 권한다. 둘째, 법계를 분별하여 법성을 훼손하지 않는다. 셋째, 한마음을 청정하게 하여 다른 생각이 없다. 넷째, 방편을 행하여 제도되지 못한 자를 제도한다. 다섯째, 삼십이업을 얻어서 정의 뜻으로 산란하지 않는다. 若有善男子 善女人 從初發意發菩薩心 修行五法不懷怯弱 云何五法 一者勸進前人不捨道心 二者分別法界不毁法性 三者一意淸淨無他異想 四者行權方便度未度者 五者得三十二業定意不亂", 『대지도론』 권17(대정장25, p.185a13)에 "만약 오욕을 꾸짖고 오개를 버리기에 다섯 가지 법을 행한다. 욕, 정진, 념, 교혜, 일심. 이 다섯 가지 법을 행하면 오지를 얻고 초선을 성취한다. 若能呵五欲 除五蓋 行五法 欲 精進 念 巧慧 一心 行此五法 得五支 成就初禪"라고 하였다. 〔참고문헌〕『光讚經』, 『菩薩瓔珞經』, 『大智度論』, *Pañca-pr.215.*

행온 行蘊 Ⓢ saṃskāra-skandha, Ⓟ saṅkhāra-khandha, Ⓣ 'du-byed-phung-po. 움직여 쉬지 않는 것들의 무더기. 오온(五蘊) 중 하나로 색수상식이 아닌 것. 행음(行陰)이라고도 한다. 오온을 명과 색(名色)으

로 나눌 경우 색이 아닌 명(名)으로 거두고, 온갖 행상을 무리 짓기에 행취온(行取蘊)이라 하며, 안이비설신의에 있어 조작(造作)의 뜻이 뛰어나기에 육사신(六思身)이라 한다. 크게 나눠 상응행온과 불상응행온으로 나누니, 일체심소로 지은 의업(意業)의 종류(種類)라고도 한다. 『연기경』(대정장2, p.547c8)에 "식(識)이 명색을 연한다는 것에서 어떤 것을 명이라 하는가? 네 가지 무색온을 말하니, 첫째 수온, 둘째 상온, 셋째 행온, 넷째 식온을 말한다. 어떤 것을 색이라 하는가? 모든 있게 된 색을 말하니, 일체의 사대종과 사대로 지은 것이다. 이 '색'과 앞의 '명'을 하나로 묶고 합하여 명색이라고 하니, 이것이 명색이라 하는 것이다. 識緣名色者 云何爲名 謂四無色蘊 一者 受蘊 二者 想蘊 三者 行蘊 四者 識蘊 云何爲色 謂諸所有色 一切四大種 及四大種所造 此色前名 總略爲一 合名名色 是謂名色", 『집이문족론』 권11(대정장26, p.412a10)에 "어떤 것을 행온이라고 하는가? 〔답〕 모든 있게 되어 움직이는 것이니 과거나 미래나 현재, 안이나 밖, 거칠거나 미세한 것, 열하거나 승한 것, 멀거나 가까운 이런 모든 것들을 대략 하나로 무리지게 해서 이름하여 행온이라고 한다. 云何行蘊 答 諸所有行 若過去若未來若現在 若內若外 若麤若細 若劣若勝 若遠若近 如是一切 略爲一聚 說名行蘊", 『법온족론』 권10(대정장26, p.501b16)에 "어떤 것을 행온이라고 하는가? 즉 행온에는 두 가지가 있으니, 첫째는 심상응행온, 둘째는 심불상응행온이다. 어떤 것을 심상응행온이라 하는가? 사(思)·촉(觸)·작의 내지는 있게 된 모든 지견·현관이며, 또 그 이외에 이와 같은 류의 법과 마음과 더불어 상응하는 것을 심상응행온이라고 한다. 어떤 것을 심불상응행온이라 하는가? 득·무상정 내지는 문신이며, 또 그 외에 이와 같은 류의 법과 마음으로 상응하지 않는 것을 심불상응행온이라고 한다. 이와 같은 심상응행온과 심불상응행온을 통틀어 행온이라고 한다. 云何行蘊 謂行蘊有二種 一 心相應行蘊 二 心不相應行蘊 云何心相應行蘊 謂思 觸 作意 廣說乃至 諸所有智見 現觀 復有所餘 如是類法 與心相應 是名心相應行蘊 云何心不相應行蘊 謂得 無想定 廣說乃至 文身 復有所餘 如是類法 不與心相應 是名心不相應行蘊 如是心相應行蘊 及心不相應行蘊 總名行蘊", 『구사론』 권1(대정장29, p.4a6 : *Abh-k-bh.*, p.10)에 "앞과 뒤의 색수상식을 제한 나머지 일체행을 행온이라고 한다. 그런데 부처님께서 계경 중에서 '육사신을 행온이라고 한다'고 설하신 것은 가장 수승한 뜻을 말미암기 때문이다. 그 까닭은 무엇인가? 행은 이름하여 조작이라 하니, 사(思)야말로 바로 업의 성으로서 조작의 뜻이 강하기에 가장 수승한 뜻으로 사신(思身)이라 하였다. 除前及後色受想識 餘一切行 名爲行蘊 然薄伽梵 於契經中 說六思身 爲行蘊者 由最勝故 所以者何 行名造作 思是業性 造作義强 rūpa-vedanā-saṃjñā-vijñānebhyaś-caturbhyo'nye tu saṃskārāḥ saṃskāra-skandhaḥ. bhagavatā tu sūtre ṣaṭ cetanā-kāyā ity-uktaṃ prādhānyāt. sā hi karma-svarūpatvād-abhisaṃskaraṇe pradhānā. ata eva-uktaṃ bhagavatā saṃskṛtam-abhisaṃskaroti", "그러므로 가장 뛰어나다고 하였으니 부처님께서 다음과 같이 설하셨다. '만약 능히 유루의 유위를 조작할 수 있기에 이름하여 행취온이라고 한다'. 故爲最勝 是故佛說 若能造作 有漏有爲 名行取蘊 tasmāt saṃskārā upādāna-skandha ity-ucyata iti", 『유가사지론』 권9(대정장30, p.323a10 : *Yogā-bh.*, p.207)에 "행온은 무엇인가. 일체심소로 지은 바 의업의 종류다. 行蘊云何 謂一切心所造作意業種類 saṃskāra-skandhaḥ katamaḥ. citta-abhisaṃskāra-manaskarma-jātiḥ"라고 하였다. 〔참고문헌〕 『緣起經』, 『集異門足論』, 『法蘊足論』, 『俱舍論』, 『瑜伽師地論』, *Abh-k-bh.*, *Yogā-bh.* ⇨ 행음 行陰, 오온 五蘊, 행수음 行受陰, 행취온 行取蘊

행요 行要 반드시 행해야 할 것. 『대반열반경소』 권31(대정장38, p.217a1)에 "행의 요라고 말했는데, 보살은 마땅히 육도(六波羅蜜)와 사등(四無量心) 등으로 반드시 행할 요로 삼는다. 言行要者 菩薩應修六度四等爲行之要"라고 하였다. 〔참고문헌〕 『大般涅槃經疏』.

행욕 行欲 Ⓟ kāma-bhogin. 하고자 하는 대로 행하다. 『중아함경』 권30 「행욕경」(대정장1, pp.615a8~616a4)에 세상에는 열 가지로 하고자 함을 행함이 있다고 하였다. 법도 아니고 길도 아닌 방법으로 재물을 구하여(非法無道求索財物) 부모를 돌보지도 않고 사문을 공양하지도 않으면서 천상에 나서 장수하기를 바라는 사람, 부모나 처자식은 돌보지만 사문을 공양하지 않으면서 천상에 나기를 바라는 사람, 처자식과 부모를 돌보고 사문과 범지를 공양하면서 천상에 나기를 바라는 사람이 있다. 여법히 또는 법 아닌 방법으로(法非法) 재물을 구하여 위의 세 가지를 하는 사람, 법대로 도로써(如法以道) 재물을 구하여 위의 세 가지를 하는 사람, 법대로 도로써 재물을 얻고 나서도 그것에 집착하고 출가도를 모르고 쓰는 사람과 재물에 집착하지 않고 출가의 도를 알아서 쓰는 사람 등을 말한다. 같은 책 권4(대정장1, p.444a17)에 "행욕자란 그 하고자 하는 대로 수행하는 사람이고, 이미 끊은 자는 괴로움이 다함을 얻은 사람이다. 行欲者 卽修其行欲 已斷者 苦便得盡"라고 하였다. 〔참고문헌〕 『中阿含經』, *AN.5.77.*

행용 行用 몸소 행하고 쓰다. 『법화현의』 권2(대정장33, p.704c12)에 "또한 마음의 십묘를 관한즉 곧바로 행용을 얻으니, 저 가난한 이가 (타인의) 보배를 헤아리는 것과는 같지 않다. 又觀心十妙卽得行用 不如貧人數果頭寶", 『화엄경탐현기』 권6(대정장35, p.216b5)에 "덕이야말로 행의 바탕이고 꽃이란 행하여 씀이다. 又德是行體 華是行用", 『대일경소』 권3(대정장39, p.606c18)에 "몸소 이 약을 가져 행하고 쓴 이라야 증험하여 알 수 있다. 唯親行此藥執持行用者 乃證知耳", 『사교의』 권12(대정장46, p.767c11)에 "여기에서는 단지 즉심의 행용을 논할 뿐이니 일체교문이 모두 초심을 좇아 관하고 행해서 일어남을 알 수 있다. 今但論卽心行用 識一切教門皆從初心觀行而起"라고 하였다. 〔참고문헌〕『法華玄義』, 『華嚴經探玄記』, 『大日經疏』, 『四教義』.

행우 行雨 **1** 비를 내리게 하다. 『기세경』 권8(대정장1, p.349c1)에 "모든 점치는 이들이 하늘이 반드시 비를 내리리라 점쳤다. 그러나 비를 내리는 여러 신들이 어떤 때는 방일한다. 방일하였기에 저 구름이 적절한 때에 비를 내리지 못했다. 이미 때가 아니면 구름이 저절로 흩어진다. 이것이 네 번째 비를 장애하는 인연이다. 諸占候者 記天必雨 然行雨諸神 有時放逸 以放逸故 彼雲不得依時降雨 旣不時雨 雲自消散 此是第四雨障因緣"라고 하였다. 〔참고문헌〕『起世經』. **2** Ⓢ Varṣākāra. 석가세존 재세시 왕사성의 대신. 『유부율』 권20(대정장23, p.734a2)에 "'이 금전은 왕사성 대신 행우가 기탁한 것으로 받으십시오. 그대가 와서 가져가십시오'. 필추가 답했다. '현자여! 그대는 일찍이 커다란 불이 일어나서 머리에 붙는 것을 보았지요'. 此之金錢是王舍大臣行雨所寄 可爲領取 彼來當與 苾芻報曰 賢首 汝頗曾見炬火發焰以頭觸之" 『유부율약사』 권5(대정장24, p.22a18)에 "이때 행우바라문은 마갈다국의 대신이 되었다. 그는 세존이 세간을 유행하여 파타리마을에 이르러 파타라탑 주변에 머무신다는 말을 들었다. 또 파타리사람들이 모두 공양을 올린다는 말을 들었다. 時行雨婆羅門 是摩揭陀國爲王大臣 彼聞世尊遊行人間至波吒離村 在波吒羅塔邊而住 復聞波吒離人民悉皆供養"라고 하였다. 〔참고문헌〕『有部律』, 『有部律藥事』, *Divy.465.*

행우대신벽화 키질석굴 7세기전반

행운곡신 行雲谷神 떠다니는 구름과 꼼짝 않는 저 계곡. 동정(動靜)에 무심한 비유다. 『조론소』 권하(대정장45, p.195b29)에 "움직인즉 구름 가듯 하고 멈춘즉 저 곡신인듯 하다. 〈소〉 떠다니는 구름은 비록 움직이지만 마음 없고, 곡신은 비록 멈춰 있지만 또한 무심할 뿐이다. 動若行雲 止若谷神 行雲雖動而無心 谷神雖止亦無心也"라고 하였다. 〔참고문헌〕『肇論疏』.

행운유수 行雲流水 구름 가듯 물 흐르듯. 『사미율의요략술의』 권하(卍속장106, p.467b15)에 "희(戲)는 장난삼아 하는 짓이니 소리 내 노래 부르고 일체의 희롱하는 일들을 말하며, 환(幻)은 환술이니 종종으로 변해서 기괴하게 해서 사람의 마음과 눈을 현혹시키는 일을 말한다. 이들은 떠다니는 구름과 흐르는 물과 같아서 지나가 버리고 멈춰 있지 않으니, 길에서 이들을 마주친다면 멈춰 서서 봐서는 안 된다. 戲是謂戲 謂唱令歌曲 及一切戲弄之事 幻是幻術 謂種種變現奇怪 惑人心目等事 此如行雲流水 過而不停 若路逢者 不得住看", 『사미율의비니일용합참』 권하(卍속장106, p.668a14)에 "장난삼아 하는 일과 환술은 실재가 아니니, 떠다니는 구름이나 흐르는 물과 같아서 머물러 있지 않고 지나가 버린다. 戲幻非實 如行雲流水 過而不留", 『검남회등록』 권2(卍속장145, p.757a12)에 "참으로 바라서 사람 사람마다 돌이켜 비춰서 빛으로 돌아와야 하니, 자기의 본래 목숨과 원래의 별자리 떨어진 곳 끝내 구해야 하리. 祇要人人 返照回光 究出自己本命元辰落處 動則行雲流水 靜則心開朗耀", 『설두석기어록』 권9(가흥장26, p.512c2)에 "만약 일단대사를 구하여 밝히고자 한다면 반드시 크나큰 마음을 일으키고 크나큰 힘을 갖추고는 티끌로 연한 일들 끊고 참구해 가야 하리. 세월 헤아리지 않고 홀연히 사무쳐 깨달아 생사가 모두 꿈이나 환영과 같음을 안다. 일체경계에서 온통 머물고 붙들 것 없어 주착도 주착하지 못할 것도 없게 되리라. 若欲究明 者段大事 必須發大心 具大力 截斷塵緣參究去 不計歲月 忽然徹證 則知生死 皆如夢幻 於一切境上 如行雲流水 總無住著 無住著亦不住著"라 하였다. 〔참고문헌〕『沙彌律儀要略述義』, 『沙彌律儀毗尼日用合參』, 『黔南會燈錄』, 『雪竇石奇語錄』.

행원 行圓 행함에 두렷해서 이즈러짐 없다. 남김없이 행해 다했기에 빠짐없이 구족해서 둥근 해나 달과 같이 이즈러짐 없는 뜻이다. 여덟 가지로 두렷함(八圓) 중에 하나다. 『사교의』 권1(대정장46, p.722b23)에 "행원이란 하나를 행하면 일체를 행한 게 되는 것이다. 대승은 두렷한 인이고 열반 또한 두렷한 과이므로 인과인즉 구족해서 이즈러짐이 없다. 이것이 하나를 행하면 일체를 행하는 것이다. 行圓者 一行一切行也 大乘圓因 涅槃圓果 卽因果而具足無缺 是爲一行一切行", 『종경록』 권35(대정장48, p.620a11)에 "행원이란 일심에 만행이 구족되어 있다는 뜻이다. 行圓 則一心具足萬行"라고 하였다. 〔참고문헌〕『四教義』, 『宗鏡錄』. ⇨ 팔원 八圓

행원 行願 **1** 행하면서 바래다. 바램 가져 행하다. 보살이 앞선 불보살들의 원행에 의지해 바램을 마음에 품은 채로 중생을 위해 쉬지 않는 뜻이다. 원행(願行)이라고도 한다. 경흥(璟興)의 『무량수경연의술문찬』 권상(한불전2, p.22b12)에 "경에 이르길 '모두 보현의 덕을 우러러 공덕으로서의 법에 이르는 이'라고 하였으니 … '보현의 덕을 우러른다'하니 상위의 행을 닦는 것이고, '보살행원을 갖춘다'하니 곧 하위의 원을 갖춘 것이며, '공덕의 법에 머문다'하니 곧 스스로 머물 법을 가려 아는 것이다. … 준이란 좇아 따르는 것이다. 보현이란 여여에 의지하여 온갖 덕행을 갖춤으로써 등각위에 머무는 이의 이름이다. 그러므로 현호 등은 모두 보현대사덕을 좇았으니, 곧 법운지에 도달했음을 알 수 있다. 행이란 곧 『유가사지론』에서 보리분법행과 모든 바라밀행으로 유정을 성취시키는 신통행이라 한 것이다. 원이란 지혜를 크게 함이니, 저 경(『홍맹해혜경 弘猛海慧經』)에서 일체법을 알아 반야의 배를 얻고, 지혜의 바람을 만나서 훌륭한 방편마저 얻게 되니, 일체일을 건져 큰 고해의 바다를 넘고, 온갖 길 갖춰 열반의 산에 오르며, 무위의 집에 들어 법성신 얻는 등의 열 가지 원을 설한 것과 같다. 원없이 행한들 고해에 빠질 뿐이고, 행없는 원이야말로 중생을 익게 할 수 없으리니 행과 원이야말로 보리의 길이라 말할 수 있다. 經曰 皆遵普賢 至功德之法者 … 遵普賢之德者 卽修上位之行 具菩薩行願者 卽備下位之願 住功德之法者 卽辨自住之法 遵者 循也順也 普賢者 卽依如如備諸德行居等覺之名也 故賢護等 皆遵普賢大士之德 卽知位階法雲地也 行者 卽瑜伽論中菩提分法諸波羅蜜成就有情神通之行 願者 卽弘慧 經中 知一切法得般若舟 值智慧風 得善方便 度一切人 超大苦海 得具足道 登涅槃山 入無爲舍 得法性身 十種之願 無願行 沈沒苦海 無行之願 亦無所熟 故備行願 可謂菩提之道也", 『금강반야소』 권2(대정장33, p.100c29)에 "보살의 도는 원행 이문을 넘지 않는다. 행은 몸소 걸어 행함의 뜻이고, 원은 때를 바라는 바를 중요하게 새기는 것이다. 행함에 바램이 없다면 걸어가지만 어디로 가는지 모르는 것이고 바램 있지만 가지 않는다면 원 바라기만 해서 열매를 얻지 못한다. 마치 새의 두 날개나 수레의 두 바퀴와 같다. 菩薩之道 不出願行二門 行以涉行爲義 願以要期爲旨 行若無願 行則無所御 願若無行 願則不果 其猶鳥之二翼 車之兩輪", 『인왕호국반야경소』 권3(대정장33, p.501b7)에 "행과 원은 서로 의지하니 이 둘은 함께 닦기에 한편으로는 일어날 수 없기 때문이다. 由行與願互相依持 此二俱修 不偏起故", 『석선바라밀차제법문』 권1상(대정장46, p.476c6)에 "원이 있지만 행이 없다면 마치 저 언덕으로 건네주고 싶으나 배나 뗏목 기꺼이 준비하지 못함과 같다. 반드시 알아야 하리. 언제까지나 이 세간에 서성일 뿐이어서 끝내 건너갈 수 없다. 有願而無行 如欲度人彼岸 不肯備於船筏 當知 常在此岸 終不得度"라고 하였다. [참고문헌] 『無量壽經連義述文贊』, 『金剛般若疏』, 『仁王護國般若經疏』, 『釋禪波羅蜜次第法門』.

2 1927~2004. 선승(禪僧). 휘는 행원, 호는 숭산(崇山), 속성은 이씨(李氏), 속명은 덕인(德仁)이다. 아버지의 휘는 영준(英俊), 어머니는 이소저이니 흰 학이 소나무에 앉아 있는 태몽을 꾼 다음, 1927년 8월 1일 평안남도 순천군 순천읍 창리 233번지에서 4대 독자로 태어났다. 1940년 순천 공립학교를 졸업하고 평양공업고등학교를 1945년 졸업했다. 1946년 동국대학교 불교대학 불교학과에 입학했으나, 3·1운동기념식 날 좌우익 진영학생들의 다툼을 보고 실망한 나머지 공주 마곡사로 찾아가 행자로 있으면서 신소천(申韶天)스님이 해설한 『금강경』을 보다가 '범소유상 개시허망 약견제상비상 즉견여래'라는 게송에서 깊은 감명을 받고 1947년 박고봉(朴高峰)스님을 은사로 하여 스님이 되었다. 불철주야 참선정진을 하던 중 마곡사 주변을 산책하다가 한 스님 걸망을 지고 올라가는 순간 나뭇가지에 앉아있던 까마귀가 놀라 파다닥 날아가는 것을 보는 순간 마음이 활짝 열려서 다음과 같은 게송을 읊었다. "원각산 그 아래 지금 길이 아니고 배낭 메고 가는 나그네는 옛 사람이 아니로다. 탁 탁 탁 걸음 소리 옛 지금 꿰었고, 깍 깍 깍 새울음 소리 나무 위로 날아가네. 圓覺山下非今路 背囊行客非古人 濯濯履聲貫古今 可可烏聲飛上樹". 이때 마침 마곡사로 법문청을 받고 온 고봉스님과 대담한 후 인가를 받았다. 1949년 수덕사에서 고봉스님으로부터 비구계를 받았으며 1952년 육군에 입대하여 1957년 육군 중위로 제대하였다. 1958년 서울 수유리 화계사(華溪寺) 주지에 취임하였고, 1958년부터 1964년까지 비구대처간의 분규 끝에 대한불교조계종이 종회를 구성하게 되자 비상종단 비상종회의장, 조계종 초대감찰원장, 조계종립동국학원재단 상무이사 등을 역임하였다. 이어 대한불교신문사를 설립하고 그 사장을 역임하였다. 이어 해외포교를 발원하였으니 1966년 일본 도쿄 고라쿤야구장 근처에 홍법원(弘法院)을 열었고, 제2차로 1968년 홍콩에도 홍법원을 개설하였다. 1972년에는 미국으로 건너가 세탁소의 세탁기를 수리하는 등 갖은 고행을 하면서 프로비던스에 재미홍법원(在美弘法院)을 개원하였다. 이후 차례로 보스턴에 대각사(大覺寺), 뉴욕의 원각사(圓覺寺), 뉴헤이번에 무각사(無覺寺), 샌프란시스코에 공문선원(空門禪院) 등을 창건하였고, 캐나다 토론토에도 선원을 개설했다. 1978년에는 폴란드, 1980년 영국, 1981년 스페인, 1982년 중국, 1983년 브라질, 1984년 티베트, 1985년 프랑스, 1986년 소련, 1989년 남아프리카공화국, 1995년에는 스리랑카 등 동서양의 여러 나라에 많은 선원을 개설하고 한국선(韓國禪)을 전파선양하였다. 1997년에 조계종 원로의원으로 추대되었고, 같은 해 계룡산에 국제선

원인 무상사를 창건하였다. 2001년에는 설악산 백담사(百潭寺) 기본선원의 조실로 추대되었다. 2004년 11월 30일 오후 5시 20분 화계사 조실에서 주지 성광을 비롯하여 대봉 및 미국 출신인 현각(玄覺) 등 많은 제자를 불러 놓고는 '나는 이제 이 세상과의 인연이 다하였으니 너희들은 방일하지 말고 불교를 위해 부지런히 정진하라'고 당부하였고, 제자들이 슬픔에 잠겨 '스님께서 열반에 드시면 저희들은 어찌합니까?'라고 묻자 스님께서는 '걱정하지 마라, 걱정하지 마라, 걱정하지 마라, 만고에 빛나서 밝은 중에 산은 늘 푸르고 물 흘러 쉬지 않는다'는 최후일구(後一句)를 남기시고 세수 77, 법랍 57세를 일기로 입적하였다. 〔참고문헌〕「曹溪宗元老議員崇山堂行願大宗師永訣式彙報」.

행원결 行願結 행하길 바라기에 얽혀버린 번뇌. 지켜 금하기를 취해 오히려 번뇌가 된 계금취(戒禁取 Ⓟ sīlabbata-parāmāsa, sīlabbata-upādāna)의 구역(舊譯). 『일체류섭수인경』(대정장1, p.813b27)에 "이와 같이 알고 나서 이와 같이 본다면 문득 세 가지 번뇌가 마쳐 다하리. 첫째는 신결이고 둘째는 의결이며 셋째는 행원결이다. 이 세 가지 번뇌가 다하면 문득 도를 따라 하나만 얻어도 다시는 악도에 떨어질 일 없어 이 세상 건너 해탈(度世)을 얻는다. 如是知已 如是見 便三縛結畢盡 一者 身結 二者 疑結 三者 行願結 以是三結盡 便隨道得一 不復墮惡處 當得度世"라고 하였다. 〔참고문헌〕『一切流攝守因經』. ⇨ 계금취 戒禁取

행원금강 行願金剛 다라보살(多羅菩薩 Ⓢ Tārā)의 밀호. 『비초문답』(대정장79, p.482a4)에 "다라보살의 밀호는 비생금강 또는 행원금강이다. 多羅梵號 密號 悲生金剛 亦行願金剛"라고 하였다. 〔참고문헌〕『祕鈔問答』.

행원력 行願力 Ⓢ āvedha-vaśa, praṇidhāna-caryā-bala, Ⓣ 'phen-pa'i-dbang. 행해서 바라 마지않는 힘. 옷을 물들일 때 쓰는 매염재의 역할(滋灰力)에 비유하여 중생세계를 장엄하게 물들임은 보살의 행원력에 달려 있다. 『대승장엄경론』 권3(대정장31, p.604b16)에 "〔게〕 비유하자면 마치 재로 적시는 힘으로 갖가지 색으로 옷을 물들일 수 있는 것과 같으니, 계를 깨끗이 하려는 행과 원으로 해탈하여 갖가지 지혜를 얻는다네. 〔석〕 이 게송은 법계의 해탈과 지혜로 행하는 업을 나타내 보였다. 비유하자면 물들인 옷은 재로 적시는 힘을 따르므로 어떤 경우에는 갖가지 색을 얻지만 어떤 경우에는 갖가지 색을 얻지 못하는 것과 같다. 삼승의 정계 또한 이와 같아서 행과 원의 힘에 제불의 해탈을 얻고 갖가지 지혜를 얻지만, 이승해탈로는 갖가지 지를 얻을 수 없다. 偈曰 譬如滋灰力 染衣種種色 淨界行願力 解脫種種智 釋曰 此偈顯示法界解脫智業 譬如染衣 由滋灰力有處得種種色 有處不得種種色 三乘淨界 亦爾 由行願力諸佛解脫 得種種智 二乘解脫 不得種種智"라고 하였다. 〔참고문헌〕『大乘莊嚴經論』, *Sūtr.39.* ⇨ 행원 行願

행원문 行願門 **1** 행해서 원을 성취하는 문. 정토에 나기 위해 예참・십념・계연・중복(禮懺 十念 繫緣 衆福) 등 네 갈래로 열어놓고 닦는다. 『왕생정토결의행원이문』(대정장47, p.146a21)에 "두 번째 정히 닦아야 할 행원문은 간략히 열어 네 문이다. 첫째 예참문, 둘째 십념문, 셋째 계연문, 넷째 중복문이다. 다만 이 네 문이라 한 것은 수행함에 가지런히 구족하게 할 것 반드시 이 넷이기 때문이다. 第二正修行願門者 略開四門 一者禮懺門 二者十念門 三者繫緣門 四者衆福門 所以但四門者 修行整足唯須此四", "무엇이 앞서 해야 할 예불참회인가? 업장을 깨끗이 해서 없애서 몸과 마음을 티 없이 한다. 그렇게 해서 제1문은 저 깨끗하고 좋은 밭이 되게 한다. 다음은 십념을 닦아서 마음으로 성취해 간다. 세운 원 기약하여 왕생의 정인을 심는 일이다. 이렇게 해서 씨 뿌리듯 한다. 다음은 마음을 묶어 애호하고 기르게 해서 싹과 줄기를 나게 한다. 그렇게 하니 세 번째 문은 적셔 비 내리게 하는 일이다. 다음은 온갖 복 빌어서 도와 번성하게 한다. 속히 꽃과 열매 맺게 하니 제4문은 마치 비료 뿌려 살찌게 함이니, 능히 이 네 가지 행을 갖추어 닦는 일이야말로 최상최승이다. 何者先禮佛懺悔 淨除業障身心皎潔 故第一門如淨良田 次修十念定心成行 立願要期植往生正因 故第二門如下種子 次使繫心愛護長養滋發芽莖 故第三門如霔以膏雨 次假衆福助令繁茂 使速成華果 故第四門如灌以肥膩 是知能具修此四行者 最上最勝", "그러나 서로 말미암게 해서 그렇게 해야 하지만, 때로는 적은 여가에는 다만 셋이나 둘, 하나만이라도 따라 닦는 이 모두 저 나라에 난다. 이 네 가지 문 중에도 각각 행원이 있기에 다 이 정인이라 할 수 있다. 또 한편 육재일에 예참법을 닦고 일일 중에는 십념법을 닦으니, 이 십념이야말로 바로 정인의 요체이니 반드시 폐해서는 안 된다. 뒤의 두 문은 힘 따라 능히 해야 하나 만약 여의치 않을 때는 다만 할 수 있음에 따르면 된다. 然相由雖爾 若或少暇 但隨修三二一者 皆生彼國 以四門中各有行願 皆是正因故也 又亦可於六齋日修禮懺法 於日日中修十念法 以十念是淨因要切必不可廢 後二門任力所能 若不然者但隨所欲"라고 하였다. 〔참고문헌〕『往生淨土決疑行願二門』. **2** ➡ 보현행원품 普賢行願品

행원보리심 行願菩提心 밀교의 삼종보리심(勝義 行願 菩提心) 중 하나. 행원으로 드러나는 보리심. 만행을 닦고 원을 발하는 것으로서의 대비심을 말한다. 『대일경공양차제법소사기』(대정장60, p.750b17)에 "처음 중의 깨끗한 보리심 등이란, 곧 자성청정여실대보리심을 바로 가리킨다. 승이란 승의보리심이고, 원이란 행원보리심이며, 보란 여의보이니 곧 불이평등의 삼마지보리심이다. 이는 제불의 속뜻이고 한 종의 근원이다. 初中淨菩提心等者 卽直指自性淸淨如實大菩提心也 勝者 勝義菩提心 願者 行願菩提心也 寶者 如意寶 卽不二平等三摩地菩提心也 是卽諸佛之奧義 一宗之源底也", 『금강정발보리심론사초』(대정장70, p.7b4)에 "이 논에서 설한 바 행원보리심이란 저 경에서 설한 바에 의지하면 십바라밀과 오대원 등 일체만행이다. 此論所說行願菩提心者 依彼經所說 十度五大願等 一切萬行也", 『비종교상초』(대정장77, p.603a23)에 "이 중 행원이란, 원은 대비의 원이니 중생을 건네 벗어나게 하는 행을 원함이다. 그러므로 시방의 함식을 관함에 마치 저 자기 몸과 같이 한다고 하였다. 행은 대비의 행이니 중생을 이익되게 하는 일을 행함이다. 그러므로 중생의 욕 따라 그것을 준다고 하였다. 此中行願者 願謂大悲之願 願度脫衆生行也 故云 觀十方含識 猶如己身 行謂大悲之行 行利益衆生事也 故云 隨衆生欲而給付之"라고 하였다. 〔참고문헌〕『大日經供養次第法疏私記』, 『金剛頂發菩提心論私抄』, 『祕宗教相鈔』, 『菩提心論』(대정장32, p.572c14). ⇨ 승의행원삼마지 勝義行願三摩地, 승의보리심 勝義菩提心, 삼마지보리심 三摩地菩提心

행위 行位 ❶ 움직이고 있을 때. 『구사론』 권21(대정장29, p.111a5)에 "행위에 있다 하니, 앞서 색 등의 종종경 중에서 좋아할 만하거나 싫어할 만한 두 가지 상을 취하기에, 그 후 머무르는 위에 있어서 앞선 것을 인으로 삼고는 문득 욕탐과 진에의 두 가지 개를 일으킨다. 이 두 가지는 정에 드는 마음을 장애할 수 있다. 謂在行位 先於色等種種境中取可愛憎二種相故 後在住位由先爲因 便起欲貪瞋恚二蓋 此二能障將入定心 cāragatasya priyāpriyarūpeṣu viṣayeṣu nimittagrāhādvihāragatasya tatpūrvakau kāmacchandavyāpādau samādhipraveśasyādito 'ntarāyaṃ kurutaḥ", 『구사론기』 권21(대정장41, p.324a6)에 "행위에 있다 함은 걸식 등의 때이다. … 머물러 있을 때란 정실 등에 있을 때이다. 謂在行位 卽乞食等時 … 後在住位 卽住靜室等時"라고 하였다. 〔참고문헌〕『俱舍論』, 『俱舍論記』, *Abh-k-bh*. ⇨ 행주좌와 行住坐臥, 사위의 四威儀 ❷ 십이연기(十二緣起) 중 행지(行支 Ⓢ saṃskāra)의 위. 『대비바사론』 권24(대정장27, p.123b1)에 "무명위를 쫓아 행위에 이르니, 두 지는 현재로서 무명행이고 나머지 지는 미래다. 행위에서 식위에 이를 때까지 두 지는 과거로서의 무명행이고, 한 지는 현재로서의 식이고 나머지 지는 미래다. 從無明位至行位時 二支現在謂無明行 餘支未來 從行位至識位時 二支過去謂無明行 一支現在謂識餘支未來"라고 하였다. 〔참고문헌〕『大毘婆沙論』. ⇨ 십이지 十二支 ❸ 마음이 움직이는(現行) 때. 『유가사지론』 권63(대정장30, p.651c7)에 "아뢰야식과 상응하는 수는 모든 때에 오직 고도 낙도 아니다. … 또는 고락을 함께 행하는 위로 항시 상속하여 흘러서 목숨 마칠 때까지 끊임이 없다. 阿賴耶識相應受 於一切時唯是不苦不樂 … 或非苦樂俱行位中恒相續流 乃至命終無有斷絶"라고 하였다. 〔참고문헌〕『瑜伽師地論』. ⇨ 현행 現行 ❹ 보살이 행하는 모든 위. 『금강삼매경론』 권중(대정장34, p.987a15)에 "〔논〕 여기서는 세 번째로 따로 위를 밝히는데, 오직 (十信行·十住行·十行行·十廻向行·十地行·等覺行) 행위만을 밝히지 과위는 제하기에 묘각지는 취하지 않는다. 이 여섯 행중 앞의 넷은 이입으로 오르내리고 뒤의 둘은 행입으로 차별하다. 論曰 此是第三別顯階位 唯顯行位除其果位 所以不取妙覺之地 此六行中前四位是理入階降 後二位者行入差別"라고 하였다. 〔참고문헌〕『金剛三昧經論』. ⇨ 보살계위 菩薩階位

행위 行偉 ❶ 1018~1080. 북송(北宋)대 임제종 황룡파 선사. 대명부(大名府 : 河北省) 출신. 속성은 우(于)씨. 19세에 경사(京師) 보상사(寶相寺)의 방익(方益)을 찾아뵈었고 13년이 지나 출가하여 스님이 된 뒤 구족계를 받았다. 후에 낙양(洛陽 : 河南省)으로 가서 화엄(華嚴)을 배운 다음 황벽산(黃檗山)의 황룡혜남(黃龍慧南)을 찾아가 그의 법을 이었다. 혜남이 입적한 뒤에는 앙산(仰山)에 주석하였다. 1080년(원풍3) 12월 26일에 세수 63, 법랍 33세를 일기로 입적하였다. ❷ ?~1678. 명말청초대 임제종 선사. 호는 식심(息心). 금단(金壇 : 江蘇省) 출신. 속성은 우(于)씨. 어느 날 조천(洮川)이라는 냇물에 빠졌다가 대사(大士)의 이름을 부르고 도움을 얻은 인연으로 서원을 세워 출가하였으며, 17세에 화산(華山)으로 가서 구족계를 받고 남쪽으로 가서 협산(夾山)·경산(磬山) 등의 명찰을 두루 다녔다. 천목산(天目山 : 浙江省)의 옥림통수(玉林通琇)를 찾아뵌 다음 가사를 받고 법을 이었다. 당시 황우승(黃于升)거사가 황산(黃山)에 자광사(慈光寺)를 건립하고 영접하여 주지로 청하였으므로 그곳에 주석하다가 후에 호주(湖州 : 浙江省)의 구빙(扣冰)에 머물렀다. 1678년(강희17) 12월 24일에 입적하였다.

행위삼도 行位三道 10지(十地)의 세 갈래 길. 견도(Ⓢ darśana-mārga)와 수도(Ⓢ bhāvanā-mārga)와 무학도(Ⓢ aśaikṣa-mārga)를 말한다. 『대비바사론』 권48(대정장27, p.251a22)에 "삼도란 견도와 수도와 무학도를 말한다. 三道者 謂見道修道無學道", 『유마경현소』 권3(대정장38, p.539b9)에 "단지 위를 나누자면 세 갈래 길로 나뉠 뿐이다. 초지는 견도라 이름하고, 제2

지부터 제6지까지는 수도에 해당하며, 제7지 이상은 무학도다. 지론사는 말한다. '제2지부터 제7지까지가 수도위고 제8지 이상은 무학도다'라고 하였다. 但以位約分爲三道 初地名見道 二地至六地名修道 從七地已去名無學道 地論師言 二地至七地名修道 八地已去名無學道也"라고 하였다. [참고문헌]『大毘婆沙論』, 『維摩經玄疏』. ⇨ 십지 十地, 견도 見道❶, 수도 修道, 무학도 無學道

행위수주 行位修住 Ⓢ prayoga-avasthā, Ⓣ sbyor-ba'i-gnas. 행위에서 닦고 머물다. 열여덟 가지로 닦는 분위(十八修分位) 중 세 번째. 현장(玄奘)역 『변중변론』에서는 가행위(加行位)다. 『중변분별론』 권2(대정장31, p.459c4 : *Madhy-vibh.*, p.56)에 "닦아 머무는 위에 열여덟 가지가 있다. … 세 번째는 행위수주이니 발심한 이후부터 미처 과위에 이르지 못한 때까지다. 修住位有十八 … 三 行位修住 從發心後未至果 prayogāvasthā cittotpādād ūrdham aprāpte phale"라고 하였다. [참고문헌]『中邊分別論』, *Madhy-vibh.* ⇨ 십팔수분위 十八修分位

행유 行有 ❶ 칠유(七有) 중 하나로 움직여 있게 하는 인(因)으로서의 업(業). 업유(業有)와 같다. 『장아함십보법경』 권상(대정장1, p.236b14)에 "세 번째의 일곱 가지 법에 대해 알아야 할 것이다. 칠유 중 … 여섯째는 행유이다. 第三七法 當知 七有 … 六 爲行有"라고 하였다. [참고문헌]『長阿含十報法經』. ⇨ 업유 業有, 칠유 七有 ❷ 행(Ⓢ saṃskāra)과 유(Ⓢ bhāva). 십이연기(十二緣起)의 행과 유의 지분을 말한다. 세친(世親)의 『섭대승론석』 권3(대정장31, p.336c24)에 "[석] '이숙의 차별'이란, 이를테면 행과 유를 연으로 하여 모든 취중으로 이끄는 이숙이다. 만약 이렇게 이끄는 아뢰야식의 차별이 없다면 인은 있을 수 없다. 釋曰 異熟差別者 謂行有爲緣 於諸趣中所引異熟 若此所引阿賴耶識差別無者則無有因", 『성유식론』 권8(대정장31, p.45a5)에 "행과 유의 일부는 바로 업으로 거둔 것이다. 行有一分是業所攝", 『대비바사론』 권24(대정장27, p.122b11)에 "이 십이지연기법에는 이속과 삼분이 있다. … 유여사는 '이속이란 행과 유를 말하는 것이기 후유를 상속시키기 때문이다. 此十二支緣起法 有二續三分 … 有餘師說 二續者 謂行有續後有故"라고 하였다. [참고문헌]『攝大乘論釋』, 『成唯識論』, 『大毘婆沙論』. ⇨ 십이지 十二支

행유식 行唯識 오종유식(五種唯識) 중 하나로서 행으로 관하는 유식성(唯識性). 『성유식론』의 마지막 게송에 의지해 정위(定位)에서 사여실지(四如實智) 또한 식일 뿐임을 관하는 것을 말한다. 『대승법원의림장』 권1(대정장45, p.259c6)에 "모든 교에서 설한 '일체는 오직 식일 뿐이다'라는 뜻을 다 모아 엮어 자세히 하면 다섯 가지를 넘지 않는다. … 넷째는 행유식이다. 『성유식론』 권9에서 말한 '보살은 정위에서' 등의 송이니, 네 가지 심사로서의 여실지 등은 모두 행유식이다. 總遍詳諸教所說一切唯識 不過五種 … 四 行唯識 菩薩於定位等頌 四種尋思如實智等 皆行唯識", 『성유식론장중추요』 권상(대정장43, p.610a10)에 "뜻에 있어서는 단지 행유식만을 취할 뿐이니, (수행의) 오위에서 유식행을 수습하는 것을 밝히기 때문이다. 有義但取行唯識 明五位修唯識行故", 『성유식론속전』 권1(卍속장81, p.18b9)에 "또 유식의 차별을 밝히는데 열 가지 뜻이 있다. … 아홉째는 행의 뜻이니 관행으로서의 유식을 행유식이라 한다. 又明唯識差別 有十種義 … 九者 行義 謂觀行唯識名行唯識"라고 하였다. [참고문헌]『大乘法苑義林章』, 『成唯識論掌中樞要』, 『成唯識論俗詮』, 『成唯識論』 권9(대정장31, p.49b29). ⇨ 오종유식 五種唯識, 유식 唯識

행유여우왕 行猶如牛王 Ⓢ vṛsabha-vikrātna-gāmī, Ⓣ khyu-mchog-gi-stabs-su-gśegs-pa. 걸어 행함에 저 소의 왕인 듯하다. 『불본행집경』 권9 「상사점간품 相師占看品」(대정장3, p.696a1)에 "그때 정반왕이 선인에게 물었다. '대사여! 어떤 것들이 이 동자의 팔십수형호입니까?' 그때 아사타(Ⓢ Asita)가 하나하나 상세하게 왕에게 말하였다. '대왕이시여 마땅히 이렇게 아셔야 합니다. … 이 동자의 걸음은 마치 소의 왕과 같습니다'. 時淨飯王問仙人言 大師何等是此童子八十隨形之好 時阿私陀具白王言 大王當知 … 是童子行猶如牛王"라고 하였다. [참고문헌]『佛本行集經』. ⇨ 팔십종호 八十種好

행은보은 行恩報恩 은혜를 베풀고 은혜를 갚다. 『칠처삼관경』(대정장2, p.881a7)에 "이때 부처님께서 비구들에게 말씀하셨다. '두 부류의 사람을 세간에서 만나기란 어렵다. 어떤 이들이 그들인가? 첫째는 하기 어려운 은혜를 베푸는 사람이고, 둘째는 은혜를 입고서 다시 그 은혜를 갚는 사람이다. 是時 佛告比丘 二人世間難得 何等二人 一者 所不可爲行恩 二者 受恩復報恩"라고 하였다. [참고문헌]『七處三觀經』.

행은포덕 行恩布德 은을 행하고 덕을 베풀다. 『종경록』 권32(대정장48, p.601a12)에 "온갖 복덕을 닦으며 상을 뒤쳐 교화한다. 은을 행하고 덕을 펴고, 바른 도에 머물고 품는다. 修諸福業 轉相教化 行恩布德 正道居懷"라고 하였다. [참고문헌]『宗鏡錄』.

행음 行陰 Ⓢ saṃskāra-skandha, saṃskāra, Ⓟ saṅkhāra-khandha, Ⓣ 'du-byed-kyi-phung-po. 오음(五陰) 중 하나로 행온(行蘊)이라고도 한다. 안이비

설신의를 만나 사(思)를 일으키기에 육사신(六思身)이라 하고, 크게 심상응행과 심불상응행으로 나눈다. 『아비담비바사론』 권39(대정장28, p.288a1)에 "무엇을 행음이라 하는가? 〔답〕 불경에서 설하기를 '이른바 육사신이니 안촉에서 생기는 사(思)와 이비설신의 촉에서 생기는 사다'라고 하였다. 아비담자는 다음처럼 설하였다. '행음은 상응이거나 불상응이다'. 云何行陰 答曰 佛經說 謂六思身 眼觸生思 耳鼻舌身意觸生思 阿毘曇者 作如是說 行陰或相應 或不相", 『아비담감로미론』 권상(대정장28, p.969a13)에 "무엇을 행음이라 하는가? 무위법 중에서 갖가지 모든 법 짓는 것을 말한다. 云何行陰 有爲法中行作種種諸法", 『중사분아비담론』 권2(대정장26, p.634c12)에 "무엇을 행음이라 하는가? 행음에는 두 가지가 있으니, 마음으로 상응하는 것과 마음과 상응하지 않는 것이다. 무엇이 마음으로 상응하는 행음인가? 사·촉·억·욕·해탈·염·정·혜·신·정진·각·관·방일·불방일·선근·불선근·무기근·일체결·박·사번뇌·상번뇌·전·일체지·일체견·일체무간등이니, 이와 같은 심상응하는 법을 마음과 상응하는 행음이라 한다. 무엇이 마음과 상응하지 않는 행음인가? 득·무상정수·멸진정수·무상천·명근·신종류·처득·사득·입득·생·주·이·멸·명신·구신·미신이니 이와 같은 종류로서 마음과 상응하지 않는 법을 마음과 상응하지 않는 행음이라 한다. 云何行陰 行陰有二種 謂心相應 心不相應 云何心相應行陰 謂思 觸 憶 欲 解脫 念 定 慧 信 精進 覺 觀 放逸 不放逸 善根 不善根 無記根 一切結縛 使煩惱上煩惱 纏 一切智 一切見 一切無間等 如是比心相應法 是名心相應行陰 云何心不相應行陰 謂諸得無想正受 滅盡正受 無想天 命根 身種類 處得 事得 入得 生 住 異 滅 名身 句身 味身 如是比心不相應法 是名心不相應行陰"라고 하였다. 〔참고문헌〕 『阿毘曇毘婆沙論』, 『阿毘曇甘露味論』, 『衆事分阿毘曇論』, *Abh-k-bh. 4.*, *Madhy-ś.49.*, *Sp.145.* ⇨ 행온 行蘊, 심상응법 心相應法, 심불상응법 心不相應法, 오음 五陰

행의 行儀　움직여 몸소 행하다. 행상(行相)에 의지해 실행하다. 『순정리론』 권59(대정장29, p.668a28)에 "성제(四諦) 보기를 구하는 이가 초업지 중에 익혀야 할 행의 너무나도 번거롭고 넓기에, 두루 이해하고자 하는 이는 뭇 성자들이 모아놓은 관행의 제론 중에서 이를 구해야 한다. 求見聖諦 初業地中 所習行儀 極爲繁廣 欲遍解者 當於衆聖 所集觀行 諸論中求", 『법화문구기』 권3(대정장34, p.201c10)에 "이 중 대승에서는 불도를 구하기에 『반주삼매경』을 이끌어 행의로 삼는데, 반주는 뒤쳐 말하면 '부처로 서다'라는 뜻의 불립(佛立)이다. 이것을 드러낸 것은 잠을 없애기에 가장 뛰어나 90일 동안 이 삼매를 늘 행할 수 있기 때문이다. 此中在大 以求佛道 故引般舟 以爲行儀 般舟翻佛立 此擧除睡中最 以九十日常行故也"라고 하였다. 〔참고문헌〕 『順正理論』, 『法華文句記』. ⇨ 행 行, 위의 威儀

행의 行誼　행함에 마땅하게 하다. 『정법화경』 권2(대정장9, p.73b26)에 "저는 본래 하루 중에 경행을 할 때나, 나무 아래에서 단정하게 한 마음으로 앉거나, 숲늪이나 험준한 고산에 있거나 마음속으로 스스로 사유해서 이와 같이 행하여 온당하게 하였습니다. 我本晝日設經行時 若在樹下 端坐一心 設在林藪 山巖之中 心自思惟 如此行誼", 『선림보훈』 권1(대정장48, p.1017a8)에 "원통거눌(圓通居訥)이 말했다. '이 사람(大覺懷璉) 사람들 중에 바르게 해서 기울지 않으니, 동정에 있어 존엄하고 더하여 도를 익혀 행함마저 떳떳하게 하니, 말은 가리고 뜻은 다한다. 무릇 사람의 천품이 이와 같을진대 큰 인물이 되지 않는 경우는 드물다〈출처는 『구봉집』〉'. 訥曰 斯人中正不倚 動靜尊嚴 加以道學行誼 言簡盡理 凡人資稟如此 鮮不有成器者〈九峯集〉"라고 하였다. 〔참고문헌〕 『正法華經』, 『禪林寶訓』.

행의분 行儀分　교상분(教相分)에 의지해 몸소 수행하는 행법(行法)에 대한 부분을 말한다. ⇨ 교상분 教相分

행의사 行衣寺　경상북도 영주시 장수면에 있던 절. 안정면 혹은 풍기읍에 소재한 것으로 추정하기도 한다. 장수면 의산마을 사람이 전하기를, 고려 때 창건되었으나 1610년(광해군2)에 절터에 의산서당(義山書堂)이 건립되었다고 한다. 『동국여지승람』 권25 경상도 영천군 불우에 "군 서쪽 이십 리에 있다. 在郡西二十里", 『여지도서』 경상도 영천군과 『범우고』 경상도 영천에는 "지금은 폐사하였다. 今廢"라고 하였다. 〔참고문헌〕 『東國輿地勝覽』, 『輿地圖書』, 『梵宇攷』, 『韓國의 寺址 현황조사보고서』 p.357, 『韓國寺刹全書』 권하 p.1148a12.

행이 行異　❶ Ⓟ añña-rucika. 행함에 있어 다름. 보는 것으로서의 견(見)과 견뎌 사무치는 인(忍)이 다름에서 인한다. 『장아함경』 권11 「아누이경 阿㝹夷經」(대정장1, p.70a14 : *Pāṭika-sutta*, *DN.3*, p.35)에 "부처님께서 범지에게 말씀하셨다. '그대 들고자 하지만 아주 어려운 일이다. 그대는 견이 다르고 인이 다르며 행이 다르니, 다른 견에 의지해 정해탈에 들고자 하지만 이는 성취하기 어려운 일이다'. 佛告梵志 汝欲入者 甚爲難也 汝見異 忍異 行異 欲依餘見入淨解脫者 難可得也 dukkaraṃ kho evaṃ bhaggava tayā aññadiṭṭhikena aññakhantikena aññarucikena aññatr'āyogena aññatr'ācariyakena subhaṃ vimokkhaṃ upasampajja viharituṃ"라고 하였다. 〔참고문헌〕 『長阿含經』,

DN. ❷ 행상(行相 Ⓢ ākāra)을 다르게 하다. 육수면(六隨眠) 중 마지막 견(見 Ⓢ dṛṣṭi)수면은 다시 그 행상의 차이에 따라 오악견(五惡見)으로 나뉘고, 십수면(十隨眠)의 자성을 갖게 된다. 『순정리론』 권46(대정장29, p.601a23)에 "(貪 瞋 癡 慢 疑 見의) 여섯 가지 수면은 행과 부(部 Ⓢ prakāra : 五部)와 계(界 Ⓢ dhātu : 三界)의 차별로 인해 98이 된다. 이를테면 육수면은 견(Ⓢ dṛṣṭi)의 행이 달라서 열이 된다. 행의 다름이 어떠한가? 육수면의 견은 행의 다름으로부터 연유하기도 하니, 세존께서 곳곳에서 견에는 다섯이 있다고 하셨으니 유신견 등(邊執見·邪見·見取見·戒禁取見) 앞에서 열거한 것과 같다. 따라서 육수면은 행에 다름이 있음을 잡아 펴고 쌓아 열 가지가 된다. 六種隨眠由行部界門差別故成九十八 謂於六中由見行異建立爲十 … 行異云何 卽六隨眠見由行異 世尊處處說見有五 有身見等如前已列 故六隨眠約行有異數積成十"라고 하였다. [참고문헌] 『順正理論』. ⇨ 행상 行相❶, 행 行❸, 육수면 六隨眠, 오악견 五惡見, 십수면 十隨眠

행이타 行利他 행하여 다른 이를 이롭게 함. 『대방등대집경』 권29(대정장13, p.203c13)에 "이행이란 스스로를 이롭게 하는 행을 버리고 행하여 다른 이를 이롭게 한다. 함께 이롭게 함이란 거듭된 자리 다 버려 없게 하고, 마음을 처음이게 해서 돌이키는 일이 없는 것이다. 利行者 捨自利行而行利他 同利者 棄捨重位心初無悔", 『유가사지론』 권98(대정장30, p.864a25)에 "여래가 아라한을 얻고 십력을 성취하여서는 이타행 해서 다른 사람을 이롭게 하는 것을 스스로의 뜻으로 삼으셨다. 이때야말로 모든 교화할 일 다해 마치셨으니 무여의열반계에 들어가셨다. 마땅히 알라. 이때에 해야 할 모든 일이 바야흐로 원만함을 얻으셨다. 如來獲得阿羅漢已 成就十力 行利他行 卽用利他以爲自義 設於是時一切所化其事究竟 入無餘依般涅槃界 當知爾時於所作事方得圓滿"라고 하였다. [참고문헌] 『大方等大集經』, 『瑜伽師地論』. ⇨ 이타 利他, 이타행 利他行

행익 行益 행하여 더욱 이롭게 하다. 대중에게 공양하여 음식으로 이롭게 하기에 행식(行食)이라고도 한다. 『선림상기전』 권13(대장경보편19, p.471b11)에 "행익 : 도충이 말한다. '행은 행식을 말하고, 익이란 음식물로 이롭게 한다는 뜻이며, 행은 드린다는 뜻과 같다 〈행향(行香) 항목 참조〉. …『칙수청규』「양서 兩序」'지객 知客'에 '승당 앞에서 객승에게 죽과 밥을 나눠 드렸는지 점검한다' 하였고, '도감사 都監寺'에 '밥과 죽을 먹는 두 때에는 반드시 승당으로 나아가게 해서 행복들이 자연스레 정숙해진다'고 하였으며, '전좌 典座'에 '행자들을 가르쳐서 규율을 따르고 지키게 하며, 대중에게 음식을 나눠 드리고 운력하게 해서 태만하지 못하게 한다' 하였다. 『경덕전등록』「서록본선장 瑞鹿本先章」에 '서록이 어떤 때 말했다. 「이른 아침에 일어나 손과 얼굴을 씻고 양치질 끝낸 다음 차를 마시며, 차를 다 마신 다음 불전에 예배를 올리며, 불전에 예배를 다 올린 다음 화상과 주사의 처소로 가 인사를 드리며, 인사를 다 마친 다음 승당 안에서 대중에게 음식을 돌려 나누고, 음식을 다 나눠 준 다음 승당에 올라 죽을 먹으며, 죽을 다 먹은 다음 휴식하는 요사로 돌아와 잠을 잔다」'라고 하였다. 도충이 말한다. '승당에서 죽과 밥을 나눠 주는 일이 끝나면 각자의 당으로 가서 비로소 죽과 밥을 먹는다는 말이다'. 『경덕전등록』「협산선회장 夾山善會章」에 '소사(小師)가 문안 인사를 드리자 협산이 말했다. 「그대가 밥을 찌면 나는 불을 붙이고, 그대가 음식을 나눠 주면 나는 발우를 펴리. 이렇게 하는데 그대 고달픔 있는가?」 소사가 이 말을 듣고 깨달았다'라고 하였다. 行益 忠曰 行者 行食也 益者 益食也 行猶付與也〈見行香處〉 … 敕修淸規知客云 僧堂前 檢點行益客僧粥飯 又都監寺云 齋粥二時 必赴堂 則行僕行益 自然整肅 又典座云 訓衆行者 循守規矩 行益普請 不得怠慢 傳燈錄瑞鹿先禪師章云 師有時云 晨朝起來洗手面 盥漱了喫茶 喫茶了佛前禮拜 佛前禮拜了 和尙主事處問訊 和尙主事處問訊了 僧堂裏行益 僧堂裡行益了 上堂喫粥 上堂喫粥了 歸下處打睡 忠曰 言僧堂粥飯 行益畢 自家方粥飯也 傳燈錄夾山會禪師章云 小師省覲 師曰 汝蒸飯吾著火 汝行益吾展鉢 什麽處是孤負汝處 小師從此悟入"라고 하였다. [참고문헌] 『禪林象器箋』. ⇨ 행식 行食

행인 行人 행하는 사람. 부처님 가신 길을 따라 행하는 수행자. 『승천왕반야경』 권6(대정장8, p.719c20)에 "선남자여! 저 날 때부터 눈먼 이는 색을 보지 못하는 것처럼, 이와 같은 번뇌도 중생들을 눈멀게 만들어 법을 보지 못하게 하며, 사람에게 눈이 있어도 밖에 빛이 없으면 색을 볼 수 없듯이, 행하는 이도 이와 같이 비록 지혜 있어도 선지식이 없으면 능히 법을 볼 수 없다. 善男子 如生盲人 不能見色 如是煩惱 盲諸衆生 不能見法 如人有眼 無外光明 不能見色 行人如是 雖有智慧 無善知識 不能見法", 『관무량수경』(대정장12, p.344b21)에 "무량수불의 화신으로 셀 수 없어 관세음보살과 대세지보살이 늘 이 행하는 이가 있는 곳으로 온다. 이러한 관을 지으면 정관이라고 하며, 이와 다르게 관하면 삿된 관이라고 한다. 無量壽佛 化身無數 與觀世音 及大勢至 常來至此行人之所 作是觀者 名爲正觀 若他觀者 名爲邪觀", 『율원사규』 권10(卍속장106, p.95b15)에 "죽에는 열 가지 이익이 있어 행하는 이를 이롭게 하며, 과보는 끝이 없지만 구경에는 영원하고 즐겁다네. 粥有十利 饒益行人 果報無邊 究竟常樂"라 하였다. [참고문헌] 『勝

天王般若經』, 『觀無量壽經』, 『律苑事規』. ⇨ 행자 行者 [1]

행인 行因 ❶ 행한 바 인이 되다. 행이야말로 과(果)를 위한 씨앗인 뜻이다. 『석마하연론』 권9(대정장32, p.662c14)에 "첫째는 설다라니문이고 둘째는 설수행인문이며 셋째는 설과만덕문이니, 이 이름들이 셋이 된다. 이와 같은 세 가지 설을 각각 어떤 사람이 설하는가? 소위 하늘 모습들이 흔히 다라니를 설하고, 보살 모습으로는 다분히 행인을 설하며, 여래 모습으로는 많이들 과덕을 설한다. 一者 說陀羅尼門 二者 說修行因門 三者 說果滿德門 是名爲三 如是三說 各何人說 所謂 若天像 多說陀羅尼 若菩薩像 多說行因 若如來像 多說果德", 『금강반야소』 권4(대정장33, p.121b15)에 "털끝만큼이라도 얻으려 한다면 도를 얻을 수 없으니, 필경에는 얻은 것이 없어야 비로소 도를 얻는다. 도를 얻었다 할 뿐이지 얻은 과로서는 실로 한 법도 얻은 것이 없어야 한다. 실제로 한 행 가히 행한 것 없어야 하니, 얻을 것 없기에 비로소 과를 얻으며 행할 것 없기에 비로소 행한 바 인이 된다. 若有一豪之得 則不得道 以畢竟無得 爾乃得道耳 以得果 實無一法可得 行因 實無一行可行 無所得故 始得果 無所行故 乃是行因也", 『인왕호국반야경소』 권3(대정장33, p.265b11)에 "꽃을 흩으니 행해서 인이 됨을 드러내고, 휘장을 이뤘다는 것은 얻은 과를 상징한다. 散華表行因 成帳表得果"라고 하였다. [참고문헌] 『釋摩訶衍論』, 『金剛般若疏』, 『仁王護國般若經疏』. ❷ 당말오대(唐末五代)대 조동종 선사. 안문(鴈門 : 山西省) 출신. 조산본적(曹山本寂)의 법사(法嗣)인 녹문처진(鹿門處眞)을 찾아뵙고 사자(師資) 간에 계합하여 깨달음을 얻었으며, 여산(廬山) 북쪽 불수암(佛手巖)에 머물렀기에 불수암화상이라고 불렸다. 강남(江南)의 이주(李主)가 세 차례나 소환했지만 응하지 않았고, 후에 여산 서현사(棲賢寺)에서 개당(開堂)하고 설법하였지만 한 달을 채우지 않고 불수암으로 돌아갔다. 세수 70세를 일기로 입적하였으며 암자 북쪽에 탑이 건립되었다.

행인 幸仁 1721~1798. 조선후기 순천 송광사 스님. 휘는 행인, 호는 벽담(碧潭), 속성은 장(張)씨, 아버지의 휘는 봉수(鳳守), 어머니는 박(朴)씨니, 1721년(경종1) 2월 16일 인동(仁同)에서 태어났다. 천품이 영민하여 어른들도 함부로 하지 못하였다. 1734년(영조10) 순천 송광사로 찾아가 풍암세찰(楓巖世察)을 은사로 하여 스님이 되었고, 바로 그 해에 이어 비구계를 받았다. 다음 해인 1735년부터 6년 동안에 걸쳐 화엄경을 배워 수료한 후 전국의 4대산(北香山 東金剛 西九月 南地理)을 다니면서 정진하였다. 1749년(영조25) 봄에 부휴(浮休)의 제6대인 풍암세찰(碧巖覺性－翠微守初－栢巖性聰－無用秀演－影海巖坦－楓巖世察)의 입실제자(入室弟子)가 되었다. 전라남도 승주(昇州) 대광사(大光寺)에서 건당식을 가졌으며, 1750년에는 송광사 보조암(普照庵)에서 『육조단경』 법회를 가졌고, 1759년(영조35) 대광사법회의 회주가 되었다. 1764년(영조40)에 사암채영(獅巖采永)이 인도·중국·우리나라 큰스님들의 법맥상을 기록한 『서역중화해동불조원류 西域中華海東佛祖源流』를 편찬간행하여 전주 종남산 송광사(松廣寺)에 봉안하였는데, 그 내용이 청허휴정파(淸虛休靜派)에 지나치게 편중되었고, 행인의 자파(自派)인 부휴선수파(浮休善修派)의 문손은 적게 수록됨에 분개하여 그 판목(板木)을 불태워 버리기도 하였다. 1775년(영조51) 55세 때는 해남 대흥사에서 회주가 되어 8부대중(八部大衆)을 모아 대승경을 강설하였다. 1798년(정조22) 9월 29일 송광사에서 세수 78, 법랍 65세를 일기로 입적하였다. [참고문헌] 「松廣寺碧潭大宗師碑銘」(『曹溪山松廣寺史庫』, 1977) pp.615~620, 『朝鮮佛教通史』 권하 p.870, 智冠 『韓國高僧碑文總集 朝鮮朝·近現代』 pp.580~582. ⇨ 벽담 碧潭 [2]

행일 行一 법화 사일(四一 : 理一 敎一 行一 人一)의 하나로 모든 행이 일승의 묘행(妙行)으로 돌아간다는 뜻. 『법화경』 「방편품 方便品」에서 '바로 곧바로 해서 방편을 버리고 다만 무상도만을 설한다 正直捨方便 但說無上道'고 한 말에 의지해, 『법화현의』 권2(대정장33, p.693a1)에 "처음 십법계를 잡아서 이(理)는 하나임을 드러낸다. 다음 오미를 잡아서는 교 하나임을 잡는다. 다음 관심을 잡아서는 행이 하나라고 하고, 다음 육즉을 잡아서는 인이 하나임을 드러낸다. 初約十法界 是顯理一 次約五味 是約敎一 次約觀心 是約行一 次約六卽是約人一", 『법화문구』 권4(대정장34, p.52a4)에 "지금 행일이라고 말하는 것은, 삼승의 온갖 행을 이름하여 '제'라고 하고, 두렷이 함으로 '제'이지만, 곧 한 가지 일이다. 이 행이 어디에 이르는가? 오직 불지견으로 나아가니 곧 행일의 뜻이다. 今言行一 諸三乘衆行名之爲諸 爲圓故諸 卽是一事 此行何所至到 唯趣佛之知見 卽是行一意也"라고 하였다. [참고문헌] 『法華玄義』, 『法華文句』. ⇨ 사일 四一 [3]

행입 行入 두 가지로 드는 입(理入 行入) 중 하나로 『능가사자기』(대정장85, p.1285a16)에 "행입이란 소위 사행이며, 나머지 모든 행은 모두 이 중에서 행한다. 무엇을 사행이라 하는가? 첫째는 보원행, 둘째는 수연행, 셋째는 무소구행, 넷째는 칭법행이다. 行入者 所謂四行 其餘諸行 悉入此行中 何等爲四行 一者 報怨行 二者 隨緣行 三者 無所求行 四者 稱法行"라고 하였다. [참고문헌] 『楞伽師資記』. ⇨ 이입사행 二入四行

행입법계 行入法界 부처님께서 행하신 것을 따라 행함으로써 법계에 들어가는 것. 십지(十地) 중 제10법운지(法雲地)의 열 가지 해석 중 첫 번째다. 원효의 『본업경소』 권하(한불전1, p.507b23)에 "첫째 행입이다. 『영락본업경』에 '대적인의 하품 중에 행하는 것이니, 부처님께서 행하신 것을 행하는 것이다'라고 한 것과 같다. 一者 行入 如經 大寂忍下品中行 行佛行處故"라고 하였다. 〔참고문헌〕『本業經疏』, 『瓔珞本業經』 권하(대정장24, p.1018a24). ⇨ 수입법계 受入法界, 법운지 法雲地

행자 行者 ❶ Ⓢ carita, cārin, vratin, yogin, Ⓟ carata. 부처님 가신 길을 따라 행하는 사람. 삼장(三藏)에 의지해 삼학(三學)을 닦는 모든 수행자를 말하지만 특히 대승을 행하는 뜻에 기울어 있으며, 특히 염불하여 수행하는 이를 염불행자(念佛行者), 진언을 지송하고 공양법·호마법 등을 행하는 이를 진언행자(眞言行者)라 하며, 『법화경』을 수지독송신행하는 이를 법화행자(法華行者)라 부른다. 『법화경』 권6(대정장9, p.51c5)에 "이에 행자는 부처님께서 입멸하신 후에 이와 같은 경을 들으면 의혹을 일으켜서는 안 된다네. 마땅히 일심으로 이 경을 널리 설해야 하니, 세세마다 부처님을 만나 곧바로 불도를 성취하리라. 是故行者 於佛滅後 聞如是經 勿生疑惑 應當一心 廣說此經 世世値佛 疾成佛道", 『관보현보살행법경』(대정장9, p.390b22)에 "이때 행자는 모든 보살들을 보고 몸과 마음으로 환희하며 예를 올리고 … 보살들은 이구동성으로 각각 청정한 대승경법을 설하고 게송들을 지어 행자를 찬탄하는데, 이를 일러 보현보살의 최초경계를 비로소 본다고 한다. 是時 行者 見諸菩薩 身心歡喜 爲其作禮 … 諸菩薩等 異口同音 各說淸淨大乘經法 作諸偈頌 讚歎行者 是名始觀普賢菩薩最初境界", 『대지도론』 권22(대정장25, p.221c12)에 "행자가 능히 부처님께서 설하신 대로 차례로 수행한다면 보를 얻지 못하는 일은 없으니, 마치 병든 사람이 뛰어난 의사의 가르침을 따라 고르게 다스리는 법 가져 낫지 않는 병이 없는 것과 같다. 行者 能如佛所說 次第修行 無不得報 如病人 隨良醫敎 將和治法 病無不差"라고 하였다. 〔참고문헌〕『法華經』, 『觀普賢菩薩行法經』, 『大智度論』, *Abh-k-bh.56.*, *DN.3.58.* ❷ 출가하여 득도하기 전까지 대중과 함께하며 배우는 이. 『선림상기전』 권7(대장경보편19, p.296b13)에 "행자 : 도충이 말한다. '선림의 행자는 혜능이 시작이다. 이후로는 무릇 삭발하고 득도하고자 함에 도첩을 구할 수 없어서 머리카락이 있는 채로 절에 의지하여 사는 이를 행자라 불렀다'. … 『석씨요람』에 '『선견율』에 「어떤 선남자가 출가하고자 하는데 의발을 얻지 못한 채로 절에 의지하여 머물고자 한다면 반두바라사〈한역어를 찾을 수 없음〉라고 한다」라고 하였는데, 지금 자세히 살펴보면 이 땅의 행자라 하겠다. 그러나 경에서는 흔히 수행인을 행자라고 부른다'라고 하였다. 行者 忠曰 禪林行者 盧能爲始 爾後凡求剃度 而未得買度牒 有髮而依止僧寺者 稱爲行者 … 釋氏要覽云 善見律云 有善男子 欲求出家 未得衣鉢 欲依寺中住者 名畔頭波羅沙〈未見譯語〉 今詳 若此方行者也 經中多呼修行人 爲行者"라고 하였다. 〔참고문헌〕『禪林象器箋』.

행자 行慈 행하여 자비롭게 하다. 악을 그쳐 자비를 행하는(息惡行慈) 사람을 사미(沙彌 Ⓢ śrāmaṇera Ⓟ sāmaṇera)라고 한다. 『법화의소』 권8(대정장34, p.573b8)에 "두 번째, 팔만억의 사람을 인도하여 출가하게 하고자 한다. 사미는 이 나라 말로 '악을 그쳐 자비를 행하는 이'다. 악을 끊고 자비를 행한다는 것은 보살로서 중생을 위하고, 법을 청하는 것은 큰 자비를 지니고자 함을 드러냄이다. 二者 欲引導八萬億人令出家 沙彌此云息惡行慈 謂息惡行慈 欲表菩薩爲物 請法有大慈也", 『대승의장』 권11(대정장44, p.688c20)에 "묻는다. 법으로 연함에 아·인·중생 등 상을 보지 않는데, 어째서 자비를 행한다고 하는가? 해석에 두 뜻이 있다. 첫째, 무아를 보는 것으로 모든 중생이 헛되이 아인으로 얽매여 있는 것을 생각하고 매우 슬프고 가련하게 여긴다. 그래서 자비심을 일으키는 것이다. 둘째, (자심이) 일어나면 중생 위해 이 법과 같이 설하려고 생각한다. 이것이 곧 참된 이익과 즐거움이다. 그러므로 행자라고 이름한다. 問曰 法緣不見我人衆生等相 云何行慈 釋有兩義 一由見無我 念諸衆生妄爲我人之所纒縛 深可哀愍 所以生慈 二念爲生說如斯法 是卽眞利樂 故名行慈"라고 하였다. 〔참고문헌〕『法華義疏』, 『大乘義章』. ⇨ 사미 沙彌

행자경계 行慈境界 행함에 자애로운 경계다. 선정십종이익(禪定十種利益) 중 하나로 보살이 선정을 익히는 그대로가 늘 자애로운 경계를 행함이다. 『법화경문구보정기』 권8(卍속장45, p.274b16)에 "〔소〕 행자경계라 한 것은, 무릇 자비를 닦는다 하면 모두 선에 의지해 일어나는데, 9종의 뛰어난 선이 바로 자애로운 경이다. 疏 行慈境界者 夫修慈 皆依禪而發 以九種大禪 是慈境也", 『법화경소의찬』 권5(卍속장45, p.551a3)에 "〔소〕 행자경계란, 선이야말로 자비의 경계다. 자비는 선에 의지하므로 지금 행하는 이 선이야말로 바로 행자경계다. 疏 行慈境界者 禪是慈境界 慈依於禪 今行此禪 卽是行慈境也"라고 하였다. 〔참고문헌〕『法華經文句輔正記』, 『法華經疏義纘』. ⇨ 선정십종이익 禪定十種利益

행자당 行者堂 행자들이 머무는 곳. 행자료(行者寮)·행자방(行者房)·행자실(行者室)이라고도 한다. 『벽암록』 76칙 「본칙평창 本則評唱」(대정장48, p.203c11)에 "남악에 서둘러 가서는 돌이켜 이전에 품었던 뜻을 내비치자 석두가 말했다. '주방으로 가시게'. 단하가 절을 올리고 행자당으로 들어갔으며 대중을 따라 힘써 일했다. 遽抵南嶽 還以前意投之 石頭云 著槽廠去 師禮謝入行者堂 隨衆作務", 『선림상기전』 권7(대장경보편19, p.298b1)에 "도충이 말한다. '행자가 행자당에 머물기에 머무는 곳에 따라 사람을 부르니, 행당이라고도 한다〈거처를 불러 행당이라고 하니 곧 행자들의 집이다. 전당문(殿堂門)을 참조〉'. 忠曰 行者居行者堂 故以居呼人 又曰行堂也〈若呼居處爲行堂 則行者堂也 見殿堂門〉"라고 하였다. 〔참고문헌〕『碧巖錄』, 『禪林象器箋』. ⇨ 동행당 童行堂

행자방 行者房 행자들이 머무는 곳. 행당(行堂)·행자당(行者堂)이라고도 한다. 『선림상기전』 권2(대장경보편19, p.56b2)에 "행자방 : 행당을 말한다. 『경덕전등록』 「단하천연선사장」에 '단하가 남악에 도착하자 석두가 말했다. 「주방으로 가시게」. 단하가 절을 올리고 행자방으로 들어갔으며 절차에 따라 밥 짓는 소임을 3년 동안 맡았다'라고 하였다. 行者房 行堂也 傳燈錄丹霞天然禪師章云 師抵南嶽 石頭曰 著槽廠去 師禮謝 入行者房 隨次執爨役 凡三年"라고 하였다. 〔참고문헌〕『禪林象器箋』. ⇨ 행자당 行者堂, 행자 行者 ❷

행자시은 行者施銀 행자가 은을 베풀다. 약산유엄(藥山惟儼)과 감지(甘贄)라는 행자 사이에 있었던 일화다. 『선원몽구요림』 권상(卍속장148, p.206b2)에 "행자시은〈출처는 『경덕전등록』 권14〉: 약산이 공양주에게 공양물을 구하게 하였다. 감지라는 행자가 공양주에게 물었다. '어디서 왔는가?' '약산에서 왔습니다' '와서 어쩌자는 것이냐?' '교화하러 왔습니다' '약을 가지고 왔느냐?' '행자께서는 무슨 병이라도 있습니까?' 감지가 문득 은 두 덩어리를 드리며 말했다. '약산에 제대로 된 사람이 있다면 돌려보낼 것이다. 없다면 관두거라'. 약산이 공양주가 급히 돌아온 것을 이상하게 여기자 공양주가 말했다. '불법에 상당하는 두 덩어리의 은을 얻어 왔습니다'. 약산이 그간 있었던 일을 말하게 하였고, 이야기를 다 들은 후 공양주를 재빨리 보내어 행자의 집으로 은을 돌려보냈다. 행자는 공양주가 돌아온 것을 보고 말했다. '다시 왔구나'. 그러고는 은을 보태어 보시하였다. 行者施銀〈傳燈十四〉 藥山令供養主化 甘贄行者問 什麽處來 僧曰 藥山來 甘曰 來作麽 僧曰 教化 甘曰 還將藥來麽 僧曰 行者有什麽病 甘便捨銀兩挺曰 若有人卽送來 無人卽休 山怪其僧回急 僧曰 佛法相當 得兩挺銀 山令擧其語 擧了 山令僧速送銀 還行者家 行者見僧迴云 猶來 遂添銀施之"라고 하였다. 〔참고문헌〕『禪苑蒙求瑤林』.

행자타불 行者唾佛 행자가 불상에 침을 뱉다. 『선원몽구』 권중 「행자타불」(卍속장148, p.233b12)에 "〈출전은 『오등회원』 권6〉 어떤 행자가 법사를 따라 불전에 들더니 불상에 침을 뱉었다. 법사가 '행자는 가고 옴에 조심해야 하거늘, 어째서 부처님께 침을 뱉는단 말이냐?'라고 나무라자 행자가 '부처님이 안 계신 곳 저에게 가져다 주십시오'라고 하였고, 법사는 아무 말도 못했다. 〈會元六〉 有一行者 隨法師入佛殿 行者向佛而唾 法師曰 行者少去就 何以唾佛 行者曰 將無佛處來與某甲 無對", 『오등회원』 권6(卍속장138, p.226a3)에 "위산이 말했다. '어진 이가 도리어 어질지 못한 사람이고, 어질지 못한 이가 도리어 어진 사람일세'. 앙산은 법사를 대신하여 '다만 행자에게 침을 뱉을 일이지'라고 한 뒤 또 말했다. '행자가 무슨 말이라도 하려 하면 그에게 「나에게 행자가 없는 곳을 가져와 보라」고 한다'. 潙山云 仁者却不仁者 不仁者却仁者 仰山代法師云 但唾行者 又云 行者若有語 卽向伊道 還我無行者處來"라고 하였다. 〔참고문헌〕『禪苑蒙求』, 『五燈會元』.

행장 行狀 행한 바를 글로 적다. 행장기(行狀記)·행업기(行業記)라고도 한다. 『선림상기전』 권21(대장경보편19, p.606a15)에 "행장 : 도충이 말한다. '명망과 덕으로 행한 업적을 글로 적은 것을 행장이라고 한다'. 『정자통』에 '장이란 형상을 뜻하고 또한 형용한다는 뜻이다'라고 하였고, 『문선』 「문선왕행장」의 주(注)에 '유량(劉良)이 말한다. 「그 덕행을 기술한 글이다」'라고 하였다. 行狀 忠曰 狀書名德行業曰 行狀 正字通云 狀 形象也 又形容之也 文選 文宣王行狀 注云 良曰 述其德行之狀"라고 하였다. 〔참고문헌〕『禪林象器箋』.

행장 行裝 길을 나섬에 챙겨야 할 물건 꾸러미. 『대당서역기』 권4(대정장51, p.891c28)에 "세친은 이때 책가국 사갈라성에 있었는데 중현이 찾아올 것이라는 소문이 멀리서부터 전해졌다. 세친이 이 소식을 듣고 나서 곧바로 행장을 꾸렸다. 世親是時 在磔迦國奢羯羅城 遠傳聲聞 衆賢當至 世親聞已 卽治行裝"라고 하였다. 〔참고문헌〕『大唐西域記』.

행장 行藏 ❶ 삼현십성(三賢十聖)인 십삼인(十三忍)을 말하며 마지막 14번째 적멸인(寂滅忍)은 불장(佛藏)이라 한다. 원측(圓測)의 『인왕경소』 권중(대정장33, p.398b16)에 "셋째로 이장을 분별한다. 일체행장이란 (十四忍 중) 앞의 십삼인을 말하며, 일체불장이란 상위인 적멸인을 말한다. 이 두 가지가 모든 공덕을 거두기에 장이라고 한다. 三 二藏分別 謂一切行藏者 前十三忍 一切佛藏者 上寂滅忍 由此二種 攝諸功德 名之爲藏"라고 하였다. 〔참고문헌〕『仁王經疏』. ❷ 펴고 접다. 행하거나 감추다. 『법화현의』 권10(대정장33, p.809a13)에 "오미(五味)에 반자교(半字教)와 만자교(滿字教)가 다 있으니 혜가 있어야 방편으로 알고, 반자교와 만자교에 오미가 다 있으니 방편이 있어야 혜로 안다. 방편과 진실 갖춰 자유로우니, 마치 새 두 날개와 같아 비록 같이 놀지만 펴고 접음에 다르다. 五味有半滿 則有慧方便解 半滿有五味 有方便慧解 權實俱遊 如鳥二翼 雖復俱遊 行藏得所", 『사교의주휘보보굉기』 권2(卍속장102, p.331b14)에 "행하거나 감춰서 쓰고 버림을 논한다는 말은, 화엄시에서는 만교를 쓰고 녹원시에서는 반교를 쓰며, 내지 법화시에서는 반을 폐하고 만을 밝힌다. 마치 저 새가 날기도 접기도 하듯 한다. 行藏論用捨者 謂華嚴用滿 鹿苑用半 乃至法華廢半明滿 如鳥之行藏也"라고 하였다. [참고문헌] 『法華玄義』, 『四教義註彙補輔宏記』.

행적 行迹 Ⓢ pratipad, Ⓣ lam. 행하신 자취. 또는 따라 행해야 할 자취. 성인이 앞서 가신 자취로서 유루의 삼계 사라지게 해서 열반을 성취하게 하는 길. 행적(行跡)으로도 쓴다. 통행(通行)·적(跡)·도(道)라고도 한역한다. 『해심밀경』 권2(대정장16, p.695a13)에 "승의생이여! 모든 성문종성의 유정은 또한 이 도와 이 행적에 의지하기에 무상의 안온한 열반을 증득한다. 勝義生 諸聲聞乘種性有情 亦由此道此行迹故 證得無上安隱涅槃", 『해심밀경소』 권4(卍속장34, p.776a4)에 "곧 저 성도와 모든 성인께서 자유롭게 밟으신 길을 또한 행적이라 한다. 이 도의 자취에 의지해 모든 번뇌유루의 고통스런 몸 여의고 상주하는 적멸의 즐거움을 증득한다. 卽彼聖道諸聖遊履 亦名行迹 由此道迹 離諸煩惱有漏苦身 證得常住寂滅之樂", 『대비바사론』 권93(대정장93, p.480c17)에 "다시 말하면 거듭 거듭 행한 뜻이 행적의 뜻이다. 행적의 차별에는 네 가지가 있음을 알아야 한다. 첫째는 고통 느리게 통하게 해서 행하고, 둘째는 고통 빠르게 통하게 하는 행이고, 셋째는 낙지통행이고, 넷째는 낙속통행이다. 復次數數行義是行迹義 … 應知行迹差別有四 一 苦遲通行 二 苦速通行 三 樂遲通行 四 樂速通行", "하지만 모든 행적은 한 가지라고 해야 하니, 괴로움의 멸을 향해 나가는 행으로서 유·세간·생노병사의 멸을 향해 나아가는 행이다. 또는 두 가지라고 해야 하니 명(名)의 멸을 향해 나아가는 행과 색(色)의 멸을 향해 나아가는 행이다. 또는 세 가지라고 해야 하니 삼계의 멸을 향해 나아가는 행이다. 또는 다섯 가지라고 해야 하니 오온의 멸을 향해 나아가는 행이다. 또는 열두 가지라고 해야 하니 십이지연기의 멸을 향해 나아가는 행 등이다. 然諸行迹應說一種 謂趣苦滅行 趣有世間生老病死滅行 或應說二 謂趣名滅行 及趣色滅行 或應說三 謂趣三界滅行 或應說五 謂趣五蘊滅行 或應說十二 謂趣十二支緣起滅行"라고 하였다. [참고문헌] 『解深密經』, 『解深密經疏』, 『大毘婆沙論』, *Bodh-bh.57.*

행적 行寂 832~916. 신라 스님. 휘는 행적(行寂). 시호는 낭공대사(朗空大師). 탑호는 백월서운지탑(白月栖雲之塔). 속성은 최(崔)씨. 본관은 하동(河東). 선조는 주조(周朝)의 상부(尙父)인 강태공(姜太公)의 먼 후예이다. 아버지의 이름은 패상(佩常)이니 무예를 갖춘 군인이었으며 어머니는 설(薛)씨이다. 832년(흥덕왕7) 12월 30일에 태어났다. 골상(骨相)이 특이하였으며 어릴 적 아이들과 놀 때에도 모래 쌓아 탑을 만들고 산 나무열매를 따다가 부처님께 올리며 풀을 태워 향을 올리는 등 신심이 남달랐다. 학당에서 공부를 하되 침식을 잊고 열중하던 중 불교경전에 탐닉하여 출가할 것을 결심하고 아버님께 허락을 간청하니 선뜻 내키지 아니하였지만 태몽과 부합한다고 생각하고 허락하였다. 스님이 된 후 제방강원으로 다니면서 경론을 연마하던 중 합천 해인사강원으로 가서 『화엄경』을 수학하였다. 855년(문성왕17) 23세 때 복천사(福泉寺) 관단(官壇)에서 비구계를 받았다. 이어 명주 굴산사(崛山寺)로 가서 범일국사(梵日國師)를 만나 그의 법을 전해 받고 제자가 되었다. 입당구법을 염원하던 중 870년(경문왕10) 당에 가는 비조사(備朝使) 김긴영(金緊榮)을 따라가 성지를 참배하다가 의종화제(懿宗 860~873)의 부탁으로 보당사(寶堂寺) 공작왕원(孔雀王院)에 있게 되었다. 황제의 생일에 왕궁으로 초청되어 문답을 나누고 크게 칭송을 받았으니 이는 마치 당 현종(玄宗)이 법수(法秀)를 만남과 양의 무제(武帝)가 담란(曇鸞)스님을 만난 경우와 같다고 하였다. 그 후 오대산 문수보살전에서 기도하여 감응을 받았고, 875년(건부2) 촉(蜀)의 성도(成都) 정중정사(靜衆精舍)에 가서 신라스님 무상대사(無相大師)의 영전에 참배하고는 현종의 국사였던 일과 생전일화도 자세히 전해 들었다. 석상경저(石霜慶諸)를 친견하고 그의 법을 이었다. 육조혜능, 오조홍인 등의 자취를 참배하고 885년(헌강왕11)에 귀국하였다. 889년(진성여왕3) 굴산사로 돌아와서 범일의 법을 이어 받고 효공왕(孝恭王)과 신덕왕(神德王)의 국사가 되었다. 말년에는 김해지부(金海知府)인 소율희(蘇律熙 : 一名 쇠율희)의 귀의를 받았다. 명요부인(明瑤夫人)이 봉화 태자사(太子寺)로 청주하였으므로 그곳에 머물다가 916년(신덕왕5) 2월 12일 이른 아침 대중을 모아놓고 "생이란 그 끝이 있는 법 나도 곧 떠나려 하니 잘 지켜 잃지 않도록 부지런히 정진하라. 生也有涯 吾將行矣 守而勿失 汝等勉旃"하고 승상에 앉은 채로 입적하니 세수 85, 법랍 61세였다. 제자에는 신종(信宗)·주해(周解)·임엄(林儼) 등 5백여 명이나 되었다. 비문은 최인연(崔仁渷)이 짓고 석단목(釋端目) 화상이 김생(金生)의 글씨를 집자(集字)하여 954년(광종5) 경상북도 봉화군 하남면 태자리 태자산 태자사에 세웠는데, 현재 이수와 귀부는 태자사지에 있고 비신만 국립중앙박물관에 있다. 〔참고문헌〕『朝鮮金石總覽』 권상 pp.181~189, 『韓國金石全文』 中世上 pp.357~365, 『海東金石苑』 권상 pp.168~182, 李智冠 『校勘譯註歷代高僧碑文』 高麗篇1 pp.364~403, 『朝鮮佛教通史』 권하 pp.182~183, 『東師列傳』 권1(한불전10, p.999b15), 『景德傳燈錄』 권16(대정장51, p.325c10). ⇨ 낭공 朗空, 낭공대사비 朗空大師碑, 태자사낭공대사비 太子寺朗空大師碑

행적 行跡 지나간 흔적. 행한 자취. 『여산기』 권1(대정장51, p.1030b28)에 "산중에 있는 사람이 말하였다. '산에 호랑이 한 마리가 있는데 지금껏 사람을 해친 적이 없으며, 깊은 산 속 지름길 위에 이따금 지나간 흔적이 있을 뿐이다'. 山中人言 山有一虎 亦未嘗傷人 深蹊土中 但時有行跡", 『열조제강록』 권9(卍속장112, p.298b6)에 "행할 때에도 행한 흔적 끊어졌고, 설할 때에도 설한 자취 없다. 行時絶行跡 說時無說蹤"라고 하였다. 〔참고문헌〕『廬山記』, 『列祖提綱錄』. ⇨ 행적 行迹

행전 行纏 고의 즉 하의 끝을 접은 뒤 발목 위 장단지까지 그 위로 둘러싸는 각반(脚絆). 행등(行縢)이라고도 한다. 『속전등록』 권5 「운거효순전 雲居曉舜傳」(대정장51, p.494a13)에 "밤에는 버선을 벗고 잠을 자고 아침에는 행전을 돌려 감는다. 夜間脫襪打睡 早朝旋打行纏", 『사분율소식종의기』 권8(卍속장66, p.527b18)에 "문언으로 행등은 행전이라고도 한다. 자서(字書)인 『석명』에 '다리를 감싸서 뛰어오를 만큼 가볍고 편하게 하는 것이다'라고 하였다. 文言行騰者 亦名行纏也 字書釋名云 言以裹脚 可跳騰輕便也"라고 하였다. 〔참고문헌〕『續傳燈錄』, 『四分律疏飾宗義記』.

행정 行霆 생몰연대 미상. 남송대 스님. 자는 경암(鏡庵). 천태종 가람에 안치된 천신들의 유래를 적은 『제천전 諸天傳』 2권과 『원각경유해 圓覺經類解』 4권을 지었다. ⇨ 제천전 諸天傳

행정장로 行靜長老 조선중기 스님. 운곡충휘(雲谷冲徽 ?~1613)가 이상사(李上舍 : 東岳 李安訥)의 시를 차운하여 행정장로에게 보낸 「용이상사운증행정장로 用李上舍韻贈行靜長老」(『운곡집』・한불전8, p.275b19)에 "여든에도 높은 뜻 품으신 정장로, 뜬세상 저 지는 꽃 같다며 웃으시네. 반평생 선업은 조계 안에서였고, 발우 하나와 호마로 설령중에 지내셨네. 八十昂藏靜老翁 笑看浮世若殘紅 半生禪業曹溪裏 一鉢胡麻雪嶺中"라 하였다. 〔참고문헌〕『雲谷集』. ⇨ 충휘 冲徽

행정행지 行正行地 Ⓢ caryā-pratipatti-bhūmi, Ⓣ sbyor-ba-sgrub-pa'i-sa. 정행을 수습하는 지. 십삼주(十三住)를 칠지(七地)로 다시 나눌 때 십삼주 중 증상계주(增上戒住)・증상심주(增上心住)・세 가지 증상혜주(增上慧住)・유가행공용무상주(有加行有功用無相住)에 해당하고, 십지(十地) 중에서는 제2지부터 제7지(離垢地 發光地 焰慧地 難勝地 現前地 遠行地)까지에 해당한다. 『유가사지론』 권49(대정장30, p.564c28 : *Bodh-bh.*, p.253)에 "앞에서 설한 바와 같이 (種性住부터 如來住까지) 십삼주 중에서 그에 따라 칠지를 건립함을 알아야 할 것이다. 앞의 여섯 가지는 오직 보살지이고, 일곱 번째 한 가지는 보살과 여래를 아울러 세워 지로 삼은 것이다. 무엇이 일곱 가지인가? 如前所說十三住中應知隨彼建立七地 前之六種唯菩薩地 第七一種菩薩 如來雜立爲地 何等爲七 eṣu yathāvarṇiteṣu trayodaśasu vihāreṣv anugatāḥ sapta bhūmayo veditavyāḥ. ṣaṭ bodhisattvabhūmayaḥ. ekā vyāmiśrā bodhisattva-tāthāgatī-bhūmiḥ", "넷째는 행정행지이다. 증상계주와 증상심주와 세 가지 증상혜주와 유가행유공용무상주는 행정행지라 한다. 四 行正行地 … 增上戒住 增上心住 三種增上慧住 有加行有功用無相住 名行正行地 caryāpratipattibhūmiḥ … adhiśīlādhicittavihārau trayaścādhiprajñavihārāḥ sābhogaś ca nirnimitto vihāraś caryāpratipattibhūmiḥ", 『유가론기』 권9(대정장42, p.521c14)에 "셋째는 행정행지이니 제2지부터 제7지까지이다. (이구지인) 제2지는 계를 수지하는 것이고, (발광지인) 제3지는 선정을 수습하는 것이고, (염혜지・난승지・현전지인) 제4・5・6지는 혜를 수습하는 것이고, (원행지인) 제7지 중에서는 무상의 공용이 있는 행을 수습하니, 이 모두를 행정행지라 한다. 三者 行正行地 謂從二地終於七地 二地持戒 三地修定 四五六地修慧 第七地中修於無相有功用行 是故皆名行正行地"라고 하였다. 〔참고문헌〕『瑜伽師地論』, 『瑜伽論記』, 『法華經玄贊要集』 권3(卍속장53, p.486b13), *Bodh-bh.*

행정화 行淨華 칠정화(七淨華) 중 하나. 『대명삼장법수』 권22(영락장182, p.313b8)에 "여섯째 행정화. 행정화란 2과와 3과를 말한다. 무루행을 닦아 사혹을 끊어 없애면 지견이 분명하고 혜행이 청정하여 도과가 저절로 성취된다. 六 行淨華 行淨華者 謂二果三果 修無漏行 斷除思惑 則智見分明 慧行淸淨 道果自成也"라고 하였다. 〔참고문헌〕『大明三藏法數』. ⇨ 칠정화 七淨華

행제 行諦 사성제(四聖諦) 중 도제(道諦)의 다른 이름. 『인본욕생경주』(대정장33, p.6c21)에 "도와 같이 도를 행하니, 제를 행함이다. 이 혜를 얻으면 조금이라도 사대의 육신에 대한 적은 집착마저도 잊는다. 如道行道行諦也 得此慧者 忘少著四大色也"라고 하였다. 〔참고문헌〕『人本欲生經註』. ⇨ 도제 道諦

행제선근 行諦善根 사제(四諦)의 십육행상(十六行相)을 수습하는 선근. 견도(見道)를 수습할 수 있는 선근이다. 구역 『아비담비바사론』에는 달분선근(達分善根)으로 되어 있다. 『대비바사론』 권36(대정장27, p.187a20)에 "또 만약 계에 행제선근이 있다면 그 계인즉 견도가 있지만, 무색계 중에는 행제선근이 없기에 견도도 없다. 復次若界有行諦善根 彼界則有見道 無色界中無行諦善根故無見道", 같은 책 권41(대정장27, p.213c3)에 "또 만약 인취 중에 있으면서 행제선근을 수습한 뒤 천중에 나서 제현관을 얻는 이라면 화법으로 조복했다 해야 한다. 만약 인취로 있으면서 행제선근을 수습하고 곧 인취 중에서 제현관을 얻는 이라면 법수법행이라 해야 한다. 復次若在人中修行諦善根 後生天中得諦現觀者名化法調伏 若在人中修行諦善根 卽於人中得諦現觀者名法隨法行"라고 하였다. 〔참고문헌〕『大毘婆沙論』.

행조복 行調伏 육종조복(六種調伏) 중 하나. 만행으로 번뇌 조복하고 중생을 위해 닦고 행함. 『삼장법수』 권19(대장경보편22, p.389c7)에 "셋째는 행조복이다. 보살은 만행으로 모든 번뇌를 조복하기에 능히 불도를 빠짐없이 갖추고, 다시 중생을 위해 고행을 수습해서 마음에 회한을 두지 않는다. 이를 행조복이라 한다. 三 行調伏 謂菩薩以萬行 調伏諸煩惱故 而能具足佛道 復爲衆生故 修習苦行 心無悔恨 是名行調伏"라고 하였다. 〔참고문헌〕『三藏法數』. ⇨ 육종조복 六種調伏

행조수 行澡水 물로 씻어 깨끗이 하다. 『장아함경』 권2「유행경 遊行經」(대정장1, p.14b13)에 "이때 여인은 손으로 금병을 잡아 씻고 나서는 부처님 앞으로 가서 말했다. '이 비야리성의 정원 중에 저의 정원이 가장 뛰어납니다. 이제 이 정원을 여래께 바치오니 저를 가엾이 여기셔서 부디 받아주시옵소서'. 時 女手執金甁 行澡水畢 前白佛言 此毘耶離城所有園觀 我園最勝 今以此園貢上如來 哀愍我故 願垂納受", 『십송율』 권18(대정장23, p.128b14)에 "부처님은 대중 가운데 앉아 계셨다. 비사거의 어머니는 스스로 손을 씻고 손수 좋은 음식을 드렸고, 공양 마치고 나서 스스로 손 씻고 발우가 거두어졌음을 알고 작은 탁자를 부처님 앞에 올리고 앉아 법을 청해 들었다. 佛在僧中坐 毘舍佉母自行澡水 自手與多美飮食 食已自手行水 知收鉢已 持小床坐佛前聽說法"라고 하였다. 〔참고문헌〕『長阿含經』, 『十誦律』.

행족 行足 몸소 행하는 발걸음. 지혜로운 눈의 비유인 지목(智目)과 함께 한다. 『법화현의』 권2(대정장33, p.698b3)에 "지혜의 눈으로 인하여 행의 발걸음을 일으킨다. 눈과 발 그리고 경 세 가지 법으로 수레 삼으니, 이 수레에 올라타 청량한 열반의 연못에 들어간다. 因於智目起於行足 目足及境三法爲乘 乘於是乘入淸涼池"라고 하였다. 〔참고문헌〕『法華玄義』.

행종기 行宗記 『사분율함주계본소행종기 四分律含注戒本疏行宗記』의 줄임말. 『불조통기』 권29(대정장49, p.297c10)에 "행종기〈『계소』에 대한 주석〉. 行宗記〈釋戒疏〉"라고 하였다. 〔참고문헌〕『佛祖統紀』, 『終南家業』 권하(卍속장105, p.799b9). ⇨ 사분율함주계본소행종기 四分律含注戒本疏行宗記

행주 行舟 1611~1670. 임제종 스님. 속성은 조(趙)씨. 호는 개위(介爲) 또는 구적(扣寂). 초면양주(楚沔陽州 : 湖北省) 출신. 부모를 잃고 나이 열여섯에 황안현(黃安縣 : 湖北省) 동림사(東林寺)의 순심(純心)을 은사로 출가하였다. 『개위주선사어록』 권10「행장 行狀」(가흥장28, p.272a16)에 "다섯 해 동안 교전에 깊숙이 통하였으나 품은 뜻이 고원하여 언어문자로 이 생 매몰됨을 달갑게 여기지 않던 중에 천동산의 밀운원오(密雲圓悟)노화상이 종풍을 크게 떨치고 있다는 소문을 들었다. 五年間潛通敎典 師志意高遠 不甘以語言文字 埋沒此生 聞天童密老和尙 宗風大振"라고 하였다. 밀운문하에서 수년 공부하고 구족계를 받았다. 그 뒤 제방의 선지식을 친견한 후에 만여통미(萬如通微)를 찾아가 일견에 서로 기연 맞아 그 법을 이었다. 1670년(강희9) 4월 9일에 세수 60, 법랍 44세로 입적했다. 『개위주선사어록』 10권을 남겼다. 〔참고문헌〕『介爲舟禪師語錄』.

행주 行住 걷거나 멈춰 서는 것. 『대비바사론』 권39(대정장27, p.204b7)에 "가거나 머물거나 하면 몸이 빨리 피로해지고, 기대거나 눕게 되면 혼침과 수면이 더하지만, 오직 결과부좌만은 이러한 과실이 없기에 수승한 선품을 수습할 수 있다. 謂若行住身速疲勞 若倚臥時便增惛睡 唯結加坐無斯過失 故能修習殊勝善品", 『구사론』 권25(대정장29, p.130c11 : *Abh-k-bh.*, p.377)에 "그는 가거나 서있을 때는 미처 아직 잘 통달할 수 없었기에 이러한 일이 있게 한다. 유학자는 가거나 서있을 때 실념함으로써 번뇌를 일으킬 수 있지만, 뒤에 무학을 성취하면 번뇌를 일으키는 일이 없으니, 전자는 유학위에 의지한 것이기에 그렇게 설해도 과실이 없다. 然彼乃至於行住時未善通達容有此事 謂有學者於行住時由失念故容起煩惱 後成無學則無起義 前依學位故說無失 yāvat tu cāro na supratibaddhas tāvad evaṃ carato 'pi śaikṣasyāsti saṃbhavaḥ kleśotpattāv iti śaikṣāvasthām adhikṛtyaivaṃ vacanād adoṣaḥ"라고 하였다. 〔참고문헌〕『大毘婆沙論』, 『俱舍論』, *Abh-k-bh.*

행주 行珠 조선후기 스님. 청허휴정(淸虛休靜 1520~

1604)의 제자로서 「표훈사청허휴정대사비음기 表訓寺清虛休靜碑陰記」 문정(門庭)에 스님의 이름이 보인다. 휴정이 보낸 법어 「시행주선자〈3수〉 示行珠禪子〈三〉」(『청허집』 권2·한불전7, p.679b13)에 "십년 공부인이라 쌓인 근심 눈 녹듯 사라졌으리. 대장경을 다 보더니 분향하고 또 『주역』을 읽는구나. 十年工做人 積慮如氷釋 看盡大藏經 焚香又讀易", 1586년(선조19) 청허가 쓴 『선교석』 서문(한불전7, p.654b5)에 "내가 병든 늙은이로 서산(묘향산) 금선대에 있던 어느 날, 행주·유정·보창 세 덕사가 『금강경오가해』를 가지고 왔다. 淸虛病老 在西山金仙臺 一日行珠惟政寶晶三德士 持金剛五家解", 1604년(선조37) 능인암(能仁庵)에서 개간하여 쌍계사(雙溪寺)로 목판을 옮겨 보관한 『간화결의론 看話決疑論』·『원돈성불론 圓頓成佛論』 간행질에 "공양주 행주 供養主行珠", 같은 해 같은 절 간행 『묘법연화경요해 妙法蓮華經要解』 간행질에 "작무행주 作務行珠"라 하였다. 허백명조(虛白明照)가 병자호란 때 의승대장(義僧大將)이 되어 싸우다가 구사일생으로 살아남아 산중에 들어가 『서장 書狀』과 『선요 禪要』를 애독하고 이를 홍포하고자 1630년(인조8) 평안도 성천(成川) 영천사(靈泉寺)에서 『선요』를 판각할 당시에도 행주가 주지였다. 〔참고문헌〕『淸虛集』, 『禪敎釋』, 智冠 『韓國高僧碑文總集 朝鮮朝·近現代』 p.53.

행주 行籌 Ⓢ śalākā-grahaṇa, Ⓟ salāka-gāha. 대중의 수를 헤아리는 산가지. 대중의 의견이 나뉘어 화합하지 못할 때 멸쟁(滅諍)을 위해 이 산가지를 돌려 의견을 살핀다. 대나무나 종이조각 등으로 만든다. 『오분율』 권23 「멸쟁법 滅諍法」(대정장22, p.154c26)에 "여법하지 못한 선택에 의한 가지가 많으면, 다시 흩어져 앉은 다음 각각의 비구 앞에서 작은 소리로 말한다. 若不如法籌多 應更令起相遠坐 人人前竊語言", *Cullavagga* (*Vin.2*, p.98)에 "비구들이여, 무엇이 절어행주인가? 행주비구는 비구들에게 작은 소리로 말한다. '이것은 이렇게 말한 자의 주이고 저것은 저렇게 말한 자의 주이니, 원하는 주를 잡으십시오.' 비구가 주를 잡으면 이렇게 말한다. '누구에게도 말해선 안 됩니다.' 만약 비법설을 취한 자가 많음을 알게 되면 행주비구는 '여법하지 않은 선택입니다'라고 전하고 해결을 미뤄야 한다. 여법설을 취한 자가 많다고 알게 되면 '여법한 선택입니다'라고 선언해야 한다. kathañ ca bhikkhave sakaṇṇajappako salākagāho hoti. tena salākagāhāpakena bhikkhunā ekam-ekassa bhikkhuno upakaṇṇake ārocetabbaṃ. ayaṃ evaṃvādissa salākā yaṃ icchasi taṃ gaṇhāhīti. gahite vattabbo mā ca kassaci ārocehīti. sace jānāti adhammavādī bahutarā 'ti duggaho 'ti paccukkaḍḍhitabbaṃ, sace jānāti dhammavādī bahutarā 'ti suggaho 'ti sāvetabbaṃ", 『석씨요람』 권하(대정장54, p.302c9)에 "행주 : 범어 음사어 사라는 주라 한다. 〈율문에 보인다〉 어떤 바라문이 비구에게 '서다림에 지금 몇 사람이나 머물고 있습니까?'라고 물음에 비구가 모른다고 하자 부처님께서 '주를 돌려야겠다' 하셨다. 行籌 梵音舍羅 此云籌 〈律因〉 有婆羅門問比丘 逝多林現住幾人 比丘不知 佛言 應可行籌"라고 하였다. 〔참고문헌〕『五分律』, 『釋氏要覽』, *Vin.*, *Saṅ-v.271.*, *Vin.2.85.* ⇨ 주 籌❶, 사라 舍羅❷

행주식 行籌食 Ⓢ śalākoddeśikayā √bhuj. 산가지(籌)를 의지해 차제로 걸식하는 등의 방편(方便). 전주식(傳籌食)이라고 한다. 『구사론』 권12(대정장29, p.66a13 : *Abh-k-bh.*, p.188)에 "(흉년으로 인해) 주를 움직여야 한다는 말은 두 가지 인 때문이다. 첫째는 양식이 너무 적어 산가지를 써야 먹을 수 있기 때문이니, 이를테면 어떤 한 집안에 어른에서 아이에 이르기까지 산가지가 이른 날에 따라 조금의 거친 찬만 얻을 수 있다. 둘째는 산가지로 예전에 곡식을 모아두었던 창고를 뒤적여서 작은 낟알을 얻어서는 많은 물에 삶아 나누어서 함께 그것을 먹음으로써 남은 목숨을 구제하는 것이다. 有運籌言亦二因故 一 由糧少行籌食之 謂一家中從長至幼隨籌至日得少麤飡 二 謂以籌挑故場蘊 得少穀粒多用水煎 分共飮之以濟餘命 kathaṃ śalākāvṛttiḥ. dvābhyāṃ kāraṇābhyām. te hi sattvāḥ śalākoddeśikayā gṛheṣv āmiṣaṃ saṃvibhajante adya gṛhasvāmī bhokṣyate śvo gṛhasvāminīity evam ādi. dhānyasthānavivarebhyaś ca śalākayā dhānyaphalāni niṣkṛṣya bahulodakena kvāthayitvā pibanti", 『해탈도론』 권2(대정장32, p.406a21)에 "무엇이 걸식의 방편인가? 승차식·상주식·행주식·15일식·포살식·중식·사식을 방편으로 받았다면 걸식법을 잃은 것이 아니다. 云何乞食方便 若僧次食及常住食 行籌食十五日食布薩食衆食寺食 以方便受不失乞食"라고 하였다. 〔참고문헌〕『俱舍論』, 『解脫道論』, *Abh-k-bh.*

행주인 行籌人 Ⓟ salākagāhāpaka. 산가지(籌)를 돌리는 사람. 『마하승기율』 권13(대정장22, p.334b18)에 "갈마를 마치면 이 비구는 응당 두 가지 색깔의 산가지를 만들 것이니, 하나는 검고 또 하나는 흰 것이다. 외쳐 말하되 '법에 아니라 여기는 사람은 검은 산가지를 갖고, 법에 맞다 여기는 사람은 흰 산가지를 가지시오'라고 말해서는 아니 되고, 크게 말하되 '이렇게 말한 사람은 검은 산가지를 갖고, 이렇게 말한 사람은 흰색 산가지를를 가지시오'라고 말해야 한다. 산가지를 돌리는 사람이 산가지를 돌릴 때에는 마땅히 서서 다섯 가지의 법을 마음에 둔 후 산가지를 돌려야 하고, 응당 여법하지 못하게 짝을 짓지 말고, 마땅히 여법하게 짝을 지어 산가지를 돌려서 일을 끝내야 한다. 羯磨已 此比丘 應作二種色籌 一者黑 二者白 不應唱言非法者 捉黑籌 如法者捉白籌 應如是唱 如是語者取黑籌 如是語者取白籌 行籌人行籌時 當立心在五法內然後行籌 不應作不如法伴 當作如法伴行籌訖"라고 하였다. [참고문헌]『摩訶僧祇律』, *Vin.2.84.* ⇨ 행주 行籌, 주 籌[1], 수주 受籌

행주좌와 行住坐臥 Ⓢgate sthite niṣaṇṇe śayite, Ⓟgate ṭhite nisinne sutte, Ⓣ'gro-ba-dang-'greng-ba-dang-'dug-pa-dang-nyal-ba. 사위의(四威儀). 가고 머물며 앉고 눕다. 특별하지 않은 일상의 모든 움직임을 말한다. 삼천위의(三千威儀)와 팔만세행(八萬細行)이라는 말로 몸에 따른 모든 행의를 수행처로 여긴다. 『장아함경』 권2 「유행경 遊行經」(대정장1, p.14a4 : *Mahāparinibbāna-sutta, DN.2,* p.95)에 "행주좌와 그리고 깨었거나 잠들었거나 말하거나 침묵하거나 마음을 거두어 산란하지 않도록 하니, 이를 비구가 모든 위의를 갖춘다고 한다. 行住坐臥 覺寐語默 攝心不亂 是謂比丘具諸威儀 gate ṭhite nisinne sutte jāgarite bhāsite tuṇhībhāve sampajānakārī hoti. evaṃ kho bhikkhave bhikkhu sampajāno hoti", 『중아함경』 권20(대정장1, p.555a11)에 "비구는 가면 가는 줄 알고, 머물면 머무는 줄 알며, 앉았으면 앉은 줄 알고, 누웠으면 누운 줄 알아야 한다. … 또한 비구는 몸을 기억해 닦고 익혀야 한다. … 가거나 머물거나 앉았거나 누웠거나, 잠들었거나 깨었거나 말하거나 침묵하거나 그 모두를 바르게 알아차려야 한다. 比丘者 行則知行 住則知住 坐則知坐 臥則知臥 … 復次 比丘修習念身 … 行住坐臥 眠寤語默 皆正知之", 『경덕전등록』 권30 「위부화엄장로시중 魏府華嚴長老示衆」(대정장51, p.466b17)에 "불법을 섬기는 일은 나날이 쓰는 곳에 있고 행주좌와하는 곳에 있을 따름이다. 佛法事在日用處 在爾行住坐臥處", 『분양어록』 권상(대정장47, p.600a8)에 "다만 십이시중에 행주좌와하니, 자세히 사량해 돌아보라. 그 누가 장애하는가. 但於十二時中 行住坐臥 子細思量看 是誰作障礙"라고 하였다. [참고문헌]『長阿含經』, 『中阿含經』, 『景德傳燈錄』, 『汾陽語錄』, *DN., Mp-s.174., Yogā-bh.52., MN.3.90.* ⇨ 사위의 四威儀

행죽 行粥 죽을 대중에게 돌리다. 『오분율』 권26(대정장22, p.171c19)에 "죽을 분배할 때 '환자가 먹을 죽이 별도로 있습니까?'라고 물어야 한다. 만약 없다고 하면, 환자에게 먼저 준다. 行粥時應問 別有病人粥不 若無 應先與病人", 『백장청규』 권4 「양서진퇴 兩序進退」(대정장48, p.1134a23)에 "그 구지사의 일반은 승당에서 죽을 돌려 다 마치는 때를 기다렸다가 후문으로 들어간다. 其舊知事一班 候僧堂行粥遍 從後門入"라고 하였다. [참고문헌]『五分律』, 『百丈淸規』. ⇨ 행수 行水

행죽반승 行粥飯僧 대중에게 죽과 밥을 돌리는 소임. 『경덕전등록』 권11 「향엄지한전 香嚴智閑傳」(대정장51, p.284a7)에 "그때 모은 책을 다 태워버리고는 '이번 생에는 불법을 공부하지 못했으니, 이 생에는 계속 죽밥을 돌리는 소임을 맡아서 마음의 짐이나 덜어야겠다'라고 생각한 뒤 마침내 위산과 작별하고 떠났다. 於是盡焚之曰 此生不學佛法也 且作箇長行粥飯僧 免役心神 遂泣辭潙山而去"라고 하였다. [참고문헌]『景德傳燈錄』.

행중 行衆 행온(行蘊)의 구역. 『대지도론』 권36(대정장25, p.325c1)에 "아비담의 설에서는 수상과 그 나머지 심수법과 무상정·멸진정 등을 제한 심불상응법을 행중이라 한다. 阿毘曇 除受想餘心數法 及無想定 滅盡定等 心不相應法 是名爲行衆", 같은 책 권68(대정장25, p.533c26)에 "아름답다거나 추하다는 마음이 일어남으로 인하여 탐욕과 진에 등을 일으키는 심상응법과 불상응법을 행중이라 한다. 因好醜心發 能起貪欲瞋恚等 心相應 不相應法 名爲行衆"라고 하였다. [참고문헌]『大智度論』. ⇨ 행온 行蘊, 심불상응법 心不相應法

행증 行證 행하여 증하다. 행하여 진실로 드러나게 하다. 『대불정수능엄경보경소현담』(卍속장90, p.522a8)에 "행하여 증한다는 말은 진실한 정으로써 일어나 씀이다. '진실로 정을 구하고자 한다면 반드시 진실한 마음을 알아야 한다'는 것을 확고하게 알아야 한다. 단지 진실한 마음을 알기만 한다면 진정이라 한다. 그러므로 경에서 말하길 '비유하자면 거문고와 공후가 비록 아름다운 소리 지니고 있지만 아름답게 연주하는 손가락이 없다면 끝내 발현될 수 없는 것과 같다'라고 한 말은 이것을 가리킨다. 부처님께서는 진정을 가리켜 보이기 위하여 이 경을 설하셨다. 行證者 卽眞定之事用也 固知欲求眞定 須識眞心 但識眞心 卽名眞定 是以經云 譬如琴瑟箜篌 雖有妙音 若無妙指 終不能發 卽此謂也 而佛爲指示眞定 故說此經"라고 하였다. [참고문헌]『大佛頂首楞嚴經寶鏡疏懸談』, 『楞嚴經』 권4(대정장19, p.121a28).

행지 行支 십이연기(十二緣起) 중 행의 지분(支分). 『대비바사론』 권25(대정장27, p.126c19)에 "저 업으로 이미 과를 부여한 것은 행지분중으로 거둠을 알아야 할 것이며, 과를 부여하지 않은 것은 유지분으로 거둠을 알아야 할 것이다. 彼業已與果者 當知攝在行支分中 未與果者 當知攝在有支分中", 『성유식론』 권8(대정장31, p.43b27)에 "(십이지를 네 가지로 분류할 때) 첫째는 능히 이끄는 지는 무명과 행을 말한다. 식 등(名色·六

處·觸·受)의 다섯 가지 과의 종자를 능히 이끌기 때문이다. 이 중에서 무명만이 진정 후세를 감하는 선악업을 능히 일으켜 취한다. 곧 저것에 의해 일어난 것(三業)을 이에 행이라 한다. 이것에 의해 현세에 받는 모든 업과 미래세에 받는 업은 모두 행의 지분이 아니다. 一能引支 謂無明行 能引識等五果種故 此中無明唯取能發正感後世善惡業者 卽彼所發乃名爲行 由此一切順現受業別助當業皆非行支", 『성유식론술기』 권8(대정장43, p.518c19)에 "행지는 신어의의 세 가지 행을 체로 한다. 行支者以身語意三行爲體"라 하였다. 〔참고문헌〕『大毘婆沙論』, 『成唯識論』, 『成唯識論述記』. ⇨ 행 行[3], 행온 行蘊

행지 行止 Ⓢ saṃpravṛttiś ca nivṛttiś ca. 행하고 그치다. 유위법이 생사하며 유전상속하는 것이 행이고, 그 흐름이 사라져 없는 것을 지라 한다. 『중론』 권1(대정장30, p.5a14)에 "가고 머무는 법이 무너지듯이 행과 지도 또한 그렇다. 행이란 마치 곡식의 씨앗을 좇아 상속하여 싹·줄기·잎 등에 이르는 것과 같고, 지란 저 곡식의 씨앗이 멸하기에 싹·줄기·잎 등이 멸하는 것과 같다. 상속하기에 행이라 하고, 끊어지기에 지라 한다. 또 저 무명을 연으로 하여 모든 행이 있고 내지 노사가 있는 것을 행이라 하며, 무명이 멸하기에 모든 행 등이 멸하는 것을 지라 한다. 如破去法住法 行止亦如是 行者 如從穀子相續至芽莖葉等 止者 穀子滅故芽莖葉滅 相續故名行 斷故名止 又如無明緣諸行乃至老死是名行 無明滅故諸行等滅是名止", 『중관론소』 권4(대정장42, p.58c16)에 "〔문〕 행과 지는 어떤 법인가? 〔답〕 생사로 유전하고 상속하면 행이라 하고, 열반으로서 생사하며 흘러 움직임이 사라지는 것을 그친다 한다. 問 行止是何法耶 答 生死流轉相續爲行 涅槃滅生死流動爲止"라고 하였다. 〔참고문헌〕『中論』, 『中觀論疏』, *Madhy-ś.38*.

행지 行地 [1] 짓고 행한 과거의 행적. 『수행본기경』 권2(대정장3, p.472a11)에 "부처님께서는 과거로부터 지금까지 짓고 행하신 터전을 다 밝게 아시고 보를 받을 곳도 아신다. 이것이 두 번째 힘이다. 佛悉明知來今往古所造行地 其受報處 二力也"라고 하였다. 〔참고문헌〕『修行本起經』. [2] 길을 걷다. 다니는 길. 『보살행방편경계신통변화경』 권중(대정장9, p.309b2)에 "세존의 손과 발은 부드럽고 유연하며, 가늘고 긴 손가락에는 모두 수레바퀴무늬가 있네. 사람들의 존귀한 이는 발은 편안하고 평평해서 기울지 않아 땅을 밟아 갈 때 기울어 움직이지 않네. 世尊手足莊柔軟 纖長指普有輪相 人尊足安而平跱履行地時不傾動", 『십송율』 권38(대정장23, p.272c12)에 "부처님께서 앞서 계를 정하실 때 비구는 지나는 길위에서 자리 펴는 것을 허락하지 않으셨다. 이러한 인연 때문에 허락을 하셨으니, 지금 곧 청해도 됩니다. 佛先結戒 不聽比丘行地敷上 以是因緣故聽 今可更請"라고 하였다. 〔참고문헌〕『菩薩行方便境界神通變化經』, 『十誦律』. [3] Ⓢ bhūmi. 보살이 행해서 닦아야 할 마음자리. 십지(十地) 등이다. 80권본 『화엄경』 권75(대정장10, p.409c28 : *Gaṇḍ-vy.*, p.321)에 "반드시 일체중생의 지혜의 눈 깨끗이 다스려서 마땅히 일체보살이 닦아야 할 행을 수습한다. 마땅히 일체보살의 평등심에 안주해야 하고 마땅히 일체보살이 행할 바 땅을 성취한다. 當淨治一切衆生智慧眼 當修習一切菩薩所修行 當安住一切菩薩平等心 當成就一切菩薩所行地 sarvasattvānāṃ jñānacakṣuḥ pariśodhayitavyam. sarvabuddhabodhisattvasamudāgame prayoktavyam. sarvabodhisattvasamatāyāṃ sthātavyam. sarvabodhisattvabhūmayo niṣpādayitavyāḥ", 『보살영락경』 권2(대정장16, p.14c17)에 "마귀 억천 있어 모두 시방으로부터 와서 믿고 일어나지 않는 인도 얻어서 행지에서 퇴전하지 않는다. 魔鬼有億千 皆從十方來 得信不起忍 行地不退轉"라고 하였다. 〔참고문헌〕『華嚴經』, 『菩薩瓔珞經』, *Gaṇḍ-vy.* ⇨ 보살계위 菩薩階位

행지 行志 뜻을 가져 버리지 않고 행함. 『출삼장기집』 권14(대정장55, p.103b15)에 "처음에 담무참이 『열반경』을 역출하여 권수가 이미 정해졌는데 외국 사문 담무발이 '이 경은 품이 미진하다'라고 말하였다. 이에 담무참 늘 개탄하며 반드시 다시 찾겠다고 서원하였다. 저거몽손이 그의 행한 바 뜻을 알아채고 도움을 가장하여 사람을 파견하고 보화를 후하게 하사하였다. 初讖譯出涅槃 卷數已定 而外國沙門曇無發云 此經品未盡 讖常慨然 誓必重尋 蒙遜因其行志 乃僞資發遣 厚贈寶貨"라고 하였다. 〔참고문헌〕『出三藏記集』.

행지 行持 몸소 행하여 가지다. 기억해 행하여 끊이지 않게 해서 버리지 않는 뜻이다. 『화엄경탐현기』 권11(대정장35, p.307b28)에 "둘째, 모든 부처님을 거둔다는 말은 증한 법을 거두어들임을 밝힌다. 곧 삼보리를 증하여 스스로 행하여 가짐이다. 이를 거두어 굴려서 남에게 교화해서 보호할 수 있다. 二 攝一切諸佛等者 明攝受證法 謂證三菩提 自行持也 攝此轉授化他護也", 『각호집』 권상(卍속장109, p.535b11)에 "어찌 있는 힘을 다하여 행하고 가지는 사람이 깨닫지 못하는 일이 있으랴? 安有盡力行持者 而不瞥地耶"라고 하였다. 〔참고문헌〕『華嚴經探玄記』, 『角虎集』.

행지 行砥 ?~1681. 황벽종(黃檗宗) 스님. 자는 중주(中柱). 중국 복주(福州 : 福建省) 방안(方安) 출신. 출가한 뒤 천동산(天童山) 경덕선사(景德禪寺)의 밀운원오(密雲圓悟)에게 참문하였고, 비은통용(費隱通容) 등의 가르침을 받기도 하였다. 복건성 황벽산의 은원융기(隱元隆琦)를 따라 1648년(순치5) 서당(西堂)이 되었다. 다음 해에 은원의 법을 잇고 복청현(福清縣) 삼산(三山) 성천사(聖泉寺)의 주지가 되었다. 그 다음 용산사(龍山寺)로 옮겨 1681년(강희20) 10월 30일 세수 80여 세로 입적하였다. [참고문헌]『檗宗譜略』권상「聖泉寺中柱砥禪師傳」,『黃檗宗鑑錄』乾.

행진 行盡 움직여 다하다. 끝내 경(境)과 만나다. 작추(斫芻 Ⓢ cakṣus : 眼)를 뜻에 따라 풀이한 말.『대승백법명문론해』권하(대정장44, p.50b13)에 "첫 번째는 안(眼)이라 했으니, 비추고 다가간다는 뜻이다. 범어는 '작추'이고 이곳 말로 번역하면 '행하여 다한다'는 뜻이다. 눈이 능히 모든 색경으로 움직여 다하기 때문이다. 그러므로 이를 행진이라 한다. 言一眼者 照矚之義 梵云斫芻 此翻行盡 眼能行盡諸色境故 是名行盡"라고 하였다. [참고문헌]『大乘百法明門論解』,『百法明門論纂』(卍속장76, p.883b12). ⇨ 작추 斫芻, 안 眼

행진 行璡 1608~1678. 임제종 스님. 속성은 변(邊)씨. 자는 성공(性空). 호는 약옹(若翁). 대주(代州 : 山西省) 출신. 열 살 쯤에 출가하여 수년을 여러 곳으로 돌아다니다가 천동산(天童山)의 밀운원오(密雲圓悟) 문하에서 구족계를 받았다. 인증을 구하였으나 얻지 못하고 양주(楊州 : 浙江省) 복연암(福緣庵)에서 대장경을 열람하다가『운문어록』의 구절에서 밀운원오의 대기대용(大機大用)을 발견하고 찾아가 참문하려 했지만 입적한 상태였다. 그 뒤 비은통용(費隱通容)을 금속사(金粟寺)에서 친견하고 그 법을 이었다. 1678년(강희17) 겨울 경도(京都)의 용천사(龍泉寺)에서 세수 71, 법랍 61세로 입적하였다.『성공진선사어록』6권을 남겼다. [참고문헌]『五燈全書』권71(卍속장141, p.487a5).

행진호지지 行進護持智 행하고 나아가 보호해서 가지는 지혜.『사리불아비담론』권9(대정장28, p.591c1)에 "무엇을 행진호지지라 하는가? 만약 지혜 얻어 정하지 못하고 얻기 어렵다면 자유로운 힘도 아니고 우러를 수 없어 자재하지도 못해서 원하는 바의 처도 아니고, 원하는 바와 같지 않고, 원하는 바를 다하지도 못하는 것이어서 행하여 나아가 생겨나게 하기 어렵다. 마치 저 배가 흐름을 거슬러 올라가기 어려움과 같다. … 이를 행진호지지라 한다. 云何行進護持智 若智得非定得難得非自由力非尊非自在 非所欲處 不如所欲 不盡所欲 行進生難得 猶如船逆流難 … 是名行進護持智"라고 하였다. [참고문헌]『舍利弗阿毘曇論』.

행책 行策 1628~1682. 청대 스님. 속성은 장(蔣)씨. 자는 절류(截流). 강소성(江蘇省) 의흥(宜興) 출신. 노장(老莊)과 유학(儒學)에 다 정통했던 아버지 전창(全昌)은 감산덕청(憨山德淸)과 친분이 두터웠다. 덕청이 입적하고 삼년이 지나 전창은 방으로 석장(錫杖)이 들어오는 꿈을 꾸고 행책을 낳았다. 부모가 모두 세상을 떠나고 23세에 무림리안사(武林理安寺)의 약암통문(箬菴通問)을 은사로 출가하여 5년 동안 공부하여 불법의 요체를 통달하였다. 보은사(報恩寺)에 머물 때 암영(庵瑛)의 권유로 정토를 닦으면서 전당초석(錢塘樵石)을 찾아가 천태학(天台學)을 학습하여 법화삼매(法華三昧)도 수행하였다. 우산보인원(虞山普仁院)에 주석하면서 연사(蓮社)를 부흥하였을 때 학자들이 많이 따랐다. 1682년(강희21) 세수 55세로 입적하였다. 저서에『금강경소기회편 金剛經疏記會編』10권,『권발진신문 勸發眞信文』,『기일심정진염불칠기규식 起一心精進念佛七期規式』,『보경삼매본의 寶鏡三昧本義』,『능엄경세지원통장 楞嚴經勢至圓通章』등이 있다. [참고문헌]『淨土聖賢錄』권6(卍속장135, p.308b7),『新續高僧傳』권45(대장경보편27, p.338a6).

행처 行處 ❶ 수행해 나아가서 반드시 이르게 되는 곳.『해탈도론』권3「분별행처품 分別行處品」(대정장32, pp.411a8~412b13)에서는 38가지 수행처를 시설한다. 수행자는 근기에 따라 각자 자기에게 맞는 것을 수행처로 가진다. 그 38가지 염사(念死)부터 관사대(觀四大)의 수행처를 수승한 행처로 삼는다. 열 가지 일체입(一切入 : 地 水 火 風 清 黃 赤 白 空處 識處), 열 가지 부정상(不淨想 : 膖脹想 青淤想 爛想 棄擲想 鳥獸食噉想 身肉分張想 斬斫離散想 赤血塗染想 虫臭想 骨想), 십념(十念 : 念佛 念法 念僧 念戒 念施 念天 念死 念身 念數息 念寂寂), 사무량심(四無量心 : 慈 悲 喜 捨), 사행(四行 : 觀四大 食不淨想 無所有處 非非想處) 등이다.『해탈도론』권3(대정장32, p.412b8)에 "두 종류의 어리석은 사람이 있으니, 무근과 둔근이다. 무근의 어리석은 사람을 위해서는 행처를 닦게 할 수 없다. 둔근의 어리석은 사람을 위해서는 생각을 버리게 하기 위하여 가르쳐 념수식을 닦게 한다. 二癡行人 謂無根鈍根 爲無根癡行人 不應教修行處 爲鈍根癡行人 爲除覺應教修念數息"라고 하였다. [참고문헌]『解脫道論』. ❷ Ⓢ pratiṣṭhita, Ⓣ rab-tu-gnas-pa. 오고 가며 다니거나 머무르는 곳.『승천왕반야경』권2(대정장8, p.697c29)에 "성읍과 취락은 출가인이 가까이할 곳이 아니다. 술집, 기녀, 왕의 궁성, 바둑과 장기, 가무하는 곳은 가서는 안된다. 모두 이것을 멀리해야 한다. 城邑聚落 非出家人所可行處 則不應往 所謂酤酒 婬女 王城 博弈歌舞之處 悉遠離之",『법화경』권2(대정장9, p.15c29 : *Saddh-p.*, p.96)에 "항상 지옥에 처하기를 동산놀이처럼 여기고 다른 악도에 있는 것을 자기 집에 있는 것처럼 여기네. 낙타, 나귀, 돼지, 개를 자기가 있을 곳으로 여기네. 常處地獄 如遊園觀 在餘惡道 如己舍宅 駝驢猪狗 是其行處 udyānabhūmī narako 'sya bhoti niveśanaṃ tasya apāyabhūmiḥ. kharasūkarā kroṣṭuka bhūmisūcakāḥ pratiṣṭhitasyeha bhavanti nityam"라고 하였다. 〔참고문헌〕『勝天王般若經』, 『法華經』, *Saddh-p.* **3** Ⓢ ācāra, ācāra-gocāra-pratiṣṭhita, Ⓣ cho-ga, cho-ga dang spyod-yul la-gnas pa. 마땅히 행할 바. 반드시 행해야 할 것. 『대반열반경』 권상(대정장1, p.193c3)에 "세존께서 지금 반열반하려고 하시니 일체중생은 지혜의 눈을 잃고 칠흙같은 어둠 속에 떨어지게 되리니 어떻게 능히 마땅히 행할 바 보겠는가? 世尊今者欲般涅槃 一切衆生 失智慧眼 方當在於黑暗之中 云何能見所應行處", 『법화경』 권5(대정장9, p.37a17 : *Saddh-p.*, p.275)에 "무엇을 보살마하살이 행해야 할 것이라고 합니까? 만약 보살마하살이 인욕지에 머물러 부드럽고 선을 잘 따르면서 느닷없이 폭발하지 않으면서 마음으로 놀라게 하지 않는다. 云何名菩薩摩訶薩行處 若菩薩摩訶薩住忍辱地 柔和善順而不卒暴 心亦不驚 kathaṃ ca mañjuśrīr bodhisattvo mahāsattva ācāragocarapratiṣṭhito bhavati. yadā ca mañjuśrīr bodhisattvo mahāsattvaḥ kṣānto bhavati dānto dāntabhūmim anuprāpto 'nutrastāsaṃtrastamanā anabhyasūyakaḥ", "또 법에 행하는 바가 없게 하니 제법을 실상과 같이 관하고, 또한 행하지 않고 분별하지 않는다. 이것을 보살마하살의 행처라고 한다. 又復於法無所行 而觀諸法如實相 亦不行不分別 是名菩薩摩訶薩行處 yadā ca mañjuśrīr bodhisattvo mahāsattvo na kasmiṃś cid dharme carati yathābhūtaṃ ca dharmāṇāṃ svalakṣaṇaṃ vyavalokayati. yā khalv eṣu dharmeṣv avicāraṇā avikalpanā ayam ucyate mañjuśrīr bodhisattvasya mahāsattvasyācāraḥ"라고 하였다. 〔참고문헌〕『大般涅槃經』, 『法華經』, *Saddh-p.* **4** Ⓢ gocara-viṣaya, Ⓣ spyod-yul dang yul. 마음이 움직이는 곳. 근과 경이 어울려 식을 일으키는 등으로 움직이는 것을 말한다. 『구사론』 권29(대정장29, p.154a2 : *Abh-k-bh.*, p.464)에 "오근의 행처와 경계가 각기 다른 줄을 범지는 마땅히 알아야 한다. 각각의 근은 오로지 스스로 행하는 바와 자경계만을 수용할 뿐, 다른 근이 있어 다른 근의 행처와 다른 근의 경계를 역시 능히 수용하는 일은 없다. 梵志當知 五根行處境界各別 各唯受用自所行處及自境界 非有異根亦能受用異根行處及異境界 yānīmāni brāhmaṇa pañcendriyāṇi nānāgocarāṇi nānāviṣayāṇi svaṃ svaṃ gocaraviṣayam pratyanubhavanti. nānyad anyasya gocaraviṣayaṃ pratyanubhavati", "여기서 오근이란 안이비설신을 말한다. 그렇지만 의근의 경우만은 오근행처와 저 경계상도 겸하여 수용하니, 저들은 의근에 의지하기 때문이다. 五根謂眼耳鼻舌身 意兼受用五根行處及彼境界 彼依意故 tadyathā cakṣurindriyaṃ śrotrendriyaṃ ghrāṇendriyaṃ jihvendriyaṃ kāyendriyam. mana eṣāṃ pañcānām indriyāṇāṃ gocaraviṣayaṃ pratyanubhavati manaś caiṣāṃ pratisaraṇam"라고 하였다. 〔참고문헌〕『俱舍論』, *Abh-k-bh.* ⇨ 삼사화합 三事和合 **5** ➡ 경행처 經行處 **1**

행철 行轍 Ⓟ ciṇṇatta. 자취를 따르다. 바퀴자국(轍)을 따라 간다는 말로, 육근과 육진이 각기 따로 합하고 이어 분별 일으킴의 비유다. 『나선비구경』 권중(대정장32, p.713a21)에 "나선비구가 스스로 말했다. '무엇이 그 네 가지일까요? 첫째 하행, 둘째 향문, 셋째 행철, 넷째 수입니다. 이들 네 가지는 서로 말을 하지 않습니다'. … 왕이 다시 나선 비구에게 물었다. '습관적으로 행한다(轍行)는 것이 무엇입니까?' '앞에서 수레가 지나가면 바퀴 자국이 생겨납니다. 그렇다면 뒤에서 오는 수레는 어디를 따라 지나가게 됩니까?' '뒤에서 오는 수레는 당연히 앞의 수레가 남겨 놓은 바퀴 자국을 따라 지나갑니다' '앞 수레의 바퀴가 어찌 뒤 수레의 바퀴에게 「너는 내가 지나간 자리를 뒤따라 와야 한다」라고 말하겠으며 뒤 수레의 바퀴가 어찌 앞 수레의 바퀴에게 「나는 반드시 네가 지나간 자리를 따라 가겠다」라고 말하겠습니까? 어찌 서로 말을 해서 그렇게 뒤따라간 것이겠습니까?' '서로 말을 하지 않습니다' '사람 또한 이와 같습니다. 안근은 정신에게 「내가 생겨난 곳에서 나를 따라 너는 생겨나야 한다」라고 말하지 않으며, 정신 또한 안근에게 「나는 그대의 뒤를 따라 생겨날 것이다」라고 말하지 않습니다'. 나선비구가 또 말했다. '귀·코·입·신근·정신은 서로 함께 말하지 않습니다'. 那先自言 何等四 一爲下行 二爲向門 三爲行轍 四者爲數 是四事俱不相語 … 王復問那先言 何等爲轍行者 那先問王言 前車行有轍 後車當從何所行 王言 後車當從前車轍中行 那先言 前車輪寧語後輪言 汝當隨我處從後來 後車輪寧語前輪 我當隨汝處行 寧相語言爾不 王言 俱不相語也 那先言 人亦如是 眼不語神 我所生處 汝當隨我生 神亦不語眼 我當隨卿後生 那先言 耳鼻口身神 俱不相語"라고 하였다. 〔참고문헌〕『那先比丘經』, *Mil.59.*

행첩 幸妾 애첩(愛妾). 『육도집경』 권4(대정장3, p.17c26)에 "왕의 애첩은 안으로 사음을 품고 태자를 끌어당겼으나 태자가 힘으로 밀어내어 화를 면하였다. 王之幸妾 內懷邪淫 出援太子 太子力爭 而獲免焉"라고 하였다. 〔참고문헌〕『六度集經』.

행청 行淸 깨끗이 하는 것. 분뇨통. 『선림상기전』 권2 「서정 西淨」(대정장보편19, p.57a3)에 "『석명』에 '행청은 곧 분뇨를 모으는 큰 통이니, 이것을 일러 청이라 함은 그 더러움 마땅히 늘 깨끗히 없애야 하기 때문이다' 하였다. 釋名行淸 卽糞槽 謂之淸者 以其穢濁當常淸除之也", 사마정(司馬貞) 『사기색은』에 "측은 행청이다. 廁 行淸"라고 하였다. 〔참고문헌〕 『禪林象器箋』, 『史記索隱』. ⇨ 병측 屛廁, 서정 西淨, 정랑 淨廊, 청측 圊廁

행체 行體 행함의 바탕. 행함의 당체가 되는 것들로 덕과 만행 등으로 교법과 증한 법인 사무량심·십지 등을 말한다. 『화엄경탐현기』 권6(대정장35, p.216b5)에 "또한 덕이야말로 행의 바탕이고, 꽃이란 바로 행의 씀이며, 다발(聚)은 행의 모양이고, 보살은 바로 그 사람으로서 저 덕을 지닌 이다라고 한즉 유재석이다. 이것(功德華聚)은 공덕림의 다른 이름이다. 又德是行體 華是行用 聚是行相 菩薩是人 有彼德者 則有財釋也 此是功德林之異名", 『사분율행사초자지기』 권하(대정장40, p.391b4)에 "행체란 낱낱으로 상을 드러내어 행한 바를 보인다. 行體者 謂一一顯相 示所修故", 『화엄경문의요결문답』 권3(卍속장12, p.687b16)에 "행의 체라 한 것은, 발심 이후 등각까지 닦는 바 만행을 그 체로 삼는다. 行體者 發心已去 等覺以還 所修萬行 以爲其體", 같은 책 권4(卍속장12, p.713a15)에 "행체란, 통하여 말하면 증한 길과 교의 길 다 모아 십지(十地)의 체로 삼고, 따로 말하면 증한 길은 체로 삼고 교의 길은 용으로 삼는다. 言行體者 通而言之 證敎二道 總爲地體 別而言之 證道爲體 敎道爲用", 『열반경소삼덕지귀』 권19(卍속장58, p.949a17)에 "행의 체라 말한다면 곧 사무량심이니, 이것이야말로 청정행의 바탕이다. 이는 행 당체를 밝힌 말이며 상응해야 할 이의 체는 아니다. 言行體者 卽四無量心 是梵行體 此明行之當體 非所契之理體也"라고 하였다. 〔참고문헌〕 『華嚴經探玄記』, 『四分律行事鈔資持記』, 『華嚴經文義要決問答』, 『涅槃經疏三德指歸』.

행취 行取 행하여 취하다. 『경덕전등록』 권9 「대자환중전 大慈寰中傳」(대정장51, p.267a8)에 "설해서 한 길 얻는다 해도 행하여 한 자 취함만 못하고, 한 자만큼 말해 얻었다 해도 행하여 한마디 취함만 못하다. 說得一丈 不如行取一尺 說得一尺 不如行取一寸"라고 하였다. 〔참고문헌〕 『景德傳燈錄』.

행취온 行取蘊 Ⓢ saṃskāropādāna-skandha, Ⓟ saṃkhārūpādāna-kkhandha, Ⓣ 'du-byed nye-bar-len-pa'i-phung-po. 움직여 온을 취하다. 유루(有漏)의 행온(行蘊)으로 취착(取著)을 일으켜 미래의 유루와 유위(有爲)의 과(果)를 조작한다. 구역은 행수음(行受陰)이다. 『집이문족론』 권11(대정장26, p.415a3)에 "오취온 중 … 넷째는 행취온이다. … 무엇을 행취온이라 하는가? 〔답〕 행온으로서 유루이고 모든 취에 수순하는 것으로서 … 낱낱의 심소를 따르는 수번뇌를 행취온이라 한다. 五取蘊者 … 四 行取蘊 … 云何行取蘊 答 若行有漏隨順諸取 … 隨一一心所隨煩惱 是名行取蘊", 『구사론』 권1(대정장29, p.4a9 : *Abh-k-bh.*, p.10)에 "행이란 이름하면 조작이니, 사(思)야말로 바로 업의 성으로서 조작의 뜻이 강하기로는 가장 뛰어난 것이라고 하였다. 따라서 부처님께서 '만약 능히 유루와 유위를 조작할 수 있는 것이라면 행취온이라 한다'라고 설하는 것이다. 行名造作 思是業性造作義强 故爲最勝 是故佛說 若能造作有漏有爲名行取蘊 sā hi karmasvarūpatvād abhisaṃskaraṇe pradhānā. ata evoktaṃ bhagavatā saṃskṛtam abhisaṃskaroti tasmāt saṃskāropādānaskandha ity ucyata iti", 『구사론기』 권1(대정장41, p.25c5)에 "만약 능히 미래의 유루유위과법을 조작할 수 있는 것이라면 행취온이라 한다. 若能造作未來有漏有爲果法 名行取蘊"라고 하였다. 〔참고문헌〕 『集異門足論』, 『俱舍論』, 『俱舍論記』, *Abh-k-bh.*, *DN.3.278.* ⇨ 조작 造作, 행수음 行受陰

행측 行廁 옮겨 다니는 뒷간. 우리 몸의 부정한 속성을 뒷간에 비유한 말. 『금광명경』 권4(대정장16, p.354b22)에 "또한 이 몸은 견고하지 못하여 결국 이익이 되지 않고 도적처럼 혐오스러우며 마치 옮겨 다니는 뒷간과 같다. 復次 是身不堅 無所利益 可惡如賊 猶若行廁"라고 하였다. 〔참고문헌〕 『金光明經』.

행친 行櫬 대중스님들께 차제로 보시금 등을 나누어 드리다. 친은 범어 달친나(達嚫拏 Ⓢ dakṣiṇā)의 줄임말이며 금전 등 재물을 베푸는 것 가리킨다. 『선원청규』 권1 「부죽반 赴粥飯」(卍속장111, p.881b9)에 "고두나 유나가 차제로 대중스님들께 보시를 드린다. 庫頭或維那 次第行櫬"라고 하였다. 〔참고문헌〕 『禪苑淸規』. ⇨ 달친 達嚫❶, 하친 下嚫

행칠보 行七步 일곱 걸음 걸으시다. 석가세존과 같이 보처보살(補處菩薩)이 강생(降生)하실 때의 모습이다. 『수행본기경』 권상 「보살강신품 菩薩降身品」(대정장3, p.463c13)에 "샛별 뜰 때 부인이 나뭇가지를 붙잡자, 바로 오른쪽 옆구리 좇아 땅으로 내려오셨다. 일곱 걸음 걷고 손을 들어 말씀하셨다. '천상천하에 오직 나만이 높도다. 삼계가 모두 고통스러우니 내가 마땅히 편안케 하리라'. 明星出時 夫人攀樹枝 便從右脇生墮地 行七步擧手而言 天上天下 唯我爲尊 三界皆苦 吾當安之", 『불본행집경』 권4 「수결정기품 受決定記品」(대정장3, p.669b

5)에 "무릇 모든 보살은 처음 나실 때 동서남북 각각으로 일곱 걸음을 걸으셨으니 누구도 붙들거나 의지하지 않으셨다. 凡諸菩薩 初生之時 東西南北 各行七步 無人執持"라고 하였다. 한편『불본행경』권1「여래생품 如來生品」(대정장4, p.59a9)에 따르면, 일곱 걸음 움직이신 자취 그대로 북두칠성의 문양이었다고 한다. 〔참고문헌〕『修行本起經』,『佛本行集經』,『佛本行經』. ⇨보처보살 補處菩薩, 천상천하유아독존 天上天下唯我獨尊

행파 行婆 불도를 행하는 노파.『경덕전등록』권8「부배전 浮盃傳」(대정장51, p.262c18)에 "능씨 행파가 찾아와 부배에게 예배하자 부배가 함께 앉아서 차를 마시던 중 행파가 물었다. '있는 힘 다해서 말하려 해도 말할 수 없는 한마디 누구에게 나눠주실 건지요?' '부배에게 남아도는 말이란 없습니다'. 有凌行婆 來禮拜師 師與坐喫茶 行婆乃問云 盡力道不得底句 還分付阿誰 師云 浮杯無剩語"라고 하였다. 〔참고문헌〕『景德傳燈錄』. ⇨파자 婆子, 파자권속 婆子眷屬

행포 行布 ➡항포 行布

행포문 行布門 ➡항포문 行布門

행학 行學 행해서 익히다.『현겁경』권2(대정장14, p.14a7)에 "만약 법에 있어 중생이 있을 리 없고, 아도 인도 없으며 수명을 가진 존재 있지 않다 여기고, 이 여섯 가지와 같이해서 도를 닦고 법을 기억하며 출가하여 배우고 행하여 십악을 잘라 버리니 이를 지혜라고 한다. 若以於法 無有衆生 無我無人 不有壽命 猶如六事 修道念法 出家行學 刈去十惡 是曰智慧",『삼혜경』(대정장17, p.704c28)에 "세간에 지혜로운 사람 많아 헤아릴 수 없지만 아직까지 미륵 만한 이는 없는데, 미륵도 오히려 불법을 행하고 익히기를 싫어하지 않는데 하물며 나머지에 대해서는 더 말해서 무엇하겠는가! 부처님께서도 도를 얻으시고 나서도 앉아서 안반수의(安般守意 : 數息觀)를 행하셨다. 世間有黠人多無數 未有如彌勒者 彌勒尙復行學不厭 何況餘乎 佛已得道 坐行安般守意"라고 하였다. 〔참고문헌〕『賢劫經』,『三慧經』.

행해 行海 ❶1604~1670. 명말청초(明末淸初) 임제종 스님. 속성은 전(錢)씨. 호는 대방(大方). 가흥부(嘉興府 : 浙江省) 동향현(桐鄕縣) 출신. 19세에 출가할 뜻을 품고 다음 해에 항주운서사(杭州雲棲寺)에서 정토(淨土)를 수학하였다. 29세에『유조단경 六祖壇經』을 열람한 뒤 경산명주당(徑山明珠堂)의 무이원래(無異元來) 문하로 출가하여 다시『선관책진 禪關策進』을 읽다가 깨우친 경계가 있어 밀운원오(密雲圓悟)·비은통용(費隱通容) 등에게 참문하였다. 1669년(강희8) 강소성(江蘇省) 누강선등암(婁江禪燈菴)에 주석하다가 다음해 세수 67세로 입적하였다.『대방선사어록』6권을 남겼다. 〔참고문헌〕『五燈全書』권77(卍속장141, p.609a15). ❷1609~1683. 임제종 스님. 속성은 장(蔣)씨. 신안(新安) 출신. 철주행행해선사(鐵舟行海禪師)라고도 한다. 약암통문(箬菴通問)에게 법을 받고, 용유선사(龍遊禪寺)에 주석하였다. 1683년(강희22) 75세로 입적하였고『금사지략 金山志略』을 남겼다. 〔참고문헌〕『正源略集』권4(卍속장145, p.328b15).

행해 行解 ❶심과 심소로 움직여 현량으로 제법의 자상(自相)을 알고 비량으로 공상(共相)을 아는 것.『구사론기』권1(대정장41, p.26b26)에 "〔문〕 행해와 행상은 그 차별이 어떠한가? 풀어 말한다. 행해란 다음과 같다. 심과 심소는 행해로서는 같지 않은데, 온갖 경 중에 총별상을 취해서는 이것이 바로 심법과 심소법의 작용차별이다. 이 행해가 소연경에 대해 바른 해를 일으키기도 하지만 삿된 해를 일으키기도 한다. 問 行解行相差別云何 解云 言行解者 謂心心所 行解不同 於諸境中取總別相 卽是心心所法 作用差別 此之行解 於所緣境 或起正解 或起邪解",『인명입정리론소』권3(대정장44, p.138c10)에 "묻는다. 인명에 있어 자상과 공상에 체가 있는가? 답한다. 여기서의 공상은 전혀 그 체가 있을 수 없다. 설사 정심을 연으로 한다 하더라도 저를 인하기에 행해로 열린다 하였으니, 이것은 바로 방편일 뿐이다. 이름이 공상인 것이 이미 행해를 지은 것이기 때문이다. 이런 공상이란 것이 단지 제법에 있어 증익으로서의 상상일 뿐이기에 체가 없다고 한다. 이름과 구로 말해지고 의지한 바 같은 것이 공상이다. 만약 모든 현량들이 연을 삼은 자상은 명언에 걸리지 않기에 그윽히 법체를 증할 뿐이고 저 자상인즉 체가 있다고 해서 법성인 것이다. 만약 부처님 마음으로 연한 비량공상이라도 체는 있을 리 없다. 부처님 남김없이 두루 연해서 잃는 것 없다 하니 어떤 이는 공상도 역시 체가 있다라고 하기도 한다. 問因明自共相 有體無體耶 答此之共相 全無其體 設定心緣 因彼名言行解緣者 卽是假智 依共相轉 然不計名與所詮義定相屬著 故云得自相 然是假智緣 得名爲共相 作行解故 此之共相 但於諸法增益相狀 故是無體 同名句詮所依共相 若諸現量所緣自相 卽不帶名言 冥證法體 彼卽有體 卽法性故 若佛心緣 比量共相亦無有體 許佛遍緣 故亦無失 有說共相亦是有體"라고 하였다. 〔참고문헌〕『俱舍論記』,『因明入正理論疏』. ❷수행과 이해.『화엄오교장』권3(대정장45, p.492a26)에 "초지 이상에서는 행과 해가 순숙하여 같이 증하고 같이 행하고 같이 닦으며 같이 끊으니, 어찌 이와 같은 차별이 있겠는가? 그러므로『기신론』에 '지상보살의 종성과 발심수행은 모두 무차별이다'라고 하였다. 初地已上 行解純熟 同證同行 同修同斷 如何得有如是差別 故起信論云 地上菩薩 種性發心修行 皆無差別也", 『지관보행전홍결』 권1(대정장46, p.150b12)에 "그러므로 돈교의 행인은 행과 해가 모두 단번에 성취되지만 점교의 행인은 해는 단번에 이뤄지는 반면 행은 점차로 성취되며, 부정교의 행인은 이해는 단번에 이뤄지는 데 비해 행은 단번에 성취되기도 하고 점차로 성취되기도 한다는 사실을 알아야 한다. 故知 頓人行解俱頓 漸人解頓行漸 不定解頓 行或頓漸"라고 하였다. [참고문헌] 『華嚴五敎章』, 『止觀輔行傳弘決』.

행해금산지략 行海金山志略 명말청초(明末淸初)에 행해(1609~1683) 지음. 4권. 『금산용유선사지략 金山龍遊禪寺志略』이라고도 한다. 『중국불사사지휘간 中國佛寺史志彙刊』 제1집에 있다. 금산은 강소성(江蘇省) 진강성(鎭江城) 서쪽에 있으며, 당 이후 남북의 수륙교통의 요충지이다. 금산의 서쪽에 택심사(澤心寺)라는 절이 하나 있는데 전설에 따르면 동진(東晉)의 원제(元帝)나 명제(明帝) 때 창건되었다. 그 뒤 당배(唐裴)라는 스님이 물가에 중건하여 명성이 크게 퍼졌다. 역대고승들이 중건을 거듭하여 마침내 경구(京口 : 鎭江) 십찰(十刹)이라 하여 강남의 명승이 되었다. 송 진종(眞宗)은 사명을 용유선사(龍遊禪寺)로 바꾸고 대장경 한 부를 선사하였다. 그 뒤 비록 흥폐가 거듭되었지만 종풍(宗風)은 끊어지지 않아 명찰의 사격을 유지하였다. 청대인 순치년간(1644~1661) 시초에 행해는 30여 년 동안 주지를 하면서 수행하는 여가에 본서를 작성하였다. 산도(山圖)·형승(形勝)·건치(建置)·조당법계(祖堂法系)·기(記)·기유(紀遊)·비(碑)·부(賦)·칙서(敕書)·고승(高僧)·기적(紀蹟)·시(詩) 등 10여 목으로 구성되었다. 1686년(강희25) 용유선사는 다시 강천사(江天寺)로 개명하였다. 1936년 금산강천사(金山江天寺)에서 남경국학도서관장본(南京國學圖書館藏本)·북평도서관장본(北平圖書館藏本) 및 초산척심화상장본(焦山滌心和尙藏本)을 보완하여 『행해금산지 行海金山志』를 인행하였다. ⇨ 금산지 金山志

행해상응 行解相應 행과 해가 서로 응하다. 『연종보감』 권6(대정장47, p.334b17)에 "우리 연종의 조사께서 염불이라는 하나의 문을 창립하니 행과 해가 상응하여 스스로도 이롭고 남에게도 이롭다. 我蓮宗祖師 剏立念佛一門 行解相應 自利利人", 『소실육문』 「이종입 二種入」(대정장48, p.370a26)에 "불심의 종지를 밝히고, 고르게 하여 어긋남이라고는 없으니, 행과 해가 상응하여, 이름하여 조라 한다네. 明佛心宗 等無差誤 行解相應 名之曰祖"라고 하였다. [참고문헌] 『蓮宗寶鑑』, 『少室六門』.

행행 行行 Ⓟ paribbājaka. 유행자(遊行者). 탁발하고 다니며 수행하는 이. 『불본행집경』 권38 「사비야출가품 娑毘耶出家品」(대정장3, p.831b16)에 "부모는 이렇게 함께 의론하고 나서 그들의 딸을 어떤 학문하는 외도의 부인에게 맡겼다. 그 외도 이름은 파리파사〈행행이라 한다〉였다. 父母如是共評章已 卽將彼女 乞一學問外道之婦 其外道名波梨婆闍〈隋言行行〉"라고 하였다. [참고문헌] 『佛本行集經』, *Sn.99*.

행향 行向 향을 행하는 이. 사향사과(四向四果) 중 각각의 향을 증한 성자. 다음 과위로 나아가기 위한 승과도(勝果道)는 일으키지 못한 위로 주과(住果)를 마주해 있다. 『구사론』 권24(대정장29, p.127a14)에 "유학과 무학의 성자는 모두 여덟 가지의 고귀한 보특가라를 이루는데, 행향과 주과에 각기 네 가지가 있기 때문이니 예류과 향한 증득아라한과까지다. 그 이름에는 비록 여덟 가지가 있지만 사실상으로는 단지 다섯 가지이니, 네 가지 주과와 초과인 예류향(預流向)이 그것이다. 뒤의 세 가지 과향은 앞의 과를 떠나지 않기 때문이다. 有學及無學者 總成八聖補特伽羅 行向住果 各有四故 謂爲證得預流果向 乃至所證阿羅漢果 名雖有八事唯有五 謂住四果及初果向 以後三果向不離前果故, 『유가사지론』 권26(대정장30, p.424c7)에 "네 아라한과향을 행향보특가라라 한다. … 만약 도를 향해 저곳으로 구르면 그들을 행해 향하는 이라 한다. 도를 향하기에 네 부류의 보특가라를 건립한다 하니, 만약 사문과를 얻었다면 그는 과에 머무는 이라 한다. 四阿羅漢果向 是名行向補特伽羅 … 若於向道轉彼名行向者 由向道故建立四種補特伽羅 若得沙門果彼名住果者"라고 하였다. [참고문헌] 『俱舍論』, 『瑜伽師地論』. ⇨ 사향사과 四向四果, 주과 住果

행향 行香 향을 사루다. 대중 중에 나서서 의식을 갖춰 향을 사루는 것을 말하며, 향공양을 올리는 일도 행향이라 한다. 『현우경』 권7(대정장4, p.401c15)에 "옛날 가섭불 때 한 노모가 있었는데 삼보를 믿고 공경하였다. 그 집은 큰 부자로 온갖 향을 모아 기름에 섞어 탑에 바르려고 갔다. 가던 중에 서른두 사람을 만나 이내 권하기를 '나는 지금 향유를 탑에 바르려고 간다. 서로 도울 수 있다면 마땅히 복덕을 얻고 대대로 나는 곳에서 단정하고 많은 힘이 있을 것이다' 하였다. 그때 서른두 사람이 기뻐하면서 함께 가서 탑에 바르기를 마쳤다. 乃往過去迦葉佛時 有一老母 信敬三寶 其家大富 合集衆香 以油和之 欲往塗塔 於其中路 逢三十二人 因而勸之 我欲以油塗塔 可相助佐 當得福德 世世所生 端正多力 時三十二人 歡喜共去 塗塔已竟", 『대비구삼천위의』 권상(대정장24, p.914b5)에 "달파국 어떤 비구의 주처에서 부녀가 향을 올리다가 비구의 손에 닿자 인하여 욕심이 일어나 즉시 도를 깨뜨리게 되었다. 스승이 까닭을 물으니 곧 인연을 이야기하였다. 이로 인하여 부처님께 여쭈니 부처님께서 곧 계를 지으시되 '만약 서서 향을 받으면 돌길라죄다' 하셨다. 達波國 有比丘住處 婦女行香 觸比丘手 因起欲心 卽時罷道 師問所以 卽說因緣 因是白佛 佛卽制戒 若立受香者 得突吉羅罪"라고 하였다. 중국에서는 진(晉) 도안(道安)이 시행하였고, 당송(唐宋)시기에 이르러 마침내 조의(朝儀)의 일종이 되었다. 또한 행향할 때 향을 받는 사람은 게송을 읊는다. 『승사략』 권중 「행향창도 行香唱導」(대정장54, p.241b27)에 "향이란 더러운 냄새 풀어헤쳐 좋은 냄새를 퍼뜨려 누구나 즐겨 맡도록 한다. … 경에서 살펴보면, 장자가 부처님께 법문을 청하고자 해서 전날 밤 누각에 올라 손에 향로를 들고 신심을 통하게 하면 다음날 공양 때 부처님께서 찾아오신다. 그러므로 향은 신심의 심부름꾼임을 알 수 있다. 香也者 解穢流芬 令人樂聞也 … 經中 長者請佛 宿夜登樓 手秉香罏 以達信心 明日食時 佛卽來至 故知 香爲信心之使也", 『석씨요람』 권상 「행향」(대정장54, p.276a8)에 "향을 받으면서 읊는 게송이다. '계향 정향 혜향 해탈향 해탈지견향, 시방세계 어디나 항상 자욱히 퍼지리라. 원하옵건대 이 향의 연기도 이와 같이 한량 없고 끝이 없이 불사를 지으소서'. 受香偈云 戒定慧解知見香 遍十方界常芬馥 願此香煙亦如是 無量無邊作佛事", 『승만경』(대정장12, p.217a24)에 "여래의 묘한 색신, 세간에 견줄 이 없도다. 비할 바 없는 부사의여, 이에 지금 경례하옵니다. 여래색신 끝없으시고, 지혜 또한 그러하시다네. 일체법 상주하니, 이에 저는 귀의하옵니다. (행향하며 외우는 게송 중 하나) 如來妙色身 世間無與等 無比不思議 是故今敬禮 如來色無盡 智慧亦復然 一切法常住 是故我歸依"라고 하였다. 이밖에 총림의 주지는 아침과 저녁 두 때에 향을 사르고 고당(庫堂)·동사(東司)·산문(山門)·욕실(浴室)·승당(僧堂) 등을 도는데 이렇게 향을 사르고 당우(堂宇)를 도는 의식도 행향이라 한다. 『선림상기전』 권9(대장경보편19, p.319b14)에 "행향 : 도충(道忠)이 말한다. '당우를 돌 때 향을 사르는 의식을 행향이라 하며, 반에서 나와 향을 올려도 행향이라 하고, 관인이 절에 찾아와 향을 대중에게 나눠드려도 행향이라 하며, 시주가 스스로 절에 찾아와 향을 돌리는 일도 행향이라 한다'. 行香 忠曰 有巡堂燒香 曰行香 有出班上香 曰行香 有官人來寺行香 曰行香 有施主自來寺行香 曰行香", 『삼국사기』 백제본기(百濟本紀)5 무왕(武王)에 "35년(634) 봄 2월 왕흥사가 성취되었다. 절이 물가에 결해 있어서 단청해 꾸밈이 더없이 장려했다. 왕이 매번 배를 타고 절에 들어 행향하였다. 三十五年 春二月 王興寺成 其寺臨水 彩飾壯麗 王每乘舟入寺行香", 『고려사』 권41 세가(世家)41 공민왕(恭愍王) 16년(1367)년 3월 15일(신묘)에 "연복사에 행행하여 문수회를 크게 베풀고 왕이 손수 금향로를 받들고 스님들을 따라서 행향하였는데 피곤한 모습 조금도 없었다. 幸演福寺 大設文殊會 王手擎金爐 逐僧行香 略無倦容"라고 하였다. 7세기 초 조성으로 추정하는 경주 단석산마애불상군 중에 모자를 쓴 인물이 병향로를 들고 행향하는 모습, 승복사 미타전 벽화에 병향로를 든 협시보살, 법해사대웅전 벽화에 선 채로 향로를 든 대범천이 있고, 석가삼존나한도에도 행향하는 모습이 남아 전한다. 7세기 일본에서 활동했던 혜자(惠慈 ?~622)스님의 작미로도 남아 전한다. 〔참고문헌〕『賢愚經』, 『大比丘三千威儀』, 『僧史略』, 『釋氏要覽』, 『勝鬘經』, 『禪林象器箋』, 『三國史記』, 『高麗史』, 『普達王經』(대정장14, p.794c10), 『禪苑淸規』 권3 「監院」(卍속장111, p.890b13).

행향본연 行香本緣 재를 베풀고 향을 공양한 그 옛날 이야기. 『현우경』 권3 「칠병금시품 七甁金施品」(대정장4, pp.369a20~370a3)에서 세존께서 아난에게 들려준 이야기다. 과거세에 많은 금을 가지고 있던 사람이 죽어서 뱀으로 계속 태어나면서도 그 금병을 지켰다. 일만년이 지나 더이상 그 몸을 받고 싶지 않아서 자신의 금을 승가에 보시하며 재를 베풀었는데 그때 향도 함께 공양하였다. 재를 마치고 도리천에 난 이야기다. 〔참고문헌〕『賢愚經』.

행혜보살 行慧菩薩 Ⓢ Caritamati. 좌리달라마제(左里怛囉摩帝)라고 음사한다. 행혜행보살(行慧行菩薩)·혜보보살(慧步菩薩)이라고도 한다. 그 형상은 왼손에는 꽃이 핀 연꽃을 들었고 오른손은 주먹을 쥐고 가슴에 둔 채 반가부좌한 모습이다. 종자는 (dhīraṃ), 삼매야형은 풍륜(風輪) 속 차거보(硨磲寶)에 꽂힌 청련화(青蓮花). 『대일경소』 권5(대정장39, p.635c16)에 "『대집허공장경』에서 자세하게 설명한 것과 같으므로 허공장이라 한다. 여기에 법문의 권속은 허공무구보살 … 행혜보살·안혜보살이다. 또한 앞서와 같이 순서대로 좌우에 안치한다. 모두 등이라고 한 것은 이 상수의 제존 각각에 끝 없는 권속이 있음을 밝힌 것이다. 如大集虛空藏經中廣明 故名虛空藏也 此中法門眷屬 所謂虛空無垢菩薩 … 行慧菩薩 安慧菩薩 亦如前次第 左右列之 所以皆云等者 明此上首諸尊復各有無邊眷屬也", 『청룡사의궤』 권중(대정장18, p.156c9)에 "해행보살〈범어로 좌리달라마제〉진언은 '낭모 사만다몰다남 지람〈종자〉 발납마〈연꽃〉 아뢰야〈함장이라는 뜻이다. 보리심이 여기에 함장되어 생긴다는 뜻이다〉 사바하'이다. 行慧菩薩眞言曰〈梵左里怛囉摩帝〉 曩莫三曼多沒馱喃 地噔〈二字種子〉 鉢納麽〈二合蓮華〉 阿賴野〈藏也藏卽是菩提心從彼藏而生〉 娑嚩賀", 『인왕호국반야바라밀다경소』 권상(대정장33, p.450c17)에 "행혜보살은 자리행과 이타행 가운데 자비와 지혜를 일으켜 능히 머물지 않을 수 있다. 行慧菩薩者 二利行中 起悲慧行 能不住也"라고 하였다. [참고문헌]『大日經疏』,『靑龍寺儀軌』,『仁王護國般若波羅蜜多經疏』.

행호 行乎 조선초기 강진 백련사(白蓮寺) 스님. 휘는 행호(行乎), 속성은 최(崔)씨, 황해도 해주(海州) 출신이며, 문헌공(文憲公) 최충(崔沖 984~1068)의 후손이다. 어릴 때 스님이 되었는데 계행을 굳게 지켰으며, 천태교법을 깨달아 천태종사로서 사부대중으로부터 널리 추앙을 받았다. 원묘요세(圓妙了世)가 중창한 백련사가 황폐하여 도괴지경에 있던 것을 1430년(세종12)부터 1436년(세종18)까지 일신중수하여 옛 모습을 되찾게 하고 왕과 나라를 복되게 할 것을 서원했다. 제자인 신심(信諶)을 효령대군(孝寧大君)에게 보내어 불사에 후원자(功德主)가 되어 주기를 청하여 허락을 받았다. 이에 장흥부(長興府)의 옛 도관좌랑(都官佐郎)이었던 조수(曹隨)와 강진현(康津縣)의 안일호장(安逸戶長)인 강습(姜濕) 등도 적극 도왔다. 태종이 태자시절 독서하던 치악산(稚岳山) 각림사(覺林寺)를 창건하고 낙성할 때 법주로 추대되었으며, 1410년(태종10)에 태종의 명으로 서울 돈암동 흥천사(興天寺)를 중수할 때도 책임을 맡아 전국의 6백여 명의 스님을 역사에 동참케 했다. 1418년(태종18)에는 경기도 고양군 벽제면 대자리 대자산(大慈山 : 一名長嶺山)에 홍역으로 죽은 태종의 넷째 아들인 성녕대군(誠寧大君) 종(褈)인 소경공(昭頃公)의 묘를 위해 곁에 대자암(大慈庵)을 창건한 후 스님을 주지케 하였다. 세종이 즉위하던 초년에 판천태종사(判天台宗事)가 되었다. 이외에도 지리산(智異山 : 頭流山) 금대사(金臺寺)·전북 무주군 적상산(赤裳山) 안국사(安國寺)·전라남도 장흥군 천관산(天冠山) 수정사(修淨寺) 등을 중수하였다. [참고문헌]『白蓮寺重創記』,『世宗實錄』,『文宗實錄』.

행화 行化 몸소 다니며 교화하다.『불소행찬』권4(대정장4, p.40a3)에 "천상에서 어머니를 비롯해 그 나머지 모든 하늘무리까지 교화하신 뒤로, 다시 인간중에 유행하시며 연 따라 행하시며 교화하셨다네. 天上敎化母及餘諸天衆 還遊於人中 隨緣而行化",『인왕반야경』권상(대정장8, p.828b29)에 "만약 허깨비 몸으로 허깨비를 본다면 이야말로 보살이 참으로 중생을 널리 교화함이다. 若以幻化身 見幻化者 是菩薩眞 行化衆生"라고 하였다. [참고문헌]『佛所行讚』,『仁王般若經』.

행화 行華 줄지어 꽃으로 공양올리다.『정토법사찬』권하(대정장47, p.437a19)에 "독경하고 소리 높여 찬탄해 마친다. 높은 자리인즉 한 사람으로 하여금 향 사루게 하고 대중은 꽃공양 하게 한다. 다음에 찬탄할 사람들이 도를 행하는 길을 향해 선다. 又誦經唱讚已 高座卽令一人行香與大衆行華 次當讚人等向行道處立",『자은전』권2(대정장50, p.226c5)에 "법사가 도착하면 모든 스님들이 일어나서 서로 인사를 하고 나서 각자 자리에 돌아가 앉는다. 그리고 한 스님에게 신선한 꽃을 쟁반에 받쳐 오게 해서 법사에게 드린다. 법사가 받고 나서 불전에 가서 꽃을 뿌리고 예배한 뒤에 목차국다로 나아가 그 아래에 앉는다. 앉고 나면 다시 꽃을 나누어 준다. 꽃은 나누어 주고 나서 포도즙을 나누어 준다. 처음 한 절에서 꽃과 즙을 받고 나서 다음에 다른 절에서도 또한 이와 같이 한다. 法師至 諸德起來相慰訖 各還就坐 使一僧擎鮮華一盤來授法師 法師受已 將至佛前散華 禮拜訖 就木叉鞠多下坐 坐已 復行華 行華已 行蒲桃漿 於初一寺受華 受漿已 次受餘寺亦爾"라고 하였다. [참고문헌]『淨土法事讚』,『慈恩傳』.

행환 行還 조선전기 스님. 1447년(세종29) 7월 나주목(羅州牧) 개간(開刊)『원감국사가송』간기(한불전6, p.394c8)에 "각수는 대선사 행환과 스님 혜원이다. 刻手 大禪師行還 僧惠元"라고 하였다. [참고문헌]『海東曹溪第六世圓鑑國師歌頌』.

행희 行喜 1613~1676. 명말청초대 임제종 선사. 호는 운아(雲峨). 속성은 진(陳) 씨. 성도(成都 : 四川省) 자양(資陽) 출신. 어린 시절 물 위에 떠 있는 시신을 보고 출가할 뜻을 품었고 정거산(淨居山) 보봉사(寶峰寺)의 보산계(寶山啓)를 찾아뵙고 스님이 되었다. 종흥사(鐘興寺)의 심현(心玄)에게서 운아라는 호를 받았으며 유가정실(劉家靜室)의 정공(淨空)과 축가암(祝家菴)의 인심(印心)을 찾아갔고 19세에 천봉(天峰)으로 가 구족계를 받았다. 25세 때는 파산해명(破山海明)이 만봉(萬峰)에 머문다는 소식을 듣고는 찾아가 뵈었다. 후에 작별하고 내강(內江) 동파암(東坡庵)에서 3년간 대장경을 열람하였으며, 다시 반룡(盤龍)의 파산해명을 참학하였다. 파산이 노주(瀘州 : 四川省) 방산(方山)과 후에 융성(戎城) 등으로 옮겨갈 때 따랐다. 30세에 파산에게 청하여 남방으로 내려가다 형남(荊南 : 湖北省)에 이르렀는데 밀운원오(密雲圓悟)가 입적했다는 소식을 듣고 금속사(金粟寺)의 비은통용(費隱通容)을 찾아뵈었으며, 32세에는 천태산으로 가 통현사(通玄寺)의 임야통기(林野通奇)를 참학하고 37세에 법을 이었다. 1650년(순치7)에 청을 받고 강남(江南) 봉양부(鳳陽府 : 安徽省) 곽구현(霍丘縣) 대별산(大別山) 보제사(普濟寺)에 주석하였고, 그후에도 광산현(光山縣) 보복사(普福寺), 나산현(羅山縣 : 河南省) 용지사(龍池寺), 수주(隨州) 법흥사(法興寺) 등으로 옮겨 주석하였다. 1676년(강희15) 4월 13일에 세수 64, 법랍 44세를 일기로 입적하였다. 어록으로 『운아희선사어록 雲峨喜禪師語錄』 2권(가흥장28, No.B203)이 있다. [참고문헌] 『雲峨喜禪師語錄』 권하 「行實」(가흥장28, p.200c7).

향 向 **1** 말하거나 행위함에 ~을 향해 하다. 『조당집』 권3 「도흠전 道欽傳」(대장경보편25, p.351b11)에 "내가 죽음 마주한즉 그대 향해 일러 주리라. 待我死卽向汝道", 『경덕전등록』 권8 「남전보원전 南泉普願傳」(대정장51, p.257c1)에 "요즘 사승들은 반드시 저 이류 향하는 중에 행해야 한다. 今時師僧 須向異類中行"라고 하였다. [참고문헌] 『祖堂集』, 『景德傳燈錄』. **2** 공훈오위(功勳五位) 중 하나. 『지월록』 권16 「동산양개장 洞山良价章」(卍속장143, p.360b11)에 "향이라 한 것은 임금이 신하를 향하는 것으로 편위 가운데 정위다. 盖向者 君向臣也 正中偏也"라고 하였다. [참고문헌] 『指月錄』. ⇨ 공훈오위 功勳五位, 동산오위 洞山五位

향 香 **1** Ⓢ Ⓟ dhūpa, dhūpana, Ⓣ bdug-pa. 향기나는 모든 것들. 물건이지만 특히 불붙여 태워 그 연기와 향으로 주위를 정화하기에 불보살 등을 위해 사루는 공양물 중에 으뜸이다. 오분법신(五分法身 : 戒香 定香 慧香 解脫香 解脫知見香)마다에 향을 이름붙여 소리내 찬탄해서 오분향(五分香)이라 이름한다. 바탕이 된 것에 따라 전단향(栴檀香)·침향(沈香)·용뇌향(龍腦香)·가라(伽羅)·안식향(安息香)·울금향(鬱金香) 등으로 구분하며, 사루거나 쓰는 법에 따라 향수(香水)·향유(香油)·향약(香藥)과 환향(丸香)·산향(散香)·말향(抹香)·선향(線香) 등으로 나뉜다. 밀교에서는 수법(修法)에 따라 향을 구별하기도 하는데, 도향은 지계(持戒)를 의미하고 소향은 정진(精進)을 상징하기도 한다. 또한 법의 공덕을 향에 빗대어 계향(戒香)·문향(聞香)·시향(施香)이라 하기도 하며, 불전(佛殿)을 향실(香室)·향전(香殿)이라 칭하기도 한다. 『잡아함경』 권38 「계덕향경 戒德香經」(대정장2, p.278c14)에 "세 가지 향이 있으니 바람 따라 널리 적셔서 바람 거스르지 않는다. 뿌리향·줄기향·꽃향이다. 有三種香 順風而熏 不能逆風 何等爲三 謂根香 莖香 華香", 『증일아함경』 권卷13 「지주품 地主品」(대정장2, p.613b24)에 "아난이 묻기를 무엇이 세 가지입니까. 세존께서 말씀하시길 계로 향기나고 법을 들어 향기나며, 베풀어도 향기롭다. … 목밀과 전단, 우발라화 등 온갖 향들 모든 갖가지들 향기롭지만 계 지켜 나는 향기 가장 뛰어나다. 계로서 성취하여 욕심도 없고 물들지도 않으니 고른 지혜로 해탈한다. 가는 곳 마다에 마군들은 알지 못한다. 이 향기 비록 요하기로는 온갖 단밀향 등이라 하지만 계향으로 묘를 삼는 것은 시방 어디서나 모두 맡을 수 있기 때문이다. 전단 비록 향기 가졌고 우발라향과 나머지 향들 있지만 이 모든 향 중에 최제일인 것은 베푸는 시향이 최제일이다. 阿難言 何等爲三 世尊告曰 戒香 聞香 施香 … 木蜜及栴檀 優鉢及諸香 亦諸種種香 戒香最爲勝 此戒以成就 無欲無所染 等智而解脫 逝處魔不知 此香雖爲妙 及諸檀蜜香 戒香之爲妙 十方悉聞之 栴檀雖有香 優鉢及餘香 此諸衆香中 聞香最第一", 『소실지갈라경』 권1 「도향약품 塗香藥品」(대정장18, p.641a9)에 "네 가지 향이 있으니 바르는 향과 가루향과 덩이지거나 환으로 만든 향이다. 四種香 謂塗香 末香 顆香 丸香", 같은 책 권2 「비물품 備物品」(대정장18, p.651c20)에 "다섯 가지 굳게 만든 향이 있으니, 백단향·자단향·사과과향·천수향·칠교향을 말한다. 또 건다라향·사암라사향·안실향·소합향·훈육향·설락시향·실리다슬가향이다. 五種堅香 謂沈水香 白檀香 紫檀香 娑羅羅香 天木香 七膠香者 謂乾陀羅娑香 薩闍羅娑香 安悉香 蘇合香 薰陸香 設落翅香 室唎呔瑟吒迦香", 『법화경』 권6(대정장9, p.53a29)에 "때에 삼매에 들자 허공에서 만다라화·마하만다라화·가는 가루의 단단하고 검은 전단향이 허공을 가득 채운 중에 구름 내리듯 했고 또한 해차안의 전단향도 비처럼 내렸는데 이 향 6수의 가치는 사바세계에 필적하며 이것을 부처님께 공양하였다. 時入是三昧 於虛空中 雨曼陀羅華 摩訶曼陀羅華 細末堅黑栴檀 滿虛空中 如雲而下 又雨海此岸栴檀之香 此香六銖 價直娑婆世界 以供養佛", 60권본 『화엄경』 권49 「입법계품 入法界品」(대정장9, p.713a6)에 "선남자여. 나 능히 일체 모든 향·일체화향·일체훈향·일체도향·일체말향·일체향왕·일체천향·용·야차·건달바·아수라·가루라·긴나라·마후라가·인 ·비인등향, 일체중생의 질병 사라지게 하는 향·근심걱정 사라지게 하는 향·일체중생 기뻐하게 하는 향·온갖 번뇌 기르는 향·온갖 번뇌 없애는 향·희락으로 향내나는 것·떠나버려야 할 유위향·게으름이라는 향·염불해서 향기로운 것·정법따라 향기로운 것·현성이기에 향기로운 분·일체보살을 알아보는 향·일체보살지향·일체보살 머무시는 향 등 이와 같은 등의 모든 향을 나는 실로 아주 잘 안다. 善男子 我能善知一切諸香 一切和香 一切熏香 一切塗香 一切末香 一切香王 一切天香 龍 夜叉 乾闥婆 阿脩羅 迦樓羅 緊那羅 摩睺羅伽 人 非人等香 除滅一切衆疾病香 滅憂惱香 生一切衆生諸喜樂香 長養諸煩惱香 除滅諸煩惱香 喜樂有爲香 厭離有爲香 放逸香 不放逸香 念諸佛香 順正法香 賢聖人香 分別一切諸菩薩香 一切菩薩地香 一切菩薩住香 如是等香我悉了知", 『좌선삼매경』 권상(대정장15, p.277b3)에 "만약 어떤 사람이 향과 꽃으로 공양하고 뼈·살·피·골수로 탑을 세워 공양한다 해도 행자가 법공양으로 열반에 이르는 것만 못하다. 若人香華供養 以骨肉血髓 起塔供養 未若行人 以法供養 得至涅槃", 『오분율』 권26(대정장22, p.173a16)에

"부처님께서 말씀하셨다. '비구가 스스로 노래하고 춤춰서 탑에 공양해서는 안 되지만, 다른 이로 하여금 하게 해도 되며, 비구 스스로 부처를 찬탄하고 꽃·향·깃발·천개로 탑에 공양하는 것도 허용한다'. 佛言 比丘不應自歌舞供養塔 聽使人爲之 聽比丘自讚歎佛 華香幡蓋供養於塔"라고 하였다. 〔참고문헌〕『雜阿含經』, 『增壹阿含經』, 『蘇悉地羯羅經』, 『法華經』, 『華嚴經』, 『坐禪三昧經』, 『五分律』, *Saddh-p.225.*, *Saṅ-v.161.*, *Yogā-bh.92.* ⇨ 오분법신향 五分法身香, 향게 香偈, 향광 香光, 전단향 栴檀香, 침향 沈香, 말향 末香, 향환 香丸, 향약 香藥, 도향 塗香, 염향 拈香 **2** Ⓢ Ⓟ gandha, Ⓣ dri, spos. 육경(六境) 중 하나로 비근(鼻根)과 만나 비식(鼻識)이 생하게 한다. 『대승광오온론』 권1(대정장31, p.851a21)에 "무엇이 향인가? 코로 맡는 경이다. 좋은 향·나쁜 향·평등향이다. 호향이란 비근과 합해서 온으로 상속하여 순하고 이로운 것이며 오향이란 비근과 합해서 무리 져 상속해서 거스르고 나쁘게 하는 것이고, 평등향이란 비근과 합하지만 나쁘게 하지 않음이다. 云何香 謂鼻之境 好香 惡香 平等香 好香者 謂與鼻合時 於蘊相續 有所順益 惡香者 謂與鼻合時 於蘊相續 有所違損 平等香者 謂與鼻合時 無所損益", 『구사론』 권1(대정장29, p.2c20 : *Abh-k-bh.*, p.7)에 "향에는 네 종류가 있으니 호향·악향·등향·부등향으로 차별이 있기 때문이다. 본론 중에 설하길 향에 세 가지고, 설해서 호향·악향·평등향이다. 香有四種 好香惡香 等不等香 有差別故 本論中說 香有三種 好香惡香 及平等香 caturvidho gandhaḥ. sugandha-durgandhayoḥ sama-viṣama-gandhatvāt, trividhas tu śāstre, sugandho durgandhaḥ samagandha iti", 『구사론기』 권1(대정장41, p.20a14)에 "냄새나는 것을 향이라고 한다. 『대비바사론』 권13에서도 네 가지 향을 설하여 이 논과 같은데, 네 가지 향 중에서 호향과 악향의 두 가지 류로 향을 다 모아 거두고, 이 두 류 중에 등향과 부등향이 있게 한다. 所齅名香 婆沙十三 亦說四香 與此論同 於四香中 好惡二類 攝香總盡 於二類中 有等不等", 『구사론소』 권1(대정장41, p.480b13)에 "『오사론』에 '마음을 기쁘게 하는 것들을 호향이라 하고 기쁘지 않게 하는 것들을 악향이라 한다' 하였으며, 『정리론』에 '한층 더하다가 덜어 없게 하는 등은 몸에 의지함이 다르기 때문이고, 미약하다거나 점점 성하게 해서 달라지기도 한다' 하였다. 〔술〕 더해 더욱 치성하게 되는 것이 평등향이고, 덜하게 해서 미약해지면 부등향이라 한다. 五事論云 諸悅意者 說名好香 不悅意者 說名惡香 正理論云 增益損減依身別故 有說 微弱增盛異故 述曰 增益增盛 爲平等香 損減微弱 爲不等香", 『중론』 권4(대정장30, p.31b16)에 "색성향미촉과 법 그 법의 바탕인 여섯 가지는 모두 공하여 신기루나 꿈과 같으며 건달바성과 같다네. 이와 같은 여섯 종류 중에 어찌 정부정이 있겠는가? 마치 환술로 만든 사람과 같으며 거울 속에 비친 상과 같다네. 色聲香味觸 及法體六種 皆空如炎夢 如乾闥婆城 如是六種中 何有淨不淨 猶如幻化人 亦如鏡中像", 『유가사지론』 권1(대정장30, p.279c21)에 "향이란 코로 맡는 것, 코로 취하는 것, 코로 냄새를 맡는 것 등의 차별한 이름이다. 이것은 비근의 행이고 비근의 경계이며, 비식의 행이고 비식의 경계이며 비식의 소연이고, 의식의 행이며 의식의 경계이고 의식의 소연이다. 香者 謂鼻所聞 鼻所取 鼻所嗅等差別之名 是鼻所行 鼻境界 鼻識所行 鼻識境界 鼻識所緣 意識所行 意識境界 意識所緣"라고 하였다. 〔참고문헌〕『大乘廣五蘊論』, 『俱舍論』, 『俱舍論記』, 『俱舍論疏』, 『中論』, 『瑜伽師地論』, *Abh-k-bh.* ⇨ 육경 六境, 십이처 十二處 **3** Ⓢ gandha. 바이셰시카(Ⓢ Vaiśeṣika : 勝論)에서 설하는 이십사덕(二十四德) 중 하나. 코로 아는 냄새. 『십구의론』(대정장54, p.1263a8)에 "향이란 무엇을 말하는가? 오직 코만으로 취해서 하나의 의지하는 것을 향이라고 한다. 香云何 謂唯鼻所取一依名香"라고 하였다. 〔참고문헌〕『十句義論』.

향 響 Ⓢ śrutkā, pratiśrutkā, Ⓣ brag-cha. 메아리. 설한 법을 비유한다. 십종유신(十種喩身) 중 하나이기도 하다. 『대승장엄경론』 권4(대정장31, p.612c26 : *Sūtr.*, p.62)에 "메아리란 설한 법을 비유한다. 법은 메아리와 같기 때문이다. 響譬所說法 法如響故 pratiśrutkopamā deśanādharmāḥ"라고 하였다. 〔참고문헌〕『大乘莊嚴經論』, *Sūtr.* ⇨ 십종유신 十種喩身

향가 鄕歌 신라시대부터 고려시대까지 향찰(鄕札)로 표기된 우리나라 고유의 서정시. 사뇌가(詞腦歌)라고도 한다. 향가를 지은 이로 스님들도 다수 확인되는데 신라대의 융천(融天)·충담(忠談)·월명(月明)·영재(永才)와 고려대의 균여(均如) 등이 있다. 『삼국유사』에 수록된 14수의 향가와 균여(均如)의 「보현십원가 普賢十願歌」 등이 전해지고 있다. 『삼국사기』 권12 신라본기(新羅本紀) 진성왕(眞聖王 재위 887~897) 2년조에 의하면 대구화상(大矩和尙)과 위홍(魏弘)에게 향가를 수집(修集)하도록 해서 그 책을 『삼대목 三代目』이라고 불렀다고 하는데 현존하지 않는다. 『삼국유사』 권5(대정장49, p.1016c28·한불전6, p.365c15) 피은(避隱)8 영재우적(永才遇賊)에 의하면 "스님 영재는 천성이 말을 잘하였고 물에 얽매이지 않았으며 향가를 잘 지었다. 만년에 장차 남악에 은거하려고 하여 대현령에 이르렀을 때 도적 60여 명을 만났다. 그들이 장차 해를 가하려고 했으나 영재는 칼 앞에서도 무서워하는 기색이 없고 편안하게 대하였다. 도적이 괴이하게 여겨 그 이름을 물으니 영재라고 하였다. 도적이 평소에 그 명성을 들었으므로 이에 명하여 □□□ 노래를 짓게 하였다. 釋永才 性滑稽 不累於物 善鄕歌 暮歲將隱于南岳 至大峴嶺 遇賊六十餘人 將加害 才臨刃無懼色 怡然當之 賊怪而問其名 曰永才 賊素聞其名 乃命□□□作歌"라고 하였다.

〈표〉 향가

작품명	작자	연대	형식	출전
서동요 薯童謠	서동薯童	신라 진평왕대 (579~631)	4구체	『삼국유사』 권2 무왕조武王條
혜성가 慧星歌	융천사 融天師	신라 진평왕대	10구체	『삼국유사』 권5 융천사혜성가融天師彗星歌
풍요風謠	민중의 공동작	신라 선덕왕대 (632~647)	4구체	『삼국유사』 권4 양지사석良志使錫
원왕생가 願往生歌	광덕 혹 그 아내	신라 문무왕대 (661~681)	10구체	『삼국유사』 권5 광덕光德, 엄장嚴莊
모죽지랑가 慕竹旨郎歌	득오得烏	신라 효소왕대 (692~702)	8구체	『삼국유사』 권2 죽지랑竹旨郎
헌화가 獻花歌	견우노인 牽牛老人	신라 선덕왕대 (702~737)	4구체	『삼국유사』 권2 수로부인水路夫人
원가 怨歌	신충信忠	신라 효성왕 1년(737)	10구체 (현존8구)	『삼국유사』 권5 신충괘관信忠掛冠
도솔가 兜率歌	월명사 月明師	신라 경덕왕 9년 (760)	4구체	『삼국유사』 권5 명월사도솔가明月師兜率歌
제망매가 祭亡妹歌	월명사 月明師	신라 경덕왕대 (742~765)	10구체	『삼국유사』 권5 명월사도솔가明月師兜率歌
찬기파랑가 讚耆婆郎歌	충담사 忠談師	신라 경덕왕대 (742~765)	10구체	『삼국유사』 권2 충담사忠談師
안민가 安民歌	충담사 忠談師	신라 경덕왕대 (742~765)	10구체	『삼국유사』 권2 충담사忠談師
도천수관음가 禱千手觀音歌	희명希明	신라 경덕왕대 (742~765)	10구체	『삼국유사』 권3 분황사천수대비芬皇寺千手大悲
우적가 遇賊歌	영재永才	신라 원성왕대 (785~798)	10구체	『삼국유사』 권5 영재우적永才遇賊
처용가 處容歌	처용處容	신라 헌강왕 5년(879)	8구체	『삼국유사』 권2 처용랑망해사處容郎望海寺
보현십원가 普賢十願歌 11수	균여대사 均如大師	신라 신덕왕 6년 ~ 고려 광종 24년 (917~973)	10구체	대화엄수좌원통양중대사균여전大華嚴首座圓通兩重大師均如傳

[참고문헌] 『三國史記』, 『三國遺事』, 『均如傳』. ⇨ 보현십원가 普賢十願歌, 사뇌가 詞腦歌

향각 香閣 불전이나 법당을 시봉하는 스님들이 거처하는 곳. 응향각(凝香閣)·향로전(香爐殿)·노전(爐殿)이라고도 한다. 『당고승전』 권3 「혜정전 慧淨傳」(대정장50, p.443b6)에 "햇빛은 한 왕실 환히 비추고, 별빛은 주의 조정 물들이네. 법의 성은 이때부터 엮어졌지만, 향각은 본래 멀고 높은 곳에 있노라. 日光通漢室 星彩晦周朝 法城從此構 香閣本岧嶢"라고 하였다. [참고문헌] 『唐高僧傳』. ⇨ 응향각 凝香閣, 향로전 香爐殿

향개 香蓋 향연으로 여울진 덮개. 『삼마갈경』(대정장2, p.844b23)에 "말을 마치자 향연이 문득 부처님 계신 곳을 둘러싸고 세 바퀴 돌더니 부처님 위에서 향 덮개로 변하였다. 言適竟 香煙便繞佛所 遶佛三匝 於佛上化作香蓋"라고 하였다. [참고문헌] 『三摩竭經』.

향거 餉佉 **1** Ⓢ śaṅkha의 음사어, Ⓣ dung. 라패(蠡貝), 즉 소라나 고둥. 해와 달 등의 운행이 순조롭기를 바라 제사를 지낼 때 쓰던 제물 중 하나이다. 인도에서 길상(吉祥)의 도구로 믿었다. 상거(商佉·傷佉)·양거(儴佉)로도 음사한다. 『유가사지론』 권7(대정장30, p.312c18 : *Yogā-bh.*, p.159)에 "헛되이 길상이라 여기는 논(妄計吉祥論)이란, 마치 사문이나 바라문이 '세간의 해가 달을 조금씩 가리거나 별자리의 별들이 궤도를 이탈하면 바라는 일들이 모두 성취되지 않고, 그것들이 수순하면 바라는 일들이 모두 성취된다 여긴다. 妄計吉祥論者 謂如有一若沙門若婆羅門 起如是見立如是論 若世間 日月薄蝕 星宿失度 所欲爲事 皆不成就 若彼隨順 所欲皆成 kautukamaṅgalavādaḥ katamaḥ. yathāpīh aikatyaḥ śramaṇo brāhmaṇo vaivaṃdṛṣṭir bhavat y evaṃvādī ādityacandragrahatithivaiguṇyena m anorathānām asiddhir bhavati. tadānuguṇyena c a manorathasiddhiḥ", "이러한 뜻으로 해와 달과 별 등에 부지런히 공양하고 불에 제사를 지내며 주문을 외고 띠풀을 안치하고 항아리에 빈라과(Ⓢ bilva-phala)와 향거 등을 가득 채운다' 한다. 이를테면 역산을 하는 이들이 이와 같이 계탁한다. 爲此義故 精勤供養日月星等 祠火誦呪 安置茅草 滿瓫頻螺果 及餉佉等 謂曆算者作如是計 sa tadarthaṃ cādityādipūjāṃ prakalpay ati. homajāpādarśapūrṇakumbhabilvaphalaśaṅkh ādīn pratyupasthāpayati. tadyathā gāṇitikāḥ", 『유가론기』 권2(대정장42, p.352c11)에 "향거란 앞에서 말한 라패이다. 餉佉者 卽前所說蠡貝也"라고 하였다. [참고문헌] 『瑜伽師地論』, 『瑜伽論記』, *Yogā-bh.* ⇨ 양거 儴佉 **2** 선인(仙人)의 이름. 『대비바사론』 권66(대정정27, p.343b16)에 "[문] 나화의 행이란 어떤 뜻인가? 존자 세우는 이렇게 말했다. '옛적 이 땅에 두 분의 선인이 있었는데 한 분은 향가라 하였다. 제일가는 궤칙의 범행을 구족하는데 어떤 재가자도 이에 미치지 못하였다'. 問 螺畫之行其義云何 尊者世友作是說 昔此洲內有二仙人 一名餉佉 … 具足第一軌則梵行 諸在家者皆不能及"라고 하였다. [참고문헌] 『大毘婆沙論』. **3** 전륜성왕(轉輪聖王)의 이름. 『대비바사론』 권178(대정장27, p.893c7)에 "향가라는 이름의 전륜성왕이 있어 사방을 위엄으로 조복시키니 마치 세간을 법으로 교화하는 것과 같았다. 有轉輪王名曰餉佉 威伏四方如法化世"라고 하였다. [참고문헌] 『大毘婆沙論』. **4** 개 이름. 도제야(Ⓟ Todeyya : 都提)라는 바라문은 죽어서 향거라는 개로 태어났다. 『대비바사론』 권12(대정장27, p.59c26)에 "방생의 일종이 전생(宿住)를 기억한다고 하였는데,

계경에서 '바라문이 향거라는 개에게 「만약 나의 아버지인 도제야라면 이 자리에 오를 수 있을 것이다」라고 하자 그 개가 자리에 바로 올라갔다'라고 한 것과 같다. 一類傍生能憶宿住者 如契經說 婆羅門告鍮佉狗言 若是我父刀提耶者 可昇此座 彼便昇之"라고 하였다. [참고문헌]『大毘婆沙論』. ⇨ 앵무마납도제자 鸚鵡摩納都提子

향거각래 向去却來 향해 가거나 돌이켜 오다. 정위(正位)로 나아가는 향거와 편위(偏位)로 돌아오는 각래를 합하여 이르는 말. 『굉지광록』 권7(대정장48, p.80c5)에 "향거와 각래 그 사이에, 변화무쌍한 온갖 양태에 번개 치고 천둥이 울린다. 向去却來其間 變態也掣電轟雷", 『선림상기전』 권7(대장경보편19, p.228b7)에 "정위로 향함을 향거라 하고, 정위에서 편위로 돌아옴을 각래라 한다. 向正位爲向去 自正位來于偏位 爲却來"라고 하였다. [참고문헌]『宏智廣錄』, 『禪林象器箋』.

향게 香偈 향을 올리며 외우는 게송. 헌향게(獻香偈)·소향게(燒香偈)·소향회향문(燒香回向文)이라고도 한다. 오분향게(五分香偈)가 대표적이다. 『관불삼매해경』 권10(대정장15, p.695a14)에 "원하옵건대 이 꽃 향기, 시방세계에 가득하여, 모든 부처님, 화불과 보살, 무수 성문들께 공양하오니, 이 향기로운 꽃 구름을 받으시어 광명대로 삼고서, 넓고도 끝없는 세계에서 가없는 불사 지으소서. 願此華香 滿十方界 供養一切佛 化佛并菩薩 無數聲聞衆 受此香華雲 以爲光明臺 廣於無邊界 無邊作佛事", 『예불의식』(卍속장129, p.235a4)에 "〈깊이 받들어 예경하며 부처님 덕을 찬한다. 먼저 향대에 이르러 몸을 단정히 하고 생각을 그치고 부처님의 덕만을 사유해 기억한다. 눈으로는 존귀한 얼굴을 바라보고 두 무릎을 바닥에 붙인 채 손으로 향로를 받들고서 송을 들어 읊는다〉 계향·정향·해탈향이여! 광명의 구름 누대 법계에 가득 채워 시방의 무량한 부처님께 공양 올리오니, 향기 맡아 널리 적시며 적멸을 증하시리〈이 게는 『화엄경』에서 나온 것이며 오분법신향이다. 여기서는 송을 보이고자 했을 뿐, 문에서 혜향과 해탈지견향을 간략히 했다〉. 〈深尙禮敬讚德 先須至於香臺 端身息慮 思念聖德 目睹尊容 雙膝著地 手擎香爐 而擧偈言〉 戒香定香解脫香 光明雲臺遍法界 供養十方無量佛 聞香普熏證寂滅〈此偈出華嚴經 是五分法身之香 今爲成頌故 文略慧香解脫知見香〉"라고 하였다. [참고문헌]『觀佛三昧海經』, 『禮佛儀式』, 『釋氏要覽』 권상(대정장54, p.276a8). ⇨ 헌향게 獻香偈, 오분향례 五分香禮

향경 香境 Ⓢ gandha. 육경(六境) 중 비근(鼻根)의 소연(所緣). 『금광명최승왕경』 권5(대정장16, p.424b3 : *Suv-pr.*, p.49)에 "비근은 항시 향경에 대해 냄새를 맡는다. 鼻根恒嗅於香境 ghrāṇendriyaṃ gandhavicitrahārī", 『대승현식론』 권상(대정장12, p.180a22)에 "저 꽃의 뛰어난 힘을 좇아 코로 냄새 맡음이 있고, 코의 뛰어난 힘을 따라 향경을 얻는다. 如從花勝力而鼻有嗅 從嗅勝力而得香境", 『약술법상의』 권상(대정장71, p.121b25)에 "(육식 중) 셋째는 비식이니 비근을 소의로 삼고 향경이 소연이 되어 요별을 일으키기에 비식이라 한다. 三 鼻識者 鼻根爲所依 香境爲所緣 而生了別 故名鼻識"라고 하였다. [참고문헌]『金光明最勝王經』, 『大乘顯識論』, 『略述法相義』, *Suv-pr.* ⇨ 오경 五境, 육경 六境, 외육입 外六入, 외육진 外六塵, 십이처 十二處

향계 香界 ❶ Ⓢ Ⓟ gandha-dhātu. 십팔계(十八界) 중 하나. 『품류족론』 권2(대정장26, p.699a12)에 "향계란 무엇인가? 코로 이미 맡았고 지금 맡으며 장차 맡을 향과 피동분을 말한다. 香界云何 謂香爲鼻已正當嗅及彼同分"라고 하였다. [참고문헌]『品類足論』, *Pañ-s.19.*, *MN.3.62.* ⇨ 십팔계 十八界 ❷ 대중이 머무르는 사원의 별명. 향부(香阜)라고도 한다. 옛사람의 시 가운데 불사를 향계라 한 경우가 적지 않다. 맹호연(孟浩然)의 「제운문산 題雲門山」에 "배를 버리고 향계로 들어가, 누각에 올라 전단나무에서 쉰다. 捨舟入香界 登閣憩旃檀", 고적(高適)의 「등자은사부도 登慈恩寺浮圖」에 "향계에 선 숱하게 다른 존재들 없애니, 불교에 어찌 갖가지 차별된 상 있으랴? 香界泯群有 浮圖豈諸相"라고 하였다.

향계사 香界寺 중국 하북성(河北省) 완평현(宛平縣) 서북쪽 취미산(翠微山)에 있는 절. 당대 세웠고, 요금(遼金) 시대를 거치면서 확장하여 유명한 절이 되었다. 원(元)대는 평파사(平坡寺)라 불렸고, 명(明)대인 1425년(홍희1) 중건하고 나서 대원통사(大圓通寺)로 개칭하였다. 숭정년간(1628~1644) 말기에 전쟁으로 훼손되었다. 청대인 1678년(강희17) 중건하고 다시 성감사(聖感寺)로 개칭하였다. 1784년(건륭13) 다시 중건한 뒤 향계사로 개명하였다. 대규모의 건축물이며 좌원(左院)에는 건륭제(乾隆帝)의 행궁(行宮)과 화원(花園)이 있고, 후원(後院)에는 장경루(藏經樓)가 있다. [참고문헌]『普陀洛迦新志』 권6(中國佛寺史志彙刊第10, p.387a11).

향고도난행 向苦道難行 고통스런 길을 향해 어렵게 행하다. 사향도(四向道 : 四通行) 중 하나로 오근(五根)이 둔한 이가 거듭된 우고(憂苦)를 견뎌내고서야 번뇌를 다한다는 뜻이다. 신역은 고지통행(苦遲通行 Ⓢ dhuḥkhā pratipad dhandhābhijñā)이다. 『사리불아비담론』 권16(대정장28, p.635b25)에 "무엇을 네 가지 향도라 하는가? 향고도난행 등을 말한다. … 무엇을 향고도난행이라 하는가? 저 비구로서 성에 탐욕이 많고 성에 진에가 많으며 성에 우치가 많은 이 비구는 도를 행함에는 욕으로 물듦을 막아야 하기에 거듭 우고를 감수하고, 진에를 막아야 하기에 거듭 우고를 감수하며, 우치를 막아야 하기에 거듭 우고를 감수한다. 이 비구는 (信·精進·念·定·慧의) 고귀한 오근이 둔한 행자이기에 … (더디게) 무간정을 증하여 모든 누를 다한다. 이를 향고도난행이라 한다. 何謂四向道 向苦道難行 … 何謂向苦道難行 如比丘 性多貪欲 性多瞋恚 性多愚癡 是比丘行道 防欲染故 數受憂苦 防瞋恚故 數受憂苦 防愚癡故 數受憂苦 是比丘聖五根鈍行 … 證無間定盡諸漏 是名向苦道難行"라고 하였다. 〔참고문헌〕『舍利弗阿毘曇論』. ⇨ 고지통행 苦遲通行, 사통행 四通行

향고도속행 向苦道速行 고통스런 길 향해 빠르게 행한다. 사향도(四向道 : 四通行) 중 하나로 오근(五根)이 예리한 이로서 괴로움(憂苦)이 수반되는 길을 수행하되 신속하게 번뇌를 다한다는 뜻이다. 신역은 고속통행(苦速通行 Ⓢ duḥkhā pratipad kṣiprābhijñā)이다. 『사리불아비담론』 권16(대정장28, p.635b25)에 "무엇을 사향도라 하는가? 향고도난행 등을 말한다. … 향고도속행 등을 말한다. … 무엇을 향고도속행이라 하는가? 가령 비구로서 성품에 탐욕이 많고 성품에 진에가 많으며 성품에 우치가 많은 이의 향도이다. 이러한 비구는 도를 행할 때 탐욕의 물듦을 막아야 하기에 거듭 우고를 감수하고, 진에를 막아야 하기에 거듭 우고를 감수하며, 우치를 막아야 하기에 거듭 우고를 감수한다. 이 비구는 (信·精進·念·定·慧의) 고귀한 오근이 예리한 수행자이기에 … 신속하게 무간정을 증하여 모든 누를 다한다. 이를 향고도속행이라 한다. 何謂四向道 … 向苦道速行 … 何謂向苦道速行 如比丘 性多貪欲 性多瞋恚 性多愚癡 是比丘行道 防欲染故 數受憂苦 防瞋恚故 數受憂苦 防愚癡故 數受憂苦 是比丘聖行五根利行 … 速證無間定盡諸漏 是名向苦道速行"라고 하였다. 〔참고문헌〕『舍利弗阿毘曇論』. ⇨ 고속통행 苦速通行, 사통행 四通行

향곡 香谷 1912~1978. 천성산(千聖山) 내원사 스님. 혜림(蕙林)의 호다. ⇨ 혜림 蕙林

향곡철 響谷徹 1606~1673. 청대 임제종 스님. 속성은 황(黃)씨. 향곡은 호. 호남성(湖南省) 연천(涓川) 출신. 23세에 출가한 다음 천동산(天童山) 밀운원오(密雲圓悟)의 지도로 확연한 경계를 맛보았다. 여러 총림을 참방한 끝에 강소성(江蘇省) 용지(龍池)의 만여통미(萬如通微)에게 법을 이었고 결국은 금릉만송사(金陵萬松寺)에 주석하였다. 1673년(강희12) 11월 18일에 세수 68, 법랍 45세로 입적하였다. 어록 10권을 남겼다. 〔참고문헌〕『五燈全書』 권72(卍속장141, p.501b2).

향과 香果 향기로운 과일이나 열매. 『소실지갈라경』 권상(대정장18, p.640a2)에 "온갖 향기로운 과일도 모두 꽃에 딸려보내어 공양으로 쓴다. 諸香果等 亦通贊華用供養之", 『원각경대소초』 권8(卍속장14, p.764b9)에 "(두 그루) 나무의 높이는 다섯 길 정도로 위는 하나로 붙었고 밑둥지는 떨어져 있다. 그 꽃은 매우 희고 열매는 병 모양이며 향기로운 열매 가득했다. 樹高五丈許 上合下離 其華甚白 其實如瓶 香果具足"라고 하였다. 〔참고문헌〕『蘇悉地羯羅經』, 『圓覺經大疏鈔』.

향과자 向果者 과를 향해 가는 이. 행해서 마침내 과를 얻는 이. 『출요경』 권18(대정장4, p.706a5)에 "사문은 산의 숲을 집으로 삼는다. 욕심없는 사람 붙들어 행함이 이와 같은데, 하물며 향과 과를 얻고자 하는 이의 마음이 움직일 수가 있겠는가! 이에 마땅히 교만을 떠나야만 한량없는 보를 얻으리라. 沙門山藪爲家 無欲之人執行如是 況得向果者心可移乎 是故說當離憍慢 獲報無有量也", 『대반열반경집해』 권67(대정장37, p.595a11)에 "무루(행)에는 두 가지다. 향과자란 고법인 이상으로 십오과에 이르니 과를 얻은 이다. 수다원을 얻었을 때라야 십육(과)의 차별이 없다. 다만 본래 행한 바를 증하였기에 십육을 갖추었다고 말하는 것이다. 無漏二種者 向果者 苦法忍已上 至十五是果者 得須陀洹時 乃無十六之別 但證本所行 故言具十六也"라고 하였다. 〔참고문헌〕『出曜經』, 『大般涅槃經集解』.

향관 鄕關 끝내 돌아가야 할 고향. 본지풍광(本地風光) 또는 본분가향(本分家鄕)을 말하니, 본래자리 찾아내 부처와 조사가 출생하는 곳이다. 『벽암록』 권5 제41칙(대정장48, p.179a11)에 "영광화상이 이르기를 말의 칼끝이 어긋나면 향관은 만리로 멀어진다. 浙中永光和尙道 言鋒若差 鄕關萬里"라 하였고, 같은 책 권6 제50칙(대정장48, p.185c24)에 "말에 걸려 있으니 오히려 기경에 끌려다닌다. 온통 이것들 풀이나 나무에 기대 곧바로 오롯이 벗어던진 곳에 이르러야 하리. 이러지 못한다면 만리에서 고향 바라봄 면치 못하리라. 猶滯言詮 尙拘機境 盡是依草附木 直饒便到獨脫處 未免萬里望鄕關"라고 하였다. 〔참고문헌〕『碧巖錄』.

향광 香光 향기롭고 빛나다. 향은 단덕(斷德)에, 광은 지덕(智德)에 각각 상응한다. 『아미타경소초』 권4(卍속장33, p.471b8)에 "〔소〕 향광이란 무엇인가? 그 향이면서 빛도 발하니, 마치 단덕과 지덕이라는 두 덕과 같기 때문이다. 〔초〕 단덕이란 무엇인가? 향은 악한 것 물리치고 더러운 것 멸하는 뜻이 있다. 이렇게 모든 악을 깨끗이 다하니 향이라 한다. 지덕이란 무엇인가? 빛은 능히 어둠을 깨트리니 지혜의 뜻이 있다. 이렇게 신령하게 밝아 널리 비추니 빛이라 한다. … 부처님께서는 모든 악을 멸하시고 모든 선을 갖추시어 단덕과 지덕을 구족하시니 향기롭고 빛나기까지 한다고 한다. 疏 香光者 其香發光 如斷智二德故 鈔 斷德者 香能辟惡 有滅穢義 諸惡淨盡 名之爲香 智德者 光能破暗 有智慧義 靈明廣照 名之爲光 … 佛滅諸惡 能具諸善 具足斷智 如香光也"라고 하였다. 〔참고문헌〕『阿彌陀經疏鈔』.

향광장엄 香光莊嚴 향에 젖어 늘 향기롭듯이 염불하여 부처를 만나는 일. 『능엄경』 권5(대정장19, p.128a29)에 "자식이 어머니를 기억하고 어머니가 자식을 떠올려서 그 어머니와 자식은 여러 생을 거치면서도 서로 어긋나 멀어지지 못한다. 만약 중생이 마음에 부처님을 떠올리며 염불한다면 지금 당장이나 미래에 틀림없이 부처님을 친견하게 되어 부처님과 멀어지지 않으리니, 방편을 빌리지 않고도 저절로 마음이 열릴 것이다. 마치 향 물들이는 사람 몸에 향기가 배듯 하리니 이것을 향광장엄이라 한다. 子若憶母 如母憶時 母子歷生 不相違遠 若衆生心憶佛念佛 現前當來 必定見佛 去佛不遠 不假方便 自得心開 如染香人 身有香氣, 此則名曰香光莊嚴", 『수능엄의소주경』 권5(대정장39, p.902c6)에 "향 물들이면 향기 배고, 염불하면 부처님을 친견한다. 인과 서로 부를 뿐이니 누가 그렇지 않다고 하겠는가? 染香有香氣 念佛得見佛 因果相稱 誰謂不然"라고 하였다. 〔참고문헌〕『楞嚴經』, 『首楞嚴義疏注經』.

향구비구 香口比丘 입에서 향기 나는 비구. 부처님의 무량한 공덕을 찬탄해 얻는 과보다. 『대지도론』 권11(대정장25, p.144a)에 "이수가왕(아쇼카왕)이 하루에 팔만의 부도를 조성하였다. 비록 불도를 알지는 못하지만 불법에 믿음과 즐거움을 약간 지니고 있어 날마다 비구들을 초청하여 궁에 들이고 공양을 올렸으며, 날마다 순서를 정하여 법사들에게 설법을 맡겼다. 그중 삼장으로서 나이는 어리지만 총명하고 외양도 보기 좋은 법사가 있었다. 그가 순서에 따라 법을 설하며 왕 곁에 앉아 있었는데 그 입에서 이채로운 향내가 풍겼다. … 그가 '저는 과거세 가섭불의 법회에서 설법하는 비구였습니다. 항상 대중 속에서 가섭세존의 무량한 공덕과 제법실상을 기쁜 마음으로 연설하였습니다. … 그때 이후로 항상 미묘한 향이 입에서 풍겨 날 때마다 끊어지지 않았으니 항상 금생과 같았습니다'. 阿輪伽王 一日作八萬佛圖 雖未見道 於佛法中 少有信樂 日日請諸比丘 入宮供養 日日次第 留法師說法 有一三藏 年少法師 聰明端正 次應說法 在王邊坐 口有異香 … 我昔於迦葉佛法中 作說法比丘 常在大衆之中 歡喜演說 迦葉世尊 無量功德 諸法實相 … 自是以來 常有妙香 從口中出 世世不絕 恆如今日"라고 하였다. 〔참고문헌〕『大智度論』.

향국 香國 향기 가득한 나라. 향적국(香積國)·중향국(衆香國)·중향세계(衆香世界)라고도 한다. 향적불(香積佛)께서 머무는 국토다. 『광홍명집』 권28 「사신원소 捨身願疏」(대정장52, p.323c13)에 "비록 과일은 암원에 뒤지고, 음식도 향국의 그것이 아니지만, 야생의 쌀과 푸성귀는 참으로 넉넉한 편이었다. 雖果謝菴園 飯非香國 而野粒山蔬 可同屬厭", 『번범어』 권8(대정장54, p.1036a3)에 "건다라타국〈향국이라 한역한다〉. 楗陀羅吒國〈譯曰香國〉"이라고 하였다. 〔참고문헌〕『廣弘明集』, 『翻梵語』. ⇨ 향적국 香積國, 향적불 香積佛

향궤 香几 향로(香爐)를 올려놓는 받침대. 향안(香案)이라고도 한다. 『백장청규』 권5 「사괘탑 謝掛搭」(대정장48, p.1141c26)에 "법당에 주지 자리를 마련할 경우 향궤와 노병과 촉대를 배열한다. 或法堂設住持位 排列香几爐瓶燭臺"라고 하였다. 〔참고문헌〕『百丈淸規』.

향남 向南 남쪽을 향하다. 『운문광록』 권상(대정장47, p.549c3)에 "타고난 연이 남을 향해 있으니, 남쪽에는 설봉과 와룡이 있고 서원과 고산도 온통 이곳에 있다. 生緣若在向南 南有雪峯臥龍 西院鼓山 總在這裏"라고 하였다. 〔참고문헌〕『雲門廣錄』.

향낭 香囊 향주머니. 『수능엄경』 권7(대정장19, p.137a12)에 "이 주(佛頂光聚般怛羅呪)를 써서 배껴 향낭에 두거나, 이 사람 마음 어두워 아직 능히 외워 기억하지 못하여 혹은 몸에 지니거나 혹은 집 안에 써둔다면, 이 사람 그 삶 다하도록 일체 모든 독 능히 해치지 못함 마땅히 알리라. 書寫此呪 貯於香囊 是人心惛 未能誦憶 或帶身上 或書宅中 當知是人盡其生年 一切諸毒 所不能害", 『일체경음의』 권7(대정장54, p.346c19)에 "향낭〈… 향자루다. 향낭을 살펴보면, 사루는 향을 담아 지니는 물건이다. 동철과 금은으로써 영롱하게 원을 지어 그 안에 향낭을 둔다. 틀과 빗장이 뛰어나고 지혜로워 비록 밖에서 종횡으로 흔들어도 둥글게 돌아서 안은 늘 평평하여 능히 기울지 않게 한다. 후비와 귀인이 쓰는 것이다〉. 香囊〈 … 香袋也 案香囊者 燒香器物也 以銅鐵金銀 呤嚨圓作 內有香囊 機關巧智 雖外縱撗 圓轉而內常平 能使不傾 妃后貴人之所用之也〉"라고 하였다. 〔참고문헌〕『首楞嚴經』, 『一切經音義』.

향내외등 向內外等 안이나 밖을 향하는 등(等)이라는 글자. 등(等)이라는 끝 글자는 이미 드러낸 무리에서 안인지 밖인지에 따라 푸는 뜻이 다르다는 말이다. 예를 들어 육경(六境)을 지칭하면서 색성향미촉법등(色聲香味觸法等)이라고 하면 내향등이며, 오온(五蘊)을 가리키기 위해 색수상등(色受想等)이라고 하였다면 외향등이다. 등내(等內)·등외(等外)라고도 한다. 『유가사지론』 권8(대정장30, p.314b11)에 "마음의 고꾸라짐이란 저 집착한 바 중에 탐 등의 번뇌를 말한다. 心倒者謂卽於彼所執著中貪等煩惱", 『유가론기』 권2(대정장42, p.354b8)에 "'탐 등'이라 하였는데, '등'이란 말에는 두 가지가 있다. 첫째는 향내등이고, 둘째는 향외등이다. 여기서 '탐 등'이라 하였는데, 탐에는 온갖 많은 것들이 있으니 이 마음 뒤집혀 다한 것으로 곧 향내등에 해당한다. 言貪等者 等有二種 一向外等 二向內等 今言貪等貪有衆多 盡是心倒卽向內等", 『인명입정리론』(대정장32, p.12c6)에 "모든 있는 줄 아는 지는 물단지나 옷 등을 분별해 생겨난 것이다. 謂諸有智了甁衣等分別而生", 『인명인정리론소』 권하(대정장44, p.140c28)에 "지 아래에 '등'이라 한 것은 향내등이다. 이것 외에는 다시 더 그밖의 것 등이 없기 때문이다. 智下言等是向內等 離此更無可外等故", 『법화경』 권1(대정장9, p.1c28)에 "이와 같이 대중에게 널리 알려진 대아라한 등이다. 如是衆所知識大阿羅漢等", 『법화경현찬요집』 권9(卍속장53, p.761b7)에 "경에서 말한 '등'에는 두 가지 뜻이 있다. 첫째는 향내등이다. … 이에 두 뜻이 있다. 첫째는 (아야교진여부터 라후라까지) 스물한 사람을 열거하면서 저 아래로 향하게 해서 등 자를 두었으니, 안으로 향하는 경우 단지 스물한 사람일 뿐이다. 經云等者 有二意 一 向內等 就內等中有二意 第一列二十一人 向下著等字 向內只等二十一人"라고 하였다. [참고문헌] 『瑜伽師地論』, 『瑜伽論記』, 『因明入正理論』, 『因明入正理論疏』, 『法華經』, 『法華經玄贊要集』. ⇨ 향외등 向外等

향내차합장 向內叉合掌 내박권(內縛拳)의 다른 이름. 『대일경소』 권13(대정장39, p.720a22)에 "다음으로 마마계인은 … 앞서 향내차합장과 다름이 없지만 중지와 검지를 금강인과 같이 한다. 次摩麼鷄印 … 卽如前向內叉合掌無異 但火風指如金剛也", 『대일경소묘인초』 권56(대정장58, p.459c17)에 "처음에 향내차합장과 다름이 없다고 한 것은 내박권을 말한다. 初中 卽如向內叉合掌無異者 內縛也"라고 하였다. [참고문헌] 『大日經疏』, 『大日經疏妙印鈔』. ⇨ 육종권인 六種拳印

향눌 香訥 1901~1983. 근세 순천 송광사 스님. 휘는 향눌(香訥), 호는 향봉(香峰), 속명은 보극(普極), 속성은 임(任)씨, 본관은 장흥(長興), 아버지의 휘는 준구(準球)이니, 1901년(광무5) 5월16일 전라남도 보성군 조성면 축내리에서 두 아들 중 맏이로 태어났다. 어려서부터 향숙(鄕塾)에서 사서삼경을 통달하고 시문(詩文)과 서화(書畵)에도 능통하였다. 일본 대학에 유학하여 신구학(新舊學)을 겸비한 학자였다. 1920년 20세 때 집을 나와 순천 송광사에서 거사(居士)로서 송암(松菴)이라는 호를 받아 참선수행했다. 1930년 30세 때 여름 결제를 덕숭산 정혜사(定慧寺) 만공월면(滿空月面)스님 회상에서 지내고, 7월 15일 해제를 한 다음 다시 송광사로 돌아왔으나 아버지의 병세가 위독하여 친가로 가서 3년간 시병하다가 아버지가 세상을 떠나자 송광사에서 3년 동안 기도하면서 천도재를 마친 후, 구례 화엄사로 가서 참선정진하다가 다시 송광사로 돌아왔다. 1940년 40세 때 비로소 명리(名利)와 가사(家事)를 모두 청산하고 그 해 4월 15일 결제날 석두보택(石頭寶澤)스님을 은사로 하여 스님이 되었다. 스승 없이 대장경과 조사어록을 보다가 1942년 3월 15일 부산 범어사(梵魚寺) 금강계단에서 동산혜일(東山慧日)스님을 계사로 하여 비구계와 보살계를 받았다. 그 후 1943년부터 금강산 마하연(摩訶衍) 선원사에서 3년간 정진하다가 수덕사의 만공회상으로 옮겨 2년간 참선한 후 오대산 상원사(上院寺) 한암(漢巖)스님 밑에서 3년간 지내면서 정력(定力)을 충실히 다졌다. 1954년 종단정화불사(宗團淨化佛事)로 비구승측이 종단운영권을 가지게 된 이후 중앙종회의원에 선임되었으며, 상주 남장사(南長寺) 주지를 잠시 지낸 후로 구례 화엄사 주지에 임명되었으나 끝내 취임하지 않았다. 1953년 3월15일 이른 아침 홀연히 회광반조(廻光返照)의 선열(禪悅) 중에 다음과 같은 게송을 읊었다. "뚜렷이 꽃 한 송이 피었으니, 여기가 바로 나의 고향일세, 빈 벽 향해 얼마나 찾았던가! 조사의 참 뜻 이제야 드러났네! 오늘 아침에야 해제하니 그 몇 겁이나 헤맸던가? 봄소식 청량해 한바탕 웃고, 집에 돌아와 비로소 매화를 바라보네 凝然一朶開 便是本鄕臺 空壁相尋坐 玄關返照來 今朝此解制 幾劫曾輪廻 自笑春淸息 歸家始看梅"라 했다. 그 후 부산 온천장 금정선원(金井禪院) 조실, 도봉산 망월사 총무, 통영 용화사 조실로 있었다. 1954년 상좌인 청월(淸月)이 창건한 강원도 명주군 연곡면 만월산(萬月山) 백운동 백운사에서 20여 년간 주석하였다. 노쇠한 나머지 미질을 보이자 족하 상좌인 조계총림 방장(方丈) 구산(九山)스님의 간청으로 1977년 송광사로 옮겼다. 그후 잠시 서울 종로구 사간동(司諫洞) 법련사(法蓮寺)에 주석하다가 1983년 음력 4월 19일 세수 83, 법랍 44세를 일기로 입적하였다. 화장한 후 영골수편(靈骨數片)이 출현하였으므로 송광사 탑전(塔殿)과 강원도 명주 만월산 백운사에 각각 부도를 세우고 봉안하였다. 그리고 족하 상좌인 법정(法頂)스님이 비문을 짓고, 석정(石鼎)스님이 써서 1995년에 세운 행적비는 송광사에 있다. 저서는 『운수산고』 1권과 『수양(修養)의 다화(茶話)』가 있는데, 『운수산고』의 내용은 서(序)·게송(偈頌)·법어(法語)·서장(書狀)·축사(祝辭)·만사(輓詞)·추도사(追悼辭)·방함록서(芳啣錄序)·상량문(上梁文)·발문(跋文) 등으로 엮어져 있다. 상좌에는 청월(淸月)·청호(淸湖)·청현(淸賢)·성호(性浩)·청욱

(淸旭)·청우(淸宇)·철형(哲亨)·철우(哲牛)·청전(淸典)·청관(淸觀) 등이 있다. 〔참고문헌〕『雲水散稿』, 「順天松廣寺香峰堂香訥大禪師碑銘」(智冠 『韓國高僧碑文總集 朝鮮朝·近現代』 pp.1184~1187).

향니 香泥 Ⓢgomaya. 깨끗한 흙과 향수(香水)를 섞어 만든 향진흙. 밀교의식에 쓰는 경우 우분(牛糞)을 섞기도 한다. 『불본행집경』 권14(대정장3, p.719c29)에 "묘한 향탕 땅에 흩뿌려 온갖 티끌 없애고 또한 향니를 그 땅에 바른다. 以妙香湯 灑散地上 滅諸塵埃 又以香泥用塗其地". 『소실지갈라경』 권상(대정장18 p.638b24)에 "죄를 없애기 위해서는 항상 향니로 구지상탑을 만들어 향을 사르고 꽃을 뿌린다. 爲除罪故 應常以香泥造俱胝像塔 燒香散花", 같은 책 권중(대정장18, p.649b22)에 "갖가지 향을 구해서 화합하여 향니를 만들어 그것으로 본존의 형상을 만든 후에 망라지화를 바치고 교수향을 사르거나 견목향을 사른다. 하루에 세 번 진언을 백팔 번 염송한다. 復取諸香 和作香泥 作本尊形 獻忙攞底華 燒膠樹香 或堅木香 一日三時 誦以眞言 一百八遍", 『다라니집경』 권4(대정장18, p.814a8)에 "넷째 날에 우분을 활용한 향니로 그 땅을 칠한다. 次第四日用牛糞香泥 泥其地竟"라고 하였다. 〔참고문헌〕『佛本行集經』, 『蘇悉地羯羅經』, 『陀羅尼集經』, 『蘇婆呼童子請問經』 권1(대정장18, p.720b10), *Suv-pr.98·109.*

향다라니경 香陀羅尼經 1권. 송대(宋代) 시호(施護)가 한역한 금강향다라니경(金剛香陀羅尼經). 10세기 후반 성립. 대정장21, pp.917b3~918b7, No.1401에 있다. 금강향진언(金剛香眞言)으로 구성되어 있으며 서두에 제천(諸天)과 수요(宿曜)를 두렵게 하여 항복시키는 진언공덕을 짧게 술한다.

향단 香壇 불보살 등을 모시고 향을 사루는 단. 『약사공덕경염송의궤』 권상(대정장19, p.33b5)에 "갖가지 가루를 뿌리거나 자리에 꽃을 넓게 깔아 큰 향단을 건립하고, 그 안에 주물하거나 그리거나 조각한 사리불상을 안치한다. 用諸粉末 或布花位 建大香壇 於內安置 鑄瀉繪塑 舍利弗像", 『대불정광취다라니경』 권4(대정장19, p.168b12)에 "만약 마하가라(Ⓢ Mahākāla)를 받들고 싶다면 마하가라상 앞에서 하나의 작은 향단을 조성해 놓고 갖가지 음식으로 공양한다. 若欲持摩訶迦羅者 於摩訶迦羅像前 作一小香壇 種種飮食供養"라 하였다. 〔참고문헌〕『藥師功德經念誦儀軌』, 『大佛頂廣聚陀羅尼經』.

향당 享堂 조사를 모신 집. 『선림상기전』 권2(대장경보편19, p.23b16)에 "향당 : 도충(道忠)이 말한다. '조사의 상이나 위패를 안치한 당이다. 제를 베풀고 이곳에 올리므로 향당이라 한다. 요즘 조당이라 하는 말은 바뀐 말이다〈조당 조목을 참조하라〉'. 享堂 忠曰 安祖像牌之堂設祭享於此 故云享堂也 今謂之照堂者 訛矣〈詳照堂處〉"라고 하였다. 〔참고문헌〕『禪林象器箋』.

향당산석굴 響堂山石窟 중국 하북성 한단시(邯鄲市) 고산(鼓山)에 있는 석굴. 석굴은 대부분 북제(北齊 550~577)시대에 조성했다. 북제 수도였던 업(鄴 : 하북성 臨漳縣)에서 북서쪽으로 40km 떨어진 곳에 남향당산석굴과 북향당산석굴이 있고 15km로 서로 떨어져 있다. 그리고 수곡사(水谷寺)라는 소향당산석굴을 개착했다.

북향당산석굴 전경

문헌에 의하면 독실한 불자였던 북제 문선제(北齊 文宣帝 재위 550~559)가 처음 개착을 시작하였고, 552년(천보3) 초대 주지로 승조(僧稠 480~560)를 임명했다. 남동 옆에 새겨진 「당옹각경기 唐邕刻經記」에는 572년(무평3)에 완성했다고 전한다. 『속고승전』 권25 「북제업하대장엄사석원통전 北齊鄴下大莊嚴寺釋圓通傳」(대정장50, p648a15)에 "이듬해(무평5) 초여름 석굴산 절에 스님들이 찾아가는 이 드물자 마침내 장엄·정국·흥성·총지 등 관사의 스님들을 줄여 백여 스님들을 하나의 번으로 보냈다. 원통이 이때 하안거에 미리 석굴사에 머물렀다. 至明年夏初 以石窟山寺僧往者希 遂減莊嚴定國興聖總持等官寺 百餘僧爲一番 通時爾夏預居石窟"라고 하였다. 북향당산에는 9개 동굴의 9개 소감에 700여 존의 불상이 있고, 남향당산에는 조그만 감실 38개에 불상들이 모셔져 있다. 규모는 운강·용문석굴에 비해 작지만 화려하게 꽃피웠던 북제의 문예풍으로 조성된 불교문화로서 의미가 있다. 〔참고문헌〕『續高僧傳』. ⇨ 북제문선제 北齊文宣帝

향당시린리 鄕黨市隣里 옛날 지역사회의 단위를 말함. 『무량수경』 권하(대정장12, p.276a29)에 '향당시리 우민야인 鄕黨市里 愚民野人'이라고 한 말에 대하여 경흥의 『무량수경연의술문찬』 권하(한불전2, p.71a3)에 "향이란 1만 2천 5백 집이고, 당이란 5백 집이며, 시란 물물 교환하는 장터이고, 다섯 집이 린이며 린이 다섯이면 리이다. 鄕者一萬二千五百家 黨者五百家 市者交易所居 五家爲隣 隣五爲里"라고 하였다. 〔참고문헌〕『無量壽經』 권하, 『無量壽經連義述文贊』 권하.

향당운 香幢雲 허망함을 깨우쳐 얻는 구지(九地)의 선근(善根). 80권본 『화엄경』 권48(대정장10, p.257a22)에 "이와 같이 온통 허망한 줄 깨우쳐 알면 향당운의 자재로운 광명과 청정한 선근을 성취한다. 了知如是 悉是虛妄 如是知已 成就香幢雲 自在光明 清淨善根", 『화엄경소』 권48(대정장35, p.869a11)에 "향당운이란 구지의 선근이다. 言香幢雲者 卽九地善根"라고 하였다. [참고문헌] 『華嚴經』, 『華嚴經疏』.

향대 香臺 ❶ 부처님 명호. 갖춘 이름은 최상향대불(最上香臺佛)이다. 『설무구칭경』 권5 「향대불품 香臺佛品」(대정장14, p.579b8)에 "불세계 이름은 일체묘향, 그 중에 계신 부처님 이름은 최상향대다. 有佛世界名一切妙香 其中有佛號最上香臺", 『설무구칭경소』 권6 「향대품」(대정장38, p.1093c21)에 "향대는 부처님 명호다. 한 부처님의 과덕은 한 부처님의 뛰어남을 드러냄에 붙이는데, 하위가 바라 구하게 하고자 부처님 명호를 드러내 품 이름으로 삼고 두 가지로 이롭게 하고자 닦아 익힘을 밝혔다. 부처님 몸 빛나시고 그 모습 높아 우뚝하시니 향을 쌓아 무리진 중생들 이롭게 건지시기에 이름하여 향대라 하였다. 香臺佛號 一佛果德寄一佛標勝 令下位以希求 標佛號以爲品名 明二利以修習 佛身光顯 相類高臺 積香爲之 利濟群物 故名香臺"라고 하였다. [참고문헌] 『說無垢稱經』, 『說無垢稱經疏』. ❷ 부처님을 모신 불전의 다른 이름. 『번범어』 권8(대정장54, p.1041c14)에 "건다구지〈뒤치면 향실 향대 향전이다〉. 健陀俱知〈譯曰 香室 香臺 香殿〉"라고 하였다. [참고문헌] 『翻梵語』. ⇨ 건다구지 健陀俱知, 불전 佛殿 ❸ 향촉을 올리기 위한 받침대. 『성보장신의궤경』 권1(대정장21, p.349c11)에 "다음으로 현성을 청해 부른다. 현성전에 향대를 마련하고, 벌레 먹지 않은 우두단향과 침향 등으로 향촉을 올린다. 이와 같은 저 향촉을 집어 현성에 마주 향하여 합장공경하고 몸을 편안히 하여 움직이지 않는다. 次請召賢聖 於賢聖前 作香臺 以無蟲牛頭檀香及沈香等 作香燭 如是執彼香燭 面向賢聖 合掌恭敬 安身不動"라고 하였다. [참고문헌] 『聖寶藏神儀軌經』.

향덕사 香德寺 ❶ 전라북도 순창군 서룡산에 있던 절. 『동국여지승람』 권39 전라도 순창군 불우에 "향덕사 …〈모두 서룡산에 있다〉. 香德寺 …〈俱在瑞龍山〉", 『범우고』 전라도 순창에는 "지금은 폐사하였다. 今廢"라고 하였다. [참고문헌] 『東國輿地勝覽』, 『梵宇攷』, 『韓國寺刹全書』 권하 p.1148a21. ❷ 충청남도 부여군 충화면 천등산에 있던 절. 오덕사라고도 불렸다. 『동국여지승람』 권17 충청도 임천군 불우와 『범우고』 충청도 임천에 "향덕사〈모두 천등산에 있다〉. 香德寺〈俱在天燈山〉", 『가람고』 충청도 임천에는 "군 서쪽 십리에 있다. 郡西十里", 『동국여지』 권3 충청도우도 공주진(公州鎭) 임천군 사찰 향덕사에 "혹은 오덕사라고도 한다. 一名五德寺"라고 하였다. 그외의 연혁은 전하지 않는다. [참고문헌] 『東國輿地勝覽』, 『梵宇攷』, 『伽藍考』, 『東國輿地志』, 『韓國寺刹全書』 권하 p.1148a19. ⇨ 오덕사 五德寺

향도 向道 ❶ Ⓢ pratipannaka-mārga, Ⓣ zhugs-pa'i-lam. 네 가지 사문과(四沙門果)를 향하는 성자. 사향사과(四向四果) 중 사향을 말한다. 넓은 의미에서는 아라한과(阿羅漢果)를 제한 일곱류의 성자 모두를 향도라고 한다. 승과도(勝果道 Ⓢ phala-viśiṣṭa mārga)라고도 하며 과도(果道)에 대칭한다. 『구사론』 권15(대정장29, p.80a6 : *Abh-k-bh.*, p.224)에 "무루의 선법은 세 가지 연으로 버린다. 첫째는 과를 얻음에 의해서이니, 성과(聖果)를 얻을 때에는 전의 향도와 과도를 버리기 때문이다. 無漏善法由三緣捨 一 由得果謂得果時捨前向道及果道故 anāsravaṃ tu kuśalaṃ tribhiḥ kāraṇaiḥ parityakṣyate phalaprāptitaḥ pūrvako mārgaḥ parityakṣyate", 『구사론기』 권15(대정장41, p.238b15)에 "만약 후의 과를 바라서 그 이름을 향도라 한다. 若望後果名爲向道", 『유가사지론』 권14(대정장30, p.354a11에 "향도중에서는 둔근과 이근에 의하기에 수신행과 수법행을 건립한다. 於向道中 依鈍根利根故 建立隨信隨法行", 『유가론기』 권24(대정장42, p.857b24)에 "사향을 향도라 하며, 일곱 사람은 모두 무학을 향하기에 모두 향도라고 부를 수 있다. 四向名向道 亦可七人俱向無學俱名向道"라고 하였다. [참고문헌] 『俱舍論』, 『俱舍論記』, 『瑜伽師地論』, 『瑜伽論記』, *Abh-k-bh.* ⇨ 승과도 勝果道, 과도 果道, 사향 四向❶, 사향사과 四向四果 ❷ ~를 향해 말하다. 『임제록』(대정장47, p.499c6)에 "고인이 말하길, '길에서 도에 달한 사람을 만나서는 제일로 향해 말하지 마라'. 古人云 路逢達道人 第一莫向道", 『운문광록』 권2(대정장47, p.565a15)에 "시중 때 운문이 말하길, '어떤 것이 끝내 그 끝 드러내지 않은 구인가?' 대신 말하길, '지금 사람들 반드시 향해 밝고 밝게 말해 줘야만 한다'. 示衆云 作麼生是不露鋒骨句 代云 今時人 須是明明向道始得"라고 하였다. [참고문헌] 『臨濟錄』, 『雲門廣錄』. ❸ 앞서 말하다. 『수산어록』(고존숙어록8, 卍속장118, p.255a11)에 "한 스님 묻기를, '묻는 이 누구입니까?' 수산 말하길, '노승이다'. 스님이 문득 할하자 수산 말하길, '앞서 노승이라 말했거늘 또 화를 내서 뭐하자는 게냐?' 스님 또 할하였다. 僧云 問者是誰 師云 是老僧 僧便喝 師云 向道是老僧 又惡發作什麽 僧又喝", 『조주어록』(고존숙어록13, 卍속장118, p.314a17)에 "한 스님 묻기를, '무엇이 도인입니까?' 조주 답하길, '내가 앞서 말하길 불인이라 하였다'. 問 如何是道人 師云 我向道是佛人"라고 하였다. [참고문헌] 『首山語錄』, 『趙州語錄』.

향도 香徒 부처를 섬겨 모인 무리. 삼국시대와 고려와 조선대를 걸쳐 있었다. 신행(信行)을 겸해 불상·탑·종 등 여러 불구(佛具)의 조성이나 법회를 설치하거나 시주하는 등 많은 불사를 지었다. 매향(埋香) 등을 위해 특별히 조직되기도 하였다. 조선시대 실학자인 이익(李瀷 1681~1763)이 저술한 『성호사설』 인사문(人事門) 「향도 香徒」와 이규경(李圭景 1788~?)의 『오주연문장전산고』 경사편(經史篇)5 논사류(論史類)1 논사(論史) 「향도변증설 香徒辨證說」에서 향도의 연혁을 서술하고 있다. 『삼국사기』 권41 열전(列傳)1 김유신전(金庾信傳)에 의하면 김유신(595~673)이 15세에 화랑(花郞)이 되었는데 사람들이 그의 낭도를 용화향도(龍華香徒)라 부르기도 하였으며, 673년(문무왕13)에 만들어진 「계유명삼존천불비상 癸酉銘三尊千佛碑像」에 "향도들이 석가와 여러 불·보살상을 조성해 모셨다. 香徒釋迦及諸佛菩薩像造"라고 기록하였다. 『삼국유사』 권3(대정장49, p.988a5·한불전6, p.316b21) 흥법(興法)3 원종흥법 염촉멸신(原宗興法 厭髑滅身)에서는 흥륜사(興輪寺)의 영수선사(永秀禪師)가 이차돈의 무덤에 염불하는 향도를 결성하여 매월 5일에 추원하였다 전한다. 고려대에는 매향비(埋香碑)나 온갖 불구조성 등의 향도의 불사사례가 보인다. 1187년(명종17)에 사망한 신보순(申甫純)의 묘지명에 의하면 "만년에 불사에 마음을 두어 일찍이 향도를 모아 염불작법하였다. 晩節歸心佛事 嘗聚香徒 念佛作法", 「청운사명반자명문」에 "대덕 5년 신축(1301, 충렬왕27) 4월 일. 청운사의 반자, 무게는 30근이다. 결원향도 문씨부인 등이 조상하였다. 동량은 도인 정원, 주조장인은 정이다. 大德五年辛丑四月日 青雲寺飯子入重三十斤 結願香徒文氏夫人等造上 棟梁道人正元鑄匠鄭"라 하였다. 『고려사』 권36 세가(世家)에 의하면 1342년(충혜왕후3) 6월 갑인일에 "왕이 신효사에 행차하였다. 등촉배가 향도를 결성하여 축수재를 이 절에서 열었다. 왕이 재연에 참석하였다. 幸神孝寺 燈燭輩結香徒 設祝壽齋於是寺 王押座齋筵"라고 하여 법회를 개설하는 등 적극적으로 활동하였다. 같은 책 권122 열전35 심우경전(沈于慶傳)에서는 "나라의 풍속에 계를 결하여 향을 사루니 향도라고 하였다.

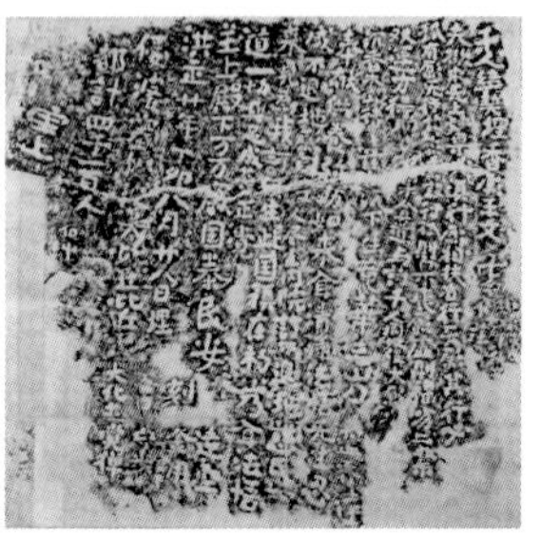

사천매향비탁본

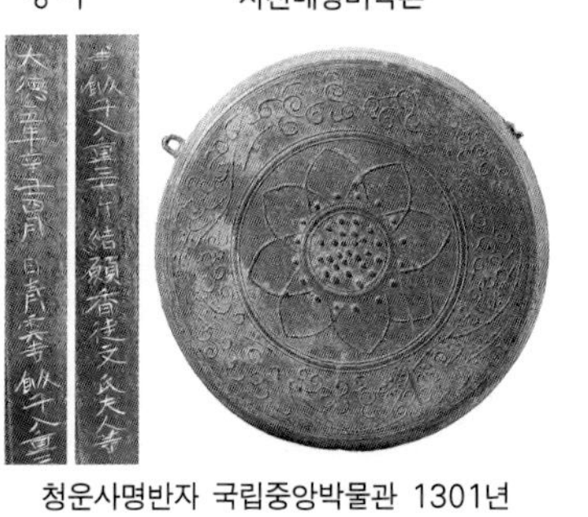

청운사명반자 국립중앙박물관 1301년

國俗 結契燒香 名曰香徒", 같은 책 권85 형법지(刑法志)2 금령(禁令)에 의하면 1339년(충혜왕 복위) 5월에 "감창사가 금령을 판시하였다. … 1. 성 안의 부녀들이 지위가 높고 낮음과 나이가 많고 적음을 가리지 않고 모여서 향도를 맺어 재를 베풀고 점등(點燈)하기 위해 무리지어 산사에 가고 있다. 監察司牓示禁令 … 一 城中婦女 無尊卑老少 結爲香徒 設齋點燈 群往山寺"라고 하였다. [참고문헌] 『星湖僿說』, 『五洲衍文長箋散稿』, 『三國史記』, 『三國遺事』, 『高麗史』, 金龍善 「申甫純墓誌銘」(『高麗墓誌銘集成』, 한림대아시아문화연구소, 2012), 『발원發願, 간절한 바람을 담다』(국립중앙박물관, 2015) pp.144~145, 韓相吉 『조선후기 불교와 寺刹契』(景仁文化社, 2006). ⇨ 이차돈순교비 異次頓殉教碑

향도 香稻 Ⓢ śāli, taṇḍula-phala-śāli, Ⓣ sa-lu. 향내 나는 벼. 겁초에 저절로 땅에서 생겨난 벼로서 사람들이 네 번째로 먹게 된 단식(段食)을 말한다. 임등(林藤)과 향도를 먹기 시작하면서부터 배설물이 생겨나고 배설기관도 생겨났으며 남근과 여근도 생겼다. 또한 남성과 여성으로 분리됨에 따라 애욕(愛欲)이 생겨났고 축재(蓄財)의 관념이 생겨남에 따라 아소(我所)의 마음도 생겨났다. 『구사론』 권12(대정장29, p.65b27)에 "(劫初에 地味·地皮餠·林藤이 사라지자) 땅을 갈아서 씨를 심지 않더라도 향도가 저절로 생겨났다. 사람들은 함께 그것을 취하여 먹을 것으로 충당하였는데, 이러한 음식은 거칠었기에 더러운 것이 몸에 남아 이를 없애고자 하였기에 곧 두 갈래의 길이 생겨나게 되었다. 이로 인해 이윽고 남근과 여근이 생겨났다. 이 두 근은 달랐기에 모습 또한 달라졌다. 有非耕種香稻自生 衆共取之以充所食 此食麤故殘穢在身爲欲蠲除便生二道 因斯遂有男女根生 由二根殊形相亦異 akṛṣṭoptaḥ sālir utpannaḥ taṃ prabhuktāḥ. tasyedānīm audārikatvān niḥṣyadanirvāhārthaṃ sattvānāṃ mūtrapurīṣamārgau saha strīpuruṣendriyābhyāṃ prādurbhūtau saṃsthānaṃ ca bhinnam", "(이에 음욕이라는 귀신이 사람에게 생겨났다) 그때의 사람들은 언제든 먹고 싶은 데 따라 향도를 취하여 먹었지 쌓아둘 줄 몰랐다. 이 이후 성품이 게으른 사람이 있어 향도를 많이 취해서는 쌓아놓고 나중에 먹고자 마음을 먹었다. 다른 사람도 이를 배워 점점 축재하였는데 이로 인해 행도에 대해 나의 것이라는 마음이 생겨났고, 각자 탐스런 정에 휘둘려 많이 거둬 싫어할 줄 몰랐다. 이에 거둬버린 곳에서는 다시 생겨나지 않았다. 爾時諸人隨食早晩隨取香稻無所貯積 後時有人稟性嬾惰 長取香稻貯擬後食 餘人隨學漸多停貯 由此於稻生我所心 各縱貪情多收無厭 故隨收處無復再 te ca khalu taṃ śālim sāyaṃ ca sāyamāśārthaṃ prātaś ca prātarāśārthaṃ praveśayanti sma. athāny atamaḥ sattvo'lasajātīyaḥ saṃnidhikāram akārṣīt anye'pi ca sattvāḥ saṃnidhikāram akārṣuḥ. teṣāṃ tatra mamakāra utpanne sa śālir lūno lūno na punar jāyate sma", 『백의금당이바라문연기경』 권중(대정장1, p.219a5)에 "임등이 사라지자 향도가 다시 생겨났다. 이 향도는 겨도 쭉정이도 없었으며, 묘한 향이 아낄 만 했다. 때에 의지해 기르고 익게 하였으니 아침에 베면 저녁에 다시 생겨났다. 林藤旣沒 香稻復生 而此香稻 無糠無粃 妙香可愛 依時成熟 旦時刈已 暮時還生"라고 하였다. 〔참고문헌〕『俱舍論』, 『白衣金幢二婆羅門緣起經』, *Abh-k-bh.*, *Saṅ-v.13.* ⇨ 지미 地味, 지피병 地皮餠, 임등 林藤, 단식 段食, 사식 四食, 식 食

향도계 香徒契 불법을 섬겨 신행하며 재물 등을 모아 온갖 불사도 수행하는 모임. 조정의 압박을 받기도 하였으며, 상례(喪禮)를 돕는 등의 모임으로 그 세가 쇠하기도 하였다. 『태조실록』 권4 1393년(태조2) 11월 기사일에 의하면 도평의사사(都評議使司)에서 막아야 할 폐해로 언급하기도 하였는데 "5. 근년에 여러 도에서 가뭄으로 인하여 농사가 흉년이므로 일찍이 도모하지 않는다면 기근이 거듭 겪게 될 것입니다. 또 무지한 백성들이 뒷날의 걱정을 돌아보지 않고 신에게 제사하고 향도계 등의 일로써 소비하는 것이 적지 않습니다. … 원컨대 지금부터 겨울까지 공상과 제초, 중국의 사신을 위한 연향 외에는 금주하도록 하십시오. 五曰 今歲諸道 因旱年荒 如不早圖 飢饉荐臻 且無知之民 不顧後患 以祀神香徒契內等事 糜費不小 … 願自今冬 供上及祭醮上國使臣宴享外 禁酒", 『현종개수실록』 권12 1664년(현종5) 11월 무신일에 의하면 "장령 이유가 아뢰기를, '마을 내의 향도계는 단지 사람이 죽었을 때 서로 도와주기 위한 뜻입니다'라고 하였다. 掌令李柚啓曰 洞內香徒之契 只爲死喪相救之"고 하였다. 〔참고문헌〕『太祖實錄』, 『顯宗改修實錄』. ⇨ 향도 香徒

향등 香燈 향과 등. 향을 올리고 등을 밝히는 일. 『백장청규』 권6 「초답의발 抄劄衣鉢」(대정장48, p.1147c26)에 "향등을 갖추어 공양하고 현전대중들은 대비주를 외우며 회향하여 위패를 안치한다. 밤에는 장명등으로 불 밝힌다. 備香燈供養 現前僧衆 諷大悲呪 回向安位 夜點長明燈", 『선림보훈』 권3(대정장48, p.1028c9)에 "부처님 모신 전당에 향 사루고 등 밝혀 끊이지 않고, 아침 저녁으로는 종과 북 울려 시분이 분명하게 했다. 殿堂香燈不絶 晨昏鐘鼓分明"라고 하였다. 〔참고문헌〕『百丈清規』, 『禪林寶訓』. ⇨ 장명등 長明燈

향래 向來 저로부터 온. 지금까지. 여태껏. 반대말은 향거(向去)다. 『허당어록』 권2(대정장47, p.1000a14)에 "다음날 허당이 법좌에 올라 말했다. '한여름 안거함에 그대들과 함께 아침저녁으로 생각하지 않은 적이 없었는데, 오늘 때가 다 차서야 문득 서로 통하고 보니 비로소 산은 산이고 물은 물임을 알았느니라. 옛부터 어째서 산은 산이고 물은 물임을 알지 못했을까? 오늘에서야 비로소 산은 산이고 물은 물임을 알았는데, 그대들이 믿지 못하겠다면 30년 후에 자연스레 아는 사람 있으리라'. 次日上堂 一夏未嘗不與諸人朝思暮想 今朝期滿驀忽相應 方知山是山水是水 向來豈不知山是山水是水 今日方知道 山是山水是水 汝若不信 三十年後 自有人知", 『전심법요』(대정장48, p.382b28)에 "한 학인이 황벽에게 물었다. '예로부터 와서 지금까지 이렇게 많은 말들이 모두 다만 닥친 것에 마주한 말이어서, 도무지 실법으로 사람들에게 가리켜 보인 적이 없었던 겁니까?' '진실한 법에는 전도가 없다. 그대의 지금 묻는 바로 그곳이 스스로 전도 일으키는 것이다. 무슨 실한 법을 찾겠는가?' 問 向來如許多言說 皆是抵敵語 都未曾有實法指示於人 師云 實法無顚倒 汝今問處 自生顚倒 覓甚麽實法"라고 하였다. 〔참고문헌〕『虛堂語錄』, 『傳心法要』.

향래암 香來庵 평안남도 안주군 태향산에 있던 암자. 『대동지지』 권21 평안도 안주 산수에 "태향산〈서쪽으로 칠십리에 있는데, 층층이 쌓인 바위 언덕이 깎아지른 듯 서 있어 마치 병풍과 장막을 펼친 듯하다. 향래암이 있다〉. 汰香山〈西七十里 層崖削立 如列屛帳 俯瞰鯨海 平臨鹿野 香來庵〉", 『범우고』 평안도 안주에도 "향래암〈태향산에 있다〉. 香來菴〈在汰香山〉"이라고 하였다. 〔참고문헌〕『大東地志』, 『梵宇攷』, 『韓國寺刹全書』 권하 p.1148b1.

향려 鄕閭 마을. 고향. 『당고승전』 권25 「혜원전 慧遠傳」(대정장50, p.644c19)에 "부모와 형제 세 사람 모두 생존해 있었고, 집안은 큰 부자로서 호화롭고 사치스럽게 살았으며, 마을에서 멋대로 하여 뜻이라고는 없었다. 父母兄弟 三人並存 居家大富豪侈 鄕閭縱橫不理"라고 하였다. 〔참고문헌〕『唐高僧傳』.

향로 香爐 향(香)을 사루는 화로. 재(災)로 불씨를 덮거나 선향 등을 꽂아 태우기에 향로라 한다. 고려시대의 향로는 특별히 향완(香埦)이라고도 부른다. 향로는 그 쓰임에 따라 탁자위에 두고 사루는 거향로(居香爐), 손잡이가 있어 행향(行香)할 수 있는 병향로(柄香爐), 높이 걸어두는 현향로(懸香爐)로 나누고, 형태에 따라 거향로는 박산(博山)·두형(豆形)·삼족(三足) 및 다족(多足)·원통형의 정형(鼎形)·다리는 사라지고 굽을 높인 향완(香埦) 등이 있고, 병향로는 까치꼬리형태의 작미형(鵲尾形), 사자장식의 사자진(獅子鎭), 연꽃가지 모습의 연지형(蓮支形) 등이 있으며, 현향로는 뚜껑이 있는 것과 없는 것 등이 있다. 단 재료에 따라 청동·자기·목재 등으로, 제작기법에 따라서는 은입사(銀入絲) 등의 이름을 갖게 되었고, 특히 자기형태는 그 조형의 자유로움 때문인지 연꽃 등은 물론 사자·오리·기린·원앙 등 동물장식향로로 다양하게 변주되었는데, 향수(香獸)라고도 부르는 이 향로는 의례보다는 훈향(熏香)이나 독서분향(讀書焚香) 등에 쓰였을 것으로 추정한다. 향로의 기원은 동서양으로 서로 겹쳐 오래되었기에 단정해 말할 수 없지만, 중국 등의 동아시아 전통에서는 박산(博山)형과 모자를 쓴듯한 두형(豆形)을 가장 오래된 것으로 여긴다. 1993년 부여에서 출토된 화려한 박산형 금동용봉봉래산향로(金銅龍鳳蓬萊山香爐)가 출현하여 큰 이목을 끌었다. 우리나라의 경우 고려시대를 대표하는 거향로는 특별히 향완(香垸)이라 부르는데, 다리형태가 사라지고 층급이 있는 원형받침에 나팔형 간주와 구연에 전이 달린 기형의 형태로 변한 대신 범자(梵字)와 화문(華紋), 용문(龍紋) 등을 은입사로 새겨넣는 등 뛰어난 솜씨의 고려향완이 출현하였다.

박산향로 침현재·금동두형향로 묵연재 중국 한

무자명청동현향로 법천사지출토 동국대학교박물관 1168년·청동현향로 사뇌사지출토 국립청주박물관 13세기

청동정형향로 묵연재 중국 원

청자도철문정형향로 국립중앙박물관 12세기·청동삼족향로 묵연재 조선

청자어룡장식향로·청자기린장식향로·청자원앙장식향로 국립중앙박물관 12세기

청동은입사향완의 문양은 점차로 체계를 갖추게 되었는데 대정(大定)4년 백월암명향완부터 나타나고, 표충사소장 대정17년(1178)명 청동은입사향완이 가장 오래된 기년명 작품으로 2단의 받침은 크고 둥글게 하단은 낮게 외반하였으며 상단에는 운문을 은입사하였고 나팔형간주는 음각선이다. 이 한 마리 용이 간주를 감싸고 태극과 유운문도 시문하였다. 강희13년(1674)통도사명청동은입사향완은 받침2단으로 상단에 연화당초문을 은입사하였고 나팔형간주 음각선 사이에 여의두문을 은입사하였으며, 간주 밑에는 구름과 봉황을, 윗부분에는 복련과 연판문으로 장식하였다. 몸체는 1단의 받침을 두고 쌍엽칠보문을 은입사한 후 밑부분에 모란과 범자 옴(ॐ om)을 은입사 하였는데 두겹의 원을 두르고 변형당초문도 넣었다. 청동은입사향

대정17년명청동은입사향완 표충사 1177년·강희13년 금통도사명 청동은입사향완 통도사 1674년

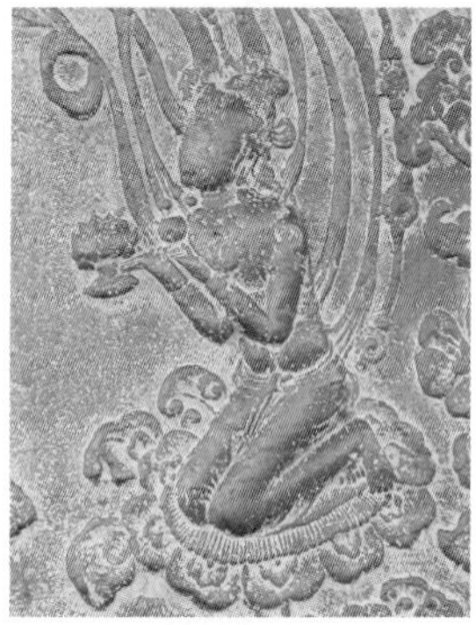
성덕대왕신종 병향로 국립경주박물관 통일신라771년

지광국사탑비 연지형병향로 법천사지 1085년

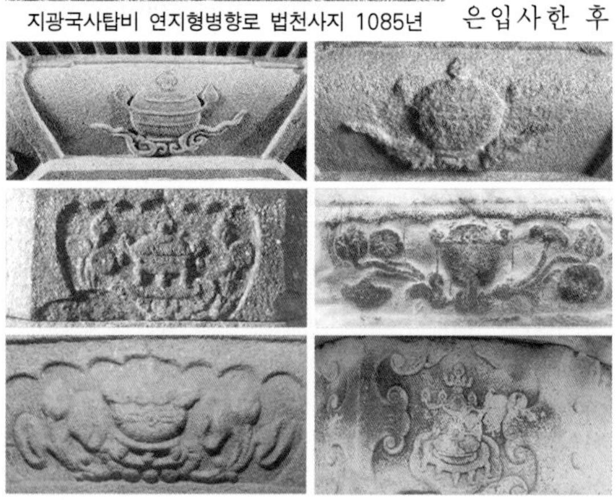
철감선사탑 쌍봉사 화순 868년·수철화상 능가보월탑 실상사 남원 893년·광자대사탑 대안사 곡성 945년·비로자나불 안상부 북지리 영주 9세기·정진대사 원오탑 봉암사 965년

완에 표현되는 사방 4자의 범자는 옴 마니 파드메 훔 (oṃ mani padme hūṃ), 아 옴 흐리히 훔 (a oṃ hrīḥ hūṃ), 태장사불(四佛)을 나타내는 (a ā aṃ ah), 옴()으로 시작하여 찬탄어구로 끝나는 4가지 계통으로 새겨졌다. 향로는 쓰임새로 뿐만 아니라 예경의 상징물로서 그 오래된 기원만큼 문화재 곳곳에 숨어 새겨져 전하는데, 성덕대왕신종에 공양자가 들고 있는 아름다운 병향로, 석굴암 십대제자 두 분이 들고있는 단아한 향로, 지광국사탑비 비제(碑題)를 장식한 날고 있는 천녀가 들고 있는 연지형병향로 등이 있으며, 석탑 하단 안상(眼象)에 향로를 돋을새김하여 장엄하기도 하였다. 걸어두고 쓰는 현향로는 고려만의 독특한 유산으로 향로 뚜껑 위로 섬세하게 다듬은 걸개형태의 손잡이가 달려있다. 특히 동국대 소장 원주법천사지현향로는 명문이 남아있는데 12세기로 추정되는 무자년 미타회(戊子年彌陀會)에서 사용하였음을 알리고 있고, 같은 모양의 사뇌사지 현향로 또한 이때 조성된 것으로 추정한다. 한편 향로는 그 사용함에 있어 주변권속을 거느리고 있는데, 향저와 향시를 꽂아놓는 향병(香柄), 향품을 집는 젓가락과 집게인 향저(香箸)와 향협(香鋏), 향시(香匙), 향재를 저어 고르게 하거나 숯을 넣고 다듬은 화저(火箸), 타고남은 재를 거두는 향산(香鏟) 등이다. ［참고문헌］『고려시대향로』(국립중앙박물관, 2013), 『향도구특별전』(통도사성보박물관, 2022), 『미륵사지출토금동향로』 국립문화재연구소, 2008) ⇨ 금동용봉봉래산향로 金銅龍鳳蓬萊山香爐

태강3년명 청동연지형병향로 국립중앙박물관 1077년

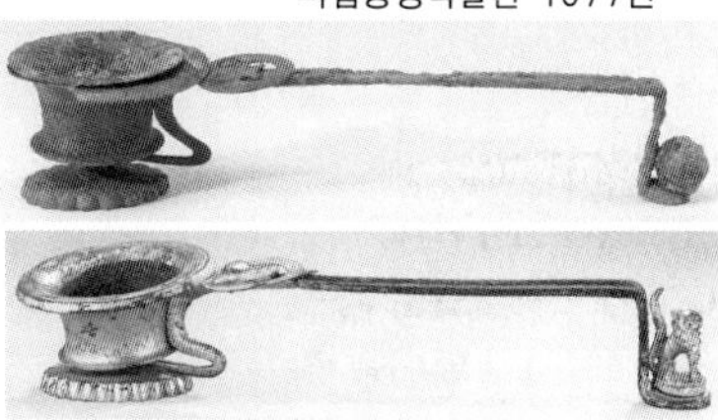

청동연화진병향로 국립김해박물관 10세기 · 사자진병향로 인각사출토 불교중앙박물관 9세기전반

향로암 香爐庵 ❶ 강원도 고성군 외금강산에 있던 유점사(楡岾寺)의 부속 암자. 『유점사본말사지』 「부폐허제암 附廢墟諸庵」에 이름과 위치가 전한다. 이이(李珥 1536~1584)의 『율곡전서』 권1(한국문집총간45, p.468a10)에 "비를 무릅쓰고 향로암에 찾아드니 인적도 없고 사립문도 닫혀 있다〈향로암 구연동 남쪽에 있다〉. 冒雨入香鑪 人靜關柴扉〈香鑪菴在九淵洞之南〉", 이경석(李景奭 1595~1671)의 『풍악록』에는 "진견성암이 있고, 암의 서북쪽 작은 언덕을 하나 넘으면 향로암과 향적암이 있는데, 모두 폐사하였다. 眞見性庵在焉 庵之西北踰一小嶺 則有香爐 香積庵而俱廢"라고 하였다. ［참고문헌］『栗谷全書』, 『楓嶽錄』, 『韓國寺刹全書』 권하 p.1148b6, 『楡岾寺本末寺誌』(亞細亞文化社, 1977) pp.16~17. ❷ 강원도 금강산(金剛山) 미륵봉에 있던 암자. 중관해안(中觀海眼 1567~?)의 『중관대사유고』(한불전8, p.206a13)의 칠언절구(七言絶句) 시(詩)에 「금강산미륵봉향로암배청허대사 金剛山彌勒峯香爐庵拜淸虛大師」라 하였고, 신익성(申翊聖 1588~1644)의 『낙전당집』 권7 유금강내외산제기(遊金剛內外山諸記)에 "미륵봉 아래 양진굴과 향로암이 있다. 彌勒峯之下 有養眞窟香爐菴"라고 하였다. ［참고문헌］『中觀大師遺稿』, 『樂全堂集』. ❸ 강원도 속초시 설악동 설악산(雪嶽山) 신흥사(神興寺)의 산내 암자. 「신흥사사적 神興寺史蹟」에 "향로암(香爐庵) … 이상(以上)은 선정사(禪定寺) 시(時)의 속암(屬庵)이니 창폐(創廢)연대는 미상(未詳)하니라"라고 하였다. ［참고문헌］『韓國寺刹全書』 권하 p.1148b4, 『乾鳳寺本末事蹟』(亞細亞文化社, 1977) p.91. ❹ 강원도 회양군 내금강면 장연리 금강산(金剛山)에 있던 표훈사(表訓寺)의 부속 암자. 김창협(金昌協 1651~1708)의 『농암집』 권23 「동유기 東游記」 자정양사역원동환표훈기(自正陽歷圓通洞還表訓記)에 "향로봉 아래에 이르니 시내에 임하여 새로 지은 초가가 있었는데, 단청을 하지 않은 모습이 정결하고 산뜻하여 가히 사랑스러웠다. 향로암이라고 하였다. 到香鑪峰下 臨溪有新構白茅 室不施丹采 楚楚可愛 曰香鑪菴"라고 하였다. ［참고문헌］『農巖集』(韓國文集叢刊162, p.169a12). ❺ 전라남도 순천시 승주읍 죽학리 조계산(曹溪山)에 있던 암자. 대본산 선암사(仙巖寺)의 말사이자 산내 암자. 새봉(璽封 1687~1767)의 『상월대사시집』에 「제선암사향로암 題仙巖寺香爐庵」이 실려 있다. ［참고문헌］『霜月大師詩集』, 『韓國寺刹全書』 권하 p.1148b2.

향로염 香爐奩 두타십팔물(頭陀十八物) 중 하나. 향로와 향합(香盒). 『범망경보살계약소』 권6(卍속장60, p.876b18)에 "〈경〉 하안거를 할 때, 언제나 양지 · 가루비누 · 삼의 · 병 · 발우 · 좌구 · 지팡이 · 향로와 향합 · 거름 주머니 · 수건 · 칼 · 부싯돌 · 족집게 · 노끈으로 만든 평상 · 경 · 율 · 불상 · 보살상 등을 쓴다. 보살은 두타행을 할 때나 여러 곳을 다닐 때 백 리나 천 리를 가더라도 이 열여덟 가지 물건을 항상 몸에 지니고 다닌다. '두타'란 정월 보름부터 삼월 보름까지와 팔월 보름부터 시월 보름까지이니, 이 두 기간 동안 이 열여덟 가지 물건을 마치 새의 두 날개처럼 항상 몸에서 지닌다. 〈소〉 열여덟 가지 물건을 몸에 지니는 것은 마치 새에게 두 날개가 있는 것과 같으니 마음대로 왕래하여 백 리나 천 리를 가더라도 사용하는 데 결여됨이 없어야 한다. 섬기길 이와 같이 해야 하니 이유는 모두 나타내는 바가 있을까 해서다. 양지는 구업을 청정하게 하는 것이며 … '향'은 계덕의 향기를 표하고, '로'는 지계견고함을 나타내며, '염'은 향합을 나타내는데 그 바닥이 평정하니 보살의 마음이 평등함을 나타낸다. 結夏安居 常用楊枝 澡豆 三衣 甁 鉢 坐具 錫杖 香爐奩 漉水囊 手巾 刀子 火燧 鑷子 繩牀 經 律 佛像 菩薩形像 而菩薩行頭陀時 及遊方時 行來百里千里 此十八種物 常隨其身 頭陀者 從正月十五日 至三月十五日 八月十五日 至十月十五日 是二時中 此十八種物 常隨其身 如鳥二翼 十八物隨身 如鳥之有兩翅 任意去來 遊行百里千里 受用無乏 據事如是 然理皆有所表 楊枝用淨口業 … 香表戒德氛馥 爐表持戒堅固 奩是香盒 其底平正 表菩薩心地平等"라고 하였다. 『범망경』 권하(대정장24, p.1008a14)에는 '향로염'을 '향로'라고 하였다. 〔참고문헌〕『梵網經菩薩戒略疏』, 『梵網經』. ⇨ 두타십팔물 頭陀十八物, 비구십팔물 比丘十八物

향로자 香爐子 향로라는 저 물건. 『속전등록』 권13 「입지전 立誌傳」(대정장51, p.550b25)에 "주장자로 향대 한 번 쳐 내리면서 다시 말했다. '법은 법을 보지 못하고 법은 법을 행하지 못하며 법은 법을 알지 못한다. 대중이여, 이것은 향로라는 것이다. 무엇이 보지 못하고 행하지 못하며 알지 못하는 것일까? 백억의 항사세계의 모든 부처님들 온통 이 향로 위에서 빛을 놓고 대지 흔들고 법을 설하여 중생을 건너게 하신다. 여러분들 보았는가? 보아 얻고도 남았을 텐데 그저 머뭇거릴 뿐이다'. 할 한 번 내질렀다. 以拄杖打香臺一下 又曰 法不見法 法不行法 法不知法 大衆 這箇是香爐子 如何是不見不行不知 百億恒沙世界諸佛 盡在香爐上 放光動地 說法度人 諸人還見麼 直饒見得 也涉躕躕 喝一喝"라고 하였다. 〔참고문헌〕『續傳燈錄』.

향로전 香爐殿 향사(香事)를 주관하는 전각. 향은 물론 법요에 필요한 법기(法器) 등은 물론 법당 안의 모든 일을 보살피는 소임자가 머문다. 박한영(朴漢永)의 「해인사대향로전중건기 海印寺大香爐殿重建記」에 "불전에 의지해서야 쓰임이 있는 곳이다. 대적광전에 올리는 향을 모셔두는 곳이고 아울러 퇴설선원에서 대중이 올리는 향을 쌓아두는 곳이다. 有倚殿之用 大寂光殿奉香所 及堆雪禪院香積堂也"라고 하였다. 〔참고문헌〕 李智冠 『伽倻山海印寺誌』 p.145. ⇨ 응향각 凝香閣, 지전 知殿

향루 香樓 향나무로 쌓아 올린 누대. 부처님께서 반열반하신 후 향목 쌓아올린 누대 위로 법구를 모신 보관(寶棺)을 안치한 후 다비하였다. 『대반열반경후분』 권하(대정장12, p.908a16)에 "그때 모든 대중이 미묘한 향나무 모아서 수미산 높이로 쌓았으니, 그 향기로운 냄새가 세계 가득 퍼졌다. 서로 거듭해 촘촘하게 층을 이루어 큰 향나무 누대가 마련되었다. … 그때 하늘과 인간대중이 관을 들어서 향나무 누대 위에 안치하고자 하였다. … 점차로 다비하여 칠일을 경과하자 미묘한 향루타들어가 마침내 재만 남게 되었다. 爾時 一切大衆 所集微妙香木 積高須彌 芬馥香氣 普薰世界 相重密次 成大香樓 … 是時天人大衆 將欲擧棺 置香樓上 … 漸漸荼毘 經于七日 焚妙香樓 爾乃方盡"라고 하였다. 〔참고문헌〕『大般涅槃經後分』. ⇨ 다비 茶毘, 전륜왕장법 轉輪王葬法

향류 響流 울려 멀리 퍼지다. 『무량수경』 권상(대정장12, p.267a24)에 "정각의 위대한 음성 시방에 울려 퍼진다. 正覺大音 響流十方", 『무량수경연의술문찬』 권중(대정장37, p.148c4)에 "이는 두 번째로 구업을 찬탄한 대목이다. 위대한 음이란 말이 지극한 음이다. 여래의 음성 그 무엇도 이를 넘어설 수 없으므로 위대한 음이라 한다. 울린다는 말은 뚜렷이 들리는 소리이니, 마땅함 좇아 구별해 그 끝이 있게 해서 소리낸다. 此第二歎口業也 大音者 卽語密之音 如來之聲 更無過此 故云大音 響者 卽顯了之音 逐宜而有分限發"라고 하였다. 〔참고문헌〕『無量壽經』, 『無量壽經連義述文贊』.

향리향외 向裏向外 안으로나 밖으로나. 『임제록』(대정장47, p.500b21)에 "그대들이 법과 어김이 없는 견해를 얻고자 한다면 다만 남의 말에 미혹당하지 않아야 하니, 안을 향해서나 밖을 향해서나 만나 부딪히면 무엇이 되었건 곧바로 죽어야 한다. 爾欲得如法見解 但莫受人惑 向裏向外 逢著便殺"라 하였다. 〔참고문헌〕『臨濟錄』.

향림사 香林寺 **1** 서울특별시 강북구 삼각산(三角山)에 있던 절. 『고려사』 권4 세가(世家)4 1016년(현종7) 1월 27일과 1018년(현종9) 12월 23일에 "(태조의) 관을 부아산 향림사에 옮겨 안치하였다. 移安梓宮于負兒山香林寺"라고 하였다. 『세종실록』 권35 1427년(세종9) 이지(李枝 1349~1427)의 졸기(卒記)에 "향림사에 나아가 부처에게 공양하였다가 하룻밤 사이에 갑자기 졸하니 79세 였다. 至是亦詣香林寺供佛 一夜暴卒 年七十九"라고 하였고, 같은 해 2월 9일에는 역병으로 사망한 사람의 시체를 향림사의 동구(洞口)에 걸었다고 하였다. 『명종실록』 권2 1545년(명종1)에는 윤흥의(尹興義 ?~1545)가, 『강한집』 권28에는 김상용(金尙容 1561~1637)이 1578년(선조11)에 향림사에서 독서했던 내용을 기록하기도 하였고, 이정구(李廷龜 1564~1635)의 『월사집』 권10에는 「차향림승묘언축상운 次香林僧妙彦軸上韻」이 실려 있다. 『동국여지승람』 권3 한성부 비고편 불우에 "지금은 없다. 今無"라고 하였다. 〔참고문헌〕『高麗史』, 『高麗史節要』, 『世宗實錄』, 『明宗實錄』, 『江漢集』, 『月沙集』, 『東國輿地勝覽』, 『韓國寺刹全

書』 권하 p.1148b10. **2** 전라남도 순천시 석현동 비봉산(飛鳳山)에 있는 절. 1853년(철종4)에 이기성(李基晟)이 쓴 「향림사중수기 香林寺重修記」에 "옥룡선사(도선국사 827~898)가 향림사 터에 머물렀다. 玉龍禪師卓錫之遺址也"라고 하였고, 『태종실록』 권14 1407년(태종7)에는 자복사(資福寺)로 지정된 기록이 남아 있다. 이수광(李睟光 1563~1628)의 『승평지』 사찰에는 "동백이 매우 무성하다. … 갑진년(1604・선조37) 읍인들이 함께 재물을 모아 중창하였는데 산의 맥을 진압하기 위함이다. 冬栢最盛 … 甲辰邑人共出財 重創 爲其鎭壓邑脉云"라고 하였고, 이후 1849년(헌종15)에 폐사위기에 처하자 선남선녀(善男善女)가 재물을 모아 중건하면서 선방(禪房)과 객실(客室)을 수리하였다. 대웅전 현판에는 당시 순천부사 김연근(金淵根)과 절의 도감 성인(性仁), 불량계원(佛糧契員) 19인의 이름이 남아있다. 1862년(철종13)에는 「천수다라니」 목판을 조성하였고, 1898년(광무2) 편찬된 『승평속지』에 김윤식(金允植 1835~1922)의 「향림사」를 비롯한 문인들의 시가 남아 있다. 1924년에는 주지 김죽암(金竹庵)이 절 주변에 많은 소나무를 지어 수재를 방지하였고, 1931년에는 주지 최종산(崔鐘山)이 삼성각과 요사를 새로 지었다. 1967년 주지 정석운(鄭石運)이 중건하면서 지금의 대웅전을 지었고, 1994년 대웅전이 전소되었으나 이후 재정비하였다. 현존하는 당우로는 대웅전・삼성각・요사 등이 있다. 성보문화재로는 제116호 삼층석탑・제287호 동종 등이 있다. [참고문헌] 『太宗實錄』, 『昇平誌』, 『昇平續志』, 『韓國寺刹全書』 권하 p.1148b17, 『朝鮮寺刹史料』 권상 pp.421~423. **3** 충청남도 부여군 충화면 천당리 천등산(天燈山)에 있던 절. 오희문(吳希文 1539~1613)의 『쇄미록』 권4 을미일록(乙未日錄) 3월 21일에 "이 절 역시 대찰이었으나 폐사한 지 오래다. 지금도 살고 있는 스님들이 많지 않아서 쓰지 않는 빈방 역시 많다. 此寺亦大刹 廢空久矣 今者入居僧輩不多 空廢之房亦多"라고 하였다. 『동국여지승람』 권17 충청도 임천군 불우와 『범우고』에 이름과 위치가 전하며, 『여지도서』 충청도 임천 사찰과 『가람고』에 "군 서쪽 10리에 있다. 在郡西十里"라고 하였다. [참고문헌] 『瑣尾錄』, 『東國輿地勝覽』, 『梵宇攷』, 『輿地圖書』, 『伽藍考』, 『韓國寺刹全書』 권하 p.1148b15.

향림실내 香林室內 향림이 방안을 비추는 등 하나를 묻다. 운문문언(雲門文偃)의 제자 향림징원(香林澄遠)이 학인과 나눈 문답. 『경덕전등록』 권22 「향림징원전 香林澄遠傳」(대정장51, p.387a20)에 "학인스님이 묻기를 '무엇이 방안을 비추는 하나의 등입니까?'라 하자 선사 말하였다. '세 사람이 거북이를 두고 자라라고 한다'. 問 如何是室內一燈 師曰 三人證龜成鼈"라고 하였다. [참고문헌] 『景德傳燈錄』. ⇨ 징원 澄遠

향림원 香林院 사천성(泗川省) 성도부(成都府) 관현(灌縣) 서남쪽으로 50리 지점의 청성산(青城山)에 있는 절. 운문문언(雲門文偃)의 제자 향림징원(香林澄遠)이 주석하던 절이다. [참고문헌] 『佛祖歷代通載』 권18(대정장49, p.659c24), 『釋氏稽古略』 권4(대정장49, p.861c20), 『景德傳燈錄』 권22(대정장51, p.387a10).

향림좌구성로 香林坐久成勞 향림선사 오래 앉았더니 피로하다 답하다. 서래의(西來意)에 답한 향림징원(香林澄遠)의 화두다. 『벽암록』 17칙 「평창 評唱」(대정장48, p.157b16)에 "학인이 '달마가 서쪽에서 온 뜻은 무엇인지요?'라고 묻자 향림이 '오래 앉아 있었더니 피곤하구나'라고 대답했다. 참으로 말에도 맛이 없고 구절에도 맛이 없다고 할만 하다. 맛이 없는 이야기로 상대의 입을 틀어막았으니 아무도 숨을 내쉴 여지가 없다. 僧問 如何是祖師西來意 林云 坐久成勞 可謂言無味句無味 無味之談 塞斷人口 無爾出氣處", 『직주설두송고』 권상 「착어 著語」(卍속장117, p.511b4)에 "평하고 실하게 곧바로 가리킬 뿐이다. 平實直指"라고 하였다. [참고문헌] 『碧巖錄』, 『直註雪竇頌古』.

향립지세 向立之歲 서른을 바라보는 나이. 삼십이립(三十而立)에서 나온 말. 『양고승전』 권2 「불타야사전 佛陀耶舍傳」(대정장50, p.333c29)에 "나이로 보면 구족계를 받았어야 하지만 계단에 한 번도 임하지 않았던 까닭에 서른을 바라보는 나이에도 여전히 사미 신분이었다. 年及進戒 莫爲臨壇 所以向立之歲 猶爲沙彌"라고 하였다. [참고문헌] 『梁高僧傳』.

향모 嚮慕 멀리서 바라 그리워하다. 『불조통기』 권40(대정장49, p.371b12)에 "칙령으로 사신을 보내 소주 혜능선사를 서울로 맞아들여 불도를 펼치려 하였으나 선사가 질병을 이유로 사양의 뜻을 표하였다. 그로 인하여 가사와 병발을 하사하여 멀리서 사모하는 주상(中宗)의 마음을 일러주었다. 勅遣使迎 韶州慧能禪師 入京行道 師表辭以疾 因就賜袈裟甁鉢 以諭主上嚮慕之意"라고 하였다. [참고문헌] 『佛祖統紀』.

향모성 香茅城 부처님께서 반열반하신 구시나게라(拘尸那揭羅 Ⓢ Kuśinagara)의 옛 이름. 일찍이 대선견(Ⓟ Mahāsudassana)왕이 도읍 삼았고 석존 재세시에는 말라(Ⓟ Mallā)왕국의 주도(主都)였다. 구시나(拘尸那)라고도 한다. 『대비바사론』 권76(대정장27, p.395b25)에 "저 계경에 설하길 '과거 왕이 있었으니 이름이 대선견이었고, 향모성에 자리하여 선법전에 살았다'.

如契經說 過去有王名大善見 都香茅城居善法殿", 『속일체경음의』 권2(대정장54, p.942c8)에 "구시나〈범어로 서쪽 나라의 성 이름이다. 연초성 또는 향모성이라 하는데 이 풀이 많이 났기 때문이다. 중인도에 있고 둘레는 천여 리로 여래께서 대열반에 드신 곳이다〉. 拘尸那〈梵語 西國城名也 此云耎草城 或云香茅城 以多出此草故也 在於中印度 境周千餘里 卽如來於此入大涅盤處〉"라고 하였다. [참고문헌] 『大毘婆沙論』, 『續一切經音義』. ⇨구시나게라 拘尸那揭羅, 구사바제 拘舍婆提, 대선견왕 大善見王

향목 香木 정랑에서 나와 손을 씻은 다음 냄새를 없애기 위해 만지는 나무조각. 『선림상기전』 권28(대장경보편19, p.835a6)에 "향목 : 구설에 따르면 '향목이란 측간에서 나와 냄새를 없애는 나무로 향나무로 만들어 장대 끝에 매달아 놓고 두 손으로 비벼 깨끗하게 냄새를 없앤다'라고 한다. 지금은 팔각형으로 깎아 만든다. 옻칠을 바르기도 하는데 잘못이다. 香木 舊說曰 香木 出厠去穢之木 以香材造之 懸笐竿端 兩手摩擦爲淨 如今削作八角矣 或漆塗者 非也"라고 하였다. [참고문헌] 『禪林象器箋』. ⇨정랑 淨廊

향문 向門 Ⓟ dvāratta. 향해 열리는 문. 육근(六根)이 육경(六境)을 향하기에 이렇게 말한다. 3권본 『나선비구경』 권중(대정장32, p.713b3)에 "왕이 다시 물었다. '무엇을 향문이라 합니까?' 나선이 말했다. '비유하면 큰 성도에 문이 하나가 있는데, 그곳에 사는 어떤 한 사람이 성도를 나가고자 한다면 어떤 곳을 향해 가야하겠습니까?' 왕이 말했다. '문을 통해 나갈 수 있을 뿐입니다'. … 나선이 말했다. 눈 또한 문과 같습니다. … 이것이 바로 향문입니다. 귀 · 코 · 입 · 마음 또한 그러합니다. 王復問 何等爲向門者 那先言 譬如大城都有一門 其中有一人欲出當從何向 王言 當從門出耳 … 那先言 眼亦如門 … 是爲向門 耳鼻口身意亦爾"라고 하였다. [참고문헌] 『那先比丘經』, *Mil.57 · 58.*

향미 香味 Ⓢ gandha-rasa, Ⓣ dri-dang-ro. 냄새와 맛. 오경(五境) 중 향경(香境)과 미경(味境). 향과 미는 단식성(段食性)으로서 오직 욕계(欲界)에 속하고, 색계(色界)와 무색계(無色界)에는 없기에 구별해 말한다. 『구사론』 권1(대정장29, p.2b8 : *Abh-k-bh.*, p.5)에 "오경이란 안 등 오근의 경계로서 이른바 색 · 성 · 향 · 미 · 소촉을 말한다. 言五境者 卽是眼等五根境界 所謂色聲香味所觸 pañcārthās teṣām eva cakṣurādīnām indriyāṇāṃ yathāsvaṃ ye pañca viṣayāḥ rūpaśabdagandharasaspraṣṭavyākhyāḥ", 같은 책 권2(대정장29, p.7b29 : *Abh-k-bh.*, p.20)에 "색계에 속하는 것은 오직 열네 가지로 향미경과 비설식을 제한다. 향경과 미경을 제한 것은 이것들이 단식성이기 때문이다. 단식에 대한 욕을 여읠 때 비로소 그 색계에 날 수 있다. 色界所繫唯十四種 除香味境及鼻舌識 除香味者段食性故 離段食欲方得生彼 rūpa-dhātau caturdaśa dhātavaḥ. vinā gandharasaghrāṇajihvāvijñāna-dhātubhiḥ. tatra hi gandha-rasau na staḥ. tayoḥ kavaḍīkārāhāratvāttaddvītarāgāṇāṃ ca tatra-upapatteḥ", 『대비바사론』 권19(대정장27, p.96b17)에 "색온이란 안 등의 오근과 색향미촉이다. 謂色蘊 卽眼等五根色香味觸", 『유가사지론』 권12(대정장30, p.337a10)에 "안등근색은 오직 스스로의 몸에 속하고, 향과 미라는 두 진은 모든 곳에 두루할 수 없으니, 성진에는 간단이 있다. 眼等根色 唯屬自身 香味二塵 不遍一切 聲塵有間", 같은 책 권54(대정장30, p.599c18)에 "색계 중에 향과 미는 멀리 떠난다. 於色界中遠離香味", 『종경록』 권58(대정장48, p.750a19)에 "(사대종으로) 만들어진 것에서 네 가지 아주 적은 것들이 색향미촉이다. 所造卽四微 色香味觸"라고 하였다. [참고문헌] 『俱舍論』, 『大毘婆沙論』, 『瑜伽師地論』, 『宗鏡錄』, *Abh-k-bh.*

향반 香飯 Ⓢ sarva-gandha-parivāsita bhojana. 향적반(香積飯)의 줄임말. 유마힐(維摩詰)이 향적여래(香積如來)의 세계에서 가져와 대중스님(衆僧)에게 공양했다고 하는 음식. 『유마경』 권하(대정장14, p.552b18 : *Viki-n.*, p.368)에 "그때 향적여래는 온갖 향기로운 발우에 향반을 가득 담아 화보살에게 주셨다. 於是香積如來 以衆香鉢 盛滿香飯 與化菩薩 atha sa bhagavān gandhottamakūṭas tathāgataḥ sarvagandhasamīhite bhājane taṃ sarvagandhaparivāsitaṃ bhojanaṃ tasmai bodhisatvāya prādāt"라고 하였다. [참고문헌] 『維摩經』, *Viki-n.* ⇨향적 香積

향반 香盤 향로(香爐)를 놓는 받침대. 향대(香臺) 또는 상향반(常香盤)이라고도 한다. 나무나 금속으로 네모나게 만든다. 『선림상기전』 권28(대장경보편19, p.771a12)에 "향반 : 『희수담선사광록』 「선방십사」 중 향인송에 이렇게 읊는다. '고대의 전자(篆字) 분명히 알고자 하는가? 건추로 한 방 맞으면 완전히 깨우치리라. 전단향과 쇠똥 함께 사루어, 납승의 콧구멍을 하나로 꿰어버린다네'. 香盤 希叟曇禪師廣錄 禪房十事 香印頌云 要識分明古篆 一槌打得完全 燒炷旃檀牛糞 衲僧鼻孔校穿"라고 하였다. [참고문헌] 『禪林象器箋』.

향방성 香芳城 왕사성(王舍城)의 다른 이름. 경흥(憬興)의 『삼미륵경소』(대정장38, p.320c6 · 한불전2, p.104a21)에 "계두라 하였다. 현장(玄奘)법사는 '서방에서 왕사성이라 하는 말은 여기서는 향방성이다. 미래에 사거라는 이름의 왕이 도읍으로 정한 성을 계두말이라 하는데 혜당이라 한다'라고 하였다. 그러므로 계두말은 왕사성의 국계임을 알 수 있다. 雞頭者 奘法師云 西方說王舍城 是香芳城 未來有王 名餉佉 所都大城 名雞頭末 此云慧幢 然卽知雞頭末 卽是王舍城國界"라고 하였다. 〔참고문헌〕『三彌勒經疏』. ⇨ 왕사성 王舍城

향배 向背　바래거나 등짐. 『문수사리문경』 권상(대정장14, p.496a27)에 "온 것은 향한다는 뜻이고, 간 것은 등진 뜻이다. 만약 향하거나 등질 일 없다면 오지도 않고 가지 않은 것이니 성인이 행하는 경계다. 來者向義 去者背義 若無向背 不來不去 是聖行處"라고 하였다. 〔참고문헌〕『文殊師利問經』. ⇨ 무향배 無向背

향법차법 向法次法　법을 향하고 법에 나아가다. 『중아함경』 권1 「선법경 善法經」(대정장1, p.421c21)에 "법을 듣고 뜻을 관하는 사람에 다시 두 종이 있다. 법을 알고 뜻을 알며 법을 향하고 법에 나아가며 법을 수순하여 법다이 행하는 이가 있고, 법을 알지 못하고 뜻도 알지 못하며 법을 향하지도 않고 법에 나아가지도 않으며 법을 수순하지 않아 법다이 행하지 않는 이가 있다. 聞法觀義人 復有二種 有知法知義 向法次法 隨順於法 如法行之 有不知法不知義 不向法次法 不隨順法 不如法行", 『비바사론』 권4(대정장28, p.442a27)에 "이근으로는 법을 들으니 선지식을 가까이하고 법을 듣고 나서는 사유하여 기억해 법을 향하고 법에 나아간다. 耳根聞法 近善知識 及聞法已 思惟念向法次法"라고 하였다. 〔참고문헌〕『中阿含經』, 『鞞婆沙論』, 『一切經音義』 권74(대정장54, p.787c16). ⇨ 법차법향 法次法向

향봉 香峰　1901~1983. 근세 순천 송광사 스님. 휘는 향눌(香訥), 호는 향봉(香峰). ⇨ 향눌 香訥

향부자 香附子　Ⓢ musta, mustaka, Ⓣ gla-sgang. 약초 이름. 밀교작법에서 공양하거나 진언행자가 작법에 앞서 목욕재계하고 태워서 그 향을 맡는다. 『금광명최승왕경』 권7(대정장16, p.435a3)에 "향부자〈목솔다〉. 香附子〈目窣哆〉", 『범어잡명』(대정장53, p.1238a21)에 "향부자. 목살달가. 무스타카. 香附子 母薩怛迦 𑖦𑖲(mu)𑖭𑖿𑖝(sta)𑖎(ka)"라고 하였다. 〔참고문헌〕『金光明最勝王經』, 『梵語雜名』, *Suv-pr.98*, 『仏教植物辭典』(國書刊行會, 1982).

향사 香社　향 사루며 공부하되 새롭게 모여 기약하여 특별히 규약을 정해 함께 수행함. 그렇게 하는 결사(結社)나 결사를 수행한 사원을 가리킨다. 『원종문류』 권22 찬송잡문류(讚頌雜文類)에 최치원(崔致遠)이 작성한 「화엄사회원문 華嚴社會願文」에 "그 옛날 여산의 혜원공이 여러 대중과 함께 서원을 세워 서방정토에 나기를 기약하였으니 남겨진 아름다움을 찾아볼 만합니다. … 그러므로 우리 업 중의 큰스님들이 함께 향사를 맺어 특별히 법연을 경영하였습니다. 만약 먼저 돌아가시는 분이 있으면 대중이 황복사에 모여서 하루 동안 강경하여 명복을 빌었습니다. 昔廬峯遠公 與衆立誓 志期西境 遺美可尋 … 故我業中 先達龍象 共締香社 特營法筵 如有先示滅者 衆集皇福寺 講經一日 追冥福也", 『동문선』 권117 비명(碑銘) 「조계산수선사불일보소국사비명 曹溪山修禪社佛日普炤國師碑銘」에 "처음 스님께서 남쪽으로 가기 전에 동학과 약속하기를, '내가 이름을 숨기고 향사를 맺어 정혜를 익히는 것을 일로 삼으려고 하는데 그대들은 어떠한가?'라고 말하였다. 初師之未南遊也 與同學諸子約曰 吾欲逃名 結香社 以習定慧爲事 於子等何如", 『대각국사문집』 권18 「농서학사이억임천사시견증인차운화수 隴西學士以憶臨川寺詩見贈因次韻和酬」에 "한 구역의 향사를 원람이라고 부른다. 문 열면 지름길이 청허하여 청산을 마주하네. … 주장자 걸어 두는 것은 배울 뜻을 갚는 것인데, 고향의 옛 불당을 꿈속에 돌아본다네. 一區香社號鴛藍 門徑淸虛對碧嵐 … 掛錫已酬爲學志 故山還夢舊栖堂"라고 하였다. 〔참고문헌〕『圓宗文類』, 『東文選』, 『大覺國師文集』. ⇨ 결사운동 結社運動, 정혜결사 定慧結社, 향화사 香火社

향사 香祀　부처님을 모셔 향 사루며 공양하는 일. 『삼국유사』 권3(대정장49, p.992b9 · 한불전6, p.323c6) 탑상(塔像)4 삼소관음 중생사(三所觀音 衆生寺)에 "통화 10년 3월에 절의 주지인 성태가 보살 앞에 꿇어앉아 말씀을 드리기를, '제자가 오랫동안 이 절에 머물면서 향화를 부지런히 힘쓰고 밤낮으로 게을리 하지 않았지만 절에는 밭에서 나는 것이 없으므로 향사를 이을 수 없습니다. 장차 다른 곳으로 옮기려고 하므로 와서 말씀드립니다'라고 하였다. 그 날 졸다가 꿈에서 대성(大聖)이 이르기를, '스님은 머물고 멀리 떠나지 마라. 내가 연화하여 재의 비용을 충당해 주겠다'라고 하였다. 스님이 기뻐하며 잠에서 깨어 머물고 떠나지 않았다. 又統和十年三月 主寺釋性泰 跪於菩薩前白言 弟子久住玆寺 精勤香火 晝夜匪懈 然以寺無田出 香祀無繼 將移他所 故來辭爾 是日假寐 夢大聖謂曰 師且住無遠離 我以緣化充齋費 僧忻然感寤"라고 하였다. 〔참고문헌〕『三國遺事』.

향사리 香闍梨　북주(北周)대 스님. 양(梁)초 익주(益

州 : 四川省 灌縣) 청성산(靑城山) 비부사(飛赴寺)에 주석하였다. 당시 3월 3일이 되면 반드시 청성산에 가서 술과 고기를 먹고 즐기는 풍속이 있었다. 향사리가 매번 찾아가 하지 말도록 일깨웠으나 듣는 이가 없었다. 어느 해에 향사리가 함께 마시자 대중이 다투어 술과 안주를 바쳤으며 주는 대로 다 먹어치우더니 갑자기 토했다. 닭고기가 입에서 나와 울며 날아갔고 양고기는 내달렸으며 생선은 물로 헤엄치며 달아났다. 대중이 모두 놀라서 오신채를 먹지 않고 살생을 끊겠다고 맹세한다. 이때부터 청성산에서는 살생과 음주의 풍속은 바뀌었다. 입적한 후 장례를 치르다가 제자가 관이 너무 가벼워 이상하게 여긴 끝에 열어 보았으나 시신이 없고 지팡이 한 자루만 남아 있었다. [참고문헌]『唐高僧傳』 권25(대정장50, p.657a21), 『神僧傳』 권4(대정장50, p.971a8).

향산 香山 **1** [S] Gandha-mādana, [T] sPos-kyi-ngad ldan. 무열지(無熱池) 북쪽에 있는 염부제(閻浮提)에서 가장 높아 중심이 되는 산. 『구사론』에서는 향취산(香醉山)이라 하고, 중국에서는 곤륜산(崑崙山)이라 부른다. 『법화경삼대부보주』 권상(卍속장43, p.903a18)에 "불경에 따르면 '사대하의 본원은 향산에서 나와 갈라지면서 사해로 흐른다'라고 하니 그 시종을 알 수 있다. 세속에서 곤륜이라 하는 말이 경에서는 향산이다. 依佛經云 四河本源 香山所出 分流四海 知其始終矣 俗云崑崙者 經謂香山", 『대당서역기』 권1(대정장51, p.869b7)에 "섬부주의 중앙은 아나파답다지〈한역하면 무열뇌이다. 옛날에는 아누달지라고 하였으나 잘못이다〉다. 향산의 남쪽 대설산의 북쪽에 있는데 주위가 8백 리이다. 贍部洲之中地者 阿那婆答多池也〈唐言無熱惱 舊曰阿耨達池 訛也〉 在香山之南大雪山之北 周八百里矣"라 하였다. [참고문헌]『法華經三大部補注』, 『大唐西域記』, 『大寶積經』 권73(대정장11, p.415a15), *Abh-k-bh.162.*, *Mvyut.195.* ⇨ 곤륜산 崑崙山**1**, 아누달지 阿耨達池 **2** 하남성(河南省) 낙양현(洛陽縣) 용문산(龍門山) 동쪽에 있는 산. 당대 백낙천(白樂天)은 향산에 거했던 여만(如滿)스님과 함께 이곳에서 향화사(香火社)를 결성하고 향산거사(香山居士)라 자칭하였다. [참고문헌]『舊唐書』 권166. **3** 영파부(寧波府 : 浙江省) 자계현(慈溪縣) 동북쪽으로 35리 지점에 있는 산. 향초(香草)를 산출한다는 이유로 붙여진 이름이다. [참고문헌]『大明一統志』 권46.

향산거사 香山居士 ➡ 백거이 白居易

향산별곡 香山別曲 조선시대 묘향산을 중심으로 많은 사원 등의 안팎 풍경을 노래한 기행가사. 작자 및 제작연대 미상. 2음보 1구로 된 총 330구의 국한문혼용체. '어젯밤 비가개니 西山의 봄빗치라'로 시작되는 가사는 묘향산 봄 풍경과 보현사(普賢寺)·상원암(上院庵)·불지암(佛智庵)·빈발암(賓鉢庵) 등의 풍경을 노래하였다. 특히 보현사는 천왕당·만세루·시왕전·대웅전·관음전 등 주요 전각 풍경과 "釋迦如來 어금니가 至今의 宛然하다"·"西山의 집든막대 貴키도 貴커니와"·"惟政의 닙든가사 백세의 寶배로다"라 하여 주요 성보들의 소식도 빠트리지 않았다. 또한 승중(僧衆)들의 소식도 전하는데, 보현사 정당(正堂)에 "큰사마 놉흔관의 늙은중 올나와서 百八珠 쇼의글고 한쇼래 木탁聲의 열네房 모든중이 次례로 모혀오니 威儀는 창창하고 體數도 整齊하다", 빈발암에 "經닑난 大師중이 두세弟子 다리고 치衣랄 길게끄어 客堂의 마져드니 房房이 놉흔床의 床마다 네經書라 法服랄 가틴後의 誦聲이 洋洋하니"라고 하였다. [참고문헌] 이주홍 「〈關西別曲〉-失傳을 傳해오는 고전가사의 內容如何」(『국어국문학』13, 1955). ⇨ 묘향산 妙香山

향산사 香山寺 **1** 평안북도 영변 묘향산에 있던 절. 이규보(1168~1241) 『동국이상국전집』 권19 「장륙비로자나소상찬〈병서〉 丈六毘盧遮那塑像贊〈幷序〉」에 "부도학주가 향산사 당주 장륙비로상을 흙으로 조성하였다. 浮屠學珠 塑成香山寺堂主丈六毗盧像", 김익(金熤 1723~1790) 『죽하집』 권10 「경기전수비당부의 慶基殿竪碑當否議」에 "임진란 때 본전의 수복들이 영정수레를 짊어지고 바다로 용만(의주)의 행재소에 이르러 임시로 향산사에 봉안하고 난이 멈추자 돌이켜 본전으로 모셨다. 盖壬辰之亂 本殿守僕 負影幀駕 海達龍灣行在 權安于香山寺 亂已還安本殿", 『승정원일기』 영조 10년(1734) 12월 1일(임인)에 "(묘향산 스님 묘안의 推案을 보다가) 상이 이르기를 '향산사가 큰가?' 하니, 김취로가 아뢰기를 '사찰이 가장 크고 스님들도 많습니다' 하였다. 上曰 香山寺大乎 取魯曰 刹最巨而僧亦多矣"라고 하였다. [참고문헌]『東國李相國全集』, 『竹下集』, 『承政院日記』. ⇨ 장륙비로자나소상찬 丈六毘盧遮那塑像贊 **2** 중국 하남성(河南省) 낙양현(洛陽縣) 서남쪽으로 14km 지점의 용문산(龍門山) 동쪽 기슭에 있는 절. 건립연대는 미상이지만, 북위대 516년(희평1)에 건립되었다는 설이 있다. 일설에는 이 터가 당대 일조삼장(日照三藏)의 묘소였는데 그 뒤에 양왕의 청에 따라 가람으로 건립하였다고 한다. 중당(中唐)대 원화년간(806~820) 마조도일(馬祖道一)의 제자 복우자재(伏牛自)가 이곳에 주석하며 단하천연(丹霞天然)과 자주 교유하였다고 한다. 당대 832년(대화6) 백거이(白居易)가 이 절을 중수하고 나서 청간(淸閒)을 주지로 삼기도 하였다. 『불조통기』 권42(대정장49, p.386c17)에 "(백거이는) 거처를 보시하여 향산사라 하였고 스스로 향산거사라 칭하였다. 施所居爲香山寺 自稱香山居士"라고 하였다. 절에는 대승과 소승의 경율(律論) 527권을 소장하고 있었고 아를 육장(六藏)이라 한다. 경찬하고 공양하고자 다시 정중(淨衆) 7인을 모집하여 날마다 재죽(재죽)과 향촉을 공양하고 순서대로 십이부경(十二部經)을 독송하는 동시에 낙양 불광사(佛光寺)의 여만(如滿) 등과 함께 향화사(香火社)를 결성하고 불사(佛事)를 닦았다. 백거이가 지은 「수향산사기 修香山寺記中」에 따르면, 용문십사(龍門十寺)를 보모 즐기는 일이 무성한 가운데 향산사가 으뜸이라 하였다. 846년(회창6) 백거이가 죽고 이곳에서 장례를 치루었는데 그 뒤에 본사는 점차로 쇠퇴하였다. 청초에 비로소 칙령을 받들어 산 허리에 중건하였다. 지금은 백거이의 묘와 불공화상비(不空和尙碑)가 있다. 〔참고문헌〕『佛祖統紀』, 『佛祖綱目』 권32(卍속장146, p.528a6), 『白氏文集』 권68・권71, 『大明一統志』 권27, 『大淸一統志』 권163, 『古今圖書集成職方典』 권428・434. **3** 중국 북평시(北平市) 서북쪽 향산에 있는 절. 요(遼)대 건립하였다. 금(金)대 1186년(대정26) 다시 건축하고 대영안사(大永安寺)라는 호를 받았으며 별도로 감로사(甘露寺)라 불렸다. 산세에 따라 오층전(五層殿)의 형태로 지어 양 측면에 헌각(軒閣)이 있다. 화재를 입은 뒤에도 하층에 여전히 돌계단과 유리와 벽돌로 지은 화단(花壇) 등의 유적이 남아 있다. 절에는 빼어난 노송나무와 측백나무가 많기로 유명하다. 청대 각 왕조마다 대규모로 건설하여 대(臺)를 비롯한 무수한 시설물과 누각전우(樓閣殿宇)를 조성하였다. 그러나 대부분의 건축물은 1860년(함풍10) 영국과 프랑스 연합군의 공격과 1900년(광서26) 팔국연군(八國聯軍)의 침공으로 불타버렸다. 〔참고문헌〕 李景 『香山記』.

향산윤필암기 香山潤筆菴記 평안북도 영변 묘향산 안심사(安心寺) 내에 있었던 암자 이야기. 나옹혜근(懶翁惠勤 1320~1376)이 입적한 후 그의 제자인 승지(勝智)가 스님의 사리를 모시고 묘향으로 들어왔다. 역시 때를 같이하여 나옹의 제자인 각청(覺淸)이 옛 터에 3칸의 암자를 짓고 스님의 영정을 모시고 조석으로 예배를 드렸다. 이때 스님의 제자이며 양평 용문사(龍門寺) 주지였던 지선(志先)스님이 각청의 명을 받아 이색을 찾아와 기문을 청탁하므로 이 글을 짓게 되었다고 술하고 있다. 〔참고문헌〕『牧隱文藁』 권2(韓國文集叢刊5, p.13a12), 「寧邊安心寺指空懶翁舍利石鐘碑」(李智冠 『校勘譯註歷代高僧碑文』 高麗篇4, pp.404~438).

향상 向上 ➡ 향상문 向上門, 향상일로 向上一路

향상 向想 자각하다. 스스로 생각하다. 『십송율』 권8(대정장23, p.60c13)에 "만약 비구가 주어진 물건을 보고 자신에게 주어졌다고 스스로 생각한다면 니살기바야제에 해당하고, 주어진 물건을 보고 자신에게 주어지지 않았다고 생각할지라도 이 또한 니살기바야제에 해당하며, 주어진 물건을 보고 누구에게 주어졌는지 의심하여도 니살기바야제에 해당한다. 若比丘向中生向想 得尼薩耆波夜提 若向中生不向想 亦得尼薩耆波夜提 若向中生疑 尼薩耆波夜提"라고 하였다. 〔참고문헌〕『十誦律』.

향상 香象 **1** 코끼리 중에 가장 크고 뛰어난 코끼리. 『대반열반경』 권하(대정장1, p.205a27)에 "이때 구시나성의 모든 역사 무리는 모두 날쌔고 튼튼하니 마치 저 향상과 같았다. 時 鳩尸那城 諸力士衆 皆悉勇健 猶如香象", 『분별공덕론』(대정장25, p.30b2)에 "열 마리 설산의 코끼리는 한 마리 향상의 힘만 못하다. 十雪山象 不如一香象力", 『아비담비바사론』 권16(대정장28, p.118c21)에 "열 마리 보통의 코끼리 힘은 한 마리 향상의 힘과 같다. 十凡象力 與一香象力等", 『보리자량론』 권2(대정장32, p.524b11)에 "열 마리 작은 코끼리의 힘은 한 마리 용상의 힘과 맞먹고, 열 마리 용상의 힘은 한 마리 향상의 힘과 맞먹으며, 열 마리 향상의 힘은 한 마리 대향상의 힘과 맞먹는다. 十小象力 當一龍象力 十龍象力 當一香象力 十香象力 當一大香象力", 『설무구칭경소』 권2(대정장38, p.1017b20)에 "〔찬〕 코끼리 중의 뛰어난 것을 이름하여 향상이라 한다. 贊曰 象中之勝 名爲香象"라고 하였다. 〔참고문헌〕『大般涅槃經』, 『分別功德論』, 『阿毘曇毘婆沙論』, 『菩提資糧論』, 『說無垢稱經疏』. ⇨ 범상 凡象 **2** ➡ 향상보살 香象菩薩

향상겸추 向上鉗鎚 위로 오르기 위한 집게와 망치. 뜨거운 화롯불 다루는 도구이니, 함부로 할 수 없는 엄정한 수단의 비유다. 『원오어록』 권9(대정장47, p.752c21)에 "불조의 화로에 불 지피고 향상하는 집게와 망치로써 단련한다. 머뭇거려 다가서지 못한즉 천리만리리라. 그 칼끝 마주해 옮길 수 있어야 앉은 채로 나루터 장악하리라. 開佛祖鑪鞴 用向上鉗鎚 擬議不來 則千里萬里 當鋒薦得 則坐斷要津", 『송원숭악어록』 권하(卍속장121, p.618a5)에 "납승가에서 안목을 갖추고 행각하려면 반드시 본분의 향상하는 수단을 알아서 어떤 분별도 허용해서는 안 된다. 衲僧家 具眼行脚 須知有本分向上鉗鎚 不容擬議"라고 하였다. 〔참고문헌〕『圜悟語錄』, 『松源崇嶽語錄』. ⇨ 겸추 鉗鎚

향상경전 香象經典 더없이 뛰어난 경전. 향상은 가장 뛰어난 코끼리를 말한다. 『대방편불보은경』 권4(대정장3, p.147a26)에 "또한 제바달다는 비록 부처님을 따라 출가하였지만 질투의 정이 깊은 나머지 이양만을 바라 기회만 엿보았다. 비록 육만의 향상경전을 여러 차례 독송하였지만 아비지옥에 떨어지는 죄를 면할 수 없었다.

復次 提婆達多 雖復隨佛出家 嫉妬情深 窺望利養 雖復能多讀誦 六萬香象經典 而不能免 阿鼻地獄罪"라고 하였다. ［참고문헌］『大方便佛報恩經』.

향상관 向上關 한층 위로 나아가기 위해 열어야 할 관문. 『황룡혜남어록』 권1(대정장47, p.637a7)에 "대중에게 보이다. 구름과 바람이 용과 호랑이를 따르니, 오구는 사십오다. 총림은 장차 향상관이러니, 함께 안거하여 치지 않아도 북을 부수는데, 무엇 때문에 치지 않겠는가! 그루터기만 지키며 토끼를 기다리면 어찌 지혜로운 사람이라 하겠는가! 색을 피하고 소리에 숨는 이를 어찌 작자라 이름하겠는가. 조사는 말하지 않는다. 잡으려 하면 놓쳐 반드시 삿된 길로 들어가고, 놓아서 스스로 비춘다 해도 몸은 가고 머묾이 없다. 示衆云 雲從龍 風從虎 五九四十五 叢林將爲向上關 同安不打這破鼓 爲甚麼不打 守株待兎 豈是智人 避色逃聲 何名作者 祖不云乎 執之失度 必入邪路 放之自照 體無去住"라고 하였다. ［참고문헌］『黃龍慧南語錄』. ⇨ 향상관려자 向上關捩子

향상관려자 向上關棙子 **1** 향상하는 빗장. 벗어나 오르기 위해 풀어야 할 빗장. 『운문광록』 권상(대정장47, p.550c16)에 "학인이 물었다. '옛을 이어 하는 말에 「우두는 이런 말 저런 말 거침없이 했지만 향상하는 빗장 알지 못했다」라고 하는데, 무엇이 향상하는 빗장인지요?' '동쪽 산의 서쪽 마루 푸르기도 하여라'. 問 承古有言 牛頭橫說竪說 不知有向上關棙子 如何是向上關棙子 師云 東山西嶺靑"라고 하였다. ［참고문헌］『雲門廣錄』. ⇨ 관려자 關棙子 **2** 제종칠사수신(濟宗七事隨身) 중 하나. 『오가종지찬요』 권상 「제종칠사수신」(卍속장114, p.517a7)에 "네 번째는 향상하는 빗장이다. 늘 그러함 멀리 벗어나 분명히 발 붙이고자 하면 문득 뒤쳐야 하리. 四 向上關棙子 逈出尋常 踏著便轉"라고 하였다. ［참고문헌］『五家宗旨纂要』. ⇨ 제종칠사수신 濟宗七事隨身

향상교분기 香象敎分記 당 현수법장(賢首法藏)을 존칭하는 말. 견등(見登)스님의 『대승기신론동이약집』 권말(한불전3, p.707b2)에 "모두 법장의 『교분기』와 원효의 『십문화쟁론』에서 볼 수 있다. 具如香象敎分記及丘龍十門和諍論見之"라 하였는데, 구룡은 신라의 원효를 존칭하는 말이다. ［참고문헌］『大乘起信論同異略集』.

향상규 向上竅 향해 오를 수 있는 틈. 『벽암록』 87칙 「수시 垂示」(대정장48, p.212a7)에 "느닷없이 향상하는 틈새마저 빼앗아 버리니 부처님 눈으로도 볼 수 없고, 설사 천성이 오더라도 삼천리 밖으로 물러나지 않을 수 없으리라. 忽若撥著向上竅 佛眼也覰不著 設使千聖出頭來 也須倒退三千里", 『종용록』 35칙 「평창 評唱」(대정장48, p.251b14)에 "협산은 '향상에는 또 하나 통로가 있다'라고 하였다. 무엇 향상하는 틈새일까? 혀 없는 사람이 말한다 한즉 그대 향해 일러주리라. 夾山道 向上更有一竅在 如何是向上竅 無舌人解語 卽向爾道"라고 하였다. ［참고문헌］『碧巖錄』, 『從容錄』.

향상기 向上機 머무는 일 없이 벗어나 뛰어난 마음이나 그런 사람. 『원오어록』 권10(대정장47, p.756c24)에 "만약 능히 이 삼구 밖으로 벗어나 향상기 빼앗아 굴릴 수 있다면 모든 사람 발밑에 이 일단대사 있음을 알리니, 지금도 옛적에도 쉼 없이 빛나지만 지견으로는 멀리도 끊어져 있다네. 若能離此三句外 撥轉向上機 卽知諸人脚跟下 有此一段大事 輝騰今古 逈絕知見", 『벽암록』 11칙 「시중 示衆」(대정장48, p.151b10)에 "향상기 마주해서야 향상사 들어올린다. 挨向上機 提向上事"라고 하였다. ［참고문헌］『圜悟語錄』, 『碧巖錄』.

향상대사 香象大師 화엄종조 법장(法藏)의 존칭. 『화엄발보리심장』 「범례 凡例」(대정장45, p.650c24)에 "『법계의경』에 전하는 말이다. '향상대사가 지은 「보리심장」에 법계관문을 실어 심상을 분명하게 드러나게 하였다'. 法界義鏡曰 香象大師 菩提心章 載法界觀門 以明發心相"라고 하였다. ［참고문헌］『華嚴發菩提心章』, 『華嚴一乘法界圖』(대정장45, p.716a17). ⇨ 법장 法藏 **6**

향상도하 香象渡河 큰 코끼리 강을 건너네. 신심 깊어 거친 생사의 바다 건너는 대보살의 비유다. 『법화경대관』 권1(卍속장50, p.99b3)에 "오직 헤아림을 넘어선 대인이라야 이 법을 한 번 듣고 그 자리에서 알아차릴 수 있다. 마치 120근의 짐을 한 어깨에 짊어진 채로 앞을 향해 곧바로 걸어갈 뿐, 우리에도 머물지 않고 불러도 돌아보지 않듯이 한다. 비유하자면 저 향상이 강을 건넘에 그 흐름 가로질러 건너듯 한다. 이와 같은 사람들은 신심의 힘이 견고한 대심보살이라 불린다. 唯有過量大人 一聞此法 直下承當 如將一百二十斤擔子 一肩擔荷 向前直往 牢籠不住 呼喚不回 譬如香象渡河 截流而過 如此等人 喚作信力堅固大心菩薩"라고 하였다. ［참고문헌］『法華經大竅』. ⇨ 삼수 三獸, 삼수도하 三獸渡河

향상문 向上門 생멸문(生滅門) 중에 시각(始覺)으로 번뇌 다스려 오르는 문. 본각(本覺)으로 다스리면 향하문(向下門)이다. 『석마하연론』 권2(대정장32, p.605a12)에 "생멸문에 두 가지 위가 있다. 첫째는 향상문, 둘째는 향하문이다. 於生滅門 有二種位 云何爲二 一者 向上門 二者 向下門", 『석마하연론기』 권2(卍속장73, p.39a14)에 "처음에는 두 문을 구분한다. 시각으로 미혹을 대치하여 상위(진여)로 향해 가므로 향상문이라 한다.

본각으로 미혹을 대치하여 하위로 향해 가므로 향하문이라 한다. 初分二門 始覺治惑 趣向上故 名向上門 本覺治惑 趣向下故 名向下門"라고 하였다. 〔참고문헌〕『釋摩訶衍論』, 『釋摩訶衍論記』. ⇨ 향상수순 向上隨順, 향하수순 向下隨順

향상보살 香象菩薩 Ⓢ Gandhahastin. 현겁(賢劫) 16존 중 하나. 금강계만다라(金剛界曼茶羅) 미세회(微細會) 등의 외원 남방(南方)의 사존 중 첫 번째 위치에 자리한 존격. 향상은 발정기의 코끼리를 가리킨다. 이 시기에 코끼리가 이성을 유혹하기 위해 뿜어내는 향기와 같이 위대한 힘을 상징하는 존격이다. 존형은 미세회(微細會)의 경우 살색이 희고 오른손은 연꽃 위에 발기(鉢器)를 얹어서 들고 있으며 왼손은 권형으로 허리춤에 붙인 채 연꽃 위에 반가부좌한 모습이다. 공양회(供養會)와 항삼세회(降三世會)에서는 발기를 얹은 연꽃을 양손으로 든 모습이다. 성신회(成身會)에서는 몸은 백녹색이고 왼손은 권형이며 오른손은 코끼리를 든 모습으로 그려지거나 양손으로 발우를 든 모습으로도 묘사된다. 밀호는 대력금강(大力金剛) 또는 호계금강(護戒金剛)이고 삼매야형은 발기(鉢器)이며, 종자는 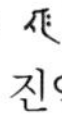(gaḥ). 수인은 발인(鉢印)이고, 진언은 '옴 간다하스티니 가 스바하 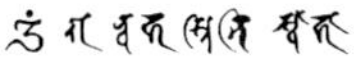 oṃ gandhahastini gaḥ svāhā 옴 향상(보살)에게, 가 스바하'이다. 밀호인 대력(大力)은 코끼리의 힘과 같은 용맹한 정진력을 비유한다. 향기는 눈에 보이지 않는 덕을 의미하는데 용맹한 정진력이 눈에 보이지 않지만 깨달음을 향한 동력이 되는 것을 상징한다. 『대승관상만나라정제악취경』 권상(대정장19, p.90a15)에 "다음으로 만나라 남쪽에 네 보살을 안치한다. 첫째 자리에 향상보살을 모신다. 몸에는 백녹색 광염이 치성하고 오른손은 향상을 들었으며 왼손은 허리춤에 두었다. 復次於曼拏羅南門安四菩薩 第一位安香象菩薩 身白綠色光焰熾盛 右手擎香象左手安腰側", 『정명경집해관중소』 권1(대정장85, p.444b2)에 "향상보살. 구마라집은 '푸른 향상이다. 몸에서 향기를 방출한다. 보살의 몸에서 나는 향기 역시 이와 같다'라고 하였다. 香象菩薩 什曰 青香象也 身出香風 菩薩身香亦如此也", 『유마경문소』 권4(卍속장27, p.913b6)에 "향상보살은 번뇌의 냄새가 없음을 바르게 관하고 일체 모든 것을 능히 짊어질 수 있다. 香象菩薩 正觀無煩惱臭能荷負一切也", 『유마경무아소』 권2(卍속장30, p.84a3)에 "『열반경』에서 세 짐승이 강을 건넌 것을 밝히고 있으니 코끼리·말·토끼이다. 토끼는 수면에 뜨고 말은 중간을 얻었으며 코끼리는 곧장 바닥을 가로지른다. 이는 삼승이 법을 증득함에 얕고 깊음이 있음을 비유한다. 오직 보살이 철저한 근원을 증득한다. 코끼리들 가운데 향상이 가장 수승하다. 흰색 향상 또한 수승하다. 보살 중에서 이는 가장 위대함을 비유한다. 흰색 향상 또한 보살 중 큰 보살이다. 涅槃明三獸渡河 謂象馬兎 兎浮水面 馬得其中 象直到底 喩三乘人證法而有淺深 惟菩薩證窮源徹底 於諸象中而香象爲勝 若白香象 又其勝也 喩菩薩中此爲最大 而白香象 又菩薩中之摩訶薩也"라고 하였다. 〔참고문헌〕『大乘觀想曼拏羅淨諸惡趣經』, 『淨名經集解關中疏』, 『維摩經文疏』, 『維摩經無我疏』, 『曼荼羅図典』(大法輪閣, 2002).

항삼세회・삼매야회

향상부전저사 向上不傳底事 향해 오르기만 할 뿐 전할 수조차 없는 일. 『경덕전등록』 권24 「인왕준전 仁王俊傳」(대정장51, p.403a11)에 "학인이 물었다. '옛을 이어온 말에 「향상하는 한 길 있으니, 천성도 전하지 못한다」라고 하는데, 이렇듯 향상해 전하지도 못하는 일 무엇인지요' '향해 올라서 물어보거라' '그렇다면 앞선 경계 마땅히 버리지 말아야 합니까?' '이미 이와 같은 줄 안다면 밟고 뛰어오른들 무엇 하겠느냐?' 僧問 承古有言 向上一路 千聖不傳 如何是向上不傳底事 師曰 向上問將來 曰 恁麽卽上來不當去也 師曰 旣知如此 躡步上來 作什麽"라고 하였다. 〔참고문헌〕『景德傳燈錄』.

향상분파 香象奔波 뛰어난 코끼리 허둥지둥 달아나다. 『증도가』(대정장48, p.396a7)에 "사자후로 두려움 없는 말씀, 백수들이 듣고 다들 뇌가 찢어진다 하네. 향상마저 허둥지둥 달아나며 위엄 잃었고, 천룡만이 고요히 듣고서 기뻐한다네. 師子吼無畏說 百獸聞之皆腦裂 香象奔波失却威 天龍寂聽生欣悅", 『증도가주』(卍속장114, p.894b8)에 "향상이란 분별로 이해하는 소승인을 비유한다. 이 대승의 말씀 깨우칠 수 없어 진실한 설을 듣자마자 두려움에 떤다. 마치 향상 비록 위력은 있지만 사자가 포효하는 소리를 한 번 듣기만 하면 돌아보고 달아나 어찌할 줄 모르는 모양과 같다. 香象 喩小乘知解之人 於此大乘 未能證入 乍聞眞說 怕怖慞惶 猶如香象 雖有威力 一聞師子之音 則回顧奔走 莫知所措"라고 하였다. 〔참고문헌〕『證道歌』, 『證道歌註』. ⇨ 향상 香象

향상빈신등지 香象頻申等至 목건련(目犍連 Ⓢ Maudg

alyāyana)이 반열반할 때 들었던 등지(等至 Ⓢ samāpatti). 『대비바사론』 권162(대정장27, p.821b24)에 "종성으로 인해 반야에 차별이 있기에 등지에 들고 나는 바의 등지에도 또한 승렬이 있게 된다. … 이에 '부처님께서 반열반에 드실 때에는 부동명등지에 드셨고, 사리자가 반열반할 때에는 사자분신등지에 들었으며, 대목건련이 반열반할 때에는 향상빈신등지에 들었고, 존자 아난다가 반열반할 때에는 선풍등지에 들었다. 모두 근으로 말미암아 혜에 차별이 있기 때문이며, 내지 반열반할 때에 들어가는 바의 등지에도 차별이 있게 된다'라고 설한 것이다. 由種性般若有差別故 令所入出等至亦有勝劣 … 由此故說佛般涅槃時 入不動明等至 舍利子般涅槃時 入師子奮迅等至 大目揵連般涅槃時 入香象頻申等至 尊者阿難陀般涅槃時 入旋風等至 皆由根慧有差別故 乃至般涅槃時 所入等至亦有差別"라고 하였다. [참고문헌] 『大毘婆沙論』. ⇨ 향상 香象❶, 빈신 嚬呻, 등지 等至

향상사 向上事 그 무엇에도 머물지 않아 뛰어난 안목으로 불조마저 넘어서는 일. 『속전등록』 권12 「향산법성전 香山法成傳」(대정장51, p.542b19)에 "불조를 향상하는 사람 있는 줄 알아야 비로소 이야기를 나눌 분이 있다. 여러 선덕들이여, 말해 보라! 무엇이 부처와 조사 넘어서는 향상사인가? 어떤 집 아이는 육근 다 못 갖추고 칠식도 온전치 못하였다. 그는 불종성이 없는 대천제로서 부처를 만나면 부처를 죽이고 조사를 만나면 조사를 죽인다. 천당에서 그를 거두지 못할 뿐 아니라 지옥에서도 거둘 문이 없다. 대중이여, 이 사람을 아는가? 知有佛祖向上人 方有說話分 諸禪德 且道 那箇是佛祖向上事 有箇人家兒子 六根不具 七識不全 是大闡提 無佛種性 逢佛殺佛 逢祖殺祖 天堂收不得 地獄攝無門 大衆 還識此人麽"라고 하였다. [참고문헌] 『續傳燈錄』. ⇨ 납의향상사 衲衣向上事, 불향상사 佛向上事, 법신향상사 法身向上事, 동산불향상사 洞山佛向上事

향상수순 向上隨順 진여수순(眞如隨順)과 생멸수순(生滅隨順)이라는 두 가지 수순 중 생멸수순 중 본각으로 수순하는 것. 『석마하연론』 권2(대정장32, p.607a24)에 "향상수순이란 신위부터 금강위까지 능히 보리과를 위해 수순하는 방편이 된다는 뜻이다. … 향상수순이란 무상한 음성의 언설로 인해 무상한 문혜를 키우고, 무상한 문혜로 인하여 무상한 사혜를 키우며, 무상한 사혜로 인하여 무상한 수혜를 키우고, 무상한 수혜로 인하여 무상한 행덕을 키운다. 이를 향상이라 한다. 向上隨順者 從信乃至金剛 能爲菩提果 隨順方便故 … 所言向上隨順者 因無常音聲言說 生長無常之聞慧 因無常之聞慧生長無常之思慧 因無常之思慧 生長無常之修慧 因無常之修慧 生長無常之行德 是名向上"라고 하였다. [참고문헌] 『釋摩訶衍論』. ⇨ 수순 隨順, 향하수순 向下隨順

향상인 向上人 뛰어나 머물지 않는 사람. 불조(佛祖)에 이르거나 그마저 넘어선 사람. 『조산어록』 권상(대정장, p.540b5)에 "모르는가? 미륵불과 아촉불 그리고 그 부처님들의 거처인 저 모든 묘희 등의 세계까지, 저 향상인에게 부끄러움을 모르는 게으른 보살이라 불리고 변역생사라고도 한다. 不見 彌勒阿閦 及諸妙喜等世界 被他向上人 喚作無慚愧懈怠菩薩 亦曰變易生死", 『원오어록』 권14 「시화장명수좌 示華藏明首座」(대정장47, p.777b25)에 "조사 문하에서는 곧바로 다 끊고 가리켜 보일 뿐이니 어찌 그 숱한 지름길인들 있겠는가? 다만 향상인만을 귀하게 여길 뿐이니, 들린 즉시 몸을 일으켜 문득 행하지만 밝은 눈으로 마주해 보면 그저 어리석은 일일 뿐이다. 祖師門下 直截指示 豈有如許多蹊徑 只貴向上人 聊聞擧著 剔起便行 明眼覷來 只是鈍置"라고 하였다. [참고문헌] 『曹山語錄』, 『圜悟語錄』. ⇨ 불향상인 佛向上人

향상일관 向上一關 뛰어나 멀리 벗어나게 하는 단 하나의 빗장. 『선가귀감』(한불전7, p.643c16)에 "〈평〉 향상하는 단 하나 빗장 있지만 빛으로 사무쳐 벗어나지 못하니 발붙일 문마저 없다. 운문이 말하기를 '저 빛 사무쳐 벗어나지 못하면 두 가지 병이 있고, 법신 뚫는다 해도 두 가지 병이 있다'라고 하였으니, 반드시 낱낱을 뚫어야 한다. 〈게〉 방초 우거진 길을 지나지 않고는, 꽃 지는 마을에 이르지 못하리라. 向上一關 措足無門 雲門云 光不透脫 有兩種病 透過法身 亦有兩種病 須一一透得 始得 不行芳草路 難至落花村"라고 하였다. [참고문헌] 『禪家龜鑑』. ⇨ 향상일로 向上一路

향상일구 向上一句 위없는 곳 향해 오르게 하는 한마디. 화두(話頭)와 통한다. 동산삼구(洞山三句) 중 하나다. 『열조제강록』 권16(卍속장112, p.436a7)에 "말이나 침묵으로 이르지 못하고 정으로 헤아려도 미칠 수 없으니, 향상하는 한마디 어떻게 헤아릴까? 항상 강남의 삼월 풍경 떠올리다 보면, 자고새 우는 곳마다 온갖 꽃이 향기로우리. 語默所不到 情解所不及 向上一句 作麽生論量 常憶江南三月裏 鷓鴣啼處百花香"라고 하였다. [참고문헌] 『列祖提綱錄』. ⇨ 동산삼구 洞山三句

향상일기 向上一機 향상하는 단 하나뿐인 움직임. 『종용록』 31칙 「시중 示衆」(대정장48, p.248a2)에 "향상하는 단 하나 움직임, 학이 은하수 뚫고 오르니 태양에 당해 한 길뿐이다. 매가 신라를 지나가니 유성인듯 빠른 눈매로 알아차린다 해도 입가 축 늘어져 아무 말도 못하리라. 말해보라! 이는 어떤 종지인가? 向上一機 鶴沖

霄漢 當陽一路 鷂過新羅 直饒眼似流星 未免口如匾檐 且道 是何宗旨"라고 하였다. 〔참고문헌〕『從容錄』.

향상일로 向上一路 위없는 곳 향해 오르는 단 하나의 길. 머무르거나 돌이키지 못해 어찌지도 못하는 길. 『경덕전등록』 권7 「반산보적전 盤山寶積傳」(대정장51, p.253b12)에 "마음 그대로 부처라 한다면 지금 당장은 그윽해 알 수 없는 곳에 들지 못하고, 마음도 아니고 부처도 아니라 하더라도 여전히 자취의 그 끝 가리킬 뿐이다. 향상하는 한 길 천성도 전할 수 없는데, 공부하는 이들 수고롭게 함이 저 원숭이 그림자 잡듯 할 뿐이라네. 若言卽心卽佛 今時未入玄微 若言非心非佛 猶是指蹤之極則 向上一路 千聖不傳 學者勞形 如猿捉影", 『원오어록』 권1(대정장47, p.716a28)에 "'향상하는 한 길을 스님께서 곧바로 지시해 주시기 바랍니다' '한 방에 허공을 때려부수어라!' 問 向上一路 請師直指 師云 一棒打破虛空"라고 하였다. 〔참고문헌〕『景德傳燈錄』, 『圜悟語錄』.

향상일색변 向上一色邊 저 한 가지 색만을 향해 올라 끝이 없음. 『벽암록』 42칙 「평창 評唱」(대정장48, p.180a5)에 "한 색도 보지 못했다 해야 비로소 반쯤 들어냄이니, 만약 온전히 들어내려면 모름지기 향상의 한 길 있어야 비로소 얻는다. 이쯤에 이르러서야 모름지기 크게 씀이 현전하니 바늘 끝도 들일 수 없다. 不見一色 始是半提 若要全提 須知有向上一路始得 到這裏 須是大用現前 針箚不入"라고 하였다. 한편 무경자수(無竟子秀 1664~1737)의 『무경실중어록』(한불전9, p.424a15)의 「일색 一色」에는 "마음과 경의 자리 모두 잊으니 물과 두루미 하나이면서 하나 아닐새. 걸어 다해도 길은 끝나지 않고 천강엔 여울진 달마저 없네. 俱忘心境處 水鶴一非一 踏盡路難窮 千江無影月"라고 하였다. 〔참고문헌〕『碧巖錄』, 『無竟室中語錄』. ⇨ 향상 向上, 일색변 一色邊, 단명일색변 單明一色邊

향상일착 向上一著 향해 오르기만 하는 단 한 번의 움직임 또는 몸짓. 일착은 바둑의 승부수와 같이 장애를 타파하는 결정적인 한 수를 말한다. 『만법귀심록』 권하(卍속장114, p.828a9)에 "임제의 가풍은 낮도둑의 수단으로 그 기세는 산을 무너뜨릴 듯하고 그 기틀은 번개치는 듯하다. … 일체차별명상은 향상하는 결정적인 한 수를 벗어나지 못한다. 臨濟家風 白拈手段 勢如山崩 機似電卷 … 一切差別名相 不離向上一著", 『무문혜개어록』 권상(卍속장120, p.503b12)에 "격 밖에 단 하나 움직임 만령이 헤아릴 수 없고, 향상하는 한 수는 관음의 천안으로도 엿볼 수 없다. 청산은 백운의 아비요, 백운은 청산의 아들이라. 봄바람 부는 이삼월이면 복숭아 오얏나무 아래 저절로 길은 생긴다. 몹시도 우습구나! 복숭아꽃을 보고 도를 깨달았다는 영운의 말 의심할 수 없으니. 格外一機 萬靈莫測 向上一著 千眼難窺 靑山白雲父 白雲靑山兒 春風二三月 桃李自成蹊 吠殺 靈雲道不疑"라고 하였다. 〔참고문헌〕『萬法歸心錄』, 『無門慧開語錄』.

향상전거 向上轉去 위없는 곳을 향해 구르다. 밑없는 곳을 향해 구르는 것은 향하전거(向下轉去)라 한다. 『벽암록』 10칙 「수시 垂示」(대정장48, p.150a16)에 "그렇다면 그렇고, 그렇지 않다면 그대로 그렇지 않다. 전투로 말하자면 개개가 선 자리에서 구를 뿐이다. 그런 까닭에 '위로 향해 구른다 하지만 석가와 미륵이나 문수와 보현이나 천만성인이나 천하의 종사들이나 모두들 숨소리를 죽이고 목소리를 삼킬 뿐이다'라고 하는 것이다. 恁麼恁麼 不恁麼不恁麼 若論戰也 箇箇立在轉處 所以道 若向上轉去 直得釋迦彌勒 文殊普賢 千聖萬聖 天下宗師 普皆飮氣吞聲", 같은 책 77칙 「수시」(대정장48, p.204b5)에 "향해 위로 구를 뿐이라면 천하의 사람 콧구멍을 꿰어버릴 수 있으니, 송골매가 비둘기를 낚아채듯 하리라. 向上轉去 可以穿天下人鼻孔 似鶻捉鳩"라고 하였다. 〔참고문헌〕『碧巖錄』, 『瞎堂慧遠廣錄』 권3(卍속장120, p.961a7).

향상종 向上宗 향상하는 으뜸의 길. 『원오어록』 권11(대정장47, p.762b15)에 "묘덕과 공생이 아무리 찬탄해도 다하지 못하고, 마혜의 정안으로도 그 가풍 전할 수 없노라. 대천세계를 저 밖으로 던져버리고 나서, 작자라면 틀림없이 향상하는 으뜸의 길 밝히리라. 妙德空生讚莫窮 摩醯正眼不通風 大千擲在他方外 作者須明向上宗"라고 하였다. 〔참고문헌〕『圜悟語錄』.

향상종승 向上宗乘 위없이 오르는 뜻을 실어 나르다. 『운문광록』 권중(대정장47, p.559a8)에 "운문이 어느 날 '건추를 잡고 불자를 세우거나 손가락을 퉁기고 눈썹을 치켜뜨거나 일문일답하거나 모조리 향상하는 으뜸의 수레로는 마땅치 않다'라고 말하자 학인이 물었다. '무엇이 향상의 종승입니까?' '지하에서도 염부제에서도 모두들 온통 말을 한다. 그렇다면 시장바닥 안이나 조정에서 정사를 들을 때나 돼지고기 놓는 정육점의 탁자나 거름구덩이 속의 파리에도 부처도 조사도 넘어서는 이야기 있겠느냐?' 師一日云 拈槌竪拂 彈指揚眉 一問一答 並不當向上宗乘 僧便問 如何是向上宗乘 師云 地下閻浮 大家總道得 秖如鬧市裏坐朝時 猪肉案頭 茆坑裏蟲子 還有超佛越祖之談麼", 『선종결의집』(대정장48, p.1012a9)에 "향상의 종지를 들어보인다면 최상의 근기를 가르치는 수단으로야 옳지만 중하의 근기를 깃들게 하기는 어렵다. 若提向上宗乘 接上上根器則可 中下之機 難以棲泊"라고 하였다. 〔참고문헌〕『雲門廣錄』, 『禪宗決疑集』.

향상종승사 向上宗乘事 향상할 뿐인 종지를 드러내 보이는 일. 『원오어록』 권4(대정장47, p.732c11)에 "'축성해 마쳤고 스님의 지시도 받았습니다. 위없는 저 종승의 일은 어떻게 해야 합니까?' '7에 3이고, 8에 4다'. 僧云 祝聖已蒙師指示 向上宗乘事若何 師云 七十三八十四"라고 하였다. [참고문헌] 『圜悟語錄』.

향상지문 香象之文 ❶ 불전(佛典) 일반을 가리키는 말. 『대당서역기』 권1 「서 序」(대정장51, p.868b9)에 "전역에 잘못이 있어 온전히 이해하지 못할까 우려하여 향상의 글을 다하려 했고 (『반야경』을 가져왔던 인도의) 용궁의 책들을 모조리 읽고자 하였다. 或恐傳譯踳駮 未能筌究 欲窮香象之文 將罄龍宮之目", 『대방편불보은경』 권4(대정장3, p.147a26)에 "제바달다가 비록 부처님을 따라 출가하였다고는 하지만 질투심이 깊고 이양만을 꾀하였으니, 육만의 향상경을 많이 독송한다고 하더라도 아비지옥의 죄 면할 수는 없었다. 提婆達多雖復隨佛出家 嫉妬情深 規望利養 雖復能多讀誦六萬香象經 而不能免阿鼻地獄罪"라고 하였다. [참고문헌] 『大唐西域記』, 『大方便佛報恩經』. ❷ 『구사론』을 가리켜 이름붙인 말. 『구사론송소론본』 권1(대정장41, p.814b2)에 "그때 세친은 본국으로 돌아와 『대비바사론』을 강의하였다. … 이와 같이 차례로 육백게송을 만들어 『대비바사론』을 다 거두고 그 뜻을 두루 다했다. 그 송을 향상이라 표하면서 북을 울리고 널리 선포하기를 '누구든 이를 논파할 수 있다면 나는 그에게 사례하리라' 하였다. 于時世親至本國已 講毘婆沙 … 如是次第 成六百頌 攝大婆沙 其義周盡 標頌香象 擊鼓宣令云 誰能破者 吾當謝之"라고 하였다. [참고문헌] 『俱捨論頌疏論本』. ❸ 향상대사(香象大師). 화엄종(華嚴宗) 법장(法藏)을 높여 부르는 말. ⇨ 향상대사 向上大師

향상파비 向上巴鼻 어디에도 머물 수 없어 불조(佛祖)를 넘어서는 수단. 『솔암범종어록』(卍속장121, p.119b8)에 "선을 설하는 스님이 시 짓는 스님에게 웃으며 말했다. '당신은 새록새록한 어구를 지을 뿐 조사의 향상파비는 모릅니다'. 시 짓는 스님이 선을 설하는 스님에게 웃으며 말했다. '당신은 향상파비를 알기는 하지만 시 중의 안목은 모릅니다'. 說禪僧 笑作詩僧云 你但做得尖新語句 不知祖師向上巴鼻 作詩僧 笑說禪僧云 你但識得向上巴鼻 不知詩中眼目"라고 하였다. [참고문헌] 『率菴梵琮語錄』. ⇨ 파비 巴鼻, 몰파비 沒巴鼻

향상향하 向上向下 머물지 않아 더없이 오르고 버릴 수 없어 끝도 없이 내려가다. 불조(佛祖) 그 위의 위로 향하거나 중생 그 아래로 내려가다. 『운문광록』 권상(대정장47, p.545b24)에 "부처를 묻거나 법을 묻고, 향상을 묻거나 향하를 물으면서 구해 찾으며 알음알이로 알고자 한다면 거듭 빠져들고 어긋나 이리저리 엉킬 일만 있으리니, 헤아리려는 순간 어긋난다. 問佛 問法 問向上 問向下 求覓解會 轉沒交涉 擬心卽差", 『경덕전등록』 권29 「파법신견 破法身見」(대정장51, p.452c13)에 "향상하면 아버지와 어머니가 없고, 향하하여도 남자와 여자가 없다. 오직 이 한 몸일 뿐이니, 간절하게 깨우쳐 버려야 한다. (香嚴智閑의 頌) 向上無爺孃 向下無男女 獨自一箇身 切須了却去", 『설당도행화상어』(속고존숙어요6, 卍속장119, p.132a9)에 "그대들이라면 이곳저곳으로 뚫지 못할 것 없으니 자유롭게 올라가 살필 수 있다. 다만 계롱암만은 위로 올라갈 문도 없고 아래로 내려갈 길도 없으며, 구름이 막지도 못하고 새가 건너지도 못한다. 그대들 몸소 도달하였는가? 만약 아직 도달하기 전이라면 30년 후에도 문득 헛디뎌 단단하게 밟고 있지 못하리라. 你諸人 無不左穿右穴 自在登覽 只有鷄籠巖 向上無門 向下無路 雲不能遮 鳥不能度 你諸人還親到得也未 若未曾到得 三十年後 忽然失脚踏著也不定"라고 하였다. [참고문헌] 『雲門廣錄』, 『景德傳燈錄』, 『雪堂道行和尙語』.

향성 香姓 Ⓟ Doṇa. 바라문의 이름. 돌로나(突路拏 Ⓢ Droṇa)라고 음사한다. 부처님이 열반에 드신 후 화장하고 많은 사리가 나왔고, 여러 나라의 왕들이 사리를 가지려고 다투었다. 이때 향성바라문이 사리를 평등하게 분배하는 일을 맡아 하였으며 자신은 사리병을 가져갔다. 『장아함경』 권4 「유행경 遊行經」(대정장1, p.30a3 : *Mahāparinibbāna-sutta*, *DN.2*, p.166)에 "향성이 한병에서 일석의 분량만큼을 받아서 곧 사리를 나누었다. 고르게 여덟 분으로 나누고 나서 사람들에게 말했다. '원컨대 이 병을 대중회의에서 보여주고서 각자 탑묘를 세우고 공양하도록 하십시오'. 香姓以一瓶受一石許 卽分舍利 均爲八分已 告衆人言 願以此瓶 衆議見與自欲於舍起塔供養 doṇo brāhmaṇo … bhagavato sārīrāni aṭṭhadhā samaṃ suvibhattaṃ vibhajitvā te saṃghe gaṇe etad avoca. imaṃ me bhonto tumbaṃ dadantu aham pi kumbhassa thūpañ ca mahañ ca karissāmīti", 『법원주림』 권12(대정장53, p.372b22)에 "저 보름달 이지러짐 없는 것과 같이 제불여래도 또한 이와 같다. 대열반에 들어가심도 이지러짐이 없다. 이러한 뜻 때문에 15일에 반열반에 드셨다. 또 『장아함경』에 이른다. '이때 향성바라문이 있었다'. 如十五日月無虧盈 諸佛如來亦復如是 入大涅槃無有虧盈 以是義故 以十五日入般涅槃 又長阿含經云 時有香姓婆羅門"라고 하였다. [참고문헌] 『長阿含經』, 『法苑珠林』, *DN.*

향성바라문 香姓婆羅門 ➡ 향성 香姓

향성사 香城寺 강원도 속초시 설악동 설악산(雪岳山) 신흥사(新興寺)의 옛 이름. 『건봉사급건봉사말사사적 乾鳳寺及乾鳳寺末寺史蹟』「신흥사(강원도양양군도천면장항리)사적 神興寺(江原道襄陽郡道川面獐項里)史蹟」에는 652년(진덕왕6)에 자장(慈藏)이 설악산 동쪽에 향성사를 창건하고서 구층석탑을 조성하여 불사리를 봉안하였는데, 698년(효소왕7)에 능인암(能仁庵)과 함께 소실되었다가 701년에 의상(義湘)이 능인암터에 향성사를 중건하고서 선정사(禪定寺)라고 고쳐 불렀다고 하였다. 『사탑고적고』에는 절터는 강원도 양양군 도천면 장항리 서쪽 방향으로 삼백칸 정도에 있는데, 신라 애장왕(재위 799~809) 때 창건한 지금의 신흥사 옛 터로, 삼층석탑 1기가 있다고 하였다. 현재 신흥사로 가는 길옆의 쌍천(雙川)가에는 보물로 지정된 향성사지 삼층석탑이 있는데, 주변에서 신라말 고려초에 제작된 기와 조각이 발견되기도 하였다. [참고문헌] 『寺塔古蹟攷』, 『韓國寺刹全書』 권하 p.1148b21, 『乾鳳寺本末事蹟』(亞細亞文化社, 1977) p.85. ⇨ 신흥사 新興寺 4

향성사지삼층석탑 香城寺址三層石塔 강원도 속초시 설악동 신흥사 쌍천가 신라시대 석탑. 보물 제443호. 높이 4.33m. 이중기단에 삼층탑신을 올린 신라전형의 석탑이다. 여러매의 판석으로 하대석을 놓고 하층기단을 형성하였다. 면석은 크기가 다른 8매의 돌로 짜넣었는데, 모서리에 우주와 중심주에 2주의 탱주를 새겼다. 하대갑석은 5매로 상면의 기울기가 뚜렷하고 상단에는 호각형 2단 괴임을 두어 상층면석을 받고 있다.

상층면석은 8매로 모서리에 귀틀석을 배치하고 각면 1매식의 판석을 끼워 넣은 방식이다. 탑신은 몸돌과 지붕돌이 별석이다. 몸돌은 모두 모서리에 우주를 새겼으며 흘림기법이나 문양은 없다. 지붕돌은 모두 하단에 5단의 탑신괴임이 있고 상단에는 2단의 각형 괴임을 두어 상층탑신을 받고 있다. 각 옥개석의 처마는 전각부에 반전을 두었고 모서리에 풍경구멍이 남아 있다. 상륜부는 모두 결실되었다. 『신흥사사적』에 의하면 탑 주변에 자장율사가 창건한 향성사(香城寺)라는 사찰이었다고 전한다. 1966년 해체수리할 때 3층 탑신에서 사리공이 발견되었으나 사리장치는 남아 있지 않았다. 하층기단부 부재의 구성이 정연하지 못하고 상층기단갑석 상면의 괴임을 생략하는 등의 변형이 나타나지만 상하층 탱주 2:2의 양식으로 보아 8세기 말엽의 탑으로 보고 있다. [참고문헌] 박경식 『탑파』(예경, 2001), 『한국의 사지』(문화재청·불교문화재연구소, 2013).

향수 向秀 서진(西晉)대 사상가. 자는 자기(子期). 죽림칠현(竹林七賢) 중 한 사람. 하내(河內 : 河南省) 회(懷) 출신. 관직이 산기상시(散騎常侍)까지 이르렀다. 노장(老莊)의 학을 좋아하여 『장자 莊子』 주석서를 써서 현풍(玄風)을 떨쳤다. 그 뒤를 이어 곽상(郭象)이 『장자』의 주석을 더했는데 대부분이 향수풀이에 근거했다는 견해가 지배적이다. 『불조통기』 권42(대정장49, p.392c8)에 "또한 '제구가 몰래 취해서 자기 이름을 붙였지만 세상 사람들은 그 잘못됨을 알아채지 못했다'라고도 한다. 이것은 향수의 『장자』 주석을 곽상이 훔쳐서 자기 이름을 붙였던 일과도 비슷하다. 두 사건은 서로 닮았으니 도둑질에 가깝지 않은가? 又云 齊丘 竊取以爲名 世人不能知其妄 此殆與向秀注莊子 郭象竊之以自名 二事蓋相類 不幾於盜乎"라고 하였다. [참고문헌] 『佛祖統紀』, 『華嚴經疏鈔』 권25(대정장36, p.193b26), 『維摩經略疏垂裕記』「序」(대정장38, p.711b6), 『肇論疏』 권중(대정장45, p.184c5). ⇨ 곽상 郭象

향수 香水 Ⓢ gandha-vāri, gandhodaka. 향기를 머금은 청정한 물. 관목(灌沐) 등 작법(作法)에서 지덕(智德)을 표하는 수법(修法)으로 쓴다. 『장아함경』 권13 「아마주경 阿摩晝經」(대정장1, p.84a15)에 "향수로 목욕하고 향가루를 바른다. 香水洗沐 香末自塗", 『방광대장엄경』 권3(대정장3, p.554c20 : *Lal-v.*, p.67)에 "범천과 제석천 등이 허공에서 손으로 향수를 받들고 보살에게 쏟아부었다. 용왕은 냉기와 온기가 아주 잘 섞인 두 가지 물을 내려보내고, 모든 천은 향수로 보살의 몸을 목욕시켰다. 梵釋諸天等 在於虛空中 以手捧香水 灌灑於菩薩 龍王下二水 冷煖極調和 諸天以香水 洗浴於菩薩 hāsyaṃ ca muktaṃ naranāyakena salokapālair marubhiś ca sendraiḥ, prasannacittair varagandhavāribhiḥ saṃskārito lokahitārthakārī. api coragendraiḥ sahitaiḥ samagraiḥ gandhogradhārāvisaraiḥ snapiṃṣu, anye 'pi devā nayutā 'ntarīkṣe snapiṃṣu gandhāgrajine svayaṃbhum", 『대일경소』 권5(대정장39, p.627a8)에 "면류관을 만드는 방법은 가장 좋고 가는 실로 골라서 향수로 씻고 아주 청정하게 해야 한다. 凡作綖 當擇上好細具縷 香水洗之極令淸淨"라고 하였다. [참고문헌] 『長阿含經』, 『方廣大莊嚴經』, 『大日經疏』, *Lal-v.*, *Gaṇḍ-vy.52.* ⇨ 향 香

향수 香樹 1 울단월(鬱單越)에 자라는 향나무. 『장아함경』 권18 「세기경 世記經」(대정장1, p.118a16)에 "또 높이 70리의 향수가 있다. 이 나무는 꽃과 과일이 무성하고 열매가 익을 때면 껍질이 저절로 터져 자연스럽게 향이 풍긴다. 그 나무는 60리나 50리 또는 40리 크기도 있고 아주 작은 것으로는 5리 크기도 있지만, 모두 꽃과 과일이 무성하고 열매가 익을 때면 껍질이 저절로 터져 자연스럽게 향이 풍긴다. 復有香樹 高七十里 花果繁茂 其果熟時 皮殼自裂 自然香出 其樹或高六十里 或五十 四十 極小高五里 皆花果繁茂 其果熟時 皮殼自裂 自然香出"라고 하였다. [참고문헌]『長阿含經』. **2** Ⓢ gandha-vṛkṣa, Ⓣ spos kyi shing. 향내나는 나무. 불토를 장엄한다. 『대품반야경』 권1(대정장8, p.218c9)에 "그때 이 삼천대천국토는 모두 보배꽃으로 두루 덮이고 땅에는 비단 번개가 달렸으며 향수와 꽃나무가 모두 장엄하고 있었다. 爾時 是三千大千國土 皆成爲寶花遍覆 地懸繒幡蓋 香樹 花樹 皆悉莊嚴"라고 하였다. [참고문헌]『大品般若經』, *Pañca-pr.17.*, *Mvyut.197.*

향수게 香水偈 포살(布薩)을 행할 때 향수로 손을 씻으며 외우는 게송. 『사분율행사초』 권상(대정장40, p.35c17)에 "팔공덕수로 모든 티끌 깨끗이 하리니, 씻어 없애나 마음 또한 물들 일 없네. 금계 가져 지켜 범하는 일 없으니, 모든 중생도 이와 같이 하소서. 八功德水淨諸塵 盥掌去垢心無染 執持禁戒無缺犯 一切衆生亦如是"라는 게송을 읊을 때 오른손으로 병을 쥐고 왼손에 부어 두 손을 씻은 뒤에 수건으로 닦는다. [참고문헌]『四分律行事鈔』. ⇨ 팔공덕수 八功德水

향수법인 香水法印 향수와 관련된 법인. 비구지향수법인(毘俱知香水法印)과 군다리향수법인(軍茶利香水法印) 등을 말한다. 『다라니집경』 권8(대정장18, p.852b11)에 "군다리향수법인 제2〈소심주를 씀〉: 오른손 다섯 손가락을 서로 펼치되 아울러 곧게 세워 앞을 향하게 하고, 왼손을 밖을 향하게 하여 오른 손회목 아래를 잡으니 이것이 한 법인이다. 만약 공양법회단 중에 보분에 물을 채워 여러 꽃과 향가루 등을 붙이고 이 인을 짓고 나서 인을 맺고 물에 주를 외워 불전에 안치하면 일체가 환희한다. 軍茶利香水法印 第二〈用小心呪〉 右手五指相博 並直竪向前 以左手向外 握右手腕下 是一法印 若於供養法會壇中 以寶盆盛水 而著雜華 及香末等 作此印已 印之呪水 安置佛前 一切歡喜"라고 하였다. [참고문헌]『陀羅尼集經』. ⇨ 건다달라도파 乾陀達羅度波

향수병 香水甁 밀교작법에서 본존을 공양하기 위해 알가수(閼伽水 Ⓢ arghya)를 담는 물병. 알가기(閼伽器)·보병(寶甁)이라고도 한다. 『대일경소』 권8(대정장39, p.659c17)에 "향수병과 같다는 것은 여러 알가기 역시 그러하다. 마땅히 금·은·백유리 등을 써서 칠하거나 소라·숙동·돌·나무 또는 나뭇잎이나 새 기와를 쓴다. 갖가지 향수를 가득 담아 좋은 꽃을 꽂는다. 如香水甁者 諸閼伽器亦然 當用金銀白瑠璃等爲垸 乃至商佉熟銅石木 或以樹葉新瓦 盛衆香水置諸名花", 『마하폐실라말나야제바갈라사다라니의궤』(대정장21, p.219c15)에 "또한 단의 네 모서리 각각에 향수병을 하나씩 안치한다. 병 입구에 갖가지 과자와 꽃잎 등을 둔다. 又壇四角 各各著一香水甁 其甁口中著雜菓子及花葉等", 『준제다라니경회석』(卍속장37, p.434b17)에 "향수를 진언으로 가지하여 사방상하에 뿌려서 결계로 삼는다. 단의 네 모서리와 중앙에 각각 향수병 하나씩 안치한다. 진언행자는 단 중앙에서 동쪽을 향해 무릎 꿇고 천팔십 번 진언을 염송한다. 향수로 가지할 때는 근본진언을 스물한 번 외우고 시방에 뿌려야 한다. 呪香水散於四方上下 以爲結界 於壇四角中央 各置一香水甁 持呪者於其壇中 面向東方胡跪 誦呪一千八十遍 言加持香水者 當誦根本眞言三七遍 十方洒之"라고 하였다. [참고문헌]『大日經疏』, 『摩訶吠室囉末那野提婆喝囉闍陀羅尼儀軌』, 『準提陀羅尼經會釋』. ⇨ 보병 寶甁**1**, 알가기 閼伽器

향수사 香水寺 **1** 경기도 용인시에 있던 절. 『동국여지승람』 권10 경기 용인현 불우에 "향수사〈현의 동쪽 이십리에 있다〉. 香水寺〈在縣東二十里〉"라고 하였는데, 『범우고』 경기도 용인에는 "지금은 폐사하였다. 今廢"를 더하였다. [참고문헌]『東國輿地勝覽』, 『梵宇攷』, 『韓國寺刹全書』 권하 p.1149a5. **2** 함경북도 길주군 성불산에 있던 덕수암(德水菴)의 옛 이름. 『동국여지승람』 권50 함경도 길성현 불우에 "덕수암〈예전에는 향수사라고 불렀다. … 모두 성불산에 있다〉. 德水菴〈古稱香水寺 … 俱在成佛山〉"이라고 하였다. [참고문헌]『東國輿地勝覽』, 『韓國寺刹全書』 권하 p.1149a7. ⇨ 덕수암 德水庵**1**

향수암 香水庵 평안남도 성천군 성천면 향풍산에 있던 절. 『동국여지승람』 권54 평안도 성천도호부 불우에 "향수암〈모두 향풍산에 있다〉. 香水菴〈俱在香風山〉", 『범우고』 평안도 성천에 "모두 향풍산에 있는데 지금은 폐사하였다. 俱在香楓山 今廢"라고 하였다. 남효온(南孝溫 1454~1492)의 『추강집』 권3 시(詩)에는 「7월 20일 숙향수암 七月二十日宿香水庵」이 전한다. [참고문헌]『東國輿地勝覽』, 『梵宇攷』, 『秋江集』 권3(韓國文集叢刊16, p.68a11), 『韓國寺刹全書』 권하 p.1149a8.

향수전 香水錢 당송(唐宋)대 도첩(度牒)을 받을 예정인 승니(僧尼)가 먼저 관부에 납부해야 하는 돈. 숙종(肅宗) 채납(採納) 담당 재상이었던 배면(裴冕)의 건의로 시행되었다. 당말 안사난(安史亂) 이후 병사는 피폐해지고 백성은 곤궁하여 이러한 세금으로 군수(軍需)를 조달할 의도에서 제정되었다. 대표적인 예로 하택신회(荷澤神會)는 왕실의 경제적 궁핍을 해결하고자 경전 5

00지(紙)를 독송하는 자에게 도첩을 주면서 100민(緡)을 납부받아 향수전으로 삼고 이를 군비(軍費)에 충당하도록 하였다. 『승사략』 권3 「도승규리 度僧規利」(대정장54, p.252b25)에 "당말 이후 제후가 각립하여 점차 군수가 부족하게 되자 왕명으로 승니와 도사가 되려면 미리 세금을 납부하도록 하였다. 이를 향수전이라 한다. 自唐末已來 諸侯角立 稍闕軍須 則召度僧尼道士先納財 謂之香水錢"라고 하였다. 〔참고문헌〕『僧史略』, 『宋高僧傳』 권8 「神會章」(대정장50, p.757a2). ⇨ 도첩 度牒

향수해 香水海 향수 가득 출렁이는 바다. 향해(香海)라고도 한다. 수미산(須彌山)이 중심으로 팔산(八山)과 팔해가 둘러싸고 있다. 그중 여덟 번째 바다가 짠물의 염수해(鹹水海)이고 그 이외는 모두 팔공덕수(八功德水)로 채워져 맑고 향기로운 덕이 있으므로 향수해라 한다. 60권본 『화엄경』 권3(대정장9, p.412b7)에 "가장 위의 풍륜을 승장이라 하는데 모든 향수해를 지탱한다. 그 향수해 중심에 자리잡고 있는 향당광명장엄이라는 이름의 대연화가 있고 이 연화로 화장장엄세계해를 지탱한다. 最上風輪 名勝藏 持一切香水海 彼香水海中有大蓮華 名香幢光明莊嚴 持此蓮華藏莊嚴世界海"라고 하였다. 〔참고문헌〕『華嚴經』, 『華嚴經探玄記』 권3(대정장35, p.162c5), 『佛祖統紀』 권31(대정장49, p.303b10). ⇨ 구산팔해 九山八海, 팔공덕수 八功德水❶❷

향수해례 香水海禮 옛부터 우리나라 사찰에서 음력 설날 아침에 대중이 함께 모여 올리는 세알(歲謁)예경으로 행하며, 특별한 법요 때 행하는 예문. 소예참(小禮懺)과 대예참(大禮懺) 대신 행한다. 향수해화장계(香水海華藏界)에 두루 계시는 불보살에서부터 역대의 전등조사(傳燈祖師)와 선지식에 이르기까지 15회의 예배를 올린다. 『석문의범』 권상 「향수해례」 p.2a5에 "제가 지금 청정수 올리니 감로차로 변해 삼보 앞에 받들어 올리니, 원컨대 가엾이 여기시어 받아주십시오. 我今清淨水變爲甘露茶 奉獻三寶前 願垂哀納受", "〈제1배〉 귀의합니다. 향수해화장계의 비로자나해회에 계시는 모든 부처님과 모든 보살님께. 南無 香水海華藏界 毘盧海會 諸佛諸菩薩", "〈제2배〉 … 천화대연장계의 노사나해회에 계시는 모든 부처님과 모든 보살님께. … 千華臺蓮藏界 舍那海會 諸佛諸菩薩", "〈제3배〉 … 천화상백억계의 석가해회에 계시는 모든 부처님과 모든 보살님께. … 千華上百億界 釋迦海會 諸佛諸菩薩", "〈제4배〉 … 일월광유리계의 약사해회에 계시는 모든 부처님과 모든 보살님께. … 日月光琉璃界 藥師海會 諸佛諸菩薩", "〈제5배〉 … 안양국극락계의 미타해회에 계시는 모든 부처님과 모든 보살님께. … 安養國極樂界 彌陀海會 諸佛諸菩薩", "〈제6배〉 … 도솔천내원계의 자씨해회에 계시는 모든 부처님과 모든 보살님께. … 兜率天內院界 慈氏海會 諸佛諸菩薩", "〈제7배〉 … 대위덕금륜계의 소재해회에 계시는 모든 부처님과 모든 보살님께. … 大威德金輪界 消災海會 諸佛諸菩薩", "〈제8배〉 … 청량산금색계문수해회에 계시는 모든 부처님과 모든 보살님께. … 清涼山金色界 文殊海會 諸佛諸菩薩", "〈제9배〉 … 아미산은색계의 보현해회에 계시는 모든 부처님과 모든 보살님께. … 峨嵋山銀色界 普賢海會 諸佛諸菩薩", "〈제10배〉 … 금강산중향계의 법기해회에 계시는 모든 부처님과 모든 보살님께. … 金剛山衆香界 法起海會 諸佛諸菩薩", "〈제11배〉 … 낙가산칠보계의 관음해회에 계시는 모든 부처님과 모든 보살님께. … 洛迦山七寶界 觀音海會 諸佛諸菩薩", "〈제12배〉 … 칠진산팔보계의 대세지해회에 계시는 모든 부처님과 모든 보살님께. … 七珍山八寶界 勢至海會 諸佛諸菩薩", "〈제13배〉 … 염마라유명계의 지장해회에 계시는 모든 부처님과 모든 보살님께. … 閻摩羅幽冥界 地藏海會 諸佛諸菩薩", "〈제14배〉 … 진허공변법계의 티끌과 모래수 만큼이나 많은 해회에 계시는 모든 부처님과 모든 보살님께. … 盡虛空遍法界 塵沙海會 諸佛諸菩薩", "〈제15배〉 … 서천의 28조와 당토의 육조와 오가로 나뉘어 흐르며 역대로 등을 밝힌 모든 대조사와 천하종사와 일체미진수 모든 대선지식께. … 西乾四七 唐土二三 五派分流 歷代傳燈 諸大祖師 天下宗師 一切微塵數 諸大善知識", "오직 원하옵건대 다함없는 삼보께서는 대자대비하시니, 저의 고개숙여 예 올림을 받으시고 그윽이 가피력을 적셔 주옵소서. 원하옵건대 법계의 모든 중생과 함께 아미타대원해로 같이 들게 하옵소서. 唯願 無盡三寶 大慈大悲 受我頂禮 冥薰加被力 願共法界諸衆生 同入彌陀大願海"라고 하였다. 〔참고문헌〕『釋門儀範』·권상 p.1a7.

향수화 香荾花 Ⓢ ajājī-puṣpa, Ⓣ go-snyod kyi me-tog. 미나리과의 한해살이풀. 학명은 *Cuminum cyminum*. 커민(cumin). 씨앗은 향신료로 쓴다. 꽃술이 해를 향해 방사형으로 피는데, 눈동자에 안근극미가 방사형으로 분포되어 있는 모습을 이것에 비유한다.

『구사론』 권2(대정장29, p.12a11 : *Abh-k-bh.*, p.33)에 "안 등 제근의 극미는 어떻게 안포차별하는가? 안근의 극미는 눈동자(眼星) 위에 끝을 향해 펴져 있는데 마치 향수화와 같다. 云何眼等諸根極微安

布差別 眼根極微在眼星上傍布而住 如香荾花 kathaṃ punar eṣāṃ cakṣurādīndriyaparamāṇūnāṃ saṃniveśaḥ. cakṣurindriyaparamāṇavas tāvad akṣitārakāyām ajājīpuṣpavad avasthitāḥ", 『순정리론』 권7(대정장29, p.368b8)에 "안근의 극미는 저 향수화처럼 방사형으로 머물기에 바로 앞에 나타난 것은 보아 분명하지만 바로 앞에 나타나지 않은 것은 보지만 언뜻 분명하지 못하다. 由眼極微如香荾花傍布而住 正現前事 見卽分明 非正現前 見便不了", 『대승백법명문론개종의결』(대정장85, p.1086c1)에 "'마치 향수화와 같다' 하였는데, 이는 오늘날 사람들이 식용하는 것으로서 호수채가 바로 이것이다. … 하지만 이것은 지방에 따라 부르는 게 또한 다르다. 가령 하서사람들은 호수라 부르고, 산동사람들은 수수라 부르며, 강회사람들은 향수라 부른다. 香荾如香荾花者 卽今時人所食用者胡荾菜是 … 然其隨方所呼又別 若河西人呼爲胡荾 若山東人呼爲葰荾 若江淮人呼爲香荾"라고 하였다. 〔참고문헌〕『俱舍論』, 『順正理論』, 『大乘百法明門論開宗義決』, *Abh-k-bh.*

향시 香匙 향재를 다듬는 젓가락. 향로 안에 타고 남은 재를 쌓고 다듬어 그 재무더기 위로 향을 꽂는다. 따라서 향의 밑둥은 타지 않고 남아 있기에 향 젓가락으로 집어내고 재를 다듬는 데 쓴다. 『백장청규』 권6 「일용궤범 日用軌範」(대정장48, p.1146a29)에 "향재 다듬는 부젓가락을 가지고 놀면 안 되고, 불나게 하거나 재가 날리게 해서도 안 된다. 不得弄香匙火筯 不得撥火飛灰"라고 하였다. 〔참고문헌〕『百丈清規』.

향시랑 向侍郞 중국 송(宋)대 사대부. 성은 향(向 : '상'으로 발음하기도 함)씨. 휘 태인(泰仁), 자는 백공(伯恭), 호는 향림거사(薌林居士). 예부시랑(禮部侍郎)을 역임하였다. 대혜종고(大慧宗杲)와 깊이 교유하여 『대혜어록』 권11의 「향시랑무열헌 向侍郎無熱軒」(대정장47, p.857a9), 『서장』의 「답향시랑장 答向侍郎」(대정장47, p.935c17) 등의 법어는 물론, 『보각종고어록』 권하의 「향시랑화상찬 向侍郎畫像讚」(卍속장121, p.91b14)도 전한다. 이 중 「답향시랑장」은 1149년 대혜가 형주(衡州)에 있을 때 보낸 것으로, '깨달음과 못 깨달음, 꿈과 깨어남은 하나인가? 悟與未悟 夢與覺一'라는 물음에 대해는 '한 줄기 인연일 뿐 一段因緣' '꿈과 꿈 아님이 온통 바로 환인즉 온통 꿈은 실이고, 실 또한 온통 꿈이리니 취할 것도 버릴 것도 없으리라. 夢與非夢 悉皆是幻則 全夢是實 全實是夢 不可取不可捨', '눈앞의 일용경계가 꿈임을 깨친 연후에 도리어 꿈중에 저것들 옮겨 목전에 둔즉 부처님의 금북, 고종의 부설, 공자의 두 기둥에서 제사 받음이 결정코 꿈이 아닐 것이다. 目前日用境界 作夢會了 然後 却將夢中底 移來目前 則佛金鼓 高宗傅說 孔子奠兩楹 決不是夢矣'라 하였다. 〔참고문헌〕『大慧語錄』, 『書狀』, 『普覺宗杲語錄』, 李智冠 『四集私記』 p.101. ⇨ 대혜종고 大慧宗杲

향식 香食 Ⓢgandharva, Ⓟgandhabba, Ⓣdri-za. 향기를 먹이로 삼다. 중유(中有)의 먹이다. 식향(食香)·심향(尋香)·심향행(尋香行)이라고도 한다. 『구사론』 권9(대정장29, p.46b8)에 "욕계의 중유신은 단식을 취하는가? 비록 단식을 취하지만 미세한 것이지 거친 것이 아니다. 미세한 것이란 무엇인가? 즉 향기일 뿐이다. 이런 이유로 건달바라는 이름을 얻었다. … 복이 적은 모든 중유는 오향을 먹이로 삼고, 복이 많은 중유는 호향으로 먹이를 삼는다. 欲中有身 資段食不 雖資段食 然細非麤 其細者何 謂唯香氣 由斯故得健達縛名 … 諸少福者 唯食惡香 其多福者 好香爲食"라고 하였다. 〔참고문헌〕『俱舍論』. ⇨ 식향 食香, 심향행 尋香行

향신 香神 Ⓢgandharva. 향음신(香音神·香陰神)·심향신(尋香神)·악신(樂神)이라고도 하고 건달바(犍達嚩)라고 음사한다. 향기를 마시고 살며 몸에서 향기를 뿜어내고 제석천을 위해 음악을 관장한다. 『일체경음의』 권9(대정장54, p.357c18)에 "건답화〈건다라라고도 하고 건답바라고도 하며 건달바라고도 하고 건달바라고 하는데 옛 번역이다. 지금 바르게 말하면 건달바이니 모두 나라마다 음이 같지 않은 것이다. 번역하면 후향이라고도 하고 악신이라고도 하며 식향이라고도 한다. 옛 번역에서는 향신이라고 하였고 근래의 경중에서도 향음신이라고 하였다. 의역하면 심향신이니 이 번역으로 바르게 한다〉. 揵沓和〈又云揵陀羅 或作乾沓婆 或云揵達婆 或云乾闥婆 舊名也 今正言犍達嚩 皆國音之不同也 此云齅香 亦云樂神 一云食香 舊云香神 亦近也經中 亦作香音神也 義譯云尋香神 此譯爲正也〉"라고 하였다. 〔참고문헌〕『一切經音義』. ⇨ 향음 香陰, 간다르바 Gandharva

향신 香薪 향기나는 장작. 다비 때 법구를 태우기 위해 준비한다. 『장아함경』 권18 「세기경 世記經」(대정장1, p.121a29)에 "다시 목곽을 옷가지로 거듭 두르고 온갖 향나무 장작을 쌓아올린 후 불붙여 다비하였다. 사거리에 칠보탑을 세웠는데 가로세로 일유순이었으며 온갖 색 새겨넣어 칠보를 만들었다. 그 탑의 사면은 각각 한 문이 있는데 사방으로 난순을 둘러서 칠보를 이루었다. 復以木槨重衣其外 積衆香薪重衣其上 而耶維之 於四衢道頭起七寶塔 縱廣一由旬 雜色參間 以七寶成 其塔四面各有一門 周匝欄楯 以七寶成"라고 하였다. 〔참고문헌〕『長阿含經』. ⇨ 다비 茶毘, 향루 香樓

향실 香室 ⓈⓅgandha-kuṭī. 향내나는 방. 건다구지(健陀俱胝)라고 음사한다. 향방(香房), 향적(香積), 향

대(香臺)라고도 한다. 본래는 부처님이 계시는 곳을 일컫는 말이었으나 후대에는 불전이나 불전에 곁해 있는 방으로, 향촉 등을 구비해 살피고 불전을 맡아 모시는 스님이 머무는 곳으로서 향로전이나 응향각 등으로 부르기도 한다. 『석씨요람』 권상(대정장54, p.263c12)에 "향실, 『비나야율』의 의정삼장주에 이른다. '서방에는 불당이라고 이름하니 건다구지가 된다. 여기서는 향실이다. 불당이나 불전이라고 하지 않는 것은 대개 존안을 몸소 만지고자 하지 않기 때문이다'. 香室 毘柰耶律義淨三藏注云 西方名佛堂爲健陀俱胝 此云香室 不稱佛堂佛殿者 蓋不欲親觸尊顔故", 『번범어』 권8(대정장54, p.1041c14)에 "건다구지〈한역하여 향실, 향대, 향전이다〉. 健陀俱知〈譯曰香室香臺香殿〉"라고 하였다. [참고문헌] 『釋氏要覽』, 『翻梵語』. ⇨ 건다구지 健陀俱胝, 불전 佛殿, 응향각 凝香閣, 향로전 香爐殿

향실암 香室庵 조선의 도읍인 한양(漢陽)에 있던 암자. 『성종실록』 권7 1년(1470) 9월 26일에 "예조에서 '… 국초에 도읍을 세우면서 산과 물의 향배를 살펴 사사를 건립하여 비보로 삼아 재앙과 변고를 물리치고자 했는데, 이후 사찰로는 … 향실암 (등을 세웠습니다). … 청하건대 모두 철거하고 부득이 마땅히 남겨야 할 것은 땅을 골라 옮겨 짓는 것이 어떠하겠습니까'라고 계를 올렸는데, (왕이) 전지를 내려 '가하다. 다만 관청에서 지은 사사는 다른 곳으로 옮겨 짓도록 하라'고 하였다. 禮曹 … 以啓 … 國初建都時 審山水向背 建寺社 以爲裨補 鎭禳災變 邇來寺刹 … 香室庵 … 請令撤去 其有不得已當存者 卜地移造 何如 傳曰可 但官創寺社 移造他處", 같은 책 권171 15년(1484) 10월 13일에 "사헌부장령 신수근이 와서 '전자에 동대문 밖 향실암 불당을 이웃에 사는 사람에게 지키도록 한 것은 옳지 못하므로, 청하건대 철거하소서'라고 계를 올리자, '좋다'라고 전교하였다. 司憲府掌令愼守勤來啓曰 前者東大門外香室庵佛堂令隣居人 守之不可 請撤去 傳曰可"라고 하였다. [참고문헌] 『成宗實錄』, 『韓國寺刹全書』 권하 p.1149a10.

향악사 向嶽寺 일본 산리현(山梨縣) 염산(鹽山)에 있는 절. 임제종(臨濟宗) 향악사파(向嶽寺派)의 본산. 1380년(강력2) 창립하였다. 외호주였던 무전씨(武田氏)가 멸망한 뒤 덕천가강(德川家康)에게 의지하였으나 후에 여러 차례 화재와 변고를 당하여 중건을 거듭하였다.

향약 香藥 Ⓢ auṣadhi, Ⓣ sman gi pog-pa. 온갖 향을 잘 섞어서 만든 약. 밀교에서는 관정(灌頂)에서 쓴다. 40권본 『대반열반경』 권16(대정장12, p.458c2)에 "나는 그때 참으로 바람을 일으켜서 향산의 갖가지 향약을 실려 보내지도 않았으며, 그 사람들 앞에서 법을 설하지도 않았다. 我於爾時 實不作風吹香山中 種種香藥住其人前 而爲說法", 『대일경소』 권7(대정장39, p.659a5)에 "갖가지 미음이라는 말은 무슨 뜻인가? 서방에서 미음을 만드는 방법은 매우 많지만 모두 향약을 섞으며 맛도 있고 병도 낫게 한다. 種種諸漿飮者 西方漿法甚多皆雜以香藥 美而愈疾"라고 하였다. 『금광명최승왕경』 권7(대정장16, p.434c13)에 "모든 지혜로운 이는 이와 같이 목욕하는 법을 행하니, 마땅히 32가지 맛의 향약을 취한다. 諸有智者 應作如是 洗浴之法 當取香藥 三十二味"라고 한 뒤 32가지 맛의 향약을 열거하고 있다. [참고문헌] 『大般涅槃經』, 『大日經疏』, 『金光明最勝王經』, *Laṅk.359.*, *Suv-pr.97.*

향약삼십이미 香藥三十二味 향약의 서른 두 가지. 『금광명최승왕경』에서 대변재천녀가 경전을 수지하거나 청문하는 법사와 유정을 위해 향약을 조제하는 법을 설하였고 그 원료가 되는 약재가 32가지다. 겸해 주약제조를 위한 다라니와 작단법 등도 전한다. 같은 책 권7 「대변재천녀품 大辯才天女品」(대정장16, p.434c8)에 "세존이시여! 저는 마땅히 이 경전을 수지하는 법사와 다른 유정들이 이 경전을 즐겨 듣고자 한다면 이 주약을 조제하는 법을 설하여 이들로 하여금 나쁜 별로 인한 재난과 출생시 별자리가 다른 것, 혹은 질병의 고통과 전쟁터에서 싸울 때, 악몽과 귀신, 독충과 홀리는 주술로 시체를 살리는 것등 이러한 모든 악행으로 인한 장애와 어려움들을 모두 사라져 없게 할 것입니다. 모든 지혜있는 이들은 이와 같이 씻어 없애는 법을 마땅히 지을 줄 알아야 하니 32가지 향약을 취한다. 世尊 我當爲彼持經法師及餘有情 於此經典 樂聽聞者 說其呪藥洗浴之法 彼人所有惡星災變 與初生時 星屬相違 疾病之苦 鬪諍戰陣 惡夢鬼神 蠱毒厭魅 呪術起屍 如是諸惡 爲障難者 悉令除滅 諸有智者 應作如是洗浴之法 當取香藥三十二味"라고 하였다. 32가지 주약재료는 다음과 같다. 창포(菖蒲), 우황(牛黃), 목숙향(苜蓿香 : 거여목풀), 사향(麝香), 웅향(雄香), 합혼수(合昏樹), 백급(白及), 궁궁(芎藭), 구기근(狗杞根), 송지(松脂), 계피(桂皮), 향부자(香附子), 침향(沈香), 전단(栴檀), 영릉향(零凌香), 정자(丁子), 울금(鬱金), 파율고(婆律膏), 위향(葦香), 죽황(竹黃), 세두구(細豆蔻), 감송(甘松), 곽향(藿香), 모근향(茅根香), 질지(叱脂), 애납(艾納), 안식향(安息香), 개자(芥子), 마근(馬芹), 용화수(龍花鬚), 백교(白膠), 청목(靑木)들이다. [참고문헌] 『金光明最勝王經』.

향엄 香嚴 1919~1992. 근세 고창 선운사(禪雲寺) 스님. 속성은 김씨, 본관은 김해, 아버지의 휘는 종근(鍾根), 어머니는 해주 오씨(海州吳氏) 부인이니 1919년 고창군 심원면 월산리에서 둘째 아들로 태어났다. 어릴 때부터 월호(月湖)의 서재에서 공부하다가 17세 때 고창 선운사로 찾아가 진호(震湖) 강사를 은사로 하여 스님이 되었다. 22세 때 장성 백양사(白楊寺) 강원에서 안진호(安震湖)강백으로부터 사집과를 수료하였고, 1942년 4월 15일 25세 때 송만암(宋曼庵)스님에게서 비구계를 받았으며, 1943년 3월 5일 박한영(朴漢永)강백 회상에서 대교과(大敎科)를 졸업했다. 1949년 3월 7일 순천 선암사(仙巖寺) 강주에 취임, 1950년 2월 5일 선운사 총무에 취임하였다. 1960년 4월 5일 해남 대흥사 강주에 취임하여 후학을 양성했다. 1965년 3월 5일 해남 미황사(美黃寺) 주지에, 1973년 2월 5일 속리산 법주사 강주에 취임하였고, 1992년 3월부터 고창 선운사 석상암(石床庵)에서 주석하다가 그해 7월 5일 세수 80, 법랍 63세로 입적하였다. 1995년에 세운 행적비는 선운사에 있는데 찬자의 이름은 보이지 않는다. 〔참고문헌〕「高敞禪雲寺香嚴堂大和尙碑文」(智冠 『韓國高僧碑文總集 朝鮮朝·近現代』 pp.1368~1369).

향엄계 香嚴桂 1631~1708. 청대 초 임제종(臨濟宗) 스님. 속성은 진(陳)씨. 절강성(浙江省) 가흥(嘉興) 출신. 나이 열한 살에 정엄사(精嚴寺)로 출가하여 유가(瑜伽)의 교설을 학습하였고, 26세에 원묘산부(圓墓山剖)에게서 구족계를 받았다. 30세에는 고은암(古隱庵)의 일장(一藏)을 친견하고 밀운원오(密雲圓悟)의 가풍을 참구하였다. 41세에는 가흥보명사(嘉興普明寺)로 가서 비은통용(費隱通容)의 제자 석관릉(石關凌)에게 법을 이어받았다. 1677년(강희16) 보명사의 법좌를 계승했고, 그 뒤 용만원(涌卍院)·태평원(太平院)·정엄사(精嚴寺) 등의 절에 두루 주석하였다. 1708년(강희47) 세수 78세에 입적하였다. 『보명향엄선사어록 普明香嚴禪師語錄』(가흥장38, No.B424)을 남겼다. 〔참고문헌〕『五燈全書』 권92(卍속장141, p.814a13).

향엄동자 香嚴童子 이십오원통(二十五圓通) 중 향진(香塵)에서 원통을 얻은 동자. 『능엄경』 권5(대정장19, p.125c22)에 "향엄동자 … 여러 비구가 침수향을 태움에 향기는 적연한데 콧속으로 들어와 제가 이 기를 관하니, 나무도 아니고 허공도 아니고 연기도 아니고 불도 아니어서, 간 곳도 온 곳도 좇을 수 없었습니다. 이로써 뜻이 다하자 무루의 빛을 얻으니, 여래께서 저를 인가하셔서 '향엄'이라는 호를 얻었습니다. 香嚴童子 … 見諸比丘 燒沈水香 香氣寂然 來入鼻中 我觀此氣 非木非空 非煙非火 去無所著 來無所從 由是意銷 發明無漏 如來印我得香嚴號", 계환(戒環)의 『능엄경요해』 권9(卍속장17, p.781a2)에 "향을 인으로 두렷이 깨달아 동진위를 얻었으므로 '동자'라 이름하였다. 因香圓悟 得童眞位 故名童子", 『종경록』 권43(대정장48, p.670c5)에 "향엄동자는 향을 맡고 도를 깨달았다. 香嚴童子 因香悟道", 『능엄경사의해』 권5(臺灣國圖善本17, p.510a1)에 "이 동자는 향진으로 여래장의 묘진여성에 깨우쳐 들었다. 향엄이란 묘향 그윽해 두렷한 줄 깨달아 이러한 이름을 받았다. 此從香塵 悟入如來藏妙眞如性也 香嚴者 卽悟妙香密圓 以授此稱"라고 하였다. 〔참고문헌〕『楞嚴經』, 『楞嚴經要解』, 『宗鏡錄』, 『楞嚴經四依解』. ⇨이십오원통 二十五圓通, 동진 童眞 ❹, 동진주 童眞住

향엄사 香嚴寺 중국 하남성(河南省) 등현(鄧縣 : 鄧州市) 서북쪽의 백애산(白崖山)에 있는 절. 당대 일행(一行)·호인(虎茵)에 의하여 창건되었다. 그 뒤에 장안에서 일행이 입적하자 숙종(肅宗)이 친히 가서 장례에 참여하였을 때 산중에서 돌연히 향내와 함께 회오리바람 일어 몇 달 동안 그치지 않았다. 이 인연으로 향엄사라 이름하였으며, 그 뒤 혜능(慧能)의 제자 남양혜충(南陽慧忠)이 주석하면서 향엄장수사(香嚴長壽寺)라 불렀다. 향엄지한(香嚴智閑)도 주석하였다. 〔참고문헌〕『唐高僧傳』 권30 「眞觀傳」(대정장50, p.702a27), 『宋高僧傳』 권9 「慧忠傳」(대정장50, p.763b11), 『大明一統志』 권30.

향엄송 香嚴頌 향엄지한(香嚴智閑) 지음. 1권. 필사본. 일본 겸창기(鎌倉期)의 필사본으로 신내천현(神奈川縣) 금택문고(金澤文庫)에 있다. 칠언절구만 77수 모아 구성했다. 다만 최후에 추가된 한 수는 용아거둔(龍牙居遁)의 송이며 중복된 한 수도 있어 실제는 75수다. 향엄의 송은 동산양개(洞山良价)나 용아거둔의 송과 함께 선림에서 오래전부터 애송되어 왔다. 『조당집』 권19, 『경덕전등록』 권29(대정장51, p.452c21), 『선문제조사게송』 권상(卍속장116, p.914b5) 등에도 다수 수록되어 있다. 금택문고본은 그 유래 등은 분명하지 않지만, 『경덕전등록』 등에 수록된 송을 뽑아서 학인들 위한 방편으로 삼았으리라고 추정한다. 위앙종(潙仰宗)의 선풍을 전하는 자료로서의 의미가 크다. 〔참고문헌〕『金澤文庫資料全書』 「禪籍篇」.

향엄지한 香嚴智閑 ➡지한 智閑

향엄환인심심소법 香嚴幻人心心所法 향엄이 마술쟁이의 마음과 그 부림을 말하다. 『경덕전등록』 권11 「향엄지한전 香嚴智閑傳」(대정장51, p.284a26)에 "학인이 물었다. '무엇이 소리와 색 밖에서 서로 보는 한마디인지요?' '누군가 향엄사에 머물지 않을 때는 어디에 있다고 말하겠는가?' '그럴 때는 어디 있다고 감히 말할 수 없습니다' '저 마술쟁이 마음과 그 장난 같다'. 問 如何是聲色外相見一句 師曰 如某甲未住香嚴時 道在什麽處 僧曰 恁麽時 亦不敢道有所在 師曰 如幻人心心所法"라고 하였다. 〔참고문헌〕『景德傳燈錄』.

향염로전탄열철환 向閻老前呑熱鐵丸 염라대왕 앞에서 뜨거운 쇠구슬을 삼키는 벌을 받는다는 말. 『임제록』(대정장47, p.497c22)에 "이와 같은 무리는 모조리 빚을 지고 틀림없이 염라대왕 앞에서 뜨거운 쇠구슬을 삼키는 벌을 받을 날이 있으리라. 如是之流 盡須抵債 向閻老前呑熱鐵丸有日"라고 하였다. 〔참고문헌〕『臨濟錄』.

향완 香垸 ➡향로 香爐

향왕보살 香王菩薩 Ⓢ Gandha-rāja. 향기 가득 퍼지듯 모든 법계의 중생을 위해 법의 향기 널리 퍼뜨려 제도하는 보살. 향왕관음(香王觀音)이라고도 하고 건다라사(犍陀羅闍)라고 음사한다. 향왕보살법에서 본존으로 모신다. 『향왕보살다라니주경』(대정장20, p.651b29)에 "향왕보살을 비단 위에 그리되 화공은 오후불식해야 하고 팔재계를 지켜야 한다. 보살상을 그리는 법은 크기를 따른다. 살색은 모두 희고 얼굴 모습은 단정하며 머리에 천관을 썼고 목에 영락이 있다. 오른팔은 아래로 내리고 다섯 손가락은 모두 펴서 시무외인이 된다. 그 다섯 손가락 끝에서 각각 감로의 비를 오도의 중생에게 베푼다. 손 아래에 네다섯의 흑암 귀신을 그린다. 왼팔은 팔뚝을 구부려서 왼쪽 가슴 높이에 두었는데 연꽃을 쥐고 있다. 그 연꽃은 발 아래 연꽃에서 자라났으며 꽃은 백홍색이다. 발 아래 연꽃 역시 백홍색이다. 원광의 광배가 있고 위에 산개가 있으며 오색의 비단으로 옷을 입었다. 두 줄의 염주가 어깨에 있으니 하나는 적색이고 다른 하나는 황색이다. 須畫香王菩薩於絹帛上其畫匠不得過中食 須受八齋戒 其畫像法任其大小 身肉皆白面貌端正 頭戴天冠 頸有瓔珞 右臂垂下五指皆申施無畏手其五指端各雨甘露施於五道衆生 手下幷畫黑鬼三五箇 左臂屈肘手當左嬭 以把蓮花 其花從脚下蓮華生出其花白紅色 足下蓮華亦白紅色 項背圓光 上有傘蓋 五色錦綺以爲衣服 兩重珠絛絡於髆上 一赤色一黃色"라고 하였다. 〔참고문헌〕『香王菩薩陀羅尼咒經』.

향왕보살다라니주경 香王菩薩陀羅尼呪經 1권. 당 의정(義淨) 한역. 향왕경이라고도 한다. 향왕보살을 본존으로 모시고 멸죄와 증익을 목적으로 향왕보살법을 행하는 밀교 작법을 서술한 의궤. 향왕보살다라니와 향왕보살의 화상법(畫像法)를 설명하고 작단법과 염송법을 설명한다. 경전 후반부에는 별행요약법(別行要略法)을 부가하여 싣고 있으며 팔재계를 지키고 금계를 수지하지 않으면 작법의 효험을 볼 수 없다고 당부하고 있다. ⇨향왕보살 香王菩薩, 향왕보살법 香王菩薩法

향왕보살법 香王菩薩法 멸죄(滅罪)와 증익(增益)을 목적으로 향왕보살을 본존으로 닦는 밀교 작법. 향왕보살상을 여법하게 그려서 사주(四肘) 크기의 사각형의 단(壇)을 설치하여 모시고 향(香)·화(華)·등(燈)·촉(燭)으로 공양한다. 진언행자는 한 밤중에 일어나 정결한 옷을 입고 보살상 앞에서 향왕보살다라니를 천팔 번 외우고 새벽까지 깨어있어야 한다. 『향왕보살다라니주경』(대정장20, p.651c9)에 "향왕보살상 앞에 향을 사르고 다라니를 십만 번 하루 낮과 밤 동안 금식하고 염송한다. 먼저 대수방단을 만들고 전단을 갈아서 열두마디 작은 방단 여덟 개를 만든다. 처음 세 단 중 하나는 부처님을 공양하고, 하나는 법을 공양하며, 하나는 승가를 공양한다. 넷째 단은 아미타불을 공양하고, 다섯째는 관세음보살을 공양하며, 여섯째는 대세지보살을 공양하고, 일곱째는 향왕보살을 공양하며, 여덟째는 모든 선신들을 공양한다. 모두 정결한 음식·과자·향화를 가져다 네 모퉁이에 안치한다. 그 법은 어느 달이든 십사일과 십오일을 따르고 사제화〈두구화라고도 한다〉 천팔 송이를 준비하여 다라니를 한 번 외울 때마다 보살상 가슴 앞에 한 송이씩 던진다. 작법 이후 매일 밤중에 일어나서 보살상 앞에 항상 천팔번 씩 염송한다. 어떤 이가 금전을 보내면 그 금전 역시 쌓아두거나 간탐을 부리면 안 되고 반드시 법도에 맞게 쓰고 궁핍한 이에게 베풀어야 한다. 이것이 향왕보살법이다. 像前燒香誦十萬遍一日一夜不食 先須作一大水方壇訖 然卽以梅檀磨之 作十二指小方壇八箇 初以三壇 一用供養佛 一用供養法 一用供養僧 第四壇供養阿彌陀佛 第五供養觀世音菩薩 第六供養大勢至菩薩 第七供養香王菩薩 第八供養諸善神等 皆取好淨食果子香華 四邊安置 其法隨以何月十四十五日作 然取闍帝花〈此云荳蔻華〉 一千八莖 誦一遍擲像身胸上 作法以後每夜半須起 像前常誦一千八遍 至自有人送錢財 其錢財亦不得積聚慳貪 卽須用度及施貧乏 此是香王菩薩法"라고 하였다. 〔참고문헌〕『香王菩薩陀羅尼咒經』.

향외 向外 밖을 향하다. 구하고 얻은 것 밖을 향하게 하는 뜻이다. 『위산어록』(대정장47, p.581b24)에 "밖을 향해 하나 알고 하나 알아차린 것 얻고서는 선도라고 삼는다면 전혀 실다운 것 없으리니, 이것은 똥을 들이는 것이어서 보내버린 것이라 하지 않는다. 그대의 마음밭 물들였을 뿐이다. 그러므로 도가 아니라고 한다. 若向外

得一知一解 將爲禪道 且沒交涉 名運糞入 不名運糞出 汚汝心田 所以道不是道", 『법계도기총수록』 권하2(대정장45, p.759a13)에 "여섯째, 내관예는 자기 안의 법신과 진불에게 예를 올릴 뿐 밖을 향해 구하지 않는다. 六 內觀禮 但禮身內 法身眞佛 不向外求", 『임제록』(대정장47, p.500c6)에 "그대들이 눈앞에서 쓰는 바로 그것이 조사나 부처와 다르지 않다. 다만 이렇게 믿지 못하면 문득 밖을 향해 구할 뿐이다. 是爾目前用底 與祖佛不別 秖麼不信 便向外求"라고 하였다. [참고문헌] 『潙山語錄』, 『法界圖記叢髓錄』, 『臨濟錄』, 『景德傳燈錄』 권6 「大珠慧海傳」(대정장51, p.246c15).

향외구불 向外求佛 밖을 향해 부처를 구하다. 『소실육문』 「파상론 破相論」(대정장48, p.369a24)에 "무명에 덮인 마음으로 밖을 향해 부처를 구하니 부질없이 헛된 공이다. 將無明心 向外求佛 徒爾虛功", 『전심법요』(대정장48, p.380a14)에 "이 마음바탕 깨닫지 못하고 문득 마음 위에 마음을 일으키고 마음 밖을 향해 부처를 구하고 상을 붙들어 수행하니 그 모두가 악법이다. 不悟此心體 便於心上生心 向外求佛 著相修行 皆是惡法"라고 하였다. [참고문헌] 『少室六門』, 『傳心法要』.

향외등 向外等 문장 끝의 등(等)의 뜻을 푸는 데 있어 앞서 언급한 무리 그밖에 것들도 같은 위상으로 취하는 뜻이다. 향내등(向內等)에 대칭한다. 『구사론』 권1(대정장29, p.2b4)에 "이와 같은 등류가 바로 유루법으로서 그 뜻에 따라 이름을 달리한다. 如是等類是有漏法隨義別名", 『구사론소』 권1(대정장41, p.476a10)에 "[논] '이와 같은 등류에서 뜻을 따라 이름이 다르다'라 한 것은 다 모아 맺는다. 『순정리론』에 따르면 이는 향외등이다. 『순정리론』 권1에서 '등이란 말은 유염 등이라 이름한 것들을 거두기 위해서이니, 여시등류는 바로 그 유루법으로서 뜻에 따라 이름을 달리한다'. 論 如是等類至隨義別名 總結也 准正理論 向外等 正理 等言 爲攝名有染等 如是等類是有漏法 隨義別名", 『구사론송소기』 권1(卍속장86, p.230a14)에 "『구사론기』 권1에서 말해 '유염을 고르게 취한다는 것이다'라고 하였는데, 이는 『순정리론』에 따르면 향외등이다. 言等取有染者 此准正理向外", 『법화경』 권1(대정장9, p.1c28)에 "이와 같이 대중에게 널리 알려진 대아라한 등이다. 如是衆所知識大阿羅漢等", 『법화경현찬요집』 권9(卍속장53, p.761b11)에 "둘째로 향외등을 푼다. (아야교진여부터 라후라까지) 따로 스물한 사람 밖에 만이천 명도 같은 위상으로 취하는 것이다. 第二解向外等 別二十一人 等取萬二千人"라고 하였다. [참고문헌] 『俱舍論』, 『俱舍論疏』, 『俱舍論頌疏記』, 『法華經』, 『法華經玄贊要集』, 『順正理論』 권1(대정장29, p.333b9~10), 『俱舍論記』 권1(대정장41, p.14c21). ⇨ 향내외등 向內外等

향외상차권 向外相叉拳 양손의 손가락을 바깥으로 깍지 껴서 주먹을 쥔 수인. 외박권(外縛拳)과 같다. 『대일경소』 권13(대정장39, p.719c24)에 "보인수보살인은 먼저 향외상차권을 만들고 양손의 중지를 펴서 끝을 붙이고 엄지와 소지를 모두 세운다. 양손의 검지는 중지 뒤에서 갈고리처럼 구부리되 중지의 등에 붙이지 않게 하여 모양이 오고금강과 같아지면 된다. 寶印手菩薩印 先作向外相叉拳 申二火指令頭相拄 大小指皆並竪之 其二風指當中指背 而句屈之 勿令著中指背 狀如五股金剛卽是也"라고 하였다. [참고문헌] 『大日經疏』.

향외치구 向外馳求 밖을 향해 내달려 구하다. 『임제록』(대정장47, p.497b8)에 "그대는 조사와 부처를 알고 싶은가? 다만 그대 면전에서 법을 듣는 이일 뿐이다. 학인이 믿어 미칠 줄 몰라 밖을 향해 치달아 구하지만, 설령 구할 수 있더라도 모두 문자의 뛰어난 상일 뿐이니 끝내 살아있는 조사의 뜻은 얻지 못한다. 爾欲得識祖佛麼 秖爾面前聽法底 是學人信不及 便向外馳求 設求得者 皆是文字勝相 終不得他活祖意"라고 하였다. [참고문헌] 『臨濟錄』. ⇨ 향외구불 向外求佛

향욕 香欲 향을 바라다. 비근(鼻根)이 늘 향진(香塵)을 바라는 것으로 오욕(五欲)의 하나다. 『대승보살장정법경』 권23(대정장11, p.838b7)에 "욕이라는 법은 눈이 색을 보려는 욕, 귀가 소리를 듣고자 하는 욕, 코로 향을 맡으려는 욕, 혀로 맛을 분별하려는 욕, 몸으로 접촉하려는 욕이다. 그래서 화합을 낳는다. 이 화합으로 탐착을 낳는 것을 욕법이라고 한다. 欲法者 謂眼觀色欲 耳聽聲欲 鼻嗅香欲 舌了味欲 身著觸欲 而生和合 於此和合而生耽著 是名欲法", 『마하지관』 권4(대정장46, p.44a7)에 "향욕이란 울창한 숲속의 그윽한 향기, 난초향기나 사향노루의 향기, 풀 따위의 짙은 향기, 향기롭게 자라는 어린 것들과 남녀 몸 등의 향이다. 香欲者 卽是鬱茀氛氳 蘭馨麝氣 芬芳酷烈 郁毓之物 及男女身分等香"라고 하였다. [참고문헌] 『大乘菩薩藏正法經』, 『摩訶止觀』, 『漏分布經』(대정장1, p.852c27).

향욕 香浴 하단(下壇)의 영가(靈駕)를 향으로 목욕시켜 깨끗하게 하는 의식. 증명단의 불보살을 관욕소로 모시는 의식은 봉영부욕편(奉迎赴浴篇)이라 한다. 해탈문(解脫門) 밖에 모셔 둔 영가를 관욕하여 청정하게 한 후 도량으로 맞아들인다. 관욕하는 곳으로 이끄는 인예향욕 · 청정한 길로 나아가기를 기원하는 정로진언(淨路眞言) · 관욕소에 들어온 영가에게 들려주는 입실게(入室偈)의 순서로 구성된다. 법주(法主)가 인예향욕문을 외우면 말번(末番 : 시식의례를 담당하는 소임)과 대중은 소사물(小四物)을 울리며, 법주와 대중이 동음으로 대비주(大悲呪)와 『반야심경』을 차례로 봉독하고 정로진언을 염송한다. 말번이 자리에서 일어나 태징을 울리고 대중은 앉은 자리에서 합장하고 말번과 함께 동음으로 입실게를 창화하는데, 게송 각 구절 끝에 말번이 태징을 울리면 반배한다. 『수륙무차평등재의촬요』「인예향욕편」(『한국불교의례자료총서』 권1, p.631b10)에 "지금까지 이미 불력·법력·삼보의 위신력에 의지하였나이다. 청해 모신 인도의 일체인륜과 무주고혼 및 유정 등의 모든 중생에 이르기까지 이미 도량에 이르렀으니, 대중은 바라를 울려 관욕에 나아가기를 청합니다〈보통 대비주를 염송하지만 『반야심경』을 염송해도 된다〉. 上來 已憑佛力法力 三寶威神之力 召請人道 一切人倫 洎無主孤魂 及有情等衆 已屆道場 大衆聲鈸 請迎赴浴〈誦大悲呪 般若心經亦得〉"라고 하였다. [참고문헌]『水陸無遮平等齋儀撮要』, 『法界聖凡水陸勝會修齋儀軌』(『韓國佛教儀禮資料叢書』 권1, p.606b14), 『영산재』(국립문화재연구소, 2003) p.165, 「灌浴」(『釋門儀範』 권하, p.58a12). ⇨ 봉영부욕편 奉迎赴浴篇, 관욕 灌浴, 영산재 靈山齋, 천도재 遷度齋

향위불사 香爲佛使 향으로 부처님께 보내는 사신을 삼다. 수마제가 멀리서 향로에 향을 사루며 부처님법 듣기를 청하자 다음날 부처님께서 찾아가 법을 설해주신 인연에서 생겨난 말이다. 『증일아함경』 권22(대정장2, p.662a5)에 "그때 아난이 세존께 여쭈었다. '오직 바라오니 세존이시여! 이것은 어떤 등의 향이기에 기원정사 어디나 가득 퍼졌는지요?' '이 향은 부처의 심부름꾼이다. 만부성에 사는 수마제 여인이 청한 것이다'. 爾時 阿難白世尊言 唯願 世尊 此是何等香 遍滿祇洹精舍中 世尊告曰 此香是佛使 滿富城中 須摩提女所請", 『사분율행사초』 권3(대정장40, p.136b17)에 "『증일아함경』에 '공양을 베풀고자 하는 이는 손에 향로를 들어 때가 되었음을 알린다. 부처님께서 말씀하셨다. 「향은 부처님께서 시키신 심부름꾼이므로 반드시 그렇게 해야 한다」'라고 하였다. 增一云 有設供者 手執香爐 而白時至 佛言 香爲佛使 故須之也", 같은 책 권3(대정장40, p.401c13)에 "능히 통해 믿게 하므로 부처님의 심부름꾼이라 한다. 以能通信 故云佛使", 『승사략』 권2 「행향창도 行香唱導」(대정장54, p.241b27)에 "향이라 하는 것은, 더러운 냄새를 없애고 향기를 퍼뜨리니 누구나 즐겨 맡도록 한다. … 경에 전하는 이야기이다. 장자가 부처님께 설법을 청하면서 전날 밤에 누각에 올라 향로를 잡고 있음으로써 신심을 전하자 다음 날 공양 때 부처님께서 찾아오셨다. 그러므로 향은 신심을 전하는 심부름꾼이라는 사실을 알아야 한다. 香也者 解穢流芬 令人樂聞也 … 經中長者請佛 宿夜登樓 手秉香爐 以達信心 明日食時 佛卽來至 故知 香爲信心之使也"라고 하였다. [참고문헌]『增壹阿含經』, 『四分律行事鈔』, 『僧史略』.

향유 香唯 Ⓢgandha-tanmātra. 상키야(ⓈSāṃkhya : 數論)에서 상정한 이십오제(二十五諦)의 오유(五唯) 중 하나. 『금칠십론』 권상(대정장54, p.1250c10)에 "또 '열여섯 가지 안에 오유가 있어 이로부터 오대가 생겨난다'라 하였는데, 열여섯 가지 안에 오유가 있고 이 오유가 오대를 낳는다. 향유는 지대(Ⓢpṛthivī)를 낳는다. 復次十六內有五 從此生五大 十六有五 唯五唯生五大 … 香唯生地大", 같은 책 권중(대정장54, p.1251c21)에 "비근은 향유로부터 생겨나는 것으로서 지대와 같은 류이기에 오직 향만을 취한다. 鼻根從香唯生 與地大同類 是故唯取香"라고 하였다. [참고문헌]『金七十論』, *Māṭ-v.26.* ⇨ 오유 五唯, 이십오제 二十五諦, 지대 地大 ❷

향유 餉遺 선물하다. 『양고승전』 권15 「지관전 志寬傳」(대정장50, p.543b28)에 "감옥에 선물 보내오더라도 그중 하나도 스스로 쓰지 않았으며, 모두 함께 갇힌 스님들에게 나눠주고 옛 그대로 보고 미소지었다. 有來餉遺 一不自資 通給囚僧 歡笑如昔", 『석씨요람』 권중(대정장54, p.288b12)에 "술과 고기로 선물하여 몸이 청정하지 못하다. 酒肉餉遺 身無潔淨"라고 하였다. [참고문헌]『梁高僧傳』, 『釋氏要覽』.

향유도신계 香油塗身戒 몸에 향유 바름을 금하는 계. 『보살본생만론』 권3(대정장3, p.339a26)에 "여덟 번째, 노래하고 춤추며 즐기거나 몸에 향유를 발라서는 안 된다. 八者 不得歌舞作樂 香油塗身", 『사분율』 권48(대정장22, p.924a8)에 "목숨 다할 때까지 화만 쓰거나 향유를 몸에 발라서는 안 되니 이것이 사미니가 지켜야 할 계다. 능히 지킬 수 있는 이는 능이라 답한다. 盡形壽 不得著華鬘 香油塗身 是沙彌尼戒 若能持者答言 能"라고 하였다. [참고문헌]『菩薩本生鬘論』, 『四分律』.

향유진 向遊塵 Ⓢvātāyana-rajas, Ⓣnyi-zer-gyi-rdul. 저 아득히 떠도는 티끌. 북쪽을 향해 난 창문으로 들어오는 햇빛에 비쳐 겨우 눈에 보일 정도 크기의 티끌. 극미 일곱 개의 거듭 일곱 번을 더한 크기. 즉 극미가 823,543개 모인 크기다. 극유진(隙遊塵)·극중미(隙中微)·일광진(日光塵)이라고도 한다. 『대비바사론』 권136(대정장27, p.702a9)에 "7극미는 1미진을 이루고 … 7미진은 1동진을 이루고 … 7동진은 1수진을 이루고 … 7수진을 1토호진을 이루고 … 7토호진은 1양모진을 이루고 7양모진은 1우모진을 이루고 7우모진은 1향유진을 이룬다. 七極微成一微塵 … 七微塵成一銅塵 … 七銅塵成一水塵 … 七水塵成一兎毫塵 … 七兎毫塵成

一羊毛塵 七羊毛塵成一牛毛塵 七牛毛塵成一向遊塵", 『순정리론』 권8(대정장29, p.372a27)에 "모든 향유진은 거친 색취를 거둬 유지하지만 풍계가 일지 않으면 미세한 색취로 상속해서 뒤쳐 거친 색취가 되지는 않는다. 諸向遊塵 能攝持麤 風界不起 細聚相續 不轉成麤", 같은 책 권23(대정장29, p.472c19)에 "마치 향유진 취하려면 빛·구멍·그림자를 빌려야 하지만, 빛이나 그림자가 저 티끌의 인이 되는 것도 아니며, 또한 그러한 티끌이 인 없이 존재한다고 하거나 다른 연으로 나서 없어진다고 말할 수도 없다. 如取向遊塵 要藉光穿影 非光及影爲彼塵因 亦非彼塵無因而有 或不可說異緣生卽無"라고 하였다. 〔참고문헌〕『大毘婆沙論』, 『順正理論』, *Abh-k-bh.34.* ⇨ 극유진 隙遊塵, 진 塵

향육 香育 당대 스님. 속성은 이(李)씨. 제음(濟陰 : 山東省 荷澤) 출신. 본래 노장(老莊)을 학습하다가 불교 전적에 마음이 쏠린 이후로 마침내 창주(滄州) 안정사(安定寺)로 출가하였다. 그 뒤 오대산(五臺山)으로 가서 북종(北宗) 신수(神秀)를 친견하고 심원(心源)을 꿰뚫어 보았다. 신수를 떠나 영주(郢州) 대불산(大佛山)의 안선(安禪) 문하에서 수행하였다. 명성이 자자해지면서 주장(州將) 한윤(韓潤)이 불렀지만 병을 핑계 삼아 간곡하게 사양하고 산중에 머물렀다. 세수 73세로 입적하였다. 〔참고문헌〕『宋高僧傳』 권8(대정장50, p.759c18), 『景德傳燈錄』 권4(대정장51, p.224b3).

향음 香陰 Ⓢ Gandharva, Ⓟ Gandhabba. 건달바(乾闥婆)의 한역. 제석천을 받들며 기악을 담당하는 신이고, 향기를 먹고 향기를 내뿜는 신이므로 붙여진 이름이다. 『유마경약소』 권2(대정장38, p.582a27)에 "건달바는 향음으로 한역한다. 이 역시 허공을 오르는 신이다. 술과 고기를 먹지 않고 오직 향기로 몸을 유지한다. 천주의 당이 쓰러져 악신이 십보산에 머문다고 한다. 몸에 신이한 특징이 드러나면 하늘에 올라 음악을 연주하고 세상으로 가서 기악을 보고 듣기 좋아한다. 계를 느슨하게 지켰기에 신계에 떨어져 보시를 행한다. 그러므로 과보가 천과 비슷하다. 乾闥婆 此云香陰 此亦淩空之神 不噉酒肉唯香資陰 又云是天主幢倒樂神居十寶山 身異相現卽上天奏樂 往世好觀聽妓樂 戒緩故墮神行施 故果報似天", 『유마경의소』(대정장38, p.923b29)에 "건달바는 향음이라 한역한다. 향을 먹이로 삼고 몸에서 향을 뿜어낸다. 천계의 음악신이며 향산에 머문다. 천들이 마음으로 음악을 연주하고 싶다고 생각하면 그의 몸에 특이한 형상이 나타나 하늘을 날아올라 음악을 연주한다. 乾闥婆 此云香陰 謂以香爲食 及身出香 是諸天樂神 住在香山 諸天心念須作樂者 其身異相 卽飛上天而奏樂也"라고 하였다. 〔참고문헌〕『維摩經略疏』, 『維摩經義疏』, *Vikī-n.10.* ⇨ 간다르바 Gandharva

향음신 香音神 Ⓢ gandharva. 건달바(犍達嚩)·향신(香神)·심향신(尋香神)이라고도 한다. 『해룡왕경』 권3(대정장15, p.145b15)에 "육십억 향음신이 화개를 손에 들고 부처님을 받들었다. 六十億香音神手執華蓋 以用奉佛"라고 하였다. 〔참고문헌〕『海龍王經』.

향의 香衣 향목(香木)으로 물들여 만든 옷. 향염(香染)·향포상(香袍裳)·향복(香服) 등이라고도 한다. 향은 향나무인 건다(乾陀 Ⓢ gandha)의 한역어인데, 이 건다 향나무 껍질과 즙으로 물들인 법의(法衣)를 가리킨다. 색은 적황(赤黃)으로 괴색(壞色)의 일종이다. 『여래향』 권5(선본불전52, p.447b1)에 "아침 저녁으로 예불하며 천배 올리고 만 번 소리내어 염불하다가 삼년째 되던 해에 병에 걸리면서 제자에게 '아미타불께서 나에게 향의를 주셨고, 관음과 세지께서 나에게 보배로운 손을 내미셨으니 나는 그만 가련다'라는 말을 마치고 입적하였다. 早暮禮佛千拜 念佛萬聲 三年有疾 謂弟子曰 阿彌陀佛 授我香衣 觀音勢至 示我寶手 吾其行矣 言訖而逝"라고 하였다. 〔참고문헌〕『如來香』.

향인 香印 가루향을 뭉쳐 굳게 한 후 새겨넣는 무늬. 또는 향로에 타고 남은 향재 쌓인 무더기를 고르게 다듬어 눌러 무늬지게 하는 누름판. 향전(香篆)이라고도 한다. 『선림상기전』 「희수담선사광록·선방십사·향인 希叟曇禪師廣錄禪房十事香印」(불광장, p.1465)에 "분명한 옛 글자 알고 싶은가? 한 번 내리쳐 완전함 얻네. 전단과 소똥을 사뤄 오르게 해서 납승의 코를 번갈아 뚫으리. 頌云 要識分明古篆 一槌打得完全 燒炷旃檀牛糞 衲僧鼻孔校穿"라고 하였다. 〔참고문헌〕『禪林象器箋』.

향인 鄕人 마을 사람. 고향 사람. 『백장청규』 권3 「전사특위신명전점 專使特爲新命煎點」(대정장48, p.1124a26)에 "향서·근구·향인·법권·변사에게는 보시물을 붙여준다. 兩序 勤舊 鄕人 法眷 辦事貼嚫", 『선림상기전』 권6 「향인」(대장경보편19, p.190b17)에 "이 말에는 두 가지 풀이가 있다. 첫째, 천화한 존숙과 태어난 곳이 같은 고향 사람이다. 둘째, 존숙이 입적한 곳에 사는 마을 사람이다. 此有二解 一與遷化尊宿 同生緣鄕里人 二尊宿取滅處 鄕里人"라고 하였다. 〔참고문헌〕『百丈淸規』, 『禪林象器箋』. ⇨ 향관 鄕關

향일암 向日庵 ❶ 전라남도 곡성군 죽곡면 봉정리 천덕산(天德山)에 있던 암자. 『여지도서』 곡성 사찰에 "현 남쪽 10리 통명산에 있다. 在縣南十里通明山"라고 하였고, 『범우고』에도 이름과 위치가 기록되어 있다. 〔참고문헌]『輿地圖書』, 『梵宇攷』, 『韓國寺刹全書』 권하 p.1148b14. **2** 전라남도 여수시 돌산읍 율림리 금오산(金鰲山)에 있는 암자. 대한불교조계종 화엄사(華嚴寺)의 말사다. 고래로 불러온 이름이 여럿이다. 659년(의자왕19)에 원효와 의상이 관음도량을 뜻해 원통암(圓通庵)으로 창건하였다. 바닷가이기 때문이다. 고려 때 윤필(潤筆)이 금오암(金鰲庵)으로 개명하였고, 1849년 무렵 지금의 자리로 옮기고 책육암(策六庵)이라고 하였으며, 이후 경봉(鏡峰 1885~1969)이 영구암(靈龜庵)으로 고치고 현판도 써주었는데 이는 모두 향일암 주변의 돌들이 거북모양인 것에서 유래한다. 한편 홍귀달(洪貴達 1438~1504)의 『허백정집』 권1에는 「향일암즉사 向日菴卽事」와 「제향일암 題向日菴」이라 하였으니, 이는 해맞이 절이기 때문이다. 1949년 편찬된 『여수지』에는 "암자가 바위 끝에 붙어 있고 … 일출을 바라볼 수 있기에 향일이라는 이름이 붙었다. 菴附於巖 … 觀日出故亦以向日名"라고 하였다. 지금은 향일암이라 한다. 1925년 주지 최칠룡(崔七龍)이 산신각·칠성각·취성루·익랑 등을 건립하였고, 1961년 박영주(朴永柱)가 법당과 여러 전각을 중수하였다. 1970년에는 박천수(朴千壽)가 취성루를 현대식으로 개수하였고, 1984년에는 종견(宗見)이 칠성각과 종각·1986년 대웅전·1987년 삼성각·1990년 용왕전·1991년 관음전을 중창하였다. 현존하는 당우로는 대웅전·관음전·용궁전·삼성각·요사 등이 있다. 문화재자료 제40호로 지정되어 있으며, 우리나라 4대 해수관음기도도량으로 꼽힌다. [참고문헌]『虛白亭集』, 『廬山誌』, 『韓國寺刹全書』 권하 p.1148b15. ⇨ 영구암 靈龜庵 **4**

향입 香入 Ⓢ Ⓟ gandhāyatana, Ⓣ dri'i-skye-mched. 십이입(十二入 : 十二處) 중 하나로 향처(香處)라 한다. 『사리불아비담론』 권1(대정장28, p.526b14)에 "무엇을 향입이라 하는가? 향계를 향입이라 한다. 무엇을 향입이라 하는가? 색으로서 눈으로는 볼 수 없지만 근과 마주하고 비식으로 알기에 향입이라 한다. 云何香入 香界是名香入 云何香入 若色不可見有對 鼻識所知 是名香入", 『아비담비바사론』 권8(대정장28, p.52b29)에 "향입에는 네 가지니 호와 오가 있고, 호향에 등향과 증감향이 있고 악향 또한 그렇다. 香入有四種 有好有惡 好有二種 有等有增減 惡香亦爾"라고 하였다. [참고문헌]『舍利弗阿毘曇論』, 『阿毘曇毘婆沙論』, *DN.3.243.*, *Mvyut.106.* ⇨ 향처 香處, 십이입 十二入

향자 向者 **1** Ⓢ pratipannaka, Ⓣ shugs-pa. 향해 가는 이. 사향사과(四向四果) 중 사향을 말한다. 행향자(行向者)와 같다. 『중론』 권4(대정장30, p.32b17 : *Pras.*, p.210)에 "이와 같은 것이 없기에 네 가지 도의 과도 없다. 네 가지 도의 과도 없기에 획득한 이도 향하는 이도 없다. 以是事無故 則無四道果 無有四果故 得向者亦無 tad-abhāvān na vidyante catvāry-āryaphalāni ca, phala-abhāve phalasthā no na santi pratipannakāḥ"라고 하였다. [참고문헌]『中論』, *Pras.* ⇨ 사향 四向 **1**, 사향사과 四向四果 **2** 앞서 있던 것. 『순정리론』 권77(대정장29, p.757c2)에 "즉 저 앞서 이끈 두 경에 따르면, 또한 외물 중에도 수명과 식이 있어야 한다고 해야 할 것이니, 저에도 따뜻함의 촉과 명색이 있기 때문이다. 卽如向者所引二經 又外物中應有壽識 彼有煖觸及名色故", 『아비담팔건도론』 권2(대정장26, p.776c23)에 "앞서의 말처럼 세존께서 계경을 설하셨다. '욕을 끊어 남음 없으니 마치 물속에 핀 연꽃과 같고, 비구가 이러저러한 것 사라지게 하니 마치 뱀이 허물을 벗듯 한다'. 如向者語 世尊善說契經 若斷欲無餘 如入水蓮花 比丘滅此彼 如蛇脫皮去"라고 하였다. [참고문헌]『順正理論』, 『阿毘曇八犍度論』.

향자 香資 향을 마련하는 돈의 뜻으로, 불사(佛事)나 대중들께 공양하는 금전(金錢)을 말하며, 향전(香錢)이라고도 한다. 『소총림청규』 권중 「설재 設齋」(대정장81, p.709a8)에 "순서에 따라 앞으로 나가 각자 지니고 있는 향자를 꺼내어 진영 우측에 두고 나서 향을 사르고 인사한 다음 합장한 자세로 자리에 돌아온다. 次第進前 自懷出香資 安眞右 炷香問訊 支合掌歸位"라고 하였다. [참고문헌]『小叢林清規』. ⇨ 향전 香錢

향적 香積 Ⓢ Gandhottama-kūṭa. 『유마경』 「향적불품」에서 설하는 향기 충만한 세계와 그 세계 부처님 명호. 뜻이 바뀌어 총림에서는 대중을 위해 음식을 마련하는 장소(庫院 : 香積局·香積廚)를 가리키기도 한다. 돈황본 『유마경소』 권6(대정장85, p.400c21)에 "향적이라는 명호의 부처님은 교화를 드러내는 교주이다. 계정혜를 쌓아올려 몸을 삼았기에 향적이라 한다. 有佛名香積者 彰化教主 積戒定惠 以成其身 名爲香積也", 『위림여박암고』 권4 「중흥보복선사기 重興寶福禪寺記」(卍속장126, p.56a5)에 "불전 좌측은 고사이고 향적이며 선열당이다. 左爲庫司 爲香積 爲禪悅堂"라고 하였다. [참고문헌]『維摩經疏』, 『爲霖旅泊菴稿』, 『維摩經』 권하(대정장14, p.552a12), *Vikī-n.356.* ⇨ 중향계 衆香界, 향적불 香積佛, 향적국 香積局, 향적주 香積廚

향적 香積 Ⓢ gandha-kaṣṭaiś citā, citikā, Ⓟ citaka. 다비를 위해 쌓아올린 향나무 장작. 『대반열반경』 권하(대정장1, p.206b26)에 "불이 붙지 않아서 두 번 세 번 시도하였으나 역시 타지 않았다. 이때 사람들은 그 까닭을 알지 못해서 이 일을 아누루타에게 질문했다.

'세번 향나무 쌓아놓은 것에 불을 붙였으나 무슨 까닭에 불이 붙지 않았나요?' 아누루타가 말했다. '왜냐하면 존자 마하가섭이 탁차나기리국에서 여래가 반열반하시려 한다는 소식을 듣고 오백비구와 함께 저 나라에서 오고 있으니, 세존을 뵙고자 하기에 여래께서 불 붙지 않게 하시는 것입니다'. 火不肯然乃至再三 亦復不然 時 諸人衆不知所以 卽以此事問阿㝹樓駄 三燒香積 何故不然 阿㝹樓駄言 所以然者 尊者摩訶迦葉在鞞叉那耆利國 聞於如來欲般涅槃 與五百比丘從彼國來 欲見世尊 是以如來不令火然"라고 하였다. [참고문헌] 『大般涅槃經』, 『月燈三昧經』 권9(대정장15, p.606c11), *Mp-s.424.*, *Sam-r.251.*, *DN.2.163.* ⇨ 향루 香樓, 향신 香薪

향적국 香積國 Ⓢ Sarva-gandha-sugandha. 향적여래께서 머무는 국토. 중향국(衆香國)이라고도 한다. 『유마경』 권하(대정장14, p.552a9)에 "그때 유마힐이 삼매에 들어 신통력으로 모든 대중에게 상방계로 42항하사 국토를 지나 중향이라는 이름의 국토를 보여주었다. 부처님 명호는 향적이며 현재 그 국토의 향기는 시방 모든 불세계에 있는 인천의 향과 견주어 가장 뛰어나다. 時 維摩詰 卽入三昧 以神通力 示諸大衆 上方界分 過四十二恒河沙佛土 有國名衆香 佛號香積 今現在 其國香氣 比於十方諸佛世界 人天之香 最爲第一"라고 하였다. [참고문헌] 『維摩經』, *Vikī-n.356.* ⇨ 중향국 衆香國

향적대 香積臺 총림의 주방(廚房). 향적주(香積廚)·향적국(香積局)이라고도 한다. 『석문문자선』 권28 「화장 化藏」(가흥장23, p.717c14)에 "향적대 앞에 열린 과일 보름달처럼 영글어 보인다. 香積臺前果 見十分月滿"라고 하였다. [참고문헌] 『石門文字禪』.

향적반 香積飯 향적불 계신 중향국의 향기로운 음식(香飯). 발우에 담긴 음식을 말한다. 『운봉문열어록』 「십이시가 十二時歌」(고존숙어록41, 卍속장118, p.697a12)에 "공양 때인 진시 : 남북과 동서에서 누가 이 친한 이인가? 발우 속에 향적반 만나지 못한다면 엉터리 출가인이리니 깊이 부끄러워하라. 食時辰 南北東西誰是親 鉢裏不逢香積飯 深慙枉作出家人"라고 하였다. [참고문헌] 『雲峰文悅語錄』. ⇨ 향반 香飯, 중향국 衆香國

향적불 香積佛 Ⓢ Gandhottama-kūṭa. 향대불(香臺佛)이라고도 한다. 상방 중향세계(衆香世界) 곧 향적국의 부처님. 『유마경약소』 권10(대정장38, p.695c23)에 "향이란 더러움 떠났음의 이름이며 향기를 베풀 수 있어 그 향기 퍼지도록 씀이다. 이러한 이유로 『무량의경』(대정장9, p.385a1)에 '도의 바람과 덕의 향기가 일체에 스며든다'라고 한다. 이 위없는 계정혜의 향은 그 향기가 다하는 일이 없으므로 향이라 한다. 적이라는 말은 모아 쌓는 뜻이다. 온갖 공덕을 쌓아 모아서 법신이 되면 더는 적집할 것 없으니 비로소 장(藏)이라 한다. 香是離穢之名 而有宣芬 散馥馨香之用 故無量義經 道風德香熏一切 理中無上 戒定慧香 芬芳叵竭 故名爲香 積是聚集爲義 積諸功德 集成法身 無所積集 乃名爲藏"라고 하였다. [참고문헌] 『維摩經略疏』, 『無量義經』, *Vikī-n.356.* ⇨ 향적국 香積國, 중향계 衆香界

향적사 香積寺 ❶ 경기도 포천시 소흘읍 향적산에 있던 절. 『동국여지승람』 권11 경기 포천현 불우에 "향적사〈모두 향적산에 있다〉. 香積寺〈俱在香積山〉", 『범우고』 경기도 포천에는 "지금은 폐사하였다. 今廢"라고 하였다. [참고문헌] 『東國輿地勝覽』, 『梵宇攷』, 『韓國寺刹全書』 권하 p.1149a11. ❷ 경상남도 함양군 마천면 지리산(智異山)에 있던 절. 『동국여지승람』 권30 경상도 진주목 불우에 "향적사〈천왕봉 아래에 있다. 성모묘의 향화를 위해 세웠다〉. 香積寺〈在天王峯下 爲聖母廟香火而建〉", 『범우고』 경상도 진주에도 "모두 천왕봉에 있다. 지금은 폐사되었다. 성모묘의 향화를 위해서 건립하였는데, 혹은 성모는 고려 태조의 어머니로, 현왕을 낳고 키워 삼한을 통합하였기에 받들어 제사지낸다고 한다. 俱在天王峰 今廢 爲聖母廟香火而建 或曰聖母 高麗太祖母 爲其生育賢王 能統三韓 故尊祀之云"라고 하였다. 김종직(金宗直 1431~1492)의 『점필재집』 권14 시(詩) 「해인사우후량심야반간월증극기 海印寺雨後涼甚夜半看月贈克己」에 "향적사는 두류산 천왕봉 아래에 있다. 香積寺在頭流山天王峯下", 이긍익(李肯翊 1736~1806)의 『연려실기술』 별집 권16 「지리전고 地理典故」 산천형승(山川形勝)에 "진주 지리산 혹은 두류산이라고도 한다.… 산의 맨 꼭대기에는 향적사·가섭대가 있다.… 큰 냇물이 신흥(사) 앞에서 섬진(강)으로 흘러들어간다. 또 한 줄기 물이 향적(사) 앞에서 내려와 살천에 이르고 진(주)를 돌아 동쪽으로 흐르는데 청천강이라고 한다. 晋州智異山 一名頭流山 … 絶頂有香積寺迦葉臺 … 有大川自神興前流入蟾津 又有一水自香積前 下至薩川 繞晋而東 是謂菁川江"라고 하였다. 『점필재집』 권2 「유두류록 遊頭流錄」에는 "신묘년(1471·성종2) … 경진(일) 비바람이 아직 거세므로, 먼저 종자를 향적사에 보냈다. … 도착하였는데, 스님이 계시지 않은 지 이미 두 해 째이다. 庚辰 風雨猶怒 先遣從者於香積寺 … 投香積 無僧已二載", 이육(李陸 1438~1498)의 『청파집』 권2 기(記)의 「지리산기 智異山記」에는 "천왕(봉)에서 조금 내려와 서쪽으로 가면 향적사가 있다. … 산 정상의 향적사 등 몇몇 절은 모두 목판으로 덮고 머무는 스님도 없다. 自天王稍下而西 有香積寺 … 山之絶頂者 香積等數寺 皆覆木板 無居僧", 『속동문선』 권21에 수록된 김일손(金馹孫 14

64~1498)의 「속두류록 續頭流錄」에도 "마침내 하산하여 석문을 거쳐 향적사에 도착하자 사승이 서로 치하하면서 '노물이 이곳에 머문 것도 오래되었는데, 금년에 다소의 승속이 상봉을 보고자 하였으나 갑자기 풍우와 운음이 덮어 아무도 두류의 전체를 보지 못하였다. 어제 저녁에 음우의 징조가 있었지만 선비들이 오르자 문득 밝게 개였으므로 이 역시 이적이다'고 하였는데 나 역시 끄덕였다. 遂下由石門投香積寺 寺僧相賀云 老物住此久 今年多少僧俗欲觀上峯者 輒爲風雨雲陰所蔽 無一見得頭流之全體 昨晩陰雨有徵 措大一登便光霽 是亦異也 予頷之"라고 하였다. 이밖에 황준량(黃俊良 1517~1563)의 『금계집』 외집(外集) 권1 「향적사 香積寺」와 이민구(李敏求 1589~1670)의 『동주집』 전집(前集) 권3 영남록(嶺南錄)에도 「향적사」라는 시가 전한다. [참고문헌] 『東國輿地勝覽』, 『梵宇攷』, 『佔畢齋集』(韓國文集叢刊12, p.315b4·p.441a13), 『燃藜室記述』, 『青坡集』(韓國文集叢刊13, p.440a2), 『續東文選』, 『錦溪集』(韓國文集叢刊37, p.61b18), 『東州集』(韓國文集叢刊94, p.19b20), 『韓國寺刹全書』 권하 p.1149a15. **3** 충청북도 충주시에 있던 절. 『연산군일기』 권53 10년(1504) 5월 26일에 "환관으로 부처님을 받드는 자를 널리 알아 계를 올리도록 하였는데, 이 때 (충청도) 관찰사 안침이 급보로, '충주에 사는 내관 안우상이 향적사를 원당으로 삼고 땅을 시주하였습니다'고 계를 올리니, '우상과 절의 스님에게 장 1백대를 때리고서 충군하라'고 전교하였다. 이에 절을 헐고 기물은 관에 바쳤다. 令廣聞宦官崇佛者以啓 至是觀察使安琛馳啓 忠州居內官安遇祥 以香積寺爲願堂 施納土田 傳曰 遇祥及寺僧決杖一百充軍 仍毁寺 納器物于官"라고 하였다. [참고문헌] 『燕山君日記』. **4** 황해북도 개성시 성거산(聖居山)에 있던 절. 『전등본말사지』의 「전등본말고사일람 傳燈本末古寺一覽」 개성각사(開城各寺)에 "향적사〈금신사 남쪽 기슭에 있다〉. 香積寺〈在金神寺南麓〉"라고 하였다. [참고문헌] 『韓國寺刹全書』 권하 p.1149a13, 『傳燈本末寺誌』(亞細亞文化社, 1978) p.352. **5** 중국 광동성(廣東省) 박라현(博羅縣) 서쪽에 있는 절. 수대 건립하였고, 당대 증축하였다. 소식(蘇軾)의 시 「유박라향적사 遊博羅香積寺」에 "절은 현에서 7리 떨어졌고, 산봉우리 세 개는 개 이빨 모양. 사잇길마다 모두 풍성한 밭 일구어, 보리와 벼가 매우 무성한 그곳, 절 아래 흐르는 시냇물, 방아 찧을 만하구나. 寺去縣七里 三山犬牙 夾道皆美田 麥禾甚茂 寺下溪水 可作碓磨"라고 하였다. **6** 중국 강소성(江蘇省) 사주(泗州 : 宿遷) 서쪽의 옛 절. 당대 용삭년간(661~663) 창건하였다. 대성사(大聖寺)·보광사(普光寺)라고도 한다. 후에 보조사(普照寺)라 개명하였다. 송대 1124년(선화6) 굉지정각(宏智正覺)선사가 청을 받고 이 절에 주석하며 선법을 널리 알렸다. 영락년간(1403~1424)초에 한 차례 중건하였다. 절 안에 영서탑(靈瑞塔)이 남아 있다. [참고문헌] 『宏智廣錄』 권1 「泗州大聖普照禪寺上堂語錄」(대정장48, p.1b6)·권9 「勅諡宏智禪師行業記」(대정장48, p.119c1), 『大明一統志』 권7, 『大清一統志』 권94. **7** 중국 섬서성(陝西省) 장안현(長安縣) 남쪽의 신화원(神禾原)에 있는 절. 당 중종(中宗) 때인 706년(신룡2) 선도대사(善導大師)를 기념하기 위하여 건립하였다. 송에 들어서 개리사(開利寺)로 이름을 바꾸었다. 명대 한 번 정비하면서 옛 명칭을 회복하였다. 절 안에 오층전탑(五層磚塔)이 있었지만 두 차례 지진을 겪으면서 탑 정상부터 중단에 이르기까지 크게 균열이 발생하였다. 지금까지 보존되어 있지만 여러 번 일어난 병란으로 본래의 모습은 사라졌다. 왕유(王維)의 「과향적사 過香積寺」에 "향적사 알지 못한 채, 구름 자욱한 봉우리 몇 리나 들어갔던가. 무성한 고목 사이로 사람 지난 길조차 없는데, 깊은 산 그 어디선가 종소리 들리네. 不知香積寺 數里入雲峰 古木無人徑 深山何處鐘"라고 하였다. **8** 중국 사천성(四川省) 운봉산(雲峰山)에 있는 절. 두보(杜甫)의 「부성현향적사관각 涪城縣香積寺官閣」에 "절 아래 봄 강은 아득히 멀어 흐르지 않는 듯하고, 산 허리 쉬어가는 누각은 까마득하여 시름만 더하네. 寺下春江深不流 山腰官閣迥添愁"라고 하였다.

향적사오층전탑 섬서성 중국

향적선원 香積禪院 전라북도 부안군 진서면 석포리 내소사(來蘇寺)에 있던 선원. 『한국불교근세백년사』 권2 (p.46)에 "1910년, 관해율사(觀海律師), 사재(私財)를 털고 신도의 시주를 얻어 내소사(來蘇寺) 향적선원을 창건함"라고 하였다. [참고문헌] 『韓國佛敎近世百年史』.

향적세계 香積世界 Ⓢ Sarva-gandha-sugandha, Gandha-sugandhā, Ⓣ sPos-dri zhim. 향적불(香積佛 Ⓢ Gandhottamakūṭa)이 머무는 세계. 중향세계(衆香世界)라고도 한다. 『유마경』 권하 「향적불품 香積佛品」(대정장14, p.552a9)에 "그때 유마힐이 곧장 삼매에 들어 신통력으로 모든 대중에게 보이니, 상방으로 계를 나누어 사십이항하사불토를 지나면 중향이라는 나라가 있고 그곳 부처님의 명호가 향적이다. 지금 현재도 그 나라의 향기는 시방 모든 불세계의 사람과 하늘의 향과 비교해 가장 뛰어나 제일이다. … 그 계 일체는 모두 향으로 누각을 짓고 향지를 경행한다. 동산도 모두 향이며 그곳 음식의 향기는 시방의 무량세계를 두루 흐른다. 時

維摩詰 卽入三昧 以神通力 示諸大衆 上方界分 過四十二恒河沙佛土 有國名衆香 佛號香積 今現在 其國香氣 比於十方諸佛世界 人天之香 最爲第一 … 其界一切 皆以香作樓閣 經行香地 苑園皆香 其食香氣 周流十方無量世界", 『능가경』 권2 「일체불어심품 一切佛語心品」(대정장16, p.493b1)에 "대혜야, 예컨대 바라봄은 저 향적세계와 보현여래의 국토에 미치는 것처럼 다만 바라봄만으로도 모든 보살로 하여금 무생법인과 뛰어난 삼매를 얻게 한다. 大慧 如瞻視 及香積世界 普賢如來國土 但以瞻視 令諸菩薩得無生法忍 及殊勝三昧", 『화엄경소』 권3(대정장35, p.519a26)에 "향적세계에서는 향만 먹기만 하여도 삼매가 드러나고, 극락불국에서는 나뭇가지 바람에 흔들리는 소리만 들어도 정념이 이루어진다. 거문고나 퉁소로도 마음을 전할 수 있고, 눈으로 부딪혀야 도가 있다 하니 이미 말하고 침묵하고 보고 눈 깜빡이는 것 모두가 설법이요, 보고 듣고 느끼고 아는 것이 모두가 온통 법을 듣는 것이다. 香積世界餐香飯 而三昧顯 極樂佛國聽風柯 而正念成 絲竹可以傳心 目擊以之存道 旣語默視瞬皆說 則見聞覺知盡聽", 『운문광록』 권중(대정장47, p.559b16)에 "학인이 운문에게 물었다. '무엇이 걸음걸음 높이 오르는 것입니까?' '향적세계이다' '무엇이 허공에서 내려놓는 것입니까?' '도랑을 메우고 골짜기를 막는다'. 僧云 如何是步步登高 師云 香積世界 僧云 如何是從空放下 師云 塡溝塞壑"라고 하였다. 〔참고문헌〕 『維摩經』, 『楞伽經』, 『華嚴經疏』, 『雲門廣錄』, 『楊岐方會後錄』(대정장47, p.646b28), *Vikī-n.356.*, *Laṅk.105.* ⇨ 향적불 香積佛, 중향국 衆香國, 중향세계 衆香世界

향적암 香積庵 ❶ 강원도 회양군 내금강면 장연리 금강산(金剛山)에 있던 암자. 표훈사(表訓寺)의 부속 암자였다. 이경석(李景奭 1595~1671)의 『풍악록』에 "진견성암의 서북쪽 너머에 작은 산봉우리에 향적암과 향로암이 있는데, 모두 폐사하였다. 眞見性庵之西北 踰一小嶺 則有香積 香爐庵而俱廢"라고 하였다. 〔참고문헌〕 『楓嶽錄』, 『韓國寺刹全書』 권하 p.1149b5. ❷ 전라북도 무주군 설천면 삼공리 덕유산(德裕山)에 있던 암자. 김종직(金宗直 1431~1492)의 『점필재집』 권8에는 절에 승이 있지 않은지 2년이 되었다는 시(詩) 「향적암무승이이재 香積庵無僧已二載」가 전하고, 남효온(南孝溫 1454~1492)의 『추강집』 권6 「지리산일과 智異山日課」에는 "을축(1487·성종18) … 비가 개어 다시 길을 가서 향적암에 이르렀다. 암자에는 스님 한 분 계셨는데 이름은 일경이다. 乙丑 … 雨霽復行 得抵香積庵 庵有一僧 名曰一冏"라고 하였다. 유몽인(柳夢寅 1559~1623)의 『어우집』 권2 「향적암 香積菴」이라 하였고, 성해응(成海應 1760~1839)의 『연경재전집』 권51 「기호남산수 記湖南山水」에는 "향적봉이 가장 높다. 산에 들어 물 건너 세 번이면 향적암이 있다. 香積尤高 入山渡溪者三 有香積菴"라고 하였다. 〔참고문헌〕 『佔畢齋集』, 『秋江集』, 『於于集』, 『硏經齋全集』, 『韓國寺刹全書』 권하 p.1149b1. ❸ 함경남도 안변군 문산면 사기리 설봉산(雪峰山)에 있는 암자. 대본산 석왕사(釋王寺)의 산내암자이자 말사였다. 『학성지』에 "석왕사 서쪽 10리에 있다. 釋王寺西十里"라고 하였다. 〔참고문헌〕 『鶴城誌』, 『韓國寺刹全書』 권하 p.1149b8. ❹ 함경남도 함흥시 원평산(元平山)에 있던 암자. 『여지도서』 함경도 사찰에 "원평사에 있다. 在元平社", 『가람고』에 "부 북쪽 70리에 있다. 在府北七十里"라고 하였다. 〔참고문헌〕 『輿地圖書』, 『伽藍考』, 『梵宇攷』, 『韓國寺刹全書』 권하 p.1149b11.

향적주 香積廚 총림이나 사원의 주방. 고리(庫裏). 향적 또는 향적대(香積臺)라고도 한다. 『보봉어록』(고존숙어록42, 卍속장118, p.700b6)에 "세 가지 덕과 여섯 가지 맛으로 부처님과 스님들에게 베풀고자 한다면 향적주 중에 뛰어난 솜씨는 손에 달려 있다. 三德六味施佛及僧 香積廚中 善調在手", 『오등전서』 권95 「강탈숭종장 江梲嵩宗章」(卍속장141, p.892b17)에 "향적주를 활짝 열고 쌀 없는 밥을 기울여 내보낸다. 打開香積廚 傾出無米飯"라고 하였다. 〔참고문헌〕 『寶峰語錄』, 『五燈全書』. ⇨ 향적 香積, 향적대 香積臺

향전 香殿 Ⓢ gandha-kuṭī의 한역어. 향실(香室)·향방(香房)·향대(香臺)·정향방(淨香房)·향적전(香積殿)·향고원(香庫院)·청정향대(淸淨香臺)라고도 하며, 불당(佛堂)·불전(佛殿)을 가리킨다. 음사어는 건다구지(健陀俱知)고, 부처님 머무시던 곳이었으나 후세에는 넓은 의미에서 불상 등을 안치하는 전당을 가리키는 말로 쓴다. 『유부율잡사』 권26(대정장24, p.331b28)에 "그때 세존께서 마침내 생각하시다가 오른발로 향전〈서방에서는 부처님께서 머무시는 당을 건다구지라 한다. 건다는 향, 구지는 실이니, 한역하면 향실·향대·향전의 뜻이다. 존귀한 얼굴을 직접 뵈올 수 없으므로 다만 머무시는 전을 부를 뿐이다. 마치 중국에서 옥계·폐하 따위라 하는 유와 같다. 그러므로 불당·불전이라고 이름을 붙이는 경우는 서방의 뜻을 따른 것만은 아니다〉을 밟으셨다. 爾時世尊 遂便作意 卽以右足 踏其香殿〈西方名佛所住堂 爲健陀俱知 健陀是香 俱知是室 此是香室 香臺 香殿之義 不可親觸尊顔 故但喚其所住之殿 卽如此方玉階陛下之類 然名爲佛堂佛殿者 斯乃不順西方之意也〉"라고 하였다. 〔참고문헌〕 『有部律雜事』.

향전 香篆 무늬져 피어오르는 향의 연기. 전연(篆烟)이라고도 한다. 『일자정륜왕경』 권4(대정장19, p.216c18)에 "행자가 염송하니 입에서 향기 무늬져 나온다. 行者而念誦 從口出香篆", 『석문정통』 권3(卍속장130,

p.793a17)에 "후에는 또한 소반에 향 피워 무늬져 오르게 해서 소리 없는 물시계(무성루)라 부르기도 한다. 後又有以盤摹香篆 號無聲漏者", 『연수필독』「기신대사전 起信大師傳」(卍속장110, p.783a1)에 "한 줄기 향로에서 피어오르는 향 연기 무늬져 아롱지며 자욱이 주위를 감쌌다. 一爐香篆縈繚繞", 『석문봉암집』(고존숙어록9, 卍속장118, p.265b17)에 "차연과 향전이 일시에 맑다. 茶烟香篆一時清"라고 하였다. 〔참고문헌〕『一字頂輪王經』, 『釋門正統』, 『蓮修必讀』, 『石門鳳巖集』.

향전 香錢 불전(佛前)에 올리는 돈. 『선림상기전』 권29(대장경보편19, p.857a2)에 "향전 : 『백장청규』「지전」에 '시주가 올리는 향전은 용도를 바꾸어 쓰면 안 된다'라고 하였다. 도충(道忠)이 말한다. '이것은 불전에 대중에 도움이 되는 것들 위해 향대로 올리는 돈이다. 내 생각으로는 향전(香奠) 뜻과는 같지 않다'. 香錢 敕修清規知殿云 施主香錢 不得互用 忠曰 此卽佛前 資助香費之錢也 余謂 與香奠義不同"라고 하였다. 〔참고문헌〕『禪林象器箋』, 『百丈清規』 권4「知殿」(대정장48, p.1131c6). ⇨ 호용죄 互用罪, 향자 香資

향정 香亭 향로(香爐)를 모시는 정자(亭子). 다비 등 향로를 들고 움직일 때 쓴다. 『선림상기전』 권28(대장경보편19, p.836a5)에 "향정 : 진정 항목을 참조하라. 도충이 말한다. '그릇 모양이 정자처럼 생겼다. 사방에 실로 짠 주머니 늘어뜨리고, 앞에는 향정이라는 두 글자를 써놓는다. 진정 제작하는 법과 대동소이하다. 안에는 큰 향로를 놓는다. 존숙의 상례에서 화단을 따라갈 때 향정은 진정 앞에 배치하여 들어올리고 앞으로 나간다'. 香亭 見眞亭處 忠曰 器形如亭 四傍紗籠 前扁香亭兩字 大同眞亭製 內安大香爐 尊宿之喪 赴化壇時 香亭在眞亭前 舁而進前"라고 하였다. 〔참고문헌〕『禪林象器箋』, 『禪苑清規』 권7「尊宿遷化」(卍속장111, p.916b8).

향정사 香定寺 고려시대의 사찰. 창건 연대와 장소는 알 수 없으나, 1971년 충남 논산에서 발견되어 국립부여박물관에 있는 소종과 바라(鈸羅) 중 바라에 "계묘 8월 11일. 癸卯八月十一日"과 "8월 11일 조질촌며라향도의 돌아가신 부모 … 향정사. 八月十一日 調叱村旀羅香徒先父母 … 香定寺"라는 명문만 전한다. 〔참고문헌〕『韓國金石全文』 中世下 p.1251.

향조 香照 신라의 비구니 스님. 법명은 향조, 호는 원적(圓寂). 국립중앙박물관 소장 영일 법광사지삼층석탑지(法光寺址三層石塔誌)에 "대화 2년(828) 무신 7월에 향조사 원적니 재물을 내어 탑을 세움. 大和二年戊申七月 香照師 圓寂尼 捨財建塔"이라 하였다. 〔참고문헌〕『불사리장엄』(국립중앙박물관, 1991) p.242.

향주 香廚 절의 부엌. 『종감법림』 권48(卍속장116, p.601a16)에 "자취 쓸어치우고 흔적을 모두 지워 조금도 세워놓지 않았으니, 무엇이 불전이고 무엇이 향주란 말인가? 掃踪滅迹 不立錙銖 誰爲佛殿 誰是香廚", 『어선어록』 권19(卍속장119, p.757b3)에 "지금 그대들은 승가의를 입고 향주의 밥을 먹으며 불제자로서 선지식이라 불린다. 今爾著僧伽衣 喫香廚飯 爲佛弟子 人號善知識"라고 하였다. 〔참고문헌〕『宗鑑法林』, 『御選語錄』. ⇨ 향반 香飯, 향적주 香積廚

향지국 香至國 남천축국(南天竺國) 중 한 나라로 선종의 초조 보리달마(菩提達磨 Ⓢ Bodhidharma)의 출생지로 그 부왕(父王)이 다스렸다는 전설이 전한다. 『허당록』 권2(대정장47, p.1003a13)에 "달마 네 번째 기일을 맞아 향을 사르고 원상 하나 그리고는 말했다. '향지국 왕의 아들은 구도를 위해 팔을 잘랐던 신광(慧可)의 스승이었다'. 達磨第四忌拈香 打一圓相 香至國王之子 神光斷臂之師"라고 하였다. 〔참고문헌〕『虛堂錄』.

향지사 香芝寺 충청남도 공주시 계룡면에 있던 절. 『범우고』에 이름과 위치가 전하고, 『한국사찰전서』 권하(p.1149b13)에 "훼손되어 폐사한 지 100년 미만이다. 撤毁百年未滿"라고 하였다. 〔참고문헌〕『韓國寺刹全書』.

향지왕 香至王 남인도에 있었던 향지국(香至國)의 왕. 『조당집』에서 선종의 초조 달마대사가 그의 세 번째 아들이라 한 이후 모든 전등사서(傳燈史書)에서 이것을 따랐다. 『조당집』 권2(대장경보편25, p.330a6)에 "제28조 보리달마화상은 남천축국 향지대왕의 세 번째 태자이다. 第二十八祖 菩提達摩和尙者 南天竺國 香至大王第三太子也"라고 하였다. 〔참고문헌〕『祖堂集』.

향진 香塵 육진(色聲香味觸法) 중 하나로 비근(鼻根)과 만나 비식(鼻識)을 일으킨다. 80권본 『화엄경』 권15(대정장10, p.78a8)에 "비근 중에 정정에 들어갔다가, 향진 중 삼매에서 나오고, 모든 뛰어난 묘한 향을 두루 얻었으나, 모든 천과 세인들 아무도 모른다네. 於鼻根中入正定 於香塵中從定出 普得一切上妙香 諸天世人莫能知", 『중관론소』 권4(대정장42, p.62b29)에 "향진이 지대를 이루고, 지대가 비근을 이루므로 코로 능히 향을 맡을 수 있다. 香塵成地大 地大成鼻根 故鼻能聞香", 『대승백법명문론소』 권상(대정장44, p.54a5)에 "향진 중 좋은 향과 나쁜 향과 좋지도 나쁘지도 않은 평등한 향이 있다. 이들 세 가지만 실이고 나머지는 모두 방편이다. 香塵之中 好香 惡香 平等香 此三是實 餘並是

假", 『법계차제초문』 권상(대정장46, p.666c15)에 "셋째, 비식계이다. 비근이 향진을 마주해서야 비식을 일으킨다. 비식이 일어나는 순간 향진을 알게 되므로 비식계라 한다. 三 鼻識界 鼻根若對香塵 卽生鼻識 鼻識生時 卽識香塵 故名鼻識界也"라고 하였다. 〔참고문헌〕『華嚴經』, 『中觀論疏』, 『大乘百法明門論疏』, 『法界次第初門』.

향찬 香饌 존숙이나 대중 등에게 올리는 음식. 『백장청규』 권2(대정장48, p.1118a5)에 "비구 대중을 이끌고 향찬을 마련하여 공양을 펼친다. 率比丘衆 營備香饌 以伸供養"라고 하였다. 〔참고문헌〕『百丈淸規』.

향찰 香刹 절의 미칭. 『대종조증사공대변정광지삼장화상표제집』(대정장52, p.843b4)에 "공경하는 마음으로 장경(藏經)을 향찰에 안치한다. 敬以藏經 置於香刹"라고 하였다. 〔참고문헌〕『代宗朝贈司空大辨正廣智三藏和上表制集』. ⇨ 찰 刹[2]

향처 香處 Ⓢ Ⓟ gandha-āyatana. 십이처(十二處) 중 하나로 비처(鼻處)와 상응한다. 향입(香入)이라고도 한다. 『순정리론』 권1(대정장29, p.334b21)에 "향처에 대해 설한다. 향이란 냄새 맡을 수 있는 것이니, 이것에는 네 가지 종류가 있는데 호향·오향·등향·부등향으로 차별하기 때문이다. 등향과 부등향이라 한 것은 증익하거나 손감함이 몸에 있어 다르기 때문이다. … 만약 제근대종을 장양하는 것이라면 호향이라 하고, 이와 반대되는 것이라면 오향이라 하며, 앞의 두 가지 작용이 없는 것이라면 평등향이라 한다. 또는 모든 복업이 뛰어나 생겨난 것이라면 호향이라 하고, 온갖 죄업이 한층 더해 생겨난 것이라면 오향이라 하며, 오직 사대종의 세력으로 생겨난 것이라면 평등향이라 한다. 當說香處 香謂所嗅 此有四種 好香惡香等不等香有差別故 等不等者 增益損減 依身別故 … 若能長養諸根大種 名爲好香 與此相違 名爲惡香 無前二用 名平等香 或諸福業增上所生 名爲好香 若諸罪業增上所生 名爲惡香 唯四大種勢力所生 名平等香"라고 하였다. 〔참고문헌〕『順正理論』, *Abh-k-bh.90.*, *MN.3.63.* ⇨ 십이처 十二處, 향 香[2]

향천사 香泉寺 [1] 충청남도 예산군 예산읍 향천리 금오산(金烏山)에 있는 절. 대한불교조계종 수덕사(修德寺)의 말사이다. 652년(의자왕12)에 일본에 다녀온 백제승 의각(義覺)이 창건하였으며, 금 까마귀 한 쌍이 날아와 절터에서 자취를 감추고 향내를 풍겨서 산과 절의 이름이 되었다고 전한다. 윤봉조(尹鳳朝 1680~1761)의 『포암집』 권4에 「향천사」가 전하며, 『동국여지승람』 권20 충청도 예산현 불우에 이름과 위치가 전한다. 『여지도서』 예산 사찰에는 "현 동북쪽 3리 향천봉 아래에 있다. 법당 6칸, 선방 1방, 승당 1방, 정문 4칸이다. 在縣東北三里香爐峯下 法堂六間 禪堂一房 僧堂一房 正門四間"라고 하였다. 현존하는 당우로는 극락전·나한전·동선당·승방·선방·삼성각·요사 등이 있다. 성보문화재로는 범종·목조아미타여래삼존좌상, 천불전·부도, 괘불도 및 오여래사보살팔금강도 등이 있다. 〔참고문헌〕『圃巖集』, 『東國輿地勝覽』, 『輿地圖書』, 『伽藍考』, 『梵宇攷』, 『韓國寺刹全書』 권하 p.1149b15. [2] 중국 하남성(河南省) 급현(汲縣) 임락산(霖落山)에 있는 절. 산에는 바위 틈에서 흘러나오는 샘의 물빛이 맑고 맛 또한 향기롭고 시원하여 이전부터 명성이 높았던 탓에 원위(元魏)대 임락천사(霖落泉寺)로 불렸다. 그 뒤 북주(北周) 무제(武帝)가 파불(破佛)을 자행하면서 놀이터(遊苑)로 바꾸었다. 수말에 이르러 다시 절의 모습을 회복하였고, 당대 다시 중건하여 비로소 지금의 이름으로 바뀌었다. 금원(金元) 이후 조동종(曹洞宗)의 도량이 되었다. 홍성했을 때는 사방에 알려져 운집한 선수행자가 만여 명에 이르렀다. 하지만 1929년 풍옥상(馮玉祥)이 불교를 탄압하는 정책의 일환으로 학교로 개조하였다.

향초 香草 Ⓢ turuṣka. 도루파(兜樓婆)라고 음사한다. 『번역명의집』 권3(대정장54, p.1104c3)에 "도루파는 귀신국에서 난다. 중국에는 없기에 한역할 수 없다. 하지만 향초라 한역하기도 하며, 구역은 백모향이다. 兜樓婆 出鬼神國 此方無故不翻 或翻香草 舊云白茅香"라고 하였다. 〔참고문헌〕『翻譯名義集』. ⇨ 도루파 兜樓婆

향초리곤 向草裏輥 저 풀섶에서 구르다. 『벽암록』 1칙 「송 頌」(대정장48, p.141a7)에 "맑은 바람 대지 가득한데 어디가 그 끝이란 말인가?〈참으로 그렇군. 대단한 설두도 풀섶 향해 구르는구나〉. 淸風匝地有何極〈果然 大小雪竇向草裏輥〉", 『연봉선사어록』 권1(가흥장38, p.322b24)에 "연봉이 학인에게 물었다. '그대는 어찌하여 저 풀섶 향해 뒹구는가?' '한 생각에 널리 무량겁을 봅니다' '착각하는 소경일세'. 師云 你何故向草裏輥 進云 一念普觀無量劫 師云 錯瞽"라고 하였다. 〔참고문헌〕『碧巖錄』, 『蓮峰禪師語錄』. ⇨ 초리곤 草裏輥

향촉 香燭 사루는 향과 불 밝히는 초. 불보살께 올리는 뛰어난 공양물이다. 『희유교량공덕경』(대정장16, p.784c22)에 "낱낱의 보탑마다 모두 꽃향기·기악·증개·당번·향촉·유등으로 이와 같이 공양한다. 一一寶塔 皆以華香 伎樂 繒蓋 幢幡 香燭 油燈 如是供養", 『백장청규』 권2 「염송 念誦」(대정장48, p.1121a11)에 "승당과 모든 전당에 향촉이 완비되었는지 점검한다. 檢點僧堂 及諸殿堂 香燭完備", 『선림비용청규』 권10(卍속장112, p.142b11)에 "정월분 : 전당에서 향촉과 다과로 공양한다. 正月分 殿堂香燭茶果供養"라고 하였다. [참고문헌]『希有校量功德經』,『百丈淸規』,『禪林備用淸規』.

향추 香芻 비구가 자자(自恣)를 할 때 까는 풀로 만든 자리. 부처님과 일체여래께서도 성도하실 때 풀로써 자리를 삼았다.『조정사원』권6(卍속장113, p.162a16)에 "향추,『근본백일갈마』에 이른다. '자자를 받는 비구는 반드시 자라난 띠풀을 써서 승가에서 자리로 삼는다. 모든 비구는 나란히 풀 위에 앉는다'. 또『인과경』에 이른다. '일체여래가 무상도를 이루실 때 풀을 자리로 삼으신다. 그러므로 길상동자가 부드러운 풀을 세존에게 보시하였다'. 수의는 곧 자자이다. 香芻 根本百一羯磨云 受隨意比丘應行生茅與僧伽爲座 諸比丘並於草上坐 又因果經云 一切如來成無上道 以草爲座 故吉祥童子施軟草於世尊 隨意卽自恣也"라고 하였다. [참고문헌]『祖庭事苑』,『景德傳燈錄』권13(대정장51, p.303a27). ⇨ 초좌 草座

향취산 香醉山 Ⓢ Gandha-mādana parvata, Ⓣ spos-kyi-ngad ldan. 섬부주 대설산(大雪山 Ⓢ Himavat) 북쪽에 있으며, 향취산 남쪽에는 무열뇌지(無熱惱池 Ⓢ Anavatapta)가 있다. 향산(香山)·향적산(香積山)·건다산(乾陀山)이라고도 하며, 건다마다나(揵陀摩陀那)로 음사한다.『구사론』권11(대정장29, p.58a18 : *Abh-k-bh.*, p.162)에 "[논] 이 섬부주 중앙에서 북쪽을 향해 세 곳에 각기 세 겹의 흑산이 있고, 대설산이 있는데 이는 흑산의 북쪽에 위치해 있으며, 대설산의 북쪽에는 향취산이 있다. 論曰 此贍部洲從中向北 三處各有三重黑山 有大雪山 在黑山北 大雪山北有香醉山 雪北香南有大池水 名無熱惱 ihaiva jambūdvīpe uttareṇāsya jambūdvīpasya kṛṣṇaparvatāstrayastānatikramyāpare trayaḥ punaś ca traya iti navabhyaḥ kīṭaparvatebhyaḥ pareṇa himavān parvataḥ tasmād dhimavataḥ pareṇānavataptaṃ nāma saro gandhamādanādarvāk",『구사론기』권11(대정장41, p.186b22)에 "향취산이라 하였는데, 이 산 중에는 온갖 향기가 있어 냄새를 맡는 사람 취하게 하기에 향취라 한 것이다. 香醉山 謂此山中有諸香氣 嗅令人醉故名香醉",『교적의기』권하(대정장39, p.1033c15)에 "설산의 정북쪽에 또 향취산이 있다. 이 산의 높이는 50유순이다. 중생이 그 향기를 맡으면 혼미하게 취하므로 향취산이라 한다. 雪山直北 復有香醉山 山高五十由旬 衆生聞香惛醉 故名香醉山也"라고 하였다. [참고문헌]『俱舍論』,『俱舍論記』,『敎跡義記』, *Abh-k-bh.125.*, *Divy.256.*, *Mvyut.195.* ⇨ 섬부주 贍部洲, 향취산 香醉山, 간다마다나 Gandhamādana ❶, 건다마라 揵陀摩羅

향취산 香聚山 향상(香象)보살의 거처. 60권본『화엄경』권29(대정장9, p.590a1)에 "북방에 향취산이라는 보살주처가 있다. 과거의 여러 보살들이 항상 이곳에 머물렀는데 그곳에 지금은 향상이라는 보살이 삼천의 보살 권속에게 항상 법을 설하고 있다. 北方有菩薩住處 名香聚山 過去諸菩薩 常於中住 彼現有菩薩 名香象 有三千菩薩眷屬 常爲說法"라고 하였다. [참고문헌]『華嚴經』,『華嚴經探玄記』권15「菩薩住處品」(대정장35, p.391a14). ⇨ 향상보살 香象菩薩

향타설정 向他說淨 포살 대중이 2명 또는 3명인 경우 서로를 향해 계(戒)를 설해 청정하게 하는 것.『오분율』권18(대정장22, p.122a19)에 "비구들이 몇 가지로 포살해야 하는지 알지 못했다. 이런 이유로 부처님께 사뢰자 말씀하셨다. '다섯 가지 포살이 있다. 첫째 심념구언, 둘째 향타설정, 셋째 광략설계, 넷째 자자포살, 다섯째 화합포살이다'라고 하셨다. 諸比丘不知應幾種布薩 以是白佛 佛言 有五種布薩 一 心念口言 二 向他說淨 三 廣略說戒 四 自恣布薩 五 和合布薩"라고 하였다. [참고문헌]『五分律』.⇨ 포살 布薩

향탁 香卓 불상을 모신 앞에 향로와 촛대 등을 올려놓는 탁자.『삼국유사』권3(대정장49, p.992c23·한불전6, p.324b8) 탑상(塔像)4 백율사(栢栗寺)에 "5월 15일 랑(부례랑)의 양친이 백율사 대비상 앞에 나아가 여러 날 저녁 향 사루며 기도했더니, 갑자기 향탁 위에 거문고와 피리 두 보물이 올려져 있었고, 랑과 상(안상) 두 사람이 불상 뒤에서 나왔다. 五月十五日 郞二親 就柏栗寺大悲像前 禋祈累夕 忽香卓上 得琴笛二寶 而郞常二人 來到於像後"라고 하였다. [참고문헌]『三國遺事』.

향탑 香塔 ❶ Ⓟ Kūṭāgāra-sālā. 중각강당(重閣講堂)의 다른 이름. 대림정사(大林精舍)라고도 하며 누방(樓房) 또는 중각(重閣)이라고도 한역한다. 비사리국(毗舍離國 Ⓟ Vesālī) 미후지(獼猴池)가의 큰 숲(大林 Ⓟ Mahāvana)에 있는 2층의 강당으로『화엄경』「입법계품」을 설하여 제9회 중각강당회(重閣講堂會)라 한다.『장아함경』권1「유행경 遊行經」(대정장1, p.16c5 : *Mahāparinibbāna-sutta*, *DN.2*, p.119)에 "그때 세존께서 아난에게 이르셨다. '함께 향탑으로 가서 나무 아래 자리를 깔고 앉자'. 爾時 世尊告阿難 俱詣香塔 在一樹下 敷座而坐 āyām' ānanda yena mahāvanaṃ kūṭāgārasālā ten'upasaṃkamissāmāti"라고 하였다. [참고문헌]『長阿含經』, *DN.* ⇨ 대림정사 大林精舍, 중각강당 重閣講堂 ❷ 금은 등의 가루와 향의 분말을 반죽하여 만든 탑. 경문(經文)을 안치하고 공양하고 예배한다.『변위록』권5(대정장52, p.780b25)에 "금·은·주기·산호·칠보를 향과 함께 찧고 반죽하여 작은 향탑 1천 8

개를 조성하였다. 金銀珠璣珊瑚七寶 共擣香泥 造小香塔一千八箇", 『금강경지험기』 권상(卍속장149, p.235b3)에 "석 자 높이의 단에 향탑을 조성하여 경전을 안치하였다. 造三尺檀香塔貯經"라고 하였다. 〔참고문헌〕『辯僞錄』, 『金剛經持驗記』. ⇨ 탑 塔

향탕 香湯 Ⓢgandhodaka. 향료를 넣은 탕수(湯水). 불탄일(佛誕日)에 불상을 관욕(灌浴)할 때 쓰며, 향수(香水)라고도 한다. 향탕은 진피(陳皮)·복령(茯苓)·지골피(地骨皮)·육계(肉桂)·당귀(當歸)·지각(枳殼)·감초(甘草) 등 일곱 가지 약재를 달여서 만들기에 칠향탕(七香湯)이라 한다. 『장아함경』 권3 「유행경 遊行經」(대정장1, p.20b4)에 "아난아, 그대가 나의 장례를 치르려면 먼저 향탕으로 몸을 씻겨야 한다. 阿難 汝欲葬我 先以香湯洗浴", 『관세불형상경』(대정장16, p.796c13)에 "그들 중 제천이 각각 열두 가지의 향을 넣은 탕에 갖가지 이름난 꽃을 섞어 태자를 목욕시켰다. 其中諸天 各持十二種香和湯 雜種名花 以浴太子"라고 하였다. 〔참고문헌〕『長阿含經』, 『灌洗佛形像經』, 『金光明最勝王經』 권7(대정장16, p.435b7), *Divy.398.* ⇨ 향탕분 香湯盆, 향수 香水

향탕게 香湯偈 포살(布薩) 때 1인이 향탕을 들고 돌 때 대중이 외우는 게송. 『사분율행사초』 권상(대정장40, p.35c21)에 "또한 한 사람에게 향탕을 들고 돌게 하고, 각자 다음과 같은 게송을 읊는다. '향수로 목욕하여 모든 때 씻어내면, 법신 구족하여 오분으로 채우고, 반야 두렷이 비춰 해탈이 가득하면, 모든 중생 함께 모여 법계에서 어울리리라'. 又令一人持香湯行之 各說偈言 香水熏沐澡諸垢 法身具足五分充 般若圓照解脫滿 群生同會法界融"라고 하였다. 〔참고문헌〕『四分律行事鈔』, 『入布薩堂說偈文等』「受香湯說偈文」(대정장85, p.1301a14). ⇨ 향수게 香水偈, 향약 香藥

향탕분 香湯盆 관불회(灌佛會) 때 불을 안치하고 향탕을 붓는 동이. 『백장청규』 권2 「불강탄 佛降誕」(대정장48, p.1115c19)에 "강탄일이 되면 고사는 꽃으로 장엄한 정자를 마련하고, 그 안에 강생하는 불상을 안치한다. 향탕분 안에는 두 개의 작은 국자를 놓아둔다. 至日庫司嚴設花亭 中置佛降生像 於香湯盆內 安二小杓"라고 하였다. 〔참고문헌〕『百丈淸規』.

향파암 香坡庵 함경남도 홍원군 용천면 백운산(白雲山)에 있던 암자. 『태고사사법』에는 대본산 귀주사(歸州寺)의 말사라고 하였다. 『조선불교월보』 제4호(1912년 5월 25일 발행)의 「관보초록 官報抄錄」 각말사주지 취직인가(各末寺住持就職認可) 함경남도에 '동천면(東川面) 향파암(香坡庵) 김일련(金一蓮)'이라고 하였고, 이후 꾸준히 『조선총독부관보』 등에 소식을 전하고 있으며, 『동아일보』 1926년 9월 30일자 3면 7단에는 일기(日氣)가 쾌청하여 예정대로 출발하였다는 '향파사탐승단 香坡寺探勝團' 기사가 실리기도 하는 등 강점기 때 활동이 두드러진다. 〔참고문헌〕『朝鮮總督府官報』, 『朝鮮佛教月報』 제4호 p.68·제14호 p.71, 『東亞日報』, 『韓國寺刹全書』 권하 p.1149b18.

향판 香版 선방(禪房)에서 좌선 중 졸음을 쫓기 위해 치는 보검(寶劍) 모양의 나무판. 경책향판(警策香版), 청규향판(淸規香版), 순향향판(巡香香版) 등으로 부른다. 지금의 장군죽비의 역할과 같다. 『고설철어록』 권20 「모선당소 募禪堂疏」(가흥장28, p.407a7)에 "향판을 잡고 게으름을 경책한다. 執香版以策其惰", 『오등전서』 권79 「지장군습학장 地藏捃拾學章」(卍속장141, p.627a10)에 "지장이 또 참선에 힘쓰던 어느 날 문득 향판을 한 번 치는 소리에 온몸이 떨어져나가듯 하자 게송한 수를 바쳤다. 師又力參 一日忽聽香版一擊 全身脫落卽呈偈曰"라고 하였다. 〔참고문헌〕『古雪哲語錄』, 『五燈全書』. ⇨ 죽비 竹篦, 장군죽비 將軍竹篦

향풍사 香楓寺 평안남도 성천군 성천면 향풍산에 있던 절. 『태고사사법 太古寺寺法』에는 대본산 법흥사(法興寺)의 말사라고 하였다. 『가람고』 평안도 성천에 "향풍사〈향풍산에 있다. 부의 동쪽 삼십리 쯤이다〉. 香楓寺〈在香楓山 府東三十里〉"라고 하였고, 『여지도서』 평안도 성천부(成川府) 사찰에도 위와 같이 전한다. 『조선불교월보』 제9호(1912년 10월 25일 발행)의 「관보초록 官報抄錄」 법흥사본말사법(法興寺本末寺法)에는 향풍사를 통선암(通仙庵)과 함께 일반말사(一般末寺)라 하였고, 『불교』 제7호(1925년 1월 1일 발행)와 제45호(1928년 3월 1일 발행)의 「관보초록 官報抄錄」 주지이동에는 '(1924년) 10월 16일 황영찬(黃永贊) 사직(辭職) 황경호(黃璟鎬) 취직인가(就職認可)', '(1927년) 11월 21일 황경호 재임(再任)'이라고 하였다. 국립중앙박물관 소장 『조선총독부박물관문서』에 향풍사 보광전 사진이 전한다. 〔참고문헌〕『伽藍考』, 『輿地圖書』, 『朝鮮佛教月報』 제9호 p.59, 『佛教』 제7호 p.151·제45호 p.56, 『韓國寺刹全書』 권하 p.1149b20.

향풍산 香風山 향광명보살(香光明菩薩)과 그 권속들의 주처. 60권본 『화엄경』 권29(대정장9, p.590a11)에 "서북방에는 향풍산이라는 이름의 보살주처가 있다. 과거 여러 보살들이 항상 머물렀고, 그곳에 현재는 향광명이라는 명호의 보살이 오천의 보살권속과 함께 항상 설법하고 있다. 西北方有菩薩住處 名香風山 過去諸菩薩

常於中住 彼現有菩薩 名香光明 有五千菩薩眷屬 常爲說法"라고 하였다. [참고문헌] 『華嚴經』.

향피회 向彼悔 Ⓢ pratideśanīya, Ⓟ pāṭidesanīya의 한역어. 저 다른 비구 향해 드러내 참회하면 사라지는 가벼운 죄. 바라제제사니(波羅提提舍尼)라 음사한다. 돈황본 『비니심』(대정장85, p.662a27)에 "바라제제사니계〈한역하여 향피회라 한다. 만약 이 계를 범하면 마땅히 꾸짖어야 옳지만 용서가 허용된다. 지은 죄를 드러내 대면하여 참회하면 없게 되므로 향피회라 한다〉. 波羅提提舍尼戒〈此方云 向彼悔 若犯此戒 事合可呵容聽 發露對首懺除 故云向彼悔〉"라고 하였다. [참고문헌] 『毘尼心』. ⇨ 바라제제사니 波羅提提舍尼, 대설악법 對說惡法, 별회죄취 別悔罪聚

향하수순 向下隨順 진여와 생멸로 수순하고 다시 생멸수순함에 있어 행덕(行德)으로부터 수혜문(修慧聞)으로 하행한다. 『석마하연론』 권2(대정장32, p.607a25)에 "향하수순이란 자성정묘장에서 제일념신에 이르기까지 능히 야야지를 위해 수순하는 방편이다. … 향하수순이란 변함없는 행덕으로 인하여 변함없는 수혜를 키우고, 변함없는 수혜로 인하여 변함없는 사혜를 키우며, 변함없는 사혜로 인하여 변함없는 문혜를 키우고, 변함없는 문혜로 인하여 변함없는 언설을 키운다. 이를 향하라 한다. 向下隨順者 從自性淨妙藏 乃至第一念信 能爲耶耶地隨順方便故 … 所言向下隨順者 因常之行德 生長常之修慧 因常之修慧 生長常之思慧 因常之思慧 生長常之聞慧 因常之聞慧 生長常之言說 是名向下"라고 하였다. [참고문헌] 『釋摩訶衍論』. ⇨ 수순 隨順, 향상수순 向上隨順

향함 香函 경을 담는 상자. 『화엄경전기』 권4 「변재전 辨才傳」(대정장51, p.165b27)에 "향함을 만들어 경을 담아서 모시고 삼년 동안 여기저기 돌아다녔다. 造香函盛經頂戴 旋遶歷于三載"라고 하였다. [참고문헌] 『華嚴經傳記』. ⇨ 향합 香盒, 경함 經函

향합 香盒 향을 담는 그릇. 나무·자기·금속 등으로 만들고, 향을 오래 가두고 보존하는 뜻에서 반드시 덮개가 있다. 향보자(香寶子)·향거(香筥)·향함(香函)·향상(香箱)이라고 한다. 『백장청규』 권3 「하유서 下遺書」(대정장48, p.1130a17)에 "유나가 반에서 나와 주지에게 읍을 하면 소향시자가 향합을 받들어 올린다. 維那出班揖住持 燒香侍者 捧香盒"라고 하였다. 향합은 향로와도 함께 어울려야 하기에, 손잡이가 달린 병향로와 한 곳에 놓고 사용하는 거향로의 향합은 다르게 조형되기도 하였다. 병향로와 향합도 전래초기부터 어울려 함께 전승되었는데, 서진(西秦) 420년에 만든 중국 감숙성(甘肅省) 병령사(炳靈寺) 석굴 169굴에는 병향로를 든 서역스님의 다른 한손에는 향합이 들려 있다. 작미형병향로(鵲尾形柄香爐)와 사자진병향로(獅子鎭柄香爐)에서는 나팔형 굽과 반원형 몸체, 탑 모양의 뉴가 달린 탑형향합(塔形香盒)이 유행하기도 하였고, 일본 호류지(法隆寺) 옥충주자(玉蟲廚子)의 공양도에는 노비구가 작미형병향로와 탑형향합을 함께 들고있다. 또한 경주 석굴암의 10대 제자상도 작미형병향로와 탑형향합인듯한 향합을 함께 들고 있다. 중국 선종 7조인 신회선사(神會禪師)의 신탑에서도 사자진병향로와 탑형향합이 같이 발견되었고, 우리나라에서는 2009년 군위 인각사지에서 사자진병향로와 탑형향합과 함께 청동이중합도 함께 출토되었다. 또한 청동이중합은 안성장명사석탑 및 금산사5층석탑에서도 발견되어 널리 유통되었음을 알 수 있다. 삼국시대와 통일신라시대의 거향로, 백제금동대향로와 미륵사지 금동다족향로 등에서는 향합이 발견되지 않았지만 공주 공산성(公山城)에서 삼국시대 백제의 향합인 금동봉황형향합(金銅鳳凰形香盒)이 출토되기도 하였다. 고려시대 연지형병향로(蓮枝形柄香爐)의 경우에는 손잡이에 연화형 향합도 함께 달려 있는 것을 고려불화인 석가삼존16나한도를 통해 확인할 수 있다. 고려시대 거향로인 향완(香埦)은 청동은입사향완의 경우 나팔형 굽과 원통형 몸체와 뚜껑으로 구성된 청동은입사향합이 함께 사용되었다. 문양이 없는 청동향완의 경우 청동이중합의 향합이 함께 했었음을 강진 삼흥리 출토품을 통해 알 수 있다. 고려시대에는 향로와 향합 외에도 은제도금 향합이 왕실을 중심으로 사용되었으며, 순청자와 상감청자로도 향향을 만들어 사용하였다. 조선시대에는 원통

병령사169굴 북벽
감숙성 중국 서진 420년

10대제자상 석굴암 경주 통일신라

형 향합이 왕실을 비롯해 불교와 민간에서 사용되었고, 백자를 비롯해 목제와 유제향합도 제작되었다. 조선 15세기의 작품으로 알려진 「약사삼존12신장도」의 불단에는 향로와 함께 반원형 향합이 놓여 있어 15세기 다양한 향합의 모습을 알 수 있게 한다. 향로와 향합이 함께하는 경우는 병향로와 탑형향합 및 청동이중합의 예가 대표적이며, 그외는 삼국시대부터 조

금동봉황형향합 공주 공산성 · 출토청동탑형향합 군위인각사 9세기 · 청동은입사향합 리움미술관 1218년 · 청자상감국화문향합 침현재 고려

선시대까지 원통형 또는 반원형 향합이 주로 사용되었으며, 금속을 비롯해 자기와 목재로도 제작 · 사용되었다. 〔참고문헌〕『百丈清規』, 이난영 『한국고대의 금속공예』(서울대출판부, 2000) pp.201~202, 『고려시대향로』(국립중앙박물관, 2013), 『향도구특별전』(통도사성보박물관, 2022). ⇨ 향함 香函, 향로 香爐, 향 香

향로와 향합 불단위 약사삼존12신장도
일본 개인 소장 조선 15세기

향화 香火 향을 사르고 등불을 켜다. 불법(佛法)을 받들고 행하는 일들을 말한다. 『석문정통』 권4(卍속장130, p.822a10)에 "향을 사르고 등불을 태움으로 해서 장엄하니, 오늘날에도 성행하는 일이다. 香火之嚴 於今爲盛", 『당고승전』 권1(대정장50, p.429b23)에 "향을 사르고 촛불을 켜거나 범음으로 소리내고 예배하거나 큰 소리로 대중과 함께 함에 이르기까지 모두 그 법도를 받든다. 香火梵音 禮拜唱導 咸承其則"라고 하였다. 〔참고문헌〕『釋門正統』, 『唐高僧傳』.

향화 香華 Ⓢ gandha puṣpa, Ⓟ mālā-gandha. 향과 꽃. 불보살의 덕을 찬탄해 올리는 대표적 공양물. 『법화경』 권1(대정장9, p.3b25 : *Saddh-p.*, p.15)에 "모든 천 · 용 · 신, 사람과 사람 아닌 중생이, 향과 꽃과 기악으로, 항상 공양을 올린다네. 諸天龍神 人及非人 香華伎樂 常以供養 puṣpaiś ca gandhaiś ca tathaiva vādyaiḥ saṃpūjitā naramaruyakṣarākṣasaiḥ", 『업보차별경』(대정장1, p.895a23)에 "만약 어떤 중생이 향과 꽃을 받들어 베푼다면 열 가지 공덕을 얻으리라. 첫째, 세간에 꽃과 같이 산다. 둘째, 몸에 악취가 없다. 셋째, 복향과 계향이 모든 곳에 가득하다. 넷째, 나는 곳마다 비근이 온전하다. 다섯째, 세간에서 빼어나 대중에게 존경을 받는다. 여섯째, 몸이 항상 향기롭고 깨끗하다. 일곱째, 정법을 좋아해 즐기고 받아 가져 읽고 외운다. 여덟째, 큰 복의 과보를 갖춘다. 아홉째, 목숨을 마치면 하늘에 난다. 열째, 속히 열반을 증한다. 若有衆生 奉施香華 得十種功德 一者 處世如花 二者 身無臭穢 三者 福香戒香 遍諸方所 四者 隨所生處 鼻根不壞 五者 超勝世間 爲衆歸仰 六者 身常香潔 七者 愛樂正法 受持讀誦 八者 具大福報 九者 命終生天 十者 速證涅槃", 『금광명경』 권2(대정장16, p.345b15 : *Suv-pr.*, p.109)에 "7일 밤낮으로 팔계를 수지하며 아침 저녁으로 마음을 청정하게 한 다음 향과 꽃으로 시방의 모든 부처님께 공양을 올린다. 七日七夜 受持八戒 朝暮淨心 香華供養 十方諸佛 sa saptavarṣā aṣṭāṅgopetā sapañcāsina pūrvāhṇe. aparāhṇe. sarvabuddhānāṃ bhagavatāṃ puṣpadhūpagandhapūjāṃ kṛtva"라고 하였다. 〔참고문헌〕『法華經』, 『業報差別經』, 『金光明經』, 『大般涅槃經後分』 권상(대정장12, p.906c6), 『摩訶僧祇律』 권33(대정장22, p.494a25), *Saddh-p.*, *Suv-pr.*, *DN.1.5.*

향화게 香華偈 향을 사루고 꽃을 올리며 외우는 게. 『산보집』 '영산작법절차'를 들 수 있다. 『산보집』 '향화게 香華偈'에 "원컨대 이 향과 꽃 법계에 가득하여 아름답고 빛나는 광명대 되고, 온갖 하늘 음악과 보배 향 되고, 모든 하늘 음식과 보배 옷 되기를. 願此香花徧法界 以爲微妙光明臺 諸天音樂天寶香 諸天餚饍天寶衣"라고 하였다. 〔참고문헌〕『刪補集』.

향화사 香火寺 조상이나 친족 등의 위패를 모셔두고 그 후손들이 신행하는 절. 향화원(香火院) · 향화사(香花寺) · 보리사(菩提寺)라고도 하며, 조정이나 왕실에서 나라와 민생에 재난 없기를 기도하는 자복사나 왕실 구성원의 축복과 안녕을 기도하는 원찰(願刹)과 같다. 『원수행단어록』 권7(卍속장124, p.58a16)에 "중천축의 효상선사는 처음에 대혜와 함께 보융에 의지하여 변의 함평에 있었다. 함평은 태재보의 향화사이다. 中天竺 曉常禪師者 始與大慧 同依普融 於汴之咸平 咸平 太宰輔香火

寺也"라고 하였다. 〔참고문헌〕『元叟行端語錄』. ⇨ 자복사 資福寺, 원찰 願刹, 향화원 香火院

향화사 香火社 당 무종(武宗) 때인 회창년간(841~846)에 결성된 법사(法社). 백낙천(白樂天 772~846)은 시문 외에 불교에도 정통하여 만년에는 향산거사(香山居士)라 자칭하며 경건한 마음으로 정토를 믿고 낙양 불광사(洛陽佛光寺) 여만(如滿) 등과 함께 향화사를 결성하고 염불수행에 전념했다. 무종이 도교를 신봉하였기에 향화사는 무종의 파불 전후에 성립하였으리라 추정한다. 〔참고문헌〕『舊唐書』 권166 「白居易傳」, 『宋高僧傳』 권16 「神湊傳」(대정장50, p.807b15), 『釋氏通鑑』 권11(卍속장131, p.972a18). ⇨ 향산 香山❷, 향산사 香山寺❷, 결사 結社, 향사 香社

향화수 香花水 향이나 꽃을 넣은 향수. 관정 때 쓴다. 알가수(閼伽水 Ⓢ arghya)와 같다. 『묘길상최승근본대교경』(대정장21, p.82b22)에 "아사리는 제자에게 보장인과 삼보비밀삼매인을 설해 주고 곧바로 향화수를 제자의 정수리에 관정한다. 阿闍梨與弟子 說寶杖印及三寶祕密三昧印 卽以香花水 灌弟子頂", 『대일경소』 권311(대정장39, p.700a15)에 "이와 같은 본존 등이 현전하여 가피를 내리실 때 곧바로 이마를 본존의 발에 대고 예를 올리며 알가수를 바치는데, 이것(알가수)은 바로 향이나 꽃을 넣은 물이다. 如是本尊等 現前加被時 卽應當稽首作禮 奉閼伽水 此卽香花之水"라고 하였다. 〔참고문헌〕『妙吉祥最勝根本大教經』, 『大日經疏』. ⇨ 알가수 閼伽水, 향수 香水, 향약 香藥

향화승 向化僧 다른 나라에서 귀화한 스님. 『성종실록』 권10 성종 2년(1471) 4월 12일(갑인)에 "왜 향화승 신옥의 공초에 이르기를 '저는 본래 대마도사람으로서 금년 나이 서른하나입니다. … 나이 열둘에 스님이 되었고 아버지께서 도주로서 사신전송차 나올 때 저도 따라서 제포(경남 진해)에 이르렀고 … (명산을 두루 다니다가) 지난 3월 다시 경성에 이르렀습니다. 원컨대 도첩을 받아 모산에 의지하여 머물고자 합니다'. 倭向化僧 信玉 供招云 我本對馬島人 年今三十一 … 年十二爲僧 父爲島主使送出來 我隨至薺浦 … 去三月 復至京城 願受度牒 依止某山居住"라고 하였으니, 왕명으로 도첩을 주어 서울 근처 절에 머물도록 하였다. 〔참고문헌〕『成宗實錄』. ⇨ 신옥 信玉

향화원 香火院 향화사(香火寺)와 같다. 『고금도서집성 선집』 권119(대장경보편15, p.669c7)에 "숙원잡기에 따르면, 경사의 두 거찰인 대흥륭사와 대륭복사는 조정의 향화원이며, 그 나머지는 모두 중관들이 건립한 절이다. 菽園雜記 京師鉅刹 大興隆 大隆福 二寺 爲朝廷香火院 餘皆中官所建", 『방융새어록』 권2(가흥장29, p.825b14)에 "옛 사람의 이와 같은 말은 유서 깊은 도량을 향화사로 바꾸는 것과 매우 닮았다. 古人與麼道 大似將古道場 作香火院"라고 하였다. 〔참고문헌〕『古今圖書集成選輯』, 『方融璽語錄』. ⇨ 향화사 香火寺

향화인연 香火因緣 향을 사르고 불을 켜는 인연. 불법을 신행하는 인연을 비유한다. 『서장』 권28(대정장47, p.934a10)에 "원컨대 공께서 항상 그렇게 보시길 바랍니다. 저 역시 그 중에 있습니다. 어느 다른 날에 적막한 물가에서 서로 좇아 만나 미래세에 반드시 향 사르고 촛불 켜는 인연을 맺고 중중법계 성취하여 이 일을 진실이게 한다면 어찌 작은 보탬이겠습니까? 願公常作此觀 妙喜亦在其中 異日相從於寂寞之濱 結當當來世香火因緣 成就重重法界 以實其事 豈小補哉", 『지자대사별전주』 권상(卍속장134, p.628a2)에 "〈전〉 복야 서릉은 덕이 도탑고 이름은 귀하였는데 꿈꾸기를 그의 선친이 문에서 '선사는 우리 숙세의 종범이시니 너는 마땅히 일심으로 섬기거라' 하였다. … 서소라도 받게 되면 손 씻고 향 피워 의관을 갖추고 삼배를 올렸다. … 〈주〉 선친이 문에 있음을 꿈꿨다 함은 곧 꿈에 그의 돌아가신 부친 서리가 문에서 말을 했다는 뜻이다. 그 선친 세대에 향화인연이 있었음을 늘 생각했기 때문이다. 僕射徐陵 德優名重 夢其先門曰 禪師是吾宿世宗範 汝宜一心事之 … 若蒙書疏 則洗手燒香 冠帶三禮 … 言夢先門者 則先父徐摛 在門而語也 想其先世有香火因緣故"라고 하였다. 〔참고문헌〕『書狀』, 『智者大師別傳註』.

향화일로등일잔 香火一爐燈一盞 향로불 하나 등잔불 하나. 백거이(白居易)의 「희례경노승」에 "향로불 하나 등잔불 하나, 백발 노구로 한밤에 『불명경』 외며 예불하노라. 몇 년 동안이나 성문의 술 마셨던가? 지금에 이르도록 취하여 깨지 못하네. 香火一爐燈一醆 白頭夜禮佛名經 何年飮著聲聞酒 直到如今醉未醒"라고 하였다. 〔참고문헌〕「戲禮經老僧」. ⇨ 불명경 佛名經

향화청 香華請 향과 꽃 올려 불보살을 청하다. 『작법귀감』 권하 「가사점안 袈裟點眼」 '향화청'(한불전10, p.555b12)에 "불타의 몸이 시방에 두루하시니, 삼세여래 일체로 같으시네. 광대한 원의 구름 언제나 다함 없으니, 물결치는 깨달음의 바다 아름다워 다함이 없으시다. 佛身普遍十方中 三世如來一切同 廣大願雲恒不盡 汪洋覺海妙難窮"라 하였다. 〔참고문헌〕『刪補集』, 『作法龜鑑』.

향환 香丸 갖가지 향을 섞어 둥글게 뭉친 것. 밀교 작법에서 진언을 외우며 화로에 던져서 태운다. 안식향

(安息香)이라 한다. 『소실지갈라경』 권상(대정장18, p.609c8)에 "때에 따라 세 가지 향이 있으니 도향·말향·향환·향수이다. 時有四種香 謂塗香末香香丸香水", 『다라니집경』 권6(대정장18, p.837b24)에 "가비사향을 구해서 빻아서 미세한 가루로 만들어 물과 섞어 둥근 환을 만들어 팔천 개를 채운다. 가타라목을 땔감으로 불을 붙여 향환 하나를 진언 한번 외우면서 화로에 던져 태우고 이렇게 팔천 개의 환을 모두 소진하면 그 재가 변하여 소발나금이 되고 무게는 백천냥이 나간다. 取迦比闍香擣爲細末 水和爲丸數滿八千 取迦他羅木爲柴然火 取一香丸 一呪一投於火中燒如是乃至八千丸 盡其炭變爲蘇跋那金 重百千兩", 『일자심주경』(대정장19, p.318b27)에 "밤 이경에 일어나 결가부좌하고 불속에 안식향을 태우면서 진언을 외운다. 향환은 그 크기가 오동나무 씨와 같다. 외울 때 의념으로 금강신을 본다. 진언이 삼경에 이르면 천둥이 울리고 땅이 흔들리며 하늘에서 갖가지 수승한 꽃 비가 내리고 금강신이 오고 일체 천룡팔부 보살 등이 와서 함께 둘러싼다. 當夜二更時起結加坐 於其火中燒安息香誦呪 其香丸如梧桐子大 誦時意念見金剛神 呪至三更卽當雷鳴地動天雨種種妙花 金剛卽來 及一切天龍八部菩薩等來共圍繞"라고 하였다. [참고문헌] 『蘇悉地羯羅經』, 『陀羅尼集經』, 『一字心呪經』.

향효 香餚 향기로운 음식. 또는 곡식이 아닌 향채나 열매로 만든 음식. 『마하지관』 권2상(대정장46, p.12b3)에 "도량을 엄식하고 갖가지 공양구와 향기로운 음식과 감미로운 과일을 갖추었다. 嚴飾道場 備諸供具 香餚甘果", 『지관보행전홍결』 권2(대정장46, p.185c20)에 "향효란 효채로 만든다. 곡식 아닌 음식을 효라 하는데 콩이나 열매다. 香餚者 亦作肴菜也 非穀而食 曰肴亦豆實也"라고 하였다. [참고문헌] 『摩訶止觀』, 『止觀輔行傳弘決』.

허 許 Ⓢiṣyate, abhyupa-√gam, avakāśa, prasiddha, Ⓟpaṭiññā, Ⓣ'dod. 받아들여 수용하거나 진실이라고 여겨 인정하다. 2권본 『나선비구경』 권1(대정장32, p.704c20)에 "세간 사람들은 모두 '이것이야말로 나의 몸이고 과거로부터 지나온 아라고 받아들인다'고 말한다. 이들 모두 자재한 열반의 도를 얻지 못한 이들이다. 世間人皆言是我身過我許 是皆不得自在泥洹道者", 『구사론』 권4(대정장29, p.19c27 : *Abh-k-bh.*, p.56)에 "또 혼침이 모든 번뇌와 상응한다고 인정하면서도 대번뇌지법에 이것을 두지 않았는데 이는 누구의 과실인가? 又許惛沈通與一切煩惱相應 不說在大煩惱地法 於誰有過 styānaṃ punar iṣyate sarvakleśasaṃprayogīti kleśamahābhūmikeṣu tasyāpāṭhe kasyāparādhaḥ", 『섭대승론석』 권1(대정장31, p.323b13 : *Mah-saṃ.*, p.3)에 "이것은 가장 뛰어난 보리의 인이기에, 따라서 대승은 진실한 부처님의 말씀으로 받아들인다. 由此最勝菩提因 故許大乘眞佛語 'di dag byang chub mchog gi rgyur mthong bas … theg pa chen po sangs rgyas dkar 'dod do"라고 하였다. [참고문헌] 『那先比丘經』, 『俱舍論』, 『攝大乘論釋』, *Abh-k-bh.*, *Mah-saṃ.*, *Laṅk.14·105.*, *Vin.5.117.*

허 虛 Ⓢmṛṣā, Ⓟmogha, Ⓣbrdzun-pa. 헛되고 임시로 있어서(施設有) 실(實)이 아닌 세속제. 『금강경』(대정장8, p.750b28 : *Vajr-pr.*, p.42)에 "여래께서 얻으신 법, 이 법에는 실도 없고 헛됨도 없다. 如來所得法 此法無實無虛 yas tathāgatena dharmo 'bhisaṃbuddho deśito nidhyātaḥ na tatra satyaṃ na mṛṣā", 『구사론』 권22(대정장29, p.116b20)에 "베풀어 있을 뿐이기에 세속이라 한다. 세속의 뜻에 의지해 병 등이 있다고 하는 말은 실이어서 거짓이 아니니 이를 세속제라 한다. 施設有故 名爲世俗 依世俗理 說有甁等 是實非虛 名世俗諦"라고 하였다. [참고문헌] 『金剛經』, 『俱舍論』, *Vajr-pr.*, *Abh-k-bh.334.*, *DN.3.140.*

허가 虛假 Ⓢprajñapti, Ⓣbtags-pa, 'dogs-pa. 비어 임시로 있을 뿐인 것으로 진실(眞實)이 아닌 유위법(有爲法). 『대승본생심지관경』 권4(대정장3, p.310c29)에 "무상하여 념념으로 굶주린 호랑이와 같고, 유위법 헛되고 임시로 있을 뿐이니 오래 머물 수조차 없다. 無常念念如餓虎 有爲虛假難久停", 『보리심관석』(대정장32, p.562b8)에 "낱낱의 자성을 얻을 수 없다. 이처럼 모든 법 온통 그러하므로 색 그 이름 헛되고 거짓임을 알아야 한다. 一一各自性不可得 如是諸法皆然 是故知色名虛假", 『관무량수불경소』 권4(대정장37, p.271a2)에 "비록 삼업을 일으키지만 독이 섞인 선이라 하고, 헛되고 거짓된 행이라 이름하지 진실한 업이라고는 하지 않는다. 雖起三業 名爲雜毒之善 亦名虛假之行 不名眞實業也"라고 하였다. [참고문헌] 『大乘本生心地觀經』, 『菩提心觀釋』, 『觀無量壽佛經疏』, *Bodh-bh.31.*

허가부실 虛假不實 Ⓢasad-bhūta. 헛되고 거짓이어서 실일 수 없다. 『대반야경』 권524(대정장7, p.684c1)에 "이와 같이 여섯 가지 바라밀다와 일체법의 자성은 모두 아득해 할 수 있는 능력이 없고, 주인 되어 다스림도 있을 리 없어 헛되고 거짓이어서 실 일 수 없으니, 공하여 있지 않고 자재할 수 없는 상이다. 如是六種波羅蜜多 及一切法 自性皆鈍 無所能爲 無有主宰 虛假不實 空無所有 不自在相", 『금강경주해』(대정장33, p.238b13)에 "무상한 법은 허가여서 실이란 없다. 이에 꿈·허깨비·물거품·그림자·이슬·번개라는 여섯 가지로 비유를 삼는다. 無常之法 虛假不實 故以夢幻泡影

露電 六種爲喩"라고 하였다. 〔참고문헌〕『大般若經』, 『金剛經註解』, *Gaṇḍ-vy.360.* ⇨ 육유 六喩❶, 금강경육비유 金剛經六譬喩

허경 虛鏡 조선 제6대 단종(端宗)의 비 정순왕후(定順王后) 송(宋)씨의 법명. 단종이 영월로 추방된 후 정순왕후는 17세의 나이로 서울 동대문구 숭인동 청룡사로 가서 비구니가 되었는데, 그 때 받은 법명이다. ⇨ 정순왕후 定順王后, 청룡사 淸龍寺❶

허곡 虛谷 ❶ 1604~1681. 조선후기 스님. 휘는 나백(懶白). 자는 응현(應玄), 호는 허곡(虛谷), 속성은 이(李)씨니 나백(懶白)의 법호이다. ⇨ 나백 懶白 ❷ 1824~1896. 청말 화승(畫僧). 속명은 주덕인(朱德仁). 법명은 허백(虛白). 허곡은 자. 호는 자양산민(紫陽山民). 안휘성(安徽省) 흡현(歙縣) 출신. 태평천국(太平天國)과의 전쟁에 참여한 뒤에 출가하였다. 양주팔괴(楊洲八怪)의 흐름을 담은 화풍으로 산수화 등을 그렸다. 매화금어도(梅花金魚圖), 송학도(松鶴圖) 등을 남겼다.

허공 虛空 Ⓢ ākāśa, Ⓟ ākāsa, Ⓣ nam-mkha'. 음사어는 아가사(阿迦舍). 3무위(無爲), 6무위·8무위·9무위법 중 하나이고 구사의 75법, 또는 유식의 100법 중 하나다. 진여(眞如) 또는 여래나 법신(法身)의 별명으로 부르기도 한다. 『대법거다라니경』 권2(대정장21, p.667b7)에 "'무외야, 저 허공이란 여래라 부르고 또한 응공이고 정변각이라 한다'. 무외가 다시 여쭈었다. '어떤 뜻으로 허공이라 이름합니까?' 부처님께서 무외에게 말씀하셨다. '허공이란 곧 무소유이니, 있는 바 없는 것 이름이 허공이다'. 無畏 夫虛空者 名爲如來 亦名應供 正遍覺也 無畏復問 以何義故 名曰虛空 佛告無畏 虛空者 卽無所有 以無所有 故名虛空", 『아비담비바사론』 권39(대정장28, p.291a17)에 "〔문〕 허공과 허공계에는 어떤 차별이 있는가? 〔답〕 허공은 색이 아니지만 허공계는 색이고, 허공은 볼 수 없으나 허공계는 볼 수 있으며, 허공은 마주할 수 없지만 허공계는 마주할 수 있고, 허공은 무위이지만 허공계는 유위이다. 問曰 虛空虛空界 有何差別 答曰 虛空非色 虛空界是色 虛空不可見 虛空界是可見 虛空無對 虛空界是有對 虛空是無爲 虛空界是有爲", 『구사론』 권1(대정장29, p.1c12 : *Abh-k-bh.*, p.3)에 "이 허공 등 세 가지 무위와 도성제를 무루법이라 한다. 무슨 까닭인가. 모든 루가 그 중에 있어서는 따라 늘지 않기 때문이다. 간략히 설한 바 삼무위 중 허공은 다만 무애를 자성으로 하니, 막힘없기에 색이 그 중에서 움직인다. 此虛空等 三種無爲 及道聖諦 名無漏法 所以者何 諸漏於中 不隨增故 於略所說 三無爲中 虛空 但以無礙爲性 由無障故 色於中行 etad-ākāśādi trividham-asaṃskṛtaṃ mārga-satyaṃ ca-anāsravā dharmāḥ. kiṃ kāraṇam. na-hi teṣv-āsravā anuśerata iti. yad-etat-trividham-asaṃskṛtam-uddiṣṭam tatra-ākāśam-anāvṛtiḥ. anāvaraṇa-svabhāvam-ākāśaṃ yatra rūpasya gatiḥ", 『구사석론』 권5(대정장29, p.191c20 : *Abh-k-bh.*, p.92)에 "오직 만질 수 없기에 설하여 허공이라 한다. 어째서 이러한가. 어둠 속 저것과 사람 사이에 걸릴 것이 없으니, 거꾸로 말하여 허공이라 한다. 唯無有觸 說名虛空 何故如此 於闇中彼 人不得礙 逆說爲虛空 spraṣṭavya-abhāva-mātram-ākāśam. tad-yathā hy-andhakāre pratidhātam-avindanta ākāśam-ity-āhuḥ", 『유가사지론』 권3 「의지 意地」(대정장30, p.293c11 : *Yogā-bh.*, p.69)에 "무위는 여덟 가지다. 허공·비택멸·택멸·선·불선·무기법·진여부동·상수멸. 이렇게 무위는 넓게는 여덟 간략히 하면 여섯이나, 여섯이든 여덟이든 고르게 같고 또 같다. 無爲有八事 謂虛空 非擇滅 擇滅 善不善 無記法 眞如不動 想受滅 如是無爲 廣八略六 若六若八平等平等 aṣṭāv-asaṃskṛta-vastūni ākāśam-apratisaṃkhyā-nirodhaḥ pratisaṃkhyā-nirodhaḥ kuśala-akuśala-avyākṛtānāṃ dharmāṇāṃ tathatā-āniñjyaṃ saṃjñā-vedayita-nirodhaś-ca. tāny-etāny-aṣṭau samānāni ṣaḍ bhavanti ṣaṭ samānāny-aṣṭau bhavanti", 『성유식론』 권2(대정장31, p.6c12)에 "모든 장애를 여의었기에 허공이라 하며, 가려 택하는 힘으로 모든 잡염을 멸하여 마침내 깨우쳐 알기에 택멸이라고 한다. … 상과 수로 행하지 않기에 상수멸이라고 이름한다. 이 다섯 가지 무위는 모두 진여에 의지해서 임시로 세운 것이다. 진여 역시 임시로 이름을 시설한 것이다. 다 버려 '무'라고 하는 것을 막기 위해 '유'라고 하며, 집착하여 '유'라고 하는 것을 막기 위해 공이라고 한다. 헛된 환상이라 말하지 못하게 하기 위해 참된 것 즉 실이라고 한다. 뜻에 있어 잘못되거나 뒤친 바 없어 진여라고 한다. 離諸障礙 故名虛空 由簡擇力 滅諸雜染 究竟證會 故名擇滅 … 想受不行 名想受滅 此五皆依眞如假立 眞如亦是 假施設名 遮撥爲無 故說爲有 遮執爲有 故說爲空 勿謂虛幻 故說爲實 理非妄倒 故名眞如", 『아비달마집론』 권1(대정장31, p.666b3 : *Abh-s.*, p.13)에 "무엇이 허공인가. 색 없는 자성을 말하니, 지은 바 모든 업을 담아 받아들인다. 何等虛空 謂無色性 容受一切所作業故 ākāśaṃ katamat. rūpa-abhāvaḥ sarva-kṛtyāvakāśatām upādāya", 『대반열반경의기』 권5(대정장37, p.739b20)에 "여래와 허공과 불성, 이와 같은 세 가지 법에는 어떤 차별도 없다. … 여래는 과이고, 불성은 인이며, 허공을 논하자면 인도 아니고 과도 아니다. 如來虛空佛性 如是三法 便無差別 … 如來是果 佛性是因 若論虛空 非因非果", 『대승법원의림장』 권6

(대정장45, p.344c14)에 "부처님이 법이고, 법이 승이며, 승은 상이고, 상은 허공이며, 허공은 불성이고, 불성은 법신이다. 佛卽是法 法卽是僧 僧卽是常 常卽虛空 虛空卽佛性 佛性卽法身"라고 하였다. 〔참고문헌〕『大法炬陀羅尼經』, 『阿毘曇毘婆沙論』, 『俱舍論』, 『俱舍釋論』, 『瑜伽師地論』, 『成唯識論』, 『阿毘達磨集論』, 『大般涅槃經義記』, 『大乘法苑義林章』, *Abh-k-bh.*, *Yogā-bh.*, *Abh-s.* ⇨ 삼무위 三無爲, 허공계 虛空界

허공가철선 虛空駕鐵船 허공이 철선을 띄우다. 『경덕전등록』 권17 「보봉신당전 寶峯神黨傳」(대정장51, p.342b6)에 "'무엇이 불법의 더없이 큰 뜻인지요?' '허공이 철선을 띄우니, 산꼭대기 파도쳐 하늘을 적신다'. 問 如何是佛法大意 師曰 虛空駕鐵船 嶽頂浪滔天", 『자암범어록』 권13(가흥장36, p.956b26)에 "산 위로 파도 솟구치니 허공이 철선을 띄우네. 혀 없는 사람이 조용히 앉아 소리 높혀 태평한 시절 노래한다. 山上波濤湧 虛空駕鐵船 無舌人穩坐 高唱太平年"라고 하였다. 〔참고문헌〕『景德傳燈錄』, 『蔗菴範語錄』, 『古宿尊語錄』 권2(가흥장37, p.416b5).

허공계 虛空界 ❶ 텅 비어 그 무엇도 없는 세계. 법의 자성으로서 진여(眞如). 『대승보요의론』 권6(대정장32, p.63c17)에 "법의 자성이란 곧 진여・실제・법계・허공계・자성청정제・무상제・아자성제를 말한다. 法自性者 謂卽眞如 實際 法界 虛空界 自性淸淨際 無相際 我自性際", 『성유식론술기』 권2(대정장43, p.292b5)에 "진여의 이름에 12가지가 있으니 진여・법계・법성・불허망성・불변이성・평등성・이생성・법정・법주・허공계・실제・부사의계다. 說眞如名 有十二種 謂眞如 法界 法性 不虛妄性 不變異性 平等性 離生性 法定 法住 虛空界 實際 不思議界"라고 하였다. 〔참고문헌〕『大乘寶要義論』, 『成唯識論述記』. ⇨ 십이진여 十二眞如, 허공 虛空 ❷ Ⓢ ākāśa-dhātu, Ⓣ nam-mkha'i-khams. 육계(六界 : 地水火風空識) 중 하나로 허공은 무위(無爲)지만 허공계는 유위(有爲)로 모든 존재하는 것들 사이의 틈새로 존재한다. 『아비담비바사론』 권39(대정장28, p.291a1)에 "〔문〕 어떤 것을 허공계라고 하는가? 〔답〕 불경에서는 설한다. '눈 중간의 빈 곳・귀 중간의 빈 곳・코 중간의 빈 곳・입 중간의 빈 곳・목구멍 중간의 빈 곳・심장 중간의 빈 곳・심장 주변의 빈 곳・먹은 음식이 들어가는 곳과 머무는 곳・먹은 음식이 내려가 있는 곳을 허공계라 한다'. 아비담자는 다음과 같이 설한다. '어떤 것을 허공계라고 하는가? 적취색의 변색이다. 적취색의 변색이란 무엇인가? 예를 들면 담벽 가장자리・수목 가장자리・창문 중간에 오고 가는 곳・손가락 중간색과 같은 것이다'. … 이 허공계는 없앨 수 없는 가장자리다. 즉, 담벽 주변・수목 중간・잎사귀 중간・창문의 오고 가는 곳의 변색이다. 云何虛空界 答曰 佛經說 眼中間空 耳中間空 鼻中間空 口中間空 咽喉中間空 心中間空 心邊空 飮食入處住處 所食飮食 下向在處 是名虛空界 阿毘曇者 作如是說 云何虛空界 積聚色邊色 積聚色邊色者 如牆壁邊 樹木邊 窓向中行來處 指中間色 … 此虛空界 是不可却色邊色 謂牆壁邊 樹中間 葉中間 窓向行來處邊色", 또 같은 책 권39(대정장28, p.291a17)에 "〔문〕 허공과 허공계에는 어떤 차별이 있는가? 〔답〕 허공은 색이 아니지만 허공계는 색이고, 허공은 볼 수 없으나 허공계는 볼 수 있으며, 허공은 상대하지 못하지만 허공계는 마주할 수 있고, 허공은 무위지만 허공계는 유위다. 虛空虛空界 有何差別 答曰 虛空非色 虛空界是色 虛空不可見 虛空界是可見 虛空無對 虛空界是有對 虛空是無爲 虛空界是有爲", 『중사분아비담론』 권2(대정장26, p.634a23)에 "어떤 것은 육계라고 하는가? 지계・수계・화계・풍계・허공계・식계를 말한다. 云何六界 謂地界 水界 火界 風界 虛空界 識界", 『순정리론』 권3(대정장29, p.347b20)에 "이 허공계에는 안이 있고 밖이 있으나 허공은 그렇지 않다. 저 계경의 말씀과 같이 '내허공계란 눈구멍 나아가 널리 설했으니, 외허공계란 공중이나 창문 등 여러 가지 구멍이나 모든 틈새있는 것들이다'. 此虛空界 有內有外 非卽虛空 如契經言 內虛空界 所謂眼竅 乃至廣說 外虛空界 所謂空中 及門窓等 諸有竅隙", 『유가사지론』 권56(대정장30, p.610a2)에 "임시로 가진다는 뜻이 계의 뜻이다. 〔문〕 무슨 뜻으로 열반과 허공 또한 계라고 하는가. 〔답〕 저 (열반은) 능히 고가 일어나지 않는 뜻을 가지며, (허공은) 몸과 눈 등이 움직이고 쓰는 뜻을 가진다. 任持義 是界義 問 以何義故 涅槃虛空亦說名界 答 由彼能持苦不生義 持身眼等運動用義", 『유가론기』 권15(대정장42, p.656c14)에 "허공은 걸림없으니 몸이 오고가며 운동할 수 있다. 또 공은 뛰어난 연이니, 눈이 보고 씀을 지니기에 '몸과 눈 등이 움직이고 쓸 수 있게 한다는 뜻을 가진다'고 한다. 虛空無礙 持身往來運動作用 又 空爲勝緣 持眼見用 故云 持身眼等運動用義"라 하였다. 〔참고문헌〕『阿毘曇毘婆沙論』, 『衆事分阿毘曇論』, 『順正理論』, 『瑜伽師地論』, 『瑜伽論記』, *Ratna-ut.44.* ⇨ 허공 虛空, 육계 六界 ❶

허공고보살 虛空庫菩薩 Ⓢ Ākāśa-garbha. 비수갈마보살. 『삼십칠존심요』(대정장18, p.292a22)에 "또한 능히 허공 바꿔 창고 삼았으니, 그 안에 진귀한 보배 허공에 가득하리. 시방의 진수 모든 부처님께 공양한다. 이 허공고보살은 비수갈마보살 이명이다. 亦能變虛空爲庫藏 其中珍寶 滿虛空中 供養十方微塵 一切諸佛 此虛空庫菩薩 卽毘首羯磨菩薩之異名"라고 하였다. 〔참고문헌〕『三十七尊心要』, *Adhy-pr.4.*

허공공 虛空空 Ⓢ ākāśa-śūnyatā. 허공도 공하다. 『대반야경』 권342(대정장6, p.759b22)에 "허공은 공하므로 마땅히 알라. 일체유정 또한 공하다. 허공 견실하지 않기에 모든 유정 또한 견실하지 않음을 마땅히 알라. 虛空空故 當知 一切有情亦空 虛空不堅實故 當知 一切有情 亦不堅實", 『대지도론』 권78(대정장25, p.612a22)에 "허공도 떠나기에 중생도 떠남을 알아야 한다. 허공 공하므로 중생도 공함을 마땅히 알아야 한다. 虛空離故 當知 衆生亦離 虛空空故 當知 衆生亦空"라고 하였다. [참고문헌] 『大般若經』, 『大智度論』, *Pañca-pr.5.40.*

허공무구집금강 虛空無垢執金剛 Ⓢ Gaganāmala-vajradhara, Ⓣ rdo-rje-'dzin-nam-mkha'-dri-ma-med-pa. 『대일경』「주심품 住心品」의 19금강보살 중 하나. 태장만다라(胎藏曼荼羅) 금강수원(金剛手院)에 머무는 존격. 허공무구지금강(虛空無垢持金剛)·무구지금강(無垢持金剛)이라고도 한다. 종자는 (hūṃ). 밀호는 이염금강(離染金剛). 삼매야형은 독고저(獨鈷杵). 수인은 극인(戟印)이고 진언은 일체지금강진언(一切持金剛眞言)이니 『현법사의궤』 권2(대정장18, p.119c15)·『태장범자진언』 권1(대정장18, p.165c26)에 의하면 "낭막 삼만다 바일라난 훔 훔 훔 발타 발타 잠 잠 스바하 曩莫 三滿多 嚩日羅赧 吽 吽 吽 發吒 發吒 髯 髯 娑嚩賀 namaḥ samantavajraṇaṃ hūṃ hūṃ hūṃ phaṭ phaṭ jaṃ jaṃ svāhā 널리 금강들께 귀의합니다. 훔 훔 훔 팟 팟 잠 잠 스바하"이다. 존형은 살색 몸으로 왼손에는 독고저를 쥐고 오른손은 여원인(與願印)을 한 채 흰 연꽃 위에 앉은 모습이다. 19금강보살 중 처음 거론되는 보살이다. 중생이 본래 갖춘 보리심의 덕이 허공처럼 청정하여 더러움이 없음을 나타낸다. 『대일경』 권1(대정장18, p.1a9)에 "한 때 박가범께서 여래가지광대금강법계궁에 머무실 때 일체의 지금강이 모두 모였다. 여래의 신해유희신변으로 일으킨 대누각보왕은 높고 중간과 끝이 없었으며 크고 수승한 보배로 다양하게 장엄되어 있었으며 보살의 몸이 사자좌가 되었다. 그 금강은 허공무구집금강 … 무구안집금강이다. 一時薄伽梵 住如來加持廣大金剛法界宮 一切持金剛者皆悉集會 如來信解遊戲神變生大樓閣寶王 高無中邊 諸大妙寶王 種種間飾 菩薩之身爲師子座 其金剛名曰虛空無垢執金剛 … 無垢眼執金剛", 『대일경소』 권1(대정장39, p.581a21)에 "허공무구집금강은 보리심의 바탕이고 일체의 논쟁과 희론을 떠났으니 마치 청정한 허공에 장애가 없고 더러움과 오염이 없으며 분별도 없는 것과 같다. 이와 같은 마음은 금강지인이니 이 인을 수지할 수 있으면 허공무구집금강이라 한다. … 다음으로 허공무구집금강은 아자문의 평등한 종자이니 집착하여 머묾이 없는 행을 닦는다. 비유컨대 방편의 종자를 심으면 뿌리와 싹이 점차 자라는 것과 같다. 虛空無垢執金剛者 卽是菩提心體 離一切執諍戲論 如淨虛空無有障翳 無垢無染亦無分別 如此之心 卽是金剛智印 能持此印 名虛空無垢執金剛也 … 復次虛空無垢執金剛 卽阿字門平等種子 修無住行 譬如種殖方便根牙漸生"라고 하였다. [참고문헌] 『玄法寺儀軌』, 『胎藏梵字眞言』, 『大日經』, 『大日經疏』, 『曼荼羅図典』(大法輪閣, 2002).

허공무변초월보살 虛空無邊超越菩薩 Ⓢ Gaganānantavikrama, Ⓣ nam-mkha'-la-rnam-par-'gro-ba. 태장만다라(胎藏曼荼羅) 금강수원(金剛手院)에 자리한 존격. 허공유보집금강(虛空遊步執金剛)·허공무변유보금강(虛空無邊遊步金剛)·월무량허공보살(越無量虛空菩薩)이라고도 한다. 종자는 (hūṃ). 밀호는 광대금강(廣大金剛). 삼매야형은 삼고저(三鈷杵). 수인은 지지인(持地印). 진언은 '나마 사만타 바즈라남 훔 훔 훔 팟 팟 잠 잠 스바하 namaḥ samantavajraṇaṃ hūṃ hūṃ hūṃ phaṭ phaṭ jaṃ jaṃ svāhā 널리 금강들께 귀의합니다. 훔 훔 훔 팟 팟 잠 잠 스바하'이다. 존형은 옅은 황색 몸에 왼손에는 삼고저를 쥐고 오른손은 여원인을 맺었으며 오른쪽 무릎을 세운 채 붉은 연꽃 위에 앉은 모습이다. 금강수원의 두 번째 열의 중심에 자리한 존격으로서 『대일경』의 허공유보집금강과 같다. 여래의 지혜는 하늘처럼 광대하고 헤아릴 수 없이 한량이 없으므로 허공무변이라 하였고 그것마저 뛰어넘는다는 뜻으로 초월이라 한 것이다. 광대무변한 이익을 가진 청정한 보리심의 덕을 나타낸다. [참고문헌] 『靑龍寺儀軌』 권2(대정장18, p.157b6), 『曼荼羅図典』(大法輪閣, 2002). ⇨ 광대금강 廣大金剛, 태장만다라 胎藏曼荼羅

허공무위 虛空無爲 Ⓢ ākāśa asaṃskṛta, Ⓣ nam-mkha'-'dus-ma-byas. ❶ 삼무위(三無爲) 중 하나로서

의 허공. 『구사론』 권1(대정장29, p.1c13 : *Abh-k-bh.*, p.3)에 "간략히 설한 바 삼무위 중 허공은 다만 걸림없음으로 자성을 삼았으니, 막힘없기에 색이 그 중에서 움직인다. 於略所說三無爲中 虛空但以無礙爲性 由無障故色於中行 yad-etat-trividham-asaṃskṛtam-uddiṣṭam tatra-ākāśam-anāvṛtiḥ. anāvaraṇa-svabhāvam-ākāśaṃ yatra rūpasya gatiḥ", 『순정리론』 권3(대정장29, p.347b25)에 "허공무위는 막힘없음을 특징으로 한다는 것은, 능히 막을 일도 없고 장애받지도 않음을 말하는 것이다. 虛空無爲無障相者 謂非能障 亦非所障", 『구사론기』 권1(대정장41, p.12a5)에 "(『순정리론』 권19에서) '허공은 색 등의 유위법을 수용한다'라고 하였는데 … 비록 수용한다고 하였지만 허공의 체성은 이곳이나 저곳에 있다고 할 수 있는 것이 아니니 방소는 없기 때문이다. 안식 등과 같다. 虛空容受色等有爲 … 雖言容受而不可說虛空體性在此在彼 無方所故 如眼識等", 『대비바사론』 권75(대정장27, p.388b19)에 "〔문〕 허공과 공계에는 어떤 차별이 있는가? 허공은 색이 아니지만 공계는 색이고, 허공은 볼 수 있는 것이 아니지만 공계는 볼 수 있는 것이고, 허공은 마주할 수 없지만 공계는 마주할 수 있고, 허공은 무루이지만 공계는 유루이고, 허공은 무위이지만 공계는 유위다. 問 虛空空界有何差別 答 虛空非色空界是色 虛空無見空界有見 虛空無對空界有對 虛空無漏空界有漏 虛空無爲空界有爲"라고 하였다. 〔참고문헌〕『俱舍論』, 『順正理論』, 『俱舍論記』, 『大毘婆沙論』, *Abh-k-bh.* ⇨ 허공 虛空, 허공계 虛空界, 삼무위 三無爲 **2** 육무위(六無爲) 중 하나로서의 허공. 『성유식론』 권2(대정장31, p.6c5)에 "(허공무위 등은) 토끼의 뿔처럼 심왕 등으로 있는 것과 다르지 않다. 하지만 계경에서는 허공 등의 무위법들이 있다고 설하였다. 대략 두 가지가 있다. 첫째는 식전변에 의지해 임시로 시설해 있는 것이다. 일찍이 허공 등 이름을 설함을 들어서 따라 분별하여 허공 등의 상이 있다고 여긴다. 거듭 익힌 힘 때문에 심왕 등이 생기할 때 허공 등의 무위인 듯한 상이 드러난 것이다. 이렇게 나타난 상이 전후로 그렇듯하게 닮아서 변역이 있지 않은 듯한 것을 설하여 상이라 한다. 應如兎角 非異心等有 然契經說有虛空等諸無爲法 略有二種 一 依識變假施設有 謂曾聞說虛空等名 隨分別有虛空等相 數習力故心等生時 似虛空等無爲相現 此所現相前後相似無有變易假說爲常", "둘째는 법성에 의지해 존재한다고 임시 시설해 있게 된 것이다. 공무아로 나타난 진여여서 유도 무도 다 아니어서 마음도 말의 길도 끊었으니, 일체법과 더불어 하나도 다른 것 등도 아니다. 이것은 법의 진실한 뜻으로 이름하길 법성이라 한다. 모든 장애 여의었기에 허공이라 한다. 二 依法性假施設有 謂空無我所顯眞如 有無俱非 心言路絶 與一切法非一異等 是法眞理故名法性 離諸障礙故名虛空", 『유가사지론약찬』 권13(대정장43, p.188b16)에 "허공무위에 대해 법사는 '광명색상으로 건립한다'라고 하였다. … (『현양성교론에서) '허공무위라 말한 것은 심이 변한 경상으로 상사하기에 세워 상이라 하였는데, 저 심을 연한 것이 아니고 저 경계를 연한 것이니 어떤 때는 변이하기 때문이다'라고 하였다. 虛空無爲 法師云 於光明色上建立 … 云虛空無爲者 由心所變境相 相似故立爲常 非緣彼心 緣彼境界 有時變異故", 『대승백법명문론소』 권하(대정장44, p.60c11)에 "논에서 '다섯 번째로 무위법에서는 대략 여섯 가지가 있다. 첫째는 허공무위이다'라고 하였다. … '허공'이란 색의 성이 없고 일체 지은 바 업을 받아들이기에 허공이라 한다. 論云 第五無爲法者 略有六種 一 虛空 … 言虛空者 謂無色性 容受一切所作業故 故名虛空", 『대승백법명문론해』 권하(대정장44, p.52a6)에 "'허공무위'란, 진제가 모든 장애를 여읜 것이 마치 허공이 텅 비어 장애를 여읜 것과 같으니, 비유 따라 얻은 이름이다. 言虛空無爲者 謂於眞諦離諸障礙 猶如虛空 豁虛離礙 從喩得名"라고 하였다. 〔참고문헌〕『成唯識論』, 『瑜伽師地論略纂』, 『大乘百法明門論疏』, 『大乘百法明門論解』, 『顯揚聖敎論』 권18(대정장31, p.572a25). ⇨ 육무위 六無爲

허공법신 虛空法身 허공을 법의 몸으로 삼다. 오종법신(五種法身) 중 하나다. 『법화현론』 권9(대정장34, p.439b9)에 "그 대강을 말하면 태허로 가득 차오르니 허공법신이라 하고, 묘한즉 상도 없고 함도 없어서 실상법신이라 한다. … 그 뜻이 다름을 잡아서 이름이 같지 않지만 헤아려서 따지면 하나의 법신일 따름이다. 言其大綱 則彌綸太虛 故言虛空法身 語其妙則 無相無爲 故云實相法身 … 約其義異 故有衆名不同 考而論之 一法身也", 『화엄경소』 권47(대정장35, p.863a13)에 "말로 표현할 길이 끊어지니 허공법신이기도 하고 실상법신이기도 하다. 言語道斷 卽虛空法身 亦實相法身"라고 하였다. 〔참고문헌〕『法華玄論』, 『華嚴經疏』. ⇨ 오종법신 五種法身 **1**

허공병렬 虛空迸裂 허공마저 갈가리 찢어지다. 『여정어록』 권하(대정장48, p.127a24)에 "대지가 그대로 무너져 내리고 허공이 갈가리 찢어지는 바로 이러한 때에 당해서 마침내 굉지 옛 부처 서로 볼 수 있으리라. 直得大地平沈 虛空迸裂 正當恁麽 且與宏智古佛相見", 『천안승어록』 권12(가흥장26, p.1709c25)에 "허공이 갈가리 찢어지니 산도 물도 대지도 온전한 몸 널리 나툰다. 虛空迸裂 山河大地 普現全身"라고 하였다. 〔참고문헌〕『如淨語錄』, 『天岸昇語錄』.

허공사명 虛空四名 허공의 네 가지 이름. 『지관보행전홍결』 권3(대정장46, p.220b5)에 "허공과 같다는 말은 비유해 허공과 같다 해서 네 가지 이름이 있다. 첫째는 허공, 둘째는 무소유, 셋째는 부동, 넷째는 무애다. 虛空等者 譬如虛空 亦有四名 一虛空 二無所有 三不動 四無礙"라고 하였다. 〔참고문헌〕『止觀輔行傳弘決』.

허공상 虛空相 비어 텅빈 허공인 듯한 모습. 본래 청정하고 분별을 떠나 상(相)이라고는 없는 보리심을 비유한 말. 『대일경소』 권1(대정장39, p.587c1)에 "허공상 바로 보리라 하니 헤아려 아는 것이 없고 또한 열어 밝게 할 것도 없는 것과 같다. 왜 그러한가? 보리는 상이 없다고 한 것은 비유컨대 허공 일체에 널리 처하나 필경에 깨끗하여 일체상을 떠나 움직여 분별함이 없으며, 변해 바뀌거나 파괴될 수 없는 것과 같다. 이와 같이 소분으로 유사하므로 무상보리심을 비유한다. 그러나 이 가운데 다시 무량하고 무변하며 비밀하고 깊고 깊은 일이 있다. 실로 세간의 허공으로 널리 비유할 수 있는 것이 아니다. 바라건대 학자들은 뜻을 얻었으면 말을 잊어야 한다. 또한 허공은 희론과 분별을 멀리 떠나므로 알음알이의 상도 없고 깨우쳐 밝아질 것도 없다. 제불께서 스스로 증득한 삼보리 역시 그러함을 알아야 한다. … 만상은 모두 허공에 의지하고 허공은 의지하는 바가 없다. 이와 같이 만법은 모두 깨끗한 마음에 의지하지만 깨끗한 마음은 따라서 의지하는 바가 없다. 이와 같으니 모든 법은 다시 저 보리상과 같다. 깨끗한 허공상이란 그러므로 경에서 거듭 말하길 '비밀주여 제법에 상이 없으니 허공상을 말한다'라고 한 것이다. 虛空相是菩提無知解者亦無開曉 何以故 菩提無相故者 譬如虛空遍一切處畢竟淨故 離一切相無動無分別 不可變易不可破壞 以如是等小分相似故 以喩無相菩提心 然是中 復有無量無邊祕密甚深之事 實非世間虛空所能遍喩 冀諸學者 得意忘筌耳 又如虛空遠離戲論分別 故無知解相無開曉相 諸佛自證三菩提當知亦爾 … 萬像皆悉依空 空無所依 如是萬法皆依淨心 淨心適無所依 卽此諸法 亦復如菩提相 所謂淨虛空相 故經復云 祕密主諸法無相謂虛空相也"라고 하였다. 〔참고문헌〕『大日經疏』.

허공생집금강 虛空生執金剛 Ⓣ nam-mkha'-'byung-ba. 『대일경』「주심품 住心品」에서 시설한 19금강보살 중 하나로 허공처럼 청정하고 걸림없는 보리심이 무소득의 만행을 방편으로 대자대비를 낳음을 드러내는 보살이다. 『대일경소』 권1(대정장39, p.581b1)에 "허공생집금강은 싹이 생겨났을 때 사대와 시절을 인연으로 허공에 걸림이 없어서 찰나찰나 더욱 자라나는 것과 같다. 보리심 역시 이와 같아서 무소득을 방편으로 하고 만행을 인연으로 하여 진실한 생을 얻음을 대공의 생이라 한다. 그러므로 허공생이라 하였다. 虛空生執金剛者 如萠芽已生 四大時節爲緣 虛空不礙念念滋長 菩提心亦復如是 以無所得爲方便 萬行爲緣 得眞實生者 所謂大空生 故名虛空生", 『대일경소묘인초』 권7(대정장58, p.76a4)에 "허공생집금강을 해석한 곳에서 대공의 생이란 만다라의 생을 가리키니 대보리의 생을 말한다. 明釋虛空生執金剛中 … 所謂大空生者 指曼荼羅之生 所謂大菩提之生也", 『대일경소초』 권1(대정장60, p.46a6)에 "허공이라고 한 것은 본유하는 무구함을 보리심으로 삼은 것이다. 이 보리심에 의지하여 무주행을 닦아 둘째의 허공유보가 되고, 이러한 만행에 의지하여 보리를 증득하면 허공생이 된다. … 마치 세간에서 종자가 직접 원인이 되고 오대의 시절이 간접 원인이 되어 자라나서 열매를 맺는 것처럼 불법 역시 그러하다. 지금 세간을 거스르거나 따르는 팔심상속의 증장 역시 인연이 있고 청정한 보리심에 이르기까지 오자문을 인연으로 삼아 대비심의 뿌리를 생하는 것이다. 所詮虛空 本有無垢 爲菩提心 依此菩提心修無住行 爲第二虛空遊步 依此萬行 證菩提爲虛空生也 … 如世間種子爲因 五大時節 爲緣漸次 滋長得成菓實 內法亦爾 今此經違世順世 八心相續增長 亦有因緣 乃至淨菩提心 以五字門爲緣生大悲根"라고 하였다. 〔참고문헌〕『大日經疏』, 『大日經疏妙印鈔』, 『大日經疏鈔』, 『大日經』 권1(대정장18, p.1a14).

허공소보살 虛空笑菩薩 사대보살(四大菩薩) 중 하나. 금강계만다라에서는 성신회(成身會)·삼매야회(三昧耶會)·미세회(微細會)·공양회(供養會)·항삼세회(降三世會)·항삼세삼매야회(降三世三昧耶會)에 등장하는 존격. 금강소보살(金剛笑菩薩)이라고도 한다. 금강살타의 삼매의 경지를 기쁨으로 표현한 보살이고, 일체 중생에게 안락과 기쁨을 주는 일체 여래의 희유한 출현에 대한 비로자나의 서원을 상징한다. 밀호는 희열금강(喜悅金剛)·환희금강(歡喜金剛). 종자는 (haḥ) 또는 (pa). 삼매야형은 소저(笑杵). 수인은 회에 따라 다르다. 진언은 '옴 나마 사르바타타가타 마하프리티 프라모디야카레비요 바즈라하세 하 oṃ namaḥ sarvatathāgata-mahāprīti-prāmodyakarebhyo vajrahāse haḥ 일체 여래의 큰 희열과 환희를 성취한 분께 귀의합니다. 금강소여존이여 하'이다. 『금강봉유기경』 권상(대정장18, p.254b25)에 "이때 허공소보살이 손에 쥔 금강기를 허공에 던지자 고요하게 한 몸이 되어 다시 손으로 돌아왔다. 이 금강기를 설하니 '(hoḥ)'라고 하였다. 時虛空笑菩薩 以手中金剛旛 擲於虛空 寂然一體還來手中 說此金剛旛曰 鵠"라고 하였다. 〔참고문헌〕『金剛峰瑜祇經』. ⇨ 금강소보살 金剛笑菩薩

허공신 虛空身 십신(十身)·해경십불(解境十佛) 중 하나. 허공의 특징과 같은 불신(佛身). 『화엄경소초』 권1

8(대정장36, p.143b29)에 "마치 허공이 두루 어디나 있기에 허공신이라 한다. 如空普遍 是虛空身"라고 하였다. 〔참고문헌〕『華嚴經疏鈔』. ⇨십신 十身[1], 해경십불 解境十佛, 융삼세간십신 融三世間十身

허공신 虛空神 허공을 주관하는 신. 순야(舜若 Ⓢ śūnya) 또는 순야다(舜若多 Ⓢ śūnyatā)로 음사하며, 공성(空性)의 뜻이다. 『원각경약소』 권하1(대정장39, p.562a9)에 "순야는 허공신으로 햇빛을 받아 잠깐 나타난다. 舜若卽虛空神 遇日光映之暫現"라고 하였다. 〔참고문헌〕『圓覺經略疏』. ⇨순야 舜若, 순야다신 舜若多神

허공십의 虛空十義 허공의 열 가지 뜻. 『석마하연론』과 화엄경주석에 두 갈래의 허공십의가 있다. 『석마하연론』 권3(대정장32, p.615a1)에 "〔논〕 성으로서의 허공의 이에 열가지 뜻이 있다. 열 가지는 무엇인가? 첫째, 장애 없는 뜻이다. 모든 색법 중에 장애함이 없기 때문이다. 둘째, 두루 널리하는 뜻이다. 이르지 못하는 곳이 없기 때문이다. 셋째, 평등의 뜻이다. 간택함이 없기 때문이다. 넷째, 광대의 뜻이다. 나누고 경계지음이 없기 때문이다. 다섯째, 무상의 뜻이다. 색상을 끊었기 때문이다. 여섯째, 청정의 뜻이다. 티끌과 번뇌가 없기 때문이다. 일곱째, 부동의 뜻이다. 이루어지고 무너짐이 없기 때문이다. 여덟째, 공함이 있는 뜻이다. 한량 있음을 벗어났기 때문이다. 아홉째, 공함마저 공한 뜻이다. 공에 붙들림도 떠나기 때문이다. 열째, 얻을 것 없는 뜻이다. 능히 잡을 것 없기 때문이다. 이것을 열 가지라고 이름한다. 이와 같은 열 가지 뜻을 써서 차별하지만 만약 그 (허공의) 체에 근거한다면 다름이 없을 따름이다. 論曰 性虛空理有十種義 云何爲十 一者無障礙義 諸色法中無障礙故 二者周遍義 無所不至故 三者平等義 無簡擇故 四者廣大義 無分際故 五者無相義 絶色相故 六者淸淨義 無塵累故 七者不動義 無成壞故 八者有空義 滅有量故 九者空空義 離空著故 十者無得義 不能執故 是名爲十 如是十事義用差別 若據其體無別而已", 『화엄경탐현기』 권15(대정장35, p.388b5)에 "허공의 열 가지 뜻으로 열 가지 법을 비유하기 때문이다. 첫째, 허공은 '성품이 없음'의 뜻이니 법계로 같기 때문이다. 둘째, '일어나지 않는 뜻' 비유이니, 세계인 찰 또한 연으로부터 일어나기에 또한 일어남이 없기 때문이다. 셋째, 일미의 뜻이니 법성 둘이 없음의 비유다. 넷째, 무행의 뜻이니 행하지만 행한 바 없음의 비유다. 다섯째, 나누고 한계지음 없는 뜻이니, 법에 분별 없는 비유다. 여섯째, 다름이 없는 뜻이니 부처님의 힘 고르고 같으심의 비유다. 일곱째, '삼제에 두루한다'는 뜻이니, 선의 이에 들어 다함의 비유다. 여덟째, '말을 떠남'의 뜻이니 제법자상은 불가설의 비유다. 아홉째, 무애의 뜻이니 불신 서로 장애가 없음의 비유다. 느껴짐에 따라서 응하기 때문이다. 열번째, 주변의 뜻이니 법체 널리 가득하다는 비유다. 以虛空十義喩十種法故 初一虛空無性義同法界故 二不起義喩刹從緣亦無起故 三一味義喩法性無二故 四無行義喩行卽無行故 五無分限義喩法無分別故 六無異義喩佛力齊等故 七遍三際義喩入理之禪 盡三世故 八離言義喩諸法自相不可說故 九無礙義喩佛身不相障故 隨感則應故 十周遍義喩法體普遍故", 『화엄경소초』 권76(대정장36, p.598b29)에 "하나로 진법계이기에 허공의 열 가지 뜻으로 비유한다. 간략하게 차별상을 취하면 첫째, 바탕 오직 한 맛이다. 둘째, 성이 깨끗해 물듦 없다. 셋째, 일어나 지음도 없다. 넷째, 생멸이 없다. 다섯째, 더하고 덜함이 없다. 여섯째, 오고 가거나 움직여 구름이 없다. 일곱째, 이루어짐과 무너짐이 없다. 여덟째, 바뀌거나 힘들거나 수고로움이 없다. 아홉째, 온갖 상이 없다. 열째, 일으켜 지은 것들이 없다. 一眞法界故以虛空十義爲喩若略取別相者 一者體唯一味 二性淨無染 三無起作 四無生滅 五無增減 六無去來動轉 七無成壞 八無變易勞倦 九非諸相 十無所起作"라고 하였다. 〔참고문헌〕『釋摩訶衍論』, 『華嚴經探玄記』, 『華嚴經疏鈔』.

허공안 虛空眼 불모존(佛母尊)의 명호. 태장 삼부(三部) 중 불부(佛部)의 부모(部母)이다. 『대일경광대의궤』 권중(대정장18, p.98c26)에 "북쪽 모서리 대연화대 위에서 엄 자의 빛무리가 불모로 전성한다고 관상한다. 광휘는 황금빛이고 명주 옷을 입었으며 햇빛처럼 널리 비추며 삼매에 머무니 명호는 허공안과 허공안명비이다. 北維大蓮臺 觀嚴字光輪 轉成諸佛母 光暉眞金色 縞素以爲衣 遍照猶日光 正受住三昧 號名虛空眼 虛空眼明妃", 『대일경소』 권5(대정장39, p.631c27)에 "다음으로 대근용의 북쪽에서 북쪽 모서리에 이르기까지에는 먼저 허공안을 안치한다. 이는 비로자나 불모이다. 불모의 뜻은 『반야경』「불모품」의 자세한 설명과 같다. 次於大勤勇北 至於北維置虛空眼 卽是毘盧遮那佛母也 佛母義如般若經佛母品中廣說", 같은 책 권13(대정장39, p.712b27)에 "또한 동북쪽 자재방에 가자를 안치한다. 이 가자는 허공안이니 일체불과 보살의 모이다. 又於東北自在方置於伽字 此伽字卽是虛空眼也 是一切佛及菩薩之母也", 『비초문답』 권1(대정장79, p.321c7)에 "논중에서 불안이 불부모가 된다고 하였다. 『소야기』에서 오부 중 불부는 모가 없고 삼부 중 불부는 허공안을 모로 삼는다고 하였다. 이는 불안에 해당한다. 『어기』에서 '허공안은 태장계 불모이고 불안은 금강계의 불모이다'라고 하였다. 양부는 각각 이치와 지혜를 대표하고 부처의 명호에 차이가 있지만 불부는 대일여래이다. 『회미구결』에서는 '불안은 능히 변화하여 대일여래와 금강살타를 내놓을 수 있다. 대일여래가 변한 것은 불안인데 『대일경』에 의지하고 있고, 이 경이 변한 것은 허공안이다'라고 하였다. 論中佛眼爲佛部母 小野記中五部佛部無母 三部中佛部虛空眼爲母 此卽當佛眼歟 御記云 虛空眼胎藏佛母 佛眼金界佛母云云 兩部理智佛雖異同 是佛部大日也 檜尾口決 佛眼能變出大日金薩 大日所變佛眼依大日經 而彼經所變虛空眼故", 『사도수법일기』 권1(대정장77, p.105a27)에 "허공안이란 불안의 다름 이름이다. 부모의 뜻으로 쓴 것은 닦은 바 공덕을 부모의 이름으로 바쳐서 호위하는 일과 함께 지킨다는 뜻이다. 虛空眼者 佛眼異名也 用部母意 以所修功德 奉預部母名 護衛事共守義也"라고 하였다. [참고문헌] 『大日經廣大儀軌』, 『大日經疏』, 『祕鈔問答』, 『四度受法日記』.

허공완굴롱 虛空剜窟籠 허공에 몸 숨길 동굴을 파다. 『여정어록』 권하(대정장48, p.129a28)에 "평평한 땅 위에 해골무더기 쌓아올리고, 허공엔 동굴을 판다. 문득 두 겹의 관문에 사무쳐 뚫고는, 깜깜한 칠통을 집어 던지네. 平地起骨堆 虛空剜窟籠 驀透兩重關 拈却黑漆桶"라고 하였다. [참고문헌] 『如淨語錄』.

허공운해명문 虛空雲海明門 허공의 구름바다 펼치듯 한없이 밝게 열린 지혜. 제11지 보살이 증득한 지혜가 저 허공의 운해처럼 헤아릴 수 없음을 비유한다. 『대일경소』 권7(대정장39, p.657c7)에 "이렇듯 백연화장 낱낱의 세계 보리만다라에 각각 열 세계 모든 보살금강 등으로 권속을 삼는다. 이 유가행자는 자리에서 일어나는 일 없이도 이와 같은 모든 불회중에 이르고, 또한 차제로 선지식을 찾아 만난다. 그러므로 초지보살이 화현하여 백 개의 불국토를 채운다고 하였는데 자리에서 일어나서 보는 것이 아니다. 또한 이러한 백 연화장을 돌려 자기의 몸을 짓기도 한다. 심지어 초지의 싹·줄기·꽃·봉오리 등의 십심으로 가득찰 때, 하나의 명문에서 열 개의 해탈문을 열어 천 세계를 이루니, 모두 분에 따라 부사의한 과보를 주고 받는 것이다. 십일지의 경계에 이르면 허공운해명문 중에 하나하나가 모두 연화장으로 장엄한 세계의 성상과 형류로 펴고 굴러서 서로 같지 않으니, 자신을 써서 지음이 자재하고 걸림없으니 이를 부사의한 과보의 원만이라 이름한다. 於此百蓮花藏一一世界菩提漫荼羅 各有十世界諸菩薩金剛等 以爲眷屬 此瑜伽者能不起于座 悉至如是諸佛會中 亦能次第詢求諸善知識 故云初地菩薩化滿百佛國也 非起見之而已 亦能以此百蓮花藏轉作自身 至於初地牙莖花庖等十心滿時 一明門中開出十解脫門成千世界 皆是隨分蒙授不思議果 至十一地畔於虛空雲海明門中 一一皆見蓮花藏莊嚴世界性相形類展轉不同 用作自身自在無礙 是名不思議果滿也"라고 하였다. [참고문헌] 『大日經疏』.

허공유 虛空喩 Ⓢ ākāśa-dṛṣṭānta, ākāśopamatā, Ⓣ dpe-nam-mkha', nam-mkha'-lta-bu. 허공의 비유. 『불지경론』 권4(대정장26, p.309a16)에 "내지 시설한 모든 비유는 모든 여래의 계등의 공덕을 비유한다 하지만, 일체는 모두 모든 여래를 비방할 뿐이다. 오직 하나의 비유만은 제하니 허공유다. 여래의 계등의 무량한 공덕은 허공과 같기 때문이다. 乃至所有施設譬喩 喩諸如來戒等功德 一切皆是謗諸如來 唯除一喩謂虛空喩 如來戒等無量功德同虛空故", 『화엄경소』 권44(대정장35, p.834a17)에 "진제삼장은 『금광명경』을 해석하며 말했다. '허공으로는 삼법신을 비유하고 구름으로는 삼도(성문 연각 보살)의 지혜를 비유한다. 이 법과 유 또한 모두 경의 뜻은 아닌 듯하다'. 眞諦三藏釋金光明經云 虛空喩三法身 雲喩三道之智 此法喩亦齊似非經意"라고 하였다. [참고문헌] 『佛地經論』, 『華嚴經疏』, *Madhy-vibh.6 9·72.* ⇨ 허공 虛空

허공유무영적 虛空有無永寂 허공의 있음과 없음 끝내 고요해 말로 할 수 없다. 『마하지관』 권7(대정장46, p.101a4)에 "만약 안이라는 한 법이 공도 아니고 가도 아니라고 한다면 일체법도 공도 아니고 가도 아닐 것이다. 마치 허공을 두고 있다 없다 하지만 끝내 고요해 말 없고, 또한 해와 달 감춰 비추지 못하게 함도 없는 것과 같다. 若眼一法非空非假 則一切法非空非假 猶如虛空有無永寂 亦如日月無幽不照"라고 하였다. [참고문헌] 『摩訶止觀』. ⇨ 허공 虛空

허공유보집금강 虛空遊步執金剛 Ⓢ Gaganānantavikrama. 『대일경』 「주심품 住心品」에 등장하는 19금강 중 하나. 태장만다라 금강수원에 자리한 존격. 허공무변초월보살(虛空無邊超越菩薩)이라고도 한다. 범어 vikrama는 용기를 갖고 걸어간다는 뜻이다. 『대일경소』 권1(대정장39, p.581a25)에 "허공유보집금강에서 유보는 집착하여 머물지 않는다는 뜻이고 높이 나아간다는 뜻이며 신통변화라는 뜻이다. 청정한 보리심으로 일체법에 머무는 경우가 전혀 없고 항상 만행을 닦아나가 대신통을 일으킨다. 그러므로 허공유보라 하였다. 復次虛空遊步執金剛者 遊步是不住義 勝進義 神變義 以淨菩提心於一切法都無所住 而常進修萬行起大神通 故曰虛空遊步"라고 하였다. [참고문헌] 『大日經疏』, 『大日經』 권1(대정장18, p.1a13). ⇨ 허공무변초월보살 虛空無邊超越菩薩

허공잉 虛空孕 Ⓢ Ākāśagarbha. 허공장(虛空藏)의 다른 이름. 『허공잉보살경』 권하(대정장13, p.672c7)에 "만약 어떤 사람이 죄를 두려워하여 다른 이가 허공잉보살의 이름을 부르는 것을 듣거나 그 보살을 보고자 한다면 그 보살이 깊고 무거운 죄를 참회하였기 때문이니 나중에 밤에 향탕으로 목욕하고 깨끗한 옷을 입고 침수향과 다가라향을 태우고 오른 무릎 땅에 대고 동쪽 향해 합장하고 지극한 마음으로 허공잉보살명호를 칭념해야 한다. 이때 허공잉보살은 보리도심을 처음 일으킨 사람이 행한 죄와 복의 경중을 알고 그 근성에 따라 몸을 나툰다. 若復有人怖畏罪故 或聞他說稱彼虛空孕菩薩名者 或復欲樂見彼菩薩 而彼菩薩爲欲懺悔深重罪故 於後夜時 香湯澡浴著淨衣裳 燒沈水香多伽羅香 右膝著地合掌向東 當至心稱彼虛空孕菩薩名號 時虛空孕菩薩 知彼初發菩提道心人行罪福輕重 隨其根性而爲現身"라고 하였다. 〔참고문헌〕『虛空孕菩薩經』. ⇨ 허공장보살 虛空藏菩薩

허공잉보살경 虛空孕菩薩經 Ⓢ Ākāśagarbha-sūtra, Ⓣ Nam-mkha'i-snying-po. 수대 사나굴다(闍那崛多 Ⓢ Jñānagupta) 한역. 2권. 대정장13, pp.667c3~677a27, No.408에 있다. 『허공장보살경 虛空藏菩薩經』의 이역으로 『허공잉경』이라고도 한다. 티베트역본(北京版 No.926, 델게版 No.260)도 전한다. 〔참고문헌〕『歷代三寶紀』 권12(대정장49, p.103c7), 『大唐內典錄』 권5(대정장55, p.276a14), 『大周刊定衆經目錄』 권2(대정장55, p.384c12). ⇨ 허공장보살경 虛空藏菩薩經

허공장구문지법 虛空藏求聞持法 1권. 선무외(善無畏 Ⓢ Śubhakarasiṅha) 한역. 온전한 이름은 허공장보살능만제원최승심다라니구문지법(虛空藏菩薩能滿諸願最勝心陀羅尼求聞持法)이고 구문지법(求聞持法)·허공장보살만원최승심다라니경(虛空藏菩薩滿願最勝心陀羅尼經)이라고도 한다. 허공장보살을 본존으로 모시고 진언과 수인 오종공양구로 공양하여 지혜와 공덕을 성취하는 작법을 설명하는 의궤이다. 먼저 능만제원허공장보살최승심다라니(能滿諸願虛空藏菩薩最勝心陀羅尼)를 설하고 다음으로 이 다라니를 항상 염송하는 이는 오역죄를 비롯한 일체 중죄를 없애고 일체제불과 보살의 호념을 얻고 허공장보살의 수호가 따르며 모든 선한 바람이 만족되는 공덕을 얻음을 설한다. 다음으로 허공장보살상을 그리고 만다라를 만드는 법을 자혜하게 설한다. 다음으로 오종 공양을 바치는 일에 대해 서술하고 다음으로 허공장보살여의보주성판일체사인(虛空藏菩薩如意寶珠成辦一切事印)과 호신수인(護身手印) 등을 설하고 진언과 수인으로 공양하는 법에 대해 설한다. 마지막으로 작법을 통해 얻은 신약(神藥)을 복용하면 경전을 한번 듣고 경문의 뜻을 이해하고 한번 기억하면 영원히 잊지 않으며 헤아릴 수 없이 많은 온갖 복덕과 이익을 얻음을 설하고 있다. 『개원석교록』 권9(대정장55, p.572a10)에 "(선무외삼장이) 개원 4년 병진년에 많은 범본을 지니고 장안에 와서 처음에는 흥복사 남원에 안치하다 후에 칙명으로 서명원에 머물렀고 개원 5년 정사년에 보리원에서 『허공장구문지법』 1권을 한역했다. 사문 실달이 역어를 맡았고 사문 무착이 철문과 필수를 맡았다. 以開元四年丙辰 大齎梵本來達長安 初於興福寺南院安置 次後有勅令住西明 至五年丁巳於菩提院譯虛空藏求聞持法一卷 沙門悉達譯語 沙門無著綴文筆受"라고 하였다. 〔참고문헌〕『開元釋敎錄』.

허공장보살 虛空藏菩薩 Ⓢ Ākāśagarbha, Gaganagañja, Ⓣ nan-mkha'i-snyin-po, nam-mkha'-mdzod. 허공처럼 광대하고 무한한 지혜와 공덕을 갖추고 중생에게 베풀어서 이롭게 하는 보살. 허공은 무엇으로도 파괴되지 않는 지혜를 의미하고, 장(藏)은 일체 중생에게 이익과 안락을 주는 무한한 공덕을 함장한다는 뜻이다. 밀교에서는 대일여래의 작용을 인격화한 보살이다. 태장만다라에서 허공장원(虛空藏院)의 주존으로서 밀호는 여의금강(如意金剛), 종자는 (i). 삼매야형은 보검(寶劍). 수인은 허공인(虛空印)이고 진언은 '나마 사만타붓다남 아카샤사만타누가타 비치트람바라 다라 스바하 namaḥ samantabuddhānāṃ ākāśasamantānugata vicitrāmbara dhara svāhā 널리 제불께 귀의합니다. 허공과 같은 이여, 색색의 옷을 입은 이여, 스바하'이다. 이때 형상은 살색 몸에 오른손은 가슴 높이에서 지혜를 상징하는 칼을 쥐었고 왼손은 위에 보주를 안치한 연꽃을 들었는데 공덕을 상징한다. 머리에는 오지보관(五智寶冠)을 쓰고 연화좌에 앉은 모습이다. 한편 태장만다라 석가원(釋迦院)에 위치하는 허공장보살은 석가여래의 오른쪽 협시로서 안치한다. 이 존격의 밀호는 무진금강(無盡金剛), 종자는 (ī). 삼매야형은 연꽃 위의 여의주(如意珠)이다. 수인은 허심합장 한 후

허공장원 태장만다라

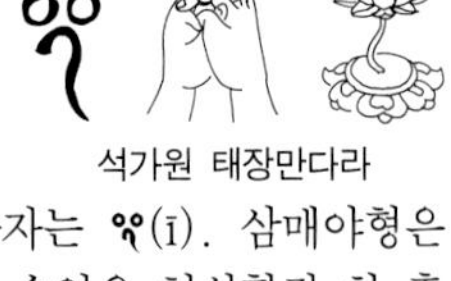

석가원 태장만다라

에 양손의 검지를 중지 아래로 구부리고 양손의 중지를 손바닥 안으로 넣는다. 진언은 허공장원의 진언과 같다. 형상은 오른손은 손바닥을 세우고 검지와 중지를 구부려 불자(拂子)를 들었고 왼손은 주먹을 쥐어 배꼽을 덮고 연꽃을 쥐었는데 연꽃 위에 녹색 보주(寶珠)가 있다. 천의를 입고 연화좌 위에 조금 왼쪽을 향해 앉은 모습이다. 금강계만다라에서는 현겁십육존(賢劫十六尊) 중 하나로서 외원방단(外院方壇)의 남방 사존(四尊) 중 셋째 자리에 위치한다. 이때 금강당보살(金剛幢菩薩)·보당보살(寶幢菩薩)이라고도 하고 밀호는 원만금강(圓滿金剛) 또는 부귀금강(富貴金剛)이다. 종자는 𑖁(ā). 삼매야형은 삼판보주(三瓣寶珠), 수인은 금강박(金剛縛)이다. 존격의 형상은 몸은 흰색이고 왼손은 주먹을 쥔 채 허리에 두었고 오른손은 연꽃을 쥐었는데 연꽃 위에 보주가 있는 모습이다. 양계만다라(兩界曼茶羅)에서 허공장은 금강계 대일여래, 지장(地藏)은 태장 대일여래로서 양계동체(兩界同體)가 되고 명성(明星)은 그 화신이 된다. 진언은 '옴 가가나간자야 아 스바하 𑖌𑖼 𑖐𑖐𑖡𑖐𑖗𑖿𑖕𑖧 𑖁 𑖭𑖿𑖪𑖯𑖮𑖯 oṃ gaganagañjāya ā svāhā 옴 허공장을 위하여, 아 스바하'이다. 선무외(善無畏) 역 『허공장구문지법』과 불공(不空) 역 『대허공장보살염송법』에 근거한 허공장구문지법(虛空藏求聞持法)의 주존이다. 『대일경소』 권5(대정장39, p.635c9)에 "다음으로 서쪽에 허공장보살을 그린다. 선명한 흰 옷을 입었고 왼손에 연꽃을 들었으며 꽃 위에 대도인이 있고 도인 위로 널리 불꽃이 일어난다. 권속들이 모두 연꽃 위에 앉아 있다. 이 보살은 허공과 동등한 여래의 지혜를 가졌다. 대도인을 지닌 까닭은 날카로운 지혜의 표식이기 때문이다. 흰 옷을 입은 것은 청정무구를 밝힌 것이다. 이것은 교문의 외적 표식이다. 비유컨대 허공과 같이 분별이 없고 쌓임도 없지만 세간의 삼라만상이 이것을 의지하여 생겨나는 것과 같다. 지금 이 법문 역시 그러하다. 필경공에서 부사의하고 자재한 작용이 일어나 다함이 없으니 『대집경』과 『허공장경』에서 자세하게 설명한 것과 같다. 그러므로 허공장이라 한다. 次於西方畫虛空藏菩薩 被鮮白衣 左手持蓮花 花上有大刀印 刀印上遍生焰光 及諸眷屬皆坐正蓮花上 此菩薩持如來等虛空慧 所以持大刀者 利慧之摽幟也 被服白衣明白淨無垢 是其敎門外飾也 譬如虛空 無所分別 亦無積集 而世間萬像 依之以生 今此法門亦爾 於畢竟空中 出生不思議自在之用 無有窮盡 如大集虛空藏經中廣明故名虛空藏也", 같은 책 권10(대정장39, p.681a4)에 "이때 허공장보살이 청정경계삼매에 들어가 자기 마음을 설했다고 한 것은 이 삼매에 머물러 자기 마음의 본성이 청정함을 알아 이와 같은 청정법계의 경지를 요달한 것이니 이것이 바로 대공의 비장이다. 또한 이 허공장은 대비태장과 같아서 능히 장양하여 보리심을 성취할 수 있다. '아가사(ākāśa)〈허공이라는 뜻〉 사만다(samantā)〈같다는 뜻이다. 일체법이 허공과 같음을 말한다〉 노갈다(nugata)〈분명하게 안다〉 폐질달람(vicitrām)〈잡색옷 갖가지 기묘한 색이라는 뜻이다〉 바라(bara)〈옷〉 타〈쥔다는 뜻〉람(dhara)〈입는다는 뜻. 이 덕의 발생은 갖가지 옷을 입는 것과 같다〉' 이 진언은 장음 아자를 바탕으로 삼는다. 장음 아자는 본불생의 바탕이다. 여기에서 장음 아자는 두번째 소리이니 공이라는 뜻이다. 본불생이므로 허공과 같다. 이는 곧 일체법이 모두 허공과 같고 스스로 이와 같이 요달한다는 뜻이다. 잡색 옷은 갖가지 수많은 공덕으로 장엄한 법문이다. 만약 어떤 이가 이러한 공삼매를 증득한다면 수많은 공덕이 그를 장엄한다. 청정한 허공이 분명하게 색을 드러내는 것과 같다. 爾時虛空藏菩薩 入淸淨境界三昧自心說者 所謂住此三昧 能知自心本性淸淨 了達如是淸淨法界之境 卽是大空之祕藏也 又此虛空藏 卽是大悲胎藏 能長養成就菩提之心也 阿〈張〉迦奢〈是虛空義也〉 三曼多〈等也 謂一切法等於虛空也〉 奴竭多〈了知也〉 吠質怛囕〈雜色衣也 是種種奇妙顯色之義也〉 嚩〈伐〉囉〈衣也〉 馱〈是執持義也〉 囉〈被著也此德生卽是被種種衣也〉 此眞言以阿〈長〉字爲體 阿〈長〉本不生體 今此阿〈長〉是第二聲 卽是空義 以本不生故同於虛空也 卽是一切法皆等於虛空 自得如是了知也 雜色衣 卽是種種萬德莊嚴法門 若人能證此空三昧 卽能萬德莊嚴其身 如淨虛空明靚顯色也", 같은 책 권11(대정장39, p.696c29)에 "허공과 같이 파괴할 수 없고 이길 수 있는 것이 전혀 없다고 하였기에 허공과 힘이 동등하다고 하였다. 또한 장이란 마치 어떤 사람에게 거대한 보배창고가 있어서 원하는 이에게 베풀어서 마음대로 가져가게 해도 빈핍하게 되지 않는 것과 같다. 여래의 허공장 역시 이와 같아 중생을 이롭고 안락하게 하는 모든 일은 무량한 법보에서 나와서 자재하게 받아 쓰더라도 고갈되는 일이 없다. 이를 허공장이라 한다. 如虛空不可破壞一切無能勝者 故名虛空等力 又藏者 如人有大寶藏 施所欲者 自在取之不受貧乏 如來虛空之藏亦復如是 一切利樂衆生事 皆從中出無量法寶 自在受用而無窮竭相 名虛空藏也", 『금광명최승왕경소』 권5(대정장39, p.209b10)에 "〔문〕 왜 이 보살은 허공장이라 부르는가? 〔답〕 보살의 공능과 복덕에 따라서 지위와 지위가 유사하고 모두 상응하며 동등하다. 그러나 바람의 증장에 따라 세운 이름은 각별하다. 여기에서 이 보살이 세운 이름에는 두 가지가 있다. 하나는 현상을 따른 것이고 다른 하나는 이치를 따른 것이다. 현상을 따

삼매야회 금강계만다라

라 세운 것은『대집경』권15에서도 설했다. 허공장보살은 여래의 신통력을 증득하여 허공에서 중생이 필요한 바에 따라 법이든 재물이든 남김없이 베풀어 모두 기쁘게 할 수 있다. 이러한 방편의 지혜 때문에 허공장이라 한다. 또한「허공장품」에서 설한다. 과거 사자신이라는 전륜왕이 출가한지 오래지 않아 오신통을 증득하여 부처님께서 가르치신 것을 이어받았다. 부왕이 삿된 마음을 되돌려 정견에 들어가고 선정에 들어가도록 신통을 드러냈다. 이와 같은 일로 삼천대천세계를 여섯 차례 진동시키고 허공에서 갖가지 묘한 물건을 비내리게 하였으며 모두 허공에서 어지럽게 뒤섞여 내리며 삼천세계를 가득 채웠다. 이 때 지신 내지 가니타천이 기뻐서 뛰어오르며 이와 같이 외쳤다. '이 대보살은 허공장이라 한다'. 이때 부처님께서 허공장이라 부르는 것을 인가하셨다. 問 何故此菩薩得名虛空藏 答 准諸菩薩功能福智地地相似皆應同 然隨願增立名各別 今此菩薩立名有二 一 從事 二 從理 從事立者如大集經第十五 亦說 虛空藏菩薩得如來神通力故 於虛空中隨衆生所須 若法若財盡能施與皆令歡喜 以此方便智故名虛空藏 又虛空藏品說 過去有輪王名師子迅 出家未久得五神通 承佛所敎爲迴父王邪心欲使入正見入定現通 如是等相使三千世界六變振動 於虛空中雨種種妙物 皆從虛空繽紛而下滿三千界 爾時地神乃至迦尼吒天 歡喜踊躍唱如是言 此大菩薩名虛空藏 時佛印可名虛空藏"라고 하였다. 〔참고문헌〕『大日經疏』,『金光明最勝王經疏』,『曼荼羅図典』(大法輪閣, 2002).

허공장보살상 안국사지출토 서안비림박물관 중국 당

허공장보살경 虛空藏菩薩經 Ⓢ Ākāśagarbha-sūtra, Ⓣ 'phags-pa nam-mkha'i snying-po shes-bya-ba theg-pa chen-po'i mdo. 1권. 요진(姚秦) 불타야사(佛陀耶舍 Ⓢ Buddhayaśas) 한역. 대정장13, pp.647c12~656b15, No.405에 수록되어 있고, 티베트역본(北京版 No.926)도 전한다. 허공장보살의 지혜와 공덕을 찬탄하고 다라니를 설하는 내용이다. 석가모니부처님께서 구라저시산(佉羅底翅山)에서 서방 승연화부장여래의 불국토에 나타난 허공장보살의 위신력에 대해 설명하는 내용으로 시작한다. 허공장보살은 다함이 없고 끝이 없는 허공과 같은 지혜와 선근공덕을 갖추고 대자대비심으로 일체 중생을 어려움에서 구하며 무간지옥에 떨어질만한 중죄를 없고 삼매력에 의지하여 일체 중생을 이롭게 한다고 서술하고 있다. 허공장보살은 지장보살과 함께 양계만다라의 대일여래의 동체로 설명된다. 동본이역으로 사나굴다(闍那崛多)의『허공잉보살경 虛空孕菩薩經』(대정장13, No.408)·담마밀다(曇摩蜜多)의『허공장보살신주경 虛空藏菩薩神呪經』(대정장13, No.407)·역자 미상의『허공장보살신주경 虛空藏菩薩神呪經』(대정장13, No.406)이 있다.

허공장보살다라니 虛空藏菩薩陀羅尼 허공장보살의 다라니. 허공장보살경궤에 따라 다양하다.『관허공장보살경』(대정장13, p.678b7)에 "허공장보살다라니. '다척치 아미도 가류니가 차라차라비차라 가류니가 무라라라무라비가타라 마마겁거 부사마나 가류니가진다마니 부라체 가류니가 살타사마 치파사 아약타리 바파궁궁류제 비비가궁 지률리비비가궁 가류니가 부리사도마마아사 살타파리파차 아수가갈제 사하' 어떤 중생이 갖가지 병으로 몸이 괴로움을 당하고 마음이 산란하거나 귀와 눈이 멀고 감각기관을 갖추지 못하였거나 지체에 이상이 있고 때때로 죽음의 조짐이 있는 등의 경우에 한결같이 허공장보살마하살의 명호를 칭념하면 온갖 질병을 없앨 수 있다. 병을 없애고자 하면 침수향이나 흑견침수향과 같은 다갈류향을 사르고 허공의 보살께 예를 올리면 이 보살이 한밤중 꿈에 바라문의 모습으로 그 사람 앞에 나타난다. 제석천·공덕천·묘음천의 모습이나 나찰·대신·병사·양약의 모습이나 부모의 모습으로 꿈에 환자 앞에 나타나 병에 맞게 설한 갖가지 탕약을 그대로 한 번 복용하면 병이 남김없이 낫는다. 虛空藏菩薩陀羅尼 多擲哆 阿彌闍 迦留尼迦 遮羅遮羅毘遮羅 迦留尼迦 茂羅羅囉茂羅毘迦陀羅 摩摩劫呿 復奢摩那 迦留尼迦 眞多摩尼 富羅移 迦留尼迦 薩埵舍摩 哆婆蛇 阿若陀梨 婆破窮窮留提 毘脾伽窮 持栗履毘脾加窮 迦留尼迦 富梨蛇兜 摩摩阿舍 薩埵波利波遮 阿輸迦竭提 莎呵 若有衆生種種諸病逼切其身 其心散亂 聾盲瘖瘂諸根不具 肢節各異時有死相如是等事 一向稱虛空藏菩薩摩訶薩名 除諸病故欲無病故 燒沈水黑堅沈水若多竭流香 禮虛空大善丈夫 是善丈夫於夜夢中 作婆羅門像 在其人前 卽現釋像功德天像妙音天像 或羅刹之像 或大臣之像 或兵吏之像 良藥之像或父母之像 於夜夢中在病人前 如實說種種隨病湯藥等者一服除差無餘"라 하였다. 〔참고문헌〕『觀虛空藏菩薩經』.

허공장보살다라니경 虛空藏菩薩陀羅尼經 1권. 송대(宋代) 법천(法賢) 한역. 대정장20, p.607a9~20, No.1148에 수록되어 있다. 경문은 없고 허공장보살 다라니의 한문 음역만 전한다.

허공장보살만다라 虛空藏菩薩曼荼羅 허공장보살을 본존으로 모시고 공양하는 만다라. 허공장만다라(虛空藏

曼荼羅)라고도 한다. 『허공장염송법』에서는 아홉 개의 존격 가운데 허공장보살을 그린 형태로 설명된다. 『반야이취석』에서 허공장보살의 내증(內證)을 만다라로 설명한다. 중앙에 허공장보살을 그리고 그 전후좌우에 금강보(金剛寶)·금강소(金剛笑)·금강당(金剛幢)·금강광(金剛光)보살을 그리고 내외원의 사우(四隅)에 팔공양보살(八供養菩薩)을 그리며, 동문에 금강저(金剛杵)·남문에 보형·서문에 연꽃·북문에 금강령(金剛鈴)을 그린다. 종예(宗叡)의 이취경만다라는 일반적인 금강계 만다라가 동향(東向)인 것과 달리 서향(西向)이며 이는 증익복덕(增益福德)의 내증(內證)을 의미한다. 『광이취경』에서는 중앙에 허공장보살을 그리고 앞에는 여러 여래 및 보관정보살(寶灌頂菩薩)이 있는데 보관(寶冠)을 쓰고 있으며 오른쪽에는 갖가지 보장(寶藏)을 지닌 보살이 있고, 뒤에는 법보장(法寶藏)을 지닌 보살이 있으며, 왼쪽에는 반선(飯膳)을 지닌 보살이 있다. 사우에는 보개당번 등의 공양보살을 안치하였고 외원의 사문과 사우에는 알가병과 관정표식공양 등을 안치한다. 『반야이취석』 권하(대정장19, p.612c17)에 "진언행을 닦는 이가 허공장보살삼마지행을 닦을 때 이 보살의 만다라를 건립해야 한다. 만다라 중앙에 본존의 모습대로 허공장보살을 그린다. 앞에는 금강보를 그리고 오른쪽에는 금강광을 그리며 왼쪽에는 금강당을 그리고 뒤에는 금강소를 그린다. 내원과 외원의 사우에는 내외의 사공양보살을 그리되 본래의 모습대로 한다. 동문에는 금강보, 남문에는 보형, 서문에는 연화, 북문에는 금강령을 안치한다. 진언행자가 이 만다라에 들어가면 다른 사람이 현생에서 바라는 일체 부귀와 지위를 얻고 일체의 빈궁한 업장을 없애도록 할 수 있다. 설령 주인이 있는 어떤 물건을 훔친 이라도 육분의 일을 갖지 않으면 죄를 받지 않으며 신속하게 일체의 실지를 성취한다. 이때 진언행자가 만다라에 앉아 본존의 유가관을 행하되 다른 성중들이 주위를 둘러싸고 사자진언의 소청으로 심진언을 송하고 사종 이취문으로 마음을 법계 전체에 두루 운용한다. 빈궁하고 고독한 이를 자비로이 여기고 불쌍히 여기며 항상 은혜로운 보시를 행하고 삼륜의 청정심에 인색한 마음이 없고 항상 허공삼마지와 상응하면 오래지 않아 허공장보살의 몸을 획득한다. 이때 허공장대보살은 거듭 이 뜻을 밝히려 하므로 밝게 웃으며 금강보만으로 스스로 머리를 묶고 일체 관정삼매야보심을 설한다. 달람자에 네 가지 자를 갖추어 네 가지 이취행문을 나타낸다. 다자는 진여를 얻을 수 없다는 뜻이고 람자는 번뇌를 떠났다는 뜻이며 장음 아자는 일체법이 본래 허공처럼 고요하다는 뜻이고, 망자는 일체법이 무아라는 뜻이다. 항상 이러한 심진언과 항응하므로 몸과 마음이 허공처럼 장애가 없다. 修行者修虛空藏菩薩三摩地行故 應建立本菩薩曼荼羅 曼荼羅中央畫虛空藏菩薩 如本形前畫金剛寶 右畫金剛光 左畫金剛幢 後畫金剛笑 內外院四隅 各列內外四供養 如本形 東門安金剛杵 南門寶 西門蓮華 北門鈴 修行者若入此曼荼羅 令他人現生所求一切富貴階位悉得 滅一切貧窮業障 設盜一切有主所攝物者 六分之一不得不與取罪 速疾獲得一切悉地 或時瑜伽師坐曼荼羅中 作本尊瑜伽觀 與諸聖衆圍遶 以四字明請召 卽誦心眞言 四種理趣門 運心遍法界 慈悲愍念貧窮孤露 常行惠施 三輪淸淨心無慳悋 常與等虛空三摩地相應 不久獲得虛空藏菩薩身 時 虛空藏大菩薩 欲重顯明此義故 熙怡微笑 以金剛寶鬘自繫首 說一切灌頂三昧耶寶心者 怛覽字者具四字 表四種理趣行門 多字眞如不可得義 囉字離塵義 阿〈引〉字一切法本來寂靜猶如虛空 莽字一切法無我義 常與此心眞言相應故 身心無礙有如虛空"라고 하였다. 〔참고문헌〕『般若理趣釋』.

허공장보살문칠불다라니주경 虛空藏菩薩問七佛陀羅尼呪經 Ⓢ Āryasaptabuddhaka-nāma-mahāyānasūtra, Ⓣ 'phags-pa sangs-rgyas bdun-pa shes-bya-ba'i theg-pa chen-po'i mdo. 1권. 역자 미상. 대정장21, pp.561b13~564c23, No.1333에 수록되어 있다. 동본이역으로 여래방편선교주경(如來方便善巧呪經, No.1334)·성허공장보살다라니경(聖虛空藏菩薩陀羅尼經, No.1147)이 있으며 티베트역본(北京版 No.152·477·936)도 전한다. 석가모니부처님께서 계라사산(鷄羅莎山) 정상에 계실 때 허공장보살의 물음에 대해 부처님의 위신력으로 과거의 여섯 부처님이 허공에 출현하였고 석가모니부처님도 허공에 올라 모두 일곱 분의 부처님께서 모든 병고(病苦)와 귀신에 의한 괴로움을 없애는 다라니를 설하신 내용이다.

허공장보살법 虛空藏法菩薩 ❶ 허공장보살을 본존으로 모시고 주위에 팔만다라를 건립하여 공양하는 작법. 『허공장염송법 虛空藏念誦法』과 『반야이취석 般若理趣釋』에서 서술한다. 『금강정경유가십팔회지귀』(대정장18, p.286a10)에 "셋째 법만다라는 삼십칠존을 갖춘다. 여기에서 제자를 인도하는 의식을 설하고 보부에서 삼마지를 닦는 법을 설하여 마음을 안정시키고 감당할 수 있게 하며 부드럽게 하고 자재하게 한다. 허공장보살법에 나온다. 第三法曼荼羅 具三十七 此中說引入弟子儀 說寶部中修三摩地法 令心安住 令心堪任 令心調柔 令心自在 見虛空藏菩薩法"라고 하였다. 〔참고문헌〕『金剛頂經瑜伽十八會指歸』. ⇨ 허공장염송법 虛空藏念誦法 ❷ 허공장구문지법(虛空藏求聞持法). 허공장보살을 본존으로 모시고 지혜와 복덕을 증장하는 작법. 총명과 지혜를 증득하여 경전과 의궤를 외워서 잊지 않는 능력을 획득하는 작법이다. ⇨ 허공장구문지법 虛空藏求聞持法

허공장보살신주경 虛空藏菩薩神呪經 1권. 유송(劉宋) 대 담마밀다(曇摩蜜多 Ⓢ Dharmamitra) 한역. 허공처럼 무한하고 다함 없는 지혜와 공덕을 지닌 허공장보살의 위신력과 다라니를 설한다. 불타야사 한역『허공장보살경 虛空藏菩薩經』(대정장13, No.405)·사나굴다(闍那崛多)의『허공잉보살경 虛空孕菩薩經』(대정장13, No.408)·역자미상의『허공장보살신주경 虛空藏菩薩神呪經』(대정장13, No.406)과 동본이역이다.

허공장삼마지 虛空藏三摩地 Ⓢ gaganagañja-samādhi, Ⓣ nam-mkha'-mdzod-kyi-ting-nge-'dzin. 108삼매 중 하나. 60권본『화엄경』권47(대정장9, p.700a28)에 "반야바라밀의 정진으로 비추었다. 그러므로 불허공장삼매의 광명을 얻는다. 般若波羅蜜精進照 故得佛虛空藏三昧光明",『오비밀의궤』(대정장20, p.539a8)에 "유정천과 악취에 이르기까지 모든 중생을 남김없이 조복시키고 허공장삼마지에 머무르기에 인법의 두 가지 집착이 모두 연꽃처럼 평등하고 청정함을 깨닫는다. 그러므로 연꽃의 본성이 청정하고 본래 정결하여 더러움에 물들지 않는 것처럼 모든 욕망의 본질 역시 그러하다. 有頂及惡趣 調伏盡諸有 由住虛空藏三摩地 於人法二執 皆悟平等淸淨猶如蓮華 是故如蓮性淸淨 本潔不爲垢所染 諸慾性亦然",『십주단결경』권9(대정장10, p.1035c11)에 "최승보살마하살이 다시 허공장삼매에 들어서 유여열반이 겁의 세월동안 수명에 머무는 것이라고 보지도 않고 무여열반이 변이가 없음을 보지도 않으니 이를 일러 도라고 한다. 이를 일러 보살마하살이 공의 지혜와 훌륭한 방편을 건립하였다고 한다. 最勝菩薩摩訶薩 復當思惟虛空藏三昧 不見有餘無爲住壽經劫 不見無餘無爲無有變易 乃謂爲道 是謂菩薩摩訶薩建立空慧善權方便"라고 하였다. [참고문헌]『華嚴經』,『五祕密儀軌』,『十住斷結經』, *Madhy-vibh.61.*

허공장여명성 虛空藏與明星 허공장보살과 명성(明星 Ⓢ aruṇa). 밀교 경궤에서 별들은 허공장보살의 화신이라고 보기도 한다. 의궤에 따르면 허공장법을 닦을 때 밤에 명성을 향해 참회하고 삼매를 얻는다.『법화문구』권2(대정장34, p.24a16)에 "보향은 명성천자이니 허공장의 응신이다. 普香 是明星天子 虛空藏應作",『허공장보살신주경』(대정장13, p.666a4)에 "초행보살은 명성이 뜰 때 자리에서 일어나 명성을 향해 이와 같이 말한다. '남무 아루나 남무 아루나 성취대비. 지금 처음 염부제에 나와서 바라건대 대비로 나를 덮어 보호하고 나의 말을 대자대비한 허공장보살에게 전해다오'. 이러한 인연으로 범했던 근본 중죄를 참회하고 대승 방편의 지혜안을 성취하여 잠 속에서 명성이 뜰 때를 알아차리면 허공장보살이 꿈속에서 스스로 색신을 드러내어 참회하게 하고 갖가지 악업을 없애서 삼매를 얻게 한다. 是初行菩薩 明星出時從坐而起 向於明星說如是言 南無阿嘍那 南無阿嘍那 成就大悲 今者初出於閻浮提 願以大悲覆護於我 以我言說白大悲虛空藏菩薩 於夜夢中示我方便 以是緣故 得悔所犯根本重罪 成就大乘方便智眼 尋於眠中明星出時 虛空藏菩薩卽於夢中自現色身令其悔過 滅除諸惡已卽得三昧",『관허공장보살경』(대정장13, p.677b26)에 "하루 내지 이레 동안 시방의 부처님께 예배하고 삼십오불의 명호를 칭념한다. 별도로 대비 허공장보살의 명호를 칭명하는데 몸을 씻고 견향·흑향·침수향과 같은 좋은 향을 피우고 명성이 뜰 때 오래 무릎꿇고 합장하며 슬피 울며 허공장보살을 칭명하며 고한다. '대덕이여, 대비보살이여. 저를 불쌍히 여기시어 저에게 몸을 드러내소서'. 이때 이렇게 관상한다. 허공장보살의 정수리에 여의주가 있고 그 여의주는 자금색이 된다. 여의주를 보면 천관이 보인다. 이 천관 안에 삼십오불의 형상이 나타나고 여의주 안에 시방불의 형상이 나타난다. 허공장보살의 신체는 길이가 이십유순이다. 一日乃至七日禮十方佛 稱三十五佛名 別稱大悲虛空藏菩薩名 澡浴身體 燒衆名香 堅黑沈水 明星出時長跪合掌 悲泣雨淚稱虛空藏白言大德 大悲菩薩 愍念我故爲我現身 爾時當起是想 是虛空藏菩薩頂上有如意珠 其如意珠作紫金色 若見如意珠卽見天冠 此天冠中 有三十五佛像現 如意珠中十方佛像現 虛空藏菩薩身長二十由旬"라고 하였다. [참고문헌]『法華文句』,『虛空藏菩薩神咒經』,『觀虛空藏菩薩經』,『如意虛空藏菩薩陀羅尼經』(卍속장3, p.775b9).

허공장여일월성 虛空藏與日月星 허공장과 일월성신. 일월성신(一月星辰)은 허공장의 변현이라고 해석한다.『수요의궤』권1(대정장21, p.422b11)에 "허공장인은 합장하고 수지와 풍지를 보주형으로 만든다. 진언은 '옴 아가사 가라파이야 옴 마리 가마리 모리 사바하'이다. 복덕과 지혜를 구하고자 하는 이는 이 보살에 귀의해야 한다. 일월성신은 모두 허공장보살이 변한 것이다. 虛空藏印 合掌縛水指 風指如寶形 眞言曰 唵 阿伽沙 迦羅波伊野 唵 麽哩 伽摩哩 母梨 娑嚩賀 若人欲求福智 當歸依此菩薩 日月星皆虛空藏所變也"라고 하였다. [참고문헌]『宿曜儀軌』. ⇨ 허공장보살 虛空藏菩薩

허공장염송법 虛空藏念誦法 1권. 당대 불공(不空 Ⓢ Amoghavajra) 한역. 허공장보살의 진언교법을 설하는 염송법. 온전한 이름은 대허공장보살염송법(大虛空藏菩薩念誦法). 대허공장보살염송의궤(大虛空藏菩薩念誦儀軌)라고도 한다. 먼저 이 법의 공덕을 설한다.『금강정경』에 근거한 보부(寶部)의 허공장법으로서 재가와 출가를 불문하고 박복한 이가 이 법을 닦으면 업장이 모두 소멸하고 복덕이 증장되며 마음이 편안해지고 대승이 중생을 이롭게 함을 믿고 마음이 퇴전하지 않으며 재보(財寶)를 얻는다고 설한다. 진언행자가 관정도량에 들어가 스승으로부터 의궤를 받고 팔만다라(八曼茶羅)와 공양단을 만들어 서쪽에 허공장보살상을 안치하고 공양단 동쪽에서 보살상을 마주보고 염송하며 꽃·향·등·음식·과자 등으로 공양하며 오체투지 하고 일체성중께 예배하고 참회발원 한 후에 결가부좌하고 단좌하여 허심합장하고 진언을 염송한다. 본문에서는 다양한 수인과 진언의 염송법에 대해 설명하고 있으나 만다라를 만드는 구체적인 방법은 서술되지 않는다. 허공장보살만다라는 『반야이취석』에서 설명된다.

허공장원 虛空藏院 태장만다라 십삼원(十三院) 중 하나. 서쪽 제이중(第二重)에서 지명원 아래쪽에 자리한다. 불부(佛部)·연화부(蓮華部)·금강부(金剛部) 등 삼부(三部)의 과덕(果德)을 나타낸다. 이 원의 주존은 허공장보살이며 왼쪽으로 천수천안관자재보살(千手千眼觀自在菩薩)을 보고 오른쪽으로 일백팔비금강장왕보살(一百八臂金剛藏王菩薩)을 안치하며 인욕(忍辱) 등 십바라밀보살(十波羅密菩薩)과 불공구관자재(不共鉤觀自在) 등 아홉 보살과 4천·2인을 합하여 모두 28존이 있다. 허공장은 허공과 같이 광대하고 걸림이 없는 복덕과 지혜를 함장하고 자유자재하게 중생들에게 이익을 주는 보살로서 불부의 과덕을 나타낸다. 천수천안관자재는 자비의 보살로서 연화부의 과덕을 상징한다. 일백팔비금강장왕은 지혜의 보살로서 금강부의 과덕을 나타낸다. 십바라밀보살은 생사를 초월하여 열반의 언덕에 도달하게 하는 열 가지 바라밀(Ⓢ pāramitā)을 상징한다. 존격의 배치는 중앙에 허공장보살이 자리하고 좌우로 상하 2열로 존격이 배치되는데 위쪽 열에는 왼쪽부터 선(禪)·정진(精進)·인욕(忍辱)·계(戒)·단(檀) 바라밀 보살이 자리하고 오른쪽에는 왼쪽부터 반야(般

〈표〉 허공장원

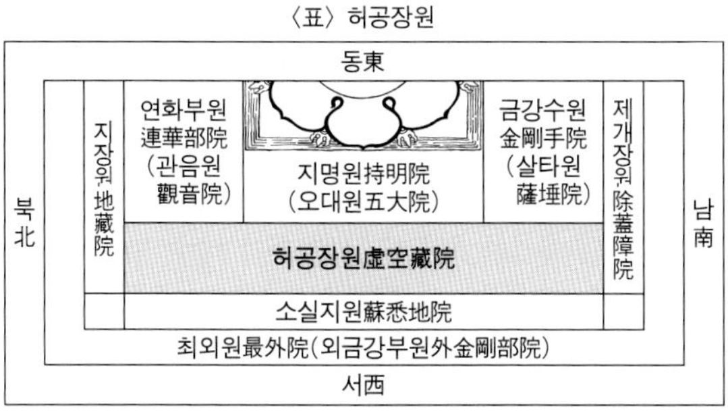

若)·방편(方便)·원(願)·력(力)·지(智) 바라밀 등 다섯 보살이 자리한다. 아래쪽 열에는 아홉 보살이 자리하는데 왼쪽에는 불공구관자재(不共鉤觀自在)·분노구관자재(忿怒鉤觀自在)·생념처(生念處)·공발의전륜(共發意轉輪) 등 네 보살이 자리하고, 오른쪽에는 왼쪽부터 무구서(無垢逝)·소바호(蘇婆呼)·금강계(金剛計)·소실지갈라(蘇悉地羯羅)·만다라(曼茶羅) 등 다섯 보살이 자리한다. 왼쪽 끝에는 천수천안관자재보살이 위치하고 그 주변 사우(四隅)에 비천(飛天)·공덕천(功德天)·바수대선(婆藪大仙)이 있다. 오른쪽 끝에는 일백팔비금강장왕보살이 자리하고 그 위쪽에 비천사자(飛天使者) 둘이 자리한다. 아홉 보살 중 공발의전륜·생념처·분노구관자재·불공구관자재 등 네 존격은 왼쪽의 천수천안관자재보살에 속하고, 무구서·소바호·금강계·소실지갈라·만다라 등 다섯 존격은 일백팔비금강장왕보살에 속한다. 존격의 이름은 경궤에 따라 차이가 있고 현도만다라(現圖曼茶羅) 제존의 명칭과 비교해도 일치하지 않는다. 현도만다라의 공발의전륜·생념처·불공구관자재·무구서·소바호 등은 『대일경』「구연품」에서는 허공혜(虛空慧)·청정혜(淸淨慧)·행혜(行慧)·허공무구(虛空無垢)·안혜(安慧)로 되어 있다. ⇨ 태장만다라 胎藏曼茶羅, 허공장보살 虛空藏菩薩

허공정 虛空定 무색계 사선 중 하나로 공처정(空處定)·허공무색정(虛空無色定)·공무변처정(空無邊處定) 중 하나다. 『석선바라밀차제법문』 권6(대정장46, p.520c27)에 "이 정에서 처음으로 세 가지 색을 떠나서 마음으로 허공을 연한다. 무색과 상응하므로 허공정이라 한다. 지금 이 공처와 위의 세 가지 무색정은 모두 무각무관삼매·성묵연정·사구선으로 거둔다. 『대지도론』에서 '허공처정을 얻으면 고락을 떠나고 그 마음 거듭 늘어난다'고 하였다. 〔문〕 허공무색을 공정이라 한다면 앞에서 말한 여러 정 역시 공상이 있는데 왜 허공정이라 하지 않는가? 〔답〕 그렇지 않다. 앞의 여섯 정에서는 단지 정에 들어가는 마음이 미세하여 거친 색으로서의 상이 보이지 않는 것을 뜻으로 공이라 여길 뿐이다. 그러나 진실로 능히 색을 관하여 색법을 부수고 흩어 색의 계박을 끊지 못하였다. 그러므로 정 중에 더러 색을 보거나 색을 보지 않거나 공정에서 한결같이 색상을 영원히 끊은 것과는 같지 않다. 그러므로 여섯 지의 정 중에 비록 공상이 있더라도 허공무색정이라 이름하지 않는다. 此定最初離三種色 心緣虛空 旣與無色相應故名虛空定 今此空處及上三無色定 並是無覺無觀 聖默然及捨俱所攝故 摩訶衍云 得虛空處定 不苦不樂其心轉增 問曰 若虛空無色名空定者 上來諸禪亦見空想 何故不名虛空定耶 答曰 不爾 彼六地中 但是入定心細 不見麤色之相 意謂爲空 而實未能觀色破散色法斷色繫縛 所以定中 或時見色 或不見色 非如空定一向永絶色相 是故六地定中 雖有空相 不名虛空無色定也"라고 하였다. 〔참고문헌〕 『釋禪波羅蜜次第法門』. ⇨ 공무변처정 空無邊處定

허공제천 虛空諸天 Ⓢ antarīkṣāvacarāś devatāḥ, antarīkṣa-devāḥ. 허공에 머무는 천신들. 욕계육천(欲

界六天)에 머무는 신들을 말한다. 『방광대장엄경』 권10(대정장3, p.599a6)에 "이때 허공제천 역시 갖가지 향 보개·당번·방울그물로 널리 허공을 뒤덮고 다시 몸의 절반을 드러내고 갖가지 보주 영락을 쥐고 여래를 공양했다. 是時 虛空諸天 亦以種種香寶蓋幢幡鈴網 彌覆虛空 又出半身 各持種種寶珠瓔珞 供養如來"라고 하였다. 〔참고문헌〕『方廣大莊嚴經』, *Saddh-p.288.*, *Lal-v.268.*

허공주불 虛空住佛 Ⓢ Ākāśapratiṣṭhita, Ⓣ nam-mkha'-la-gnas-pa. 부처님의 명호. 성불하기 전 대통지승불(大通智勝佛)의 왕자였다. 『법화경요해』 권3(卍속장47, p.607a4)에 "허공주란 몸이 허공에 이르러 뭇 실재에 응한다는 뜻이다. 虛空住者 體到虛以應群實也", 『법화경연의』 권3(만속장52, p.286a13)에 "허공주에서 허공이란 공이고 주란 유이다. 저 부처님께서 진공을 요증하셨기에 제일의공에 머물렀으니, 진공은 공이 아니라 일체를 능히 갖추기에 오히려 유이면서 이는 공하기에 허공주라 한다. 虛空住者 虛空是空 住卽是有 以彼佛了證眞空 而安住於第一義空 眞空不空 能具一切 還卽有而是空 故名虛空住也"라고 하였다. 〔참고문헌〕『法華經要解』, 『法華經演義』, *Saddh-p.184.*

허공지자 虛空智字 금강당보살의 종자(種子). ត(trāṃ)을 말한다. 진여는 상을 떠난 허공과 같다는 뜻을 갖는다. 『유기경수행법』(대정장61, p.502a17)에 "허공지 ត(trāṃ) 虛空智 ត(trāṃ)"라고 하였다. 〔참고문헌〕『瑜祇經修行法』.

허공착궐 虛空著橛 허공에 말뚝 박다. 『회대원경선사어록』(卍속장125, p.78a16)에 "과연 그럴까? 괴이한 것 보고 괴이하지 않다 하면 그 괴이함은 스스로 무너진다. 가소롭구나. 먼 훗날에 오히려 저 허공 향해 말뚝을 박는 이가 있을 것이다. 果恁麽那 見怪不怪 其怪自敗 可笑 後世尙有向虛空著橛者"라고 하였다. 〔참고문헌〕『晦臺元鏡禪師語錄』.

허공처정 虛空處定 Ⓢ ākāśānantyāyatana-dhyāna. 사공정(四空定 : 四無色定) 중 하나. 허공정(虛空定)과 같다. 공무변처정(空無邊處定)이라고도 한다. 『법계차제초문』 권1(대정장46, p.672c16)에 "행자는 색을 마치 감옥처럼 싫어해서 마음이 벗어나고자 하면 관행의 지혜를 수습해 색을 부수기에, 온갖 색상을 뛰어넘고 마주하는 상마저 없게 해서 갖가지 상 떠올리지 않아 가없는 허공처에 들어 마음이 허공의 법과 상응하게 되니, 이를 허공처정이라 한다. 行者厭患色如牢獄 心欲出離 卽修觀智 破於色故過一切色相 滅有對相 不念種種相 入無邊虛空處 心與虛空之法相應 是爲虛空處定"라고 하였다. 〔참고문헌〕『法界次第初門』. ⇨허공정 虛空定

허공천 虛空天 Ⓟ ākāsaṭṭhā devā. 오류천(五類天) 중 하나이고 욕계(欲界) 육천(六天) 중 야마천(夜摩天) 이상의 네 개의 하늘(四天)을 가리킨다. 이들은 수미산(須彌山) 위의 허공에 있기에 이렇게 부른다. 공거천(空居天)이라고도 하며, 지거천(地居天)에 대칭한다. 『대지도론』 권25(대정장25, p.243b20)에 "'천'이라 하면 지거천과 허공천이다. 天者 說地天 虛空天", 『해탈도론』 권5(대정장32, p.421b1)에 "공덕으로 인해 허공에 난다는 것은 이미 허공처를 닦아서 목숨이 마친 뒤에는 허공천에 나는데, 수명은 이천 겁이다. 功德生虛空者 已修虛空處 命終生虛空天 壽命二千劫"라고 하였다. 〔참고문헌〕『大智度論』, 『解脫道論』, *Bv.3.* ⇨공거천 空居天, 오류천 五類天, 지거천 地居天, 욕계육천 欲界六天

허공파편 虛空破片 허공의 부서진 조각들. 허공(正位)은 모든 곳과 온갖 만법(偏位)들 틈새 어디에나 있으므로 파편과 같다 하였다. 『조산어록』「오위지결 五位旨訣」(대정장47, p.533b21)에 "정중편이란 손괘(巽 ☴)다. 허공의 파편은 처처에서 치우침 없이 통하니, 근과 진이 고요할 따름이다. 正中偏者 巽也 虛空破片 處處圓通 根塵寂爾"라고 하였다. 〔참고문헌〕『曹山語錄』.

허공해탈 虛空解脫 삼해탈(三解脫) 중 하나인 문혜(聞慧)로 얻는 해탈. 『금강삼매경론』 권중(대정장34, p.988a2)에 "첫 번째 해탈은 안으로 색상이 있어 밖으로 색 등을 관한다. 곧 안에 색 등의 오음법상으로 안의 아공을 관하고, 밖의 색 등으로는 중생공을 관한다. 이 공에는 쉽게 들어가기에 문혜로도 얻을 수 있다. 그러므로 (『영락본업경』에서) '들어서 아는 지혜로써 안도 헛되고 밖도 헛되어서 두 상 얻을 수 없다'고 말한 것이다. 색 등을 보내지 않고서도 공을 관함이 마치 허공이 색상을 버리지 않는 것과 같기에 이를 '허공해탈'이라고 한다. 初解脫者 內有色相 外觀色等 謂內存色等五陰法相 觀內我空 外存色等觀衆生空 是空易入 聞慧所得 故言聞慧得 內假外假 二相不可得故 不遣色等 以觀空故 有似虛空不遣色相故 說是爲虛空解脫" 〔참고문헌〕『金剛三昧經論』, 『金剛三昧經』(대정장9, p.370a29), 『瓔珞本業經』 권상(대정장24, p.1013b7). ⇨삼해탈 三解脫❷, 문혜 聞慧

허공행천 虛空行天 허공을 다니는 하늘. 유허공천(遊虛空天)·보영락천(寶瓔珞天)이라고도 한다. 『대보적경』 권66 「허공행천수기품 虛空行天授記品」(대정장11, p.375a19)에 "부처님께 공양하였기에 용맹심 일으키니, 저 허공행천은 가비라성 밖 주변으로 팔만육십유순 곳곳에 만다라화 비처럼 뿌려 그 땅 가득 펼쳤으니, 사람들 무릎까지 쌓였다. 爲供養佛故 起勇猛心 彼虛空行天 於迦毘羅城外 周遍八方六十由旬 雨曼陀羅花 遍布其地 至於人膝"라고 하였다. 〔참고문헌〕『大寶積經』.

허공혜보살 虛空慧菩薩 Ⓢ Gaganamati. 태장계만다라(胎藏界曼荼羅) 허공장원(虛空藏院)의 존격. 공발의전륜(共發意轉輪 Ⓢ Sahacittotpāda-dharmacakra) 보살이라고도 한다. 밀호는 법륜금강(法輪金剛), 삼매야형은 연화상금강륜(蓮花上金剛輪), 종자는 (ca) 또는 (riṃ). 수인은 전법륜인(轉法輪印)이고, 진언은 '나마 사만타붓다남 차크라바르티 스바하 namaḥ samantabuddhānāṃ cakravartti svāhā 널리 제불께 귀의합니다. 법륜 굴리시는 이여, 스바하'이다. 존형은 살색 몸에 왼손에는 연꽃을 들었고 연꽃 위에 윤형(輪形)이 있으며, 오른손은 손바닥을 위로 향하고 그 위에 독고저를 올려 놓은 채 붉은 연꽃 위에 앉았다. 현도만다라(現圖曼荼羅)에서는 공발의전륜보살이라 한다. 이 보살의 지혜가 허공이 무한하고 어떠한 장애도 없는 것과 같으므로 붙여진 이름이다. 재발의전법륜보살(纔發意轉法輪菩薩)이라고도 하는데 보리심을 일으키지마자 깨닫고 중생을 위해 법륜을 굴린다는 서원을 나타낸다. 『보성다라니경』 권2(대정장13, p.542b10)에 "허공혜보살이 말했다. '일체 모든 법은 어둠과 밝음 · 생성과 소멸 · 증가와 감소가 있으니 마음의 작용에서 분별하지 않는다. 이와 같이 지혜로운 이는 보리를 얻는다'. 虛空慧菩薩言 若一切諸法 有闇有明有生有滅有增有減 不於諸心數法而起分別 如是知者乃得菩提", 『대일경소』 권16(대정장39, p.745a16)에 "풍단에서 허공혜보살인이 있다. 풍단에 상거를 안치한다〈반월단〉. 在風壇中 虛空慧菩薩印 於風壇中置商佉〈卽半月壇也〉", 『불공견삭신변진언경』 권9(대정장20, p.271a10)에 "허공혜보살은 왼손에 쥔 연화대 위에 견고한 바퀴를 올려 두었고 오른손은 위를 향해 마니주를 쥐고 있으며 반가부좌하였다. 虛空慧菩薩 左手持蓮花臺上竪輪 右手揚掌執摩尼珠 半加趺坐", 『보리장경략의석』 권1(대정장61, p.519a13)에 "『대일경』에서는 허공혜라고 이름 붙였다. 보리심에서 일체의 번뇌가 생기지 않으므로 자연 그대로 청정한 지혜의 광명이라 한다. 마치 가을 하늘에 만상이 맑게 개어서 티끌도 움직이지 않을 때 보름달이 허공을 빠짐 없이 비추는 것과 같다. 大日名虛空慧 於菩提心一切諸垢本不生故 名爲自然淸淨慧光 猶如秋天萬像澄霽纖塵不動時 滿月照空無所不遍"라고 하였다. 〔참고문헌〕『寶星陀羅尼經』, 『大日經疏』, 『不空羂索神變眞言經』, 『菩提場經略義釋』, 『曼荼羅図典』(大法輪閣, 2002).

허공화 虛空華 Ⓢ ākāśa-puṣpa, kha-puṣpa, Ⓣ nam-mkha'i-me-tog. 허공꽃. 허공에 핀 꽃들 또는 잡아 붙들 수 없는 헛되고 텅 빈 꽃들. 환(幻)으로만 있고 실(實)이라고는 없는 세간의 모든 것들. 모든 부처와 보살이 이를 보아 대비의 마음 일으키신다. 『인왕경』 권상(대정장8, p.829a22)에 "세간의 진실 환화처럼 일어나니 비유하면 허공꽃과 같고 그림자 같아 세 번째 손인 듯 없는 것이지만 인연 때문에 있을 뿐이다. 환화로 환화를 보므로 중생은 환의 진실이라고 이름한다. 마술사가 환법을 보므로 진실이라고는 모두 없다. (이것을) 이름하여 모든 부처님께서 보시는 것이라 하고, 보살이 보는 것 또한 그러하다. 世諦幻化起 譬如虛空華 如影三手無 因緣故誑有 幻化見幻化 衆生名幻諦 幻師見幻法 諦實則皆無 名爲諸佛觀 菩薩觀亦然", 『능가경』 권1(대정장16, p.480a27 : *Laṅk.*, p.264)에 "세간은 생멸을 떠나 있으니 마치 저 허공꽃과 같네. 지혜란 있고 없음으로 얻을 수 없지만 대비심과 함께할 뿐이라네. 일체법은 마술과 같아서 심식을 멀리 떠나있네. 지혜는 있고 없음으로 얻을 수 없어 그저 대비의 마음 일으킬 뿐이라네. 世間離生滅 猶如虛空華 智不得有無 而興大悲心 一切法如幻 遠離於心識 智不得有無 而興大悲心 utpādabhaṅgarahito lokaḥ khapuṣpasaṃnibhaḥ, sadasannopalabdho 'yaṃ prajñayā kṛpayā ca te. … māyopamāḥ sarvadharmāś cittavijñānavarjitāḥ, sadasannopalabdhās te prajñayā kṛpayā ca te"라고 하였다. 〔참고문헌〕『仁王經』, 『楞伽經』, *Laṅk.* ⇨ 공화 空華

허광어 虛誑語 Ⓢ mṛṣā-vāda, mṛṣā-vacas, anṛta, Ⓣ rdzun-smra-ba, rdzun-tshig, rdzun mi-den-pa. 허튼소리. 진실이 아닌 말. 망어(妄語)라고도 한다. 『분별선악보응경』 권상(대정장1, p.897c12)에 "다시 어떤 업을 지어야 인간의 보를 받습니까? 열 가지 업이다. 무엇이 열 가지 업인가? 첫째, 살생을 떠난다. 둘째, 주지 않는 것을 취하지 않는다. 셋째, 범행이 아닌 행위를 떠난다. 넷째, 허광어를 버린다. 다섯째, 잡되고 물든 말을 떠난다. 여섯째, 이간하는 말을 하지 않는다. 일곱째, 거칠고 악한 말을 버린다. 여덟째, 술과 고기를 먹지 않는다. 아홉째, 어리석음을 떠난다. 열째, 사견을 버리고 삼보를 성실하게 믿는다. 이와 같은 열 가지 좋은 업을 닦으면 인간의 과보를 얻는다. 復云何業獲報人

間 有十種業 何等十業 一離殺生 二離不與取 三離非梵行 四離虛誑語 五離雜穢語 六無離間語 七離麤惡語 八離飮酒食肉 九離癡闇 十離邪見諦信三寶 修如是等十種栗業獲報人間", 『십선업도경』(대정장15, p.158c20)에 "허광어를 버리고 보시를 베풀기에 항상 부유하며 재물이 있어도 침략하여 빼앗기지 않는다. 離虛誑語而行施故 常富財寶 無能侵奪"라고 하였다. [참고문헌] 『分別善惡報應經』, 『十善業道經』, *Abh-k-bh.141·244.*, *Abh-s.55.* ⇨ 망어 妄語, 십불선 十不善

허굴사 爐崛寺 경상남도 합천군 대병면 허굴산(墟崛山)에 있던 절. 허굴사지(墟堀山址) 조사에서도 고려시대에 건립만이 확인되었고, 『사탑고적고』에는 절터만 남았다고 하였다. [참고문헌] 『韓國寺刹全書』 권하 p.1150a3, 『寺塔古蹟攷』, 『文化遺蹟總覽』 권중(文化公報部 文化財管理局, 1977) p.655.

허균 許筠 1569~1618. 조선중기 문신이자 문인. 자는 단보(端甫), 호는 교산(蛟山)·성소(惺所) 등이며 별호는 백월거사(白月居士)이다. 26세인 1594년(선조27)에 정시문과(庭試文科)에 을과로 급제하고 1597년(선조30)에 문과 중시(重試)에 장원급제 하였으나 수안군수(遂安郡守)를 역임하던 1604년(선조37)에 불교 신봉을 이유로 파직당하였다. 또한 『선조실록』 권211 1607년(선조40)에는 "삼척부사 허균은 유가의 아들로 그 부형이 종사하던 것과는 반대로 불교를 받들어 믿고 불경을 외며 평소에도 치의를 입고 절을 하였습니다. 수령이 된 때에도 대중 앞에서 재를 열어 반승하면서도 부끄러운 줄 몰랐으며, 심지어 중국 사신이 왔을 때는 방자하게 선담불어를 쓰면서 부처님을 좋아하는 일을 장황하게 늘어놓아 사신의 눈을 현혹시키니 매우 해괴하고 놀랍습니다. 청하건대 파직하고 서용하지 않으시어 사습을 바로잡으소서. 三陟府使許筠 以儒家之子 反其父兄所爲 崇信佛教 誦讀佛經 平居緇衣拜佛 爲守令時 設齋飯僧 衆目所見 恬不知恥 至於天使時 恣爲禪談佛語 張皇好佛之事 以眩觀風之鑑 極爲駭愕 請命罷職不敍 以正士習"라고 하여 두 달 만에 파직되었다. 42세인 1610년(광해군2)에 쓴 『한정록』 서(序)에는 "나는 마침내 노장이나 불교 같은 곳으로 도피하여 형해를 벗어나서 얻고 버림을 가지런히 하는 것으로 가히 섬길만 하다 여겼다. 遂自逃於老佛者流 以外形骸齊得喪爲可尙"라고도 하였으며, 1612년(광해군4)에는 사명대사구비(四溟大師舊碑)를 짓기도 했다. [참고문헌] 『宣祖實錄』, 『閒情錄』, 「海印寺弘濟庵四溟大師塔石藏碑」(李智冠 『校勘譯註歷代高僧碑文』 朝鮮篇1, pp.113~137).

허근지청휘 虛根之淸暉 뿌리채 비워 맑게도 빛나네. 『전법보기』 「신수장 神秀章」에 "뿌리채 비워 맑게도 빛나니 그 광명으로 천하를 이끌고, 그윽해 두렷하고도 실한 미묘한 메아리, 명성 시방 어디에나 가득했다. 湛虛根之淸暉 光贊天下 祕圓實之微響 聲聞遍於十方"라고 하였다. [참고문헌] 『傳法寶紀』.

허다 許多 드물지 않게 많다. 늘 그렇듯이. 『임제록』(대정장47, p.505a5)에 "깊은 산에 이렇게 많은 소나무를 심어서 무엇하려는가? 深山裏栽許多 作什麽", 『소암오화상어』(속고존숙어요4, 卍속장119, p.60b16)에 "운봉은 몇몇의 길을 알아채고 달아날 줄만 알았을 뿐이다. 雲峯 只知認許多路頭走"라고 하였다. [참고문헌] 『臨濟錄』, 『笑庵悟和尙語』.

허다반 許多般 이리저리 온갖 것 살피다. 『전심법요』(대정장48, p.383b11)에 "도인은 할 일을 마친 사람이니 이리저리 늘 쓰는 마음이 참으로 없고, 말로 전할 도리도 없다. 道人是無事人 實無許多般心 亦無道理可說", 『벽암록』 98칙 「평창 評唱」(대정장48, p.221c27)에 "이 일로 말하자면 어찌 이것저것 할 말 다해 얽히고설키겠는가? 若論此事 豈有許多般葛藤"라고 하였다. [참고문헌] 『傳心法要』, 『碧巖錄』.

허당 虛堂 ❶ 만송행수(萬松行秀)의 제자인 임천종륜(林泉從倫)의 거실(居室) 호. 『허당집』 「서 序」(卍속장124, p.514a3)에 "해탈을 문으로 삼고, 법공 움직여 자리로 삼아 허당이라 호를 붙였으니, 나 임천노사의 거처다. 以解脫爲門 運法空爲座 號曰虛堂 我林泉老師而居也"라고 하였다. [참고문헌] 『虛堂集』. ❷ ➡ 지우 智愚

허당삼문 虛堂三問 허당지우(虛堂智愚)가 학인을 위해 시설한 세 가지 질문. 『허당록』 권8(대정장47, p.1044a23)에 "허당이 영은사 취봉탑에 머물면서 세제일랑 막고 끊었으나 납자의 청익으로 마침내 세 가지로 물어 보이고 그 각각에 말 붙이도록 하였다. 첫째, 자신의 눈이 밝지 못한 사람이 어째서 허공 가져 고쟁이 지으려 하는가? 둘째, 땅에 금긋고 우리 만든 이가 어째서 뚫고 나가지는 못할까? 셋째, 바다에 들어 모래 센다는 이가 어째서 바늘 끝에 한 발로 돋음한 채로 서 있을까? 師在靈隱鷲峯塔 杜絶世諦 衲子請益 遂立三問示之 各令著語 一 己眼未明底 因甚將虛空作布袴著 二 劃地爲牢低 因甚透者箇不過 三 入海算沙底 因甚針鋒頭上翹足"라고 하였다. [참고문헌] 『虛堂錄』.

허당지우 虛堂智愚 1185~1269. 송대 임제종 양기파(楊岐派) 송원파(松源派) 스님. 속성은 진(陳). 호는 허당·식경수(息耕叟). 절강성(浙江省) 상산(象山) 출신.

나이 열여섯에 보명사(普明寺) 사온(師蘊)을 은사로 출가하였다. 그 전후로 설두(雪竇)·정자(淨慈) 등의 문하에서 공부하다가 금산(金山)에 가서 운암보암(運菴普巖)을 만나고 그 동안의 공부에 성과를 맛보자 마침내 그 법을 잇고 나서 제방의 선지식을 두루 찾아다니며 점검하고 수행하였다. 1229년(소정2) 처음으로 흥성사에 주석하였고, 그 뒤로 보은사(報恩寺)·현효사(顯孝寺)·서암사(瑞巖寺) 등 많은 절에 주석하였다. 송 임금 이종(理宗)·도종(度宗)이 귀의하여 확고한 사회적 기반을 다졌다. 1269년(함순5) 세수 85세로 입적하였다. 어록 10권을 남겼다. 법운(法雲)이 지은 「행장 行狀」에 행적이 자세하다. 〔참고문헌〕『補續高僧傳』 권11(卍속장134, p.211a18), 『增集續傳燈錄』 권4(卍속장142, p.805a18), 『續燈正統』 권21(卍속장144, p.735b9), 『續燈存稿』 권4(卍속장145, p.95b13).

허당집 虛堂集 단하자순(丹霞子淳) 지은 송고(頌古)에 임천종륜(林泉從倫)이 평창(評唱)을 붙인 총 100칙(則)의 공안집(公案集). 6권. 卍속장124, pp.516a1~618a5에 수록되어 있다. 온전한 제목은 『임천노인평창단하순선사송고허당집 林泉老人評唱丹霞淳禪師頌古虛堂集』이다. 『허당록 虛堂錄』이라고도 한다. 원대인 1295년(원정1) 간행하였다. 종륜이 『단하어록』 권하의 송고 100칙을 선별하여 새롭게 편찬한 뒤 「시중 示衆」·「착어 著語」·「평창」 등을 붙여 『벽암록』·『종용록』과 같은 공안집 일반의 형식을 갖추고 종승의 견해를 전함으로써 학인들이 참구하는 지침이 되도록 만들었다.

허당화상송고평창절중록 虛堂和尙頌古評唱折中錄 함허성천(含虛性天) 산보(刪補). 2권. 1704년(보영1) 서문을 붙여 간행하였다. 『절중록』이라고도 한다. 임제종에서는 『허당록 虛堂錄』을 칠부록(七部錄) 중 하나로 중시하며 그중 송고가 가장 주목받는다. 구초류(舊鈔類)에서 넘치는 부분은 덜어내고 부족한 부분은 보충하여(刪補) 요약하는 형식으로 편집한 결과물이다.

허당화상어록 虛堂和尙語錄 허당지우(虛堂智愚 1185~1269)의 어록. 10권. 대정장47, pp.984a3~1064b20, No.2000에 있다. 『허당록』·『허당지우선사어록』·『허당선사어록』·『허당어록』 등이라고도 한다. 앞의 7권은 허당 생전에 문인들이 간행하였고, 나머지 3권은 송대인 1269년(함순5) 묘원(妙源)이 편집한 다음 종탁(宗卓)이 엮어서 새로 더하고 행장(行狀)을 붙였다. 임제종(臨濟宗)에서 특히 중시하는 어록에 속한다. 가흥흥성사(嘉興興聖寺)를 시작으로 10회의 상당법어(上堂法語)·서(序)·발(跋)·진찬(眞贊)·보설(普說)·송고(頌古)·찬(贊)·불사(佛事)·게송(偈頌)·병거(秉炬) 등으로 구성되어 있다. 여러 판본 등이 전하며, 특히 권5의 송고는 단독으로도 간행되었다.

허덜품 ○○○ 범패 짓소리와 홑소리 중 의미 없는 소리만으로 부르는 독창. 짓소리는 악곡의 서두나 중간에 부르지만, 홑소리는 서두에서만 부른다. 짓소리 악곡을 길게 늘리거나 의례시간을 늘리거나 줄이고자 할 때에 넣거나 빼기도 한다. 소리조절을 위한 전주(前奏)의 기능도 있고, 창자(唱者)의 목을 풀거나 쉬게 함으로써 목소리를 고르는 것과 관계가 있다. 한만영에 의하면 『박운월 소장 동음집』의 짓소리 12곡 중 허덜품 소리는 23번이나 나타나는데, 서두에 9회이고 중간에 14회가 되며, 단정례(單頂禮)나 보례(普禮) 허덜품과는 달리 등게(燈偈) 허덜품은 부르는 이가 없어 단절되었다고 한다. 〔참고문헌〕 韓萬榮 『韓國佛敎音樂硏究』(서울대출판부, 1980). ⇨ 보례허덜품 普禮○○○, 범패 梵唄

허도시일 虛度時日 Ⓢ kālam atināmayati, Ⓣ yol-bar-byed-pa. 헛되이 나날을 보내다. 보살이 물들어 어기고 벗어나는 염위월(染違越)을 범하게 된다. 『유가사지론』 권41(대정장30, p.518c23 : *Bodh-bh.*, p.118)에 "만약 모든 보살이 보살의 정계율의에 안주해서 애욕에 물든 마음 품고 세속의 온갖 잡사를 이야기하며 헛되어 세월 보낸다면 이를 '범함이 있고 위월도 있다'고 하니, 이는 염위범이다. 만약 헛된 생각으로 헛되이 나날을 보냈다면 이것 역시 '범함이 있고 위월도 있다'고 하지만, 염위범에 속하지는 않는다. 若諸菩薩 安住菩薩淨戒律儀 懷愛染心 談說世事 虛度時日 是名有犯有所違越 是染違犯 若由忘念 虛度時日 是名有犯有所違越 非染違犯 bodhisattvaḥ saṃraktacittaḥ saṃgaṇikayā kālam atināmayati. sāpattiko bhavati sātisāraḥ kliṣṭām āpattim āpadyate. muṣitayā smṛtyā 'tināmayati. akliṣṭām āpattim āpadyate", 『경허집』 「행장 行狀」(한불전11, p.656b12)에 "하나는 우리 무리들이 망령된 집착으로 밖으로 내달리기만 하여 헛되이 세월을 보냄으로써 부처님의 교화에 손상을 입히는 잘못을 경고하고자 행장을 쓴다(제자 滿空의 말). 一 以警吾輩之妄執外走 而虛度時日 以傷損佛化之過失焉"라고 하였다. 〔참고문헌〕 『瑜伽師地論』, 『鏡虛集』, *Bodh-bh.*

허두 虛頭 헛것. 알맹이라고는 없는 빈껍데기. 『양기후록』(대정장47, p.648b18)에 "학인이 '오래전 옛 절을 떠났다가 오늘에야 스님의 얼굴을 보게 되었군요'라고 하자 양기가 말했다. '어디서부터 이 헛것을 생각했단 말이냐'. 僧云 昔時離古寺 今日覩師顔 師云 甚處念得者虛頭來", 『경덕전등록』 권8 「수로전 水老傳」(대정장51, p.262c14)에 "학인이 절을 올리자 수로가 때리며 말했다. '이 빈껍데기 같은 놈아!' 僧便禮拜 師打云 遮虛頭漢"라고 하였다. 〔참고문헌〕『楊岐後錄』, 『景德傳燈錄』.

허락 許洛 허창(許昌)과 낙양(洛陽). 『출삼장기집』 권15 「혜원법사전 慧遠法師傳」(대정장55, p.109b12)에 "나이 열셋에 외삼촌 영호씨를 따라 허락으로 떠나 공부하였다. 年十三 隨舅令狐氏 遊學許洛"라고 하였다. 〔참고문헌〕『出三藏記集』.

허령 虛靈 조선후기 스님. 법호는 응화(應化), 법명은 허령이다. 『동사열전』 권5 「연주강백전 蓮舟講伯傳」(한불전10, p.1063a17)에 "달마산 응화허령의 도량에 찾아가 내외전을 배웠다. 訪達摩山應化虛靈之道場 受內外典"라고 하였다. 〔참고문헌〕『東師列傳』.

허령확통 虛靈廓通 텅 비어 신령하고 확 트여 막힘 없어 어디에나 통하다. 『보제록』 권상(대정장82, p.506c5)에 "5월 초하루에 법좌에 올라 말했다. '텅 비어 신령하고 확 트여 통해서 땅과 하늘에 가득하다. 이는 두 가지 모양으로 생하는 근원이고 만물이 조화하는 연이다. 금까마귀(태양)는 한밤중에 날아가고, 옥토끼(달)는 대낮에 잠을 잔다'. 五月旦上堂 虛靈廓通 滿地滿天 是二儀生成之元 是萬物造化之緣 金烏夜半飛 玉兎日中眠"라고 하였다. 〔참고문헌〕『普濟錄』.

허망 虛妄 ❶Ⓢabhūta, asad-bhūta. 헛되어 실이 아닌 것들. 생멸(生滅)·일이(一異)·유무(有無)·구불구(俱不俱) 등 외도들에 의해 편취된 법들. 『입능가경』 권3(대정장16, p.601c4 : *Laṅk.*, p.94)에 "어리석은 범부 역시 이와 같아서, 외도를 따라 좇아 모든 악견을 일으키며 '하나다, 다르다' 등 허망언설 드러내니, 그러므로 대혜야, 마땅히 성스런 지혜로 증한 바 법 중에 이 생주멸, 일이, 유무, 구불구 등 일체분별을 떠나야 한다. 愚癡凡夫亦復如是 隨逐外道起諸惡見 著一異等虛妄言說 是故 大慧 當於聖智所證法中 離生住滅一異有無 俱不俱等一切分別 evam-eva mahāmate bāla-pṛthag-janāḥ kudṛṣṭi-tīrthyāśaya-patitā ekatva-anyatva-vāda-anabhiniviśante sa ca-asad-bhūta-samāropaḥ. tasmāt-tarhi mahāmate utpāda-sthiti-bhaṅga-ekatva-anyatva-ubhaya-anubhaya-nāsty-asty-ārya-pratyātma-vastv-adhigama-vikalpa-rahitena bhavitavyam"라고 하였다. 〔참고문헌〕『入楞伽經』, *Laṅk.* ❷Ⓢmṛṣā, mṛṣā-vāda. 거짓으로 꾸민 것. 요익중생(饒益衆生)의 방편. 『법화경』 권2(대정장9, p.13a2)에 "'사리불아, 너의 뜻은 어떠하냐? 이 장자가 자식들에게 평등히 진귀한 보배의 큰 수레를 나누어 줌이 차라리 허망하겠느냐?' 사리불이 말씀드렸다. '아닙니다. 세존이시여. 이 장자는 다만 자식들이 화난에서 벗어나 그 목숨을 온전히 할 수 있게 하였으므로 허망하지 않습니다. 왜냐하면 목숨을 온전히 하였거늘 이미 장난감을 얻은 것이 됨에, 하물며 다시 방편으로 저 화택에서 빼내어 구함이리까?' 舍利弗 於汝意云何 是長者 等與諸子 珍寶大車 寧有虛妄不 舍利弗言 不也 世尊 是長者 但令諸子 得免火難 全其軀命 非爲虛妄 何以故 若全身命 便爲已得 玩好之具 況復方便 於彼火宅 而拔濟之", 같은 책 권5(대정장9, p.43c24 : *Saddh-p.*, p.326)에 "저 의사가 알맞은 방편으로 미친 아들을 다스리고자 실로 살아 있음에도 죽었다 말함이니, 능히 허망함을 말한 것은 아니다. 如醫善方便 爲治狂子故 實在而言死 無能說虛妄 yathā hi so vaidya upāyaśikṣito viparīta-saṃjñīna sutāna hetoḥ, jīvantamātmāna mṛta-iti brūyāt taṃ vaidyu vijño na mṛṣeṇa codayet"라고 하였다. 〔참고문헌〕『法華經』, *Saddh-p*·*76*. ❸Ⓟvi-tathaṃ. 헛되어 실답지 못함. 『장아함경』 권2 「유행경 遊行經」(대정장1, p.11a16 : *Mahāparinibbāna-sutta*, *DN.2*, p.73)에 "만약 가르쳐주시는 것 있거든 너는 잘 기억했다가 잃어 빠짐없이 하여 들은 그대로 설하라. 여래의 말씀은 마침내 허망하지 않다. 若有敎誡 汝善憶念 勿有遺漏 如所聞說 如來所言 終不虛妄 yathā ca te bhagavā vyākaroti taṃ sādhukaṃ uggahetvā mamaṃ āroceyyāsi, na hi tathāgatā vitathaṃ bhaṇantīti", 『대지도론』 권31(대정장25, p.294c10)에 "〔문〕 실유법은 불공이어야 한다. 그 까닭은 무엇인가? 범부와 성인은 아는 것이 각각 다르니, 범부가 아는 것은 허망하지만 성인이 아는 것은 실답다. 실다운 성인의 지혜에 의지하기에 허망법을 버리는 것이니, 허망에 의지하여서는 허망을 버릴 수 없다. 問曰 應實有法不空 所以者何 凡夫聖人所知各異 凡夫所知是虛妄 聖人所知是實 依實聖智故捨虛妄法 不可依虛妄捨虛妄", 『수능엄의소주경』 권9(대정장39, p.946c6)에 "맺어 이루어진 것 허망하다. 정밀하게 연구한다 하니, 오히려 자세하게 찾는 일이다. 망상으로 생을 받는다는 말은 칠취라는 과를 가리키고, 망상을 따라 업을 짓는다는 말은 칠취의 인을 가리킨다. 이 망상에 따른 인과는 모두 무명에서 비롯된 유위허상일 뿐이니, 얻을 수 있는 실체가 없다. 만약 두렷이 밝은 경계에서 본다면 허공꽃과 같아서 본래 실재하는 것이 없으니, 파악할 만한 근원이나 실마리가 있겠는가! 結成虛妄也 精研猶細尋也 妄想受生 七趣果也 妄想隨業 七趣因也 此妄因果 皆是無明有爲虛相 無實可得 若望圓明 如虛空華 本無所有 何根緖而可得耶"라고 하였다. 〔참고문헌〕『長阿含經』, 『大智度論』, 『首楞嚴義疏注經』, *DN.*

허망견 虛妄見 Ⓢkheda-pada, vikalpa-darśana,

vitatha-darśana, pratibhāsa. 헛되게 보아서 허망하게 나타나는 것들. 『입능가경』 권3(대정장16, p.531c10)에 "대혜야! 모든 외도도 이와 같다. 시작 없는 때로부터 희론을 익히고 닦음으로 인하여 일이·구불구·유무·비유비무·상무상법에 집착하기 때문이다. 대혜야! 오직 자기 마음일 뿐이며 허망견임을 깨우쳐 알지 못할 뿐이다. 大慧 一切外道 亦復如是 因無始來 戲論熏習 執著一異 俱不俱 有無 非有非無 常無常法故 大慧 以不覺知 唯是自心 虛妄見故", 『유마경』 권1(대정장14, p.539b18 : *Vikī-n.*, p.66)에 "이 몸은 마치 꿈과 같을 뿐이니 허망하게 볼 뿐이다. 是身如夢 爲虛妄見 svapnopamo 'yaṃ kāyo vitathadarśanaḥ", 『주유마힐경』 권2(대정장38, p.341b12)에 "꿈에서 헛되게 보다가 깨어난 뒤에야 참이 아닌 줄 알게 된다. 夢中妄見 覺後非眞", 『유식론』(대정장31, p.64a3)에 "사람의 꿈도 아귀도 업에 의지해 허망하게 보일 뿐이니, 마치 꿈에 실제 여자는 없지만 몸이 움직여 부정한 것 잃듯 한다. … 앞서 말한 허망한 나타남 저 허망한 기억에 의지하니, 허망한 꿈을 꾸는 사람 깨기 전에는 모르리라. 人夢及餓鬼 依業虛妄見 如夢中無女 動身失不淨 … 先說虛妄見 則依彼虛憶 見虛妄夢者 未寤則不知"라고 하였다. 〔참고문헌〕 『入楞伽經』, 『維摩經』, 『註維摩詰經』, 『唯識論』, *Vikī-n.*, *Laṅk.35·41.*, *Vijñ-v.5.*

허망견자 虛妄見者 Ⓢtārkika, Ⓟtakkika. 헛되고 잘못된 견을 가진 이. 망상자(妄想者)·심사자(尋思者)·능심사자(能尋思者)로도 한역한다. 『입능가경』 권5(대정장16, p.546c15 : *Laṅk.*, p.171)에 "그때 부처님께서 거듭 게송으로 말씀하셨다. 모든 경계사 있지만 지혜로는 능히 보지 못한다. 이를 두고 지혜가 없고 지혜가 아니라고 한다면 이는 허망견자의 설이다. 爾時世尊重說偈言 有諸境界事 智慧不能見 彼無智非智 虛妄見者說 tatra-idam-ucyate. vidyamānaṃ hi ālambyaṃ yadi jñānaṃ na paśyati. ajñānaṃ taddhi na jñānaṃ tārkikāṇām-ayaṃ nayaḥ"라고 하였다. 〔참고문헌〕 『入楞伽經』, *Laṅk.*

허망법 虛妄法 Ⓢmoṣa-dharma, Ⓟmosa-dhamma, Ⓣslu-ba'i-chos. 허망한 법. 실로 있는 것 없고 인연으로 있는 일체유위법의 다른 이름이다. 『제석소문경』 권1(대정장1, p.248c20)에 "천주여! 허망법이란 별해탈법의 여섯 가지 법이다. 무엇이 여섯 가지인가? 이른바 눈으로 보는 색, 귀로 듣는 소리, 코로 맡는 냄새, 혀로 맛보는 맛, 몸으로 느끼는 감촉, 마음으로 분별하는 법이 그것이다. 天主 虛妄法者 於別解脫法中 有六種法 何等爲六 所謂眼觀色 耳聽聲 鼻齅香 舌了味 身覺觸 意分別法", 『승만경』 권1(대정장12, p.221c26)에 "언제나 있지 못하는 것은 허망법이고, 허망법이란 진실이 아니고 상이 아니며 의지할 바가 아닙니다. 無常者 是虛妄法 虛妄法者 非諦 非常 非依", 『입능가경』 권2(대정장16, p.525b20)에 "대혜여! 허망법의 바탕 인연법에 의지할 뿐이니, 집착해서 실이 있다고 분별하여 생한다. 大慧 虛妄法體依因緣法 執著有實分別而生"라고 하였다. 〔참고문헌〕 『帝釋所問經』, 『勝鬘經』, 『入楞伽經』, *Pras.13.*, *Sn.147.* ⇨ 유위법 有爲法, 진실법 眞實法

허망분별 虛妄分別 Ⓢparikalpa, abhūta-kalpa, abhūta-parikalpa. 깨우치지 못한 중생이 심과 심소(心心所)로 헛되어 실답지 못한 채로 나누고 가려 아는 모든 일. 『대승입능가경』 권4(대정장16, p.609b10 : *Laṅk.*, p.149)에 "'세존이시여, 바라옵건대 저희들을 위하여 허망분별상을 말씀해 주십시오. 이 허망분별은 어떻게 생기며, 왜 생기고, 무엇을 인으로 생기며, 누가 낳는 것이고, 무슨 까닭으로 허망분별이라고 합니까?' 世尊 願爲我說虛妄分別相 此虛妄分別 云何而生 是何而生 因何而生 誰之所生 何故名爲虛妄分別 deśayatu me bhagavān-deśayatu me sugato 'bhūta-parikalpasya lakṣaṇam kathaṃ kiṃ kena kasya bhagavann-abhūta-parikalpaḥ pravartamānaḥ pravartate", "부처님께서 말씀하셨다. '대혜야, 일체중생은 종종경이 자기 마음 나타남임을 깨우쳐 알지 못하고, 능취소취를 헤아려 허망하게 집착하여 온갖 분별을 일으켜 유무견에 떨어지고 외도의 그릇된 견해와 습기마저 한층 자라나게 한다. 심심소법이 상응하여 일어날 때에는 외부의 갖가지 뜻으로 얻을 수 있는 것으로 집착하여 나와 나의 것을 헤아려 집착한다. 그러므로 이런 것을 허망분별이라고 한다'. 佛言 大慧 一切衆生 於種種境 不能了達自心所現 計能所取 虛妄執著 起諸分別 墮有無見 增長外道 妄見習氣 心心所法 相應起時 執有外義 種種可得 計著於我 及以我所 是故名爲虛妄分別 artha-vividha-vaicitrya-abhūta-parikalpa-abhiniveśān-mahāmate vikalpaḥ pravartamānaḥ pravartate. nṛṇāṃ grāhya-grāhaka-abhiniveśa-abhiniviṣṭānāṃ ca mahāmate svacitta-dṛśya-mātrānavadhāritamatīnāṃ ca sad-asad-dṛṣṭi-pakṣa-patitānāṃ ca mahāmate tīrthakaradṛṣṭi-prativikalpa-vāsanā-pratipuṣṭānāṃ bāhya-vicitra-artha-upalambha-abhiniveśāc-citta-caittakalāpo vikalpa-saṃśabditaḥ pravartamānaḥ pravartate ātma-ātmīya-abhiniveśāt", 『유가사지론』 권53(대정장30, p.594c7)에 "모든 경계에서 전도상을 취함을 허망분별이라고 한다. 於諸境界 取顚倒相 名虛妄分別", 『성유식론』 권8(대정장31, p.46a20)에 "부처님의 모든 가르침에서는 허망분별이 의타기성이라고 한다. 諸聖教說 虛妄分別 是依他起", 『섭대승

론석』 권5(대정장31, p.181c24 : *Mah-saṃ.*, p.25)에 "〔논〕 의타성을 상으로 삼으면 허망분별이 곧바로 현현할 수 있다. 論曰 依他性爲相 虛妄分別 卽得顯現 gzhan gyi dbang gi mtshan nyid kyi yang dag pa ma yin pa'i kun tu rtog par bstan pa yin no", "〔석〕 허망분별을 드러내고자 단지 의타성으로 체상을 삼을 뿐인데, 난식과 난식의 변이가 곧 허망분별이다. 분별이 곧 난식이고, 허망이 바로 난식의 변이다. 허망분별을 자세히 설하면 열한 가지 식이 있으나, 간략하게 설하면 네 가지 식이 있으니, 첫째는 그럴듯한 진식, 둘째는 근인 듯한 식, 셋째는 그럴듯한 아식, 넷째는 식인 듯한 식이다. 일체의 삼계 중의 모든 허망분별은 이 뜻을 벗어나지 않는다. 釋曰 欲顯虛妄分別 但以依他性爲體相 亂識及亂識變異 卽是虛妄分別 分別卽是亂識 虛妄卽是亂識變異 虛妄分別 若廣說有十一種識 若略說有四種識 一 似塵識 二 似根識 三 似我識 四 似識識 一切三界中所有虛妄分別 不出此義"라고 하였다. 〔참고문헌〕『大乘入楞伽經』, 『瑜伽師地論』, 『成唯識論』, 『攝大乘論釋』, 『大乘阿毘達磨雜集論』 권14(대정장31, p.764a26), *Laṅk.*, *Mah-saṃ.* ⇨ 의타기성 依他起性

허망불실 虛妄不實 허망하여 실하지 못함. 인연(因緣) 따라 일어난 모든 유위법(一切有爲法)을 말한다. 『잡아함경』 권22(대정장2, p.157a29)에 "이 욕이라는 것은 허망하여 진실하지 않으며, 마치 저 환화가 어린 아이를 속이는 것과 같다. 此欲者 虛妄不實 欺誑之法 猶如幻化誑於嬰兒", 『대반야경』 권329(대정장6, p.686c12)에 "모든 보살마하살이 깊은 반야바라밀다를 행할 때 온갖 분별로 지은 것은 공하고 있는 바 아니며 허망하여 진실하지 않음을 안다. 諸菩薩摩訶薩行深般若波羅蜜多 知一切種分別所作空 無所有 虛妄不實", 『종경록』 권22(대정장48, p.524a29)에 "모든 법은 허망하여 실하지 못하니 속히 일어났다가 속히 멸하여 견고함이 없으니, 마치 꿈이나 그림자와 같아 어리석은 이들 미혹한다. 一切諸法 虛妄不實 速起速滅 無有堅固 如夢如影 如幻如化 誑惑愚夫"라고 하였다. 〔참고문헌〕『雜阿含經』, 『大般若經』, 『宗鏡錄』. ⇨ 유위법 有爲法

허망식 虛妄識 Ⓢ asad-vitarka. 그릇된 알음알이. 변계소집성(遍計所執性)을 말한다. 『백오십찬불송』(대정장32, p.762a11 : *Śata-śa.*, p.150)에 "저는 모니께서 쌓은 바다처럼 넓고 깊은 공덕 찬탄하오니, 이 선한 업에 의지하여 보리를 성취하리다. 두루 모든 중생이 수승한 마음 일으키길 바라노니, 어리석은 범부의 그릇된 알음알이 영원히 떠나게 하소서. 我讚牟尼功德海 憑斯善業趣菩提 普願含生發勝心 永離凡愚虛妄識 phalodayenāsya śubhasya karmaṇo muniprasādapratibhodbhavasya me, asadvitarkākulamāruteritaṃ prayātu cittaṃ jagatāṃ vidheyatām", 『반야심경유찬』 권상(대정장33, p.526c9)에 "계소집성은 오직 허망한 식일 뿐이다. 計所執性 唯虛妄識", 『성유식론연비』 권1(대정장43, p.813a23)에 "변계소집의 체성이 비록 없지만 이 허망한 식으로 붙든 것들이니 유식이라 한다. 遍計所執體性雖無 然是虛妄識之所執 亦名唯識"라고 하였다. 〔참고문헌〕『百五十讚佛頌』, 『般若心經幽贊』, 『成唯識論演祕』, *Śata-śa.* ⇨ 변계소집성 遍計所執性

허망유식 虛妄唯識 유식의 삼성(三性) 중 변계소집성(遍計所執性)을 구별해 부르는 말. 의타기성은 인연유식, 원성실성은 진실유식이라 부른다. 『유식이십론술기』 권상(대정장43, p.980c4)에 "모두어서 설하면 제법에는 간략히 삼성이 있다. 곧 변계소집성이니 허망유식을 말한다. 의타기성은 있는 것 아니지만 있는 듯이 인연으로 일어나므로 인연유식이라 하니 곧 식의 상이다. 원성실성은 의타기상에서 변계소집이 텅 비어 없는 뜻으로 진실유식이니 곧 식의 성이다. 總說諸法 略有三性 謂卽遍計所執性 虛妄唯識 依他起性 非有似有 因緣所生 因緣唯識 卽是識相 圓成實性 依他起上 遍計所執空無之理 眞實唯識 卽是識性"라고 하였다. 〔참고문헌〕『唯識二十論述記』. ⇨ 유식 唯識, 삼성삼무성 三性三無性

허망유식성 虛妄唯識性 두 가지 유식성 중 하나로 보내버려(所遣) 청정하게 되는 변계소집성(遍計所執性)을 말한다. 깨우쳐(所證) 청정한 것은 진실유식성(眞實唯識性)이다. 『성유식론』 권9(대정장31, p.48a28)에 "유식성에는 대략 두 가지가 있다. 첫째는 허망이니 변계소집성을 말하고, 둘째는 진실이니 원성실성을 말한다. 허망한 것을 가려서 진실성이라 말한다. 謂唯識性略有二種 一者 虛妄 謂遍計所執 二者 眞實 謂圓成實性 爲簡虛妄說實性言", 무성(無性)의 『섭대승론석』 권5(대정장31, p.407c7)에 "유식성은 바로 의타기성이고, 변계소집성과 원성실성은 이 성을 나누었을 뿐이다. 무분별지라는 불로 태울 때 진실성과 허망성의 두 가지 성으로 나뉘고, 이런 차제로 제일인즉 현현하고 다른 하나는 현현하지 않는다. 由唯識性是依他起 遍計所執及圓成實是此性分 無分別智 火所燒時 眞實虛妄二種性分 如其次第 一則顯現 一不顯現", 『성유식론술기』 권1(대정장43, p.232b13)에 "'유식성에는 대략 두 가지가 있다' 하였는데 … 앞의 유식성에서는 보내버려서 청정하고 뒤의 유식성은 깨우쳐 청정하다. 言唯識性略有二種 … 於前唯識性所遣淸淨 於後唯識性所證淸淨"라고 하였다. 〔참고문헌〕『成唯識論』, 『攝大乘論釋』, 『成唯識論述記』. ⇨ 유식성 唯識性, 진실유식성 眞實唯識性

허명망상 虛明妄想　네 가지 망상(四妄想) 중 수음(受陰)의 망상. 현전하는 것들에 대해 이로움과 손해를 따라 순하거나 거스른다. 『능엄경』 권9(대정장19, p.148b6)에 "만약 가위눌림의 허물이 그치면 그 마음 몸을 여의어 돌이켜 그 얼굴 관하며 가고 머묾에 자유로워 다시 머물러 걸림 없으니 수음이 다했다고 이름하며 이 사람은 능히 견탁을 초월할 수 있다. 그 말미암은 바를 관한다면, 허명망상을 그 뿌리로 한다. 若魘咎歇 其心離身 返觀其面 去住自由 無復留礙 名受陰盡 是人則能超越見濁 觀其所由 虛明妄想 以爲其本", 같은 책 권10(대정장19, p.154c14)에 "곧 이 설한 바 높은 데 있다고 생각하는 마음이 능히 그대의 몸으로 하여금 참으로 떨리게 한다. 수가 생함으로 인해 능히 색의 몸을 움직이니, 그대 지금 현전에서 이로움 따르고 손해 거스르는 두 가지가 나타나 내달린다. 이것을 이름하여 허명이라는 두 번째 망상이라 한다. 卽此所說 臨高想心 能令汝形 眞受酸澁 由因受生 能動色體 汝今現前 順益違損 二現驅馳 名爲虛明第二妄想", 『수능엄의소주경』 권10(대정장39, p.965b17)에 "매실 등을 생각함에 문득 받아들임 있게 된다. 만약 받아들이지 않는다면 입안에 물 고임 얻겠는가! 이 받아들임 또한 망상이니, 구르고 변하여 허망하게 일으키고 받아들인다. 두 가지로 내달린다란, 이 순하고 거스름을 받아들여 괴롭거나 즐거운 법이 생겨나면 마침내 손익이 있게 되고 저것에 부린 바 되는데, 경을 비추어 받아들임에 텅 비고 통하여 걸림 없기에 허명이라 이른다. 因想梅等 便有受領 若非領納 焉得水生 此受亦是妄想 轉變妄生領納也 二驅馳者 領此順違 生苦樂法 遂成損益 爲彼所使 照境而領 虛通無礙 故曰虛明", 『수능엄경의해』 권13(영락장168, p.494a3)에 "색음에는 견고망상이 있고, 수음에는 허명망상이 있으며, 상음에는 융통망상이 있고, 행음에는 유은망상이 있다. 色陰有堅固妄想 受陰有虛明妄想 想陰有融通妄想 行陰有幽隱妄想", 『대명삼장법수』 권18(영락장168, p.494a3)에 "둘째 허명망상 : 허명망상이란 곧 수음이다. 모든 중생들이 높은 곳에 오른다고 생각하면 발이 앞서 느닷없이 떨리며 거스르거나 따르는 두 상으로 손익이 나타나 내달리는데, 이는 바로 수음이다. 체가 없어 비었으나 밝은 바 있으니, 경에서 '그대 지금 현전에서 이로움 따르고 손해 거스르는 두 가지로 나타나 내달리는 것을 이름하여 허명이라는 두 번째 망상이라 한다'라고 하였다. 二 虛明妄想 虛明妄想者 卽受陰也 謂諸衆生 欲想登高足先酸澁 違順二相 損益現馳 是則受陰 無體虛有所明 經云 汝今現前 順益違損 二現驅馳 名爲虛明第二妄想"라고 하였다. [참고문헌] 『楞嚴經』, 『首楞嚴義疏注經』, 『首楞嚴經義海』, 『大明三藏法數』. ⇨ 사망상 四妄想

허무 虛無　**1** 실체 없는 뜻에서 공(空)의 다른 이름이다. 40권본 『대반열반경』 권5(대정장12, p.392a22)에 "또한 해탈이란 이름하길 허무라고도 한다. 허무는 곧 해탈이다. 해탈이 바로 여래이고, 여래는 허무이니 짓는 일도 지어진 것도 아니기 때문이다. 又解脫者 名曰虛無 虛無卽是解脫 解脫卽是如來 如來卽是虛無 非作所作", 『여환삼매경』 권하(대정장12, p.151c15)에 "죄업도 허무하고 과보도 허무하다. 罪業虛無 報亦虛無", 『금광명경문구기』 권5상(대정장39, p.145a7)에 "허무를 분명히 깨우쳤다 하니, 모두가 인연 쫓기에 자성과 실체가 없으므로 허이고, 이름도 모양도 떠났으므로 무이며, 필경 얻을 수 없기에 비로소 법을 깨우쳤다고 한다. 了達虛無者 悉從因緣 無性實故虛 離名相故無 畢竟叵得 方名了法", 『조론신소』 권중(대정장45, p.219b14)에 "허무라는 말 자체는 『노자』에서 빌려왔지만 반야의 체를 가리킨다. 묘하고 고요하여 상을 끊어 허라 하고, 혹으로 취하는 일 영원히 다했기에 무라 한다. 虛無者 語借老氏 謂般若之體 妙湛絶相曰虛 永盡惑取曰無"라고 하였다. [참고문헌] 『大般涅槃經』, 『如幻三昧經』, 『金光明經文句記』, 『肇論新疏』. **2** 노자(老子) 등에서 주장하는 만물의 본질. 『삼론현의』(대정장45, p.2a18)에 "노자의 도라 하니 그 도로 허무를 가리키고, 부처님의 도는 그 도로 모든 사구를 넘어설 뿐이다. 낮고 깊음 이미 먼데 어떻게 하나로 말미암겠는가? 伯陽之道 道指虛無 牟尼之道 道超四句 淺深旣懸 體何由一"라고 하였다. [참고문헌] 『三論玄義』. **3** 비워 없게 되다. 십이연기(十二緣起) 중 노사(老死)와 통한다. 『대승의장』 권4(대정장44, p.550a23)에 "상이 일어남을 생이라 하고, 비어 없게 됨을 멸이라 하며, 멸은 노사라 한다. 相起名生 虛無名滅 滅名老死"라고 하였다. [참고문헌] 『大乘義章』.

허무승 虛無僧　일본 보화종(普化宗) 스님의 별칭. 세상 일체는 실체가 없는 허무라는 도리를 관하여 마음을 비우는 주의를 내세우기에 붙여진 이름이다. ⇨ 범론 梵論 **2**, 보화승 普化僧, 보화종 普化宗

허무종 虛無宗　➡ 보화종 普化宗

허무지신 虛無之身　다 비워 번뇌란 없는 몸. 열반을 얻은 몸의 뜻이다. 『무량수경』 권상(대정장12, p.271c4)에 "저 부처님나라 청정하고 안온하며 미묘하고 쾌락하니, 그 다음이 무위열반의 도다. 그곳의 모든 성문과 보살 그리고 인천은 지혜가 높고 밝으며 신통력으로 어디나 막힘없이 이른다. … 생김새가 반듯하고 세속인을 뛰어넘는 드문 모습이며 얼굴색 미묘하여 천도 아니고 인도 아니다. 이들 모두 저절로 허무의 몸과 끝도 없는 바탕을 받는다. 彼佛國土 淸淨安穩 微妙快樂 次於無爲泥洹之道 其諸聲聞菩薩 人天 智慧高明 神通洞達 … 顔

貌端正 超世希有 容色微妙 非天非人 皆受自然虛無之身無極之體", 『무량수경의소』(대정장37, p.122a17)에 "끝도 없는 체는 색이 저 빛과 그림자와 같기에 허무의 몸이라 하며, 색상이 없다는 뜻은 아니다. 無極之體 色如光影 故云虛無之身 非意無色狀也"라고 하였다. 〔참고문헌〕『無量壽經』, 『無量壽經義疏』.

허무회 虛無會 허무로 알아차리다. 있다 없다로 알아차려도(有無會) 안 되지만, 허망하여 아무것도 없다고 알아도 안 된다. 『무문관』 1칙 「평창 評唱」(대정장48, p.293a3)에 "무자를 참구하며 밤낮으로 놓치지 않고 들어야 하니, 허무라는 뜻으로 이해하지도 말고, 유무 대립의 무라고 이해하지도 마라. 參箇無字 晝夜提撕 莫作虛無會 莫作有無會"라고 하였다. 〔참고문헌〕『無門關』.

허백 虛白 ❶『장자』「인간세 人間世」에 "빈 방에 밝은 빛이 드니 길상이 멈추고 머문다. 虛室生白 吉祥止止"라 하였다. 『굉지광록』 권1(대정장48, p.6b21)에 "굉지선사가 말했다. '방에 무엇도 없어 빛나기만 하고, 눈으로 맑은 빛을 비춘다 한들, 오히려 납승이 몸 맡겨 목숨을 보전할 곳은 아니다. 말해 보라! 결국은 어떻게 해야 할까?' 잠깐 침묵하다가 말했다. '삼경에 달은 지고 밤 둥지는 추우니, 경림에는 천년학이 잠들지 않는다'. 師云 室生虛白 眼照淸光 猶未是衲僧安身立命處 且道 畢竟作麼生 良久云 三更月落夜巢寒 瓊林不宿千年鶴", 『송고승전』 권22 「법원전 法圓傳」(대정장50, p.854b28)에 "무릇 방 조용하면 텅 비고 밝기만 하지만, 마음이 고요하면 신인듯 통한다. 原夫室靜生虛白 心靜則神通"라고 하였다. 〔참고문헌〕『宏智廣錄』, 『宋高僧傳』. ❷ 1593~1661. 조선후기 승병장이며, 덕망이 높았던 명조(明照)의 호다. ⇨ 명조 明照 ❸ ➡ 혜참 慧旵

허백당명조대사비 虛白堂明照大師碑 조선 후기 허백명조(虛白明照 1593~1661)의 행장을 새긴 비. 1662년(현종3)에 평안북도 영변군 묘향산 안심사(安心寺)와 강원도 회양군 금강산 표훈사(表訓寺) 두 곳에 건립되었다. 비문은 이경석(李景奭)이 지었다. 〔참고문헌〕『朝鮮金石總覽』 권하 pp.912~916, 『校勘譯註歷代高僧碑文』 朝鮮篇1 pp.457~483, 『韓國高僧碑文總集 朝鮮朝·近現代』 pp.233~239. ⇨ 명조 明照

허백집 虛白集 허백명조(虛白 明照 1593~1661)의 문집. 한불전8, pp.379c1~397b5에 있다. 1669년(현종10) 묘향산 보현사(普賢寺) 간행 목판본(木板本)이 전한다. 명조는 송운유정(松雲惟政) - 송월응상(松月應祥)의 법을 이은 고승으로, 그의 문인 각흠(覺欽), 남인(南印) 등이 문집간행을 주도하였다. 명조가 저작한 시와 문이 3권으로 구성되었고, 서두에는 노몽수(盧夢脩)의 서문이, 말미에는 각흠의 발문이 있다. 서문에서 노몽수는 행장(行狀)에 의지하여 명조의 인품, 시문, 행적 등을 칭송하였는데, 특히 태고보우(太古普愚)로부터 명조에 이르는 법통(法統), 정묘(丁卯)와 병자호란(丙子胡亂) 당시의 승장(僧將) 활동 등을 기술하였다. 수록된 시문은 대부분 참선수행, 명산명찰로의 유행(遊行), 스님과 유자(儒者)와의 교유(交遊), 사찰과 암자의 중창, 호란 당시의 승장 활동 등을 자세히 살펴볼 수 있다. 이 중 「정묘년 정월 초하루 의승을 거느리고 안주 대진에 들어가 접전하다 丁卯正月元日領義僧入安州大鎭接戰」(한불전8, p.391a12), 「정묘년 정월 초팔일에 안주 진영에 들어가 임금님의 행차가 서쪽으로 갔다는 말을 듣고 강화도를 향해 통곡하면서 짓다 丁卯正月初八日入安州鎭聞龍旋西指江華島痛哭而作」(한불전8, p.391a6) 등과 같은 시는 전쟁을 마주해야 했던 스님의 애통한 심정 등도 전하고 있다. ⇨ 명조 明照

허분별 虛分別 Ⓢ abhūta-kalpa, abhūta-parikalpa, Ⓣ yang-dag-ma-yin-kun-rtog. 헛된 분별. 허망분별(虛妄分別)과 같다. 『대승장엄경론』 권4(대정장31, p.611b22 : *Sūtr.*, p.59)에 "〔석〕 '저 환을 일으키는 환사는 비유하여 허분별을 설하는 것이고'라고 하였는데, 비유하면 환사가 주술력에 의지해 나무나 돌 등을 변화시켜 이로써 미혹의 인을 삼는 것과 같이, 이와 같이 허분별의 의타성도 그와 같아서 갖가지 분별을 일으켜 전도의 인이 된다. 釋曰 如彼起幻師譬說虛分別者 譬如幻師依呪術力變木石等以爲迷因 如是虛分別依他性亦爾 起種種分別爲顚倒因 yathā māyā yantraparigṛhītaṃ bhrāntinimittaṃ kāṣṭhaloṣṭādikaṃ tathābhūtaparikalpaḥ paratantraḥ svabhāvo veditavyaḥ", 같은 책 권7(대정장31, p.625c7)에 "〔석〕 '제행은 허분별이니 정지로써 둘이 없음을 안다' 하였는데, 이 중에서 보살은 삼계에서 제행은 오직 참된 분별일 수 없다고 보고 극히 깨끗한 지로써 저것 둘 없다는 것을 안다. 釋曰 諸行虛分別 淨智了無二者 此中菩薩於三界諸行唯見不眞分別 以極淨智了彼無二"라고 하였다. 〔참고문헌〕『大乘莊嚴經論』, *Sūtr.* ⇨ 허망분별 虛妄分別

허분별각 虛分別覺 Ⓢ abhūta-vikalpa-bodha, Ⓣ yang-dag-min-rtog-yin-par-rtogs-pa. 헛된 분별임을 깨우치다. 보살이라 할 수 있게 된다. 『대승장엄경론』 권12(대정장31, p.656b8)에 "〔석〕 또 네 가지 깨달음에 의해서 보살이라 한다. … 넷째는 허분별의 각이니, 진실이 아닌 분별임을 깨닫기 때문이다. 진실이 아닌 분별이란, 앞의 심의식 일체다. 보살은 오직 이것들이 진실이 아닌 분별임을 깨닫기 때문이다. 釋曰 復由四

覺名爲菩薩 … 四 虛分別覺 由覺不眞分別故 不眞分別者 卽前心意識一切 菩薩唯覺此是不眞分別故"라고 하였다. 〔참고문헌〕『大乘莊嚴經論』, *Sūtr. 174.*

허생랑사 虛生浪死 헛되게 살다가 덧없이 죽다. 『증도가주』(卍속장111, p.397a2)에 "위없는 반야는 오직 뛰어난 뿌리나 빼어난 그릇만이 만날 수 있으니, 중하로 쓰는 마음으로는 새겨 본뜨기도 어렵다. 그러므로 삼계는 아득하고 육도 망막하니, 모두가 헛되게 살다가 덧없이 죽는다. 無上般若 唯接上根上器 中下之機 卒難銘模 是以 三界浩浩 六道茫茫 盡是虛生浪死"라고 하였다. 〔참고문헌〕『證道歌註』.

허석 虛席 빈 자리. 정해지지 않아 궐석인 상태를 말한다. 『대명고승전』 권5 「정각전 正覺傳」(대정장50, p.915a17)에 "천동사의 자리가 비자 군수가 격문을 보내어 스님에게 주지를 맡아달라고 청하였다. 天童虛席 郡守馳檄 請師住持"라고 하였다. 〔참고문헌〕『大明高僧傳』.

허수 虛宿 Ⓢ Dhaniṣṭhā. 태장만다라 최외원에 머무는 존격. 종자는 (dha), 삼매야형은 연꽃 위의 별(蓮上星). 존형은 살색 몸에 오른손에는 끝에 별이 달린 연꽃을 들었고, 왼손은 손바닥을 위로 하여 허벅지에 올려 놓은 모습이다. 수인은 이십팔수총인(二十八宿總印). 진언은 '나마 사만타붓다남 다니스타낙샤트라 스바하 namaḥ samantabuddhānāṃ dhaniṣṭha-nakṣatra svāhā 널리 제불께 귀의합니다. 허수여! 스바하'이다. 현병궁(賢甁宮)에 자리한다. 가장 부유한 이를 의미하며 탐재(貪財)라고도 한다. 〔참고문헌〕『曼荼羅図典』(大法輪閣, 2002). ⇨ 이십팔수 二十八宿

허신 虛神 Ⓢ abhisaṇḍa. 사람 몸에 붙어 말하는 신. 다른 몸이 없기에 허신이라 한다. 『바수밀소집론』 권2(대정장28, p.733b1)에 "〔문〕 인간이 아닌 존재가 사람 몸에 붙어 말을 하기에 음성이 있는 것인가? 또한 이는 인간이 아닌 존재의 음성이라고 말해야 한다. 과거의 사람에게도 보이고 미래의 사람에게도 보이며 풍속에서도 보인다. 신이 사람에 붙어 말을 하므로 실로 허신〈아비선제라의 음사〉은 없다 하지만 떨어지고 나면 말한 내용을 기억하지 못한다. 問 非人著人形語 是故有音聲 復次當言 此非人聲 見過去人 見未來人 亦見方俗 神著人語 實無虛神〈阿鞞扇提〉離不憶所說"라 하였다. 〔참고문헌〕『婆須蜜所集論』, 『翻梵語』(대정장54, p.1030a7).

허실 虛實 허와 실. 방편과 진실. 『장아함경』 권3 「유행경 遊行經」(대정장1, p.17c5)에 "마땅히 모든 경의 설에 따라서 그 허실을 헤아려야 하고, 율에 의지하고 법에 의지해 그 본말을 구해야 한다. 當於諸經 推其虛實 依律依法 究其本末", 『이제의』 권중(대정장45, p.98a13)에 "실을 아는 것을 실지라 하고, 헛된 줄 아는 것을 권지라 한다. 거짓과 진실을 알기에 두 가지 지로 나뉜다. 이제(二諦)는 그렇지 않으니 둘 다 진실이다. 이러한 뜻 때문에 성인은 한가지 진실(諦)이지만 두 가지 지혜가 있게 된다. 知實爲實智 知虛爲權智 知虛實故有二智 諦則不爾 二皆是實 爲是義故 聖人一諦 而有二智也"라고 하였다. 〔참고문헌〕『長阿含經』, 『二諦義』.

허실관 虛實觀 세 가지 헛된 것(三假 : 法假 受假 名假) 보내버리고 실상(實相)을 관하는 법. 『인왕반야경소』 권상1(대정장33, p.318a4)에 "〈경〉 법가의 허실관과 수가의 허실관과 명가의 허실관. … 〈소〉 명가란 허이고 법가와 수가는 실이므로 허실관이라 한다. … 낱낱을 아울러 불러서 모두 허실관이라 한 까닭은 무엇인가? 집착이 허가 되고 그 허의 경을 잊게 해서 실관을 삼는다. 관찰은 진실을 꿰뚫어 달한다는 뜻이다. 만약 정관에 의지해 가의 의미를 밝힌다면 이상의 풀이와 다르다. 인연으로 생멸하는 법은 그대로 공이고 그대로 가이며 그대로 중이다. 여기서 가라는 말은 적멸과 무득을 가리키는 이름이다. 法假虛實觀 受假虛實觀 名假虛實觀 … 名假是虛 法假受假是實 故云虛實觀也 … 一一假並稱虛實觀者 執著成虛 忘境爲實觀者 觀察觀達爲義也 若依正觀明假者不如此 因緣生法 卽空卽假卽中 言假名者 寂滅無得之名也", 원측(圓測)의 『인왕경소』 권상(대정장33, p.367c7 · 한불전2, p.28b18)에 "세 가지 허가를 보내고 실상의 이만을 관하기에 허실관이라 한다. 遣三虛假 觀實相理 名虛實觀"라고 하였다. 〔참고문헌〕『仁王般若經疏』, 『仁王經疏』. ⇨ 삼가시설 三假施設❶❷, 법가 法假, 수가 受假, 명가 名假

허심 虛心 텅 빈 마음. 『화엄경소초』 권79(대정장36, p.621a3)에 "무릇 열반에 이른 사람 마음 비워 그윽이 비추니 뜻으로 거두지 못할 것 없고, 흉중에 육합을 품어 신령하게 비추고도 여유롭다. 夫至人虛心冥照 理無不統 懷六合於胸中 而靈鑑有餘", 『유마경약소』 권2(대정장38, p.586a15)에 "있다 없다 정할 바 없고 의지해 기댈 것도 없다. 이 텅 빈 마음 가져 막힘없이 가야 할 길 본다. 不定有無 無所依倚 將此虛心 豁見中道"라고 하였다. 〔참고문헌〕『華嚴經疏鈔』, 『維摩經略疏』.

허심합장 虛心合掌 Ⓢ saṃpuṭa. 12합장 중 하나. 삼보타(三補吒)라고 음사하고 공심합장(空心合掌)·공중합장(空中合掌)·허합(虛合)·허심합(虛心合)이라고도 한다. 양손을 합장하되 열 손가락 끝은 붙이고 손바닥은 조금 떼어 빈 공간을 만든다. 『대일경소』 권13(대정장39, p.714c12)에 "열 손가락의 손톱을 나란하게 하고 손가락 끝을 서로 붙이되 손바닥 중심은 조금 떨어뜨리면 이를 삼보타합장이라 한다〈이것은 허심합장이다〉. 以十指爪相當齊等 以指頭相合 掌中心小不相著 名三補吒合掌〈此名虛心合掌〉", 같은 책 권17(대정장39, p.750c8)에 "삼보타 허심합장을 만들고 양손의 검지와 소지를 곧게 펼치고 나머지는 그대로 둔다. 이는 비로자나여래의 대위덕이 생하는 인이다. 여기에서 여래의 대위덕이 생긴다. 이것이 일체지지의 명이다. 作三補吒虛心合掌 其二風地指直而開張 餘如舊即是也 此是毘盧遮那如來大威德生印 從此中如來大威德生 此是一切智智之明也"라고 하였다. 〔참고문헌〕『大日經疏』. ⇨ 십이합장 十二合掌

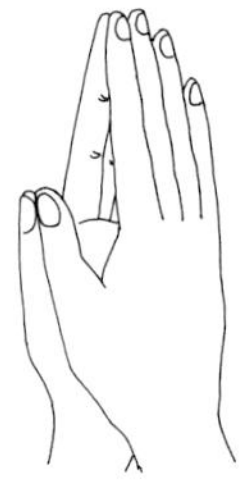

허암 虛庵 남송(南宋)대 천동사(天童寺)에 주석하던 임제종 황룡파(黃龍派) 스님. 설암종근(雪庵從瑾)의 제자. 1187년(순희14) 일본에서 영서(榮西)가 중국에 와서 수행하던 16년 동안 천동경덕사(天童景德寺)에 주석하며 시봉하였다. 1191년(소희2) 영서에게 법을 전하였고, 후에 그는 일본으로 돌아가 건인사(建仁寺)를 창건하였다. 〔참고문헌〕『黃龍十世錄』, 『五山文學新集』.

허암보관선사어록 虛庵普觀禪師語錄 일본 허암보관의 어록. 1권. 필사본. 구택대학(駒澤大學)에 1766년(명화3) 필사본이 전한다. 본래 제목은 『만송개산허암보관선사어록 萬松開山虛庵普觀禪師語錄』이다. 상당(上堂)·소참(小參)·법어(法語)·서(書)·게송(偈頌)·소불사(小佛事)·제찬(題贊)·종명(鐘銘)·유게(遺偈) 등으로 구성되었다. 끝에 「탑명 塔銘」이 붙어 있다.

허언 虛言 Ⓟ musā-vāda. 진실이 아닌 헛된 말. 『장아함경』 권2 「유행경 遊行經」(대정장1, p.15c18)에 "그때 마왕은 다음처럼 생각했다. '부처님께서는 허언을 하지 않으시니 이제 반드시 멸도하실 것이다'. 時 魔卽念 佛不虛言 今必滅度", 『구사론』 권20(대정장29, p.105a27 : *Abh-k-bh.*, p.298)에 "하지만 저들이 설한 바 '항상하여 유위의 모든 상과 함께 있기에 행은 상이 아니다'라고 하는 이것은 단지 허언일 뿐이니, 생멸의 뜻은 없기 때문이다. 然彼所說 恒與有爲諸相合故 行非常者 此但有虛言 生滅理無故 yad apy uktaṃ saṃskṛtalakṣaṇayogān na śāśvatatvaprasaṅga iti tad idaṃ kevalaṃ vāṅmātram utpādavināśayor ayogāt", 『성유식론』 권3(대정장31, p.13a9)에 "거기에는 허언만이 있고 도무지 실한 뜻은 없다. 어떻게 일념에 두 때가 있다고 인정할 수 있는가? 생상(生相)과 멸상(滅相)은 서로 어긋날 뿐인데 어떻게 동시에 현재할 수 있겠는가? 彼有虛言都無實義 何容一念而有二時 生滅相違寧同現在"라고 하였다. 〔참고문헌〕『長阿含經』, 『俱舍論』, 『成唯識論』, *Abh-k-bh.*, *DN.2.13.*

허왕실귀 虛往實歸 빈 마음으로 갔다가 알찬 소식 안고 돌아오다. 비웠기에 실을 얻은 뜻이다. 『장자 莊子』 「덕충부 德充符」에서 '虛而往 實而歸'라 하였다. 『송고승전』 권30 「호직전 好直傳」(대정장50, p.894c27)에 "하루 사이에 짚신 신고 지팡이 짚으며 홍주선문에 나아가 심요를 통달하였으니, 비우고 갔기에 알찬 소식 안고 돌아왔다. 一旦芒屩策杖 詣洪州禪門 洞達心要 虛往實歸"라고 하였다. 〔참고문헌〕『宋高僧傳』.

허운 虛雲 1840~1959. 이름은 고암(古岩), 자는 덕청(德淸), 호는 환유(幻遊), 속성은 소(蕭)씨. 호남성(湖南省) 상향(湘鄕) 출신. 한 종파에 속하지 않고 여러 가르침에 두루 정통하였다. 조동종과 임제종을 겸사(兼嗣)하며 운문, 법안, 위앙에 이르는 오가(五家)의 가풍을 두루하였다. 19세에 용천사(涌泉寺)에서 상개(常開)스님을 은사로 출가하였고, 20세에 묘련율사(妙蓮律師)에게 구족계를 받았다. 그로부터 여러 명산의 선지식을 친견하며 법을 묻고 성지를 순례하여 사천(四川)·티베트·인도·스리랑카·미얀마 등을 유력하였다. 44세인 1884년에 보타낙가산(普陀洛迦山)의 법화암(法華菴)을 참배하여 부모님의 은혜를 갚고자 삼보일배(三步一拜)로 3년을 보냈다. 56세에 강소(江蘇) 고민사(高旻寺)에서 정진하다가 크게 깨달음을 얻었고, 61세 때인 1901년 소재법회(消災法會)를 설행한 후 종남산(終南山)에 은둔하였는데, 이때부터 법명을 '허운'이라고 바꾸었다. 이후 피낭·말라카·콸라룸푸르·대만·태국 등을 다니며 포교하였고, 90세에 이르러 고산(鼓山)으로 돌아와 지냈다. 다시 109세에는 홍콩에서 포교하고 이듬해 다시 본토로 돌아와 지내다가 1959년 강서(江西) 운거산(雲居山) 진여사(眞如寺)에서 입적하였다. 당시 세수는 120, 법랍은 101세였다. ⇨ 삼보일배 三步一拜

허웅 許雄 조선전기 스님. 『연산군일기』 권49 9년(1503) 4월 23일에 "충청도 관찰사 이자건이 아뢰기를 '요사스러운 승 허웅이 생불이라고 하면서 사람들의 위독한 병, 폐질, 창, 종기 등 일체 잡병을 치료하지 않는 것이 없습니다. … 허웅은 마땅히 극형으로 다스려야 합니다'. 忠清道觀察使李自健啓 妖僧虛雄自稱生佛云 凡人篤疾 癈疾 瘡腫等 一應雜病 無不治療 … 虛雄宜置極刑"라고 하였다. 〔참고문헌〕『燕山君日記』.

허월 許越 신라말 고려초 스님. 『고려사』 권92 왕순식전(王順式傳)에 따르면 강원도 명주(溟州) 사람인데 장군(將軍)이 되어 명주지방을 지키면서 왕건(王建)에게 항복하지 않으므로 태조(太祖)는 후환의 근심을 놓치 못하고 있었다. 이 때 시랑인 권열(權說)이 주청하되 "아버지가 자식을 타이르고 형이 동생을 훈계함은 천리(天理)입니다. 순식의 아비는 지금 스님 신분으로 내원사(內院寺)에 있사오니 그를 순식에게로 보내어 항복을 설득하도록 하소서"라 하니, 태조가 이를 받아들였다. 순식이 드디어 장자(長子) 수원(守元)을 보내어 왕건에게로 귀부(歸附)하므로 태조는 왕씨(王氏) 성(姓)과 전택(田宅)을 하사했다. 순식은 또 둘째 아들 장명(長命)을 보내어 군대 600명을 인솔하고 숙위(宿衛 : 警護)를 담당케 하였다. 〔참고문헌〕『高麗史』 권92.

허위 虛位 아(我)와 법(法)을 다 비워버린 실상(實相) 또는 진여(眞如)의 위. 『십이문론』「서 序」(대정장30, p.159b12)에 "이는 허위에서 다하고 아는 이제에서 잃는다. 理極於虛位 則喪我於二際", 『십이문론소』「서」(대정장42, p.172c29)에 "'이는 허위에서 끝나고'란 법무아를 밝히는 것이다. '아는 이제에서 잃는다'란, 인을 파하여 인무아를 얻게 하는 것이다. … 허위란 실상이나 진여법위의 다른 이름일 뿐이다. 여기서는 유위나 무위의 법이 필경 공임을 밝히며, 이의 극도 이 공에 있음을 밝히는 것이다. 따라서 이의 극이 허위에 있다고 한 것이다. 理極於虛位 明法無我 喪我於二際者 破人令得人無我 … 虛位者 實相眞如法位異名也 今明有爲無爲法畢竟空 明理極在於此空 故云理極虛位也"라고 하였다. 〔참고문헌〕『十二門論』, 『十二門論疏』.

허위 虛僞 Ⓢ prapañca, rikta tuccha mṛṣa, Ⓟ papañca, Ⓣ gsog-dang-gsob-dang-brdzun-pa. 허망해 거짓인 것. 『중아함경』 권5 「등심경 等心經」(대정장1, p.449c3)에 "허위의 이학들 오래 쇠하다 영원히 사라진다. 왜 그런가? 이와 같은 묘법을 들을 수 없기 때문이다. 虛僞異學 長衰永失 所以者何 謂不得聞 如此妙法", 『유마의기』 권3(대정장38, p.487a29)에 "마음이 법과 뜻에 의지하므로 허망해 거짓인 것은 없다. 心依法義 故無虛僞"라고 하였다. 〔참고문헌〕『中阿含經』, 『維摩義記』, *Laṅk.69.*, *Śrāv-bh.441.*, *AN.2.163.*

허위상 虛僞相 Ⓢ prapañca-nimitta. 헛되어 거짓인 모습. 『보살지지경』 권8(대정장30, p.934b29 : *Bodh-bh.*, p.187)에 "모든 망상을 벗어나 헛되고 거짓인 모습 사라지니, 진실 그대로만을 관찰하여 고요한 마음만이 머문다. 離一切妄想 虛僞相滅 觀察如實 寂靜心住 sarvavikalpaprapañcanimittāny apanīya yathābhūtaṃ śāntato manasikurvato yā cittasthitiḥ", 『대승의장』 권3(대정장44, p.528b19)에 "허위상이란 정(情)에 의지해 밖으로 일으키는 경계상이다. 마치 잠든 마음에서 꿈의 경계를 일으킴과 같다. 虛僞相 依情起於外境界相 如從睡心 起夢境界"라고 하였다. 〔참고문헌〕『菩薩地持經』, 『大乘義章』, *Bodh-bh.*

허위신견 虛僞身見 허위의 몸이라는 견해. 경량부(經量部)에서 유신견(有身見)인 살가야견(薩迦耶見 Ⓢ satkāya-dṛṣti)을 이르는 말. 『성유식론술기』 권6(대정장43, p.445b15)에 "범어로 살가야달리슬치라 이르는데, 경부사는 이르길 '살은 거짓의 뜻이고 가야는 신이며 달리슬치는 견이다. 신은 모인 것의 뜻이니 곧 거짓이 모인 것이므로 응당 「취신을 연하여 견을 일으키기에 위신견이라 이름한다」라고 말해야 한다. 부처님께서는 당래에 살바다 등이 집하여 유신견이라 할 것을 막으려 하셨기에 살을 거짓이라는 말로 설하셨으니, 비록 살이라는 하나의 말은 또한 유(有)를 가리키기도 하지만 지금은 사탄제저살의 뜻을 설하고 있기에 살이라는 말은 허로서 표한다'라고 한다. 梵云 薩迦耶達利瑟致 經部師云 薩是僞義 迦耶是身 達利瑟致是見 身是聚義 即聚集假 應言緣聚身起見 名僞身見 佛遮當來薩婆多等執爲有身見者故 說薩僞言 雖一薩言 亦目於有 然今說是思誕提底薩義 故薩言表僞", "살바다는 이르길 '살은 유의 뜻이고 가야 등은 앞서와 같으니 비록 취신으로서 실유라 하지만 신이란 스스로의 몸이라는 것의 다른 이름이므로 응당 자체견이라 말해야 한다. 부처님께서는 당래의 경부사 등이 설하여 위신견이라 할 것을 막으려 하셨기에 살을 유라는 말로 설하셨으니, 비록 살이라는 하나의 말은 또한 거짓을 가리킨다. 지금은 응당 아실제저살의 뜻을 말해야 하기에 살이라는 말은 유를 표한다'라고 한다. 薩婆多云 薩是有義 迦耶等如前 雖是聚身 而是實有 身者自體之異名 應言自體見 佛遮當來經部師等說爲僞身見者故 說薩有言 雖一薩言 亦目於僞 今者 應言阿悉提底薩義故 薩言表有", "대승에서는 응당 승흘란저살이라 말해야 하니 문득 옮겨 구른 것이다. 이로 말미암아 살가야견은 대소승이 다르게 설하니, 살바다는 유신견이라 이름하고 경부는 허위신견이라 이름하는데, 이제 대승의 뜻으로는 마음 위에 나타난 바가 아인 듯한 상으로 그 바탕이 실유가 아니니 이것은 가법이기 때문이다. 또한 바탕은 도무지 없지도 않아서 의타기성이 소연연이 되기에 이미 실유도 아니지만 또한 허위도 아니다. 오직 다른 것에 의지하여 옮겨 구른 법일 뿐이며 아가 의지하는 바다. 또한 집하는 바에 의지하면 가히 허위라 말할 수 있지만 변하는 바 모습에 의지하면 가히 말하여 유라 할 수도 있으니, 저 나머지 종에서 결정코 실재한다든가 결정코 거짓이라고 하는 것은 아니기에 옮겨 구른 것이라고 이름한다. 大乘應言僧吃爛底薩 便成移轉 由此薩迦耶見 大少別說 薩婆多名有身見 經部名虛僞身見 今大乘意心上所現 似我之相 體非實有 是假法故也 又體非全無 依他起性 成所緣緣故 既非實有 亦非虛僞 唯是依他移轉之法 我之所依 又依所執 可言虛僞 依所變相 可言爲有 非如餘宗定實定僞 故名移轉"라고 하였다. [참고문헌]『成唯識論述記』. ⇨ 살가야견 薩迦耶見, 유신견 有身見

허유 許由 전설상의 은둔자. 요(堯)임금이 천하의 대권을 넘겨주려 하자 받아들이지 않고 영수(潁水)의 양기산(陽箕山) 아래 숨어 살았다고 한다. 요가 다시 불러 구주(九州)의 장(長)으로 앉히려 하였지만 그 소리조차 듣기 싫다는 이유로 영수에 더럽혀진 귀를 씻었다고 한다. 『장자 莊子』「소요유 逍遙遊」, 『사기 史記』「백이열전 伯夷列傳」 등에 보인다. 『종용록』 56칙 「평창 評唱」(대정장48, p.263a13)에 "소부와 허유는 요를 피하여 귀를 씻었고 (소부는 허유가 귀 씻은 더러운 물을 먹이지 않으려고) 소를 끌고 올라가 물을 먹였다. 『노자』에 '총애나 굴욕이나 놀란 듯 해야 하고, 얻어도 놀란 듯 하고, 잃어도 놀란 듯 한다'라고 하였다. 巢父許由 避堯洗耳飮牛 老子云 寵辱若驚 得之若驚 失之若驚"라고 하였다. [참고문헌]『從容錄』. ⇨ 소부 巢父

허융관 虛融觀 선종의 5조 홍인(弘忍)에게 법을 받은 지선(智詵)의 저술. 3권. 현존하지 않고, 『역대법보기』(대정장51, p.184b24)에 그 이름만 보인다. [참고문헌]『歷代法寶紀』.

허융담박 虛融澹泊 다 비워 일체가 걸림없이 어울리고 잠긴 것 없이 맑아 모든 것들 깃들다. 종보본 『단경』(대정장48, p.361a28)에 "일체처에서 상에 머물지 않고 저 상 중에 증애 일으키지 않으며, 취사마저 없어 이익과 성괴 등의 만사를 생각하지 않는다. 한가롭고 더없이 고요하니 다 비워 어울리고 맑고 깨끗하다. 이러한 경계를 일상삼매라 한다. 若於一切處 而不住相 於彼相中 不生憎愛 亦無取捨 不念利益成壞等事 安閒恬靜 虛融澹泊 此名一相三昧", 『북산록』 권6 「기이설 譏異說」(대정장52, p.612c21)에 "무릇 무위란 다 비워 일체가 걸림없이 어울리고 잠긴 것 없어 모든 것 깃들인다〈걸림에서 벗어남을 허라 하고, 막힘없이 비춤을 융이라 하며, 번뇌를 넘어선 경계는 적이라 하고, 고요해 자연스러움을 박이라 한다〉. 夫無爲者 虛融寂泊 無善不爲〈離礙曰虛 洞照名融 超煩稱寂 澹然爲泊〉"라고 하였다. [참고문헌]『壇經』, 『北山錄』.

허응 虛應 1515~1565. 조선전기 인제 백담사(百潭寺) 스님. 휘는 보우(普雨), 허응(虛應) 또는 나암(懶庵)은 법호다. ⇨ 보우 普雨, 나암 懶庵 ❶

허응당집 虛應堂集 허응보우(虛應普雨 1509~1565)의 시문집. 목판본 3권 1책. 1573년(선조6)에 제자 태균(太均)이 보우가 23세 때 금강산 수행부터 입적할 때까지 쓴 시를 시대순으로 정리하여 『허응당집』 상하 두 권의 시집으로 엮었는데, 여기에 태균이 간록(刊錄)하고 회암사(檜岩寺) 주지 천령(天岭)이 적고 직지사(直指寺) 유정(惟政 1544~1610)이 교정한 『나암잡저 懶庵雜著』 1권을 합하여 '허응당집'이라고 부르고는 양주 천보산 회암사에서 간행하였다. 한불전7, pp.529a2~594a10에 수록되어 있다. 선과 교의 깊고 얕음을 묻는 이에게 답한 「기감선인병답선교심천지문 寄鑑禪人幷荅禪教深淺之問」, 교는 일선(一禪)의 돈교(頓敎)이고 선 본래 돈교의 일선이어서 선교가 서로 통함을 밝힌 「교종판사록명편 敎宗判事錄名篇」, 유교와 불교의 길이 같고 다름을 역설한 「유석권상일치 儒釋權常一致」·「차화법사축운 次華法師軸韻」·「차옥사축운 次玉師軸韻」 등이 있다. 「산거잡영 山居雜詠」 15수, 「청평잡영 淸平雜詠」 17수, 「낙산잡영 洛山雜詠」 9수 등 연작시도 많고, 문정왕후의 지원으로 1548년 1월 15일에 봉은사에서 활동을 시작한 감회를 읊은 「여본부성 소나차병 … 이시대중 予本賦性 踈懶且病 … 以示大衆」과 1551년에 선종판사로 양종을 부활한 감회를 노래한 「유아성상즉위지칠년 … 한성이게 惟我聖上卽位之七年 … 汗成二偈」는 당시 사실을 입증하는 기록이다. 하권 권말에는 1573년에 한산이환(寒山離幻)이 쓴 발문을 덧붙였다. [참고문헌] 심재열·이창섭·김상일역 『大覺國師文集 虛應堂集 懶庵雜著』(동국역경원, 1994). ⇨ 나암잡저 懶庵雜著

허인 虛刃 빈 칼날. 일체법 공함을 훤히 아는 지혜. 또는 빈틈만을 잘 가르는 솜씨 좋은 이의 칼날. 『십이문론소』「서 序」(대정장42, p.173c4)에 "빈 칼날이란 말은 반야의 공혜로 일체법 필경에 공함을 관하는 것이다. 또한 책에는 '허인이란 칼로 소의 빈틈만을 휘두르는 솜씨를 말한다'라고 하였으니, 실혜로 일체법의 공함을 관한다. 言虛刃者 卽般若空慧 觀一切法 皆畢竟空也 又書中云 虛刃者 刀遊牛空虛之間爲虛刃 卽實慧觀 一切法空也"라고 하였다. [참고문헌]『十二門論疏』.

허적 虛寂 다 비워 고요함. 『잡아함경』 권39(대정장2, p.285b25)에 "마치 빈 집과 같으니, 모니의 마음 비어 고요하다. 猶如空舍宅 牟尼心虛寂", 『보요경』 권7(대정장3, p.527b7)에 "도는 지극히 묘하고 비어 고요하여 념이라고는 없으니, 무릇 세간의 생각으로는 알 수 없다. 夫道至妙 虛寂無念 不可以凡世間意知", 『종경록』 권5(대정장48, p.442b24)에 "적을 체로 삼으니 체 비우지 않음이 없다. 허적이 다함없이 통하여 법계와 같아지니, 법계의 연기 스스로 그러하지 않음이 없다. 以寂爲體 體無不虛 虛寂無窮 通同法界 法界緣起 無不自然", 같은 책 권31(대정장48, p.596a27)에 "또한 허적이란 법계에 떨어져 저 법계성일 뿐이니 진실한 해탈이고, 진실한 해탈은 바로 여래다. 又虛寂者 墮於法界 如法界性 卽眞解脫 眞解脫者 卽是如來", 『원오어록』 권8(대정장47, p.748b28)에 "법법으로 두렷이 어울릴 뿐이어서 마음마음이 비어 고요하다. 法法圓融 心心虛寂"라 하였다. [참고문헌] 『雜阿含經』, 『普曜經』, 『宗鏡錄』, 『圜悟語錄』.

허정 虛靜 1670~1733. 조선후기 스님. 법종(法宗)의 호이다. ⇨ 법종 法宗 ❷

허정당법종대사비명 虛靜堂法宗大師碑銘 이중협(李重協 1681~?) 짓고 양만원(楊萬元)이 글씨를 썼으며 1741년(영조17)에 세웠다. 『조선불교통사』 권상에 수록되었다. 이중협은 경원(慶源)에서 유배 생활을 하던 중에 법종(法宗 1670~1733)의 제자인 각성(覺性)과 교류했는데, 이후 각성이 스승의 문집인 『허정집 虛靜集』과 행장을 가지고 와서 비명을 요청하여 작성되었다. [참고문헌] 『朝鮮佛敎通史』. ⇨ 법종 法宗 ❷

허정집 虛靜集 허정법종(虛靜法宗 1670~1733)의 시문집. 목판본 2권 1책. 1732년(영조8)에 묘향산(妙香山) 보현사(普賢寺)에서 개간한 판본이 한불전9, pp.487b2~527b21에 수록되어 있다. 경상북도 의성 출신 김정대(金鼎大)가 쓴 「허정대사시집서 虛靜大師詩集序」(한불전9, p.487b10)에는 "스님의 시는 체법이 부드럽고 아름다우며, 태도는 고요하고 맑다. 오온이 공하고 온갖 번뇌는 이미 다하여 자비구름 자욱해 고르고 혜일은 뚜렷이 밝으니, 이것이 어찌 시의 본래 성정 아니겠는가. … 임금과 부모와 스승과 벗들에게 간절히 하는 이를 아직 보지 못하였는데, 스님이 겸하였느니, 스님은 실로 방외의 선인이다. 師之詩體法柔艶 態度平淡 五緼皆空 諸漏已盡 慈雲靄和 慧日鮮朗 斯豈非詩本性情者耶 … 未嘗見惓惓於君親師友間者 師則兼之 師實方外善人也"라고 하였다. 권상에는 사(辭) 3편, 고풍(古風) 4편, 사언절구 5편, 육언절구 5편, 오칠언(五七言) 4편, 삼오칠언(三五七言) 5편, 오언절구 77편, 오언율 35편, 칠언절구 31편, 소상팔경차운(瀟湘八景次韻) 8편, 평원십영차운(平遠十詠次韻) 15편, 잡체(雜體) 17편, 칠언율 67편 등 다양한 형식의 시와 잡저(雜著) 4편을 실었고, 권하에는 기(記) 8편, 비명 5편, 권문(勸文) 6편, 소(疏) 8편, 발(跋) 2편, 녹(錄) 2편 등을 수록하였다. 오랫동안 머물렀던 묘향산 관련 시가 가장 많고, 「회문체제향산 回文體題香山」처럼 내려 읽으나 거꾸로 읽으나 의미가 통하는 회문체 시나 「일이언체기안곡〈일언지십언〉 一二言體寄安谷〈一言至十言〉」이나 「수시체 數詩體」와 같이 일부터 십까지 글자를 늘려가며 쓴 시도 있는데, 불교시문학에서는 드물게 다양한 형식으로 시와 산문을 남겼다. 금강산과 묘향산을 유람하고 쓴 「유금강록 遊金剛錄」과 「속향산록 續香山錄」은 자연과 사찰 등 성적(聖迹)도 아울러 상세히 기록하고 있다.

허종 虛宗 관(觀)도 연(緣)도 온통 고요해 지(智)도 경(境)도 없는 무작(無作)을 으뜸으로 여기는 삼론종(三論宗) 종지. 길장(吉藏)의 『인왕경소』 권1(대정장33, p.318a26)에 "대승의 사람은 무심한 진지로써 무상의 허종을 비춘다. 경도 다하고 지도 다하기에 이를 무작이라 한다. 大乘之人 以無心之眞智 照無相之虛宗 境窮智極 名爲無作", 『중관론소』 권3(대정장42, p.50c20)에 "삼영법사가 말했다. '만 가지로 변화하지만 온통 빈 뜻 없는 곳이 없다. 종이란 무상이며 이는 경 없음을 밝힌다. 허종으로 들어맞지 않는 경우가 없으니, 맞는 것이야말로 무심이며 이는 지마저 없음을 밝힌다. 그러므로 안팎으로 어울려 그윽하고 연도 관도 함께 고요해 온통 경도 지도 없게 되는 것이다'. 三影法師云 夫萬化非無宗 而宗者無相 此明無境 虛宗非無契 而契之者無心 此明無智 故內外並冥 緣觀俱寂 總無境智也", 『대승현론』 권4(대정장45, p.50a3)에 "성인은 무심의 미묘한 지혜로써 무상의 허종과 어김없이 하나가 된다. 聖人 以無心之妙慧 契彼無相之虛宗"라고 하였다. [참고문헌] 『仁王經疏』, 『中觀論疏』, 『大乘玄論』. ⇨ 삼론종 三論宗

허주 許州 중국 하남성(河南省) 허창현(許昌縣). 『석씨계고략』 권1(대정장49, p.773a13)에 "위 허주〈예변양로군. 영천의 예역이라 한다〉의 주사형이 세속을 버리고 출가하니 한지 사문의 시작이다. 魏 許州〈隷汴梁路郡 名潁川豫域〉 朱士衡 棄俗出家 爲漢地沙門之始"라고 하였다. [참고문헌] 『釋氏稽古略』. ⇨ 주사형 朱士衡

허주 虛舟 ❶ 빈 배. 온통 비운 배이기에 일체를 실어 나르는 뜻이다. 『대승장엄경론』 「서 序」(대정장31, p.589c1)에 "빈 배로 저 언덕에 오르니 공과 유 아울러 버리고 생과 멸 함께 잊는다. 運虛舟於彼岸 空有兼謝 生滅俱忘", 『화엄경탐현기』 권20(대정장25, p.481a9)에 "빈 배로 중생 실어나른다는 비유는 보살이 머무름 없이 중생을 거두는 뜻의 비유다. 虛舟濟物喩 喩菩薩無住攝

生義”, 『원오어록』 권4(대정장47, p.728a10)에 “하늘까지 통하는 책략은 움직임과 고요함이 한결같고, 대지를 다 휘감는 풍광은 피차로 둘이 없다. 머문다 해도 뜬구름 깊은 골짜기에 잠깐 서린 듯하고, 간다 한들 빈 배긴 강 떠돌듯 한다. 떠나거나 머물거나 본래 두렷이 이루었으니, 해탈 또한 다른 길이 없다. 通天作略 動靜一如 匝地風光 彼此無二 住也浮雲凝於幽谷 去也虛舟泛於長江 去住本自圓成 解脫更無異路”, 『여정어록』(대정장48, p.134a20)에 “받아들이든 받아들이지 않든 빈 골짜기에 구름 걸치고 찬 시냇물 달을 씻긴다. 머무르든 머물지 않든 빈 배 물결타고 한밤엔 갈대꽃밭에서 잠든다. 여기서 머리 내밀고 나올 사람 있는가? 이란 이는 사라져 없고 사사만이 고르게 어울릴 뿐. 受與不受 空谷橫雲 寒溪濯月 住與無住 虛舟駕浪 夜宿蘆花 這裏 還有出頭者麽 理理泯絶 事事和融”이라고 하였다. [참고문헌] 『大乘莊嚴經論』, 『華嚴經探玄記』, 『圜悟語錄』, 『如淨語錄』. **2** ➡ 보도 普度[3] **3** 1806~1888. 조선후기 스님. 덕진(德眞)의 호이다. ⇨ 덕진 德眞

허주당덕진대사행장 虛舟堂德眞大師行狀　덕진(1815~1888)의 행장. 법호는 허주다. 금명보정(錦溟寶鼎 1861~1930)이 지었고, 『조계산송광사사고』pp.646~651에 있다. 『동사열전』 권4 「허주선백전 虛舟禪伯傳」(한불전10 p.1042b23)에 ‘光緖戊子(1888)十月十三日示寂’이라고 하였으나 가경20년 을해(1815) 3월 13일에 태어나 광서4년 무자 10월 12일에 입적하여 세수 74, 법랍 63세라 하였다. 세수 74인 무자는 광서 14년(1888)이므로, ‘광서4년(1878)’은 오류라고 하여 바로잡았다. 1965년에 임석진(林錫珍)이 짓고 『송광사사고』에 실린 「행장기전연기 行狀記傳緣起」에는 백양사(白羊寺) 화담(華曇)이 허주선사의 참회제자(懺悔弟子)이자 자신의 상족(上足)인 금해우영(錦海佑英)의 청을 받아 행장을 썼고, 이후 금해의 상족인 묵담(默潭)이 허주의 운손(雲孫)인 정진(正眞)의 청으로 『조계산송광사지』에 수록하였다고 하면서, 연도착란은 유감이라고 하였다. [참고문헌] 『東師列傳』, 『曹溪山松廣寺史庫』(아세아문화사, 1977), 『曹溪山松廣寺誌』(圖書出版 松廣寺, 2001). ⇨ 덕진 德眞

허주화상어록 虛舟和尙語錄　송대 허주보도(虛舟普度)의 어록. 1권. 卍속장123, pp.159a1~189b2에 수록되어 있다. 1275년(지원12) 간행. 임제종 선사로서 무득각통(無得覺通)의 법을 이은 허주보도의 어록을 그 제자 호암정복(虎岩淨伏) 등이 편찬하였다. 보녕사어록(報寧寺語錄)을 시작으로 용유선사(龍游禪寺)·포충선사(褒忠禪寺)·백운선사(白雲禪寺)·능인선사(能仁禪寺)·만수영조선사(萬壽永祚禪寺)·영은경덕선사(靈隱景德禪寺)·홍성만수선사(興聖萬壽禪寺)까지 총 8회의 어록과 소참(小參)·게송(偈頌)·진찬(眞讚)·자찬(自讚)·소불사(小佛事) 등으로 구성했다. 권말에 원수행단(元叟行端)이 지은 「행장 行狀」과 「발 跋」이 있다.

허중 虛中　**1** 텅 비어 무엇도 없는 중에. 『대아미타경』 「법기발 法起跋」(대정장12, p.340a2)에 “아름답구나! 텅 빈 중에 출렁이는 마음이라니. 美哉 虛中之盛心也”, 『출삼장기집』 권14 「불타야사전 佛陀耶舍傳」(대정장55, p.102b1)에 “손에서 경전을 놓지 않고 언제나 꼿꼿이 앉아 뜻을 사유하다 보면 몰란결에 다 비운 중에 지나간다. 手不釋牒 每端坐思義 不覺虛中而過”, 『굉지광록』 권1(대정장48, p.6b25)에 “허공중에 걸린 빗장 응하는 곳마다에서 그 기틀 끝 간 데 없이 해서 만나는 것마다에 들어맞고 면면히 끊이지 않는다. 虛中關捩 應處機鋒 恰恰相投 綿綿不斷”라고 하였다. [참고문헌] 『大阿彌陀經』, 『出三藏記集』, 『宏智廣錄』. **2** 헛된 것들 중에. 『경덕전등록』 권29 「향엄지한송일십구수 香嚴智閑頌一十九首」(대정장51, p.452b12)에 “삼구 마친 후의 뜻이다. 써서 나온 말 다분히 헛되다. 허중에 유와 무마저 붙인다. 도리어 글로 쓰기 전 향해 알아차려서, 마음에 담아둔 진주 놓아버려야 하리. 三句後意 書出語多虛 虛中帶有無 却向書前會 放却意中珠”라고 하였다. [참고문헌] 『景德傳燈錄』. **3** 고려전기 수리사(修理寺) 스님. 관오(觀奧)의 자(字)이다. ⇨ 관오 觀奧

허통 虛通　빈 채로 통하다. 『대승광백론석론』 권9(대정장30, p.242b25)에 “비워서 통하니 걸림없어 성스런 지혜로 밝을 뿐이다. 虛通無礙 卽聖慧明”, 『법화현의』 권9(대정장33, p.793a3)에 “비워 통함을 도라 한다. 虛通名道”, 『법화문구기』 권8(대정장34, p.308a29)에 “허통이라 하였으니, 실을 풀어 체에 당하게 해서 문으로 삼는다. 걸림 없음을 허라 하고, 막힘이 없음을 통이라 한다. 그러므로 온전한 체를 얻으면 능히 통하는 문도 성취한다. 일체를 품어 거둬서 막히고 걸릴 것 없게 하니 문이라는 이름 얻는다. 虛通者 釋實當體爲門 無礙名虛 無壅曰通 故得全體 成能通門 含受一切 無所隔礙 得名爲門”, 『선종영가집』(대정장48, p.391b14)에 “무릇 마음 바탕 비어 통하는 것이어서 움직이고 고요함의 샘일 수 있으니 둘일 수 없다. 夫心性虛通 動靜之源莫二”라고 하였다. [참고문헌] 『大乘廣百論釋論』, 『法華玄義』, 『法華文句記』, 『禪宗永嘉集』.

허한 虛閑　1544~1633. 조선중기 장흥(長興) 천관사(天冠寺) 스님. 휘는 경헌(敬軒), 호는 제월(霽月), 자호는 허한거사(虛閑居士), 속성은 조(曺)씨, 어머니는 이(李)씨 부인이니, 경헌의 법호이다. ⇨ 경헌 敬軒

허한 虛漢 ⓢAṅgāraka. 구요(九曜) 중 하나. 화요(火曜)·형혹성(熒惑星)이라고도 한다. 『범천화라구요』(대정장21, p.460c24)에 "행년이 이 별에 이르면 남방의 형혹성이라고도 하고, 사리성이라고도 하며, 허한이라고도 한다. 그 별이 회전하며 도는 거리는 70리이며 위국의 경계에 속한다. 인명에 관계하면 반드시 구설이 발생하고 질병에 얽혀든다. 行年至此星 一名南方熒惑星 一名四利星 一名虛漢 其星周迴七十里 屬魏國之分 若臨人命 必生口舌 疾病相纏"라고 하였다. 〔참고문헌〕『梵天火羅九曜』. ⇨ 구요 九曜, 형혹성 熒惑星

허허 噓噓 한숨 쉬는 모양. 또는 가볍게 탄식하거나 헛웃음 소리. 『임제록』(대정장47, p.505a8)에 "임제가 괭이로 땅 세 번 치고 '허허!' 하고 탄식하는 소리를 냈다. 師又以钁頭 打地三下 作噓噓聲", 『경덕전등록』 권20 「광리용장 廣利容章」(대정장51, p.364c21)에 "학인이 '서원이 손벽을 치고 「허허!」 하고 헛웃음 소리를 낸 뜻은 무엇입니까?'라고 묻자 '발이나 말아올리거라!'라고 했다. 問 西院拍手 笑噓噓意 作麽生 師曰 卷上簾子著"라고 하였다. 〔참고문헌〕『臨濟錄』, 『景德傳燈錄』.

허현 虛玄 빈 채여서 그윽함. 공(空)인 반야(般若)의 풀이다. 『화엄경소초』 권14(대정장36, p.103c3)에 "이 땅의 유도 현묘하다 하지만 삼현을 넘어서지 못한다. 『주역』은 진현, 『노자』는 허현, 『장자』는 담현이다. 然此方儒道玄妙 不越三玄 周易爲眞玄 老子爲虛玄 莊子爲談玄", 『조론』 「반야무지론 般若無知論」(대정장45, p.153a8)에 "무릇 반야가 허현이라 한 것은 대개 삼승으로서의 뜻이 다했을 뿐이다. 夫般若虛玄者 蓋是三乘之宗極也", 『조론소』 권중(대정장45, p.175a2)에 "반야라는 법은 상이 없는 것이기에 허이고 아득히 숨었기에 현이다. 현은 검다는 말이다. 아득하고 깊어서 헤아리기 어렵고 뜻 또한 가물가물하고 검다. 般若之法 無相故虛 幽隱故玄 玄黑也 幽深難測 義如玄黑", 『무량수경』 「서 序」(대정장37, p.233b23)에 "법신이야말로 비워 그윽할 뿐이니 허현하여 이름과 모양 가진 형태가 아니다. 夫法身虛玄 非名相之形", 돈황본 『본업영락경소』(대정장85, p.746a21)에 "열반은 허현하며 그윽해 미하여 모양 없다. 이를 묘과의 적멸이라 한다. 涅槃虛玄 幽微無相 名爲妙果寂滅"라고 하였다. 〔참고문헌〕『華嚴經疏鈔』, 『肇論』, 『肇論疏』, 『無量壽經』, 『本業瓔珞經疏』.

허현대도 虛玄大道 빈 채로 아득한 저 큰 길. 『조산어록』(대정장47, p.527a7)에 "겸대란 온갖 연으로 그윽이 어울리지만 온갖 유에 떨어지지 않으니, 물듦도 아니고 깨끗함도 아니며 정위도 아니고 편위도 아니다. 그러므로 '빈 채로 아득한 저 큰 길 붙들 것도 없어 참으로 으뜸으로 삼을 만한 것이다'라고 한다. 兼帶者 冥應衆緣 不墮諸有 非染非淨 非正非偏 故曰 虛玄大道 無著眞宗"라고 하였다. 〔참고문헌〕『曹山語錄』.

허활 虛豁 빈 채여서 막힘 없고 걸림없어 크게 트임. 『법화현의』 권2하(대정장33, p.702b28)에 "또한 마치 선에 들었던 사람이 선에서 나와 관하는 순간 몸과 마음이 빈 채로 활짝 열린 경계와 같다. 가벼운 구름이 허공에 낀 모습처럼 보이지만 이미 산란한 마음과 같지 않다. 又如入禪者 出觀之時 身心虛豁 似輕雲靄空 已不同散心", 『반야심경약소연주기』 권상(대정장33, p.556a22)에 "말로 말을 잊고 상으로 상을 잊는다. 이는 만물을 씻어버리고 보거나 듣는 일 막히게 하는 것 아니니, 고요해 비운 연후에야 참된 것 되는 뜻이다. 卽言忘言 卽相忘相 非謂滌除萬物 相塞視聽 寂寥虛豁 然後爲眞者也", 『만선동귀집』 권하(대정장48, p.983c20)에 "만약 비워 트이게 한 것으로 공을 삼는다면 태허와 같을 수는 있겠지만 묘용은 없을 것이다. 若虛豁爲空 卽同太虛 而無妙用"라고 하였다. 〔참고문헌〕『法華玄義』, 『般若心經略疏連珠記』, 『萬善同歸集』.

허활활지 虛豁豁地 다 비워 남은 것 없이 해서 넓고 넓어 끝도 없는 그곳. 『대혜어록』 권21(대정장47, p.901c3)에 "곧바로 끊을 줄 알기에 불조에 의혹 없고 생사에도 의혹이 없다. 다만 언제나 놓아버릴 줄 아니, 티끌마저 없이 다 비워 털어내 남은 것 없게 한다. 일 다가온즉 때를 따라 버려두고 마치 저 물이 고요한 듯 저 거울 밝은 듯이 하여 좋고 나쁘고 아름답고 추한 모습 도래함에 한 터럭도 달아나지 못한다. 要得直截 不疑佛祖 不疑死生 但常放教 方寸虛豁豁地 事來則隨時撥置 如水之定 如鑑之明 好惡妍醜到來 逃一毫不得", 같은 책 권30(대정장47, p.941c)에 "때론 거꾸로 때론 순해서 낱낱이 다 이 마음 쓰는 시절일 뿐이다. 다만 항상 그 어느 때 어느 순간이라도 다 비워 막힘 없을 따름이니, 일용에 이렇게 모든 일들과 합해서 분 따라 보내버릴 줄 알아서, 경을 보든 연을 만나든 때때로 말 끝 들어 살필 뿐 속히 얻으려고 하지 마라. 或逆或順 一一皆是發機時節 但常令方寸虛豁豁地 日用合做底事 隨分撥遣 觸境逢緣 時時以話頭提撕 莫求速效"라고 하였다. 〔참고문헌〕『大慧語錄』.

허황옥 許黃玉 32~189. 중인도 아유다국(阿踰陀國)의 공주이자 우리나라 가야(伽耶) 시조 수로왕(首露王)의 비. 『삼국유사』 권2(대정장49, p.983b12·한불전6, p.308c9) 기이(紀異) 가락국기(駕洛國記)에 "조용히 왕에게 말하였다. '저는 아유다국 공주이며 성은 허, 이름은 황옥이고 나이 16세입니다. 본국에 있을 때 금년 5월중 부왕과 황후께서 마주해 말씀하시길 '우리가 어젯밤 꿈에 함께 황천상제를 뵈었더니 말씀하시길 「가락국 첫 임금 수로는 하늘이 내렸고 더하여 왕위에 오르게 하였으니, 이에 신이하고 성스러우신 오직 그 분이라 하겠다. 게다가 새로이 꽃피운 나라에 아직 배필을 정하지 못했다 하니 경들은 마땅히 공주를 보내 짝하게 하라」고 말을 마치자 하늘로 올라갔는데, 꿈을 깬 뒤로도 상제의 말 더욱이 귓가에 남았다. 너는 이곳 떠나 곧 부모와 이별하고 저곳을 향해 가야 하리라' 하였습니다. 從容語王曰 妾是阿踰陀國公主也 姓許名黃玉 年二八矣 在本國時 今年五月中 父王與皇后顧妾而語曰 爺孃一昨夢中同見皇天上帝 謂曰 駕洛國元君首露者 天所降而俾御大寶 乃神乃聖 惟其人乎 且以新花家邦 未定匹偶 卿等須遣公主而配之 言訖升天 形開之後 上帝之言 其猶在耳 儞於此而忽辭親 向彼乎往矣", "왕이 답하기를 '나는 나면서부터 자못 성스러워서 공주가 멀리서 올 것을 미리 알았기에 신하들이 비를 맞으라 청하여도 감히 따르지 않았다. 이제서야 맑은 바탕으로 스스로 왔으니 나에게는 다행이다' 하였다. 드디어 합환해서 함께 이틀 밤 하루 낮을 지냈다. 이에 타고 온 배를 돌려보내는데 뱃사공이 모두 15명이니 각각 쌀 10석과 베 30필씩을 주어 본국으로 돌아가게 하였다. 王答曰 朕生而頗聖 先知公主自遠而屆 下臣有納妃之請 不敢從焉 今也淑質自臻 眇躬多幸 遂以合歡 兩過淸宵 一經白晝 於是遂還來船 篙工楫師共十有五人 各賜糧粳米十碩 布三十疋 令歸本國", "영제 중평 6년(189) 기사 3월 1일 왕후가 죽으니 나이는 157세였다. 나라 사람들 마치 땅 꺼진 듯 탄식하며 구지봉 동북 언덕에 장사지냈다. 드디어 백성들을 자식처럼 사랑하던 은혜를 잊을까봐 처음 와서 닻줄을 내린 도두촌을 주포촌, 비단바지를 벗은 높은 언덕을 능현, 붉은 기가 들어온 바닷가를 기출변이라 이름하였다. 靈帝中平六年己巳三月一日后崩 壽一百五十七 國人如嘆坤崩 葬於龜旨東北塢 遂欲忘子愛下民之惠 因號初來下纜渡頭村曰主浦村 解綾袴高岡曰綾峴 茜旗行入海涯曰旗出邊", "원가 29년(452) 임진에 원군과 황후의 혼인지에 절을 여니 이름은 왕후사다. 사자를 보내어 근처 평전 10결을 헤아려 삼보에 공양하는 비용으로 삼았다. 이 절이 있은 지로부터 500년 후에 장유사를 두니, 절에 들인 밭과 땔감장이 아울러 300결이었다. 以元嘉二十九年壬辰 於元君與皇后合婚之地創寺 額曰王后寺 遣使審量近側平田十結 以爲供億三寶之費 自有是寺五百後 置長遊寺 所納田柴 幷三百結", 같은 책 권3(대정장49, p.989c26・한불전6, p.319c2) 탑상(塔像)4 금관성파사석탑(金官城婆娑石塔)에 "금관 호계사 바사석탑은 옛날에 이 읍이 금관국이었을 때 세조 수로왕의 비 허황후 이름 황옥이 동한 건무 24년(48) 갑신에 서역 아유다국에서 싣고 온 것이다. 金官虎溪寺婆娑石塔者 昔此邑爲金官國時 世祖首露王之妃許皇后名黃玉 以東漢建武二十四年甲申 自西域阿踰陀國所載來"라고 하였다. 〔참고문헌〕『三國遺事』. ⇨ 왕후사 王后寺, 장유사 長遊寺, 바사석탑 婆娑石塔, 가야불교 伽耶佛教, 칠불사 七佛寺 ■

허회 虛懷 신라대 보조체징(普照體澄 804~880)의 도반 스님. 보조선사체징비(普照禪師體澄碑)에 따르면 837년(희강왕2) 보조선사가 당으로 유학을 떠날 때 동학인 정육(一說에는 眞育)과 허회 등과 함께 푸른 파도 타고 갔다(開成二年丁巳 與同學貞育 虛懷等 路出滄波)라고 하였다. 〔참고문헌〕「長興寶林寺普照禪師彰聖塔碑」(『朝鮮金石總覽』 권상 p.62,11), 李智冠『校勘譯註歷代高僧碑文』新羅篇 p.98,1. ⇨ 체징 體澄

허희 歔欷 Ⓢ prā-√rud, gambhiraṃ ni-√śvas, Ⓟ kandati. 흐느껴 탄식하다. 『장아함경』 권4 「유행경 遊行經」(대정장1, p.25b26 : *Mp-s.*, p.294)에 "그때 아난이 부처님 뒤편에 서서 침상을 어루만지며 슬피 울다가 스스로 이기지 못하고 흐느껴 탄식하며 말했다. '여래께서 멸도하심이 어찌 이리도 빠르단 말인가!' 是時 阿難 在佛後立 撫牀悲泣 不能自勝 歔欷而言 如來滅度 何其駛哉 athāyuṣmān ānando bhagavataḥ pṛṣṭhataḥ sthito mancam avalaṃbya prārodīd aśrūṇi vartayamāna evam āha. atikṣipraṃ bhagavān parinirvāty"라고 하였다. 〔참고문헌〕『長阿含經』, *Mp-s.*, *Ratna-ut.47.*, *DN.2.157.*

헌공 獻供 받들어 공양올리다. 『승천왕반야경』 권4(대정장8, p.710a16)에 "또한 육만천자가 먼저 찾아와 공양물을 바쳤다. 復有六萬天子 先來獻供", 『불공견삭신변진언경』 권5(대정장20, p.253b11)에 "갖가지 향・꽃・향수와 삼백음식과 향수 담은 그릇을 법도에 맞게 받들어 공양한다. 以諸香花香水 三白飮食 香水閼伽 如法獻供"라고 하였다. 〔참고문헌〕『勝天王般若經』, 『不空羂索神變眞言經』.

헌다 獻茶 차를 올리다. 『백장청규』 권3 「청주상 請主喪」(대정장48, p.1127c28)에 "수좌는 좌우로 나누어 자리를 잡고, 몸소 일어나 향을 사른 다음 자리로 돌아와 차를 올린다. 首座分手座定 躬起燒香 復位獻茶"라고 하였다. 〔참고문헌〕『百丈淸規』. ⇨ 차 茶

헌다탕 獻茶湯 불전 등에 다탕을 올리는 의식. 또는 조사기(祖師忌) 등의 법요(法要)를 맞아 독경(讀經)하기 전에 불조(佛祖)에 올리는 다탕의식. 『백장청규』 권2 「시주청승좌재승 施主請陞座齋僧」(대정장48, p.1123a5)에 "시주가 산문에 이르면 지객이 접견하여 방장까지

인도하고 다탕을 바친 다음 쉴 곳으로 전송한다. 施主到門 知容接見 引上方丈 獻茶湯 送安下處", 『선림상기전』 권27(대장경보편19, p.730b1)에 "도충(道忠)이 말한다. '조사기를 맞아 다탕을 바칠 때 울리거나 다례나 탕례에서 울리는 북이므로 다고라 한다'. 忠曰 祖忌 獻茶湯時 鳴之 又茶禮湯禮 鳴之 故言茶鼓"라고 하였다. 〔참고문헌〕『百丈淸規』, 『禪林象器箋』. ⇨ 차 茶

헌답 獻畓 삼보에 공양하기 위해 헌납한 밭이나 논. 밭이나 논의 헌납은 소출되는 양식으로 언제나 불전(佛前)에 마지 올려 기쁘고, 대중스님들에겐 오랫동안 재(齋)를 베풂이 되어 공덕이 되고, 나아가 앞서간 이들을 천도하는 뜻이 함께 하기에 오랫동안 단월들에게 이어진 전통이다. 「범어사계명암창설선사기 梵魚寺鷄鳴庵創設禪社記」(『경허집』·한불전11, p.610a1)에 전답의 산물을 거둬들이는 수납답(收納畓), 사부대중이 계(稧)를 맺고 사들인 매득답(買得畓), 시주자가 드린 헌답 등이 보이며, 같은 책(한불전11, p.610a23)에 "이상 합답 82두락은 참선대중께 공양해 다하여 다르게 쓰이지 않도록 하였다. 已上合畓八十二斗落 斷盡供養禪衆 不爲他用者也"라고 하였다. 1905년 2월 19일에 쓴 「대지전헌답기 大智殿獻畓記」(『다송문고』 권1·한불전12, p.696a11)에 "(청신녀 오씨가) 10섬의 땅을 여기에 바쳐 길이 승도에 공양하고 영가를 천도하는 바탕으로 삼았다. 獻十石之土於斯 爲永年齋僧薦靈之資", 「임오갑헌답유공기 壬午甲獻畓有功記」(『의룡집』·한불전12, p.303a20)에 "헌답한 정성이 있어 이미 보사의 일에 쓰이기에 족하였다. 有獻畓之誠 旣足以垂其補寺之功"라고 하였다. 조선시대 양란 이후 전국의 사찰에서는 불량·등촉·보사·결사·추원을 위한 헌답과 명록작성이 활발하였다. 현전하는 문헌 중 1823년(순조23) 간행처 미상의 『보사청답고책 補寺廳畓庫冊』·1851년(철종2) 해남 『대둔사당사헌답명문 大芚寺堂司獻畓明文』·1863년(철종14) 『남지장청련암불전헌답봉사록 南地藏靑蓮庵佛前獻畓奉祀錄』·1871년(고종8) 『봉곡사불량여각제위계원헌답시주기 鳳谷寺佛糧與各祭位稧員獻畓施主記』·1904년(광무8) 표충사(表忠寺) 『만일회헌답기일록 萬日會獻畓忌日錄』·1934년 표충사 『헌답기일책 獻畓忌日冊』·『명부전헌답계안 冥府殿獻畓稧案』 등이 있다. 〔참고문헌〕『鏡虛集』, 『茶松文稿』, 『義龍集』. ⇨ 등촉계 燈燭稧, 불량계 佛糧稧, 불량답 佛糧畓, 불갑사고적급위시답병록 佛甲寺古蹟及位施畓竝錄, 불국사대웅전불량헌답유공서 佛國寺大雄殿佛粮獻畓有功序, 은해사비각헌답수호기 銀海寺碑閣獻畓守護記

헌류사 獻留寺 전라남도 장흥군 부산면 용반리에 있던 절. 『사탑고적고』에 "옛터는 … 장흥에서 약 2리 반 떨어진 곳에 있다. 거주민의 말로 약 50년 전 무너지고 소멸했다고 전한다. 古址 … 距長興約二里半 有半頹石壁 居民言 約五十年前頹滅云"라고 하였다. 〔참고문헌〕『寺塔古蹟攷』, 『韓國寺刹全書』 권하 p.1150a5.

헌매풍경 獻梅諷經 매간(梅干)을 곁들여 대비주(大悲呪)를 외우는 의식. 헌매탕풍경(獻梅湯諷經)이라고도 한다. 『최승륜주대일감』에 "금강수원에서 종을 울리고, 세 번의 법회에 헌매풍경을 행한다〈대비주로 회향한다〉. 金剛壽院鳴鐘 三會獻梅諷經〈大悲呪回向〉"라고 하였다. 〔참고문헌〕『最乘輪住大日鑑』.

헌수게 獻水偈 다기(茶器)에 청정수를 올리며 외우는 게송. "제가 이제 감로수로써 받들어 현성들께 올리옵니다. 바라건대 대자비를 버리지 마시고 불쌍히 여기시어 받아 주소서. 今將甘露水 奉獻聖賢衆 不捨大慈悲 願垂哀納受"라 하다. 〔참고문헌〕『靈山大會作法節次』(朴世敏, 『韓國佛敎儀禮資料叢書』 권2 p.140a15).

헌식 獻食 음식을 베풂다. 시방세계일체고혼(十方世界一切孤魂) 모두에게 차별없이(無遮) 베품다. 따라서 하단(下壇)에서 베풀고 죽은 이들인 영가(靈駕)를 위하기에 시식(施食)·영반(靈飯)이라고도 한다. ⇨ 영반 靈飯, 시식 施食, 상용영반 常用靈飯, 시아귀회 施餓鬼會

헌식규 獻食規 영가 등에게 음식을 베푸는 본보기. 죽은 이들과 아귀 등이 잘 삼키게 하는 뜻에서 변식규(變食規)라고도 한다. 『석문의범』 권하 「시식편 施食篇」 '상용영반' 헌식규에 "법주가 정법계주를 외우면 증명법사는 오른손을 펴서 무명지로 옴남(옴남) 2자를 공중에 쓰고, 남(남)자를 떠올려서는 광명법계 가득 비춰서 저 구릉이나 구덩이 등 모두 평탄해서 걸림없게 하여서는 모두 청량을 얻게 한다. 法主 誦淨法界呪時 證明 舒右手 無名指 書옴남二字於空中 想남字光明 遍照法界 丘陵坑坎 平坦無礙 皆得淸凉誦", "「변식주」를 외울 때에도 증명법사가 앞서와 같이 해서 옴남 2자를 공양구 위에 그리고 홈자 떠올려서는 위신력으로 능히 한 그릇 무량 그릇으로 변화하고 음식 한 알갱이 무량 알갱이로 변화하게 한다. 그릇그릇과 낱알들 이와 같이 하여 법계에 충만하게 한다. 變食呪時 證明 同上 寫옴남二字於供具上 想남字威神 能變一器 化無量器 一粒化無量粒 器器如是 粒粒如是 充滿法界", "「감로주」 외울 때에는 왼손으로 물그릇 잡고 오른손으로 버들가지 잡는다. 버들가지로 향연 뿌려서 물그릇 세 번 흔든다. 誦甘露呪時 卽以左手 執水盂 右手執楊枝 以楊枝 熏香烟 蘸於水盂三度", "「수륜관」 외우면서 버들가지로 옴남 2자 물그릇 위에 다시 그린다. 물그릇 세 번 흔들 때 향연 물과 합하고 남자 떠올려 그

신력으로 능히 향의 바다 아름다운 물 널리 허공에 뿌려 채운다. 誦水輪觀時 以楊枝 寫二字於水盂 因攪其水 三度 使香烟 合於水 想字神力 能流出香海妙水 遍灑空中", 이렇게 이어 하단의식을 마치고 헌식대에 이르러서는 "사다라니와 오여래명호를 외운다. 이어 '원컨대 이 음식 가지하시어 널리 시방에 가득케 하리니, 이 음식 받으신 이들 모두가 굶주림과 목마름 버리시고 안양국에 이르시길'이라 한 다음 「시귀식진언」과 「보공양진언」을 외운다. 次誦四陀羅尼 五如來名號 願此加持食 普遍滿十方 食者除飢渴 得生安養國 施鬼食眞言 普供養眞言", "다음으로 물 뿌리며 열명 영가들 이름을 부르며 '원컨대 내가 외운 주문으로 감로맛으로 변하리니, 한 방울만 적셔도 온갖 혼들 저 고통 여의시길'이라 한다〈「보궐진언」과 「보회향진언」으로 마친다〉. 次灑水後 列名靈駕 願我所呪水 變作甘露味 一滴之所沾 衆魂皆離苦〈補闕眞言 普回向眞言畢〉"라고 하였다. [참고문헌] 『釋門儀範』 권하 pp.87~88. ⇨ 상용영반 常用靈飯, 시아귀회 施餓鬼會, 하단下壇, 시귀식진언 施鬼食眞言, 변식진언 變食眞言

헌식대 獻食臺 음식을 베풀기 위해 마련해 둔 자리. 대중이 공양을 하기 전에 생대(生臺 : 生飯臺)로 아귀 등을 위해 미리 생반(生飯)을 조금 떠서 두었다가 공양을 마친 후 모아 천수물과 섞어 베푸는 곳이다. 사시에 마지를 올린 후나 재를 마친 후에도 헌식한다. [참고문헌] 『釋門儀範』 권하 p.87a6. ⇨ 생대 生臺, 생반 生飯

헌알가향수인 獻閼伽香水印 18계인(契印) 중 하나. 알가기(Ⓢ argha)를 양손으로 받쳐드는 형태의 수인. 진언행자의 삼업을 청정하게 하고 일체 번뇌를 없앤다. 『무량수의궤』(대정장19, p.70a18)에 "헌알가향수인을 맺는다. 양손으로 알가기를 받들어 이마 높이에서 봉헌하며 진언을 세 번 외우고 성중의 두 발을 씻겨드린다고 관상한다. 알가진언은 '낭모 삼만다몰다남 가가낭삼마삼마 사바하'이다. 알가를 바치는 향수공양으로 인하여 수행자의 삼업이 청정해지고 일체의 번뇌와 죄업을 씻겨 없애고 수승한 해행의 계위에서 십지 및 여래지에 이르고 이와 같은 지바라밀을 증득할 때 일체여래의 감로법수로 관정을 받게 될 것이다. 結獻閼伽香水印 以二手捧閼伽器 當額奉獻 誦眞言三遍 想浴聖衆雙足 閼伽眞言曰 曩莫 三滿多沒馱喃 誐誐曩 三摩糝麽 娑嚩賀 由獻閼伽香水供養 令修行者三業淸淨 洗除一切煩惱罪垢 從勝解行地至十地及如來地 當證如是地波羅蜜時 得一切如來甘露法水受與灌頂"라고 하였다. [참고문헌] 『無量壽儀軌』, 『藥師如來觀行儀軌法』(대정장19, p.26a26). ⇨ 알가 閼伽, 알가진언 閼伽眞言

헌알가향수진언인 獻閼伽香水眞言印 ➡ 헌알가향수인 獻閼伽香水印

헌연화좌인 獻蓮華座印 밀교 십팔계인(十八契印) 중 하나. 헌화좌인(獻華座印)이라고도 한다. 금강부(金剛部)·연화부(蓮華部)·불부(佛部)에 모두 통한다. 양손을 허심합장하되 양손의 엄지와 소지를 서로 붙이고 양손의 검지·중지·무명지는 서로 떼어 조금 구부려서 살짝 핀 연꽃과 같은 모양으 만든다. 『십팔계인』(대정장18, p.783b13)에 "다음으로 헌연화좌인을 맺는다. 양손을 허심합장하고 좌우의 무명지·중지·검지를 펼치고 살짝 핀 연꽃 모양으로 구부린다. 보배누각 안에서 여러 성중 및 본존이 각각 본래의 자리에 앉아 있고 권속이 주위를 둘러싸고 있다고 또렷하고 분명하게 관상하고 진언을 세 번 외운다. 진언은 '옴 가마라 사바하' 화좌인을 맺고 진언을 염송하면 진언행자는 십지를 만족시키고 금강좌를 증득할 것이다. 次結獻蓮華座印 二手虛心合掌 舒開左右無名指中指頭指屈如微敷蓮華形 在寶樓閣內 想諸聖衆及本尊各坐本位 眷屬圍繞了了分明 誦眞言三遍 眞言曰 唵迦麽攞娑嚩訶 由結花座印誦眞言故 行者當得十地滿足 當得金剛之座", 『소실지갈라공양법』 권2(대정장18, p.713b14)에 "금강부봉좌인언은 '옴 바즈라 비라야 스바하'이다. 그 수인은 양손을 합장하되 검지·중지·무명지를 서로 넓게 하고 손바닥을 열되 손가락 네 개 정도의 거리가 되게 한다. 양손의 엄지와 소지를 서로 붙여서 곧게 세운다. 이 수인은 삼부에 공통하는 헌연화좌인이다. 金剛部奉座眞言曰 (oṃ)(va)(jra)(vī)(ra)(ya)(svā)(hā) 唵 嚩日囉味囉也 莎訶 其手印相 二手合掌 頭指中指無名指並相博著開掌中 相去四指許 其二大指及二小指 並相著直竪 此印通三部用奉獻蓮華座印"라고 하였다. [참고문헌] 『十八契印』, 『蘇悉地羯羅供養法』.

헌온 獻蘊 오대(五代) 조동종 스님. 청림사건(青林師虔)의 제자. 경조(京兆 : 陝西省) 출신. 대가화상(大哥和尙)이라 불려졌다. 처음에는 남악(南嶽) 문하에 머물다가 나중에 호남성 담주(潭州)로 옮기면서 양주(襄州 : 湖北省) 석문사(石門寺)를 열고 종풍을 크게 떨쳤다. [참고문헌] 『聯燈會要』 권25(卍속장136, p.854b3), 『五燈會元』 권13(卍속장138, p.506a18).

헌장 憲章 본보기로 드러내다. 『불조역대통재』 권10(대정장49, p.556c4)에 "요와 순을 조종으로 삼아 그대로 받아 적으셨고, 문왕과 무왕의 도를 법도로 고스란히 본받았으니, 유가의 종사 중니는 그도가 가장 높았다. 祖述堯舜 憲章文武 宗師仲尼 其道最高也", 『출삼장기집』 권10 「승가나찰경서 僧伽羅刹經序」(대정장55, p.71b6)에 "(승가나찰은) 또한 이 경을 지음은 세존을 본보기로 드러냄이다. 처음에 성도로부터 마지막의 열반에 이르기까지 그 행하심에 크고 적음 있을 수 없었으니, 반드시 일 있으면 펼치셨다. 유행하시며 교화한 일이나 여름에 안거하심 등 자세하게 그 사정을 갖추어 기술하지 않음이 없었다. 又著此經 憲章世尊 自始成道 迄于淪虛 行無巨細 必因事而演 遊化夏坐 莫不曲備"라고 하였다. 〔참고문헌〕『佛祖歷代通載』, 『出三藏記集』.

헌재 獻齋 공양 올리다. 『능엄경정맥소』 권1(卍속장18, p.323a14)에 "그 날 공양이 없었다는 말은 머물던 곳에서 그 누구도 공양을 올리지 않았다는 뜻이다. 其日無供者 止宿之處 無人獻齋也", 『백장청규증의기』 권7 「차작정계기 次酌定戒期」(卍속장111, p.777b16)에 "27일에 헌재를 연다. 二十七日 演獻齋"라고 하였다. 〔참고문헌〕『楞嚴經正脈疏』, 『百丈淸規證義記』, 『禪林象器箋』 권18(대장경보편19, p.556b15).

헌전진언 獻錢眞言 예수재법 등에서 종이로 명부전(冥府錢)을 조성하여 점안(點眼)한 후 헌상할 때 외우는 진언이다. "옴 아자나 훔 사바하. 唵 我自那 吽 娑婆訶"이다. 〔참고문헌〕亘璇 『作法龜鑑』 권하(『韓國佛教儀禮資料叢書』 권3, p.454a2), 『釋門儀範』 권상 p.214a5. ⇨ 생전예수재 生前豫修齋

헌종영불사리 憲宗迎佛舍利 헌종이 부처님 사리를 맞이하다. 불사리의 궁중반입을 반대하다가 사형의 위기까지 처한 끝에 좌천되었던 배불론자 한유(韓愈)의 일을 되새긴 공안이다. 『종감법림』 권58(卍속장116, p.736a11)에 "헌종이 부처님 사리를 궁중에 맞아들여 공양하였다. 밤새도록 광명을 발하여 조조 때 질문을 던지자 신하들이 모두 폐하성덕에 감응한 광명이라고 경하의 말을 올렸지만 문공(한유)만은 경하하지 않았다. 상이 '신하들이 모두 경하하는데 유독 경만은 어째서 경하하지 않소?'라는 질문을 받고 문공이 답을 올렸다. '미천한 신이 일찍이 불서를 보았더니 「부처님의 광명은 청황적백 등의 상에 속하지 않는다」고 한 말에 비추어 보면 이는 신룡이 호위하면서 내는 광명입니다'. 상이 '그렇다면 부처님의 광명은 무엇이오?'라고 물음에 공이 답이 없었다. 이것으로 죄를 씌워 좌천하였다. 因憲宗迎佛舍利 入大內供養 夜放光明 早朝宣問 羣臣皆賀 陛下聖德所感 唯文公不賀 上宣問 羣臣皆賀 獨卿不賀 公因奏對 微臣嘗看佛書 況佛光非靑黃赤白等相 此乃龍神衛護之光 上宣問 如何是佛光 公無對 因以罪謫出"라고 하였다. 〔참고문헌〕『宗鑑法林』, 『法璽印語錄』 권10 「憲宗迎佛舍利」(가흥장28, p.812c16). ⇨ 논불골표 論佛骨表

헌좌게진언 獻座偈眞言 증명단에 불보살이나 제천신을 불러 모실 때 외우는 게송과 진언. 『설선의』 「동국제산선등직점단 東國諸山禪燈直點壇」(한불전7, p.740c20) "헌좌진언. 묘보리좌 뛰어나게 장엄해서 서토28조와 동토6조 오시게 하였네. 나 이제 자리 펴도 이와 같으리니 나도 너도 일시에 부처 짓는 일이라네. 옴 바미나야 사하. 獻座眞言 妙菩提座勝莊嚴 四七二三掀倒來 我今獻座亦如是 自他一時成佛道 唵嚩尾那野莎訶", 『운수단가사』 「소청중위 召請中位」 '헌좌안위 獻座安位'(한불전7, p.746a8)에 "나 이제 우러러 보배장엄한 자리 펴고서 널리 일체천선신에게 드리오니, 원컨대 진로망상심 떨쳐 버리시고 속히 해탈하시고 보리의 과 원만히 하소서. 옴 가마라 성하 사하. 我今敬設寶嚴座 普獻一切天仙神 願滅塵勞妄想心 速圓解脫菩提果 唵伽摩羅星河莎訶", 『작법귀감』 권하(한불전10, p.594a1)에 "헌좌게주. 아름다운 보리자리 뛰어나게 장엄하니 모든 부처 앉으시자 정각을 이루셨네. 나도 이제 이와 같이 자리 펴드리오니 너도 나도 일시에 부처되는 길이라네. 옴 박니라야 사하. 獻座偈呪 妙菩提座勝莊嚴 諸佛坐已成正覺 我今獻座亦如是 自他一時成佛道 唵嚩 尾羅野 莎訶", 『석문의범』 권하 「각청편 各請篇」 '제불통청 諸佛通請'에 "옴 바아라 미나야 사바하 唵 縛日羅 未那野 娑婆訶"라고 하였다. 〔참고문헌〕『說禪儀』, 『雲水壇謌詞』, 『作法龜鑑』, 『釋門儀範』 권하 p.4a5.

헌주게 獻珠偈 용녀가 부처님께 구슬을 바치기 전에 읊는 게송. 『법화경』 권4 「제바달다품 提婆達多品」(대정장9, p.35b28 : *Saddh-p.*, p.264)에 "죄와 복 깊이 아시기에 시방 널리 비추시네. 미묘하고 청정한 법신으로 삼십이상 구족하셨네. 80가지 좋은 모습으로 법신을 장엄하시네. 深達罪福相 遍照於十方 微妙淨法身 具相三十二 以八十種好 用莊嚴法身 puṇyaṃ puṇyaṃ gambhīraṃ ca diśaḥ sphurati sarvaśaḥ, sūkṣmaṃ śarīraṃ dvātriṃśallakṣaṇaiḥ samalaṃkṛtam. anuvyajanayuktaṃ ca sarvasattvanamaskṛtam", "하늘과 인간이 우러러 받들고 천룡과 신들이 모두 공경하네. 일체중생들 받들지 않음이 없으니, 또한 듣자오니 보리를 이루었다 하니 오직 부처님만이 증지하시네. 우리에게 대승의 가르침 천양하시어 괴로운 중생 건져 벗어나게 하시네. 天人所戴仰 龍神咸恭敬 一切衆生類 無不宗奉者 又聞成菩提 唯佛當證知 我闡大乘教 度脫苦衆生 sarvasattvābhigamyaṃ ca antarāpaṇavad yathā. yathecchayā me saṃbodhiḥ sākṣī me 'tra tathāgataḥ, vistīrṇaṃ deśayiṣyāmi dharmaṃ duḥkhapramocanam", 『경덕전등록』 권29(대정장51, p.456b4)에 "조사는 가르치길 심마가 불마라 하네. 빈자의 비유 중에 이 도를 밝히고, 헌주게 속에 잘 펼쳐 드러내었네. 祖教心魔是佛魔 貧子喩中明此道 獻珠偈裏顯張羅"라고 하였

다. 〔참고문헌〕『法華經』, 『景德傳燈錄』, *Saddh-p.*

헌지 軒知 높이 드러내 분명히 알다. 헌은 '높이 달다'의 뜻으로 현(懸)과 통한다. 『나암정수선사어』(속고존숙어요5, 卍속장119, p.87b3)에 "이 유일한 길 그 어떤 이도 머리 맞댄 채 밟아본 적이 없음을 분명히 알겠다. 軒知這一路子 未曾有人 當頭踏著"라고 하였다. 〔참고문헌〕『懶菴鼎需禪師語』.

헌향게진언 獻香偈眞言 향을 올리면 외우는 게송과 진진언. 오분법신향게(五分法身香偈)가 대표적이며, 『범망경보살계포살본』의 「거향찬 擧香讚」에 "원컨대 이 묘향운 시방법계에 두루하고 낱낱의 모든 부처님나라 한량없는 향으로 장엄하리니 보살도 구족해서 여래향 성취하여지이다. 향운개보살마하살께 귀의합니다. 願此妙香雲 遍滿十方界 一一諸佛土 無量香莊嚴 具足菩薩道 成就如來香 南無香雲蓋菩薩摩訶薩"라고 하였다. 『작법귀감』 권상 「삼보통청 三寶通請」(한불전10, p.553c1) 중에서는 향을 올려 사루는 일을 '할향 喝香' '연향게 燃香偈' '고향게 告香偈' '삽향게 挿香偈' 등으로 세분하였다. 상례로 오분향(五分香)을 소리내 외운 후에는 "옴 바아라 도비야 훔〈세번〉. 唵 婆阿羅 度碑耶 吽"이라고 한다. 『수륙무차평등재의촬요』에 "헌향해 진언을 외운다〈수인법이다. 오른손과 왼손의 무명지와 소지를 안으로 서로 맞닿게 구부려 손바닥 안에 넣고, 두 손의 중지는 세워서 손끝 서로 닿게 한다. 왼쪽 두지는 중지 등에 올리고, 오른쪽 두지는 구부려 큰 엄지 위를 덮는다〉. 옴 바자라 두비아 훔. 獻香眞言曰〈印法 施戒慧方四度 內相叉 入掌 竪二中指頭 相柱 以左頭指 捻中指背 屈右頭指 捻二大指甲上〉 唵 巴玆囉 杜卑啊 吽"라고 하였다. 〔참고문헌〕『梵網經菩薩戒布薩本』, 『作法龜鑑』, 『水陸無遮平等齋儀撮要』.

헌호 軒號 머무는 집의 이름. 당호(堂號)라고도 하며, 이름 부르길 피해 높이는 뜻이다. 『조선불교통사』 권상(대장경보편31, p.434a14)에 "〔비고〕 선암사 침명대사의 「행장」에 '대사의 법휘는 한성(翰醒)이고 헌호는 침명(枕溟)이며 속성은 김씨고 본관은 경주다'라고 하였다. 備考 仙巖寺枕溟大師行狀云 大師法諱翰醒 軒號枕溟 俗姓金氏 貫慶州"라 하였다. 〔참고문헌〕『朝鮮佛敎通史』.

헌화 獻花 꽃을 바치다. 『대반야경』 권427 「수기품 授記品」(대정장7, p.146a11)에 "나는 그 옛적 연등불 때에 중화왕 도읍 네거리에서 연등부처님 뵙고, 다섯 송이 연꽃을 바쳤으며 머리를 풀어 진흙 위를 덮고는 상묘법을 들었다. … 여럿 나머지 한량없고 헤아릴 수 없으며 가없는 불법을 여의지 않게 되었다. 그때 연등부처님 곧 나에게 무상정등대보리수기를 주시며 말씀하시길 '선남자야, 너는 미래세 무수겁을 지나 곧 이 계의 현겁중에 마땅히 부처가 되어 석가모니여래응공정등각이라 불리며, 반야바라밀다를 널리 설하여 무량중생을 제도하리라' 하셨다. 我於往昔然燈佛時 衆華王都四衢道首 見燃燈佛 獻五蓮華 布髮掩泥 聞上妙法 … 不離諸餘無量無數無邊佛法 時燃燈佛 卽便授我無上正等大菩提記 作是言 善男子 汝於來世過無數劫 卽於此界賢劫之中 當得作佛 號釋迦牟尼如來應正等覺 宣說般若波羅蜜多度無量衆", 『소실지갈라경』 권1 「공양화품 供養花品」(대정장18, p.669a1)에 "삼부공양함에 저 부처님께 바치는 꽃은 마땅히 백화향으로써 공양하고, 관음에게 바침에는 응당 수중에서 나는 흰꽃으로 공양하며, 금강에게 바침에 갖가지 향기나는 꽃으로 공양하고, 지거천에게 바침에는 때에 따라 취하는 갖가지 여러 꽃으로 공양한다. 三部供養 若獻佛花 當用白花香者而供養之 若獻觀音 應用水中所生白花而供養之 若獻金剛 應以種種香花而供養之 若獻地居天 隨時所取種種諸花而供養之", 『수륙무차평등재의촬요』에 "헌화진언은〈인치는 법은, 오른손 시(소지)와 계(무명지) 왼손 혜(소지)와 방(무명지) 넷을 안으로 서로 엇갈려 손바닥에 들이고, 두 중지는 세워 끝을 서로 누르고 두 두지로써 각기 비틀어 중지의 등에 두며, 두 대지는 묶어 왼쪽 두지 아래 마디 무늬에 둔다〉. 옴 파자라 포시비〈이합〉 아 훔. 獻花眞言曰〈印法 施戒慧方四度 內相叉 入掌 竪二中指 頭相柱 以二頭指 各捻中指背 二大指 縛著左頭指下節文〉 唵 巴玆囉 布厮卑〈二合〉 啊 吽"라고 하였다. 〔참고문헌〕『大般若經』, 『蘇悉地羯羅經』, 『水陸無遮平等齋儀撮要』. ⇨ 매화공양 買華供養, 공화 供華, 산화 散華[1], 산화공덕 散華功德, 칠정화 七淨華, 불교꽃꽂이 佛敎○○○

헌화좌인 獻華座印 연꽃을 드리는 모습의 수인. 헌연화좌인이다. 『감로군다리보살공양염송성취의궤』(대정장21, p.46a29)에 "다음으로 헌화좌인을 맺는다. 양손을 부용합장하고 엄지와 소지를 각각 붙여서 손끝을 대가 되게 하고 나머지 손가락은 금강저와 같이 만든다. 수인이 완성되면 수인이 금강연화가 된다고 관상하다. 다시 이 수인에서 무량한 금강연화좌가 흘러나온다고 관상하고 본존 및 성중께 봉헌한다. 次結獻華座印 二手芙蓉合掌 禪智各捻檀慧甲爲臺 餘度如金剛 印成已觀印爲金剛蓮華 又想從印流出無量金剛蓮華座 奉獻本尊及聖衆等"라고 하였다. 〔참고문헌〕『甘露軍荼利菩薩供養念誦成就儀軌』. ⇨ 헌연화좌인 獻蓮華座印

헐두 歇頭 끝의 것들 쉬다. 망상을 쉰 말끝이나 생각의 끝들이 쉬어 버려 망상이 그친 경계. 『종문현감도』(卍속장112, p.934a12)에 "진실로 그 끝을 얻어 참으로 마음 놓아버린 경계라면 닿는 곳마다 가당치 않은 경우 없으리라. 苟得歇頭 眞放心處 無適而非可也"라고 하였

다. 〔참고문헌〕『宗門玄鑑圖』. ⇨ 헐처 歇處

헐식 歇息 Ⓢ viśrāma, Ⓟ vissamana, Ⓣ ngal-sos-pa. 모든 것 내려놓고 쉬다. 『불본행집경』 권17(대정장3, p.733c8)에 "(太子는) 차닉과 자신의 말인 건척이 걷느라 피곤해 하는 것을 알고는 차닉에게 말했다. '그대 착한 차닉아! 지금이 때인 줄 알았으니 마땅히 이곳에서 멈추고 내려놓고 쉬어야 한다'. 知其車匿及馬乾陟行來已乏 告車匿言 汝善車匿 今若知時 宜於此處 停下歇息", 『중허마하제경』 권12(대정장3, p.968b19)에 "(外道들은) 사역으로 이미 지치고 고됐으므로 소리내어 말하였다. '성스럽고 위대한 존자시여! 저희들 구해 주십시오. 구해 주십시오'. 이에 사리불이 말하였다. '그대들은 피로하면 스스로 내려놓고 쉬는 게 좋다'. 役旣疲苦乃發聲言 聖大尊者 救我 救我 舍利弗曰 汝等疲勞 可自歇息", 『선원청규』 권4(卍속장111, p.897a11)에 "병에 걸린 이에게는 빠른 치료를 받게 하고 피로로 허약해진 이에게는 모든 것 내려놓고 쉬도록 한다. 病患者 及早醫治 羸困者 卽容歇息"라고 하였다. 〔참고문헌〕『佛本行集經』, 『衆許摩訶帝經』, 『禪苑淸規』, *Mvyut.245.*

헐욕게 歇浴偈 중단의 제천선신을 씻기며 외우는 게송. 중단은 헐욕게(歇浴偈), 하단 영가는 목욕게(沐浴偈)라 한다. 『산보집』 권상 「재후작법절차 齋後作法節次」 '지중단 至中壇'(한불전11, p.472c12)에 "헐욕게. 이 향탕수로써 천선신을 씻겨드렸으니, 바라건대 법 받들어 가지하시고 널리 청정함을 얻게 하소서. 歇浴偈 以此香湯水 灌沐天仙神 願承法加持 普獲於淸淨"라고 하였다. 〔참고문헌〕『刪補集』. ⇨ 목욕게 沐浴偈

헐욕찬 歇浴讚 재도량에서 관욕(灌浴)을 마친 증명단의 현성(賢聖)을 찬탄함. 『산보집』 권상 「재후작법절차 齋後作法節次」 '지영청소 至迎請所'(한불전11, p.472a1)에 "헐욕찬. 본래 청정한 물로 티없는 몸을 씻겨드리오니 본래의 서원 버리지 마시고 우리 불사를 증명하여 주소서. 歇浴讚 以本淸淨水 灌沐無垢身 不捨本誓願 證明我佛事"라고 하였다. 〔참고문헌〕『刪補集』.

헐처 歇處 헐떡거림 그친 경계. 헛되이 찾아 헤매지 않는 경계. 『경덕전등록』 권24 「천룡수전 天龍秀傳」(대정장51, p.401a26)에 "상좌들이여! 그대들은 무사한가? 십이시중에 어떤 세계에서 몸도 목숨도 맡겼는가. 자세히 점검해 보라. 한낱 그친 경계 찾지 않고 무슨 까닭에 도리어 다른 사람 점검을 받는가? 만약 이렇게 하여 간다면 일찍이 벌써 두 번째 떨어져 있음이다. 諸上座 多少無事 十二時中 在何世界 安身立命 且子細點檢看 何不覓箇歇處 因什麽却 與別人點檢 若恁麽去 早落第二頭也"라고 하였다. 〔참고문헌〕『景德傳燈錄』.

험 嶮 위태롭다. 목숨 건 사태에 임하여 내는 소리. 『조당집』 권7 「설봉장 雪峰章」(대장경보편25, p.444a12)에 "설봉이 물었다. '어디서 오는가?' '쪽밭에서 옵니다' '어째서 풀숲에 든 흔적은 없는가?' 장경이 이 문답을 듣고 말했다. '위험하다!' 師問 什摩處來 對曰 藍田來 師曰 何不入草 長慶聞擧云 嶮", 『벽암록』 56칙 「본칙 本則」(대정장48, p.190a13)에 "양선객이 흠산에게 물었다. '화살촉 하나로 세 겹의 관을 부순다면 어떻겠습니까?〈위태롭지! 틀림없이 기특하기는 하다. 분명 용맹한 장군일세〉'. 良禪客問欽山 一鏃破三關時如何〈嶮 不妨奇特 不妨是箇猛將〉"라고 하였다. 〔참고문헌〕『祖堂集』, 『碧巖錄』.

험 驗 터득해 징표로 드러난 것. 『장아함경』 권13 「아마주경 阿摩晝經」(대정장1, p.82b4)에 "이때 바라문은 제자 아마주에게 말하였다. '너는 가서 저 사문 구담에게 틀림없이 32상인지 아니면 거짓인지 관하거라'. 이때 아마주는 곧바로 스승에게 말하였다. '제가 무슨 증거로 구담의 상을 관해야 진실인지 거짓인지를 알 수 있습니까?' 時 婆羅門 卽命弟子阿摩晝 而告之曰 汝往觀彼沙門瞿曇 爲定有三十二相 爲虛妄耶 時 阿摩晝尋白師言 我以何驗 觀瞿曇相 知其虛實", 『윤왕칠보경』(대정장1, p.822a11)에 "저 왕은 이때 저 마니보주의 효능을 시험하고자 신료들에게 명령을 내려 신속하게 네 종류의 군대를 장엄하여 밤에 유원으로 놀러 나가려고 하였다. 彼王爾時 欲驗其能 卽勅臣寮 速嚴四兵 當於夜分 出遊園林", 『당범번대자음반야바라밀다심경』 「서문 序文」(대정장8, p.851a28)에 "말을 마치자 허공으로 솟구쳐 올랐는데, 이미 기이한 상서 나타났으니 이 경의 지극한 영험이다. 言訖沖空 旣顯奇祥 爲斯經之至驗"라고 하였다. 〔참고문헌〕『長阿含經』, 『輪王七寶經』, 『唐梵翻對字音般若波羅蜜多心經』. ⇨ 영험 靈驗, 험처 驗處

험덕 驗德 밀교의 진언행자가 수행으로 증득한 영험한 공덕. 『수업요결』(대정장83, p.377c17)에 "성도를 닦는 이로서 그 수행을 성취한 이는 당장 눈앞에서 영험한 공덕을 드러낸다. 聖道修行者 其行成就者 於目前顯其驗德"라고 하였다. 〔참고문헌〕『修業要決』.

험득 驗得 수행이나 기도로 영험한 공덕을 얻음. 『일자정륜왕경』 권3(대정장19, p.210c6)에 "이후에 이 대명비진언으로 가지하여 염송하면 신속하게 영험한 공덕이 성취될 것이다. 然後加此大明妃眞言和誦 當速疾現驗得成就"라고 하였다. 〔참고문헌〕『一字頂輪王經』.

험애일기 嶮崖一機 험한 절벽에서 한 마음 내다. 『대응어록』 권하(대정장80, p.118c11)에 "법좌에서 : 향상하는 유일한 길이자 험한 절벽에서의 단 한 번의 마음 낼 뿐이다. 발 들어 밟으려 하거나 입을 열고 말하려 하는 순간 수미등왕불(須彌燈王佛)께서는 이미 이곳 지나 저편으로 가버린다. 法座 向上一路 嶮崖一機 擧步踏著 開口說著 須彌燈王 過這邊著"라고 하였다. 〔참고문헌〕『大應語錄』. ⇨ 향상일로 向上一路

험업 險業 Ⓢ viṣama-karman, Ⓣ las-mi-mnyam-pa-can. 험한 업. 악계(惡戒)를 말한다. 계(戒)로 다스린다. 진제(眞諦)의 역본에는 불평등사(不平等事)라 하였다. 『구사론』 권14(대정장29, p.73a13 : *Abh-k-bh.*, p.207)에 "〔논〕 (별해탈율의는) 험업을 평탄하게 하게 할 수 있기에 시라라 한다. 그 말을 훈석하면 청량하기에 시라라 하는 것이니, 가타에서 '계를 수지하는 것은 즐거움이니, 몸에 열뇌가 없게 된다. 따라서 시라라 한다'라고 한 것과 같다. 論曰 能平險業故名尸羅 訓釋詞者 謂淸涼故 如伽他言 受持戒樂 身無熱惱故名尸羅 viṣamakarmaṇāṃ viratisamādānācchīlam śītalatvād iti niruktiḥ sukhaśīlasamādānaṃ kāyo na paridahyata iti gāthāvacanāt", 『구사론소』 권14(대정장41, p.641b27)에 "풀이한다. 험업이란 악계를 말한다. 열뇌하는 악계를 평하게 다스리니 청량이라 한다. 解云 險業是惡戒也 平治熱惱惡戒故名淸涼"라고 하였다. 〔참고문헌〕『俱舍論』, 『俱舍論疏』, *Abh-k-bh.*

험윤 玁狁 중국 고대 북방의 종족. 험윤(獫狁)이라고도 쓴다. 한대(漢代) 이후에는 흉노(匈奴)를 가리킨다. 『불조통기』 권32(대정장49, p.312a8)에 "북쪽 오랑캐 : 주대는 산융과 험윤이 있었고, 진한 시대에는 흉노가 있었다. 北狄 周有山戎玁狁 秦漢有匈奴", 『일체경음의』 권80(대정장54, p.824a22)에 "험윤〈첫째 글자는 험과 엄을 반절한 음, 둘째 글자는 율과 순을 반절한 음이다. 『모시전』에 '험윤은 북쪽 오랑캐를 부르는 말이다'라고 하였고, 『정전』에는 '지금의 흉노이다'라고 하였다〉. 玁狁〈上杴儼反 下聿笋反 毛詩傳云 玁狁 北狄之号也 鄭箋云 今匈奴也〉"이라고 하였다. 〔참고문헌〕『佛祖統紀』, 『一切經音義』.

험인생중 驗人生中 사상육험(死相六驗) 중 하나. 죽을 때 인도(人道)에 날 사람에게 나타나는 조짐. 『대명삼장법수』 권20(영락장182, p.237b8)에 "첫째, 죽을 때 인도에 날 사람에게 나타나는 조짐이다. 선한 업을 지은 사람이라면 죽으려 하는 순간 먼저 다리부터 차가와져서 배꼽까지 이르고 배꼽 위의 부위는 여전이 온기가 남아 있다가 그 이후 온기가 다하면 인도에 난다. 一 驗生人中 謂若作善之人 將死之時 先從足冷至臍 臍上猶溫 然後氣盡者 卽生人中"라고 하였다. 〔참고문헌〕『大明三藏法數』. ⇨ 사상육험 死相六驗

험입열반 驗入涅槃 사상육험(死相六驗) 중 하나. 죽을 때 열반에 드는 사람에게 나타나는 조짐. 『대명삼장법수』 권20(영락장182, p.238b8)에 "여섯째, 죽을 때 열반에 드는 이의 조짐이다. 아라한인 성인이라면 열반에 들어 심장과 정수리가 수일간 모두 온기를 유지하는데 그 조짐이다. 六 驗入涅槃 謂若羅漢聖人 入於涅槃 或心及頂 數日皆溫者 是也"라고 하였다. 〔참고문헌〕『大明三藏法數』. ⇨ 사상육험 死相六驗

험주문 驗主問 분양십팔문(汾陽十八問) 중 하나로 학인이 종사에게 묻는다. 『벽암록』 9칙 「평창 評唱」(대정장48, p.149b4)에 "그런 까닭에 운문은 '이 일이 언구상에 있다면 삼승십이분교에 어찌 언구가 없어 달마가 굳이 서쪽에서 이곳으로 왔겠는가?'라고 하였다. 이 질문을 험주문이라 하고 탐발문이라고도 한다. 所以雲門道 此事若在言句上 三乘十二分敎 豈是無言句 何須達磨西來 汾陽十八問中 此問謂之驗主問 亦謂之探拔問", 같은 책 41칙 「평창」(대정장48, p.178c21)에 "구멍 없는 피리가 모직 박자판과 만난 격이다. 이것을 험주문이라 하고 심행문이라고도 한다. 無孔笛撞著氈拍版 此謂之驗主問 亦謂之心行問"라고 하였다. 〔참고문헌〕『碧巖錄』. ⇨ 분양십팔문 汾陽十八問

험처 驗處 터득해 깨우친 경계. 『경덕전등록』 권11 「앙산혜적전 仰山慧寂傳」(대정장51, p.283a15)에 "저 혜적에게는 증명한 경계가 있습니다. 慧寂有驗處"라고 하였다. 〔참고문헌〕『景德傳燈錄』.

험파 驗破 앞서 있던 실례(實例)를 들어 논파하다. 『반야등론석』 권2(대정장30, p.56a24)에 "다시 경량부 논사가 말하였다. '다른 법의 일어남이 있다. 가령 안식 등과 같다. 왜 그러한가? 짓는 것 있기 때문이다. 비유하면 종자와 지수화풍이라는 인연으로 화합하여 싹이 날 수 있는 것과 같다. 이러한 답으로 그대의 앞선 경험은 무너졌다'. 復次經部師言 有異法起 如眼識等 何以故 由有作故 譬如種子 地水火風 因緣和合 得有芽出 以此答故 汝先驗破", 같은 책 권4(대정장30, p.67b7)에 "이와 같이 이미 봄과 아직 보지 않음과 지금 보고 있음이라 하지만 보는 것은 아니다. 왜 그러한가? 이미 봤기 때문이고, 아직 보지 않았기 때문이며, 지금 보고 있기 때문이다. … 차제 따라 마땅히 험파한다. 如是已見未見見時不見 何以故 已見故 未見故 見時故 … 隨其次第 應當驗破"라고 하였다. 〔참고문헌〕『般若燈論釋』.

헤딘 Hedin, Sven Anders 1865~1952. 스벤 안데

르스 헤딘. 스웨덴 태생의 탐험가이자 중앙아시아학자. 지리학을 전공했던 헤딘은 이란, 중앙 아시아, 티베트 등지를 총 네 번에 걸쳐 탐험했다. 특히 1899년부터 1902년에 걸쳐 타크라마칸 사막을 횡단하여 '방황하는 호수'로 불리기도 했던 사막화되어 사라진 내륙호 로프노르(Lopnur)지역을 발견, 그 서북 기슭에 존재했었던 누란(樓蘭)국의 도시유적을 발굴하였다. 이러한 지리학적 탐험과 발견으로 명성을 얻고 강연을 펼쳤으나, 히틀러를 직접 만나고 아리안우월주의를 지지하는 등의 정치적 행보와 탐험과정에서 현지인들의 희생을 감수하게 하는 등의 행적으로 인해 상반된 평가를 받고 있다. [참고문헌] Eric Wennerholm *Sven Hedin 1865~1952* (Brockhaus, 1978).

헤란냐카니 Heraññakāni 코살라국 도적무리의 수장이었으나 부처님이 기원정사(祇園精舍 Ⓢ Ⓟ Jetavana)를 보시받자 호기심에 찾아가 법을 듣고 깨달아 아라한이 되었다. 이후 두목자리를 이어받은 동생에게도 찾아가 설득하기를 "밤과 낮은 흘러 가버리고 생은 사라진다. 죽음을 다할 수 없는 이들의 생은 끝내 사라진다. 마치 저 개울이 흘러 사라지듯이. 그러나 어리석은 이는 악한 행위를 알아차리지 못하고, 나날이 더하니 결국 나쁜 과보만이 생겨난다. accayanti ahorattā jīvitaṃ uparujjhati, āyu khīyati maccānaṃ kunnadīnaṃ va odakaṃ. atha pāpāni kammāni karaṃ bālo na bujjhati, pacchāssa kaṭukaṃ hoti vipāko hissa pāpako"라고 설했고, 이를 들은 동생 또한 출가하여 깨달음을 성취하였다. [참고문헌] *Th.20.*

헤르만올덴베르그 Hermann Oldenberg 1854~1920. 독일 인도학자, 불교학자. 1854년 함부르그(Hamburg)에서 프로테스탄트교회 목사의 아들로 태어나 괴팅엔(Goettingen)과 베를린(Berlin)에서 고전문헌학과 인도문헌학을 공부했다. 1875년, 대지의 여신을 섬긴 고대로마의 사제집단 아르왈레스(Arval Brothers)를 주제로 한 라틴어 논문으로 베를린대학에서 박사학위를 받지만, 대학교수자격을 얻기 위해 집필한 논문은 산스크리트 문헌학에 관한 것이었다. 1878년 *Śāṅkhāyana-Gṛhyasūtra*를 편집하고 번역한 뒤, 젊은 올덴베르그는 빨리어 불교문헌으로 관심을 돌렸다. 붓다의 역사적 실존조차 입증되지 않아 에밀 세나르(Émile Senart 1847~1928)와 요한 헨드릭 케른(Johan Hendrik Caspar Kern 1833~1917)의 예에서 보듯 붓다를 태양신의 비유로 해석하는 실정이었다. 올덴베르그는 *Dīpavaṃsa*를 1879년에 편집하고 영어로 번역출간했다. 아울러 1879년부터 율장(Vinayapiṭaka)을 편집하기 시작했고, 빨리텍스트소싸이어티(Pāli Text Society)의 설립자 리즈 데이비스(Rhys Davids)와 함께 그 편집본들을 영어로 번역해 동방성서(Sacred Books of the East) 시리즈로 펴냈다. 1881년, 올덴베르그는 *Buddha, sein Leben, seine Lehre, seine Gemeinde*(붓다, 그의 삶과 가르침과 공동체)를 출간했다. 약관 26세의 나이에 집필한 책으로, 빨리어 원전에 입각해 붓다가 역사적 실존인물임을 입증한 독보적 저작이었다. 이 책은 프랑스어와 러시아어와 영어로 번역돼 널리 읽히면서 명실상부한 고전으로 자리매김했다. 그밖에 리차드 피쉘(Richard Pischel)과 더불어 *Thera and Therīgāthā*(1883) 교정본을 편집 출간했다. 유럽 불교학계에 빨리어문헌의 중요성을 알린 최초의 유럽학자로 평가하지만 『베다』 문헌 연구에도 뚜렷한 족적을 남겼다. 그는 『베다』의 찬가와 신격(神格)을 자연현상으로 설명하는 기존의 방식을 따르지 않고, 『베다』 해석에 비교신화학과 비교종교학의 방법들을 도입했다. *Hymnen des Rigveda, Metrische und textgeschichtliche Prolegomena*(『리그베다』의 찬가들, 운율과 문헌의 역사에 관한 연구, 1888)를 위시해 탁월한 연구로 평가받은 *Die Religion des Veda*(『베다』의 종교, 1894)와 『베다』 찬가들의 해석과 운율과 어원 등을 논한 *Rigveda, textkritische und exegetische Noten*(『리그베다』 문헌의 역사와 주해에 관한 연구, 1909)는 오늘날에도 『리그베다』 본집(本集 : Saṃhitā)의 형식과 운율과 성립사(成立史) 연구에서 여전히 중요한 전거로 이용된다. 또 다른 『베다』 연구서로 *Gṛhyasūtras, Rules of Vedic Domestic Ceremonies*(그리햐수뜨라, 베다 가정의례의 준칙들, 1886)와 *Vedic Hymns*(베다의 찬가들, 1891)가 있다. 당대 선도적 인도학자라는 평가를 받은 그는 1910년 프랑스금석학문학아카데미 통신회원(membre correspondant)으로 위촉됐다. 1920년 3월 18일 괴팅엔에서 영면했다. 사후 유작으로 *Das Mahabharata, seine Entstehung, sein Inhalt, seine Form*(마하바라타, 그 기원과 내용과 형식, 1922), *Reden des Buddha, Lehre, Verse, Erzaehlungen*(붓다의 말씀, 가르침과 게송과 설화, 1922)이 있다. [참고문헌] Louis Renou *Les maîtres de la philologie védique* (Paris : Edité par Librairie Orientaliste Paul Geuthner, 1928) pp.56~72, Édouard Cuq 'Éloge funèbre de M. Hermann Oldenberg, correspondant étranger de l'Académie'(*Comptes rendus des séances de l'Académie des Inscriptions et Belles-Lettres* 65-3, 1921) pp.300~301, Valentina Stache-Rosen *German Indologists, Biographies of Scholars in Indian Studies Writing in German* (New Delhi : Max Mueller Bhavan, 1990).

헤마카 Hemaka 부처님 재세 시 가르침을 듣고 아라한이 된 바와리(Bāvarī) 바라문의 열여섯 명의 제자 중 한명. *Sn.*, p.210에서 헤마카가 부처님께 집착을 버리는 법을 청하자 "헤마카여! 이제껏 보고 듣고 알고 분별했던, 기꺼워한 것들에 대해 욕망과 집착을 버리는 것만이 사라지지 않는 해탈이다. 이를 알고 나서 뜻을 모아 현세에 해탈하니, 항상 평온한 이들이어서 세간의 집착 건넜다네. idha diṭṭasutamutaviññātesu piyarūpesu Hemaka, chandarāgavinodanaṃ nibbānapadam-accutaṃ. etadaññāya ye satā diṭṭhadhammābhinibbutā, upasantā ca te sadā tiṇṇā loke visattikan"라고 하였다. 이 가르침을 들은 헤마카는 깨우쳐 아라한이 되었다고 전한다. [참고문헌] *Sn.*

헤바즈라탄트라 Hevajratantra 🅃 kye'i rdo-rje shes-bya-ba rgyud-kyi rgyal-po. 온전한 이름은 『슈리헤바즈라다키니잘라삼바라마하탄트라라자 *Śrīhevajraḍākinījālasaṃvaramahātantrarāja*』. 이의궤(二儀軌 🅂 Dvikalpa)라고도 한다. 무상유가(無上瑜伽)탄트라의 모(母) 탄트라를 대표하는 경전으로서 8세기 중반에 성립했다. 범본과 티베트역본(北京版 No.10)이 있으며 한역본으로 송대(宋代) 법호(法護)가 번역한 『대비공지경 大悲空智經』이 있다. 본래 50만송 또는 10만송 길이의 광본(廣本)에서 약출되었다고 알려졌으나 광본은 전하지 않는다. 현행본은 23품 약 750송이며 제1의궤가 11품, 제2의궤가 12품이다. 같은 모계(母系) 헤루카족의 삼바라계 탄트라 의궤들과 밀접한 관계가 있으나 비교적 교의가 정리되지 않은 형태를 보이고 있어서 조금 앞선 시대에 성립된 문헌으로 추정한다. 좌도밀교적인 내용으로 한역에서 삭제되거나 의역을 통해 개변된 부분이 적지 않다. 티베트에서는 샤꺄파와 까규파에서 중시되었다. 주존인 헤바즈라와 그 명비(明妃)를 중심으로 열다섯 명의 유가녀들이 둘러싸고 행해지는 좌도적 실천법을 설한다. 사상적으로는 중관·유식뿐 아니라 성속일치(聖俗一致) 신비적 합일을 중시하는 무상유가 밀교로서 여래장사상의 영향이 적지 않다. 밀교적으로는 남성적 원리인 대비(大悲)·방편(方便)과 여성적 원리인 공성(空性)·반야(般若)의 이원적 요소를 제시하지만 이원적 대립을 해소함으로써 보리심을 일으키고 구경에서 대락(大樂)의 경지를 실현하는 구조를 드러낸다. 범본 주석서는 크리슈나(Kṛṣṇa)의 『요가라트나말라 *Yogaratnamālā*』를 비롯하여 다수가 있다. 1959년 스넬그로브(Snellgrove)가 범본에 대한 영역과 티베트역을 발표했다. 1938년과 1939년에 걸쳐 스즈세키 유우슌(鈴關宥俊)은 동경대학소장 범본사본과 티베트역본·한역본을 대조 연구한 연작 논문 2편을 발표하였다. 1983년 윌렌(C. Willemen)은 한역본을 저본으로 한 영역을 발표했다. [참고문헌] 鈴關宥俊 「佛說大悲空智金剛大教王儀軌經の研究：特に梵藏漢三譯對照の結果に就て」(『智山學報』, 1938).

헤바즈라탄트라만달라 Hevajra-tantra-maṇḍala 무상유가(無上瑜伽 anuttarayoga)탄트라의 모(母)탄트라를 대표하는 경전인 『헤바즈라탄트라 *Hevajratantra*』를 소의(所依)로 한 만다라(曼荼羅). 대비·방편과 공성·반야의 불이상섭(不二相攝)을 통한 대락(大樂 🅂 mahāsukha)을 도상화하였다. 줄여서 '헤바즈라 만달라'라 하고 호금강만다라(護金剛曼荼羅)로도 부른다. 공지금강왕(空智金剛王 🅂 Heruka)을 주존(主尊)으로 하고 무아보살(無我菩薩 🅂 Nairātmyā-bodhisattva)과 합체한 상태에서 그 주위를 팔명비(八明妃)가 에워싼 모습이며, 팔명비 너머로 다시 사문(四門)이 그려져 있다. 송대(宋代) 법호(法護)역 『대비공지경』 권4 「금강왕출현품 金剛王出現品」(대정장18, p.598c19)에 "이때 공지대금강왕은 일체본존과 일체자성신만나라를 열어 보이고 극묘락금강심종자에 머물러 일체자상만나라왕을 낳는다. … 이때 무아보살 말하길 '저는 앞의 이 만나라 15위를 알지 못합니다. 살펴 아끼는 갖가지 지로 원컨대 저를 위해 설하소서.' 爾時 空智大金剛王 開示一切本尊 一切自性身曼拏羅 住極妙樂金剛心種子 出生一切自相曼拏羅王 … 時 無我菩薩白如是言 我先不知是曼拏羅一十五位 眷愛種智 願爲我說", "이때 금강왕 이와 같이 탄식하고 갈파라(🅂 kapāla : 髑髏) 쥐고 금강저 던져 마를 꺾어 엎드리게 하고는 설하였다. '저 앞 만나라륜은 네 귀퉁이와 네 문을 금강선으로 퀜 주영과 반영 등의 무량한 잡보로 꾸며 장엄한다. 나는 훔·아(hūṃ a)자 종지로 청색의 치성광염 놓아 여덟 개 얼굴과 열여섯 개 팔 내어 놓고 발로 네 마를 밟는 분노상을 나타낸다. 허리와 머리에 해골과 묘영락 두른 채 대무외를 취한다. 일륜중에 머물러 서 있음에 춤추는 동작으로 잘 만든 금강저 정수리에 이며, 흑색의 분노한 표정에 재로 몸을 칠하고 입으로 훔발타(hūṃ phaṭ)자 외워 낙적정이번뇌박묘삼마지에 든다. 정면은 대흑색, 오른쪽 면은 백색구나화 같고 왼쪽 면은 홍색의 대분노상, 윗면은 웃는 얼굴, 나머지 네 면은 청색과 흑색이 섞였다. 눈은 모두 스물네 개다.' 時 金剛王如是嗟咨 持葛波羅 擲金剛杵 摧伏魔已 說是 如前曼拏羅輪 四隅四門及金剛線 珠纓半纓無量雜寶間飾莊嚴 以我吽阿字種智 放靑色熾盛光焰 出生八面 一十六臂 足踏四魔 現忿怒相 帶髑髏鬘及妙瓔珞 得大無畏 住日輪中 立如舞勢 頂戴善巧金剛杵 黑色忿怒 以灰塗身 口誦吽發吒字 入樂寂靜離煩惱縛妙三摩地 正面大黑色 右面如白色倶那華 左面紅色大忿怒相 上面笑容 餘四面並靑黑色 共二十四目", "이렇게 서로 이어 다시 낙희희삼마지에 들어 언자문으로부터 오리명비(Ⓢ Gaurī)를 낳아 동문에 머물게 한다. 다시 만타나상응삼마지에 들어 존자문으로부터 추리명비(Ⓢ Caurī)를 낳아 남문에 머물게 하니, 문을 지키는 자로 삼는다. 다시 금강연화상응삼마지에 들어 번자문으로부터 미다리명비(Ⓢ Vetalī)를 낳아 서문에 머물게 한다. 다시 파대번뇌암삼마지에 들어 감자문으로부터 갈삼마리명비(Ⓢ Ghasmarī)를 낳아 북문에 머물게 하니, 마를 무너뜨리는 자로 삼는다. 분자문으로부터 복갈서명비(Ⓢ Pukkasi)를 낳아 이사나방에 머물게 한다. 다시 만타나상응삼마지에 들어 상자문으로부터 설바리명비(Ⓢ Śavari)를 낳아 화천방에 머물게 한다. 찬자문으로부터 찬나리명비(Ⓢ Candālī)를 낳아 나찰방에 머물게 한다. 농자문으로부터 노미니명비(Ⓢ Dombinī)를 낳아 풍천방에 머물게 하니, 낙분노자로 삼는다. 如是 相續復入樂嬉戲三摩地 從哆字門 出生遨哩明妃 住於東門 復入滿他那相應三摩地 從尊字門 出生㘑哩明妃 住於南門 爲護門者 復入金剛蓮華相應三摩地 從鑁字門 出生尾多哩明妃 住於西門 復入破大煩惱闇三摩地 從紺字門 出生渴三摩哩明妃 住於北門 爲壞魔者 從奔字門 出生卜葛西明妃 住伊舍那方 復入滿他那相應三摩地 從商字門 出生設嚩哩明妃 住火天方 從贊字門 出生贊拏梨明妃 住羅刹方 從農字門 出生努彌尼明妃 住風天方 爲樂忿怒者", 같은 책 권5(대정장18, p.599b26)에 "금강장보살과 이 모든 명비들 오른쪽 다리 접어 왼쪽 허벅지에 올리고 선 것이 춤추듯 하며, 팔은 두 쌍이고 눈은 세 개, 머리에 분노계 틀고 모두 전과 같이 다섯 인으로 장엄한다. 오리명비는 흑색, 추리명비는 홍색, 미다리명비는 황적색, 갈삼마리명비는 녹색, 복갈서명비는 제청주색, 설바리명비는 가월색, 찬나리명비는 허공청색, 노미니명비는 온갖 색을 다 갖췄다. 또 모든 명비는 발로 여덟 마를 밟으니 범·제석·나라연·대자재·폐습부다·미달나·내리저·비마질다라천 등이다. 저마다 최상공양구로써 금강부에 적열심 내어 존중공양한다. 金剛藏菩薩 是諸明妃 右半跏趺 立如舞勢 二臂三目 竪忿怒髻 皆用如前五印莊嚴 遨哩明妃黑色 㘑哩明妃紅色 尾多哩明妃黃赤色 渴三摩哩明妃綠色 卜葛西明妃帝青珠色 設嚩哩明妃珂月色 贊拏哩明妃虛空青色 努彌尼明妃具種種色 又 諸明妃足履八魔 謂梵釋 那羅延 大自在 吠濕嚩多 尾怛那 乃哩底 毘摩質多羅天等 各以最上供具 於金剛部 生適悅心 尊重供養", "금강연화대상응문부터 스스로 칠해 그 만나라를 그린다. 거듭 네 개의 문, 네 개의 뾰족한 누각, 오색계도, 금강지선이 가지런히 서로 응하게 하고 주위 두루 밝혀 팔대현병 갖가지로 꾸민다. 다음으로 보말 또는 다섯 가지 분말과 한림(尸陀林)의 흙덩이와 숯 끝으로 중위에 팔엽연을 그린다. 꽃술에는 백색으로 갈라파상을 세 부분으로 나누어 그린다. 이사나방에 사자, 화천방에 필추상, 내리저방에 륜, 풍천방에 금강저, 동문에 보도, 남문에 규루고, 서문에 거북이, 북문에는 용을 그린다. 명비의 색상은 이미 앞에 설한 대로다. 이를 팔종표치라 이름한다. 以金剛蓮華大相應門 而自粉畫其曼拏羅 一重四門 四峯樓閣 五色界道 金剛智線 正等相應 周遍光明 種種嚴飾 八大賢瓶 如次粉畫 以寶末或五粉末 寒林塼炭末 中位畫八葉蓮 於臺蘂中 粉畫白色三分葛波羅相 伊舍那方畫師子 火天方苾芻像 乃哩底方畫輪 風天方金剛杵 東門寶刀 南門奎樓鼓 西門畫龜 北門畫龍 明妃色相已如前說 是名八種幖幟"라고 하였다. 〔참고문헌〕『大悲空智經』, 田中公明『チベット密教』(春秋社, 1993) pp.99~105, 金容煥『만다라』(열화당, 1991) pp.185~196. ⇨ 헤바즈라탄트라 Hevajratantra, 오리명비 遨哩明妃, 추리명비 㘑哩明妃, 미다리명비 尾多哩明妃, 갈삼마리명비 渴三摩哩明妃, 복갈서명비 卜葛西明妃, 설바리명비 設嚩哩明妃, 찬나리명비 贊拏梨明妃, 노미니명비 努彌尼明妃

혁련정 赫連挺 고려전기 학자. 1075년(문종29)에 진사(進士)가 되었고, 1100년(숙종5) 11월 24일(丙戌日) 사신으로 원(元)에 가서 도종(道宗)에게 방물(方物 : 특산물)을 바쳤으며, 1105년(예종1 : 10월에 卽位하였음) 11월 6일(庚子日) 광찬검교태자태사상호군(光贊檢校太子太師上護軍)에서 장락전학사판제학원사(長樂殿學士判諸學院事)가 되었다. 1075년(문종29)에 고려초 고승(923~973)인 원통수좌 균여스님의 전기인『균여전』 1권을 10문(門)으로 나누어 서술하였으니, 강탄영험(降誕靈驗) 출가청익(出家請益) 자매제현(姊妹齊賢) 입의정종(立義定宗) 해석제장(解釋諸章) 감통신이(感通神異) 가행화세(歌行化世) 역가현덕분(譯歌現德) 감응항마(感應降魔) 변역생사(變易生死)로 엮었다. 〔참고문헌〕『高麗史』권11 世家11 肅宗 5年 11月 丙戌,『均如傳』. ⇨ 균여 均如, 균여전 均如傳

혁막 奕幕 아름다운 휘장.『선원청규』권6「중연재 中筵齋」(卍속장111, p.908a11)에 "향과 꽃 그리고 혁막은 가문의 물적인 형편에 따라 마련한다. 香花奕幕 隨家豐儉"라고 하였다. 〔참고문헌〕『禪苑淸規』.

혁목사 赫木寺 경상남도 울산시 영취산(靈鷲山)에 있던 절. 신라 원성왕(元聖王 재위 785~798)대 있었던 절로『삼국유사』권5(대정장49, p.1015b1·한불전6, p.363a19) 피은(避隱)8 낭지승운보현수(朗智乘雲普賢樹)에 "(스님의) 고향 사람들은 이에 그 암자를 혁목이라고 불렀다. 지금 혁목사의 북쪽 언덕에 옛 터가 있는데 그 유지다. 鄕人乃號其庵曰赫木 今赫木寺之北崗有古基 乃其遺趾"라고 하였다. 〔참고문헌〕『三國遺事』,『韓國寺刹全書』권하 p.1150a8·1150b4.

혁범성성 革凡成聖 범부를 고쳐 성인이 되다. 『법화현의』 권5(대정장33, p.739b21)에 “수다원이 견을 무너뜨리면 범부를 고쳐 성인이 된다. 우유가 락으로 변화하는 경우와 같다. 須陀洹破見 革凡成聖 如乳變爲酪”, 『대반열반경현의』 권2(대정장38, p.12b29)에 “보살의 교설은 저 하품우유가 형통하면 소가 되는 경우와 같다. 그 교를 따른 이는 범을 뒤집어 성인이 되고, 이미 성인이라면 바꿔 무상도를 성취한다. 菩薩教 如下品牛乳 亨之成酥 從其教者 革凡成聖 亦革聖成無上道”라고 하였다. ［참고문헌］『法華玄義』, 『大般涅槃經玄義』.

혁사 革屣 Ⓢupānaha, Ⓟupāhana. 가죽신. 『오분계본』(대정장22, p.199b18)에 “가죽신을 신은 사람 위해서는 법을 설하지 않지만 병자는 예외다. 마땅히 알아야 한다. 不爲著革屣人說法 除病 應當學”라고 하였다. ［참고문헌］『五分戒本』, *Car-v.189.*, *Sp.977.*

혁쇄 嚇殺 몹시도 놀라게 하다. 상대를 압도하는 기세를 나타낸다. 『원오어록』 권1(대정장47, p.715a14)에 “학인이 ‘화상께서는 제후의 검도 잘라 버리셨습니까?’라고 묻자 원오가 ‘나를 몹시도 놀라게 하는구나’라고 답했다. 進云 和尙 還用得斬諸侯劍麽 師云 嚇殺人”, 『벽암록』 38칙 「착어 著語」(대정장48, p.177a26)에 “섬부의 쇠소는 놀라 달아나게 하고, 가주의 큰 코끼리 몹시도 놀라게 하는구나. 驚走陝府鐵牛 嚇殺嘉州大象”라고 하였다. ［참고문헌］『圜悟語錄』, 『碧巖錄』.

혁신공보 革新公報 1919년 3·1운동 직후 불교중앙학림 학생 주도로 발간된 항일독립신문. 불교중앙학림 출신인 김법린(金法麟)·김상호(金尙昊)·김상헌(金祥憲 1893~1945)·박민오(朴珉悟 : 朴敏灝)·김봉신(金奉信) 등이 상해임시정부·만주·미국 등 해외독립운동을 국내로 신속히 알리고자 발행하였다. 1919년 8월 간행 『혁신공보』 제34호에는 안창호의 임시정부 국무총리 서리 취임식 연설, 미 상원의원 뫼쓰내의 일본의 한국내 폭행사건 보고문, 미국내 독립운동 활동 등이 실려있다. 1946년 3월 『신천지 新天地』에 수록된 김법린의 회고에 따르면, 김법린 등이 중국 안동현(安東縣 : 지금의 단동시) 대도구(大道溝)에서 미곡상으로 가장하여 상해에서 백용성(白龍城 1863~1940) 등이 보내주는 『독립신문』 및 여러 정보를 동광상점(東光商店)에서 등사하고 압록강을 넘어 신의주의 우편통에 넣으면, 박민오·김봉신 등이 서울에서 재등사하여 배포하였다. ［참고문헌］『韓國近世佛教百年史』 권1 「社會參與」 p.16.

혁원 奕源 조선후기 스님. 법호는 영봉(影峰). 부휴선수(浮休善修)의 9세손(世孫)이며, 침명한성(枕溟翰醒)에게 법인(法印)을 전수하였다. ［참고문헌］『東師列傳』 권4 「枕溟講伯傳」(한불전10, p.1043c21).

혁총 革葱 Ⓢlatārka. 오신채(五辛菜) 중 하나로 학명은 *Allium victorialis*이고 각총(茖葱)이라고도 한다. 달래 또는 부추라고도 한다. 『천태보살계소』 권중(대정장40, p.590c7)에 “둘째, 혁총〈부추나 달래 등〉. 二 革葱〈卽韮薤等〉”, 『범망경보살계본소』 권4(대정장40, p.637a6)에 “혁총은 달래이다. 북지에 있고 강남에는 나지 않는다. 革葱是山葱 北地有江南無”, 『보살계본소』 권하(대정장40, p.672a19)에 “어떤 이는 ‘혁총은 달래로서 잎은 부추처럼 생겼지만 더 두텁다’라고 한다. 或云 革葱是薤葉似韮而厚”라고 하였다. ［참고문헌］『天台菩薩戒疏』, 『梵網經菩薩戒本疏』, 『菩薩戒本疏』, 『仏教植物辭典』(國書刊行會, 1982). ⇨ 오신계 五辛戒, 오신채 五辛菜

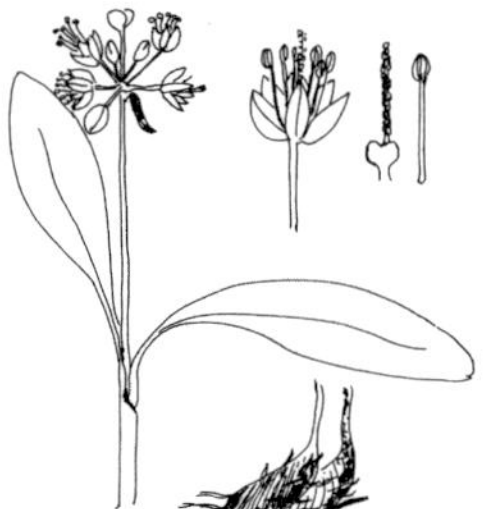

현 玄 ❶ 깊고 그윽해 말할 수 없고 사유할 수도 없는 자리. 유무(有無)와 언표(言表)를 넘어서서 공하여 더욱 공한 뜻이다. 『화엄경소초』 권1(대정장36, p.8a3)에 “겹겹으로 그윽하다 하니 이 또한 공하고 공한 뜻이다. 노자의 말에서 빌려왔다. 노자는 ‘현하고 또 현하니 온갖 묘한 것들이 드나드는 문이다’라고 하였다. 그는 유명과 무명을 함께 현이라 불렀다. 하상공은 ‘현은 하늘이다. 하늘 안에 또 하늘이 있다는 말이다’라고 풀었다. 장자는 ‘하늘인즉 스스로 그러하다 하였으니, 스스로 그러한 것이니 자연일 뿐이다’라고 하였다. 이것에 의지하여 만물을 낳으므로 ‘온갖 묘한 것들이 오가는 문’이라 한다. 지금 여기에서는 공해서 더욱 공한 중에 갖추지 못할 덕이 없다는 뜻이다. 言重玄者 亦卽空空 語借老子 老子云 玄之又玄 衆妙之門 彼以有名無名 同謂之玄 河上公云 玄者天也 天中復有天 莊子云 天卽自然 則自然亦自然也 依此而生萬物 故云衆妙之門 今以空空之中 無德不備耳”, 『금강경찬요간정기』 권1(대정장33, p.177b9)에 “만약 두 몸이 각각 다르다면 상과 무상으로 다를 것이니 현이라 하지 않는다. 상 그대로 무상이고 무상 그대로 상이라야 참으로 응하여 닫을 일 없으리니 현이라 한다. 若二身各異 相無相殊 不名爲玄 以相卽無相 無相卽相 眞應無閡 故曰玄也”, 『반야심경약소연주기』 권상(대정장33, p.561a25)에 “이름 붙이고 말해서 드러내는 것 뛰어넘기에 현이라 한다. 超名言之表曰玄”, 『조론신소』 권중(대정장45, p.213a18)에 “유도 아니고 무도 아님을 현이라 한다. 不有不無曰玄”라고 하였다. ［참고문헌］『華嚴經疏鈔』, 『金剛經纂要刊定記』, 『般若心經略

疏連珠記』, 『肇論新疏』. ❷ 고요한. 조용한. 『불소행찬』 권1(대정장4, p.5b7)에 "밖에는 여러 원림과, 흐르는 샘과 청량한 못이 있고, 갖가지 꽃과 과일 나무가, 줄지어 늘어서 고요한 그늘을 만들고 있다. 外有諸園林 流泉淸涼池 衆雜華果樹 行列垂玄蔭"라고 하였다. [참고문헌] 『佛所行讚』.

현 祆 서역의 천신(天神). 『통전』 권40 「직관전 職官典」에 "요라는 존재는 서역국의 천신으로, 불경에서 말하는 마혜수라다. 祆者 西域國天神 佛經所謂摩醯首羅也"라고 하였다. [참고문헌] 『通典』, 『新唐書』 권221 「西域傳」. ⇨ 현교 祆敎, 마혜수라 摩醯首羅

현 現 ❶ Ⓢ paridīpita, Ⓣ yongs-su-bstan-pa. 뜻을 드러내다. 『중변분별론』 권상(대정장31, p.452b2 : *Madhy-vibh.*, p.22)에 "허망의 뜻 모아보면 아홉 가지 상이 있다. 이른바 유상·무상·자상·섭상·무상에 드는 방편상·차별상·중명상·생연상·잡염상이니 그 뜻은 앞에서 드러낸다. 集虛妄義有九種相 所謂有相 無相 自相 攝相 入無相方便相 差別相 衆名相 生緣相 染相 義現於前 piṇḍārthaḥ punar abhūtaparikalpasya navavidhaṃ lakṣaṇaṃ paridīpitaṃ bhavati sallakṣaṇaṃ asallakṣaṇaṃ svalakṣaṇaṃ saṃgrahalakṣaṇaṃ asallakṣaṇānupraveśopāyalakṣaṇaṃ prabhedalakṣaṇaṃ paryāyalakṣaṇaṃ pravṛttilakṣaṇaṃ saṃkleśalakṣaṇañ ca"라고 하였다. [참고문헌] 『中邊分別論』, *Madhy-vibh.* ❷ Ⓢ ābhimukhya, Ⓣ mngon-du-gyur-pa. 눈앞에 나타나 있게 하다. 『대승장엄경론』 권13(대정장31, p.659a10 : *Sūtr.*, p.182)에 "두 법에 머물지 않고 관하기에 항상 현재여서 현전이라 한다. 不住二法觀 恒現名現前 ābhimukhyād dvayasyeha saṃsārasya-api nirvṛteḥ, uktā hy abhimukhī bhūmiḥ", 같은 책(대정장31, p.659b3)에 "보살은 육지 중 반야력에 의지하여 능히 생사열반이라는 두 법에 머물지 않는다. 마치 이 관혜라는 것은 언제나 앞에 나타나 있어야 하기 때문이다. 菩薩 於六地中 依般若力 能不住生死涅槃二法 如此觀慧恒現在前故"라고 하였다. [참고문헌] 『大乘莊嚴經論』, *Sūtr.* ⇨ 현전 現前, 현재전 現在前 ❸ 감정을 드러내다. 『유가사지론』 권15(대정장30, p.359c27)에 "말로 엎드린다 하는 것은, 마치 입론자가 대론자에 의해 굴복되는 것이니 … 어떤 경우는 분을 드러내고, 어떤 경우는 진에를 드러내며, 어떤 경우는 교만을 드러낸다. 言屈者 如立論者 爲對論者之所屈伏 … 或現憤發 或現瞋恚 或現憍慢"라고 하였다. [참고문헌] 『瑜伽師地論』. ❹ 현량(現量 Ⓢ pratyakṣa)의 줄임말. 『회쟁론』(대정장32, p.16a19 : *Vigr.*, p.230)에 "비량·유·아함·현량 등은 네 가지 량이다. 만약 현량이 능성(Ⓢ sādhana)이라면, 비량과 아함 등도 또한 능성이다. 가령 일체법이 모두 다 공하다 하면, 현량으로도 또한 공인 것과 같다. 이와 같이 비량과 유로도 또한 공이다. 比喩阿含現等四量 若現能成 比阿含等皆亦能成 如一切法皆悉是空 現量亦空 如是比喩亦空 anumānam apy upamāna-āgamāś ca pratyakṣeṇa pramāṇena pratyuktāḥ. yathā hi pratyakṣaṃ pramāṇaṃ śūnyaṃ sarva-bhāvānāṃ śūnyatvāt. evam anumānama-upamā-āgamāpi śūnyāḥ"라고 하였다. [참고문헌] 『迴諍論』, *Vigr.* ⇨ 현량 現量 ❺ Ⓢ vartamāna. 현재(現在). 『구사론』 권1(대정장29, p.5c22 : *Abh-k-bh.*, p.15)에 "앞의 다섯 가지 경은 오직 현재다. … [논] 육근 중 안 등 앞의 오근은 오직 현재하는 경만을 취하는데, 그렇기에 먼저 설한 것이다. 의근의 경계는 일정하지 않으니 삼세의 법과 무위다. 前五境唯現 … 論曰 於六根中 眼等前五唯取現境 是故先說 意境不定 三世無爲 prāk pañca vārtamānārthyāt … cakṣurādīni pañca vartamānaviṣayatvāt pūrvam uktāni manas tv aniyataviṣayam"라고 하였다. [참고문헌] 『俱舍論』, *Abh-k-bh.* ❻ 현세(現世 Ⓢ vartamāna). 『구사론』 권14(대정장29, p.74a1 : *Abh-k-bh.*, p.210)에 "최초찰나 이후부터 아직 버리지 않을 때까지 항시 과거와 현세 두 세의 무표를 성취한다. 初刹那後未捨以來 恒成過現二世無表 prathamāt kṣaṇādūrdhvamatītayā vartamānayā ca ātyāgāditi vartate"라고 하였다. [참고문헌] 『俱舍論』, *Abh-k-bh.*

현 賢 ❶ 현자(賢者). 『법화현의』 권4(대정장33, p.727c15)에 "일반적으로 현이라고 하는 것은 성에 가까운 것으로서 현이라 한다. 그럴듯한 해로써 능히 견혹을 조복하고 그럴듯한 인으로 진실을 일으키기에 성자에 근접해 있다고 한다. 通稱賢者 隣聖曰賢 能以似解伏見 因似發眞 故言隣聖"라고 하였다. [참고문헌] 『法華玄義』. ⇨ 현자 賢者 ❷ Ⓟ āvuso. 비구들을 세존(世尊)께서 부르는 말. 벗(友)을 뜻하며 제현(諸賢)으로도 쓴다. 『중아함경』 권7 「상적유경 象跡喩經」(대정장1, p.467a9 : *Mahāhatthipadopama-sutta*, *MN.1*, p.191)에 "어진 이들이여! 세존께서는 또한 다음처럼 말씀하셨습니다. '만약 연기를 본다면 법을 보는 것이고, 법을 본다면 연기를 보는 것이다'. 諸賢 世尊亦如是說 若見緣起便見法 若見法便見緣起 āvuso … vuttaṃ kho pan' etaṃ bhagavatā, yo paṭiccasamuppādaṃ passati so dhammaṃ passati, yo dhammaṃ passati so paṭiccasamuppādaṃ passatīti"라고 하였다. [참고문헌] 『中阿含經』, *MN.* ❸ 가장 뛰어난 선. 『대일경소』 권1(대정장39, p.582b12)에 "보현보살이라 하였는데, 보란 일체처에 널리한다는 뜻이고, 현이란 가장 뛰어난 선이란 뜻이다. 즉 보리심으로 일으킨 원행과 신구의가 빠짐없이 모든 곳에 평등히 편재하고, 순일한 묘선이며, 뭇 덕을 갖추고 있으니 이로써 이름을 삼은 것이다. 普賢菩薩者 普是遍一切處義 賢是最妙善義 謂菩提心所起願行 及身口意 悉皆平等遍一切處 純一妙善備具衆德 故以爲名"라 하였다. [참고문헌] 『大日經疏』. ⇨ 보현 普賢❶

현 顯 ❶ Ⓢ udbhāvitam bhavati, prakhyāna, prāyaṇa, viniścaya, Ⓣ snang-ba, go-byed, rnam-nges. 나타냄. 드러냄. 현시(顯示)·현현(顯現)의 뜻이다. 『백오십찬』(대정장32, p.761c10)에 "마군이라는 원수가 해를 입히려 해도 부처님의 힘으로 이미 능히 없애셨으니, 무외의 공덕 중에서 이는 단지 작은 분을 드러냈을 뿐이다. 魔怨興惱害 佛力已能除 無畏功德中 斯但顯少分", 『대승장엄경론』 권7(대정장31, p.627b8 : *Sūtr.*, p.16)에 "[석] 이미 업을 일으키는 방편을 설하였으니, 업으로 모은 모든 바라밀들에 대해 이제 설할 것이다. 여기서 먼저 우다나게를 설한다. [게] 수·상·차제·명·수습·차별·섭·치장·공덕·호현이 바라밀의 열 가지 뜻임을 알아야 하리. 釋曰 已說起業方便 業所聚集諸波羅蜜 今當說 此中先說憂陀那偈 偈曰 數相次第名 修習差別攝 治障德互顯 度十義應知 pāramitāprabhedasaṃgrahe uddānaślokaḥ sāṃkhyātha tallakṣaṇam ānupūrvī niruktir abhyāsaguṇaś ca tāsāṃ prabhedanaṃ saṃgrahaṇaṃ vipakṣo jñeyo guṇo 'nyonyaviniścayaś ca", 『대비바사론』 권32(대정장27, p.163b25)에 "현이란 드러내 보이는 것을 말하니, 열반은 적정하여 바라문이나 찰제리 등의 종성차별은 현시할 수 없으며, 또한 청·황·적·백 등의 상도 현시할 수 없기에 '현이 아니다'라고 한다. 또한 현이란 드러내 나타나게 하는 것을 말하니 … 열반은 그렇지 않기에 비현이라 한다. 顯謂顯示 涅槃寂靜無婆羅門刹帝利等種姓差別可以顯示 亦無靑黃赤白等相可以顯示 故名非顯 復次顯謂顯現 … 涅槃不然故名非顯"라고 하였다. [참고문헌] 『百五十讚』, 『大乘莊嚴經論』, 『大毘婆沙論』, *Sūtr.*, *Madhy-vibh. 18·32·66.* ⇨ 현시 顯示, 현현 顯現, 명명 冥 ❷ 현색(顯色 Ⓢ varṇa)을 말한다. 형색(形色)이 아닌 것이다. 『식신족론』 권11(대정장26, p.583a15)에 "나타나기만 하고 형은 없는 것이란, 청·황·적·백을 말하고 … 형은 있고 현은 없는 것이란 신표업을 말한다. 有顯無形者 謂靑 黃 赤 白 … 有形無顯者 謂身表業"라 하였다. [참고문헌] 『識身足論』. ⇨ 색 色, 현색 顯色

현가 玄可 고려 스님. 통진대사(洞眞大師) 경보(慶甫)의 문인. 글씨에 정통한 명필. 958년 광주(光州) 백계산(白鷄山) 옥룡사(玉龍寺)에 통진대사비를 세울 때 비문은 김정언(金廷彦)이 짓고, 제자인 현가스님이 왕명을 받들어 글씨를 썼다. [참고문헌] 「光陽玉龍寺洞眞大師碑」(李智冠 『校勘譯註歷代高僧碑文』 高麗篇1, p.349). ⇨ 도승 道乘, 경보 慶甫

현가 顯加 드러내 가피를 보임. 모르게 은근히 베푸시면 명가(冥加)다. 『화엄경소초』 권5(대정장36, p.34c1)에 "제8회는 보현이 비록 삼매에 들어 더할 분이 없이 다만 작용하여 일으키는 마음만 있기에 현가가 없고, '부처님의 신력에 의지한다'고만 말한다. 그러므로 명가만 있다. 第八會 普賢雖入三昧 無有加分 但有作用發起 故無顯加 亦云承佛神力 故有冥加"라고 하였다. [참고문헌] 『華嚴經疏鈔』. ⇨ 이가 二加, 명가 冥加

현가 顯家 밀교 이외의 종파나 교학을 이르는 말. 『박초자구결』 권16(대정장79, p.273b22)에 "현가의 성불은 마음의 성불이고 밀교의 성불은 마음과 몸으로 부처를 이룬다. 顯家成佛心成佛也 密家成佛心身成佛也", 『대일경주심품소사기』 권5(대정장58, p.715b19)에 "『즉신성불의』에서 '일체지지란 결단하고 간택하는 뜻이다. 일체불은 각각 오지와 삼십칠지 내지 찰진지를 갖추고 있다. 이와 같은 사람의 수는 티끌처럼 많은 불국토를 넘어서므로 일체지지라 하니, 현가의 일지가 일체에 상대하여 이러한 이름을 얻은 것과 같지 않다'고 하였다. … 그러므로 고야산의 화상께서 '이와 같이 끊어 떠남이 현교분에서 인위의 사람 등과 네 가지 언어로는 모두 미칠 수 없고, 오직 자성법신만이 뜻 그대로의 진실한 언어로 이러한 절리경계를 설할 수 있으니 이를 진언비밀이라 한다'. 卽身成佛義云 一切智智者決斷簡擇義 一切佛各具五智三十七智乃至刹塵智 如是人數過刹塵故名一切智智 不同顯家一智 以對一切得此號云云 … 故高野和尙云 如是絶離卽是顯敎分域因位人等 四種言語 皆不能及 唯有自性法身以如義眞實言能說是絶離境界 是名眞言祕敎", 『변현밀이교론현경초』 권1(대정장77, p.430a9)에 "이와 같은 법신과 지신의 두 가지 색상은 평등평등해서 일체 중생계와 비중생계에 두루 가득하여 항상 진실한 언어로 뜻 그대로의 만다라교법을 연설하니, 이것이 바로 『능가경』에서 진실설법자라고 한 것이다. 그러므로 현교가 세운 법신불성은 이것과 현격하게 다른 뜻이다. 如是法身智身二種色相平等平等 遍滿一切衆生界一切非情界 常恒演說眞實語如義語曼荼羅法敎 卽是楞伽所謂眞實說法者是也云云 則知 顯敎所立法身佛性 有此懸隔殊異義也"라고 하였다. [참고문헌] 『薄草子口決』, 『大日經住心品疏私記』, 『辨顯密二敎論懸鏡抄』.

현가소위 顯加所爲 가피 주심을 드러내다. 『십지경론』 권2(대정장26, p.131c17)에 "가피에 두 가지가 있다. 첫째는 구신가이니 법신에 의지한다. 둘째는 구과가이니 불과를 증함이다. … 어째서 두 번째 게(釋迦姓法生天人上作加 承諸佛神力 爲開法王藏)에서 가피 받음을 드러냈는가? 이 보살과 제불법왕께서는 법장의 뜻을 열어 보이기 위해 가피하였다. 加有二種 一 具身加 依法身故 二 具果加 證佛果故 … 云何第二偈 顯加所爲 此菩薩彼諸佛法王 爲開現法藏義故加", 『십지경론의기』 권1(卍속장71, p.306b16)에 "말(口)로는 권하여 설하게 해서 힘을 늘리고, 마음(意)으로는 그윽이 입혀 위의를 더하며, 몸(身)으로는 정수리를 어루만져 깨닫게 하였다. 무슨 까닭에 앞서 말하고 다음은 마음이며 뒤는 몸으로써 하였는가. 앞서 모든 부처님께서 가피 주심을 드러냄에 오르고자 하면, 그 인인즉 권해서 설하기 때문이니 먼저 말로써 함을 밝혔다. 몸으로 어루만짐은 곧 일어나는 이치상 마땅히 뒤에 있어야 한다. 마음에는 이런 의미가 없기에 중간에 설하였다. 口則勸說以增力 意則冥被以加威 身則摩頂而令覺 何故先口次意後身 乘前諸佛顯加所爲 因卽勸說故先明口 身摩卽起理宜在後 意無此義據中而說"라고 하였다. 〔참고문헌〕『十地經論』, 『華嚴經搜玄記』. ⇨가피 加被, 이가 二加

현각 玄恪 ❶신라대 중국을 거쳐 인도에 유학하였던 스님. 『해동고승전』 권2 「석현각전 釋玄恪傳」(대정장50, p.1022b27)에 따르면 현각은 신라스님으로 옹골차고 강직하며 지식이 풍부하여 항상 가르치기를 좋아했기에 당시 사람들이 그를 불꽃 속의 부용(火中芙蓉)이라 불렀다. 위법망구의 큰 서원을 세우고 당에 가서 참방하다가 다시 발길을 돌려 천축국으로 향했다. 가는 길에 고비의 사막(沙漠)에는 황사비와 맹수, 험한 절벽, 빙판을 만나는 등 모진 고난을 헤치고 천축 땅을 밟았다. 정관년중(貞觀年中 627~649) 마침 중국에서 온 현조(玄照)스님을 만나 함께 동행하여 붓다가야의 대각사(大覺寺 Ⓢ Maha-Bodhi)에 있으면서 경율론 삼장을 연마하여 정통하였다. 그 때의 나이 불혹인 40세였지만, 『대당서역구법고승전』 권상(대정장51, p.2c7)에는 "현각법사는 신라인이다. 현조스님과 함께 다니다가 정관년중에 대각사에 이르러 기도하던 중 병을 얻어 입적하였는데, 세수가 불혹을 갓 넘은 때였다. 玄恪法師者新羅人也 與玄照法師 貞觀年中 相隨而至大覺寺 旣伸禮敬 遇疾而亡 年過不惑之期耳"라 하였고, 『삼국유사』 권4(대정장49, p.1004a24·한불전6, p.344b14) 의해(義解)5 귀축제사(歸竺諸師)에서는 신라스님으로서 인도에 가서 유학한 스님을 들고 있는데, 석아리나발마(釋阿離那跋摩)·혜업(惠業)·현태(玄泰)·구본(求本)·현각(玄恪)·혜륜(惠輪)·현유(玄遊)와 이름 모를 두 스님 등이라고 하였다. 〔참고문헌〕『大唐西域求法高僧傳』, 『三國遺事』, 『海東高僧傳』 권2(한불전6, p.101a6), 權相老 『朝鮮佛敎略史』 권상 p.42. ❷고려후기 스님. 남원(南原) 귀정사(歸正寺)의 주지였다. 『동문선』 권117 비명(碑銘) 「만덕산백련사원묘국사비명 萬德山白蓮社圓妙國師碑銘」에 의하면 지눌(知訥 1158~1210)이 남부지방으로 옮겨갈 때 요세(了世 1163~1245)가 이를 따라가며 귀정사를 지났는데 그 절의 주지 현각이 꿈에서 내일 삼생(三生) 동안 『법화경』을 지녔던 스님이 올 것이니 영접하라는 이야기를 들었고 다음날 요세가 도착하였다고 한다. 〔참고문헌〕『東文選』.

현각 玄覺 ❶665~713. 당대 스님. 속성은 대(戴)씨. 자는 명도(明道). 호는 영가현각(永嘉玄覺). 온주(溫州) 영가(浙江省) 출신. 나이 여덟에 출가한 뒤 삼장을 널리 탐구하였는데 특히 천태지관(天台止觀)에 정통하였다. 후에 온주 용흥사(龍興寺) 부근에 스스로 선암(禪庵)을 꾸리고 홀로 머물며 연구하고 항상 선관(禪觀)을 닦았다. 언젠가 좌혜현랑(左溪玄朗)의 격려를 받고 마침내 선지식을 찾아 돌아다닐 생각을 하고 동양현책(東陽玄策)과 함께 그 일을 수행하였다. 운양(韻陽)에 이르렀을 때 조계혜능(曹溪慧能)을 친견하고 그때의 일화로 인하여 일숙각(一宿覺)라 불렸다. 그 뒤로 학인들이 몰려들었고 진각대사(眞覺大師)라는 호가 붙었다. 713년(선천2) 10월 17일에 세수 49로 입적하였다. 일설에는 714년(개원2) 또는 712년(선천1)이라고도 한다. 시호는 무상(無相)이다. 「증도가 證道歌」·『선종오수원지 禪宗悟修圓旨』 1권·『영가집 永嘉集』 10권 등을 남겼다. 혜조(惠操)·혜특(惠特)·등자(等慈)·현적(玄寂) 등의 제자가 법을 이었다. 〔참고문헌〕『佛祖統紀』 권10(대정장49, p.202b1), 『宋高僧傳』 권8(대정장50, p.758a9), 『景德傳燈錄』 권5(대정장51, p.241a27), 『五燈會元』 권2(卍속장138, p.60b15). ⇨일숙각 一宿覺 ❷고려 스님. 전남 구례군 연곡사(鷰谷寺)에 스님의 비가 있었으나 결락이 심하여 자세한 전기는 알 수 없다. 977년(경종4) 연곡사에 세워졌으나 비석은 없어졌고 그 탁본만이 국립중앙박물관에 전한다. 〔참고문헌〕「求禮鷰谷寺玄覺禪師塔碑文」(李智冠 『校勘譯註歷代高僧碑文』 高麗篇2, pp.120~121). ⇨구례연곡사현각선사탑비 求禮鷰谷寺玄覺禪師塔碑

현각좌 懸脚坐 의자나 좌상 위에서 다리를 아래로 내리고 앉는 자세. 『아타파구귀신대장상불다라니경』(대정장21, p.181b27)에 "만약 대마왕과 귀신을 항복시키려는 이는 다리를 내리고 앉아서 좌우의 손을 빠르게 주먹쥐고 좌우의 두 허벅지 위를 찍어누르며 빠르게 윗 입술로 아랫 입술을 깨물고 눈을 가늘게 뜨고 흘겨본다. 이것이 대항복인이다. 若降伏大魔王及神者 懸脚坐 以左右手急作拳 捺左右二腿上 急以上脣齧下脣 裂眶看 卽是大降伏印", 『비니지지회집』 권13(卍속장61, p.931b1

8)에 "만약 단월가에서 앉을 때 좌상의 다리가 높은 경우 다리를 내리고 앉으면 안 된다. 若檀越家坐牀脚高 不得懸脚坐"라고 하였다. [참고문헌]『阿吒婆呴鬼神大將上佛陀羅尼經』, 『毗尼止持會集』.

현간 玄侃 조선후기 스님. 호는 화월(華月). 풍암세찰(楓岩世察 1688~1767)의 제자이다. 『동사열전』 권3 「상월종사전 霜月宗師傳」(한불전10, p.1025c22)에 "세주묘엄품은 화월현간이 담당하였다. 世主妙嚴品 當機華月玄侃", 『서역중화해동불조원류』 「풍암법사운봉문파 楓嵓法嗣雲峯門派」(한불전10, p.124b22)에 "화월현간의 법사〈부휴선수 하 8세〉 남파각초·퇴암화일·매월락유. 華月侃嗣〈八世〉 南波覺初 退庵華一 梅月樂囿"라고 하였다. [참고문헌]『東師列傳』, 『西域中華海東佛祖源流』.

현감 玄鑑 **1** 불법을 수호하던 6세기 중엽의 인도 거사. 유식십대논사(唯識十大論師) 중 한 사람인 호법(護法 ⓢ Dharmapāla)의 시주(施主). 호법이 죽은 후 그의 석론(釋論)을 현장(玄奘)에게 부여하였다. [참고문헌]『成唯識論掌中樞要』 권상(대정장43, p.608b7), 『成唯識論俗詮』 권1(卍속장81, p.22b4). **2** 원대 스님. 운남성(雲南省) 곡정(曲靖) 출신. 출가하고 교관(敎觀)을 익히다가 고봉원묘(高峰原妙)를 만나고 나서 선종의 종지에 매료되어 그 법을 이었고, 그 뒤에 중봉명본(中峰明本)에게 공부하여 그 심인을 잇고 제일좌가 되었다. 대화산(大華山)에서 세수 37세로 입적하였다. 양 왕이 직접 그 장례에 찾아와서 조문하였다. [참고문헌]『五燈全書』 권58(卍속장141, p.237b10).

현강 玄綱 그윽해 깊은 벼리. 『화엄경탐현기』 권1(대정장35, p.107a20)에 "다함없이 저 그윽한 벼리를 풀어낸다. 演無盡之玄綱", 『십이문론종치의기』 권상(대정장42, p.212b17)에 "무릇 저 깊은 벼리들에는 마주해서 있는 것들 끊었으니, 진속이 그런 까닭에 함께 어울리고 본보기 없게 해서 분별도 넘어서니, 공과 유 이에 따라 쌍으로 사라진다. 夫以玄綱絶待 眞俗所以俱融 素範超情 空有以玆雙泯"라고 하였다. [참고문헌]『華嚴經探玄記』, 『十二門論宗致義記』.

현개 懸蓋 걸어 장엄하는 개(蓋). 『대승동성경』 권하(대정장16, p.647b19)에 "또한 무량아승기수보다 많은 당번과 현개를 갖가지 보배로 장식했다. 復有過無量阿僧祇數 幢幡懸蓋 種種雜寶 間錯而成"라고 하였다. [참고문헌]『大乘同性經』, 『一字奇特佛頂經』 권하(대정장19, p.303a4). ⇨ 개 蓋**3**, 보개 寶蓋

현건 玄揵 열기 어려운 빗장. 건은 건(楗)과 통한다. 『원종문류』 권22 「고수남산엄화상보은사회원문 故修南山儼和尙報恩社會願文(崔致遠)」(卍속장103, p.857a15·한불전4, p.645a10)에 "문인 법장화상은 우리 선사 대덕과 함께 열기 어려운 빗장을 두드려 묘한 문 열고 깊숙이 엿보았다. 門人法藏和尙 與我先師大德 同叩玄揵 深窺妙門"라고 하였다. [참고문헌]『圓宗文類』.

현겁경 賢劫經 ⓢ Bhadrakalpika-sūtra, ⓣ bsKal-pa-bzang-po. 서진(西晉)대 300년(영강1) 축법호(竺法護 ⓢ Dharmarakṣa) 한역. 8권. 대정장14, pp.1a3~65c20, No.425에 수록되어 있다. 판본에 따라 7권·10권·13권도 있다. 『발다겁삼매경 颰陀劫三昧經』·『현겁정의경 賢劫定意經』 등이라고도 한다. 범어 원전은 현존하지 않으며 티베트역본(北京版 No.762·델게版 No.94)이 있다. 각종의 불명경(佛名經) 가운데 가장 빠른 한역본이므로 최고(最古)의 형태를 보존하고 있으며, 역출 이후부터 매우 중시되었다. 부처님께서 기수급고독원(祇樹給孤獨園)에서 희왕보살(喜王菩薩 ⓢ Pramodya-rāja)의 질문에 대답하는 형식의 경이다. 먼저 각종의 삼매(三昧 ⓢ samādhi)와 그 공덕을 설하고, 다음으로 팔만사천(八萬四千) 대승(大乘)의 덕목과 부처님의 수승한 공덕을 설하였으며, 또 현겁 시기에 출현하시는 천불의 명호와 사는 성읍·족성·부모·제자·수량(壽量)·삼회(三會)에 모인 대중의 수 등을 열거하였고, 마지막으로 이 경을 지니고서 얻는 여러 공덕을 서술하였다. 대체로 한역본은 문장이 어렵고 잘 다듬어지지 않아 읽기 쉽지 않다는 평가가 일반적이다. 『출삼장기집』 권7 「출현겁경 出賢劫經」(대정장55, p.48c2)에 따르면, 이 경은 축법호가 계빈국(罽賓國) 출신의 어떤 사문에게서 구하였다고 한다. 이역본으로 구마라집(鳩摩羅什)이 한역한 『현겁경』 7권이 있었으나 현존하지 않는다. 또한 『역대삼보기』 권6(대정장49, p.62a8)에는 본경 이외에 축법호 한역의 『발다겁삼매경』 7권도 다른 경인 듯이 별도로 수록하고 있다. 반면 『개원석교록』 권2(대정장55, p.494c12)에는 같은 경으로 묶었다. 이 경에 대한 주소(注疏)로는 『현겁경기 賢劫經記』 1권과 동진(東晉)대 도안(道安)이 지은 『현겁경약해 賢劫經略解』 1권이 있으나 모두 전하지 않는다. 이 경과 6세기 경 남조(南朝) 양대(梁代)에 한역된(역자 미상) 『현겁천불명경 賢劫千佛名經』 사이에는 약간의 차이가 있다. 프리드리히 웰러(F.Weller)가 편찬한 범어·티베트어·몽고어·만주어·우전어(于闐語) 등 5종본이 간행되기도 하였다. [참고문헌]『出三藏記集』, 『歷代法寶紀』, 『開元釋敎錄』, Friedrich Weller *Tausend Buddhanamen des Bhadrakalpa : nach einer fünfsprachigen Polyglotte herausgegeben* (Leipzig : Verlag der Asia major, 1928).

현겁십육보살 賢劫十六菩薩 ➡십육보살 十六菩薩❶❷, 현겁십육존 賢劫十六尊❶

현겁십육존 賢劫十六尊 ❶현겁천불 중 가장 으뜸인 십육의 존자. 인위(因位)의 현겁십육보살이라고도 한다. 『현겁십육존』(대정장18, p.339a23)에 "저 윤단 밖에서는 현겁천불 중에 열여섯 분을 상수로 삼는다. 於彼輪壇外 賢劫千佛中 十六爲上首"라고 하였다. 〔참고문헌〕『賢劫十六尊』, 『金剛頂瑜伽最勝祕密成就陀羅尼儀軌』(대정장20, p.648a24). ⇨십육보살 十六菩薩❶❷ ❷한역자 미상. 1권. 대정장18, pp.339a21~340c10, No.881에 수록되어 있다. 일본 쾌도(快道) 제기(題記). 꼬리 제목은 『십육존』이다.

현겁천불 賢劫千佛 현겁에 출현하는 천불. 인위(因位)에서의 현겁천보살이다. 과거세 사불(四佛)인 구류손(拘留孫 Ⓢ Krakucchanda)·구나함모니(拘那含牟尼 Ⓢ Kanakamuni)·가섭(迦葉 Ⓢ Kāśyapa)·석가모니(釋迦牟尼 Ⓢ Śakyamuni), 그리고 미래세에 출현할 자씨(慈氏 Ⓢ Maitreya)·사자염(師子焰)에서 누지(樓至 Ⓢ Rucika) 등에 이르기까지의 천불을 가리킨다. 천불이 세상에 출연하는 인연에 관하여 전거에 따라 차이가 있다. 『승천왕반야경』 권5(대정장8, p.715c1)에 "그때 세상을 다스리던 전륜성왕은 연등불이 그 분이고, 그 왕의 왕자 천 명이 바로 현겁천불이다. 爾時 治世轉輪聖王 卽然燈佛是 其王千子 賢劫千佛是", 『현겁경』 권8(대정장14, p.63c16)에 "현재의 무량광여래가 그 분이시니, 그 왕의 천 명의 아들이 지금 현겁중에 천불로 나타나신 이들이다. 見今現在無量光如來是也 其王千子今賢劫中 千佛興者是也", 『천안천비관세음보살다라니신주경』 권상(대정장20, p.94a7)에 "과거 비바시불도 항마신의 몸을 지으시고 천 개의 눈에서 각각 부처님 한 분씩 나오시게 해서 현겁천불로 삼았고, 천 개의 팔에서 각각 변화로 전륜성왕 내시어 천대의 전륜성왕으로 삼았다. 過去毘婆尸佛 亦現作降魔身 千眼各出一佛 以爲賢劫千佛 千臂各各 化出一輪王 爲千代轉輪聖王"라고 하였다. 천불출현은 인도 대서사시 『마하바라타 *Mahābhārata*』와 나라연(那羅延 Ⓢ Nārāyaṇa)의 배꼽에서 피어난 연꽃 등의 전설을 기원으로 한다. 한편 『대당서역기』 권7(대정장51, p.908c28)에 따르면 옛날에 어떤 녹녀(鹿女)가 범예왕(梵豫王)의 부인이 되어 연꽃 한 송이를 낳았는데, 천 개의 입이 달렸고 잎마다 아들이 하나씩 앉아 있었다. 녹녀는 불길한 조짐으로 여겨 갠지스강에 던졌고 오기연왕(烏耆延王)이 건져서 양육한 끝에 힘이 센 어른으로 장성하였다. 후에 이들은 병사를 끌고 범예왕을 공격하자 녹녀가 성루(城樓)에 올라 천 아들들을 향해 젖을 짜내 천 갈래로 흐르게 해서 천 아들을 먹였는데, 이것이 현겁천불설화의 기원이라 하였다. 여기서 오기연왕은 『분별공덕론』 권1(대정장25, p.31a11)에 나오는 우다연(憂陀延 Ⓢ Udayana)이며, 나라연의 별명이기도 하다. 〔참고문헌〕『勝天王般若經』, 『賢劫經』, 『千眼千臂觀世音菩薩陀羅尼神呪經』, 『大唐西域記』, 『分別功德論』, 『維摩經』 권하(대정장14, p.557a1). ⇨천불 千佛, 삼천불 三千佛

현겁천불명경 賢劫千佛名經 ➡현재현겁천불명경 現在賢劫千佛名經

현견 現見 Ⓢ darśana, darśayati, paśyati, pratyakṣa, pratyakṣa-darśin, pratyakṣaṃ paśyasi, praty-avekṣatā, Ⓣ mthong-ba, ston-pa, mngon-sum, mngon-sum-du-gzigs-pa, mngon-sum-du-mthong-ba, mngon-sum-du-gyur-pa. 드러난 대로 보다. 『광박엄정불퇴전륜경』 권3(대정장9, p.269a23)에 "보살마하살은 일체법에 드러난 그대로 보고 뚜렷이 안다. 현재 나타난 그대로 뚜렷이 알기에 능히 성인의 법을 알 수 있으니, 늘지도 줄지도 않아 일체법 증감 없음을 깨닫고 드러난 그대로 보아 알기에 벽지불이라 한다. 菩薩摩訶薩 於一切法 現見了了 以現見了了 故能知聖法 而於諸法 不增不減 覺一切法 無有增減 現見了了 名辟支佛", 『대보적경』 권49(대정장11, p.287b12)에 "보살마하살이 정려바라밀다를 수행하였기에, 또 이 눈으로 시방의 무량무변한 제불국토의 공덕장엄을 보고 모두 목전에 마주해서 능히 나툰 대로 본다. 보고 나서는 청정하게 닦고 다스려 행한 바 지킨 것들을 모아 바로 회향해서 성취한 부처님의 나라야말로 청정공덕으로 장엄한 바다. 菩薩摩訶薩 修行靜慮波羅蜜多故 又以是眼 能觀十方 無量無邊 諸佛國土 功德莊嚴 皆對目前 悉能現見 旣現見已 淸淨修治 所行戒聚 卽以迴向 所成佛土 淸淨功德之所莊嚴", 『대비바사론』 권4(대정장27, p.16a26)에 "욕계고는 행하는 이가 현견하기에 먼저 현관하고, 색계무색계고는 그렇지 않기에 나중에 현관한다. 〔문〕 색계와 무색계고는 현견하지 못한다면 행하는 이는 어떻게 그것을 현관하는가? 〔답〕 현견에 두 가지가 있으니 첫째는 집수현견, 둘째는 이염현견이다. 저 관행을 닦는 이는 욕계고에 대해 두 가지 현견을 갖추지만, 색계무색계고에 대해서는 단지 이염현견만 갖출 뿐이다. 欲界苦 行者現見 故先現觀 色無色界苦 不爾故 後現觀 問 若色無色界苦不現見者 行者云何於彼現觀 答 現見有二種 一 執受現見 二 離染現見 彼觀行者 於欲界苦 具二現見 於色無色界苦 但有離染現見", 『구사론』 권2(대정장29, p.10c22 : *Abh-k-bh.*, p.30)에 "모든 눈이 다 능히 현견하는 것은 아니다. 누가 능히 현견하는가. 동분의 눈이 식과 화합한 위에서만 능히 보고, 나머지는 보지 못한다. 非一切眼皆能現見 誰能現見 謂同分眼 與識合位能見 非餘 na vai sarvaṃ cakṣuḥ paśyati. kiṃ tarhi. sabhāgaṃ. sa-vijñānakaṃ yadā bhavati tadā paśyaty-anyadā na-iti", 같은 책 권7(대정장29, p.38a20 : *Abh-k-bh.*, p.102)에 "만약 일체세간이 오직 자재천이라는 유일한 인이 일으킨 바라고 믿는다면, 드러나 보이는 세간의 나머지 인연과 사람이 애쓴 일 등을 다 등져버려야 한다. 若信受一切世間 唯自在天一因所起 則爲誹撥 現見世間 所餘因緣 人功等事 ekaṃ khalv-api jagataḥ kāraṇaṃ parigṛhṇatā 'nyeṣām-arthānāṃ pratyakṣaḥ puruṣakāro nihgṛhṇutaḥ syāt"라 하였다. 〔참고문헌〕『廣博嚴淨不退轉輪經』, 『大寶積經』, 『大毘婆沙論』, 『俱舍論』, *Abh-k-bh.*, *Bodh-bh.6.*

현견등지 現見等至 드러난 대로 보는 삼매. 오종현견등지(觀內身種種不淨 觀白骨識於中行 觀白骨識於中行住今世後世 觀白骨識於中行不住今世但住後世 觀白骨識於中行不住今世後世)를 말한다. 다섯 가지 중 첫째와 둘째는 이생(異生)과 성자(聖者)에, 셋째는 예류자(預流者)와 일래자(一來者)에, 넷째는 불환자(不還者), 다섯째는 아라한(阿羅漢)의 등지에 해당한다. 모두 다섯 가지가 있어 오현견등지(五現見等至)·오현견삼마발지(五現見三摩鉢底)라고도 한다. 『대비바사론』 권40(대정장27, p.208b11)에 "〔문〕 이와 같은 다섯 가지 현견등지는 무엇이 자성인가? 어떤 이는 '혜를 자성으로 하니, 여실한 관찰을 말하는 것이기 때문이다'라고 설한다. 유여사는 '삼마지가 자성이니, 등지를 말하는 것이기 때문이다'라고 설한다. 〔평〕 이처럼 말해야 한다. '무탐이 자성이니, 부정한 것을 관찰하여 욕탐을 대치하기 때문이다. 관찰과 등지를 말하는 것은 이것들이 저것에서 생하고 저것을 낳기 때문이며, 또 정과 혜 모두와 상응하기 때문이다'. 이미 자성에 대해 설했다. 그 까닭에 대해 이제 설할 것이다. 〔문〕 어째서 현견등지라고 이름하는가? 〔답〕 현견이란 눈을 말하니, 눈으로 색을 보아 이것을 이끌어 낳기에 현견이라 이름한다. 등지에 의지해 능히 등지를 낳고, 또 다시 이것이 등지를 일으켜 서로 응하기에 등지라 한다. 〔문〕 다섯 가지 중에서 뒤의 네 가지 또한 식을 관하는 것인데, 어째서 현견이 눈이라 할 수 있는가? 〔답〕 눈에 의해서 여러 부정한 것들을 직접 보고나서 거듭 뒤쳐서 다섯 가지 현견등지를 이끌어 낳기에 다섯 가지 중에서 뒤의 네 가지 또한 능히 식을 반연한다고 해서 그 뜻에 어긋나지는 않는다. 〔문〕 누구에게 이 다섯 가지 현견등지가 있는가? 〔답〕 첫째와 둘째는 이생과 성자 모두에게 있고, 셋째는 예류의 성자, 넷째는 불환의 성자에게 있을 수 있으며, 다섯째는 아라한이 얻는다. 問 如是五種現見等至以何爲自性 有作是說 以慧爲自性 說如實觀察故 有餘師說 以三摩地爲自性 說等至故 評曰 應作是說 以無貪爲自性 觀察不淨對治貪故 而說觀察及等至者 此從彼生及生彼故 又與定慧共相應故 已說自性 所以今當說 問 何故名爲現見等至 答現見謂眼 由眼見色引生此故立現見名 依等至生能生等至或復此與等至 相應故名等至 問 五中後四亦觀於識 如何可說現見謂眼 答 由眼現見諸不淨物 展轉引生如是五種現見等至 五中後四亦能緣識於理無違 問 誰有此五現見等至答 第一第二異生聖者皆得有 第三是預流者及一來者所有第四是不還者所有 第五是阿羅漢所有"라고 하였다. 〔참고문헌〕『大毘婆沙論』. ⇨ 등지 等至

현견법 現見法 Ⓢ dṛṣṭa-dharma, Ⓣ chos-mthong. 드러나 있어 보는 법. 현법(現法)과 같다. 『입능가경』 권1(대정장16, p.515c24 : *Laṅk.*, p.6)에 "야차여! 이 보배산은 여실히 행하는 사람과 현견법을 행하는 사람이 능히 머물 수 있는 곳이다. 야차여! 이제 너에게 고하니 나와 불자들은 너희를 연민하기에 그대의 보시와 청을 받아 설할 것이다. 夜叉此寶山 如實修行人 現見法行人 乃能住此處 夜叉今告汝 我及諸佛子 憐愍汝等故受汝施請說 yogināṃ nilayo hy eṣa dṛṣṭadharmavihāriṇām anukampyo 'si yakṣendra sugatānāṃ mamāpi ca", 『대비바사론』 권106(대정장27, p.547c26)에 "또 다음은 현견법에 있어서 현량의 지를 얻기에 법지라 한다. 復次於現見法 得現量智故名法智", 『순정리론』 권48(대정장29, p.612c22)에 "(有身見과 邊執見은) 현견법을 경계로 삼기에 반드시 상지의 것을 반연하지 않는다. 以現見法爲境界故必不上緣", 『대승광백론석론』 권4(대정장30, p.206b5)에 "유정들로 하여금 과거세나 미래세의 현견할 수 없는 법도 무상한데, 하물며 현재 드러나 몸과 함께하여 드러나 보듯이 생멸하는데 어찌 무상이 아니라 하겠는가? 欲使有情知去來世 不現見法尙是無常 何況現在 現與身俱 現見生滅而非無常"라고 하였다. 〔참고문헌〕『入楞伽經』, 『大毘婆沙論』, 『順正理論』, 『大乘廣百論釋論』, *Laṅk.* ⇨ 현법 現法

현견소득상 現見所得相 드러나 보이는 대로 알게 되는 상. 증성도리(證成道理 Ⓢ upapatti-sādhana-yukti) 중 오종청정상(五種淸淨相)의 하나다. 『유가사지론』 권78(대정장30, p.734c25)에 "현견소득상이란, 일체행 모두 무상성이고, 일체행 모두 고성이며, 일체법은 모두 무아성임을 말한다. 이는 세간현량으로도 알 수 있는 것으로서, 이와 같은 류를 드러나 있는 것으로 얻는 상이라 한다. 現見所得相者 謂一切行皆無常性 一切行皆是苦性 一切法皆無我性 此爲世間現量所得 如是等類 是名現見所得相", 『유가론기』 권21(대정장42, p.788c4)에 "거친 그대로 보면 한 생애의 생사는 무상하고, 핍박 등으로 고통이며, 유위로 지은 것이어서 자재하지 못한 무아 등 성이니, 이를 세간현량으로 얻은 바라고 한다. 據麤一期死生無常 逼迫等苦 有所爲作不得自在無我等性 名爲世間現量所得"라고 하였다. [참고문헌]『瑜伽師地論』, 『瑜伽論記』. ⇨증성도리 證成道理

현견제불인연 現見諸佛因緣 Ⓢ kāraṇābhyāṃ bahavo buddhā ābhāsam-āgacchanti. 제불을 직접 보는 인연. 신통력이나 거칠지만 깨끗한 믿음으로 함께 하는 마음(Ⓢ audārika-prasāda-sahagatena cetasā)과 바른 원력(Ⓢ praṇidhāna-bala)으로 본다. 『유가사지론』 권47(대정장30, p.555c27)에 "또한 보살들이 이 극환희주(極歡喜住) 중에 머무르면서 두 가지 인연에 의지해 제불을 직접 뵐 수 있다. 때로는 보살장을 설하는 것을 청문함으로써, 또는 내심으로 승해를 일으킴으로써 시방의 갖가지 다른 세계들 중에 갖가지로 다른 이름의 제불여래가 계심을 믿어서, 이 거칠지만 깨끗한 믿음이 행과 함께하는 마음으로 직접 뵙기를 바라는데, 이와 같이 바라고 나서 실재와 같이 부르고 따르게 되니 첫 번째 인연이라 함을 알아야 한다. 또한 이와 같이 바른 원 일으키니, '저들 모든 세계중에 부처님 출현하심 있음을 따라서 나 또한 마땅히 왕생하리라' 하고는 이와 같이 원해 마쳐서 여실히 부르고 따른다. 마땅히 알라, 이것이 제2의 인연이다. 보살은 이와 같이 거칠지만 깨끗한 믿음으로 제불을 직접 뵙고, 또 반듯한 원을 따라 제불을 직접 뵌다. 又諸菩薩住此住中 由二因緣現見諸佛 或由聽聞菩薩藏說 或由內心發起勝解 信有十方種種異名諸世界中種種異名諸佛如來 由麤淨信俱行之心 求欲現見 如是求已 如實稱遂 當知是名第一因緣 又心發起如是正願 隨於彼彼諸世界中 有佛出現 我當往生 如是願已 如實稱遂 當知是名第二因緣 菩薩如是由麤淨信現見諸佛 由正願力現見諸佛", 『유가론기』 권11(대정장42, p.567a2 · 한불전13, p.922a14)에 "두 가지 연으로 제불을 현견한다. 『십지경론』에서는 두 가지로 부처님 뵙는 일 설하였으니 첫째는 신통력으로 색신의 부처님을 뵙는 것이고, 둘째는 정원력으로 법신의 부처님을 뵙는 것이다. 由二緣現見諸佛 地經說二種見佛 一 神通力見色身佛 二 正願力見法身佛"라고 하였다. [참고문헌]『瑜伽師地論』, 『瑜伽論記』, 『十地經論』 권42(대정장26, p.143c10), *Bodh-bh.226.* ⇨현견 現見

현경 玄鏡 ❶ 그윽이 비추는 거울. 불도를 비추는 귀감이 되는 것의 비유다. 『종경록』 권32(대정장48, p.603c27)에 "대장경 교설 오천여 권은 일심으로 능히 뀈 수 있으니, 참으로 도에 드는 긴요한 나루터요 닦아 행하는 그윽한 거울이라네. 진실로 부처님 귀한 말씀 깊이 이야기하고, 진실로 공한 곳으로 나도 모르게 이르리. 教五千 一心能貫之 實入道之要津 修行之玄鏡 實謂深談佛旨妙達眞空", 『만선동귀집』 권하(대정장48, p.992c11)에 "스스로를 이롭게 함이란 도를 도와 기울음 없이 하는 두렷한 문이고, 닦고 행함에 더없이 깊은 거울이다. 自利者 助道之圓門 修行之玄鏡"라고 하였다. [참고문헌]『宗鏡錄』, 『萬善同歸集』. ❷ 징관(澄觀)의 『법계현경法界玄鏡』을 줄인 이름. 『반야심경약소연주기』 권하(대정장33, p.563b6)에 "『현경』과 차제를 달리해서 규봉이 간략하게 주석하였다. 與玄鏡不次 而圭峰略注"라고 하였다. [참고문헌]『般若心經略疏連珠記』. ⇨법계현경 法界玄鏡

현경 現境 ❶ Ⓢ vartamāna-viṣaya. 마음을 의지처 삼아 드러나서 전오식(前五識)과 마주하는 경(境). 『대승입능가경』 권2(대정장16, p.594c21)에 "마음과 뜻 그리고 의식으로 온갖 상을 삼기에 설하길, 팔식은 별다른 상 없어 능상도 소상도 없다. 마치 저 바다와 파랑 차별 없는 것과 같아서 온갖 식심도 이와 같다. 다르다고 한들 찾아 얻을 수 없으니 마음 능히 업을 쌓고 모을 뿐이고, 뜻 능히 널리 쌓고 모을 뿐이어서 분명히 구분하기에 식이라 이름할 뿐이니, 드러난 경을 마주하는 것으로 오식을 말한다. 心意及意識 爲諸相故 說八識無別相 無能相所相 譬如海波浪 是則無差別 諸識心如是 異亦不可得 心能積集業 意能廣積集 了別故名識 對現境說五", 『대승밀엄경』 권2(대정장16, p.732a2) · 『만선동귀집』 권3(대정장48, p.991b13)에 "장식 또한 다시 그러할 뿐이니 뭇 경들이 의지하는 곳이다. 마치 사람이 자기 손으로 자기 몸 만지고 잡을 수 있는 듯하고, 저 코끼리 코로 물 들이켜 적시듯 한다. 다시 모든 아기들 입으로 손 빨듯 하니, 이와 같이 스스로의 마음 안에 드러난 경을 도리어 스스로 연할 뿐이니, 이것이 바로 마음의 경계라는 것이다. 널리 삼유에 두루해서 오래 닦아 관하고 행하는 이 능히 잘도 통달하리니, 안팎의 모든 세간이라는 일체가 오직 마음으로 나툰 것임을. 藏識亦復然 衆境之依處 如人以己手 還自摩握身 亦如象以鼻 取水自霑沐 復似諸嬰兒 以口含其指 如是自心內 現境還自緣 是心之境界 普遍於三有 久修觀行者 而能善通達 內外諸世間 一切唯心現", 『대승밀엄경』 권3(대정장16, p.769a2)에 "스스로의 마음 깨우치지 못해서 식 따라 경계 나타나니, 만약 스스로의 마음 깨우친다면 저 불이 장작 태워 다 없이 하듯 샘이 없는 지혜 곧바로 얻고 성인이라 부르리라. 장식 변하여 온갖 경 세간에 가득차니, 뜻으로 아와 아소라 붙들고는 사량하여 언제나 흐르고 돈다네. 온갖 식으로 무리지어 차별하고 각각 스스로 경이라 알아채서는 쌓고 모은 업으로 마음 삼고, 두루 쌓고 모아 뜻을 삼고 분별해 이름 주어 식을 삼고는 다섯 갈래 헤아려서 드러난 경 취할 뿐이라네. 由不悟自心 隨識境界現 若了於自心 如火焚薪盡 通達於無漏 則名爲聖人 藏識

變衆境 彌綸於世間 意執我我所 思量恒流轉 諸識類差別 各各了自境 積集業爲心 遍積集名意 了別名爲識 五識取現境", 『순정리론』 권3(대정장29, p.345c7)에 "안 등은 어떤 것 연하여 이와 같이 차제하는가. 송으로 말한다. 전 오경 오직 나타날 뿐이고 네 경 오직 지을 뿐이다. 나머지 쓰임 멀고 급함만을 밝힐 뿐이어서 때로는 처를 따라 차제가 있다. 논하길, 저 육근 중에 안 등 전 5근은 오직 나타난 경만을 취한다. 이렇기에 먼저 설하고, 의경은 정함이 없고 삼세무위여서 때로는 오직 하나만 취하거나 둘·셋·넷을 취한다. 이러기에 뒤에서 설하길 경 결정적인 것 쓰되 잡란함이 없어서 그 상 분명하니 그래서 앞서 말했고, 경 부정인것 쓰되 잡란함이 있어 상 분명하지 못하기에 뒤에 말했다. 眼等何緣如是次第 頌曰 前五境唯現 四境唯所造 餘用遠速明 或隨處次第 論曰 於六根中 眼等前五唯取現境 是故先說 意境不定 三世無爲 或唯取一或二三四 是故後說 境決定者 用無雜亂 其相分明 所以先說 境不定者 用有雜亂 相不分明 所以後說", 『만선동귀집』 권1(대정장48, p.961c12)에 "묻기를, 마음이 곧 부처라 하니 어찌 모름지기 밖으로 구하리요. 만약 다른 티끌 인정한다면 스스로의 법인즉 곧바로 숨어버리리. 답한다. 모든 부처님께서 말씀하신 법의 문 또한 한 갈래로 향하지 않는다. 자력과 타력, 자상과 공상 모두 있을 수 있어서 열 가지 그윽한 문으로 꾸려 거두고, 여섯 가지 모양과 뜻으로 어울리게 해서 통하게 한다. 연을 따라 나뉜 듯하고, 성을 잡으면 언제나 합하며, 마음 좇아 경을 나투니 경인즉 바로 이 마음이다. 거둬 돌아감에 능히 하니, 저 밖에 있는 이 바로 내가 아니던가. 고덕이 말씀하셨네. 만약 붙들려 하면 마음과 경 둘이고, 말 모두 끊으면 둘이 없어서 마음 밖에 따로 티끌들 없으리라. 만약 붙들려 하면 하나인 듯 하지만 놓아 분별해 말하지 않으면 하나도 아니어니, 연하지 않은 것이라곤 없다네. 問 卽心是佛 何須外求 若認他塵 自法卽隱 答 諸佛法門 亦不一向 皆有自力他力自相共相 十玄門之該攝 六相義之融通 隨緣似分 約性常合 從心現境 境卽是心 攝所歸能 他卽是自 古德云 若執心境爲二 遮言不二 以心外無別塵故 若執爲一 遮言不一 以非無緣故", 같은 책 권3(대정장48, p.991b13)에 "『밀엄경』에서 말하길 '마치 저 땅들 분별하지 않고도 온갖 만물 의지해 나게 하니, 장식 또한 이와 같아서 온갖 경들의 의지처라네. 마치 사람이 자기 손으로 자기 몸 어루만지듯 … 일체 오직 마음의 나툼이라네'라 하였듯이, 이렇게 말하니 어찌 만 갈래 선한 것들의 바탕에 그치겠는가? 나아가 유정·무정·법성경계·허공만상이 온통 이 마음을 바탕함이다. 密嚴經云 如地無分別 庶物依以生 藏識亦如是 衆境之依處 如人以己手 還自摩捫身 … 一切惟心現 以此之言 豈止萬善之本 乃至有情 無情 凡聖境界 虛空萬像 悉爲其本"라고 하였다. 〔참고문헌〕『大乘入楞伽經』, 『大乘密嚴經』, 『順正理論』, 『萬善同歸集』. *Abh-s-bh.12.* ⇨ 현견 現見, 현관 現觀 **2** 승론(勝論)에서 말하는 드러나 있는 경. 『십구의론』(대정장54, p.1264b19)에 "이와 같은 색 등의 24가지 덕 가운데 몇 가지가 현경이고 몇 가지가 현경이 아닌가? 색미향촉은 현경이기도 하고 현경이 아니기도 하다. 무엇이 현경인가? 만약 대(四大 등)인 것이거나 하나의 실이 아닌 것에 의지해 있게 된 것이라면 현경이라 한다. 무엇이 현경이 아닌가? 만약 극미와 두 가지 극미과에 의존하는 경우라면 현경이 아니라 한다. 如是色等 二十四德 幾是現境 幾非現境 色味香觸 或是現境 或非現境 云何現境 謂若依附大非一實 是名現境 云何非現境 謂若依附極微 及二極微果 名非現境"라고 하였다. 〔참고문헌〕『十句義論』.

현경 懸鏡 높이 걸린 채로 일체를 비추는 거울. 괘경(掛鏡)·단경(壇鏡)이라고도 한다. 대원경지(大圓鏡智)의 비유다. 『화엄경소초』 권7(대정장36, p.55c11)에 "지금 도량에서 일체세간 무상함이 곧 진실하고 변함없는 진리임을 깨우쳐 안다면, 마치 높은 당우에 걸린 거울에 삼라만상 비치는 것과 같다. 둘이지만 둘이 아니니 말로 할 수 없지만 방편의 힘으로 임시로 말할 뿐이다. 하나라 해도 오히려 임시의 말일 뿐인데 하물며 둘이나 셋이라 하겠는가? 今於道場證知一切世間無常卽眞常理 猶懸鏡高堂萬像斯鑒 二而不二不可言宣 以方便力假以言說 一尙假說況有二三", 『중관론소』 권1(대정장42, p.17c11)에 "높이 올려 단 거울을 이끌어 비유 삼았으니, 상은 비록 오고 감이 있지만 거울에는 생멸이 없는 것과 같다. 그러므로 경이 비록 일어나고 물러가지만 지혜의 바탕은 흔들림 없이 그대로네. 引懸鏡高堂爲喩 像雖去來鏡無生滅 然境雖起謝而智體凝然"라고 하였다. 〔참고문헌〕『華嚴經疏鈔』, 『中觀論疏』. ⇨ 대원경지 大圓鏡智

현경명언종자 顯境名言種子 경을 드러내는 이름과 말로 된 종자. 두 가지 명언종자(表義 顯境) 중 하나로 『성유식론』 권8(대정장31, p.43b3)에 "명언에는 두 가지가 있다. … 둘째는 현경명언이니 능히 경을 요별하는 심과 심소법이다. 두 가지 명언에 따라서 훈습된 종자가 유위법의 각별한 인연을 짓는다. 名言有二 … 二 顯境名言 卽能了境心心所法 隨二名言所熏成種作有爲法各別因緣", 『성유식론술기』 권8(대정장43, p.517a8)에 "〔술〕 '경을 요별하는 심심소법이다'란, 모든 칠식의 견분 등의 심이어서 상분으로서의 심은 아니다. 능히 경을 나투지는 못한다. 이 견분 등도 실제로는 명언이 아니다. 언설의 명으로 나투고 말해지는 법과 같이 이 심심소도 능히 나투고 알아차린 경이 저와 같기에 이름하여 명이라 할 뿐이지, 그 바탕은 명이 아니다. 명의 바탕은 저 불상응행이기 때문이다. 述曰 卽能了境心心所法 卽是一切七識

見分等心 非相分心 不能顯境故 此見分等實非名言 如言說名顯所詮法 此心心所能顯所了境如彼故 名之爲名 體非名也 名體是彼不相應行故",『약술법상의』 권중(대정장71, 136b25)에 "명언종자에는 두 가지가 있다. … 둘째는 현경명언종자이다. … 명언을 인으로 하지 않고서 훈습된 종자를 현경명언종자라 한다. … 현경명언종자는 전7식에 통하지 제8식에 통하지는 않는다. 名言種子 有其二種 … 二 顯境名言種子 … 不因名言 熏成種子 名顯境名言種子 … 顯境名言 通前七識 非第八識",『종경록』 권76(대정장48, p.838c2)에 "모든 훈종자는 다 심과 심소를 말미암는다. 심심소의 종자는 인이 밖을 연하지만 밖의 것에 의지하지는 않는다. 밖의 것에 의지하지 않기에 현경명언이라 한다. 一切熏種 皆由心心所 心心所種 有因外緣 有不依外者 不依外者 名顯境名言"라 하였다. [참고문헌]『成唯識論』,『成唯識論述記』. ⇨명언종자 名言種子, 표의명언종자 表義名言種子, 종자 種子🅸

현계 顯戒 계를 드러내다. 시라(尸羅 Ⓢśīla) 즉 계의 뜻을 드러내기 위해 여섯 가지 이름(根本 莊嚴具 塗香 薰香 妙行 律儀) 가지는 것을 말한다.『유가사지론』 권22(대정장30, p.404c27)에 "어떤 곳에서는 세존께서 시라의 이름을 율의라고 선설하였으니, 가타에서 다음처럼 설한 것과 같다. 모든 혜시주에는 계를 구족히 해서 율의에 안주하며, (모든) 아급마에는 견이 있으니 과로서의 정견이 있다. 有處世尊宣說尸羅名爲律儀 如伽他說 諸有惠施主 具戒住律儀 有阿笈摩見 及有果正見",『유가론기』 권6(대정장42, p.433c21)에 "넷째로 (시라의) 여러 측면을 풀이하는 가운데 먼저 여섯 송을 나열하니, 계의 이름을 드러내는 데 여섯 가지가 있다. 뒤에 (장행에서) 문답으로 거듭 푼다. 여섯 번째 게송에서 '아급마의 견'이라고 하였는데, 구역에서는 '아함견'이라고 하니 증견을 말한다. 여기서 아급마라 한 것은 한역하여 전(傳)이라고 한다. 곧 부처님 가르침 전해 흐르면서 증명된 뜻으로서의 정견을 말한다. 第四釋異門中 初列六頌顯戒名有六 後問答重釋 第六頌云阿笈摩見者 舊云阿含見卽是證見 今云阿笈摩 此名爲傳 卽佛教傳流證理正見"라고 하였다. [참고문헌]『瑜伽師地論』,『瑜伽論記』. ⇨계 戒, 시라 尸羅, 율의 律儀🅸

현계론 顯戒論 일본 최징(最澄) 지음. 3권. 천태종의 원돈계(圓頓戒)를 설한 논서.

현계론연기 顯戒論緣起 전교(傳教)·자각(慈覺) 지음. 2권. 1권은 전교가 지었고, 2권은 자각이 지었다. [참고문헌]『天台宗章疏』(대정장55, p.1137a10).

현계사 現戒師 눈앞의 전계사(傳戒師)라는 뜻. 일본 조동종의 수계법회에서 쓰는 말로 전계사의 전계사를 뜻하는 계원사(戒源師)와 구별하기 위해 쓴다. ⇨전계사 傳戒師, 계원사 戒源師

현계산거돈사원공국사승묘탑비 賢溪山居頓寺圓空國師勝妙塔碑 ➡거돈사원공국사승묘탑비 居頓寺圓空國師勝妙塔碑

현고 玄高 402~444. 북위(北魏)대 스님. 속성은 위(魏). 이름은 영육(靈育). 풍익만년(馮翊萬年) 출신. 12세(413) 때 중상산(中常山)에 들어가 출가할 길을 구하며 현고라 개명하였다. 선(禪)과 율(律)에 집중하여 수행하다가 불타발다(佛馱跋陀 ⓈBuddhabhadra)에게 사사하며 선관의 비법을 전수받았다. 그 뒤 하남(河南)의 왕이 그 고명을 듣고 사신을 파견하여 영접하고 국사로 받들었다. 후에 양토(涼土)를 돌아다니던 시절에는 흉노 저거몽손(沮渠蒙遜)이 예로 맞아들여 공양하기도 하였다. 북위 태무제가 양토를 평정한 뒤로 현고는 평성으로 갔는데 당시 태자 황(晃)이 사사를 받았다. 태무제가 불법을 훼멸한 뒤로는 그 명성이 퍼지는 것을 꺼려 444년(태평진군5) 9월에 목을 매달아 살해하였다. 당시 세수 43세였다. 평성(平城) 교외의 야산에 묻었다. [참고문헌]『佛祖統紀』 권38(대정장49, p.354a23),『梁高僧傳』권11(대정장50, p.397a3),『集古今佛道論衡』 갑권(대정장52, p.368a26).

현고 懸鼓 매달린 북. 지는 해의 비유다.『관무량수경』(대정장12, p.341c27)에 "부처님께서 위제희에게 말씀하셨다. '그대와 중생은 오롯한 마음으로 서방을 떠올려라. 어떻게 상을 짓는가? 무릇 작상이란 일체중생이 날 때부터 눈멀지 않아 눈 있는 무리들이라면 모두 일몰을 볼 수 있다. 마땅히 이렇게 떠올려 기억한다. 서쪽을 향해 정좌하고 태양을 자세하게 관하되 마음을 흔들림 없이 머물게 해서 상에 오롯이 하여 움직이지 않는다. 태양이 지려 할 때 모양이 마치 매달린 북과 같다. 태양을 본 후에 눈을 감았다가 떠도 명료하게 하면 이것이 일상이니 초관이다'. 佛告韋提希 汝及衆生 應當專心 繫念一處 想於西方 云何作想 凡作想者 一切衆生自非生盲有目之徒皆見日沒 當起想念 正坐西向諦觀於日 令心堅住專想不移 見日欲沒狀如懸鼓 旣見日已 閉目開目皆令明了是爲日想 名曰初觀",『무량수경소묘종초』 권1(대정장37, p.197a9)에 "처음에는 지는 해 매달린 북과 같음을 관하여 마음이 흔들림 없이 머물고 상을 떠나지 않도록 한다. 初觀落日狀如懸鼓 令心堅住專 想不移",『관무량수불경의소』 권중(대정장37, p.291c25)에 "지려고 하는 태양을 보면 매달린 북과 같은 모양이다. 해가 지면서 땅에 가까워지고 구름이 흩어지며 그 빛남을 거두는 것이 마치 북면이 공중에 매달려 있는 것과 같음을 말한다. 見日欲沒狀如懸鼓 日沒近地雲散光收瑩 如鼓面懸住空中"라고 하였다. [참고문헌] 『觀無量壽經』, 『無量壽經疏妙宗鈔』, 『觀無量壽佛經義疏』. ⇨ 일상관 日想觀

현고사 玄高寺 강원도 인제군 북면 한계리 설악산(雪嶽山)에 있던 절. 백담사(百潭寺)의 산내 암자였다. 『태종실록』 권14 7년(1407) 12월 2일 신사(辛巳) "의정부에서 명찰로써 여러 주의 자복사를 대신하기를 정하다. 議政府請以名刹代諸州資福"에서 총남종(摠南宗)의 현고사가 포함되어 있다. 「백담사사적 百潭寺史蹟」에 "현고사 탑이 있다. 有玄高寺塔"라고 하였다. [참고문헌] 『太宗實錄』, 『韓國寺刹全書』 권하 p.1150b5, 『乾鳳寺本末事蹟』(亞細亞文化社, 1977) p.72.

현곡사 玄谷寺 강원도 양양군 서면 오색리 설악산(雪嶽山)에 있던 절. 『사탑고적고』에 "부락 서쪽 약 6백 칸 쯤에 있다. 밭 가운데 탑 2개가 있는데, 한 개는 완전하고 한 개는 불완전하다. 部落西方約六百間 田中有塔二個 一個稍完 一個不完全"라고 하였다. 조위한(趙緯韓 1567~1649)의 『현곡집』 권7의 「현곡사 玄谷寺」, 오숙(吳䎘 1592~1634)의 『천파집』 권2에 조소앙과 함께 용연동 연곡사에서 노닐며 쓴 시 「동조소옹유현곡 同趙素翁遊玄谷」, 이명한(李明漢 1595~1645)의 『백주집』 권6 「현곡사 玄谷寺」 등이 실려 있다. [참고문헌] 『寺塔古蹟考』, 『玄谷集』, 『天坡集』, 『白洲集』, 『韓國寺刹全書』.

현공사 懸空寺 북위(北魏)대 건립된 절. 중국 산서성(山西省) 혼원현(渾源縣) 남쪽 항산(恆山) 아래 자요협(瓷窯峽)에 있다. [참고문헌] 『山西通志』.

현과수록 現果隨錄 청대 계현(戒顯) 필기(筆記). 4권. 卍속장149, pp.489a1~531b13, No.1642에 수록되어 있다. 계현 자신이 보거나 들었던 인연과 고사 총 103칙을 기록한 책이다. 대부분 명말청초(明末淸初) 호주(湖州)·항주(杭州)·무주(撫州) 등 강남지방의 승속에서 일어난 선악과보 등의 고사들이다. 특별히 염불(念佛)의 공덕과 정토왕생(淨土往生)을 독려한다. [참고문헌] 『釋門自鏡錄』 권하(대정장51, p.825a1), 『淨土聖賢錄』 권7(卍속장135, p.340a11), 『中華大藏經總目錄』 권4(대장경보편35, p.603a4).

현과파 顯過破 허물을 드러내 파하다. 인명용어. 진능파(眞能破 : 能破) 중 하나로 입론자에 대해 대론자(對論者)가 별도의 논증을 하지 않고 상대논증의 오류만을 드러내 논박하는 것으로 입량파(立量破)에 대칭한다. 『인명입정리론소』 권상(대정장44, p.94b13)에 "다음으로 능파를 풀이하는데, 여러 논서에는 단지 대론자의 과실을 드러내서 논파하는 경우만이 있지 논증식을 세워서 논파하는 경우는 없다. 논증식을 세우는 것이 바로 그들의 과실을 드러내는 것이기 때문이다. 현과파에 대해 고사(古師)의 설이 있는데, 여덟 가지를 능립으로 삼는 것이다. (능립의 여덟 가지 중) 한 가지가 결여되는 것은 여덟 가지 경우가 있고, 두 가지가 결여되는 것은 스물여덟 가지 경우가 있고, 내지 일곱 가지가 결여되는 것은 여덟 가지 경우가 있고, 여덟 가지가 결여되는 것은 한 가지 경우가 있다. 次解能破中 諸論但有顯敵過破 無立量破 立量卽顯彼之過故 顯過破中 古師有說八爲能立 闕一有八 闕二有二十八 乃至闕七有八 闕八有一", 『인명론소명등초』 권1(대정장68, p.221b10)에 "만약 논증식을 세우지 않는다면 현과파일 뿐이니, 가령 논증식을 세웠을 때 (宗·因·喩의) 삼지 중 과실이 있는 데 따라 대론자가 과실을 보고 그 과실을 드러내는 것이다. 만약 논증식을 세워 논파한다면 반드시 현과파이기도 하지만, 현과파가 반드시 입량파인 것은 아니다. 즉 입량파는 넓고 현과파는 좁다. 若不立量 但顯過破 如立量時三支中 隨應有過 敵人見過顯示其過 若立量破 必顯過破 若顯過破未必立量 卽立量寬 顯過破狹", "둘째로 능파이니, 대략 두 가지 종류가 있다. 첫째는 현과파, 둘째는 입량파이다. 현과파에 있어 … 이 중에서 여덟 가지와 네 가지와 관련된 것은 고사의 뜻이고, 종 등의 세 가지와 관련된 것은 세친의 뜻이며, 인의 삼상과 관련된 것은 진나의 뜻이다. … 현과파의 경우는 꼭 논증식을 세울 필요는 없다. 第二能破 略有二種 一 顯過破 二 立量破 顯過破者 … 此中八支四支 是古師義 宗等三支 卽世親義 因三相者 陳那義 … 顯過破者 不必立量"라고 하였다. [참고문헌] 『因明入正理論疏』, 『因明論疏明燈鈔』. ⇨ 능파 能破[2], 입량파 立量破

현관 玄關 그윽해 열기 어려운 문 또는 빗장. 『화엄책림』(대정장45, p.597c20)에 "거울의 먼지를 털어냄으로써 큰 밝음 드러내며, 닫힌 문 엶으로써 어두운 방 열어젖힌다. 冀拂塵鏡 以顯大明 庶闢玄關 爲開暗室", 『중천축사위국기원사도경』 「서 序」(대정장45, p.882b18)에 "닫혀 아득한 문 단단히 잠겨 있을 지라도 감응하면 드디어 열리고, 머나먼 샘 깊게 달려 일렁이니 퍼올려도 마르지 않는다. 玄關幽鍵 感而遂通 遠源浚波 酌而不竭", 『사심오신어록』(卍속장120, p.244b5)에 "묘한 심기로 현관을 사무친 이는 펴고 거둠에 때를 따르니 변통이라 한다. 妙機透徹玄關者 舒卷隨時號變通"라고 하였다. [참고문헌] 『華嚴策林』, 『中天竺舍衛國祇洹寺圖經』, 『死心悟新語錄』. ⇨ 금쇄현관 金鎖玄關

현관 現觀 Ⓢ Ⓟ abhisamaya, Ⓣ mngon-par-rtogs

-pa. 직접 보다. 드러난 대로 마주해 보다. 〔어원과 번역어〕 범어 abhisamaya의 원형은 abhi-sam-√i로 접두어 abhi-sam과 동사어근 √i가 결합한 형태다. 아리야 비묵티세나(Ārya Vimuktisena)의 『현관장엄론주 現觀莊嚴論註 *Abhisamayālaṃkāra-vṛtti*』 풀이에 따르면 abhi는 '직접 마주하다(Ⓢ abhi-mukha)'라는 뜻의 현(現), sam은 '오류 없이'·'틀림없이'·'치우침 없이'의 등(等), 가다(行)라는 뜻의 √i가 명사화한 형태인 aya는 각(覺)을 뜻한다. 이를 합하면 abhisamaya는 '대면하여 있는 그대로 분명히 깨우치다'라는 뜻이다. 현장(玄奘)이 651~654년 한역한 『구사론』에서는 '현등각 現等覺'으로, 진제(眞諦)가 564~567년 한역한 『구사석론』에서는 '취향정각 趣向正覺'·'대관 對觀'·'정대관 正對觀'·'대증 對證' 등으로 한역하였다. 『구사론』 권22(대정장29, p.114a19 : *Abh-k-bh.*, p.328)에 "이 현관이란 이름은 지목하여 어떤 뜻인가? 이것이 가리키는 것은 '현등각(Ⓢ abhi-saṃ-bodha)'의 뜻이다. 어떤 연으로 '오로지 이것은 무루인가?' 열반을 향해 마주한 정각경이니, 이 각 참되고 깨끗하기에 '정(正 Ⓢ samyag)'이라는 이름을 얻는다. 此現觀名爲目何義 應知此目現等覺義 何緣說此唯是無漏 對向涅槃正覺境故 此覺眞淨 故得正名 abhisamaya iti ko 'rthaḥ. abhisaṃbodha iṇo bodhana-arthatvāt. kasmād-anāsrava eva na sāsravaḥ. sa hi nirvāṇa-abhimukhaḥ samyak-bodhaḥ. samyag-iti tattvena", 『구사석론』 권16(대정장29, p.266b23)에 "'마주하여 바로 본다'는 이 구는 무슨 뜻인가? 정각을 향해 나아감을 뜻한다. 어째서 이것 오직 무류여서 유류가 아닌가? 이를 말미암아 열반을 향해 나아가고 진실경을 연하여 일으키니 정이며, 일찍이 알지 못했던 것을 알게 되니 각이라 이름하니, 여실히 청정경에 능히 통하기 때문이다. 對正觀者 此句何義 趣向正覺爲義 云何此唯無流非有流 由此趣向於涅槃 緣眞實境起故名正 未曾知知故名覺 如實能通淸淨境故"라고 하였다. 〔니카야·아함에서의 현관〕 니카야에서는 마주하는 모든 법이란 뜻에서 견법(見法) 또는 현법(現法 Ⓟ diṭṭha-dhamma)이라 하였고, 사제(四諦)를 관하는 뜻에서 법현관(法現觀 Ⓟ dhamma-abhisamaya)·제현관(諦現觀 Ⓟ sacca-abhisamaya)·사제현관(四諦現觀 Ⓟ catusacca-abhisamaya)·의현관(義現觀 Ⓟ attha-abhisamaya) 등을 시설하였는데, 아함에서는 이 abhisamaya를 무간등(無間等)으로 한역하였다. 『잡아함경』 권5(대정장2, p.34b4)에 "존자 사리불이 비구들에게 말했다. '… 거룩한 제자들이 진실을 흠결 없이 본다면 무간등과를 얻는다. 尊者舍利弗 … 告諸比丘 … 聖弟子具足見諦 得無間等果"라고 하였는데, 상윳타니카야 *Pokkharaṇī-sutta*(*SN.2*, p.134)에 "비구들이여, 이와 같이 봄에 흠결 없는 고귀한 제자, 현관(abhisamaya)에 이른 사람은 이미 사라진 괴로움은 많고 남은 괴로움은 적다. 이와 같이 법을 현관함은 크게 이롭고, 이와 같이 법안을 얻는 것은 크게 이롭다. evam eva kho bhikkhave ariyasāvakassa diṭṭhi-sampannassa puggalassa abhisametāvino etad eva bahutaraṃ dukkhaṃ yad idaṃ parikkhīṇaṃ pariyādinnaṃ appamattakam avasiṭṭhaṃ … evaṃ mahatthiyo … dhamma-abhisamayo. evam mahatthiyo dhammacakkhu-paṭilābhoti", 앙굿타라니카야 *Uppāda-sutta*(*AN.1*, p.286)에 "비구들이여 … 일체행은 무상하다. 여래는 이를 현등각하고 현관하였으며, 현등각하여 마치고 현관해 마쳐서, 일체행은 무상임을 밝혔으며 설했으며, 시설하였으며 건립하였으며, 열어 분별해서 나투었나니라. bhikkhave … sabbe saṅkhāra aniccā. taṃ tathāgato abhisambujjhati abhisameti abhisambujjhitvā abhisametvā ācikkhati deseti paññāpeti paṭṭhapeti vivarati vibhajati uttānīkaroti sabbe saṅkhārā aniccā ti" 라고 하였다. 또 『잡아함경』 권5(대정장2, p.35a2)에 "이와 같이 거룩한 제자들이 네 가지 진실을 본다면 무간등과를 얻고, 모든 사견을 끊어 미래세에 길이 다시는 일어나지 않는다. 如是聖弟子見四眞諦 得無間等果 斷諸邪見 於未來世永不復起", 같은 책 권44(대정장2, p.318a20)에 "바라문은 세존을 뵙고서는 깨끗한 신심을 얻어 큰스승으로 받들었다. 법안을 열어주고자 사성제를 설하시니 무간등을 성취하였다. 법을 깨닫고는 곧 출가를 청하고 오롯이 사유하였다. 婆羅門已見世尊 得淨信心 奉事大師 爲開法眼 說四聖諦 成無間等 旣知法已 卽求出家 專精思惟", *Vism.*, p.689에 "현관함에 변지(遍知) 등의 용이 있는데, 모든 용이 자성을 따름을 안다. … 비유하면 등불이 전후 없이 한찰나에 네 가지 일을 하는 것과 같다. 한찰나에 심지를 태우고, 어둠을 걷어내며, 빛을 발하고, 기름을 태우듯, 이처럼 도지(道智)는 전후 없이 한찰나에 사제를 있는 그대로 현관한다. 변지현관(徧知現觀 Ⓟ pariññābhisamaya)으로 고제를 현관하고, 사단현관(捨斷現觀 Ⓟ pahānābhisamaya)으로 집제를 현관하며, 수습현관(修習現觀 Ⓟ bhāvanābhisamaya)으로 도제를 현관하고, 작증현관(作證現觀 sacchikiriyābhisamaya)으로 멸제를 현관한다. kiccāni pariññādīni yāni vuttāni abhisamaya-kāle, tāni ca yathā-sabhāvena jānitabbāni sabbānī ti … yathā padīpo apubbaṃ acarimaṃ ekakkhaṇena cattāri kiccāni karoti. vaṭṭiṃ jhāpeti, andakāraṃ vidhamati, ālokaṃ parividaṃseti, sinehaṃ pariyādiyati, evam eva maggañāṇaṃ apubbam acarimaṃ ekakkhaṇena cattāri saccāni abhisameti, dukkhaṃ pariññābhisamayena abhisameti, s amudayaṃ pahānābhisamayena abhisameti, maggaṃ bhāvanābhisamayena abhisameti, nirodhaṃ sacchikiriyābhisamayena abhisameti"라고 하였다. [아비달마의 현관] 아비달마에서는 견도위(見道位)에서 무루지(無漏智)로 사제를 관하는 성제현관(聖諦現觀 Ⓢsatya-abhisamaya : 四諦現觀)이기에, 오위(五位 : 順解脫分 順決擇分 見道 修道 無學道) 중 견도(見道)에만 해당한다. 현관은 다시 견현관(見現觀 Ⓢdarśana-abhisamaya)·연현관(緣現觀 Ⓢālambana-abhisamaya)·사현관(事現觀 Ⓢkārya-abhisamaya)의 삼현관으로 나뉘며, 『대승아비달마잡집론』 권13(대정장31, p.756c1)에서는 십현관(十現觀 : 法現觀 義現觀 眞現觀 後現觀 寶現觀 不行現觀 究竟現觀 聲聞現觀 獨覺現觀 菩薩現觀)을 시설하기도 하였다. 『품류족론』 권1(대정장26, p.694a17)에 "모든 현관은 지이거나 견이니, 모두 현관이라 한다. 諸所有現觀者 若智若見 俱名現觀", 『대비바사론』 권43(대정장27, p.223c10)에 "현관이란 견도를 말한다. 現觀者 謂見道", 『구사론』 권23(대정장29, p.121a23)에 "세제일법에 틈 없이 욕계고를 연하여 무루법인을 일으키고, 법인에 이어 법지를 낸다. 다음으로 남은 계고를 연하여 유인과 유지가 일어나고, 집·멸·도제를 연하여 각각 네 가지를 낸다. 이와 같은 십육심을 성제현관이라 하고, 다시 크게 세 가지로 나누었으니 곧 견·연·사로 다르다. 世第一無間卽緣欲界苦 生無漏法忍 忍次生法智 次緣餘界苦 生類忍類智 緣集滅道諦 各生四亦然 如是十六心 名聖諦現觀 此總有三種 謂見緣事別", 『아비담비바사론』 권18(대정장28, p.132c13)에 "앞에 드러나 있는 것 관하여 밝게 아는 것이 현전관의 뜻이다. … 세속혜로도 분명하게 현관할 수 있으니, 어떻게 알 수 있는가? 저 「성유경」에서 설한 것과 같다. '내가 아직 삼보리 등을 성취하지 못했어도 역시 능히 이 현관을 일으킬 수 있었다'. 이런 일 때문에 세속의 혜로도 능히 현관할 수 있음을 안다. 現前觀了了 是現前觀義 … 世俗慧亦能了了現觀 何以知之 如城喩經說 我未成三菩提等 亦能生是現觀 以是事故 知世俗慧能作現觀"라고 하였다. 한편 유부(有部)도 팔인팔지(八忍八智)의 십육찰나심(十六剎那心)에 따라 차례대로 현관하는 점현관(漸現觀 Ⓢanupūrva-abhisamaya, krameṇa-abhisamaya)을 시설하였으니, 『대비바사론』 권103(대정장27, p.533a2)에 "급고독장자가 … 부처님께 물었다. '세존이시여, 모든 유가사는 사성제를 돈현관합니까, 점현관합니까?' 부처님께서 거사에게 말씀하셨다. '모든 유가사는 사성제를 반드시 점현관하니, 마치 네 쪽의 광랑나무 사다리를 차근차근 올라가는 법과 같다'. 給孤獨長者 … 白佛言 世尊 諸瑜伽師 於四聖諦 爲頓現觀 爲漸現觀 佛告居士 諸瑜伽師 於四聖諦定漸現觀 如漸登上四桄梯法", 『잡아함경』 권16(대정장2, p.112c23)의 "세존이시여! 이 사성제는 점차로 무간등합니까, 단박에 무간등합니까? 부처님께서 장자에게 말씀하셨다. '이 사성제는 점차무간이어서, 단박에 무간등은 아니다'. 世尊 此四聖諦爲漸次無間等 爲一頓無間等 佛告長者 此四聖諦漸次無間 非頓無間等"라고 하였다. 반면 대중부(大衆部)는 일찰나에 사제를 현관하는 돈현관(頓現觀 Ⓢeka-abhisamaya)을 주장하였으니, 『구사론』 권23(대정장29, p.121c9 : *Abh-k-bh.*, p.351)에 "이와 같은 차제에 십육심이 있으니, 통틀어 말하면 성제현관이다. 이에 대해 어떤 부파(곧 대중부)는 '모든 제(諦) 중에 오직 돈현관한다'고 말한다. 如是次第有十六心 總說名爲聖諦現觀 此中餘部有作是言 於諸諦中唯頓現觀 ity-anena krameṇāyaṃ satyānām-abhisamayaḥ ṣoḍaśa-cittako bhavati. ye tarhi nikāya-antarīyāḥ satyānām-ekābhisamayaṃ varṇayanti"라고 하였다. [유식의 현관] 견도에만 한정하던 아비달마의 입장에서 벗어나, 수행의 전과정으로 확대하여 가행도·견도·수도·구경도 역시 현관으로 섭수한다. 『유가사지론』 권10(대정장30, p.328b20)·『성유식론』 권9(대정장31, p.50c1) 등에서는 현관을 육현관(六現觀 : 思現觀 信現觀 戒現觀 現觀智諦現觀 現觀邊智諦現觀 究竟現觀)으로 나누는데, 이중 앞의 세 현관은 가행도, 현관지제현관은 견도, 현관변지제현관은 수도, 구경현관은 구경도로 거둔다. 또 『현양성교론』 권16(대정장31, p.562c27)에서는 십팔종현관(十八種現觀 : 聞所生智現觀 思所生智現觀 修所生智現觀 順決擇分智現觀 見道現觀 修道現觀 究竟道現觀 不善淸淨世俗智現觀 善淸淨世俗智現觀 勝義智現觀 不善淸淨行有分別智現觀 善淸淨行有分別智現觀 善淸淨行無分別智現觀 成所作前行智現觀 成所作智現觀 成所作後智現觀 聲聞等智現觀 菩薩等智現觀)을 시설한다. 『성유식론술기』 권9(대정장43, p.572b11)에 "[술] 현이란 '눈앞에 나타나다'라는 뜻이고, 현전을 밝게 알아 이 현경을 관하는 것이 현관이다. 述曰 現謂現前 明了現前觀此現境 故名現觀", 『현종론』 권1(대정장29, p.779a27)에 "사제의 이치를 바로 깨닫는 것이 현관이다. 그러므로 현관의 활동은 오직 지혜일 뿐 다른 것이 아니다. 正覺諦理 說名現觀 故現觀用唯慧非餘", 『유가사지론』 권51(대정장30, p.605c8)에 "결정의 뜻이 현관의 뜻이다. 이것은 곧 모든 진실 중에 지혜 및 저 인, 저것과 상응하거나 함께 하는 법을 결정하여 체로 삼으니, 이것이 현관상이다. 決定義是現觀義 此則於諸諦中 決定智慧及彼因彼相應彼共有法爲體 是名現觀相", 같은 책 권34(대정장30, p.476a10 : *Śrāv-bh.*, p.501)에 "능히 아는 지혜와 알게 된 경이 화합하여 어긋남 없이 바로 보기에 현관이라고 한다. 저 찰제리와 찰제리가 화합하면 어긋남 없듯이, 보이는 그대로 관찰하는 것이 현관이다. 由能知智與所知境和合無乖現

前觀察 故名現觀 如刹帝利與刹帝利和合無乖 現前觀察名爲現觀 jñeyena jñānaṃ samāgataṃ bhavati. pratyakṣatayā. tenocyate abhisamayataḥ. tadyathā kṣatriyaḥ kṣatriyeṇa. sārdhaṃ sammukhī-bhāvaṃ tadanvabhisamayāgata ity-ucyate",『현양성교론』 권16(대정장31, p.561a25)에 "'제에 대한 가행 없이도 결정된 상이 생기한다'는 무슨 말인가? 즉 관찰한 사제경중에 가행의 공용 없이도 결정된 상이 생기하는 것이니, 이것이 현관상이다. 또 이 결정지가 경과 화합한 상으로 마침내 알 바에 이른다. 이를 버리고 이밖에 다시 다른 경은 없고 구할 것도 없기에 현관이라 한다. 於諦無加行 決定生起相者 謂於所觀察諸諦境中 不由加行功用 決定生起相 是現觀相 又此決定智與境和合相究竟到所知故 所以者何 除是以外 更無異境 可須求故 是故此觀名爲現觀"라고 하였다. 이 외에도 『현관장엄론』의 팔현관(八現觀)은 8세기 후 구경차제(究竟次第)가 아닌 생기차제(生起次第 Ⓢ utpatti-krama)로서 티베트불교 수행법 중 성취법(成就法 Ⓢ sādhana)의 범주로 승계되었다. 〔참고문헌〕『俱舍論』, 『俱舍釋論』, 『雜阿含經』, 『大乘阿毘達磨雜集論』, 『品類足論』, 『大毘婆沙論』, 『阿毘曇毘婆沙論』, 『瑜伽師地論』, 『成唯識論』, 『顯揚聖敎論』, 『成唯識論述記』, 『顯宗論』, *Abh-k-bh.*, *SN.*, *AN.*, *Vism.*, *Śrāv-bh.* ⇨성제현관 聖諦現觀, 삼현관 三現觀, 육현관 六現觀, 팔현관 八現觀, 십현관 十現觀, 돈현관 頓現觀, 점현관 漸現觀, 차제현관 次第現觀, 불현관 不現觀, 비현관 非現觀, 견도 見道, 십육심 十六心

현관 賢寬 ?~1326. 원대 임제종 스님. 속성은 주(周)씨. 화주(和州 : 安徽省) 함산(含山) 출신. 금우진(金牛眞)선사의 제자. 금우와 문답하고 의심이 풀린 뒤에 오도송을 바쳤다. 곧 『증집속전등록』 권5(卍속장142, p.878a17)에 "현관이 확 트인 듯이 크게 깨우치고 등 가득 땀을 흘린 뒤 게송을 바쳤는데 '물 밑의 진흙소가 울부짖는 외마디 소리에, 삼천대천의 무수한 세계가 일제히 기울어졌다네'라는 구절이 포함되어 있었고, 금우는 그 취지를 인정하였다. 師豁然大悟 汗流浹背 卽呈偈 有水底泥牛吼一聲 大千沙界一齊傾之句 金牛頷之"라고 하였다. 무용현관선사(無用賢寬禪師)라고 불린다. 후에 태호보명사(太湖普明寺)에서 납자들이 운집하였는데 당시 밤새도록 천등(天燈)이 내리 비추어 모든 이들이 감탄하였다. 이에 따라 황제는 불조원오(佛照圓悟)라는 호를 하사하였다. 원 진종(晉宗) 때인 1326년(태정3) 입적하였다. 〔참고문헌〕『增集續傳燈錄』.

현관 縣官 Ⓟ rājan. 왕 또는 왕의 관리. 『나선비구경』 권상(대정장32, p.697a7 : *Mil.*, p.32)에 "게중에는 현관이 두려워 사문이 된 이들도 있습니다. 中有畏縣官作沙門者 keci rājabhītiyā pabbajjanti", 『관정경』 권1(대정장21, p.495b19)에 "부처님께서 비구들에게 이르셨다. '이들 열두 신왕은 모든 비구를 보호할 것이며 … 관리와 도적이 제멋대로 할 수 없도록 한다'. 佛告比丘 此十二神王 護諸比丘等 … 縣官盜賊 不令得便라고 하였다. 〔참고문헌〕『那先比丘經』, 『灌頂經』, *Mil.*

현관변세속지 現觀邊世俗智 Ⓢ abhisamayāntikaṃ saṃvṛti-jñāna. 현관 끝에 얻은 세속지. 견도(見道)인 현관 끝에 얻는 유루세속지. 무루지보다 행상(行相)이 넓고 구체적이다. 견도십육심(見道十六心) 중 멸류지(滅類智)의 끝에 얻는 세속지로서, 현관변이지만 세속지를 수반하지 않는 도류지(道類智)는 수도(修道)로 거둔다. 현관변은 정위변(正位邊) 또는 현관변속지(現觀邊俗智)라고도 한다. 『대비바사론』 권4(대정장27, p.18c13)에 "〔문〕 세제일법과 현관변의 모든 세속지는 한 가지로 유루인데 무슨 까닭으로 저 지혜는 자타로 모두 닦고 세제일법은 오직 자신의 위에서만 닦는가? 〔답〕 현관변세속지는 견도권속이어서 견도로 닦는다. 저 견도는 자타의 위에서 닦고 이 지혜 또한 그렇지만 세제일법은 그렇지 않다. 問 世第一法 與現觀邊諸世俗智 同是有漏 何故彼智 自他地修 世第一法 唯修自地 答 現觀邊世俗智 是見道眷屬 依見道修 如見道修自他地 彼智亦爾 世第一法 不如是故", 같은 책 권36(대정장27, p.186a1)에 "바로 마땅히 설한다. 보살이 정성이생에 들어갈 때 현관변세속지를 얻는다. 왜냐하면 모든 제(諦)에 있어 초지(初智)를 다 정성이생이라고 부르며, 모든 인(忍)은 '들어간다'는 이름이 붙는다. 고·집·멸유인(類忍)에서 고·집·멸유지(類智)에 들어갈 때를 현관변세속지를 얻는다고 한다. … 〔문〕 무슨 까닭으로 이 지를 '현관변'이라고 하는가? 〔답〕 고변·집변·멸변을 '현관'하여 이 '지'를 얻기에 '현관변'이다. … 존자 묘음은 다음과 같이 말한다. '이 「지」는 「현관」에 가깝기에 현관변이다. 저 마을 가까이 있는 것들을 마을 주변에(村邊)라고 하는 것과 같다'. 正應說 菩薩入正性離生時 得現觀邊世俗智 以諸諦初智 皆名正性離生 諸忍名入故 謂苦集滅類忍 入苦集滅類智時 名得現觀邊世俗智 … 問 何故此智 名現觀邊 答 現觀苦邊集邊滅邊 得此智故 名現觀邊 … 尊者妙音說曰 此智近現觀 故名現觀邊 如近村物 名曰村邊", 같은 책 권36(대정장27, p.186a26)에 "〔문〕 무슨 까닭에 현관변세속지는 법지에서 닦지 않는가? 〔답〕 법지는 저에 대하여 '밭'도 '그릇'도 아니다. … 또 이 지는 현관변으로만 닦기에 현관변세속지라고 하는데, 만약 법지에서 닦는다면 현관중세속지라 하고, 현관변이라 하지 않는다. 問 何故現觀邊世俗智 法智時不修 答 法智於彼 非田非器 … 復次此智 現觀邊修 故名現觀邊世俗智 若法智時 亦修者 應名現觀中世俗智 非現觀邊", 같은 책 권36(대정장27, p.187a4)에 "〔문〕 어찌하여 '수도' 중에는 이 지가 현전하지 않는가? 〔답〕 이 현관변세속지는 견도권속으로 견도에 매여 있다. 그러므로 수도에서는 결코 현전하지 않는다. 또 이 지는 향도권속이어서 향도에 매여 있지만, 수도는 과에 걸쳐 있기에 현전하지 않는다. 또한 이 지는 수신·수법행에 의지해 상속한다. 수도 중에는 이 상속이 없기에 현전할 수 없다. … 이 현관변세속지는 오직 욕계와 색계이다. 問 何故修道中此智不現前耶 答 此現觀邊世俗智 是見道眷屬 繫屬見道 故於修道 必不現前 復次 此智是向道眷屬 繫屬向道 修道帶果 故不現前 復次 此智依隨信隨法行相續 修道中 無此相續 故不現前 … 此現觀邊世俗智界者 唯欲色界", 『구사론』 권26(대정장29, p.138b21)에 "오직 고집멸의 삼유지에만 미래의 '현관변세속지'를 겸하여 닦는데, 낱낱 제를 현관한 그 끝에 비로소 겸하여 닦을 수 있기에 이런 이름을 세운다. 이것은 그 이외의 위에서는 아직 함께 닦지 않기 때문이다. '도류지'에는 어찌 이를 닦지 않는가? 세속지는 일찍이 도성제에 있어서는 사현관(事現觀)은 없기 때문이고, 또한 틀림없이 도성제에 있어서는 변사현관도 없기 때문이다. 즉 고·집·멸성제에 있어서는 두루 알고 끊어 증득할 수 있지만, 도성제에 있어서는 반드시 능히 두루 닦을 일 없기 때문이다. … 종성이 다양하기에 어떤 사람은 말하길 '이는 견도권속이고 저는 수도섭이므로 닦을 수 없다'. 唯苦集滅 三類智時 能兼修未來現觀邊俗智 於一一諦 現觀後邊 方能兼修 故立斯號 由此餘位 未能兼修 道類智時 何不修此 俗智曾於道 無事現觀故 又必無於道 遍事現觀故 謂於苦集滅 可遍知斷證 必無於道 可能遍修 … 種性多故 有言 此是見道眷屬 彼修道攝 故不能修"라고 하였다. 〔참고문헌〕 『大毘婆沙論』, 『俱舍論』, *Abh-k-bh.406.*

현관변인 現觀邊忍 현관변의 인. 현관 그 끝에서 견뎌 얻는 지혜다. 법지인(法智忍 Ⓢ dharma-jñāna-kṣānti)과 유지인(類智忍 Ⓢ anvaya-jñāna-kṣānti)이니, 견도십육심(見道十六心) 중 사법인(四法忍)과 사류인(四類忍)인 팔인(八忍)을 말한다. 무간인(無間忍)과 같은 말이다. 『품류족론』 권1(대정장26, p.694a14)에 "모든 있을 수 있는 견(見)이란, 또는 모든 지(智)를 견이라고도 부르지만, 견이면서 지는 아닌 것이 여덟 가지 현관변인이다. 첫째는 고법지인, 둘째는 고류지인, 셋째는 집법지인, 넷째는 집류지인, 다섯째는 멸법지인, 여섯째는 멸류지인, 일곱째는 도법지인, 여덟째는 도류지인이다. 諸所有見者 且諸智亦名見 有見非智 諸八現觀邊忍 一 苦法智忍 二 苦類智忍 三 集法智忍 四 集類智忍 五 滅法智忍 六 滅類智忍 七 道法智忍 八 道類智忍", 『대비바사론』 권77(대정장27, p.397a16)에 "〔문〕 견도에서 끊는 법이란 어떤 것인가? 〔답〕 수신·수법행의 현관변인으로 끊는다. 이것은 또 무엇을 말하는가? 견도에서 끊는 팔십팔수면, 저들과 상응하는 심심소법, 저들과 같이 일어나는 불상응행을 견도에서 끊는 법이라고 한다. 問 見所斷法云何 答 隨信隨法行 現觀邊忍所斷 此復云何 謂見所斷 八十八隨眠 及彼相應心心所法 彼所等起 不相應行 是名見所斷法"라고 하였다. 〔참고문헌〕 『品類足論』, 『大毘婆沙論』. ⇨ 팔현관 八現觀, 팔인팔지 八忍八智, 십육심 十六心

현관변지제현관 現觀邊智諦現觀 현관한 그 끝에 얻은 지로 진실을 바로 보다. 육현관(六現觀) 중 하나다. 세간과 출세간의 지로 진실을 드러내 본다. 『유가사지론』 권55(대정장30, p.606a6)에 "어떤 것을 현관변지제현관이라고 하는가? 즉 이 현관의 뒤에 얻는 지를 현관변지라고 한다. 이 지는 세 번째 마음이 끊임없이 견도로부터 일어나서 비로소 현전해서는 먼저 세간지로 일찍이 관찰한 하지와 상지 두 가지와 두 가지 뛰어난 안립제경을 연으로 함을 알아야 한다. 사법류지는 세속지로 거두지만 세간과 출세간에 통해서 출세간지 뒤에 얻는 것이다. 이와 같은 차제로 하나하나의 제(諦)에서 두 가지 지가 생기니, 인가욕락지와 현관결정지다. 이와 같이 앞선 현관에 의하여 일어난 다음, 아래와 위의 모든 '제' 중에서 두 가지와 두 가지로 지를 생하니, 이것을 현관변지제현관이라고 한다. 云何名爲現觀邊智諦現觀 謂此現觀後所得智 名現觀邊智 當知此智 第三心無間 從見道起 方現在前 緣先世智 曾所觀察 下上二地 及二增上 安立諦境 似法類智 世俗智攝 通世出世 是出世間智後所得 如其次第 於一一諦 二種智生 謂忍可欲樂智 及現觀決定智 如是依前現觀起已 於下上諸諦中 二二智生 是名現觀邊智諦現觀", 『성유식론』 권9(대정장31, p.50c9)에 "다섯째는 현관변지제현관이니, 즉 현관지제현관 후에 모든 연으로 안립하는 세간지와 출세간지다. 五 現觀邊智諦現觀 謂現觀智諦現觀後 諸緣安立 世出世智"라고 하였다. 〔참고문헌〕 『瑜伽師地論』, 『成唯識論』. ⇨ 육현관 六現觀, 현관 現觀

현관사제 現觀四諦 드러난 그대로인 채로 사제를 관하다. 견도(見道)에서 사제(四諦)를 십육행상(十六行相)으로 여실히 관하는 것을 말한다. 사제현관(四諦現觀), 사제관(四諦觀), 성제현관(聖諦現觀), 제무간등(諦無間等)이라고도 한다. 『발지론』 권8(대정장26, p.957a26)에 "제를 현관할 때 무엇을 최초로 얻어 깨끗함을 증하는가? 불인가, 법인가, 승인가? 답한다. 고집멸을 현관할 때는 법의 최초에서 깨끗함을 증하고, 도제를 현관할 때는 불법승의 최초에서 깨끗함을 증한다. 諦現觀時 於何最初 而得證淨 佛耶法耶僧耶 答 苦集滅現觀時 於法最初 得證淨 道現觀時 於佛法僧最初 得證淨", 『입아비달마론』 권하(대정장28, p.986a5)에 "이와 같이 네 가지 마음으로 능히 삼계의 고제를 현관하니, 집멸도에도 각기 네 가지 마음이 있어 반드시 또한 이러함을 알아야 한다. 이 열여섯 마음으로 능히 삼계의 사제를 현관하고 견소단의 팔십팔결을 끊어 예류과를 얻는다. 如是四心 能於三界 苦諦現觀 於集滅道 各有四心 應知亦爾 此十六心 能於三界 四諦現觀 斷見所斷 八十八結 得預流果", 『순정리론』 권36 「변현성품 辯賢聖品」(대정장29, p.688c2)에 "상이 아닌 것 떠올리는 교증 또한 이루어질 수 없다. 이것으로는 나머지 제의 뜻을 능히 현관할 수 없기 때문이다. 비상상으로는 오직 고제로써만 소연경을 삼고 사제 모두는 아니기 때문이다. 만약 고제를 관하여 비상관을 닦는 그때를 바로 '사제를 관한다'라고 한다면, 고제가 곧 사제여야 하고 사제 마땅히 고제여야 한다. 이와 같다면 바로 아낄 수 없는 허물이 된다. 그러므로 고제를 연하여 비상상을 닦아서는 결코 능히 사제를 현관할 수 없게 된다. 非常想教證 亦不成 此於餘諦理 不能現觀故 由非常想 唯以苦諦 爲所緣境 非四諦故 若觀苦諦修非常想 爾時卽名觀四諦者 苦應卽四 四應卽苦 如是便成非所愛過 故緣一諦 修非常想 必定不能現觀四諦"라고 하였다. [참고문헌] 『發智論』, 『入阿毘達磨論』, 『順正理論』. ⇨ 사제관 四諦觀, 성제현관 聖諦現觀, 제무간등 諦無間等, 현관 現觀, 사성제 四聖諦, 십육행상 十六行相

현관십일종차별 現觀十一種差別 성문(聲門)과는 다른 보살의 열한 가지 현관. 『섭대승론본』 권중(대정장31, p.143b16 : *Mah-saṃ.*, p.54)의 설로, "성문현관과 보살현관은 어떤 차이가 있는가? 보살현관과 성문현관의 차별은 열한 가지다. 聲聞現觀 菩薩現觀 有何差別 謂菩薩現觀與聲聞異 由十一種差別應知 nyan thos rnams kyi mngon par rtogs pa gang yin pa dang. byang chub sems dpa' rnams kyi mngon par rtogs pa gang yin pa 'di gnyis bye brag ci yod ce na. nyan thos kyi mngon par rtogs pa las khyad par bcus byang chub sems dpa'i mngon par rtogs pa khyad par du 'phags par blta bar bya ste"라 하였으니, 첫째는 소연차별을 따름이니 대승법으로서 소연을 삼는다(一 由所緣差別 以大乘法爲所緣故 dmigs pa'i khyad par ni theg pa chen po'i chos la dmigs pa'i phyir ro). 두 번째는 자지차별이니, 큰 복과 지혜라는 두 가지 자량으로 도와 가진다(二 由資持差別 以大福智二種資糧爲資持故 nye bar brten pa'i khyad par ni. bsod nams dang ye shes kyi tshogs chen pos brten pa'i phyir ro). 셋째는 통달차별이니, 능히 보특가라와 법무아를 통달한다(三 由通達差別 以能通達補特伽羅法無我故 rtogs pa'i khyad par ni. gang zag dang chos la bdag med par rtogs pa'i phyir ro). 넷째는 열반차별을 말미암아서 머무름 없는 대열반을 섭수한다(四 由涅槃差別 攝受無住大涅槃故 mya ngan las 'das pa'i khyad par ni. mi gnas pa'i mya ngan las 'das pa yongs su 'dzin pa'i phyir ro). 다섯째는 지위차별이니, 십지에 의지함에서 벗어난다(五 由地差別 依於十地而出離故 sa'i khyad par ni. sa bcus nges par 'byung ba'i phyir ro). 여섯째와 일곱째는 청정차별이니, 번뇌와 습을 끊고 불토를 깨끗이 한다(六七 由淸淨差別 斷煩惱習 淨佛土故 yongs su dag pa'i khyad par ni. nyon mongs pa'i bag chags spong ba dang. sangs rgyas kyi zhing yongs su sbyong ba'i phyir ro). 여덟째는 자타에 있어 평등심을 얻음에서 차별하게 하니, 유정을 성숙시킴에 가행하여 휴식이 없다(八 由於自他得平等心差別 成熟有情加行無休息故 sems can thams cad dang. bdag sems mnyam pa nyid thob pa'i khyad par ni sems can yongs su smin par byed par sbyor ba rgyun mi gcod pa'i phyir ro). 아홉 번째는 생차별이니, 여래가에 나는 것이다(九 由生差別 生如來家故 skye ba'i khyad par ni de bzhin gshegs pa'i rigs su skye ba'i phyir ro). 열째는 수생차별이니, 항상 모든 부처님의 큰 법회 중에서 생을 받는다(十 由受生差別 常於諸佛大集會中攝受生故 skye 'byung gi khyad par ni. sangs rgyas kyi 'khor gyi dkyil 'khor du dus thams cad du skye 'byung yongs su 'dzin pa'i phyir ro). 열한 번째는 과차별이니, 십력·사무외·십팔불공법인 부처님 법의 한량없는 공덕의 증과를 원만히 성취하는 것이다(十一 由果差別 十力無畏不共佛法無量功德果成滿故 'bras bu'i khyad par ni stobs bcu dang. mi 'jigs pa dang. sangs rgyas kyi chos ma 'dres pa 'bras bu yon tan tshad med pa 'grub pa'i phyir ro). [참고문헌] 『攝大乘論本』, 『大乘阿毘達磨集論』 권7(대정장31, p.690c2), *Mah-saṃ.*

현관위 現觀位 Ⓢ abhisamaya-avasthā, Ⓣ mngon-par-rtogs-pa'i-gnas-skabs. 현관하는 위. 차제로 관하는 사제(四諦) 각각의 위와 견도위를 말한다. 『대비바사론』 권78(대정장27, p.404b24)에 "현관차제란 사성제를 말함이니, 모든 유가사는 현관위에서 우선 고성제를 현관하기에 부처님께서 먼저 말씀하셨고, 다음에는 집성제를 현관하기에 부처님께서 다음에 말씀하셨으며, 그 다음에는 멸성제를 현관하기에 부처님께서 그 다음으로 말씀하셨고, 끝으로 도성제를 현관하기에 부처님께서 뒤에 말씀하셨다. 現觀次第者 謂四聖諦 諸瑜伽師 於現觀位 先現觀苦 故佛先說 次現觀集 故佛次說 次現觀滅 故佛次說 後現觀道 故佛後說", 『구사론』 권22(대정장29, p.114a4)에 "지금 말하고 있는 사성제는 유가사들이 현관위 중에서 따른 선후차제다. 무슨 까닭으로 현관차제는 반드시 그러한가? 가행위(加行位 Ⓢ vyavacāraṇa-avasthā) 중에서 이와 같이 관찰하기 때문이다. … 즉 만약 어떤 법이 애착처여서 능히 핍박하고 괴롭힌다면 그 벗어날 인을 구하게 마련인 것을 말한다. … 그러므로 수행자는 가행위 중에서 가장 먼저 고(苦)를 관한다. 고는 곧 고제다. 그 다음 다시 괴로움은 무엇이 인인가를 관하니, 곧 괴로움의 인을 관하는 것이다. … 끝으로 고를 사라지게 할 길을 관하니, 곧 멸의 방도를 관하는 것이다. … 예를 들면 병을 관찰하고서 그 다음에 병의 인을 찾으며, 계속하여 병의 치유를 생각하고, 끝으로 좋은 약을 구하는 것과 같다. 今說四諦 隨瑜伽師 現觀位中 先後次第 何緣現觀次第必然 加行位中 如是觀故 … 謂若有法 是愛著處 能作逼惱 爲求脫因 … 故修行者 加行位中 最初觀苦 苦卽苦諦 次復觀苦 以誰爲因 便觀苦因 … 後觀苦滅 以誰爲道 便觀滅道 … 如見病已 次尋病因 續思病愈 後求良藥",『유가사지론』권95(대정장30, p.844a16)에 "무학지(無學位 : 阿羅漢果 Ⓢ aśaikṣa-bhūmi)에서 '나는 이미 두루 알았고, 나는 이미 영원히 끊었으며. 나는 이미 증득하였고, 나는 이미 닦아 익혔다'라고 여실하게 깨닫는 것을 현관위라고 한다. 다시 다음과 같은 차별이 있다. 즉 모든 무학의 진지(盡智 Ⓢ kṣaya-jñāna)와 무생지(Ⓢ anutpāda-jñāna)로 거둔 일체의 극해탈지를 지위라고 하며, 바로 이 무학의 극해탈지가 이끄는 정견을 견위라 하고, 예류과(Ⓢ srota-āpanna)로부터 구경에 이르기까지의 모든 일체의 학혜를 현관위라고 함을 알아야 한다. 於無學地 如實解了 我已遍知 我已永斷 我已作證 我已修習 名現觀位 復有差別 謂諸無學 盡無生智 所攝一切 極解脫智 說名智位 卽此無學 極解脫智 所引正見 說名見位 從預流果 乃至究竟 當知所有一切學慧 名現觀位"라고 하였다. [참고문헌]『大毘婆沙論』,『俱舍論』,『瑜伽師地論』, *Abh-k-bh.328.* ⇨ 현관 現觀, 현관차제 現觀次第

현관장엄론 現觀莊嚴論 Ⓢ abhisamayālaṃkāra, Abhisamayālaṃkāra-nāma prajñāpāramitopadeśa-śāstra, Ⓣ Mngon-par-rtogs-pa'i-rgyan, Shes-rab-kyi-pha-rol-tu-phyin-pa'i-man-ngag-gi-bstan-bcos-mngon-par-rtogs-pa'i-rgyan. 미륵(彌勒 Ⓢ Maitreya) 지음.『이만오천송반야경 二萬五千頌般若經』(한역본『대품반야경』에 해당)에 의지한 강요서(綱要書)다. 갖춘 이름은『현관장엄반야바라밀다우파제사론 現觀莊嚴般若波羅蜜多優波提舍論 *Abhisamayālaṃkāra-nāma-prajñāpāramitopadeśa-śāstra*』이며,『반야경론현관장엄송 般若經論現觀莊嚴頌』이라고도 한다. 티베트에서는 미륵오부론(彌勒五部論) 중 하나로 매우 중시되어 여러 차례 간행되었고, 현존하는 것만도 북경판(北京版) No.5184(頌)와 No.5191(註)을 비롯하여 20여 종에 이른다. 또 사자현(師子賢 Ⓢ Haribhadra)의 주석서 등 많은 주석서도 나왔다. 본 논서는『반야경』연구의 중요한 입문서이며, 특히 유가행파에서 이해한『반야경』에 대한 논서인 점에서 주목할 만하다. 사자현의『팔천송반야석론 八千頌般若釋論』에 의하면, 본 논서는 미륵이『반야경』의 깊은 뜻을 이해하기 어려워하는 무착(無著 Ⓢ Asaṅga)을 위해 지었다고 한다. 본 논서가 저술된 이후『반야경』에 대한 수많은 주석서가 본서의 주석을 준용하여 저술되었다. 반야바라밀(般若波羅蜜)의 수행위를 여덟 단계로 나누어 설하고, 이를 통해 얻는 불과(佛果)에 대한 내용으로, 8품(品) 273송(頌)과 70개의 주제로 구성되어 있다. 첫째는 부처님의 일체상지성(一切相智性)을 설하는「일체상지성품 *sarvākārajñatā*」이 73송, 둘째는 도지(道智)로서의 보살의 견도(見道)와 수도(修道)를 밝히는「도지성품 道智性品 *mārgajñatā*」이 31송, 셋째는 성문과 연각의 취상(取相)이나 보살의 가행(加行)을 드러낸「일체지성품 一切智性品 *sarvajñatā*」이 16송, 넷째는 앞의 일체지성을 닦는「일체상현등각품 一切相現等覺品 *sarvākārabhisambodha*」이 63송, 다섯째는 승진도(勝進道)의 끝에서 증득하는 정현관(頂現觀)을 설하는「정현관품 *mūrdhābhisamaya*」이 42송, 여섯째는 십삼품성(十三品性)의 차제현관(次第現觀)을 밝히는「차제현관품 *ānupūrvikābhisamaya*」이 1송, 일곱째는 일찰나현관(一刹那現觀)을 설하는「일찰나현관품 *ekakṣaṇābhisambodha*」이 5송, 여덟째는 불신(佛身)을 온전히 드러내는「법신품 法身品 Ⓢ dharmakāya」40송이다.『현관장엄론』의 게송에는 미륵 5법 중 유가행파에 속하는 문헌인『대승장엄경론』이나『중변분별론』의 영향도 확인된다. 또한 이들보다는 성립이 늦지만 역시 미륵 5법 중 여래장사상계 문헌인『보성론』과 결한 게송도 발견되고, 세친의 저작인『구사론』제6품「mārgapudgala-nirdeśa」, 33cd와 같은 게송도 보인다. 따라서『현관장엄론』의 게송은 세친 이후인 5세기 말에 성립한 작품으로 추측한다. [주석서와 후대의 영향] 하리바드라는『현관장엄론』게송의 주석자로서 무착(無著 Ⓢ Asaṅga)·세친(世親 Ⓢ Vasubandhu)·아리야 비묵티세나(Ⓢ Ārya Vimuktisena)·바단타 비묵티세나(Ⓢ Bhadanta Vimuktisena) 등 4명을 들고 있는데, 이 중 무착과 세친의 주석서는 현존하지 않는 유가행파 문헌인『대승장엄경론』이나『중변분별론』이 미륵이 게송을 설하고 무착이 그것을 기록했으며 세친이 주석을 달았다는 전범이 전승된 것으로 본다. 이에 비해 아리야 비묵티세나의 주석와 바단타 비묵티세나의 주석은 티베트 대장경에 현존한다. 곧 아리야 비묵티세나의 *Ārya-pañcaviṃśatisāhasrikā-prajñāpāramitopadeśa-śāstrābhisa* *mayālaṃkāra-vṛtti*(P 5185)와 바단타비묵티세나의 *Ārya-pañcaviṃśatisāhasrikā-prajñāpāramitopadeśa-śāstrābhisamayālaṃkāra-kārika-vārttika*(P 5186)이다. 이에 더해 하리바드라의 주석서도 네 종류가 현존하는데, *Āryāṣṭasāhasikā-prajñāpāramitā-vyākhyābhisamayālaṃkārālokā*(P 5189), *Abhisamayālaṃkāra nāma prajñāpāramitopadeśa-vṛtti*(P 5191), *Bhagavad-ratna-guṇa-saṃcaya-gāthā-pañjikā*(P 5190), *Pañcaviṃśatisāhasrikā-prajñāpāramitā*(P 5188)이다. 하리바드라 이후, 특히 11세기에 이르러 인도에서는 많은 주석서와 복주서가 작성되어 15종이 티베트 대장경에 실려 있다(P 5187~5203). 『현관장엄론』은 하리바드라의 주석이 저작된 8세기부터 인도에서 불교가 사라질 때까지 중요한 위치를 차지했다. 이는 11세기에 최고의 불교학승이라고 일컬어지는 라트나카라샨티(Ⓢ Ratnākaraśānti), 라트나키르티(Ⓢ Ratnakīrti), 아바야카라굽타(Ⓢ Abhayakākaragupta) 등이 『현관장엄론』의 주석을 짓고 서로 논쟁하였던 것에서도 확인된다. 그러나 『현관장엄론』이 가장 큰 영향을 미친 것은 티베트불교다. 『현관장엄론』은 8세기경 하리바드라의 *Ālokā*(P 5189) 번역을 통해 티베트에 알려졌고, 이후 계속 중요한 위치를 차지해 왔다. 예를 들어 게룩파의 경우, 현재에도 현교의 다섯 학습과목 중 하나인 반야사상을 학습할 때 이 *Ālokā*를 교재로 쓰고 있다. 반면 『현관장엄론』은 1930년대 법존(法尊)의 한역 이전에는 동아시아에 번역은 물론 존재조차 알려지지 않았다. [교정본과 현대어 번역] 대표적인 교정출판본으로 우기하라 운라이(Wogihara Unrai)가 하리바드라의 주석과 함께 『이만오천송반야경』을 함께 출판한 *Abhisamayālaṃkār'ālokā Prajñāpāramitāvyākhya*(1932~1935)가 있다, 최근의 번역본으로는 가레스 스파험(Gareth Sparham)의 *Abhisamayālaṃkara with Vṛtti and Āloka*(Jain Publishing Company, 2006·2008) 등이 있다. [참고문헌] Edward Conze *Abhisamayālankāra : Introduction and Translation from Original Text, With Sanskrit-Tibetan Index*(Rome : Is.M.E.O., 1954), Georges Dreyfus 'Tibetan scholastic education and the role of soteriology'(*JIABS* 20-1, 1997) pp.31~62, John Makransky *Buddhism Embodied : Sources of Controversy in India and Tibet*(SUNY Press, 1997). ⇨ 하리바드라 Haribhadra, 현관 現觀

현관차제 現觀次第 삼종차제(三種次第 : 生起次第 易說次第 現觀次第) 또는 육종차제(六種次第 : 流轉次第 成所作次第 宣說次第 生起次第 現觀次第 等至次第) 중 하나로 사성제(四聖諦)를 차례로 관하는 것. 『대비바사론』 권78(대정장27, p.404b15)에 "(삼종차제 중) 현관차제란 사성제를 말하니 모든 유가사는 현관위에서 먼저 고를 현관하기에 부처님께서 가장 먼저 설하셨고, 다음으로 집을 현관하니 부처님께서 다음으로 설하셨으며, 다음에는 멸을 현관하기에 부처님께서 그다음에 설하셨고, 마지막으로 도를 현관하므로 부처님께서 마지막에 설하셨다. 現觀次第者 謂四聖諦 諸瑜伽師 於現觀位先現觀苦 故佛先說 次現觀集故佛次說 次現觀滅故佛次說 後現觀道故佛後說", 『유가사지론』 권52(대정장30, p.588b24)에 "(육종차제 중에는) 또 현관차제가 있으니, 고 등의 사성제를 차제로 현관하는 것이다 或有現觀次第 謂於苦等四聖諦中 次第現觀", 『유가론기』 권5(대정장42, p.404b28·한불전13, p.285c17)에 "(육종 현관 중) 현관차제란 진상견도 전후에서 육십삼등지 현관 전후까지의 차제이다. 現觀次第者 謂眞相見道前後六十三等現觀前後次第"라고 하였다. [참고문헌] 『大毘婆沙論』, 『瑜伽師地論』, 『瑜伽論記』. ⇨ 현관 現觀, 현관위 現觀位, 차제현관 次第現觀

현관찰행유전우 現觀察行流轉愚 현관함에 염정분별을 떨치지 못하는 어리석음. 현전관찰제행유전우치(現前觀察諸行流轉愚癡)라고도 한다. 『성유식론』 권9(대정장31, p.53b3)에 "이로 인해 제6지에서 두 가지 우치와 그것의 추중을 끊는다고 설한다. 첫째는 현관찰행유전우이니, 즉 이 중에서는 물듦이 있다고 집착함이니 제행유전은 염분으로 거두기 때문이다. 由斯六地說斷二愚及彼麤重 一 現觀察行流轉愚 卽是此中執有染者 諸行流轉染分攝故", 원측(圓測)의 『해심밀경소』 권8(한불전1, p.391b9)에 "[석] 제6현전지의 장애에 대해 『성유식론』에서는 '첫째는 현관찰행유전우이니, 이 중에서는 물듦이 있다는 것에 붙들리니 제행유전은 염분으로 거두기 때문이다'라고 하였다. … 〈[해] 앞의 우치는 고제와 집제의 유전문에 집착하는 것이고, 뒤의 우치는 멸제와 도제의 정상문에 집착하는 것이다〉. 곧 열 가지 장애 중 '여섯 번째로서 추상이 현행하는 장애이니 소지장 중 구생기(俱生起)의 일분이 염정이라는 추상이 있다고 집착해서 현행하기에 저 제6지 염정 없는 도를 장애한다. 제6지에 들어서야 문득 영원히 사라진다'. 釋曰 第六現前地障 成唯識云 一 現觀察行流轉愚 卽是此中執有染者 諸行流轉 染分攝故 …〈解云 初愚執苦集流轉門 後愚執滅道淨相門〉 卽十障中第六麤相現行障 謂所知障中 俱生一分 執有染淨麤相現行 彼障六地無染淨道 入六地時便能永滅"라고 하였다. [참고문헌] 『成唯識論』, 『解深密經疏』. ⇨ 현전관찰제행유전우치 現前觀察諸行流轉愚癡

현광 玄光 신라 스님. 중국에 유학 가서 남악혜사(南岳慧思 515~577)로부터 『법화경』의 안락행문(安樂行

門)을 수학하고 법화삼매를 증득한 후 혜사로부터는 본국으로 돌아가 홍포하라는 유지를 받고 귀국했다. 남송(南宋 1127~1279) 종감(宗鑑 ?~1206)이 지은『석문정통』권1 현광법사전(卍속장130, p.734b7)에 따르면 현광은 신라 스님인데 총명이 뛰어났으며 일찍 발심하여 스님이 되었다. 큰 뜻을 품고 배를 타고 진(陳)으로 가서 형악산(衡嶽山)에 있는 남악혜사스님을 찾아가『법화경』의 안락행문을 수학하고 부지런히 지관행(止觀行)을 닦아 법화삼매를 증득하고 혜사스님으로부터 인가를 받고 제자가 되었다. 스님이 이르기를 너는 본국으로 돌아가 법화사상을 홍포하라는 명을 받고는 배를 타고 귀국하여 고향땅인 웅주(熊州 : 지금의 公州)의 옹산(翁山)에 토굴을 짓고『법화경』을 설하니, 대중이 모여들어 마침내 큰 절(寶坊)을 이룩하였다. 많은 제자 중에 법을 이어 받은 자가 한 사람・화광삼매(火光三昧)를 얻은 자가 한 스님・수광삼매(水光三昧)를 증득한 자가 한 사람이 있었다. 스님의 법계(法系)를 살펴 보건대 중국 천태종 제3조인 남악혜사의 제자이며, 스님의 제자에는 혜민(慧旻 : 대정장49, p.196b14)선사가 유명하다. 남악혜사스님의 영당(影堂)에 봉안한 천태종 스님 28명 중 스님의 영정도 모셔져 있으며, 천태산(天台山) 국청사(國淸寺)의 조사당에도 스님의 영정(影幀)이 모셔져 있다. 스님의 전기에 대해서는『석문정통』・『불조통기』등에 모두 신라스님이라 하였으나, 스님의 스승인 혜사대사가 입적한 577년을 기준하면 백제의 제27대 위덕왕 24년이므로 그 때의 웅주(公州)는 백제의 땅이었으므로 백제 위덕왕(재위 554~598) 때 활동한 스님이라 하기도 한다. 〔참고문헌〕『釋門正統』권1,『佛祖統紀』권9(대정장49, p.196a16).

현광 玄曠 깊어 아득하고 끝없어 크고 넓음.『진심직설』「서 序」(대정장48, p.999a17)에 "어찌하랴! 대도는 아득하고 끝없이 넓어 유도 아니고 무도 아니며, 진심마저 깊고 미묘하여 생각으로 닿지 못하고 말로 표현할 길도 끊어졌으니! 奈何大道玄曠 非有非無 眞心幽微 絶思絶議"라고 하였다. 〔참고문헌〕『眞心直說』,『添品法華經』권4(대정장9, p.170a14).

현광 懸曠 아득해 멀고 끝없는 모양.『법화경』권4(대정장9, p.35c7)에 "여인의 몸 더럽고 물들어 법을 담을 그릇이 아니건만 어떻게 무상보리를 얻을 수 있단 말이냐? 불도 높고 아득하여 무량겁 지나며 부지런히 애써 쌓고 행해서 모든 바라밀을 빠짐없이 닦은 다음이라야 성취할 수 있으리. 女身垢穢 非是法器 云何能得無上菩提 佛道懸曠 經無量劫 勤苦積行 具修諸度 然後乃成"라고 하였다. 〔참고문헌〕『法華經』.

현교 玄皎 당대 스님. 영무(靈武) 출신. 불공삼장(不空三藏)으로부터 계법(戒法)을 받고 수법(受法)하였다.「삼장화상유서 三藏和上遺書」(대정장52, p.844a16)에 따르면, 불공 문하의 육철(六哲) 중 한 사람으로서 불공의 후계자 가운데 하나였다고 한다. 757년(지덕2) 경사(京師)에 들어왔으며 개원사(開元寺)에 약사도량(藥師道場)을 세우고 검교(檢校) 소임을 맡았는데 기이한 능력을 보여 황제를 기쁘게 하였다. 764년(광덕2) 정월에는 대흥선사(大興善寺)의 대덕 49명 중 한 사람이 되었고 후에 장생전(長生殿)의 염송승(念誦僧)이 되었다. 조현(造玄)의 금강계(金剛界) 법맥에 따르면 함광(含光)의 제자라고도 한다. 이후의 행적은 알 수 없다. 〔참고문헌〕『代宗朝贈司空大辨正廣智三藏和上表制集』.

현교 祆教 조로아스터교(Zoroastrianism). 불을 섬기기에 화요교(火祆教)라고도 한다. 마니교(摩尼教)・경교(景教)와 더불어 삼이사(三夷寺)라고 하였다.『불조통기』권54(대정장49, p.474c11)에 "마니화요〈화와 연을 반절한 음〉: 처음에 페르시아국에서 소노지가 화요교를 행하였고, 제자가 중국에 와서 교화하였다. 당 정관 5년(631)에 그 문도 목호하록이 궁궐에 가서 요교를 펼쳤고, 칙명으로 경사에 대진사를 세우도록 하였다. 末尼火祆〈火烟反〉者 初波斯國 有蘇魯支 行火祆教 弟子來化中國 唐正觀五年 其徒穆護何祿 詣闕進祆教 勅京師建大秦寺"라고 하였다. 〔참고문헌〕『佛祖統紀』. ⇨ 배화교 拜火教, 조로아스터교 Zoroaster教

현교 顯教 교를 분명히 드러내는 가르침. 밀교에 상대하는 교승(教乘)을 일컫는 말이다.『현밀원통성불심요집』권1(대정장46, p.989c13)에 "현이란 여러 가르침의 경율론이고 밀이란 여러 부의 다라니를 말한다. 마등이 한에 들어온 이래 삼장이 점차 중국에 퍼졌다. 선무외가 당에 와서 오밀이 화하에 흥성하였고 구류가 함께 칠중을 우러르고 함께 따랐다. 법에는 옳고 그름의 말이 없지만 사람들이 수증의 길을 쪼개고 세월이 오래 지나면서 잘못된 견해가 많아지게 되었다. 더러 현교를 수습하면 밀교의 종지를 가벼이 업신여기거나 전적으로 밀교를 수습하면 현교의 취지에 어둡고 이름과 형상을 공격하는 경우도 있다. 도에 들어가는 문을 아는 자가 드물어 문자와 소리만 배우고 진언을 수지하고 의궤를 아는 이가 드물 뿐이니 결국 매우 깊은 관행을 이름으로 변질시키고 비밀하고 신통한 종지를 음운으로 뒤바꿀 뿐이다. 顯謂諸乘經律論是也 密謂諸部陀羅尼是也 爰自摩騰入漢 三藏漸布於支那 無畏來唐 五密盛興於華夏 九流共仰七衆同遵 法無是非之言 人析修證之路 暨經年遠誤見彌多 或習顯教 輕誣密部之宗 或專密言 昧黷顯教之趣 或攻名相 鮮知入道之門 或學字聲 罕識持明之軌 遂使甚

深觀行 變作名言 祕密神宗 翻成音韻", 『전법정종론』 권2(대정장51, p.783b13)에 "삼승의 경율론은 현교라 하고, 유가밀교의 오부 만다라법은 밀교라 한다. 謂三乘經律論 爲顯教 謂瑜珈五部曼荼羅法 爲密教"라고 하였다. [참고문헌] 『顯密圓通成佛心要集』, 『傳法正宗論』. ⇨ 현밀이교 顯密二教

현교립 顯教立 현교의 법식(法式)을 따라 조직을 수립한 밀교의 법회. 약칭하여 현립(顯立)이라고도 한다. 진언종 특유의 법회로서 현교의 법식을 밀교화한 것이다. 법회를 조직에 따라 분류할 때 현교립과 밀교립으로 구분하는데 현교립의 법회에서는 사개법요(四箇法要)를 활용하는 것을 정식(定式)으로 한다.

현교십육보살 顯教十六菩薩 현교의 경론에서 시설한 열여섯 위의 보살. 경에 따라 보살명호에 차이가 있는데 모든 이름을 시설하고 있는 것은 『사익범천소문경』이다. 『사익범천소문경』 권1(대정장15, p.33b8)에 "발다바라 등 십육보살이 있으니 발다바라보살·보적보살·성덕보살·제천보살·수천보살·혜력보살·대의보살·수승의보살·증의보살·선발의보살·불허견보살·불휴식보살·불소의보살·도사보살·일장보살·지지보살이다. 跋陀婆羅等十六賢士 跋陀婆羅菩薩 寶積菩薩 星德菩薩 帝天菩薩 水天菩薩 善力菩薩 大意菩薩 殊勝意菩薩 增意菩薩 善發意菩薩 不虛見菩薩 不休息菩薩 不少意菩薩 導師菩薩 日藏菩薩 持地菩薩"라고 하여 십육보살의 명호를 완전하게 열거하고 있으나 『대지도론』 권7(대정장25, p.111a4)에서는 "선수 등 십육보살은 재가보살이다 발다바라거사보살은 왕사성의 옛날 사람이다. 보적왕자보살은 비야리국 사람이다. 성득장자자보살은 첨파국 사람이다. 도사거사보살은 사위국 사람이다. 나라달바라문보살은 미제라국 사람이다. 수천우바새보살이다. 善守等十六菩薩 是居家菩薩 颰陀婆羅居士菩薩 是王舍城舊人 寶積王子菩薩 是毘耶離國人 星得長者子菩薩 是瞻波國人 導師居士菩薩 是舍衛國人 那羅達婆羅門菩薩 是彌梯羅國人 水天優婆塞菩薩"라고 하여 여섯 보살의 명호를 언급하는 데 그치고 있다. 경전에 따라 시설함이 각기 다른 이유에 대해 경흥(憬興)의 『삼미륵경소』(대정장38, p.311a24)에서는 "발타를 상수로 한다. 이 경전 및 『법화경론』 등에서는 발타 등의 십육보살을 말하는데 열거된 이름이 같지 않은 이유는 재가보살의 위의 정함이 없기 때문이다. 跋陀爲上首 此經及法華經論等 跋陀等十六菩薩 何故列不同者 在家菩薩威儀不定"라고 설명한다. 밀교의 경우 금강계만다라 37존 중서 정문(定門)과 혜문(慧門) 각각에 십육존이 있다. [참고문헌] 『思益梵天所問經』, 『大智度論』, 『三彌勒經疏』. ⇨ 현겁십육존 賢劫十六尊[1], 십육개사 十六開士

현구천 賢鉤天 Ⓢ Uttarabhadrapadā. 태장만다라(胎藏曼荼羅) 외금강원(外金剛院) 북쪽 여섯째 자리에 위치한 존격. 이십팔수 중 벽수(壁宿)에 해당하고, 칠요(七曜) 중 탐랑성(貪狼星), 오행 중 화(火)와 같다. 현(賢)은 선(善)을 뜻하고, 구(鉤)는 불러온다는 뜻으로서 복덕을 부른다는 의미이다. 삼매야형은 연꽃 위의 별. 이 존격은 인위(因位)에서 만법실유의 견해와 욕망에 집착하였으나 대일여래의 가지력에 의하여 만다라회에 섭수되었고 만법이 실유한다는 견해를 버리고 적정을 얻었으므로 종자가 둘이 된다. 종자는 𑖫(śa)로서 적정(寂靜)을 뜻한다. 또는 𑖨𑖺(ro)로서 유(有)를 뜻한다. 인상은 이십팔수총인(二十八宿總印). 진언은 '나마 사만타붓다남 웃타라바드라파다낙샤트라 스바하   namaḥ samantabuddhānām uttarabhadrapadānakṣatra svāhā 널리 제불께 귀의합니다, 벽수이시여, 스바하'이다. 존형은 살색 몸으로 오른손에 연꽃을 들었는데 그 위에 별자리가 있다. 왼손은 허벅지 앞에서 손바닥을 위로 향한 모습이다. ⇨ 이십팔수 二十八宿

현권 顯權 명말청초(明末淸初) 임제종 스님. 속성은 (王)씨. 호는 달변(達變). 풍성(豊城 : 江西省) 출신. 처음에는 천동산 밀운원오(密雲圓悟)에게 참문하였고, 그 뒤에 산옹도민(山翁道忞)에게 참구하여 그 법을 이었다. 명주(明州 : 浙江省) 자계현(慈谿縣) 오뢰산(五磊山) 영봉사(靈峰寺)에 주석하였다. 세수 52세로 입적하였다. 『달변권선사어록 達變權禪師語錄』 5권을 남겼다. [참고문헌] 『五燈全書』 권72(卍속장141, p.507b7).

현권율사 賢眷律師 고려 율사. 경상남도 산청 지곡사(智谷寺) 진관선사(眞觀禪師)가 928년 2월 개성 법천사(法泉寺) 계단에서 현권율사로부터 비구계를 받았다. 「산청지곡사진관선사비문」 중에 "釋超 戊子 二月 詣法泉寺 賢眷律師下 受具足戒"라고 하였다. [참고문헌] 李智冠 『校勘譯註歷代高僧碑文』 高麗篇2, p.144.

현궤묘측 玄軌妙則 더없이 깊고 아름다운 본보기. 법(法)에 대한 수사다. 『십이문론종치의기』 권상(대정장42, p.219c18)에 "보살대사가 아니라면 견뎌 받을 수 없다. 이에 이 법의 더없이 깊고 아름다운 본보기 깊고도 깊지 않음이 없으므로 법이라 한다. 若非菩薩大士 無以堪受 是故此法 玄軌妙則 無不甚深 故名爲法"라고 하였다. [참고문헌] 『十二門論宗致義記』.

현규 玄逵 당대 구법승. 속성은 호(胡)씨. 윤주(潤州) 강녕(康寧 : 江蘇省) 출신. 동자로 출가하여 율사(律師) 문하에서 수학하였다. 인도로 가는 도중에 광주(廣州)

에서 병에 걸려 단념하기도 하였지만 초지를 잃지 않고 떠났다고 한다. 뒤이어 승철(僧哲)이 인도로 가서 들은 소문에 의하면 그곳에서 병사하였다고 한다. 〔참고문헌〕『大唐西域求法高僧傳』 권하(대정장51, p.7b3).

현극 玄極 아득해 다한 저 끝. 더 할 것이 없는 자리. 『화엄경소초』「서 序」(대정장36, p.1a6)에 "지극하신 성인께서 말씀 드리우시니 일심의 아득한 저 끝을 비추시고, 보살께서 널리 드러내시니 미묘한 말씀으로 아득한 이치를 불 밝히셨네. 至聖垂誥 鏡一心之玄極 大士弘闡 燭微言之幽致", 『성유식론소초』 권1(卍속장80, p.204a17)에 "현극이란 이 삼십송이니, 널리 일체경의 깊고 아득한 저 끝의 아름다운 뜻을 널리 풀어 다했다. 玄極者 卽此三十頌 普釋一切經 幽玄極妙之理 皆盡也"라고 하였다. 〔참고문헌〕『華嚴經疏鈔』, 『成唯識論疏抄』.

현근 玄根 깊은 뿌리. 그윽한 바탕. 『조론』「열반무명론 涅槃無名論」(대정장45, p.158a10)에 "우러러 잡을 수 없는 저 뿌리에 손 내밀고, 어려서 잃어버린 것 숨죽여 끌어내 본다. 仰攀玄根 俯提弱喪", 『조론소』 권하(대정장45, p.193c9)에 "우러러 깊은 뿌리 붙든다는 말은 깊은 이치의 근원을 우러러 구한다는 뜻이다. 仰攀玄根 仰求玄理之根源也", 『조론신소』 권하(대정장45, p.231b20)에 "깊은 근이란 이를 비유하고, 약상이란 어려서 고향을 잃었다는 의미이니, 깨달음을 등지고 번뇌와 어울렸음의 비유다. 玄根喩理 弱喪者 弱而失國 喩背覺合塵"라 하였다. 〔참고문헌〕『肇論』, 『肇論疏』, 『肇論新疏』.

현기 玄機 ❶ 그윽해 헤아리기 어려운 마음씀. 『조론』「답유유민서 答劉遺民書」(대정장45, p.156c20)에 "만약 능히 버려서 자기 마음 안으로 봉하고는 그윽한 기틀 저 일 밖에서 찾으니, 저 하나인 빈 곳에서 만유와 가지런히 한다. 끝내 이른 빈 곳 없는 것 아님을 깨우친 이리니, 지극한 사람 종일토록 어울려 만남에 물과 더불어 따라 옮기고 타고 움직여 손보아 교화함에 일찍이 비롯함 있어서 시작한다 여긴 적 없다. 若能捨已心於封內 尋玄機於事外 齊萬有於一虛 曉至虛之非無者 當言至人終日應會 與物推移 乘運撫化 未始爲有也", 『조론소』 권중(대정장45, p.189a5)에 "현기란 다함없는 뜻이다. 玄機謂至理也", 같은 책 권하(대정장45, p.199b25)에 "현기란 성인의 마음이다. 玄機 謂聖人心也", 『조론신소』 권중(대정장45, p.227b11)에 "현기란 진실한 지혜다. 玄機者 眞智也", 『운문광록』 권상(대정장47, p.550b20)에 "학인이 운문에게 물었다. '무엇이 교(敎)의 뜻입니까?' '북돋아 일으켜서는 무어라 말해야 할까?' '스님께서 말해주십시오' '소 마주해서 거문고 뜯을 뿐' '깊고 묘한 기틀로 뻗은 한 길 어떻게 몸소 만날 수 있습니까?' '30년 지나서' '부처님께서 관 밖으로 발을 내미신 일 무슨 일인가요?' '그저 말이지' '스님의 뜻이 무엇인지 잘 모르겠습니다' '짚신이나 단단히 묶어라' '깊고 묘한 기틀 아니어서 또한 눈으로 목격하지도 못할 때는 어떻게 해야 합니까?' '뒤집힌 채로 한마디 할 뿐이지' '세상 끝나 불타오를 때 어떻게 해야 합니까?' '다시 꿈꾸며 무언가를 보겠지' 問 如何是敎意 師云 撩起來作麽生道 進云 便請師道 師云 對牛彈琴 問 玄機一路 如何體會 師云 三十年後 問 槨示雙趺 當表何事 師云 言 進云 未審師意如何 師云 緊帩草鞋 問 不是玄機 亦非目擊時如何 師云 倒一說 問 劫火洞然時如何 師云 更夢見什麽", 『법안어록』(대정장47, p.588a29)에 "법안이 현기가 한번 움직였다 하면 잡다한 업무 모두 버려놓고 석장 방울을 울리며 남쪽으로 멀어져 갔다. 師以玄機一發 雜務俱捐 振錫南邁", 『원오어록』 권16「시양무구거사 示楊無咎居士」(대정장47, p.788a7)에 "부처님과 조사들께서는 세간에 출흥하셔서 대비원력으로 무연자비 일으키시고, 오직 힘써서 지혜로운 상근들 이끌어 가르치시었습니다. 크나큰 기량을 갖추어 대해탈을 감당해 소임 다하고, 뛰어나고 뛰어나며 승하고 묘한 현기로써 사람으로서는 능히 할 수 없는 일 해내시게 하십니다. 佛祖出興于世 以大悲願力 起無緣慈 唯務引接 利智上根 具大器量堪委任大解脫 上上勝妙玄機 作人所不能爲"라고 하였다. 〔참고문헌〕『肇論』, 『肇論疏』, 『肇論新疏』, 『雲門廣錄』, 『法眼語錄』, 『圓悟語錄』. ❷ 신라말 고려초 대경대사(大鏡大師) 여엄(麗嚴 862~930)의 탑호(塔號). 〔참고문헌〕李智冠『校勘譯註歷代高僧碑文』 高麗篇1 pp.69~81. ⇨ 여엄 麗嚴, 보리사대경대사현기탑 菩提寺大鏡大師玄機塔, 보리사대경대사탑비 菩提寺大鏡大師塔碑

현기 現起 Ⓢ samudācāra, saṃbhūti. 나타나거나 일어나다. 드러나 움직이다. 『구사론』 권17(대정장29, p.88c15 : *Abh-k-bh.*, p.248)에 "이와 같이 설한 십악업도는 모두 선법으로 드러나고 일어나는 것들과는 서로 어긋나는 것들이다. 모든 선근은 어떤 업도에 의해 끊어지는가? 끊어지고 이어지는 선한 모습들의 차별은 무엇인가? 如是所說十惡業道 皆與善法現起相違 諸斷善根由何業道 斷續善相差別云何 ya ete daśākuśalāḥ karmapathāḥ sarve ete kuśalānāṃ karmaṇāṃ samudācāravirodhinaḥ", 『성유식론』 권1(대정장31, p.5b27)에 "또한 두 가지 무심정과 무상이숙은 색과 심 등과 달리 실다운 자성이 있다는 것을 어떻게 아는가? (外人曰) 만약 (이러한 定에) 실유하는 자성이 없다면 심과 심소법을 막아서 능히 드러나고 일어나지 못하게 할 수 없어야 한다. 復如何知 二無心定無想異熟 異色心等有實自性 若無實性應不能遮心心所法令不現起", 『변중변론』 권상(대정장31, p.466c12 : *Madhy-vibh.*, p.

29)에 "만이라는 번뇌는 위신견(有身見)에 대해 널리 아는 것을 장애한다. 현관을 수습할 때 틈새 있거나 없이도 아만이 현기하는데, 이 세력 때문에 저 유신견이 끊어지지 않는다. 謂慢結能障僞身見遍知 修現觀時有間無間我慢現起 由此勢力彼不斷故 mānasaṃyojanaṃ hi satkāyadṛṣṭiparijñāne bhavaty āvaraṇaṃ abhisamayakāle sāntaravyantarāsmimānasamudācāravaśena tadaprahāṇāt", 『유식삼십송』(대정장31, p.60c7 : *Vijñ-t-bh.*, p.104)에 "의식은 언제나 현기하지만 무상천에 날 때, 무심의 두 정(無想定과 滅盡定)과 수면, 그리고 기절했을 때는 제한다. 意識常現起 除生無想天 及無心二定 睡眠與悶絶 manovijñāna-sambhūtiḥ sarvadā-āsaṃjñikād ṛte, samāpatti-dvayān middhān mūrcchanād apy acittakāt"라고 하였다. 〔참고문헌〕『俱舍論』, 『成唯識論』, 『辯中邊論』, 『瑜伽師地論』, 『唯識三十頌』, *Abh-k-bh.*, *Madhy-vibh.*, *Vijñ-t-bh.*

현기 懸記 분명하게 드러내 말해서 기약하다. 마음에 같이 새겨 매달아 잊지 않기에 실현되는 불멸의 약속을 말한다. 불기(佛記)·기별(記別)·수기(授記)·참기(讖記)·미래기(未來記)라고도 한다. 『대반야경』 권327(대정장6, p.674b22)에 "또한 추위나 더위, 풍년이나 흉년, 길이나 흉, 좋은 일이나 나쁜 일 따위를 분명하다 말해서 유정을 혹란시켜서는 안 된다. 亦不懸記 寒熱 豐儉 吉凶 好惡 惑亂有情", 『불임열반기법주경』(대정장12, p.1113c21)에 "박가범께서 미래에 법이 머무는 시분과 모든 비구들의 행업차별을 분명하게 정해서 말씀하심을 듣고는 모두 더없이 슬프고 참담한 마음으로 믿어 받아서 받들어 행하였다. 聞薄伽梵懸記 當來法住時分 諸苾芻等 行業差別 皆增悲歎 信受奉行", 『법화현론』 권7(대정장34, p.421a17)에 "부처님께서 그 미래에 삼승과를 성취하리라고 드러내 말씀하셨다. 佛懸記 其未來成三乘果"라고 하였다. 〔참고문헌〕『大般若經』, 『佛臨涅槃記法住經』, 『法華玄論』. ⇨ 불기 佛記, 기별 記別, 수기 授記, 도기 道記, 법신기 法身記, 보리기 菩提記, 불기 不記[1], 육종수기 六種授記

현기 顯機 기를 드러내다. 반드시 드러나고야 말 중생심 중에 부처를 말한다. 현세에 선을 행함 등이다. 『법화현찬』 권1(대정장34, p.656a17)에 "뒤에 발현되는 기란, 『열반경』에 따르면 오직 하나의 기만이 있다. 그러므로 저 경에 '사자후란 결정된 설이니 모든 중생에게는 누구나 불성이 있다' 하였으며, 또 '중생 역시 그러하니 모두 다 마음이 있고 무릇 마음이 있는 이라면 누구나 마땅히 아누다라삼막삼보리를 얻는다' 하였다. 後顯機者 依涅槃經 唯有一機 故彼經云 師子吼者 是決定說 一切衆生 悉有佛性 又云 衆生亦爾 悉皆有心 凡有心者 悉皆當得 阿耨多羅三藐三菩提", 『관음현의기』 권2(대정장34, p.904c17)에 "현기란 현재에 있어 선으로 능히 감함이다. 顯機者 現在善能感也"라고 하였다. 〔참고문헌〕『法華玄贊』, 『觀音玄義記』. ⇨ 명기 冥機

현기광 現起光 두 가지 빛(常光 現起光) 중 하나로 중생의 근기와 인연을 만날 때 문득 부처님께서 빛을 나투는 일이다. 『아미타경의소문지기』 권중(卍속장33, p.265a11)에 "〔소〕 부처님 빛내심에 둘 있으니, 첫째는 언제나 빛나시는 것이고 둘째는 나타나 일으키시는 빛이다. 〔기〕 … 기를 따라 숨거나 드러남에 정해지지 않음이 없기에 문득 나타나서 일으킨다. 疏 佛光有二 一者常光 二者 現起光 記 … 隨機隱顯 有無不定 故曰現起", 『선택결의초견문』(정토종전서7, p.813a4)에 "〔문〕 미타께서는 신통의 모습 설하지 않으셨는가? 〔답〕『대경』에 이르길 '때에 응하여 무량존〈내지〉 수기를 주어 등각을 이뤘다〈이상〉'라고 하였으니 이것이 그 신통광의 모습이다. 또한 수기광이라고도 한다. 또 『관경』에서 부처님 광명 왕의 정수리 비춘다 함이 바로 현기광이다. 問 彌陀不說神通相哉 答 大經云 應時無量尊〈乃至〉 授記成等覺〈已上〉 是其神通光相也 又名授記光 又觀經佛光照王頂 是現起光也"라고 하였다. 〔참고문헌〕『阿彌陀經義疏聞持記』, 『選擇決疑抄見聞』. ⇨ 상광 常光, 이광 二光[2]

현눌 玄訥 신라대 스님. 호는 복청(福淸), 휘는 현눌이니, 법을 구하고자 당에 가서 설봉의존(雪峰義存 822~908)의 법을 이었다. 『조당집』 권11 「복청화상전 福淸和尙傳」(고려장45, p.306b28)에 "복청화상은 설봉의 법을 이어 받고 천주에 주석하였다. 스님의 휘는 현눌이니 동국(신라) 사람이다. 천주의 태수인 왕태위(王太尉)가 스님의 도덕을 흠모하고 법문을 청해 듣고 자색 가사를 올리고 묻기를 '무엇이 사람중에 왕입니까?' '(싯다르타태자께서) 한 손은 하늘을 가리키고, 다른 한 손으론 땅을 가리킨 것입니다'. 또 묻되 '어떤 것이 법왕입니까?' '하늘 가리킬 손도 없고 땅 가리킬 손도 없는 것입니다' '인왕과 법왕의 거리 얼마나 됩니까?' '태수께서 스스로 판단해 보십시오' '학인은 잘 모르겠사오니 스님께서 일러주십시오' '내년에 다시 새 가지 돋겠지만, 요란한 봄빛 마침내 쉬지도 못한 채 가버릴 것입니다' '보리란 어떤 것입니까?' '아사리가 반년양식을 잃었습니다' '어쩌다 반년양식을 잃었습니까?' '다만 한 말의 쌀만을 도모하였기 때문입니다'. 福淸和尙嗣雪峯在泉州 師諱玄訥東國人也 泉州王太尉仰師道德 請轉法輪敬 奏紫衣 問如何是人王 師云 一手指天一手指地 如何是法王 師云 無手指天 無手指地 學曰 人王與法王 相去幾何 師云 汝自斷看 進云 學人斷不得 卻請和尙斷 師云 來年更有新條在 惱亂春光卒未休 問 如何是菩提 師云 闍梨失卻半年糧 學

云 爲什摩失卻半年糧 師云 只爲啚他一斗米", 『오등엄통』 권7(卍속장139, p.339b13)에 "천주 복청원 현눌선사는 고려사람이다. (천주 복청원의 조실로 있을 때) 천주 태수인 왕공이 찾아와 '무엇이 종승중의 일입니까?'하고 묻자 스님께서 혀를 찰 뿐이었다. 또 어떤 스님이 '무엇이 눈으로 볼 수 있는 보리입니까?'라고 묻자 스님께서는 '이미 반년양식을 잃었구나' '어째서 그렇습니까?' '다만 한 말의 쌀만을 도모했기 때문이니라' '무엇이 청정법신입니까?' '두꺼비가 움추린다' '오직 하나 견밀신이 일체진중에 나타난다 하였으니, 어떤 것이 견밀신입니까?' '나귀와 말과 고양이니라' '무슨 뜻인지 모르겠사오니 다시 일러 주십시오' '나귀와 말도 모른단 말이냐!' '무엇이 물물마다에서 분명히 밝은 것입니까?'하니 스님께서 아무 말 없이 한쪽 발을 펴서 보여줄 뿐이었다. 泉州福清院玄訥禪師 高麗(高句麗)人也 泉守王公 問 如何是宗乘中事 師叱之 僧問 如何是觸目菩提 師曰 闍黎失卻半年糧 曰 爲甚麼如此 師曰 祇爲圖他一斗米 問 如何是清淨法身 師曰 蝦蟆曲蟮 問 教云 唯一堅密身 一切塵中現 如何是堅密身 師曰 驢馬貓兒 曰 乞師指示 師曰 驢馬也不會 問 如何是物物上辨明 師展一足 示之"라고 하였다. 『경덕전등록』 권19(대정장51, p.356b17) 현눌선사전도 위의 글과 대동소이하나, 복청원에서 30년간 주석하며 현풍을 떨치다가 그곳에서 입적하였다고 전하고 있다. [참고문헌] 『祖堂集』, 『五燈嚴統』, 『景德傳燈錄』, 『五燈全書』 권14(卍속장140, p.420b18). ⇨ 의존 義存

현담 玄湛 ❶ 고려전기 스님. 김부식(金富軾 1075~1151)의 형이고 대각국사(大覺國師) 의천(義天)의 제자였다. 「개성영통사대각국사비문 開城靈通寺大覺國師碑文」에 의하면, "스님(의천)이 일찍이 신(김부식)의 선형(先兄)인 스님 현담을 불러서 함께 노닐면서 매우 감탄하고 서로 아는 교분이 있었으니 마치 종자기와 백아와 같았습니다. 신(김부식)이 이로 말미암아 한번 (국사를) 배알한 적이 있었습니다. 師嘗召臣先兄釋玄湛 與之遊甚歡 相知之分 非啻期牙 臣由是 得以一謁"라고 하였다. [참고문헌] 李智冠 『校勘譯註歷代高僧碑文』 高麗篇3 p.161. ❷ 고려 숙종 때 스님. 대각국사 의천의 교장(敎藏) 간행 작업에 『지지론의기』의 교감자로 참여하였다. 1097년(숙종2)에 판각된 『지지론의기』 권5 마지막에 기록되어 있는 교감자 중 한명이다. 『지지론의기』에는 "수창 3년 정축세에 고려국 대흥왕사가 왕명을 받들어 조조(雕造)한다. … 강유가론 · 숭교사대사 · 사자사문인 신(臣) 현담이 교감하였다. 壽昌三年丁丑歲高麗國大興王寺 奉宣雕造 講瑜伽論 崇教寺大師 賜紫沙門 臣玄湛 校勘"라고 하였다. [참고문헌] 『地指論義記』(卍속장61, p.494a5). ❸ 고려 의종 때 스님. 임경화(林景和 1102~1158)의 아들이다. 본관은 안동(安東) 보주(甫州)이다. 「임경화묘지명」에 의하면, 그의 아버지인 임경화가 사망한 1158년(의종12) 당시 머리를 깎고 선종에 투신한 상태였다. [참고문헌] 金龍善 「林景和墓誌銘」(『高麗墓誌銘集成』, 2012). ❹ 진각국사(眞覺國師) 혜심(慧諶 1178~1234)의 시자(侍者). 『무의자시집』에 혜심이 시자 4인에게 내린 시(詩)인 「시자사인구송 侍者四人求頌」이 수록되어 있다. 그 시자 4인은 희조(希祖) · 현담 · 요묵(了嘿) · 자한(子閑)으로, 이 중 두 번째 대상이다. [참고문헌] 『無衣子詩集』 권하. ❺ 보각국사(普覺國師) 혼수(混修 1320~1392)의 제자. 1394년(태조3)에 세워진 혼수의 비문인 「보각국사환암정혜원융탑비문 普覺國師幻庵定慧圓融塔碑文」의 음기로 기록된 문도 명단에 의하면 당시 대선(大選)의 지위에 있었다. [참고문헌] 李智冠 『校勘譯註歷代高僧碑文』 朝鮮篇1 p.39.

현담 玄談 ❶ 경전 등의 깊은 요지를 앞서 서술하는 서론(緖論). 현담(懸談 · 懸譚)이라고도 한다. 『석씨계고략』 권3(대정장49, p.833c17)에 "사와 이 어울려 거두고, 빠짐없이 두루하지만 더없이 고요하다는 그 현담을 황제가 듣고는 막힘없는 그대로를 스스로 깨우쳤다. 事理融攝 周遍凝寂 帝聽於玄談 廓然自得"라고 하였다. [참고문헌] 『釋氏稽古略』. ⇨ 현담 懸談❶, 현담 懸譚 ❷ 불교의 깊은 뜻에 대한 총론(總論). 『십현담 十玄談』 등이 대표적인 예다. 『경덕전등록』 권29 「동안상찰십현담 同安常察十玄談」(대정장51, p.455a20)에 "현담의 미묘한 구는 삼승의 교법을 훌쩍 넘어선다. 夫玄談妙句 迥出三乘"라고 하였다. [참고문헌] 『景德傳燈錄』. ❸ 황로(黃老)의 술(術). 노장(老莊)과 『주역』을 근거로 펼치는 이야기. 『석씨통감』 권7(卍속장131, p.894b8)에 "(불교는) 장자와 노자의 현담을 취하여 그 요망하고 헛된 말로 꾸미니, 백성에게는 이익이 없고 나라에는 해가 될 뿐입니다. 取莊老玄談 飾其妖幻之語 無益於民 有害於國"라고 하였다. [참고문헌] 『釋氏通鑑』.

현담 懸談 ❶ 경전의 개략적 요지를 앞서 말함. 현은 선(先)과 통한다. 현담(玄談) · 현담(懸譚)이라고도 한다. 또는 먼저 제목의 뜻이나 대의 등을 서술하는 방식이다. 가령 보녕(普寧)의 『기신론현담 起信論懸談』, 징관(澄觀)의 『화엄경소초현담 華嚴經疏鈔玄談』 등이 그 예다. 간략하게 현의(玄義) · 현론(玄論) · 개제(開題) 등으로도 쓴다. 『우란분경소신기』 권하(卍속장35, p.249b6)에 "경문에 들어가기 전에 뜻을 마디져 앞서 설하므로 현담이라 한다. 현이란 앞선다는 뜻이다. 未入經文 義章先說 故曰懸談 懸卽先也", 『관무량수경의소정관기』 권중(卍속장33, p.69a1)에 "경의 본문에 들어가기 전에 가르치고자 하는 뜻을 통하게 하고자 펴는 것이기에 현담이라 한다. 未入文前 通敘教意 故曰懸談"라고 하였다. 〔참고문헌〕『盂蘭盆經疏新記』, 『觀無量壽經義疏正觀記』. ⇨ 현담 懸譚, 현담 玄談 1 2 ➡ 대방광불화엄경수소연의초 大方廣佛華嚴經隨疏演義鈔

현담 懸譚 현담(玄談·懸談)을 달리 이르는 말. 『삼천유문송약해』(卍속장101, p.326b18)에 "〔문〕 천태종은 제를 풀 때 모두 5장을 둔다. 이렇게 논제를 푸는 것이 본보기가 되는가? 〔답〕 천태종의 경전 풀이는 5장으로 모두 본보기 삼기에 여타 논제를 푸는 현담은 보이지 않는다. 問 台宗釋題 皆有五章 此釋論題 還例否耶 答 台宗釋經 五章悉例 釋諸論題 未見懸譚"라고 하였다. 〔참고문헌〕『三千有門頌略解』. ⇨ 현담 懸談 1, 현담 玄談 1

현대 玄大 신라 스님. 현태(玄太)라고도 한다. 『대당서역구법고승전』 권상(대정장51, p.2c2)에는 현태(玄太)라 하였고, 『해동고승전』 권2(대정장50, p.1022c23)에는 '석현대범(釋玄大梵)은 신라 사람이다'라고 하였는데, 범자법명인 살바신야제바(薩婆愼若提婆 Ⓢ Sarvajñānadeva)는 일체지천(一切智天)으로 한역한다. 일찌기 배를 타고 당(唐)으로 가서 유학하고, 이어 당 고종 영휘연중(永徽年中 650~655)에 인도로 가서 성도성지인 붓다가야(佛陀伽倻)의 보리수를 참배하고, 성지를 두루 순례한 후 마하보디비하라(Mahābodhivihāra 大覺寺)에서 경론을 연구하다 다시 당으로 돌아 왔으나 언제 어디서 입적하였는지 알 수 없다. 〔참고문헌〕『大唐西域求法高僧傳』, 『海東高僧傳』. ⇨ 현태 玄太

현덕 玄德 깊고 깊은 덕. 『화엄경소초』 권83(대정장36, p.648c29)에 "스승과 제자 애착하지 않아 서로 잊으니 이를 현덕이라 여긴다. 不愛師資兩亡 以爲玄德", 『조론소』 권중(대정장45, p.185a13)에 "이치 스스로 그러해야 도라 할 수 있고, 사람이 능히 행한즉 도는 덕이 된다는 말이다. 어떻게 증명하는가? 노자가 말했다. … 또한 '낳지만 있으려 하지 않으며 위하지만 의지하려 하지 않고 기르지만 부리지 않는다. 이것을 현덕이라 한다'라고 하며, 또한 '뛰어난 덕을 갖춘 이는 덕이라 여기지 않으므로 덕을 지니게 되지만, 하천한 덕을 지닌 이그 덕을 잃지 않으려 하기에 결국 덕이 없다'라고도 한다. 今謂理之自然爲道 人能行卽道爲德 何以明之 老子云 … 又云 生而不有 爲而不恃 長而不宰 是謂玄德 又云 上德不德 是以有德 下德不失德 是以無德"라고 하였다. 〔참고문헌〕『華嚴經疏鈔』, 『肇論疏』.

현덕 顯德 비구니 법계 중 하나. 대한불교조계종 제3급에 해당하며 15조 가사(袈裟)를 수한다. 『종단법령집』에 "승랍 25년 이상. 대덕법계 수지 및 1급 승가고시에 합격한 자"라고 명시하였다. 〔참고문헌〕『宗團法令集』(대한불교조계종, 2007) pp.130~131. ⇨ 법계 法階

현도 玄徒 불도를 참구하는 무리. 『경덕전등록』 권21 「소종원지전 紹宗圓智傳」(대정장51, p.375b3)에 "강남국주 이씨(李煜)가 절을 건립하고 법륜을 굴려달라 청함에 현도가 몰려들었다. 江南國主李氏 建寺請轉法輪 玄徒輻湊"라고 하였다. 〔참고문헌〕『景德傳燈錄』.

현도 玄道 그윽한 길. 둘이 없는(不二) 줄 깨우쳐야 드러나는 길. 『조론』 「열반무명론 涅槃無名論」(대정장45, p.159b25)에 "정명이 말한다. '번뇌를 떠나지 않고 열반을 얻는다' 하였으며, 천녀 말하길 '마계를 벗어나지 않고 부처님 세계에 든다' 하였다. 그러하니 현도는 묘한 깨달음에 있고, 묘한 깨달음은 진실과 마주해 있을 뿐이고, 진실과 마주한즉 유와 무를 가지런히 볼 뿐이다. 가지런히 본즉 저들과 내가 둘일 수 없다. 淨名曰 不離煩惱 而得涅槃 天女曰 不出魔界 而入佛界 然則 玄道在於妙悟 妙悟在於卽眞 卽眞卽有無齊觀 齊觀卽彼己莫二"라고 하였다. 〔참고문헌〕『肇論』.

현도 懸度 오고 가기 험한 지역. 오장나국(烏仗那國 Ⓢ Udyāna)과 달려나천(達麗羅川 Ⓢ Darada) 사이에 놓인 신도하(信度河 Ⓢ Sindhu)의 험한 지역. 『자은전』 권1(대정장50, p.226a9)에 "현도와 능계의 험난함도 더는 근심하지 않았다. 懸度陵溪之險 不復爲憂"라고 하였다. 〔참고문헌〕『慈恩傳』.

현도만다라 現圖曼荼羅 경궤에 기술된 만다라법에 의지하여 도상으로 그린 만다라. 일반적으로 공해(空海)가 당에서 가져온 금강계와 태장의 양부(兩部) 만다라 계통을 말한다. 공해가 가져온 대만다라의 채색이 마모되어 821년 전사(轉寫)된 이후 4차례 전사된 원록본(元祿本)이 현재 동사(東寺)에 전한다. 기본적으로 태장만다라는 『대일경』에 근거하고, 금강계만다라는 『금강정경』에 근거하지만 현도만다라의 구체적인 내용은 완전히 경궤와 일치하지 않는다. 예컨대 금강계 현도만다라는 9회의 만다라로 구성되어 있으나 『금강정경』에는 6회만 기술되어 있다. 이 외에 일본 천장년간(天長年間 824~834)에 제작된 고웅(高雄) 신호사(神護寺) 관정당(灌頂堂)의 양부 만다라는 자색 비단에 금은니(金銀泥)로 그려진 것으로 가장 오래된 만다라로 꼽힌다. 899년에 만들어진 전진언원(傳眞言院) 만다라는 채색만다라(彩色曼荼羅)로서 가장 오래된 것이다. 이밖에 제호사(醍醐寺) 오중탑(五重塔) 첫층에 그려진 양부 만다라 벽화와 고야산 금강봉사의 혈만다라(血曼荼羅) 등의 현도만다라가 유포되어 전승되고 있다.

현도석의 顯道釋義 도를 드러내 뜻을 풀다. 삼론종(三論宗)에서 이름 붙여진 것들(名)을 푸는(釋名) 네 가지 뜻(四種釋義) 중 하나로 중도(中道)를 드러내기 위한 풀이다. 『대승삼론대의초』(대정장70, p.126b21)에 "이름을 푼다는 말에 무릇 네 뜻 있다. 첫째 의명석의에서 진이란 진실의 뜻이고 속이란 떠 비었다는 뜻을 이른다. 둘째 인연석의란 진이야말로 속의 뜻이고 속은 진의 뜻임을 이른다. 셋째 현도석의란 진은 진이 아닌 뜻이고 속은 속이 아닌 뜻을 이른다. 넷째 무방석의란 진은 일체법을 뜻으로 삼고 속 또한 이와 같음을 이른다. 言釋名者 凡有四義 一 依名釋義 謂眞是眞實之義 俗則浮虛之義 二 因緣釋義 謂眞是俗義 俗是眞義 三 顯道釋義 謂眞是不眞之義 俗是不俗之義 四 無方釋義 謂眞以一切法爲義 俗亦如是", 같은 책(대정장70, p.129c8)에 "현도석의라 하니, 권이라 하지만 권이 아닌 뜻이고 실이라 해도 실이 아닌 뜻이다. 顯道釋義 權是不權之義 實是不實之義", 『대승현문답』(대정장70, p.584c24)에 "사종석의란 수명석의·인연석의·현도석의·무방석의다. … 〔문〕 이것(因緣釋義)과 현도석의는 어떻게 다른가? 〔답〕 속은 진으로써 뜻을 삼고 진은 속으로써 뜻을 삼는 것은 인연석의며 또한 호상석의라고도 이름하지만, 속은 속 아님을 뜻으로 삼고 진은 진 아님을 뜻으로 삼는 것이 현도석의다. 호상석의란 가명의 뜻으로 성취되지만 현도석의란 중도를 드러낼 뿐이다. 四種釋義者 隨名釋義 因緣釋義 顯道釋義 無方釋義也 … 問 此與顯道釋義 如何異歟 答 俗以眞爲義 眞以俗爲義者 是因緣釋義 亦名互相釋義矣 俗以不俗爲義 眞以不眞爲義者 顯道釋義也 謂互相釋義者 成假名義 顯道釋義者 顯中道也"라고 하였다. 〔참고문헌〕『大乘三論大義鈔』, 『大乘玄問答』. ⇨ 사종석의 四種釋義

현두 賢豆 Ⓢ Sindhu의 음사어. 옛날에 신독(身毒 Ⓢ Sindhu)과 천축(天竺)이라 부르던 나라. 『당고승전』 권2(대정장50, p.433b7)에 "현두의 본래 음은 인다라파다나이고, 주처라 한역한다. 천제의 보호를 받는다는 뜻이다. 현두라는 음사어는 저 나라의 잘못 부른 약칭이고, 신독과 천축은 중국에서 잘못 부른 음사어다. 그 나라 사람들은 모두 모아 현두라고 하였으니, 이로 인하여 오천축을 가리키는 말로 썼다. 賢豆 本音因陀羅婆陀那 此云主處 謂天帝所護故也 賢豆之音 彼國之訛略耳 身毒天竺 此方之訛稱也 而彼國人 總言賢豆而已 乃之以爲五方也"라고 하였다. 〔참고문헌〕『唐高僧傳』. ⇨ 천축 天竺 ❶, 오천축국 五天竺國, 신독 身毒 ❷

현득성불 顯得成佛 밀교(密敎)의 삼종즉신성불(三種卽身成佛) 중 하나로 부모에게 받은 몸 그대로 성불한다. 『본조제종요집』 권3(대장경보편32, p.476a15)에 "현득성불이란, 『보리심론』에서 삼마지보리심이라 함과 같다. 손으로 인계를 맺고 입으로 명주를 염송하며 뜻 움직이지 않게 해서 아에 든다. 아로 들어 관하고 기억해 대일여래(大日如來)의 삼밀과 행자의 삼업이 하나의 체로서 둘이 아님을 열어, 부모에게 타고난 육신이 비로자나불의 두루 비추는 각위의 극치로서 성불을 실현한다는 말이다. 顯得成佛者 菩提心論 三摩地菩提心同之 謂手結印契 口誦明呪 意凝入我 我入觀念 大日三密 行者三業 開一體不二 父母所生肉身 遮那遍照覺位極 顯得成佛云也"라고 하였다. 〔참고문헌〕『本朝諸宗要集』.

현등각 現等覺 Ⓢ abhisaṃbuddha, abhisaṃbodha, Ⓣ mngon-par-yang-dag-par-rtogs-pa. 드러난 그대로 차별없이 깨우치다. 일체법 무성(無性)으로 일성(一性)이고, 이 무성마저 불가득이어서 일체법평등평등함을 관해 무상정등보리를 성취한다는 뜻이다. 오직 열반 향해 마주할 뿐이기에 무루(無漏)다. 아비삼불타(阿毘三佛陀)라 음사한다. 『대반야경』 권528(대정장7, p.708b5)에 "부처님께서 선현에게 말씀하셨다. 그렇고 그렇다. 제법 온통 성이 없는 것 성으로 삼는다. 나 본래 보살도 닦아 익힐 때 수행하고 널리 베풀고 반야바라밀다로 욕심내고 악한 불선법 여의고는 심사 있게 해서 이생희락한 후 초정려에 들고 널리 설해 이윽고 낙도 고도 끊었다. 먼저 희도 우도 사라지게 했고, 고락도 없이 해서 념마저 버려 청정해서는 제4정려에 들어 구족히 머물렀다. … 나 그때 일체법 평등평등함을 관하고 성 없음으로 성을 삼아 일찰나에 상응하는 묘혜로 무상정등보리 깨우쳐 얻었다. 이를 현등각이라 하니, 바로 고성제요 집성제요 멸성제요 도성제여서 모두 한결같아 일상일 뿐이었다. 소위 무상이라 하나 이와 같은 상없음 가히 얻어 보일 수 없는 것이라네. 佛告善現 如是如是 諸法皆以無性爲性 我本修學菩薩道時 修行布施乃至般若波羅蜜多 由此離欲惡不善法 有尋有伺 離生喜樂 入初靜慮 廣說乃至斷樂斷苦 先喜憂沒 不苦不樂 捨念淸淨 入第四靜慮具足而住 … 我於爾時 觀一切法平等平等 無性爲性 以一刹那相應妙慧 證得無上正等菩提 謂現等覺 是苦聖諦 是集聖諦 是滅聖諦 是道聖諦 皆同一相 所謂無相 如是無相 亦不可得", 같은 책 권545(대정장7, p.803a9)에 "부처님께서 말씀하시길 이와 같이 일체법 하나의 성이어서 둘이 아니라네. 선현아 마땅히 알아야 하리. 제법은 하나의 성이어서 무성일 뿐이고, 제법 성이 없어서 그대로 일성이다. 이와 같이 제법일성이고 무성으로 이 본래의 실성이다. 이 본래 실성인즉 일상일 뿐임을 말하여 무상이라 한다. 이렇기에 선현아, 일체여래 일체법무소증임을 마땅히 바르고 고르게 차별 없이 깨우친다. 그래서 그 이름 현등각이라 한다. 왜 그런가. 제법의 본성 오직 하나여서 둘이 없으니 선현은 마땅히 알아야 한다. 제법의 본래성 본래 바탕 아니다. 이 본래인 성 아닌 것이야말로 본성이다. 능히 이와 같이 안즉 일체 붙들어 떨어지지 못하는 것들 멀리 떠나게 한다. 佛言 如是 以一切法一性非二 善現當知 諸法一性卽是無性 諸法無性卽是一性 如是諸法一性 無性是本實性 此本實性卽是一相 所謂無相 是故 善現 一切如來應正等覺於一切法無所證故名現等覺 所以者何 諸法本性唯一無二 善現當知 諸法本性卽非本性 此非本性卽是本性 能如是知卽能遠離一切執著", 같은 책 권545(대정장7, p.803a13)에 "일체여래응정등각께서 일체법에서 증한 바 없기에 현등각이라 한다. 왜 그런가? 모든 법의 본성은 오로지 하나일 뿐 둘이 없기 때문이다. 선현아, 마땅히 알라! 모든 법의 본성은 본성이 아니다. 이 본성 아닌 것이 본성이니, 이처럼 알면 일체집착을 능히 멀리 벗어난다. 一切如來應正等覺 於一切法 無所證故 名現等覺 所以者何 諸法本性 唯一無二 善現 當知 諸法本性 卽非本性 此非本性 卽是本性 能如是知 卽能遠離 一切執著", 『집이문족론』 권6(대정장26, p.391b12)에 "부처님께서는 사법을 스스로 잘 통달하시어 현등각하고 나서 모든 제자들에게 자세히 펼쳐 말씀해 주신다. 佛於四法 自善通達現等覺已 爲諸弟子 宣說開示", 『구사론』 권22 「분별현성품」(대정장29, p.114a14)에 "저 『양의경』에서 말하길, 저 경에서 말한 바대로 무릇 의왕이라면 네 가지 덕 갖춰 독화살 능히 뽑는다. 첫째, 잘도 병의 증상 안다. 둘째, 잘 병의 시작을 안다. 셋째, 잘 병을 낫게 할 수 있다. 넷째, 잘 맞는 약 안다. 여래도 이와 같아 대의왕이시다. 여실히 고집멸도임을 분명히 아시고, 가행위에서 이렇게 차제로 관하여서는 현관위 중에서도 차제로 이와 같이 한다. 가행력 말미암아 이끌어내기에 이와 같이 이미 보아 마친 땅 말 타고 달리듯 한다. 이를 현관이라 이름 붙인 것 무슨 뜻을 지목하는가. 마땅히 알라. 이를 지목하여 현등각의 뜻이라 한다. 어떤 연 이것 오직 이 무루라고 설하는가. 저 열반이란 정각경을 마주하기에 이 각 진실하고 깨끗하기에 바른 이름을 얻었다. 謂良醫經 如彼經言 夫醫王者 謂具四德能拔毒箭 一 善知病狀 二 善知病因 三 善知病愈 四 善知良藥 如來亦爾 爲大醫王 如實了知苦集滅道 故加行位如是次觀 現觀位中次第亦爾 由加行力所引發故 如已觀地縱馬奔馳 此現觀名爲目何義 應知此目現等覺義 何緣說此唯是無漏 對向涅槃正覺境故 此覺眞淨故得正名", 『현종론』 권29 「변현성품」(대정장29, p.914b02)에 "사성제 벌려서 따라 현관하는 차제를 현등각이라 한다. 그러므로 현관이란 이름 세운다. 정각으로만 연하기에 오직 무루이고, 이 깨달음 참되고 깨끗할 뿐이어서 바른 이름 얻는다. 故列聖諦名隨現觀次第 現等覺 故立現觀名 正覺所緣 故唯無漏 此覺眞淨 故得正名", 『구사론기』 권22(대정장41, p.333b8)에 "'이 현관이란 이름 무슨 뜻 가리키는가' 하고 물으니 답하길 '마땅히 알라, 이는 현등각을 가리키는 뜻이다'라고 답하였다. '마땅히 알라, 이는 현등각경을 가리키는 뜻이라 하였다' 하고, '어떤 연으로 이것 오직 무루인가' 하니 '저 열반 향해 마주해서 이르게 한다' 하였다. 답하길 '이 무루혜 저 열반과 마주해 향한다' 하였으니 정각의 진실경이고 그래서 오직 무루다. 이 각 진정해서 바른 이름 얻음이라 했다. 此現觀名爲目何義者 問 應知此目現等覺義者 答 應知此目現前等覺境義 何緣說此唯是無漏者 問 對向涅槃至故得正名者 答 此無漏慧對向涅槃果 正覺諦境 故唯無漏 此覺眞淨故得正名", 「웁파다숫타 *Uppādā-sutta*」(*AN.1*, p.286)에 "비구들이여, 여래가 출세해도 또는 출세하지 않아도 저 계(界)의 법주성(法住性) 법결정성(法決定性)은 정해져 주하니 일체행무상이다. 이것을 여래는 현등각(現等覺)하시고 현관(現觀)하셨네. 현등각하여 마치고 현관해 마쳐서는 밝히고 설하며, 시설하고 건립하며, 열고 분별해 나투시기를 … 일체법은 무아다. Uppādā vā bhikkave tathāgatānaṃ anuppāda vā tathāgatānaṃ ṭhitā vā sa dhātu dhamma aṭṭhitatā dhammaniyamatā, sabbe saṅkhārā anicca taṃ tathāgato abhisambujihati abhisameti, abhisambujjhitvā abhisametvā, ācikkhati deseti pāññāpeti paṭṭhapeti vivarati vibhajati uttānīkaroti … sabbe dhamma anattāti" 라고 하였다. [참고문헌] 『大般若經』, 『集異門足論』, 『俱舍論』, 『顯宗論』, 『俱舍論記』, *AN.*, *Pañca-pr.5.168.*, *Abh-k-bh.328.* ⇨ 아비삼불타 阿毘三佛陀, 현관 現觀

현등각문 現等覺門 Ⓢabhisaṃbodhi. 드러난 대로 차별없이 깨달아 드는 문. 『대반야경』 권578(대정장7, p.987b25 : *Adhy-pr.*, p.9)에 "그때 세존께서 다시 두루 비추는 여래상에 의지하여 보살들을 위해 반야바라밀다와 일체여래적정법성과 심심이취와 현등각문을 널리 설하셨다. 爾時 世尊 復依遍照如來之相 爲諸菩薩 宣說般若波羅蜜多 一切如來寂靜法性 甚深理趣 現等覺門 atha bhagavān vairocanas tathāgataḥ punar apīmaṃ prajnāpāramitānayaṃ sarvatathāgatavajra dharmatābhisaṃbodhinirhāraṃ nāma deśayati sma", "곧 '첫째는 금강 같은 평등성으로서의 현등각문이니, 대보리로서 견실하여 금강과 같이 파괴하기 어렵기 때문이다. 둘째는 뜻으로서 평등성인 현등각문이니, 대보리는 그 뜻 하나이기 때문이다. 셋째는 법의 평등성으로서 현등각문이니, 대보리는 자성이 청정하기 때문이다. 넷째는 일체법의 평등성으로서 현등각문이니, 대보리는 일체법에 대하여 분별이 없기 때문이다'. 謂 金剛平等性 現等覺門 以大菩提 堅實難壞 如金剛故 義平等性 現等覺門 以大菩提 其義一故 法平等性 現等覺門 以大菩提 自性淨故 一切法平等性 現等覺門 以大菩提 於一切法

無分別故 vajrasamatābhisaṃbodho mahābodhir vajradṛḍhatayā. arthasamatābhisaṃbodho mahābodhir ekārthatayā. dharmasamatābhisaṃbodho mahābodhiḥ sarvadharmaviśuddhitayā. sarvasamatābhisaṃbodho mahābodhiḥ sarvadharmasvabhāvāvikalpatayeti", 『반야이취분술찬』 권3(대정장33, p.50a23)에 "현등각문이라 하였으니, 현이란 드러나 눈앞에 있어서 분명히 알아차리고 몸소 증하는 뜻이다. 등은 두루 미친다는 뜻이고, 각은 비추는 뜻이다. 이 뜻인즉 무분별지를 드러낸다. 분명하게 깨달아 몸소 능히 법성을 두루 비추어 정등각의 체를 드러내는 무분별지다. 문이란 통함을 말미암아 들고 나아가는 뜻이다. 능히 말한 법 등으로 단서가 되고 통하게 해서 법성에 들고 나아간다. 무분별지는 이렇게 깊은 가르침 등을 단서로 삼아 능히 현등각에 들기 때문이다. 現等覺門者 現謂 顯現現前明了親證之義 等者 遍義 覺謂 照義 此意卽顯 無分別智 明了親能 遍照法性 現等覺體 卽無分別智門者 通由入趣之義 以能詮法等 爲由爲通 入趣法性 無分別智 由此深教等 爲由能入 現等覺故"라고 하였다. [참고문헌] 『大般若經』, 『般若理趣分述讚』, *Adhy-pr.*

현등사 懸燈寺　경기도 가평군 조종면 운악산(雲岳山)에 있는 절. 대한불교조계종 봉선사(奉先寺)의 말사이다. 1712년(숙종38)에 찬술된 「운악산현등사사적 雲岳山懸灯寺事蹟」(『韓國寺刹全書』 권하, p.1159c6)에는 보조국사(普照國師)·법흥왕(法興王)·도선(道詵)과 관련한 창건연기가 전한다. 보조국사는 망일산(望日山) 원통암(圓通庵)에서 운악산을 바라보았는데 3일 동안 빛이 나는 곳이 있었다. 그곳을 찾으니 등라(藤蘿) 아래에 홀로 자리하고 있던 관음전의 남쪽 석탑 위에 등이 걸려 있었는데 등불은 꺼지지 않았다. 이를 이상히 여겨 정례(頂禮)하고 주변을 둘러보니, 불탄 옛 절터의 흔적이 있어 절을 짓고는 현등이라고 하였다. 그 때 국사는 현등사에 머물면서 "신라 법흥왕 때 중국이 천축국 스님 마라가미(摩羅訶彌)에게 흰 코끼리를 타고 해동에 가서 경법을 전하게 하였다. 마라가미가 법흥왕과의 전생인연을 말하며 백운석산(白雲石山)으로 들어가자 법흥왕이 큰 절을 짓고 산의 이름을 운악산이라 불렀으니, 동방불법사찰의 시초였다"라고 하였다. 그 뒤 신라말에 절이 불탔는데, 도선법사(道詵法師)가 이곳으로 나무학을 타고 와서 3곳의 약사도량을 세워 동방의 허함을 막고자 하였다가 운악산의 빼어난 모습에 놀라 옛 절터에 새 절을 지었다. 그 때 도선은 관음금상(觀音金像)에 예불하고서 탑 주위를 걷고 있었는데, 탑에서 "3백년 후에 일도구(日刀口)를 합하면 그 뒤에는 불탈 것이다"라는 소리를 들었다. 이후 고려말에도 불타고 말았다. 1411년(태종11)에 함허득통(涵虛得通)이 삼각산 원각사(圓覺寺)에서 오신산(五神山)을 가는 도중에 운악산 서쪽에서 길을 잃었는데, 흰 사슴을 따라 길을 찾다가 갑자기 사슴이 사라진 곳에서 오래된 건물과 탑을 보았다. 탑에서 "보조국사와 인연이 있었다"는 소리를 듣고는 불탄 나무를 찾아 현등사를 중건하여 대군(大君) 세 분의 원당으로 삼았다. 『함허당득통화상어록 涵虛堂得通和尙語錄』에도 현등사 원당주 홍섭의 혼령을 기린 「현등사원당주위홍섭선가청보설 懸燈寺願堂主爲洪涉仙駕請普說」(한불전7, p.230c16)과 「제현등사 題懸燈寺」(한불전7, p.248c3)가 실려 있다. 1703년(숙종29)에 구암(龜巖)·광선(光禪)·문신(文信)이 이곳에 머물렀는데, 공중에서 불이 연이어 보이면서 였다. 청심당(淸心堂)·양로방(養老房)을 제외하고 모두 불탔고 주변의 지장암(地藏庵)도 소실되었다. 사람들이 "이 절이 일곱 번 홍성하고 일곱 번 부서진 것은 옛 터에서 나무를 베어 건립하였기 때문이다"라고 하자, 구암의 제자인 취윤(就允)은 "분발하여 홍성하게 하지 않으면 우리 탓이다"고 발원하였고, 원빈화상(圓彬和尙)도 이를 따르면서, 1704~1706년에 요사, 동서 누각, 보전(寶殿), 삼보방(三寶房) 등을 새로 지었다. 1765년(영조41)에 불탔다가 이듬해에도 중건되었고, 6·25전쟁 때 대부분 불탔지만 1961년에 성암(省庵)이 중수하여 지금에 이른다. 현존하는 당우로는 극락전, 보광전, 대자대비전, 지장전, 삼성각, 만월보전, 영산보전 등이 있고, 성보문화재로는 봉선사에서 옮겨온 가평 현등사 동종이 보물 제1793호로 지정되었고, 삼층석탑, 목조아미타좌상과 청동지장보살좌상, 아미타회상도와 수월관음도화, 함허당득통탑 및 석등이 유형문화재다. [참고문헌] 『韓國寺刹全書』 권하 p.1159b10·1159c5.

현등사동종 懸燈寺銅鍾　경기도 가평군 운악산 현등사에 있는 조선후기 동종. 보물 제1793호. 높이 77cm. 1619년(성종22)에 원래 남양주 봉선사에 있었으나 6·25전쟁 중에 현등사로 이운봉안되었다. 굵은 선을

중심으로 종의 몸체를 구획한 중국양식을 따르고 있다. 두 마리 용이 마주한 쌍용뉴이며, 볼록한 천판에는 연판문띠를 새겼다. 몸체 위에는 4개의 연곽을 배치하였고 안에 9개의 연뢰를 배치하였다. 가운데에는 당초문띠를 새기고, 아래는 보상당초문을 화려하게 새겼다. 하부도 두 줄의 굵은 선으로 3개의 공간으로 나누고, 위에는 주성기(鑄成記), 가운데에는 연판문, 아래에는 파도문을 표현하였다. '봉선사종명병서 奉先寺鍾銘幷序'에

의하면, 세조를 위해 정희왕후(貞熹王后)와 예종(睿宗)이 세운 봉선사가 임진왜란 때 훼손되자 1613년에 법당을 중수하고 1617년에는 삼세상(三世像)을 조성한 후 동종이 없어 1618년에 권선문을 돌려 시주를 받아 1619년에 주성했다(奉先寺鍾銘并序 萬曆四十七年己未四月十一日 化主 天寶 謹作 緣化比丘 玄玉 正會 大元 瑩仁)고 하였다. 이 종을 만든 천보스님은 고견사 소장 견암사종, 파주 보광사종 등을 만든 17세기 뛰어난 종장(鍾匠)이다. [참고문헌] 염영하 『한국의 종』(서울대출판부, 1994) pp.443~444. ⇨ 현등사 懸燈寺

현락 現樂 Ⓢ pratyutpanna-sukha, dṛṣṭa-sukha, Ⓣ da-ltar-bde-ba. 내세가 아닌 현재 즉 현법(現法)에서의 즐거움. 현법락(現法樂 Ⓢ dṛṣṭa-dharma-sukha)·현재락(現在樂)과 같다. 『대승입능가경』 권3(대정장16, p.605a13 : *Laṅk.*, p.119)에 "'탐에 많은 갈래가 있으니, 어떤 탐을 버립니까?' 부처님께서 이르시길 '대혜야, 여색에 얽매인 탐욕을 버림이니, 이 현락으로 미래에 닥칠 고를 보기 때문이다. 貪有多種 捨何等貪 佛言 大慧 捨於女色纏綿貪欲 見此現樂生來苦故 rāgaḥ punar-bhagavatā bahu-prakāra upadiṣṭaḥ. tat-katamas-tasya-atra rāgaḥ prahīṇo bhavati. bhagavān-āha viṣaya-kāma-indriyaḥ strī-saṃyoga-rāgaḥ pratyutpanna-sukhaḥ āyatyāṃ duḥkha-janma-hetukaḥ", 『입능가경』 권1(대정장16, p.518b19 : *Laṅk.*, p.18)에 "현락의 형상과 언어의 가고 옴과 뛰어난 지는 상을 달리하니, 한 가지 상의 경계지만 상을 취함에는 하중상으로의 뛰어난 상과 염정과 선불선 등의 상 보는 것이다. 現樂形相 言語去來 勝智異相 一相境界 而取於相 見下中上勝相 染淨善不善相 dṛṣṭa-sukha-saṃsthānām-abhilāpya-gati-viśeṣāḥ. vijñānānām-eka-lakṣaṇānāṃ viṣaya-abhigrahaṇa-pravṛttānāṃ dṛṣṭo hīna-utkṛṣṭa-madhyama-viśeṣo vyavadāna-avyavadānataś-ca kuśala-akuśalataś-ca", 『구사론』 권24(대정장29, p.125c28 : *Abh-k-bh.*, p.363)에 "정려를 잡수하는 것은 세 가지 연 때문이니 … 불환 중의 모든 이근자는 현법에서 즐겁고 정거천에 나기 위해 (정려를 잡수한다). 雜修靜慮爲三種緣 … 謂不還中諸利根者 爲現法樂及生淨居 tribhiḥ kāraṇair dhyānaṃ vyavakiranti … tīkṣṇendriyā anāgāminaḥ śuddhāvāsopapattyarthaṃ dṛṣṭadharmasukhavihārārthaṃ ca", 『유가론기』 권10(대정장42, p.540c29)에 "계로 인해 정을 얻음을 현락이라 한다. … 능히 명성과 이익을 모으고 재물을 수호하고 늘이는 위도 현락이라 한다. 因戒得定名現樂 … 能集名稱及利益 守護增長資財之位 名現樂也"라고 하였다. [참고문헌] 『大乘入楞伽經』, 『入楞伽經』, 『俱舍論』, 『瑜伽論記』, *Laṅk.*, *Abh-k-bh.* ⇨ 현법락 現法樂

현랑 玄朗 673~754. 당대 천태종 스님. 천태종 5조. 자는 혜명(慧明). 호는 좌계(左溪). 속성은 부(傅)씨. 무주(婺州 : 浙江省) 오상현(烏傷縣 : 金華府 義烏縣) 출신. 또는 동양(東陽 : 金華府) 출신이라고도 하며, 세간에서 좌계존자(左溪尊者)라고 불렸다. 부대사(傅大士)의 6대손으로 9세 때 출가하였으며 20세에 칙명을 받고 동양 청태사(淸泰寺)에 머물렀으며, 광주(光州)의 안율사(岸律師)에게 구족계를 받고서 율의와 『열반경』을 배웠고, 동양 천궁사(天宮寺)의 혜위(慧威)에게 『법화경』과 천태지관을 수학하였으며, 이후 포양현(浦陽縣) 좌계산에서 30여 년 동안 은거하였다. 754년(천보13)에 세수 82세를 일기로 입적하였는데 오월왕(吳越王)이 명각존자(明覺尊者)라는 시호를 내렸다. 영가현각(永嘉玄覺)과 동문이며, 문인으로 천태종 6조 형계담연(荊溪湛然)과 신옹(神邕)·도준(道遵)·대의(大義)·청변(淸辨) 등이 있었으며 신라의 법융(法融)·이응(理應) 등을 제자로 두었다. 저서에 『법화경과문 法華經科文』 2권이 있다.

현랑록 玄郎錄 서진(西晉) 무제(武帝) 때인 267년(태시3) 찬술. 『부법장인연전 付法藏因緣傳』에 빠진 선문(禪門) 7조 바수밀(婆須蜜)의 전기와 25조 파사사다(婆舍斯多) 이후의 전기를 보완한 책. 『백마사록 白馬寺錄』이라고도 한다. 본서를 기반으로 『보림전 寶林傳』이 작성되었지만 현존하지 않아 실상을 알 수 없다.

현량 玄兩 고려전기 스님. 943년(태조26) 당시 운문사(雲門寺) 정좌(貞座 : 典座)를 맡았던 스님. 『삼국유사』 권4(대정장49, p.1003b7·한불전6, p.343a7) 의해(義解)4 보양이목(寶壤梨木)에 의하면, "청도군의 이심사 순영과 대내말 수문 등의 주첩 공문에 '… 이 절(同藪) 삼강이 있는데 전주인은 보양화상, 원주는 현회장로, 정좌는 현량상좌, 직세는 신원선사이다'라고 하였다. 淸道郡界里審使順英 大乃末水文等 柱貼公文 … 同藪三剛典主人寶壤和尙 院主玄會長老 貞座玄兩上座 直歲信元禪師"라고 한다. [참고문헌] 『三國遺事』.

현량 現量 Ⓢ pratyakṣa, pratyakṣa-pramāṇa, Ⓣ mngon-sum, mngon-sum-gyi-tshad-ma. 드러난 그대로 보거나 앎. 사유와 착란 등 분별 없이 제법(諸法)을 마주해 아는 일. 인명용어. 이량(現量 比量) 또는 삼량(現量 比量 聖言量) 중 하나다. 『순정리론』 권73(대정장29, p.736a9)에 "현량이라 할 수 있는 것들 다 모으면 세 가지 인데, 의근과 영납 그리고 각혜별이다. 근에 의지해 드러난 것 헤아린다 하면 오근에 의지해 색 등 다섯 가지 밖의 경계를 취하는 것이고, 받아들여 보이는 대로 헤아리는 것이란 수상 등의 심과 심소법으로 바로 앞에 나타나게 되는 일을 말한다. 각혜현량이란 제법에 대해 그 응하는 바 따라 자상과 공상을 알아차리는 것이다. 然許現量總有三種 依根 領納 覺慧別故 依根現量 謂依五根現取色等五外境界 領納現量 謂受想等心心所法正現在前 覺慧現量 謂於諸法隨其所應證自共相", 『유가사지론』 권15(대정장30, p.357a15)에 "현량이란 무엇인가? 즉 세 가지가 있는 것이니, 첫째 나타나지 않은 것은 보지 않는 것이며, 둘째 이미 생각했거나 마땅히 생각해야 할 것이 아닌 것이며, 셋째 착란의 경계가 아닌 것이다. 現量者 謂有三種 一 非不現見 二 非已思應思 三 非錯亂境界", 같은 책 권15(대정장30, p.357c19)에 "〔문〕 이와 같은 현량은 어떤 것의 소유인가? 〔답〕 간략히 설하면 네 가지의 소유이니, 첫째는 색근현량, 둘째는 의수현량, 셋째는 세간현량, 넷째는 청정현량이다. 색근현량이란 오색근으로 행한 바 경계를 말하니, 앞서 설한 현량의 체상과 같다. 의수현량이란 제의근으로 행한 바 경계를 말하니, 앞서 설한 현량의 체상과 같다. 세간현량이란 둘을 하나로 묶어 세간현량이라 한다. 청정현량이란 모든 있는 바 세간의 현량들 또한 청정현량이라고 이름할 수 있으며, 혹은 청정현량이지만 세간현량은 아닌 것이니 … 이와 같은 등류를 세간과 함께하지 않는 청정현량이라고 한다. 問 如是現量 誰所有耶 答 略說 四種所有 一 色根現量 二 意受現量 三 世間現量 四 淸淨現量 色根現量者 謂五色根 所行境界 如先所說 現量體相 意受現量者 謂諸意根 所行境界 如先所說 現量體相 世間現量者 謂卽二種總說 爲一世間現量 淸淨現量者 謂諸所有世間現量 亦得名爲淸淨現量 或有淸淨現量 非世間現量 … 如是等類 名不共世間淸淨現量", 『유식이십론』(대정장31, p.76b15)에 "제법을 헤아려서 있고 없음 등을 가려 정함에 있어 모든 량 중 현량이 가장 뛰어나다. 만약 외경이 없으면 어찌 이런 알아차림이 있겠는가. 내가 지금 드러나 보는 것이 바로 경일 수 있는가? 이 경험 성취될 수 있는 것인가? 송으로 말한다. 드러나 알아차린 것 저 꿈 등과 같을 뿐이어서, 이미 일어나 드러나 알았을 때는 보는 이도 본 것도 이미 없는 것이라네. 어찌 현량이 있다 하리. 논해 말한다. 저 꿈 꿀 때 비록 밖의 경 없지만 또한 이와 같아 드러나 보이는 것 있고, 다른 때도 드러나 깨우쳐서 마땅히 안다 함이 이와 같다. 그러므로 저들 이끌어 증명할 수 없을 뿐이다. 또 만약 그러할 때 드러나 알아차림 있으니, 나 이제 이러한 색들 드러나 경험한다 하고 이때 경을 능히 보지만 이미 사라지고 없는 것이다. 요는 의식으로 능히 분별함만 남기 때문이니, 그때 안 등의 식 반드시 이미 사라진 것이기 때문이다. 어떻게 이러한 때 현량이 있다고 하겠으며 이 외경 실로 있다고 하는 뜻 성립하겠는가. 이와 같이 먼저 받아들이고 뒤에 기억해 경험할 뿐이니, 밖에 경이 있다는 이치 성립될 수 없다. 왜 그런가. 송으로 말한다. 경인 듯한 것 알아차린다 하지만 이것 좇아 일어나 기억해 생각한 것일 뿐이다. 諸法由量刊定有無 一切量中現量爲勝 若無外境寧有此覺 我今現證如是境耶 此證不成 頌曰 現覺如夢等 已起現覺時 見及境已無 寧許有現量 論曰 如夢等時雖無外境 而亦得有如是現覺 餘時現覺應知亦爾 故彼引此爲證不成 又若爾時有此現覺 我今現證如是色等 爾時於境能見已無 要在意識能分別故 時眼等識必已謝故 刹那論者有此覺時 色等現境亦皆已滅 如何此時許有現量 要曾現受意識能憶 是故 決定有曾受境 見此境者許爲現量 由斯外境實有義成 如是要由先受後憶證有外境 理亦不成 何以故 頌曰 如說似境識 從此生憶念", 『잡집론』 권16(대정장31, 772a5)에 "현량이란 스스로 정히 밝게 알아차려서 미혹해 어지럽지 않은 뜻이다. 스스로 뜻 바르게 말함이란 스스로 바르게 취하는 뜻을 드러낸 것이다. 마치 눈 바르게 해서 색 등을 취하는 것이니, 이는 세간에 드러난 있는 병 등의 온갖 것들을 가려 말할 수 있게 되고, 공히 현량으로 알게 된 성이라고 인정한다. 저것들 말미암았기에 이것들 임시인 것들이기에 현량으로 얻은 것은 아니다. 現量者 謂自正明了無迷亂義 自正義言 顯自正取義 如由眼正取色等 此言爲簡世間現所得甁等事 共許爲現量所得性 由彼是假故 非現量所得", 『인명정리문론본』(대정장32, p.3b15)에 "이 중 현량은 분별을 제한다란, 지혜로 색 등의 경에서 일체종류의 명언과 임시로 건립한 무량한 모든 분별을 멀리 여읜 것을 말한다. 함께하지 않는 연으로만 나타나는 대로 따로 구르기에 현량이라고 한다. 此中現量 除分別者 謂若有智 於色等境 遠離一切種類名言 假立無量諸門分別 由不共緣 現現別轉 故名現量", 『인명정리문론』(대정장32, p.8c8)에 "현량이란 분별을 제한 것이니, 나머지 설한 것들 인으로 난 것이다. 논에서 말하길, 현량은 분별을 버린 것이라 한 것은 만약 색 등에 대한 지라도 있으면 경은 일체종류인 명언과 가립과 무이와 제문과 분별을 떠난다. 함께하지 않은 채로 드러나 따로 움직이기에 현량이라 한다. 現量除分別 餘所說因生 論曰 此中 現量除分別者 謂若有智於色等 境遠離一切種類名言 假立 無異 諸門 分別 由不共緣 現現別轉 故名現量", 『인명입정리론』(대정장32, p.12b27)에 "스스로 열고 깨우침에 마땅히 두 가지 있을 뿐이니 현량과 비량이다. 이 중 현량은 무분별을 말한다. 만약 바른 지 있어 색 등의 뜻에서 명종 등 있던 분별 떠나면 나타나고, 나타나지만 따로 움직일 뿐이니 이것을 현량이라 한다. 爲自開悟 當知唯有現比二量 此中現量 謂無分別 若有正智於色等義 離名種等所有分別 現現別轉 故名現量", 『인명입정리론소』 권상(대정장44, p.93b23)에 "현량이란 행해서 동요함 없기에 온갖 경 밝게 경험한다. 몸소 스스로의 바탕에 그윽이 합하니 현량이라 한다〈능히 행상을 연하지만 동요함이 없고, 인한 대로 경 비추지만 세고 헤아리지 않아서 분별심 떠난다. 비춰 앞의 경에 나아가지만 밝힐 것 스스로 바탕일 뿐이기에 현량이라 한다. 그러나 두 류 있으니 정위와 산심이다. 정심 그지없이 고요해 경들 모두 밝을 뿐이어서 어떤 법이든 따라 연하니 모두 현량이라 이름한다. 일체산심도 만약 경과 친히 할 뿐이라면 자기도 모르게 자체를 얻으니 이 또한 모두 현량이다〉. 現量 行離動搖 明證衆境 親冥自體 故名現量〈能緣行相 不動不搖 因循照境 不籌不度 離分別心 照符前境 明局自體 故名現量 然有二類 一 定位 二 散心 定心澄湛 境皆明證 隨緣何法 皆名現量 一切散心 若親於境 冥得自體 亦皆現量〉"라고 하였다. [참고문헌] 『順正理論』, 『瑜伽師地論』, 『唯識二十論』, 『雜集論』, 『因明正理門論本』, 『因明正理門論』, 『因明入正理論』, *Yogā-bh.131.* ⇨ 양량, 비량 比量, 삼량 三量

현량 賢亮 871년(경문왕11) 경주 황룡사 9층탑을 보수할 때 대통정법화상대덕(大統政法和尙大德)이었다. [참고문헌] 『皇龍寺刹柱本記』 第2板. ⇨ 보연 普緣

현량각 現量覺 드러난 그대로 알아 깨우침. 현량으로 깨우침을 말한다. 『순정리론』 권8(대정장29, p.374c10)에 "식 등으로 저 손익의 행상을 받아들인 채로 일으키기에 이것이 멸하여 과거가 된 뒤에라야 바야흐로 경을 삼아서 현재의 억념이 생기하니, 이 억념위를 알아차리는 때라 한다. 이와 같은 이치에 근거할 때 오직 현량으로 일찍이 받은 바 일로서만 현량각이 있게 되기에, 따라서 현량각은 자신이 감수한 바에 대해서만 존재한다는 뜻이 성립될 수 있다. 識等領彼損益行相 自體起故 此滅過去 方能爲境 生現憶念 此憶念位 名覺了時 由斯理趣 唯於現量 曾所受事 有現量覺 故現量覺 於自身受有義得成", "마치 고수 등은 현량으로 받아들여 마친 것을 영납하고 나서야 그것을 연으로 하여 현량각이 생할 수 있다. 이와 같이 색 등도 반드시 근에 의지해 현량으로 받은 후에야 비로소 그것을 연으로 저 현량각이 생한다. … 이렇기에 모든 현량에 있어서 일찍이 받아들인 경이 없으면 현량각이 존재한다고 해서는 안 된다. 如苦受等 必爲領納現量受已 方有緣彼現量覺生 如是色等 必爲依根現量受已 方有緣彼現量覺生 … 是故不應於諸現量曾未受境有現量覺", 『대승장진론』 권상(대정장30, p.269a12)에 "여기서 일체불공논자는 모두 힐난을 상정하여 다음처럼 말한다. '만약 모든 유위법이 다 공하다고 상정한다면, 색 등도 없어야 한다. 마치 토끼의 뿔을 연해서는 현량지가 생한다는 것이 이치상 맞지 않는 것과 같다'. 此中一切不空論者 皆設難言 若立一切有爲皆空 便無色等 如緣兎角 現量智生 理不成就"라고 하였다. [참고문헌] 『順正理論』, 『大乘掌珍論』. ⇨ 현량 現量

현량도리 現量道理 인명용어. 현량(Ⓢ pratyakṣa)의 도리. 현량으로서의 자명한 사실. 『인명입정리론직해』(卍속장87, p.157b4)에 "『인명입정리론』에서 '이 중에서 현량으로는 서로 어긋난다 한 것은, 「소리는 들리는 것이 아니다」라고 말하는 것과 같다'. 이식은 소리를 들으니 이는 현량경이다. 소리야말로 이식의 상분이다. 이식으로 바로 소리를 들을 때는 명언을 띠는 것은 아니니 무분별이기 때문이다. 만약 소리라는 유법에 들리지 않는 것이라는 종법 상정하는 것은 현량의 도리에 모순된다. 此中現量相違者 如說聲非所聞 耳識聞聲 是現量境 以聲是耳識相分 耳識正聞聲時 不帶名言 無分別故 若於聲是有法而立非所聞宗 則違現量道理矣"라고 하였다. [참고문헌] 『因明入正理論直解』.

현량무분별 現量無分別 인명용어. 현량(Ⓢ pratyakṣa)함에 분별이 없다. 『인명정리문론본』(대정장32, p.3b23)에 "만약 탐 등에서의 모든 자증분 또한 현량이라고 한다면, 어째서 이 중에서 분별지를 제하는가? 이 중에 자증은 막지 않는다. 현량은 무분별이기 때문이다. 다만 이 중에서 (탐 등을 제외한) 나머지 경을 요별하는 것은 현량이라 하지 않는다. 若於貪等諸自證分亦是現量 何故此中除分別智 不遮此中自證 現量無分別故 但於此中了餘境分不名現量", 『인명입정리론직해』(卍속장87, p.168b4)에 "이 현량과 비량의 두 양 중에서 현량의 무분별정지와 비량의 유분별정지를 이름해서 과라 한다. 言此現比二量之中 卽現量無分別正智 及比量所生有分別正智 名之爲果"라고 하였다. [참고문헌] 『因明正理門論本』, 『因明入正理論直解』. ⇨ 현량 現量, 무분별 無分別 ❸

현량상위 現量相違 Ⓢ pratyakṣa-viruddha, Ⓣ mngon-sum-gyis-bsal-ba. 인명용어. 현량과 서로 어긋나는 것. 삼십삼과(三十三過)에서 종구과(宗九過) 중 하나로서 사립종(似立宗)의 하나다. 가령 '뱀은 두 발이 있다'라는 그릇된 주장명제를 상정하는 것이다. 즉 '두 발이 있다'라는 종법(宗法)에서 이미 현량과 어긋나기에 현량상위과(現量相違過)라고 한다. 또한 현량상이(現量相異)라고도 한다. 『인명입정리론』(대정장32, p.11b24 : *Nyāy-pr.*, p.20)에 "비록 성립시키고 싶지만 현량 등과 서로 어긋나기 때문이니, 이를 잘못 세운 종이라 한다. 이를테면 현량상위다. … 이 중에서 현량상위란 '소리는 들리는 것이 아니다'라고 말하는 것과 같다. 雖樂成立 由與現量等相違故 名似立宗 謂現量相違 … 此中現量相違者 如說聲非所聞 sādhayitum-iṣṭo 'pi pakṣābhāsaḥ … tatra pratyakṣa-viruddhaḥ ity-uddeśaḥ. yathā aśrāvaṇaḥ śabdaḥ ity-udāharaṇam", 『인명입정리론소』 권중(대정장44, p.114b4)에 "현량의 체란, 입론자와 대론자가 몸소 법의 자상을 증한 바로서의 지(智)다. … 이근이 현량의 체라는 것은 피차가 끝내 성취한 것이고, 소리 또한 현량으로 얻을 수 있다는 것도 본래 함께 인정한 바다. 지금 어떤 종의 소립을 따르더라도 '소리는 들리는 것이 아니라'라고 주장한다면 입론자와 대론자의 증지와 모순된다. 따라서 현량상위라 하는 것이다. 現量體者 立敵親證法自相智 … 耳爲現體彼此極成 聲爲現得本來共許 今隨何宗所立 但言聲非所聞 便違立敵證智 故名現量相違", 『인명입정리론해』(卍속장87, p.92b1)에 "'이 중에서 현량상위란 「소리는 들리는 것이 아니다」라고 말하는 것과 같다'. 이는 사립종에 대한 것이다. 색 등의 법들을 오근으로 마주할 때 명언을 기다리지 않고 헤아리는 마음 없이도 경을 취해 몸소 밝히니 이를 현량이라 한 것이다. 서로 어긋난다는 것은 종이 현량에 어긋난다는 것이다. 此中現量相違者 如說聲非所聞 此中似立中也 色等諸法 五根對時 不待名言 無籌度心 取境親明 名爲現量相違者 謂宗違現量也"라고 하였다. 〔참고문헌〕『因明入正理論』, 『因明入正理論疏』, 『因明入正理論解』, *Nyāy-pr.* ⇨ 종구과 宗九過, 삼십삼과 三十三過, 사립종 似立宗, 현량 現量, 비량상위 比量相違

현량상위과 現量相違過 현량의 사실과 모순되는 과실. 현량상위(現量相違)를 말한다. 『종경록』 권49(대정장48, p.703c29)에 "또 고사가 물었다. '… 또 마치 제8식과 안식과 아울러 명료의식은 현량지로 일어난다. 불을 연할 때 이미 현량으로 법의 자상을 얻었다고 할 수 있는데 어찌 마음은 태우지 못하는가? 만약 불태워지지 않는다면 불의 자상을 얻지 못한 것인데, 어떻게 현량경이라 이름하는가? 만약 불태워진다고 인정하더라도, 곧 세간에서 불을 현견할 때에는 눈이 손상을 입지 않으니, 이는 세간의 현량과 서로 어긋나는 과실이 있게 된다'. 又古師問 … 且如第八識及與眼識幷明了意識 現量智起緣火之時 旣言現量得法自相 寧不燒心 若不被燒 應不得於火之自相 何名現量境耶 若許被燒 卽世間現見火時 眼不被損 便有世間現量相違過", "〔답〕 '비록 불태워지지 않더라도 또한 자상을 얻을 수 있기에 현량이라 한다. 왜 그러한가? 마음은 미세하고 색은 거칠기 때문이다. 마음은 미세하여 상이 없고 색은 거칠어 형이 있기에 저 불을 연할 때 비록 자상을 얻더라도 마음이 불태워지지 않지만, 또한 현량이라 할 수 있다'. 答曰 雖不被燒 亦得自相 名爲現量 所以者何 以心細色麤故 心細無狀 色麤有形 故緣彼火時 雖得自相 然不被燒 亦名現量"라고 하였다. 〔참고문헌〕『宗鏡錄』. ⇨현량상위 現量相違

현려 玄侶 현묘한 법문을 참학(參學)하는 무리들로서 선승을 말한다. 『경덕전등록』 권16 「낙포원안전 洛浦元安傳」(대정장51, p.331b2)에 "후에 낭주소계로 옮겨가 머물자 사방의 선승들이 끊이지 않고 모여들었다. 後遷止朗州蘇谿 四方玄侶 憧憧奔湊", 같은 책 권26 「오운지봉전 五雲志逢傳」(대정장51, p.422b26)에 "오월국의 왕이 도인으로서의 풍모를 흠모하여 불러서 자의(紫衣)를 하사하면서 보각대사라고 써 주었으며, 처음으로 임안의 공신원에 머물도록 하자 선승들이 모여들었다. 吳越國王 嚮其道風 召賜紫 署普覺大師 初命住臨安功臣院 玄侶輻湊"라고 하였다. 〔참고문헌〕『景德傳燈錄』.

현로 玄路 ❶ 그윽해 깨우쳐야 열리는 길. 동산삼로(洞山三路) 중 두 번째이기도 하다. 『보장론』(대정장45, p.144b9)에 "초조한 마음으로 밖을 향해 찾으면 점점 그윽한 길을 잃게 된다. 惶惶外覓 轉失玄路", 『원각경협송집해강의』 권6(卍속장87, p.872a11)에 "앉거나 눕거나 경행하거나 그윽해 묘한 길 아님이 없으니, 물결 벗어나 따로 물이 없는 것과 같다. 坐臥經行 莫非玄路 譬如波外無水", 『서중무온어록』 권6 「시사손담미 示師孫曇微」(卍속장123, p.874b7)에 "향상함에는 현로가 없으니, 마땅히 쉬려한즉 바로 쉬어야 하리라. 지혜의 등불은 항상 고요히 비추고, 지혜의 물 떨쳐 오래 흐르리니 대지 마침내 돌아가 다하리라. 向上無玄路 當休便合休 慧燈常寂照 智水鎭長流 大地終歸盡"라고 하였다. 〔참고문헌〕『寶藏論』, 『圓覺經夾頌集解講義』, 『恕中無慍語錄』. ⇨ 금쇄현로 金鎖玄路, 동산삼로 洞山三路 ❷ 1906~1960. 근세 오대산 월정사(月精寺)스님. 휘는 현로(玄路), 호는 보문(普門), 속성은 신(申)씨, 본관은 평산(平山). 아버지의 휘는 성균(聖均), 어머니는 진성이씨(眞城李氏)부인이니, 어느 날 어머니가 노스님으로부터 옥돌 염주를 전해받는 태몽을 꾸고는 1906년(광무10) 7월 2일 경상북도 문경군 마성면 남호리에서 태어났다. 어려서 학당에서 공부하다가도 왜경(倭警)과 충돌하였고 일인(日人)들의 횡포와 탄압에 분개하여 적수단도(赤手單刀)로 일본인 집에 뛰어 들어가기도 했기에 일경의 요시찰(要視察) 대상이 되었었다. 20세 때인 1925년 금강산 표훈사(表訓寺)의 부속 암자인 마하연(摩訶衍)으로 찾아가 석우보화(石友普化)스님을 친견하여 출가를 청하니 오대산 상원사 방한암(方漢巖 : 重遠)스님을 소개했고, 한암스님을 은사로 36세 되던 1936년 2월 8일에 스님이 되었다. 그 후 상원사에서 용맹정진 중 어느 날 밤 동사(東司 : 뒷간)로 가던 중 길 바닥 돌을 차는 순간 활연히 깨닫고는 다음과 같은 오도송을 읊었다. "돌을 차는 순간 대지가 무너지니, 일만문수 한결 같이 거꾸로 섰네, 맑은 밤 동쪽에서 둥근달 떠올라, 온누리를 밝게 비춰 대낮과 같네. 壓指例余大地空 一萬文殊顚倒相 碧寒峰頭月一輪 照耀淸空一物中"라 했다. 4년간 오대산에서 계속 정진하다가 1939년 오대산을 나와 속리산(俗離山) 복천선원에서 한 철을 지내고, 제방으로 다니다가 6·25전쟁에 닥쳐서는 부상자를 간호하며 고아를 돌보면서 탁발로 그들을 도왔다. 늑골(肋骨) 두개를 잘라내는 폐장수술을 하면서도 마취를 하지 않았으며, 병원비가 없어 가진 금액에 맞추어 5일 만에 의사의 만류도 뒤로하고 병원을 나오는 등 강직한 일화로도 유명하다. 1960년 가을 팔공산 삼성암 곁에 토굴 짓고 정진하던 중 폐암 치료차 대구시내로 옮기시라는 신도들의 권유로 대구시 삼덕동 보현사주지를 맡기도 하였다. 1960년 음력 4월 6일 오시(午時)에 세수 55, 법랍 25세를 일기로 입적하였다. 동곡일타(東谷日陀)스님이 비문을 지어 2002년에 세운 비가 월정사에 있다. 〔참고문헌〕「平昌月精寺普門堂玄路大禪師碑文」(『韓國高僧碑文總集 朝鮮朝·近現代』, pp.1232~1234).

현로교 顯露教 분명하게 말로 해서 뜻을 드러내는 가르침. 천태의 교설로 비밀교(祕密教)에 상대한다. 『법화현의』 권1(대정장33, p.684a7)에 "지금 『법화경』은 밝게 드러난 가르침이지 비밀한 가르침이 아니고, 점돈일 뿐 점점이 아니며, 합할 뿐 합하지 않는 것이 아니다. 제호일 뿐 나머지 네 가지 맛도 아니고, 결정적 가르침이지 부정적 가르침이 아니다. 이와 같이 분별하면 이 경은 다른 경과 상이한 것이다. 今法華 是顯露非祕密 是漸頓非漸漸 是合非不合 是醍醐非四味 是定非不定 如此分別 此經與衆經相異也", 같은 책 권5(대정장33, p.740b3)에 "만약 삼장교를 거치는 중에 범부와 방편위, 보살위에서 삼장교를 들으면 그 중 곧바로 비밀하게 중도를 알 수 있다. 곧 이것이 우유를 먹고 사람을 죽게 하는 경우다. 만약 사과위에서 비밀히 중도를 보면 곧 이것이 낙유를 먹고 사람을 죽게 하는 경우다. 현로교 가운데 이러한 일은 없다. 若歷三藏教中 凡夫及方便位 及菩薩位 聞三藏教 於中卽能密見中道 卽是乳中殺人 若四果位 密見中道 卽是酪中殺人 顯露教中 無此事也", 『번역명의집』 권5(대정장54, p.1140c8)에 "현은 밝게 드러난다는 말이다. 말로 나타내고 뜻으로 드러내므로 현로교라고 부른다. 顯謂顯露 言顯義露 號顯露教"라고 하였다. 〔참고문헌〕『法華玄義』, 『飜譯名義集』, 『四教儀集解』 권1(卍속장102, p.35a14).

현로부정교 顯露不定教 천태용어. 화의사교(化儀四教) 가운데 생멸사제와 같이 분명하게 드러난 교설로 교화하는 부정교(不定教)를 가리킨다. 『사명존자교행록』 권3(대정장46, p.878c1)에 "여래가 근기를 알고 때를 아는 것으로 말미암아 성숙함을 따르고 벗어남을 따른다. 그러므로 단지 생멸사제를 써서 대소의 두 가지 연에 나아간다. 이와 같다면 현로부정교다. 然由如來知機知時 隨熟隨脫 故但用生滅四諦而赴大小兩緣 此卽顯露不定教也", 『불조통기』 권3(대정장49, p.160a17)에 "모든 부처님의 법륜은 현과 밀의 두 가지다. 첫째 현이고 둘째는 밀이다. 처음 성문에게 법륜을 굴려서 팔만억 사람이 알게 하였다〈이것은 현로부정교다〉. 모든 보살이 무량아승기의 사람이 무생법인을 얻음을 보았다〈이것이 비밀부정교다〉. 諸佛法輪有二種 一者顯 二者密 初轉聲聞見八萬億人〈此顯露不定教〉 諸菩薩見無量阿僧祇人得無生忍〈此祕密不定教〉"라고 하였다. 〔참고문헌〕『四明尊者教行錄』, 『佛祖統紀』. ⇨ 현로정교 顯露定教

현로정교 顯露定教 천태용어. 화의사교(化儀四教) 중 돈교(頓教)와 점교(漸教). 비밀교가 아닌 분명하게 드러낸 가르침으로 얻는 과도 정해져 있으므로 부정교와 다르다. 『불조통기』 권3(대정장49, p.161b20)에 "첫째, 현로정교다. 사람들이 서로 법을 보고 함께 듣고 서로 결정된 이익도 알고 얻는다. 『현의』에 이른다. '앞에서 분별한 것과 같다. 다만 밝게 드러남에 따라 점돈과 오미의 모습이 분명하다'. 『석첨』에 이른다. '현로를 통론하면 모두 점돈으로 거둔다'. 둘째, 현로부정교다. 사람들이 서로 법을 보고 함께 듣지만 서로 알고 얻는 이익이 일정하지 않다. 一顯露定教 人相見法共聞 互相知得益定 玄云 如前分別 但約顯露明漸頓五味之相 籤云 通論顯露 俱攝漸頓 二顯露不定教 人相見法共聞 互相知得益不定", 『사교의주휘보보굉기』 권2(卍속장102, p.326a12)에 "이 절은 여러 문장의 교설을 요간하였는데 정교와 부정교의 차이가 있다. '거제천' 아래의 문장은 현로정교를 해석한 것이다. 『대론』을 가리켜서 증거로 삼았다. '문소증대' 아래의 문장은 현로부정교를 해석한 것이다. 此節料揀諸文說教 定與不定之有異也 據諸天下之文 是釋顯露定教 指大論以證據 聞小證大下之文 是釋顯露不定教"라고 하였다. 〔참고문헌〕『佛祖統紀』, 『四教儀註彙補輔宏記』. ⇨ 화의사교 化儀四教, 사교 四教

현로합장 顯露合掌 Ⓢ uttānaja. 십이합장(十二合掌) 중 하나. 올다나야(嗢多那若)라고 음사한다. 양손의 손바닥을 위를 향해 펴고 나란하게 붙인 수인. 『대일경소』 권13(대정장39, p.714c17)에 "다섯째 다음으로 양 손바닥을 위로 향하고 나란하게 하고 함께 위를 향해 바른 모습으로 펼친다〈이는 현로라고 한다〉. 第五次又以兩掌仰而相並 令俱向上正相並鋪之 名嗢多那若合掌〈此顯露也〉"라고 하였다. 〔참고문헌〕『大日經疏』.

현료 顯了 ❶ Ⓢ vyakta, vivṛta, spaṣṭa, vispaṣṭa, Ⓣ gsal-ba, rnam-par-gsal-ba, rnam-par-phye ba. 드러나게 해서 분명히 알게 하다. 사제(四諦) 등의 정법(正法)을 안립해서 분명히 알게 하는 것을 말한다. 『집이문족론』 권6(대정장26, p.393a20)에 "어떤 것을 청문정법이라 하는가? 〔답〕 정법이란 앞에서 말한 선사

분명하게 드러나지 못한 곳을 분명하게 드러내고, 아직 깨닫지 못한 곳을 바르게 깨닫게 하며, 지혜로 깊고 묘한 구의 뜻을 통달하여 방편으로 타인 위해 널리 설하여 베풀고 안립해서 열어 보이며, 한량없는 문(門)으로 바르게 열어 보이되 '고는 진실로 고이고, 집은 참으로 고의 인이며, 고의 멸은 진실로 고의 멸이고, 도는 참으로 멸에 이르는 길이다'라고 하는 이와 같은 것을 정법이라 한다. 云何聽聞正法 答 正法者 謂前說善士 未顯了處 爲正顯了 未開悟處 爲正開悟 以慧通達 深妙句義 方便爲他宣說施設 安立開示 以無量門 正爲開示 苦眞是苦 集眞是集 滅眞是滅 道眞是道 如是等名正法", 『유가사지론』 권19(대정장30, p.386c9)에 "출가세간에는 다시 두 가지가 있으니, 첫째는 악설법, 둘째는 선설법이다. 악설법이란 무명에 덮힌 것이고, 선설법이란 밝은 지혜 있기에 마땅히 드러내 알 수 있어야 하나 방일하기에 드러내 알게 하지 못한다. 出家世間 復有二種 一 惡說法 二 善說法 惡說法者 無明所覆 善說法者 由有明故 應可顯了 由放逸故 令不顯了"라고 하였다. [참고문헌] 『集異門足論』, 『瑜伽師地論』, *Yogā-bh.58・133.*, *Bodh-bh.45・58.* **2** Ⓢ abhidyotana, udbhāvanā, prakāśana, saṃpratyāyana, Ⓣ brjod-pa, rab-tu-ston-pa. 드러내 분명히 앎. 언표(言表)할 수 있음. 『유가사지론』 권92(대정장30, p.823c14)에 "고집제로 거둔 바 행의 자상과 공상에 있어 마땅히 바로 드러내 알게 해서 무아를 안립해야 하니, 마땅히 알라. 이 중에서 각각 따로 수다한 많은 자성을 드러내기에 자상을 드러내 안다고 하며, 생멸인 듯한 자성을 열어 보이기에 공상을 드러내 안다고 한다. 於苦集諦所攝行自相共相 應正顯了 安立無我 當知 此中顯各各別衆多性故 顯了自相 開示生滅相似性故 顯了共相", 『중변분별론』 권상 「진실품 眞實品」(대정장31, p.456a20 : *Madhy-vibh.*, p.41)에 "추의 뜻에 세 가지 있으니, 이름을 세움과 행을 취함과 드러내 아는 것, 이를 속제라 한다. 麤義 有三種 立名 及取行 顯了 名俗諦 prajñapti-pratipattitas tathā-udbhāvanayodāraṃ", 『변중변론』 권하(대정장31, p.477b13 : *Madhy-vibh.*, p.75)에 "이는 능히 중변의 경을 가린다 하여 변중변이라 하니, 곧 이변 중에 처한 소연경의 뜻을 분명히 아는 것이다. 此能辯中邊境故 名辯中邊 卽是顯了 處中二邊 所緣境義 etan madhyasya-antayoś-ca prakāśanāt", 『성유식론집해』 권8(卍속장81, p.567a2)에 "셋째 현료세속이란 곧 안립세속이니, 진여를 안립하기 때문이다. 三 顯了世俗 卽安立世俗 安立眞如故"라고 하였다. [참고문헌] 『瑜伽師地論』, 『中邊分別論』, 『辯中邊論』, 『成唯識論集解』, *Madhy-vibh.31・49.*

현료교 顯了教 드러내 분명히 알게 하는 가르침. 대승장교(大乘藏教)를 뜻한다. 성문승(聲聞乘)을 뜻하는 은밀교(隱密教)와 상대한다. 『현양성교론』 권6 「섭정의품 攝淨義品」(대정장31, p.510b2)에 "현료교란 다분히 대승장교를 말한다. 顯了教 謂多分大乘藏教", 『해심밀경소』 권6(한불전1, p.335a16)에 "모든 부처님 일에는 두 가지가 있으니, 첫째는 숨김이고, 둘째는 드러냄이다. 초전법륜으로 성문과 얻음은 현료교에 의지함이고, 보살무생법인을 얻는 등은 은밀교에 의지함이다. 諸佛事有二種 一密 二顯 初轉法輪 得聲聞果 依顯了教 若得菩薩無生忍等 依隱密教"라고 하였다. [참고문헌] 『顯揚聖教論』, 『解深密經疏』, 『瑜伽師地論』 권64(대정장30, p.654b14). ⇨ 은밀교 隱密教, 십이교 十二教 **B**

현료상 顯了相 분명히 드러내 알 수 있는 모습. 삼시교(三時教) 중 비공비유(非空非有)의 요의교(了義教)를 설시함을 말한다. 은밀상(隱密相)에 대칭한다. 『해심밀경』 권2(대정장16, p.697b4)에 "세존이시여! 지금 제3시 중에 널리 일체승을 향해 나아가기 시작한 이들을 위해 일체법은 모두 무자성이고 무생이고 무멸이고 본래적정이고 자성열반이고 무자성성임에 의지해, 현료상으로써 정법륜을 굴리십니다. 世尊 於今第三時中 普爲發趣一切乘者 依一切法皆無自性 無生 無滅 本來寂靜 自性涅槃 無自性性 以顯了相轉正法輪", 원측(圓測)의 『해심밀경소』 권5(卍속장34, p.824a12)에 "이와 같이 세 가지 무자성성은 곧 삼성이다. 이와 같은 도리의 무자성성으로 (일체법의) 유성과 무성을 구족히 드러내 보이기에 '현료상으로써 정법륜을 굴린다'고 한 것이다. 〈경〉 '심히 기이하고 가장 희유합니다. 지금 세존께서 굴린 법륜은 위없고 여지없어 진실한 요의이니 모든 쟁론이라 한들 발붙일 곳이 아닙니다'. 如是三種無自性性 卽是三性 由斯道理無自性性 具足顯示有性無性 故作此言 以顯了相 轉正法輪 第一甚奇 最爲希有 于今世尊所轉法輪 無上無容 是眞了義 非諸諍論安足處所", "[석] 이것은 두 번째로 현료의 상을 푼 것이다. 굴리신 법륜이 가장 희유하여 다시는 넘어 이길 것이 없기에 '위없는 것'이라 한 것이고, 더는 받아들여 이길 수도 없고 더는 받아들여 부술 수도 없기에 '받아들일 것 없다'고 한 것이며, 유와 무를 모두 드러내기에 '요의'라 한 것이다. 釋曰 此第二釋顯了之相 所轉法輪最上希有 更無過勝 故名無上 無容後勝 無容後破 故名無容 具顯有無 故是了義"라고 하였다. [참고문헌] 『解深密經』, 『解深密經疏』. ⇨ 현료 顯了, 은밀상 隱密相

현료세속 顯了世俗 Ⓢ udbhāvanā-saṃvṛti, Ⓣ brjod-pa'i-kun-rdsob. 드러나 분명한 세속의 진실. 삼종세속제(三種世俗諦) 중 하나로 언설(言說)에 의해 드러나 알 수 있는 세속이다. 삼성(三性) 중에서는 원성실성(圓成實性)으로, 사종세속제(四種世俗諦) 중에서는 승의세속제(勝義世俗諦)로, 사종승의제(四種勝義諦) 중에서는 증득승의제(證得勝義諦)로 거둔다. 구역은 현료속제(顯了俗諦)다. 『변중변론』 권중(대정장31, p.469b29 : *Madhy-vibh.*, p.41)에 "〔논〕 세속제에 세 가지가 있으니 … 셋째는 현료속제이다. 論曰 世俗諦有三種 … 三 顯了世俗 trividhā hi saṃvṛtiḥ … udbhāvanāsaṃvṛtiś ca", 『변중변론술기』 권중(대정장44, p.17c3)에 "세 번째 세속은 두 번째인 행세속(行世俗)에 의해 명료하게 드러나는 바이기에 또한 세속제라고도 하지만 그 체는 실유가 아니다. 第三之俗 由第二俗所顯了故 亦名世俗而體實非", 『성유식론술기』 권9(대정장43, p.552c23)에 "셋째는 현료세속제이니 … 물든 의타기를 끊고 변계소집이 없는 두 공을 문으로 삼아 드러난 바의 진여를 원성실이라 한다. 네 가지 세속제 중 네 번째 승의세속제이고 또는 이 세속제는 또한 사종승의제 중의 세 번째인 증득승의제를 취하기도 하는데, 이것은 무루이기 때문이다. 이렇게 삼성에 배대함은 저 『현양론』에도 이 글이 있다. 三 顯了世俗 … 謂斷染依他 遍計所執無二空爲門 顯眞如名圓成實 四世俗中第四世俗 或此世俗亦取四中第三 是無漏故 如次配三性 顯揚論亦有此文", 『대승법원의림장』 권2(대정장45, p.292b23)에 "현료세속은 네 번째 세속제로 거두니, 두 가지 공의 문에 의해 드러나 알 수 있기 때문이다. 顯了世俗第四俗攝 依二空門所顯了故"라고 하였다. 〔참고문헌〕 『辯中邊論』, 『辯中邊論述記』, 『成唯識論述記』, 『大乘法苑義林章』, *Madhy-vibh.* ⇨ 승의세속제 勝義世俗諦, 증득승의제 證得勝義諦

현료십념 顯了十念 아미타불의 이름이나 모습을 열 번 부르거나 념함. 드러내 마친 십념. 원효(元曉)스님이 십념을 둘로 나눈 것 중 하나로 은밀십념(隱密十念)과 상대한다. 『관무량수경』(대정장12, p.346a18)에 "이와 같이 지극한 마음으로 소리 끊어지지 않게 하여 십념을 구족하니 나무아미타불을 부른다. 如是至心 令聲不絶 具足十念 稱南無阿彌陀佛"라 하였고, 『발각정심경』 권하(대정장12, p.51c29)에서는 자심(慈心)과 비심(悲心) 등의 십념을 말하고 있다. 원효의 『무량수경종요』(한불전1, p.559a17)에 "부처님의 명호를 염하든 부처님의 모습 등을 염하든 틈새없이 염불하여 십념에 이르되 이와 같이 지극한 마음이면 그 이름 십념이다. 이것이 바로 현료십념상이다. 지금 이 『양권경』(무량수경)에서 설하는 십념은 이 은밀과 현료의 두 뜻을 모두 갖추고 있다. 그런데 그중에 현료십념은 『관경』(관무량수경)의 뜻과 더불어 조금은 같지 않음이 있다. 若念佛名若念佛相等 無間念佛 乃至十念 如是至心 名爲十念 此是顯了十念相也 今此兩卷經說十念 具此隱密顯了二義 然於其中 顯了十念 與觀經意 少有不同"라고 하였다. 〔참고문헌〕 『觀無量壽經』, 『發覺淨心經』, 『無量壽經宗要』. ⇨ 십념 十念 ❷❸

현료인 顯了因 ❶ Ⓢ vyañjana-hetu, Ⓣ snang-bar-byed-pa'i-rgyu. 『대승입능가경』에서 설하는 육종인(六種因) 중 하나. 드러내서 알게 하는 인. 심왕(心王)와 심소(心所)의 견분(見分)을 말한다. 역본(譯本)에 따라 현시인(顯示因)·요인(了因)이라고도 한다. 『대승입능가경』 권2(대정장16, p.600a13 : *Laṅk.*, p.83)에 "대혜여! 인에는 여섯 가지가 있으니 … 현료인이란, 분별이 생하여 능히 경상을 드러내는 것이니 마치 등불이 사물을 비추는 것과 같다. 大慧 因有六種 … 顯了因者 謂分別生能顯境相 如燈照物 hetur mahāmate ṣaḍ-vidho … vyañjanahetuḥ punar-mahāmate utpannasya vikalpasya bhāvasya lakṣaṇa-uddyotana-kṛtyaṃ karoti pradīpavad-rūpādīnām", 『관능가경기』 권3(卍속장25, p.815b7)에 "원위(元魏) 역본인 『입능가경』에서는 요인이라 하였고, 당 역본에서는 현료인이라 하였다. 魏譯云了因 唐譯云顯了因", 『능가경의소』 권2(卍속장26, p.185b14)에 "현료인이란 … 〔소〕 이것은 심왕과 심소로서의 견분이 자상분의 경을 증상연으로 삼는 것이다. 顯了因者 … 疏曰 此卽心王心所之見分 各爲自相分境之增上緣也"라고 하였다. 〔참고문헌〕 『大乘入楞伽經』, 『觀楞伽經記』, 『楞伽經義疏』, *Laṅk.* ❷ 인명용어. 입론자의 말(言). 대론자에게 뜻(義)을 드러내 알게 하기에 현료인이고 뜻은 현료과(顯了果)다. 『인명입정리론소』 권상(대정장44, p.102a21)에 "(능전의) 말(言 : 因)은 (소전의) 뜻(義 : 果)을 바라서는 또한 현료인이 된다. 뜻은 말을 바라서는 또한 현료과가 된다. 言望於義 亦成顯了因 以義望於言 亦成顯了果", 『인명론소명등초』 권2(대정장68, p.258a18)에 "'말은 뜻을 바라서는 현료인이 된다' 등이라 하였는데, 능전의 말은 뜻을 표현해 드러내기에 드러내 알게 하는 인을 성취한다. 以言望於義 成顯了因等者 以能詮言 詮顯義故 成顯了因", 『인명대소초』 권9(대정장68, p.479c23)에 "'또한 현료인이 된다'라고 하였는데 … 뜻이야말로 말에 의해 표현되는 것이다. 말은 인이 되고 뜻으로는 과를 삼는다고 할 수 있다. 亦成顯了因 … 義是言之所詮也 可言以言爲因 以義爲果"라고 하였다. 〔참고문헌〕 『因明入正理論疏』, 『因明論疏明燈抄』, 『因明大疏抄』.

현룡사 現龍寺 경상남도 창녕 화왕산(火王山)에 있던 절. 관룡사(觀龍寺) 소장 『불설상법멸의경 佛說像法滅義經』 간기(刊記)에 "성상 11년(1735·영조11) 을묘 6월일, 창녕 화왕산 현룡사에서 개간하였다. 聖上十一年 乙卯六月日 昌寧地火王山 現龍寺開刊"라고 하였다. 〔참고문헌〕 『韓國寺刹全書』 권하 p.1157b1.

현류 玄流 깊은 뜻 공부하는 또는 치의(緇衣)를 입은 무리. 『지관보행전홍결』「서문 序文」(대정장46, p.141a24)에 "4대를 연이었으니 햇수로는 200년이 되도록 어(魚) 자와 노(魯) 자를 잘못 알았으나 같고 다름 없지 않으니 이제서야 풀고 사유해서 스님들 건네 이끌고자 한다. 纘承四世 年將二百 魚魯斯訛 不無同異 方將繹思 津導玄流", 『법원주림』 권10(대정장53, p.353c22)에 "장안 서명사 도선율사라 하니, 그 덕은 현류의 귀감이 되었고 그 업은 고고하고 맑아 소박하였다. 長安西明寺 道宣律師者 德鏡玄流 業高淸素"라고 하였다. 〔참고문헌〕『止觀輔行傳弘決』, 『法苑珠林』.

현륙 玄陸 검은 땅. 교화가 아직 미치지 못해 캄캄한 곳을 말한다. 『십이문론』「서문 序文」(대정장30, p.159b22)에 "무릇 이와 같다 해도 어찌 또한 빛나는 신령함 장차 홍성하겠지만 암흑의 땅은 아직 밝지 않다는 사실을 알겠는가! 夫如是者 惡復知曜靈之方盛 玄陸之未晞也哉"라고 하였다. 〔참고문헌〕『十二門論』.

현린 玄鱗 고려 제34대 우왕(禑王 재위 1374~1388)대 내원당(內院堂)의 주지를 역임한 스님. 1388년(우왕14) 2월에 최영(崔瑩)의 요동(遼東)정벌 후 처음부터 최영과 모책하였다는 이유로 충주로 귀양보내졌다. 〔참고문헌〕『高麗史』 권113 崔瑩傳.

현립 顯立 현교립(顯敎立)의 줄임말. ⇨ 현교립 顯敎立

현막 玄漠 아득해 막막함. 깊어 그지없이 고요함. 『출삼장기집』 권7(대정장55, p.47a13)에 "위대하도다. 반야바라밀이여! 수많은 성인들 돕고 통하게 해서 으뜸이라면 다 이로써 이루었음이라. 대지 품고 태양 비추듯 법에 두루하지 않음 없지만 무엇에도 의지하지 않고 어디에도 머무르지 않으며, 저 이름 있는 것에 연루되지만 이미 이름이 있는 것들 밖에 있고 모양 없이 함도 병이라 여겨 둘 다 잊어서 그윽해 막막하다. 덩이진 채로 주체 없으니 이것이 지라는 것의 기원이다. 大哉 智度 萬聖資通 咸宗以成也 地含日照 無法不周 不恃不處 累彼有名 旣外有名 亦病無形 兩忘玄漠 塊然無主 此智之紀也"라고 하였다. 〔참고문헌〕『出三藏記集』.

현막 玄邈 아득해 멀기만 하다. 그윽해 말없이 고요할 뿐임. 『반야심경유찬』 권하(대정장33, p.535a10)에 "묘한 이치 아득해 멀기만 해서 불가사의하니 이승으로 능히 밝힐 수 없고 범부가 헤아릴 수 없기에 깊다고 이름할 뿐이다. 妙理玄邈 不可思議 二乘不能曉 凡夫所不測 故名爲深", 『종경록』 권12(대정장48, p.481a17)에 "무릇 마음이란 것 신묘하여 무엇으로도 가둘 수 없고 지극한 이치 아득해 멀어 삼제로 구해도 파악할 수 없으며 이제(二諦)로 밀어도 알 길 없으니, 모양도 없고 이름도 없기에 그 깊이와 넓이 헤아릴 수 없으며 의지함도 머묾도 없어 그 가리킨 자취 살필 엄두도 내지 못한다. 夫心者 神妙無方 至理玄邈 三際求而罔得 二諦推而莫知 無像無名 不可以測其深廣 無依無住 不可以察其指蹤"라고 하였다. 〔참고문헌〕『般若心經幽贊』, 『宗鏡錄』.

현명 賢明 어질고 지혜로움. 또는 그런 사람. 『앙굴마라경』 권2(대정장2, p.528c16)에 "위대하구나, 현명한 아들이여! 탐욕·분노·질투·교만이 없으며 아첨·왜곡·거짓·과장된 말·괴로움과 해를 가하는 일이 없다네. 大哉賢明子 無貪瞋嫉慢 諂曲及虛僞 過言加惱害", 60권본 『화엄경』 권8(대정장9, p.445a11)에 "불자들이여! 저 보살은 열 가지 법을 배워야 한다. 무엇이 그 열 가지인가? 제불을 공경공양하는 일과 보살들이 중생을 보호하는 마음을 찬탄하는 일과 현명한 이를 가까이하는 일과 … 생사윤회 멀리 벗어나는 일을 찬탄하는 일과 고통받는 중생 위해 귀의할 곳 만드는 일을 배워야 한다는 말이다. 諸佛子 彼菩薩應學十法 何等爲十 所謂 學恭敬供養諸佛 讚歎諸菩薩護衆生心 親近賢明 … 讚歎遠離生死輪迴 爲苦衆生作歸依處"라고 하였다. 〔참고문헌〕『央掘魔羅經』, 『華嚴經』.

현묘 玄妙 ❶ 그윽해 묘함. 함이 없어 떳떳함. 『정법화경』 권6(대정장9, p.102c3)에 "훌륭하도다! 훌륭하도다! 세존께서 편안하게 머물러 계시면서 말씀하신 대로 살펴보니 도덕 그윽하고 묘해 훤출히 끊었기에 짝할 이 없으며 지혜 평등하고 한결같아서 저 허공 같아 진실로 다름이 있을 리 없다네. 善哉 善哉 世尊安住 審如所言 道德玄妙 超絶無侶 慧平等一 猶如虛空 實無有異", 『대보적경』 권117(대정장11, p.661c11)에 "다함 없다는 말은 무위를 뜻한다. 도와 합하여 같으며 끝도 없고 시작도 없으며 깊고 묘하게 길이 있어서 이를 무위라고 하는데, 무위야말로 이에 변함없는 것일 따름이다. 所言無盡 謂無爲也 與道合同 無終無始 玄妙永存 此謂無爲 其無爲者 乃爲常耳"라고 하였다. 〔참고문헌〕『正法華經』, 『大寶積經』. ❷ 제7원행지(遠行地 Ⓢ dūraṃgamā bhūmi). 『점비일체지덕경』 권1(대정장10, p.458c22)에 "제7보살주를 현묘라고 한다. 第七菩薩住 名曰玄妙", 같은 책 권4(대정장10, p.479a15)에 "뛰어나 특별한 도를 닦아서 여섯째 도지로 좇아 제7주에 이르므로 현묘라고 한다. 修殊特道 從六道地 至於七住 名曰玄妙"라고 하였다. 〔참고문헌〕『漸備一切智德經』. ⇨ 원행지 遠行地

현무변불토공덕경 顯無邊佛土功德經 654년 당(唐) 현장(玄奘) 한역. 1권. 불타발타라(佛馱跋陀羅) 한역의

60권본 『화엄경』「수명품 壽命品」·실차난타(實叉難陀) 한역의 80권본『화엄경』「수량품 壽量品」·법현(法顯) 한역의 『교량일체불찰공덕경 較量一切佛刹功德經』(대정장10, No.290)의 이역본(異譯本). 대정장10, pp.591c9~592a18, No.289에 수록되어 있다. 석존께서 마갈다국 한적법림(閑寂法林)의 사자좌에 앉아 불가사의광왕보살(不可思議光王菩薩)을 대고중(對告衆)으로 삼아 설하신 법문으로 불국토마다 때와 우열이 있음을 설하시고 얻게 되는 공덕도 설한다.

현묵 玄默 Ⓟsusamāhita. 아득해 모든 것 끊어져 고요함. 적멸인 열반(涅槃)의 뜻이다. 현묵(玄嘿)이라고도 한다. 『법구경』 권하(대정장4, p.572a26 : *Dhp.*, p.106)에 "몸 그치고 말 그쳐서 마음 지켜 깊고 고요하려 해서 비구가 세간을 버린다면 이를 일러 고요함 받음이라 한다네. 止身止言 心守玄默 比丘棄世 是爲受寂 santa-kāyo santa-vāco santavā susamāhito vantalokāmiso bhikkhu upasanto ti vuccati", 『조론』(대정장45, p.157a29)에 "마음에서 욕이 그친다면 다시는 생사 없으리니, 이미 생사가 없으면 신(神)일랑 잠기게 해서 깊어 말없으리니 허공과 더불어 그 덕 합하니 그 이름 열반이라 한다. 若欲止於心 卽無復於生死 旣無生死 潛神玄默 與虛空合其德 是名涅槃矣", 『조론신소』 권하(대정장45, p.229a2)에 "현묵이란 적멸(寂)에 상당한다. 묵은 막(漠)자와 통한다. 현묘하고 고요하니 열반이라고 한다. 玄默者 準寂 默是漠字俱通 玄妙寂默 謂涅槃也"라고 하였다. [참고문헌] 『法句經』, 『肇論』, 『肇論新疏』, *Dhp.* ⇨적멸 寂滅

현문 玄門 ❶깊고 아득해 온갖 묘함(衆妙)이 드나드는 문. 믿음으로 들어갈 수 있어 범성이 모두 찬탄하는 문이다. 『금강경소론찬요』 권상(대정장33, p.160a1)에 "사상으로 중도라는 그윽한 문을 드러낸다. 四示中道之玄門", 『금강경찬요간정기』 권2(대정장33, p.185a19)에 "서분은 설법의 이유를 밝히고 정종분은 본래 뜻으로서 그윽한 법문을 나타내며 유통분은 그 향기 멀리 만고에 이어지길 바란다. 序分彰說法之由致 正宗暢本意之玄門 流通繼遐芳於萬古", 『대화엄경약책』(대정장36, p.703c22)에 "간략하게 십류를 펴서 현문을 보였지만 그 간략한 설명으로도 의리를 거둘 수 있다. 略申十類 以示玄門 然其略詮 亦收義理", 『행사초자지기』 권상(대정장40, p.179b18)에 "불법은 깊고 묘해서 믿음이 있으면 들어갈 수 있으므로 현문이라고 한다. 佛法深妙 有信得入 故曰玄門", 『중관론소』「서문 序文」(대정장42, p.4a23)에 "현문이란 다음과 같다. 『노자』에 이르길 '현하고 또 현하여 온갖 묘함이 오고가는 문이다'라고 하였는데, 이 말을 빌려 이 논을 지목하였다. 玄門者 老子云 玄之又玄 衆妙之門 借斯言以目今論也", 『정토론』「서문 序文」(대정장47, p.83b6)에 "무릇 정토의 깊은 문은 시방에서 모두 찬탄함이고, 아미타불의 칠보로 된 세계는 범성이 함께 기뻐함이다. 夫淨土玄門 十方咸讚 彌陀寶界 凡聖同欣"라고 하였다. [참고문헌] 『金剛經疏論纂要』, 『金剛經纂要刊定記』, 『大華嚴經略策』, 『行事鈔資持記』, 『中觀論疏』, 『淨土論』. ❷1886~1985. 근세 양주 흥국사(興國寺) 스님. 휘는 현문(玄門), 호는 혜암(慧庵), 속성은 최(崔)씨, 속명은 순천(順天), 본관은 강릉(江陵)이다. 아버지의 휘는 사홍(四弘), 어머니는 전주(全州) 이(李)씨니, 1886년(고종23) 1월 5일(음력으로는 1885년 12월 1일) 황해도 백천군 해월면 해암리에서 3대 독자로 태어났다. 가난한 농가에 태어나 어렵게 자라다가 1895년(고종32) 11세 때 아버지가 세상을 떠나자, 이듬해인 1896년 경기도 양주군 별내면 덕송리 수락산(水落山) 흥국사(興國寺)로 찾아가 행자생활을 하다가 1900년 15세 때 이보암(李保菴)스님을 은사로, 표금운(表錦雲)스님을 계사로 하여 스님이 되었다. 효심이 지극하여 홀어머니를 흥국사에 모셔 지내다가 1902년(광무6) 17세 때 어머니마저 세상 떠나자 걸릴 것이 없이 일의일장(一衣一杖)만으로 전국으로 행각하였다. 1908년(융희2) 천성산 내원선원에서 처음으로 여름안거에 들어가 참선정진을 시작했다. 1911년 27세 때 양산 통도사 금강계단에서 해담치익(海曇致益)율사로부터 비구계를 받은 후 통도사의 박성월(朴性月)스님 회상에서 공부하다가 이듬해에 성월스님으로부터 화두를 결택받아 참선의 길에 들었다. 그 후 수덕사의 만공월면(滿空月面)·부산 선암사의 혜월혜명(慧月慧明)·상원사의 한암중원(漢岩重遠)·서울 대각사의 용성진종(龍城震鐘) 등 당대의 선지식을 두루 친견하고 그들 회상에서 정진한 지 6년 만에 크게 깨달음을 얻었다. 한때 묘향산 보현사의 암자인 상원암(上院庵)과 강원도 정선군 사북읍 동면 고한리 정암사(淨巖寺) 주지를 역임하기도 했다. 1929년 44세 때 수덕사에서 만공스님으로부터 "구름과 산 같고 다름 없고, 대가의 바람이라는 것도 없네! 이와 같이 무늬 없는 인 이제 혜암에게 전해 주노라. 雲山無同別 亦無大家風 如是無文印 分付慧庵汝"는 전법게와 함께 법을 이어 받고 그의 제자가 되었다. 1945년 해방을 맞을 때까지 수행의 가리사(家裡事)를 마치고, 1956년부터는 중생을 제도하는 도중사(途中事)로써 수덕사의 조실로 추대되어 30여 년간 납자(衲子)를 지도했다. 1984년 미국의 호서 능인선원(湖西能仁禪院)의 봉불식에 참석하는 등 우리나라 선풍도 크게 진작하였다. 같은 해 12월 조계종 중앙종회에서 설치결의한 덕숭총림(德崇叢林)의 초대 방장(方丈)으로 추대되었다. 그로부터 사방에서 찾아온 많은 납자를 제접하다가 1985년 5월 19일 수덕사 염화실(拈花室)에서 세

수 100, 법랍 86세를 일기로 입적하였다. 제자에는 대의(大義)·법우(法雨) 등이 있고, 저서는 『선관법요 禪關法要』 1권(大韓佛教達磨會編, 1979)이 있다. 〔참고문헌〕『佛教新聞』(1985.5).

현문무애십인 玄門無礙十因 그윽한 문 걸림없는 열 가지 뜻. 더없이 깊고 아득히 넓지만 제법이 어울려 걸림없는 열 가지 뜻. 십현문(十玄門)의 자재한 뜻이다. 『화엄경소』 권2(대정장35, p.515c25)에 "〔문〕 어떤 인연이 있기에 이 모든 법이 이와 같이 섞여 어울리면서도 걸림이 없는가? 〔답〕 널리 펴기 어려우므로 간략하게 십류만 이끌어내 보리라. 첫째 오직 마음으로 나투기 때문이고 둘째 법에 정한 자성이 없기 때문이며, 셋째 연따라 일어나 서로 말미암기 때문이고 넷째 법성이 어울려 통하기 때문이며, 다섯째 마치 마술과 꿈 같기 때문이고 여섯째 그림자 같기 때문이며, 일곱째 인이 무한하기 때문이고 여덟째로 부처님께서 깨우쳐 다했기 때문이며, 아홉째 깊은 정으로 쓰기 때문이고 열째 신통한 해탈의 힘 있기 때문이다. 問 有何因緣 令此諸法 得有如是混融無礙 答 因廣難陳 略提十類 一 唯心所現故 二 法無定性故 三 緣起相由故 四 法性融通故 五 如幻夢故 六 如影像故 七 因無限故 八 佛證窮故 九 深定用故 十 神通解脫故"라고 하였고, 이를 근거하여 『대명삼장법수』 권28(영락장182, p.563a1)에서 마음 이미 원융하니 법 또한 걸림없고(心旣圓融 法亦無礙), 연을 좇아 일어나서 정한 자성 없으니 적다고 해도 정한 것 아니고 일미진보다 적기도 하네(從緣而起 無定性也 所謂小非定小於一微塵). 연기하는 법 서로서로 말미암고 의지하며(緣起之法 遞相由藉), 자성 이미 융통하기에 일 또한 그러해서 낱낱 미진들 법계를 품는다네(性旣融通 事亦如之故一一微塵 各含法界). 꿈꾸는 이 저 단 한 번 꿈속에서 광대사업 보아 마쳤으니 스스로 말하길 영원의 시간을 지났다 한다네(如一夢中 所見廣大事業 自謂歷時久遠). 마치 저 밝은 거울 같아 서로서로 비추니 온갖 법 그림자 지네(猶如明鏡 各各互現 諸法影像也), 무량하고 뛰어난 인을 닦아 이제 얻은 과 그 묘용 가없으리(修無量殊勝之因 故今得果 妙用無邊). 육통으로 자재해서 법계 자성과 함께하니 설하여 원만경이라 한다네(六通自在稱法界性 說圓滿經). 일체법 가지런히 빛나서 걸림없고 두렷이 어울린다네.(令一切法 炳然齊現 無礙圓融). 일체법으로 하여금 일법중에 건립해 나투니 두렷이 남김없이 어울려 스스로 자유롭다네(令一切法 於一法中 建立顯現 圓融自在)라고 하였다. 〔참고문헌〕『華嚴經疏』, 『大明三藏法數』. ⇨ 십현문 十玄門

현문지관 玄文止觀 법화삼대부인 『법화현의 法華玄義』(10권)·『법화문구 法華文句』(10권)·『마하지관 摩訶止觀』(10권)을 아울러 일컫는 말. 『법화경삼대부보주』 「서문」(卍속장43, p.871a12)에 "현문지관 총 30권을 당시 사람들이 삼대부라고 부른 것이 바로 이것이다. 玄文止觀 共三十卷 時人謂之 三大部者 卽斯是也"라고 하였다. 〔참고문헌〕『法華經三大部補注』. ⇨ 법화문구 法華文句, 법화현의 法華玄義, 마하지관 摩訶止觀

현미 玄微 그윽해 미묘함. 『출요경』 권19(대정장4, p.708c14)에 "법의 말씀 잘 설함은 이와 같으니, 그윽해 더없이 아름다운 뜻 펼쳐 말하고 갖가지로 묘한 뜻 널리 캐낸다. 善說法句 亦復如是 敷演玄微 廣採衆妙", 『점비일체지덕경』 권1(대정장10, p.460c16)에 "성스런 밝음으로 깊어 알 수 없는 곳에 닿고 지혜로 그 행할 바 풀어 내니 자연스레 업은 고요히 편안하며 부드럽고 어질어서 다툼도 어지러움도 없다네. 聖明達玄微 智慧解所行 自然業寂安 柔仁無諍亂", 『보살영락경』 권11(대정장16, p.95b24)에 "불자수보리는 공혜제일로 삼세법을 창달하니, 설함에 아주 그윽하고 미묘하네. 佛子須菩提 空慧爲第一 暢達三世法 所說甚玄微"라고 하였다. 〔참고문헌〕『出曜經』, 『漸備一切智德經』, 『菩薩瓔珞經』.

현밀 玄密 조선중기 스님. 운곡충휘(雲谷沖徽 ?~1613)가 중흥사로 돌아가는 스님을 전송하며 쓴 「송현밀사귀중흥사 送玄密師歸中興寺」(『운곡집』·한불전8, p.271b14)에 "쌍계사에서 이별할 때 서로 손잡고 훗날 기약하여 이야기했지요. … 중흥사는 성안 저자와 가까우니 납의를 걸친 채로 잊지 말고 돌아오십시오. 一別雙溪寺 相携話後期 … 中興近城市 掛衲莫忘歸"라고 하였다. 〔참고문헌〕『雲谷集』. ⇨ 충휘 冲徽

현밀겸학 顯密兼學 현교와 밀교를 아울러서 닦음. 『계람습엽집』 권67(대정장76, p.729c25)에 "장애를 없애는 것은 비밀의 가르침 행함에 있으니 현교와 밀교를 겸하여 배우고 행한다. 〔문〕 어떤 이가 비판하며 말했다. '그대는 본래 오랫동안 현교를 배웠는데 이제 무엇 때문에 밀교의 교법을 받는가?' 〔답〕 『소실지소』에서 '비유컨대 어떤 이가 손에 칼과 몽둥이를 들고 갑옷을 입지 않은 채 도적의 무리에 들어가면 뛰어난 한 사람일지라도 도적에게 해를 입는다. 현교의 과보 역시 이와 같으니 여래 삼밀의 갑옷을 입지 않으면 더러 업보의 번뇌에 의해 피해를 입지만 비밀교는 그렇지 않다. 삼밀의 갑옷을 법체에 입고 양손으로 아자의 날카로운 검을 쥐고 여래께서 맹서하신 사상과 이치를 겸비하면 만나지 못할 어떠한 교류도 없고 더불지 못할 어떠한 종지도 없다. 비유컨대 용사가 비밀하게 갑옷을 입고 날카로운 검을 쥐고 도적들 속으로 들어가서 자기와 남을 모두 편안하게 하는 것과 같다. 그러므로 진언을 겸학하는 것이다.

除障在祕教事 可顯密兼學事 問 有人難云 汝本久學顯教 今何受 答 蘇悉地疏云 譬如有人手執刀杖 不著甲冑 入群賊中 儻勝一人 或爲賊所害 顯教轉報 亦復如是 未被如來三密甲冑 或爲報業煩惱所害 祕教不爾 三密甲冑著法上體定惠手執阿字利釼 如來要誓事理兼備 無交不際 無宗不與譬如勇士密〻著甲冑 執持利釼入群賊中 自他俱安已上 故兼學眞言也"라고 하였다. [참고문헌]『溪嵐拾葉集』.

현밀계삼학 顯密戒三學 현교(顯教)·밀교(密教)·계율(戒律)의 삼학(三學). 천태밀교에서 현밀과 계율을 겸하는 종풍을 이르는 말. 『계람습엽집』 권99(대정장76, p.834b22)에 "현밀계삼학이 일본에 전래되어 널리 유통되었으니 이에 의지하여 수화상이 대사에게 탄식하여 말했다. '일본삼장은 천태지자 대사의 재생이다. 하나의 종파 안에 삼학이 유지되는 것은 우리 종파에 국한하니 모든 종파를 뛰어넘는 덕행이다' 앞서 산가대사의 뜻 풀이에서 현종으로 바른 기준으로 삼아 일체의 뜻을 해석하였고 보조적으로 밀종의 뜻을 겸하여 해석하였다. 그러므로 산가에서는 현대사라고 받들어 불렀다. 다음으로 자각대사의 해석에서는 밀종을 바른 기준으로 삼았고 현교를 보조로 삼아 일체의 의미를 풀이하고 사상과 교상을 겸하여 해석하였으니 이에 밀대사라고 받들어 칭하였다. 다음으로 지증대사의 해석은 여러 해석을 현밀일치의 관점으로 해석하고 사상과 교상을 거듭 겸하여 해석하였으니 이에 현밀일치대사라고 칭하였다. 顯密戒三學傳來 日域弘通給畢 依之湲和尙嘆大師曰 日本三藏者 天台智者再誕也 一宗內三學持事者 我宗限諸宗超過之德行也 先山家大師御釋義事 以顯宗爲正 一切義釋設給 傍密宗義勢兼釋給也 故以山家奉號顯大師也 次慈覺大師御釋義事 以密宗爲正 以顯爲傍 一切釋義設給 事相教相兼釋給也 仍奉號密大師也云云 次智證大師御釋義事 諸釋義皆以顯密一致釋給 事相教相和覆兼釋給 仍號顯密一致大師"라고 하였다. [참고문헌]『溪嵐拾葉集』.

현밀원통성불심요집 顯密圓通成佛心要集 요(遼) 도액(道殿) 지음. 2권. 현교(顯教)와 밀교(密教)에서 시설한 성불에 관한 핵심 내용을 모은 글. 현교의 내용은 화엄종 현수법장(賢首法藏)의 화엄교학을 원교(圓教)로 삼고 보현행을 실천방법으로 집록하였으며 밀교는 『대일경』과 만다라를 원교로 삼고 진언과 수인으로 작법하는 지송의궤(持誦儀軌)를 통해 가지공덕(加持功德)을 성취하는 행법을 모아 기록했다. 현밀이교(顯密二教)를 겸수하고 그 근원으로 돌아가 원통을 성취하는 이를 최상근기의 행자로 평가하고 있으며 하권에는 공불이생의(供佛利生儀)를 덧붙였다.

현밀이교 顯密二教 현교와 밀교. 현밀(顯密)·현로비밀(顯露祕密)이라고도 한다. 밀교교판의 하나다. 일본의 동밀(東密)과 태밀(台密)은 이에 대해 견해의 차이가 있다. [진언종의 관점] 동밀의 경우 홍법대사(弘法大師) 공해(空海)의 저술에서 현교와 밀교를 횡수(橫竪)의 두 가지 관점으로 해석하는 교판을 제시하는데 그 중 횡론의 교판은 『변현밀이교론 辨顯密二教論』(이하 『이교론』으로 약칭)에서 상세하게 설명하였고 흥교대사(興教大師) 역시 『현밀부동송 顯密不同頌』으로 이교(二教)의 차이를 설명했다. 이에 의하면 현밀이교의 구별은 이교의 근본을 제시하고 그 우열을 대비하여 진언밀교가 진실한 교법임을 설명하기 위한 것이다. 『이교론』에서는 현교 중 화엄·천태·법상·삼론 등 대승의 소의경론을 인용하여 밀교의 우위를 주장하는데 여기에서는 가르침의 수직적인 위계를 논하지 않는 횡론의 교판을 제시한다. 핵심 논점은 설법의 불신관(佛身觀)·과분설(果分說)·권실(權實)·성불 시간·이익 등의 차이를 기준으로 한다. ① 불신관(佛身觀)의 차이 : 현교는 보신(報身)와 응신(應身)의 설법이고, 밀교는 법신(法身)의 설법이라고 구분한다. 보신불은 십지(十地)의 계위에 진입한 보살을 위해 드러낸 일승교(一乘教)를 설하고 응신불은 지전(地前) 보살 및 이승(二乘)·범부(凡夫)를 위해 삼승교(三乘教)를 설한다. 석가세존이 설하신 교법은 모두 현교에 속한다. 현교에서는 법신설법을 인정하지 않는다. 밀교의 법신은 무상(無相)의 진여(眞如)에서 색상(色相)을 설법하고, 중생이 무명(無明)을 없애 무상(無相)의 법신에 계합하는 것을 목적으로 한다. 따라서 밀교는 법신인 대일여래가 그 권속인 성중(聖衆)과 함께 내증(內證)의 법문인 삼밀(三密)을 설한다는 법신설법의 특징이 있다. 공해의 『이교론』은 밀교경전과 『보리심론』·『석마하연론』·『능가경』·『대지도론』 등 현밀이교의 경론에 근거하여 법신설법의 의미를 세우고 이를 현밀의 근본적인 차이로 설명한다. 진언종에서는 불신(佛身)의 건립에 갖가지 법상이 있지만 법신·보신·응신의 삼신설(三身說)과 자성신(自性身)·수용신(受用身)·변화신(變化身)·등류신(等流身) 등 4종의 법신설을 중심으로 활용하는데 삼신설(三身說)은 현밀합론(顯密合論)에 해당하고, 4종 법신설은 오직 밀교의 독창으로 구분한다. 『이교론』에서 응신과 보신(응화신)의 설법을 현교로 삼고, 법신의 설법을 밀교로 판단하는 것은 현밀합론의 삼신설에 따른 것이다. 사종법신설에 의하면 이중의 견해가 있다. 하나는 사종신 모두 밀교를 설한다는 견해이다. 홍법대사가 『금강정경개제 金剛頂經開題』에서 사종법신이 모두 밀교를 설한다고 한 것은 이에 해당한다. 다른 하나는 자성신·자수용신은 양부의 대경인 밀교를 설하고, 타수용신·변화신·등류신의 삼신은 현교를 설한다는 것인데 이는 분별성위설(分別聖位說)에 해당한다. ② 과분설(果分說)의 차

이 : 현교와 밀교는 모두 법신을 증득하는 것을 목적으로 하지만 현교에서 법신은 언어와 마음작용이 끊어진 무상공적(無相空寂)의 이치로 설명할 뿐 구체적인 과분(果分)은 말하지 않았다고 판단했다. 밀교의 관점에서 현교의 교법은 여래의 방편설로서 구경의 진실이 아니며 밀교에서 법신여래가 과분의 상을 제시하는 것과 차별된다고 본다. 따라서 『이교론』에서는 『석마하연론』을 인용하여 대승교학과 진언의 우열을 대비하였고, 진여(眞如)·생멸(生滅)·불이(不二)의 삼문(三門)에서 제불(諸佛)의 증득 여부를 논하고 인과이분(因果二分)의 분별을 제시한다. 또는 『십지론』·『화엄오교장』·『석마하연론』에 근거하여 인분(因分)을 말할 수 있음은 현교에 배대하고, 과분을 말할 수 없음은 밀교에 배대하여 설명하기도 한다. ③ 권실(權實)의 차별 : 현교는 보신과 응신이 중생의 근기에 따라 설하는 방편교로서 여래의 진실한 법문이 아닌 수타의설(隨他意說)로 분류하고, 밀교는 여래 내증의 삼밀(三密)을 설한 진실교로서 근기에 따르는 방편설이 아닌 수자의설(隨自意說)로 판단한다. ④ 성불 시간의 차이 : 현교의 수행자는 삼아승지겁 동안 육도만행을 닦으면서 점진적으로 불과를 성취하는 반면, 밀교를 수습하는 근기의 수행자는 부모가 낳아준 육신으로 삼밀 묘행을 만족시키고 한 찰나, 한 시기, 한 생애 안에 성불할 수 있다. 설령 둔근기의 중생이라도 두세번의 생애 안에 성불한다. 현교에서도 화엄과 천태의 일승교법은 한 생애에 성불할 수 있음을 말하고는 있지만 이는 섭상귀성(攝相歸性)의 이치에 관한 언설일 뿐 실은 삼아승지겁의 성불을 벗어나지 않는다고 본다. ⑤ 이익의 우열 : 『반야이취경』에서 삼보(三寶) 중 법보(法寶)를 오장(五藏)으로 나누고 그 중 다섯째 다라니장(陀羅尼藏)을 제호미(醍醐味)에 비유하여 악업과 중죄를 소멸하고 신속하게 열반을 증득하는 가장 뛰어난 교문으로 제시하는데 공해(空海)는 이를 근거로 진언밀교가 다른 교법보다 수승한 이익을 주는 가르침이라고 설명한다. 밀교는 대일여래 내증의 법문으로서 그 내증을 나타내는 만다라·진언·다라니는 매우 깊고 무량한 공덕이 있으며 이를 수지·독송·서사하는 중생에게 광대한 이익이 있는데, 현교의 이익은 이에 미치지 못한다고 설명한다. 동사(東寺) 계열의 관점에서 밀교는 대일여래를 본존으로 삼아 일체 중생이 진실한 불과를 증득하도록 인도하는 최상의 가르침이며, 중생의 색심(色心)이 양부(兩部) 만다라의 이치와 지혜를 그대로 구족하여 체성(體性)으로서 법신(法身)과 다름이 없고 삼밀가지와 입아아입(入我我入)의 비밀관에 의지하여 즉신성불(卽身成佛)의 불과를 증득할 수 있는 교법임을 제시한다. [천태밀교의 관점] 천태밀교(天台密教)는 현교와 밀교의 관계를 절대와 상대의 두 관점으로 구분한다. 자각대사(慈覺大師) 원인(圓仁)의 일대원교론(一大圓教論)과 안연(安然)의 사일십문(四一十門)의 교판은 절대문에 해당하고, 오시교판(五時教判) 및 현밀이교판(顯密二教判)은 상대문에 해당한다. 자각대사의 현밀이교판은 일체 불법을 현밀의 두 가지 교판으로 나누고 밀교를 다시 이밀교(理密教)와 사리구밀(事理俱密)로 구분한다. 현교는 삼승교의 가르침으로서 세속제와 승의제의 원융을 설한다. 이밀교란 『화엄경』·『법화경』·『반야경』·『유마경』·『열반경』 등의 일승교가 진속불이(眞俗不二)를 설하므로 밀교의 이치는 갖추고 있지만 진언(眞言)과 수인(手印) 등의 구체적인 사상(事相)은 갖추지 못하였으므로 붙여진 이름이다. 반면 사리구밀이란 진속원융의 이치 뿐 아니라 만다라·진언·수인 등의 구체적인 사상을 갖춘 『대일경』·『금강정경』·『소실지경』 등의 가르침을 일컫는다. 지증대사(智證大師) 원진(圓珍)은 이 교판을 계승하면서 이치에서는 동등하지만 사상에서는 뛰어난(理同事勝) 밀교를 선양하고 사리구밀의 진언일승교가 이밀교의 일승교보다 수승하다고 주장한다. 안연(安然)의 사일십문(四一十門)의 교판 역시 같은 맥락에서 수립되었였다. 그러나 전통적으로 태밀에서는 천태과 진언의 우열을 논하기보다 『법화경』과 『대일경』을 동일한 원교로 보면서 우열을 가리지 않았고 현밀일치(顯密一致)의 관점을 산가(山家)의 정통설로 여겼다. 태밀의 현밀이교론은 동밀의 이교차별론(二教差別論)에 비하면 상대적으로 관용적이었고 법화·화엄 등의 일승교(一乘教)와 진언일승교의 공통점을 인정했다고 볼 수 있다. 원(圓)·계(戒)·선(禪)·밀(密)을 겸학하는 태밀의 종풍 안에서 이러한 현밀이교에 대한 관점이 형성되었을 것으로 보인다. 『양부대법상승사자부법기』 권상(대정장51, p.784a25)에 "현교의 마음 바탕은 오직 이치만을 밝힌 관법이다. 여기에서 유가밀교의 가르침은 이치와 현상의 두 가지 문에 통하고 금강계에 머물러 한 찰나의 마음에 상응하면 정각을 증득한다. 그러므로 지극하여 더 높은 경지가 없다고 한 것이다. 顯教心地唯明理觀 今此瑜伽教通理事二門 住金剛界 一念相應 便登正覺 故云極無有上也", 『십주심론』 권10(대정장77, p.362a23)에 "이러한 한글자마다 헤아릴 수 없고 끝이 없는 현밀의 교의를 갖추고 있다. 낱낱의 소리와 낱낱의 문자, 그리고 낱낱의 실상이 법계에 두루 있어서 일체 제존의 삼마지문과 다라니문이 되고 중생의 근기에 따라 현교와 밀교를 펼친다. 밀교란 대비로자나의 십만송 경전과 금강정유가의 십만송 경전이다. 현교란 타수용의 응화불인 석가여래께서 설한 오승과 오장 등의 경전이다. 此一一字門具無量無邊顯密教義 一一聲一一字一一實相周遍法界 爲一切諸尊三摩地門陀羅尼門 隨衆生機根量 開示顯教密教 密教者 大毘盧遮那十萬頌經及金剛頂瑜伽十萬頌經是也 顯教者 他受用應化佛釋迦如來所說五乘五藏等經是也", 『보리심론견문』 권1

(대정장70, p.37a9)에 "〔문〕 현교와 밀교의 차이는 어떻게 이해할 수 있는가? 〔답〕 현교와 밀교의 두 가지 가르침은 같지 않다 내증과 외용이 다르다. 완전하지 않은 온갖 근기에 따라 두루 삼승의 제자들에게 머물러 각각 대승과 소승의 이익을 베풀기에 이를 현교라 한다. 여래의 비밀한 은혜에 응하여 자성을 내증한 권속에게 삼밀유가의 상승법문을 곧바로 설한 것을 비밀교라 한다. 다만 현교의 근기에 따라서 풀이하면 능소의 불신과 불국토가 모두 현교 아닌 것이 없고 밀교의 기틀에 따라 해석하면 능소의 신체와 국토가 비밀 아님이 없다. 그리고 홍법대사께서 풀이하여 말씀하시기를 '부처님에게 삼신의 가르침이 있으니 이 가운데 곧 응화신의 설법을 현교라 한다. 현이라고 말하는 것은 근기에 따르는 제불의 말씀을 간략하게 이른 것이다. 밀교에서 이와 같이 해석하는 이는 교주의 우열로 현교와 밀교가 같지 않다고 주장한다. 이것의 얕고 깊음을 논하는 문제는 반드시 가르침의 얕고 깊음에 의지해야 하니 어찌 치우치게 교주의 높고 낮음에 임하겠는가? 현교에는 삼신이 있으니 모두 석존께서 설하신 것이고 밀교에는 사신이 있으니 모두 박가범의 비밀한 말씀이기 때문이다. 그러므로 이로써 두 가지 설법에 상응하게 현교와 밀교의 두 교법을 정할 수 있다. 현교의 법신으로 빌교의 교주를 삼고 또한 밀교의 타수용신이 반드시 현교의 교주가 됨을 이해할 수 있다' 그러나 산문은 그렇지 않다고 폐기 하였다. 하나의 부처는 한 때와 하나의 장소에서 하나의 가르침으로 성립하지만 밀교에서 일체의 부처는 진언의 한 부처이고 내지는 일체교법은 진언의 한 교법이다. 각대사는 '대흥선사 삼장께서는 「진언에 대해서 가르침을 세운다면 응당 일대원교가 여래의 설법이고 진언교의 아닌 것이 없다」고 말씀 하셨다'라고 풀이하셨다. 그러나 두 경의 교주인 동사와 산문은 모두 다른 뜻을 갖추고 있다. 問 顯教密教差異 如何可得意耶 答云云 示云 顯密二教不同 內證外用差別也 所以隨未了萬機 遍逗三乘弟子 各施大小益 是名顯教也 應如來密惠 對自性內證眷屬 直說三密瑜伽上乘 是名祕密教也 但約顯機釋 能所身土悉無非顯教也 約密機釋 能所身土無非密教 而弘法大師釋云 夫佛有三身教卽二種應化開說 名曰顯教 言顯略逗機諸佛談話謂之 密藏如此釋者 以教主優劣 立顯密不同也 論此淺深事 必可依教淺深 何偏任教主高下耶 所以顯教有三身共釋尊所說 密教有四身同 薄伽梵密語也 故以此應二說可定顯密兩教 以顯教法身 爲密教教主 又密教 他身 必顯教教主可得意也 而山門廢立 不爾 一佛一時一處一教立 於祕密前 一切佛 卽眞言一佛 乃至 一切教 卽眞言一教也 覺大師釋云 大興善寺三藏云 若就眞言而立教者 應云 一大圓教如來所演無非眞言教義也 但兩經教主 東寺山門俱以異義也", 『진언종교시의』 권3(대정장75, p.413b20)에 "만약 그렇다면 현교와 밀교는 모두 차별이 없다. 현교와 밀교에 반드시 차별이 있다면 삼세 제불의 현교의 형상과 소리는 진언의 대일여래의 사중만라다가 아닌 것인가? 〔답〕 삼세제불은 모두 진언문에 의지하여 성립하였고 대일여래는 사중만다라신을 일으키고 오직 오승진언을 설하였으나 중생근기가 얕아서 여래의 내증이 이 사중만다라 안에 있음을 알지 못한다. 또는 현교 여래께서 드러낸 오승의 신체가 오승법을 펼친 것으로 생각한다. 삼세제불은 중생이 좋아하는 것을 따르고 진언의 법을 펼치지 않았다. 이러한 극단을 현교라고 한다. 만약 깊은 근기가 있어서 부처님께서 본래 품으신 가르침을 펼치셨다면 현교에서 역시 진언을 설했을 것이다. 만약 큰 근기가 있어서 비밀을 들을 수 있었다면 여래가지력을 받아서 능히 내증의 주반과 법락의 상을 볼 수 있을 것이다. 또한 시방삼세제불의 교법이 비록 모두 진언이지만 근기에 따른다는 것을 알 수 있으니 이를 현교라고도 한다. 若許爾者 顯教密教皆無差別 若顯教密教必有差別者則彼三世諸佛 顯教形聲應非眞言大日四重曼荼羅耶 答 三世諸佛皆依眞言門而成 大日如來發生四重曼荼羅身唯說五乘眞言而以衆生機淺 未知如來內證 於此四重曼荼羅中 或謂顯教如來現五乘身開五乘法 三世諸佛隨衆生樂而未開示是眞言法 且約此邊名爲顯教 若有深機 佛暢本懷故於顯教亦說眞言 若有大機 堪聞祕密 則蒙如來加持之力能見內證 主伴法樂之相 亦知十方三世諸佛教法 雖皆眞言而隨機情 亦名顯教", 『대일경주심품소사기』 권4(대정장58, p.712a17)에 "현교와 밀교의 승열차별 가려서 밀교의 구경청정의 뜻을 드러내고자 한다. 현교수행자에게서는 다겁 동안 잠시도 인연의 업으로 물드는 것을 없앨 수 없으므로 구경청정구라고 할 수 없다. 이는 금강정오비밀경의 설법과 같다. 현교수행자는 헤아릴 수 없이 긴 시간이 흐른 후에 무상보리를 증득하기에 그 중간에 열 번 나아가고 아홉 번 물러나 더러 칠지를 증하더라도 쌓아온 복덕지혜를 성문연각의 도과에 회향할 뿐 무상보리를 증득하지 못한다. 對辨顯教密教 勝劣差別 而欲顯密教之究竟淸淨義 其於顯教修行者 多劫間輒不能滅緣業生染故 不名究竟淸淨句也 此如金剛頂五祕密經說 若於顯教修行者 久經三大無數劫然後證成無上菩提 於其中間 十進九退 或證七地 以所集福德智惠 迴向聲聞緣覺道果 仍不能證無上菩提", 『제종교리동이석』(대정장79, p.56a12)에 "비록 삼승과 일승이 가지를 달리하고 현교와 밀교가 다른 길이라고 말하지만 파사현정의 뜻과 권실에 있어서는 같으니 미혹에서 벗어나 깨달음을 증득한다는 종지에 있어서 현밀 어찌 다르다 하겠는가? 雖言三乘一乘別岐 顯教密教殊途 破邪顯正之義 權實是同出迷證覺之旨 顯密豈異乎"라고 하였다. 〔참고문헌〕 『兩部大法相承師資付法記』, 『十住心論』, 『菩提心論見聞』, 『眞言宗教時義』, 『大日經住心品疏私記』, 『諸宗教理同異釋』.

현밀합론십주심 顯密合論十住心 일본 진언종 홍법대사(弘法大師) 공해(空海)가 『십주심론 十住心論』을 건립한 8가지 의세(義勢) 중 하나. 현교에서 밀교의 순서로 십주심을 설명하는 방법이며 현밀이교(顯密二敎)를 불이(不二)의 관점에서 해석하는 논리이다. 『십주심의림』 권본(대정장77, p.840c19)에 "다음으로 현밀합론 십주심이란 앞의 아홉 가지 마음은 현교이고 열째 마음이 밀교에 해당한다. … 〔문〕 십주심의 건립에 비록 여러 가지가 있지만 그 핵심을 취한 것을 어떤 것인가? 〔답〕 첫째, 현밀합론십주심이니 앞의 아홉 가지 마음은 현교이고 열째 마음은 밀교이다. 현료로부터 밀교로 들어갈 때 제불의 깨우침에 의지하여 열째 마음에 들어간다. 次顯密合論十住心者 前九顯 第十密 … 問 十住心建立雖有多種 採其要者有幾種乎 答 一 顯密合論十住心 前九顯 第十密也 從顯入密時 依諸佛驚覺入第十也"라고 하였다. 〔참고문헌〕『十住心義林』.

현반 現般 현반열반(現般涅槃 Ⓢ nirvāṇa-darśana)과 같다. 『순정리론』 권65(대정장29, p.697c3)에 "앞에서 현반이라 한 말은 오직 현세에 처음으로 성도를 얻고 열반에 이른 이를 가리킨다. 前現般言唯目現世初得入聖至涅槃者", 『구사론기』 권8(대정장41, p.158c2)에 "욕계의 몸으로 능히 모든 번뇌를 끊은 이라면 이름하여 현반이라 한다. 於欲界身 能斷諸漏 名爲現般", 『구사론송소론본』 권24(대정장41, p.950a26)에 "오직 욕계에서 반열반할 수 있다면 이를 현반나함이라 한다. 현재의 몸으로 열반하기 때문이다. 송에서 '여기에 머물면서 반열반한다'라고 한 것은 이곳 욕계에 머물면서라는 뜻이니, 이것을 현반이라고 한다. 唯於欲界 得般涅槃 名現般那含 於現身中 得涅槃故 頌言住此般涅槃者 卽住此欲界 名現般也", 『유가론기』 권6(대정장42, p.444a5)에 "현반이라 하였는데, 욕계에서의 생을 오랫동안 거쳐오며 불환과를 얻었으나 한 번도 상계에 나지는 않은 채 현신으로 반열반하기에 현반이라 한다. 또는 성자의 몸에 들어 다시 생사를 거치지 않고 불환과를 얻어 현신으로 멸도에 드는 것을 현반이라 한다. 現般多經欲界生 得不還果 一不生上 現身般故 名現般者 或卽入聖身 不經死生 得不還果 現身入滅 名現般者"라고 하였다. 〔참고문헌〕『順正理論』, 『俱舍論記』, 『俱舍論頌疏論本』, 『瑜伽論記』. ⇨ 현반열반 現般涅槃 ❶

현반열반 現般涅槃 ❶ Ⓢ dṛṣṭa-dharma-parinirvāyin, Ⓣ mthong-ba'i-chos-las-yongs-su-mya-ngan-las-'da'-ba. 상계인 색계와 무색계에 나지 않고 욕계의 현신(現身)에서 반열반에 드는 성자. 칠종불환(七種不還) 중 하나 또는 이십칠현성(二十七賢聖) 중 하나로 현반(現般)·현법반열반(現法般涅槃)이라고도 한다. 『장아함경』 권15 「구라단두경 究羅檀頭經」(대정장1, p.101b5)에 "부처님께서 비구들에게 말씀하셨다. '저 사람 깨끗이 범행을 닦으면서 법마다 성취하였고 법을 훼손하는 일을 하지 않아 오하분결을 끊고는 저곳에서 현반열반하였으니 이 세간에 다시 오지 않는다. 佛告諸比丘 彼人淨修梵行 法法成就 亦不於法有所觸嬈 以斷五下分結 於彼現般涅槃 不來此世", 『구사론』 권24(대정장29, p.125a6 : *Abh-k-bh.*, p.360)에 "다시 색계나 무색계에 가는 일 없고 바로 여기에 머물면서 반열반하는 이를 현반열반이라 한다. 復有不行色無色界 卽住於此能般涅槃 名現般涅槃 ihaiva janmany aparaḥ parinirvāti sa dṛṣṭadharmaparinirvāyo", 『구사론기』 권24(대정장41, p.362b2)에 "다시 색계나 무색계에 가는 일 없이 해서 이 욕계생 중에 불환과를 얻는데, 이미 과를 얻어 마친 뒤에는 이 생에서 반열반하는 이를 현반열반이라 한다. 復有不行色無色界 卽住於此欲界生中得不還果 旣得果已 卽於此生能般涅槃 名現般涅槃"라고 하였다. 〔참고문헌〕『長阿含經』, 『俱舍論』, 『俱舍論記』, *Abh-k-bh.* ⇨ 현반 現般, 칠종불환 七種不還, 이십칠현성 二十七賢聖, 불환과 不還果 ❷ 반열반(Ⓢ parinirvāṇa : 圓寂)을 보이다. 『섭대승론석』 권10(대정장31, p.375b13)에 "아직 성숙하지 못한 유정의 부류에 대해서는 반열반을 현시하고, 이미 성숙한 유정의 부류에 대해서는 불과의 성취를 현시한다. 그들이 해탈을 획득하게 하기 위해서이다. 或於未熟諸有情類 現般涅槃 或於已熟諸有情類現成佛果 爲欲令彼得解脫故"라고 하였다. 〔참고문헌〕『攝大乘論釋』. ⇨ 반열반 般涅槃

현번 懸幡 ❶ 깃발을 높이 매달다. 절에 찰간(刹竿) 등을 세워 불법 오래 멀리 불멸하기를 바란다. 『법원주림』 권36 「현번편 懸幡篇」(대정장53, p.568b11)에 "꽃다운 깃발 펄럭여 대천에 날아오르기를 바라고, 자줏빛 구슬 서로 비추게 해서 백억중생에게 밝음을 토해내었다. 지혜바람 때론 움직여 맑게 오르는 업 있음을 알리고, 실바람 때때로 불어와 전륜왕으로 보답함에 다함이 없다 한다. 華幡飄颺 冀騰翥於大千 珠紫相映 吐輝煥於百億 慧風或動 淸昇之業有徵 微吹時來 輪王之報無盡也", 『출삼장기집』 권12 「법원잡연원시집목록 法苑雜緣原始集目錄」(대정장55, p.90c4)에 "제9 「찰상현번산화기」〈『가섭힐아난경』에 나옴〉, 제10 「현번속명연기」〈『보광경』에 나옴〉. 刹上懸幡散花記第九〈出迦葉詰阿難經〉 懸幡續明緣記第十〈出普廣經〉"라고 하였다. 〔참고문헌〕『法苑珠林』, 『出三藏記集』. ⇨ 번 幡, 속명신번 續命神幡, 찰간 刹竿, 찰주 刹柱 ❷ 의식도량 장엄구. 『인왕호국반야바라밀다경다라니염송의궤』 권1(대정장19, p.515b15) "단상에 펼치는 청색덮개 늘여서 단의 크기에 맞추며, 단을 돌며 현번 24구를 둔다. 於壇上張靑色蓋 稱壇大小 繞壇懸幡

二十四口",『산보집』 권중「하단영청지의 下壇迎請之儀」(한불전11, p.487c16)에 "인예향욕편 끝에 종두가 헌번을 내리고 나서 입실게를 외운다. 引詣香浴篇末 鐘頭下懸幡 次入室偈"라고 하였다. [참고문헌]『仁王護國般若波羅蜜多經陀羅尼念誦儀軌』,『刪補集』.

현번뇌 現煩惱 현행하는 번뇌.『섭대승론석』 권2(대정장31, p.391a18)에 "청정에는 두 가지다. 첫째는 세간청정이니, 유루도로써 잠시 현번뇌 버려 엎드리게 하기 때문이다. 둘째는 출세간청정이니, 무루도로써 저 번뇌 수면을 마침내 끊어 사라졌기 때문이다. 淸淨有二 一 世間淸淨 以有漏道暫時損伏現煩惱故 二 出世間淸淨 以無漏道畢竟斷滅彼隨眠故",『현양성교론』 권3(대정장31, p.496c3)에 "다섯 차제가 있어 모든 번뇌 끊는다. … 셋째는 먼저 모든 현행하는 번뇌를 점차 조복하고, 넷째는 그런 뒤 일체번뇌를 길이 끊는다. 有五種次第諸煩惱斷 … 三 先漸調伏諸現煩惱 四 然後永斷一切煩惱"라고 하였다. [참고문헌]『攝大乘論釋』,『顯揚聖敎論』.

현범 玄範 당대 스님. 현장과 동시대 유식가로 그의 문인이라고도 한다. 인명(因明)에 정통하였으며 장안 보광사(普光寺)에 머물면서 저술에 전념하였다. 저서에는『대승아비달마잡집론소 大乘阿毘達磨雜集論疏』16권·『해심밀경소 解深密經疏』10권·『성유식론소 成唯識論疏』20권·『섭대승론소 攝大乘論疏』7권·『변중변론소 辯中邊論疏』3권·『대법론소 對法論疏』10권·『대인명론소 大因明論疏』2권·『인명정리문론초 因明正理門論鈔』2권·『인명입정리론소 因明入正理論疏』1권·『법화경소 法華經疏』8권·『무구칭경소 無垢稱經疏』6권·『인왕경소 仁王經疏』4권·『능단금강반야경술찬 能斷金剛般若經述贊』3권·『대열반경소초 大涅槃經疏鈔』2권 등이 있지만『잡집론소』외에는 모두 산실되어 그 면모를 알 수 없다. [참고문헌]『大唐內典錄』권5(대정장55, p.283c13),『法相宗章疏』(대정장55, p.1138b17),『東域傳燈目錄』(대정장55, p.1148b9).

현범죄 現犯罪 현재 눈앞에서 범한 죄. 드러나 알게 된 죄.『유부율』 권5(대정장23, p.650a21)에 "이때 육군비구인 난다와 우파난다는 서로 말했다. '우리들 이미 그 일에 대해 잘 답하였지만, 조금 욕심낸 사람이 지금 눈앞에서 죄를 범했으니 우리들이 그에게 가서 참회하게 해야겠다'. 是時 六衆苾芻 難陀 鄔波難陀 共相謂曰 我等且已善答其事 然少欲者 今現犯罪 我等往彼 令其悔過",『보살선계경』 권4(대정장30, p.984a3)에 "보살이 보살계를 배운다면 다섯 가지 불방일이 있다. 첫째로 이미 범한 죄를 관해서도 여법히 참회한다. 둘째로 미래에 범할 죄를 관해서도 여법히 참회한다. 셋째로 현재 눈앞에서 범한 죄를 관해서도 여법히 참회한다. 菩薩若學菩薩戒者 有五不放逸 一者 觀已犯罪 如法懺悔 二者 觀當犯罪 如法懺悔 三者 觀現犯罪 如法懺悔"라고 하였다. [참고문헌]『有部律』,『菩薩善戒經』.

현법 現法 ❶ Ⓢ dṛṣṭa-dharma, Ⓟ diṭṭha-dhamma, Ⓣ tshe-'di-nyid. 지금 드러나 움직이는 법. 현재 또는 현재세계. 미래세는 후법(後法)이다.『잡아함경』 권4(대정장2, p.23a25 : *Ujjaya-sutta, AN.4*, p.285)에 "부처님께서 바라문에게 말씀하셨다. 네 가지 법이 있으니 속인은 재가에서 현법의 안락을 얻는다. 무엇이 넷인가. 방편과 수호와 선지식과 정명을 구족하면 된다. 佛告婆羅門 有四法 俗人在家 得現法安現法樂 何等爲四 謂方便具足 守護具足 善知識具足 正命具足 cattāro 'me brāhmaṇa dhammā kulaputtassa diṭṭha-dhamma-hitāya saṃvattanti diṭṭha-dhamma-sukhāya. katame cattāro. uṭṭhāna-sampadā ārakkha-sampadā kalyāṇamittatā sama-jīvitā",『법집요송경』 권4(대정장4, p.794b29 : *Udāna-v.*, p.396)에 "이미 안락처에 이르러 현법에서 함이 없고, 이미 모든 두려움마저 넘었으니 세간의 모든 물들어 붙들린 것들 멀리 넘어섰다네. 已逮安樂處 現法而無爲 已越諸恐懼 超世諸染著 kṣema-prāptā hi sukhitā dṛṣṭa-dharma-abhinirvṛtāḥ, sarva-vairabhayātītās tīrṇā loke viṣaktikām",『보살처태경』 권3(대정장12, p.1029c12)에 "불세존께서 지금 나타나 계신 채로 설법하시는데 처음도 좋고 중간도 좋고 끝도 좋으시다. 네 가지 길인 길상행을 분별하시고, 일곱 번만 나시고 다시 세 번 나셨으며, 다시는 오고갈 일 없으시니 곧바로 현법에 반열반하시어, 고와 집을 끊어 열반에 드시고 도에 나아가 깨달음을 증하셨다. 佛世尊 今現在說法 初善 中善 竟善 分別四道 吉祥之行 七生更三 不復往來 卽於現法 般涅槃 斷苦集滅 取道成證",『본사경』 권1(대정장17, p.664c11)에 "비구여, 마땅히 알라. 세상에 하나의 법이 있으니 만약 잘 닦고 거듭 닦아 익히면 두 가지 이익을 거둬 가져서 원만에 이른다. 즉 현법에서 이롭기에 원만하게 되고 미래 이롭게 해서 원만하게 하며, 능히 현법에서 이익과 안락을 성취하고, 능히 후법에서 이익과 안락을 성취하며, 능히 현법과 후법에서 이익과 안락을 성취한다. 苾芻 當知 世有一法 若善修習 善多修習 攝持二利 令至圓滿 謂現法利 令至圓滿 及後法利 令至圓滿 能成現法利益安樂 能成後法利益安樂 能成現後利益安樂"라고 하였다. [참고문헌]『雜阿含經』,『法集要頌經』,『菩薩處胎經』,『本事經』, *AN.*, *Udāna-v.* ❷ 현전지(現前地 Ⓢ abhimukhī-bhūmi). 보살십지(菩薩十地) 중 여섯 번째 위.『인왕경합소』 권중(卍속장40, p.777a18)에 "현법은 곧 제육현전지이니, 인연관해가 현전하기 때문이다. 現法

卽第六現前地 因緣觀解 現前故也"라고 하였다. [참고문헌]『仁王經合疏』. ⇨ 현전지 現前地 **3** ➡ 현량 現量

현법과 現法果 Ⓢ dṛṣṭa-dharma-phala, prāpta-janma-phala, Ⓣ tshe-'di'i-'bras-bu. 현재에 받는 과. 『구사론』 권15(대정장29, p.82b20 : *Abh-k-bh.*, p.232)에 "이 지(地)에 나서 이 '지'의 물듦을 영원히 떠난다 하니, 이 '지' 중에서의 모든 선업과 불선업으로 이숙과는 결정되었으나 위가 결정되지 않았다면, 이 업은 반드시 현법과를 초래한다. 만약 그 밖의 다른 '위'에서의 순정수업이 있다면, 그것은 반드시 물든 뜻을 영원히 떠난 것이 아니므로 나머지 '위'에서 반드시 이숙과를 받는다. 生此地 永離此地染 於此地中 諸善不善業 於異熟定 位不定者 此業必能招現法果 若有餘位 順定受業 彼必定無永離染義 必於餘位 受異熟果 tasya vā karmaṇo yā bhūmiḥ kuśalasya-akuśalasya vā tato 'tyanta-vairāgyāt-tat-karma dṛṣṭa-dharma-vedanīyaṃ karma saṃpadyate. tasyāṃ bhūmau jātasya kīdṛśaṃ karma-ity-āha. vipāke niyataṃ hi yat. yad-dhi karma niyataṃ vipāke na tv-avasthāyāṃ na-apy-aniyataṃ tatyaiṣa niyamaḥ. yat-punar-avasthā-antara-niyataṃ tasya tatra-eva niyato vipākastadvato 'tyanta-vairāgyāsaṃbhavāt", 『유가사지론』 권9(대정장30, p.318a22 : *Yogā-bh.*, p.184)에 "현법과를 받게 되는 것에는 두 가지 인연이 있다. 선업과 불선업으로 현법과를 받게 되니, 첫째는 욕해를 말미암기 때문이고, 둘째는 일어난 일 때문이다. … 욕해를 돌아봄이 있는 것은 불선업을 지어서 현법과를 받는다. 말하자면 저 사람이 증상욕해로 말미암아 그 몸과 재물과 온갖 있는 것들을 돌아 보아 애착해서 불선업을 짓는 것과 같다. 與現法果者 有二因緣 善不善業 與現法果 一 由欲解故 二 由事故 … 有顧欲解 造不善業 受現法果者 謂如有一 由增上欲解 顧戀其身 顧戀財物 顧戀諸有 造不善業 tatra dṛṣṭa-dharma-phalataḥ. dvābhyāṃ kāraṇābhyāṃ karma dṛṣṭa-phalaṃ bhavaty-akuśalaṃ vā kuśalaṃ vā. āśayato vastutaś-ca … tatra-apekṣāśayato'pi karma-akuśalaṃ dṛṣṭa-dharma-vedanīyaṃ. yathāpi-ihaikatyo'dhimātrāṃ kāya-nirapekṣatāṃ bhoga-nirapekṣatāṃ bhava-nirapekṣatām-abhisaṃskaroti"라고 하였다. [참고문헌]『俱舍論』, 『瑜伽師地論』, *Abh-k-bh.*, *Yogā-bh.*, *Buddh-c.142.* ⇨ 이숙과 異熟果

현법락 現法樂 Ⓢ dṛṣṭa-dharma-sukha. 현재세에서의 즐거움. 현법락주(現法樂住)와 같다. 미래에 받으면 후법락(後法樂)이다. 깨끗하고(淨) 무루(無漏)인 법들을 닦아 얻은 정려(諸善靜慮)로 얻는다. 『구사론』 권24(대정장29, p.125c28 : *Abh-k-bh.*, p.363)에 "정려를 잡수하는 것은 세 가지를 연으로 삼는다. … 불환 중의 모든 이근자는 현법락이나 정거천에 나기 위함이다. 雜修靜慮爲三種緣 … 謂不還中諸利根者 爲現法樂及生淨居 tribhiḥ kāraṇair dhyānaṃ vyavakiranti … tīkṣṇendriyā anāgāminaḥ śuddhāvāsa-upapatty-arthaṃ dṛṣṭa-dharma-sukha-vihāra-arthaṃ ca", 같은 책 권28(대정장29, p.150a16 : *Abh-k-bh.*, p.451)에 "계경에서는 또한 네 가지 등지 수습함을 설하였는데, 첫째는 현법락에 머물기 위해 수습하는 삼마지다. … 그 상들은 무엇인가? [송] 현법락을 얻기 위해 온갖 선한 정려를 수습한다. … '선'이란 깨끗하여 무루인 것을 모두 거둔다. 온갖 선한 정려를 닦으면 현법락에 머묾을 얻는다. 하지만 경에서 단지 초정려만을 설한 것은 처음 것을 거론하여 뒤의 것을 드러내기 위함이니, 이치상 실제로는 나머지 정려에도 통하는 것이다. 契經復說四修等持 一 爲住現法樂 … 其相云何 頌曰 爲得現法樂修諸善靜慮 … 善言通攝淨及無漏 修諸善靜慮得住現法樂 而經但說初靜慮者 擧初顯後 理實通餘 punaś catasraḥ samādhibhāvanā ucyante … dṛṣṭadharmasukhavihārāya … tatra samādhibhāvanā dhyānaṃ śubhamādyaṃ sukhāya hi kuśalaṃ prathamaṃ śuddhakam anāsravaṃ vā dṛṣṭadharmasukhavihārāya samādhibhāvanā tadādikatvād anyāny api jñeyāni", 『구사론기』 권28(대정장41, p.432b27)에 "현전의 법의 즐거움에 머무는 것을 현법락에 머무는 것이라 한다. 住現前法樂名住現法樂", 『대비바사론』 권81(대정장27, p.418a29)에 "세존께서는 단지 네 가지 정려를 설하시여 현법락이라 하였다. 世尊但說四種靜慮名現法樂"라고 하였다. [참고문헌]『俱舍論』, 『俱舍論記』, 『大毘婆沙論』, *Abh-k-bh.* ⇨ 현법락주 現法樂住

현법락주 現法樂住 Ⓢ dṛṣṭa-dharma-sukha-vihāra, Ⓟ diṭṭha-dhamma-sukha-vihāra. 현법으로 즐겨 머물다. 사수등지(四修等持 : 四修定)를 통해 얻는 네 가지 과 중 첫 번째. 또는 칠종정명(七種定名) 중 하나. 무학(無學)인 아라한이 선정려(善靜慮) 즉 청정과 무루정려를 수습함에 따라 현재세에 여러 법락(法樂)을 누리는 일이다. 희락(喜樂)·안락(安樂)·사락(捨樂), 또는 낙수락(樂受樂)·경안락(輕安樂) 등으로 풀기도 한다. 현법락주는 색계의 근본정(根本定) 즉 사정려(四靜慮)에만 국한되기에 근분정(近分定)과 무색계에는 해당하지 않는다. 현법락(現法樂)·현법안락주(現法安樂住)·현법희락주(現法喜樂住)라고도 한다. 후법락주(後法樂住)에 대칭한다. 『대비바사론』 권26(대정장27, p.137a8)에 "무학의 성자는 이 지식념(止息念)에 의지해 네 가지 낙에 머물기에 현법락주를 얻는다고 한다. 네 가지 즐거움이란, 첫째는 출가의 즐거움, 둘째는 멀리 여읨의 즐거움, 셋째는 적정의 즐거움, 넷째는 바르고 고른 깨우침인 삼보리(Ⓢ saṃbodhi : 正等覺)의 즐거움이다. 無學者由此住四種樂故名得現法樂住 四種樂者 一 出家樂 二 遠離樂 三 寂靜樂 四 三菩提樂", 같은 책 권81(대정장27, p.419c24)에 "또한 다음으로 오직 정려 중에만 두 가지 즐거움이 갖추어져 있어 낙주라 하니, 첫째는 (前三靜慮의) 낙수의 즐거움이고, 둘째는 (第四靜慮의) 경안의 즐거움이다. … 또한 근본정려가 현전할 때에는 장양하는 대종이 몸 중에 편만해서 몸으로 하여금 기쁨 가득케 하기에 낙주라 한다. … 지와 관의 힘이 고르기에 낙주라 한다. … 정진과 지가 평등하게 구르기에 낙주라 한다. … 한층 뛰어난 버림으로 물듦을 끊어 버릴 수 있었기에 낙주라 한다. … 애써 힘 쓰는 일 없이도 물듦을 여읠 수 있기에 낙주라 한다. … 정려에 의지하는 이는 (열반에) 안락하고 쉽게 도달할 수 있기에 낙주라 한다. 復次唯靜慮中具二種樂故名樂住 一 樂受樂 二 輕安樂 … 復次根本靜慮現在前時 長養大種遍身中生令身充悅故名樂住 … 止觀力等故名樂住 … 精進與止平等而轉故名樂住 … 增上捨斷離染可得故名樂住 … 無功用道離染可得故名樂住 … 依靜慮者安樂易到故名樂住", 『구사론』 권28(대정장29, p.145b16 : *Abh-k-bh.*, p.433)에 "정려만이 어째서 유독 뛰어나다고 하는가? 모든 등지 내에서 오직 이것만이 (사정려 내의 각각의) 지를 거둔다. 지와 관을 고르게 행함이 가장 능한 심려이니 현법락주와 낙통행이라는 이름을 얻고, 그러기에 이 등지를 유독 정려라 이름한다. 靜慮如何獨名爲勝 諸等持內唯此攝支 止觀均行最能審慮 得現法樂住及樂通行名 故此等持獨名靜慮 kaś ca prakarṣayuktaḥ yo 'ṅgasamāyuktaḥ samādhiḥ sa hi śamathavipaśyanābhyāṃ yugand dhavāhitvād dṛṣṭadharmasukhavihāra uktaḥ sukhā ca pratipad iti sutarāṃ tena dhyāyanti", 『유가사지론』 권11(대정장30, p.331a6)에 "또는 낙주라 이름하니, 이 중에서 더없는 즐거움을 받아들이기 때문이다. 왜 그러한가? 여러 정려에 의지하여 희락·안락·사락을 받아들이기 때문이다. … 이 정 중에서 현전해서 현법락주를 받아들이기에, 이것으로 좇아 일어난 다음에 이렇게 말하는 것이다. '나는 이미 이와 같은 낙주를 받아들였다'. 或名樂住 謂於此中受極樂故 所以者何 依諸靜慮 領受喜樂安樂捨樂身心樂故 … 由此定中現前領受現法樂住 從是起已 作如是言 我已領受如是樂住", 『유가론기』 권4(대정장42, p.378b1)에 "현법락주는 오직 사정려의 근본정에 국한되지 근분정에는 해당하지 않는다. … 네 가지 근본정려를 현법락주라 한다. 現法樂住唯四靜慮根本非近分 … 四根本靜慮名現法樂住", 라고 하였다. [참고문헌] 『大毘婆沙論』, 『俱舍論』, 『瑜伽師地論』, 『瑜伽論記』, *Abh-k-bh.* ⇨ 현법락 現法樂, 사수등지 四修等持, 근본정 根本定, 근분정 近分定

현법락주선 現法樂住禪 Ⓢ dṛṣṭa-dharma-sukha-vihārāya dhyāna, Ⓣ tshe-'di-la-bde-bar-gnas-par-bya-ba'i-bsam-gtan. 일체선(一切禪)이 갖는 세 가지 특징 중 하나다. 현재 그대로의 법락에 머무는 선으로 현법락주정려(現法樂住靜慮)라고도 한다. 『보살지지경』 권6 「선품 禪品」(대정장30, p.921c10 : *Bodh-bh.*, p.143)에 "보살은 선정으로 일체망상을 떠나서 몸과 마음을 그치고 쉰다. 제일의 적멸로 스스로 들뜬 마음 쉬게 해서 맛들여 붙들린 것들과 일체상을 버리고 떠난다. 이를 현법락주선이라 한다. 菩薩禪定 離一切妄想 身心止息 第一寂滅 自擧心息 捨離味著 及一切相 是名現法樂住禪 bodhisattvānāṃ sarvavikalpāpagataṃ kāyikacaittasikaprasrabdhijanakaṃ paramapraśāntaṃ manyanāpagatamanāsvāditaṃ sarvanimittāpagataṃ dhyānam. idameṣāṃ dṛṣṭadharmasukhavihārāya veditavyam"라고 하였다. [참고문헌] 『菩薩地持經』, 『瑜伽師地論』 권43(대정장30, p.527c4), 『法界次第初門』 권하(대정장46, p.688c6), 『地持論義記』 권3(卍속장61, p.433a14), *Bodh-bh.* ⇨ 일체선 一切禪

현법락주제일의선 現法樂住第一義禪 눈앞에 드러난 법마다에 기꺼이 머무는 제일의 뜻으로서의 선. 대승의 일체행법 중 하나다. 『사미학계의궤송주』(卍속장107, p.212a11)에 "여섯째 일체행선이란, 대승의 일체행법은 머금어 거두지 않음이 없으니 열세 가지 이름이 있다. 첫째는 선선, … 열두째는 사상연선, 열셋째는 현법락주제일의선이다. 六 一切行禪 謂大乘一切行法 無不含攝也 名有十三種 一 善禪 … 十二 捨相緣禪 十三 現法樂住第一義禪", 『대명삼장법수』 권26(영락장182, p.477b10)에 "열셋째 현법락주제일의선이란, 이 정으로 인하여 현재에 법희의 즐거움을 얻어 제일의에 안주함을 이른다〈제일의란 실상중도의 리를 이르니 둘도 없고 다름도 없다〉. 十三者 現法樂住第一義禪 謂因此定 現得法喜之樂而安住於第一義也〈第一義者 謂實相中道之理 無二無別也〉"라고 하였다. [참고문헌] 『沙彌學戒儀軌頌註』, 『大明三藏法數』, 『菩薩地持經』 권6(대정장30, p.922a7). ⇨ 일체행선 一切行禪

현법락행 現法樂行 Ⓢ dṛṣṭa-dharma-sukha-vihāra. 현법에서 즐겨 행하다. 현법락주(現法樂住)와 같다. 『입능가경』 권7(대정장16, p.557a1)에 "아리야식에 의지하기에 모든 닦아 행하는 이는 스스로의 내신으로 성스럽게 행하고 깨친 바에 들어서는 현법에서 즐겨 누림에 쉬지 않는다. 以依阿梨耶識故 諸修行者入自內身聖行所證 現法樂行而不休息"라고 하였다. [참고문헌] 『入楞

伽經』, *Laṅk.222.* ⇨ 현법락주 現法樂住

현법반열반 現法般涅槃 Ⓢ dṛṣṭa-dharma-parinirvāyin. 금생에 반열반에 들다. 현반열반(現般涅槃)과 같다. 『구사석론』 권17(대정장29, p.276c9)에 "금생에 반열반하는 이를 현법반열반이라 한다. 於今生卽般涅槃 此名現法般涅槃"라고 하였다. [참고문헌] 『俱舍釋論』, *Abh-k-bh.360.* ⇨ 현반 現般, 현반열반 現般涅槃 ■

현법보업 現法報業 Ⓟ diṭṭha-dhamma-vedanīya kamma. 현재세에 업을 짓고 현생에 보를 받는 업. 순현업(順現業)·순현수업(順現受業)·순현법수업(順現法受業)이라고도 한다. 『중아함경』 권4(대정장1, p.443b27 : *Devadaha-sutta, MN.2,* p.221)에 "모든 니건들이여! 현법으로 받는 업이다. 저 업은 끊거나 고행으로 인하여 굴려서 후생에 보를 받는 일은 있을 수 없다. … 이에 모든 니건들이여! 허망한 방편으로 헛되이 끊는 일이란 얻을 수 없다. 諸尼乾 現法報業 彼業不可因斷因苦行 轉作後生報 … 以是故 諸尼乾 虛妄方便 空斷無獲 iti kir′ āvuso nigaṇṭhā yam idaṃ kammaṃ diṭṭhadhammavedanīyaṃ taṃ upakkamena vā padhānena vā samparāyavedanīyaṃ hotūti alabbham etaṃ. … evaṃ sante āyasmantānaṃ nigaṇṭhānaṃ aphalo upakkamo hoti aphalaṃ padhānaṃ", 『아비담비바사론』 권36(대정장28, p.269c29)에 "현법보업을 짓는다고 말한 것은 곧 앉은 자리에서 다시 명 등의 여덟가지 근을 얻는 것이다. 言造現法報業者 卽於坐上 更得命等八根"라고 하였다. [참고문헌] 『中阿含經』, 『阿毘曇毘婆沙論』, *MN.* ⇨ 순현법수업 順現法受業

현법사 玄法師 신라대 스님. 둔륜(遁倫)의 『유가론기』에서 신라현법사(新羅玄法師)·현법사·현사(玄師)·승현사(僧玄師) 등으로 스님의 주석이 인용되었다. 『유가론기』 권1(대정장42, p.335b19·한불전13, p.75a16)에 "씻어낼 것은 때 등이고 능히 씻어 내는 것은 물 등이다. 신라 현법사 말하였다. 병은 다스려야 할 것이고 약이야말로 능히 다스린다. 所治卽垢等 能治卽水等 新羅玄法師云 病是所治 藥是能治", 같은 책 권16(대정장42, p.723a26·한불전14, p.383b18)에 "신라 현법사가 말하였다. 제일학자는 보살이고 제이학자는 이 이승이다. 新羅玄法師云 第一學者 謂菩薩 第二學者 是二乘也"라고 하였다. [참고문헌] 『瑜伽論記』.

현법사의궤 玄法寺儀軌 2권. 당대 법전(法全) 찬. 태장사부의궤(胎藏四部儀軌) 중 하나. 온전한 이름은 『대비로자나성불신변가지경연화태장비생만다라광대성취의궤공양방편회 大毘盧遮那成佛神變加持經蓮華胎藏悲生曼茶羅廣大成就儀軌供養方便會』이다. 대정장18, pp.108c3~127a20, No.852a에 수록되어 있다. 현법사에 찬술하여 『현법사의궤』라는 약칭으로 부르며 청룡사에서 찬술한 『청룡사의궤 靑龍寺儀軌』와 구분한다. 『대일경』에 근거한 태장대법공양의궤이다. 상권은 공양방편회(供養方便會), 하권은 보리당밀인표치만다라품(菩提幢密印幖幟曼茶羅品)이라는 제목이 붙어있다. 상권에서는 공양법의 수인과 진언, 하권은 만다라의 존격들의 수인과 진언을 설명하는 내용이다. 광대의궤와 섭대의궤에 비해 만다라 존격의 수가 늘어났다. 더러 경전과 의궤의 내용이 다르거나 인명(印明)과 존격의 명호가 맞지 않기도 한다. 일본 고산사(高山寺)와 동사(東寺) 보보리원(寶菩提院)에 고사본(古寫本)이 전한다.

현법상표 現法相表 ➡ 표상현법 表相現法

현법수 現法受 Ⓢ dṛṣṭa-dharma-vedanīya, Ⓟ diṭṭha-dhamma-vedanīya, Ⓣ tshe-′di-la-myong-bar-′gyur-ba. 드러나 있는 법으로 받다. 현재세에 보를 받다. 현법수업(現法受業)을 말한다. 순현법수(順現法受)와 같다. 『중아함경』 권4 「파라뢰경 波羅牢經」(대정장1, p.446a27 : *Pāṭali-sutta, SN.4,* p.344)에 "가미니여! 어떤 사문이나 바라문들 이렇게 보고 이렇게 말한다. '만약 살생을 한다면, 저 모든 이들 곧바로 현재세에 보를 받고 그로 인해 근심과 괴로움이 생겨난다' 이는 진실인가, 거짓인가? [답] 거짓입니다. 구담이시여. 伽彌尼 若有沙門 梵志如是見 如是說 若有殺生 彼一切卽於現法受報 因彼生憂苦 彼爲眞說 爲虛妄言 答曰 妄言瞿曇 tatra gāmaṇi ye te samaṇabrahmanā evaṃvādino evaṃ diṭṭhino, yo koci pāṇam atimāpeti sabbo so diṭṭheva dhamme dukkhaṃ domanassam patisaṃvediyatīti, saccaṃ vā te āhaṃsu musā vā ti. musā bhante", 『순정리론』 권40(대정장29, p.569c6)에 "계경에서 말하길 '혹은 모든 업 중 마땅히 현재세에 받는 것도 있지만, 더러는 뒤치고 굴려서 지옥에서 받기도 한다'라고 설하였는데, 여기서 순현법수(順現法受)를 가려 말한 것은 아니다. 뜻으로 업을 따름에 받은 것이 결정되지 않는 것도 있음을 설한 것이다. 然契經言或有諸業應現法受 而或轉於地獄受者 非此中辨順現受業 意說有業順不定受", 『유가사지론』 권18(대정장30, p.381a18)에 "현재세에 갖가지 악불선의 업을 지으면 현재세에 아낄 수 없는 과보를 받는다. 於現法中造作種種惡不善業 卽現法受非愛果報"라고 하였다. [참고문헌] 『中阿含經』, 『順正理論』, 『瑜伽師地論』, *SN., Abh-s-bh.64., MN.2.220.* ⇨ 현법수업 現法受業, 현보 現報, 순현법수업 順現法受業

현법수업 現法受業 Ⓢ dṛṣṭa-dharma-vedanīya-karma, Ⓟ diṭṭha-dhamma-vedanīya-kamma, Ⓣ mthong-ba'i-chos-la-myong-bar-'gyur-ba'i-las. 현법 중에 업을 받다. 과보를 받는 때가 정해진 세 가지 업(三種定業) 중 하나로 현재세에 짓고 현재세에 그 과보(異熟)를 받는다. 순현법수업(順現法受業)·현재수업(現在受業)·현법과업(現法果業)·현보(現報)라고도 한다. 『중사분아비담론』 권4(대정장26, p.645a15)에 "또 세 가지 업이 있으니, 현생에 받는 업과 다음 생에 나면서 받는 업과 다음 생 후에 받는 업이 그것이다. 又三業 現法受業 生法受業 後法受業", 같은 책 권5(대정장26, p.650b24)에 "무엇을 현법수업이라 하는가? 만약 업을 이 생에서 짓고 장양하여 저 업이 이 생에서 현법의 보를 받는 것이지 다른 생에서 받는 것이 아니니 이를 현법수업이라 한다. 云何現法受業 謂若業此生作長養 彼業卽此生受現法報 非餘生受 是名現法受業", 『잡아비담심론』 권3(대정장28, p.895c18)에 "현법수업이란 업을 이 생에서 짓고 이 생에서 익기에 현수라 한다. 現法受業者 若業此生作卽此生熟 名爲現受"라고 하였다. [참고문헌] 『衆事分阿毘曇論』, 『雜阿毘曇心論』, *Abh-k-bh.229.* ⇨ 현보 現報, 순현법수업 順現法受業, 정업부정업 定業不定業

현법안락주 現法安樂住 현법락주(現法樂住)와 같다. 『잡아비담심론』 권8(대정장28, p.937b13)에 "'초선이 만약 선한 정이라면 현법락이라 한다'라고 하였는데, 깨끗해서 무루인 초선은 현법안락주이니 닦은 정으로 얻는 현법락이라 한다. 제4선도 이와 같음을 알아야 한다. … 후세락이란 (보를 받는 때) 정해진 것 없기에 세존께서 현법안락주를 설하신 것이다. 初禪若有善說名現法樂者 淨無漏初禪現法安樂住 是名修定得現法樂 當知第四禪亦如是 … 後世樂不定故 世尊說現法安樂住"라고 하였다. [참고문헌] 『雜阿毘曇心論』. ⇨ 현법락주 現法樂住

현법열반 現法涅槃 Ⓢ dṛṣṭa-dharma-nirvāṇa, Ⓣ tshe-'di-nyid-la-mya-ngan-las-'das-pa. 현신(現身)의 열반. 현재세에 몸(有餘依 : 所依身)인 채로 열반에 드는 유여의열반(有餘依涅槃)을 말한다. 『구사론』 권5(대정장29, p.25a13 : *Abh-k-bh.*, p.70)에 "앞의 무상정은 오직 이생이 획득하는 것이지만, 이 멸진정은 오직 성자만이 획득하는 것이다. 이생은 일으킬 수 없는 것이니 단멸을 두려워하기 때문이며, (멸진정은) 오직 성도의 힘으로 일어나서, 현법열반의 승해로 들기 때문이다. 前無想定唯異生得 此滅盡定唯聖者得 非異生能起 怖畏斷滅故 唯聖道力所能起故 現法涅槃勝解入故 nahi pṛthagjanā nirodhasamāpattim utpādayituṃ śaknuvanty ucchedabhīrutvād āryamārgabalena cotpādanād dṛṣṭadharmanirvāṇasya tadadhimuktitaḥ", 『유가사지론』 권17(대정장30, p.369c26)에 "진제를 현관하는 데 들어 모든 욕을 여의고는 현법열반을 증하며 나아가 나머지 의지하던 것 영구히 다한다. 入眞諦現觀 能離一切欲 證現法涅槃 及餘依永盡", 같은 책 권93(대정장30, p.828b25)에 "제행이 모두 멸하여 불생법을 성취하고 현법 중에서 이러한 제행이 모두 유전하지 않는다. 유전하지 않기에 현법 중에서 유여의반열반계에 머물고 현법열반을 증했다고 한다. 諸行皆滅成不生法 於現法中如是諸行皆不流轉 不流轉故 於現法中住有餘依般涅槃界 名爲證得現法涅槃", 『구사론기』 권6(대정장41, p.129a26)에 "(계경에서) '필추여! 현법열반을 획득하라' 하였으니, 현신에 얻기에 현법열반이라 한다. 苾芻獲得現法涅槃 現身得故名現法涅槃"라고 하였다. [참고문헌] 『俱舍論』, 『瑜伽師地論』, 『俱舍論記』, *Abh-k-bh.* ⇨ 유여의열반 有餘依涅槃

현법열반론 現法涅槃論 Ⓟ diṭṭhadhamma-nibbāna-vāda. 외도(外道) 육십이견(六十二見) 중 하나. 또한 외도십육종(外道十六宗) 중 망계청정종(妄計淸淨宗)의 하나. 현신(現身)으로 욕계의 오욕락(五欲樂)을 수용하는 것과 네 가지 정려(四靜慮)에 안주하는 것을 열반의 성취라고 주장한다. 오욕락과 세속사정려는 구예독탁(垢穢毒濁)이 남아 있는 비루하고 하열한 법(鄙劣法)인데 열반의 즐거움(涅槃樂)과 같다고 주장하는 견취(見取)이다. 육십이견(六十二見)을 삼세(三世)로 분류할 때 마흔네 가지 후제분별견(後際分別見) 중 하나다. 오종현법열반론(五種現法涅槃論)·오현법열반론(五現法涅槃論)·오열반(五涅槃)이라고도 한다. 『유가사지론』 권87(대정장30, p.785c15)에 "또 외도들에게는 살가야견(Ⓢ satkāya-dṛṣṭi : 有身見)을 근본으로 한 예순두 가지 그릇된 견취(見趣)가 있으니, … 네 가지 불사교란론 등 이와 같은 열여덟 가지 그릇된 견해는 전제를 계탁하여 아론을 설하는 것들이다. … 또 다섯 가지 현법열반론 등 이러한 마흔네 가지 그릇된 견해는 후제를 계탁하여 아론을 설하는 것들이다. … 이는 다섯 가지로 요약되고 … 다시 세 가지로 요약되니, 첫째는 상견론, 둘째는 단견론, 셋째는 현법열반론이다. 又諸外道薩迦耶見以爲根本 有六十二諸惡見趣 … 四不死矯亂論 如是十八諸惡見趣 是計前際說我論者 … 五現法涅槃論 此四十四諸惡見趣 是計後際說我論者 … 略攝有五 … 復略爲三 一 常見論 二 斷見論 三 現法涅槃論", 『대비바사론』 권200(대정장27, p.1002a7)에 "다섯 가지 현반열반론이란, 외도가 집착하길 '만약 현재아가 안락을 향수하면 열반을 얻었다고 할 수 있고, 만약 아에게 괴로움이 있다면 그때는 열반을 얻었다고 할 수 없으니 안락하지 못하기 때문이다'라고 주장하는 것을 말한다. (다섯 가지 중) 첫째는 '이 아가 청정해탈을 하여 온갖 재앙에서 벗어나는 것이니, 묘한 오욕락을 수용하면 그때를 현법열반을 얻음이다'라고 그들이 생각하는 것이다. 五現法涅槃論者 謂外道執 若於現在我受安樂名得涅槃 若我有苦爾時不名得涅槃者不安樂故 初作是念 此我淸淨解脫出離一切災橫 謂現受用妙五欲樂爾時名得現法涅槃", "둘째는 모든 욕의 과실을 보고서 '욕으로 생겨나는 즐거움에는 온갖 괴로움이 수반되고 원해가 많지만 정에서 생겨나는 즐거움은 미묘하고 적정하여 온갖 괴로움이 수반되는 일도 없고 온갖 원해도 여읜 것이다'라고 저들이 생각하며, 또 '… 초정려에 현재 안주하고 있으면 그때를 현법열반을 얻음이 있다'라고 그들이 생각하는 것이다. 第二能見諸欲過失 彼作是念 欲所生樂衆苦所隨多諸怨害 定所生樂微妙寂靜無衆苦隨離諸怨害 復作是念 … 謂現安住最初靜慮 爾時名得現法涅槃", "셋째는 모든 욕과 심사에는 모두 과실이 있다고 보고서 '… 제2정려에 현재 안주하고 있으면 그때를 현법열반을 얻음이 있다'라고 그들이 생각하는 것이다. 넷째는 오와 심사와 희에는 과실이 있다고 보고서 '… 제3정려에 현재 안주하고 있으면 그때를 현법열반을 얻음이 있다'라고 그들이 생각하는 것이다. 第三能見諸欲尋伺俱有過失 彼作是念 … 謂現安住第二靜慮爾時名得現法涅槃 第四能見諸欲尋伺及喜過失 彼作是念 … 謂現安住第三靜慮爾時名得現法涅槃", "다섯째는 온갖 욕과 심사와 희와 들숨날숨에 모두 과실이 있다고 보고서 '… 제4정려에 현재 안주하고 있으면 그때를 현법열반을 얻음이 있다'라고 저들이 생각하는 것이다. … 이 다섯 가지는 비록 현재를 반연하고 과거를 마주해서 후라 한 것이니, 이에 후제분별이라 한다. … 현재의 즐거움을 앞선 것으로 여겨 후제의 즐거움에 집착하며 현재 상태를 앞선 것으로 여겨 써서 논의 이름으로 내세웠다. 第五能見諸欲尋伺喜入出息皆有過失 彼作是念 … 謂現安住第四靜慮爾時名得現法涅槃 … 此五雖緣現在而待過去名後 是故說爲後際分別 … 現樂爲先而執後樂 現居先故用標論名"라고 하였다. 〔참고문헌〕『瑜伽師地論』, 『大毘婆沙論』, *DN.1.36.* ⇨ 육십이견 六十二見, 외도십육종 外道十六宗, 망계청정종 妄計淸淨宗, 견취 見取, 유신견 有身見

현법자량 現法資糧 Ⓢ dṛṣṭa-dhārmiko saṃbhāraḥ, Ⓣ tshe-'di'i-tshogs. 보특가라(補特伽羅)가 현재세에 수용하는 선법욕(善法欲) 등으로 도와 양식을 삼는 일. 네 가지로 도와 양식이 되게 하는 법 중 하나다. 『유가사지론』 권29(대정장30, p.446b13 : *Śrāv-bh.*, p.336)에 "(자량에는) 대략 네 사지가 있다. … 넷째는 현법자량이다. … 현법자량이란, 금세에 (下地에 있으면서 上地를 구하는) 선한 법에 의욕함이 있어 온갖 선근을 성숙하고 계율의와 근율의를 갖추는 것이다. 略有四種 … 四 現法資糧 … 現法資糧者 謂於今世有善法欲 諸根成熟 具戒律儀及根律儀 punaś-caturvidho bhavati … dṛṣṭa-dhārmikaś-ca … tatra dṛṣṭadhārmikas-tadyathā. kuśalo dharmacchandaḥ. tathā paripakva-indriyasya śīlasamvara indriyasamvara iti vistareṇa pūrvavat"라고 하였다. 〔참고문헌〕『瑜伽師地論』, *Śrāv-bh.* ⇨ 사종자량 四種資糧[1]

현법중 現法中 Ⓢ dṛṣṭe dharme, Ⓟ diṭṭhe dhamme. 드러나 있는 법중에 육근(六根)인 내입처(內入處)와 육경(六境)인 외입처(外入處)가 함께하고 있어 일체(一切)가 현현하는 그때의 뜻으로 이몸이 세계와 함께하고 있는 바로 그때의 뜻이다. 『장아함경』 권4 「유행경 遊行經」(대정장1, p.25b22 : *Mahāparinibbāna-sutta, DN.2,* p.153)에 "이에 수발은 바로 그날 밤에 출가하여 계를 받고는 범행을 깨끗이 닦아서 현법중에 생사 이미 다 했음을 스스로의 몸으로 깨우쳐 알았다. 於是 須跋卽於其夜 出家受戒 淨修梵行 於現法中 自身作證 生死已盡 na cirass' eva yass' atthāya kulaputtā sammad eva agārasmā anagāriyaṃ pabbajanti, tad anuttaraṃ brahmacariya-pariyosānaṃ diṭṭhe 'va dhamme sayaṃ abhiññā sacchikatvā upasampajja vihāsi", 『법온족론』 권2(대정장26, p.462a23)에 "현견이란, 세존께서 설하신 고집멸도를 현관하는 길을 도를 바르게 수습할 때, 현법 중에 바로 고집멸도를 현관해 들기에 현견이라 한다. 言現見者 謂正脩習世尊所說苦集滅道現觀道時 於現法中卽入苦集滅道現觀 故名現見", 『유가사지론』 권10(대정장30, p.328a5)에 "〔문〕 '(십이연기의) 일체지분들은 거듭 서로 바뀌 연이 되지는 않는다'라고 설하셨는데, 어째서 명색과 식이 서로 연이 된다고 건립하는 것인가? 〔답〕 식은 현법 중에서 명색을 써서 연으로 삼기 때문이고, 명색은 다시 후법 중에 식을 써서 연으로 삼기 때문이다. 問 已說一切支非更互爲緣 何故建立名色與識互爲緣耶 答 識於現法中 用名色爲緣故 名色復於後法中 用識爲緣故"라고 하였다. 〔참고문헌〕『長阿含經』, 『法蘊足論』, 『瑜伽師地論』, *DN.*, *Bodh-bh.37·51.* ⇨ 현법 現法[1], 현견 現見, 일체 一切, 십이처 十二處

현법지 現法智 Ⓟ diṭṭhe dhamme añña. 드러나 있는 법들에 대해 잘 앎. 『법온족론』 권2(대정장26, p.461c23)에 "불세존께서는 일찍이 듣지 못한 법을 스스로 통달하여 최상의 깨달음을 증득하셨고, 현법지와 무장애지를 성취하였으며, 앞으로 올 범행의 과도 잘 아신다. 又佛世尊 於未聞法能自通達得最上覺 成現法智 無障礙智 善解當來脩梵行果", 『성실론』 권16(대정장32, p.371c22)에 "현재의 법을 아는 것을 법지라 한다. … '그대는 이 법에 대해 이와 같이 보고 이와 같이 알며 이와 같이 통달해야 할 것이니, 과거와 미래에 대해서도 이와 같다'. 마땅히 현법지라 해야 하겠지만, 여기서 '현'이라 말하지 않으셨기에 단지 법지라고만 설하신 것이다. 知現在法是名法智 … *汝於此法如是見知如是通達 過去未來亦如是知 應言現法智 今不說現故但說法智*"라고 하였다. [참고문헌] 『法蘊足論』, 『成實論』, *DN.2.314.*

현법지증락 現法智證樂 현법에서 지혜로 얻은 즐거움. 아라한과를 얻어 현재의 몸으로 열반의 과를 누리는 등의 즐거움을 말한다. 『잡아함경』 권27(대정장2, p.196c12)에 "만약 비구가 칠각분을 수습하고 많이 수습해 마쳐서 일곱 가지 과와 일곱 가지 복리를 마땅히 얻는다. 무엇이 일곱 가지인가? 이 비구는 현법지증락을 얻고, 만약 목숨이 끊어질 때 현법지증락을 얻지 못한다면 목숨이 끊어질 때 오하분결 다함을 얻어 중반열반할 것이다. 若比丘修習七覺分 多修習已 當得七種果 七種福利 何等爲七 是比丘得現法智證樂 若命終時若不得現法智證樂 及命終時 而得五下分結盡 中般涅槃"라고 하였다. [참고문헌] 『雜阿含經』.

현변 玄卞 조선후기 함경북도 길주 설봉산 보광사(寶光寺) 스님. 휘는 현변(玄卞), 호는 석봉(石峰), 속성은 안(安)씨, 어머니는 김(金)씨니 동자불(童子佛)이 벼루(筆硯)를 건네주는 태몽 후 길주 백탑(白塔)에서 태어났다. 13세 때 보광사로 찾아가 허정법종(許靜法宗 1670~1733)을 은사로 하여 스님이 되었다. 그리고 은사인 법종으로부터 『능엄경 楞嚴經』과 『법화경 法華經』을 배웠다. 세수 73세 때 간성 건봉사(乾鳳寺)에서 입적하였다. 다비(茶毗) 후 사리가 출현하여 문도들이 힘을 모아 황경원(黃景源 1709~1787)이 비문을 짓고, 신회(申晦)가 쓰고, 김상복(金相福 1714~1782)이 전액(篆額)을 써서 1773년(영조49)에 세운 비가 길주(吉州) 보광사에 있다. [참고문헌] 「吉州普光寺石峰堂玄卞大師碑文」(智冠 『韓國高僧碑文總集 朝鮮朝·近現代』 p.504), 『藏書閣所藏搨本』 2247. ⇨ 석봉 石峰

현변 懸辯 1616~1684. 조선후기 스님. 어려서의 휘는 총민(聰敏)이었으나 뒤에 현변(懸辯)으로 바꾸었다. 자는 이눌(而訥), 호는 침굉(枕肱), 속성은 윤(尹)씨며, 어머니는 최(崔)씨부인이니, 1616년(광해군8) 6월 12일에 태어났다. 재주가 뛰어나 하루에 20여 장씩 외웠다고 한다. 1624년(인조2) 9살 때 천풍산(天風山) 탑암(塔庵)으로 찾아가 보광처우(葆光處愚)스님을 은사로 하여 스님이 되었다. 스님은 극락왕생을 발원하여 아미타부처님의 명호를 칭념하는 것으로 수행업을 삼았다. 평생 목욕하지 않아도 때를 찾아볼 수 없었으나 부모의 깊은 은혜를 갚는다는 뜻으로 아교 부러지는 차가운 계절(折膠)에도 발 씻는 일만은 잊지 않았다고 한다. 19세 때 고산 윤선도(孤山尹善道 1587~1671)가 양자로 삼고자 환속시키려 하였으나 울면서 끝까지 사양했고, 그 후 윤선도가 1665년(현종6) 을사사화(乙巳士禍)로 광양(光陽)에 유배되었을 때 찾아가서 창랑가(滄浪歌)를 지어 위로하기도 했다. 소요태능(逍遙太能)의 법을 이어 받았으니 부용영관(芙蓉靈觀)의 제자요 태고보우(太古普愚)의 제6대 법손인 셈이다. 승주 선암사(仙巖寺)의 주지를 지냈다. 이어 순천 송광사·구례 연곡사(燕谷寺) 등 호남의 큰 절에 두루 주석하다가 말년에는 낙안 징광사(樂安 澄光寺)에 주석하였다. 1684년(숙종10) 4월 12일 제자인 호암약휴(護巖若休)를 불러 앉히고, 내가 죽은 후 만약 내 몸을 화장하는 이가 있다면 백대의 원수가 될 것이라고 못을 박고, 벗은 채로 임야에 두어 새와 짐승들의 배를 채우게 하라는 유언을 남긴 후 입적하시니, 세수 69, 법랍 57세였다. 저서로는 『침굉집 枕肱集』 2권을 남겼는데, 그 중 부록에 침굉가(枕肱歌)라는 품목에 귀산곡(歸山曲)·태평곡(太平曲)·청학동가(青鶴洞歌)·왕생가(往生歌) 등을 남기고 있어 불교가요전승에 귀중한 유산으로 여긴다. 모두 한불전8, pp.345~371에 있다. [참고문헌] 『西域中華海東佛祖源流』(한불전10, p.118a19), 『朝鮮佛教通史』 권상 pp.513~514, 隱岩淸狂子 朴士亨 「枕肱大師行狀」(한불전8, pp.368a13~369a9), 權相老 『朝鮮佛教略史』(新文館, 1917) p.214. ⇨ 침굉집 枕肱集

침굉당대선사지진영
동국대박물관 조선후기

현병 賢甁 밀교에서 법구(法具)로 쓰는 병기(甁器)에 대한 존칭. 여의병(如意甁)·길상병(吉祥甁)·보병(寶甁)·선병(善甁)·덕병(德甁)이라고도 한다. 밀교에서 오곡(五穀)·오보(五寶)·오약(五藥)·오향(五香)을 넣고 물을 채우고 꽃을 꽂아 병목을 천으로 장엄하는 향수병(香水甁). 밀교 만다라의 사우(四隅)와 중앙의 다섯 곳에 안치하거나 단 밖에 하나를 더하여 여섯기를 안치하기도 한다. 뜻하는 대로 재보(財寶)를 출생시키는 천상의 기물로서 불법(佛法)과 보리심을 상징한다. 『대방등대집경』 권50(대정장13, p.325b)에 "삼보가 계신 곳에서 청정한 믿음을 내는 것은 여의주를 얻는 것처럼 어렵고, 삼보를 만나 보시하는 것은 공덕천의 현병을 얻는 것처럼 어렵다. *於三寶所得淨信難如求如意珠 値遇三寶爲布施難如求功德天賢甁*", 『대승대집지장십륜경』 권5(대정장13, p.748b15)에 "현병을 얻으면 빈곤이 사라지고 부귀복락을 얻는 것처럼 불법을 만나면 번뇌를 없애고 깨달음을 증한다. 如遇得賢甁 除貧獲富樂 如是遇佛法 滅惑證菩提", 『비밀삼매대교왕경』 권1(대정장18, p.447a25)에 "갖가지 공양과 비밀한 공양은 수승한 꽃으로 법에 따라 봉헌하고 현병에 갖가지 향수를 가득 채우고 금강지를 꽂고 다라니를 염송한다. 諸供養及密供養 以妙華等依法獻 賢甁滿盛衆香水 揷金剛枝作持誦", 『불공견삭다라니경』 권1(대정장20, p.412b16)에 "그 단 네 모서리에 붉은 색 번을 달고 잡색의 꽃을 흩뿌리고 단의 중심에 그 현병을 안치하고 다양하게 채색하여 병 위에 그린다. 또한 꽃실로 병목을 묶고 병 속을 연꽃과 물로 채운다. 뛰어난 향·약·갖가지 귀한 과자와 오곡의 씨앗·금·은·보주 역시 그 병 속에 안치한다. 현병의 네 면 주위에 돌아가며 유미·낙·밀병·소병을 배열한다. 其壇四角懸赤色幡散雜色花 正壇中心置其賢甁 種種彩色以畫甁上 又以花條繫其甁項 蓮花及水 充滿其中 上妙香藥 諸名果子 及五穀子 金銀寶珠 亦置其中 賢甁四面 周遍行列 乳糜及酪蜜餠酥餠", 『대일경소』 권8(대정장39, p.665a27)에 "대가섭·사리불·목건련·수보리 등 네 제자는 현병과 같다. 어떤 이가 청정한 마음으로 공양한다면 바라는 세간의 보답이 원하는 대로 되지 않는 것이 없는데 하물며 일체 승가에 보시하는 경우는 말할 것도 없다. 大迦葉 舍利弗 目乾連 須菩提 四大弟子猶如賢甁 若人淨心供養竟 希求世間現報無不如願 何況施一切僧者"라고 하였다. 〔참고문헌〕『大方等大集經』, 『大乘大集地藏十輪經』, 『祕密三昧大敎王經』, 『不空羂索陀羅尼經』, 『大日經疏』. ⇨ 향수 香水

현병궁 賢甁宮 Ⓢ Kumbha, Bhadra-kumbha. 태장만다라(胎藏曼荼羅) 외금강원(外金剛院)의 존격. 십이수(十二宿) 중 하나. 종자는 (ku). 수인은 제요인(諸曜印). 삼매야형은 궁전(宮殿). 존형은 보병에 연꽃을 꽂은 모양이다. 진언은 '나마 사만타붓다남 쿰바파타예 스바하 namaḥ samantabuddhānām kumbhapataye svāhā 널리 제불께 귀의합니다, 현병궁주시여, 스바하'이다. 황도(黃道)에서 태양의 한

달 위치에 상응한다. 수병좌(水甁座)에 해당한다. 〔참고문헌〕『曼荼羅図典』(大法輪閣, 2002). ⇨ 십이수 十二宿

현보 現報 현재세(現在世)에 업을 지어서 현재세에 그 보를 받다. 현보업(現報業)을 말한다. 현법수업(現法受業 Ⓢ dṛṣṭa-dharma-vedanīya-karma)·순현법수업(順現法受業) 등과 같다. 『증일아함경』 권39(대정장2, p.763c11)에 "부처님께서 아사세왕에게 말씀하셨다. '이러한 방편으로 현세에 복을 지으면 현세에 그 보를 받는다는 것을 알 수 있습니다'. 佛告王曰 以此方便 知現世作福得受現報", 『성실론』 권8(대정장32, p.297b26)에 "〔문〕 경에서 세 가지 업을 설하셨으니, 현보와 생보와 후보다. 무엇이 이러한 것인가? 〔답〕 만약 이 몸이 업을 지어서 이 몸이 받는 것이니 이를 현보라 한다. …〔문〕 어떤 업이 현보를 받는 것인가? 〔답〕 어떤 이는 지혜롭고 빠른 업은 현보를 받으니, 마치 부처님과 여러 성자와 부모 등에 대해 일으킨 선악의 업이니 이것이야말로 현보이다. 問曰 經中佛說三種業 現報生報後報業 何者是耶 答曰 若此身造業卽此身受 是名現報 … 問曰 何等業能受現報 答曰 有人言 利疾業受現報 如於佛諸聖人及父母等起善惡業 是則現報", 원측(圓測)의 『인왕경소』 권하(대정장33, p.427a22)에 "이것은 현보를 밝히는 것이다. 그것에는 다섯 가지가 있으니, 첫째는 부처님 가르침이 무너지는 일, 둘째는 효자가 없는 것, 셋째는 육친〈부모·형제·부처〉과 불화하는 것, 넷째는 천신이 돕지 않는 것, 다섯째는 재난과 괴변이 끊이지 않는 것이다. 此明現報 有其五種 一 壞佛敎 二 無孝子 三 六親不和〈父母兄弟夫妻〉 四 天神不祐等 五 災怪不絶"라고 하였다. 〔참고문헌〕『增壹阿含經』, 『成實論』, 『仁王經疏』. ⇨ 현법수업 現法受業, 순현법수업 順現法受業

현보사 顯報寺 중국 강소성 상주(常州) 무석현(無錫縣)에 있는 절. 화장사(華藏寺)라고도 한다. 송대에 원오극근(圜悟克勤)의 법사인 밀인안민(密印安民)에 의해 중흥되었고 후에 갑찰(甲刹)의 하나가 되었다. 절 안에 운해(雲海)와 망강(望江)이라는 두 정자가 있다. 『선림상기전』 권1(대장경보편19, p.6b2)에 "갑찰 : 선종 사원 가운데 갑이 되는 것을 갑찰이라고 한다. 중국의 갑찰로는 용상산 집경사와 화장산 현보사 등이 있는데 전부 기록하지는 못한다. 甲刹 十刹之外 甲於禪刹者 爲甲刹 支那甲刹 有龍翔山 集慶寺 華藏山 顯報寺等 不得盡錄"라고 하였다. 〔참고문헌〕『禪林象器箋』.

현본 玄本 「삼랑사비문 三郞寺碑文」을 지은 스님. 『삼국유사』 권5(대정장49, p.1013a6·한불전6, p.359b6) 경흥우성(憬興遇聖)에 경흥스님이 항상 말을 타고 다녔는데, 시봉이 마른 건포(乾脯)를 팔고 있는 노스님을 책망했다가 되레 그로부터 '나는 다만 마른 고기를 짊어지고 다니면서 팔지만, 어떤 스님은 양다리 사이에 생고기를 끼고 다닌다'라는 책망을 받은 후 뒤쫓아가 보았으나 지팡이 문수상 앞에 놓여진 채로 였고, 그 뒤로 경흥은 다시는 말타지 않았다. 같은 책(대정장49, p.1

013a15・한불전6, p.359b17)에 "경흥스님의 향기로운 덕 남겨 맛보게 한 이 이야기는 석현본이 찬술한 「삼랑사비」에 실려 있다. 興之德馨遺味 備載釋玄本所撰三郎寺碑"라고 하였다. 〔참고문헌〕『三國遺事』.

현본 顯本 본지(本地)를 나타내다. 『법화경』「수량품 壽量品」에서 구원실성(久遠實成)의 본지 드러냄을 말한다. 붓다가야에서 최초로 성도한 석존(釋尊)은 중생을 구제하기 위해 자취를 드러낸(垂迹) 방편의 부처(權佛)일 뿐 사실은 아득히 먼 옛날부터 본래성불해 있었던 본불(本佛)이라는 점을 드러내는 뜻을 자취를 열어 본을 드러낸 개적현본(開迹顯本)이라 한다. 『법화현의』「서왕 序王」(대정장33, p.681b8)에 "둘째, 꽃이 활짝 핀 것은 자취를 연 것의 비유고 연밥이 드러난 것은 본지를 나타내는 것의 비유다. 경문에 '일체세간이 모두 지금 처음으로 깨달음을 얻었다고 말하지만, 내가 성불한 이래로 헤아릴 수 없고 끝없이 긴 나유타겁이 지났다'라고 한 구절에 해당한다. 二 華敷譬開迹 蓮現譬顯本 文云 一切世間 皆謂 今始得道 我成佛來 無量無邊 那由他劫", 같은 책 권7(대정장33, p.767a7)에 "본을 좇아 자취를 드러내는 것은 마치 달이 물 위에 드러나는 것과 같고, 자취를 떨쳐버리고 본지를 드러내는 것은 마치 달 그림자 떨쳐 지우고 하늘을 가리키는 것과 같다. 從本垂迹 如月現水 拂迹顯本 如撥影指天", 『법화현의석첨』 권1(대정장33, p.816c1)에 "꽃은 자취의 비유고 연밥은 본의 비유니 전후를 가릴 수는 없다. 어째서인가? 본을 좇아 자취 드내면 본지가 앞이고 자취가 뒤이지만 자취 좇아 본지 드러내면 자취가 앞이고 본지가 뒤이기 때문이며, 근기 잡은즉 그렇지만 부처를 잡은즉 결국엔 본불이 처음에 자리하니 연밥이 앞이 되고 꽃이 뒤가 되어 비유의 차례와는 다르게 된다. 若以華譬於迹 蓮譬於本 未可辨其前後 何者 從本垂迹 則本前而迹後 由迹顯本 則迹前而本後 約機雖爾 約佛終以本居於初 則蓮前而華後 非譬次第"라고 하였다. 〔참고문헌〕『法華玄義』, 『法華玄義釋籤』. ⇨ 개적현본 開迹顯本

현봉 玄峯 1266~1349. 원대 임제종 스님. 속성은 주(周)씨. 원래는 초나라 사람이었지만 조부가 전남(滇南)에서 벼슬살이를 하게 됨에 따라 곤명(昆明)으로 적을 옮겼다. 모친이 상서로운 구름이 방을 둘러싸는 꿈을 꾸고 낳았다고 하는데 어려서부터 위의를 갖추었고 총명하였으며 12세가 되자 유가전적에 두루 통달하였으며, 14세에 세속에 염증을 느끼고 웅변법사(雄辯法師)에게 출가하여 구족계를 받았다. 후에 보적단주(寶積壇主)를 찾아뵙고 설정선사(雪庭禪師)와 벗이 되어 정진하였지만 소득이 없었고, 7일 동안 좌선하던 중 비둘기와 까치가 우는 소리를 듣고 깨달았으며, 널리 교화를 행하여 도풍이 먼 곳까지 퍼졌다. 1349년(지정9) 12월에 세수 84, 법랍 70세를 일기로 입적하였다.

현봉두 賢蓬頭 대위모철(大潙慕喆)의 법사(法嗣) 흥양현(興陽賢)을 일컫는 말. 봉두는 머리카락 어지러이 한 채로였기에 이렇게 불렸다. 『속전등록』 권17「흥양현전 興陽賢傳」(대정장51, p.583b26)에 "영주 흥양현선사는 강주(江州) 출신이다. 총림에서 현봉두라고 부른 이가 바로 이 사람이며, 진여모철(眞如慕哲 : 大潙慕喆)의 회중에서는 (특출나다는 뜻에서) 각립(角立)이라고 불렀다. 견지가 명백하였고 남보다 탁월하였기에 스승을 초월하는 수단이 있었으며 행업에도 거침이 없었다. 郢州興陽賢禪師 江州人 叢林所謂賢蓬頭 是也 眞如哲會中 號稱角立 見地明白 機鋒穎脫 有超師之作 而行業不謹"라고 하였다. 〔참고문헌〕『續傳燈錄』. ⇨ 흥양현 興陽賢

현봉사 縣峰寺 황해도 과일군 사기리 풍장산(楓長山)에 있던 절. 『동국여지승람』 권43 황해도 풍천도호부 불우에 이름과 위치가 전하고, 『범우고』에 "지금은 폐사하였다. 今廢"라고 하였다. 〔참고문헌〕『東國輿地勝覽』, 『梵宇攷』, 『韓國寺刹全書』 권하 p.1159a16.

현부 賢部 ❶ Ⓢ bhadravargīyāḥ pūgāḥ. 현자(賢者)의 무리. 현자들. 『유부율파승사』 권6(대정장24, p.130b18 : *Saṅ-v.*, p.149)에 "이때 60명의 현자들이 마을 밖에서 날마다 기녀들과 함께 유희를 즐겼는데, 한 여인이 대중과의 약속을 저버리고 가 버렸다. 이때 60명의 현자들이 이 여인을 찾아 헤매다가 점차로 백첩림에 이르렀고, 세존께서 나무 아래에 단정하고 위엄 있는 모습으로 앉아 계심을 보았다. 時 有六十賢部 在聚落外 於日日中 與諸女樂 共相嬉戲 有一女人 失衆所期 棄而出去 時 六十賢部 尋覓此女 漸次往詣 至白疊林 便見世尊 坐一樹下 顔貌端嚴 tena khalu samayena ṣaṣṭir bhadravargīyāḥ pūgāḥ bahiḥ senāyanīgrāmakasya divādivase strīmayena tūryeṇa krīḍanti ramante paricārayanti, atha ṣaṣṭir bhadravargīyāḥ pūgāḥ tāṃ striyaṃ samanveṣamāṇā yena kārpāsavanaṣaṇḍas tenopasaṅkrāntāḥ, upasaṅkramya adrākṣuḥ ṣaṣṭir bhadravargīyāḥ pūgā bhagavantam anyatarad vṛkṣamūlaṃ niśrityā niṣaṇṇaṃ prāsādikaṃ", 『대승법원의림장』 권3(대정장45, p.304b26)에 "육십현부란 60명의 어질고 현명한 무리들이 함께 모였다는 말이다. 六十賢部 謂有六十仁賢衆類共集", 『사분율명의표석』 권23(卍속장70, p.752b4)에 "발다라발제 : 현(賢)이라고 한역하며 현부라고도 번역한다. 跋陀羅跋提 此云賢 亦翻賢部"라고 하였다. 〔참고문헌〕『有部律破僧事』, 『大乘法苑義林章』, 『四分律名義標釋』, *Saṅ-v.* ❷

현주부(賢胄部). 『십팔부론』(대정장49, p.17c14)에 "100년 안에 법승부에서 한 부가 나왔는데 현〈부파의 지도자 이름이다〉이라고 하였으며, 다시 100년 안에 이 현부로부터 한 부가 나왔으니 일체소귀〈부파의 지도자가 많은 사람들에게 존경을 받았다〉라고 하였다. 於百歲內 從法勝出一部 名賢〈律主名也〉 於百歲內 從賢部出一部 名一切所貴〈律主爲通人所重也〉"라고 하였다. 〔참고문헌〕『十八部論』. ⇨ 현주부 賢胄部

현불암 現佛庵 강원도 회양군 금강산(金剛山)에 있던 암자. 현불암(顯佛庵)이라고도 한다. 보우(普雨 1515~1565)의 『허응당집』 권상 「현불암 現佛庵」이 전하고, 신익성(申翊聖 1588~1644)의 『낙전당집』 권7 「유금강소기 遊金剛小記」에 "영원사에서 돌아와 현불암 서대에 도착했다. 自靈源還 到現佛菴西臺", 이경석(李景奭 1595~1671)의 『백헌집』 권10 「풍악록 楓嶽錄」에 "영원의 서쪽 오리쯤 현불암이 있는데, 스님은 없다. 靈源之西五里許 有現佛庵而無僧"라고 하였고, 이명한(李明漢 1595~1645)의 『백주집』 권2에 「현불암 顯佛菴」이 전하며, 정두경(鄭斗卿 1597~1673)의 『동명집』 권16 「춘파당선사비 春坡堂禪師碑」에 "영원동에 거처하면서 현불암과 현등암 등에서 고요하게 앉아 참선하기를 20여 년 남짓하였다. 處靈源洞 現佛懸燈等庵 靜坐參禪二十餘年", 성해응(成海應 1760~1839)의 『동국명산기』에 "다시 굽은 길 아래로 5~6리 가서 꺾어진 북쪽에 현불암터가 있다. 復迤下五六里 折而北 有顯佛菴地"라고 하였다. 〔참고문헌〕『虛應堂集』, 『三淵集』, 『樂全堂集』, 『白軒集』, 『白洲集』, 『東溟集』, 『東國名山記』, 『韓國寺刹全書』 권하 p.1157b4.

현비연동 蜎飛蠕動 날거나 꿈틀거리는 미물들. 현비연동(翾飛蠕動)이라고도 한다. 『무량청정평등각경』 권1(대정장12, p.279c19)에 "부처님께서 말씀하셨다. '훌륭하도다, 아난이여! 그대의 질문은 대단히 명쾌하고 뛰어나서 건너 벗어나는 이들 많을 것이다. 만약 부처에게 이렇게 물을 수 있다면 일천하의 아라한벽지불에게 공양하거나 제천과 인민과 날아다니거나 꿈틀거리는 부류들에게 여러 겁 동안 보시하는 것보다 그 공덕 백천만억 배나 뛰어나느니라'. 佛言 善哉 阿難 若所問者 甚深快善 多所度脫 若問佛者 勝於供養一天下阿羅漢 辟支佛 布施諸天人民 及蜎飛蠕動之類累劫 百千萬億倍矣", 『보여래삼매경』 권하(대정장15, p.529b22)에 "열다섯째, 법보라 하니, 시방으로 날아다니거나 꿈틀거리는 작은 벌레들마저도 모두 부처님의 말씀과 금하신 것들 지키게 해서 무너뜨리거나 상하지 않게 한다. 十五 法寶者 悉欲使十方蜎飛蠕動 持佛經戒 令不毁傷"라고 하였다. 〔참고문헌〕『無量淸淨平等覺經』, 『寶如來三昧經』.

현비연동 翾飛蠕動 날아다니거나 꿈틀거리는 작은 벌레들. 『일체경음의』 권57(대정장54, p.688a5)에 "현비〈지금 현(蠉)이라고 쓰는 글자와 같으며, 휴와 연을 반절한 음이다. 『설문』에 날아다니는 작은 것들이라고 하였고 『주서』에 현비연동이라고 한 말이 이에 해당한다〉. 翾飛〈今作蠉同 隳緣反 說文 小飛也 周書 翾飛蠕動 是〉", 『낙방문류』 권3(대정장47, p.186c23)에 "그러므로 '일체제법이 그대로 불법임을 알아야 한다'라고 하였으니, 만약 모습들이 본래 모습은 아니며 본래 모습이 아닌 이대로가 곧 실상임을 능히 알 수만 있다면 산하·국토·초목·미진·사생·육도·날아다니거나 꿈틀거리며 움직이는 작은 벌레들마저도 제불법신의 바탕 아닌 것이 없다. 故曰 當知一切諸法 卽是佛法 如能達此相卽非相 非相卽相 則山河國土 草木微塵 四生六道 翾飛蠕動 莫非諸佛法身之體", 『정심계관법발진초』 권하(卍속장105, p.393a3)에 "현〈허와 연을 반절한 음〉은 작은 벌레가 날아다니는 모습을 말한다. 『회남자』에 '날아다니거나 꿈틀거리며 움직인다'라고 하였는데 이들은 전부 작은 벌레를 말한다. 翾〈許緣切〉 小蟲飛貌 淮南子曰 蠉飛蝡動 此皆小蟲也"라고 하였다. 〔참고문헌〕『一切經音義』, 『樂邦文類』, 『淨心誡觀法發眞鈔』. ⇨ 준동함령 蠢動含靈

현비유 現譬喩 드러나 있는 것으로서의 비유. 비유로 드러내다. 『섭대승론석』 권2(대정장31, p.328a29)에 "저 잡염법을 일으키는 공능과 상응하기에 (아뢰야식을) 일체종자식이라 한다. 이 뜻 중에 드러나 있는 비유가 있으니, 마치 보리가 스스로 싹 틔우는 공능이 있기에 종자성이 있지만 만약 시간이 오래 경과했거나 불과 상응하면 이 보리라는 과의 공능은 훼손된다. 그때 보리의 모습은 본래와 다름없지만 세력은 훼손되었기에 종자성이 없는 것이다. 아뢰야식도 이와 같이 모든 잡염법을 나게 하는 공능이 있으니, 이 공능과 상응하기에 일체종자식이라 하는 것이다. 由與生彼功能相應故 名一切種子識 於此義中有現譬喩 如大麥子於生自芽有功能故有種子性 若時陳久或火相應 此大麥果功能損壞 爾時麥相雖住如本 勢力壞故無種子性 阿賴耶識亦復如是 有生雜染諸法功能 由此功能相應故 說名一切種子識"라고 하였다. 〔참고문헌〕『攝大乘論釋』. ⇨ 비유 譬喩

현비현 見非見 보이는 것과 보이지 않는 것. 『대일경』 권3(대정장18, p.19c22)에 "금강수에게 모든 여래의 의생이 있으니 업을 짓고 춤추며 온갖 것을 널리 연설하되 사계를 아우르고 심왕을 안주함이 허공과 동등하니 보이거나 보이지 않는 광대한 과보를 성취한다. 金剛手有諸如來意生 作業戲行舞 廣演品類 攝持四界安住心王 等同虛空 成就廣大見非見果", 『대일경소』 권11(대정장39, p.700b24)에 "심왕의 안주가 허공과 동등하다는 것은 허공이 늘 움직이지 않으면서 일체를 품는다는 뜻이다. 그러므로 깨달은 부처의 마음을 따라 업이 생길 뿐이다. 마음을 따라 있으니 바탕이 허공과 같아 취착할 것이 없다. 보이는 것은 갖가지 춤추고 노니는 모습이고 보이지 않는 것은 열반의 이치를 말한다〈또는 보이는 것은 세간의 과보이고 보이지 않는 것은 보리의 과보이다. 이러한 부류는 헤아릴 수 없이 많기에 광대라 하였다〉. 然此是心王安住同於虛空 虛空常不動而含容一切也 故唯從佛心業生 隨心而有 體同於空不可取也 見謂種種舞戲之相 非見謂涅槃之理也〈又見謂世間果 非見謂菩提果 此類無量 故云廣大也〉"라고 하였다. 〔참고문헌〕『大日經』, 『大日經疏』.

현빈 玄賓 조선중기 인영(印英)의 법호. ⇨ 인영 印英

현빈화위설 玄鬢化爲雪 검은 머리 하얗게 눈 내리다. 『석옥청공어록』 권하(卍속장122, p.642b13)에 "달빛 다가와 내 문을 비추고 바람 찾아와 내 옷깃 젖히니, 그대들 돌 위에 앉아 산중 노래 듣기를 권하네. 검은 머리 눈처럼 백발 되고 빛나던 아침은 해져 어둠이 되리니, 만사 풀잎 끝 이슬이려니 어찌 영원히 지금 같으랴! 月來照我門 風來吹我襟 勸君石上坐 聽我山中吟 玄鬢化爲雪 朝光成夕陰 萬事草頭露 豈得長如今"라고 하였다. 〔참고문헌〕『石屋淸洪語錄』.

현사 玄沙 ➡사비 師備

현사 玄肆 장엄한 법들 아득히 펼쳐놓은 곳. 불법도량(佛法道場)을 가리킨다. 『자은전』 권9(대정장50, p.269b17)에 "저 현장 등은 황송하게도 조정의 은택을 입어 다행히 도량에 올라 자비의 구름이 겹겹이 펼쳐져 있고 법고가 다시 우렁차게 울려 퍼지는 시대를 만났습니다. 玄奘等 謬忝朝恩 幸登玄肆 屬慈雲重布 法鼓再揚", 『출삼장기집』 권9(대정장55, p.61c6)에 "도량을 열어 대중을 인도하면 영민하고 준수한 이들이 그 시대를 뒤덮게 된다. 開玄肆以引衆 則英彦蓋時"라고 하였다. 〔참고문헌〕『慈恩傳』, 『出三藏記集』.

현사 祆寺 조로아스터교(Zoroastrianism) 사원. 대진사(大秦寺) 또는 파사사(波斯寺)라고도 한다. 대진은 로마를 일컫고 파사는 페르시아이므로 다른 지명을 지시하지만, 모두 조로아스터교를 뜻하는 말로 쓰인다. 조로아스터교는 현교(祆教)라고 한역한다. 『승사략』 권하(대정장54, p.253b23)에 "정관 5년(631)에 전법하는 목호하록이 현교를 가지고 왕궁에 와서 왕에게 전하였다. 이에 칙명으로 장안의 숭화방에 조로아스터교 사원을 짓도록 하고 대진사라고 불렀다. 이것을 파사사라고도 하였다. 貞觀五年 有傳法穆護何祿 將祆教詣闕聞奏 勅令長安崇化坊立祆寺 號大秦寺 又名波斯寺"라고 하였다. 〔참고문헌〕『僧史略』. ⇨ 대진사 大秦寺, 현교 祆教

현사 現事 나타난 그대로의 사태. 현량(現量 Ⓢ pratyakṣa) 또는 현량으로 드러난 사태. 『중론』 권1 「관오음품 觀五陰品」(대정장30, p.6c9)에 "또한 드러난 일도 오히려 모두 무너뜨릴 수 있는데 하물며 미진 등과 같이 눈으로 볼 수 없는 법에 대해서는 더 말해서 무엇하겠는가! 이에 인이 없는 법이란 세간에 없는 것이라고 설하였다. 復次現事 尙皆可破 何況微塵等不可見法 是故說無因法 世間所無", 같은 책 권3 「관법품 觀法品」(대정장30, p.24a28)에 "믿을 만한 것(信)에는 네 가지가 있다. 첫째는 드러난 일이기에 믿을 수 있고, 둘째는 견해 알기에 믿을 수 있는 것이다. 信有四種 一 現事可信 二名比知可信", 『백론소』 권중(대정장42, p.281b8)에 "눈앞에 나타난 것이란 전오식(前五識)으로 현재법을 알아차린다. 또한 드러난 사태를 그대로 믿을 수 있는 것이다. 現前者 五識知現在法也 又現事可信也"라고 하였다. 〔참고문헌〕『中論』, 『百論疏』. ⇨ 현량 現量

현사 賢士 보살이 아닌 현명한 이들. 『승천왕반야경』 권1(대정장8, p.687b5)에 "열여섯 명의 현사는 발타바라보살을 상수로 하고, 현겁보살은 미륵보살을 상수로 한다. 十六賢士 跋陀婆羅菩薩爲上首 賢劫菩薩 彌勒菩薩爲上首", 『대방등대집경』 권16(대정장13, p.108a25)에 "선남자여! 이 현사는 이러한 방편과 지혜 때문에 허공장이라고 불린다. 善男子 是賢士 以此方便智故 名虛空藏", 『무량수경연의술문찬』 권1(대정장37, p.134b2)에 "안으로 현명하고 어신 덕 있기에 현사라고 한다. 內有賢仁之德 故云賢士"라고 하였다. 〔참고문헌〕『勝天王般若經』, 『大方等大集經』, 『無量壽經連義述文贊』.

현사 懸絲 실에 매달린 듯. 견고하지 못해 위태로운 사태의 비유다. 『허당어록』 권3(대정장47, p.1011b5)에 "불조의 혜명이 실에 매달린 듯 위태로우니 개사들 후손들 위해 본보기 드리워 주길 구하지 않는다면 어떻게 총림의 원기 만회하겠는가? 佛祖慧命 危若懸絲 不求開士垂範後昆 何以挽回 叢林元氣", 『인천안목』 권6(대정장48, p.330a10)에 "학인이 물었다. '사자가 굴에서 나오지 못할 때 어떻습니까?' 남명이 말했다. '맑은 바람 대지 가득하겠지'. 보은이 말했다. '칼끝으로 내리칠 수도 없겠군요. 굴에서 나온 뒤에는 어떻습니까?' 남명이 말했다. '여우들 뇌 찢어지겠지' 보은이 말했다. '몸 숨길 길조차 없겠군요. 나오려 해도 나오지 못했을 때는 어떻습니까?' 남명이 말했다. '아!' 보은이 말했다. '목숨이 실에 매달린 듯하겠지'. 僧問 師子未出窟時如何 明云 淸風匝地 恩云 鋒鋩難擊 出窟後如何 明云 群狐腦裂 恩云

藏身無路 欲出未出時如何 明云 嘎 恩云 命若懸絲",『종경록』 권42(대정장48, p.665c6)에 "만약 깨달음 얻지 못한 사람이라면 단지 돌고 돌아 나고 죽기만 할 뿐이어서 생사를 윤회하기만 한다면 목숨이 실에 매달린 듯하리니, 아침에 도를 듣게 된다면 저녁에 죽어도 좋다라 한 것과 같다. 若未得道之人 只有輪迴生死 命若懸絲 若得朝聞 夕死可矣"라고 하였다. [참고문헌] 『虛堂語錄』, 『人天眼目』, 『宗鏡錄』.

현사도현 玄沙到縣 현사사비(玄沙師備) 포전현에 당도하다. 소당(小塘) 장로와 나눈 문답을 인연한 공안. 『종감법림』 권53(卍속장116, p.667b17)에 "현사가 남쪽으로 유행하다가 포전현에 도착하자 대중이 온갖 유희를 마련하여 영접하였다. 다음 날 현사가 소당장로에게 물었다. '어제 다소 떠들썩했었는데 다들 어디로 갔습니까?' 그러자 소당이 가사 끝을 집어 들었다. 이에 현사가 말했다. '가려 뽑았지만 쓸데없는 일이네'. 玄沙南遊莆田縣 排百戲迎接 來日師問小塘長老 昨日許多諠鬧 向甚處去也 塘提起衲衣角 師曰 料掉沒交涉", "법안문익(法眼文益)이 이와 다르게 말했다. '어제는 많이 떠들썩하긴 했군요'. 法眼益別云 昨日有多少喧鬧", "청량태흠(淸凉泰欽)이 말했다. '오늘 다시 웃겠군'. 淸涼欽云 今日更好笑", "위산철이 말했다. '나라면 이러지 않겠으니, 문득 누군가 묻는다면 손가락 한 번 튕길 뿐이다. 그리고 만약 납자가 와서 「헤아려 뽑았지만 쓸데없는 일이었네」라고 말한다면 기꺼이 수긍할 것이다. 어째서일까? 대장부 호랑이 수염을 당기는 일이야말로 또한 본분이다. 그렇다면 말해 보라! 이익과 손해 어디쯤 있을까?' 潙山喆云 大潙則不然 忽有問 遂鳴指一下 如有衲子出來云 料掉沒交涉 却肯它 何故 大丈夫捋虎鬚 也是本分 且道 利害在甚麽處"라고 하였다. [참고문헌] 『宗鑑法林』.

현사맹호 玄沙猛虎 현사사비(玄沙師備) 호랑이와 마주치다. 제자 천룡중기(天龍重機)와 산행 하다가 호랑이를 마주친 인연을 화두 삼은 것으로 현사견호(玄沙見虎)라고도 한다. 『조정사원』 권4(卍속장113, p.102a1)에 "현사맹호 : 현사사비가 천룡과 산을 들어가 호랑이를 보았다. 천룡이 '앞에 호랑입니다'라고 말하자, 현사가 '바로 너' 하였다. 설두가 염하였다. '꼭 인천에게 스승이 되려면, 눈앞엔 여지없이 바로 호랑이어야 하리'. 玄沙猛虎 玄沙備與天龍 入山見虎 龍云 前面是虎 沙云 是汝 雪竇拈云 要與人天爲師 前面端的是虎"라고 하였다. [참고문헌] 『祖庭事苑』, 『雪竇語錄』 권3(대정장47, p.689a4), 『人天眼目』 권1 「雪竇四賓主」(대정장48, p.303c18). ⇨사비 師備, 현사지호 玄沙指虎

현사문연자성 玄沙聞燕子聲 현사사비(玄沙師備)가 제비 울음소리를 듣다. 『현사어록』 권중(卍속장126, p.417b7)에 "현사가 참하려 하자 제비 울음소리 들렸다. 이에 이르길 '실상을 남김없이 말했고 법요 잘 설했다'라고 한 뒤 법좌에서 내려왔다. 이때 학인이 다시 가르침을 청하며 말했다. '저는 무슨 뜻인지 모르겠습니다'. 현사가 말했다. '가거라. 누가 그대를 믿겠는가!' 師因參次聞燕子聲 乃曰 深談實相 善說法要 便下座 時 有僧請益曰 某甲不會 師曰 去 誰信汝", "자색 제비가 날아와 그림 들보를 빙빙 돌며 실상 깊숙이도 말해서 메아리 낭낭한데, 천으로 만으로 하는 말들 알아듣는 사람 없으니 또 다시 꾀꼬리 따라 나지막한 담장 넘어가리. 〈본각수일(本覺守一)의 송〉 紫燕飛來繞畫梁 深談實相響浪浪 千言萬語無人會 又逐流鶯過短墻 〈本覺一〉", "죽이고 살리기를 바꿔 달리듯 하지만 천 리를 함께하지 못하니, 눈썹은 구했지만 콧구멍은 잃어버렸네. 〈공수종인(空叟宗印)의 송〉 殺活交馳 千里不共 救得眉毛 失却鼻孔 〈空叟印〉"라고 하였다. [참고문헌] 『玄沙語錄』.

현사발타소설신주경 玄師颰陀所說神呪經 동진(東晋) 대 담무란(曇無蘭) 한역. 1권. 『발타주경 颰陀呪經』·『환왕발타경 幻王颰陀經』 등이라고도 한다. 대정장21, pp.901c3~902a5, No.1378a에 있다. 부처님께서 왕사성(王舍城) 앵무수(鸚鵡樹 : 竹園)에 계셨는데, 한 비구가 외출 도중 독사에게 물리고, 귀신마저 붙들리고 도적에게 겁탈을 당하는 등의 해를 입었음을 아시고는 현사(玄師 : 幻師)인 발타(颰陀)를 데리고 가서 그 재난을 멸하기 위해 주문을 설하게 하시고는 주문의 효용에 대해서도 설하셨다. 나아가 부처님께 귀명(歸命)하는 일만으로도 동아줄·쇠고랑·어지러운 생각 등의 속박으로부터 벗어나게 할 수 있음을 설하셨다. [참고문헌] 『玄師颰陀所說神呪經』(대정장21, p.901c6).

현사백지 玄沙白紙 현사사비(玄沙師備)가 글없는 편지 보내다. 설봉의존(雪峰義存)에게 백지 서신을 보낸 인연을 말한다. 『종감법림』 권53(卍속장116, p.666b5)에 "현사가 하루는 학인을 보내어 설봉에게 편지를 전했다. 설봉이 봉투를 뜯자 백지 세 폭뿐이었다. 이에 설봉이 학인에게 물었다. '알겠는가?' '모르겠습니다' '그대는 들어 보지 못했는가? 「군자들에게 천 리는 한결같은 바람뿐임을,」 학인이 돌아가 있었던 일을 현사에게 꺼내자 현사가 말했다. '산문의 우두머리인 노화상께서 어긋나 버린 것 모르시는군'. 玄沙一日 遣僧送書 上雪峰 峰開緘惟白紙三幅 問僧 會麽 曰 不會 峰曰 不見道 君子千里同風 僧回擧似師 師曰 山頭老和尙 蹉過也不知", "명초덕겸(明招德謙)이 말했다. '현사의 세 폭 백지에 문채 이미 빛나고 있었던 것 어찌할 수 없었는데, 설봉은 천 리나 떨어져 있어도 같은 바람이라고 했으니 어째서 어긋나

버린 것을 알지 못했을까? 이런 말 들어 보지 못했는가? 「자식 기를 땐 크게 되라 가르치지 마라. 크면 결국엔 아버지 욕하기 십상이다」'. 明招謙云 玄沙三幅白紙 爭奈文彩已彰 雪峰千里同風 何故不知蹉過 不見道 養子莫教大 大了好罵爺", "오조사계(五祖師戒)가 말했다. '외국인의 수염은 붉은 줄 알고 있었다'. 五祖戒出語云 將謂胡鬚赤", "황룡혜남(黃龍慧南)이 말했다. '설봉이 당시 아무 말 없었다 해도 뛰어난 점 없었으니, 이미 현사에게 간파당하여 지금까지 할 말 없게 되었다'. 黃龍南云 雪峰不道無長處 旣被玄沙識破 直至如今說不出", "운문원징(雲門圓澄)이 말했다. '현사에게는 이른 봄 여전히 추운데 설봉에게는 천 리 밖 같은 바람이었네. 어쨌든 편지를 열어 본 후에 한 말이니, 편지를 열어 보기 전이라면 어떻게 말해야 할까?' 雲門澄云 玄沙孟春猶寒 雪峰千里同風 總是開書後語 未開書已前作麽生道"라고 하였다. [참고문헌] 『宗鑑法林』.

현사불여마 玄沙不與麽 현사사비(玄沙師備)와 설봉의존(雪峰義存)이 나눈 대화. 『현사어록』 권중(卍속장126, p.419b8)에 "설봉을 모시던 차에 두 학인이 섬돌 밑을 지나가자 설봉이 말했다. '저 두 사람 싹 틔울 만한가?' 현사가 말했다. '저는 무어라 못합니다' '그대라면 어떻게 하겠는가?' '30방을 먹이기에 딱 좋습니다'. 侍雪峯次 二僧從堦下過 峯曰 此二人堪爲種草 師曰 某甲不與麽 峯曰 汝作麽生 師曰 便好與三十棒"라고 하였다. [참고문헌] 『玄沙語錄』.

현사사 玄沙寺 경상북도 안동시 와룡면 산야리 와룡산(臥龍山)에 있던 절. 『여지도서』 경상도 안동 사찰에 이름과 위치가 전하고, 『가람고』에 "부 동쪽 20리에 있다. 在府東二十里"라고 하였다. 구봉령(具鳳齡 1526~1586)의 『백담집』 권2에 이수찬의 시에 차운한 「현사사차이수찬운 玄沙寺次李修撰韻」과 권8에 현사사에 머물고 있는 조사경과 안여지에게 보낸 편지 「여조사경서 與趙士敬書」와 「여안여지서 與安汝止書」 등이 있고, 권호문(權好文 1532~1587)의 『송암집』에는 권5에 이 절에서 신선을 찾았다는 「우현사방진 右玄沙訪眞」 시(詩)와 별집(別集) 연보에 "13년 (1558 · 명종13) 무오 4월에 현사사를 유람하였다. 十三年戊午四月 遊玄沙寺"라고 하였다. 이외에도 『성재집』과 『월천집』에 금난수(琴蘭秀 1530~1604)와 조목(趙穆 1524~1606)이 1552년(명종7)에 이 절에서 수계하였고, 유정원(柳正源 1702~1761)의 『삼산집』에는 1726년(영조1)에 독서(讀書)하였으며, 유휘문(柳徽文 1773~1832)의 『호고와집』에는 1793년(정조17)에 유람하고 제영시(題詠詩)를 짓는 등 문사들의 자취가 오랫동안 이어진 기록이 남아 있다. [참고문헌] 『輿地圖書』, 『伽藍考』, 『梵宇攷』, 『栢潭集』, 『松巖集』, 『惺齋集』, 『月川集』, 『三山集』, 『好古窩集』, 『韓國寺刹全書』 권하 p.1150b9.

현사사비선사광록 玄沙師備禪師廣錄 당(唐)대 현사사비 찬(撰). 3권. 지엄(智嚴) 편(編). 1080년(원풍3) 간행. 갖춰서 『복주현사종일대사광록 福州玄沙宗一大師廣錄』이라고도 하며, 줄여서 『현사광록 玄沙廣錄』이라고도 부른다. 卍속장126, pp.351a1~405a8에 수록되어 있다. 설봉의존(雪峰義存)의 법사(法嗣)인 현사사비의 어록으로 900년(광화4)에 편집되었다. 상당(上堂) · 시중(示衆) · 송(頌) 등과 함께 첫머리에는 복주(福州 : 福建省) 고우(高郵)의 손각(孫覺)이 지은 서문, 말미에는 임징(林澂)이 지은 「당복주안국선원선개산종일대사비문병서 唐福州安國禪院先開山宗一大師碑文幷序」가 수록되어 있다. 1690년(원록3)에 일본 하야(下野 : 栃木縣) 태평산(太平山) 대중사(大中寺)에 소장되어 있던 원판(元版)을 저본으로 하여 심월흥주(心越興儔)의 서문과 독암현광(獨庵玄光)의 후서(後序)를 추록하여 중각개판하였다.

현사삼계유심 玄沙三界唯心 현사사비와 법사(法嗣) 나한계침이 삼계유심을 소재로 나눈 공안. 『경덕전등록』 권21 「나한계침전 羅漢桂琛傳」(대정장51, p.371a9)에 "현사가 나한에게 물었다. '삼계는 오직 마음일 뿐이라 하니, 그대 어떻게 아느냐?' 나한이 의자를 가리키며 말했다. '화상께서는 이것을 뭐라고 부르십니까?' '의자' '화상께서는 삼계유심도 알지 못하시는군요' '나는 이것을 대나무라고 부른다. 너는 뭐라고 부르느냐?' '저 역시 대나무라고 부릅니다' '이 땅 끝까지 불법 아는 이 한 사람 찾을 수는 없겠구나'. 玄沙嘗問曰 三界唯心 汝作麽生會 師指倚子曰 和尙喚遮箇作什麽 玄沙曰 倚子 曰 和尙不會三界唯心 玄沙曰 我喚遮箇作竹木 汝喚作什麽 曰 桂琛亦喚作竹木 玄沙曰 盡大地覓一箇會佛法底人不可得"라고 하였다. [참고문헌] 『景德傳燈錄』.

현사삼승분교 玄沙三乘分敎 현사사비가 삼승십이분교(三乘十二分敎)를 주제로 학인과 문답하다. 『보각조심어록』(卍속장120, p.232b2)에 "보각조심이 들었다. '학인이 현사에게 물었다. 「삼승십이분교는 필요하지 않습니다. 달마대사가 서쪽에서 온 뜻은 무엇입니까?」 「삼승십이분교는 모두 다 필요 없다」'. 이 공안에 대해 보각이 말했다. '저 구슬 연못에 있다 한들 본래 흠이 없으며 저 옥은 돌 사이에 있다 해도 본래 하자란 없다. 알아차린 이는 가시나무를 동량과 들보로 쓰지만 알아차리지 못한 이는 제호도 독약으로 뒤집고 만다'. 擧 僧問玄沙 三乘十二分敎 卽不要 如何是祖師西來意 沙曰 三乘十二分敎 總不要 師曰 如珠在淵 本自無纇 如玉在石 本自無

瑕 識者 荊棘但爲棟梁 不識者 醍醐翻成毒藥"라고 하였다. 〔참고문헌〕『寶覺祖心語錄』.

현사삼종병인 玄沙三種病人 현사사비 세 가지로 병든 이를 말하다. 눈먼 이·귀머거리·벙어리를 비유한 공안이다. 현사삼병(玄沙三病)·현사삼종병(玄沙三種病)·현사접물이생(玄沙接物利生)이라고도 한다. 『종감법림』 권53(卍속장116, p.663b11)에 "현사가 대중에게 보였다. '제방의 노숙들 온통 접물이생한다고 말한다. 그렇다면 그대들에게 묻겠다. 장님·귀머거리·벙어리 세 가지로 병든 이들과는 어떻게 대면하는가? 망치 집어 들거나 불자 세워 들어도 눈으로 보지 못하며, 말 해도 귀로 듣지 못하며, 말하게 시켜도 또한 말을 하지 못한다. 만약 마주해 교화하지 못한다면 불법에 영험이란 없는 것이다'. 이때 학인이 나와 말했다. '이 주제에 대해 저와 주고받는 걸 화상께서는 허락하시겠습니까?' '허락하마. 그대는 어떻게 상량하겠느냐?' 학인이 '몸조심하십시오'라고 말하며 나가버렸다. 현사가 말했다. '옳지 않아. 옳지 않다'. 그러자 지장계침(羅漢桂琛)이 나와 말했다. '저는 눈도 귀도 입도 있습니다. 화상께서는 어떻게 지도하시겠습니까?' 이에 현사가 '부끄럽다'라고 말한 다음 방장으로 돌아갔다. 玄沙示衆 諸方老宿盡道接物利生 且問汝 祇如盲聾瘖啞三種病人 作麽生接 若拈槌豎拂 它眼且不見 共它說話 耳又不聞 教它說 又說不得 若接不得 佛法無靈驗 時有僧出曰 三種病人 和尙還許人商量否 師曰 許 汝作麽生商量 僧珍重出 師曰 不是不是 地藏琛出曰 某甲有眼耳口 和尙作麽生接 師曰 慚愧 便歸方丈", "학인이 이에 대해 운문에게 가르침 청하자 운문이 말했다. '절하거라'. 학인이 절을 올리고 일어나자 운문이 주장자로 그를 찔렀다. 이에 학인이 물러나자 운문이 말했다. '그대는 장님이 아니다'. 그러고는 다시 그를 불러 가까이 오라고 했다. 그가 앞으로 다가오자 운문이 말했다. '그대는 귀머거리가 아니다'. 운문이 또 말했다. '알겠는가?' '모르겠습니다' '그대는 벙어리가 아니다'. 이 학인 깨달은 바가 있었다. 雲門因僧請益 門云 禮拜著 僧拜起 門以拄杖挃之 僧乃退後 門云 汝不是患盲 復喚近前來 僧纔進前 門云 汝不是患聾 又云 還會麽 云 不會 門云 汝不是患瘂 其僧有省", "법안문익(法眼文益)이 말했다. '나는 당시 나한이 이 학인의 말 드러낼 때 곧바로 세 가지로 병든 이 알 수 있었다'. 法眼益云 我當時見羅漢擧此僧語 便會三種病人", "운거청석(雲居淸錫)이 말했다. '그렇다면 이 학인은 답을 알았을까, 몰랐을까? 만약 알았다고 한다면 현사는 왜 또 말하길 틀렸다고 했으며, 몰랐다고 한다면 법안은 어째서 이 학인의 말 때문에 이 공안의 답을 알았다고 했을까?' 雲居錫云 祇如此僧會不會 若道會 玄沙又道 不是 若是不會 法眼爲什麽道 我因此僧語 便會三種病人", "취암수지(翠巖守芝)가 말했다. '등이 바로 불이라는 걸 진작 알았지만, 밥 해 익은 지는 이미 오래되었었다'. 翠巖芝云 早知燈是火 飯熟已多時"라고 하였다. 〔참고문헌〕『宗鑑法林』.

현사언계 玄沙偃溪 현사사비(玄沙師備) 흐르는 시냇물 소리 일러주다. 경청도부(鏡淸道怤)에게 던진 화두다. 『경덕전등록』 권18 「현사사비전」(대정장51, p.347a28)에 "(경청이) 물었다. '학인이 이제서야 총림에 들어왔습니다. 스님께서는 드는 길을 하나 알려주십시오'. 현사가 말하였다. '흐르는 시냇물 소리가 들리느냐?' '들립니다' '그대 들어야 할 곳이다'. 問 學人乍入叢林 乞師指箇入路 師曰 還聞偃溪水聲否 曰 聞 師曰 是汝入處"라고 하였다. 〔참고문헌〕『觀無量壽經』, 『發覺淨心經』, 『無量壽經宗要』. ⇨언계 偃溪❶, 언계수성 偃溪水聲

현사원 玄沙院 중국 복건성(福建省) 복주부(福州府) 후관현(候官縣) 북쪽에 있는 승산(昇山 : 일명 玄沙山)에 있던 절. 현사사(賢沙寺)·사비원(沙備院)이라고도 한다. 오대후량대 907년(개평1)에 건립되었는데 현사사비가 개창하였으며, 현사는 이곳에 주석하면서 설봉의 종풍을 크게 드날렸고 그의 탑도 이곳에 있다. 송대 스님 계주(戒珠)가 1018년(천희2)에 지붕을 새로 이었고, 1161년(소흥31)에 주탁(朱倬)의 청으로 인해 공덕원(功德院)으로 개칭되었으며 교중숭보사(敎中崇報寺)라는 편액이 하사되었지만 후에 폐사되었다.

현사유 現似有 Ⓢ pratibhāsa sadbhāva. 드러나 있는 듯함. 실재하지는 못하는 것들. 현현사유(顯現似有)로도 쓴다. 사현(似現)과 같다. 『대반야경』 권392(대정장6, p.1028c16)에 "시설된 일들 모두 메아리와 같아서 비록 나타나 있는 듯하지만 참으로 실한 것이란 없다. 所施設事皆如谷響 雖現似有而無眞實", 『대승광백론석론』 권7(대정장30, p.229b1)에 "만약 식은 체로 하나이지만 둘로 나타나니 마치 아지랑이 중에 나타나 물이 있는 듯하니 환을 식의 분이라고 해서는 안 될 것이니, 그 바탕 실로 있다고 해도 둘일 수 없다. 若識體一而現二分 如陽焰中現似有水 則不應言幻是識分 其體實有識無二故", 『변중변론』 권하(대정장31, p.475a10 : *Madhy-vibh.*, p.65)에 "〔논〕 '두 가지 성인 듯 현현한다'란 소취능취의 성인 듯 나타남을 말한다. 산란한 식은 저 행상인 듯 생기하기 때문이다. '현현한 바대로 실로 있는 것이 아니다'란, 나타난 듯하지만 실제로 그처럼 존재하는 것이 아님을 말한다. '유를 여읜다'란 이 뜻으로서 소취와 능취의 성은 존재하지 않기 때문이다. '있지 않은 것도 여의었다'란 저 난식 나타나 있는 듯하기 때문이다. 論曰 似二性顯現者 謂似所取能取性現 亂識似彼行相生故 如現實非有者 謂如所顯現實不如是有 離

有者 謂此義所取能取性非有故 離非有者 謂彼亂識現似有故 dvayena grāhyagrāhakatvena pratibhāsate tadākarotpattitaḥ thatā ca na vidyate yathā pratibhāsata iti arthe yad darśanaṃ sa tatrāviparyāsaḥ arthasya satvena varjito grāhyagrāhakābhāvād asatvena varjitaḥ tatpratibhāsabhrāntisadbhāvāt"라고 하였다. [참고문헌]『大般若經』, 『大乘廣百論釋論』, 『辯中邊論』, *Madhy-vibh.*

현사일개명주 玄沙一箇明珠 현사 하나뿐인 명주(明珠 : 摩尼珠)로 문답하다. 『종문염고휘집』 권33(卍속장115, p.903b7)에 "학인이 현사에게 물었다. '화상께서는 「온 시방세계 한 알 명주다」라고 말씀하셨다고 들었습니다. 제가 어떻게 이해해야 합니까?' '온 시방세계 한 알 명주인데 이걸 알아서 뭐하겠느냐?' 학인이 그만두었다. 다음 날 현사가 역으로 그 학인에게 물었다. '온 시방세계 한 알 명주다. 이 말을 그대는 어떻게 아느냐?' '시방세계 한 알 명주일 뿐인데 이걸 알아서 뭐하겠습니까!' '그대 귀신굴에서 살림살이하는구나'. 玄沙因僧問 承和尙有言 盡十方世界是一顆明珠 學人如何得會 沙曰 盡十方世界是一顆明珠 用會作麽 僧便休 來日沙却問僧 盡十方世界是一顆明珠 汝作麽生會 曰 盡十方世界是一顆明珠 用會作麽 沙曰 知汝在鬼窟裏作活計", "보자문수(報慈文邃)가 말했다. '어떤 이들 이렇게 말한다. 「어째서 귀신굴이 되었을까?」' 報慈邃徵云 一般恁麽道爲甚麽却成鬼窟去", "설두중현(雪竇重顯)이 현사와 다르게 말했다. '제방이라면 그렇게 해도 좋지만, 나의 이곳에서는 그렇게 하면 안 된다'. 雪竇顯別玄沙語云 諸方卽得 我者裏不得", 『허당어록』 권6(대정장47, p.1028b4)에 "허당이 현사와 다르게 말하였다. '그대는 어찌 스스로 자기 목숨 상하게 하는가?' 別玄沙云 子何得自傷己命"라고 하였다. [참고문헌]『宗門拈古彙集』, 『虛堂語錄』.

현사작일원상 玄沙作一圓相 현사사비 일원상 그리다. 『종감법림』 권53(卍속장116, p.673a8)에 "현사는 고산이 오는 걸 보자 원상 하나 그렸다. 고산이 말했다. '누구라도 벗어나진 못하겠군요' '그대 나귀나 말 뱃속에서 살림살이하는 줄 알겠구나' '화상은 어떻습니까?' '누구라도 벗어날 수 없다' '화상은 이렇게 말해도 되면서 저는 어째서 이렇게 말하면 안 됩니까?' '나는 이렇게 해도 괜찮지만 너는 이렇게 해서는 안 된다'. 玄沙見鼓山來 作一圓相 山曰 人人出者箇不得 師曰 情知你向驢胎馬腹裏作活計 曰 和尙又作麽生 師曰 人人出者箇不得 曰 和尙恁麽道得 某甲爲什麽道不得 師曰 我得汝不得", "취봉현(翠峰顯)이 말했다. '하얀 파도 보고 싶어 할 줄만 알았지 수중에 노를 놓쳐 버린 줄은 결코 알지 못했다'. 翠峰顯云 祇解貪觀白浪 殊不知失却手中橈", "운봉문열(雲峯文悅)이 말했다. '말해도 되든 안 되든 온통 현사 울타리에 갖힐 뿐이다. 그렇다면 지금 어떻게 해야 저 덫에서 빠져나올 수 있을까?' 雲峰悅云 道得道不得 總在玄沙圈圚裏 如今作麽生出得它圈圚", "정인법성(淨因法成)이 말했다. '총림에서는 왕왕에 고산이 현사 경계에 도달하지 못했다고 이해하곤 한다. 그대들 두 노숙 진면목 알고 싶은가? 어떻게 해도 벗어날 수 없다고 한 말 들어 보지 못했는가!' 淨因成云 叢林中往往作鼓山未到玄沙境界會却 諸人要識二老麽 不見道盡出者箇不得", "남화지병(南華智昺)이 말했다. '콧구멍을 비틀고 눈동자 바꿔 버렸구나. 만약 이런 수단이 없다면 어떻게 으뜸의 수레 붙들어 서 있게 하겠는가? 비록 그렇지만 정말로 우스우니 30년은 웃어야 한다. 뭐가 우스울까? 그대가 당나귀나 말의 뱃속에서 살림살이를 차리고 있다는 걸 분명하게 알겠구나'. 南華昺云 捩轉鼻孔 換却眼睛 若無者箇手段 如何扶竪宗乘 雖然如是 直是好笑 笑須三十年笑箇什麽 情知你在驢胎馬腹裏作活計"라고 하였다. [참고문헌]『宗鑑法林』. ⇨ 원상 圓相

현사종승 玄沙宗乘 현사가 으뜸의 수레를 말하다. 『경덕전등록』 권18 「현사사비전 玄沙師備傳」(대정장51, p.346a27)에 "학인이 현사에게 물었다. '옛 사람들 망치를 집어 들고 불자를 세워 들었던 일들 돌이켜 으뜸의 수레에 당하기는 합니까?' '당치도 않지' '그렇다면 옛 사람들 뜻은 무엇입니까?' 현사가 불자를 집어 들었다. 그러자 학인이 말했다. '종승 중의 일이란 것은 무엇입니까?' '그대 깨닫기만 하면 된다'. 問 古人拈槌竪拂 還當宗乘中事也無 師曰 不當 曰 古人意作麽生 師擧拂子 僧曰 宗乘中事如何 師曰 待汝悟始得"라고 하였다. [참고문헌]『景德傳燈錄』. ⇨ 종 宗 [1], 승 乘

현사종일선사어록 玄沙宗一禪師語錄 현사사비(玄沙師備)의 어록. 3권. 임홍연(林弘衍) 엮음. 1626년(천계6) 간행. 갖춘 이름은 『복주현사종일선사어록 福州玄沙宗一禪師語錄』이며 『현사대사어록 玄沙大師語錄』이라고도 한다. 卍속장126, pp.407a1~434b11, No.1446에 수록되어 있다. 현사사비가 입적한 지 700여 년쯤 되었을 때 『현사사비선사광록 玄沙師備禪師廣錄』에 수록되지 않은 상당(上堂)·염향(拈香)·수시(垂示) 등을 득산거사(得山居士) 임홍연이 수집하여 엮어 낸 책으로 상권에는 현사의 간략한 행장과 상당설법을, 중권과 하권에는 현사의 기연(機緣)과 역대조사들의 염송(拈頌)이 수록되었다. 담연원징(湛然圓澄)의 서문과 함께 임홍연이 쓴 자신의 연기(緣起)도 함께 실었다.

현사지대 懸沙指帒 모래 담아 매달아 놓고 푸대만을 가리킬 뿐이다. 원식(願食)에 해당한다. 『왕생론주』 권상(대정장40, p.830b12)에 "국토 있어 보니 때로는 둥지 찾으니 깨진 알 한가득(饛)이어서〈음식 가득 담은 모습으로 망과 공을 반절한 음이다〉 배부르다(饒)〈배부르다는 뜻이고 많다는 뜻이며 인과 소를 반절한 음이다〉 식사로 삼기도 하고, 모래 담아 매달아 놓고 그 주머니 가리키는 것으로 서로 위안하는 방도로 삼기도 한다. 아! 수행자들이 실로 애통한 마음뿐이니 부처님께서 대비원을 일으키신 것이다. 見有國土 或探巢破卵 爲饛〈盛食滿貌 亡公反〉饒〈飽也 多也 人消反〉之膳 或懸沙指帒 爲相慰之方 嗚呼 諸子實可痛心 是故興大悲願"라고 하였다. [참고문헌]『往生論註』. ⇨ 원식 願食

현사지호 玄沙指虎 현사사비 땔나무를 베다가 호랑이 마주친 일 문답하다. 문답한 이는 전적에 따라 천룡(天龍)이나 천동(天童) 등으로 다르게 전한다. 『종감법림』 권53(卍속장116, p.666a5)에 "현사가 하루는 보청으로 해완(海阮)에 가서 땔나무 베다가 호랑이 한 마리를 보았다. 이에 천룡이 말했다. '화상! 호랑이입니다' 그러자 현사가 말했다. '다름 아닌 그대가 호랑이지'. 절에 돌아온 뒤 천룡이 물었다. '아까 호랑이를 보았을 때 「네가 호랑이다」라고 하셨는데 무슨 뜻입니까?' '사바세계에는 네 가지 중대한 장애가 있는데 이를 뚫고 나갈 수만 있다면 그대 오음도 십팔계도 벗어났다고 인정해 주겠다'. 玄沙一日普請 往海阮斫柴 見一虎 天龍曰 和尙虎 師曰 是汝虎 歸院後 龍問 適來見虎 云是汝虎 尊意如何 師曰 娑婆世界 有四種重障 若人透得 許汝出陰界", "취봉현이 말했다. '인천의 스승이 되고 싶은가? 눈앞에 피할 수 없는 이것 호랑이다'. 翠峰顯云 要與人天爲師 前面端的是虎", "천녕범기(天寧梵琦)가 말했다. '필경 이것은 무엇일까? 례에 따라 호랑이라고 말할 뿐이니, 새우 제아무리 뛰어봐야 그릇 밖으로 나오지 못하리라'. 天寧琦云 畢竟是箇什麽 隨例道虎 蝦跳不出斗", "보수명방(寶壽明方)이 말했다. '현사와 천룡은 서로를 굴욕해서는 각자 목숨을 잃고 말았구나. 이 두 노인에게 한 손 내밀어 줄 이가 있는가?' 寶壽方云 玄沙天龍 互相屈辱 各自喪身失命了也 還有爲二老出一隻手者麽", "산속에는 호랑이인 사람이 있고 시가에는 사람인 호랑이가 있어서 늘 미소 속에 칼 갈고 있으니 날카로운 이와 발톱 두려워할 만하구나. 아름답게 무늬진 고양이에게 말을 전하여 나무 위에는 오르지 못하게 하시게〈혜수심(慧受深)의 송〉. 山中有虎人 市上有人虎 常磨笑裏刀 利牙爪可怖 寄語花狸奴 莫教渠上樹〈慧受深〉", "눈앞에 호랑이 있다면 원래 그대일 뿐. 다시 무엇이냐고 묻는다면, '원통하고 원통하다!'〈월당도창(月堂道昌)의 송〉. 前面有虎 元來是汝 更問如何 冤苦冤苦〈月堂昌〉"라고 하였다. [참고문헌]『宗鑑法林』. ⇨ 현사맹호 玄沙猛虎

현상 玄象 아득히 그려 낼 뿐인 것. 깊어 아득한 일체 즉 만물의 바탕. 『출삼장기집』 권8(대정장55, p.53b29)에 "어떤 일도 아직 모습 드러내지 않았지만 여섯 가지로 그려 돌이켜 아깝기만 할 뿐이고, 아득한 모습들 이미 움직였으니 구장으로 그 차고 비움 헤아릴 뿐이다. 이렇다면 귀신도 그 정황을 감출 수 없고 음양도 그 변통을 능히 숨길 수 없다. 機事未形 六畫得其悔吝 玄象旣運 九章測其盈虛 斯則鬼神不能隱其情狀 陰陽不能遁其變通"라고 하였다. [참고문헌]『出三藏記集』.

현상 現相 ❶ Ⓢ naimittikatā, nimittaṃ kṛtvā, Ⓟ nemittikatā, nimitte kayiramāne obhāse kayiramāne, Ⓣ gzhogs-slong. 모습을 드러내다. 모양새 갖춰 드러내 보이다. 알게 하기 위해 말해 보이다. 『해의보살소문경』 권4(대정장13, p.483b22)에 "보살이 지혜로 선도하여 신업을 구족함이란 어떤 것인가? 저 중생에게 마땅히 색신 보게 하여 교화하고 제도하여 조복할 수만 있다면, 보살은 곧 위의상 드러내어 그 중생이 마음을 조복하게 해야 하는데, 보살은 다시 그러한 모습을 드러낼지라도 깨달았다는 생각도 없고 분별도 없다. 云何是菩薩智爲先導 身業具足 謂若衆生 應見色身 而可化度 及調伏者 菩薩卽當現威儀相 令彼衆生 心得調伏 菩薩雖復 如是現相 然無發悟 亦無分別", 『오분율』 권30(대정장22, p.191b19)에 "가섭이 다시 아난을 꾸짖어 말했다. '부처님께서 열반하려 하실 즈음 모습 드러내 너에게 말씀하시길 「어떤 사람 사신족만 얻어도 일겁이나 일겁 이상 목숨 가져 머무를 수 있다고 하셨는데, 여래는 무량정법을 성취하신 분이다」고 하셨다. 이와 같이 세 번이나 거듭해서 모습 드러내 너에게 말씀하셨다'. 迦葉復詰阿難言 佛臨泥洹 現相語汝 若有得四神足 欲住壽一劫 若過一劫 便可得之 如來成就 無量定法 如是三反 現相語汝", 상응하는 *Cullavagga*(*Vin.2*, p.289)에 "존자 아난다여, 세존께서 입멸에 임해 뚜렷한 모습과 말씀을 보이셨을 때 그대는 '세존이시여 일겁을 머무소서' 하고 청하지 않았으니, 이는 크게 잘못된 일이다. idam pi te āvuso ānanda dukkaṭaṃ yaṃ tvaṃ bhagavatā oḷārike nimitte kayiramāne oḷārike obhāse kayiramāne na bhagavantaṃ yāci, tiṭṭhatu bhagavā kappaṃ"라고 하였다. [참고문헌]『海意菩薩所問經』, 『五分律』, *Vin.*, *Bodh-bh.115.*, *Madhy-vibh.64.* ❷ 『대승기신론 大乘起信論』에서 말하는 삼세(三細) 중 하나. 오식(五識) 중 현식(現識)을 가리키며, 능견상의 상대어인 경계상(境界相)을 일컫는다. 『기신론소』 권상(대정장44, p.209b15)에 "셋째 현상이란 무엇인가? 능견에 의지해 경계상으로 나타난 것을 말한다. 三者 現相 謂依能見 現於境相", 『대승기신론의기』 권중(대정장44, p.262c19)에 "셋째 경계상이니, 곧 현상이다.

第三 境界相 卽是現相"라고 하였다. 〔참고문헌〕『起信論疏』. ⇨ 삼세 三細, 삼세육추 三細六麤

현상 現象 ➡ 일체 一切, 일체법 一切法

현상 賢上 ❶ 성(城) 이름. 수미산(須彌山) 동쪽 중턱의 유건다산(由乾陀山)에 있는 성으로서 지국천왕(持國天王)의 주처다. 『기세경』 권6(대정장1, p.339c16)에 "비구들이여! 수미산왕의 동쪽 중턱에 유건다라는 산이 있는데 이 산의 정산은 땅에서 4만 2천 유순 떨어져 있다. 그 산 정상에는 제두뢰타 천왕의 성곽 주처가 있는데 그 성의 이름은 현상이다. 諸比丘 須彌山王 東面半腹有山 名曰由乾陀 山頂去地 四萬二千由旬 其山頂上 有提頭賴吒天王城郭住處 城名賢上"라고 하였다. 〔참고문헌〕『起世經』. ⇨ 지국천왕 持國天王, 유건다산 由乾陀山 ❷ Ⓢ Bhadrottamā. 묘향성(妙香城 : 衆香城) 내 네 곳 동산에 있는 연못(池). 『대반야경』 권398(대정장6, p.1061a1 : *Aṣṭ-pr.*, p.241)에 "묘향성 안에는 네 곳의 아름다운 동산이 (法涌菩薩摩訶薩이 머무는) 이 궁전을 둘러싸고 있으며 … 각각의 동산 안에는 각기 여덟 가지 연못이 있으니 … 둘째는 현상이라 한다. 妙香城中 … 有四妙苑周環此宮 … 一一苑內各有八池 … 二名賢上 tatra ca kulaputra gandhavatyāṃ nagaryāṃ madhye-śṛṃgāṭakasya … ekaikasmiṃścodyāne 'ṣṭāvaṣṭau puṣkariṇyo … bhadrottamā ca nāma"라고 하였다. 〔참고문헌〕『大般若經』, *Aṣṭ-pr.* ⇨ 중향성 衆香城

현상대성문중 賢上大聲聞衆 현위의 대성문들. 세존(世尊)보다 먼저 열반에 든 사리불(舍利佛)과 목건련(目犍連)를 가리킨다. 『시설론』 권3(대정장26, p.520b23)에 "어째서 불세존들께서는 세간에 머무시며 교화를 하시는가? 어째서 현상의 대성문중은 먼저 열반에 들고 부처님께서는 그 뒤에 열반에 드시는가? 〔답〕 성문들은 오랜 시간 동안 쉼 없이 선법을 용맹히 닦고 기르며 성숙해 현전하는 승묘과보를 끝내 성취했다. 만약 세존이 열반에 드는 것을 보이셨다면 저 성문들의 수승한 과보는 완성되지 못했을 것이다. 또 본래 그러한 것이어서 항하의 모래알 수만큼 많은 불세존의 현상의 대성문중은 모두 먼저 연반에 들고 부처님께서는 그 뒤에 열반에 드시는 것이다. 何因諸佛世尊住世敎化 何故賢上大聲聞衆先入涅槃 佛乃後入 答 以諸聲聞長時無間勤修善法長養成熟 現前勝妙果報克成 若見世尊入涅槃者 彼諸聲聞所有勝報卽不圓成 又復法爾 殑伽沙數等諸佛世尊所有賢上大聲聞衆 皆先涅槃 佛乃後入"라고 하였다. 〔참고문헌〕『施設論』. ⇨ 사리불 舍利弗, 목건련 目犍連

현상식 現相識 현식(現識)의 다른 이름. 태현(太賢)의 『대승기신론내의약탐기』(대정장44, p.416b7)에 "(業識 · 轉識 · 現識 · 智識 · 相續識의) 다섯 가지 의 중에서 처음 셋은 본식위에 있고 뒤의 둘은 (分別)사식의 세분위에 있다. 체인 본식중에서 자세히 논하면, 네 종류의 식이 있다. 첫째는 진식이니, 자상이라고도 하고 지상이라고 한다. 둘째는 업식이니, 업상이라도 하고 업상식이라고도 한다. 셋째는 전식이니, 전상이라고도 하고 전상식이라도 한다. 넷째는 현식이니, 현상이라고도 하고 현상식이라고도 한다. 다섯째는 지식이니 지상이라고도 한다. 여섯째는 상속식이니 상속상이라고도 한다. 五種意中 初三在本識位 後二在事識細分位 體本識中 若子細論 有四種識 一 眞識 亦名自相 亦名智相 二 業識 亦名業相 亦業相識 三 轉識 亦名轉相 亦名轉相識 四 現識 亦名現相 亦名現相識 五 智識 亦名智相 六 相續識 亦名相續相"라고 하였다. 〔참고문헌〕『大乘起信論內義略探記』.

현색 玄賾 ❶ 그윽해 깊다. 『법화문구』 권2(대정장34, p.27b1)에 "묘한 이치 그윽해 깊어서 말로 하기에 지극히 어려운데, 사람들 정으로 근심할 뿐이어서 존중할 수 없다. 妙理玄賾 說之至難 人情悠悠 不能尊重"라고 하였다. 〔참고문헌〕『法華文句』. ❷ 당대 스님. 선종 5조 홍인(弘忍)의 법사(法嗣). 속성은 왕(王)씨. 태원(太原 : 山西省) 기현(祁縣 : 汾陽縣) 출신. 현장(玄奘)이 646년(정관20) 정월 17일부터 윤2월 29일 동안 홍복사(弘福寺) 번경원(翻經院)에서 『대승아비달마잡집론 大乘阿毘達磨雜集論』 16권을 역출할 당시 필수(筆受)를 담당하였으며, 현장이 『대보살장경 大菩薩藏經』 20권을 역출할 때에도 행우(行友)와 함께 편집을 담당하였다. 670년(함형1)에 쌍봉산(雙峰山) 오조홍인 문하에 들어가 그의 가르침을 받았다. 홍인 입적 후에 안주(安州 : 湖北省) 수산(壽山)에 머물며 오색의 사리를 감득(感得)하였으며 700년(구시1)에는 부름을 받고 측천무후(則天武后)를 알현하기도 하였고, 708년(경룡2)에는 칙명을 받들어 경사(京師)에 온 다음 측천무후 · 중종(中宗) · 예종(睿宗) 등 세 황제의 귀의를 받고 국사(國師)가 되었으며 동도(東都)에서 선법을 선양하였다. 『능가인법지 楞伽人法志』를 찬술했다고 하는데 현존하지는 않지만, 제자인 정각(淨覺)이 이 책을 기초로 『능가사자기 楞伽師資記』를 저술한 것으로 알려져 있다. 『전법정종기』 권9(대정장51, p.765b22)에 "제32조 홍인 존자〈이 땅의 5조이다〉는 방계로 법사 13인을 배출하였다. … 그중 한 사람을 상주(常州) 현색이라고 한다. 第三十二祖弘忍尊者〈此土之五祖也〉 旁出法嗣十有三人 … 一曰 常州玄賾者", 『개원석교록』 권8(대정장55, p.556b19)에 "『대승아비달마잡집론』 16권〈『내전록 』에 보임. 안혜보살 해석. 정관 20년 정월 17일 홍복사 번경원에서 한역하여 윤2월 29일에 마침. 사문 현색 등 필수〉. 大乘阿毘達磨

雜集論十六卷〈見內典錄　安慧菩薩糅　貞觀二十年正月十七日於弘福寺翻經院譯 至閏二月二十九日畢 沙門玄賾等 筆受〉"라고 하였다. 〔참고문헌〕『傳法正宗記』, 『開元釋敎錄』.

현색 顯色 Ⓢ varṇa-rūpa, varṇa, Ⓟ vaṇṇa, Ⓣ kha-dog, kha-dog-gzugs. 빛깔로 드러나는 색. 이종색(形色 顯色) 또는 삼종색(形色 顯色 表色) 중 하나다. 설일체유부는 청(青 Ⓢ nīla)·황(黃 Ⓢ pīta)·적(赤 Ⓢ lohita)·백(白 Ⓢ avadāta)·구름(雲 Ⓢ abhra)·연기(煙 Ⓢ dhūma)·먼지(塵 Ⓢ rajas)·안개(霧 Ⓢ mahikā)·그림자(影 Ⓢ chāyā)·빛(光 Ⓢ ātapa)·밝음(明 Ⓢ āloka)·어둠(闇 Ⓢ andhakāra)의 열두 가지를, 유식에서는 공일현색(空一顯色 Ⓢ nabhaścaika-varṇṇa-rūpa)을 더해 열세 가지로 시설한다. 혹은『대승아비달마잡집론』에서는 극형색(極逈色 Ⓢ abhyavakāśa-rūpa)을 더해 열네 가지로 시설하고, 청·황·적·백을 사현색(四顯色 : 四本色)으로 묶는데, 유부에서는 이를 제한 나머지 여덟 가지 현색을 네 가지 현색 차별이라고 하며, 유식 등에서는 사본색은 실색(實色)으로서 안식(眼識)으로 알 수 있는(所了別境) 것이며 나머지 현색은 전오식과 의식이 함께하는 오구의식(五俱意識)에 의해 보여지는 것이라 여겨 형색(形色)과 구분한다. 『구사론』 권1(대정장29, p.2b24)에 "'색은 둘이다'라고 하였는데, 첫째 현색이고 둘째 형색이다. 현색에 네 가지가 있으니 청·황·적·백이 그것이며, 나머지 현색은 이 네 가지 색의 차별일 뿐이다. … '또는 스무 가지다'라고 하였는데, (形色으로서 長 등을 제외한) 청·황·적·백 … 구름·연기·먼지·안개·그림자·빛·밝음·어둠이 그것이다. 유여사는 '공일현색도 색처로서 스물한 번째다'라고 설한다. 言色二者 一顯二形 顯色有四 青黃赤白 餘顯是此四色差別 … 或二十者 卽此色處復說二十 謂青黃赤白 … 雲煙塵霧影光明闇 有餘師說 空一顯色第二十一", "땅에서 물의 기운이 오르면 안개라고 하며, 태양의 불꽃을 빛이라 하며, 달·별·화약·보주·번개 등 온갖 불꽃은 밝음이라 하였으며, 광명을 장애하여 생겨난 것으로서 그 안에서 나머지 색을 볼 수 있으면 그림자라 하였으며, 이와 반대되는 것을 어둠이라 하였다. 나머지 색은 알기 쉽기에 지금 풀지 않는다. 어떤 경우는 색처로서 드러나지만 모양 없는 것들이 있어서 청·황·적·백·그림자·빛·밝음·어둠이라 부른다. 地水氣騰說之爲霧 日焰名光 月星火藥寶珠電等諸焰名明 障光明生於中餘色可見名影 翻此爲闇 餘色易了故今不釋 或有色處有顯無形 謂青黃赤白影光明闇)", 원측(圓測)의 『해심밀경소』 권1(卍속장34, p.612b3)에 "(四顯色과 나머지 현색과의 관계를 논하면) 빛과 밝음 두 가지는 (청·황·적·백의) 네 가지 색에 통하며, 그림자와 어둠은 청에 통하며, 연기·구름·먼지·안개는 모두 사색에 통하고, 때로는 청백으로도 거둔다. 光明二種 皆通四色 影闇是青 烟雲塵霧 皆通四色 或可霧是青白所攝", 『유가사지론』 권1(대정장30, p.279b4 : *Yogā-bh.*, p.4)에 "(색은) 간략히 설해 세 가지가 있으니, 현색·형색·표색이 그것이다. 현색이란 청·황·적·백, 빛·그림자·밝음·어둠, 구름·연기·먼지·안개, 공으로서 하나로 현색이다. 略說有三 謂顯色形色表色 顯色者 謂青黃赤白 光影明闇 雲煙塵霧 及空一顯色 samāsato varṇṇaḥ saṃsthānaṃ vijñaptiś-ca. varṇṇaḥ katamaḥ. tadyathā nīlaṃ pītaṃ lohitamavadātaṃ chāyātapa āloko'ndhakāram-abhraṃ dhūmo rajo mahikā nabhaścaika-varṇṇaṃ", "또 현색이란 색 드러나 알 수 있기에 안식으로 행한 바다. … 또 현색이란 빛과 밝음 등으로 차별하다. 又顯色者 謂若色顯了眼識所行 … 又顯色者 謂光明等差別 api khalu varṇṇaḥ katamaḥ. yo rūpanibhaś-cakṣurvijñāna gocaraḥ … tatra varṇṇa ābhāvabhāsa iti paryāyāḥ", 『대승아비달마잡집론』 권1(대정장31, p.696a28 : *Abh-s-bh.*, p.3)에 "먼 색이란 나머지 장애되거나 만져지는 방소 여의어야 가히 얻을 수 있는 것이며, 공일현색이란 위로 해서야 보이는 청 등 현색이다. 逈色者 謂離餘礙觸方所可得 空一顯色者 謂上所見青等顯色 abhyavakāśas tad-anya-prativāraka-spraṣṭavya-rahito yo deśaḥ nabho yad upaniṣṭān nīlaṃ dṛśyate", 『유가론기』 권1(대정장42, p.316b22)에 "소승종은 설하길 형색과 현색의 성이 달라 한 곳에 같이 모일 수 있기에 구색이라 하고, 대승의 뜻에서는 현색은 이 실이니, 이러한 현색이 쌓이고 모였을 때 임시로 설하여 형색이라 할 뿐이다. 小乘宗說 形顯性別一處同聚故說俱色 大乘義中顯色是實 如此顯色積集之時 假說形色"라고 하였다. 〔참고문헌〕『俱舍論』, 『解深密經疏』, 『瑜伽師地論』, 『大乘阿毘達磨雜集論』, 『瑜伽論記』, *Yogā-bh.*, *Abh-s-bh.*, *Abh-k-bh.6.* ⇨ 이종색 二種色②, 삼색 三色②, 형색 形色①, 표색 表色, 극형색 極逈色, 공일현색 空一顯色, 색 色, 색법 色法

현색불상응염 現色不相應染　육염심(六染心) 중 하나로 근본무명(根本無明)에 의지해 경계상(境界相)을 드러내기에 현색이라 하고, 심왕(心王)·심소(心所)와 상응해 일어나는 것이 아니기에 불상응염이라 한다. 오식(五識) 중 현식(現識), 삼세(三細) 중 현상(現相)에 해당한다. 『기신론』 권1(대정장32, p.577c7)에 "염심에는 여섯 가지가 있다. 무엇이 여섯 가지인가? … 넷째는 현색불상응염이니 색자재지에 의지해 능히 여읠 수 있기 때문이다. 染心者有六種 云何爲六 … 四者 現色不相應染 依色自在地能離故", 『기신론소』 권1(대정장44, p.215a27)에 "'넷째는 현색불상응염이다'라고 하였는데, 다섯 가지 의전(意轉) 중에 세 번째는 현식이다. 밝은 거울 중에 색상이 현현하는 것과 같기에 현색불상응염이라고 한다. 색자재지란 제8지로서 이 지에서는 이미 정토자재를 얻어 예토추색은 현현할 수 없기에 '여읠 수 있다'고 한 것이다. 第四現色不相應染者 五種意中第三現識 如明鏡中現色像 故名現色不相應染 色自在地 是第八地 此地已得淨土自在 穢土麤色不能得現 故說能離也", 『대명삼장법수』 권20(영락장182, p.251b10)에 "넷째는 현색불상응염이다. 색으로 드러난다는 것은 근본무명에 의지해 청정한 마음을 훈동하여 경계상을 드러낸다. 비록 경계상이 현현하였더라도 근본무명은 극히 미세하여 심왕이나 심소와는 상응하지 않기에 불상응염이라 한 것이니, 곧 삼세 중 세 번째인 현상에 해당한다〈… 삼세란 업상·전상·현상을 말한다〉. 四現色不相應染 現色者 謂依根本無明 熏動淨心 令現境界之相 雖現境界之相 而根本無明最極微細 不與心王心所相應 故名不相應染 卽是三細中第三現相也〈… 三細者 業相 轉相 現相也〉"라고 하였다. 〔참고문헌〕『起信論』, 『起信論疏』, 『大明三藏法數』. ⇨ 육염심 六染心, 삼세 三細

현색심 顯色心 『대일경』에서 설하는 범부의 분별허망심(分別虛妄心 : 六十心) 중 마흔여섯 번째. 『대일경』 권1(대정장18, p.2c3)에 "'원하옵건대 세존이시여! 그러한 마음에 대해 설하여 주시옵소서'. … 부처님께서 금강수비밀주에게 말씀하셨다. '비밀주여! 심상에 대해 자세히 들거라. … 무엇을 현색심이라 하는가? 저들 모여 성으로 삼은 것을 말한다'. 惟願世尊說彼心 … 佛告金剛手祕密主言 祕密主諦聽心相 … 云何顯色心 謂類彼爲性", 『대일경소』 권2(대정장39, p.599b11)에 "마흔여섯 번째로 '무엇을 현색심이라 하는가?' … 비유하면 청·황·적·백 등으로 물들인 색에 흰색 실을 넣으면 그와 같은 색이 되는 것과 같다. 이 사람의 마음도 이와 같이 선법을 보거나 들으면 마찬가지로 저를 따라 행한다. … 종종 경계 마주하고 그 일 따라 옮겨 행한다. 사람이라면 스스로 깨달아 알아 마쳐서는 '오로지 스스로 증할 법을 구할 뿐임을 기억할 뿐이니, 다른 이의 깨달음에 의지하지도 않고 다른 연에 의지해 뒤치는 일 있어서는 안 된다'라고 생각한다. 이것이 바로 저들 마주해 다스림이다. 第四十六云何顯色心 … 譬如青黃赤白等染色 若素絲入之便與同色 此人心亦如是 見聞善法亦隨彼行 … 對種種境界 隨事而遷行 人自覺知已 當念專求自證之法 不由他悟 不爲他緣所轉 是彼對治"라고 하였다. 〔참고문헌〕『大日經』, 『大日經疏』. ⇨ 육십심 六十心

현색탐 顯色貪 Ⓢ varṇa-rāga, Ⓣ kha-dog-gi-'dod-chags. 사종탐(四種貪) 중 하나. 청색·황색·적색·백색 등의 현색을 보고 일어나는 탐욕. 아름다운 색깔에 대한 탐욕으로서 부정관(不淨觀)을 통해 조복하고 대치한다. 색욕(色欲)이라고도 한다. 『순정리론』 권59(대정장29, p.671a18)에 "부정관을 수습하는 것은 바로 탐을 대치하기 위함이다. 하지만 탐은 대략 네 가지로 차별되니, 첫째는 현색탐이다. … 현색탐을 조복하고 대치하기 위해서는 내적 몸의 고름·피·기름·정액·침·눈물·골수·뇌·대변·소변 등이 변이한 현색을 전일하게 수념해야 하며, 또 여러 병에 의해 생겨난 내적 몸의 피부가 변이한 현색을 수념해야 한다. … 이로 인해 마음에 지극한 염환이 생겨나게 되면 현색을 조건으로 하는 탐을 조복하고 대치할 수 있게 된다. 이 몸도 이와 같이 되는 것이라고 앎으로써 현색의 의지처가 되는 바에 대해서도 애착하지 않게 되기에 일체에 대해서 모두 이염을 획득하게 된다. 修不淨觀正爲治貪 然貪差別略有四種 一顯色貪 … 爲欲伏治顯色貪者 應專隨念內身分中膿血脂精涎洟髓腦 大小便等變異顯色 及應隨念衆病所生內身皮上變異顯色 … 由此令心極生厭患 便能伏治緣顯色貪 以知此身爲如是等 非愛顯色所依止處 故於一切皆得離染", 『구사론소』 권22(대정장41, p.730a3)에 "현색탐이란 아름다운 청색·황색 등에 대한 것이다. 顯色貪者 謂妙青黃等", 같은 책 권29(대정장41, p.800c12)에 "욕계와 초정려에는 현색탐이 있으니, 안식신으로 인해 견인되어 일어나는 것이기 때문이다. 欲界初定有顯色貪者 由眼識身所引起故"라고 하였다. 〔참고문헌〕『順正理論』, 『俱舍論疏』, *Abh-k-bh.337.*, *Śrāv-bh.205.* ⇨ 사종탐 四種貪, 현색 顯色

현색형색 顯色形色 현색과 형색. 『섭대승론석』 권5(대정장31, p.407b28)에 "'금토장 중에서 세 법을 얻을 수 있다'라고 한 것은 삼자성을 비유한 것이다. 지계는 견고함을 성으로 하고, '장'이란 '금토'의 종자다. '금토'는 현색이고 형색이다. 그 차제로 대종소조를 세 법의 체로 한다. 金土藏中三法可得 喩三自性 地界者 用堅硬爲性 藏者 卽是金土種子 金土者 是顯色形色 如其次第大種所造爲三法體", 『대승광오온론』 권1(대정장31, p.851a13)에 "무엇이 색인가? 안의 경은 현색과 형색 그리고 표색 등이다. 현색에는 세 가지가 있으니 청색·황색·적색·백색을 말하고, 형색은 길과 짧음 등이다. 云何色 謂眼之境 顯色 形色 及表色等 顯色有四種 謂青黃赤白 形色 謂長短等"라고 하였다. 〔참고문헌〕『攝大乘論釋』, 『大乘廣五蘊論』. ⇨ 현색 顯色, 형색 形色 ■

현생 現生 Ⓢ janana. 현재의 생애. 『진실섭경』 권6(대정장18, p.358c16)에 "일체여래밀인에서 성취를 구하는 이는 현생에서 역시 금강살타견고체성을 증득한다. 於一切如來密印 欲求成就者 於現生中亦得金剛薩埵堅固體性", 『무량수의궤』(대정장19, p.69b9)에 "수행자가 이 선정을 자주 닦으면 현생에서 선정에 들때마다 극락세계의 무량수여래께서 보살회중에 계신 것을 보고 무량한 계경을 설하시는 것을 듣는다. 行者 由數習此定 現生每於定中 見極樂世界無量壽如來 在大菩薩衆會 聞說無量契經"라고 하였다. [참고문헌]『眞實攝經』, 『無量壽儀軌』, *Ratna-ut.107.*

현생십종익 現生十種益 염불행자(念佛行者)가 현생에서 얻는 열 가지 이익. 일본 진종(眞宗) 친란(親鸞)의『교행신증 敎行信證』에서 시설했고,『무량수경 無量壽經』권하에서 부처님이 아난에게 극락에 왕생하는 중생상에 대해 설법하는 내용인데 친란은 이것을 극락이 아니라 현생에서 얻는 이익이라 하였다.『교행신증』권3(대정장83, p.607b20)에 "금강진심을 얻은 자는 오취와 팔난도를 자유롭게 뛰어넘어 반드시 현생십종익을 얻는다. 무엇이 열 가지인가? 첫째 남 몰래 무리들이 보호해 주고, 둘째 지극한 덕 구족하고, 셋째 악을 뒤쳐 선이 되게 하고, 넷째 모든 부처님께서 호념하시며, 다섯째 제불이 칭찬하시고, 여섯째 마음의 빛 늘 변함없고, 일곱째 마음 언제나 환희하고, 여덟째 은혜 알아 덕으로 갚고, 아홉째 언제나 대비로 행하며, 열째 정정취에 드는 등의 이익들이다. 獲得金剛眞心者 橫超五趣八難道 必獲現生十種益 何者爲十 一者冥衆護持益 二者至德具足益 三者轉惡成善益 四者諸佛護念益 五者諸佛稱讚益 六者心光常護益 七者心多歡喜益 八者知恩報德益 九者常行大悲益 十者入正定聚益也"라고 하였다. [참고문헌]『敎行信證』. ⇨ 교행신증 敎行信證, 친란 親鸞

현서 現瑞 상서로움을 드러내다. 40권본『대반열반경』권21(대정장12, p.489c6)에 "세존이시여 저 유리광보살이 이 일을 듣고 나서 팔만사천보살마하살과 함께 이곳에 오려해서 먼저 상서로움을 드러냈으니 인연으로 이 광명 있게 되었습니다. 世尊 彼琉璃光菩薩聞是事已 與八萬四千菩薩摩訶薩 欲來至此 故先現瑞 以此因緣 有此光明",『금강선론』권1(대정장25, p.800b5)에 "여래께서 설법하여 뜻을 펼치시는 데는 여러 가지가 있다. 첫째 빛을 놓고 땅 흔들어 인연있는 중생 불러모으고 널리 상서로운 모습을 드러낸 후에 설법하신다. 以如來說法序義 凡有多種 一放光動地 召集有緣 廣現瑞相 然後說法",『금광명최승왕경소』권6(대정장39, p.334a15)에 "먼저 상서로움을 드러내는 일에 세 가지가 있다. 첫째, 여섯 가지로 땅이 흔들린다. 둘째, 해와 달이 빛을 잃는다. 셋째, 하늘에서 향과 꽃비 내려 숲 가득 공양한다. 初現瑞有三 一 地振六動 二 日月無光 三 天雨香華遍林供養"라고 하였다. [참고문헌]『大般涅槃經』,『金剛仙論』,『金光明最勝王經疏』.

현서서 現瑞序 상서로움 드러냄을 앞서 나타내는 글. 경(經)의 본문에 들어가기 전에 앞서 밝히는 서문(序) 중에 하나다.『법화의소』권2(대정장34, p.466b22)에 "'이때 세존이 네 무리대중에게 둘러싸여' 그 이하는 두 번째 서를 열어 일으킴을 밝힌 것으로 또한 여섯 장이 있다. 첫째 중집서, 둘째 설경서, 셋째 입정서, 넷째 현서서, 다섯째 의문서, 여섯째 답문서이다. 그리고 앞의 증신서와 합하면 열 두 개의 서이다. 爾時世尊四衆圍遶下 此第二明開發序 亦有六章 一衆集序 二說經序 三入定序 四現瑞序 五疑問序 六答問序 及前證信序 合十二序也",『금광명경문구』권19(대정장39, p.48b19)에 "때에는 세 가지 구별이 있다. 첫째, '이때'로부터 그 아래는 서술서라고 이름한다. 둘째, 수량품부터 그 아래는 현서서다. 셋째, '이때 네 분의 여래'로부터 그 아래는 중집서다. 或時作三別 一從是時下名敘述序 二從壽量品下名現瑞序 三從時四如來下是衆集序"라고 하였다. [참고문헌]『法華義疏』,『金光明經文句』. ⇨ 서 序 ■

현석 玄石 1900~1965. 근세 불교학자 김잉석(金芿石), 호가 현석(玄石)이다. 1900년(광무4) 1월 5일 전라남도 승주(昇州)에서 태어났다. 한때 스님으로서 순천 송광사에서 대교과를 졸업한 후 중앙중학을 거쳐 1928년 일본 동경 고마자와대학 예과를 수료하고, 1931년 교토의 류코구대학 문학부를 졸업하고 귀국하여 동국대학교 불교대학교수를 역임했다. 저서는『화엄학개론 華嚴學槪論』,『불타와 불교문학』,『불교학개론 佛敎學槪論』,『삼론학(三論學)의 진리성과 그 역사성』등이 있다. ⇨ 김잉석 金芿石

현석종왕 賢釋種王 Ⓢ bhadrikaḥ śākyarājaḥ. 현명한 석가족의 왕.『유부율파승사』권9(대정장24, p.144c18 : *Saṅ-v.*, p.201)에 "무멸은 이전부터 평소 현석종왕과 서로 친했기에 바로 왕의 처소로 갔다. 無滅先與賢釋種王 素相親近 卽詣王所 aniruddhasya bhadrikaḥ śākyarājo vayasyakaḥ, sa tasya sakāśaṃ gataḥ"라고 하였다. [참고문헌]『有部律破僧事』, *Saṅ-v.*

현선공위 賢善共位 현과 선이 함께하는 위. 삼현위(三賢位)를 가리킨다.『불성론』권1(대정장31, p.787c8)에 "비담이나 살바다 등 제부의 설에 따르면, 일체 중생에게는 성득불성은 없고 수득불성만이 있을 뿐이다. 중생을 분별하면 세 가지다. … 둘째는 유무를 정할 수 없다. 만약 닦을 때는 얻고 닦지 않으면 얻지 못하는 것이니 이는 바로 현선이 함께하는 위 이상에 해당하기 때문이다. 若依毘曇薩婆多等諸部說者 則一切衆生 無有性得佛性 但有修得佛性 分別衆生 凡有三種 … 二 不定有無 若修時卽得 不修不得 是賢善共位以上人故"라고 하였다.

〔참고문헌〕『佛性論』. ⇨ 삼현 三賢

현선자 賢善者 어질고 선한 이들. 외도와 구별해 불교 내부자들을 일컫는 말. 『변중변론술기』 권중(대정장44, p.18a25)에 "온갖 외도들을 총명하고 영리한 이들이라 부르고, 불법(內法)을 행하는 이들을 어질고 선한 이들이라 부른다. 諸外道等 名聰叡者 諸內法等 名賢善者"라고 하였다. 〔참고문헌〕『辯中邊論述記』.

현설 顯說 분명하게 드러내 설하다. 밀의설(密意說)에 맞선다. 『화엄경소』 권49(대정장35, p.877c27)에 "아홉째 성문 중에 둘이란, 첫째는 현설을 잡으니 저들은 고와 집을 싫어하고 근심하기에 인공지 설하여 그 검으로 끊는다. 둘째는 밀설을 잡으니 응당 법공으로 일체혹을 끊기에 큰 칼이라 이름한다. 九 聲聞中二者 一 約顯說 由彼厭患苦集故 說人空智劍斷之 二 約密說 應以法空斷一切惑 故名大劍", 『법화경현첨증석』 권2(卍속장44, p.821b17)에 "또한 현설을 잡는다고 했는데, 저 앞에서 '불계는 실이고 구계는 권이다'라고 함과 같으니 현설에 의지했다. 亦約顯說 如前云 佛界實 九界權 且依顯說", 『성유식론속전』 권3(卍속장81, p.97b11)에 "밀의설이란 저들이 분별하여 집을 일으킬까 염려했기에 그 뜻 숨기기를 받아들여 드러내어 설하지 않았는데, 이제 논주는 가리켜 내보였으니 모두 이 중의 제8식체다. 대중부는 소승경의 부 이름이고 아급마는 대중부의 경 이름이다. 이 경 중에 밀의로 이 제8식이 근본식이 됨을 설했으니 이 안 등이 의지하는 바이기 때문이다. 나무뿌리는 제8을 빗대고 줄기 등은 안 등을 빗대는데, 저들은 제8이 없다고 집했기에 논주는 깨뜨려 이르길 '안 등의 식이 아닌 근본뜻이 있다'라고 하였다. 密意說者 恐彼分別起執 故密其意許 而不顯說 今論主指出 皆是此中第八識體 大衆部 是小乘經中部名 阿笈摩 是大衆部中經名 謂此經中 密意說此第八識 爲根本識 以是眼等所依止故 樹根喩第八 莖等喩眼等 以彼執無第八 論主破云 非眼等識 有根本義"라고 하였다. 〔참고문헌〕『華嚴經疏』, 『法華經玄籤證釋』, 『成唯識論俗詮』. ⇨ 밀의설 密意說 ■

현성 現成 드러나 성취되다. 마땅히 드러나 알게 되다. 『보요경』 권5 「육년근고행품 六年勤苦行品」(대정장3, p.512c7)에 "나무 아래 앉아 부처 되고 중생의 갈 길 성취해 보이셨으니, 중생을 고해에서 건너 벗어나게 하고자 하셨다. 시방의 모든 부처님 다 모습 드러내 보이셨으니 이 상서로운 일 마땅함 드러내셨다. 欲坐樹下 現成佛道 度脫衆生 十方諸佛 咸示威變 顯其瑞應", 『대승밀엄경』 권중 「취입아뢰야품 趣入阿賴耶品」(대정장16, p.764a18)에 "뒤쳐 다시 청정함 얻고 치우침 없고 바른 깨달음 드러내 알게 하셨다. 轉復得淸淨 現成等正覺", 『원오어록』 권2 「향적원개당 香積院開堂」(대정장47, p.722a3)에 "저 화엄세계의 가이없는 향수해와 불가설한 부당왕찰이 온통 여길 향해 일시에 열려 나타났으니, 이것이야말로 드러나 성취되고 받아 쓰게 될 뿐이어서 눈으로 보는 것 아니고 귀로 듣는 것 아니며 입으로 말할 수 없고 마음으로 알 수도 없다. 증하여 얻었는가? 만약 증하여 얻었다면, 각성 동쪽에서 처음으로 문수보살을 만날 필요도 없었고 누각문을 열어 바야흐로 자씨보살 만나 참할 필요도 없었다. 감히 대중에게 묻노니, 말해보라. 지금 이것들 어떤 이의 경계인가? 如華嚴法界 無邊香水海 不可說浮幢王刹 盡向這裏 一時開現 卽此現成 卽此受用 不以眼見 不以耳聞 不以口談 不以心知 還證得麽 若也證得 不必覺城東際 初見文殊 樓閣門開 方參慈氏 敢問大衆 且道 卽今是什麽人境界"라고 하였다. 〔참고문헌〕『普曜經』, 『大乘密嚴經』, 『圓悟語錄』. ⇨ 현성공안 現成公案

현성 賢聖 현인(賢人 Ⓢbhadra)과 성인(聖人 Ⓢārya). 이미 악을 떠났으나 견도(見道)에 이르지 못한 이를 현인이라 하고, 견도 이상에 도달한 이를 성인이라 하는 것이 보통이다. 다음과 같이 경전에 따른 여러 가지 견해가 있다. 『장아함경』 권1 「대본경 大本經」(대정장1, p.1b26)에 "너희들은 평등한 믿음으로 출가하여 수도하는데, 마땅히 행해야 할 모든 일에 두 가지가 있으니, 첫째는 현성의 강법이고, 둘째는 현성의 침묵이다. 너희들이 논의하는 것은 이와 같은 것이어야 한다. 여래의 신통위력은 넓고 커서 과거 무수겁의 일을 다 아시는데, 법성을 잘 알기 때문에 아시는 것이며, 또 모든

〈표〉 현성

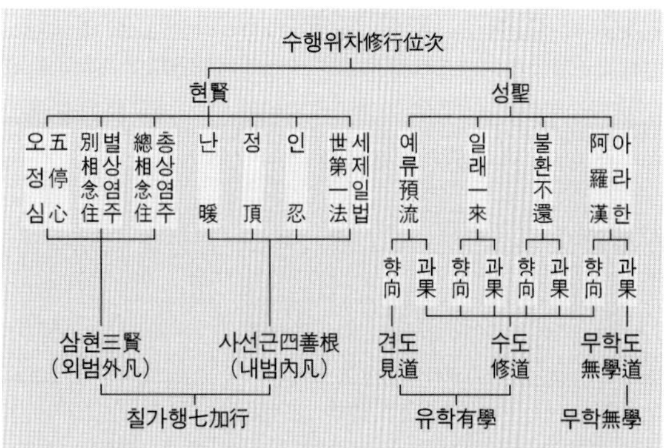

하늘이 와서 말해주기 때문에 아시는 것이다. 汝等 以平等信 出家修道 諸所應行 凡有二業 一曰 賢聖講法 二曰 賢聖默然 汝等所論 正應如是 如來神通 威力弘大 盡知過去無數劫事 以能善解法性故知 亦以諸天來語故知라고 하였다. 『구사론 俱舍論』 「분별현성품 分別賢聖品」에서는 칠현(七賢 Ⓢsapta satpuruṣa)과 사성(四聖 Ⓢcatur ārya) 혹은 칠성(七聖)을 말하고, 『대품반야경 大品

般若經』과 『대지도론 大智度論』에서는 십지(十地)를 말하는데, 처음 두 위를 '현'이라 하고, 그 이후 여덟 위는 '성'이라고 하며, 『성유식론 成唯識論』의 보살오위(菩薩五位) 중 처음 두 위인 자량위(資糧位)와 가행위(加行位)를 '현'이라 하고, 그 이후의 세 위는 '성'이라고 한다. 『화엄경 華嚴經』과 『보살영락본업경 菩薩瓔珞本業經』에서 말하는 십주(十住)·십행(十行)·십회향(十廻向)위를 '현'이라 하고, 그 이후의 십지(十地)·묘각위(妙覺位) 또는 십지·등각위(等覺位)·묘각위는 '성'이라고 하는데, 대승에서는 크게 십주·십행·십회향의 삼현(三賢)과 십지의 십성(十聖)이라 나눈다. 『인왕호국반야바라밀다경소』 권상(대정장33, p.455a4)에 "삼승의 현성이 닦는 여러 가지 행이란 무엇인가? … 삼승의 '삼'이란 하중상의 근기이고, '승'이란 교리행과로써 탈 것이다. 현이란 선하게 되는 뜻이니, 자량위와 가행위이고, 성이란 통달위와 수습위와 구경위이다. 三乘賢聖所修諸行者 … 言三者 下中上根 言乘者 教理行果 卽所乘也 言賢者 和善之義 資糧加行也 言聖者 通達 修習 究竟位也", 『구사론소』 권8(대정장41, p.592c13)에 "순해탈분이상을 현이라 하고, 견도이상은 성이라고 한다. 順解脫分已上名賢 見道已上說名爲聖", 『대승의장』 권17(대정장44, p.788b7)에 "현성이라 말하는 것은, 선하게 되는 것을 현이라 하고, 바르게 되는 것을 성이라고 한다. 바르다는 것은 이를 말한다. 이에는 치우침이란 없기에 정이라고 하며, 이를 증하여 범부의 법을 버린 것을 성이라고 한다. 言賢聖者 和善曰賢 會正名聖 正謂理也 理無偏邪 故說爲正 證理捨凡 說爲聖矣", 『사교의』 권6(대정장46, p.741a21)에 "현인에 둘이 있으며, 성인에 스물다섯이 있으니, 합하여 스물일곱의 현성이 있다. 賢人有二 聖有二十五 合有二十七賢聖"라고 하였다. [참고문헌] 『長阿含經』, 『仁王護國般若波羅蜜多經疏』, 『俱舍論疏』, 『大乘義章』, 『四教義』. ⇨ 현 賢, 성 聖, 칠현칠성 七賢七聖, 삼현십성 三賢十聖

현성공안 現成公案 드러난 그대로 공안을 성취하다. 현(現)은 현(見)으로도 쓴다. 『낙방문류』 권5 「회정토시 懷淨土詩」(대정장47, p.231a5)에 "드러난 그대로 공안이 실현되어 헤아려 거래함이 끊어졌는데 새벽 경쇠 소리 연거푸 울리고 납촉 오래도록 타는구나. 밤낮 소리 끊어지지 않는데 집안 가득 바람 불어 백련향 차오른다네. 現成公案絶商量 曉磬頻敲蠟炬長 晝夜六時聲不斷 滿門風遞白蓮香", 『운문광록』 권상(대정장47, p.547a10)에 "그대들 보지 못했는가? 저 덕산화상은 학인들 들어오는 걸 보자마자 그대로 주장자 끌어 쫓아냈고 목주화상은 학인들 문 안으로 들어오는 걸 보자마자 문득 말하길 '드러난 그대로 공안인데 그대 30방 놓으리라'라고 말했다는 것을. 汝不看 他德山和尙纔見僧入門 拽拄杖便趁 睦州和尙見僧入門來 便云 現成公案 放爾三十棒", 『원오어록』 권5(대정장47, p.734b7)에 "여기에 이르면 무슨 일 말해야 할까? 현을 말하고 묘를 말해 얻어야 하나. 부처와 조사를 말해서 얻어야 하나. 옛을 듣고 지금을 들어야 될까. 짓고 씀을 말해야 될까. 온통 다 앞서서도 이후로도 이미 대종사들께서 집어낼 것들이다. 지금은 그렇지 못하니, 다 거둬 움직여 붙들리지 말아야 하리. 다만 일개 눈앞에 드러난 공안 받들 뿐이니 만약 끝내 얻는 것 있다면 사람마다 마음 꽃이 활짝 피어 곳곳에서 시방세계 비추리라. 到這裏合談何事 說玄說妙得麼 說佛說祖得麼 擧古擧今得麼 顯作顯用得麼 盡是從前已後大宗師拈出了也 卽今不如 總不動著 只呈一箇現成公案 若也薦得 人人心華發明 處處照十方刹", 『대혜어록』 권5(대정장47, p.832a12)에 "상당하여 들기를 '목주가 찾아온 학인 보자마자 말했다. 「드러난 그대로 공안이거늘 그대 맞아야 할 30방 놓아버리리다」 「저는 이렇습니다」 「산문 앞의 금강역사 어째서 주먹 세워 들고 있는가?」 「금강 언제나 그렇게 합니다」. 목주가 바로 때렸다'. 대혜가 말하였다. '비록 구멍 없는 피리와 털로 된 박판 만나 오음 고르게 드날리고 육률 고르게 소리 낸다 하지만 자세히 점검해 보면 옆에서 보고 있는 이에게 비웃음을 당하지 않을 수 없었다. 말해 보라! 옆에서 보고 있는 이 누구인가?' 잠시 침묵한 뒤 말했다. '움직여 붙들리지 마라. 그대 당나귀 허리 꺾어 버리리니'. 上堂 擧 睦州纔見僧云 現成公案 放汝三十棒 僧云 某甲如是 州云 三門頭金剛爲甚麼竪起拳頭 僧云 金剛尙乃如是 州便打 師云 雖然無孔笛 撞著氈拍板 直是五音調暢 六律諧和 子細檢點將來 未免傍觀者哂 且道 誰是傍觀者 良久云 不得動著 動著打折爾驢腰"라고 하였다. [참고문헌] 『樂邦文類』, 『雲門廣錄』, 『圜悟語錄』, 『大慧語錄』.

현성록 顯性錄 고산지원(孤山智圓 976~1022)이 주석한 『금강비』 주석서. 갖춘 이름은 『금강비현성록 金剛錍顯性錄』. 『신편제종교장총록』 권1(대정장55, p.1168b14)에 "『현성록』 4권. 이상은 지원의 저술이다. 顯性錄四卷 已上 智圓述", 『불조통기』 권10(대정장49, p.205a11)에 "『현성록』 4권〈『금강비』를 주석한 것이다〉. 顯性錄 四卷〈釋金錍〉"라고 하였다. [참고문헌] 『新編諸宗教藏總錄』, 『佛祖統紀』. ⇨ 금강비현성록 金剛錍顯性錄

현성법 賢聖法 Ⓟ ariyassa vinaya. 현인과 성인의 어질고 성스러운 법. 앞선 현인과 성인들이 행했기에 가져 기억해야 할 본보기. 성율(聖律)이라고도 한역한다. 『장아함경』 권17 「사문과경 沙門果經」(대정장1, p.109b17)에 "부처님께서 왕에게 말했다. '그대는 어리석고 아는 것이 없지만 스스로 잘못을 후회하고 있습니다. 그대는 오욕에 빠져서 부왕을 살해하기에 이르렀습니다.

지금 현성법 중에서 잘못을 뉘우친다면 곧 스스로에게 이익이 있습니다. 나는 그대를 가엾게 여기기에 그대의 뉘우침을 수용하겠습니다'. 佛告王曰 汝愚冥無識 但自悔過 汝迷於五欲乃害父王 今於賢聖法中能悔過者 卽自饒益 吾愍汝故 受汝悔過", 60권본 『화엄경』 권8(대정장9, p.443c17)에 "허튼소리로 망령된 말을 하는 사람은 생사와 열반이 다르다고 하네. 현성법에 미혹하여 위 없는 도 알지 못하네. 虛誑妄說者 生死涅槃異 迷惑賢聖法 不識無上道", 『마하승기율』 권4(대정장22, p.258a3)에 "이와 같이 비구여! 어리석은 범부는 들은 것이 적고 아는 것이 적어서 정법 중에 마음을 조복하지 못하고 현성법에 마음을 열지 못한다. 如是比丘 愚癡凡夫少聞少知 於正法中心不調伏 於賢聖法心未開解"라고 하였다. [참고문헌] 『長阿含經』, 『華嚴經』, 『摩訶僧祇律』, *DN.1.85.*

현성사 現聖寺 황해도 개성 탄현문(炭峴門) 내에 있던 현성사(賢聖寺). 『삼국유사』 권5(대정장49, p.1011b8 · 한불전6, p.356b24) 신주(神呪)6 명랑신인(明朗神印)에 "태조가 명랑을 위해 현성사를 창건하고 한 종의 의지처로 삼았다. 太祖爲創現聖寺 爲一宗根柢焉"라고 하였고, 『고려사』 권2 세가(世家)2 936년(태조19)에는 12월 창건으로 전하며, 1135년(인종13) 3월 29일, 1175년(명종5) 6월 6일과 8월 11일에 왕이 행차하였고, 1176년(명종6) 5월 2일에는 "(왕이) 친히 현성사에서 제석재를 지냈다. 옛 이름은 현성이었는데 의종의 이름을 피하기 위해 고쳤다. 親設帝釋齋于賢聖寺 舊名現聖 避毅宗嫌名 改之"라고 하였다. 김구용(金九容 1338~1384)의 『척약재학음집』 권하에 「회현성사피서 會賢聖寺避暑」를 남겼고, 권근(權近 1352~1409)의 『양촌집』 권17 「송명상인시서 送明上人詩序」에서도 전하고 있으며, 『천동상위고』 권17 「유성점하 流星占下」 명종(明宗)에 "현성사에 많은 나무들이 뽑혔다. 至賢聖寺多拔樹木"라고 하였다. [참고문헌] 『三國遺事』, 『高麗史』, 『惕若齋學吟集』, 『陽村集』, 『天東象緯考』, 『韓國寺刹全書』 권하 p.1157b7. ⇨ 현성사 賢聖寺 2

현성사 賢聖寺 ❶ 인천 강화군에 있던 절. 개성에 있던 사찰을 옮겨 지었으나, 『한국사찰전서』 권하(p.1159a13)에 "지금 그 터는 미상이지만 천수사 아래로 보인다. 今未詳其處 見天壽寺下"라고 하였다. [참고문헌] 『韓國寺刹全書』. ❷ 황해도 개성시 탄현문(炭峴門) 안에 있던 절. 『고려사』 권2 세가(世家)2 936년(태조19)에 현성사(現聖寺)란 이름으로 창건하였지만 후에 의종의 이름 피하여 현(賢)으로 고쳤다. 1135년(인종13)과 1175년(명종5)에 왕이 행차하였다. 1176년(명종6)에 "(왕이) 친히 현성사에서 제석재를 지냈다. 옛 이름은 현성사인데 의종의 이름을 피하기 위해 고쳤다. 親設帝釋齋于賢聖寺 舊名現聖 避毅宗嫌名 改之"라고 하였다. 1197년(명종27)에는 큰 바람이 일어 현성사의 많은 나무가 뿌리 채 뽑히기도 하였다. 1217년(고종4) 4월 12월에 왕이 행차하여 문두루도량(文豆婁道場)을 열었으며, "(왕이) 현성사로 거처를 옮겼는데 대개 술사의 말을 믿고 그 터를 잇고자 함이었다. 移御賢聖寺 盖信術者之說 欲以延基也"라고 하였다. 1218년(고종5) 5월 · 9월, 1220년(고종7), 1222년(고종9) 4월 4일 · 4월 11일, 11월 5일, 1224년(고종11), 1227년(고종14), 1229년(고종16) 5월 · 9월에 행차하였으며, 5월 28일에는 기우(祈雨)를 하였다. 1230년(고종17), 1232년(고종19), 1235년(고종22), 1236년(고종23), 1242년(고종29), 1243년(고종30) 3월 · 8월, 1244년(고종31), 1249년(고종36) 2월 · 9월, 1250년(고종37), 1251년(고종38) 4월 · 9월, 1252년(고종39), 1253년(고종40) 2월 · 9월, 1254년(고종41) 3월 · 9월, 1255년(고종42) 3월 · 8월, 1256년(고종43) 3월 · 9월, 1257년(고종44) 3월 · 9월 6일 · 9월 27일, 1258년(고종45), 1259년(고종46), 1261년(원종2), 1262년(원종3), 1263년(원종4) 3월 · 8월, 1264년(원종5), 1265년(원종6), 1266년(원종7)에 왕이 행차하였다. 1273년(원종14) 4월 24일에는 "(왕이) 현성사에 행차하여 5교 양종의 스님들 모셔 남산궁에서 도량을 열고 적의 평정을 기도하였다. 幸賢聖寺 集五教兩宗僧徒 設道場於男山宮 以祈平賊"라고 하였다. 같은 해 8월과 1274년(원종15)에 행차하였고, 1275년(충렬왕1)에 4월 8일에 "왕과 공주가 현성사에서 원황제를 위해 기도하였다. 王及公主 如賢聖寺 爲帝祝釐"라고 한 후 8월 20일에 거처를 옮겼다. 1276년(충렬왕2)에 행차, 1279년(충렬왕5) 4월 30일에는 거처를 옮기면서 새 궁을 짓는 일꾼을 복귀시킨 후 11월 2일에 다시 행차하였다. 1284년(충렬왕10), 1285년(충렬왕11), 1288년(충렬왕14), 1289년(충렬왕15), 1292년(충렬왕18), 1293년(충렬왕19), 1295년(충렬왕21)에 행차하였고, 1297년(충렬왕23)에는 "왕과 공주가 현성사에 행차하여 내고의 쌀 100석을 내어 궁핍한 백성에게 나누어주면서 공주의 복을 빌었다. 王與公主 幸賢聖寺 發內庫米一百石 賜窮民 爲公主祈福"라고 하였다. 1297년(충렬왕23) 5월 21일에는 "공주가 현성사에서 훙하자 왕이 첨의부로 거처를 옮겼다. 公主薨于賢聖寺 王移御僉議府"라고 하였다. 1313년(충숙왕1), 1314년(충숙왕2), 1352년(공민왕1)에도 왕이 행차하였다. 이는 조선시대에도 이어져 1395년(태조4)에 "현성사 등에 부처님께 재를 올려 천변을 없애도록 하였다. 賢聖等寺 作佛事以禳天變", 1400년(정종2)에 "태백성이 낮에 나타나니 기양문두루도량을 7일 동안 현성사에서 베풀었다. 太白晝見 設祈禳文豆屢道場于賢聖寺七日"라고 하였다. 이후의 연혁과 폐사 기록은 없으나 『동국여지승람』 권5 개성부 하와 『여지도서』 송도지(松都誌) 권4 고적에 이름과 위치를 전한다. [참고문헌] 『高麗史』, 『高麗史節要』, 『太祖實錄』, 『定宗實錄』, 『東國輿地勝覽』, 『輿地圖書』, 『韓國寺刹全書』 권하 p.1158a1. ⇨ 현성사 現聖寺

현성사 顯聖寺 중국 절강성(浙江省) 소흥부(紹興府) 회계현(會稽縣) 운문산(雲門山)에 있는 절. 명대 담연원징(湛然圓澄)을 필두로 이밀명복(爾密明澓)·석우명방(石雨明方) 등 조동종(曹洞宗) 계통의 선사들이 많이 머물렀던 곳이다. [참고문헌] 『湛然圓澄語錄』 「會稽雲門湛然澄禪師塔銘」(卍속장126, p.310a10).

현성소설 賢聖所說 Ⓢ ārya-pravedite. 현성(賢聖)의 말씀. 성현의 가르침을 말한다. 성교량(聖敎量)으로 승의(勝義)다. 『대비바사론』 권77(대정장27, p.400a26)에 "존자 세우는 이렇게 말했다. '능히 이름을 드러내면 세속이고, 드러낸 법이 승의다'. 또 이렇게 말했다. '세간을 따르고 순해서 말함이 바로 세속이고, 성현의 말씀 따라 순하면 이것이 승의다'. 尊者 世友 作如是說 能顯名是世俗 所顯法是勝義 復作是說 隨順世間所說名是世俗 隨順賢聖所說名是勝義", "대덕께서 말하길 '유정·병·옷 등의 일을 자세하게 말하는 것은 허망하지 않은 마음이 일으키는 언설이니 세속제이고, 연성·연기 등의 뜻을 자세히 말하는 것도 허망하지 않은 마음이 일으키는 언설이니 승의제이다'. 大德說曰 宣說有情甁衣等事 不虛妄心 所起言說 是世俗諦 宣說緣性緣起等理 不虛妄心 所起言說 是勝義諦", 『중론』 권3(대정장30, p.24a28)에 "믿을 수 있는 것에는 네 가지가 있다. 첫째 드러난 일은 현량으로 믿을 수 있다. 둘째 견주어 아는 비량 믿을 수 있으니, 마치 연기 보고 불이 있다는 것을 아는 것과 같다. 셋째 비유는 믿을 수 있으니, 마치 어떤 나라는 놋쇠가 없어 그것을 금과 같다고 비유하는 것이다. 넷째 현성께서 말씀하신 것이기에 믿을 수 있으니, 저 지옥이 있고 천이 있으며 울단월(Ⓢ Uttarakuru)이 있다고 설하신 것과 같다. 본적이 없는 사람은 성인의 말씀을 믿기에 안다. 이 신이라는 것만은 일체의 믿을 수 있는 것 중에서는 얻을 수 없으니, 드러난 일에도 없고, 견주어 알려해도 없다. 信有四種 一 現事可信 二 名比知可信 如見烟知有火 三 名譬喩可信 如國無鍮石 喩之如金 四 名賢聖所說故可信 如說有地獄 有天 有鬱單越 無有見者 信聖人語故知 是神 於一切信中 不可得 現事中亦無 比知中亦無"라고 하였다. [참고문헌] 『大毘婆沙論』, 『中論』, *Udāna-v.395.* ⇨ 성교량 聖敎量, 삼량 三量 [3]

현성수용 現成受用 드러나 성취된 대로 마음껏 받아 자유롭게 쓰다. 조사선이 무르익은 원오(圜悟)·대혜(大慧) 등에서 보이기 시작한다. 『원오어록』 권7(대정장47, p.745c15)에 "드러나 있는 그대로 받아쓰고서 마주치는 곳마다에서 저 바탕들 만난다. 現成受用 觸處逢原", 『불조주대록』(고존숙어록48, 卍속장118, p.835a16)에 "행주좌와 움직이는 중에 온통 다 드러난 그대로 마음껏 받아 쓰니 저 안락의 법이다. 向四威儀中 總是現成受用 安樂法也", 『설암조흠어록』 권3(卍속장122, p.549b17)에 "다만 곧바로 받아 마땅하게 하는 것만을 귀하게 여기니 무엇이든 드러난 그대로 받아들여 쓴다. 只貴直下承當 領箇現成受用"라고 하였다. [참고문헌] 『圜悟語錄』, 『佛照奏對錄』, 『雪巖祖欽語錄』, 『書狀』 「答曾侍郎狀」(대정장47, p.919b22).

현성암 現聖庵 평안북도 희천군 장동면 지흥리 아미산(峨眉山)에 있던 암자. 『조선총독부박물관문서』 「보현사본말재산대장 普賢寺本末財産臺帳」에 있고, 『조선총독부관보』 650호(1914년 10월 1일 발행) 「주지이동 住持異動」에 오영명(吳永明), 1012호(1915년 12월 17일 발행)에 문경산(文磬山)이라 하였다. [참고문헌] 『朝鮮總督府博物館文書』, 『朝鮮總督府官報』, 『韓國寺刹全書』 권하 p.1157b16.

현성위 賢聖位 삼현(三賢)과 십성(十聖)의 자리. 『대방등대집경』 권48(대정장13, p.316c26)에 "모든 어리석음 버리고 현성위에 들어 보리도에 이른다. 捨諸凡愚 入賢聖位 到菩提道", 『정심계관법』(대정장45, p.820a3)에 "재색을 끊고 번뇌 없는 선근을 이루고 본식 중에 훈하여 탐 없는 종자를 성취함으로써 점차로 미혹의 물듦 다해서 현성위에 든다. 以斷財色 成無漏善根 薰本識中 成無貪種子 漸盡惑染 入賢聖位"라고 하였다. [참고문헌] 『大方等大集經』, 『淨心戒觀法』. ⇨ 삼현 三賢, 십성 十聖 [1]

현성제 賢聖諦 어질고 성스런 진실. 보살이 행하는 분별 없고 상념 없는 모든 법 등을 말한다. 『보살처태경』 권1(대정장12, p.1020b5)에 "내가 이제 너에게 보살마하살의 '현성제'를 말하겠으니, 자세히 듣고 잘 사유해 기억하라. 왜 그런가. 나는 무수아승기겁으로 좇아 도과를 닦고 익혀서 여기에 죽고 저기에 나면서 오도를 두루 흘러서도 보살의 어질고 성스런 진실 버리지 않았다. 吾今爲汝 說菩薩摩訶薩賢聖諦 諦聽 諦聽 善思念之 所以者何 吾從無數阿僧祇劫 修習道果 此沒生彼 周流五道 不ㄴ捨菩薩賢聖諦", 『보살영락경』 권4(대정장16, p.38c6)에 "심의식에 의지하지 않고 온갖 행의 바탕 분별해서, 도는 두고 상념은 없다면 비로소 현성제에 응하리라. 不猗心意識 分別諸行本 道存無想念 乃應賢聖諦", 『지심범천소문경』 권1(대정장15, p.6c23)에 "이러한 까닭으로 범천아, 고집멸도를 관찰해서 성제로 삼는다. 곧 괴로움 일어나는 일 없다고 밝히 아는 것이 성제이며, 그 사람이 행하여 익힌 것 또한 성제는 아니다. 그 멸진법도 일어나거나 사라진 적도 없으니 이것이야말로 성제라 부를 수 있다. 일체제법이 평등하여 둘이 있을 수 없는 길에 들어선다면 이것이 현성제다. 以是之故 梵天觀察苦習盡道以爲聖諦 其有曉了苦無所起 斯謂聖諦 其人行習者不爲聖諦 其滅盡法不起不滅 斯謂聖諦 假使平等一切諸法 而無有二等於徑路 斯賢聖諦", 『제불요집경』 권상(대정장17, p.757b8)에 "아난이여, 일체법은 일어나지도 사라지지도 않음을 알아, 모두 다 머무는 바 없어 다른 중생이 없게 되면 이것을 현성제라고 한다. 假使 阿難 解一切法 不起不滅 悉無所住 無異衆生 是謂賢聖諦"라고 하였다. [참고문헌] 『菩薩處胎經』, 『菩薩瓔珞經』, 『持心梵天所問經』, 『諸佛要集經』. ⇨ 사성제 四聖諦

현성지 賢聖地 어질고 성스런 자리. 범부의 삶이 아닌 세계. 60권본 『화엄경』 권16(대정장9, p.503b20)에 "일체중생이 현성의 자리 얻도록 하고자 여래법으로써 펴고 구르게 해서 가르친다. 令一切衆生 得賢聖地 以如來法 展轉相教", 『대비경』 권3(대정장12, p.959b29)에 "이 모든 중생은 모든 종자를 심게 해서 현성의 자리에 앉게 한다. 此諸衆生 種諸種子 置賢聖地", 『보살영락경』 권11(대정장16, p.100c4)에 "여래 고르고 바르게 깨우치시니 삼세가 공이라고 분별하시어 영원히 얽히고 설킴 떠나 현성의 자리에 응한다. 如來等正覺 分別三世空 永離諸縛著 乃應賢聖地", 『대지도론』 권31(대정장25, p.294c20)에 "범부지에서는 법에 붙들려 분별해서 '이것은 성스런 법이고, 저것은 범부법이다'라고 하지만, 현성지위라면 분별할 것이 없다. 다만 중생의 병통을 끊기 위하여 '이것은 헛되고, 저것은 실이다'라고 말할 뿐이다. 於凡夫地 著法分別 是聖法 是凡夫法 若於賢聖地則無所分別 爲斷衆生病 故言 是虛是實"라고 하였다. [참고문헌] 『華嚴經』, 『大悲經』, 『菩薩瓔珞經』, 『大智度論』, 『華嚴經探玄記』 권4(대정장35, p.186a22).

현성지위 賢聖地位 성인(聖人)과 현인(賢人)들이 행하는 지위. 소승에서는 칠현칠성(七賢七聖)을 말하고, 대승에서는 견도(見道) 이상의 십성(十聖)과 그 이전의 삼현(三賢) 등을 일컫는다. 『대일경소』 권7(대정장39, p.653c17)에 "범음 살타나(sthāna)는 머무는 곳이란 뜻이며, 또한 머문다는 뜻이기도 하다. 마치 어떤 사람이 여기 머무는 곳으로부터 위의 어떤 곳으로 오르는 경우에 그 의지하는 곳을 주처(住處)라고 하는데, 모든 현성의 지위 역시 이와 같다. 梵音薩他娜 是住處義 亦是住義 如人從此住處 昇上某處 其所依處 所說名爲住 諸賢聖地位亦如是", 『종경록』 권36(대정장48, p.627a13)에 "둘째의 화의의 돈교(頓敎)란, 부처님께서 처음 성도하시고, 숙세연이 무르익은 상근기의 무리들 위해 일시에 성상과 사리, 중생의 수많은 미혹, 보살만행, 현성지위, 모든 부처의 수많은 공덕을 말하면, 인으로 과의 바다라 꾸린 것이니 처음 마음으로 곧바로 보리를 얻었다 하는 것이어서 과로 인의 생을 사무친 것이어서 위 또한 차올라 마치 저 보살과 같아진다. 이것 오직 『화엄경』 한 경뿐이니, 돈교라 이름한다. 二 化儀頓者 謂佛初成道 爲宿世緣熟上根之流 一時頓說 性相事理 衆生萬惑 菩薩萬行 賢聖地位 諸佛萬德 因該果海 初心 卽得菩提 果徹因原 位滿 猶同菩薩 此唯華嚴一經 名爲頓敎"라고 하였다. [참고문헌] 『大日經疏』, 『宗鏡錄』. ⇨ 성현 聖賢, 칠현칠성 七賢七聖, 삼현십성 三賢十聖

현성집가타일백송 賢聖集伽陀一百頌 북송(北宋)대 천식재(天息災) 한역. 1권. 대정장32, pp.773b16~775c18, No.1686에 있다. 운문형식으로 삼보를 찬탄하고, 이어 경전요의에 의지해 갖가지 보시·공양·조상(造像) 등을 행함에 얻게 되는 갖가지 과보를 설한다. [참고문헌] 『閱藏知津』 권41(가흥장32, p.165c19), 『大藏聖教法寶標目』 권10(건륭장143, p.706b7).

현성팔품도 賢聖八品道 Ⓢ ārya aṣṭāṅgika mārga, Ⓟ ariyo aṭṭhaṅgiko maggo. 어질고 성스런 여덟 품의 길. 팔정도를 말한다. 『증일아함경』 권5(대정장2, p.568a5)에 "무엇이 가야 할 길인가? 이른바 현성팔품도다. 첫째 바른 견, 둘째 바른 다스림, 셋째 바른 행위, 넷째 바른 목숨, 다섯째 바른 방편, 여섯째 바른 말, 일곱째 바른 기억, 여덟째 바른 정이다. 이것을 도라고 이름하며, 이것을 한결같이 하나뿐인 들어서야 할 길이라고 한다. 云何爲道 所謂賢聖八品道 一名正見 二名正治 三名正業 四名正命 五名正方便 六名正語 七名正念 八名正定 是謂名道 是謂一入道", 『출요경』 권24(대정장4, p.740b20 : *Udāna-v.*, p.350)에 "고의 인과 고의 연이 일어날 뿐이라네. 이 고의 바탕 멀리 뛰어넘어야 하리. 어질고 성스런 여덟 품의 길로 사라져 다하게 해서 감로의 때뿐이네. 이것이야말로 스스로 돌아갈 뛰어난 것이니 길하고 이롭지 않음이 없네. 스스로 돌아갈 줄 아는 이라면 일체 고통 벗어나 해탈하리라. 苦因苦緣生 當越此苦本 賢聖八品道 滅盡甘露際 是爲自歸上 非不有吉利 如有自歸者 得脫一切苦 duhkhaṃ duhkhasamutpādaṃ duhkhasya samatikramam, āryaṃ cāṣṭāṅgikaṃ mārgaṃ, duhkhopaśamagāminam. etad dhi śaraṇaṃ kṣemam etac charaṇam uttamam, etac charaṇam āgamya sarvaduhkhāt pramucyate"라고 하였다. [참고문헌] 『增壹阿含經』, 『出曜經』, 『經律異相』 권22(대정장53, p.119c23), *Udāna-v.*, *MN.1.16.* ⇨ 팔정도 八正道

현세 現世 Ⓢvartamāna, pratyutpanna, Ⓟdiṭṭh' eva dhamme, Ⓣda-ltar-byung-ba. 삼세(三世) 중 지금의 때. 아직 오지 않은 미래와 이미 지나간 과거 사이의 그 때. 현재세(現在世)와 같은 말이다. 『중아함경』 권3(대정장1, p.437b26 : *Sañcetanika-sutta, AN. 5,* p.297)에 "고의로 짓는 업이라면 나는 그가 반드시 그 보를 받는데 현세나 후세에서 받을 것이라고 말한다. 만약 고의로 업 짓지 않는다면 반드시 보 받을 일 없다고 말한다. 若有故作業 我說彼必受其報 或現世受 或後世受 若不故作業 我說此不必受報 nāhaṃ bhikkhave sañcetanikānaṃ kammānaṃ katānaṃ upacitānaṃ appaṭisaṃviditvā vyantibhāvaṃ vadāmi, tañ ca kho diṭṭh' eva dhamme upapajjaṃ vā apare vā pariyāye", 『대승기신론』(대정장32, p.582c2)에 "정미롭고 부지런히 오롯한 마음으로 이 삼매를 닦고 배우는 이는 현세에 반드시 열 가지 이익을 얻는다. 精勤專心修學此三昧者 現世當得 十種利益"라고 하였다. 〔참고문헌〕『中阿含經』, 『大乘起信論』, *AN., Abh-k-bh.34., Madhy-vibh.47.* ⇨삼세 三世, 현재세 現在世, 현법 現法❶

현세고 現世苦 Ⓢpratyutpanna-duḥkha. 이 생에서의 고통. 『보살지지경』 권10(대정장30, p.957a14 : *Bodh-bh.,* p.270)에 "현세의 즐거움으로 미래의 괴로운 보를 받는다. 현세의 괴로움으로 미래의 괴로운 보를 이룬다. 이것을 삿된 법의 받은 인으로 성취한다고 말한다. 受現世樂未來苦報 成現世苦未來苦報 是名受邪法因成就 pratyutpannasukham āyatyāṃ duḥkhavipākam. yat vā pratyutpannaduḥkham āyatyām api duḥkhavipākaṃ tatsamādatte. tasmān mithyādṛṣṭikarmadharmasamādānahetor ity ucyate", 『법화현찬』 권5(대정장34, p.753a29)에 "욕계고에 네 가지가 있다. 첫째, 생로병사 쉼없이 닥친다. 둘째, 오욕으로 어긋나 다툰다. 셋째, 간탐으로 쉼없이 태운다. 넷째, 온갖 취로 윤회한다. 앞의 셋은 현세고이고 뒤의 하나 후세고다. 明欲界苦有四 一四相交侵 二五欲乖競 三慳貪燒逼 四諸趣輪迴 前三現世苦 後一後世苦"라고 하였다. 〔참고문헌〕『菩薩地持經』, 『法華玄贊』, 『大乘義章』 권5(대정장44, p.580c18), *Bodh-bh.*

현세성 現世聲 현재의 소리. 과거나 미래의 소리가 아닌 것. 『구사론기』 권20(대정장41, p.313b6)에 "삼세의 소리 그 바탕이 각각 다르다면, 현세소리는 없다고 할 수 있다. (그러나) 이 현재의 소리와 과거나 미래의 소리 지나 옮겨서 삼세로 같지 않을지라도 그 바탕 하나일 뿐이니 어떻게 현세의 소리 없다고 할 수 있겠는가? 若三世聲 其體各別 可得說言 無現世聲 此現在聲 與去來聲 雖復經歷 三世不同 其體一故 何得說言 無現世聲", 『금칠십론』 권중(대정장54, p.1253b28)에 "'외작구(外作具)는 현재의 티끌만을 취한다' 하니, 이 열 가지 근은 현재진만을 경으로 삼는다. 어떻게 그것을 아는가? 이근은 단지 현재의 소리만을 취하고, 과거미래세의 소리는 듣지 못하기 때문이다. 이근과 마찬가지로 비근도 역시 이렇다. 설근도 현재의 명구미의 말 할 수 있지만, 미래과거는 말할 수 없다. 설근과 마찬가지로 나머지 네 근 역시 이와 같다. 外具取現塵者 是十種根 現在塵爲境 云何知取 耳根但取現世聲 二世不聞故 如耳 乃至 鼻根亦如是 舌根者 能說現在 名句味語 未來過去 則不能說 如舌根 餘四 亦如是"라고 하였다. 〔참고문헌〕『俱舍論記』, 『金七十論』.

현세안온후생선처 現世安穩後生善處 Ⓢdṛṣṭa eva dharme sukhitā bhavanti kālaṃ ca kṛtvā sugatīṣūpapadyante. 현세에는 편안히 살고 후생에는 좋은 곳에 나다. 구마라집(鳩摩羅什)이 한역한 『법화경』 권3(대정장9, p.19b19) 구절이다. 『법화문구』 권7상(대정장34, p.93b21)에 "현세에는 편안히 살고 후생에는 좋은 곳에 난다는 말은 보인으로 보과를 불러들인다는 뜻이니, 꽃이 피어 자라는 것에 합한다. 現世安隱後生善處者 卽是報因感報果 合花敷增長"라고 하였다. 〔참고문헌〕『法華經』, 『法華文句』, *Saddh-p.123.*

현세이익 現世利益 Ⓢdṛṣṭa-dharmika guṇa. 불법으로 얻는 현세의 이익. 현세에 받는 불보살의 은혜. 독경·서사·기도·수행·선행·염불 등으로 재난을 그치거나 수명을 늘리거나 병을 없애거나 죄를 멸하거나 국태민안 등으로 얻는 이익을 말한다. 현생익(現生益)·현익(現益)이라고도 하며, 미래세의 이익은 당익(當益)이다. 『대반야경』 권541(대정장7, p.780a11 : *Aṣṭ-pr.,* p.26)에 "이들 선남자선여인이 대중 위해 깊고도 깊은 반야바라밀다를 널리 설하면 이와 같은 현세의 이익을 얻는다. 是善男子善女人等 爲衆宣說 甚深般若波羅蜜多 得如是等 現世利益 prajñāpāramitāyām udgṛhītāyāṃ dhāritāyāṃ vācitāyāṃ paryavāptāyāṃ pravartitāyāṃ sa kulaputro vā kuladuhitā vā dṛṣṭadhārmikān guṇān parigṛhṇāti", 『오분율』 권21(대정장22, p.145b24)에 "나는 그대들 왕 위해 법으로써 다스리도록 일러주어 이미 그대들과 더불어 현세의 이익이 되었소. 지금 불세존께서 기사굴산에 계시니 각자 그곳에 찾아가 뵙고 후세의 이로움 구하시오. 我爲汝王 以法治化 已與汝等 作現世利益 今佛世尊 在耆闍崛山 各可往彼 求後世利", 『대승기신론의기』 권3(대정장44, p.285b16)에 "후세이익은 무량무변하니, 현세이익은 간략히 펼쳐 열 가지다. … 또한 부지런히 마음 쏟아 이 삼매를 수학하면 현세에 열 가지 이익을 얻는다. 무엇이 그 열 가지인가? 첫째, 항상 시방의 불보살에게 안팎으로 보호를 받는다. … 둘째, 어떤 마구니와 악귀에게도 두려움을 당하지 않는다. 셋째, 95종외도와 귀신에게 혹란하지 않는다. … 넷째, 깊고 깊은 법을 비방하는 잘못에서 멀리 벗어나 무거운 죄의 업장 점차 미미해진다. 다섯째, 모든 의심과 잘못된 각관이 사라진다. … 여섯째, 모든 여래경계를 믿고 더욱 늘린다. 일곱째, 걱정과 후회를 멀리 벗어나 생사 중에서도 용맹해서 겁내지 않는다. 여덟째, 그 마음이 부드러워 교만을 버리고 타인에게 시달리지 않는다. 아홉째, 비록 삼매에 들지 않았을지라도 모든 때 모든 경계에서 번뇌를 줄여 세간 즐기지도 않는다. 열째, 만약 삼매에 든다면 외연의 모든 음성으로 놀라거나 흔들리지 않는다. 後世利益 無量無邊 現世利益 略陳十種 … 復次 精勤專心 修學此三昧者 現世當得 十種利益 云何爲十 一者 常爲十方諸佛菩薩之所護念 … 二者 不爲諸魔惡鬼 所能恐怖 三者 不爲九十五種外道 鬼神之所惑亂 … 四者 遠離誹謗 甚深之法 重罪業障 漸漸微薄 五者 滅一切疑諸惡覺觀 … 六者 於諸如來境界 信得增長 七者 遠離憂悔 於生死中 勇猛不怯 八者 其心柔和 捨於憍慢 不爲他人所惱 九者 雖未得定 於一切時 一切境界處 則能減損煩惱 不樂世間 十者 若得三昧 不爲外緣一切音聲之所驚動"라고 하였다. [참고문헌]『大般若經』, 『五分律』, 『大乘起信論義記』, *Aṣṭ-pr.*

현소 玄素 668~752. 우두종(牛頭宗) 제5세 지위(智威)선사의 제자. 속성은 마(馬)씨. 자는 도청(道淸). 윤주(潤州 : 江蘇省) 연릉(延陵) 출신. 마소(馬素)라고도 불렸다. 692년(여의1) 강녕장수사(江寧長壽寺)에서 출가하여 구족계를 받은 뒤에 오직 수행만 염두에 두고 살아 세인의 존경을 받았다. 만년에 청산유서사(青山幽棲寺)로 들어가 지위 문하에서 사사를 받고 마침내 종지를 깨달았다. 귀천과 원친을 분별하지 않아서 영아행보살(嬰兒行菩薩)이라고도 불렸다. 개원년간(713~742) 왕밀(汪密)스님의 청을 받고 경구(京口)로 갔다. 또한 군목(郡牧) 위선(韋銑)의 청에 따라 윤주 황학산(黃鶴山)의 학림사(鶴林寺)에 주석할 당시 절이 항상 도속의 인물로 가득 메워질 정도였다. 왕족과 고관이 매번 머리 숙여 맞으려 해도 돌아보지 않았는데 어느 날 백정이 찾아와 예를 갖추고 이전에 지었던 죄를 참회하며 공양을 받아달라고 청하자 흔쾌하게 받아들여 그 집을 찾아가 모두가 놀라움을 표하였다. 『경덕전등록』 권4(대정장51, p.229c3)에 따르면 당시 현소는 "불성은 평등하여 현자와 우자가 일치한다. 다만 제도할 만한 사람이라면 나는 제도할 뿐이니 또 무슨 차별이 있겠는가? 佛性平等 賢愚一致 但可度者 吾卽度之 復何差別之有"라고 응답했다고 한다. 752년(천보11) 세수 85세로 입적하였다. 황학산(黃鶴山) 서쪽에 탑을 세워 전신을 안치하였다. 시호는 대율선사(大律禪師)이다. [참고문헌]『景德傳燈錄』, 『祖堂集』 권3(대장경보편25, p.351b1), 『佛祖歷代通載』 권13(대정장49, p.596b2), 『宋高僧傳』 권9(대정장50, p.761c16). ⇨ 경산대사비명 徑山大師碑銘

현소 玄疏 ❶ 천태대사 지의(智顗)의 찬술 가운데 현의(玄義)와 문구(文句)를 아울러 부르는 것. 예를 들면 『법화현의 *法華玄義*』와 『법화문구 *法華文句*』를 함께 부른 경우다. 묘현묘소(*妙玄妙疏*)라고도 한다. 『법화현의』는 법화경을 다섯 가지 뜻에 의해 해석하는 것이고, 『법화문구』는 법화경을 상세하게 구절마다 해석하 것이다. 『사명십의서』 권하(대정장46, p.843a11)에 "만약 대사가 입적한 후에 이 가르침을 전하여 지닌 사람으로 사람들의 스승이 된 자라면 반드시 일가(천태가)의 현소와 삼대부, 지관에 통달하고 암기하며 훈련해야 한다. 若大師滅後 傳持此教 爲人師者 則須一家玄疏三部止觀通達諳練也", 『열반경소삼덕지귀』 권1(卍속장58, p.365b15)에 "저것은 법화현소를 가리킨다. 그러므로 이곳에서는 소를 중심으로 하고 다시 따로 과목을 두어 제목을 해석하지는 않은 것이다. 彼指法華玄疏 故疏主於此 不更別科釋題也"라고 하였다. [참고문헌]『四明十義書』, 『涅槃經疏三德指歸』. ❷ 천태대사 지의의 『유마경현소 維摩經玄疏』. 『법지유편관심이백문』(대정장46, p.825a1)에 "묻는다. 대사가 현소를 설할 때 일찍이 아직 원돈지관을 설하지 않았는데, 어떻게 오로지 원돈지관을 오랫동안 익힌 사람을 얻어서 사법관을 나타냈는가? 問大師說玄疏時 尙未說圓頓止觀 何得純爲久習圓頓止觀人 示事法觀耶", 『열반경소삼덕지귀』 권1(卍속장58, p.352b15)에 "앞의 여섯 권은 현소라고 제목하고, 뒤의 이십팔권은 문소라고 제목하였다. 前六卷題曰玄疏 後二十八卷題曰文疏"라고 하였다. [참고문헌]『法智遺編觀心二百問』, 『涅槃經疏三德指歸』. ❸ 경전의 그윽한 뜻을 다시 풀어내는 것. 『속고승전』 권11(대정장50, p.514c27)에 "삼론을 백여 편, 법화경을 삼백여 편, 대품・지론・화엄경・유마경 등을 각각 수십편 강의하였다. 더불어 현소를 지어 세상에 유행하였고 죽는 날에 사불포론을 지은 뒤 붓을 놓고 임종하였다. 講三論一百餘遍 法華三百餘遍 大品智論華嚴維摩等各數十遍 並著玄疏盛流於世 及將終日 製死不怖論 落筆而卒"라고 하였다. [참고문헌]『續高僧傳』.

현소 玄蘇 일본 임제종 스님. 자는 경철(景徹). 스스로 선소노인(仙巢老人)이라 불렀다. 경도영원사(京都靈源寺) 일사문수(一絲文守)의 법을 이었다. 도요토미 히데요시가 조선을 침략할 당시 그 명을 받아 대마도에 이정암(以酊庵)을 건립하고 그곳에 머물며 조선의 왕(仁祖)과 주고받는 외교문서를 관장하였으며, 조선의 포로 김광(金光) 등을 돌려보내어 강화를 도모하였다. 그 소임을 윤번(輪番)이라 하며 현소는 초대 윤번승이었다. 『선소고 仙巢稿』 2권을 남겼다.

현소조복 現所調伏 Ⓢ tadātva-vineya, Ⓣ de'i-mod-la-'dul-bar-'gyur-ba. 일곱 가지 조복할 세계(所調伏界) 중 하나로 현재세에 조복할 유정을 말한다. 『유가사지론』 권46(대정장30, p.548b2 : *Bodh-bh.*, p.200)에 "혹은 일곱 가지 조복할 세계가 있으니, 첫째는 (불법을) 가볍게 여겨 폄훼하는 유정, 둘째는 이러지도 저러지도 않아 중용에 있는 유정, 셋째는 널리 지혜 드러내길 좋아하는 유정, 넷째는 간략히 보이기만을 하는 유정, 다섯째는 현재세에 조복할 유정, 여섯째는 미래세에 조복할 수 있는 유정, 일곱째는 연으로 끌어 조복할 유정이다. 或有七種所調伏界 一 輕毁 二 中庸 三 廣顯智 四 略開智 五 現所調伏 六 當所調伏 七 緣引調伏 sapta-vidhaḥ. pratihato madhyasthaḥ vipañcita-jñaḥ udghaṭita-jñaḥ tadātva-vineyaḥ āyati-vineyaḥ pratyaya-hāryaś-ca-vineyo"라고 하였다. 〔참고문헌〕『瑜伽師地論』, *Bodh-bh.* ⇨ 소조복계 所調伏界

현속 玄續 당대 스님. 속성은 상(桑)씨. 촉군(蜀郡) 성도(成都) 출신. 불전 뿐만 아니라 외서에도 능통하였으며, 그림에도 뛰어났다. 촉도의 보원사(寶園寺)에 주석하다가 정관년간(627~649)에 입적하였다. 〔참고문헌〕『唐高僧傳』 권13(대정장50, p.530c28).

현수 玄水 ❶ 전설상의 북방의 물. 현은 현무(玄武)로서 흑색이다. 『칠원지통』 권3 「지북유 知北遊」(가흥장34, p.45a27)에 "지라는 사람이 북쪽 현수에서 자유로웠는데로부터 ~ (狂屈은) 황제가 앎에 대하여 말했다까지다 : 알지 못하는 이야말로 옳다. 잊은 이라면 그럴듯할 뿐이다. 안다고 하는 이 끝내 가까이 하지 못한다. 그러므로 '진실로 아는 사람은 말하지 않고, 말하는 이 알지 못한다'(老子)라고 한다. 지통이 말한다. '산속에 고요히 앉았노라니 일체가 반야를 잘도 설하는구나'. 知北遊於玄水之上 至以黃帝爲知言 不知者 是也 忘之者 似之者也 知之者 終不近也 故知者不言 言者不知也 通云晏坐巖中 善說般若"라고 하였다. 〔참고문헌〕『漆園指通』. ❷ 맑은 물. 『마하찰두경』(대정장16, p.798b21)에 "현수 흑색이지만 최후에는 맑아진다. 지금 새벽에 길은 물을 현수라 한다. 玄水爲黑色 最後爲清淨 今見井華水 名玄水耳"라고 하였다. 〔참고문헌〕『摩訶刹頭經』.

현수 玄修 ❶ 조선전기 스님. 1575년(선조8) 전라도 고산 안심사(安心寺) 개판 『고봉화상선요 高峰和尙禪要』 간행질에 "교정은 해인사주지였던 현수가 하다. 校正 前海印寺住持 玄修"라고 하였다. ❷ 조선후기 스님. 1628년(인조6) 경기도 삭령(朔寧 : 연천군) 용복사(龍腹寺) 유판(留板) 『범망경보살계 梵網經菩薩戒』 간행질에 "공양대시주 현수. 供養大施主 玄修"라 하였다.

현수 賢首 ❶ Ⓢ Bhadra-śrī의 한역어. 『화엄경』 「현수품」 보살. 발다라실리(跋陀羅室利)라 음사한다. 『신화엄경론』 권14(대정장36, p.808b4)에 "여섯째는 현수품이다. 신심을 지닌 이로 하여금 부처님과 그 신통력·막힘없는 교화력·끝이 없는 경지·터득한 대자재의 힘 그리고 신심으로서의 복을 믿도록 한다. 이 여섯 가지 법을 믿기에 현수라 한다. 六 賢首品 令信心者 信佛 神力 通化 無邊 得大自在 及信心之福 信此六法 名爲賢首"라고 하였다. 〔참고문헌〕『新華嚴經論』. ⇨ 발다라실리 跋陀羅室利 ❶ ❷ 『현수경』에 보이는 병사국(洴沙國) 왕비인 현수부인. 『역대삼보기』 권9(대정장49, p.83c6)에 "『현수경』 1권〈일명 『현수부인경』〉. 賢首經一卷〈一名 賢首夫人經〉"라고 하였다. 〔참고문헌〕『歷代三寶紀』. ❸ 비구(比丘)를 올려부르는 호칭. 의정(義淨)의 한역어. 현자(賢者) 또는 존자(尊者)와 통한다. 『유부율』 권2(대정장23, p.633b12)에 "현수여! 당신은 어디서 오십니까? 賢首 汝從何來"라고 하였다. 〔참고문헌〕『有部律』. ❹ ➡ 법장 法藏 ❻

현수 賢樹 Ⓢ Ⓟ bhadra. 나무 이름. 발다라(跋陀羅)라고 음사한다. 『신화엄경론』 권22(대정장36, p.869b3)에 "발다라수란, 이는 현이라 이름한다. 나무 아래에는 현인이 머무르는 일이 있기 때문이다. 또한 나무는 훌륭한 재목이 나게 하니, 그 위에는 제석의 보배 그물로 장엄한다. 跋陀羅樹者 此名賢 以樹下有賢人居 又樹出賢才 其上有帝釋寶網莊嚴也"라고 하였다. 〔참고문헌〕『新華嚴經論』. ⇨ 발다라 跋陀羅 ❻

현수경 賢首經 진(秦)대 성견(聖堅) 한역. 1권. 부처님께서 마갈제국(摩竭提國 Ⓢ Magadha)에서 설하신 경. 병사왕(洴沙王 Ⓢ Bimbisāra)의 부인 발다사리(颰陀師利 Ⓢ Bhadraśrī) 곧 현수가 시방의 불보살이 거처하는 찰토(刹土) 이름을 듣고 싶다고 하자 부처님께서 설해 주셨고, 다음으로 여인의 몸에서 벗어나는 법을 물음에 열 가지 조목으로 대답하여 주셨다. 〔참고문헌〕『衆經目錄』 권1(대정장55, p.121a24), 『法輪寶懺』(卍속장129, p.771a16), 『閱藏知津』 권9(가흥장32, p.19b13).

현수대사 賢首大師 법장의 시호(諡號). 『기신론소필삭기』 권1(대정장44, p.298a18)에 "법장의 속성은 강씨이며 화엄종 제3조로 칙령에 따르는 시호는 현수대사다. 法藏者 俗姓康氏 華嚴第三祖 勅諡賢首大師"라고 하였다. 〔참고문헌〕『起信論疏筆削記』. ⇨ 법장 法藏 ❻

현수보살 賢首菩薩 ➡현수 賢首 ❶

현수사 懸壽寺 충청남도 공주시 반포면 학봉리 계룡산(鷄龍山)에 있던 절. 현수암(懸壽庵)이라고도 한다. 『동국여지승람』 권18 충청도 진잠현 불우에 이름과 위치가 전하고, 『범우고』에는 "지금은 폐사하였다. 今廢"라고 하였다. 〔참고문헌〕『東國輿地勝覽』, 『梵宇攷』, 『韓國寺刹全書』 권하 p.1161b1·1161b3.

현수오교 賢首五教 현수법장(賢首法藏)이 시설한 오교. 화엄교판에서 오교는 두순(杜順)이 열었지만 현수가 완성하였기에 이렇게 말한다. 『원각경대소초』 권2(卍속장14, p.468b13)에 "그러므로 천태의 사교나 현수법장의 오교나 모두 일체경을 그것에 거두었다. 然天台四教 賢首五教 皆攝一切經", 『법화경대성』 권1(卍속장51, p.51b11)에 "생각컨대 현수의 오교는 천태의 화법사교와 비교하여 열고 합함이 같지 않을 뿐이다. 현수는 앞을 펼치고 뒤를 합하지만, 천태는 뒤를 펼치고 앞을 합했다. 良以 賢首五教 與天台化法四教 但開合不同 彼則開前合後 此則開後合前"라고 하였다. 〔참고문헌〕『圓覺經大疏鈔』, 『法華經大成』, 『賢首五教儀』 「序」(卍속장104, p.2a17). ⇨오교십종 五教十宗

현수오교의 賢首五教儀 청대 속법(續法) 지음. 6권. 卍속장104, pp.1a1~118b3에 수록되어 있다. 1666년(강희5)에 간행하였다. 고려 체관(諦觀)의 『천태사교의 天台四教儀』를 본으로 삼아 화엄교판과 관행(觀行)의 주요 항목을 해설한 저술이다. 책머리에 현수시의교관도(賢首時儀教觀圖)와 법계관경보융무진도(法界觀境普融無盡圖)를 제시하여 본서의 구조를 도시하고, 교관(教觀)의 요지로서 삼시(三時)·십의(十儀)·오교·육종(六宗)·삼관(三觀) 등을 설하고 있다. 〔참고문헌〕『法界聖凡水陸大齋法輪寶懺』 권10(卍속장130, p.173a5), 『伯亭大師傳記總帙』(卍속장150, p.207b10).

현수오교의개몽 賢首五教儀開蒙 청대 속법(續法) 지음. 1권. 저자 자신의 『현수오교의』 6권을 축약하여 모두 암송하고 익힐 수 있도록 한 책이다. 통리(通理)는 이를 토대로 『현수오교의개몽증주 賢首五教儀開蒙增注』 5권을 지었다. 〔참고문헌〕『中華大藏經總目錄』 권4(대장경보편35, p.550a7).

현수종 賢首宗 화엄종(華嚴宗)의 별칭. 이 종파의 교설을 집대성한 현수법장(賢首法藏)의 이름을 따서 붙였다. 『불조역대통재』 권22(대정장49, p.730b10)에 "수많은 인연을 모아 진실에 들고 속인 그대로 진실을 밝히기에 현수종이라 한다. 會緣入實 卽俗而明眞者 爲賢首宗", 『대명고승전』 권1 「정진전 淨眞傳」(대정장50, p.901c25)에 "송강 홍왕사의 약평법사에게서 삭발하고 승복을 입은 뒤 현수종을 익혔다. 從松江興聖寺 若平法師 薙染習賢首宗"라고 하였다. 〔참고문헌〕『佛祖歷代通載』, 『大明高僧傳』. ⇨화엄종 華嚴宗

현순 懸鶉 낡고 해진 옷. 직역하면 매달린 메추라기이지만 메추라기는 꼬리에 털이 없어 해진 옷과 같은 의미에서 쓴다. 검소하고 초탈함의 징표이기도 하다. 『사미률의비니일용합참』 권상(卍속장106, p.530b12)에 "자하의 옷은 매달린 메추라기와 같았고, 재상 안영의 처는 비단옷을 입지 않았으며, 동위는 쓰다 남은 실을 엮어서 옷을 짓고 숱하게 꿰맸기에 백결이라 불렀다. 子夏 衣若懸鶉 晏嬰妾不衣帛 董威結殘繩爲衣 號曰 百結", 『성암어록』 권2 「구부득 求不得」(卍속장109, p.635a16)에 "한평생 밭일하여도 배불리 먹지 못하고, 해마다 실 뽑고 천을 짜도 여전히 해진 옷 걸치고 사는 신세, 정토의 옷과 음식 주어진 대로여서 좋으니, 구구하게 애쓸 필요 없으리. 畢世耕耘難果腹 頻年紡織尙懸鶉 樂邦衣食天然好 不用區區更苦辛"라고 하였다. 〔참고문헌〕『沙彌律儀毗尼日用合參』, 『省菴語錄』. ⇨납의 納衣

현술 玄術 신비한 법술(法術). 불법의 내밀한 이치를 깨우치는 수단. 『진서』 권95 「불도징전 佛圖澄傳」에 "불도징은 천축 사람이다. 본성은 백씨로 어려서부터 도를 배워 현술에 깊이 통하였다. 佛圖澄 天竺人也 本姓帛氏 少學道 妙通玄術", 『반야이취분술찬』 권1(대정장33, p.27c19)에 "믿음은 법에 입문하는 바탕이고, 지혜는 구경에 이르는 수단이다. 信爲入法之初基 智爲究竟之玄術"라고 하였다. 〔참고문헌〕『晉書』, 『般若理趣分述讚』.

현승 賢勝 ❶ 부처님 명호. 80권본 『화엄경』 권69(대정장10, p.376c18)에 "아홉째는 현승불, 열째는 법왕불이었네. 이러한 부처님들을 내가 모두 공양했지만 깊은 지혜를 얻지 못해 법의 바다에 들지 못하였네. 九名賢勝佛 第十法王佛 如是等諸佛 我悉曾供養 然未得深智 入於諸法海"라고 하였다. 〔참고문헌〕『華嚴經』, 『佛名經』 권3(대정장14, p.126c25). ❷ 오비구(五比丘) 중 한 명인 발제리가(跋提梨迦 Ⓢ Bhadrika, Ⓟ Bhaddiya : 跋提)의 한역 이름. 『집이문족론』 권14(대정장26, p.424c25)에 "〔문〕 존중할 만하고 지혜로우며 범행을 같이하는 이란 어떤 이인가? 〔답〕 해교진나(Ⓢ Ājñātaka uṇḍinya : 阿若憍陳如)·마승(Ⓢ Aśvajit : 阿說示)·현승 … 무멸(Ⓢ Aniruddha : 阿那律)·욕락(Ⓢ Nanda)·금비라 등을 모두 존중할 만하고 지혜롭고 범행을 같이하는 이라 한다. 問 尊重有智同梵行者云何 答 解憍陳那 馬勝 賢勝 … 無滅 欲樂 金毘羅 等 皆名尊重有智同

梵行者"라고 하였다. [참고문헌]『集異門足論』. ⇨ 발제리가 跋提梨迦, 발제 跋提[1] ❸ Ⓢ Bhadrottamā. 선재동자(善財童子)가 참방한 오십삼선지식(五十三善知識) 중 45번째 선지식. 선재동자에게 무의처도량해탈법문(無依處道場解脫法門 Ⓢ anālayamaṇḍalaṃ nāma dharma paryāya)을 설해준 우바이다. 60권본『화엄경』권57(대정장9, p.766b16 : *Gaṇḍ-vy.*, p.354)에 "이 마갈제국에 한 촌락이 있는데, 그곳에 바달나성이 있고 현승이라는 우바이가 있다. 너는 그를 찾아가 이렇게 물어보아라. '어떤 것을 보살이 보살행을 배우고, 보살도를 닦는 것이라 하는가?'. 此摩竭提國 有一聚落 彼中有城 名婆呾那 有優婆夷 號曰賢勝 汝詣彼問 云何菩薩學菩薩行 修菩薩道 iyam-iha-eva magadha-viṣaye kevalake janapade vartanake nagare bhadrottamā nāma-upāsikā prativasati. tām-upasaṃkramya paripṛccha, kathaṃ bodhisattvena bodhisattva-caryāyāṃ śikṣitavyam kathaṃ pratipattavyam",『신화엄경론』권40(대정장36, p.1004a12)에 "다섯 번째 현승우바이는 세간 의방의 온갖 술에 밝았고, 세간이나 출세간에도 모두 밝지 않음이 없었다. 그러므로 만물을 편안히 하고 중생을 기르는 법에 대하여 잘 알지 않음이 없으니 세속에 살면서 방편으로 중생을 이롭게 했는데 … 혹은 훌륭한 의사가 되어 좋은 약으로 세간의 불안을 구원하였고 … 지혜 밝지 않음이 없었기에 현승이라 하였다. 선바라밀문을 주재한다. 第五 賢勝優婆夷明世醫方衆術 世及出世 莫不總明 安物養生 無法不了 以居塵俗方便利生 … 或作良醫 善藥救世不安 … 智無不明 號爲賢勝 主禪波羅蜜門",『화엄경소초』권88(대정장36, p.686b3)에 "의지함도 없고 다함도 없기에 현승우바이다. 의지함 없는 도량 얻고, 또한 삼매도 얻었는데 그 이름 무진이다. 無依無盡 則賢勝優婆夷 得無依處道場 又得三昧 名爲無盡故"라고 하였다. [참고문헌]『華嚴經』,『新華嚴經論』,『華嚴經疏鈔』, *Gaṇḍ-vy.355.* ⇨ 오십삼선지식 五十三善知識, 선재동자 善財童子 ❹ 어질고 뛰어남.『잡아함경』권38(대정장2, p.276b13 : *Bhaddi-sutta, SN.2*, p.279)에 "이같이 지혜로운 저 사람, 몸은 비록 작지만 큰 사람이라네. 저 사람의 몸만 보고 교만한 마음 내지 마라. 살만 찌고 지혜 없는 거대한 몸이 무슨 쓸모 있으리? 어질고 뛰어나 지혜로운 이 그대로 곧 상사부(菩薩)라네. 如是智慧人 雖小則爲大 莫取其身相 而生輕慢心 何用巨大身 多肉而無慧 此賢勝智慧 則爲上士夫 evam eva manussesu, daharo ce pi paññavā, so hi tattha mahā hoti, neva bālo sarīravāti"라고 하였다. [참고문헌]『雜阿含經』,『別譯雜阿含經』권4(대정장2, p.399b26), *SN.*

현승부 賢乘部 Ⓢ Bhadrayānīya. 상좌십일부(上座十一部) 중 한 부파인 현주부(賢胄部).『부집이론』(대정장49, p.20b20)에 "이와 같이 상좌제자부는 합해져 11부로 분파되었는데 … 다섯 번째는 현승부였다. 如是上座弟子部 合分成十一部 … 五 賢乘部"라고 하였다. [참고문헌]『部執異論』. ⇨ 현주부 賢胄部

현승우바이찬 賢勝優婆夷讚 어질고 뛰어난 우바이를 찬하다.『원종문류』권22(卍속장103, p.836a1 · 한불전4, p.630c14)에 "현승우바이찬 : 해탈해서 의처도량 따로 없었으니 사람 이롭게 하고 중생 만나는 곳이 도량일 뿐이다. 그러니 육근 삼매 어찌 다함 있으리오. 육근 모두 삼매에 들어 어떤 한계도 없으니, 공덕 파도치고 지혜 빛났다. 賢勝優婆夷讚 解脫無依處道場 利人接物爲宣揚 六根三昧何窮盡 功德波濤智慧光"라고 하였다. [참고문헌]『圓宗文類』. ⇨ 우바이 優婆夷

현시 見示 법을 드러내 보이다. 수시(垂示)·시중(示衆) 등과 통한다.『경덕전등록』권27「제방잡거징념대별어 諸方雜擧徵拈代別語」(대정장51, p.436b13)에 "또 한 스님 참문하러 오자 임제가 불자를 들었다. 스님이 '화상께서 보여주시니 감사드립니다'라고 함에 임제가 이번에도 불자로 때렸다. 又一僧來參 師擧拂子 僧曰 謝和尙見示 師亦打"라고 하였다. [참고문헌]『景德傳燈錄』. ⇨ 수시 垂示, 시중 示衆

현시 現是 나타난 그대로일 뿐인 것.『경덕전등록』권14「용담숭신전 龍潭崇信傳」(대정장51, p.313b29)에 "용담이 비구니에게 말하였다. '그대 지금 이 무엇이라 해야 하나?' '보이는 그대로 비구니 몸인데 어째서 알아보지 못하십니까?' '누인가 그대를 알아보는 이' 師曰 汝卽今是什麽 尼曰 現是尼身 何得不識 師曰 誰識汝"라고 하였다. [참고문헌]『景德傳燈錄』.

현시 現時 드러난 때. 어떤 것이 나타나 있는 그때.『불본행집경』권5(대정장3, p.677a9)에 "'우리들이 지금 호명천자를 보니, 도솔천에 인간세상에 내려가 나고자 한다'. 저 도솔천에서 쇠상이 나타날 때는 인간의 수명으로 십이년이었다. 我等今見 護明天子 欲從兜率 下生人間 其兜率天 衰相現時 卽人間數 有十二年",『대품반야경』권9(대정장8, p.286b15)에 "교시가여, 만일 모든 천자나 천녀들에게 다섯 가지 죽음의 양상이 나타나는 때에는 마땅히 마음에 맞지 않는 곳에 떨어질 것이니, 너는 그들 앞에서 반야바라밀을 독송해야 한다. 이 모든 천자나 천녀들은 반야바라밀을 들은 공덕 때문에 본처에 환생하게 될 것이다. 왜냐하면, 반야바라밀을 듣는 것에는 커다란 이익이 있기 때문이다. 憍尸迦 若諸天子 天女 五死相現時 當墮不如意處 汝當於其前 誦讀般若

波羅蜜 是諸天子 天女聞般若波羅蜜功德故 還生本處 何以故 聞般若波羅蜜 有大利益故"라고 하였다. 〔참고문헌〕『佛本行集經』, 『大品般若經』.

현시 顯示 Ⓢ saṃdṛśyante, paridīpana, prakāśanā, prakāśita. 드러내 보이다. 『해심밀경』 권2(대정장16, p.694a20)에 "어떤 것을 제법의 승의무자성성이라고 하는가? 즉 제법은 생무자성성으로 말미암기에 무자성성이라 한다. 즉 연생법 역시 승의무자성성이라고 한다. 그 까닭은 무엇인가? 云何諸法勝義無自性性 謂諸法由生無自性性故 說名無自性性 卽緣生法 亦名勝義無自性性 何以故", "제법 중에 이 청정으로 연한 경계라면, 나는 그것을 승의무자성성이라고 현시한다. 의타기상은 청정으로 연하는 경계는 아니지만, (연생법이므로) 역시 승의무자성성이라고 한다. 於諸法中 若是淸淨所緣境界 我顯示彼以爲勝義無自性性 依他起相非是淸淨所緣境界 是故 亦說名爲勝義無自性性", 『대비바사론』 권6(대정장27, p.27b15)에 "〔문〕 부처님께서는 어떤 유정을 교화하시고자 해서 정위 중에서 삼보를 드러내 보이시고, 또 어떤 이를 위해서는 오온을 드러내 보이시며, 또한 어떤 이를 위해 사성제를 드러내 보이시는가? 問 佛爲何等所化有情 於頂位中 顯示三寶 復爲何等 顯示五蘊 又爲何等 顯示四諦", "〔답〕 삼보에 어리석은 이를 위해 삼보를 드러내 보이시고, 오온에 어리석은 이를 위해 오온을 드러내 보이시며, 사성제에 어리석은 이를 위해 사성제를 드러내 보이신다. 또 초업자를 위해 삼보를 드러내 보이시고, 이미 익숙하게 익힌 이를 위해 오온을 드러내 보이시며, 이미 뛰어나게 사유하는 이를 위하여 사성제를 드러내 보이신다. 答 爲愚寶者 顯示三寶 爲愚蘊者 顯示五蘊 爲愚諦者 顯示四諦 復次 爲初業者 顯示三寶 爲已串習者 顯示五蘊 爲已超作意者 顯示四諦"라고 하였다. 〔참고문헌〕『解深密經』, 『大毘婆沙論』, *Laṅk.55., Bodh-bh.68・202・282.*

현시인 顯示因 Ⓢ vyañjana-hetu. 나타나게 해서 보이게 하는 인. 육인(六因) 중 하나. 요인(了因)・현료인(顯了因)과 같은 말이다. 『능가경』 권2(대정장16, p.490a12 : *Laṅk.*, p.83)에 "대혜여, 저 망상습인에는 여섯 가지가 있으니, 즉 당유인・상속인 … 현시인・대인 등이다. … 현시인이란 망상으로 일이 생기고 나서는 능작과 소작 나타낸다. 마치 등불이 색들을 비추는 것과 같다. 大慧 彼因者 有六種 謂當有因 相續因 … 顯示因 待因 … 顯示因者 妄想事生已 相現作所作 如燈照色等 tatra hetur-mahāmate ṣaḍ-vidho yaduta bhaviṣya-ddhetuḥ saṃbandha-hetur … vyañjana-hetur-upekṣā-hetur … vyañjana-hetuḥ punar-mahāmate utpannasya vikalpasya bhāvasya lakṣaṇa-uddyotanaṃ kṛtyaṃ karoti pradīpavad-rūpādīnām", 『능가경심인』 권3(卍속장27, p.204b3)에 "현시인이란 무엇인가? 능히 짓는 인과 지은 것으로서의 과가 동시에 함께 나타나는 것을 말한다. 마치 등불이 색을 비추듯 하니, 역시 인연의로 거둔다. 顯示因 謂能作之因 與所作之果 同時俱顯 如燈照色 亦因緣義攝也"라고 하였다. 〔참고문헌〕『楞伽經』, 『楞伽經心印』, *Laṅk.* ⇨ 육인 六因 ❷, 망상분별 妄想分別

현식 現識 ❶ Ⓢ khyātivijñāna, Ⓣ snang-ba'i-rnam-par-shes-pa. 일체법 드러나게 하는 식. 『능가경』에서 말하는 삼식(眞識 現識 分別事識) 또는 이식(藏識 分別事識) 중 하나다. 『능가경』 권1(대정장16, p.483a15)에 "대혜야, 간략하게 말하면 세 가지 식이 있고, 널리 말하면 여덟 상이 있다. 어떤 것이 그 세 가지인가? 진식과 현식, 그리고 분별사식이다. 대혜야, 비유하면 맑은 거울이 온갖 색상을 지니는 것과 같으니, 현식에 나타나는 것도 이와 같다. 대혜야, 현식과 분별사식, 이 두 가지 괴와 불괴로 서로 펴고 거두는 인이 된다. 大慧 略說 有三種識 廣說有八相 何等爲三 謂眞識 現識 及分別事識 大慧 譬如明鏡 持諸色像 現識處現 亦復如是 大慧 現識 及分別事識 此二壞不壞 相展轉因"고 하였는데, 범본(梵本)은 현식과 분별사식(Ⓢ vastu-prativikalpa-vijñāna)만 언급하고 있어 한역(漢譯)과 차이가 있다. 또, 『능가경주해』 권1(대정장39, p.350b1)에 "'모든 식을 간략하게 말하면 세 가지가 있다'란 무슨 말인가? 진식은 여래장식이다. 현식은 여래장이 뒤쳐진 것이니, 또한 식장이라고 하는데, 그 이름 바뀌었으나 바탕마저 뒤쳐진 것은 아니다. 분별사식은 의근과 의식, 그리고 오식신이다. … 경전문에 의하면, 위의 진식과 현식을 합하여 하나의 장식이라 하고, 위의 분별사식을 열어서 칠식이라고 한다. 諸識略說 有三種者 眞識卽如來藏識 現識卽如來藏所轉 亦名識藏 名轉而體不轉 分別事識卽意根 意識 及五識身 … 據後經文 卽合上眞識現識爲一藏識 開上分別事識爲七識"라고 하였다. 〔참고문헌〕『楞伽經』, 『楞伽經註解』, *Laṅk.37.* ⇨ 아뢰야식 阿賴耶識, 삼식 三識 ❶, 진식 眞識, 분별사식 分別事識 ❷ 『기신론』에서 설하는 심의식(心意識) 중 의(意)의 다섯가지 상 중에 하나. 아뢰야식의 상분(相分)을 일컫는다. 『대승기신론』(대정장32, p.577b8)에 "(오의 중) 셋째는 현식이라 한다. 능히 일체경계를 나타내는 것이 마치 맑은 거울에 색상이 나타나듯 한다. 현식도 그러하다. 저 다섯 진을 따라 마주해 이르면 곧 나타나 전후가 없으니, 일체시에 저절로 움직여 일어나서 항상 눈앞에 있기 때문이다. 三者 名爲現識 所謂能現一切境界 猶如明鏡 現於色像 現識亦爾 隨其五塵 對至卽現 無有前後 以一切時 任運而起 常在前故", 『기신론의소』(卍속장71, p.550a5)에 "'아뢰야식에 의지하여 무명이 있다'는 말은 무슨 뜻인가? … 이것은 모든 염법의 근본인데, 이것으로부터 생겨나는 것에는 다섯 가지 차별이 있다. 첫째 염동상, … 둘째 능견상, … 셋째 능현상이다. 능히 일체경계를 나타내니 곧 앞의 경계상이다. 넷째 능취경계상, … 다섯째 기념상속상, … 이것을 의라고 한다. 以依阿梨耶識說有無明者 … 此是一切染法根本 從此所生 有五種差別 一者 念動相 … 二者 能見相 … 三者 能現相 能現一切境界 卽前境界相 四者 能取境界相 … 五者 起念相續相 … 名之爲意", "'이 의(意)에 다시 다섯 가지 이름이 있다'는 말은 모든 것을 든 수인데, 이 다섯 가지 이름은 앞의 다섯 가지 뜻에 의지하여 세운다. … 셋째 현식이란 무엇인가? 본인 이 식이 다시 그 다섯 경계 따라 동시에 일체경계 드러내 보게 함을 말한다. … 此意復有五種名者 總擧數 此之五名由依前五義以立 … 三名 現識者 示本此識復能隨其五塵 同時顯現一切境界"라고 하였다. 〔참고문헌〕『大乘起信論』, 『起信論義疏』. ⇨ 오의 五意 ❶

현식 眴息 순식간. 눈 깜작이는 순간. 『별역잡아함경』 권16(대정장2, p.489c19)에 "욕의 체성 무상하여 들 때 움직여 가만히 머물지 못하니 눈동자 쉴 수도 없게 하니 범부 어리석어 번뇌하고 붙들려 있다. 欲體性無常 掉動不停住 眴息不可保 凡夫愚惑著", 『주유마힐경』 권2(대정장38, p.341b20)에 "몸도 이와 같아서 눈 깜작할 사이에 어린 몸이 자라서 늙고 병들어 죽도록 변한다. 身亦如是 眴息之間 有少有長 老病死變"라고 하였다. 〔참고문헌〕『別譯雜阿含經』, 『注維摩詰經』.

현식 顯識 아뢰야식(阿賴耶識 Ⓢālaya-vijñāna : 本識)의 다른 이름. 『현식론』에서 말하는 이식(顯識 分別識) 중 하나이다. 일체경계가 아뢰야식의 종자로부터 나타나므로 이렇게 말한다. 『현식론』(대정장31, p.878c6)에 "일체삼계는 단지 오직 식일 뿐이다. 어떤 것이 이것인가? 삼계에는 두 가지 식이 있으니 첫째 현식, 둘째 분별식이다. 현식이란 곧 본식이다. 이 본식이 굴러서 오진과 사대 등을 짓는다. … 현식을 연하여 분별식이 일어나게 된다. 분별식이 일어나면, 훈습력을 아뢰야식에 건립하는데, 이 훈력을 말미암아 본식이 미래에 생겨나게 되며, 이 미래현식을 연하여 미래의 분별식이 일어나게 된다. 一切三界 但唯有識 何者是耶 三界有二種識 一者 顯識 二者 分別識 顯識者 卽是本識 此本識轉作五塵四大等 … 緣顯識 分別識得起 是分別若起 安立熏習力於阿梨耶識 由此熏力 本識未來得生 緣此未來顯識未來分別識得起", 같은 책(대정장31, p.878c27)에 "현식이란 무엇인가? 아홉 가지가 있으니, 첫째 신식, 둘째 진식, 셋째 용식, 넷째 세식, 다섯째 기식, 여섯째 수식, 일곱째 사종언설식, 여덟째 자타이식, 아홉째 선악생사식이다. 顯識者 有九種 一 身識 二 塵識 三 用識 四 世識 五 器識 六 數識 七 四種言說識 八 自他異識 九 善惡生死識", 같은 책(대정장31, p.879b14)에 "현식에는 아홉 가지가 있는데, 위와 같은 현식은 오직 아뢰야일 뿐이다. 顯識有九種 如上顯識 唯是梨耶"라고 하였다. 〔참고문헌〕『顯識論』. ⇨ 분별식 分別識

현식론 顯識論 진(陳)대 진제(眞諦) 한역. 1권. 고려장17, pp.491a1~496c6, No.611 · 대정장31, pp.878c3~882b27, No.1618에 수록되어 있다. 본 논서는 제명 다음에 "『무상론』에서 나왔다(從無相論出)"라는 부기(附記)가 있는데, 이 말은 진제의 다른 한역 논서인 『전식론 轉識論』(대정장31, No.1587)에도 보인다. 또 고려장(高麗藏)과 송·원·명 판본에는 첫머리에 모두 「현식품 顯識品」이라는 세 글자가 있다. 이에 근거하여 본 논서는 실전(失傳)된 『무상론』의 「현식품」으로 추정한다.

현식론 사경 연세대박물관 1276년

본 논서는 삼계유식(三界唯識)의 취지를 설하는데, 본문·총석(總釋)·축자석(逐字釋)의 세 부분으로 이루어져 있다. 본문에서는 현식과 분별식의 이종식을 설하며, "현식이 분별을 일으키고, 분별은 훈습을 일으키고, 훈습은 현식을 일으키기에 생사하여 구르고 돈다. 顯識起分別 分別起熏習 熏習起顯識 故生死輪轉"라는 게송으로 그 취지를 드러낸다. 총석에서는 구종현식(九種顯識)·이종분별심(二種分別心)·훈습(熏習)의 네 가지 방편인 사선근(四善根) 등을 설한다. 축자석에서는 "일체삼계에 오직 식만 있을 뿐이다. 一切三界唯有識"의 의의를 설명하고, 이종식(二種識)·이종훈습(二種熏習)을 축자적으로 해석하고 있다. 〔참고문헌〕『開元釋教錄』 권7(대정장55, p.543c3), 『貞元新定釋教目錄』 권10(대정장55, p.844a3). ⇨ 전식론 轉識論

현신 現身 ❶ 현세의 몸. 지금의 몸. 『증일아함경』 권47(대정장2, p.804b10)에 "그렇습니다. 세존이시여, 거룩하신 세존의 말씀과 같습니다. 자신이 악행을 하여 현세의 몸으로 지옥에 들어갔습니다. 제가 지금 슬피 눈물을 흘리면서 우는 까닭은 제바달두(Ⓢ Devadatta)가 그 이름과 종족을 아끼지 않았기 때문이고, 또 부모와 어른들을 위하지 않았으며, 모든 석씨를 욕보였고, 우리 문중을 비방했기 때문입니다. 그러나 제바달두가 현재의 몸으로 지옥에 든 것은 진실로 그것이 마땅한 것은 아닙니다. 왜냐하면 우리 문중은 전륜성왕위를 배출했기 때문입니다. 如是 世尊 如聖尊敎也 已身爲惡 現身入地獄 所以我今悲泣涕淚者 由其提婆達兜不惜名號姓族故 亦復不爲父母尊長 辱諸釋種 毁我等門戶 然提婆達兜現身入地獄 誠非其宜 所以然者 我等門族出轉輪聖王位", 『대승본생심지관경』 권7(대정장3, p.326a24)에 "선남자여, 출가한 보살은 아란야에 머물며 현재의 몸으로 여덟 가지 청정을 획득한다. 어떤 것이 그 여덟 가지인가? 첫째 신업의 청정, 둘째 어업의 청정, 셋째 의업의 청정, 넷째 정성의 청정, … 여덟째 한결같은 마음으로 보리심청정을 잊지 않기 때문이다. 잊지 않는 마음의 청정이다. 선남자여, 만일 불자가 아란야에 머물며, 이와 같은 여덟 가지 청정을 빠짐없이 갖춘다면, 현세의 몸으로 끝없는 선근을 성취하여 다시는 아누다라삼막삼보리에서 물러날 일 없다. 善男子 出家菩薩 住阿蘭若 現身獲得八種淸淨 云何爲八 一者 身業淸淨 二者 語業淸淨 三者 意業淸淨 四者 正性淸淨 … 八者 一念不忘菩提心淸淨 善男子 若有佛子 住阿蘭若 具足如是 八種淸淨 現身成就 無邊善根 不復退轉阿耨多羅三藐三菩提"라고 하였다. 〔참고문헌〕『增壹阿含經』, 『大乘本生心地觀經』. ❷Ⓢ nirmāṇa. 불보살이 갖가지로 변화하여 나타낸 몸. 『득도인연경』 권중(대정장2, p.848b28)에 "존자 우바리(Ⓢ Upāli)가 몸을 옮겨 금색 다라수(Ⓢ tāla)의 숲을 화현하였는데, 미묘한 색의 꽃과 과실을 모두 다 구족하였으며, 구지라(Ⓢ kokila)·사리라 등 갖가지 기이한 새들이 그 위에 모여 갖가지 미묘하고 사랑스러운 소리로 지저귀었고, 이 존자는 숲 속에 그 몸을 드러냈는데, 신통을 일으켜 공중으로부터 와서 그 성을 세 번 돌고서 공중에서 내려와 장자의 집으로 들어갔다. 尊者優波離化金多羅樹林 妙色華果 皆悉具足 有俱枳羅 舍利囉等 種種異鳥 遊集其上 出衆微妙 可愛音聲 而此尊者 林中現身 起是神通 從空而來 三繞彼城 次從空下 入長者舍", 『대승입능가경』 권1(대정장16, p.594a22 : *Laṅk.*, p.43)에 "대혜여, 보살마하살이 부처님 몸을 얻고자 하면 마땅히 … 삼유야말로 무시이래 망령된 습기로 일어난 줄 관찰하고, 불지는 무상이며 무생임을 사유하였으니, 스스로 성법을 증하며, 마음에 자재를 얻고 공용없이 행하여 마치 여의보가 뜻대로 몸을 나투듯 해 유심에 통달하여 차츰 모든 지에 들어가야 한다. 大慧 菩薩摩訶薩欲得佛身 應當 … 觀察三有 無始時來 妄習所起 思惟佛地 無相無生 自證聖法 得心自在 無功用行 如如意寶 隨宜現身 令達唯心 漸入諸地 mahāmate bodhisattvair-mahāsattvaiḥ tathāgatakāya-anugamena pratilābhinā … vikalpa-vāsana-hetukaṃ tribhavaṃ paśyataḥ nirābhāsa-buddhabhūmy-anutpāda-smaraṇatayā pratyātma-āryadharmagatiṃ-gataḥ svacitta-vaśa-varty-anābhoga-caryāgatiṃ-gato viśva-rūpa-maṇi-sadṛśaḥ sūkṣmaiḥ sattvacitta-anupraveśakair-nirmāṇa-vigrahaiś-cittamātra-avadhāraṇatayā bhūmi-kramānusaṃghau pratiṣṭhāpayati"라고 하였다. 〔참고문헌〕『得度因緣經』, 『大乘入楞伽經』, *Laṅk.*

현신견불 現身見佛 현재의 몸으로 부처님을 친견하다. 『무량수관경의기』(대정장85, p.252c28)에 "닦는 이익을 찬하는 중에 '현신성불'이라 말하였다. 이것은 현재의 이로움 밝힌 것이니, 삼매의 힘으로 말미암아 현신으로 반드시 부처님을 친견하게 된다. 그러므로 60권본 『화엄경』 권7(대정장9, p.437b2)에서 '염불삼매로는 반드시 부처님을 뵙게 되고, 목숨이 다한 후에는 부처님 앞에 나게 되리라'라고 한 것은 이것을 일컫는다. 讚修益中 言現身見佛者 此明現在之益 由三昧之力故 現身必見佛也 故華嚴經云 念佛三昧必見佛 命終之後生佛前 此之謂也", 『세지원통장소초』 권하(卍속장24, p.923b13)에 "『대집경』에서 이렇게 말한다. '오롯이 부처만 기억해서 칠칠일에 이르면 현신으로 부처님을 뵙게 된다'. 大集經云 若專念佛 至七七日 現身見佛"라고 하였다. 〔참고문헌〕『無量壽觀經義記』, 『華嚴經』, 『勢至圓通章疏鈔』.

현신대종 現身大種 Ⓢ pratyutpannāni śarīra-mahābhūtāni, Ⓣ lus-kyi-'byung-ba-chen-po-da-ltar-byung-ba. 현신의 대종. 사대로 유지되는 현재의 몸. 무표색과 함께 생기하는 소의신(所依身)으로서의 대종. 현신대종은 무표업의 수전인(隨轉因 Ⓢ anuvṛtti)이 되고, 과거대종은 전인(轉因 Ⓢ pravṛtti)이 된다. 『구사론』 권13(대정장29, p.70b1 : *Abh-k-bh.*, p.199)에 "〔송〕 욕계 후념 무표는 지나간 대종에 의지해 생한다. 〔논〕 오직 욕계에 얽힌 초찰나 이후에 존재하는 무표는 과거의 대종에서 생한다. 이 과거의 대종을 소의로 삼아 무표는 일어날 수 있으며, 현신의 대종은 다만 능히 의지가 되고, 전인이 되고 수전인이 되는데 이는 그 차제에 따른 것이다. 마치 수레바퀴가 땅위를 굴러가지만 손과 땅을 의지로 삼는 것과 같다. 頌曰 欲後念無表 依過大種生 論曰 唯欲界繫初剎那後所有無表從過大生 此爲所依無表得起 現身大種但能爲依 爲轉隨轉因 隨其次第 如輪行於地 手地爲依 kṣaṇādūrdhvamavijñaptiḥ kāmāptātītabhūtajā prathamāt kṣaṇādūrdhvamavijñaptiḥ kāmāvacarī atītāni mahābhūtānyupādāyotpadyate tānyasyā āśrayārthena bhavanti pratyutpannāni śarīramahābhūtāni saṃniśrayārthena pravṛtyanuvṛttikāraṇatvād yathākramam cakrasyeva bhūmau saparivartamānasya pāṇyāvedhabhūmipradeśau", 『구사론기』 권13(대정장41, p.209c22)에 "과거대종은 (무표색의) 가까이 구르는 인이 된다. '구르다' 함은 일어난다는 말이다. 그 과거대종을 말미암아 일어나기 때문이다. 현신대종은 멀리 떨어져 구르는 인

이 되니 저 현신대종을 따라 무표로 구르기 때문이다. … 마치 수레가 땅 위로 갈 때 손으로 능히 굴리니 과거의 대종에 비유한 것이고, 땅 따라 구를 뿐이어서 현대종에 비유한다. 過去大種爲親轉因 轉之言起 由彼起故 現身大種爲疎隨轉因 隨彼無表轉故 … 如輪行於地 手爲能轉依喩過大種 地爲隨轉依喩現大種"라고 하였다. [참고문헌] 『俱舍論』, 『俱舍論記』, *Abh-k-bh.*

현신성도무량수전 現身成道無量壽殿 764년(경덕왕23)에 창건된 백월산남사(白月山南寺)의 무량수전 편액. 『삼국유사』 권3(대정장49, p.996a27 · 한불전6, p.330a20) 탑상(塔像)4 '남백월이성노힐부득달달박박 南白月二聖努肹夫得怛怛朴朴'에 "미타상을 조성하여 강당에 모셨다. 남은 칠이 모자라 다 칠하지 못하였기에 미타상에 또한 얼룩진 흔적이 남았다. 편액하길 현신성도무량수전이다. 塑彌陁像 安於講堂 餘液不足 塗浴未周 故彌陁像 亦有斑駁之痕 額曰現身成道無量壽殿"라고 하였다. [참고문헌] 『三國遺事』. ⇨ 백월산남사 白月山南寺

현신성도미륵지전 現身成道彌勒之殿 764년(경덕왕23)에 창건된 백월산남사(白月山南寺)의 미륵전 편액. 『삼국유사』(대정장49, p.996a25 · 한불전6, p.330a17)에 "광덕 2년 갑진(764) 7월 10일에 절이 이루어졌다. 다시 미륵존상을 만들어 금당에 안치하니 편액은 현신성도미륵지전이다. 廣德二年甲辰七月十五日寺成 更塑彌勒尊像 安於金堂 額曰 現身成道彌勒之殿"라고 하였다. [참고문헌] 『三國遺事』. ⇨ 백월산남사 白月山南寺

현신성불 現身成佛 현재 드러난 몸으로 부처를 이루다. 받은 몸 그대로 성불함을 뜻한다. 『인왕경』 권하 「산화품 散華品」(대정장8, p.831a11)에 "부처님께서 신족을 나투실 때 시방의 모든 하늘과 사람이 불화삼매를 얻고 십항하사의 보살은 현재의 몸 그대로 부처를 이루며, 삼항하사의 팔부왕이 보살도를 얻고 십천의 여인이 드러난 몸으로 신통삼매를 얻었다. 佛現神足時 十方諸天人 得佛華三昧 十恒河沙菩薩 現身成佛 三恒河沙 八部王 成菩薩道 十千女人 現身得神通三昧", 80권본 『화엄경』 권53 「이세간품 離世間品」(대정장10, p.279b8)에 "이와 같은 등의 십불가설백천억나유타불찰미진수의 보살이 모두 다 보현행원을 성취하니 … 부처님 없는 세계에서 나툰 몸 그대로 부처 되어 능히 일체의 갖가지로 물든 중생을 모두 다 청정케 하고, 능히 일체보살업장을 사라지게 하여 무애청정법계로 들게 한다. 如是等 十不可說百千億那由他 佛刹微塵數 皆悉成就普賢行願 … 無佛世界 現身成佛 能令一切雜染衆生 皆悉淸淨 能滅一切菩薩業障 入於無礙淸淨法界", 『신화엄경론』 권17(대정장36, p.833c23)에 "발심한 처음에 불종지가에 머물기에 마음 발하자마자 그때 바로 시방에 나툰 몸 그대로 부처가 된다. 以是發心之初 住佛種智家故 纔發心時 卽於十方 現身成佛", 『준제분수실지참회현문』 「불모준제분수실지의문보참서 佛母准提焚修悉地儀文寶懺序」(卍속장129, p.82b12)에 "부사의법문을 성취하기에 겁위를 거치지 않고도 현재 몸으로 성불한다. 爲成就不思議法門 不歷劫位 現身成佛也"라고 하였다. [참고문헌] 『仁王經』, 『華嚴經』, 『新華嚴經論』, 『准提焚修悉地懺悔玄文』. ⇨ 즉신성불 卽身成佛

현신왕생 現身往生 이 몸 그대로 정토에 왕생하다. 『구력가라용왕의궤』(대정장21, p.39a5)에 "이 진언을 외우면 반드시 이 몸으로 시방 정토에 왕생한다. 만약 세존의 얼굴을 보고 예배하면 아뇩보리에 이르러 끝내 삼악취에 떨어지지 않는다. 이것이 용왕의 화광삼매의 신통이다. 誦此眞言 必現身往生十方淨土 若拜尊容 至阿耨菩提終不墮三惡趣 此龍王火光三昧神通也", 『삼보감응요약록』 권상(대정장51, p.831c19)에 "왕의 신하가 탄식하며 기이하게 말했다. 이것은 아미타불이 새의 몸으로 변화하신 것이다. 외지고 멀리 떨어진 곳으로 이끌어 거둔 것이니 어찌 이 몸으로 왕생하지 않겠는가! 곧 그곳에 정사를 세워서 앵무사라고 이름하였다. 매 재일마다 염불삼매 닦아 지금에 이르렀다. 안식국 사람이 불법을 조금 알지만 정토에 왕생한 사람은 많다. 王臣歎異曰 此是阿彌陀佛 化作鳥身 引攝邊鄙 豈非現身往生 卽於彼地立精舍 號鸚鵡寺 毎齋日修念佛三昧 以其已來 安息國人 少識佛法 往生淨土者蓋多矣"라고 하였다. [참고문헌] 『俱力迦羅龍王儀軌』, 『三寶感應要略錄』.

현실 玄室 아득해 깊은 방. 열반을 성취하는 방. 『수마제녀경』(대정장2, p.835c20)에 "이 여인은 오랜 세월 미묘한 인을 키워 타고난 성품이 남달랐다. 그녀는 부처님의 높으신 행 그대로 받아들여 마음 고요히 해서 늘 깊은 열반의 방에 머물렀다. 此女久殖妙因 天殊奇特 受佛高行 靜心玄室", 『조론』 「열반무명론 涅槃無名論」(대정장45, p.157b19)에 "다행히 고명한 분별력을 지닌 인물을 만나 종도들은 널찍이 트인듯 의혹이 풀렸고, 관문을 두드리는 무리가 열반의 경계를 배우려 무성하게 몰려왔다. 幸遭高判 宗徒幰然 扣關之儔 蔚登玄室", 『조론신소』 권하(대정장45, p.229b27)에 "현실이란 승의 열반의 뜻을 말한다. 玄室 謂勝義涅槃意云"라고 하였다. [참고문헌] 『須摩提女經』, 『肇論』, 『肇論新疏』.

현실종 顯實宗 실(實) 드러내는 것을 으뜸으로 여기는 종. 수대 정영(淨影)이 세운 사종(四宗) 중 하나다. 『법화현찬』 권1(대정장34, p.657a12)에 "네 번째, 현실종은 『열반경』 · 『화엄경』 · 『법화경』 등이 그것이다. 진실중도의 뜻을 드러낸다. 四 顯實宗 涅槃 華嚴 法華 等是 顯於眞實中道義故", 『대반열반경의기』 권5(대정장37, p.738c8)에 "넷째, 현실종은 대승중에 깊어서 망정으로 취한 법이 필경에 있지 않고, 진실법계는 상주하여 무너지지 않음을 널리 설한다. 四 顯實宗 大乘中深 宣說妄情 所取諸法 畢竟不有 眞實法界 常住不壞"라고 하였다. [참고문헌] 『法華玄贊』, 『大般涅槃經義記』, 『大乘義章』 권1(대정장44, p.483a25). ⇨ 사종 四宗 ❶

현심 玄心 깊어 묘한 마음. 『백론』 「승조서 僧肇序」(대정장30, p.167c16)에 "깊고 미묘한 마음으로 홀로 깨닫고, 빼어난 기운은 높이 빛났다. 玄心獨悟 俊氣高朗", 『백론소』 「서 序」(대정장42, p.233c4)에 "깊고 미묘한 마음이란 현묘한 마음으로 바르게 꿰뚫어보는 마음인 정관이다. 玄心者 玄妙之心 卽正觀也", 『조론소』 권중(대정장45, p.186b25)에 "현심은 깊은 이치에 합하는 마음을 말한다. 玄心 謂心合玄理也"라고 하였다. [참고문헌] 『百論』, 『百論疏』, 『肇論疏』.

현암 懸庵 ❶ 전라북도 진안군 용출산(聳出山)에 있던 암자. 『몽산화상육도보설』 현존 판본 중 동국대학교도서관 소장본 간기(刊記)에 "홍치 10년(1497·연산군 3) 8월일 전라도 진안지 용출산 현암 개판. 弘治十年八月日 全羅道鎭安地聳出山懸庵 開板"이라고 하였다. [참고문헌] 『蒙山和尙六道普說』, 『韓國寺刹全書』 권하 p.1161b12. ❷ 황해도 재령군 장수면 장수산(長壽山)에 있던 암자. 대본산 패엽사(貝葉寺)의 말사였으며, 『가람고』와 『범우고』에는 현암(懸庵)이라 하였다. [참고문헌] 『伽藍考』, 『梵宇攷』, 『韓國寺刹全書』 권하 p.1161b5.

현암사 見巖寺 경상남도 거창군 가조면 수원리 우두산(牛頭山)에 있는 견암사(見巖寺). 대한불교조계종 해인사(海印寺)의 말사이다. 1987년부터 2001년까지 중건하고 복원중건비를 세웠다. 현존하는 당우로는 대웅전·나한전·사성각·요사 등이 있으며, 성보문화재로는 동종이 2010년 보물 제1700호로 지정되었다. ⇨ 견암사 見巖寺, 고견사 古見寺

현암사 懸巖寺 ❶ 충청남도 아산시 영인면 동림산(東林山)에 있던 절. 『동국여지승람』 권20 충청도 아산현 불우에 이름과 위치가 전한다. 『범우고』에 "지금은 폐사하였다. 今廢"라고 하였다. [참고문헌] 『東國輿地勝覽』, 『梵宇攷』, 『韓國寺刹全書』 권하 p.1161b10. ❷ 충청북도 청주 서원구 현도면 하석리 구룡산(九龍山)에 있는 절. 대한불교조계종 법주사(法住寺)의 말사. 백제의 선경대사(仙鏡大師) 창건, 신라 선덕여왕(재위 632~647) 때 창건, 원효(元曉 617~686)의 665년(문무왕5) 창건 등의 설이 전하며, 견불사(見佛寺) 또는 견불암이라고 개칭되었는데 그 때는 알 수 없다. 조선대에 폐사되었다가 1928년 김사익(金思益)이 중건한 이후 지속적인 가람정비로 지금에 이른다. 현존하는 당우로는 대웅전·용화전·삼성각·요사 등이 있다. [참고문헌] 『韓國寺刹全書』 권하 p.1161b7, 『寺誌』(忠淸北道, 1982). ⇨ 견불사 見佛寺 ❷, 견불암 見佛庵 ❶

현애논사 賢愛論師 ➡ 발다라루지 跋陀羅樓支

현애살수 懸崖撒手 아득한 낭떠러지에서 손 놓아버리다. 『원오어록』 권13(대정장47, p.773b9)에 "곧바로 절벽에서 잡은 손 놓아버려 몸 놓아 목숨을 버리듯 한다. 견문각지 버려 떨치고 보리열반도 버려 버리니, 진여해탈도 깨끗하거나 더럽거나 일시에 버려 없애니, 깨끗해 걸친 것 없어 알몸 그대로여서 저절로 한 번 듣고 천 가지 진실을 깨우치리라. 直下如懸崖撒手 放身捨命 捨却見聞覺知 捨却菩提涅槃 眞如解脫 若淨若穢 一時捨却 令教淨裸裸 赤灑灑 自然一聞千悟", 『속전등록』 권9 「흥양희은전 興陽希隱傳」(대정장51, p.521a4)에 "학인이 물었다. '절벽에서 손 뿌리친다는 저 한마디 무엇인지요?' '밝은 달빛만이 깊은 계곡 비춘다' '무엇이 다 끊고 다시 사는 한마디인지요?' '흰 구름 크게 빈 곳에서 일 뿐이다'. 僧問 如何是懸崖撒手底句 師曰 明月照幽谷 曰 如何是絶後再蘇底句 師曰 白雲生太虛"라고 하였다. [참고문헌] 『圜悟語錄』, 『續傳燈錄』.

현야 玄夜 더없이 캄캄한 밤. 『석씨통감』 권5(卍속장131, p.841a8)에 "사문 도선이 화광삼매를 터득하니 머무는 방은 더없이 캄캄한 밤에도 크게 밝았다. 沙門道仙得火光三昧 所居之室 玄夜大明"라고 하였다. [참고문헌] 『釋氏通覽』.

현약 玄約 중국선종 5조 홍인(弘忍)의 제자. 수주(隨州) 대운사(大雲寺)에 주석하였다. 700년(구시1) 측천무후(則天武后) 청해서 북종신수(北宗神秀) 등 삼인과 함께 내도량(內道場)에서 공양받았다. [참고문헌] 『曆代法寶記』(대정장51, p.184a18), 『楞伽師資記』 「弘忍章」(대정장85, p.1289c13).

현양론고적기 顯揚論古迹記 신라(新羅) 태현(太賢) 지음. 2권. 『현양성교론 顯揚聖教論』에 대한 주석서. 전하지 않는다. [참고문헌] 『新編諸宗教藏總錄』 권3(대정장55, p.1176b23). ⇨ 현양성교론 顯揚聖教論

현양론소 顯揚論疏 신라 경흥(璟興 : 憬興) 찬. 4권 또는 8권. 『현양성교론 顯揚聖教論』에 대한 주석서. 『법상종장소』(대정장55, p.1139a28) 등에 책 이름이 보이지만 현재 전하지 않는다. [참고문헌]『法相宗章疏』(대정장55, p.1139a28), 『東域傳燈目錄』(대정장55, p.1157b2). ⇨ 경홍 憬興, 현양성교론 顯揚聖敎論

현양성교 顯揚聖敎 Ⓢ svasya vādasya paryavadātā. 성스러운 가르침을 높이 드러내는 것. 『유부율잡사』 권36(대정장24, p.387c27)에 "내 성중 성문제자들 지혜통달하여 총명변재로써 정법의 말로 삿된 이론을 꺾고 엎드리게 하며 성스러운 가르침 높이 드러내어 유통시키는 이 아직 있지 않다. 또 모든 필추·필추니·오파색가·오파사가들 또한 아직 견고하게 계품 닦고 나의 범행을 널리 유포시켜 많은 사람과 모든 천중에 이르기까지 이롭게 해주는 일 능히 하지 못하니, 내가 지금 대열반에 들어서는 안 되는 것이다. 若我聖衆聲聞弟子 未有智慧通達 聰明辯了 以正法言 摧伏邪論 顯揚聖敎 能流通者 又諸苾芻 苾芻尼 鄔波索迦 鄔波斯迦 亦未能得堅修戒品 令我梵行 得廣流布 利益多人 及諸天衆者 我今無宜入大涅槃", 『현양성교론』 권1(대정장31, p.480b21)에 "성스러운 가르침 높이 드러내려는 자비를 말미암아, 문장은 간결하고 뜻은 지극히 하여 쉽게 밝히었다네. 顯揚聖敎慈悲故 文約義周而易曉"라고 하였다. [참고문헌]『有部律雜事』, 『顯揚聖敎論』, *Mp-s.208.*

현양성교론 顯揚聖敎論 인도의 무착(無著 Ⓢ Asaṅga) 지음. 당(唐) 현장(玄奘) 한역. 20권. 고려장16, pp.1a1~157a15, No.571·대정장31, pp.480b11~583b17, No.1602에 수록되어 있다. 『유가사지론 瑜伽師地論』의 중요한 내용을 드러내기 위한 저술이며, 『현양성교론송 顯揚聖敎論頌』에 따라 11품으로 구성하였다. 법상종의 중요 십일론(十一論) 중 하나이고, 『총포중의

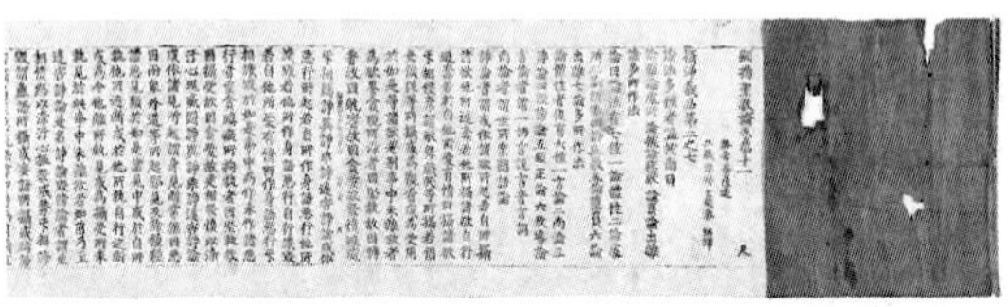

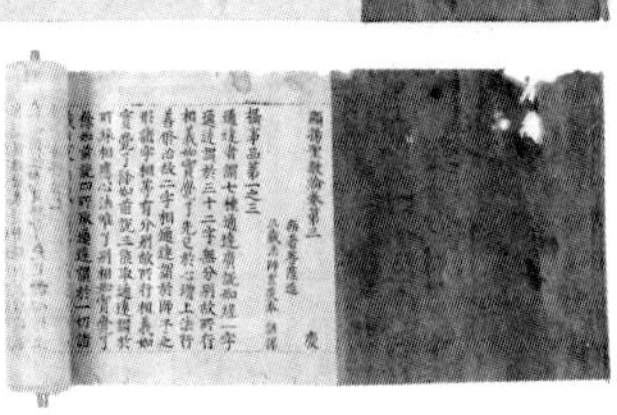

현양성교론 초조본 권11 국립중앙박물관(위)·권3 서울역사박물관(아래) 11세기

론 總苞衆義論』·『광포중의론 廣苞衆義論』·『현양론 顯揚論』이라고도 한다. 신라의 경흥(憬興)이나 당의 규기(窺基) 등의 주석서가 있었으나 전하지 않는다. 본서 「귀경게 歸敬偈」에 "예전에 나 무착 저에게서 들었으니 이제 마땅히 『유가사지론』의 중요한 것 드러내리니, 성인의 자비 때문입니다. 글은 간략히 하고 뜻은 두루하게 해서 쉽게 깨우치게 할 뿐이니, 「섭사품 攝事品」·「섭정의품 攝淨義品」·「성선교품 成善巧品」, 「성무상품 成無常品」·「성고품 成苦品」·「성공품 成空品」·「성무성품 成無性品」, 「성현관품 成現觀品」·「성유가품 成瑜伽品」·「성부사의품 成不思議品」, 「섭승결택품 攝勝決擇品」의 십일품입니다. 昔我無著從彼聞 今當錯綜地中要顯揚 聖敎慈悲故 文約義周而易曉 攝事淨義成善巧 無常苦空與無性 現觀瑜伽不思議 攝勝決擇十一品"라고 하였다. [참고문헌]『大唐內典錄』 권6(대정장55, p.294b24), 『開元釋敎錄』 권8(대정장55, p.556b9). ⇨ 유가사지론 瑜伽師地論

현양성교론송 顯揚聖敎論頌 인도의 무착(無著 Ⓢ Asaṅga) 지음. 당(唐)대 645년(정관19)에 현장(玄奘) 한역. 1권. 고려장16, pp.206b1~211b16, No.573·대정장31, pp.583b20~589b18, No.1603에 있다. 『유가사지론 瑜伽師地論』(대정장30, No.1579)의 핵심 내용을 게송으로 읊은 것이며, 모두 이백오십이송반이다. 『현양성교론』(대정장31, No.1602)의 본송(本頌)이다. [참고문헌]『開元釋敎錄』 권8(대정장55, p.556b9), 『貞元新定釋敎目錄』 권11(대정장55, p.856a15).

현언 玄言 깊어 그윽한 말씀. 부처의 가르침. 『삼국유사』 권4(대정장49, p.1009a8·한불전6, p.352c9) 의해(義解)5 승전촉루(勝詮髑髏)에 "(승전이) 일찍이 배를 타고 중국에 가서 현수국사 강석에 나아가 그윽한 부처님 말씀을 받아 품었으니, 갈고닦아 생각을 쌓았다. 常附舶指中國 詣賢首國師講下 領受玄言 研微積慮"라고 하였다. [참고문헌]『三國遺事』, 『大覺國師文集』 권5 請入大宋求法表(한불전4, p.534a15).

현언상석 玄言上石 그윽한 말씀 돌 위에 새겨지다. 대양경현(大陽警玄)이 양산연관(梁山緣觀)과 문답한 인연. 『선원몽구』 권상(卍속장148, p.211b1)에 "현언상석 : 〈양산연관의 법을 이은 제자. 출전은 『선림승보전』이다〉 아주 대양산 경현선사가 곳곳을 돌아다니던 시절에 처음으로 양산에 이르러 '무엇이 모양 없는 도량입니까?' 라고 묻자 양산이 관음상을 가리키며 말했다. '이것이 오처사(吳道子)가 그린 그림이다'. 대양이 말을 꺼내려는 순간 양산이 급히 막으며 '이것도 모양 있는 것이다. 어느 편이 모양 없는 것일까?' 물었다. 대양이 마침내 깨우치고 절을 올리자 양산이 말했다. '어찌 한마디 내놓지 않는가?' '말이야 얼마든지 할 수 있지만 글자로 남을까 걱정입니다'. 양산이 웃으며 말했다. '이 말이 언젠가는 비에 새겨질 것이다'. 玄言上石 〈梁山緣觀嗣 僧寶傳中〉 野州大陽山警玄禪師 遊方初到梁山 問 如何是無相道場 山指觀音曰 這箇是吳處士畫 師擬進語 山急索曰 這箇是有相底 那箇是無相底 師遂有省便禮拜 山曰 何不道

取一句 師云 道卽不辭 恐上紙筆 山笑曰 此語上碑去在" 라고 하였다. [참고문헌] 『禪苑蒙求』.

현업 玄嚴 고려말 스님. 「태고사원증국사탑비음기 太古寺圓證國師塔碑陰記」에 "도대선사 광화군 현엄. 都大禪師廣化君 玄嚴"이라고 하였다. [참고문헌] 『太古和尙語錄』 門徒(한불전6, p.701c14), 李智冠 『校勘譯註歷代高僧碑文』 高麗篇4 p.469. ⇨ 보우 普愚

현업 玄儼 675~742. 당대 스님. 속성은 서(徐)씨. 제기(諸暨 : 浙江省) 출신. 나이 열둘에 부춘(富春)의 승휘(僧暉)에게 사사받았다. 695년(증성1) 현류사(懸溜寺)에서 출가한 다음 광주도안(光州道岸)에게 구족계를 받았다. 그 뒤 장안(長安)에 머물다 숭복만의율사(崇福滿意律師)·융제율사(融濟律師)를 만나서 모두에게 인가를 받았다. 이후 동경사(動京師)라 불렸고 아울러 안국사(安國寺)·수기사(授記寺)의 대덕이었고, 얼마 지나지 않아 강좌(江左)로 돌아와 『사분율』에 몰두한 끝에 『사분율행사초보편기 四分律行事鈔輔篇記』 10권·『갈마술장삼편 羯磨述章三篇』·『금강의소 金剛義疏』 7권 등을 지었다. 월주(越州) 법화사(法華寺)에 주석한 이래로 좌선하며 30년 동안 산문을 나서지 않았다. 736년(개원24) 당 현종(玄宗)이 『금강경』을 직접 주석하여 왕명으로 천하에 반포하고 강설하도록 하자 원언중(元彦仲)의 청을 받아들여 다시 상세한 풀이 더해 강설하였다. 738년(개원26) 그에게 귀의하여 계를 받고 세속을 떠난 이들이 만 명이나 되었다. 권문귀족인 서교(徐嶠)·서안정(徐安貞)·강희선(康希銑)·하지장(賀知章)·왕필(王弼) 등이 모두 도우(道友)로서 예를 갖추었다. 742년(천보1) 세수 68세로 입적하였다. 제자에 신옹(神邕)·담준(曇俊)·숭묵(崇默)·숭효(崇曉)·유담(唯湛)·도소(道昭) 등이 있다. [참고문헌] 『宋高僧傳』 권14(대정장50, p.795a26), 『新修科分六學僧傳』 권14(卍속장133, p.670a17).

현업 現業 **1** 삼시업(三時業) 중 현세의 업. 순현법수업(順現法受業 Ⓢ dṛṣṭadharma-vedanīyaṃ karma)의 줄임말. 현세에 업을 짓고 현세에 그 과보를 받는 업. 『화엄경소초』 권71(대정장36, p.565b22)에 "『구사론』에서는 업(業)으로 시(時)에 나아간다. 즉 어떤 업은 반드시 받으니 현수(現受)나 생수(生受)나 후수(後受)다. 이제 '시'로 '업'을 취하니, 현세에 보를 받아야 하는 것을 '현업'이라고 한다. 현세에 받으면 현정업이고, 현세에 받지 않으면 '현업'이 아니기에 현보의 때가 없기에 부정이다. '생수'라면 생업이다. 받지 않은즉 생보업이 아니기에 '생보'가 없으니 '시부정'이다. 俱舍以業就時 謂有業定受 而或現 或生 或後 今明 以時取業要現受報 方名現業 現若受者 卽現定業 現若不受 卽非現業故 無現報時不定也 若是生受 卽是生業 不受則非生報之業故 無生報時不定也"라고 하였다. [참고문헌] 『華嚴經疏鈔』. ⇨ 삼시업 三時業**1**, 순현법수업 順現法受業 **2** 현세의 업. 『불본행집경』 권40(대정장3, p.840b7)에 "너희 모든 비구들아, 듣고자 한다면 지금 잘 들어라. 저 제바바라문에게는 과업도 있고 또한 현업도 있다. … 무엇을 현재세업이라고 하는가? 내가 지난 육년고행을 할 때, 저 제바 적절하게 음식을 나에게 보시하였으며, 내가 지금 위없는 깨달음을 성취하였는데, 다시 나를 자신의 집에 초청하여 음식을 보시하였다. 이런 인연으로 현세보를 얻었다. … 불법승 삼보 향해 가까이 해서 공경하고 희유한 마음 내면, 이와 같은 공덕과보를 반드시 얻게 된다. … 보를 얻지 못하는 것은 인색하고 탐욕스런 사람은 기꺼이 보시를 하지 않기 때문이다. 汝諸比丘 若欲聞者 今應諦聽 彼之提婆 大婆羅門 亦有過業 亦有現業 … 何者名爲現在世業 我昔六年苦行之時 而彼提婆 隨宜將食 布施於我 我今得成 無上菩提 其復請我 至於已家 布施我食 以是因緣 得現世報 … 應當須向 佛法僧邊 生於恭敬 希有之心 當得如是 功德果報 … 不得報者 以慳貪人 不肯布施"라고 하였다. [참고문헌] 『佛本行集經』. **3** 현재 또는 현세의 혹업. 『능엄경』 권8(대정장19, p.141b27)에 "어떤 것을 세 가지 점차라고 하는가? 첫째는 수습이니, 그 돕는 인을 버린다. 둘째는 진수이니, 정성을 도려내는 것이다. 셋째는 증진이니, 현업을 거스르는 것이다. 云何名爲三種漸次 一者 修習 除其助因 二者 眞修 刳其正性 三者 增進 違其現業", 같은 책 권8(대정장19, p.141c26)에 "어떤 것을 '현업'이라고 하는가? 아난이여, 이렇게 청정하게 금계를 지키는 사람의 마음에는 탐음이 없으니, 밖으로 육진에 다분히 휩쓸리지 않고 휩쓸리지 않기에 근원을 돌이켜 스스로 돌아간다. 진이미 연하지 않으니 근 또한 만날 것 없으며, 흐르던 것 되돌려 온전히 하나여서 여섯으로 쓰던 일 행하지 않으니 시방국토 밝은 채로 청정하다. … 일체여래 한없이 두렷하며 깨끗해 아름다워서 모두 그 중에 나타나니, 이 사람 곧바로 무생법인을 얻으며, 이로부터 점차 닦아서 수행함에 따라 성위에 안립하게 된다. 이것을 제삼증진 수행점차라고 한다. 云何現業 阿難 如是淸淨 持禁戒人 心無貪婬 於外六塵 不多流逸 因不流逸 旋元自歸 塵旣不緣 根無所偶 反流全一 六用不行 十方國土 皎然淸淨 … 一切如來 密圓淨妙 皆現其中 是人卽獲 無生法忍 從是漸修 隨所發行 安立聖位 是則名爲 第三增進 修行漸次", 『능엄경집주』 권8(卍속장17, p.393a5)에 "'현업을 거스른다'란 무슨 말인가? 앞의 (두 가지) '점차'에 의하여 정행을 돕고 닦아 육근에 현전하는 혹업을 부수는 것이다. 違其現業者 由前漸次 助修正行 能破六根現前惑業"라고 하였다. [참고문헌] 『楞嚴經』, 『楞嚴經集註』.

현여법사 玄如法師 고려중기 스님. 『일승법계도원통기』 권하 「발문 跋文」(한불전4, p.38c16)에 "상주 승장사 현여법사가 비마라방장의 문장사 소장본에 의거하여 2권으로 번역하였다. 後有尙州勝長寺玄如法師 依毗摩邏方丈文莊師藏本 譯爲二卷"라고 하였다. 〔참고문헌〕『一乘法界圖圓通記』. ⇨ 법계도원통기 法界圖圓通記

현영 絢暎 조선전기 스님. 범패(梵唄)의 거장(巨匠). 1748년에 대휘(大輝)가 지은 『범음종보』에 조선 범패의 1세인 국융(國融)의 9대손으로 징광사(澄光寺)에 주석하였다. 〔참고문헌〕『梵音宗譜』.

현예 眩瞖 눈동자 위로 백태 가리다. 『유식이십론』(대정장31, p.74b27 : *Vijñ-v.*, p.3)에 "대승에서 삼계가 오직 식일 뿐이라고 안립한 것은, 계경에서 설한 삼계는 오직 마음이라는 뜻이다. … 안에서 식이 생할 때 외경 나타난 듯하니, 저 눈동자 백태 껴서 터럭이나 파리 등을 보는 것과 같다. 이 중에 도무지 실다운 뜻은 조금도 없다. 安立大乘三界唯識 以契經說三界唯心 … 內識生時似外境現 如有眩瞖見髮蠅等 此中都無少分實義 vijñapti mātram-eva-etad-asad-artha-avabhāsanāt, yathā taimirikasya-asat-keśa-candrādi-darśanam"라고 하였다. 〔참고문헌〕『唯識二十論』, *Vijñ-v.*

현예인 眩瞖人 Ⓢ taimirika, Ⓣ rab-rib-can. 눈동자에 티끌(白苔) 덮인 이. 바로 보지 못함의 비유다. 『해심밀경』 권2(대정장16, p.693a25)에 "선남자여, 저 눈병 난 사람의 눈에 생긴 허물처럼 변계소집상도 또한 그러한 줄 안다. 눈병 난 사람이 눈병으로 여러 가지 상들인 머리카락·바퀴·벌·파리·거승(巨勝 : 검은깨)이나 청·황·적·백 등 상이 차별해서 나타나는 것처럼, 의타기상 역시 그러함을 안다. 깨끗한 눈을 가진 사람은 눈병의 허물 여의므로 이 깨끗한 눈의 본성만이 행하기에 어지러운 경계 없게 되니, 원성실상 또한 이와 같음을 안다. 善男子 如眩瞖人 眼中所有 眩瞖過患 遍計所執相 當知亦爾 如眩瞖人 眩瞖衆相 或髮毛 輪 蜂 蠅 巨勝 或復靑 黃 赤 白等相 差別現前 依他起相 當知亦爾 如淨眼人 遠離眼中 眩瞖過患 卽此淨眼 本性所行 無亂境界 圓成實相 當知亦爾", 『성유식보생론』 권1(대정장31, p.79c9)에 "저 범부 그릇되게 저 식 일으키고, 드디어 전도 일으켜 바깥 경계 상으로 삼는다. 혹은 가히 따라 순해서 다른 것들과 함께 일 되게 해서 언설을 삼고, 저 세간과 함께 한 것들을 가져와 경을 삼았으니, 곧 그 일들이란 것이 오직 식으로 생기할 뿐이다. 이런 이유로 경인 듯 상인 듯한 것일 뿐, 색 등을 연한 식이 외경을 취한 것은 아니다. 저 눈병 난 사람이 머리카락이나 파리 등을 보는 것과 같을 뿐이니, 이 외경은 공하여 다만 식이 있을 뿐이란 것이 바로 유식종의 뜻이다. 彼凡小妄生其識 遂起顚倒 爲外境相 或可隨順 他共成事 而爲言說 卽如世間 所共許事 將爲境者 卽於其事 唯識生起 是故由斯 似境相故 緣色等識 不取外境 如眩瞖人 見髮蠅等 此外境空 但唯有識 是其宗義"라고 하였다. 〔참고문헌〕『解深密經』, 『成唯識寶生論』, *Vijñ-v.3.* ⇨ 유식 唯識

현오 玄悟 ❶ 깊은 깨달음. 깊이 깨닫다. 『조론소』 권중(대정장45, p.175c11)에 "구마라집 법사는 반야를 깊이 깨달았으나 언상을 빌리지 않았다. 什法師 玄悟般若 不假言象也"라고 하였다. 〔참고문헌〕『肇論疏』. ❷ 1127~1179. 고려 숙종의 넷째 왕자인 종린(宗璘)의 시호다. ⇨ 종린 宗璘, 서봉사현오국사비 瑞峰寺玄悟國師碑 ❸ 속성은 조(曹)씨, 속명은 의선(義旋). 부친은 정숙공(貞肅公) 조인규(趙仁規)이며 넷째 아들이다. 『한국사찰전서』 권하(p.1095a8)의 청계사(淸溪寺 : 경기도 의왕시) 조에 따르면 벼슬이 참의에 이르렀으나 모두 던져버리고 출가 수도하였으니, 그가 곧 '현오대선사 삼중대광자은군 玄悟大禪師三重大匡慈恩君'이며 청계사에 오랫동안 주석하였다고 한다. 고려말 정숙공 조인규가 생전 청계사에 별당을 두고 지내다가 1307년(충렬왕33) 4월 25일 죽은 후 자손들이 그의 영정을 청계사에 모셨다. 그 후 장남 장민공(莊敏公) 조서(趙瑞), 둘째 아들 충숙공(忠肅公) 조연(趙璉)과, 이어 충숙공의 아들인 문정공(文靖公) 조유(趙裕)와 손자인 문충공(文忠公) 조준(趙浚) 등 그 집안의 영정을 대대로 모시고 원당으로 삼았다. 〔참고문헌〕『稼亭集』 권3 「趙貞肅公祠堂記」(韓國文集叢刊3, p.119b15), 『韓國寺刹全書』 권하, 『退耕堂全書』 권3 p.449. ⇨ 청계사 淸溪寺❶

현오 玄奧 깊어 아득한 진실. 『반야심경약소』(대정장33, p.552b25)에 "반야는 바로 체로서 지혜라 한다. 깊어 아득한 진실 신령하게 깨닫고 진실의 샘 묘하게 드러낸다. 般若是體 此云智慧 卽神悟玄奧 妙證眞源也", 종보본 『단경』(대정장48, p.357b26)에 "회양(懷讓)은 확트여 자연스러웠기에 (6조의 심기와) 더없이 들어맞아 마침내 곁에서 시봉하여 15년이었으니, 나날이 깊어 헤아릴 수 없는 경지에 더욱 다가섰다. 讓豁然契會 遂執侍左右 一十五載 日臻玄奧"라고 하였다. 〔참고문헌〕『般若心經略疏』, 『壇經』.

현오대사 玄悟大師 ➡ 부광 溥光

현완 玄琬 562~636. 수당(隋唐)대 스님. 속성은 양(楊)씨. 본적은 홍농화음(弘農華陰)이지만 후에 옹주신풍(雍州新豐)으로 옮겼다. 열다섯에 출가하여 담연(曇延)에게서 구족계를 받은 다음 다시 홍준(洪遵) 문하에서 『사분율』을 배운 끝에 율부(律部)에 정통하였고, 계도 엄정히 하였다. 그 뒤 정관년간(627~649)초 조정에 나아가 태자를 비롯한 왕족들에게 보살계를 주었고 아울러 보광사(普光寺)에 머물렀다. 행자(行慈)·감살(減殺)·순기(順氣)·봉재(奉齋) 등의 조목으로 태자를 훈계하자 황제가 듣고는 특별히 635년(정관9) 조칙을 내려 3월부터 5월까지 도살을 금하였다. 현완이 그 기간을 연장해 달라고 요청하자 황제는 허락하여 일년 내내 도살을 금하였다. 다음 해 10월 연흥사(延興寺)에서 세수 75세로 입적하였다. 저술에 『불교후대국왕상벌삼보법 佛教後代國王賞罰三寶法』·『안양창생론 安養蒼生論』·『삼덕론 三德論』 각 1권이 있다. [참고문헌] 『佛祖統紀』 권39(대정장49, p.364c2). 『釋氏稽古略』(대정장49, p.813c12), 『唐高僧傳』 권22(대정장50, p.616a1).

현왕재 現王齋 현왕께 올리는 재. 망자가 죽어 사흘째 되는 날 염라대왕을 만나므로 그때 맞춰 지내는 견왕재(見王齋) 또는 삼일재(三日齋)를 말한다. 『법원주림』 권36(대정장53, p.577c19)에서 『명보습유기 冥報拾遺記』를 인용하여 북제(北齊) 때 사인(仕人) 량(梁)씨가 가족들이 스님 모셔 올린 재로 지옥 고통을 쉬게 된 고사를 전하며 "이 사람 죽어 삼일째 되는 날 집안사람들이 스님을 청하여 재회를 베푸니, 매번 경패 소리 들릴 적 마다 철다리 문득 끊어졌다. 此人死三日 家人爲請僧設會 每聞經唄聲 鐵梁輒折"라고 하였다. 1652년 전라도 보성 개홍사(開興寺) 개간 『제반집』「현왕재문 現王齋文」에 "간절히 구함 있으면 반드시 청해야 하니 이것이 사람으로서 세상에서 언제나 하는 행위다. 원하면 좇지 않음이 없는 것이 바로 저세상 관리들의 묘한 법칙이기에 … 복위 모인의 정계왕생을 원하여 제3일에 현왕재를 이번 달 모일에 시작합니다. 切以有求必請 是人世之常儀 無願不從 乃冥官之妙軌 … 伏爲ム人往生淨界之願 第三日現王之齋 今月ム日起始"라 하였다. 의례문에서는 명간회주(冥間會主)이신 보현왕여래(普賢王如來)와 모든 권속들을 모시고 헌좌(獻座)·운심(運心)하며 상단과 중단에 차를 올린다. [참고문헌] 『法苑珠林』, 『諸般文』. ⇨ 견왕재 見王齋, 삼일재 三日齋

현왕탱화 現王幀畫 조선후기 유행한 불화. 사람이 죽고 3일째에 지내는 현왕재(現王齋)의 주인공을 그린 그림이다. 명부(冥府)의 현왕은 본래 지장보살이 주관하는 저승에서 죄업을 심판하는 시왕(十王) 중 다섯 번째 염라왕(閻羅王)이었으며, 후에 보현왕여래(普賢王如來)가 되리라 수기받았다. 이러한 연원은 당대(唐代) 장천(藏川)이 찬술한 『불설예수시왕생칠경』(약칭 『十王經』)에 의지한다. 『불설예수시왕생칠경』에 "부처님께서 대중에게 '염라천자는 미래세에 성불하여 보현왕여래로 불려 십호가 구족하리라' 하였다. 佛告諸大衆 閻羅天子於未來世 當得作佛名曰 普賢王如來 十號具足"라고 하였다. 당대(唐代) 성립한 『금강경찬 金剛經纂』에 의지하면 명부심판을 벗어나기 위해서는 『금강경 金剛經』을 수지독송(受持讀誦)할 것을 강조하기도 하였다. 한편 현왕신앙이 독립된 신앙형태로 나타나는 것은 북송 1019년에 도성(道誠)이 편찬한 『석씨요람』 권3 「삼일재 三日齋」(대정장54, p.305b10)에 "북쪽 사람 죽어 삼일에 이르면 반드시 스님들께 재를 올리니 견왕재라 한다. 北人亡至三日 必齋僧 謂之見王齋"라 하였고, 그 유래는 중국 남북조시대 북조의 양씨(梁氏)가문에서 시작되었다고 하였다. 우리나라에서도 이 삼일재를 수용하였는데, 석왕사(釋王寺)에서 1574년에 개판한 『권공제반문』「성왕청 聖王請」에 "모영가 모인 특위 모영가 정계에 왕생하기를 바라 제3일에 성왕재를 올립니다. 某靈某人特位某靈駕往生淨界第三日聖王之齋"라 하여 3일재를 '성왕재 聖王齋'라 이름하였다. 용흥사본 『제반문 諸般文』(1691) 「현왕청 現王請」에서는 같은 내용을 '현왕재 現王齋'라 썼고, 월저도안(月渚道安 1638~1715)의 『월저집 月渚集』 권하 「영명사보현왕전개건모연문 永明寺普現王殿改建募緣文」(한불전9, p.116a19)에서도 '現王'으로 기재하고 있어서 우리나라에서는 성왕(聖王)과 현왕(現王)을 같이 쓰다가 19세기말 즈음에 현왕으로 통일되었다. 현왕탱화는 현왕을 비롯하여 범천(梵天)·제석(帝釋), 대륜성왕(大倫聖王)·전륜성왕(轉輪聖王), 판관(判官), 녹사(錄事), 직부사자(直符使者), 토지십이신(土地十二神) 등을 권속들로 함께 한다. 현존하는 이른 시기의 현왕탱화는 18세기 기림사 현왕탱화(1712)와 선암사 현왕탱화(1730)인데, 모두 현왕과 그 권속으로 판관·녹사·사자 등이 출현하는데, 현왕은 정면을 향해 정좌한 다소 권위적인 모습이고 권속의 수도 많지 않다. 하지만 본격적으로 유

현왕탱화 기림사 경주 1718년

경국사 서울 동국대박물관 1887년

행한 19세기 후반에는 구도가 다양해지고, 현왕의 시선과 자세 등도 자유롭고 분방하게 주변 권속과 적극적으로 대화하는 모습으로 변한다. 경국사 현왕탱화(1887)처럼 성왕·판관·녹사·사자·동자 등 다수권속이 등장하고, 표정과 몸짓 또한 역동적이고 분주한 지옥심판 광경을 연출한다. 또 현왕탱화에는 현왕이 책형(冊形) 면류관을 쓰고 경상 위에 『금강경』을 그려 넣는 등 현왕을 앞세워 『금강경』 즉 대승의 홍포자로서의 역할을 강조하기도 한다. 〔참고문헌〕『佛說豫修十王生七經』, 『釋氏要覽』, 『勸供諸般文』, 김윤희 「조선후기 冥界佛畵 現王圖 연구」(『美術史學硏究』270, 2011), 장희정 「조선후기 現王圖의 유행과 慶國寺 現王圖」(『佛敎美術』270, 2007).

현우경 賢愚經 Ⓢ Damamūkanidāna-sūtra, Ⓣ mDzangs-blun-mdo. 원위(元魏)대 혜각(慧覺) 등 한역. 13권. 대정장4, pp.349a3~445a6, No.202에 수록되어 있고, 티베트역본(北京版 No.1008·델게版 No.341)도 전한다. 『현우인연경 賢愚因緣經』이라고도 한다. 본생담·비유·인연 등을 모은 경전이다. 주로 현자와 우자가 마주하는 장면을 비유로 들었다. 판본 따라 품명에도 차이가 있고, 품명 전후로 경문의 길이도 일정하지 않다. 고려대장경본은 62품, 송·원·명(宋元明) 삼본은 「대광명왕시발도품 大光明王始發道品」·「쾌목왕안연품 快目王眼緣品」 등 7품을 더해서 모두 69품이다. 51품의 티베트역본은 한역경에 의지해 중역하면서 범본도 참작한 성과물이다. 『출삼장기집』 권9 「현우경기 賢愚經記」(대정장55, p.67c12)에 따르면, 하서(河西)의 여덟 사문이 경을 구해 우전(于闐)에 들어왔다가 대사(大寺)의 반차우슬회(般遮于瑟會 Ⓢ pañca-vārṣika)에서 때마침 삼장에 능통한 학자들이 경율 강설함을 듣고서 각자 필사하여 후에 고창(高昌)으로 돌아와 이 책을 집성하였다고 한다. 조선조에도 귀히 여기고 유통되었으니 비단에 수놓아 표지로 제작한 현우경〈그림〉이 전한다. 1843년 독일의 슈미트(I.J.Schmidt)가 티베트역본을 독일어로 옮겨 *Der Weise und der Thor*라는 제목으로 출간하였다. 〔참고문헌〕『出三藏記集』, 『衆經目錄』 권3(대정장55, p.128a3), 『開元釋敎錄』 권6(대정장55, p.539b23).

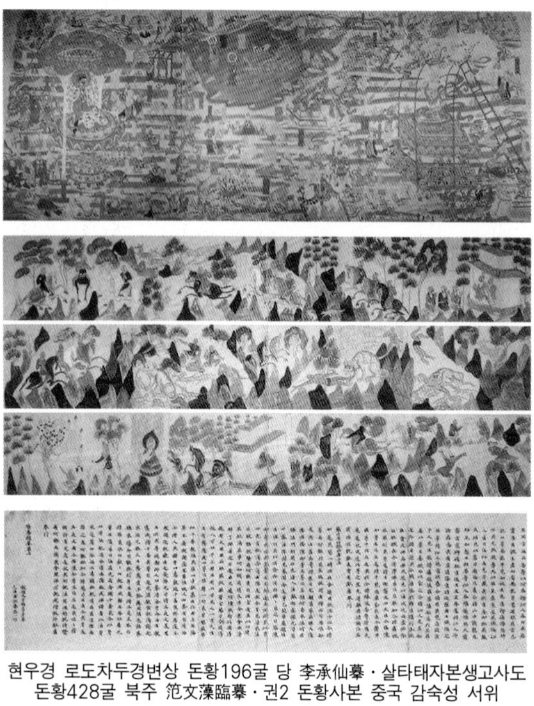

현우경 로도차두경변상 돈황196굴 당 李承仙摹·살타태자본생고사도 돈황428굴 북주 范文藻臨摹·권2 돈황사본 중국 감숙성 서위

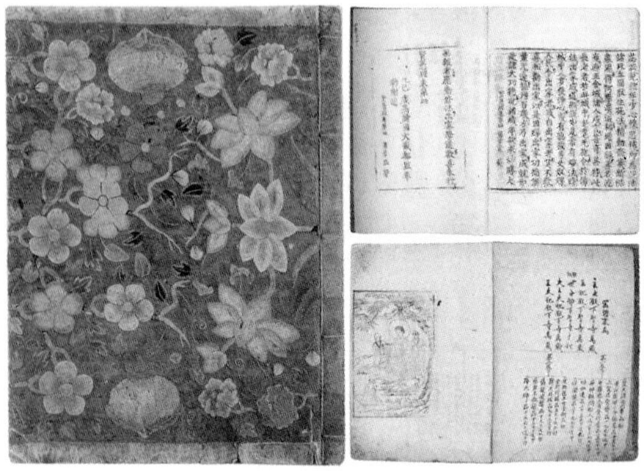

〈그림〉자수연화당초문현우경 표지·간행기록·축원문 한국자수박물관 조선전기

현우사 玄雨寺 충청남도 안산시 화산(華山)에 있던 절. 『동국여지승람』 권19 충청도 온양군 불우에 이름과 위치가 전한다. 『여지도서』 충청도 불우에 "군 남쪽 25리에 있었으나 지금은 폐사다. 在郡南二十五里今廢", 『범우고』에도 "지금은 폐사다. 今廢"라고 하였다. 〔참고문헌〕『東國輿地勝覽』, 『輿地圖書』, 『梵宇攷』, 『韓國寺刹全書』 권하 p.1120b11.

현욱 玄旭 조선전기 스님. 1531년(중종26) 경상도 진주 지리산 철굴(鐵窟)에서 개간한 『선문보장록 禪門寶藏錄』 「간기」에 "공양주 현욱 供養主 玄旭"이라 하였다.

현욱 玄昱 787~868. 신라 스님으로 중국에 가서 유학한 후 귀국하여 구산선문(九山禪門)의 하나인 봉림산문(鳳林山門)을 개창하였다. 휘는 현욱(玄昱) 또는 현육(玄育), 시호는 원감(圓鑑)이며 속성은 김씨다. 아버지의 휘는 염균(廉均), 어머니는 박씨니 787년(원성왕3) 5월 5일 동명(東溟 : 함경도 咸興)에서 태어났다. 장치년(壯齒年 : 30세경)에 출가하여 스님이 되었고, 808년(애장왕9)에 비구계를 받았다. 입당구법(入唐求法)의 뜻을 품고 824년(헌덕왕16) 중국으로 가서 태원부(太

原府)에 이르러 여러 절로 다니면서 불교를 배우다가, 마조(馬祖)의 제자인 장경회휘(章敬懷暉 754~815)의 법을 이어 받았다. 신라 희강왕의 왕자인 김의종(金義宗)을 따라 837년(희강왕2) 9월 12일 무주회진(武州會津 : 지금의 光山郡)에 도착했다. 남원 실상사(實相寺)에서 안거하였는데, 44대 민애왕(閔哀王)·45대 신무왕(神武王)·46대 문성왕(文聖王) 등 4대의 왕조가 스님을 국사로 모셨으며, 자주 왕궁으로 초빙하여 법문을 들었다. 48대 경문왕(景文王)의 청으로 경기도 여주군 북내면 상교리(北內面上橋里)에 있는 고달사로 옮겼다. 868년(경문왕8) 여름 안거가 끝난 후, 어느 날 대중을 모아놓고 나는 금년내에 세연(世緣)이 다할 것이니 날을 정해 무차대회(無遮大會)를 베풀어 백암(百巖 : 懷暉가 定州 百巖寺에 주석하였으므로 회휘스님) 전수(傳授)의 은혜를 갚는 것이 나의 마지막의 뜻이라고 했다. 그리고 그 해 11월 15일 새벽 자시(子時)에 시자에게 명하여 무상종(無常鐘)을 치게 하고 세수 82, 법랍 60세를 일기로 입적하였다. [참고문헌]『祖堂集』권17「東國慧目山和尙」(고려장45, pp.338c10~339a2).

현원 玄源 깊어 다 알 수 없는 샘.『심밀해탈경』「서序」(대정장16, p.665a12)에 "이『심밀해탈경』은 조나 되는 성인을 배출한 깊은 샘이요 억이나 되는 선으로 넘치는 창고다. 蓋深密解脫經者 乃兆聖之玄源 億善之淵府",『성유식론술기』권4(대정장43, p.351b6)에 "다만 지혜로 바다처럼 넓고 깊은 법성 다하고 법의 깊은 샘마저 익혀 다했으므로 하는 말마다 천고의 본보기다. 但以智窮海性 學盡玄源 故所出言 千古模範"라고 하였다. [참고문헌]『深密解脫經』,『成唯識論述記』,『景德傳燈錄』권16「鳳棲同安傳」(대정장51, p.333b21).

현월 玄月 **1** 깊고 고요히 비추는 달.『삼론대의초』권1(대정장70, p.120a13)에 "이 비밀의 지침 들어보임으로써 저 그윽한 지혜의 달 보여준다. 擧此祕指 以示彼玄月"라고 하였다. [참고문헌]『三論大義鈔』. **2** 조선후기 대구 팔공산 동화사 스님. 호는 현월. 휘는 총륜(摠倫). 기성당쾌선(箕城堂快善 1693~1764)의 5세 법손으로, 대은당두여(大隱堂斗如)에게 전법한 스님이다. [참고문헌]『팔공산동화사』(동화사·국립대구박물관, 2009) p.162. ⇨ 총륜 摠倫

현위 玄偉 『성위집 聖胄集』의 저자. 호는 화악(華嶽).『성위집』은 광화년간(898~900)에『보림전 寶林傳』이후 법을 전수한 종사들의 기연·게송 등을 모아 편집한 책으로 금각대장경(金刻大藏經)에 있다.『보림전』권2는 이 책의 일분이다. [참고문헌]『佛祖歷代通載』권9(대정장49, p.551a25),『釋氏稽古略』권3(대정장49, p.845a2),『釋氏通鑑』권11(卍속장131, p.991a1).

현위 賢位 삼현(三賢)의 위.『원각경도량수증의』권11(卍속장128, p.883b2)에 "아직 십지성인 고향에는 오르지 못했지만, 이미 삼현에 이른 사람으로서 수순해 깨우치므로 현위라는 이름을 붙여도 마땅하다〈이 경에서 다만 '아직 지에 들지 못했다'고만 하여 각성을 수순할 뿐 현위라고는 말하지 않았다. 다른 경전에서는 '삼현'이라고도 하므로 이 두 구로 두 뜻을 회통한다〉. 未登十地聖人鄕 旣是賢人隨順覺 立名賢位始相當〈此經但云 未入地者 隨順覺性 不言賢位 諸經又云三賢故此二句 會通二意也〉"라고 하였다. [참고문헌]『圓覺經道場修證儀』. ⇨ 삼현 三賢, 현성위 賢聖位

현유 玄猷 깊어 아득한 길.『법화경』「도선서 道宣序」(대정장9, p.1c9)에 "사덕을 속히 성취하여 낙토로 가는 아득한 길을 나선다. 速成四德 趣樂土之玄猷",『반야심경약소』(대정장33, p.552a14)에 "묘각의 그윽한 길 깊이 길러 말 모양새 넘어선다. 妙覺玄猷 奧頤超於言象",『반야심경약소연주기』권상(대정장33, p.556a6)에 "현유라는 말에서 유란 길이자 인이다. 이 묘각은 진실의 샘으로 드는 바른 길이고, 묘과를 다하는 깊은 인이라는 뜻이다. 玄猷者 猷者 道也 因也 言此妙覺 入眞源之正道 克妙果之深因故"라고 하였다. [참고문헌]『法華經』,『般若心經略疏』,『般若心經略疏連珠記』.

현유 玄遊 고구려 스님. 불법을 배우고자 중국을 거쳐 685년(垂拱元年 : 신문왕6)에 스승이었던 중국의 승철(僧哲)스님과 함께 인도에 가서 의정(義淨 635~713)스님과 만났다.(『대당서역구법고승전』권상·대정장51, p.1b23. 無行師 道琳師 慧輪師 僧哲師 智弘師 五人見在計 當垂拱元年 與無行禪師 執別西國 不委今者 何處存亡耳) 685년을 전후하여 활동하였던 스님으로 추지할 뿐 자세한 행적은 알 수 없다.『해동고승전』권2「석현유전 釋玄遊傳」(대정장50, p.1022c9)에 따르면 현유스님은 고구려 사람으로 마음바탕 비워 자유로웠으니, 성품 또한 온아하고 뜻을 자리이타에 두고 구법(求法)의 생각 깊었다. 당에 가서 승철(僧哲)스님 밑에서 공부하다가 함께 배를 타고 동인도로 가서 경론을 연구하고 선관도 깊이 닦은 후 중국으로 돌아왔다. 당시 사람들이 스님을 가리켜 "빈손으로 갔다가 가득 채워 돌아왔네. 참으로 불가의 동량이요, 실로 승도의 영수. 虛往實歸 誠佛家之棟樑 實僧徒之領袖"라고 칭송했다. 그 후 언제 어디서 입적하였는지는 알 수 없으며, 고국에도 돌아오지 못한 것으로 보인다. [참고문헌] 義淨『大唐西域求法高僧傳』권상(대정장51, p.1b8·22),『海東高僧傳』권2,『三國遺事』권4(대정장49, p.1004b1·한불전6, p.344b21) 義解5 歸竺諸師. ⇨ 귀축제사 歸竺諸師

현유 現喩 눈앞에 보이는 것의 비유. 팔종유(八種喩) 중 하나다. 40권본 『대반열반경』 권29(대정장12, p.536c5)에 "무엇을 현유라 하는가? 경에서 설하듯이 중생의 심성 저 원숭이 같다. 원숭이의 품성 하나를 버리고 하나를 취하기를 반복하는데 중생의 심성도 이와 같다. 색성향미촉법을 취해 붙들지만 잠시도 가만히 있지 못한다. 이것을 현유라 한다. 云何現喩 如經中說 衆生心性 猶如獼猴 獼猴之性 捨一取一 衆生心性 亦復如是 取著色聲香味觸法 無暫住時 是名現喩", 『대반열반경소』 권26(대정장38, p.186c22)에 "현이란 무엇인가? 드러난 일을 취하기에 현유라 한다. 現者 取現事爲現喩", 『대명삼장법수』 권25(영락장182, p.418a5)에 "둘째는 현유다. 여래설법은 중생으로 하여금 쉽게 알게 하고자 눈앞에 드러난 일로써 비유를 삼는다. 二 現喩 謂如來說法 爲令衆生易解 卽以現前之事 而爲喩也"라고 하였다. 〔참고문헌〕『大般涅槃經』, 『大般涅槃經疏』, 『大明三藏法數』. ⇨비유 譬喩, 팔유 八喩 **1**

현유식론집기 顯唯識論集記 신라 신방(神昉) 지음. 1권. 『동역전등목록』(대정장55, p.1158b19)에 보이나 실전이다. 〔참고문헌〕『東域傳燈目錄』. ⇨신방 神昉

현육 玄育 현욱(玄昱)의 다른 이름이다. ⇨현욱 玄昱

현은 顯隱 Ⓢ āvirbhāva-tirobhāva, Ⓣ snang-bar-byed-cing-mi-snang-bar-yang-byed-pa-dang. 드러나기도 하고 숨기도 하다. 『섭대승론석』 권8(대정장31, p.427b23 : *Mah-saṃ.*, p.71)에 "〔논〕 작업차별이란, 능히 진동하고 맹렬히 타오르며 두루 가득하다. … 가는 곳 같은 류이니, 나타나기도 숨기도 해서 짓는 일 자재하고 … 이와 같은 대신통을 일으키기 때문이다. 論曰 作業差別者 謂能振動 熾然遍滿 … 所往同類 或顯或隱 所作自在 … 引發如是大神通故 gyo bar byed pa dang. 'bar bar byed pa dang. khyab par byed pa dang … skal pa mnyam pas 'gro ba dang. snang bar byed cing mi snang bar yang byed pa dang. dbang nyid du byed pa dang … rdzu 'phrul chen po mngon par sgrub pa dang", "풀어 말한다. 이 정의 힘으로 갖가지로 신통 지어낸다. '현'이란 드러내 보게 하는 것이고, '은'이란 숨겨 감추는 것이다. '짓는 일 자재하다'란 마왕을 변화시켜 불신 등을 짓는 등을 말한다. 釋曰 由此定力 引發種種 神通所作 顯謂顯現 隱謂隱藏 所作自在 謂變魔王 作佛身等", 『화엄경탐현기』 권1(대정장35, p.123c11)에 "다섯째 꽃으로 능히 저것을 거둔다. 곧 하나 나타나면 많은 것 숨고, 일체가 꽃을 거두면 하나는 숨고 많은 것 나타난다. 나타나고 또 나타날 수는 없고 숨고 또 숨는 것도 같이 하지 않는다. 숨고 나투거나 나투고 숨어야 동시에 걸림 없으니, 온전히 거두어서야 온통 사라진다. 살고 죽는 것도 함께 성취한다. 五 華能攝彼 卽一顯多隱 一切攝華 卽一隱多顯 顯顯不俱 隱隱不竝 隱顯顯隱 同時無礙 全攝俱泯 存亡俱成"라고 하였다. 〔참고문헌〕『攝大乘論釋』, 『華嚴經探玄記』, *Mah-saṃ.* ⇨은현 隱顯

현음 玄音 깊은 뜻을 품은 소리. 으뜸의 뜻(宗旨)을 깨우쳐 알게 하는 소리. 『선원청규』 권2 「상당 上堂」(卍속장111, p.885b11)에 "당이 시끄러울 정도로 크게 웃거나 얼굴 일그러지게 미소 지어서도 안 되며, 마땅히 은근히 무겁게 해서 깊은 소리 엄숙히 듣는다. 不得喧堂大笑 及破顔微哂 當生慇重 肅聽玄音", 『위산경책구석기』 권하(卍속장111, p.333a1)에 "반드시 귀와 눈 기울여서 으뜸의 깊은 말씀 받든다. 必須側耳目 而奉玄音"라고 하였다. 〔참고문헌〕『禪苑淸規』, 『潙山警策句釋記』.

현음 玄蔭 짙게 드리운 그늘. 『불소행찬』 권1(대정장4, p.5b7)에 "밖에 있는 온갖 원림에서는 샘 흘러 청량한 연못이 있으며, 온갖 꽃과 열매 달린 나무 줄지어 늘어서서 짙은 그늘 드리우고 있었다. 外有諸園林 流泉淸涼池 衆雜華果樹 行列垂玄蔭", 『낙양가람기교석』 권1(대장경보유12, p.50a5)에 "적토가 틈을 두고 양쪽에 서 있으며, 달리는 길 저 숫돌 같고 나무는 푸른 홰나무에 언제나 녹색빛 물 머금었고, 짙게 드리운 그늘 깊고 그윽하여 흐르는 맑은 물에 무늬져 일렁인다. 朱闕雙立 馳道如砥 樹以靑槐 亘以綠水 玄蔭耽耽 淸流亹亹"라고 하였다. 〔참고문헌〕『佛所行讚』, 『洛陽伽藍記校釋』.

현응 玄應 **1** 당대 스님. 지식이 풍부하고 기억력이 뛰어났으며, 음운문자(音韻文字)와 훈고(訓詁) 등 학문에 정통하였다. 645년(정관19) 현장(玄奘)의 역장(譯場)에 참여하였다. 정관년간말에 칙령에 따라 『일체경음의 一切經音義』 25권을 지었다. 후세 음의(音義)를 학습하는 이들의 본보기가 되는 세칭 『현응음의 玄應音義』가 이것이다. 이 밖에 『섭대승론소 攝大乘論疏』 10권·『변중변론소 辯中邊論疏』·『인명입정리론소 因明入正理論疏』 3권·『대반야경음의 大般若經音義』 3권 등이 있다. 〔참고문헌〕『唐高僧傳』 권30 「智果傳」(대정장50, p.704c3), 『慈恩傳』 권6(대정장50, p.254a4), 『大唐內典錄』 권5(대정장55, p.283b22), 『開元釋敎錄』 권8(대정장55, p.562a19). **2** ?~1139. 고려 스님. 낙도(洛都) 귀법사(歸法寺)의 주지였으며 자는 견성(見性), 휘는 현응, 호는 적소(寂炤). 법계는 수좌(首座). 숙종의 왕자. 1139년 2월 13일 입적하여 23일에 다비하고 3월 5일 사리를 거두어 팔덕산(八德山) 남쪽 기슭에 탑을 세워 안장하였다. 〔참고문헌〕「歸法寺寂炤首座玄應墓誌銘」(『韓國

金石全文』 中世上, p.621), 『韓國金石文追補』 p.104. ⇨ 적소 寂炤 **3** 휴정(休靜 1520~1604)의 자(字). ⇨ 휴정 休靜 **4** ?~1710. 조선후기 대구 파계사(把溪寺) 스님. 영원(靈源)의 호다. ⇨ 영원 靈源 [2]

현응당영원대사비문 玄應堂靈源大師碑文 조선후기 현응영원(?~1710)의 행적비문. 찬자 미상하며, 대구 파계사 대비암(大悲庵) 부도전에 간소한 묘비(墓碑) 형식의 비가 전하는데 앞면에 "선종 현응당대사 높이 나투심. 성상 즉위 37년(1710) 경인 7월 일 세움. 禪宗玄應堂大師之高現 聖上卽位三十七年庚寅 七月日立"이라 하고, 뒷면에 간략한 행장을 새기고 "권선하여 조성하였으니 비구니 계자의 특별한 청이 있었다. 도감은 인원, 별좌는 광학이고, 서울사람 김귀선이 비를 세우다. 引勸造成比丘尼戒子特淸 都監忍元 別座廣學 京人 金貴善 立碑"이라 하였다. [참고문헌] 智冠 『韓國高僧碑文總集 朝鮮朝·近現代』 p.308. ⇨ 영원 靈源 [2]

현응음의 玄應音義 ➡ 일체경음의 一切經音義 [2]

현의 玄義 **1** 깊어 묘한 뜻. 『경덕전등록』 권8(대정장51, p.257b21)에 "다음으로 여러 강도량 유력하면서 『능가경』·『화엄경』을 들었으니, 온갖 문관에 들어 깊고 깊은 뜻 정련하였다. 次遊諸講肆 歷聽楞伽華嚴 入中百門觀精練玄義"라고 하였다. [참고문헌] 『景德傳燈錄』. **2** 천태대사 지의(智顗)의 경을 해석하는 방식. 일반적으로 『법화현의 法華玄義』를 지칭하지만 『관음현의 觀音玄義』·『금광명경현의 金光明經玄義』도 현의라고 부르기도 한다. 『인왕호국반야경소』 권1(대정장33, p.253b15)에 "대사는 여러 경에서 앞서 예를 든 다섯 겹의 깊은 뜻으로 지었다. 첫째 제목을 풀고, 둘째 체를 가려, 셋째 종지를 밝힌다. 넷째 용을 논해서, 다섯째 가르침을 판석한다. 이 경은 사람과 법으로 제목을 삼고 실상을 체로 삼으며 스스로 행한 인과를 종으로 삼았다. 권실 두 지를 용으로 쓰고 대승의 숙소미를 교상으로 한다. 大師於諸經 前例作五重玄義 一釋名 二辨體 三明宗 四論用 五判教 此經以人法爲名 實相爲體 自行因果爲宗 權實二智爲用 大乘熟酥爲教相", 『종경록』 권9(대정장48, p.460b28)에 "『정명소』에서 묻는다. '『현의』 곳곳에서 관심을 밝힌 곳이 많다. 이미 불가할 것이다. 들어가는 문이 다시 이러하니, 장차 경의 가르침을 무너뜨리거나 어지럽히지 않으리라!' 淨名疏問云 玄義處處多明觀心 已恐不可 入文復爾 將不壞亂經教耶"라고 하였다. [참고문헌] 『仁王護國般若經疏』, 『宗鏡錄』. ⇨ 법화현의 法華玄義, 오중현의 五重玄義 **3** 길장(吉藏)의 『삼론현의 三論玄義』를 가리킨다. 『중관론소』 권6(대정장42, p.100b5)에 "묻는다. 살바다부와 독자부는 어느 때 출현했는가? 답한다. 부처님이 입멸한 후 삼백년 후에 상좌부로부터 살바다부가 나왔다. 살바다부로부터 독자부가 나왔다. 『현의』에서 논하고 밝혔다. 問薩婆多犢子何時出耶 答佛滅後三百年中從上座部生薩婆多 從薩婆多出犢子部 玄義論以明之"라고 하였다. [참고문헌] 『中觀論疏』. ⇨ 삼론현의 三論玄義

현의 玄嶷 당대 스님. 속성은 두(杜)씨. 이름은 차(叉). 어릴 때 도교(道教)를 익혔다. 후에 낙도(洛都) 대홍도관(大弘道觀)의 주(主)로 추천되면서 두차련사(杜叉鍊師)라 불렀다. 삼현(三玄)·칠략(七略)에 능통하여 당시 무리를 이끄는 지도자가 되었다. 측천무후(則天武后)가 불법에 귀의하자 그 영향을 받아 불도로 변신하고 칙령으로 특별히 30하(夏)를 하사받아 낙양의 불수기사(佛授記寺)에 주석하였다. 얼마 되지 않아 사도(寺都)에 임명되고 역경사업에도 참여하였다. 평소에 도교의 선법(仙法)은 허탄하다고 비판했다. 그러한 취지의 저술이 『견정론 甄正論』 3권이다. [참고문헌] 『佛祖統紀』 권39(대정장49, p.370b14), 『宋高僧傳』 권17(대정장50, p.813b1), 『僧史略』 권3(대정장54, p.251a6).

현이동모전오층석탑 縣二洞模塼五層石塔 경상북도 영양군 현리에 있는 신라시대 모전석탑. 경상북도 시도유형문화재 제12호. 높이 8.92m. 탑이 속해 있던 절의 이름은 전하지 않아 알 수 없다. 흑회색의 점판암을 다듬어 쌓아 올린 전형적인 모전석탑이다. 바닥면에 여러 개의 돌로 지대석을 구성한 후 화강암으로 다듬은 2단의 괴임을 놓고 초층탑신을 올렸다. 초층탑신은 12단으로 구성했는데 동쪽면에 문비모양을 내었고, 좌우측에 문설주와 아래위로 상하인방을 놓았는데 상하인방은 근래에 복원했다. 문설주에는 유려한 당초문양을 돋을새김했다. 2층부터 쌓아 올린 몸돌의 숫자 감소하고 있는데 2층 7단, 3층 6단이며 4층과 5층은 5단이다. 지붕은 모전석탑의 특성상 하단은 내어쌓고 상면은 들여쌓았다. 하단의 지붕받침은 1층부터 7-6-4-4-4단이며 상면은 1층부터 7-6-4-4-7단이다. 상륜부는 모두 결실되었다가 노반, 복발, 앙화를 1979년에 복원했다. 1979~1980년 전체적인 해체복원이 실시되었고 2003년, 2014년 기단부의 보수와 표면세척 등의 보존처리도 했다. 일제강점기에 촬영된 『조선고적도보』에는 4층 탑신까지만 남아 있고 상부는 결실된 상태였으나, 비교

적 원형을 잘 유지하고 있는 모전석탑으로 여러 기에 전승된 지역적 특성이 나타나 있다. 크기가 축소되고 모전석을 얇게 다듬는 등에서는 봉감 모전석탑(국보 제187호)을 모방한 것으로 보인다. 건립시기는 신라말로 짐작된다. 〔참고문헌〕『朝鮮寶物古蹟資料』(朝鮮總督府, 1942), 『경상북도의 석탑Ⅵ』(국립문화재연구소, 2012), 강우방·신용철 『탑파』(솔출판사, 2003), 『영양 현이동 모전오층석탑 보전처리 및 주변정비 사업』(영양군·중원문화재보존연구소, 2014).

현인 現因 드러나 있는 인. 현재의 인. ❶ 현재의 과보를 초래한 과거의 인. 『순정리론』 권25(대정장29, p.484c19)에 "먼저 식체가 바로 생임을 드러내 보이고, 다음에 비로소 '생'은 반드시 유(有)를 연으로 한다고 설한다. 그러므로 다음에 묻기를 '「유」는 무엇의 연인가?'라고 한다. 다시 답하기를 '나아가 이른즉 다가올 생으로 있다'고 한다. 이 경에서는 앞의 것이 현인이 된다고 설하지 않고, 단지 현인이 능히 미래의 「유」를 낳는다고 설한다. 이것은 단지 뒤의 것을 나타내어 준하여 앞의 것을 알게 한 것이기 때문이니, 마치 후과차별을 널리 드러내지 않고, 단지 전과만을 나타내어 후과를 준해 알게 한 것과 같다. 先顯示識體是生 後方說生必緣於有 故次後問 有是何緣 復答言乃至卽當來生有 此經不說 前爲現因 但說現因能生當有 由但顯後 准知前故 如不廣顯 後果差別 但顯前果 後可准知"라고 하였다. 〔참고문헌〕『順正理論』. ❷ 미래의 과를 불러들일 현재의 인. 『대승광백론석론』 권9(대정장30, p.239a1)에 "현재과법은 현재의 인으로 낳은 것이 아니니, 인과동시는 이치가 성립되지 않기 때문이다. 비록 형상과 그림자 등 인과동시이지만 이것은 임시여서 진실이 아니니, 속을 따라 말한 것이다. 과거와 미래 2세는 이미 사라졌거나 아직 생기지 않은 것이다. 체상은 없는 것이고 인의 용도 있는 것 아니다. 또 현재법의 '체상'은 이미 성립되었는데, 어찌 다시 다른 삼세인 빌려서 일어나겠는가? 미래과법은 과거나 미래를 인으로 하지 않으니, 이미 멸해서 아직 생기지 않은 것에는 인의 용이 없기 때문이다. 現在果法 非現因生 因果同時 理不成故 雖形影等 因果同時 是假非眞 隨俗而說 去來二世 已滅未生 體相是無 因用非有 又現在法 體相已成 豈更藉他 三世因起 未來果法 不因去來 已滅未生 無因用故", 『성유식론』 권3(대정장31, p.12c29)에 "현재법에 후를 이끌어 내는 용이 있음을 관하여 임시로 미래과를 세우고는 이것을 마주해서 현인을 설한다. 현재법에 앞선 상을 갚음이 있음을 관하여 임시로 일찍이 있었던 인을 세우고는, 이것을 마주해서 현과를 말한다. 觀現在法 有引後用 假立當果 對說現因 觀現在法 有酬前相 假立曾因 對說現果"라고 하였다. 〔참고문헌〕『大乘廣百論釋論』, 『成唯識論』, 『決定藏論』 권상(대정장30, p.1018c14). ⇨ 인 因❶

현인 現忍 현전하는 것들을 견뎌 아는 지혜. 십사인(十四忍) 중 하나로 보살십지(菩薩十地) 중 제6지인 현전지(現前地 Ⓢ abhimukhī-bhūmi)를 달리 이르는 말. 법현인(法現忍)·현전인(現前忍)과 같은 말이다. 『영락본업경』 권상(대정장24, p.1016b20)에 "현인으로 인업도를 조복한다. 現忍伏因業道"라고 하였다. 〔참고문헌〕『瓔珞本業經』. ⇨ 현전지 現前地, 십사인 十四忍

현인 賢人 Ⓢ ārya, Ⓟ ariya. 성문승(聲聞乘)에서는 예류과(預流果 Ⓢ srotāpanna) 이전, 보살승(菩薩乘)에서는 초지(初地 Ⓢ pramuditā-būṃmi : 極喜地) 전의 행자를 가리킨다. 『법화현의』 권8(대정장33, p.786a8)에 "현은 현능이라 하고, 또한 현선이라고 한다. 선하기에 덕이 있고, 능하기에 지가 있다. 지와 덕 구족하기에 현인이라고 한다. 賢名賢能 亦名賢善 善故有德 能故有智 智德具足 故稱賢人", 『대승의장』 권10(대정장44, p.656c29)에 "비담 중에서 십사현성을 말하고, 『성실론』에서는 이십칠현을 베풀어 설한다. 대승에서 사십일현을 말한다. 즉 십주·십행·십회향·십지이니 합하여 사십이고, 하나인 등각을 더하여 사십일이 되는데, 십신을 통하면 오십일이다. 毘曇中說十四賢聖 成實宣說二十七賢 大乘宣說四十一賢 謂十住 十行 十迴向 十地 合爲四十 加一等覺爲四十一 若通十信有五十一"라고 하였다. 〔참고문헌〕『法華玄義』, 『大乘義章』, *DN.2.87.* ⇨ 성현 聖賢, 현성 賢聖, 현성위 賢聖位

현일 玄一 ❶ 신라중기 스님. 생몰연대와 자세한 행적은 알 수 없으나 스님이 남긴 저서는 무려 열 가지나 되는데, 이들 이름은 모두 일본의 고사본(古寫本)과 고기록(古記錄), 『신편제종교장총록』(『신편』)·『동역전등목록』(『동역』) 등에서 전하던 목록은 한불전·대정장 등에도 기록해 〈표〉와 같이 전한다. 『법화경소』 8권 혹은 10권 일실(대정장55, p.1168c14·한불전4, p.683c6에 法華經疏 八卷 玄一 述). 『무량수경기』 2권 혹은 3권 상권만 남아 전한다(대정장55, p.1150c12에 無量壽經記 三卷 玄一 述). 『관무량수경기』 1권 일실(蓮門類聚經籍錄 권상〔大日本佛教全書 제1책, p.158b〕 撰述部〔1. 三國 : 新羅時代〕). 『소아미타경소』 1권 일실(대정장55, p.1172a4·한불전4, p.688a2에 小阿彌陀經疏 一卷 玄一 述). 『수원왕생경기』 1권 일실(奈良錄 2225 天平20년〔748〕記 및 2226 勝寶4년〔752〕記 支那撰述 釋律部〔東洋文庫論叢 제10권 附錄 p.115〕). 『대열반경료간』 1권 일실(대정장55, p.1168b18·한불전4, p.683b4에 大涅槃經料簡 一卷 玄一 述). 『범망경소』 3권 일실(대정장55, p.1155a11에 梵網經疏 三卷 玄

一 述). 『유가론소』 17권 일실(대정장55, p.1176b16·한불전4, p.694b5에 瑜伽論疏 十七卷 玄一 述). 『유식론사기』 1권 일실(대정장55, p.1158c1에 玄壹 基本壹末 合上下 成卷이라 하였고, 같은 책 p.1143a16에 唯識論私記 一卷 二十二紙 玄壹 集). 『중변론료간』 1권 일실(대정장55, p.1176c10·한불전4, p.694c5에 中邊論料簡 一卷 玄一 述). 이상의 저술들 대부분 모두 일실되고, 현재 남아있는 『무량수경기』 2권 중 상권만이 卍속장32 pp.384~411·한불전2, pp.232~250에 전하는데, 일본에 전하는 「서능부장 書陵部藏」 사본이 미나미 히로노부(南谷信)에 의해 연구되어 2013년에 출간되었다. 〔참고문헌〕 『新編諸宗教藏總錄』, 『東域傳燈目錄』, 『韓國佛教撰述文獻總錄』 pp.57~58. **2** 1630~1716. 조선후기 전주 종남산(終南山) 송광사(松廣寺) 스님. 휘는 현일(玄一), 호는 한계(寒溪), 속성은 황(黃)씨. 어머니는 박씨(朴氏)이니, 스님이 둥근 거울을 건네주면서 하룻밤 쉬어가기를 청하는 태몽 후 1630년(인조8) 보령(寶寧 : 충남 保寧)에서 태어났으며 천품이 총명하였다. 1640년(인조18) 11세 때 전주 송광사로 찾아가 행자생활을 하다가 1646년 17세 때 벽암각성(碧巖覺性 1575~1660)을 은사로 하여 사미계를 받고 스님이 되었다. 경율론 삼장에 정통하고 은사인 벽암의 법을 이었다. 그 후 오랫동안 두륜산 대둔사(頭輪山大芚寺 : 大興寺)에 주석하면서 후학을 지도하다가 다시 전주 추줄산(崷崒山) 위봉사(威鳳寺) 태조암(太祖庵)으로 옮겨 강주로 있으면서 학인을 지도하는 여가에는 부지런히 정토업(淨土業)을 닦다가 1716년(숙종42) 6월 7일 단정히 앉아 염불하면서 조용히 입적하였으니 세수 87, 법랍 71세였다. 화장 후 오색이 영롱한 사리 1과가 출현하여 유골과 함께 송광사의 동쪽 기슭에 행적비와 사리탑을 세웠는데, 비문의 찬자는 알 수 없다. 제자에는 조연(祖演)·의정(義靜)·찬영(贊英) 등이 있고, 저서는 『한계집』 1권이 있는데 한불전11, pp.445~458에 수록되어 있다. 〔참고문헌〕 「完州松廣寺寒溪堂玄一大師碑文」(智冠 『韓國高僧碑文總集 朝鮮朝·近現代』 p.296), 『寒溪集』 涵溪山人 이 지은 跋文(한불전11, p.458a~b), 『西域中華海東佛祖源流』 p.123c13.

현일 玄逸 당대 스님. 속성은 두(竇)씨. 경조(京兆) 화엄사(華嚴寺)에 주석하였다. 저서에 대소승의 경율론과 인도와 중국의 현성(賢聖)을 두루 궁구하여 모두 1천 80부로 모은 『석교광품역장 釋教廣品曆章』 30권이 있다. 〔참고문헌〕 『宋高僧傳』 권5(대정장50, p.734a23).

현일체색신삼매 現一切色身三昧 Ⓢ sarva-rūpa-saṃdarśana-samādhi, Ⓣ gzugs-thams-cad yang-dag-par-ston-pa'i ting-nge-'dzin. 일체색신을 나투는 삼매. 『법화경』 중 시설한 삼매로 『정법화경 正法華經』 에서는 보현삼매(普現三昧)로 번역되었다. 『법화경』 권6(대정장9. p.53a23)에 "이 일체중생희견보살(Ⓢ Sarva-sattva-priya-darśana)이 즐겨 고행을 닦았으니, 일월정명덕(Ⓢ Candra-sūrya-vimala-prabhāsa-śrī) 부처님의 법중에서 정진하고 경행하며 일심으로 부처되기를 구하여 만이천 세를 채우고 나서 현일체색신삼매를 얻었다. 이 삼매를 얻고 나서 마음으로 크게 환희하여 곧 이런 생각을 하였다. '내가 얻은 현일체색신삼매는 모두 법화경을 들은 힘으로 얻은 것이니 나는 지금 마땅히 일월정명덕부처님과 법화경에 공양해야겠다'. 是一切衆生憙見菩薩 樂習苦行 於日月淨明德佛法中 精進經行 一心求佛 滿萬二千歲已 得現一切色身三昧 得此三昧已 心大歡喜 卽作念言 我得現一切色身三昧 皆是得聞法華經力 我今當供養日月淨明德佛及法華經", 『법화현찬』 권1(대정장34, p.654b29)에 "「묘음보살품」을 설할 때, 팔만사천인이 현일체색신삼매를 얻었고, 사만이천

〈표〉 현일의 저술목록전승기록

존실	경명	고기록	한불전	대정장
失	『법화경소法華經疏』 8권 혹은 10권	『신편』	한불전4 p.683c6	대정장55 p.1168c14
存	『무량수경기無量壽經記』 2권 혹은 3권. 상권만 현존(卍속장32 pp.384~411, 한불전2 pp.232~250, 일본 「서능부장書陵部藏」 고사본)	『동역』	·	대정장55 p.1150c12
失	『관무량수경기觀無量壽經記』 1권	『연문류취경적록蓮門類聚經籍錄』 권상 대일본불교전서大日本佛教全書 제1책 p.158b〕 찬술부撰述部〔1. 三國 : 新羅時代〕)	·	·
失	『소아미타경소小阿彌陀經疏』 1권	『신편』	한불전4, p.688a2	대정장55 p.1172a4
失	『수원왕생경기隨願往生經記』 1권	奈良錄 2225 天平20년〔748〕記 및 2226 勝寶4년〔752〕記 支那撰述 釋律部(東洋文庫論叢 제10권 附錄 p.115)	·	·
失	『대열반경료간大涅槃經料簡』 1권	『신편』	한불전4, p.683b4	대정장55 p.1168b18
失	『범망경소梵網經疏』 3권 일실에 梵網經疏 三卷 玄一 述)	『동역』	·	대정장55 p.1155a11
失	『유가론소瑜伽論疏』 17권	『신편』	한불전4,p.694b5	대정장55 p.1176b16
失	『유식론사기唯識論私記』 1권	『동역』	·	대정장55p.1143a16 ·1158c1
失	『중변론료간中邊論料簡』 1권	『신편』	한불전4, p.694c5	대정장55 p.1176c10

천자가 무생법법인을 얻었으며, 화덕보살은 법화삼매를 얻었다. 說妙音品 八萬四千人得現一切色身三昧 四萬二千天子得無生法忍 華德菩薩得法華三昧"라고 하였다. [참고문헌]『法華經』,『法華玄贊』, *Saddh-p.405.* ⇨ 보현삼매 普現三昧, 보현색신삼매 普現色身三昧 ❶

현자 蜆子 당말 조동종(曹洞宗) 스님. 동산양개(洞山良价)의 제자. 경조(京兆)에 살면서 틀에 묶이지 않아 자유자재했으니 동산에게 인가를 받은 뒤 민천(閩川) 일대에서 속인들과 어울려 지냈다. 도구(道具)를 지니지 않고 율의도 따르지 않았으며, 겨울이나 여름이나 납의 한 벌만 입고서 매일 강둑을 따라가며 새우와 조개(蜆)를 주워 배를 채웠다고 하여 현자라는 이름이 붙었다. 날이 저물면 동산(東山) 백마묘(白馬廟) 지전(紙錢) 속에 들어가 잤다. 마지막 행적은 알 수 없다. 제자에 저두화상(豬頭和尙)과 유족화상(維足和尙)이 있다. [참고문헌]『神僧傳』 권9(대정장50, p.1010c21),『景德傳燈錄』권17(대정장51, p.338a27),『五燈會元』권13(卍속장138, p.490a17). ⇨ 현자대반 蜆子臺盤

현자 賢者 ❶ Ⓟ āyasmat. 부처님의 제자 또는 장로(長老).『반니원경』권상(대정장1, p.176a24)에 "부처님께서 '잘 들어라'고 말씀하시니, '가르침을 받겠습니다'라고 답하였다. 그때 현자 아난은 부처님 뒤에서 부채질을 하고 있었다. 佛言 諦聽 對曰 受教 時 賢者阿難 住後扇佛"라고 하였다. [참고문헌]『般泥洹經』, *DN.2.73.* ⇨ 장로 長老 ❷ Ⓢ āyuṣmat, Ⓟ āyasmā. 어진 그대여. 또는 벗이여. 수행자 등을 부르는 말. 스승이 제자를 부를 때에도 쓴다.『중아함경』권56「라마경 羅摩經」(대정장1, p.776c6)에 "'울다라(Ⓟ Uddaka)여, 저는 당신의 법 안에서 배우고자 합니다. 그래도 되겠습니까?' 울다라라마자(Ⓟ Uddaka Rāmaputta)는 이렇게 답하였다. '현자여, 나는 괜찮습니다. 그대가 배우고자 한다면 배우시오'. 나는 다시 물었다. '울다라여, 그대의 아버지 라마께서는 어떤 법을 스스로 알며 스스로 깨닫고 스스로 증하셨습니까?' 울다라라마자는 다음과 같이 답하였다. '현자여, 저는 일체무소유처를 지나 비유상비무상처를 증하고 성취하여 노닙니다. 현자여, 제 아버지 라마께서도 이 법을 스스로 알며 스스로 깨닫고 스스로 증하셨습니다'. 鬱陀羅 我欲於汝法中學 爲可爾不 鬱陀羅羅摩子答我曰 賢者 我無不可 汝欲學便學 我復問曰 鬱陀羅 汝父羅摩 自知 自覺 自作證 何等法耶 鬱陀羅羅摩子答我曰 賢者 度一切無所有處 得非有想非無想處成就遊 賢者 我父羅摩 自知 自覺 自作證 謂此法也"라고 하였다. [참고문헌]『中阿含經』, *MN.1.165.* ❸ Ⓢ ārya, Ⓟ ariya. 존경할 만한 어른. 존자(尊者) 또는 성자(聖者)라고도 한역하며, 아리이(阿梨夷)라고 음사한다.『보법의경』(대정장1, p.922b13)에 "현자 사리불은 곧 현자의 도에 이르는 십이시취회를 설했다. 어떤 것이 그 열두 가지인가? 첫째 스스로 위해 능히 자신을 가르치고, 둘째 또한 능히 자기 아닌 이를 가르친다. 셋째 사람 가운데 나고, 넷째 현자 중에 난다. 다섯째는 근을 구족하고 … 열두 째 능히 방편에 의지해 베풀 줄 안다. 이것이 현자의 십이시취회이니 현자의 도를 얻기 위하여 이를 따라 행한다. 賢者 舍利弗 便說十二時聚會 能致賢者道 何等爲十二 一 爲自能教身 二 爲亦能教餘 三 爲墮人中 四 爲墮賢者中 五 爲根足 … 十二 爲如得能依方施 是爲賢者十二時聚會 爲得賢者道 從是行"라고 하였다. [참고문헌]『普法義經』. ❹ Ⓢ ṛsi, Ⓟ isi. 선인(仙人)들.『월난경』(대정장14, p.820b14)에 "어느 때, 부처님께서 바라나사국 현자들이 나는 새처럼 모이는 곳(Ⓟ Isi-patana : 仙人墮處·仙人住處)에 계셨다. 그때 그 나라에는 사성 중의 장자가 있었으니 이름이 월난이었는데, 대부호로 진기한 진주·보석·소·말·밭·집이 매우 많았다. 一時 佛在波羅奈私國 賢者飛鳥聚 彼時 國中 有四姓長者 名曰越難 大豪富 珍奇珠寶 牛馬 田宅 甚衆多"라고 하였다. [참고문헌]『越難經』. ❺ Ⓢ satpuruṣa, Ⓟ sappurisa. 법답게 행하는 비구. 선지식(善知識). 학파 등을 세운 이.『시법비법경』(대정장1, p.838a3)에 "어떤 것이 현자의 법인가? 현자는 다음과 같이 배우고 헤아린다. '내가 위대한 족성의 출신이라 탐음과 진에 끊을 수 있는 것은 아니다'. 때로 어떤 비구는 위대한 족성의 출신이 아니지만, 단지 방편으로 법을 받고, 법대로 말하며, 이치대로 행하고, 법을 따라 행하므로 널리 이름이 알려지기 때문이다. 이렇게 법대로 행하고, 법의 진실을 따르며, 스스로 자랑하지 않고 남을 업신여기지 않는 것이야말로 현자의 법이다. 何等爲賢者法 賢者學計 是我不必從大姓 能斷貪婬 能斷瞋恚 能斷愚癡 或時有比丘 非大姓家 但有方便受法 如法說 如要行 隨法行 爲從是名聞故 如法行 隨法諦 不自譽 亦不欺餘 是賢者法", 상응하는 *Sappurisa-sutta*(*MN.3,* p.38)에 "귀족출신이라는 이유로 자신을 높이지도 남을 낮추지도 않으니 비구들이여, 이것이 현자의 법이다. uccākulīnatāya n'ev' attān' ukkaṃseti na paraṃ vambheti. ayaṃ bhikkhave, sappurisa-dhammo"라고 하였다. [참고문헌]『是法非法經』, *MN.* ❻ ➡ 현인 賢人

현자대반 蜆子臺盤 현자화상의 살림살이를 화엄휴정(華嚴休靜)이 점검한 인연.『선원몽구』권상「현자대반」(卍속장148, p.212b2)에 "〈양개의 제자. 출전은『경덕전등록』권17〉 … 화엄휴정선사가 현자의 소문을 듣고 진실과 거짓 매듭짓고자 먼저 지전에 들어가 숨었다. 밤이 깊어져 현자가 돌아오자 화엄이 그를 붙들고 물었다. '달마가 서쪽에서 찾아온 뜻은 무엇이요?'라고 묻자 현자가 '저 신상 계신 앞에 술받침대지!'라고 답했다. 화엄이 잡은 손을 놓고 말했다. '나와 같은 뿌리에서 났다고 해도 거짓은 아니겠군'. 〈良价法嗣 傳燈十七〉… 華嚴靜禪師聞之 欲決眞假 先潛入紙錢中 深夜師歸 嚴把住曰 如何是祖師西來意 師遽答云 神前酒臺盤 嚴放手曰 不虛與我同根生"라고 하였다. [참고문헌] 『禪苑蒙求』.

현자오복덕경 賢者五福德經 서진(西晉)대 백법조(白法祖) 한역. 1권. 대정장17, p.714a6~b2, No.777에 수록되어 있다. 현자의 설법으로 장수·다재(多財)·단정무비(端正無比)·명예원문(名譽遠聞)·총명대지(聰

현자오복덕경사경변상 동경국립박물관 일본 12세기

明大智)라는 다섯 가지 복덕을 얻는다고 설한 경이다. [참고문헌] 『歷代三寶紀』 권13(대정장49, p.113a11).

현작 現作 Ⓢ kārayati, √bhū, uddyotana, Ⓣ byed-pa. 모습 드러내다. 지어 보이다. 『유마경』 권중(대정장14, p.547a17 : *Vikī-n.*, p.246)에 "방편력으로 중생을 교화하고자 마왕의 모습을 드러낸다. 以方便力 教化衆生 現作魔王 upāyakauśalyena satvaparipācanāya māratvaṃ kārayanti", 같은 책 권중(대정장14, p.550b6 : *Vikī-n.*, p.318)에 "때로는 음녀의 모습을 드러내어, 색을 즐기는 이들 끌어들이니, 먼저 갈고리로 끌어당기고, 나중에 불도에 들어가도록 한다. 或現作婬女 引諸好色者 先以欲鉤牽 後令入佛道 saṃcintya gaṇikā bhonti puṃsām ākarṣaṇāya te, rāgāṅkuśena lobhetvā buddhajnāne sthapenti te"라고 하였다. [참고문헌] 『維摩經』, *Vikī-n.*, *Laṅk.83.*

현장 玄奘 602?~664. 당대 스님. 속성은 진(陳)씨. 이름은 위(褘). 낙주(洛州) 구씨현(緱氏縣 : 河南省 偃師) 출신. 당삼장(唐三藏)이라 불린다. 경율론 삼장에 정통하여 모든 불교전적을 잘 알고 있었다는 뜻에서 붙여졌다. 또한 중국의 걸출한 역경가인 동시에 법상종(法相宗)의 창시자이기도 하다. 생년에 관하여 일설로는 수대인 600년(개황20)이라는 설도 있다. 그 형이 장첩(長捷)이라는 법호로 낙양정토사(洛陽淨土寺)에서 먼저 출가하였다. 어려서부터 형을 따르며 경을 익혔고, 유학의 주요 전적도 대부분 학습하였다. 612년(대업8) 낙양에서 정식으로 출가하였을 때 대리경(大理卿) 정선과(鄭善果)가 나이는 비록 적지만 대답이 출중하여 큰 그릇으로 여긴 나머지 파격적으로 사미 신분으로 승적(僧籍)에 올려주었다. 마침내 형과 함께 정토사에 머물며 혜경(慧景)의 『열반경』 강설을 듣고, 엄법사(嚴法師)에게는 대승논서를 전수받았다. 정치적으로 혼란했던 수당(隋唐) 시기에 형과 함께 농(隴)·촉(蜀)·형(荊)·조(趙) 등 곳곳을 돌아다니며 선지식들에게 법을 물었다. 당시 발길이 닿은 곳이 중국 절반에 이를 정도였다. 일찍이 도기(道基)·보천(寶遷) 등에게 『섭론 攝論』과 『비담 毘曇』을, 진법사(震法師)에게는 『발지론 發智論』을 배웠다. 622년(무덕5) 구족계를 받고 다시 율부(律部)를 수학하였다. 후에 도심(道深)에게 『성실론 成實論』을 배웠고, 도악(道岳)에게 『구사론 俱舍論』을 수학하였으며, 법상(法常)·승변(僧辯)에게는 『섭대승론 攝大乘論』 강설을 들었다. 여러 논사들의 주장이 한결같지 않음을 한탄하며 경에서 전거를 찾았지만 숨거나 드러나는 차이를 보여 더없이 따를 실마리 찾지 못해 의단 품은 채로 천축으로 떠나리라 결심하였다. 629년(정관3) 또는 627년(정관1) 홀로 천축 향해 가면서 험지를 지나고 갖은 간난을 헤치며 진량(秦涼)과 고창(高昌) 등지를 지나 천축의 북쪽 경계에 도달하였으니, 지금의 신강성(新疆省) 북로를 지났다는 말이다. 서투르키스탄(Turkistan)과 아프카니스탄(Afghanistan)을 지나 인도 국경에 진입하고, 가는 길에서 불교성지를 마주칠 때마다 예를 올리면서 굽이굽이 남행하다가 마게다국(摩揭陀國 Ⓢ Magadha)에 이르렀다. 당시 632년(정관5) 나이 서른으로 마침내 나란다사(那爛陀寺 Ⓢ Nālanda)에 유학하면서 계현(戒賢 Ⓢ Śīlabhadra)논사 문하에서 『유가사지론 瑜伽師地論』 등을 공부하였고, 다시 『현양성교론』·『바사론』·『구사론』·『순정리론』·『대법론』·『인명론』·『성명론』·『집량론』·『중론』·『백론』 등을 배우고, 제부(諸部)를 파고들며 연찬하기를 모두 5년을 보냈다. 그 뒤 오천축(五天竺)을 두루 다니며 뛰어난 학자들과 현자들을 찾아 묻고 배우며 언제나 범본(梵本) 챙기기를 잊지 않았다. 12년 동안 유학한 다음 다시 나란다사로 돌아와 계현의 명에 따라 『섭대승론』과 『유식결택론 唯識抉擇論』을 강설하였다. 당시 사자광(師子光)이 『중론』·『백론』을 강설하며 현장의 설을 논박하자 현장이 중관종과 유가종을 화해하는 취지의 『회종론 會宗論』 삼천송(三千頌)을 지어 논파하였다. 그 뒤 다시 『파악견론 破惡見論』 일천육백송을 지어 오도국(烏荼國 Ⓢ Oḍra) 소승논사가 지은 『파대승론 破大乘論』의 주장을 반박하였다. 이로 인하여 오천축에 명성이 퍼졌다. 계일왕(戒日王 Ⓢ Śīlāditya) 등이 명성을 듣고는 만남을 청하였고, 당시 41세였던 현장은 귀국을 서두르고 있었다. 계일왕이 스님을 위하여 곡녀성(曲女城 Ⓢ Kanyākubja)에서 특별히 대법회(大法會)를 마련하였는데, 그때 오인도 18국의 왕이 자리를 잡고 대소승의 스님들과 바라문 등 7천여 인이 참석하였다. 이것이 불교사에서 유명한 곡녀성변론대회(曲女城辯論大會)다. 현장은 청을 받아들여 논주의 자격으로 대승의 이치를 천명하고자 『진유식량 眞唯識量』을 제출하여 대회장 문 밖에 18일 동안 내걸었지만 반론을 제기하거나 비판하는 사람은 끝내 나오지 않았다. 계일왕은 더욱 존경하는 마음이 들었고, 18국의 왕들도 나란히 대회를 마친 다음 귀의하여 제자가 되었다. 마침내 대회를 마치고 귀국할 의사를 드러내었고 계일왕이 간곡하게 만류하였음에도 듣지 않았다. 마침내 다시 18국의 왕을 초청하여 수도 발라나가성(鉢羅那迦城 Ⓢ Prayāga)에서 75일간의 무차대회(無遮大會)를 개최하여 스님을 위한 융숭한 전별법회를 거행하였다. 643년(정관17) 정식으로 계일왕과 작별하고 당시 지금의 신강성 남쪽 길과 우전(于闐)·누란(樓蘭)을 경유하여 중국으로 돌아왔다. 왕복하여 걸린 시간이 모두 17년이었고, 오고간 거리는 5만 리였다. 645년(정관19) 정월 장안으로 돌아오자 황제는 칙명을 내려 문무백관이 모두 모여 성대하게 환영하였다. 가져온 경전과 불상 그리고 사리 등은 수백 건이었다. 그중 불상과 불사리는 150과였고 범어원전 불경은 무려 657부였다. 귀국 이후 태종(太宗)·고종(高宗)이 존경을 표하며 내도량에서 공양하였고, 삼장법사(三藏法師)라는 호도 드렸다. 태종은 두 차례나 환속하여 정무를 맡아달라고 권고하였지만 모두 계를 지키며 세상에 불법을 널리 알리고 싶다며 간곡하게 사양하였다. 태종은 그 뜻을 따라 역경사업을 돕고자 장안에 역경원(譯經院)을 건립하였다. 현장은 그 전후로 홍복사(弘福寺)·대자은사(大慈恩寺)·옥화궁(玉華宮) 등에서 19년 동안 경론 75부 1,335권을 역출하였는데 기록에 따라 그 수가 조금씩 다르다. 예를 들면 『대당내전록』 권5(대정장55, p.283a24)에서는 "오른쪽의 대소승경론 67부 1,344권은 경사 대자은사 사문 석현장이 칙명을 받들어 한역한 것이다. 右大小乘經論 六十七部 一千三百四十四卷 京師大慈恩寺沙門釋玄奘奉詔譯"라고 하였고, 『개원석교록』 권8(대정장55, p.552c18)에서는 "사문 석현장 76부〈1,347권. 경·율·론·기·전〉. 沙門釋玄奘 七十六部〈一千三百四十七卷 經 律 論 記 傳〉", 『정원신정석교목록』 권11(대정장55, p.852a17)에서도 "사문석현장〈76부 1,347권. 경·율·론·기·전〉. 沙門釋玄奘〈七十六部 一千三百四十七卷 經律論記傳〉"라고 하였으며, 『아미타경약주』(卍속장91, p.717b15)에서는 "또 당삼장법사 현장은 정관3년에 서역에서 경 600여 부를 취하여 정관 9년에 수도로 돌아왔는데, 옥화대 안에서 이 경을 한역하여 『칭찬정토불섭수경』이라 이름하였으며, 전후로 함께 경론 1,320권을 번역하였다. 又唐三藏法師玄奘 貞觀三年 西域取經六百餘部 貞觀十九年還京 玉華臺內 譯此經名稱讚淨土佛攝受經 前後共翻經論一千三百二十卷"라고 하였지만, 『역조석씨자감』 권6(卍속장132, p.111b6)에서는 "갑자. 인덕 원년 2월에 현장은 제자 대승광(普光)에게 명하여 역출한 경론을 기록하게 하였는데, 모두 75부 1,335권이었다. 甲子 麟德元年二月 玄奘命弟子大乘光 錄所譯經論 凡七十五部 一千三百三十五卷", 『불조강목』 권30(卍속장146, p.472b3)에서도 "현장이 병으로 눕자 제자 대승광에게 명하여 역출한 경론을 기록하게 하였는데, 모두 75부 1,335권이었다. 玄奘 寢疾 命弟子大乘光 錄所譯經論 凡七十五部 一千三百三十五卷"라고 하였다. 주요 경전으로 『대반야경』 600권, 『유가사지론』 100권, 『대비바사론』 200권을 비롯하여 『구사론』·『성유식론』·『섭대승론』 등이 있다. 달의(達意)를 원칙으로 삼아 의역을 했던 구마라집(鳩摩羅什) 등 이전 역경가들의 방법을 배척하고, 직역에 충실한 번역법을 고수하여 마침내 철저하게 원전을 따르고 글자를 좇아 번역하는 역경의 새로운 준칙을 내세웠다. 후대 역경가들은 현장이 제기한 그 준칙을 기준삼아 현장 이전의 한역을 구역이라 하고, 현장 이후의 한역을 신역이라 구분하였다. 저서인 『대당서역기 大唐西域記』 12권에서는 서역·인도·실론 등 138국의 역사·지리·종교·신화·전설·풍토·인정 등을 상세히 적어 남겼다. 그중 직접 방문한 나라가 110국이었고 들어서 아는 나라는 28국이었다. 이 저서는 불교뿐만 아니라 고대 서역·인도·중앙아시아·남

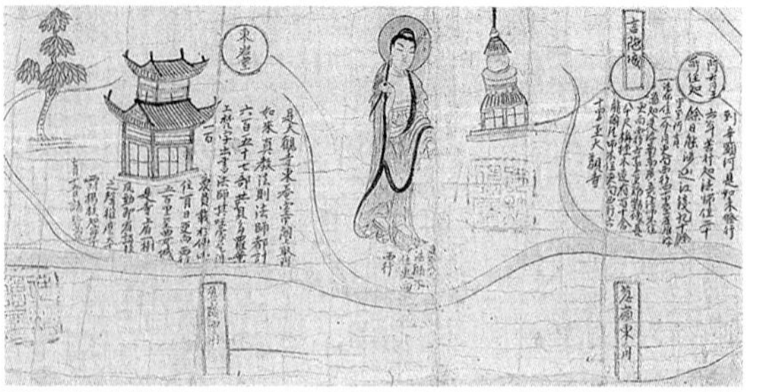

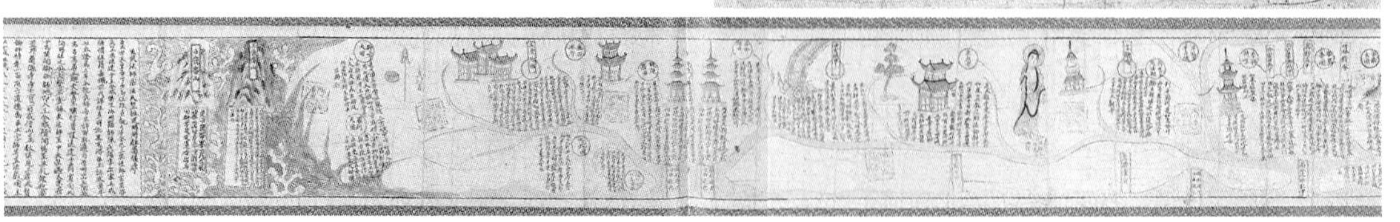

현장법사서유노정기 부분도 통도사성보박물관 1652년

아시아 등의 역사·지리·문화에서 중국과 서역의 교통 사료 등 모든 분야에 더없이 풍부한 자취를 글로 남겨 매우 귀중한 자료로서 평가되고 있다. 664년(인덕1) 2월 5일 세수 63세(또는 65세나 69세)로 입적하였다. 고종(高宗)은 애통한 심정으로 3일 동안 정사를 쉬었다. 시호는 대편각(大遍覺)이다. 칙명으로 번천(樊川) 북쪽 평원에 탑을 세웠는데, 숙종 때 탑액(塔額)을 하사하고 홍교사(興敎寺)라 이름 붙였으며 현재는 이곳 홍교사에 현장스

현장비탁본·현장묘탑 및 내부에 모신 현장상 홍교사 중국 668년

님의 사리탑을 가운데로 모시고 왼쪽에 규기스님과 오른쪽에 원측스님의 사리탑이 함께 모셔져 있다. 〔참고문헌〕『大唐內典錄』, 『開元釋敎錄』, 『貞元新定釋敎目錄』, 『阿彌陀經略註』, 『歷朝釋氏資鑑』, 『佛祖綱目』, 『大唐故三藏玄奘法師行狀』(대정장50, p.214a3), 『慈恩傳』 권1(대정장50, p.221b21), 『大唐西域記』「序」(대정장51, p.868a9), 『唐高僧傳』 권4(대정장50, p.446c8), 『佛祖統紀』 권39(대정장49, p.366a17), 『法苑珠林』 권29(대정장53, p.496c1), 『古今譯經圖紀』 권4(대정장55, p.366c12), 『開元釋敎錄』 권8(대정장55, p.557b15).

현장마갸시저 玄奘蔴屩匙筯 삼장법사 현장의 삼으로 엮은 신발과 쓰시던 젓가락. 마(蔴)는 마(麻)로도 쓰고 갸(屩)은 '교'로도 발음한다. 일설에 따르면, 중인도에서는 현장스님과 함께 그의 신발과 젓가락을 그려놓고 존경의 의미로 절을 올렸다고 한다. 『유양잡조전집』 권3 「패편 貝編」(대장경보편17, p.404a15)에 "나라를 세우던 처음에 스님 현장은 오인도에 가서 경을 가져왔다. 내(段成式)가 왜국(倭國) 스님 금강삼매를 만난 적이 있는데, 그의 말이다. '중천축에 간 적이 있는데, 절에서 많이들 현장과 그의 삼으로 엮은 신발과 젓가락에 알록달록한 구름무늬 그려놓았다. 대체로 서역에는 없는 풍습인데, 매번 재일이 되면 언제나 거기에다 무릎 꿇고 절을 올렸다'. 또 말하였다. '나란다사의 스님들의 식당에는 여름이 되면 큰 파리들이 수만 마리였는데, 스님들이 식당에 오를 때가 되면 모두 스스로 날아 뜰 앞의 나무 위로 올라간다'. 國初僧玄奘 往五印取經 西域敬之 成式見倭國僧金剛三昧言 嘗至中天 寺中多畫玄奘蔴屩及匙筯 以綵雲乘之 蓋西域所無者 每至齋日 輒膜拜焉 又言 那蘭陀寺 僧食堂中 熱際有巨蠅數萬 至僧上堂時 悉自飛集於庭樹"라고 하였다. 〔참고문헌〕『酉陽雜俎前集』, 『神異典釋敎部紀事』 권상(卍속장150, p.393b1).

현재 現在 Ⓢ pratyutpanna, vartamāna, adhunā, Ⓟ paccuppanna. 나타나 있음. 삼세(三世) 중 지금 또는 현세. 유위법(有爲法)이 행하고 있는 때를 말한다. 현재(顯在)라고도 한다. 『능가경』 권4(대정장16, p.508c6 : *Laṅk.*, p.206)에 "무상한 채로 일체법성에 들어간다 하니, 마땅히 삼세에 떨어진다. 저 과거의 색이 더불어 무너져 내리니 미래 생기지 않으며, 색 또한 생기지 않으므로 현재색도 무너지는 모습 함께한다. 若無常入一切性者 應墮三世 彼過去色與壞俱 未來不生 色不生故 現在色與壞相俱 sarvabhāva-antargatā-anityatā tena try-adhva-patitā syāt. tatra yad-atītaṃ rūpaṃ tat-tena saha vinaṣṭam-anāgatam-api na-utpannaṃ rūpa-anutpattitayā vartamānena-api rūpeṇa sahābhinna-lakṣaṇam", 『구사론』 권1(대정장29, p.4c19 : *Abh-k-bh.*, p.13)에 "이미 생겨나서 아직 물러나지 않음을 현재라고 한다. 已生未謝 名現在 pratyutpannam utpanna-aniruddham", 『중론』 권2(대정장30, p.10c29)에 "〔문〕 미래는 비록 있지만 현재상과 같지 않은데, 현재 나타나 모양 있기에 생(生)이라고 한다. 〔답〕 현재상은 미래중에는 없다. 없다면 어찌하여 미래생법이 '생'한다고 하겠는가? 있다면 미래라 이름할 수 없고 현재라고 해야 한다. 현재는 거듭 '생'하지 않는다. 두 가지 모두에 '생'이란 본래 없기에 불생이다. 問曰 未來雖有 非如現在相 以現在相故說生 答曰 現在相未來中無 若無云何言未來生法生 若有不名未來 應名現在 現在不應更生 二俱無生故不生", 『반야등론석』 권11(대정장30, p.109b14)에 "과거를 마주할 때 현재와 미래의 때가 있게 된다면, 과거 때 중에는 현재와 미래의 때가 있어야 한다. 왜냐하면 과거의 때를 인하여 현재와 미래의 때가 성립하기 때문이다. 若待過去時 有現在未來時者 應過去時中 有現在未來時 何以故 因過去時成現在未來時故"라고 하였다. 〔참고문헌〕『楞伽經』, 『俱舍論』·권5(대정장29, p.27a22), 『中論』, 『般若燈論釋』, *Laṅk · 19.*, *Abh-k-bh.*, *MN.1.307.* ⇨ 삼세 三世

현재경계계업지 現在境界界業智 현재법을 사유해서 일어나는 법(法)·업(業)·지(智)를 말한다. 『사리불아비담론』 권7(대정장28, p.577c7)에 "어떤 것을 현재경계계라고 하는가? 현재법을 사유하여 법이 생하면 이것을 현재경계계라고 한다. 云何現在境界界 思惟現在法 若法生 是名現在境界界", "어떤 것을 현재경계업이라고 하는가? 현재법을 사유하여 어떤 업이 생하면 이것을 현재경계업이라고 한다. 云何現在境界業 思惟現在法 若業生 是名現在境界業", 같은 책 권9(대정장28, p.594c9)에 "어떤 것을 현재경계지라고 하는가? 현재법을 사유하여 지혜가 생기면 이것을 현재경계지라고 한다. 云何現在境界智 思惟現在法 智生 是名現在境界智"라고 하였다. 〔참고문헌〕『舍利弗阿毘曇論』.

현재계 現在界 지금 오온으로 드러나 있는 계. 어떤 법이 사라지지 않고 있는 때. 삼계(三界) 중 현재의 세계. 삼세(三世) 중 현재세와 같다. 『법온족론』 권11(대정장26, p.504c19)에 "어떤 것을 현재계라고 하는가? 현재의 오온을 현재계라고 한다. 云何現在界 謂現在五蘊 是名現在界", 『사리불아비담론』 권7(대정장28, p.577c1)에 "어떤 것을 현재계라고 하는가? 어떤 법이 아직 사라지지 않았기에 현재계라고 한다. 云何現在界 若法未滅 是名現在界", 『유가사지론』 권52(대정장30, p.585c4)에 "아직 결과를 부여하지 않았으며, 현재의 종자가 상속하고 있는 것을 현재계라고 한다. 若未與果 現在種子相續 名現在界"라고 하였다. 〔참고문헌〕『法蘊足論』, 『舍利弗阿毘曇論』, 『瑜伽師地論』. ⇨ 삼계 三界[5]

현재구류손불 現在拘留孫佛 Ⓢ Krakucchanda-buddha, Ⓟ Kakusandha-buddha. 현재현겁(現在賢劫)의 천불(千佛) 중 첫 번째 부처님이기에 '현재'라고 한 것이다. 과거칠불(過去七佛) 중 구류손불·구나함모니불(拘那含牟尼佛)·가섭불(迦葉佛)·석가모니불(釋迦牟尼佛)이 현재현겁에서 정각을 성취하셨다. 『불조통기』 권33(대정장49, p.319a28)에 "현재현겁은 구류손불에서 시작하여 누지불(樓至佛 Ⓢ Rudita)에 이르기까지의 일천불이다. 現在賢劫 始拘留孫佛 終樓至佛 一千佛"라고 하였다. 〔참고문헌〕『佛祖統紀』. ⇨ 구류손불 拘留孫佛, 현겁천불 賢劫千佛

현재니원론 現在泥洹論 Ⓟ diṭṭhadhamma-nibbāna-vāda. 현세에 열반을 얻는다는 주장. 육십이견(六十二見) 중 하나다. 『장아함경』 권14 「범동경 梵動經」(대정장1, p.93b14)에 "저 사문바라문들은 어떤 일을 인으로 해서 말겁말견으로 중생은 현세에 니원을 얻는다고 하니 다 그럴듯해 다섯 견에 불과한가? 여러 사문바라문들은 이런 견을 짓고 주장한다. '나는 현세에서 오욕을 마음대로 누린다. 이것이 내가 얻은 현세의 니원이다' 하니 첫 번째 견이다. 또 사문바라문 말하길 '이것 현세니원일 뿐이니 그렇지 않은 것 없다, 다시 현재니원만이 미묘제일이고, 오직 현재니원일 뿐이다. 이것 그대 알지 못할 뿐 오직 나만은 안다. … 초선에 드는 것을 현세니원이라고 한다'. 이것이 두 번째 견이다. … '제사선에 드는 것을 제일니원이라고 한다'. 이것이 다섯 번째 견이다. 사문바라문이 말겁말견에서 현세니원론을 주장한다면 그것 한결같이 다섯 견에 불과할 뿐이니, 오직 부처님만이 능히 아실 일이다. 彼沙門婆羅門 因何事 於末劫末見 說衆生現有泥洹 於五見中 齊是不過 諸有沙門婆羅門作是見 作是論說 我於現在 五欲自恣 此是我得現在泥洹 是第一見 復有沙門婆羅門作是說 此是現在泥洹 非不是 復有現在泥洹 微妙第一 汝所不知 獨我知耳 … 入初禪 此名現在泥洹 是第二見 … 入第四禪 此名第一泥洹 是爲第五見 若沙門婆羅門 於末劫末見 生現在泥洹論 於五見中 齊是不過 唯佛能知"라고 하였다. 〔참고문헌〕『長阿含經』, *DN.1.36.* ⇨ 육십이견 六十二見, 현법열반론 現法涅槃論

현재법 現在法 Ⓢ pratyutpanna dharma, Ⓣ da-ltar-byung-ba'i-chos. 나타나 있는 법. 아직 사라지지 않아 드러나 있는 법. 삼세(三世) 각각에도 현재법이 있다. 『구사론』 권4(대정장29, p.22c27 : *Abh-k-bh.*, p.64)에 "〔논〕 삼세법을 얻음에는 각각 세 가지가 있으니, 과거법에 과거의 득이 있고 미래득이 있으며 현재의 득이 있다. 이와 같이 미래와 현재법에도 각각 세 가지로 얻음이 있다. 論曰 三世法得各有三種 謂過去法有過去得有未來得有現在得 如是未來及現在法各有三得 〈bhāṣya〉 atītānāṃ dharmāṇām atītā 'pi prāptir asty anāgatyā 'pi pratyutpannā 'pi evam anāgatapratyutpannānāṃ pratyekaṃ trividhā", 『유가사지론』 권66(대정장30, p.667b10)에 "또한 무엇을 현재법이라 하는가? 인을 이미 수용하였으나 자성의 수용은 다하지 않았으며, 찰나이후에 반드시 무너져 사라질 일체 잡염으로 나투거나, 일분청정으로 드러난 것을 말한다. 또한 다섯 상으로 건립차별하니 찰나현재, 일생현재, 성겁현재, 현행현재, 최후현재이니, 아라한 최후의 심과 심소 등이다. 復次云何現在法 謂因已受用自性受用未盡 剎那已後決定壞滅一切雜染所顯 一分清淨所顯 亦由五相建立差別 謂剎那現在 一生現在 成劫現在 現行現在 最後現在 謂阿羅漢最後心心所等"라고 하였다. 〔참고문헌〕『俱舍論』, 『瑜伽師地論』, *Abh-k-bh.*

현재보경 現在報經 『보살영락경』의 별명. 『법계성범수륙대재법륜보참』(卍속장129, p.752a13)에 "일심으로 받들어 『보살영락경』을 청하옵니다〈절하고 바라보며 게송으로 청하는 방식은 위와 같다〉. 일명 『현재보경』. 도진양주의 사문 축법념(축불념) 한역. 一心奉請菩薩瓔珞經〈拜觀同上〉 一名現在報經 姚秦涼州沙門竺法念譯"라고 하였다. 〔참고문헌〕『法界聖凡水陸大齋法輪寶懺』, 『閱藏知津』 권7(가흥장32, p.8b18). ⇨ 보살영락경 菩薩瓔珞經

현재불 現在佛 ❶ Ⓢ pratyutpanna buddha. 삼세제불(三世諸佛) 중 한 부처님. 현세에 나타나신 부처님. 『증일아함경』 권28(대정장2, p.707c20)에 "부처님과 가장 뛰어난 모든 존자들께 예를 올리려거든 5음·18계·12처라는 온갖 법들, 그 모든 법 무상이라 관하라. 예전에 계셨던 과거불과 장차 오실 당래불, 지금 계신 현재불 이들 모든 부처님 하나같이 무상이기에. 若欲禮佛者 及諸最勝尊 陰持入諸種 皆悉觀無常 曩昔過去佛 及以當來者 如今現在佛 此皆悉無常"라고 하였다. 〔참고문헌〕『增壹阿含經』, *Suv-pr.38*. ⇨ 삼세제불 三世諸佛 ❷ 제왕(帝王)에 대한 존칭으로도 쓴다. 『석교부휘고』 권3(卍속장133, p.343a15)에 "태종황제가 처음으로 상국사에 향차하여 불상 앞에 이르러 향을 사르고 물었다. '절해야 하는가?' 승록 찬녕이 아뢰었다. '절하지 마십시오' '어째서 그렇소?' '현재불은 과거불에게 절하지 않습니다'. 太祖皇帝 初幸相國寺 至佛像前燒香 問 當拜與不拜 僧錄贊寧奏曰 不拜 問 其何故 對曰 現在佛 不拜過去佛"라고 하였다. 〔참고문헌〕『釋教部彙考』.

현재불면주정의 現在佛面住定意 Ⓢ pratyutpanna-buddha-saṃmukha-avasthita-samādhi, Ⓣ da-ltar-gyi-sangs-rgyas-mngon-sum-du-bzhugs-pa. 앞에 나타나 계신 부처님과 얼굴 마주해 머무는 삼매. 현재불실재전립삼매(現在佛悉在前立三昧)·반주삼매(般舟三昧)라고도 한다. 정의(定意)는 삼매(Ⓢ samādhi)의 역어다. 『발피보살경』(대정장13, p.921c26)에 "일체세간 있는 것들 허깨비 같고 일체제불 저 빛과 같으니, 여래를 비추어 보라. 언제나 보살이 뜻 행하고 구하니 바라밀이라면 모두 한결같이 한다. 모든 부처님의 일체 한결같은 선법을 기억해 믿고 본다. 발피여, 이것이 '현재불면주정의'이니라. 一切世所有如幻 一切諸佛如光照見如來 常行求菩薩意 度無極悉等等 憶誠信見諸佛一切等善法 拔陂 是爲現在佛面住定意", "'현재불면주정의'는 무엇인가? … 보살이 재가자이든 출가 학자이든 아미타불이 계시는 나라에 대해 듣고, 항상 그쪽 방향을 떠올리되 계 무너뜨리지 않으며, 계음에서 어지러운 뜻 쓰지 않는다. 청정한 마음 기억해 하루 낮과 밤을 보내고 일주일 낮과 밤에까지 이르게 하라. 이와 같이 일주일 낮과 밤 동안 마침내 기억하면 문득 아미타불을 친견할 수 있다. 現在佛面住定意爲何等 … 菩薩白衣者若學者 聞阿彌陀佛所在國 常當念其方 無毁漏於戒 於戒陰莫用亂意 淨心念一日一夜 至七日七夜 如是七日七夜畢念 便可見阿彌陀佛"라 하였다. 이 『발피보살경』은 『반주삼매경 般舟三昧經』(대정장13, No.417·418)에 앞선 '초기 이역본'(初異譯)이다. 〔참고문헌〕『拔陂菩薩經』, *Mvyut.24*.

현재불실재전립삼매 現在佛悉在前立三昧 현재의 부처님들이 모두 바로 앞에 서 계신 삼매. '(시방에) 현재 계시는 부처님이 모두 눈 앞에 우뚝 나타나는(立) 삼매'라는 뜻. 반주삼매(般舟三昧)·상행삼매(常行三昧)·전립삼매(前立三昧)라고도 한다. 『반주삼매경』 권상 「문사품 問事品」(대정장13, p.904b16)에 "부처님께서 말씀하셨다. '지금 현재불실재전립삼매, 이 삼매 행한다면 물은 바 모두 얻을 수 있을 것이다'. 발다화보살이 부처님께 아뢰었다. '원하옵건대 부처님께서는 가엾이 여기시어 설해 주십시오. 지금 부처님께서 설하신다면 제도되는 이들 많을 것이며 안온을 얻는 이들도 많을 것입니다. 원컨대 부처님께서는 모든 보살들을 위해 대광명을 보여주십시오'. 부처님께서 발다화보살에게 말씀하셨다. '한 법 행하여 늘 마땅히 익혀 가지고 늘 마땅히 지켜서 다시 다른 법 따르지 않는 것이야말로 모든 공덕 중에서 제일이다. 무엇이 제일의 법을 행하는 것인가? 그 삼매의 이름이 현재불실재전립삼매다'. 佛言 今現在佛悉在前立三昧 其有行是三昧 若所問者 悉可得 颰陀和菩薩白佛言 願佛哀說之 今佛說者 多所過度 多所安隱 願佛爲諸菩薩現大明 佛告颰陀和菩薩 一法行 常當習持 常當守 不復隨餘法 諸功德中最第一 何等爲第一法行 是三昧名現在佛悉在前立三昧", 『개원석교록』 권1(대정장55, p.478c9)에 "『반주삼매경』 3권〈일명 『시방현재실재전립정경』이다〉. 般舟三昧經三卷〈一名 十方現在佛悉在前立定經〉"라고 하였다. 〔참고문헌〕『般舟三昧經』, 『開元釋教錄』. ⇨ 반주 般舟❶, 반주삼매 般舟三昧, 반주삼매경 般舟三昧經❶

현재세 現在世 Ⓢ pratyutpanna adhvāna, vartamānam adhvānam, Ⓟ paccuppanno addhan, Ⓣ da-ltar-byung-ba'i-dus, da-ltar-gyi-dus. 드러나 있는 세계. 삼세(三世) 중 과거와 미래 사이의 때. 현재·현세·현생(現生)과 같은 말이며, 줄여서 현(現)이라고도 한다. 설일체유부(說一切有部)에서는 삼세 모두 실이라고 주장하지만 대승유식(大乘唯識)에서는 실은 아니라고 한다. 또한 찰나에 의하여 삼세를 구분하면 사상(四相) 중 주이(住異)가 현재세이고, 과보에 의하여 삼세를 구분하면 무수히 지나간 생애와 장차 다가올 생애 그 사이에서 생로병사하는 때다. 『대지도론』 권83(대정장25, p.641b12)에 "과거는 이미 사라졌고, 미래는 아직 일어나지 않았으므로 '있다'고도 할 수 없고 '없다'고도 할 수 없다. 이 중에서 능히 그 실상만을 행하니 이것을 선지라고 하며, 현재법 념념이 나고 사라지기에 알 수 없는 것이라 통달하니, 이것을 선지현재세라고 한다. 過去已滅 未來未起 不得言有 不得言無 於是中 能行實相 是名善知 現在法 念念生滅 故不可知 而能通達 是名善知 現在世", 『집이문족론』 권3(대정장26, p.378c18)에 "〈문〉 현재세란 어떤 것인가? 〔답〕 제행 이미 일어나고, 이미 함께 일어나며, 이미 생하고, 이미 고르게 생하며, 이미 구르고, 이미 나타나 구르며, 모여 쌓이고 출현하며, 머물러 아직 사라지지 않았고, 아직 다 사라지지 않았으며, 아직 흩어져 변하지 않았고, 화합하여 눈앞에 나타나 있는 현재의 성과 현재의 류와 현재세로 거두는 것을 현재세라고 한다. 現在世云何 答 諸行已起 已等起 已生 已等生 已轉 已現轉 聚集出現 住未已謝 未已盡滅 未已離變 和合現前 現在性 現在類 現在世攝 是謂現在世", 『유가사지론』 권52(대정장30, p.586a5)에 "현재세법은 두 상으로 나타난 것들이다. 주(住)와 이(異)다. 왜 그런가? 오직 현재시에만 '주'가 있을 수 있고, 전후로 변하고 달라지는 것 역시 현재에서만 성립한다. 그러므로 세존께서는 현재세로 말미암아 유위법에 대하여 다 들어서 '주'와 '이'를 하나의 유위상이라고 설하셨다. 現在世法 二相所顯 謂住及異 所以者何 唯現在時 有住可得 前後變異 亦唯現在 是故 世尊 由現在世 於有爲法 總說住異 爲一有爲相"라고 하였다. 〔참고문헌〕 『大智度論』, 『集異門足論』, 『瑜伽師地論』, 『雜阿毘曇心論』 권11(대정장28, p.963b5), *Abh-k-bh.76.*, *Yogā-bh.126.*, *DN.3.216.* ⇨ 삼세 三世, 유위사상 有爲四相

현재세동분소안 現在世同分小眼 현재세에 있어서 함께하는 작은 눈. 『대비바사론』 권14(대정장27, p.68a10)에 "'혹시 눈이 사라진다 해도 능히 색을 볼 수 있는가?' 〔답〕 있다. 현재세의 동분소안을 말한다. 이것은 사라졌다 하지만 과거까지는 아니다. 사라진 것은 두 번째의 사라짐이고, 과거는 아님이란 처음의 과거가 아닌 뜻이다. 頗有眼滅 能見色耶 答 有 謂現在世 同分小眼 是謂滅 非過去 滅者 是第二滅 非過去者 非初過去"라고 하였다. 〔참고문헌〕 『大毘婆沙論』. ⇨ 동분 同分❶

현재세무애견 現在世無礙見 Ⓢ pratyutpanne 'dhvany apratihatam asaṅga-jñānan darśana, Ⓣ da-ltar-gyi-dus-la-ma-chags-ma-thogs-pa'i-ye-shes-mthong-ba. 부처님의 십팔불공법(十八不共法) 중 하나. 현재세를 걸림없이 보다. 『대반야경』 권415(대정장7, p.81b25 : *Pañca-pr.*, p.211)에 "선현아, 보살마하살의 대승상이란 십팔불불공법을 말하니 무엇이 열여덟 가지인가? 선현아 모든 여래 응공 정등각께서는 항상 그르쳐 잃는 일 없고 해로운 말 끝내 하지 않으며 … 미래세에 대해 일으킨 지견에 집착도 걸림도 없고, 현재세에 대해 일으킨 지견에도 집착과 걸림이 없으시다. 善現 菩薩摩訶薩大乘相者 謂十八佛不共法 云何十八 善現 謂諸如來應正等覺 常無誤失 無卒暴音 … 於未來世 所起智見 無著無礙 於現在世 所起智見 無著無礙 subhūte bodhisattvasya mahāsattvasya mahāyānaṃ yadut a-aṣṭādaśāveṇikā buddhadharmāḥ. katame aṣṭādaśa … subhūte nāsti tathāgatasya skhalitaṃ nāsti ravitaṃ … anāgate 'dhvany apratihatam asaṅga-jñānan darśanañ-ca pratyutpanne 'dhvany apratihatam asaṅga-jñānan darśanañ-ca pravartate", 『대승보살장정법경』 권21(대정장11, p.833b9)에 "(四種願智法 중) 셋째 현재세에 모든 부처님께서는 집착도 없고 걸림도 없는 지견 따라 행하신다. 三者 現在世中 諸佛世尊 無著無礙 知見隨轉"라고 하였다. 〔참고문헌〕 『大般若經』, 『大乘菩薩藏正法經』, *Pañca-pr.*, *Mvyut.9.* ⇨ 십팔불공법 十八不共法

현재수승 現在殊勝 현재인 찰나(現在刹那). 현재이면서 긴 시간(長時)은 그냥 현재라 한다. 『유가사지론』 권15(대정장30, p.361a24)에 "어떤 것을 시(時)의 시설건립이라고 하는가? 삼시로 성상차별 있음을 말하니, 첫째는 과거와 과거수승, 둘째는 미래와 미래수승, 셋째는 현재와 현재수승이다. 云何時施設建立 謂有三時聲相差別 一 過去 過去殊勝 二 未來 未來殊勝 三 現在 現在殊勝", 『유가론기』 권5(대정장42, p.414a25・한불전13, p.325c1)에 "현재로서의 긴 시간은 현재라고 하며, 현재인 찰나는 현재수승이라 한다. 現在長時 名現在 現在刹那 名殊勝"라고 하였다. 〔참고문헌〕 『瑜伽師地論』, 『瑜伽論記』. ⇨ 삼시 三時❻, 찰나 刹那, 삼세 三世

현재승물 現在僧物 현전승물(現前僧物). 동일계(同一界)에 속하는 현전대중(現前僧)을 위한 모든 물건을 말한다. 『대방등대집경』 권44(대정장13, p.292b22)에 "그때 저 비구의 마음에 근심과 괴로움이 생겼다. 또 다른 때에 절의 정사가 있는 곳에 가서 나무숲 아래로 들어가 현전승물인 암라과(菴羅果 Ⓢ āmra) 열 개를 몰래 취해서 사적으로 먹었는데, 저 업의 인연으로 지옥에서 고통받았다. 時彼比丘 心生懊惱 又於餘時 往寺舍中 入樹林下 輒便盜取 現在僧物 十菴羅果 而私食之 彼業因緣 地獄受苦", 『수십선계경』(대정장24, p.1023b5)에 "너는 마음속으로 오역죄 지어 정법을 비방하려고 하지 않았는가? 너는 일찍이 부처님을 위한 물이나 법을 위한 물이나 현성대중을 위한 물이나 현재대중을 위한 물이나 초제승을 위한 물을 훔치지 않았는가? 어머니나 자매나 비구니 주변에서 부정한 행위를 하지는 않았는가? 汝心中念 欲作五逆 謗正法不 汝曾偸盜 佛物 法物 賢聖僧物 現在僧物 招提僧物不 於母 姊 妹 比丘尼邊 作不淨不"라고 하였다. 〔참고문헌〕 『大方等大集經』, 『受十善戒

經』. ⇨ 현전승물 現前僧物, 승물 僧物

현재시 現在時 Ⓢ vartamāna, pratyutpanna, prat yutpanna kāla, Ⓣ da-ltar-byung-ba'i dus. 현재의 때(時). 드러나 있는 그때. 『오사비바사론』 권하(대정장28, p.992a16)에 "이와 같이 모든 색은 육식(六識) 중에서 두 식으로 알아차린다. 즉 안식(眼識)과 의식(意識)이다. 먼저 안식으로 자상만을 요별하고, 뒤에 의식으로 자상과 공상을 요별한다. 즉 저 모든 색이 현재에 머물 때 안식은 오직 저 자상만을 요별하니, 안식은 틈새없이 분별의식을 일으켜서 이전 색의 자상 또는 공상을 거듭 요별한다. 그러나 이렇게 일어난 분별의식은 이전의 안식에 의지하여 이전의 색경을 연한다. 이와 같이 의식이 곧바로 드러나 있을 때 의지함도 연함도 아울러 과거에 있게 된다. … 그러므로 색경은 두 식으로 알아차린다. 如是諸色 於六識中 二識所識 謂眼及意 先用眼識 唯了自相 後用意識 了自共相 謂彼諸色 住現在時 眼識唯能了彼自相 眼識無間起分別意識 重了前色自相或共相 然此所起分別意識 依前眼識 緣前色境 如是意識 正現在時 所依所緣 並在過去 … 是故 色境 二識所識", 『중론』 권3(대정장30, p.26a8)에 "과거시를 인하지 않으면 미래와 현재시는 성립하지 않는다. 왜냐하면 과거시를 인하지 않고 현재시가 있다면 어느 곳에 현재시가 있겠는가? 미래시도 역시 이와 같으니, 어느 곳에 미래시가 있겠는가? 그러므로 과거시를 인하지 않으면 미래시와 현재시는 없다. 이와 같이 서로 기다려 있을 뿐이어서 실제로 시란 있는 것이 아니다. 不因過去時 則不成未來現在時 何以故 若不因過去時 有現在時者 於何處 有現在時 未來亦如是 於何處 有未來時 是故 不因過去時 則無未來現在時 如是相待有故 實無有時", 『반야등론석』 권11(대정장30, p.109a19)에 "인이 멸하고 과가 일어나는 때를 현재시라고 한다. 因滅果起 名現在時"라고 하였다. 〔참고문헌〕『五事毘婆沙論』, 『中論』, 『般若燈論釋』, *Abh-k-bh.78.*, *Madhy-ś.183·184.*, *Abh-s-bh.10.*

현재심불가득 現在心不可得 Ⓢ pratyutpannaṃ cittaṃ nopalabhyate. 현재의 마음 얻을 수 없다. 과거심과 미래심 모두 공(空)하여서 실다운 것 붙잡아 드러낼 수 없다는 말. 『화엄경소초』 권30(대정장36, p.232a10)에 "드러나 있는 마음 얻을 수 없으므로 '머무름이 없다'고 한다. … 현재가 머묾이라고 해도 생하는 즉시 멸하기에 '머무름이 없다'고 한다. 現在心不可得 故云無住 … 現在是住 亦生卽滅 故云無住", 『금강경해의』 권하(卍속장38, p.684a14)에 "현재심은 얻을 수 없다는 말은 무슨 뜻인가? 진심 상이 없는데 무엇에 의지하여 볼 수 있겠는가? 現在心不可得者 眞心無相 憑何得見"라고 하였다. 〔참고문헌〕『華嚴經疏鈔』, 『金剛經解義』, *Vajr-pr. 51.* ⇨ 삼세심불가득 三世心不可得, 과거심불가득 過去心不可得, 미래심불가득 未來心不可得, 덕산삼세심불가득 德山三世心不可得

현재언의 現在言依 드러나 있어 말이 의지하는 것. 세 가지 언의(過去 現在 未來) 중 하나다. 현재언설을 일으키는 현재제행을 말한다. 『집이문족론』 권3(대정장26, p.379a12)에 "현재언의란 무엇인가? 무엇을 현재라고 하며, 무엇을 언이라 하고, 무엇을 의라고 하기에 '현재언의'라고 하는가? 〔답〕 모든 행이 이미 일어났고 이미 고르게 일어나서 … 아직 떠나 변하지 않은 채 화합해 드러나 앞에 있는 현재로서의 성, 현재하는 류, 현재하는 세간으로 거두는 것을 현재라 말한다. 곧 이와 같은 현재의 제행에 의지해 일으킨 어언을 … 말로 표한 것을 일러 '언'이라 한즉 앞서 말한 현재제행 또한 이름하여 '의'라 한다. … 현재행에 의지해서 온갖 언설 일으키기에 현재제행을 현재언의라고 한다. … 어떤 이는 말하길 '이 일체법 설함에 의지한 모든 무위법은 곧바로 이 현재언의로 거둔다'. 現在言依者 云何現在 云何言 云何依 而說現在言依耶 答 諸行已起 已等起 … 未已離變 和合現前 現在性 現在類 現在世攝 是謂現在 卽依如是現在諸行 所起語言 … 語表 是謂言 卽前所說 現在諸行 亦名爲依 … 依現在行 起諸言說故 現在諸行 名現在言依 … 有說 此依一切法說 諸無爲法 卽是現在言依攝"라고 하였다. 〔참고문헌〕『集異門足論』, 『顯揚聖教論』 권12(대정장31, p.538a22). ⇨ 삼언의 三言依, 행 行[3], 제행 諸行

현재언의사 現在言依事 드러나 있어서 말이 의지하는 일. 세 가지 언의사(過去 現在 未來) 중 하나로 현재행(現在行)을 말하며, 현재설사(現在說事)와 같다. 『품류족론』 권5(대정장26, p.712a12)에 "세 가지 언의사가 있으니, 즉 과거언의사·미래언의사·현재언의사다. 有三言依事 謂過去言依事 未來言依事 現在言依事", 같은 책 권6(대정장26, p.717c4)에 "현재언의사란 무엇인가? 현재로 거두는 행을 말한다. 現在言依事云何 謂現在所攝行"라고 하였다. 〔참고문헌〕『品類足論』, 『衆事分阿毘曇論』 권5(대정장26, p.650a28).

현재업 現在業 Ⓢ pratyutpanna karma, vartamāna karma, Ⓣ da-ltar-byung-ba'i las, da-ltar-gyi-las. 드러나 있는 업. 삼업(三業) 중 하나로 생겨나서 아직 사라지지 않은 업(業). 『대지도론』 권24(대정장25, p.237c12)에 "부처님께서는 아신다. '일체중생의 어떤 업은 과거이고, 그 보도 역시 과거에 있었으며, 어떤 업은 과거이지만 그 보는 현재에 있고, 어떤 업은 과거이지만 그 보는 미래에 있을 것이며, 어떤 업은 과거이지만 그 보는 과거나 현재에 있고, 어떤 업은 과거이지만 그 보는 과거나 미래에 있으며, 어떤 업은 과거이지만 그 보는 현재나 미래에 있고, 어떤 업은 과거이지만 그 보는 과거나 미래나 현재에 있다. 현재업도 역시 이와 같다'. 佛知 一切衆生 有業過去 報亦過去 有業過去 報在現在 有業過去 報在未來 有業過去 報在過去 現在 有業過去 報在過去 未來 有業過去 報在現在 未來 有業過去 報在過去 未來 現在 現在業 亦如是", 『사리불아비담론』 권7(대정장28, p.582b11)에 "무엇을 현재업이라고 하는가? 업이 생겨서 아직 사라지지 않았다면, 이를 현재업이라고 한다. 云何現在業 若業生未滅 是名現在業", 『구사론』 권17(대정장29, p.91b28 : *Abh-k-bh.*, p.256)에 "과거·현재·미래의 세 가지 업은 낱낱이 인이 되어 그 응하는 바와 같이 과거 등으로 과를 달리한다는 것은, 즉 과거업은 삼세법으로 각각 네 가지 과를 삼는데 오직 이계과만은 제하고, 현재업은 미래법으로 네 가지 과를 삼는데 앞에서 말한 것과 같으며, 현재법으로는 두 가지 과를 삼으니 사용과와 증상과를 말한다. 過去 現在 未來 三業 一一爲因 如其所應 以過去等爲果別者 謂過去業 以三世法 各爲四果 唯除離繫 現在業以未來 爲四果 如前說 以現在 爲二果 謂士用 及增上 atītasya karmaṇas traiyadhivikāḥ dharmāś catvāri phalāni. visaṃyogaphalaṃ hitvā pratyutpannasyāpi karmaṇo 'nāgatā dharmāś catvāri phalāny etāny eva. pratyutpannā dharmāḥ pratyutpannasya dve puruṣakārādhipatiphale"라고 하였다. 〔참고문헌〕『大智度論』, 『舍利弗阿毘曇論』, 『俱舍論』, 『瑜伽師地論』 권9(대정장30, p.320a3), *Abh-k-bh.*, *Yogā-bh. 192.* ⇨ 삼업 三業[3], 삼세업 三世業

현재오과 現在五果 현재의 다섯 가지 과. 오지종자(五支種子)라고도 한다. 십이인연(十二因緣)을 삼세인과(三世因果)에 배대하는 경우에 현재의 다섯 과가 되는 식(識)·명색(名色)·육입(六入)·촉(觸)·수(受)를 말한다. 『화엄경소』 권39(대정장35, p.803b28), 『화엄경소초』 권66(대정장36, p.528a29) 등에서 십이인연을 삼세인과에 배대하여 설하는데, 이에 근거하여 『대명삼장법수』 권15(영락장182, p.68b1)에서는 다음과 같이 말한다. 곧 "현재오과〈출전은 『화엄경소』와 『화엄경소초』〉: 십이인연을 나눠 삼세인과를 삼는다. 무명과 행 두 지분은 과거의 인이고, 애·취·유 세 지분은 현재의 인이며, 생·노사 두 지분은 미래과가 된다. 식과 명색·육입·촉·수의 다섯 지분은 현재 오음으로서의 몸이므로 현재오과라 한다. 現在五果〈出華嚴經疏幷演義鈔〉 謂以十二因緣分爲三世因果 無明與行二者 是過去之因 愛取有三者 是現在之因 生老死二者 是未來之果 識與名色六入觸受五者 是現在五陰之身故 名現在五果也"라고 한 후, 각각 풀어 말한다. "첫째 식은 … 막 태중에 들어 아뢰야가 현행하는 식의 종자를 말한다. 과거의 무명과 업행을 인을 삼아서, 또 식과 더불어 부와 모라는 세 연이 화합해야 이에 색신이 증장한다. 이것은 태중에서의 현재과다 一 識 … 謂初入胎 阿賴耶現行之識種也 以由過去無明業行爲因 而此識與父母三緣和合 乃有色身增長 是爲胎中現在果也", "둘째 명색이다. … 명은 식심이고 색은 갈라람(Ⓢ kalala)을 말한다. 명색은 태중에서 최초 7일 동안 형을 갖추는 위여서 제근이 아직 성숙하지 못한 때로, 오온의 살덩어리체인 것이어서 태중의 현재과다. 二 名色 … 名卽識心 色卽羯邏藍也 此之名色是胎中初七日之形位 諸根未成之稱 卽五蘊肉團之體 是爲胎中現在果也", "셋째 육입이다. … 육근을 말한다. 사칠일(곧 28일)이 지나면 육근이 점점 증장하고, 이 육근을 채워 족하면 능히 제진(諸塵 : 色 聲 香 味 觸)에 들 수 있으므로 입(入)이라 한다. 역시 태중현재과다. 三 六入… 卽六根也 謂四七日後 六根漸漸增長 滿足此之六根能入諸塵 故名爲入 是爲胎中現在果也", "넷째 촉이니 육근이 성취되고 열 달을 채우면 태중에서 나오고, 신근이 바람을 만나 춥고 더운 것을 알게 되므로 촉이라 한다. 이것은 출태의 현재과다. 四觸 謂六根成就 十月滿足而出於胎 身根觸風而知寒熱 故名爲觸是 是爲出胎現在果也", "다섯째 수다. … 태중에서 나온 이후 모든 근이 눈앞의 좋고 나쁜 일들을 받아 들이므로 수라고 한다. 출태하는 현재과다. 五 受 … 謂出胎之後 諸根領納前境好惡等事 故名爲受 是爲出胎現在果也"라고 하였다. 『인왕반야경소』 권상(대정장33, p.325c7)에 "과거의 두 인과 현재의 세 가지 인 다섯 가지는 집제이고, 현재의 다섯 가지 과와 미래의 두 과의 일곱은 고제다. 그러므로 십이인연이라고 하는데, 그 뜻이 깊고 깊다. 過去二因現在三因 此五是集 現在五果 未來二果 此七是苦諦 故云十二因緣 其義甚深"라고 하였다. 〔참고문헌〕『華嚴經疏』, 『華嚴經疏鈔』, 『大明三藏法數』, 『仁王般若經疏』. ⇨ 오지종자 五支種子, 십이인연 十二因緣, 삼세인과 三世因果

현재유체과미무체 現在有體過未無體 일체유위법은 현재에는 체가 있지만 과거나 미래에 체는 없다. 경량부(經量部)의 주장으로 삼세실유(三世實有)를 주장하는 설일체유부(說一切有部)의 설에 상대한다. '본래 없지만 지금은 있고 이미 있는 것 도리어 없는 것이다. 本無今有已有還無' 또는 '원래 없는 것이지만 지금 있고 있게 되버린 것 돌이켜 없게 된다. 原無今有有已還無'와 같은 주장이다. 『순정리론』 권52(대정장29, p.631c29)에 "우리 종에서 모든 행(行)은 뭇 연들 화합할 뿐이어서 본래 없다가 생겨난 것이다. 그러나 저 뭇 연들 종종으로 차별하여 어떤 때에는 화합하지만, 어떤 때에는 합하지 않아 법 항상 생겨나지 않을지라도 어떠한 과실이 없다. 그대들 종에서 모든 '행'과 저 뭇 연들 일체시에 항상 그 체가 있다고 한다면, 모든 법이 본래 없다가 지금 있다고 할 수 없다. 항상 현재한다고 해야 한다. 我宗諸行 衆緣和合 本無而生 然彼衆緣 種種差別 有時和合有不合時 法不恒生 可無過失 汝宗 諸行 及彼衆緣 於一切時 許常有體 勿許諸法 本無今有 應常現在", 『구사론송소의초』 권중(卍속장83, p.890b3)에 "'여러 인연이 화합하여 법 자체를 얻게 되는 때'란 무슨 말인가? 이것은 경량부의 과미무체현재유체다. 衆緣和合得法自體頌者是經部過未無體現在有體"라고 하였다. 〔참고문헌〕『順正理論』, 『俱舍論頌疏義鈔』, 『俱舍論』 권12(대정장29, p.62a21), *Abh-k-bh.176.* ⇨ 과미무체 過未無體, 본무금유 本無今有, 삼세실유 三世實有

현재전 現在前 Ⓢ ājātaṃ √bhū, pratyupasthita, sammukhī-bhūta, Ⓟ pātur √bhū, Ⓣ nye-bar-gnas, byung ba, mngon-du-byung-ba. 드러나 앞에 있다. 현전(現前)과 같은 말이다. 『증일아함경』 권16(대정장2, p.626a26)에 "세 가지 일로 드러나 눈앞에 있다면, 그때 선남자와 선여인은 한량없는 복을 얻을 것이다. 어떤 것을 그 세 가지라고 하는가? 믿음 현재한다면 선남자선여인 한량없는 복을 얻을 것이다. 만약 재물 현재한다면 선남자선여인은 복받음 무량하리라. 범행 현재한다면 선남자선여인은 한량없는 복을 얻을 것이다. 비구들아, 이것을 '세 가지 일 눈앞에 현전해 있으니 한량없는 복을 얻을 것'이라고 한다. 有三事現在前 爾時善男子善女人 獲福無量 云何爲三 信現在前 善男子善女人 獲福無量 若財現在前 爾時 善男子善女人 獲福無量 若復持梵行現在前 爾時 善男子善女人 獲福無量 是謂 比丘 有此三事現在前 獲福無量", 『십주경』 권3(대정장10, p.515b15)에 "그때에 보살은 십이인연을 따라 무아·무중생·무수명자·무인이고, 성품이 공하여 짓는 이도 짓게 하는 이도 없으며, 주인도 속한 무리도 없고, 인연일 뿐이어서 무소유라고 관한다. 이와 같이 관할 때 공해탈문(Ⓢ śūnyatā-vimokṣa-mukha)이 현재전하고, 이 일마저 사라지고 나머지 상속한 일도 없어서 무상해탈문(Ⓢ ānimitta-vimokṣa-mukha)현재전이라 한다. 이 두 가지 알고 다시 생을 즐기지 않기에, 대비심으로 중생을 교화하는 것을 제한 무원해탈문(Ⓢ apraṇihita-vimokṣa-mukha)현재전이라고도 한다 爾時 菩薩隨十二因緣 觀無我 無衆生 無壽命者 無人 性空 離作者 使作者 無主屬衆 因緣無所有 如是觀時 空解脫門現在前 滅此事 餘不相續故 名無相解脫門現在前 知此二種 更不樂生 唯除大悲心 教化衆生 無願解脫門現在前"라고 하였다. 〔참고문헌〕『增壹阿含經』, 『十住經』, *Daś-bh.33., Abh-k-bh.121., Bodh-bh.130., DN.2.172.*

현재지 現在智 Ⓢ pratyutpanna-jñāna. 현재의 지혜. 『미륵보살소문경론』 권8(대정장26, p.267b29)에 "〔문〕 내가 보건대, 지를 좇아 지가 생한다. 이것은 무슨 뜻을 밝히려 함인가? 현재 보이는 외적인 사물은 유위법중에 종자를 인 삼으니, 과거인이 아니다. 이와 같이 현재 보이는 내적인 유위법은 적백 등이 화합함으로 인하여 생기며 과거인이 아니다. 〔답〕 그 이치는 그렇지 않다. 왜냐하면 '현재지'는 '과거지'를 좇아 생기기 때문이다. 이것은 무슨 뜻을 밝히려 함인가? 지혜 생함을 보건대, 과거지의 인으로부터 존재하기에 무지에서 생기는 것은 아니다. 問曰 我見 從智生智 此明何義 現見外物 有爲法中 種子爲因 非過去因 如是現見 內有爲法 因赤白等 和合而生 非過去因 答曰 此義不然 何以故 以現在智 從過去智 而得生故 此明何義 以見智生 從於過去智因而有 非無智生", 『사리불아비담론』 권9(대정장28, p.594c5)에 "무엇을 현재지라고 하는가? 지가 생겨 아직 사라지지 않았기에 이것을 현재지라 이름한다. 云何現在智 若智生未滅 是名現在智"라고 하였다. 〔참고문헌〕『彌勒菩薩所問經論』, 『舍利弗阿毘曇論』, *Sam-r.5.*

현재진 現在塵 Ⓢ vartamāna-viṣaya, Ⓣ yul ni da-ltar. 드러나 있는 티끌들 또는 지금의 근과 마주한 경(境). 현진(現塵)과 같다. 『구사석론』 권1(대정장29, p.166a23 : *Abh-k-bh.*, p.15)에 "〔게〕 앞의 다섯 가지 드러나 있는 티끌이기 때문이다. 〔석〕 안 등의 오근은 현재진을 연하기에 먼저 말한다. 의근의 경계는 정할 수 없으니, 어떤 의근은 현재진을 연하기도 하고, 어떤 때는 삼세와 비삼세의 진을 연하기도 한다. 偈曰 前五現塵故 釋曰 眼等五根 緣現在塵 是故先說 意根境界不定 有意根緣現在塵 有緣三世 及非三世塵 prāk pañca vārttamānārthyāt. cakṣurādīni pañca vartamānaviṣayatvāt pūrvam uktāni. manas tv aniyataviṣayam. kiṃcid varttamānaviṣayaṃ kiṃcit tryadhvānadhvaviṣayam", "〔게〕 네 가지로 만든 '진'이기 때문이다. 〔석〕 앞에서 말해 여기까지 이른다. 다섯 가지 중 네 가지는 앞서 설했으니, 지은 색이 '진'이 되기 때문이다. 신근의 '진'은 일정하지 않으니, 혹 신근은 사대를 연하기도 하며, 혹은 지은 것들 연하기도 하고, 또는 모두를 함께 연하기도 한다. 偈曰 四所造塵故 釋曰 前言流至此 五中四在前說 所造色爲塵故 身塵不定 或身緣四大或緣所造 或復俱緣 bhautikārthyāc catuṣṭayam. prāg iti varttate. pañcānāṃ punaś catvāri pūrvam uktāni. bhautikaviṣayatvāt. kāyasya tv aniyato viṣayaḥ. kadācid bhūtāni kadācid bhautikaṃ kadācid ubhayam", 『금칠십론』 권중(대정장54, p.1253b19)에 "'몇 가지 근은 삼세진(Ⓢ trikāla viṣaya)을 취하고, 몇 가지 근은 현재진을 취하는가?' 게송으로 답한다. '내작구(內作具 Ⓢ antaḥ-karaṇa)에는 세 가지가

있으며, 열 가지 외작구(外作具 Ⓢbāhya-karaṇa)는 세 가지 진이다. 외작구는 현재진을 취하고 내작구는 삼세진을 취한다오'. 〈논〉 '내작구에는 세 가지가 있다'란, 각과 만과 심의 세 가지를 내작구라고 한다. 외진을 취하지 않기에 내라고 하며, 능히 아의 뜻을 성취하는 방편이기에 구라고 한다. … '외작구는 「현진」을 취한다'란, 이 열 가지 근은 「현재진」을 경으로 삼는다는 것이다. 어떻게 알아 취하는가? 이근은 단지 현재의 소리만을 취하고, 이세(二世 : 과거와 미래)의 소리는 듣지 못하기 때문이다. 이근과 마찬가지로 나아가 비근도 역시 그러하다. 幾根取三世塵 幾根取現在塵 以偈答曰 內作具有三 十外具三塵 外具取現塵 內取三世塵 〈論〉 內作具有三者 覺慢心三種 是名內作具 不取外塵故 是故立名內 能成就我意方便故 是故說名具 … 外具取現塵者 是十種根現在塵爲境 云何知取 耳根 但取 現世聲 二世不聞故 如耳 乃至 鼻根亦如是"라고 하였다. 〔참고문헌〕『俱舍釋論』, 『金七十論』, *Abh-k-bh.*, *Māṭ-v.36.* ⇨진 塵

현재현겁 現在賢劫 현재의 1대겁. 줄여서 현겁이라 한다. 『화엄경소초』 권40(대정장36, p.305c16)에 "셋째는 곧 부처님 계시거나 부처님 계시지 않기도 하니, 저 과거장엄과 현재현겁과 미래성수에 각각 천불 계심을 이름하여 유불겁이라 하고, 이후 육만이천겁 동안 텅 빈 채로 지나니 부처님 계시지 않아서 무불겁이라 한다. 三卽有佛無佛 如過去莊嚴 現在賢劫 未來星宿 各有千佛 名爲有佛劫 此後六萬二千劫 空過無有佛 名爲無佛劫", 『미륵경유의』(대정장38, p.264b23)에 "삼세겁이 있고 겁마다에 천불이 계시니, 과거장엄겁의 천불과 현재현겁의 천불과 미래성수겁의 천불이시다. 이 삼천부처님은 그 옛날 한결같이 수행하신 뛰어난 인이시기에 차제로 과에 이르셨는데 계시던 곳 부르기를 삼겁이라 한다. 또 현겁천불은 홀로 한 류가 되시지만, 현겁천불 중 앞의 네 부처님은 이미 지나가셨고 이제 미륵은 다섯째 부처님이어서 마땅히 세간에 나오셔서 홍하실 것이다. 有三世劫 劫有千佛 過去莊嚴劫千佛 現在賢劫千佛 未來星宿劫千佛 此三千佛 往昔同修行勝因故 次第致果 在乎三劫 又賢劫佛千 獨爲一類 然賢劫千佛中 前四佛已過 今彌勒是第五佛 當出世興也", 『천태보살계소』 권하(대정장40, p.598c19)에 "삼세천불이라 했으니, 과거와 미래와 현재의 천불께 예를 올림을 이르니, 과거장엄겁 중 처음 화광여래로부터 마지막 비바시불에 이르기까지와 미래성수겁 중 처음 일광여래로부터 마지막 수미상불에 이르기까지와 현재현겁 중 처음 구류손불로부터 마지막 누지여래에 이르기까지다. 言三世千佛者 謂禮過未及現在千佛 過去莊嚴劫中 始自華光如來 終至毘婆尸佛 未來星宿劫中 始自日光如來 終至須彌相佛 現在賢劫之中 始自俱留孫佛 終至樓至如來", 『불조통기』 권1(대정장49, p.138a10)에 "〔술〕 세간에서 칠불이라 말하는 것은 『약왕경』에 준한다. 과거장엄겁의 천불은 처음 화광으로부터 마지막 비사부까지이고 현재현겁은 구류손에서 시작하여 누지에서 끝난다. 이에 비바시부터 비사부에 이르는 세 부처님은 모두 과거장엄겁에 계셨고, 구류손에서 석가에 이르는 네 부처님은 모두 현재현겁에 계시니, 일곱 부처님 앞뒤로 서로 이어지지만 한 겁을 떨어져 있음을 알 수 있다. 述曰 世言七佛者 准藥王經 過去莊嚴劫千佛 始自華光 終毘舍浮 現在賢劫 始俱留孫 終於樓至 是知 毘婆尸至毘舍浮三佛 皆在過去莊嚴劫 拘留孫至釋迦四佛 皆現在賢劫 七佛前後相繼 止隔一劫"라고 하였다. 〔참고문헌〕『華嚴經疏鈔』, 『彌勒經遊意』, 『天台菩薩戒疏』, 『佛祖統紀』. ⇨칠불 七佛❶, 삼겁 三劫❶, 삼천불 三千佛, 현겁천불 賢劫千佛

현재현겁천불 現在賢劫千佛 ❶➡현재현겁천불명경 現在賢劫千佛名經 ❷과거·현재·미래라는 삼겁중에 각기 머무신 천이나 되는 부처님. 『미륵경유의』(대정장38, p.264b23)에 "세번째, 처음과 끝의 시절을 가린다. 저 『현겁경』에서 이른다. '삼세겁이 있고 겁마다에 천불이 있다. 과거장업겁에 천불, 현재현겁에 천불, 미래성수겁에 천불이다. 이 삼천부처님 먼 옛적부터 함께 닦아 행한 뛰어난 인이 한결같기 때문이다'. 第三辨始終時節 如賢劫等經云 有三世劫 劫有千佛 過去莊嚴劫千佛 現在賢劫千佛 未來星宿劫千佛 此三千佛 往昔同修行勝因故", 『법화경지음』 권4(卍속장49, p.574a13)에 "구류손·구나함·가섭·석가불은 현재현겁천불 가운데 최초의 네 부처님에 속한다. 지금 『관경』 문에서 이미 일곱 부처를 말했다. 拘留孫 拘那含 迦葉 釋迦 屬現在賢劫千佛中最初四佛 今觀經文 旣云七佛"라고 하였다. 〔참고문헌〕『彌勒經遊意』, 『法華經知音』. ⇨현겁천불 賢劫千佛

현재현겁천불명경 現在賢劫千佛名經 양록(梁錄)에 실려 있었으며 번역자 미상. 1권. 대정장15, pp.376a6~383b20, No.447a에 수록되어 있다. 『집제불대공덕산 集諸佛大功德山』이라고도 이름하였다. 현재 현겁에 나타나 머무신 천불의 명호를 모두 들게 해서 참회멸죄(懺悔滅罪)하고 부처님의 명호를 부르는(稱念佛) 공덕을 설한 경전이다. 〔참고문헌〕『開元釋敎錄』 권6(대정장55, p.539a17). ⇨천불명경 千佛名經, 삼천불명경 三千佛名經, 천불도 千佛圖

현적 賢寂 Ⓢ Devakṣema 또는 Devaśarman의 한역어. 설일체유부의 대표적인 논서 중 하나인 『식신족론』의 저자 제바설마. 『구사론소』 권1(대정장41, p.466b14)에 "불멸후 일백 년 중에 제바설마가 『식신족론』 7천송을 지었다〈현적이라 한다〉. 佛涅槃後 一百年中 提婆

設摩 造識身足論 七千頌〈此云賢寂〉"라고 하였다. 〔참고문헌〕『俱舍論疏』. ⇨ 제바설마 提婆設摩 **1**

현전 現前 **1** Ⓢ abhimukha, āmukhī √bhū, pratyakṣa, saṃmukha, Ⓣ mngon-du-phyogs-pa, mngon-sum. 나타나 앞에 있음. 현재전(現在前)이라고도 한다. 80권본 『화엄경』 권27(대정장10, p.146c20)에 "불자여, 보살마하살이 이렇게 보시할 때 일체제불께서 모두 다 나타나 앞에 계신다. 생각하여 아버지 같이 해서 보호해 주신다는 생각 얻기 때문이고, 일체중생이 모두 다 현전하니 청정법에 모두 안주케 하기 때문이며, 일체세계가 모두 다 현전하니 일체불국토 장엄해 청정하기 때문이고, 일체중생이 모두 다 현전하니, 대비심으로 널리 구호하기 때문이다. … 일체세간이 모두 다 현전하니, 광대원을 발하여 미래의 겁이 다하도록 보리를 닦기 때문이고, 일체보살의 피렴 없는 행이 모두 다 현전하니, 헤아릴 수 없이 광대한 마음을 발하기 때문이다. 佛子 菩薩摩訶薩 如是施時 一切諸佛 皆悉現前 想之如父 得護念故 一切衆生 皆悉現前 普令安住 淸淨法故 一切世界 皆悉現前 嚴淨一切佛國土故 一切衆生 皆悉現前 以大悲心 普救護故 … 一切世間 皆悉現前 發廣大願 盡未來劫 修菩提故 一切菩薩 無疲厭行 皆悉現前 發無數量廣大心故", 『구사론』 권7(대정장29, p.37b24 : *Abh-k-bh.*, p.100)에 "앞에서 다섯 가지의 인을 인연성이라고 설하였는데, 두 인은 정히 멸할 때 작용한다. '정히 멸할 때'란 말은 드러난 법이 현재하고 멸이 현전하는 것을 나타내기에 '정히 멸할 때'라 이름한다. 구유인과 상응인은 법 멸하는 위에서 비로소 일어나 작용하는데, 이 두 인이 구생과가 작용하도록 하기 때문이다. 前說五因 爲因緣性 二因作用 於正滅時 正滅時言 顯法現在 滅現前故 名正滅時 俱有相應 於法滅位 方興作用 由此二因令俱生果 有作用故 hetupratyayas tāvat pañcavidha uktaḥ … nirudhyamānaṃ nāma varttamānam. nirodhābhimukhatvāt. tatra sahabhūsaṃprayuktakahetū kāritraṃ kurutaḥ. sahotpanne 'pi phale tayor vyāpāraḥ", "'세 가지 인 정히 생하는 때'란 무슨 말인가? 즉 미래법이 정히 생하는 위를 말하는데, 이 때 생이 현전하기에 '정히 생하는 때'라고 한 것이다. 동류인·변행인·이숙인의 세 가지는 법이 생하는 위에서 작용 비로소 일어난다. 所言三因於正生者 謂未來法於正生位 生現前故 名正生時 同類 遍行 異熟三種 於法生位 作用方興 trayaḥ jāyamāne. jāyamānaṃ nāmānāgatam utpādābhimukham. tatra sabhāgasarvatragavipākahetavaḥ kāritraṃ kurvanti"라고 하였다. 〔참고문헌〕『華嚴經』, 『俱舍論』, *Abh-k-bh.*, *Gaṇḍ-vy.285.*, *Laṅk.41.*, *Sūtr.96.* ⇨ 현재전 現在前, 현전지 現前地 **2** 하계인 욕계(欲界)를 일컫는 말. 『화엄경소초』 권49(대정장36, p.383b29)에 "욕계의 이름이 하인데, 이야말로 현전계다. 색계와 무색계는 상이라 하니, 곧 현전하지 않는 계다. 欲界名下 是現前界 色無色名上是 不現前界"라고 하였다. 〔참고문헌〕『華嚴經疏鈔』. ⇨ 욕계 欲界, 불현전 不現前 **2**

현전 顯典 현교(顯敎)의 경전. 『원형석서』 권4(대장경보편32, p.191c24)에 "밀교의 경전과 현교의 경전이 방에 가득 쌓여 실어나르려면 소가 땀을 흘릴 정도였다. 密墳顯典 充棟汗牛"라고 하였다. 〔참고문헌〕『元亨釋書』.

현전 顯傳 드러나게 해서 전하다. 묵전(默傳)과 상대한다. 『도서』 권상2(대정장48, p.405b18)에 "이렇게 드러내 전함은 배우는 무리가 쉽게 가릴 수 있게 해서 다만 언설로써 의심을 없앤다. 하물며 이미 모양과 말로 이미 족한데 가히 경론 등을 끌어다 증거 삼으랴. 其顯傳者 學徒易辨 但以言說除疑 況旣形言足 可引經論等爲證", 『육조법보단경발』(한불전4, p.739c12)에 "우리들처럼 멀리 떨어진 법손은 이미 몸소 그윽이 전해 받지 못하였으니, 마땅히 이처럼 드러내 법 전하는 문에 의지할 뿐이다. 정성스럽고 실다운 말로 자심이 본래 부처임을 돌이켜 비추어 단상에 떨어지지 않는다면 가히 허물 떠났다고 할 만하리라. 我等雲孫 旣未親承密傳 當依如此顯傳門 誠實之語 返照自心本來是佛 不落斷常 可爲離過矣", 『법집별행록절요』(한불전4, p.763c14)에 "다만 이 현전문은 언설로 의심 없앤 것일 뿐, 친히 그 바탕 증함이 아니니, 어찌 마음 깨친 보살이라 이름할 수 있으리오. 답한다. 앞에서 말하지 않았던가. … 마땅히 알라. 내가 일컫는 마음 깨친 보살이란 비단 언설로 의심을 없앨 뿐만이 아니라 곧바로 공적영지라는 말로써 되짚어 비추는 공 있어야 하리니 반조하는 공으로 생각 여읜 마음 바탕을 얻은 이라야 하리라. 只是顯傳門 言說除疑 非是親證其體 何得名爲悟心之士耶 答 前不云乎 … 當知吾所謂 悟心之士者 非但言說除疑 直是將空寂靈知之言 有返照之功 因返照功 得離念心體者也"라고 하였다. 〔참고문헌〕『都序』, 『六祖法寶壇經跋』, 『法集別行錄節要』. ⇨ 묵전 默傳

현전공양 現前供養 **1** Ⓢ sammukha-pūjā, Ⓣ mngon-sum-du-mchod-pa. 십종공양(十種供養) 중 하나. 눈 앞의 불신(佛身) 등에 올리는 공양. 『대승의장』 권14(대정장44, p.742a25)에 "첫째, 현전공양이란 불신을 친히 마주하거나 지제(탑)에 공양을 베풂이다. 一 現前供養 面對佛身 及與支提 而設供養"라고 하였다. 〔참고문헌〕『大乘義章』, *Bodh-bh.159.* ⇨ 십종공양 十種供養 **2** 부처님과 자신이 다르지 않다고 관하며 베푸는 공양. 『대승지관법문』 권4(대정장46, p.662b27)에 "하나하나의 부처님 앞에서 모두 자신의 몸을 보면서 공양예배함도 또한 현전공양이다. 왜 그런가? 이 마음이 부처를 짓고 이 마음이 그대로 부처이기 때문이다. 一一佛前 皆見己身 供養禮拜者 亦是現前供養 何以故 以是心作佛 是心是佛故"라고 하였다. 〔참고문헌〕『大乘止觀法門』.

현전관찰제행유전우치 現前觀察諸行流轉愚癡 이십이종우치(二十二種愚癡) 중 하나로 현관찰행유전우(現觀察行流轉愚)라고도 한다. 십지(十地) 중 여섯 번째인 현전지(現前地 Ⓢabhimukhī-bhūmi)에서 대치해야 할 두 가지 우치 중 하나. 모든 행(行 Ⓢsaṃskāra : 有爲法)의 유전을 현전해 관할 때의 우치. 『유가사지론』 권78(대정장30, p.730a19)에 "제6지에는 두 우치가 있다. 첫째는 현전관찰제행유전우치고, 둘째는 상다현행우치다. 그리고 저들의 거칠고 무거운 것들이 다스릴 것들이다. 於第六地 有二愚癡 一者 現前觀察諸行流轉愚癡 二者 相多現行愚癡 及彼麤重爲所對治", 『유가론기』 권20(대정장42, p.781c15・한불전14, p.576b23)에 "현전관찰제행유전우치란, 5지에서는 능히 현관할 수 없는 연기이기에 우치라 이름한다. 現前觀察諸行流轉愚癡者 五地不能現觀緣起名愚", 『유가사지론의연』 권31(금장120, p.817b11)에 "〔연〕 여섯 번째로 6지의 두 가지 우치와 한 가지 추중을 밝힌다. 첫째는 현전한 제행유전을 관할 때 생겨나는 우치로 고제와 집제의 유전이 염상이라고 관한다. … 앞의 지 중에서 사제를 관했기에 두 가지 염과 또 두 정 있게 되기에 제6지의 염정이 없는 도를 장애한다. 이 지의 진여에는 염도 정도 없기 때문이다. 演曰 六 明六地二愚一麤重 一者 現前觀察諸行流轉愚癡 卽觀苦集流轉染相 … 由前地中 觀四諦故 有二染二淨故 障六地無染淨道 此地眞如 無染淨故"라고 하였다. 〔참고문헌〕『瑜伽師地論』, 『瑜伽論記』, 『瑜伽師地論義演』. ⇨이십이종우치 二十二種愚癡, 현관찰행유전우 現觀察行流轉愚

현전비나야 現前毘奈耶 Ⓢsaṃmukha-vinaya, Ⓟsammukhā-vinaya. 칠지쟁법(七止諍法) 중 하나인 현전비니(現前毘尼)라고도 한다. 『근본살바다부율섭』 권14(대정장24, p.607b19)에 "〈송〉 현전과 억념, 어리석지 않음과 죄를 구하는 것, 여러 사람이 말하게 하고, 스스로 말하게 하며, 풀로 덮듯 모든 쟁론을 없앤다. 〈율〉 마땅히 '현전비나야'를 베풀어야 한다면 '현전비나야'를 베풀어야 한다. 現前并憶念 不癡與求罪 多人語自言 草掩除衆諍 應與現前毘柰耶 當與現前毘柰耶"라고 하였다. 〔참고문헌〕『根本薩婆多部律攝』, 『集異門足論』 권17(대정장26, p.440c15), *Prāt-m.108*. ⇨현전비니 現前毘尼, 칠멸쟁법 七滅諍法, 칠지쟁법 七止諍法

현전비니 現前毘尼 Ⓢsaṃmukha-vinaya, Ⓟsammukhā-vinaya, Ⓣmngon-sum 'dul-bar. 드러나 함께 있게 해서 법답게 하다. 대중 중에 다툼이 일어났을 때 대중과 다투는 당사자들과 이들을 설득할 법과 율과 부처님 말씀 등을 모두 눈앞에 함께 있게 해서 논쟁 등의 다툼을 사라지게 하는 일을 말한다. 칠멸쟁(七滅諍) 중 하나다. 비니현전(毘尼現前)이라고도 한다. 『식쟁인연경』(대정장1, p.905c6)에 "어떤 것을 현전비니멸쟁법이라 이름하는가? 아난이여, 한 사람이 한 사람을 위하여 법비니를 설하고, 한 사람이 두 사람을 위하여 설하며, 한 사람이 많은 사람을 위하여 설하고, 한 사람이 대중을 위하여 설하는 것이니, 현전은 네 가지로 성취한다. … 대중이 한 사람을 위하여 설하고, … 대중이 대중을 위해 설하니, 이와 같은 것을 이름하길 현전비니멸쟁법이라고 한다. 이 법으로 능히 다투는 일을 쉬어 사라지게 할 수 있다. 云何名爲現前毘尼滅諍法 阿難 所謂一人爲一人說法毘尼 一人爲二人說 一人爲多人說 一人爲大衆說 現前成四 … 大衆爲一人說法毘尼 … 大衆爲大衆說 如是名爲現前毘尼滅諍法 以此法故 能令諍事 而得息滅", 『마하승기율』 권12(대정장22, p.328b22)에 "'어떤 것을 이름하여 현전비니멸이라고 합니까?' 부처님께서 아난에게 말씀하셨다. '비구들이 다투는 일은 법이냐 법이 아니냐, 율이냐 율이 아니냐, 죄냐 죄가 아니냐, 가벼운 죄냐 무거운 죄냐 … 마땅히 지어야 할 갈마인가 지어서는 안 되는 갈마인가 하는 것이다. 아난아, 이와 같은 일이 일어나면 빨리 대중스님들을 모아야 한다. 빨리 대중스님들을 모아서 이 일을 살펴 견주어 보고 법답게 율답게 경의 말씀과 같이 해서 그 사실에 따라 현전비니를 일으켜 없게 하고 사라지게 한다'. 云何名爲現前毘尼滅 佛告阿難 比丘諍事 法非法 律非律 罪非罪 輕罪重罪 … 應作不應作羯磨 阿難 若有如是事起 應疾集僧 疾集僧已 檢校此事 如法 如律 如修多羅 隨其事實 用現前毘尼 除滅", 『오분율』 권23(대정장22, p.154a27)에 "'세존이시여, 다툰다 하니 몇 가지 일로 사라지게 합니까?' 부처님께서는 말씀하셨다. '현전비니와 다인어비니로 사라지게 한다'. 〔문〕 '어떻게 사라지게 합니까?' 〔답〕 '비구와 비구가 다툰다면 … 승가에서는 법과 같이 하고 율과 같이 하고 부처님께서 가르치신 대로 해야 사라진다. 만약 저들이 '이것은 법이고 이것은 부처님의 가르침이다'라고 했을 때, 이것을 받아들이고 견디면 현전비니로 사라졌다고 한다. 무엇을 '현전'이라 하는가? 현전에는 세 가지가 있으니 승현전・인현전・비니현전이다. 무엇을 승현전이라고 하는가? 대중이 화합하여 모이는 것을 승현전이라 한다. 무엇을 인현전이라 하는가? 서로 다투던 사람들이 앞에 있는 것을 인현전이라고 한다. 무엇을 비니현전이라고 하는가? 마땅히 어떤 법과 어떤 율과 어떤 부처님의 가르침으로 해결해야 하는데, 이렇게 해서 사라지게 하는 것을 비니현전이라 한다. 世尊 言諍 以幾事滅 佛言 以現前毘尼 多人語滅 又問 云何得滅 答言 若比丘與比丘諍 … 僧如法 如毘尼 如佛敎滅 若彼言是法 是佛敎 受是忍是 是名現前毘尼滅 何謂現前 現前有三種 僧現前 人現前 毘尼現前 何謂僧現前 僧和合集 是名僧現前 何謂人現前 共諍人現前 是名人現前 何謂毘尼現前 應以何法 以何律 以何佛敎得滅 而以滅之 是名毘尼現前"라고 하였다. [참고문헌] 『息諍因緣經』, 『摩訶僧祇律』, 『五分律』, *Vin.2.74·96.*, *Mvyut.263.* ⇨ 칠멸쟁법 七滅諍法, 비나야 毘奈耶, 율 律, 율장 律藏, 화합중 和合衆

현전사 現前師 눈앞에 계신 전계사(傳戒師). 구족계 수지시에는 삼사칠증(三師七證)으로 현전십사(現前十師)해야 하고, 대승계는 현전의 일사(一師)만으로 가능하다. 『보살계의소』 권상(대정장40, p.569a10)에 "(모두 十八科 중) 일곱 번째, 현전사를 청한다. 第七請現前師", 『선계결』(대정장82, p.616b14)에 "시방일체 보살에게 동학의 평등한 도반이 되어달라고 청하고, 현세의 전계사 한 분에게 청하여 현전사로 모신다. 만약 전계사가 없을 경우 지극한 마음으로 참회한다면 반드시 호상을 얻을 것이니 그때 불상 앞에서 스스로 서원하여 계를 받는다. 請十方一切諸菩薩 爲同學等侶 請現世一傳戒師 以爲現前師 若無傳戒師 至心懺悔 必得好相 於佛像前 自誓受戒"라고 하였다. [참고문헌] 『菩薩戒義疏』, 『禪戒訣』. ⇨ 삼사칠증 三師七證, 전계사 傳戒師

현전삼보 現前三寶 눈앞에 출현하신 삼보. 『불조정전선계초』(대정장82, p.647b1)에 "교수계문에서 말한다. 마땅히 불법승에 귀의해야 한다. 삼보에는 세 가지 공덕이 있다. 일체삼보·현전삼보·주지삼보다. … 현전해서 보리를 증하면 불보라 하고, 부처님께서 증한 법을 법보라 하며, 불법을 배우면 승보라 한다. 이상을 현전삼보라 한다. 敎授戒文云 應歸依佛法僧 三寶有三種功德 所謂一體三寶 現前三寶 住持三寶也 … 現前證菩提 名佛寶 佛所證是法寶 學佛法乃僧寶也 是名現前三寶"라고 하였다. [참고문헌] 『佛祖正傳禪戒鈔』. ⇨ 삼보 三寶, 일체삼보 一體三寶, 주지삼보 住持三寶

현전상주 現前常住 현재 눈앞에 드러난 물건이나 머무는 대중. 결계 밖으로 나가 있거나 장기 출타 후 돌아올 이는 제외되고, 잠시 머무는 객스님 등은 시물을 받을 수 있다. 사종상주(四種常住) 중 하나다. 『석씨요람』 권3(대정장54, p.303a5)에 "셋째 현전상주. 이에 두 가지 있으니 첫째는 물현전이고 둘째는 인현전이다. 다만 이 물은 오직 이곳에 지금 계신 스님들께만 베풀기 때문이다. 三者 現前常住 此有二種 一 物現前 二 人現前 但此物 唯施此處現前僧故", 『사미율의요략술의』 권상(卍속장106, p.369b1)에 "셋째 현전상주는 대중스님이 시물을 얻음에 오직 이곳에 지금 머무는 대중에게만 베풀어 얻을 수 있기 때문이다. 三者 現前常住 謂僧得施物 唯施此處 現前僧得故", 『백장청규증의기』 권6(卍속장111, p.728a5)에 "셋째 현전상주. 이에는 두 종이 있으니, 첫째 물현전, 둘째 승중현전이다. 다만 이 물은 오직 이곳의 현전승중에게만 베풀기 때문이다. 三者 現前常住 此有二種 一 物現前 二 僧衆現前 但此物 唯施此處現前僧衆故也"라고 하였다. [참고문헌] 『釋氏要覽』, 『沙彌律儀要略述義』, 『百丈淸規證義記』. ⇨ 사종상주 四種常住, 현전승물 現前僧物, 사방승물 四方僧物

현전수 現前受 Ⓢ saṃmukhī-bhāva-vedanīyatā, Ⓣ mngon-sum-du-gyur-pa myong-bar-'gyur-ba. 앞에 드러나 있어 받아들임(受). 삼수(苦樂捨)의 경(境)은 동시에 현전할 수 없으므로 한 가지 수만을 따라 수용한다. 오종순수(五種順受 Ⓢ pañcadhā vedanīyatā) 중 하나로 신역어는 현전순수(現前順受)다. 『잡아비담심론』 권3(대정장28, p.896b7)에 "현전수란 현재수다. 저 『대인경』에 '낙수가 현전할 때 두 가지 수는 사라진다'라고 설한다. 現前受者 現在受 如大因經說 若樂受現在前時 二受則滅", 『구사석론』 권11(대정장29, p.237c19)에 "현전수이니, 한 가지만을 따라 상응함을 말한다. 저 경에서 말하기를 '이때 「낙수」를 누리면 이때 다른 두 수 모두 사라져 떠난다'. 왜 그런가. 낙수가 생할 때 나머지 수는 생하지 못하기에 저들 마땅히 이 수를 누릴 수 있고, 만약 현전한다면 능히 받아들인다고 설할 수 있다. 이런 이유로 마땅히 과보를 받게 되고, 참으로 낙업을 받는다고 설할 수 있다. 고 등의 업도 마찬가지다. 現前受 謂隨與一相應 如經言 是時 受樂受 是時中 二受 皆滅離 何以故 是時 樂受生 餘受不得生 由彼應受此受 若現前 可說能受此受 是故 由應受果報 說應受樂業 苦等亦爾"라고 하였다. [참고문헌] 『雜阿毘曇心論』, 『俱舍釋論』, *Abh-k-bh.229.* ⇨ 현전순수 現前順受

현전수기 現前授記 Ⓢ saṃmukha-pudgala-vyākaraṇa. 직접 나타나 기별을 주시다. 사종수기(四種授記) 또는 육종수기(六種授記) 중 하나. 불현전수기(不現前授記)와 대칭한다. 『대반야경』 권300(대정장6, p.524c14)에 "세존이시여! 모든 보살마하살도 이와 같습니다. 만약 이 깊고 깊은 반야바라밀다를 듣고 받아서 지니고 독송하며 뜻대로 사유하고 깊이 신해한다면 이 보살마하살은 비록 부처님께서 눈앞에 나타나시어 주시는 현전수기를 얻지 못할지라도 … 응당 스스로 기별을 받을 날이 멀지 않았음을 알게 될 것입니다. 世尊 諸菩薩摩訶薩 亦復如是 若得聞此甚深般若波羅蜜多 受持讀誦

如理思惟 深生信解 是菩薩摩訶薩 雖未得佛現前授記 … 而應自知受記非遠", 『법화현론』 권7(대정장34, p.421c6)에 "현전수기란 제4권에서 '이 천이백나한에게 내가 이제 눈앞에서 순서대로 수기하겠다'라고 했던 말씀과 같다. 現前授記者 第四卷云 是千二百羅漢 我今現前次第與授記也", 『법화의소』 권8(대정장34, p.566b13)에 "네 번째, 현전수기는 초지 이상에서 무생인을 얻는 것이니, 감히 남이 없게 되리라는 기별 주심을 눈앞에서 받게 된다. 四 現前授記 初地已上 得無生忍 堪爲現前授無生記"라고 하였다. [참고문헌] 『大般若經』, 『法華玄論』, 『法華義疏』, *Sūtr.166.* ⇨ 사종수기 四種授記, 육종수기 六種授記, 불현전수기 不現前授記, 수기 授記

현전순수 現前順受 Ⓢ saṃmukhī-bhāva-vedanīyatā, Ⓣ mngon-sum-du-gyur-pa myong-bar-'gyur-ba. 오종순수(五種順受 Ⓢ pañcadhā vedanīyatā) 중 하나. 지금 드러난 채로 따라 받음. 구역어는 현전수(現前受). 『구사론』 권15(대정장29, p.81b29 : *Abh-k-bh.*, p.229)에 "현전순수란 바로 드러나 움직여 받는 수를 말한다. 마치 계경에서 말하길 '낙수를 누릴 때 두 수는 곧 사라진다. 내지는 자세하게 설한다'. 이 '낙수'가 현재전할 때 그 밖의 다른 수가 이 '낙수'를 누리는 것이 아니고, 단지 '낙수' 자체가 현전함에 의지할 뿐이어서 '낙수를 받는다'고 하는 것이다. 여기서는 단지 이숙순수만을 설할 뿐이니, 업이 능히 수의 이숙을 감하기 때문이다. 비록 '업'과 '수'는 그 체성이 다를지라도 순락수등이라고 할 수 있다. 現前順受 謂正現行受 如契經言 受樂受時 二受便滅 乃至廣說 非此樂受 現在前時 有餘受能受此樂受 但據樂受自體現前 卽說名爲 受於樂受 此中 但說異熟順受 由業能招 受異熟故 雖業與受 體性有殊 而得名爲 順樂受等 saṃmukhībhāvavedanīyatā. yathoktaṃ yasmin samaye sukhāvedanā vartate tasmin punar anyā vedanāsti sa yāṃ tāṃ vedayate. saṃmukhīkurvāṃs tu tāṃ vedayata ity ucyate. ato vipākasya vedanīyatvāt karmāpy ucyate sukhavedanīyam ity evam ādi", 『구사론기』 권15(대정장41, p.245c13)에 "『구사론』의 '현전순수~낙수를 받는다'까지는 무슨 말인가? 즉 현재에 바로 현행하는 수가 현전하여 어김 없으니 현전수순이라 한다. 現前順受至受於樂受者 謂於現在 正現行受 現前不違 名現前順受"라고 하였다. [참고문헌] 『俱舍論』, 『俱舍論記』, 『順正理論』 권40(대정장29, p.569a11), *Abh-k-bh.* ⇨ 현전수 現前受, 오종순수 五種順受, 수 受, 삼수 三受

현전승 現前僧 Ⓟ sammukhī-bhūta saṃgha. 현재 결계(結界) 안에 머무는 대중. 『십송율』 권10(대정장23, p.74a20)에 "부처님께서 왕사성에 계셨는데, 장로 타표역사의 출가한 아들은 벗도 많고 친속도 많아서 음식·의복·와구·의약 따위의 생활용품을 충분히 공양받았다. 그때 마침 타표비구의 의복이 낡았고 거사들은 타표비구를 인으로 해서 많은 대중들에게 음식과 의복을 많이 공양하였고 현전대중은 그 물건들을 마땅히 나누었다. 佛在王舍城 爾時 長老陀驃力士子 多知多識 能致供養 飮食 衣服 臥具 醫藥 資生之具 時陀驃比丘 衣服故壞 諸居士因陀驃比丘故 多與衆僧 飮食衣服 現前僧應分物", 『사분비구니계본주해』 권하(대장경보편8, p.287a8)에 "현전승은 고르게 나눈다. 비록 하위인 사미니일지라도 나뉜 몫을 받는다. 現前僧得均分 雖下至沙彌尼 亦得有分"라고 하였다. [참고문헌] 『十誦律』, 『四分比丘尼戒本註解』, *Vin.1.285.*

현전승가 現前僧伽 Ⓢ Ⓟ sammukhībhūta-saṃgha. 드러나 서로 마주해서 함께 머물며(共住) 포살·자자·갈마를 할 수 있는 대중. 현전승·현재승(現在僧)이라고도 한다. 함께 머무는(共住) 경계를 정하는 결계(結界)를 기준으로 포살·갈마 등이 여법히 성취된다. 율장에서는 승가를 화합승이라 하며, 화합이란 갈마 등을 여법하게 행할 수 있어야 한다. 최소 4인 이상이면 현전승가를 구성할 수 있지만, 갈마에 따라 5인, 10인, 20인 이상 또는 전 대중이 참여해야 하는 등의 차별이 있다. 만일 질병 등으로 참여할 수 없다면 반드시 다른 이에게 위임한다. 『근본살바다부율섭』 권7(대정장24, p.568b26)에 "만약 한 비구가 대중안거 중에 보시물을 얻었다면 즉시 받아서 취하되, 받을 때 마땅히 마음으로 지켜 가져 말해야 한다. '이 옷 지금 여기에 이른 것은 현전승가가 함께 얻은 것이니 나누어야 할 물건이며, 현전승가가 함께 나누어 수용해야 한다'. 若一苾芻獲得大衆安居利物 卽應受取 然受之時 應爲心念守持言 此衣今至是 現前僧伽合得是可分物 現前僧伽合分受用", 『사분율』 권40(대정장22, p.858c6)에 "그때가 어느 주처에 갔을 때라면 현전승이 분배하는 옷을 많이 얻었다. 비구들이 어찌해야 할지 몰라 부처님을 찾아뵙고 사뢰니, 부처님께서 말씀하셨다. '사람의 많고 적음을 헤아려 10명 혹은 20명 내지 100명이라면 (그 수에 따라) 나누어라'. 爾時有往處 現前僧大得可分衣物 諸比丘不知云何往白佛 佛言聽分復不知云何分 佛言 應數人多少 若十人若二十人 乃至百人爲百分"라고 하였다. 현전승가는 사방승가(四方僧伽 Ⓟ āgatānāgata-cātudissa-saṃgha)에 의지해 유지된다. 승가에 베풀어진 보시물 중 음식이나 옷과 같은 가분물(可分物)은 현전승가 차원에서 분배되지만, 정사나 원림과 같은 부동산 등은 분배할 수 없는 사방승가의 소유물이다. *Vin.1*, p.305에 "그중에서 가벼운 승물(僧物)과 자구(資具)는 현전승가에 나누고, 무거운 승물과 자구는 '이미 온, 아직 오지 않은 사방승가'를 위한 것으로 양도하지 않고 나누지도 않는다. yaṃ tattha lahubhaṇḍaṃ lahuparikkhāraṃ taṃ sammukhībhūtena saṅghena bhājetuṃ, yaṃ tattha garubhaṇḍaṃ garuparikkhāraṃ taṃ āgatānāgatassa cātuddisassa saṅghassa avissajjikaṃ avebhaṅgikan ti"라고 하였듯이 현전승가가 행위주체들의 움직이는 공동체라면 사방승가는 상주해 삼세(三世)로 유지되는 현전승가의 토대로서의 위상을 갖는다. [참고문헌]『根本薩婆多部律攝』, 『四分律』, *Vin*・*2.284.*, 平川彰『原始佛教の教團組織Ⅱ』(東京 : 春秋社, 2000) pp.3~83. ⇨ 사방승가 四方僧伽

현전승물 現前僧物 현재 머물고 있는 승가에 보시된 것들. 혹은 현전승들을 위해서 보시된 물을 말한다. 승물은 크게 현전승물과 사방승물(四方僧物)로 구분된다. 현전승물은 음식물이나 약, 옷 등의 당장의 대중분배 가능한 보시물이며, 현전승가이면 동등하게 분배받아 사용하게 된다. 한편 사방승물은 정사나 토지 등의 부동산을 비롯하여 침대나 의자・화병・도끼 등과 같은 중물(重物)을 말한다. 사방승물은 분배하지 않고 공동으로 사용한다. 현전승물이든 사방승물이든 승가에 제공된 보시물은 사적으로 전용하거나 승가 밖으로 나가서도 안 된다. 『보살선계경』 권4(대정장30, p.985a10)에 "만약 부처님을 위한 물・법이라는 물・스님들이라는 물・현전승물을 훔친다면, 이러한 죄의 보 또한 비유하기 어렵다. 왜 그런가. 이러한 죄의 보는 이 생에 받으며 믿지 않는 자의 죄는 무량세에 이른다. 若取佛物法物僧物現前僧物 如是罪報亦不得喩 何以故 如是罪報極至一世 不信者罪至無量世", 『대방등대집경』 권44(대정장13, p.292c8)에 "그때 이 두 용 함께 부처님께 아뢰었다. '세존이시여, 저희들은 언제 이 용의 몸 벗어나 재앙과 죄에서 벗어날 수 있겠습니까?' 부처님께서 용들에게 말씀하시기를 '이 업은 오무간죄 다음가는 아주 무거운 죄이니라. 왜냐하면 사방상주승물이든, 현전승물이든 신심 깊은 신자가 돈독한 마음으로 보시한 물건, 즉 과실, 나무, 원림, 음식, 생활에 필요한 침구, 깔개, 질병을 위한 탕약 등 모든 필수품을 사적으로 가져가 사용하거나 가지고 밖으로 나가서 지인이나 친척, 속인에게 준다면, 이 죄는 아비지옥에서 받는 과보만큼 무거우니라'. 時此二龍俱白佛言 世尊 我等久近 離此龍身解脫殃罪 佛告龍言 此業大重次五無間 何以故 若有四方常住僧物或現前僧物 篤信檀越重心施物 或華 或果 或樹 或園 飮食 資生 床褥 敷具 疾病湯藥一切所須 私自費用或持出外乞與知識親里白衣 此罪重於阿鼻地獄所受果報"라고 하였다. [참고문헌]『菩薩善戒經』, 『大方等大集經』.

현전심 現前心 십지심(十地心) 중 하나인 보살십지(菩薩十地) 중 여섯 번째 위인 현전지(現前地)의 마음. 『영락본업경』 권상(대정장24, p.1014c16)에 "십지심이란 무엇인가? 첫째 사무량심 … 여섯째 현전심 … 열째 수위심이다. 十地心者 一 四無量心 … 六 現前心 … 十 受位心"라고 하였다. [참고문헌]『瓔珞本業經』. ⇨ 십지심 十地心, 현전지 現前地

현전인 現前人 ❶ 대중 중에 드러나 있는 사람. 『유부백일갈마』 권9(대정장24, p.495c25)에 "승가(僧伽 Ⓢ saṃgha : 和合僧) 즉 대중으로서 얻는 이로움이란 무엇인가? 이는 결정된 것으로서 나눠 구분함이 없는 것이다. 이 물건을 시주가 가지고 와서 승가에 베풀겠다고 결정을 내렸지만, 나아가 이것은 하안거 사람에게 주고, 이것은 '현전인'에게 준다고 분별하지 않았다면, 이 물건(의 처분)에 대해 마땅히 시주에게 물어보아야 한다. 僧伽所得利者 謂是決定 然無分局 此物施主 將來決定 施與僧伽 就中 不爲分別 此與夏安居人 此與現前人 此物 應問施主"라고 하였다. [참고문헌]『有部百一羯磨』. ❷ 갈마 등의 경우 반드시 참여해야 할 당사자들. 인현전(人現前). 거사인(擧事人)과 유사인(有事人)의 무리와 함께 모이는 것을 말한다. 『삼부율초』(대정장85, p.682c11)에 "다인어비니의 멸에는 세 가지가 있으니, 현전인・현전법・현전비니이다. 多人語毘尼滅有三種 現前人現前法 現前毘尼", 『십송율』 권20(대정장23, p.144b24)에 "이 달뢰타 마땅히 판단한 일을 받아야 하니 법과 비니(Ⓢ vinaya : 律)와 부처님의 가르침과 같이해서 현전에서 (是非를) 없애 사라지게 한다. 한 가지 비니를 쓰면 현전비니라고 한다. 어떤 것이 현전인가? 현전비니에는 두 가지가 있으니 인현전과 비니현전이다. 인현전이란 일을 일으킨 거사인과 이 일과 관련된 유사인을 따르고 돕게 해서 함께 한 곳에 모이는 것을 말하며, 비니현전이란 법답게 비니답게 부처님 말씀과 같이해서 쟁사 등을 끝나게 하는 것을 비니현전이라고 한다. 是闥賴吒應受 是所斷事 如法 如比尼 如佛敎 現前除滅 用一比尼 所謂現前比尼 何等現前 現前有二種 人現前 比尼現前 人現前者 謂有隨助 擧事人 及有事人 共集一處 比尼現前者 如法 如比尼 如佛敎 斷是事 是名比尼現前"라고 하였다. [참고문헌]『三部律抄』, 『十誦律』. ⇨ 현전비니 現前毘尼, 비니현전 毘尼現前

현전지 現前地 Ⓢ abhimukhī bodhisattva-bhūmiḥ, abhimukhī-bhūmi, abhimukhī, Ⓣ mngon-du-gyur-ba. 보살십지(菩薩十地) 중 제6지. 음사어는 아비목거보(阿比目佉普)이고, 현재지(現在地)・목현지(目見地)라고도 한다. 『십지경』 권9(대정장10, p.573a1 : *Daś-bh.*, p.66)에 "현전지 중에서 연기심심의 뜻을 관찰한다. 現前地中 觀察緣起甚深理故 abhimukhyāṃ b odhisattvabhūmau pratītyasamutpādapratyavekṣaṇaduravagāhagāmbhīryataḥ", 『능엄경』 권8(대정장19, p.142c15)에 "무위인 진여의 성이 깨끗해 밝게 드러남을 현전지라 한다. 無爲眞如 性淨明露 名現前地", 『십주비바사론』 권1(대정장26, p.23a15)에 "모든 보살이 행하는 법들 모두 드러나 앞에 있으니 현전지라 한다. 諸菩薩道法 皆現在前 故名現前地", 『성유식론』 권9(대정장31, p.51a28)에 "여섯째, 현전지는 연기지에 머물면서 무분별의 가장 뛰어난 반야를 이끌어 앞에 나타나게 한다. 六現前地 住緣起智 引無分別 最勝般若 令現前故"라고 하였다. [참고문헌] 『十地經』, 『楞嚴經』, 『十住毘婆沙論』, 『成唯識論』, *Daś-bh.*, *Sūtr.182.*, *Mvyut.31.* ⇨ 대승보살십지 大乘菩薩十地, 보살십지 菩薩十地

현전지 대방광불화엄경권제삼십칠
호림박물관 고려14세기

현절나변인 玄絶那邊人 사무쳐 모든 것 끊은 저편의 사람. 『백장어록』(고존숙어록1, 卍속장118, p.170b14)에 "말할 것 없이 곧바로 생사의 저편에 있는 사람이요, 더 할 것 없이 그윽해 모든 것 끊은 저편의 사람이지만, 돌이켜 이편 언덕 향해서 함께 부처로 살 뿐이다. 直是生死那邊人 直是玄絶那邊人 却來向者岸 與麼作佛"라고 하였다. [참고문헌] 『百丈語錄』.

현정 玄挺 당대 우두종(牛頭宗) 오조지위(五祖智威)의 제자. 안휘성 안국사(安國寺)에 주석했으므로 안국화상이라고도 불린다. 화엄종 징관(澄觀)에게 우두선을 전했다. [참고문헌] 『景德傳燈錄』 권4(대정장51, p.229b22), 『聯燈會要』 권2(卍속장136, p.465a9).

현정 賢正 조선후기 해남 대흥사 스님. 휘는 현정(賢正)이고, 호는 풍계(楓溪). 당대 유명한 화원(畵員 : 佛母)으로서 광주(光州) 무등산(無等山) 원효사(元曉寺)에 주석하던 중에 본사인 대흥사에 옥돌로 1천불상을 조성하여 모실 큰 원력을 세우고, 완호윤우·인봉덕준(仁峰德俊)·호의시오(縞衣始悟 1778~1868) 등과 함께 1817년(순조17) 경주 기림사(祇林寺)로 가서 남산의 옥돌로 4·5세의 동자 크기의 천불좌상(千佛坐像)을 조성하였고, 홍원상선(洪原商船)과 완도선(莞島船) 두 척에 각각 768존, 232존을 나누어 모시고 완도를 향해 가다가 오륙도 인근 해상에서 풍랑을 만났다. 작은 완도선은 다행히 파도에 밀려 동래 앞바다에 정착하였으나, 768존을 실은 홍원상선은 11일 동안 표류하면서 일본의 장기도(長崎島)·축전주(筑前州) 등에 머물게 되었다. 마침내 정부로부터 귀환허가 등을 받아내 1818년 6월 17일에 일본을 떠나 같은 해 7월 15일에 대흥사로 돌아왔다. 스님이 스스로 기록한 표류일정 『기풍계선사현정표해록 記楓溪禪師賢正漂海錄』은 한불전10, pp.710~718에 있다. [참고문헌] 『日本漂海錄』, 『東師列傳』 권4 「玩虎講師傳」(한불전10, p.1032b12).

현정 顯正 바른 뜻 드러내다. 파사(破邪)와 함께 쓴다. 『속화엄경약소간정기』 권5(卍속장5, p.182a10)에 "현정이란, 이 부처님의 신통은 바탕 같은 업의 활동일 뿐이니, 머무름 그대로 떠남이고 떠남 그대로 머무름이다. 머무름이란 체 어디나 있음이고, 떠남인즉 용 써서 응함이다. 顯正者 此佛神通 同體業用 卽住是去 去卽是住 住是體遍 去是用應", 『팔종강요초』 권하(대장경보편32, p.65a11)에 "파사 그 밖에 따로 현정이란 없다. 파사 이미 다해서 얻을 것 없으니 얻은 것 이미 없다면 말과 분별 의탁할 곳도 없다. 그러나 삿된 것 부수고 마주해서는 바른 것 드러나 있게 된다. 破邪之外 無別顯正 破邪已盡 無有所得 所得旣無 言慮無寄 然對破邪故 亦有顯正"라고 하였다. [참고문헌] 『續華嚴經略疏刊定記』, 『八宗綱要鈔』. ⇨ 파사현정 破邪顯正

현정기 顯正記 ➡ 반야심경현정기 般若心經顯正記, 반야바라밀다심경약소 般若波羅蜜多心經略疏

현정론 顯正論 조선전기 득통기화(得通己和 1376~1433) 지음. 1455년(세조1) 간행했다. 백운산(白雲山) 초천사(招川寺) 1526년(중종21) 간행본을 저본으로 한 것이 한불전7, pp.217a1~225c5에 있다. 유교에서 주장하는 불교배척의 삿된 이론을 낱낱이 척파하고, 불교의 바른 도리를 드러낼 목적에서 지은 책이다. 하지만 표면적으로 드러낸 논리와 주장은 유교와 불교 다르지 않다는 취지에 충실하다. 불교의 오계(五戒)는 유교의 오상(五常)과 다르지 않다 하는 등의 예를 들었고 무부무군(無父無君) 따위를 내세워 불교가 현세도피적이라는 비판에 반론을 들어 설득하고자 했다.

현조 玄照 당대 인도로 구법(求法)한 스님. 『해동고승전』 권2 유통(流通)2에 의하면, 현조는 신라(新羅)의 고사(高士)로 신라 스님 혜륜(惠輪)·현각(玄恪)과 함께 인도로 갔으며 현각과 더불어 인도의 대각사(大覺寺)에 머물렀으나 마친 곳을 알 수 없다고 하였다. 반면 『대당서역구법고승전』 권상(대정장51, p.1b26)에 "사문 현조법사는 태주(太州)의 선장(仙掌:陝西省 華陰縣) 출신이다. 범어 이름은 반가사말지〈조혜라고 한역함〉이며, 그의 할아버지와 아버지는 대대로 벼슬을 하였다. 총각일 때 비녀를 뽑고 세속을 떠났으며, 성인이 되어 성인의 자취를 순례하려고 하였고, 마침내 경사로 가서 경론을 들었다. 정관년간(627~649)에는 대흥선사 현증법사의 거처에서 처음으로 범어를 배웠다. 沙門 玄照法師者 太州 仙掌人也 梵名般迦舍末底〈唐言 照慧〉 乃祖乃父 冠冕相承 而總髻之 秋 抽簪出俗 成人之歲 思禮聖蹤 遂適京師 尋聽經論 以貞觀年中 乃於大興善寺 玄證師處 初學梵語"라고 하였다. 이후 황제의 명령을 받고 두 차례 인도로 갔다가 60여 세의 나이로 중인도의 암마라파국(菴摩羅跛國)에서 병을 얻어 입적했다고 전한다. 이를 근거로 『해동고승전』에 현조가 신라 스님으로 서술되었고, 『조선불교통사』에서 이를 옮겨 적었기에 신라의 스님으로 서술한다. [참고문헌] 『大唐西域求法高僧傳』, 『海東高僧傳』, 『朝鮮佛教通史』.

현조 玄藻 유송(劉宋)대 비구니. 속성은 로(路). 오군(吳郡:江蘇) 출신. 열 살에 병이 들어 태현대사(太玄臺寺) 법제(法濟)스님이 그 아버지에게 권유하여 관음재(觀音齋)를 베풀어 7일이 경과하자 효험을 보고 출가시켰다. 태현대사에 머물며 『법화경』을 독송하며 37년 동안 한결같이 수행했으나 439년(원가6)에 종적이 묘연하여 간 곳을 아무도 알 수 없었다. [참고문헌] 『比丘尼傳』 권2(대정장50, p.938a28).

현족 玄族 Ⓢ sagotra. 같은 족성의 후예들. 『불소행찬』 권3(대정장4, p.22b14 : *Buddh-c.*, p.128)에 "감자월광족의 후손은 저 고요한 숲에 이르러 무니 큰 선인인 아라람에게 공손히 나아갔네. 가람현족의 아들은 멀리서 보살이 오는 것을 보고 큰 소리로 멀리서 찬탄하고 위로하면서 '잘 오셨소'라고 하였네. 甘蔗月光胄 到彼寂靜林 敬詣於牟尼 大仙阿羅藍 迦藍玄族子 遠見菩薩來 高聲遙讚歎 安慰言善來 tataḥ śamavihārasya muner ikṣvākucandramāḥ, arāḍasyāśramaṃ bhheje vapuṣā pūrayann iva. sa kālāmasagotreṇa tenālokyaiva dūrataḥ, uccaiḥ svāgatam ity uktaḥ samīpam upajagmivān"라고 하였다. [참고문헌] 『佛所行讚』, *Buddh-c.*

현종 玄宗 깊어 으뜸으로 섬겨야 할 가르침. 불교를 달리 이르는 말이다. 『주유마힐경』 「승조서 僧肇序」(대정장38, p.327b8)에 "언제나 깊어 으뜸인 뜻이 역자에 의해 추락할까 염려하였다. 常恐玄宗 墜於譯人", 『백론소』 권하(대정장42, p.301c6)에 "이 품(破空品)이야말로 이 『백론』의 깊은 으뜸의 뜻일 뿐만 아니라 방등의 골수이기도 하다. 此品非但是一論之玄宗 亦方等之心髓"라고 하였다. [참고문헌] 『注維摩詰經』, 『百論疏』.

현종 顯宗 **1** 현교에서 으뜸으로 섬기는 종지. 밀종(密宗)에 상대한다. 『계람습엽집』(대정장76, p.504c22)에 "둘째 현종이란, 천태원돈교행은 다른 종의 다른 행과는 같지 않다. 교관일치를 종지로 삼고 신법이 서로 돕는 깊은 뜻이다. 第二顯宗者 凡天台圓頓教行者 不似餘宗餘行 爲教觀一致宗旨信法相資深義也", 『십주심론초』 권하(대정장77, p.669a17)에 "이 글은 오직 무진법계의 성해원융을 말한 것이니 현종의 지극함이다. 此文唯是無盡法界性海圓融者 卽顯宗之至極也"라고 하였다. [참고문헌] 『溪嵐拾葉集』, 『十住心論抄』. **2** 992~1031. 재위 1010~1031. 고려 제8대 임금. 현종인 원문대왕(元文大王)이다. 휘는 순(詢), 자는 안세(安世)니 태조의 손자이며 안종(安宗) 욱(旭)의 아들이다. 어머니는 효숙왕후(孝肅王后) 황보(皇甫)씨니 992년(성종11) 7월 1일(壬辰日)에 태어났다. 어릴 때 이미 대량원군(大良院君)으로 봉해졌다. 12세 때 목종의 어머니인 천추태후가 자기소생을 후계의 왕으로 옹립하려 대량원군을 핍박하고 강제로 스님이 되게 하여 숭교사(崇教寺)에 있다가 다시 삼각산 신혈사(神穴寺)로 쫓겨 갔으며, 음식을 보내 죽이려고까지 하였다. 이러한 인연으로 불교에 대한 신심이 돈독하여 많은 불사를 봉행하는 등 불교를 더욱 홍왕케 하였으니, 연등회(燃燈會)와 팔관회(八關會)를 부활시켰으며, 경남 사천에 있던 아버지 안종의 능을 거란난(契丹亂)이 끝난 후 개성 영추산(靈鷲山:一名 金身山)으로 이장하고 부모의 명복과 국리민복(國利民福)을 위하여 능의 부근에 현화사(玄化寺)를 창건하여 7층탑·대범종(大梵鐘)·대법고(大法鼓) 등을 갖추는 한편, 반야보(般若寶)를 조직해 반야부 600권을 판각하였으니 이것이 고려 초조대장경판(初彫大藏經板)의 효시가 되었다. 시호는 원문(元文), 능호는 선릉(宣陵)이니 개성에 있다. [참고문헌] 『高麗史』 권4 「世家」 권4·5, 『高麗史節要』 권3, 『伽山學報』7 pp.236~295. ⇨ 신혈소군 神穴小君

현종파집 顯宗破執 으뜸의 뜻을 드러내 붙들려 있는 것들 부수다. 『도서』 권상1(대정장48, p.400b19)에 "법이야말로 나의 마음이므로 다만 이심전심불립문자로써 종을 드러내 붙들려 있는 것들 부술 뿐이다. 그 때문에 이 말이 있는 것이지, 문자를 떠나서 해탈을 말하려는 뜻은 아니다. 法是我心故 但以心傳心不立文字 顯宗破執 故有斯言 非離文字 說解脫也"라고 하였다. [참고문헌] 『都序』. ⇨ 파사현정 破邪顯正

현좌 賢坐 Ⓢ bhadrāsana. 밀교작법에서 쓰는 좌법.

항복법이나 경애법을 닦을 경우 이 좌법을 행한다. 『준제다라니경회석』 권2(卍속장37, p.473b2)에 "이는 섭소경애법이니 이 작법을 행하는 이는 붉은 옷을 입고 서쪽을 향하여 두 무릎을 수직으로 나란하게 하니 이를 현좌라 한다. 是名攝召敬愛法 作此法者 身著赤衣 面向西豎二膝並脚 名爲賢坐"라고 하였다. 〔참고문헌〕『準提陀羅尼經會釋』, *Lal-v.29·99.*

현주 玄住 자세한 전기는 알 수 없다. 호는 침허(枕虛), 휘는 현주. 경허(鏡虛)스님의 다섯 수제자(枕虛玄住 水月音觀 慧月慧明 滿空月面 漢巖重遠) 중 한 스님이다. 밀양 표충사에 오랫동안 주석하다가 입적하였다. 〔참고문헌〕『鏡虛法語』.

현주 玄珠 그윽해 알기 어려운 구슬. 찾아 말하기 어려운 진실의 가르침인 불법 등을 비유한다. 『심부주』 권1(卍속장111, p.27a2)에 "황제가 적수에서 잃어버린 현주를 찾고 있었다. 이루라는 신하는 백보 거리에서도 터럭끝을 보는 이지만 아무리 찾아도 찾지 못했는데, 마침내 망상이 찾아냈다. 망상이란 곧 무심이다. 그러므로 「농주음」에 이르길 '망상은 무심하여 도리어 현주를 찾았으니, 능히 보고 능히 듣는다 하는 것이야말로 헛되고 거짓되다'라고 읊었다. 黃帝於赤水求玄珠 有臣離婁 百步能觀毫末 求之不得 乃罔象而得之 罔象卽無心也 故弄珠吟云 罔象無心却得珠 能見能聞是虛僞"라고 하였다. 〔참고문헌〕『心賦注』. ⇨ 망상 罔象

현주부 賢胄部 Ⓢ Bhadrayānīya, Bhadrāyanīya, Bhadrayānika, Ⓟ Bhaddayānika. 소승이십부(小乘二十部) 중 한 부파. 현(賢)은 부주(部主)의 이름이고, 주(胄)는 후예의 뜻이다. '현'이라는 아라한을 따르는 사람들을 가리키므로 이렇게 부른다. 발다여니여(跋陀與尼與)·발다라야니(跋陀羅耶尼)·다리라야니(多梨羅耶尼)라고 음사하며, 현승부(賢乘部)·현부(賢部)라고도 한역한다. 『이부종륜론』·*Dīpavaṃsa*(島史)·*Mahāvaṃsa*(大史)·*Mahābodhivaṃsa*(大菩提樹史)에 의하면 독자부(犢子部 Ⓢ Vāṭsīputrīya)로부터 파생된 지파(支派)라고 한다. 『구사론소』 권1(대정장41, p.458b24)에 "독자부로부터 네 부파가 유출되었다〈첫째 법상부, 둘째 현주부, 셋째 정량부, 넷째 밀림산부이다〉. 從犢子部 流出四部〈一 法上部 二 賢胄部 三 正量部 四 密林山部〉", 『이부종륜론』 권1(대정장49, p.15b11)에 "설일체유부(Ⓢ Sarvāstivādin)로부터 하나의 부파가 유출되었으니, 독자부라고 한다. 그 다음 삼백 년쯤에 독자부로부터 네 부파가 유출되었으니, 첫째는 법상부, 둘째는 현주부, 셋째는 정량부, 넷째는 밀림산부이다. 從說一切有部 流出一部 名犢子部 次後於此 第三百年 從犢子部 流出四部 一 法上部 二 賢胄部 三 正量部 四 密林山部"라고 하였다. 〔참고문헌〕『俱舍論疏』, 『異部宗輪論』, 『異部宗輪論疏述記』(卍속장83, p.467a8). ⇨ 현부 賢部[2], 현승부 賢乘部, 발다라야니부 跋陀羅耶尼部, 독자부 犢子部, 소승이십부 小乘二十部

현준 賢俊 신라 스님. 현준(賢儁·玄準)이라고도 쓴다. 화엄학의 거장이었으며 별호는 대승원(大乘遠). 의상(義相)계에 속하면서 법장(法藏)을 흠모하여 884년(헌강왕10)에 결언(決言)과 함께 고종남산엄화상보은사회(故終南山儼和尙報恩社會)를 조직하였고, 886년(정강왕1)에 선왕인 헌강왕의 천도법회에서 왕의 청으로 『화엄경』을 강설하고 헌강왕을 위한 화엄결사(華嚴結社)를 건의하였다. 진성여왕(887~897) 때 최치원(崔致遠)이 가야산 해인사(海印寺)에 은거하였을 때 현준·정현(定玄)과 깊은 도우(道友)를 맺었다. 최치원과 관련하여 『법장화상전』(대정장50, p.285c11·한불전3, p.776b17)에는 사형(師兄), 『삼국사기』 권46 열전(列傳) 6 최치원에는 모형(母兄)이라 하였다. 「고종남산엄화상보은사회원문 故終南山儼和尙報恩社會願文」(『원종문류』 권22·한불전4, p.645a17)에 "20년 후 전업제자 결언과 대덕 현준 등이 지의 촛불을 높이 지피고 혜의 등불을 이어 밝혔다. 天周二十季後 有傳業弟子大德決言大德賢儁等 高焦智燭 繼炤慧燈", 「상재국척대신등봉위헌강대왕결화엄경사원문 上宰國戚大臣等奉爲獻康大王結華嚴經社願文」(『불국사지』「불국사고금창기 佛國寺古今創記」)에 "보은에 도연을 맺고 추복에 법회를 여는 것 만함이 없다 여기고 마침내 별대덕 현준에게 『화엄경』을 강설케 하였다. 以爲報恩 莫如結道緣 追福莫如興會 遂敎別大德賢俊講華嚴經"라고 하였다. 〔참고문헌〕『法藏和尙傳』, 『三國史記』, 『圓宗文類』, 『佛國寺誌』(亞細亞文化社, 1983) p.59, 李智冠 『伽倻山海印寺誌』 p.925. ⇨ 정현 定玄, 고종남산엄화상보은사회원문 故終南山儼和尙報恩社會願文, 화엄사 華嚴社

현중 玄中 중국 남북조(南北朝)대 스님 담란(曇鸞 476~542)의 호. 만년에 분주(汾州) 북산(北山) 벽곡(壁谷)의 현중사(玄中寺 : 玄忠寺)에 머문 까닭에 유래한 이름이고, 현충(玄忠) 또는 벽곡(壁谷)이라고도 한다. 〔참고문헌〕『蓮宗寶鑑』 권4(대정장47, p.322a23), 『佛祖統紀』 권27(대정장49, p.271c6), 『法苑珠林』 권5(대정장53, p.304b11), 『選擇傳弘決疑鈔』 권1.

현중곡 玄中曲 깊은 저곳의 노래. 무생곡(無生曲)과 통한다. 『경덕전등록』 권29 「십현담 十玄談」(대정장51, p.455c17)에 "은근히 현중곡 부르게 해서 허공중에 달빛 집어낼 수 있는가? 殷勤爲唱玄中曲 空裏蟾光撮得麽"

라고 하였다. 〔참고문헌〕『景德傳燈錄』.

현중명 玄中銘 당대 동산양개(洞山良价) 지음. 회호완전(回互宛轉)·사리쌍명(事理雙明)·체용무체(體用無滯)라는 종지를 도인의 행동거지에 의탁하여 지은 사언오륙구(四言五六句)의 명. 「서 序」가 붙어 있다. 『동산어록』(대정장47, p.515b11)에 수록되어 있다.

현중명주 玄中銘註 고려 때 종담(宗湛) 지음. 1권. 국립도서관과 성암문고(誠庵文庫)에 소장되어 있다. 동산(洞山)의 『현중명』을 풀이한 주석서. 저자에 대해서는 알 수 없고 다만 서문에 1205년(태화5)이라 하여 저자의 활동연대만을 추정할 뿐이다.

현중사 玄中寺 중국 산서성(山西省) 교성(交城) 서북쪽으로 15km 지점의 석벽산(石壁山) 남쪽에 있는 절. 정토종 도량으로 현충사(玄忠寺)라고도 한다. 지금은 대룡산석벽영녕현중선사(大龍山石壁永寧玄中禪寺)라 불린

다. 북위(北魏)대인 472년(연홍2) 정토종의 담란(曇鸞)이 짓기 시작하여 476년(승명1)에 완성하였다고 하나, 창건기록은 다르게 전한다. 수말 도작(道綽)과 당대 선도(善導)가 주지를 이어서 맡았고, 일본의 친란(親鸞)도 이 절을 조정(祖庭)으로 삼았다. 〔참고문헌〕『唐高僧傳』 권6 「曇鸞傳」(대정장50, p.470c4), 『淨土往生傳』 권중 「道綽章」(대정장51, p.118a20), 『大淸一統志』 권97.

현중적 玄中的 저 깊고 그윽한 중에도 분명히 드러난 것. 『운문광록』 권상(대정장47, p.546a12)에 "물었다. '무엇이 저 깊은 중에서도 분명한 것입니까?' '축!' 問 如何是玄中的 師云 㘞", 『경덕전등록』 권13 「수산성념전 首山省念傳」(대정장51, p.304b25)에 "물었다. '저 그윽한 중에 분명한 뜻 무엇입니까?' '할 말이 있거든 해야만 한다' '이 뜻은 무엇인지요' '말이 없으면 귀신도 화낸다'. 問 如何是玄中的 師曰 有言須道却 僧曰 此意如何 師曰 無言鬼也瞋"라고 하였다. 〔참고문헌〕『雲門廣錄』, 『景德傳燈錄』. ⇨ 적적대의 的的大意

현중지 玄中旨 깊고 아득한 중에도 드러나는 뜻. 『공곡집』 95칙 「송 頌」(卍속장117, p.634a12)에 "가벼운 맘으로 상대에게 저 깊은 뜻 물었더니〈잘못 헤아리지 마라〉, 문득 간장 다 토해내어 그에게 말해주었네〈마음 곧으면 말 또한 시원하다〉. 輕輕人問玄中旨〈莫錯商量〉 便吐肝腸說與他〈心直口快〉", 『연등회요』 권15 「유청장 惟淸章」(卍속장136, p.677b13)에 "종래로 깊은 뜻에 떨어진 적 없었는데, 오늘은 어찌 구르는 곳마다 아득한지. 從來不墮玄中旨 今日那言轉處幽"라고 하였다. 〔참고문헌〕『空谷集』, 『聯燈會要』.

현중현 玄中玄 ➡삼현삼요 三玄三要

현증 現證 Ⓢ sākṣāt-kriyā, abhisaṃ-√budh, abhisaṃbodhana, abhisamaya, abhisaṃbodhi, Ⓣ brt son-pa. 드러나 여지없이 알게 되다. 『방광대장엄경』 권4(대정장3, p.560a21 : *Lal-v.*, p.89)에 "파(頗)자 부 때 과 얻어 현증에 드는 소리를 내며, … 사(娑)자 부를 때 일체지 드러나 분명히 아는 소리를 낸다. 唱頗字時 出得果入現證聲 … 唱娑字時 出現證一切智聲 phakāre phalaprāptisākṣātkriyāśabdaḥ … sakāre sarvajñajñānābhisaṁbodhanaśabdaḥ", 『대보적경』 권3(대정장11, p.15c14)에 "가섭이여, 내가 이제 너를 위하여 비유로 자세하게 설하겠다. 이런 비유로 말미암아 모든 지혜로운 사람들은 그 말하는 뜻을 능히 풀어 분명히 안다. 이러한 갖가지의 행하기 어려운 고행으로 능히 보리를 얻는데, 항하 모래알처럼 많은 겁에 쉬지 않아야 한다. 만약 항하사겁에 익혀 쉬지 않은즉 무상보리를 드러내 여지없이 깨우칠 것이니, 이와 같이 견고한 마음을 일으켜 세력을 삼았으니, 부지런히 힘써 결코 아누다라삼막삼보리를 놓지 않아야 한다. 迦葉 我今爲汝 宣說譬喩 由此喩故 諸有智人 而能解了 爾所說義 由是種種 難行苦行 能得菩提 於恒河沙劫 不應休廢 若於恒河沙劫 學不休廢 則能現證 無上菩提 應發如是 堅固之心 以爲勢力 以作策勤 終不捨離 阿耨多羅三藐三菩提"라고 하였다. 〔참고문헌〕『方廣大莊嚴經』, 『大寶積經』, *Lal-v.*, *Pañca-pr.267.*, *Laṅk.161.*, *Ht.42.*

현증삼마야 現證三摩耶 드러내 깨우치는 삼매야. 진언 행자가 본서(本誓)에 상응해 얻은 삼매다. 『금강정경』 권상(대정장18, p.208b9)에 "이때 세존이신 비로자나여래께서 오래지 않아 일체여래보현심을 현증해 등각하시고 일체여래허공발생대마니보의 관정을 획득하셨으며 일체여래관자재법지의 피안을 얻으셨다. … 자신을 가지하여 일체여래보현마하살타삼매야에 들어 살타가 가지한 금강삼마지를 출생하였다. 일체여래대승의 현증삼마야는 일체여래의 마음이라 하니 자심을 좇아 출생한 것이다. 爾時 世尊毘盧遮那如來 不久現證等覺一切如來普賢心 獲得一切如來虛空發生大摩尼寶灌頂 得一切如來觀自在

法智彼岸 … 於自身加持 卽入一切如來普賢摩訶菩提薩埵三昧耶 出生薩埵加持金剛三摩地 一切如來大乘現證三昧耶名一切如來心 從自心出", 『반야이취석』 권상(대정장19, p.609b18)에 "보살이 이 대승을 이어 받음으로써 무상정등보리를 증득한다. 현증이란 유가사가 증한 삼마지의 경계다. 삼마야란 본서를 말한다. 이는 시라고도 하고 기계라고도 하니 만다라의 다른 이름이다. 由諸菩薩承此大乘 證得無上正等菩提 現證者 瑜伽師所證三摩地境也 三昧耶者 名爲本誓 亦名時亦名期契 亦爲曼荼羅之異名"라고 하였다. [참고문헌] 『金剛頂經』, 『般若理趣釋』.

현증삼매대교왕경 現證三昧大教王經 Ⓢ Sarvatathāgatatattvasaṃgraha-nāma-mahāyānasūtra, Ⓣ de-bzhin-gshegs-pa thams-cad-kyi de-kho-na-nyid bsdus-pa shes-bya-ba theg-pa chen-po'i mdo. 30권. 송대 시호(施護 Ⓢ Dānapāla) 등 한역. 온전한 이름은 『일체여래진실섭대승현증삼매대교왕경 一切如來眞實攝大乘現證三昧大教王經』. 대정장18, pp.341a3~445b1, No.882에 수록되어 있고, 티베트역본(北京版 No.112)도 전한다. 『금강정경유가십팔회지귀 金剛頂經瑜伽十八會旨歸』 중 초회에 해당하여 초회금강정경(初會金剛頂經)이라는 이름으로 불린다. 금강계만다라와 그 의궤를 설명하는 내용이다. 동본이역인 불공(不空) 역 『금강정경 金剛頂經』이 이 경의 「금강계품」에 해당하는 부분역이고, 『금강정유가중약출염송경 金剛頂瑜伽中略出念誦經』이 약출된 것과 달리 『금강정경』의 초회(初會)에 해당하는 『진실섭경 眞實攝經』의 한역본 중 가장 완전한 형태를 갖추고 있다. 내용은 크게 5품으로 구성되어 있는데 첫째 금강계품(金剛界品), 둘째 항삼세품(降三世品), 셋째 변조복품(遍調伏品), 넷째 일체의성품(一切義成品), 다섯째 일체여래진실섭광대교리분(一切如來眞實攝廣大教理分)으로 구분된다. 「금강계품」에는 육만다라(六曼荼羅), 「항삼세품」에는 십만다라(十曼荼羅), 「변조복품」과 「일체의성취품」에는 육만다라를 설하고 있다. 육만다라는 금강계대만다라(金剛界大曼荼羅)·삼매야만다라(三昧耶曼荼羅)·미세만다라(微細曼荼羅)·공양만다라(供養曼荼羅)·사인만다라(四印曼荼羅)·일인만다라(一印曼荼羅)이고, 십만다라는 육만다라에 외금강계(外金剛部)의 대만다라(大曼荼羅)·삼매야만다라·법만다라(法曼荼羅)·갈마만다라(羯磨曼荼羅)를 더한 것이다.

현증지 現證智 Ⓢ pratyakṣa-jñāna, Ⓣ mngon-sum-gyi-ye-shes. 드러나 깨우친 지혜. 『화엄경』 권55(대정장10, p.293a18)에 "만약 보살들이 이 법에 머문다면 곧바로 일체제불의 위없는 현증지를 얻는다. 若諸菩薩安住此法 則得一切諸佛無上現證智", 『유가사지론』 권46(대정장30, p.545a26 : *Bodh-bh.*, p.191)에 "성문은 진실의 열반에서 현증지를 일으킨다. 聲聞於眞涅槃生現證智 śrāvakāṇāṃ nirvāṇe pratyakṣaṃ jñānadarśanamutpadyate" 라고 하였다. [참고문헌] 『華嚴經』, 『瑜伽師地論』, *Bodh-bh.*

현지 玄旨 깊은 뜻. 사구(四句)나 백비(百非) 등 말과 글로 붙일 수 없어 아득한 뜻. 『반야심경약소』(대정장33, p.552a19)에 "사구로 붙들 일 없고 백비마저 버렸으니, 반야의 깊은 뜻 이렇게 말할 수밖에 없지 않은가? 四執旣亡 百非斯遣 般若玄旨 斯之謂歟", 『임제록』(대정장47, p.498a9)에 "잡은즉 문득 써서 다시는 이름과 글자 붙이지 않으니 이를 불러 깊은 뜻이라 한다네. 把得便用 更不著名字 號之爲玄旨"라고 하였다. [참고문헌] 『般若心經略疏』, 『臨濟錄』.

현지 玄指 깊어 가리킬 뿐인 뜻. 중론(中論)의 뜻을 말한다. 『중론』 권1(대정장30, p.1a15)에 "도속이 그렇다 하지 못하고, 이제로도 없애지 못하는 것이 보살의 근심이다. 그러므로 용수대사 쪼개 중도로 써서 미혹한 무리들로 하여금 그윽이 가리키는 뜻 바라게 해서 단숨에 변하게 했다. 道俗之不夷 二際之不泯 菩薩之憂也 是以 龍樹大士 析之以中道 使惑趣之徒 望玄指而 一變", 『중관론소』 「서소 序疏」(대정장42, p.3c19)에 "'말해 쪼개고 중도로 미혹한 무리들로 하여금 그윽이 가리키는 곳 바라게 해서 단번에 변하게 했다'라고 한 말은, 혹이란 미한 것이고 취란 이의 뜻이다. … 현지란 바로 이 중론을 말한다. 言折之以中道 使惑趣之徒 望玄指而一變者 惑者迷也 趣者理也 … 玄指者 卽是斯論"라고 하였다. [참고문헌] 『中論』, 『中觀論疏』.

현지 玄智 깊은 지혜. 『홍명집』 권8(대정장52, p.51a25)에 "고요히 사라져 다 없어 무심하기에 깊은 지혜 한껏 가득 비춘다. 寂滅無心 而玄智彌照"라고 하였다. [참고문헌] 『弘明集』.

현지 現知 ❶ 지금 드러나 있어 아는 것. 『대비바사론』 권100(대정장27, p.520a14)에 "이미 두 가지 지의 자성을 말했다. 섞이거나 섞이지 않는 상을 이제 말하겠다. 모든 타심지는 모두 타인의 심심소법을 나타내 아는가? [답] 사구로 말해야 한다. 여기에서 타심지는 삼세에 통하지만, 현지로서의 타인의 심심소법은 오직 현재일 뿐이다. 그러나 통하는 타심지와 그렇지 않은 타심지가 있기에 '사구'가 있다. 즉 타심지이면서 현지로서의 타인의 심심소법이 아닌 것이 있으니, 과거와 미래의 타심지를 말한다. 已說 二智自性 雜不雜相 今當說 諸他心智 皆現知他心心所法耶 答 應作四句 此中 他心智通三世

現知他心心所法者 唯現在 然通他心智 及非他心智 故有四句 有他心智 非現知他心心所法 謂過去未來他心智"라고 하였다. [참고문헌]『大毘婆沙論』, 『發智論』 권8(대정장26, p.956c1). ❷세존께서 삼세를 통찰해 드러난 법들을 아시는 것. 원지(願智)로 거둔다. 『구사론』 권7(대정장29, p.36c17)에 "어떻게 세존께서는 미래세에 이 법이 틈없이 저 법을 낳음을 아시는가? 과거와 현재의 법을 견주어 나타난 것을 아시기 때문이다. 전하는 설에 의하면 '세존께서는 과거의 이와 같은 류의 업으로부터 저런 류의 과가 생기고, 이 법이 곧바로 이와 같은 법을 낳는 것을 보신다. … 이와 같이 보시고서 바로 미래의 어지럽게 머무는 모든 법에 대해 능히 이런 법이 곧바로 저런 법을 낳을 것임을 명료하게 통달하신 것이다'. 如何世尊 知未來世 此法無間 此法應生 比過現法 而現知故 傳說 世尊 見從過去 如此類業 此類果生 是法無間 生如是法 … 如是見已 便於未來 諸亂住法 能正了達 此法無間 此法應生", "비록 이와 같이 아실지라도 비지(比智)는 아니다. 부처님께서는 류를 견주심으로써 과거와 현재의 인과차제로 바로 미래세에 어지러이 머무는 제법에 대해 명료하게 통달하신다. 즉 미래세에 이와 같은 유정이 이와 같은 업을 지어 이와 같은 과를 불러들인다는 것이다. 이것은 원지로 거둘 뿐이어서 '비지'는 아니다. 雖如是知 而非比智 由佛比類 過去現在 因果次第 便於未來 亂住諸法 能現了達 謂未來世 如是有情 造如是業 招如是果 是願智攝 故非比智"라고 하였다. [참고문헌]『俱舍論』, *Abh-k-bh.99.*, *Bodh-bh.120.* ❸견주어야 아는 비지(比智)가 아닌 것. 『순정리론』 권17(대정장29, p.430a13)에 "만약 모든 색에는 그 체가 있음을 알 수 있다고 한다면 허공 역시 그러하니, 견주어 알기 때문이다. 즉 안근(眼根) 등은 비록 '현지'는 아닐지라도 용이 있으므로 견주어 체가 있음을 알 수 있다. 이와 같이 허공도 역시 용이 있기에 체가 있음을 견주어 알 수 있다. 그 용은 앞에서 말한 것과 같다. 그러므로 허공에는 따로 체가 있다. 若謂諸色 有體可知 空亦應然 可比知故 謂如眼等 雖不現知 而由有用 比知有體 如是虛空 亦有用故 比知有體 用如前說 是故虛空 別有實體"라고 하였다. [참고문헌]『順正理論』. ⇨현량 現量

현지 現智 ❶Ⓢpratyakṣa. 현량지(現量智). 나타난 그대로 아는 지혜. 『십지경론』 권11(대정장26, p.189c12)에 "스무 가지 있으면 능히 법사의 일 수행 할 수 있다. 어떻게 능히 법사일 해내는가? 첫째 시(時), 둘째 정의(正意), 셋째 돈(頓)이고 … 열한째는 구덕(具德) … 스무째는 자신을 칭찬하고 남을 폄훼하지 않는 것이다. 여기서 '시'란 팔난이 없기 때문이다. … '정의'란 바른 위의에 머물고, 바르지 않은 것에 머물지 않는다. … '돈'이란 보살이 바른 뜻으로 일체중을 위하여 일체법을 설하는 것이니, 법에 인색한 허물을 여의기 때문이다. … 구덕이란 현지와 비지이니, 아함으로 증한 것들 갖추어 설하기 때문이다. … 이러한 스무 가지를 갖추면 법사가 될 수 있다. 有二十種 能作法師事 云何能作法師事 一者 時 二者 正意 三者 頓 … 十一者 具德 … 二十者 不自讚毁他 是中 時者 無八難故 … 正意者 正威儀住 非不正住 … 頓者 是菩薩正意 爲一切衆 說一切法 離慳法垢故 … 具德者 現智 比智 阿含所證 具說故 … 具此二十事 能作法師"라고 하였다. [참고문헌]『十地經論』, *Bodh-bh.75.* ❷법지(法智). 욕계의 사제(四諦)를 보는 지혜를 말한다. 『삼법도론』 권상(대정장25, p.19b14)에 "[문] 무엇 등이 견지에서의 지인가? [답] 견지란 법지(法智)와 관지(觀智)와 미지지(未知智)다. … 이 중에서 법지란 '현지'의 뜻이다. 비유하면 훌륭한 의사가 종기가 이미 곪았음을 알고서 예리한 칼로 종기를 자른다. … 저 수행인도 이와 같이 욕계고를 바르게 사유하고 관할 때 견고소단번뇌를 끊는다. 그런 다음에 두 번째의 지혜를 낳는다. 욕계의 고와 무상과 같이 색계와 무색계도 이와 같아서 이 비지(比智)로 색계와 무색계의 번뇌를 끊는다. 이것을 고를 보는 세 가지 지라고 한다. … 이 도로 욕계고를 멸하는 것이 법지이고 곧 관지이니, 이와 같은 색계무색계의 미지지를 견도의 '삼지'라고 한다. 問 何等於見地智 答 見地者 法 觀 未知智 … 於中 法智者 是現智義 譬如良醫 知癰已熟 以利刀破癰 … 彼修行人 亦如是 正思惟觀 欲界苦時 斷見苦所斷煩惱 然後生第二智 如欲界苦無常 色無色界亦如是 從此比智斷色無色界煩惱 是謂見苦三智 … 此道滅欲界苦是法智 卽是觀智 如是色無色界未知智 是謂見道三智"라고 하였다. [참고문헌]『三法度論』. ⇨법지 法智❶ ❸부처님 명호. 『화수경』 권5(대정장16, p.160a25)에 "대덕찰토에서 이 중간에 세계가 있으니 견고라고 하며, 그곳에 한 부처님께서 계시니 현지라 한다. 지금은 행정진보살마하살에게 무상도의 수기를 주신다. 從大德刹至此 中間有世界 名堅固 是中有佛 號曰現智 今現在 爲行精進菩薩摩訶薩 授無上道記"라고 하였다. [참고문헌]『華手經』.

현지 賢智 ❶어질고 지혜로운 이. 출가해 도를 닦는 등의 사문(沙門)을 말한다. 『불개해범지아발경』(대정장1, p.261a9)에 "나는 사람들을 부르지 않는다. 사람들이 스스로 와서 공경하며 계 받기를 청하므로 가르침을 펴서 악을 버리고 선에 나아가도록 하였다. 천하의 어질고 지혜로운 이 사문 되려고 할 때마다 나는 먼저 다음과 같이 묻는다. '무슨 까닭으로 깨달으려고 하는가? 무릇 사람의 자식이라면 효도하고 공경하며 평안케 하고 기르는 것에 힘써야 한다. (그런데) 도를 닦고자 하면 부모님께 말씀드리고, 부모님께서 허락한 연후에야 위해서 설하길, 사문이 지켜야 할 이백오십계가 있는데 종신토록 청정하게 지켜야 한다. 중도에서 그만둔다면 공양하는 이의 은혜를 저버리게 된다'. 我不呼人 人自來請 敬受戒 轉敷教 去惡就善 天下賢智 欲作沙門 我每先問 何緣覺悟 夫爲人子 當以孝敬 安養爲務 而欲爲道 當報父母 父母聽許 然後 爲說 沙門之戒 有二百五十 終身清淨 得無不能 中道而廢 失供養恩",『보운경』 권3(대정장16, p.222a11)에 "해가 뜰 때 선한 사람은 기쁘게 바라보고, 간사하고 도적 같은 중생들은 모두 싫어하고 기뻐하지 않는 것처럼, 해와 같은 보살이 출현하면 어질고 지혜로운 이들 기쁘게 바라보지만 많은 삿된 외도들은 모두 기뻐하지 않는다. 선남자야, 이 열 가지 갖추면 해와 같은 보살이라고 한다. 如日出時 善人樂見 姦盜衆生 悉惡不喜 菩薩日出 賢智樂見 群邪外道 一切不喜 善男子 具此十事 是名菩薩如日"라고 하였다. 〔참고문헌〕『佛開解梵志阿颰經』,『寶雲經』. ❷ Ⓟ paṇḍita-jātika. 세간에 있지만 어질고 지혜로운 이.『현우경』 권7(대정장4, p.399a28)에 "지금 나는 막내아들을 위해 혼처를 구하고자 하지만 아직 좋은 곳을 알지 못한다. 경(卿)은 옛날부터 여러 나라를 돌아다녔으니, 번거롭겠지만 나를 위해 찾아보도록 하라. 만약 어떤 처녀가 단정하며 어질고 지혜로우며 성명상 마땅하여 내 아들 뜻에 맞을 만하거든 구혼하도록 하라. 今我欲爲小兒求婚 未能知處 卿自昔來 遊行諸國 今欲煩君 爲我推覓 若見有女 端政賢智 性命相宜 適我子意 乃當求之",『이출보살본기경』(대정장3, p.619c17)에 "왕은 태자가 떠났다는 말을 듣고 눈물 흘려 뒤범벅되어 구이에게 말했다. '사람은 땅 위에 태어나서 모두 죽게 된다. 내 아들은 도를 닦아 세상을 건지려 하니, 또한 훌륭하지 않은가?' 이렇게 말하여 '구이'의 마음을 풀어주려고 하였지만, 왕 역시 태자에 대한 생각이 그치지 않았다. 왕은 곧 나라 안의 현명하고 지혜로운 이들 수천 명을 뽑았으며, 다시 수천 명에서 수백 명을 뽑았고, 다시 수백 명 중에서 수십 명을 뽑았으며, 다시 수십 명 중에서 다섯 명을 선택하였다. 王聞太子去 泣下交横 謂俱夷 人生地上 皆當歸死 吾子學道度世 不亦善耶 欲以解俱夷意 王亦念太子無已 王卽請國中賢智之士 得數千人 王復選數千人 得數百人 復於數百人中 得數十人 復於數十人中 選擇得五人"라고 하였다. 〔참고문헌〕『賢愚經』,『異出菩薩本起經』, *DN.2.88.*

현지 顯智 현색(顯色 Ⓢ varṇa)을 아는 것. 형색(形色 Ⓢ saṃsthāna)을 아는 것은 형지(形智)라고 한다.『구사론』 권1(대정장29, p.2c6)에 "나머지 논사는 말한다. 오직 광명색에는 현색만 있고 형색은 없다 하지만, 드러난 세간을 보건대 청 등의 색처에도 길이 등이 있기에 어떻게 하나의 대상에 현색과 형색이 모두 있을 수 있는가? 이 중에 갖추었음을 알 수 있기 때문이다. 이 중에 '있다'는 것은 지가 있다는 뜻이지 경이 있다는 뜻은 아니다. 그렇다면 신표업(身表業) 중에도 역시 현지가 있어야 한다. 有餘師說 唯光明色 有顯無形 現見世間 青等色處 有長等故 如何一事 具有顯形 由於此中 俱可知故 此中有者 是有智義 非有境義 若爾 身表中 亦應有顯智",『구사론소』 권1(대정장41, p.478b29)에 "〔논〕 그렇다면 신표중에도 역시 현지가 있어야 한다. 〈소〉 이 말은 논주가 절을 힐난한 것이다. 두 지가 생기기에 현이라고도 하며 형이라고 고도 한다면, 신표에도 역시 두 가지 지가 생겨야 한다. 論 若爾 身表中 亦應有顯智 論主難絶 若生二智故 名亦顯亦形 身表 亦應生二智也"라고 하였다. 〔참고문헌〕『俱舍論』,『俱舍論疏』. ⇨ 현색 顯色, 형색 形色❶, 색 色❶

현지신 現智身 지법신(智法身)을 드러내다. 현지법신(現智法身)이라고도 한다. 금강계 밀교에서 자수용지법신(自受用智法身)인 금강살타(金剛薩埵)를 자신의 몸안으로 불러들여서 진언행자의 몸에 금강살타의 몸을 드러내는 것을 말한다. 먼저 오상성신관(五相成身觀)을 맺고 그 수인과 진언을 염송하여 진언행자의 자성신(自性身)을 닦아서 이법신(理法身)을 드러내는 것이다. 이후에 현지신을 닦아서 지법신(智法身)을 드러냄으로써 이지(理智)가 둘이 아닌 경계를 드러낸다. 〔참고문헌〕『金剛頂經』(대정장18, p.315a5). ⇨ 오상성신관 五相成身觀

현지신인명 現智身印明 지법신(智法身)을 드러내어 관상하는 금강계 밀교의 수인과 진언. 현지신의 수인은 양손을 외박한 후 양손의 엄지를 손바닥 안으로 넣되 세 번 안으로 넣는다. 진언은 '옴 바즈라 사트바 아 oṃ vajra sattva aḥ 옴 금강살타 아'다.『연화부의궤』(대정장18, p.303a26)에 "다음으로 현지신의 수인을 맺는다. 양손을 금강박하고 양손의 엄지를 손바닥 안으로 넣는다. 몸 앞의 월륜 가운데 본존이 있다고 관상한다. 그 상호를 자세하게 관상하고 두루 자신의 금강신 안으로 들어온다고 관상한다. 근본인은 의궤와 같다. 몸 앞에서 수인을 맺고 대금강살타를 사유한다. 次結現智身 二羽金剛縛 禪智入於掌 身前想月輪 於中觀本尊 諦觀於相好 遍入金剛已 本印如儀則 身前當應結 思惟大薩埵"라고 하였다. 〔참고문헌〕『蓮華部儀軌』.

현진 玄津 바른 길(道)에 들어서게 하는 나루터 또는 뛰어난 방편.『십이문론소』「십이문론서소 十二門論序疏」(대정장42, p.173c27)에 "그윽해 깊은 나루터는 바로 이『십이문론』이다. 이 논을 나루터 삼아 들어가면 중도의 고향에 돌아갈 수 있다는 뜻이다. 玄津卽是斯論 入此論之津 歸中道本鄉也",『위산경책구석기』 권하(卍속장111, p.335a10)에 "마음이 그윽한 방편과 맞았다는 말은 일념에 상응하여 문득 도와 합함이다. 心契玄津

者 一念相應 便與道合"라고 하였다. [참고문헌] 『十二門論疏』, 『潙山警策句釋記』.

현진 玄振 1743~1771. 강원도 삼척 신흥사(新興寺) 스님. 휘는 현진(玄振), 호는 화운(花雲), 속성은 박(朴)씨, 본관은 밀양(密陽)이다. 아버지의 휘는 순기(順基), 어머니는 강릉 김원백(金元伯)의 맏딸로 1743년(영조19) 12월 1일 강원도 삼척시 남양리에서 태어났다. 13세 때인 1756년(영조32) 태백산 운흥사(雲興寺)로 찾아가 침파계윤(枕波戒允)스님을 은사로 사미계를 받았다. 은사스님으로부터 범패(梵唄)를 배워 정통하였고 많은 불자를 교화하다 1771년(영조47) 5월 5일 세수 29, 법랍 15세를 일기로 입적하였다. 상좌인 쾌유(快有)가 주선하여 1771년에 세운 행적비가 삼척 신흥사에 있다. [참고문헌] 「三陟新興寺花雲堂玄振大師碑文」(智冠 『韓國高僧碑文總集 朝鮮朝・近現代』 p.630).

현진실교 顯眞實教 진실을 드러내는 가르침. 지론종의 삼종교판 중 하나로 『화엄경』 등의 가르침을 말한다. 『대승현론』 권(대정장45, p.63c13)에 "지론사는 삼종과 사종이 있다고 하였다. 삼종이란 첫째 입상교, 둘째 사상교, 셋째 현진실교다. 이승 일을 위해서 상이 있다는 가르침을 설한다. 『대품경』 등에서 널리 무상을 밝히므로 사상교라고 한다. 『화엄경』 등의 경을 현진실교의 법문이라 한다. 地論師云 有三宗四宗 三宗者 一 立相教 二 捨相教 三 顯眞實教 爲二乘人說有相教 大品等經廣明無相 故云捨相 華嚴等經 名顯眞實教門"라고 하였다. [참고문헌] 『大乘玄論』.

현진현계 現塵現界 ❶ 티끌로 나타나고 계로 나투다. 『수능엄의소주경』 권8(대정장39, p.929b7)에 "〈경〉 낱낱의 티끌 중에 시방계 드러내니, 티끌로 나타나서 계로 드러나지만 서로 머물러 가릴 일 없으니 무착행이라고 한다. 〈소〉 착이란 머물러 붙는 것이니, 곧 머물러 가려 막히게 함이다. 한 티끌 시방을 나투니 이것이 현계이고, 한 티끌 상 부수지 않으니 이것이 '현진'이다. 一一塵中 現十方界 現塵現界 不相留礙 名無著行 著謂住著 卽留礙也 一塵現十方 是現界 不壞一塵相 是現塵"라 하였다. [참고문헌] 『首楞嚴義疏注經』, 『楞嚴經』 권8(대정장19, p.142b16). ⇨ 진 塵, 계 界 ❷ ➡ 현재진 現在塵

현질보탑 現疾寶塔 팔대보탑(八大寶塔) 중 하나로 유마거사가 질병 드러내보이며 불가사의법문 보인 곳에 세운 보탑. 『대승본생심지관경』 권1(대정장3, p.294b3)에 "비사리국 암라위림에 유마장자의 불가사의한 현질보탑이 있다. 毘舍離國 菴羅衛林 維摩長者 不可思議現疾寶塔", 『대승본생심지관경천주』 권1(卍속장34, p.102a12)에 "비사리는 광엄이라 하고 광박엄정이라고도 한다. 그 나라는 넓고 평하여 광박이라 하고 성읍이 화려하여 엄정이라 한다. 암마위는 암마라라고도 한다. 이는 능금이라는 열매의 이름이다. 복숭아와 비슷하지만 복숭아는 아니고 능금과 비슷하지만 능금도 아니다. 또한 난분별이라고도 번역하고 떫은지 익었는지 분간하기 어려워 생숙난분이라고도 한다. 임이란 나무가 많아 숲이 됨을 말하는데, 옛 부처께서 자취를 드러내신 곳이다. 유마는 정명이라 하는데 옛 금률여래께서 장자의 이름으로 나타나신 것이다. 불가사의란, 옛날에 방등교회상에서 질병이 있음을 드러내 보이자 부처님께서 문수보살을 보내시니 라한 등을 이끌고 그곳에 가서 문병했다. 유마장자는 향적여래에게 공양을 청하고 산등왕의 왕좌를 빌어 앉아서 터럭으로 바다 삼키고 겨자씨에 수미산 들이며 치우침 퉁기고 소승 쳐내고는 대승 찬탄하고 원교를 기렸다. 삼십이보살 각각 하나의 불이법문을 말했으나 유마 혼자 침묵하였으니 천고에 기이하고 절묘하여 문수는 진실한 불이법문이라고 입이 닳도록 칭찬했다. 그 신통한 지혜와 변재는 생각으로 헤아릴 수 없고 언어로 얻을 수 있는 것이 아니었으므로 불가사의라고 하였다. 마침내 보탑을 건립하여 공양하게 되었다. 毗舍離 此云廣嚴 又云廣博嚴淨 其國寬平 名爲廣博 城邑華麗 故名嚴淨 菴羅衛 或云菴摩羅 此云柰 果名也 其果似桃非桃 似柰非柰 又翻爲難分別 又云生熟難分 林者謂樹多成林 是古佛現蹟之處 維摩此云淨名 乃古金粟如來現長者之名也 不可思議者 昔在方等會上 示現有疾 佛遣文殊 率領羅漢等 至彼問疾 彼長者 請飯香積 借座燈王 毛呑巨海 芥納須彌 彈偏斥小 歎大褒圓 三十二菩薩 各談一不二法門 獨維摩一默 千古奇絶 文殊極口稱讚 爲眞不二法門 其神通智辯 非意路之可測 非語言之得實 故皆不可思議也 遂建寶塔供養"라고 하였다. [참고문헌] 『大乘本生心地觀經』, 『大乘本生心地觀經淺註』. ⇨ 팔대보탑 八大寶塔, 유마 維摩

현착란 顯錯亂 현색(顯色)에 대해 잘못 봄. 오종착란(五種錯亂) 또는 칠종착란(七種錯亂) 중 하나. 형색(形色)에 대한 착각은 형착란(形錯亂)이라고 한다. 『유가사지론』 권15(대정장30, p.357c11)에 "현착란이란 무엇인가? 나머지 현색에 대해서 '여현색'의 증상만을 일으키는 것을 말한다. 예를 들면 가말라병(迦末羅病 Ⓢ kāmalā)으로 안근이 훼손되어 황색이 아닌 것에 온통 황색을 보는 것과 같다. 顯錯亂者 謂於餘顯色 起餘顯色增上慢 如迦末羅病 損壞眼根 於非黃色 悉見黃相"라고 하였다. [참고문헌] 『瑜伽師地論』, 『顯揚聖教論』 권11(대정장31, p.532c6). ⇨ 오종착란 五種錯亂

현참 懸讖 미리 드러내 말하다. 『관능가경기』 권6(卍

속장25, p.933b1)에 "이는 세존께서 말법을 예언하여 마가 강성해지고 법이 쇠약해지는 시기라고 하신 말씀이다. 此世尊懸識末法 魔强法弱之時也"라고 하였다. [참고문헌] 『觀楞伽經記』. ⇨ 기별 記別, 현기 懸記

현창 玄彰 위(魏) 스님. 『삼국유사』 권3(대정장49, p.986a29 · 한불전6, p.313c8) 흥법(興法)3 아도기라(阿道基羅)에 "16세에 위에 가서 굴마를 뵙고 현창화상 강석에 나아가 배웠다. 年十六歸魏省覲崛摩 投玄彰和尙講下就業"라고 하였다. [참고문헌] 『三國遺事』.

현창 玄暢 ❶ 416~484. 위진(魏晉)대 스님. 속성은 조(趙)씨. 하서금성(河西金城 : 陝西省 華縣) 출신. 어릴 때 전쟁으로 가문이 소멸하여 양주(涼州)로 가서 출가하였다. 본래 혜지(慧智)였던 법명을 현고(玄高) 문하에서 현창으로 개명하였다. 장사사(長沙寺)에 머물던 시절 서역 사문 공덕직(功德直)이 『보살염불삼매경 菩薩念佛三昧經』 6권과 『무량문파마다라니경 無量門破魔陀羅尼經』 1권을 한역하였는데, 그 문의(文義)를 간정해주었다. 경율(經律)에 밝고 선요(禪要)에도 통달하였으며, 길흉을 점쳐 영험하지 않은 경우가 없었다. 삼론(三論)에도 고견을 보여 학자들이 본으로 받들었다. 그림에도 뛰어나 대석사(大石寺)에 금강밀적(金剛密迹) 등 십육신상(十六神像)을 그리기도 하였다. 484년(영명2) 경사의 영근사(靈根寺)에서 세수 69세로 입적하였다. 「가리발마전 訶梨跋摩傳」 1편을 남겼다(梁高僧傳卷八). [참고문헌] 『出三藏記集』 권11(대정장55, p.78b28), 『梁高僧傳』 권8(대정장50, p.377a3). ❷ 797~875. 당대 스님. 속성은 진(陳)씨. 자는 신지(申之). 선성(宣城) 출신. 대중년간(847~859) 궁에 들어 강설하자 의종(懿宗)이 법보(法寶)라는 호를 드렸다. 저서에 『역대제왕록 歷代帝王錄』 · 『현정기 顯正記』 · 『과육첩명의도 科六帖名義圖』 · 『삼보오운 三寶五運』 등이 있다. [참고문헌] 『宋高僧傳』 권17(대정장50, p.818a19).

현창 顯彰 드러내 밝게 하다. 『불길상덕찬』 권상(대정장32, p.763b2)에 "중생의 나쁜 말에는 뜻도 이로움도 없지만, 여래께서 잘도 덮으시어 드러나지 못하게 하셨네. 衆生惡語無義利 如來善覆無顯彰", 같은 책 권상(대정장32, p.764a16)에 "법을 설하심에 바르고 선명하게 잘 분별하시어, 평등하게 고하를 막론하고 두루 말씀해 베푸시네. 바른 길과 삿된 길 다 드러나게 해서 밝히시고, 이로운 일과 이롭지 않은 일을 모두 잘도 알게 하시네. 說法正白善分別 平等高下普言宣 正道邪道悉顯彰 利非利事皆善了", 『중관론소』 권2(대정장42, p.23c18)에 "영원한 것도 끊어져 사라져 버리는 것도 없으니 이에 이름해 '중도'라고 한다. 이 『중론』의 「관업품 觀業品」에서 '이 논에서 설한 뜻은 단상을 떠남이다'라고 하였으니, 경론 대부분이 '불상부단'에 나아가 중도를 밝히고 그 뜻 뚜렷이 드러냈다. 無常無斷 乃名中道 此論業品云 此論所說義 離於斷常 以經論多就不常不斷 明中道其義顯彰"라고 하였다. [참고문헌] 『佛吉祥德讚』, 『中觀論疏』.

현책 玄策 ❶ 무주(婺州) 금화(金華 : 浙江省) 출신. 6조 혜능(慧能) 문하에 30년간 있었다. 『조계대사별전』에서는 대영(大榮), 『조당집』 권1(대장경보편25, p.300a14)에서는 지책(智策), 같은 책 권3(대장경보편25, p.368a7)에는 신책(神策) 등이라 불렸다. 세수 95세로 입적했다. [참고문헌] 『祖堂集』, 『景德傳燈錄』 권5(대정장51, p.243c14), 『聯燈會要』 권3(卍속장136, p.474a11). ❷ ?~854. 당대 스님. 속성은 노(魯)씨. 회계(會稽 : 浙江省) 출신. 어릴 때 장사하는 아버지를 따라 사방을 돌아다니다가 천태산으로 가서 광명회(光明會)에 참여했던 인연이 계기가 되어 선림사(禪林寺) 지광(智廣)을 은사로 하여 출가하였다. 그 뒤 마조도일(馬祖道一) 문하에서 종지를 얻었다. 854년(대중8) 입적하였다. 시호는 원적(圓寂)이다. [참고문헌] 『宋高僧傳』 권11(대정장50, p.777c12).

현척 賢陟 조선후기 스님. 도봉유문(道峰有聞)의 제자다. 도봉스님이 특별히 의상조사의 법성게(法性偈)를 좋아하여 과주(科註)를 짓고 영파성규(影波聖奎 1728~1812)스님이 증정(證正)하여 판각하려다가 우선 필사하여 유통키로 하였으니, 1809년(순조9)에 이를 수행하며 『법성게서 法性偈序』를 지은 스님이다. 『대방광불화엄경의상법사법성게과주』(한불전10, p.386c)에 수록되어 있다. [참고문헌] 『大方廣佛華嚴經義湘法師法性偈科註』. ⇨ 법성게과주서 法性偈科註序

현천 賢天 요재(饒財)보살과 함께 불설과계(不說過戒)의 본보기로 거론되는 보살. 『범망경보살계본소』 권3(대정장40, p.627a29)에 "요재보살이 현천보살의 과실을 퍼뜨렸기에 91겁 동안 항상 음녀의 뱃속에 떨어져 태어나는 족족 버려져 이리의 밥이 되었다. 한마디 허물의 고뇌가 이와 같으니 본보기가 되기에 충분하다. 饒財菩薩說 賢天菩薩過故 九十一劫 常墮淫女腹中 生生已棄之 爲狐狼所食 一言之失 苦惱如是 足爲龜鏡"라고 하였다. [참고문헌] 『梵網經菩薩戒本疏』.

현천언 玄泉彦 당말오대(唐末五代) 스님. 출신은 알 수 없다. 출가한 뒤에 암두전활(岩頭全豁)의 법을 이었다. 회주(懷州 : 河南省) 현천산(玄泉山)에 주석하며 선풍을 고취했다. [참고문헌] 『祖堂集』 권9(대장경보편25, p.483a11), 『景德傳燈錄』 권17(대정장51, p.341a10),

『五燈會元』 권7(卍속장138, p.241a9).

현천조각 懸泉皀角 현천산언(玄泉山彦)이 비누조각 들어 묻다. 『선원몽구』 권상(卍속장148, p.220a6)에 "현천조각 : 〈암두전활(岩頭全豁)의 법을 이은 제자. 출전은 『오등회원』 권8〉 황룡산의 회기초혜선사가 처음 암두에게 참문하였다. '달마가 서쪽에서 온 뜻은 무엇입니까?' '그대 인절미 떼어낼 수 있는가?' '할 수 있습니다' '그렇다면 인절미를 떼어보거라'. 후에 현천의 처소에 이르러 물었다. '달마가 서쪽에서 온 뜻은 무엇입니까?' 현천이 비누조각 들고 '알겠는가?'라고 묻자 초혜가 '모르겠습니다'라고 답했다. 현천이 조각을 내려놓고 옷 빠는 시늉을 함에 초혜가 곧바로 절을 올리고 말했다. '불법에 별난 것 없음을 알겠군요' '그대는 어떤 도리를 보았는가?' '제가 이전에 암두에게 물었을 때 암두께서 「그대 인절미 떼어낼 수 있는가?」라고 물으셨습니다. 인절미를 떼는 것도 끈적함 푸는 일이고, 화상께서 들어보인 조각도 달라붙은 얼룩 푸는 일입니다. 그런 까닭에 특별한 일 없다고 말했습니다'. 현천이 듣고는 껄껄대고 크게 웃었고, 초혜는 마침내 종지를 깨우쳤다. 懸泉皀角 〈岩頭法嗣 會元八〉 黃龍山 誨機超惠禪師 初參岩頭問 如何是祖師西來意 頭曰 你還救糍 惠曰 解 頭曰 且救糍去 後到玄泉問 如何是祖師西來意 泉拈起一莖皀角曰 會麽 惠曰 不會 泉放下皀角 作洗衣勢 惠便禮拜曰 信知佛法無別 泉曰 你見甚麽道理 惠曰 某甲曾問岩頭 頭曰 你還解救糍麽 救糍也祇是解粘 和尙提起皀角 亦是解粘 所以道無別 泉呵呵大笑 惠遂有省"라고 하였다. 〔참고문헌〕『禪苑蒙求』.

현철 賢哲 어질고 지혜로움. 『법화의소』 권5(대정장34, p.517c18)에 "구슬과 옥으로 진귀하다 여기지 않고 다만 어질고 지혜로움만을 보배로 여겼다. 不以珠玉爲珍 但用賢哲爲寶"라고 하였다. 〔참고문헌〕『法華義疏』.

현철자 賢哲者 어질고 사리에 밝은 이. 『유가사지론』 권15(대정장30, p.356c5)에 "어떤 곳을 논의할 만한 곳이라 하는가? 역시 여섯 가지가 있음을 알아야 한다.… 넷째, 어질고 지혜로운 이들 앞이다. 云何論處所當知 亦有六種 … 四 於賢哲者前", 『법원주림』 권25(대정장53, p.474a18)에 "짐이 듣자하니 서역에 구마라집이라는 사람이 있다 하는데, 법상을 깊이 이해하고 음양을 잘 익혀 후학들이 으뜸으로 여긴다. 내가 깊이 생각해 보건대 현철자는 국가의 큰 보배이니, 만약 구자국에 미치면 역마를 달려서 구마라집을 보내시오. 朕聞 西國有鳩摩羅什 深解法相 善閑陰陽 爲後學之宗 朕甚思之 賢哲者 國之大寶 若剋龜兹 卽馳驛送什"라고 하였다. 〔참고문헌〕『瑜伽師地論』, 『法苑珠林』. ⇨ 논처소 論處所

현촉현견 現矚現見 Ⓢ adhyakṣam, adhyakṣam, Ⓣ snang-bar-mngon-sum du. 눈으로 직접 보다. 『유가사지론』 권44(대정장30, p.533b17 : *Bodh-bh.*, p.159)에 "모든 보살이 여래의 몸이나 혹은 탑묘 있는 곳(Ⓢ caitya : 塔廟) 직접 대면하여 보고 공양을 베푸는 것을 현전공양이라고 한다. 若諸菩薩 於如來身 或制多所 親面對前 現矚現見 而設供養 是名現前供養 yad bod hisattvas tathāgatakāya vā tathāgatacaityaṃ vā sammukhībhūtam adhyakṣa pūjayati. iyam asya sammukhapūjety ucyate"라고 하였다. 〔참고문헌〕『瑜伽師地論』, *Bodh-bh.*

현총 玄總 명말청초(明末淸初)의 임제종 비구니. 금(金)씨. 가흥(嘉興 : 浙江省) 출신. 지아비가 죽자 출가하니 영암사(靈巖寺)의 퇴옹홍저(退翁弘儲)에게 법을 얻고 화성(禾城 : 浙江省) 묘담원(妙湛院) 등에 주석하였다. 『보지총선사어록 寶持總禪師語錄』 2권을 남겼다. 〔참고문헌〕『五燈全書』 권87(卍속장141, p.747b2).

현총아 現總我 Ⓢ asmi, Ⓣ nga. 현재의 오온(五蘊). 총아(總我 : 五蘊)는 별아(別我 : 一蘊)의 상대어다. 『구사론』 권26(대정장29, p.137a26 : *Abh-k-bh.*, p.400)에 "오취온은 욕을 뿌리로 삼고, 욕을 집으로 삼으며, 욕을 유(類)로 하고, 욕을 생(生)으로 한다. … 이러한 네 가지 체상의 차별은 어떤 것인가? 위의 차별 따라 네 가지 욕에 다름이 있게 되니, 첫째는 현재의 무더기진 아가 무더기진 자체의 욕들을 일으킨다. 五取蘊欲爲根 以欲爲集 以欲爲類 以欲爲生 … 此四體相差別云何 由隨位別 四欲有異 一 執現總我 起總自體欲 pañcopādānaskandhāś chandamūlakāś chandasamudayāś chandajātīyāś chandaprabhavā iti. … kaḥ punar eṣāṃ viśeṣaḥ. caturvidho hi cchandaḥ. asmīty abhedenātmabhāvacchandaḥ", 『구사론기』 권26(대정장41, p.393a8)에 "'첫째는 현재의 오온에 집착하여 하나의 아라는 탐욕을 일으키는 것이다'는 무슨 뜻인가? 즉 모든 유정중생은 최초위에서 현재의 오온을 붙들고는 모두 모은 것 헤아려 아라고 여겨 자체의 탐욕을 일으키는 것이다. 一 執現總我 起總自體欲 謂諸有情 於最初位 執現五蘊 總計爲我 起總自體貪欲"라고 하였다. 〔참고문헌〕『俱舍論』, 『俱舍論記』, *Abh-k-bh.* ⇨ 오온 五蘊, 사욕 四欲❶, 별아 別我

현추 玄樞 깊은 뜻 잠겨 있는 정원으로 향한 빗장. 교의 자취 밝게 하는 관문. 『대승입능가경』 「서 序」(대정장16, p.587a10)에 "입능가경이라는 말은 바로 모든 부처님께서 마음으로 헤아리는 깊은 가르침의 빗장이다. 所言入楞伽經者 斯乃諸佛心量之玄樞", 『조론소』 권하(대정장45, p.194a7)에 "현추라는 말에서 현은 깊고 아득하다는 뜻이고, 추는 추요를 뜻한다. 지극한 이치는 아득히 깊고 미묘하지만, 교문의 추요 있기에 부처님께서 끝내 다해 마칠 따름이라는 말이다. 玄樞者 玄謂幽玄 樞樞要也 謂至理幽玄 教門樞要 佛窮盡之耳"라고 하였다. 〔참고문헌〕『大乘入楞伽經』, 『肇論疏』.

현충사 顯忠寺 중국 절강성(浙江省) 호주(湖州)에 있는 절. 갑찰(甲刹)의 하나이며, 자복사(資福寺)라고도 한다. 개산조(開山祖)는 여보(如寶)이며 파암조선(破菴祖先)에 의해 중창되었다. 주변에 상봉산(翔鳳山)과 우천정(愚泉亭)이 있다.

현칙 玄則 오대송초(五代宋初) 법안종 스님. 하남성(河南省) 활주위남(滑州衛南) 출신. 법안문익(法眼文益)의 법을 이었다. 금릉보은원(金陵報恩院)에 주석하였으므로 보은현칙(報恩玄則)이라고도 한다. 법안과의 사이에 병정동자(丙丁童子) 문답으로 잘 알려져 있지만 그 외의 행적은 자세하지 않다. 〔참고문헌〕『景德傳燈錄』권25(대정장51, p.413b11), 『聯燈會要』권27(卍속장136, p.889b17), 『五燈會元』권10(卍속장138, p.361a18). ⇨ 법안병정동자 法眼丙丁童子

현태 玄太 신라 스님. 휘는 현태이나, 생몰연대와 자세한 행적은 알 수 없다. 다만 의정(義淨)의 『대당서역구법고승전』 권상(대정장51, p.2c2)에 따르면 "현태법사는 신라사람이다. 불법을 배우기 위해 당을 거쳐 인도에 가서 받은 법명은 살바신야제바다. 〈일체지천이다〉 당 고종 영휘년간(永徽年間 650~655)에 티베트(吐蕃)와 네팔(泥波羅)을 경유하여 중인도에 이르러 성도성지인 보리수에 참배하고, 나란타사(那爛陀寺)로 가서 많은 경과 논을 상세히 살펴본 다음, 동쪽으로 발걸음을 돌려 토곡혼에 이르러 당에서 온 도희스님을 만나 함께 동행하여 마하보디(大覺寺)를 참배하고, 그 후 당으로 돌아왔으나, 언제 어디서 입적하였는지는 알 수 없다. 玄太法師者 新羅人也 梵名薩婆愼若提婆(唐云一切智天) 永徽年內 取吐蕃道 經泥波羅 到中印度 禮菩提樹 詳檢經論 旋踵東土 行至土谷渾 逢道希師 覆相引致 還向大覺寺 後歸唐國 莫知所終矣"라 하였고, 『해동고승전』 권2(대정장50, p.1022c23)에도 『대당서역구법고승전』과 같이 전하고 있다. 〔참고문헌〕『大唐西域求法高僧傳』, 『海東高僧傳』. ⇨ 대범 大梵 2, 살바신야제바 薩婆愼若提婆

현태 玄泰 당대 말 스님. 법호는 남악(南嶽). 누더기 벗은 적 없어 별명이 태포납(泰布衲)이었다. 속성과 출신은 전하지 않는다. 처음에는 덕산선감(德山宣鑑)을 뵈었고, 후에 석상경저(石霜慶諸)의 방장실에 들어 법을 받고는 형산(衡山) 동쪽 난야를 칠보대(七寶臺)라 이름하고 머물렀다. 조용하고 말이 없었으며, 문도를 세우지도 않겠노라고 맹세하였다. 따르는 후진(後進)이 많았음에도 벗 사귀는 예로써만 대할 뿐이었다. 시에 뛰어나 『경덕전등록』 권16(대정장51, p.330c20)에 「여산요 畬山謠」라는 화전(火田) 소재의 노래가 전하니 "산태워 밭 일구는 아이 아는 바 없어 해마다 푸른 산 눈썹 베어 끊네. 그중에 가장 좋은 것 형악의 빛깔인데 삼나무며 소나무며 날카로운 도끼에 곧은 가지 꺾이네. 畬山兒無所知 年年斫斷靑山嵋 就中最好衡嶽色 杉松利斧摧貞枝"라는 등의 연시가 전한다. 이 시가 구중궁궐까지 전해진 덕분에 형악(衡嶽) 일대에 화전으로 불타는 절이 없게 되었다. 임종 즈음 곁에 아무도 없자 몸소 한 스님에게 다비 땔감을 마련케 하고 임종게 남겼다. "올해로 예순다섯 사대 장차 주인 떠나려 하네. 그 길 본래 그윽하고도 아득한데 거기에는 부처도 조사도 없으리라. 삭발할 일 없고 목욕할 일 없으니 한 무더기 뜨거운 불이면 천 번 만 번 족하리. 今年六十五 四大將離主 其道自玄玄 箇中無佛祖 不用剃頭 不須澡浴 一堆猛火 千足萬足"라고 하였다. 게를 마치고 입적하니 세수 56세였다. 사리를 수습해 남악견고(南嶽堅固)의 탑 옆에 부도를 세워 모셨다. 〔참고문헌〕『景德傳燈錄』, 『祖堂集』 권9(대장경보편25, p.482b9). ⇨ 경저 慶諸

현태산요 玄泰山謠 현태선사가 초목을 태워 산천에 심각한 피해를 끼치는 형산(衡山)의 화전민(火田民)을 교화하기 위하여 여산요(畬山謠)를 지었던 인연. 여산은 화전과 통한다. 『선원몽구』 권중(卍속장148, p.245a4)에 "현태산요 : 〈석상경저(石霜慶諸)의 제자. 전거는 『경덕전등록』 권16〉 태남포가 살던 난야는 형산의 동쪽으로 칠보대라 불렸다. … 여산요를 짓자 먼 곳까지 전파되어 구정에도 알려졌고, 왕명으로 금지시켰다. 이에 산속의 난야에는 더 이상 큰 불의 피해가 없었으니 이는 스님의 힘이었다. 여산요는 다음과 같다. '화전하는 이들, 모르시네. 해마다 청산을 무참히 베어버리니, 그중 가장 아름다운 곳 형악의 산색이라네. … 나라의 오래된 산 이렇게 될 판이니, 이 도리 어찌 해야 할지 모르겠노라'. 玄泰山謠 〈石霜諸法嗣 傳燈十六〉 泰南衲所居蘭若在衡山之東 號七寶臺 … 乃作畬山謠 遠邇傳播 達于九重 有詔禁止 故嶽中蘭若 無復延燎 師之力也 畬山謠 畬山兒 無所知 年年斫斷靑山嵋 就中最好衡嶽色 … 國家壽嶽當如此 不知此理如之何"라고 하였다. 〔참고문헌〕『禪苑蒙求』.

현태상좌 玄泰上座 석상경저(石霜慶諸)의 제자. 두타행의 본보기 보인 선사다. 『경덕전등록』 권16 「석상경저전」(대정장51, p.325c7)에 이름만 전한다. 『사미율의비니일용합참』 권상(卍속장106, p.531b4)에 "현태

상좌는 베옷만 입었다. 玄泰上座 秖著布",『치문경훈주』(한불전8, p.613c1)에 "한평생 비단 입은 적이 없어 당시 사람들이 태포납이라 불렀다. 一生未嘗衣帛 時人謂之泰布衲"라고 하였다. [참고문헌]『景德傳燈錄』,『沙彌律儀毗尼日用合參』,『緇門警訓註』,『五燈會元』권14「芙蓉道楷章」(卍속장138, p.530b8).

현토 玄兎 저 아득히 먼 곳의 토끼. 달을 가리킨다.『벽암록』90칙「송 頌」(대정장48, p.215a23)에 "조개가 저 먼 곳 토끼 머금었다는 깊고 깊은 뜻〈반드시 마땅히 본 당사자라야 알 수 있으니, 무슨 뜻이 있기에 어째서 다시 깊고 깊은 뜻이 필요할까?〉 蚌含玄兎深深意〈也須是當人始得 有什麽意 何須更用深深意〉",『보각조심어록』(卍속장120, p.223a3)에 "맑은 바람 달빛 아래 그루터기 지키는 사람이여! 달나라 토끼는 아득히 멀어지고 봄의 풀밭 파릇하구나. 淸風月下守株人 玄兎漸遙春草綠"라고 하였다. [참고문헌]『碧巖錄』,『寶覺祖心語錄』.

현통가실종 現通假實宗 화엄교판 십종(十宗) 중 하나로 현재법이 가와 실에 모두 통한다는 종지. 규기(窺基)는 법상종의 팔종(八宗) 교판상 설가부(說假部 Ⓢ Prajñaptivādin)에 배대하였다.『화엄경소』권3(대정장35, p.521b23)에 "네 번째, 현통가실종은 설가부를 말한다. 눈앞에 드러나 있는 것으로서의 법에 나아가 오온에 있을 경우는 실이지만 18계・12처에 있어서는 가이다.『성실론』이나 경부의 논사들이 곧 이 류다. 四 現通假實宗 謂說假部 就前現在之中法 在蘊爲實 在界處爲假 其成實論 經部師 卽是此類"라고 하였다. [참고문헌]『華嚴經疏』,『阿彌陀經通贊疏』「序」(대정장37, p.329c10). ⇨ 분오교개십종 分五教開十宗, 십종 十宗, 오교십종 五敎十宗, 말경부 末經部, 법가부 法假部, 설가부 說假部

현통사 顯通寺 중국 산서성(山西省) 오대현(五臺縣) 오대산(五臺山)의 영취봉(靈鷲峯) 아래에 있는 절. 후한(後漢)대 건립되었는데, 원래는 대부영취사(大孚靈鷲寺)라 불렸다. 오대산 내에서 가장 큰 총림이며 대현통사(大顯通寺)라고도 한다. [참고문헌]『補續高僧傳』권19「烏斯法王傳」(卍속장134, p.315b7).

현통설법 現通說法 Ⓢ pratibhāti ṛddhi deśanā. 신통(神通) 나투어 법을 설하다.『대승입능가경』권3(대정장16, p.602c8 : *Laṅk.*, p.101)에 "대혜여! 모든 보살마하살은 삼매에 들어가서 신통을 나투어 법을 설하니, 이와 같은 모든 것은 부처님들의 두 가지 지력 때문이다. 大慧 諸菩薩摩訶薩入於三昧現通說法 如是一切皆由諸佛二種持力 mahāmate yatkiṃcid-bodhisattvānāṃ mahāsattvānāṃ pratibhāti samādhy-ṛddhi-deśanā-kāreṇa, tat-sarvabuddha-adhiṣṭhāna-dvaya-adhiṣṭhitānām",『구사론』권12(대정장29, p.65a5)에 "부처님께서는 이러한 유정류 두루 관하시고는 이와 같은 때와 장소에서도 세존을 볼 수 있도록 그 기에 응하여 신통 나투어 법을 설하신다. 佛應遍觀此有情類 如是時處應見世尊 佛便應機現通說法",『성유식론』권10(대정장31, p.58a4)에 "정토와 예토에 머물면서 지에 아직 오르지 못한 보살들과 이승이생을 위해 저들 기에 맞게 신통 나투어 법을 설하여 각각이 이락한 일을 획득하게 한다. 居淨穢土 爲未登地諸菩薩衆二乘異生 稱彼機宜現通說法 令各獲得諸利樂事"라고 하였다. [참고문헌]『大乘入楞伽經』,『俱舍論』,『成唯識論』, *Laṅk.*

현포 玄圃 곤륜산(崑崙山) 정상에 있다는 신선들의 거처.『무량의경』「서문 序文」(대정장9, p.383c17)에 "지극한 가르침 세간에 응한 이래로 세속에 따라 차이가 나고, 신령스러운 도가 물들 구함에 감응과 어울려 다름을 이루었다. 현포 동쪽에서는 '태일'이라고 부르고 계빈 서쪽에서 '정각'이라 이름 붙였다. 自極教應世 與俗而差 神道救物 稱感成異 玄圃已東 號曰太一 罽賓以西 字爲正覺",『변정론』권5(대정장52, p.523c25)에 "천하의 명산은 5,370곳이 있고, 54,500리를 지나면 가장 높고 큰 곤륜산이 있다. 그 정상에는 현포가 있는데 대개 신선들 머문다. 天下名山 有五千三百七十所 經五萬四千五百里 崑崙最高大 其上有玄圃 蓋神仙所居",『일체경음의』권85(대정장54, p.855c20)에 "곤륜산에 세 봉우리가 있으니, 첫째는 낭풍, 둘째는 판동, 셋째는 현포이다. 모두 신선이 거주하는 곳이다. 崑崙之墟 有三山 一名閬風 二名板桐 三名玄圃 皆神仙所居之處"라고 하였다. [참고문헌]『無量義經』,『辯正論』,『一切經音義』.

현풍 玄風 깊고 묘해 아득히 부는 바람. 깨우쳐야 알 수 있는 교설(教說)이나 선지(禪旨). 종풍(宗風)과도 통한다.『주사십이장경』「서 序」(대정장39, p.517a8)에 "천하후세로 현풍 크게 떨치겠지만, 이것들 어찌 범상한 분별로 헤아리고 문득 표현할 수 있겠는가! 大振玄風 于天下後世 是其可以常情 卜度擬議哉",『동산어록』(대정장47, p.520b11)에 "이때부터 조동종의 그윽한 바람 천하에 퍼졌다. 由是 洞上玄風 播於天下라고 하였다. [참고문헌]『註四十二章經』,『洞山語錄』.

현풍사 玄風寺 충청남도 서천군 비인면 성내리 월명산(月明山)에 있던 절.『동국여지승람』권20 충청도 비인현 불우에 이름과 위치가 기록되어 있으며,『범우고』에 "지금은 폐사하였다. 今廢"라고 하였다. [참고문헌]『東國輿地勝覽』,『梵宇攷』,『韓國寺刹全書』권하 p.1150b13.

현학 玄學 말로 미칠 수 없어 익혀 깨우칠 수밖에 없는 깊어 아득한 가르침. 선교(禪敎)를 아우르는 불법공부. 『금강삼매경통종기』 권1(卍속장55, p.456a11)에 "무릇 교란 뜻을 익히는 의학을 가리키고, 종이란 아득해 사무쳐 익혀야 할 현학을 말한다. 교는 언설로 통할 수 있지만, 종은 문자로 미칠 수 없다. 夫敎爲義學 宗爲玄學 敎乃言說可通 宗非文字所及", 『경덕전등록』 권14 「단하천연전 丹霞天然傳」(대정장51, p.311a3)에 "암자를 꾸리고 불사를 받들기를 삼년간이 되자 현학자들 많게는 삼백이나 차게 되어 대중 위해 큰 선원 지었다. 結庵以奉事 三年間 玄學者 至盈三百 衆構成大院"라고 하였다. [참고문헌] 『金剛三昧經通宗記』, 『景德傳燈錄』.

현학로 玄學路 말과 사유의 길로 익혀서는 깨우칠 수 없어 아득한 길. 현학에 이르는 길. 『조산어록』(대정장47, p.532a27)에 "학사가 '조사의를 묻자 「숫소가 송아지를 낳으면 그대에게 말해주겠다」라고 답하였다'라는 문답에 놓고 가려 말하길 '이것이야말로 정위중에서 온 것이다'라고 한다. 이 하나의 예가 되는 문답을 결코 정위중에서 온 것이라고 불러서는 안 된다. '현학로중에 주고받는 문답은 모두 그러하며, 이것이야말로 별도의 하나의 길이다'라고 해야 마땅하다. 學士揀曰 問祖師意 答待特牛生兒則向汝說 揀云 此是正位中來 此一例語 切不得呼 爲正位中來 可云 玄學路中 問答俱然 也別是一路"라고 하였다. [참고문헌] 『曹山語錄』.

현해 玄楷 6조 혜능(慧能)의 문인(門人). 『신회어록 神會語錄』 「육조전 六祖傳」에 따르면, 6조가 입적할 즈음에 지본(智本)과 함께 광동성(廣東省) 신주(新州) 용산(龍山)에 탑을 세우라고 명했던 인물이다. 또한 『역대법보기』에도 6조의 입적을 맞아 전의(傳衣)의 소재에 관하여 지해(智海)와 함께 물었다고 전한다.

현해 懸解 ❶ 매달려 있음에서 풀려나다. 거꾸로 매달린 고통에서 풀려난다는 뜻의 해도현(解倒懸)과 통한다. 『중관론소』 「중론서소 中論序疏」(대정장42, p.2b28)에 "'환하게 매달림에서 벗어났다'라는 말은 무슨 뜻인가? 이는 장주(莊子)의 말을 빌려서 인과가 성립하는 뜻을 밝힌 대목이다. 때를 편안히 하고 처해 순할 뿐이라면 슬픔이건 즐거움이건 능히 들어오지 못하리니, 이를 가리켜 천제에게 매달린 것 풀었다 한다. 朗然懸解者 借莊周之言 以顯因果成立之義 安時而處順 哀樂不能入也 謂是帝之懸解也", 『조론신소유인』 권상(卍속장96, p.497b18)에 "연이 모인 것이기에 없는 것 아니고, 연을 좇기에 있는 것도 아니니, 이 중도의 묘한 뜻 타오르게 해서 거꾸로 된 것 풀고 그 중에서 기운 것도 부순다. 세 학파가 내세우는 까닭들 모두 서지 못한다. 緣會故非無 從緣故非有 中道妙旨 爛然懸解 以中破偏 故三家所以皆不立也"라고 하였다. [참고문헌] 『中觀論疏』, 『肇論新疏游刃』. ⇨ 도현 倒懸 ❶❷ ❷ 조선후기 스님. 백암성총(栢庵性聰 1631~1700)이 함경도 영흥 오봉산으로 돌아가는 스님을 전송하며 드린 「송현해사북귀오봉산 送懸解師北歸五峯山」(『백암집』 권상·한불전8, p.451b19)에 "가을에 남악의 달을 보시다가 봄에는 오봉의 꽃을 보시겠네요. … 산에 도착해서 법석 여시면 꽃비 내리듯 세 수레 펼쳐 보이시리라. … 만 리 쌍성(영흥) 길에서는 늦은 봄 기러기 동무삼아 돌아오시길. 秋遊南岳月 春賞五峯花 … 到山開法席 華雨演三車 … 萬里雙城路 三春共鴈回"라고 하였다. [참고문헌] 『栢巖集』. ❸ 조선후기 해남 대흥사 스님. 자는 모윤(慕潤)이고, 현해는 그의 법호다. [참고문헌] 『兒菴遺集』 권2 「懸解禪師塔銘」(한불전10, p.698b6). ⇨ 모윤 慕潤

현행 現行 Ⓢ abhisaṃskāra, adhyācāra, samudācāra, Ⓣ mngon-par-'du-byed, lhag-par-spyad-pa, kun-tu-spyod-pa. 일체유위법으로 드러나 움직이다. 설일체유부(說一切有部)에서는 미래일체법이 인연화합으로 드러나 움직이는 것을 말하고, 대승의 유식(唯識)에서는 제8아뢰야식(第八阿賴耶識)의 종자로부터 일체법이 현현한다고 말한다. 이렇게 인연화합으로 종자가 일체법을 낳는 것을 종자생현행(種子生現行)이라 하고, 다시 현행해서 종자를 훈하는 것은 현행훈종자(現行熏種子)라고 하는데, 이런 움직임은 통틀어 삼법전전인과동시(三法展轉因果同時)라고도 한다. 『구사론』 권19(대정장29, p.99c19)에 "저 『대분별제업계경』에서 설하길 욕탐을 여읜 외도무리들 욕계를 연하되 사견으로 현행한다고 하며, 또 『범망경』에 설하길 저 무리들 욕계에 있으면서 온갖 견으로 현행한다고 하였다. 如大分別諸業契經說 離欲貪諸外道類 有緣欲界邪見現行 及梵網經亦說 彼類有緣欲界諸見現行", 같은 책 권20(대정장29, p.108b6 : *Abh-k-bh.*, p.308)에 "경계 중에 번뇌가 끊이지 않는 것을 누라고 하며, 만약 그 세력 한층 오르면 폭류라고 한다. 즉 모든 유정이 저에 떨어지면 오직 따라 순할 뿐 거스를 수 없으며, 솟구쳐 오르고 빠져 헤매서 거역하기 어렵기 때문이다. 현행할 때 극히 두드러지지 않아 멍에라 하는데, 단지 유정이 여러 가지류의 괴로움과 화합하기에, 혹은 자주 현행하기에 '액'이라 한다. 욕 등에 집착하기에 (번뇌를) 취라고 한다. 於境界中 煩惱不絶 說名爲漏 若勢增上 說名瀑流 謂諸有情若墜於彼 唯可隨順 無能違逆 涌泛漂激 難違拒故 於現行時 非極增上 說名爲軛 但令有情 與種種類 苦和合故 或數現行 故名爲軛 執欲等故 說名爲取 āsravatyebhiḥ saṃtatir-viṣayeṣv-ity-āsravāḥ … adhimātra-vegatvād-oghāḥ. tarhi tad-vā-anuhyate tad-anuvidhā nāt. na-atimātra-samudācāriṇo 'pi yogā vividha-duḥkha-saṃyojanāt. ābhīkṣṇya-anuṣaṅgato vā kāmādy-upādānād-upādānāni-iti",『순정리론』권53(대정장29, p.642a17)에 "현행할 때 극히 드러난 것 아니기에 이름을 '멍에'라 한다. 다만 유정으로 하여금 갖가지로 더불어 고통스럽게 화합할 뿐이거나, 또는 자주 드러나 행하기에 굴레라 한다. 於現行時非極增上說名爲軛 但令有情與種種類苦和合故 或數現行故名爲軛",『성유식론』권2(대정장31, p.9b10)에 "두 과 함께하니 소생으로서의 현행과법과 함께 나타나 화합하여 종자를 성취한다. 이는 전후로 정해진 상이 떨어지는 것을 막아 현행과 종자 서로 어긋나지 않기 때문이다. 일신으로 함께할 때 능생의 용이 있게 된다. 저 종자가 자류로서 나서 전후로 서로 어긋나 반드시 함께 있지 않음과는 다르다. 二果俱有 謂與所生現行果法俱現和合 方成種子 此遮前後及定相離 現種異類互不相違 一身俱時有能生用 非如種子自類相生 前後相違必不俱有", 같은 책 권4(대정장31, p.19c5)에 "무상법이 타성과 더불어 인이 되고, 또한 다음 순간의 자성을 인으로 삼으니 이것이 인연의 뜻이다. 자성을 나타낸다 말하는 것은, 종자의 자류에서 앞의 것이 뒤의 것의 인이 되는 것이고, 타성을 현이라 한 것은 종자와 현행이 서로 인이 되는 뜻이다. 無常法與他性爲因 亦與後念自性爲因 是因緣義 自性言顯 種子自類 前爲後因 他性言顯 種與現行 互爲因義", 같은 책 권7(대정장31, p.40a25)에 "현행이란 7전식과 저 상응과 변하는 상견과 성과 계와 지 등을 말한다. 불과로서의 선과 극히 열한 무기를 제하고 나머지는 본식을 훈해서 자류의 종을 생겨나게 한다. 이는 오직 저를 바라서기에 이 인연성일 뿐이니, 제8심품은 훈할 일이 없기 때문이다. 소의를 가린 것 아니니 홀로 능히 훈하기 때문이고, 극히 미세하게 모자람 없어 원이기 때문이다. 종자 훈해 이루지 못하니, 현행동류들 펴 구르며 바랄 뿐이어서 인연이 아니면서도 스스로 심어 나기 때문이다. 일체이류 펴고 굴러서 서로 바라기만 할 뿐, 인연이 아니기에 가까이해서 날 일이 없다. 現行者 謂七轉識及彼相應所變相見性界地等 除佛果善極劣無記 餘熏本識生自類種 此唯望彼是因緣性 第八心品無所熏故 非簡所依獨能熏故 極微圓故 不熏成種 現行同類展轉相望皆非因緣自種生故 一切異類展轉相望亦非因緣 不親生故",『성유식론장중추요』권상(대정장43, p.629c24)에 "종을 인상으로 삼아 제법의 인연이 되고, 현을 과상으로 삼기에 두 가지로 나게 된다. 현행과 종자 모두 자상을 삼고, 현행과 종자 자체로 삼기 때문이다. 以種爲因相 諸法因緣故 現行爲果相 二種所生故 現種俱爲自相 現 種俱爲自體故"라고 하였다. [참고문헌]『俱舍論』,『順正理論』,『成唯識論』,『成唯識論掌中樞要』,『瑜伽師地論』권25(대정장30, p.418a21), *Abh-k-bh.*, *Śrāv-bh.133*, *Bodh-bh.97*. ⇨ 삼법전전인과동시 三法展轉因果同時, 종자 種子 ■, 종자생현행현행훈종자 種子生現行現行熏種子

현행 顯行 『관무량수경』에서 정선(定善)과 산선(散善) 중에 산선수행법. 자력(自力)수행에 속한다.『관무량수불경소』권2(대정장37, p.252a28)에 "여섯째, '그때 세존께서 곧바로 미소를 지으셨다'라는 대목 이하부터 '청정한 업의 정인'이라 한 대목까지는 산선의 현행에 관한 인연이다. 六 從爾時世尊 卽便微笑下 至淨業正因已來 明散善顯行緣"라고 하였다. [참고문헌]『觀無量壽佛經疏』. ⇨ 삼서육연 三序六緣

현행무명 現行無明 현행하는 무명. 발기무명(發起無名 Ⓢ samutthāna)과 전무명(纏無明 Ⓢ paryavasthāna)을 말한다. 수면무명(隨眠無明 Ⓢ anuśaya)에 대칭한다.『유가사지론』권10(대정장30, p.326c18 : *Yogā-bh.*, p.224)에 "[문] 어떠한 무명들 있을 수 없기에 행이 있지 않으며, 어떠한 무명들 사라지기에 행멸이라 하는가? [답] 세 가지 있으니 발기·전·수면이라는 무명이다. 이 무명들이 사라지는 것이기에 저 무명 사라짐으로써 그 행 또한 따라 멸한다. 問 何等無明不有故行不有 何等無明滅故行滅耶 答 有三種發起纏 隨眠 無明 由此無明滅故 彼無明滅 由彼滅故 行亦隨滅 katam-asyām-avidyāyām-asatyāṃ saṃskārā na bhavanti. katam-asyā avidyāyā nirodhāt-saṃskāra-nirodhaḥ. triprakāra-paryavasthāna-samutthāna-anuśayasthāyinyā avidyāyā nirodha iti. avidyā-nirodhād-avidyā-nirodhe tan-nirodhāc-ca tan-nirodhe sati tataḥ saṃskāra-nirodhaḥ",『유가론기』권3(대정장42, p.373c18)에 "발기란 발업무명을 말하고 … 전은 윤생무명을 말하니 이 둘은 모두 현행무명이다. 훈습된 종자를 수면무명이라 한다. … 또 세 가지 있어서 일어나 얽어 번뇌하는 무명이니, 첫째는 능히 발기해 얽고, 둘째는 능히 발기해 상응하고, 셋째는 능히 발기해 함께하지 않는다. … 이 세 가지 수면무명 사라지기에 그 현행무명이 멸하고, 현행무명이 멸하기에 행 또한 사라진다. 發起謂發業無明 … 纏謂潤生無明 … 此二俱現行 所熏成種名隨眠無明 … 又有三種發起纏之隨眠無明 一能發起纏 二能發起相應 三能發起不共 此三皆纏 … 發此現行之隨眠無明有三 由此三隨眠無明滅故彼現行無明滅 現行無明滅故行滅",『성유식론소초』권14(卍속장80, p.762a6)에 "무명에 네 가지가 있다. 첫째는 상응무명, 둘째는 불공무명, 셋째는 전박무명이니 이것이 현행무명이고, 셋째는 수면이니 종자다. 無明有四 一 相應 二 不共 三 纏縛無明者 卽是現行無明 四隨眠 卽是種子"라고 하였다. [참고문헌]『瑜伽師地論』,『瑜伽論記』,『成唯識論疏抄』, *Yogā-bh.* ⇨ 무명 無明 ■

현행문 現行門 드러내 행하는 문. 행하는 곳마다에서 마음을 들일 것인지 말 것인지(處非處 : 入非入)를 가려 행하는 문. 『유가사지론』 권57(대정장30, p.613a17)에 "〔문〕 (불세존께서는) 몇 가지 문으로 처와 비처를 관찰하시는가? 〔답〕 네 가지다. … 넷째는 현행문이다. … 무엇이 네 번째로서 처와 비처를 차별하는 문인가? … 처도 없고 위도 없는 것이란, 탐애가 있는 이로서 탐애에 뒤덮여 있고 탐애를 끊지 못한 채로 재물과 이익에 대해서는 마음이 염착을 여의었다고 하는 것이니, 이러한 것은 합당하지 않다. 탐 등의 일체번뇌와 수번뇌의 얽매임(纏)을 끊지 못했으면서 사념주를 수습한다는 것이니, 이는 합당하지 않고 이와 어긋났다면 이러한 일은 합당하다. 問 應以幾門觀察處非處耶 答 四 … 四 現行門 … 云何第四處非處門差別 … 無處無位 有貪愛者貪愛覆蔽 貪愛未斷而於財利心離染著 無有是處 … 不斷貪等一切煩惱隨煩惱纏修四念住 無有是處 與此相違斯有是處", 『유가론기』 권16(대정장42, p.661b24)에 "현기한 법 중에서 처비처를 가리는 것을 현행문이라 한다. 現起法中辨處非處名現行門"라고 하였다. 〔참고문헌〕 『瑜伽師地論』, 『瑜伽論記』. ⇨ 처비처 處非處

현행번뇌 現行煩惱 현행하는 번뇌. 두 가지 번뇌(二煩惱 : 現行 隨眠) 중 하나다. 육근과 육경이 만나 일으킨 탐진치 등의 번뇌. 상심번뇌(上心煩惱)라고도 하며, 수면번뇌(隨眠煩惱)와 맞선다. 『수호국계주다라니경』 권5(대정장19, p.547a18)에 "이 중 번뇌가 생하는 인연이란, 부정사유를 그 인으로 삼고 무명이 연이 되며, 무명이 인이 되고 행이 연이 되며 … 유가 인이 되고 생이 연이 되며, 생이 인이 되고 노사가 연이 되며, 번뇌가 인이 되고 업이 연이 되며, 견이 인이 되고 탐이 연이 되며, 수면번뇌가 인이 되고 현행번뇌가 연이 되니, 이 것이 번뇌가 생기하는 인연이다. 此中煩惱生因緣者 謂不正思惟 以爲其因 無明爲緣 無明爲因 行爲緣 … 有爲因 生爲緣 生爲因 老死爲緣 煩惱爲因 業爲緣 見爲因 貪爲緣 隨眠煩惱爲因 現行煩惱爲緣 此是煩惱生起因緣", 『대명삼장법수』 권4(영락장181, p.528a1)에 "두 번뇌〈『화엄경소』에 나옴〉 : … 둘째, 현행번뇌. 육근이 육진을 마주해서 탐진치 등의 번뇌를 드러내 일으키는 것을 현행번뇌라고 이름한다〈육근이란 안근·이근·비근·설근·신근·의근이다. 육진이란 색진·성진·향진·미진·촉진·법진이다〉. 二煩惱〈出華嚴經疏〉 … 二 現行煩惱 謂六根對六塵境 現起貪瞋癡等煩惱 是名現行煩惱也〈六根者 眼根 耳根 鼻根 舌根 身根 意根也 六塵者 色塵 聲塵 香塵 味塵 觸塵 法塵也〉"라고 하였다. 〔참고문헌〕 『守護國界主陀羅尼經』, 『大明三藏法數』. ⇨ 이번뇌 二煩惱, 육근 六根, 육진 六塵

현행법 現行法 Ⓢ adhyācāra-dharma, Ⓣ lhag-par-spyod-pa'i-chos. 현행하는 법. 제8식 중의 종자가 색심(色心) 등의 유위제법(有爲諸法)을 드러내 움직이게 하는 일. 『성유식론』 권3(대정장31, p.14a20)에 "능히 모든 종자를 집지하기에, 현행법과 더불어 의지처 되기에, 변하여 저것이 되고 또 저것의 의지가 된다. '변하여 저것이 된다'란, 변하여 기세간과 유근신이 됨을 말한다. 謂能執持諸種子故 與現行法爲所依故 卽變爲彼及爲彼依 變爲彼者 謂變爲器及有根身", 『성유식론소초』 권4(卍속장80, p.345a13)에 "칠전식은 종자든 현행이든 다 본식에 의지하니 본식을 의지인 삼고, 본식 중의 종자는 일체현행법과 더불어 인을 삼기에 인의 상은 종자와 현행에 통한다. 七轉識若種若現 皆依本識 本識爲依持因 識中種子與一切現行法爲因故 因相通種現也"라고 하였다. 〔참고문헌〕 『成唯識論』, 『成唯識論疏抄』, *Yogā-bh.14.* ⇨ 현행 現行, 종자 種子

현행서방경 現行西方經 고려시대 원참(元旵) 지음. 1권. 한불전6, pp.861a1~877a9에 수록되어 있다. 저본은 1447년(세종29) 직지사(直指寺) 간행본이다. 『현행경』이라고도 한다. 위경(僞經)의 하나다. 저자가 영주(永州) 공산(公山)에 있는 거조사(居祖社)에 주석할 당시 낙서(樂西)라는 신승(神僧)에게 듣고서 그대로 기록하였다고 하지만, 이 또한 경이라는 제명을 붙이기 위하여 의탁하려는 의도로 보이며 원참 자체가 가상의 인물이고 진짜 저자는 그 이름에 숨었을 가능성도 있다. 낙서라는 신승이 문득 원참 앞에 나타나 40 글자의 게송을 전해 주었고, 그 가운데 불(佛)이라는 글자는 두 번만 쓰고, 그 외의 글자는 한 번만 써넣은 41개의 나무 막대기를 던져서 내세에 태어날 곳을 점치게 하는 것을 내용으로 한다. 이들 41가지가 지니는 위상의 차이와 태어날 곳을 정하지 못한 경우까지 포함하여 모두 42가지 점괘를 베풀어서는 그 각각에 대한 인과를 밝히고 수행법도 시설한 방편경이다.

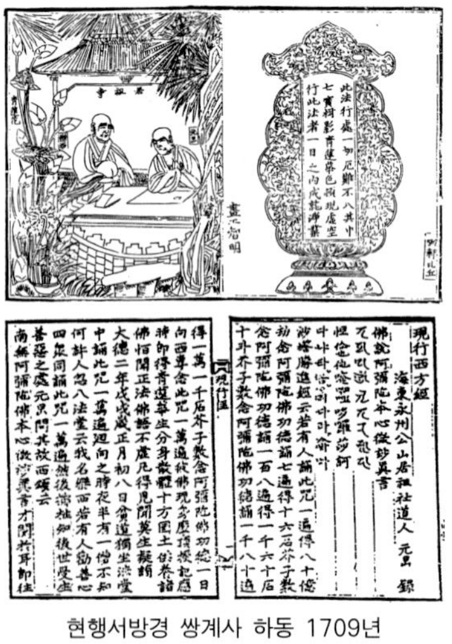

현행서방경 쌍계사 하동 1709년

현행식 現行識 현행하는 식. 제8식 중의 종자가 팔식의 현행을 낳는 뜻이다. 『유가사지론약찬』 권4(대정장43, p.59b20)에 "(『유가사지론』 권10에서) '저 업을 따라 많은 심사를 일으킨다'라고 하였는데, 이는 현행식을 말한다. 隨彼業多起尋思者 此謂現行識", 『성유식론술기』 권1(대정장43, p.240c7)에 "즉 종자식은 변해 현행이 되고, 현행식은 변해 종자와 견분과 상분이 된다. 따라서 변한다고 한다. 謂種子識變爲現行 現行識變爲種子及見相分 故名爲變", 『성유식론소초』 권1(卍속장80, p.257a8)에 "'즉 종자식이 변하여 현행이 된다'란 … 제8식 중의 종자가 팔식의 현행을 낳는다는 것이다. '현행식이 변해 종자가 된다'란 전7식이 능훈이 되어 종자를 훈성한다는 것이니, 이것이 뒤쳐 변하는 전변인 것이다. 謂種子識變爲現行者 … 第八識中種子 而生八識現行 現行識變爲種子者 卽前七識爲能熏 熏成種子 卽是轉變"라고 하였다. 〔참고문헌〕『瑜伽師地論略纂』, 『成唯識論述記』, 『成唯識論疏抄』, 『瑜伽師地論』 권43(대정장30, p.324b1). ⇨ 현행 現行, 종자 種子[1], 아뢰야식 阿賴耶識

현행종자 現行種子 현행과 종자. 『유가사지론』 권57(대정장30, p.615a27)에 "〔문〕 나락가에 태어나면 몇 가지 근을 성취하는가? 〔답〕 (眼 등 五根·意根·命根·苦根) 여덟 가지이니 (그것들의) 현행과 종자는 모두 성취할 수 있다. 問 生那落迦成就幾根 答八 現行種子皆得成就", 『성유식론술기』 권2(대정장43, p.269a29)에 "또 『유가사지론』「결택분」 등에서는 모두 현행과 종자 두 법을 안근 등으로 삼는다. 又瑜伽決擇分等 皆以現行種子二法爲眼根等"라고 하였다. 〔참고문헌〕『瑜伽師地論』, 『成唯識論述記』. ⇨ 현행 現行, 종자 種子[1]

현행혹 現行惑 현행하는 혹. 현재 일어나 움직이는 번뇌를 말한다. 종자혹(種子惑)에 대칭한다. 『화엄오교장』 권2(대정장45, p.491a21)에 "〔문〕 팔지이상의 모든 보살은 번뇌장을 영구히 엎드리게 해서 현행하지 않으니, 무루지과가 항시 상속하기 때문이다. 저 아라한 이미 현행혹이 없는데 어째서 다시 분단의 몸을 받는가? 〔답〕 만약 범부라면 현행하는 혹으로 업을 적셔 생을 받는 것이지만 성인은 그렇지 않다. 다만 남아 있는 번뇌의 종자만을 써서 생을 받는다. 따라서 『잡집론』에서 '모든 성인은 다 수면력 때문에 생을 맺어 상속한다'라고 하였다. 問 八地已上一切菩薩 於煩惱障永伏不行 以無漏智果恒相續故 如阿羅漢 旣無現行惑 何得更受分段之身耶 答 若是凡夫 卽以現惑潤業受生 聖人不爾 但留惑種用以受生 故雜集論云 一切聖人皆以隨眠力故結生相續", 『대명삼장법수』 권4(영락장181, p.528b2)에 "현행혹이란 육근이 육진을 마주해서 탐진치 등의 번뇌 일으키고 마음을 혼미하게 해서 온갖 선법들을 가리니, 이를 현행혹이라 한다. 現行惑 謂六根對六塵 現起貪瞋癡等煩惱 令心昏迷 障諸善法 是名現行惑"라고 하였다. 〔참고문헌〕『華嚴五教章』, 『大明三藏法數』. ⇨ 현행 現行

현행훈종자 現行熏種子 현행이 종자를 익히다. 능훈식(能熏識)이 종자에서 현행할 때 다시 이 현행이 인이 되어 종자를 소훈처(所熏處)에 훈습하는 것. 여기서 현행이란 칠전식, 칠전식과 상응하는 법, 전변된 견분(見分)과 상분(相分), 삼성(三性), 계(界), 지(地) 등을 말한다. 『성유식론』 권2(대정장31, p.10a3)에 "훈하는 중에 종자를 낳고 기르는 것이 마치 참깨(苣蕂) 향기를 훈하는 것과 같기에 훈습이라 한다. 능히 훈하는 식 등이 종자를 좇아 일어날 때 곧 능히 인이 되어 다시 훈하여 종자를 이룬다. (本有種子·現行·新熏種子의) 세 가지 법이 펴고 구르며 인과가 동시다. 마치 심지가 불꽃을 낳고 불꽃이 심지를 태우는 것과 같다. 令所熏中種子生長 如熏苣蕂故名熏習 能熏識等從種生時 卽能爲因復熏成種 三法展轉因果同時 如炷生焰焰生焦炷", 『성유식론술기』 권2(대정장43, p.306b5)에 "등의 심지와 불꽃이 펴고 구르며 타오르듯이, 심지로 불꽃이 생하는 일은 종자가 현행을 낳는 것과 같고, 불꽃이 심지를 태우는 일은 현행이 종자를 훈습하는 것과 같다. 如燈炷與燈焰展轉生燒 由炷生焰 如種生現 由焰燒炷 如現熏種", 『유가사지론』 권51(대정장30, p.580b17)에 "다시 칠전식과 아뢰야식은 두 가지로 연성을 짓는다. 첫째는 현법중에 능히 종자를 장양하기 때문이다. 둘째는 후법중에 그것이 생할 수 있도록 저 훈습된 종자를 거두어 심기 때문이다. '현법중에 저 종자를 장양한다'는 것은 아뢰야식에 의지하여 선·불선·무기의 전식이 구를 때와 같이 해서 이렇게 하나에 의지해서 함께 생하고 함께 멸하면서 아뢰야식을 훈습하는 것을 말한다. 復次諸轉識 與阿賴耶識作二緣性 一於現法中 能長養彼種子故 二於後法中爲彼得生攝植彼種子故 於現法中長養彼種子者 謂如依止阿賴耶識善不善無記轉識轉時 如是如是於一依止同生同滅 熏習阿賴耶識", 『유가론기』 권13(대정장42, p.599b12)에 "〔문〕 현행이 식을 훈하여 종자가 될 때 동시인가? 종자가 되는 것은 이시인가? 서방에는 두 가지 해석이 있다. 첫 번째 해석은 훈습할 때 바로 종자를 구성한다는 것이고, 두 번째 해석은 능훈(能熏 : 현행)이 주상과 멸상일 때 소훈의 종자는 주상과 생상을 일으킨다는 것이다. 問 現行熏識成種子時爲同時成種爲異時耶 西方二釋 一解 熏時卽成種子 二解 能熏住滅相時 所熏種子起住生相"라고 하였다. 〔참고문헌〕『成唯識論』, 『成唯識論述記』, 『瑜伽師地論』, 『瑜伽論記』. ⇨ 종자생현행현행훈종자 種子生現行現行熏種子, 삼법전전인과동시 三法展轉因果同時, 칠전제팔호위인과 七轉第八互爲因果, 현행 現行, 종자 種子[1], 현행종자 現行種子

현향 懸香 걸어두는 향. 현향로를 걸고 그곳에서 향을 사루거나 향을 넣은 주머니를 걸어두는 것으로 괘향(掛香)이라고도 한다. 현향의 전통은 율장에서 유래했는데

『사분율』 권52(대정장22, p.958b24)에 "제비구는 집 안의 냄새를 걱정한다. 부처님께서 말씀하시길 씻어내고 청소해도 냄새가 나면 향니를 바르고, 다시 냄새가 나면 마땅히 집 네모서리에 향을 걸어야 한다. 諸比丘患屋內臭 佛言 應灑掃 若故臭 以香泥泥 若復臭 應屋四角懸香"라고 하였다. 현향은 중국 송대(宋代)에 선방 등에서 사루었고, 우리나라에서도 고려시대 걸이향로인 현향로(懸香爐)가 전한다. [참고문헌] 『四分律』. ⇨ 향로 香爐, 향 香

현허 玄虛 깊어 아득하고 빈 채로임. 말에 의지한 분별을 떨쳐버려 빈 채로이지만 일체와 통하기에 깊어 아득함. 『원오어록』 권15 「시증대제 示曾待制」(대정장47, p.784a3)에 "스스로 증하고 스스로 깨우쳤지만 증오의 자취를 남기지 않는다. 아득해 비어 통달해야 선이다. 自證自悟 而不留證悟之迹 翛然玄虛 通達乃善", 『종경록』 권75(대정장48, p.833a24)에 "무릇 마음 항상 바르고 곧으며 본래 아득히 비었으니, 도 온전히 이 마음이고 마음 온전히 도다. 夫心常正直 本自玄虛 道全是心 心全是道"라고 하였다. [참고문헌] 『圜悟語錄』, 『宗鏡錄』.

현험 現驗 드러나 진실인 줄 알게 되다. 『출요경』 권10(대정장4, p.664a14)에 "부처를 믿지 않는 이는 곧 참회하였고, 그중에 믿는 이는 서로 말하길 '(부처를) 비방한 보로 그 죄 이와 같이 드러나 알게 됨이 이와 같으니, 어찌 후세를 말하겠는가!' 不信佛者卽起懺悔 其中信者共相告曰 誹謗之報其罪如是 現驗如玆 豈云後世", 『유부율피혁사』 권상(대정장23, p.1051c16)에 "'나는 아귀중에서 왔기에 이 일을 다 보았다. 만일 믿지 못하겠다면 그대의 아버지가 「일전에 네가 섬기던 화로 아래 두 개의 금병이 있다. 너는 그곳을 파서 그것을 가져다 써라. 그리고 때때로 성자 가다연나에게 공양하며 나의 이름을 칭찬하여서 나의 죄가 소멸되도록 발원해다오」라는 말을 전하라고 하였소'. 아들이 곧 땅을 파보고서야 금병을 보았고 비로서 드러나 진실임을 알았다. 我從餓鬼中來 具見斯事 若不信者 汝父信曰 向汝事火爐下有二金瓶 汝應穿取受用 及將一分時時供養聖者迦多演那一團之食 稱讚我名願我罪業除滅 子卽穿地乃見金瓶 始知現驗"라고 하였다. [참고문헌] 『出曜經』, 『有部律皮革事』.

현혁 顯赫 드러나 밝게 빛나다. 『별역잡아함경』 권5(대정장2, p.405c26)에 "세존을 멀리서 뵈오니 위광 드러나 밝게 빛나시기에 공경하는 마음이 곱절로 일어났다. 遙見世尊 威光顯赫 倍生恭敬", 『현우경』 권12(대정장4, p.436b12)에 "담마유지가 세존을 멀리서 뵈었는데 광명이 드러나 빛나시니, 밝고 환한 빛이 해를 넘어섰고 대중 둘러싼 모습은 뭇별 중에 달과 같았다. 曇摩留支 遙見世尊 光明顯赫 明曜踰日 大衆圍遶 如星中月"라고 하였다. [참고문헌] 『別譯雜阿含經』, 『賢愚經』.

현현 顯現 ❶ Ⓢ ābhāsa, avabhāsa, abhivyakti, ni-√dṛś, √khyā, khāti, khyāti, pratibhāsa, vyakta, saṃprakhyāna, Ⓟ okkhāyati, Ⓣ mngon-pa, snang-ba. 드러나 보이다. 눈앞에 나타나 있어 그대로 보게 하다. 일체유위법의 드러남을 말하는 것이기에 그럴듯한 모습(似有)으로 드러나다. 드러나 보이지만 바탕(質) 아닌 비춘 그림자(影象)일 뿐인 것들이고, 뜻 없지만(無義) 그럴듯한 뜻(似義)으로 명료한 듯 드러나게 됨을 뜻한다. 유식에서는 변계(遍計)의 뜻으로, 중관에서는 환화(幻化)의 뜻으로 거두는 말이다. 『잡아함경』 권8(대정장2, p.52b22 : *Jīvakambavana-sutta*, *SN.4*, p.144)에 "비구여! 방편으로 선해 사유하니 안으로 그 마음 고요히 한다. 이와 같이 여실히 하니 드러난 그대로 안다. 어떻게 드러난 것 진실 그대로 아는가? 눈으로 드러난 것 진실 그대로 안다. 比丘 方便禪思 內寂其心 如是如實知顯現 於何如實知顯現 於眼如實知顯現 paṭisallāṇe bhikkhave yogam āpajjatha. patisallīṇassa bhikkhave bhikkhuno yathābhūtam okkhāyati. kiñca yathābhūtam okkhāyati. cakkhu aniccanti yathābhūtam okkhāyati", "이비설신의도 이와 같다. 이들 모든 법은 무상하고 유위일 뿐이니, 이 또한 드러난 그대로 여실히 안다. 耳鼻舌身意 亦復如是 此諸法無常有爲 亦如是 如實知顯現 sotam. ghānam. jivhā. kāyo. mano … tam pi aniccanti yathābhūtam okkhāyati. … paṭisallīṇassa bhikkhave bhikkhuno yathābhūtam okkhāyatīti", 『대승보운경』 권5(대정장16, p.270a13)에 "공에 통달하였으므로 무상을 닦아 마음을 거두고 선정에 들어 모든 모양새 나타나는 듯이 보여도, 잘 관찰한즉 상이 아님을 본다. 通達空故 爲修無相 而攝其心 入於禪定 一切相貌 顯現相似 善觀察之 則見非相", 『해심밀경』 권3(대정장16, p.698b5)에 "이 마음이 이와 같이 생할 때 곧 이와 같이 영상 나타난다. 선남자야, 마치 아주 맑고 청정한 거울면에 의지하여 그 바탕 연을 삼아 도리어 질을 보게 되는 것이니 '내가 지금 영상을 본다'고 하며, 또는 '질을 여의어 따로 행하는 영상이 드러나 보일 뿐이다'라고 한다. 이와 같이 이 마음이 일어날 때 그럴듯하지만 다름 있으니, 삼마지도 행한 바 영상으로 드러나 보일 뿐이다. 此心如是生時 卽有如是影像顯現 善男子 如依善瑩淸淨鏡面 以質爲緣 還見本質 而謂我今見於影像 及謂離質別有所行影像顯現 如是此心生時 相似有異 三摩地所行影像顯現", 『잡아비담심론』 권8(대정장28, p.931c4)에 "비록 뜻 말하는 것에 있지는 않지만, 말함 인하여 드러나므로 '뜻을 설한다'고 한다. 雖義不在說 而因說顯現 故言說

義", 『섭대승론본』 권중(대정장31, p.138a12 : *Mah-sam.*, p.25)에 "무엇이 변계소집상인가. 뜻 없음에서 오직 식 있는 중에 그럴듯한 뜻이 드러날 뿐이다. 何者 遍計所執相 謂於無義 唯有識中 似義顯現 de la kun brtags pa'i mtshan nyid gang zhe na. gang don med kyang rnam par rig pa tsam de don nyid du snang ba'o", 같은 책(대정장31, p.138b10 : *Mah-saṃ.*, p.27)에 "자씨여, 조그만 법도 있을 리 없으니, 능히 취할 법은 없다. 그런즉 이 마음 이와 같이 일어날 때 이와 같은 영상이 드러나 있을 뿐이다. 慈氏 無有少法 能取少法 然卽此心 如是生時 卽有如是 影像顯現 byams pa chos gang yang chos gang la yang mi 'dzin mod kyi. 'on kyang de ltar skyes pa'i sems gang yin pa de ni de ltar snang ngo", 『섭대승론석』 권4(대정장31, p.403b15)에 "현현이라고 말하는 것은 명료한 뜻이 없지만 명료하게 현전해 있는 듯하므로 현현이라 한다. 言顯現者 是明了義無 而似有明了現前 故名顯現", 『중변분별론』 권하(대정장31, p.462a5 : *Madhy-vibh.*, p.66)에 "환인 듯 나타남이란 코끼리, 말 등을 실다운 몸으로 삼기에 있는 것도 없고 없지도 않다. 오직 코끼리 등인 듯 어지러이 있을 뿐이니, 뜻이란 것 또한 이와 같이 있는 것이 아니다. 나타난 바대로 능히 붙들고 붙들려 있을 뿐이기 때문이다. 있는 것 아니라고도 하지 못하니, 그럴듯한 모습으로 어지럽게 모양 가져 있기 때문이다. 幻化者 爲象馬等實體故 無有非無 唯似象等 散亂有故 義亦如是 不有 如所顯現 能執所執故 非不有 唯相似散亂相有故 tan māyādivan mataṃ yathā māyā na hastyādibhāvenāsti na ca naivāsti. tadbhrāntimātrāstitvāt. evam artho 'pi na cāsti yathā saṃprakhyāti grāhyagrāhakatvena na ca naivāsti tadbhrāntimātrāstitvāt", 『기신론소필삭기』 권14(대정장44, p.373c5)에 "법신이 현현한다는 말은 훈습된 망심이 사라지므로 훈습하는 체상이 나타난다. 곧 화합식 안의 생멸하는 상을 무너뜨리고 생멸하지 않는 이 체를 나타낸다. 法身顯現者 以所熏妄心滅故 能熏體相顯現 卽破和合識內生滅之相 顯此不生滅體也"라고 하였다. [참고문헌] 『雜阿含經』, 『大乘寶雲經』, 『解深密經』, 『雜阿毘曇心論』, 『攝大乘論本』, 『攝大乘論釋』, 『中邊分別論』, 『起信論疏筆削記』, *SN.*, *Mah-saṃ.*, *Madhy-vibh.*, *Daś-bh.6.*, *Laṅk.40.*, *Bodh-bh.181.* ❷ Ⓢ dṛṣṭa. 분명하게 알려지다. 『금칠십론』 권상(대정장54, p.1245a29)에 "세 가지 괴로움의 핍박 때문에 알고자 하였는데, (이것은) 괴로움의 인을 멸하기 위함이다. 외도는 말한다. '이것은 괴로움 때문이며, 이 세 가지 괴로움을 사라지게 할 수 있음은 이미 분명하게 알려져 있다. 즉 첫째 팔분의방에서 말하는 것으로는 신고를 멸할 수 있고, 둘째 좋아할 만한 육진으로는 심고를 멸할 수 있다. 이렇게 인이 이미 밝혀져 있거늘 어찌하여 다시 알고자 하는 것인가?' 三苦所逼故 生於欲知 爲滅苦因 外曰 是因苦 能滅此三苦 分明已顯現 一者 八分醫方所說 能滅身苦 二者 可愛六塵 能滅心苦 是因已顯現 何假復欲知"라고 하였다. [참고문헌] 『金七十論』, *Sāṃkhy-k.4.*

현현별전 現現別轉 Ⓢ akṣam akṣaṃ prati vartate. 나타나고 나타나서 따로 구르다. 오근(五根)과 오경(五境)이 각각 따로 의지해 나타나고 움직이는 것을 말한다. 안근이 색경을 불러내고 색경은 안근을 드러내며 다른 근경과 함께하지 않기에 따로 구른다고 한다. 『인명입정리론』(대정장32, p.12b27 : *Nyāy-pr.*, p.7)에 "스스로 열어 깨우치기 위해서는 오직 현량(現量)과 비량(比量)만 있음을 알아야 한다. 이 중에서 현량은 무분별을 말한다. 만약 정지 있어 색 등의 뜻에 그 명(名)·종(種) 등의 모든 분별을 여읜다면, 드러나 따로 구를 뿐이기에 현량이라고 한다. 爲自開悟 當知唯有 現比二量 此中 現量謂無分別 若有正智 於色等義 離名種等 所有分別 現現別轉 故名現量 ātmapratyāyanārthaṃ pratyakṣam anumānaṃ ca dve eva pramāṇe. tatra pratyakṣaṃ kalpanāpoḍhaṃ yaj jñānam arthe rūpādau nāmajātyādaukalpanārahitam. tad akṣam akṣaṃ prati vartata iti pratyakṣam", 『인명입정리론소』 권하(대정장44, p.139c7)에 "'함께하지 않는 연(緣)에 의해 「현현별전」하기에 현량이라 한다'란 무슨 말인가? 다섯 가지 근이 각각 스스로의 경만을 비추는 것을 현(現)이라고 하며, 식이 이에 의지하는 것도 현현이라 하며, 각각 달리 경을 취하는 것을 따로 구른다고 한다. 경이 각각 다르기에 '같이 하지 않는 「연」'이라고 한다. 由不共緣 現現別轉 故名現量 五根各各 明照自境 名之爲現 識依於此 名爲現現 各別取境 名爲別轉 境各別故 名不共緣"라고 하였다. [참고문헌] 『因明入正理論』, 『因明入正理論疏』, *Nyāy-pr.*

현현보현 顯現普賢 드러나 널리 나투는 보현. 밀교의 세 가지 보현 중 하나다. 『계람습엽집』 권31(대정장76, p.606c25)에 "천태밀교의 산문에서 석가모니부처님을 본존으로 섬기는 것 모두 보현의 위신력이라고 말하고, 법화의 널리 통함도 모두 보현의 위신력이라고 한다. 이에 『대반야경』에서 '일체중생 모두 여래장이니 보현보살 자체로 두루하기 때문이다'라고 하였다. 이를 밀교에 부촉하여 세 가지 보현을 건립하였는데 실상보현〈본지이체〉·구경보현〈본각지〉·현현보현〈동방으로부터의 보현〉을 말한다. 凡山門 以釋迦爲本尊事 皆是普賢威神之力等云 法花弘通 皆普賢威神力云也 仍大般若云 一切衆生 皆如來藏 普賢菩薩自體遍故云 付密敎立三種普賢 所謂實相普賢〈本地理體〉 究竟普賢〈本覺智〉 顯現普賢〈從東方普賢〉"라고 하였다. 〔참고문헌〕『溪嵐拾葉集』.

현현주 玄玄珠 깊고 아득해 찾을 길 막막한 구슬. 『경덕전등록』 권19 「보통보명전 普通普明傳」(대정장51, p.359c12)에 “물었다. ‘깊고도 아득한 곳의 구슬은 무엇입니까?’ ‘무엇이라 한들 그것이 아니다’ ‘그렇다면 깊고 아득한 구슬이란 무엇입니까?’ ‘잃어버렸지!’ 問 如何是玄玄之珠 師曰 遮箇不是 曰 如何是玄玄珠 師曰 失却也”라고 하였다. 〔참고문헌〕『景德傳燈錄』.

현현현처 玄玄玄處 아득하고 아득해 깊기만 한 저곳. 『경덕전등록』 권29 「십현담 十玄談」(대정장51, p.455c16)에 “(一色의 송) 뚜렷뚜렷하게 알아차리고 있는 순간에도 알아차릴 수 없고, 가물가물하여 아득한 곳마저 또다시 꾸짖을 뿐이다. 了了了時無可了 玄玄玄處亦須訶”라고 하였다. 〔참고문헌〕『景德傳燈錄』.

현형색 顯形色 ⓢvarṇa-saṃsthāna, ⓣkha-dog dang dbyibs. 빛깔로 드러내고 모양마저 보이는 색. 현색(顯色)과 형색(形色). 색깔로 있는 것들과 모양 가져 있게 된 것. 『대비바사론』 권133(대정장27, p.689a18)에 “땅이란 어떤 것인가? 〔답〕 현색과 형색이다. 이것은 세속의 생각으로 시설한 땅이다. 즉 모든 세간은 현형색으로 의지해 함께하는 임시의 상으로 시설한 땅이라는 이름이다. 마치 세간에서 청색이나 황색의 땅 등이라거나 길거나 짧은 땅 등이라고 하는 것과 같다. 地云何 答 顯形色 此是世俗想施設地 謂諸世間 於顯形色依共假想 施設地名 如世間說 青黃地等 長短地等”, 『구사론』 권1(대정장29, p.3b14 : *Abh-k-bh.*, p.9)에 “〔송〕 땅이란 현색과 형색이라네. 세간의 생각 따라 세운 이름일 뿐. … 〔논〕 땅이란 현형색처를 바탕으로 하는데, 세간의 생각에 따라 이런 이름을 임시로 세운 것이다. 모든 세간 사람들이 땅의 모습 보이고자 해서 현형색으로 그 상을 보이기 때문이다. 頌曰 地謂顯形色 隨世想立名 … 論曰 地謂顯形 色處爲體 隨世間想 假立此名 由諸世間相示地者 以顯形色而相示故 pṛthivī varṇa saṃsthānam ucyate lokasaṃjñayā. tathā hi pṛthivīṃ darśayanto varṇaṃ saṃsthānaṃ ca darśayanti”라고 하였다. 〔참고문헌〕『大毘婆沙論』, 『俱舍論』, *Abh-k-bh.* ⇨현색 顯色, 형색 形色❶, 색 色

현호 賢護 ❶발다파라(跋陀婆羅 ⓢBhadra-pāla)보살. 현호는 발다파라의 번역어다. 16보살 중 일존(一尊)으로서 『능엄경』 권5(대정장19, p.126a12)에서는 6대 중 수대(水大)로 깨달은 보살이다. 『선문염송설화』 권2(한불전5, p.64a2)에 “계환이 풀어 말하길 ‘발다파라는 현호라고 한역한다. 때를 씻고 몸을 씻는데, 때와 몸에서 조금이라도 얻을 것이 있다면 그것은 모두 허망한 촉과 허망한 느낌이니, 그 무엇도 있는 것 없음을 터득한 것이다. 곧 묘촉 마땅히 밝아야 부처의 참된 자녀 되고 불자주라고 한다. 잘 능히 지키고 돌보아 헛되게 일어나지 않도록 하고 느낌 함부로 움직이지 않게 하고 현호라고 한다’고 하였다. 環解云 跋陁婆羅 此云賢護 洗塵洗體 及塵體之中 小有所得 皆妄觸妄覺故 得無所有 則妙觸宣明 成佛眞子 名佛子住 以善能守護 令妄不起 令覺不動 故名賢護”라고 하였다. 〔참고문헌〕『楞嚴經』, 『禪門拈頌說話』, 『楞嚴經要解』 권9(卍속장17, p.781b6). ⇨발다파라 跋陀婆羅, 현호보살 賢護菩薩 ❷ⓢBhadravāli. 부처님 재세 시 비구. 발화다리(跋陀和利)라 음사한다. 『대방광삼계경』 권중(대정장11, p.694c25)에 “가섭아 그대는 또 이 현호비구를 보라. 여래가 계로 마름하길 모든 비구승에게 하루 한 번 앉아 먹게 하였는데, 그것을 듣고서 화를 내고 삼 개월 동안 나의 처소에 이르지 않았다. 가섭아, 그때는 범행이 청정하고 빠짐없이 갖추었음에도 오히려 능히 이렇게 하였거늘, 하물며 멸도한 후에 음식에 탐착하고 의발과 와구와 병약에 탐착함은 어떻겠느냐. 迦葉 汝且觀是賢護比丘 如來制戒 諸比丘僧 一坐而食 聞已瞋恚 於三月中 不至我所 迦葉 爾時 梵行淸淨完具 尙能如是 況滅度後 貪著飮食 貪著衣鉢 臥具病藥”라고 하였다. 〔참고문헌〕『大方廣三戒經』. ⇨발화다리 跋陀和利

현호경 賢護經 ➡대방등대집경현호분 大方等大集經賢護分

현호보살 賢護菩薩 ⓢBhadrapāla. 어진 덕 갖추고서 중생을 보호하고 불법을 호지하는 보살. 8대보살 또는 16대보살 중 하나다. 재가의 보살로서 발다바라(跋陀波羅)라고 음사하고 현호장자(賢護長者)・현호승상동진(賢護勝上童眞)・선수보살(善守菩薩)・현수보살(賢守菩薩) 등으로 번역한다. 『반야경』과 『무량수경』에서 대고중(對告衆) 중에 상수다. 『능엄경』에서는 이 보살이 욕실에서 물에 자성 없음을 깨닫는 일화가 소개되었는데 이를 근거로 사찰에서는 욕실에 현호보살상을 모시기도 한다. 『팔길상신주경 八吉祥神呪經』에서는 이 보살을 비롯한 여덟 보살명호를 칭념하면 갑작스런 질병에서 벗어나 해탈해서 임종할 때 여덟 보살의 내영을 받는다고 설한다. 밀교에서는 현겁16존 중 하나로서 금

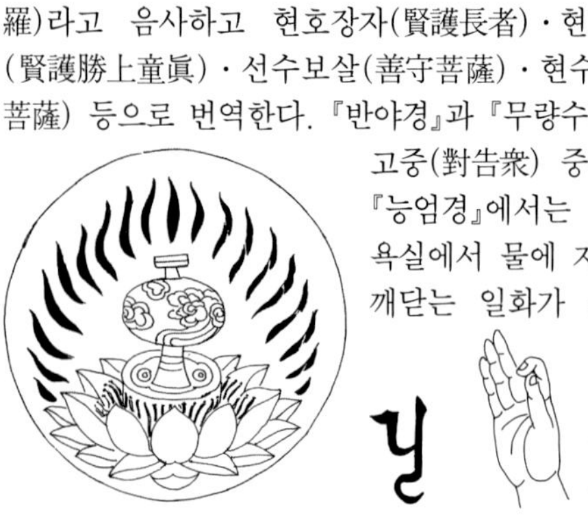

종자・수인・항삼세삼매야회 금강계만다라

강계만다라 갈마회(羯磨會)의 존격이다. 밀호는 중생의 불지견(佛知見)을 잘 호지하므로 교호금강(巧護金剛)이라 하고 이구금강(離垢金剛)이라고도 한다. 종자는 (pṛ), 삼매야형은 현병(賢甁). 존형은 붉은 색 몸에 여성형이며 왼손은 주먹을 쥐어 무릎에 올리고 오른손은 현병을 받든 채 연꽃에 앉은 모습이다. 여성형 존격은 삼매의 공덕을 나타내며 붉은 색은 자비를 표현한 것이다. 현병은 중생의 청정한 지혜를 호지하는 것을 나타내니 이 존격은 대정(大定)·자비(慈悲)·지혜(智慧)를 드러낸다. 진언은 '옴 바드라팔라야 프리 스바하 oṃ bhadrapālāya pṛ svāhā 옴 현호보살께, 프리 스바하'이다. 태장계만다라에서는 제개장원(除蓋章院)의 아홉 존격 중 넷째 존위이다. 여래의 금강과 같은 지혜로써 중생의 의심을 능히 제거하므로 제의회보살(除疑悔菩薩)이라고도 한다. 밀호는 교제금강(巧濟金剛)이니 여래 일실지의 광명으로 무명의 중생을 제도함을 뜻한다. 종자는 (vi), 삼매야형은 독고금강저. 존형은 살색의 여성형이며 왼손에 보병을 받쳐들었고 오른손은 독고저를 쥔 채 붉은 연꽃에 앉은 모습이다. 독고저는 여래의 일실지(一實智)를 나타내는데 아자(阿字)의 일법계를 뜻한다. 보병은 중생의 심지를 보호하는 오지(五智)를 나타내므로 현호(賢護)라 이름한다. 진언은 '나마 사만타붓다남 헤 마하마하 스마라 프라티즈냠 스바하 namaḥ samantabuddhānāṃ he mahāmaha smara pratijñāṃ svāhā 널리 제불께 귀의합니다. 오, 크고 크신 이여 서원을 기억하소서, 스바하'이다. 『대보적경』 권111(대정장11, p.623b15)에 "다시 십육보살이 있는데 현호보살이 상수가 된다. 復有十六大士 賢護菩薩而爲上首", 『관미륵상생도솔천경찬』(대정장38, p.284c23)에 "범어 발다바라에서 발다는 현이라는 뜻이고 바라는 호라는 뜻이다. 이는 현호보살이라 한역한다. 큰 현덕 갖추고 중생을 호념하며 불법을 널리 호지하므로 현호라 이름했다. 그 무리져 함께하니 열여섯 보살이다. 梵云跋陀婆羅 跋陀者賢義 婆羅者護義 此云賢護菩薩 具大賢德護念衆生弘護佛法故名賢護 與其徒十六菩薩俱"라고 하였다. 〔참고문헌〕『大寶積經』, 『觀彌勒上生兜率天經贊』, 『曼荼羅図典』(大法輪閣, 2002). ⇨십육대보살 十六大菩薩

제개장원 태장만다라

현호삼매 賢護三昧 어질고 착한 법 능히 지키는 삼매. 사종정(四種定) 중 하나다. 세간과 출세간의 현선법(賢善法)을 능히 지킬 수 있는 7·8·9지가 얻는 삼매다. 현수정(賢守定)이라고도 한다. 『화엄오교장』 권3(대정장45, p.495a4)에 "셋째, 칠팔구지에서 성문이 두려워하는 고습을 멸하니, 이 한 위의 상이 대승과 같음을 드러내는데, 현호삼매를 얻어 낙덕을 이루고 유유생사를 없앤다. 三 七八九地 滅聲聞畏苦習 顯此一位相同大乘 得賢護三昧 成於樂德 除有有生死", 『화엄오교장명목』(대정장72, p.291c19)에 "대승의 네 가지 정이란, 첫째 대승광명삼매, 둘째 집복덕왕삼매, 셋째 현호삼매, 넷째 수능엄삼매다. 大乘四定者 一 大乘光明三昧 二 集福德王三昧 三 賢護三昧 四 首楞嚴三昧", 『화엄오교장견문초』(대정장73, p.167b5)에 "'셋째, 칠팔구지' 아래에서 현호삼매라 이른 것을 유식 중에서는 현수정이라 이름하는데, 이것이 세간과 출세간의 어질고 착한 법을 능히 지키기 때문이다. 三七八九地下云賢護三昧者 唯識中名賢守定 謂此能守世間出世間賢善法故"라고 하였다. 〔참고문헌〕『華嚴五教章』, 『華嚴五教章名目』, 『華嚴五教章見聞鈔』. ⇨사종정 四種定

현화 玄化 더없이 깊고 묘한 조짐. 불법을 만나 변화하는 일. 『화엄경소』 「서 序」(대정장35, p.503b13)에 "다행이로다! 상계의 때에 이렇게 깊은 가르침 만나다니. 幸哉 像季之時 偶斯玄化", 『사명존자교행록』 권7(대정장46, p.920b7)에 "『태현경』에 '멀면서 검은빛이 있는 것을 현이라 한다'라고 하였다. 여기서는 천태종의 그윽히 멀고 미묘하게 갖춘 종지를 현화로 여긴다. 太玄經曰 遠而有黑色者 謂之玄 今以台宗幽遠微密之旨 爲玄化矣", 『역대삼보기』 권8(대정장49, p.82a26)에 "어려서부터 깊은 조짐을 익혔기에 불도를 고스란히 받아들였다. 少習玄化 伏膺佛道"라고 하였다. 〔참고문헌〕『華嚴經疏』, 『四明尊者教行錄』, 『歷代三寶紀』.

현화 玄話 깊어 다함없는 이야기. 『송고승전』 권21 「신영전 神英傳」(대정장50, p.843a10)에 "일찌감치 깊고 묘한 이야기에 통하였고, 아울러 논과 경에도 한껏 의견을 드러냈다. 早通玄話 兼擅論經"라고 하였다. 〔참고문헌〕『宋高僧傳』, 『木人剩稿』 권3(가흥장35, p.494c16).

현화사 玄化寺 경기도 개성시 영추산(靈鷲山)에 있던 절. 원래 이름은 대자은현화사(大慈恩玄化寺)로, 고려시대 유가종(瑜伽宗·법상종)의 본찰(本刹)이었다. 채충순(蔡忠順 ?~1036)이 쓴 「고려국영추산대자은현화사비음기 高麗國靈鷲山大慈恩玄化寺碑陰記」에 "지난 정사년(1017·현종8) … 마침내 건릉 동쪽 근처에 산수 둘러쳐진 기세 마치 조정이 둘러 읍한 듯 삼송은 비취빛으로 푸르고 기암괴석 울울하다. 트인 듯 좁은 곳 전당을 구축하기에 알맞고 지대의 높고 낮음은 섬돌과 계단 놓기에 알맞았다. 풍경은 사람을 끌어들이고 연하는 발걸음 재촉하니 숨겨져 있던 비경 오늘에야 비로소 나타났다. 마치 신인이 오랫동안 감추어 두었다가 반드시 마주할 때 기다렸다 만났으니 성주께서 오늘을 필요로 함에 응한 것이다. 현종이 이 터를 수용함에 있어 조금도 어긋남이 없어서 마주서서 보니 아름답고 멀리서 바라보니 마치 그림 같았다. … 이러한 승묘한 곳에 유명한 가람을 창건하여 그 공덕으로 부모의 천도를 위한 명복을 짓고자 하였으니 이는 참으로 천감에 부합되고 일방인 동국 즉 고려를 돕는 것이라고 하겠다. … 다시 사내의 서북쪽에 진전을 따로 짓고 현종의 황고인 안종헌경영문효의대왕과 황비인 효숙인혜순성대왕태후와 황자인 성목장공주와 원정왕후의 진영을 안치하였다. … 경신년(1020) 10월 황비의 성스러운 고향인 황주의 남면에서 부처님의 진신사리가 출현하여 휘황하게 방광함을 감득하였으며, 또 황고의 건릉 근처에 있는 보명사 내에서 다시 신령한 싹 출현함을 감득하여 성상께서 의장을 갖추고 교외로 나가서 맞이하였다. … 현화사에 칠층석탑을 조성하고 이 영아일척과 사리오십과를 봉안하여 복전의 귀경처로 삼았다. 또 신유년(1021) 4월 상주관내의 중모현에서 사리 오백여 과가 출현하였는데, … 그 중에 오십여 과를 나누어 현화사에 모시고 와서 주불의 복장에 안치한 다음 토불을 조성하여 마치고 공양하였다. … 처음 현화사를 창건할 당시에 강당터의 정지작업을 하다가 홀연히 흑수정주 한 과를 습득하였으며, 또 지난 경신년에는 금전터를 닦다가 다시 자수정주 한 과를 습득하여 주불의 미간백호에 안치하였다. … (송에 보낸 사신이) 아울러 새로 지은 건물의 단청에 필요한 색료 이천여 냥의 값어치도 특별히 (황제로부터) 하사받아 귀국하여 현화사의 불전·법당·진전 등을 모두 여법하게 채색하고 벽화를 그리는 등 화려하게 장식하였다. … 현종은 사찰운영에 필요한 곡물 삼천여 섬을 희사하였고 문무양반의 군신들도 각각 시납하였으며, … 따로 장래의 유지대책과 신앙증진의 일환으로 금종보를 두어 시행하였다. … 성상께서는 또 다시 큰 원을 발하여 나라가 정성하고 사직이 더욱 안녕하기를 축원하기 위해서 해마다 봄철에는 4월 8일에 입재하여 삼일 밤낮 동안 미륵보살기도법회를 열도록 하였다. 또 원을 세우되 이친의 왕생극락을 위한 명복을 빌기 위하여 매년 7월 15일에 시작하여 삼일 동안 주야로 미타기도법회를 개설하게 하였다. 또 특별히 각공과 목공에게 명하여 『대반야경』 600권, 3본 『화엄경』, 『묘법연화경』 등 수백 권의 경을 판각하고 이를 영인한 책과 아울러 판본을 모두 현화사에 봉안하고, 이 판본의 보존관리와 이의 탁본유통을 위하여 별도로 반야경보를 만들어 영원토록 영인하여 시방에 법시를 펴도록 하였다. … 성상께서 한림학사 승지인 주저에게 명하여 비문의 처음을 짓게 하였고, 이어서 … 채충순에게 잇대어 음기를 짓게 하였다. … 이 때 현종이 친히 붓을 잡고 완성된 비석에 어찰로 전액 네 자와 '고려영추산대자은현화사비명'이라는 열세자를 썼다. 去丁巳年 … 遂於陵東近處 有山水繞廻之勢 朝揖重重 見杉松蒼翠之形 嶄巖鬱鬱 闊狹稱殿堂之搆 高低符堦砌之排 風景引人 煙霞逐步 隱之曠戴現乃于今 若神人藏着於多年 必期有待應 聖主要求於此日 入用無乖 對之可憐 望之如畵 … 便令就此妙境 刱置此名藍一所 冀欲追薦創二親 用資冥福者也 果符天鑒 以祐日邦 … 仍命於寺內西北地 別開眞殿一座 安置我皇考安宗憲景英文孝懿大王 皇妣孝肅仁惠順聖大王太后 并皇姊成穆長公主 元貞王后眞影 … 庚申歲十月內 於皇妣聖鄕 黃州南面感得有眞身舍利出現 光明浮耀 兼又於皇考山陵之近處有普明寺內 更得靈牙出現 聖上乃備儀仗 駕出郊外迎來 … 遂於當寺 刱造石塔一座七層 安此靈牙一隻 并舍利五十粒用伸歸敬 續又於辛酉四月內 於尙州管內中牟縣 復有舍利五百餘粒出現 … 遂令分減五十餘粒來就當寺 於主佛中心安置了 乃令揑塑 裝成供養 … 初從刱立當寺之時 剗理講堂基地之內 忽拾得有黑水精珠一顆 後又於去庚申歲內 剗修金殿基地之次 更拾得紫水精珠一顆 乃於主佛毫間安着 … 仍蒙宣送彩色 有二千餘兩 俾充隨願 乃得於當寺佛殿法堂眞殿 並能如法彩畫裝飾 … 聖上親捨納租穀三千餘頃 群臣兩班 各有施納 … 別立號爲金鐘寶施行 … 聖上又發心立願 爲祝邦家鼎盛 社稷益安 許令每於春四月八日 起首限三日三夜 開設彌勒菩薩會 又□□立願 爲欲追薦二親冥福 亦令每於秋七月十五日起首限三日三夜 修設彌陀佛會 加又特命工人 彫造大般若經六百卷 并三本華嚴經 金光明經妙法蓮華經等 印板 着於此寺 仍別立號爲般若經寶永令印施十方 … 爰命翰林學士承旨周佇碑之於初 續 … 蔡忠順書之于次 … 於是親就刊石之上 乃援筆以御扎 碑之篆額 并其御書 篆額四字 亦親御扎", 주저(周佇 ~1024)가 쓴 「고려영추산대자은현화사창건비명 高麗靈鷲山大慈恩玄化寺創建碑銘」에는 "건릉 근처인 영추산에 현화사를 창건키로 하였다. 많은 층암 절벽이 있는 중간에 산세가 겹겹이 휘감아 돌았으며 기순의 바깥으로 세상의 시끄러운 소리와 번진이 다가오지 않는 곳이었다. 성상께서는 … 최사위를 선출하여 별감사로 삼았다. 재신 최사위는 … 인자함이 밖으로 드러났고 범행을 마음 속으로 닦았으며, … 날이 가고 달이 쌓여 무려 사년 만에 낙성하였다. 당우와 전각의 숭려하고 장엄함이 도솔천내원궁과 같았으며, 사원의 모양새를 갖춘 것은 기수급고독원과 다름이 없었다. 그리고 따로 집 한 채를 건립하여 황고 안종의 진영과 황비인 헌정왕후의 진영을 봉안하게 하였다. 乃於近陵靈鷲山 創立是寺焉 群岫之間 山勢廻抱 畿甸之內 囂塵莫侵 聖上 … 崔士威爲別監使 宰臣崔士威 … 仁慈外著 梵行內修 … 日累月積 四載而成堂殿 崇嚴宛類乎兜率內院 形勢周帀 無殊乎給孤獨園 別立殿一座 俾安考妣眞影 及□出 聖容入殿"고 하였다. 현종(顯宗 재위 1009~1031)이 부모인 안종(966~996)과 헌정왕후 황보씨(皇甫氏)의 명복을 빌기 위해 창건하고서 영정을 모신 진전(眞殿)을 두었다. 이후에도 현종은 안서도(安西道) 둔전(屯田) 천이백여 결을 시납(施納)하면서 삼천사(三川寺) 주지 대지국사(大智國師) 법경(法境 943~1034)을 현화사 주지로 모시는 등 꾸준히 관심을 가졌고, 현종이 승하한 뒤에도 현종의 휘신도량(諱晨道場)을 두어 아들인 덕종(德宗 재위 1036~1034)은 물론 정종(靖宗 재위 1034~1046)·문종(文宗 재위 1046~1083) 등이 줄곧 후원하였다. 그 뒤에도 강종(康宗 재위 1211~1213)의 진전을 두었고, 선종(宣宗 재위 1083~1094)의 소상재(小祥齋)를 설행하는 등 고려왕실과 관련한 여러 의례를 지속적으로 베푼 원찰(願刹)이었고, 의종은 이어소(移御所)로 삼아 오랫동안 머물기도 하였다. 또한 왕사이자 국사인 법경을 주지로 모신 이후 왕사국사로 받든 정현(鼎賢 972~1054)·해린(海麟 984~1070)·소현(韶顯 1038~1096)·덕창(德昌) 등의 유가종 스님을 주지로 모셨고, 송에 사신을 보내 구한 대장경 1부와 『대반야경』 600권·3본 『화엄경』·『묘법연화경』 등의 경판도 진장하였으며, 특히 1102년에는 『유가현양론 瑜伽顯揚論』을 은으로 사경하고 봉안하면서 경찬회(慶讚會)를 베풀기도 하였다. 정사(正史)와 금석문 등에 전하는 고려시대 주요연혁은 다음과 같다. 『삼국유사』 권2(대정장49, p.978a11·한불전6, p.298a16) 기이(紀異)2 김부대왕(金傅大王)에는 "'(경순왕은) 우리 백부 억렴에게 … 딸이 있다'고 하였다. … 태조가 맞이하였는데 신성왕후김씨다〈고려의 등사랑 김관의가 찬술한 『왕대종록』에는 '… 원당이 현화사로 3월 25일이 제삿날이다'〉고 하였다. 我伯父億廉 … 有女子 … 太祖娶之 是爲神成王后金氏〈本朝登仕郞金寬毅所撰王代宗錄云 … 願堂玄化寺三月二十五日立忌〉", 『고려사』 권22 세가22 고종 12년(1225) 8월 정유에 "강종의 기일이어서 내전에서 스님 이백명에게 반승하였다. 강종의 진전은 현화사에 있었는데, 기일에 나아가 행향하였다. 以康宗忌日 飯僧二百於內殿 康宗眞殿在玄化寺 忌日詣寺行香例也", 같은 책 권22 세가22 고종 4년(1217) 3월 기축에는 "현화사에 모신 안종·현종·강종 세 임금의 신위는 숭교사로 옮겨 모셨다. 奉遷玄化寺安顯康三宗神御于崇敎寺"라고 하였으며, 같은 책 권83 지37 병3 위숙군에는 "… 현화사 진전 … 숭교사 진전 … 산직장상 각각 2명. … 玄化寺眞殿 … 崇敎寺眞殿 … 散職將相各二", 『세종실록』 권19 5년(1423) 1월 17일에도 "김남수가 … 사제에서 … 세상을 떠났다. … 공민왕 때에 처음으로 현화사 진전의 전직으로 임명되었다. 金南秀 … 卒 … 私第 … 恭愍王朝 初授玄化寺眞殿直"라고 하였다. 부속건물로는 봉천원(奉天院)·장흥원·상청원·봉래정·청녕재 등이 있었던 것으로 추정되며, 1283년(충렬왕9)에 국왕의 보수 명령에 따라 중수를 거듭하였다. 남효온(南孝溫 1454~1492)의 『추강집』 권6 잡저(雜著) 「송경록 松京錄」 을사년(1485·성종16) 9월 신유에 "산승에게 길을 물어 영추산 현화사에 들어갔다. 절 앞에는 비석이 있는데, 고려의 주지가 지은 것으로, 문의는 비벽하여 능히 읽을 수 없었다. 또한 화표주 두 기와 장명등 한 기, 석탑 한 기가 있었는데, 탑에는 고인이 된 대유와 덕우의 이름이 있었다. 절 앞에는 예전의 궁궐터도 있었는데, 목종과 현종이 머물던 이궁이었고, 절은 성종이 창건하였다. 사승 일의가

〈표〉 고려시대 연혁

연도	사적
1018(현종 9)	·국왕 대자은현화사 건립 착공·부모 추복(追福)
1020	·국왕 안서도 둔전 1천 2백 40결 시납 ·국왕 예방 친히 새 종 타종
1021(현종12)	·국왕 예방·입비(立碑) 과정에 주저에게 비문 찬술·채충순에게 글씨 쓰도록 명하고 친히 전액 씀
1032(덕종 1)	·국왕 예방·현종 기신재(忌晨齋)
1032~1034 (덕종 3)	·정현 국왕의 주석 요청 받음
1037(정종 3)	·국왕 예방
1042(정종 8)	·국왕 예방
1047(문종 1)	·국왕 예방·현종 기신도량(忌晨道場)
1048	·국왕 예방
1052	·국왕 반승(飯僧)
1054	·해린 현화사로 이석(移錫)·국왕 중수 후원 ·탱화와 범종 조성 봉안
1067	·국왕 예방·국사 해린 전송하면서 차·약 등을 공양·합원승재(闔院僧齋)와 인전연(寅餞筵) 설행
1070	·왕자 정(竀) 출가·삭발
1071	·국왕 예방
1073(문종27)	·국왕 예방·봉래정(蓬萊亭)에서 연회 거행
1095(헌종 1)	·왕태후 예방·선종 소상재
1102(숙종 7)	·국왕 예방·은서(銀書) 『유가현양론』 경찬
1106(예종 1)	·주지 덕창 왕사로 모심
1124(인종 2)	·국왕 예방·재추 위한 연회 거행
1141(인종19)	·주지 천상(闡祥) 묘지명 조성
1150(의종 4)	·주지 원증승통(圓證僧統) 덕겸(德謙) 묘지명 조성
1155	·숭교사 주지 정각수좌(正覺首座) 의광(義光) 현화사 상청원(上淸院)에서 순세(順世)
1159	·국왕 예방·반승
1160	·국왕 예방
1161~1165	·국왕 주석
1166	·국왕 예방·장흥원(長興院)에서 급제자 선발
1167	·국왕 머묾
1169~1170 (의종24)	·국왕 예방
1175(명종 5)	·주지 승통 각관(覺觀) 묘지명 조성
1216(고종 3)	·국왕 예방
1280(충렬왕6)	·국왕·공주 예방, 불전 조성 후원
1282	·국왕·공주 예방
1283(충렬왕9)	·왕명으로 보수·국왕·공주 예방

내가 시주한 속미를 바꾸어 흰 밥을 권하였는데, 식사를 마치고는 일의 등의 스님과 헤어졌다. 問路於山僧 入靈鷲山玄化寺 寺前有碑 乃高麗周佇所撰 文義鄙僻 不能成讀 又有二華表 一長明燈 一石塔 塔有故人大猷德優名 寺前有故闕墟 乃穆宗顯宗所居離宮 而寺則成宗所創也 寺僧一義又換余所納粟米饋白飯 食訖別一義等僧", 임창택(林昌澤 1682~1723)의 『숭악집』 권2 기(記) 「천마산완월루기 天磨山翫月樓記」에 "영추산 현화사터에 비가 있는데 고려 현종이 전액을 썼고 주저가 비명을 짓고 채충순이 글씨를 썼다. (고려의) 왕자 규(도생승통)가 출가하였고, 헌종태후가 이 절에서 재를 베풀었다. 靈鷲山玄化寺址 有碑 麗顯篆 周佇銘 蔡忠順書 王子竀祝髮 獻宗太后 設齋于是寺", 송병선(宋秉璿 1836~1905)의 『연재집』 권19 잡저 「서유기 西遊記」 자송도력천마 지성거산기(自松都歷天磨 至聖居山記)에는 "현화사터를 지났는데, 구불구불하고 경사진 돌 비탈길 갈수록 높고 험했다. 歷玄化寺基 逶迤磴路 勢漸峻險"라고 하였다. 그 밖에 『동문선』 권12 칠언율시(七言律詩)에는 김부식(金富軾 1075~1151)의 「현화사봉화어제 玄化寺奉和御製」라는 시가, 대각국사(大覺國師) 의천(義天 1055~1101)의 『대각국사문집』 권19(한불전4 p.563b9) 시(詩)에는 「유제현화사 留題玄化寺」라는 시가, 이색(李穡, 1328~1396)의 『목은시고』 권31 시(詩)에는 「현화생공알모남원래고행 玄化生公謁母南原來告行」이라는 시가 전한다. 특히 민사평(閔思平 1295~1359)의 『급암시집』 권4 시 「석봉〈이생운〉 夕烽〈二甥韵〉」에는 "예종이 현화사 청녕재에서 달을 감상하였으니 '오늘밤 밝은 달은 이공승의 흉중에 한 점의 티끌도 없는 것과 같구나'라고 하였다. 睿王於玄化寺淸寧齋玩月云 今夜明月如李公升胸中無一點塵", 『동국여지승람』 권42 황해도 우봉현 불우 현화사에 수록된 고려 충숙왕(재위 1313~1330·1332~1339)의 시에는 "만불의 기세 총총하여 나날이 분연하니, 도리어 갈옷 입은 고승의 쉼이 부럽구나. … 상서로운 구름 가린 곳 어디쯤인지 알 뿐이고 흐르는 물 넘쳐 돌아 별천지 있게 하네. 한 점 홍진도 날아 이르지 못하는데, 단지 노을만이 가사인 듯 스님 어깨에 걸려있네. 萬機叢萃日紛然 却羨高僧擁褐眠 … 祥雲掩冉知何處 流水盤回別有天 一點紅塵飛不到 但將霞衲掛雙肩", 성현(成俔 1439~1504)의 『허백당집』 권2 시 「현화사 玄化寺」에는 "만고에 불멸하는 것 영추산이고 때론 일어나고 때론 무너지니 현화사다. … 당시의 섬겨 한 일 쓸어낸 듯 흔적 없는데 오직 큰 비석만이 산기슭에 우뚝하구나. 萬古不滅靈鷲山 或盛或衰玄化寺 … 當時事業掃無蹤 惟有豐碑橫剜巃"라고 하였다. 〔참고문헌〕『三國遺事』, 『高麗史』, 『世宗實錄』, 『秋江集』(韓國文集叢刊16, p.116a3), 『崧岳集』 권2(韓國文集叢刊202, p.521a12), 『淵齋集』 권19(韓國文集叢刊329, p.329a7), 『東文選』, 『大覺國師文集』, 『牧隱詩藁』(韓國文集叢刊4, p.454b8), 『及菴詩集』(韓國文集叢刊3, p.78b9), 『東國輿地勝覽』, 『虛白堂集』(韓國文集叢刊14, p.255a9), 李智冠 『伽山學報』7(1998) pp.235~295.

현화사각관승통묘지명 玄化寺覺觀僧統墓誌銘 1120~1174. 각관스님의 약전을 기록한 묘지명이다. 〔참고문헌〕『韓國金石文追補』 p.164, 『韓國金石全文』 中世下 pp.829~831, 『高麗墓誌銘集成』 pp.220~221, 李智冠 『校勘譯註歷代高僧碑文』 高麗篇3 pp.368~373.

현화사당간지주 玄化寺幢竿支柱 개성직할시 방직동 고려박물관에 있는 고려시대의 당간지주. 높이 4.8m. 원래 개성직할시 장풍군 월고리에 있던 것을 이건하였다. 최하단부의 지대석 너비가 8m에 이르는 기단을 설

정하고 여러단의 장대석을 이용하여 기단을 놓았다. 지주와 간대는 대석 중앙에 고정하였다. 양지주는 표면에 문양을 생략한 채 위로 갈수록 너비가 좁아지며 정상부에서 모죽임 하였다. 지주의 상단 안쪽에 각각 간구(杆溝)를 마련하여 당간을 고정했던 것으로 보인다. 지주사이의 간대(杆臺)는 2단 형식으로 하단은 양감 있게 복련(覆蓮)을 새겼으며 그 위로 상단에 원형의 당간고정홈을 마련하였다. 중앙에는 길이 25cm, 깊이 27cm의 방형공이 있는데, 당간을 고정하던 구조로 판단된다. 이 당간지주는 다단구조의 기단 위에 세워 웅장함을 나타냈고 간대의 화려한 구조에 비해 지주는 강건한 느낌이다. 또한 크기에 있어 현재 북한에 남아 있는 당간지주 중 최대크기로 고려전기를 대표하는 작품으로 평가된다. 〔참고문헌〕『북한의 문화재와 문화유적Ⅳ-고려편』(서울대출판부, 2000) pp.178~179.

현화사석등 玄化寺石燈 서울특별시 용산구 국립중앙

박물관에 있는 고려시대 석등. 높이 5.0m. 원래 개성직할시 장풍군 월고리 현화사지에 있던 것이다. 1911년 곤도사고로가 현지에서 반출한 것을 조선총독부박물관에서 구입하여 덕수궁, 경복궁 등을 옮겨 다니다가 1986년부터 대대적인 수리를 거쳐 국립중앙박물관에 있다. 고려전기 유행한 사각평면의 석등과 배례석이 함께 전한다. 기단부는 방형의 지대석위에 저석과 하대석을 한 돌로 하고 고복형(鼓

腹形)의 간주석을 두었다. 화사석은 모서리 간주석과 같은 축소형 기둥 4개를 두어 옥개석을 받고 있다. 옥개석은 낙수면의 경사가 급하고 전각부가 짧은 편으로 네모서리에 3개씩의 풍경공이 있다. 상륜은 노반(露盤) 위에 앙화(仰花)·보륜(寶輪)·보개(寶蓋)를 두었고 화염보주(火焰寶珠)도 복원했다. 논산 관촉사사각석등과 형태는 비슷하지만 조형이 세련되고 세부조각도 뛰어나 고려전기 석등을 대표하는 성보로 손색이 없다. 현화사가 창건된 1020년(현종11)에 제작된 것으로 보인다. [참고문헌] 『석등조사보고서Ⅱ-이형식 편』(국립문화재연구소, 2001) pp.208~212.

현화사창건비 玄化寺創建碑 개성직할시 방직동 고려박물관에 있는 고려시대 석비. 높이 4.0m, 비신너비 1.3m. 원래 개성직할시 장풍군 월고리 현화사지에 있던 것을 옮겼다. 이 비는 현화사를 짓게 된 내력을 기술한 사적비로 현종 12년(1021)에 건립했다. 화강암으로 귀부(龜趺) 위에 오석(烏石)의 비신, 화강암의 이수(螭首)를 지닌 전형적인 양식이다. 지대석과 귀부는 한 돌이고, 귀부는 머리에 비해 신체가 크고 전면을 향해 머리를 든 용두(龍頭)다. 귀갑 테두리에 연주문을 둘러 새기고 귀갑은 큼직하게 다듬어 시원스럽다. 동체 중앙에 비좌받침을 두어 비신을 받도록 했다. 비신은 현화사의 창건내력을 전후면에 거쳐 약 2,400여 자로 새겼고 앞면 상단에는 해와 달을 상징하는 까마귀와 토끼도 새겼다. 특히 비신좌우측면에 구름속에서 아래위로 날고 있는 용을 조각하여 화려함을 더했다. 이수는 돋을새김하여 4마리의 용이 중앙의 보주를 감싸고 있어 생동감 넘치는 장면을 그려냈다. 비를 세운 때도 사람도 글도 그림도 매우 뛰어난 성보다. [참고문헌] 『북한의 문화재와 문화유적Ⅳ-고려편』(서울대출판부, 2000) pp.170~171. ⇨ 대자은현화사비 大慈恩玄化寺碑

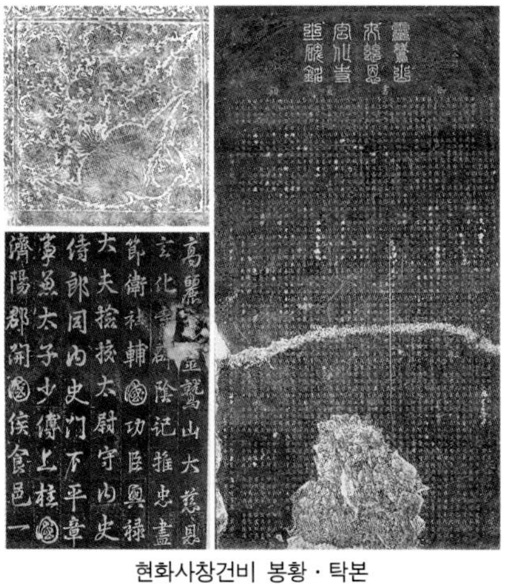

현화사창건비 봉황·탁본

현화사천상묘지명 玄化寺闡祥墓誌銘 ?~1141. 개성 현화사(玄化寺) 주지를 역임한 천상스님의 생몰연대와 관향 등을 기록한 묘지명이다. 1141년에 만들어졌으며, 국립중앙박물관에 있다. [참고문헌] 『韓國金石全文』 中世上 pp.633~634, 『韓國金石文追補』 p.106, 『高麗墓誌銘集成』 p.72, 李智冠 『校勘譯註歷代高僧碑文』 高麗篇3 pp.236~237. ⇨ 천상 闡祥

현화사칠층석탑 玄化寺七層石塔 개성직할시 방직동 고려박물관에 있는 고려시대 석탑. 북한국보유적 제139호. 높이 8.64m. 원래 개성직할시 장풍군 월고리 현화사지에 있던 것을 이건 복원한 것이다. 단층기단에 칠층의 탑신을 올린 탑으로 개성을 중심으로 건립된 고려석탑양식을 잘 보여주고 있다. 기단부는 낮은 지대석 위에 별석으로 우주와 탱주를 세우고 내부에 벽돌모양으로 돌을 다듬어 5단으로 쌓아 올렸다. 우주와 탱주는 5~6줄의 침선을 그어 기둥모양을 나타냈는데, 7층까지 모든 탑신에 나타나고 있다. 갑석은 두꺼운 편으로 하단에 낮은 부연을 두고 상면에는 별석의 탑신받침을 두었다. 탑신과 옥개는 모두 한 돌로 쌓아 올렸는데, 각층 탑신석마다 안상내부에 불회도(佛會圖) 새겨 넣었다. 옥개석은 하단에 3단의 층급받침을 낮게 각출하고 길게 늘어진 처마와 모서리의 반전은 과장된 듯하다. 전각부에는 풍경구멍이 3개씩 남아 있고 옥개석의 상면에 높은 괴임 1단을 두어 탑신석을 받고 있다. 상륜은 노반석 위에 다각형의 옥개석형 석재가 놓여 있는데, 원래의 것이 아닌 것으로 보인다. 1937년 여름 사리장엄구를 노린 도굴꾼에 의해 탑신석의 일부가 파괴되었고 게다가 같은해 탑을 해체하여 반출하려는 수난도 있었다. 현화사 칠층석탑은 1020년에 건립되어 제작시기가 확실하고 표면의 조각상도 잘 남아 있어 고려전기 조각사와 건축사 등을 엿볼 수 있는 귀중한 성보다. [참고문헌] 『북한의 문화재와 문화유적Ⅳ-고려편』(서울대출판부, 2000) p.146, 정규홍 『석조문화재 그 수난의 역사』(학연문화사, 2007) pp.411~412.

현회 玄會 582~640. 당대 스님. 속성은 석(席)씨. 자는 회묵(懷默). 경조번천(京兆樊川 : 陝西省 長安) 출신. 12세에 해각사(海覺寺)로 출가하여 총법사(總法師)의 제자가 되어 『열반경』 강설을 듣고 배웠다. 자비사(慈悲寺)를 창건하여 후학을 양성하였다. 634년(정관

8) 칙령을 받들어 홍복사(弘福寺)로 옮기고 강설하는 일을 그만두고 오로지 정토수행에 전념하였다. 어느 날 꿈을 꾸고 아미타불상을 조성하였다. 640년(정관14) 5월에 자비사에서 세수 59세로 입적하였다. 저서에『열반의소 涅槃義疏』 4권이 있다. [참고문헌]『唐高僧傳』 권15(대정장50, p.542c3).

현효 玄枵 십이성(十二星) 중 하나. 이십팔수(二十八宿)로는 여허위(女虛危) 삼수(三宿)에 배대하고, 십이진(十二辰)에 배대하면 자(子)에 해당한다.『칠요양재결』 권중(대정장21, p.449a2)에 "자는 현효라 한다. 子名玄枵",『일체경음의』 권98(대정장54, p.918b25)에 "현효〈효는 허와 교를 반절한 음이다.『고성』에 '별자리 이름이다'라고 하였고,『이아』에 '현효는 허를 뜻한다'라고 하였으며, 곽박(郭璞)의 주석에 '현은 허를 뜻하고, 정북방에 속하며 북방은 흑색이다. 효라는 말은 소모를 나타내는 모(耗)이고, 모도 허를 뜻한다'〉. 玄枵〈虛驕反 考聲 星名也 爾雅云 玄枵虛也 郭注 玄虛在正北 北方色黑 枵之言耗 耗亦虛意也〉",『조론소』 권중(대정장45, p.176b13)에 "十一月 玄枵"라고 하였다. [참고문헌]『七曜攘災決』,『一切經音義』,『肇論疏』. ⇨ 이십팔수 二十八宿

현휘 玄暉 879~941. 신라말 고려초 스님. 현휘는 휘이고, 시호는 법경(法鏡), 탑호는 자등(慈燈), 속성은 이씨, 그의 선조는 중국 주(周)대 비덕주사(閟德柱史 : 지금의 국립도서관장)를 지내다가 피난길에 우리나라 전라북도 전주에까지 와서 정착하게 되었다. 아버지의 휘는 덕순(德順), 어머니는 부(傅)씨이다. 879년(헌강왕5) 1월 1일 전주에서 태어났다. 어릴 때부터 세상살이에는 담박하여 뜻이 없었다. 출가하여 스님이 되기로 결심하고 부모의 허락을 받은 다음, 충청북도 영동군 영동읍 남쪽에 있었던 영각사(靈覺寺)로 찾아가 대경여엄(大鏡麗嚴 862~930)의 사형(師兄)이며 무염국사 낭혜(無染國師朗慧 801~888)의 제자인 심광(深光)의 상좌가 되었다. 경론을 연마하다가 898년(효공왕2) 가야산사(伽倻山寺 : 伽倻山海印寺인지 충남 예산군 운산면 伽倻山[象王山]普願寺인지는 확실하지 않다)에서 비구계를 받았다. 그로부터 경율론 삼장과『사분율』에 정통하고 남쪽으로 행각하다가 무주(武州 : 지금의 光州)에 이르러 왜적을 피하여 도반 10여 명과 함께 깊은 산사에 있을 때 도적이 침입하여 소지품을 모두 빼앗고 10여 명의 도반을 모두 죽이고 스님의 차례가 되자, 스님은 얼굴빛 태연한 채 조금도 두려워하지 않고 그들에게 설법하였다. 도적의 괴수 크게 감화받고 칼을 던지고 엎드려 절하고 스승으로 섬기기를 원하였다. 이는 마치 현장(玄奘)법사가 인도에서 구법할 때 어느 국경에 다다랐는데 혼자 국경을 지나면 사형에 처하는 법을 범하고 오히려 태연자약(泰然自若)하여 그들을 교화시킨 일과 같다. 또 773년(대력8) 혜충국사(慧忠國師)도 남양(南陽)으로 가다가 도적의 소굴을 만났을 때 동행들은 모두 피하고자 하였으나 스님은 도적과 마주했고 칼을 목에 들이대었음에도 오히려 그들을 교화하여 제자로 삼은 일과도 같다. 906년(효공왕10) 홀로 배를 타고 당으로 유학 길에 올랐다. 무사히 건너 서쪽으로 동양(東陽)과 팽택(彭澤)을 거쳐 구봉산(九峯山)에 이르러 도건(道虔 : 道乾)대사를 친견하고 절을 올리는 순간 구봉이 묻기를 "머리가 희군요(頭白)"라고 하자 스님은 "현휘입니다". 구봉이 이르되 "스님은 자기의 이름도 모르는군요"라 하였다. 그후 구봉스님 밑에서 참선하던 중 겨우 열흘(一旬)만에 깨달음을 얻고 그의 법을 이어 받았으며, 제방의 선지식을 참방하고 명승과 대찰을 순력하며 공부하였다. 신라가 망하고 고려가 건국되었다는 소식을 듣고 924년(태조7) 귀국하니 태조가 사자를 보내어 교외에서 그를 궁중으로 영접하여 삼중대사(三重大師)의 법계를 드렸으며, 이어 국사로 대우하는 한편, 충청북도 충원군 동양면 하천리 개천산(開天山) 정토사에 주석케 하였다. 스님은 궁내외로 또 국내외에서 불법을 크게 홍포하다가 941년(태조24) 11월 26일 이른 아침 문도를 모아 놓고 "가고 머묾에 때가 있고(去留有期), 오고 감에 머묾이 없다(來往無住)"라는 법어를 남기고 세수 63, 법랍 41세를 일기로 입적하였다. 제자 활행(闊行) 등 3백여 명이 그 달 28일 절의 북봉(北峯) 남쪽에서 화장하였다. 최언위(崔彦撝)가 왕명에 의해 비문을 짓고, 구족달(具足達)이 교지에 따라 비문을 써서 943년(태조26)에 세운 비가 충주시 동량면 하천리 개천산 정토사에 있다. [참고문헌]『朝鮮金石總覽』 권상 pp.149~157,『韓國金石全文』 中世上 pp.318~328,『海東金石苑』 권상 pp.251~268, 李智冠『校勘譯註歷代高僧碑文』 高麗篇1 pp.210~248. ⇨ 정토사법경대사자등탑비 淨土寺法鏡大師慈燈塔碑

현희 玄曦 ?~1183. 고려후기 스님. 원경국사(元敬國師)인 충희(冲曦). ⇨ 충희 冲曦

혈 血 Ⓢ rudhira, śoṇita, Ⓟ ruhira, lohita, Ⓣ khrag. 피.『중아함경』 권54「다제경 嗏帝經」(대정장1, p.769b24 : *Mahātaṇhāsaṅkhaya-sutta, MN.1*, p.266)에 "이 삼사(三事 : 父 母 中陰)가 서로 모여 모태에 들면, 어머니 태에서 아홉에서 열 달 동안 지니고 있다가 문득 낳는다. 낳은 뒤에는 피로써 기르니, 피란 거룩한 법에서는 어머니의 젖을 말한다. 此三事合會 入於母胎 母胎或持九月十月便生 生已以血長養 血者於聖法中謂是母乳也 evaṃ tiṇṇaṃ sannipātā gabbhassāvakkanti hoti. tam enaṃ bhikkhave mātā nava vā dasa vā māse gabbhaṃ kucchinā pariharati mahatā saṃsayena garumbhāraṃ. … tam enaṃ jātaṃ samānaṃ sakena lohitena poseti. lohitaṃ hetaṃ bhikkhave ariyassa vinaye yad idaṃ mātuthaññaṃ", 40권본『대반열반경』권35(대정장12, p.571b29)에 "선남자야 모든 무명 번뇌 등 결들 모두 불성이다. 그 까닭은 무엇인가? 불성의 인이기 때문이다. 무명·행과 모든 번뇌에서 선한 오음을 얻으니 이 이름 불성이라고 하며, 선한 오음 좇아 끝내는 아누다라삼막삼보리 얻는 데까지 이른다. 善男子 一切無明煩惱等結 悉是佛性 何以故 佛性因故 從無明行及諸煩惱 得善五陰 是名佛性 從善五陰乃至獲得阿耨多羅三藐三菩提", "그러므로 내가 경중에서 먼저 설하기를 '중생의 부처자성 피 섞인 젖과 같다'고 하였다. 피는 곧 무명·행 등의 모든 번뇌이며, 젖은 곧 선한 오음이다. … 마치 중생의 몸이 모두 정혈로 이루어지듯이 불성 또한 그러하다. 是故我於經中先說 衆生佛性如雜血乳血者 卽是無明 行等一切煩惱 乳者 卽是善五陰也 … 如衆生身皆從精血而得成就 佛性亦爾", 『범어잡명』(대정장54, p.1223b3)에 "혈은 범어 로지라의 한역이다. 血 嚕地羅 𑖨𑖲𑖠𑖰𑖨 (rudhira)"라고 하였다. 〔참고문헌〕『中阿含經』, 『大般涅槃經』, 『梵語雜名』, *MN.*, *Av-ś.83.*, *Abh-k-bh.23.*, *Mvyut.190.*, *DN.2.15.* ⇨ 로지라 嚕地羅

혈구사 穴口寺 인천광역시 강화군 선원면 선행리 혈구산(穴口山)에 있던 절. 『동사강목』 권11 1259년(고종46) 2월에 "또 술사 백승현이 풍수설로써 삼랑성에 임시 대궐을 짓자고 청하였고, 또 혈구사를 지었다. 又有術士白勝賢 以風水之說 請營假闕于三郞城 且作穴口寺"라고 하였다. 『고려사』 권26 세가(世家)26 1264년(원종5)에는 "(왕이) 혈구사에서 대일왕도량을 열었다. 設大日王道場于穴口寺", 『강도지』에 "흥왕이궁과 삼랑가궐과 동시에 창건되었다. 폐사 시기는 오래되지 않았다. 與興旺離宮 三郞城假闕 同時刱建者 其廢未久"라고 하였다. 『동문선』 권9에 유승단(兪升旦 1168~1232)의 「혈구사」라는 오언율시가 전한다. 〔참고문헌〕『東史綱目』, 『高麗史』, 『高麗史節要』, 『江都志』, 『東文選』, 『韓國寺刹全書』 권하 p.1162a1.

혈도 血途 피흘려 살아가는 삶. 삼악도(三惡道) 중 축생도(畜生道)의 다른 이름. 혈도도(血途道)라고도 한다. 『지관보행전홍결』 권1(대정장46, p.161c20)에 "여섯 종류의 가축이라는 말에 대하여 정현이 주석한 『예기』에 '소·말·양·개·돼지·닭'이라 하였고, 집에서 기르는 것들이라는 말이기도 하다. 서로 좇아 잡아먹는다는 측면에서 혈도라 한다. 所言六者 鄭玄注禮云 牛馬羊犬豕雞 亦可且據家養者言之 從相噉邊 故云血途", 『대승본생심지관경천주』 권2(卍속장34, p.170b13)에 "세 번째, 혈도는 축생도다. 그곳에서 고통 받는 중생들 강자가 약자를 엎드리게 해서 서로 잡아먹으며 피를 마시고 살도 씹는다. 三 血途 卽畜生道 其處受苦衆生 强者伏弱 互相呑食 飮血噉肉"라고 하였다. 〔참고문헌〕『止觀輔行傳弘決』, 『大乘本生心地觀經淺註』. ⇨ 축생도 畜生道

혈도도 血途道 축생도(畜生道). 『마하지관』 권1상(대정장46, p.4a29)에 "이것이 축생의 마음 일으켜 혈도도로 행한다. 此發畜生心 行血途道"라고 하였다. 〔참고문헌〕『摩訶止觀』. ⇨ 축생도 畜生道, 혈도 血途

혈도만상 血塗漫想 구상관(九想觀) 중 하나. 혈도상(血塗想 Ⓢ vilohitaka-saṃjñā)이라고도 한다. 부정관(不淨觀)의 일종으로 주검에서 피가 가득차 흐른다고 상념하는 관법이다. 『석선바라밀차제법문』 권9(대정장46, p.536b9)에 "세 번째는 혈도만상이다. 행자는 다시 주검을 관한다. 이미 파괴된 모습을 보았으니 이번에는 곳곳에서 농혈이 흘러 넘쳐 머리부터 다리까지 더럽히고 깨끗하지 못한 악취와 비린내로 부풀려져 다가설 수 없다. 내가 애착했던 것 이로써 관하면 애착해 즐길 일이 없다. … 일심삼매로 세속의 탐애를 없앤다. 三 血塗漫想 行者復觀死尸 既見破壞 處處膿血流溢 從頭至足點汚 不淨臭穢 腥臊膖脹 不可親近 我所愛者 以此觀之 無可愛樂 … 一心三昧 除世貪愛", 『사교의주휘보보굉기』 권5(卍속장102, p.491b2)에 "네 번째, 혈도만상은 죽은이 곳곳에서 농혈 흘러 넘쳐 거리를 더럽히며 질펀하게 깔렸다고 관상한다. 四 血塗漫想 觀死人處處膿血 流溢汙穢塗漫也"라고 하였다. 〔참고문헌〕『釋禪波羅蜜次第法門』, 『四教儀註彙補輔宏記』. ⇨ 구상관 九想觀

혈등심 穴等心 구멍난 그릇 같은 마음. 『대일경』에서 설하는 분별육십심(分別六十心) 중 쉰여덟 번째. 구멍난 그릇에 아무리 많은 것을 담더라도 다 새나가는 것처럼, 마음도 그러해 처음 수지한 계에 흠결 나면 법수가 유지되지 못하는 마음. 『대일경』 권1(대정장18, p.2c3)에 "'오직 원하옵건대 세존이시여! 저 마음에 대해 설하여 주시옵소서'. … 부처님께서 금강수비밀주에게 말씀하셨다. '비밀주여! 마음상에 대해 자세히 들거라. … 무엇을 혈등심이라 하는가? 앞서 결정하고 저 후에 다시 바꿔 고치는 것을 성품으로 하는 것을 말한다. 惟願世尊說彼心 … 佛告金剛手祕密主言 祕密主諦聽心相 … 云何穴等心 謂先決定彼後復變改爲性", 『대일경소』 권2(대정장39, p.600a27)에 "쉰여덟 번째로 '무엇을 혈등심이라 하는가?' … 비유하면 완전히 견고한 그릇이 이후에 어떤 연을 만나 구멍이 뚫려 쓸모없게 되어버리는 것과 같다. 이 마음도 또한 그러해 처음 수지한 바가 많더라도 이후 작은 구멍이 나면 세어나가게 된다. 또한 처음 발심하여 계를 수지할 때는 구족하여 결함 없지만 오래지 않아 점차 새는 법 생겨나 이미 깨진 그릇과 같아져 법의 물 머물지 못한다. 대개 이와 같아 모두 구멍 뚫린 마음이라 한다. 따라서 행자라면 항시 해야 할 일에 대해 모두 처음과 끝 있게 해야 한다. 또 성품 허다히 변하는 것이 견고한 보리심을 가장 장애하는 것임을 알아 저들 마주해 다스려야 한다. 第五十八云何穴等心 … 譬如完堅之器 後若遇緣穿穴無所堪任 此心亦爾 初時多所受持 後稍穿漏也 或初發心受戒時 具足無缺不久漸生漏法 同於已敗之器法水不停 凡如此例 皆名穴心也 故行者常令所爲之事皆有終始 又知性多變改 最能障礙堅固菩提心 爲彼對治"라고 하였다. 〔참고문헌〕『大日經』, 『大日經疏』. ⇨ 육십심 六十心

혈맥 血脈 빈틈없이 이어져 흐르는 피의 흐름. 대대로 법을 이어 끊어지지 않게 하는 정법전승을 비유한다. 40권본 『대반열반경』 권8(대정장12, p.411a18)에 "이 소는 물과 풀을 먹은 인연으로 혈맥이 뒤쳐 변해 우유가 된다. 만약 단 풀을 먹으면 그 우유도 단맛이 나고, 쓴 풀을 먹으면 쓴맛이 난다. 是牛食噉 水草因緣 血脈轉變 而得成乳 若食甘草 其乳則甛 若食苦草 乳則苦味", 『종문십규론』(卍속장110, p.878b13)에 "무릇 으뜸의 수레 높이 소리쳐 법의 요체 드러내 펴고자 하면서, 그 혈통과 줄기 모른다면 모두가 이단을 멋대로 내세우는 짓에 불과하다. 夫欲擧唱宗乘 提綱法要 若不知於血脈 皆是妄稱異端", 『팔종강요초』 권하(대장경보편32, p.70a4)에 "조사의 혈맥 삼국이 서로 이어 조사조사마다 이어 밟았다. 祖師血脈 三國相承 師師繼踵"라고 하였다. 〔참고문헌〕『大般涅槃經』, 『宗門十規論』, 『八宗綱要鈔』.

혈맥론 血脈論 ➡ 달마대사혈맥론 達磨大師血脈論

혈맥보 血脈譜 ➡ 내증불법상승혈맥보 內證佛法相承血脈譜

혈맥부단 血脈不斷 혈맥이 끊어지지 않다. 일체중생을 살게 하는 피같은 불조의 명맥이 끊이지 않고 이어짐의 비유다. 『조산어록』(대정장47, p.529c3)에 "스님이 마침내 다시 조산에게 물었다. '고목에서 울리는 용트림은 무엇입니까?' '혈맥이 끊어지지 않았다'. 僧遂又問師 如何是枯木裏龍吟 師曰 血脈不斷", 『굉지광록』 권4(대정장48, p.37b5)에 "다만 등불로 등불 이을 뿐이니 마음에서 마음으로 서로 인쳐서 피로 요동치듯 끊이지 않는 곳 어떻게 밟아갈 수 있는가? 只如燈燈相續 心心相印 血脈不斷處 作麽生行履"라고 하였다. 〔참고문헌〕『宏智廣錄』, 『曹山語錄』.

혈맥상승 血脈相承 혈맥을 서로 잇다. 『기신론소기회열』 권2(卍속장72, p.296a9)에 "피로 요동쳐 서로 잇는다면 더할 것 없이 앞을 밟아 뒤를 일으켜서 그 살아 움직임을 밝힌다. 若取血脈相承 一向躡前起後 以明生起"라고 하였다. 〔참고문헌〕『起信論疏記會閱』.

혈분 血盆 피투성이 그릇. 크게 벌려 말하는 입이나 시뻘건 입의 비유다. 『허당록』 권2(대정장47, p.999b20)에 "법좌에 올라 어떤 학인이 물었다. '하안거를 시작한 지 이미 보름이 되어 납승들의 이빨은 검수지옥의 칼나무와 같고 입은 혈분과 같은데(지옥 옥졸의 형상) 허당의 한 구절을 뚫을 수 있겠습니까?' '노승은 살생하여 목숨을 해친 적이 없다'. 上堂 僧問 結夏已半月 衲僧家牙如劍樹 口似血盆 還透得虛堂一句子也無 師云 老僧不曾殺生害命"라고 하였다. 〔참고문헌〕『虛堂錄』.

혈분경 血盆經 ➡ 대장정교혈분경 大藏正敎血盆經

혈분지지옥 血盆池地獄 피로 가득한 못이 있는 지옥. 혈지지옥(血池地獄)이라고도 한다. 출산한 여인이 하혈(下血)한 부정(不淨) 때문에 거쳐야 하는 지옥. 자녀가 모친을 위해 3년 동안 혈분재(血盆齋)를 지내면 빠져나올 수 있다. 『대장정교혈분경』(卍속장87, p.597a3)에 "목련존자가 옛적에 우주 추양현에 갔는데, 한 혈분지지옥을 보았다. 너비는 팔만사천유순이고, 못에는 120벌의 철량·철주·철가·철쇄가 있었다. 남염부제의 여인이 대단히 많은데, 머리 풀어헤치고 긴 칼을 목에 차고 손은 묶인 채 그 지옥 중에서 죄를 받고 있었다. 目連尊者 昔日往到 羽州追陽縣 見一血盆池地獄 闊八萬四千由旬 池中有一百二十件事 鐵梁鐵柱 鐵枷鐵鎖 見南閻浮提女人 許多披頭散髮 長枷杻手 在地獄中受罪", 『선림소어고증』 권4 「완보모재 完報母齋」(卍속장112, p.878b8)에 "공덕림 중에 원추리(萱草 : 忘憂草)가 곱게 피니 영원한 봄빛이요, 혈분지 안에 연꽃잎 활짝 열렸으니 끊지 못할 향기라네. 功德林中萱草艶 長春之色 血盆池內蓮花開 不斷之香"라고 하였다. 〔참고문헌〕『大藏正教血盆經』, 『禪林疏語考證』, 『餐香錄』 권상(卍속장125, p.867a2), 『雲棲法彙』 권24(가흥장33, p.192a14).

혈사 穴寺 경상북도 경주시에 있던 절. 『삼국유사』 권4(대정장49, p.1006a8·한불전6, p.347b17) 의해(義解)5 원효불기(元曉不羈)에 "원효가 일찍이 살던 혈사 옆에 설총의 집터가 있다고 한다. 曉嘗所居穴寺旁 有聰家之墟云", 「고선사서당화상비」에 "(원효가) 혈사로 거처를 옮겼다. … 수공 2년(686·신문왕6) 3월 30일 혈사에서 생을 마치니 춘추는 70이었다. 移居穴寺 … 以垂拱二年 三月卅日 終於穴寺 春秋七十也"라고 하였다.

〔참고문헌〕『三國遺事』, 「高仙寺誓幢和上碑」(李智冠 『譯註歷代高僧碑文』 新羅篇1 p.51), 『韓國寺刹全書』 권하 p. 1162a9. ⇨원효 元曉

혈서 穴鼠 Ⓟkhala-mūsikā. 구멍 속의 쥐. 백수의 왕인 사자에 비견되는 야간(野干 Ⓟsigāla : 여우인 듯한 짐승)을 묘사할 때 쓰는 말이다. 사자는 부처님의 비유고, 야간은 교만한 수행자를 가리킨다. 『장아함경』 권11 「아누이경 阿㝹夷經」(대정장1, p.69a9 : *Pāṭika-sutta, DN.3,* p.25)에 "야간이 사자를 자칭하며, 스스로 백수의 왕이라고 하지만, … 땅에 엎드려 구멍 속의 쥐를 찾고, 무덤 파헤치며 주검 찾을 뿐이네. 사자후를 하고자 하지만, 역시나 야간 소리 낼 뿐이네. 野干稱師子 自謂爲獸王 … 跪地求穴鼠 穿塚覓死屍 欲作師子吼 還出野干聲 sīho ti attānaṃ samekkhiyāna mañña kotthu migarājā 'ham asmi … bhutvāna bheke khalamūsikāyo kaṭasīsu khittāni ca koṇapāni. … tath' eva so sigālakaṃ anadi"라고 하였다. 〔참고문헌〕『長阿含經』, *DN.*

혈서 血書 피로 쓰다. 혈사(血寫)라고도 한다. 『범망경』 권하(대정장24, p.1009a20)에 "너희 불자들아! 언제나 한 마음으로 대승경율을 받아 지니고 독송한다. 살갗 벗겨 종이 삼고, 피를 내서 먹을 삼으며, 골수로 물을 삼고, 뼈를 잘라 붓으로 삼아 부처님 일러주신 계를 서사하리. 若佛子 常應一心 受持讀誦 大乘經律 剝皮爲紙 刺血爲墨 以髓爲水 析骨爲筆 書寫佛戒", 『대지도론』 권16(대정장25, p.178c24)에 "만약 진실로 법을 아낀다면 살갗으로 종이 삼고 뼈로 붓 삼아 피로 쓴다. 若實愛法 當以汝皮爲紙 以身骨爲筆 以血書之"라 하였고, 『현우경』 권1(대정장4, p.351b21), 80권본 『화엄경』 권40(대정장10, p.845c7), 40권본 『대반열반경』 권14(대정장12, p.449a19) 등에도 보인다. 『불조통기』 권14(대정장49, p.221c29)에 "이미 피로써 『법화경』 7축을 써놓고 오롯한 마음으로 염불삼매 닦았다. 旣而刺血 書法華七軸 專修念佛三昧", 『선종잡독해』 권4(卍속장114, p.144a8)에 "피로 『법화경』을 쓰다 : 대장부라면 살갗에 피 있으리니, 스스로 침 놓아 스스로 알리라. 한 터럭 끝에서도 능히 통하고 변하니, 붉게 몽우리진 연꽃 서너 가지를〈운곡 지음〉. 血書蓮經 大丈夫兒皮有血 自家針箚自家知 一毫頭上能通變 紅菡萏花三四枝〈雲谷〉"이라고 하였다. 〔참고문헌〕『梵網經』, 『大智度論』, 『賢愚經』, 『華嚴經』, 『大般涅槃經』, 『佛祖統紀』, 『禪宗雜毒海』.

혈수 血手 ❶ⓈRudhira-pāṇi, ⓉLag-na-khrag-thogs. 수미산(須彌山)의 두 번째 층에 머무는 야차신(夜叉神). 『유가사지론』 권2(대정자30, p.287a24 : *Yogā-bh.*, p.40)에 "소미려산 바닥에서부터 네 겹의 층이 있다. 소미려산의 첫 층은 사방으로 일만육천유선나에 이른다. 크기는 반반씩 점점 줄어드니 그 나머지 층도 그와 같다. … 혈수신은 두 번째 위치에 머문다. 依蘇迷盧根 有四重級 從蘇迷盧初級傍出一萬六千踰繕那量 卽從此量半半漸減 如其次第餘級 … 血手神住第二級 tasya ca sumeror mūlataś catasraḥ pariṣaṇḍāḥ. prathamā pariṣaṇḍā ṣoḍaśayojanasahasraparimāṇā sumeror nirgatā. tasyārdhārdhaḥ śeṣāṇāṃ parimāṇaṃ yathākramaṃ … dvitīyāyāṃ rudhirapāṇayas"라고 하였다. 〔참고문헌〕『瑜伽師地論』, 『俱舍論』 권11(대정장29, p.59c3), *Yogā-bh.* ❷피 묻히는 손. 살생을 업으로 삼는 이들. 『법온족론』 권1(대정장26, p.455b7)에 "어떤 것을 혈수라고 하는가? 즉 양이나 닭이나 돼지를 죽이는 이·새와 고기를 잡는 사냥꾼·강도·백정·뱀을 잡는 땅꾼·감옥을 지키는 이·개를 삶는 이·그물과 덫을 놓아 짐승을 잡는 이 등을 피 묻은 손이라고 한다. 어찌하여 이들을 혈수라고 하는가? … 저들은 악한 일에 있어서 깊이 싫어하거나 근심하거나 멀리하거나 여의지도 못하여 유정으로 하여금 피를 흘리게 하되 한결같이 그렇게 하니, 거듭 쌓이고 쌓여 흘러 넘치게 하므로 혈수다. 何名血手 謂諸屠羊 屠雞屠猪 捕鳥捕魚 獵師劫盜 魁膾縛龍 守獄煮狗 施罝弶等 是名血手 何故此等 名爲血手 … 彼於惡事 不深厭患 不遠不離 令有情血起等起 生等生 積集流出 故名血手"라고 하였다. 〔참고문헌〕『法蘊足論』.

혈수주신 血手胄身 피 묻은 손과 갑옷 입은 몸. 불멸 후 천년 정법이 멸할 것으로 예언된 때에 구섬미국(拘睒彌國)을 다스리게 될 왕의 모습. 『잡아함경』 권25(대정장2, p.177b15)에 따르면 사방의 네 왕이 훼불하고, 침입하여 백성들을 죽일 때 왕위에 올라 오백대신들의 아들들과 함께 난을 평정하고 대중공양을 크게 일으키지만 결국 승가의 내분으로 정법이 멸한다고 하였다. 같은 책 권25(대정장2, p.177c17)에 "구섬미국(ⓈKauśāmbī)에 마인다라서나(ⓈMahenaresena)라는 왕이 있었다. 왕이 아들을 낳았는데, 손은 피를 바른 듯하고 몸은 갑옷을 두른 듯 했으며, 대단한 용력을 갖추었다. 그 왕자가 태어나던 날 오백대신들도 오백 명의 아들을 낳았는데, 모두 왕자처럼 붉은 손에 갑옷을 걸친 듯하였다. 拘睒彌國有王 名摩因陀羅西那 其王生子 手似血塗 身似甲冑 有大勇力 其生之日 五百大臣生五百子 皆類王子血手胄身"라고 하였다. 〔참고문헌〕『雜阿含經』, 『釋迦譜』 권5(대정장50, p.83a11).

혈암사 穴庵寺 전라남도 화순군 동복면 옹성산성(甕城山城) 내에 있던 절. 『동국여지승람』 권40 전라도 불우에 이름과 위치가 전하고, 『범우고』에 "돌벼랑 마치 문 같은데 암자는 그 사이에 있었기에 이름하였다. 石崖如戶 庵在其間故名"라고 하였다. 〔참고문헌〕『東國輿地勝覽』, 『梵宇攷』, 『韓國寺刹全書』 권하 p.1162a11.

혈암사 穴巖寺 전라북도 진안군 마령면 동촌리 마이산(馬耳山)에 있던 절. 『동국여지승람』 권39 전라도 진안현 불우에 이름과 위치가 전하고, 『여지도서』 전라도 진안 사찰에 "폐사하였다. 廢", 『범우고』에도 "지금은 폐사하였다. 今廢"라고 하였다. 〔참고문헌〕『東國輿地勝覽』, 『輿地圖書』, 『梵宇攷』, 『韓國寺刹全書』 권하 p.1162a14.

혈연일신 孑然一身 오직 자기 한 몸뿐임. 혈혈단신(孑孑單身). 『조당집』 권1 「상나화수장 商那和修章」(대장경보편25, p.316b6)에 "선의(善意)장자가 상나화수에게 절을 올리고 물었다. '존자께서는 멀리서 오셨는데, 무엇을 필요로 하십니까?' '저는 짝 없는 한 몸뿐이기에 제자무리들과 함께하고자 해서 불도에 귀의하게 하려 합니다' 장자 말하길 '저는 세속을 즐기니 출가를 할 수가 없습니다. 만일 아들이 생기면 당신께 보내도록 하겠습니다'. 長者作禮問 尊者遠至 有何所須 答曰 我無伴侶 孑然一身 欲命徒侶 而歸佛道 長者曰 我樂世俗 不能出家 若復生子 當給於汝"라고 하였다. 〔참고문헌〕『祖堂集』, 『勸修淨土切要』(卍속장109, p.914b16).

혈염 血染 피로 물들다. 『대당서역기』 권3(대정장51, p.885c16)에 "마하살타는 굶주린 짐승이 기력 없는 것을 불쌍히 여겼다. 건다가 이 땅에 이르러서 마른 대나무로 자신을 찔러 피내어 먹였으나 짐승에게 잡아먹히고 말았다. 그 땅의 흙에서 자라는 모든 풀과 나무들 희미하게 진홍빛이 드리워졌으니 피로 물든 듯하였다. 摩訶薩埵 愍餓獸之無力也 行至此地 乾竹自刺 以血啗之 於是乎獸乃噉焉 其中地土 洎諸草木 微帶絳色 猶血染也", 같은 책 권12(대정장51, p.945a28)에 "왕성 동쪽으로 3백여 리쯤에 황폐한 너른 늪지가 있다. 수십 경(頃)의 땅에 어떠한 풀도 자라지 못해 흙은 검붉은 빛을 띤다. 여러 장로에게 듣기로는 전쟁에서 패한 곳이라고 한다. … 왕을 포로로 잡아 그의 장수들을 죽이고 병졸들을 모조리 살육하여 그 누구도 살아남지 못하였다고 한다. 흐른 피가 땅을 물들여, 그 흔적 이렇게 남았다고 한다. 王城東三百餘里 大荒澤中 數十頃地 絶無蘖草 其土赤黑 聞諸耆舊曰 敗軍之地也 … 虜其王 殺其將 誅戮士卒 無復孑遺 流血染地 其迹斯在"라고 하였다. 〔참고문헌〕『大唐西域記』, 『出曜經』 권18(대정장4, p.706b5).

혈육 血肉 ❶ Ⓢ māṃsa-rudhira, māṃsa-śoṇita, rudhira-māṃsa, Ⓟ maṃsa lohita, Ⓣ khrag dang sha. 피와 살. 『보살본행경』 권하(대정장3, p.120b6)에 "지금 내가 이 피와 살로 된 눈으로 중생의 병을 치료하고, 이 공덕으로 불도를 구하여 내가 성불할 때에는 너희들의 몸의 병과 마음의 병을 없앨 것이니, 나의 무상도심을 물리치지 마라. 今我以此血肉之眼 除衆生病 持此功德 用求佛道 我成佛時 當除汝等 身病意病 莫得却我無上道心", 『입능가경』 권8(대정장16, p.564a4)에 "대혜여, 모든 성문인들이 늘 먹어야하는 것인 쌀·밀가루·소유(蘇油)·꿀·마두(麻豆 : 雲實, 실거리나무 열매)로 정명을 낳는다. 비법으로 저축하고, 비법으로 받아 취하면, 나는 부정한 것이라고 하며, 오히려 먹는 것을 허락하지 않거늘, 하물며 어찌 피와 살로 된 부정한 것 허용하겠는가? 大慧 諸聲聞人 常所應食 米麵油蜜 種種麻豆 能生淨命 非法貯畜 非法受取 我說不淨 尙不聽食 何況聽食 血肉不淨"라고 하였다. 〔참고문헌〕『菩薩本行經』, 『入楞伽經』, *Laṅk.249.*, *Śikṣ.207.*, *Śrāv-bh.76.*, *SN.2.28.* ❷ 태내오위(胎內五位) 중 폐시(閉尸 Ⓢ peśī)의 한역어. 『구사론기』 권9(대정장41, p.164a10)에 "폐시란 혈육이라고 한역한다. 閉尸 此云血肉"라고 하였다. 〔참고문헌〕『俱舍論記』. ⇨ 태내오위 胎內五位

혈육심 血肉心 피와 살로 된 마음. 종보본 『단경』(대정장48, p.346a22)에 "혈육심이라 하고 연려심이라 하며 집기심이라 하고 견실심이라 하지만, 저 심소로서의 심 아주 많다. 이름 같지만 실상은 다른 것이다. 曰血肉心者, 曰緣慮心者, 曰集起心者, 曰堅實心者, 若心所之心益多也, 是所謂名同而實異者也"라고 하였다. 〔참고문헌〕『壇經』. ⇨ 육단심 肉團心

혈적 血滴 ❶ 피 방울져 흘리다. 『본사경』 권2(대정장17, p.671c12)에 "모든 유정중생들이 성스러운 지혜를 잃으면, 현법 중에서 근심과 고통만 많고 기꺼이 즐겨 머물지 못한다. 재앙과 환난과 번뇌와 불타듯함만이 있고, 미래에는 오래도록 고통을 받으며, 갖가지 사나운 재해를 받아 더욱 피 흘릴 것이고, 항상 죽음의 길에서 헤매이고 거듭 지옥·아귀·축생·아수라취에 떨어지거나, 자주 인천에 나더라도 나고 죽는 근심과 괴로움을 받는다. 若諸有情 退失聖慧 於現法中 多諸憂苦 無喜樂住 有災有患 有惱有燒 及於當來 長夜受苦 及受種種 猛利災害 增長血滴 常遊死路 數墮地獄 餓鬼 傍生 阿素洛趣 數受人天 生死憂苦"라고 하였다. 〔참고문헌〕『本事經』·권1(대정장17, p.672a13). ❷ Ⓢ rudhira-bindu, Ⓣ khrag gi thigs-pa. 피로 방울진 것. 모태로 몸을 받는 정혈(精血). 『대비바사론』 권49(대정장27, p.254a17)에 "만약 다시는 '정혈'에서 생겨 갈타사(羯吒私 : 貪愛)를 더하고, 모태에 들어가 생장(生臧 : 胃)과 숙장(熟臧 : 大腸)의 중간에 머물지 않는 이라면, 그가 일으킨 결(結)을 순상분이라고 하는데, 예류(Ⓢ srotāpanna)와 일래(Ⓢ sakṛd-āgāmin)는 이런 일을 용납하므로 일으킨 '결'은 순상분은 아니다. 若有不復 生於血滴 增羯吒私 入於母胎 生熟二藏 中間住者 彼所起結 名順上分 預流一來 容有此事 故所起結 非順上分", "저 경전에서 다음과 같이 말한 것과 같다. '질달라거사가 모든 친우들에게 말했다. 「너희들은 이런 것을 알아야 한다. 나는 결정코 다시는 정혈에서 생겨 갈타사를 더하고, 모태에 들어 생장과 숙장의 중간에 머물지 않는다. 나는 이미 오순하분결을 영원히 끊었으므로 다시는 물러나 욕계의 생명을 받지 않을 것이다」'. 如彼契經說 質怛羅居士 告諸親友 汝等當知 我定不復 生於血滴 增羯吒私 入於母胎 生熟二藏 中間止住 我已永斷五順下分 不復還退 受欲界生", 『유가사지론』 권60(대정장30, p.636b18)에 "'너희들은 오랜 세월 동안 갈타사(Ⓢ kaṭasi)를 증가시키므로 항상 정혈을 받는다'. 어떤 것을 갈타사라고 하는가? 즉 탐애이다. … 이 말은 집제를 섭수하는 것을 드러내 보이며, '항상 정혈을 받는다'란 고제를 섭수하는 것을 말한다. 汝等長夜 增羯吒斯 恒受血滴 何等名爲 羯吒斯耶 所謂貪愛 … 此言顯示 攝受集諦 恒受血滴 攝受苦諦"라고 하였다. 〔참고문헌〕『大毘婆沙論』, 『瑜伽師地論』, *Abh-k-bh.127.* ⇨ 갈타사 羯吒私

혈적적 血滴滴 피 흘려 방울지다. 『여정어록』 권하 「자찬 自贊」(대정장48, p.131b28)에 "무명업식의 깃발 일으켜 세워 하늘 가득 깜깜한데 한 마디도 서로 당하지 못한 채 주먹 날리고 벼락치듯 소리지를 뿐이네. 노파심이 간절하여 피 방울져 흐를 뿐. 無明業識幢 竪起漫天黑 一句不相當 拳頭飛霹靂咦 老婆心切血滴滴", 『운와기담』 권하(卍속장148, p.30b3)에 "문수심도(文殊心道)선사는 향년 72세에 건염년간(1127~1130) 기유년(1129) 상사일에 호남의 역적 종상에게 살해당했다. 전우암의 주지 유공이 이를 애도하여 읊었다. '고죽으로 심장 뚫어 척추에 사무치니, 길 가득 피 흘려 방울졌네. 대룡계곡 물 흘러 산꽃 피었으니 어찌 흰젖 삼척인 듯하랴. 칼부림 숲속에서 쉬고 또 쉬니 덕으로 은혜로 갚을 일 이미 마쳤다네'. 道 享年七十有二 於建炎己酉上巳日 爲湖南巨寇 鍾相者所害 典牛菴主游公 以偈悼之曰 苦竹穿心透脊 滿路生血滴滴 大龍澗水山花 何似白乳三尺 刀鎗林裏休休 報德酬恩已畢"라고 하였다. 〔참고문헌〕『如淨語錄』, 『雲臥紀譚』. ⇨ 혈적적지 血滴滴地

혈적적지 血滴滴地 피 방울져 흐르는 그 땅. 『벽암록』 55칙 「평창 評唱」(대정장48, p.189b7)에 "도오 언제나 그렇듯 노파심 간절해서 다시 저를 향해 말하였다. '때리려면 얼마든지 때려라. 그러나 말하기는 정녕 할 수 없노라'. 그러자 점원(漸源)이 때렸다. 비록 이렇더라도 저에게 한 수 이겼다. 도오가 이렇듯 피 흘려 저를 위해 하지만, 점원 그 어떤 땅 얻지 못하였다. 도오가 점원에게 다 맞은 다음 그에게 말하였다. '그대는 아무튼 떠나라. 원의 지사가 그대 찾아 화를 입게 될까 두렵다'. 道吾依舊 老婆心切 更向他道 打卽任打 道卽不道 源便打 雖然如是 却是他贏得一籌 道吾恁麽血滴滴地爲他 漸源得恁麽不瞥地 道吾旣被他打 遂向漸源云 汝且去 恐院中知事探得 與爾作禍"라고 하였다. 〔참고문헌〕『碧巖錄』, 『天如惟則語錄』 권3(卍속장122, p.860b11).

혈지 血池 피로 가득한 못. 몸의 부정관상(不淨觀想) 중 하나다. 『선비요법경』 권상(대정장15, p.246b27)에 "몸에 나 있는 낱낱의 모공에는 백천무량한 온갖 고름 섞여 어울려 마치 빗방울 모공 좇아 나오기를 빠르기 뇌우인 듯하리라. 안팎을 함께 흘러 고름과 피가 가득 차오르니 부정한 극에 달아 참아내기가 어려우니 마치 고름 못과 같고 또한 피 못과 같아 온갖 벌레들이 그 속에 가득하리라. 身諸毛中 一一毛孔 百千無量 諸膿雜汁 猶如雨滴 從毛孔出 疾於震雨 內外俱流 膿血盈滿 不淨之極 難可堪忍 猶如膿池 亦如血池 諸蟲滿中"라고 하였다. 〔참고문헌〕『禪祕要法經』, 『五門禪經要用法』(대정장15, p.330a28). ⇨ 부정관 不淨觀

혈지지옥 血池地獄 ➡ 혈분지지옥 血盆池地獄

혈해골산 血海骨山 피로 물든 바다와 뼈로 가득한 산. 유정(有情)이 생사유전(生死流轉)하는 세계를 상징한다. 『유부율약사』 권4(대정장24, p.16b17)에 "세존께서는 저를 이롭게 하셨는데, 이 이익은 부모와 국왕 또는 천신의 권속, 나아가 사문과 바라문이 능히 가늠할 수 있는 것이 아닙니다. 이는 부처님께서 지으신 것으로 피바다 능히 마르게 하고 뼈로 된 산 파괴할 수 있습니다. 世尊利益於我 此之利益 非是父母國王 天神眷屬 亦非沙門 婆羅門之所能辨 是佛所作 能渴血海 破壞骨山", 『십주비바사론』 권8(대정장26, p.62a6)에 "속가에 있게 되면 후회가 남고, 출가하면 후회가 없다. 속가에 있게 되면 눈물과 젖과 피의 바다가 점점 늘어나고, 출가하면 눈물과 젖과 피의 바다가 마르리. 在家則有悔 出家則無悔 在家增淚乳血海 出家竭淚乳血海"라고 하였다. 〔참고문헌〕『有部律藥事』, 『十住毘婆沙論』.

혐심 嫌心 Ⓟ ujjhāna-saññī. 싫어하는 마음. 『마하승기율』 권22(대정장22, p.406c9)에 "당시 육군비구가 싫어하는 마음으로 옆자리의 발우를 쳐다보았다. 時六群比丘 嫌心看比坐鉢", 『오분율』 권10(대정장22, p.76b9)에 "부처님께서는 이 일 때문에 비구승을 모아 놓고 여러 비구들에게 말씀하셨다. '옆자리의 발우 보는 것은 허락하지만 혐심을 일으켜서는 안 된다. 이제 여러 비구들을 위해 응당 배워야 할 것을 맺으니, 지금부터 이 계 마땅히 익혀야 하리라. 「혐심으로 옆자리의 발우를 보는 일 없도록 응당 익혀야 한다」'. 佛以是事 集比丘僧 告諸比丘 聽視比坐鉢 不得生嫌心 今爲諸比丘結應學法 從今是戒 應如是說 不嫌心視比坐鉢 應當學", 『보리자량론』 권5(대정장32, p.536b23)에 "다른 이의 권속을 무너뜨리지 않고, 자비로운 눈으로 중생을 관하라. 또한 싫어하는 마음 쓰지 않으면, 모두가 선한 친구와 같다네. 不壞他眷屬 慈眼觀衆生 亦不以嫌心 皆如善親友"라고 하였다. [참고문헌] 『摩訶僧祇律』, 『五分律』, 『菩提資糧論』, 『五分戒本』(대정장22, p.199b14), *Vin.4.194.*

혐염 嫌厭 Ⓢjugupsana. 싫어해 꺼리다. 『분별선악보응경』 권하(대정장1, p.899a26)에 "허망으로 얻은 악취 나는 오명은 사람들 모두 싫어하고 꺼린다. 虛妄所獲 臭氣惡名 人皆嫌厭", 『대승보요의론』 권4(대정장32, p.57b28)에 "저 탐욕에 물든 사람은 탐욕과 관련된 일에 애착을 느끼고 여인 보기를 즐기며 탐욕에 물든 법을 행한다. 계를 갖춘 사문과 바라문과 가까이하는 것을 즐겁게 여기지 않아 저 계의 덕성을 온전히 갖춘 이들이 공히 싫어해 멀리한다. 彼染欲人 愛著欲事 樂見女人 行染欲法 不樂親近 具戒沙門 及婆羅門 爲彼有戒德者 而共嫌厭"라고 하였다. [참고문헌] 『分別善惡報應經』, 『大乘寶要義論』, *Sam-r.5.*

혐의 嫌疑 싫어하고 의심하다. 『보살본행경』 권중(대정장3, p.115b7)에 "지혜로운 이 싫어해 의심하는 일 멀리해서 어리석은 이와 함께 머무르지 마라. 智者遠嫌疑 莫與愚人止", 『출요경』 권1(대정장4, p.614b26)에 "세존께서는 이 뜻 관찰하시어 본말 찾아 다하셨다. 이 뜻 관해 마치시고 여러 비구들에게 싫어해 의심하는 것들 길이 여의게 하셨다. 世尊觀察此義 尋究本末 觀了此義已 欲使諸比丘 永離嫌疑", 60권본 『화엄경』 권58(대정장9, p.768b25)에 "선남자여, 응당 한결같이 여러 선지식을 찾아 법을 보고 듣게 되면 공경하며 공양을 올려라. 선지식에 대하여 꺼리고 의심함 없게 하고 신심으로 게을러 싫어함도 없게 해서, 일체선지식으로 하여금 마음으로 크게 기뻐하게 하리라. 善男子 應一向求諸善知識 若見聞法 恭敬供養 於善知識 勿生嫌疑 身心懈厭 令一切善知識 心大歡悅", 『계초심학인문』(대정장48, p.1004c7)에 "때 아닌 때 술 마시고 먹음으로 망령되이 무애행을 저질러서 부처님 가르치신 계 크게 어긋나게 하겠는가? 또 현명하고 선한 사람이 꺼리고 싫어하는 틈에 자리한다면, 어찌 지혜로운 사람이라 하겠는가? 非時酒食 妄作無礙之行 深乖佛戒 又處賢善人 嫌疑之間 豈爲有智慧人也"라고 하였다. [참고문헌] 『菩薩本行經』, 『出曜經』, 『華嚴經』, 『誡初心學人文』.

협 脇 ❶Ⓢpārśva, kukṣi, Ⓟpassa, Ⓣglo, rtsib logs. 옆구리. 겨드랑이. 협(脅)으로도 쓴다. 『장아함경』 권3 「유행경 遊行經」(대정장1, p.21a6 : *Mahāparinibbāna-sutta, DN.2,* p.134)에 "그때 세존께서는 스스로 승가리를 네 겹으로 접어 오른쪽 옆구리 붙이고 마치 사자왕처럼 다리 포개고 누우셨다. 爾時世尊 自四牒僧伽梨 偃右脇 如師子王 累足而臥 evam bhante'ti kho āyasmā cundako bhagavato paṭissutvā catugguṇaṃ saṅghāṭiṃ paññāpesi. atha kho bhagavā dakkhiṇena passena sīhaseyyaṃ kappesi pāde pādaṃ accādhāya", 『대보적경』 권107 「대승방편회 大乘方便會」(대정장11, p.600b13)에 "이따금 어떤 중생은 이런 의심 품는다. '보살은 부모의 정기로부터 화합하여 생겨났을 것이다'. 저 의심을 끊기 위해 화생하였음을 드러내고자 (마야부인의) 옆구리로 들어간 것이다. 或有衆生 作如是疑 謂菩薩從父母精 和合而生 爲斷彼疑 欲現化生 故從脇入", 『범어천자문』(대정장54, p.1210c23)에 "𑖢𑖯𑖨𑖫𑖿𑖪 파〈장음으로 발음〉라습바〈뒤의 두 글자는 한 음절로 발음〉는 옆구리를 뜻한다. 𑖢𑖯(pā)𑖨(ra)𑖫𑖿𑖪(śva) 播〈引〉囉濕嚩〈二合〉 脇", 『범어잡명』(대정장54, p.1223c13)에 "협은 가차〈상성으로 발음〉이다. 脇 迦車〈上〉"라고 하였다. [참고문헌] 『長阿含經』, 『大寶積經』, 『梵語千字文』, 『梵語雜名』, *DN., Śrāv-bh.160., Abh-k-bh.127.* ❷➡ 협존자 脇尊者

협 篋 Ⓢpeṭā. 물건을 담아 두는 상자나 광주리. 『장아함경』 권13 「아마주경 阿摩晝經」(대정장1, p.85c20)에 "또 어떤 사람이 상자에서 뱀을 꺼내는 것과 같으니, 그 사람은 이런 생각을 지어낸다. '상자와 뱀이 다른데도 뱀이 상자에서 나왔구나'. 又如有人 篋中出蛇 彼作是念 篋異蛇異 而蛇從篋出", 『대지도론』 권12(대정장25, p.145b10)에 "어떤 사람이 왕에게 죄를 짓자 (벌로 그에게) 왕이 광주리를 하나 맡아서 지키도록 하였다. 광주리 안에는 독사네 마리가 있었다. … 왕은 마왕이고, 광주리는 사람의 몸이며, 네 마리 독사는 사대이다. 有人得罪於王 王令掌護一篋 篋中有四毒蛇 … 王者 魔王 篋者 人身 四毒蛇者 四大"라고 하였다. [참고문헌] 『長阿含經』, 『大智度論』, *Sūtr.33.*

협거방여사자상 頰車方如師子相 Ⓢsiṃha-hanu, Ⓣ'gram-pa-seng-ge-'dra-ba. 뺨과 턱 반듯해 저 사자인 듯한 모습(師子頰相). 『보살지지경』 권10(대정장30, p.955a10)에 "무엇인 삼십이대인상인가? … 스물다섯 번째는 뺨과 턱이 네모반듯하여 사자와 같다. 云何三十二大人相 … 二十五者 頰車方如師子"라고 하였다.

〔참고문헌〕『菩薩地持經』, 『大方便佛報恩經』 권7(대정장3, p.164c25), *Mvyut.17.* ⇨사자협상 師子頰相

협거방정여사자왕상 頰車方正如師子王相 Ⓢ siṃha-hanu, Ⓣ 'gram-pa-seng-ge-'dra-ba. 빰과 턱 반듯해져 사자왕과 같으신 모습(師子頰相). 『불본행집경』 권9 「상사점간품 相師占看品」(대정장3, p.692c19)에 "정반왕이 이런 기별을 듣고서 다시 바라문에게 물었다. '태자의 어떤 점이 대장부의 삼십이상입니까?' 바라문이 말하였다. '… 열일곱 번째는 태자의 빰과 턱 반듯함이 저 사자왕 같습니다'. 淨飯王聞是記已 復更重問婆羅門言 太子何處是大丈夫三十二相 婆羅門言 … 十七 太子頰車方正 如師子王"라고 하였다. 〔참고문헌〕『佛本行集經』, *Mvyut.17.* ⇨사자협상 師子頰相, 삼십이상 三十二相

협령봉소 夾嶺鳳巢 낙보원안(樂普元安 834~898)이 협산선회(夾山善會 805~881)의 주석하던 곳에 암자를 건립하고 벌어진 인연. 협령이란 협산의 고갯마루다. 『선원몽구』 권중 「협령봉소」(卍속장148, p.243b6)에 "〈(낙보는) 용담숭신(龍潭崇信)의 법을 이은 제자. 출처는 『경덕전등록』 권16〉 예주 낙보산의 원안선사가 협산 정상에 있는 암자에 이르자, 협산선회가 이를 막으려고 원안에게 편지를 써 심부름꾼에게 보냈다. '이 학인이 편지를 받아보고 말이 없으면 내일 반드시 올 것이요, 말을 하면 오지 않을 것이다'. 원안이 편지를 받아보고는 답하지 않았다. 심부름꾼이 있었던 일을 협산에게 고하자 협산이 말하였다. '머지않아 반드시 올 것이다'. 〈龍潭信法嗣 傳燈十六〉 澧州樂普山 元安禪師 至夾山庵于冢巔 夾山訝之以書抵安 誡使者曰 此僧得書不發 明日當來 發之不來也 安得書果置之不答 使者具以告夾山 夾山曰 旦暮必至矣", "잠시 후 도안이 당도하였다는 소식이 오자 협산이 멀리서 바라보며 꾸짖었다. '닭이 봉황 둥지에 깃들었지만 동류는 아니니, 나가거라'. 도안이 이내 물었다. '멀리서 바람처럼 달려 왔으니 스님께 한 번만이라도 가르침을 받게 해주십시오'. 俄報安至 夾山望見呵曰 鷄棲鳳巢 非其同類 出去 安乃問曰 自遠趨風請師一接", "협산이 말하였다. '눈앞에는 아사리(그대)가 없고, 그 사이에 노승도(나도) 없다' '틀렸습니다' '그만, 그만! 아무튼 성급하게 굴지 말아라. 구름과 달은 동류이지만, 시내와 산은 이류다. 천하의 혀끝 끊어낼 일은 없지 않았겠으나, 아사리가 어찌 혀 없는 사람 말하게 하겠는가?' 도안이 멍한 채 무슨 답을 해야 할지 모르자, 협산이 주장자로 때렸다. 도안은 이 일 마음에 담고 몇해를 보냈다. 夾山曰 目前無闍梨 此間無老僧 安曰 錯 夾山曰 住住 且莫草草忩忩 雲月是同 溪山各異 截斷天下舌頭則不無 闍梨爭敎無舌人解語乎 安茫然不知答 夾山以杖擊之 安因玆服膺數歲"라고 하였다. 〔참고문헌〕『禪苑蒙求』, 『景德傳燈錄』 권16 「樂普元安傳」(대정장51, p.331a3).

협불지석 脇不至席 옆구리 자리에 붙이지 않다. 오랫동안 앉아 정진하여 쉬지 않는 뜻으로 장좌불와(長坐不臥)라고도 한다. 『도서』 권상2(대정장48, p.403c29)에 "여산혜원(廬山慧遠)과 불타와 야사 두 범승이 한역한 『달마선경』 2권은 좌선의 문호와 점차방편을 갖추어서 밝히었다. 천태・지선(智侁)・신수(神秀)의 문하와 더불어 그 의취에 다름이 없다. 그러므로 4조는 수십년 동안 옆구리 자리 붙이지 않았으니, 바로 요의와 불요의 종지 알았다. 廬山遠公 與佛陀耶舍二梵僧 所譯達摩禪經兩卷 具明坐禪門戶 漸次方便 與天台及侁秀門下意趣無殊 故四祖數十年中 脇不至席 卽知了與不了之宗", 『경덕전등록』 권3 「도신대사전 道信大師傳」(대정장51, p.222b4)에 "조사의 가풍을 이어받은 다음 마음 거두어 잠들지 않으니, 옆구리 자리에 붙이지 않고 60여 년을 보내었다. 既嗣祖風 攝心無寐 脇不至席者 僅六十年", 『조당집』 권15 「영태화상장 永泰和尙章」(대장경보편25, p.585b4)에 "원화년간(806~820)에 청주에 대기근이 들어 수많은 사람이 굶어 죽어가자, 스님은 옆구리 자리에 붙일 일 없이 하고 사람 보기를 자신이 다친 듯 하였으니, 솔선하여 부유한 집을 이끌어 보시바라밀을 행하게 하였다. 이로서 '정명이시고 급고독장자시다'라고 불리니, 앞다투어 가르침 아래 깃들었다. 元和中 靑州人大飢 人多殍仆 師脅不至席 視人如傷 乃率富屋 俾行檀度 繇是淨名給孤 競垂乘下"라고 하였다. 〔참고문헌〕『都序』, 『景德傳燈錄』, 『祖堂集』. ⇨장좌불와 長坐不臥

협사 篋笥 대나무 따위로 만들어 옷을 담는 작은 상자. 『일체경음의』 권19(대정장54, p.426a20)에 "협사〈위는 겸과 협을 반절한 음이고 아래는 사와 리를 반절한 음이다. 『설문』에 '옷을 담는 그릇을 사라 이른다'라 하였고, 『예기』의 단사와 같은데 또 정현은 '역시 음식을 담는 그릇인데, 둥근 것을 단이라 하고 네모난 것을 사라 한다. 단의 음은 단이다'라 하였다〉. 篋笥〈謙叶反 下思吏反 說文云 盛衣器曰笥 禮記簞笥同 又鄭玄曰 並盛食器也 圓曰簞 方曰笥 簞音丹〉"라고 하였다. 〔참고문헌〕『一切經音義』.

협사 脇士 부처님을 곁해 모시는 보살. 협사(脅士)라고도 한다. 본존(本尊)을 중심해서 삼존(三尊)을 이룬다. 『입당구법순례행기』 권3(대장경보편18, p.75b5)에 "금강정유가의 오불상에 절하였는데, 이는 곧 불공삼장이 나라를 위해 지은 것으로 천축 나란다사의 모양에 의지해 만들었다. 부처님마다에 두 협사가 있었으며, 아울러 펼쳐진 단 위에 줄지어 계셨다. 禮金剛頂瑜伽五佛像 斯乃不空三藏 爲國所造 依天竺那蘭陁寺様作 每佛各有二脇士 竝於板壇上列置", 『지장보살상영험기』 권1 「

병주대원니지장화지장감응기 幷州大原尼智藏畫地藏感應記」(卍속장149, p.367a5)에 "아미타상과 좌우의 협사인 지장과 관음 두 몸을 방사에 안치하고는 신심으로 예 올리며 공양하였다. 畫阿彌陀像 左右脇士 地藏觀音 二體 安置房舍 信心禮供"라고 하였다. [참고문헌] 『入唐求法巡禮行記』, 『地藏菩薩像靈驗記』. ⇨ 삼존 三尊❶

협산 夾山 ❶ 중국 호남성 악주부(岳州府) 풍주(澧州) 석문현(石門縣) 동남쪽으로 약 17km 지점에 있는 산. 당 의종(懿宗) 때인 870년(함통11) 선자덕성(船子德誠)의 제자 선회(善會)가 여기에 절을 짓고 선풍을 진작하여 이 산을 대표하는 선사가 되었다. [참고문헌] 『讀史方輿紀要』 권77. ⇨ 선회 善會 ❷ 중국 강소성(江蘇省) 진강부(鎭江府) 단도현(丹徒縣) 남쪽으로 약 2km 지점에 있는 산. 죽림사(竹林寺)가 있는데 선회 또한 설법인연이 있다. [참고문헌] 『大淸一統志』 권62.

협산목전무법의재목전 夾山目前無法意在目前 협산선회(浹山善會)의 공안. 눈앞에 어떤 법도 없으니, 뜻만이 드러나 있다. 『선문염송설화』 711칙(한불전5, p.538b5)에 "협산이 주석한 후 대중에게 보이길 '눈앞에는 법 없으나 뜻은 눈앞에 있다. 이것 목전의 법이 아니니, 귀와 눈으로 닿을 수 있는 것 아니다'. 夾山住後 示衆云 目前無法 意在目前 不是目前法 非耳目之所到"라고 하였다. [참고문헌] 『禪門拈頌說話』.

협산인경 夾山人境 협산선회(浹山善會)의 공안. 협산의 사람과 그 풍경. 『선문염송설화』 715칙(한불전5, p.542b6)에 "협산에게 스님이 물었다. '무엇이 협산경입니까?' '원숭이가 새끼 안고 푸른 산봉우리로 돌아가고 새는 꽃 물어 이끼 낀 바위 앞에 떨어뜨린다'. 후대에 법안이 말했다. '나 20년 동안 경을 말하는 이야기로 알았을 뿐이다'. 夾山因僧問 如何是夾山境 師云 猿抱子歸靑嶂後 鳥含花落碧巖前 後來法眼云 我二十年來 將作境話會"라고 하였다. [참고문헌] 『禪門拈頌說話』.

협산휘검 夾山揮劍 협산선회(浹山善會)의 공안. 『종용록』 68칙(대정장48, p.269c15)에 "협산에게 한 스님이 물었다. '먼지 털어 부처 만날 때 어떠하신지요?〈하필?〉' '칼을 휘둘러야 한다〈과연〉. 만일 칼을 휘두르지 않는다면 어부가 둥지 틀리라〈앉는 순간 부처는 아니다〉'. 나중에 그 학인 이 문답 들어 석상에게 물었다. '먼지 털어 부처 보는 일 어떠한지요?〈보았으면 털 일 없고, 털면 보지 못한다〉' '저에게는 국토가 따로 없거늘 어디서 그를 만나려 하는가?〈앉을 일 없으면 부처다〉' 학인이 돌아와 협산에게 그 답을 들려주자〈오가기 쉽지 않다〉 협산이 법좌에 올라 말했다. '뜰에서 베풀어 보이는 일 노승에 미치지 못하지만, 이에 들어 깊이 말함은 오히려 석상 백보 앞이다〈각자 한 토막 얻었다〉'. 擧 僧問夾山 撥塵見佛時如何〈何必〉 山云 直須揮劍〈果然〉 若不揮劍 漁父棲巢〈坐則非佛〉 僧擧 問石霜 撥塵見佛時如何〈見卽不撥 撥卽不見〉 霜云 渠無國土 何處逢渠〈不坐卽佛〉 僧迴擧似夾山〈往來不易〉 山上堂云 門庭施設 不如老僧 入理深談 猶較石霜百步〈各得一橛〉"라고 하였다. [참고문헌] 『從容錄』.

협선취구 挾善趣求 선근 지닌 채 나아가 구하다. 『관무량수경의소』(대정장37, p.183b2)에 "셋째, 회향하고 발원하는 마음이다. 곧바로 나아가 구하니 설하여 원이라 하고, 선근을 지닌 채 나아가고 구하니 회향이라 한다. 三者 迴向發願之心 直爾趣求 說之爲願 挾善趣求 說爲迴向"라고 하였다. [참고문헌] 『觀無量壽經義疏』.

협시 脇侍 곁에서 모시다. 협사(脇士)라고도 하며 협(脇)은 협(脅)으로도 쓴다. 석가삼존에서는 문수(文殊)와 보현(普賢), 아미타삼존에서는 관음(觀音)과 세지(勢至), 지장삼존에서는 도명존자(道明尊者)와 무독귀왕(無毒鬼王)을 협시로 하는 등을 말한다. 『낙양가람기교석』 권1(대장경보편12, p.86a4)에 "절(昭儀尼寺)에 1불 2보살상〈… 살피건대, 북위 때 새긴 석상으로 용문에서 보이는 것은 대부분 삼존식으로서 가운데가 본존이고 좌우로 협시를 삼는다〉. 寺有一佛二菩薩〈… 案北魏所刻之石像 見於龍門者 多爲三尊式 中爲本尊 左右爲脇侍〉"라고 하였다. [참고문헌] 『洛陽伽藍記校釋』. ⇨ 좌보처 左補處, 우보처 右補處, 문수위석가협시 文殊爲釋迦脇侍

협식 頰食 볼이 불거질 정도로 입안 가득 음식을 채우는 일. 백중학법(百衆學法) 중 하나로 전협식(塡頰食)·창협식(脹頰食)이라고도 한다. 『사분율』 권21 「백중학법 百衆學法」(대정장22, p.707b10)에 "거사가 손수 음식을 나누어 주는데, 그때 육군비구가 협식을 하였다. 거사가 보고 꺼려하며 말하였다. '이 사문석자는 부끄러움을 모르는구나. 먹는 것이 마치 원숭이 같다. … 여기에서 협식이란 양쪽 볼 부풀어 올라 먹는 모습 마치 원숭이 같았다. 만약 일부러 한입 가득하게 부풀려서 협식을 하면 반드시 참회해야 하는 돌길라다. 居士手自斟酌飮食 時有六群比丘頰食 居士見已嫌言 此沙門釋子不知慚愧 食如似獼猴 … 是中頰食者 令兩頰鼓起 如似獼猴狀耶 若故作大滿口 鼓起頰食者 犯應懺突吉羅", 『사분율비구함주계본』 권하(대정장40, p.459a5)에 "(百衆學法 중) 제41은 협식계이다. … 육군비구가 입 한가득 음식을 넣고 먹자 거사가 꺼리면서 말하였다. '사문이 부끄러움을 모르고 원숭이처럼 먹는다'. 비구가 이 허물을 드러내자 부처님께서 꾸짖고 제제하셨다. 四十一頰食戒 … 六群頰食 居士嫌言 沙門不知慚愧 如獼猴食 比丘擧過

佛因訶制"라고 하였다. [참고문헌]『四分律』, 『四分律比丘含注戒本』. ⇨ 백중학법 百衆學法

협여사자상 頰如師子相 Ⓢ siṃha-hanu, Ⓣ 'gram-pa-seng-ge-'dra-ba. 삼십이상(三十二相) 중 하나로 빰이 사자와 같은 상. 『방광대장엄경』 권3 「탄생품 誕生品」(대정장3, p.557a12)에 "왕이 말하였다. '어떤 것들이 삼십이상인가?' 선인이 말하였다. '삼십이상이란 … 열세 번째는 빰이 사자와 같다'. 王言 何等名爲三十二相 仙言 三十二相者 … 十三 頰如師子"라고 하였다. [참고문헌]『方廣大莊嚴經』, 『大乘百福相經』(대정장16, p.330b17), *Mvyut.17.* ⇨ 삼십이상 三十二相

협오 袷襖 겹옷. 『선원청규』 권1 「장포 裝包」(卍속장111, p.877b15)에 "앞의 짐꾸러미 안에는 가사〈수파로 모두 싼 다음 좌구로 덮는다〉와 편삼 또는 겹옷과 배심(짧은 속옷)을 넣는다. 前包內安僧衣〈手帕複訖 座具裹之〉 偏衫或袷襖背心"라고 하였다. [참고문헌]『禪苑淸規』.

협장 篋藏 Ⓢ Piṭaka, Ⓢ Petaka. 부처님 재세시 대가전연(大迦旃延)이 지었다고 전하는 삼십팔만사천어로 된 글로 곤륵문(昆勒門)이라고도 하며 음사어는 곤륵(昆勒 : 蜫勒)이다. 『번역명의집』 권4(대정장54, p.1113c23)에 "곤륵은 협장으로 한역한다. 『대지도론』에서는 '곤륵에는 320만의 말(言)이 있었고, 부처님 재세시에 대가전연이 지었다. 부처님께서 멸도하신 뒤에 인간의 수명이 점점 줄어들고 기억력도 줄어들어 널리 암송할 수 없게 되자, 도를 얻은 이들이 삼십팔만사천의 말을 가려 찬집하였다'라고 하였다. 이 논은 중국에는 전하지 않는다. 昆勒 此云篋藏 大論云 昆勒有三百二十萬言 佛在世時 大迦旃延之所造 佛滅度後 人壽轉減 憶識力少 不能廣誦 諸得道人 撰爲三十八萬四千言 論未到此"라고 하였다. [참고문헌]『翻譯名義集』. ⇨ 곤륵문 昆勒門

협존자 脇尊者 Ⓢ Pārśva의 한역어. 설일체유부(說一切有部)의 전설상 논사. 협비구(脇比丘)라고도 하며, 파률습박(波栗濕縛)·파습박(波濕縛) 등으로 음사한다. 부법장(付法藏) 제9조이며, 선종의 33조 전등설(傳燈說)로는 제10조에 해당한다. 불멸후 400년에 인도 북서부에서 출생하여 가니색가왕(迦膩色迦王 Ⓢ Kaniṣka)의 명에 따라 5천 8명 비구의 좌장이 되어 『대비바사론 大毘婆沙論』을 편찬하였다고 전하며, 마명(馬鳴 Ⓢ Aśvaghoṣa)의 스승으로도 알려져 있다. 『부법장인연전』 권5(대정장50, p.324c17)에 "그 협비구는 옛적 업으로 모태중에 60여 년 머무른 뒤 태어나 수염과 머리카락 이미 새어 있었다. 오욕을 싫어해서 집에 머물기를 좋아하지 않았다. 불타밀다(Ⓢ Buddhamitra)에게 가서 머리 숙여 그 발에 예를 올리고 불도를 구한 즉시 득도하여 남들에게 법요까지 설하였다. 비유하자면 깨끗하고 흰 천이 쉽게 물들듯 법좌에 앉자마자 아라한과를 얻고, 삼명에 속속들이 밝았으며 육신통도 모두 걸림이 없었지만, 부지런히 닦아(勤比丘라고도 함) 정진하여 용맹하게 수행하면서 일찍이 옆구리를 바닥에 붙이고 누은 적이 없었다. 당시 사람들이 이를 보고 협비구라 불렀다. 彼脇比丘 由昔業故 在母胎中 六十餘年 旣生之後 鬚髮皓白 厭惡五欲 不樂居家 往就尊者佛陀蜜多 稽首禮足 求在道次 卽度出家 爲說法要 譬如鮮淨白氎 易受染色 便於座上 得羅漢道 三明照徹 六通無礙 勤修苦行 精進勇猛 未曾以脇 至地而臥 時人卽號爲脇比丘", 『조당집』 권1(대장경보편25, p.321a6)에 "진실한 바탕 저절로 참될 뿐이니, 그 진실 씨앗 삼아 설하여 뜻있게 하였네. 진실하고 진실한 법 받아 얻으려 하니, 갈 것도 없고 그칠 것도 없다네. (富那耶奢에게 준 傳法偈) 眞體自然眞 因眞說有理 領得眞眞法 無行亦無止"라고 하였다. [참고문헌]『付法藏因緣傳』, 『祖堂集』.

협종 夾鍾 고대 십이악율(十二樂律) 중 육음율(六陰律)의 하나로 2월에 당한다. 종은 종(鐘)과 같이 쓴다. 『현밀원통성불심요집』 권하(대정장46, p.1001c3)에 "협종은 2월의 율이다. 봄기운을 얻음으로 초목은 다투어 꽃피운다. 夾鍾 二月律 由得春氣 草木榮華", 『석씨육첩』 권17(대장경보편13, p.360a4)에 "협종의 협은 돕는다는 뜻이니, 이로써 양을 돕는다. 夾鍾 夾者助也 以助於陽", 『법화경현찬요집』 권20(卍속장54, p.368a18)에 "2월은 율 중 협종이다. 7촌4분을 관장한다. 고유는 말하길 '이 달 만물 음을 떠나기에 협종이라 한다'라고 하였다. 二月 律中夾鍾 管長七寸四分 高誘云 是月萬物去陰而生 故云夾鍾"라고 하였다. [참고문헌]『顯密圓通成佛心要集』, 『釋氏六帖』, 『法華經玄贊要集』.

협흡 協洽 고갑자(古甲子)에서 십이지(十二支) 미토(未土)를 일컫는 말. 협(協)은 협(恊)으로도 쓴다. 진제역 『섭대승론』 「서문 序文」(대정장31, p.113a5)에 "천간은 소양(昭陽 : 癸), 지지는 협흡인 해(癸未·563) 달은 고선(姑洗 : 3월), 절기는 구망(句芒 : 木官·春) 때 광주 제지사에서 번역에 나아갔다. 辰次昭陽 歲維協洽 月呂姑洗 神紀句芒 於廣州制旨寺 便就翻譯", 『일체경음의』 권49(대정장54, p.638a1)에 "협흡〈앞 글자 혐과 협의 반절이고 뒤 글자 함과 협의 반절이다. 『이아』에서 '세차 이름이다. 세가 미에 있을 때 협흡이다'라고 하였다〉. 協洽〈上嫌莢反 下咸夾反 尒雅云 歲次名也 歲在未曰協洽〉"이라고 하였다. [참고문헌]『攝大乘論』, 『一切經音義』, 『集古今佛道論衡』 권3(대정장52, p.381a18).

형 形 ❶ Ⓢ saṃsthāna, ākṛti, Ⓟ saṇṭhāna, Ⓣ dbyibs. 모양새. 생김새. 『구사론』 권1 「분별계품 分別界品」(대정장29, p.2b24 : *Abh-k-bh.*, p.6)에 "색은 두 가지라 말하니, 첫째 '현'이고 둘째는 '형'이다. … 형색에 여덟 가지가 있으니 장이 그 처음이고 부정이 그 마지막이다. … 이 중에 정이라 한 것은 형이 평등한 것이고, 형이 불평한 것은 '부정'이라고 한다. 言色二者 一顯二形 … 形色有八 謂長爲初 不正爲後 … 此中正者 謂形平等 形不平等 名爲不正 rūpaṃ dvidhā varṇaḥ saṃsthānaṃ ca … samsthānam aṣṭavidhaṃ dīrghadi visātāntam … tatra sātaṃ samasthānam. visātaṃ viṣamasthānam", "현만 있고 형이 없는 것이 있으니, 청·황·적·백과 그림자·빛·명·암이다. 현은 없고 형만 있는 것이 있으니, 장 등의 일부분이 신체 동작(신표업)의 성질이다. 或有色處 有顯無形 謂靑黃赤白影光明闇 或有色處 有形無顯 謂長等一分 身表業性 asti rūpāyatanaṃ varṇato vidyate na saṃsthānataḥ nīlapītalohitavadātacchāyātapālokāndhakārākhyam. asti saṃsthānato na varṇataḥ. dīrghādīnāṃ pradeṣaḥ kāyavijñaptisvabhāvaḥ", 『능가경』 권1(대정장16, p.495c26)에 "성·형·상·처소와 짓는 방편이 화합하여 생김에 형이 없지 않다. 이런 까닭에 사대로 지은 색상이란 것도 외도의 망상이지 나의 설은 아니다. 性形相處所 作方便和合生 非無形 是故 四大造色相外道妄想 非我"라고 하였다. [참고문헌] 『俱舍論』, 『楞伽經』, *Abh-k-bh·123.*, *Laṅk.13.*, *Vism.249.* ⇨ 형색 形色❶ ❷ 몸(身). 『장아함경』 권4 「유행경 遊行經」(대정장1, p.29c11)에 "수고롭게 멀리서 온 여러분들이 굴욕적으로 절하며 머리 숙인다 하여도 여래가 남기신 몸(사리)은 허락할 수 없다네. 遠勞諸君 屈辱拜首 如來遺形 不敢相許"라고 하였다. [참고문헌] 『長阿含經』. ❸ Ⓢ liṅga, vyañjana, Ⓟ kāya. 남녀 몸의 상징이 되는 것. 『중아함경』 권33 「석문경 釋問經」(대정장1, p.634b5 : *Sakkapañha-sutta*, *DN.2*, p.271)에 "구비석녀는 세존제자이고 또한 세존을 따라서 범행을 수습하는데, 여인의 몸을 증오하고 남형을 좋아하더니 여인몸을 바꾸어 남자형을 받고서 욕을 버리고 욕을 여의었다. 瞿毘釋女 是世尊弟子 亦從世尊 修習梵行 憎惡是女身 愛樂男形 轉女人身 受男子形 捨欲離欲 idha eva bhante kapilavatthusmiṃ gopikā nāma sakyadhītā ahosi buddhe pasannā dhamme pasannā saṅghe pasannā sīlesu paripūrakārīni. sā itthicittaṃ virājetvā purisacittaṃ bhāvetvā kāyassa bhedā param maraṇā sugatiṃ saggaṃ", 『사분율』 권1(대정장22, p.571c12)에 "인간인 부녀자, 어린 여자 아이, 두 가지 형을 모두 가진 이, 황문, 남자 이 다섯 가지와 더불어 부정행을 저지르면 바라이다. 人婦童女 有二形 黃門男子 於此五處 行不淨行 波羅夷", 『십송율』 권3(대정장23, p.14c20)에 "비구가 색을 보고서 정을 사출했다면 범하지 않은 것이요, 형을 보지 않고도 상상으로 떠올린 까닭에 정을 사출했다면 범하지 않은 것이다. 若比丘見好色故精出 不犯 若不見形憶想故精出 不犯", 『구사론』 권18 「분별업품 分別業品」(대정장29, p.94a1 : *Abh-k-bh.*, p.263)에 "어떤 이가 묻는다. '흔히 어떤 남자로 하여금 명근을 떠나게 하는데 아버지도 아라한도 아닌데도 무간죄에 저촉됨이 있는가?' 답한다. '있다. 어머니가 형(形)을 바꾼 경우다'. 有問言 頗有令男離命根 非父阿羅漢 而爲無間罪觸不 曰有 謂母轉形 ata evocyate syāt puruṣaṃ jīvitād vacyaparopayen na pitaraṃ nārhantam. ānantaryāvadyena ca spṛśyeta. syān mātur vyañjanaṃ parivṛttaṃ syād iti"라고 하였다. [참고문헌] 『中阿含經』, 『四分律』, 『十誦律』, 『俱舍論』, *DN.*, *Abh-k-bh.*, *Laṅk.27.*

형 螢 Ⓢ khadyota, khadyotaka, khādyotīm, Ⓟ khajjopanaka, Ⓣ srin-bu-me-khyer. 반딧불. 개똥벌레 몸에서 나는 작은 불빛. 『장아함경』 권20 「세기경 世記經」(대정장1, p.132c18)에 "반딧불의 밝기는 등잔불보다 못하며, 등잔불의 밝기는 큰 불 같지 않다. 螢火之明 不如燈燭 燈燭之明 不如炬火", 『구사론』 권28(대정장29, p.145b14)에 "만약 그러하면 모든 '등지'를 전부 '정려'라고 해야 할 것이나, 그렇지 않다. 오직 뛰어나고 반듯한 것만을 가지고 이런 이름을 세운다. 마치 세간에서 빛을 발하는 것을 '해'라고는 하나, 반딧불이나 등잔불 등에 대해서는 '해'라고 이름하지 않는 것과 같다. 若爾諸等持 皆應名靜慮 不爾 唯勝方立此名 如世間言 發光名日 非螢燭等亦得日名", 『당범양어쌍대집』(대정장54, p.1243a11)에 "반딧불〈'가이예다가'라고 음사한다〉. 螢〈迦儞曳多迦〉"이라고 하였다. [참고문헌] 『長阿含經』, 『俱舍論』, 『唐梵兩語雙對集』, *Laṅk.268.*, *Śata-śa.61.*, *MN.2.34.*, *Mvyut.214.*

형겁 敻劫 끝없어 아득한 시공간. 『석정토군의론』 「서문 序文」(대정장47, p.30b13)에 "드러내 감하고 통하는 길은 십념으로 성취된다. 즉시 금빛 땅에서 죄를 인정하여 이끌어 엎드리니, 아홉무리 왕생하여 모두 은빛 나라에서 함께 노니게 되니, 이치 형겁을 떠다니기에 일들 벌어지고 겪음도 가이없다. 闡感通之路 十念成就 俄引伏於金地 九輩往生 遽偕遊於銀國 理浮敻劫 事驗無邊"라고 하였다. [참고문헌] 『釋淨土群疑論』. ⇨ 영겁 永劫

형경 衡鏡 저울과 거울. 가려 알기 위한 방편들. 『화엄경담현결택』 권6(卍속장11, p.991b8)에 "『화엄경소』에서 '일체의 모든 법 진심으로 드러난 것들이다'라 한 것을 규봉종밀(圭峰宗密)은 말하길 '그런데 모양 밖의 이치는 진실로 설하고 증명하기가 어렵다. 이제 비유로써 저울과 거울 삼는다 하였으니, 여러 종의 시비를 정할 뿐이다'. 疏 一切諸法 眞心所現等者 圭峯云 然象外之理 眞說難證 今以喩爲衡鏡 定諸宗之是非"라고 하였다. ［참고문헌］『華嚴經談玄抉擇』.

형계 炯戒 불꽃처럼 분명해서 말 붙일 필요없이 지켜 행할 계. 『어선어록』 권18 「어제후서 御製後序」(卍속장119, p.708b5)에 "개당하여 법을 설함에 기에 임해 문답함 참으로 없을 수가 없다. 만약 다만 한두 마디 말에 의지하여 허실을 정한다면, 이는 눈먼 전법이자 눈먼 전수의 뿌리다. 대혜종고가 사람을 기만하는 잘못된 논의는 총림에서 마땅히 형계로 삼아야 하니, 하물며 어찌 대혜종고가 이미 갖춘 이 안목과 같이 함에 있어서랴. 開堂說法 臨機問答 固不可無 若止憑一二語 以定虛實 此盲傳盲受之根 大慧杲悞人謬論 叢林當爲炯戒 況大慧杲旣具如此眼目", 『운서법휘』 권17 「살생형계서 殺生炯戒序」(가흥장33, p.92b25)에 "이 형계를 목도하고서 목석이 아닌 바에야 그 누가 대자비심을 일으키지 않겠는가. 睹斯炯戒 自非木石 其誰不發大慈悲心"라고 하였다. ［참고문헌］『御選語錄』, 『雲棲法彙』.

형계 荊溪 중국 강소성(江蘇省) 상주(常州) 진릉(晉陵) 일대. 현재의 의흥(宜興)에 비정된다. 당(唐)대 천태종 스님 담연(湛然 711~782)의 출신지로서 그의 법호이기도 하다. 계(溪)는 계(谿)로도 쓴다. 『유마경약소수유기』 권1(대정장38, p.715a29)에 "법휘는 담연이고 속성은 척(戚)씨, 대대로 진릉의 형계에 거주하였으니 곧 상주 사람이다. 사람들이 그의 가르침을 존숭한 까닭에 형계로써 호를 삼았다. 諱湛然 姓戚氏 世居晉陵之荊溪 則常州人也 人尊其教 因以荊溪爲號", 『십불이문지요초』 권상(대정장46, p.705b18)에 "저작자를 표시하고자 한다면 '형계존자'라 해야 할 것이다. 이는 이미 후대 사람이 기록하여 출간한 것이니, 그 법휘 쓰기 피한 것을 바로잡을 수 없다. 若欲標述作人者 即是荊谿尊者 既是後人錄出 不可正斥其諱", 『금강비현성록』 권1(卍속장100, p.497a3)에 "『금강비』는 형계대사께서 돈교를 종지로 삼아 저술한 논서다. 金剛錍者 荊谿大師宗圓頓教 所著論也"라고 하였다. ［참고문헌］『維摩經略疏垂裕記』, 『十不二門指要鈔』, 『金剛錍顯性錄』, 『十不二門』(대정장46, p.702c16), 『緇門警訓』 권9(대정장48, p.1088b6), 『宋高僧傳』 권6(대정장50, p.739b10).

형고 形枯 몸이 마르다. 노쇠해 야위다. 생노병사 중 노(老)의 표현이다. 『팔사경』(대정장14, p.965c20)에 "내가 떠올려보면 세간은 무상하여 사람이 나면 반드시 늙네. 성함은 가버리고 나날이 쇠약해지니, 몸은 마르고 머리카락 하얗게 되네. 근심과 노고로 온갖 병 생기고 앉고 일어남에 슬프고 고통스러울 뿐. 나는 이런 것 두려웠기에 집을 버리고 도 행하고 익히네. 吾念世無常 人生要當老 盛去日衰羸 形枯而白首 憂勞百病生 坐起愁痛惱 吾用畏是故 棄家行學道", 『대승의장』 권3(대정장44, p.512c26)에 "무엇이 늙음의 고통인가? 저 『대반열반경』 중에 두 뜻으로 풀었으니, 첫 번째는 몸이 다하여 늙는 것이니 머리카락 희어지는 것, 몸이 마르고 빛깔 변하니 이런 때를 늙음이라 한다. 두 번째는 순간순간 늙는 것이다. (十二緣起 중) 식지 좇음을 시작으로 노사에 이르기까지 움직여 옮겨가니 이를 노라고 한다. 何者老苦 如涅槃中 釋有兩義 一者 終身老 所謂髮白 形枯色變 是時名老 二者 念念老 始從識支 乃至老死 運運遷遷名之爲老", 『계초심학인문』(대정장48, p.1004b21)에 "공양한 음식을 받아먹는 것은 다만 몸이 마르는 것을 막아서 도업을 이루기 위함임을 반드시 알아야 한다. 須知受食 但療形枯 爲成道業"라고 하였다. ［참고문헌］『八師經』, 『大乘義章』, 『誡初心學人文』.

형괴 形壞 몸이 무너지다. 생로병사(生老病死) 중 마지막 상인 죽음(死)을 말한다. 『아나율팔념경』(대정장1, p.836b7)에 "죽음이란 사람의 목숨이 가고 몸이 무너지는 것이니, 따뜻함 점점 없어지고 기운 끊어져 혼신이 떠나간다. 死者 謂人命逝形壞 溫消氣絶魂神離逝", 『보요경』 권3 「사출관품 四出觀品」(대정장3, p.503b1)에 "내가 죽음을 보았더니 몸은 무너져서 그 바탕 변하지만 신만은 사라지지 않더라. 그런 까닭에 성인은 몸을 걱정거리로 여기고 어리석은 이는 보배로 여기며 죽음에 이르도록 싫어할 줄 모른다. 吾見死者 形壞體化 而神不滅 是故聖人 以身爲患 而愚者寶之 至死無厭", 『종경록』 권38(대정장48, p.638b11)에 "내가 떠올려보면 세간인은 이 거북만 못하다. 무상을 알지 못하고 육정 마음대로 하여 바깥의 마들에게 틈을 준다. 몸이 허물어지고 신이 가버리고 나서도, 나고 죽으며 끝없이 오도를 윤회하며 백천 가지로 고뇌한다. 모두가 뜻으로 지은 것이다. 吾念世人 不如此龜 不知無常 放恣六情 外魔得便 形壞神去 生死無端 輪轉五道 苦惱百千 皆意所造"라고 하였다. ［참고문헌］『阿那律八念經』, 『普曜經』, 『宗鏡錄』.

형구계 形俱戒 몸과 함께 하는 계. 몸이 다할 때까지 지니는 계. 진형수계(盡形壽戒)라고도 한다. 『정심계관법』 권하(대정장45, p.830b4)에 "보살은 원하여 목숨이 다한 다음 후생에서도 보살계를 깨뜨리지 않겠다고 바라고, 성문인은 형구계를 받으니, 그대는 두 계의 차별을 잘 알 수 있다. 菩薩願盡後生 不破菩薩戒 聲聞之人受形俱戒 汝可善知二戒差別"라고 하였다. ［참고문헌］『

淨心戒觀法』,『宋高僧傳』 권8(대정장50, p.754b1).

형극 荊棘 Ⓢkaṇṭaka, khāṇu-kaṇṭaka, Ⓟkaṇṭaka. 가시. 『여래비밀대승경』 권6(대정장11, p.716b16)에 "저 보리도 가시 없애기 때문이니, 능히 탐진해의 등 물든 법에서 멀리 벗어날 수 있다. 彼菩提道 去除荊棘故 卽能遠離 貪瞋害疑等染法", 『제개장보살소문경』 권12(대정장14, p.736b16)에 "삿된 길에 머무는 유정 위해 그 과실인 가시 같은 법을 벗어나라고 설해 주고, 번뇌로 가시 같은 법을 설하지 않는다. 住邪道有情 爲說離其過失 荊棘之法 不說煩惱荊棘之法"라고 하였다. [참고문헌] 『如來祕密大乘經』, 『除蓋障菩薩所問經』, *Gaṇḍ-vy.290., Suvik-pr.35., MN.1.78.*

형극림 荊棘林 가시나무 숲. 번뇌의 경계를 비유하며 보리의 숲은 전단림(栴檀林)이라 한다. 『황룡어록속보』(대정장47, p.636b13)에 "행각하는 사람 모름지기 가시나무 숲속을 대도량 삼아 앉아서 진흙과 물 어울린 곳 향해 본래면목을 알아 취한다. 行脚人 須是荊棘林內 坐大道場 向和泥合水處 認取本來面目"라고 하였다. [참고문헌] 『黃龍語錄續補』.

형기 形器 모양새 가진 그릇. 몸 즉 신체를 말한다. 『증일아함경』 권41(대정장2, p.773a26)에 "어떤 때의 중생류는 외모와 수명이 점점 감소하고 몸은 야위어 약해지며 다시는 위신을 회복하지 못하리라. 자주 분노·질투·어리석음·간사함·의혹해서 행하는 것마다 진실하지 못하리라. 或有是時 衆生之類 顏貌壽命 轉轉減少 形器瘦弱 無復威神 多諸瞋怒 嫉妬恚癡 姦僞幻惑 所行不眞", 『출요경』 권10(대정장4, p.665c27)에 "번뇌 버려 병 그치게 함에는 사제 만한 것이 없다. 뜻 오롯이 하여 어지럽지 않으며 안팎에 주인 없음을 사유하면, 바로 이 비방의 소리를 떠날 수 있다. 去垢止病 莫若四諦 能專意不亂 思惟形器內外無主 乃得離此誹謗之聲", 『법집요송경』 권1(대정장4, p.777a16)에 "사람몸 모양새 가진 그릇일 뿐 여기저기 흩어져 버려져 있고, 해골 저 비둘기색과 같거늘 이를 바라본들 무슨 즐거움 있겠는가? 人身有形器 棄散在諸方 骸骨如鴿色 觀斯有何樂"라고 하였다. [참고문헌] 『增壹阿含經』, 『出曜經』, 『法集要頌經』.

형남장 荊南張 형남의 장선사. 선종 법계상 규봉종밀(圭峰宗密 780~841)의 사조(師祖). '장'은 속성. 법명은 유충(惟忠·唯忠). 형남충(荊南忠) 또는 남인(南印) 등으로도 불리운다. 문헌에 따라 하택신회(荷澤神會)의 법을 이은 자주지여(磁洲智如 : 磁州法如)의 법을 받았다고 하고, 또는 직접 받았다고도 한다. 『경덕전등록』 권13 「규봉종밀전」(대정장51, p.305c13)에 "원화 2년(807) 과거를 보러 가는 길에 우연히 원화상(遂州道圓)을 만나 그의 법석에서 흔연히 계합하여 삭발하기를 구하고 그 해에 구족계를 받았다. … 『원각경』 12장을 얻어 미쳐 경을 다 보고 덮기도 전에 깨달음의 감동에 눈문을 흘렸다. 돌아가 깨달은 바를 원화상에게 고하니, 원화상이 어루만지며 말하였다. '그대는 장차 원돈의 가르침을 크게 넓힐 것이네. 이는 모든 부처님께서 자네에게 주신 것이네. 떠나게. 스스로 한 구석에 머물러 있어서는 안 되네'. 규봉은 눈물로 명을 받들어 절을 올리고 떠났다. 형남장선사〈남인〉를 찾아가 뵈니, 장선사가 말하였다. '(그대는) 가르침을 전할 사람이니, 마땅히 황제가 계신 수도로 가서 베풀고 이끌게'. 元和二年 將赴貢擧 遇造圓和尙 法席欣然契會 遂求披削 當年進具 … 得圓覺十二章 覽未終軸 感悟流涕 歸以所悟之旨 告于圓 圓撫之曰 汝當大弘圓頓之教 此諸佛授汝耳 行矣 無自滯於一隅也 師涕泣奉命 禮辭而去 因謁荊南張禪師〈南印〉 張曰 傳教人也 當宣導於帝都"라고 하였다. 『원각경약소』 권상 「배휴서 裴休序」(대정장39, p.523c3)에 "규봉선사는 하택의 적손인 남인의 상족제자인 도원화상에게서 법을 얻었다. 圭峯禪師 得法於荷澤嫡孫 南印上足 道圓和尙"라고 하며 하택의 제자로 적고 있다. 그러나 규봉종밀의 『원각경약소초』 권4(卍속장15, p.262a15)에서는 "제7조(荷澤) 문하에서 법을 전해 받은 사람이 22인이다. 그중 한 가닥이 자주 법관사의 지여화상으로 속성은 왕씨이다. 자주 문하에 성도부 성수사 유충화상이 있는데, 속성은 장씨이며 또 남인이라고 부르기도 한다. 성수 문하에 수주 대운사의 도원화상이 있고, 속성은 정씨이다. 第七祖門下 傳法二十二人 且敘一枝者 磁洲法觀寺 智如和尙 俗姓王 磁洲門下 成都府聖壽寺 唯忠和尙 俗姓張 亦号南印 聖壽門下 遂洲大雲寺 道圓和尙 俗姓程"라고 설명을 다시 붙였고, 또 『선문사자승습도』(卍속장110, p. 868b4) 이하의 법계도에도 자주지여의 제자에 익주남인(益州南印)을 명시하고 있어 하택의 법손으로 본다. 한편 『경덕전등록』 권13(대정장51, p.301b10)에 익주남인을 하택신회의 제자로 적고, 또 그 아래 형남유충(荊南惟忠)을 자주법여(磁州法如)의 제자로 다시 적고 있으며, 『조당집』 권6(대장경보편25, p.412a4)에 "자주여선사는 하택을 이었고, 익주충화상은 자주여를 이었다. 수주원선사는 유충을 이었고, 초당화상은 원선사를 이었다. 磁州如禪師 嗣荷澤 益州惟忠和尙 嗣磁州如 遂州圓禪師 嗣惟忠 草堂和尙 嗣圓禪師"라고 하며 계보를 정리하였다. [참고문헌] 『景德傳燈錄』, 『圓覺經略疏』, 『圓覺經略疏鈔』, 『禪門師資承襲圖』, 『祖堂集』, 『五燈會元』 권2(卍속장138, p.70a17), 『指月錄』 권1(卍속장143, p.4b11). ⇨종밀 宗密, 유충 惟忠

형단 形段 모양 가져 뚜렷이 구분되다. 모양새 없는 마음(心無形段)을 형용하기 위한 말이다. 『금강삼매경』(대정장9, p.367c4)에 “견뎌낼 것도 날 일도 없는 무인무생심이란 마음은 모양새 가져 뚜렷한 구분 없기에 마치 불의 성과 같다. 나무중에 자리하지만 실제로는 결정된 성이 없이 존재하기 때문이다. 다만 이름일 뿐이고 글자일 뿐이어서 성으로서는 얻을 수가 없다. 그 이치를 온전히 말로 하고 임시로 설하여 이름으로 삼았을 뿐 이름마저도 얻을 수 없으니, 마음의 상 또한 그러하다. 無忍無生心者 心無形段 猶如火性 雖處木中 其在無所決定性故 但名但字 性不可得 欲詮其理 假說爲名 名不可得心相亦爾”, 『금강삼매경론』 권중(대정장34, p.974a15)에 “‘마음은 모양새 가져 분리될 수 없는 것’이라는 것은, 마음은 얻을 것 없음을 드러낸 말이다. 형이라 해서 체를 말하고, 단이라 하면 분을 말한다. 모든 연중에 나아가 마음의 체와 분을 구해서 가까이 붙여도(卽) 멀리 떨어져도(離) 모두 얻는 것이 없다. 이런 도리로 말미암아 ‘형단이 없다’고 한 것이지, 색으로서의 형단상이 없음을 말한 것이 아니다. 言心無形段者 顯心無所得 形之言體 段之言分 就諸緣中求心體分 若卽若離 皆無所得由是道理 故無形段 非謂無色形段相也”, 『임제록』(대정장47, p.497b28)에 “그대들의 눈앞에 뚜렷뚜렷한 것으로 어떤 하나의 분리된 형체는 없지만 높고도 밝다. 이것이 바로 법을 설하는 것과 법을 듣는 것을 헤아린다. 만일 이와 같이만 안다면 조사나 부처와 더불어 다르지 않다. 是爾目前歷歷底 勿一箇形段孤明 是這箇解說法聽法 若如是見得 便與祖佛不別”라고 하였다. 〔참고문헌〕『金剛三昧經』, 『金剛三昧經論』, 『臨濟錄』, 『大慧語錄』 권19(대정장47, p.892b6).

형대 形對 모양새로 마주하다. 『법화현의석첨』 권13(대정장33, p.906c11)에 “무기는 저 거울 같고 온갖 기들 형과 같으며 발하여 응함은 저 상이다. 상은 형과 관계해 마주할 뿐 거울의 반듯함과 추함이 아니다. 다만 형의 반듯함과 추함으로 거칠고 묘함을 가릴 뿐이다. 無記如鏡 衆機如形 發應如像 像關形對 非鏡端醜 但以形端醜 判麤妙耳”, 『십불이문』(대정장46, p.704a18)에 “거울에는 상을 나투는 이치가 있고, 형에는 상을 내는 성이 있다. 만약 한 모습 마주하고도 상을 비추지 못하였다면, 거울의 이치에 한계(窮)가 있어 모양 드러낸 일들 통할 수 없다. 만약 거울과 떨어져 있다면 이런 이치는 받아들일 수 있으나, 형을 마주하고도 상을 비추지 못하는 일은 있을 수 없다. 鏡有現像之理 形有生像之性 若一形對 不能現像 則鏡理有窮 形事不通 若與鏡隔 則容有是理 無有形對 而不像者”, “거울이 상을 비추지 못한다면 티끌이 막고 있기 때문이고, 먼지를 없애는 일은 사람이 닦아낼 뿐이어서 현상은 닦아내는 일과 관계 없다. 이 비유로 관법의 대략적인 취지를 알 수 있다. 若鏡未現像由塵所遮 去塵由人磨 現像非關磨者 以喩觀法 大旨可知”, 『수능엄의소주경』 권1(대정장39, p.830b23)에 “기가 응하여 서로 두드려 쪼고 깸이 동시이듯 형을 마주함에 상이 나타나는 것에는 그 어떤 잘못도 넘침도 없다. 機應相扣 啐啄同時 形對像現 故無差濫”라고 하였다. 〔참고문헌〕『法華玄義釋籤』, 『十不二門』, 『首楞嚴義疏注經』.

형동 形同 모양새나 행의(行儀)를 같게 하다. 삭발과 가사 등으로 모양새 같게 하고, 포살자자 등 법으로 화합하여 같이 하는 것을 말한다. 『선견율비바사』 권13(대정장24, p.769b3)에 “‘마음으로 같이 하고 몸으로도 같이 한다. 대중과 더불어 화합하는 것이 마치 물과 우유가 합한 듯하다’라고 한 구절에서 마음이 같다는 것은 마음이 법과 같다는 것이다. 몸이 같다는 것은 몸을 함께 해서 하나 같이 하니, 화합하여 포살함이다. 어찌하여 몸이 같지 않을까? 비록 한 곳에 함께 하더라도 마음으로는 다른 법을 행하기에 ‘형은 같아도 마음은 같지 않다’고 하는 것이다. 心同身同 與僧和合 如水乳合心同者 心同法 身同者 身同共一和合布薩 云何不同身 雖共一處 心行外法 是名形同心不同”, 『대보적경론』 권13(대정장26, p.226b19)에 “‘입는 것으로 같다’고 하였으니, 저 승가리 등으로 ‘입어 같게 한다’ 한 것이다. ‘모양 가져 처한다’ 하였으니, 삭발하고 발우를 지녔기에 ‘형동’이라 한 것이다. 服處者 以彼僧伽梨等故名服同 形處者 以剃鬚髮執持鉢故名爲形同”라고 하였다. 〔참고문헌〕『有部律雜事』, 『善見律毘婆沙』, 『大寶積經論』.

형동사미 形同沙彌 겉모습만 사미. 법동사미(法同沙彌)와 대칭한다. 『범망보살계경의소발은』 권5(卍속장59, p.801a16)에 “십계 받기 전을 형동사미라 한다. 십계 받기 전의 사미와 대계를 받기 이전의 보살은 그럴듯한 류일 뿐이다. 未受十戒 曰形同沙彌 未受十戒之沙彌與未受大戒之菩薩 正相類也”, 『사미율의요략증주』 권상(卍속장106, p.265a15)에 “삭발하고 수염을 깎았지만 십계를 받지 않았다면 형동사미라 한다. 그 형상 비록 같지만 계로 거두지 않았기에 오중무리가 아니다. 若剃鬚髮 不受十戒 名形同沙彌 其形相雖同 由無戒攝 非五衆數”라고 하였다. 〔참고문헌〕『梵網菩薩戒經義疏發隱』, 『沙彌律儀要略增註』. ⇨ 법동사미 法同沙彌

형려민촉 衡廬岷蜀 형산(衡山)과 여산(廬山) 그리고 민산(岷山)과 촉국(蜀國). 온나라 곳곳 즉 제방(諸方)의 뜻이다. ‘형’은 호남(湖南)의 형양(衡陽)에 있는 형산, ‘려’는 강서(江西)의 구강(九江)에 있는 여산을 일컫고, ‘민’과 ‘촉’은 모두 사천(四川)지역을 가리킨다. 『경덕전등록』 권15 「관음엄준전 觀音巖俊傳」(대정장51, p.325a17)에 “처음 조사법석에서 참하며 형려민촉을 두루 돌아다녔다. 언젠가 봉림의 깊은 계곡에서 어쩌다가 진귀한 보석 발현하였다. 도반들 서로 돌아보며 갖고 싶어 하자 엄준이 말하였다. '옛사람은 밭을 호미질하다가 황금이 닿아도 깨진 기왓장처럼 여겼다. 내가 솔새나 띠풀로 정수리 덮을 날을 기다렸다가, 그것으로 사방승을 공양해야겠다'. 말을 마치고 버리고서 투자대동(投子大同)을 뵈러 갔다. 初參祖席 遍歷衡廬岷蜀 嘗經鳳林深谷 欻覩珍寶發現 同侶相顧 意將取之 師曰 古人鋤園 觸黃金若瓦礫 待吾菅茆覆頂 須此供四方僧 言訖捨去 造謁投子"라고 하였다. [참고문헌]『景德傳燈錄』, 『五燈會元』 권6(卍속장138, p.208a4).

형루 形累 모양새로 얽히다. 몸 가져 쌓여 연류되다. 『보살영락경』 권10(대정장16, p.93b7)에 "빈 것 잊고 모양새도 헤아리지 않으며, 심상의 법마저 없애서 삼유에서 형루를 버리면 자연히 깨우쳐 도를 이루네. 忘空不計形 蠲除心想法 三有去形累 自然覺道成", 『능엄경』 권9(대정장19, p.146c4)에 "이 열여덟 하늘은 따로이 행해서 사귀지 못하니, 모양새 얽힘 다하지 못한 채로 돌아올 뿐이니 색계라고 한다. 是十八天 獨行無交 未盡形累 自此已還 名爲色界", 『종경록』 권21(대정장48, p.533b3)에 "무릇 몸으로 묶임 면치 못한 이는 반드시 국토에 의탁해서 스스로 머문다. 제8주 이상이 되어야만 색에 연루됨을 영원히 벗어나니, 비추는 체만이 홀로 서서 그 신령함에 방소마저 없으리니 국토 또한 있을 리 없다. 夫未免形累者 故須託土以自居 八住已上 永脫色累 照體獨立 神無方所 用土何爲"라고 하였다. [참고문헌]『菩薩瓔珞經』, 『楞嚴經』, 『宗鏡錄』.

형류 形類 Ⓢākrti. 모양새로 무리짓다. 『장아함경』 권19「세기경 世記經」(대정장1, p.128c12)에 "나면서 눈먼 이들 한 곳에 모아 놓고 말했다. '그대들은 나면서부터 눈멀었는데, 정녕 코끼리를 알 수 있겠는가?' '대왕이시여, 저희들은 알아낼 수 없으며 알지도 못합니다' '그대들 저 모양 같은 무리들 알고자 하는가?' '알고 싶습니다'. 集生盲人 聚在一處 而告之曰 汝等生盲 寧識象不 對曰 大王 我不識 不知 王復告言 汝等欲知彼形類不 對曰 欲知", 36권본『대반열반경』 권10(대정장12, p.664c29)에 "여래께서는 항상 일체중생에게 부모가 되어주시나니, 왜 그런가? 일체중생은 종종의 모양으로 무리짓는다. 두 발인 것, 네 발인 것, 여러 발인 것, 발이 없는 것 등인데, 부처님께서는 한가지 음으로 위해서 설법하신다. 저들마다의 다른 무리들 각각으로 알아듣고는 모두들 찬탄하기를 '여래께서 금일 나를 위해 법을 설하신다'라고 한다. 이런 뜻에서 '부모'라고 일컫는 것이다. 如來常爲一切衆生 而作父母 所以者何 一切衆生種種形類 二足四足 多足無足 佛以一音 而爲說法 彼彼異類 各各得解 悉皆歎言 如來今日 爲我說法 以是義故 名爲父母"라고 하였다. [참고문헌]『長阿含經』, 『大般涅槃經』, *Abh-k-bh.39.*

형류 滎流 실개천. 반짝이며 얕게 흐르는 물. 『육도집경』 권5(대정장3, p.27a1)에 "여러 산 돌아다니며 왕비를 찾다가 반짝이는 흐름 있는 줄 눈으로 보고서는 그 샘을 찾아 끝까지 갔다. 經歷諸山 尋求元妃 覩有滎流 尋極其原", 『신집장경음의수함록』 권6(고려장34, p.846c3)에 "형류〈앞 글자는 호와 경을 반절한 음이다. 작은 물이라는 뜻이다〉. 滎流〈上戶扃反 小水也〉"라고 하였다. [참고문헌]『六度集經』, 『新集藏經音義隨函錄』.

형류비구 形類比丘 모양새만 비구. 『잡아함경』 권25(대정장2, p.178b14)에 "형류비구가 사문공덕을 떠나면 이는 법중에 큰 도적이다. 말세를 도와 정법의 당간을 무너뜨리고 마의 당간 세운다. 정법의 횃불을 사그라뜨리고 번뇌의 불을 태우며, 정법의 북 부수고 정법의 수레도 망가뜨린다. 정법의 바다를 마르게 하고 정법의 산을 무너뜨린다. 정법의 성을 부수고 정법의 나무를 뽑아내며, 선정지혜를 망가뜨리고 계의 영락을 끊어서 바른 도를 더럽히리라. 形類比丘 離沙門功德 是法中之大賊 助作末世 壞正法幢 建惡魔幢 滅正法炬 然煩惱火 壞正法鼓 毀正法輪 消正法海 壞正法山 破正法城 拔正法樹 毀禪定智慧 斷戒瓔珞 汚染正道"라고 하였다. [참고문헌]『雜阿含經』, 『釋迦譜』 권5(대정장50, p.83b17).

형륙 刑戮 형벌로써 죽이다. 곧 사형(死刑)을 말한다. 『비화경』 권4(대정장3, p.194a8)에 "만약 어떤 중생이든 형벌로써 죽임을 당해야 한다면 원컨대 제 목숨을 버려서라도 구호할 것이며, 만약 어떤 중생이든 온갖 죄를 범한다면 원컨대 제 힘과 언설과 재산으로 꺼내어서 해탈토록 하겠습니다. 若有衆生 應被刑戮 願我捨命 以救護之 若有衆生 犯於諸罪 願我以力 言說錢財 而拔濟之 令得解脫", 『유부율잡사』 권28(대정장24, p.339b10)에 "왕이 이 말을 듣고 분별해 다른 생각 일어나 결국 망나니(魁膾)로 하여금 대약을 데리고 가서 법에 따라 형륙하였다. 그때 전다라가 적수화를 목에다 달고 악성고를 두드리자 악인들이 따르며 칼을 들고 위협함이 마치 염마의 옥졸과 같았다. 王聞此語 情生異見 遂令魁膾將大藥去 准法刑戮 時旃荼羅 以赤稼花 繫於頸下 打惡聲鼓 惡人隨逐 擧刀怖懼 如炎魔卒", 『신화엄경론』 권9(대정장36, p.777a26)에 "마갈제국은 한역하면 '불해국'이다. '마'는 '없다'는 뜻이고, 갈제는 '해치다'라는 뜻이다. 합하여 말하자면 '무해국'이다. … 이 나라의 왕은 형륙을 행하지 않고, 그에 상당한 죄가 있으면 한림으로 보내 안치한다. 부처님의 대비를 밝히고자 해서 처하는 곳으로 덕을 드러내 보인다. 摩竭提國者 此云不害國 摩者云無 竭提云害 總云無害國 … 此國王不行刑戮 其有罪者 送置寒林中 爲明佛大悲 以處表德故"라고 하였다. [참고문헌]『悲華經』,『有部律雜事』,『新華嚴經論』.

형매 衡梅 형양(衡陽)과 매양(梅陽). 대혜종고(大慧宗杲)가 유배 시절에 머물던 고장. 장구성(張九成)과 함께 역모를 꾸몄다는 진회(秦檜)의 모함을 받고, 대혜는 1142년 승적을 박탈당하고 형양(지금의 湖南 衡陽 石鼓)으로 유배당하였다. 1150년에는 다시 더 먼 곳 매양(지금의 廣東 梅州 梅江)으로 유배되었다. 1155년 진회가 죽으면서 유형이 풀리고, 1159년 조정의 요청으로 경산사(徑山寺)의 주지로 머물며 공식적으로 명예를 회복하였다. 대혜의 생애 중 이 17~18년 동안은 결정적인 시기였다. 막바지 유배에서 풀려났을 무렵 굉지정각(宏智正覺)의 묵조(默照)에 맞서 간화선(看話禪)을 주창하였다.『대혜어록』권17「신금현중관청보설 新淦縣衆官請普說」(대정장47, p.884a9)에 "부처님과 인 있음을 묻는다면, 나 종고가 형매에 머물던 시작과 끝만이겠습니까. 17년 금일도 부지불식간에 단번에 신금현으로 와서 이 법회에 함께하게 되었습니다. 이 어찌 전생에 영산회상에서 함께 법을 듣던 이들 받은 과보가 아니겠습니까? 問佛有因 況宗杲自居衡梅 首尾十七年 今日不覺不知 一來新淦 同此法會 豈非前報世中 曾在靈山會上 同爲聽法之人",『오가정종찬』권2「대혜종고장」(卍속장135, p.947a13)에 "〈찬〉 형매에서 귀양살이하며 17년 보내니, 가죽버선 냄새 범천에 사무쳤다. 양서암(洋嶼菴)에서 열세 사람의 원한 풀어주니, 독 바른 북소리 온세상 들끓었다네. 貶竄衡梅十七載 臭皮襪香透梵天 伸冤洋嶼十三人 塗毒鼓聲喧寰宇"라고 하였다. [참고문헌]『大慧語錄』,『五家正宗贊』. ⇨ 대혜종고 大慧宗杲

형모무차원 形貌無差願 모양새 차별 없게 하고자 하는 원. 아미타불이 인위(因位)에서 발한 사십팔원(四十八願) 중 하나로 중생 형모에 차별이 있으면 성불을 이루지 않겠다는 서원. 무유호추원(無有好醜願)·형무미추원(形無美醜願) 등이라고도 한다.『예념미타도량참법』권5(卍속장128, p.193a12)에 "형모무차원〈넷째, 만약 내가 부처를 이루었는데 국토의 유정이 형모에 차별이 있어 미추로 나뉜다면 정각을 취하지 않겠나이다〉. 形貌無差願〈四者若我成佛 國土有情 形貌差別 有好醜者 不取正覺〉"이라고 하였다. [참고문헌]『禮念彌陀道場懺法』,『大寶積經』권17「無量壽如來會」(대정장11, p.93b20),『無量壽經』권상(대정장12, p.267c23). ⇨ 사십팔원 四十八願

형모욕 形貌欲 Ⓢ saṃsthāna-rāga, Ⓣ dbyibs-kyi-'dod-chags. 겉모습에 집착하여 탐함. 사욕(四欲) 또는 육욕(六欲) 중 하나다. 36권본『대반열반경』권11(대정장12, p.675b29)에 "보살마하살이 이와 같이 관할 때 몸에 있는 모든 뼈 일체가 분리되었다. 이렇게 관하고 나서 세 가지 탐욕을 끊었는데 첫째는 형모욕, 둘째는 자태욕, 셋째는 세촉욕이다. 菩薩摩訶薩如是觀時 身所有骨一切分離 得是觀已 卽斷三欲 一 形貌欲 二 姿態欲 三 細觸欲",『구사석론』권16(대정장29, p.269c17 : *Abh-k-bh.*, p.337)에 "부정관이란 저 안식이 외문을 연으로 일어나서 능히 각관을 끌어 일으키는 것처럼 저 경을 관찰하기 때문이다. 이 중에 네 가지 욕이 있다. 첫째는 색욕, 둘째는 형모욕, 셋째는 촉욕, 넷째는 위의욕이다. 不淨觀 如眼識緣外門起 能引生覺觀 由觀察彼境故 此中欲有四種 一色欲 二形貌欲 三觸欲 四威儀欲 aśubhā hi cakṣurvijñānavad bahirmukhī. tad viṣayopanidhyānāt. tatra punaś caturvidho rāgaḥ varṇarāgaḥ saṃsthānarāgaḥ sparśarāga upacārarāgaś ca",『마하지관』권6(대정장46, p.70a29)에 "여인에게 여섯 가지 욕이 있다. 곧 색욕·형모욕·위의자태욕·언어음성욕·세활욕·인상욕이다. 女有六欲 謂色欲 形貌欲 威儀姿態欲 言語音聲欲 細滑欲 人相欲"라고 하였다. [참고문헌]『大般涅槃經』,『俱舍釋論』,『摩訶止觀』, *Abh-k-bh.* ⇨ 육욕 六欲 2

형무간 形無間 모양 가져 틈이 없음. 무간지옥(無間地獄)에서의 몸은 빈틈이 없다.『번역명의집』권2(대정장54, p.1092a7)에 "다섯 번째 무간은 형무간이다. 마치 아비지옥의 모습이 가로세로 8만 유순이라면 한 사람이든 여러 사람이든 모두가 꽉 차게 되기 때문이다. 五形無間 如阿鼻相 縱廣八萬由旬 一人多人 皆遍滿故"라고 하였다. [참고문헌]『翻譯名義集』,『佛祖統紀』권32(대정장49, p.316c3). ⇨ 무간지옥 無間地獄

형문 衡門 나무 하나 걸친 문. 그저 두 기둥에 나무 걸쳐 문이라 여기는 누추한 집을 말한다. 은자(隱者)가 사는 곳을 상징한다.『시경 詩經』「진풍 陳風」에 "형문 아래에 느긋하게 깃들 뿐이라네. 衡門之下 可以棲遲"라 하였고,『당고승전』권「석혜환 釋慧暅傳」(대정장50, p.494a26)에 "조부 주소(周韶)는 북제 때 전중장군이었고, 부친 주복(周覆)은 양대 장수교위를 지냈다. 둘 모두 형문에 은거하며 명성과 영달을 애써 구하지 않았다. 그럭저럭 세월 보내며 농사를 짓다가 관직에 나아갔다. 祖韶齊殿中將軍 父覆梁 長水校尉 並偃仰衡門 不求聞達 優遊卒歲 易農而仕"라고 하였다. [참고문헌]『唐高僧傳』,『出三藏記集』권10(대정장55, p.75c1).

형문독비 荊門犢鼻 형문선사가 잠방이에 역대조사의 이름을 적어넣은 인연. 독비는 독비곤(犢鼻褌)의 줄임말로 짧은 바지 곧 잠방이다. 『선원몽구』 권상(卍속장148, p.212b17)에 "형문독비 : 〈북탑충광의 법을 이은 제자. 출전은 『오등회원』 권15〉 형문군옥천승호선사는 여러 곳을 돌아다니다가 북탑에게 참문하여 마음의 요를 밝히고 대자재삼매를 터득하였다. 독비곤을 지어서 역대 조사의 이름을 쓰고 나서 '다만 문수와 보현을 끼워넣어야 지금보다 낫겠다'라고 하고는 허리띠에 그 이름을 적었으니 총림에서는 호포곤이라 불렀다. 荊門犢鼻 〈北塔忠廣法嗣 會元十五〉 荊門軍玉泉承皓禪師 游方參北塔 發明心要 得大自在三昧 製犢鼻褌 書歷代祖師名字 乃曰 唯有文殊普賢 較些子 且書於帶上 故叢林目爲皓布褌"라고 하였다. 〔참고문헌〕『禪苑蒙求』. ⇨ 독비곤 犢鼻褌

형문채 形文彩 모양 가져 무늬짓고 빛깔 내다. 분별해 꾸미며 물들게 하는 뜻이다. 『인천안목』 권3 「보경삼매 寶鏡三昧」(대정장48, p.321a18)에 "뜻은 말에 있지 않으나, 오는 기에 또한 나아가네. 움직인즉 굴 파고는 분별에 떨어져 우두커니 돌아보네. 등지거나 닿거나 모두 잘못이니, 저 커다란 불덩이 같네. 모양지고 무늬져 빛나는 것들, 곧장 물들어 더럽혀짐에 속하네. 意不在言 來機亦赴 動成窠臼 差落顧佇 背觸俱非 如大火聚 但形文彩 卽屬染汚", 『원오심요』 권상 「시황성숙 示黃聲叔」(卍속장120, p.743a12)에 "대체로 이것은 오직 씻어 털어버린 것들만 인정할 뿐입니다. 비록 번개 치고 유성 떨어지듯 한다 해도 착오를 면할 수는 없습니다. 다만 이렇게 들어 깨우친다 해도 허물 하늘에 넘쳐납니다. 서로 만나기 전이나 생각 움직이기 전에라도 곧바로 요점을 알아차렸다면 그 사람 불러 있게 할 것이며, 다시 모양으로 무늬져 빛깔 내게 해서 알음알이 짓게 해서는 안 됩니다. 蓋此箇獨許 灑灑落落 雖電卷星馳 未免蹉過 只恁麽擧覺 過犯彌天 如未相逢 未擧意時 直下領略 存乎其人 不可更教形文彩 作知解去也"라고 하였다. 〔참고문헌〕『人天眼目』, 『圜悟心要』.

형미 逈微 864~917. 신라말 고려초 강진 무위사(無爲寺) 스님. 휘는 형미(逈微), 시호는 선각(先覺), 탑호는 변광영탑(遍光靈塔)이다. 속성은 최(崔)씨이며, 아버지는 낙권(樂權), 어머니는 김씨부인이다. 인도스님(胡僧)이 방에 들어와 옥으로 된 책상을 주는 태몽 후 864년(경문왕4) 4월 10일 전라남도 무주(武州 : 지금의 광주)에서 태어났다. 출가를 결심하고 부모님께 청했으나 허락받지 못하다가 15세 되던 해인 878년(헌강왕4) 장흥 보림사(寶林寺)로 찾아가 보조체징(普照體澄)을 은사로 하여 스님이 되었으니, 도의(道義)의 3대(道義→廉居→普照→先覺逈微) 법손이다. 882년(헌강왕8) 화엄사(華嚴寺) 관단에서 비구계를 받았다. 율장을 연구하고 초계비구(草繫比丘)와 같이 계도 굳게 지켰다. 도륜산(度倫山 : 頭輪山)으로 가 융견(融堅)장로를 친견하고 입당 유학의 뜻을 품었다. 891년(진성여왕5) 입조사편으로 당에 가서 조동종 운거도응(雲居道膺)을 만나 법을 이었기에 고려 사무외대사(四無畏大師) 중 한 스님이다. 905년(효공왕9) 나주(羅州)로 귀국하여 강진 무위사(無爲寺)를 창건하고 조동종풍을 크게 떨쳤다. 917년(경명왕1) 세수 54, 법랍 35세를 일기로 입적하였다. 최언위(崔彦撝)가 왕명을 받아 비문을 짓고 유훈률(柳勳律)이 칙명에 의해 써서 946년(정종1)에 세운 비가 강진 무위사에 있으나, 글자가 반수 이상 마멸되었다. 제자에 한준(閑俊)·화백(化白) 등이 있었다. 〔참고문헌〕『朝鮮金石總覽』 권상 p.170, 『韓國金石全文』 中世上 p.346, 『海東金石苑』 권상 p.278, 李智冠 『校勘譯註歷代高僧碑文』 高麗篇1 pp.310~333.

형보산왕 逈寶山王 관음보살님 상주하시는 보타락가산(補陀洛迦山). 『석문의범』 권상 「관음예문 觀音禮文」 p.43a11에 "관세음보살님께서 인행 때 십선 닦기를 3아승기를 채우셨고, 과를 닦음에는 천화(육도만행)를 닦아 백복을 장엄하셨네. 형보산왕 푸른 바다 사이에 빛나는 구슬과 영락으로 하얀 옷 두르셨네. 因修十善三祇滿 果修千華百福嚴 逈寶山王碧海間 佩珠瓔珞白衣相", 『백의해』(한불전6, p.412c10)에 "형보산왕이란 백화산인즉 이 의보장엄이고, 빛나는 구슬 등이라 하였으니 정보장엄이다. 逈寶山王者 白華山也 卽是依報莊嚴 言佩珠等者 正報莊嚴也"라고 하였다. 〔참고문헌〕『釋門儀範』, 『白衣解』. ⇨ 보타락가산 普陀洛伽山

형복 形服 Ⓢvarṇa-rūpa-liṅga-saṃsthāna. 드러난 모습과 차림새. 『불본행집경』 권36(대정장3, p.822b4)에 "모습과 차림새 서로 맞아 안팎으로 위의가 엄숙하였다. 形服相稱 內外嚴儀", 『법집요송경』 권1(대정장4, p.782c28)에 "세상이 그대를 사문이라 부르고, 그대 또한 사문이라고 말은 하지만 형복만 사문인 듯 해서, 비유하자면 저 물고기 살피는 두루미 같다. 世稱名沙門 汝亦言沙門 形服似沙門 譬如鶴伺魚", 『오분율』 권1(대정장22, p.2c12)에 "도는 마음에 말미암지 형복에 있지 않다. 道由於心 不在形服", 『입대승론』 권하(대정장32, p.48b26)에 "보살이 비록 모습과 차림새 세속에 있어도 응당 예경을 받아야 하니, 이는 마치 여래께서 중생 위해 변하시어 그에 맞게 모양새 지은 것과 같다. 菩薩雖形服在俗 應得禮敬 猶如如來 爲化衆生 作若干種形"라고 하였다. 〔참고문헌〕『佛本行集經』, 『法集要頌經』, 『五分律』, 『入大乘論』, 『百丈淸規』 권2(대정장48, p.1115c13), *Kāśy.42.* ⇨ 위의 威儀

형복사문 形服沙門 Ⓢvarṇa-rūpa-liṅga-saṃsthān

a-śramaṇa. 모습과 차림새만 사문. 『대보적경』 권112 「보명보살회 普明菩薩會」(대정장11, p.636b2 : *Kāśy.*, p.42)에 "무엇을 형복사문이라고 하는가? 사문이 모양새만 갖춘 것이다. 승가리 입고 삭발하였으며, 응량기를 지니지만 부정한 신업과 구업과 의업 문득 행하고, 좋지 않은 방법으로 자신의 몸을 보호하고 아끼고 시기하며 게을러 계를 파괴하고 악을 행한다. 이를 형복사문이라고 한다. 何謂形服沙門 有一沙門 形服具足 被僧伽梨 剃除鬚髮 執持應器 而便成就 不淨身業 不淨口業 不淨意業 不善護身 慳嫉懈怠 破戒爲惡 是名形服沙門 katamo varṇarūpaliṅgasaṃsthānaśramaṇaḥ iha kāśyapa ih' ekatya śramaṇa varṇarūpaliṅgasaṃsthānasamanvāgato bhavati. saṃghāṭīpariveṣṭito muṇḍaśiraḥ supātrapāṇaiḥ parigṛhītaḥ sa ca bhavaty apariśuddhakāyakarmasamudācāra apariśuddhavākkarmasamudācāraḥ apariśuddhamanaskarmasamudācāraḥ bhavati. ayukta amuktaḥ adāntaḥ aśāntaḥ aguptaḥ avinītaḥ lubdhaḥ alaso, duḥśīlaḥ pāpadharmasamācāraḥ. ayam ucyate kāśyapa varṇarūpaliṅgasaṃsthānaśramaṇaḥ", 『사십이장경소초』 권1(卍속장59, p.119a18)에 "형복사문은 '모양새만 비구'라고 한다. 形服沙門 名幢相比丘"라고 하였다. [참고문헌] 『大寶積經』, 『四十二章經疏鈔』, 『靈峰蕅益大師宗論』(가흥장36, p.261b19), *Kāśy.*

형사사문 形似沙門 모습만 그럴듯한 사문. 『대승본생심지관경』 권4(대정장3, p.306c15)에 "만일 어떤 사람이 출가했으나 금계 지키지 않고 세간락에 탐착하여 부처님의 보배 같은 계를 무너뜨리고 정견 잃고 사견숲에 들어서는, 무량한 사람 끌어다 크고 깊은 구덩이로 빠뜨린다. 이와 같은 비구는 출가했다고 하지 않는다. 사문도 아니고 바라문도 아니며, 모습만 그럴듯한 사문으로 마음은 늘 집에 있다. 이러한 사문에게는 멀리 여의는 행이 없다. 若人出家 不護禁戒 貪著世樂 毁佛戒寶 或失正見 入邪見林 引無量人 墮大深坑 如是比丘 不名出家 非是沙門 非婆羅門 形似沙門 心常在家 如是沙門 無遠離行", 『비화경』 권2(대정장12, p.955b21)에 "많은 비구들이 금계를 지니지 않고 대부분 법 아닌 것을 지으며, 한가한 숲 기꺼워하지 않으며 선정의 즐거움도 버리고 떠난다. 계를 깨고 도를 거슬러 함께 서로 마주해 언쟁하며, 탐하고 인색하게 물건 쌓아두고 방 하나 독점한다. 여러 속인과 더불어 서로 오가며 불법은 버려 멀리하고, 모든 범행에 대해 우러러 무겁게 여기지 않으니 모습만 그럴듯한 사문인 것이다. 多有比丘 不持禁戒 多作非法 不樂閑林 捨離禪樂 破戒違道 共相言訟 貪惜積聚 獨占一房 與諸俗人 互相往來 捨離佛法 於諸梵行 不生敬重 形似沙門"라고 하였다. [참고문헌] 『大乘本生心地觀經』, 『大悲經』, 『釋華嚴三寶章圓通記』 권상(한불전4, p.178c4), 『宗門圓相集』(한불전6, p.79a8).

형산 形山 모양 가져 산인 듯함. 사대오온(四大五蘊)의 몸을 말한다. 『보장론』(대정장45, p.145b23)에 "무릇 천지 그 안과 우주 사이, 그중에 하나의 보배 있으니, 형산에 감추어져 있다. 물을 알아 신령스레 비추되 안팎 비어서 적막해서 보기 어렵다. 그래서 부르길 '그윽하고 그윽하다' 한다. 夫天地之內 宇宙之間 中有一寶 祕在形山 識物靈照 內外空然 寂寞難見 其號玄玄", 『운문광록』 권중(대정장47, p.563c16)에 "대중에게 말하였다. '그중에 하나의 보배가 있으니 형산에 숨어 있다. 등롱을 집어 불전 안으로 향하고, 삼문 가져서는 등롱 위로 오른다. 어떻게 생각하느냐?' 대신 말하였다. '물 좇아 마음 옮길 뿐이지'. 또 대신 말하였다. '천둥치고 구름 일어난다'. 示衆云 中有一寶 祕在形山 拈燈籠向佛殿裏 將三門來燈籠上 作麼生 代云 逐物意移 又云 雷起雲興", 『벽암록』 62칙 「평창 評唱」(대정장48, p.194a18)에 "형산은 곧 사대오온이다. 그 중 하나의 보배 있고, 형산에 숨어 있다는 것이다. 그래서 말하기를 '모든 부처님 마음 끝에 계시지만 미혹한 사람은 밖을 향해 구할 뿐이어서 값 매길 수 없는 보배 안에 품고도 평생 쉴 줄을 알지 못한다'라고 한 것이다. 形山卽是四大五蘊也 中有一寶 祕在形山 所以道 諸佛在心頭 迷人向外求 內懷無價寶 不識一生休"라고 하였다. [참고문헌] 『寶藏論』, 『雲門廣錄』, 『碧巖錄』. ⇨ 사대 四大 [1], 오온 五蘊

형산 衡山 중국 오악(五嶽) 중 하나. 호남(湖南) 형양(衡陽) 서북쪽에 있는 산. 형악(衡嶽) 또는 남악(南嶽) 등이라고도 한다. 남북조대 혜사(慧思 515~577), 당(唐) 회양(懷讓 677~744)·희천(希遷 700~790), 명(明) 덕청(德淸 1546~1623) 등이 주석하였다. 혜사가 개창하고 주석하였던 복엄사(福嚴寺), 희천이 개창하고 「참동계 參同契」를 지었던 남대사(南臺寺), 반주도량(般舟道場)인 축성사(祝聖寺) 등이 있다. 이 중 복엄사의 관음당(觀音堂)은 회양이 주석하던 곳으로 이 인근에 회양이 마조도일(馬祖道一)과 문답하며 돌을 갈았다는 마경대(磨鏡臺)가 있다. 『지관보행전홍결』 권5(대정장46, p.148c22)에 "형산은 남악이 되니 형주(荊州)에 속한다. 훗날 형주(衡州)로 고쳤는데, 산 이름으로 지역명을 삼은 것이다. 衡山爲南岳屬荊州 後開衡州從山爲名", 『불조역대통재』 권14(대정장49, p.609a21)에 "석두스님은 청원행사에게 법을 받고 천보년간에 형산의 남사에서 머물렀다. 절 동쪽에 돈대 모양의 바위가 있었는데, 그곳 위에 암자를 짓자 당시 사람들이 '석두화상'이라고 불렀다. 남악에는 귀신이 많았는데 몸을 드러내 법을 들었고, 스님은 그들 모두에게 계를 주었다. 師得法於淸原 天寶中居衡山南寺 寺東有石其狀如臺 乃結菴其上 時號石頭和尙 南嶽鬼神多 見身聽法 師皆與之授戒"라고 하였다. [참고문헌] 『止觀輔行傳弘決』, 『佛祖歷代通載』, 『法華傳記』 권3(대정장51, p.59a29), 『景德傳燈錄』 권14(대정장51, p.309b11), 『南嶽總勝集』 권상(대정장51, p.1056b6). ⇨ 오악 五嶽[4], 남악 南嶽

형산병선사어록 衡山炳禪師語錄 형산정병(衡山灯炳) 지음. 법손(法孫) 종위(宗位) 편(編). 1권. 1696년(강희35) 간행. 철벽혜기(鐵壁慧機)의 법사(法嗣)인 형산정병의 어록. 가흥장39, pp.247a1~253a19, No.B438에 있다. 기주부길상선사입원어(夔州府吉祥禪寺入院語)·소참(小參)·시중(示衆)·법어(法語)·기연(機緣)·문답(問答)·불사(佛事)·제찬(題讚)·게송(偈頌)·서문(書問)이 수록되어 있으며, 말미에 고봉성통(高峰性統)이 지은 탑명(塔銘)이 함께 실려 있다.

형상 形狀 Ⓢ vikṛti, ākṛti, Ⓣ sha-tshugs. 모양 가져 드러남. 『대승입능가경』 권4(대정장16, p.610c11 : *Laṅk.*, p.159)에 "비유하면 금으로 장엄구 만들면 반지·비녀·영락 등 갖가지로 같지 않고 모양 가져 드러남 다르지만, 금이라는 바탕 바뀐 바 없듯이 일체법 변함도 이와 같다. 譬如以金作莊嚴具 環釧瓔珞種種不同 形狀有殊金體無易 一切法變亦復如是 suvarṇasya bhūṣaṇa-vikṛti-vaicitrya-darśanavat. tadyathā mahāmate suvarṇaṃ kaṭakarucakasvastyādi-pariṇāmena pariṇāmyamānaṃ vicitra-saṃsthāna-pariṇataṃ dṛśyate. na suvarṇaṃ bhāvataḥ pariṇamati", 『구사론』 권9(대정장29, p.45c10 : *Abh-k-bh.*, p.123)에 "당래 어떤 취로 가고, 생기한 중유의 형상은 어떠한가? 當往何趣 所起中有形狀如何 atha kāṃ gatiṃ gamiṣyataḥ kim ākṛtir antarābhavo 'bhinivartate", 『성유식론』 권10(대정장31, p.58c20)에 "교화함에 함께한다 함은 같은 곳 같은 때에 여러 부처님이 각각 변하시어 신이 되고 국토가 되는데, 모양 가져 드러냄 서로 비슷해서 서로 가릴 일 없다. 所化共者 同處同時 諸佛各變爲身爲土 形狀相似不相障礙"라고 하였다. [참고문헌] 『大乘入楞伽經』, 『俱舍論』, 『成唯識論』, *Laṅk.*, *Abh-k-bh.* ⇨ 형상 形相

형상 形相 Ⓢ ākāra, saṃsthāna-ākāra, saṃsthāna-ākṛti, saṃsthāna, rūpa, Ⓟ nimitta, vaṇṇa, ākāra. 모양 가져 눈에 띄다. 『장아함경』 권20 「대본경 大本經」(대정장1, p.5c2)에 "발바닥에 바퀴무늬 드러나고, 목소리는 애달픈 난새와 같으며, 허벅지는 형상 갖추었으니, 숙업으로 이룬 바라네. 足下輪相現 其音如哀鸞 膞脞形相具 宿業之所成", 『유부율파승사』 권6(대정장24, p.126c18 : *Saṅ-v.*, p.129)에 "부처님의 눈으로 유정을 보고 관하니, 어떤 이는 태어나고 어떤 이는 늙어 가나, 그 근성에는 상중하 있어 날카롭고 둔하기가 다르다. 형상 단엄하고 성품과 행실이 고르고 순하면 번뇌와 미혹이 적기는 하지만, 또한 적은 번뇌와 미혹 종류라 할지라도 정법을 듣지 못하기에 아는 바 좁고 열하다. 以佛眼觀見有情 或生或老 然其根性 有上中下 利鈍不同 形相端嚴 性行調順 少諸煩惑 亦少煩惑種類 由不聽正法故 所解狹劣 santi bhadanta satvā loke jātā, loke vṛddhās tīkṣṇendriyā api, madhyendriyā api, mṛdvindriyā api, svākārāḥ, suvineyā, alparajaso 'lparajaskajātīyā, ye 'śravaṇāt saddharmasya parihīyante", 『오분율』 권4(대정장22, p.25b10)에 "어미와 자식이 서로 만났으나 서로를 알아보지 못하였다. 뒤에 머리를 감기다가 자세히 형상을 관하니, 딸이 아닌가 의심이 되었다. 곧 고향과 부모의 족성을 물었고, 여인이 갖추어 답하자 바로 딸임을 알게 되었다. 母子相見 不復相識 後因沐頭 諦觀形相 乃疑是女 便問鄕邦父母姓族 女具以答 爾乃知之", 『유마경』 권상(대정장14, p.540a8)에 "법이란 모양 가져 눈에 띄지 않으니 마치 허공과 같고, 법에는 희론 없으니 필경에 공하기 때문이다. 法無形相 如虛空故 法無戲論 畢竟空故", 『대승입능가경』 권1(대정장16, p.590b10 : *Laṅk.*, p.20)에 "왜 능히 분별할 수 없는가? 의식은 경계를 인하여 일어나 빛깔과 모양으로 눈에 띈다. 이런 까닭에 능히 분별하는 이도 분별해 있는 것마저 떠난다. 何故不能分別 以意識因境界起 取色形相 是故離能分別 亦離所分別 kathaṃ na vikalpante. manovijñānena viṣayārthahetukena yathā rūpalakṣaṇasaṃsthānākārataś ca. ato vikalpāvikalpāgatena bhavitavyam", 『금강반야바라밀경론』 권상(대정장25, p.786a25)에 "만약 어떤 이가 불국토 분별하여 '이것 유위형상이다'라고 해서 말하기를 '나는 청정불국토를 성취하겠다' 한다면, 저 보살은 색(色) 등의 경계중에 머물러 이러한 마음을 일으킨 것이다. 若人分別佛國土 是有爲形相 而言我成就淸淨佛國土 彼菩薩住於色等境界中 生如是心", 종보본 『단경』 「반야 般若」(대정장48, p.350b20)에 "반야에는 모양 가져 눈에 띌 일 없으니, 지혜심이 바로 이것이다. 만약 이렇게 이해하면 바로 '반야지'라고 한다. 般若無形相 智慧心卽是 若作如是解 卽名般若智"라고 하였다. [참고문헌] 『長阿含經』, 『有部律破僧事』, 『五分律』, 『維摩經』, 『大乘入楞伽經』, 『金剛般若波羅蜜經論』, 『壇經』, *Saṅ-v.*, *Laṅk·159·355.*, *Abh-k-bh.38.*, *Vin.5.170.*, *MN.1.221.*, *SN.1.95.*

형상 形像 Ⓢ bimba. 빚어 드러난 상. 그려 만든 모양. 『관정경』 권12(대정장21, p.533b22)에 "부처님께서 말씀하셨다. '세간의 어리석은 무리들 두 갈래 혀로 다투며 거친 말로 욕하고 서로 미워해 원한 품는다. … 남의 이름을 쓰거나 남의 형상 만들고, 부적을 쓰거나 하며 서로 저주의 말을 퍼붓다가 내가 설하는 이 약사유리광불의 본원공덕을 듣는 순간 다투던 양편이 화해하여 모두 자비심을 일으키지 않는 경우가 없으니, 악의가 다 사라져 각각 기뻐하며 더 이상 악한 생각을 품는 일이 없다'. 佛言 世間愚癡人輩 兩舌鬪諍 惡口罵詈 更相嫌恨 … 或作人名字 或作人形像 或作符書 以相厭禱呪咀言說 聞我說是 藥師瑠璃光佛 本願功德 無不兩作和解 俱生慈心 惡意悉滅 各各歡喜 無復惡念", 『유부율』 권45(대정장23, p.874b15)에 "이것이야말로 세존의 형상이니, 전륜왕위를 버리고 정각을 성취하신 형상이다. 此是世尊形像 捨轉輪王位 而成正覺", 『남해기귀내법전』 권4 「관목존의 灌沐尊儀」(대정장54, p.226c18)에 "형상이나 탑을 지을 경우 금·은·동·철이나 진흙·칠·벽돌·돌 또는 모래나 눈을 모아서 만들기도 한다. 지으려 할 때 그 안에 두 가지 사리를 안치한다. 하나는 대사의 신골을 말하고, 또 하나는 연기법을 읊은 게송이다. 凡造形像 及以制底 金銀銅鐵 泥漆甎石 或聚沙雪 當作之時 中安二種舍利 一 謂大師身骨 二 謂緣起法頌", 『법집요송경』 권3(대정장4, p.791c7 : *Udāna-v.*, p.342)에 "그려 지은 모습 보기라도 하면, 마니주의 감청색 머리카락 눈에 띌 뿐이니, 어리석은 이 연 삼고자 할 뿐, 저 언덕으로 넘는 일 구하지 않네. 當觀畫形像 摩尼紺青髮 愚者以爲緣 不求越彼岸 paśya citrakṛtaṃ bimbaṃ maṇibhiḥ kuṇḍalais tathā, alaṃ bālasya mohāya na tu pāragaveṣiṇām"라고 하였다. 〔참고문헌〕『灌頂經』, 『有部律』, 『南海寄歸內法傳』, 『法集要頌經』, *Udāna-v.* ⇨ 연기법송 緣起法頌, 무상게 無常偈

형상만다라 形像曼荼羅 여러 존격을 도상(圖像)으로 그려 만든 만다라. 존형만다라(尊形曼荼羅)라고도 한다. 크게 네 가지가 있다. 첫째, 대만다라(大曼荼羅)는 제존의 형상을 그리는 만다라를 말한다. 둘째, 삼매야만다라(三昧耶曼荼羅)는 제존을 상징하는 삼매야형(三昧耶形)을 각 존의 위치에 배열하여 그린 삼매야를 말한다. 셋째, 법만다라(法曼荼羅)는 제존의 형상 대시 각각의 종자(種子)를 그린 만다라이다. 넷째, 갈마만다라(羯磨曼荼羅)는 제존의 사업과 갖가지 동작 등을 나타내는 만다라를 말한다. ⇨ 만다라 曼荼羅

형상불 形像佛 금속·목재·진흙으로 나타낸 부처님의 존형(尊形). 『금강삼매경』(대정장9, p.370b28)에 "과위에서 공덕을 만족시킨 부처님·여래장불·형상불과 같은 부처님이 계신 곳에서 보리심을 일으키고 삼취정계에 들어가 그 상에 머물지 않으며 삼계의 마음을 없앤다. 於果足滿德佛 如來藏佛 形像佛 如是佛所 發菩提心 入三聚戒 不住其相 滅三有心", 『금강삼매경론』 권중(대정장34, p.989c25)에 "형상불이란 금·동·진흙·나무로 존상을 나타낼 수 있기에 인과와 이사가 빠짐이 없다. 形像佛者 金銅泥木能表尊像故 因果理事無所遺故"라고 하였다. 〔참고문헌〕『金剛三昧經』, 『金剛三昧經論』.

형색 形色 **1** Ⓢ saṃsthāna-rūpa, saṃsthāna, Ⓟ saṇṭhāna, Ⓣ dbyibs, dbyibs-kyi-gzugs. 모양 가진 색. 이종색(形色 顯色) 또는 삼종색(形色 顯色 表色) 중 하나다. 설일체유부는 장(長 Ⓢ dīrgha)·단(短 Ⓢ hrasva)·방(方 Ⓢ caturaśra)·원(圓 Ⓢ vṛtta)·고(高 Ⓢ unnata)·하(下 Ⓢ avanata)·정(正 Ⓢ śāta)·부정(不正 Ⓢ viśāta)의 여덟 가지다. 유식에서는 추(麤 Ⓢ audārika)·세(細 Ⓢ sūkṣma)를 더해 열 가지다. 유부에서는 형색이 실유(實有)로서 안식(眼識)으로 아는 경(所了別境)이지만, 경량부에서는 현색(顯色)의 차이에 의해 가립(假立)한 오구의식(五俱意識)의 경이라고 주장한다. 『구사론』 권1(대정장29, p.2b24)에 "'색에 두 가지가 있다'고 하였는데, 첫째는 현색이고 둘째는 형색이다. … 형색에는 여덟 가지가 있으니 장이 첫번째이고 부정이 마지막이다. … 즉 장·단·방·원·고·하·정·부정이 그것이다. … 이 중에서 정이란 형이 평등함이며, 형의 평등하지 못함을 부정이라 한다. … 어떤 경우는 색처로서 형은 있지만 현은 없으니, 장 등의 일분으로서의 신표업성을 말한다. 言色二者 一顯二形 … 形色有八 謂長爲初不正爲後 長短方圓高下正不正 … 此中正者 謂形平等 形不平等名爲不正 … 或有色處有形無顯 謂長等一分身表業性", 같은 책 권13(대정장29, p.68b1 : *Abh-k-bh.*, p.194)에 "하지만 경부에서 설하길 '형은 실유가 아니다. 현색이 모인 일면이 많이 생겨날 때 그중에 임시로 세우길 긴 색이라고 하며, 이 긴 색을 마주해서 나머지 색들 모인 일면들 적게 생겨날 때 그것을 임시로 상정하여 짧은 색이라고 하며, 네 방면 모두로 많이 생겨난 것을 임시로 상정하여 네모난 색이라 하며, 모든 처소에서 두루 원만하게 생겨난 것을 임시로 상정하여 둥근 색이라 한다. 나머지 형색도 경우에 따라 알아야 할 것이다'라고 하였다. 經部說 形非實有 謂顯色聚一面多生 卽於其中假立長色 待此長色於餘色聚一面少中假立短色 於四方面並多生中假立方色 於一切處遍滿生中假立圓色 所餘形色隨應當知 nāsti saṃsthānaṃ dravyata iti sautrāntikāḥ. ekadiṅmukhe hi bhūyasi varṇa utpanne dīrghaṃ rūpam iti prajñapyate. tam evāpekṣyālpīyasi hrasvam iti. caturdiśaṃ bhūyasi caturasram iti. sarvatra same vṛttam iti. evaṃ sarvam", 『구사론기』 권13(대정장41, p.203c13)에 "(경부의 주장은) 실형은 없고 현에

의지해 임시로 세운 것임을 밝혔다. 즉 온갖 현색들 안포함이 같지 않으니, 이에 따라 긺·짧음·네모남·둥긂의 형색을 임시로 세울 뿐이다. … '나머지 행색에 대해서도 경우에 따라 알아야 할 것이다'라고 하였는데, 그 중 면에서 위로 오른 듯 생겨난 것을 임시로 높음이라 상정하고, 면에서 아래로 들어가게 생겨난 상태에 대해 임시로 낮음이라 상정하며, 가지런하고 고르게 생겨난 것을 임시로 바르다 하며, 들쭉날쭉 생겨난 것들 임시로 바르지 않다고 한다. 明無實形依顯假立 謂諸顯色安布不同 假立長短方圓形色 … 所餘形色隨應當知者 於其中面凸出生中假立高色 場凹生中假立下色 齊平生中假立正色 參差生中假立不正色", 『순정리론』 권34(대정장29, p.536a22)에 "능히 긺 등을 이루는 것은, 저 극미가 이와 같이 안정되게 펴 있음을 설하여 (긺 등의) 형색이라 하는 것이니, 이는 무분별의 안식에 의해 파악되는 것이지 신근이 이와 같은 형색을 파악할 수 있는 것은 아니다. 能成長等 如種極微如是安布 說爲形色 是無分別眼識所取 非身能取 如是形色", 『유가사지론』 권1(대정장30, p.279b6 : *Yogā-bh.*, p.4)에 "형색이란 장·단·방·원·추·세·정·부정·고·하의 색을 말한다. 形色者 謂長短方圓 麤細正不正高下色 saṃsthānaṃ katamat. tadyathā dīrghaṃ hrasvaṃ vṛttaṃ parimaṇḍalamaṇu sthūlaṃ śātaṃ viśātaṃ unnatamavanataṃ", "형색이란 색의 적집이 길거나 짧거나 하는 등으로 나뉘어져 보이는 상을 말한다. … 형색이란 길거나 짧거나 하는 등 쌓여 모인 것들의 차별이다. 形色者 謂若色積集長短等分別相 … 形色者 謂長短等積集差別 saṃsthānaṃ katamat. yo rūpapracayo dīrghādiparicchedākāraḥ … saṃsthānaṃ pracayo dīrghaṃ hrasvam-ity-evamādayaḥ paryāyāḥ"라고 하였다. 〔참고문헌〕『俱舍論』, 『俱舍論記』, 『順正理論』, 『瑜伽師地論』, *Abh-k-bh.*, *Yogā-bh.* ⇨ 이종색 二種色❷, 삼종색 三種色, 현색 顯色 ❷ Ⓢ vigraha. 몸 가짐새. 『분별선악보응경』 권하(대정장1, p.900c11)에 "만약 또 어떤 사람이 재를 올려 부처님과 대중스님들께 공양 올리면 그 공덕은 열이나 된다. … 둘째 형색이 원만해진다. 若復有人 齋食供養佛及衆僧 功德有十 … 二 形色圓滿", 『입능가경』 권6(대정장16, p.551c18)에 "십자재력으로 중생들의 형색과 온갖 번뇌들 따라 능히 나투시며 여실한 법 설하신다. 十自在力 隨諸衆生形色諸使而能隨現說如實法"라고 하였다. 〔참고문헌〕『分別善惡報應經』, 『入楞伽經』, *Laṅk.57.*

형색탐 形色貪 Ⓢ saṃsthāna-rāga, Ⓣ dbyibs-kyi-'dod-chags. 모양과 빛깔 있는 것들에 대해 탐함. 부정관(不淨觀)으로 마주해서 다스리는 사종탐(四種貪) 중 하나로 형모탐(形貌貪) 또는 형모욕(形貌欲)이라고도 한다. 『구사론소』 권22(대정장41, p.730a4)에 "형색탐이란 좋아 보이는 모양새 등에 대한 탐이다. … 형색탐을 엎드리게 해서 다스린다는 말은, 마땅히 몸과 그 곁한 것들 따로 관찰한다. 머리털 등 36개가 모여 안립하고 화합하여 이루어져 있으니, 이들을 떠나서 머리털 등의 형색이란 것 전혀 없다. … 이로써 마음에서 싫다는 생각이 극하게 일어나 형색탐 능히 엎드리게 해 다스린다. 形色貪者 謂好形狀等 … 爲欲伏治 形色貪者 應別觀察 諸內身支 是髮毛等 三十六物 聚集安立 和合所成 離此都無 毛等形色 … 由此令心 極生厭患 便能伏治緣形色貪"라고 하였다. 〔참고문헌〕『俱舍論疏』, *Abh-k-bh.337.*, *Śrāv-bh.205.* ⇨ 사종탐 四種貪, 형모욕 形貌欲

형석 荊石 형산(荊山)의 돌. 옥을 품은 돌이기에 형박(荊璞)·형옥(荊玉)이라고 한다. 변화(卞和)에 의해 화씨벽(和氏璧)으로 재탄생하였다. 『출삼장기집』 권9 「십주경함주서 十住經含注序」(대정장55, p.61b3)에 "마음을 더럽히기에 오욕은 술 취한 방이 되고, 견해를 열기에 삼보는 형석을 캐는 문이 되며, 식을 어지럽히기에 육진은 환상으로 유혹하는 저자 삼는다. 穢心故 五欲爲酖醴之室 開見故 三寶爲荊石之門 亂識故 六塵爲幻惑之肆", 『조산어록』 「조동어록서 曹洞語錄序」(대정장47, p.535c24)에 "형산의 박옥(璞玉)이 밝은 시대에 화씨와 만나지 못했다면, 일 없이 형석 속에 잠겨 있다가 찬연히 이어진 성들의 아름다움 어떻게 드러낼 수 있었겠는가. 荊山之璞 非逢明世與和氏 則空藏荊石之中 燦然連城之美 豈得顯乎哉"라고 하였다. 〔참고문헌〕『出三藏記集』, 『曹山語錄』. ⇨ 화씨벽 和氏璧, 박옥 璞玉

형석균 衡石鈞 1613~1646. 명말청초대 임제종 스님. 호는 형석(衡石). 속성은 반(潘)씨. 전당(錢塘 : 浙江省) 출신. 20세에 구족계를 받았고 후에 보명사(普明寺)로 원호묘용(鴛湖妙用)을 찾아 법을 이었다. 운봉(雲峰)에서 교화를 펼치다가 1646년(순치3) 4월 4일에 세수 34, 법랍 15세를 일기로 입적하였다. 저서로 『연의답향록 演義答響錄』 15권이 있다. 〔참고문헌〕『五燈全書』 권68 「衡石鈞傳」(卍속장141, p.438a2).

형소 形笑 Ⓢ ava-√jñā. 겉으로 웃다. 비웃다. 『대루탄경』 권6(대정장1, p.307c21)에 "이 지미(Ⓢ pṛthivī-rasa)를 많이 먹은 이는 얼굴빛이 나쁘게 변하였고, 조금만 먹은 이는 얼굴빛이 아주 좋았다. 그 얼굴빛이 좋은 이 곧 스스로 거만해져서 얼굴빛이 나쁜 이를 비웃었다. 얼굴빛으로 거만하게 비웃기에 지미 문득 사라져서 다시는 생기지 않았다. 其有食地味多者 面色變惡 食少者 面色善好 其好顏色者 便自貢高 形笑惡色者 以色自貢高相形笑故 其地味便滅不復生", 『마하승기율』 권19

(대정장22, p.381a3)에 "(곱사등이에 절음발이인 바라문은 이렇게 생각하였다). '이 사문들 누추한 내가 단정한 부인 함께하는 것 보고 틀림없이 나를 비웃는 것이다'. 하여 성내서 말하기를 '사문 석자가 예의범절 모르고 나를 비웃는구나' 하였다. 이에 여러 비구들 바로 답하길 '우리들은 당신을 비웃은 것이 아니오'. 바라문은 말했다. '그렇지 않다. 바로 나를 비웃는 것이다'. 此諸沙門 見我醜陋 將端正婦 必當笑我 卽瞋恚言 沙門釋子不知儀則 而形笑我 諸比丘 卽答言 我不笑汝 婆羅門言 不爾 正笑我耳"라고 하였다. [참고문헌] 『大樓炭經』, 『摩訶僧祇律』, *Mah-v.1.340.*

형수 形壽 Ⓢ jīva, āyuṣ, Ⓟ jīva. 몸과 목숨. 몸에 딸린 목숨의 나이인 수명. 『중아함경』 권9 「욱가장자경 郁伽長者經」(대정장1, p.480c8)에 "'세존이시여, 저는 이제 스스로 부처님과 법과 스님들께 귀의합니다. 바라옵건대 세존께서 저를 받아주시어 우바새가 되고자 합니다. 오늘부터 이 몸 다할 때까지 스스로 귀의하여 목숨 또한 다하겠습니다. 세존이시여, 저는 오늘부터 세존을 따라 몸과 목숨이 다하도록 청정행을 으뜸으로 삼아 오계를 받아 지니겠습니다'. 世尊 我今自歸 於佛法及比丘衆 唯願 世尊受我 爲優婆塞 從今日始 終身自歸 乃至命盡 世尊 我從今日 從世尊 自盡形壽 梵行爲首 受持五戒", 『불본행경』 권6(대정장4, p.104b23)에 "과거제불과 장차 오실 이들, 또 나의 지금인 현재 덕의 힘이 다 평등하네. 음성도 같고 칭량도 같으며, 상호도 같고 복덕도 같으며 모든 보응의 법도 같지만 오직 수명만 고르지 않다네. 其過去諸佛 及甫當來者 又吾今現在 德力皆平等 等音等稱量 等相等福德 等諸報應法 唯形壽不等", 『사분율』 권4(대정장22, p.594a29)에 "여래께서는 항상 칭찬하시며 두타행 설하셨으니, 욕심없어 족함을 알며 벗어남을 기꺼워하는 이들에게 나 지금 다섯 가지 두타의 훌륭한 법 일러주리라. 욕심없어 족함을 알며, 벗어남을 좋아하고, 몸과 목숨이 다하도록 걸식하고, 분소의를 입으며, 노지에 앉고, 소유와 소금을 먹지 않으며, 생선과 고기 또한 먹지 않는다. 如來常稱說頭陀 少欲知足 樂出離者 我今有五法 亦是頭陀勝法 少欲知足 樂出離者 盡形壽乞食 盡形壽著糞掃衣 盡形壽露坐 盡形壽不食酥鹽 盡形壽不食魚及肉", 『대승집보살학론』 권3(대정장32p.83c7 : *Śikṣ.*, p.41)에 "보살 몸도 목숨도 다할 때까지, 혹 목숨을 잃는 인연을 만나는 데 이르기까지 끝내 선지식을 버리지 않는다. 菩薩 盡其形壽 乃至或遇喪命因緣 畢竟不得捨善知識 kalyāṇamitraṃ bhikṣavo bodhisatvena mahāsatvena yāvajjīvaṃ na parityaktavyam api jīvitahetor iti"라고 하였다. [참고문헌] 『中阿含經』, 『佛本行經』, 『四分律』, 『大乘集菩薩學論』, *Śikṣ.*, *Saddh-p.468.*, *DN.3.9.* ⇨ 진형수 盡形壽

형신 形臣 몸이라는 신(臣). 마음이라는 군주(心君)의 부리는 바이기에 신하라 한다. 『현정론』(한불전7, p.221b17)에 "대저 마음에 둘이 있으니, 견실심과 육단심이다. 육단심이란 혼백의 정한 것이요, 견실심은 참으로 밝은 것을 일컫는다. 지금 말하는 마음이란 진명이지 육단심이 아니다. 무릇 마음이란 몸의 주인이요, 몸은 마음으로 부리는 것이다. 선악 등의 일에 대해 마음이라는 군주는 명하고, 몸이라는 신하는 지을 뿐이다. 夫心有二 曰堅實心 曰肉團心 肉團心者 魂魄之精也 堅實心者 眞明之謂也 今所謂心者 眞明也 非肉團也 夫心者 身之主也 形者 心之使也 善惡等事 心君命之 形臣作之"라고 하였다. [참고문헌] 『顯正論』.

형신 形身 ❶ 모양새 갖춘 몸. 『대승현식경』 권하(대정장12, p.185a12)에 "인연화합해서 불을 생하고 인연이 갖추어지지 않으면 불도 생겨나지 못한다. 나무 등 중에 불의 색상을 구하여도 마침내 볼 수가 없다. 그러나 모두 불은 나무 좇아 나는 것을 본다. 이와 같다, 대약이여. 식이 부모를 빌어 인연화합해서 모양새 갖춘 몸으로 나지만 모양 가진 몸에서 식을 찾으려 해도 찾을 수가 없고, 형신을 떠나서 또한 식이 있을 리 없다. 因緣和合 而生於火 因緣不具 火卽不生 木等之中 尋火色相 竟不可見 然咸見火 從木中出 如是大藥 識假父母 因緣和合 生有形身 有形身中 求識不得 離有形身 亦無有識", 『사분율』 권2(대정장22, p.581a15)에 "만약 두 형신이 서로 접촉을 하면 투란차를 범한 것이다. 若與二形身相觸者 偸蘭遮"라고 하였다. [참고문헌] 『大乘顯識經』, 『四分律』. ❷ Ⓢ vyañjana-kāya. 소리내 뜻을 출생시키는 명구의 요소들. 신(身 Ⓢ kāya)이란 복수 또는 집합(聚)의 뜻으로 소리(聲)의 길고 짧음과 음(音)의 높고 낮음을 말한다. 이들이 모여 명(名)과 구(句)를 성취하기에 문신(文身)이라 한다. 『능가경』 권2(대정장16, p.494b4)에 "형신이란 명과 구로 드러내 보이는 것이니, 이를 형신〈형신이란 자(字)다〉이라고 한다. 또 형신이란 길고 짧거나 높고 낮은 것들이다. 形身者 謂顯示名句 是名形身〈形身者卽字也〉 又形身者 謂長短高下", 『입능가경』 권4(대정장16, p.536a27)에 "자신이란 소리의 장단과 음운의 높고 낮음을 일컫는다. 이를 자신이라고 한다. 字身者 謂聲長短音韻高下 名爲字身", 『대승입능가경』 권3(대정장16, p.604a28 : *Laṅk.*, p.112)에 "문신이란 이것으로 능히 명구를 이룰 수 있는 것을 문신이라고 한다. … 문신이란 곧 (음의) 장단고하다. 文身者 謂由於此 能成名句 是名文身 … 文身者 謂長短高下 vyañjanakāyaḥ punarmahāmate yaduta yena nāmapadayorabhivyaktirbhavati … tatra vyañjanaṃ punarmahāmate yaduta hrasvadīrghaplutavyañjanāni"라고 하였다. [참고문헌] 『楞伽經』, 『入楞伽經』, 『大乘

入楞伽經』, *Laṅk*. ⇨ 문신 文身

형신 形神 몸과 신. 『증일아함경』 권40(대정장2, p.767a11)에 "무릇 죽음이란, 몸과 신이 분리되어 선도나 악도로 간다. 가령 죄가 많은 사람은 지옥인 도산·검수·화거·노탄·음동(飮銅)에 들거나 혹은 축생으로 나서 사람들에게 부림당하고 거친 풀을 먹으면서 한량없는 고통받는다. 夫爲死者 形神分離 往趣善惡 設罪多者 當入地獄 刀山 劍樹 火車 爐炭 呑飮融銅 或爲畜生 爲人所使 食以芻草 受苦無量", 『홍명집』 권9(대정장52, p.55a11)에 "신이 곧 몸이고 몸이 곧 신이다. 그러므로 몸이 존재한즉 신도 존재하고, 몸이 사라지면 신도 사라진다. 〔문〕 몸이란 지가 없는 것을 말하고, 신이란 지 있는 것을 말한다. 지 있는 것과 지 없는 것은 드러나기로는 다른 존재이니, 신과 몸 이치로는 하나라고 할 수 없고, 몸과 신 상즉도 들은 일이 없다. 〔답〕 형이란 신의 바탕이고 신이란 형의 쓰임이니, 이런즉 형은 그 바탕에 부합하고, 신은 그 쓰임이라고 말한즉 형으로서 신과 더불어 서로 다르다 할 수도 없다. 神卽形也 形卽神也 是以 形存則神存 形謝則神滅也 問曰 形者 無知之稱 神者 有知之名 知與無知 卽事有異 神之與形 理不容一 形神相卽 非所聞也 答曰 形者 神之質 神者 形之用 是則 形稱其質 神言其用 形之與神 不得相異"라고 하였다. 〔참고문헌〕『增壹阿含經』, 『弘明集』.

형악 衡嶽·衡岳 ➡ 형산 衡山

형암 荊庵 **1** 조선후기 스님. 『동사열전』 권4에 "계선(啓璇 ?~1837)이 표충사에 머물렀을 때 송광사의 형암화상도 함께 살게 되었다. … 당시 사람들은 오른쪽은 양악, 왼쪽은 형암이라고 말했다.住於表忠祠 適會松廣荊庵和尙 同住 … 當時右羊岳 左荊庵故也"라고 하였다. 〔참고문헌〕『東師列傳』. **2** 조선후기 스님. 만휴자흔(萬休自欣 1804~1875)의 계사(戒師). 『동사열전』 권4 「만휴선백전 萬休禪伯傳」(한불전10, p.1046c1)에 "형암원장에게 사미계를 받았다. 受沙彌戒於荊庵院長"라고 하였다. 〔참고문헌〕『東師列傳』.

형애 形礙 사대(四大)로 모양을 가져 걸림이 있음. 『불지경론』 권5(대정장26, p.312c14)에 "하나의 작은 거울 중에 뭇 산 등의 큰 그림자 등을 얻을 수 있으며, 하나의 커다란 거울 속에서도 수많은 돌 등의 작은 영상들을 얻을 수 있다. 비록 모습 가져 걸림 있을지라도 비추는 것들의 크고 작음과 수량은 같지 않다. 一小鏡中 衆多山等 大影可得 一大鏡中 衆多石等 小影可得 雖有形礙 而不同影 大小數量", "대원경의 지 또한 그러하니, 비록 모든 지에서 세간과 출세간의 뭇 지혜영상을 일으킬지라도 모양새 가져 가릴 일 없기에 저 모든 지혜의 그림자 크고 작음과 수량은 같을 수 없다. 이런 인연으로 모든 부처님의 경지를 크나큰 지혜의 창고라 한다. 鏡智亦爾 雖起諸地 世出世間 諸智影像 無形礙故 而不同彼一切智影 大小數量 由是因緣 諸佛鏡智 名大智藏", 『방편심론』(대정장32, p.24b23)에 "〔문〕 너는 무슨 까닭에 '아'는 형이 없다고 하는가? 〔답〕 나는 앞에서 이미 설하길 병이란 것에 형애가 있기에 부서질 수 있다고 하였다. '아'가 만일 이와 같다면 마땅히 갈아 없어져야 한다. 問曰 汝何故言 我無形耶 答曰 我先已說 瓶有形礙 故可毁壞 我若如是 亦應磨滅"라고 하였다. 〔참고문헌〕『佛地經論』, 『方便心論』.

형여 刑餘 출가사문을 낮추어 부르는 말. 고대 형벌 중 머리를 깎는 곤형(髡刑)이나 궁형(宮刑) 등에 비유해 말한다. 『광홍명집』 권7 「이십삼이공서 二十三李公緖」(대정장52, p.133a15)에 "불교는 부모 없이 하듯 떠나고 제왕 없이 여겨 보내버리고 육친을 버리고 예의도 내던지며 붉은 옷(가사) 입고 머리를 깎아 스스로 형여를 본뜬다. 佛敎者 脫略父母 遺蔑帝王 捐六親捨禮義 赭衣髡剔 自比刑餘", 『화엄경지험기』 「북재중관류겸지 北齋中官劉謙之」(卍속장134, p.604a15)에 "스스로 형여받아 한탄하다가 불교에 귀의하였다. 自嘆刑餘 歸心佛乘"라고 하였다. 〔참고문헌〕『廣弘明集』, 『華嚴經持驗記』.

형연 逈然 멀리 벗어나 그러할 뿐. 그 무엇과도 함께 할 것 없어 빼어나 자유로울 뿐인 사태. 『기세경』 권1(대정장1, p.312c19)에 "또한 높은 봉우리 있어 온갖 보배 섞여 있는데, 멀리 벗어나 불쑥 솟았으니 높이가 백유순이다. 復有高峯 衆寶間雜 逈然秀出 高百由旬", 『조론소』 권하(대정장45, p.192a18)에 "멀고 아득해 같을 수 없기에 묘절이라 한다. 逈然不同 爲妙絶也", 『인천안목』 권2(대정장48, p.308b24)에 "무릇 삼승교 밖에 모든 조사 따로 전하니, 만 가지로 모습한 중에 멀리 벗어나 오롯이 드러날 뿐이다. 夫三乘敎外 諸祖別傳 萬象之中 逈然獨露"라고 하였다. 〔참고문헌〕『起世經』, 『肇論疏』, 『人天眼目』.

형연독탈 逈然獨脫 아득히 멀리해서 일부러 하는 일 없으니 홀로 벗어나 자유로울 뿐인 사태. 『원오어록』 권15 「시고서기 示杲書記」(대정장47, p.783b8)에 "염해 짜낸 일도 없으니 멀리도 아득하게 해서 오롯이 벗어난 연후에야 분명하고 뚜렷하게 서로 이어갈 수 있다. 不涉廉纖 逈然獨脫 然後的的相承", 『천성광등록』 권11 「임제장 臨濟章」(卍속장135, p.696b4)에 "무릇 진실로 도를 익히는 사람이라면 결코 부처를 취하지 않으며, 보살과 나한도 취할 일 없으니 삼계의 뛰어난 것마저 취하지 않는다. 멀리 그렇게 해서 오롯이 벗어던져서는 그 어떤 물들과도 얽히지 않는다. 夫如眞學道人 並不取佛 不取菩薩羅漢 不取三界殊勝 逈然獨脫 不與物拘"라 하였다. [참고문헌]『圜悟語錄』, 『天聖廣燈錄』. ⇨ 독탈 獨脫

형연무사 逈然無事 멀리 벗어나 스스로 일 없이 함. 『임제록』(대정장47, p.502b24)에 "모든 인연 공하여 마음도 공하고 법도 공한 줄 보았으니, 일념에 결정코 끊고는 문득 경도 상도 불태워 버린다. 見因緣空 心空法空 一念決定斷 逈然無事 便是焚燒經像"라고 하였다. [참고문헌]『臨濟錄』.

형영상조 形影相弔 몸과 그림자가 서로 위로하다. 『송고승전』 권28 「지랑전 智朗傳」(대정장50, p.885a1)에 "일 마치고 민(閩)의 산마루로 들자 일찍이 반려 없어 몸과 그림자가 서로를 위로하네. 맹수 마주쳐 네 차례 모두 입 벌려 먹힐 뻔했다. 事訖入閩嶺 曾無伴侶 形影相弔 逢猛獸者數四 皆欲呀口垂噬"라고 하였다. [참고문헌]『宋高僧傳』.

형위 形位 ❶ 몸을 갖추는 위. 태내오위(胎內五位) 중 하나인 발라사거(鉢羅奢佉 Ⓢ praśākhā)의 한역어. 『법화현찬』 권4(대정장34, p.725a18)에 "탁태 후 다섯 번째 칠일간을 발라사거라 음사하고 형위라 하는데, 진흙덩어리와 같다. 五七日內 名鉢羅賒佉 此云形位 猶如埿團", 『금광명경문구기』 권4(대정장39, p.129a21)에 "다섯 번째 칠일을 형위라고 하는데, 사지(四支)로 차별해지기 때문이다. 五七名形位 四支差別故"라고 하였다. [참고문헌]『法華玄贊』, 『金光明經文句記』. ⇨ 발라사거 鉢羅奢佉, 태내오위 胎內五位 ❷ Ⓢ vyañjana-avasthā, Ⓣ mtshan-dod-pa'i-dus. 태장팔위(胎藏八位) 중 형상(形相)을 갖추는 단계. 수태(受胎) 이후 8주째 이후에서 출생 이전의 때를 말한다. 『유가사지론』 권2(대정장30, p.284c26 : *Yogā-bh.*, p.28)에 "태장팔위의 차별이란 어떤 것이 그 여덟 가지인가? 즉, 갈라람위 … 발라사거위・발모조위・근위・형위이다. … 이 위로부터 저의 의지처가 분명하게 나타나는 것을 형위라고 한다. 胎藏八位差別 何等爲八 謂羯羅藍位 … 鉢羅賒佉位 髮毛爪位 根位 形位 … 從此以後 彼所依處 分明顯現 名爲形位 sa ca garbho'ṣṭāvasthaḥ. aṣṭa-avasthāḥ katamāḥ. kalala-avasthā … praśākhā-avasthā keśa-roma-nakha-avasthā indriya-avasthā vyañjana-avasthā … tatas-tad-adhiṣṭhāna-abhivyaktir-vyañjana-avasthā"라고 하였다. [참고문헌]『瑜伽師地論』, *Yogā-bh.* ⇨ 태장팔위 胎藏八位

형의 形儀 모습과 위의. 『부자합집경』 권1(대정장11, p.920b13)에 "모습과 위의 모두 꼿꼿하였고, 살갗은 옥인 듯 눈인 듯 깨끗하다. 形儀悉端直 膚潔猶珂雪", 『선원청규』 권1 「수계 受戒」(卍속장111, p.877a9)에 "부처님의 위의를 본받고, 부처님의 계율을 갖추며, 부처님 받아 씀도 얻으니, 이는 작은 일 아니거늘 어찌 가벼운 마음이겠는가? 像佛形儀 具佛戒律 得佛受用 此非小事 豈可輕心"라고 하였다. [참고문헌]『父子合集經』, 『禪苑淸規』. ⇨ 위의 威儀

형잠 瑩岑 고려대 금강산 발연수 스님. 『삼국유사』 권4(대정장49, p.1008a25・한불전6, p.351b10) 의해(義解)5에 실린 '관동풍악발연수석기 關東楓岳鉢淵藪石記'를 1198년(신종1)에 찬술하였다. [참고문헌]『三國遺事』. ⇨ 관동풍악산발연수진표율사진신골장입석비명 關東楓岳山鉢淵藪眞表律師眞身骨藏立石碑銘

형제 兄弟 형과 아우. 법(法)을 익히는 이들 사이에서는 서로를 섬기는 뜻에서 동문형제, 산중형제라고 한다. 『증일아함경』 권37(대정장2, p.752c16)에 "그때 세존께서 아난에게 이르셨다. '지금 이후 모든 비구에게 알린다. 경이니 복이니 하며 서로를 향해서는 안 되니, 나이가 많으면 존이라 부르고 적으면 현이라 부르면서 마땅히 서로를 형제인 듯 바라본다. 지금 이후 부모가 지어준 이름으로 불러서는 안 된다'. 是時 世尊告阿難曰 自今已後 勅諸比丘 不得卿僕相向 大稱尊 小稱賢 相視當如兄弟 自今已後 不得稱父母所作字", 『백장청규』 권2 「사법사기 嗣法師忌」(대정장48, p.1119a18)에 "풍경을 마치면 탕과 과일을 준비하고서 양서와 근구에게 미리 오시라 청하고, 법권의 존장이나 동문형제가 있을 경우 모두 청해야 한다. 諷經罷 備湯果 預請兩序勤舊 如有法眷尊長 同門兄弟 皆當請之", 『선림상기전』 권6 「형제」(대장경보편19, p.188b8)에 "도충(道忠)이 말했다. '어릴 적부터 총림에 살면서 청규를 충분히 아는 이를 산중형제라 부르고, 문득 이를 뒤치면 늦깍이인 늦게서야 들어온 이다'. 忠曰 自少壯居叢林 諳熟淸規者 曰山中兄弟 便反晩達之人"라고 하였다. [참고문헌]『增壹阿含經』, 『百丈淸規』, 『禪林象器箋』.

형제수호 兄弟守護 여인이 부모의 보호를 받지 못하게 되면 남자형제가 지켜 보호하는 일. 형제소호(兄弟所護)・형제위호(兄弟衛護) 등이라고도 한다. 『법온족론』 권1(대정장26, p.456c4)에 "형제수호라 하니, 이는 어떤 여인이 부모가 미치거나 또는 제정신이 아니거나 널리 알려진 일 등으로 돌아가신 등의 경우에 홀로 되어 기르는 것이다. 막아 지키고 보호하여야 하니 은근히 경계하길 '무슨 일 있게 되면 반드시 먼저 알린 다음에라야 할 수 있다'고 한다. 이를 '형제수호'라고 한다. 兄弟

守護者 謂有女人 父母或狂 或復心亂 廣說乃至 或復命終 兄弟孤養 防守遮護 私勸誡言 諸有所作 必先告白 然可得爲 名兄弟守護"라고 하였다. [참고문헌] 『法蘊足論』, 『中阿含經』 권3 「思經」(대정장1, p.437c6), 『有部律』 권12 (대정장23, p.686c13).

형주 泂珠 1639~1720. 조선후기 스님. 휘는 형주, 자는 무구(無垢), 호는 백화(白華), 속성은 김씨, 본관은 김해이다. 1639년(인조17) 2월 23일 황해도 강서(江西 : 江陰縣)에서 출생하였다. 일찍이 양친을 모두 잃고 집을 떠나 명산으로 다니다가 황해도 안악군 안악읍 연곡리 고령산(古靈山) 연등사(燃燈寺)로 찾아가 언관(彦寬)스님을 은사로 스님이 되었다. 그 후 청허휴정의 법손인 금봉(金峰)스님 밑에서 시봉하면서 경론을 수학하고 그의 법을 이었다. 말년에는 황해도 안악군 구월산 정토암(淨土庵)에서 정토업을 닦다가 다시 연등사 남암(南庵)으로 옮겨서 후학지도와 단월들의 교화에 힘쓰다가 1720년(숙종46) 6월 21일 대중들에게 입적할 것을 예고하고 임종게를 읊은 후 단정히 앉아 세수 82, 법랍 78세(5세 때 출가한 셈이다)를 일기로 입적하였다. 화장 후 영골(靈骨) 1편을 얻어 연등사의 동남쪽에 탑을 세우고 봉안하였다. 허정당(虛靜堂) 법종(法宗)스님이 비문을 지어 세운 비가 연등사에 있다. [참고문헌] 「白華堂泂珠大師碑銘」(『虛靜堂』 권하, 한불전9 p.511c2), 智冠 『韓國高僧碑文總集 朝鮮朝·近現代』 p.326.

형주 荊州 중국 호북성(湖北省) 장강(長江) 북쪽 언덕에 있는 남북 교통의 요충지. 역대조사들이 이곳에 주석하였다. 혜원(慧遠)의 동생 혜지(慧持)가 도안(道安)과 헤어진 다음 형주의 상명사(上明寺)에 머물렀고, 구마라집(鳩摩羅什 Ⓢ Kumārajīva)의 스승 비마라차(卑摩羅叉 Ⓢ Vimalākṣa)가 남쪽으로 내려와 이곳에서 『십송율』을 널리 알렸다. 천태지의(天台智顗)는 이곳에서 출생하고 후에 옥천사(玉泉寺)를 창립하였다. [참고문헌] 『大明一統志』 권62, 『讀史方輿紀要』 권78.

형주 衡州 중국 호남성(湖南省) 중부 형양현(衡陽縣)의 속칭. 북에 있는 오악(五嶽) 중 하나. 형산(衡山)을 관통하고 상수(湘水)·소수(瀟水)에 임하여 고래로 교통의 요지였다. 대혜종고(大慧宗杲)가 유배되어 머물던 철강사(鐵岡寺)·개복사(開福寺)와 방거사(龐居士)가 머물던 방산사(龐山寺) 등이 있다.

형주반야사관음대사비명병서 衡州般若寺觀音大師碑銘幷序 장정보(張正甫)가 지은 남악회양(南嶽懷讓)을 찬양하는 비. 관음대사는 회양의 호. 『불조역대통재』 권13(대정장49, p.595c20)에 "천보 3년(744) 남악회양선사가 입적하였다. 원화년간(806~821) 명유 장정보가 제작한 비에 '천보 3년 관음대사가 형악에서 춘추 68세로 입적하였다'라고 하였다. 三年 南嶽懷讓禪師示寂 元和中 名儒張正甫 製其碑曰 天寶三載 觀音大師 終于衡岳 春秋六十八"라고 하였다. [참고문헌] 『佛祖歷代通載』, 『全唐文』 권619. ⇨ 남악회양 南嶽懷讓

형주옥천사대통선사비명병서 荊州玉泉寺大通禪師碑銘並序 장열(張說) 지음. 북종신수(北宗神秀)의 행적과 법계를 새긴 비. 특히 초조 달마 이후 5조 홍인으로 이어지는 정통 계보를 이은 제6조로 신수를 부각하여 남종의 혜능(慧能)과 맞서게 설정함으로써 선종에서 조사로서의 위상을 굳히려는 의도를 보인 비문이다. [참고문헌] 『全唐文』 권231, 『古今圖書集成選輯』 권197 「荊州玉泉寺大通禪師碑」(대장경보편16, p.681b24).

형지기 形止記 모양새 남게 된 내역을 기록한 글. 신라후기에서 고려초까지 사용된 용어. 1966년 경주 불국사 석가탑을 중수할 때 각종 복장성보와 함께 출현한 묵서지편(墨書紙片)에 「불국사무구정광탑중수형지기 佛國寺無垢淨光塔重修形止記」가 발견되었다. 『삼국유사』 권4(대정장49, p.1003b14·한불전6, p.343a15) 의해5 보양이목(寶壤梨木)에 "경인년(990년 고려 성종9) 진주부첩 오도안찰사가 각 도의 선교종사원의 창건한 년월과 형지(形止)를 살펴 조사해서 책을 편찬할 적에 경주(東京)지방의 서기관 이선을 파견하여 면밀히 조사할 때 (운문사의 역사도) 함께 기록해 실었다. 庚寅年 晉陽府貼 五道按察使 各道禪教寺院 始創年月形止 審檢成籍時 差使員東京掌書記李僐 審檢記載"라고 하였으니, 형지란 창건이나 중수·중창 등으로 사원이 새로운 모습으로 남게 된 과정 즉 연혁의 기록이나, 수선사형지안(修禪社形止案)과 대안사형지안(大安寺形止案)처럼 창건이나 중수의 기획안(企劃案)으로도 볼 수 있다. [참고문헌] 『三國遺事』, 불교문화재연구소편 『불국사석가탑묵서지편의 기초적 검토』 논문집(노명호·이승재·최연식·주경미·박상국 등). ⇨ 불국사서석탑중수형지기 佛國寺西石塔重修形止記, 송광사고려문서 松廣寺高麗古文書

형진신불멸론 形盡神不滅論 동진(東晉)대 여산혜원(廬山慧遠 334~416) 지음. 1편. 『홍명집』 권5 「사문불경왕자론형진신불멸제5 沙門不敬王者論形盡神不滅第五」(대정장52, pp.31b10~32b11)에 수록되어 있다. 받은 몸 다해도 신은 사라지지 않는다는 주장이다. 「사문불경대왕자론 沙門不敬大王者論」의 앞 단락으로 출가는 숙업을 끊고 윤회에서 벗어나고자 하기에 세속의 궤범을 숭상하지 않는다는 입장에서 신이 멸하지 않는다는 주장을 한 경우여서, 당시에 벌어진 신멸불멸(神滅

不滅) 논쟁을 파악할 수 있는 중요한 문헌 중 하나다. ⇨신멸불멸논쟁 神滅不滅論爭

형착란 形錯亂 Ⓢsaṃsthāna-bhrānti, Ⓣdbyibs-'khrul-pa. 모양새에 대해 바로 보지 못해 일으키는 착란. 오종착란(五種錯亂) 중 하나다. 『유가사지론』 권15(대정장30, p.357c2)에 "어떤 것이 다섯 가지 착란인가? 첫째 상(想)착란, 둘째 수(數)착란, 셋째 형착란, … 형착란이란 무엇인가? 나머지 형색에서 그 나머지 형색에 대한 증상만을 일으키는 것을 말하니, 마치 둥글게 도는 불에서 저 수레바퀴 모양새를 보는 것과 같은 경우다. 何等爲五 一 想錯亂 二 數錯亂 三 形錯亂 … 形錯亂者 謂於餘形色 起餘形色增上慢 如於旋火 見彼輪形"라고 하였다. 〔참고문헌〕『瑜伽師地論』, 『顯揚聖敎論』 권11(대정장31, p.532c4). ⇨오종착란 五種錯亂

형처 形處 Ⓢsaṃsthāna, Ⓣdbyibs. 모습 가져 있게 됨. 모양 가져 어딘가에 머묾. 『대보적경』 권39(대정장11, p.227a22)에 "또한 보리는 형상이 있을 리 없으니, 쓰되 언설로 통할 뿐이다. 비유컨대 허공과 같아서 모양 가져 머무는 곳 없기에 가히 설할 수도 없다. 又以菩提無有形相 用通言說 譬如虛空 無有形處 故不可說", 『능가경』 권3(대정장16, p.501a24 : *Laṅk.*, p.159)에 "어떤 것을 모양 가져 처함에 뒤쳐 변한다 하는가? 모양 처함에 다르게 보이는 것이니, 비유하면 저 금이 변하여 갖가지 기물이 되는 것이니 갖가지 모습으로 처해 나타나지만 금의 자성은 변하지 않듯이, 모든 것들의 자성이 변함도 이와 같다. 云何形處轉變 謂 形處異見 譬如金變作諸器物 則有種種形處顯現 非金性變 一切性變 亦復如是 saṃsthāna-pariṇāmo yaduta saṃsthānasya-anyathābhāva-darśanāt-suvarṇasya bhūṣaṇa-vikṛti-vaicitrya-darśanavat. tadyathā mahāmate suvarṇa-kaṭaka-rucakasvastyādi-pariṇāmena pariṇāmyamānaṃ vicitra-saṃsthāna-pariṇataṃ dṛśyate. na suvarṇaṃ bhāvataḥ pariṇamati. evam-eva mahāmate sarva-bhāvānāṃ pariṇāmaḥ"라고 하였다. 〔참고문헌〕『大寶積經』, 『楞伽經』, 『大寶積經論』 권4(대정장26, p.226b20), *Laṅk.*

형처 逈處 Ⓢprakāśa, Ⓣsnang-ba. 대중으로부터 떨어져 고요한 곳. 『대비바사론』 권26(대정장27, p.135c22)에 "저 경에서 설한다. '두 달이 지난 다음, 그때 세존께서는 연좌에서 일어나 멀리 떨어진 곳으로 가서 자리를 펴고 앉으시고, 이 모습 나타내시며 모든 비구들이 부처님 계신 곳으로 오게 하셨다'. 如彼經說 過二月已 爾時 世尊 從宴坐起 出到逈處 敷座而坐 現如是相 令諸苾芻 來詣佛所", 『순정리론』 권42(대정장29, p.578c11)에 "마땅히 해서는 안 될 것을 행하는 것에는 모두 네 가지가 있으니, 모두 욕사행죄라고 한다 … 셋째는 비처에서 행하는 것이니, 즉 탑묘·사원 안·형처다. 總有四種行不應行 皆得名爲欲邪行罪 … 三 於非處 謂於制多 寺中 逈處", 『구사론』 권16(대정장29, p.87a17 : *Abh-k-bh.*, p.244)에 "셋째, 처 아닌 곳에서 해서는 안 될 행을 행한다. 그 장소란 절 경내·제다(制多 Ⓢcaitya : 塔廟)·형처다. 三 於非處行不應行 謂於寺中制多逈處 adeśe vā gacchati prakāśe caitye vihāre vā"라고 하였다. 〔참고문헌〕『大毘婆沙論』, 『順正理論』, 『俱舍論』, *Abh-k-bh.*

형처괴무상 形處壞無常 Ⓢsaṃsthāna-vinivṛttir-nāma-anityatā, Ⓣdbyibs-rnam-par-'jig-pa. 겉모습만이 무너져 무상할 뿐. 외도의 칠종무상(七種無常) 중 하나로 사대(四大)와 조색(造色)은 결코 무너지지 않아서 색의 바탕(色體) 영원하다 주장한다. 물리적 실체를 인정하는 뜻이다. 『능가경』 권4(대정장16, p.508c15 : *Laṅk.*, p.207)에 "저 형처만이 무너져 무상하다 하니, 사대와 조색은 무너지지 않아 끝내 무너지는 것 아니라고 한다. 대혜여! 마침내라 하니 분석하여 미진에 이르도록 무너짐을 관찰함인데, 사대와 조색의 형처는 장단으로 다르게 보이므로 불가득이지만 사대는 아니니 사대는 무너지지 않고 형처만 무너져 나타난다고 하면 수론에 떨어진다. 彼形處壞無常者 謂四大及造色不壞 至竟不壞 大慧 竟者 分析乃至微塵 觀察壞 四大及造色形處異見長短不可得 非四大 四大不壞 形處壞現 墮在數論 saṃsthāna-vinivṛttir-nāma-anityatā yaduta na bhūta-bhautikaṃ vinaśyatyā pralayāt. pralayo nāma mahāmate āparamāṇoḥ pravicaya-parīkṣā vināśo bhūta-bhautikasya saṃsthānasyānyathā bhūtadarśanād-dīrghahrasva-anulabdhir-na paramāṇu-bhūteṣu vināśād-bhūtānāṃ saṃsthāna-vinivṛtti-darśanāt-sāṃkhyavāde prapatanti", 『능가경주해』 권4(대정장39, p.411b9)에 "형처란 모양 가져 보이는 것이다. 사대와 조색은 무너지지 않는다 했는데, 외도는 이 능조소조는 끝내 무너지지 않는다고 헤아린다. 形處卽形狀 乃四大造色不壞者 外道計此能造所造 至竟不壞", "마침에 이른다 하니 극과 같으며 다함이니, 조색을 분석하여 미진에 이르러도 여전히 무너지지 않아 다만 무너져 사라짐을 관찰하면 형상의 장단 등을 볼 뿐, 능소조의 색의 바탕 무너지지 않는다는 말이다. 이는 세속에서 헤아려 하는 말이기에 수론에 떨어진다 하였다. 至竟 猶極也 盡也 謂分析造色 至於微塵 猶不可壞 但觀察滅壞 形狀長短等見 不壞能造所造色體 此乃俗數言語 故云 墮在數論也", 『관능가경기』 권7(卍속장26, p.24b4)에 "무너지지 않는 색의 바탕 영원하다 여기고 형상은 변하여 무너지므로 형처는 무상하다 여긴다. 이에 형처는 장단으로 다르게 보이므로 불가득이지만 사대는 아니라고 하였다. 以不壞色體爲常 形狀變壞 處爲無常 故云 形處異見長短不可得 非四大", "부처님께서는 이를 깨뜨려 말씀하시길 '사대는 무너지지 않고 형처만 무너져 나타난다 하면 이는 바로 승거수론중에 떨어진다' 하셨으니, 승거는 사대가 상주한다 헤아리기 때문이다. 佛破之曰 四大不壞 形處壞現 此正墮在僧佉數論之中 以僧佉計四大是常故"라고 하였다. 〔참고문헌〕『楞伽經』, 『楞伽註解』, 『觀楞伽經記』, *Laṅk*. ⇨ 상키야학파 Sāṃkhya學派, 수론 數論**1**, 칠종무상 七種無常

형탈 逈脫 멀리 벗어나다. 『경덕전등록』 권9 「고령신찬전 古靈神贊傳」(대정장51, p.268a21)에 "신령한 빛 홀로 빛나니, 육근육진에서 멀리 벗어난다. 靈光獨耀 逈脫根塵", 『연등회요』 권22 「운거도응장 雲居道膺章」(卍속장136, p.797a8)에 "한마디에 멀리 벗어나 홀로 빼어난 채로인 때 당해서는 말은 많을 필요 없으니, 많아도 쓸 곳 없다. 一言逈脫 獨拔當時 言語不要多 多卽無用處"라고 하였다. 〔참고문헌〕『景德傳燈錄』, 『聯燈會要』.

형현 形顯 Ⓢ varṇa-saṃsthāna, Ⓣ kha-dog-dang-dbyibs. 형색(Ⓢ saṃsthāna-rūpa)과 현색(Ⓢ varṇa-rūpa). 모양 가진 것과 빛깔로 드러난 것. 『순정리론』 권22(대정장29, p.463a22)에 "저 하늘 중에는 표업 등을 인으로 하여 감하는 차별한 몸의 모습 있을 리 없기에 '몸 한결같다' 한 것이다. 모습과 빛깔 등으로써 같은 모든 하늘에 같이 처하기에 모습에 차별이 없다. 彼天中無有表業等爲因所感差別身形 故言身一 卽形顯等 同處諸天 相無別義", 『대비바사론』 권85(대정장27, p.441a17)에 "지수화의 변처정에서는 형색과 현색을 소연으로 하기 때문이다. 地水火遍處 以形顯色爲所緣故", 『대승아비달마잡집론』 권1(대정장31, p.695b28 : *Abh-s-bh*., p.2)에 "'이러저러한 색'이란 형색과 현색의 차별을 말한다. 如是如是色者 謂形顯差別 evaṃ ca-evaṃ ca-iti varṇa-saṃsthāna-bhedaiḥ"라고 하였다. 〔참고문헌〕『順正理論』, 『大毘婆沙論』, 『大乘阿毘達磨雜集論』, *Abh-s-bh*. ⇨ 형색 形色**1**, 현색 顯色

형현색상 形顯色相 형색과 현색의 상. 모양으로 드러나는 것과 빛깔로 드러나는 것들의 상. 『시설론』 권6(대정장26, p.527b6)에 "큰 바다중에는 갖가지 형색과 형색의 상과 갖가지 음성 지닌 중생이 살고 있으니, 한 종류의 색상과 음성은 아니다. … 지옥에 나서 죽은 뒤 남은 업이 다하지 않아 다시 대해에 떨어져 축생보를 받기에 갖가지 형형색상과 갖가지 음성을 지니는 것이다. 大海之中 有其種種形顯色相種種音聲衆生居止 非一種類色相音聲 … 生地獄歿已餘業未盡 墮大海中受畜類報 故有種種形顯色相種種音聲", 『종경록』 권8(대정장48, p.458a15)에 "형현색상에 즉한 것으로서의 공도 아니고, 형현을 떠나 바탕 없는 것으로서의 공도 아니어서 진공이다. 又不卽形顯色相之空 又不離形顯無體之空 卽是眞空"라고 하였다. 〔참고문헌〕『施設論』, 『宗鏡錄』. ⇨ 형색 形色**1**, 현색 顯色

형혹성 熒惑星 Ⓢ Aṅgāraka. 구요(九曜) 중 하나. 앙가라가(盎伽羅迦)라고 음사하고 형혹천(熒惑天)·화성(火星)·화형혹성(火熒惑星)·화요성(火曜星)·벌성(罰星)·사리성(四利星)·화정성(火精星)·허한성(虛漢星)·운한성(雲漢星)으로 한역한다. 종자는 𑖀(a), 삼매야형은 독고극(獨鈷戟), 인상은 화천소청인(火天召請印), 진언은 '옴 앙가라카슈리 스바하 𑖌𑖼 𑖀𑖒𑖿𑖐𑖯𑖨𑖎𑖫𑖿𑖨𑖱 𑖭𑖿𑖪𑖯𑖮𑖯 oṃ aṅgārakaśri svāhā 옴 상서로운 형혹성이여, 스바하'이다. 『범천화라구요』(대정장21, p.460c24)에 "행년이 이 별에 이르면 남방형혹성·사리성·운한이라고도 한다. 이 별은 둘레가 70리이고 위의 분역에 속한다. 어떤 이가 임종할 때 반드시 구설이 생기고 질병에 걸린다. 신의 모습은 외도와 같으니 머리에 여관을 쓰고 네 손에는 병기와 칼을 쥐었다. 국왕이 7월 여름에 불로 제사지낸다. 행년이 이에 이르면 군자가 복을 받으면 직위가 나아지고 소인이 복을 받으면 재난이 일어나지 않는다. 공경하면 재앙이 없으니 그 사람의 목숨은 하늘에 속하고 천신이 돌보니 감히 화가 미치지 않는다. 재복이 가득하고 복록이 넓어지니 비록 작은 근심이 있어도 저저로 해결되고 괴로움이 없다. 行年至此星 一名南方熒惑星 一名四利星 一名虛漢 其星周迴七十里 屬魏國之分 若臨人命 必生口舌 疾病相纏 神形如外道 首戴驢冠 四手兵器刀刃 國王以仲夏之月 用火祭之 行年至此者 君子臨福 職事進益 小人臨福 災害不生 敬之卽無殃咎 人命屬雲霄 天神相保 不敢孽禍 錢財滿盈 福祿廣至 雖有少憂 自解無苦"라고 하였다. 〔참고문헌〕『梵天火羅九曜』, 『七曜攘災決』 권상(대정장21, p.427a4), 『新編仏像図鑑』(國書刊行會, 2001).

형혹천 熒惑天 Ⓢ Aṅgāraka, Piṅgala. 밀교 만다라의 존격. 형혹성(熒惑星)을 신격화한 존격이다. 금강계 만다라(金剛界曼荼羅)에서는 외금강원(外金剛院)의 20천 중 한 존격이다. 성신회(成身會)에서 밀호는 금강빙가라(金剛氷訶羅)이고 종자는 𑖢𑖰𑖽(piṃ). 삼매야형은 화

취(火聚). 존형은 흰 살색의 몸에 오른손은 가슴 앞에서 화취를 들었고 왼손은 주먹을 쥐어 허리에 올린 채 연꽃 위에 앉은 모습이다. 수인은 발인(鉢印)을 맺으며 화광(火光)을 관상하는 것이다. 진언은 '옴 바즈라핑갈라 스바하 oṃ vajrapiṅgala svāhā 옴 금강형혹천이시여, 스바하'이다. 공양회(供養會)·항삼세

형혹천 성신회·삼매야회 금강계만다라

회(降三世會)의 존형은 성신회와 동일하고 미세회(微細會)에서는 존형이 여성형이다. 삼매야회(三昧耶會)와 항삼세삼매야회(降三世三昧耶會)에서는 존형을 삼매야형으로 대신한다. 태장만다라에서는 외금강원의 화요(火曜)에 해당한다.
〔참고문헌〕『曼茶羅図典』(大法輪閣, 2002). ⇨ 화요 火曜

혜 慧 Ⓢ mati, prajñā, dhī, Ⓟ paññā, Ⓣ shes-rab, shes-pa, blo. ❶ 사성제를 여실히 앎. 제법(諸法)의 자성을 가려 떳떳한 뜻을 드러냄. 심소법(心所法) 중 하나로 소승에서는 십대지법(十大地法)의 하나이고 유루혜와 무루혜로 나뉘지만, 대승유식(大乘唯識)에서는 사리를 분별하고 결정하여 의념(疑念)을 끊는 마음작용이라 하여 오별경심소(五別境心所) 중 하나로 본다. 지(智)와 통하지만 유위사상(有爲事相)에 통달한 세속지(世俗智)를 '지', 무위공리(無爲空理)에 통달한 출세간지(出世間智)는 '혜'로 구별한다. '혜'의 종류에는 유루혜(有漏慧)와 무루혜(無漏慧)의 두 가지 혜(二慧), 문사수혜(聞思修慧)의 삼혜(三慧), 삼혜에 생득혜(生得慧)를 더한 사혜(四慧), 보살의 계위(階位)에 따른 육혜(六慧) 등이 있다. 『잡아함경』 권4(대정장2, p.23c4 : *Ujjaya-sutta, AN.4*, p.289)에 "무엇이 혜의 구족함인가? 선남자가 고성제를, 집멸도성제를 여실히 아는 것을 선남자가 혜를 구족하였다 한다. 云何爲慧具足 謂善男子苦聖諦如實知 集滅道聖諦如實知 是名善男子慧具足 kulaputto paññavā hoti udayatthagāminiyā paññāya samannāgato, ariyāya nibbedhikāya sammādukkhakkhayagāminiyā. ayaṃ vuccati brāhmaṇa paññā-sampadā", 『출요경』 권9(대정장4, p.655a13)에 "'혜야말로 사람의 보배다'란, 혜란 또한 빛이라 하고 밝음이라 부르며, 횃불이고 등불이며, 눈이고 태양이며, 달이고 큰 불덩이며, 모든 법의 눈부신 광채다. 마치 세상 사람이 재물이 많아야 마을에서 살 수 있듯이, 지혜로운 사람의 보배 역시 이와 같다. 공덕과 지혜의 빛, 두 가지를 갖춘다면 이는 사람의 보배이므로 '지혜가 사람의 보배이다'라고 말씀하셨다. 慧爲人寶者 慧者 亦名爲光 亦名爲明 亦名爲炬 亦名爲燈 亦名爲眼 亦名爲日 亦名爲月 亦名爲大火聚 亦名諸法之暉曜 猶如世人 多財珍寶 乃得居里 慧人寶者 亦復如是 功德慧明 二事具者 乃名爲人寶 是故說曰 慧爲人寶也", 『집이문족론』 권5(대정장26, p.388b9)에 "'이것이 고성제, 이것이 고집성제, 이것이 고멸성제, 이것이 고멸도성제'라고 여실히 잘 아는 것을 '혜'라고 한다. 이 혜로 인하고, 이 혜에 의지하며, 이 혜로 말미암아 건립하기에 능히 불선법을 끊고, 모든 선법을 닦을 수 있으므로 그 이름이 '혜'다. 如實了知此是苦聖諦 此是苦集聖諦 此是苦滅聖諦 此是趣苦滅道聖諦 是名爲慧 因此慧 依此慧 由此慧 建立故 能斷不善法 能修諸善法 此名爲慧", 같은 책 권17(대정장26, p.437a15)에 "무엇이 '혜'인가? 〔답〕 뜻대로 이끌고 가려 택하여 깨우쳐 뜻에 맞다 끌어오고, 뜻과 같지 않은 것을 가려 깨우쳐 떳떳치 못함이라 끌어내는 것도 '혜'라고 한다. 云何慧 答 於如理所引簡擇覺 爲如理所引 於不如理所引簡擇覺 爲不如理所引 是名慧", 『대비바사론』 권142(대정장27, p.732c25)에 "어떤 이는 말하길 '혜가 번뇌를 보면 오래 머무르지 못하는데, 이는 저 동굴에 사는 중생을 사람이 보고 도리어 동굴로 들어가는 것과 같다'고 하며, 어떤 이는 '혜를 비춤이 계속되면 번뇌가 침입하지 못하는데, 이는 저 방에 등불이 있으면 도둑이 훔치지 못하는 것과 같다'고 한다. 어떤 이는 '혜는 능히 일체법을 비추니 저 밖의 해와 달 등은 오직 하나의 계, 하나의 처, 하나의 온, 한 세상의 부분만 비추지만, 혜는 능히 십팔계와 십이처와 오온과 삼세와 무위법을 널리 비춘다' 하며, 어떤 이는 '혜 없는 이 속박되고, 혜 있는 이 해탈한다'고 한다. 有說 慧見煩惱 令不久住 如穴居衆生 人若見時 便還入穴 有說 慧照相續 則煩惱不侵 如室有燈 賊不能盜 有說 慧能照一切法 外日月等 唯照一界 一處一蘊 一世少分 慧能普照 十八界 十二處 五蘊三世 及無爲法 有說 無慧者縛 有慧者解", 『구사론』 권1(대정장29, p.1b3)에 "혜란 법을 가려냄을 말하며 정이란 무루를 말하고 정혜의 권속들을 수행이라 한다. 이와 같이 모두 거둔 설이 무루오온이고 그 이름이 대법이다. 이것은 곧 승의의 아비달마이다. 세속의 아비달마를 설하면 이 모든 혜와 논을 얻을 수 있으니, 혜란 이 유루의 문혜·사혜·수혜·생득혜를 얻어 따라 행함이고, 논이란 전해서 무루혜를 낳게 하는 가르침이

다. 慧謂擇法 淨謂無漏 淨慧眷屬 名曰隨行 如是總說 無漏五蘊 名爲對法 此則勝義阿毘達磨 若說世俗阿毘達磨 卽能得此 諸慧及論 慧 謂得此有漏 修慧思聞 生得慧 及隨行 論 謂傳生無漏慧敎", 같은 책 권4(대정장29, p.19a14 : *Abh-k-bh.*, p.54)에 "수・상・사・촉・욕・혜・념・작의・승해・삼마지는 일체심에 두루하다. 受想思觸欲 慧念與作意 勝解三摩地 遍於一切心 vedanā cetanā saṃjñā cchandaḥ sparśo matiḥ smṛtiḥ, manaskāro 'dhimokṣaś ca samādhiḥ sarvacetasi", 같은 책 권4(대정장29, p.19a20 : *Abh-k-bh.*, p.54)에 "혜란 법에 있어 능히 간택할 수 있음이다. 慧 謂於法能有簡擇 matiḥ prajñā dharma-pravicayaḥ", 같은 책 권26(대정장29, p134b24)에 "혜는 두 가지로 유루와 무루다. 오직 무루혜만 세워 '성'이라 이름한다. 慧有二種 有漏 無漏 唯無漏慧 立以聖名", 『성유식론』 권5(대정장31, p.28c11)에 "어떤 것을 혜(慧)라고 하는가? 보이는 경을 가려 택함으로써 자성을 삼고, 의심 끊음을 업으로 한다. 득과 실, 득도 실도 아닌 경중에 혜만을 미루어 구하여 결정하기 때문이다. 경을 관하지 못하는 우매한 마음에는 간택이 없기에 변행심소로 거두지 않는다. 어떤 사람은 다음과 같이 말한다. '그 때에도 혜가 일어나는데, 상이 미미할 뿐이다. '천애'는 어떻게 아는가? 『대법론』에서 대지법(大地法)이라고 말하기 때문이다. 云何爲慧 於所觀境 簡擇爲性 斷疑爲業 謂觀得失俱非境中 由慧推求 得決定故 於非觀境 愚昧心中 無簡擇故 非遍行攝 有說 爾時 亦有慧起 但相微隱 天愛寧知 對法說爲大地法故", 『아비달마집론』 권1(대정장31, p.664b4 : *Abh-s.*, p.16)에 "무엇들을 혜라 하는가. 관한 바 일에 있어 법을 가려 체로 삼고 의심을 끊는 것을 업으로 삼는다. 何等爲慧 謂於所觀事擇法爲體 斷疑爲業 prajñā katamā. upaparīkṣya eva vastuni dharmāṇāṃ pravicayaḥ saṃśaya-vyāvartana-karmikā", 『대승오온론』(대정장31, p.848c18 : *Pañ-s.*, p.6)에 "무엇이 혜인가. 저들에 있어 법 가림을 자성으로 삼으니, 때로는 뜻에 맞게 이끌고 때로는 뜻에 맞지 않다 하고 때로는 다 아니라고 한다. 云何爲慧 謂卽於彼擇法爲性 或如理所引 或不如理所引 或俱非所引 prajñā katamā. tatra-eva pravicayo yoga-ayoga-vihito 'nyathā ca", 『유가론기』(한불전2, p.742c6)에 "혜품. 범어로 반야라 한다. 이 이름이 혜다. 慧品 梵云般若 此名爲慧", 『반야바라밀다심경주해』(한불전11, p.529b6)에 "반야는 혜라 한다. 곧 오온이 공함을 비추어 본각과 상응하는 혜가 바로 이것이다. 혜는 예로부터 여러 대덕들이 뜻을 뒤쳐 묘혜・정혜・무상혜라 했으니, 이들 모두 도피안의 뜻에 머문다. 般若者 云慧 卽照五蘊空相應本覺之慧是也 慧者 古來諸德 義翻爲妙慧 淨慧 無相慧 此皆挾到彼岸義"라고 하였다. [참고문헌] 『雜阿含經』, 『出曜經』, 『集異門足論』, 『大毘婆沙論』, 『俱舍論』, 『成唯識論』, 『阿毘達磨集論』, 『大乘五蘊論』, 『瑜伽論記』, 『般若波羅蜜多心經註解』, *AN.*, *Udāna-v.149.*, *Abh-k-bh・391.*, *Abh-s.*, *Pañ-s.* ⇨ 십대지법 十大地法, 오별경 五別境, 무루혜 無漏慧, 문사수삼혜 聞思修三慧, 생득혜 生得慧, 육혜 六慧 **2** ➡ 삼학 三學**1**

혜가 慧可 487~593. 달마의 법을 이은 선종의 제2조. 속성은 희(姬)씨. 본래 이름은 신광(神光). 하남성(河南省) 낙양(洛陽) 출신. 승가(僧可)라고도 하며, 혜가(惠可)로도 쓴다. 어릴 때 낙양의 용문향산(龍門香山)에서 보정(寶靜)을 은사로 출가하였고, 영목사(永穆寺)에서 구족계를 받았다. 북위(北魏) 대인 520년(정광1) 숭산소림사(嵩山少林寺)에서 달마대사를 만나 그 문하에서 6년간 수행하였다. 당시 면벽하고 있던 달마와 마주쳤던 극적인 인연은 단비(斷臂)의 설화에 잘 나타난다. 달마가 서천으로 돌아가기 전에 그 법을 이어 2조가 된 사연은 득수(得髓)의 설화에 잘 나타난다. 달마가 떠난 다음 북제(北齊)대인 552년(천보3) 승찬(僧璨)에게 법을 전하였고, 북주(北周)의 파불(破佛 574~578) 때는 완공산(皖公山)에 숨어 살다가 그 뒤 하남성(河南省) 업도(鄴都)로 가서 30년 동안 『능가경』을 강설하였다. 이후 종적을 감추어 아무도 자취를 알지 못하였다. 그러다 완성(筦城) 광구사(匡救寺)에서 종풍을 떨치자 학인들이 운집하였지만 사문 변화(辯和)와 논쟁이 벌어지는 사건이 발생했다. 여기서 변화가 이기지 못하자 읍재(邑宰) 적중간(翟仲侃)에게 혜가를 모략하는 거짓을 퍼뜨려 적중간이 그 말에 속고 마침내 혜가를 박해하였다. 그에 이어 593년(개황13) 3월 16일 세수 107세로 입적하였다. 일설에는 그보다 1년 빠른 시기로 보기도 한다. 황제가 정종보각대사(正宗普覺大師)・대조선사(大祖禪師)라는 시호를 내렸다. [참고문헌] 『寶林傳』 권8, 『祖堂集』 권2(대장경보편25, p.337a6), 『佛祖統紀』 권29(대정장48, p.291b20), 『傳法正宗記』 권6(대정장51, p.744c10), 『景德傳燈錄』 권3(대정장51, p.220b24), 『五燈會元』 권1(卍속장138, p.32b11). ⇨ 단비 斷臂, 득수 得髓, 달마면벽 達磨面壁

혜가삼십삼조사탱
선암사 순천 1753년

혜가단비 慧可斷臂 ➡ 단비 斷臂

혜가대조선사 慧可大祖禪師 2조의 법명과 시호를 아울러 부르는 말. 『보암인숙어록』 권2(卍속장120, p.601a3)에 "제29조 혜가대조선사 : 곧바로 가로지르는 맹렬하고 날카로운 기세로, 눈 위에 서서 팔 잘랐으니, 천고만고에 가장 두드러진, 장부의 기개일세. 第二十九 慧可大祖禪師 直截猛利 立雪斷臂 千古萬古 丈夫意氣"라고 하였다. [참고문헌] 『普庵印肅語錄』. ⇨ 혜가 慧可

혜각 慧覺 **1** 남북조(南北朝)대 역경승. 담각(曇覺)이라고도 한다. 양주(涼州) 출신. 우전국(于闐國)에서 범본(梵本)을 구하여 북위(北魏) 태무제(太武帝) 때인 445년(태평진군6) 고창국(高昌國)으로 돌아와 위덕(威德)과 함께 『현우인연경 賢愚因緣經』 13권을 한역하였다. [참고문헌] 『開元釋敎錄』 권6(대정장55, p.539b25). **2** 554~606. 수대 스님. 속성은 손(孫)씨. 태원진양(太原晉陽 : 山西省) 출신. 나이 여덟에 흥황사(興皇寺) 법랑(法朗) 문하로 출가하였고, 이어서 혜포(慧布) 문하로 들어가 공부했다. 그 뒤 강좌(江左) 일대에서 『대지도론』을 널리 알렸다. 수양제(隋煬帝)의 청에 따라 혜일도량(慧日道場)에 들어가 주석했다. 법제(法濟)의 청에 응하여 영복도량(永福道場)에서 『대지도론』을 강설했다. 이어서 백탑사(白塔寺)에서 『대품반야경』·『열반경』·『화엄경』과 『중론』·『백론』·『십이문론』·『대지도론』 등 20여 부를 강설하였다. 606년(대업2) 세수 53세로 입적하였다. [참고문헌] 『唐高僧傳』 권12(대정장50, p.516a7). **3** 531~620. 수대 스님. 속성은 범(范)씨. 제군(齊郡) 출신. 거침없는 말솜씨로 강설에 능했다. 581년(개황1) 병주(幷州 : 山西省 太原) 무덕사(武德寺)에서 『화엄경』을 강설했다. 620년(무덕3) 세수 90세로 입적하였다. 『십지경론』·『화엄경』·『유마경』 등에 대한 주석서를 남겼다. [참고문헌] 『唐高僧傳』 권12(대정장50, p.520c17). **4** ➡ 대의 大義[2] **5** 당대 스님. 각철취(覺鐵觜)라고도 한다. 조주종심(趙州從諗 778~897)의 제자. 양주광효사(揚州光孝寺)에 주석했다. 시문(詩文)에 능하였다. [참고문헌] 『景德傳燈錄』 권11(대정장51, p.287b2), 『聯燈會要』 권7(卍속장136, p.557a10). ⇨ 각철취 覺鐵觜 **6** 북송대 임제종 스님. 서락(西洛) 출신. 낭야혜각(瑯琊慧覺) 또는 광조선사(廣照禪師)라 불렸다. [참고문헌] 『聯燈會要』 권12(卍속장136, p.635a12). ⇨ 광조 廣照, 낭야 瑯琊 **7** 고려말 스님. 조계산 수선사(修禪寺) 법주인 16국사 중, 제12대 법주인 혜각국사(慧覺國師)이나, 생몰연대는 알 수 없다. 선산 주륵사(朱勒寺)에 안진(安震 ?~1360)이 비문을 지어 세운 스님의 비가 있다고 전한다. 『동국여지승람』 권29 선산도호부(善山都護府) 불우(佛宇)에 따르면 "주륵사(경상북도 선산군 桃開面 多谷洞)는 냉산 서쪽에 위치하고 있는데, 안진이 비문을 지어서 세운 혜각의 비명이 있다. 朱勒寺 在冷山西 有高麗 安震所撰 僧慧覺碑銘"라 하였으나, 송광사의 임석진(林錫眞 1892~1968)스님이 지은 『조계산송광사사고』(亞細亞文化社, 1977) pp.473~474에는 "선산 주륵사는 지금의 수다사(水多寺 : 善山郡 舞乙面 上松洞 太祖山)이니, 냉산(冷山)의 서쪽에 자리하고 있는데, 안진이 지은 혜각국사 비명이 있었으나 지금은 비석과 비문 모두 전하지 않는다"라고 하였다. [참고문헌] 『慶尙道續撰地理志』, 『東國輿地勝覽』 권29, 『曹溪山松廣寺史庫』, 權相老 『韓國寺刹全書』 권하 p.1024b4. **8** 조선 세조(재위 1455~1468) 때 스님. 휘는 신미(信眉), 호는 혜각존자(慧覺尊者)다. ⇨ 신미 信眉 **9** 1605~1673. 청대 임제종 스님. 속성은 웅(熊)씨. 법호는 조의(照衣). 투주(渝州 : 四川省) 기강(綦江) 출신. [참고문헌] 『五燈全書』 권70(卍속장141, p.462b6), 『錦江禪燈』 권10(卍속장145, p.623b4). **10** 1905~1998. 양산 통도사 스님, 휘는 혜각(慧覺), 호는 능효(凌孝) 또는 일옹(一翁), 속성은 김씨, 속명은 성수(聖洙), 본관은 광산(光山)이고 아버지의 휘는 구하(求夏)이며 어머니는 밀양 박(朴)씨부인이니 1905년(광무9) 7월 9일 황해도 신천군 남부면 청양리에서 6남매 중 맏아들로 태어났다. 1921년 16세 때 고향 마을 근처에 있는 절로 찾아가 단청불사소에 참여하여 화필(畵筆)을 잡고 배우다가 편수(片手)가 되어 처음으로 단청을 맡은 곳이 개성 송악산 박연폭포(朴淵瀑布) 위에 있는 관음사 법당이었다. 이때 당대 큰스님이었던 회명(晦明 1866~1952)을 만나 법문을 듣고 발심하여 스님이 되었다. 그 후 대화가인 석옹철유(石翁喆有 1851~1918)스님의 제자인 금강산 표훈사의 화응(華應)스님을 만나 불교회화의 전통을 이어 입문하였다. 1938년 34세 때 강화도 전등사에서 대련일형(大蓮日馨 1875~1942)율사로부터 비구계를 받았다. 그 후 은사스님으로부터 능효(凌孝)라는 호를 받아 화호(畵號)로 쓰다가 1963년 59세 때 양산 통도사로 옮겨 열반처로 정하고 구하천보(九河天輔)스님을 법사로 하여 일옹(一翁)이라는 호를 받았다. 스님은 단청 불사로 생긴 돈으로 귀중한 서화(書畵)가 있으면 구입하였다가 인연 있는 사찰에 기증하곤 하였다. 그중 특히 소중하게 진장하였던 귀중품 모두를 통도사에 기증하였다. 불교정화 후 한때 관악산 연주암(戀主庵)과 남해 용문사(龍門寺) 등 주지에 취임하였으나 퇴락한 전각을 보수하고는 곧 사임하였다. 밀양 표충사 한계암(寒溪庵) 옆에 토굴을 짓고 정진했다. 1992년 88세 때 정부로부터 무형문화재 제 48호에 지정되었다. 또 불미대전에서도 총무원장상을 받았으며 스님이 남긴 많은 불화(佛畵) 중 1946년 개성에서 조성한 후불탱화 1축만이 화기(畵記)에 금어(金魚) 능효성수(凌孝聖洙)라고 기록되어 동국대학교 중앙박물관에 전한다. 1998년 1월 2일 오전 8시 20분 통도사 사명암(四溟庵)에서 세수 94, 법랍 78세를 일기로 입적하였다. 삼락자석정(三樂子石鼎)스님이 비문을 짓고 신흥식(辛興植)이 써서 2000년에 세운 스님의 행적비가 통도사 일주문 앞 비림에 있다. [참고문헌] 「梁山通度寺一翁堂慧覺大佛母碑文」(智冠 『韓國高僧碑文總集 朝鮮朝·近現代』 pp.1228~1230).

혜각의선사어록 慧覺衣禪師語錄 혜각조의(慧覺照衣)의 어록. 철어(徹御) 등 엮음. 3권. 가흥장35, pp.761a1~777a24에 수록되어 있다. 권1에는 상당(上堂)을, 권2에는 상당·소참(小參)·기연(機緣)을, 권3에는 법어(法語)·제송(諸頌)·제찬(諸讚)·인게(印偈)·행장(行狀)·불사(佛事)·중게(衆偈)를 수록하였고, 부록으로 두암대사록(斗菴大士錄)이 붙어 있다.

혜간 慧簡 남조유송(南朝劉宋)대 역경승. 혜간(惠簡)이라고도 한다. 효무제(孝武帝) 때인 457년(대명1) 주릉(秣陵)의 녹야사(鹿野寺)에서 초역(抄譯)한 『관정경』 1권을 시작으로 하여 『상인구재경 商人求財經』·『승왕오천사경 僧王五天使經』 등 모두 25부 25권(또는 10부 10권)의 경전을 한역하였다고 전한다(元釋教錄卷五·貞元新定釋教目錄卷八). [참고문헌] 『歷代三寶紀』 권10(대정장49, p.93c6), 『大唐內典錄』 권4(대정장55, p.261a19), 『開元釋教錄』 권5(대정장55, p.531b27), 『貞元新定釋教目錄』 권8(대정장55, p.828c8).

혜감 慧鑑 **1** 1249~1319. 고려후기 스님. 조계산 수선사(修禪社)의 제10세(世) 법주, 휘는 만항(萬恒), 시호는 혜감국사(慧鑑國師)다. ⇨ 만항 萬恒 **2** 1562~1649. 조선중기 스님. 휘는 태능(太能), 호는 소요(逍遙), 속성은 오(吳)씨, 시호는 혜감국사이니 효종(孝宗 1649~1659)이 추증한 시호다. ⇨ 태능 太能

혜갑 慧甲 반야발마(般若跋摩 Ⓢ Prajñāvarman)의 한역어. 본래 신라 출신 구법승 혜륜(慧輪·惠輪)이라는 범명(梵名)을 한역하여 '지혜의 갑옷'이라는 뜻으로 불렀다. 『대당서역구법고승전』 권상(대정장51, p.5a15)에 "혜륜사는 신라 사람이며, 범명은 반야발마〈한역하면 혜갑이다〉이다. 본국에서 출가한 뒤로 부처님의 자취를 따라가려는 마음이 간절하였다. 慧輪師者 新羅人也 梵名般若跋摩〈唐云 慧甲〉 自本國出家 翹心聖迹"라고 하였다. [참고문헌] 『大唐西域求法高僧傳』. ⇨ 혜륜 惠輪

혜강 嵇康 동진(東晉) 죽림칠현(竹林七賢) 중 한 사람. 자는 숙야(叔夜). 『일체경음의』 권85 「변정론 辨正論」(대정장54, p.857a15)에 "혜강〈윗 음은 혜. 동진 대부 혜숙야의 이름이다〉. 嵇康〈上音奚 東晉大夫嵆叔夜名也〉", 『삼의우선사어록』 권8(가흥장27, p.51c2)에 "혜강은 단련함 정미로웠다. 嵇康精於鍛", 『낙양가람기교석』 권2(대장경보편12, p.122a10)에 "사종을 들으면 넋이 움직이고, 숙야를 들으면 혼이 놀란다〈사종은 원적이고, 숙야는 혜강이다. 모두 음률에 뛰어난 이들로 『진서』에 전기가 있는데, 선인들 노래는 그 소리가 묘하여 두 사람이 듣고는 반드시 그 때문에 두려워 움직였다고 말하였다〉. 嗣宗聞之動魄 叔夜聽此驚魂〈嗣宗 阮籍也 叔夜 嵇康也 皆精於音律者 晉書並有傳 言仙人之歌詠 其音要妙 二人聞之 必爲之悚動也〉"라고 하였다. [참고문헌] 『一切經音義』, 『三宜盂禪師語錄』, 『洛陽伽藍記校釋』. ⇨ 죽림칠현 竹林七賢

혜강 慧江 신라 제55대 경애왕(재위 924~927)조를 전후하여 활약하였던 경주 분황사(芬皇寺) 스님. 자세한 행적은 알 수 없다. 다만 최치원(857~?)이 짓고 문경 봉암사에 세운 지증대사적조탑비(智證大師寂照塔碑)를 당시 83세 때 쓰고 새기기까지(刻字) 한 스님이다. [참고문헌] 『朝鮮金石總覽』 권상 p.96, 李智冠 『校勘譯註歷代高僧碑文』 新羅篇 p.292.

혜개 慧開 **1** 469~507. 속성은 원(袁)씨. 오군(吳郡) 해염(海鹽) 출신. 선무사(宣武寺) 총공(寵公) 문하에서 아비담과 『성실론』을 공부하였다. 상경하여 도림사(道林寺)에 주석하면서 장·민(藏旻) 이공 문하에서 경론을 배우다가 팽성(彭城)으로 옮겼다. 507년(천감6) 세수 39세로 입적하였다. [참고문헌] 『唐高僧傳』 권6(대정장50, p.473a5). **2** ➡ 무문혜개 無門慧開

혜개 慧愷 518~568. 남조(南朝) 진대(陳代) 스님. 속성은 조(曹)씨. 지개(智愷)라고도 한다. 563년(천가4) 광주(廣州) 제지사(制旨寺)에서 진제삼장(眞諦三藏)이 『섭대승론』과 『섭대승론석』을 한역할 때 필수(筆受)를 맡았고, 오래지 않아 『구사론』 한역을 도왔으며, 이 성과로 『섭대승론소』 8권·『구사론소』 53권을 지었다 하나 전하지는 않는다. 그 뒤로도 진제가 『대승기신론』 및 『율이십명요론』 등을 한역할 때 모두 필수였다. 지혜사(智慧寺)에서 『구사론』 강설하다가 마치지 못하고 세수 51세로 입적하였다. [참고문헌] 『律二十二明了論』 「跋」(대정장24, p.672c8), 『俱舍論』 「序」(대정장29, p.161b5), 『攝大乘論』 「序」(대정장31, p.112b27), 『唐高僧傳』 권1(대정장50, p.430a19).

혜거 惠居 908~974. 고려 제4대 경종(景宗 재위 975~981)조를 전후하여 활약하였던 스님. 『고려사』 권2에 따르면 경종 19년(963)에 왕이 경기도 장단(長湍)에 홍화사(弘化寺)를, 개성에 유암사(遊巖寺)와 삼귀사(三歸寺)를 각각 창건하고 이어 혜거스님을 국사로, 탄문(坦文 900~975)스님을 왕사로 추대하였다라고 하였다. 왕은 신심이 돈독하여 958년(광종9)에는 후주(後周)로부터 귀화(歸化)한 쌍기(雙冀)의 건의를 받아들여 국가와 불교에 각각 과거제도를 시행하여 승과를 행하는 한편, 방생소(放生所)를 설치하고 왕궁 가까운 사찰에 가서 강경법회를 열고 도살(屠殺)을 금지하게 하였으며, 왕궁에서 수용하는 내선(內膳)도 시장에서 구입하도록 하는 등 선정을 베풀던 중 974년(광종25) 3월 15일 혜거스님이 입적함에 따라 탄문스님을 국사로 책봉하였다. 권상로(權相老)의 『조선불교약사』 중 p.98에 의하면 혜거의 속성은 박씨요, 이름은 지□(智□)이니, 신골이 준엄하고 영혜가 뛰어났다. 16세 때 스님이 되고, 19세에 비구계를 받았다. 지식이 호박하고 계행청정하여 태조가 크게 흠앙하여 세 번이나 왕궁으로 청하였으나, 끝내 나아가지 않았다. 947년(정종2)에 왕사(王師)로 책봉되었고, 962년(광종13)에는 왕이 원명묘각(圓明妙覺)이라는 존호를 바쳤으며, 968년(광종19) 1월에 국사가 되었다가 974년(광종25) 3월 15일에 세수 67세를 일기로 입적하였다. 광종이 크게 진도(震悼)하여 시호를 홍제(洪濟), 탑호를 보광(寶光)이라 추증하였다. [참고문헌] 『高麗史』 권1~2, 『朝鮮佛敎略史』(新文舘, 1917) p.97,13.

혜거 惠炬 당대 스님. 지거(智炬)라고도 한다. 801년(정원17) 완성한 『보림전 寶林傳』 10권의 편집자로 알려져 있지만 전기는 알 수 없다. 주로 거처하던 곳도 금릉(金陵)인지 주릉(朱陵)인지 확실하지 않다. [참고문헌] 『佛祖歷代通載』 권9(대정장49, p.551a23), 『釋氏通鑑』 권10(卍속장131, p.950b5). ⇨지거 智炬 ❹

혜거 慧炬 ❶지혜의 횃불. 40권본 『대반열반경』 권21(대정장12, p.490a10)에 "그대는 불성을 여전히 밝혀 알지 못하니, 내가 지닌 지혜의 횃불로 능히 비춰 밝혀 주리라. *汝於佛性 猶未明了 我有慧炬 能爲照明*", 『역대삼보기』 권12(대정장49, p.106a4)에 "보배 실은 배 띄워 빠진 이들 건지고, 횃불 높이 들어 길 잃은 이들에게 비춘다. *汎寶舟以救溺 秉慧炬以照迷*"라고 하였다. [참고문헌] 『大般涅槃經』, 『歷代三寶紀』. ❷고려시대 스님. 중국에 건너가 법안종(法眼宗) 문하에서 수행하고 귀국하여 그 선풍을 크게 일으켰다. 중국에서는 이 종파 점차로 쇠미해졌으나 고려에서 번성하였던 까닭은 모두 혜거국사의 영향이었다. 『경덕전등록』 권25 「혜거국사전」(대정장51, p.414b28)에 "어느 날 왕부에 와달라는 청을 받고 들어가 법좌에 올라 위봉루를 가리키며 대중에게 말했다. '위봉루가 상좌들에게 다 들어보였다'. *一日 請入王府 上堂 師指威鳳樓 示衆曰 威鳳樓 爲諸上座擧揚了*"라고 하였다. 국사의 행적을 담은 비문은 고려 광종(재위 949~975) 때 세웠으며, 현재 88자 밖에 남아 있지 않아 주인공인 혜거국사의 생몰연대와 자세한 전기, 그리고 지은 이와 쓴 이도 알 수 없다. [참고문헌] 『景德傳燈錄』, 『五燈嚴統』 권10(卍속장139, p.437a1), 『韓國金石全文』 中世上 p.410, 李智冠 『校勘譯註歷代高僧碑文』 高麗篇2 pp.68~71. ⇨고려도봉혜거국사 高麗道峯慧炬國師, 영국사 寧國寺 ❷

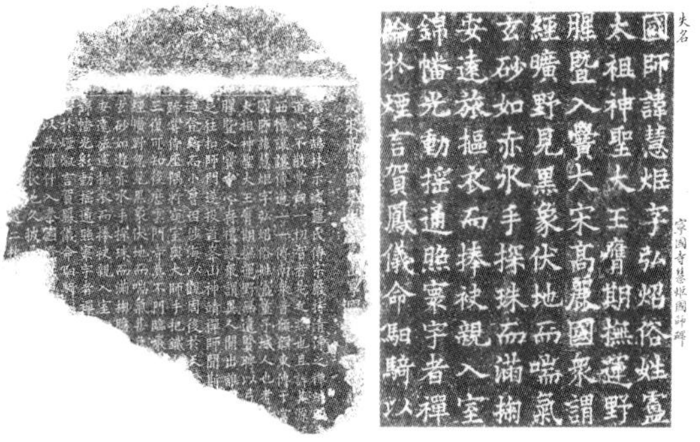

도봉산영국사혜거국사비탁본 불교문화재연구소 고려(좌)
영국사혜거국사비첩 『대동금석서』 국립중앙박물관 1668년(우)

혜거삼매 慧炬三昧 Ⓢjñānolkā-samādhi, Ⓣye-shes ta-la-la'i ting-nge-'dzin. 십육삼매(十六三昧) 중 하나다. 연거삼매(然炬三昧)라는 이름도 있다. 『법화의소』 권12(대정장34, p.622b2)에 "혜거삼매란 마치 횃불 든 채로 밤길 가면 험한 곳에 떨어질 일 없이 한다. *慧炬三昧者 如執炬夜行 不墮險處*", 『법화경문구보정기』 권10(卍속장45, p.341b15)에 "혜거삼매란 삼지로 삼혹을 밝히니, 이는 고요한 채로 비추기에 붙여진 이름이다. *慧炬三昧者 三智朗三惑 此從卽寂而照得名*"라고 하였다. [참고문헌] 『法華義疏』, 『法華經文句輔正記』, *Sadd h-p.424.* ⇨십육삼매 十六三昧, 연거삼매 然炬三昧

혜검 慧劍 지혜의 칼. 번뇌나 의심 따위를 잘라 없애는 지혜를 칼에 비유한다. 『출요경』 권9(대정장4, p.656a17)에 "만약 저 용맹한 장수가 몸에는 계라는 갑옷 입고 마음에는 지혜의 칼 잡은 채로 앞뒤로 험난한 형국에서 번뇌와 결전을 벌일지라도 틀림없이 성과를 거둘 것이다. *若彼猛將 身被戒鎧 心執慧劍 前後固嶮 與結使共戰 必能果辦*", 『증도가주』(卍속장111, p.379a3)에 "반야 이것 하나의 법이지만 부처님께서 갖가지 이름으로 설하셨으니, 혜검이라고도 하고 … 하나의 법을 그 공용에 따라 이름 붙였다. 의심의 그물을 찢음에 극히 견고하고 예리하므로 혜검이라 한다. *般若是一法 佛說種種名 或謂之慧劍 … 卽是一法 隨其功用 而得名也 能破疑網 極堅利故 謂之慧劍也*"라고 하였다. [참고문헌] 『出曜經』, 『證道歌註』. ⇨지혜검 智慧劍

혜견 慧堅 ❶송대 조동종 스님. 출가하여 스님이 된 후 영천귀인(靈泉歸仁)을 찾아 법을 이었으니 소산광인(疎山匡仁)의 법손이다. 후에 영주(郢州 : 湖北省) 대양산(大陽山)에 주석하며 선풍을 떨쳤다. [참고문헌]『五燈會元』권14(卍속장138, p.515a4). **2** 1830~1908. 조선말 안변 석왕사(釋王寺) 스님. 용선이제(龍船利濟)가 지은 「말저바라밀존자기적 末底婆羅密尊者記蹟」에 따르면 휘는 혜견(慧堅), 호는 용악(聳岳) 또는 용악(龍嶽), 자는 말저바라밀(末底婆羅密), 속성은 김씨요, 본관은 김해(金海)다. 1830년(순조30) 4월 8일 함산(咸山)에서 태어났다. 어릴 때 설봉산(雪峰山) 석왕사로 찾아가 신암(信庵)스님을 은사로 하고, 풍명(豊溟) 율사를 계사로 하여 사미계를 받았다. 선법(禪法)은 현은(玄隱)에게서 배웠고, 법은 영담(永潭)스님의 법을 이었다. 스님의 됨됨이는 골격이 준수하고 의기정특하여 항상 깊이 숨어서 수도하기를 좋아했다. 설봉산에 들어가 벽송지엄(碧松智儼 1464~1534)이 수도하던 옛터에 토굴을 맺고 날마다 부처님께 공양을 올리고 경을 독송하면서 나라와 백성 위한 기도를 봉행했다. 철저히 고행하였을 뿐만 아니라 계행 또한 청정하였다. 『금강경』을 십만독 하였는데, 때로는 영양(羚羊)이 찾아와 꿇어앉은 채로 경청하고 때로는 학이 꽃을 물고 와서 공양했다 한다. 오랫동안 석왕사에서 경전을 연찬하고 후배를 지도하다가 1897년(광무1) 부처님의 정골사리(頂骨舍利)를 봉안하고 있는 불보종찰인 양산 통도사로 가서 세존의 사리비각(舍利碑閣) 옆에 머무르면서 탑전(적멸보궁)에 기도하였으며, 1899년(광무3) 5월 13일에는 8만대장경판을 봉안하고 있는 합천 법보종찰 해인사로 가서 인경(印經)을 발원하고, 5월 15일부터 북각(北閣)인 법보전에서 기도를 시작하여 70일만인 7월 25일 회향하였는데, 그날 밤 복행신장(腹行神將 : 摩睺羅伽 Ⓢ Mahoraga)이 나타나 배대에 누워 있다가 천천히 상하판전(上下板殿)의 사방을 돌고는 간 곳이 없었다 한다. 이 감응(感應) 얻은 후 곧바로 스스로 화주가 되어 탁지부(度支部 : 재무부)에서 30만냥(三十萬兩)·의정부(議政府)에서 7천 5백냥·경운궁(慶雲宮·慶運宮)에서 1천 5백냥·경남관찰사인 조시영(曺始永)이 5백냥·합천군수 박기묵(朴起默)이 50냥·양산군수 김상필(金商弼)이 50냥·언양군수 최시명(崔時鳴)이 1백냥·판서(判書) 이용직(李容直)이 1백냥·통도사 대중의 동참금이 5천냥·전주단월(全州檀越)이 8백냥 등 31만 5천 6백냥을 시주받아 팔만대장경 4부를 인출하였고, 통도사·해인사·송광사 등 3보사찰에 각 1부씩 봉안하고 나머지 1부는 전국의 명찰에 나누어 봉안하는 큰 불사를 성취하였다. 스님은 일찍부터 나는 경인년(庚寅年 : 1830년) 4월 8일에 태어났으므로 모두 부처님과 같이 79년만 살고 79세가 되는 무신년(戊申年) 2월 15일 부처님 열반재일에 죽기를 발원한다 하였으며 원대로 1908년(戊申) 2월 15일 세수 79세를 일기로 통도사에서 입적하였다. 김구하(金九河)스님이 법제자다. [참고문헌]『龍岳集』, 李智冠『伽倻山海印寺誌』pp.295~305, 權相老『朝鮮佛敎略史』(新文館, 1917) p.251, 智冠『韓國高僧碑文總集 朝鮮朝·近現代』pp.794~797.

혜견론 慧見論 혜로 본다는 주장. '안식과 상응하는 혜로 색을 본다. 眼識相應慧見色'는 묘음(妙音 Ⓢ Ghoṣa)의 주장이다. 즉『대비바사론』권13에서 시설하고 있는데 '안이 색을 본다. 眼見色'는 유부설과 유부 내 다른 주장(異執) 네 가지 중 하나다.『순정리론』권7(대정장29, p. 366a15)에 "유여사는 '안을 문으로 하여 혜가 색을 보기 때문이다'라고 한다. … 이와 같이 지금 식견론(識見論)를 주장하는 것이 바른 이치가 아니라고 판단하였듯이 이에 따라 혜견론에 집착함도 역시 비판한 것이니, 그 허물이 같기 때문이다. 또 안식과 상응하는 혜가 보는 것이라면, 다른 식과 상응하는 혜도 보는 것이어야 하는데, 그렇게 되면 (색성향미촉의) 경계는 보여지는 것이어야 하고, 또 (안이비설신의) 모든 근은 봄의 소의가 되는 것이기에 모두 안이 되어야 할 것이다. … 식견론과 혜견론은 이미 모두 성립하지 않으니, 이에 준하여 '안근이 능히 본다'는 것이 성립한다. 有餘師執以眼爲門 慧見色故 … 如是且辯執識見論不應正理 由此亦遮 執慧見論 其過等故 又若眼識相應慧見 餘識相應慧亦應見 則一切境 應成所見 又一切根 見所依故 皆應成眼 … 識慧見論 旣並不成 由此准成 眼根能見"라고 하였다. [참고문헌]『順正理論』,『大毘婆沙論』권13(대정장27, p.61c8). ⇨식견가 識見家, 근견가 根見家

혜경 惠景 신라대 스님. 자세한 행적은 전하지 않으나 둔륜(遁倫)의『유가론기 瑜伽論記』에 '경법사 말하길 景法師云'이라 하여 인용되었다.『신편제종교장총록』권3「유가론」(대정장55, p.1176b12·한불전4, p.694b1)에 "『소』20권 혜경 지음. …『문적』1권 혜경 지음. 疏二十卷 惠景述 … 文迹一卷 惠景述"이라 하였다. [참고문헌]『新編諸宗敎藏總錄』. ⇨경법사 景法師

혜경 惠敬 고려후기 스님.『조계진각국사어록』서답(書答) 말미(한불전6, p.47c12)에 "각수혜경. 刻手惠敬"이라고 쓰여 있다. [참고문헌]『曹溪眞覺國師語錄』.

혜경 慧景 법현(法顯)이 천축으로 법을 구하러 갔을 때 동행했던 스님. 함께 출발하였고 도중에 서로 다른 길로 갔다가 다시 만나기도 하였지만,『법현전』(대정장51, p.859a13)에 '법현·혜경 등 세 스님이 소설산(小雪山)을 지나다가 혜경은 더이상 나가지 못하고 그곳에서 생을 마감했다'고 전한다. [참고문헌]『法顯傳』.

혜경 慧經 1548~1618. 명대 조동종 스님. 속성은 배(裵)씨. 자는 무명(無明). 온공상충(蘊空常忠) 문하로 들어가 불법을 공부하다가 27세에 출가하여 구족계를 받고, 1598년(만력26) 보방사(寶方寺)와 1608년(만력36) 신성수창사(新城壽昌寺)에 주석하다가 1618년(만력46) 정월에 세수 71세로 입적하였다. 감산덕청(憨山德淸)이 탑명(塔銘)을 지었다. [참고문헌]『續燈正統』권38(卍속장144, p.929b10),『高僧摘要』권2(卍속장148, p.728b1),『南宋元明禪林僧寶傳』권14(卍속장137, p.754b18). ⇨ 무명 無明 [2]

혜경 慧璟 1819~?. 휘는 혜경(慧璟), 호는 보경(寶鏡), 1819년(순조19) 전라북도 진안군 용담면에서 태어났다. 1835년(헌종1) 16세 때 스님을 만나 법문을 듣고 깊이 느낀 바가 있어 바로 그 해에 전라북도 완산군 운주면 가천리 불명산(佛明山)에 있는 화암사(華巖寺)로 찾아가 스님이 되었다. 20세가 되어 그곳에서 비구계를 받은 후, 제방강원으로 다니면서 경론을 연마하고, 춘담대연(春潭大演)선사의 법을 이어받았으니 청허의 13세 법손이다. 화암사(華岩寺)에서 오랫동안 주석하다가 공주 마곡사로 옮겼다. 내전은 물론 제자백가도 두루 정통하였다. 그 중에 특히『사기 史記』와『한서 漢書』에 있는「화식전 貨殖傳」을 즐겨 읽었다고 한다. 범해각안(梵海覺岸 1820~1896)스님의『동사열전』권5「보경선사전 寶鏡禪師傳」(한불전10, p.1058b13)에 "갑오에 생하였는데 나이 76이다. 甲午生 存年七十六" 라고 하였다. [참고문헌]『東師列傳』권5「寶鏡禪師傳」(한불전10, p.1058b6).

혜경 慧瓊 ?~447. 중국 남북조시기 송(宋)에서 활동했던 비구니. 속성은 종(鍾)씨. 광주(廣州) 출신.『비구니전』권2「남안사석혜경니전 南安寺釋慧瓊尼傳」에 80세가 되도록 육식을 꺼리고 솜옷도 입지 않으며 대중의 기강을 세웠다고 한다. 본래 광릉(廣陵)의 남안사(南安寺)에 머물렀는데 441년에 땅을 보시받아 절을 세우고 남외영안사(南外永安寺)라 하였고, 438년에는 보리사(菩提寺)를 짓고 옮겼다. 447년에 파강(破岡)에서 입적하였는데 자신의 몸을 묻지 말고 짐승들에게 베풀라고 유언했지만, 짐승들이 그 시신을 해치지 않자 제자 혜랑(慧郞)이 이 소식을 듣고 고좌사(高座寺) 앞에 묻고 탑을 세웠다. [참고문헌]『比丘尼傳』.

혜경 蕙璟 조선 후기 양산 통도사 스님. 호는 덕암(德巖). 조선조말 사찰은 왕실을 위한 숯(白炭)·한지(漢紙) 등을 공급하였는데, 이를 검수수납하는 관리들이 좋은 제품들 불합격시켜 차지하고 양호한 품질을 고른다는 핑계로 부담을 가중시켜 사찰은 피폐할 대로 피폐해졌고, 스님들도 부역을 견디다 못하여 마침내 절을 비우고 떠나가는 예가 비일비재했으니 통도사도 예외가 아니었다. 이 때 스님은 통도사를 수호하기 위한 소망으로 왕실로 직접 찾아가 제지상납(製紙上納)에 대한 부역을 면제받았다. 공로가 지대하였으므로 통도사 사중에서「지역혁파유공비 紙役革罷有功碑」를 세웠고 통도사 입구 선자바위 북쪽 비림(碑林)에 있다. [참고문헌] 通度寺所在 紙役革罷有功碑. ⇨ 통도사 通度寺

국일도대선사덕암당혜경지진
통도사성보박물관 조선후기

혜경계 慧境界 Ⓢ jñāna-gocara, Ⓣ ye-shes kyi spyod-yul. 혜로 마주하는 경.『능가경』권1(대정장16, p.483b13 : *Laṅk.*, p.39)에 "일곱 가지 제일의가 있다. 심경계·혜경계·지경계 … 여래자도경계가 그것이다. 有七種第一義 所謂 心境界 慧境界 智境界 … 如來自到境界 saptavidhaḥ paramārtho yad uta cittagocaro jñānagocaraḥ prajñāgocaro … tathāgatasya pratyātmagatigocaraḥ",『능가경주해』권1(대정장39, p.351b15)에 "마음이 능히 혜를 일으키고 혜의 힘이 뛰어난즉 지의 용이 성취된다. 心能發慧 慧力旣勝 則成智用",『능가보유』(卍속장26, p.75b13)에 "혜경계란 혜의 빛은 무량하여 티끌처럼 무수한 찰토를 속속들이 비춘다. 慧境界者 慧光無量 炤徹微塵剎土也",『능가경의소』권상(卍속장26, p.122b4)에 "둘째, 혜경계란 문사수 삼혜에 의지하여야 일체가 모두 마음일 뿐임을 안다. 셋째, 지경계란 무루지를 일으켜야 비로소 일체가 모두 마음일 뿐임을 깨우친다. 지와 혜라는 두 글자 아울러서 권과 실에 통한다. 二 慧境界者 依聞思修三慧 乃知一切皆唯心也 三 智境界者 發無漏智 乃證一切皆唯心也 智慧二字 並通權實"라고 하였다. [참고문헌]『楞伽經』,『楞伽經註解』,『楞伽補遺』,『楞伽經義疏』, *Laṅk.*

혜고 惠高 중국 남북조시기 양(梁)에서 활동했던 비구니. 정현(淨賢 430~505)비구니 이후에 동청원사(東青園寺)에 주석하였다. 혜고(慧高)·혜교(惠喬)라고도 불린다.『비구니전』권4「동청원사정현니전 東青園寺淨賢尼傳」의 부전(附傳)에 의하면, "다시 혜고와 보옹이 있었는데 모두 이름이 알려졌다. 혜고는 좌선하고 경을 외우면서도 대중 섬기는 일 부지런히 임하였다. 復有惠高寶顒 皆知名 慧高坐禪誦經 勤營衆務"라고 하였다. [참고문헌]『比丘尼傳』.

혜고 慧暠 547~633. 당대 초기 스님. 안륙(安陸 : 湖北省) 출신. 어릴 때 출가하여 모산(茅山) 명법사(明法師) 문하에서 삼론(三論)을 배웠다. 강설에 뛰어나 나이 서른에 법좌에서 능력을 발휘하였다. 대업년간(605~616) 성도에서 교화를 펼칠 때 남다른 언변이 오히려 원망과 질투로 돌아오기도 했고, 무덕년간(618~626)에는 모함을 받았다. 후에는 형문(荊門)에서 활동하다가 서산(西山) 남쪽에 은둔하며 『중관 中觀』을 5년간 연구하였다. 다시 안주(安州) 방등사(方等寺)에서 강설하여 명성이 퍼졌다. 평생 하루 한끼만 먹었다. 633년 세수 87세로 입적하였다. [참고문헌] 『唐高僧傳』 권13(대정장50, p.522b28).

혜고 蟪蛄 매미의 일종. 대표적인 여름 벌레. 『일체경음의』 권87(대정장54, p.864b9)에 "혜고〈앞 글자의 음은 혜, 다음 글자의 음은 고이다. 『장자』에 '매미는 봄과 가을을 모른다'라고 하였다〉. 蟪蛄〈上音惠下音蛄 莊子云 蟪蛄不知春秋〉"라고 하였다. [참고문헌] 『一切經音義』, 『從容錄』 26칙 「評唱」(대정장48, p.244b25).

혜공 惠空 신라중기 원효(617~686)스님과 같은 때 활동한 스님. 『삼국유사』 권4(대정장49, p.1004c5 · 한불전6, p.345a24) 의해(義解)5 이혜동진(二惠同塵) 석혜공(釋惠空)에 따르면 어릴 때 이름은 우조(憂助), 휘는 혜공(惠空), 별명은 부궤화상(負簣和尙)이니, 천진공(天眞公)의 집 여종의 아들로 태어났다. 일곱 살 때 주인인 천진공이 창병에 걸려 빈사상태에 있었다. 문병객이 줄을 이었고 전국의 명의 모두 불렀지만 효험이 없었다. 이를 본 우조가 자신이 고칠 수 있다고 하여 불렀더니 병상 앞에 이르러 아무 말도 하기 전에 이미 스스로 창이 터져 완치되었다. 그러나 공은 우연히 병이 나은 것으로 생각하고 이상하게 여기지 아니했다. 성장한 뒤에 공을 위해 매(鷹)를 길렀는데 공의 마음에 흡족하였다. 공의 동생이 지방으로 벼슬살이를 떠나면서 형의 매를 빌려간 일이 있었다. 어느 날 저녁 공이 매 생각이 나서 '내일은 우조를 보내어 찾아오도록 하여야겠다'고 생각만 하였는데, 스님은 밤새 매를 찾아 이튿날 아침 공에게 드렸다. 공이 깜짝 놀라 지난 날 자기의 창병을 낫게 하였던 것도 결코 우연한 일 아니었음을 깨닫고는 '성인이 나의 집에 나신 것도 모르고 함부로 한 일 많았으니 그 죄 한량없습니다. 지금부터 저의 스승이 되어 지도하여 주십시오' 하고 공손히 절했다. 스님은 화현본색이 드러나자 마침내 출가를 결심하고 이름을 혜공으로 바꾸었다. 자그마한 암자에 있으면서 삼태기 지고 술에 취하여 거리로 다니면서 노래하며 춤을 추었으므로 사람들이 '삼태기 짊어진 스님. 負簣和尙'이라 불렀고, 주석하는 암자는 부개사(夫蓋寺)라 했다. 스님은 우물 속에 들어가 몇 달씩 나오지 않았으며 나와서도 옷은 젖지 않아 기정(其井)이라는 이름도 얻었다. 원효(元曉)스님이 경소 지을 때마다 자주 스님을 찾아 의문점을 풀었으며, 서로 만나면 기탄없는 조롱과 농담으로 친압하였다. 어느 날 원효와 혜공 두 스님이 경상북도 영일군 오천면(烏川面) 항사동(恒沙洞) 운제산(雲梯山) 밑 강가에서 함께 고기를 잡아먹고 물속 돌에 앉아 똥을 누었는데, 배 속 지나 배설된 변이 고기로 다시 살아나 물속에 활발하게 유희하였다. 이를 본 스님은 함께 '살아난 고기는 내가 먹은 고기이고, 그대 눈 것은 똥'이라고 하였으므로 그 곳에 절을 짓고 오어사라 이름하였다(元曉 撰諸經疏 每就師質疑 或相調戱 一日 二公 沿溪掇魚蝦而啖之 放便於石上 公指之戱曰 汝屎吾魚故 因名吾魚寺)라고 하였다. 또 신인종(神印宗)의 명랑(明朗)스님이 금강사를 창건하고 낙성법회를 행하는 날 스님이 오기를 약속하였으나 오지 않으므로 명랑이 향을 사르고 기도한 결과 조금 후에 홀연히 나타났다고도 한다. 동경(경주) 흥륜사금당십성(東京興輪寺金堂十聖 : 대정장49, p.989a16) 중 한 스님이니, 아도(我道) · 염촉(厭髑) · 혜숙(惠宿) · 안함(安含) · 의상(義湘) 등 다섯 스님은 동쪽벽에서 서쪽을 향하고 있으며, 표훈(表訓) · 사파(蛇巴) · 원효(元曉) · 혜공(惠空) · 자장(慈藏) 등 다섯 스님은 서쪽벽에서 동쪽을 향해 그려져 있다 한다. 스님은 평소 승조(僧肇)의 『조론 肇論』을 보고 '이는 지난 날 내가 지은 것이다'라 하였으므로 스님을 세칭 승조의 후신(後身)이라고도 하였다. [참고문헌] 『三國遺事』. ⇨ 이혜동진 二惠同塵, 혜숙 惠宿 ❶

혜공 慧空 ❶ 1096~1158. 임제종 황룡파 스님. 속성은 진(陳)씨. 복주(福州 : 福建省) 출신. 동산화상(東山和尙)이라 칭한다. 열넷에 출가하여 늑담선청(泐潭善淸) 문하에서 공부하고 법을 이었다. 1153년(소흥23) 설봉산(雪峰山)에서 법을 펼쳤다. 1158년 세수 63세, 법랍 48세로 입적했다. 『동산화상어록』 · 『동산공화상어 東山空和尙語』 · 『동산외집 東山外集』 등을 남겼다. [참고문헌] 『嘉泰普燈錄』 권10(卍속장137, p.170a14), 『五燈全書』 권39(卍속장140, p.904a4). ❷ 조선후기 스님. 무용수연(無用秀演)의 계사(戒師). 『동사열전』 권3 「무용법사전 無用法師傳」(한불전10, p.1023b12)에 "혜관노사를 은사로 출가하였고, 혜공대사에게 구족계를 받았다. 依惠寬老師出家 受具於慧空大師"라고 하였다. [참고문헌] 『東師列傳』.

혜공암 惠空庵 경상북도 포항시 오천읍 운제산(雲梯山)에 있는 암자. 『범우고』에 이름과 위치가 전하고 1774년(영조50)에 화압(花押)이 작성한 영일운제득오어사사적(迎日雲梯得吾魚寺事迹)에 "아래로 혜공암이 있으니 깎아지는 바위 절벽 아래위로 천리다. 下有惠空庵丹崖絶壁上下千尋"라고 하였다. [참고문헌] 『梵宇攷』, 『朝鮮寺刹史料』 권상 pp.572~573, 『韓國寺刹全書』 권하.

혜과 慧果 ❶ ?~433. 중국 남북조시기 송(宋)에서 활동했던 비구니. 속성은 반(潘)씨. 회남(淮南) 출신. 비구니로서 처음 이부중수계(二部重受戒)를 한 인물이다. 『비구니전』 권2 「경복사혜과니전 景福寺慧果尼傳」에 의하면, 422년에 청주자사(青州刺史) 부홍인(傅弘仁)이 자신의 집 일부를 내놓아 경복사(景福寺)를 창건하고 혜과에게 강기(綱紀)를 맡겼다고 한다. 433년에 70여세로 입적하였다. 429년에 서역의 사문 구나발마(求那跋摩)가 오자 그에게 비구니계율에 대해 가르침을 받았고 432년에는 승가발마(僧伽跋摩)에게 제자 혜의(惠意)・혜개(慧鎧)와 함께 다시 구족계를 받았다. 『고승전』 권3 「구나발마 求那跋摩」에 의하면 영복사(影福寺)의 혜과와 정음(淨音)이 이중수계를 청하였으나 송 땅에 비구니가 없어 이루지 못했다고 하고 『불조통기』 권36에서는 구나발마가 남림사(南林寺)에 계단을 세워 비구와 비구니에게 수계했으며 사자국(師子國)에서 비구니가 와서 10중(衆)을 구족할 수 있었기에 승가발마를 수계사로 삼아 경복사의 비구니 혜과 등이 수계하였으니, 이것이 중국에서 이루어진 이부중수계의 최초라고 하였다. 『비구니전』의 경복사와 『고승전』의 영복사의 명칭이 다르기는 하지만, 이는 경(景)과 영(影)의 비슷한 모양에서 생긴 오류라고 여긴다. [참고문헌] 『高僧傳』, 『比丘尼傳』, 『佛祖統紀』. ⇨ 이부승수계 二部僧受戒 ❷ 395~470. 유송(劉宋)대 스님. 예주(豫州) 출신. 어려서 푸성귀만 먹으며 고행하였다. 유송 초 수도 건강(建康)의 와관사(瓦官寺)에서 머무르며 『법화경』과 『십지경』을 송했다. 이때 청측(圊厠)에서 지내던 귀신을 천도한 일도 전하는데, 이 귀신은 절에서 유나(維那) 소임 살다가 법답지 않은 잘못을 저질러 담분귀(噉糞鬼)로 떨어졌다. 감나무 밑에 숨겨놓은 전(錢) 3천냥을 혜과에게 복전으로 주니, 법화 1부를 마련하고 법회를 열었다. 귀신이 꿈에 나타나 몸을 바꾸고 좋은 곳에 났노라고 하였다. 470년(태시6)에 세상을 뜨니 세수 76세였다. [참고문헌] 『梁高僧傳』 권12(대정장50, p.407b27), 『法華傳記』 권4(대정장51, p.63a28). ❸ 746~805. 당대 진언종(眞言宗) 제7조. 속성은 마(馬)씨. 불공삼장(不空三藏)의 법을 이었다. 당 태종(太宗)의 초빙으로 내도량에서 법을 설하고 호지승(護持僧)이 되었으며, 장안의 청룡사(青龍寺) 동탑원(東塔院)에 주석하였다. 805년(영정1) 12월 세수 60세로 입적했다. 저서에 『아사리대만다라관정의궤 阿闍黎大曼荼羅灌頂儀軌』 1권, 『금강계금강밀호 金剛界金剛密號』 1권 등이 있다. [참고문헌] 『佛祖統紀』 권29(대정장49, p.296a5).

혜관 惠寬 조선후기 스님. 무용수연(無用秀演 1651~1719)의 은사다. 「무용당대선사행장 無用堂大禪師行狀」(『무용당집』 권하・한불전9, p.365b8)에 "19세에 이르자 뜬구름 같은 인생도 순간임을 살피고는 출가의 큰 뜻을 내었다. … 조계의 송광사에 들어가 혜관 노스님에 의지하여 출가하였다 年及十九 相浮生之須臾 發出家之大意 … 偶入曹溪之松社 依惠寬老師出家"라고 하였다. [참고문헌] 『無用堂集』, 『東師列傳』 권3 「無用法師傳」(한불전10, p.1023b11). ⇨ 수연 秀演

혜관 慧灌 고구려 제27대 영유왕(榮留王 재위 618~642)대를 전후하여 중국에 유학한 후, 일본으로 건너가 삼론종(三論宗)을 창립한 시조. 일찍 수(隋)로 가서 가상사(嘉祥寺)에서 길장(吉藏)스님으로부터 삼론학을 배우고 귀국하였다가, 625년(영유왕8) 1월에 왕명을 받고 일본에 가서 나라(奈良)의 원흥사(元興寺)에 주석하다가 백제에서 스님보다 먼저(602) 일본에 건너가 일본의 초대 승정(僧正 : 宗正)이 되었던 관륵(觀勒)스님의 뒤를 이어 제2대 승정(僧正)이 되었다. 682년(白鳳10) 2월 화주 선림사(和州禪林寺) 낙성법회 때 스님을 청하여 낙경도사(落慶導師)로 삼았다. 하내지기(河內志紀郡 : 大阪)에 정상사(井上寺)를 창건하였으며 세수 90세 때 입적하였다. [참고문헌] 日本의 『元亨釋書』, 『本朝(日本)高僧傳』, 『三國佛法傳統緣起』, 『朝鮮佛教通史』 권상 pp.28~29, 權相老 『朝鮮佛教略史』 p.32.

혜관 慧觀 남조유송(南朝劉宋)대 스님. 속성은 최(崔)씨. 청하(清河 : 山東省 清平) 출신. 어릴 때 출가한 뒤 후진(後秦)대인 401년(홍시3) 구마라집(鳩摩羅什 Ⓢ Kumārajīva) 문하에서 수학했다. 불법에 깊이 정통한 경계를 「법화종요서 法華宗要序」에 풀어내어 스승에게 큰 칭찬을 받았다. 불타발다라(佛馱跋陀羅 Ⓢ Buddhabhadra)가 여산(廬山)으로 갈 때 함께 따라갔다가 혜원(慧遠)의 경지에 깊은 감복을 받았다. 412년(의희8)에는 다시 불타발다라를 따라 형주(荊州) 고리사(高悝寺)에 주석하였다. 만년에 양도(楊都) 도량사(道場寺)에 주석하였다. 『십송율』에 조예가 깊었고, 노장사상도 정통하였다. 『대반열반경』 한역에도 참여하여 그 서문을 작성하였다. 이교오시(二教五時)의 교판은 후세에 중요한 전범이 되었다. 도생((道生)이 주장한 돈오(頓悟)에 반대하고 점오(漸悟)를 내세웠다. 원가년간(424~453)에 세수 71세로 입적하였다. 「수행지부정관서 修行地不淨觀序」・「승만경서 勝鬘經序」 등이 남아 있고, 『변종론 辯宗論』・『돈오점오의 頓悟漸悟義』 등은 전하지 않는다. [참고문헌] 『梁高僧傳』 권7(대정장50, p.368b8), 『出三藏記集』 권8(대정장55, p.57a3)・권9(대정장55, p.66b3). ⇨ 혜관오교 慧觀五教

혜관오교 慧觀五敎 혜관이 부처님 일대시교(一代時敎)를 교화순서에 따라 다섯으로 구분한 교판. 『화엄경소초』 권6(대정장36, p.43a5)에 "도량혜관은 상원 도량사의 스님이다. 오교를 주장했다. 첫째는 유상교, 둘째는 무상교, 셋째는 억양교, 넷째는 동귀교, 다섯째는 주교이다. 道場慧觀者 卽上元道場寺僧 言五敎者 一有相敎 二無相敎 三抑揚敎 四同歸敎 五常住敎"라고 하였다. 〔참고문헌〕『華嚴經疏鈔』. ⇨ 오시교판 五時敎判

혜광 慧光 ❶ Ⓢ prajñā, prajñābhā, Ⓣ shes-rab-kyi-'od. 지혜의 빛. 『무량수경』 권하(대정장12, p.274a15 : *Sukh-vy. I*, p.62)에 "지혜의 빛은 밝고 깨끗해 해도 달도 훤출히 넘어 있다. 慧光明淨 超踰日月 candrasūryaprabhātikrāntaḥ prajñayā"라고 하였다. 〔참고문헌〕『無量壽經』, *Sukh-vy. I.*, *Bodh-bh.236.* ⇨ 혜일 慧日❶ ❷ ➡ 광통율사 光統律師 ❸ 송대 운문종(雲門宗) 스님. 속성은 하후(夏侯). 절강성(浙江省) 전당(錢塘) 출신. 혜림회심(慧林懷深)의 제자. 임안(臨安 : 浙江省)에 주석했다. 영은혜광선사(靈隱慧光禪師)라 불렸다. 〔참고문헌〕『續傳燈錄』 권24(대정장51, p.630b2), 『五燈會元』 권16(卍속장138, p.647b5). ❹ 송대 임제종 양기파(楊岐派) 스님. 호는 회암(晦菴). 건녕(建寧 : 福建省) 출신. 대혜종고(大慧宗杲)의 제자 회암미광(晦菴彌光)과 같은 시대에 활동했다. 오거도행(烏巨道行 1089~1151)의 제자로 강서귀봉산(江西龜峰山)에 주석하였다. 『회암광선사어요』 1권을 남겼다. 〔참고문헌〕『嘉泰普燈錄』 권20(卍속장137, p.291a10), 『五燈會元』 권20(卍속장138, p.820a9), 『續傳燈錄』 권33(대정장51, p.697a10), 『五燈嚴統』 권20(卍속장139, p.915a5).

혜광 慧廣 1273~1335. 일본 임제종 스님. 속성은 반(伴)씨. 호는 천안(天岸). 1320년(원응2) 중봉명본(中峰明本)의 명성을 듣고 수십 인과 함께 그 다음 해 중국으로 갔다. 중봉명본을 비롯하여 고림청무(古林淸茂)·청졸정징(淸拙正澄) 등에게 참문하며 공부하다가 1329년(원덕1)에 귀국하였다. 1335년(건무2) 3월 8일 세수 63세로 입적하였다. 시호는 불승선사(佛乘禪師)이다. 게찬(偈讚)을 모은 『동귀집 東歸集』을 남겼다. 〔참고문헌〕『延寶傳燈錄』 권19, 『本朝高僧傳』 권25.

혜광동자 慧光童子 부동명왕의 팔대동자 중 하나. 존형은 황색의 몸에 분노형의 얼굴로 천관(天冠)을 썼다. 오른손에는 오지금강저(五智金剛杵)를 쥐었고 왼손에는 월륜(月輪)이 그려진 연꽃을 들었다. 가사를 입었고 팔다리와 귀 등의 신체를 영락으로 장엄한 모습이다. 『팔대동자궤』(대정장21, p.31b23)에 "동방 금강부는 보리심문이니 햇빛으로 비유한다. 그러므로 혜광이라는 이름의 사자를 낳았다. … 혜광동자보살의 진언은〈수인은 금강합장하되 양손의 중지를 바늘처럼 붙인다〉 '옴 바즈라 마테 즈발라 보디찌타나 oṃ vajra mate jvāla bodhicittana'이다. 東方金剛部 卽菩提心門 以日光爲喩 所以出生使者名慧光 … 慧光童子菩薩眞言曰〈卽金剛合掌忍願合如針〉 (oṃ) (va) (jra) (ma) (te) (jvā) (la) 唵 嚩日囉 摩帝 入縛攞 (bo) (dhi) (ci) (tta) (na) 菩地質多曩"라고 하였다. 〔참고문헌〕『八大童子軌』. ⇨ 팔대동자 八大童子❶

혜광동자상 금강봉사 고야산 일본 겸창12세기

혜광사 慧光寺 중국 운남성(雲南省) 곤명현(昆明縣) 남문(南門) 밖에 있는 절. 동쪽의 상락사(常樂寺) 곧 동사(東寺)와 대칭하여 서사(西寺)라 한다. 두 절 모두 당대인 정원년간(785~804) 초 절도사 왕차전(王嵯顚)이 건립하였다. 〔참고문헌〕『大淸一統志』 권369, 『滇釋紀』 권3, 『雲南通志』 권13, 『昆明縣志』 권4.

혜광신변 慧光神變 지혜의 빛으로 신인 듯 변화하다. 제9지에서 사무애지(四無礙知)로 모든 중생을 교화하고 육신통(六神通)을 일으키는 작용을 말한다. 『인왕반야경소』 권5(대정장33, p.284a13)에 "이 지의 보살은 무애지를 얻어 모든 중생을 교화하고 육신통을 나타내므로 혜광신변이라 한다. 以此地菩薩 得無礙智 化諸衆生 現諸神通 名爲慧光神變也", 『화엄경소』 권18(대정장35, p.635c6)에 "열두 번째, 혜광신변은 제9지에 해당한다. 十二 慧光神變 卽當九地"라고 하였다. 〔참고문헌〕『仁王般若經疏』, 『華嚴經疏』.

혜광심 慧光心 십지심(十地心) 중 제9지의 마음. 『영락본업경』 권1(대정장24, p.1014c18)에 "아홉 번째는 혜광심이다. 九 慧光心"라고만 되어 있을 뿐 특별한 설명은 없다. 〔참고문헌〕『瓔珞本業經』.

혜교 慧皎 497~554. 남조(南朝) 양대(梁代) 스님. 상우(上虞 : 浙江省) 출신. 회계(會稽 : 浙江省 紹興) 가상사(嘉祥寺)에 주석하였다. 내외학문에 정통하였고 경율을 넓게 연구하였다. 봄과 여름은 법을 널리 알리는 시절로 삼고, 가을과 겨울은 저술에 몰두하였다. 보창(寶唱)이 지은 『명승전 名僧傳』 등에 근거없이 멋대로 작성한 잘못이 많아 여러 전적에서 전거를 찾아 오류를 수정한 결과 양대인 519년(천감18) 『고승전』 14권이라는 획기적인 저작을 내보였다. 계통을 가진 한 부의

승전으로 세칭 『양고승전』이라고도 한다. 여기서 창안한 승전의 형식과 체재는 후대의 본보기가 되었다. 양말인 553년(승성2) 후경(侯景)의 난을 피하여 서쪽으로 분성(湓城 : 江西省 九江)까지 갔다가 다음 해 2월 세수 58세로 입적했다. 『범망경소 梵網經疏』·『열반의소 涅槃義疏』 10권 등도 남겼다. [참고문헌] 『梁高僧傳』 권14 「跋」(대정장50, p.423a11), 『唐高僧傳』 권6(대정장50, p.471b14), 『歷代三寶紀』 권11(대정장49, p.100a2), 『宋高僧傳』 「進高僧傳表」(대정장50, p.709a13)·「序」(대정장50, p.709c6). ⇨ 양고승전 梁高僧傳

혜교청 慧皎淸 청대 임제종 스님. 중주(中州 : 山西省) 출신. 고민천혜철(高旻天慧徹)에게 참문하고 그 법을 이었다. 그 뒤 양주(揚州 : 江蘇省) 홍화사(興化寺)에 주석하였다. 『정원약집』 권16(卍속장145, p.485b2)에 "올 때는 입이 없더니, 갈 때는 코가 없구나. 來時無口 去時無鼻"라는 말을 마치고 입적하였다고 하였다. [참고문헌] 『正源略集』.

혜구 惠丘 백제 제30대 무왕(武王 재위 600~641) 때 스님으로, 633년(무왕34)에 내소사(來蘇寺 : 전라북도 부안군 山内面 石浦里 邊山)를 창건했다. 자세한 전기는 알 수 없다. [참고문헌] 『來蘇寺寺蹟記』.

혜구 惠球 조선후기 스님. 송운유정(松雲惟政 1544~1610)의 제자. 혜구(慧球)라고도 한다. 1612년(광해군4)에 허단보(許端甫 : 許筠)가 지은 「사명집서 四溟集序」(『사명당대사집』·한불전8, p.46a21)에 "금년에 문도 혜구가 스승의 문집을 가져와 청하였다. 今年其門徒惠球 以師之文集來請", 해안(海眼)이 지은 「자통광제존자사명당송운대사행적 慈通廣濟尊者四溟堂松雲大師行蹟」(같은 책·한불전8, p.75a23)에 "대사의 방에 절도에 맞은 적제자 혜구와 단헌 등. 大師之室 中節適弟子惠球丹獻等", 『서역중화해동불조원류』(한불전10, p.105b5)에 "제1세송운유정사〈청허로부터 제2세〉는 송월응상·호구계주·청하인잠·혜구·행정이다. 第一世松雲政嗣〈二世〉 松月應祥 虎丘戒珠 靑霞印岑 慧球 行淨"라고 하였다. [참고문헌] 『泗溟堂大師集』, 『西域中華海東佛祖源流』. ⇨ 유정 惟政[1], 사명당대사집 泗溟堂大師集

혜구 慧球 ❶ 431~504. 남조유송(南朝劉宋)대 스님. 속성은 마(馬)씨. 부풍군(扶風郡 : 陝西省 涇陽) 출신. 열여섯에 출가하여 형주(荊州) 죽림사(竹林寺)의 도형(道馨) 문하로 들어갔다. 그 뒤에 상주(湘州) 녹산사(麓山寺)에서 선도(禪道) 수행에 전념하였고, 다시 동학 혜도(慧度)와 함께 경사로 들어가 경전을 공부하였다. 또 팽성(彭城)에 주석하며 승연(僧淵)에게 『성실론』을 배우기도 하였다. 462년(대명6) 형주로 돌아가 강설하였다. 남조제대(南朝齊代)인 501년(중흥1) 형주의 승주(僧主)를 맡았다. 남조 양대(梁代)인 504년(천감3) 세수 74세로 입적하였다. [참고문헌] 『梁高僧傳』 권8(대정장50, p.381a8). ❷ ?~913. 당말오대(唐末五代) 스님. 천주(泉州) 포전(莆田 : 福建省 莆田) 출신. 중탑화상(中塔和尙)이라고도 한다. 귀산(龜山)에서 출가하였다. 현사사비(玄沙師備)의 제자로 현사가 입적한 뒤 뒤를 이어 복주(福州) 와룡산(臥龍山) 안국원(安國院)에 주석하였다. 913년(건화3)에 입적하였다. [참고문헌] 『景德傳燈錄』 권21(대정장51, p.372a21), 『五燈會元』 권8(卍속장138, p.281a2).

혜구육유난재 慧球肉猶煖在 혜구 육신 여전히 따뜻하다 하였다. 난은 난(暖)과 같이 쓴다. 『오등회원』 권8 「혜구적조장 慧球寂照章」(卍속장138, p.281b15)에 "혜구가 요원주에게 물었다. '가령 선사께서 「시방세계 온통 다 진실로 사람의 몸이다」 하셨는데, 그대는 승당을 살펴보았는가?' '화상이시여, 헛꽃을 보신 듯합니다' '선사께서는 입적하였지만 육신은 여전히 따뜻하다'. 師問了院主 祇如先師道 盡十方世界 是眞實人體 你還見僧堂麽 了曰 和尙 莫眼花 師曰 先師遷化 肉猶煖在"라고 하였다. [참고문헌] 『五燈會元』.

혜구족 慧具足 Ⓢ prajñā-saṃpad, Ⓟ paññā-sampadā, Ⓣ shes-rab-phun-sum-tshogs-pa. 혜 구족함. 사제(四諦)를 여실히 아는 일을 말한다. 『잡아함경』 권4(대정장2, p.23b24 : *Ujjaya-sutta, AN.4*, p.288)에 "부처님께서 바라문에게 말씀하셨다. '재가인에게 네 가지 법이 있다. … (넷째로) 무엇을 혜구족이라 하는가? 어떤 선남자가 고성제를 여실히 알고, 집멸도성제를 여실히 안다면 이를 선남자의 혜구족이라 한다'. 佛告婆羅門 在家之人有四法 … 云何爲慧具足 謂善男子苦聖諦如實知 集滅道聖諦如實知 是名善男子慧具足 cattāro me brāhmaṇa dhammā … katamā ca brāhmaṇa paññāsampadā. idha vyagghapajja kulaputto paññavā hoti udayatthagāminiyā paññāya samannāgato ariyāya nibbedhikāya sammādukkhakkhayagāminiyā ayaṃ vuccati brāhmaṇa paññāsampadā", 『법온족론』 권3(대정장26, p.464a10)에 "혜구족이란, 유학승이나 무학승이 유학이나 무학의 혜를 성취하고 구족하는 것을 말한다. 慧具足者 謂學無學僧成就具足學無學慧"라고 하였다. [참고문헌] 『雜阿含經』, 『法蘊足論』, *AN.*, *Bodh-bh.105.*

혜국사 惠國寺 경상북도 문경시 문경읍 주흘산(主屹山)에 있는 절. 대본산 김룡사(金龍寺)의 말사였으나 지금은 대한불교조계종 직지사(直指寺)의 말사이다. 『범우고』에는 보제암(普濟庵)이라고 하면서, 고려 태조 왕건(王建)이 창건하였다고 하였는데, 『한국사찰전서』 권상 p.491b11 보제암에는 왕건이 견훤(甄萱)을 물리치고 이곳에 머물면서 어류산성(御留山城)을 쌓고 보제사를 창건하였다고 하였다. 『관암전서』 책18 「조령기 鳥嶺記」에는 1708년(숙종34)에 옛 고사갈이성(高思葛伊城)을 개축하고 조령관(鳥嶺關)을 두었을 때, "동쪽 산기슭의 계곡에는 어류동이 있는데, 안쪽이 넓고 바깥쪽은 좁은 둘레 30여 리쯤 되어서 수만 명 품을 수 있으니 참으로 천험의 지세다. 東麓深谷中 有御留洞 內寬外窄 周爲三十餘里 可藏數萬人 眞天險之地"라고 하면서, 고려 태조가 이곳에 머물면서 성을 쌓고 절을 창건하여 어류동과 보제라고 불렀으며, 지금의 중성(中城) 아래 혜국사가 그곳이다라고 하였다. 『가람고』에는 속암(屬庵)으로는 안적(安寂)·은선(隱仙)·용화(龍華) 등 3곳이 있었다고 하였다. 1927년에 전문기(錢文起)가 쓴 「혜국사중건기 惠國寺重建記」(『한국사찰전서』 권하 pp.1162a20~1163b6)와 같은 해 최인택(崔仁澤)이 작성한 「혜국사상방중창기 惠國寺上房重刱記」(같은 책, pp.1163c7~1164c9)에는 신라 때 보조국사(普照國師)가 창건하고는 법흥사(法興寺)라고 불렀고, 고려 공민왕(恭愍王)이 이곳에서 난을 피하여 어류동(御留洞)이라는 이름이 있으며, 조선 세조도 이곳에서 머물렀다. 1592년(선조25)~1593년에 청허(淸虛)·송운(松雲)·기허(騎虛)가 이곳에 머물면서 의병을 일으켜 나라를 지키는데 기여하였기에 선조가 '혜국'을 절 이름으로 하사하였다고 하였다. 성만징(成晩徵)의 『추담선생문집』 권5 「여유장경한기 與兪長卿漢基」에 "혜국사가 있는데 머무는 스님이 자못 많아 호남과 영남의 사우들과 함께 이곳에 장서각을 건립하고자 논의하였다. 有惠國寺 居僧頗盛 故欲與湖嶺士友議建藏書閣于此"라고 하였다. 1866년(고종3) 춘3월에 대웅전·관음전 등의 전각이 불탔는데, 주지 최송봉(崔松峰)이 경상도관찰사 이삼현(李參鉉)에게 국가 보전의 중요한 곳임을 호소하여 시주를 받아 대웅전·공향실(供香室) 등을 겨우 건립하였다. 그러나 재력이 다한 혜국사 본사는 황폐한 채 안적암 등 암자에만 스님이 머무르자 주지 고만허(高滿虛)와 김룡사 스님 정문흠(鄭文欽)이 1926년부터 불사를 열어 1927년에 예전과 같은 모습으로 중건하였다. 현존하는 당우로는 대웅전, 삼성각, 칠성각, 요사 등이 있고, 성보문화재로는 좌협시보살상에서 1684년(숙종10)에 수화승(首畵僧) 김문(金文)이 조성하여 금학사(金鶴寺)에 봉안하였다가 혜국사 대웅전에 옮겨 봉안하였다는 조상발원문(造像發願文)이 복장(腹藏)에서 발견된 목조삼존불좌상이 유형문화재로 지정되어 있다. 〔참고문헌〕『梵宇攷』, 『伽藍考』, 『韓國寺刹全書』 권하, 『冠巖全書』(韓國文集叢刊113, p.544b7), 『秋潭先生文集』(韓國文集叢刊52, p.527b11). ⇨ 보제암 普濟庵 2

혜궁형선사어록 慧弓詗禪師語錄 혜궁개형(慧弓開詗)의 어록. 전일(傳一)·법조(法照) 엮음. 5권. 가흥장35, pp.669a1~697c19)에 수록되어 있다. 강희년간(1662~1722) 간행되었다. 1권은 「남해보상림혜궁형선사어록 南海寶象林慧弓詗禪師語錄」이라는 제명 아래 상당(上堂)·소참(小參)·답문(答問)으로 구성되어 있고, 2권은 「남해보상림혜궁형선사원류염송 南海寶象林慧弓詗禪師源流拈頌」이라는 제명 아래 고칙(古則)에 대한 혜궁개형의 염과 송이 붙은 일종의 공안집 형식이다. 나머지는 동산양개(洞山良价)부터 청원(青原)하 37세에 이르는 조동종 선사 200인의 염고(拈古)를 모아서 엮었다. 3권은 「혜궁형선사종문염고목록 慧弓詗禪師宗門拈古目錄」이라는 제명 그대로 염고의 목록을 나열하였고, 4~6권에 그 염고를 싣고 있다. 이들 자료는 조동종의 정통을 표방하는 염고이다.

혜균 惠均 1 조선전기 스님. 1488년(성종19) 전라도 고산(高山) 화암사(花巖寺)에서 『육경합부 六經合部』를 판각할 때에 대시주로 참여한 스님이다. 2 조선후기 스님. 1701년(숙종27) 문경 희양산(曦陽山) 봉암사(鳳巖寺)에서 『금강경오가해』를 판각할 때 동참대중이다.

혜균 慧均 남조(南朝)말 삼론종(三論宗) 스님. 균정(均正)·혜균승정(慧均僧正) 등이라고도 한다. 저서에 『대승사론현의 大乘四論玄義』 12권이 있다. 이 책에서 보면 혜균이 초기에 『성실론』·비담·『섭대승론』 등을 궁구하다가 흥왕사(興皇寺) 법랑(法朗)의 뒤를 이어 『중론』·『백론』·『십이문론』을 공부했음을 알 수 있다. 남조진대(南朝陳代)인 574년(태건6) 5월 법랑의 강설을 자신의 저서에 기록하여 적어두었다. 저서에 길장(吉藏)·혜각(慧覺)·혜형(慧衡) 등 세 사람의 행적이 기록되어 있어 혜균이 만년에 장안에서 활동했다는 사실이 드러난다. 『미륵상하경유의 彌勒上下經遊意』라는 저술도 남겼다. ⇨ 사론현의 四論玄義

혜근 惠勤 1 1320~1376. 고려말 원(元)에 구법하여 지공(指空)을 만났고, 평산처림(平山處林)의 법도 받았다. 휘는 혜근(惠勤), 호는 나옹(懶翁), 본래의 법명은 원혜(元慧), 거처하던 실호(室號)는 강월헌(江月軒 : 신륵사 당우명). 속성은 희성(稀姓)인 아(牙)씨다. 아버지의 휘는 서구(瑞具), 어머니는 정(鄭)씨부인이니 금빛 새매(隼)가 날아와서 그녀의 머리를 쪼고 알을 떨어뜨려 품으로 들어오는 태몽을 꾼 다음, 1320년(충숙왕7) 1월 15일 경상북도 영덕군 영해면에서 태어났다.

골상이 특이하고 기신(機神)과 재주가 뛰어났다. 어려서부터 세상살이에 뜻이 없어 출가하여 스님이 되고자 하였으나 부모의 강한 반대로 미루어 오다가, 21세 때인 1340년(충혜왕1) 친구의 갑작스런 죽음을 보고 아버지에게 묻기를 '사람이 죽으면 어디로 가는 것입니까?'라 하니 아버지 답이 '그것을 아는 사람은 없다'라고 하였고, 마음 깊이 아파하다가 문경 대승사 묘적암(妙寂庵)으로 찾아가 요연(了然)선사를 은사로 하여 스님이 되었다. 어느날 스승이 묻기를 '무엇을 위해 출가했는가?' '삼계윤회를 벗어나고 중생을 이롭게 하고자 합니다' '여기까지 찾아온 놈은 무슨 물건인가?' '능히 말하며 또한 능히 듣는 자가 왔습니다. 그러나 그를 알고자 하나 알 수 없으며, 그 정체를 보고자 하나 도저히 볼 수 없사오니 어떻게 닦아야 하는지 일러주시기 바랍니다' 스님이 답하되 '나도 너와 같이 알지 못하니 다른 도덕 높은 스님을 찾아가 배우도록 하라'고 답했다. 묘적암을 물러나 제방으로 행각하다가 1344년(충혜왕5) 양주 회암사로 가서 독실을 얻어 불철주야 장좌불와로 정진하던 중 이 절에 잠시 우거(寓居)하던 석옹(石翁)스님이 법상에 올라 주장자로 법상을 내리친 다음, '대중스님들은 이 소리를 들었습니까?' 대중이 아무 답이 없자 혜근스님이 게송을 지어 바쳤다. "선불장중에 앉아, 성성하게 눈을 부릅뜨고 보니, 보고 듣는 놈 다른 물건이 아니라 본시 옛 주인이었네. 選佛場中坐 惺惺着眼看 見聞非他物 元是舊主人"라고 하였다. 스님은 이 절에서 4년 동안 더욱 정진하였고 크게 깨달음을 얻었다. 입원(入元)유학을 발원하고 1347년(충목왕3) 11월 출국하여 다음해인 1348년 3월 13일 원나라 서울인 연경(燕京)의 법원사(法源寺)에 도착했고, 그곳에서 인도로부터 온 지공(指空)스님을 친견했다. 지공이 묻되 '어디서 왔소?' '고려에서 왔습니다' '신통으로 왔는가, 뱃길로 왔는가?' '신통으로 왔습니다' '신통을 보여줄 수 있는가?' 스님이 합장하고 지공의 앞 가까이 다가섰다. 또 묻되 '그대가 고려로부터 왔다 하니 동해쪽의 모든 것을 보았는가?' '보지 않고서야 어찌 여기까지 왔겠습니까?' '무엇하러 여기까지 왔는가?' '후인을 위해 왔습니다'라고 답했다. 어느날 다음과 같은 게송도 지어 바쳤다. "산하대지는 눈앞의 꽃이요, 삼라만상 다시 그럴 뿐이다. 바야흐로 자성이 본래 청정한 줄 알고 보니, 진진찰찰 모두가 법왕신 아님이 없네. 山河大地眼前花 萬像森羅亦復然 自性方知元淸淨 塵塵刹刹法王身"라고 하였다. 1350년(충정왕2) 1월 1일 연경을 떠나 그해 4월 8일 평강부(平江府) 휴휴암(休休庵)에서 여름안거를 맺고 해제한 후, 7월 19일에 떠나 8월 정자사(淨慈寺)에 도착하여 임제(臨濟)의 18대 법손인 급암종신(及庵宗信) 제자인 평산처림(平山處林)을 친견하고 법을 거량한 끝에 처림이 직접 다음과 같이 전법편지와 전법게를 써 주었다. "삼한의 혜수좌가 나를 찾아왔기에 그의 출언(出言)과 토기(吐氣)가 불조의 말씀과 부합할 뿐 아니라, 종안(宗眼)이 명백하고 견해가 고준하여 말 속 흠모할 만함이 있다. 구구마다 칼을 감추었으니 내 이제 설암혜랑(雪岩惠朗)스님이 급암종신(及庵宗信)에게 전하여 나에게로 이어진 정법안장과 함께 종신으로부터 받은 가사 1령·불자 1병(拂子一柄)과 전법게 주노라"고 하였으니, 그 법계는 〈표〉와 같다.

〈표〉 법계

무준원조 無準圓照	설암혜랑 雪岩惠朗	급암종신 及庵宗信	석옥청공 石屋淸珙	태고보우 太古普愚
			평산처림 平山處林	나옹혜근 懶翁惠勤

이어 "불자와 가사 이제 부촉하니 마치 광석 중에 티 없는 옥을 찾아냈음이다. 계의 뿌리 길이 깨끗해 보리 얻었으니 선정지혜의 빛 빠짐없이 갖추었네. 拂子法衣今付囑 石中取出無瑕玉 戒根永淨得菩提 禪定慧光皆具足"라는 전법게를 전해받았다. 1351년 2월 2일 그곳을 떠나 관음 성지인 명주(明州)의 보타락가산과 아육왕사(阿育王寺)를 참배하고 오광(悟光)장로·설창(雪窓)화상·무상(無相)화상·고목영(枯木榮)화상 등을 두루 만나 법담을 나누었으며, 1352년(공민왕1) 4월 2일 무주(務州) 복룡산(伏龍山)으로 가서 천암(千岩)화상·송강(松江)의 요당(了堂)화상을 만나 본 뒤, 다시 법원사로 가서 지공스님에게 인사를 드리니 지공이 가사 1령, 불자 1병, 초서로 쓴 범서(梵書) 편지 한 장 등을 전해주었다. 1355년 순종황제의 교지를 받들어 연경의 광제선사(廣濟禪寺)에 머물게 되었다. 1356년 10월 15일 결제일을 기해 개당법회를 가졌는데, 황제가 원사(院使)인 야선첩목아(也先帖木兒)로 하여금 금란가사와 상아불자를 보내왔다. 1357년(공민왕6) 광제선사를 떠나 다시 법원사로 가서 지공에게 묻기를 '제자가 마땅히 어느 곳에 주하오리까?' 스님이 말씀하되 '그대 이제 본국으로 돌아가서 삼각산(三角山)과 양수(남쪽의 漢江과 북쪽의 長湍江)가 합하는 곳에 절을 짓고 수행하면 불교 저절로 흥왕하리라' 했다. 1358년 3월 23일 지공을 하직하고 요양(遼陽)·평양·동해까지 이르면서 설법교화하다가 1360년(공민왕9) 가을 오대산 상두암(象頭庵)에 주석하였다. 그때 중국 절강성으로부터 온 고담(古潭)스님이 용문산 용문사에 머물면서 안부편지를 보내왔는데, 스님이 답한 편지에 "임제라는 한 종지 마땅히 땅에 떨어졌고, 마침 공중으로부터 고담스님이 돌출하셨네. 석 자 취모검을 휘어잡고 정령 모두 베어 자취조차 길이 없게 하셨네. 臨濟一宗當落地 空中突出古潭翁 把將三尺吹毛劒 斬盡精靈永沒蹤"라고 하였다. 이를 받은 고담은 다시 답하기를 백지 한 장을 넣고 봉투 표면에 "군자는 천리에 있어도 한 바람이라네. 君子千里同風"라는 여섯 글자만을 보내왔다. 1363년(공민왕12) 9월 구월산 금강암에서 주석하다가 1365년 3월에 떠나 용문산·원적

산·금강산 정양사(正陽寺) 등에 머물다가 1367년(공민왕16) 왕명에 따라 강원도 춘성군 북산면 청평리 청평사(淸平寺)에 머물던 그해 겨울 보암(普菴)장로로부터 지공이 보내온 가사와 친필편지를 받았다. 1369년(공민왕18) 9월 병으로써 물러나 오대산 영감암(靈感菴)에 주석하던 중 1370년 가을 원나라의 사도(司徒)인 달예(達睿)가 지공스님의 영골사리를 모시고 회암사(檜岩寺)에 오므로 가서 받아 모셨다. 그해 여름안거를 광명사(廣明寺)에서 하였고, 8월 15일 회암사로 왔다. 9월 공부선(工夫選)인 승과를 시행할 때 주맹(主盟)이었다. 1371년 8월 26일 "대조계종사선교도총섭근수본지중흥조풍복국우세보제존자 大曹溪宗師禪教都摠攝勤修本智重興祖風福國祐世普濟尊者"라는 호와 함께 왕사로 책봉되었다. 그후 순천 송광사에 잠시 머물다가 1372년 가을 회암사로 와서 지공스님의 영골사리탑을 절의 북쪽 등선에 세웠다. 이어 회암사를 크게 확장하고 1376년(우왕2) 4월 낙성하였다. 이후 신남신녀들이 주야로 꼬리 물고 왕래하는 것을 본 유생들이 마음이 불편하여 국민들이 불교에 현혹되어 생업을 포기하는 상태에 이를 것이라고 주청하는 등 진정이 이어지자 서울과 거리가 멀어 신도들이 쉽게 갈 수 없는 밀양 영원사(瑩原寺)로 옮기게 되었다. 결국 추방당하듯 배를 타고 이석하던 중 여흥(驪興 : 여주)에 이르러 몸이 불편하니 좀 쉬어 가기를 청하여, 그해 4월 7일 신륵사에서 잠시 쉬던 5월 15일 세수 57, 법랍 38세를 일기로 조용히 입적하였다. 스님의 입적에 대해서는 많은 말들이 남아 전한다. 화장 후 두골(頭骨) 5편과 치아 40과는 모두 타지 않았으므로 회암사 북쪽 등선의 지공탑 서쪽에 탑을 세워 봉안하고, 두골 1편은 신륵사에 석종(石鐘)을 다듬어 안치하였다. 우왕이 선각왕사(禪覺王師)라고 시호를 올렸다. 제자에는 환암혼수(幻菴混修)·무학자초(無學自超)·각뢰(覺雷)·각주(覺珠)·각성(覺惺)·각굉(覺宏)·각연(覺璉) 등 1백여 명이 있었다. 저서는 『나옹화상어록』 1권과 『나옹화상가송』 1권이 있다. 〔참고문헌〕「懶翁和尙行狀」(한불전6, pp.702~765), 「普濟尊者塔誌」(『韓國金石全文』 中世下 pp.1242~1243), 李智冠『校勘譯註歷代高僧碑文』高麗篇4 pp.348~444. ⇨ 선각 禪覺, 회암사선각왕사비 檜巖寺禪覺王師碑 **2** 조선후기 스님. 자세한 행적은 알 수 없다. 다만 순천 선암사(仙巖寺)에 봉안하고 있는 「선암사선각국사진영 仙巖寺先覺國師眞影」 영찬(影贊)을 지은 스님이다. 국사의 진영을 모신 우측에 탁자 위에 궤함이 놓여 있고, 궤함 위쪽 여백에 전당혜근의 찬이라 하였으며, 그 가장자리에는 '이창주도선국사지진영 二創主道詵國師之眞影'이라는 화제가 붉은 바탕 위에 묵서로 명기되어 있다.

혜근 慧根 Ⓢ prajñā-indriya, Ⓟ paññā-indriya, Ⓣ shes-rab-kyi-dbang-po. 혜라는 뿌리. 삼십칠보리분법(三十七菩提分法 : 三十七助道法)의 오근(五根) 중 하나 또는 이십이근(二十二根) 중 하나다. 선정(禪定)에 의지해 관지(觀智)가 일어나서 여실하게 사제(四諦)를 아는 것이다. 혜에는 청정법을 증장할 수 있는 뛰어난 능력이 있기에 근이라 한다. 『잡아함경』 권26(대정장2, p.182c9 : *Vibhaṅga-sutta, SN.5,* p.197)에 "무엇을 혜근이라 하는가? 만약 비구가 고성제를 여실히 알고 … 고를 멸하는 길의 자취인 성제도 여실히 안다면 이를 혜근이라 한다. 何等爲慧根 若比丘苦聖諦如實知 … 苦滅道跡聖諦如實知 是名慧根 katamañ ca bhikkhave paññindriyaṃ idha bhikkhave ariyasāvako paññavā hoti … sammādukkhakhayagāminiyā. idaṃ vuccati bhikkhave paññindriyam", 같은 책(대정장2, p.183c10)에 "이 오근에 나아가길 혜근으로 으뜸을 삼아 나머지 거둬 가진다. 就此五根 慧根爲其首 以攝持故", 같은 책(대정장2, p.184a16)에 "무엇을 혜근이라 하는가? 여래에 대해 처음 보리심을 내어 일으킨 지혜이니 이를 혜근이라 한다. 何等爲慧根 於如來初發菩提心 所起智慧 是名慧根", 『중사분아비담론』 권5(대정장26, p.654a16)에 "혜근이란 무엇인가? 출요와 적정으로 선법을 낳아 법을 가려 비춰 살피고 맺어 끊고 자세히 보아 깨우친다. 이를 혜근이라 한다. 云何慧根 謂出要寂靜生於善法 擇法照察 決斷審了 是名慧根", 『구사론』 권25(대정장29, p.132b13)에 "사념주·혜근·혜력·택법각지·정견은 혜를 바탕으로 한다. 謂四念住慧根慧力擇法覺支正見以慧爲體", 『현양성교론』 권2(대정장31, p.489a29)에 "(오근 중) 다섯째는 혜근이니 등지근(定根)에 의지해 제법을 간택하고 정과 함께 행한다. 五 慧根 謂依等持根簡擇諸法與彼俱行", 『유가사지론』 권57(대정장31, p.616c25)에 "〔문〕 혜근은 무엇이 의지할 곳인가? 〔답〕 번뇌를 길이 끊고자 해서 의지할 곳이다. 問 慧根誰所依處 答 煩惱永斷之所依處", 『대승장엄경론』 권10(대정장31, p.644a14 : *Sūtr.*, p.143)에 "혜근은 여실지를 소연으로 한다. 〔문〕 어째서 이를 근이라 하는가? 〔답〕 이 신 등으로 소연을 증상하기에 근이라 한다. 능히 이익을 성취하기 때문이다. 慧根以如實智爲所緣 問云何是根義 答 此信等於所緣增上 故名爲根 能成就利益故 prajñā-indriyasya vipaśyanā padaṃ. tad-artha-adhikāreṇaiva caitāni śraddhādīni ādhipatya-arthena-indriyāṇy ucyante"라고 하였다. 〔참고문헌〕『雜阿含經』, 『衆事分阿毘曇論』, 『俱舍論』, 『顯敭聖敎論』, 『瑜伽師地論』, 『大乘莊嚴經論』, *SN.*, *Sūtr.*, *Abh-k-bh.37.* ⇨ 오근 五根**2**, 삼십칠보리분법 三十七菩提分法, 이십이근 二十二根**1**

혜근 慧懃 1059~1117. 송대 임제종 스님. 속성은 왕(汪)씨. 자는 불감(佛鑑). 서주(舒州 : 安徽省) 출신. 어릴 때부터 광교원심(廣教圓深)에게 사사를 받다가 후에 오조법연(五祖法演)에게 참문하고 그 법을 이었다. 서주 태수 손정신(孫鼎臣)의 청을 받고 태평산흥국선원(太平山興國禪院)의 주지가 되어 선법을 크게 퍼뜨렸다. 정화년간(1111~1118) 초 칙명에 따라 변경지해사(汴京智海寺)에 머물다가 5년 후에 돌아와 장산(蔣山)에 머물렀다. 1117년(정화7) 11월 8일 세수 59세로 입적하였다. 불과극근(佛果克勤)・불안청원(佛眼清遠)과 함께 오조법연 문하의 삼불(三佛)로 불린다. [참고문헌] 『五燈會元』 권19(卍속장138, p.741b5), 『佛祖歷代通載』 권19(대정장49, p.681c11), 『宗門統要正續集』 권19(영락장155, p.191a3).

혜긍 慧暅 515~589. 남북조 시대 성실종(成實宗) 법사. 속성은 주(周)씨. 긍(暅)의 음은 환(暅)으로도 읽는데, 『불조통기』 권6(대정장49, p.182c7)・『일체경음의』 권92(대정장54, p.889b11)에 따라 '긍'으로 읽는다. 의흥(義興) 양선(陽羨) 출신. 조부 주소(周韶)는 남제(南齊)대 전중장군(殿中將軍), 부친 주복(周覆)은 양(梁)대 장수교위(長水校尉)를 지냈다. 어려서 가업에 따라 육경(六經)을 익혔으나, 뜻에 맞지 않아 18세에 발심하여 죽림사(竹林寺)의 후(詡)법사를 은사로 출가하였고, 감로고사(甘露鼓寺)에서 구족계를 받았다. 정중사(靜衆寺)의 봉(峯)법사에게 『십송율』, 용광사(龍光寺)의 작(綽)법사에게 『성실론』을 배웠다. 작법사가 입적한 후에는 여러 스님을 찾아다니며 아비달마(阿毘達磨)와 팔건도(八犍度)를 탐구하였다. 그런 후 다시 용광사로 돌아와 학사대승도(學士大僧都) 서(舒)법사를 따라 『성실론』을 정밀하게 연구하고 그 법을 받았다. 559년(영정3) 백마사(白馬寺)에서 『열반경』과 『성실론』을 강의하자 많은 사람이 찾아와 법을 들었다. 561년(천가2)에는 학사 보지(寶持) 등 270명이 청하여 상궁사(湘宮寺)에서 강의하였다. 572년(태건4) 선제(宣帝)가 칙령으로 강설을 청하여 동안사(東安寺)에서 설행하였다. 583년(지덕원년)에 경읍대승도(京邑大僧都), 이듬해에는 대승정(大僧正)에 임명되었다. 수(隋)가 천하를 통일하자(天下混一) 서방(徐方 : 徐州)에서 머물렀다. 589년(개황9) 중사(中寺)에서 세수 75세로 입적하자 종산(鍾山)의 바위에 안치하였다. 비문은 낭야(瑯琊)의 왕주(王胄)가 지어서 제자들이 중사에다 건립하였다. 법을 이은 제자로는 지림(智琳)・지유(智瑜) 등이 있고, 사공(司空) 오명철(吳明徹)・왕주 등을 비롯한 수많은 공후장상들이 그로부터 보살계를 받은 재가제자였다. [참고문헌] 『佛祖統紀』, 『一切經音義』, 『唐高僧傳』 권9(대정장50, p.494a24), 『新修科分六學僧傳』 권17(卍속장133, p.724a12). ⇨성실종 成實宗

혜기 慧基 412~496. 남조(南朝)대 스님. 속성은 여(呂)씨. 전당(錢塘 : 浙江省) 출신. 어렸을 때 양도(楊都) 기원사(祇洹寺)의 혜의(慧義) 문하로 들어갔다가 열다섯에 출가하여 경전을 학습하며 부지런히 수행하다가 후에 서역 출신의 승가발마(僧伽跋摩 Ⓢ Saṃghavarman : 康僧鎧) 문하에서 선율(禪律)을 탐구하였다. 스무살에 구족계를 받은 다음 사방으로 스승을 찾아 다니며 『법화경』・『사익경』・『유마경』・『금강경』・『반야경』・『승만경』 등을 배웠다. 전당으로 돌아온 다음 삼오(三吳 : 浙江省 일대)를 다니며 경전을 강설하였다. 유송(劉宋)의 태종(太宗)이 사신을 보내어 초청하였으나 질병을 핑계로 가지 않았다. 그러나 주석하던 삼오 일대를 비롯한 곳곳에 이름이 날려 칙령으로 승정(僧正)에 임명되었다. 496년(건무3) 세수 85세로 입적했다. 저서에 『법화의소 法華義疏』 3권, 『문훈의서삼십삼과 問訓義序三十三科』・『주유교경 注遺教經』이 있다. [참고문헌] 『梁高僧傳』 권8(대정장50, p.379a3), 『佛祖統紀』 권36(대정장49, p.344b19), 『唐高僧傳』 권21 「慧光傳」(대정장50, p.607c1), 『僧史略』 권중 「立僧正」.

혜기 慧機 **1** 조선후기 스님. 청허휴정(淸虛休靜)이 스님과 이별하며 드린 시 「증별혜기장로 贈別慧機長老」 2수가 『청허집』 권2에 전한다. 같은 책(한불전7, p.682b23)에 "발로는 천간의 물 건너시고, 몸은 만산의 구름을 훑으셨습니다. 스님께서 돌아가시는 길 생각해보니, 계수나무 꽃잎 이리저리 흩날리겠네요. 穿千澗水 身破萬山雲 想師歸去路 桂子落紛紛"라고 하였다. [참고문헌] 『淸虛集』. **2** 조선후기 스님. 1657년(효종8) 함경도 함흥부 천불산(千佛山) 개심사(開心寺) 개판 현수소본(賢首疏本) 『기신론 起信論』 간기에 "비구 혜기 삼가 씀. 比丘慧機謹書"이라고 하였다. **3** 조선후기 스님. 호는 선월(船月). 법맥은 청허휴정 하 제3세 월담설제(月潭雪霽 1632~1704)로부터 현은형오(玄隱泂悟)→반운법행→선월혜기로 이어진다. 『서역중화해동불조원류』(한불전10, p.114b21)에 "반운행의 법사〈청허로부터 제6세〉는 쌍봉사운・선월혜기・계봉성기이다. 伴雲行嗣〈六世〉 雙峯思運 船月慧機 溪峯聖機"라고 하였다. [참고문헌] 『西域中華海東佛祖源流』. **4** 1603~1668. 중국 임제종 스님. 호는 철벽(鐵壁). 속성은 나(羅)씨, 사천성 영산(營山) 출신. 8세에 아버지를 여의고 어머니를 따라 재계(齋戒)를 수지(受持)하였다. 집 근처 대봉산(大蓬山) 원백도자(元白道者)에게 왕래하며 현학(玄學)을 묻다가 1622년 2월 19일에 입산수행을 결심하고 대나무로 집을 짓고 3년 엄관(掩關)하였다. 25세에 서축(西竺) 출신 스님에게 머리를 깎은 후 종남산(終南山) 취운사(聚雲寺) 취만광진(吹萬廣眞)을 참례하고 도를 구하여 33세에 깨달음을 얻어 취만의 법을 이었다.

1639년에 취만이 입적하자 스승의 법석을 이어 취운사 주지가 되었으며, 지장원(地藏院)·음옹사(吟翁寺)·경충사(慶忠寺)·보성사(寶聖寺) 등에서 32년간 주법(主法)으로 지내다 1668년(강희7)에 9월 21일에 입적하였다. 저술로는 『경충철벽선사어록 慶忠鐵壁禪師語錄』 3권·『경충철벽기선사어록 慶忠鐵壁機禪師語錄』 20권·『약병수의 藥病隨宜』 2권·『경충집 慶忠集』 2권 등이 있고, 『경충철벽기선사어록』 권20에 「치평철벽기선사년보 治平鐵壁機禪師年譜」(가홍장29, p.665c1)가 전한다. 『속등정통』 권16(卍속장144, p.688b13)에 "선사의 세수는 66, 법랍은 50이다. … 법을 이은 문인 삼산등래(三山燈來)가 유명을 받들어 스승의 영골을 맞이하여 일부는 고봉에 탑을 세우고, 나머지 모두 절(치평사) 서쪽 백록동 곁에 탑을 세워 모셨다. 師壽六十有六 臘五十 … 嗣法門人 三山來 遵遺命 迎師靈骨 一半建塔高峰 餘皆塔於寺西白鹿洞之旁"라고 하였다. 〔참고문헌〕『續燈正統』. ⇨ 철벽기선사어록 鐵壁機禪師語錄

혜남 慧南 1002~1069. 송대 임제종 황룡파(黃龍派) 비조. 속성은 장(章)씨. 신주(信州) 옥산(玉山 : 江西省 上饒) 출신. 열아홉에 구족계를 받고 서현징시(棲賢澄諟)·운봉문열(雲峰文悅)·석상초원(石霜楚圓) 등에게 참문하여 모두에게 그릇임을 인정받았다. 후에 청을 받고 황룡산 숭은원(崇恩院)에 가서 종풍을 크게 알려 그 영향력이 호남·호북·강서·민월(閩粵) 등지에까지 미치면서 황룡파의 실마리가 보였고, 일본 임제종의 비조 영서(榮西)도 이 일파에서 배출되었다. 일찍이 방장에서 불수(佛手)·여각(驢脚)·생연(生緣)이라는 삼전어(三轉語)를 설정하여 학인들을 점검하였는데, 30여 년 동안 그 취지를 알아맞힌 사람이 드물었다. 이를 세칭 황룡삼관(黃龍三關)이라 한다. 1069년(희녕2) 세수 68세로 입적하였다. 시호는 보각선사(普覺禪師)이다. 『황룡남선사어록 黃龍南禪師語錄』·『황룡남선사어요 黃龍南禪師語要』·『황룡남선사서척집 黃龍南禪師書尺集』 각 1권을 남겼다. 문하에 회당조심(晦堂祖心)·보봉극문(寶峰克文)·늑담홍영(泐潭洪英) 등이 있다. 〔참고문헌〕『釋氏稽古略』 권4(대정장49, p.871b21), 『續傳燈錄』 권7(대정장51, p.505c14), 『聯燈會要』 권13(卍속장136, p.647a8), 『五燈嚴統』 권17(卍속장139, p.744a5). ⇨ 황룡파 黃龍派, 황룡삼관 黃龍三關

혜남주법 慧南主法 황룡혜남(黃龍慧南)이 한 절의 주지로서 마음 쓰는 요체를 설한 인연. 『선원몽구』 권하(卍속장148, p.270b8)에 "혜남주법 : 〈전거는 『선림승보전』 권하〉 황룡혜남이 말했다. '주지직을 수행하는 요체는 대중을 얻는 데 달렸고, 대중을 얻는 요체는 그들의 마음을 보는 데 달려 있다. … 윗사람으로서 아랫사람을 가벼이 여겨 모든 것 멋대로 하면 아랫사람은 반드시 원을 품고 윗사람을 반하게 된다. 그 어찌 손해라 하지 않겠는가? 그러므로 상하가 사귀면 통하지만 오고 감 없으면 막히는 법이다. … 옛 성인은 사람을 배에, 그의 속을 물에 비유한 적이 있었다. 물은 배를 띄울 수도 있고 능히 뒤집을 수도 있으니, 물을 순한즉 배가 뜨고 거스르면 가라앉는다. 그러므로 주지가 사람의 마음 얻으면 흥하지만 마음 잃으면 망한다'. 慧南主法 〈僧寶傳下〉 黃龍南曰 住持要在得衆 得衆要在見情 … 在上者蔑下 而肆諸已 下必怨而叛上矣 豈不謂之損乎 故上下交則泰 不交則否 … 先聖嘗喩人爲舟 情爲水 水能載舟 亦能覆舟 水順舟浮 違則沒矣 故住持得人情則興 失人情則廢"라고 하였다. 〔참고문헌〕『禪苑蒙求』.

혜녕 慧寧 고려후기 스님. 나옹혜근(懶翁惠勤)의 제자. 이색(李穡)이 지은 「안심사지공나옹사리석종비음기 安心寺指空懶翁舍利石鐘碑陰記」에 "전 법화사 주지 혜녕. 前法華寺住持慧寧"라고 하였다. 〔참고문헌〕 李智冠 『校勘譯註歷代高僧碑文』 高麗篇4, p.427. ⇨ 나옹 懶翁

혜능 惠能 1562~1636. 휘는 혜능(惠能), 자는 중열(仲悅), 호는 양성(養性), 속성은 남(南)씨, 본관은 영양(英陽)이며, 어머니는 행주 전씨(幸州田氏)가 천선(天仙)이 내려오는 태몽을 꾼 다음 태어났으므로 어릴 때 이름은 몽선(夢仙)이다. 어릴 때부터 아이들과 같이 놀지 아니하였고, 12세 때인 1573년(선조6)에 울진 불영사로 찾아가 응철(應哲)스님을 은사와 계사로 하여 사미계를 받고 스님이 되었다. 그 후 8년 동안 내외의 경전을 배우고 천조(天照)스님을 찾아가 의문되는 부분을 질문하여 배웠으며, 호구(虎丘)를 친견하고는 무애(無礙)의 경지를 깨달았다. 이어 지리산·금강산·오대산·소백산·태백산 등 전국의 명산을 두루 순방하면서 스승을 찾아 도를 배웠다. 천축산(天竺山) 불영사(佛影寺)에 있을 때 머물던 당우를 '정신을 이양한다 頤養精神'는 뜻으로 양성당(養性堂)이라고 이름하였다. 1636년(인조14) 12월 17일에 "법화경을 강설하고 나니 해는 이미 저물었는데, 솔바람 부니 달빛이 창문에 비겼네. 고요한 토굴에서 깊은 뜻을 얻고 보니, 맑고 고요해 꿈에서도 고요하네. 講罷蓮經日已昏 松風蘿月掩柴門 幽居自得幽居趣 一境淸閒夢不煩"라는 임종게를 설한 다음, 가부좌를 맺고 세수 75, 법랍 64세를 일기로 조용히 입적하였다. 화장후 사리 3과를 얻어 불영사 동쪽에 부도를 세우고 봉안하였으며, 최석정(崔錫鼎 1646~1715)이 비문을 짓고 스님의 제자인 천옥(天玉)이 주관하여 1738년(영조14)에 세운 부도비가 울진 불영사에 있다. 〔참고문헌〕 智冠 『韓國高僧碑文總集 朝鮮朝·近現代』 pp.270~271, 『明谷集』 권21(韓國文集叢刊154, p.296),

『韓國金石文大系』 권3 pp.190~191, 『佛國寺誌』(亞細亞文化社, 1983) pp.515~522. ⇨ 불영사양성당선사혜능부도비명 佛影寺養性堂禪師惠能浮屠碑銘

혜능 慧能 638~713. 중국선종의 제6대 조사(祖師). 속성은 노(盧)씨. 대대로 범양(范陽 : 河北省)에 살았지만 남해(南海) 신주(新州 : 廣東省 新興縣)에서 태어났다. 육조대사(六祖大師) 또는 대감선사(大鑑禪師)라는 시호(謚號)로 불리며, 민중의 삶의 표상으로서 불교의 이상을 구현한 가장 두드러진 인물이다. 불문에 들어서기 전후의 인연을 기록한 자전적 법문인 『단경』 「행유품 行由品」에 따르면 다음과 같다. 정치적 사건에 연루되어 범양에서 궁벽한 신주로 좌천된 아버지를 어릴 때 여의고 빈곤한 집안에서 노모를 모시느라 땔나무를 팔아서 생계를 유지하였다. '가난해 일하는 부처'를 암시한 이 나무꾼 이야기는 뒤이어 '방아 밟는 행자'로 이어진다. 어느 날 주막 한 구석진 곳에서 어떤 나그네 『금강경』의 "그 어디에도 머무르는 일 없이 이 마음 낸다. 應無所住 而生其心"라고 읊는 경구 듣고 문득 깨우친 바 물었더니, 그 나그네 은자 열 냥을 주면서 생활에 보태라 배려하고 5조 홍인(弘忍)을 찾아가도록 했다. 당시 일자무식이었던 혜능은 5조 문하에서 8개월 동안 방아 밟는 소임을 맡았다. 종보본 『단경』(대정장48, p.351c9)에 "부처님 법 세간에 있으니, 세간을 떠나서 깨우칠 일 없다네. 세간 떠나 보리 찾는다면, 흡사 토끼뿔 구함과 같으리라. 佛法在世間 不離世間覺 離世覓菩提 恰如求兎角" 하였다. 5조 문하를 떠나 15년 동안 은둔하며 세상에 나타나지 않다가 676년(의봉1) 남해의 법성사(法性寺)에 이르러(風幡話의 장소) 인종(印宗)에게서 구족계를 받고 정식으로 출가의 형식을 갖추었다. 당시 오조에게 전수받은 법을 묻자 "오로지 견성만 말했을 뿐, 선정에 의한 해탈은 거론하지 않았다"라고 하여 선정 곧 좌선에 의지하지 않고 자성을 보는 오견성법을 분명히 하였다. 다음 해 소양(韶陽) 조계보림사(曹溪寶林寺)에 머물면서 견성의 선법을 널리 알리기 시작했고, 이로부터 좌선중심의 북종선이 지배하던 당대의 수행법을 전환하는 계기가 되었다. 후에 자사(刺史) 위거(韋據)의 청으로 대범사(大梵寺)에 머물다가 다시 조계로 돌아왔다. 705년(신룡1) 중종(中宗)이 내시 설간(薛簡)을 보내 궁으로 초빙했지만 질병을 핑계로 가지 않았다. 713년 8월에 세수 76세로 입적하였다. 헌종(憲宗)이 대감선사라는 시호를 내렸다. 송대 태종(太宗)이 다시 진종선사(眞宗禪師)라는 시호를 붙였고, 그 후에 인종(仁宗)은 보각선사(普覺禪師), 신종(神宗)은 원명선사(圓明禪師)라는 시호를 연이어 내렸다. 그만큼 혜능에 대한 민중의 열망이 지대하였고 지배자들도 이에 동승하려 했다. 입적 후에 그 선법은 청원행사(青原行思)와 석두희천(石頭希遷)이라는 양대 법맥으로 나뉘었고, 그 뒤 조사가 중심이 되는 오가칠종(五家七宗)은 모두 혜능의 법계와 선법이 중심에 자리잡고 있다. [참고문헌] 『壇經』, 『全唐文』 권327 「六祖慧能禪師碑銘」 · 권587 「曹溪第六祖賜謚大鑑禪師碑銘并序」 · 권610 「曹溪六祖大鑑禪師第二碑并序」, 『神會語錄』 「六祖傳」, 『曹溪大師別傳』, 『祖堂集』 권2(대장경보편25, p.343a11), 『佛祖統紀』 권29(대정장49, p.292a7), 『釋氏稽古略』 권3(대정장49, p.824a15), 『宋高僧傳』 권8(대정장50, p.754c1), 『景德傳燈錄』 권5(대정장51, p.235b10), 『傳法正宗記』 권6(대정장51, p.747a4), 『天聖廣燈錄』 권7(卍속장135, p.645b18). ⇨ 노행자 盧行者, 수능 秀能, 단경 壇經, 신주일초부 新州一樵夫, 육조 六祖❷, 육조전법게 六祖傳法偈, 육조전의 六祖傳衣

혜능 삼십삼조사탱
선암사 순천 1753년

혜능대감선사 慧能大鑑禪師 6조 혜능에 시호를 아울러 부르는 칭호. 『보암인숙어록』 권2(卍속장120, p.601a13)에 "제33조 혜능대감선사 : 조계의 물 한 방울, 널리 퍼져 남음도 모자람도 없구나. 우뚝 솟아 그 끝 더는 없으니 파도쳐 하늘까지 넘치고, 큰 바다 저 속에서는 금강의 불꽃 타오른다네. 第三十三 慧能大鑑禪師 曹溪一滴水 周帀無餘欠 孤峰絶頂浪滔天 大洋海裡金剛焰"라고 하였다. [참고문헌] 『普菴印肅語錄』. ⇨ 혜능 慧能

혜단 慧端 당대 스님. 전기나 행장 등은 알 수 없다. 당대에는 낙양(洛陽)에서 널리 알려진 고명한 선사였다. 『전법보기』의 기사에는 수홍년간(685~688) 홍인(弘忍)의 제자 법여(法如)가 중악소림사(中岳少林寺)에서 법문을 해달라고 간청했다고 한다. 또한 「대조선사탑명 大照禪師塔銘」의 기사에도 보이듯이 신수(神秀)의 제자 보적(普寂)에게 구족계를 주기도 하였다.

혜달 慧達 ❶ 법현(法顯)이 천축으로 법을 구하려 갔을 때 함께 했던 스님. 우전(于闐)까지 동행하였다. 『법현전』(대정장51, p.857b11)에 "혜경 · 도정 · 혜달은 먼저 갈차국으로 출발하였다. 慧景 道整 慧達 先發向竭叉國"라고 하는 등 네다섯 차례 전한다. [참고문헌] 『法顯傳』. ❷ 진(陳)대 소초제사(小招提寺)에 주석했다. 『조론 肇論』 「서 序」를 지은 이외에 알려진 것이 없다. [참고문헌] 『肇論疏』 권상(대정장45, p.161c18).

혜달화상돈교대승비밀심계선문법 惠達和上頓教大乘祕密心契禪門法 혜달 지음. 1권. 돈황출토본(敦煌出土本). 11행의 게송으로 표제인 돈교 두 글자를 근거로 혜능계선법으로 보기도 하였고, 본문에 간간(看看)이라는 말로 보아 북종(北宗)계일 수도 있다 주장하지만 선과 밀교의 교섭에서 출현한 법문으로 봄이 유력하다.

혜담 慧湛 중국 남북조시기 진(晉)에서 활동했던 비구니. 속성은 팽(彭)씨. 임성(任城) 출신. 『비구니전』 권1 「건복사혜담니전 建福寺慧湛尼傳」와 「건복사강명감니전 建福寺康明感尼傳」에 의하면, 혜담과 명감(明感) 등 10명의 비구니가 오자 하충(何充)이 자신의 별택(別宅)에 절을 세워 진 최초 비구니 사원인 건복사를 창건하고 그들을 머물게 하였다고 한다. 일찍이 혜담은 옷을 메고 산길을 걷다가 도둑을 만났는데, 그들이 칼로 혜담을 위협하였으나 마음대로 손을 쓸 수 없었기에 도둑들이 용서를 빌었다고 한다. 〔참고문헌〕『比丘尼傳』.

혜담 慧曇 1304~1371. 원말명초(元末明初) 임제종 양기파(楊岐派) 스님. 속성은 양(楊)씨. 자는 각원(覺原)이고, 사호는 연범선세이국숭교대선사(演梵善世利國崇教大禪師)다. 천태(天台 : 浙江省) 출신. 어릴 때 월주(越州 : 浙江省) 법과대균(法果大均) 문하로 출가하여 구족계를 받았다. 교학을 익히다가 소은대흔(笑隱大訢) 선사에게 참문하여 그 법을 이었다. 우두산(牛頭山) 조당(祖堂)에 주석하다가 1343년(지정3) 청량사(淸涼寺)로 옮겼고, 다시 보녕사(保寧寺)·장산(蔣山)·천계사(天界寺) 등에 두루 주석하였다. 1371년(홍무4) 세수 68, 법랍 53세로 입적하였다. 『절강통지 浙江通志』에는 홍무3으로 되어 있다. 〔참고문헌〕『增集續傳燈錄』 권5(卍속장142, p.856b10), 『五燈會元續略』 권2상.

혜대 鞋袋 짚신 등을 넣는 포대. 『선원청규』 권1 「변도구 辨道具」(卍속장111, p.877b9)에 "총림에 들어가려면 먼저 도구를 갖춘다. 산립·주장·계도·사부동·발탁·혜대 등이다. 將入叢林 先辨道具 所謂爲山笠 拄杖 戒刀 祠部筒 鉢橐 鞋袋", 『초석범기어록』 권10(卍속장124, p.167a7)에 "만약 진정 납자라면 다른 이가 '혜대 가져 오라'고 하는 말 기다려 듣자마자 선상을 뒤엎는다. 若是箇漢 待他道將鞋袋來 便與掀倒禪牀"라고 하였다. 〔참고문헌〕『禪苑淸規』, 『楚石梵琦語錄』.

혜덕 慧德 **1** Ⓢ prajñā-guṇa, prajñā-puṇya. 지혜롭고 덕 있는 이. 불보살의 별칭이기도 하다. 『보요경』 권3(대정장3, p.497b27)에 "해와 달이 반딧불에 절 올리겠습니까? 혜덕께서 어찌 하늘에 예 올리겠습니까? 삼천계 스스로 귀의하니 겨자로 수미산에 견주고, 소 발자욱 큰 바다에 견주듯이 상존은 일월에 비유합니다. 만약 저 존귀한 분께 절 올린다면 공덕 헤아릴 수 없을 것입니다. 日月禮螢耶 慧德豈禮天 三千界自歸 芥子比須彌 牛跡比大海 上尊喩日月 若能禮其尊 功德不可計", 『유가사지론』 권40 「보살지 菩薩地」(대정장30, p.514a2 : *Bodh-bh.*, p.104)에 "버림으로써 공덕 구족한 이 앞에서는 버리는 덕을 찬양하여 그를 환희하게 하고, 지혜로워 공덕 구족한 이 앞에서는 혜덕 찬양하여 그를 환희하게 한다. 於捨功德 具足者前 讚揚捨德 令其歡喜 於慧功德 具足者前 讚揚慧德 令其歡喜 tyāgaguṇasampannāṃs tyāgaguṇasaṅkathayā prajnāguṇasampannān prajnāguṇasaṃkathayā saṃpraharṣayati"라고 하였다. 〔참고문헌〕『普曜經』, 『瑜伽師地論』, *Bodh-bh.*, *Lal-v.84.* **2** 당(唐)대 스님. 현장(玄奘)법사가 『대반야경』 등을 한역하였던 도량 옥화궁(玉華宮寺)의 당시 주지. 『자은전』 권10(대정장50, p.276a21)에 "당시 옥화궁사의 주지 혜덕과 번경승 가상이 그날 밤 꿈에서 같은 것을 보았다. 時玉華寺主慧德 及翻經僧嘉尙 其夜同夢見"라고 하였다. 〔참고문헌〕『慈恩傳』, 『大唐故三藏玄奘法師行狀』(대정장50, p.219b5). ⇨옥화궁 玉華宮 **3** 고려 전기 왕사(王師) 소현(韶顯 1038~1096)의 시호. ⇨소현 韶顯 **4** 대한불교조계종(大韓佛教曹溪宗)에서 쓰는 비구니의 법계(法階) 중 하나로 승랍 20하(夏) 이상의 비구니에게 품서한다. 현덕(顯德)의 아래이고, 정덕(定德)의 위에 해당한다. ⇨법계 法階

혜덕왕사진응지탑비명 慧德王師眞應之塔碑銘 고려 혜덕왕사 소현(韶顯 1038~1096)의 탑비명. 이오(李頫)가 지었으며, 비는 김제 금산사(金山寺)에 있다. 비명에 "조사와 조사들께서 열어 드날리시고 스승과 스승들이 들어 소리 높였다. 유를 말하고 공을 말하며 성이라 상이라 하지만 두 갈래 묶고 버리니 어찌 치우쳐 숭상함 있으랴. 그 누가 아울러 통하게 할까? 오직 우리 종장 뿐이셨다네. 祖祖闡揚 師師提唱 談有談空 曰性曰相 苟泥二道 有何偏尙 其誰融通 唯我宗匠"라고 하였다. 〔참고문헌〕『校勘譯註歷代高僧碑文』 高麗篇3 pp.20~69. ⇨금산사혜덕왕사진응탑비 金山寺慧德王師眞應塔碑, 소현 韶顯, 이오 李頫

혜도 慧刀 지혜의 칼. 번뇌망상 등 끊어 없애기에 칼에 비유한다. 『현우경』 권2(대정장4, p.360a20)에 "나는 나중에 성불하기에 앞서 지혜의 칼로 그대의 삼독을 끊겠다. 我後成佛 先以慧刀 斷汝三毒", 『여환삼매경』 권하(대정장12, p.151c3)에 "그때 위대한 성인이신 부처님께서 손에 지혜의 칼을 잡으시고 생사의 깊은 샘마저 끊으셨다네. 時佛大聖 手執慧刀 斷生死源"라고 하였다. 〔참고문헌〕『賢愚經』, 『如幻三昧經』.

혜도 慧道 지혜롭게 되는 길. 지혜로 여는 길. 지혜도(智慧道)라고도 하며, 복도(福道)에 맞선다. 『지관보행전홍결』 권6(대정장46, p.336c12)에 "불법은 두 가지다. 세제와 제일의제인데 세제는 상이 있지만 제일의제는 상이 없다. 또 복도와 혜도이며, 또 생신과 법신의 두 몸이다. 佛法二種 世諦 第一義諦 世諦有相 第一義諦無相 又福道 慧道 又生法二身", 『대지도론』 권26(대정장25, p.255b16)에 "또한 부처님께는 두 가지 길 있으니, 첫째는 복덕의 길이고 … 둘째는 지혜의 길이어서 어떤 이가 제법은 인연화합으로 생하기에 자성이 있을 리 없다고 설함을 들으면 문득 제법을 버리고 여의어서 공 중에서 마음이 붙들릴 일 없다. 마치 저 달이 능히 물을 적시고 해가 능히 물을 익히니 두 일의 인연 때문에 만물이 성취됨과 같다. 복덕도와 지혜도 또한 이와 같아서 복덕도로 능히 모든 공덕들 생하고 지혜도로 능히 복덕도 중에서 모든 사견의 붙들림을 여읜다. 復次佛有二種道 一者 福德道 … 二者 智慧道 有人聞說 諸法因緣和合生故 無有自性 便捨離諸法 於空中心不著 如月能潤物 日能熟物 二事因緣故 萬物成就 福德道 智慧道亦如是 福德道 能生諸功德 智慧道 能於福德道中 離諸邪見著"라고 하였다. [참고문헌] 『止觀輔行傳弘決』, 『大智度論』・권29(대정장25, p.274a11). ⇨ 복도 福道 ❶

혜도 醯都 Ⓢ hetu의 음사. ❶ 오십이수(五十二數)・육십수(六十數) 중 하나. 수의 단위. 10의 29승(乘). 혜도(醯兜)로도 쓴다. 『구사론』 권12(대정장29, p.63b28 : *Abh-k-bh.*, p.181)에 "대지치바의 열 배를 혜도라 하고, 혜도의 열배를 대혜도라 하며, 대혜도의 열배를 갈랍바라 한다. 十大地致婆爲醯都 十醯都爲大醯都 十大醯都爲羯臘婆 daśa mahātiṭibhā hetuḥ. daśa hetavo mahāhetuḥ. daśa mahāhetavaḥ karabhaḥ"라고 하였다. [참고문헌] 『俱舍論』, *Abh-k-bh.* ⇨ 오십이수 五十二數, 육십수 六十數 ❷ 한역하여 인(因)이라 한다. 『인명입정리론소』 권상(대정장44, p.92a11)에 "혜도는 인, 비다(Ⓢ vidyā)는 명이라 한다. 醯都言因 費陀云明"라고 하였다. [참고문헌] 『因明入正理論疏』.

혜도마납 醯兜摩納 부처님의 제자 중 제일지(第一智)로 불리는 비구. 범어 Hetu-māṇava의 음사어로 보이며, 『발지론』 권18(대정장26, p.1018a29)에서는 인유동(因儒童)으로 한역하고, 힐혜제일(黠慧第一)이라 하였다. 『아비담팔건도론』 권27(대정장26, p.899c24)에 "'나의 제자 가운데 지혜제일은 혜도마납〈진인의 이름이다〉이고, 첩지(捷智)제일은 바유과의이다'. '이들은 어떤 차이가 있는가?' '혜도마납존자는 오로지 마음을 바르게 함에 힘써 거짓이 없고, 바유과의존자는 마음을 적게 쓰면서도 부드럽고 온화하니 이것이 다른 점이다. 我弟子 第一智 醯兜摩納〈眞人名也〉 捷智 婆猶果衣 此何差別 答曰 尊者醯兜摩納 專正心無僞 尊者婆猶果衣 少務心柔和 是謂差別", 『번범어』 권2(대정장54, p.999a4)에 "혜도마납〈혜도마야바라고 해야 한다. 한역하면 '혜도'는 인(因)이고, 마나바는 인(人) 또는 사정행(沙淨行)이라 한다〉. 醯兜摩納〈應云 醯兜摩耶婆 譯曰 醯兜者因 摩那婆者人 亦云沙淨行〉"이라고 하였다. [참고문헌] 『發智論』, 『阿毘曇八犍度論』, 『翻梵語』. ⇨ 인유동 因儒童

혜도발라지야 醯都鉢囉底也 Ⓢ hetu-pratyaya의 음사. 한역하여 인연(因緣)이다. 『대일경소』 권10(대정장39, p.685c9)에 "혜도〈인으로 한역한다〉발라〈발라 라는 한 음절이다〉지야〈지와 라는 한 음절이다. 모두 연으로 한역한다〉. 醯都〈因也〉鉢囉〈二合〉底也〈二合緣也〉"라고 하였다. [참고문헌] 『大日經疏』. ⇨ 인연 因緣

혜도비다 醯都費陀 Ⓢ hetu-vidyā의 음사. 한역하여 인명(因明)이다. 『인명입정리론소』 권상(대정장44, p.92a10)에 "범어 혜도비다〈뒤의 두 글자는 모두 혀끝의 경성으로 발음한다〉나야발라베사사살다라(Ⓢ hetu-vidyā-nyāya-praveśa-śāstra) 중 혜도는 인, 비다(Ⓢ vidyā)는 명, 나야(Ⓢ nyāya)는 정리, 발라베사(Ⓢ praveśa)는 입, 사살다라(Ⓢ śāstra)는 논이다. 한역하여 『인명입정리론』이라 한다. 梵云醯都費陀〈次上二字並舌頭輕聲呼之〉那耶鉢羅吠奢奢薩怛羅 醯都言因 費陀云明 那耶稱正理 鉢羅吠奢翻入 奢薩怛羅論也 唐云因明正理入論"라고 하였다. [참고문헌] 『因明入正理論疏』. ⇨ 인명 因明

혜도피안 慧到彼岸 Ⓢ prajñā-pāramitā. 반야바라밀(般若波羅蜜)의 다른 이름. 『설무구칭경소』 권5(대정장38, p.1087b3)에 "비록 육근이 어지럽게 보이더라도 항상 고요하게 하고 고요히 말 없어서 정에 머물며, 비록 악한 혜를 보이더라도 언제나 모든 신심이 믿는 경에 통달하여 지혜로운 저 언덕에 이른다. 雖示根亂 而常恬寂 靜默住定 雖示惡慧 常達一切信所信境 至慧到彼岸"라고 하였다. [참고문헌] 『說無垢稱經疏』, *Daś-bh.34.* ⇨ 반야바라밀 般若波羅蜜, 도피안 到彼岸

혜독문 慧毒門 지혜 독을 쓰듯 하는 방편. 적은 독 순간에도 온몸에 퍼지듯이 적은 혜로도 빠르게 깨우치게 하는 비유다. 독문과 같은 지혜. 『구사론』 권30(대정장29, p.159b13 : *Abh-k-bh.*, p.478)에 "이 귀퉁이에서 이미 간략히 설한 것은 지혜로운 이의 혜독문을 열고자 함이니, 바라건대 각자 힘써 견딜만함을 다하여, 알아야 할 바를 두루 깨달아 뛰어난 업을 성취하라. 於此方隅已略說 爲開智者慧毒門 庶各隨己力堪能 遍悟所知成勝業 iti diṅ-mātram-eva-idam-upadiṣṭaṃ sumed hasām, vraṇa-deśo viṣasya-iva svasāmarthya-visarpaṇa iti", 『구사론송소론본』 권1(대정장41, p.814b27)에 "지혜로운 이의 혜독문을 여는 것은 마치 몸의 작은 상처에 소량의 독약을 발라도 순식간에 독기가 온몸에 퍼지듯이, 이 논 역시 그러하다. 적은 지혜의 문만 열어도 모든 지혜로운 이 능히 깊이 깨달아 드는 것이 마치 독문인 듯 해서 혜독문이라 한다. 爲開智者慧毒門 如身少破 著少毒藥 須臾毒氣 遍滿身中 此論亦然 開少慧門 諸有智人能深悟入 如似毒門 名慧毒門"라고 하였다. 〔참고문헌〕『俱舍論』, 『俱舍論頌疏論本』, *Abh-k-bh.*

혜독약 慧毒藥 독인지 약인지 가려내는 지혜. 『인명정리문론』(대정장32, p.11a18)에 "지인의 혜로 독과 약을 가리고자 해서 이 묘한 뜻의 정리문을 열게 되었다. 외도의 소견에 미혹한 모든 이들로 하여금 삿된 길 넘어서 참된 뜻 만날 수 있게 하려 하네. 爲開智人慧毒藥 啓斯妙義正理門 諸有外量所迷者 令越邪途契眞義"라고 하였다. 〔참고문헌〕『因明正理門論』.

혜등 慧燈 Ⓢmati-dīpa. 지혜의 등불. 무명을 깨트린다. 『대방등무상경』 권2(대정장12, p.1083a28)에 "이에 그대는 마땅히 여래공덕을 널리 펴 분별하니, 실상의 기름으로 지혜의 등불 적셔 더욱 이롭고, 지혜의 눈 떠서 빛나니 무명의 어둠 없이 한다. 是故汝當 廣宣分別 如來功德 以實相油 潤益慧燈 開發慧眼 除無明闇", 『지관보행전홍결』 권2(대정장46, p.203a4)에 "그러므로 삼매의 방에서 미친 듯 흩어지는 바람을 떠나 지혜의 등불로 비로소 무명의 큰 어둠 부순다. 실상이라는 보배 분명히 드러내 볼 수 있도록 한다. 故用定室 離狂散風 慧燈方破 無明大暗 使實相寶 顯了可見"라고 하였다. 〔참고문헌〕『大方等無想經』, 『止觀輔行傳弘決』, *Gaṇḍ-vy.247.*

혜등명여래 慧燈明如來 『십길상경』에서 설하는 십불(十佛) 중 한 부처님. 『십길상경』(대정장14, p.77b27)에 "동방으로 두 번의 항하사수의 모든 부처님 세계를 지나서 체승제승이라는 세계가 있다. 그 국토에는 혜등명여래라는 명호의 부처님이 계신다. 東方度二恒沙數 諸佛世界 有世界名 諦勝諸勝 其刹有佛 名慧燈明如來"라고 하였다. 〔참고문헌〕『十吉祥經』.

혜등삼마지 慧燈三摩地 지혜를 등불 삼아 만법의 공무아를 밝히는 삼매. 『대반야경』 권52(대정장5, p.296a24)에 "선현이 어쭈었다. '세존이시여, 무엇을 혜등삼마지라 하는지요?' '선현아, 이 삼마지에 머물 때면 모든 법 공과 무아의 뜻 비추어 깨우친 이런 이유로 혜등삼마지라 한다'. 世尊 云何名爲慧燈三摩地 善現 謂若住此三摩地時 照了諸法 空無我理 是故名爲 慧燈三摩地"라고 하였다. 〔참고문헌〕『大般若經』.

혜등왕 慧燈王 보시를 즐겨 행한 과거세의 왕. 『사분율』 권51(대정장22, p.951a18)에 "그때 모든 대신이 혜등왕의 교시를 듣고 나서 팔만사천의 성에 있는 창고에 쌓인 물건을 꺼내어 네 성문 안의 사방으로 통하는 길 입구에서 사문바라문과 빈궁한 고아와 노인들에게 보시하였으니, 그들이 찾는 물건마다 모두 베풀었다. 時諸大臣 聞慧燈王敎已 卽於八萬四千城 隨所在藏 於四城門中 四交道頭 布施沙門 婆羅門 貧窮孤老 隨其所索 一切施與"라고 하였다. 〔참고문헌〕『四分律』.

혜등주 慧燈炷 Ⓢprajñā-āloka. 지혜의 불 밝히는 심지. 『백오십찬불송』(대정장32, p.761a9 : *Śata-śa.*, p.116)에 "어둠에서 항상 비추어 밝히니, 존자는 지혜의 불빛 심지라네. 於闇常照明 尊爲慧燈炷 tamobhūteṣu lokeṣu prajñālokaḥ kṛtas tvayā"라고 하였다. 〔참고문헌〕『百五十讚佛頌』, *Śata-śa.*

혜라산 醯羅山 ⓈHila. 북인도 오장나국(烏仗那國 ⓈUdyāna)의 불교성지. 과거세에 부처님께서 사구게(四句偈) 중 반게(半偈)인 "제행무상 시생멸법 諸行無常 是生滅法" 듣고 나머지 반게인 "생멸멸이 적멸위락 生滅滅已 寂滅爲樂" 얻기 위해 몸을 던진 곳이다. 『자은전』 권2(대정장50, p.230b28)에 "성 남쪽으로 4백여 리 가면 혜라산에 이른다. 이곳은 여래께서 과거세에 게송 나머지 절반을 듣고 야차의 은혜에 보답하고자 몸을 던진 장소이다. 城南四百餘里 至醯羅山 是如來昔聞半偈 報藥叉之恩 捨身下處"라고 하였다. 〔참고문헌〕『慈恩傳』. ⇨ 반게 半偈, 설산게 雪山偈, 전륜왕위반게완신연천등 轉輪王爲半偈剜身然千燈, 할고 割股

혜라성 醯羅城 ⓈHiḍḍa, Hila. 북인도 나게라갈국(那揭羅曷國 ⓈNagarahāra)의 수도. 불정골성(佛頂骨城)이라고도 한다. 지금은 Hiḍḍa라 한다. 부처님의 촉루골(髑髏骨)·안정(眼睛)·승가지가사(僧伽胝袈裟)·석장(錫杖)도 이곳에서 수습했다고 전한다. 지금의 카불(Kābul) 동쪽 잘랄라바드(Jalālābād)에서 남쪽으로 10km 지점이다. 『당고승전』 권4 「현장전 玄奘傳」(대정장50, p.448b16)에 "성 남쪽으로 멀지 않은 지점의 혜라성에 사방 1자 2촌 크기의 부처님 정골이 있다. 城南不遠 醯羅城中 有佛頂骨 周尺二寸"라고 하였다. 〔참고문헌〕『唐高僧傳』.

혜란 慧蘭 ❶ 송대 조동종 스님. 호는 진의(眞懿). 정인자각(淨因自覺)의 법을 이었다. 하남성(河南省) 동경 화엄사(東京華嚴寺)에 주석하였다. 〔참고문헌〕『嘉泰普

燈錄』 권9(卍속장137, p.154b14), 『五燈會元』 권14(卍속장138, p.545b5). **2** 송대 임제종 스님. 대위모철(大潙慕喆)의 법을 이었다. 스스로 벽락도인(碧落道人)이라 불렀다. 화주(和州 : 安徽省) 광효사(光孝寺)에 주석하였다. 촉의(髑衣)에 일곱 부처님의 이름(七佛名)을 적어 늘 입었기에 난포곤(蘭布裩)이라 불렸다. [참고문헌] 『嘉泰普燈錄』 권8(卍속장137, p.139a7), 『五燈會元』 권12(卍속장138, p.460a2).

혜란야하 醯蘭若河 Ⓢ Hiraṇyavatī, Ⓟ Hiraññavatī. 부처님의 열반처인 구시나게라(拘尸那揭羅 Ⓢ Kuśinagara)에 있는 강. 사금이 나오는 강이라는 뜻. 희련하(熙連河)·희련선하(熙連禪河) 등이라고도 한다. [참고문헌] 『四分律』 권54(대정장22, p.966b25), 『四分律名義標釋』 권37(卍속장70, p.953b7).

혜람 慧覽 남조송대(南朝宋代) 천축에 들어갔던 구법승. 속성은 성(成)씨. 주천(酒泉 : 甘肅省) 출신. 어린 시절 현고(玄高)와 함께 선정을 잘 닦기로 알려졌지만 서역의 계빈국(罽賓國 Ⓢ Kaśmīra)에서 달마비구(達摩比丘)에게 선요(禪要)를 받았다. 그 달마는 일찍이 도솔천에서 미륵으로부터 보살계를 받고 후에 그 계법을 혜람에게 주었고, 혜람은 우전(于塡 : 于闐)으로 돌아와 다시 계맥을 이어 여러 스님들에게 전해 주었다. 대명년간(457~464)에 60여 세로 입적하였다. [참고문헌] 『梁高僧傳』 권1(대정장50, p.399a11).

혜랑 慧朗 **1** 662~725. 남산율종(南山律宗) 도선(道宣)계 제4세. 신정수안(新定遂安 : 浙江省) 출신. 출가 전부터 불법을 신봉하다가 22세에 남종(南宗)의 선사를 스승으로 모시려 했으나 인연이 맞지 않다 여겨 천태산으로 가는 도중에 노승을 만나 심요를 전수받고 본원을 활짝 깨우쳤다. 그 뒤 임야에서 수년간 수행하다가 고향으로 돌아가 혜안사(慧安寺)에 의탁하였다. 경룡년간(707~709) 정수리에서 광명이 솟구쳐 수십리를 비추는 신통을 보여 대중이 모두 놀라며 법좌에 올라 설법해 주기를 청하였다. 716년(개원4) 광주도안(光州道岸)을 은사로 삭발하고 구족계를 받았다. 여러 이적을 보여 사방에서 학인이 몰려 들었다. 용흥사에서 725년(개원13) 세수 64세로 입적하였다. [참고문헌] 『宋高僧傳』 권8(대정장50, p.758c26). **2** 당말오대(唐末五代) 스님. 설봉의존(雪峰義存)의 법계로 장경혜릉(長慶慧稜)의 법을 이었다. 문중 중에 빼어나 랑상좌(朗上座)로 불렸다. 복주(福州 : 福建省) 보자원(報慈院)에 주석하였다. [참고문헌] 『景德傳燈錄』 권21(대정장51, p.376a14), 『五燈會元』 권8(卍속장138, p.287b4), 『碧巖錄』 48칙 「本則」(대정장48, p.183c14). **3** 738~820. 석두희천의 법사(法嗣). 『조당집』 권4 「초제화상」(대장경보편25, p.382a9)에 "초제화상은 석두선사의 법을 이었다. 선사의 휘는 혜랑이고, 성은 구양이며, 소주 곡강 출신이다. 나이 열셋에 등림사 모선사 문하에서 출가했다. 열일곱에 형악을 유람하고, 스물에 구족계를 받고 건주 공공산에 가서 마조선사를 뵈었다. 마조가 물었다. '그대는 무엇을 구하고 있는가?' '불지견을 구합니다' '부처에겐 지견이 없다. 지견은 마계일 뿐이다. 그대는 남악에서 왔는데 석두에게서 조계의 심요를 보지 못한 것 같군. 그대는 석두로 돌아가야 하네'. 선사는 결국 그 말에 의지하여 석두에게 되돌아갔다. 과연 대적의 말대로 기연에 계합하여 깨달음이 이르렀다. 초제에서 삼십 여년 동안 나오지 않았는데 이러한 인연으로 초제랑이라 불렀다. 원화 15년 경자세 정월 22일 입적했으니 세수는 83, 법랍은 64세였다. 招提和尙嗣石頭 師諱惠朗 姓歐陽 韶州曲江人也 年十三 於鄧林寺摸禪師處出家 十七遊衡嶽 二十受戒 乃往虔州龔公山謁大寂 大寂云 你來何求 對曰 求佛知見 大寂曰 佛無知見 知見乃魔界耳 你從南岳來 似未見石頭曹溪心要耳 汝應卻歸石頭 師遂依言而返 造石頭 果應大寂之言 契緣悟達 不出招提三十餘年 因號招提朗矣 至元和十五年 庚子歲 正月二十二日遷化 春秋八十三 僧夏六十四矣"라고 하였다. [참고문헌] 『祖堂集』, 『景德傳燈錄』 권14(대정장51, p.311a28).

혜량 惠亮 신라 제24대 진흥왕(재위 540~576)대를 전후한 스님. 본래 고구려 스님이나 뒤에 신라에 귀화했다. 고구려의 국정을 정탐하러 온 신라의 스님 거칠부(居柒夫)를 피신시켜 화급히 신라로 돌아가게 함으로써 체포를 면케 했으며, 정탐을 대충하고 본국으로 돌아온 거칠부는 곧 환속(還俗)하여 벼슬에 나아가 대아찬(大阿飡)에 이르렀다. 551년(진흥왕12) 12월 나제(羅濟) 연합군이 고구려를 칠 때 거칠부도 참전하여 10개군(十介郡)을 빼앗았다. 스님은 귀국하는 거칠부를 따라 신라로 와서 진흥왕의 명으로 신라 최초의 승통(僧統)으로 추대되었고, 스님의 주도로 신라의 최초 백고좌회(百高座會)와 팔관법회(八關法會)를 시행(始行)케 했으니, 새로운 불교의식을 정착시키는 등 신라 불교의 초기 교단 형성에 크게 공헌했다. [참고문헌] 『三國史記』 권4 新羅本紀4 眞興王十二年, 『東史綱目』.

혜려 慧麗 1586~1650. 임제종 스님. 속성은 이(李)씨. 호는 삼파장(三巴掌) 또는 철미(鐵眉). 조주(趙州 : 河北省) 백향현(柏鄕縣) 출신. 천태무진양(天台無盡揚) 문하로 출가하여 16년 동안 지냈다. 후에 취만광진(吹萬廣眞)의 법을 이었다. 1650년(순치7) 10월 10일 관음산웅이암(觀音山熊耳庵)에서 세수 65, 법랍 33세로 입적하였다. 『철미삼파장선사어록』 1권을 남겼고,

「삼파장화상행장 三巴掌和尙行狀」이 전한다. 〔참고문헌〕『續燈正統』 권17(卍속장144, p.690b8).

혜력 慧力 ■1 Ⓢ prajñā-bala, Ⓟ paññā-bala, Ⓣ shes-rab kyis stobs. 혜의 힘. 삼십칠도품(三十七道品) 중 오력(五力)의 하나다. 『법계차제초문』 권중하(대정장46, p.682b12)에 "다섯 번째, 혜력이다. 정도와 모든 조도법을 위해서 무상한 십육행을 관하는 그때 혜근이 증장한즉 능히 삼계의 견혹과 사혹을 차단하고 진실한 무루를 일으키기에 혜력이라 한다. 五 慧力 爲正道及諸助道法 觀無常十六行時 若慧根增長 則能遮三界 見思之惑 發眞無漏 故名慧力"라고 하였다. 〔참고문헌〕『法界次第初門』, *Abh-k-bh.381.*, *Śrāv-bh.291.*, *AN.3.10.* ⇨ 오력 五力■1, 삼십칠도품 三十七道品 ■2 Ⓢ prajñā-bala. 힘이 되는 혜. 『사리불아비담론』 권9(대정장28, p.590c5)에 "무엇을 혜력이라 하는가? 혜근이 바로 혜력이다. 云何慧力 慧根是名慧力"라고 하였다. 〔참고문헌〕『舍利弗阿毘曇論』, *Abh-s-bh.106.* ■3 중국 남북조 시기 활동했던 비구니. 송 남진릉사(南晉陵寺)의 주지였던 영옥(令玉 433~509)의 제자다. 『비구니전』 권4 「남진릉사영옥니전 南晉陵寺令玉尼傳」 부전(附傳)에 의하면, "다시 영혜·계인·혜력이 있었고 모두 이름이 알려졌다. … 혜력은 더없이 지혜로워 막힘 없었고 드러내 다툼도 없었다. 復有令惠戒忍慧力 並顯名 … 惠力雅識虛通 無所矯競"라고 하였다. 〔참고문헌〕『比丘尼傳』.

혜로가 奚魯伽 Ⓢ heluga, Ⓣ shugs-'phyo. 고대인도의 극대수 중 하나. 백이십전(百二十轉) 중 41번째. 80권본 『화엄경』 권45 「아승기품 阿僧祇品」(대정장10, p.237c11)에 "하리삼(Ⓢ harisa)에 하리삼이면 1혜로가이고, 혜로가에 혜로가를 더하면 1달라보다(Ⓢ drabuddha)다. 訶理三訶理三 爲一奚魯伽 奚魯伽奚魯伽 爲一達攞步陀"라고 하였다. 〔참고문헌〕『華嚴經』, *Mvyut.246.* ⇨ 백이십전 百二十轉

혜로야 醯魯耶 Ⓢ heluya, Ⓣ 'od-phyod. 고대인도의 극대수 중 하나. 백이십전(百二十轉) 중 79번째. 혜는 혜(奚)와 통한다. 80권본 『화엄경』 권45 「아승기품 阿僧祇品」(대정장10, p.238a7)에 "아달라(Ⓢ atara)에 아달라를 더하면 1혜로야이고, 혜로야를 거듭 더하면 1벽노파(Ⓢ veluva)다. 阿怛羅阿怛羅 爲一醯魯耶 醯魯耶醯魯耶 爲一薜魯婆"라고 하였다. 〔참고문헌〕『華嚴經』, *Mvyut.246.* ⇨ 백이십전 百二十轉

혜륜 惠輪 신라후기에 중국을 거쳐 인도에까지 유학하였던 스님. 『해동고승전』 권2 「석혜륜전」(대정장50, p.1022b17)에 따르면 신라 스님으로서 범명(梵名)은 반야발마(般若跋摩)이니 혜갑(惠甲)이라고 한역한다. 신라에서 출가한 후 구법의 길에 올라 배를 타고 중국의 민월(閩越) 땅에 상륙하여 보행으로 장안(長安)에 도착한 후 여러 해 동안 한서(寒暑)를 무릅쓰고 갖은 고행을 겪었다. 그리고 어느 황제의 칙명으로 현조법사(玄照法師)의 인도구법에 동행하게 되었고, 험한 길에 위험을 무릅쓰고 인도에 도착하여 두루 성지를 참배하고, 암마라파국신자사(菴摩羅波國信者寺)에서 10년간 주석하면서 공부하다가 다시 그 동쪽 건타라산다사(犍陀羅山茶寺)에서 머물며 범어에 정통하고 인도말도 능통하였다. 이곳에서 나이 40세도 채 못 되어 입적하였다. 〔참고문헌〕『海東高僧傳』, 『三國遺事』 권4(대정장49, p.1004b1·한불전6, p.344b1) 義解5 歸竺諸師. ⇨ 반야발마 般若跋摩, 혜갑 慧甲

혜륭 惠隆 신라 제41대 헌덕왕(재위 809~826) 대를 전후한 스님. 『삼국유사』 권3(대정장49, p.988a2·한불전6, p.316b18) 홍법(興法)3 원종흥법염촉멸신(原宗興法厭髑滅身)에 "국통인 혜륭, 법주인 효원 김상랑, 대통인 녹풍, 대서성인 진노, 파진찬인 김억 등이 이차돈의 무덤과 비를 세웠다. 원화 12년 정유 8월 5일이니 곧 제41 헌덕대왕 9년(817)이다. 有國統惠隆 法主孝圓 金相郎 大統鹿風 大書省眞怒 波珍喰金嶷等 建舊塋 樹豐碑 元和十二年丁酉八月五日 卽第四十一憲德大王九年也"라고 하였다. 〔참고문헌〕『三國遺事』. ⇨ 진노 眞怒, 영수 永秀, 이차돈 異次頓

혜릉 慧稜 ■1 576~640. 당대 초기 스님. 속성은 신도(申屠). 서륭(西隆) 출신. 8세에 단계사(檀溪寺) 탄율사(誕律師) 문하로 출가하였고, 열여섯에 형주(荊州) 모산(茅山)의 명법사(明法師)에게 구족계를 받았다. 호법사(囂法師)의 모함을 받아 투옥되었을 때 죄수들에게 『중론』·『백론』·『십이문론』을 강설하였고, 사면을 받은 다음 호법사와 함께 안주(安州)로 돌아갔다. 그 뒤 양주자금사(襄州紫金寺)에서 강설하였다. 640년(정관14)에 세수 65세로 입적했다. 〔참고문헌〕『唐高僧傳』 권14(대정장50, p.536c5). ■2 854~932. 당말오대(唐末五代) 스님. 속성은 손(孫)씨. 항주(杭州 : 浙江省) 염관(鹽官) 또는 해염(海鹽) 출신. 열셋에 소주(蘇州) 통현사(通玄寺)로 출가하여 구족계를 받았다. 영운지근(靈雲志勤)·설봉의존(雪峰義存)·현사사비(玄沙師備) 등에게 참문하였다. 결국은 설봉의존 문하에 30년 지내면서 그 법을 이었다. 906년(천우3) 천주(泉州 : 福建省) 소경원(昭慶院)에 주석하다가 나중에 복주(福州 : 福建省) 장경원(長慶院)에 주석하여 장경혜릉이라고도 불린다. 932년(장흥3)에 세수 79, 법랍 60세로 입적하였다. 시호는 초각대사(超覺大師)이다. 〔참고문헌〕『

宋高僧傳』 권13(대정장50, p.787a4), 『景德傳燈錄』 권18(대정장50, p.347b16).

혜릉모란 慧稜牡丹 장경혜릉(長慶慧稜)과 모란을 이야기하다. 『선원몽구』 권상(卍속장148, p.213b16)에 "혜릉모란 : 〈설봉의 법제자. 전거는 『오등회원』 권8〉 지장(羅漢桂琛)이 장경 그리고 보복과 함께 주에 들어가 모란 핀 담장을 보았다. 보복이 '아름다운 한 송이 모란꽃일세!'라고 하자 장경은 '눈에 맺힌 헛꽃이 아닐까?'라고 응수했고, 지장은 '아깝구나! 한 송이 꽃'이라고 응답했다. 惠稜牡丹 〈雪峯法嗣 會元八〉 地藏與長慶保福 入州見牡丹障子 保福云 好一朵牡丹花 長慶云 莫眼花 地藏曰 可惜許 一朵花"라고 하였다. 〔참고문헌〕『禪苑蒙求』, 『五燈會元』 권8 「羅漢桂琛章」(卍속장138, p.279a14).

혜리 惠利 Ⓢ arthaka. 은혜를 베풀어 이롭게 하는 것. 혜시(惠施)와 같은 뜻이다. 『대반니원경』 권2(대정장12, p.861c20)에 "무릇 농사짓는 사람은 가을갈이 으뜸으로 여기고, 세존의 법 중에서는 무상이라고 생각하는 것을 제일이라고 한다. 또 제왕이 자기의 목숨 다한 것을 알고 천하를 은혜롭게 사면하여 감옥에 갇힌 죄수들을 모두 풀어준 다음에 목숨을 마치는 것처럼, 오늘 세존께서도 역시 이와 같이 열반에 드실 즈음에 감로법을 말씀하셔서 중생들 은혜롭고 이롭게 하시니 탐애의 감옥에서 모두 다 벗어나게 하신 다음에야 열반에 드시려 하셨다. 夫田家子 以秋耕爲上 世尊法中 以無常想爲第一 又如帝王 知命將終 恩赦天下 獄囚閉繫 悉蒙解脫 然後命終 今日世尊 亦復如是 臨欲滅度 說甘露法 惠利衆生 貪愛牢獄 皆悉解脫 然後泥洹", 『승만보굴』 권중(대정장37, p.32c25)에 "스승이 같으면 붕(朋)이라 하고, 뜻이 같으면 우(友)라고 한다. 대사(大士 : 菩薩)라 하니 선한 법으로 중생에게 지혜롭고 이롭게 하고 뜻을 같이 하는 이로 하여금 닦아 익히게 하니 벗이라 이름해야 한다. 同門曰朋 同志曰友 大士 以善法 惠利衆生 令同志修學 故名爲友"라고 하였다. 〔참고문헌〕『大般泥洹經』, 『勝鬘寶窟』, *Vikī-n.200.* ⇨ 혜시 惠施❶

혜리 慧利 지혜로워 이로움. 허망하지 않고 실다워 한층 지혜로움. 의미(義 Ⓢ artha) 있게 되다의 뜻이다. 혜(慧)는 혜(惠)와 통한다. 『유수보살무상청정분위경』 권상(대정장8, p.741b13)에 "유수보살이 용수보살에게 이르길, '나는 이 성에 가서 분위(分衛 Ⓢ paiṇḍapātika : 걸식) 행하려 한다. 가엾이 여기는 생각 많아 널리 지혜롭고 이익되게 해서 세간중생과 일체천인을 위하고 받든다. 건지고자 하는 뜻으로 드러내 걸식을 행할 뿐이니, 널리 모든 중생이 큰 길 성취하게 하기 위함입니다'. 濡首菩薩答龍首曰 吾適此城 欲行分衛 多所愍念 廣其慧利 爲拯世衆一切天人 度義故現行分衛耳 普爲諸衆成大導故", 『유마경』 권중(대정장14, p.545a19)에 "어떻게 반연(Ⓢ adhyālambana)을 끊는가? 얻는 바 없이 끊는다. 무소득(Ⓢ anupalambha)이라면 바로 반연이 없을 텐데 어찌 무소득이라 하는가? 두 갈래 견을 여의는 것을 말한다. 무엇이 '두 갈래 견'인가? 내견(Ⓢ ātma-dṛṣṭi)과 외견(Ⓢ para-dṛṣṭi)을 말하는데, 이것이야말로 무소득이다. 문수사리여, 이것이 병 있는 보살이 그 마음을 조복하는 것이며, 노병사의 괴로움을 끊는 것이 되니, 이것이야말로 보살의 깨달음이다. 만약 이와 같지 않으면 이미 닦아 다스렸던 것은 지혜로운 이로움은 되지 못한다. 비유하면 원수를 이겨야 용맹하다고 할 수 있는 것처럼 이와같이 겸하여 노병사를 모두 버린 이를 보살이라 부를 수 있다. 云何斷攀緣 以無所得 若無所得 則無攀緣 何謂無所得 謂離二見 何謂二見 謂內見外見 是無所得 文殊師利 是爲有疾菩薩調伏其心 爲斷老病死苦 是菩薩菩提 若不如是 已所修治 爲無慧利 譬如勝怨 乃可爲勇 如是兼除 老病死者 菩薩之謂也"라고 하였다. 〔참고문헌〕『濡首菩薩無上淸淨分衛經』, 『維摩經』, *Vikī-n.200., Sukh-vy. I .29.*

혜리 慧理 진(晉)대 스님. 서인도 출신. 함화년간(326~334) 중국에 들어와 항주(杭州)에 머물렀다. 수려한 산세를 보고 마침내 영취사(靈鷲寺)·영은사(靈隱寺)를 건립하였다. 늘 바위에 앉아 참선하였기에 사람들 그곳을 이공암(理公巖)이라 불렀다. 〔참고문헌〕『釋氏稽古略』 권4(대정장49, p.863b24), 『武林西湖高僧事略』 「晉三藏理法師」(卍속장134, p.467a5).

혜리 醯哩 Ⓢ Helī. 변재천녀(辯才天女)의 이름. 『금광명최승왕경』 권8(대정장16, p.438a5)에 "일체제불의 이와 같은 설상에 높여 예 올립니다. 나는 미묘변재를 성취하고자 지극한 마음으로 목숨바쳐 제불의 미묘변재에 예경합니다. … 혜리의 언사와 묘변재에게도 예경합니다. 敬禮敬禮一切諸佛如是舌相 願我某甲皆得成就微妙辯才 至心歸命 敬禮諸佛妙辯才 … 醯哩言詞妙辯才"라고 하였다. 〔참고문헌〕『金光明最勝王經』. ⇨ 변재천 辯才天

혜린 惠隣 고구려 스님. 고구려의 마지막 왕인 제28대 보장왕(寶藏王 재위 642~668) 때 스님. 불교를 해외에 전파하기 위해 645년(보장왕4) 일본으로 건너가 일본 고토쿠(孝德) 천황(재위 645~661)에 의해 고구려로부터 건너간 대법사(大法師)인 복량(福亮)·영운(靈雲)·도등(道登)·상안(常安)·혜운(惠雲)·혜지(惠至) 등과 함께 십사(十師)의 한 스님으로 뽑혀 일본 불교계를 지도하여 기틀을 다졌다. 〔참고문헌〕『日本書紀』. ⇨ 복량 福亮, 영운 靈雲❶, 도등 道登❶, 상안 常安

혜림 慧琳 ❶ 남조유송(南朝劉宋)대 스님. 속성은 유(劉)씨. 진현(秦縣 : 陝西省) 출신. 도연(道淵)의 제자. 내외의 전적을 고루 알고 특히 노장(老莊)에 정통하였다. 불교를 비판하다가 대중에게 버림을 받았지만 문제(文帝)의 비호로 승단에서 축출되는 화는 면했는데 후에 죄에 연루되어 교주(交州)로 유배당했다. 저서에 『균선론 均善論』이 있다. 〔참고문헌〕『梁高僧傳』 권7 「道淵傳」(대정장50, p.369a11), 『弘明集』 권11 「何令尙之答宋文皇帝讚揚佛敎事」(대정장52, p.69a27). ❷ 737~820. 당대 서명사(西明寺) 스님. 속성은 배(裵)씨. 서역 소륵국(疏勒國 Ⓢ Khāsa) 출신. 불공삼장(不空三藏 Ⓢ Amoghavajra)에게 사사받아 밀종(密藏)을 기반으로 삼아 밖으로는 유학까지 궁구하였고 성명학(聲明學)과 훈고학(訓詁學)에도 정통하였다. 그 성과로 『일체경음의』 100권을 찬술하였다. 이 책은 『자림 字林』·『자통 字統』·『성류 聲類』·『삼창 三蒼』·『절음 切韻』·『옥편 玉篇』·제경(諸經)·잡사(雜史) 등을 인용하면서 불교의 종지를 섞어서 그 시비를 상세히 살핀 결과물이다. 『혜림음의』라고도 불린다. 820년(원화15) 장안서명사(長安西明寺)에서 세수 84세로 입적하였다. 저술에 『신증욕상의궤 新集浴像儀軌』 1권, 『건립만다라급간택지법 建立曼荼羅及揀擇地法』 1권도 있다. 〔참고문헌〕『一切經音義』 「序」(대정장54, p.311a6). 『新修科分六學僧傳』 권14(卍속장133, p.677a12). ⇨ 일체경음의 一切經音義 ❸ ?~630. 수당(隋唐)대 익주(益州) 건명사(建明寺) 스님. 속성은 설(薛)씨. 면주(綿州) 신천(神泉) 출신. 수나라 초부터 건명사에서 조용히 지내며 사람들과 사귀지 않았다. 대업(大業 605~618) 말년에 오래된 무덤 하나를 치우고는 대나무 장대 두 개를 세우며 하늘의 눈(天眼)이라 하였다. 훗날 홀연히 그 하나를 뽑고서는 '홍농양(弘農揚 : 隋煬帝)이 마(魔)에 의해 뽑혔다'고 하니, 과연 머지않아 의녕(義寧 : 隋恭帝)이 즉위하였다. 이외에도 숙세를 알거나 주력(呪力)으로 환자를 낫게 하는 등 여러 신통을 부릴 줄 알았다. 630년(정관4)에 입적하였다. 〔참고문헌〕『唐高僧傳』 권25(대정장50, p.662c20), 『新修科分六學僧傳』 권30(卍속장133, p.967a10). ❹ 750~832. 당대 전당(錢塘) 영복사(永福寺) 스님. 자는 포옥(抱玉), 속성은 가(柯)씨. 신안(新安) 출신. 비담공자(毘曇孔子)·승력보살(勝力菩薩)이라는 별호로도 불린다. 어려서 출가하여 영은(靈隱)의 서봉(西峯)에서 김화상(金和尙)의 제자가 되어 법요를 전해 받았다. 대력년간(766~779) 초 영산회(靈山會)에서 구족계를 받았고, 이후 삼교를 모두 익혀 남음이 없었다. 성품이 산수(泉石)를 좋아하여 천안(天眼 : 天目)으로 들어가 20여 년을 보냈다. 807년(원화2) 태수 두척(杜陟)이 출산(出山)을 청하자 영복사에 등단(登壇)하여 도승(度僧)하였다. 809년(원화4) 봄 자사 배상체(裵常棣)의 청으로 천축사(天竺寺)에서 다시 스님들을 육성하고, 생도(生徒)를 위해 20년 동안 강훈(講訓)하였다. 832(대화6) 입적하니 세수 83, 법랍 64세였다. 〔참고문헌〕『宋高僧傳』 권16(대정장50, p.806c28). ⇨ 김화상 金和尙

혜림 蕙林 1912~1978. 근세 천성산(千聖山) 내원사 스님. 휘는 혜림(蕙林), 호는 향곡(香谷), 속성은 김씨, 속명은 진탁(震鐸)이며, 아버지의 휘는 원묵(元默)이고, 어머니는 김적정행(金寂靜行)이라는 법명의 돈독한 불자였다. 1912년 1월 18일 경상북도 영일군 신광면 토성리에서 태어났다. 어릴 때부터 어머니를 따라 절에 가길 좋아하더니 마침내 16세 때인 1927년 중형(仲兄)이 스님이 되어 수도하고 있는 내원사로 찾아가 18세 때 조성월(趙性月)스님을 은사로 하여 스님이 되었다. 20세 때 부산 범어사 금강계단에서 운봉성수(雲峰性粹)스님으로부터 비구계를 받았다. 1930년부터 천성산 내원사 조실인 운봉스님을 모시고 부지런히 정진하여 폐침망찬(廢寢忘餐)하고 주야 불분(晝夜不分)의 일념 경지에 이르렀다. 그 때가 마침 가을 태풍이 불고 있었다. 계곡에 강한 돌풍(突風) 불어 문짝을 강타하는 소리를 듣는 순간 의심하던 화두(話頭)를 타파하고 조실 운문스님 앞에 나아가 소득경지(所得境地)를 정사(呈似)하니 운봉조실이 목침(木枕)을 앞에 놓고 '한마디 일러라' 하니 스님께서 발로 목침을 차 버렸다. 운봉조실이 다시 '한 마디 일러라' 하므로 답하되 '천언만어(千言萬語) 모두 몽중설몽(夢中說夢)이니 불조(佛祖)도 저를 속였습니다!'라 하니 이를 본 운봉조실은 크게 기뻐하였다. 1944년 8월에 "서쪽에서 무늬없는 약속 도래했으니 전한 적도 받은 일도 없다네. 전하고 받은 것 없다 하니 새와 토끼 함께 가지는 못하리. 西來無文印 無傳亦無受 若離無傳受 烏兎不同行"라는 전법게와 함께 운봉의 법을 이어 받았으니 임제의 적손이며 태고보우(太古普愚)의 후손이다. 1947년 문경 봉암사(鳳巖寺)에서 청담(青潭)·성철(性徹)·자운(慈雲) 등 도반이 함께 모여 정진하던 중 3·7일 용맹정진 중 무심삼매를 얻고 활연대오하고는 "홀연히 양 손에 온몸이 살았으니, 삼세 부처와 조사 눈에 핀 꽃이라네. 천의 경전 만의 논서 이 무슨 물건인가? 이로 좇아 부처도 조사도 온통 몸 버려야 하리. 忽見兩手全體活 三世佛祖眼中花 千經萬論是何物 從此佛祖總喪身"라는 오도송(悟道頌)을 읊었다. 그 후 동래군 월내면(東萊郡月內面)에 관음사를 창건하고 선객(禪客)을 제접하는 한편, 20여 년 동안 부산 선암사(仙巖寺)·경주 불국사·대구 동화사·서울 안국동 선학원(禪學院) 등 선원의 조실로서 많은 납자(衲子)를 지도하여 눈 푸른 제자를 배출하였는데 그 중 진제 법원(眞際法遠)이 대표적이다. 1978년 12월 18일 새벽 진제 등 제자들에게 후사(後事)를 당부하고 "나무 사람 고개마루에서 옥피리 불고, 돌로 된 여인 물가에서 춤을 추네! 위엄나반 저 끝에서 한 걸음 나아가니, 역겁에 매할 일 없어 언제나 받아쓰리! 木人嶺上吹玉笛 石女溪邊亦作舞 威音那畔進一步 歷劫不昧常受用"라는 임종게(臨終偈)를 읊은 다음 조용히 입적하였으니 세수 67, 법랍 50세였다. 진제가 비문을 지어 1981년에 세운 비와 동곡일타(東谷日陀)가 비문을 짓고 정수암(鄭壽岩)이 써서 1996년에 세운 비가 부산시 기장군 장안면 임랑리 묘관음사(妙觀音寺)에 있고, 법어로는 『향곡선사법어』 1권이 있다. [참고문헌] 「月內妙觀音寺香谷蕙林大宗師碑」(智冠 『韓國高僧碑文總集 朝鮮朝·近現代』 pp.1312~1318), 『香谷禪師法語』, 金正休 『韓國高僧評傳』(弘法院, 1982), 宣元彬의 큰스님 한국근대불교의 산맥 17인.

혜림사 慧林寺 낙양(洛陽 : 河南省)에 있는 절. 석두희천(石頭希遷)의 제자 단하(丹霞)가 목불(木佛)을 태웠던 곳이다. [참고문헌] 『釋氏稽古略』 권3(대정장49, p.829a10), 『景德傳燈錄』 권14 「丹霞天然傳」(대정장51, p.310c13). ⇨단하 丹霞

혜림선원 慧林禪院 동경(東京 : 河南省) 대상국사(大相國寺) 내의 선원. 천의의회(天衣義懷)의 제자 혜림종본(慧林宗本)과 각해야충(覺海若冲) 등이 주석하였다. [참고문헌] 『宗門武庫』(대정장47, p.948a14), 『佛祖綱目』 권37(卍속장146, p.707a7).

혜림음의 慧琳音義 ➡일체경음의 一切經音義 [3]

혜립 慧立 615~?. 당대 스님. 속성은 조(趙)씨. 본명은 자립(子立). 천수(天水 : 甘肅省 秦州 서남쪽)) 출신. 고종(高宗)이 칙령으로 자립에서 혜립으로 바꾸었고, 혜립(惠立)이라고도 한다. 629년(정관3) 열다섯에 빈주소인사(豳州昭仁寺)로 출가하였다. 불교 뿐만 아니라 유학도 널리 궁구하여 칙령으로 대자은사(大慈恩寺)의 번경대덕(翻經大德)에 임명되었다. 다음으로 서명사(西明寺) 도유나(都維那)로 갔다가 후에 태원사(太原寺)의 주지직을 받았다. 저서에 미완의 『자은삼장행전 慈恩三藏行傳』 5권이 있다. [참고문헌] 『慈恩傳』 「序」(대정장50, p.221a27), 『宋高僧傳』 권17(대정장50, p.813a2), 『開元釋敎錄』 권9(대정장55, p.564b29), 『新修科分六學僧傳』 권16(卍속장133, p.710a13).

혜마박다 醯摩嚩多 ➡혜마파다 醯摩婆多

혜마발다 醯摩跋多 Ⓢ Himavat의 음사. 염부제(閻浮提)의 항하(恒河) 북쪽에 있는 산맥. 한역하여 설산(雪山)이라 한다. 『입세아비담론』 권1(대정장32, p.176c5)에 "그때 염부제에는 두 개의 산맥이 있다. 항하의 남쪽은 사다기리 산맥이고, 항하의 북쪽은 혜마발다 산맥이다. … 혜마발다 산맥 중에는 다음 산이 가장 크다. 첫째는 주라가라, 둘째는 마하가, 셋째는 구하나, 넷째는 수라바계, 다섯째는 계라, 여섯째는 건타마타, 일곱째는 수반나반사이다. … 혜마반(醯摩槃)이라는 이름의 한 신왕이 있어 혜마발다 산맥에 머물렀다. 時剡浮提中有兩衆山 恒河之南名娑多耆利山 恒河之北名醯摩跋多山 … 醯摩跋多山中是山最大 一名 周羅迦羅 二名 摩訶迦 三名 瞿訶那 四名 修羅婆計 五名 雞羅 六名 乾馱摩馱 七名 修槃那般沙 … 有一神王 名醯摩槃 住醯摩跋多山"라고 하였다. [참고문헌] 『立世阿毘曇論』.

혜마파다 醯摩婆多 Ⓢ Haimavata의 음사. 혜마발다(醯摩跋多)·혜마바다(醯摩嚩多)라고도 한다. 비사문천(毘沙門天)의 8대 야차대장(夜叉大將) 중 하나. 설산에 머물러서 설산주(雪山主)라고도 한다. 본래 갠지스강 북쪽의 산과 그 산에 머무는 신을 가리키는 말이다. 『공작왕주경』(대정장19, p.452c2)에 "혜마파다〈설산주라고 한역한다〉 醯摩婆多〈梁言 雪山主〉", 『번범어』 권7(대정장54, p.1031c18)에 "혜마화뇨〈혜마파다라고 해야 한다. 혜마란 눈이고 파다는 산을 뜻한다〉. 醯摩和裹〈應云 醯摩婆多 譯曰 醯摩者 雪 婆多者 山〉", 『입세아비담론』 권1(대정장32, p.176c12)에 "갠지즈강 남쪽의 산에 머무는 모든 신은 파다기리신이라 하고 갠지즈강 북쪽 산에 머무는 신은 모두 혜마발다신이라 한다. 파다기리신은 강 남쪽의 일체 모든 신을 거느리므로 왕이라 한다. 혜마발다신은 강 북쪽의 일체 신들을 거느리므로 왕이라 칭한다. 어떻게 아는가? 어떤 신왕이 있는데 혜마반이라 하고 혜마발다산에 머물렀다. 이 신왕이 가장 나이가 많아서 지극한 지위에 이르렀는데 큰 병으로 곤란을 겪었다. 이 신이 죽음에 이르렀을 때 태자가 있었으니 혜마발다라고 하였다. 若一切神住河南山者 皆名婆多耆利神 若在河北山者 皆名醯摩跋多神 是婆多耆利神 領河南一切諸神 故名爲王 是醯摩跋多神 領河北一切諸神 故名爲王 云何知耶 有一神王 名醯摩槃 住醯摩跋多山 是神王最長老大 年至極位 重疾困苦 是神臨死 其有太子 名醯摩跋多", 『대일경소』 권5(대정장39, p.634c17)에 "(여덟 야차 중) 다섯째는 혜마바다이니 설산에 머무는 자다. 五名醯麽嚩多 卽是住雪山者"라고 하였다. [참고문헌] 『孔雀王咒經』, 『翻梵語』, 『立世阿毘曇論』, 『大日經疏』, *Mmayu.22.*

혜만 慧滿 **1** 당대 스님. 속성은 장(張)씨. 하남성(河南省) 형양(滎陽) 출신. 2조 혜가(慧可)에게 배웠던 승나(僧那) 문하에서 참선하였다. 642년(정관16) 낙주(洛州 : 河南省) 회선사(會善寺) 주지로 임명되었고, 그 뒤 상주(相州 : 河南省) 융화사(隆化寺)에 주석하였다. 스승인 승나와 함께 4권본 『능가경』을 전하였다. 70여 세에 낙양에서 좌탈하였다. [참고문헌] 『唐高僧傳』 권16 「僧可傳」(대정장50, p.552c7), 『景德傳燈錄』 권3(대정장51, p.221b28). **2** ?~1206. 남송(南宋)대 조동종 스님. 호는 설암(雪巖). 보조보(普照寶)에게 참문하였고, 다음으로 태원부(太原府 : 山西省) 왕산체(王山體) 문하로 들어갔다. 종지를 얻은 다음에 왕산의 주지로 임명되었다. 그 뒤 자주대명사(磁州大明寺)에 주석하였다. 1206년(개희2)에 입적하였다. [참고문헌] 『五燈會元續略』 권1(卍속장138, p.856b15), 『續燈正統』 권35.

혜만다 醯曼多 Ⓢhemanta의 음사. 천축삼시(天竺三時) 중 하나. 겨울(冬 Ⓢhima)에 해당한다. 한역하여 한제(寒際)라 한다. 『입세아비담론』 권6(대정장32, p.197c4)에 "어째서 겨울을 혜만다라 하는가? 이 때는 눈(雪 Ⓢhima)이 내리고 추위가 이미 왔기 때문이다. 그러므로 겨울을 혜만다라 한다. 세간에서는 이러한 자성을 세우고는 혜만다라 이름한다. 云何冬時說醯曼多 此時雪應落寒已至故 是故冬時說名醯曼多 世間立此自性名醯曼多"라고 하였다. [참고문헌] 『立世阿毘曇論』. ⇨ 천축삼시 天竺三時, 한제 寒際

혜만이침 慧滿二鍼 혜만선사 침 두 개로 살다. 『경덕전등록』 권3 「혜만전」(대정장51, p.221b29)에 "뜻을 검약에 두었기에 오직 침 두 개만으로 살았다. 겨울이면 구걸하여 기운 옷 입다가 여름이 되면 버린다. 스스로 '한평생 마음에 겁과 두려움이 없었고, 몸에는 벼룩과 이가 없었다. 잠들어 꿈이 없고, 항상 걸식하며 머문 곳에는 다시 묵지 않고, 발길 닿는 가람에서는 땔나무를 쪼개주고 신 삼을 뿐이었다'라고 말하였다. 志存儉約 唯蓄二鍼 冬則乞補 夏乃捨之 自言 一生心無怯怖 身無蚤虱 睡而不夢 常行乞食 住無再宿 所至伽藍 則破柴製履"라고 하였다. [참고문헌] 『景德傳燈錄』.

혜말 鞋靺 신발과 버선. 또는 혜말(鞋韈)이라고도 한다. 『관념법문』(대정장47, p.24b3)에 "하루에서 이레에 이르도록 모두 옷을 깨끗이 빨고 신발과 버선도 깨끗하게 하며, 이레 내내 모두 하루 한끼로 늘 소식해야 한다. 若一日乃至七日 盡須淨衣 鞋靺亦須新淨 七日之中皆須一食長齋"라고 하였다. [참고문헌] 『觀念法門』.

혜말 鞋韈 신발과 버선. 『백장청규』 권5 「장포 裝包」(대정장48, p.1140a8)에 "가사를 보자기로 묶어서 요포에 넣고 앞에 맨다. 치마와 신발과 버선 넣을 포대는 뒤에 맨다. 袈裟以帕子縛定 入腰包 繫於前 下裳鞋韈 有袋繫於後"라고 하였다. [참고문헌] 『百丈淸規』.

혜명 慧命 **1** Ⓢprajñā-jīva, Ⓟpaññā-jīvin. 지혜를 목숨으로 삼다. 법신(法身)의 다른 이름이기도 하다. 『별역잡아함경』 권12(대정장2, p.460a19 : *Vitta-sutta, SN.1*, p.42)에 "모든 수명 중에 혜명이 가장 뛰어나다. 於諸壽命中 慧命爲最勝 paññājīviṃ jīvitaṃ āhu setthaṇ ti", 『천태사교의』(대정장46, p.775c11)에 "말대의 둔근은 불법 중에 단의 견해 일으켜 지혜의 목숨 일찍 상하게 함으로써 법신을 죽게 해서 잃는다. 末代鈍根 於佛法中 起斷滅見 夭傷慧命 亡失法身", 『법화문구』 권9하(대정장34, p.134a21)에 "법신 이미 사라진 이상 지혜의 목숨도 죽었다. 法身旣亡 慧命亦死"라고 하였다. [참고문헌] 『別譯雜阿含經』, 『天台四教儀』, 『法華文句』, *SN., Sūtr.106.* ⇨ 법신 法身 **2** Ⓢāyuṣmat, Ⓣtshe-dang-ldan-pa. 지혜롭게 사는 이. 지혜롭고 덕 있는 채로 살아가는 비구를 높여 부르는 말이다. 구수명(具壽命) 또는 구수(具壽)와 통한다. 호칭으로도 쓰고 이름 앞에 붙이기도 한다. 『대장엄론경』 권5(대정장4, p.281b27)에 "훌륭하다, 훌륭해! 혜명이여! 당신들(삼보를 깊이 믿고 공경하는 바라문들)은 이제 비로소 천도에 들어섰소. 善哉 善哉 慧命 汝於今者 始在天道", 『마하승기율』 권13(대정장22, p.332c20)에 "부처님께서 사위국에 머무시던 그때 혜명 라후라가 이르렀다. 佛住舍衛城時 慧命羅睺羅到"라고 하였다. [참고문헌] 『大莊嚴論經』, 『摩訶僧祇律』, *Pañca-pr.91., Saddh-p.100.* ⇨ 구수 具壽 **3** 531~568. 남북조(南北朝)대 스님. 속성은 곽(郭)씨. 태원진양(太原晉陽 : 山西省) 출신. 열다섯에 출가한 뒤 방등(方等)·보현(普賢) 등의 참법(懺法)을 수행하였다. 선광사(善光寺)에 주석하다가 사방으로 다니며 공부한 후에 북주(北周) 천화년간(566~571) 초에 선성산(仙城山)으로 돌아가 교화를 펼쳤다. 568년(천화3) 세수 38세로 입적하였다. 저서에 『대품의장 大品義章』·『융심론 融心論』 등이 있다. [참고문헌] 『唐高僧傳』 권17(대정장50, p.561a8).

혜명 慧明 **1** 지혜로워 밝음. 『본사경』 권1(대정장17, p.662b19)에 "나는 마땅히 어떻게 닦아 지혜의 밝음 일으켜 무명의 덮개 깨뜨리고 탐애의 그물에서 벗어날 수 있을까? 我當云何修起慧明 破無明蓋 出貪愛網", 『백오십찬불송』(대정장32, p.760c10)에 "찾아 구해 지혜의 광명을 일으키고 알아 깨우쳐 마음 여지없이 두렷하고 깨끗하다네. 尋求發慧明 解悟心圓潔"라고 하였다. [참고문헌] 『本事經』, 『百五十讚佛頌』, *Śata-śa.104.* **2** 고려 광종(재위 949~975)대 스님으로 불상조각에 뛰어난 재능을 가졌던 스님. 권륜(權倫)이 써서 1743년(영조19)에 세운 「관촉사사적비 灌燭寺事蹟碑」(『조선금석총람』 권하, p.1153)에 따르면 968년(광종19)에 사제촌(沙梯村)의 한 여인이 반약산(盤藥山 : 般若山이라고도 하는데 은진읍 북쪽 약 4km지점) 서쪽 기슭에서 고사리를 캐던 중 갑자기 동자소리가 들려 가서 보니 큰 돌(大石)이 땅속으로부터 솟아 올랐다. 놀라 집에 돌아와 그녀의 사위에게 말하였는데, 사위는 이 사실을 은진현령(恩津縣令)에게 고하였고, 현령은 다시 왕에게 보고했다. 왕은 중신들을 모아놓고 이는 반드시 불상(佛相 : 梵相)을 조성하라는 조짐이니 명하여 전국에 불상조각할 장인(匠人)을 구하게 하였고 혜명(慧明)스님이 발탁되었다. 스님은 100여 명의 공장(工匠)을 거느리고 970년(광종21)에 시공하여 37년만인 1006년(목종9)에 완성하였는데, 바로 '관촉사보살입상 灌燭寺菩薩立像'이다. [참고문헌]『朝鮮金石總覽』. ⇨ 관촉사 灌燭寺, 관촉사보살입상 灌燭寺菩薩立像 **3** 1861~1937. 근세 천진도인(天眞道人)이라고 일컫는 선승(禪僧). 휘는 혜명(慧明), 호는 혜월(慧月), 속성은 신(申)씨며, 본관은 고령(高靈)이니, 1861년(철종11) 6월 19일 충청남도 예산군 덕산면 신평리에서 태어났다. 스님의 천품(天禀)은 순박하고 정직하면서도 웅의(雄毅)하였다. 1871년(고종8) 12세 때 충청남도 덕숭산 정혜사(定慧寺)로 찾아가 행자로 있다가 15살 때, 혜안(慧眼)스님을 은사로 하여 스님이 되었고, 부산 범어사에서 성월일전(惺月一全)율사로부터 비구계를 받았다. 처음부터 대중소임을 수행하면서 은사스님을 시봉하다가 1884년(고종21) 24세 때 당시 수덕선원 조실(祖室)인 경허성우(鏡虛惺牛)스님으로부터 보조지눌(普照知訥)의 수심결(修心訣)의 내용인 '사대(四大)와 허공이 설법청법을 하지 못하니 다만 눈 앞에 뚜렷이 밝되 명상이 없는 이 물건이 비로소 설법하고 청법한다'는 법문을 듣고는 크게 깨달아, 경허의 법을 이어 법제자가 되었다. 제방으로 선지식을 참방하고 법을 묻는 한편 거량(擧揚)하는 등 활발히 모습 드러냈으니, 선산 도리사(桃李寺)·대구 파계사·울산 미타암·부산 안양암·통도사 극락암·천성산 내원사(內院寺)·부산 선암사 등 선원에서 임제종풍을 크게 선양하였다. 1908년(융희2) 48세부터는 입전수수(入廛垂手)의 길로 들었다. 스님은 근면 소박한 천진도인으로서 도력이 높아 사람들이 이해할 수 없는 일을 하였고, 한편 조실이나 주지소임을 맡아서도 언제나 일꾼차림이었다. 스스로 짚신을 삼아 신고, 솔방울을 주워 불 피우고 도량이나 논과 밭의 김 매고 나무 하는 등 가리는 일이 없었다. 1921년 61세 때 부산 선암사 주지로 있으면서 동남쪽 사찰림내에 산지를 개간하여 논을 만들기도 하였는데 이 때 문전옥답 다섯 마지기(五斗落)를 팔아 그 돈으로 일꾼을 고용하여 논을 일구기도 하였는데, 시도 때도 없이 일꾼들 불러 앉혀 설법했기에 법문 듣느라 일하지 못했고, 다섯 마지기 논 팔아 겨우 자갈 섞인 논 세 마지기만을 일구었을 뿐이었다. 이에 제자와 대중스님들이 원망조로 스님에게 물었다. "스님! 문전옥답 다섯 마지기를 팔아 겨우 자갈논 세 마지기를 만드십니까?" 이 때 스님께서 웃으시면서 "이 사람들아 다섯 마지기 논 비록 팔았지만 어디로 간 일 없어 없어진 적 없고, 자갈 섞인 박토 세 마지기 더 불었으니 여덟 마지기 되지 않았는가? 누구의 것이든 밭이나 논에서 나는 것 있으면 되지 않는가" 하였다. 일본스님과도 많은 일화를 남겼고, 선암사에 있을 때는 산새들 날아와 스님의 어깨와 머리 위에 앉아 놀았으니 깊은 자비심과 무살심의 도인면모를 수시로 보였다. 제방에서의 납자인연도 적지 않았으니, 용성진종(龍城震鐘)스님이 1900년 가을 덕숭산 정혜사에 이르러 선사와 격외종지를 거량하였으며 운봉성수(雲峰性粹)의 법사이기도 하였다. 운봉이 수행 끝에 한 소식 얻고 부산 선암사로 가서 혜월스님을 친견하니 혜월은 경허(鏡虛)의 제자로 변설 또한 예첩(銳捷)하였으므로 비록 구참숙덕(舊參宿德)일지라도 그의 예봉을 꺾질 못했다 한다. 운봉스님이 방장실에 들어가 "스님께서는 어느 곳에 안심입명 하십니까?"라고 묻자 혜월스님께서 묵묵히 한참동안 가만히 있거늘 운봉이 재빠르게 뺨을 한 번 치고 이르되, "산 용이(活龍)이 어찌 죽은 물(死水)에 잠겨 있습니까?" 혜월스님이 말하되 "너 지금 무엇을 하는가?"라 하자, 운봉이 불자(佛子)를 높이 들었다. 혜월이 이르되 "옳지 않느니라"하니, 운봉이 이르기를 "기러기 창 앞으로 지나는 것 모르십니까?"라 하였다. 이 말을 들은 혜월스님 크게 기뻐하면서 곧 인가하였으니, 운봉(雲峰)이라는 법호와 함께 법을 전해 제자가 되었다. 1908년(융희2) 천성산 내원사 조실로 있을 때는 설아태열(雪阿泰悅)이 모시고 지냈으며, 성암석구(性庵錫九)스님도 천성산 내원사에서 스님 모시고 정진하다가 스님에게 "도란 어떤 것입니까? 如何是道"하고 물으니, 선사가 답하되 "휴휴거 休休去"라 하니, 언하에 활연대오해서는 "수월과 혜월 등 무진한 달이여! 나는 아직 무용월에는 도달하지 못하였네! 원적산중에 달 스스로 밝으니, 푸른 빛도 아니요 희거나 검지도 않다네! 水月慧月無盡月 我亦未達無用月 圓寂山中月自明 非靑非白亦非黑"라는 오도송을 읊었다. 경봉정석(鏡峯靖錫)스님도 24세 때 천성산 내원사에서 혜월스님에게 법문을 묻고 배웠고, 인곡창수(麟谷昌洙)스님도 내원사에서 스님으로부터 법을 묻고 배웠다. 이와 같이 스님은 경허 이후 당시 한국불교계를 선도하며 자유자재하였던 선지식으로, 만공월면(滿空月面)·한암중원(漢巖重遠)·수월음관(水月音關) 등과는 법형제간(法兄弟間)이다. 1937년 6월 16일 선암사 아래 노상에서 연료용 솔방울 주워 넣은 자루 맨 채로 서서 입적하였으니 세수 77, 법랍 62세였다. 수법제자로는 운봉성수(雲峰性粹)·도암긍현(道庵亘玄)·운암봉우(雲庵奉佑)·철우태주(鐵牛太柱)·추산원규(秋山元奎)·석호봉하(石虎奉何)·현봉주현(玄峰周玄)·보해병선(寶海炳善)·석봉봉화(石峰奉華)·원암재근(圓庵在根)·우봉영명(愚峰永明)·풍암명수(楓巖命壽)·원경상호(圓鏡相浩)·운경경훈(雲耕敬訓)·월륜성원(月輪性圓) 등이 있다. 광덕(光德)스님이 비문을 짓고 석주(昔珠)스님이 써서 1962년에 세운 스님의 행적비가 울산 미타암에 있다. [참고문헌]『佛敎新聞』, 「慧月慧明大禪師無相說法塔碑」(智冠『韓國高僧碑文總集 朝鮮朝·近現代』), 「智冠備忘記」.

혜명 慧溟 조선후기 스님. 통영 안정사(安靜寺) 가섭암(迦葉庵)에서 각종 발원문과 여러 가지 예경문을 상하로 엮어 1896년(건양1)에 판각하였다. [참고문헌] 朴世敏『韓國佛敎儀禮資料叢書』권3 pp.623~665.

혜목 慧木 중국 남북조대 송(宋)에서 활동했던 비구니. 속성은 부(傅)씨. 북조 지역 출신. 『비구니전』권2 「양군축과촌사혜목니전 梁郡築戈村寺慧木尼傳」에 의하면, 11세에 출가하여 혜초(慧超)를 스승으로 섬기면서 사미니계를 받았고 축과촌사(築戈村寺)에서 머물면서 『대품반야경 大品般若經』을 염송했다고 한다. 늙은 어머니의 치아가 없어 혜목이 음식을 씹어 어머니가 드시게 했으므로 대계(大戒)를 받지 못했으나 정근하고 참회하던 중 홀연히 계단(戒壇)이 보이고 남쪽 하늘에서 황금색의 옷을 입은 신령한 존재가 나타나 서상수계(瑞祥受戒) 하였다고 전한다. 『법원주림』권15에서는 혜목이 69세였던 437년에 무량수불(無量壽佛)에게 예배하며 엎드려 있던 동안 꿈 속에 안양국(安養國)에 가서 『소품 小品』을 설하시는 부처님을 만났다고도 한다. [참고문헌]『比丘尼傳』, 『法苑珠林』. ⇨ 서상수계 瑞祥受戒

혜목 慧目 Ⓢ cakṣuṣmat. 지혜로운 눈. 『원각경』(대정장17, p.919b21)에 "모든 중생은 지혜의 눈이 없이 났으니, 몸과 마음 등의 바탕 온통 빛 없어 깜깜하다. 一切衆生 生無慧目 身心等性 皆是無明", 『남해기귀내법전』권1(대정장54, p.205c19)에 "지혜의 눈이 없다면 누가 시비를 비추는가? 旣無慧目 誰鑒是非", 돈황본 『진언요결』권3(대정장85, p.1234a2)에 "지혜의 눈 달린 이는 적고, 나면서부터 눈 먼 이들은 많다. 慧目者寡 生盲者衆"라고 하였다. [참고문헌]『圓覺經』, 『南海寄歸內法傳』, 『眞言要決』, *Bodh-bh.119.*

혜묘 惠妙 백제 제31대 의자왕(義慈王 재위 641~660) 때 스님. 불교를 위하여 일본으로 건너갔고, 645년(의자왕5) 일본의 고덕(孝德) 천황이 절을 지어 백제사(百濟寺)라 이름하고 스님을 주지케 했다. 이어 백제에서 건너간 복량(福亮)·상안(尙安)·혜운(惠雲)·혜지(惠至)스님 등과 함께 십법사(十法師)로 삼아 일본교단을 지도하게 했다. 아울러 스님은 백제유민들과 일본인을 교화하다가 681년(신라 신문왕1 : 일본 천무천황 백봉9) 가벼운 병을 앓자 천무왕이 초벽황자(草壁皇子)를 보내어 문병하기도 했으며, 이듬해 682년에 입적하였는데 왕은 세 황자를 보내어 조상(弔喪)토록 했다. [참고문헌]『日本書紀』.

혜무감 慧無減 Ⓢ nāsti prajñā-parihāṇiḥ. 지혜 감하는 일 없음. 십팔불공법(十八不共法) 또는 육무감(六無減) 중 하나. 『대지도론』권26(대정장25, p.250b11)에 "혜무감이란 부처님께서는 일체지혜 얻으셨기에 지혜가 감하는 일이 없다. 삼세지혜에 걸림 없기에 혜무감이다. 또한 십력·사무소외·사무애지를 성취하였기에 혜무감이다. … 두 법 쓰지 않기에 불이로 법상에 듦을 얻고, 불이로 법상에 듦이 무량무변하다. 이러한 이유로 지혜 감할 것이 없다. 이와 같은 갖가지 인연으로 부처님의 혜에는 감할 일 없다. 慧無減者 佛得一切智慧故 慧無減 三世智慧無礙故 慧無減 復次 十力 四無所畏 四無礙智成就故 慧無減 … 不以二法故 得不二入法相 不二入法相 無量無邊 以是故慧無減 如是等種種因緣 慧無減"라고 하였다. [참고문헌]『大智度論』, *Pañca-pr.212.* ⇨ 십팔불공법 十八不共法, 육무감 六無減

혜문 惠文 ?~1235. 고려후기 스님. 자는 빈빈(彬彬), 호는 월송(月松), 속성은 남(南)씨니 고성(高城)에서 태어났고 가지사(迦智寺)에서 스님이 되었다. 30세를 전후하여 승과고시에 합격하였고 뒤에 대선사(大禪師) 법계에 올랐다. 개성 보제사(普濟寺)에서 후학을 지도하며 대중을 교화하다가 1232년(고종19)경 춘천 화악사(華嶽寺)에 주석하였다. 몽골침략으로 같은 해 6월 강화도로 천도할 때 운문사(雲門寺)에 있는 문제(門弟)인 공(恭)의 처소로 찾아가 3년 동안 피난하던 중 입적했다. 문장이 뛰어났고 시에도 그 이름이 높았다. 당시에 뛰어난 학자이며 사대부(士大夫)였던 이규보(李奎報 1168~1241)·최자(崔滋 1188~1260)·최종선(崔宗善)·유충기(劉冲基) 등과의 교류가 깊었다. 이규보(李奎報 1168~1241)는 스님의 부음(訃音)을 듣고 애사(哀詞)를 지었다. 스님은 특히 산인체(山人體)를 터득했는데, 보현사시(普賢寺詩)·개성 천수사시(天壽寺詩)·천룡사시(天龍寺詩)·'차운혜문장로 수다사팔영 次韻惠文長老水多寺八詠(『동국이상국전집』권2, 한국문집총간2, p.305b16 : 栢軒 竹閣 石井 荷池 盆池 松徑 南澗 西亳)' 등 시가 전하고 있으며, 제자에는 담이(湛伊)가 대표적이다. [참고문헌]『東國李相國全集』·권1, 崔滋『補閑集』권하, 『大東詩選』.

혜문 慧文 남북조시대 북제(北齊) 스님. 속성은 고

(高)씨. 발해(渤海) 출신. 혜문(慧聞)으로 쓰기도 하고, 북제존자(北齊尊者)라는 별호로 부르기도 한다. 천태종의 초조이며, 혹 용수(龍樹)를 초조로 하여 제2조로 꼽기도 한다. 어려서 출가하였고, 성년에 이른 어느 날 『대지도론 大智度論』 권27을 열람하다가 크게 깨닫고 일심삼지(一心三智)의 묘지를 증하였다. 또 『중론』 권4 「관사제품 觀四諦品」(대정장30, p.33b11)의 "뭇 인연으로 일어난 법, 나는 곧 무라 설하리. 또한 가명이라고도 하며, 또한 중도의라네. 衆因緣生法 我說卽是無 亦爲是假名 亦是中道義"라는 구에서 중도의 뜻을 단박에 깨우쳤다. 이로써 용수의 종풍을 일으키고자 하회(河淮)로 나아가 교화를 크게 펼쳤다. 이때 그의 관법이 남악혜사(南嶽慧思)에게로 이어지고, 훗날 지의(智顗)에 이르러 천태종의 기초가 되었다. [참고문헌] 『天台傳佛心印記』(대정장46, p.935b15), 『天台九祖傳』(대정장51, p.98b21). ⇨ 북제존자 北齊尊者, 천태사상 天台思想

혜문 慧聞 남북조(南北朝) 형악혜사(衡嶽慧思 515~577)와 동시대 선사. 『중론 中論』에서 선(禪)의 이치를 터득했다고 전한다. 밤낮을 가리지 않고 안거수행하다가 삼칠일을 지나 숙명통을 얻은 뒤 더욱 용맹정진했으나 사지가 약해져 걸을 수조차 없었다. 하안거를 마치는 날 소득 없어 실망해 벽에 기대는 순간 활연히 깨우쳤다. [참고문헌] 『景德傳燈錄』 권27(대정장51, p.431a18), 『都序』 권2하(대정장48, p.412d19).

혜문십육존 慧門十六尊 금강계만다라(金剛界曼荼羅) 갈마회(羯磨會) 37존을 정혜(定慧) 두 문으로 구분하는데, 지혜의 덕을 나타내는 혜문에 속하는 16존의 보살을 말한다. 사방사불(四方四佛)마다에 4친근(親近)보살이 혜문에 해당하므로 16보살을 혜문의 십육존이라 한다. 아촉여래(阿閦如來)·보생여래(寶生如來)·미타여래(彌陀如來)·불공성취여래(不空成就如來) 각각을 모시는 4친근보살을 말한다. 아촉여래 주위에 금강살타(金剛薩埵)·금강왕(金剛王)·금강애(金剛愛)·금강선재(金剛善哉), 보생여래 주위에 금강보(金剛寶)·금강광(金剛光)·금강당(金剛幢)·금강소(金剛笑), 미타여래 주위에 금강법(金剛法)·금강리(金剛利)·금강인(金剛因)·금강어(金剛語), 불공성취여래를 가까이 시위하는 금강업(金剛業)·금강호(金剛護)·금강아(金剛牙)·금강권(金剛拳) 등의 열여섯 존격을 말한다.

혜문정변불일보조원수단선사어록 慧文正辯佛日普照元叟端禪師語錄 ➡ 원수행단선사어록 元叟行端禪師語錄

혜미 慧彌 혜미(惠彌)라고도 쓴다. 백제 제30대 무왕 609년(무왕10)에 도흔(道欣)스님 등 여러 사람이 함께 사신으로 오(吳)에 갔으나, 때마침 내란이 일어나 입국하지 못하고 본국으로 돌아오던 중 풍랑을 만나 표류하였다. 함께 승선한 스님 10명과 속객 75인이 함께 일본 히고(肥後 : 北九州)지방의 해안인 위북진(葦北津)에 도착했고, 일본 관인 태재부(太宰府)가 왕에게 보고함으로써 왕이 배와 사람들을 모두 본국으로 보낼 것을 명하여 사신의 안내를 받아 백제로 돌아오다가 대마도(對馬島)에 이르러서는 스님과 도흔 등 11명의 스님이 일본에 머물기를 청하자 추고천황(推古天皇)이 허락하여 원흥사(元興寺)에 주석하게 되었다. 후의 행적은 알 수 없다. [참고문헌] 『日本書紀』, 『朝鮮佛敎通史』 권상 p.42.

혜민 惠旻 573~649. 당대 스님. 자는 현소(玄素). 하동(河東) 출신. 나이 아홉에 불교에 입문하여 법화교의(法華敎義)를 학습하였다. 열다섯에 신라 출신 현광(玄光)법사에게 『성론 成論』을 배웠고, 열일곱에는 해염(海鹽)의 광흥사(光興寺)에서 『법화경』을 강설하였다. 구족계를 받은 후 죽원지율사(竹園志律師)의 지도로 『십송율 十誦律』과 함께 여러 경론을 수학하였다. 후에 오(吳)의 통현사(通玄寺)에 살면서 17년간 절 밖으로 나가지 않고 도업을 닦았다. 해우산(海虞山)에 20여 년 은거할 때 백여 명이 문하에 몰려왔다. 649년(정관23) 세수 77세로 입적했다. 저서에 『십송사기 十誦私記』 13권, 『도속보살계의소 道俗菩薩戒義疏』 4권 등이 있다. [참고문헌] 『唐高僧傳』 권22(대정장50, p.619c2), 『釋氏六帖』 권12(대장경보편13, p.257a3).

혜바라밀 慧波羅蜜 육바라밀(六波羅蜜) 중 하나인 지혜바라밀의 줄임말로 반야바라밀(般若波羅蜜)이라고도 한다. 『대살차니건자소설경』 권2(대정장9, p.323c19)에 "선남자야! 보살은 또한 열두 가지 관법으로 반야바라밀을 수행하여 큰 이익을 얻으니 보살은 마땅히 혜바라밀을 닦는다. 무엇이 그 열두 가지인가? 첫째, 반야는 모든 번뇌 멀리 벗어나 광명을 발하니, 보살은 마땅히 혜바라밀을 닦아 모든 어둠을 벗어날 수 있기 때문이다. … 열두 번째, 반야는 능히 무원을 성취하여 마음에 구할 낙도 없으니, 보살 마땅히 혜바라밀을 닦아 삼계를 넘어서기 때문이다. 善男子 菩薩復有十二種觀 修行般若波羅蜜 得大利益 菩薩應修慧波羅蜜 何等十二 一者 般若遠離諸垢 能發光明 菩薩應修 慧波羅蜜 以能離諸黑闇法故 … 十二者 般若能成無願 心無求樂 菩薩應修 慧波羅蜜 以過三界故", 『대보적경』 권111(대정장11, p.630b29)에 "원하옵건대 삼명의 지혜 증득하여 삼해탈의 문에 들고, 삼세평등 깨달아 혜바라밀 갖추도록 하소서. 願證三明智 入於三脫門 了三世平等 具慧波羅蜜"라고 하였다. [참고문헌] 『大薩遮尼乾子所說經』, 『大寶積經』. ⇨ 지혜바라밀 智慧波羅蜜, 반야바라밀 般若波羅蜜

혜박 慧縛 혜에 얽매이다. 『성유식론소초』 권1(卍속장80, p.204a5)에 "혜박이란 소지장이다. 소지장이 혜를 얽어매서 능히 보리를 가로막는다. 言慧縛者 卽是所知障 所知障是慧縛故 能障菩提", 『종경록』 권46(대정장48, p.689a3)에 "때로는 진실로 아무 일 없는 것에 맡겨 지켜서 혜는 속박함에 떨어지기도 하고, 어떤 때는 오롯이 헤아리고 기억해 부지런히 사유만 해서도 삼매를 잃기도 한다. 或守任眞無事 而沈慧縛 或專計念勤思 而失於正受"라고 하였다. 〔참고문헌〕『成唯識論疏抄』, 『宗鏡錄』. ⇨ 무방편혜박 無方便慧縛

혜방 慧方 ❶ 629~695. 당대 우두종(牛頭宗) 제3조. 속성은 복(濮)씨. 윤주(潤州 : 江蘇省) 연릉(延陵) 출신. 개선사(開善寺)에서 출가하여 구족계를 받은 다음 경론을 궁구했다. 그 뒤 우두산에 들어가 지엄(智巖) 선사를 친견하고 종지를 깨달았다. 695년(천책1) 세수 67, 법랍 40세로 입적하였다. 〔참고문헌〕『景德傳燈錄』 권4(대정장51, p.228c2). ❷ 송대 임제종 스님. 속성은 허(許)씨. 호남담주(湖南潭州) 출신. 문수심도(文殊心道) 문하에서 수행하고 그 법을 이었다. 후에 담주의 초안사(楚安寺)에 주석하였다. 여타의 행적은 미상이다. 〔참고문헌〕『嘉泰普燈錄』 권19(卍속장137, p.273b16), 『五燈會元』 권20(卍속장138, p.816b18). ❸ 1073~1129. 송대 임제종 황룡파(黃龍派) 스님. 속성은 공(龔)씨. 호는 초종(超宗). 강서성(江西省) 임강(臨江) 출신. 어릴 때 선거사(禪居寺)에 의탁하여 살다가 열일곱에 정식으로 출가하였다. 사심오신(死心悟新)의 법을 이었다. 선화년간(1119~1125) 융경사(隆慶寺)에서 법문을 열었다. 1129년(건염3) 세수 57세로 입적하였다. 『초종혜방선사어록 超宗慧方禪師語錄』 1권을 남겼다. 〔참고문헌〕『嘉泰普燈錄』 권10(卍속장137, p.162b10), 『五燈會元』 권18(卍속장138, p.692b8).

혜벌 慧筏 지혜의 뗏목. 혜발(慧撥)과 같은 뜻이다. 『반야심경해』(卍속장42, p.29b3)에 "(경에서) 거듭하여 아제(揭諦 Ⓢ gate)라고 한 것은 스스로를 건네고, 널리 다른 이도 건넨다. 바라아제(波羅揭諦 Ⓢ pāragate)란 지혜의 뗏목이다. 바라승아제(波羅僧揭諦 Ⓢ pārasaṃgate)란 널리 함께 피안에 오르기를 바라는 것이다. 重言揭諦者 自度而普度他也 波羅揭諦者 慧筏也 波羅僧揭諦者 普願同登彼岸也"라고 하였다. 〔참고문헌〕『般若心經解』, 『般若心經』(대정장8, p.848c22), 『圓宗文類』 권22(卍속장103, p.837a17).

혜변 惠便 고려에서 일본으로 귀화한 스님. 혜변(慧便)이라고도 쓴다. 584년(민달13) 소아마자(蘇我馬子)가 백제에서 들여온 미륵석상(彌勒石像)을 안치할 당시 사마달등(司馬達等)이 사방에서 사문을 찾다가 파주(播州)에서 비구인 듯한 사람을 만나 묻자 "이곳에서는 사문을 공경하지 않아 저는 세속과 섞여 살고 있습니다. 此方不敬沙門 故我混俗耳"라고 답했는데 그가 혜변이었다. 결국 혜변이 사마달등의 딸인 사마도(司馬嶋)를 출가시켰고 일본 최초 비구니가 되었다. 〔참고문헌〕『元亨釋書』 권16(대장경보편32, p.251b1).

혜보 慧寶 지혜로운 보배. 팔혜(八慧)를 모두 말하거나 또는 구혜(九慧) 중 열반의 뜻을 지목해 말한다. 『해심밀경소』 권1(卍속장34, p.636a7 · 한불전1, p.160b4)에 "이들 모든 혜를 품에 있어 제가의 설은 같지 않다. 하나는 '이 경에서 다 모아 여덟 가지 혜를 밝혔다'라고 주장한다. 그 이름 경과 같다. 마지막에 '혜보를 성취한다'라 하였으니, 위의 팔혜를 거두어 혜보로 삼은 것이니 따로 세운 혜는 아니다. 그러므로 『유가사지론』에서도 '혜보라고 할 뿐 보혜라고 말하지 않았다'라고 하였다. 다른 하나는 구혜를 말한다. 그러므로 『대반야경』과 『대지도론』에서 모두 보혜라 하니 따로 세운 혜임을 알 수 있다. … 이 혜는 최상의 뜻을 불러들이므로 혜보라 한다. 이들 모든 성문은 이 혜보를 갖추기에 '혜보를 성취한다'라고 한 것이다〈최상의 뜻을 풀면 열반이다〉. 釋此諸慧 諸說不同 一云此經總明八慧 名字如經 後云慧寶成就者 攝上八慧 以爲慧寶 非別立慧 故瑜伽論 但言慧寶不言寶慧 一云九慧 故大品經及智度論 皆名寶慧 故知別慧 … 此慧能招 最上義故 名爲慧寶 是諸聲聞 具此慧寶是故說名 慧寶成就〈解云 最上義卽是涅槃〉"라고 하였다. 〔참고문헌〕『解深密經疏』.

혜보로사 醯補盧沙 Ⓢ heḥ puruṣa. 부르는 형태(呼格). 범어의 여덟 가지 전성(轉聲) 중 하나로 호성(呼聲)으로 한역한다. 『화엄경소초』 권50(대정장36, p.396a4)에 "오직 범어의 음운은 팔전을 논하는데 혜보로사를 더했다. 이는 호소의 성조로서 호(呼)라고 한역한다. 唯有梵語聲論八轉 更加醯補盧沙 是呼召之聲 故云呼也", 『성유식론장중추요』 권상(대정장43, p.614a2)에 "여덟째 호성을 더하여 혜보로사라 한다. 第八加呼聲 云醯補盧沙"라고 하였다. 〔참고문헌〕『華嚴經疏鈔』, 『成唯識論掌中樞要』. ⇨ 팔전성 八轉聲

혜복 惠福 당대 북종선(北宗禪) 계열의 스님. 신수(神秀)의 제자 남전혜복(藍田惠福)을 말한다. 『능가사자기』 「신수장」(대정장85, p.1290c13)에 따르면 숭산보적(嵩山普寂) · 숭산경현(嵩山敬賢) · 장안의복(長安義福) 그리고 남전혜복이 신수의 주요 제자로 거론된다. 전기는 미상이다. 〔참고문헌〕『楞伽師資記』.

혜본 慧本 송대 임제종 호국원(護國元)의 제자. 강릉부(江陵府 : 湖北省) 호국원(護國院)에 주석하였다. [참고문헌]『續傳燈錄』 권17(대정장51, p.584a17), 『五燈會元』 권12(卍속장138, p.461b8).

혜봉 惠峰 1816~1881. 조선후기 해남 미황사(美黃寺) 스님. 휘는 이순(爾順), 호는 혜봉(惠峰), 속성은 노(盧)씨니, 이순(爾順)의 법호이다. ⇨ 이순 爾順

혜봉 慧峰 **1** 조선후기 최성(最性)의 법호. ⇨ 최성 最性 **2** 1874~1956. 상주 남장사(南長寺) 보명(普明 : 또는 龍河)의 호이다. 1874년(고종11) 갑술년(甲戌年) 음력 3월 23일(양력 4월 17일) 충주시 방호동(芳湖洞)에서 맏아들로 태어났다. 아버지의 휘는 규직(奎職), 어머니는 광산(光山) 김씨부인이며 본관은 경주, 속명은 종국(鐘國)이다. 1891년(고종28) 18세 때 등과(登科)하여 12년간 궁내부주서(宮內府主書)에 재직하다가 1904년 31세 때 상주 남장사로 찾아가 영봉(靈峰)스님을 은사로 하여 스님이 되었다. 김룡사불교전문강원에서 대교과를 졸업하고 제방의 선방으로 다니면서 참선하다가 1910년 37세 때 양산 통도사 보광선원(普光禪院) 조실로 추대되어 납자를 제접하였고 이어 대구 동화사(桐華寺) 조실로 초빙되었다. 1911년에는 선산 도리사(桃李寺) 주지에 취임하였으며 1912년부터 대구시 봉덕동 동화사 포교당 포교사를 비롯하여 의성 고운사(孤雲寺) 포교당 포교사, 서울 수송동 각황사 포교사 등을 역임하면서 포교에 종사하였다. 1930년 남장사 주지에 취임하였고 1937년부터 남장사 관음선원 조실에 추대되어 20여 년간 선객을 지도하다가 1956년 병신년(丙申年) 음력 5월 26일(양력 7월 4일) 세수 83, 법랍 53세를 일기로 입적하기 직전 제자인 고봉(古峰)선사가 찾아와 수건을 들어 보이며 '스님! 경욱(慶昱 : 고봉의 휘)이 여기 있습니다'라 하니 스님께서 조용히 입적하였다. 고봉(高峯)·고암(古庵)·의암(義庵)·일봉(一峯) 등은 은제자이고, 뇌허김동화(雷虛金東華)·범우(梵宇) 등은 법제자이며 숭산행원(崇山行願)은 손제자다. 법맥으로는 청허휴정의 제15세(世)이고 충허지책(沖虛旨策 1721~1809)의 제4세 법손에 해당한다. 저서로는 『혜봉선사유집』 1권을 남겼다. [참고문헌] 『慧峰禪師遺集』末 慧峰和尙行蹟. ⇨ 용하 龍河 **1**

혜분 慧分 지혜의 분. 육바라밀(六波羅蜜)을 둘로 나눈 분(慧分 福分) 중에 하나다. 『대승의장』 권12(대정장44, p.705c26)에 "덕에 두 가지 있으니, 첫째는 복덕이고 둘째는 지혜다. 이 두 가지 가림에 경론마다 같지 않으니, 이에 네 가지 다름이 있다. 첫째 저 『우바새경』에 의하면, 시·계·정진은 가려 복분이 되니 저 일들 중에 방편으로 지은 바이기에 설하여 복이 되지만, 인·선·반야는 가려 혜분으로 삼는다. 德有二種 一是福德 二是智慧 辨此二種 經論不同 乃有四別 第一 依彼優婆塞經 施戒精進 判爲福分 以彼事中 方便所作 故說爲福 忍禪般若 判爲慧分", "둘째 저 『상속해탈경』과 『지지론』에 의하면, 앞의 셋은 복이지만 반야는 지이며 정진과 선은 복이면서 지이다. 정진에 의지하기에 시·계·인·사무량 등을 닦으니 이름하여 복분이라 하고, 문사수와 음교편 등을 일으키니 이름하여 지분이라 한다. 또 선정에 의지하여 사무량 닦음을 이름하여 복분이라 하고, 음계입교편관 닦음을 이름하여 지분이라 한다. 하지만 이는 그 공능에 나아가 나누고 가려서 복과 지로 삼은 것이니, 그 체성을 논하면 성은 복덕이다. 第二 依彼相續解脫 及地持論 前三是福 般若是智 精進與禪 亦福亦智 依精進故 修施戒忍四無量等 名爲福分 起聞思修陰巧便等 名爲智分 又依禪定 修四無量 名爲福分 修陰界入巧便觀 名爲智分 然此就其功能 以分判爲福智 論其體性 性是福德", "셋째 저 『대품』 등의 경에 나아가면, 앞의 다섯은 복이니 혜성이 아니기 때문이고, 반야는 지이니 혜성이기 때문이다. 第三 就彼大品等經 前五爲福 非慧性故 般若是智 是慧性故", "넷째 『열반경』에 의하면, 앞의 다섯과 사중반야는 똑같이 복분이 되고, 이관반야는 설하여 지분이라 한다. 그러므로 저 경에 말하길 '복장엄이란 단바라밀 내지 반야지만 반야바라밀은 아니며, 혜장엄이란 이 반야바라밀이다' 하였다. 四 依涅槃經 前五及與事中般若 同爲福分 理觀般若 說爲智分 故彼經言 福莊嚴者 謂檀波羅蜜 乃至般若 非般若波羅蜜 慧莊嚴者 是般若波羅蜜"라고 하였다. [참고문헌]『大乘義章』. ⇨ 복분 福分, 육바라밀 六波羅蜜

혜분별 慧分別 Ⓢ dhī-bheda. 지혜롭게 나누고 가리다. 사수정(四修定 : 四修等持)을 통해 얻는 네 가지 과중 세 번째로 제법의 성상(性相)을 가려 아는 유루와 무루의 혜. 가행(加行)의 선법(善法), 즉 문사수(聞思修)로 얻는 선법과 유루무루의 선법을 닦아 얻는 혜다. 신역은 분별혜(分別慧)다. 『사리불아비담론』 권16(대정장28, p.635c20)에 "무엇을 사수정이라 하는가? … 정을 수습하는 이가 친근히 또 반복적으로 수학하면 혜분별을 획득한다. 何謂四修定 … 有修定親近多修學得慧分別", 『아비담심론경』 권5(대정장28, p.862a8)에 "'혜분별은 방편으로 생겨난 공덕임을 알아야 한다'라고 하였는데, 모든 방편에서 생겨난 공덕 내지 욕계의 모든 교와 계를 통한 문사수의 공덕과 삼계 중 따라 있게 된 저 유위무루로서, 저들 일체를 정을 수습하여 얻은 분별혜라 한다. 慧分別當知方便生功德者 所有方便生功德 乃至欲界有敎戒聞思修功德 三界中隨所有 若有爲無漏 彼一切說名修定得分別慧"라고 하였다. [참고문헌]『舍利弗阿

毘曇論』, 『阿毘曇心論經』. ⇨ 분별혜 分別慧

혜비 惠妃 고려말 조선초 비구니. 이제현(李齊賢)의 딸로서 공민왕의 후비가 되었다가 출가하여 비구니가 되어 정업원 주지를 지냈으며, 법명은 전하지 않는다. 『고려사』 권89 열전(列傳)3 공민왕후비혜비에 "혜비이씨는 … 공민왕이 시해된 뒤에 머리를 깎고 비구니가 되었다. 惠妃李氏 … 恭愍旣見弑 剃髮爲尼", 『태종실록』 권15 8년(1408) 2월 3일 「혜화궁주이씨졸기 惠和宮主李氏卒記」에 "궁주는 고려 시중 제현의 딸이다. 공민왕이 아들이 없자 후궁으로 뽑아 들여 혜비에 봉하였다. 뒤에 비구니가 되었는데, 입적 당시 정업원 주지였다. 미두 30석과 종이 백권을 부의하고, 소도군 처 심씨로 대신 정업원 주지로 삼았다. 宮主 高麗侍中齊賢之女 恭愍王無子 選入後宮 封惠妃 後爲尼 時住淨業院 賻米豆三十石紙百卷 以昭悼君妻沈氏 代爲淨業院住持"라고 하였다. 〔참고문헌〕『高麗史』, 『太宗實錄』, 『青龍寺誌』 p.13. ⇨ 정업원 淨業院, 청룡사 青龍寺 **1**

혜빈 惠彬 송대 스님. 호는 자암(者庵). 1189년(순희16) 『총림공론 叢林公論』을 지었고, 온주(溫州 : 浙江省) 남안탕산(南雁蕩山)에서 활약하였다.

혜사 惠捨 Ⓢ dāna, tyāga, Ⓣ sbyin-pa, gtong-ba. 아낌없이 버리다. 지혜롭게 베풀다. 시(施)와 같다. 『구사론』 권18(대정장29, p.95b12 : *Abh-k-bh.*, p.267)에 "만약 때마다 보살이 널리 일체중생을 위해 능히 일체를 베풀기를 눈이나 골수까지 베푼다. 행한 바 지혜롭고 아낌없이 하니 다만 비심을 말미암을 뿐이지, 스스로 뛰어난 생의 차별을 바라 구함이 아니다. 若時菩薩普於一切能施一切乃至眼髓 所行惠捨但由悲心 非自希求勝生差別 yadā sarvasmai sarvaṃ dadāti ā akṣṇaḥ ā majjāyāḥ kāruṇyān na-abhyudaya-viśeṣaṃ lipsamānaḥ", 『유가사지론』 권25(대정장30, p.420c11 : *Śrāv-bh.*, p.149)에 "무엇을 혜사라 하는가? 만약 보시함에 그 성이 죄가 없으니 마음을 장엄하기 위해, 마음의 조반을 위해, 유가를 돕기 위해, 무상의를 얻기 위해 닦아 보시할 뿐이니 이를 혜사라 한다. 云何惠捨 謂若布施其性無罪 爲莊嚴心 爲助伴心 爲資瑜伽 爲得上義而修布施 是名惠捨 tyāgaḥ katamaḥ. yad-dānamanavadyaṃ cittālaṃkārārthaṃ cittapariṣkārārthaṃ yogasaṃbhārārthaṃ uttamārthasya prāptaye dadāti", 같은 책 권22(대정장30, p.402a16)에 "만약 닦아 혜사하니 … 이와 같은 등 법을 세간과 출세간의 욕탐을 여의는 데로 나아가는 자량이라 한다. 若修惠捨 … 如是等法是名世間及出世間諸離欲道趣向資糧", 『대승의장』 권14(대정장44, p.742c23)에 "혜사는 이름이 베푼다는 뜻의 시다. 惠捨名施"라고 하였다. 〔참고문헌〕『俱舍論』, 『瑜伽師地論』, 『大乘義章』, 『瑜伽論記』 권6(대정장42, p.441a9~14), *Abh-k-bh.*, *Śrāv-bh.*

혜사 慧思 515~577. 남북조 때 고승. 중국 천태종(天台宗) 제2조(일설에는 제3조). 속성은 이(李)씨. 무진(武津 : 河南省 上蔡) 출신. 어려서 불법에 귀의하였으며 『법화경』을 좋아하여 무덤가에서 독송하다가 눈물 흘렸는데, 그날 밤 보현보살이 정수리를 쓰다듬는 꿈을 꾸었고 이후 정수리에 육계가 솟아났다. 15세에 출가하였고 후에 하남의 혜문선사(慧文禪師)를 찾아뵙고 관심법(觀心法)을 전수받았으며, 어느 날 법랍을 허투루 지나간다 개탄하며 벽에 기대는 순간 대오하여 법화삼매(法華三昧)마저 체득하였다. 불법쇠퇴하는 말법시대라 여겨 아미타불과 미륵불 믿기를 주장하였으며, 선법(禪法)과 의리(義理)에 대한 연구도 중시하였다. 554년(천보5)에 광주(光州)로 간 뒤 14년 동안 대중 위해 설법을 하였는데, 명성이 멀리까지 퍼져 학인들이 날로 늘어났지만 덕망을 시기하고 비방하는 이들도 많았으며, 하남성 남부의 대소산(大蘇山)에서 지의(智顗)에게 법을 전수하였다. 568년(광대2)에 호남성(湖南省) 형산(衡山 : 南嶽)으로 들어가 강연(講筵)을 열었는데 날로 번성하였으며 10년이 지나자 남악존자(南嶽尊者)라는 칭송을 받았다. 선제(宣帝)로부터 예우를 받고 대선사(大禪師)라는 존칭을 받았기에 사대화상(思大和尙)·사선사(思禪師)라고 불리게 되었다. 577년(태건9)에 세수 63세를 일기로 입적하였다. 저서로는 『법화경안락행의 法華經安樂行義』 1권·『제법무쟁삼매법문 諸法無諍三昧法門』 2권·『대승지관법문 大乘止觀法門』 4권·『사십이자문 四十二字門』 2권·『수보살계의 受菩薩戒儀』 1권 등이 있는데 대부분 문도들이 필기하고 정리하여 만들어진 것이며 스스로 지은 『남악사대입서원문 南嶽思大立誓願文』 1권이 있다. 〔참고문헌〕『唐高僧傳』 권17 「釋慧思傳」(대정장50, p.562c6), 『佛祖統紀』 권6(대정장49, p.179a5), 『弘贊法華傳』 권4(대정장51, p.21c12).

혜사능섭친우 惠捨能攝親友 베풀고 버려 능히 친한 벗 거둔다. 『유가사지론』 권18(대정장30, p.375b21)에 "어떻게 베풀고 버려서야 친한 벗을 거두는가? 눈앞에 갖가지 가산을 많이 가진 이가 인색함이라는 번뇌를 멀리 여의고, 소유물을 아까워하지 않아서 바르고 안락하게 쓰니, 스스로 즐기면서 친구와 친척과 노인에 이르기까지 그 모든 사람들 서로 돕는다. 재산을 지켜 보호하고 더욱 넉넉하게 하는 것과 같다. 云何惠捨能攝親友 謂如有一 現前多有 種種家產 遠離慳垢 不悋資具 以正安樂而自歡娛 乃至友朋 親戚 耆長 彼諸人等 便相佐助 引致財寶 守護滋息"라고 하였다. 〔참고문헌〕『大乘莊嚴經論』,

『瑜伽師地論』, *Sūtr.* ⇨ 조반 助伴

혜산 慧山 ❶ 1933~2005. 전라북도 부안 내소사(來蘇寺) 스님. 휘는 혜산, 호는 우암(愚巖), 속성은 영(永)씨, 본관은 평해(平海)이다. 아버지의 휘는 영성정(永誠正) 제수공(齊修公)이고, 어머니는 전주 이씨부인이다. 1933년 음력 9월 6일 전라남도 영광군 백수면 논산리에서 태어났다. 1963년 9월 내소사에서 해안봉수(海眼鳳秀)스님을 은사로 하여 스님이 되었다. 이어 제방 선원으로 다니면서 참선하다가 1973년 10월 김천 직지사에서 고암(古庵)스님으로부터 비구계를 받았다. 1974년 해인총림 선원장, 1975년부터는 대한불교조계종 총무원 교무국장, 같은 해 조계종 종정으로부터 포교상 수상, 1976년 2월부터 조계종 종립학교 관리위원, 같은 해 4월 조계종 조계사(曹溪寺) 주지에 취임하였다. 같은 해 7월 조계종 규정원 규정위원, 1977년 4월부터 서울 성북동 조계종 전등선원 원장에, 같은 해 5월부터 조계종 포교원 중앙포교사에, 같은 해 10월 조계종 종정으로부터 교화상을 수상했다. 1978년 9월 조계종 총무원 사회부장 취임, 같은 해 10월부터 한일불교 교류 협의회 이사, 1979년 4월부터 부산시 남구 용담동 동명불원(東明佛院) 주지에, 1981년 10월부터 조계종 포교원 상임포교사, 1982년 5월부터 조계종 비상종회의원, 같은 해 7월 한국스리랑카불교인협회 회장, 1983년 9월 조계종 내소사 주지에 취임하였다. 1985년 10월부터 한국불교사회연구소 이사장에, 1987년 11월 전라북도 경찰국 경승위원(警僧委員)에 취임하였고, 1989년 3월부터 전라북도 불교총연합회 회장에, 1991년 3월부터 내소사 회주(會主)로 추대되었다가 2005년 6월 13일(음력 5월 7일) 세수 73, 법랍 43세를 일기로 내소사에서 입적하였다. 다비식 때 도반인 홍조도허(弘照道虛)화상이 다음과 같은 송별시를 읊었다. "뜬 세월 백년인데, 이 생 능히 얼마이런가? 홀로 떠나가는 우암의 그 길, 도반들 슬퍼 목메어 운다네! 浮世百年內 此生能幾何 愚岩獨路處 道伴悲哀悼". [참고문헌] 「愚岩堂慧山大禪師來蘇寺山中葬禮 때 紹介한 行狀」. ⇨ 우암 愚巖 ❷ 중국 강소성(江蘇省) 무석현(無錫縣) 서쪽에 있는 산. 구룡산(九龍山)·구롱산(九隴山)·관룡산(冠龍山)이라고도 하며 서역출신 혜조(慧照)가 머물렀다.

혜산사 惠山寺 중국 강소성(江蘇省) 무석현(無錫縣) 서쪽 혜산에 있는 절. 원래 남조(南朝) 송대 사도장사(司徒長史)였던 담무(湛茂)의 별서(別墅)로 역산초당(歷山草堂)이란 이름으로 불렸는데, 423년(경평1)에 절이 되어 화산정사(華山精舍)로 불렸으며 양 대동년간(535~545)에 고쳐 짓고 법운선원(法雲禪院)이라 개칭하였다. 그 후 여러 차례 폐사와 중수를 거듭하다가 청대 수리하고 지금의 이름이 되었다. 절 안에 샘이 있는데 물맛이 좋기에 당대 육우(陸羽)가 '천하제이천'이라 칭송하였으며 육천(陸泉)이라 불리고 석벽 위에 원대 조맹부(趙孟頫)가 쓴 '天下第二泉'이라 새긴 글이 전한다. 산문의 남북으로 당송시대에 건립된 경당(經幢)이 있는데 북쪽에 있는 것은 당 건부 3년(876)에 이단부(李端符)가 만든 다라니경당이며 남쪽에 있는 것은 북송 희녕 3년(1070)에 만들어진 보리원대백산개신주당(普利院大白傘蓋神咒幢)이다. 이 둘은 형식이 대동소이하며 높이는 5.33m이고 정수리·몸통·자리 세 부분으로 정수리 부분은 8층이다. 당신(幢身)에는 경문과 서(序)가 새겨져 있고 당좌(幢座)는 앙련과 좌불(坐佛) 등 6층으로 구성되었는데 조형이 화려하고 아름답다.

혜삽 鞋靸 신발. 『사미율의비니일용합참』 권하(卍속장106, p.635a4)에 "조산본적이 학인에게 물었다. '뭘 하는가?' '땅을 쓸고 있습니다' '부처의 앞을 쓰는가, 뒤를 쓰는가?' '앞뒤를 한꺼번에 쓸고 있습니다' '이 조산에게 신발을 건네주거라'. 曹山寂問僧 作甚麽 曰 掃地 山曰 佛前掃 佛後掃 曰 前後一時掃 山曰 與曹山過鞋靸來", 『선원청규』 권8(卍속장111, p.922b1)에 "머리를 깎기 전에 오조의(五條衣)〈정확히는 오조로 된 만의(縵衣)를 입어야 함〉·군자(裙子)·편삼(褊衫)·분자(鐼子)·신발을 준비한 다음 먼저 오계를 받고 다음으로 십계를 받는다. 未披剃前 准備五條〈正合披五條縵衣〉裙衫鐼子鞋靸 先受五戒 次受十戒"라고 하였다. [참고문헌] 『沙彌律儀毗尼日用合參』, 『禪苑淸規』.

혜상 惠象 당대 선사. 육조혜능(六祖慧能)의 제자인 행도(行韜 : 令韜)의 법사(法嗣). 『조계대사별전』(卍속장146, p.973a7)에 따르면, 761년(상원2)에 광주(廣州) 절도사(節度使) 위리견(韋利見)의 주청에 의해 숙종(肅宗)이 칙명을 내려 행도에게 혜능의 가사를 가지고 입궐하라고 하였는데 행도가 병을 핑계로 사양하자 759년(건원2)에 영화(永和)와 함께 행도를 대신하여 가사를 가지고 입궐하여 숙종으로부터 자라가사(紫羅袈裟)를 하사받기도 했다. [참고문헌] 『曹溪大師別傳』.

혜상 慧相 『대반열반경』의 삼법상(三法相) 중 하나. 삼삼매(三三昧) 중 무원삼매(無願三昧)와 상응한다. 36권본 『대반열반경』 권29(대정장8, p.794a25)에 "정상은 공삼매, 혜상은 무원삼매, 사상은 무상삼매라 한다. 선남자야, 만약 보살마하살이 정시와 혜시와 사시를 잘 알고 비시를 잘 알면 이를 '보살마하살이 보리도를 간다'라 한다. 定相者 名空三昧 慧相者 名無願三昧 捨相者 名無相三昧 善男子 若有菩薩摩訶薩 善知定時 慧時捨時 及知非時 是名菩薩摩訶薩行菩提道", 『원각경소초수문요해

』 권12(卍속장15, p.743a9)에 "정혜가 균등함을 사상이라 하니, 이제 삼관에 짝지으면 사마타는 능히 사라지게 함을 일컫기에 정상이라 하고, 비발사나는 정견이 되니 이는 혜상이라 하며, 우필차는 평등을 이름하니, 이는 사상이라 한다. 定慧均等 名爲捨相 以今三觀配者 奢摩他者 名爲能滅 故名定相 毗鉢舍那 名爲正見 是名慧相 憂畢叉者 名爲平等 是名捨相"라고 하였다. [참고문헌] 『大般涅槃經』, 『圓覺經疏鈔隨文要解』. ⇨ 삼법상 三法相 2, 삼삼매 三三昧 1, 무원삼매 無願三昧

혜상보살문대선권경 慧上菩薩問大善權經 Ⓢ Ārya-upāyakauśalya-nāma-mahāyānasūtra, Ⓣ 'phags-pa thabs-mkhas-pa shes-bya-ba theg-pa chen-po'i mdo. 서진(西晉)대 축법호(竺法護) 한역. 2권. 부처님께서 사위성(舍衛城) 기원정사(祇園精舍)에서 혜상보살의 질문을 받고 방편바라밀(方便波羅密)에 대해 상세하게 설하신 경전. 『대선권경 大善權經』·『대승방편경 大乘方便經』·『선권방편경 善權方便經』·『방편소도무극경 方便所度無極經』·『선권방편소도무극경 善權方便所度無極經』·『혜상보살경 慧上菩薩經』 등이라고도 하며, 『대보적경 大寶積經』 대승방편회(大乘方便會)의 이역(異譯)이다. 대정장12, pp.156a13~165c29, No.345에 수록되어 있고 티베트역본(北京版 No.927)도 전한다. 혜상보살이 훌륭한 방편이란 무엇인지에 대해 여쭙자 낱낱의 사례를 들어 설명하였고, 선교방편에 의해 여성을 교화한 이야기들도 설하였으며, 부처님의 행적마저 모두 방편행이고 과거에 지은 죄로 현세에서 얻은 열 가지 고통 또한 방편행이라 설하고 있다.

혜색 慧賾 580~636. 수당(隋唐)대 스님. 속성은 이(李)씨. 형주(荊州) 강릉(江陵) 출신. 어려서부터 비범하였으며 9세에 은법사(隱法師)를 따라 출가하였다. 처음에는 『열반경』과 『법화경』을 배웠고 후에 삼론(三論)을 익혔으며 의리(義理)에 통달하여 12세의 어린 나이에 법석에서 강론을 하고 도속의 추앙을 받았다. 수 개황년간(581~600)에 강릉사(江陵寺)에 머물렀고 이후 스님의 명성을 들은 형주자사(荊州刺史) 원수(元壽)의 청에 의해 수도로 들어와 청선사(淸禪寺)에 주석하였다. 수말에 수도가 혼란에 빠지자 잠시 종남산(終南山) 고관령(高冠嶺)으로 피해 있다가 당이 들어서자 다시 입경하여 청선사로 돌아온 뒤 강론에 정진하였으며, 역장(譯場)에 참여하여 혜정(慧淨)·혜명(慧明)·법림(法琳) 등과 함께 철문(綴文)을 담당하였다. 636년(정관10) 4월 6일에 세수 57세를 일기로 입적하였다. [참고문헌] 『唐高僧傳』 권3 「釋慧賾傳」(대정장50, p.440c4).

혜생 慧生 1 남조(南朝) 양(梁)대 스님. 본래 상주(湘州)에 살았는데 후에 용광사(龍光寺)로 들어가 민공(旻公 : 僧旻)의 학문에 의지하여 설일체유부의 논서들을 정밀하게 연구하였다. 스님은 수행을 통해 지조를 고상하게 지켰고 고결하고 심오한 이치를 담론하였으며 초서(草書)와 예서(隸書)에 뛰어났다. 일생을 담백하게 보내어 사람들이 덕을 흠모하였다고 한다. 천감년간(502~519) 초에 입적하였다. [참고문헌] 『梁高僧傳』 권7 「竺道生傳」(대정장50, p.367a26). 2 북위(北魏)대 스님. 혜생(惠生)이라고도 한다. 숭립사(崇立寺)에 머물렀으며, 북위 효명제(孝明帝) 때인 518년(신귀1)에 호태후(胡太后)의 명을 받고 송운(宋雲) 등과 함께 낙양을 출발하여 서역으로 경전을 구하러 떠났다(일설에는 희평 1년 또는 정광 2년). 지금의 청해(青海)·신강(新疆)을 거쳐 파미르고원을 넘은 뒤 오장국(烏場國 Ⓢ udyāna)·건다라(犍陀羅 Ⓢ gandhāra) 등지를 다녔으며, 521년(정광2)에 범본경론 170부를 얻어 귀국하였다(일설에는 정광 3년 또는 정광 4년이라고도 함). 저서로 『북위승혜생사서역기 北魏僧惠生使西域記』 1권(대정장51, No.2086)이 있어 서역에서 보고 들은 모든 것을 기록해 남겨 6세기 서역의 시공간자료로서 가치가 높다. 『낙양가람기 洛陽伽藍記』 권5(대정장51, p.1018b23)에도 상세하게 인용되었다. [참고문헌] 『洛陽伽藍記』, 『歷代三寶記』 권3(대정장49, p.45a13), 『廣弘明集』 권2(대정장52, p.104b21).

혜서 慧緖 430~499. 중국 남북조대 제(齊)에서 활동했던 비구니. 속성은 주(周)씨. 여구(閭丘) 고평(高平) 출신. 『비구니전』 권3 「집선사혜서니전 集善寺慧緖尼傳」에 의하면, 18세에 출가하여 형주(荊州) 삼층사(三層寺)에 머물렀고 반주삼매(般舟三昧)를 익혀 밤낮으로 쉬지 않았다고 한다. 심유지(沈攸之)가 스님을 사태(沙汰)시키자 이를 피했다가 돌아온 후 제의 예장왕(豫章王) 소의(蕭嶷)에게 존숭받았다. 무제(武帝)가 집선사(集善寺)를 창건하고 모든 비구니를 이주시켰으므로 그곳으로 옮겨 살았다. 현창(玄暢)선사에게 선법을 배워 정밀하였다고 하며 499년에 69세로 입적하였다. [참고문헌] 『比丘尼傳』.

혜선 慧宣 대각국사 의천(1055~1101)의 제자. 의천이 1085년(선종2) 송으로 유학을 떠날 때 낙진(樂眞) 등과 함께 했다. ⇨ 의천 義天 1

혜선 慧善 1 Ⓢ sumati, Ⓣ blo-bzang. 뛰어난 지혜. 변재가 있고 뒤집는 일 없어 뛰어나다. 『섭대승론석론』 권7(대정장31, p.303b5)에 "'무슨 까닭에 제구지(第九地)를 선혜라고 하는가?' 이 혜가 뛰어나기에 선혜라고 한다. 변재의 지를 혜라고 하는데, 이 지로 말미암기에 선혜라고 한다. 何故九地 名善慧者 此慧善故 名善慧 辯才智 說名爲慧 由此智故 說名善慧", 『대승장엄경론』 권6(대정장31, p.621b12 : *Sūtr.*, p.84)에 "만약 모든 보살이 다섯 가지 인을 빠짐없이 갖추면 설법을 잘한다고 한다. 첫째 잘못 뒤집어 설할 일 없으니 혜 뛰어나기 때문이다. 둘째 항시 설하니 물러날 일 없기 때문이다. … 다섯째 근기 따라 설하니 교방편으로 말미암기 때문이다. 이런 다섯 가지 인으로 말미암아 설법을 잘하는 것이다. 若諸菩薩 具足五因 名善說法 一者 不倒說 由慧善故 二者 恒時說 由不退故 … 五者 隨機說 由巧便故 由此五因 能善說法 pañcabhiḥ kāraṇaiḥ sukathikatvaṃ. … pañca kāraṇāni sukathikatvasya yenāvi parītaṃ darśayati abhīkṣṇaṃ … vineyānurūpaṃ ca"라고 하였다. 〔참고문헌〕『攝大乘論釋論』, 『大乘莊嚴經論』, *Sūtr.* **2** 남북조대 북주(北周) 스님. 양주(楊州) 서현사(栖玄寺)와 장안(長安) 숭화사(崇華寺)에 머물렀다. 비담학(毘曇學)에 뛰어났으며 저술로는 『산화론 散花論』(8권)이 있다. 『당고승전』 권8(대정장50, p.486b27)에 "혜선은 어려서 출가하였으며, 법승의 『비담론』에 뛰어났으며, 양도의 서현사에 머물렀다. 도를 증명하고 논하니, 주위의 사람들이 놀랐다. 양나라 말에는 강릉으로 피난하였으며, 승성 말년에 진(秦)에서 사로잡혀 장안의 숭화사에 머물렀다. 그 의학의 뛰어남이 주나라 재상에게 인정받아 특별한 공양을 받았으며, 생을 마칠 때까지 가르침을 펼쳤고, 천화년간(566~572)에 장안에서 입적하였으니, 그 때 세수는 60세였다. 釋慧善 幼出家 善法勝毘曇 住楊都栖玄寺 徵擊論道 四座驚神 會有梁末序 逃難江陵 承聖季年 因俘秦壤 住長安崇華寺 義學之美 爲周冢宰見知 別修供養 敷導終老 以天和年 卒於長安 時年六十"라고 하였다. 〔참고문헌〕『唐高僧傳』, 『歷代三寶紀』 권11(대정장49, p.101a1).

혜선니 惠善尼 일본 비구니. 속명은 석녀(石女). 『일본서기』 권20 민달천황(敏達天皇) 13년(584)에 "고구려 혜편을 대신(蘇我馬子)이 스승으로 삼고 사마달등의 딸 도(嶋)를 득도시켜 선신니라 하니 나이가 11세였다. 또 선신니의 제자 2인을 득도시키니 … 금직호의 딸 석녀로 혜선니라 하였다. 名高麗惠便 大臣乃以爲師 令度司馬達等女嶋 曰善信尼年十一歲 又度善信尼弟子二人 … 錦織壺之女石女 名曰惠善尼"라고 하였다. 〔참고문헌〕『日本書紀』, 『朝鮮佛敎通史』 권1 p.22. ⇨ 혜편 惠便

혜선사 慧禪師 **1** 신라말 스님. 서당지장(西堂智藏 735~814)의 제자다. 『경덕전등록』 권9 목록에 서당장선사법사(西堂藏禪師法嗣)로 4인은 건주(虔州)의 처미선사(處微禪師), 계림(雞林)의 도의선사(道義禪師), 신라국(新羅國) 혜선사, 신라국 홍직선사(洪直禪師)라 하였다. 〔참고문헌〕『景德傳燈錄』. **2** 신라말 스님. 운거도응(雲居道膺 ?~902)의 제자이다. 『경덕전등록』 권20 목록에 운거산도응선사법사(雲居山道膺禪師法嗣)로 28인 중 27번째로 기록되어 있다. 〔참고문헌〕『景德傳燈錄』.

혜선해탈 慧善解脫 Ⓢ suvimukta-prajña. 혜에 의한 해탈. 또는 지혜 가리는 것(智障)을 벗어나 무명으로부터 해탈하는 것. 혜해탈(慧解脫)과 같은 말이다. 36권본 『대반열반경』 권23(대정장12, p.759b19)에 "무엇을 일러 보살의 혜선해탈이라고 하는가? 보살마하살이 일체법에 대해 알아 장애가 없으니 이를 일러 보살의 혜선해탈이라고 한다. 이 혜해탈로 인해 예전에 듣지 못했던 것들을 이제 들을 수 있고 예전에 보지 못했던 것들을 이제 볼 수 있으며 예전에 이르지 못했던 곳에 이제 이를 수 있다. 云何菩薩慧善解脫 菩薩摩訶薩 於一切法 知無障礙 是名菩薩慧善解脫 因慧解脫 昔所不聞 而今得聞 昔所不見 而今得見 昔所不到 而今得到", 『불지경론』 권2(대정장26, p.298c29)에 "혜선해탈이란 이미 일체 염오무명을 벗어났기에 무명에서 벗어나 혜로 해탈을 얻었다고 설하는 것과 같다. 慧善解脫者 已離一切染污無明故 如說離於無明 慧得解脫", 『화엄경소초』 권30(대정장36, p.227b4)에 "〔석〕 심선해탈은 정장 사라지고 혜선해탈은 지장도 벗어났다. 이 두 장애 이미 없애서 무엇에도 매이지 않기에 해탈이라고 한다. 釋曰 心善解脫 卽滅定障 慧善解脫 卽脫智障 二障旣除 翛然無繫 故名解脫", 『해심밀경소』 권1(卍속장34, p.634a18)에 "〔석〕 제3의 심해탈과 혜해탈의 덕이란, 저 계경에서 설한 대로 이미 탐 벗어남 얻었기에 마음으로 해탈하였으며 무명을 벗어났기에 혜로도 해탈을 얻었다. 이에 논사들의 경을 풂이 다르다. 분별론자는 이렇게 설한다. 심성은 본래 정한데 밖의 티끌인 번뇌에 더럽혀 청정할 수 없다고 설하지만, 실 본성에 근거하면 마음은 해탈을 얻었고, 혜로도 잘 해탈했다. 살바다종(薩婆多宗 : 說一切有部)에 의하면 … 혜선해탈이란 다음과 같다. 혜가 무명을 벗어날 때 혜와 상응하는 승해가 무명으로부터 해탈하기에 승해를 일러 혜선해탈이라고 하며 무위열반인 해탈을 이르는 것은 아니다. 釋曰 第三心慧解脫德 如契經說 已離貪得 故心解脫 離無明故 慧得解脫 是故諸師釋經不同 分別論者 作如是說 心性本淨 客塵煩惱 所染汙故 說不清淨 據實本性 心得解脫 慧善解脫 若依薩婆多宗 … 慧善解脫者 慧離無明時 與慧相應勝解 解脫無明故 卽說勝解 名爲慧善解脫 非謂無爲涅槃解脫"라고 하였다. 〔참고문헌〕『大般涅槃經』, 『佛地經論』, 『華嚴經疏』, 『解深密經疏鈔』, *Aṣṭ-pr.4.* ⇨ 혜해탈 慧解脫

혜선해탈인 慧善解脫人 진지(盡智)와 무생지(無生智)를 얻어 해탈한 사람. 『사리불아비담론』 권8(대정장28,

p.589a11)에 "어떤 이를 혜선해탈인이라고 하는가? 사람이 스스로 법 알아서 '나는 욕을 끊어 결코 일으키지 않고, 분노와 어리석음을 끊어 반드시 일으키지 않는다'라고 하면, 이 사람을 혜선해탈인이라고 한다. … 어떤 이를 혜선해탈인이라고 하는가? 어떤 사람이 무명을 여의어 혜해탈을 증득하면, 이 사람을 혜선해탈인이라고 한다. … 어떤 이를 혜선해탈인이라고 하는가? 어떤 사람에게 진지와 무생지가 생기면, 이 사람을 혜선해탈인이라고 한다. 云何慧善解脫人 若人自知法 我欲斷必不生 瞋恚愚癡斷必不生 是名慧善解脫人 … 云何慧善解脫人 若人離無明慧解脫得觸證已 是名慧善解脫人 … 云何慧善解脫人 若人盡智生 及無生智 是名慧善解脫人"라고 하였다. [참고문헌] 『舍利弗阿毘曇論』.

혜섭 慧涉 **1** 북조(北朝) 북위(北魏)대 스님. 속성은 양(楊)씨. 강주(絳州 : 山西省) 출신. 혜섭(惠涉)이라고도 한다. 어려서 출가하였으며 날마다 수천 글자를 외웠다. 일찍이 맥적산(麥積山 : 甘肅省 天水)의 석실에 머물면서 『백법론초 百法論鈔』를 지었으며, 다시 촉(蜀 : 四川省)으로 가서 법력으로 술사의 요사스런 원숭이를 몰아내어 사부대중의 존경을 받았다. 후에 중조산(中條山) 죽림정사(竹林精舍)로 돌아와 쉬면서 『유마수미기략과 維摩搜微記略科』·『반야심경초 般若心經鈔』·『무상경진해 無常經眞解』·『사분율과 四分律科』 등 수십 종의 저술을 지었지만 산실되어 전하지 않는다. 만년에 강주로 돌아와 입적 직전 문인들에게 자신의 시신을 셋으로 나누어 하나는 물에 던지고 다른 하나는 성곽 밖에 던지며 남은 하나는 불에 태우고 절대 탑을 세우거나 비명을 짓지 말라고 당부하였다. 화장 후 사리 백여 알을 얻었는데 혀는 그대로 남았으며 황금빛이었다고 한다. **2** 741~822. 당대 우두종 스님. 속성은 사(謝)씨. 회계(會稽) 출신. 동진(東晉) 사안(謝安)의 후예. 혜섭(惠涉)이라고도 한다. 담박하여 명리에 초연하였으며 계율을 어기지 않았다. 대력년간(766~779) 초에 금릉(金陵) 장엄사(莊嚴寺)에서 우두산(牛頭山) 충(忠)선사를 만나 스승으로 모시고 종지를 얻었다. 이후 50년 동안 우두종의 종풍을 널리 선양하여 학인들이 몰려들었다. 822년(장경2)에 세수 82세로 입적하였다. 제자에 유안(惟晏) 등이 있다. [참고문헌] 『宋高僧傳』 권29 「釋慧涉傳」(대정장50, p.893c24).

혜성 彗星 천체의 하나. 구요(九曜) 중 계도성(計都星 Ⓢketu)이 이에 해당된다. 『북두칠성호마법』(대정장21, p.457c23)에 "계도는 기라고 번역하는데 기는 혜성이다. 計都者 翻爲旗也 旗者 彗星也", 『인왕반야경소』 권하(대정장33, p.355a11)에 "혜성은 외국에서 염라왕성이라고 한다. 이 성이 출현하는 곳마다 반드시 재난이 발생하기 때문이다. 彗星者 外國名 閻羅王星 此星隨所出處 必有災難也", 『일체경음의』 권25(대정장54, p.471a19)에 "혜성〈(혜는) 수와 열을 반절한 음이다. 『이아』에 '혜성은 참창(欃槍)이라 한다'라고 하였고, 『석명』에 '이 별의 빛이 점점 가늘어지는데 빗자루 같기에 사람들은 이것을 소성(掃星)이라고 부른다'라고 하였다〉. 彗星〈隨銳反 爾雅云 彗星爲欃槍也 釋名云 其星光稍稍 似掃彗也 人間謂之掃星也〉", 『인왕경소법형초』 권6(卍속장41, p.278b13)에 "혜성은 요성(妖星)이다. 『정법념처경』에 '어떤 대야차가 크게 분노를 일으켜 입에서 연기를 내뿜었는데 허공으로 솟구쳐 올라 비행하자 염부제 사람들이 이를 두고 혜성이라고 말하였다'라고 하였다. 彗星者 妖星也 正法念說 有大夜叉 起大瞋恚 口中出煙 乘空而行 閻浮提人 謂是彗星也"라고 하였다. [참고문헌] 『北斗七星護摩法』, 『仁王般若經疏』, 『一切經音義』, 『仁王經疏法衡鈔』. ⇨ 구요 九曜

혜성 慧成 수대 정토종 스님. 속성은 단(段)씨. 예양(澧陽 : 湖南省 武陵道) 출신. 혜성(惠成)이라고도 한다. 처음에는 십주사(十住寺)에서 『법화경』·『정명경』·『승천왕경』 등을 배웠고, 구족계를 받은 후에는 건업(建業)으로 가서 『성실론 成實論』을 10년간 익혔다. 이후 남악혜사(南嶽慧思)선사의 소문을 듣고 찾아가 의지하였으며 밤을 새우며 좌선을 하였고 방등삼매(方等三昧)·관음삼매(觀音三昧)·법화삼매(法華三昧)·반주삼매(般舟三昧)를 익혀 3년간 수행하여 중생어언삼매(衆生語言三昧)를 얻었다. 그 후 형주(荊州 : 湖北省) 지강(枝江 : 枝江縣)에 선혜사(禪慧寺)를 창건하여 주석하고 『아미타경』을 독송하며 36년 동안 서방정토를 관하면서 눕지 않고 늘 좌선하였다. 하루는 임종 때가 왔음을 알고 대중에게 『열반경』을 강의하였는데, 지의대사(智顗大師)가 옥천사(玉泉寺)에서 오자 함께 현묘한 뜻 담론한 후 선정에 들어 세수 73세로 입적하였다. [참고문헌] 『佛祖統紀』 권9(대정장49, p.195b4), 『唐高僧傳』 권16 「釋惠成傳」(대정장50, p.557a14).

혜성 慧性 **1** 소승(小乘) 삼장(三藏) 반야갈라(般若羯羅 Ⓢ Prajñākara)의 한역어. 『자은전』 권2(대정장50, p.228b15)에 "납바가람(納縛伽藍 Ⓢ Nava Vihāra)에 책가국(磔迦國 Ⓢ Ṭakka : 현대 탁샤르 지역) 출신의 소승 삼장이 있었는데 이름이 반야갈라〈혜성이라 한역〉였다. 納縛伽藍 有磔迦國小乘三藏 名般若羯羅〈唐言 慧性〉"라고 하였다. [참고문헌] 『慈恩傳』. ⇨ 납바가람 納縛伽藍, 반야갈라 般若羯羅 **2** 1162~1237. 남송대 임제종 송원파(松源派) 스님. 호는 무명(無明). 속성은 이(李)씨. 달주(達州 : 四川省) 파거(巴渠) 출신. 처음에 졸암덕광(拙庵德光)을 찾아뵈었고 이어서 배회(裴回)의 송원숭악(松源崇岳)을 찾아가 깨달음을 얻고 그의 법을 이었다. 후에 기주(蘄州 : 湖北省) 자복사(資福寺)에서 출세하였으며 2년 뒤 지도사(智度寺)로 옮겨갔고, 여산(廬山) 능인사(能仁寺)·화장사(華藏寺)와 서현(棲賢)의 여러 절들과 평강부(平江府 : 江蘇省 蘇州) 존상사(尊相寺)·만세사(萬歲寺) 등에 주석하였다. 1237년(가희1) 7월 20일에 세수 76세를 일기로 입적하였다. 『무명혜성선사어록 無明慧性禪師語錄』 1권(卍속장121, p.633a1)이 있으며, 영가(永嘉) 주부(主簿) 안여훈(顔汝勳)이 쓴 탑명(塔銘)이 수록되어 있다. 〔참고문헌〕『無明和尙語錄』「塔銘」(卍속장121, p.645b13).

혜성가 彗星歌 융천(融天)스님이 지은 향가. 『삼국유사』 권5(대정장49, p.1015a8·한불전6, p.362c8) 감통(感通)7 융천사혜성가진평왕대(融天師彗星歌 眞平王代)에 “화랑 제5 거열랑·제6 실처랑·제7 보동랑 등 세 무리가 풍악에 놀러가려고 할 때, 혜성이 심대성 자리를 범하자 낭도가 의심하여 행차를 멈추려 하였다. 이때 융천사가 이 노래 지어 부르니 별의 괴이함 곧 사라지고 일본의 병사가 돌아가서 오히려 복된 경사가 되었다. 대왕이 환희하며 낭도들을 풍악에 유람하게 하였다. 第五居烈郎 第六實處郎一作突處郎 第七寶同郎等 三花之徒 欲遊楓岳 有彗星犯心大星 郎徒疑之 欲罷其行 時天師作歌歌之 星怪卽滅 日本兵還國反成福慶 大王歡喜 遣郎遊岳焉”라고 하였다. 〔참고문헌〕『三國遺事』.

혜성천 彗星天 Ⓢ Ketu. 밀교 만다라의 존격. 금강계만다라에서는 외금강부 남쪽 20천에 속한다. 『금강정경』 권10에서는 대승장(大勝杖)을 존명으로 하였고 『현겁십육존』에서는 세성천이라고도 한다. 방망이를 든 형상이며 종자는 저(杵)를 뜻하는 범어 무살라(musala)의 첫 자를 취했다. 성신회(成身會)에서는 밀호는 금강장(金剛杖)이고 종자는 (mu). 삼매야형은 방망이이다. 존형은 흰 살색에 오른손을 허리 앞에서 방망이를 들었고 왼손은 주먹을 쥐고 허리에 둔 채

삼매야회 금강계만다라 · 최외원 동방 태장만다라

연잎좌에 앉은 모습이다. 수인은 내박하고 중지를 독고저와 같이 세운다. 진언은 ‘옴 바즈라무살라 스바하 oṃ vajramusala svāhā 옴 금강저천이시여, 스바하’이다. 미세회(微細會)·공양회(供養會)·항삼세회(降三世會)는 성신회와 동일하고 삼매야회(三昧耶會)와 항삼세삼매야회(降三世三昧耶會)에서는 존형은 삼매야형과 같다. 태장만다라에서는 외금강원 동쪽의 구집(九執) 중 하나이다. 삼매야형은 연꽃 위의 붉은 구슬이고 종자는 (ke). 존형은 살색의 몸의 반신을 구름 속에서 내미는 모습이다. 진언은 ‘나마 사만타붓다남 케투쉬리 스바하 namaḥ samantabuddhānāṃ ketuśri svāhā 널리 제불께 귀의합니다, 상서로운 혜성이시여, 스바하’이다. 〔참고문헌〕『曼荼羅図典』(大法輪閣, 2002)

혜성행 慧聖行 혜라는 성스런 행. 계정혜(戒定慧) 삼학(三學) 중 혜를 닦음이며, 십신위(十信位)에서 행하고, 멸·무생·무량·무작 등 4가지 사제를 다 안다. 『사교의』 권9(대정장46, p.753a7)에 “혜성행이란 바로 십신위다. … 성행에는 세 가지가 있다. 첫째는 계성행, 둘째는 정성행, 셋째는 혜성행이다. 보살이 사유하는 불성의 뜻 깊고 미묘해 보기 어려워 초심자는 단번에 들어갈 수 없으니 반드시 계율을 지니고 정과 혜를 닦아야 한다. … 셋째 혜성행을 닦는 것은 바로 이 사제를 말한다. 慧聖行卽是十信位 … 聖行者有三種 一 戒聖行 二 定聖行 三 慧聖行 菩薩思惟佛性之理 幽微難見 初心不可頓入 必須持戒修定慧 … 三 修慧聖行者 卽是四諦”, 『법화현의』 권4(대정장33, p.726a3)에 “무명과 애 등이 청정하다면, 혜성행이라 한다. 無明 愛等 淸淨卽慧聖行”, 『사교의주휘보보굉기』 권8(卍속장102, p.685b17)에 “혜란, 네 가지 사제의 혜로서 생멸·무생·무량·무작을 말하니 이를 혜성행이라 한다. 慧者 四種四諦慧 謂生滅無生 無量 無作 等也 是名慧聖行”라고 하였다. 〔참고문헌〕『四教義』, 『法華玄義』, 『四教儀註彙補輔宏記』.

혜소 慧沼 651~714. 당대 법상종(法相宗) 스님. 치주(淄州) 치천(淄川 : 山東淄川) 출신. 치주대사라고도 한다. 열다섯에 출가하여 계를 어기지 않고 수행하여 소사리(沼闍梨)라 불렸다. 현장(玄奘) 문하에서 수학하다가 나중에 규기(窺基)에 의지하여 유식(唯識)의 도리를 배운 끝에 그 골수를 얻고 규기 입적 후에 원측(圓測)이 『유식론소 唯識論疏』에서 규기의 설을 반박하자 『성유식론요의등 成唯識論了義燈』을 지어 다시 반론을 펼쳤다. 그 전후로 의정(義淨)·보리유지(菩提流志)의 역장(譯場)에서 모두 증의(證義)를 맡았다. 그 밖에 『능현중변혜일론 能顯中邊慧日論』 4권, 『인명입정리론의찬요 因明入正理論義纂要』 1권을 지어 법상종의 교의를 밝혔

는데 당시 이 종파가 가장 번성하도록 이끌었다. 『금광명최승왕경소 金光明最勝王經疏』 6권, 『법화현찬의결 法華玄贊義決』 1권, 『인명입정리론의단 因明入正理論義斷』 1권 등의 저술도 있다. 규기·지주(智周)와 함께 유식삼조(唯識三祖)라 일컬어진다. 714년(개원2) 세수 64세로 입적하였다. [참고문헌] 『宋高僧傳』 권4(대정장50, p.728c1), 『開元釋敎錄』 권9(대정장55, p.569a4), 『玄奘三藏師資傳叢書』 권하 「唐故白馬寺主翻譯惠沼神塔碑」(卍속장150, p.180a8).

혜소 慧昭 ❶ 774~850. 중국에 가서 유학 후 귀국하여 신라불교를 중흥하는 한편 범패(梵唄)와 차(茶)를 널리 전한 스님. 시호는 진감(眞鑑), 탑호는 대공영탑(大空靈塔), 속성은 최(崔)씨, 본관은 완주(完州)다. 아버지의 휘는 창원(昌元), 어머니는 고(顧)씨 부인이다. 스님의 선조(先祖)는 본시 한족(漢族)이었으나, 여맥(驪貊 : 수나라)이 망한 이후 신라에 귀화하여 전주 금마(全州金馬)에 정착하였다. 어느 날 어머니가 잠깐 조는 사이 한 스님이 꿈에 나타나 어머니가 되어 주시길 원한다면서 아름다운 유리항아리 건네주는 태몽을 꾼 다음 774년(혜공왕10)에 태어났다. 어려서부터 효심이 지극하였고 재주가 뛰어났으나, 집안이 가난하여 생선 장사를 해서 부모를 봉양하였으나 일찍 부모를 여의고 불교에 귀의하려는 마음 간절했다. 804년(애장왕5) 조정에서 당 덕종에게로 파견한 세공사(歲貢使)에게 가서 뱃사공이 되기를 청하여 허락을 받고 구사일생으로 서해바다를 건너 중국 땅에 발을 딛었다. 육지에 내리자마자 세공사와 헤어져 여러 곳을 참방하면서 창주(滄州)에 이르러 마조(馬祖)의 제자인 신감(神鑒)선사를 친견하고 예를 드리는 순간 신감이 이르길 "이별한 지 오래지 않았는데 다시 만나게 되어 기쁘다"면서 곧 삭발하고 스님이 되게 하였다. 그 때 신감회상 대중들이 동방성인(東方聖人)을 만났다면서 기꺼워했다. 스님의 얼굴색이 검어서 흑두타(黑頭陀)라고 일컬었으니 마치 동진(東晉) 때 검은 얼굴의 도안(道安)스님을 칠도인(漆道人)이라고 부른 것과 같았다. 810년(헌덕왕2) 숭산 소림사 유리계단(琉璃戒壇)에서 비구계를 받았으니, 이는 어머니 태몽에 유리항아리 받은 일과 부합한다. 다시 제방을 참방하던 중 스님 보다 먼저 신라에서 유학온 원적도의(元寂道義 : 784년에 入唐하였다가 821년에 귀국) 스님을 만나 함께 다니기도 하였다. 821년 도의스님이 먼저 귀국한 후에는 혼자 종남산(終南山)에 들어가 토굴을 맺고 3년 동안 솔잎과 나무뿌리를 먹으면서 선정을 닦은 후, 다시 거리로 나와 앉아 3년 동안 신을 삼아 오가는 사람들에게 보시하다가 830년(흥덕왕5) 귀국하여 왕의 귀의를 받고 상주군 남장리 노악산 장백사(尙州郡 南長里 露岳山 長栢寺이니 지금의 南長寺)에 주석하였다. 구름처럼 찾아오는 사부대중을 수용하기에 협소하여 그 곳을 떠나 지리산 화개곡(花開谷)으로 찾아가 과거 삼법화상(三法和尙)이 주석하였던 옛 터에 옥천사(玉泉寺 : 쌍계사의 전신)를 창건하고 조계6조 혜능대사의 영당(影堂 : 頂骨塔)을 세웠다. 838년 민애왕(閔哀王)이 즉위하여 스님의 도덕을 흠모하고 여러번 만나 뵙기를 청하였으나, 끝내 응하지 않고 옥천사에서 대중교화에 전념했다. 범패를 배우는 이들이 법당을 가득 채웠고, 또한 중국으로부터 귀국할 때 차나무를 가지고 와서 지리산 화개곡 일대에 심어서 유포시켰고, 의술에도 조예가 깊었다. 많은 제자가 있었으나 그 중 법량(法諒)이 가장 뛰어났다. 850년(문성왕12) 1월 9일 이른 아침 문인들을 불러 놓고 "만법은 모두 공한 것, 나는 이제 곧 떠나려 하니 너희들은 일심을 근본 삼아 부지런히 정진하고, 내가 죽거든 탑에다가 형체를 안치하려고도 말며, 비를 세워 행적도 남기지 마라"고 당부한 다음, 세수 77, 법랍 41세를 일기로 입적하였다. 스님의 법계(法系)는 달마(達磨) → 혜가(慧可) → 승찬(僧璨) → 도신(道信) → 홍인(弘忍) → 혜능(慧能) → 남악(南岳) → 마조(馬祖) → 창주신감(滄州神鑒) → 진감혜소(眞鑒慧昭)로 이어진다. 헌강대왕(憲康大王)이 시호를 진감선사(眞鑒禪師)라 하고 탑호는 대공영탑이라고 추증하였다. 내공봉 일길간(內供奉 一吉干)인 양진방(楊晉方)과 숭문대(崇文臺)인 정순일(鄭詢一)등이 합심하여 왕에게 주청해서 탑비를 세울 것을 허락받아 최치원(崔致遠)이 왕명에 따라 비문을 지어 887년(정강왕2)에 세운 비가 하동 쌍계사에 있다. 국보 제47호로 총높이 3.63m, 비신 높이 2.02m, 폭 1m, 귀부(龜趺) 및 이수(螭首)는 화강석이고, 비신은 흑대리석이다. [참고문헌] 『東師列傳』 권1(한불전10, p.998a1~b8), 『朝鮮金石總覽』 권상 pp.66~72, 李智冠 『校勘譯註歷代高僧碑文』 新羅篇 pp.128~152. ⇨ 쌍계사진감선사대공탑비 雙谿寺眞鑑禪師大空塔碑 ❷ 조선후기 스님. 호는 보월. 1853년(철종4)에 유성종(劉聖鐘) 거사가 연경(燕京 : 北京)에 갔다가 명 이능암(二棱庵)의 통윤(通潤)스님이 지은 『유마경직소 維摩經直疏』를 구하여 귀국한 후 서울 삼성동 봉은사의 쌍월성활(雙月性闊)에게 보였다. 쌍월은 그의 스승인 화담경화(華潭敬和)에게 보였고, 화담은 이를 보고 크게 기뻐하면서 쌍월에게 내가 죽은 후라도 반드시 이를 판각하여 유포하라고 당부하였다. 쌍월은 이 유촉에 의하여 마침내 1854년(철종

보월당대선사혜소지진
김룡사 문경 19세기후반

5)에 판각을 마쳤는데, 혜소스님이 그의 청탁을 받아 「신간유마힐경요해서 新刊維摩詰經要解序」를 지었다. 〔참고문헌〕 奉恩寺板『維摩詰經』. ⇨축전 竺典

혜소 慧炤 972~1054. 고려전기 죽산 칠장사(七長寺) 스님. 정현(鼎賢)의 시호이다. ⇨정현 鼎賢

혜소 慧素 혜소(惠素)라고도 기록한다. 고려중기 대각국사 의천(義天 1055~1101)의 제자다. 항상 의천을 모시고 화엄학을 연구하다가 의천이 중국을 순방하고 귀국하여 국청사(國淸寺)를 짓고 천태종을 복원하자, 스님도 천태종으로 귀속했다. 경율론 삼장에 정통하였을 뿐 아니라, 시와 글씨에도 능통하였다. 서호(西湖 : 黃海道 延白郡 雲達山)의 견불사(見佛寺 : 一名 江西寺) 주지로 있을 때, 방장실(方丈室)에 방석(方席)만한 크기의 얇은 청석(淸石 : 書板) 한 장만 두고 주야로 시간이 날 때마다 붓글씨를 썼다. 김부식(金富軾)이 벼슬에서 물러난 다음에는 자주 스님을 찾아와 도담(道談)을 나누고 시를 지어 화창(和唱)한 것이 1천여 편이 넘었다고 한다. 인종이 스님의 이름을 듣고 내도량으로 청하여 『화엄경』을 강의하게 하고, 회향할 때 백금을 하사했다. 스님은 이를 받아 사탕(砂糖)과 백병(百餠)을 사서 대중들에 공양했으며, 인종의 명으로 경기도 개풍군 영남면 현화리 영통사(靈通寺)에 있는 대각국사비의 음기(陰記)를 썼다. 저서는 『대각국사행록 大覺國師行錄』 10권을 남겼으나 전하지 않는다. 〔참고문헌〕 「開城靈通寺大覺國師碑」(『朝鮮金石總覽』 권상 p.314), 『破閑集』 권중, 李智冠 『校勘譯註歷代高僧碑文』 高麗篇3, p.131.

혜소 慧蕭 568~640. 당대 스님. 본관은 팽성(彭城). 속성은 유(劉) 씨. 허주(許州) 장갈(長葛) 출신. 집안 대대로 벼슬을 해서 사대부(士大夫)로 불렸으며, 18세에 서생이 되었는데 총명하고 슬기로웠으며 시(詩)와 예(禮)를 잘 설하여 주군(州郡)에서 명경(明經)으로 천거되었지만 숭고산(嵩高山)으로 들어가 스승을 구하고 출가하여 스님이 되었고, 개황년간 초에 업성(鄴城)으로 유학을 가 경율을 두루 익힌 다음 『사분율』을 종으로 삼았다. 이후 태산(泰山) 영암사(靈巖寺)의 깊은 암자에 머물렀다가 중악(中嶽)으로 돌아왔으며, 하동(河東)에서 지율(持律)로 뛰어난 용문산(龍門山)의 명랑(明朗)스님이 찾아오자 서로 깊이 믿고 따르면서 함께 용문산의 정림사(定林寺)로 가 주석하였다. 이어 마두산(馬頭山)으로 가 선정을 익히면서 계를 널리 펼치기도 하였고 인수년간에는 황협산(黃頰山)에서 하안거를 보내기도 하였는데 이때 망명한 이를 숨겨준 일로 인해 옥에 갇히게 되어 이름과 행적을 숨긴 채 오래도록 숨어 살았다. 후에 하동 군수 정영(丁榮)이 스님을 청하여 인수사(仁壽寺)에 주석하면서 율장을 널리 펼쳤으며, 의녕년간에는 서성사(西城寺)의 주지로 모셔져 율장을 강의하였는데, 포주(蒲州)·섬주(陝州)·진주(晉州)·강주(絳州)의 대중이 스승으로 섬겼다. 정관14년(640)에 세수 73세를 일기로 인수사에서 입적하였다. 〔참고문헌〕 『唐高僧傳』 권22 「釋慧蕭傳」(대정장50, p.617c13).

혜소국사비문 慧炤國師碑文 고려 전기 유가종(瑜伽宗) 고승 정현(鼎賢 972~1054)의 행적을 새긴 비문. 참지정사 김현(金顯)이 왕명으로 비문을 짓고 민상제(閔賞濟)이 전액과 글씨를 섰다. 명문에 "개중에는 수학하여 근육을 얻고 어떤 이는 탐구하여 골수를 얻었다. 혜관사와 조법사는 연표를 탔고 도생법사 도융 등은 결궤를 했네. 그 법통을 계승할 자 누구였던가? 칠장사의 혜소국사 이어받았네. 부지런히 정진하여 전해받았고 미묘한 법 깊고 깊어 희이하도다. … 사부대중 한결같이 귀의하였고 여덟 가지 마군들은 머리 조아려 진미로 된 선불로써 높이 떨치니 청풍납자 스님들은 흠앙하도다. 或得師筋 或得師髓 觀肇連鑣 生融結軌 其誰繼者 惟我得之 精窮煥忍 妙頤希夷 … 四衆翹□ 八魔稽顙 麈扇高揚 毳徒悉仰"라고 하였다. 비는 보물 제488호로, 전체높이 496cm·비신높이 243cm·너비 127cm·두께 20cm·자경 2cm이다. 대석과 개석은 화강암·비신은 흑대리석이다. 비석은 보호각 안에 귀부(龜趺)·비신(碑身)·이수(螭首)가 따로 분리되어 있다. 비신은 오른쪽 위에서 왼쪽 아래로 비스듬하게 절단되어 있는데, 「칠현산칠장사사실기 七賢山七長寺事實記」(『조선사찰사료』 권상, p.69)에는 임진왜란 때에 훼손되었다 한다. 해방 후에 시멘트로 봉합하였다. 〔참고문헌〕 『朝鮮金石總覽』 권상 pp.273~278, 『朝鮮寺刹史料』, 李智冠 『校勘譯註歷代高僧碑文』 高麗篇2 pp.300~334. ⇨정현 鼎賢

혜소국사비 이수·비신·귀부

혜수 惠修 조선중기 제14대 선조(재위 1567~1608) 대를 전후한 스님. 『정감록 鄭鑑錄』의 참설(讖說)에 의지해 일으킨 정여립(鄭汝立 ?~1589)의 반란에 동참하였다가 실패하자 피신하여 스님이 된 덕유(德裕)와 함께 1599년(선조32) 제주도로 도망을 갔다. 다시 반란을 도모하다 밀고로 함께 처형되었다. [참고문헌] 『濟州通史』(제주문화사, 1990), 『韓國佛教通史』. ⇨ 덕유 德裕

혜수 慧秀 1911~1987. 현대 황해도 구월산(九月山) 월정사(月精寺) 스님. 휘는 혜수(慧秀), 호는 석암(昔巖), 속성은 유(柳)씨, 본관은 문화(文化 : 黃海道文化縣), 아버지의 휘는 동렬(東烈), 어머니는 권(權)씨부인이니, 1911년 11월 19일 경기도 포천읍 선단리에서 태어났다. 1930년 20세 때 구월산 월정사로 찾아가 완허(玩虛)스님을 은사로 하고, 운암(雲庵)율사를 사미계사로 하여 스님이 되었다. 1941년 구월산 패엽사(貝葉寺)에서 대교과를 졸업하고, 참선공부를 시작했다. 부산 범어사에서 영명(永明)율사에게서 비구계를 받았다. 그로부터 덕숭산 정혜사(定慧寺) 만공스님, 혜월(慧月)스님의 제자인 석호(昔湖)스님 등을 친견하고 법을 묻고 배웠다. 1944년 대덕법계를 받았고, 1953년(北傳佛紀 2980년, 南傳佛紀 2497년 때임) 종래에 비구 계맥(戒脈)이 제대로 계승되지 않았다하여 통도사 금강계단에서 자운성우(慈雲盛祐)율사로부터 석암(昔岩)·종수(宗壽)·일타(日陀)·지관(智冠) 등 네 스님이 비구계를 중수(重受)하고 자운스님의 지도로 율장을 연구하였다. 1956년 부산 선암사(仙岩寺) 주지, 1961년 부산 범어사 주지에 취임, 동산스님으로부터 범어사 금강계단 전계사를 계승하였고, 해인총림 수좌로 있었으며, 1973년 범어사 계단을 고산(杲山)스님에게 전양(傳讓)하고는 부산시 서구 도솔산(兜率山)에 내원정사(內院精舍)를 창건하였다. 1983년 조계종 원로회의 의원으로 추대되었으며, 1987년 4월 16일(양력 5월 14일) 오전 1시 문도를 모아 놓고 후사를 당부한 다음, "80년 돌아보니, 마치 순우분(淳于棼)의 남가일몽 같네! 꿈 중에 다시 꿈을 설하니, 가소롭다. 모든 것 꿈 중의 일이라니! 回顧八十年 猶如南柯夢 夢中又說夢 可笑夢中事"라는 임종게를 설하고 입적하였으니 세수 77, 법랍 58세였다. 동곡일타(東谷日陀)스님이 비문을 짓고, 현조수응(玄照修應)이 써서 1993년에 세운 비가 부산시 서구 서대신동 도솔산 내원정사에 있다. [참고문헌] 「釜山內院精舍昔岩堂慧秀大宗師碑文」(智冠 『韓國高僧碑文總集 朝鮮朝·近現代』 pp.1286~1288). ⇨ 석암 昔岩

혜수 慧壽 지혜로 목숨 삼다. 또는 수행승을 부르는 말로 혜명(慧命)이라고도 한다. 『잡아함경』 권29(대정장2, p.210b9)에 "이와 같이 성제자들이 한층 지혜로운 방편으로 따라 순하고 머무는 이는 위없는 지혜로 목숨 삼아 살아간다. 如是聖弟子 增上慧方便 隨順成就住者 無上慧壽而活", 『법화현찬』 권9(대정장34, p.832b9)에 "다시 수명을 주었다는 말은 지금 혜수를 주었다는 뜻이다. 更賜壽命 今乞慧壽"라고 하였다. [참고문헌] 『雜阿含經』, 『法華玄贊』. ⇨ 혜명 慧命 1

혜수 慧數 혜의 심소법(心所法). 수는 심소의 구역이다. 『화엄경탐현기』 권6(대정장35, p.221a25)에 "(세 가지 인욕 중) 첫째는 내원해인이니, 성내지 않는 선근과 상응하는 혜수를 체로 하며 중생을 연하고 경계로 삼는다. 一 耐怨害忍 以無恚善根相應慧數爲體緣衆生爲境", 『법화의소』 권7(대정장34, p.543a4)에 "『아비담비바사론』에 따르면, 신해에는 두 가지 체가 있으니 신은 선대지법 중 신의 심소이고, 해는 통대지법 중 혜의 심소이다. 依阿毘曇 信解有二體 信是善大地中信數 解是通大地中慧數"라고 하였다. [참고문헌] 『華嚴經探玄記』, 『法華義疏』. ⇨ 혜 慧 1, 십대지법 十大地法, 오별경 五別境

혜숙 惠宿 1 신라 제26대 진평왕(재위 579~632) 때 스님. 대중 불교의 선구자로서 일찍이 국선(國仙)인 호세랑도(好世郎徒)의 무리와 함께 있다가 호세랑이 국선에서 물러나자 스님도 따라서 안강현(安康縣)의 적선촌(赤善村 : 지금의 안강현 赤谷村)에 숨어서 20여 년을 지냈다. 어느 날 교외로 나와 사냥하는 국선인 구담공(瞿旵公)을 만나 말고삐를 잡아당기면서 "나도 함께 따라갈 수 있느냐?" 물으니 공(公)이 허락했다. 이때 스님은 종횡자재하게 공을 앞질러 짐승을 쫓았다. 이를 본 공은 매우 기꺼워했고 잡은 고기를 구워 서로 나누어 먹었는데 스님도 거침없이 함께 먹었다. 반쯤 먹고 나서 공에게 이르기를 "나에게 있는 보다 맛있는 고기를 공에게 드리고자하니 어떻습니까?" 하니 공이 좋다고 하자 스님은 구석진 곳에 가서 자신의 허벅지를 베어 쟁반에 담아 바치니 옷에 피가 낭자했다. 공이 이를 보고 깜짝 놀라 왜 이렇게 하느냐 책망했다. 스님이 말하되 "나는 공께서 어진 사람으로서 자서가 만물에 미치는 줄 알고 공을 따랐으나, 이제 보니 공께서는 오직 살육에만 탐닉하여 남의 목숨을 죽여서 제 한 몸을 살찌우고 있으니 군자가 할 짓은 아닐 뿐만 아니라, 나와도 뜻을 같이할 무리가 아닙니다"라고 책망하고는 구담과 결별했다. 600년(진평왕22)에 안함(安含)과 함께 구법차 당(唐)에 가려고 니포진(泥浦津)에서 배를 타고 떠났다가 중도에서 풍파를 만나 되돌아왔다. 다음해인 601년에 안함 혼자만 다시 당으로 갔다. 그 후 스님은 평생을 시골에 머물면서 교화하다가 입적했다. 경상북도 월성군 안강읍에 혜숙사(惠宿寺)가 있는데, 스님이 머물렀으며 부도도 있었다고 하나 지금은 알 수 없다. 『삼국유사』 권3(대정장49, p.989a16·한불전6, p.318b10) 흥법(興法)3 동경흥륜사금당십성(東京興輪寺金堂十聖)에 따르면 스님은 신라 십성 중 한 스님이다. 경주 흥륜사(興輪寺) 금당벽(金堂壁) 동쪽에는 아도(我道)·염촉(厭髑 : 이차돈)·혜숙(惠宿)·안함(安含)·의상(義相) 등 다섯 스님의 초상을 그렸고, 서쪽 벽에는 표훈(表訓)·사파(蛇巴)·원효(元曉)·혜공(惠空)·자장(慈藏) 등 다섯 스님의 영정을 그렸다고 전한다. [참고문헌] 『三國遺事』·권4(대정장49, p.1004b11·한불전6, p.344c7) 義解5 二惠同塵, 權相老 『朝鮮佛教略史』 p.21·28·33. ⇨안함 安含, 이혜동진 二惠同塵, 신라십성 新羅十聖 ❷ 백제 제27대 위덕왕(재위 554~598) 때 스님 588년(위덕왕35) 영조(聆照)·영위(令威)율사 등과 함께 불교를 일본에 전파하기 위해 일본으로 건너가 활약하였던 스님이나, 자세한 행적은 알 수 없다. [참고문헌] 『日本書紀』.

혜숙사 惠宿寺 경상북도 경주시 안강읍에 있던 절. 『삼국유사』 권4(대정장49, p.1004b11·한불전6, p.345a22) 의해(義解)5 이혜동진(二惠同塵)에 "지금 안강현의 북쪽에 혜숙이라는 이름의 절이 있는데, 곧 혜숙이 살던 곳이었다고 한다. 또한 부도가 있다. 今安康縣之北有寺名惠宿 乃其所居云 亦有浮啚焉", 『고려사』 권31 세가(世家)31 1300년(충렬왕26) 5월 27일에 "천고라는 승이 옹기로 만든 거북의 등에 붉은 글씨로 괴상한 말을 써서 혜숙사 석탑 아래 묻었다. 얼마 후 스스로 파내어 '이 거북은 매우 신이하다'라고 하며 여러 사람들 현혹했다. 有僧天固 朱書怪語于瓦龜背 埋惠宿寺石塔下 尋自堀曰 此龜甚神異 以眩惑衆人"라고 하였다. [참고문헌] 『三國遺事』, 『高麗史』, 『韓國寺刹全書』 권하 p.1165b2.

혜순 惠淳 조선후기 스님. 경기도 삭령(朔寧 : 지금 연천군) 수청산(水清山) 용복사(龍腹寺)에서 1632년(인조10) 『금강경오가해설의』·1634년(인조12) 『설선의』·1636년(인조14) 『능가경 楞伽經』 등을 판각할 때 화주였다. [참고문헌] 『金剛經五家解說誼』(한불전7, p.115c9), 『說禪儀』(한불전7, p.743b25).

혜순 慧詢 ❶ 375~458. 남조(南朝) 유송(劉宋)대 스님. 속성은 조(趙)씨. 조군(趙郡 : 河北省 趙縣) 출신. 혜순(慧恂)이라고도 한다. 어려서 출가하여 장안(長安)에 유학하였으며 구마라집에게 배웠다. 경론에 정진하였으며 『십송율』과 『마하승기율』에 특히 정통하여 주석서도 저술하였다. 영초년간(420~422)에 광릉(廣陵)에서 율장을 강의하였으며 원가연간(424~453)에는 경사(京師)의 도량사(道場寺)에 주석하였고 후에 혜관(慧觀)의 청을 받고 장락사(長樂寺)로 옮겨 가 주석하였다. 458년(대명2)에 장락사에서 세수 84세를 일기로 입적하였다. 『불조통기』 권36(대정장49, p.345a6)에 "혜순율사는 『마하승기율』과 『십송율』에 정통하여 글을 지어 이해하기 쉽도록 설명하였는데, 이것이 『십송율』을 해설한 시초이다. 慧詢律師 善僧祇十誦律 製文敷演此解十誦之始也"라고 하였다. [참고문헌] 『佛祖統紀』, 『梁高僧傳』 권11 「釋慧詢傳」(대정장50, p.401a17). ❷ 1119~1179. 송대 스님. 자는 모도(謀道). 호는 월당(月堂). 속성은 진(陳)씨. 영가(永嘉) 출신. 8세 때 조인원(祖印院)으로 출가하였고 『법화경』을 여러 번 듣고 나서 곧바로 암송할 수 있었다. 남호징조(南湖澄照)를 찾아뵈었으며 이어서 남호원변(南湖圓辯)에게 배우고 그의 법을 이었다. 일찍이 산과 바다에서 귀신에게 『유마경』을 강설하여 여러 차례 신비스러운 감응을 경험하였으며, 남호에서 불법을 크게 선양하여 가까운 곳뿐만 아니라 먼 곳에까지 명성이 퍼졌고 승상 위기(魏杞)도 공경하며 예를 표하였다. 1179년(순희6)에 세수 61세를 일기로 입적하였다. [참고문헌] 『佛祖統紀』 권17(대정장49, p.235a16), 『釋氏稽古略』 권4(대정장49, p.892b4). ❸ 1629~1714. 일본 임제종 스님. 자는 남령(南嶺). 별호는 경운(耕雲). 속성은 산내(山內)씨. 단파(丹波 : 兵庫縣) 출신. 9세 때 일사문수(一絲文守)로부터 구족계를 받았고 18세에 인가를 받고 법을 이었다. 천성이 총명하여 종지에 깊이 통하였으며, 송운사(松雲寺)를 개창하였고 영원사(永源寺)에 주석하며 선법을 떨쳤으며, 언근후(彦根候)의 귀의를 받고 곳곳에서 법을 설하며 갖가지 신이(神異)를 보였다. 정덕4년(1714) 세수 86세를 일기로 입적하였는데, 원만광조선사(圓滿廣照禪師)라는 시호를 받았다. 『원만광조선사어록』 1권이 있으며 권말에 행장이 함께 실려 있다.

혜숭 惠崇 ➡ 구승시 九僧詩

혜숭 慧崇 ?~444. 북위(北魏)대 양주(涼州)의 스님. 북위의 상서(尙書)인 한만덕(韓萬德)의 스승이었다. 덕이 높은 것을 시기한 사람들에 의해 참소를 당하여 현고(玄高)와 함께 북위 태무제(太武帝)에 의해 처형되었다. [참고문헌] 『佛祖統紀』 권38(대정장49, p.354a29), 『梁高僧傳』 권11 「釋玄高傳」(대정장50, p.398a3).

혜숭 慧嵩 서진(西秦) 때 고창국(高昌國) 스님. 혜숭(惠嵩)이라고도 쓴다. 대법론(對法論)에 뛰어났다. 『석씨요람』 권하(대정장54, p.295c12)에 "비담공자 : 서진의 혜숭이다. 아비담론에 뛰어났으니, 당시 그를 소중히 여겨 그렇게 불렀다. 毘曇孔子 西秦惠嵩 善阿毗曇論 時重號之"라고 하였다. [참고문헌] 『釋氏要覽』, 『唐高僧傳』 권11(대정장50, p.508c7).

혜승 惠勝 당대 스님. 불공(不空)의 제자. 어려서부터 오랫동안 따르며 태장법관정(胎藏法灌頂)을 받았으며 일존법(一尊法)을 잘했다. 774년(대력9)에 불공의 주청으로 대흥선사(大興善寺) 문수각(文殊閣)에서 일체경을 전독(轉讀)했을 때 함께했던 21인 중 한 사람이었으며, 같은 해 불공의 다비식 때에는 제문(祭文)을 지어 애도를 표하였다. 보현법(寶賢法)에 능숙하여 대종(代宗)으로부터 특별한 대우를 받았다. 이 밖에 자세한 행적은 알 수 없다. 〔참고문헌〕『代宗朝贈司空大辨正廣智三藏和上表制集』 권6(대정장52, p.857c27).

혜승 慧乘 555~630. 수당 시대 스님. 속성은 유(劉)씨. 서주(徐州 : 江蘇省) 팽성(彭城 : 銅山縣) 출신. 부친인 유아(劉雅)는 진(陳)의 병부낭중(兵部郎中)이었으며, 작은 할아버지는 출가하여 법명이 지강(智强)이고 광릉(廣陵)의 대승정(大僧正)을 역임하였다. 12세에 지강에게 출가하였으며, 16세에 양도(楊都) 장엄사(莊嚴寺)에서 지작(智嚼)에게 『성실론』 강의를 듣고 구족계를 받았다. 후에 수 진왕(晉王) 양광(楊廣)의 청을 받고 강도(江都) 혜일도량(慧日道場)에 주석하였으며, 610년(대업6)에 동도(東都) 사방관(四方館)에서 유학승(留學僧)의 교육을 맡아 대강주(大講主)가 되었고 이후 교화에 힘썼으며 당 무덕년간 초에 승광사(勝光寺)에 주석하였다. 625년(무덕8)에는 고조(高祖)가 석전제(釋奠祭)를 거행하며 삼교(三教)의 순위를 도교·유교·불교로 규정하자 도사(道士) 이중경(李仲卿)·반탄주(潘誕奏) 등과 논쟁을 벌였다. 630년(정관4) 10월 20일에 세수 76세를 일기로 입적하였다. 〔참고문헌〕『唐高僧傳』 권24「釋慧乘傳」(대정장50, p.633b3), 『集古今佛道論衡』 권병(대정장52, p.381a19).

혜승 慧勝 **1** Ⓢ prajnāyāḥ prādhānyaḥ. 혜가 뛰어남. 문사수(聞思修) 삼혜(三慧)로 뛰어나서 념자·의자·수자(念者 意者 修者)로서 뛰어남을 말한다. 『십지경론』 권7(대정장26, p.165c5)에 "〔논〕 (교법에 대한) 들음(聞)을 거듭이 뛰어남이란, 듣고 사유해 닦음을 거듭에 지혜가 뛰어남이다. 무엇을 혜승이라고 하는가? 저 경에서 '(難勝地에 머무르면) 이름하여 념자(念者)라 하니 여러 법을 잊지 않기 때문이요, 이름하여 의자(意者)라고 하니 잘 결정해 지혜롭기 때문이요, 떠나는 이(去者)라고 이름하니 경서의 뜻 차제를 알기 때문이다' 라고 설한 것에 해당한다. 이 중에서 념자란 듣는 혜가 뛰어나고, 의자는 사유하는 혜가 승하고, 버리는 이란 닦음으로 지혜롭고 뛰어나기 때문이다. 論曰 攝聞勝者 攝聞思修慧勝故 云何慧勝 如經 名爲念者 不忘諸法故 名爲意者 善決定智慧故 名爲去者 知經書意次第故 是中念者 聞慧勝故 意者 思慧勝故 去者 修慧勝故", 『인왕경소』 권상(대정장33, p.373b27)에 "〔문〕 이 삼혜는 여래·독각·성문이 각기 몇 가지인가? 〔답〕 부처님은 세 가지를 모두 갖추시는데 닦은 혜가 뛰어나시어 자연스레 깨우치고 십력 사무소외의 수공덕을 갖추셨기 때문이다. 독각 또한 세 가지를 모두 갖추는데 사혜가 뛰어나다. 스스로 사유하여 깨닫지만 역무외 등의 수공덕이 없기 때문이다. 성문 또한 세 가지를 모두 갖추는데 듣는 혜가 수승하다. 타자의 말소리로부터 성스러운 도에 들기 때문이다. 問 此三慧 如來獨覺 及以聲聞 各有幾種 答 佛具三種 而修慧勝 以自然覺 及具力無畏等 修功德故 獨覺亦具三 而思慧勝 以自思惟覺 而無力無畏等 修功德故 聲聞亦具三 而聞慧勝 以從聞他音 入聖道故", 『삼법도론』 권중(대정장25, p.20c20)에 "(四向四果 중 初向인 須陀洹向인) 제8이란 신과 혜 함께 갖춘다. 이 족성은 범인일 때 이와 같이 신과 혜를 갖추는데, 어떤 이는 믿음이 뛰어나고 혜가 뒤를 따르고, 어떤 이는 혜가 뛰어나고 믿음이 뒤따르며, 어떤 이는 같다. … 또한 믿음이 뛰어난 이는 둔근이요, 혜가 뛰어난 이는 중근이요, 함께 뛰어난 이는 이근이다. 이와 같이 점차로 위로 오른다. 第八者信慧俱 此族姓凡人時 有如是具信及慧 彼或信勝慧隨 或慧勝信隨 或等 … 復次 信勝者鈍根 慧勝者中根 俱勝者利根 如是次至上"라고 하였다. 〔참고문헌〕『十地經論』, 『仁王經疏』, 『三法度論』, *Bodh-bh.271.* ⇨ 문사수 聞思修 **2** ?~505. 중국 남북조시기 양(梁)에서 활동했던 비구니. 속성은 당(唐)씨, 아버지는 승지(僧智). 팽성(彭城) 출신. 『비구니전』 권4 「한거사혜승니전 閑居寺慧勝尼傳」에 의하면, 444년에 출가하여 정수(淨秀)비구니의 제자가 되어 선림사(禪林寺)에 머물렀다고 한다. 구족계를 받은 이후 『법화경 法華經』을 강연하였고 집선사(集善寺)의 비구니 혜서(慧緖)를 따라 오행선(五行禪)을 익혔다. 뒤에 초당사(草堂寺)의 사은(思隱)과 영근사(靈根寺)의 법영(法穎)을 따라 관행(觀行)을 익혔다. 81세인 505년에 입적하여 백판산(白板山)에 묻혔다. 〔참고문헌〕『比丘尼傳』.

혜시 惠施 **1** Ⓢ Ⓟ dāna, Ⓣ sbyin-pa. 베풀다. 보시(布施), 혜시(慧施)라고도 한다. 『장아함경』 권8 「중집경 衆集經」(대정장1, p.51a8 : *Saṅgīti-sutta, DN.3,* p.232)에 "또한 네 가지 법이 있으니 사섭법이라고 하는데 혜시·애어·남을 이롭게 하는 것·이익을 고르게 하는 것이다. 復有四法 謂四攝法 惠施 愛語 利人 等利 cattāri saṅgahavatthūni. dānaṃ peyyavajjaṃ atthacariyaṃ samānattatā", 『중아함경』 권6 「교화병경 敎化病經」(대정장1, p.459a29)에 "장자에게는 아껴 탐함이 없으니 오직 혜시만이 있습니다. 장자는 혜시로 인해 어쩌면 고통이 사라져 극도의 쾌락이 생하며, 보시로 인해서 어쩌면 사다함과나 아나함과를 얻을 수도 있으니 장자는 본래 수다원과를 얻었기 때문입니다. 長者無有慳貪 唯有惠施 長者因惠施故 或滅苦痛 生極快樂 因惠施故 或得斯陀含果 或阿那含果 長者本已得須陀洹", 『우바새계경』 권상(대정장24, p.1037a8)에 "만약 어떤 사람이 한마음인데도 생사의 허물과 열반의 안락을 관찰하지 못한다면 이러한 사람은 비록 보시하고 계를 지키며 많이 듣는다 하더라도 결코 해탈분법을 얻을 수 없다. 若人不能一心觀察生死過咎 涅槃安樂 如是之人 雖復惠施 持戒 多聞 終不能得解脫分法"라고 하였다. [참고문헌] 『長阿含經』, 『中阿含經』, 『優婆塞戒經』, *DN.*, *Vikī-n.24.* ⇨ 보시 布施 ❷ Ⓢ vadānyatā. 지혜로워 베풂다. 『백오십찬불송』(대정장32, p.761b11 : *Śata-śa.*, p.129)에 "온화하고 부드러워 잔인하고 난폭한 것 항복시키고 혜시로 아까워 탐하는 것을 깨뜨리며, 선한 말씀으로는 거친 말 굴복시키니 오직 세존의 뛰어난 방편이라네. 溫柔降暴虐 惠施破慳貪 善語伏麤言 唯尊勝方便 yat sauratyaṃ gatās tīkṣṇāḥ kadaryāś ca vadānyatām. krūrāḥ peśalatāṃ yātās tat tavopāyakauśalam"라고 하였다. [참고문헌] 『百五十讚佛頌』, *Śata-śa.*

혜식 惠寔 백제 스님. 588년(위덕왕35)에 백제에서 일본으로 보낸 스님. 『일본서기』 권21에 의하면, 박뢰부천황(泊瀨部天皇) 원년(元年)에 "이 해에 백제국이 사신과 함께 스님 혜총·영근·혜식 등을 보내고 불사리를 바쳤다. 是歲 百濟國遣使幷僧惠總令斤惠寔等 獻佛舍利"고 한다. [참고문헌] 『日本書紀』.

혜식 惠湜 고려말 스님. 1372년(공민왕21)에 판조계종사(判曹溪宗事) 각운(覺雲)이 건의하여 왕명으로 『전등록 傳燈錄』 간행을 주관하였다. 「전등록서」(『동문선』 86)에 "이에 광명사 주지 경예 … 굴산사 주지 혜식 … 등이 일을 주관하였으니 모두 임금의 명이었다. 朔寧於是 廣明寺住持景猊 … 崛山寺住持惠湜 … 幹其事 皆上命也"라 하였다. [참고문헌] 『東文選』. ⇨ 경예 景猊

혜식 慧識 Ⓟ vijjā. 지혜로 알아차림. 『별역잡아함경』 권16(대정장2, p.489c29)에 "지혜로 알아차려 무명을 없애고 모든 번뇌들 다한다. 마음 길 잘도 고르게 해서 더는 생사하지 않을 최후신 얻고는 능히 저 뛰어난 일 다 갖추고 이에 편안히 잠들 수 있다네. 慧識却無明 盡於諸漏結 善調於心行 獲最後邊身 能具如上事 乃可安眠睡"라고 하였다. [참고문헌] 『別譯雜阿含經』, *SN.1.198.*

혜신 惠伸 혜신(惠申) 또는 혜갑(惠甲), 혜륜(慧輪)스님이다. 신라의 스님으로 중국으로 유학을 가서 중국에서 왕명을 받들어 현조(玄照)스님과 함께 인도로 갔으나 끝내 돌아오지는 못했다. 휘는 혜륜(惠輪)이고, 법명(法名)은 반야발마(般若跋摩)인데, 혜갑(惠甲)으로도 한역된다. [참고문헌] 『海東高僧傳』 권2(대정장50, p.1022b17), 『三國遺事』 권4(대정장49, p.1004b1 · 한불전6, p.344b14) 義解5 歸竺諸師. ⇨ 혜갑 慧甲, 혜륜 惠輪

혜신 慧身 온통 혜 뿐인 몸. 오분법신(五分法身) 중 하나로 혜온(慧蘊)의 구역. 『보살영락경』 권3(대정장16, p.23a13)에 "여래의 오근으로 법신을 성취하니 계신·정신·혜신·해탈신·해탈지견신이다. 이를 여래의 오분법신이라 한다. 如來五根成就法身 戒身 定身 慧身 解脫身 解脫知見身 是謂如來五分法身", 『섭대승론초』(대정장85, p.1007b6)에 "혜신이란 비춰 살피기에 지혜롭게 되니, (계신·정신·혜신) 이 셋은 용을 따른 이름이다. 慧身 照察爲慧 此三從用爲名", 『아비담비바사론』 권32(대정장28, p.231c29)에 "정견과 정방편과 정각은 혜신으로 거둔다. 正見正方便正覺 是慧身所攝"라고 하였다. [참고문헌] 『菩薩瓔珞經』, 『攝大乘論抄』, 『阿毘曇毘婆沙論』. ⇨ 혜온 慧蘊, 오분법신 五分法身

혜심 惠深 499년(영원1)에 남제(南齊) 형주(荊州 : 湖北省 江陵)에 조공(朝貢)하러 왔던 부상국(扶桑國) 스님. 혜심(慧深)이라고도 했는데 부상국은 중국의 동방해 뜨는 나라라고 전해오지만 알 수 없다. [참고문헌] 『佛祖統紀』 권52(대정장49, p.456c29).

혜심 慧心 ❶ 지혜로운 마음. 『불반니원경』 권상(대정장1, p.166b16)에 "마음에는 세 가지 번뇌(垢)가 있으니 탐(婬 : 貪)의 때와 분노(怒 : 瞋)의 때와 어리석음이라는 때다. 깨끗한 마음 가져 탐의 번뇌를 없애고 사려 깊은 마음 가져 분노라는 번뇌를 없애며 지혜로운 마음 가져 어리석음이라는 번뇌를 없앤다. 心有三垢 婬垢 怒垢 癡垢 持淨心却婬垢 持思心却怒垢 持慧心却癡垢", 『별역잡아함경』 권8(대정장2, p.433b26)에 "어리석음으로 지혜를 닦을 수 있는 것이 아니라 지혜로운 마음으로 법의 모습 능히 알아차려야 한다. 非以愚癡 能修智慧 以慧心故 能識法相", 『법화경』 권2(대정장9, p.14c20)에 "일체중생은 모두 나의 자식인데 세간의 즐거움에 깊이 붙들려 지혜로운 마음이라고는 있을 리 없도다. 一切衆生 皆是吾子 深著世樂 無有慧心"라고 하였다. [참고문헌] 『佛般泥洹經』, 『別譯雜阿含經』, 『法華經』. ❷ 명(明)대 고승. 법호는 묘공(妙空) 또는 감공(鑑空). 어려서부터 수업하여 계행(戒行)이 엄격하였고 유불(儒佛) 양교의 전적에 두루 통달하였다. 1410년(영락8)에 고승을 문연각(文淵閣)으로 불러들일 때 이에 응하여 『영락대전 永樂大典』의 찬수(纂修)에 참여하였다. 그밖에 자세한 행적은 알 수 없다. [참고문헌] 『補續高僧傳』 권26 「逆川禪師傳」(卍속장134, p.380b7).

혜심 慧深 고려후기 스님. 1370년(공민왕19)에 공부선(功夫選)의 주맹(主盟)이었다. 「나옹화상행장 懶翁和尙行狀」(한불전6, p.707a20)에 "임금이 좌가대사 혜심을 시켜 스님께 (공부선에 대하여) 물었다. 使左街大師慧深 問

師"라고 하였다. [참고문헌]『懶翁和尙語錄』.

혜심 慧諶 1178~1234. 고려후기 순천 조계산 수선사(修禪社)의 16대 법주 중 제2세 법주였다. 휘는 혜심(慧諶), 자는 영을(永乙), 자호(自號)는 무의자(無衣子), 시호는 진각국사(眞覺國師), 탑호는 원소(圓炤 : 원조로도 읽는다), 속성은 최(崔)씨, 본관은 완주(完州)이며, 속명은 식(寔), 아버지의 휘는 완(琬)이고, 어머니는 배(裵)씨이니 하늘문 활짝 열리고 세 번이나 벼락치는 태몽을 꾼 다음, 1178년(명종8) 전라남도 화순군 화순면에서 태어났다. 태어날 때 가사(袈裟) 모양의 태를 입었으며, 두 눈을 감은 채였다가 7일 만에 떴다고 한다. 일찍이 아버지가 죽고 어머님과 함께 살았다. 어릴 때 출가하려고 하였으나 허락하지 않았고, 강제로 유경(儒經)을 배우게 하였으나 항상 불경(佛經)을 읽고 진언도 외웠다. 그 결과 법력(法力)을 얻고는 무당과 사인들의 제사 지내고 푸닥거리하는 요사를 배척하고 훼철하기를 좋아하였다. 왕왕에 병든 환자를 구제하여 효험을 보기도 했다. 1201년(신종4)에는 사마시(司馬試)에 합격하고, 바로 그 해에 태학관(太學館)에 입학하였으나, 어머니의 병환을 듣고 집으로 돌아가 외팔촌형의 집에서 어머니를 간병하면서 항상 염불기도로 정성을 다하던 차에 어머니께서 꿈에 부처님을 친견하고 병은 나았지만, 다음 해인 1202년(신종5) 25세 때 어머니 세상을 떠나자 수선사 보조국사의 회상에서 49재를 마친 후, 보조를 은사로 하여 스님이 되었다. 그 후 오산(和順에 있는 吳城山)·지리산 금대암(金臺庵) 등에서 각고정진하여 깊은 경지를 얻고는 보조지눌(普照知訥)의 법을 이어 받았다. 1205년(희종1) 가을 억보산(億寶山 : 億佛山이라고 하는데 전라남도 長興郡에 있는 산)에서 정진한 후 지눌과 거양(擧揚)하였고, 1208년(희종4) 지눌이 수선사 법석(法席)을 스님에게 전하고 화순 무등산(無等山)으로 은퇴하려 하였다. 스님은 굳게 사양하고 지리산으로 들어가 수년간 자취를 감추었다. 1210년(희종6) 3월 27일 지눌이 입적한 후 희종의 명에 의해 부득이 수선사의 제2세 법주(法主)의 자리에 나아갔다. 진양공 최우(晉陽公 崔瑀)가 스님을 존경하여 여러 차례 초청하였으나 응하지 않으므로 마침내 두 아들을 보내어 스님을 모시도록 하였다. 그 후 강종(康宗 재위 1211~1213)을 거쳐 고종(재위 1213~1259)이 즉위하여 선사(禪師)의 법계를 드린 후 곧바로 대선사(大禪師)의 법계를 올림으로써 종래의 승과 절차를 밟지 않고 곧바로 승질(僧秩 : 緇秩)에 올랐으니, 이 예가 스님으로부터 시작되었다. 1219년(고종6) 고종이 산청 단속사(斷俗寺) 주지에 명하였으나 응하지 않다가 다음해인 1220년에 취임하였지만, 주로 수선사에 주석하였다. 1233년(고종20) 병을 앓자 진양공이 왕에게 고하여 어의(御醫)를 보냈다. 그 해 봄 화산 월등사(華山月燈寺 : 康津 月南寺인 듯함)로 옮겼다가 1234년(고종21) 6월 26일 세수 57세, 법랍 32하를 1기로 입적하였다. 다음날인 27일 월등사 북쪽에서 화장하고 영골(靈骨)을 거두어 광원사(廣遠寺 : 송광사의 山內庵子)에 부도를 세웠다. 저서는 1226년에서 1227년 사이에 제자인 진훈(眞訓) 등과 함께 선문고화(禪門古話) 1,125칙과 아울러 여러 스님들의 염송(拈頌) 등 법어의 요록(語要錄)을 수집하여 『선문염송집』 30권·『선문강요 禪門綱要』 1권·「상 강종대왕 심요 上康宗大王心要」 1편·「구자무불성화 간병론 狗子無佛性話揀病論」 1편·『무의자시집 無衣子詩集』 2권·『금강경찬 金剛經贊』 1권·『조계진각국사어록 曹溪眞覺國師語錄』 1권 등을 남겼다. 제자에는 청진국사 몽여(淸眞國師夢如), 진훈(眞訓), 귀곡각운(龜谷覺雲), 마곡(麻谷) 등이 뛰어났으며, 몽여는 스님의 뒤를 이어 수선사의 제3세 법주가 되었다. 이규보(李奎報)가 비문을 짓고 김효인(金孝印)이 써서 1250년(고종37) 강진 월남사(月南寺)에 세운 탑과 비가 있다. 비는 보물 제313호이고, 탑은 모전석탑(模塼石塔)으로 3층인데 보물 제298호이다. [참고문헌]「曹溪山第二世故斷俗寺住持修禪社主贈諡眞覺國師碑銘」(『東國李相國集』 권35), 『東文選』 권118, 『朝鮮金石總覽』 권상 pp.460~464, 『朝鮮佛敎通史』 권하 pp.351~355, 『東師列傳』 권1(한불전10, p.1004a15), 李智冠 『校勘譯註歷代高僧碑文』 高麗篇4 pp.120~162, 『韓國金石全文』 中世下 pp.1015~1025, 『韓國佛敎撰述文獻總錄』 pp.123~126, 『禪門拈頌集』 권1, 金榮旭 『眞覺國師語錄譯解1』(伽山佛敎文化硏究院, 2004). ⇨ 진각국사원소탑비명 眞覺國師圓炤塔碑銘

진각국사혜심진영
송광사 순천 1780년

혜심 譓諶 조선후기 스님. 호는 벽담 (碧譚). 『사명당지파근원록』(한불전10, pp.136a1~138b9)의 저자로서 「서문」(한불전10, p.135c5)에 "건륭 33년 무자(1768·영조44) 6월 어느 날 종예인 벽담혜심이 돈수재배하고 지음. 時乾隆三十三年戊子流月日宗裔碧潭譓諶頓首再拜撰書"라고 하였다. 같은 책(한불전10, p.136c3)에 "벽담혜심 법사〈10세〉 우화치흡·환진명규·향파금련·청엄설화·소요임성·설봉초화·용성종감·봉암환형·금포보윤·미봉보경·벽화청안·월송묘원·화봉의임·금주승안이다. 碧潭譓嗣〈十世〉 雨和致洽 煥震明奎 香波錦連 晴嚴雪花 逍遙任性 雪峰楚和 龍城宗歛 鳳巖煥泂

金鋪普潤 彌峰寶鏡 碧華淸眼 月松妙遠 華峰義稔 金洲勝安"라고 하였다. [참고문헌] 『四溟堂枝派根源錄』, 『西域中華海東佛祖源流』(한불전10, p.105c3). ⇨사명당지파근원록 四溟堂枝派根源錄

혜쌍 惠双 조선후기 스님. 1630년(인조8) 평안도 성천 백련산(白蓮山) 영천사(靈泉寺)에서 『서장 書狀』을 개간할 때 글자를 새긴(雕字) 다섯 스님 중 한 분이다. 「간기」에 "雕字 … 惠双"이라 하였다.

혜악 慧鍔 일본 임제종 스님. 중국 보타락가산사(補陀洛伽山寺)의 개산조. 혜악(慧萼)이라고도 한다. 승화년간(834~847) 초에 타치바나태후(橘太后)의 명을 받들어 당에 입국한 뒤 안문(雁門)을 경유하여 오대산(五臺山)에 올라 성지를 순례하였다. 이어서 항주(杭州) 영지사(靈池寺)의 제안국사(齊安國師)를 찾아뵙고 태후의 뜻을 전달한 후 수제자인 의공(義空)선사에게 일본으로 가서 선법을 선양하게 해 달라고 청하였는데 이때 비로소 일본에 임제종이 전해지게 되었다. 854년(제형1)에 다시 당으로 건너와 오대산에 올랐는데 산 정상에서 관음상을 얻고는, 858년(대중12)에 일본으로 모셔오기 위해 보타락가산을 지나던 중, 배가 갑자기 움직이지 않아 관음상을 내리자 비로소 배가 움직였다. 이에 관음상 모셔가려는 뜻을 포기하고 절을 세워 관음상을 봉안한 뒤 보타락가산사라고 불렀는데 남해제일의 명찰이 되었다. [참고문헌] 『佛祖統紀』 권42(대정장49, p.388b16), 『釋氏稽古略』 권3(대정장49, p.853a26), 『補陀洛迦山傳』(대정장51, p.1136c24).

혜안 慧安 582~709. 당대 선사. 5조 홍인(弘忍)의 십대제자 중 한 사람. 속성은 위(衛)씨. 형주(荊州 : 湖北省) 지강(支江) 출신. 노안(老安)·도안(道安)·대안(大安)이라고도 한다. 정관년간(627~649)에 기주(蘄州) 황매산(黃梅山)에서 홍인으로부터 깨달음을 얻고 그의 법을 이었다. 고종(高宗)의 부름을 받고도 사양하며 숭산(嵩山)에 머물렀고, 706년(신룡2)에 중종(中宗)으로부터 자의(紫衣)를 하사받았으며, 북종 신수(神秀)와 함께 측천무후의 귀의를 받았다. 709년(경룡3)에 세수 128세를 일기로 입적하였다. [참고문헌] 『宋高僧傳』 권18 「釋慧安傳」(대정장50, p.823b13), 『景德傳燈錄』 권4 「慧安國師傳」(대정장51, p.231c1).

혜안 慧眼 **1** Ⓢ prajñā-cakṣu, Ⓣ shes-rab-kyi-mig. 삼안(三眼) 또는 오안(五眼) 중 하나다. 제법의 공한 실상을 비춰 보아 중생도 지혜도 없는 무분별의 눈이다. 『무량수경』 권하(대정장12, p.274a5)에 "혜안으로 진실을 보면 능히 피안으로 건너간다. 慧眼見眞 能度彼岸", 『무량수경연의술문찬』 권하(대정장37, p.161c14)에 "혜안이란 공지를 체로 하기에 진공의 이를 비춘다. 慧眼 卽以空智爲體 照眞空理故", 『대지도론』 권33(대정장25, p.305c24)에 "실상을 위하기에 혜안을 구하는데, 혜안을 얻으면 중생을 볼 일이 없으니, 하나다 다르다 하는 상들 다 사라지고, 온갖 붙들림 버려 떠나고 일체법 들일 일 없기에 지혜 스스로 안에서 사라진다. 이 이름이 혜안이다. 하지만 혜안만으로는 중생을 제도할 수 없다. 그 이유는 무엇인가? 분별함이 없기 때문이다. 이에 법안을 구한다. 爲實相故 求慧眼 得慧眼 不見衆生 盡滅一異相 捨離諸著 不受一切法 智慧自內滅 是名慧眼 但慧眼 不能度衆生 所以者何 無所分別故 以是故求法眼", 『대승의장』 권20(대정장44, p.852b1)에 "혜안이란, 관하여 달하는 것을 지혜라고 하는데 혜로 능히 비춰보기에 혜안이라고 한다. 言慧眼者 觀達名慧 慧能照矚 故名慧眼"라고 하였다. [참고문헌] 『無量壽經』, 『無量壽經連義述文贊』, 『大智度論』, 『大乘義章』, *Laṅk.40·164.*, *Sukh-vy. I.61.*, *Vikī-n.53.* ⇨삼안 三眼, 오안 五眼 **2** 1901~1974. 호는 혜안, 이름은 성봉 또는 봉수(鳳秀)이다. 1901년 3월 7일 전라남도 부안군에서 태어나 10세를 전후로 한학을 익혔고, 1913년 내소사(來蘇寺)의 만허(滿虛)선사에게 출가하였으며, 3년 뒤 백양사(白羊寺)에서 만암대종사(曼庵大宗師)에게 사미계를 받았다. 백양사 지방학림(地方學林)에 입학하여 이듬해 12월 초파일날 선원의 7일 용맹정진에 동참하여 학명(鶴明)스님으로부터 은산철벽(銀山鐵壁)의 화두를 받고 참구에 들어가 7일 동안 심기일전하여 득도하였다. 1920년에는 지방학림을 마치고 불교중앙학림(佛敎中央學林)에 입학하여 2년간 수학하였고, 백양사에서 대선법계를 품수하였다. 특히 구도고행을 위해서 1922년 중국에 들어가 여러 곳을 참방하고, 북경대학에서 2년 동안 불교를 연수한 뒤 1925년에 귀국하였으며, 내소사에 주석하면서 만허선사를 시봉하고, 1927년 백양사에서 중덕법계에 오르고 내소사의 주지가 되었다. 이때 학명이 산내 일명암(日明庵)에 머물렀는데, 1931년 혜안도 일명암으로 옮겨 안거하였다. 이후 1932년 내소사가 있었던 부안군 입암리에 계명학교(啓明學校)를 세워 청소년 교육과 문맹퇴치운동에 진력하였고, 대한불교조계종 백양사(白羊寺)의 본말사를 순회하면서 포교사로서 본격적으로 교화운동을 벌이기도 하였다. 1936년 대덕(大德), 1945년에는 종사(宗師)가 되어 금산사(金山寺) 주지를 지내면서 서래선림(西來禪林)을 개설하고는 참선지도와 납자접견에 전념하였다. 1950년에는 변산의 서래선림으로 옮겨 토굴에 은거하면서 선정삼매에 들기도 하였는데, 6·25전쟁 때는 대중들의 권유도 뿌리치고 서래선림을 지켰다. 1969년 대중과 함께 불교연등회(佛敎燃燈會)를 만들고 대종사(大宗師)에 추대되었으며, 남산의 대원선림(大圓禪林)의 조실로 거주하면서 염불·참선·독경을 강조하였는데, 특히 『금강경』 독송에 철저하였다고 한다. 1974년 3월 9일 내소사의 서래선림에서 열린 연등회 도중 세수 74, 법랍 57세로 입적하였다. 저서로는 『혜안강의 慧眼講義』·『금강경』·『해안집 海眼集』·시집 『시심시불 是心是佛』 등이 있다. [참고문헌] 『海眼集』. **3** 1912~2005. 대한불교 보문종 종정을 역임한 비구니 스님. 휘는 혜안(慧眼), 호는 청원(淸源), 속명은 만순(晩順), 속성은 천(千)씨, 본관은 영양(穎陽)이다. 1912년 7월 3일 경상북도 청도군 운문면 신원리에서 신운거사를 아버지로, 엄우연 여사를 어머니로 하여 9남매 중 여섯 째 딸로 태어났다. 1927년 16살 때 전주 정혜사(定慧寺)로 찾아가 행자생활을 하다가 1929년 영명(永明)스님을 은사로, 운곡(雲谷)스님을 계사로 하여 사미니계를 받고 스님이 되었다. 1932년 정읍 내장사(內藏寺)에서 한영정호(漢暎鼎鎬)스님을 계사로 하여 보살계를 받았고, 1939년에는 도봉산 원통사(圓通寺)에서 동산혜일(東山慧日)율사로부터 비구니계를 받았다. 그 후 1943년 서울 성북구 보문동 보문사(普門寺) 불교전문강원에서 대교과(大敎科)를 졸업하였다. 그로부터 사교입선(捨敎入禪)의 길을 떠나 금강산 유점사, 언양 석남사, 덕산 수덕사 등 선원에서 정진하였으니 제방선원으로 두루 참방하여 66하의 안거를 마친 다음, 만년에는 선정일치(禪淨一致)의 염원으로 자성미타(自性彌陀)의 정진을 계속하면서 '염불하는 놈이 누구인가'를 반조하며 국태민안과 왕생정토의 기도를 게을리 하지 아니하였다. 송은영(宋恩榮) 주지를 도와 석굴암을 비롯하여 오늘의 보문대도량을 만드는 데 있어 큰 공로를 끼치기도 하였다. 1971년 보문사를 재단법인 대한불교보문종을 설립하여 이사로 있으면서 법인발전에 혼신의 노력을 경주하였으며, 1981년부터 보문종 제4대 총무원장에 취임하여 제5대, 제6대까지 역임하면서 종단발전에 크게 기여하였다. 1990년부터는 보문종 종정에 추대되어 대중과 많은 불자를 지도하다가 2005년 10월 1일 세수 94, 법랍 78세를 일기로 보문사에서 입적하였는데, 다비는 5일장으로 10월 5일 양주 봉선사에서 거행하였다. [참고문헌] 「大韓佛教普門宗第四代宗正宗團葬彙報」.

혜안제일정 慧眼第一淨 Ⓢ viśuddha-cakṣus, Ⓣ spyan dag. 지혜의 눈으로서 가장 맑은 눈. 공(空)도 불공(不空)도 깨우쳐서 진사무명(塵沙無明)마저 부수는 부처님의 혜안(佛眼)을 말한다. 『법화경』 권3(대정장9, p.26c4 : *Saddh-p.*, p.193)에 "'저희들과 권속들, 모두 불도를 이루어, 바라옵건대 부처님과 같은, 혜안제일정을 얻게 하소서'. 我等及營從 皆當成佛道 願得如世尊 慧眼第一淨 ime ca sattvā bhavi sarvi eva yathaiva tvaṃ vīra viśuddhacakṣuḥ, so cā jino āṃśayu jñātva teṣāṃ kumārabhūtāna tathātmajānām", 『법화현의』 권3(대정장33, p.710b29)에 "『정명경』에서 '세상에서 누구에게 참다운 천안(天眼 Ⓢ divya-cakṣus)이 있습니까? 부처님이신 세존에게만 있으니, 두 상(二相 Ⓢ dvaya)으로 모든 국토 보지 않으십니다'라고 한다. 이것인즉 바로 결료천안이니, 곧 불안인 것이다. '바라옵건대 부처님과 같은, 혜안제일정을 얻게 하소서' 한즉 이는 결료혜안이다. 淨名云 世孰有眞天眼者 有佛世尊 不以二相 見諸佛國 此卽是決了天眼 卽是佛眼也 願得如世尊 慧眼第一淨 卽是決了慧眼", 『법화경연의』 권3(卍속장52, p.294b16)에 "혜안제일정이란, 세존인즉 마땅히 '불안'이라고 해야 하는데, '혜안'이라 한 것은 제일 깨끗한 '혜안'의 바탕은 '불안'이니, 공을 명료하게 아는 '혜안'과는 같지 않음을 알아야 한다. 만약 '공'만을 아는 '혜안'이라면 오직 견사혹만을 부술 뿐이니, 비록 이것도 정하지만 제일의 정은 아니다. 지금 여래의 '혜안'은 '공'을 알 뿐만 아니라 불공도 본다. … 즉 견사혹을 부술 뿐만 아니라 진사무명도 부수어 하나가 청정하면 일체가 청정하므로 제일청정혜안이라고 한다. 여래의 혜안이 이와 같으니, 우리들도 증득하기를 바라옵니다. 慧眼第一淨者 若世尊則應言佛眼 而言慧眼者 當知第一淨之慧眼 體是佛眼 不同了知空之慧眼也 若但知於空之慧眼 則唯破見思 雖亦是淨 然非第一 今如來所有之慧眼 不但知空 亦見不空 … 則不唯破於見思 亦且破於塵沙無明 一淸淨一切淸淨 乃名第一淨之慧眼 如來之慧眼如此 而我等亦願得之也"라 하였다. [참고문헌] 『法華經』, 『法華玄義』, 『法華經演義』, 『維摩經』 권상(대정장14, p.541b5), *Saddh-p.*, *Vikī-n.114.* ⇨ 불안 佛眼 **1**, 오안 五眼

혜암 惠庵 **1** 조선후기 스님. 추파홍유(秋波泓宥 1718~1774)의 사형(師兄). 「여혜암장형서 與惠庵丈兄書」(『추파집』 권2·한불전10, p.65a23)에 "공이 꽃다운 나이에 자립하시어 우리 화상의 도끼날 잡으시고 황령도량에서 법을 노래하신다니 우리 동방의 종지가 이로부터 거듭 떨침 알겠습니다. 公妙年自立 拈我和尙鈯斧 于唱法黃嶺道場 知吾東方宗旨 從此重振也"라 하였다. [참고문헌] 『秋波集』. **2** 조선조 스님. 『불조록찬송』 「혜암대사 惠庵大師」(한불전12, p.342b9)에 "연옹의 상족인 혜암공은 능히 아비소를 먹은 듯 교풍을 떨치셨네. 방외 납승의 안목을 열어주시되, 번다함 깎고 실다움 취하시니 마디마다 적중하도다. 蓮翁上足惠庵公 能食父牛振敎風 方外衲僧開眼日 刪煩取實節其中"라고 하였다. [참고문헌] 『佛祖錄贊頌』.

혜암 慧庵 **1** 조선후기 백파긍선(白坡亘璇)의 문인 보혜(普惠)의 법호. ⇨ 보혜 普惠 **2** **2** 양주 흥국사 스님

현문(玄門)의 법호. ⇨현문 玄門❷ ❸1920~2001. 해인사 성관(性觀)의 법호. ⇨성관 性觀❷

혜암 慧菴 생몰연대 미상. 『태고화상어록』 권하 「게송偈頌」(한불전6, p.685b5)에 "慧菴松廣聽長老"라고 하였다. 〔참고문헌〕『太古和尙語』.

혜약 慧約 ❶452~535. 남조(南朝) 양(梁)대 스님. 속성은 누(婁)씨. 자는 덕소(德素). 동양(東陽 : 四川省) 오상(烏傷) 출신. 12세에 각지의 탑을 순례하며 경전을 깊이 연구하였으며 17세인 468년(태시4)에 동산사(東山寺)로 출가하여 혜정(慧靜)을 사사하였다. 스승이 입적한 후에 마음을 다해 상례를 치렀으며 지산암(止山巖)에 머물면서 솔방울과 삽주를 끼니로 삼았다. 후에 제나라 중서랑(中書郎) 주옹(周顒)의 청에 응하여 종산(鍾山) 초당사(草堂寺)의 주지로 있었는데 저연(褚淵)·왕검(王儉) 등 저명한 인사들이 찾아와 예를 갖추고 교유하였으며 설법을 요청받아 『유마경』·『승만경』·『법화경』·『대품반야경』 등 여러 경전을 강론하였다. 거처하는 곳에서 여러 차례 영험한 일들이 나타났으며 양무제가 스승으로 삼아 보살계를 받기도 하였다. 535년(대동1) 8월에 세수 84, 법랍 63세를 일기로 입적하였는데 칙명에 의해 지공(誌公)의 탑 왼쪽에 장사를 지냈으며 지자(智者)라는 사호가 내려졌다. 〔참고문헌〕『唐高僧傳』 권6 「釋慧約傳」(대정장50, p.468b21). ❷고려대 스님. 휘는 덕소(德素)이고, 시호는 원각국사(圓覺國師)다. ⇨덕소 德素

혜언 慧彦 1783~1841. 조선후기 전라남도 함평(咸平) 용천사(龍泉寺) 스님. 휘는 혜언(慧彦), 호는 용암(龍岩), 속성은 조(趙)씨. 아버지의 휘는 성국(聖國), 어머니는 여산 송씨(礪山宋氏)니, 푸른 용이 날아와 품안으로 들어오는 태몽 후 1783년(정조7 : 乾隆四八年인데 一說에는 1779년) 8월 5일 전라남도 나주(羅州)에서 태어났다. 14살 때 큰아버지를 따라 모악산(母岳山)에 들어가 공부하다가 17세 때 함평 용천사를 찾아가 무인(茂仁)스님을 은사로 하여 스님이 되었다. 1803년(순조3) 2월 모악산에 이르러 유마재(維摩齋)를 베풀고, 그 해 4월 응원선사(應圓禪師)를 따라 순천 선암사(仙巖寺)에 이르러 정해(定海)스님과 생사를 같이하는 벗을 맺고, 9월 고흥군 팔영산(八影山) 서불사(西佛寺)에서 10일간 기도하였다. 1804년 10월 하동 7불암(七佛庵)으로 가서 금허(錦虛)스님으로부터 선법을 배웠고, 1805년(순조5) 6월 울진 천축산(天竺山) 불영사(佛影寺)로 가서 율봉청고(栗峰青杲 1738~1823)스님을 모시고 정진하다가, 그 해 8월 율봉을 따라 금강산 유점사(楡岾寺)로 가서 백일간 기도하였는데 기도감응으로 목소리 마치 가릉빙가처럼 청아하고 심원해져서, 법문을 하다가 중요한 대목에 이르러 게송을 한 수 읊고 나무아미타불을 부르는 형식이 스님으로부터 시작되었다고 한다. 율봉의 법을 받고 법제자가 되었다. 백운산에서 날마다 지장보살명호를 108번씩 외우면서 기도하던 중 꿈에 부처님으로부터 『화엄경』 80권을 받았다. 그 길로 율봉(栗峰)과 함께 양산 통도사로 가서 화엄예참(華嚴禮懺)을 봉행했다. 1810년(순조10) 평창(平昌) 오대산 월정사에서 『화엄경』을 강설하였으며, 1811년 가을 전라북도 완주군 용진면 간중리(澗中里) 서방산(西方山) 봉서사(鳳棲寺)에서 후학을 지도했다. 1812년 봄 모악산에서 『화엄경』을 강설하였으며 그 해 가을에는 합천 해인사로 옮겨 무차대회(無遮大會)를 열었다. 1815년(순조15) 두류산(頭流山 : 지리산) 벽송사(碧松寺)에서 용악계정(龍嶽啓定)에게 『범망경』을 전해주었고, 두륜산 보광명전에서는 원각경법회를 열기도 하였으니 수백명 청중이 운집하였다. 1841년(헌종7) 세수 59, 법랍 42세를 일기로 입적하였다. 제자에는 성암(惺庵)·구봉(九峰)·혁암(奕岩)·송암(松巖)·성능(性能)·설월원민(雪月圓旻)·포운윤경(布雲閏褧) 등이 있다. 〔참고문헌〕『東師列傳』 권4 「龍巖禪伯傳」(한불전10, p.1034c14), 應雲空如 「龍岩傳」(한불전10, p.749a12).

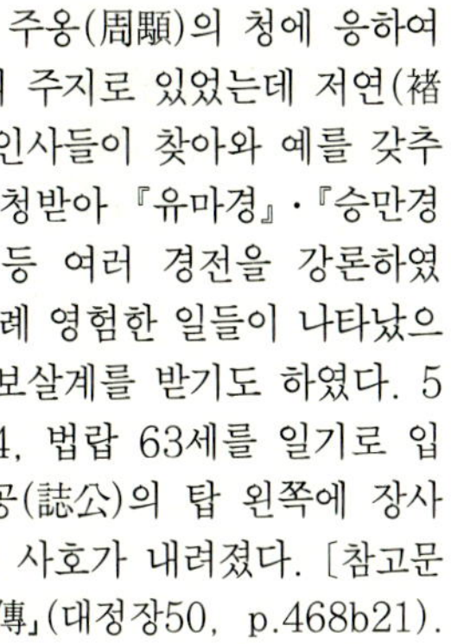

어사불괴법운화엄종주용암대선사 혜언진 통도사성보박물관 조선후기

혜엄 慧嚴 ❶혜로 꾸미다. 지엄(智嚴)·지혜장엄(智慧莊嚴)·혜장엄(慧莊嚴)이라고도 하며, 복엄(福嚴)에 맞선다. 36권본 『대반열반경』 권25(대정장12, p.767b22)에 "선남자여! 혜장엄이란 일지를 좇아 이에 십지에 이르니 이를 혜장엄이라 이름한다. … 또한 선남자여! 혜장엄이란 소위 제불과 보살이다. … 혜장엄이란 무위·무루·무유·무과보·무애·상주다. 善男子 慧莊嚴者 謂從一地 乃至十地 是名慧莊嚴 … 復次 善男子 慧莊嚴者 所謂諸佛菩薩 … 慧莊嚴者 無爲 無漏 無有 無果報 無礙 常住", 『대방등대집경』 권10(대정장13, p.62a14)에 "또한 두 법 있으니, 첫째는 공덕장엄이고 둘째는 지혜장엄이다. 復有二法 一者 功德莊嚴 二者 智慧莊嚴", 『법화현찬』 권4(대정장34, p.724a11)에 "안으로 진리와 그윽하게 들어맞아 열반이 이미 가득하니 진지가 마침내 생하여 복엄과 혜엄을 갖추고 보리가 다시 가득 찬다. 內冥眞理 涅槃已滿 眞智遂生 具福慧嚴 菩提復滿"라고 하였다. 〔참고문헌〕『大般涅槃經』, 『大方等大集經』, 『法華玄贊』. ⇨지엄 智嚴❶, 지혜장엄 智慧莊嚴 ❷36

3~443. 남조(南朝) 유송(劉宋)대 스님. 속성은 범(范)씨. 예주(豫州 : 安徽省) 출신. 구마라집 문하의 사철(四哲) 중 한 명. 12세에 유생이 되어 시서(詩書)에 두루 통달하였으며, 16세에 출가하여 불법을 깊이 연구하였다. 구마라집이 관중(關中)에 왔다는 소문을 듣고 찾아가 제자가 되어 수학하였는데, 경론을 깊이 이해하였고 변재가 뛰어나 대중의 존경을 받았다. 구마라집이 입적한 후에는 건강(建康) 동안사(東安寺)에 주석하였는데 고조(高祖)가 깊이 공경하였으며, 문제(文帝)도 재위 시에 늘 법문을 청하였다. 443년(원가20)에 세수 81세를 일기로 동안사에서 입적하였다. 저서로 『무생멸론 無生滅論』과 『노자약주 老子略注』가 있으며, 430년(원가7)에 담무참(曇無讖)이 한역한 40권본 『대반열반경 大般涅槃經』(대정장12, No.374)이 건강에 전해지자 사령운(謝靈運)·혜관(慧觀) 등과 함께 법현(法顯)이 한역한 『니원경 泥洹經』 6권본과 대조·교정하고 품목을 추가하여 36권본(대정장12, No.375)으로 만들었는데 이를 남본(南本)이라 한다. [참고문헌] 『梁高僧傳』 권7 「釋慧嚴傳」(대정장50, p.367b18).

혜업 惠業 신라 제27대 선덕여왕(재위 632~647)대를 전후한 스님. 일찍 큰 서원을 세우고 중국을 거쳐 인도에까지 가서 구법(求法)하였다. 『해동고승전』 권2 「석혜업전」(대정장50, p.1022b8)에 따르면 스님은 포부가 깊고 넓으며, 기백은 청아하고 풍골에 위의 또한 준엄하였다. 일찍 변방인 모국을 떠나 중국에 가서 여러 곳으로 참방하다가, 정관년중(貞觀年中 627~649) 사막과 총령(葱嶺)을 넘는 내륙길을 택하여 마침내 중인도에 있는 보리사(菩提寺)에 이르렀고 불교성지를 두루 참배하였다. 다시 중인도의 나란다사(那爛陀寺)에 주석하면서 『정명경 淨名經』과 『양섭대승론』을 열람하였다. 의정(義淨)의 『대당서역구법고승전』 권상(대정장51, p.2b28)에 따르면 "우연히 양론을 보았는데, 그 아래 써 있기를, '불치사 나무 밑에서 신라스님 혜업이 필사하였다'고 한다. 나란다사를 방문했던 스님들이 이르기를 '혜업스님이 나란다사에서 입적하였는데 세수가 60여 세였고, 스님이 필사한 범본 섭론과 『유마경』도 나란다사에 있었다'"라고 전한다. 忽見梁論 下記云 在佛齒 木樹下 新羅僧 惠業 寫記 訪問寺僧云 終於此 年將六十餘矣 所寫梵本 並在那爛陀寺"라고 하였다. [참고문헌] 『海東高僧傳』, 『大唐西域求法高僧傳』, 『三國遺事』 권4(대정장49, p.1004a29·한불전6, p.344b14) 義解5 歸竺諸師.

혜여의족 慧如意足 혜 뜻대로 여서 모자람이 없다. 사여의족(四如意足) 중 하나다. 사유여의족(思惟如意足)이라고도 한다. 『법문명의집』(대정장54, p.198a3)에 "사여의족이란 욕여의족·념여의족·정진여의족·혜여의족이다. 四如意足 欲如意足 念如意足 精進如意足 慧如意足", 『금강삼매경통종기』 권9(卍속장55, p.547b11)에 "넷째, 저 이를 사유하여 마음이 달아나 어지럽지 않으니 혜여의족이라고 한다. 四 思惟彼理 心不馳散 名慧如意足", 『선불보』 권5(대장경보편24, p.419a18)에 "넷째는 혜여의족으로 관여의족 또는 사유여의족이라고도 하는데, 관찰사유한 선정 경계로 선정을 얻음이다. 四 慧如意足 亦名觀如意足 亦名思惟如意足 謂觀察思惟禪定境界 而得禪定"라고 하였다. [참고문헌] 『法門名義集』, 『金剛三昧經通宗記』, 『選佛譜』. ⇨사여의족 四如意足, 사유여의족 思惟如意足

혜연 慧然 당대 임제종 스님. 진주(鎭州 : 河北省) 삼성원(三聖院)에 주석하였기에 삼성혜연(三聖慧然)이라고 부른다. 임제의현(臨濟義玄)의 법을 이었고, 후에 앙산혜적(仰山慧寂)을 찾아간 적이 있으며 향엄지한(香嚴智閑)·덕산선감(德山宣鑑)·설봉의존(雪峰義存) 등을 찾아 법을 물었다. 임제의 부촉을 받고 『임제록 臨濟錄』을 편집하였다. [참고문헌] 『景德傳燈錄』 권12 「三聖慧然傳」(대정장51, p.294c28), 『傳法正宗記』 권7(대정장51, p.754a20). ⇨임제록 臨濟錄

혜염 慧琰 당대 스님. 교주(交州) 출신으로 지행(智行)의 제자가 되어 스승을 따라 스리랑카로 건너가 수행하였다. 지행은 인도로 건너가 신자사(信者寺)에서 입적하였다 하며, 제자인 혜염의 행적은 알 수 없다. [참고문헌] 『大唐西域求法高僧傳』 권상(대정장51, p.4b7).

혜영 惠永 1228~1294. 고려후기 스님. 휘는 혜영(惠永), 호는 보자국존(普慈國尊), 속성은 강(康)씨, 시호는 홍진(弘眞), 탑호는 진응(眞應), 아버지의 휘는 자원(子元)이니, 1228년(고종15) 경상북도 문경군에서 태어났다. 1238년(고종25) 11세 때, 경상남도 창원군 북면 북계리 남백월사(南白月寺)로 찾아가 충연(沖淵) 스님을 은사로 하여 스님이 되었다. 1244년(고종31) 개성 송악산 왕륜사(王輪寺) 선불장(選佛場)에 응시하여 합격하고 홍덕사에서 주석하였다. 1259(고종46) 삼중대사가 되었고, 1263년(원종4) 수좌(首座)에 올랐으며, 1265년(원종6) 좌주(座主)로 선발되었고, 1267년(원종8)에 속리산 법주사로 옮겼으며, 1269년(원종10) 승통(僧統)에 올랐고, 죽은 유경(柳璥 1211~1289)의 49재 때 명복을 돕기 위해 『백의례참해 白衣禮懺解』 1권을 지었으며, 1274년(원종15) 경주 불국사로 이석하였다가, 1276년(충렬왕2) 양산 통도사로 가서 부처님의 진신사리 몇 과를 얻어 항상 모시고 다녔는데, 분신함이 많았다고 한다. 다시 중흥사로 이주하여 9년간 지내다가 1285년(충렬왕11) 경상북도 달성군 현풍 유가사(瑜伽寺)로 옮겼으며, 1290년(충렬왕16) 원의 요청을 받아 사경승(寫經僧) 1백명을 인솔하고 원의 왕도(王都)에 가서 금자 법화경(金字法華經)을 서사하여 세조황제에게 바쳤더니 크게 기뻐하면서 경수사(慶壽寺)에 있게 하였다. 어느 날 만안사(萬安寺)에서 인왕경(仁王經)을 강설하였고, 다음 해인 1291년 금자로 대장경의 사경을 마치니 황제가 크게 후사(厚賜)하였다. 본국에 돌아온 후, 1292년(충렬왕18) 국존(國尊)으로 책봉하고 유가사에 있게 하였으나, 그 해 10월 개성 천수사(天壽寺)에 있게 하였다가 다시 개성 숭교사(崇敎寺)로 옮기고, 22일에 국존책봉의 의식을 행하고 법호를 보자(普慈)라고 하였다. 다시 오교 도승통직(五敎都僧統職)이 배수(拜受)되어 대구 동화사(桐華寺)에 있게 하였다. 1294년(충렬왕20) 1월 19일 가벼운 병세를 보였다가 24일 인시말(寅時末)에 시자를 불러 임금께 보내는 편지와 국사의 직인을 행리별감 최홍단(行李別監 崔洪旦)에게 전하도록 당부하고 단정히 앉아 「화엄경십지품 華嚴經十地品」을 읽다가 입적하시니 세수 67, 법랍 56세였다. 용수산(龍首山) 남쪽에서 화장하고 영골을 수습하여 1298년(충렬왕24) 대구 동화사에 비를 세웠는데 비문은 김훤(金晅)이 짓고, 김순(金恂)이 썼다. ［참고문헌］「弘眞國師碑文」(『朝鮮金石總覽』 권상 pp.596~598), 『朝鮮佛敎通史』 권하 pp.176~178, 『韓國金石全文』 中世上 pp.1078~1081, 李智冠 『校勘譯註歷代高僧碑文』 高麗篇4 pp.284~301. ⇨ 대구동화사홍진국존진응탑비 大邱桐華寺弘眞國尊眞應塔碑

혜영 惠英 신라 제38대 원성왕(재위 785~798)대 전후 스님. 『삼국사기』 권40 잡지(雜志) 제9 '직관하국통조 職官下國統條'에 따르면 647년(진덕여왕1) 대서성(大書省)에 소년서성(少年書省)을 증설하였고, "787년(원성왕3)에 이르러 혜영과 범여 두 스님을 선발하여 법사로 모시고 소년서성의 승직에 임명하여 불교교단의 종무(宗務)를 맡아 보게 하였다. 元聖三年 以惠英 梵如二法師 爲之"라고 하였다. ［참고문헌］『三國史記』. ⇨ 혜량 惠亮, 보량 寶良, 안장 安藏, 범여 梵如

혜영 慧永 332~414. 진(晉)대 스님. 속성은 반(潘)씨. 하내(河內 : 河南省) 출신. 연사십팔현(蓮社十八賢)의 한 사람. 12세에 출가하여 축담현(竺曇現)을 사사하였고 후에 여산(廬山) 혜원(慧遠)과 함께 도안(道安) 문하에서 수학하였다. 평소 혜원과 나부산(羅浮山)에 가기를 기약했지만 도안의 만류로 혜원이 가지 못하자 태원년간(376~396) 초에 먼저 출발하였는데 심양(潯陽)에 이르렀을 때 자사(刺史) 도범(陶範)의 만류로 여산 서림사(西林寺)에 머물게 되었다. 오래지 않아 혜원도 이곳에 오게 되어 동림정사(東林精舍)에 함께 머물게 되었다. 이곳에서 생을 마감하겠다는 뜻을 가지고 산 정상에 띠집을 세우고 수행하였는데, 늘 기이한 향기가 났기에 향곡(香谷)이라 불렀다. 경전을 좋아하고 강설하였으며 말할 때 늘 웃음을 머금고 남에게 상처 주는 말을 하지 않았으며, 채식을 하고 베로 된 옷을 입으면서 부지런히 수행하였고 서방 정토에 왕생하기를 서원하였다. 414년(의희10)에 병세 위중한 중에도 계를 지켰으며, 임종을 앞두고는 합장하며 대중 향해 '부처님이 오셨구나!'라고 기뻐하더니 세수 83세로 입적하였다. 당시 도속이 모두 향기를 맡았는데 7일이 지나서야 사라졌다고 한다. 후에 당 현종(玄宗)이 스님을 위해 탑을 건립하고 각적대사(覺寂大師)라는 시호를 추증하였다. ［참고문헌］『蓮宗寶鑑』 권4(대정장47, p.321b16), 『佛祖統紀』 권36(대정장49, p.341a13), 『梁高僧傳』 권6 「釋慧永傳」(대정장50, p.362a11).

혜영 慧英 자세한 행적은 알 수 없다. 경행사(經行寺)에 오랫동안 주석하였는데, 현수법장(賢首法藏)의 상수제자 6명 중 한 스님임을 알 수 있을 뿐이다. ［참고문헌］『唐大薦福寺故寺主翻經大德法藏和尙傳』(한불전3, p.775b24). ⇨ 석문초 釋文超

혜영 慧榮 ?~586. 진대(陳代) 스님. 속성은 고(顧)씨. 회계(會稽) 산음(山陰) 출신. 우혈(禹穴) 장엄사(莊嚴寺)에서 주석하며 삼장(三藏)에 통달하여 종횡으로 강설하니, 세간에서 의학(義學)에 뛰어나다는 뜻에서 의룡(義龍)이라 불렀다. 훗날 천태지의(天台智顗)와 논쟁하였다. ［참고문헌］『唐高僧傳』 권8(대정장50, p.487c8), 『隋天台智者大師別傳』(대정장50, p.192c4), 『祖庭事苑』 권2(卍속장113, p.35a12). ⇨ 의룡 義龍 ❶

혜영 慧影 남북조대 스님. 속성은 강(江)씨. 파서(巴西 : 四川省 保寧府) 출신. 북주(北周)대에 도교(道敎)에 대항하여 『이교론 二敎論』을 지었던 도안(道安)의 제자로서 그에게 『대지도론』을 배우고 그의 법을 계승하였다. 촉(蜀)의 동주(潼州) 천선사(遷善寺)에 주석하였으며 개황년간(581~600) 말에 입적하였다. 저서로 『술석도안지도론해 述釋道安智度論解』 24권 · 『상학론 傷學論』 1권 · 『존폐론 存廢論』 1권 · 『염수론 厭修論』 1권이 있는데 모두 전하지 않으며, 『대지도론소 大智度論疏』가 불완전한 형태로 卍속장74책과 87책에 일부가 전하는데 『술석도안지도론해』와의 관계로 주목한다. ［참고문헌］『大唐內典錄』 권5(대정장55, p.279a16), 『唐高僧傳』 권23 「釋道安傳」(대정장50, p.630b14).

혜예 慧叡 355~439. 남조(南朝) 유송(劉宋)대 스님. 기주(冀州 : 河北省) 출신. 어려서 출가하여 각지를 돌아다니며 경전을 배웠으며 불법을 구하러 사천성(四川省)을 출발하여 히말라야를 넘어 남천축(南天竺)에 갔다 왔다. 범어에 능통했다고 하며 귀국한 후 도안(道安)을 사사하고 여산(廬山)에 잠시 머물렀다가 도생(道生)·혜엄(慧嚴) 등과 함께 장안에 들어가 구마라집에게 수학하였다. 후에 건업(建業) 오의사(烏衣寺)에 주석하며 경전을 강론하였는데, 유송의 팽성왕(彭城王) 유의강(劉義康)이 스승으로 모셨으며 사령운(謝靈運)이 『십사음훈서 十四音訓敍』를 지을 때 스님께 가르침을 청하기도 하였다. 439년(원가16)에 세수 85세를 일기로 입적하였다. 『불조통기』 권26(대정장49, p.265a24)에는 연사십팔현(蓮社十八賢) 중 한 사람으로서 거론된 승예(僧叡) 전기에 스님전기와 같은 내용이 섞여 있으며, 『여산기』 권1(대정장51, p.1028a22)에는 승예 대신 스님의 이름이 연사십팔현의 한 사람으로 기재되어 있는 등 두 스님이 같은 인물이 아닌지 의문이 제기되기도 한다. [참고문헌] 『佛祖統紀』, 『廬山記』, 『梁高僧傳』 권7 「釋慧叡傳」(대정장50, p.367a29).

혜오 慧悟 **1** 916~974. 오대(五代) 조동종 스님. 호는 충후(沖煦). 속성은 화(和)씨. 진안(晉安 : 福建省) 출신. 어려서부터 매운 채소나 생선을 먹지 않았으며 출가할 뜻을 세웠다. 고산(鼓山)에 올라가 신안국사(神晏國師)에게 머리를 깎고 출가하였으며 그의 법을 얻고 인가를 받았다. 24세에 홍주(洪州) 풍성(豐城)에서 출세하여 교화를 펼쳤는데 당시 소장로(小長老)라고 불렸다. 이후 여산(廬山) 개선사(開先寺)로 옮겨 갔으며 만년에는 금릉(金陵) 정덕사(淨德寺)에 주석하였는데 대중이 운집하였고 명성이 자자하였다. 974년(개보7)에 세수 59세를 일기로 입적하였다. [참고문헌] 『景德傳燈錄』 권21 「淨德沖煦傳」(대정장51, p.379a29). **2** 1858~1903. 조선후기 안변 석왕사(釋王寺) 스님. 처음 휘는 혜오(慧悟)였으나, 뒤에 처명(處明)으로 바꾸었으며, 호는 설유(雪乳)다. ⇨처명 處明 **3** 1866~?. 조선후기 해남 대흥사 스님. 호는 취운(翠雲), 속성은 백(白)씨니, 1866년(고종3) 12월 6일 전라남도 영암(靈岩)에서 태어났다. 어릴 때 해남 대흥사로 찾아가 응허(應虛)스님을 은사로 하여 스님이 되었고, 복암(福庵)스님으로부터 비구계를 받았으며, 범해각안(梵海覺岸 1820~1896)에게서 보살계를 받았다. 그 후 대흥사의 연주극현(蓮舟極玄) 및 범해각안과 해남 미황사(美黃寺)의 혼허상능(渾虛尙能) 및 월화인학(月華仁學), 순천 송광사의 구연(九淵)과 원해문주(圓海文周), 승주 선암사의 경운원기(擎雲元奇) 등 강백을 찾아다니면서 경론을 수학하여 추종할 이 없을 정도로 교리에 정통한 후, 은사인 허홍으로부터 법을 받아 은법(恩法)을 겸수(兼受)하였다. 화악문신(華岳文信)의 11대이고, 연파혜장(蓮坡惠藏)의 7대이며, 철선혜즙(鐵船惠楫)의 제5대 법손인 셈이다. 지리산 연곡사(燕谷寺)의 용수암(龍樹庵) 토굴에서 원암득원(圓庵得圓)과 함께 수 년 동안 정진하다가 강석을 열고 설법함에 있어서는 어떤 종사에게도 양보하지 않았으며, 일대시교(一代時敎)를 강설함에 있어서 종설(宗說)을 겸통(兼通)하였다. 승속불이(僧俗不二)의 뜻마저 실천하여 부모에게 지극히 효도하였으며, 형제간에 우의도 돈독히 하였다. 문장과 시문에 만 뛰어났을 뿐 아니라 글씨도 명필이었다. 『동사열전』 권4에 따르면 범해각안이 『동사열전』을 편찬하던 1894년(광서20 : 고종31)에 스님의 나이 29세였는데 그 당시 대흥사 적련암강당(赤蓮庵講堂)에 있었다라고 하였으나 그 후 입적한 해 등은 알 수 없다. [참고문헌] 『東師列傳』 권6 「翠雲講伯傳」(한불전10, p.1073c7).

혜옥 慧玉 **1** 중국 남북조시기 송(宋)에서 활동했던 비구니. 장안(長安) 출신. 경(經)과 율(律)에 정통하였다고 한다. 『비구니전』 권2 「강릉우목사혜옥니전 江陵牛牧寺慧玉尼傳」에 의하면, 437년에 강릉(江陵) 우목사(牛牧寺)에서 7일 동안의 고행재(苦行齋)를 하면서 서원을 세워 부처님의 광명 보기를 원하였는데 5일째 되는 날 한밤중에 동쪽 숲에서 신령스런 빛이 붉게 비쳤다고 한다. 절의 주지 법홍(法弘)이 훗날 빛이 난 곳에 선실을 세웠다. 혜옥은 이전에 장안에 있을 때도 설상서사(薛尙書寺)에서 10일동안이나 붉고 흰 빛을 보았고, 후에 육중사(六重寺) 사문이 방광한 곳에서 1척 크기의 금으로 된 미륵상을 발견하기도 했다. 『법원주림』 권16에서는 혜옥이 머물렀던 절이 영수사(靈收寺)이고, 주지 법홍이 방광한 나무 아래쪽에 선실을 세우다가 1척의 금불좌상을 얻었다 하였고, 『집신주삼보감통록』 권2에도 비슷한 내용이 전하는데 주지의 이름이 법화(法和), 절의 이름이 영목사(靈牧寺)다. [참고문헌] 『比丘尼傳』, 『集神州三寶感通錄』, 『法苑珠林』. **2** 1901~1969. 근세 합천 해인사 삼선암 비구니 스님. 휘는 혜옥(慧玉), 호는 정암(晶巖), 속성은 박(朴)씨, 아버지의 휘는 재동(在東), 어머니는 김혜순(金惠順)이다. 1901년(광무5) 1월 18일 경상북도 금릉군 대덕면 추양리에서 태어났다. 3세 때 아버지가 세상을 떠나자 어머니가 해인사 산내 암자인 삼선암(三仙庵)으로 데리고 가서 출가를 전제로 맡겼고, 밀양 심상소학교를 졸업한 후, 삼선암 문오(文悟)를 은사로 하여 사미니(沙彌尼)가 되었다. 김천 증산면(甑山面) 불영산(佛靈山) 청암사(青巖寺) 강원에서 사미과를, 해인사 국일암에서 사집과(四集科)를, 속리산 법주사 수정암(水晶庵)에서 대교과(大敎科)를 수료했다. 종이가 없어 칡 잎이나 모래 위에 글씨를 연습했다. 청암사 주지 대운금운(大雲金雲 1868~1936)스님이 백련암을 중창하고자 결심하고는 스님을 청하여 법회를 갖고자 했으나, 사양하다가 대중의 간청으로 법상에 올라 『초발심자경문 初發心自警文』을 강설했다. 이 때 법문을 들은 주지를 비롯한 모든 대중이 큰절로 예의를 갖추었는데 이 때가 1915년으로 혜옥의 나이 겨우 15세였다. 1929년 4월 28세 때 해인사 삼선암에 있으면서 용성진종(龍城震鐘)스님으로부터 비구니계와 함께 정암(晶巖)이라는 호도 받았다. 1947년부터 대구 불교부인연합회의 초빙으로 실달사(悉達寺)의 주지를 맡아 유치원을 개설하여 어린아이들에게 부처님을 알게 하는 한편, 강당을 지어 포교에도 전념했다. 그 뒤 대구시 중리동에 양로원을 개설하여 노인복지에도 진력했다. 1956년 김천 청암사 주지를 역임한 이후, 대구 팔공산 부인사(符仁寺)·경산(慶山) 포교당 등지에서 포교하다가 1968년 대휴사(大休寺) 주지로 있던 중, 1969년 5월 26일 세수 69, 법랍 66세로 입적했다. 월광금룡(月光金龍)·화산수옥(華山守玉)과 함께 1960년대 비구니계의 3대 강백으로 일컫는다. 제자에는 인완(仁完)·정헌(正憲)·정봉(正奉) 등이 있다. 〔참고문헌〕『佛教新聞』(1991.8.26).

혜온 慧溫 ❶ 송대 임제종 양기파 스님. 불안청원(佛眼清遠)의 법사(法嗣)로서 온주(溫州 : 浙江省) 정거니사(淨居尼寺)에 주석하였다. 불안의 문하에는 급사(給事)였던 거사(居士) 풍즙(馮楫)과 같이 귀의한 고관이 많았는데, 이들 단월들에게 귀의를 받았다. 〔참고문헌〕『續傳燈錄』 권29 「淨居尼慧溫傳」(대정장51, p.671b1). ❷ 송대 임제종 스님. 속성은 정(鄭)씨. 복주(福州 : 福建省) 출신. 출가 후 유행하였고 후에 동림사(東林寺)의 죽암사규(竹庵士珪)를 찾아뵈었지만 얼마 지나지 않아 그의 회하를 떠나 고암선오(高庵善悟)·남화지병(南華知昺)·초당선청(草堂善淸)을 찾아가 법을 물었으며, 죽암이 민(閩 : 福建省)의 건원(乾元)으로 옮겨가자 다시 그를 찾아 법을 이었다. 통주(通州) 낭산(狼山)의 나암(蘿庵)에 머물며 선풍을 고취하였다. 〔참고문헌〕『續傳燈錄』 권33 「蘿菴慧溫傳」(대정장51, p.696b1).

혜온 慧蘊 Ⓢ prajñā-skandha, Ⓟ paññā-kkhandha, Ⓣ shes-rab-kyi-phung-po. 혜의 무더기. 오종공덕온(五種功德蘊) 중 하나로 유학(有學)·무학(無學)·일체선비학비무학(一切善非學非無學)의 지혜다. 팔정도(八正道) 중 정견(正見)·정사유(正思惟)·정정진(正精進)을 거둔다. 무루혜온은 혜(慧)를 바탕으로 하기에 행온(行蘊)으로 거두고 혜신(慧身)이라고도 한다. 『집이문족론』 권7(대정장26, p.394b24)에 "필추여! 마땅히 알지니 내가 설한 유학혜와 무학혜와 일체선인 유학도 무학도 아닌 모든 혜가 다 이 혜온이어서 이를 혜온이라 한다. 苾芻當知 我說學慧 若無學慧 若一切善非學非無學慧 皆是慧蘊 是名慧蘊", 『대비바사론』 권48(대정장27, p.250a9)에 "혼침과 수면은 혜온을 파괴하고 … 혼침과 수면은 혜온을 장애한다. 惛沈睡眠破壞慧蘊 … 惛沈睡眠障礙慧蘊", 『대반야경』 권466(대정장7, p.355a26)에 "시와 계와 정으로 인해 다시 혜온을 얻는다. 由施戒定故復得慧蘊", 『유가사지론』 권68(대정장30, p.674b14)에 "〔문〕 어떤 인연으로 정견과 정사유와 정정진을 설하여 혜온이라 하는가? 〔답〕 이 혜온은 간략히 세 가지 업 지음이 있으니 이로 인해 세 가지 법으로 비로소 구경을 얻는다. 제법의 참된 뜻 통달하는 것이 초업이고, 제법의 참된 뜻 통달해 마쳐서는 진의로써 타인을 위한다. … 열어 보여 그들로 하여금 알게 하는 것이 제이업이며, 나머지 결을 끊기 위해 법에 따라 법을 행함이 제삼업이다. 問 何因緣故正見正思惟正精進說爲慧蘊 答 由此慧蘊略有三種作業 因此三法方得究竟 謂通達諸法眞義 是初業 通達諸法眞義已 卽於眞義爲他 … 開示令其易了 是第二業 爲斷餘結法隨法行 是第三業"라고 하였다. 〔참고문헌〕『集異門足論』, 『大毘婆沙論』, 『大般若經』, 『瑜伽師地論』, *Abh-s. 77.*

혜옹 慧顒 860~930. 당말오대(唐末五代) 임제종 스님. 하북(河北) 출신. 흥화존장(興化存奬)의 법을 잇고 여주(汝州 : 河南省) 보응선원(寶應禪院)의 남원(南院)에 주석하였다. 후에 풍혈연소(風穴延沼)에게 법을 전했다. 『종통편년』 권18(卍속장147, p.266b11)에는 후당(後唐) 명종(明宗) 때인 930년(장흥1)에 입적했다 하지만, 『석씨통감』 권12(卍속장131, p.1003b15)에는 후주(後周) 태조(太祖) 때인 952년(광순2)으로 적고 있다. 어록으로 『여주남원선사어요 汝州南院禪師語要』 1권이 『고존숙어록』 권7(卍속장118, pp.236a3~240a9)에 있다. 〔참고문헌〕『宗統編年』, 『釋氏通鑑』, 『景德傳燈錄』 권12 「汝州寶應傳」(대정장51, p.298b21).

혜외 慧嵬 진(晉)대 스님. 법현(法顯)이 천축으로 구법하러 갔을 때 동행했다. 장안대사(長安大寺)에 율을 기반으로 수행하였고, 산천에서 선정을 수행하기도 하였다. 〔참고문헌〕『梁高僧傳』 권3 「法顯傳」(대정장50, p.337c5), 『法顯傳』(대정장51, p.857a7).

혜요 慧要 혜원(慧遠)의 제자로 경율에 대한 이해가 깊었고, 재주가 뛰어나 물시계를 제작했다고 전한다. 〔참고문헌〕『梁高僧傳』 권6(대정장50, p.363a18). ⇨ 연화루 蓮華漏, 혜원 慧遠❶

혜요 慧耀 ?~477. 중국 남북조시기 송(宋)에서 활동했던 비구니. 속성은 주(周)씨. 서평(西平) 출신. 일찍이 출가하여 삼보(三寶)에 소신공양하기를 서원하다가

477년에 영강사(永康寺)에서 소신하였다. 『비구니전』 권2 「촉군영강사혜요니전 蜀郡永康寺慧耀尼傳」에 의하면, 처음 자사(刺史) 유량(劉亮)에게 소신을 허락받고 조처사(趙處思)의 첩 왕(王)씨 소유의 벽탑(甓塔)에서 시행하고자 했으나 유량이 마음을 바꾸어 혜요가 소신하면 영강사의 스님 모두를 처벌하겠다고 하여 중지하였다. 절에 돌아와 곡기를 끊고 향유를 복용하다가 477년에 소신하였는데, 불이 얼굴에 닿을 때까지 경을 독송하였다고 한다. 〔참고문헌〕『比丘尼傳』.

혜용 慧勇 515~583. 남조(南朝) 양·진(梁陳)대 스님. 법용(法勇)이라고도 한다. 속성은 환(桓)씨. 초국용항(譙國龍亢 : 安徽省 懷遠 龍亢集) 출신. 어린 시절 양도영요사(楊都靈曜寺)의 칙법사(則法師) 문하로 출가하였고, 정중사(靜衆寺)의 봉율사(峰律師)에게 구족계를 받고 『십송율』을 배웠다. 이어서 승작(僧綽)·법총(法寵)의 지도로 『성실론』을 공부하였다. 서른살에 법좌를 열고 『성실론』을 강설하였다. 양이 멸망하고 진대인 564년(천가5) 문제(文帝)의 청에 따라 태극전(太極殿)에서 강설하면서 명성이 퍼졌고, 그 뒤 대선중사(大禪衆寺)에 18년 동안 머물렀다. 『화엄경』·『열반경』·『방등경』·『대집경』·『대품반야경』·『대지도론』·『중론』·『백론』·『십이문론』 등을 강설하였다. 583년(지덕1) 세수 69세로 입적했다. 〔참고문헌〕『唐高僧傳』 권7(대정장50, p.478a21).

혜운 惠雲 ❶ 고구려 제27대 영유왕(榮留王 재위 618~642) 때의 스님. 당에서 유학한 다음 639년(영류왕22) 신라의 사신을 따라 일본으로 건너가 불법을 전파했다. 645년(보장왕4 : 日本孝德大王元年) 효덕대왕에 의해 대법사인 복량(福亮)·상안(常安)·혜운(慧雲)·혜린(惠隣)·혜지(惠至) 등과 함께 10대법사의 한 스님으로 뽑혀 일본불교를 지도했다. 〔참고문헌〕『本朝高僧傳』, 『朝鮮佛教通史』 권상 p.30,6, 『日本書紀』. ❷ 1795~1851. 조선후기 해남 대흥사 스님. 청해(淸海)의 호이니, 휘는 혜운(惠雲)이다. 『동사열전』 권4 「청해대사전 淸海大師傳」(한불전10, p.1046b5)에 따르면 속성은 김씨니, 1795년(정조19) 전라남도 청해진 당인(塘人)에서 태어났다. 15세 때인 1809년(순조9)에 해남 대흥사 인담의철(仁潭義哲)을 은사로 하여 스님이 되었다. 여러 강백(講伯)을 두루 찾아다니면서 경론을 배웠다. 청렴결백하고 공심이 두터워 가는 곳마다 대중을 외호하는 무거운 소임을 맡았다. 수승(首僧)이 되어 선원의 간사로 있다가 유나(維那)를 거쳐 말년에는 대흥사 주지를 역임했다. 1851년(철종2) 10월 16일 대흥사 만월당(滿月堂)에서 세수 57, 법랍 41세를 일기로 입적하였다. 〔참고문헌〕『東師列傳』.

혜운 慧雲 ❶ 신라 스님. 호는 쌍봉(雙峯). 「봉암사지증대사적조탑비문 鳳岩寺智證大師寂照塔碑文」에 "진구사(珍丘寺)의 각휴(覺休)와 쌍봉사의 혜운 … 덕이 두터워 중생의 아버지가 됐으며, 또한 도가 높아 왕의 스승이 되었다. 珍無休 雙峯雲 … 德之厚 爲父衆生 道之尊 爲師王者"라고 하였다. 〔참고문헌〕 李智冠 『校勘譯註歷代高僧碑文』 新羅篇 p.306. ⇨쌍봉 雙峰❸ ❷ 신라 스님. 중국으로 유학가서 백조산(白兆山) 지원(志圓)의 제자가 되었다. 『경덕전등록』 권23(대정장51, p.388a12)에 백조산 지원의 제자 13명 중 "신라국혜운선사"라고만 전한다. 〔참고문헌〕『景德傳燈錄』. ❸ 1891~1969. 안변(安邊) 석왕사 스님으로 자운성우율사의 은사스님이다. 휘는 경윤(敬允), 호는 혜운, 속성은 양(梁)씨, 아버지의 휘는 동주(東柱)이고 어머니는 전주 이씨이니 1891년(고종28) 2월 15일 함경남도 문산면 사기리에서 4남매 중 둘째 아들로 태어났다. 1905년 15세 때 어머니가 세상을 떠나자 깊이 인간무상을 느끼고 1906년(광무10) 아버지의 허락을 받아 설봉산 석왕사(釋王寺)로 찾아가 설송(雪松)스님을 은사로, 남파(南坡)율사를 계사로 하여 스님이 되었다. 1910년(융희4) 석왕사 불교전문강원에서 대교과를 졸업하였고, 1913년 3월 15일 범어사에서 성월일전율사(惺月一全律師)로부터 비구계(比丘戒)와 보살계를 받았다. 1915년부터 구월산 패엽사, 묘향산 보현사 등 북쪽의 여러 선원에서 정진하다가 1918년부터는 오대산 상원사에서 정진하였고, 1927년 1월부터는 합천 해인사 상선원(지금의 퇴설당)에서 정진하였다. 1930년 이후부터 율장을 연구하였는데, 특히 대승보살계인 『범망경』에 정통하여 하루에 일독식 일과로 하였다. 스님이 거처하는 방에는 오직 가사·장삼·석장만 있을 뿐 어떤 물건도 없었다. 신도들이 의복이나 약값 등을 올리면 받는 즉시 어려운 스님들에게 나누어주고 남겨 두는 법이 없었다. 1932년 봄부터는 1937년까지 태백산 각화사 도솔암(兜率庵)에서 6년간 오후불식과 묵언으로 정진하였고, 1938년부터 1945년까지 함양 영각사(靈覺寺) 강원에서 학인을 지도하였다. 1946년부터 지리산 상무주(上無住)·해남 대흥사 진불암(眞佛庵)·하동 쌍계사·구례 화엄사·장성 백양사 운문암(雲門庵)·정읍 내장사·진산 태고사·법주사 복천암 등 선원에서 정진하였다. 1952년부터 서울 정릉 경국사(慶國寺)에서 주석하다가 1969년 음 2월 15일 시자인 삼행(三幸)으로 하여금 지필묵(紙筆墨)을 갖추게 하여 "칠십구해 부질없는 꿈속에서 동으로 서로 끝도없이 오가더니 오늘 아침에야 오음신 벗어던지네, 한 줄기 빛은 시방세계 가득하네. 七十九年幻夢中 之東之西反覆來 今朝脫却五陰身 一光通照十方界"라는 임종게를 쓰고는 단정히 앉아 조용히 입적하였으니, 세수 79, 법랍 64세였다. 〔참고문헌〕「慈雲盛祐律師備忘

錄』, 「陜川海印寺慈雲堂盛祐大律師圓明舍利塔碑文」(智冠 『韓國高僧碑文總集 朝鮮朝·近現代』 p.1292). ⇨성우 盛祐 **4** 합천 해인사 삼선암의 비구니. 1911년 1월 20일 경기도 양주시 동부면(東部面) 배알미리(拜謁尾里)에서 아버지 안군경과 어머니 경주 김씨 사이에 6남매 중 막내로 태어났다. 집안의 깊은 불연(佛緣)으로 3살 때 합천 해인사 삼선암의 정행(淨行)스님께 맡겨져 그를 은사로, 청호스님을 계사로 하여 스님이 되었다. 그 후 서울 성북구 보문사 강원에서 교학을 연마하였다. 20살이 되던 1932년 해인사 금강계단에서 용성(龍城)율사로부터 비구니계를 받았다. 1936년부터 해인사에서 『금강경』·『화엄경』·『법화경』 등을 수학하였다. 그 후 해인사 삼선암, 동화사 부도암, 천성산 내원사, 예산 보덕사 등 선원에서 정진하였다. 1943년 광주 무등산 자락에 자운암을 창건하였고 이어 1946년 광주 조선대학교 뒤편 옛 신광사터에 신광사(新光寺)를 창건하였다. 구례 천은사, 순천 선암사, 양산 내원사, 청도 운문사 등의 사찰주지도 역임하였다. 1995년 조계종단 단일계단 이부승중(二部僧衆) 비구니계단의 전계화상으로 추대되었다. 2007년 종단으로부터 비구의 대종사 법계에 비등하는 명사(明師) 법계를 품수 받았다. 2009년 4월 2일(음 3월 6일) 광주 신광사에서 세수 98, 법랍 95세를 일기로 입적하였는데, 다비 후 사리 5과를 수습했다. 〔참고문헌〕『佛教新聞』(2009.5.20.).

혜운 慧運 신라말 고려초 진공대사(855~937)의 법명. ⇨진공 眞空 **4**, 비로사진공대사보법탑비 毘盧寺眞空大師普法塔碑

혜원 惠遠 조선중기 스님. 운곡충휘(雲谷冲徽 ?~1613)가 보낸 법어 「기혜원사 奇惠遠師」(『운곡집』·한불전 8, p.271a23)에 "스님께서 홀로 경을 말씀하시던 곳에 원숭이 응당 발우를 씻고 돌아가네. … 같은 절에서 묵던 일 그리며 베갯머리 돋워 천태를 꿈꾸네 師獨談經處。猿應洗鉢回 … 緬思同寺宿 欹枕夢天台"라고 하였다. 〔참고문헌〕『雲谷集』. ⇨충휘 冲徽

혜원 慧元 1037~1091. 임제종 스님. 속성은 예(倪)씨. 조주(潮州 : 廣東省) 출신. 열아홉에 출가하였고, 1066년(치평3) 황룡혜남(黃龍慧南) 문하로 들어가 삼관어(三關語)에 의지하여 종지를 깨우쳤다. 그 뒤 성수사(聖壽寺) 등에 주석하다가 1091년(원우6) 11월 16일 세수 55, 법랍 36세로 입적하였다. 『속전등록』 권16(대정장51, p.575b1)에 "쉰다섯 해 몽환 속의 몸, 동서남북 그 어디가 가까울까? 흰구름 흩어져 다한 청산 저편, 만리 가을 하늘의 조각달 새롭네. 五十五年夢幻身 東西南北孰爲親 白雲散盡青山外 萬里秋空片月新"라는 임종게가 전한다. 30년 뒤에 증오대사(証悟大師)라는 시호를 받았고, 탑은 정응(定應)이라 하였다. 또한 공양을 위하여 현화사(顯化寺)가 건립되었다. 〔참고문헌〕『續傳燈錄』, 『五燈會元』 권17(卍속장138, p.661a14).

혜원 慧苑 673~743. 당대 스님. 경조(京兆 : 陝西省) 출신. 화엄종 제3조 법장(法藏)의 사사를 받았고, 동문 중 상수(上首)로서 법장의 미완성 저작인 『화엄경약소 華嚴經略疏』를 이어서 『속화엄경약소간정기 續華嚴經略疏刊定記』 15권을 지었다. 법장의 설을 받아쓰는 형식이지만 자신의 견해도 섞어넣었다. 이러한 과정에서 법장과 달라진 측면을 징관(澄觀)은 『화엄경대소초 華嚴經大疏鈔』에서 짚어내어 비판한 결과 화엄종 열조(列祖)의 혈맥에서 축출되었다. 그러나 그의 교판설은 새로운 관점을 제시한 덕으로 후대에 주목받았다. 소·시·종·돈·원(小始終頓圓)이라는 법장의 오교(五教)를 버리고, 따로 미진이집(迷眞異執)·진일반분(眞一分半)·진일분만(眞一分滿)·진구분만(眞具分滿)이라는 사교(四教)를 세워 일대교설을 개괄하였다. 또한 지엄(智儼)·법장 양대로 전해져 내려온 십현연기(十玄緣起)를 십종덕상(十種德相)과 십종업용(十種業用)으로 개작하기도 하였다. 『불조통기』 권29(대정장49, p.293a24)에 "법장이 죽으니 제자 혜원이 그 설을 모두 뒤집지만, 멸후 백년이 지나서 그 설은 징관을 만나게 된다. 師旣亡 弟子慧苑 悉叛其說 滅後百年 而得澄觀"라고 한 평이 두 사제의 관계를 잘 보여준다. 또 다른 저작 『신역화엄경음의 新譯華嚴經音義』 2권의 원제목은 『신역대방광불화엄경음의 新譯大方廣佛華嚴經音義』여서 『혜원음의』라고도 불린다. 〔참고문헌〕『佛祖統紀』, 『宋高僧傳』 권6(대정장50, p.739a6), 『貞元新定釋教目錄』 권14(대정장55, p.874a8). ⇨신역대방광불화엄경음의 新譯大方廣佛華嚴經音義

혜원 慧圓 **1** 851~938. 고려전기 비구니 스님. 922년에 태조의 명에 의해 서울 동대문구 숭인동 청룡사(青龍寺)를 창건하고, 왕명에 의해 청룡사의 초대 주지가 되었던 스님이다. 〔참고문헌〕『青龍寺誌』(청룡사, 1972) pp.48~52. ⇨청룡사 青龍寺 **1** **2** 남송대 임제종 황룡파 선사. 속성은 우(于)씨. 개봉(開封 : 河南省) 출신. 어려서 고향의 건복사(建福寺) 덕광(德光)에게 사사하였으며, 후에 여산(廬山) 동림사(東林寺)의 상총(常總)을 찾아뵙고 그의 법을 이었다. 〔참고문헌〕『續傳燈錄』 권20 「慧圓傳」(대정장51, p.601b4), 『五燈會元』 권17(卍속장138, p.675b2). **3** 1922~1993. 오대산 월정사(月精寺) 희섭(喜燮)의 호. ⇨희섭 喜燮

혜원 慧遠 **1** 334~416. 동진(東晉)대 스님. 중국 정

토종 초조(初祖). 속성은 가(賈)씨. 안문(雁門：山西省) 누번(樓煩：崞縣) 출신. 여산(廬山) 백련사(白蓮社)를 창시했다. 13세에 허창(許昌)과 낙양(洛陽)으로 유학하였고 육경(六經)과 노장(老壯)에도 통달하였다. 21세에 아우 혜지(慧持)와 함께 태행(太行)의 항산(恒山)으로 가서 도안(道安)에게『반야경』강설을 듣고 자못 깨달은 바가 있었기에 '유가와 도가를 비롯한 아홉 유파의 학술은 모두 자잘하고 부질없구나. 儒道九流 皆糠薪'라는 탄식을 한 뒤 아우와 함께 도안의 문하로 출가하여 스님이 되었다. 반야를 배우는 데 정진하여 24세가 되자 강석(講席)에 올랐는데, 실상(實相)의 의미 너무 심원하여 이해하지 못하는 이들 위해『장자 莊子』를 인용하여 설명함으로써 의문을 명쾌하게 풀어 주었다. 이에 격의불교(格義佛教)와 같은 입장에 비판적이었던 도안도 특별히 혜원에 한하여 세속의 서적을 방편으로 강의하는 것을 허용하였다. 381년(태원6)에 남하하여 여산에 왔으며 384년(태원9)에 강주자사(江州刺史) 환이(桓伊)가 혜영(慧永)의 청을 받아들여 스님을 위해 여산 동쪽에 동림사(東林寺)를 건립하고 주석케 하였다. 많은 제자를 거느리며 법을 전하고 경전연구에 힘을 다하였지만, 강동(江東)지역에 경율장(經律藏)이 다 갖춰져 있지 않은 것을 늘 개탄스럽게 여겼기에 제자 법정(法淨)·법령(法領) 등에게 명하여 멀리서 경전을 구해 오게 하였으며, 매번 서역삼장을 만나면 정성스럽게 자문을 구하곤 하였다.

혜원대사상 삼소당三笑堂 동림사 여산 중국

진원공조사탑 晋遠公祖師塔이라 불리는 혜원의 분구묘墳丘墓

391년(태원16)에 아비달마의 권위자였던 계빈(罽賓) 사문 승가제바(僧伽提婆)를 청하여『아비담심론 阿毘曇心論』4권과『삼법도론 三法度論』3권을 역출하게 하고 스스로 서문을 지었으며, 구마라집(鳩摩羅什)이 입관(入關)한다는 소식을 듣고 제자 도생(道生)·혜관(慧觀)·도온(道溫)·담익(曇翼) 등을 장안으로 보내어 사사하고 용수계 중관학(中觀學)을 배우게 하였고, 수시로 서신을 주고받으며 구마라집과 교의에 대해 토론하고 연구하였다. 담마유지(曇摩流支)가 중국에 왔을 땐 제자 담옹(曇邕)을 보내어『십송율』의 역출에 참여하게 하였으며, 장안에 있던 불타발타라(佛陀跋陀羅)를 여산으로 초청하여『달마다라선경 達磨多羅禪經』을 역출하게 하였다. 402년(원흥1)에는 유유민(劉遺民) 등 100여 명의 뜻을 같이 하는 이들과 백련사(白蓮社)를 창립하고 정토염불(淨土念佛)을 수행법문으로 삼아 정토왕생하기로 서원하였고, 30여 년 동안 여산을 떠나지 않았다. 이듬해에 환현(桓玄)이 사문을 점검하여 자격이 안 되는 이들을 환속시키고 모든 사문은 왕에게 절을 올려야 한다고 하자『사문불경왕자론 沙門不敬王者論』을 지어 출가자로서의 위의를 고수하였다. 416년(의희12)에 세수 83세를 일기로 입적하였다. 후에 당송(唐宋)의 황제들은 변각대사(辨覺大師)·정각대사(正覺大師)·원오대사(圓悟大師)·등변정각원오대사(等遍正覺圓悟大師) 등의 시호를 드렸으며, 후대에는 수의 정영사(淨影寺) 혜원과 구별하기 위하여 여산혜원(廬山慧遠)이라 불렀다. 저서로는『여산집 廬山集』10권·『문대승중심의십팔과 問大乘中深義十八科』(『大乘大義章』) 3권·『명보응론 明報應論』·『석삼보론 釋三報論』·『변심식론 辯心識論』·『사문단복론』·『대지도론초서 大智度論抄序』등이 있으며, 제자에 혜관(慧觀)·승제(僧濟)·법안(法安)·담옹(曇邕)·도조(道祖) 등이 있다. 여산의 동림사는 당시 남조불교의 중심지였으며 구마라집이 머물던 장안과 함께 천하의 불교계를 양분하였던 곳으로 평가된다. 〔참고문헌〕『梁高僧傳』권6「釋慧遠傳」(대정장50, p.357c23),『出三藏記集』권15(대정장55, p.109b11). ❷ 523~592. 수대 스님. 속성은 이(李)씨. 돈황(燉煌：甘肅省) 출신. 수원(隋遠)·소원(小遠)·대원(大遠)·북원(北遠)이라고도 하며, 정영사(淨影寺)에 머물렀던 관계로 여산혜원과 구별하기 위해 정영사혜원(淨影寺慧遠)·정영(淨影)이라고 부른다. 13세에 승사(僧思)에게 출가하였고, 16세에는 담율사(湛律師)를 따라 업도(鄴都：河北省臨漳)로 가서 대소승의 경전을 두루 학습하였으며 20세에는 법상(法上)에게 구족계를 받았다. 담은율사(曇隱律師)로부터 5년간『사분율』을 배웠으며, 이후로는 전적으로 법상을 스승으로 삼아 7년간 다양한 교학을 학습하였고 얼마 후 도반들을 데리고 고도(高都：山西省晉城) 청화사(淸化寺)로 가서 사부대중과 함께 강당을 건립하였다. 후에 북주(北周) 무제(武帝)가 북제(北齊)를 멸망시키고 칙명을 내려 불경을 폐기하고 불상을 훼손하며 사문을 환속시키자 홀로 황제 앞에 나아가 논변을 벌였지만 끝내 폐불이 감행되었다. 이에 급군(汲郡) 서산(西山)에 은거하면서 3년간『법화경』·『유마경』등을 암송하였다. 581년에 수가 홍기하자 비로소 세상에 나와 낙양에서 법문을 크게 열어 강설하였는데 명성이 퍼져 문제(文帝)의 공경을 받고 낙주(洛州) 사문도(沙門都)에 임명되었다. 이후 택주(澤州)·정주(定州)·상당(上黨) 등지에서 강론을 펼쳤으며, 수차례 황제의 부름에 응하여 서경(西京)으로 돌아와 친히 황제에게 교화를 펼쳤다. 크게 기뻐한 황제는 칙명을 내려 홍선사(興善寺)에 주석하게 하였으며, 얼마 후 정영사(淨影寺)가 건립되자 그곳에서 강학에만 전념하였다. 587년(개황7)에는 칙명으로 대덕이 되었고 592년(개황12)에는 칙명을 받고 역장(譯場)에서 한역된 경문을 간정(刊定)하다가 그 해에 세수 70세를 일기로 입적하였다. 스님은 지론종(地論宗) 남도파(南道派)에 속하지만 만년에 홍선사에 머물 때 담천(曇遷)에게 『섭대승론 攝大乘論』을 듣는 등 당대의 교학들을 두루 섭렵하였고 문리(文理)에도 정통하였기에 석의고조(釋義高祖)라고 불렸다. 저서로 『대승의장 大乘義章』 20권·『십지경론의기 十地經論義記』 14권·『화엄경소 華嚴經疏』 7권·『대반열반경의기 大般涅槃經義記』 20권·『법화경소 法華經疏』 7권·『유마경의기 維摩經義記』 4권·『승만경의기 勝鬘經義記』 1권·『무량수경의소 無量壽經義疏』 1권 등 20부 100여 권이 있으며, 이 중 『대승의장』은 지론종 남도파의 입장에서 당시 불교학의 강요를 집대성한 책으로서 백과전서의 성격을 가지며 수당불교의 연구에 지대한 영향을 끼친 것으로 평가받고 있다. 〔참고문헌〕『唐高僧傳』 권8 「釋慧遠傳」(대정장50, p.489c26). **3** 송대 운문종(雲門宗) 선사. 쌍천인욱(雙泉仁郁)의 법사(法嗣)이자 운문문언(雲門文偃)의 법손(法孫). 정주(鼎州 : 湖南省) 덕산(德山)에서 교화를 펼쳤기에 덕산혜원(德山慧遠)이라 불린다. 제자로 선섬도자(善暹道者) 외 7인이 있다. 〔참고문헌〕『五燈會元』 권15(卍속장138, p.584a9), 『禪燈世譜』 권7(卍속장147, p.616a1). **4** 1103~1176. 송대 임제종 양기파 선사. 속성은 팽(彭)씨. 미주(眉州 : 四川省) 미산(眉山) 출신. 호는 할당(瞎堂). 13세에 출가하여 약사원(藥師院) 종변(宗辯)을 사사하였고, 대자사(大慈寺)에서 경론을 4년간 수학한 뒤 영암휘(靈巖徽)를 찾아 뵙고 계합하였으며 소각사(昭覺寺)의 원오극근(圜悟克勤) 밑에서 의심을 그만두었다. 후에 저주(滁州 : 安徽省) 반룡산(蟠龍山) 수성선원(壽聖禪院)에서 출세(出世)하였고, 낭야산(瑯琊山) 개화선원(開化禪院)·무주(婺州 : 浙江省) 보제선원(普濟禪院)·구주(衢州 : 浙江省) 정업선원(定業禪院)·구주 보은(報恩) 광효선원(光孝禪院)·담주(潭州 : 湖南省) 남악(南岳) 남대선원(南臺禪院)에 차례로 주석하였으며, 군왕(郡王) 초연거사(超然居士) 조령금(趙令衿)과 시랑(侍郎) 증개(曾開)가 찾아와 법을 묻기도 하였다. 이후 천태산 호국사(護國寺)·국청사(國淸寺)·홍복사(鴻福寺)에 주석하였고 1169년(건도5)에 칙명을 받고 숭선사(崇先寺)에 머물렀으며 이듬해에 영은사(靈隱寺)로 옮겨 갔다. 효종(孝宗) 재위 시에 입궐하여 불해선사(佛海禪師)라는 사호를 하사받았으며, 1176년(순희3) 정월에 세수 74, 법랍 59세를 일기로 입적하였다. 어록으로 『불해혜원선사광록 佛海慧遠禪師廣錄』 4권(卍속장120)을 남겼으며 주필대(周必大)가 탑명(塔銘)을 지었다. 〔참고문헌〕『大明高僧傳』 권5 「釋慧遠傳」(대정장50, p.917c15), 『補續高僧傳』 권10 「瞎堂遠禪師傳」(卍속장134, p.175a16), 『宗統編年』 권24(卍속장147, p.362a13). **5** 양산 통도사 스님. 호는 동운(東雲). 통도사 취운암(翠雲庵) 뒤쪽에 1704년(숙종30) 11월에 세운 사리부도가 있다. 스님이 입적한 후 화장하니 사리 2과가 출현하였으므로 1과는 통도사 취운암 뒤에, 다른 1과는 밀양군 비슬산(琵瑟山) 용천사(湧泉寺)에 각각 부도를 세우고 봉안하였다 한다. 〔참고문헌〕通度寺所在東雲堂慧遠之舍利塔.

혜원류 慧遠流　여산혜원(廬山慧遠)을 뿌리로 하는 정토종의 유파. 여산류(廬山流)라고도 한다. 중국 진종(眞宗)의 칠조상승(七祖相承)으로는 혜원류를 제외한다. 『경산지』 권10 「증강월선사 贈月江禪師」(中國佛寺史志彙刊32, p.906a6)에 "쌍경산 극히 멀고 깊어, 그 중에 초제 곳곳에 숨어 있다. 정공(江月宗淨)은 혜원류로서, 그 산에 머물지만 자취 보이지 않는다네. 雙徑極幽邃 中有招提隱 淨公慧遠流 住山不出影"라고 하였다. 〔참고문헌〕『徑山志』. ⇨ 여산류 廬山流

혜원사 慧園寺　전라북도 부안군 부안읍 동중리 성황산에 있는 절. 1924년 청일암(淸日庵)으로 창건되었다가 후에 지금의 이름으로 바뀌었고, 현재는 대한불교조계종 선운사 말사다. 현존하는 당우는 극락전을 비롯하여 '혜원사' 편액이 걸린 인법당, 선원인 무구원(無口院) 등이 있다. 〔참고문헌〕『부안군지』(부안문화원, 2015).

혜원사교 慧苑四敎　➡ 사교 四敎

혜원요포 惠圓腰包　누추하고 보잘 것 없어 모멸당하고 살던 혜원상좌가 한 순간 깨우치고 꾸러미를 챙겨 떠난 일화. 『선원몽구』 권하(卍속장148, p.242b10)에 "혜원요포 : 혜원상좌는 개봉 산자 출신으로 대대로 농사를 업으로 삼던 우씨 집안의 아들이다. … 어느 날 불전 앞뜰을 지나다가 갑자기 발이 걸려 넘어지면서 뚜렷하게 깨닫고 게송을 지은 뒤 행자를 시켜 벽에 써놓게 하였다. '이렇게 단 한 번 엇갈려 넘어지다니, 이렇게 어긋나 넘어지다니! 만량의 황금과 바꿀 만하도다. 머리에 삿갓 쓰고 허리춤엔 꾸러미 매었으니, 맑은 바람 밝은 달 주장자 끝에 달고 가리라'. 바로 그날 동림사를 떠나자 대중들이 조각선사(동림사의 장로)에게 그 소식을 전했다. 조각이 크게 기뻐하며 '납자가 참구하려면 이와 같아야 한다. 참으로 훌륭하여 더 할 말이 없구나'라고 칭찬하고 그가 어디로 갔는지 뒤를 밟아보도록 하였으나 끝내 아는 이가 없었다. 惠圓腰包 惠圓上坐 開封酸棗 于氏子 世業農 … 一日行殿庭中 忽足顚而仆 了然開悟 作偈俾行者書於壁曰 這一交 這一交 萬兩黃金也合消 頭上笠 腰下包 淸風明月杖頭挑 卽日離東林 衆傳至照覺 覺大喜曰 衲子參究若此 善不可加 令人迹其所往 竟無知者"라고 하였다.〔참고문헌〕『禪苑蒙求』.

혜원음의 慧苑音義 ➡신역대방광불화엄경음의 新譯大方廣佛華嚴經音義

혜월 慧月 ❶생몰연대 미상. 바이셰시카(Ⓢ Vaiśeṣika : 勝論) 논사 전달라(戰達羅 Ⓢ Maticanra)의 한역 이름. 신라 태현(太賢)의 『성유식론학기』 권상(한불전3, p.498b5)에 "설산지에 한 논사가 있는데 이름은 혜월이며 『십구론』을 지었다. 雪山地有一論師 名爲慧月 造十句論"라고 하였다.〔참고문헌〕『成唯識論學記』. ⇨전달라 戰達羅[1] ❷ 고려전기 산청 지곡사(智谷寺) 중창주. 『추파집』 권3 「유산음지곡사기 遊山陰智谷寺記」(한불전10, p.75b10)에 "대개 이 절의 비롯함은, 신라 응진이 처음이요 고려 혜월이 가운데며 마지막 진관(912~964)에 이르러 또 새롭게 되었다네. 盖此寺之刱 始於新羅應眞 中於高麗慧月 終至眞觀而又新之", 「산청지곡사혜월비문」(『조선금석총람』 권상, p.556)에 "성 남쪽 광통보제선사로 이주하였고 … 나이 55세 하랍 38세다. … 광주 흑석원에 머무는 언연이 … 반듯한 돌에 새기다. 移住城南廣通普濟禪寺 … 年五十有五 夏臘三十有八 … 彦緣住廣州黑石院 … 鑿其貞石"라고 하였다.〔참고문헌〕『秋波集』, 『朝鮮金石總覽』. ⇨지곡사승혜월비문 智谷寺僧慧月碑文 ❸송대 스님. 속성이 구씨여서 구씨백(丘氏伯)·구사백(丘師伯)이라고도 불렸다. 황룡혜남(黃龍慧南 1002~1069)의 2세인 운거원우(雲居元祐)의 제자다. 『가태보등록』 권7 「신주영풍혜월암주 信州永豐慧月庵主」(卍속장137, p.130b7)에 "현의 구씨 아들로 어린 나이에 출가하여 명심사에서 득도하였다. 스스로의 기 운거와 상응해서는 상수와 한수 익도록 다니다가 영풍으로 돌아와 바위골에 머물거나 시장에 살기도 하였기에 마을사람들이 구사백이라 불렀다. 무릇 물음이 있어도 환히 답함 없더니, 하루는 읍인에게 말하기를 '나 내일 행각 떠나려니 그대들 와서 보고 인사해야 하리' 하였다. 이에 길 가는 이 다 모이자 달처럼 함박 웃어 대중이 그 까닭을 물으니 곧 게 쓰기를 '구사백 깨우쳤다 하지 말게, 적적해야 달빛 더욱 빛나리니. 한낮에 삼경 치라 하면 누군들 때리지 못하리요' 라 하고 붓 놓고는 입적하였다. 縣之丘氏子 丱歲出家 於明心寺得度 自機契雲居 熟游湘漢 暨歸永豐 或處巖谷 或居市廛 令鄕民稱丘師伯 凡有所問 以莫曉答之 一日 語邑人曰 吾明日行脚去 汝等可來相送 於是晝路者畢集 月笑不已 衆問其故 卽書偈曰 丘師伯莫曉 寂寂明皎皎 日午打三更 誰人打得了 投筆而逝"라고 하였다.〔참고문헌〕『嘉泰普燈錄』. ⇨구씨백 丘氏伯 ❹조선후기 연담유일(蓮潭有一 1720~1799)의 제자 제해(濟海)의 법호(法號). 스님이 지은 「호좌남평덕룡산불호사대법당중건상량문 湖左南平德龍山佛護寺大法堂重建上樑文」이 1978년 불회사(佛會寺) 큰법당 기와불사 때 발견되었다. ⇨제해 濟海[2] ❺조선후기 선량(禪諒)의 호. ⇨선량 禪諒 ❻ 근세 혜명(慧明 1861~1937)의 법호. ⇨혜명 慧明[3]

혜위 慧威 634~713. 당대 스님. 천태종 제7조. 제6조라는 설도 있다. 혜위(惠威)라고도 쓴다. 속성은 유(劉)씨. 무주동양(婺州東陽 : 浙江省) 출신. 어릴 때 출가하여 구족계를 받았고, 지위(智威)를 찾아가 천태 삼관(三觀)의 법을 깊이 깨우쳐 지위의 뒤를 이었다고 하여 소위(小威)라 불렸다. 경사(京師) 천궁사(天宮寺)에 주석할 당시 천궁존자(天宮尊者)라는 칭호를 얻었다. 후에 동양으로 돌아가자 도를 배우려는 학인들이 이어졌다. 고종(高宗) 때 조산대부사대사(朝散大夫四大師)에 봉해졌다. 713년(개원1) 세수 80세로 입적하였다. 좌계존자(左溪尊者) 현랑(玄朗)이 그 법을 이었다. 후에 오월왕(吳越王)이 전진존자(全眞尊者)라는 시호를 내렸다.〔참고문헌〕『佛祖統紀』 권7(대정장49, p.187c29)·권39(대정장49, p.366c16), 『宋高僧傳』 권6 「智威傳」(대정장50, p.739a28), 『天台山方外志』 권6 「七祖天宮尊者」(中國佛寺史志彙刊88, p.223a8).

혜유 慧猷 남조(南朝) 유송(劉宋)대 스님. 강좌(江左) 출신으로 어릴 때 출가하여 강릉신사(江陵辛寺)에 주석하였고, 구족계를 받은 다음에는 율학을 전문적으로 학습했다. 비마라차율사(卑摩羅叉律師 Ⓢ Vimalākṣa) 문하에서 『십송율』을 배운 다음에는 강석을 이어 받았다. 섬서성(陝西省) 일대 율사들 중 스님을 존중하지 않는 이가 없었다. 『십송의소 十誦義疏』 8권을 남겼다.〔참고문헌〕『梁高僧傳』 권11(대정장50, p.400c22), 『釋氏六帖』 권12(대장경보편13, p.251a4).

혜유념력 慧由念力 혜 염력에 의지하다. 혜는 염력에 의지해서야 경, 즉 소연에 머물 수 있다는 뜻이다. 『구사론』 권22(대정장29, p.118a10 : *Abh-k-bh.*, p.339)에 "아파나(Ⓢ āpāna)란, 숨을 지녀 내쉬는 것이니, 이는 내풍을 끌어 몸 밖으로 나가게 하는 뜻이다. 혜가 염력을 말미암고 이 입출식을 경으로 삼아 관하기에 아나파아나념(Ⓢ ānāpāna-smṛt : 지식념)이라 한다. 혜를 자성으로 해서 염이라 설함은 염력을 가지기 때문에 경에 있어 할 일을 분명히 할 수 있다. 이는 저 사념주와도 같다. 阿波那者 謂持息出 是引內風令出身義 慧由

念力觀此爲境故名阿那阿波那念 以慧爲性 而說念者 念力持故於境分明所作事成 如念住故 ānanamāna āśvāso yo vāyuḥ praviśati apānanam apānaḥ praśvāso yo vāyuḥ niṣkrāmati tayoḥ smṛtirānāpānasmṛtiḥ saiva prajñāsvabhāvā smṛtivacanaṃ tu smṛtyupasthānavat tadvalādhānavṛttitvāt", 『대비바사론』 권141(대정장27, p.724a19)에 "〔문〕 이 사념주의 바탕은 혜인데 어째서 세존께서는 설하시길 '염주'라 하시는가? 〔답〕 혜는 염력을 말미암아야 소연에 머물 수 있기에 염주라 한다. 問 此體是慧何故世尊說爲念住 答 慧由念力得住所緣故名念住"라고 하였다. 〔참고문헌〕 『俱舍論』, 『大毘婆沙論』, *Abh-k-bh*. ⇨지식념 止息念

혜육 惠育 혜가(慧可)와 함께 달마의 직제자 중 하나. 법충(法沖)의 설에 따라 『능가경』을 이어받은 계보 속의 인물에 속한다. 『당고승전』 권25 「법충전」(대정장50, p.666b13)에 "달마선사 이후 혜가와 혜육 두 사람이 있다. 혜육선사는 도를 전수받아 마음으로 행했으나 말로 능히 설하지는 못하였다. 達磨禪師後 有惠可惠育二人 育師受道 心行口未能說"라고 하였다. 〔참고문헌〕 『唐高僧傳』. ⇨법충 法沖

혜은 慧隱 ❶신라 스님. 일본에서 활동하다 입당유학하였다. 『원형석서』 권16(대장경보편32, p.252a7)에 "석 혜은이 입당유학하였다. 서명 11년(639·신라 선덕여왕8) 9월에 신라 사신과 함께 와서 백치 3년(652·진덕여왕6) 궁중에서 『무량수경』을 강하였다. 사문 혜자가 법을 물은 제자이다. 釋慧隱 入唐留學 舒明十一年九月從新羅使來歸 白雉三年於宮中講無量壽經 沙門慧資爲問者"라고 하였다. 〔참고문헌〕 『元亨釋書』. ❷희양산문(曦陽山門) 지증지선(智證智詵 824~882)의 스승이다. 「봉암사지증대사적조탑비문 鳳巖寺智證大師寂照塔碑文」에 "혜은에게서 선리를 탐문하였다. 探玄于慧隱" 라고 하였다. 〔참고문헌〕 李智冠 『校勘譯註歷代高僧碑文』 新羅篇 p.307. ⇨지선 智詵[3] ❸대한불교원효종 종정을 역임한 휘 법홍(法弘)의 호. ⇨법홍 法弘

혜음사 惠蔭寺 경기도 파주시 광탄면 용미리 혜음령(惠陰嶺)에 있던 절. 혜음사(惠蔭寺) 또는 고혜음사(古惠陰寺)라고도 한다. 1144년(인종22)에 김부식(金富軾 1075~1151)이 쓴 「혜음사신창기 惠陰寺新創記」에 "경자년 봄(1120·예종15) 2월에 착공하여 임인년 봄(1122·예종17)에 공사를 모두 마쳤다. 지금 임금(인종)께서 즉위하시어 이름을 혜음사라고 하였다. 經始於庚子春二月 至壬寅春二月 工旣告畢 … 至今上卽位 賜額爲惠陰寺"라고 하였다. 『동국여지승람』 권11 경기 파주목 고적에 고혜음사의 이름과 위치가, 『여지도서』 경기도 사찰에 "다만 옛 터만 남아 있다. 只有舊址"라고 하였다. 〔참고문헌〕 『東文選』, 『東國輿地勝覽』, 『輿地圖書』, 『韓國寺刹全書』 권하 p.1167a8.

혜음사신창기 惠陰寺新創記 김부식(金富軾 1075~1151)이 1144년에 지은 글. 『동문선』 권64 기(記)에 수록되어 있다. 경기도 파주시에 위치했던 혜음사를 개창하게 된 연유와 과정 등을 서술한 기문이다. 기문에 의하면, 근신(近臣) 이소천(李少千)이 국왕의 명령을 받고 남쪽 지방을 다녀온 후 봉성현(峯城縣) 남쪽에 있는 석사동(石寺洞)이 동남방의 마을에서 개경으로 올라오는 길목인데 산이 깊고 초목이 무성하여 짐승과 도둑의 피해가 크므로 스님들의 도움을 받아 사원을 창건하여 백성의 피해를 줄이자고 건의하였다. 이소천이 묘향산사(妙香山寺)로 가서 도움을 청하니 주지 혜관(惠觀)이 기뻐하며 기술자와 경비를 제공해주어서 1120년(예종15) 2월에 시작하여 1122년 2월에 일을 끝냈다고 한다. 기문에 "금상이 즉위하여 혜음사라고 사액하셨다. 아, 깊은 숲속이 정사로 변하고, 무섭던 길이 평탄한 길이 되었으니, 그 이로움 또한 넓지 아니한가. 곡식을 갖추어 그 이자를 받아서 죽을 만들어 여행자에게 베풀던 것이 지금은 거의 없어지게 되었다. 이소천이 무궁하게 계속하고자 하니 정성에 감응이 있어 보시가 계속되었다. 임금(인종)께서 이를 들으시고 은혜로운 희사를 자못 후하게 하셨고 왕비 임씨도 이를 듣고 기뻐하여 말씀하시기를 '무릇 그 베푸는 일이라면 내가 베풀도록 하겠다' 하였다. 至今上卽位 賜額爲惠陰寺 噫變深榛爲精舍 化畏途爲平路 其於利也 不其博哉 又徜以米穀 擧之取利 設粥以施行人 至今幾於息焉 少千意欲繼之於無窮 精誠有感檀施荐來 上聞之 惠捨頗厚 王妃任氏亦聞而悅之曰 凡其施事 我其尸之"라고 하였다. 〔참고문헌〕 『東文選』.

혜응 惠凝 조선후기 스님. 사명유정(四溟惟政)이 준 선게(禪偈) 2수가 전한다. 「증혜응선자 贈惠凝禪子」(『사명당대사집』 권5·한불전8, p.60c21)에 "범을 녹여 성을 단련하는 모진 담금질, 뜨거운 화로 드나들기 다함은 또 어느 때일까? 물소의 코뚜레 줄 당겼다 놓았다 스스로 기쁘게 하시게나. 鎔凡鍛聖惡鉗鎚 歷盡鴻爐又幾時 却把水牯牛鼻索 牽來放去自怡怡"라고 하였다. 〔참고문헌〕 『四溟堂大師集』.

혜응 慧應 동진(東晋)대 스님. 법현(法顯)이 399년에 장안을 떠나 인도로 출발할 때 함께한 동학(同學) 중 한 명이다. 『양고승전』 권3 역경하(譯經下) 「석법현 釋法顯」과 『법현전』에 의하면 법현은 399년에 동학인 혜경(慧景)·도정(道整)·혜응(慧應)·혜외(慧嵬) 등과 함께 인도로 갔다고 하였다. 〔참고문헌〕 『梁高僧傳』, 『法顯

傳』. ⇨법현 法顯❶

혜응증 慧應證 Ⓢprajñāya sākṣīkartavya, Ⓟpaññāya sacchikaraṇīya. 지혜 마땅히 증하다. 모든 번뇌가 다함을 말한다. 사응증법(四應證法) 중 하나다. 『집이문족론』 권7(대정장26, p.395a28)에 "네 가지 응증법이란 … 또 다시 법이 있으니 혜응증이다. … 어떤 법이 혜응증인가? 〔답〕 모든 번뇌 다하니 이것을 혜로 마땅히 증함이라 한다. 四應證法者 … 或復有法是慧應證 … 云何有法是慧應證 答 謂諸漏盡 是慧應證"라고 하였다. 〔참고문헌〕『集異門足論』.

혜의 慧義 ❶혜라는 말의 뜻. 반야(般若 Ⓢprajñā, Ⓣshes-rab)의 번역어로는 안다는 것 없고(無知), 비춤도 얻음도 없어야(無照無得) 혜의 뜻일 수 있다. 원효(元曉)의 『대혜도경종요』(대정장33, p.71b7·한불전1, p.483c20)에 "둘째 '혜의를 푼다' 했으니, 뜻을 알아 마친 것이 혜의 뜻이다. 능히 일체 알아야 할 경계를 명료하게 알기 때문이다. 지(知)가 없는 뜻이 혜의 뜻이니, 아는 것이 있으면 실상은 모르기 때문이다. 第二 釋慧義者 解了義是慧義 能了一切所知境界故 無知義是慧義 有所知者 不知實相故", 『대승의장』 권10(대정장44, p.669a18)에 "반야(般若 Ⓢprajñā)란 외국의 말이니, 뒤쳐 혜라 한다. 법에 대해 관하여 달한 것을 '혜'라고 하는데, '혜'의 뜻 같지 않으니 이 한 문을 셋으로 설한다. 셋이란 어떤 것인가? 첫째 문자반야, 둘째 관조반야, 셋째 실상반야다. 言般若者 是外國語 此翻名慧 於法觀達 目之爲慧 慧義不同 一門說三 三名是何 一 文字般若 二 觀照般若 三 實相般若", 『광홍명집』 권19(대정장52, p.239b3)에 "무엇이 혜의 뜻인가? 능히 제법실상을 아는 것이 지(智)의 뜻이고, 능히 제법무생을 비춤이 바로 '혜'의 뜻이다. 만약 비춤도 있고 얻음도 있으면 지혜라 할 수 없으니, 비춤도 없고 얻음도 없어 본래 두렷이 고요함이야말로 지혜의 뜻이다. 云何智慧義 能知諸法實相 是智義 能照諸法無生 是慧義 若有照有得 不名智慧 無照無得 而本圓寂 是智慧義"라고 하였다. 〔참고문헌〕『大慧度經宗要』, 『大乘義章』, 『廣弘明集』. ❷지혜로운 뜻. 『무량수경』 권상(대정장12, p.266c8)에 "'어찌 된 것이냐? 아난아, 모든 하늘들이 너에게 부처님께 여쭈어 보라고 하였느냐? 스스로의 혜견으로 나에게 묻는 것이냐?' 아난이 부처님께 말씀드렸다. '모든 천신들이 와서 가르친 것은 없습니다. 스스로의 소견으로 그 뜻을 여쭌 것입니다'. 부처님께서 말씀하셨다. '훌륭하구나. 아난아, 물은 바가 매우 좋구나! 깊은 지혜를 일으키고 참으로 묘한 변재로 중생을 불쌍히 여기니, 이런 지혜로운 뜻 물을 수 있다. 여래는 다함 없는 대비로 삼계중생을 불쌍히 여기신다. 그러므로 세상에 출현하여 갈 길과 가르침 빛나게 드러나셔서 널리 무리진 새싹들 진실로 법의 이익 얻게 하신다'. 云何 阿難 諸天教汝來問佛耶 自以慧見 問威顏乎 阿難白佛 無有諸天來教我者 自以所見 問斯義耳 佛言 善哉 阿難 所問甚快 發深智慧 眞妙辯才 愍念衆生 問斯慧義 如來以無盡大悲 矜哀三界 所以出興於世 光闡道教 普令群萌 獲眞法利", 『무희망경』(대정장17, p.775c26)에 "훌륭하고, 훌륭하다. 아는 것 심원하고 혜의 뜻 받들어 행하여 끝내 다해 마쳤구나! 법으로 말해서 도에 응하고 묘하게 돌아가거늘 이 얼마나 명쾌하냐? 사리불아, 이제 모든 곳에 유행하거나 머물되 기사굴산 주변에서 배우는 비구·보살들을 널리 여기에 모이게 하여, 갈 길과 가르침 열어 받게 하리라. 善哉 善哉 所知深遠 奉行慧義 極究竟矣 以法談言 應道妙歸 何其快乎 今 舍利弗 諸所遊止 耆闍崛山 周旋學者 比丘菩薩 普令會此 啓受道教"라고 하였다. 〔참고문헌〕『無量壽經』, 『無希望經』. ❸보살 명호. 『대보적경』 권25(대정장11, p.142a1)에 "그때 그 대중 속에 다시 혜의라는 보살마하살이 자리에서 일어나 부처님께 아뢰었다. '희유하십니다. 세존이시여, 모든 보살마하살로 하여금 일체법지선교를 얻게 하고, 또 여래의 일체지를 얻게 하려고 일체법해인삼매를 말씀하셨습니다'. 時彼衆中 復有菩薩摩訶薩名曰慧義 卽從坐起前白佛言 希有世尊 乃能爲諸菩薩摩訶薩 得一切法智善巧故 及得如來一切智故 說一切法海印三昧"라고 하였다. 〔참고문헌〕『大寶積經』. ❹유송(劉宋)대 스님. 『고승전』 권7(대정장50, p.368c2)에 "혜의의 성은 양(梁)씨이며, 북쪽 지방 출신이다. 어려서 출가하였으며, 품격이 빼어났고, 학업에 뜻을 두어 나가는 것이 바르고 굳세었다. 처음에는 팽성(彭城)과 송현(宋縣:安徽省 阜陽) 사이에서 유학하였으며, 두루 경전의 이치에 통달하였다. … 송 원가 21년(444) 오의사에서 입적하였으며, 세수는 73세였다. 釋慧義 姓梁 北地人 少出家 風格秀擧 志業强正 初遊學於彭宋之間 備通經義 … 宋元嘉二十一年終於烏衣寺春秋七十三矣"라고 하였다. 〔참고문헌〕『高僧傳』.

혜인 惠仁 ❶백제 제26대 성왕(재위 523~554) 대를 전후하여 활동하였던 스님. 「미륵불광사사적 彌勒佛光寺事蹟」(『조선불교통사』 권상, p.33)에 따르면 백제의 겸익(謙益)스님이 불법을 배우기 위해 526년(백제 성왕4) 특히 율장(律藏)을 구하고자 서원을 세우고 뱃길로 인도에 가서 중인도에 있는 상가나대율사(常伽那大律寺)에 머물면서 5년 동안 불철주야하고 인도어(sanskrit)와 함께 5부율을 깊이 연구하여 계체(戒體)를 장엄한 다음, 인도 삼장인 배달다(倍達多)스님과 함께 범본 아비담장(阿毘曇藏) 5부 율문을 모시고 귀국하였다. 성왕은 백관을 거느리고 음악을 연주하면서 교외(郊外)까지 나가 영접하여 남한산성 근처에 있는 홍륜사(興輪寺)에 안치하고 국내의 이름 높은 석학 28명을 선발하여 겸익스님과 함께 72권의 율장을 번역하였다. 『저역총보』 권2(한불전12, p.465b20)에 "계율본소 36권 담욱·혜인. 戒律本疏三十六 曇旭惠仁", 『조선불교통사』 권하 「겸익재범본지율문 謙益齋梵本之律文」에 "담욱과 혜인 두 법사가 율소 36권을 지었다. 曇旭惠仁兩法師著律疏三十六卷"라고 하였다. 이것은 백제를 넘어 우리나라 불교계에 있어 율종의 시작이다. 이어 담욱(曇旭)과 혜인 두 스님이 번역한 율문에 대해 율소(律疏) 36권을 지어 왕에게 바치니, 왕이 크게 기뻐하면서 노고를 치하하고 왕이 스스로 비담신률(毘曇新律)에 대한 서문을 지어 태요전(台燿殿)에 봉안하고, 이어 이를 판각(板刻)하려 하였으나, 왕이 구천(狗川)에서 신라군과 싸우다가 554년(백제 위덕왕1) 7월에 전사하므로써 뜻을 이루지 못했다. [참고문헌] 『朝鮮佛敎通史』, 『著譯叢譜』, 『韓國寺刹全書』 권상 p.401a1. ⇨ 겸익 謙益, 담욱 曇旭❶ ❷ 조선후기 스님. 호는 영월(映月). 1850년(철종1)에 초의의순(草衣意恂)의 「중수다비계안서 重修茶毘契案序」가 붙어 있는 『다비계안』 「산중도다비계책 山中都茶毗契冊」에 "영월혜인〈경술생. 임신 9월 16일 입적. 세수 81〉. 映月惠仁〈庚戌生 壬申九月二十六入寂 壽八十一〉"이라 하였다. [참고문헌] 『茶毗契案』.

혜인 慧人 지혜를 얻는 이. 『사교의집주절의』(卍속장102, p.236b16)에 "묻는다. 혜인은 공을 연해 곧바로 들어갈 뿐이니, 무엇 때문에 또 다시 구상 등의 사선과 연결하는가? 『대론』에 따르면 구상이라야 해관을 얻고, 구부정관을 연으로 삼아 사념처를 열며, 사념처를 연으로 삼아 삼십칠품을 열고, 삼십칠품을 연으로 삼아 열반문을 연다고 한다. 이렇게 하는 것이야말로 이를 연으로 곧바로 깨닫는 혜해탈인이라 할 수 있다. 問 慧人緣空直入 何故又聯 九想等事禪耶 依大論九想 乃是得解觀 以九不淨觀爲緣 開四念處 四念處爲緣 開三十七品 三十七品爲緣 開涅槃門 則仍是緣理 直入之慧解脫人也"라고 하였다. [참고문헌] 『四敎義集註節義』.

혜인 慧印 ❶ ➡ 지인 智印 ❷ 1689~1764. 일본 에도시대(江戶時代) 조동종 스님. 법호는 지월(指月). 별호는 삼광노인(三光老人)인데, 그가 머물던 서광사(西光寺)·서광원(西光院)·양광사(養光寺) 세 절 이름 모두에 광(光)자가 들어 있기 때문이다. 용연사(龍淵寺)의 목전춘옹(牧田春翁)에게 법을 받았다. 『균주동산오본선사어록 筠州洞山悟本禪師語錄』(대정장47, No.1986A)과 『무주조산원증선사어록 撫州曹山元證禪師語錄』(대정장47, No.1987A)을 교정하였는데, 모두 입장되었다. 대표 저술로는 『참동계불능어 參同契不能語』·『보경삼매불능어 寶鏡三昧不能語』·『금강다화 金剛茶話』·『오위현결미정어 五位顯訣未正語』 등이 있다. 법을 받은 제자로는 할도본광(瞎道本光)이 있다.

혜인 慧因 ❶ 539~627. 수당대 스님. 속성은 우(于) 또는 간(干)씨. 오군(吳郡) 해염(海鹽) 출신. 나이 열둘에 출가하여 혜희(慧熙)를 시봉하다가 건초사(建初寺) 경법사(瓊法師) 지도로 『성실론』을 배웠다. 또한 혜효(慧曉)·지관(智瓘)에게 조심관법(調心觀法)을 배웠고, 이어서 지변(智辯) 문하에서 삼론을 학습하였다. 덕이 소상하고 학문이 넓다고 하여 존경의 뜻으로 지인(知仁)이라 불렸다. 603년(인수3) 선정사(禪定寺) 지사상좌(知事上座) 소임을 맡으면서 삼론을 널리 알렸고 동시에 주소(注疏)도 지었다. 618년(무덕1) 십대덕(十大德)의 일원으로 선출되어 보살계사(菩薩戒師)라는 칭호를 받았다. 627년(정관1) 경사의 대장엄사(大莊嚴寺)에서 세수 89세로 입적하였다. 제자로 법인(法仁)이 있다. [참고문헌] 『唐高僧傳』 권13(대정장50, p.522a9). ❷ 당대 스님. 속성은 장(張)씨. 무성(武城 : 山東省) 출신. 현법사(賢法師)에게 배우다가 대중이 지사(知寺)로 천거하였지만 사천(四川)에 숨어들어 공부하였다. 형주(荊州)로 돌아와서는 개성사(開聖寺)에 주석하였다. 후에 산에 들어가 띠풀집을 짓고 홀로 거처하면서 선정(禪定)을 닦고 『법화경』을 지송하였다. 645년(정관19) 이후 입적하였고, 세수는 75세였다. [참고문헌] 『唐高僧傳』 권25(대정장50, p.663b27).

혜인 慧忍 지혜롭게 견뎌 알다. 십인(十忍) 중 하나다. 오음(五陰) 중 수음(受陰)의 공(空)을 관하여 얻는 지혜. 『인왕경소』 권3(대정장33, p.270a26)에 "수음을 관하여 혜인을 얻는다. 수에 의지하므로 사선천을 세우고, 사선천으로 말미암아 지혜를 능히 일으킨다. 觀受陰得慧忍 以依受故 立四禪天 由於禪故 能發智慧", 『대명삼장법수』 권32(영락장182, p.721b8)에 "네 번째는 혜인이다. 수음에는 고락상이 없음을 관함으로 말미암아 지혜롭게 견뎌 얻는다. 모든 법이 다 공적하다고 분별하면 지혜가 생하기 때문이다. 四 慧忍 謂由觀受陰 無苦樂相 卽得智慧忍 以分別諸法 皆悉空寂 智慧卽生故也"라고 하였다. [참고문헌] 『仁王經疏』, 『大明三藏法數』. ⇨ 십인 十忍❷

혜인경 慧印經 『혜인삼매경』의 이명. 『역대법보기』 권5(대정장49, p.57b10)에 "『혜인경』 1권〈일명 『혜인삼매경』이며, 『시방현재불실재전입정경』이라고도 하며, 『보전혜인삼매경』이라고도 한다. 『여래지인경』과 같은 본으로 달리 한역하였다〉. 慧印經一卷〈一名 慧印三昧經 一云 十方現在佛悉在前立定經 一云 寶田慧印三昧經 與如來智印經 同本異出〉"이라고 하였다. [참고문헌] 『歷代法寶記』, 『出三藏記集』 권

2(대정장55, p.6c18). ⇨ 대승지인경 大乘智印經, 혜인삼매경 慧印三昧經, 시방현재불실재전립정경 十方現在佛悉在前立定經

혜인고려사 慧因高麗寺 중국 절강성(浙江省) 항주(杭州) 서호(西湖) 서남쪽 언덕의 적산부(赤山阜) 근처에 있는 절. 후당(後唐)대인 927년(천성2) 건립하였고, 본래 혜인선원(慧因禪院)이라 불렸다. 송대 진수정원(晉水淨源)이 이 절에 주석하며 『화엄경』 주석서 수십 종을 집필할 당시 고려의 대각국사(大覺國師) 의천(義天)이 정원에게 법을 물으러 찾아와 제자의 예를 갖추었다. 『대각국사문집』 권1(한불전4, p.529a17)에 "또한 여항(항주) 혜인사 원공의 강석(講席)에서 대경(화엄경)을 전수받았다. 又就餘杭慧因寺 源公講下 禀受大經"라고 하였다. 한 해가 지나고 고려로 돌아간 다음 청지(青紙)에 『진역화엄경 晉譯華嚴經』 300부를 금니(金泥)로 쓰고, 이 경을 봉안할 경각(經閣) 건립비용까지 더하여 정원법사에게 공양하였다. 이후로 이 절을 고려사(高麗寺)라 불렀다. 정원은 본사 화엄교의 시조이다. 절이 옥잠사(玉岑山)를 바라보고 있어 옥잠산혜인고려화엄교사(玉岑山慧因高麗華嚴教寺)라고 하며, 줄여서 혜인고려사 또는 혜인사·혜인원이라고도 한다. [참고문헌] 『大覺國師文集』. ⇨ 고려사 高麗寺 ❶

혜인고려사지 慧因高麗寺志 명대 이저(李翥) 지음. 12권. 『중국불사사지휘산 中國佛寺史志彙刊』 제1집에 수록되어 있다. 온전한 제목은 『옥잠산혜인고려화엄교사지 玉岑山慧因高麗華嚴教寺志』이다. 명대인 천계년간(1621~1627) 이저가 이 절의 스님 지수(止水)의 청에 따라 사지를 편찬하였다. 원시(原始)·경물(景物)·조덕(祖德)·단나(檀那)·궁우(宮宇)·비기(碑記)·전지(傳誌)·잡문(雜文)·제영(題詠)·법사(法嗣)라는 십문(十門)으로 구성되어 있다.

혜인사 慧因寺 ➡ 혜인고려사 慧因高麗寺

혜인삼매 慧印三昧 Ⓢ jñāna-mudrā-samādhi, Ⓣ ye-shes-kyi-phyag-rgya'i ting-nge-'dzin. 불지(佛智) 외에는 알 수 없는 삼매로 지인삼매(智印三昧)라고도 한다. 『혜인삼매경』(대정장15, p.461b16)에 "그때 부처님께서 혜인삼매에서 일어나 삼천대천의 불찰을 움직이셨다. … 부처님께서 사리불라에게 말씀하셨다. '부처님이 이르는 곳은 아라한이나 벽지불 등이 알 수 있는 곳이 아니고 오직 부처님 스스로 알 수 있을 뿐이다. 왜 그런가? 어떤 념도 없고 움직이지 않으며 흔들리지도 않기 때문이다'. 爾時 佛從慧印三昧起 便動三千大千佛刹 … 佛語舍利弗羅言 佛所至到處 非若阿羅漢 辟支佛等所可知 獨佛自知之耳 所以者何 無念 不動 不搖故"라고 하였다. [참고문헌] 『慧印三昧經』.

혜인삼매경 慧印三昧經 Ⓢ Tathāgatajñānamudrāsamādhi-sūtra, Ⓣ De-bshin gshegs-pa'i ye-shes-kyi-phyag-rgya'i ting-nge-'dzin. 오대 지겸(支謙) 한역. 1권. 대정장15, pp.460c7~468a24, No.632에 수록되어 있고 티베트역본(北京版 No.799·델게版 No.131)도 전한다. 『혜인경』이라고도 한다. 혜인삼매에 들어 설한 경이기에 붙여진 이름이다. 두 번째 한역으로 역자 미상의 『여래지인경 如來智印經』 1권이 있고, 세 번째 한역은 북송대 지길상(智吉祥) 한역의 『대승지인경 大乘智印經』 5권이 있다. [참고문헌] 『歷代三寶紀』 권5(대정장49, p.57b10), 『出三藏記集』 권2(대정장55, p.6c18), 『大唐內典錄』 권2(대정장55, p.228a12). ⇨ 여래지인경 如來智印經, 대승지인경 大乘智印經

혜일 惠日 신라하대 스님. 밀교를 정통하게 익히고 밀교 관련 주요 전적을 갖고 귀국했다. 『대당청룡사삼조공봉대덕행장』(대정장50, p.295b19)에 "건중 2년(781)에 신라국 스님 혜일이 본국의 신물을 가져와 혜과(惠果)화상께 올리며 태장과 금강계·소실지 등과 제존유가삼십본을 주기를 청한 후에, 받아서는 정통하였고, 훗날 본국으로 돌아갔다. 建中二年 新羅國僧惠日 將本國信物 奉上和上 求授胎藏金剛界蘇悉地等 幷諸尊瑜伽三十本已來 授訖精通 後時却歸本國", 『양부대법상승사자부법기』 권2(대정장51, p.787a1)에 "혜과아사리가 또 전하니 … 신라국 스님 혜일과 오진 및 일본국 공해였다. 阿闍梨又傳 … 新羅國僧惠日 悟眞 日本國空海"라고 하였다. [참고문헌] 『大唐青龍寺三朝供奉大德行狀』, 『兩部大法相承師資付法記』. ⇨ 오진 悟眞 ❷

혜일 慧日 ❶ Ⓢ jñāna-divākara-prabhā, narāditya, Ⓣ mi-yi-nyi-ma. 지혜로 빛나는 태양. 부처님의 지혜를 비유한 말로 중생계 두루 비춰 무명이라는 어둠 부수기에 해에 비유한다. 『법화경』 권1(대정장9, p.6b14 : *Saddh-p.*, p.24)에 "지혜의 태양이신 위대하신 세존께서 마침내 이 법을 설하셨다네. 스스로 설하시고 얻으신 이와 같은 십력·사무소외·삼매·선정·해탈 등의 불가사의한 법이라네. 慧日大聖尊 久乃說是法 自說得如是 力無畏三昧 禪定解脫等 不可思議法 cirasyād ya narāditya īdṛśīṃ kurute kathām, balā vimokṣā dhyānāś ca aprameyā mi sparśitāḥ", 같은 책 권7(대정장9, p.58a20)에 "때 한 점 없이 맑고 깨끗한 빛이여, 지혜의 태양으로 온갖 어둠 부수었네. 바람과 불의 재해 능히 없이 하시어, 세간을 가득 밝게 비춘다네. 無垢清淨光 慧日破諸闇 能伏災風火 普明照世間", 『무량수경』 권하(대정장12, p.272c27)에 "지혜인 태양으로 세간을 비춰 생사라는 구름 흩어 없애시니, 공경하며 세 바퀴 돌고서 위없이 존귀하신 분께 머리 조아린다네. 慧日照世間 消除生死雲 恭敬遶三匝 稽首無上尊"라고 하였다. [참고문헌] 『法華經』, 『無量壽經』, *Saddh-p.452.* **2** 680~748. 당대 정토종 스님. 청주(青州 : 山東省) 동래(東萊) 출신. 속성은 신(辛)씨. 사호는 자민삼장(慈愍三藏). 어려서 불법을 구하기 위해 인도에 다녀왔었던 의정(義淨)에게 깊은 감명을 받아 인도를 유행하겠다는 서원을 세웠다. 마침내 702년(사성19)에 남해를 거쳐 3년 뒤 인도에 도착하였는데, 부처님의 유적을 순례하고 범본을 구하였으며 고승을 찾아뵈었다. 건타라국(健駄羅國)에서 화현한 관음보살(觀音菩薩)로부터 정토의 가르침을 권유받은 일을 계기로 정토교에 귀의하여 깊이 믿었다고 한다. 서역을 거쳐 719년(개원7)에 장안으로 돌아와 현종(玄宗)에게 범본경전을 올리고 자민삼장이란 호를 하사받았다. 이후 염불법문을 부지런히 닦으면서 정토교의를 널리 선양하다가 748년(천보7) 낙양 망극사(罔極寺)에서 세수 69세를 일기로 입적하였다. 저서로는 『정토자비집 淨土慈悲集』(『往生淨土集』) 3권·『반주삼매찬 般舟三昧讚』·『서방찬 西方讚』 등이 있으며, 후에 이 유파에서 선정일치(禪淨一致)를 주장하는 염불선(念佛禪)의 기초를 열었다고 평가한다. 『불조통기』 권40(대정장49, p.373c6)에 "장안 망극사 사문 혜일이 서천을 유행하고 돌아와 부처님의 소상과 범본경전을 진상하였다. 황제가 부름에 내전에서 알현한 뒤 설법하여 황제의 마음을 깨닫게 하고 자민삼장이란 사호를 하사받았다. 법사는 70개 나라를 경유하고 20년 만에 돌아왔다. 長安罔極寺沙門慧日 遊西天還 進佛眞容梵夾 召見內殿 說法開悟帝心 賜號慈愍三藏 法師所經七十國 往返二十年"라고 하였다. [참고문헌] 『佛祖統紀』. **3** ➡ 동명혜일 東明慧日 **4** 1890~1965. 근세의 선지식. 휘는 혜일(慧日), 호는 동산(東山), 속명은 봉규(鳳奎) 또는 동규(東奎), 속성은 하(河)씨, 본관은 진주(晉州). 아버지의 이름은 성창(聖昌), 어머니는 정경운(鄭敬雲)이니, 1890년(고종27) 2월 25일 충청북도 단양군 단양면 상방리 244번지에서 태어났다. 1896년 7세 때 고향의 향숙(鄕塾)에서 사서(四書)·삼경(三經)·사서(史書) 등을 7년 만에 모두 이수하였다. 그 후 단양읍의 익명보통학교(益明普通學校)와 서울 중동중학교를 거쳐 1910년까지 총독부 산하의 의학전문학교까지의 모든 신학문 과정을 마쳤다. 1912년 10월 범어사에서 용성진종(龍城震鐘)을 은사로, 성월(惺月)스님을 계사로 하여 사미계를 받고 스님이 되었다. 범어사 강원에서 『능엄경』을 수료하고, 백양사 운문선원에서 용성스님으로부터 『전등록 傳燈錄』·『선문염송집 禪門拈頌集』·『범망경 梵網經』·『사분율 四分律』 등을 배웠다. 1914년 평안남도 맹산군 우두암(牛頭庵)에서 2년간 방한암(方漢巖)선사에게서 『능엄경』·『기신론』·『금강경』·『원각경』을 수학하였으며, 1916년 범어사에서 영명강백(永明講伯)으로부터 대교과를 수료하였고, 1922년 백양사 운문암에서 비구계를 받았다. 1924년부터 1927년까지 김천 직지사 천불선원(千佛禪院)에서 3년간의 결사(結社)를 마치고, 범어사 금어선원(金魚禪院)에서 여름 안거를 하던 중인 7월 5일 방선(放禪) 시간에 대나무 숲 곁을 지나다가 바람에 부딪치는 댓잎 소리를 듣고 깨달은 후, 다음과 같은 오도송(悟道頌)을 읊었다. "그리고 또 그리기를 몇 년이나 하였던가? 붓끝에서 산 고양이 나타났네! 낮에는 창 앞에서 종일토록 졸기만 하고, 밤이 오면 한결같이 쥐만 붙잡다! 畵來畵去幾多年 筆頭落處活猫兒 盡日窓前滿面睡 夜來依舊捉老鼠"라고 하였다. 1929년부터 동래 범어사 조실로서 대중을 지도하기 시작하였으며, 1930년 범어사 금강계단의 교수아사리(敎授阿闍梨)가 되었다. 1935년 범어사 조실, 1936년 해인사 조실, 이 해 11월 18일 용성스님으로부터 하동 칠불암에서 서상수계한 대은낭오(大隱朗旿)율사의 계맥을 전해 받았으며 1943년 다시 중국 법원사(法源寺)의 계맥인 영명(永明)율사로부터도 계맥을 전수받아 범어사 금강계단의 전계화상(傳戒和尙)이 되었다. 1954년 11월 3일 대한불교조계종 종정(宗正)에 추대되었고, 1956년 11월 네팔에서 개최한 세계불교도대회에 효봉(曉峰)·청담(青潭)스님과 함께 한국대표로 참석하였으며 1958년 8월 조계종 종정으로 다시 추대되었다. 그리고 그 해 11월 24일 태국에서 개최된 제5차 세계불교도대회에 이청담·서경보(徐京保)스님과 함께 참석하였다. 1960년 『대한불교』를 창간하였다. 1965년 4월 30일(음3.23) 문도를 불러놓고 너희들은 부지런히 정진하라고 당부하고 "원래대로여서 일찍이 뒤친 적 없거니, 어찌 두 번째 몸이 있으랴! 삼만육천이나 되는 아침마다 뒤쳐 덮는 것 다만 이것 뿐일세! 元來未曾轉 豈有第二身 三萬六千朝 反覆只這漢"라는 임종게를 남기고 세수 76, 법랍 53세를 일기로 입적하였다. 화장한 후 사리 3과가 출현하였으므로 상족(上足)인 퇴옹성철(退翁性徹)스님이 비문을 지어서 1967년 5월에 세운 비가 범어사 사천왕문 북쪽에 있고, 2001년에 가산지관(伽山智冠)스님이 짓고 서강기현(西岡奇玄)이 쓴 비는 강진 만덕사(萬德寺)와 부산 범어사 사천왕문 앞에 있다. [참고문헌] 『東山大宗師文集』(佛敎出版部, 1998), 『韓國佛敎近世百年史』, 『梵魚寺』.

혜일대성존 慧日大聖尊 Ⓢ nara-āditya, Ⓣ mi-yi-nyi-ma. 지혜의 태양으로 빛나시는 위대하신 성존. 여타의 성인들, 즉 뭇 빛나는 것들 의심 없게 해서 더할 나위 없이 빛나기에 이렇게 비유한다. 『법화경』 권1(대정장9, p.6b14)에 "지혜의 태양으로 빛나시는 대성존께서, 오랜만에 이런 법 말씀하시네. 이러한 힘과 두려움 없음과 선정과 해탈 등의 불가사의한 법을 얻었다고 스스로 말씀하시네. 慧日大聖尊 久乃說是法 自說得如是力無畏三昧 禪定解脫等 不可思議法", 『법화의소』 권3(대정장34, p.491b18)에 "혜일대성존이란 부처님께는 감히 의심을 풀어주시는 덕이 있음을 찬탄하는 말이다. 해에는 두 가지 뜻이 있으니, 첫째는 무명의 어둠을 없애는 것, 둘째는 하나의 실한 이를 드러내는 것이다. 이 대중법회에는 크게 세 부류의 성인이 있다. 첫째 오통(Ⓢ pañcādhijñā)의 선인(Ⓢ ṛsi)들이고 … 둘째 아라한(Ⓢ arhat) 등이고 … 셋째 법신보살(Ⓢ dharmakāya-bodhisattva)이니 즉 대성이다. 부처님께서는 이런 세 성인 중에서 가장 위대하시므로 대성존이라고 한다. 대성이 아니면 삼성의 의심을 풀 수 없다. 慧日大聖尊者 歎佛有堪 決疑之德 日有二義 一 能滅無明之闇 二 能顯一實之理也 此衆會中 凡有三聖 一 五通諸仙 … 二 諸羅漢等 …三 法身菩薩 謂大聖也 佛於三聖中最大 故言大聖尊 若非大聖 無以能決三聖之疑也"라고 하였다. [참고문헌] 『法華經』, 『法華義疏』, 『理趣六波羅蜜多經』 권10(대정장8, p.912c22), *Saddh-p.34.*

혜일도량 慧日道場 중국 강소성(江蘇省) 양주(揚州)에 있는 절로 혜일선사(慧日禪寺)라고도 부른다. 수 문제(文帝) 때인 개황년간(581~600) 말에 진왕(晉王) 양광(楊廣 : 隋煬帝)이 건립한 천하사도량(天下四道場) 중 하나다. 가상대사(嘉祥大師) 길장(吉藏)이 칙명을 받고 들어와 『삼론현의』를 저술하는 등 삼론의 종지를 전했으며, 이를 계기로 혜일도량사문(慧日道場沙門)이라 불렸다. 대업년간(605~618) 동도(東都 : 洛陽) 성내에 건립한 내혜일도량(內慧日道場)은 내도량(內道場)이라는 이름의 시작이기도 하다. [참고문헌] 『華嚴遊意』(대정장35, p.1a5), 『三論玄義』 권1(대정장45, p.1a5), 『唐高僧傳』 권12 「慧覺傳」(대정장50, p.516b14), 『釋氏通鑑』 권6(卍속장131, p.882a13).

혜일사의궤 慧日寺儀軌 선무외(善無畏) 역 『대비로자나경광대의궤 大毘盧遮那經廣大儀軌』의 다른 이름. 혜일사 유근(惟謹)이 전승본이다. 『대일경소연오초』 권9(대정장59, p.88a26)에 "혜일사의궤란 선무외삼장의 태장광대의궤를 가리킨다. 이것은 혜일사 유근이 전승한 책이다. 慧日寺儀軌者 指善無畏胎藏廣大儀軌 是慧日寺惟謹傳受之本也", 『대비로자나경광대의궤』 권하(대정장18, p.108b6)에 "이 법은 마하 비로자나로부터 금강수보살에게 부촉되었다. 금강수는 다음으로 나란타사 달마국다아사리에게 부촉하였고 달마국다아사리는 중천축국 왕족 석가 선무외삼장에게 부촉했다. 선무외삼장은 개원연간에 당에 와서 현종시대에 대국사가 되어 전법관정을 행하였다. 다음으로 해동 신라국 현초아사리에게 부촉하였고 현초아사리는 다음으로 경사의 청룡사 스님 혜과아사리에게 부촉하였다. 혜과아사리는 법윤아사리에게 부촉하였고 대화 8년 갑인년 3월 7일에 혜일사 오부지념승 유근에게 부촉하였다. 此法從摩訶毘盧遮那 付屬金剛手 金剛手次傳 付屬那爛陀寺達磨鞠多阿闍梨 達磨鞠多阿闍梨 次付屬中天竺國王種釋迦善無畏三藏 善無畏三藏開元中來至此國 當玄宗朝爲大國師傳法灌頂 次付屬海東新羅國僧玄超阿闍梨 玄超阿闍梨次傳 付屬京靑龍寺僧慧果阿闍梨 慧果阿闍梨次傳 付屬僧法潤阿闍梨 大和八年甲寅歲三月七日 付屬慧日寺五部持念僧惟謹"라고 하였다. [참고문헌] 『大日經疏演奧鈔』, 『大毘盧遮那經廣大儀軌』. ⇨ 선무외 善無畏

혜일선사 慧日禪師 고려 충렬왕(재위 1274~1308) 때 스님. 이영(李穎)이 해남 완도(莞島)로 귀양감에, 숙부(叔父)인 혜일(慧日)선사도 따라가서 위로하고 그곳에 법화암(法華庵)을 짓고 살다가 뒤에 강진 만덕사(萬德寺)에서 주석하였다. 스님은 선에 조예가 깊었을 뿐만 아니라 시(詩)에도 일가를 이루었다. 『강진현지 康津縣志』에 따르면 만덕사에서 다음과 같은 시를 읊었다. "앞산 봉우리 돌 창고 같고, 뒷산 봉우리 마치 연꽃 같네. 前峰如石廩 後峰如芙蓉"라 하였고, 이 밖에도 백련사(白蓮社)에서 지은 2백여 수의 시가 『강진현지』에 실려있다. [참고문헌] 『東國輿地勝覽』 권37 康津縣 古跡, 『萬德寺誌』(亞細亞文化社, 1977) p.75.

혜일세존 慧日世尊 태양 같은 지혜를 성취한 세존. 『신화엄경론』 권7(대정장36, p.761b18)에 "혜일세존께서는 법계 불러내 두루 비추시니, 그 지혜 만유에 고루 퍼져 범부나 성인이나 함께하고 진실한 이와 사 서로 어울리게 해서 그 바탕 그 쓰임 서로에게 들어맞는다. 夫慧日世尊 稱法界而遍照 智周萬有 與凡聖而同 眞理事互融 體用相卽", 『부법장인연전』 권5(대정장50, p.313c5)에 "혜일세존께서 자비로 널리 빠짐없이 덮어 중생이 겪는 생사의 큰 괴로움 건지고자 무량겁으로 쌓은 법을 존자 마하가섭에게 부촉해서, 그 존자 크게 밝은 등불 되어 모든 어리석음의 어둠을 비춤으로써 널리 일체중생 닦아 얻게 해서 애욕의 그물을 끊고 탐욕의 진창에서 벗어나게 하셨다. 慧日世尊 慈悲普覆 欲濟衆生 生死大苦 以無量劫 所集之法 囑累尊者摩訶迦葉 作大明燈 照諸癡闇 普令一切 皆得修學 斷絶愛網 出欲淤泥"라고 하였다. [참고문헌] 『新華嚴經論』, 『付法藏因緣傳』.

혜일존 慧日尊 대일여래(大日如來)를 가리키는 말. 『대일경공양차제법소』 권1(대정장39, p.790c19)에 "비로자나는 태양을 의미한다. 청정안 눈을 뜬다는 것은 묘한 이치 열어 깨우친다는 뜻이다. … 저와 같다고 한 것은 혜일존을 가리킨다. 毘盧遮那 此云日也 開敷淨眼者 開悟妙理也 … 如彼者 指慧日尊也"라고 하였다. [참고문헌]『大日經供養次第法疏』.

혜일중광사 慧日重光寺 황해도 개성에 있던 절. 『고려사』 권5 세가(世家)5 1027년(현종18) 9월 1일에 "9월 무술 초하루, 왕이 혜일중광사 창건을 명하고 인부와 공장을 징발하였다. 九月戊戌朔 命創慧日重光寺 徵發人夫工匠", 권53 지(志)7 오행(五行)1 1055년(문종9) 9월에 "혜일중광사탑에 벼락쳐 불각과 경루가 불타버렸다. 震惠日重光寺塔 延燒佛閣經樓"라고 하였다. [참고문헌]『高麗史』, 『韓國寺刹全書』 권하 p.1167a11.

혜자 惠慈 ?~622. 고구려 스님. 『일본서기』에 따르면 595년(고구려 영양왕6 : 일본 推古王3) 일본으로 건너가 5월 정묘일에 무사히 도착했다. 당시 일본은 용명천황(用明天皇)의 둘째 아들인 성덕태자(聖德太子 : 諱는 廐戶 · 豊聰 · 耳尊 등)가 숭준천황(崇峻天皇)을 죽이고 추고천황(推古天皇)을 즉위시키고는 자신이 섭정하고 있던 때라 스님을 스승으로 극진히 모시었다. 같은 해에 고구려로부터 혜총(慧聰 · 惠聰)스님이 일본에 왔다. 이 두 스님이 불교를 천양(闡揚)하므로써 일본불교의 기틀을 닦아 불교계의 동량(棟樑)이 되었다. 이듬해인 596년 11월에 대신인 소아마자(蘇我馬子)에 의해 법흥사(法興寺)가 낙성되자 두 스님을 이 절에 주석케 하고 궁중(宮中)에서 『법화경』·『승만경 勝鬘經』·『유마경』 등을 강설토록하고, 자신은 물론 군신들과 함께 배청(拜聽)했다. 602년(추고왕10 : 고구려 영양왕13) 10월 기축(己丑)일에는 고구려에서 승융(僧隆)과 운총(雲聰) 두 스님이 일본에 갔었다. 스님은 법흥사에 강설하는 여가에 『법화』·『승만』·『유마경』 등의 주소를 지어 성덕태자에게 공부하게 하였다. 태자가 29년간 섭정하는 동안 불교를 크게 융숭(隆崇)하였을 뿐만 아니라 국정 또한 정법에 의지해 바르게 하였으니, 곧 스님의 훈덕(訓德)이라 할 수 있다. 615년(추고왕23 : 고구려 영양왕26) 11월 계묘(癸卯)일에 태자가 지은 소(疏)를 모시고 고구려로 돌아왔다. 621년(영류왕4) 태자의 부음을 듣고 크게 슬퍼하면서 재(齋)를 봉행하여 그의 명복을 빌었다. 이듬해(622) 2월 5일에 스님도 입적하였다. [참고문헌]『日本書紀』, 『元亨釋書』, 『本朝(日本)高僧傳』, 『朝鮮佛敎通史』 권상 pp.22~23. ⇨ 혜총 慧聰

혜자 慧者 ❶ Ⓢ tattva-jña, prajñāvat, Ⓟ viññu purisa. 지혜로운 이. 『반니원경』 권상(대정장1, p.178c8)에 "어리석음 좇아 빛나지 못해서 생사가 있으니, 가령 무명을 남김없이 바램없이 해서 사라진즉 행이 멸하고, 행이 멸하면 식이 멸하며, 식이 멸하면 명색이 멸하고, 명색이 멸하면 육입이 멸하며 … 수가 멸하면 유가 멸하고, 유가 멸하면 생이 멸하며, 생이 멸하면 노·사·우·비·고·뇌를 두루 갖춘 괴로운 성품의 덩어리가 모두 사라진다. 그러므로 먼저 너희들에게 설하였으니, 어리석은 이에게는 생사가 있지만 지혜로운 이에게는 도만을 지닐 뿐이어서 다시는 나고 죽지 않는다. 從癡不明 故有生死 假令不明無餘無欲以滅則行滅 行滅則識滅 識滅則名色滅 名色滅則六入滅 … 受滅則有滅 有滅則生滅 生滅則老死憂悲苦懣惱 致是具足 苦性習有 爲都滅矣 故先爲若說 癡者有生死 慧者持道 不復生死", 『대보적경』 권100(대정장11, p.559c12)에 "모든 지혜로운 이는 문자가 없음에 임시로 문자를 말한다. 그러나 문자에 붙들리지 않아 법성에도 걸림이 없다. 그러므로 지혜로운 이는 문자에 장애 받지 않는다. 諸智慧者 於無文字假說文字 然不著文字 法性無礙 是故 慧者 不礙文字"라고 하였다. [참고문헌]『般泥洹經』, 『大寶積經』, *Buddh-c.136.*, *Sam-r.44.*, *DN.2.324.* ❷ '혜(慧)'라는 것. 『대지도론』 권19(대정장25, p.198b8)에 "이 삼십칠품은 열 가지 법을 근본으로 한다. 어떤 것이 그 열 가지인가? 신·계·사유·정진·념·정·혜·제·희·사이다. … 혜란 사념처·혜근·혜력·택법각지·정견이다. 是三十七品 十法爲根本 何等十 信 戒 思惟 精進 念 定 慧 除 喜 捨 … 慧者 四念處 慧根 慧力 擇法覺 正見", 『가야산정경론』 권하(대정장26, p.333a15)에 "천자여, 모든 보살마하살은 이 두 가지 도로 빠르게 아뇩다라삼막삼보리를 얻는다. 무엇이 그 둘인가? 첫째는 방편도이고, 둘째는 지혜도다. 방편도란 선법을 거둘 줄 아는 지이고, 혜란 모든 법을 여실히 아는 지혜이며, 또 방편도란 모든 중생을 관하는 지이고, 혜란 모든 법을 떠나는 지다. 또한 방편이란 제법의 상응을 아는 지이고, 혜란 모든 법의 불상응을 아는 지이며, 또 방편이란 인의 길을 관하는 지이고, 혜란 인도마저 사라지게 하는 지다. 天子 諸菩薩摩訶薩是二道 疾得阿耨多羅三藐三菩提 何等爲二 一者 方便道 二者 慧道 方便者 知攝善法智 慧者 如實知諸法智 又方便者 觀諸衆生智 慧者 離諸法智 又方便者 知諸法相應智 慧者 知諸法不相應智 又方便者 觀因道智 慧者 滅因道智"라고 하였다. [참고문헌]『大智度論』, 『伽耶山頂經論』. ⇨ 혜 慧

혜자종계득정 慧者從戒得定 지혜로운 이 계로 좇아 정을 얻는다. 『난제석경』(대정장2, p.506a27)에 "난제여! 지혜로운 제자라면 스스로 계덕을 기억하니 부처님께서 베푸신 계를 범하거나, 가벼이 여기거나, 헐뜯거나, 조롱하거나, 시험해 보려고 하지 않는다. 지혜로운 이는 계로부터 정을 얻고, 정으로부터 곧 애를 여의고,

뜻으로는 세간에 붙들리지 않는다. 이는 마치 돌이 일단 깨지면 다시는 합할 수 없는 것과 같다. 難提 若慧弟子 自念戒德 佛所施戒 不可犯 不可輕 不可毀 不可弄 不可試 慧者從戒得定 從定便離愛 意不著世間 譬如石破 終不復合"라고 하였다. 〔참고문헌〕『難提釋經』.

혜장 惠藏 1772~1811. 조선후기 해남 대흥사 스님. 휘는 혜장(惠藏), 아암은 자호(自號)라고도 한다. 초명(初名)은 팔득(八得)이며, 처음의 호는 연파(蓮坡)였으나, 뒤에 아암(兒庵)으로 바꾸었다. 일설에는 속성은 김씨요, 자는 무진(無盡)이니, 1772년(영조48) 새금현(塞琴縣 : 전라남도 해남의 옛 이름) 화산방(花山坊 : 지금의 花山面)에서 태어났다. 고향의 땅이 척박하고 집안이 가난하여 어릴 때 해남 대둔사(大芚寺)로 찾아가 월송재관(月松再觀)을 은사로 하여 스님이 되었고, 춘계천묵(春溪天默)에게서 수학하였는데, 천묵은 내전 뿐만 아니라 외전에도 두루 통하지 않음이 없었다. 이어 연담유일(蓮潭有一)과 운담정일(雲潭鼎馹 1741~1804), 정암즉원(晶巖卽圓 1738~1794) 등 문하에서 경율론 삼장을 연마하고 28세 때인 1799년(정조23)에 정암(晶巖)의 법을 이었으니, 대흥사 12대 강사(十二大講師 : 萬化圓悟 燕海廣悅 靈谷求愚 懶菴勝濟 影波聖奎 雲潭鼎馹 退菴泰瓘 碧潭幸仁 錦洲福慧 玩虎倫佑 朗巖示演 兒庵惠藏) 중 한 스님이다. 소요태능(逍遙太能)의 법손이며, 화악문신(華岳文信 1629~1707)의 적전(嫡傳)이다. 1801년(순조1) 30세 때 대둔사의 강주로서 화엄대법회를 가진 이후 크게 교화를 펼쳤다. 스님은 특히 『기신론』과 『능엄경』을 좋아하는 한편, 『주역 周易』을 좋아하여 이를 다산(茶山) 정약용(丁若鏞)에게서 배우는 한편, 스님은 다산에게 다도(茶道)를 일러 주었다. 특히 병려문(騈儷文)에 능했다. 1811년(순조11) 9월 16일 세수 40세를 일기로 대흥사 북암(北庵)에서 입적하였다. 제자에는 수룡색성(袖龍賾性)·기어자굉(騎魚慈宏)·철경응언(掣鯨應彦)·침교법훈(枕蛟法訓) 등이 있고, 저서는 『아암유집』 2권, 『시집 詩集』 6책(冊), 기상(己像 : 自己影幀) 1축(軸) 등이 있다. 사암 정약용(俟菴 丁若鏞)이 비문을 지어 1811년(순조11)에 세운 스님의 행적비가 해남 대흥사에 있다. 〔참고문헌〕『兒庵遺集』(한불전10, pp.690~709), 『大芚寺誌』(亞細亞文化社, 1980) pp.299~305, 『萬德寺誌』(亞細亞文化社, 1977) pp.139~145, 『朝鮮佛敎通史』 권상 pp.582~583, 『東師列傳』 권4 「蓮坡講師傳」(한불전10, p.1033a6), 智冠 『韓國高僧碑文總集 朝鮮朝·近現代』 pp.670~671.

혜장 慧仗 Ⓢ prajñā-āyudha, Ⓟ paññā-āvudha. 지혜의 몽둥이. 사성제(四聖諦)에 대한 지혜(智慧)를 무기에 비유했다. 『집이문족론』 권5(대정장26, p.388a27)에 "세 몽둥이가 있으니 … 첫째는 듣게 하는 몽둥이, 둘째는 떠나게 하는 몽둥이, 셋째는 지혜로워지는 몽둥이다. … 혜장이란 무엇인가? '이것이 바로 고의 진실이며, 이것이 바로 고통들 모이는 것의 성스런 진실이며, 이것이 바로 고통 사라지게 하는 성제이며, 이것이 바로 고통 사라지게 하는 길에 대한 성스런 진실이다'라고 여실하게 아는 것을 지혜라고 한다. 이 혜 인으로 하고 이 혜에 의지하며 이 혜에 연유하여 건립하기에, 불선법 능히 끊고 온갖 선법을 닦을 수 있으니 이를 혜라 하며, 또한 몽둥이라 하니 따라서 혜장이라 하는 것이다. 세존께서는 말씀하셨다. ' … 혜장이야말로 가장 뛰어나다'. 三仗者 一 聞仗 二 離仗 三 慧仗 … 慧仗云何 答 如實了知此是苦聖諦 此是苦集聖諦 此是苦滅聖諦 此是趣苦滅道聖諦 是名爲慧 因此慧 依此慧 由此慧建立故 能斷不善法能修諸善法 此名爲慧 亦名爲仗 亦名慧仗 故名慧仗 如世尊說 … 慧仗最爲勝"라고 하였다. 〔참고문헌〕『集異門足論』, *DN.3.219.*

혜장 慧障 지혜들 모이는(慧蘊 Ⓢ prajñā-skandha)일 장애하는 것. 오개(五蓋) 중 혼침(昏沈 Ⓢ styāna)과 수면(睡眠 Ⓢ middha)을 말한다. 경량부(經量部)에 따르면 도거(掉擧 Ⓢ auddhatya)와 악작(惡作 Ⓢ kaukṛtya)이다. 『구사론』 권21(대정장29, p.110c26 : *Abh-k-bh.*, p.319)에 "(오개 중) 혼침과 수면은 능히 혜온을 장애하고, 도거와 악작은 능히 정온을 장애한다. … (論主 難曰) 만약 이와 같이 경의 뜻을 해석하면, 도거와 악작(悔)은 이치상 혼침과 수면 앞에 설해야 할 것이니, 정에 의지해 비로소 혜가 생겨나며, 정을 장애하는 것도 또한 혜를 앞서 장애한다. 惛沈睡眠能障慧蘊 掉擧惡作能障定蘊 … 若作如是解釋經意 掉悔理應惛眠前說 以必依定方有慧生 定障亦應先慧障故 styānamiddhena prajñāskandhasya auddhatyakaukṛtyena samādhiskandhasya … etasyāṃ tu kalpanāyāṃ samādhiskandhavirodhina auddhatyakaukṛtyanivaraṇasya pūrva grahaṇaṃ prapnoti", 『구사론기』 권21(대정장41, p.323c24)에 "('만약 이와 같이 …'란) 논주가 앞의 설일체유부의 해석을 파한다. '만약 이와 같이 경의 뜻을 해석하면, 도회는 이치상 혼침과 수면 앞에 설해야 할 것이다. … '라고 하였는데, 이는 가리는 바 정이 먼저고 혜가 나중임을 드러낸 것이다. '정을 가로막음도 … '라고 하였는데 이는 능히 가림의 전후차제를 드러낸 것이다. 論主破前說一切有部師解 若作如是解釋經意 掉悔理應在惛眠前說 … 此顯所障先定後慧 定障亦應 … 此顯能障前後次第", "이와 같은 이에 의지해 경부논사 말하길 '이 오개 중 혼침과 수면은 정온을 가리니 혼침과 수면의 자성이 침하이기에 정을 낳을 수 없다. 도와 회는 혜온을 가리니 도회가 자주 산동이기에 혜를 낳을 수 없다. 이 경이 말하길 「등지를 닦는 이는 혼면을 두려워해야 하니」라고 하였으니 이 둘이 정온 가림을 알고, 「닦아 법을 택하는 이는 도회 두려워해야 하니」라고 하였으니 이 둘은 혜 가림을 안다'. 依如是理經部師言 此五蓋中惛眠障定 由此惛眠性沈下故 定不得生 掉悔障慧 由此掉悔數散動故 慧不得生 由此經言修等持者怖畏惛眠 故知障定 修擇法者怖畏掉悔 故知障慧"라고 하였다. [참고문헌]『俱舍論』,『俱舍論記』, *Abh-k-bh*. ⇨ 혼침 昏沈, 수면 睡眠, 도거 掉擧, 악작 惡作, 오개 五蓋, 혜온 慧蘊, 정온 定蘊

혜장 慧藏 **1** 삼장(三藏) 가운데 혜학(慧學)을 풀어 드러낸 논장(論藏) 즉 아비달마장(阿毘達磨藏)을 가리키거나, 삼장을 다 들어 말하기도 한다.『광홍명집』권20 「성실론의소서 成實論義疏序」(대정장52, p.244b14)에 "네 가지 베다는 속가에서 반드시 학습하였고, 삼품의 혜장은 도에 들어 폭넓게 통하였다. 四種圍陀 在家必習 三品慧藏 入道彌通"라고 하였다. [참고문헌]『廣弘明集』. **2** 522~605. 수대 스님. 속성은 학(郝)씨. 평극(平棘:河北省) 출신. 열한 살에 출가하였고『열반경』과 계율에 밝았다. 사십이 되어 작산(鵲山)에 머물며 화엄을 연구하였다. 북제(北齊) 무성제(武成帝)의 청을 받고 태극전(太極殿)에서 화엄을 강설하였다. 605년(대업1) 공관사(空觀寺)에서 세수 84세로 입적하였다. [참고문헌]『唐高僧傳』권9(대정장50, p.498a23),『釋氏六帖』권10(대장경보편13, p.207a13). **3** 수대 스님. 기주(冀州:河北省) 출신.『열반경』을 수학하다가 나중에 강설을 전담하였다. 경사에 들어가 광명사(光明寺)에 주석했다. 인수년간(601~604) 칙명을 받들어 사리를 관주(觀州)·강주(江州) 등에 보냈고, 보내는 사리마다 신령한 조짐이 나타났다. [참고문헌]『唐高僧傳』권26(대정장50, p.672a4),『釋氏六帖』권11(대장경보편13, p.235a8). **4** 당대 스님. 사냥꾼으로서 사슴을 쫓다가 마조도일(馬祖道一)과 마주치고 나눈 문답 후 깨우친 바 있어 출가하였다. 이 인연은 석공진록(石鞏趂鹿)의 공안에 보이며, 그 밖에 석공가전(石鞏架箭) 등의 공안에서 그 선법을 살필 수 있다. [참고문헌]『祖堂集』권14(대장경보편25, p.566b11). ⇨ 석공진록 石鞏趂鹿, 석공가전 石鞏架箭, 석공착득허공 石鞏捉得虛空

혜장목우 慧藏牧牛 석공혜장(石鞏慧藏)이 소를 놓아 기르다.『선원몽구』권하(卍속장148, p.265a13)에 "혜장목우:〈전거는『경덕전등록』권6〉무주의 석공혜장선사가 어느 날 부엌에서 일을 하고 있는데 마조가 물었다. '무엇 하느냐?' '소를 기릅니다' '어떻게 기르는가?' '한 번 풀밭에 들어갈 때마다 느닷없이 고삐 끌어 돌아나오게 합니다' '그대 제대로 소를 길들이는구나'. 慧藏牧牛〈傳燈六〉撫州石鞏惠藏禪師 一日在廚作務 馬祖曰 作什麼生 曰 牧牛 祖曰 作麼生牧 曰 一回入草去 驀鼻拽將回 祖曰 子眞牧牛也"라고 하였다. [참고문헌]『禪苑蒙求』,『景德傳燈錄』권6(대정장51, p.248b21).

혜재 慧才 998~1083. 북송(北宋)대 정토종 스님. 속성은 왕(王)씨. 자는 담원(曇遠). 영가낙청(永嘉樂淸:浙江省) 출신. 1008년 백학산 이방화상(怡芳和尙)을 은사로 출가하였다. 항상 대비주(大悲呪)를 외우던 중 모든 법문에 밝아졌다. 그 뒤 자운준식(慈雲遵式)의 문하에서 수행하였다. 또 항주(杭州) 태수 침구(沈遘)의 초청으로 법혜보각(法慧寶閣)에 20년 머무른 다음 뇌봉탑(雷峰塔) 아래 은거하며 대비주와 아미타불의 명호를 송지하였다. 1083년(원풍6) 세수 86세로 입적하였다. [참고문헌]『佛祖統紀』권12(대정장49, p.215b24),『釋氏稽古略』권4(대정장49, p.873c17).

혜재 慧財 **1** Ⓢ prajñā-dhana, Ⓟ paññā-dhana, Ⓣ shes-rab-kyi-mor. 지혜로운 자산. 사성제를 여실히 아는 것 등이다. 칠재(七財) 중 하나다.『대승보살장정법경』권20(대정장11, p.830b23)에 "어떤 것을 아사리의 재보라고 하는가? 즉 신이라는 재 … 혜라는 재 … 남부끄러움의 재이니, 이와 같은 일곱 가지 법을 아사리의 재보라고 한다. 何者名爲阿闍梨財 所謂信財 … 慧財 … 愧財 如是七法 名阿闍梨財",『집이문족론』권16(대정장26, p.436b10)에 "〈문〉무엇이 혜재인가? [답] 부처님께서 말씀하신 것과 같다. '비구들이여, 마땅히 알라. 거룩한 제자가 능히 여실히 안다. 「이것이 고라는 성스런 진실이고, 이것이 고가 모이는 진실이며, 이것이 고를 사라지게 하는 진실이고, 이것이 고를 사라지게 하는 길의 진실이다」라고. 이것의 이름이 혜재다'. 云何慧財 答 如世尊說 苾芻當知 有聖弟子 能如實知 此是苦聖諦 此是苦集聖諦 此是苦滅聖諦 此是趣苦滅道聖諦 是名慧財"라고 하였다. [참고문헌]『大乘菩薩藏正法經』,『集異門足論』,『長阿含經』권9(대정장1, p.54b16), *DN. 3.251.*, *Mvyut. 78.* ⇨ 칠재 七財 **2** 보살 명호. 세자재왕불(世自在王佛)의 자마세계(紫磨世界)에 머무는 보살이다.『대승비분다리경』권6(대정장3, p.273c1)에 "북쪽으로 이 불국토에서 구십억나유타백천의 불국토를 지나면 자마라는 세계가 있으니, 그곳 부처님 명호는 세자재왕여래응공정변지불세존이시다. … 그 무리중 부동처와 혜재라는 두 보살마하살이 있다. 北方去此佛土 過九十億那由他百千佛刹 有世界名紫磨 其佛號世自在王如來 應供 正遍知 乃至佛世尊… 衆中有二菩薩摩訶薩 衆中 有二菩薩摩訶薩 一名 不動處 二名 慧財"라고 하였다. [참고문헌]『大乘悲分陀利經』. ⇨ 세자재왕불 世自在王佛

혜적 慧寂 ❶ ➡ 앙산혜적 仰山慧寂 ❷ 고려 스님. 원진(圓眞)국사 승형(承逈)의 제자. 1224년 청하 보경사(寶鏡寺)에서 원진국사비를 주선해 세웠다. 〔참고문헌〕「淸河寶鏡寺圓眞國師碑文」(李智冠 『校勘譯註歷代高僧碑文』高麗篇4 p.118), 『朝鮮金石總覽』권상.

혜전 惠全 조선후기 스님. 제자 천준(天俊)이 천사재(薦師齋)를 지낼 때 사명유정(四溟惟政)이 대신 지은 「천준천사소 天俊薦師疏」(『사명당대사집』 권6 · 한불전 8, p.63a11)에 "바라오니 새로이 원적에 드신 대선사 혜전의 존령이시여! 伏願新圓寂大禪師 惠全尊靈"라 하였다. 〔참고문헌〕『四溟堂大師集』. ⇨ 천준 天俊❶

혜전 慧典 지혜 넘쳐나는 전적. 불전(佛典)을 말한다. 『불승도리천위모설법경』 권상(대정장17, p.,788b3)에 "끝이 없는 법을 베풀어 혜전을 널리 알린다. 施無極法恢弘慧典", 『광홍명집』 권19(대정장52, p.232c10)에 "공경하는 마음으로 혜전을 펼치자 깊이 감춰진 그윽한 글들이 구름 열리듯 비 뿌리듯 쏟아졌다. 敬敷慧典 密藏奧文 雲開雨散"라고 하였다. 〔참고문헌〕『佛昇忉利天爲母說法經』, 『廣弘明集』.

혜전 慧箭 지혜의 화살. 마왕과 번뇌를 부수는 것의 비유다. 『대일경소』 권1(대정장39, p.584c25)에 "부처님께서는 인욕과 정진을 갑옷으로 삼고 지계의 말에 올라타서 정의 활로 지혜의 화살을 쏘아 밖으로 마왕의 군대를 부수고 안으로 번뇌의 적을 섬멸하셨다. 佛以忍進鎧甲 乘持戒之馬 定弓慧箭 外破魔王軍 內滅煩惱賊"라고 하였다. 〔참고문헌〕『大日經疏』.

혜정 惠正 조선전기 스님. 역모에 연루되어 유배당했다. 『태종실록』 권11 6년(1406) 6월 19일에 "스님 설연, 혜정, 윤제 등에게 장을 쳐서 유배시켰다. 처음 하윤이 주장하여 절의 수를 한정하고 전민을 감하도록 논의하였다. … (설연 등이) 아울러 비방하였다. … (설연의) 제자 혜정이 무리에게 말하기를 '내가 간직한 참서로 보건데 승왕이 나라를 세워 태평하게 될 것이다'라고 하였다. … 혜정은 참형에 해당되나 명하여 한 등을 감하고 장 1백 대를 때려서 경상도 기장현에 유배시켰다. 杖流僧雪然 惠正 允濟等 初 河崙主議限寺額減田民 … 亦共訕之 … 弟子惠正者謂其徒曰 以予所藏讖書觀之 僧王立 國乃太平 … 惠正當斬 命減一等 杖一百 配慶尙道機張縣"라고 하였다. 〔참고문헌〕『太宗實錄』.

혜정 慧淨 ❶ 578~645. 당대 스님. 속성은 방(房)씨. 상산(常山 : 河北省) 진정(眞定 : 正定府) 출신. 14세에 출가하여 『대지도론 大智度論』과 여러 경전들을 익혔으며, 얼마 후 지념(志念)에게 『잡아비담심론 雜阿毗曇心論』과 『대비바사론 大毘婆沙論』 등을 배웠다. 경론에 두루 통달하였고 변재가 뛰어났으며 시문에도 능하였고, 수 개황년간(581~600)에 장안에서 강의로 유명해졌다. 628년(정관2)에 역경에 참여하여 『대장엄론 大莊嚴論』의 필수(筆受)를 담당하였으며 『대장엄론문소 大莊嚴論文疏』 30권을 찬술하여 명성을 크게 떨쳤으며 방현령(房玄齡) 등으로부터 동방보살(東方菩薩)이란 칭송도 받았다. 636년(정관10) 경사(京師) 기국사(紀國寺)에서 강석(講席)을 열자 왕공(王公)과 사대부들이 구름처럼 모여들었으며, 639년(정관13)에는 태종(太宗)이 신료들과 삼교(三敎)의 학사들을 홍문전(弘文殿)에 불러 모아 『법화경』의 강의를 청하였는데 이때 도사(道士) 채황(蔡晃)과 논쟁하여 걸림 없는 변재를 펼쳐 그의 예봉을 꺾기도 하였다. 후에 보광사(普光寺) 주지를 지냈으며, 68세가 되던 645년(정관19)에 현장이 서역에서 돌아와 역경 사업을 하자 이에 참여하라는 칙명이 내려졌지만 병으로 인해 사양하였으며 이 해에 입적하였다. 저서로 현존하는 『금강반야경주소 金剛般若經注疏』 3권 · 『아미타경의술 阿彌陀經義述』 1권 · 『반야바라밀다심경소 般若波羅蜜多心經疏』 1권을 비롯하여 『잡심론소 雜心論疏』 30권 · 『구사론소 俱舍論疏』 30권 · 『대장엄론문소 大莊嚴論文疏』 30권 · 『법화경찬술 法華經贊述』 10권 · 『승만출요찬 勝鬘出要贊』 1권 · 『우란분경소 盂蘭盆經疏』 1권 · 『미륵성불경소 彌勒成佛經疏』 1권 · 『시영화 詩英華』 등이 있다. 〔참고문헌〕『佛祖統紀』 권39(대정장49, p.364c27), 『唐高僧傳』 권3 「釋慧淨傳」(대정장50, p.441c28). ❷ 1933~2011. 속리산 법주사 스님. 휘(諱)는 혜정(慧淨), 호는 원파(圓坡), 속성은 김씨이다. 1933년 전라북도 정읍에서 태어났다. 고등학생시절 공주 마곡사로 수학여행을 갔을 때, 대웅전 주련(柱聯) 중 "날 때는 어디서 왔고, 죽어서는 어느 곳 향해 가는가. 生從何處來 死向何處去"라는 구절을 본 이후로 깊이 삶에 대한 의문을 품고 있다가, 마침내 예산 수덕사로 찾아가 태전금오(太田金烏)스님을 은사로 남훈스님을 계사로 하여 스님이 되었다. 이후 은사스님을 시봉하다가 1955년 서울 수송동 조계사에서 동산(東山)스님을 계사로 보살계와 비구계를 받았다. 1957년 여름 결제부터 경주 불국사 선원에서 수선안거를 시작으로 법주사 · 해인사 · 봉암사 · 영암 월출산 견성암 등 선원에서 23안거를 성만하였다. 법주사 강원에서 대교과를 마친 후에도 경전과 어록읽기를 좋아하였는데, 어느 날 금오스님께서 글 읽기를 좋아하면 중노릇하기 힘들다고 말씀하신 것을 듣고는 참선정진에 더욱 매진하였다. 1960년 조계종 중앙종회의원에 당선, 1972년 조계종 종립대학교인 동국학원 감사에 피선되었다. 1976년 속리산 법주사 주지에 취임하였다. 1977년 제14

대 조계종 총무원장에 취임하였고, 1992년 조계종 단일계단위원을 역임했으며, 같은 해 법주사 회주가 되었고, 또한 조계종 법계위원장에 추대되었다. 2004년 5월 조계종 대종사법계를 품수 받았다. 2011년 2월 22일(음력 1월 24일)에 "사대와 육식은 본래 공하여, 육근육진의 희롱극일 뿐, 천 번 기쁘고 만 번 즐겁다 해도 일장춘몽일 뿐이다. 크게 쉬어 돌아보니 본래 자리인 것을! 四大六識本來空 六根六塵戱弄劇, 千喜萬樂一春夢 大休觀處見性具"이라는 임종게를 남기고 법랍 58하, 세수 79세를 일기로 입적하였다.

혜정 慧靜 동진(東晉)대 스님. 속성은 왕(王)씨. 동아(東阿 : 山東省) 출신. 어린 시절 이・락(伊洛)에서 유학하였고, 만년에는 서・연(徐兗)을 돌아다녔다. 용모가 매우 검었으나 견식은 맑고 깊었던 까닭에 혜정으로 이름이 같았던 낙하(洛下)의 사문 도경(道經)과 명성이 널리 퍼졌다. 『양고승전』 권7(대정장50, p.369b7)에 "당시 사람들이 '낙하(의 혜정)는 큰 귀를 지녔고, 동아(의 혜정)는 먹물처럼 검다'라고 말했다. 時人語曰 洛下大長耳 東阿黑如墨"라고 하였다. 『법화경』・『소품반야경』 등을 즐겨 독송했다. 저서에 『열반약기 涅槃略記』・『대품지귀 大品旨歸』・『달명론 達命論』・『제법사뇌 諸法師誄』 등이 있고, 『유마경』과 『사익경』에 대한 주석서가 있지만 북토에만 유전되었다. 원가년간(424~453)에 세수 60여 세로 입적하였다. [참고문헌] 『梁高僧傳』, 『新修科分六學僧傳』 권21(卍속장133, p.799b9), 『釋氏六帖』 권10(대장경보편13, p.185a2).

혜정이법 慧定二法 혜(慧 Ⓢ prajñā)와 정(定 Ⓢ samādhi) 두 법. 『유가사지론』 권84(대정장30, p.768c6)에 "관찰한다라 함은 혜를 설한 것이고, 심려한다라 함은 삼마지를 설한 것이다. 이 그대로 관찰한다라 함은 두 법이 전도 없이 구름을 설한 것이다. 言觀察者 此說於慧 言審慮者 說三摩地 如理觀察者 此說二法 無顚倒轉", 『유가론기』 권22(대정장42, p.815c15)에 "'이 그대로 관찰한다라 함은 두 법을 설함에 전도 없이 구름이다'라고 말한 뜻은 혜와 정 두 법을 잘못됨 없이 구른다는 것이다. 그러므로 '이 그대로'라고 말하였다. 言如理觀察者 此說二法 無顚倒轉者 慧定二法 無倒而轉 故云如理"라고 하였다. [참고문헌] 『瑜伽師地論』, 『瑜伽論記』. ⇨ 혜 慧, 정 定❶, 정혜 定慧❶

혜제사 慧濟寺 중국 절강성(浙江省) 정해보타산(定海普陀山) 불정산(佛頂山)에 있는 절. 불정산사(佛頂山寺)라고도 한다. 명대 창건될 당시에는 혜제암(慧濟庵)이라 하였다. 1793년(건륭58) 원통전(圓通殿)・옥황전(玉皇殿) 등의 전각과 대비루(大悲樓) 등의 누각을 지으면서 암자에서 절로 커졌다. 1907년(광서33) 대장경을 갖추게 되었고, 같은 해에 문정화상(文正和尙) 더욱 확장하여 거찰로 변모하였다. 보제사(普濟寺)・법우사(法雨寺)와 함께 보타산삼대사(普陀山三大寺)라 한다. 사전(四殿)・칠궁(七宮)・육루(六樓)를 갖추었다.

혜조 慧祚 남송후기 조동종 스님. 호는 명극(明極). 정자사(淨慈寺) 자득혜휘(自得慧暉)의 법을 이었다. 상주(嘗州) 화장사(華藏寺)에 주석하였다. [참고문헌] 『五燈會元續略』 권1(卍속장138, p.851a8), 『五燈全書』 권30(卍속장140, p.722a18).

혜조 慧造 구한말 스님. 호는 상허(相虛). 용성진종(龍城震鐘)의 사미계사(沙彌戒師). 서울 화계사(華溪寺)에 오랫동안 주석하였으며, 해인사 담화보정(曇華普淨)의 간청으로 해인사 중흥불사에 동참하였고, 1885년(고종22) 해인사법보전삼존불상을 개금할 때 추담정행(秋淡井幸)・담화보정과 함께 증명(證明)을 맡았다. 해인사성보박물관에 전하는 진영의 영제(影題)는 '선교양종상허당혜조지진 禪敎兩宗相虛堂慧造之眞'이다. [참고문헌] 李智冠 『伽倻山海印寺誌』 p.100・776, 『海印叢林 : 歷對高僧眞影』(해인사성보박물관 2012).

혜조 慧照 고려전기 스님. 예종(睿宗 재위 1105~1122) 때 왕명으로 유학을 위해 송(宋)에 가서 정인도진(淨因道臻)스님을 친견하고 그의 법을 받았고, 도화조조(道和祖照)・천청덕장(天淸德璋)・원통법수(圓通法秀) 등 스님과 대론한 다음, 1086년(선종3)에 『백장청규 百丈淸規』・청량(淸涼)의 『화엄경의소 華嚴經義疏』와 전장법식(轉藏法式) 및 대장경 3부를 모시고 귀국하였다. 『삼국유사』 권4(대정장49, p.994b18・한불전6, p.327a16) 탑상(塔像)4 전후소장사리(前後所將舍利)에 "천성 3년(928) 무자에 묵화상이 당에 들어가 또한 대장경을 실어 왔다. 본조 예종 때 혜조국사가 조칙을 받들고 서쪽으로 유학가서 요본 대장 3부를 사왔는데, 한 본은 지금 정혜사에 있다〈해인사에 한 본이 있고, 허참정댁에 한 본이 있다〉. 天成三年戊子 默和尙入唐 亦載大藏經來 本朝睿廟時 慧照國師奉詔西學 市遼本大藏三部而來 一本今在定惠寺〈海印寺有一本 許參政宅有一本〉"라고 하였다. [참고문헌] 『三國遺事』, 『通度寺誌』(亞細亞文化社, 1979) p.135, 『伽山學報』3 p.295.

혜조 慧稠 ❶ 종밀(宗密 780~840)의 『도서』에 언급된 초기 선종(禪宗) 스님. 습선(習禪)에 몰두하였다. 『도서』 권하2(대정장48, p.412d13)에 "육대(慧能) 이후로는 대부분 하나의 진실만을 기술하였으나, 달마대사는 오히려 사행을 가르쳐, 손자를 앞에 두고 할아버지를 끝에 두는 일은 없었다. 여러 날에 이 일을 사유하고 달마종 가지쳐 밖에서 머리 삼고, 또한 저 여러 무리들 가르치는 선과 기술한 이가 대대로 스승 삼아 모든 곳에 통하는 상도일 수는 없었다. 六代之後 多述一眞 達摩大師 却敎四行 不可 孫爲部首 祖爲末篇 數日之中 思惟此事 欲將達摩宗枝之外爲首 又以彼諸家 所敎之禪 所述之理 非代代可師 通方之常道", "때로는 저 수련한 공덕으로 증해 얻고서 곧바로 사람에게 보이고〈구나·혜조·와륜 등 무리다〉, 어떤 이들은 성스러운 가르침을 듣거나 읽고서 알음알이 내서 무리를 거두었다〈혜문선사류다〉. 或因以彼修鍊 功至證得 卽以之示人〈求那 慧稠 臥輪之類〉 或因聽讀聖敎生解 卽以之攝衆〈慧聞禪師之類〉"라고 하였다. 이 혜조를 천태지의(天台智顗)의 문인 남악혜조(南岳慧稠)로 보기도 한다. 〔참고문헌〕『都序』. ❷ 천태지의(天台智顗)의 문인(門人). 법호는 남악(南岳). 『법화전기』 권3(대정장51, p.61c22)에 "석혜조는 의선사의 문인이다. 60권본 『화엄경』과 『법화경』을 만 번 송함에 산신을 감동시켜 향화를 뿌리게 하였다. 釋慧稠 是顗禪師門人 誦華嚴經六十卷 誦法華經萬遍 感山神爲添香散華矣", 『불조통기』 권9(대정장49, p.199b18)에 "선사 혜조는 지자에게 참학하여 삼관을 익혔다. 그 후 남악에서 머무르며 『법화경』과 『화엄경』 암송하는 것을 일과로 삼았다. 밖의 사람들이 일찍이 천신들이 좌우 날개를 펴고 호위하는 것을 본 적이 있다. 禪師慧稠 參智者學三觀 後居南岳 背誦法華華嚴 日爲常課 外人嘗見天神翼衛左右"라고 하였다. 〔참고문헌〕『法華傳記』, 『佛祖統紀』.

혜조대사 慧照大師 임제종 개조 임제의현(臨濟義玄 ?~867)의 시호. '혜조선사 慧照禪師'라고 부르기도 한다. 『경덕전등록』 권12 「임제의현전 臨濟義玄傳」(대정장51, p.291a16)에 "임제는 당 함통 7년(866) 병술 4월 10일 적멸을 앞두고 전법게를 설했다. '흐름 따라 그치지 못하니 어떠한가 묻는다면, 참된 비춤에는 가이 없다고 말해주리. 모습도 이름도 떠났기에 품받지 못하리. 취모 써 마쳤으면 급히 갈아야만 하리'. 설해 마치고 앉은 채로 가셨다. '혜조대사'라 시호하였고, 탑호는 '징령'이다. 師唐咸通七年 丙戌四月十日 將示滅 乃說傳法偈曰 沿流不止問如何 眞照無邊說似他 離相離名如不稟 吹毛用了急須磨 偈畢坐逝 勅諡慧照大師 塔曰澄靈", 『임제록』(대정장47, p.506c20)에 "스님은 질환이 없으셨는데, 어느 날 홀연히 가사 수하시고 걸터앉으시더니 삼성혜연(三聖慧然)과 문답을 마치시고는 고요한 채로 가셨다. 그때가 당 함통 8년(867) 정해년 정월 10일이었다. 문인들이 스님의 전신을 모실 탑을 세웠는데 대명부 서북 기슭이었다. 칙령으로 '혜조선사'라는 시호가 내려졌고 탑호는 '징령'이다. 師無疾 忽一日攝衣據坐 與三聖問答畢 寂然而逝 時唐咸通 八年丁亥 孟陬月十日也 門人以師全身建塔 于大名府西北隅 勅諡慧照禪師 塔號澄靈"라고 하였다. 〔참고문헌〕『景德傳燈錄』, 『臨濟錄』, 『宋高僧傳』 권12(대정장50, p.779b3). ⇨ 의현 義玄❶

혜조선사어록 慧照禪師語錄 『임제록 臨濟錄』을 달리 일컫는 이름. 『중화대장경총목록』 권4(대장경보편35, p.613a10)에 "『임제의현선사어록』 2권. 제자인 삼성혜연(三聖慧然) 모음. 또는 『혜조선사어록』이라고도 한다. 갑24투에 목록이 남아 있다. 고존숙어록의 제4·제5 및 사가어록 제6 및 오가어록 제1에 보인다. 남악회양(南嶽懷讓)의 제4세손으로 황벽희운(黃檗希運)의 법을 이었다. 臨濟義玄禪師語錄 二卷 小師慧然集 又云 慧照禪師語錄 甲二四套存目 見古尊宿語錄四五 及四家語錄六 五家語錄一 南嶽下第四世 嗣黃檗運"라고 하였다. 〔참고문헌〕『中華大藏經總目錄』. ⇨ 임제록 臨濟錄

혜족 慧足 지혜로워 모자람이 없음. 이족(二足 : 福德과 智慧) 또는 삼족(三足 : 三學) 중 하나다. 족(足)은 보통 다리를 일컫는데, '족'의 범어 삼판나(saṃpanna)는 가득차 모자람이 없는 뜻이다. 40권본 『대반열반경』 권18(대정장12, p.468b27)에 "무엇이 명행족(明行足 Ⓢ vidyā-caraṇa-saṃpanna)인가? 명(明 Ⓢ vidyā)이란 한량없는 선한 과 얻음을 말하며, 행(行 Ⓢ caraṇa)이란 각족(脚足 : 발)을 일컫는다. 선과란 아누다라삼막삼보리를 말하고, '각족'이란 계혜를 일컫는다. 계에 오르고 혜를 채워 아누다라삼막삼보리를 얻기에 명행족이라고 하는 것이다. 云何明行足 明者 名得無量善果 行名脚足 善果者 名阿耨多羅三藐三菩提 脚足者 名爲戒慧 乘戒慧足 得阿耨多羅三藐三菩提 是故 名爲明行足也", 『능엄경정해평림』 권2(卍속장90, p.410a4)에 "〈경〉 넷째 제가 부처님의 마음을 얻고, 구경을 증했고 ~ 대열반을 구해 대열반을 얻었다. 〈해〉 … 온릉은 말한다. 불심을 증득하는 것이 혜족이고, 진귀한 보배를 공양하는 것이 복족이다. 복혜 둘 다 모자람이 없다. 그러므로 축생과 중생들이 구하고 바라는 대로 얻게 한다. 四者 我得佛心 證於究竟 〈至〉 求大涅槃 得大涅槃 … 溫陵曰 得佛心證 慧足也 珍寶供養 福足也 福慧兩足 故傍及衆生使彼所求如願也", 『대승본생심지관경천주』 권3(卍속장34, p.218a7)에 "양족존이란, '족'은 차올라 모자람 없음이니, 곧 복족과 혜족이다. 복이 족하므로 성인과 범부를 공양하고, 혜 족하므로 많은 중생을 교화하여 이롭게 한다. 兩足尊者 足謂滿足 卽福足慧足 福足則聖凡供養 慧足則化利群生"라고 하였다. 〔참고문헌〕『大般涅槃經』, 『楞嚴經精解評林』, 『大乘本生心地觀經淺註』, 『楞嚴經』 권6(대정장19, p.129c20). ⇨ 이족 二足❷, 양족존 兩足尊, 삼학 三學❶, 복족 福足

혜주 慧舟 **1** 지혜로운 배. 『제법집요경』 권4(대정장17, p.478a27)에 "갈망의 강은 세 줄기로 흘러 방일한 물 차고 넘치네. 마땅히 지혜로운 배에 올라야 하니 피안으로 능히 건너갈 수 있으리. 愛河有三派 放逸水彌滿 當乘於慧舟 能渡於彼岸", 『종경록』 권43(대정장48, p.667b23)에 "생사의 바다 깊어서 지혜의 배가 아니고서는 건널 수 없고, 번뇌의 그물 촘촘하여 지혜의 칼이 아니고서는 떨쳐낼 수 없다. 生死海深 匪慧舟而不渡 塵勞網密 非智刃而莫揮"라고 하였다. 〔참고문헌〕『諸法集要經』, 『宗鏡錄』. **2** 송(宋)대 천태종 스님. 법호는 천태(天台). 절강(浙江) 영파(寧波) 단구(丹丘) 출신. 사명지례(四明知禮 960~1028)의 법을 이었다. 양친을 잃고 출가하여 사명에게 투신하였다. 사삼매(四三昧)를 근행하며 동학들과는 대비행법(大悲行法)과 보현행법(普賢行法)을 행하여 크게 얻은 바가 있었다. 처음의 발원에 따라 분구공양(焚軀供養)하고자 하여, 사명의 고명한 제자 신조본여(神照本如 981~1051)를 찾아가 증명을 받았다. 사부대중이 모인 중에, 장작더미 위에 단정히 앉아 흐트러짐 없이 화광삼매(火光三昧)를 발하며 입적하였다. 당시 세수 34, 법랍 13세였다. 맑고 빛나는 사리가 나와 지니는 이마다 원을 성취하였다. 〔참고문헌〕『佛祖統紀』 권12(대정장49, p.216b4), 『釋門正統』 권6(卍속장130, p.851b9). ⇨지례 知禮, 본여 本如[2] **3** 송대 스님. 절강(浙江) 천태(天台) 출신. 서호(西湖)의 장경사(長慶寺)에서 주석하였다. 시화(詩畫)에 뛰어났다. 예컨대 대나무를 그리면 잎사귀나 가지 하나에도 중복이나 군더더기가 없었다. 〔참고문헌〕『佛教繪畫史料』(대장경보편18, p.205a12).

혜준 慧濬 392~464. 중국 남북조대 송(宋)에서 활동했던 비구니. 속성은 진(陳)씨. 산음(山陰) 출신. 저거경성(沮渠京聲)에게 『선경 禪經』을 역출하도록 하고 단월이 되었다. 『비구니전』 권2 「죽원사혜준니전 竹園寺慧濬尼傳」에 의하면, 출가 전부터 예불하고 육식 하지 않았으며 18세에 출가했다. 내외경전을 보는 대로 외웠고 선관(禪觀)에도 깊이 들었다. 송의 강하왕(江夏王) 의공(義恭)에게 추앙받아 옷과 약을 항상 시주받았고 보시받은 재물은 모두 절을 위해 썼으니 죽원사(竹園寺)가 세워진 것도 혜준의 공이었다. 464년에 72세로 입적하여 부산(傅山)에 묻혔다. 『고승전』 권2 담무참(曇無讖) 부전(附傳) 저거안양후(沮渠安陽侯)에 의하면, 안양후 저거경성에게 『선경』을 번역하도록 요청하였다고 하고 『출삼장기집』 권9와 권14에서는 455년에 혜준이 안양후에게 『선요비밀치병경 禪要秘密治病經』을 역출하게 하고 단월이 되었다고 한다. 〔참고문헌〕『高僧傳』, 『比丘尼傳』, 『出三藏記集』.

혜중 惠衆 백제 제27대 위덕왕(재위 554~598) 때 스님으로 불교를 일본에 전하려는 원력을 품고 588년(위덕왕35)에 영조(聆照)·영위(令威)·혜숙(惠宿)·영개(令開)·도엄(道嚴)스님 등과 함께 일본으로 건너가 일본 초기불교의 기틀을 다지는데 크게 기여하였다. 〔참고문헌〕『日本書紀』. ⇨영조 聆照, 혜숙 惠宿[2]

혜즙 惠楫 1791~1858. 조선후기 해남 대흥사(大興寺) 스님. 휘는 혜즙(惠楫), 호는 철선(鐵船), 속성은 김씨, 본관은 영암(靈巖). 아버지의 휘는 응손(應孫), 어머니는 윤(尹)씨 부인이니, 한 노인이 붓(筆)을 전해주는 태몽을 꾼 다음, 1791년(정조15) 영암에서 태어났다. 1795년(정조19) 5세 때 아버지가 죽었고, 1804년(순조4) 13세 때 해남 대흥사로 찾아가 성일(性一)스님을 은사로 스님이 되었다. 1809년(순조9) 19세 때 완호윤우(玩虎倫佑)로부터 『치문경훈 緇門警訓』을 배웠으며, 연암(蓮庵 : 『大芚寺志』에서는 煙波로 되다)에게서 사집(四集)을 배웠고, 1810년(순조10)에는 은사스님 따라 기어(騎魚)스님을 찾아가 그로부터 『능엄경 楞嚴經』·『기신론 起信論』 등 사교(四教)를 배웠으며, 1812년(순조12)부터는 대운화상(大雲和尙) 회하에서 『화엄경』 삼현(三賢)을, 철경응언(掣鯨應彦)에게서 『화엄경』 십지품(十地品)을 각각 수학하였다. 수룡색성(袖龍賾性 : 『동사열전』에 賾性이나 뜻으로 보아 頣性인 듯)의 법을 이어받고 제자가 된 후 여러 곳에서 강석(講席)을 베풀고 20여 년간 후학을 지도하다가 1841년(헌종7) 학인을 해산하였으니, 조용한 독실에서 묘월륜총지문(妙月輪摠持門)과 『유마경 維摩經』 불이품(不二品)을 불철주야로 독송하여 무생법인(無生法忍)을 깨우쳤다. 1858년(철종9) 제자들에게 당부하기를, 한국불교가 쇠퇴할 대로 쇠퇴하여 스님들은 정견(正見)은 없으면서 돈과 곡식을 전해주고 받는 것으로 법사이니 제자이니 하는 현실이지만, 오직 수룡(袖龍) 일종(一宗)만은 영축(鷲嶺)의 유풍을 잃지 않고 심법(心法)으로써 전해가도록 하라 하고, 내가 죽은 후 사리를 찾지 말 것이며 49재도 지내지 말라고 당부하고는 조용히 입적하시니, 세수 68, 법랍 55세였다. 스님은 문장 뿐 아니라 글씨 또한 뛰어났다. 다산 정약용(茶山丁若鏞)은 스님의 필력이 조려(藻麗)하여 소순의 기백(채소와 죽순만 먹는 기분이란 뜻이니 곧 스님의 청아하고 고상한 기운이라는 뜻)이라고 칭송하였다. 법맥으로는 청허휴정의 9세이고, 연파혜장(蓮坡惠藏)의 손자(孫子)인 셈이다. 수법제자는 7명이고 수계제자는 32명이다. 남병철(南秉哲)이 비문을 지어 1876년(고종13)에 세운 비가 해남 대흥사에 있다. 저서로는 『철선소초 鐵船小艸』 1권(한불전10, pp.885c2~893a14)이 전한다. 〔참고문헌〕『大芚寺志』(亞細亞文化社, 1980) pp.308~311, 『

東師列傳』 권4 「鐵船講師傳」(한불전10, p.1039c1), 智冠『韓國高僧碑文總集 朝鮮朝·近現代』 pp.700~701. ⇨ 철선당혜즙대사비 鐵船堂惠楫大師碑, 철선소초 鐵船小艸

혜지 惠至 고구려 마지막 왕인 제28대 보장왕(재위 642~668) 대를 전후하여 활동하였던 스님. 일찍부터 전법유통(傳法流通)을 최고의 불사로 여겼기에 고구려의 불교를 일본에 전하고자 645년(고구려 보장왕4)에 일본으로 건너가 효덕(孝德)천왕의 귀의를 받아 복량(福亮)·상안(常安)·영운(靈雲)·혜린(惠隣)·혜운(惠雲)·승민(僧旻)·도등(道登)·혜묘(惠妙)·사주(寺主) 등 십대법사(十大法師)로 존숭받았으며, 당시 일본불교를 지도하고 조기(肇基)를 다진 공로를 지대하게 여겼다. [참고문헌] 『日本書紀』. ⇨ 도등 道登❶, 복량 福亮, 상안 常安, 승민 僧旻❷, 영운 靈雲❶, 혜린 惠隣, 혜운 惠雲❶, 혜묘 惠妙

혜지 慧地 ❶ 지혜로운 땅. 『십주단결경』에서 시설한 보살십지(菩薩十地) 중 하나로 제9지에 해당한다. 『십주단결결』 권3(대정장10, p.989c12)에 "보살은 나아가며 제십지법을 닦으니, 성지·제지·무공구지다. 다시 또 이름을 일컫자면 여래지·도지·정지·무소외지·관지·혜지·자연성지다. 보살이 이 십지법에 이르면 문득 보살이라 부를 일 없게 되니 마땅히 '여래'라고 해야 한다. 菩薩進修第十地法 誠地諦地 無恐懼地 亦復名曰 如來之地 道地定地 無所畏地 觀地慧地 自然性地 菩薩逮此十地之法 便無菩薩號字之稱 當名如來"라고 하였다. [참고문헌] 『十住斷結經』. ❷ 양(梁)대 문인 유협(劉勰 465~521)의 사명(賜名). 『불조통기』 권37(대정장49, p.351a27)에 "통사사인 유협〈'협'이라고 발음한다〉은 글 아름다워 태자 소명(昭明)의 존중을 받았다. 대부분의 사탑비갈은 모두 그가 지은 것이다〈석성·석상의 비가 현존한다〉. 이 무렵 출가하길 드러내 구했으니 이름 받기를 '혜지'라 하였다. 通事舍人劉勰〈音協〉 雅爲太子所重 凡寺塔碑碣 皆其所述〈石城石像碑見存〉 是年表求出家 賜名慧地"라고 하였다. [참고문헌] 『佛祖統紀』, 『佛法金湯編』 권4(卍속장148, p.870b4). ⇨ 유협 劉勰

혜지 慧持 337~412. 동진(東晉)대 의학사문(義學沙門). 연사십팔현(蓮社十八賢) 중 한 분. 여산혜원(廬山慧遠)의 동생. 속성은 가(賈)씨. 안문(雁門 : 山西 忻州) 누번(樓煩 : 神池) 출신. 어려서부터 총명하여 경사(經史)에 능통하였다. 18세에 형과 함께 도안(道安)에게 출가하여 삼장을 두루 익히며 자유자재로 해석할 수 있는 역량을 갖추었다. 혜원이 도안의 권유로 여산으로 들어갈 때 함께하였고, 얼마 후 세속의 고모인 비구니 도의(道儀)와 함께 경사 건강(建康 : 江蘇 南京)으로 가서 동안사(東安寺)에서 머물렀다. 이때 낭야왕(瑯琊王) 사마순(司馬珣)의 부탁을 받고, 승가라차(僧伽羅叉)와 승가제바(僧伽提婆)의 『중아함경 中阿含經』·『증일아함경 增壹阿含經』을 역경불사에 참역(參譯)·간정(刊定)·윤문(潤文) 등의 소임을 맡았다. 불사를 마치고 다시 여산으로 돌아간 후 예장(豫章) 태수 범영(范寧)의 초청으로 『법화경』과 『아비담론』을 강론하였다. 399년(융안3)에는 혜원의 만류에도 여산을 떠나 아미산(峨眉山)으로 향하였다. 가는 도중 형주(荊州)에서 환현(桓玄)의 환대와 머물러 달라는 간청도 받았으나, 고사하고 다시 촉으로 떠났다. 용연사(龍淵寺)에서 여정을 마치고 정락(井絡 : 四川) 일대에서 불법을 크게 넓히었다. 박학다식하며 품행이 청고(淸高)하여 늘 따르는 무리가 천 명에 이르렀으며, 그중 입실제자는 세간에서 '등용문 登龍門'이라는 이름으로 불렀다. 412년(의희8) 임종을 앞두고 제자들에게, "경에 이르길 계는 평지와 같아 온갖 선이 이로 말미암아 일어나니, 그대들은 행주좌와로 행해서 마땅히 삼가야 하리. 經言 戒如平地 衆善由生 汝行住坐臥 宜其謹哉(대정장50, p.362a7)"라는 유명(遺命)을 남기고 세수 76세로 입적하였다. 동간경적(東間經籍)은 도홍(道泓), 서간법전(西間法典)은 담란(曇蘭)에게 각각 부촉하였다. [참고문헌] 『梁高僧傳』 권6(대정장50, p.361b14), 『釋氏要覽』 권3(대정장54, p.295b5), 『開元釋敎錄』 권3(대정장55, p.505b3). ⇨ 도안 道安❶, 혜원 慧遠❶

혜지 慧智 당대 스님. 『송고승전』 권2(대정장50, p.719b15)에 "석혜지는 그의 부친이 인도인이며 바라문종인데, 사신으로 중국에 와서 혜지를 낳았다. 어려서부터 부지런하였으며, 세속을 벗어나려는 뜻이 있었다. 천황의 시대에 나이 많은 바라문승을 좇아 칙명으로 득도하여 제자가 되었다. 본래 인도인이니 인도의 글과 말을 잘 알았으며, 당나라에서 태어났으므로 다시 이 나라의 언어를 익혀서 삼장 지바하라·제운야나·보사유 등이 한역하는 경우에는 모두 혜지를 불러 증의로 삼고, 아울러 통역하게 하였다. 釋慧智 其父印度人 婆羅門種 因使遊此方 而生於智 少而精勤 有出俗之志 天皇時 從長年婆羅門僧 奉勅度爲弟子 本旣梵人 善閑天竺書語 生于唐國 復練此土言音 三藏地婆訶羅 提雲若那 寶思惟等 所有翻譯 皆召智爲證 兼令度語"라고 하였다. 측천무후(則天武后) 때인 693년(장수2) 동도(東都) 불수기사(佛授記寺)에서 『찬관세음보살송 讚觀世音菩薩頌』 1권을 한역하였다. [참고문헌] 『宋高僧傳』, 『新修科分六學僧傳』 권2(卍속장133, p.458b16).

혜진 惠珍 송(宋) 자은종(慈恩宗) 스님. 『고려사』 권10 세가(世家)10 1095년(헌종1) 2월 25일에 "왕이 근

신 문익에게 명하여 수게와 일산을 갖추어 혜진을 맞이하고 보제사에 거처하도록 하였다. 혜진이 항상 말하기를 '보타낙산에 있는 성굴을 보기 위하여 왔으니 청하건데 가서 보도록 해주소서'라고 하였으나 조정에서 의논하여 끝내 불허하였다. 王命近臣文翼 備軒盖迎珍 置于普濟寺 珍常曰 爲欲見普陁落山聖窟而來 請往觀之 朝議竟不許"라고 하였고, 이후 1096년(숙종1) 9월 19일에 "왕이 선정전에 나아가 송 승 혜진을 접견하고 한림원에서 음식을 공양하였다. 御宣政殿 引見宋僧惠珍 賜食於翰林院", 9월 20일에는 "송 승 성총과 혜진을 각각 명오삼중대사로 임명하였다. 以宋僧省聰 惠珍各爲明悟三重大師"라고 하였다. [참고문헌]『高麗史』.

혜진 惠眞 무학자초(無學自超 1327~1405)의 제자인 졸재(拙齋)의 휘(諱)이다. 스님은 졸재라는 호 외에 회월헌(淮月軒)이라는 호도 있다. ⇨졸재 拙齋

혜진 慧眞 673~751. 당대 스님. 남산율종(南山律宗) 도선(道宣)의 법을 이은 홍경(弘景)의 제자. 형주(荊州 : 湖北省) 옥천사(玉泉寺)에 주석했기에 옥천혜진(玉泉慧眞)이라고도 한다. 남산율종의 법통과 천태학을 계승했지만 선종(禪宗)과도 교섭하였으며, 문하에 숭산보적(嵩山普寂)으로부터 능가심법(楞伽心法)을 전수받았다고 하는 수진(守眞)을 두었다. 751년(천보10)에 세수 79세를 일기로 입적하였다.

혜진 慧進 ❶ 401~485. 남제(南齊)대 스님. 속성은 요(姚)씨. 오홍(吳興 : 浙江省) 출신. 어려서부터 용맹하고 의협심이 강하였으며, 40세에 도에 뜻을 두어 경사(京師)에 들어와 고좌사(高座寺)로 출가하여 스님이 되었다. 소식을 하고 무늬 없는 흰 옷을 입었으며『법화경』을 독송하며 서원을 세워 100부를 만들었다. 늘 복업(福業)을 회향하였고 극락국토에 왕생하기를 서원하였는데 공중에서 서원이 다 충족되어 반드시 서방에 태어나게 되리라는 음성을 들었으며, 485년(영명3)에 세수 85세를 일기로 입적하였다. [참고문헌]『梁高僧傳』권12「釋慧進傳」(대정장50, p.407c22). ❷ 560~645. 당대 스님. 속성은 포(鮑)씨. 상당(上黨 : 安徽省 蕪湖) 출신. 일찍이 범경사(梵境寺)에 머문 적이 있었고 율장(律藏)에 뜻을 두어 폐관하고 전념하였으며, 후에 상주(相州) 홍(洪)율사에게 십수 년 동안『사분율』을 배웠다. 그 후 혜찬(惠瓚)의 업을 이어받다가 혜찬이 황제의 부름을 받고 수도로 들어가자 따라가지 않고 기산(箕山)에 은거하였다. 645년(정관19)에 세수 86세를 일기로 입적하였다. [참고문헌]『唐高僧傳』권22「釋慧進傳」(대정장50, p.618c25). ❸ 1355~1436. 명대 스님. 자는 서암(棲巖), 호는 지옹(止翁). 속성은 송(宋)씨. 곽주(霍州 : 山西省) 영석(靈石) 출신. 어려서 대운사(大雲寺) 점(漸) 공을 찾아뵙고 출가하여 스님이 되었으며, 홍무년간(1368~1398) 초에 변량(汴梁) 고봉(古峰)법사에게 화엄종지와 유식을 배웠다. 후에 강석(講席)에 오를 때마다 은밀한 이치를 쉽게 잘 해설했기에 대중이 감복하였고 법주(法主)라는 칭호도 얻게 되었다. 영락년간(1403~1424)에 성조(成祖 : 永樂帝)의 부름을 받고 남경(南京)으로 가서『능엄경』의 대의를 강설하였으니, 자의를 선물받고 칙명에 의해 천계사(天界寺)의 주지가 되었다. 후에 칙명으로『삼장법수 三藏法數』를 편찬하였고 황제를 따라 북경(北京)으로 옮겨가 해인사(海印寺)에 주석하였으며, 천하의 승중(僧衆)을 이끌고 보도대재(普度大齋)를 거행하며 삼취정계(三聚淨戒)를 설하기도 하였다. 1426년(홍희2)에는 선종(宣宗)이 비로관(毘盧冠)과 금마납(金磨衲)을 드렸으며, 1436년(정통1)에 세수 82, 승랍 73세를 일기로 입적하였다. [참고문헌]『補續高僧傳』권4「慧進傳」(卍속장134, p.93b11).

혜진 慧璡 560~645. 당대 스님. 속성은 포(鮑)씨. 노주(潞州) 상당(上黨) 출신. 어려서부터 스님이 되고자 하였으나 부모님의 만류로 뜻을 이루지 못하였는데 인효(仁孝)로 이름을 날렸다. 30세가 되어서도 몸을 깨끗이 하며 애욕을 끊고 생활함에 부모도 뜻을 꺾지 못하고 마침내 출가를 허락하였다. 이에 범경사(梵境寺)에서 출가하여 구족계를 받았으며 상주(相州)의 홍(洪)율사를 찾아가 8년 동안 강의를 들었다. 이후 각지를 다니면서 경론을 모으고 선지식을 찾아다녔으며 삭천(朔川 : 晉川) 사문 혜찬(慧瓚)을 찾아가 종사로 모셨다. 이후 혜찬이 관중(關中)으로 들어가자 홀로 기산(箕山)으로 들어가 30년 동안 머물렀는데, 그를 흠모한 도속 대중이 몰려들어 후미졌던 곳이 사람들로 붐비게 되었고 그의 문도들은 선(禪)과 율(律)에 정진하였다. 정관 19년 1월 15일 병을 얻어 산사에서 가부좌한 채 세수 86세를 일기로 입적하였다. [참고문헌]『唐高僧傳』권22「釋慧璡傳」(대정장50, p.618c25).

혜징 慧澄 고려후기 스님. 동갑인 지인상좌(志因上座)와 함께 57세 되던 해에 입적하자 나옹혜근(懶翁惠勤 1320~1376)이 하화문(下化文)을 지었다.「위이승하화 爲二僧下火」(『나옹화상어록』· 한불전6, p.727b8)에 "혜징수좌와 지인상좌 저 한 점 신령한 밝음으로 나서 적적하여 생을 따르지 않더니, 돌아갈 때 당당하여 죽음도 따르지 않으시네. … 57년 환계에 노닐다가 오늘 아침 손 놓고 문득 고향으로 돌아가셨네. 慧澄首座 志因上座 這一點靈明 生時的的不隨生 死去堂堂不隨死 … 五十七年遊幻界 今朝撒手便歸鄕"라고 하였다. [참고문헌]『

懶翁和尙語錄』.

혜차 慧次 434~490. 남북조대 성실종(成實宗) 법사. 속성은 윤(尹)씨. 기주(冀州 : 河北 衡水) 출신. 남도(南道)의 왕조 유송(劉宋)과 남제(南齊)에서 활동하였다. 어려서 지흠(志欽)을 은사로 출가하였고, 지흠의 추천으로 서주(徐州)의 법천(法遷)에게 갔다. 법천을 따라 남쪽으로 내려가 경구(京口 : 江蘇 鎭江) 죽림사(竹林寺)에서 머물렀다. 15세에 다시 서주의 팽성(彭城)으로 돌아왔다. 당시 식자(息慈 : 沙彌)의 신분이었으나, 18세에 이미 서주 인근에서 명성이 퍼졌다. 구족계를 받은 후에는 『성실론』과 삼론(三論)을 강설하였다. 대명년간(457~464)에는 수도의 사사(謝寺)에서 머물렀다. 양(梁)의 삼대법사로 불리는 지장(智藏)·승민(僧旻)·법운(法雲)이 모두 혜차에게 수업을 청하여 들었다. 문혜왕(文慧王)·문선왕(文宣王) 모두 스승으로 섬기며 사사(四事)를 공급하였다. 489년(영명7) 문선왕의 청으로 승유(僧柔) 등과 함께 보홍사(普弘寺)에서 『초성실론 抄成實論』 9권을 지었다. 이듬해 490년(영명8) 어느날 『백론』「파진품 破塵品」에 이르러 미소를 지은 채로 홀연히 천화하였다. 당시 세수 57세였다. [참고문헌] 『梁高僧傳』 권8(대정장50, p.379b23), 『開元釋敎錄』 권18(대정장55, p.679c26), 『新修科分六學僧傳』 권21(卍속장133, p.802b13). ⇨ 성실종 成實宗

혜차바다 醯遮婆多 Ⓢ Hemavat의 음사어. 네 간방을 지키는 야차 중 하나. 혜마발타(醯摩跋多)라고도 음사하고, 설산주(雪山主)라고 한역한다. 『공작왕주경』 권하(대정장19, p.452b9)에 "이 공작왕주로 항상 자기를 수호하며 백수 누리기를 기도하라. 아난이여, 네 간방(維)에 네 야차대군주 있어 네 간방을 항상 수호한다. 그 이름은 이와 같다. 반지가〈한역하여 오(五)다〉·반차라전다〈한역하여 오무외다〉·사다기리〈한역하여 칠산주다〉 혜차바다〈한역하여 설산주다〉. 以此大孔雀王呪 常守護我願壽百歲 阿難 四維有四夜叉大軍主 住四維 常守護四維 其名如是 般止柯〈梁言 五〉 般遮羅旃陀〈梁言 五可畏〉 莎多祁梨〈梁言 七山主〉 醯遮婆多〈梁言 雪山主〉"라고 하였다. [참고문헌] 『孔雀王咒經』. ⇨ 혜마발타 醯摩跋多

혜찬 慧燦 1873~1941. 구례 화엄사 스님. 휘는 혜찬(慧燦), 호는 진응(震應), 속성은 진(陳)씨, 본관은 여양(驪陽 : 충청남도 洪城)이니, 1873년(고종10)에 전라남도 구례군 광의면에서 태어났다. 어려서부터 아버지에게서 글을 배우다가 15세 때 불경을 보고 발심한 다음, 구례 화엄사로 찾아가 응암학성(應庵學性 1829~1886)스님을 은사로 하여 스님이 되었다. 수년간 스님을 모시고 있으면서 공부하다가 화엄사 강원에서 사집사교를 수학하고, 이어 선암사(仙巖寺) 강원 경운원기(擎雲元奇) 강백 밑에서 대교를 배웠다. 1896년(건양1) 24세 때 은사인 응암(應庵)의 법통을 이어 받았으니 은법(恩法)을 겸한 셈이다. 이어 구례 천은사(泉隱寺)·보성 대원사(大原寺)·본사인 화엄사 등 강원에서 많은 후학을 지도했다. 1908년(융희2) 3월 6일 일부 스님이 주동이 되어 동대문 원흥사(元興寺)에 원종 종무원(圓宗宗務院)을 설립하고 이회광(李晦光)을 종정에, 김현암(金玄庵)을 총무부장에, 진진응(陳震應)을 학무부장에, 김보륜(金寶輪)을 서무부장에, 강대련(姜大蓮)을 인사부장에, 김구하(金九河)를 감사부장에, 나청호(羅晴湖)를 재무부장으로 각각 임명하였으나, 진응스님만은 취임을 거부했다. 그 후 1910년 38세 때는 마침내 원종의 종정인 이회광(李晦光師璿)이 일본 조동종(曹洞宗)관장인 홍진설삼(弘津說三)과 7조약으로써 연합맹약(聯合盟約)을 체결하자, 이에 반하여 선암사의 경운원기(擎雲元奇)·백양사의 한영정호(漢暎鼎鎬)·화엄사의 진응혜찬(震應慧燦)·백담사의 만해용운(卍海龍雲)·범어사의 성월일전(惺月一全)·김종래(金鐘來)·전학산(全鶴山) 등을 필두로하되 주로 전라도와 경상도 스님들이 단결하여 임제종(臨濟宗)을 표방하였다. 조동종과 연합하는 것은 개종역부(改宗易父)일 뿐만 아니라, 한국불교가 일본불교에 병합되는 일이라 주장하여 각황사(覺皇寺 : 조계사의 全身)에 임제종 종무원을 두었다. 경운(擎雲元奇)스님과의 관계는 스승과 제자였고 경운은 진응을 매우 아꼈을 뿐만 아니라 대견하게 여겼다. 진응이 선암사 강원 경운스님강하에서 대교를 졸업한 후, 약 40년 만에 선암사에 가서 경운스님을 찾아 뵙고 떠나올 때 경운스님은 다음과 같은 송별의 글을 주었다. "「헤어짐에 붙이는 글. 진진응 대강백에게」 40년 전 나에게서 배우고 떠난 후, 오늘 다시 만나니 머리는 백발일세. 유불 겸통 그 학문 국내에서 제일이고, 교화해 건진 이 셀 수 없네! 비단 범궁에서 동초였을 뿐 아니라 마땅히 교의 바다에서는 시귀가 되었도다. 돌아감에 손 잡고 말없으니 몸과 마음 세는 배에 싣지 말게나! 불기 2957년 소화 5년 음 8월 초길일. 순천군 조계산 대본산 선암사 79세 사문 김경운, 맑은 향창 아래서 쓰다. 贈別. 陳震應 大講伯. 四十年前從我遊 如今重到雪盈頭 學通儒佛名傾國 化及漁樵室滿籌 非但梵宮爲棟礎 又當敎海作蓍龜 臨歸執手無他語 莫把身心載漏舟 佛紀二千九百五十七年(1930) 昭和五年 陰 八月 初吉日 順天郡曹溪山大本山仙巖寺 七十九歲 沙門 金擎雲 題于淡香窓下"라고 하였다. 이 때를 살펴 보건대 경운(1852~1936)스님 세수 85세 때 입적하였으니, 이 편지 쓸 때 스님의 79세이고, 진응(1873~1941)스님은 57세였다. 1924년부터 부산 범어사에서 강주로 있으면서 학인을 지도하였고, 1927년부터는 남원 심원사(深源

寺)에서 강원 조실로 있으면서 후학을 지도하다가 말년에 화엄사로 돌아와 있다가 1941년에 세수 69, 법랍 54세를 일기로 입적하였다. [참고문헌]『韓國佛敎最近百年史』 제1책, 權相老『朝鮮佛敎略史概說』(佛敎時報社, 1939) p.60. ⇨사선 師璿, 원기 元奇

혜참 慧昰 1372~1441. 명대 임제종 스님. 호광(湖廣 : 湖北省) 출신. 속성은 왕(王)씨. 나이 열넷에 단양(丹陽) 묘각사(妙覺寺)에서 담연(湛然)을 은사로 출가한 다음 소산(疎山)으로 가서 송은(松隱)에게 법을 물었다. 그 뒤 보장보지(寶藏普持)를 친견하고 인가를 받았다. 1408년(영락6) 항주(杭州) 동명사(東明寺)에 주지를 맡았다. 1441년(정통6) 세수 70세로 입적하였다. 『오등전서』 권59(卍속장141, p.258a11)에 따르면, 당시 학인들이 임종게를 청하자 "일대장교 아무도 본 적 없거늘 어찌 몇 마디 한가한 말 써 얻으려 하는가? 一大藏教 無人看著 爭用得者 幾句閒言語"라는 말을 마치고 결가부좌한 채로 떠났다. [참고문헌]『五燈全書』.

혜처 慧處 Ⓢ prajñā-adhiṣṭhāna, Ⓟ paññā-adhiṭṭhāna, Ⓣ shes-rab-kyi byin-gyis brlabs-so. 혜로 세계에 머물다. 사처(慧處 諦處 捨處 寂靜處) 중 하나로 최상의 혜처는 누진지(漏盡智)다. 지처(智處)·지혜처(智慧處)·혜주처(慧住處)·혜섭수(慧攝受)·혜행안주(慧行安住)라고도 한다. 『십주비바사론』 권13(대정장26, p.92b10)에 "네 법이 있어 능히 부처님의 길 거두니 첫째는 제처, 둘째는 사처, 셋째는 멸처, 넷째는 혜처다. 말하자면 다음과 같다. '제사정을 구족하면, 혜 예리해 청정을 얻고 정진하여 불도를 구하니 마땅히 이 네 가지 법을 가져 모은다'. 有四法 能攝佛道 一 諦處 二 捨處 三 滅處 四 慧處 如說 諦捨定具足 得慧利清淨 精進求佛道 當集此四法", 『집이문족론』 권7(대정장26, p.394a24)에 "'혜처'란 어떤 것인가? [답] 바가범(薄伽梵 Ⓢ bhagavat : 世尊)께서 『변육계기별경 辯六界記別經』에서 구수(具壽 Ⓢ āyuṣmat : 尊者) 지견을 위하여 말씀하신 것과 같다. '비구여, 마땅히 알라. 최승혜처란 누진지를 말한다. 그러므로 비구여, 누진지를 성취해야 한다. 누진지를 성취하면 최승혜처를 성취하였다고 한다'. 이것을 혜처라고 한다. 慧處云何 答 如薄伽梵 於辯六界記別經中 爲具壽池堅說 苾芻 當知 最勝慧處 謂漏盡智 是故 苾芻 應成就漏盡智 若成就漏盡智 說名成就最勝慧處 是名慧處"라고 하였다. [참고문헌]『十住毘婆沙論』, 『集異門足論』, 『三法度論』 권하(대정장25, p.30a11), 『大集法門經』 권상(대정장1, p.228c24), *Mvyut.80.*, *DN.3.229.*, *MN.3.240.* ⇨사의처 四依處, 누진지 漏盡智

혜천 惠天 ❶ 조선중기 스님. 운곡충휘(雲谷冲徽 ?~1613)가 준 선게(禪偈) 「증혜천사 贈惠天師」(『운곡집』·한불전8, p.271b11)에 "아지랑이 화로 연기에 뒤섞여 푸르고 샘물은 차맛과 어우러져 향기롭네. 하룻밤 강가의 절에서 맑은 이야기로 잠자리도 그만두었지. 靄雜爐烟碧 泉和茗味香 一宵江上寺 淸話廢眠床"라고 하였다. [참고문헌]『雲谷集』. ⇨충휘 冲徽 ❷ 조선후기 스님. 1662년부터 1814년까지 해남 대흥사에서 수계한 스님 명록인 『해남현두륜산대둔사고금신계승보안』에 따르면, 1666년(현종7)에 풍담문인(楓潭門人) 운봉대지(雲峰大智)를 설계사(說戒師)로, 소요문인(逍遙門人) 수월극현(水月克玄)을 수계사(受戒師)로 하여 계를 받았다. 이후 1688년(숙종14) 해상(海祥), 1699년(숙종25)에 은소(銀所) 도가차내인(島加次乃人) 응귀(應歸), 1707년(숙종33)에 남천인(藍川人) 체웅(體雄) 등 상좌를 들였다. 같은 책 「구안서 舊案序」에 "강희 43년 갑신(1704·숙종30) 8월 16일에 주지를 맡은 혜천이 발심하여 승안을 다시 엮고 새로 가다듬어 후대에 전한다. 康熙四十三年甲申秋八月旣望 行住持惠天發心 重緝新削僧案 傳于後代"라고 하였다. [참고문헌]『海南縣頭輪山大芚寺古今新戒僧寶案』.

혜천 慧天 ➡반야제바 般若提婆

혜천 慧泉 조선전기 스님. 1526년(중종21)에 『조계진각국사어록』을 판각할 때 공양주(供養主)로 동참하였다. 한불전6에 수록된 『조계진각국사어록』의 저본으로 사용된 판본의 말미에, "대공덕주 정심, 비구 성심, … 각수 혜경, 각수 이수, 연판 성회, 공양주 혜천, 간선도인 현집, 가정 5년 병술년 3월 일에 판본을 보관한다. 大功德主正心 比丘性心 … 刻手惠敬 刻手李守 鍊板性會 供養主慧泉 幹善道人玄緝 嘉靖五年丙戌三月日留板"라고 기록되어 있다. [참고문헌]『曹溪眞覺國師語錄』.

혜천 慧遷 548~626. 수대 스님. 영주(瀛州 : 河北省 河間) 출신. 정영사(淨影寺) 혜원(慧遠) 문하에서 『십지경론 十地經論』을 학습했다. 북제(北齊)가 사라지자 진(陳)으로 도피했다가 수대에 다시 혜원을 따라 낙양을 거쳐 장안에 들어갔다. 597년(개황17) 문제(文帝)의 칙령으로 오중(五衆)의 하나인 십지중주(十地衆主)가 되었고 지론학파를 대표하였다. 만년에는 대선정사(大禪定寺)에 머물면서 『십지경론』을 강설하였다. 당대인 626년(무덕9) 세수 79세로 입적하였다. [참고문헌]『唐高僧傳』 권12(대정장50, p.520b22).

혜철 慧哲 539~597. 수대 스님. 속성은 조(趙)씨. 양양(襄陽 : 湖北省) 출신. 승정경공(僧正瓊公)·홍황도랑(興皇道朗) 문하에서 배웠다. 당시 상왕철(象王哲)이라 불렀다. 후에 용천사(龍泉寺)로 가서 법을 홍보하는 소임을 맡았다. 597년(개황17) 세수 59세로 입적하였다. 〔참고문헌〕『唐高僧傳』 권9(대정장50, p.493c20), 『釋氏六帖』 권10(대장경보편13, p.206a12).

혜철 慧徹 785~861. 나말여초에 걸쳐 개산한 구산선문(九山禪門)의 하나인 전라남도 곡성 태안사(泰安寺 : 一名 大安寺)의 개산조다. 휘는 혜철(慧徹 : 一名惠哲), 자는 체공(體空), 시호는 적인(寂忍)이며, 속성은 박(朴)씨니, 785년(원성왕1) 경주(慶州 : 京師)에서 태어났다. 아버지는 어려서부터 수사(洙泗 : 중국 山東省曲阜縣에 있는 泗江과 그 支流인 洙江을 아울러 일컫는 말로서 그 流域이 孔子가 출생하고 逝去한 곳이므로 공자의 가르침인 儒敎를 뜻함)의 자취에 탐닉했고, 장성해서는 노장(老莊)의 책을 배웠다. 어느 날 밤 어머니가 거룩한 스님이 가사를 입고 향로를 들고는 서서히 걸어와 침대에 앉는 태몽을 꾼 다음 스님을 출산했다. 700년(효소왕9) 15세 때 초연히 집을 나와 스님이 되었다. 영주(榮州) 부석사(浮石寺)로 찾아가 『화엄경』을 배웠는데, 재주가 뛰어나 한번에 다섯 줄(五行)씩 외우는 천재였다. 22세 때 비구계를 받았다. 30세 때인 814년(헌덕왕6) 8월에 당으로 떠났는데 천길의 물 위에서(千尋水上) 법을 위해 몸마저 잊은 채(爲法忘軀) 중국 땅에 발을 딛었고, 이어 만길 험한 산을 넘으면서(萬仞山邊) 발바닥이 부르트며, 눈바람을 무릅쓰고 이 산 저 산으로 선지식을 찾아다니다가 남강건주(南江虔州)에 있는 습공산(襲公山)으로 가서 서당지장(西堂智藏 735~814)을 만나 배우고 그의 법을 이어받았다. 지장스님이 입적한 후 여러 곳으로 다니며 선지식을 친견하면서 불교성지를 답사하고는, 서주(西州) 부사사(浮沙寺)에서 3년간 눕지도 앉지도 않은 채(不枕不席) 대장경을 열람하였다. 무려 25년간 중국에서 구법하고 839년 2월(신무왕대)에 귀국하여 군신들과 모든 이들의 존경을 한몸에 받았다. 귀국 후 무주(武州 : 지금의 光州)의 관내 쌍봉사(雙峰寺 : 지금의 和順)에서 여름을 지냈는데, 그 해 여름 심히 가물어 산천이 마르고 탔다. 이 때 스님이 주사(州司)의 간청으로 고요한 방에서 기도하자 큰 비가 내렸으며(『삼국사기』 권11, 문성왕 2년(840) 4월부터 6월까지 비가 내리지 않았다 하였다), 암자(庵子)에서 정진할 때 갑자기 산불이 나 암자의 주변까지 불길이 다가와 다른 스님들 모두 피난하였지만, 스님만이 홀로 단정히 앉아 있던 중에 갑자기 소나기 내려 불길 사라진 일도 있었다. 814년(헌덕왕7) 당으로 가던 중에 도 알 수 없는 무리들과 함께했는데, 야성군(耶城郡 : 황해도 黃州地方)에 도착하자 군수가 이들이 도적의 무리라 여겨 목에 칼을 씌우고 추궁해 30여 명의 목을 베게 되었다. 스님 너무나 태연자약하여 죽이지 못하고 왕실에 고하여 죽음을 면하기도 하였다. 이렇듯 구법과 만행으로 점철된 행장을 거두고 곡성 동쪽 동리산(桐裏山) 자그마한 암자에 주석하게 되면서부터는 조정과 사대부 및 선남선녀들의 후원을 받아 동리산에 태안사(太安寺 : 一名 泰安寺)를 창건하고, 서당지장(六祖慧能→馬祖道一→西堂智藏)으로 이어진 조계정맥(曹溪正脉)의 선풍을 진작하였다. 문성왕(文聖王)이 자주 스님께 친서를 보내 위로하면서 존경을 표했으며, 사방결계하여 살생을 금하는 금살당(禁殺幢)도 세웠다. 자주 사신을 보내어 국정의 중요함을 자문한 결과, 수조(數條)에 달하는 시정(時政)에 대한 급무(急務)를 자문하였으니 왕이 크게 기뻐하였다. 861년(경문왕1) 2월 6일 태안사에서 세수 77, 법랍 62세를 일기로 단정히 앉아 입적하였다. 제자에는 연기도선(煙起道詵)·여허(如虛)·행종(幸宗) 등 수백 명이 있었다. 경문왕이 다비식을 엄숙히 봉행하도록 명하고 시호를 적인(寂忍), 탑호를 조륜청정(照輪淸淨)이라고 추증했다. 최하(崔賀)가 왕명을 받들어 비문을 짓고, 요극일(姚克一)이 써서 872년(경문왕12) 태안사에 세웠으나, 알 수 없는 때 비는 파손되어 없어지고, 비문의 사본만이 구례 화엄사에 전해 오던 것을 1919년 『조선금석총람』에 수록하므로부터 빛을 보게 되었다. 탑은 전라남도 곡성군 죽곡면 원달리 20번지에 있는데, 보물 제273호다. 〔참고문헌〕「谷城大安寺寂忍禪師塔碑」(李智冠 『校勘譯註歷代高僧碑文』 新羅篇 pp.74~93), 『朝鮮金石總覽』 권상 p.116~120, 『朝鮮佛教通史』 권상 pp.112~118, 『文化遺蹟總覽』 권하 p.211, 『韓國金石全文』 古代 pp.187~191. ⇨ 대안사적인선사조륜청정탑 大安寺寂忍禪師照輪淸淨塔, 대안사적인선사조륜청정탑비 大安寺寂忍禪師照輪淸淨塔碑

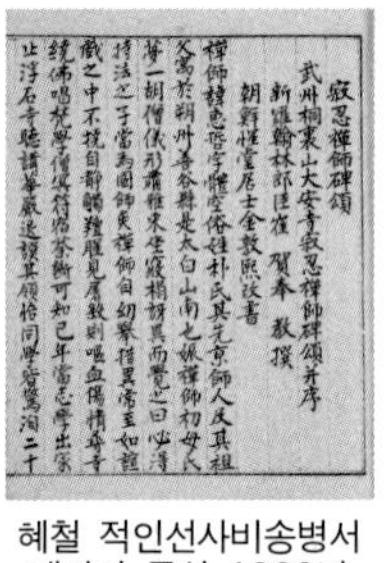

혜철 적인선사비송병서 태안사 곡성 1929년

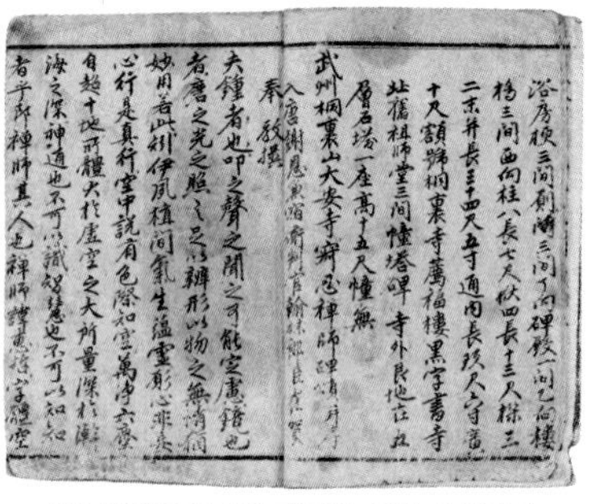

적인혜철국사비명 태안사 곡성 1757년

혜청 慧淸 ❶ 당으로 건너간 신라 출신의 위앙종 스님. 남탑광용(南塔光涌)의 법을 이었으며 영주(郢州 : 湖北省) 파초산(芭蕉山)에 주석하였다. 문인으로 청양(淸讓)·법만(法滿) 등이 있다. 〔참고문헌〕『景德傳燈錄』 권12 「芭蕉慧淸傳」(대정장51, p.297c1). ❷ 남송(南宋) 때 임제종 양기파(楊岐派) 스님. 법호는 하산(何山), 별호는 월굴(月窟). 대혜종고(大慧宗杲 1089~1163)의 손제자로 둔암종연(遯庵宗演)에게 법을 받았다. 전등사서에 법안문익(法眼文益)의 조원일적수(曹源一滴水) 화두에 대해 "조계 샘의 물 한 방울 서로 욕하며 마음껏 입 가져다 대네. 조그만 안작들 허공에서 짹짹거리고 재빠른 화류 이미 천리 밖이라네. 曹源一滴水 相罵饒接觜 鴳雀空啾啾 驊騮已千里"라고 읊은 송이 전한다. [참고문헌] 『續傳燈錄』 권33(대정장51, p.700b29), 『五燈全書』 권47(卍속장141, p.68b10). ⇨ 종연 宗演 **2**

혜초 慧超 **1** 704~?. 신라 제33대 성덕왕(재위 702~736)에서 37대 선덕왕(재위 780~785)대에 국내외에 걸쳐 크게 활동하였던 스님이다. 혜초(惠超)라고도 한다. 일찍이 구법의 길을 떠나 우리나라와 우리불교를 널리 빛냈다. 스님은 8세기 초에 일찍이 당으로 가서 경전을 연구하다가 광주(廣州)에서 인도스님으로서 중국에 온 밀교(密敎)에 밝았던 금강지(金剛智)스님을 친견하고 그의 밑에서 밀교를 연구하다가, 그의 권유로 바다 길을 택하여 천신만고(千辛萬苦) 끝에 오천축(五天竺 : 五印度)의 부처님 성적(聖跡)을 두루 순방하면서 기록한 글이 저 유명한 『왕오천축국전 往五天竺國傳』이다. 스님은 오천국을 순방하면서 그 소회를 시로 남겼는데, 먼저 망향시(望鄕詩)라 할 수 있는 시로 "달 밝은 야삼경에 고향길을 올려다 보니, 뜬구름만 삽삽히 돌아가네. 망향의 소식 전하려 하였더니, 바람 급해 듣고도 돌아보질 않네. 내 고향 그리운 곳 저 하늘 북쪽인데, 머나먼 이역만리 서쪽 끝 변방에 있네. 해는 남으로 가는데 기러기 볼 수 없으니, 누가 저 숲 향해 날아가주리! 月夜瞻鄕路 浮雲颯颯歸 緘書參去便 風急不聽廻 我國天岸北 他鄕地角西 日南無有雁 誰爲向林飛"라 하였다. 또 북천축 나갈나타나사(那揭羅馱娜寺)에서 중국스님이 중천축에 와서 삼장연구를 마치고 고향으로 돌아가던 길에 이곳에서 병으로 죽었다는 소식을 듣고, 같은 나그네 처지에 슬픈 마음을 가눌 길 없어 5언 8구의 애도시(哀悼詩)를 읊었으니, "고국 땅엔 등을 밝힐 사람이 없고, 머나먼 타국에서 보배나무 꺾였네. 신령하신 이 영가시여 어디로 가셨나요. 옥 같던 그 모습 이미 재 되어 흩어졌네. 생각할수록 애통해 간절하고, 그대 원력 이루지 못함 슬퍼하노라. 누가 이 고향길 아는가? 하늘 바라보니 흰구름만이 돌아가네! 故里燈無主 他方寶樹摧 神靈去何處 玉貌已成灰 憶想哀情切 悲君願不隨 孰知鄕國路 空見白雲歸"라 했다. 또 발하나국(跋賀那國)과 토화라국(吐火羅國)을 거쳐 호밀국(胡密國) 노상(路上)에서 서번(西蕃 : 吐蕃國)으로 가는 한(漢)의 사신을 만나 고달픔과 기꺼운 마음이 북받쳐 5언 16구의 시를 지었으니, "그대는 서번 가는 길이 멀다고 한탄하나, 나는 동국 가는 길 먼 것을 슬퍼하노라. 길은 험하고 산마루 백설인데, 험한 골짜기에는 도적떼 우굴거리네! 새들은 날아가다 깎아지른 절벽에 놀라고, 사람들 외나무다리 건너기 어렵다 하네. 평생 눈물 흘린 적 없건만, 오늘은 흘러 천 갈래라네. 차가운 눈덩이 얼음과 합해 얼어붙었고, 찬 바람 몰아쳐 땅 갈라지도록 몰아치네. 큰 바닷물 얼어붙어 평지와 같고, 강물은 낭떠러지 깎아 버르고 용문에 폭포마저 끊어졌다네. 우물 입구에는 뱀 서린 듯하니, 불을 들고 해하에서 노래한들, 어찌 능히 파밀을 넘을까? 君恨西蕃遠 余嗟東路長 道荒宏雪嶺 險澗賊途倡 鳥飛驚峭嶷 人去作偏樑 平生不捫淚 今日灑千行 冷雪牽氷合 寒風擘地烈 巨海凍墁壇 江河淩崖嚙 龍門絶瀑布 井口盤蛇結 伴火上垓歌 焉能度播密"라 하였다. 마지막으로 소륵(疎勒 : 伽師祇離國 Kashgar)을 거쳐 구자국(龜玆國 Kucha)에 도달하였는데, 이 지역은 당의 안서도호부(安西都護府)가 설치되어 있던 곳이었고, 혜초가 이곳에 이른 때는 727년(개원15) 11월 상순(上旬)이었으니 겨우 23세였다. 혜초 이전에 동진(東晉)대 법현(法顯)의 『불국기 佛國記』(399~412), 6세기 전반의 당대 송운(宋雲)의 여행기(旅行記), 현장(玄奘)의 『대당서역기 大唐西域記』(627~644), 의정(義淨)의 『대당서역구법고승전 大唐西域求法高僧傳』(635~715)과 『남해기귀내법전 南海寄歸內法傳』, 오공(悟空)이 751년에 출발하여 40년간 체재하고 790년에 돌아온 여행기 등이 있고, 신라와 백제의 스님으로 인도에 가서 구법한 스님은 상당수에 달하나, 그 여정을 자세히 남긴 스님은 오직 혜초스님뿐이다. 최남선(崔南善)은 이상의 여러 구법 기행문에 대해 논하는 글에서(1943년 『新訂三國遺事』의 付錄) 법현의 『불국기』는 육지로 가서 바다로 돌아왔고(陸往海歸), 현장의 『대당서역기』는 육지로 갔다가 다시 육지로 돌아온 것(陸往陸歸), 의정의 『남해기귀내법전』은 바다로 갔다가 또한 바다로 돌아왔

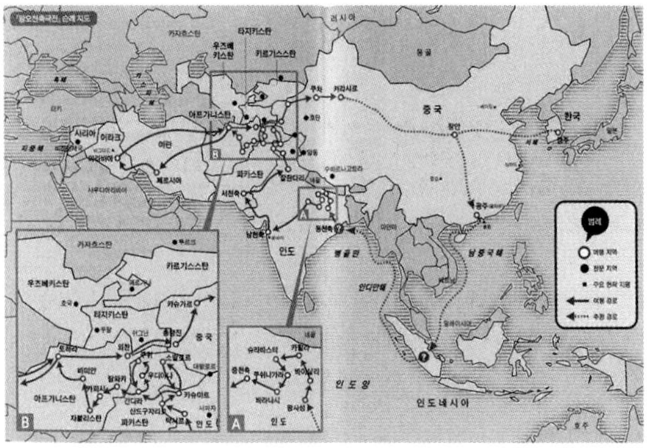

혜초 왕오천축국 순례행로

으며, 혜초의 『왕오천축국전』은 바다로 갔다가 육지로 돌아와 특별하다 하였다. 스님이 중국으로 돌아온 때는 727년이니, 이 때 스님의 나이는 약 20세 중반이었고, 30세를 전후한 733년(개원21) 1월 1일에 금강지(金剛

智)스님을 다시 만나 장안 천복사(長安薦福寺)에서 「대승유가금강오정오지존천비천수천발천불석가만수실리보살비밀보리삼마지법교 大乘瑜伽金剛五頂五智尊千臂千手千鉢千佛釋迦曼殊室利菩薩秘密菩提三摩地法敎」인 밀교의 법을 전해 받고 8년간 모시다가 740년(개원28) 4월 15일 금강지스님이 천복사에서 『대승유가천비천발만수실리경』을 번역할 때 필수(筆受)의 책임을 맡았으며, 774년(대력9)에 이르러 불공삼장(不空三藏)에게서도 밀교의 법을 전해 받았다. 780년(건중1) 4월 15일에 오대산(五臺山) 건원 보리사(建元菩提寺)에 들어가 그 해 5월 5일까지에 걸쳐 『문수대교왕경 文殊大敎王經』에 대한 서문(序文)을 지어 붙였다. 그 후의 행적은 알 수 없으나 세수 86~87세 쯤에 입적한 것으로 추정한다. 『왕오천축국전』 3권은 약 3분의 1정도만 남아있으며 한불전3 pp.374~381에 수록되어 있다. 『대승유가금강성해만수실리천비천발대교왕경』 서문은 한불전3 p.381에 수록되어 있으며, 혜초가 774년(대력9) 2월 5일 당 대종(代宗)의 내도량(內道場 : 內佛堂主)직에 있을 때, 주질현(盩厔縣)에 있는 옥녀담(玉女潭)에서 기우재(祈雨齋)를 지낸 결과를 보응원성 문무황제(寶應元聖文武皇帝 : 唐의 代宗)에게 올린 글(賀表)이 또한 한불전3, p.382에 수록되어 전한다. [참고문헌] 『往五天竺國傳』, 『一切經音義』 권100(대정장54, p.926c6), 『韓國佛敎撰述文獻總錄』 pp.69~71, 高柄翊 『往五天竺國傳解題』(文化財管理局, 1987), 『世界精神을 탐험한 偉大한 韓國人 慧超』(伽山佛敎文化硏究院, 1999), 高柄翊 「慧超往五天竺國傳硏究史略」(『白性郁博士頌壽記念 佛敎學論文集』 동국대학교, 1959) pp.301~316, 『한국전통사상총서·불교편 정선문화』(대한불교조계종, 2009). ⇨ 왕오천축국전 往五天竺國傳 **2** ?~526. 양(梁) 대승정(大僧正) 남간사(南澗寺) 스님. 속성은 염(廉)씨, 조군(趙郡) 양평현(陽平縣) 사람이다. 8세 때 출가하여 임번현(臨番縣) 건안사(建安寺) 혜통(慧通)을 은사로 스님이 되었다. 곧은 마음으로 부지런히 공부하며 널리 경부(經部)를 배우고 수론(數論)까지 익혀 깊은 뜻을 깨우쳤어도 늘 겸손하여 도속(道俗)이 함께 본받으려 하였다. 그후 강남 남간사(南澗寺) 승종(僧宗)으로부터 『열반경』을 배우고 여러 스님들께 두루 배웠으며, 초서(草書)와 예서(隷書)에도 능했다. 북제가 멸망하고 양(梁)이 일어선 뒤에 승정(僧正)이 되어 안으로 계덕을 닦고 밖으로 위의 또한 깨끗하여 모든 스님들의 모범이 되었고, 천감년간(502~519)에 양무제가 가승(家僧)으로 모시며 예로써 자문을 청함도 지극히 남달랐다. 세상에 이름이 알려졌어도 겸손하고 고요한 곳을 좋아하며 배움 또한 독실하였으므로, 기뻐 따르는 이들이 많았다. 526년(보통7) 5월 16일 절 방에서 입적하니, 문인들이 덕택을 추모하여 비를 세웠으며, 상동왕(湘東王) 역(繹)과 진군(陳郡) 사기경(謝幾卿)이 각각 글을 지어 묘소에 새겼다. [참고문헌] 『唐高僧傳』 권6(대정장50, p.468a1). **3** 475~526. 양(梁) 양도(楊都) 영근사(靈根寺) 스님. 속성은 왕(王)씨, 태원(太原) 사람이다. 7세에 단계사(檀溪寺)로 출가하여 혜경(惠景)을 은사로 스님이 되었다. 곧이어 승숭(僧崇)선사에게 정업(定業)을 익히고 영명년간(483~493)에 지수(智秀)법사를 따라 업도(鄴都) 영근사에 머물다가 법상(法常)으로부터 구족계를 받았다. 그후 지장(智藏)에게 경론을, 혜집(慧集)에게서 율장을 배웠는데 혜집은 특히 "처음 배운이라 말하지 말라. 이미 얼음이어서 물보다 차다. 不謂始學 已氷寒於水矣"라며 찬탄하였다. 양무제(梁武帝)의 수광전(壽光殿) 학사(學士)가 되었고, 정관사(正觀寺) 승가바라(僧伽波羅)가 『아육왕경 阿育王經』을 번역할 때 필수(筆受)였으며, 안성강왕(安成康王) 소아수(蕭雅秀)와 오(吳) 평후(平侯) 소병(蕭昺)의 귀의를 받아 법석을 펼치기도 하였다. 계속 강의하여 2백여 스님들이 사철 끊이지 않았으나 526년(보통7) 52세로 입적하였다. [참고문헌] 『唐高僧傳』 권6(대정장50, p.475a19). **4** ?~624. 당(唐) 병주(幷州) 대흥국사(大興國寺) 스님. 속성은 신도(申屠), 상당(上黨) 노성(潞城) 사람이다. 진양(晋陽) 대흥국사로 출가하여 선념(禪念)을 업으로 삼아, 늘 향을 피우고 깨끗한 옷을 입고 단정히 앉아 정에 들어 각관(覺觀)으로 자세히 하고 지업(志業)을 헤아렸다. 인수년간(601~604) 중에 헌후(獻后)가 붕어하자 창건된 선정사(禪定寺)에 초빙되었고, 618년(무덕1)이 지나 대흥국사로 돌아왔다. 624년(무덕7) 겨울에 병을 얻고는 대중에게 "여러 해를 함께 살았으나 범부의 정은 쉽게 떠난다. 서로 괴로움 있었다면 벗어버리고 마음 열어 품기 바란다. 그러나 사람 되기 어렵고 착한 마음 잃기 쉬우니, 이제 스스로에게 맡기노니 뒷몸 그르치지 말게. 同住多年 凡情易隔 脫有相惱 希願開懷 然人道難逢 善心易失 及今自任 勿誤後身" 하고는 손을 모아 가슴에 둔 채 입적하였다. 나이 70여 세였는데 모습 마치 신선같아 깨끗하였다고 한다. 문인들이 12월 중순에 이르러 용부산(龍阜山) 개화사(開化寺) 옆에 굴을 만들어 안치하였는데, 1년이 지나도록 흩어짐 없었고 예배의 행렬도 끊이지 않았다. 그 후에 마침내 굴문을 막고 그 위에 탑을 세웠으며 오른쪽에 명문을 새겨 그의 두터운 덕을 기렸다. [참고문헌] 『唐高僧傳』 권19(대정장50, p.581c22). **5** 546~622. 당(唐) 종남산 오진사(悟眞寺) 스님. 속성은 범(氾)씨, 단양(丹陽) 건원(建元) 사람이다. 9세에 출가하여 스님이 된 뒤로 줄곧 『법화경』을 외웠다. 그 후 남악혜사(南嶽慧思)에게서 천태학을 배웠는데, 혜사가 대중에게 '혜초는 신의 곳간으로서 인을 얻은 이다. 超之神府 得忍人也'라고 칭찬하였다. 만년에는 정수사(定水寺)에 있다가 남전곡

(藍田谷) 오진사(悟眞寺)에서 정업(淨業)과 8년간 삼혜(三慧)를 부지런히 닦았다. "이에 서쪽 향하여 바르게 앉아 '제일의는 공이요, 청정지는 관이다' 하였는데, 말이 마치 정에 든 듯하더니 문득 마침내 길이 가버렸다. 춘추 77세였으니 무덕 5년(622) 12월 6일이었다. … 초가 9세에 입도하면서부터 『법화경』을 외워 50여 년 동안 만여 편이었으니, 령에 감하여 상서를 얻음 이루 다 말할 수 없었다. 제자 법성 등이 절의 북쪽 봉우리에 백탑을 세웠다. 乃面西正坐云 第一義空 淸淨智觀 言如入定 奄遂長往 春秋七十有七 卽武德五年十二月六日也 … 自超九歲入道 卽誦法華 五十餘年萬有餘遍 感靈獲瑞 不可勝言 弟子法成等 爲建白塔于寺之北峯焉"라고 하였다. 〔참고문헌〕『唐高僧傳』 권28(대정장50, p.687b10).

혜촉 慧燭 지혜로운 불빛. 『양고승전』 권7 「석도온전 釋道溫傳」(대정장50, p.373a1)에 "폐하로 인해 지혜 불빛 바다 저 끝까지 닿으니 그 밝음 해와 달만큼 찬란할 것입니다. 若因陛下 慧燭海隅 明華日月", 『출삼장기집』 권7(대정장55, p.51a12)에 "천둥벼락소리 나무 위에 새겨 푸른 실로 묶으니, 말이 아니고서야 어떻게 가르치고 자취가 아니면 전할 수조차 없다. 이 묘한 모습 실로 깊은 통발에 맡길 뿐이니, 비추기에 지혜의 불빛이고 건네기에 보배 실은 배라네. 雷音震響 錄簡靑編 匪言曷敎 非迹靡傳 是資妙象 實寄幽筌 照之慧燭 濟以寶船"라고 하였다. 〔참고문헌〕『梁高僧傳』, 『出三藏記集』.

혜총 慧聰 백제 제27대 위덕왕(재위 554~598)대를 전후하여 활동하였던 스님. 혜총(惠聰)이라고도 한다. 일본 추고천왕의 간청으로 588년(위덕왕35)에 영근(令斤)·혜식(惠寔)스님 등과 함께 부처님의 사리(舍利)를 모시고 일본으로 건너가 전하고 돌아왔으며, 595년(위덕왕42)에 다시 일본으로 건너가서 고구려에서 건너간 혜자(惠慈)스님과 함께 일본불교계를 지도하였다. 596년(고구려 영양왕7, 일본 추고천왕4)에 법흥사(法興寺)가 낙성되자 혜자스님과 법흥사에 주석하였다 하나 그 후 행적은 알 수 없다. 〔참고문헌〕『日本書紀』, 『朝鮮佛敎通史』 권상 p.22. ⇨ 혜자 惠慈

혜총선자 慧聰禪子 조선후기 스님. 청허휴정(淸虛休靜)이 이별하며 준 선게(禪偈) 「송혜총선자 送慧聰禪子」(『청허집』 권3·한불전7, p.695a9)에 "동서남북으로 정착하지 말지니 생애는 단지 한 줄기 지팡이에 달렸어라. 혀끝으로 노을맛 잘게 씹으며 곧바로 천으로 솟은 봉우리에 들고 다시 만으로 솟은 봉우리 향할지어다. 南北東西無定着 生涯只在一枝筇 舌頭細嚼烟霞味 直入千峯更萬峯"라 하였다. 〔참고문헌〕『淸虛集』.

혜최 慧最 수(隋)대 스님. 하북(河北) 영주(瀛州) 출신. 초년에 『열반경』을 배우기 위해 업(鄴)으로 유학하여, 의학(義學)에 정통하였다. 북주(北周)가 북제(北齊)를 무너뜨리던 때에 강남으로 피하여 여러 논서를 통달하였다. 수가 천하를 통일하고 중원이 안정되자 광명사(光明寺)에서 머물렀다. 인수년간(601~604)에 문제(文帝)의 명을 받고, 사리를 형주(荊州) 대흥국사(大興國寺) 용잠도량(龍潛道場)과 길주(吉州) 발몽사(發蒙寺)에 봉송하였는데 사리를 안치하니 서상(瑞相)이 일어났다. 훗날 머무르던 절에서 입적하였다. 〔참고문헌〕『唐高僧傳』 권10(대정장50, p.507b6), 『新修科分六學僧傳』 권22(卍속장133, p.817b12).

혜충 惠忠 ➡혜충 慧忠

혜충 慧忠 **1** ?~775. 성당(盛唐) 때의 선사. 법호는 남양(南陽), 속성은 염(冉)씨. 보통 혜충국사(慧忠國師) 또는 남양국사(南陽國師)라 불린다. 월주(越州 : 浙江 紹興) 저기(諸暨) 출신. 출가득도나 법 받은 기연은 상세하지 않고 기록도 상이하다. 『경덕전등록』 권5(대정장51, p.244a8)·『오등회원』 권2(卍속장138, p.66a3) 등에는 스스로 심인(心印)을 얻었다 하였으며, 『송고승전』 권9(대정장50, p.762b12)·『전법정종기』 권7(대정장51, p.749c20) 등에는 쌍봉(雙峯)·대감(大鑑) 등의 표현으로 육조혜능(六祖慧能)의 심인을 받았다고 기록하고 있다. 심인을 받은 후 오령산(五嶺山)·나부산(羅浮山)·사명산(四明山)·천목산(天目山) 등을 유력하고, 남양(南陽 : 河南 南陽) 백애산(白崖山) 당자곡(黨子谷)에 이르러서는 40여 년 동안 산을 내려 오지 않았다. 그의 도행 소문이 황제에게까지 전해져 개원년간(758~759)에 현종이 장안(長安)으로 모셔 용흥사(龍興寺)에 머무르게 하였다. 이때 마침 안사(安史)의 난이 일어나 남양으로 되돌아갔다. 다시 숙종(肅宗)이 761년(상원2) 중사(中使) 손조진(孫朝進)을 시켜 수도로 모셔 천복사(千福寺) 서선원(西禪院)에 머물도록 하였다. 이때 많은 공경대부들이 찾아와 법을 물음에 주야를 가리지 않았다. 이듬해 대종(代宗)이 즉위하자 더 우대하여 광택사(光宅寺)로 옮겨 머무르게 하였다. 늘 남악혜사(南嶽慧思)의 도를 흠모하였는데, 황제에게 주청하여 무당산(武當山)에 태일연창사(太一延昌寺)를 세우게 하였고, 당자곡에는 향엄장수사(香嚴長壽寺)도 창건한 후에는 두 절에 장경(藏經) 1부씩을 모시도록 하였다. 775년(대력10) 16년 동안의 교화를 마치고 남양 당자곡으로 돌아가 입적하였다. 대략 세수 80여 세다. 대증선사(大證禪師)라는 시호를 드렸다. 청원행사(靑原行思)·남악회양(南嶽懷讓)·하택신회(荷澤神會)·영가현각(永嘉玄覺) 등과 더불어 육조문하 5

대종장으로 일컬어지며, 국사삼환(國師三喚)·무봉탑(無縫塔) 등 수많은 문답과 기연이 공안으로 전한다. 그의 법요는 『경덕전등록』 권28(대정장51, pp.437c17~439b19)에 「남양혜충국사어 南陽慧忠國師語」로 전한다. [참고문헌]『景德傳燈錄』,『五燈會元』,『宋高僧傳』,『傳法正宗記』. ⇨국사삼환 國師三喚, 무봉탑화 無縫塔話 **2** 682~769. 성당(盛唐) 때의 선사. 우두종(牛頭宗)의 제6세. 속성은 왕(王)씨. 윤주(潤州 : 江蘇 鎭江) 상원(上元 : 南京) 출신. 23세 때 동진으로 시경득도(試經得度)하여 장엄사(莊嚴寺)를 배속받고 수업하였다. 이후 금릉(金陵) 우두산(牛頭山) 제5세 지위(智威)를 만나 곁에서 시봉하였다. 지위에게 법을 받은 후 제방을 역력하다가 연조사(延祚寺)에서 머물렀는데, 곳간 두 개를 채울 공양미를 시주받고, 호랑이(虎) 세 마리를 부려 지키게 하였다. 훗날 청을 받고 다시 장엄사로 돌아오니 사방에서 학인들이 운집하였고, 법을 받은 이가 30~40여 명이나 되었다. 평생토록 납의 한 벌을 바꾸지 않고 발우로도 쇠솥(鐺) 하나만을 쓰며 검소하게 지냈다. 769년(대력4) 대중을 모아 포살을 마친 다음 몸을 씻고 이튿날 입적하니, 세수 87세였다. 이듬해 봄에 다비를 거행하자 헤아릴 수 없이 많은 사리가 쏟아져 나왔다. 사법제자로는 천태유칙(天台惟則)이 있다. 한편, 『석문정통』 권8(卍속장130, p.908b3)에는 동시대의 남양혜충(南陽慧忠)과 혼동하여 잘못 기록하고 있다. [참고문헌]『釋門正統』,『景德傳燈錄』 권4(대정장51, p.229a17),『新修科分六學僧傳』 권5(卍속장133, p.513a13). **3** 817~882. 만당(晩唐) 때의 선사. 법호는 귀양(龜洋), 속성은 진(陳)씨. 천주(泉州 : 福建) 선유(僊遊 : 莆田 仙遊) 출신. 아홉 살에 남악회양(南嶽懷讓)의 문하인 귀양무료(龜洋無了)에 의지하여 출가하고, 양주(襄州 : 湖北 襄陽) 용흥사(龍興寺)에서 구족계를 받았다. 그후 제방을 유력하다가 여릉(廬陵)에서 조산본적(曹山本寂)의 문하 초암법의(草庵法義)에게 참학하고 법을 이어받았다. 다시 귀양산으로 돌아와 있을 때 회창법난(會昌法難)을 만나 강제환속을 피하여 몸을 숨겼다. 882년(중화2) 입적하니, 세수 66세였다. 귀양무료의 탑 동쪽 편 200보(步) 떨어진 곳에 마주 보도록 탑을 세웠다. 따라서 문헌에 따라서는 귀양무료의 법을 받은 것으로 기록한다. [참고문헌]『景德傳燈錄』 권23(대정장51, p.395b29),『傳法正宗記』 권8(대정장51, p.760a2),『五燈會元』 권3(卍속장138, p.113a11).

혜충괘당 慧忠掛鐺 솥 하나만 걸고 살았던 혜충의 살림살이. 당은 세 발 달린 솥이다. 『선원몽구』 권중(卍속장148, p.237a2)에 "혜충괘당 : 〈우두지위의 제자. 전거는 『오등회원』 권2〉. 혜충선사는 평생 납의 한 벌과 솥 하나를 살림으로 삼았지만 항상 승중에 공양하는 곡물은 두 창고에 가득했다. 세 호랑이가 지키는 등 신령하고 남다른 자취가 매우 많았으며 제도한 사람 또한 대단히 많았다. 惠忠掛鐺 〈牛頭智威嗣 會元二〉 惠忠禪師 平生一衲一鐺 常有供僧穀兩廩 三虎爲之守 靈異甚夥 度人亦甚衆"라고 하였다. [참고문헌]『禪苑蒙求』. ⇨혜충 慧忠 **2**

혜충비로정상 慧忠毘盧頂上 혜충국사(慧忠國師)가 '비로정상'을 말하다. 『선문염송설화』 132칙 「본칙 本則」(한불전5, p.140a10)에 "혜충국사에게 숙종 황제가 '무엇이 십신조어입니까?'라고 묻자, '단월이 비로정상 위를 가시네'라고 했다. '과인은 알아듣지 못하겠습니다' 하니, '스스로의 몸 청정법신인줄 알아서는 안 됩니다'라고 하였다. 忠國師 因肅宗帝問 如何是十身調御 師云 檀越踏毗盧頂上行 帝云 寡人不會 師云 莫認自己淸淨法身"라고 하였다. [참고문헌]『禪門拈頌說話』,『碧巖錄』 99칙(대정장48, p.222b3). ⇨혜충 慧忠 **1**

혜충십신 慧忠十身 남양혜충(南陽慧忠)국사와 당 숙종(肅宗)이 십신조어를 소재로 주고받은 공안. 숙종십신조어(肅宗十身調御)·충국사십신조어(忠國師十身調御)라고도 한다. 『대혜어록』 권6(대정장47, p.833b28)에 "학인 나아가 이르길 '숙종 황제가 혜충국사에게 「무엇이 십신조어입니까?」라고 묻자 국사가 「단월이시여! 비로정상 위로 다니시는군요」라 했다고 기억합니다. 그 뜻 알지 못하겠습니다'라 하자 대혜 이르길 '지금이나 예나 뚜렷이 그렇다'라 하였다. 進云 記得肅宗帝 問忠國師 如何是十身調御 國師云 檀越 蹋毘盧頂上行 未審意旨如何 師云 今古歷然", 『불조통기』 권40(대정장49, p.376a29)에 "남양혜충선사를 불러 입궐하여 뵙게 하고서 칙명을 내려 천복사에 머물게 하고 국사라 호칭하였다. … 황제가 물었다. '무엇이 십신조어입니까?' 국사 일어선 채로 말했다. '아시겠습니까?' '모르겠습니다'. 국사가 좌우를 돌아보며 말했다. '노승에게 정병을 가져다 드리시지요'. 詔南陽慧忠禪師入見 勅居千福寺 號稱國師 … 上問 如何是十身調御 師起立云 還會麼 上云 不會 師顧左右云 與老僧過淨甁來"라고 하였다. [참고문헌]『大慧語錄』,『佛祖統紀』. ⇨혜충 慧忠 **1**

혜취 慧聚 Ⓟ paññakkhandha. 지혜로운 무더기. 삼취(三聚) 중 하나로 삼학 중 하나인 혜학(慧學)을 일컫는 말. 『중아함경』 권58 「법락비구니경 法樂比丘尼經」(대정장1, p.788c4)에 "삼취가 있으니, 계취·정취·혜취이다. … 정견·정지·정방편, 이 세 가지 도의 갈래 성스러운 혜취로 거둔 것들이다. 有三聚 戒聚 定聚 慧聚 … 正見 正志 正方便 此三道支 聖慧聚所攝", 『사분율』 권58(대정장22, p.997c29)에 "다시 삼취가 있으니, 지계취·정취·혜취이다. 復有三聚 持戒聚 定聚 慧

聚", 『사제론』 권4(대정장32, p.398c14)에 "정견과 정념 이 두 가지는 혜의 무더기 되니, 이로 말미암아 무명의 나쁜 뿌리를 뽑아 없앤다. 正見正念 二爲慧聚 由此拔除無明惡根"라고 하였다. 〔참고문헌〕『中阿含經』, 『四分律』, 『四諦論』, *MN.1.301.* ⇨ 혜학 慧學

혜측 慧則 835~908. 당대 스님. 속성은 미(糜)씨. 오군(吳郡 : 江蘇省) 곤산(崑山) 출신. 처음에는 유교 경전을 익혔지만 853년(대중7)에 경조(京兆)의 서명사(西明寺)로 출가하였으며, 894년(건녕1) 명주(明州 : 浙江省) 아육왕사(阿育王寺)에 머물렀다. 908년(개평2) 8월 8일에 세수 74, 법랍 54세를 일기로 앉은 채로 입적하였다. 저서로 『탑기 塔記』 1권과 『출집요기 出集要記』 12권이 있다. 〔참고문헌〕『宋高僧傳』 권16 「釋慧則傳」(대정장50, p.809a11).

혜타 慧陀 1904~1974. 청신녀로서 수많은 불사공덕을 지은 후 늦게 출가한 비구니 스님. 휘는 혜타(慧陀), 속성은 김씨, 본관은 경주 이씨, 아버지의 휘는 상진(尙鎭)이고, 어머니는 평양염씨(平壤廉氏)다. 1904년(광무8) 8월 24일 함경남도 영흥(永興)에서 태어났다. 7세 때 아버지를 여의고 13세 때 함경남도 문천군(文川郡) 덕원면 당모리의 강유진(康有鎭)에게로 시집갔다가 24세 때 남편과 별거하면서 기독교 신자가 되었다. 33세 때 어머님이 세상을 뜨자 동량 나온 스님의 권고로 49재를 행하고 천도한 인연으로 불교에 귀의하게 되었다. 1941년 37세 때 안변(安邊) 석왕사(釋王寺)에서 한암중원(漢岩重遠)스님으로부터 보살계를 받을 때 미타행(彌陀行)이라는 계명(戒名)도 함께 받았다. 불교에 귀의한 후 약 10년 동안 고향의 망월사(望月寺)·망경암(望京庵)·도창사(道昌寺)·재소암(再蘇庵) 등의 사암을 독판시주로 창건하여 석왕사에 헌납해서 포교당을 열게 했다. 1946년 서울에 와서 호국역경원(護國譯經院)과 정릉 경국사(慶國寺)로 다니면서 미타경을 독송하는 한편 염불정진으로 정토수행을 닦았다. 1951년 다시 사천 백운암으로 옮겼다가 1955년 교단정화운동이 일어나자 비구승 측에 동참하여 조계사 대웅전을 고수(固守)하는데 공로가 컸다. 1958년 경상남도 사천읍에 백운암을 창건한 이거사(李居士)의 간청으로 백운암에 들어가 전당(殿堂) 7채를 더 짓고, 토지 1천 8백 평과 임야 7반보(反步 : 1步는 4방 6자의 면적이다)를 사들이고 전기를 들이는 한편 통행로를 확장하고 상수도도 인입하였다. 이상과 같이 수많은 불사를 한 끝에 1971년 4월 68세 늦은 나이에 의정부 회룡사(回龍寺)의 주지인 도준(道準)비구니를 은사로 하고 석암(昔巖)스님을 계사로 하여 스님이 되었고, 1973년 70세 때 양산 통도사에서 비구니계를 받았다. 다음 해인 1974년 4월 8일 세수 71, 법랍 34세를 일기로 입적하였다. 딸만 셋이었는데, 맏딸과 둘째딸도 출가하였다. 막내딸인 강상품화(康上品華)가 운허(耘虛)스님께 비문을 청탁하여 1974년에 세운 스님의 행적비가 사천 백운암에 있다. 〔참고문헌〕「泗川白雲庵比丘尼慧陀碑文」(智冠『韓國高僧碑文總集 朝鮮朝·近現代』 pp.1224~1225).

혜탄 慧誕 수(隋)대 스님. 섬서(陝西) 옹주(雍州) 출신. 담연(曇延 516~588)의 학사(學士). 『열반경』을 연구하고 『섭대승론』에 통달하였고, 연흥사(延興寺)에서 주석하였다. 인수년간(601~604)에 문제(文帝)의 명을 받고, 항주(杭州) 영은산(靈隱山) 천축사(天竺寺)에 탑을 건립하였다. 다시 연흥사로 돌아와 강론하며 법을 전수하였으며, 정관년간(627~649) 초에 평소와 다름없는 평안한 모습으로 입적하였다. 당시 세수 70여 세였다. 〔참고문헌〕『唐高僧傳』 권26(대정장50, p.671b16), 『大般涅槃經集解』 권8(대정장37, p.411a13), 『新修科分六學僧傳』 권23(卍속장133, p.832a2).

혜탈 慧脫 Ⓢ prajñā-vimukti. 혜로 벗어남. 지혜로워 어리석음(癡)으로부터 벗어남을 말하며, 갈망(愛)으로부터 벗어남은 심해탈이다. 『화엄경소초』 권55(대정장36, p.437c27)에 "해(解)로 말미암는 중에 물듦이 없는 마음을 일컬어 심해탈이라 하고, 이(理)를 비추는 지를 일컬어 혜해탈이라고 한다. 이로써 심탈은 애(愛)를 버리고, 해탈은 어리석음을 벗어난다. 由解中無染之心 名心解脫 照理之智 名慧解脫 是爲心脫除愛 慧脫除癡", 『유마의기』 권1(대정장38, p.422b7)에 "체인즉 심탈이고, 용이라면 혜탈이다. 體則心脫 用則慧脫", 『법화론소』 권1(대정장40, p.788c15)에 "〔문〕 어떻게 마음이 해탈을 얻고, 혜로 해탈을 얻는가? 〔답〕『대지도론』에 따르면 이렇다. 애에 속한 혹을 다하면 심탈이고, 견에 속한 혹을 다하면 혜탈이다. 또한 이렇게 해석한다. 정장을 다하면 심해탈이라 하고, 혜장을 다하면 혜해탈이라 한다. 問 云何心得解脫 慧得解脫 答 智度論云 屬愛惑盡名心脫 屬見惑盡名慧脫 又釋云 定障盡名心解脫 慧障盡名慧解脫"라고 하였다. 〔참고문헌〕『華嚴經疏鈔』, 『維摩義記』, 『法華論疏』, *Sūtr.38.* ⇨ 혜해탈 慧解脫

혜통 惠通 신라 제30대 문무왕(재위 661~681) 대를 전후한 스님으로 중국에 유학하고 돌아와 진언종(眞言宗 : 摠持宗)을 창립한 시조라 여긴다. 생몰연대나 씨족(氏族)에 대해서 알려진 것이 없다. 경주 남산 서쪽기슭의 은천동(銀川洞) 입구(지금 경주시 내남면 탑동)에서 태어났다. 어느 날 집 동쪽에 있는 계곡에서 물개(水狗)를 잡아 껍질을 벗겨 뼈와 함께 버리고 고기는 만들어 먹었다. 다음 날 아침 껍데기와 뼈를 찾았으나 감쪽같이 없어졌다. 피 자국을 따라가 보니 뼈와 껍데기가 자기 보금자리로 돌아가 5마리의 새끼를 품고 있음을 보고는 망연자실하였고 그 일 이후 세속을 버리고 집을 나와 스님이 되었는데, 법명은 혜통(惠通)이었다. 불교유학을 위해 당으로 가서 인도에서 중국으로 온 선무외(善無畏 637~735)삼장을 친견하고 학업을 청하였으나, 『삼국유사』 권5(대정장49, p.1010c18・한불전6, p.355c7) 신주(神呪)6 혜통항룡(惠通降龍)에 "(혜통이) 당으로 건너가 무외삼장을 뵙고 배우기를 청하였으나, 삼장은 '동쪽의 오랑캐가 어찌 감히 법기가 될 수 있겠는가?'라고 하면서 끝내 가르침을 주지 않았다. 혜통은 감히 가벼이 떠나지 않고 삼 년 동안 성실하게 섬겼지만 그래도 허락하지 않았다. 이에 혜통은 분하고 슬퍼서 정원에서 화로를 머리에 이었고, 순식간에 정수리 갈라지며 소리내길 천둥치듯 하였다. 무외삼장이 그 소리 듣고 와서 보고 화로를 거두고는 손으로 찢어진 곳을 어루만지며 신주를 지송하니, 상처는 봉합되어 평소처럼 되었고 왕(王)자 모양의 흉터가 생겼다. 이 인연으로 혜통을 왕화상이라 불렀으며 오히려 깊은 그릇이라 존숭하며 인결을 전수했다. 往唐謁無畏三藏請業 藏曰 嵎夷之人 豈堪法器 遂不開授 通不堪輕謝去 服勤三載 猶不許 通乃憤悱立於庭 頭戴火盆 須臾頂裂聲如雷 藏聞來視之 撤火盆 以指按裂處誦神呪 瘡合如平日 有瑕如王字文 因號王和尙深器之 傳印訣"라고 하였다. 당 고종황제(高宗皇帝 650~683)의 공주가 깊은 병을 앓아 백약(百藥)이 무효였다. 선무외 삼장에게 공주의 병을 치료해 주기를 청했고, 삼장은 자기 대신 제자인 혜통을 천거했다. 혜통이 왕명을 받들고 별처에서 흰 콩 1말을 은그릇에 담아 놓고 주문을 외우니 갑자기 수와 같은 갑옷 입은 신병(神兵)들로 변하였다. 그들로 하여금 공주의 병을 축출토록 하였으나 이겨내지 못했다. 다시 검은 콩 한 말을 금그릇에 담아 주문을 외우고 역시 갑옷 입은 신병들로 변하게 하였고, 백흑 두 색의 신병이 합하여 공주를 중병들게 한 악신들 공격하였더니 홀연히 교룡(蛟龍 : 뿔 없는 용)이 도망가므로 병이 곧 나았다. 그러나 쫓겨난 용이 혜통을 원망하면서 해칠 기회를 얻고자 항상 혜통스님을 따라다녔다. 독룡은 끝내 신라의 경주 문잉림(文仍林)까지 와서 사람들 생명을 해치는 일로 더욱 혹독했다. 이 무렵 신라의 정공(鄭恭)이 당에 사신으로 갔다가 혜통스님을 만나 스님을 따라다니는 독룡이 신라에 와서 행패가 극심하니, 스님께서 속히 귀국하여 그 독룡을 없애주기를 청하였다. 스님은 견당사(遣唐使)인 정공과 함께 665년(인덕2 : 문무왕5) 귀국하여 법력으로 그 독룡을 축출했으나 독룡은 원한을 끊지 못하고 정공의 집 앞 버드나무에 의탁하여 기회만을 엿보았다. 정공이 이 사실을 전혀 모른 채 무성(葱密)하여 잘 자라는 버드나무를 매우 아꼈다. 692년(효소왕1) 7월에 신문왕이 죽자 신문왕의 맏아들인 효소왕(孝昭王 재위 692~702)이 즉위하여 신문왕의 능을 봉하기 위해 행렬이 지나갈 길을 닦고자 그 버드나무를 베고자 했다. 그러나 정공은 차라리 나의 목을 벨지언정 이 나무는 벨 수 없다고 하였고, 유사(有司)가 왕에 알리니 왕이 대노하여 정공이 왕화상을 믿고 방자하니 그가 원하는 대로 목을 베라고 하여 마침내 참형을 당했고, 그의 집도 사라지고 가족들마저 관노비에 예속시켰다. 이 일로 어전회의를 열어 왕화상이 정공과 친한 사이므로 매우 언짢아할 것이니, 마땅히 먼저 그를 도모해야 한다고 결론을 내리고는 많은 군대를 동원하여 스님을 체포하려 했다. 이 때 혜통은 왕망사(王望寺)에 있다가 군대가 들이 닥치는 것을 보고 재빨리 법당 지붕 위에 올라서서 사병연(沙甁硏)과 주필(朱筆)을 들고 큰 소리로 호통을 치고는 너희들은 나의 하는 것을 자세히 보라 한 다음, 주사를 묻힌 붓으로 주사를 담은 병의 목에 한 줄 그을 때마다 병사들의 목에도 붉은 줄이 그어졌다. 이를 본 병사들은 두려워 어찌할 바를 몰랐다. 스님은 또 호통하길 "만약 이 병의 목을 자르면 마땅히 너희들의 목은 어떻게 되겠는가? 동시에 모두 잘릴 것이다"라 하자, 병사들은 모두 줄행랑을 치고 말았다. 그리하여 스님은 주항병(朱項甁)을 가지고 왕에게로 갔고, 왕이 말하길 "스님의 신통 어찌 인력으로 감당할 수 있겠습니까?"라 칭송을 아끼지 않았고 왕의 딸인 공주의 병도 낫게 했다. 스님이 왕에게 정공이 독룡의 작란으로 억울하게 사형당한 것이라 밝혔고, 왕이 크게 후회하고 정공의 처와 아들을 노비에서 벗어나게 해 주었으며 스님도 국사(國師)로 모셨다. 그 후로도 독룡은 장산(張山)으로 가서 웅신(熊神)이 되어 계속 주민들에게 많은 독해를 끼치므로 스님은 또한 그를 찾아가 타이르고 불살생계(不殺生戒)를 받게 하였으니 그후로는 폐독 또한 없어졌다. 신문왕이 등창병을 앓았을 때도 스님께서 전생인과를 설해주고 '폐하께서 과거세에 재관신(宰官身)이 되어 죄 없는 신충(信忠)을 오판하여 노예로 전락시킨 원결로 여러 생 동안 이 독한 등창병을 앓게 되었으니 원혼을 위해 절을 지어 그의 명복을 빌어주라' 권하였고, 왕은 절을 짓고 이름을 신충봉성사(信忠奉聖寺)라고 했다. 일설에는 혜통이 인도에서 중국에 온 불공삼장(不空三藏 705~774)의 계통이라고도 하나 선무외삼장이 중국에 온 때가 716년(당 玄宗 개원4)이고, 불공삼장이 중국에 온 해는 선무외 삼장보다 4년 후이니, 이는 혜통이 신라에 돌아온 해(665)보다 51년이나 후에 해당되므로 연대상으로 살필 일이 없지 않다. [참고문헌] 『三國遺事』, 『朝鮮佛敎通史』 권상 p.77, 權相老 『朝鮮佛敎略史』 pp.51~52.

혜통 慧通 ❶ 위진남북조대 스님. 관중(關中) 출신. 장안(長安) 태후사(太后寺)에 주석하였으며 늘 소식(蔬

食) 하고 다라니를 외웠으며 『증일아함경』을 암송하였다. 양주(涼州 : 甘肅省) 혜소(慧紹)선사로부터 선법(禪法)을 받았으며, 선정 중에 아미타불이 맞이하러 오는 모습을 보자 선정에서 나와 동학들을 불러 모은 다음 편안하게 입적하였는데 기이한 향기가 3일 동안 가득했다. [참고문헌] 『往生集』 권1 「慧通傳」(대정장51, p.128c3). **2** 남조(南朝) 유송(劉宋)대 스님. 속성은 유(劉)씨. 패국(沛國 : 江蘇省) 출신. 치성사(治城寺)에 머물렀으며, 당시 명사(名士)였던 서담지(徐湛之)·원찬(袁粲) 등과 교유하였고 효무제(孝武帝)에게 존경을 받았다. 『대품반야경 大品般若經』·『승만경 勝鬘經』·『잡아비담심론 雜阿毗曇心論』 등의 주소(注疏)를 지었으며 『박이하론 駁夷夏論』·『현증론 顯證論』·『법성론 法性論』·『효상기 爻象記』 등을 저술하였다. 승명년간(477~479)에 세수 63세를 일기로 입적하였는데, 『신수과분육학승전 新修科分六學僧傳』 권21 「송혜통전 宋慧通傳」(卍속장133, p.801b6)에는 62세로 되어 있다. [참고문헌] 『新修科分六學僧傳』, 『梁高僧傳』 권7 「석혜통전 釋慧通傳」(대정장50, p.374c28). **3** 유송(劉宋)·남제(南齊)대 스님. 원가년간(424~453)에 수춘(壽春 : 安徽省 壽縣)에 머물렀으며 속인처럼 옷 입고 밥 먹으면서 미래에 대해 예언했는데, 매번 영험하였다고 한다. 후에 강릉(江陵)으로 가서 기이한 행적을 많이 보였으며, 499년(영원1)에 입적하였는데 이후에도 스님을 본 사람이 있었다고 한다. [참고문헌] 『梁高僧傳』 권10 「釋慧通傳」(대정장50, p.393c21). **4** 1431~1501. 명대 스님. 자는 대천(大闡). 속성은 소(邵)씨. 건녕(建寧 : 福建省) 정화(政和) 출신. 천계중(天界中)선사의 법사(法嗣). 1473년(성화9)에 연경(燕京)에서 법을 널리 전하였으며 중관(中官) 황고(黃高)가 스님을 위하여 절을 지어 주석하게 하였고 상소를 올려 정법(正法)이란 이름도 받게 하였다. 후에 고산(故山)으로 돌아와 군봉(君峰)에 머물다가 1501년(홍치14) 2월 17일에 세수 71세를 일기로 입적하였다. [참고문헌] 『五燈會元續略』 권4 「君峰慧通傳」(卍속장138, p.983b5).

혜편 惠便 고구려 제25대 평원왕(재위 559~590) 때 스님. 백제에서 녹양(鹿深)이 미륵석불상을 모시고 일본에 전하므로써 절을 짓고 이 석불을 봉안할 때 봉향하는 부존(扶尊)의 책임을 맡았다. 성덕태자(聖德太子) 섭정 때의 대신인 소아마자(蘇我馬子)의 귀의를 받고 스승이 되어 널리 불교를 전파했다. 소아마자인 사마달(司馬達)의 세 딸 선신(善信)·선장(禪藏)·혜선(惠善) 등을 출가시켜 세 비구니를 탄생시켰으니, 일본 불교계 비구니의 효시(嚆矢)가 되었다. 고구려와 백제에서 일본에 건너가 해외에 포교 활동을 한 스님 중 최초에 속한다. [참고문헌] 『日本書紀』, 『元亨釋書』, 『本朝(日本)高僧傳』, 權相老 『朝鮮佛教略史』 권상 p.22.

혜포 慧布 518~587. 남북조대 삼론종 스님. 속성은 학(郝)씨. 광릉(廣陵 : 江蘇 揚州) 출신. 주로 남조 진(陳)에서 활동하였다. 장군을 배출한 명문가에 태어나 무인을 꿈꾸었으나, 16세에 형의 죽음을 계기로 세간의 무상을 깨닫고 21세에 출가하였다. 처음 양도(楊都) 건초사(建初寺)에서 보경(寶瓊)으로부터 『성실론』을 들었고, 이어 섭산(攝山) 지관사(止觀寺)의 승전(僧詮)에게 삼론(三論)을 수학하였다. 당시 논지를 가장 잘 이해하였기에 득의포(得意布) 또는 사현포(思玄布)라는 별명으로 불리었고, 승전의 강설이 난해할 시에는 혜포에게 물어 답을 찾았다. 또 승전문하에 가장 뛰어난 4인을 전공사우(詮公四友)라 불렀는데, '사구는 법랑(法朗), 언변은 혜변(慧辯), 문장은 혜용(慧勇), 득의는 혜포가 뛰어나다(時人爲之語曰 詮公四友 所謂四句朗 領語辯 文章勇 得意布)'고 하였다. 이후 『대품반야경 大品般若經』 「선달품 善達品」(대정장8, pp.398a7~400c16)에서 대승의 이치를 깨달아 번뇌를 조복시키고, 계율을 받들고 좌선을 즐기면서 결코 강설은 하지 않겠노라 맹세했다. 말년에 북쪽 업군(鄴郡)을 유력하다가 가선사(可禪師 : 慧可)를 만나 견해를 나누고 깨달은 바가 있었다. 이 무렵 장소(章疏) 6태(馱)를 필사해 보내어 법랑의 강설에 도움을 주었고, 이 중 빠진 것은 다시 제(齊)로 들어가 필사하여 보냈다. 언젠가는 사선사(思禪師 : 慧思)와 주야침식을 잊은 채 불법대의를 논하였다. 치밀한 논리에 사선사가 여의철장(如意鐵杖)을 내리치며 말하기를, "만 리 허공에 이렇게 지혜로운 이 없다. 萬里空矣 無此智者"라고 찬탄하였다. 스스로 일찍이 누군가의 승사도 되지 않고, 어떤 지위에도 연연하지 않으며 철두철미 계를 지켰다. 또한 "방토 이에 깨끗하니 나의 원은 아니리라. 지금 소원 중생을 화도함일 뿐이니, 어찌 연꽃 중에 있으면서 십겁의 낙을 누리리요. 아직도 삼도에 처한 고통 구제하지 못했는데, 方土乃淨 非吾願也 如今所願 化度衆生 如何在蓮花中 十劫受樂 未若三途處苦救濟也"라고 하였다. 스님의 원행 드러나 진 황제와 여러 왕이 그에게 계를 받고 극진히 공양하였다. 세수 70세에 병들자 머물던 섭산의 서하사(栖霞寺)를 공선사(恭禪師)에게 부촉하며, "오래 사는 일 기쁘지 않고 저녁에 죽은들 근심 없다네. 나도 난 적 없고 사라져도 사라지는 바 없기 때문이라네. 長生不喜 夕死無憂 以生無所生 滅無所滅故也"라는 임종유결(臨終遺訣)을 남기고 담담히 입적하였다. [참고문헌] 『大品般若經』, 『唐高僧傳』 권7(대정장50, p.480c2), 『法苑珠林』 권65(대정장53, p.786c7), 『北山錄』 권4(대정장52, p.599b24), 『新修科分六學僧傳』 권12(卍속장133, p.640b13). ⇨ 승전 僧詮, 법랑 法朗**3**, 혜가 慧可

혜풍 惠風 은혜로운 바람. 봄바람(春風). 혜풍(慧風)과도 통한다. 『중관론소』 권1 「서소 序疏」(대정장42, p.4a26)에 "'마른 가지에 혜풍을 불어넣다'라 함에 앞두 구는 도를 드러내 밝혔고, 지금 이 두 구는 중생을 이롭게 함을 밝혔다. 진(陳)은 썩은 것의 이름이다. 『모시 毛詩』에서 '그 가지와 잔가지 자르네'라고 하였는데, 매(枚)는 작은 가지다. 혜풍은 춘풍이다. 이 논서 펼쳐 지혜 바람 일게 해서 범부류로 하여금 이익 얻게 함이다. 扇惠風於陳枚者 前二句明顯道 今兩句明益物 陳枚者 陳者朽故之名也 毛詩云 伐其條枚 枚者小枝也 惠風者 謂春風也 以扇斯論智慧之風 使凡夫之流以得益也", 『당고승전』 권24 「석법림전 釋法琳傳」(대정장50, p.637b4)에 "예토에 나오시려고 성왕의 궁에 탄생하여 금색의 몸을 보이고 옥호의 상호를 드러내셨다. 자비의 구름 영추산 마루에 드리우니 화택의 불길 잦아들고, 계족산 봉우리에 혜풍 불게 하시니 어두운 길에 안개 걷혔다. 現生穢土 誕聖王宮 示金色之身 吐玉毫之相 布慈雲於鷲嶺 則火宅熖銷 扇惠風於雞峯 則幽途霧卷"라고 하였다. [참고문헌] 『中觀論疏』, 『唐高僧傳』, 돈황본 『壇經』(대정장48, p.339a25). ⇨ 혜풍 慧風

혜풍 慧風 지혜의 바람. 또는 봄바람을 뜻하는 혜풍(惠風). 『조론』 권1 「석승예서 釋僧叡序」(대정장30, p.1a18)에 "탕탕함이여, 진실로 가히 말해야 하리. 오르기 험한 길 평탄히 하고 닫힌 집 문 부수었으며, 마른 가지에 혜풍 불어넣고 말라 시든 것들에 단 이슬 흐르게 하였네. 蕩蕩焉 眞可謂 坦夷路於沖階 敞玄門於宇內 扇慧風於陳枚 流甘露於枯悴者矣", 『조론소』 권중 「반야무지론 般若無知論」(대정장45, p.175c26)에 "바람은 반야라는 지혜로운 바람이니, 저 온화한 바람이다. 風謂般若慧風 如淳和之風也", 『자백존자전집』 권27 「등이조설법대 登二祖說法臺」(卍속장127, p.47a17)에 "비조께서 그해 이곳에서 경을 설하시니 언제나 꽃비 내리고 지혜바람으로 맑았다네. 다만 지금의 대전 쓸쓸할 뿐이니 오직 봉룡 있어 푸름을 바꾸지 않았네. 鼻祖當年此說經 尋常花雨慧風淸 只今臺殿蕭蕭裏 惟有封龍不改靑"라고 하였다. [참고문헌] 『中論』, 『肇論疏』, 『紫柏尊者全集』.

혜하 慧霞 당송(唐宋) 교체기 조동종 스님. 혜(慧)는 혜(惠), 하(霞)는 하(遐)로도 쓴다. 법호는 주석한 곳에 따라 조산(曹山) 또는 중조산(中曹山)·후조산(後曹山), 시호는 요오대사(了悟大師). 속성은 황(黃)씨. 천주(泉州 : 福建 중남부) 포전(莆田) 출신. 조산본적(曹山本寂)의 법을 이었다. 『여정어록』(대정장48, p.135c22)에 스승 본적과의 법거량이 전하고, 『경덕전등록』 권20(대정장51, p.364c3)·『조당집』 권11(대장경보편25, p.523b10) 등에 법어가 전한다. 『조동오위현결』 3권을 편집하였다. 법을 이은 제자로는 동정(東汀)화상·화엄정혜(華嚴正慧)대사·초경견(招慶堅)상좌 등이 있다. [참고문헌] 『如淨語錄』, 『景德傳燈錄』, 『祖堂集』, 『曹洞五位顯訣』 권상(卍속장111, p.229a8).

혜학 慧學 Ⓢ adhiprajñā-siksā, adhiprajñā, Ⓟ adhipaññā-sikkhā. 지혜를 익히는 일. 삼학 중 하나다. 증혜학(增慧學)·증상혜학(增上慧學)·의혜학(依慧學)이라고도 한다. 계를 가지고 삼매를 닦는 외의 경론에 의지해 불법을 깨우치는 모든 공부. 삼장(三藏) 중에서 말하자면 아비달마장(阿毘達磨藏) 곧 논장(論藏)을 말한다. 『대집법문경』 권상(대정장1, p.228b9 : *Samaṇa-sutta*, *AN.1*, p.229)에 "삼학은 바로 부처님께서 설하는 바로 계학과 정학과 혜학이다. 三學是佛所說 謂戒學定學慧學 tīṇimāni bhikkhave samaṇassa samaṇakaraṇīyāni. katamāni tīṇi. adhisīlasikkhāsamādānaṃ adhicittasikkhāsamādānaṃ adhipaññāsikkhāsamādānaṃ. imāni kho bhikkhave tīṇi samaṇassa samaṇakaraṇīyāni", 『대승사법경석』(대정장26, p.365a8)에 "아비달마장은 '대법'이라 하고, 말해진 혜학이고 마주해 열반을 향하며 마주해 사제 관하면서 거둬 이롭게 함이다. 阿毘達磨藏 此云對法 所詮惠學 對向涅槃 對觀四諦 而攝益故", 『대승장엄경론』 권4(대정장31, p.609c14)에 "아비담을 세움은 혜학을 이루기 위함이니 전도 없는 뜻을 이에 능히 가려내기 때문이다. 立阿毘曇者 爲成慧學 不顚倒義 此能擇故", 『자은전』 권9(대정장50, p.273c27)에 "다만 번뇌를 끊어 엎드리게 하려면 반드시 정과 혜 서로 도와야 한다. 수레의 두 바퀴처럼 하나가 빠지면 할 수 없다. 경론을 연찬하는 것으로 말하자면 혜학이라 하여야 하고 숲에 의지해 앉음에는 정학이다. 但斷伏煩惱 必定慧相資 如車二輪 闕一不可 至如硏味經論 慧學也 依林宴坐 定學也"라고 하였다. [참고문헌] 『大集法門經』, 『大乘四法經釋』, 『大乘莊嚴經論』, 『慈恩傳』, *AN.*, *Śrāv-bh.262.*, *Sūtr.54.* ⇨ 증상혜학 增上慧學, 삼학 三學 ❶

혜학 慧鶴 ➡ 백은혜학 白隱慧鶴

혜해 慧海 ➡ 대주혜해 大珠慧海

혜해 慧解 혜로 알다. 지혜 가져서 알아차리다. 『법구비유경』 권하(대정장4, p.598a10)에 "죽음은 졸지에 이르니 여울물처럼 내달린다. 아비 자식이라도 구할 수 없거늘, 나머지 친한 이인들 무엇을 기대하리. 목숨이 다해서 친한 이에게 의지한들, 눈먼 이에게 등불 지키게 함과 같을 뿐이네. 지혜로 뜻 알고 경과 계 가히 닦아서 부지런히 행해 세간 건지니, 모두가 고통 버리게 해야 하리. 死命卒至 如水湍驟 父子不救 餘親何望 命盡怙親 如盲守燈 慧解是意 可修經戒 勤行度世 一切除苦", 『미증유인연경』 권하(대정장17, p.586c12)에 "무릇 지혜로 알 수 있는 것에 일곱 가지 덕의 자산 있습니다. 무엇이 그 일곱이냐면, 첫째는 믿음의 재능, 둘째는 정진의 재능, 셋째는 계를 지키는 재능, 넷째는 부끄러워할 줄 아는 재능, 다섯째 듣는 재능, 여섯째 버리는 재능, 일곱째 정혜의 재능입니다. 이것이 일곱 재능입니다. 말리부인은 이 일곱 재능을 모두 갖추었습니다. 대왕이시여 반드시 아셔야 합니다. 말리부인이 비록 여인의 몸이기는 하나 뛰어난 재능에 지혜 넓으니, 보통 사람과 같지 않습니다. 이 모두가 어려서부터 신구의를 삼가며 한마음 오롯이 기억하여 지혜를 수습하였기 때문입니다. 지혜의 힘 때문에 해탈이라고 하고, 다시 지혜로써 천하를 깨달아 알게 합니다. 夫慧解者有七德財 何謂爲七 第一信才 二精進才 第三戒才 四慚愧才 第五聞才 六爲捨才 七定慧才 是爲七才 末利夫人 具此七才 大王當知 末利夫人 雖爲女身 高才智博 非同凡人 皆由少來 愼身口意 一心專念 修習智慧 智慧力故 名爲解脫 復以智慧 解悟天下", 『성유식론』 권7(대정장31, p.37c8)에 "이 정(無心二定 : 無想定 滅盡定)은 오직 욕계에서만 일어난다. 여러 외도들 설하여 힘내게 하고, 인간의 혜해로서도 극히 힘있고 예리하기 때문이다. 此定唯欲界起 由諸外道說力起故 人中慧解 極猛利故"라고 하였다. 〔참고문헌〕『法句譬喩經』, 『未曾有因緣經』, 『成唯識論』.

혜해탈 慧解脫 Ⓢ prajñā-vimukti, Ⓟ paññā-vimutti, Ⓣ shes-rab-kyis-rnam-par-grol-ba. 칠성(七聖) 또는 구무학(九無學) 중 하나다. 무루의 지혜로 번뇌장(煩惱障)을 버려 해탈함을 말한다. 멸진정(滅盡定)을 얻어 해탈장(解脫障)과 번뇌장을 다 끊으면 구해탈(俱解脫 Ⓢ ubhayato-vimukta)이다. 혜해탈은 성념처(性念處)·정도(正道)를 닦아 익히고 14가지 신변(神變)과 2명(明)을 갖추지만, 구해탈은 공념처(共念處)·조도(助道)·사선(事禪)을 닦고 18가지 신변과 3명을 갖춘다. 『집이문족론』 권3(대정장26, p.376a2)에 "혜해탈이란 무엇인가? 무명 없는 선근과 상응하는 마음으로 이미 뛰어나게 알았고, 마땅히 뛰어나게 알 것이며, 지금도 뛰어나게 알기에 혜해탈이라고 한다. 慧解脫者 謂無癡善根相應心 已勝解 當勝解 今勝解 是名慧解脫", 『대비바사론』 권54(대정장27, p.280a28)에 "〔문〕 무슨 까닭으로 혜해탈이라고 하는가? 〔답〕 저가 혜로써 모든 번뇌는 다하였으나 아직 몸으로 팔해탈은 증하지 못하였기에 혜해탈이라고 한다. 問 何故名慧解脫 答 由彼以慧盡諸漏 未以身證八解脫故 名慧解脫", 『구사론』 권25(대정장29, p.131c12 : *Abh-k-bh.*, p.381)에 "아직 남아있는 멸진정을 얻지 못함에 혜해탈이라고 하는데, 단지 혜의 힘으로 번뇌장에 있어서만 해탈하였기 때문이다. 所餘未得 滅盡定者 名慧解脫 但由慧力 於煩惱障得解脫故 itaraḥ prajñā-vimuktaḥ. prajñā-balena kevalaṃ kleśa-āvaraṇa-vimuktatvāt"라고 하였다. 〔참고문헌〕『集異門足論』, 『大毘婆沙論』, 『俱舍論』, *Abh-k-bh.* ⇨ 칠성 七聖, 구무학 九無學, 구해탈 俱解脫

혜해탈라한 慧解脫羅漢 지혜로 번뇌 없는 아라한. 『사교의』 권5(대정장46, p.735c1)에 "염처와 상응하여 진실한 무루를 일으킨다면 혜해탈라한이 된다. 念處相應發眞無漏 卽成慧解脫羅漢也", 『번역명의집』 권2(대정장54, p.1085b13)에 "어떤 사람은 오로지 혜의 마음만을 써서 남이 없는 공의 뜻만을 연하니 진실로 번뇌를 끊어 혜해탈라한이 된다. 有人 專用慧數 緣無生空理 發眞斷結 得慧解脫羅漢"라고 하였다. 〔참고문헌〕『四教義』, 『飜譯名義集』. ⇨ 혜해탈 慧解脫

혜해탈보특가라 慧解脫補特伽羅 Ⓢ prajñā-vimuktaḥ pudgalaḥ, Ⓣ gang-zag-shes-rab-kyis-rnam-par-grol-ba. 칠성(七聖) 중 여섯 번째 보특가라. 『유가사지론』 권26(대정장30, p.425b12 : *Śrāv-bh.*, p.183)에 "무엇이 혜해탈보특가라인가? 보특가라 있어 이미 증득하여 모든 번뇌 영원히 다했지만 팔해탈은 여전히 몸으로 증하지 못해 구족히 안주하지 못한다. 이것을 혜해탈보특가라라고 한다. 云何慧解脫補特伽羅 謂有補特伽羅 已能證得 諸漏永盡 於八解脫 未能身證 具足安住 是名慧解脫補特伽羅 prajñāvimuktaḥ pudgalaḥ katamaḥ. yaḥ pudgalaḥ sarveṇa sarvam āsravakṣayam anuprāpnoti. no tv aṣṭau vimokṣān kāyena sākṣātkṛtyopasampadya viharati. ayam ucyate prajñāvimuktaḥ pudgalaḥ", 『대승아비달마집론』 권6(대정장31, p.689a18 : *Abh-s.*, p.88)에 "무엇 등이 혜해탈보특가라인가? 이미 모든 번뇌를 다했지만 여전히 팔해탈정 갖추어 증하지 못했다. 何等慧解脫補特伽羅 謂已盡諸漏 而未具證八解脫定 prajñāvimuktaḥ katamaḥ. kṣīṇāsravo no tv aṣṭavimokṣadhyāyī yaḥ pugdalaḥ"라고 하였다. 〔참고문헌〕『瑜伽師地論』, 『大乘阿毘達磨集論』, 『集異門足論』 권16(대정장26, p.436a2), *Śrāv-bh.*, *Abh-s.* ⇨ 칠성 七聖, 구해탈 俱解脫

혜해탈아라한 慧解脫阿羅漢 Ⓢ prajñā-vimukto 'rhan. 지혜로써 번뇌를 벗어난 아라한. 『불성론』 권4(대정장31, p.810a19)에 "첫째, 번뇌장이다. 이 장애를 벗어나면 혜해탈아라한의 경지를 얻는다. 一煩惱障 能離此障 得慧解脫阿羅漢"라고 하였다. 〔참고문헌〕『佛性論』, *Śrāv-bh.192.* ⇨ 혜해탈라한 慧解脫羅漢

혜해탈인 慧解脫人 Ⓢprajñā-vimuktasya pudgala. 지혜로워 번뇌 풀고 벗어난 사람. 칠종현성(七種賢聖) 중 하나다. 멸진정(滅盡定)을 아직 얻지 못했지만 지혜의 힘으로 번뇌장(煩惱障)으로부터 해탈한 아라한. 혜해탈보특가라(慧解脫補特伽羅)라고도 한다. 『아비담비바사론』 권30(대정장28, p.216c28)에 "무엇이 혜해탈인인가? 만약 어떤 사람이 몸으로써 팔해탈을 증하지 못했지만 혜로 나머지 번뇌 끊으면 이를 혜해탈인이라 한다. 云何慧解脫人 若人不以身證八解脫 以慧斷餘漏 是名慧解脫人", 『구사석론』 권18(대정장29, p.283a24 : *Abh-k-bh.*, p.381)에 "(무학의 성자 중) (근기와 선정 중) 다만 근원만을 따를 뿐 삼마발제는 따르지 못했다면 시해탈이 아니어서 혜해탈인을 말한다. 但由根圓滿 不由三摩跋提者 謂非時解脫 慧解脫人 indriyat eva-asamaya-vimuktasya prajñā-vimuktasya"라고 하였다. 〔참고문헌〕『阿毘曇毘婆沙論』, 『俱舍釋論』, *Abh-k-bh.* ⇨ 혜해탈 慧解脫, 칠종현성 慧解脫人

혜행 慧行 Ⓢprajñā-cāra, Ⓣshes-rab-kyi-'jug-pa, shes-rab-rgyu-ba. 혜로 움직이다. 지혜롭게 마음을 쓰다. 해행이란 뛰어나게 구별해 아는 것(增上了別)의 뜻으로, 유위무위법에 있어 공한 성으로 행하는 경(所行境)이다. 『대비바사론』 권10(대정장27, p.45c24)에 "〔문〕 일체법비아행상을 연하는 스스로의 바탕 무엇인가? 〔답〕 혜를 자체로 한다. … 〔문〕 어째서 일체법비아행상을 연한다 하는가? 〔답〕 이 혜행은 일체법은 아가 아니라는 상을 일으키기에 일체법비아행상을 연한다고 한다. 問 緣一切法非我行相 自體是何 答 慧爲自體 … 問 何故名爲緣一切法非我行相 答 此慧行一切法起非我相故 名緣一切法非我行相", 『대승장진론』 권하(대정장30, p.277b3)에 "혜행이란 이름하여 성스럽고 말없어 그러함이다. 저 계경 말씀같이 '삼십칠보리분법에서 저 부처님 말씀하신 바 여실히 열어보임을 설법이라 하니, 다시 이 법 비록 몸으로 증한다 해도 몸을 떠나 법이 있다고도, 법을 떠나 몸이 있다고도 관찰하지 못하니 … 관찰할 수 없기에 성묵연이라 한다'. … 혜경이란 바로 유위무위에 있어서의 공성이다. 慧行 名聖默然 如契經言 於三十七菩提分法 如佛所說 如實開示 是名說法 復於是法 雖以身證 而不觀察 離身有法 亦不觀察 離法有身 … 不觀察故 名聖默然 … 慧境 卽是有爲無爲所有空性", 『유가사지론』 권38(대정장30, p.504a14 : *Bodh-bh.*, p.77)에 "끝내 간택한 법으로 널리 설하고 이에 깨우쳐 밝고 지혜로운 행에 이르는 것을 비발사나라 한다. 極簡擇法廣說乃至覺明慧行 是名毘鉢舍那 dharma-pravicayaḥ vistareṇa yāvat-pāṇḍityaṃ prajñācāraḥ. iyam-ucyate vipaśyanā", 같은 책 권38(대정장30, p.762c20)에 "'각'이란 감히 간택해 갖추어 일으킨 혜이고, '명'이란 익혀 얻은 혜이며, 혜행이란 능히 수지독송하고 묻고 논해서 뛰어나게 결택하는 등의 한층 높이 구별해 아는 것이니 저 뜻에 있어 점점 더 명료하게 부지런히 수습한 혜를 말한다. 覺者 謂堪能簡擇俱生之慧 明者 謂習所得慧 慧行者 謂能受持讀誦問論勝決擇等增上了別 卽於彼義轉增明了勤修習慧"라고 하였다. 〔참고문헌〕『大毘婆沙論』, 『大乘掌珍論』, 『瑜伽師地論』, *Bodh-bh.*

혜향 慧香 지혜로 향기롭다. 오분법신향(五分法身香) 중 세 번째 향. 종보본 『단경』(대정장48, p.353c8)에 "세 번째는 혜향이다. 자기 마음 걸림 없어 항상 지혜로 스스로의 바탕을 관조하고 모든 악도 짓지 않으며 온갖 선을 닦더라도 마음에서 집착하지 않고, 윗사람을 공경하고 아랫사람을 배려하며 외롭고 가난한 이들을 불쌍히 여긴다. 이를 혜향이라 한다. 三 慧香 自心無礙 常以智慧 觀照自性 不造諸惡 雖修衆善 心不執著 敬上念下 矜恤孤貧 名慧香", 『성유식론소초』 권18(卍속장80, p.935a7)에 "세 번째 혜향은 무루혜로 유위를 능히 만난다. 三 慧香者 卽無漏慧 能緣有爲"라고 하였다. 〔참고문헌〕『壇經』, 『成唯識論疏抄』. ⇨ 오분법신 五分法身, 오분법신향 五分法身香, 오분법향 五分法香

혜향 慧響 지혜의 메아리. 『출삼장기집』 권8 「대품경서 大品經序」(대정장55, p.53a21)에 "용수(Ⓢ Nāgārjuna)가 남긴 바람 일으켜 지혜의 메아리를 이 세상에 떨친다. 扇龍樹之遺風 振慧響於此世"라고 하였다. 〔참고문헌〕『出三藏記集』.

혜향초지화 鞋香楚地花 짚신은 초땅에서 꽃으로 향기롭다. 삿갓은 오나라 하늘에서 눈내려 무겁다네(笠重吳天雪)와 같이 한다. 『괴안국어』 권7(대정장81, p.577c3)에 "시자가 일러준 대로 따랐고 참으로 (덕산이) 때리지 않자 돌아와서 그럴듯한 임제에게 들려주었다〈짚신은 초나라 땅에서 꽃으로 향기롭다. 산세 험하면 사람들 힘쓸 일 많아지고, 강하가 맑으면 여인들 많이도 아름답다〉. 侍者依所教 果然不打 歸擧似臨濟〈鞋香楚地花 山陵險阻 人多負氣 江河淸潔 女多佳麗〉"라 하였다. 〔참고문헌〕『槐安國語』.

혜현 惠現 573~630. 백제 출신 스님. 『당고승전』 권28에는 혜현(慧顯)이라 했다. 백제 제30대 무왕(재위 600~641) 대를 전후하여 삼론(三論)과 『법화경』에 밝았던 스님. 『삼국유사』 권5(대정장49, p.1016a9·한불전6, p.364b16) 피은(避隱)8 혜현구정(惠現求靜)에 따르면 백제 출신으로 어려서 출가하여 스님이 되었다. 『법화경』 독송을 오롯이 업 삼고, 삼론을 겸수하여 기도하여 많은 영감을 감득할 때마다 손가락 태우는 연지(燃指)공양으로 고행 또한 극진했다. 예산 수덕사(修

德寺)에 있을 때, 대중 있으면『법화경』강설하고, 대중이 없는 때『법화경』을 독송하면서 천태의 삼지삼관(三止三觀)을 닦았다. 그 덕망 널리 알려져 스님의 법음을 듣고자 사방으로부터 찾아오는 스님과 신도들의 신발 문앞에 가득하였다. 번잡함이 심하여 정진에 방해가 된다 여겨 달마산 미황사(達磨山美黃寺)로 옮겨 깊은 골 바위굴에서 정진하다가 정관초(貞觀初 : 정관년간은 627~649)에 입적하였으니, 세수는 58세였다. 곁에서 수행하던 도반(道伴)이 주검을 석굴로 옮겨 두었는데, 호랑이 먹이 되고 오직 뼈와 혀(舌)만은 남겨 두었다. 3년 동안 산 사람의 혀처럼 붉고 유연한 채로였다가, 3년이 지나서야 자색(紫色)으로 변해서 돌처럼 굳었다고 한다. 사부대중이 크게 경탄하여 탑을 세워 모셨다.『당고승전』권28「석혜현전 釋慧顯傳」에도『삼국유사』와 같이 전하고 있다.〔참고문헌〕『三國遺事』,『唐高僧傳』권28(대정장50, p.687c9).

혜형 慧亨　북송(北宋)대 정토교 스님. 자는 청조(淸照). 원조(元照)에게 율을 배운 다음 항주무림(杭州武林 : 浙江省 杭縣) 연수사(延壽寺)에서 염불수행했다.〔참고문헌〕『佛祖統紀』권27(대정장49, p.279a25),『樂邦文類』권5(대정장47, p.220b18),『淨土晨鐘』권10(卍속장109, p.305b9).

혜형 慧形　중국 남북조대 제(齊)에서 활동했던 비구니. 법전(法全 411~494)비구니와 함께 동청원사에 주석하였다.『비구니전』권3「동청원사법전니전 東青園寺法全尼傳」(대정장50, p.943b8) 부전(附傳)에 "이 때 절에는 또한 정련·승률·혜형이 있었으니, 모두 삼학에 밝아 이름난 이들이었다. 時寺復有淨練僧律慧形 並以學顯名也"라고 하였다.〔참고문헌〕『比丘尼傳』.

혜호 慧嚆　547~635. 안륙(安陸) 출신. 모산(茅山)의 명사(明師) 문하에서 삼론(三論)을 배우고, 나이 서른에 법좌에서 설법하였다. 수 대업년간(605~617)에 성도(成都)에서 대중을 교화하였다. 그 뒤 형문(荊門)에서 교화를 펼치다가 서산(西山)에 은거하며 5년 동안『중관 中觀』을 깊이 연구하였고, 안주(安州) 방등사(方等寺)로 돌아와 강설하였다. 하루 한끼 먹기를 70여 년 행하다가 635년(정관9) 세수 87세로 입적하였다.〔참고문헌〕『唐高僧傳』권13(대정장50, p.522b28).

혜홍 慧洪　❶고려 스님. 송으로 유학 가서 보문사(普門寺) 희변(希辯)의 제자가 되었다.『경덕전등록』권26(대정장51, p.419b26)에 의하면, 청원행사(青原行思)의 10세 제자인 항주(杭州)의 보문사 희변선사의 법사로 고려국 혜홍선사가 있다 하였고 이를 한치윤(韓致奫 1765~1814)의『해동역사』권32 석지(釋志) 명승(名僧)에서 인용하였다.『전법정종기』권8(대정장51, p.763b24)에서도 혜능(慧能)의 12세인 보문사 희변선사의 법을 이은 고려국의 혜홍이라 하였고,『조선불교통사』권중(p.90)에서는 법안문익(法眼文益)의 문하로 1세 천태덕소(天台德韶), 2세 보문희변(普門希辯), 3세 고려 혜홍선사라 하였다.〔참고문헌〕『景德傳燈錄』,『傳法正宗記』,『海東繹史』,『朝鮮佛教通史』. ❷1071~1128. 임제종 황룡파(黃龍派) 스님. 속성은 팽(彭)씨. 자는 각범(覺範). 서주(瑞州 : 江西省 高安縣) 출신. 본래는 덕홍(德洪)이라 하고 적음존자(寂音尊者)라 불렸다. 열넷에 출가하여 구사·유식을 배웠고, 후에 황룡파에 속하는 진정극문(眞淨克文)을 따라 수행하였다. 서주 청량사(淸涼寺)에 머물던 시절에 무고를 당하여 전후로 네 차례 투옥되는 화를 입었다. 그때 재상 장상영(張商英)과 태위 곽천민(郭天民)의 도움을 받았다. 유형에서 돌아온 뒤로는 상서(湘西 : 湖南省) 명백암(明白庵)에 머물면서 저술에 몰두하였다. 1128년(건염2) 5월에 세수 58세, 법랍 39세로 입적하였다. 곽천민의 상주하여 보각원명(寶覺圓明)이라는 호를 받았다.『임간록 林間錄』2권,『임간록후록 林間錄後錄』,『선림승보전 禪林僧寶傳』30권,『고승전』12권,『냉재야화 冷齋夜話』10권,『석문문자선 石門文字禪』30권 등을 남겼다.〔참고문헌〕『嘉泰普燈錄』권7(卍속장137, p.128a18),『五燈會元』권17(卍속장138, p.684a2),『佛祖綱目』권37(卍속장146, p.723b10). ⇨덕홍 德洪

혜화 慧火　❶지혜의 불. 지혜는 번뇌를 태워 버리기에 이렇게 말한다.『해의보살소문경』권6(대정장13, p.489a10)에 "모든 초목이 비록 매우 많을지라도 저 모든 것 따라 나의 힘으로 대적하여 저 초목들 사라지게 해서 남김없이 하리라. 보살 또한 다시 이와 같으니 저 무량 중생의 일체번뇌 따라 보살인즉 무량한 지혜의 불 놓아 그 힘으로 싸워 이기리라. 諸草木 雖復衆多 隨彼一切 我力能敵 令彼草木 悉滅無餘 菩薩亦復如是 隨彼無量衆生 一切煩惱 菩薩 卽放無量慧火 其力敵勝",『대정법문경』(대정장17, p. 819b26)에 "문수사리여, 내가 몸으로 하려 하듯 모든 탐욕도 이와 같으며, 나의 분노와 어리석음처럼 일체분노와 어리석음도 이와 같다. 저의 번뇌처럼 중생들 번뇌 역시 이와 같습니다. 마치 큰 불이 초목 다 태워버리듯 성현의 지혜의 불도 번뇌 태워 버리며, 마치 햇빛이 온갖 어둠을 비추어 밝히며 어둠과 더불어 합하지 않듯 성현의 지혜도 그와 같아 티끌의 수고로움 더는 없이 해서 함께 합하지 않습니다. 設使 文殊師利 如我身欲 諸貪欲者 亦復如是 如我瞋恚 及與愚癡 一切瞋恚 愚癡之事 亦復如是 如我塵勞 衆生塵勞 亦復如是 譬如大火 悉燒草木 賢聖慧火 燒除塵勞 譬如日光 照

明衆冥 不與冥合 聖慧如是 蠲除塵勞 不與俱合"라고 하였다. [참고문헌]『海意菩薩所問經』,『大淨法門經』. **2** 부처님의 명호. 60권본『화엄경』권4(대정장9, p.419b8)에 "불자들이여, 다음으로 이 사바세계의 동남쪽에 사천하가 있으니, 희락이라고 한다. 거기에서는 여래를 연화·혜화 … 청정안왕·상용·정진력이라고 한다. 이와 같은 등의 부처님 명호 그 수 일 만이다. 諸佛子 次此東南方 有四天下 名曰喜樂 彼稱如來 或名蓮華 或名慧火 … 或名淸淨眼王 或名上勇 或名精進力 如是等稱佛名號 其數一萬"라고 하였다. [참고문헌]『華嚴經』.

혜화전문학교 惠化專門學校 ➡ 동국대학교 東國大學校

혜환 慧幻 혜로 나투다. 혜로 중생 따라 변화해서 나투는 뜻이다.『여래흥현경』권4(대정장10, p.612a11)에 "여래께서 깨달으시니 무량한 혜로 모양으로 보이시고 더없는 방편 보여 나투신다. 성스러운 주술로 널리 일체에 들어 온갖 법계 나타내시지만 또한 든 적이 없으시니, 마치 환화인 듯 여래의 몸을 나투신다. 법계에 계시면서 허공계가 다하기까지 중생이 믿고 즐거워하는 것 따라 각각 위하여 온갖 불토 변화로 보이시고 멸도 또한 나투신다. 오롯이 한 국토에서만 반열반 보이시는 것이 아니니, 여래께서는 일체법계 모든 곳에 열어 통하지 않으시는 곳이 없다. 如來善覺 無量慧幻 示現善權 聖術之呪 普入一切 現諸法界 亦無所入 猶如幻化 現如來身 處在法界 究虛空界 則隨衆生之所信樂 各爲化示 諸佛之土而現滅度 不獨一國 示般泥洹 如來悉於一切法界 靡不開達",『환사인현경』(대정장12, p.32b14)에 "일체인민과 그 있는 것들 다 환화와 같으며, 앉아 있는 모든 비구도 환화와 같고, 나의 몸도 역시 혜의 환이며, 이 삼천대천세계도 환화이고, 인연죄복도 일체제법 역시 환화와 같으니, 모두 인연으로 말미암아 각각 모여 있을 뿐이다. 一切人民 及其所有 皆如幻化 諸坐比丘 亦如幻化 如我之身 亦是慧幻 此三千大千世界 則復爲化 因緣罪福 一切諸法 亦如幻化 皆由因緣 各在合會"라고 하였다. [참고문헌]『如來興顯經』,『幻士仁賢經』.

혜효 惠曉 당대 스님. 불공(不空 Ⓢ Amoghavajra) 문하에서 30여 년간 지냈던 제자. 스승을 따라 오부관정(五部灌頂)을 받고, 항상 황제를 배알하였다. 757년(지덕2) 내도량에서 국태민안을 기원하였고, 다음 해에 서명사(西明寺)에 주석하였으며, 777년(대력12) 칙명에 따라 오대산으로 가서 금각사존상안색계인(金閣寺尊像顔色契印)을 검교(檢校)하는 등 여러 차례 공덕을 닦았다. [참고문헌]『代宗朝贈司空大辨正廣智三藏和上表制集』권6(대정장52, p.858b11).

혜훈 惠訓 신라 제27대 선덕여왕(재위 632~647)대를 전후하여 국통(國統)을 역임한 스님. 다만『삼국유사』권3(대정장49, p.990a23·한불전6, p.320a15) 탑상(塔像)4 황룡사장륙(皇龍寺丈六)에 따르면 553년(진흥왕14) 2월에 진흥왕(眞興王)이 용궁(龍宮) 남쪽에 자궁(紫宮 : 大闕)을 짓고자 정지작업을 하던 중, 황룡이 나타났으므로 계획을 바꾸어 절을 짓고 황룡사(黃龍寺)라 이름하였다. … 그로부터 17년 후, 바다 남쪽에 한 척의 큰 배가 나타나 하곡현(河曲縣)의 사포(絲浦 : 지금의 蔚州郡 谷浦)에 정박해 그 안을 검사해 보니 연유를 적은 편지가 있는데, 인도의 아육왕(阿育王)이 황철(黃鐵) 5만 7천근과 황금 3만푼(分 : 別傳에는 鐵 40만 7천근, 금 1천량이라 하였고 혹은 3만 7천근이라는 기록도 있다)으로 석가와 좌우보처 등 3존상을 조성하려 하였으나 성취하지 못하고, 하는 수 없어 철금(鐵金)을 모두 배에 싣고 인연이 있는 나라로 가서 장육존상(丈六尊像)이 원만히 이루어지기를 빈다면서 1불 2보살의 모형도까지 실려 있었다. 현령이 왕에게 보고하여 하곡현의 동쪽 앞이 탁 트인 전망이 좋은 터(爽塏)를 잡아 동축사(蔚山郡 方魚津邑 東部洞 摩骨山)를 짓고, 그 절에 봉안키로 하고는 당시 서울인 경주에서 574년(진흥왕35) 3월(寺中記에는 癸巳年 10월 17일) 장륙상을 조성하여 원만히 성취하였으니, 주존은 무게가 3만 5천 7근인데 황금을 1만 1백 98푼을 입합(入合)하였고, 좌우 두 보살은 철(鐵)이 일만 2천근, 황금은 1만 1백 36푼을 입합하였다. 완성한 후 황룡사에 봉안하였는데, 다음해인 575년 그 불상에서 눈물 흘러 발끝까지 이르고, 땅 밑 1자까지 흘러들었는데 이는 곧 진흥왕의 승하징조였다. … 자장율사가 중국에 유학가서 오대산 문수보살상 전에서 기도하다가 감응을 받았다. 즉 "너의 나라 황룡사에는 석가여래와 가섭불(迦葉佛)이 강연했던 곳으로 연좌석(宴坐石)이 지금도 남아있어 인도 무우왕(無憂王 : 阿育)의 쇠와 황금을 실은 배 너의 나라에 이르렀으니 깊은 인연이다. 3존상은 동축사에 옮겨 모셨다"라고 하였으며,「동축사기 東竺寺記」에 의하면 584년(진평왕6)에 금당(金堂)이 낙성됨에 선덕여왕이 초대 주지에 진골(眞骨)인 환희(歡喜)스님을, 2대 주지에 자장국통(慈藏國統)을, 3대 주지에 혜훈국통(惠訓國統)을 제4대 주지에 상율사(廂律師)를 각각 추대하였다. 1238년(고종25) 윤 4월 몽고병에 의해 화재로 주존과 좌우 양대보살은 모두 소융(燒融)되었고, 작은 석가불상만 화재를 면했다라고『삼국유사』는 전하고 있다. [참고문헌]『三國遺事』,『朝鮮寺刹史料』권상 p.556. ⇨ 환희 歡喜**3**, 황룡사 皇龍寺

혜훈 惠勳 **1** 백제 스님. 영위법사(令威法師)의 제자였다고 한다.『원흥사연기』에 의하면 588년(위덕왕35)에 백제에서 일본에 6명의 스님을 보냈다고 하는데, 그 중 한명이다. 이 때 보내진 6명의 스님은 영조율사(令照律師)와 제자 혜총(惠悤), 영위법사와 제자 혜훈, 도엄법사(道嚴法師)와 제자 영계(令契)이다. [참고문헌] 『元興寺緣起』. **2** 조선 스님. 1588년(선조21)에 『법집별행록절요』 개판 때 판칠시주(板漆施主)로 동참하였다. 한불전4에 수록된 『법집별행록절요』의 저본인 1588년 운문사(雲門寺) 개판본 말미 판각시주자명단에 "대시주 율생임국로 … 판칠시주 학청비구, 지순, 성초, 혜훈, 석잠, 지성, 현옥 … 大施主律生林國老 … 板漆施主 學淸比丘 智淳 性招 惠勳 釋岑 智性 玄玉 … " 등이라 하였다. [참고문헌] 『法集別行錄節』.

혜훤 慧暅 515~589. 남조(南朝) 진대(陳代) 스님. 속성은 주(周)씨. 의흥양선(義興陽羨) 출신. 죽림사(竹林寺)의 후법사(詡法師)를 은사로 출가하여 구족계를 받았다. 그 후에 정중사(靜衆寺)의 봉법사(峰法師)에게 『십송율』을, 용광사(龍光寺)의 승작(僧綽)에게 『성실론』을 배웠다. 559년(영정3) 백마사(白馬寺)에서 『열반경』·『성실론』을 강설하였고, 572년(태건4) 선제(宣帝)의 칙령으로 동안사(東安寺)에서 강설하였다. 583년(지덕1) 경읍(京邑)의 대승도(大僧都)가 되었고, 586년(지덕4)에는 대승정(大僧正)이었다. 589년(개황9) 세수 75세로 입적하였다. [참고문헌] 『唐高僧傳』 권9(대정장50, p.494a24).

혜휘 慧暉 **1** 442~514. 남조(南朝) 양대(梁代) 비구니. 속성은 락(駱)씨. 청주(青州 : 江蘇省 東海) 출신. 평소에 『열반경』·『법화경』을 읽다가 나이 열여덟에 출가하여 경사(京師) 안락사(安樂寺)에 주석하며 종빈법사(從斌法師)·제법사(濟法師)·유법사(柔法師)·차법사(次法師)의 지도에 따라 『열반경』·『성실론』 등을 공부하였다. 경론에 박통하여 명성이 멀리 퍼졌다. 514년(천감13) 세수 73세로 입적했다. [참고문헌] 『比丘尼傳』 권4(대정장50, p.974c4). **2** 당대 스님. 장안(長安) 서명사(西明寺)에 주석했다. 원휘(圓暉)의 제자였다. 원휘가 지은 『구사론송소 俱捨論頌疏』에 주석을 붙여 『구사론석송소의초 俱舍論釋頌疏義鈔』 6권을 완성하였다. 이는 둔린(遁麟)의 『구사론송소기 俱舍論頌疏記』 29권과 함께 쌍벽이라 불린다. [참고문헌] 『俱舍論頌疏論本』 권30(대정장41, p.981c25). **3** 1097~1183. 송대 조동종 스님. 속성은 장(張)씨. 회계(會稽 : 浙江省) 상우(上虞) 출신. 어릴 때 징조도응(澄照道凝)을 은사로 출가하였고, 스무 살에 진헐청료(眞歇淸了)를 친견하였다. 그 뒤 굉지정각(宏智正覺)의 법을 이었다. 보타사(補陀寺)·만수사(萬壽寺)·길상사(吉祥寺)·설두사(雪竇寺) 등에 주석했고, 1176년(순희3) 효종(孝宗)의 명을 받들어 임안정자사(臨安淨慈寺)에 머물르다, 1180년(순희7) 설두사로 돌아왔다. 1183년(순희10) 세수 87, 법랍 75세로 입적하였다. 자득선사(自得禪師)라는 호를 받았다. 『영은정자자득선사어록 靈隱淨慈自得禪師語錄』 6권을 남겼다. [참고문헌] 『嘉泰普燈錄』 권13(卍속장137, p.202b8), 『五燈會元』 권14(卍속장138, p.548a4), 『聯燈會要』 권29(卍속장136, p.923b3).

혜휴 惠休 남조(南朝) 유송(劉宋)대 스님. 본래 이름은 탕휴(湯休). 휴상인(休上人)이라 불렸다. 대단히 풍부한 문장력으로 짓는 시문마다 화려한 멋을 드러내었다. 현존하는 시 10여 수가 『예문유취 藝文類聚』·『초학기 初學記』·『옥대신영 玉臺新詠』 등의 책에 보인다. [참고문헌] 『正史佛教資料類編』 권2 p.87a29.

혜휴 慧休 548~?. 당대 초기 스님. 속성은 낙(樂)씨. 영주(瀛州 : 河北省) 출신. 혜휴(惠休)라고도 쓴다. 열여섯에 사문을 만나 삼세윤회하는 고통에 관한 법문 듣고는 마침내 욱율사(勗律師)를 은사로 출가하였다. 영유(靈裕) 등 여러 스님을 두루 찾아다니며 공부한 끝에 깨달음을 얻었다. 발해(渤海)로 가서 명언(明彦) 문하에서 『성실론』을 배웠고, 다시 돌아와 담천(曇遷)·도니(道尼) 등의 문하에서 『섭대승론』을 학습하였고, 법려(法礪) 등의 율사에게 『사분율』을 배우고 깊은 이해를 얻었다. 여러 종파의 설을 두루 익힌 뒤 수말에 상주(相州)로 돌아와 운문사(雲門寺)에 머물다가 도적떼의 난을 맞아 상주의 군대와 백성이 성을 버리고 달아났지만 혜휴는 문도 20여 인을 이끌고 성을 지키며 난을 피하였다. 『석씨통감』 권7(卍속장131, p.899b15)에 "늘 '이해하는 마음 쉽게 일어나지만, 번뇌의 경계 버리기 어렵네'라 하였다. 每曰 解心易起 塵境難消". 635년(정관9) 황제가 수차례 초빙하였으나 신병을 핑계로 가지 않았다. 645년(정관19) 상주 자윤사(慈潤寺)에 머물 당시 98세였으나 여전히 강건하였다. [참고문헌] 『釋氏通鑑』, 『唐高僧傳』 권15(대정장50, p.544b1).

혜흔 慧昕 조선후기 스님. 법호는 용연(龍淵). 문담원장(文潭元長 ?~1880)의 제자이자, 경연철구(鏡淵哲球)의 스승이다. [참고문헌] 『東師列傳』 권5 「文潭講伯傳」(한불전10, p.1052c14).

혜흥 惠興 645년(선덕여왕14) 자장율사의 주청(奏請)에 의해 세웠던 경주 황룡사의 9층탑을 871년(경문왕11) 보수할 당시 이미 국통이었던 스님(前國統). [참고문헌] 『皇龍寺刹柱本記』. ⇨ 현량 賢亮, 보연 普緣

혜희 惠希 조선 선조(재위 1567~1608) 때 예산 향천사(香泉寺) 스님. 혜희(惠熙)라고도 한다. 1592년(선조25) 임진왜란 때 향천사에서 수도하다가 왜구의 침입에 분개하여 분연히 일어나 장삼을 벗고 갑옷으로 갈아입었고, 육환장(六環杖) 대신 창검을 들고 50명의 승병을 규합하여 스스로 승병장이 되어 공주(공주군 계룡면 중장리 계룡산) 갑사로 가서 기허당 영규(騎虛堂 靈圭)대사가 이끄는 승병과 합세하여 왜적과 싸웠다. 순천(順川 : 평안남도 寧邊 隣接) 일대의 무기고의 수비에도 큰 공을 세웠다. 본사인 향천사에 스님의 부도(浮圖)가 있다. 〔참고문헌〕『東國輿地勝覽』 권55 順川郡 佛宇, 『朝鮮佛敎通史』 권상.

혜희보살 慧喜菩薩 부동명왕(不動明王)의 팔대금강동자(八大金剛童子) 중 하나. 지혜를 기쁨으로 돌린다는 뜻을 지닌 보살. 『팔대동자궤』(대정장21, p.31b18)에 "혜희보살〈금강지삼장은 '혜희는 지혜를 기쁨으로 돌린다는 뜻'이라고 하였다〉 … 남쪽 보부는 복덕문이다. 혜희라는 사자를 낳으니 복덕과 지혜의 두 가지 장엄이 기쁨이 되기 때문이다. … 혜희보살진언〈금강합장하고 양손의 중지를 보형과 같이 한다〉은 '옴 라트나 마테사두 마하마니 마 oṃ ratna matesadhu mahāmaṇi maḥ'. … 혜희보살은 형상은 자애로운 얼굴로 미소 띤 모습과 같다. 색은 홍련과 같으며 왼손에는 마니주를 들었고 오른손에는 삼고저를 쥐고 있다. 慧喜菩薩〈金剛云慧喜卽迴慧爲喜〉 … 南方寶部卽福德門 所以出生使者名慧喜 以福智二嚴爲喜故 … 慧喜菩薩眞言曰〈金合忍願如寶形〉 (oṃ) (ra) (tna) (ma) (te) (sa) (dhu) (ma) (hā) (ma) (ṇi) (maḥ) 唵 囉怛曩 摩帝娑度 摩訶摩抳 莫 … 慧喜菩薩形似慈面現微笑相 色如紅蓮 左手持摩尼 右手持三股鉤"라 하였다. 〔참고문헌〕『八大童子軌』.

혜희보살상 금강봉사 고야산 일본 겸창12세기

호 戶 **1** S kapāṭa, P dvāra, T sgo. 열고 드는 곳. 문짝(扉) 하나 뿐인 사립문 또는 문 일반. 문호(門戶). 『비니관요』 권10(卍속장63, p.781b4)에 "호란 모든 사람이 드나드는 곳이다. 한 짝의 문을 호라 하고 또 집 안의 문(방문 따위)을 호라 하기도 한다. 戶者 通人出入處 一門曰戶 又曰內門爲戶"라고 하였다. 〔참고문헌〕『毗尼關要』, *Abh-k-bh.352.*, *MN.1.353.* **2** 벌레들 보금자리. 『성유식론자고』 권6(卍속장82, p.259b17)에 "겨울잠에 들 벌레 보금자리 파고, 새떼들 모이를 쌓아둔다. … 이 모든 무리들 나는 영원하리라 붙들려 있기 때문이다. 蟄蟲坏戶 羣鳥養羞 … 諸如是類 執我常故"라고 하였다. 〔참고문헌〕『成唯識論孜考』.

호 虎 S vyāghra. 호랑이. 미야갈라(弭也竭囉)라 음사한다. 양들 옆에 도사리고 있는 호랑이는 늘 죽음 앞에 무상(無常)한 두려움을 비유하기도 한다. 『대지도론』 권19(대정장25, p.200a10)에 "무루지혜로 늘 일체 무상 관한다. 무상을 관하므로 애 등의 온갖 번뇌 일어나지 않는다. 비유컨대 저 양들 가까이 호랑이 있으면 비록 좋은 풀과 맛있는 물을 얻을 수 있어도 살찔 수 없는 것과 같다. 이와 같이 모든 성인들은 비록 무루의 즐거움을 얻지만 무상한 공을 관하므로 물들고 붙들려 살찌우지 않는다. 無漏智慧 常觀一切無常 觀無常故 不生愛等諸結使 譬如羊近於虎 雖得好草美水而不能肥 如是諸聖人 雖受無漏樂 無常空觀故 不生染著脂"라고 하였다. 〔참고문헌〕『大智度論』, *Laṅk.252.*, *Udāna-v.495.*

호 胡 **1** 의문의 글 앞에 붙는 말. '어찌 ~하는가?'로 푼다. 『태자서응본기경』 권하(대정장3, p.482c2)에 "어찌 허망한데도 스스로 귀하다 하는가? 胡爲虛妄 自稱貴乎", 『경덕전등록』 권6 「선문규식 禪門規式」(대정장51, p.251a3)에 "『유가사지론』·『영락경』은 대승계율인데 어찌 의지하여 따르지 않는가? 瑜伽論 瓔珞經 是大乘戒律 胡不依隨哉"라고 하였다. 〔참고문헌〕『太子瑞應本起經』, 『景德傳燈錄』. **2** 자국 아닌 곳에 사는 이들을 배타적으로 부르는 말. 특히 한(漢)이란 이름의 무리가 중심이 되어 쓰는 말이다. 『출삼장기집』 권1 「호한역경음의동이기 胡漢譯經音義同異記」(대정장55, p.4b23)에 "호라는 자는 한 음으로 말 성립되지 않고 반드시 나머지 말로써 구를 충족시킨 다음에야 뜻이 되니, 역자가 뜻을 전함이 어찌 어렵지 않겠는가? 且胡字一音不得成語 必餘言足句 然後義成 譯人傳意 豈不艱哉", 『조정사원』 권5(卍속장113, p.138a12)에 "어떤 동자가 '진을 없앨 이들 호이다'라고 하자 태자 부소장군과 몽염을 보내서 병졸을 이끌고 백성을 부리며 만리장성을 축조함으로써 호를 막았다. 有童子云 亡秦者胡也 乃遣太子扶蘇將軍 蒙恬 領兵役萬姓 築萬里長城 以防胡"라고 하였다. 〔참고문헌〕『出三藏記集』, 『祖庭事苑』. ⇨ 호국 胡國, 호궤 胡跪, 호래호현 胡來胡現, 호어 胡語, 호종족 胡種族 **3** 마음대로. 『밀운어록』 권10(가흥장10, p.55b12)에 "여러분이 마음대로 어지러이 천착하도록 맡겨두겠다. 一任諸人 胡穿亂鑿"라고 하였다. 〔참고문헌〕『密雲語錄』. ⇨ 호란지주 胡亂指注

호 毫 뛰어난 털. 백호(白毫). 『법화경현찬요집』 권11(卍속장53, p.887a9)에 "호란 말하는 것이 긴 털과 같다란, 긴 털을 호라 할 경우 호를 다르다는 뜻으로 취하는 것과 같다. 털을 나타내는 글자 가운데 호라는 글자를 취하면 모든 털 가운데 가장 뛰어나다는 뜻을 얻는데 호(豪)는 뛰어난 털이다. 『회남자』에 '지혜가 만인을 넘어서는 사람을 호(毫)라 한다'고 하였으니, 두 글자(毫·豪) 모두 무방하다. 言毫者 長毛等者 長毛作毫 若取毫異之 毛取毫字 亦得衆毛之中最勝也 豪者 俊毛也 淮南子 智出萬人曰毫 二字皆得"라고 하였다. 〔참고문헌〕『法華經玄贊要集』. ⇨ 백호 白毫

호 號 ❶ Ⓢ nāma, nāma-dheya. 소리 내 널리 크게 부르는 이름. 『유부율파승사』 권6(대정장24, p.128a13)에 "부처님께서 말씀하셨다. '구수 교진여는 이미 두루 법을 증하였으니, 이 뜻으로 아야교진여라 부른다'. 佛言 具壽憍陳如 旣遍證法 以是義故 號阿若憍陳如", 『찬집백연경』 권3(대정장4, p.216b16)에 "이 사람들 노래 짓고 꽃 흩뿌려 공양한 선근공덕으로 미래세에 … 천상과 인중에 항시 애락하여, 최후신을 얻고 벽지불을 이루어 그들 모두 한 가지로 불리우니 묘성(Ⓢ Valgusvarāḥ)이란 이름으로 널리 중생을 건진다. 此諸人等 以其作樂散花供養善根功德 於未來世 … 天上人中常受快樂 最後身得成辟支佛 皆同一號 名曰妙聲 廣度衆生", 『대승의장』 권20(대정장44, p.863b13)에 "(여래 등) 이 열 가지 경 중에서 설하길 '호' 또는 '칭'이라고 하였지만 푸는 뜻 가리런해 통한다. 상 따라 분별하니 체를 드러내어 '명'이라 하고 덕을 표하여 '칭'이라 하는데, 명과 칭 이외에 불러내 천하가 알게 하는 것을 '호'라 한다. 此十經中說之爲號 或云名稱 通釋義齊 隨相分別 顯體爲名 標德云稱 名稱外彰 號令天下 說之爲號"라고 하였다. 〔참고문헌〕『有部律破僧事』, 『撰集百緣經』, 『大乘義章』, *Av-ś.77.*, *Saṅ-v.48.* ⇨ 명호 名號 ❷ 법명 이외에 덕을 기려 다른 이들이 드리고 부르는 이름. 『백장청규』 권2(대정장48, p.1119a2)에 "위로부터 내려온 경을 외우는 공덕으로 받들어 아무개 호를 삼았으니, 대화상 더없이 높은 품위를 위함입니다. 上來諷經功德 奉爲某號大和尙增崇品位", 『사명당대사집』 「발문 跋文」(한불전8, p.77c14)에 "우리 스승은 어려서부터 빼어난 풍모와 위의로 아름다운 나이에 출가하셨으니, 법호는 유정이고 자는 이환이라 하며 사명과 종봉은 그 헌호(당호)다. 師也 夙挺風儀 妙年出家 法號惟政 字曰離幻 四溟鍾峯 其軒號也"라고 하였다. 〔참고문헌〕『百丈淸規』, 『四溟堂大師集』, 『伽山藁』(한불전10, p.758b10). ⇨ 법호 法號

호 護 ❶ Ⓢ Ⓟ saṃvara, Ⓢ anurakṣaṇa, anurakṣaṇatā. 근(根 Ⓢ indriya)을 다스리고 계(戒 Ⓢ sīla)를 가져 몸과 마음을 불선과 번뇌로부터 지키는 일. 또는 정법(正法)을 외부로부터 지키는 일. 계(戒)·율(律)·율의(律儀)·금계(禁戒) 또는 수호(守護)·수수호(隨守護) 등으로도 한역된다. 『중아함경』 권10 「본제경 本際經」(대정장1, p.487b12 : *Taṅha-sutta, AN.5,* p.116)에 "무엇을 (身口意) 세 가지 삼악행습이라 하는가? 〔답〕 제근들을 지키지 못하는 것이 습이다. 何謂三惡行習 答曰 不護諸根爲習 tīṇi p'ahaṃ bhikkhave duccaritāni sāhārāni vadāmi, no anāhārāni. ko cāhāro tiṇṇaṃ duccaritānaṃ. indriya-asaṃvaro ti'ssa vacanīyaṃ", 같은 책 권2 「누진경 漏盡經」(대정장1, p.432a10)에 "유루와 번뇌와 우척을 끊는 일곱 가지 법이 있으니 … 유루는 호에 좇아 끊는다. 有七斷漏 煩惱憂慼法 … 有漏從護斷", 『대승아비달마집론』 권4(대정장31, p.680c28 : *Abh-s.,* p.60)에 "어째서 시라를 성취한다고 하는가? 깨끗한 시라를 능히 받아 지키기 때문이다. 云何成就尸羅 能受能護淨尸羅故 kathaṃ śīla-samanvāgato bhavati. viśuddha-śīla-anulakṣaṇopapannataḥ", 『대비바사론』 권120(대정장27, p.627b28)에 "모든 부처님들 모두 내호와 외호가 있으니, 내호란 보리분법을 말하고 외호는 친속을 말한다. 만약 외호가 없다면 외도 악당들에 의해 무너지게 될 수 있으니, 불세존께서는 모든 석가 종족들을 제도해서 정법을 지키게 하셨다. 諸佛皆有內護外護 內謂菩提分法 外謂親屬 若無外護當爲外道惡黨所壞故 佛世尊度諸釋種以護正法"라고 하였다. 〔참고문헌〕『中阿含經』, 『大乘阿毘達磨集論』, 『大毘婆沙論』, *AN.*, *Abh-s.*, *MN.1.9.* ⇨ 금계 禁戒, 율의 律儀❶, 내호 內護, 외호 外護 ❷ Ⓢ trāṇa, Ⓣ skyob pa. 구제(救濟)하여 보호(救護)하는 일. 『연도속업경』(대정장17, p.836b3)에 "호는 네 가지로 나타나니, 첫째 악을 버리고 선으로 나아가게 하는 것, 둘째 깨우쳐 삼보에 귀명하도록 하는 것, 셋째 도의를 일으키게 하는 것, 넷째 중생을 깨우쳐 교화하는 것이다. 護有四事 一曰 敎去惡就善 二曰常 訓誨歸命三寶 三曰使發道意 四曰 開化衆生", 『백오십찬』(대정장32, p.760c17 : *Śata-śa.,* p.107)에 "표류하는 이에게 모래톱이 되어주시며, 고통 받는 이를 항시 보호하시며, 두려워하는 이에게 귀의처가 되어주시며, 이들을 이끌어 해탈하게 하신다. 漂流作洲渚 害已恒爲護 怖者作歸依 引之令解脫 tvam oghair uhyamānānāṃ dvīpas trāṇaṃ kṣatātmanām śaraṇaṃ bhavabhīrūṇāṃ mumukṣūṇāṃ parāyaṇam"라고 하였다. 〔참고문헌〕『演道俗業經』, 『百五十讚』, *Śata-śa.* ❸ Ⓢ upekṣā, Ⓟ upekkhā의 구역. 신역은 사(捨)이다. 불고불락(不苦不樂)의 사수(捨受)를 말한다. 또는 혼침(昏沈)과 도거(掉擧)를 여윈 행사(行捨)를 말한다. 『아비담심론』 권3(대정장28, p.823c16)에 "제3선에는 다섯 가지가 있으니 낙·호·념·지(慧)·일심(定)이 그것이다. … 호란 이미 낙수(樂受)를 누려 낙수에 대해 더 이상을 구하지 않는

것이다. 第三禪有五枝樂護念智一心 … 護者已樂於樂不求餘", 『아비담감로미론』 권하(대정장28, p.977b25)에 "염·택법·정진·희·의·정·호를 칠각이라 한다. … 이 중에서 마음을 놓아버려 들숨날숨 집중하지도 의욕을 내지도 않는 것을 호각이라 한다. 念擇法精進喜猗定護 是謂七覺 云何念 … 是中放心息不念不欲 是謂護覺"라고 하였다. [참고문헌] 『阿毘曇心論』, 『阿毘曇甘露味論』. ⇨사 捨❶, 사수 捨受, 행사 行捨 ❹ 호법종성(護法種性)의 줄임말. 『오교장』 권2(대정장45, p.485b27)에 "만약 소승에 따르면 종성에는 여섯 가지가 있으니, 퇴법(退法)·사법(思法)·호법·주법(住法)·승진법(昇進法)·부동법(不動法)이 그것이다. 若依小乘種性有六種 謂退 思 護 住 昇進 不動"라고 하였다. [참고문헌] 『五敎章』. ⇨호법종성 護法種性

호가곡 胡笳曲 갈대잎 등을 말아 부는 풀피리 소리. 임의로 구멍을 내 소리의 한계 정한 바 없기에 부는 이에 맡겨 자유로이 소리나게 하는 뜻에서 비유로 쓴다. 『조정사원』 권1(卍속장113, p.22b13)에 "호가곡 : 호가(胡家)는 호가(胡笳)로 해야 맞다. 풀피리류다. 호인들이 불어 곡조 낸다. 한 이릉의 「답소무서」에 '호인의 피리 번갈아가며 울리면 풀어 먹이는 말도 슬피 운다'라고 하였다. 이를 빌려서 우리의 도에 비유한다. 신풍(洞山)이 말하길, '호가곡은 오음에서 자유로워 운은 맑은 하늘에서 나올 뿐이니, 부는 이 마음대로 소리낼 뿐이다'라고 했다. 어떤 이는 세존의 범어 쓰는 나라를 가리켜 호가라 하니 어찌 큰 잘못이라 하지 않겠는가! 胡家曲 胡家 當作胡笳 笳笛之類 胡人吹之爲曲 漢李陵 答蘇武書云 胡笳互動 牧馬悲鳴 今借此以況吾道 新豐云 胡笳曲子不墮五音 韻出淸霄 任君吹唱 是也 或者指世尊梵國爲胡家 豈不大謬妄乎"라고 하였다. [참고문헌] 『祖庭事苑』, 『洞山語錄』 「玄中銘」(대정장47, p.515c8), 『禪門諸祖師偈頌』 권상(卍속장116, p.915a13).

호가람신 護伽藍神 가람을 수호하는 신(神). 가람십팔선신(伽藍十八善神) 등이 있다. 넓게는 불법을 옹호하는 모든 신들을 말한다. 『치성광도량염송의』(대정장46, p.980b1)에 "일심으로 우러러 청하옵니다. 이곳에 머무시어 가람을 지키시고는 정법을 수호하시는 신령하신 님들께. 一心奉請 此所住處 護伽藍神 守正法者"라고 하였다. [참고문헌] 『熾盛光道場念誦儀』. ⇨가람신 伽藍神, 가람십팔선신 伽藍十八善神

호각의 護覺意 Ⓢupekṣā-saṃbodhyaṅga, Ⓟupekhā-sambojjhaṅga. 칠각의(七覺意 : 七覺支) 중 하나인 어디에도 기울지 않는 사(捨 Ⓢupekṣā)라는 각지(覺支)를 말한다. 『증일아함경』 권33(대정장2, p.731b19 : *Cakkavatti-sutta*, *SN.5*, p.99)에 "만약 여래께서 세간에 출현하실 때면 문득 칠각의라는 보배가 세간에 출현한다. 무엇이 일곱인가? … 호각의이니 이것들이 세간에 출현한다. 若如來出現世間時 便有七覺意寶出現世間 云何爲七 … 護覺意 出現於世 upekhā-sambojjhaṅga-ratanassa pātubhāvo hoti. tathāgatassa bhikkhave pātubhāvā arahato sammāsambuddhassa imesaṃ sattannam bojjhaṅga-ratanānaṃ pātubhāvo hoti ti", 같은 책 권34(대정장2, p.739a10)에 "무명이 부리는 것들 호각의로 다스린다. 無明使者護覺意治之", 『수행도지경』 권5(대정장15, p.218b5)에 "그 마음 바로 음노치의 때 사라져야 뜻하는 바 원과 같아지리니, 이것이 호각의다. 其心是滅婬怒癡垢 所志如願 是護覺意", 『음지입경주』 권상(대정장33, p.12c19)에 "일곱째 호각의다. 뜻이란 위태로워 지키기 어렵고 묘해서 다스리기도 어려우니, 만약 욕계에 있다면 삼가고 지켜서 그 욕에서 벗어나도록 해야 하며, 색계와 무색계에서도 이와 같이 해야 하기에 호각의라 한다. 七護覺意 意危難護 其妙難制 若衔在欲愼將護之 使其出欲 在色在無色 護之亦然 故曰護覺意"라고 하였다. [참고문헌] 『增壹阿含經』, 『脩行道地經』, 『陰持入經註』, *SN.*, *Mp-s.128.* ⇨사각지 捨覺支, 칠각지 七覺支

호갈난갈 胡喝亂喝 ➡호할난할 胡喝亂喝

호감 顥鑑 오대송초(五代宋初) 스님. 운문문언(雲門文偃)의 법을 이었고, 악주(岳州) 파릉(巴陵 : 湖南省 岳陽)의 신개사(新開寺)에 주석하여 파릉호감이라 불렸다. 언변이 뛰어나 감다구(鑑多口)라는 별칭도 있다. 파릉밀부(巴陵密付) 등의 공안에 그 선법이 보인다. [참고문헌] 『景德傳燈錄』 권22(대정장51, p.386a19), 『聯燈會要』 권26(卍속장136, p.863b10). ⇨파릉밀부 巴陵密付, 파릉은완성설 巴陵銀椀盛雪, 파릉삼구 巴陵三句

호갑사 虎岬寺 서울 금천구 시흥동 삼성산(三聖山)에 있는 절. 호압사(虎壓寺)라고도 한다. 『동국여지승람』 권10 경기 금천현 산천에 "윤자의 설에 '금천 동쪽에 있는 산이 있는데 그 형세가 북으로 달리는 범 같고, 가파르게 솟은 바위 있어 암이라 불렀다. 술가들 이를 보고 바위 북쪽 모퉁이에 절을 세워 호갑사라고 하였다'. 尹滋說 衿之東有山峙焉 勢北馳如行虎 有石巉嵓世號巖 術家相之 立寺於巖之北隅曰虎岬"라고 하였다. 『가람고』에 이름과 위치가 전하며, 『범우고』에는 "호랑이의 기운을 누르기 위함이다. 謂鎭壓虎勢也"라고 하였다. [참고문헌] 『東國輿地勝覽』, 『伽藍考』, 『梵宇攷』, 『韓國寺刹全書』 권하 p.1168a8·1167b19. ⇨호압사 虎壓寺

호거인 胡居仁 1434~1484. 명대 배불론(排佛論)을 주장한 성리학자. 강서성(江西省) 여간(餘干) 출신. 정주학(程朱學)과 주자학(朱子學)을 수학했다. 『거업록 居業錄』 4권을 지어 배불론을 전개하였다. 『석감계고략속집』 권3(대정장49, p.947b9)에 "호거인의 학문은 충과 신을 근본으로 삼고, 역행을 요체로 삼았다. 胡居仁 其學以忠信爲本 以力行爲要"라고 하였다. 〔참고문헌〕『釋鑑稽古略續集』.

호거호설 好去好說 오고가심에 걸림 없고 설하심에 언제나 여법하신 여래의 행과 지혜. 여래십호 중 선서(善逝)라 하며 범어 sugata를 푼 말이다. 『대지도론』 권2(대정장25, p.72a9)에 "오직 부처님만이 신업과 구업을 구족하실 뿐이니 나머지 모두 과실이 있다. 이를 가리켜 명행구족이라 한다. 또 수가타(Ⓢ sugata)라고도 한다. 수(su)는 진의 말로 호라 하고, 가타(gata)는 설이라 하기에 이를 호거호설이라 한다. 호거란, 갖가지로 모든 깊은 삼마제와 무량한 온갖 대지혜 중에서 오간다는 말이다. 저 게로 설하시길 '부처님께서는 일체지를 큰수레 삼아 여덟 갈래 바른길 행하시다 열반에 드신다' 함과 같다. 이를 호거라 한다. 호설이란, 모든 법의 실상 그대로 설하지만 법에 애착함 없이 설하시는 것이다. … 이와 같이 갖가지로 제자의 지력 가늠하여 법을 설해주시기에 호설이라 한다. 唯佛身口業具足 餘皆有失 是名明行具足 復名修伽陀 修秦言好 伽陀 或言去 或言說 是名 好去好說 好去者 於種種諸深三摩提 無量諸大智慧中去 如偈說 佛一切智爲大車 八正道行入涅槃 是名好去好說者 如諸法實相說 不著法愛說 … 如是等種種 知弟子智力 而爲說法 是名好說"라고 하였다. 〔참고문헌〕『大智度論』. ⇨ 여래십호 如來十號, 불십호 佛十號, 선서 善逝

호겁 浩劫 아득한 세월. 『염불삼매보왕론』 권하(대정장47, p.143a26)에 "이와 같은 해탈에 깜깜하면 아득한 세월 빠져 헤어나지 못하겠지만, 깨우치기만 하면 손바닥 뒤집듯 알 수 있다. 如斯解脫 迷之則滯於浩劫 悟之則證如反掌", 『낙방문류』 권5 「서방정토송 西方淨土頌」(대정장47, p.219b21)에 "서방에 즐거운 일 많아, 아득한 세월에도 다 말할 수 없다네. 西方多樂事 浩劫杳難宣"라고 하였다. 〔참고문헌〕『念佛三昧寶王論』, 『樂邦文類』.

호견수 好堅樹 땅속에서 백 년을 준비해서 솟아 나와 하루 만에 백장(百丈)의 높이까지 자란다는 전설의 나무. 『대지도론』 권10(대정장25, p.131c18)에 "'부처님은 위없으시니 부처님을 넘는 이는 없다'. 부처님께서는 … 마음으로 스스로 기억해 말씀하시길, '나는 마하반야바라밀을 행하여 지금 스스로 부처가 되었으니, 이것이야말로 내가 귀하게 여기기에 바로 나의 스승이다. 나는 마땅히 공경하고 공양하며 이 법을 귀히 섬긴다'. 비유하면 저 나무가 있는데 호견이라 이름함과 같다. 이 나무는 땅속에서 백 년 동안 가지와 잎을 구족히 하다 어느 날 솟아나 높이 백 장이나 되는데, 이 나무는 솟아난 다음에도 더 큰 나무 되고자 해서 그 몸 그늘지게 한다. 이때 숲 속의 신이 호견수에게 말했다. '세상에는 너보다 큰 나무가 없다. 모든 나무들은 다 너의 그늘 안에 있게 될 것이다'. 佛爲無上 無過佛者 佛 … 心自念言 我行摩訶般若波羅蜜 今自致作佛 是我所尊 卽是我師 我當恭敬 供養 尊事是法 譬如有樹 名爲好堅 是樹在地中百歲 枝葉具足 一日出生 高百丈 是樹出已 欲求大樹 以蔭其身 是時 林中有神 語好堅樹言 世中無大汝者 諸樹皆當在汝蔭中"라고 하였다. 〔참고문헌〕『大智度論』.

호경 胡經 범어로 쓰인 경전. 한역되기 전의 경. 『당고승전』 권2(대정장50, p.438a21)에 "호경 오히려 진나라 사람들 글 좋게 꾸며야 대중의 마음에 들 수 있다 여겨 글에 합하지 않으면 안 된다고 여긴다. 이것이 (한역하면서) 근본을 잃는 두 번째 잘못이다. 胡經尙質 秦人好文 傳可衆心 非文不合 二失本也"라고 하였다. 〔참고문헌〕『唐高僧傳』. ⇨ 오실 五失, 삼불역 三不譯

호경 護敬 조선후기 스님. ❶ 호는 우암(雨巖). 회암정혜(晦庵定慧 1685~1741)의 수선제자(受禪弟子). 회암이 지은 『선원집도서과기』와 『법집별행록절요사기해』에 대하여 통고(通攷)를 했고, 1713년(숙종39) 지리산 왕산사(王山寺)에서 『주화엄법계관문 注華嚴法界觀門』을 간행할 때 스승과 함께 시주로 참여하였다. 『선원집도서과기』 「간집록과해서 刊集錄科解序」(한불전9, p.528a21)에 "문인 우암이 풍곡총활(豊谷總濶)과 목판에 새기려 함께 도모하였으니, 공은 일국에서 스승의 뜻을 완수한 분이다. 門人雨巖 與豊谷濶公 合謀繡梓 公於一國以遂先志耳", 『서역중화해동불조원류』(한불전10, p.127a6)에 "회암혜사〈부휴선수 하 5세〉 … 용암채청·송암탈원·우암호경. 晦庵慧嗣〈五世〉 … 龍嵓采晴 松嵓脫遠 雨岩護敬"라고 하였다. 〔참고문헌〕『禪源集都序科記』, 『西域中華海東佛祖源流』. ⇨ 정혜 定慧[3] ❷ 호는 화은(華隱). 1854년(철종5) 철원 보개산(寶盖山) 성주암(聖住庵) 장판(藏板) 『유마힐소설경직소』를 교정하고 「발문」을 지었으며, 1861년(철종12) 간성 건봉사(乾鳳寺) 장판 『원각경』의 「원각경중간서 圓覺經重刊序」를 지었다. 『유마힐소설경직소』 「발문」에 "계축년(1853·철종4)에 쌍월성활선사가 서울의 유성종 집에서 통윤의 『직소』를 얻어 목판으로 간행코자 이듬해 갑인년(1854·철종5)에 나에게 교정과 증의를 청하였다. … 무하옹 화은호경 삼가 발문 쓰다. 歲癸丑 雙月性濶師 得通潤直疏 於京中劉聖鍾家 繡梓登刊 越明年甲寅 請余校證 … 無何翁 華

隱護敬謹跋"라 하였다. [참고문헌]『維摩詰所說經直疏』, 『東師列傳』 권5 「雙月禪伯傳」(한불전10, p.1053a9).

호계 虎溪 송대 안국혜법사(安國惠法師)의 제자 요연(了然)의 호. 『십불이문추요 十不二門樞要』 권2의 저자다. [참고문헌]『佛祖統紀』 권15(대정장49, p.226c13).

호계 護戒 Ⓢ śīlaṃ √rakṣ, śīlānurakṣī. 계를 받아 지키다. 『대장엄론경』 권8(대정장4, p.299a6)에 "세인들은 종족은 살피지만, 안으로 금하고 지킬 금계는 살피지 않는다네. 계 지키기를 종족과 같이 해야 하니, 계를 지키지 않는 이들이라면, 종족 마땅히 사라지고 무너지리라. 世人觀種族 不觀內禁戒 護戒爲種族 設不護戒者 種族當滅壞", 『사분계본약의』 권4(卍속장63, p.326a2)에 "야크는 남이의 짐승이다. 그 모양새 소와 같지만 꼬리 다섯 가지 색인데 다닐 때마다 꼭 꼬리를 돌아본다. 사람에게 쫓기는 중이더라도 여전히 돌아보기를 그만두지 못해 꼬리를 돌아보느라고 사람에게 붙들린다. 이는 계 지키는 이의 비유다. 그는 비록 목숨 잃을 인연이라도 능히 잃지 않는다. 犛牛南夷之獸 其形如牛 而尾有五色 行必顧之 雖爲人所追 猶顧不捨 因顧其尾 爲人所獲 喩護戒者 雖有失命因緣 而能不失也"라고 하였다. [참고문헌]『大莊嚴論經』, 『四分戒本約義』, *Udāna-v.148.*, *Abh-s-bh.103.* ⇨ 계 戒

호계사 虎溪寺 허황후의 파사석탑이 있던 절. 지금의 경상남도 김해다. 『삼국유사』 권3(대정장49, p.989c26·한불전6, p.319c1) 탑상(塔像)4 금관성파사석탑(金官城婆娑石塔)에 "금관 호계사의 파사석탑은 옛날 이 읍이 금관국이었을 때 세조 수로왕의 비 허황후 황옥이 동한 건무 24년(48년·유리이사금25) 무신에 서역 아유타국에서 싣고 온 것이다. 金官虎溪寺婆娑石塔者 昔此邑爲金官國時 世祖首露王之妃許皇后名黃玉 以東漢建武二十四年甲申 自西域阿踰陁國所載來"라고 하였다. [참고문헌]『三國遺事』, 『韓國寺刹全書』 권하 p.1167a18.

호계삼소 虎溪三笑 호계에서 세 사람 미소짓다. 유불도 삼교의 인물이 호계에서 교유하며 웃었던 일화. 유교의 도연명(陶淵明)과 도교의 육수정(陸修靜)이 여산(廬山)에 살고 있던 혜원(慧遠)을 방문하고 돌아가는 도중에 세 사람이 담소하며 걷다가 손님을 전송하던 혜원이 자신도 모르게 금족의 결계였던 호계를 넘어서고 말았다. 순간 세 사람이 서로 마주보며 크게 웃었다고 한다. 삼교 친화의 상징으로 거론되는 인연이다. 이를 소재로 그린 삼소도(三笑圖)도 유행하였다. 이 설화 자체는 당대 시작되었지만 송대 이용면(李龍眠 1049~1106)이 처음으로 삼소도를 그리고 지원(智圓)이 그것에 도찬(圖贊)을 지어 인구에 회자되었다. 『철벽기어록』 권15(가흥장29, p.638a24)에 "호계삼소 : 호계 산수 본래 정이라고는 없을진데, 묻노니 그대 세 사람 어찌해서 웃으셨는가. 답해 보라. 웃은 저 깊은 뜻 무엇인가? 유교도 아니고 불교도 아니고 도교도 아니다. 참! 虎溪三笑 虎溪山水本無情 問你三人如何笑 且道 笑底是甚麽 非儒非釋非道 參"라고 하였다. [참고문헌]『鐵壁機語錄』, 『蓮宗寶鑑』 권4(대정장47, p.320c12), 『佛祖統紀』 권26(대정장49, p.269c11), 『廬山記』 권1(대정장51, p.1028a17). ⇨ 과호계 過虎溪, 삼소 三笑 ❶

호계신 護戒神 계(戒) 가져 지키는 이를 보호하는 신. 『호법론』(대정장52, p.645a19)에 "도선율사 율 가짐 엄정히 하고자 비사문천왕자들을 감화시켜 호계신이 되게 하였다. 道宣律師 持律精嚴 感毘沙門天王之子 爲護戒神", 『범망경보살계초진』 권5(卍속장95, p.122a10)에 "스물다섯 호계신. 『관정경』에서 '오계를 수지한 이는 스물다섯 선신이 그 몸을 위호한다. 사람의 좌우와 집에서 지키고 문과 창 위에서 만사가 길하고 상서롭게 한다. 첫째, 다추비유타니, 둘째 수다리수타니, 셋째 비루차나세파, 넷째 아타룡마저, 다섯째 바라환니화파 등이다. 이 다섯 신은 불살생계를 지킨다. 여섯째 저마아비바타, 일곱째 아수수바라타, 여덟째 바라마단웅자, 아홉째 바라문지비치, 열째 나마호치야사 등이다. 이러한 다섯 신은 불투도계를 지킨다. 열한째 불타선타루치, 열두째 비암야수다파, 열셋째 열니혜타다야, 열넷째 아라다뢰도야, 열다섯째 바라나불담 등이다. 이러한 다섯 신은 불사음계를 지킨다. 열여섯째 아제범자산야, 열일곱째 인대라인대라, 열여덟째 아가풍타파다, 열아홉째 불담미마다치, 스물째 다뢰차삼밀타 등이다. 이러한 다섯 신은 불망어계를 지킨다. 스물한째 아마라사두희, 스물두째 나라문도두제, 스물셋째, 비니건나파, 스물넷째 다비투비사라, 스물다섯째 가마비나도니구 등이다. 이들 다섯 신은 불음주계를 지킨다. 二十五護戒神 灌頂經云 持五戒者 有二十五善神 衛護其身 在人左右 守於宮宅 門戶之上 使萬事吉祥也 一 荼蒭毗愈陀尼 二 輸多利輸陀尼 三 毗樓遮那世波 四 阿陀龍摩抵 五 婆羅桓尼和婆 此五神護不殺戒 六 抵摩阿毗婆馱 七 阿修輸婆羅陀 八 婆羅摩亶雄雌 九 婆羅門地鞞哆 十 那摩呼哆耶舍 此五神護不盜戒 十一 佛馱仙陀樓哆 十二 鞞闍耶藪多婆 十三 涅埿醯馱多耶 十四 阿羅多賴都耶 十五 波羅那佛曇 此五神護不邪淫戒 十六 阿提梵者珊耶 十七 因臺羅因臺羅 十八 阿伽風陀婆多 十九 佛曇彌摩多哆 二十 多賴叉三密陀 此五神護不妄語戒 二十一 阿摩羅斯兜嘻 二十二 那羅門闍兜帝 二十三 鞞尼乾那波 二十四 荼鞞鬪毗舍羅 二十五 伽摩毗那闍尼佉 此五神護不飮酒戒"라고 하였다. [참고문헌]『護法論』, 『梵網經菩薩戒初津』. ⇨ 오계 五戒, 오계이

십오신 五戒二十五神, 이십오선신 二十五善神, 오계수호신장번 五戒守護神將幡

호계존자 虎溪尊者 ➡ 보도 普度 4

호계첩 護戒牒 계를 수지한 증표로 주고 받는(授受) 계첩(戒牒). 『백장청규증의기』 권1(卍속장111, p.595b9)에 "스님에게 계첩을 드림은 참학함에 멀리 떨어짐 없게 함이다. 給僧戒牒 參學無阻故", 초의의순(草衣意恂 1786~1866) 『일지암문집』 권2 「수보살계첩규 受菩薩戒牒規」(한불전12, p.266c6)에 "도광 8년(1828·순조28) 10월 어느 날 아무개 등 모든 비구는 사바세계 남섬부주 해동 조선국 전라우도 남평현 운흥사 남암불상 앞에서, 은혜로운 윤허 있어 보살계 받기를 구하였다. 마침내 삼가 제불께 청하여 전계·갈마·수계 세 아사리 짓고 가르침을 이어 대신 설법하심으로 인해서 계첩을 주셨다. 道光八年十月日 某某等諸比丘 於娑婆世界 南贍部洲 海東朝鮮國 全羅右道 南平縣 雲興寺 南庵佛象前 因惠允 求受菩薩戒 遂敬請諸佛 作三師承敎代說 因授戒牒"라고 하였다. 「남섬부주가야산해인사감로계단비구계호계첩문 南贍部洲伽倻山海印寺甘露戒壇比丘戒護戒牒文」〈그림1〉에 의하면 호계첩은 크게 〔서문〕·〔칠불법게〕·〔비니찬〕·〔비니정맥〕·〔본단〕·〔입서게〕 등으로 구성되었는데, 〔서문 序文〕"상고해 보건대 녹야원에서는 시라(계율)의 묘촉을 안내하여 주셨고 영취산에서는 해탈의 현종을 열어 보여 주시니 삼천대천세계의 모든 중생이 청량한 법락을 받아 화택에서 벗어났고, 천상천하가 모두 계의 선박을 타고 미혹한 고해를 건넜도다. 출가의 내중이 이로 말미암아 번창하고, 재가인 불자가 이로 인하여 안락함을 얻었도다. 그후로는 진수의 세첩이 찢어지고 다분히 절축의 우려가 들렸고, 정법의 미언은 가려지고 부낭의 견고(지계견고)함은 보기에 드물었다. 이러한 때 가섭존자가 앞에 나타나 끊어진 단추를 이어 정법을 유지하였고, 우파리는 지계제일로서 율을 중흥시켜 무너진 강기를 재흥하기 위해 깊이 지계를 찬권하였다. 이로 인하여 지혜의 횃불이 거듭 밝아지고, 계의 바다가 다시 맑아졌도다. 율과 교는 넓고 깊어 진실로 얻기 어렵지만 두루 열거하였으니 실로 보리를 얻는 추요이며 참으로 열반으로 나아가는 진섭이라 할 것이다. 原夫鹿苑龍城에 啓尸羅之妙躅하고 象巖鷲嶺에 開解脫之玄宗하시니 三千大千이 受淸涼而出火宅하고 天上天下가 乘戒筏而越迷津이라 內衆이 於是敷榮하고 外徒가 由斯安樂이로다 其後韜眞細氈이 多聞折軸之憂하고 揜正微言이 罕見浮囊之固할새 即有飮光이 秀出하여 維絶紐而虛求하고 波離聿興하야 振隤綱而幽贊이로다 慧炬於焉重朗하고 戒海由是再淸이라 其律敎也弘深하야 固難得而遍擧하니 實菩提之機要며 誠涅槃之津涉也로다", 〔칠불법게 七佛法偈〕"비바시불께서 약설하신 바라제목차에 대한 게송. 도법중에는 인욕이 제일이니, 비바시불께서는 무위법이 으뜸이라 하셨다. 출가한 비구로서 다른 사람을 괴롭게 하면 이는 스님이라 이름할 수 없느니라. 毗婆尸佛 略說婆羅提木叉 忍辱이 第一道라 佛說無爲最시니라 出家惱他人하면 不名爲沙門이로다", "시기불께서 약설하신 바라제목차에 대한 게송. 마치 눈밝은 사람이 능히 험한 길을 살펴 피해 가듯이 세상에 총명한 사람은 능히 모든 악행을 멀리하는 것과 같느니라. 尸棄佛 略說婆羅提木叉 譬如明眼人이 能避險惡道하야 世有聰明人하면 能遠離諸惡이로다", "비사사불께서 약설하신 바라제목차에 대한 게송. 남을 비방하지도 말며 또한 질투하지도 말고 마땅히 계율을 받들어 행하라. 음식을 받음에는 항상 만족할 줄 알아야 할 것이며, 언제나 한적한 곳에서 정진하기를 좋아하라. 이것이 곧 부처님의 가르침이니라. 毘舍浮佛 略說婆羅提木叉 不謗亦有嫉하고 當奉行於戒어다 飮食知止足하며 常樂在空閒하야 心定樂精進하면 是明諸佛敎로다", "구류손불께서 약설하신 바라제목차에 대한 게송. 마치 벌이 밀원을 채취함에 있어 꽃의 색과 향기는 조금도 손상치 아니하고 다만 맛(蜜味)만 취하는 것

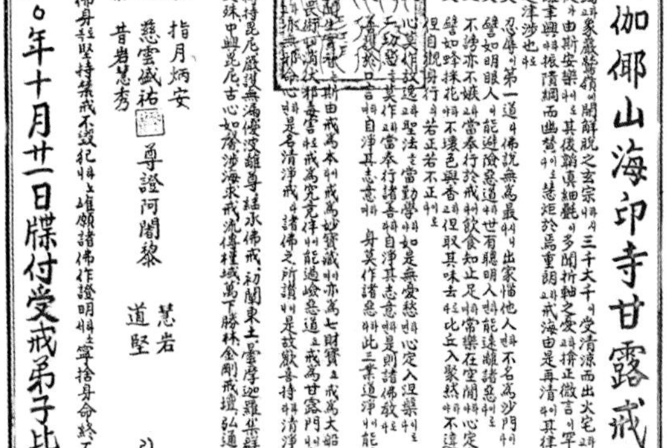

〈그림1〉 남섬부주가야산해인사감로계단비구계호계첩문 서사영인본

과 같이 비구가 취락에 들어가서도 그와 같이 하여 남의 일에 간여하지 말며, 옳고 그름도 보지 말고, 다만 자신의 몸가짐이 바른가 바르지 아니한가 만을 살펴야 하느

니라. 拘留孫佛 略說婆羅提木叉 譬如蜂採花하야 不壞色與香하고 但取其味去로다 比丘入聚然하야 不違戾他事하야 不觀作不作하고 但自觀身行의 若正若不正이로다", "구나함모니불께서 약설하신 바라제목차에 대한 게송. 마음에 방일한 생각을 갖지 말고 부지런히 불법을 배워야 한다. 이와 같이 마음이 고요해지면 곧 그 마음이 안정되어 열반의 세계에 들어갈 것이니라. 拘那含牟尼佛 略說婆羅提木叉 心莫作放逸하고 聖法을 當勤學하야 如是無憂愁하면 心定入涅槃이로다", "가섭불께서 약설하신 바라제목차에 대한 게송. 모든 악을 짓지 말고 마땅히 모든 선행을 행하라. 스스로 그 마음이 맑아지면 이것이 곧 부처님의 가르침이니라. 迦葉佛 略說婆羅提木叉 一切惡을 莫作하고 當奉行諸善하라 自淨其志意하면 是則諸佛教로다", "석가모니불께서 약설하신 바라제목차에 대한 게송. 언행을 삼가하며 스스로 그 마음을 맑게 하고, 몸으로는 추포한 행동을 하지 말라. 이는 삼업을 맑히는 법이니 능히 이와 같이 실천하면 이것이 곧 부처님께서 가르치신 도이니라. 釋迦牟尼佛 略說婆羅提木叉 善護於口言하며 自淨其志意하며 身莫作諸惡하라 此三業道淨이니 能得如是行하면 是大仙人道로다", 〔비니찬 毘尼讚〕 "계를 지킴으로써 구업이 청정해지고, 굳게 마음을 단속하여 생각을 바르게 가져야 한다. 법문을 들으면 진실한 지혜를 일으키나니 이는 계율이 근본이 되는 것이다. 그러므로 계율은 묘보를 간직한 창고가 될 뿐 아니라 또한 7가지 법재의 보배가 된다. 따라서 계는 큰 선장과 같아서 능히 생사의 고해를 건너게 하며, 또한 계는 청량한 못과 같아서 모든 번뇌를 씻어주고, 계는 두려움이 없는 술법이므로 모든 독해를 소멸하고, 계는 영원한 도반이므로 능히 험악한 길을 무사히 지나게 하며, 계는 감로의 문이기에 모든 성인들이 이 문을 경유하지 않는 이가 없다. 계를 지키는 마음이 동요하지 않고 부지런히 정진하고 방일하지 아니하며, 계율을 훼상하지 아니하고 또한 삿된 마음이 없게 되면 이를 일러 계를 청정하게 잘 지키는 것이라고 한다. 모든 부처님께서 찬탄하실 터이니 이러하므로 모든 불자들은 기꺼운 마음으로 굳게 계를 지며 몸과 마음을 청정케 할지어다. 持戒淸淨口하야 攝心正憶念하야 多聞生實智는 斯由戒爲本이라 戒爲妙寶藏이며 亦爲七財寶요 戒爲大船師니 能渡生死海로다 戒爲淸涼池라 澡浴諸煩惱하고 戒爲無畏術이니 消伏邪毒害로다 戒爲究竟伴이니 能過嶮惡道요 戒爲甘露門이니 衆聖之所由로다 持戒心不動하야 專精不放逸하야 不毁正戒相하고 亦無邪命心하면 是名淸淨戒라 諸佛之所讚이니 是故歡喜持하라 淸淨之戒身이로다", 〔비니정맥 毘尼正脉〕 "녹야원에서 친히 비구의 대계를 선설하신 석가모니불로부터 계율을 전해받아 손상함이 없이 엄하게 계를 가진 우파리율사, 계율을 계승하여 최초로 동토에 천율한 담마가라율사, 종남산에서 많은 대중을 모아 놓고 계율을 크게 선양한 도선징조율사, 부처님의 유교를 보수하여 계월을 크게 발휘한 영지원조율사, 오대산에서 문수를 친견하고 율종을 중흥시킨 고심여향율사, 바다를 건너 중국에 가서 계를 받아 한국(근역)에 유전시킨 만하승림율사, 범어사 금강계단에서 계율을 홍통유포한 일봉경념율사, 점점 쇠퇴해가는 부처님의 유법을 이어 받아 전계한 스님은 자운성우율사이다. 鹿野苑中 親宣大戒 釋迦文佛 傳持毘尼 嚴護無漏 優波離尊 繼承佛戒 初闡東土 曇摩迦羅 集群大成 弘揚南山 道宣澄照 補修遺教 光輝戒月 靈芝圓照 親見文殊 中興毘尼 古心如馨 涉海求戒 流傳槿域 萬下勝林 金剛戒壇 弘通流布 一鳳敬念 謹承遺法 扶律傳戒 慈雲盛祐", 〔본단 本壇〕 "삼화상. 전계대화상 자운성우, 갈마아사리 지월병안, 교수아사리 석암혜수, 존증아사리 혜암성관·금성도견, 인례 일타. 三和尙 傳戒大和尙 慈雲盛祐 羯磨阿闍黎 指月炳安 敎授阿闍黎 昔岩慧秀 尊證阿闍黎 慧庵 道堅 引禮 日陀", 〔입서게 立誓偈〕 "지금부터 무상정각 이룰때까지 굳게지켜 훼범하지 않겠사오니 바라건대 시방제불 증명하소서 천번만번 죽더라도 지키오리다. 自從今身至佛身토록 堅持禁戒不毁犯하노니 惟願諸佛作證明하소서 寧捨身命終不退하야지이다", "세존응화 2510년 10월 21일 첩부수계제자 비구 도형. 世尊應化二五一○年 十月 卄一日 牒付受戒弟子比丘 道亨"라고 하였다. 가산지관(伽山智冠)은 근세에 직접 모은 호계첩을 정리해 『한국불교계율전통』에 번역해 전재하였는데, 지공(指空)이 전하고 각경(覺慶)이 수지한 문수최상승무생계법호계첩(文殊最上乘無生戒法護戒牒)과 범망경심지품금강계단호계첩(梵網經心地品金剛戒壇護戒牒)을 비롯하여 통도사·해인사·송광사·범어사·건봉사·월정사·망월사·화엄사·동화사·조선불교선종경성중앙선원 등에서 판각인출한 금강계단호계첩들과 천화계단보살계호계첩(千華戒壇菩薩戒護戒牒) 등이 목판영인 및 서사영인본과 함께 실려 있다. 〔참고문헌〕 『百丈淸規證義記』, 『一枝庵文集』, 伽山智冠 『韓國佛教戒律傳統』. ⇨ 계첩 戒牒, 범망경심지품금강계단호계첩 梵網經心地品金剛戒壇護戒牒, 송광사금강계단호계첩 松廣寺金剛戒壇護戒牒, 연화대장금강계가야산해인사천화계단보살계호계첩 蓮華臺藏金剛界伽倻山海印寺千華戒壇菩薩戒護戒牒, 보림대사보살계첩 寶林大師菩薩戒牒

호고 好苦 범지(梵志)의 아들. 부처님 재세시 유리태자(琉璃太子)를 시봉하던 사람이다. 『증일아함경』 권26 (대정장2, p.690c9)에 "그때 범지의 아들 호고가 있었다. 당시 유리태자는 호고라는 범지 아들에게 말했다. '이 석종이 나에게 이 지경에 이르도록 모욕을 주었으니 내가 후에 왕위를 계승하는 시기가 되더라도 그대는 이 일을 잊지 말고 나에게 알려야 한다'. 是時 有梵志子好苦 是時 流離太子語 好苦梵志子曰 此釋種取我毁辱 乃至

於斯 設我後紹王位時 汝當告我此事"라고 하였는데, 『능엄경소해몽초』 권8(卍속장21, p.563a10)의 전생담에 따르면, 과거세에 다설어(多舌魚)였다고 한다. 〔참고문헌〕『增壹阿含經』, 『楞嚴經疏解蒙鈔』.

호공 護公 축법호(竺法護 Ⓢ Dharmarakṣa)를 올려 부르는 말. 『대당내전록』 권2(대정장55, p.235c24)에 "그런 까닭에 잡록이나 각종 별기에서 축법호가 역출했다고 주석을 달고 있다. 그러므로 지금 발견한 역서는 분명히 의심할 여지 없는 호공의 번역임을 알아야 한다. 所以雜錄 及諸別記 多注竺法護出 故知 今之所獲 審是護公翻譯不疑"라고 하였다. 〔참고문헌〕『大唐內典錄』.

호과 胡瓜 ❶ 부처님께서 성도(成道)하셨을 때 최초로 공양을 올리고 귀의한 상인 제리부사(帝梨富娑 Ⓢ Trapuṣa : 提謂)의 한역 이름. 『불본행집경』 권32(대정장3, p.801a15)에 "저 곳에는 북천축에서 온 두 상인 있었으니, 첫째는 제〈당(當)과 이(梨)를 반절한 음〉리부사〈'호과'라고 한역함〉라고 하며, 둘째는 발리가(Ⓢ Bhallika)〈금정이라 한역함〉라고 한다. 그 두 상인은 지혜가 많고, 마음이 섬세하고 뜻이 반듯하였다. 그들은 중천축의 국토에서 산출되는 갖가지 화물들을 오백 대의 수레에 가득 실어 큰 이익을 얻게 될 것이므로 중천축으로부터 북천축국으로 돌아가려고 하였다. 彼處 從北天竺 有二商主 一 名帝〈當梨反〉梨富娑〈隋言 胡瓜〉 二 名跋梨迦〈隋言 金挺〉 彼二商主 有多智慧 心細意正 彼二商主 從中天竺 依土所出 種種貨物 滿五百車 大得宜利 從中欲還北天竺國"라고 하였다. 〔참고문헌〕『佛本行集經』. ⇨ 제위바리 提謂波利 ❷ 밭에서 나는 오이. 40권본 『대반열반경』 권27(대정장12, p.524a1)에 "선남자여, 이 십이인연을 관하는 지혜야말로 곧 아누다라삼막먁삼보리의 종자다. 이 뜻으로 십이인연을 불성이라고 한다. 선남자여, 비유하면 마치 오이를 열병이라고 하는 것과 같다. 왜냐하면 열병의 인연이 되기 때문이다. 십이인연도 역시 이와 같다. 善男子 是觀十二因緣智慧 卽是阿耨多羅三藐三菩提種子 以是義故 十二因緣 名爲佛性 善男子 譬如胡瓜 名爲熱病 何以故 能爲熱病作因緣故 十二因緣 亦復如是", 『사분율』 권43(대정장22, p.875a11)에 "비구들이 허락되지 않은 땅에 오이·감자·채소를 심어 가지와 잎이 정지를 덮었다. 비구들 허락된 땅인지 아닌지 알지 못했기에 부처님께서 말씀하시기를 '심어서는 안 되는 곳이다'라고 하셨다. 어느 때, 어떤 이가 정지에 오이·감자·채소를 심었는데 가지와 잎이 허용되지 않은 땅을 덮었다. 정한지를 알지 못하니, 부처님께서 말씀하시기를 '괜찮다'라고 하셨다. 諸比丘 在不淨地 種胡瓜 甘蔗 菜 枝葉覆淨地 比丘不知爲淨不 佛言 不淨 時 有在淨地 種胡瓜 甘蔗 菜 枝葉覆不淨地 不知爲淨不 佛言 淨"라고 하였다. 〔참고문헌〕『大般涅槃經』, 『四分律』.

호과관 護過觀 연생법(緣生法)에 대한 세 가지 허물을 들어 힐난하는 것에 대해 그 실한 뜻을 지켜 관하는 것. 여섯 가지 수순세제관(隨順世諦觀) 중 하나다. 『십지경론』 권8(대정장26, p.170a7)에 "어떤 것을 호과관이라고 하는가? 인연생이라고 말하는 것에, 분별함에 세 가지 허물이 있다. 첫째 일체신이 일시에 생기는 허물이다. 왜냐하면 다른 인이 없기 때문이다. 둘째 스스로 지은 업보를 받을 일 없다는 허물이다. 왜냐하면 짓는 이가 없기 때문이다. 셋째 업을 잃는 허물이다. 왜냐하면 아직 과를 받지 않았는데 업이 이미 사라지기 때문이다. … 저 세 가지 업을 떠나 반드시 과를 얻고 잃지 않으니, 이와 같으면 업을 잃는 허물은 없다. 이런 것을 세 가지 허물을 지켜 보여주는 것이라고 한다. 云何護過觀 若言因緣生者 分別有三種過 一者 一切身 一時生過 何以故 無異因故 二者 自業無受報過 何以故 無作者故 三者 失業過 何以故 未受果 業已滅故 … 離彼三事業 定得果不失 若如是 則無失業過 是名護三種過示現", 『화엄경탐현기』 권13(대정장35, p.349b28)에 "유위를 싫어해 떠남을 잡은 것이니, (이것을) 『십지경론』에서는 '호과관'이라고 한다. 즉 밖의 사람들은 연생도리에 대해 세 가지 허물 드러낸다. 첫째 '일체신이 일시에 생긴는 것'이란 이름의 허물을 든다. '왜냐하면'이란 외인 스스로 물어 허물의 까닭을 세운다. … 아(我)의 다른 인이 없는데 어찌하여 오취도(五趣道)의 몸은 일시에 생길 수 없는가? … 아가 업을 짓는 일 없는데 누가 오는 보를 받는단 말인가? … 이미 아가 있을 리 없다고 하였으니 누가 이러한 업을 가져 과에 이르게 하겠는가? 그러므로 (業을) 마땅히 잃는다. 앞에서 보를 받지 않는다고 한 것은 전에 의지하고 뒤를 바라 말했고, 이 중에서 업을 잃는다 한 것은 뒤를 의지하고 앞을 향해 말한 것이다. 約厭離有爲者 論名護過觀 謂外人與此緣生道理 出三種過 一 一切身一時生者 列過名 何以故者 外人自徵 立過所以 … 以無我異因 何爲不得 五道之身 一時並生 … 若無我作業 誰受來報 … 旣無有我 誰持是業 令使至果 是故應失 前不受報 據前望後說 此中失業 據後望前說"라고 하였다. 〔참고문헌〕『十地經論』, 『華嚴經探玄記』.

호관사련 虎關師鍊 1278~1346. 일본 임제종 스님. 속성은 등원(藤原). 경도(京都) 출신. 독서를 좋아했던 어린시절에 문수동자라 불리다가 열살에 비예산(比叡山)으로 출가하여 구족계를 받았다. 그 뒤 남선사(南禪寺)의 규암조원(規菴祖圓)·원각사(圓覺寺)의 도계덕오(桃溪德悟)·건인사(建仁寺)의 무은원범(無隱圓範) 등에게 참문하러 다니다가 결국 조원의 법을 계승하였다. 내외의 학문에 박통한 면모를 보였고 시문에 뛰어났다.

1346년(정평1) 세수 69세로 해장원(海藏院)에서 입적하였다. 『원형석서 元亨釋書』 30권, 『제북집 濟北集』 20권, 『불어심론 佛語心論』 18권, 『호관십선지화상록 虎關十禪支和尙錄』 3권, 『선여혹문 禪餘或問』 2권, 『선계규 禪戒規』 1권 등을 남겼다. [참고문헌] 『海藏和尙記年錄』, 『延寶傳燈錄』 권11, 『本朝高僧傳』 권27.

호광 毫光　백호(白毫)에서 나오는 빛. 부처님 미간에 있는 하얀 털(白毫)에서 나와 비추는 광명. 『이취육바라밀다경』 「서 序」(대정장8, p.865b12)에 "청정한 대중이 이 경을 보호하고 몸에 지닌다면 백호광명의 출현과 다르지 않을 것이다. 梵衆護持 無異毫光之現", 『왕생서방정토서응전』 「진조유유민 晉朝劉遺民」(대정장51, p.107a27)에 "혜원(慧遠)대사의 지도로 수도하면서 염불삼매를 닦은 지 반년이 되는 때에 삼매 중에 부처님의 호광을 보고는 손을 뻗어 끌어 가까이해서 부처님께 청하여 스님 되는 원 구하고 속히 목숨 버려 정토에 나고자 한다 하였다. 依遠大師修道 修念佛三昧 時始涉半年 於三昧中 見佛毫光 伸手引接 請佛求僧願 速捨壽而生淨土"라고 하였다. [참고문헌] 『理趣六波羅蜜多經』, 『往生西方淨土瑞應傳』. ⇨ 백호광 白毫光

호교 胡敎　중국인이 불교를 부르는 말. 『주사십이장경』 「제분경대시 題焚經臺詩」(대정장39, p.523a14)에 "황제(文帝)께서 우리의 도교를 버리시고 멀리서 호교를 구하시니, 마침내 스스로 무리를 거느리고 각자 소지한 도경을 가지고 함께 황제께 아뢰옵니다. 원하옵건대 이것을 호교인 불교와 견주셔서 그 진위를 점검하시기 바랍니다. 帝棄我道教 遠求胡敎 乃自率衆 各將所持道經 共上表 願與胡佛敎 比試其眞僞", 『불조통기』 권46(대정장49, p.421a2)에 "(송 徽宗 치세) 1119년(선화1) 정월, 조칙을 내렸다. '선왕이 베풀던 은택이 마른 뒤로 호교가 중국에서 유행하기 시작했다. 비록 서로 쓰는 말은 같지 않아도 돌아감은 도교와 한 가지 가르침이다. 호교를 완전히 없앨 수는 없지만 여전히 중국의 예의에 해가 되므로 혁파하지 않을 수 없다'. 宣和元年正月 詔曰 自先王之澤竭 而胡敎始行於中國 雖其言不同 要其歸與道爲一教 雖不可廢 而猶爲中國禮義害 故不可不革"라고 하였다. [참고문헌] 『註四十二章經』, 『佛祖統紀』.

호구릉선사어요 虎丘隆禪師語要　호구소륭(虎丘紹隆)의 어요. 1권. 『속고존숙어요 續古尊宿語要』 권4, 卍속장119, pp.22a13~23a18에 수록되어 있다. 1238년(강희2) 간행되었다.

호구리횡신 虎口裏橫身　호랑이 입 속에 몸을 뉘이다. 『종용록』 13칙 「본칙 本則」(대정장48, p.235b15)에 "임제가 '문득 누군가 그대에게 묻는다면 어떻게 마주하겠는가?'라고 하자〈호랑이 입 안에 가로 눕는군〉 삼성이 문득 할하였다〈본분의 기틀에 당면해서는 스승에게도 양보하지 않는 법이다〉. 際云 忽有人問汝 作麽生對〈虎口裏橫身〉 聖便喝〈當機不讓父〉", 『벽암록』 4칙 「평창 評唱」(대정장48, p.144c23)에 "눈 밝은 사람이라면 한 점 속일 수 없겠지만, 그렇지 못하다면 호랑이 입 속에 몸 뉘일 뿐이니 몸도 목숨도 잃지 않을 수 없을 것이다. 若是明眼漢 一點謾他不得 其或未然 虎口裏橫身 不免喪身失命"라고 하였다. [참고문헌] 『從容錄』, 『碧巖錄』.

호구사 虎丘寺　중국 소주(蘇州) 호구산에 있는 절. 진(晋)의 사도(司徒) 왕순(王珣)과 그 아우 민(珉)의 사택이었는데 327년(함화2) 동서(東西) 두 절로 갈라서 호구산사(虎丘山寺)라 불렀다. 진대는 축도일(竺道一)·축도생(竺道生)이 주석했고, 양(梁)대는 승민(僧旻)·승전(僧詮) 등이 주석했으며, 송(宋)에 이르러 소륭(紹隆)이 머물면서 선풍을 일으켰다. 수부터 청까지 모두 일곱 차례 흥폐를 겪었다. 오대(五代) 건립한 운암사탑(雲巖寺塔)과 원대 건립한 단양전(斷梁殿)만 남아 있고 그 나머지는 모두 후대의 중건에 속한다. [참고문헌] 『歷代三寶紀』 권11(대정장49, p.97b15), 『律相感通傳』(대정장45, p.881b11). ⇨ 호구산 虎丘山

호구산 虎丘山　소주부(蘇州府 : 江蘇省) 오현(吳縣) 서북쪽으로 7리 지점에 있는 산. 구는 구(邱)로도 쓴다. 당대에는 태조(太祖)의 휘를 피하여 무구산(武丘山)이라 하였고 해용산(海涌山)이라고도 한다. 산중 십찰(十刹) 가운데 제9찰 영암사(靈巖寺)가 있다. 오(吳) 왕 합려(闔閭)의 장례를 이 산에서 치르고 삼일이 지났을 때 백호(白虎)가 무덤에 웅크리고 앉아 있은 이후 호구라는 이름이 붙여졌다. 원오극근(圜悟克勤) 문하의 소륭(紹隆)이 남송대 소흥년간(1131~1162) 이곳에 머물며 임제선풍을 크게 떨치면서 크게 알려졌다. 그 이전에는 구마라집(鳩摩羅什) 문하 사걸(四傑) 중 한 사람인 도생(圖生)이 이곳에서 천제성불설(闡提成佛說)을 펼쳤는데 돌맹이도 고개를 끄덕였다는 일화가 전한다. [참고문헌] 『大明一統志』 권8, 『大淸一統志』 권54~55, 『讀史方輿紀要』 권24, 『蘇州府志』 권7·42.

호구산 虎邱山　➡ 호구산 虎丘山

호구소륭선사어록 虎丘紹隆禪師語錄　송대 임제종 호구소륭의 어록. 사단(嗣端) 등 엮음. 1권. 卍속장120, pp.791a2~803b4에 있다. 명대 1592년(만력20) 간행. 화주개성선원어(和州開聖禪院語)·선주창교선원어(宣州彰敎禪院語)·평강부호구운암선사어(平江府虎丘

雲巖禪寺語)·초조찬(初祖贊)·송임제정전호구융화상탑명(宋臨濟正傳虎丘隆和尙塔銘) 등으로 엮었다.

호구파 虎丘派　중국선종 임제종(臨濟宗) 양기파(楊岐派)에서 갈라진 유파. 개조 소륭(紹隆)이 호구산에 주석하였기에 이렇게 불린다. 소륭과 대혜종고(大慧宗杲) 함께 양기방회(楊岐方會)의 삼세손 원오극근(圜悟克勤) 문하에서 공부하였기에 종고의 법계는 대혜파(大慧派)라 불린다. 소륭의 선풍은 험준하여 인가받은 사람이 응암담화(應庵曇華) 한 사람에 불과했다. 그 법손으로는 밀암함걸(密庵咸傑)·화산심감(禾山心鑒) 등 여덟 사람이 있다. 밀암 계열에 파암조선(破庵祖先)·송원숭악(松源崇岳)·조원도생(曹源道生) 등이 배출되어 도법이 크게 홍성하였다. 원 이후 이 파의 선법은 일본에 전해졌다. 〔참고문헌〕『五燈會元』 권19(卍속장138, p.721b5), 『禪宗正脈』 권10(卍속장146, p.335b6), 『八十八祖道影傳贊』 권1(卍속장147, p.944a18). ⇨임제종 臨濟宗, 양기파 楊岐派, 대혜파 大慧派

호국 胡國　자기나라 중심에서 다른 나라를 부르는 말. 중심이 아닌 지방을 가리키기도 한다. 또는 성스런 것의 중심 범(梵)과 상대해 낮추는 말이기도 하다. 『집고금불도논형』 권2(대정장52, p.378c21)에 "천축 이북의 모든 외국을 호국이라 부른다. 自天竺已北 諸外國者 乃稱胡國", 『석가방지』 권1(대정장51, p.954b5)에 "용지에서 동쪽으로 6백여 리 가서 설산을 넘고 흑령을 건너면 북인도의 국경에 이르는데, 그 전의 모든 마을을 다 호국이라 한다. 이 지방에 이르러 중간 길과 합하며 그 지방 이름은 람파국〈북인도로 거두고 천축 바라문땅에 들어간다〉이라 한다. 又從龍池 東行六百餘里 越雪山度黑嶺 至北印度界 已前諸邑 並名胡國 至此方合中間道也 其地名曰 濫波國〈北印度所攝也 入天竺婆羅門地〉", 『법계안립도』 권상 「별호범 別胡梵」(卍속장150, p.905a2)에 "토번이 살고 있는 적석의 동쪽을 진단국이라 한다. 이는 제왕이 다스리는 곳으로 군자의 나라이다. 봉역이 뚜렷이 나뉘어 있어 구별해야만 하니 범이 호가 되는 일은 옳지 않다. 가령 천축을 호국이라 함도 있으니 이 말은 큰 잘못이다. 또한 호경·호어 등이라 하는데 모두가 바른 말이 아니며, 범경·범어라 해야 옳다. 吐蕃所居 積石之東 爲震旦國 乃帝王所化 是君子之國 封域分殊 應須甄別 不當以梵爲胡 而自混濫 有以天竺爲胡國者 斯言大誤 又有稱胡經胡語等 皆非正言 當云梵經梵語可也"라고 하였다. 〔참고문헌〕『集古今佛道論衡』, 『釋迦方誌』, 『法界安立圖』.

호국 護國　❶ 나라를 지키다. 왕이 스스로 불법을 알아 나라를 지키거나, 왕이 불법을 널리 펴 인민이 스스로 불법을 알아 지키게 하거나, 모두 불법을 의지해 나라와 인민을 안온케 하는 일을 말한다. 『인왕경소신보기』 권1(대정장33, p.286c17)에 "호국이라는 말에는 능히 지키는 이와 지킬 것이 있으니 여기에 모두 세 가지 뜻이 있다. 첫째, 왕이 능호가 돼서 나라를 지킨다. 곧 왕도로써 나라를 다스린다는 뜻이다. 둘째, 반야가 능히 왕을 지킨다. 곧 반야 가짐으로써 왕과 나라 모두 안온케 한다. 셋째, 왕이 능히 넓히는 이가 돼서 법을 널리 크게 알림이니, 사람이 도를 널리 펴는 뜻이다. 비록 세 가지 뜻이 통하더라도 진실은 바르게 드러내야 하니, 반야를 능호로 삼고 그 나머지는 풀이를 돕는 수단일 뿐이다. 言護國者 有能護所護 凡三義 一 以王爲能護 國爲所護 則以王道而治國也 二 以般若爲能護 王爲所護 則由持般若故 是王與國 皆得安隱 三 以王爲能弘 法爲所弘 所謂人能弘道也 雖通三義 而實正顯 般若以爲能護 餘則助釋而已", 『인왕경소』 권상1(대정장33, p.314b22)에 "호국이란, 인왕(부처님)이 능히 지키는 이고 국토는 지킬 것이다. 인왕으로 말미암아 법답게 다스려 길을 여니 만민이 즐겁고 국토는 안온하다. 만약 인왕이 반야를 바라 마지 않으니 반야야말로 바로 능히 지키는 이다. 반야 가짐으로써 인왕 안온하고, 사람이 법을 잡고 행하니 인왕이 이제 능히 지키는 이고 반야는 지켜지는 것이다. 이제 인왕반야라는 것이 능히 지키는 이 되고 국토는 지켜진다. 護國者 仁王是能護 國土是所護 由仁王如法治道 萬民適樂 國土安穩 若仁王望般若 般若是能護 由持般若故 仁王安穩 由人柄法 仁王是能護 般若是所護 今仁王般若 皆是能護 國土是所護"라고 하였다. 〔참고문헌〕『仁王經疏神寶記』, 『仁王經疏』. ⇨호국용 護國龍 ❷ Ⓢ Rāṣṭrapāla, Ⓟ Raṭṭhapāla. 석존 재세시 비구. 구비라국(拘毘羅國)의 왕자였다가 출가했다. 『찬집백연경』 권9 「佛度王子護國出家緣」(대정장4, p.249b13)에 "부처님께서 구비라국 토라나무 아래에서 '지금 나는 저기에 가서 호국왕자를 출가시키리라'고 생각했다. 이렇게 생각한 후 비구들과 함께 성문에 도착하여 문지방을 밟자마자 여섯으로 흔들리고 하늘에서 온갖 천화가 내리며 거대한 광명이 성 안을 비추니 눈먼 이 눈을 떴고 귀먹은 이 소리를 들었으며 벙어리가 말을 하고 앉을뱅이가 걸을 수 있었다. 이 때 그 왕자가 그 빛을 보고 미증유함 찬탄하고 부처님이 계신 곳을 찾아 부처님을 뵈니 삼십이상 팔십종호에 광명이 두루 비추어 마치 백천 개의 태양과 같았으니 그 위의가 상서로워 매우 좋아하고 기뻐할 만 하였다. 환희심 품고 부처님 발에 예배하고 한 쪽에 머물렀다. 부처님께서 그에게 사성제를 설하시니 마음으로 그 뜻을 이해하고 수다원과를 얻었다. 佛在拘毘羅國吐羅樹下 作是念言 我於今者 當往度彼王子護國 使令出家 作是念已 將諸比丘 至城門中 足蹈門閫 六種震動 雨諸天花 放大光明 照彼城內 盲者得視 聾者得聽 啞者能言 躄者能行 時彼王子 覩斯光已 歎未曾有 尋詣佛所 見

佛世尊 三十二相 八十種好 光明普曜 如百千日 威儀詳序, 甚可愛樂 心懷歡喜 前禮佛足 却住一面 佛卽爲其說四諦法 心開意解 得須陀洹果"라고 하였다. [참고문헌]『撰集百緣經』, *Av-ś.227.* ⇨뢰타화라 賴吒和羅, 뢰타화라경 賴吒和羅經, 비제 毘提

호국경 護國經 Ⓢ Rāṣṭrapāla-sūtra. 조송(趙宋)대 법현(法賢) 한역. 1권. 대정장1, pp.872a18~875a8, No.69에 수록되어 있다. 호국장자의 아들이 출가하여 구로대왕(俱盧大王 Ⓢ Kauravya)에게 설하여 삼보에 귀의토록 한 이야기가 중심이다.『뢰타화라경 賴吒和羅經』과 동본이역이다. 상응하는 팔리경전은 맛지마니카야 제82경 *Raṭṭhapāla-sutta*(*MN.2,* pp.54~74)이다. [참고문헌]『閱藏知津』권28(가흥장32, p.115b15). ⇨뢰타화라경 賴吒和羅經

호국경전 護國經典 ➡호국삼부경 護國三部經

호국도량 護國道場 나라와 인민을 안온케 하기 위해 베푸는 불법에 의지한 도량. 주로『묘법연화경』·『인왕반야바라밀경』·『금광명경』등 호국삼부경(護國三部經)을 독송하거나 강설하지만, 우리나라의 경우만 보더라도 반야(般若)·화엄(華嚴)·법화(法華)·미타(彌陀)·관음(觀音)·약사(藥師) 등 대승경에 의지한 도량은 물론 불정(佛頂)·문두루(文豆婁)·관정(灌頂)·보성(寶星)·소재(消災) 등의 밀교도량을 베풀었고, 나한(羅漢)에 이어 용왕(龍王)·제석(帝釋)·제천(帝天)들과 마리지천(摩利支天) 등을 주존으로 한 다양한 도량을 시설해왔으며, 팔관재(八關齋)나 백승재(百僧齋) 등 승보공양으로 호국의 터전을 삼기도 하였다.『인왕반야바라밀경』호국품에 국토가 어지러워져 파괴되고 불타며, 적이 나라를 깨뜨리려고 올 때, 백 위의 불보살상과 나한상을 모시고 백 명의 법사에게 경을 청해 들으며, 백 개의 사자후 고좌 앞에 백 개의 등을 밝히고 백화향을 피우며 백 가지 꽃으로 삼보에 공양하면서 일일이시(一日二時)로 강경(講經)하면, 모든 귀신이 국토를 호위한다고 하였다.『금광명경』사천왕품과『불조통기』「교주석가모니불본기 教主釋迦牟尼佛本紀」1의3하에서는 사왕(四王)과 이십팔부(二十八部)의 신들, 한량없는 백천(百千)의 신을 '호세왕(護世王)'이라고 일컫는데, 국토가 쇠퇴하여 줄거나 원한 가진 적이 국경을 침략하거나 흉년이 들고 병이 도는 등 몹시 힘들고 어려울 때, 이 경을 유포하여 임금과 백성을 옹호하며 쇠퇴와 후환을 없애 안온을 얻도록 하겠다고 하였다.『송고승전』권16(대정장50 p.808b19)「당천태산국청사문거전 唐天台山國淸寺文擧傳」에 "지자대사(538~597)가 수 양제의 물음에 답하고는 칠일 동안 금광명도량을 베풀었다. 智者大師答隋煬帝問 立七日金光明道場",『대당대자은사삼장법사전』권10(대정장50 p.276b8)에 "용삭 3년(663) 겨울10월 23일에 (번역을) 끝내고서 육백권을 합해 마치고는『대반야경』이라고 이름하였다. … 때에 옥화사 도유나 적조는 (번역) 마침을 경하드리면서 재를 베풀고 공양하였다. 至龍朔三年冬十月二十三日 功畢絶筆 合成六百卷 稱爲大般若經焉 … 時玉華寺都維那寂照慶賀功畢 設齋供養",『불조통기』권41(대정장49 p.377c26)「법운통새지 法運通塞志」17의8 대종(代宗)에 "영태 원년(765) … 10월에 … 내(원)에서『인왕경』두 연에 실어 서명제사에 보내라 명하였고, 불공삼장에게 백고좌를 베풀고 강경하도록 청하였으며, 황제가 나아가 향을 올리며 예경하였다. 永泰元年 … 十月 … 命內出仁王經二輦送西明諸寺 詔不空三藏置百高座講經 帝臨御行香禮敬"고 하였으며, 우리나라의 경우『삼국사기』권44 열전4 거칠부에 "(551년) 혜량법사가 문도를 이끌고 길 위로 나왔다. … 거칠부가 함께 돌아와 왕에게 고하였는데 왕은 승통으로 모셨다. 비로소 백좌강회와 팔관을 베풀었다. 惠亮法師領其徒 出路上 … 居柒夫同載以歸 見之於王 王以爲僧統 始置百座講會及八關之法", 같은 책 권4 진평왕 35년(613) 가을 7월에 "수 사신 왕세의가 황룡사에 이르자, 백고좌회를 베풀고 원광 등 법사를 모셔 강경하였다. 隋使王世儀至皇龍寺 設百高座邀圓光等法師說經"고 하였고, 삼국통일 이후에도『삼국유사』권2(대정장49 p.974a9·한불전6 p.291a14) 기이2 성덕왕에 "왕이 태종대왕을 위해 봉덕사를 창건하고는 인왕도량을 칠일 동안 베풀고 대사하였다. 王爲太宗大王刱奉德寺 設仁王道場七日大赦", 같은 책 권4(대정장49 p.1010a3·한불전6 p.354b9) 의해5 현유가해화엄(賢瑜伽海華嚴)에 "경덕왕 천보 12년(753) 계사 여름에 가뭄이 크게 들자 조서를 보내 (대현을) 내전으로 모셔『금광경』을 강하며 단비를 빌었다. 景德王天寶十二年癸巳夏大旱 詔入內殿講金光經以祈甘霔",『삼국사기』권10 헌강왕 2년(876) 봄2월에도 "황룡사에서 스님께 공양을 바치고 백고좌회를 열어 강경하였는데, 왕이 친히 행차하여 들었다. 皇龍寺齋僧 設百高座講經 王親幸聽之"고 하였다. 특히『삼국유사』권2(대정장49 p.977b25·한불전6 p.297a14) 기이2 경애왕(景哀王)에는 "제55대 경애왕 즉위년인 동광 2년(924) 갑진 2월 19일에 황룡사에서 백좌를 베풀어 설경하면서 선승 삼백 명에게 공양을 올리고 대왕도 친히 나와 향을 올렸는데, 이는 백좌에서 선교를 함께 설한 시초다. 第五十五景哀王卽位同光二年甲辰二月十九日 皇龍寺說百座說經 兼飯禪僧三百 大王親行香致供 此百座通說禪教之始"고 하였다. 특히 같은 책 권2(대정장49 p.972a24·한불전6 p.288a3)기이2 문무왕법민에는 "때에 당의 유격대와 모든 장병들이 병영에 머물면서 장차 우리를 몰래 치려고 꾀하는 것을 왕이 알고는 군사를 내었다. … 각간 김천존은 '근래에 명랑법사가 용궁에 들어가서 비법을 전해받아 왔으니 청하여 물어보소서'라고 하였는데, 명랑은 '낭산 남쪽 신유림에 사천왕사를 세우고 도량을 베푸는 것이 좋다'고 하였다. … 채색 비단으로 절을 꾸미고, 풀로 오방신상을 만들고서, 명랑을 상수로 유가명승 열 두명이 문두루비밀법을 지었다. 때에 당과 신라 군사가 아직 만나 싸우지 않았지만, 바람과 파도가 크게 일어 당의 배는 모두 침몰하였다. 뒤에 절을 개창하고는 사천왕사라고 이름 지었는데, 지금까지 단석은 계속되고 있다. … 時唐之游兵諸將兵有留鎭 而將謀襲我者 王覺之發兵之 … 角干金天尊奏曰 近有明朗法師入龍宮傳秘法以來 請詔問之 朗奏曰 狼山之南有神遊林 創四天王寺於其地 開設道場則可矣 … 以彩帛營寺 草搆五方神像 以瑜珈明僧十二員明朗爲上首 作文豆婁秘密之法 時唐羅兵未交接 風濤怒起 唐舡皆沒於水 後改刱寺名四天王寺 至今不墜壇席"고 하였다. 고려시대에 이르면 더욱 다양하게 베풀었는데, 『고려사』 권7 세가7 문종 4년(1050) 9월 21일에 "회경전에서 삼일 동안 백고좌인왕도량을 베풀었다. 設百高座仁王道場於會慶殿三日", 김부식(金富軾 1075~1151)의 『동문선』 권110 「금광명경도량소 金光明經道場疏」에 "군신이 (뜻이) 같지 않아 나라에 많은 어려움에 이르렀으니, 마땅히 부처님의 지극한 어지심에 의지하여 우리들의 동일한 근심을 구제하여야 합니다. … 재앙은 없어지고 이로움은 모두에게 주어져, 백성은 부유와 장수의 길로 돌아가고 나라는 언덕처럼 (재화를) 쌓게 하소서. 緣君臣之不類 致邦國之多艱 宜投彼佛之至仁 可濟吾人之同患 … 無災不滅 有利皆與 民歸富壽之塗 國有京坻之積"라고 한 것처럼 호국삼부경의 강경(講經)·설경(說經) 도량이 이어졌고, 그 외에도 불보살·경판·권속을 모신 도량도 설행하였다. 이미 신라에서 『삼국유사』 권2(대정장49 p.972b27·한불전6 p.288b19) 기이2 문무왕법민에 "인문이 옥에 있을 때, 국인은 절을 지어 인용사라고 부르고 관음도량을 베풀었다. 인문이 귀환하다가 해상에서 죽자, (도량을) 고쳐 미타도량으로 삼았는데 지금도 있다. 仁問在獄時 國人爲刱寺名仁容寺 開設觀音道場 及仁問來還 死於海上 改爲彌陁道場 至今猶存"고 하였는데, 같은 책 권5(대정장49 p.1011c20·한불전6 p.357b9) 감통7 선도성모수희불사(仙桃聖母隨喜佛事)에 "본조(고려)에 굴불지 용이 황제에게 현몽하여 '영취산에 약사도량을 오랫도록 베풀어 바닷길을 안정되도록 하라'고 하였다. 本朝屈弗池龍 託夢於帝 請於靈鷲山長開藥師道場 □平海途", 『고려사』 권12 세가12 예종 1년(1106) 7월 1일에 "회경전에서 반야도량을 베풀면서 왕사 덕창을 모셔 강경하며 비를 빌었다. 設般若道場于會慶殿 召王師德昌 講經祈雨", 같은 책 권15 세가15 인종 6년(1128) 3월 8일에 "(왕이) 친히 홍교원에서 오일 동안 화엄도량을 베풀었다. 親設華嚴道場於弘敎院五日", 경주 기림사(祇林寺) 소조비로자나불의 복장물로 1377년(우왕3)에 작성된 「법화삼매참조선강의 권하 발원문 法華三昧懺助宣講義卷下發願文」에 "절은 본래 혼기가 일찍이 법화도량을 베풀었던 곳이므로, 마땅히 이곳에서 이 법을 떨쳐야 한다. 寺本混其嘗設法華道場 故宜於此宣揚此法"고 하였다. 『고려사』 권8 세가8 문종 14년(1060) 1월 23일에 "문덕전에서 칠일 동안 천제석도량을 베풀었다. 設天帝釋道場于文德殿七日", 같은 책 권13 세가13 예종 5년(1110) 4월 17일에 "문덕전에서 공작명왕도량을 베풀었다. 設孔雀明王道場於文德殿", 같은 책 권16 세가16 인종 8년(1130) 8월 "(왕이) 홍경원에서 아타바구신도량을, 선군청에서 반야도량을 이십칠일 동안 베풀었는데, 묘청의 말을 따른 것이다. 命置呵吒波拘神道場于弘慶院 般若道場于選軍廳 皆二七日 從妙淸之言也", 같은 책 권22 세가22 고종 4년(1217) 5월 9일에 "(왕이) 왕륜사에 행차하여 신중도량을 베풀었다. 幸王輪寺 設神衆道場", 같은 책 고종 4년 5월 21일에 "(왕이) 묘통사에 행차하여 마리지천도량을 베풀면서 거란군을 물리쳐달라고 하였다. 幸妙通寺 設摩利支天道場 以禳丹兵", 같은 책 고종 14년(1227) 9월 30일에 "(왕이) 친히 수문전에서 무능승도량을 베풀어 병란을 평정하고자 하였다. 親設無能勝道場于修文殿 以壓兵", 같은 책 권23 세가23 고종 36년(1249) 8월 13일에 "(왕이) 친히 천병신중도량을 베풀었다. 親設天兵神衆道場"고 하였다. 또한 같은 책 권7 세가7 문종 즉위년(1046) 10월 10일에 "(왕이) 회경전에서 소재도량을 베풀었다. 設消災道場於會慶殿"고 하였듯이, 소재(消災)·식재(息災)를 위한 호국도량도 자주 베풀었는데, 같은 책 권54 지8 오행2에 "(숙종6년 1101) 신축에 태사가 '벌레가 소나무를 갉아 먹으니, 병란의 조짐입니다. 마땅히 관정, 문두루, 보성 등의 도량과 노군부법으로 빌어야 합니다'라고 아뢰었다. (왕이) 따랐다. 辛丑 太史奏 蟲食松 此兵徵也 宜行灌頂文豆婁寶星等道場老君符法以禳之 從之", 같은 책 권11 세가11 숙종 6년(1101) 4월 15일에 "무당을 괴롭혀 비를 빌었다. … 임해원에서 용왕도량을 베풀어 비를 빌었다. 曝巫祈雨 … 設龍王道場于臨海院 祈雨", 같은 책 권15 세가15 인종 6년(1128) 9월 9일에 "중화전에서 보살계도량을 베풀었다. 設菩薩戒道場于重華殿", 같은 책 권17 세가17 의종 5년(1151) 4월에 "가물어서 명산대천과 여러 신사에 비를 빌었고, 수문전에서 칠일 동안 불정도량을 베풀었다. 以旱禱雨于名山大川 及諸神祠 設佛頂道場於修文殿七日", 같은 책 권23 세가23 고종 22년(1235) 2월 17일에 "(왕이) 내전에서 지풍도량을 베풀었다. 設止風道場于內殿"라고 하였으며, 심지어 같은 책 권41 세가41 공민왕 15년(1366) 11월 22일에 "(왕이) 내전에서 북제천병호국도량을 베풀었다. 設北帝天兵護國道場于內殿"고 하여 도교의 북극대제(北極大帝)를 가미한 호국도량도 설행하였다. 『동문선』 권110에는 최홍윤(崔洪胤 1153~1229)이 지은 「대장경도장소 大藏經道場疏」, 『설암잡저』 권3(한불전9 p.311c4)에는 설암추붕(雪巖秋鵬 1651~1706)이 쓴 「나한도량소 羅漢道場疏」가 수록되어 전한다. 〔참고문헌〕『仁王般若波羅蜜經』, 『金光明經』, 『佛祖統紀』, 『宋高僧傳』, 『大唐大慈恩寺三藏法師傳』, 『三國史記』, 『三國遺事』, 『高麗史』, 『東文選』, 『雪巖雜著』. ⇨ 호국 護國❶, 호국용 護國龍, 공작명왕도량 孔雀明王道場, 관음도량 觀音道場, 관정도량 灌頂道場, 금광명경도량 金光明經道場, 대장도량 大藏道場, 마리지천도량 摩利支天道場, 무능승도량 無能勝道場, 문두루도량 文豆婁道場, 미타도량 彌陀道場, 반야도량 般若道場, 백고좌도량 百高座道場, 백고좌인왕도량 百高座仁王道場, 법화도량 法華道場, 보살계도량 菩薩戒道場, 보성도량 寶星道場, 북제천병호국도량 北帝天兵護國道場, 불정도량 佛頂道場, 소재도량 消災道場, 신중도량 神衆道場, 아타바구신도량 呵吒波拘神道場, 약사도량 藥師道場, 용왕도량 龍王道場, 인왕도량 仁王道場, 제석도량 帝釋道場, 지풍도량 止風道場, 천병신중도량 天兵神衆道場, 천제석도량 天帝釋道場

호국사 護國寺 ❶ 경상남도 진주시 남성동 비봉산(飛鳳山)에 있는 절. 대한불교조계종 해인사(海印寺) 말사이다. 고려시대에 산성사(山城寺)로 창건되었다. 고려말 왜적의 침범을 막기 위해 승병(僧兵)을 주둔시켜 공을 세웠고, 임진왜란 때 승군이 주둔하였으나 전소되었다. 이후 호국사라는 사액을 받아 지금에 이른다. 현존하는 당우로는 대웅전·명부전 등이 있다. 〔참고문헌〕『韓國寺刹全書』 권하 p.1170b6, 『文化遺蹟總覽』(文化財管理局, 1977) p.450. ❷ 전라남도 담양군 담양읍 만성리에 있는 절. 1955년 담양군 청년단(青年團)에서 본부 출신 충혼(忠魂) 1200여 명을 위해 세운 현충각(顯忠閣)이다. 당우로는 극락보전·누각 등이 있으며, 문화재자료 목조아미타여래좌상이 있다. 〔참고문헌〕『文化遺蹟總覽』(文化財管理局, 1977) p.196. ❸ 전라북도 무주군 적상면 괴목리 적상산(赤裳山)에 있는 절. 이식(李植 1584~1647)의 『택당집』 별집(別集) 권7 「무주적상산성호국사비 茂朱赤裳山城護國寺碑」에 "계미(1643·인조21) 여름 내가 명을 받들고 이 장서각의 사적을 상고하였다. … 또 절을 건립하고 스님들을 널리 모이게 해서 이곳을 지키도록 윤허하셨다. … 오직 호국사를 새로 창건한 것은 감사 스스로 감영봉록을 희사하여 공사비로 쓰게 하였고 승통 각명이 민첩하고 성실하게 일을 추진하여 적절하게 역할을 분담하였고, 심군이 처음부터 끝까지 감독하면서 자재를 도와준 결과이다. 따라서 두 해가 지나기 전에 가람이 우뚝 설 수 있었다. … 지금 감사로 부임한 윤공 명은이 전임 감사의 정사를 이어받았다. … 호국이라 한 것은 삼장법사 경축고사를 취하여 전승의 뜻을 부친 것이다. 癸未夏 余承命考史于閣 仍見城內 … 且許建寺 廣集緇流以守之 … 惟新創護國寺者 乃監司自捐營俸 爲工役費 僧統覺明 幹敏勤事 授役有方 沈君終始監董資助 故不再臘 而伽藍巋然 … 今監司尹公鳴殷 繼脩舊尹之政 … 名以護國者 取三藏法師經祝事 寓戰禱意也"라고 하였다. 1949년 공비토벌로 전소되었다가 현재의 자리에 중건되었고 당우로는 불당·산신각 등이 있으며 유형문화재 제85호 호국사비가 있다. 『동국여지승람』 권39 전라도 무주현 불우, 『여지도서』 전라도 무주 사찰과 『가람고』 등에 이름과 위치가 전한다. 〔참고문헌〕『澤堂集』, 『東國輿地勝覽』, 『輿地圖書』, 『伽藍考』, 『韓國寺刹全書』 권하 p.1170b3. ❹ 황해도 연백군 고려산(高麗山)에 있던 절. 호국사(扈國寺)라고도 하였다. 『동국여지승람』 권43 황해도 배천군 불우와 『가람고』에 이름과 위치가 전하고, 『여지도서』 황해도 배천 사찰과 『범우고』에는 "사적비략에서 말하길 '절의 산본은 백운이라고 한다. 고려 공민왕이 항상 군 남쪽 온천 북쪽에 행차하여 이 산의 정상에서 둘러보았다. … 산에는 석불이 있고, 곁에 석천이 있는데 마시면 심히 달아 감로수라고 하였다. 이에 절을 짓고 이 산을 고려산이라 하고 절의 이름을 호국사라고 하였다'고 전한다. 事蹟碑略曰 寺之山本稱白雲 而高麗恭愍王嘗幸郡南溫泉北 覩此山之上 … 山有石佛 石泉在旁 飮之甚甘 稱之曰甘露水 因創寺於此山以高麗 名寺日護國云云"라고 하였다. 『고종실록』 권20 20년(1883) 5월 24일 의정부(議政府)에서 올린 글에 "본영의 신용순 등이 도둑무리 일곱을 백천의 호국사에서 잡았다. 則本營捕校申龍順等賊黨七漢 捕捉於白川護國寺"라고 하였다. 이민곤(李敏坤 1695~1756)의 『임은집』 권1에 「銀川護國寺贈雨霑大師 은천호국사증우점대사」도 전한다. 〔참고문헌〕『東國輿地勝覽』, 『輿地圖書』, 『伽藍考』, 『梵宇攷』, 『高宗實錄』, 『承政院日記』, 『林隱集』, 『韓國寺刹全書』 권하 p.1170b1·p.1170b8. ❺ 중국 북경(北京) 서사패루(西四牌樓) 북쪽에 있는 라마교 사원. 융선사(隆善寺)·서묘(西廟)라고도 한다. 원래 이름은 숭국사(崇國寺)로 원승상 탁극탁관저(托克托官邸)가 건립하였으며, 명 선덕년간(1426~1435)에 숭선사(崇善寺)라는 이름이 하사되었고, 1472년(성화8)에는 대륭선호국사(大隆善護國寺)라는 이름이 하사되었다. 1722년(강희61)에 절을 크게 수리하고 호국사로 개칭하였으며 서사(西寺)라고 하였고 동사(東寺)는 융복사(隆福寺)다. 불전(佛殿)에는 절을 건립한 탁극탁관저 부부의 오래된 상이 있으며, 명대(明代) 선사인 도연(道衍 : 姚少師)스님이 가사를 입고 결가부좌하고 있는 소상(塑像)도 있다. 본 절이 있는 거리에서는 매월 7~8일에 묘회(廟會)가 열려 사람들로 북적거린다. **6** 대만 타이중(臺中) 무봉향(霧峰鄕)에 있는 절. 민국(民國) 초기에 창건되었고 처음에는 천례당(天禮堂)이라 불렸다. 용화교(龍華敎) 거사가 수행하던 도량이었으나 1964년(민국53)에 광화(廣化)법사가 주지로 취임하여 호국사로 개칭하고는 절을 중수하여 대중이 머물도록 해서 정법을 선양하였다. 1970년(민국59)에 여허(如虛)법사가 후임으로 온 후 토지매입 등 중창하여 위용이 일신되었다.

호국사왕 護國四王 불법에 의지해 나라를 지키는 사천왕(四天王). 인민을 안온케 하기 위해 나라를 지키며, 호세사천(護世四天)이라고도 부른다.『법화문구기』권10(대정장34, p.358a16)에 "본래 경을 널리 펴는 이는 난국에서 보호를 받는데, 어찌 오직 주술만을 돈독히 힘써 몰아붙이면서 세속의 잘못된 국면을 함부로 바로잡으려 하는가? 마치 약왕이 62억 부처님의 말씀을 바치고, 용시가 항하사 등의 부처님의 말씀을 베푼 예와 같다. 하물며 호국사왕과 나찰칠녀가 모두 법을 지키려 해서 부처님의 허락을 받았을 뿐이지, 어찌 주술에 힘썼다고 할 수 있겠는가? 本爲弘經者護難 豈唯敦逼呪術 全濫矯俗 如藥王獻六十二億佛之所說 勇施恒河等 佛之所說 況護國四王 羅刹七女 皆爲護法 請佛印許 如何謂爲呪術敦之耶"라고 하였다. 〔참고문헌〕『法華文句記』. ⇨ 호국 護國 **1**, 사천왕 四天王

호국삼부경 護國三部經 나라를 지키게 해서 인민을 안온케 하는 삼부의 경전. 구마라집(鳩摩羅什 Ⓢ Kumārajīva) 한역『인왕경 仁王經』권2, 구마라집 한역『법화경』7권, 담무참(曇無讖 Ⓢ Dharmakṣema) 한역『금광명경 金光明經』4권 또는 의정(義淨) 한역『금광명최승왕경 金光明最勝王經』10권을 아울러 이르는 말. 담무참과 의정의 한역경은 동본이역이다. 호국삼경(護國三經)이라고도 한다.『출삼장기집』권8(대정장54, p.53b27)의 양무제(梁武帝)「주해대품서 注解大品序」에 따르면,『인왕경』은 위경이라는 의혹이 남아 있었는데 북위(北魏)대 530년(영안3) 필사본이 근대에 돈황석실(敦煌石室)에서 발견되어 그것을 입증하였다.『인왕경』권하(대정장8, p.833b13)에 부처님의 예언으로 불멸 후 8십년·8백년·8천년이 되는 때 삼보가 사라지고 세간이 어둠에 빠지는데, 나라의 모든 이들이 이 경「호국품」의 말씀대로 닦으면 그 재앙을 막을 수 있다고 한다.『금광명경』은 정법을 보호해 나라를 지키는 사천왕(四天王)·대변재천(大辯才天)·대길상천(大吉祥天)들의 보호를 받고 왕도 이 경에 의지하여 극복하고 국태안민(國泰安民)을 도모할 수 있다고 강조한다.『법화경』「관세음보문품 觀世音普門品」과「신력품 神力品」과「약왕보살품 藥王菩薩品」등에서는 구세(救世)의 방편이 뛰어난 관음을 의지해 위난을 벗어날 것을 설하고, 오탁악세(五濁惡世)에서 나라와 인민을 지키는 뛰어난 경전이라 밝히고 있다. ⇨ 인왕반야바라밀경 仁王般若波羅蜜經, 금광명경 金光明經, 묘법연화경 妙法蓮華經

호국용 護國龍 나라 지키는 용.『삼국유사』권2(대정장49, p.974c2·한불전6, p.288b23) 기이(紀異)2 '문호왕법민 文虎王法敏'에 "왕은 언제나 때때로 지의법사에게 이르길 '나 죽어 이 몸 호국대룡 되기를 원한다네. 부처님 법 받들어 모셔 이 나라 수호하려 한다네' 하였다. 王平時常謂智義法師曰 朕身後願爲護國大龍 崇奉佛法 守護邦家", 같은 책 권2(대정장49, p.977b17·한불전6, p.293b17) 기이(紀異)2 '원성대왕 元聖大王'에 "왕 즉위 11년 을해 당사 서울에 와서 일삭 머물다 돌아갔는데, 그 후 어느 날 두 여인 내정에 나와 아뢰길 '저희들은 동지·청지〈사기에 이 샘은 동해 용이 왕래하며 법문 듣는 곳이요, 절은 진평왕이 지은 것이니 5백성중과 5층탑 및 전민을 아울러 납하였다〉 두 아내인데, 당사가 하서국인 둘을 데리고 와서 우리 남편인 두 용과 분황사 우물에 있는 용 등 세 용을 저주하여 작은 물고기로 변하게 해서 통속에 담아 가지고 갔습니다. 원컨대 폐하는 그 둘에게 조칙하여 우리 남편들인 호국용을 여기에 그대로 머물게 하소서' 하였다. 王卽位十一年乙亥 唐使來京 留一朔而還 後一日 有二女進內庭 奏曰 妾等乃東池青池〈青池卽東泉寺之泉也 寺記云 泉乃東海龍往來聽法之地 寺乃眞平王所造 五百聖衆五層塔 幷納田民焉〉 二龍之妻也 唐使將河西國二人而來 呪我夫二龍及芬皇寺井等三龍 變爲小魚筒貯而歸 願陛下勅二人 留我夫等護國龍也"라고 하였다. 〔참고문헌〕『三國遺事』. ⇨ 호국도량 護國道場

호국인왕사 護國仁王寺 함경북도 영주에 있던 절.『고려사』권96 열전(列傳)9「윤관 尹瓘」에 "또 호국인왕사와 진동보제사 두 절을 영주성 안에 창건하였다. 又創護國仁王 鎭東普濟二寺於英州城中"라고 하였다. 〔참고문헌〕『高麗史』.

호국존자소문대승경 護國尊者所問大乘經 Ⓢ Rāṣṭrapāla-paripṛcchā, Ⓣ Yul-'khor-skyong gis shus-pa. 송대 시호(施護 Ⓢ Dānapāla) 한역. 4권. 대정장12, pp.1a3~14c25, No.321에 수록되었다.『호국존자소문경』·『호국보살경』이라고도 한다. 부처님께서 왕사성(王舍城) 기사굴산(耆闍崛山)에서 호국존자에게 보살의 법요를 설하신 경이다.『대보적경』권80·81 양권에 수록된「호국보살회 護國菩薩會」와 동본이역이다. 티베트역본(北京版 No.833·데게版 No.166)도 전한다. 〔참고문헌〕『開元釋敎錄』 권7(대정장55, p.548b7), 『中華大藏經總目錄』 권2(대장경보편35, p.156a6), 『法界聖凡水陸大齋法輪寶懺』(卍속장129, p.711b10).

호국주 護國珠 나라를 지키는 구슬. 『인왕경』의 별명. 16대국의 왕들에게 불과(佛果)와 국토를 수호하는 인연에 대하여 설하고, 이 경을 지니고 해설하면 나라에 재난이 없으리라고 밝힌다. 『인왕경』 권하(대정장8, p.832c23)에 "이 반야바라밀이야말로 모든 불보살과 일체중생 심식의 신령한 바탕이니 … 여의주라고도 하고 호국주라고도 한다. 是般若波羅蜜 是諸佛菩薩 一切衆生心識之神本也 … 亦名如意珠 亦名護國珠", 『인왕반야경소』 권하(대정장33, p.356a2)에 "호국의 구슬이란 반야의 힘으로 능히 국토를 안온하게 하기 때문이다. 護國珠者 波若力 能令國土安穩故也"라고 하였다. 〔참고문헌〕『仁王經』, 『仁王般若經疏』.

호궤 胡跪 호인(胡人)들의 무릎 꿇는 법. 우슬착지(右膝著地)를 말한다. 호궤(互跪)·호기(胡跽)라고도 한다. 호(胡)란 유래가 인도임을 나타내고, 궤(跪)란 두 무릎을 꿇고 허리를 편 채로 간절히 청원하거나 뉘우칠 때의 위의다. 『석문귀경의』 권하(대정장45, p.863c19)에 "호궤란 좌우 두 무릎을 교차해 바닥에 꿇는다. 이는 간절히 청할 일이 있거나 잘못을 뉘우칠 때의 위의다. 불법에서는 오른쪽을 따르므로 오른 무릎을 바닥에 붙인다. … 경에서 행사가 오래 지나게 되면 괴로움이 몸에 몰려와 좌우 두 무릎을 번갈아 가며 바닥에 꿇는다고 하며, 경에 비구가 두 무릎을 모두 바닥에 붙이고 부처님께 아뢰는 예도 있다. 호궤란 호인이 경의를 표하는 자세이며, 중국에는 없어 그 본래의 연고를 보존하고자 호라 한다. 호기라고 하는 예도 있는데 여러 자세를 검토해 보니 기라 한 것인즉 천축국에서 무릎을 꿇는 모양새다. 言互跪者 左右兩膝 交互跪地 此謂有所啓請 悔過授受之儀也 佛法順右 卽以右膝拄地 … 經中以行事經久 苦弊集身 左右兩膝 交互而跪 經中比丘亦有兩膝至地白佛者 言胡跪者 胡人敬相 此方所無存其本緣 故云胡也 或作胡跽者 撿諸字書 跽卽天竺國 屈膝之相也", 『석씨요람』 권중(대정장54, p.278b14)에 "호궤 : 천축의 위의다. 좌우 두 무릎을 번갈아 바닥에 붙인다. 그러므로 석자는 모두 오른 무릎을 꿇는다. 호궤라고 한 것은 변한 음이다. 互跪 天竺之儀也 謂左右兩膝互跪著地 故釋子皆右膝 若言胡跪 音訛也", 『일체경음의』 권36(대정장54, p.548c20)에 "호궤〈궤는 규와 위를 반절한 음이다. 오른 무릎을 바닥에 붙이고 왼 무릎은 세우고는 꿇어앉는다. 호궤라고도 한다〉. 胡跪〈逵葦反 右膝著地豎左膝 危坐 或云互跪也〉"라고 하였다. 〔참고문헌〕『釋門歸敬儀』, 『釋氏要覽』, 『一切經音義』. ⇨ 우슬착지 右膝著地

호궤합장 胡跪合掌 Ⓢ añjaliṃ pra-√ṇam. 호궤한 채로 합장하다. 『잡아함경』 권1(대정장2, p.6b27)에 "자리에서 일어나 오른 어깨 드러내 가사 걸치고 호궤합장한 채 사리불에게 말했다. 從座起 偏袒右肩 胡跪合掌 白舍利弗言"라고 하였다. 〔참고문헌〕『雜阿含經』, *Suv-pr.57.* ⇨ 호궤 胡跪, 합장 合掌

호귀학도난 豪貴學道難 부유하고 귀하면 도를 배움에 어렵다. 『주사십이장경』(대정장39, p.519a23)에 "호귀학도난 : 부유하고 신분 높아 도를 익히기 어려우니, 멋대로 살아 어떤 고뇌도 없어 능히 쌓인 번뇌 싫어해 간절히 도를 구할 일 없기에 장애라 한다. 豪貴學道難 豪貴恣逸 無諸苦惱 而能厭其累塵 折節求道 故爲難矣", 『찬향록』 권상(卍속장125, p.843a12)에 "부유하고 귀한 신분은 도를 배우기 어렵다. 호귀한 이 흔히들 듣고 보는 것에 빠져 살아 고통의 저 끝 싫어할 일 없어 도를 익히기가 어렵다. 豪貴學道難 以豪貴之人 多迷聲色 不厭苦本 所以學道爲難"라고 하였다. 〔참고문헌〕『註四十二章經』, 『餐香錄』.

호규지옥 號叫地獄 Ⓢ Raurava, Ⓣ Ngu-'bod. 팔대지옥(八大地獄) 중 고통으로 울부짖는 지옥. 『구사론』 권8(대정장29, p.41a6 : *Abh-k-bh.*, p.111)에 "팔대지옥을 가리켜 지옥이 다르다고 한다. … 네 번째는 호규지옥이다. 八大地獄 名地獄異 … 四 號叫地獄 aṣṭau mahānarakāḥ … rauravo"라고 하였다. 〔참고문헌〕『俱舍論』, *Abh-k-bh.* ⇨ 팔대지옥 八大地獄❶

호근 護根 ❶ 이십이근(二十二根) 중 하나. 불고불락수(不苦不樂受)인 사수(捨受). 사근(捨根 Ⓢ upekṣā-indriya)을 말한다. 여기서 근(根)은 수(受)·통(通)·갱락촉(更樂觸) 등의 뜻으로 통한다. 『비바사론』 권4(대정장28, p.439a18)에 "이십이근이란 … 낙근·고근·희근·우근·호근 등이다. … 호근이란 무엇인가? 불고불락의 갱락촉이다. 가령 마음중에 생겨난 좋지도 싫지도 않은 감각으로서의 통이니 이를 호근이라 한다. 二十二根者 … 樂根 苦根 喜根 憂根 護根 … 護根云何 答曰 不苦不樂更樂觸 若心中生非善非不善覺是痛 是謂護根", 『아비담감로미론』 권상(대정장28, p.971c5)에 "육식과 상응하는 불고불락통을 호근이라 한다. 六識相應不苦不樂痛是謂護根"라고 하였다. 〔참고문헌〕『鞞婆沙論』, 『阿毘曇甘露味論』. ⇨ 사근 捨根, 사수 捨受, 불고불락수 不

苦不樂受 ❷ 근을 지키다. 능호근문(能護根門)·수호근문(守護根門)이라고도 한다. 36권본 『대반열반경』 권20(대정장12, p.740a19)에 "보살 이때 오근 청정하니 근이 청정하기에 근 지켜 계 갖춘다. 일체범부는 오근이 부정하므로 능히 잘 지킬 수 없으니 이름하여 근 지키지 못해 새기에 근루라 한다. 보살은 길이 끊었기에 무루지만, 여래는 뽑아버려 길이 근본을 끊었으니 이 때문에 비루다. 菩薩 爾時 五根淸淨 根淸淨故 護根戒具 一切凡夫 五根不淨 不能善持 名曰根漏 菩薩永斷 是故無漏 如來拔出 永斷根本 是故非漏", 『대반열반경의기』 권7(대정장37, p.796a17)에 "만약 능히 근을 지킬 수 있다면 능히 마음을 거둘 수 있고, 만약 능히 마음을 거둘 수 있다면 능히 근을 지킬 수 있다. 若能護根 則能攝心 若能攝心 則能護根"라고 하였다. 〔참고문헌〕『大般涅槃經』, 『大般涅槃經義記』. ⇨ 능호근문 能護根門

호금 胡琴 호인들의 줄타는 악기. 비파(琵琶)를 달리 이르는 말. 『사미율의요략증주』(卍속장106, p.289b13)에 "비파는 호금이다. 길이는 석 자 다섯 치이다. 삼재와 오행을 그린 것이고, 사현은 사시를 본뜬 것이다. 琵琶是胡琴 長三尺五寸 象三才五行 四絃象四時也"라고 하였다. 〔참고문헌〕『沙彌律儀要略增註』.

호기 好奇 조선후기 스님. 『동사열전』 권5 「혜봉선사전 惠峰禪師傳」(한불전10, p.1057c01)에 "(혜봉이순은) 어릴 때 달마산으로 들어가 호기장로의 조실에서 머리를 깎고 출가하였다. 幼入達摩 剃染於好奇長老之室"라고 하였다. 〔참고문헌〕『東師列傳』.

호기 呼旗 4월 8일 석가탄신일 준비를 위해 민간에서 거행하던 행사. '호기희 呼旗戱', '호기동희 呼旗童戱'라고도 불렸다. 석가탄신일의 수십 일 전부터 아이들이 종이 깃발을 들고 거리를 다니면서 소리 크게 내서 쌀과 옷감을 모아 집집마다 석가탄신일에 켤 연등비용으로 썼는데, 이를 호기라고 했다. 『고려사』에 의하면 1364년(공민왕13)과 1366년(공민왕15)에 국왕이 이를 전정(殿庭)에서 관람했다고 한다. 성현(成俔 1439~1534)의 『용재총화』 권2에 의하며, "4월 8일에 연등하였는데 세상에 전하는 말로는 석가여래(釋迦如來)가 탄생한 날이라고 한다. 봄이 되면 아이들이 종이를 오려서 기(旗)를 만들고 물고기 껍질을 벗겨 북을 만들었다. 다투어 모여 무리짓고는 길거리 돌아다니며 연등의 필요한 도구를 구하였는데, 이를 호기라고 불렀다. 四月八日燃燈 俗言釋迦如來誕生辰也 春時 兒童翦紙爲旗 剝魚皮爲鼓 爭聚爲羣 巡閭巷 乞燃燈之具 名曰呼旗"라고 하였다. 〔참고문헌〕『高麗史』, 『慵齋叢話』.

호길장 胡吉藏 길장의 자칭. 삼론종(三論宗)의 종조 길장은 선조가 안식국(安息國 : Parthia) 출신이어서 모든 저술에서 스스로를 '호길장'이라 하였다. 『선림상기전』 권6(대장경보편19, p.183b1)에 "『백론』에 대한 호길장의 소에 이렇게 푼다. 百論 胡吉藏疏云"라고 하였다. 〔참고문헌〕『禪林象器箋』. ⇨ 길장 吉藏

호남해중 湖南海衆 호남의 바다처럼 일렁이는 대중. 강서의 구름처럼 오고가는 납자들(江西雲衲)과 맞선다. 석두희천회하에 많은 수행승들이 있음의 비유다. 『식경록개연보설』에 "강서의 구름처럼 오고가는 납자들과 호남의 바다처럼 일렁이는 대중들 있어 경과 어록 살피면서 평창을 청하기도 하고 강설을 듣고 뜻 찾기도 하였다. 江西雲衲 湖南海衆 干經干錄 請評唱 覓講義"라고 하였다. 〔참고문헌〕『息耕錄開筵普說』.

호념 護念 ❶ Ⓢ parigraha, adhiṣṭhita, samanv-ā-√hṛ, Ⓣ dgongs-par-'gyur-ba. 지켜 기억해서 잊지 않다. 불보살 및 여러 하늘들이 불도(佛道)를 수행하는 이를 갖가지 장애로부터 지키는 것을 말한다. 불보살이 악귀 등의 장애로부터 수행자를 보호하는 것이 마치 그림자가 몸을 따르는 것과 같이 함을 영호호념(影護護念)이라 하고, 부처님의 가르침이 진실하다는 것을 입증하기 위해 불보살이 보증함으로써 중생들이 믿고 수지하여 이익을 얻도록 하는 것을 증성호념(證誠護念)이라고 한다. 『법화경』 권1(대정장9, p.4b17 : *Saddh-p.*, p.22)에 "오늘 부처님께서 대승경을 설하실 것이니, 『묘법연화경』이라고 하는데, 보살을 가르치는 법이며, 부처님께서 지켜 가지시는 것이다. 今日如來 當說大乘經 名妙法蓮華 敎菩薩法 佛所護念 bhagavān api taṃ saddharmapuṇḍarīkaṃ dharmaparyāyaṃ sūtrāntaṃ mahāvaipulyaṃ bodhisattvāvavādaṃ sarvabuddhaparigrahaṃ bhāṣitukāmaḥ", 60권본 『화엄경』 권23(대정장9, p.543c7)에 "불자여, 십지는 모든 불법의 근본이다. 보살이 이 십지를 구족히 행하면 능히 일체지혜 얻는다. 그러므로 불자들 이 뜻 설하여 주실 것을 바라옵니다. 모든 부처님께서 지켜 기억하시는 것이며, 더하여 신력으로 사람들이 믿고 수지하여 파괴할 수 없도록 하실 것입니다. 佛子 十地者 是一切佛法之根本 菩薩具足行是十地 能得一切智慧 是故 佛子 願說此義 諸佛護念 加以神力 令人信受 不可破壞", 『대방등대집경』 권19(대정장13, p.133a18)에 "선여인이여, 만약 찰리왕(刹利王 Ⓢ kṣatriya)이 다스리는 국토에 이러한 다라니의 이름이 있어 찬탄하고 수지하며, 독송하고 베껴 쓴다면, 그 왕은 곧 시방의 현재 모든 부처님들의 호념과 찬탄함을 받고, 나아가 아가니타천(阿迦尼吒天 Ⓢ Akaniṣṭha-deva)도 다시 호념하고 찬탄한다. 이 왕이

다니고 머물며 앉고 눕는 곳도 역시 한량없는 천·용·야차가 있어 다 함께 호념하여 그 국토가 평화롭고 안락하여 싸움이 없고, 병이 없으며, 전란이 일어나지 않고, 사나운 비바람이 없으며, 춥지도 않고 덥지도 않으며, 곡식이 풍요롭고, 여러 가지 나쁜 귀신과 사나운 금수들이 다 기쁜 마음을 품고 악한 생각을 내지 않는다. 善女人 若刹利王所領國土 若有如是陀羅尼名 讚歎受持 讀誦書寫 其王則爲十方現在諸佛世尊護念讚歎 乃至 阿迦尼吒諸天 亦復護念 而讚歎之 是王行住坐臥之處 亦有無量 天龍夜叉 悉共護念 令其國土 和安無諍 無有疫病 兵革不起 無惡風雨 不寒不熱 穀米豐熟 諸惡鬼神 及惡禽獸 悉懷喜心 不生惡想", 『금강반야바라밀경파취작불괴가명론』 권상(대정장25, p.887b7)에 "호념에는 두 가지가 있으니, 여래께서 거두어들여 진실을 깨우치게 하는 호념과 무량중생을 바꾸고 교화하시는 제일호념이다. 護念有二種 如來攝受 令悟眞實 護念也 又令轉化 無量衆生 第一護念也"라고 하였다. [참고문헌] 『法華經』, 『華嚴經』, 『大方等大集經』, 『金剛般若波羅蜜經破取著不壞假名論』, 『法華義疏』 권2(대정장34, p.468a1), *Saddh-p.*, *Daś-bh.6.*, *Bodh-bh.129.* ⇨ 영호 影護, 가지 加持 ❷ 아비삼매야(阿毘三昧耶 Ⓢ abhisamaya)의 한역어. 무상등지(無上等持)라고도 하며, 현관(現觀)·현증(現證)과 같은 뜻이다. 『금강정경의결』(대정장39, p.815b8)에 "아비삼매야란 바로 번역하면 무상등지며, 구역은 호념이다. 阿毘三昧耶者 正翻爲無上等持 舊翻爲護念也"라고 하였다. [참고문헌] 『金剛頂經義訣』. ⇨ 현관 現觀

호념경 護念經 『불설아미타경 佛說阿彌陀經』(대정장12, No.366)의 다른 이름. 『일체제불소호념경 一切諸佛所護念經』의 줄임말. 이 경전을 믿는 사람은 모두 부처님의 호념을 받는다고 하여 이렇게 부른다. 『관념법문』(대정장47, p.25b9)에 "『아미타경』의 말씀처럼 어떤 남자와 여인이 칠일 낮밤 내지는 일생을 한결같은 마음으로 오로지 아미타불을 관념하고 정토왕생을 발원한다면, 이 사람은 항상 항하사만큼 많은 육방의 부처님께서 모두 와서 호념하심을 얻을 것이다. 그러므로 호념경이라고 한다. 如彌陀經說 若有男子女人 七日七夜及盡一生 一心專念阿彌陀佛願往生者 此人常得六方恒河沙等佛共來護念 故名護念經"라고 하였다. [참고문헌] 『觀念法門』. ⇨ 아미타경 阿彌陀經 ❷

호념금강 護念金剛 밀교에서 여래자보살(如來慈菩薩)의 밀호. 『태장금강교법명호』(대정장18, p.204c22)에 "여래자〈밀호는 호념금강〉 如來慈〈護念金剛〉"라고 하였다. [참고문헌] 『胎藏金剛教法名號』.

호념일심 護念一心 Ⓟ upekhaka satimant sukha-vihārin. 지켜 기억해서 마음을 한결같이 함. 사념낙주(捨念樂住)·사념청정(捨念淸淨)의 의미다. 『장아함경』 권12 「청정경 淸淨經」(대정장1, p.75a22 : *Pāsādika-sutta, DN.3*, p.131)에 "어떤 사람이 희을 버리고 사에 들어 스스로 몸의 즐거움을 알고, 성현이 구하는 호념일심으로 제3선에 들어가서는 이와 같이 즐거워하는 이 부처님께서 칭찬하신다. 猶如有人 除喜入捨 自知身樂 賢聖所求 護念一心 入第三禪 如是樂者 佛所稱譽 bhikkhu pītiyā ca virāgā upekkhako ca viharati sato ca sampajāno sukhañ ca kāyena paṭisaṃvedeti yan taṃ ariyā ācikkhanti upekkhako satimā sukhavihārīti tatiyajhānaṃ upasampajja viharati. ayaṃ tatiyo sukhallikānuyogo", 『본업영락경소』(대정장85, p.756b17)에서는 "제4선에 있어 불고불락하여 호념일심이란? … 온갖 마음 고르게 다스리니 '호', 경을 맛보는 것이 '념', 조용히 하나의 경만을 연하는 것이 '일심'이다. 四禪 不苦不樂 護念一心者 … 調御諸心爲護也 賞境爲念 靜緣一境爲一心"라 하여, 호와 념과 일심으로 구분하였다. [참고문헌] 『長阿含經』, 『本業瓔珞經疏』, *DN.1.37.* ⇨ 호념청정 護念淸淨, 사념청정 捨念淸淨

호념증상연 護念增上緣 염불수행자의 다섯 가지 증상연(增上緣) 중 하나. 호념이 장수(長壽)의 증상연이 된다는 말. 호념득장명증상연(護念得長命增上緣)의 준말이다. 『관념법문』(대정장47, p.25a18)에 "호념증상연이란 무엇인가? 곧 제십이관중에 설한 것과 같다. 어떤 사람이 언제나 어느 곳에서든 낮이건 밤이건 지극한 마음으로 아미타불의 정토와 이보장엄을 관상하면, 보이건 보이지 않건 무량수불께서 무수화불로 화작하시고, 관음보살과 대세지보살 역시 무수화신 지어 항상 이 수행인의 처소에 오시니, 역시 현생의 호념증상연이다. 言護念增上緣者 卽如第十二觀中說云 若有人 一切時處 日夜至心 觀想彌陀淨土 二報莊嚴 若見不見 無量壽佛 化作無數化佛 觀音大勢至 亦作無數化身 常來至此行人之所 亦是現生護念增上緣", 같은 책 (대정장47, p.25b25)에 "『관정경』 권3에서 말하길, 어떤 사람이 삼귀오계를 수지하면 부처님께서 천제에게 '너는 천신 육십일인을 보내서 매일 밤 일년 내내 계 받은 이들 따라다니며 수호하여 여러 악귀신들의 횡액이나 괴로움을 당하지 않도록 하라'고 명하신다. 이 또한 현생의 호념증상연이다. 依灌頂經 第三卷說云 若人受持三歸五戒者 佛勅天帝 汝差天神六十一人 日夜年月 隨逐守護 受戒之人 勿令獲諸惡鬼神 橫相惱害 此亦是現生護念增上緣"라고 하였다. [참고문헌] 『觀念法門』, 『灌頂經』 권3(대정장21, p.502b21). ⇨ 오종증상연 五種增上緣

호념청정 護念淸淨 Ⓟ upekhaka satimant sukha-vihārin, upekhā-sati-pārisuddhi. 지켜 기억해서 맑고 깨끗하게 하다. 제3선이나 제4선에서 얻은 마음을 지켜 물들지 않게 함이다. 제3선은 사념낙주(捨念樂住), 제4선은 사념청정(捨念淸淨)이다. 『장아함경』 권12 「청정경 淸淨經」(대정장1, p.75a24)에 "즐거움 다하고 괴로움도 다하며, 근심과 기쁨은 이미 사라져 괴롭지도 즐겁지도 않아 호념청정으로 제4선에 드니 이와 같은 즐거움은 부처님께서 칭찬하시는 것이다. 樂盡苦盡 憂喜先滅 不苦不樂 護念淸淨 入第四禪 如是樂者 佛所稱譽", 같은 책 권17 「포타바루경 布吒婆樓經」(대정장1, p.110a28 : *Poṭṭhapāda-sutta, DN.1*, p.183)에 "범지여, 저 초선상이 멸하고 제2선상이 생긴다. 그러므로 저 인연상이 사라지고 이 인연상이 일어남을 안다. 희를 버리고 호를 닦으며, 전념하여 한마음으로 스스로 몸의 즐거움을 알고 성현이 구하는 바 '호념청정'으로 제3선에 들어간다. 범지여, 저 2선상은 멸하고 제3선상이 생긴다. 그러므로 저 인연상이 사라지고 이 인연상이 일어남을 안다. 괴로움도 즐거움도 버리는데, 앞서 근심과 기쁨도 사라지게 했으니 '호념청정'으로 제4선에 든다. 梵志 彼初禪想滅 二禪想生 以是故知 有因緣想滅 有因緣想生 捨喜修護 專念一心 自知身樂 賢聖所求 護念淸淨 入第三禪 梵志 彼二禪想滅 三禪想生 以是故知 有因緣想滅 有因緣想生 捨苦捨樂 先滅憂喜 護念淸淨 入第四禪 poṭṭhapāda bhikkhu pītiyā ca virāgā upekkhako ca viharati sato ca sampajāno sukhañ ca kāyena paṭisaṃvedeti yan taṃ ariyā ācikkhanti upekkhako satimā sukhavihārīti tatiyajhānaṃ upasampajja viharati … poṭṭhapāda bhikkhu sukhassa ca pahānā dukkhassa ca pahānā pubb' eva somanassadomanassānaṃ atthagamā adukkham asukhaṃ upekkhāsatipārisuddhiṃ catutthajhānaṃ upasampajja viharati", 『증일아함경』 권5(대정장2, p.569a29)에 "비구여, 염에 있어서 버리고 호에 있어서 닦아서 항상 스스로 몸의 즐거움을 깨달아 알며, 모든 현성들이 구하는 '호념청정'으로 제3선을 행한다. 이와 같이 비구가 법과 법 서로 보게 해서 뜻으로 그친다. 또한 비구여, 괴롭거나 즐거운 마음을 버려 다시는 근심도 기쁨도 없으며, 괴로움도 즐거움도 없어 '호념청정'으로 제4선을 즐긴다. 이와 같이 비구가 법과 법을 서로 보게 해서 뜻으로 그친다. 比丘 捨於念 修於護 恒自覺知身樂 諸賢聖所求 護念淸淨 行於三禪 如是 比丘 法法相觀意止 復次 比丘 捨苦樂心 無復憂喜 無苦無樂 護念淸淨 樂於四禪 如是 比丘 法法相觀意止"라고 하였다. [참고문헌] 『長阿含經』, 『增壹阿含經』, *DN.* ⇨ 삼선 三禪, 사선 四禪[1], 사념청정 捨念淸淨

호달마 胡達磨 다른 나라 출신인 달마. 『개석지붕어록』(卍속장121, p.379b16)에 "법좌에 올라 '하나는 향할 것 없이 하고, 두 번째는 살펴서도 안 된다. 행랑 아래 일없이 걷고 승당에 그냥 앉아 있다 보면 눈 안에 귀 안에 관세음이요 호달마이리라'라고 말한 뒤 선상을 손바닥으로 치고 말하였다. '지나가는구나'. 上堂 一不得向 二不得討 廊下閑行 堂中打坐 眼裏耳裏 觀世音胡達磨 拍禪床云 過"라고 하였다. [참고문헌] 『介石智朋語錄』.

호담난담 胡擔亂擔 이리저리 어지럽게 짐지다. 제멋대로 감당해 어지럽게 하다. 『일산어록』 권상(대정장80, p.312b1)에 "조사의 심인은 고전 같아 분명하건만, 실마리 없는 후래들이 멋대로 감당하여 이미 그 진실을 잃어버렸다. 祖師心印 古篆分明 無端後來 胡擔亂擔 失眞了也"라고 하였다. [참고문헌] 『一山語錄』.

호대가 好大哥 대중을 올려부르는 말. 호대중(好大衆)·호제선덕(好諸禪德) 등과 통한다. 본래 대가는 대형(大兄)을 뜻한다. 『오조법연어록』 권하(대정장47, p.663b9)에 "법좌에 올라 말했다. '문 밖에 대로 있건만 속시원하게 말하려 들지 않는구나. 죽기 전까지 허겁지겁 바깥 주변 돌아다니며 찾으려 하는가? 호대가여!' 上堂云 門外有大路 不肯大開口 臘月三十日 胡亂外邊走 好大哥"라고 하였다. [참고문헌] 『五祖法演語錄』.

호도 胡道 아무렇게나 말하다. 호설난도(胡說亂道)라고도 한다. 『종문통요정속집』 권20(영락장155, p.217a2)에 "어느 날 원오가 소리지르고는 '그대는 참선한다면서 바른 깨달음 구하지 않고 입에서 나오는 대로 아무렇게나 말해서 어쩌자는 것이냐?'라고 함에 만암도안(卍菴道顔)이 곧장 식은땀 흘릴 뿐이었다. 승당에 돌아가 밤새 앉았다가 활연히 깨우침 있어 모르는 결에 웃고 말았다. 一日圓悟喝云 汝參禪不求正悟 只管信口胡道作麽 師直得汗下 歸堂夜坐 豁然有省 不覺失笑"라고 하였다. [참고문헌] 『宗門統要正續集』.

호도국 好道國 Ⓢ Śrāvastī의 한역어. 실라벌실지(室羅伐悉底)라 음사하고 줄여서 실라벌이라 하며 사위국(舍衛國)을 말한다. 『일체경음의』 권23(대정장54, p.450b5)에 "실라벌국〈구역은 사위국이며, 온전히 음사하면 실라벌실지다. 호도라 번역하며 문물이라고도 한다〉. 室羅筏國〈舊云舍衛國 具稱室羅筏悉底 此翻爲好道 或曰聞物〉", 『번역명의집』 권3(대정장54, p.1097c6)에 "비야리 … 호도라 함은 나라의 길이 있어 평탄하고 곧다〈지의 음은 지이며, 평하고 곧음이다〉. 혹은 호도라 함은 그 나라의 인민이 즐겨 바른 길 좋아하기 때문이다. 毘耶離 … 有言好道 國有道砥直〈砥音旨 平直也〉 有言好道 其國人民好樂正道"라고 하였다. [참고문헌] 『一切經音義』, 『翻譯名義集』.

⇨실라벌실지 室羅伐悉底

호도극도 呼圖克圖 Ⓣho-thog-thu. 청대 라마교 승관(僧官) 전통. 몽고어 khutuktu의 음사다. 호도극도(胡圖克圖)·호토극도(胡土克圖)·고도극도(庫圖克圖)라고도 한다. 활불(活佛) 전통에 의지해 고승의 전생(轉生)을 인정하여 공적 직위를 부여하는 일이다. 호도극도의 그 의미를 풀자면 "전생과 후생을 분명히 알고 윤회에 떨어지지 않으며 생사에 여여해서 사후에 전생한다"라 하여, 곧 대대로 전생하며 중생을 교화하는 성자(聖者)를 뜻한다. 청조(淸朝) 이파원(理藩院)의 당책(檔冊)에 근거하여 1783년(건륭48) 호도극도 148위 중에 달뢰(達賴)·반선(班禪)·철포존단파(哲布尊丹巴)·장가(章嘉)를 사성(四聖)이라 부르는데, 그중 달뢰는 모두를 통솔하고 반선은 달뢰를 보좌하여 후장(後藏)을 이끌며, 철포존단파는 외몽고를 통솔하고, 장가는 내몽고를 통솔한다. 티베트는 달뢰와 반선을 제외하고 따로 30위를 두며 그중 하나의 지위는 여활불(女活佛)로 삼아 상정사(桑廷寺)에 주석하는데 라마교에서 유일한 여성 호도극도이다.

호도화 好道話 기야다(ⓈJeyata)존자가 '좋은 길'이라 한 말을 진각국사 혜심(慧諶)이 공안으로 들어 말했다. 『진각국사어록보유』(한불전6, p.49a1)에 "호도화〈월씨국왕이 계빈국에 기야다라는 존자가 명성이 높다는 소문을 듣고, 신하들과 함께 찾아가 예를 갖추고 친견한 뒤 법을 물었다. 존자가 말하길 '대왕께서는 오실 때 좋은 길로 오셨으니 이제 가실 때도 오실 때와 같을 것입니다'〉. 떠나던 날 봄바람 불어 아득한 골짜기 쌓였던 눈 모두 쓸어 다하더니, 돌아올 때 방초 파릇하고 두견은 울어 애절하네. 기이하구나, 곳곳이 총지문이로구나! 감히 미소짓지만 요즘 사람들 그 웃음 사무치지는 못하리. 好道話〈月氏國王聞罽賓國 有一尊者 名祇夜多 有大名稱 卽與群臣 往造彼國修敬畢 乃請尊者 當爲開演 尊者曰 大王來時好道 今去亦如來時〉去日春風盡 掃盡千岩雪 來時芳草綠 杜鵑啼更切 奇哉處處摠持門 堪笑時人笑不徹"라고 하였다. '가던 날은~곳곳이 총지문이로구나'라는 대목까지는 『보각조심어록』(卍속장120, p.219b1)에 있는 말이다. 〔참고문헌〕『眞覺國師語錄補遺』, 『禪門拈頌說話』, 『寶覺祖心語錄』.

호독조 呼犢鳥 송아지 부르는 새. 전생에 목동이었다. 『청허집』 권3(한불전7, p.694c7)에 수록된 7언 4구의 「호독조제시 呼犢鳥題詩」에 "전생에는 목동이었지만 금생에 새가 되어, 해마다 봄이 오면 송아지를 잊지 못해, 산 깊고 숲 깊어 찾을 길 없건마는, 이슬비 내리는 중에 송아지 부르는 외마디 소리뿐. 前是牧童今是鳥 年年猶愛舊春風 山深樹密無尋處 呼犢一聲烟雨中"이라고 하였다. 〔참고문헌〕『淸虛集』.

호동자법 護童子法 동자를 지키는 법. 어린아이를 귀신의 피해로부터 보호해 건강하도록 기원하는 밀교작법. 어린아이의 병증을 귀신이 초래한 것으로 여겨 열다섯 가지로 나누고 귀신들 우두머리 전단건달바에게 공양하여 귀신들 쫓아내는 작법이다. 호제동자다라니(護諸童子陀羅尼)를 염송하여 태아를 유산하거나 유아가 요절하지 않게 하려는 다라니법이다. 열다섯 귀신의 이름은 미수가(彌酬迦 ⓈMiṣika Mahisaka)·미가왕(彌伽王 ⓈMṛgarāja)·건타(騫陀 ⓈSkanda)·아파실마라(阿波悉魔羅 ⓈApasmāra)·모치가(牟致迦 ⓈMuṣṭika)·마치가(魔致迦 ⓈMātṛkā)·염미가(閻彌迦 ⓈJāmikā)·가미니(迦彌尼 ⓈKāminī)·여파지(黎婆坻 ⓈRevatī)·부다나(富多那 ⓈPūtanā)·만다난제(曼多難提 ⓈMatṛnandi)·사구니(舍究尼 ⓈŚaknī)·건타바니니(揵吒波尼尼 ⓈKāṇṭhapāninī)·목가만다(目佉曼荼 ⓈMukhamaṇḍikā)·람바(藍婆 ⓈLambā) 등이다. 『호제동자다라니경』(대정장19, p.742a25)에 "이러한 열다섯 귀신은 이와 같은 모습으로 어린이들을 놀라게 한다. 그 어린이가 놀라는 증상들 나는 모두 설했다. 또한 전단건달바라는 대귀신왕은 귀신들 중 가장 상수이니, 오색끈을 이 다라니를 한번 염송할 때 한 번씩 묶어서 백팔번을 매듭짓고 해당하는 귀신이름을 함께 적어서 사람을 시켜 종이와 끈을 보내면서 이

〈표〉 호동자법

1	미수가신彌酬迦神Miṣika Mahisaka	우형 牛形	소아안정회전 小兒眼睛廻轉
2	미가왕신彌迦王神Mṛgarāja	사자형 獅子形	소아삭삭구토 小兒數數嘔吐
3	건타귀신騫陀鬼神Skanda	구마라천형 鳩摩羅天形	소아양견요동 小兒兩肩搖動
4	아바실얼라신阿波悉蘖羅神Apasmara	야호형 野狐形	소아구중말출 小兒口中沫出
5	모치가신牟致迦神Muṣṭika	미후형 獼猴形	소아파권부전 小兒把捲不展
6	마치가신摩致迦神Mātṛkā	나찰녀형 羅刹女形	소아자설기설 小兒自齧其舌
7	염미가신閻彌伽神Jāmikā	마형 馬形	소아희제희소 小兒喜啼喜笑
8	가미니신伽彌尼神Kāminī	의녀형 蟻女形	소아낙착여인 小兒樂著女人
9	이바지신梨婆坻神Revatī	구형 狗形	소아종종이세 小兒種種離細
10	부다나신富多那神Pūtanā	독형 犢形	소아안중경포 小兒眼中驚怖
11	만다난제신曼多難提神Matṛnandi	묘형 猫形	소아희제희소 小兒喜啼喜笑
12	사구니신舍究尼神Śaknī	조형 鳥形	소아불긍음유 小兒不肯飮乳
13	건타바니니신健吒婆尼尼神Kāṇṭhapāninī	치형 雉形	소아인후성색 小兒咽喉聲塞
14	일가만다신日佉曼茶神Mukhamaṇḍikā	훈호 獯狐	소아기열병리 小兒氣熱病痢
15	람바신藍婆神Lambā	사형 蛇形	소아삭삭희홰 小兒數數噫噦

렇게 말하게 시킨다. '그대 이제 바람처럼 속히 사방으로 도망쳐야 하리. 저 열다섯 귀신이 머문 곳을 따라 전단건달바 대귀신왕에게 오색의 끈으로 저 귀신을 묶도록 할 것이니 중생을 괴롭히지 마라'. 아울러 갖가지 좋은 음식과 향·화·등명과 우유죽으로 신왕에게 공양한다. 此十五鬼神 以如是等形 怖諸小兒 及其小兒驚怖之相 我皆已說 復有大鬼神王 名栴檀乾闥婆 於諸鬼神最爲上首 當以五色綖 誦此陀羅尼一遍一結 作一百八結 幷書其鬼神名字 使人齎此書綖 語彼使言 汝今疾去急速如風到於四方 隨彼十五鬼神所住之處 與栴檀乾闥婆大鬼神王 令以五色線縛彼鬼神 勿嬈衆生 兼以種種美味飮食香華燈明 及以乳粥供養神王"라 하였다. 〔참고문헌〕『護諸童子陀羅尼經』.

호두호미 虎頭虎尾 호랑이 머리와 호랑이 꼬리. 처음과 끝. 『벽암록』 54칙 「송 頌」(대정장48, p.188c9)에 "호랑이 머리와 호랑이 꼬리 일시에 거둔다〈살인도이자 활인검일세. 반드시 이러한 스님이라야 한다. 천 명의 졸병을 얻기는 쉬워도 장수 한 명 구하기는 어렵다〉. 虎頭虎尾一時收〈殺人刀 活人劍 須是這僧始得 千兵易得 一將難求〉", 『요암청욕어록』 권7(卍속장123, p.751a10)에 "호랑이 머리와 호랑이 꼬리를 가지런히 거둔 곳이라면 삼세여래 모두 다 사라지는 문이다. 虎頭虎尾齊收處 三世如來總滅門"라고 하였다. 〔참고문헌〕『碧巖錄』, 『了菴淸欲語錄』.

호라용왕 護螺龍王 Ⓟ Saṃkha-pālo nāga-rājā. 팔십일용왕(八十一龍王) 중 하나. 호패용왕(護貝龍王)·상거용왕(商佉龍王)이라고도 한다. 『본생경』 권19 「호라용왕본생담 護螺龍王本生譚」(남전장39, p.51a9 : *Saṃkhapāla-jātaka*, *Jā.5*, p.162)에 "호라용왕은 감나빈나하(堪那賓那河)에서 나와 여러 반려의 용을 거느리고 때때로 그곳으로 나와 용왕들에게 설법하여 듣도록 한다. 有護螺龍王 由堪那賓那河出 率諸多伴侶 時時前來彼處, 彼爲龍王說法而使聞 tam enaṃ saṃkhapālo nāma nāgarājā mahantena parivārena kaṇṇapeṇṇanadito nikhamitvā antarantarā upasaṃkamati so tassa dhammaṃ deseti"라고 하였다. 〔참고문헌〕『本生經』, *Jā*.

호란좌 胡亂坐 대중이 모여 자리잡음에 뒤섞여 시끄러움. 『선림상기전』 권10 「호란좌」(대장경보편19, p.407a4)에 "도충(道忠)이 말한다. '호란좌란 대개 새로운 직책의 위차는 이름이 있으니, 곧 만약 청을 받음이 있으면 받기 전에 자리잡을 때는 누가 어떤 직위인지 알지 못해서 옛 자리에 앉았다가, 이후 직위를 받아서는 현재 자리 살피려 하니 바로 얽히고설키게 된다. 그래서 호란좌라 한다'. 忠曰 胡亂坐者 蓋對新職之位次得名 謂若欲受請 未受已前列坐時 未知誰人 可爲何職 且依舊位坐 以後受職位 視今坐位 則成雜亂 故爲胡亂坐矣"라고 하였다. 〔참고문헌〕『禪林象器箋』.

호란지주 胡亂指注 제멋대로 가리켜 풀다. 『벽암록』 1칙 「본칙 本則」(대정장48, p.140a24)에 "이 분이야말로 관음대사로서 부처님의 심인을 전해 받으셨다〈제멋대로 가리켜 푸는군. 팔은 밖으로 굽지 않는다〉. 此是觀音大士傳佛心印〈胡亂指注 臂膊不向外曲〉", 『밀암어록』 「시각선인 示覺禪人」(대정장47, p.982a12)에 "(정신 차린 뒤에는) 동으로 가도 나로 말미암고 서로 가도 나로 말미암으니, 끝내 다른 사람 아무렇게나 가리켜 하는 말에 바른 길 잘못 아는 일 없이 한다. 東去也由我 西去也由我 終不被別人 胡亂指注 錯其正路"라고 하였다. 〔참고문헌〕『碧巖錄』, 『密菴語錄』.

호래호현한래한현 胡來胡現漢來漢現 호인(胡人)이 오면 호인이 나타나고 한인(漢人)이 오면 한인이 나타난다네. 밝은 거울이라면 꾸밈없이 여실하게 그대로 비출 뿐인 뜻의 비유다. 『서장』 「답이참정 答李參政」(대정장47, p.920b8)에 "고래로 도를 얻은 이들은 자기가 이미 충족하였기에 자기를 미루어 다른 이에게 미치니 응하고 물을 접함에 마치 저 밝은 거울 대에 당하고 밝은 구슬 손바닥에 있는 듯해서 호인이 오면 호인이 나타나고 한인이 오면 한인이 나타나는 것과 같으니, 뜻을 붙이는 것이 아닙니다. 古來得道之士 自己旣充足 推己之餘 應機接物 如明鏡當臺 明珠在掌 胡來胡現 漢來漢現 非著意也", 『불조역대통재』 권17(대정장49, p.649a16)에 "대중에게 보이며 말했다. '마치 저 밝은 구슬 손바닥에 있는 것 같아서 호인이 오면 호인이 나타나고 한인이 오면 한인이 나타난다. 노승은 어떤 때엔 한 포기 풀을 가져다가 장륙금신을 지어 쓰고, 어떤 때엔 장륙금신을 가져다가 한 포기 풀을 지어 쓰니, 부처가 번뇌이고 번뇌가 부처다'. 스님이 물었다. '부처는 어떤 이의 번뇌인지 모르겠습니다' '일체인에게 번뇌다' '어떻게 벗어납니까?' '벗어나서 어쩌자는 게냐?' 示衆曰 如明珠在掌 胡來胡現 漢來漢現 老僧有時 將一枝草 作丈六金身用 有時 把丈六金身 作一枝草用 佛是煩惱 煩惱是佛 問曰 未審佛是誰家煩惱 師曰 與一切人煩惱 僧云 如何免得 師云 用免作麼"라고 하였다. 〔참고문헌〕『書狀』, 『佛祖歷代通載』. ⇨ 한래한현 漢來漢現

호령 號令 큰소리로 불러내 하게 하다. 『오조법연어록』 권하(대정장47, p.663c25)에 "세상에 한 물건 있으니, 범에도 성에도 속하지 않으며 삿되지도 않고 바른 것도 아니다. 만 가지로 때에 임하여 자연스레 호령한다. 世有一物 亦不屬凡 亦不屬聖 亦不屬邪 亦不屬正 萬事臨時 自然號令", 『인천안목』 권6(대정장48, p.329b

19)에 "늠름한 위광 세간에 가득하니, 법왕의 호령이기에 합당히 그러하다. 凜凜威光滿世間 法王號令合當然"라고 하였다. 〔참고문헌〕『五祖法演語錄』, 『人天眼目』.

호로 葫蘆 ❶ 조롱박. 표주박. 호리병. 호로(胡蘆·壺蘆·瓠蘆)라고도 쓴다. 물 위에 떠 자유로이 움직이는 모양새로, 머물지 않고(無住) 자유로운 움직임의 비유다. 『원오어록』 권8(대정장47, p.751b2)에 "진실로 놓아버리면 한 법도 정에 당할 것 없고, 한 물도 마음에 붙일 것 없다. 탕탕하여 잡힐 것 없으니 자연스럽다. 저 물 위에 뜬 호로인 듯하니 건드린즉 문득 돌고, 잡으려 한즉 문득 움직인다. 붙들어 당겨 돌이킬 수 없으니 붙들어 놓을 수도 없다. 움직이고 고요하며, 말하고 침묵하며 천지를 덮는다. 苟或放得下 無一法當情 無一物附心 蕩蕩無拘自然 如水上按葫蘆相似 觸著便轉 捺著便動 拘牽不回 惹絆不得 動靜語默 蓋天蓋地", 『염팔방주옥집』 권상(卍속장119, p.220a11)에 "불해가 말한다. '이 학인은 마치 물에 뜬 조롱박 같아서 대천이 한 번 누르자 동쪽에 빠졌다가 서쪽에서 솟아오른다'. 佛海云 者僧如水上葫蘆子 被大川一捺 直得東沉西湧"라고 하였다. 〔참고문헌〕『圜悟語錄』, 『拈八方珠玉集』. ❷ 조롱박 덩굴(蔓草). 『속전등록』 권11 「정언암주장 正彦庵主章」(대정장51, p.531a18)에 "암주(庵主)가 양선사에게 물었다. '있고 없고는 그만 두고, 화상은 주인 있는 선사요, 주인 없는 선사요?' '조롱박 덩굴에 걸려 넘어지더니 또 칡넝쿨에도 감기는구나'. 主曰 有無且致 和尙是有主禪師無主禪師 良云 却被葫蘆倒纏藤"라고 하였다. 〔참고문헌〕『續傳燈錄』. ⇨ 호로등종전호로 葫蘆藤種纏葫蘆

호로 犒勞 노임(勞賃). 품삯. 『백장청규』 권3 「산문관대신명병전사 山門管待新命幷專使」(대정장48, p.1124b23)에 "먼 곳에서 온 일꾼(僕從)에게는 음식 접대와는 별도로 품삯을 지불해야 한다. 遠接僕從管待外 當支犒勞"라고 하였다. 〔참고문헌〕『百丈淸規』.

호로등종전호로 葫蘆藤種纏葫蘆 조롱박 덩굴 심어 조롱박 얽다. 본보기 만들어 다시 그것에 얽히게 됨의 비유다. 『여정어록』 권하(대정장48, p.128b19)에 "속임수에 떨어져 후손들 머리 모두 대머리 되었으니, 조롱박 덩굴 심어 조롱박 얽었네. 落賺兒孫頭盡禿 葫蘆藤種纏葫蘆"라 하였다. 〔참고문헌〕『如淨語錄』. ⇨ 호로 葫蘆❷

호리유차천지현격 毫釐有差天地懸隔 털끝만큼 어긋나도 하늘땅만큼 멀어지다. 삼조(三祖) 승찬(僧璨)의 『신심명』(대정장48, p.376b21)에 "털끝만큼 어긋나도 하늘땅만큼 멀어지니, 진실을 눈앞에서 얻고자 한다면 따르지도 거스르지도 마라. 毫釐有差 天地懸隔 欲得現前 莫存順逆"라고 하였다. 〔참고문헌〕『信心銘』. ⇨ 법안호리 法眼毫釐, 신심명 信心銘

호마 胡麻 Ⓢ Ⓟ tila, Ⓣ til. 참깨. 밀교의 수법에서 백호마(白胡麻)는 식재호마법(息災護摩法)의 가지물(加持物)이다. 대체로 미세·편만(遍滿)·무수(無數) 등의 뜻을 상징한다. 『대방등대집경』 권12(대정장13, p.76a13)에 "만약 어떤 중생이 그 몸을 잘게 쪼개어 마디마다 호마처럼 가루로 부수고 몸이 마치 마른 초목과 같다고 관한다면 이를 신인이라 한다. 若有衆生碎其身 節節壞末如胡麻 觀身猶如乾草木 是則名之爲身忍", 『비밀삼매대교왕경』 권1(대정장18, p.446b25)에 "이 대명을 설할 때 있는 바 시방일체세계와 일체여래 모두 다 운집하여 허공 가득 채웠으니, 마치 저 호마 중에는 틈새란 없는 듯 하였다. 說此大明時 所有十方 一切世界 一切如來 皆悉雲集 遍滿虛空 猶如胡麻中無間隙"라고 하였다. 〔참고문헌〕『大方等大集經』, 『祕密三昧大敎王經』, *Laṅk. 366.*, *Yogā-bh.53.*, *SN.1.170.*

호마 護摩 Ⓢ homa. 화로(火爐)에 피운 불로 공물을 태워 공양하는 밀교의식. 화공양법이라고도 하며, 화공양·화공·화법·화식이라고도 하고, 호마(護魔·戶摩·呼魔)로도 음사한다. 본래 불로 태운다는 의미가 있으며 불로 지내는 제사(火祭)에서 유래했다. 밀교에서 호마는 보편적인 법식으로서 모든 작법에 거두어져 전한다. 호마에는 외호마(外護摩)와 내호마(內護摩)가 있다. 외호마는 호마단과 화로를 설치하고 호마단 중앙에 본존을 모시며 향·꽃·유목(乳木) 등의 공양물을 화로에 실제로 던져서 태우고 진언을 염송하면서 공양하는 작법을 말한다. 이때 진언행자는 신구의(身口意) 삼밀(三密)을 상징하며, 식재(息災)·증익(增益)·항복(降伏)·애경(愛敬)·소구(召鉤) 등 목적에 따라 호마에 쓰이는 화로의 모양과 색깔이 다르다. 식재법(Ⓢ śāntika)은 불부(佛部)의 존격을 본존으로 모시고 흰 색 원형 호마단에 원형의 화로를 설치하고 북쪽을 향해 길상좌하고 감목(甘木)을 태운다. 증익법(Ⓢ pāuṣṭika)에서는 보부(寶部)의 존격을 본존으로 하고 황토색 사각형의 호마단과 사각형의 화로를 설치하고, 동쪽을 향해 반가부좌하고 앉아 과목(果木)을 태운다. 애경법(Ⓢ vaśīkaraṇa)은 연화부의 존격을 본존으로 하여 붉은색 팔각형 호마단과 팔각형 화로를 설치하고 서쪽을 향해 다리를 뻗고 앉아 화목(花木)을 태운다. 항복법(Ⓢ abhicāraka)은 금강부의 존격을 본존으로 모시고 검은색 삼각형 호마단과 삼각형 화로를 설치하고 남쪽을 향해 쪼그려 앉아 고목(苦木)을 태운다. 소구법은 갈마부(羯磨部)의 존격을 본존으로 삼아 금강형 호마단과 화로를 설치하고 제방(諸方)에 가부좌하고 앉아 자목(刺木)을 태운다. 태장에서는 식재・증익・항복을 목적으로 하는 호마를 일반적으로 활용하고 금강계에서는 앞의 다섯 가지 목적의 호마를 금강계 오부오지(五部五智)의 내증(內證)과 상응하는 것으로 이해한다. 내호마는 실제적인 작법을 활용하지 않고 자신을 도량으로 삼아 본존의 형상・진언의 종자(種子) 등을 관상하여 내면에서 일어나는 지혜의 불로 온갖 번뇌와 업장을 태우는 관심(觀心)을 말한다. 내호마에는 크게 다섯 가지가 있는데 식재법은 대일여래의 본성을 관상하는 것이고, 증익법은 불공성취여래의 본성을 관상하는 것이며, 경애법은 무량수여래의 본성을 관상하는 것이고, 소구법(召鉤法)은 보생여래의 본성을 관상하는 것이며, 조복법은 아촉여래의 본성을 관상하는 것이다. 외호마와 내호마는 각각 사호마(事護摩)와 이호마(理護摩)라고도 한다. 호마 작법에서 화로에 던져 태우는 나무를 호마목(護摩木)이라 하고, 호마에서 생긴 재를 화식회(火食灰)라 하며 호마목을 자르는 칼을 호마도(護摩刀)라 한다. 호마법의 목적과 기원의 내용을 적은 종이나 판을 호마찰(護摩札)이라 하고, 호마법을 행하는 당우(堂宇)는 호마당이라 부른다. 『백론소』 권상(대정장42, p.247b7)에 "외도는 불을 하늘의 입이라고 생각한다. 그러므로 아침과 저녁에 두 번 불을 공양한다. 〔문〕 외도는 무엇 때문에 불을 하늘의 입이라고 여기는가? 〔답〕 『구사론』에서 '하늘은 불에서 나왔다'는 말이 있다. 천들의 입에 광명이 있는데 이를 불이라 여겼으므로 하늘의 입이라 한 것이다. 『방편심론』에서 '(외도에는) 불을 모시는 네 가지 법이 있다. 첫째 새벽에 예경하고, 둘째 살생하여 제사지내고, 셋째 여러 향을 태우고, 넷째 여러 기름으로 밝힌 등불을 공양한다'고 하였다. 〔문〕 『대지도론』에서 '불은 본래 하늘의 입이지만 지금은 일체를 먹는다'라고 하였다. 이 말은 무슨 뜻인가? 〔답〕 외도는 불을 하늘의 입이라고 여겼다. 소유 등 열여덟 가지 공물을 법식에 맞게 태워서 향기가 천들에게 도달하게 하면 천이 그것을 먹고 인간이 복을 얻게 한다는 뜻이다. 外道謂火是天口 故就朝暝二時再供養火 問外道何故謂火爲天口耶 答俱舍論云 有天從火中出語言 諸天口中有光明謂言是火 故云天口 方便心論云 事火有四法 一 辰朝禮敬 二 殺生祭祀 三 燃衆香木 四 獻諸油燈 問智度論云 火本爲天口 而今一切噉 此言何謂 答外道謂火是天口 正燒蘇等十八種物 令香氣上達諸天 天得食之 令人獲福", 『대일경소』 권15(대정장39, p.734c26)에 "다음으로 호마의 뜻에 대해 답한다. 호마에는 두 가지가 있음을 알아야 한다. 첫째는 내호마이고, 둘째는 외호마이다. 내외라는 것은 내외의 구분이고, 구분이란 다름이다. 호마는 태운다는 뜻이다. 호마를 통해서 온갖 업장을 태울 수 있다. 일체 중생이 모두 업에 따라 태어나고, 태어남으로써 다시 업을 짓게 되어 윤회가 멈추지 않는다. 업이 소멸하므로 태어남 역시 사라지니 이것이 바로 해탈이다. 만약 업을 태워 없앨 수 있다면 이것을 내호마라 한다. 무엇에 따라 해탈을 얻는가? 번뇌업고를 따라 해탈한다. 세간을 떠남이 바로 종자를 낳음이니 순수하고 청정한 보리심의 종자를 말한다. 마치 세간의 불이 물건을 태우고나면 재가 되는 것과 같다. 지금은 그렇지 않으니 일체의 번뇌를 태우면 겁화가 남기는 것이 없는 것과 같다. 그러나 역시 이것으로부터 싹의 태어남을 얻을 수 있으니 보리의 싹이다. 이 안에서 능히 태울 수 있는 것이 바로 지혜이다. 앞에서 말한대로 람(ṙ)자의 주변에 화만을 관하되 이 주변에 자신의 몸이 있다고 관상한다. 자신의 몸이 또한 칼과 올무를 쥐고 있다고 관상한다. 이 람자문으로 모든 업과 장애를 남김없이 청정하게 없앤다. 업장이 정화되면 본래 청정한 종자가 생긴다. 그러므로 다음으로 보리심을 관한다. 보리심은 종자를 낳음을 알아야 한다. 이와 같이 관할 때 바자가 일체의 신체에 두루하다고 관상해야 한다. 모공에서 흰색 감로가 흘러나와 시방세계에 두루하고 일체 중생의 몸을 적신다고 관상한다. 이러한 인연으로 종자가 점차 자라나므로 이를 내호마라 한다. 다음으로 외호마를 풀이한다. 이것에는 세 가지가 있다. 첫째 본존, 둘째 진언, 셋째 수인이다. 첫째 본존〈본존이란 공양하기 위해 모신다. 목적하는 바에 따라 안치한다. 또는 불 속에 만다라의 자리가 있을 수도 있다. 다시 물어라〉 둘째 진언〈화로는 불을 안치하는 자리이다. 이것은 진언이다. 불 속에 있다〉 셋째, 수인〈수인은 아사리의 자리이다. 자기의 몸이 곧 수인이다〉. 외호마를 행할 때 이 세 가지의 자리를 바르게 해야 한다. 이 세 가지 역시 삼업을 청정하게 한다는 뜻이다. 본래 세 자리는 몸・호마로・본존의 세 자리이니 각각 세 자리의 본존・진언・수인이 있다. 삼업을 청정하게 하면 세 가지 일이 이루어진다〈식재 등을 뜻한다〉. 본존은 의업이고, 진언은 구업이며, 아사리의 수인은 신업이다. 이러한 인연으로 삼업을 청정하게 하여 세 가지 일을 성사시키는 것이니 이를 식재・증익・항복이라 한다. 삼업도에서 도는 만난다는 뜻이니 말과 이치가 같고, 같으므로 만난다는 뜻이다. 그대들이 행하는 보살도는 삼도가 동등하니 하나로 돌아간다. 또한 세 가지 일에서 종자자를 관하는 것이 각각 다르다. 식재법을 닦을 때 라(ṛ)자를 관상하되 위에 점을 덧붙여서 흰색이 된다고 관한다. 증익법에서는 람(ṙ)자를 황색이라고 관하고, 항복법은 암(ḁ)자를 검정색 또는 붉은 색이라고 관상한다. 글자의 색과 같이 본존과 자신의 색도 그러하며 또한 이와 같이 세 가지가 상응하면 성취된다. 여기에 다시 상중하의 차별이 있으니 식재가 상이고 증익이 중이며 항복이 하이다. 이와 같이 작법하는 것을 외호마라 한다. 이러한 내외의 호마가 모두 수승함을 알아야 한다. 이와 같이 상응하지 않으면 힘들여 작법 해도 이익이 없다. 외호마를 작법하되 내호마 안으로 들어오게 할 수 있다. 그러나 내외의 이치는 본래 차별이 없지만 세간다운 성취를 구하는 사람을 위해 이러한 분별을 지어 외호마를 행하게 했을 뿐이다. 次答護摩義 應知護摩有二種 一 內 二 外 所謂內外分分卽別也 護摩是燒義也 由護摩能燒除諸業 以一切衆生皆從業生 由生轉業 輪迴無已 以業除故生亦得除 卽是得解脫也 若能燒業者 名曰內護摩也 從於何處得解脫耶 謂從煩惱業苦而得解脫也 旣離世間卽生種子 所謂白淨菩提心也 如世間之火 若燒物已但成灰燼 今則不爾 旣燒一切煩惱 如劫燒火無有遺餘 而亦卽從此中得有牙生 所謂菩提牙也 此中能燒卽是智也 如前所說觀於囉 𑖨𑖽(raṃ)字周匝火鬘 令想此周遍其身 其身又持刀及索 以此囉字門故 得盡諸業淨除諸障 業障淨已得生自淨種子也 是故次觀菩提之心 當知菩提心得生種子也 如此觀時 當想嚩字遍於一切身分 於其毛孔中流出白色甘露 周遍十方以灑一切衆生之身 以此因能當令種子漸次滋長 故名內護摩也 次釋外護摩者 有其三種 一 本尊 二 眞言 三 印 一 本尊者〈本尊也 爲供養故置之 隨所宗之門而置之 或火中可有是漫荼羅位也 更問〉 二 眞言者〈爐 置火處也 此卽眞言也 火中有〉 三 印者〈印也 卽是阿闍梨坐處 自身卽是印也〉 當作外護摩時 令此三位正相當也 此三亦是淨三業義 本三位 謂身鑪本尊三位 各有三位本尊眞言印也 淨三業成三事也〈謂息災等也〉 尊是意業 眞言是口業 師身之印是身業 由此因緣 能淨三業成三事 謂息災增益降伏也 三業道者 道是會義 言與理同 同故會也 汝等所行是菩薩道 卽是三道同歸一致也 又三事觀字各異 若作息災觀囉 𑖨(ra)字 當上加點而作白色 增益想囕字黃 降伏想暗字或黑或赤 如字者本尊及自身色 亦如是三事相應卽成也 就中復有上中下差別 謂息災爲上 增益爲中 降伏爲下也 如是作者名外護摩 當知此內外護摩皆名殊勝 若不與此相應 徒作無益也 猶作外護摩故 能令引入內護摩中 然內外之理本無差別 爲求世間成就者 作此分別令作外護摩耳"라고 하였다. 〔참고문헌〕『百論疏』, 『大日經疏』.

호마구결 護摩口決 홍법대사(弘法大師) 공해(空海) 기(記). 1권. 호마법에 관한 구결 30항과 함께 관정(灌頂)·사종법신(四種法身)·시아귀법(施餓鬼法)의 오불(五佛)·삼망집(三妄執) 등에 관한 구결을 싣고 있다. 동사(東寺) 보보리원(寶菩提院)에 1173년(쇼안3)과 1741년(칸포1)의 필사본이 남아 있으며, 『홍법대사전집 弘法大師全集』 권7에 수록되어 있다.

호마단 護摩壇 밀교에서 호마를 수습하는 단. 호마화단(護摩火壇)·화단(火壇)·광명단(光明壇)·군다단(軍荼壇)이라고도 한다. 단은 만다라(曼荼羅 Ⓢ maṇḍala)의 한역이다. 본래 호마단은 토단(土壇)을 축조하여 중앙에 땅을 파서 화로를 만들고 작법이 끝나면 흙으로 메웠으나, 점점 목단(木壇)을 만들고 금속제나 석조의 화로를 중앙에 상설(常設)하여 쓰게 되었다. 호마단 중앙에 화로를 안치하고 사우에 금강궐을 세우고 오색선을 둘러서 결계한다. 단의 종류에는 대단(大壇)·상단(箱壇)·아단(牙壇) 등이 있다. 상단은 방형의 대단에 대좌(臺座)를 더한 것이고 아단은 정방형의 천판(天板) 모서리에 다리를 붙인 형태인데 다리에 외부로 상아(象牙)의 형상을 만든 것이다. 『유가법궤의』 권2(대정장19, p.382b10)에 "작법을 행하는 때에 청색 옷을 입거나 방위에 따라 옷을 입고 호마단에 오병을 안치하고 갖가지 음식 등은 대단법에 근거하여 다르지 않게 한다. 여법하지 하지 않으면 작법을 성취되지 않으며 후에 다시 청하기 어려우니 반드시 여법하게 작법해야 빠르게 성취할 수 있다. 正作法時 著青衣 或各隨方著衣等 其護摩壇安五瓶 諸飲食等一依大壇法不異 若不依如是者 法不成 後迴難請 必須依法作之 速得成就", 『대일경소』 권8(대정장39, p.662b4)에 "무릇 호마단은 방형·원형·삼각형이며 목적에 따라 바뀐다. 다만 여기에서는 방형단을 사용한다. 소의 분뇨를 바르고 향수를 뿌린다. 안에 금강인을 표시한다는 것은 호마로 안에 금강저를 그린다는 뜻이다. 호마는 여래 지혜의 불이므로 업의 인연으로 생긴 일체의 재앙과 횡액을 태워서 남김 없이 쓸어버릴 수 있기 때문이다. 방형의 단은 대인다라라 하는데 이는 심왕의 뜻이다. 이 혜화(慧火)의 인이 그 근원에 이르러 금강성에서 생겨났으므로 금강불괴와 같음을 밝힌 것이다. 「세간출세간호마품」에서 세존께서 스스로 인연을 자세하게 설하셨으니 진언행자가 세제호마만 알고 여기에서 비밀한 뜻을 이해하지 못하면 베다의 불 제사가 어찌 퍼지지 않겠는가? 凡護摩壇 方圓三角隨事業而轉 但此中作法當用方壇耳 瞿摩夷瞿摸怛囉塗 灑以香水 中表金剛印者 謂於鑪內當畫作拔折羅 所以然者 護摩是如來慧火 能燒業因緣所生一切災橫 廓然蕩盡無復遺餘 方壇名大因陀羅 是心王之義 明此慧火之印窮彼源底 從金剛性生 是故同於金剛不可破壞 至下世出世護摩品中 世尊自廣說因緣 若眞言行者但作世諦護摩 不解此中密意 則與韋陀火祀豈不相濫耶"라고 하였다. 〔참고문헌〕『瑜伽法軌儀』, 『大日經疏』. ⇨ 화로 火爐 ❶

호마당 護摩堂 호마법을 행하는 당우(堂宇). 『치승기』(대정장78, p.420c9)에 "첫날 밤에 신임 아사리가 당우에 들어온 후에 호마사가 자리한다. 곧 차림새를 고쳐서 깨끗한 옷으로 흰 치마와 오첩 가사를 입는다. 호마당에 도착하면 먼저 단 앞에서 널리 예배하고 자리에 앉아 널리 예배하며 도향한다. 삼부삼매야와 피갑호신삼매야를 행한다. 初夜時新阿闍梨入堂後 護摩師立座 於便宜所改裝束 著淨衣白裳五帖袈裟 到護摩堂 先壇前普禮著座 普禮塗香 三部 被甲"라 하였다. 〔참고문헌〕『治承記』.

호마로 護摩爐 Ⓢ kuṇḍā. 밀교에서 호마(護摩 Ⓢ homa)를 행하는 화로(火爐). 향(香)·화(華)·목(木) 등을 태워서 제존(諸尊)에게 공양하기 위한 법구(法具)이다. 호마단의 중앙에 설치한다. 『대비밀왕만나라경』 권3(대정장18, p.550b6)에 "관자재보살은 저 호마로에 오백 분이 계시니 모두 일체의 사업을 성취시킨다. 만약 식재법의 경우에는 그 호마로를 원형으로 만든다. 밥상이나 연꽃 모양 또는 길상과·방망이 모양과 같다. 식재법과 증익법의 경우는 육각 또는 사각형이나 길상과·금강저·보주(寶珠)의 모양과 같다. 경애법과 항복법의 경우에는 화로는 윤형(輪形)이나 구(鉤)·삼정(三頂)·방망이와 모양과 같다. 조복법과 살원법은 삼각형이나 삼지창의 형태로 만들어야 한다. 觀自在彼護摩爐數有五百 悉能成就一切事業 若息災法其護摩爐作圓相 如食盤及如蓮花相 或作吉祥果相 或如棰相 若爲息災及增益者 作六角 或四方 或如吉祥果 或如金剛杵 或如寶相 若爲敬愛及降伏者 其爐如輪如鉤 或如三頂或如棰相 若爲調伏及殺怨者 當作三角及如三股叉", "부처님께서 말씀하셨다. '그 호마로는 높이가 1주이고 너비가 1주 또는 반주이다. 이는 정해진 크기이며 늘이거나 줄일 수 없다. 식재법의 화로에는 연꽃을 안치한다. 증익법의 화로에는 금강만을 안치하며, 경애법과 항복법의 화로에는 풍륜을 만들고 그 위에 화만을 안치한다. 조복법의 화로에는 대를 만들로 인을 안치한다'. 佛言其護摩爐 量高一肘廣闊一肘 或半肘 此爲定量不得增減 其息災爐中安蓮華 其增益爐中安金剛鬘 其敬愛降伏爐中作風輪上安花鬘 其調伏爐中作臺安印", 『일자기특불정경』 권중(대정장19, p.295a18)에 "호마단을 금강저의 형태로 만든다. 그 안에 호마로를 만드는데 호마로의 사방에 독고금강저를 세워서 둘러싼다. 알가목으로 불을 붙이고 마노사골과 노지라 및 독약을 활용하여 섞어서 진언 한 번 외울 때 마다 하나씩 태우면서 가지한다. 作壇如金剛杵形 於中作護摩爐 爐四邊獨股金剛杵相連圍遶 以遏伽木然火 用摩奴沙骨 及嚕地囉 幷毒藥 相和加持一遍一燒", 『묘길상평등비밀최상관문대교왕경』 권4(대정장20, p.924c1)에 "사문의 연화대 밖에 호마로를 각각 안치한다. 호마로는 동쪽은 원형, 남쪽은 삼각형, 서쪽은 반월형, 북쪽은 화로를 쓴다. 사방에 각각 아사리 한 명이 호마공양한다. 만약 여력이 되지 않으면 한 두 명의 아사리라도 된다. 然於四門蓮臺外 各安護摩爐 其爐東圓南三角西以半月形北用爐 四方各一阿闍黎以護摩供養 如力不及一二阿闍黎亦得"라 하였다. [참고문헌] 『大祕密王曼拏羅經』, 『一字奇特佛頂經』, 『妙吉祥平等祕密最上觀門大教王經』. ⇨ 화로 火爐 ❶

호마목 護摩木 밀교에서 호마를 행할 때 화로에서 태우는 나무. 호마시(護摩柴)·호마신(護摩薪)·화목(火木)이라고도 한다. 화로의 연료로 쓰는 나무에는 단목(段木)과 유목(乳木)이 있다. 단목은 마른 나무이고 유목은 습기를 머금은 생목(生木)이다. 화로 아래에 먼저 단목을 쌓고 그 위에 유목을 둔다. 호마의 목적에 따라 화로에 던지는 나무의 종류와 크기가 각각 다르다. 일반적으로 식재법에는 감목(甘木), 증익법에는 과목(果木), 항복법에는 고목(苦木), 경애법에는 화목(花木), 소구법에는 자목(刺木)을 쓴다. 『소실지갈라경』 권하(대정장18, p.688c8)에 "다음으로 본존을 청하되 먼저 본존진언을 한 번 외우고 본좌에 머물러 여법하게 공양한다. 본존께 호마식을 받으시기를 청한다. 활용하는 호마목은 발라수목·오담마라목·발라흘사목·니구타목·거타라목·알가목·폐궁흘나목·알몰라목·가습몰라야목·섬미목·아파마률가목·알설체나목이다. 이러한 열두 가지 나무는 가지를 골라서 두뼘 길이 한 조각인데 모두 습윤하고 새로 얻은 것이어야 한다. 일체 호마법에 공통적으로 활용하는 가지는 반듯하고 곧은 것이고 그 위아래를 살펴서 한결 같은 것을 안치한다. 향수로 깨끗하게 씻고 가는 쪽은 밖을 향하고 굵은 쪽은 몸을 향하게 하여 양끝을 소유에 적셔서 화로 안에 던진다. 次請本尊 先誦本尊眞言一遍 安住本座 依法供養 願尊垂受護摩之食 所護摩木 謂鉢邏輸木 烏曇摩囉木 鉢攞訖沙木 尼俱陀木 佉他囉木 閼伽木 吠宮訖那木 閼沒囉木 迦濕沒囉也木 閃弭木 阿簸麽嘌伽木 閼說替那木 此十二種木 取枝 量長兩指一折 皆須濕潤新採得者 通於一切護摩法用條端直者 觀其上下一向置之 香水淨洗 細頭向外 麤頭向身 蘇搵兩頭 擲於爐內"라고 하였다. [참고문헌] 『蘇悉地羯羅經』, 『準提陀羅尼經會釋』 권상(卍속장37, p.438a6). ⇨ 호마로 護摩爐, 화로 火爐 ❶

호마법 護摩法 ➡ 호마 護摩

호마죽 胡麻粥 참깨죽. 여덟 가지 죽 중 하나. 『마하승기율』 권29(대정장22, p.463b3)에 "이때 계니야나계범지는 세존께서 오신다는 소식을 듣고 소죽·호마죽·유죽·낙죽·유죽·어육죽 등 갖가지 죽을 만들었다. 부처님과 비구승이 앉았을 때 갖가지 죽을 공양했다. 時雞尼耶螺髻梵志 聞世尊來 作種種粥酥粥胡麻粥乳粥酪粥油粥魚肉粥 佛比丘僧坐已行種種粥", 『불공견삭다라니경』(대정장20, p.413b24)에 "다라니를 외우는 이가 복장처에 도착해서 결계를 결정한 후에 등불을 비로소 끈다. 복장처 위에 머물러 동반한 이가 땅을 파게 한다. 땅을 파서 복장한 지점에 이르면 유죽과 호마죽으로 복장의 신에게 공양한다. 待持呪者 到知藏處 結界決定然後始滅 住伏藏上令同伴掘 掘到處已 則以乳粥及胡麻粥供養藏神"라고 하였다. [참고문헌] 『摩訶僧祇律』, 『不空羂索陀羅尼經』. ⇨ 호마 胡麻

호마차제 護摩次第 태장과 금강계 호마법의 차제를 설한 의궤. 대체로 동사(東寺)에서는 불공(不空) 역『금강정유가호마의궤』(대정장18, No.908)를 소의로 하여 금강계 호마차제를 작성하였고, 천태밀교 측에서는 법전(法全)의『건립만다라호마의궤』(대정장18, No.912)를 소의로 하였는데, 엄격하게 구분하기 보다는 서로 보조적으로 활용한다. 호마법의 수인과 진언을 열거한 공해(空海) 찬『호마차제』·『식재호마차제』·『관내호마』, 작자미상의『육종외호마략기』, 화천(火天)·부모(部母)·본존(本尊)·제존(諸尊)·후화천(後火天)·세천(世天)의 호마를 설한 공해·성보(聖寶)의『호마차제』, 순우(淳祐)의『석산사종호마차제』 4권과『식재호마차제』, 원고(元杲)의『식재호마차제』, 인해(仁海)의『식재호마차제』, 성현(成賢)의『부동호마사기』, 흥연(興然)·각준(覺俊)의『대성부동명왕염송사기』, 연명원(延命院) 영해(榮海)의『식재호마차제』, 유쾌(宥快)의『부동호마경차제』, 도범(道範)의『식재호마사차제』, 관여(寬如)의『호마경차제』 등이 있다. ⇨ 호마 護魔

호마찰 護摩札 호마 기도를 마치고 만드는 호신부(護身符)의 일종. 예로부터 이것을 지니면 재액을 없애고 복을 부르는 비밀스러운 주력이 생긴다고 믿었다. 나무로 만든 목찰(木札)이나 종이로 된 지찰(紙札)이 있으며 목찰의 경우 노송나무나 전나무로 만든다.

호마팔천훈수 護摩八千薰修 호마를 행할 때 화로에 팔천 번 공양물을 태우는 작법.『다라니집경』 권9(대정장18, p.866b12)에 "다음으로 금강살타 및 그 권속 등을 청하여 본좌에 모신 후에 화로를 가져다 서문 바깥 남쪽 진언행자 앞에 놓는다. 도정한 곡물과 꽃을 구해 소젖으로 만든 소와 화합하여 화로 안에 곡물을 넣고 땔감에 불을 붙인다. 버드나무 가지를 진언 한 번 외울 때마다 불 속에서 태워서 8천번을 채운다. 이때 주신이 내려와서 모습을 드러내거나 꿈 속에서 그 주신의 형상을 본다. 바로 주신을 볼 때 진언행자가 두려워하지 않고 몸의 털끝 하나 흔들리지 않고 안정된 마음을 유지하면 마음대로 갖가지 일을 발원해도 모두 효험이 있다. 次請金剛及眷屬等 安置座已 取一火爐 西門外南呪師前著 取稻穀華和好牛酥 於火爐中然穀木柴 以柳枝策呪一遍已 火中燒之滿八千遍 爾時呪神下來現形 或夢中見其呪神形 正見神時呪師莫怖 身毛不動安然定想 隨心任意種種發願 得此驗已"라고 하였다.〔참고문헌〕『陀羅尼集經』.

호마표 護摩杓 호마법에서 오곡(五穀)·소유(蘇油)·음식 등의 공양물을 화로(火爐)에 떠넣을 때 쓰는 국자. 대소(大小)의 두 가지가 있다. 대표(大杓)는 붓는 용도로 쓰이고 소표(小杓)는 뿌릴 때 쓰인다.『금강정유가호마의궤』(대정장18, p.924b17)에 "붓는 국자는 길이가 1주이고 거목함에 견고하고 치밀하게 만든다. 구멍이 없이 만들어야 하고 주둥이에 아름답고 단정하게 장엄한다. 너비는 4지이고 깊이는 1지로 한다. 형상은 길상자와 같이 중간에 삼고저를 활용하여 수승하게 장엄해야 하고 손잡이는 잡기에 충분해야 한다. 뿌리는 국자는 길이가 1주이고 나무는 앞에서 설명한대로 또는 거다라목을 쓴다. 주둥이 둘레는 1지 길이이고 깊이는 그것의 절반이어야 한다. 중간에 연화를 그리고 금강저를 활용하기도 한다. 注杓一肘量 佉木令堅密 無孔穴應作 口應妙端嚴 闊狹四指量 深當用一指 如吉祥子相 於中三股杵 應作妙端嚴 欛應足一把 寫杓一肘量 木如前所說 或佉陀羅木 口旋一指量 深量應半之 於中作蓮華 亦用金剛杵",『준제다라니경회석』 권상(卍속장37, p.438a13)에 "소유와 밀유로 작법하는 경우에 국자를 활용해야 한다. '사바하'에 이르기까지 아직 염송하는 소리가 다하지 않았다면 곧 화로에 뿌린다. 처음에는 한 국자에 소유를 가득 담아 호마에 한 번 쓴다. 중간에는 작은 국자를 쓴다. 호마가 끝나면 다시 한 국자에 소유를 가득 채운다. 若以酥蜜油作法 當用杓 至娑嚩賀字 餘聲未盡 卽瀉爐中 初以一杓滿酥 護摩一遍 中間小杓 護摩畢 還以一杓滿酥"라고 하였다.〔참고문헌〕『金剛頂瑜伽護摩儀軌』,『準提陀羅尼經會釋』. ⇨ 호마로 護摩爐, 화로 火爐 ■1

호명 虎鳴 1914~2004. 1914년 서울에서 태어났다. 1938년 경기도 양주 원통사(圓通寺)에서 포응스님을 은사로 하여 스님이 되었다. 해인사와 통도사 강원에서 경론을 수학한 후 문경 봉암사, 금강산 마하연, 오대산 상원사 등 선방에서 참선하였다. 1949년 울산읍 학성선원(鶴城禪院) 주지, 1957년 진주 연화사 주지, 1963년 부산 학명암 주지, 1969년 양산 조계암 주지 등을 역임하였다. 2004년 10월 12일 오후 2시 통도사 시탑전(侍塔殿)에서 세수 91, 법랍 67세를 일기로 입적하였다.〔참고문헌〕『萬佛新聞』(2004.10.16).

호명 浩溟 1867~1952. 근세 고창 선운사 스님. 휘는 가성(佳誠), 호는 호명(浩溟)이다.

호명 護明 Ⓟ Jotipāla. 과거세 여노왕(黎努王 Ⓟ Reṇu)의 보상(輔相). 부친에 이어 나라를 굳건히 했다는 뜻에서 대견고(大堅固)라고도 불렀다. 훗날 출가하여 여노왕을 비롯한 여섯 명의 왕을 출가시켰다. 석가모니 부처님의 본생 중 하나다.『대견고바라문연기경』 권상(대정장1, p.209c7)에 "저 보상 견고바라문에게 또한 한 명의 아들이 있으니, 이름이 보명이다. 깊은 사랑을 받았는데, 재주와 지혜가 총명하고도 날카로워 무릇 겪은 일은 통명하지 않음이 없었다. … 모두들 이렇게 말했다. '기쁘도다, 호명동자여. 그대 아버지의 예전 이름이 견고였고 아들이 지금 그 자리를 이으며 전대의 업적을 넘고 넓혔으니 우리들은 그대 이름을 대견고라고 칭하리'. 彼輔相堅固婆羅門 亦有一子 名曰護明 深所愛念 才智聰利 凡所歷事 無不洞明 … 咸作是言 快哉 護明童子 汝父昔時 名爲堅固 子今繼位 克廣前業 我等稱汝 名大堅固"라고 하였다. 〔참고문헌〕『大堅固婆羅門緣起經』. ⇨여노왕 黎努王

호명대사 護明大士 세존께서 도사다천(覩史多天 Ⓢ Tuṣita)에 머무실 때의 명호. 『전법정종기』 권1(대정장51, p.716c11)에 "가섭불세계에 이르러 비로소 보살로서 성도하고 도사다천에 상생하여서는 그 보처에 응하여 호명대사라 불리우시며 천상에서 법을 설함으로써 하늘무리들 제도하였다. 逮迦葉佛世 迺以菩薩成道 上生於覩史陀天 應其補處 號護明大士 說法天上 以度天衆", 『절의론』 권5(대정장52, p.816a12)에 "부처님께서 과거세 도사다천에 계실 때〈도사다라는 범어 음사어는 도솔타천이라고도 하며, 지족이라 한역한다〉 그 이름 호명보살이었다〈부처님의 당시 명호는 호명보살 또는 승선천자였다〉. 佛昔居覩史多天〈梵語覩史多 亦名兜率陀天 此云知足〉 故名護明菩薩〈佛彼時號 護明菩薩 亦名勝善天子〉"라고 하였다. 〔참고문헌〕『傳法正宗記』, 『折疑論』.

호명문국 好名聞國 Ⓢ Śrāvastī. 사위국(舍衛國)의 한역어. 좋은 평판에 널리 알려진 나라. 『승만보굴』 권상(대정장37, p.8c14)에 "사위국에 관하여 진제삼장(眞諦三藏)은 '그 나라의 바른 음은 마땅히 사라마사지다. 호명문국이라 한역한다. 옛날에 선인이 있었는데 좋은 평판을 들으며 이곳에 살았다. 선인 좇아 이름 지었기에 호명문국이라 한다'라고 풀었다. 舍衛國者 三藏云 彼國正音 應云奢羅摩死底 此言好名聞國 昔有仙人 好名聞在此中住 從仙人作名 故云 好名聞國也"라고 하였다. 〔참고문헌〕『勝鬘寶窟』. ⇨사위 舍衛, 사라마사지 奢羅摩死底

호명방생의궤법 護命放生儀軌法 당대 의정(義淨) 지음. 1권. 방생의 의식과 법도를 서술한 책. 〔참고문헌〕『重治毗尼事義集要』 권1(卍속장63, p.343a6), 『法界聖凡水陸大齋法輪寶懺』 권10(卍속장130, p.156a12).

호명법문신주경 護命法門神呪經 당대 보리유지(菩提流志 Ⓢ Bodhiruci) 한역. 1권. 대정장20, pp.584b17~587c11, No.1139에 수록되어 있다. 이역본으로 『연수묘문다라니경 延壽妙門陀羅尼經』, 『선법방편다라니경 善法方便陀羅尼經』 등이 있다. 〔참고문헌〕『大周刊定衆經目錄』 권1(대정장55, p.379c29), 『開元釋敎錄』 권9(대정장55, p.569c1). ⇨연수묘문다라니경 延壽妙門陀羅尼經, 선법방편다라니경 善法方便陀羅尼經

호명보살 護明菩薩 ➡호명대사 護明大士

호명사 虎鳴寺 경기도 파주시 법원읍 연풍리 반룡산(盤龍山)에 있던 절. 『동국여지승람』 권11 경기 파주목 불우에 이름과 반룡산에 위치한 기록이 전하며, 『가람고』에는 "주의 동쪽 7리에 있다. 在州東七里"라고 하였다. 『여지도서』 경기도 사찰에 "다만 옛 터만 남아 있다. 只有舊址", 『범우고』에는 "지금은 폐사하였다. 今廢"라고 하였다. 〔참고문헌〕『東國輿地勝覽』, 『輿地圖書』, 『伽藍考』, 『梵宇攷』, 『韓國寺刹全書』 권하 p.1167b6.

호명선예 好名善譽 Ⓢ kalyāṇa kīrti-śabda-śloka, Ⓟ kalyāṇa kitti-sadda. 이름 알려지고 명예로움. 지계(持戒)나 보시(布施)로 얻게 되는 다섯 가지 공덕 중 하나이기도 하다. 『장아함경』 권2 「유행경 遊行經」(대정장1, p.12b20 : *Mahāparinibbāna-sutta, DN.2*, p.86)에 "무릇 사람이 계 가짐에 다섯 가지 공덕이 있다. 어떤 것이 다섯 가지인가? 첫째 바라는 것 모두 곧 원하는 대로 얻는다. … 넷째 호명선예로 천하에 널리 퍼진다. 다섯째 몸이 부서지고 목숨이 다하면 반드시 천상에 난다. 凡人持戒 有五功德 何謂爲五 一者 諸有所求 輒得如願 … 四者 好名善譽 周聞天下 五者 身壞命終 必生天上 pañcime gahapatayo ānisaṃsā sīlavato sīlasampadāya. katame pañca. idha gahapatayo sīlavā sīlasampanno appamādādhikaraṇayaṃ paṭhamo ānisaṃso sīlavato sīlasampadāyṃ mahantaṃ bhogakkhandhaṃ adhigacchati. ayaṃ paṭhamo ānisaṃso sīlavato sīlasampadāya. … kalyāṇo kittisaddo abbhuggacchati. ayaṃ dutiyo ānisaṃso sīlavato sīlasampadāya. … kāyassa bhedā parammaraṇā sugatiṃ saggaṃ lokaṃ upapajjati. ayaṃ pañcamo ānisaṃso sīlavato sīlasampadāya", 『불반니원경』 권상(대정장1, p.162b29)에 "사람이 능히 마음을 잘 조복하여 스스로 방자하지 않으면 다섯 가지 좋은 것이 있다. 어떤 등이 다섯인가? 첫째 재산이 매일 늘어난다. 둘째 도행이 있게 된다. 셋째 많은 사람의 존경을 받아 죽어도 후회가 없다. 넷째 호명선예로 천하에 멀리까지 퍼진다. 다섯째 죽어서 뛰어난 복덕처에 난다. 스스로 방자하지 않으면 이런 다섯 가지 좋은 것이 있으니, 그대들 스스로 사유해야 하리. 人能伏心不自放恣者 卽有五善 何等爲五 一者 財產日增 二者 有道行 三者 衆人所敬 至死無悔 四者 好名善譽 遠聞天下

五者 死生上福德之處 不自放恣 有是五善 汝等 自思惟之"라고 하였다. 〔참고문헌〕『長阿含經』, 『佛般泥洹經』, *D N.*, *Mp-s.4.* ⇨ 오공덕 五功德 5

호무 互無 Ⓢ itaretara-abhāva. 서로에게 없어서 없다고 하는 뜻. 바이셰시카(Ⓢ Vaiśeṣika : 勝論)의 경우 오무(五無), 또는 상키야(Ⓢ Sāṃkhya)에서는 사무(四無) 중 하나다. 가령 소(牛性)에는 말(馬性)이 없고, 말에는 소가 없는 것을 말한다. 호무공(互無空)・갱호무(更互無)라고도 한다. 『순정리론』 권15(대정장29, p.419c5)에 "온갖 없다고 말하는 뜻에 여러 가지 있으니, 아직 생하지 않아서 없는 것, 이미 사라져 없는 것, 결코 존재하지 않아 없는 것, 서로에게 없기에 없다 하는 것이다. 諸所言無 義有多種 未生已滅畢竟互無", 같은 책 권79(대정장29, p.766b5)에 "이를테면 이것은 다만 피차 '서로 없음'을 나타낼 뿐이지 '결코 아 없음'을 나타내어 성취할 수 없으니, 유체법 또한 서로 없기 때문이다. 하지만 만약 '이 법은 아가 아니다'라고 한다면, '아가 필경 무'임을 바로 나타낼 수 있다. 謂此但顯彼此互無 不能顯成畢竟無我 以有體法亦互無故 若言此法非我便顯 我畢竟無", 『반야등론석』 권13(대정장30, p.117a28)에 "서로에게 없다 하니, 여래 중에는 음이 없고 음 중에는 여래가 없음을 말한다. 互無者 謂如來中無陰陰中無如來", 『대승의장』 권2(대정장44, p.505a1)에 "소 중에는 말이 없고 말 중에는 소가 없으니, 이와 같이 일체를 서로 없다고 한다. 牛中無馬 馬中無牛 如是一切 名爲互無", 『십구의론』(대정장54, p.1264a2)에 "무를 설하는 구의 뜻이란, 다섯 가지로 무를 말하니 무설구의다. 무엇이 다섯인가. … 갱호무라 하니 모든 실인 것들은 피차에게 서로 없어 갱호무라 한다. 無說句義云何 謂五種無 名無說句義 何者爲五 … 更互無者 謂諸實等 彼此互無 名更互無", 『금칠십론』 권상(대정장54, p.1246b17)에 "존재하지 않음에 네 가지 있으니, 이 또한 볼 수 없는 것이다. … 셋째는 서로 없기에 볼 수 없는 것이니, 가령 소에서는 말을 볼 수 없고 말 중에서 소를 볼 수 없는 것과 같다. 無物有四種亦復不可知 … 三 互無故不見 如牛中不見馬馬中不見牛"라고 하였다. 〔참고문헌〕『順正理論』, 『般若燈論釋』, 『大乘義章』, 『十句義論』, 『金七十論』, *Sāṃkhy-k.10.* ⇨ 오종무 五種無

호문 胡文 서역(西域) 곧 중앙아시아의 여러 언어. 또는 인도의 범문(梵文) 등 한문(漢文)이 아닌 것들을 말한다. 『출삼장기집』 권13 「지참전 支讖傳」(대정장55, p.95c25)에 "영제 때인 광화・중평년간에 호문을 전역하여 『반야도행품경』・『수능엄경』・『반주삼매경』 등 세 경을 내보였다. 以靈帝光和中平之間 傳譯胡文 出般若道行品 首楞嚴 般舟三昧等三經", 돈황본 『석조서』(대정장85, p.439a13)에 "그때 손으로는 호문을 들고 입으로 스스로 말하면서 번역하였다. 호문이란 범어 그대로의 경을 말한다. 于時 手執胡文 口自宣譯 胡文者 梵夾也"라고 하였다. 〔참고문헌〕『出三藏記集』, 『釋肇序』.

호밀왕 胡蜜王 ➡ 식닉국 識匿國

호박 琥珀 Ⓢ musāra-galva, aśma-garbha, Ⓟ musāra-galla, Ⓣ spug. 칠보(七寶) 또는 사보(四寶) 중 하나다. 『사분율행사초자지기』 권중(대정장40, p.301a17)에 "호박에 대하여 『박물지』에 전하길, 소나무 기름 땅에 스며들어 천년이 지나면 복령이 되고, 복령이 천년 묵으면 호박이 된다. 琥珀者 博物志云 松脂入地千年 化爲茯苓 茯苓千年 化爲琥珀", 『아미타경통찬소』 권중(대정장37, p.338c22)에 "사보는 금・은・산호・호박이라고도 한다. 四寶者 或是金銀珊瑚琥珀也", 『번역명의집』 권3(대정장54, p.1105c12)에 "아습마게바는 호박이라 한역한다. 색은 붉고 투명하다. 阿濕摩揭婆 此云琥珀 其色紅瑩"라고 하였다. 〔참고문헌〕『四分律行事鈔資持記』, 『阿彌陀經通贊疏』, 『飜譯名義集』, *Saddh-p.151.*, *Mvyut.236.*, *AN.4.199.* ⇨ 칠보 七寶 1, 복령 茯苓

호배 戶排 문 따는 열쇠. 빗장을 푸는 장치. 배는 밀쳐서 연다는 뜻이다. 『현우경』 권11(대정장4, p.427c3)에 "때가 되자 여래께서 회중의 대중이 악행을 지으면 반드시 그 죄보가 있음을 알게 하시고자 한 비구에게 '그대가 문 따는 열쇠를 들고 지만(살인마)의 방에 가서 문구멍을 찔러 보거라' 명하셨다. 그 비구가 가서 가르치신 대로 하여 빗장 밀치고 문 안에 들어서자 (지만의 몸이) 잠깐 사이에 불에 녹아버렸다. 비구가 경악하며 돌아와 부처님께 아뢰자 부처님께서 비구들에게 이르셨다. '행한 보는 이와 같다'. 왕과 회중의 대중이 믿고 이해하지 못하는 이가 없었다. 于時如來 欲令衆會 知作惡行 必有罪報 勅一比丘 汝持戶排 往指鬘房 刺戶孔中 比丘卽往 奉敎爲之 排入戶內 尋時融消 比丘驚愕 還來白佛 佛告比丘 行報如是 王及衆會 莫不信解", 『일체경음의』 권58(대정장54, p.695b7)에 "호배〈배는 포와 개를 반절한 음이다. 나무 빗장을 말하니, 문을 여닫는 장치이다. 문고리 등과 같다. 율문에서 비(鈚)라고 하나 맞지 않다〉. 戶排〈蒲皆反 謂木闌 開戶者也 如戶鉤等 律文作鈚非也〉"라고 하였다. 〔참고문헌〕『賢愚經』, 『一切經音義』.

호법 護法 1 Ⓢ anurakṣaṇā-dharman, Ⓣ rjes-su-srung-ba'i chos-can. 법을 지키다. 정법이 사라지지 않고 이어지도록 하는 일로서, 부처님께서 몸소 부촉하신 인물이나 천신들이 있다. 『법화전기』 권1 「은현시이 隱顯時異」(대정장51, p.50b21)에 "『법주기』에 따르면 불바가범께서 반열반 때에 무상법을 십육대아라한과 그 권속에게 부촉하셨으니, 그들 모두가 지키고 가져서 사라지지 않도록 하셨고, 십육아라한이 정법을 지켜 가져 유정을 요익하게 하였다고 한다. 若依法住記 佛薄伽梵 般涅槃時 以無上法 付囑十六大阿羅漢 幷眷屬 並令其護持 使不滅沒 十六阿羅漢 護持正法 饒益有情", 『십주비바사론』 권3(대정장26, p.33a27)에 "신력으로 이 법을 지켜 기억한다는 말은 모든 부처님들끼리 도장 찍듯 하여 잃지 않게 함이다. 神力護法者 以佛神力 護念是法 以諸佛印印之", 『승만보굴』 권중(대정장37, p.37c19)에 "삿된 교를 버리고 바른 교법을 드러냄을 호법이라 한다. 捨邪敎 顯正敎 稱爲護法", 『대반열반경집해』 권10(대정장37, p.423b6)에 "호법은 두 길 벗어나지 않는다. 하나는 만행에 의지하여 실마리 되게 하고 스스로 계행 지켜 마음에 맡겨 지닌다. 다른 하나는 몸도 목숨도 돌아보지 않고 다만 법을 널리 할 뿐이다. 護法者 不出二途 一者 據萬行爲端 自守戒行 任持在心 二者 不顧形命 但使法弘也"라고 하였다. 범천(梵天)·제석천(帝釋天)·사천왕(四天王)·십이신장(十二神將)·이십팔부중(二十八部衆) 등이 모두 호법의 선신(善神)들이니 설법을 들은 뒤에는 스스로 모두 정법을 지키겠다고 서원하였다. 전륜성왕(轉輪聖王)은 호법의 상징적인 세간 군주이며 그 외에 제왕과 단월들도 모두 불법을 가져 지키기에 호법이라 부른다. [참고문헌] 『法華傳記』, 『十住毘婆沙論』, 『勝鬘寶窟』, 『大般涅槃經集解』, 『法住記』(대정장49, p.13a3), *Abh-k-bh.372.* ⇨ 호법선신 護法善神, 십육대아라한 十六大阿羅漢, 전륜성왕 轉輪聖王 **2** Ⓢ Dharmapāla. 530~561. 유식십대논사(唯識十大論師) 중 달마파라(達磨波羅)라 음사하는 이다. 남인도(南印度) 달라비다국(達羅毘荼國 Ⓢ Drāviḍa) 대신의 아들로 공주와 약혼한 사이였지만 약조한 날에 삭발하고 출가하였다. 대소승교학에 정통하여 마갈다국(摩揭陀國) 나란다사(那爛陀寺)에서 교화를 펼칠 당시 따르는 학도가 수천이었다. 스물 아홉에 대보리사(大菩提寺 Ⓢ Mahābodhi)로 은퇴하여 저술에 몰두하다가 서른둘에 입적하였다. 저서에 『대승광백론석론 大乘廣百論釋論』 등이 있고, 현장(玄奘 602~664)이 편집하여 한역한 『성유식론 成唯識論』 10권은 호법의 『석론』을 중심으로 삼고 그 나머지 아홉 논사의 저작을 섞어서 완성한 작품이다. [참고문헌] 『大唐西域記』 권5(대정장51, p.898b12)·권9(대정장51, p.924a1), 『慈恩傳』 권3(대정장50, p.234c8). ⇨ 달마파라 達磨波羅, 다르마팔라 Dharmapāla **1**

호법금강 護法金剛 **1** 여래아(如來牙)보살의 밀호(密號). 『태장금강교법명호』(대정장18, p.205a14)에 "동문 남쪽 첫째에 여래아보살〈호법금강 또는 화현금강이라 한다〉. 東門南第一如來牙菩薩〈護法金剛化現金剛〉"라고 하였다. [참고문헌] 『胎藏金剛敎法名號』. **2** 만다라 외금강원(外金剛院)의 천신(天神)들을 모두 모아 부르는 말. 『태장금강교법명호』(대정장18, p.205b3)에 "제천과 외금강부의 성중〈다 모아 호법금강이라 부른다〉. 諸天外金剛部聖者〈總名護法金剛〉"이라고 하였다. [참고문헌] 『胎藏金剛敎法名號』. ⇨ 태장만다라 胎藏曼荼羅

호법동자 護法童子 Ⓟ Dhammapāla-kumāra. 석가세존의 전신(前身)으로 호법천동(護法天童)이라고도 한다. 『본생경』 권12(남전장36, p.190a8 : *Jā.4*, p.55)에 "그때 부모는 대왕(淨飯王)의 가족이며, 사존은 사리불이고, 따르는 이는 바로 부처님을 모시는 호법동자로 바로 나였다. 爾時之父母 是大王之家族 師尊是舍利弗 從者是佛陀之隨身者 護法童子 卽是我 tadā mātāpitaro mahārājakulāni ahesuṃ ācariyo sāriputto parisā buddhaparisā dhammapālakumāro pana aham eva"라고 하였다. [참고문헌] 『本生經』, *Jā.*

호법록 護法錄 명대 송렴(宋濂) 지음. 운서주굉(雲棲袾宏) 집록(輯錄). 전겸익(錢謙益) 교정(校訂). 10권. 가흥장21, pp.597a1~688a31에 있다. 1616년(만력44) 간행하였다. 송렴은 대장경을 세 차례나 읽어 유학자 중에 다문총지(多聞總持)로 알려졌다. 본서는 그의 저작 『금화문집 金華文集』에서 삼보(三寶)의 호지(護持)와 관련된 글을 추려 탑명(塔銘)·비(碑)·기(記)·서(序)·고(誥)·찬(贊)·명(銘)·송(頌)·게(偈)·설(說)·제발(題跋) 등으로 나눠 엮었다.

호법론 護法論 북송(北宋)대 무진거사(無盡居士) 장상영(張商英) 지음. 1권. 대정장52, pp.637a3~646c21, No.2114에 수록되어 있다. 1171년(건도7) 간행하였다. 왕부(王浮)의 『노자화호경 老子化胡經』이 위작이라는 사실을 논증하고, 왕문강(王文康)의 『대동론 大同論』 등을 인용하여 삼교조화를 제창하면서 배불론(排佛論)을 일소하는 데 힘을 기울였다. 특히 구양수(歐陽修)의 배불론을 상세히 논파하였고, 한유(韓愈)·정이천(程伊川) 등의 불교관도 반박하였으며, 나아가 유도불 삼교의 우열을 비유로써 풀었는데 유교는 피부질환을 치료하는 교설이고, 도교는 혈맥질환을 치료하며, 불교는 골수질환을 다스리는 것이라고 하여 불교가 가장 깊은 이치를 담고 있다고 주장했다. [참고

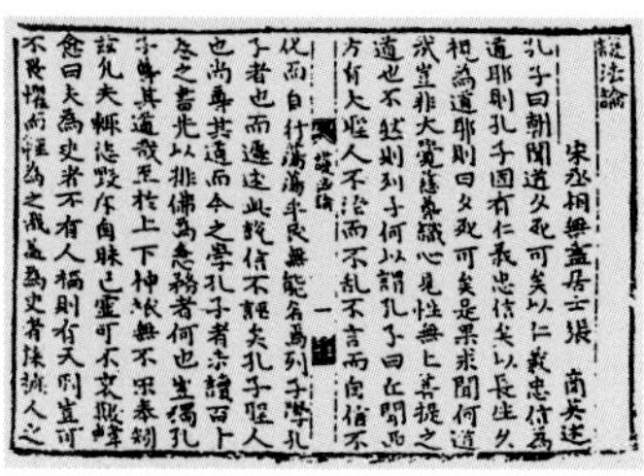
護法論
宋丞相無盡居士張 商英述
孔子曰朝聞道夕死可矣以仁義忠信為
道耶則孔子固有仁義忠信矣以長生久
視為道耶則曰夕死可矣是果求聞何道
哉豈非大覺慈尊識心見性無上菩提之
道也不然則列子何以謂孔子曰丘聞西
方有大聖人不治而不亂不言而自信不
化而自行蕩蕩乎民無能名焉列子學孔
子者也而遽述此說信不誣矣孔子聖人
也尚尊其道而今之學孔子者未讀百卷
之書先以排佛為急務者何也豈獨孔
子尊其道哉至於上下神祇無不宗奉

호법론 개심사 서산 시대미상

문헌]『佛祖歷代通載』 권22(대정장49, p.717c1), 『居士分燈錄』「重刻護法論題辭」(卍속장147, p.858a15).

호법룡 護法龍 불법(佛法)을 보호하는 용. 팔부중(八部衆)의 하나다. 부석사(浮石寺) 창건 당시 선묘(善妙)의 화현(化現)인 용이나 문무왕의 화현인 황룡사(皇龍寺) 호법룡 등이 그것이다. 『삼국유사』 권3(대정장49, p.990c12 · 한불전6, p.321a7) 탑상(塔像)4 황룡사구층탑(皇龍寺九層塔)에 의하면, "자장(慈藏)이 말하기를 '… 이웃의 적들도 어지러우니 이것이 백성들의 걱정입니다'라고 하였다. 신인이 말하기를 '지금 그대의 나라 여자가 왕이 되어 덕은 있으나 위세 없어서 이웃나라가 모의하는 것이다. 마땅히 속히 본국으로 돌아가라'고 하였다. 자장이 묻기를 '고향으로 돌아가서 장차 무엇을 하여야 이익이 되겠습니까?'라고 하였다. 신인이 말하기를 '황룡사의 호법룡이 바로 나의 맏아들인데 범왕의 명령을 받고 가서 이 절을 보호하고 있다. 본국에 돌아가서 황룡사에 구층탑을 성사시키면 이웃나라 항복하고 구한이 와서 조공하여 나라 영원히 편안할 것이다'라고 하였다. 藏曰 … 隣寇縱橫 是爲民梗 神人云 今汝國以女爲王 有德而無威 故隣國謀之 宜速歸本國 藏問歸鄕將何爲利益乎 神曰 皇龍寺護法龍 是吾長子 受梵王之命 來護是寺 歸本國 成九層塔於寺中 隣國降伏 九韓來貢 王祚永安矣"라고 한다. [참고문헌]『三國遺事』. ⇨ 용 龍

호법부종 護法扶宗 법을 지켜 으뜸의 뜻 떠받치다. 『현양정법복고집』 권1(대장경보편32, p.565c11)에 "후학들 흔히 조사의 뜻도 따르지 못한 채 자기 종 부채질하고 다른 교설 깎아내리는 일 점점 더한다. 흡사 물 섞어 우유 파는 짓과 같다. 저들 스스로 법을 수호하고 종문을 떠받친다고 하지만 스스로 선양하고 다른 이 깎아내리니, 정에 붙들림 숭상할 뿐이어서 이치 저절로 치우쳤음을 전혀 모른다. 後學多不領祖意 轉增加扇揚己宗貶剝他教之說 恰似加水而鬻乳 彼自以謂 護法扶宗 殊不知 其揚自貶他之說 由執情爲崇 理致自僻"라고 하였다. [참고문헌]『顯揚正法復古集』.

호법선신 護法善神 법을 지키는 선신들. 호법신(護法神) · 호법천(護法天) 등이라고 한다. 『소파호동자청문경』 권중(대정장18, p.729c26)에 "먼저 마땅히 모든 부처님과 그 거처에 예를 올리고, 다음으로 모든 금강신중과 호법선신중에게 예를 올린다. 先當禮拜 一切諸佛及所居處 次禮一切金剛 護法善神衆", 『좌선용심기』(대정장82, p.413b3)에 "도량은 청결해야만 하니 항상 향을 사르고, 꽃을 올려 드리니 호법선신과 불보살께서 그림자 드리워 수호하신다. 道場須淸潔 而常燒香獻花 則護法善神 及佛菩薩 影向守護也"라고 하였다. [참고문헌]『蘇婆呼童子請問經』, 『坐禪用心記』. ⇨ 호법 護法 **1**, 팔부신중 八部神衆, 화엄신중 華嚴神衆

호법신 護法身 정법(正法)을 지키기 위해 나툰 몸. 밀교의 16집금강(執金剛)을 비롯하여 십이신장(十二神將) · 십육선신(十六善神) · 이십팔부중(二十八部衆) 등을 말한다. 『법화현론』 권1(대정장34, p.371b28)에 "과거공덕에 의지하여 저 동자는 이와 같은 힘을 지녔으므로 호법신이 되었다. 그러므로 보현보살품에서 설하였다. 依過去功德 彼童子有如是力 故護法身 故說普賢菩薩品", 『법화경연의』 권7(卍속장52, p.536a18)에 "넷째 호법신을 드러냄이다. 집금강신으로 마땅히 제도할 수 있는 이에게 집금강신의 모습을 나투어서 설법한다. 집금강신이란 손에 항상 금강보저 잡은 채로이기에 이름 붙인 것이다. … 그는 불법을 지키고자 언제나 금강저 붙든 채로이다. 四現護法身 應以執金剛神得度者 卽現執金剛神 而爲說法 執金剛神者 以其手中常執金剛寶杵 故以爲名 … 以其欲護佛法 故常執金剛杵"라고 하였다. [참고문헌]『法華玄論』, 『法華經演義』.

호법신 護法神 ➡ 호법선신 護法善神, 호법 護法 **1**

호법심 護法心 법을 지켜 가지는 마음. 60권본 『화엄경』 권14(대정장9, p.491b29)에 "모든 부처님 가르침 받고서는 법을 지키려는 마음 일으키고 일체중생 교화 성숙케 하니, 마음 항상 출세회향에서 벗어나지 않는다. 受諸佛教 興護法心 教化成熟 一切衆生 心常不離 出世迴向", 『능엄경』 권8(대정장19, p.142a18)에 "마음 나아가 편안하고 보호해 지켜 잃지 않으며 시방여래와 기운 나누어 교접하니 이를 호법심이라 한다. 心進安然 保持不失 十方如來 氣分交接 名護法心", 『인왕경소』 권중(대정장33, p.465b13)에 "호법심이란 … 삼보를 몸도 목숨도 아끼지 않고 늘 수호한다는 뜻이다. 護法心者 … 於三寶 不惜身命 常守護故", 『열반경소사기』 권4(卍속장58, p.149b7)에 "호법심을 일으킨다 하니, 불법이 있는 곳 지켜 단절되지 않도록 하고, 불법이 없는 곳에서는 건립하여 드러나게 한다. 生護法心者 有佛法處 護令不斷絶 無佛法處建立 令得與顯"라고 하였다. [참고문헌]『華嚴經』, 『楞嚴經』, 『仁王經疏』, 『涅槃經疏私記』.

호법아라한 護法阿羅漢 Ⓢ anurakṣaṇā-dharmā arhan. 스스로 깨우친 법 지켜 잃지 않으려는 아라한. 육종아라한 또는 구무학(九無學) 중 하나다. 『바수밀소집론』 권5(대정장28, p.761c15)에 "또한 어떤 사람이 등심해탈하고 그 등심해탈 지키니 '나 이것 능히 지켜 몸과 목숨 다하도록 지켜 가져 때를 따라 기르겠다' 다짐한다면, 이는 호법아라한이다. 若復有人 等心解脫 護

等心解脫 我能護此 盡形壽守持 隨時育養 是謂護法阿羅漢也", 『대명삼장법수』 권20(영락장182, p.228a8)에 "세 번째, 호법아라한은 증한 법에 애락하여 잘 지키려는 마음 더하므로 호법이라 한다. 三 護法阿羅漢 謂於所證之法 心生愛樂 善加守護 故名護法"라고 하였다. 〔참고문헌〕『婆須蜜所集論』, 『大明三藏法數』, *Abh-s.91.* ⇨ 구무학 九無學, 육종아라한 六種阿羅漢

호법위태존천 護法韋駄尊天 법을 지키는 위태천. 갑옷 걸치고 보검 든 채로 합장한 모습이다. 번개처럼 마를 항복시키기에 위타천주(韋駄天走)라고도 한다. 총림에서는 매월 5일 고원(庫院)에서 위타천을 위해 풍경(諷經)했다. 『갈마의식』 권상 「초쇄소부좌법 初灑掃敷座法」(卍속장107, p.283a13)에 "저 정중앙 위쪽에는 사바세계교주이신 본사석가모니불 자리와 함께 하면에는 위로 올려보는 좌측 모퉁이에 호법위태존천자리 함께하게 해서 향과 꽃을 늘어놓고 등촉도 밝게 켜두어야 한다. 於正中上面 供娑婆教主 本師釋迦尼牟佛位 下面朝上左隅 供護法韋馱尊天位 並須香花羅列 燈燭幃煌"라고 하였다. 〔참고문헌〕『羯磨儀式』. ⇨ 위타천 韋馱天

호법종 護法宗 호법(護法) 유식설을 근간으로 한 법상종. 『해심밀경소』 권3(한불전1, p.217c15)에 "대당삼장(현장)은 『능가경』 등과 호법의 주장에 의지하여 오직 8식을 세웠을 뿐 제9를 설하지 않았다. 大唐三藏 依楞伽等 及護法宗 唯立八識 不說第九", 『화엄경탐현기』 권14(대정장35, p.359a1)에 "호법종에 의하면 상 없는 중에 가행지가 있어 그 체는 장애라 하지 못하니, 선한 성이기 때문이다. 依護法宗 於無相中 有加行智 體非是障 以善性故"라고 하였다. 〔참고문헌〕『解深密經疏』, 『華嚴經探玄記』. ⇨ 호법 護法[2], 법상종 法相宗

호법종성 護法種性 법을 지키는 종성. 구종무학(九種無學 : 九無學人) 또는 육종아라한(六種阿羅漢) 중 하나인 무학성자로서 이미 얻은 공덕 물러나 잃지 않기 위해 시애심해탈(時愛心解脫)을 항시 애호해 지켜 정근하는 종성. 『중아함경』 권30 「복전경 福田經」(대정장1, p.616a17)에 "무엇이 구무학인인가? … (여섯째는) 호법이니 지킨즉 물러날 일 없고 지키지 않으면 퇴전한다. 云何九無學人 … 護法 護則不退 不護則退", 『대비바사론』 권7(대정장27, p.33b4)에 "(四善根位로서) 난위·정위·인위·세제일법에 각각 여섯 가지 종성의 차별이 있으니, 퇴법·사법·호법·안주법·감달법의 종성이 그것이다. 煖頂忍世第一法 各有六種種性差別 謂退法種性思法護法住法堪達不動法種性", 같은 책 권62(대정장27, p.33b4)에 "호법종성은 다섯 가지 일을 지으니, 첫째는 물러나 유학근에 머물거나, 둘째는 물러나 퇴법근에 머물거나, 셋째는 물러나 사법근에 머물거나, 넷째는 근을 단련하여 안주에 이르거나, 다섯째는 저에 머문 채로 반열반하는 것이다. 護法作五事 一 退住學根 二 退住退法根 三 退住思法根 四練根至安住 五即住彼般涅槃", 『순정리론』 권67(대정장29, p.710a5)에 "〔논〕 계경 중에 아라한은 종성의 다름으로 인해 육종이 있다 하였으니 … 셋째는 호법이다. … 호법이란, 어떤 한 무리 시애심해탈 중에 매인 채로 마음이 현전하여 오로지 방호를 위한 정진만을 생각한다. '나는 아직 능히 근단련을 수습하여 안주법에 달하지 못하였으니, 시애심해탈만이라도 방일하지 않고 정근하여 방호할 것이다'. 이와 같은 류를 호법이라 한다. 論曰 於契經中說阿羅漢 由種性異故有六種 … 三者 護法 … 言護法者 謂有一類 恒於時愛心解脫中 繫念現前專精防護 彼作是念 我且未能修習練根 達安住法 但於時愛心解脫中 能不放逸精勤防護 如是種類名爲護法"라고 하였다. 〔참고문헌〕『中阿含經』, 『大毘婆沙論』, 『順正理論』. ⇨ 구무학 九無學, 육종아라한 六種阿羅漢

호병 胡餠 호떡. 호병(餬餠)으로도 쓴다. 『굉지광록』 권5(대정장48, p.69b28)에 "관음이 호떡을 산 뒤 손 위에 놓고 보니 만두였다. 觀音買胡餠 放手是漫頭"라고 하였다. 〔참고문헌〕『宏智廣錄』. ⇨ 운문호병 雲門餬餠

호본다동 好本多同 본보기 좋아해 많은 것 같아진다. 『원오어록』 권13(대정장47, p.771b21)에 "좋은 햇빛 아래서는 많은 것 같아지니 시방이 남김없이 응하고 본보기 좋아해 많은 것 같게 되니, 천 가지로 다르지만 더불어 함께한다. 好日多同 十方盡應 好本多同 千差共轍", 『종용록』 80칙 「본칙 本則」(대정장48, p.278b27)에 "임제가 '내게 포단을 가져오라' 하자〈훌륭한 본보기 많이도 같아진다〉 용아가 포단을 임제에게 건넸다〈착각으로 착각에 나아간다〉. 濟云 與我將蒲團來〈好本多同〉 牙取蒲團與臨濟〈將錯就錯〉"라고 하였다. 〔참고문헌〕『圜悟語錄』, 『從容錄』.

호봉 虎峰 조선조 순조(재위 1800~1834) 때 스님. 휘는 응규(應奎). ⇨ 응규 應奎

호부 護符 가져서 지켜주는 것. 호신부(護身符)라고도 한다. 종이나 찰(札) 등에 진언종자(眞言種子) 등을 써서 지니거나 붙여 놓는다. 『정토극신록』(卍속장110, p.126a16)에 "사바의 고통 버리려 하나, 어떤 문에서도 호부 구하지 못하니, 널리 방편법 구하여도, 미타 칭념만큼 묘한 길은 없으리라. 欲舍娑婆苦 無門求護符 博究方便法 莫妙念彌陀"라고 하였다. 〔참고문헌〕『淨土極信錄』. ⇨ 호신부 護身符

호부도계오신 護不盜戒五神 불투도계를 지켜 가진 이를 보호하는 다섯 선신(善神). 『범망경보살계초진』 권5(卍속장95, p.122a14)에 "여섯째 지마아비바타, 일곱째 아수수바라다, 여덟째 바라마단웅자, 아홉째 바라문지비치, 열째 나마호치야사 등의 다섯 신은 불투도계 지킨 이를 수호한다. 六 抵摩阿毗婆馱 七 阿修輸婆羅陀 八 婆羅摩亶雄雌 九 婆羅門地鞞哆 十 那摩呼哆耶舍 此五神護不盜戒"라고 하였다. [참고문헌] 『梵網經菩薩戒初津』. ⇨ 오계이십오신 五戒二十五神, 이십오선신 二十五善神

호부즐류 好不喞噌 참으로 영리하지 못하다. 대단히 어리석다. 호부즉류(好不鯽溜)·호부즉령(好不喞令) 등이라고도 한다. 『벽암록』 1칙 「평창 評唱」(대정장48, p.140c12)에 "무제는 도리어 그에게 공손한 태도로 '모르겠소'라고 답했고, 지공은 심기를 읽고 움직였으니 '그 사람은 관음대사로서 부처님의 심인을 전했습니다'라고 답했다. 무제는 후회하여 마침내 사신을 보내어 대려오려 했으니 얼마나 어리석었던가! 武帝却供他 款道不識 志公見機而作 便云 此是觀音大士 傳佛心印 帝悔遂遣使去取 好不喞噌", 『고정어록집략』 권3(가흥장25, p.251b11)에 "세네 차례 거듭하였으니 참으로 영리하지 못한 짓이었고, 무수히도 밀고 찌르며 받아쓰길 끝없이 하였으니 고민 더불어 이렇게도 마음 썼으니 무엇을 도모했던 것일까? 알겠는가? 천균의 쇠뇌는 생쥐나 잡자고 장전하지 않는다. 三番四次 好不喞溜 百摻千錐 受用不盡 古人與麽用意 未審圖箇什麽 還會麽 千鈞之弩 不爲鼷鼠發機"라고 하였다. [참고문헌] 『碧巖錄』, 『古庭語錄輯略』. ⇨ 부즐류 不喞噌, 부즐류한 不喞噌漢

호불망어계오신 護不妄語戒五神 불망어계 지켜 가진 이를 보호하는 다섯 신. 오계이십오신 중 다섯이다. 『대명삼장법수』 권36(영락장183, p.11b4)에 "네 번째는 호불망어계오신이다. 첫째, 아제범자산야신은 계를 지켜 가진 이가 무덤귀신에게 당하지 않도록 보호한다. 둘째, 인대라인대라신은 계를 지키는 이 문에 사악함 막아 보호한다. 셋째, 아가풍시바다신은 계를 지키는 이 밖의 기운이나 귀신의 피해를 입지 않도록 보호한다. 넷째, 불담미마다치신은 계를 지키는 이 재화에 닿지 않도록 보호한다. 다섯째, 다뢰차삼밀다신은 계를 지키는 이 도둑의 침해를 당하지 않도록 보호한다. 四 護不妄語戒五神 一 阿提梵者珊耶 護持戒人 不爲塚墓鬼所嬈 二 因臺羅因臺羅 護持戒人 門戶辟除邪惡 三 阿伽風施婆多 護持戒人 不爲外氣鬼神所害 四 佛曇彌摩多哆 護持戒人 不爲灾火所延 五 多賴叉三密陀 護持戒人 不爲偸盜所侵"라고 하였다. [참고문헌] 『大明三藏法數』. ⇨ 오계이십오신 五戒二十五神, 이십오선신 二十五善神

호불사음오신 護不邪淫五神 불사음계 지켜 가진 이를 보호하는 다섯 신. 『대명삼장법수』 권36(영락장183, p.11a8)에 "세 번째는 호불사음계오신이다. 첫째, 불타선타루치신은 계를 지킨 이가 말싸움하지 않도록 지킨다. 둘째, 비사야수다바신은 계를 지키는 이가 염병과 학질귀신에 붙들리지 않도록 한다. 셋째, 열니혜타다야신은 계를 지키는 이를 관리에게 시달리지 않도록 한다. 넷째, 아라다뢰도야신은 계를 지킨 이의 집 사방에서 재앙을 몰아낸다. 다섯째, 바라나불담신은 계를 지킨 이의 집이 평정하게 지킨다. 三 護不邪淫戒五神 一 佛馱仙陀樓哆 護持戒人 口舌鬪諍不行 二 鞞闍耶藪多婆 護持戒人 不爲瘟瘧鬼所持 三 涅坭醯馱多耶 護持戒人 不爲縣官所得 四 阿邏多賴都耶 護持戒人 舍宅四方 驅逐凶殃 五 波羅那佛曇 護持戒人 平定舍宅"라고 하였다. [참고문헌] 『大明三藏法數』. ⇨ 오계이십오신 五戒二十五神

호불살계오신 護不殺戒五神 불살생계를 지켜 가진 이를 보호하는 다섯 신. 『대명삼장법수』 권36(영락장183, p.10b5)에 "첫 번째는 호불살계오신이다. 첫째, 다추비유타니신은 계를 지킨 이 몸에서 삿된 귀신을 막는다. 둘째, 수다리두다니신은 계를 가진 이가 육정을 온전히 갖추도록 한다. 셋째, 비루자나세바신은 계를 지킨 이의 오장이 평하고 고르도록 한다. 넷째, 아다룡마지신은 계를 지킨 이의 혈맥이 모두 막힘없이 통하도록 한다. 다섯째, 바라환니화바신은 계를 지킨 이의 손톱과 손가락에 손상을 입지 않도록 한다. 一 護不殺戒五神 一 荼蒭毘愈陀尼 護持戒人 身辟除邪鬼 二 輸多利輸陀尼 護持戒人 六情悉令完具 三 毘樓遮那世波 護持戒人 腹內使五藏平調 四 阿陀龍摩坻 護持戒人 血脉悉令通暢 五 婆羅桓尼和婆 護持戒人 爪指無所毁傷"라고 하였다. [참고문헌] 『大明三藏法數』. ⇨ 오계이십오신 五戒二十五神

호불성 互不成 인명 용어. 입론자(自)나 대론자(他) 중 어느 한쪽이 인정하지 않는 것. 삼십삼과(三十三過)의 사불성과(四不成過) 중 수일불성과(隨一不成過)에 해당한다. 『인명정리문론본』(대정장32, p.1b24)에 "마땅히 설한 인(正因)과 상위인과 부정인 중에서 오직 함께 인정하여 결정한 언사만을 능립이라 하며 또는 능파라 한다. 호불성과 유예언사는 그렇지 않으니, 다시 기다려 성취해야 하기 때문이다. 於當所說因與相違及不定中 唯有共許決定言詞 說名能立 或名能破 非互不成猶豫言詞 復待成故", 『이문론술기』(대정장44, p.81c13)에 "논에서 그렇게 설한 것은 … (인에 대해 입론자와 대론자가) 함께 인정해야만 비로서 능립과 능파가 성립하기 때문이다. 어느 한쪽이 성취될 수 없는 과실이 바로 호불성이며, 이 호불성이 바로 세운 인이다. … 마치 승론(勝論 Ⓢ Vaiśeṣika)이 성론(聲論 Ⓢ Mīmāṃsā)에 대해서 '소리는 무상하다. 만들어진 것이기에'라고 입론한다면, 이 '만들어진 것'이라는 인은 승론사의 경우 생한 것(生 : 聲生論)으로서 지은 것이라는 뜻이기에 성론에서는 성립하지 않으며, 성론사의 경우 드러난 것(顯 : 聲顯論)을 지은 것으로 간주하기에 승론의 입장에서는 성립하지 않는 것이다. 論 … 以共許方成立破故 隨一不成過 是互不成 互不成是立因 … 如勝論對聲論 立聲是無常 所作性故 然此所作性因 若勝論師 以生爲所作 卽聲論不成 若聲論以顯爲所作 卽勝論不成"라고 하였다. 〔참고문헌〕『因明正理門論本』, 『理門論述記』. ⇨ 수일불성과 隨一不成過, 사불성과 四不成過, 성론 聲論❷, 성현론 聲顯論, 유예불성 猶豫不成, 삼십삼과 三十三過

호불음주계오신 護不飮酒戒五神 불음주계 지켜 가진 이를 보호하는 다섯 신. 『대명삼장법수』 권36(영락장183, p.11b10)에 "다섯 번째는 호불음주계오신이다. 첫째, 아마라사두희신은 이 계 가져 지킨 이가 산림에 들어갈 경우 호랑이의 피해를 입지 않도록 한다. 둘째, 나라문도두제신은 이 계 가져 지킨 이가 사고로 죽는 괴로움을 당하지 않도록 한다. 셋째, 비니건나바신은 이 계 가져 지킨 이가 악한 새 울음소리나 여우 울음소리가 들리지 않도록 한다. 넷째, 다비투비사라신은 이 계 가져 지킨 이가 개나 쥐가 옮기는 변괴를 당하지 않도록 한다. 다섯째, 가마비나도니거신은 이 계 가져 지킨 이가 흉주에 끌려다니지 않도록 한다〈흉주란 음험한 곳에서 흉악한 일을 쏟아붓는다는 말이다〉. 五 護不飮酒戒五神 一 阿摩羅斯兜嘻 護持戒人 若入山林 不爲虎狼所害 二 那羅門闍兜帝 護持戒人 不爲傷亡所嬈 三 鞞尼乹那波 護持戒人 除惡鳥鳴狐鳴 四 茶鞞鬪毘舍羅 護持戒人 除犬鼠變怪 五 伽摩毘那闍尼佉 護持戒人 不爲凶注所牽〈凶注者 謂陰司注瀉 凶惡之事也〉"라고 하였다. 〔참고문헌〕『大明三藏法數』. ⇨ 오계이십오신 五戒二十五神

호붕구당 狐朋狗黨 여우가 떼를 짓고 개가 무리짓다. 『종용록』 24칙 「본칙 本則」(대정장48, p.243a2)에 "현사가 말했다. '모름지기 우리 능형(長慶慧稜)이라면 그럴 만하지〈여우가 떼를 짓고 개가 무리짓는구나〉'. 沙云 須是我稜兄始得〈狐朋狗黨〉", 『공곡집』 64칙 「평창 評唱」(卍속장117, p.600a4)에 "방의 머리 할 아래 범부건 성인이건 남겨둘 일 없을진대, 어찌하여 여우무리 개 떼 지어 이렇게 미친 듯 알음알이 내어 삿되게 되었는가? 棒頭喝下 凡聖不存 豈容狐朋狗黨 至此輒生狂解者邪"라고 하였다. 〔참고문헌〕『從容錄』, 『空谷集』.

호사 護寺 Ⓢ Vihāra-pāla. 절과 대중을 지키는 이. 절집에 본보기되어 앞장서 솔선해서 화합승에게 모든 일을 알리는 소임. 비하라파라(毘訶羅波羅)라고 음사한다. 『사분율명의표석』 권25(卍속장70, p.787b16)에 "경영방주 : 『구법전』에 '다만 절 지은 사람을 이름하여 사주라 하는데 범어로는 비하라사미다. 만약 차례지어 곧게 하고 사문의 본보기되서 화합하는 대중에게 모든 일을 알리는 이를 마하라파라라고 이름하는데 한역하여 호사라고 한다. 만약 건추를 울리고 먹는 것 살핀다면 이름하여 갈마다나라 하고 한역하여 수사라고 하는데, 유나란 말은 줄임말이다'라고 하였다. 經營房主 求法傳云 但造寺之人 名爲寺主 梵云 毗訶羅莎弭 若作番直 典掌寺門 及和僧白事者 名毗訶羅波羅 譯爲護寺 若鳴揵稚及監食者 名爲羯磨陀那 譯爲授事 言維那者 略也"라고 하였다. 〔참고문헌〕『四分律名義標釋』, 『大唐西域求法高僧傳』(대정장51, p.5c26). ⇨ 비하라파라 毘訶羅波羅

호사불여무 好事不如無 좋은 일도 없느니만 못하다. 『운문광록』 권중(대정장47, p.562c10)에 "법좌에 올라 '하늘과 땅이 기울고 일월성진이 일시에 깜깜해지니 어떻게 말해야 할까?'라고 한 뒤 대신 답했다. '좋은 일이라도 없느니만 못하다'. 上堂云 乾坤側日月星辰一時黑 作麽生道 代云 好事不如無", 『분양어록』 권중(대정장47, p.614c22)에 "말해 미치지 못하는데 어떻게 헤아리겠는가? 대신 답했다. '좋은 일이라 해도 없느니만 못하다'. 言詮不及作 麽生商量 代云 好事不如無"라고 하였다. 〔참고문헌〕『雲門廣錄』, 『汾陽語錄』.

호산록 湖山錄 진정국사 천책(天頙) 지음. 고려후기 백련사(白蓮社) 제4대 사주(社主)였던 천책(天頙)의 시문집(詩文集)으로 『만덕산백련사제사대진정국사호산록 萬德山白蓮社第四代眞靜國師湖山錄』이라고 한다. 당시 왕사였던 정오(丁午)가 1307년(충렬왕32)에 지은 발문에 의하면 『호산록』은 천책의 문인이자 백련사의 5대 사주였던 이안(而安)이 글을 모으고 사재(私財)를 내어 판각하였다. 총 4권이었을 것으로 추정되지만 현재는 3·4권만 남았다. 1916년에 필사된 송광사(松廣寺) 소장본 권상·하가 한불전6, 일지암(一枝庵) 소장 필사본 권3·4가 한불전12에 각각 수록되어 있다. 『호산록』은 고려후기 결사도량 백련사와 대중에 관한 중요한 사료로서, 또 과거에 합격한 후 출가한 천책이 교류한 재가관료들과 백련사사주로서 교류한 인물들과 관련한 일 등 당대 불교계 안팎의 사정을 말해주는 귀중한 서책이다. 〔참고문헌〕『韓國佛敎全書』, 許興植 『眞靜國師와 湖山錄』(民族社, 1995). ⇨ 만덕산백련사제4대진정국사호산록 萬德山白蓮社第四代眞靜國師湖山錄, 천책 天頙

호상 好相 ➡ 상호 相好, 삼십이상팔십종호 三十二相八十種好

호상 胡床 다리 어긋나게 해서 접는 상. 승상(繩床)이라고도 한다. 『선림상기전』 권28 「승상」(대장경보편19, p.808b9)에 "『사문류취』에 '오늘날 교상은 그 본보기 본래 오랑캐에서 왔기에 호상이라 한다'고 하였다. 事文類聚云 今之交床 制本自虜來 始名胡床"라고 하였다. 〔참고문헌〕『禪林象器箋』. ⇨곡록 曲彔, 승상 繩床

호상득계 好相得戒 부처님의 형상 앞에 서원을 세우고 참회하여 호상 봄을 얻고서야 얻는 계. 좌선 중이거나 꿈에서도 얻는다. 서상수계(瑞祥受戒)라고도 한다. 『범망경』 권하(대정장24, p.1006c5)에 "너희 불자들아! 부처님 멸도 후에 좋은 마음으로 보살계를 받으려 할 때는 불보살형상 앞에서 스스로 서원을 세우고 계를 받는다. 이레 동안 불전에서 참회하여 부처님의 호상을 보면 문득 계를 얻는 것이고, 만약 호상을 얻지 못한다면 마땅히 이칠일에서 삼칠일 내지 일년 동안 호상을 얻을 때까지 참회해야 한다. 若佛子 佛滅度後 欲以好心 受菩薩戒時 於佛菩薩形像前 自誓受戒 當七日佛前懺悔 得見好相便得戒 若不得好相 應二七三七 乃至一年 要得好相", 『범망경직해』 권하2(卍속장61, p.192a16)에 "호상이라 말하는 것은 때로는 좌선 중에 때로는 예배 중에, 자고 있거나 경행하던 중에 부처님께서 오셔서 정수리를 쓰다듬거나 광명이나 꽃을 보거나 갖가지 범상치 않은 조짐을 볼 경우, 이로써 입증하여 알면 문득 죄가 사라지거나 계를 회복했다고 인정할 수 있다. 만약 이러한 호상이 없다면 죄가 멸할 수 없다. 마치 참회하는 마음이 간절하지 못하다면 비록 참회하더라도 이익이 없다. 言好相者 或坐禪中 或禮拜中 或睡臥中 或經行中 或見佛來摩頂 或見光見華 見種種異相 以此證知 便得滅罪 許可復戒 若無此好相 罪不得滅 如悔心未切 雖懺無益"라고 하였다. 〔참고문헌〕『梵網經』, 『梵網經直解』, 『金光明經文句記』 권3(대정장39, p.116a29). ⇨서상수계 瑞祥受戒

호설난도 胡說亂道 입에서 나오는 대로 아무렇게나 말하다. 제멋대로 떠들어대다. 호설난설(胡說亂說)이라고도 한다. 『대혜어록』 권2(대정장47, p.860c14)에 "손으로는 여기저기 함부로 가리키고, 입으로는 제멋대로 떠들어댄다. 手裏指東畫西 口中胡說亂道", 『원오어록』 권12(대정장47, p.767a14)에 "어찌 제멋대로 말하고 함부로 떠들어 지옥에 떨어질 업을 짓는가! 오직 이 진실처 만을 의지하여 모든 사람의 면전에서 곧바로 끊어 토로할 뿐이다. 豈可胡說亂說 作地獄業 唯只憑此一著眞實處 於一切人面前 直截吐露"라고 하였다. 〔참고문헌〕『大慧語錄』, 『圜悟語錄』. ⇨호도 胡道

호성만수사 護聖萬壽寺 중국 절강성(浙江省) 호주부(湖州府) 오정현(烏程縣) 남서쪽으로 12리 지점 도량산(道場山)에 있는 십찰(十刹) 중 두 번째 위의 절. 당대 중화년간(881~885) 여눌(如訥)이 개창하였다. 진정선원(眞正禪院)·묘각사(妙覺寺)·도량사(道場寺)라고도 부른다. 〔참고문헌〕『大明一統志』 권40, 『大淸一統志』 권222, 『禪林象器箋』 권1(대장경보편19, p.5b15).

호성사 護聖寺 중국 절강성(浙江省) 영파부(寧波府) 은현(鄞縣) 동남쪽 대매산(大梅山)에 있는 절. 당대 마조(馬祖)의 제자 대매법상(大梅法常)이 청건했다. 대매산에 은거할 때 염관제안(鹽官齊安) 문하의 학인이 알아보고 비심비불(非心非佛)의 문답을 주고받은 곳이다. 〔참고문헌〕『大明一統志』 권46, 『大淸一統志』 권224.

호성암 虎成庵 전라북도 남원시 대산면 풍악산(楓岳山)에 있던 암자. 『용성지』 권4에 "풍악산에 있다. 층층의 암석들 만 길이어서 높고 그윽하며 뛰어난 절경에 기기하기로 남쪽지역 명찰 중 최고다. 在楓岳山 層岩萬仞 上幽勝絶寄奇 最爲南中名寺"라고 하였으며, 도승(道僧)에게 은혜를 입은 호랑이로 인해 보시를 받아 절을 세웠다는 전설이 전한다. 6·25전쟁 당시 화재로 소멸하였으며, 사지(寺址)에는 노적봉 문화재자료인 마애여래좌상이 남아 있다. 〔참고문헌〕『龍城誌』.

호세궁 護世宮 Ⓢ Madīya bhavana. 호세사천왕(護世四天王)의 궁전. 『방광대장엄경』 권2(대정장3, p.549b15 : *Lal-v.*, p.46)에 "그때 천제석은 곧 왕의 처소에 와서 이런 게송을 읊조렸다. '호세궁은 열악하니, 성후가 머무실 수 없다네. 도리천에 훌륭한 궁전이 있으니, 가져와 보살께 바치리다'. 時 天帝釋卽來王所 而說偈言 護世宮爲劣 不堪聖后居 忉利有勝殿 持來奉菩薩 madīyaṃ bhavanaṃ dṛṣṭvā vismitāḥ śakrakoṭayaḥ, suyāmabhavanaṃ śrīmad bodhisattvasya dāmy aham"라고 하였다. 〔참고문헌〕『方廣大莊嚴經』, *Lal-v.* ⇨호세사천왕 護世四天王

호세사왕 護世四王 Ⓢ caturi jagati pālāḥ. 세간을 지키는 사천왕(四天王) 또는 호세사천왕(護世四天王). 『중허마하제경』 권3(대정장3, p.939a12)에 "보살께서 탄생하실 때 대지가 진동하고 커다란 광명을 비추었으므로 중생들이 보고서 일찍이 없던 일이라 찬탄하였으며, 제석천주와 호세사왕이 각각 칼·견삭·활과 화살 등을 가지고 보살을 수호하였으므로 일체의 모든 마와 마 아닌 온갖 귀신들이 해칠 수 없었다. 菩薩降生之時 大地振動 放大光明 衆生覩之 歎未曾有 帝釋天主 護世四王 各持刀劍 羂索及弓箭等 守護菩薩 所有一切 魔及非魔 諸鬼神等 而不能害", 『법원주림』 권3(대정장53, p.292b6)에 "호세사왕은 온 사방을 관장하는데, 제두뢰타천왕은 건달바무리를 거느리며, 비류박차천왕은 구반다의 무리를 통솔하고, 비류륵차천왕은 모든 용의 무리를 이끌고, 비사문천왕은 야차의 무리를 거느린다. 護世四王 典領四方 提頭賴吒天王 領乾闥婆衆 毘留博叉天王 領究槃茶衆 毘留勒叉天王 領諸龍衆 毘沙門天王 領夜叉衆"라고 하였다. [참고문헌]『衆許摩訶帝經』, 『法苑珠林』, *Lal-v.60.* ⇨ 사천왕 四天王, 호세사천왕 護世四天王

호세사천왕 護世四天王 Ⓢ catvāraḥ loka-pālāḥ, loka-pāla. 수미산(須彌山 Ⓢ Sumeru)의 중턱에 머물면서 각각 사방을 지키고 불법(佛法)을 수호하는 네 천왕. 동방의 지국천왕(持國天王 Ⓢ Dhṛtarāṣṭra)·남방의 증장천왕(增長天王 Ⓢ Virūḍhaka)·서방의 광목천왕(廣目天王 Ⓢ Virūpākṣa)·북방의 다문천왕(多聞天王 Ⓢ Vaiśravaṇa)을 말한다. 호국사왕(護國四王)·호세사왕(護世四王)·호세천왕(護世天王)·사대천왕(四大天王)·사대왕중천(四大王衆天)·사천왕(四天王)·사왕(四王)·호국(護國)·호세(護世)·호천(護天)이라고도 한다. 『수호대천국토경』 권상(대정장19, p.581a12)에 "이때 호세사천왕이 육십대야차장들에게 명하였다. '너희들은 지금 이 신주를 지닌다. 이 신주의 위력으로 사방으로 가서 존재하는 일체의 야차(Ⓢ yakṣa)·나찰(Ⓢ rākṣasa)·보다귀신(Ⓢ bhūta-graha)을 너희들이 견삭으로 그 목을 묶어서 여기에 오고 나아가 시방일체국토에서 더없이 뛰어난 깊고 깊은 경전이 있는 곳을 모두 지켜 보호해야 한다'. 是時護世四天王 勅六十大藥叉將言 汝等 今者 持是神呪 以呪威力 往詣四方 所有一切 藥叉 羅刹 步多鬼神 汝以羂索 當繫其頸 將來至此 乃至 十方一切國土 有此最上 甚深經典 所在之處 悉當守護", 『제불집회다라니경』(대정자21, p.858c22)에 "한때 부처님께서는 갠지스강변에서 호세사천왕들에게 둘러싸여 계셨다. 그때 부처님께서 비사문(毘沙門 Ⓢ Vaiśravaṇa : 多聞天) 등 사천왕에게 말씀하셨다. '너희들은 마땅히 알아야 한다. 일체중생들은 남자이거나 여자이거나 나이가 많거나 적거나 모두 네 가지 커다란 두려움에 매여 있으니, 바로 생로병사다. 그러나 그 중에서 죽음의 두려움이라는 한 가지 가장 보내 없애기 어려운 것이다. 내가 이제 너희들에게 없애 보내는 법을 설하겠다'. 이때 사천왕이 곧 자리에서 일어나 부처님께 합장하고 공경하며 말씀드렸다. '세존이시여, 저희들 지금 크고 선한 이익 얻었으니, 여래 만나 뵐 수 있게 되었고, 세간 거두어 그 목숨 베풀 수 있게 하셨습니다'. 一時 佛在恒伽河邊 護世四天王之所圍繞 爾時 世尊告毘沙門等四天王言 汝等當知 一切衆生 若男若女 若長若幼 皆爲四種 大怖所纏 謂生老病死 然於其中 死怖一種 最難除遣 我今爲汝 說除遣法 爾時 四天王 卽從座起 合掌恭敬 白佛言 世尊 我等今者 獲大善利 得值如來 攝受世間 施其命故"라고 하였다. [참고문헌]『守護大千國土經』, 『諸佛集會陀羅尼經』, *Aṣṭ-pr.17.*, *Suv-pr.146.* ⇨ 사천왕 四天王, 사호세 四護世, 지국천 持國天, 증장천 增長天, 광목천 廣目天, 비사문천 毘沙門天

호세위덕천원 護世威德天院 태장만다라의 최외원(最外院)을 가리키는 말. 태장만다라 13원 중 호법(護法)의 제천(諸天)을 안치한 원에 해당한다. 『현법사의궤』(대정장18, p.112c24)에 "셋째, 묘길상원 남방 제개장원·승방 지장원·용방 허공장원·소실지원·호세위덕천원을 차례대로 배치한다. 第三妙吉祥 南方除蓋障 勝方地藏尊 龍方虛空藏 及蘇悉眷屬 護世威德天 次第而分布", 『청룡사궤기』(대정장18, p.173a12)에 "(중대팔엽원) 다음으로 동쪽에 변지인원을 제2회라 하고, 북방 관자재원을 제3회로 한다. … 소실지원을 제12회로 하고, 호세위덕천을 제13회로 하여 순서대로 펼친다. 次東遍知印名爲第二會 北方觀自在是爲第三會 … 蘇悉地眷屬爲第十二會 護世威德天名第十三會 次第而分敷"라고 하였다. [참고문헌]『玄法寺儀軌』, 『青龍寺軌記』. ⇨ 태장만다라 胎藏曼茶羅, 최외원 最外院

호세자 護世者 세상을 지켜 품는 이. ❶ Ⓢ tāyin, Ⓣ skyob-pa. 부처님. 『대방등대집경보살염불삼매분』 권6(대정장13, p.853c6)에 "어떻게 저 무량한 변재를 얻을 수 있을까? 가진 언론을 세간에서는 사량하지 못하네! 어찌하여 자구와 뜻 이리 깊고 미묘한가? 내 이제 호세자께 여쭙고자 한다네. 云何得彼無量辯 所有言論世莫思 云何字句義深微 我今請問護世者", 『백오십찬불송』(대정장32, p.758c1)에 "온갖 악한 번뇌습, 호세자께는 이미 사라져버렸네. 복덕과 지혜 둘 다 갖춰 두렷하시니, 오직 우러러 물러나 사라지지 않으시는 이여! 諸惡煩惱習 護世者已除 福智二俱圓 唯尊不退沒"라고 하였다. [참고문헌]『大方等大集經菩薩念佛三昧分』, 『百五十讚佛頌』, *Śata-śa.32.* ❷ Ⓢ loka-pāla. 호세사천왕(護世四天王)과 수많은 신. 『법화경』 권7(대정장9, p.59a7)에 "그때 호세자인 비사문천왕이 부처님께 말씀드렸다. '세존이시여, 저도 역시 중생을 가엾이 여겨 이 법사를 옹호하니 이 다라니를 설하겠습니다'. 爾時 毘沙門天王護世者 白佛言 世尊 我亦爲愍念衆生 擁護此法師故 說是陀羅尼", 『금광명최승왕경』 권5(대정장16, p.427a17 : *Suv-pr.*, p.58)에 "세존이시여, 저희들 사천왕과 이십팔부 야차대장과 아울러 한량없는 백천야차들 깨끗한 천안으로 세간사람 넘어서서 이 섬부주를 관찰하여 옹호하겠습니다. 세존이시여, 이 인연으로 저희들 모든 왕을 호세자라 부릅니다. 世尊 我等四王 與二十八部藥叉大將 幷與無量百千藥叉 以淨天眼 過於世人 觀察擁護此贍部洲 世尊 以此因緣 我等諸王 名護世者 te vayaṃ bhagavan catvāro mahārājāḥ sārdham aṣṭāviṃśat iyakṣasenāpatibhir anekaiś ca yakṣaśatasahasra iḥ satatasamitaṃ sarve jambudvīpaṃ divyena vi śuddhenātikrāntamānuṣyakeṇa vyavalokayiṣyām a ārakṣayiṣyāmaḥ paripācayiṣyāmaḥ. tena hetun ā bhadanta bhagavann asmākaṃ caturṇāṃ mah ārājānāṃ lokapāla iti saṃjñotpāditā"라고 하였다. ［참고문헌］『法華經』, 『金光明最勝王經』, *Suv-pr.*

호세천 護世天 세간을 지키는 하늘들. 호세사천왕(護世四天王). 『해의보살소문경』 권8(대정장13, p.495b4)에 "모든 보살이 하늘에서 거둬들인다면 이와 같은 네 가지 청정을 얻는다. 또 모든 보살 복으로 섭수해서는 네 가지 장엄한 모습을 얻으니, 어떤 것이 그 네 가지인가? 첫째 신장엄이니, 상호원만하고, 둘째 어장엄이니, 일체중생들의 언어음성을 넘어서 뛰어나게 된다. 셋째 국토장엄이니, 온갖 베풀어 짓는 일 모두 보여준다. 넷째 태어남의 장엄이니, 나는 곳이 범천왕·제석천·호세천 등인 것을 말한다. 諸有菩薩 爲天攝受者 獲得如是 四種淸淨 又諸菩薩 若得福攝受者 當獲四種 莊嚴之相 何等爲四 一者 身莊嚴 謂相好圓滿 二者 語莊嚴 謂勝出一切衆生 語言音聲 三者 國土莊嚴 謂諸所施作 悉能顯示 四者 所生莊嚴 謂在所生處 或爲梵王 帝釋 護世天等", 『제개장보살소문경』 권18(대정장14, p.747c18)에 "선남자여, 보살이 만약 열 가지 법을 닦는다면 곧 제석천·범천왕·호세천 등보다 훨씬 뛰어날 것이다. 어떤 것이 그 열 가지 법인가? 첫째 불보리에서 불퇴전을 얻고, 둘째 온갖 마들에 동요하지 않으며, 셋째 일체불법을 여의지 않고 … 여덟째 일체성문연각과 더불어 같지 않을 것이며, 아홉째 일체세간을 벗어나는 것이고, 열째 무생법인을 증득한다. 선남자여, 보살이 만약 이와 같은 열 가지 법을 수행한다면 곧 제석천·범천왕·호세천 등보다 훨씬 뛰어날 것이다. 善男子 菩薩 若修十種法者 卽能超勝帝釋 梵王 護世天等 何等爲十 一者 於佛菩提 得不退轉 二者 不爲諸魔所動 三者 不離一切佛法 … 八者 不共一切聲聞緣覺同等 九者 出過一切世間 十者 證得無生法忍 善男子 菩薩 若修如是十種法者 卽能超勝帝釋 梵王 護世天等"라고 하였다. ［참고문헌］『海意菩薩所問經』, 『除蓋障菩薩所問經』, 『正法念處經』 권24(대정장17, p.142a8). ⇨ 호세사천왕 護世四天王, 천 天

호세팔방천 護世八方天 세간을 수호하는 여덟 방위의 하늘들. 십이천(十二天)에 속한다. 동북의 마혜수라(摩醯首羅 Ⓢ Maheśvara)·동방의 제석천(帝釋天 Ⓢ Śakkra Devānāmindra)·동남방의 화천(火天 Ⓢ Agni)·남방의 염라천(閻羅天 Ⓢ Yama)·서남방의 나찰주(羅刹主 Ⓢ rākṣasa)·서방의 수천(水天 Ⓢ Varuṇa)·서북방의 풍천(風天 Ⓢ Vāyu)·북방의 비사문천(毘沙門天 Ⓢ Vaiśravaṇa)을 말한다. 『대위노오추삽마의궤경』(대정장21, p.141a5)에 "무릇 관상할 때는 눈을 감고 마음을 모아야 하네. 뚜렷이 알아차려 분명하게 된 다음에, 눈으로 보게 되니 도 마땅히 이루어진다네. 호세팔방천의 진언은 다음과 같으니 팔방의 하늘 밝히는 왕이다. 凡所觀想時 閉目凝心作 了了分明已 目覩道當成 護世八方天 眞言如後說 八方天明王"라고 하였다. ［참고문헌］『大威怒烏芻澁麼儀軌經』. ⇨ 팔방천 八方天, 십이천 十二天

호소 縞素 흰색으로 얇고 고운 상복. 『송고승전』 권7 「의적전 義寂傳」(대정장50, p.752c29)에 "주로 돌아와 개원사에서 제 지내 음식 올리자 모두가 흰 상복 입고 슬피 울었다. 來州治開元寺祭饗 皆縞素哀泣", 『일체경음의』 권36(대정장54, p.546b12)에 "호소〈호는 고와 고를 반절한 음이다. 『운전』에 '호는 희다는 뜻의 백'이라 하였고, 『소이아』에 '명주 가운데 가장 고운 것을 호라 한다'라고 하였다〉. 縞素〈上高考反 韻詮 縞白也 小爾雅云 絹之精者 曰縞也〉"라고 하였다. ［참고문헌］『宋高僧傳』, 『一切經音義』.

호소다 胡蘇多 열기 가득한 뜨거운 번뇌를 식히는 식불(式佛 Ⓢ Śikhin)의 다라니. 『다라니잡집』 권1(대정장21, p.581a10)에 "두 번째 식불께서 설하신 다라니로 호소다라 한다. 한역하면 일체 열기 가득한 뜨거운 번뇌를 없앤다는 뜻의 '제일체울증열뇌'다. 이 다라니구는 72억 부처님들께서 설하신 신주다. 第二 式佛所說陀羅尼 名胡蘇多 晉言除一切鬱蒸熱惱 此陀羅尼句 七十二億諸佛所說神呪"라고 하였다. ［참고문헌］『陀羅尼雜集』, 『飜譯名義集』 권5(대정장54, p.1131c23).

호소멸류 護所滅流 사라진 것들 지키는 흐름. 제4과에서 견사혹 더는 없게 해서 다시 생사에 흐르지 않게 하는 흐름이다. 칠류(七流) 중 하나로 제사과(第四果)를 가리킨다. 『대명삼장법수』 권35(영락장182, p.323a4)에 "여섯째, 호소멸류다. 제사과를 성취한 사람은 견혹과 사혹이 모두 다하고 무학을 증하였으나 자신이 증한 바 퇴실이 있을까 두려워 더욱 잘 수호하면서 견사습기가 또 다시 일어나지 못하게 해서 다시는 삼계유전하지 않도록 한다. 그러므로 호소멸류라 한다. 六 護所滅流 謂第四果之人 見思惑盡 而證無學 於己所證 恐有退失 善加守護 令見思習氣 更不再起 不復流轉三界 故云 護所滅流"라고 하였다. ［참고문헌］『大明三藏法數』, 『華嚴經孔目章』 권3(대정장45, p.570b24). ⇨ 칠류 七流

호손 胡孫 오랑캐 자손인 원숭이. 호손(猢猻)으로도 쓴다. 『경덕전등록』 권15 「평산령준전 平山佘遵傳」(대정장51, p.318c24)에 "'무엇이 선입니까?' '원숭이 나무에 오르는데 꼬리가 머리와 이어진다'. 問 如何是禪 師曰 胡孫上樹尾連顚"라고 하였다. 〔참고문헌〕『景德傳燈錄』.

호손교생철 胡孫咬生鐵 원숭이 무쇠 씹다. 『허당록』 권2(대정장47, p.996a20)에 "학인이 허당에게 말했다. '저는 이곳에 이르러 원숭이 무쇠 씹듯 할 뿐입니다' '그대는 가장 높거나 가장 잘 보이는 것 마음 쓰지 말아야 하리'. 僧云 學人到者裏 大似胡孫咬生鐵 師云 爾莫只管 上頭上面"라고 하였다. 〔참고문헌〕『虛堂錄』.

호손자 猢猻子 원숭이일 뿐인 이. 『대혜어록』 권22 「시묘심거사 示妙心居士」(대정장47, p.903a29)에 "고덕 불러 말하길 '텅 비어 없는 것에 떨어진 외도이고, 혼이 흩어지지 않은 채로 죽은 사람'이라 하였다. 진실로 마음의 생사를 끊고 마음의 더러운 때 씻으며 마음의 숲을 베어 버리려 한다면 저 원숭이라는 놈 붙들어 한 방에 때려 죽여야 한다. 古德喚作 落空亡外道 魂不散死人 眞實要絶心生死 浣心垢濁 伐心稠林 須是把這猢猻子 一棒打殺始得", 『오등엄통』 권21 「파암조선장 破菴祖先章」(卍속장139, p.931a1)에 "어떤 도자 법문 청하길 '원숭이 잡으려 해도 머물지 않습니다. 잡을 길 일러주시기 바랍니다' 하자 파암이 답했다. '잡아서 무엇하려느냐? 바람이 물 위로 불면 저절로 무늬지거늘'. 有道者 請益曰 胡孫子捉不住 願垂開示 師曰 用捉作麽 如風吹水 自然成紋"라고 하였다. 〔참고문헌〕『大慧語錄』, 『五燈嚴統』.

호수 好手 좋은 솜씨. 뛰어난 기량. 『운문광록』 권중(대정장47, p.554b22)에 "평지에서 죽은 사람 셀 수 없다. 가시나무 숲을 지나서야 솜씨 좋다 하리라. 平地上死人無數 過得荊棘林是好手", 『경덕전등록』 권21 「초경도광전 招慶道匡傳」(대정장51, p.374b17)에 "학인이 물었다. '문수의 칼 아래서도 알아차리지 못할 때 어떻게 할까요?' '아직 좋은 솜씨를 지닌 사람이 아니로구나' '좋은 솜씨를 지닌 사람은 어떤지요?' '바로 그대처럼 말에 떨어진 것이지'. 問 文殊劍下 不承當時 如何 師曰 未是好手人 僧曰 如何是好手人 師曰 是汝話墮也"라고 하였다. 〔참고문헌〕『雲門廣錄』, 『景德傳燈錄』.

호수 好首 ❶ 제바달다(提婆達多 Ⓢ Devadatta)의 부인. 『육도집경』 권4(대정장3, p.17b26)에 "부처님께서 여러 사문들에게 말씀하셨다. '그때 코끼리왕은 나였고, 큰 부인은 구이(Ⓢ Gautamī)였으며, 사냥꾼은 조달(提婆達多)었고, 작은 부인은 호수였다'. 佛告諸沙門 爾時象王者 我身是也 大婦者 求夷是 獵者 調達是 小夫人者 好首是"라고 하였다. 〔참고문헌〕『六度集經』·권4(대정장3, p.18c20). ⇨ 제바달다 提婆達多 ❷ 시내 이름. 『손다야치경』(대정장14, p.966c12)에 "범지는 앞으로 나아가 부처님께 '저는 목욕하러 가고자 합니다. 호수라는 냇물이 있는데, 그 안에 들어가 목욕하면 마음의 티끌물 따라 떠내려갑니다. 부친의 가르침을 듣고부터 저는 매일 세 번 목욕합니다'. 梵志前白佛言 吾欲去浴 有溪名好首 夫入中浴者 意之穢垢 隨水流漂 自聞父教 吾日三浴"라고 하였다. 〔참고문헌〕『孫多耶致經』. ❸ Ⓟ Sundarika-Bhāradvāja. 석존재세시 범지(梵志). 『중아함경』 권23 「수정범지경 水淨梵志經」(대정장1, p.575c25)에 "호수여, 무엇 때문에 샘으로 가려고 하는가? 물 많은 강인들 무슨 뜻 있겠는가? 사람이 불선업을 지으면 맑은 물인들 무슨 도움이 되겠는가? … 호수와 수정범지 및 모든 비구들은 부처님 말씀을 듣고 기뻐하며 받들어 행하였다. 好首何往泉 何義多水河 人作不善業 淸水何所益 … 好首水淨梵志 及諸比丘 聞佛所說 歡喜奉行"라고 하였다. 〔참고문헌〕『中阿含經』, *MN.1.39.* ❹ 부처님을 모함했던 음녀(婬女) 손다리(孫陀利 Ⓢ Sundarī)의 한역 이름. ⇨ 손다리 孫陀利 ❺

호수 胡荽 향채(香菜) 중 하나. 고수. 수(荽)는 수(葰·綏)로도 쓴다. 『십송율』 권13(대정장23, p.91b12)에 "그때 어떤 재가자가 노복잎·호수잎·나륵잎이 섞인 음식을 여러 비구에게 주자 여러 비구들이 먹지 못하였고, 배부르게 먹지 못하여 다시 야위었으며 혈색과 기력이 사라졌다. 時有白衣 以蘆蔔葉 胡荽葉 羅勒葉 雜食與諸比丘 諸比丘不食 故不得飽滿 復更羸瘦 無色無力", 『일체경음의』 권65(대정장54, p.741b18)에 "호수〈또는 수(荽)라고도 쓴다. 『자원』에서는 수(綏)라고 썼는데 같다. 사와 규를 반절한 음이다. 『운략』에서는 '호수는 향수다'라고 하였다. 『박물지』에서는 '장건이 서역으로 사신을 가서 호수를 얻었다'라고 하였다. 요즘 강남에서는 '호수' 또는 '호기'라고 한다. 음 '호'에 대해 향간의 소리를 분석해보면 화와 고를 반절한 음이다〉. 胡荽〈又作荽 字苑作綏同 私規反 韻略云 胡荽 香荽也 博物志云 張騫使西域得胡綏 今江南 謂胡綏亦爲葫蘺 音胡 析閭里間音 火孤反〉"라고 하였다. 〔참고문헌〕『十誦律』, 『一切經音義』, 『薩婆多毘尼毘婆沙』 권6(대정장23, p.543c1), 『佛祖統紀』 권33(대정장49, p.323a6).

호수 皓首 백발의 머리. 『일체경음의』 권48(대정장54, p.632a15)에 "호수〈첫 자는 호와 노를 반절한 음이다. 『소이아』에 '호는 순수한 백색(소백)'이라 한다〉. 皓首〈胡老反 小爾雅 皓素白〉"라고 하였다. 〔참고문헌〕『一切經音義』.

호수부중적 好手不中的 뛰어난 솜씨 군이 과녁 맞히지 않는다. 『경덕전등록』 권16 「설봉의존전 雪峯義存傳」(대정장51, p.327b5)에 "'화살 드러나자 칼 내던진 때 어떤지요?' '뛰어난 솜씨 군이 과녁을 맞히려 하지 않는다'

'아무리 눈 씻고 봐도 표적이 전혀 없을 때 어찌하는지요?' '틀림없이 분 따라 좋은 솜씨 드러내겠지'. 問 箭露投鋒時如何 師曰 好手不中的 僧曰 盡眼勿摽的時如何 師曰 不妨隨分好手"라고 하였다. 〔참고문헌〕『景德傳燈錄』.

호수수중정호수 好手手中呈好手 뛰어난 솜씨중에 사로잡힌 채 뛰어난 솜씨 부리다. 『대혜어록』 권8(대정장47, p.844b24)에 "위로는 하늘을 찌를 계책도 없고 아래로는 지옥에 떨어질 꾀도 없는 바로 그 때에 어떻게 하는 것이 납승이 몸 뒤칠 한 길일까? 도리어 알겠는가? 뛰어난 솜씨중에 들어 뛰어난 솜씨 드러내니, 붉은 중심에 들어 붉은 마음이게 한다. 上無衝天之計 下無入地之謀 正當恁麽時 作麽生是 衲僧轉身一路 還委悉麽 好手手中呈好手 紅心心裏中紅心", 『종용록』 40칙 「본칙本則」(대정장48, p.253b24)에 "운문이 말했다. '후백이 탁월하다고 생각했었는데 그보다 나은 후흑이 있었다〈뛰어난 솜씨에 걸려들고는 스스로 보여줄 뛰어난 솜씨가 사라졌군〉'. 門云 將謂侯白 更有侯黑〈好手手中無好手〉"라고 하였다. 〔참고문헌〕『大慧語錄』, 『從容錄』.

호수적 胡鬚赤 호인(胡人)의 수염은 붉다. 『경덕전등록』 권22 「나산의총전 羅山義聰傳」(대정장51, p.381a17)에 "물었다. '손가락으로 천지 가리키고 「나만이 홀로 존귀하다」 했는데 어째서 도리어 곁에서 보던 이(雲門)에게 꾸지람을 받았는지요?' 선사가 답하였다. '호인(달마)의 수염 붉다 말하였기에 그렇다' '그저 곁에 있기만 했던 이에게는 무슨 좋은 점이 있을까요?' '길에서 평치 못함 보았으니 칼주머니 찰 수밖에'. 問 手指天地 唯我獨尊 爲什麽 却被傍者責 師曰 謂言胡鬚赤 僧曰 只如傍者 有什麽長處 師曰 路見不平 所以按劍"라고 하였다. 〔참고문헌〕『景德傳燈錄』. ⇨ 장위호수적갱유적수호 將謂胡鬚赤更有赤鬚胡, 적수호 赤鬚胡

호승 胡僧 ❶ 호국(胡國)의 스님. 인도 또는 그 밖의 나라 출신 스님. 『불조통기』 권32(대정장49, p.316a2)에 "어떤 이는 오천축을 가리켜 호국이라 하고, 범전을 호경이라 하며, 범승을 호승이라 하지만, 이런 류는 모두 큰 착오다. 有指五竺爲胡國 梵典爲胡經 梵僧爲胡僧 此類皆大誤"라고 하였다. 〔참고문헌〕『佛祖統紀』. ❷ 달마대사(達磨大師). 『경덕전등록』 권23 「운개증각전 雲蓋證覺傳」(대정장51, p.394c17)에 "학인이 물었다. '무엇이 종문의 적적대의입니까?' '만리 밖 달마대사는 파도치는 곳에 들지 않았다'. 問 如何是宗門中的的意 師曰 萬里胡僧 不入波瀾"라고 하였다. 〔참고문헌〕『景德傳燈錄』. ⇨ 벽안호승 碧眼胡僧

호시 虎兕 호랑이와 무소. 대적할 수 없는 맹수를 비유하지만 선문헌에서는 납자의 무위의 용을 뜻한다. 『중본기경』 권하(대정장4, p.161a3)에 "무기로도 해치지 못하고 맹수도 해치지 못하니, 스스로 보호하는 방책은 오직 계를 가지는 행일 뿐이다. 兵刃不傷 虎兕無害 自護之方 唯持戒行", 『설두어록』 권1(대정장47, p.672c17)에 "보복에게는 맹수를 사로잡는 이빨과 발톱이 있어서 학인이라 하는 이 쉽게 대적할 수 없었다. 保福 有生擒虎兕底爪牙者 僧也不易相敵"라고 하였다. 〔참고문헌〕『中本起經』, 『雪竇語錄』.

호신법 護身法 진언행자가 법을 수습할 때 삼업(三業)을 청정하게 하고 심신(心身)을 견고하게 하여 마장(魔障)으로부터 수호하기 위한 수인과 진언. 금강계법에서는 정지(淨地)·정신(淨身)에 정삼업(淨三業)의 오인명(五印明)을 시행하는 것을 호신법으로 한다. 이는 『대허공장궤』에 근거한다. 정삼업은 행자의 삼업을 전체적으로 청정하게 하고, 삼부 삼매야는 삼업 각각을 정화한다. 불부삼매야(佛部三昧耶)는 행자 스스로 불부 제존(諸尊)을 개현(開顯)하여 신업(身業)을 정화하고 연화부삼매야(蓮華部三昧耶)는 연화부 제존을 개현하여 구업(口業)을 정화하며 금강부삼매야(金剛部三昧耶)는 금강부 제존을 개현하여 의업(意業)을 정화한다. 앞의 네 가지 수인과 진언을 결송(結誦)하여 삼부 제존을 드러냄으로써 자증을 원만하게 한 후에 다음으로 대비화타문(大悲化他門)에서 대자대비(大慈大悲)의 갑옷을 입고 모든 중생을 이롭게 한다. 이것을 피갑호신(被甲護身)이라 한다. 일반적으로 정삼업·삼부의 삼매야·피갑호신 등의 다섯 가지 인명이 양부의 호신법으로 통용되지만 태장계의 경우 별도로 입불삼매야(入佛三昧耶)·법계생(法界生)·전법륜(轉法輪)·금강개(金剛鎧)·람자관(覽字觀) 등의 다섯 인명을 당부(當部)의 호신법으로 삼는다. 입불삼매야는 보리심의 종자를 중생의 마음에 심어 성태(聖胎)에 의지한다는 뜻이고, 법계생은 출태하여 불가에 태어난다는 뜻이며, 전법륜은 여래의 적자인 금강살타가 되어 불가의 가업을 잇는다는 뜻이고, 금강개는 정진의 갑옷을 입고 마구니를 항복시키고 중생의 마장을 꺾는다는 뜻이며, 람자관은 람자로 자타(自他)의 의보(依報)와 정보(正報)의 더러움을 태워 없애버린다는 뜻이 있다. 금강계법과 태장계법의 호신법 이외에 각각의 작법에 따른 별도의 호신법이 있다. 먼저 십팔도(十八道)에 수록된 다섯 가지 수인과 진언은 다음과 같이 설명된다. 『십팔계인』(대정장18, p.781c27)에 "진언행자가 본존의 방위를 향해 본존께 예배드린 후 나머지 방위의 여러 부처님께 예배한다. 오체투지하여 여법하게 예배하되 양 무릎을 오래 꿇은 후에 허심합장하고 진실한 마음으로 삼업으로 지은 일체죄를 남김없이 말한다. '저는 과거세부터 생사에 유전하였으나 지금 대성존을 마주하고 마음을 다하여 참회합니다. 선대의 부처님께 참회한 대로 저는 지금도 그러합니다. 원컨대 가지력을 베푸셔서 중생을 모두 청정하게 하시기를 바랍니다. 이 대원으로 자타가 청정함을 얻기를 바랍니다' 진언은 '옴 살바바바 수타 살바달마 살바바바 수도함 oṃ sarvabhava śuddha sarvadharma sarvabhava śuddhaṃ'이다. 行人面於本方拜禮本尊 次禮餘方佛 以五輪著地 如教之敬禮 雙膝長跪已 合掌虛心住誠心 盡說陳三業一切罪 我從過去世流轉於生死 今對大聖尊盡心而懺悔 如先佛所懺我今如亦是 願垂加持力衆生悉清淨 以此大願故自他獲無垢 密言曰 唵 薩嚩婆嚩輸馱 薩嚩達磨 薩嚩婆嚩 輸度哈", "다음으로 본존 앞에서 결가부좌 또는 반가부좌하고 대비심을 일으킨다. '저는 일체 중생이 신속하게 무상정등의 지혜를 증득하게 하기 위해 이 법을 닦겠습니다' 먼저 갖가지 향을 갈아 손에 바른 후에 불부삼매야 다라니인을 맺는다. 양손을 허심합장 하고 양손의 검지를 펼쳐 구부려서 양손의 중지 윗마디에 붙이고, 양손의 엄지를 구부려 양손의 검지 아랫마디에 붙이면 수인이 완성된다. 수인은 가슴에 가지하고 여래의 삼십이상 팔십종호를 눈앞에 있는 것처럼 분명하게 관상하며 지극한 마음으로 진언을 일곱 번 염송한다. 진언은 '옴 달타얼도 나바바야 사바하 oṃ tathāgatadbhavaya svāha'이다. 이 수인을 맺고 진언을 염송함으로써 일체여래를 깨우고 모두 진언행자를 호념 가지하게 한다. 광명으로 비추어 죄업의 장애가 모두 소멸할 수 있고 수명이 늘어나며 복덕과 지혜가 증장한다. 불부의 성인들이 지켜주고 환희하며 세세생생 모든 악취를 떠나며 연꽃 위에 화생하여 무상정등보리를 신속하게 증득한다. 次對本尊前 結跏趺坐或半跏趺坐 起大悲心 我修此法爲一切衆生 速證無上正等菩提 先磨諸香以用塗手然後結於佛部三昧耶陀羅尼印 以二手虛心合掌 開二頭指屈輔二中指上節 二大指屈輔二頭指下節 其印成 置印當心想於如來三十二相八十種好 分明如對目前 至心誦眞言七遍 眞言曰 唵 怛他蘖都 納婆嚩也 娑嚩訶 由結此印及誦眞言故 卽警覺一切如來 悉當護念加持行者 以光明照觸所有罪障皆得消滅 壽命長遠福慧增長 佛部聖衆擁護歡喜生生世世離諸惡趣 蓮華化生速證無上正等菩提", "다음으로 연화부삼매야이다. 양손을 허심합장하되 양손의 검지·중지·무명지를 열어 연꽃의 형상으로 구부려서 가슴 앞에 안치하고 관자재보살의 상호를 구족하여 관상하고 진언을 일곱 번 염송하고 정수리 오른편에서 수인을 푼다. 진언은 '옴 파나모 나바바야 사바하 oṃ padmadbhavaya svāha'이다. 이 수인을 맺고 진언을 염송하면 관자재보살과 연화부의 성중을 깨워서 모두 환희하며 가지하고 호념하니 일체 중생을 광명으로 비추어 업장이 모두 소멸하고 일체 보살이 항상 훌륭한 벗이 된다. 次蓮華部三昧耶 以二手虛心合掌散開二頭指二中指二無名指 屈如蓮華形安於當心 想觀自在菩薩相好具足 誦眞言七遍於頂右散 眞言曰 唵 跛娜謨納婆嚩也 娑嚩訶 由結此印及誦眞言故 卽警覺觀自在菩薩等持蓮華部聖衆 悉皆歡喜加持護念 一切菩薩光明照觸 所有業障皆得除滅 一切菩薩常爲善友", "다음으로 금강부삼매야인을 맺는다. 왼손을 뒤집어 손바닥을 바깥으로 향하고 오른손의 손등을 왼손 손등에 붙이고 양손의 엄지와 소지를 갈고리 모양으로 구부려 금강저의 모양이 되게 한다. 이 수인을 가슴에 포치하고 금강수보살을 관상하며 진언을 일곱 번 염송하고 정수리 왼쪽에서 수인을 푼다. 진언은 '옴 바일로 나바바야 사바하 oṃ vajradbhavaya svāha'이다. 이 수인을 맺고 진언을 염송함으로써 일체 금강부 성중을 깨운다. 진언행자를 가지하고 옹호하여 죄장이 모두 소멸하며 일체 병과 고통이 몸에 붙지 않으며 금강처럼 견고한 몸을 얻게 된다. 次結金剛部三昧耶印 以左手翻掌向外 以右手掌背安左手背 用左右大指小指 互相鉤如金剛杵形 安置於當心想金剛手菩薩 誦眞言七遍 頂上左散之 眞言曰 唵 嚩日盧 納婆嚩也 娑嚩訶 由結此印及誦眞言故 卽警覺一切金剛部聖衆 加持擁護 所有罪障皆悉除滅 一切病苦痛不著身當得金剛堅固之體", "다음으로 호신삼매야를 맺는다. 양손을 안으로 결박하되 오른손으로 왼손을 누른다. 양손의 중지를 세우고 양손의 검지를 갈고리 모양으로 구부리되 중지 뒤에 닿지 않게 한다. 양손의 엄지로 무명지를 누르면 수인이 완성된다. 수인으로 몸의 다섯 곳을 가지하는데 이마·우견·좌견·가슴·목의 순서로 하고 정수리 위에서 수인을 푼다. 각각 진언을 한 번씩 염송한다. 진언은 '옴 바일라은니 발라념파다야 사바하 oṃ vajrāṇi praniptāya svāha'이다. 次結護身三昧耶 以二手內相叉右押左 竪二手中指 屈二頭指如鉤形 於中指背勿令相著 並二大指押無名指卽成 印身五處 所謂額 次右肩 次左肩 次心 次喉 於頂上散 各誦眞言一遍 眞言曰 唵 嚩日羅銀儞 鉢囉捻跛跢也 娑嚩訶", 『일자정륜왕경』 권2(대정장19, p.203c22)에 "진언을 성취할 때 호마 등을 염송하는데 먼저 호신을 해야 한다. 만약 호신법을 떠난다면 실지는 결코 성취되지 않는다. 成就眞言時 念誦護摩等 先應作護身 若離護身法 悉地必不成", 『대일경소』 권8(대정장39, p.666a10)에 "아사리는 다시 제자를 위해 여법하게 호신한다. 먼저 부동명왕 인명으로 갖가지 장애를 없애고 다음으로 세 가지 삼매야를 활용하여 세 곳을 가지하며 금강살타의 인명으로 지분을 가지한 후에 길상좌법에 따라 그 가운데 앉게 한다. 阿闍梨復爲弟子如法護身 先以不動明王用除諸障 次用三種三昧耶加持三處 金剛薩埵加持支分已 令依吉祥坐法而坐其中", 『다라니집경』 권8(대정장18, p.852b27)에 "호신법이란 향을 사르고 결인하여 풀지 않은 채 입으로 심주를 염송하면서 수인을 정수리에 얹고 다음에 왼쪽 어깨에 결인하고, 다음으로 오른쪽 어깨에 결인하며, 다음으로 가슴 앞에 결인하고, 다음으로 목 아래에 결인하며, 다음으로 미간에 결인하고, 다음으로 터럭에 결인하고, 다음으로 정수리 뒤에 결인한다. 이와 같이 여덟 곳 각각에 세 번씩 결인한다. 이를 호신법이라 한다. 護身法者 當燒香已 結印不解 口誦心呪 將印頂戴 次印左肩 次印右肩 次印心前 次印頸下 次印眉間 次印髮際 次印頂上 次印頂後 如是八處各三遍印 是名護身法"라고 하였다. 〔참고문헌〕『十八契印』, 『一字頂輪王經』, 『大日經疏』, 『陀羅尼集經』. ⇨ 십팔도 十八道

호신법사 護身法師 북제(北齊) 호신사(護身寺)의 자궤(自軌). 화엄법계설에 의지해 오종교판(五宗敎判)을 세웠다. 『오교장집성기』 권1(卍속장95, p.1021a4)에 "다섯째, 호신법사는 『오교장의원소 五敎章義苑疏』에 '호신은 절 이름이고, 법사의 휘는 자궤다'라고 하였다. 五 護身法師 義苑曰 護身寺名 師諱自軌"라고 하였다. 〔참고문헌〕『五敎章集成記』. ⇨ 법계종 法界宗, 오종 五宗 ■

호신부 護身符 몸을 지키기 위해 지니는 부적. 호신부자(護身符子)·영부(靈符)·비부(祕符)·신부(神符)라고도 한다. 불보살(佛菩薩)이나 제천(諸天)의 형상 또는 진언 종자 등을 새겨 가진다. 몸에 지니거나 태워서 재를 먹기도 한다. 『치문경훈』 권10(대정장48, p.1094c16)에 "몸과 마음 모두 알아차려 곤란을 겪지도 않으며 호신부자를 손에 넣지 못한 것을 근심하지도 않는다. 身心俱了 亦不爲難 亦不患護身符子不入手", 『연등회요』 권(卍속장136, p.484b13)에 "탐원선사가 혜충국사에게 물었다. '백년 후에 어떤 사람이 끝내 알아야 할 일을 묻는다면 어떻게 합니까?' 국사가 말했다. '불쌍한 놈아! 호신부자를 구해 무엇하려는가?'師問國師 百年後有人問極則事如何 國師云 幸自可憐生 須要箇護身符子作甚麽"라고 하였다. 〔참고문헌〕『緇門警訓』, 『聯燈會要』.

호신사 護身寺 중국 승주(昇州)에 있었던 절. 호신법사 곧 자궤(自軌)법사가 주석했던 곳이기도 하다. 『오교장집성기』 권1(卍속장95, p.1021a4)에 "호신법사에 대하여 『의원』에 '호산은 절 이름이고, 법사의 휘는 자궤이다'라고 하였다. 護身法師 義苑曰 護身寺名 師諱自軌"라고 하였다. 〔참고문헌〕『五敎章集成記』, 『法華玄義釋籤』 권19(대정장33, p.951b7).

호신삼매야 護身三昧耶 호신법(護身法) 중 피갑호신(被甲護身)의 진언과 수인. 『십팔계인』(대정장18, p.782b10)에 "다음으로 호신삼매야를 맺는다. 양손을 안으로 깍지끼되 오른손으로 왼손을 누른다. 양손의 중지를 세우고 양손의 검지를 갈고리처럼 구부리되 중지 등 뒤에 붙지 않게 한다. 양손의 엄지로 무명지를 누르면 수인이 완성된다. 수인을 몸의 다섯 곳에 가지한다. 이마·오른쪽 어깨·왼쪽 어깨·가슴·목의 순서이고 정수리 위에서 결인을 푼다. 각각 진언을 한 번씩 염송한다. 진언은 '옴 바일라은이 발라넘파다야 사바하 oṃ vajrāgṇi pradīptaya svāhā 옴 금강의 불꽃 널리 비추소서 스바하'이다. 이 수인을 맺고 진언을 염송하여 가지함으로써 금강의 갑옷을 입게 된다. 비나야가와 온갖 천마가 일으키는 장애가 물러나고 도망가며 모두 진언행자가 광명을 몸에 두르고 위덕이 자재함을 보게 된다. 만약 산림이나 험난한 곳에 있더라도 모든 경우에 두려울 것이 없고 물과 불 등의 재난과 일체의 액난·호랑이·사자·칼·몽둥이·쇠사슬과 같은 일이 모두 소멸한다. 보는 이는 환희하며 목숨이 다한 후에 악취에 떨어지지 않고 제불의 정묘국토에 태어날 것이다. 次結護身三昧耶 以二手內相叉右押左 竪二手中指 屈二頭指如鉤形 於中指背勿令相著 並二大指押無名指卽成 印身五處 所謂額 次右肩 次左肩 次心 次喉 於頂上散 各誦眞言一遍 眞言曰 唵 嚩日羅 銀儞 鉢囉捻跛跢也 娑嚩訶 由結此印及誦眞言加持故卽成被金剛甲冑 所有毘那夜迦及諸天魔 作障礙者退散馳走 悉是見行者 光明被身 威德自在 若居山林 及在險難 皆悉無畏 水火等災一切厄難 虎狼獅子刀杖枷鎖 如是等事 皆悉消滅 見者歡喜 命終已後 不墮惡趣 當生諸佛淨妙國土"라고 하였다. 〔참고문헌〕『十八契印』. ⇨ 피갑호신 被甲護身

호심 護心 ❶ Ⓢ cittaṃ-√rakṣ. 마음을 지키는 것. 『잡아함경』 권24(대정장2, p.176b1)에 "이렇게 사유하고는 곧 재물과 친족을 버리며, 수염과 머리를 깎고, 가사를 입고서 바른 믿음으로 집 없이 하니 출가하여 불도를 배우는데, 그 신행을 바로 하고 입의 네 가지 허물을 지키며, 바르게 목숨 지켜 청정하게 하고 성현계 익히며, 제근을 지키고 마음을 보호하여 정념한다. 作是思惟已 卽便放捨 錢財親屬 剃除鬚髮 著袈裟衣 正信非家 出家學道 正其身行 護口四過 正命淸淨 習賢聖戒 守諸根門 護心正念", 『증일아함경』 권4(대정장2, p.563c16)에 "무엇이 호심인가? 비구가 항상 유루와 유루법에서 마음을 수호하는 것이다. … 유루법에서 문득 기쁘면 또한 믿고 기꺼워할 뿐 거기 머물러 옮기지 않으니, 항상 그 뜻을 전일하게 하여 스스로 부지런히 힘써야 한다. 云何護心 於是 比丘 常守護心有漏有漏法 … 於有漏法 便得悅豫 亦有信樂 住不移易 恒專其意 自力勸勉"라고 하였다. 〔참고문헌〕『雜阿含經』, 『增壹阿含經』, *Udāna-v.42 8.* ❷ 사무량심(四無量心 : 四等心) 중 평등한 마음인 사심(捨心 : 捨無量心)과 같은 뜻이다. 『증일아함경』 권12(대정장2, p.602b27)에 "이 자심으로 일체를 널리 덮어 안온하게 하며, 다시 비심·희심·호심으로 널리 한 방위·두 방위·세 방위·네 방위 역시 그렇게 하고, 여덟 방위나 상하도 모두 그중에 가득히 하며 한이 없고 끝도 없게 하니 헤아릴 수도 없이 비심·희심·호심으로 그 모든 곳 가득 채우니 '평등하게 해서 복을 짓는 업'이라고 한다. 以此慈心 普覆一切 令得安隱 復以悲喜護心 普滿一方 二方 三方 四方亦爾 八方上下 悉滿其中 無量無限 不可稱計 以此悲喜護心 悉滿其中 是謂名爲平等爲福之業", 『태자서응본기경』 권상(대정장3, p.476c10)에 "모든 세간에 모두 근심과 괴로움과 두려움 있으니 환난 만날 일 있을까. 편안하게 하려는 한 가지 그 뜻으로 호심을 일으켜서 오도팔난의 중생을 제도하고자 한다. 念諸世間 皆有憂苦恐怖遭逢之患 欲令恬惔 以一其意而起護心 欲度五道八難之生"라고 하였다. [참고문헌] 『增壹阿含經』, 『太子瑞應本起經』. ⇨ 사심 捨心, 사무량심 捨無量心, 사무량심 四無量心 **3** 십신(十信) 중 호법심(護法心)을 말한다. 『문수대교왕경』 권7(대정장20, p.759a14)에 "처음 십신 좇아 다음 위를 수행하는데, 어떻게 십발취심을 닦아 들어가는가? … 여덟째는 호심이니, 일체불법 중에 항상 보살의 커다란 호법심을 일으킨다. … 이렇게 하기에 보살이 십발취심향과 닦아 든다 한다. 初從十信 修行次位 云何修入十發趣心 … 八者 護心 於一切佛法中 常起菩薩 大護法心 … 是故 名爲菩薩修入十發趣心向果", 『범망경』 권상(대정장24, p.998c3)에 "불자여, 호심이란 삼보를 지키고 일체행공덕을 지켜 외도의 여덟 가지 뒤집혀 악한 사견이 바른 믿음을 흔들지 못하게 한다. 若佛子 護心者 護三寶 護一切行功德 使外道八 倒惡邪見 不嬈正信"라고 하였다. [참고문헌] 『文殊大教王經』, 『梵網經』. ⇨ 십신 十信, 십발취심 十發趣心

호씨 虎氏 천축(天竺)의 성씨(姓氏)인 폐야가라(弊耶伽囉 Ⓢvyāghra)의 한역어. 『당고승전』 권2(대정장50, p.434c23)에 "달마급다는 … 찰제리종이고 성씨는 폐야가라라고 하는데, 호씨라고 한역한다. 達摩笈多 … 刹帝利種 姓弊耶伽囉 此云虎氏"라고 하였다. [참고문헌] 『唐高僧傳』, 『弘贊法華傳』 권2(대정장51, p.16b29).

호아 護鵝 거위를 지키다. 불살생의 계를 지키고자 진주 삼킨 거위를 보호한 비구의 인연. 『비니토요』 권중(卍속장70, p.333b1)에 "부처님께서 금계를 제정하셨으니, 차라리 죽을지언정 범하지 않는다. 마치 초계비구나 호아비구가 보인 본보기와 같이 한다. 장로는 이미 청정한 계를 깨뜨렸으니 벌써 지옥에 떨어진 사람일 뿐이다. 佛制禁戒 寧死不犯 猶如草繫護鵝比丘 長老既破淨戒 便是地獄之人"라고 하였다. [참고문헌] 『毘尼討要』. ⇨ 아주 鵝珠, 초계비구 草繫比丘

호안 護雁 기러기 지키다. 아사세왕(阿闍世王 Ⓢ Ajātaśatru)의 과거세 인연. 기러기떼가 기러기 왕을 지극히 생각하는 마음에 감동하여 더이상 기러기를 잡아 먹지 못하게 해서 지킨 이야기다. 출전은 『대방편불보은경』 권4(대정장3, p.147c9)다. 『성령집』 권9에 "기러기 지키는 사랑 넓고 깊었으니, 용을 쫓아내려는 위력은 더욱 맹렬하다. 護雁之愛弘深 驅龍之威益猛"라고 하였다. [참고문헌] 『大方便佛報恩經』, 『性靈集』.

호암 虎巖 1687~1748. 휘는 체정(體淨)이고, 환성지안(喚醒志安)의 제자다. ⇨ 체정 體淨

호암 護巖 1664~1738. 조선후기 순천 선암사(仙巖寺) 스님. 약휴(若休)의 법호다. ⇨ 약휴 若休

호암당약휴대사행장 護巖堂若休大師行狀 1664~1738. 호암스님의 행장이니 1916년에 예운산인(猊雲散人) 최동식(崔東植)이 지었고 『조선불교계』 제2호 pp.47~50(朝鮮佛教雜誌 제18권)에 전한다. [참고문헌] 『朝鮮佛教界』. ⇨ 약휴 若休

호암당체정대사비 虎巖堂體淨大師碑 조선후기 호암체정(1687~1748)의 행적을 담은 비로서 전라남도 해남 대흥사에 있는데, 홍계희(洪啓禧 1703~1771)가 짓고 조명채(曺命采)가 써서 세웠다. [참고문헌] 『通度寺誌』(亞細亞文化社, 1979) p.532, 『大芚寺誌』(亞細亞文化社, 1980) p.287, 『朝鮮佛教通史』 권상 p.542, 智冠 『韓國高僧碑文總集 朝鮮朝·近現代』 pp.448~449. ⇨ 대흥사호암당체정대사비 大興寺虎巖堂體淨大師碑

호암문 虎巖門 조선후기 호암체정의 문파. 『서역중화해동불조원류』 「금상어제태고비각현판 今上御製太古碑閣懸板」(한불전10, p.103c1)에 "환성지안의 법은 호암문파로 이어졌다. 喚惺法嗣虎巖門派"라고 하였다. [참고문헌] 『西域中華海東佛祖源流』. ⇨ 체정 體淨

호암사 虎巖寺 충청남도 부여군 규암면 호암리에 있던 절. 호암사(虎嵓寺)라고도 하였다. 『삼국유사』 권2(대정장49, p.978c8·한불전6, p.299b9) 기이(紀異)2 남부여전백제북부여(南扶餘前百濟北扶餘)에 "또 호암사에는 정사암이 있다. 국가에서 장차 재상을 의논할 때 뽑을 만한 자 3~4명의 이름을 써서 상자에 넣고 봉하여 바위 위에 두었다가 얼마 후 열어보아 이름 위에 도장이 찍힌 자국이 있는 자를 재상으로 삼았기에 이름하였다. 又虎嵓寺有政事嵓 國家將議宰相 則書當選者名 或三四函封置嵓上 須臾取看 名上有印跡者爲相故名之", 『동국여지승람』 권18 충청도 부여현 불우에 "호암산 천정대 아래에 있다. 바위가 하나 있고, 그 위에 호랑이의 자취 있기에 이름하였다. 在虎巖山天政臺下 有一岩 其上有虎跡故名", 『여지도서』 충청도 부여 사찰에 "지금은 없다. 今無"라고 하였다. 성해응(成海應 1760~1839)의 『연경재전집』 권51 「기호중산수 記湖中山水」에도 이름과 위치가 전한다. 사지(寺址)는 기념물 제32호로 지정되어 있다. 〔참고문헌〕『三國遺事』, 『東國輿地勝覽』, 『輿地圖書』, 『梵宇攷』, 『硏經齋全集』, 『扶餘郡誌』(부여군지편찬위원회, 1987), 『韓國寺刹全書』 권하 p.1168a1.

호압사 虎壓寺 서울특별시 금천구 시흥동 삼성산(三聖山)에 있는 절. 대한불교조계종 직할교구사암이다. 호갑사(虎岬寺) 또는 호암사(虎巖寺)라고도 한다. 『봉은본말사지』에는 "조선 태종 7년(1407) 묵지산 호암 아래 절을 지으라는 명을 받았고 편액하여 호압사라고 하였다. … 헌종 4년(1838) 4월 절의 스님 의민이 상궁 남씨와 유씨의 권유와 화주로 법당을 중창하였다. 朝鮮太宗七年有旨命敎寺默芝山虎岩下 額曰虎壓寺 … 憲宗四年四月 寺僧義旻得 尙宮南氏兪氏勸化 重創法堂"라고 하였다. 그러나 의민이 쓴 「삼성산호압사법당신조현판문 三聖山虎壓寺法堂新造懸板文」은 실제 1841년(헌종7)에 쓰여 졌다. 다른 기록인 『동국여지승람』 권10 경기 금천현 산천에 "윤자의 설에는 '금천 동쪽에 있는 산이 있는데 그 형세가 북으로 달려가는 범과 같고, 가파르게 솟아 있는 바위를 호암이라고 불렀다. 술사가 이를 보고 바위 북쪽 모퉁이에 절을 세워 호갑사라고 하였다'. 尹滋說 衿之東有山峙焉 勢北馳如行虎 有石巉嵓世號巖 術家相之 立寺於巖之北隅曰虎岬"라고 하였다. 이후 연혁은 전해지지 않다가 『가람고』에 이름과 위치가 전하고, 『범우고』에는 "호랑이의 기운을 누르기 위함이라고 이른다. 謂鎭壓虎勢也"라고 하였다. 소화 10년(1935년) 주지 안만월(安滿月)이 약사전 6칸을 중건하였고, 1994년 7월 주지 원욱(元旭)이 중창하였다. 1995년 약사전을 증축하고 삼성각을 신축한 후 지금에 이른다. 그 외 당우로는 약사전·적묵당·불연각·요사 등이 있으며, 성보문화재로는 문화재자료 제8호 석약사불좌상과 국가지정사석 제343호인 한우물과 제2우물터 등이 남아있다. 〔참고문헌〕『東國輿地勝覽』, 『伽藍考』, 『梵宇攷』, 『韓國寺刹全書』 권하 p.1167b19·1168a8, 『奉恩寺本末寺誌』, 『朝鮮寺刹史料』 권상 pp.86~87.

호애 好愛 ❶ 좋아해 갈망함. 『정법염처경』 권34(대정장17, p.201c29)에 "가루족천 등은 '하욕'이라고 한다. 성내는 마음이 많고 투쟁하는 것을 좋아하며 즐겨서 항상 여러 아수라와 싸우고자 한다. 그 성냄으로 인해 욕심은 적다. 迦樓足天等 名曰下欲 瞋心則多 好愛鬪諍 常欲與諸阿修羅鬪 以其瞋故 欲心則薄", 『대지도론』 권14(대정장25, p.165b25)에 "마왕의 세 딸은 이렇게 생각하였다. '사람의 마음은 같지가 않고 좋아해 갈망함 각기 다르다. 어떤 이는 젊은이를 좋아하고 어떤 이는 중년을 좋아하며, 키 큰 이를 좋아하기도 하고 키 작은 이를 좋아하기도 하며, 검은 사람을 좋아하기도 하고 흰 사람을 좋아하기도 한다. 이와 같은 뭇 좋아하는 것들마다 각기 애착함이 다르다'. 이렇게 마왕의 세 딸은 각각 오백미녀로 변화를 부리고 낱낱의 변화로 생겨난 여인들 헤아릴 수 없이 많은 변화의 모습을 지어냈다. 三女念言 人心不同 好愛各異 或有好少 或愛中年 或好長好短 好黑好白 如是衆好 各有所愛 是時三女 各各化作五百美女 一一化女 作無量變態"라고 하였다. 〔참고문헌〕『正法念處經』, 『大智度論』. ⇨ 애 愛 ❷ 수달나(須達拏 Ⓢ Sudāna) 또는 손다라(孫陀羅 Ⓢ Sundarī)의 한역어. 『화엄경소』 권29(대정장35, p.717b26)에 "수달나는 한역하여 '선애' 또는 '호애'라고 한다. 須達拏者 此云善愛 或云好愛", 『법화문구』 권2(대정장34, p.17b21)에 "손다라난다의 '손다라'는 한역하여 '호애' 또는 '단정'이라고 한역한다. 孫陀羅難陀 孫陀羅 此翻好愛 亦端正"라고 하였다. 〔참고문헌〕『華嚴經疏』, 『法華文句』.

호양 護養 Ⓟ dhammikārakkha-āvaraṇagutti. 사문이나 성제자와 보살들, 나아가 일체중생을 보호해 봉양하다. 『장아함경』 권2 「유행경 遊行經」(대정장1, p.11b12)에 "'아난아, 너는 발지국(Ⓟ Vajji) 사람들이 사문을 으뜸으로 섬기고, 계를 지키는 사람을 존경하여 우러러보고 보호하며 봉양하기를 게을리한 적이 없다는 말을 들었느냐?' 〔답〕 '들었습니다' 阿難 汝聞跋祇國人宗事沙門 敬持戒者 瞻視護養 未嘗懈惓不 答曰 聞之", 『방광반야경』 권8(대정장8, p.57a1)에 "수보리가 석제환인에게 말했다. "훌륭하고 훌륭하다. 구익이여! 이것이야말로 바로 선남자선여인에게 보살도를 구하도록 권하고 도와주는 것이며, 이에 저들은 부처님을 위해 어진 제자의 법을 지어 응당 보살마하살에게 이익이 되게 할 것이며, 법시와 공양시로 보살을 보호해 공양하며, 아누다라삼야삼보리를 성취하도록 권하고 돕는다. 왜냐하면 제불과 제자들무리는 모두 이 두 가지로 섬기고 베푸는 것을 좇아 나올 수밖에 없기 때문이다. 須菩提 語釋提桓因言 善哉 善哉 拘翼 乃勸助是善男子善女人 求菩薩道者 乃爾 如卿爲佛作賢弟子之法 當益於菩薩摩訶薩 以持法施及供養施護養菩薩 勸助使成阿耨多羅三耶三菩 何以故 諸佛及弟子衆 皆從是二事施中出", 80권본 『화엄경』 권14(대정장10, p.70a5)에 "부모를 효성으로 섬길 때는 마땅히 원하길 중생도 부처님을 잘 섬겨서 온갖 것 보호해 기르기를 기원해야 한다. 孝事父母 當願衆生 善事於佛 護養一切"라고 하였다. 〔참고문헌〕『長阿含經』, 『放光般若經』, 『華嚴經』, *DN.2.75.*

호양정자량 護養定資糧 Ⓢ samādhi-saṃbhāra-rakṣopacaya, Ⓣ ting-nge-'dzin-gyi-tshogs-bsrung-zhing-bsags-pa. 정해진 자량을 보호해 기르다. 계율의(戒律儀 Ⓢ śīla-saṃvara) 등 약속한즉 정한 법에 대하여 물러나지 않고 보호하고 증장함의 뜻이다. 『유가사지론』 권30(대정장30, p.449c18)에 "무엇을 호양정자량이라 하는가? 만약 계율의를 성취하고자 하는 이라면 곧 이 처에 있어서 물러나지 않기 위하여 머물러 방일하지 않으며, 저 부처님께서 경계하시고 허락하신 원만계온의 학처차별을 정진수행하여 항상 게을러 그만두는 일 없이 하며 … 저 설하신 성취계율의와 같이 근율의(根律儀 Ⓢ indriya-saṃvara)를 성취하고 … 다음의 승진선법차별에 있어서도 속히 원만하게 하며, 저 설하신 바에 증감없이 평등하게 현행하며 기꺼이 하고자 하며, 흔연히 흠모해 한껏 높여가며 항상 안주하여 용맹정진하니 이것을 호양정자량이라고 한다. 云何護養定資糧 謂若成就戒律儀者 卽於是處 爲令不退 住不放逸 如佛所誡 如佛所許 圓滿戒蘊 學處差別 精進修行 常無懈廢 … 如說成就戒律儀 如是成就根律儀 … 於後勝進善法差別 爲速圓滿 爲如所說 無增無減 平等現行 發生樂欲 增上欣慕 恒常安住 勇猛精進 是名護養定資糧"라고 하였다. 〔참고문헌〕『瑜伽師地論』, *Śrāv-bh.358.*

호어 胡語 중국을 중심으로 해서 그 밖의 언어를 가리키는 말. 중앙아시아 일대의 언어만을 호어라 해서 인도의 범어와 구분하기도 한다. 『불조통기』 권32(대정장49, p.315c29), 『번역명의집』 권1(대정장54, p.1056a28) 등에 따르면, 언종(彦琮)은 범(梵)과 호(胡)를 구별해야 한다고 주장했다. 호어라는 말도 시대와 쓰는 사람에 따라 그 의미가 달라졌다. 첫째, 흉노(匈奴)를 호라 부르던 진한(秦漢)대에는 흉노의 말을 호어라 하였다. 둘째, 동한(東漢) 이후로는 외이(外夷)를 넓은 의미에서 호라 하면서 고창(高昌)·언기(焉耆)·구자(龜玆)·우전(于闐)·월씨(月氏)·대하(大夏)·계빈(罽賓)·인도(印度) 등 널리 중국 밖의 말을 싸잡아 호어라 불렀다. 셋째, 남북조(南北朝) 이후 수당(隋唐)대에는 속특(粟特 : Sogdiana)의 말을 호어라 부르기도 하였다. 『송고승전』 권3(대정장50, p.723b17)에 "호어와 범어의 차이는 무엇인가? 첫째, 오천축의 순수한 말은 범어이고 둘째, 설산의 북쪽의 말은 호어다. 胡語梵言者 一 在五天竺純梵語 二 雪山之北是胡"라고 하였다. 동한(東漢)에서 수대까지는 호범의 구별없이 범어를 호어의 일종으로 간주하였다. 『무량수경의소』 권상(대정장37, p.94a29)에 "보살은 호어로서 온전히 음사하면 보리살타다. 菩薩 胡語 具則名爲 菩提薩埵", 『열반의기』 권3(대정장37, p.699a8)에 "사리는 호어로서 신이라 한역한다. 舍利胡語 此翻名身"라는 등의 예에서 호어는 범어 음사어를 뜻한다. 『법화경과주』 권1(卍속장48, p.270b5)에 "간혹 경을 호어라고 하는 경우도 있고, 부처님을 노호라 부르는 경우도 있지만 범으로 바꿔야 한다. 或有以經爲胡語者 或有稱佛爲老胡者 覬以梵而革之"라고 하였다. 〔참고문헌〕『佛祖統紀』, 『翻譯名義集』, 『宋高僧傳』, 『無量壽經義疏』, 『涅槃義記』, 『法華經科註』.

호언한어 胡言漢語 인도말과 한나라 말. 『개석지붕어록』(卍속장121, p.398b1)에 "서천과 이 땅 십만여 리나 되니, 인도말로 쉬운 것을 한나라 말로 밝히기는 어렵다. 西天此土 十萬餘程 胡言易會 漢語難明", 『양기어록』(대정장47, p.642a15)에 "꽃 들어 부촉했다고 하니 당사자에게는 굴욕이고, 면벽 9년이라 하니 인도말 한나라 말로 하니 당한 이의 분상에서 하늘땅 잡아 끊을 뿐이다. 拈花付囑 有屈當人 面壁九年 胡言漢語 當人分上 把斷乾坤"라고 하였다. 〔참고문헌〕『介石智朋語錄』, 『楊岐語錄』. ⇨ 호어 胡語

호연 浩然 ❶ 1564~1652. 조선중기 나주 쌍계사(雙溪寺) 스님. 휘는 태호(太湖) 호는 호연(浩然)이다. ⇨ 태호 太湖 ❷ 조선 숙종(1674~1720) 때 스님. 1709년(숙종35) 운묵무기(雲默無寄)의 『석가여래행적송』 「발문」(한불전6, p.540b)에 "때는 숭정기원후 81년(1709) 기축 여름이다. 조계노한이며, 침굉현변(枕肱懸辯 1618~1684)의 문인 계음호연이 삼가 뒤에 발문쓰다. 時崇禎紀元後八十一年(1709) 己丑夏也 曹溪老漢 枕肱門人 桂陰浩然 謹後跋"라고 하였다. 〔참고문헌〕『釋迦如來行蹟頌』. ❸ 선찬(善贊)의 호이니 해인사 스님이다. ❹ 유우(有愚)의 호. ⇨ 유우 有愚

호연태균 浩然太均 한없이 트인 채로 그러할 뿐 크게 고르다. 『조론』 「열반무명론 涅槃無名論」(대정장45, p.161a14)에 "옛과 지금이 통하고 시작과 끝이 같으니, 본을 다하고 말에 끝닿으니 둘 될 일 없어 드넓어 그러할 뿐이니 크게 고르다. 이에 열반이라 한다. 경에 '모든 법 여의지 않으면서 열반을 얻는다'라고 하였고, 또한 '모든 법 가이없으므로 보리도 끝이 없다' 한다. 古今通始終同 窮本極末 莫之與二 浩然太均 乃曰涅槃 經曰 不離諸法 而得涅槃 又曰 諸法無邊 故菩提無邊", 『조론신소』 권하(대정장45, p.241c16)에 "호연은 한없이 넓고 넓어 그대로여서 넓고 많기도 해서 그 끝이 없음이고, 크게 고르다 하니 태균은 유정과 비정으로 차별이 없고, 물들고 물들지 않음으로 평등하니 한 법도 열반 아님이 있을 리 없다는 뜻이다. 浩然 謂浩浩然 廣多無際 太均 謂情非情無差 染非染平等 未有一法 非涅槃也"라고 하였다. 〔참고문헌〕『肇論』, 『肇論新疏』.

호오 好惡 Ⓟ iṭṭha aniṭṭha. 좋아하고 싫어함. 또는 아름다움과 추함. 『장아함경』 권13 「아주마경 阿摩晝經」(대정장1, p.86a28)에 "비유컨대 어떤 사람 맑은 물에 스스로를 비추어 아름다움과 추함을 틀림없이 살필 수 있듯이, 비구 이와 같이 마음 깨끗이 해서 남의 마음 능히 알 수 있다. 譬如有人 以淸水自照 好惡必察 比丘如是 以心淨故 能知他心", 『신화엄경론』 권15(대정장36, p.817a23)에 "모든 중생들 일체 이름과 글자 평등청정하여 좋다 싫다 분별할 것 없음을 깨우쳐 알게 한다. 令諸衆生 了知一切名字 平等淸淨 無分別好惡故"라고 하였다. 〔참고문헌〕『長阿含經』, 『新華嚴經論』, *AN.3.379*.

호옥무하조문상덕 皓玉無瑕彫文喪德 티 없이 맑은 옥 무늬 새겨 덕을 잃다. 분별해 오히려 바탕을 상하게 하다의 뜻이다. 『굉지광록』 권4(대정장48, p.35b8)에 "조금도 움직여 붙들지 마라! 움직여 붙든즉 삼십방이다. 어째서 이렇게 할까? 티 없이 깨끗한 옥에 무늬라도 새기면 그 덕마저 잃는다. 莫動著 動著三十棒 爲什麽如此 皓玉無瑕彫文喪德", 『희수소담광록』 권5(卍속장122, p.270a10)에 "〔고칙〕 세존께서 법좌에 오르자 문수 건추를 울려 말했다. '법왕의 법을 자세히 살피시오! 법왕의 법은 이와 같습니다. 〔염〕 티 없이 깨끗한 옥 무늬 새겨 그 덕 잃으리. 擧 世尊陞座 文殊白槌云 諦觀法王法 法王法如是 拈 皓玉無瑕 雕文喪德"라고 하였다. 〔참고문헌〕『宏智廣錄』, 『希叟紹曇廣錄』.

호용 互用 ❶ 서로 바꿔 쓰다. 『화엄경소초』 권41(대정장36, p.318c18)에 "호용이란 안근에서 이식을 일으켜 능히 향 냄새 맡는 등이다. 言互用者 眼根發耳識 而能嗅於香等"라고 하였다. 〔참고문헌〕『華嚴經疏鈔』. ⇨ 육근호용 六根互用 ❷ ➡ 호용죄 互用罪

호용죄 互用罪 삼보(三寶)의 물건을 용도에 맞지 않게 함부로 쓰는 죄. 『사분율행사초』 권중(대정장40, p.56a28)에 "둘째, 호용(죄)을 밝힌다. 또 나눠 네 가지다. 첫째는 삼보호, 둘째는 당분호, 셋째는 상공보호, 넷째는 일일물호다. 二明互用 又分四 一 三寶互 二 當分互 三 像共寶互 四 一一物互", "첫 번째(삼보호용) 중에 나아가자면, 예컨대 저 『마하승기율』(권3, 대정장22, p.251c22)에서 사주 마마제가 불법승물을 섞어서 쓰고는 '범하지 않았다'라고 말한다면, 이를 부처님께서는 '바라이'라고 하셨던 것과 같다. … 『보량경』 등에서 설하였다. 불물과 법물 둘은 호용해서는 안 되니 어떠한 사람도 불물과 법물에 대해 주인이 되지 못하기 때문이다. 또 물어 말할 것도 없으니 승물과는 다르다. 왜냐하면 초제에 상주하는 물건에 서로 필요한 바가 있으면 영사 비구가 승중을 모아 투표로 뜻을 구하는데, 화합하면 쓸 수 있다. 만약 승물을 써서 불탑을 수리하고자 하거든 법에 따라 승화합이 되면 쓸 수 있는 것이다. 만약 화합치 못하면 속가에 고쳐주기를 권한다. 만약 불탑에 물건 내지 한 푼의 돈이라도 있거든 시주가 소중히 여기는 마음 때문에 희사한 것이니, 모든 하늘과 사람들은 이 물에 대해 마땅히 부처님이라는 생각과 탑이라는 생각을 일으켜야 하고, 내지 비바람에 무너져내린들 보배에 공양한 것을 다른 물건과 바꾸어서는 안 된다. 여래의 탑물은 어떠한 사람도 값을 매기지 못하기 때문이다. 이런 뜻에 따라서 불당에 승석을 차려 놓거나 승방에 경상을 안치하면 스님들 수용을 방해하니 모두가 호용이다. 삼보위는 따로 각각이기에 나눠 가지런하게 해야 한다. 就初中 如僧祇 寺主摩摩帝 互用佛法僧物 謂言不犯 佛言波羅夷 … 寶梁等經云 佛法二物 不得互用 由無有人爲佛法物作主故 復無可咨白 不同僧物 所以常住招提 互有所須 營事比丘和僧 索欲行籌 和合者得用 若欲用僧物 修治佛塔 依法取僧和合得用 不和合者 勸俗修補 若佛塔有物乃至一錢 以施主重心故捨 諸天及人 於此物中 應生佛想塔想 乃至風吹雨爛 不得貿寶供養 以如來塔物無人作價故 若準此義 佛堂之內 而設僧席 僧房之內 安置經像 妨僧受用 並是互用 由三寶位別各 攝分齊故", "둘째 당분호용이란 (시주자가) 본래 석가상을 조성하고자 보시하였음에도 미타상으로 바꿔 조성하는 것이고. 二 當分互用 謂本造釋迦 改作彌陀", "셋째 상공보호용이란 주지삼보와 이보를 서로 바꿈이다. 살바다에 말하길, 부처님 재세시 온갖 삼보공양물 중에 항상 1인분만을 받게 하였으니 어찌해서 열반 후에도 1인분만을 취하는가? 답하길, 부처님 재세시에 색신으로 수용하셨기에 1인분만을 취했고, 멸후에는 공덕 뛰어난 승으로서 일보분만을 취한다. 또 부처님 계실 때는 부처님에게 베푼다 하면 색신이 수용함이지만, 불보에 베푼다 하면 손톱 머리털 등 탑중에 모시고 법신에게 공양함이다. 법신 언제나 세간에 계시기 때문이다. 三 像共寶互 謂住持三寶與理寶互也 薩婆多 問佛在世時 諸供養三寶物中常受一人分 何以滅後偏取一人分 答佛在時 色身受用 故取一人分 滅後供養法身 功德勝僧故取一寶分 又佛在時 言施佛者 則色身受用 言施佛寶者 置爪髮塔中供養法身 法身常在世間故", "넷째 상에 따르는 물 중에 앞서 약속한 부처님 공양물을 스스로 바꿔 쓰는 것에 다시 4가지가 있으니 四 隨相物中 自互先約佛物有四種"라 하고 부처님께서 수용할 시물을 서로 바꾸는 불수용물부득호전(佛受用物不得互轉), 부처님께 드릴 시물을 다시 베풀거나 옮겨 쓰는 시속불물(施屬佛物), 공양한 시물을 다른 것으로 사고 팔아 다시 공양하는 공양불물(供養佛物), 부처님 드린 공양물을 다른 이가 먹거나 수용하는 헌불물(獻佛物)이라 하여 경계한다. 〔참고문헌〕『四分律行事鈔』, 『梵網經菩薩戒本疏』 권2(대정장40, p.615c14).

호운 浩雲　지선(志璇)의 법호. ⇨지선 志璇

호운 灝雲　조선후기 스님 도언(度彦)의 법호. 월하계오(月荷戒悟 1773~1849)의 「답호운대사 答灝雲大師」(『가산고』 권3·한불전10, p.783c16)에 "편지를 받고 일부 『논어』의 의리가 심오하여 수십 차례 읽어도 대부분 환히 알지 못하였다 하니 이 무슨 말입니까? … 조용히 침묵하고 백 번 천 번 반복하며 장구를 살펴보느라 폐장마저 타서 녹으면, 어찌 무단히 사무쳐 깨뜨려 가까워 쉬워지는 곳이 없을 수 있겠는가! 承喩 一部論語義理深奧 讀去數十遍 多不能通曉者 是何言也 … 從容沉默 千回百復 討尋章句 焦爛肺臟 而安有無端透破近易處"라고 하였다. 〔참고문헌〕『伽山藁』.

호원사 虎願寺　경상북도 경주시 황성동에 있던 절. 『삼국유사』 권5(대정장49, p.1014b25·한불전6, p.362a5) 감통(感通)7 김현감호(金現感虎)에 "김현은 벼슬에 오르자 서천가에 절을 짓고 호원사라고 하였다. 항상 『범망경』을 강독하여 호랑이의 명복을 인도하고 또한 호랑이가 그 몸을 죽여 자기를 성공하게 해준 은혜에 보답했다. 現既登庸 創寺於西川邊 号虎願寺 常講梵網経以導虎之冥遊 亦報其殺身成己之恩"라고 하였다. 사지(寺址)에는 두 개의 탑지(塔址)가 남아 있다. 〔참고문헌〕『三國遺事』, 『韓國寺刹全書』 권하 p.1169a8.

호월 浩月　조선후기 대구 팔공산 동화사 스님. 호는 호월. 휘는 우옥(宇玉). 스님의 영정이 동화사 성보박물관에 봉안되어 있다. 〔참고문헌〕『팔공산 동화사』(동화사·국립대구박물관, 2009). ⇨우옥 宇玉

호월 湖月　조선후기 관례(冠禮)의 법호. ⇨관례 寬禮

호월 皓月　**1** 밝은 달. 『낙방유고』 권하 「원변법사설유심정토 圓辨法師說唯心淨土」(대정장47, p.241b12)에 "내 마음에 아미타불 낙방 갖추고 있다. 비록 멀지만 가까우니 일념을 벗어나지 않기 때문이고, 가깝지만 멀기도 하니 십만억찰토 지난 곳에 있기 때문이다. 비유하자면 푸른 하늘의 밝은 달 그 그림자가 모든 물에 내려앉지만, 물은 위로 오를 일 없고 달도 아래로 내려온 적 없지만, 물과 달 한 풍경으로 저절로 비춰 서로 빛나듯 한다. 我心具彌陀之樂邦 雖遠而近 不離一念 雖近而遠 過十萬億刹 譬如青天皓月 影臨衆水 水不上升 月不下降 水月一際 自然照映者也"라고 하였다. 〔참고문헌〕『樂邦遺稿』. **2** 당대 스님 호월공봉(皓月供奉). 『경덕전등록』 권3(대정장51, p.221a17)에 장사경잠(長沙景岑)과 나눈 문답이 전한다. 〔참고문헌〕『景德傳燈錄』.

호월 護月　Ⓢ Candragupta. 중인도(中印度) 나란다사(那爛陀寺 Ⓢ Nālanda)의 사문. 월장(月藏)이라고도 한다. 호법논사(護法論師 Ⓢ Dharmapāla)와 동시대이고, 『변중변론』을 풀이하면서 아뢰야연기론(阿賴耶緣起論)을 설하고 본유종사(本有種子)를 주장하였지만 전하지 않는다. 〔참고문헌〕『大唐西域記』 권9(대정장51, p.924a2), 『成唯識論述記』 권2(대정장43, p.303b20).

호월당공 皓月當空　밝은 달 하늘에 있네. 낭월당공(朗月當空)·보월당공(寶月當空) 등의 뜻과도 통한다. 『선종송고연주통집』 권20(卍속장115, p.242a1)에 "학인 스님 '만법은 하나로 돌아가는데, 그 하나는 어디로 돌아갑니까?'라고 묻자 조주선사 말하길 '노승이 청주에 있을 때 베적삼 한 벌을 지었는데 무게가 일곱 근이었다'라 하였다. 趙州因僧問 萬法歸一 一歸何所 師曰 老僧在青州 作得一領布衫 重七斤", "물어 옴에 친절하게 베적삼으로 답하고 청주는 옛적에 놀던 곳이라 드러냈네. 밝은 달이 하늘에 있고 큰물 파도 치는데 고래 어찌해 바늘 물지 않누나〈조각상총(照覺常總)〉. 問來親切布衫酬 指出青州是舊游 皓月當空澄巨浸 鯨鯢無奈不吞鉤〈照覺總〉", 『종문염고휘집』 권30(卍속장115, p.861a16)에 "학인 스님 '밝은 달 하늘에 있을 땐 어떻습니까?'라고 묻자 조산선사 말하길 '여전히 섬돌 아래 있는 놈이다'라고 하였다. '청컨대 스님께서 이끌어 섬돌에 오르게 해주십시오' '달 진 후에나 서로 보자꾸나'. 曹山因僧問 皓月當空時如何 山曰 猶是階下漢 曰 請師接上階 山曰 月落後相見", "천동오가 상당하여 들어 마쳐서는 이에 말하길 '말해 보라! 이미 달 떨어진 후인데 어떻게 서로 본다 하는가? 그때가 되면 만이나 되는 봉우리에 숨겼던 법당 문득 등장할 터이니'라고 한 후 천동오 문득 법좌에서 내려왔다. 天童悟 上堂 擧畢乃云 且道 既是月落後 又如何相見 時萬峰藏便出法堂 悟便下座"라고 하였다. 〔참고문헌〕『禪宗頌古聯珠通集』, 『宗門拈古彙集』. ⇨낭월당공 朗月當空, 보월당공 寶月當空

호월상채 皓月償債　호월공봉(皓月供奉)이 장사경잠(長沙景岑)과 과거세에 지은 업을 주제로 주고받은 문답. 『경덕전등록』 권3 「혜가전 慧可傳」(대정장51, p.221a17)에 "호월공봉이 장사경잠화상에게 물었다. '고덕이 「깨우친즉 업장 본래 공이지만, 깨우치기 전이라면 마땅히 과거세 지은 빚 갚아야 한다」라고 말했습니다. 가령 사자존자와 이조대사는 무슨 수로 빚을 갚았는지요?' '대덕께서는 본래 공한 줄 모르시는군' '무엇을 본래 공하다 합니까?' '업장이 그것이다' '업장이란 무엇입니까?' '본래 공한 그것이다'. 그가 말이 없자 장사가 게송 한 수를 읊었다. '가유라 하니 원래 유가 아니고, 거짓 사라진다 하니 이 또한 무가 아니라네. 열반으로 빚을 갚는다는 뜻은 하나의 성일 뿐이어서 다시 다를 것 없다네'. 皓月供奉 問長沙岑和尙 古德云 了卽業障本來空 未了應須償宿債 只如師子尊者 二祖大師 爲什麽 得償債去 長沙云 大德不識本來空 彼云 如何是本來空 長沙云 業障是 又問 如何是業障 長沙云 本來空是 彼無語 長沙便示一偈云 假有元非有 假滅亦非無 涅槃償債義 一性更無殊"라고 하였다. [참고문헌]『景德傳燈錄』.

호월지격 胡越之隔 가장 북쪽의 호와 가장 남쪽의 월처럼 멀리 떨어짐.『도서』권상1(대정장48, p.399c3)에 "요즈음 경을 강하는 이들은 치우쳐 점의 뜻 드러내고, 선하는 이들 기울어 돈종만 퍼뜨려 선강이 만나더라도 호와 월처럼 멀다. 今講者 偏彰漸義 禪者 偏播頓宗 禪講相逢 胡越之隔"라고 하였다. [참고문헌]『都序』.

호위 互違 Ⓢ vaiṣamya, Ⓣ 'khrugs-pa. 서로 어긋나다.『순정리론』권47(대정장29, p.607c2)에 "단상 두 견은 그 행상이 서로 어긋나기에 두 체가 각기 다르다고 설할 수 있다. 斷常二見行相互違 故可說言二體各別",『유가사지론』권43(대정장30, p.528a21 : *Bodh-bh.*, p.144)에 "(菩薩遂求靜慮는) 계에 있어 서로 어긋나 일으킨 온갖 병을 능히 없애는 정려다. 於界互違 所生衆病 能除靜慮 dhātu-vaiṣamya-jātānāñ-ca vyādhīnāṃ vividhānāṃ vyupaśamāya dhyānam",『성유식론』권4(대정장31, p.23a9)에 "혼침과 도거는 행상으로 서로 어긋난다. 惛沈掉擧行相互違"라고 하였다. [참고문헌]『順正理論』,『瑜伽師地論』,『成唯識論』, *Bodh-bh.*

호위과 互爲果 Ⓢ anyonya-phala, Ⓣ phan-tshun-'bras-bu. 서로 과가 되다. 구유인 중 호위과구유인(互爲果俱有因 : 互爲俱有因)을 말한다.『구사론』권6(대정장29, p.32c8 : *Abh-k-bh.*, p.88)에 "서로 과의 뜻이 되기에 구유인을 세우니, 저 상인들이 서로 의지하여 함께 험난한 길을 유랑함과 같다. 由互爲果義 立俱有因 如商侶相依共遊險道 anyonyaphalārthena sahabhūhetuḥ. sahasārthikānyonyabalamārgaprayāṇavat", 같은 책 권10(대정장29, p.53a9 : *Abh-k-bh.*, p.145)에 "우리(我 : 有部)의 종에서는 이 두 가지(觸·受)를 구유인으로 삼아서 또한 서로 과가 되게 한다. 我宗許二爲俱有因 亦互爲果 iṣṭam eva hi sahabhūhetor anyonyaphalatvam",『입아비달마론』권하(대정장28, p.988a27)에 "모든 유위법은 다시 서로 과를 삼거나 또는 동일과이기에 구유인이라 한다. 諸有爲法更互爲果 或同一果 名俱有因",『종경록』권71(대정장48, p.814a14)에 "서로 과가 됨은 세 가지가 있다. 첫째 사대종이니, 서로 구유인이 되고 서로 사용과가 된다. 둘째 (생주이멸하는) 능상법과 (유위법으로서의) 소상법과 같이 능상이 인이 되면 소상이 과가 되고, 소상이 인이 되면 능상이 과가 된다. 셋째 심과 심소법이니, 심왕이 인이 되면 심소는 과가 되고, 심소가 인이 되면 심왕은 과가 된다. 互爲果者 有三 一 四大種 互爲俱有因 互爲士用果 二 如能相所相法 能相爲因 所相爲果 所相爲因 能相爲果 三 心心所法 心王爲因 心所爲果 心所爲因 心王爲果"라고 하였다. [참고문헌]『俱舍論』,『入阿毘達磨論』,『宗鏡錄』, *Abh-k-bh.* ⇨ 구유인 俱有因, 사용과 士用果

호위연기 互爲緣起 Ⓢ anyonya-pratyayatā, Ⓣ phan-tshun-rkyen-tu-gyur-pa. 서로 연이 되어 일어나다. 전전상연(展轉相緣)이라고도 한다.『대승입능가경』권2(대정장16, p.598a21 : *Laṅk.*, p.69)에 "대혜여! 무엇을 법무아지라 하는가? 온계처가 바로 망계성임을 아는 것이니, 저 온계처는 아아소를 떠나 오직 어울려 쌓여 모이고 애업의 새끼줄에 묶여 서로 연이 되어 일어날 뿐이지 능히 짓는 이 없다. 온 등 또한 그러해서 자상공상을 떠나 허망분별해서 갖가지 상 나타내나 어리석은 범부의 분별일 뿐 모든 성자들의 것은 아니다. 大慧 云何爲法無我智 謂知蘊界處 是妄計性 如蘊界處 離我我所 唯共積聚 愛業繩縛 互爲緣起 無能作者 蘊等亦爾 離自共相 虛妄分別 種種相現 愚夫分別 非諸聖者 tatra mahāmate dharmanairātmyajñānaṃ katamat. yaduta skandhadhātvāyatanānāṃ parikalpita-lakṣaṇa-svabhāva-avabodhaḥ. yathā mahāmate skandhadhātvāyatana-anyātma-virahitāni skandha-samūha-mātraṃ hetukarmatṛṣṇāsūtropanibaddham-anyonya-pratyayatayā pravartate nirīham tathā skandhā api mahāmate sva-sāmānya-lakṣaṇa-virahitā abhūta-parikalpa-lakṣaṇa-vicitra-prabhāvitā bālair-vikalpyante na tvāryaiḥ"라고 하였다. [참고문헌]『大乘入楞伽經』, *Laṅk.* ⇨ 온처계 蘊處界, 법무아지 法無我智, 작자 作者 ❶

호위주반 互爲主伴 서로 주인과 반려되다.『화엄오교장』권4(대정장45, p.505c9)에 "밝히 알아야 한다. 인과는 때를 같이해서 서로 들이고 서로 맞서며, 각기 일체를 거두며 서로 주와 반이 된다. 깊이 사유해야 하니 이 일은 의심할 여지가 없다. 또한 이 경(『화엄경』)에서 이르길, '왜 그런가? 이 초발심보살이 바로 부처이기 때문이니, 모든 것이 삼세의 모든 여래와 같고, 한편 삼세의 부처님경계와 같기도 하며, 모두 다 삼세부처님의 정법과도 같다. 여래의 일신으로 무량신 얻어서 삼세제불의 평등지혜로 교화받은 중생도 모두 등하다'라고 하였다. 또한 '처음 발심할 때 문득 정각을 성취하여 지혜의 몸을 빠짐없이 갖추니 다른 것 말미암아 깨닫지 않는다'라고도 하였다. 이와 같이 운운한 예는 무량하니 널리

경문과 같다. 明知 因果俱時 相容相卽 各攝一切 互爲主伴 深須思之 此事不疑 又此經云 何以故 此初發心菩薩 卽是佛故 悉與三世諸如來等 亦與三世佛境界等 悉與三世佛正法等 得如來一身無量身 三世諸佛 平等智慧 所化衆生皆悉同等 又云 初發心時 便成正覺 具足慧身 不由他悟 如是云云無量 廣如經文", 『화엄경소초』 권19(대정장36, p.143c17)에 "모든 대보살 그리고 그 아래 법을 증득한 중생과 여래가 모두 서로 번갈아가며 주와 반이 된다. 마치 그림자가 형체를 따라 나타나고 메아리가 소리에 응답하듯이. 諸大菩薩 及下證法 如來 皆互爲主伴 若影之隨形 響之應聲故", 『화엄경지귀』(대정장45, p.590b3)에 "서로 번갈아가며 주와 반이 된다 함에 모두 네 구가 있다. 주와 주는 서로 보지 못하고 반과 반 또한 그러하다. 각기 법계에 두루하니 피차 서로 없게 되어 서로 보는 일 없게 된다. 주가 되어 반과 함께하면 반드시 만날 수밖에 없고, 반이 주와 맺는 관계도 그러해서 함께 법계 두루할 수 있어야 피차가 서로 있게 되고 서로 만나지 못할 일이 없다. 마치 비로자나불이 주가 되면 증처는 반이 되는데, 주가 반과 함께하지 않는 경우는 없으므로 비로자나불과 증처는 같이 법계 어디에나 있게 된다. 互爲主伴 通有四句 謂主主不相見 伴伴亦爾 各遍法界 彼此互無 故無相見 主之與伴 其必相見 伴主亦爾 共遍法界 此彼互有故 無不相見 如舍那爲主 證處爲伴 無有主而不俱伴故 舍那與證處 同遍法界"라 하였다. [참고문헌] 『華嚴五敎章』, 『華嚴經疏鈔』, 『華嚴經旨歸』, 『華嚴經』 권9(대정장9, p.452c4) · 권8(대정장9, p.449c14). ⇨ 법계연기 法界緣起, 초발심시변성정각 初發心時便成正覺

호육상완창 好肉上剜瘡 좋은 살점에 상처내다. 『황룡혜남어록』(대정장47, p.630b26)에 "약산 이렇게 함이 일찌감치 일 없는 곳에서 일을 벌이고 좋은 살점에 상처냄이다. 藥山與麽來 早是無事起事 好肉上剜瘡", 『대혜어록』 권4(대정장47, p.824c18)에 "깊은 것 말하고 묘한 것 설한다 하면 좋은 살점에 상처낼 뿐이니, 옛 것 들고 지금을 밝힌다 한들 모래 움켜쥐고 흙 뿌리는 일이리라. 談玄說妙 好肉剜瘡 擧古明今 抛沙撒土"라고 하였다. [참고문헌] 『黃龍慧南語錄』, 『大慧語錄』.

호은 好隱 1707~1785. 호는 호은 · 운객(雲客) · 해봉(海峯) 등이니, 유기(有機)의 법호다. ⇨ 유기 有機

호은 虎隱 ❶ 1850~1918. 구례 화엄사 스님 문성(文性)의 호. [참고문헌] 張志淵 「虎隱和尙碑銘」(『朝鮮佛教叢報』21, 韓國佛敎雜誌叢書 제15권 p.793), 『華嚴寺誌』(亞細亞文化社, 1997) pp.142~148. ⇨ 문성 文性❶ ❷ 조선후기 스님 경은(敬恩)의 법호(法號).

호은 湖隱 조선후기 스님 축함(竺函)의 법호. 『동사열전』 권6 「호은강사전 湖隱講師傳」(한불전10, p.1067b1)에 "금강산 장안사 지장암 스님이다. 경산인인데 금강산으로 들어가 살았으며 현옹선사의 제자다. 金剛山長安寺地藏庵人 師本京山人 入居金剛山 玄顒禪師弟子也"라고 하였다. [참고문헌] 『東師列傳』. ⇨ 축함 竺函

호은집 好隱集 호은유기(好隱有機 1707~1785)의 시문집. 저자의 다른 호인 해봉(海峯)에 따라 「해봉집서 海峯集序」라고 하였으므로 '해봉집(海峯集)'이라고도 부른다.

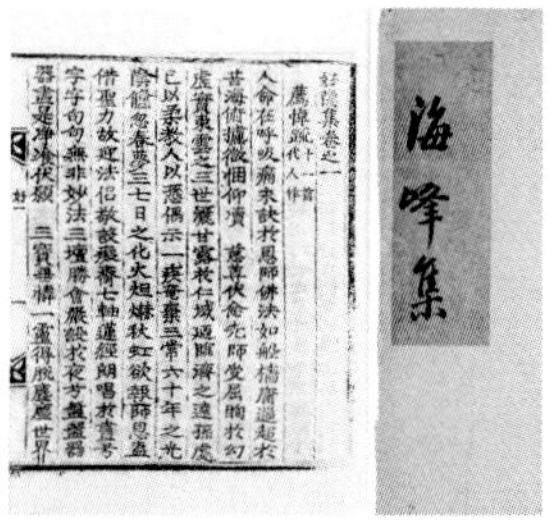

해인사에 전하는 목판본 4권 1책으로 1785년(정조9)에 경상남도 합천 해인사(海印寺)에서 인출하였으며, 한불전9, pp.704b2~728b16에 전한다. 권1에 문 15편, 권2에 문 28편, 권3에 시문 4

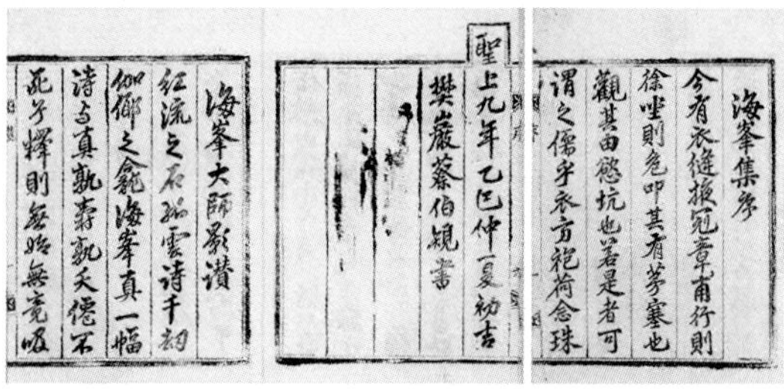

호은집 표지와 권수 부산 범어사 · 서문과 영찬 간행처미상 1785년

6편, 권4에 시문 12편 등을 수록하였고, 권1의 앞에는 1785년에 채제공(蔡濟恭 1720~1799)이 쓴 「해봉집서」를, 권4의 맨 뒤에는 같은 해에 칠암(七巖) 김몽화(金夢華 1723~1792)가 쓴 발문을 실었다. 산문으로는 기(記) 13편, 제문 13편, 사적비(事蹟碑) 1편, 상량문 10편, 양간록(樑間錄) 3편, 권선문(勸善文) 2편 등을 실었는데, 53세 이후에 비슬산(毗瑟山)과 해인사에 주석하면서 해인사는 물론 도리사(桃李寺) · 반룡사(盤龍寺) · 천주사(天柱寺) · 용연사(龍淵寺) · 대적사(大寂寺) · 유가사(瑜伽寺) · 용천사(湧泉寺) 등 여러 사암(寺庵)의 사적 · 중수 · 상량 등의 글을 많이 남겼다. 문체가 아름다운 육위(六偉)보다는 사실만을 기록하는 직어(直語)로 「양간록」을 작성하였다고 하였다. 「해봉집서」(한불전9, p.704b2)에는 "일전에 가야의 스님 지학이 천리 길을 걸어 … 스승 해봉의 글들을 모은 책 하나를 가지고 와서 나에게 한 마디 구한다 하였다. … '우리 대사는 본래 좋은 집안 출신이었으나 어려서 부모를 잃고 집안 가난하여 몸을 의지할 곳이 없자 마침내 여래의 제자가 되었습니다. … 불경 등의 여러 책에 해박하지 않음이 없었고 희역도 즐겼습니다'라고 하였다. 日伽倻僧旨學 千里飛錫

… 袖其師海峯所裒錄一冊 要得余一言 … 吾師本簪纓世幼而失怙恃 家貧無所於托身 卒爲如來弟子 … 貝葉諸書雖無不淹貫 乃若所嗜義易也", 발문(한불전9, p.728a19)에서도 "호은집은 해봉상인의 저술이다. … 평생 다른 이 허물 말하기 부끄러워하고, 사람들의 선한 일 알리기를 좋아하였으며, 비방과 칭찬에 기뻐하거나 근심하여 그 마음을 바꾸지 않았다. 모든 것들 가진 채로 이미 깊고 넓으며 참되고 곧으셨기에 드러나 글이 되자 음조가 화창하여 능히 필묵가의 여여삼매 얻으셨다 하겠다. … 식견은 이미 정통하고 의취도 예사롭지 않으니, 진실로 유가에서 말하는 유덕한 말이라고 하겠다. 好隱集者 海峯上人之所著也 … 平生恥言人過失 而好揚人之善 不以忻慽毁譽 而易其心 其存諸中者 旣冲曠而質直故 發之爲文辭 而音調和暢 能得觚墨家三昧如如 … 識見旣精 意趣不凡 誠儒家所謂有德之言也"라고 하였다. 스승인 회암정혜(晦庵定慧 1685~1741)가 화엄학을 배운 내력을 「임제종회당화상행적기 臨濟宗晦堂和尙行蹟記」로, 영은사 각성(覺醒)의 요청으로 『연종보감 蓮宗寶鑑』·『귀원직지 歸元直指』·『정토록 淨土錄』 등에서 염불을 권장할 만한 글 스물 두 단을 가려 『신편보권문 新編普勸文』을 엮은 사연을 「신편보권서 新編普勸序」로 적었으며, 장두체(藏頭體)·회문체(回文體)·양관곡(陽關曲) 등의 글도 있다.

호음 胡音 범어(梵語)의 소리. 『사분율』 권19(대정장22, p.698a8)에 "호음이 바르지 못하니 마땅히 '식차가라니'라 음사해야 한다. 胡音不正 應言 式叉迦羅尼", 『금강선론』 권6(대정장25, p.841a11)에 "마하연법을 설한다는 대목에서 마하연이라는 이 말은 범어 음사로서 한역하면 대승이다. 說摩訶衍法者 此是胡音 漢翻名大乘"라고 하였다. [참고문헌] 『四分律』, 『金剛仙論』.

호음조 好音鳥 가릉빈가(迦陵頻伽 Ⓢ kalaviṅka)의 번역어. 『능엄경합철』 권1(卍속장22, p.278b11)에 "가릉은 호음조라 한다. 부처님 소리를 닮았으므로 비유로 삼았다. 迦陵 此云好音鳥 佛音似之 故以爲比", 『법화경요해』 권3(卍속장47, p.602a4)에 "가릉빈가는 호음조라 한다. 그 소리가 맑고 조화로와 들으면 기쁘기에 부처님의 법음을 비유한다. 迦陵頻伽 云好音鳥 其聲淸和感悅 譬佛法音"라고 하였다. [참고문헌] 『楞嚴經合轍』, 『法華經要解』. ⇨ 가릉빈가 迦陵頻伽

호응 呼應 부름에 응하다. 중간에 막힘 없어 동시이고 두렷하다. 『굉지광록』 권4(대정장48, p.53c5)에 "노련한 대총림의 조사는 시원스레 선을 말하지만 선 가져 입술 끝에 걸치는 일 없다. 계곡 깊고 산은 아득해 허공에 상이라고는 없으니, 어디서 부른들 응답해 두렷하지 않으랴? 老大叢林快說禪 不將禪挂口皮邊 谷深山遠空無像 何處人呼應不圓", 『위림도패어록』 권상 「민후 敏侯」(卍속장125, p.804a12)에 "자기 마음 빠르고 묘해 빈 계곡인 듯 부르고 응함에 동시여서 정히 어긋날 일 없구나. 자기 마음 끝 닿는 곳 알 수 있으니, 대천의 모래알 같은 세계 저 한 물방울 꽃이라네. 自心敏妙如空谷 呼應同時定不差 識得自心端的處 大千沙界一漚華"라고 하였다. [참고문헌] 『宏智廣錄』, 『爲霖道霈語錄』.

호의 狐疑 Ⓢ kāṅkṣā, vicikitsa, Ⓟ kathaṃkathā, vicikicchā. 여우인 듯 의심하다. 『장아함경』 권10 「석제환인문경 釋提桓因問經」(대정장1, p.64c20)에 "나(석제환인)는 부처님의 말씀을 듣고 다시는 의심을 품지 않는다. 我聞佛所說 無復狐疑", 『번역명의집』 권2(대정장54, p.1089a20)에 "언사고주의 『한서』에 '여우라는 짐승은 그 성에 의심 많아 언 하천 건널 때마다 소리 들리지 않아야 건넌다. 이런 연유로 의심을 호의라 부른다'라고 하였다. 顔師古注 漢書曰 狐之爲獸 其性多疑 每渡河氷 且聽且渡 故言疑者 而稱狐疑", 『신심명』(대정장48, p.376c11)에 "대도의 체는 넓어서 쉬울 일도 없고 어려울 것도 없지만, 자잘한 견해 의심 품어 급할수록 더욱 느려진다. 大道體寬 無易無難 小見狐疑 轉急轉遲"라고 하였다. [참고문헌] 『長阿含經』, 『飜譯名義集』, 『信心銘』, *Udāna-v.506.*, *Saddh-p.308.*, *DN.2.276.*, *AN.3.297.* ⇨ 의 疑 ❶

호의 皓衣 조선후기 스님. 휘는 호의, 호는 덕송(德松), 속성은 임(林)씨니, 전라남도 나주(羅州)에서 태어났다. 우연히 장성 백양사(白羊寺)에 유람차로 갔다가 발심하고 출가하여 스님이 되었다. 그 후 수월재인(水月在仁)의 법을 받아 제자가 되었으니, 침송성순(枕松聖詢)의 손자요 양악계선(羊岳啓璇 ?~1837)의 증손(曾孫)이며 연담유일(蓮潭有一 1720~1799)의 현손(玄孫)이다. 사대부 집안에 나서 배워 문장 또한 깊었으므로 덕행장자라고 칭송받았다. 한양용주(漢陽龍珠 : 침송성순의 제자)와는 속가로 형제간(鶺鴒)이며, 응운(應雲)과는 사형사제간(師兄師弟間)이다. [참고문헌] 『東師列傳』 권5 「德松禪師傳」(한불전10, p.1063a1).

호의 縞衣 1778~1868. 화순(和順) 만연사(萬淵寺) 스님 시오(始悟)의 법호다. ⇨ 시오 始悟

호의 護衣 가사를 지켜 깨끗이 하다. 마을에 들고 날 때 뒤집어 입도록 하였다. 『십송율』 권57(대정장23, p.419b12)에 "의법이란 가사 지키기를 자신의 피부인 듯 해야 한다. 승가리를 입고 있을 경우 돌이나 흙이나 초목 등을 만져 가지면 안 되고, 청색이나 황색 등으로 물들여서도 안 된다. 衣法者 當賞護衣如自皮 若著僧伽

梨 不得捉持 瓦石泥土草木等 不應以青黃等色塗染", 『오분율』 권20(대정장22, p.138c10)에 "어떤 비구들이 마을에 들기 전이나 나와서 초목 등에 걸려 찢어지거나 진흙이 기운 조각 틈에 들어가기도 하여 뒤집어 입고 싶었지만 차마 그러지 못하였다. 이 일로 부처님께 여쭙자 말씀하셨다. '가사를 보호하기 위해서라면 마을에 들어가기 전이나 마을에서 나와서 뒤집어 입어도 된다'. 有諸比丘 未入村及出村 草木鉤衣破裂 塵土入葉中 欲反著不敢 以是白佛 佛言 爲護衣故 未入村及出村 聽反著"라고 하였다. 〔참고문헌〕『十誦律』, 『五分律』.

호의 護意 호각의(護覺意 Ⓢ smṛti-saṃbodhy-aṅga)와 같다. 염각지(念覺支)・행호각(行護覺)이라고도 한다. 3권본 『나선비구경』 권1(대정장32, p.708a9)에 "왕이 다시 물었다. '무엇을 칠각의라 합니까?' 나선이 답했다. … '일곱째는 호의입니다'. 王復問 何等爲七覺意者 那先言 … 七 護意"라고 하였다. 〔참고문헌〕『那先比丘經』. ⇨ 염각지 念覺支, 호각의 護覺意

호의리왈 狐疑離曰 석가세존 재세시 비구. 『증일아함경』 권3(대정장2, p.557c3)에 "우리 성문 중 으뜸 비구는 나무 아래서 좌선해서 마음 옮겨 구르지 않으니, 호의리왈 비구가 바로 그 이다. 我聲聞中第一比丘 樹下坐禪 意不移轉 所謂狐疑離曰比丘是"라고 하였다. 〔참고문헌〕『增壹阿含經』, 『釋迦譜』 권1(대정장50, p.11a21).

호인입한 胡人入漢 호인이 한나라에 들다. 말해 이름 붙여 자세히 한들 그 실상 알았다 하지 못함의 비유다. 『허당록』 권6(대정장47, p.1029c1)에 "들어 보인다. 장자광화상이 학인에게 물었다. '어디서 오는가?' '구화산 공석암에서 왔습니다' '암주는 어떤 사람인가?' '마조 문하의 존숙입니다' '이름은 무엇인가?' '그 분의 법호 자세히 모릅니다' … '백 년 뒤에 사승을 찾아도 찾지 못할 것이다'. 장자광과 달리 말한다. '호인이 한나라에 들어옴일세'. 擧 長髭曠和尙問僧 甚處來 僧云 九華山 控石庵 髭云 庵主是甚麽人 云 馬祖下尊宿 云 名甚麽 云 不委他法號 … 髭云 百年後 討箇師僧 也難得 別云 胡人入漢"라고 하였다. 〔참고문헌〕『虛堂錄』.

호자 瓠子 박. 박 속은 긁어내 나물로 먹고 그대로 말려서는 표주박 만들어 쓴다. 『남원어요』(고존숙어록7, 卍속장118, p.239b4)에 "남원이 원두에게 물었다. '표주박꽃은 피었는가?' '꽃피운지 오래되었습니다' '열매는 달렸는가?' '어제 서리 맞았습니다' '대중들 자실 것이라도 있는가'. 원두스님 어쩔 줄 몰라 하자 남원이 곧바로 치고 말았다. 問園頭 瓠子開花也未 僧云 開花已久 師云 還著子也無 僧云 昨日遭霜了也 師云 大衆喫箇什麽 僧擬議 師便打"라고 하였다. 〔참고문헌〕『南院語要』.

호자무수 胡子無鬚 달마대사는 수염이 없다. 무수화(無鬚話)라고도 한다. 『솔암범종어록』(卍속장121, p.116b5)에 "서천의 달마대사에게 수염 없다고 하니, 색칠하려면 아교 조금이라도 있어야 하니 왕유의 솜씨로도 그릴 수는 없다. 말해 보라! 하안거(夏制) 원만히 마쳐서 자자하는 한마디 무어라 해야 할까? 고요한 호숫물 가득한 그곳에 밝은 달이 잠기고, 오래된 숲에서는 기린 태어나고 와룡은 숨는구나. 西天胡子無鬚 色裡膠靑只些子 王維妙手亦難圖 且道 制圓自恣一句 如何話會 平湖水滿涵明月 老樹鱗生隱臥龍"라고 하였다. 〔참고문헌〕『率菴梵琮語錄』. ⇨ 무수화 無鬚話

호재 護財 ⓈⓅ Dhana-pāla. 제바달다(提婆達多)가 부처님을 해치려고 술 먹여 풀었던 코끼리. 재수(財守)라고도 한다. 『잡보장경』 권3 「백아왕연 白鵝王緣」(대정장4, p.464a16)에 "부처님께서 왕사성에 계실 적에 제바달다는 산을 무너트려 부처님을 압살하려 하였고 호재 코끼리를 풀어 부처님을 밟으려 하였기에 악명 널리 흘러 퍼졌다. 佛在王舍城 提婆達多 推山壓佛 放護財象 欲蹋於佛 惡名流布", 『법구비유경』 권3 「상품 象品」(대정장4, p.600c10)에 "저 코끼리 호재는 사납고 해로워 제압하기 어려웠네. 고삐 묶고 먹이 주지 않아도 여전히 무섭게 날뛰는 코끼리라네. 如象名護財 猛害難禁制 縶靽不與食 而猶暴逸象"라고 하였다. 〔참고문헌〕『雜寶藏經』, 『法句譬喩經』. ⇨ 제바달다 提婆達多

호적 胡適 1891~1962. 자는 적지(適之). 안휘성(安徽省) 적계(績溪) 출신. 미국에 유학한 이후 백화(白話)의 문학을 주장하면서 문학혁명의 선봉에 섰다. 북경대학교 교수와 주미대사 그리고 대만중앙연구원(臺灣中央研究院) 원장 등을 역임했다. 역사・철학・문학・외교・교육 외에도 선학(禪學) 등을 연구하여 당시 인문학계 전반에 큰 영향을 미쳤다. 『중국철학사대강 中國哲學史大綱』은 선구적 업적으로 평가받는다. 1924년(민국13) 『중국선학사 中國禪學史』를 집필하기 시작하여 미완에 그쳤지만, 1926년(민국15) 프랑스 파리국립도서관과 영국 대영박물관에 소장된 돈황문헌(敦煌文獻) 중 대량의 초기선종사와 관련된 문헌을 발견하여 연구하고 그 성과물인 「보리달마고 菩提達摩考」・「선학고사고 禪學古史考」・「발조계대사별전 跋曹溪大師別傳」・「능가집고 楞伽集考」 등을 출간했다. 1948년(민국37) 미국으로 망명하였고, 대만으로 귀화한 뒤에는 「육조단경원작고 六祖壇經原作考」・「종밀적신회약전 宗密的神會略傳」을 집필하고, 「신회화상유집 神會和尙遺集」을 비롯한 신회와 관련된 돈황본 필사본을 교정하고 그에 대한 연구물을 발표하였다. 1962년(민국51) 72세로 별세하였다. 위의 저술 외에도 『상시집 嘗試集』·『백화문학사 白話文學史』·『수경주 水經注』·『사십자술 四十自述』 등이 있고, 『호적문존 胡適文存』 4권·『호적수고 胡適手稿』 10권이 유행하는데, 선학에 관한 글은 사후에 『호적선학안 胡適禪學案』으로 출간되었다.

호제동자다라니경 護諸童子陀羅尼經 원위(元魏)대 보리유지(菩提流支 Ⓢ Bodhiruci) 한역. 1권. 대정장19, pp.741b19~742c6, No.1028A에 있다. 중국찬술로 추정하기도 한다. 『호제동자경』이라고도 한다. 대범천왕이 신들의 이름과 다라니를 설하여 동자를 보호하는 등의 법을 설하였다. 『개원석교록』 권6(대정장55, p.541a5)에 "『호제동자다라니경』 1권〈『호제동자청구남여다라니경』이라고도 한다〉. 護諸童子陀羅尼經一卷〈亦云 護諸童子請求男女陀羅尼經〉"라고 하였다. 〔참고문헌〕『開元釋教錄』, 『大唐內典錄』 권4(대정장55, p.269a15), 『貞元新定釋教目錄』 권23(대정장55, p.958a19).

호조 好照 좌선하는 곳에 달아놓는 거울. 『사분율행사초자지기』 권하2(대정장40, p.387b24)에 "호조라 하니 어떤 이는 좌선하는 곳에 흔히 밝은 거울을 달아놓아 마음을 잘 쓰도록 돕는다 한다. 好照 有說 坐禪處 多懸明鏡 以助心行"라고 하였다. 〔참고문헌〕『四分律行事鈔資持記』, 『禪林象器箋』 권5(대장경보편19, p.164b9).

호종족 胡種族 먼 나라 종족. 부처님 또는 달마(達磨)의 법을 이은 무리. 『황명명승집략』(卍속장144, p.430a17)에 "달무의 법을 이은 후손이 되려 한다면 반드시 이와 같은 면모라야 한다. 要作老胡種族 直須恁麼始得", 『삼봉장어록』 권6(가흥장34, p.152c1)에 "삼현(三玄) 중 어떤 것이 두 번째 현인가? 삼세의 모든 부처님도 이 안을 향해서는 호종족을 끊는다. 何是第二玄 三世諸佛 向者裏 絶胡種族"라고 하였다. 〔참고문헌〕『皇明名僧輯略』, 『三峰藏語錄』. ⇨ 노호 老胡, 멸호종족 滅胡種族

호주 好住 이별할 때 떠나는 사람이 남겨진 이들에게 건네는 말. '잘 사시오' 또는 '잘 지내기를' 정도의 뜻이다. 종보본 『단경』(대정장48, p.362a24)에 "육조가 임종게를 읊은 다음 일렀다. '그대들, 잘 지내기를! 내가 멸도한 다음 세간의 정을 애써 지어 슬피 울며 눈물 흘리지도 말고, 사람들 조문 받지도 마라. 몸에 상복을 걸치면 나의 제자가 아니고 바른 법도 아니다'. 師說偈已 告曰 汝等 好住 吾滅度後 莫作世情 悲泣雨淚 受人弔問 身著孝服 非吾弟子 亦非正法", 『경덕전등록』 권8「방온전 龐蘊傳」(대정장51, p.263c15)에 "세간에 잘 머무시오. 모두가 그림자인 듯 메아리인 듯. 好住世間 皆如影響"라고 하였다. 〔참고문헌〕『壇經』, 『景德傳燈錄』.

호주본 湖州本 ➡ 남송본 南宋本, 사계본 思溪本

호주사계원각선원신조대장경목록 湖州思溪圓覺禪院新雕大藏經目錄 ➡ 불전목록 佛典目錄

호주오정현저산묘희사비명 湖州烏程縣杼山妙喜寺碑銘 안진경(顔眞卿) 지음. 저산묘희사는 교연(皎然)이 주석하던 절. 이것은 773년(대력8)~777년(대력12) 절강성 호주의 자사(刺史)를 지냈던 안진경과 그 문인이 강좌(江左)의 시승(詩僧)과 교류했던 사정을 기록한 비문이다. 〔참고문헌〕『全唐文』 권339.

호중천 壺中天 호리병 속의 하늘. 『요암청욕어록』 권6「설암근화상게선자구화 雪菴瑾和尙偈禪者求和」(卍속장123, p.728b9)에 "눈 안에 구요 구중 눈일 뿐이니, 눈썹 찌푸려 아무리 헤아려도 더는 볼 수 없구나. 때로는 금강왕 들어보이고, 때로는 문양 없는 도장만 만지작거리네. 신선의 비결을 누가 감히 전할 수 있으랴? 겁 밖의 시간이요 호리병중의 하늘인데. 眼中之句句中眼 眨上眉毛還不見 有時提起金剛王 有時獨弄無文印 神仙祕訣誰堪傳 劫外日月壺中天"라고 하였다. 〔참고문헌〕『了菴淸欲語錄』. ⇨ 비장방 費長房 ❷, 호천 壺天

호지 護持 Ⓢ ārakṣā, anupālanā, Ⓣ bsrungs-pa. 지켜 가지다. 정법(正法)이나 금계(禁戒) 또는 선법(善法) 등을 지켜 가져 잃지 않게 한다. 『대보적경』 권30(대정장11, p.167b17)에 "만약 미래에 이 경을 설한다면 바로 나의 법을 지켜 가진다고 하리니, 마치 여러 상인을 인도하는 길잡이를 가리켜 보배창고를 보호해 지킨다고 하는 것과 같다. 若於未來說是經 則爲護持於我法 猶如衆商善導師 亦名護持於寶藏", 『구사론』 권2(대정장29, p.9b2 : *Abh-k-bh.*, p.25)에 "어떤 사람은 '범행 또한 능히 기른다'라고 하지만, 이는 오직 버리는 일만 없을 뿐 달리 이로운 것 있지는 않다. 길러 서로 이어지고 항상 능히 보호해 가져서 이숙으로 상속하니, 마치 밖의 성곽이 안의 성을 방위하는 것과 같다. 有說梵行亦能長養 此唯無損 非別有益 長養相續 常能護持 異熟相續 猶如外郭防援內城 brahmacaryeṇa cety eke. anupaghātamātraṃ tu tena syān nopacayaḥ. vipākasantānasyopacayasantānaḥ pratiprākāra ivārakṣā", 『법화현의석첨』 권8(대정장33, p.872b25)에 "호지 등이라 한 것은 갖가지 방편으로 무루에 들도록 하는 뜻에서 호지라 한다. 護持等者 種種方便 令入無漏 故名護持", 『금광명경현의순정기』 권상(卍속장31, p.395a5)에 "호지라는 말에서 호란 뒤집힌 생각 일으키지 않게 보호함이고, 지란 이를 가져 잃지 않도록 함이다. 言護持者 護倒不起 持理不失也", 『유가사지론계품찬석』 권수(대장경보편8, p.559a23)에 "호지란 말은, 일체 이미 일어난 것들 부서져 잃지 않도록 한다는 말이다. 이는 마치 익히고 가까이 해서 편안하게 견디는 것과 같다. 곧 만약 진에가 일어나지 않게 막아서 보호하지 못한다면 쌓았던 선한 법마저 무너뜨릴 수 있다. 言護持者 謂於一切已生起者 不令壞失 此如習近安忍 謂若不能遮護瞋恚, 卽能毁壞所積善故"라고 하였다. [참고문헌] 『大寶積經』, 『俱捨論』, 『法華玄義釋籤』, 『金光明經玄義順正記』, 『瑜伽師地論戒品纂釋』, *Abh-k-bh.*, *Bodh-bh.57.*

호지슨 Hodgson, Brian Haughton 1801~1894. 브라이언 호튼 호지슨. 영국태생의 인도학자. 영국에 있던 동인도회사대학(East India Company College)에서 수학하면서 언어에 특별한 두각을 보였는데, 특히 산스크리트어 페르시아어에 재능이 있어 1818년 영국동인도회사(British East India Company)의 서기관으로 인도에 가게 된다. 이후 네팔주재 외교관으로 있으면서 현지의 학자(Ⓢ paṇḍita)와 함께 불교문헌을 공부하여 산스크리트는 물론 티베트어 불교사본들을 수집하였는데, 그 중 일부를 벵갈의 아시아협회(The Asiatic Society)와 영국으로 보냈고 러시아도 그 일부를 구입했다. *Saddharmapuṇḍarikasūtra*(法華經)의 범어사본을 처음 발견, 이를 프랑스의 으젠 뷔르누프(Eugène Burnouf)에게 보내 불어로 된 번역이 나오도록 도왔다. 영국이 영어를 인도의 공식교육언어로 지정하려는데 반대하고 현지어 교육을 지지했다. 관련 반박글들은 *Miscellaneous Essays Relating to Indian Subjects*라는 제호로 묶여 1880년에 재출판되었다. 언어 외에도 히말라야 지역의 조류와 포유류에 대한 광범위한 연구도 하여 네팔에는 그의 이름을 딴 새들도 있다. 대표 저서로는 *Essays on the Languages, Literature and Religion of Nepal and Tibet*(1874), "*Illustrations of the Literature and Religion of the Buddhists*(1841), 'Synoptical description of sundry new animals, enumerated in the Catalogue of Nepalese Mammals'(*Journal of the Asiatic Society of Bengal*, 1836) 등이 있다. [참고문헌] 'Hodgson, Brian Houghton 1801~1894'(*Oxford Dictionary of National Biography*, 2004).

호지옥 呼地獄 Ⓢ Raurava-naraka, Ⓟ Roruva-niraya. 팔대지옥(八大地獄) 중 하나로 고통에 울부짖는 소리가 끊이지 않는 지옥. 신역은 호규지옥(號叫地獄)이며 규환지옥(叫喚地獄)·체규지옥(涕哭地獄)이라고도 한다. 『잡아비담심론』 권2(대정장28, p.887c2)에 "인간의 4백년은 도솔타천상의 하루다. 이와 같은 일월년으로 계산하면 도솔천의 수명은 4천세이니 인간의 57억 6백만 년에 해당하고 호지옥의 하루다. 이와 같은 일월년으로 계산하면 호지옥의 수명은 4천세다. 人間四百歲 爲兜率陀天上一日一夜 如是日月歲數 兜率陀天壽四千歲 人間五十七億六百萬歲 是呼地獄一日一夜 如是日月歲數 呼地獄壽四千歲"라고 하였다. [참고문헌] 『雜阿毘曇心論』, *Yogā-bh.74.*, *SN.1.92.* ⇨ 규환지옥 叫喚地獄, 호규지옥 號叫地獄, 팔대지옥 八大地獄

호찬란당 胡鑽亂撞 거침없이 뚫고 가차없이 부딪히다. 『선관책진』 「균주황벽운선사시중 筠州黃檗運禪師示衆」(대정장48, p.1098a19)에 "반드시 한가할 때 가릴 줄 알아야 바쁠 때 쓸 수 있어 힘을 많이 아낄 수 있을 것이다. 목이 마르고 나서야 우물 파는 짓은 그만두어야 하니, 손발 헤매어도 미칠 수 없고, 앞길은 망막하여 거침없이 뚫고 두서없이 부딪힌다. 須是閒時辦得下 忙時得用 多少省力 休待臨渴掘井 做手脚不迭 前路茫茫 胡鑽亂撞", 『검남회등록』 권3 「매계도장 梅溪度章」(卍속장145, p.765b9)에 "옛사람 목숨 마치는 때를 12월 30일 밤이라 불렀다. 만약 평소의 공부가 다하지 못하여 칠통 타파하지 못했다면, 이 시절 맞아 하늘땅 온통 깜깜하리니, 닥치는 대로 파고들고 어지러이 부딪히니 얼마나 애처로운가! 古人 以百年壽終之際 喚作臘月三十夜 若平日工夫不到 漆桶不破 到此時節 地黑天昏 胡鑽亂撞 良可悲哉"라고 하였다. [참고문헌] 『禪關策進』, 『黔南會燈錄』. ⇨ 호포난살 胡抛亂撒

호책 虎策 호랑이 싸움 말리는 책장(策杖). 책장은 석장(錫杖)을 달리 이르는 말로 해호석(解虎錫)이라고도 한다. 『조정사원』 권2(卍속장113, p.28b2)에 "호책 : 『증도가』의 해호석을 참조하라. 虎策 見證道歌解虎錫"라고 하였다. [참고문헌] 『祖庭事苑』. ⇨ 해호석 解虎錫

호천 壺天 항아리 속의 하늘. 호중천(壺中天)이라고도 한다. 『청주백문』(卍속장119, p.352a13)에 "공겁의 위음왕불 그 밖에 호리병 속의 하늘 밤이 없는 때에, 산마루 덮은 구름은 달 토해 내고, 바다에 솟은 섬은 해 머금었네. 어두운 듯 밝은 듯 오직 반만 드러내니, 치우쳐 비추지만 싹트지 않는 가지가 없도다. 空劫威音外 壺天不夜時 嶺頭雲吐月 海內島銜曦 半暗半明唯半露 無私照燭不萌枝", 『송원숭악어록』 권상(卍속장121, p.591b9)에 "다섯 해나 그럭저럭 연 따라 살면서, 떠나거나 머물거나 무심하여 저절로 편안하였네. 오뉴월에 펄펄 서설이 날리니, 따로인 이것 하나의 호리병 속의 하늘임을 알아야 하리. 五年於此謾隨緣 去住無心自坦然 六月霏霏飄瑞雪 須知別是一壺天"라고 하였다. [참고문헌] 『青州

百問』, 『松源崇嶽語錄』. ⇨ 호중천 壺中天

호천사 昊天寺 경기도 이천시 장호원읍 선읍리 설성산(雪城山)에 있던 절. 『동국여지승람』 권8 경기 음죽현에 "영악산에 있다. 在靈岳山", 『범우고』에 "지금은 폐사하였다. 今廢"라고 하였다. 〔참고문헌〕 『東國輿地勝覽』, 『梵宇攷』, 『韓國寺刹全書』 권하 p.1167a16.

호초 胡椒 Ⓢ marica, Ⓣ na-le-sham, ma-la-sham. 후추. 오약(五藥)·오과(五果)에 속하는 식물 그리고 삼신향(三辛香) 중 하나다. 『비니일용절요향유기』 권하(卍속장106, p.191a7)에 "또 호초와 필발을 잘 섞어 만든 죽을 부처님께 바친다. 復用胡椒蓽茇 調和奉佛"라고 하였다. 〔참고문헌〕 『毗尼日用切要香乳記』, *Abh-k-bh.112.*, *Mvyut.232.* ⇨ 오약 五藥, 삼신향 三辛香

호추 好醜 Ⓢ suvarṇa durvarṇa, manāpāmanāpa-lakṣaṇa, Ⓟ subha-asubha. 좋아 보이는 것과 보기 싫은 것. 또는 좋은 것과 나쁜 것. 『보요경』 권6(대정장3, p.522a22)에 "보살은 천상·인간·지옥·축생·귀신의 오도에서 선세의 부모와 형제, 아내와 자식을 관한다. … 1겁이나 10겁 나아가 천억 겁이나 헤아릴 수 없는 겁 동안의 안팎의 성명·의복·음식·고통·안락·수명의 길고 짧음과 여기서 죽고 저기에 나며 거듭 펴고 구르며 나아감을 능히 아니, 위의 머리부터 온갖 몸 바뀌 나고 자라 늙어 죽음과 형색의 호추와 현명함·어리석음·괴로움·즐거움 등의 일체삼계의 모든 것을 분별하여 안다. 菩薩觀天上 人中 地獄 畜生 鬼神五道 先世父母 兄弟妻子 … 能知一劫 十劫 至千億劫 無數劫中 內外姓字 衣食苦樂 壽命長短 死此生彼 展轉所趣 從上頭始 諸所更身 生長老終 形色好醜 賢愚苦樂 一切三界 皆分別知", 『대장엄론경』 권10(대정장4, p.316a12)에 "사람이라면 마땅히 좋은 벗을 가까이하고 뛰어난 장부를 찬탄해야 한다. 저 뛰어난 이로 말미암아 호추를 잘 분별할 수 있다. 그러니 마땅히 부드럽게 따라야 한다. 모든 세계 중에 부처님의 말씀은 모두 진실이니, 길고 짧음을 구하지 않으시고 이기고 지는 것을 가리지 않으시며, 말씀하는 것에는 인연이 있고 일마다에는 원래의 바탕 있다. 나 또한 이제 알겠네. 복업은 모두 길한 것이고 악업 중에는 길함이 없으니, 길함과 길하지 않음 등은 모두 과인 인연을 좇음이다. 人當近善友 讚歎勝丈夫 由彼勝人故 善分別好醜 是故應柔順 於諸世界中 佛語皆眞實 不求於長短 亦不存勝負 所說有因緣 事事有原本 我今亦解了 福業皆是吉 惡業中無吉 吉與不吉等 皆從果因緣"라고 하였다. 〔참고문헌〕 『普曜經』, 『大莊嚴論經』, *Saddh-p.370.*, *Abh-k-bh.375.*, *DN.1.223.*

호충암 護忠庵 경상남도 통영시 명정동에 있던 절. 『이충무공전서』 권14 「충렬사지 忠烈祠志」에 "노량 충렬사 옆에 호충암이 있어 화방사 스님 열 분과 승장 한 분이 돌아가면서 와서 지켰다. 露梁忠烈祠傍 有護忠菴 以花芳寺僧十人 僧將一人 輪迴來直"라고 하였다. 〔참고문헌〕 『李忠武公全書』, 『韓國寺刹全書』 권하 p.1170b15.

호탄 Khotan 중국 신장위구르자치구 타클라마칸사막 남쪽에 자리한 도시 화전(和田). 코탄으로도 읽으며 옛 이름은 우전(于闐)이다. 실크로드 돈황-누란-호탄-소륵을 잇는 서역남로(西域南路)의 중앙에 위치하면서 남쪽으로 인도, 북쪽으로 티베트를 잇던 지역이다. 인도불교를 적극적으로 받아들여 주변으로 전하였으며 수많은 우전국 출신 스님들이 중국으로 범본을 전해 한역되기도 하였으니, 『불조통기』 권35(대정장49, p.332b6)에 "5년(감로5·260) 영천 주사행〈때에 속성을 남김〉이 『도행반야경』을 강하면서〈강경의 처음〉 매번 번역한 뜻이 두루하지 못하다 탄식하고 이내 장안에서 자취를 떠나 우전국에 이르러〈사문이 서로 간 처음〉 범본 반야를 얻었다. 五年 穎川朱士行〈時存俗姓〉講道行般若經〈講經之始〉 每歎譯理未周 乃發迹長安 至于闐國〈沙門西遊之始〉 得梵本般若", 같은 책 권36(대정장49, p.338c21)에 "(원강1·291년에) 우전사문 무라차가 『방광반야경』을 번역하니 곧 주사행이 보내온 본이다. 于闐沙門無羅叉 譯放光般若經 卽朱士行寄歸本也", 같은 책 권39(대정장49, p.370b6)에 "증성원년(695) 태후가 진역 화엄의 처회가 미비함으로써 사신을 우전국에 보내 실차난타를 맞이해 동도 대변공사에서 보리유지와 함께 거듭 번역케 하였다. 證聖元年 太后以晉譯華嚴處會未備 遣使往于闐國 迎實叉難陀 於東都大遍空寺 與菩提流志重譯"라고 하였다. 11세기 이슬람왕조에 정복되기 전까지 불법을 숭상하던 모습은 5~8세기 구법기(求法記) 등에 자세하다. 399년(융안3) 장안을 출발하여 구법을 기록한 『법현전』 권1(대정장51, p.857b3)에 "모두 법을 받들어 법락으로 서로 즐긴다. 대중스님 수만 분이 대부분 대승을 배우고 모두 대중공양을 하였다. 저 나라 사람들 별처럼 살며 집집마다 문 앞에 모두 작은 탑을 세웠는데 가장 작은 것은 높이 2장 쯤 되었고, 사방승방을 지어 객승에게 공급하고 나머지 쓸 것들에까지 미쳤다. 국왕이 편안히 조아리며 승가람에서 법현 등에게 공양을 올렸는데, 승가람 이름은 구제마이며 대승 절로 삼천 스님들이 함께 건추를 울려 공양하였다. … 그 나라 안에 네 큰 승가람과 헤아릴 수 없는 작은 절이 있다. … 그 성 서쪽 7, 8리에 승가람 이름은 왕신사며 짓는 데 80년이 걸렸고 세 왕을 지나서야 이루어졌다. 盡皆奉法 以法樂相娛 衆僧乃數萬人 多大乘學 皆有衆食 彼國人民星居 家家門前 皆起小塔 最小者 可高二丈許 作四方僧房 供給客

僧 及餘所須 國主安頓供給法顯等 於僧伽藍 僧伽藍名瞿摩帝 是大乘寺 三千僧共揵搥食 … 其國中 有四大僧伽藍不數小者 … 其城西七八里 有僧伽藍 名王新寺 作來八十年 經三王方成",『불조통기』 권37(대정장49, p.351b9)에 "(대동10・544년에) 우전국이 사신을 보내와 옥으로 새긴 불상을 바쳤다. 于闐國遣使貢玉刻佛像", 현장(玄奘 602?~664)『대당서역기』 권12(대정장51, p.943a21)에 "부처님 법을 높이 받들고 가람이 백여 곳이며 승도 오천여 인이 모두 다 대승법교를 익혀 배운다. 왕이 매우 날쌔고 삼가 불법을 중히 여기므로 스스로를 일러 비사문천의 복스런 후손이라 말하였다. 崇尙佛法 伽藍百有餘所 僧徒五千餘人 並多習學大乘法教 王甚驍武 敬重佛法 自云毘沙門天之祚胤也", 혜초(704~787)『왕오천축국전』(한불전3, p.380c15)에 "우전에 유일한 한족 절 이름은 용흥사고, 유일한 한족 스님 이름은 □□이다. 그 사주는 주지를 아주 좋아했고 그 스님은 바로 하북 기주인이다. 于闐有一漢寺 名龍興寺 有一漢僧 名□□ 是彼寺主 大好住持 彼僧是河北冀州人士"라고 하였다. 11세기 이슬람 카라한왕조의 정복으로 융성했던 불교문화는 훼손되어 사라지고 지금은 단단윌릭과 라와크에 옛 절터만 남아있을 뿐이다. 〔참고문헌〕『佛祖統紀』, 『高僧法顯傳』, 『大唐西域記』, 『往五天竺國傳』. ⇨ 우전 于闐, 구살단나국 瞿薩旦那國

호토극도 呼土克圖 ➡ 호도극도 呼圖克圖

호토기증능유마 狐兎幾曾能乳馬 '여우와 토끼가 언제 말에게 젖 먹인 적 있었던가?'『어제소요영』 권10(고려장35, p.990b6)에 "여우와 토끼가 언제 말에게 젖을 먹인 적 있었던가 : 제비와 참새는 봉황 낳을 수 없고, 여우와 토끼는 뛰어난 말 기르지 못한다. 마음 씀 아니다 하면 순일함만을 귀히 여겨야 하니, 작은 것이 큰 것을 기른다고 할 수는 없지 않은가? 狐兎幾曾能乳馬 鷰雀不生於鳳皇 狐兎不乳於良馬 得非氣貴純一 小不育大者乎"라고 하였다. 〔참고문헌〕『御製逍遙詠』.

호파 浩波 아득히 넘실대는 파도. 『교외별전』 권14 「점원중흥장 漸源中興章」(卍속장144, p.342b4)에 "거대한 파도 아득히 넘실대고 흰 파도 하늘로 넘치는데 무슨 선사의 영골을 찾는단 말이냐? 浩波浩渺 白浪滔天 覓甚先師靈骨"라고 하였다. 〔참고문헌〕『教外別傳』.

호포곤 皓布裩 베 잠방이. 독비곤(犢鼻裩)이라고도 한다. 옥천승호(玉泉承皓)선사를 가리킨다. 『청익록』 35칙 「평창 評唱」(卍속장117, p.845a11)에 "호포곤이 말했다. '이렇게 송한즉 법신 그 끝의 일 읊기는 했지만, 법신 저 위의 일 읊지는 못하리'. 皓布裩曰 此卽頌得 法身邊事 頌不得 法身向上事"라고 하였다. 〔참고문헌〕『請益錄』. ⇨ 독비곤 犢鼻裩

호포난살 胡抛亂撒 거침없이 내던지고 두서없이 흩으다. 『원통대응어록』 권상(대정장80, p.115a4)에 "어떤 때에는 음양 없는 땅에 아무렇게나 던지고 어지러이 뿌리며, 어떤 때는 소리나고 모양나는 그 끝에서 이리 넘어졌다 저리 구른다. 그런 까닭에 나 숭복 언제나 소리 전이나 한마디 후를 향해서 형제 잡아 가두지 않는다. 有時 無陰陽地 胡抛亂撒 有時 聲色頭邊 東倒西擂 所以崇福尋常 不向聲前句後 羅籠兄弟"라고 하였다. 〔참고문헌〕『圓通大應語錄』. ⇨ 호찬란당 胡鑽亂撞

호포사 虎跑寺 절강성(浙江省) 대자산(大慈山)에 있는 절. 대자사・정혜사(定慧寺)・광복원(廣福院)이라고도 한다. 백장(百丈)의 제자 대자환중(大慈寰中)이 개창하였다. 〔참고문헌〕『武林梵志』 권2 「定慧禪寺」(대장경속편29, p.507a6)・권10 「虎跑寺」(대정장보편29, p.709a10), 『大明一統志』 권38, 『大清一統志』 권217. ⇨ 호포정혜사지 虎跑定慧寺志, 호포천 虎跑泉 ❶

호포정혜사지 虎跑定慧寺志 청대 성광(聖光) 엮음. 『중국불사사지휘간 中國佛寺史志彙刊』 제1집에 수록되어 있다. 호포정혜사의 본래 이름은 대자정혜선사(大慈定慧禪寺)이고 속칭 호포사라 한다. 당대인 819년(원화14) 환중선사가 이곳에 암자를 짓고 정착한 이후 송원명 삼대에 걸쳐 수차례 훼손되고 수차례 건립되었다. 청대인 1731년(옹정9) 중수하였고, 1861년(함풍11) 전란으로 훼손되었다가 1867년(동치6) 중건되었다. 본 사지는 원래 강희년간(1662~1722) 본연심(本然深)선사가 작성한 원고에 모기령(毛奇齡)이 서문을 붙였으나 함풍11년 경에 훼손되었다. 1896년(광서26) 주지 성광이 다시 편집하였다. 신은(宸恩)・건치(建置)・산수제문(山水諸門)・해문(毎門)으로 구성되어 있고, 부록으로 역대영사시(歷代詠寺詩)가 있다. 〔참고문헌〕『中華大藏經總目錄』 권6(대장경보편35, p.767a10).

호포천 虎跑泉 ❶ 호포사에 있는 샘. 『불조통기』 권6(대정장49, p.180a3)에 "대중이 물이 없어 걱정하고 있는데 대자환중(大慈寰中)선사가 주장자를 벼랑에 꽂은 자리에 호랑이가 발톱으로 땅을 파더니 마침내 샘물을 솟았다〈오늘날의 호포천이 이것이다〉. 衆患無水 師以杖卓崖 虎因跑地 泉乃涌出〈今虎跑泉是也〉"라는 설화가 전한다. 이를 계기로 절 이름도 호포사라 바꾸었다. 그 물이 달고 시원하여 천하제삼천(天下第三泉)이라 불렸고, 용정차(龍井茶)의 잎과 호포수를 합하여 쌍절(雙絶)이라 하였다. 소식(蘇軾)이 "도인은 섬돌 앞 샘물 아끼지 않고, 표주박 빌려주며 마음껏 맛보도록 하네. 道人不惜階前水 借與匏尊自在嘗"라고 읊었던 「병중유조탑원 病中遊祖塔院」이라는 제목의 시는 이 샘물을 소재로 한다. ［참고문헌］『佛祖統紀』. ❷ 강서성(江西省) 구강현(九江縣) 남쪽 여산동림사(廬山東林寺) 뒤뜰에 있는 샘. 『불조통기』 권26(대정장49, p.262a8)에 "물과 거리가 멀어 걱정이던 차에 어느 날 호랑이가 그 바위를 발톱으로 팠더니 물이 솟았다. 그로 인하여 호포천이라 불렀다. 患去水遠 他日有虎跪其石 水爲之出 因號虎跑泉"라고 하였다. ［참고문헌］『佛祖統紀』, 『廬山記』 권1(대정장51, p.1029a14). ⇨ 동림사 東林寺

호풍소지 呼風嘯指 손가락 입에 대고 휘파람 불다. 후한(後漢)대 명의(名醫) 조병(趙炳)의 고사인데, 어느 날 조병이 강을 건너려고 소리쳐 뱃사공을 불러도 응답이 없자 휘파람을 길게 불어 일으킨 난류(亂流) 타고 스스로 건너갔다 한다. 『허당록』 권8(대정장47, p.1045a24)에 "손가락을 입에 대고 휘파람 불고 곁에 아무도 없는 듯하였지만, 무수한 수 무리짓고 왕의 권세에도 예속되지 않는다. 呼風嘯指 傍若無人 百數成群 不屬王化"라고 하였다. ［참고문헌］『虛堂錄』.

호프만 Hofmann ❶ 에른스트 로타어 호프만(Ernst Lothar Hofmann). 1898~1985. 독일 출생의 불교철학자이나 종교가. '라마 아나가리카 고빈다 Lama Anagarika Govinda'라고도 불린다. 쇼펜하우어(Schopenhauer)를 통해 불교를 접한 후, 프라이부르크(Freiburg)에서 철학과 신학을 공부했다. 화가와 시인으로 활동하다 1920년에 이탈리아의 나폴리(Naples)대학에서 팔리어공부를 시작했다. 1928년에 스리랑카에서 출가하여 아나가리카(Anagārika)라는 법명도 받았다. 1929년에 국제불교연합(International Buddhist Union, IBU)의 창립에 참여한 후, 1931년에 IBU의 대표로서 인도 다즐링(Darjeeling)으로 갔다가 티베트불교를 접하게 되었고, 이후 1933년에 아리야 마이트레야 만달라(Arya Maitreya Mandala)라는 불교종단을 직접 세우기도 하였다. 대표 저서로는 *Die Grundgedanken des Buddhismus*(1920), *Some Aspects of Stupa Symbolism*(1940), *Grundlagen tibetischer Mystik*(1956)" 등이 있다. ［참고문헌］Ken Winkler *A Thousand Journeys: The Biography of Lama Anagarika Govinda* (UK : Element Books, 1900). ❷ 헬무트 호프만(Helmut Hoffmann). 1912~1992. 독일 태생의 인도학 및 티베트학자. 1931년부터 프라이부르크(Freiburg)와 베를린 등에서 산스크리트과 티베트어, 이란어와 중앙아시아를 공부했다. 1937년부터 42년까지 중앙아시아 출토 사본연구를 보좌했고, 1948년부터 68년까지 뮌헨(Munich)대학에서 인도학과 티베트학 교수를 역임했다. 대표 논저로 'Bruchstücke des Āṭānāṭikasūtra aus dem zentral-asiatischen Sanskritkanon der Buddhisten'(1939), 'Quellen zur Geschichte der tibetischen Bon-Religion'(1950), *Die Religionen Tibets. Bon und Lamaismus in ihrer geschichtlichen Entwicklung*(1956) 등이 있다. ［참고문헌］Annemarie Schimmel *German Scholars on India* (Varanasi : The Chowkhamba Sanskrit Series Office, 1973).

호필늑한 呼畢勒罕 Ⓣ sprul-sku. 몽골어 hobilghan 또는 khubilghan의 음사. 호필이한(呼畢爾罕)이라고도 하며 자재전생(自在轉生)의 뜻이고, 전생에 라마(剌麻)였음을 기억하며 환생한 이를 말한다. 『서장라마소원』(卍속장150, p.541b17)에 "총카파(Ⓣ Tsong-kha-pa)가 임종 때 두 큰 제자에게 유촉하길, '세대를 거듭하여 호필늑한으로 마땅히 몸받아 뒤쳐서 세간에 나오되 본성에 미하지 않으며 능히 숙세를 알아 도로 와서 법상에 앉고 가르침을 맡는 스승이 되라' 하였다. 두 큰 제자 중 한 명은 달뢰, 한 명은 반선이다. 건륭년간까지 이미 여섯 차례 전생하였다. 宗喀巴臨終 遺囑二大弟子 世世以呼畢勒罕 應身轉世 不迷本性 能知夙世 還來爲坐牀掌教之師 二大弟子者 一名達賴 一名班禪 至乾隆中 已第六次轉生矣", "이외에도 라마는 도를 배움에 능히 마음을 밝히고 자성을 볼 수 있으니 달뢰와 반선의 증명으로 말미암아 바야흐로 호토극도라 부르고, 능히 본성과 세대를 바꿔가며 다시 왔던 것에 미하지 않아야 비로소 호필늑한이라 칭한다. 其他剌麻學道 能明心見性 由達賴班禪證明 方能稱呼土克圖 能不迷本性 轉世再來 方稱呼畢勒罕"라고 하였다. ［참고문헌］『西藏剌麻溯源』. ⇨ 달라이라마 Dalai-bla-ma, 반선라마 班禪喇嘛

호한 胡漢 호인과 한인. 호국과 한나라. 호어와 한어. 중국인이 자신의 나라나 그 족속을 한이라 부르고, 이방을 호라 불렀던 관습에 따른다. 『무량수경소묘종초』 권6(대정장37, p.232a3)에 "금은생상이라는 말을 남산은 '호어와 한어 두 가지로 드러냈다. 곧 호어로 생상이라 하였는데, 이것은 번역하면 금은이다'라고 하였다. 金銀生像者 南山云 胡漢二彰 謂胡言生像 此翻金銀也", 『온실경의기』(대정장39, p.513a1)에 "호어와 한어를 아울러 들어 중승이라 한다. 胡漢幷擧 故曰衆僧"라고 하였다. ［참고문헌］『無量壽經疏妙宗鈔』, 『溫室經義記』.

호할난할 胡喝亂喝 멋대로 할하고 두서없이 소리지르다. 눈먼 선사들의 할을 말한다. 『벽암록』 10칙 「평창 評唱」(대정장48, p.150b27)에 "작자가 아니라면 다만 멋대로 내지르는 할에 불과하다. 若不是作者 只是胡喝亂喝",『선가귀감』(한불전7, p.644a2)에 "병통이 입과 혀에 있는 이는 전도된 말과 제멋대로 내지르는 할을 선이라 여긴다. 病在口舌者 以顚言倒語 胡喝亂喝爲禪"라고 하였다. [참고문헌]『碧巖錄』,『禪家龜鑑』.

호항하금령 虎項下金鈴 호랑이 목에 달린 황금 방울. 여룡함하주(驪龍頷下珠)의 뜻과도 통한다. 『임간록』 권하(卍속장148, p.621b5)에 "어느 날 법안이 대중에게 '호랑이 목에 달린 황금방울을 어떤 이가 풀까?' 답한 것들 모두 마뜩하지 않았다. … 나중에 태흠(泰欽)이 '대중들 어째서 「묶은 이가 푼다」라고 말하지 못하는가?'라고 되물었다. 一日 法眼問大衆曰 虎項下金鈴 何人解得 對者皆不契 … 欽曰 大衆何不道 繫者解得"라고 하였다. [참고문헌]『林間錄』. ⇨여룡함하주 驪龍頷下珠

호향 好香 Ⓢsugandha, Ⓣdri-shim-pa. 좋은 향. 네 가지 향 중 하나다. 『대비바사론』 권13(대정장27, p.64c9)에 "향처에 네 종 있으니, 호향·오향·평등향·불평등향을 이른다. 香處有四種 謂好香 惡香 平等香 不平等香", 『구사론』 권1(대정장29, p.2c20)에 "향에 네 종 있어 호향·오향·등·부등향이니 차별 있기 때문이다. 본론 중에 설하길 향에 세 종 있다 하였으니, 호향·오향·평등향이다. 香有四種 好香 惡香 等 不等香 有差別故 本論中說 香有三種 好香 惡香 及平等香 caturvidho gandhaḥ, sugandhadurgandhayoḥ samaviṣamagandhatvāt, trividhas tu śāstre-sugandhaḥ durgandhaḥ samagandha iti", 『순정리론』 권1(대정장29, p.334b25)에 "만약 능히 모든 근의 대종을 기른다면 이름하여 호향이라 하지만, 이와 서로 어긋나면 이름하여 오향이라 하며, 앞의 두 쓰임이 없으면 평등향이라 이름한다. 혹은 모든 복업의 증상으로 생겨난 바를 이름하여 호향이라 한다. 若能長養 諸根大種 名爲好香 與此相違 名爲惡香 無前二用 名平等香 或諸福業增上所生 名爲好香", 『화엄경소』 권53(대정장35, p.901b29)에 "첫째 호향이란, 침향·단향 등을 이른다. 一好香 謂沈檀等", 『구사론소』 권1(대정장41, p.480b13)에 "『오사론』에 이르길 '모든 뜻을 기쁘게 하는 것들을 설하여 호향이라 이름하고, 뜻을 기쁘지 않게 하는 것을 설하여 오향이라 이름한다'라고 하였다. 五事論云 諸悅意者 說名好香 不悅意者 說名惡香"라고 하였다. [참고문헌]『大毘婆沙論』,『俱舍論』,『順正理論』,『華嚴經疏』,『俱舍論疏』. ⇨등향 等香, 부등향 不等香, 오향 惡香

호향동자 互鄕童子 호향의 동자. 호향은 마을 이름으로 지금의 강소성(江蘇省) 패현(沛縣)이라고도 하고, 하남성(河南省) 항성현(項城縣)이라고도 한다. 『논어』 「술이 述而」에 "호향 사람들과는 말을 나누기도 어려울 정도인데 동자가 공자를 알현하자 문인들이 어리둥절하였다. 互鄕難與言 童子見 門人惑"라는 말에서 나왔으며, 말로는 통하지 못하는 이들을 뜻한다. 『허당록』 권2(대정장47, p.997c15)에 "허당이 물었다. '그대는 저 동쪽 벽에 걸린 표주박을 아는가?' '이야말로 이 집안에서는 늘 쓰는 것입니다' '호향동자로구나'. 師云 爾會他東壁挂葫蘆麽 僧云 也是家常茶飯 師云 互鄕童子"라고 하였다. [참고문헌]『論語』,『虛堂錄』,『雲溪俍亭挺語錄』 권12 「互鄕童子」(가흥장33, p.778c23).

호혁사 好革屣 Ⓟpādukā. 좋은 가죽신. 『잡아함경』 권9(대정장2, p.61c28)에 "바라문 여사제는 식사가 이미 끝났음을 알고는 좋은 가죽신을 신고, 천으로 머리를 싸매고서, … 오만하게 앉아 우다이(優陀夷 ⓈUdāyin)에게 이렇게 말했다. '묻고자 하는 것이 있으니, 한가하시면 답해주시겠습니까?' 우다이는 이렇게 답하였다. '자매여, 지금은 때가 아닙니다'. 이렇게 말하고는 자리에서 일어나 갔다. … '사문 우다이는 설법을 매우 잘합니다'. 화상 여사제는 이렇게 답하였다. '나 또한 그가 설법을 매우 잘한다는 것을 알고, 두 번 세 번 오기를 청해 음식을 차리고 법을 묻고자 하였으나, (그는) 항상 때가 아니라고 하면서 법을 설하지 않고 갔다'. 모든 제자들이 화상 여사제에게 이렇게 말했다. '(여사제가) 좋은 가죽신을 신고, 천으로 머리를 싸매고서 공경하며 앉지 않았으니 그가 어떻게 법을 설하겠습니까?' 婆羅門尼知食已訖 著好革屣 以衣覆頭 … 慠慢而坐 語優陀夷言 欲有所問 寧有閑暇 見答與不 優陀夷答言 姊妹 今是非時 作此語已 從坐起去 … 沙門優陀夷 極善說法 和上尼答言 我亦知彼極善說法 再三請來 設食問法 常言非時 不說而去 諸弟子言 和上尼 著好革屣 以衣覆頭 不恭敬坐 彼云何說", 『유부율피혁사』 권하(대정장23, p.1056c21)에 "육중비구(六衆苾芻 Ⓢṣaḍ-vargīka-bhikṣu : 六群比丘)가 다른 사람이 좋은 가죽신을 신고 있는 것을 보고, 억지로 그에게서 빼앗으니, 여러 바라문 거사들이 모두 다 혐오하고 비난하였다. 그러므로, 비구는 이와 같이 비단으로 장식한 가죽신을 신지 않아야 한다. 신는 사람이 있으면 월법죄(越法罪 : 越三昧耶罪)다. 六衆苾芻 見他著好革屣 强從他奪 諸婆羅門居士 咸悉譏嫌 是故 苾芻不應著如是綵飾革屣 若著者 得越法罪"라고 하였다. [참고문헌]『雜阿含經』,『有部律皮革事』, *SN.4.122.*

호현색 好顯色 Ⓢsuvarṇa, Ⓣkha-dog-bzang-po. 구별해 알기 좋은 색. 청황적백등의 색으로 바래서 달라지지 않는 색으로, 구역은 호색(好色)이며 오현색(惡顯色)에 대칭한다. 『품류족론』 권1(대정장26, p.692c16)에 "색이란 무엇인가? 모든 드러난 색으로서 호현색과 오현색과 이 둘의 중간은 사현처색이다. 이와 같은 모든 색은 두 가지 식으로 알려지는 바 안식과 의식이다. 이 중 일류인 안식이 먼저 알고 안식이 받고 나면 의식이 따라 알 수 있게 한다. 色云何 謂諸所有色 若好顯色 若惡顯色 若二中間 似顯處色 如是諸色二識所識 謂眼識及意識 此中一類眼識先識 眼識受已意識隨識", 『오사비바사론』 권하(대정장28, p.992a8)에 "지금 다시 근 아닌 것으로 거두는 것을 듣고자 하니, 원컨대 그 상을 설해주십시오. 색성향미촉과 무표다. 이 중 색은 호현색 등을 말하니, 만약 청황 등 색이 변괴하지 않음을 호현색이라 한다. 今復欲聞非根攝者 願說其相 答 色聲香味所觸無表 此中色謂好顯色等 若靑黃等色不變壞名好顯色"라고 하였다. [참고문헌] 『品類足論』, 『五事毘婆沙論』, *Yogā-bh.5.* ⇨ 오현색 惡顯色

호호간 *好好看* 보고 또 보아 살피는 일. 간절한 심정으로 보다. 『방거사어록』 권중(卍속장120, p.70b7)에 "밖의 모양 가진 부처에 취해 얻은즉 즐거움이 다시 괴로움으로 바뀌리라. 괴로우면 온갖 법이 일어나리니, 그 고해를 무엇 좇아 건너리오? 내 소리 알아듣는 이들에게 알리니, 갈 길 보고 또 보아야 하리. 取得外相佛 樂却變成苦 苦卽諸法生 大海從何渡 爲報知音者 好好看道路", 『설암조흠어록』 권1(卍속장122, p.508b10)에 "이 일은 본디 성취되 드러나 있지만 찾은즉 볼 수 없으니, 제왕의 하얀 옥 본래 조금도 하자가 없지만 다듬으면 흠이 된다. … 도를 배우는 사람이라면 방편을 잘 살펴보라. 무슨 뜻인가? 선인 수준의 부채는 살피지 말아야 하리. 箇事本成現 覓則不可見 白圭本無瑕 琢磨乃成玷 … 若是學道人 好好看方便 作麽生 莫看仙人手中扇"라고 하였다. [참고문헌] 『龐居士語錄』, 『雪巖祖欽語錄』.

호호대가 好好大哥 대단하신 형님. 상대를 올려 부르는 호칭 중 하나이다. '호대가'라고도 한다. 『경덕전등록』 권20 「석문헌전 石門獻傳」(대정장51, p.366a5)에 "어떤 사람을 대하거나 항상 '대단하신 형님'이라 불렀다. 凡對機 多云好好大哥"라고 하였다. [참고문헌] 『景德傳燈錄』. ⇨ 호대가 好大哥

호호망망 浩浩茫茫 드넓고 아득함. 『무량수경』 권하(대정장12, p.277a24)에 "천지 사이에 오도의 윤회는 분명히 반복되니, 넓게 둘러친 그 경계 까마득히 깊고 드넓어 아득하다. 선행과 악행의 과보가 응하여 이어지는 화와 복은 이어받아 몸으로 스스로 당할 뿐이니, 누구도 대신해 줄 이 없다. 天地之間 五道分明 恢廓窈窕 浩浩茫茫 善惡報應 禍福相承 身自當之 無誰代者", 『무량수경의소』(대정장37, p.124c14)에 "넓게 둘러쳤다 하니 넓디 넓은 세계를 밝힌 말이고, 까마득하다 함은 깊고 먼 경계를 밝힌 말이며, 드넓고 아득하다는 말은 앞서 말한 넓디 넓음 다시 없음을 성취한 뜻이다. 恢廓者 明其寬曠 窈窕 明其深遠 浩浩茫茫 成上寬曠"라고 하였다. [참고문헌] 『無量壽經』, 『無量壽經義疏』.

호호바 唬唬婆 Ⓢhuhuva의 음사어. 고통스런 소리. 『사교의비석』 권상(卍속장102, p.154b11)에 "알찰타와 학학바, 호호바 이들 셋은 모두 고통에서 나오는 소리이다. 頞哳吒并嚯嚯婆 唬唬婆三皆痛聲", 『사교의주휘보보굉기』 권3(卍속장102, p.393b18)에 "입술도 혀도 움직일 수 없기에 속에서 숨 떨려 나오는 소리를 호호바라고 한다. 脣舌俱不得動 但內振氣作聲 名唬唬婆"라고 하였다. [참고문헌] 『四教儀備釋』, 『四教儀註彙補輔宏記』, 『法華玄義釋籤』 권14(대정장33, p.914a21).

호호바지옥 虎虎婆地獄 Ⓢ Huhuva, Ⓣ kyi-hud-zer-ba. 팔한나락가(八寒㮈落迦 : 八寒地獄) 중 다섯 번째 지옥. 추위로 인해 입을 벌리지 못한 채 내는 '호호바'라는 고통소리(苦音)에 의지해 지옥의 이름을 지었다. 호호범(虎虎凡)이라고도 하며, 온전히는 호호바나락가(虎虎婆㮈落迦)다. 『구사론』 권11(대정장29, p.58c29 : *Abh-k-bh.*, p.164)에 "또 그밖에 여덟 가지 추위에 시달리는 나락가가 있다. 그 여덟 가지는 무엇인가? … 다섯째는 호호바다. … 이곳들에 있는 유정은 엄혹한 추위에 핍박을 받아 몸과 소리가 변함에 따라 그 이름을 세웠다. 復有餘八寒㮈落迦 其八者何 … 五 虎虎婆 … 此中有情嚴寒所逼隨身聲變以立其名 śītā anye 'ṣṭāvarvudādayaḥ … huhuvaḥ … teṣāṃ sattvānāṃ tīrvaśītābhihatānāṃ kāyaśabdavikārānurūpāṇyetāni nāmāni", 『구사론소』 권11(대정장41, p.616b26)에 "호호바란, 추위가 한층 심해졌기에 입을 열 수 없어 단지 '호호'라는 소리를 낼 뿐이기 때문이다. 虎虎婆者 寒增故不得開口 但得作虎虎聲", 『열반경소사기』 권4(卍속장58, p.154b12)에 "다섯째로 호호바로서 … 호호범이라도 하는데, 죄를 받는 유정의 고통스런 음성이 달라짐에 따라 그 이름을 세웠다. 五 虎虎婆 亦云 … 虎虎凡 受罪有情苦 音差別以立其名"라고 하였다. [참고문헌] 『俱舍論』, 『俱舍論疏』, 『涅槃經疏私記』, *Abh-k-bh.* ⇨ 팔한지옥 八寒地獄, 팔대지옥 八大地獄, 지옥 地獄

호홀 *毫忽* 아주 적은 것. 보일 듯 말 듯한 털끝, 혹은 누에가 토한 실을 말한다. 『법화경합론』 권1(卍속장47, p.726a7)에 "[논] 봄에 만물은 크다면 산천과 같고 가늘다면 털끝이나 누에가 토한 실과 같다. 論曰 春在萬物 大如山川 細如毫忽", 『성유식론관심법요』 권1(卍속장82, p.407b7)에 "처음에 아집을 깨뜨려 마쳤지만 이 허망한 아집은 바로 분단생사의 근본이며 무여열반의 크나큰 장애가 되기에 아주 조금이라도 다하지 못하면 여전히 유루라고 한다. 初破我執竟 然此虛妄我執 乃分段生死之根本 無餘涅槃之大障 毫忽未盡 仍名有漏"라고 하였다. [참고문헌]『法華經合論』,『成唯識論觀心法要』.

호화성편타 好和聲便打 소리 울린즉 곧바로 때린다. 말 떨어지기 무섭게 곧바로 때리다.『벽암록』37칙「본칙 本則」(대정장48, p.175a13)에 "반산이 법어 내렸다. '삼계에 법이란 없는데〈화살 이미 시위를 떠났으니 돌아올 힘은 없다. 달이 밝으니 밤길 가는 이 비춘다. 맞추었구나! 법을 아는 이 두려워할 줄 안다. (법안의) 소리 퍼지기 무섭게 곧바로 (법안을) 쳐야 한다〉 어디서 마음 구하겠는가?〈나를 속이지 마라! 애써 거듭 드러낼 일 아니다. 스스로 점검해 보라! 곧장 치며 '이 무엇인가?' 물으리라〉' 盤山垂語云 三界無法〈箭旣離弦 無返回勢 月明照見夜行人 中也 識法者懼 好和聲便打〉 何處求心〈莫瞞人好 不勞重擧 自點檢看 便打云 是什麽〉"라고 하였다. [참고문헌]『碧巖錄』.

호환 互換 서로 바꾸다. 맞바꾸다.『종문십규론』(卍속장110, p.879a13)에 "임제인즉 호환을 기틀로 삼는다. 臨濟則互換爲機",『할당혜원광록』권1(卍속장120, p.903a7)에 "만약 일향에 천둥치고 번개가 번득이듯이 방과 할이 번갈아 내달리고 밝음과 어둠 서로 던져 주인과 손님 자리 바꾸더라도 오히려 평범한 일상사일 뿐이어서 아직 분 밖은 아니다. 若也一向雷奔電閃 棒喝交馳 明暗相投 主賓互換 猶是家常 未爲分外"라고 하였다. [참고문헌]『宗門十規論』,『瞎堂慧遠廣錄』.

호환지기 互換之機 서로 맞바꿔 모든 것 버리는 기틀. 자리나 견해 따위를 몰가치하고 자유롭게 맞바꾸는 선기(禪機). 호환기봉(互換機鋒)이라고도 한다.『벽암록』68칙「평창 評唱」(대정장48, p.198b20)에 "앙산혜적이 '그대 이름은 무엇인가?'라고 물음에 삼성혜연이 '제 이름은 혜적입니다'라고 답하니 이는 쌍으로 놓어버림이고, 앙산이 '혜적은 바로 나다'라고 하자 삼성이 '제 이름 혜연입니다'라고 한 답은 쌍으로 거둠이지만, 실은 서로 바꿀 줄 아는 기틀이다. 거두어도 큰 집으로 거두고 놓아도 모두 놓게 한다. 仰山云 汝名什麽 聖云 我名惠寂 是雙放 仰山云 惠寂是我 聖云 我名惠然 是雙收 其實是互換之機 收則大家收 放則大家放",『무이원래광록』권33(卍속장125, p.376b10)에 "밝음과 어둠이 주고받으며 서로 맞바꾸는 기틀, 분명히 두 입이건만 혀는 하나도 없네. 봄이 오면 모두 똑같은 꽃을 피우고, 온세계 지혜의 싹이 한번에 퍼진다. 明暗交參互換機 分明兩口一無舌 春來都放一般花 遍界渾敷智慧芽"라고 하였다. [참고문헌]『碧巖錄』,『無異元來廣錄』.

호환투기 互換投機 서로 바꿔가며 모든 것 던지다. 이렇게 자성 지킬 일 없이 할 수만 있다면 별자리도 바꾸고 불조께서도 몸을 숨긴다.『원오어록』권19(대정장47, p.802b29)에 "후백이라 여겼는데 다시 또 뛰어난 후흑이 있었다. 이들이 서로 불러 모든 것 던지니 신인 듯 귀신인 듯 출몰한다. 將謂猴白 更有猴黑 互換投機 神出鬼沒",『원오극근선사어』(속고존숙어요3, 卍속장118 p.980b12)에 "대천세계 한결같이 진여의 경일진대 각기 본래 자리 지켜갈 뿐이라네. 산은 그대로 산이고 물은 그대로 물이지만, 서로 불러내고 모든 것 던져 버리니 별들도 자리 바꾸고 불조마저 자취 감춘다. 大千同一眞如境 各守本位去 山是山水是水 互換投機去 星辰易位 佛祖潛蹤"라고 하였다. [참고문헌]『圜悟語錄』,『圜悟克勤禪師語』.

호훈 好訓 조선후기 범패(梵唄)의 대가. 윤훤(允暄 ?~1837)과 명성을 나란히 하였으며,『동사열전』권4「자행선사전 慈行禪師傳」(한불전10, p.1046a1)에 "(자행책활은) 호훈화상에게 범음의 가르침을 받았다. 受梵音 於好訓和尙"라고 하였다. [참고문헌]『東師列傳』. ⇨ 책활 策活, 윤훤 允暄, 범패 梵唄

호훔 虎絆 실담자 ꣿ(hūṃ)의 음사어. 진언종자. 훔(吽)과 같다.『소실지갈라경』권상(대정장18, p.634a23)에 "여러 심진언에서 세 개의 호훔자 역시 공능이 있다. 위에 설한 모든 작법은 삼호훔자심진언이라 한다. 或諸心眞言中 三虎絆字者 亦能成辦 如上所說一切法事 謂三虎絆字心眞言",『일자불정륜왕경』권2(대정장19, p.237a12)에 "만약 아비차로가법의 경우에는 진언을 외울 때나 화식을 태울 때 남쪽을 향해 분노한 얼굴을 하고 왼쪽 다리를 오른쪽 다리 위에 올리고 앉아서 주문을 외울 때마가 끝에 호훔 두 자를 붙인다. 若槻毘柘嚕迦法 作誦呪時 燒火食時 面南瞋怒 左脚踏右脚側上蹲坐 亦每呪後加虎絆二字",『공제천과의』(卍속장129, p.257a4)에 "훔자는 입을 붙이면서 발음한다. 소리는 가슴과 기관지에서 나오고 소 울음 소리와 같다. … 또는 호훔이라고도 한다. 吽字 合口呼 音從胸喉中出 如牛吼聲 … 或作虎絆"라고 하였다. [참고문헌]『蘇悉地羯羅經』,『一字佛頂輪王經』,『供諸天科儀』. ⇨ 훔 吽

호흡 呼吸 숨. 날숨과 들숨. 출식(出息)과 입식(入息).『잡아함경』권1(대정장2, p.495b16)에 "목숨은 호흡에 있고, 타고난 명도 본래 얼마되지 않으니, 끝간 수명으로 백여 세라 하더라도 고통과 함께할 뿐이다. 命在呼吸 本命亦自少 極壽百餘歲亦苦合",『주사십이장경』(대정장39, p.522b5)에 "이는 부처님께서 배우는 이들 깨우치게 해서 념념이 무상하여 숨쉬는 순간에 달려 있음을 알도록 함으로써 저절로 온갖 망상 끊고 빈틈없이 정진하도록 하신 대목이다. 此佛誨誘學者 令知念念無常在於呼吸 自然絶諸妄想 密密精進", 『일체경음의』 권57(대정장54, p.686b15)에 "호흡〈흡은 흠과 급을 반절한 음이다. 『모시전』에 '흡은 끌다는 말과 같다'라고 하였고, 고야왕 『옥편』에는 '흡은 들숨이기도 하다'라고 하였으며, 『광아』에 '흡은 마신다'라 하였다〉. 呼吸〈歙急反 毛詩箋云 吸猶引也 顧野王云 吸亦息入也 廣雅云 吸飮也〉", 『불조삼경지남』 권상(卍속장59, p.354a2)에 "호흡간이라는 말은 소승의 설에 따라서 한 말이다. 내쉴 때는 들숨 이미 사라졌고, 들이쉴 때 날숨은 이미 멸한다는 말이다. 저들 숨 하나 하나가 서로 알지 못한 채로 념념으로 잠시도 머물지 않는다. 今言呼吸間者 且約小乘言之 謂呼時吸已滅 吸時呼已滅 蓋彼彼不相知 念念不停駐也"라고 하였다. 〔참고문헌〕『雜阿含經』, 『註四十二章經』, 『一切經音義』, 『佛祖三經指南』. ⇨ 입식출식념 入息出息念

혹 惑 ■1 Ⓢ kleśa, Ⓣ nyon-mongs. 바르게 알지 못해 헤매이거나 밝지 못해 갈 길을 잃은 상태. 업을 일으키고(發業) 윤회하는 생 영위케 하는(潤生) 번뇌를 다 모아 부르는 이름. 즉 중생을 미혹케 하여 유루업(有漏業)을 일으켜 후유(後有)를 낳아 생사(生死)를 반복하게 하는 인(因)이다. 삼계견사(三界見思)의 혹인 구십팔수면(九十八隨眠)과 십전(十纏)의 백팔번뇌(百八煩惱) 등을 말한다. 십이지 중 무명·애·취 세 지(三支)를 혹으로 거둔다. 『구사론』 권1(대정장29, p.1b21 : *Abh-k-bh.*, p.2)에 "〔논〕 택법을 여의어서는 능히 모든 혹을 없앨 어떤 뛰어난 방편도 없다. 모든 혹은 능히 세간으로 하여금 생사대해를 떠돌게 한다. 論曰 若離擇法無勝方便能滅諸惑 諸惑能令世間漂轉生死大海 yato na vinā dharmapravicayenāsti kleśopaśamābhyupāyaḥ kleśāś ca lokaṃ bhramayanti saṃsāramahārṇave 'smin", 같은 책 권9(대정장29, p.49b8 : *Abh-k-bh.*, p.134)에 "〔논〕 '혹을 좇아 혹이 생겨난다'란 애로부터 취가 생함을 말한다. '혹에서 업이 생겨난다'란 취에서 유가 생겨나고 무명에서 행이 생겨남을 말한다. 論曰 從惑生惑謂愛生取 從惑生業謂取生有 無明生行 kleśāt kleśo jāyate tṛṣṇāyā upādānam kleśāt karma upādānāt bhavo 'vidyāyāś ca saṃskārā", 『순정리론』 권53(대정장29, p.640c27)에 "지금 여기서는 오직 뛰어난 것에 의거해 백 여덟 가지 모든 혹만을 누(漏)로 삼아 드러내 설한다. 今於此中 唯據勝 顯說一百八諸惑爲漏", 『유가사지론』 권16(대정장30, p.365b25)에 "'염오의는 항시 (我見·我愛·我慢·我癡라는) 모든 혹들과 함께 생멸하는데, 모든 혹에서 해탈할 때에는 (둘 중 어느 것이) 앞서지도 뒤에 있지도 않는다' 등이라고 한 것이다. '선행하지도 않는다'란 (염오의는 네 가지) 번뇌와 항시 함께 생하기 때문이며, '후행하지도 않는다'란 저 혹들과 같은 때에 멸하기 때문이다. 謂染汚意 恒時諸惑俱生滅 若解脫諸惑 非先亦非後等 非先者與諸煩惱恒俱生故 非後者 卽與彼惑俱時滅故", 『성유식론』 권8(대정장31, p.43b19)에 "또한 생사의 상속은 혹·업·고 때문이다. 업을 일으키고 생을 적시는 번뇌를 혹이라 한다. 復次生死相續由惑業苦 發業潤生煩惱名惑", 『성유식론술기』 권8(대정장43, p.535a2)에 "혹업고를 지(支)로 거둔다 한 것은, 무명·애·취 셋이 바로 혹이다. 惑業苦攝支者 無明愛取三是惑", 『인왕호국반야경소』 권3(대정장33, p.268c11)에 "말한 바 '혹'이란 미망의 마음이니, 생사업을 지으면서 마음의 샘에 이르지 못하기에 혹이라 한다. 곧 번뇌를 말한다. 所言惑者謂迷妄之心 造生死業 不達心源 名之爲惑 卽是煩惱"라고 하였다. 〔참고문헌〕『俱舍論』, 『順正理論』, 『瑜伽師地論』, 『成唯識論』, 『成唯識論述記』, 『仁王護國般若經疏』, *Abh-k-bh.* ⇨ 본혹 本惑, 수혹 隨惑, 제혹 諸惑, 혹업고 惑業苦, 자상혹 自相惑, 공상혹 共相惑, 윤생번뇌 潤生煩惱, 사혹 四惑, 분별기 分別起, 구생기 俱生起, 구십팔수면 九十八隨眠, 십전 十纏 ■2 Ⓢ kleśa-āvaraṇa, Ⓣ nyon-mongs-pa'i-sgrib-pa. 혹장(惑障). 이장(二障) 중 번뇌장(煩惱障)만을 따로 구별해 말한다. 『중변분별론』 권상(대정장31, p.453b17 : *Madhy-vibh.*, p.28)에 "또 번뇌상에 아홉 가지가 있다. 〈게〉 (愛 등) 구결을 혹장이라 한다. 아홉 가지 모든 혹이라는 결을 여기서는 번뇌장이라 한다. 이 번뇌장들은 무엇을 장애하는가? (順境에 대해) 싫어해 버리는 것과 (違境에 대한) 버려 없애는 것과 실견을 장애한다. 復有煩惱相九種 九結名惑障 九種諸惑結此中說煩惱障 此諸煩惱障爲障誰 厭離及除捨 實見 navadhā kleśa-lakṣaṇaṃ. saṃyojanāny āvaraṇaṃ. nava saṃyojanāni kleśa-āvaraṇaṃ. kasyaitasya-āvaraṇaṃ. udvega-samupekṣayoḥ. tattva'dṛṣṭeś ca"라고 하였다. 〔참고문헌〕『中邊分別論』, *Madhy-vibh.* ⇨ 혹장 惑障, 번뇌장 煩惱障, 이장 二障 ■ ■3 Ⓢ vipakṣa. 오력(五力)으로 마주해 다스려야 할 것(所對治). 즉 번뇌를 말한다. 신역 『변중변론』에는 장(障)이라 하였다. 『중변분별론』 권하(대정장31, p.458c15 : *Madhy-vibh.*, p.52)에 "(信力 등) 오력(五力)을 설해 혹을 덜기 때문이니, 앞의 것이 인이고 뒤의 것이 과다. 說力損惑故 前因後是果 vipakṣasya hi saṃlekhād, pūrvasya phalam uttaram"라고 하였다. 〔참고문헌〕『中邊分別論』, 『辯中邊論』 권중(대정장31, p.472a7), *Madhy-vibh.* ■4 Ⓢ doṣa. 의혹 또는 결함. 『금칠십론』 권상(대정장54, p.1246a7 : *Sāṃkhy-k.*, p.9)에 "성자의 말씀이란, 저 게로 설한 것과 같이 아함은 성자의 말씀이다. 성자는 모든 혹 없게 한 이다. 혹이 없기에 인연으로 생겨나지 않는다고 헛된 말 하지 않는다. 聖言者 如偈說 阿含是聖言 聖者滅諸惑 無惑不妄語 因緣不生故 āgamo hy āpta-vacanam āptaṃ doṣa-kṣayād viduḥ, kṣīṇa-doṣo 'nṛtaṃ vākyaṃ na brūyād dhetv-asambhavāt"라고 하였다. 〔참고문헌〕『金七十論』, *Sāṃkhy-k.*

혹결 惑結 Ⓢ saṃyojana, Ⓣ kun-tu-sbyor-ba. 바르게 알지 못해 엮인 것들. 번뇌(煩惱)의 다른 이름. 신역본인『변중변론』에 따르면 애(愛) 등의 구결(九結)을 말한다.『중변분별론』권상(대정장31, p.453b17 : *Madhy-vibh.*, p.28)에 "또 번뇌의 상에 아홉 가지가 있다. 게로 말한다. 아홉 가지 맺힌 것들 혹장이라 한다. 아홉 가지 모든 혹결을 여기서 번뇌장이라고 한다. 復有煩惱相九種 偈言 九結名惑障 九種諸惑結 此中說煩惱障 navadhā kleśa-lakṣaṇam. saṃyojanāny āvaraṇam. nava saṃyojanāni kleśa-āvaraṇam"라고 하였다. 〔참고문헌〕『中邊分別論』, *Madhy-vibh.* ⇨ 결 結, 구결 九結, 번뇌 煩惱, 혹 惑

혹고무생인 惑苦無生忍 혹으로 고통스러운 것은 본래 생겨난 일 없다고 견뎌 알다. 삼자성(三自性)을 반연하여 일으키는 세 가지 무생법인(無生法忍) 중 하나다. 원성실성(圓成實性) 상에서 번뇌와 괴로움은 무생이라고 지혜로 인증하는 것을 말한다.『성유식론』권8(대정장31, p.47b25)에 "이 삼자성을 연하여 다시 세 가지 무생인을 일으키니, 첫째는 본성무생인이고, 둘째는 자연무생인이며, 셋째는 혹고무생인이다. 緣此復生三無生忍 一 本性無生忍 二 自然無生忍 三 惑苦無生忍",『설무구칭경소』권2(대정장38, p.1011b3)에 "셋째는 혹고무생인이다. 진여를 관해서 번뇌와 괴로움은 본래 생겨난 바가 없기 때문이다. 三 惑苦無生忍 觀於眞如 惑苦本無生故",『금강반야론회석』권3(대정장38, p.1011b3)에 "부처님의 몸은 혹업으로 생겨난 것이 아니기에 생사고를 받지 않는다. 바로 혹고무생인이다. 진여를 증함에 의해 혹의 고통 사라지기 때문이다. 佛身非惑業所生故 不受生死苦 卽惑苦無生忍也 由證眞如 惑苦滅故",『법화경현찬요집』권4(卍속장53, p.506b5)에 "삼종무생 중 셋째는 혹고무생이다. 원성실성 깨우쳐 번뇌로 괴로운 성은 없기 때문이다. 인인즉 지로 증하여 무생 뜻 새겨 앎이다. 三種無生 … 三惑苦無生 了圓成實性上 無惑苦性 忍卽是智證 印無生理也"라고 하였다. 〔참고문헌〕『成唯識論』,『說無垢稱經疏』,『金剛般若論會釋』,『法華經玄贊要集』. ⇨ 무생법인 無生法忍, 인 忍

혹능장도무외 惑能障道無畏 성도(聖道)를 능히 장애하는 번뇌를 설하는 데 있어 두려움이 없는 것. 불사무외(佛四無畏) 중 하나로 설장법무외(說障法無畏)와 같다.『인왕경』권2(대정장8, p.832a6)에 "벗어나지 못한 곳이 있기에 길을 막는다 합니다. 有所不出 故名障道",『인왕경소』권3(대정장33, p.420a28)에 "〔석〕 넷째는 혹능장도무외를 밝힌 것이다. 여기에도 두 가지 일이 있다. 첫째는 (외도가 부처님 과거의) 자취에 집착해서 '수다원 등에게는 비록 애등이 있지만 성도가 있기에 욕이 성도를 장애할 수 없다'라고 의심하는 것이다. 둘째는 (障道를) 부처님 스스로의 덕호로 불렀으니, 예류과 등을 장애할 수는 없지만 아나함 등의 도는 장애할 수 있다는 것이다. 이상으로 먼저 부처님의 사무외를 해석하였다. 釋曰 第四 惑能障道無畏 亦有二事 一 執跡生疑 謂須陀洹等 雖有愛等 而有聖道故 欲不能障道 二 自唱德號 雖不能障預流果等 而能障礙那含等道 上來且釋佛四無畏"라고 하였다. 〔참고문헌〕『仁王經』,『仁王經疏』. ⇨ 불사무외 不四無畏, 설장법무외 說障法無畏

혹도 惑倒 Ⓢ vitatha-saṃkalpa. 미혹해 뒤집히다. 바로 알지 못해 거꾸로인 사태를 말한다. 60권본『화엄경』권58(대정장9, p.769c13)에 "과거의 때에 수행한 업력과 청정한 마음으로 악행을 멀리 여의고 세간의 허망한 미혹과 뒤집힘 벗어난다. 以過去際 修身業力 及淸淨心 遠離惡行 超出世間 虛妄惑倒",『대법거다라니경』권10(대정장21, p.702a11)에 "만약 누군가 이 다라니경을 듣고서 의혹하는 마음이나 뒤집힌 생각을 일으키고 혹도를 일으키고 나서 또 그런 마음 한층 올려 거듭 비방하는 마음을 일으킨다면, 세존이시여! 저들은 무슨 까닭에 이 법을 비방하며 이와 같은 중생들이 어떻게 이 법문을 받아서 지니겠습니까? 若人聞是陀羅尼經 生疑惑心 起顚倒想 生惑倒已 更起增上重誹謗心 世尊 彼等何因能謗此法 如是衆生 云何受持是法門也",『불성론』권3(대정장31, p.806a10)에 "혹도란 진여를 거스름으로써 일으키는 모든 번뇌를 가리킨다. 惑倒者 違逆眞如故起一切煩惱 名爲惑倒"라고 하였다. 〔참고문헌〕『華嚴經』,『大法炬陀羅尼經』,『佛性論』,『法華經義記』권4(대정장33, p.618c29), *Gaṇḍ-vy.368.*

혹도 惑道 삼도(三道) 중 하나로 번뇌도(煩惱道)라고도 한다.『유마경무아소』권9(卍속장30, p.275b5)에 "두 번째, 혹도 그대로 반야임을 가리킨다. 무명・유・애를 씨앗으로 삼고, 탐・에・치를 씨앗으로 삼으며, 사전도를 씨앗으로 삼고, 오개를 씨앗으로 삼는다. 이들 네 법은 모두 번뇌도에 속한다. 미혹하면 지혜로 밝아도 어리석은 어둠이라 여기고, 깨달은즉 어리석음의 어둠 그대로 지혜의 밝음이라 안다. 二 指惑道卽般若 無明有愛爲種 貪恚癡爲種 四顚倒爲種 五蓋爲種 此之四法 皆煩惱道攝 迷之則卽智明 以爲癡暗 悟之則卽癡暗 以爲智明"라고 하였다. 〔참고문헌〕『維摩經無我疏』. ⇨ 번뇌도 煩

惱道, 삼도 三道, 삼독 三毒, 사전도 四顚倒, 오개 五蓋

혹란 惑亂 Ⓢ apa-saṃ-√hṛ, bhrānti, Ⓣ nor-ba. 미하여 어지러움. 『잡아함경』 권38(대정장2, p.282c28)에 "마음 머물 수 없으니 미혹하여 어지럽히니 모든 근들이 멋대로 흩어진다. 以不住心 惑亂心 諸根放散", 『대승기신론』(대정장32, p.582b4)에 "어떤 중생은 선근력이 없어 온갖 마・외도・귀신에게 혹란당하니, 좌선하는 중에 형체가 나타나 두려워하거나 어여쁜 남녀 등의 상이 나타나기도 한다. 이럴 경우 마땅히 오직 마음일 뿐 경계 바로 사라지리니 결코 어지럽지 않게 하리라. 或有衆生 無善根力 則爲諸魔外道鬼神之所惑亂 若於坐中 現形恐怖 或現端正男女等相 當念唯心 境界則滅 終不爲惱"라고 하였다. [참고문헌] 『雜阿含經』, 『大乘起信論』, *Saddh-p.476.*, *Laṅk.106.*

혹란지 惑亂智 바르게 보지 못해 번뇌로 어지러운 지. 다섯 가지 그럴듯한 사현량(似現量) 중 하나다. 현재세 경계에 대한 착오. 가령 눈앞에 현전해 있는 나무그루터기를 보고서 '사람이다'라고 착각하는 것 등이다. 『인명정리문론』(대정장32, p.8c19)에 "다만 이 중에서 (現境 이외에) 다른 경분을 요별하는 것은 현량이라 하지 않는다. 이에 기억(憶念)・추리(比度)・희망(悕求)・의심(疑智)・혹란지 등의 추애(Ⓢ mṛgatṛṣṇikā : 陽炎)・ 수(受)도 모두 현량이 아니니, 앞서 받은 분에 따라 분별한 것이기 때문이다. 이와 같이 일체 세속유중에서 (勝論에서 설하는 實句義로서) 물단지 등(이라는 실체)의 수등 거등과 유성・병성 등의 지는 모두 사현량이다. 실유중 다른 행상을 지어 임시로 합한 나머지 뜻으로 분별해 구르기 때문이다. 但於此中了餘境分不名現量 由此卽說憶念比度悕求疑智惑亂智等 於鹿受等皆非現量 隨先所受分別轉故 如是一切世俗有中甁等數等擧等有性甁性等智 皆似現量 於實有中作餘行相 假合餘義分別轉故", 『인명입정리론소』 권하(대정장44, p.140c18)에 "모든 존재하는 병과 옷 등을 요별하는 지는 실경에 딱 맞는 것이 아니다. 망분별로 일어났기에 분별지라 한다. 『인명입정리문론』에서 말한 바에 준하면, 다섯 가지 지가 있다. … 다섯째는 현세에 대한 혹란지이다. 이를테면 나무 그루터기를 보고서 '사람이다'라고 하거나 아지랑이를 보고서 '물이다'・'물단지다'・'옷이다' 등이라고 하는 것을 착란지라 한다. 모두 현량이 아니다. 사현량으로 거둔다. 謂諸有了甁衣等智 不稱實境 妄分別生 名分別智 准理門言 有五種智 … 五 於現世諸惑亂智 謂見杌爲人 覩見陽炎謂之爲水 及甁衣等名惑亂智 皆非現量 是似現收"라고 하였다. [참고문헌] 『因明正理門論本』, 『因明入正理論疏』. ⇨ 사현량 似現量, 현량 現量

혹루 惑累 혹의 쌓임. 알지 못해 거듭해 쌓인 번뇌의 무더기를 가리킨다. 『불성론』 권2(대정장31, p.796a2)에 "과에 이르는 때 아공법공과 합하여 다시는 혹루가 없어 번뇌에 물들지 않으니 이를 청정이라 한다. 若至果時 與二空合 無復惑累 煩惱不染 說名爲淸", 『인왕반야경소』 권상1(대정장33, p.319b13)에 "범부는 미혹에 쌓여 오음을 몸으로 여긴다. 성인은 속박없이 맑고 고고하여 오분법신을 몸으로 삼는다. 凡夫惑累 以五陰爲身 聖人淸高 以五分法身爲體", 『대반열반경집해』 권1(대정장37, p.380a11)에 "혹루 이에 사라지면 불러 해탈이라 한다. 惑累斯亡 稱爲解脫"라고 하였다. [참고문헌] 『佛性論』, 『仁王般若經疏』, 『大般涅槃經集解』.

혹무명 惑無明 십오종무명(十五種無明) 중 하나다. 선천적인 분별식과 근본수번뇌 등의 미혹을 말한다. 『대명삼장법수』 권34(영락장182, p.808b1)에 "열다섯째 혹무명 : 날 때부터 함께한 분별과 근본수번뇌 등의 혹을 말하는데, 이것이 혹무명이 된다〈구생분별이란 최초로 탁태시 일념의 식으로, 형과 더불어 나서 바로 있게 된 분별을 말한다. 근본수번뇌란 곧 전근본무명을 말한다〉. 第十五惑無明 謂俱生分別 及根本隨煩惱等惑 是爲惑無明〈俱生分別者 謂最初托胎一念之識 與形俱生 卽有分別也 根本隨煩惱者 卽前根本無明也〉"라고 하였다. [참고문헌] 『大明三藏法數』 권34(영락장182, p.808b1). ⇨ 십오종무명 十五種無明

혹선 翯仙 고려 충혜왕(忠惠王 재위 1330~1332, 1339~1344) 때 개성 홍법사(弘法寺 : 洪法寺) 스님. 학으로도 읽는다. [참고문헌] 『高麗史』 권36 忠惠王 後3年(1342) 6月 22日(辛酉)・4年(1343) 4月 5日(庚子). ⇨ 학선 翯仙, 홍법사 洪法寺 韓

혹업고 惑業苦 미혹(迷惑 Ⓢ kleśa)과 행업(行業 Ⓢ karma)과 고과(苦果 Ⓢ duḥkha). 탐진치(貪瞋癡)의 번뇌와 선악의 행위와 삼계에 생사유전하는 과보를 말한다. 미혹에 의한 행업과 행업에 의해 초래되는 과보를 차제로 표현한 것이므로 삼도(三道)라고도 한다. 번뇌업고(煩惱業苦)・혹업보(惑業報)・혹업사(惑業事)・혹업생(惑業生)이라고도 한다. 『성유식론』 권8(대정장31, p.43b19)에 "생사상속은 혹업고에 말미암는다. 업을 일으키고 생을 받게 하는 번뇌를 혹, 능히 후유를 감하는 모든 업을 업, 업에 이끌려 생겨난 온갖 고를 고라 하는데, 혹업고의 종자는 다 습기라 부른다. 生死相續由惑業苦 發業潤生 煩惱名惑 能感後有 諸業名業 業所引生 衆苦名苦 惑業苦種 皆名習氣", "앞의 두 습기는 생사고와 더불어 증상연이 되는데, 도와 고를 일으키기 때문이다. 세 번째 습기는 생사고를 바라 능히 인연을 짓는데, 직접 괴로움을 낳기 때문이다. 송해서 세 습기는 그에 상응하여 그대로 알아야 한다. 혹과 고를 취라 하는 것은 능취와 소취이기 때문이니, 취는 취의 뜻이다. 업은 이름을 얻지 못한다. 前二習氣 與生死苦 爲增上緣 助生苦故 第三習氣 望生死苦 能作因緣 親生苦故 頌三習氣 如應當知 惑苦名取 能所取故 取是著義 業不得名", 같은 책 권8(대정장31, p.45a4)에 "'혹업고 셋으로 십이지를 거둔다'란 무슨 뜻인가? 무명・애・취는 혹으로 거두고, 행과 유의 일분은 업으로 거두며, 나머지 칠지와 유의 일분은 고로 거둔다. 惑業苦三 攝十二者 無明愛取 是惑所攝 行有一分 是業所攝 七有一分 是苦所攝", "어떤 곳에서는 업은 유를 전부 거둔다고 한 것은 마땅히 알지니 저 업에 기대어서 유를 설한 것이다. 어떤 곳에서는 식을 업으로 거둔다고 한 것은 업종자를 식지라 하기 때문이다. 혹과 업으로 불러들인 것만 고라 한 것은 오직 고제로 거두어 싫어함 내도록 하기 위함이다. 혹업고 바로 십이지이므로 이것이 능히 생사를 이어 끊이지 않게 한다. 有處說業全攝有者 應知彼依業有說故 有處說識業所攝者 彼說業種爲識支故 惑業所招 獨名苦者 唯苦諦攝 爲生厭故 由惑業苦卽十二支 故此能令生死相續"라고 하였다. 〔참고문헌〕『成唯識論』. ⇨ 번뇌업고 煩惱業苦, 혹업사 惑業事, 혹업생 惑業生, 연업생 緣業生

혹업사 惑業事 Ⓢ kleśa-karma-vastu, Ⓣ nyon-mongs-pa-dang las-dang-gzhi. 혹업고(惑業苦)를 십이지(十二支)에 배대해 일컫는 말. 『구사론』 권9(대정장29, p.49a18 : *Abh-k-bh.*, p.134)에 "여기서 연기문을 설하는데 비록 십이지가 있을지라도 셋이나 둘로 자성을 삼는다. 셋이란 혹업사를 말하고, 둘이란 과와 인을 말한다. 그 뜻 어떠한가? 此說緣起門 雖有十二支 而三二爲性 三謂惑業事 二謂果與因 其義云何 eṣa dvādaśāṅgaḥ pratītyasamutpādastrisvabhāvo veditavyaḥ. kleśa-karma-vastūni", "〔논〕 무명과 애와 취는 번뇌가 성이고, 행과 유는 업을 성으로 하며, 그 이외의 식 등 일곱은 사로 성을 삼는다. 번뇌와 업이 의지하는 것이기 때문이다. 이러한 일곱 가지 사는 또한 과라고도 하는데, 뜻에 준하면 그 이외의 다섯 가지는 역시 인이라고도 하니, 번뇌와 업으로 자성을 삼기 때문이다. 論曰 無明愛取 煩惱爲性 行及有支 以業爲性 餘識等七 以事爲性 是煩惱業所依事故 如是七事卽亦名果 義准餘五卽亦名因 以煩惱業爲自性故 trīṇy-aṅgāni kleśa-svabhāvāny-avidyā-tṛṣṇepādānāni. dvayaṃ karma. aṅga-dvayaṃ karma-svabhāvaṃ saṃskārā bhavaś-ca. sapta vastu. sapta-aṅgāni vastu-svabhāvāni vijñāna-nāma-rūpa-ṣaḍ-āyatana-sparśa-vedanā-jāti-jarā-maraṇāni. kleśa-karma-āśrayatvāt. yathā ca vastu sapta-aṅgāni. phalaṃ thatā. saptaivāṅgāni phala-bhūtāni. śeṣāṇi pañca hetu-bhūtāni. karma-kleśa-svabhāva-bhūtatvāt", 『순정리론』 권29(대정장29, p.509a15)에 "어찌하여 이 세 가지를 종자 등과 서로 상사하다고 하는가? 예를 들면 종자 쫒아 싹과 잎 등이 생기듯이, 번뇌로부터 번뇌하는 업과 사가 생겨난다. 마치 용이 못을 지켜 물이 항상 마르지 않듯이, 번뇌가 상속을 얻어 생사의 연못을 지키니 혹업사가 흘러들기를 다함이 없이 한다. 如何此三種等相似 如從種子芽葉等生 如是從煩惱生煩惱業事 如龍鎭池水恒不竭 如是煩惱得相續鎭生池 令惑業事流注無盡", "풀뿌리 뽑지 않으면 싹을 베고 또 베어도 다시 살아나듯이, 번뇌뿌리를 성도로 뽑지 않으면 싹과 이삭을 낳아서 끊고 또 끊어도 다시 생겨난다. 나무줄기 쫒아 빈번히 가지와 꽃과 열매가 생겨나듯이, 혹을 쫒아 혹업사가 거듭 일어난다. 如草根未拔 苗剪剪還生 如是煩惱根 未以聖道拔 令生苗稼 斷斷還起 如從樹莖頻生枝花果 如是從惑數起惑業事"라고 하였다. 〔참고문헌〕『俱舍論』, 『順正理論』, *Abh-k-bh.* ⇨ 혹업고 惑業苦, 십이인연 十二因緣

혹업생 惑業生 Ⓢ kleśa-karma-janma, Ⓣ nyon-mongs-pa-dang-las-dang-skye-ba. 미혹(迷惑)과 행업(行業)과 생사과(生死果). 혹업고(惑業苦)・혹업보(惑業報)・혹업사(惑業事)와 같은 말이다. 『대승장엄경론』 권2(대정장31, p.597b14 : *Sūtr.*, p.19)에 "보살 마땅히 사유해야 하리. '스스로에게든 다른 이에게든 갖가지로 급하게 엮여 있으니, 곧 혹업생이다. 이 묶임 풀기 위해서는 저 성문 너머 백배로 정진하여 해야 할 일을 해야 한다'. 菩薩應思 若自若他 有種種急縛 謂惑業生 爲解此縛 應須百倍精進 過彼聲聞 作所應作 hi sa vīryaṃ kartum arhati śrāvaka-vīryāt tathā hi sva-para-bandhanair vividhair atyarthaṃ baddhaḥ kleśa-karma-janma-svabhāvaiḥ", 『화엄경탐현기』 권10(대정장35, p.296c18)에 "우선 '어느 곳에서 해탈하는가?'란 해탈할 곳을 물은 것이다. 모든 길은 곧 여섯 갈래 길이다. '혹업생'이라 하였으니 번뇌야말로 바로 육도의 연이고, '업'은 육도의 인(因)이며, '생'은 육도의 과(果)다. 육도는 이 셋을 벗어나지 않기에 (이것을) 멀리 여의는 것을 '해탈'이라고 한다. 先 何處解脫者 問所脫之處 諸道卽六道也 惑業生者 煩惱是道緣 業是道因 生是道果 六道不出此三 故遠離名解脫也"라고 하였다. 〔참고문헌〕『大乘莊嚴經論』, 『華嚴經探玄記』, *Sūtr.*

혹연론 或然論 자이나교의 상대주의적 논법인 스야드와다(Ⓢ syādvāda)를 근대 중국어로 번역한 말. ⇨ 부정주의 不定主義

혹잡염 惑雜染 Ⓢ kleśa-saṃkleśa. 혹(惑 Ⓢ kleśa)에 의해 갖가지로 물들다. 삼잡염(惑業苦) 중 하나로 일

체번뇌(一切煩惱)와 수번뇌(隨煩惱)로 물든다. 번뇌잡염(煩惱雜染)이라고도 한다. 『유가사지론의연』 권8(금장120, p.382a13)에 "먼저 다시 셋으로 나눈다. 첫 번째, 두 송을 푸는 것이니 혹잡염에 의지하여 두 진실(世俗諦·勝義諦)을 밝힌다. 두 번째, 두 송을 풀기 위해 업잡염에 의지하여 두 진실의 상을 밝힌다. 세 번째, 네 송을 푸는데 고잡염에 의지하여 두 진실의 뜻을 밝힌다. 初復分三 一 釋二頌 依惑雜染 明其二諦 二 釋兩頌 依業雜染 明二諦相 三 釋四頌 依苦雜染 明二諦理", 『대명삼장법수』 권8(영락장181, p.678b1)에 "번뇌잡염이란 또한 혹잡염이라고도 한다. 신견·변견 및 탐진치 등의 일체번뇌가 모두 능히 심식을 물들여 청정치 못하게 하기 때문이다. 煩惱雜染者 亦名惑雜染 謂身見邊見 及貪瞋癡等 一切煩惱 皆能染汙心識 令不淸淨故也"라고 하였다. [참고문헌] 『瑜伽師地論義演』, 『大明三藏法數』, 『成唯識論訂正』 권6, *Yogā-bh.160.* ⇨ 번뇌잡염 煩惱雜染, 삼잡염 三雜染, 혹 惑, 수번뇌 隨煩惱

혹장 惑障 Ⓢ kleśa-āvaraṇa, Ⓣ nyon-mong-pa'i sgrib-pa. 혹(惑 Ⓢ kleśa)으로 가리다. 이장(煩惱 所知) 중 번뇌장이고, 소지장은 지장(智障)이라 한다. 『대승본생심지관경』 권7(대정장3, p.324b24)에 "팔만사천총지문으로 능히 혹장 버리고 마군을 부수네. 대성법왕방편력과 세 가지 법요로 중생을 교화하네. 가르침의 그물을 생사의 바다에 드리워 저 인천을 안락처로 데려다주네. 八萬四千總持門 能除惑障銷魔衆 大聖法王方便力 三種法要化衆生 敎網垂於生死海 置彼人天安樂處", 『인왕호국경』 권상(대정장8, p.834c15)에 "다시 무량무수보살마하살은 실지평등으로 혹장을 영원히 끊고 방편선묘로 크나큰 행원을 일으켰다. 復有無量無數菩薩摩訶薩 實智平等 永斷惑障 方便善巧 起大行願", 『섭대승론』 권상(대정장31, p.118a12 : *Mah-saṃ.*, p.24)에 "아라한과 독각은 홑으로 혹장만을 사라지게 하고, 여래께서는 쌍으로 혹장과 지장, 두 장애를 모두 없애신다. 阿羅漢獨覺 單滅惑障 如來雙滅惑智二障 dgra bcom pa dang rang sangs rgyas dang de bzhin gshegs pa rnams kyi ni nyon mongs pa'i sgrib pa mtha' dag bton pa'i mtshan nyid do. nyon mongs pa dang shes bya'i sgrib pa mtha' dag bton pa'i mtshan nyid de ci rigs su sbyar ro"라고 하였다. [참고문헌] 『大乘本生心地觀經』, 『仁王護國經』, 『攝大乘論』, *Mah-saṃ., Sūtr.182.* ⇨ 이장 二障❶

혹장소애 惑障所礙 Ⓢ saṃmoha-āvaraṇa, Ⓣ rmongs-pa'i-sgrib-pa. 혹장으로 가리울 수 있는 것. 자세히 바로 볼 수 없는 것들을 말한다. 『유가사지론』 권15(대정장30, p.357b5)에 "드러나 볼 수 없는 것이 아닌 현량이란 다시 네 가지다. … (넷째는) 장애가 없기 때문이다. … 장애가 없는 경우는 다시 네 가지다. … 넷째는 혹장으로 가리우지 않는다. … 혹장으로 가리우는 것이란, 환화로 지은 것 또는 색상이 수승한 것 또는 서로 거듭해 상사한 것들 또는 내적으로 만들어진 것으로서 눈병와서 보는 것, 혼몽, 기절하거나 취해 방일하는 것, 또는 거듭되는 광증, 이와 같은 등류는 이름 붙여 혹장이라 한다. 非不現見現量者 復有四種 … 無障礙故 … 無障礙者 復有四種 … 四非惑障所礙 … 惑障所礙者 謂幻化所作 或色相殊勝 或復相似 或內所作 目眩惛夢 悶醉放逸 或復顚狂 如是等類 名爲惑障", 『유가론기』 권5(대정장42, p.412c18)에 "'색상이 수승한 것'이란 혜경(惠景)이 말하길 마치 '마치 가장 아름다운 여인을 보고서 그 마음이 혹란되어 분명하지 못하게 됩이다'라고 하였고, 규기(窺基)는 '태양빛의 위세 때문에 눈으로 보더라도 볼 수 없으니 색상 강력하기 때문이다'라고 하였다. '서로 상사한 것'이란, 가령 콩 한 톨이 콩더미에 있으면 분간하기 어려워 무엇인가 의심하기 때문이다. 或色相殊勝者 景云 如見第一女色其心惑亂不分明 基云 日光威勢眼見不覩色相勝故 或復相似者 如豆在豆聚心生疑"라고 하였다. [참고문헌] 『瑜伽師地論』, 『瑜伽論記』.

혹장지장 惑障智障 혹장과 지장. 번뇌장(煩惱障 Ⓢ kleśa-āvaraṇa)과 소지장(所知障 Ⓢ jñeya-āvaraṇa)을 말한다. 『대장엄경론』 권13(대정장31, p.659a8)에 "혹장과 지장이라는 땔감을 능히 불태우니 이것이 염혜라는 것이다. 보살은 제4지 중에서 보리분혜로 화염(焰)의 자성을 삼고, 혹장과 지장의 두 가지를 땔감의 자성으로 삼는다. 이 지의 보살은 능히 지혜의 불꽃을 일으켜 두 가지로 장애하는 땔감을 태우기에 염혜지(Ⓢ arciṣmatī bhūmi)라 한다. 惑障智障薪能燒是焰慧者 菩薩於四地中以菩提分慧爲焰自性 以惑智二障爲薪自性 此地菩薩能起慧焰燒二障薪故名焰慧地"라고 하였다. [참고문헌] 『大乘莊嚴經論』. ⇨ 번뇌장 煩惱障, 소지장 所知障, 이장 二障❶, 염혜지 焰慧地

혹지이장 惑智二障 혹장(惑障)과 지장(智障). 번뇌장과 소지장을 말한다. 『섭대승론석』 권7(대정장31, p.424b28)에 "또 저 큰 구름이 허공을 덮어 가리듯, 이와 같이 일체법지를 모두 거둬 연해서 허공과 같이 광대하고 무변한 혹지 두 장애 덮고 가린다. '덮고 가린다'는 것은 떨어지게 하고 끊는 뜻이다. 又如大雲覆隱虛空 如是總緣一切法智 覆隱如空廣大無邊惑智二障 言覆隱者 隔義斷義", 『섭대승론』 권상(대정장31, p.118a12)에 "아라한과 독각은 단지 혹장만을 멸할 뿐이고, 여래는 혹장과 지장을 모두 멸한다. 阿羅漢獨覺單滅惑障 如來雙滅惑智二障", 『주대승입능가경』 권5(대정장39, p.472a2

7)에 "따라서 인법 두 무아를 깨달으며, 혹과 지의 두 장을 버려서 분단과 변역의 두 생사를 여의며, 현행과 습기의 두 번뇌를 끊는다는 것이니, 이에 모든 부처님의 몸이고 바탕이다. 故云覺人法二無我 除惑智二障 離分段變易二死 斷現行習氣二煩惱 是故名爲諸佛體性"라고 하였다. [참고문헌]『攝大乘論釋』, 『攝大乘論』, 『注大乘入楞伽經』. ⇨ 번뇌장 煩惱障, 소지장 所知障, 이장 二障 ❶

혹취지괴 惑趣之乖 취에 사로잡혀 어긋나다. 미리 나아갈 뜻(理) 정한 채로여서 언젠가는 어긋난다. 『십이문론』「서 序」(대정장30, p.159b7)에 "만약 단 하나 리에 다하지 못한즉 온갖 다른 주장 어지럽게 일어나 혹취로 어긋남 있게 되고, 하나인 근원을 다하지 못한즉 온갖 길 붙들어 있게 해서 다른 길로 가는 자취 생겨나게 된다. 이 달리 가는 것 고르게 하지 못하게 되고 어긋나 나아감도 없애지 못하니 보살의 근심이다. 이에 용수보살께서 벗어나고자 하는 이가 의지할 만한 길을 열어주고자 『십이문론』을 지어 바로잡았다. 若一理之不盡 則衆異紛然 有惑趣之乖 一源之不窮 則衆途扶疏 有殊致之迹 殊致之不夷 乖趣之不泯 大士之憂也 是以龍樹菩薩開出者之由路 作十二門以正之", 『십이문론소』「서 序」(대정장42, p.172a6)에 "리에 다하지 못했기에 육도가 있게 된 것이다. '혹취의 어그러짐'이라 하였는데, '혹'은 미이고 '취'는 리다. 하나인 도에 미하기에 육도가 있게 된다. '하나인 근원을 궁구하지 못해 온갖 길 곁가지쳤다'라고 하였는데, '온갖'은 많다는 것이고 '길'이란 도를 말한다. 원을 궁구하지 못해서 삼승이라는 다른 길 내지 (소승)오백부가 있게 된 것이다. '가지쳐 멀어졌다'란 넓어지고 불어났다는 뜻이다. 달리 치달은 자취란, '차'란 다르게 됨이고, 이치란 리이고, 자취란 족적을 말한다. 즉 삼승의 족적이 사라져 고요할 수 없으니, 어떻게 성불할 수 있겠는가? 以不盡理故有六道 惑趣之乖 惑者迷也 趣者理也 謂迷一道故成六道 一原之不窮則衆途扶疎者衆謂多也 途卽道 以不窮原故 有三乘異道乃至五百部也 扶疎謂開廣增盛之義耳 殊致之迹者 殊者異也 致理也 迹謂足迹 卽三乘足迹而不泯寂 何猶得成佛耶"라고 하였다. [참고문헌]『十二門論』, 『十二門論疏』.

혹취지도 惑趣之徒 갈 길(趣) 정해 놓고 굳게 지켜서 오히려 미혹한 무리. 이승(二乘)을 말한다. 취(趣)란 이(理)라 하였으니 이에 미혹한 뜻이다. 『중론』「서 序」(대정장30, p.1a15)에 "도속이 같이 할 수 없고, (생사와 열반 등) 이제 사라지게 하지 못하니 보살의 근심이다. 이에 용수대사께서는 쪼개어 이를 중도로써 혹취의 무리로 하여금 그윽한 뜻을 바라 단번에 변하게 하고 싸잡아 곧바로 교화하였으니, 까마득히 깨우치려는 나그네로 하여금 조철을 따져 묻는 일 없도록 하였다. 道俗之不夷 二際之不泯 菩薩之憂也 是以龍樹大士 析之以中道 使惑趣之徒望玄指而一變 括之以卽化 令玄悟之賓喪諮詢於朝徹", 『중관론소』「중론서소」(대정장30, p.1a15)에 "또 장차 중도의 리로 이제 부수어 가지런히 하기에 '이를 부수어 중도로써 한다'고 한 것이다. '혹취의 무리로 하여금 현지 바라서 하나로 변하도록 한다' 하였는데, '혹'이란 미혹이고 '취'란 이(理)를 말하는데 이에 미혹된 사람들은 이승을 견고하게 집착하는 이들을 말하니, 이들이 대승보살을 얻게 한다는 것이다. '현지'란 이 논서를 말하니, 이 논서의 거듭 현을 말한 것을 빌어 이승의 집착을 바꿈으로써 얻을 것 있는 보살로 돌이켜 함께 둘 아닌 것에 돌아가게 함을 '단번에 변하도록 한다'라고 한 것이다. 又將中道之理折二際令齊 故言折之以中道 使惑趣之徒望玄指而一變者 惑者迷也 趣者理也 謂迷理之人 卽是封執二乘 有所得大乘菩薩 玄指者 卽是斯論藉斯論重玄之言 因改二乘之執 迴有所得菩薩 同歸不二故名爲一變"라 하였다. [참고문헌]『中論』, 『中觀論疏』.

혹탁 惑濁 Ⓢ kleśa-kaṣāya, Ⓣ nyon-mongs-pa'i-snyigs-ma. 오탁(五濁) 중 하나. 번뇌로 깨끗지 못함. 신역은 번뇌탁(煩惱濁)이다. 『구사석론』 권9(대정장29, p.221c29 : *Abh-k-bh.*, p.183)에 "어째서 수명이 백 세 아래일 때는 (부처님께서) 출현하지 않으시는가? 이 때에는 오탁이 치성하기 때문이다. … 셋째는 혹탁이고, 넷째는 견탁이다. … 겁이 감소하여 장차 그 종말 때가 되면 목숨 등의 다섯 가지가 가장 거칠고 가장 하열하여 찌꺼기와 같게 되기에 탁이라 한다. … 또 이 두 가지 탁(혹탁과 견탁)으로 인해 도와 선한 일이 감하기 때문이다. 왜 그러한가? 이 두 가지 탁으로 인해 모든 중생은 경을 바라 즐기거나 스스로 고행을 반복하며, (혹탁은) 재가의 도와 선한 일을 (견탁은) 출가의 도와 선한 일을 쇠퇴시키기 때문이다. 云何不於百下時出 於此時中五濁熾盛 … 三 惑濁 四 見濁 … 下劫將末命等五最麤最下 已成滓故 說名爲濁 … 復由二濁損減助善 何以故 因此二濁 有諸衆生 多修習欲塵樂行及自苦行 能損在家出家助善 kasmān-na śatāt. tadā hi pañca kaṣāyā abhyutsadā bhavanti. … kleśakaṣāyaḥ dṛṣṭikaṣāyaḥ … apakarṣasyādhastāt pratyavarā āyurādayaḥ kiṭabhūtatvāt kaṣāyā ucyante … dvābhyāṃ kuśalapakṣa-vipattiḥ. kāmasukhallikā'tmaklamatha-anuyogādhikārāt gṛhi-pravrajita-pakṣayor-vā"라고 하였다. [참고문헌]『俱舍釋論』, *Abh-k-bh.* ⇨ 번뇌탁 煩惱濁, 오탁 五濁, 탁 濁 ❶

혼 昏 ❶ 어두워 어리석음. 지혜(明) 없는 뜻이다. 『장아함경』 권4 「유행경 遊行經」(대정장1, p.26c16)에 "일체 어두운 중생(萌類)들은 모두 마땅히 모든 음 버려야 하리. 부처님은 위없이 높으시어 세간에 짝할 이 없다네. 一切昏萌類 皆當捨諸陰 佛爲無上尊 世間無等倫", 『수능엄의소주경』 권3(대정장39, p.870b10)에 "두렷해 실다운 지혜가 없기에 '혼'이라고 한다. 無圓實智故名昏"라고 하였다. 〔참고문헌〕『長阿含經』, 『首楞嚴義疏注經』, 『菩提行經』 권2(대정장32, p.548b11). ⇨혼매 昏昧, 혼침 昏沈 ❷저녁. 해질녘. 『선생자경』(대정장1, p.253a3)에 "해태는 여섯으로 변한다. 마땅히 알라. 어떤 것들이 그 여섯인가? 배가 불러 일하지 않고, 배가 고파도 일하지 않는다. 추워도 일하지 않고, 더워도 일하지 않는다. 동틀녘에도 일하지 않고, 해질녘에도 일하지 않는다. 이미 이런 악습이 있다면 해야 할 일 망칠 것이다. 미치지 못한 재물 얻지 못할 것이고 이미 얻은 것 사라지리니, 과거에 쌓아놓은 것마저 다하리라. 怠惰有六變 當知 何謂六 飽不作 飢不作 寒不作 熱不作 晨不作 昏不作 已有斯惡 則廢事業 未致之財不獲 旣獲者消宿儲耗盡"라고 하였다. 〔참고문헌〕『善生子經』.

혼 惛 Ⓢstyāna, Ⓣrmugs-pa. 몸과 마음 모두 무겁기만 해서 견뎌 감당할 자성이 없는 뜻이다. 혼침(惛沈)과 같다. 『구사론』 권4(대정장29, p.19c8 : *Abh-k-bh.*, p.56)에 "혼이란 혼침을 말하는 것으로, 대법 중에 설하길 '무엇을 혼침이라 하는가? 몸의 무거운 성과 마음이 무거운 성, 몸으로 감당할 성과 마음의 (善法을) 감당할 성이 없어 몸의 혼침성과 마음의 혼침성을 혼침이라 한다'라고 하였다. 이 이름의 혼침은 심소인데, 어째서 몸에 대해서도 말하는 것인가? (五識과 상응하는 受를) 신수라고 말하는 경우와 같으니 따라서 또한 과실은 없다. 惛謂惛沈 對法中說 云何惛沈 謂身重性心重性 身無堪任性 心無堪任性 身惛沈性 心惛沈性 是名惛沈 此是心所 如何名身 如身受言 故亦無失 styānaṃ katamat. yā kāyagurutā cittagurutā kāyākarmaṇyatā. cittākarmaṇyatā kāyikaṃ satyānaṃ caitasikaṃ styānam ity uktam abhidharme. kathaṃ caitasiko dharmaḥ kāyika ity ucyate. yathā kāyikī vedanā", 『구사론기』 권4(대정장41, p.77a21)에 "혼이란 혼매이고, 침이란 침중의 뜻이다. 『순정리론』 권11에서 '가벼이 하고 안정되게 해서 다스린다'라고 하였다. … 〔문〕 몸은 색취이고 이 혼침은 심소인데 어째서 몸에 대한 것도 말하는 것인가? … 〔답〕 수와 같다. 오식과 상응하지만 몸에 의지해 일어나기에 신수라 이름한다. 惛謂惛昧 沈謂沈重義也 正理論云 輕安所治 … 問 身是色聚 此惛沈是心所 如何名身 … 答 如受 五識相應依身起故 名身受"라고 하였다. 〔참고문헌〕『俱舍論』, 『俱舍論記』, 『順正理論』 권11(대정장29, p.391c12), *Abh-k-bh.* ⇨혼침 惛沈, 혼매 昏昧

혼 溷 Ⓟasuci. 더러운 것들 모인 곳. 뒷간. 측(厠)과 같은 뜻이다. 『니리경』(대정장1, p.908c12)에 "부처님께서 이렇게 말씀하셨다. '어떤 벌레는 냄새나는 곳에서 나고, 냄새나는 곳에서 죽으며, 냄새나는 곳에서 자란다. 어떤 것이 냄새나는 곳에서 나는가? 습지의 벌레·도랑의 벌레·뒷간의 벌레 등 이와 같은 무리는 많다. 사람이 평생토록 세상에 살면서 마음으로 악한 생각 하고, 입으로 악한 말을 하며, 몸으로 악행을 하면, 죽은 다음에는 이런 벌레 되어 고난을 겪음이 이와 같다'. 佛言 有虫豸 生於臭中 死於臭中 長於臭中 何等爲生於臭中 濕地虫 溝邊虫 溷中虫 如是之屬衆多 其人平生 在世間時 心念惡 口言惡 身行惡 死後以來 作是虫豸 勤苦如是", 『육도집경』 권4(대정장3, p.23c7)에 "내가 부처님을 뵙기 전에는 저 요사스런 것들 섬겨 마음에 둔 채로 온갖 삿된 것을 입으로 말하며, 몸으로는 행하여 사도로 더렵혀지니 그 냄새 배인 것이 저 뒷간보다 심했다. 똥으로 더렵혀진 것 씻을 수 있지만 사도로 물들면 버리기 어렵다. 숙세의 복에 힘입어 부처님 나신 세상에 나서 뵈옵고 맑은 가르침에 목욕하고 악취 버리고 향기에 젖으니, 안팎의 청정함이 마치 하늘의 진주와 같다. 저 부처님을 뵙지 못하여 네 가지 영원할 수 없는 것 모르는 이 뜻 나아감을 보건대 마치 미치광이가 술에 취한 듯하니, 어진 무리와 친하지 않고 십악에 의지하는 이는 늑대나 이리와 함께 어울릴 뿐이다. 吾未覩佛時 事彼妖蠱 心存口言身行諸邪 邪道穢化 其爲臭汚 甚彼溷矣 屎汚可洗 穢染難除 賴蒙宿祚 生値佛世 沐浴淸化 去臭懷香 內外淸淨 猶天眞珠 夫不覩佛 不知四非常者 觀其志趣 猶狂者醉之以酒矣 不親賢衆 而依十惡者 其與豺狼共檻乎"라고 하였다. 〔참고문헌〕『泥犁經』, 『六度集經』, *MN.3.168.*

혼가 渾家 온 집안. 집안 사람. 모두들. 『굉지광록』 권3(대정장48, p.33a2)에 "집안에 부모 신령 모실 상은 없고, 온 집안 누구도 상복을 입지 않는다. 屋裏無靈床 渾家不著孝"라고 하였다. 〔참고문헌〕『宏智廣錄』.

혼계 渾界 온 세상. 『조선불교통사』 상편(대장경보편31, p.387a23)에 "때가 한밤으로 접어들었음에도 여전히 대낮처럼 밝았고 온 세상이 금색으로 변하더니 사흘이 지나서야 그쳤다. 時夜將半 猶如白晝 渾界作金色 三日乃歇"라고 하였다. 〔참고문헌〕『朝鮮佛敎通史』.

혼고 昏鼓 해질녘 치는 북. 저녁종(夕鐘)이라고도 하며 새벽녘에 치면 효고(曉鼓)라고 한다. 『백장청규』 권8 「경고 更鼓」(대정장48, p.1156a29)에 "아침 저녁을 평하게 3통을 친다. 나머지는 점점 차를 둬서 친다. 고사가 주관한다. 早晩平擊三通 餘隨更次擊 庫司主之", 『선림상기전』 권27 「혼고」(대장경보편19, p.731b12)

에 "도충이 말한다. '초경 1점(點 : 24분) 이전에 북을 울리되 3통을 친다. 이를 혼고라고 한다〈이십오점처를 보라〉'. … 옛 설에 전한다. '혼고・효고를 치는 법은 먼저 고상(鼓磉)을 어슷쳐서 3통을 친다. 1통은 120과(撾)이니, 3통은 도합 360과다. 다음으로 북을 울리되 3통을 친다. 역시 1통은 120과이니, 3통은 도합 360과다. 아마도 1년의 날짜를 표한 것이리라. 혼고는 처음에는 크게 쳐 큰 소리를 내고 그런 다음 점점 작게 쳐 작은 소리를 내니, 이는 해가 지는 모습을 본뜬 것이다. 효고는 반대로 한다. 처음에는 작게 쳐 작은 소리를 내고 그런 다음 점점 크게 쳐 큰 소리를 내니, 이는 해 뜨는 모습을 본뜬 것이다'. 忠曰 初更一點已前 鳴鼓三通 此爲昏鼓〈見二十五點處〉 … 舊說曰 擊昏曉鼓法 先戛鼓磉三通 每通一百二十撾 三通 合三百六十撾 次鳴鼓三通 復每通一百二十撾 三通 合三百六十撾 蓋表一歲日數矣 昏鼓 初大擊大聲 後漸小擊小聲 以象日沒 曉鼓反之 初小擊小聲 後漸大擊大聲 以象日出焉"라고 하였다. 〔참고문헌〕『百丈清規』, 『禪林象器箋』. ⇨ 고 鼓, 대종백팔추 大鐘百八搥

혼구 昏衢 어두운 거리. 무명(無明)으로 어두운 사바세계를 비유한다. 『인왕호국경』 권상 「서문 序文」(대정장8, p.834b20)에 "충분하게 온갖 해와 달 등 여러 가지가 떠서 어두운 거리를 훤히 밝힐 수 있고, 윤택하게 구름이 비 되어 적시니 동식물을 넘쳐나게 할 수 있다. 足可 懸諸日月 大燭昏衢 潤之雲雨 橫流動植", 『대보적경』 권1 「서문 序文」(대정장11, p.1a14)에 "두렷이 밝아 청정한 나라 열고 방편의 선문을 이끌어서 지혜의 볕으로 어두운 거리에 빛나게 하며 자비의 구름으로 무너진 집들마저 깨끗이 한다. 闢圓明之淨域 啓方便之禪門 慧晷耀於昏衢 慈雲淸於朽宅", 『보왕삼매염불직지』 권하(대정장47, p.378b24)에 "영명지각선사와 장로자각선사 등 이 대성의 스승들은 그 행이 인천을 뛰어넘고 덕은 삼유에 임하시니 어두운 거리 높이 뜬 지혜의 태양이셨다. 永明智覺禪師 長蘆慈覺禪師 此大聖師 行超人天 德臨三有 揭昏衢之慧日"라고 하였다. 〔참고문헌〕『仁王護國經』, 『大寶積經』, 『寶王三昧念佛直指』.

혼구 婚媾 Ⓢ āvāha-vivāha, Ⓣ bag-ma-len-pa-dang-bag-ma-gtong-ba. 혼인으로 엮다. 결혼구(結婚媾)라고도 한다. 『유부율잡사』 권30(대정장24, p.352c2)에 "그때 득차장자가 구답마에게 말하였다. '어떤 방편을 써야 우리가 죽은 뒤에도 모든 자손들이 함께 친애하며 서로 멀어지지 않게 될까?' 구답마가 말하기를 '그 말 훌륭하다. 이제 함께 배 안의 사돈(指腹之親)이 되도록 하자. 우리 두 집에서 만약 남자와 여자를 낳거든 함께 결혼을 하도록 하자'라고 하니, 득차장자는 말했다. '그렇다. 내 뜻도 그와 같다'. 時 得叉長者 告瞿答摩曰 作何方便 我等歿後 所有子孫 共爲親愛 不相疎隔 瞿答摩曰 善哉斯語 今 可共作 指腹之親 我等二家 若生男女 共爲婚媾 彼言 可爾 我意同然", 『천지팔양신주경』(대정장85, p.1424a6)에 "세존이시여, 모든 범부는 혼인 맺어 친척이 되는데, 먼저 서로 마땅한가를 묻고 그 후에 길일을 골라서 비로소 결혼을 하지만, 결혼을 한 후에 부귀하여 해로하는 사람은 적고 빈궁하게 살다가 이별하고 사별하는 사람은 많습니다. 한가지로 삿된 것 믿거늘 어찌하여 이런 차별이 있습니까? 바라옵건대 세존께서 중생의 의문을 풀어주시옵소서. 世尊 一切凡夫 皆以婚媾爲親 先問相宜 後取吉日 然始成親 成親之後 富貴偕老者少 貧窮生離死別者多 一種信邪 如何而有差別 唯願世尊 爲決衆疑"라고 하였다. 〔참고문헌〕『有部律雜事』, 『天地八陽神呪經』, *Bodh-bh.182.*

혼구 混丘 1250~1322. 고려후기 스님. 혼구는 휘이고, 자호는 무극노인(無極老人), 자는 구을(丘乙), 처음 이름은 청분(淸玢), 시호는 보감국사(寶鑑國師), 탑호는 묘응탑(妙應塔), 속성은 김씨, 아버지의 휘는 홍부(弘富), 어머니는 황려 민씨(黃驪閔氏)니, 아들이 없어 복령사(福靈寺 : 개성) 관세음보살님께 기도하여 1250년(고종37) 7월 27일 청풍군(淸風郡 : 충청북도 제원군 청풍면)에서 태어났다. 10세 때인 1259년(고종46) 무위사(無爲寺)로 찾아가 천경(天鏡)스님을 은사로 하여 스님이 되었다. 구산선과(九山選科)에 응시하여 상상과(上上科)로 합격하였으나, 명예를 버리고 보각국존 목암일연(寶覺國尊睦庵一然)으로부터 수학하고 법을 이어받아 제자가 되었다. 충렬왕(재위 1274~1308) 때 대선사로 비서(批署)를 받았으며, 충선왕(재위 1309~1313) 때 양가도승통(兩街都僧統)이 되고 대사자왕법보장해국일(大師子王法寶藏海國一)이라는 존호를 받았다. 1313년(충선왕5) 3월 충선왕이 충숙왕에게 전위(傳位)하고 영안궁(永安宮)에 있을 때, 여러 차례 중사(中使)를 보내어 스님을 청하여 불교에 대해 담론하였다. 이어 왕사로 책봉하였으며, 왕명으로 밀양 영원사(瑩源寺) 주지에 취임하였고, 1322년(충숙왕9) 개성 송림사(松林寺)로 옮겼다가 바로 그 해 10월 30일 세수 73, 법랍 63세를 일기로 입적하였다. 저서에는 『어록』 2권, 『가송잡저 歌頌雜著』 2권, 『신편수륙의문 新編水陸儀文』 2권, 『중편염송사원 重編拈頌事苑』 30권 등 모두 36권을 남겼으나 모두 일실되고 전하는 것이 없다. 이제현(李齊賢)이 비문을 지어서 세운 비가 밀양 자씨산(慈氏山) 영원사(瑩源寺)에 있다. 〔참고문헌〕『益齋亂稿』, 『朝鮮佛敎通史』 권하 pp.364~366. ⇨ 보감국사어록 寶鑑國師語錄, 영원사지보감국사묘응탑비 瑩源寺址寶鑑國師妙應塔碑, 영원사지보감국사부도 瑩源寺址寶鑑國師浮屠, 중편염송사원 重編拈頌事苑

혼귀 溷鬼 뒷간 귀신. 『정법화경』 권10(대정장9, p.133a8)에 "최후말세인 오탁악세에 어느 비구가 있어 … 이 경을 수지하면 모두 호위하여 마파순(Ⓢ Pāpīyas)도 어지럽히지 못하게 하며, 그리고 여러 관속 … 뒷간 귀신·고도(蠱道 : 주문으로 벌레를 부려 다른 이를 해치는 일)의 부주도 행하지 못하게 하고, 자신이 직접 가서 항상 일심으로 법사를 옹호하여 늘 안온케 한다. 最後末俗 五濁之世 若有比丘 … 有受是經 咸共宿衛 令魔波旬不能嬈亂 及諸官屬 … 溷鬼 蠱道符呪 令不得行 躬身自往 常以一心 擁護法師 常使安隱", 『수행도지경』 권2(대정장15, p.194c23)에 "많이 분노하면 지옥과 아귀의 길에 떨어지고, 그러한 악한 곳에서 나오더라도 독한 짐승이나 … 뒷간 귀신의 무리가 된다. … 설사 그러한 곳으로부터 세간으로 환생할지라도, 형모가 추악하고 비루하여 사람들이 사랑하지 않으며 … 신체는 온전치 못하다. 그러므로 재앙과 죄는 분명하니, 늘 자비심을 받들어 행하여 그 분노를 제거해야 한다. 犯衆瞋恚 墮於地獄 餓鬼之道 從惡處出 當作毒獸 … 溷鬼之類 … 設從此道還在世間 形貌醜陋 人所不媚 … 身體不完 以是之故殃罪分明 常奉慈心 除其瞋恚"라고 하였다. 〔참고문헌〕『正法華經』, 『修行道地經』. ⇨ 혼 溷

혼금 渾金 금 섞인 채로인 것. 정련(精鍊)하기 전의 금. 돌에 쌓인 채로인 옥인 박옥(璞玉)과 쌍으로 쓴다. 『무준사범어록』 권1(卍속장121, p.879b16)에 "칠불 이전에 소식이 없던 그곳에 소식이 있게 되었으니, 어째서 알지 못하는가? 칠불 이후에 소식이 있던 그곳에 어떤 소식도 없게 되었으니, 아무도 이해하지 못한다. 알거나 알지 못하거나 이해하거나 이해하지 못하거나 박옥과 혼금이요 진흙덩이와 흙덩이로다. 七佛已前 無消息處有消息 那箇不知 七佛已後 有消息處無消息 是人不會 知不知 會不會 璞玉渾金 泥團土塊"라고 하였다. 〔참고문헌〕『無準師範語錄』. ⇨ 혼금박옥 渾金璞玉

혼금박옥 渾金璞玉 혼금과 박옥. 섞인 채로인 금과 돌인 채로인 옥. 『영각원현광록』 권5(卍속장125, p.462b13)에 "무릇 가리켜 보인 것 있다 해도 모두 혼금이나 박옥 같아서 기교라곤 전혀 없지만, 인심은 옛 같지 않고 종풍 나날이 변하니 어찌하랴! 이런 연유로 문정마다 견지 세워 천착하며 백으로 실마리 짓는다. 비록 금이라 하지만 옛날의 금이고 옥도 옛날의 옥이지만, 옥을 다듬어 그릇 만들고 금을 녹여 형상을 꾸며 뾰족하게 솜씨부려 화려하고 도리어 그럴듯해 옛사람보다 멀리 뛰어난 듯하지만, 순하고 도타워 혼후한 뜻인즉 흩어져 남은 것 없다. 凡有指示 皆如渾金璞玉 絶無奇巧 怎奈人心不古 宗風日變 由是 門庭各立 穿鑿百端 雖金亦昔時之金 玉亦昔時之玉 而琢玉成器 鑄金成像 尖巧艶麗 反似遠勝古人 而淳厖渾厚之意 則索然無存矣"라고 하였다. 〔참고문헌〕『永覺元賢廣錄』. ⇨ 박옥 璞玉, 혼금 渾金

혼기 混其 고려 제26대 충선왕(재위 1308~1313) 때 대선사(大禪師) 법계의 천태계 스님. 전라북도 임실 진구사(珍丘寺)의 주지로 재직하다가 수원 만의사(萬義寺)의 중창을 발원했으나 순암의선(順菴義璇)이 이어 준공하였다. 『한국사찰전서』 권상 p.350b14 만의사에 "만의사는 비보고찰이다. 폐허가 된지 이미 오래되어 황무지인 것을 황경년간(1312~1313 : 충선왕4~5)에 천태 진구사 주지인 대선사 혼기스님이 와서 참담한 유지를 보고 중창하여 새롭게 하고자 했고, 의선공이 이어 준공하였다. 萬義 裨補古刹也 壞廢既久 鞠爲榛莽 皇慶間 天台 珍丘寺住持 大禪師 混其 來觀遺址 重營以新 三藏璇公 繼以主之"라고 하였다. 〔참고문헌〕『韓國寺刹全書』 권상 p.350b14, 『高麗史』 권32·34.

혼달 昏怛 마음 어두워 어찌할 바 모름. 『서장』 「답여사인 答呂舍人」(대정장47, p.931c2)에 "마치 흙으로 빚고 나무로 깎은 인형인 듯 깨어있어도 아득하고 어쩔 줄 모르니, 잡을 만한 것이라고는 전혀 없는 그때 문득 좋은 소식이다. 如土木偶人相似 覺得昏怛 沒巴鼻可把捉時 便是好消息也", 같은 책 「답부추밀 答樓樞密」(대정장47, p.938b28)에 "공부는 급하게 해서도 안 되니 급한즉 조급히 움직이고, 느려도 안 되니 느린즉 막막해 어쩌지 못한다. 工夫不可急 急則躁動 又不可緩 緩則昏怛矣", 『대혜보설』 권4 「시소선교 示蘇宣教」(卍정장59, p.973b20)에 "뜻 붙들리면 도거고, 품은 것들 잊은즉 혼달이다. 이들 두 가지 병을 버리지 않으면 생사 깨우칠 수 없다. 著意則掉擧 忘懷則昏怛 二種病不除 則不能了生死"라고 하였다. 〔참고문헌〕『書狀』, 『大慧普說』.

혼돈 混沌 섞인 채로임. 천지(天地) 등으로 나뉘기 전의 세계. 혼돈(渾沌)이라고도 쓴다. 이 말은 『장자』 「응제왕 應帝王」에 나오며, 「천지편 天地篇」에서는 태초의 무(無), 『노자』 25장에서는 혼성(混成) 또는 21장에서는 황홀(恍惚) 등이라 하였다. 『원인론』(대정장45, p.709b3)에 "도교에서는 지금 이 세계가 성립되기 전의 때에 한 번 맞이했던 공겁을 알 뿐이니, 그것을 허무·혼돈·일기 등이라 하고 원시라 이름한다. 하지만 이들은 공계 이전에 일찌감치 천천만만에 걸쳐 성주괴공을 두루 지나서 마치고 다시 시작했음은 알지 못한다. 그러므로 불교법에서 소승 중 가장 얕은 교설이 이미 외전을 넘어선다는 깊고도 깊은 설임을 알 수 있다. 道教只知今此世界未成時 一度空劫 云虛無 混沌 一氣等 名爲元始

不知空界已前 早經千千萬萬 遍成住壞空 終而復始 故知佛教法中 小乘淺淺之教 已超外典 深深之說", 『변위록』 권1(대정장52, p.753b17)에 "태극이란 질과 형을 이미 갖추고 혼돈이 나뉘기 전이다. 태극 이후에 비로소 양의가 생하는데 이를 하늘과 땅이라 한다. 太極者 質形已具 混沌未分也 太極之後 乃生兩儀 謂之天地", 『일체경음의』 권21(대정장54, p.433c16)에 "『설문해자』에 따르면, 혼은 혼돈으로 음과 양이 나뉘지 않아 어울려 같이 하나의 기일 뿐인 모양새다. 按說文 混謂混沌 陰陽未分 共同一氣之皃", 『주조론소』 권5(卍속장96, p.331b15)에 "유도의 오행 운행 전을 다하면 천지가 나뉘지 않아 삼재가 섞인 채를 일기라 한다. 그러므로 혼원이라 하고, 혼돈이라고도 한다. 맑고 탁함 쪼개 갈라지면서 맑아 오르면 천이라 하고, 탁해 떨어지면 지라 하며, 중간에서 화합하는 기는 인이라 한다. 곧 삼재로 열려서 움직이니 만물은 이 셋을 넘어서지 않고 나뉜 것들이다. 儒道窮五運之前 天地未分三才 渾爲一氣 故曰混元 亦曰混沌 至於剖判淸濁 則淸昇曰天 濁墜曰地 和氣於中曰人 則三才啓運 萬物不過三 而分之也"라고 하였다. 〔참고문헌〕『原人論』, 『辯僞錄』, 『一切經音義』, 『注肇論疏』. ⇨ 혼돈화미 混沌畵眉, 성주괴공 成住壞空

혼돈공 混沌供 여러 공물을 섞인 채로 올리는 공양. 잡화공(雜和供)이라고도 한다. 호마법을 수습할 때 먼저 환향(丸香)・산향(散香)・향화(香花)・음식・오곡 등을 구별하여 공양한 후 남은 공물을 섞어서 호법(護法) 천중에게 공양드리는 것을 말한다. 공물의 양이 적을 경우에도 행한다. 『금강정유가호마의궤』(대정장18, p.918b12)에 "남은 오곡과 향화 등을 한 그릇에 모아서 시방의 호세천에게 공양 드린다. 所殘五穀香花等 聚一器中 獻十方世天", 『비초』 권13(대정장78, p.551c4)에 "다음으로 호마목을 태운다. 천 번을 태운 후에 혼돈공을 세 번 올린다. 次燒之 千枚燒了 次混沌供三度"라고 하였다. 〔참고문헌〕『金剛頂瑜伽護摩儀軌』, 『祕鈔』.

혼돈미분시 混沌未分時 섞인 채로여서 나뉘기 전의 때. 선문에서는 마음에 분별(分別)이 일기 전의 때의 뜻이다. 『원오어록』 권7(대정장47, p.745b9)에 "하안거를 마치는 날 법좌에 오르자 학인이 물었다. '혼돈 나뉘기 전의 때에 어째서 (靈雲은) 「노주가 아기를 품었다」라고 답했습니까? 이 뜻은 무엇인지요?' '불쑥 나오다니 가려내기 어렵구나.' 더 나아가 말하길 '나뉜 후에는 어째서 「조각 구름 맑은 하늘 점찍는다」라고 답했습니까? 이는 무슨 뜻인가요?' '눈 높이 붙이고 보라'. 解夏上堂 僧問 混沌未分時 如何露柱懷胎 此意如何 師云 突出難辨 進云 分後 如何片雲點太淸 是何宗旨 師云 高著眼", 『청익록』 65칙 「평창 評唱」(卍속장117, p.869b15)에 "만송은 언젠가 말하길 '혼돈이 나뉘기 전의 때 오히려 천지인 삼재가 있었는가? 부모에게 나기 전에 도리어 자신의 몸은 있는가? 마음에서 상념이 일어나기 전에 도리어 미혹과 깨달은 범성의 차별이 있는가?'라고 물었다. 萬松嘗道 混沌未分時 還有天地人不 父母未生時 還有己身不 心念未起時 還有迷悟凡聖不"라고 하였다. 〔참고문헌〕『圜悟語錄』, 『請益錄』, 『景德傳燈錄』 권20 「弘通傳」(대정장51, p.364a17). ⇨ 부모미생전 父母未生前

혼돈미분시반고생 混沌未分時盤古生 섞인 채로여서 나뉘기 전에 반고가 나다. 『화엄현담회현기』 권35(卍속장12, p.546a2)에 "『화엄경소초』에 '혼돈인 채로 나뉘기 전' 등이라고 한 말은, 이곳 중국의 헛된 생각이고 서천에서 전해지는 설이기도 하다. 『오제력(三五歷紀)』에 보면 '천지가 섞인 채로인 때 반고가 그 중에 태어나 하루에 아홉 번 변화하였으니 하늘보다 신령하고 땅보다 성스러웠다. 하늘은 나날이 한 길씩 높아지고, 땅은 하루에 한 길씩 두터워졌으며, 반고 또한 한 길씩 자랐다. 이와 같이 만팔천세가 지난 뒤에 하늘과 땅이 열렸다. 반고는 용의 몸에 사람의 머리를 하였는데, 머리 끝은 동쪽, 발 끝은 서쪽, 왼손 끝은 남쪽, 오른손 끝은 북쪽으로 향했으며 눈 뜨면 낮이고 눈 감으면 저녁이 되며, 날숨은 더위가 되고 들숨은 추위가 된다. 내부는 기운은 바람과 구름이 되고 외치는 소리는 천둥과 번개가 되었다. 반고가 죽자 그 머리는 갑이 되고, 목구멍은 을이 되며, 어깨는 병이 되고, 심장은 정이 되었다. … 고래로 서로 전하지만 믿을 수 없고 허망할 따름이다'. 鈔混沌未分等者 然此方妄計 亦西天相傳之說 案五帝歷云 天地混沌 盤古生其中 一日九變 神於天 聖於地 天日高一丈 地日厚一丈 盤古亦長一丈 如此萬八千歲 然後天地開闢 盤古龍身人首 首極東足極西 左手極南 右手極北 開目成曙 合目成夜 呼爲暑 吸爲寒 吹氣成風雲 叱聲爲雷電 盤古死 頭爲甲 喉爲乙 肩爲丙 心爲丁 … 古來相傳詭妄耳"라고 하였다. 〔참고문헌〕『華嚴懸談會玄記』.

혼돈화미 混沌畵眉 혼돈에게 눈썹을 그려주다. 화는 증(增)・장(粧)으로도 쓴다. 혼돈에게 하루에 하나씩 일곱 개의 감각을 뚫어주자 칠일이 되는 날 혼돈이 죽었다는 『장자』 「응제왕 應帝王」의 우화에 따른 말이다. 『종용록』 45칙 「시중 示衆」(대정장48, p.256a3)에 "눈앞에 실현된 공안은 다만 바로 지금에 의지할 뿐이다. 본분가풍은 분 밖을 도모하지 않는다. 만일 굳이 절목 일으켜 만들고 시간 허비하며 공부한다 하면, 그 모두가 혼돈에 눈썹 그리고 발우에 손잡이를 붙이는 일일 뿐이니, 어찌 평온 얻을 수 있겠는가! 現成公案 只據現今 本分家風 不圖分外 若也强生節目 枉費工夫 盡是與混沌畫眉 鉢盂安柄 如何得平穩去", 『금강경심인소』 권상(卍속장40, p.386a11)에 "그것을 '마음 가는 길 끊어지고 언어의 길마저 사라졌다'라고 하니, 오히려 모양 없는 것으로도 따지고 헤아릴 수 없거늘 어떻게 모양 가진 것으로 장엄한다고 말하는가? 만일 그렇다면 허공 향해 쐐기를 박으려 하거나 혼돈에게 눈썹을 그려주려 함이리라. 正謂心行路絶 語言道斷 尙不可以無相論量 豈可說有相莊嚴 若然 則是向虛空著楔 爲混沌畫眉矣"라고 하였다. 〔참고문헌〕『從容錄』, 『金剛經心印疏』.

혼동무이 混同無二 어울려 같이 할 뿐이어서 둘이란 없다. 『금강비』(대정장46, p.782b15)에 "반야의 모든 법 어울려 같이 할 뿐이어서 둘이란 없다. 般若諸法 混同無二"라고 하였다. 〔참고문헌〕『金剛錍』.

혼륜 渾崙 크게 어울린 채로 아득해 분간할 수 없음. 혼륜(渾淪·混淪·渾圇)·골륜(鶻淪)·홀륜(囫圇)·곤륜(崑崙)이라고도 한다. 곤륜산(崑崙山)을 의미하기도 한다. 『열자』「천서편 天瑞篇」에 "기·형·질을 다 갖추었지만 서로 떨어지지 않았으니 혼륜이라 한다. 氣形質具 而未相離 故曰渾淪"라는 말에서 비롯하는데, 『굉지광록』 권7(대정장48, p.83a23)에 "이 일이란 것이 크고도 가지런히 덩이진 채로여서 비집고 엿볼 수 없다. 箇事渾崙無孔竅", 『설암조흠어록』 권3(卍속장122, p.554b14)에 "모양도 이름도 세운 일 없으니 나도 너도 나뉘기 전이니, 잡을 수단 전혀 없고 끝내 저 밑까지 크게 어울린 채로다. 形名未立 朕兆未分 全無巴鼻 徹底渾崙"라고 하였다. 〔참고문헌〕『宏智廣錄』, 『雪巖祖欽語錄』.

혼륜무봉하 渾崙無縫罅 온통 덩이진 채로 꿰맨 흔적 없다. 『청익록』 87칙 「평창 評唱」(卍속장117, p.889a17)에 "석두는 꿰맨 흔적 전혀 없는 한 덩이였고, 약산은 (석두의 말을 듣고) 모기 무쇠소 등에 오른 듯 하였으며, 강서(馬祖)는 쌍으로 놓기도 하고 쌍으로 거두기도 하였고, 약산은 그 말에 크게 알아차렸다. 石頭 渾崙無縫罅 藥山 蚊子上鐵牛 江西 雙放雙收 藥山 言下大省"라고 하였다. 〔참고문헌〕『請益錄』. ⇨ 무봉하 無縫罅

혼륜벽불개 渾崙擘不破 혼륜(곤륜산)은 아무리 쳐도 부서지지 않는다. 『할당혜원광록』 권3(卍속장120, p.947a16)에 "덩이진 채로여서 아무리 가르려 해도 부서지지 않고, 당장에 두 쪽 난 것 없으니, 우러러 하늘을 보려 해도 하늘 볼 수 없고, 고개 숙여 땅 보려 해도 땅을 볼 수 없으니, 그 중에 중생도 없고 부처도 없다. 보려 하고 알려 해도 한 물건 없으니 이 무엇이란 말인가? 渾崙擘不破 直下沒兩般 仰面看天不見天 低頭覷地不見地 於中亦無人亦無佛 了了見無一物 是甚麼"라고 하였다. 〔참고문헌〕『瞎堂慧遠廣錄』.

혼륜지 渾淪地 덩이진 채로인 땅. 분별(分別)이 멈추는 때의 이름. 『벽암록』 55칙 「평창 評唱」(대정장48, p.189c27)에 "토끼와 말은 뿔 달렸고, 소와 양은 뿔 없다네. 터럭조차 찾을 길 없는데 산인 듯 악인 듯 4구로 말하지만 마니보주 한 알인 듯해서 설두는 덩이진 채로인 땅 우리들 앞에 토해내었다. 兎馬有角 牛羊無角 絶毫絶氂 如山如嶽 這四句 似摩尼寶珠一顆相似 雪竇渾淪地吐在爾面前了也"라고 하였다. 〔참고문헌〕『碧巖錄』.

혼륜탄조 渾崙呑棗 덩이진 채로 대추 삼키다. 『설암조흠어록』 권2(卍속장122, p.520a6)에 "이 설화를 놓고 '나는 아직 가진 땅 없어 더듬어 찾을 길 없다'라고 생각하지 마라. 다만 참선수행자로서 검은 베적삼을 입은 이들 중 열이면 다섯 쌍은 통째로 대추 삼킨 듯 하리니 다시는 설해서 의식 헤아렸다고 해서는 안 된다. 입도 귀도 좇기 바쁜 무리들 말 따라 알음알이 내고 구 좇아 파고 뚫기는 뻔한 일이리라. 這箇說話 莫道你未有田地底人 摸索不著 只是參禪道者 著靑布衫漢 十箇五雙 渾崙呑棗 更莫說用意識摶量 口耳沿習之輩 隨語生解 逐句穿鑿定矣", 『벽암록』 30칙 「평창 評唱」(대정장48, p.169c24)에 "아는 것 있으면 잘게 씹어서 삼키겠지만, 아는 것 없는 사람이라면 저 혼륜을 대추 삼킨 듯하리라. 若是知有底人 細嚼來嚥 若是不知有底人 一似渾崙呑箇棗"라고 하였다. 〔참고문헌〕『雪巖祖欽語錄』, 『碧巖錄』.

혼매 昏昧 Ⓢ dhanutva, Ⓟ niddārāmatam anuyutta, Ⓣ mi-gsal-bar-gyur-pa. ❶ 어둡고 몽매함. 잠들어 있는 상태다. 『장아함경』 권2 「유행경 遊行經」(대정장1, p.11c6)에 "또 일곱 가지 법이 있으면, 법이 증장하게 되고 점점 줄어 없어지는 일 없다. 첫째 일이 적은 것 좋아하고, 할 일 많은 것을 좋아하지 않으면, 법이 증장하고 줄어들 일 없다. 둘째 조용한 것 즐겨 말 많은 것을 좋아하지 않는다. 셋째 잠을 적게 자서, '혼매'할 일 없다. … 일곱째 산림의 한적하고 고요한 곳에 혼자 있기를 좋아하는 것이다. 비구여, 이와 같은 법은 한층 자라기만 해서 줄어들 일 없으리. 復有七法 令法增長 無有損耗 一者 樂於少事 不好多爲 則法增長 無有損耗 二者 樂於靜默 不好多言 三者 少於睡眠 無有昏昧 … 七者 樂於山林 閑靜獨處 如是 比丘 則法增長 無有損耗", 『유가사지론』 권10(대정장30, p.323c24 : *Yoga-bh.*, p.210)에 "'혼매'란 어떤 것인가? 즉 누운 채로 있는 때이니, 계속 깊이 잠들어 있는 것이다. 昏昧云何 謂臥威儀位 數重睡眠 dhanutvaṃ katamat svapneryāpathāvasthitasya yā gāḍhābhīkṣṇasvapnatā"라고 하였다. 〔참고문헌〕『長阿含經』, 『瑜伽師地論』, *Yoga-bh.*, *DN.2.78.* ❷ 마음이 어둡고 지혜롭지 못함. 색계에 대한 애착(色界愛)을 말하기도 한다. 『칠불경』(대정장1, p.1

53b4)에 "너희들은 이제 잘 들어라. 저 보살마하살이 오른쪽 옆구리에서 나실 때, 산모 피곤한 줄 몰랐고, 앉지도 않고 눕지도 않았다. 보살은 대위덕대장부이셨기에 마음 어둡고 매하지 않으셨으니 발 땅을 밟지 않으셨고, 사대천왕 있어서 아기몸을 받들었다. 汝今諦聽 彼菩薩摩訶薩 右脇生時 母無疲困 不坐不臥 爾時 菩薩大威德大丈夫 心不昏昧 足不履地 有四大天王 捧童子身", 『유가사지론』 권95(대정장30, p.843a24)에 "색계에 애착함에 알아야 하는 경에 미혹할 수밖에 없어 '혼매'라고 한다. 若色界愛 於所知境 令迷惑故 說爲昏昧"라고 하였다. 〔참고문헌〕『七佛經』, 『瑜伽師地論』.

혼맹류 昏萌類 Ⓟ bhūta. 무명(無明)의 싹 틔우는 무리. 중생을 말한다. 『장아함경』 권4 「유행경 遊行經」(대정장1, p.26c16 : *Mahāparinibbāna-sutta, DN. 2*, p.157)에 "일체무명의 싹 틔운 무리들, 모두 온갖 음(陰)을 버려야 한다네. 부처님은 위 없이 뛰어난 분이시니, 세간에는 짝할 이가 없다네. 대성웅이신 여래께는 두려움 없는 신통력이 있다네. 세존께서는 오래도록 머무셔야 하지만 이제 열반에 드셨다네. 一切昏萌類 皆當捨諸陰 佛爲無上尊 世間無等倫 如來大聖雄 有無畏神力 世尊應久住 而今般涅槃 sabbeva nikkhipissanti bhūtā loke samussayaṃ, yathā etādiso satthā loke appaṭipuggalo, tathāgato balappatto sambuddho parinibbuto"라고 하였다. 〔참고문헌〕『長阿含經』, *DN*.

혼맹암 昏盲闇 Ⓢ andhakāra. 어둡고 눈멀어 깜깜함. 『무량수경』 권상(대정장12, p.269b17 : *Sukh-vy. I*, p.27)에 "신력으로 큰 광명 펼쳐, 널리 가없는 국토 비춰서, 세 가지 때 덮인 어둠 없애고, 온갖 액난에서 건지시네. 저 지혜의 눈을 열어 저 어둡고 눈멀어 깜깜함 사라지게 하고, 모든 악도를 막아 닫으며, 선한 길로 열린 문을 활짝 연다네. 神力演大光 普照無際土 消除三垢冥 明濟衆厄難 開彼智慧眼 滅此昏盲闇 閉塞諸惡道 通達善趣門 jāniya suruciraṃ viśālanetraṃ, vidhuniya sarvanarāṇa andhakāram, apaniya suna akṣaṇān aśeṣān, upaniya svargapathān anantatejā", 『무량수경의소』 권상(대정장37, p.103c24)에 "'세 가지 티끌 없애고, 온갖 액난에서 구제한다'란, 소승법으로 교화하여 삼독을 끊는 것을 세 가지 티끌을 없애 버림이라고 한다. '저 지혜의 눈을 열어, 이 캄캄한 어둠 멸한다'란 대승법으로 교화하는 것이며, '악도를 막아 버리고, 선취의 문을 활짝 연다'란 인천법으로 교화하는 것이다. 消除三垢 濟度厄難 小乘法教化斷三毒 名除三垢 開彼慧眼 滅昏盲闇 大乘法化 閉塞惡道 通善趣門 人天法化"라고 하였다. 〔참고문헌〕『無量壽經』, 『無量壽經義疏』, *Sukh-vy. I*. ⇨ 무명 無明❶, 삼독 三毒

혼면개 惛眠蓋 Ⓢ styāna-middha-nivaraṇa, Ⓣ rmugs-pa-dang-gnyid-kyi-sgrib-pa. 어두워 잠든 듯 덮다. 다섯 가지로 마음 덮어 어둡게 하는 오개(五蓋) 중 하나로, 혼침개(惛沈蓋)와 수면개(睡眠蓋) 이 둘의 먹이(食)·다스림(治)·쓰임(用)이 같기에 하나의 개로 상정한다. 『구사론』 권21(대정장29, p.110c5 : *Abh-k-bh.*, p.318)에 "〔논〕 부처님께서 경에 이르시길 '덮는 것인 개에는 다섯이 있다' 하셨으니 … 셋째 혼면개다. … 어째서 혼면과 도회라는 두 개는 각각 두 바탕 있는 것을 합하여 하나로 세웠는가? 먹이(食)와 다스림(治)과 쓰임(用)이 같기에 합하여 하나로 세운 것이다. 먹이란 (번뇌에 의해) 먹힘이며 자량이라 한다. 다스림이란 능히 다스림이어서 또한 비식이라 한다. 쓰임이란 사용을 말하며 공능이라고도 한다. 論曰 佛於經中說蓋有五 … 三 惛眠蓋 … 何故惛眠掉悔二蓋各有二體合立一耶 食治用同故合立一 食謂所食 亦名資糧 治謂能治 亦名非食 用謂事用 亦名功能 yāni sūtre pañca nivaraṇāni uktāni … styāna-middham … kiṃ punaḥ kāraṇaṃ dve styāna-middhe ekaṃ nivaraṇam-uktaṃ dve cauddhatyakaukṛtye ekam. ekavipakṣāhāra kṛtyataḥ. dvy-ekatā. dvayor-ekatā dvy-ekatā. vipakṣaḥ pratipakṣo 'nāhāra ityeko 'rthaḥ", "무엇을 혼면개의 먹이라고 하는가? 다섯 가지 법이니 첫째 혼미함, 둘째 기쁘지 않음, 셋째 하품, 넷째 식사가 고르지 않음, 다섯째 마음이 어둡고 열함이다. 무엇을 이 혼면개의 비식이라 하는가? 광명상이다. 이와 같이 두 가지 사용 또한 같으니, 모두 마음을 가라앉히고 어둡게 하는 것이다. 何等名爲惛眠蓋食 謂五種法 一 矒瞢 二 不樂 三 頻申 四 食不平性 五 心昧劣性 何等名爲此蓋非食 謂光明想 如是二種事用亦同 謂俱能令心性沈昧 kaḥ styāna-middha-nivaraṇasya-āhāraḥ. pañca dharmāḥ. tandrā aratirvijṛmbhikā bhakte 'samatā cetaso līnatvam-iti. atha styāna-middha-nivaraṇasya-anāhāraḥ āloka-saṃjñā-iti. kṛtyamanayor-apy-ekam. ubhe api hy-ete cittaṃ layaṃ codayataḥ", 『순정리론』 권55(대정장29, p.648c16)에 "혼면개의 먹이는 다섯 가지 법을 말하니, 첫째 몽롱함, 둘째 기쁘지 않음, 셋째 하품, 넷째 고르게 먹지 못함, 다섯째 마음이 어둡고 열함이다. … 계경 중에서 부처님께서는 정리의 의거해 혼면개는 비발사나로 능히 다스릴 수 있지 사마타(止)는 아니라고 설하셨다. … 하지만 계경에서 '등지(定)를 닦는 이는 혼면을 두려워하고, 택법(慧)을 닦는 이는 도회를 두려워한다'라고 설하였지만, 이 말에는 다른 뜻이 있다. 혼면개는 등지와 서로 순하기에 등지를 닦으려 할 때 일어나기 쉽다. 따라서 정을 닦는 이는 혼면을 두려워하는 것이니, 혼면이 직접 정을 장애한다고 말해서는 안 된다. 惛眠蓋食 謂五種法 一 矒瞢 二

不悅 三 頻申 四 食不平性 五 心昧劣性 … 謂契經中 佛依正理說 惛眠蓋毘鉢舍那能治非止 … 然契經說 修等持者怖畏惛眠 修擇法者怖畏掉悔 此言意別 謂惛眠蓋相順等持 欲修等持惛眠易起 故修定者怖畏惛眠 非謂惛眠近能障定", 『유가사지론약찬』 권3(대정장43, p.46a22)에 "오개 중 셋째는 사마타를 거스르기에 혼면개를 세운다. 五蓋者 … 三違奢摩他 立惛眠蓋"라고 하였다. 〔참고문헌〕 『俱舍論』, 『順正理論』, 『瑜伽師地論略纂』, *Abh-k-bh.* ⇨ 오개 五蓋, 혼침 惛沈, 수면 睡眠, 혼면개식 惛眠蓋食, 혼침수면개 惛沈睡眠蓋

혼면개식 惛眠蓋食 Ⓢ styāna-middha-nivaraṇasya-āhāraḥ. 혼면개의 먹이. 혼면개를 증대시키는 먹이를 말한다. 몽롱함(瞢瞢 Ⓢ tandrā)・기쁘지 않음(不樂 Ⓢ arati)・하품함(頻申 Ⓢ vijṛmbhikā)・먹음에 고르지 못함(食不平性 Ⓢ bhakte ′samatā)・마음이 어둡고 열함(心昧劣性 Ⓢ cetaso līnatva)이다. 『구사론기』 권21(대정장41, p.323a25)에 "'무엇을 혼면개의 먹이라고 하는 것인가?'란 물음이다. '다섯 가지 법이니~마음이 어두워 열한 성이다'란, 답이다. 먹이란 능히 증익시키는 것이니, 이에 다섯 가지로 혼침과 수면을 이롭게 하기에 저 먹이라 한다. 또 푼다. 이 다섯 가지는 소혹인 수번뇌로 거둔다. 등몽이란, 잠이 오는 징조이다. 불락이란, 마음이 기쁘지 않음이다. 빈신이란, 힘든 일을 해 피곤해 몸을 늘려 하품함이다. 인이 과를 좇아 부른다. 何等名爲惛眠蓋食者 問 謂五種法至心昧劣性者 答 食謂能益 此五能益惛眠故是彼食 又解此五皆是小惑中攝 瞢瞢者 眠之先兆 不樂者 情不歡也 頻申者 由勞事業 疲倦所生能起頻申 因從果號", "먹음에 고르지 못함이란, 먹은 음식이 평소 양보다 많거나, 향이나 맛이나 감촉 중 하나가 지나치게 치우쳐 더해 몸과 마음이 맛에 빠져 있음이다. 이것은 먹음에 고르지 못한 데서 생겨난 과이니 인 따라 명명한 것이다. 마음의 매열성이란, 그 혼침과 수면의 힘으로 인해 심왕이 경을 취함에 밝지 못하고 흐리멍덩하게 되며 파악하는 힘이 약해 열하게 되는 것이다. 용을 좇아 이름한 것이다. 食不平等者 由所飮食過於恒度 或香味觸隨有偏增 能令食者身心沈昧 此從食不平等生果 從因爲名 心昧劣性者 謂由彼力令心王取境不明爲昧 能取力微爲劣 從用爲名"라고 하였다. 〔참고문헌〕 『俱舍論記』, *Abh-k-bh.318.* ⇨ 혼면개 惛眠蓋

혼몽 昏懵 어두워 분간하지 못함. 『대승수전선설제법경』 권상(대정장15, p.774b4)에 "중생의 성품은 어둡고 답답해 설법을 듣고도 이해하지 못한다. 衆生性昏懵 聞說不能解", 『대승본생심지관경천주』 권6(卍속장34, p.354a2)에 "어리석은 범부는 어둡고 어리석어 취하고 붙들려 업을 지은 끝에 삼악도와 팔난에 떨어지게 된다. 그러므로 '큰 고뇌를 당한다'라고 한다. 愚夫昏懵 取著造業 致墮三途八難 故云受大苦惱"라고 하였다. 〔참고문헌〕 『大乘隨轉宣說諸法經』, 『大乘本生心地觀經淺註』.

혼백 魂魄 혼과 백. 대체로 몸의 안팎으로 붙어 움직이는 몸과는 다른 것으로 간주한다. 각각 양음(陽陰)과 천지(天地)에 대응시키지만, 정(情)과 성(性)으로, 또는 간과 폐 등에 배대해 생각하기도 한다. 『절의론』 권3 「거문제십 擧問第十」(대정장52, p.808a9)에 "『춘추좌전』에 '사람이 나면 비로소 화하여 혼이 되고 이미 백을 낳았으니 양을 혼이라 한다'라고 하였고, 『회남자』에 '천기는 혼이라 하고, 지기는 백이라 한다'라고 하였으며, 『예기』에 '혼기(魂靈)는 하늘로 돌아가고, 몸인 백은 땅으로 돌아간다'라고 하였다. 혼이란 신이고 양이며 기이고, 백이란 정이고 음이며 형이다. 위의 문을 맺어보면 사람의 혼백 돌아간다 하지만 가고 오는 것이다. 春秋左傳曰 人生始化爲魂 旣生魄 陽曰魂 淮南子曰 天氣爲魂 地氣爲魄 禮記曰 魂氣歸於天 體魄復於地 蓋魂者 神也陽也氣也 魄者 精也陰也形也 結上文 人之魂魄所歸 而往反者也", 『능엄경훈문기』 권5(卍속장17, p.672b10)에 "곡향은 『백호통』에서 '혼백이란 무엇을 말하는가? 혼이란 돌아 흐르듯 밖으로 움직여 쉬지 못하니 정을 주관한다. 백이란 사람에게 자연스레 붙은 채로 성을 주관한다'라고 하였다. '혼이란 풀 뽑듯 하니 정으로써 더러움을 없애고, 백은 깨끗이 한다는 뜻이니 성으로써 속을 다스린다'라고 하였다. 谷響引白虎通云 魂魄者何謂也 魂猶沄沄也 行不休於外 而主於情也 魄者 迫然著人 主於性也 魂者芸也 情以除穢 魄者白也 性以治內", 『능엄경모상기』(卍속장19, p.36a18)에 "『의경』에 따르면, 혼은 간에 속하고, 백은 폐에 속하며, 의는 비에 속하고, 정은 신에 속하며, 신은 심에 속한다. 醫經 以魂屬肝 魄屬肺 意屬脾 精屬腎 神屬心"라고 하였다. 〔참고문헌〕 『折疑論』, 『楞嚴經熏聞記』, 『楞嚴經摸象記』.

혼백삼칠식 魂魄三七識 ➡ 칠종백식 七種魄識

혼불산저사인 魂不散底死人 혼이 흩어지지 못한 채로 죽은 사람. 낙공망외도를 말한다. 『연등회요』 권23 「현사사비장 玄沙師備章」(卍속장136, p.821a1)에 "이런 견해는 공해서 그 무엇도 없는 저 끝에 떨어진 외도이고, 혼은 흩어지지 못한 채 죽은 사람이다. 분간 못해 아득해서 느낌도 없고 앎도 없는 저들 귀 막은 채로 방울을 훔치려 하듯 부질없이 스스로 속일 뿐이다. 如此見解 卽是落空亡底外道 魂不散底死人 溟溟漠漠 無覺無知 塞耳偸鈴 徒自欺誑"라고 하였다. 〔참고문헌〕 『聯燈會要』. ⇨ 낙공망외도 落空亡外道

혼성 混性 근대 스님 취선(就善)의 법호. ⇨취선 就善

혼성 混成 고려후기 스님. 진각혜심(眞覺慧諶 1178~1234)에게 법어를 구하여 받은 「혼성상좌구어 混成上座求語」(『조계진각국사어록』·한불전6, p.40a1)에 "성스런 침묵으로 성성하고 신인 듯한 마음으로 늘 깨어 있으라. 운수의 모양새 무심하여 얼어붙은 등불처럼 흔들림 없다. 이른바 큰 지혜는 앎도 모름도 없으니, 크게 밝아서 비춤도 비추지 않음도 없다. 聖默惺惺 神心了了 雲水樣無心 氷燈光不掉 所謂大智無知無不知 大明無照無不照也"라 하였다. 〔참고문헌〕『曹溪眞覺國師語錄』.

혼속 昏俗 어둡고 속되다. 세속(世俗)을 푼 뜻이다. 『사분율행사초』 권하(대정장40, p.135a23)에 "무릇 어둡고 속되어 혼속은 많이도 애쓸 뿐이니 혜관을 닦기 어렵다. 夫昏俗多務 慧觀難修", 『사분율행사초자지기』 권3(대정장40, p.400a24)에 "번뇌의 그물에 얽혀 있어 혼속이라 한다. 塵網所縈 故云昏俗", 『사분율행사초비』 권13(卍속장68, p.30b7)에 "속인은 번뇌와 미혹이 불타올라 진여의 이치를 보아도 깨우쳐 알지 못하므로 혼속이라 한다. 俗人 煩惑熾然 於眞如理 觀不曉了 故曰昏俗", 『사분율행사초간정기』 권16(卍속장68, p.989a8)에 "혼은 미혹이고, 어둠이다. 이에 어둡고 사에 막히므로 속이라 한다. 昏迷也暗也 迷理滯事爲俗也"라고 하였다. 〔참고문헌〕『四分律行事秒』, 『四分律行事鈔資持記』, 『四分律行事鈔批』, 『四分律行事鈔簡正記』.

혼수 混修 1320~1392. 고려말 조선초 스님. 휘는 혼수, 자는 무작(無作), 호는 환암(幻庵), 속성은 조(趙)씨, 시호는 혼수이며, 아버지의 휘는 숙령(叔鴒), 어머니는 청주 경씨(淸州慶氏)니 1320년(충숙왕7) 3월 13일 풍양(豊壤 : 경기도 남양주군 진접읍 내각리)에서 태어났다. 어느 날 아버지가 풍양의 임지(任地)에 사냥 나가 어린 수달피를 잡아 집으로 돌아왔는데, 그의 어미가 새끼를 찾으려고 집에까지 따라왔다. 이에 크게 뉘우치고 감탄하여 '비록 짐승이지만 자식을 사랑함이 사람과 조금도 다름이 없다' 하며 바로 활을 꺾어버리고 사냥을 하지 않기로 결심하고는, 얼마 되지 않아 병으로 죽었다. 그 후 아들 혼수마저 병져 누우므로 점쳐 물었다. 이 아이는 출가하여 스님이 되면 병도 낫고, 큰스님 되리라 하니 어머니 눈물을 머금고 보냈으니 12살 때인 1331년(충혜왕1) 계송대선사(繼松大禪師)를 은사로 하여 스님이 되었다. 내외전에 두루 통달하여 이름을 크게 떨쳤다. 금강산·강화사·선원사(禪源寺) 등에서 주석하다가 1341년(충혜왕복위2) 선선(禪選)에서 상상과(上上科)에 합격하였다. 충청북도 중원군 대소면 오량리 청계산 청룡사 서쪽 기슭에 암자를 짓고 연회암(宴晦庵)이라고 이름하였다. 공민왕(재위 1352~1374)이 스님의 덕을 흠모하여 회암사(檜岩寺)로 초빙하기도 하였다. 오대산 신성암(神聖庵)으로 가 주석할 때, 나옹혜근(懶翁惠勤) 역시 오대산 내의 고운암(孤雲庵)에 있었기에 자주 만나 법담을 나누었다. 그 후 나옹이 금란가사·상아불자·산형장(山形杖) 등의 신물(信物)을 전했으니 그의 법을 전해받은 셈이지만, 조보에 따르면 태고보우(太古普愚)의 제자로 전한다. 1361년(공민왕10) 전계화상이 되었으며, 1369년(공민왕18) 백성군(白城郡 : 경기도 안성군)에 사는 김황(金璜)이 경기도 개풍에 있는 그의 원찰인 서운사(瑞雲寺) 주지로 모셨고, 1370년(공민왕19) 개성 광명사(廣明寺)에서는 왕이 임석한 자리에서 나옹(懶翁)의 주재로 선교양종의 대덕을 모아놓고 행한 공부선(工夫選)에서 문외구(門外句)·당문구(當門句)·문내구(門內句) 등 3구답을 해 마쳐 상상과에 올랐다. 1372년(공민왕21)에는 왕이 불호사(佛護寺) 주지로 추대하였으며, 다음 해인 1373년에는 내불당(內佛堂)의 감주(監主)로 모시려 하자, 사양을 거듭하다가 1374년 1월 마침내 나아갔다. 그 해 9월에 왕이 시해되고, 강녕군(康寧君)인 우왕(禑王 재위 1375~1388)이 즉위하였으니 광통무애원묘대지보제(廣通無礙圓妙大智普濟)라는 존호를 바쳤다. 1375년(우왕1) 서운사로 돌아갔고, 이어 순천 조계산 수선사(송광사) 주지로 있었으며, 1378년(우왕4)에는 치악산에 있다가 충주 청룡사의 연회암(宴晦庵)으로 돌아왔다. 1383년(우왕9) 4월 1일 국사로 책봉하고 "대조계종사선교도총섭오불심종흥자운비복국이생묘화무궁도대선사정변지웅존자 大曹溪宗師禪敎都摠攝悟佛心宗興慈運悲福國利生妙化無窮都大禪師正遍智雄尊者"라는 존호를 드렸다. 1385년(우왕11) 가을 15일 동안 천재지변을 물리기 위하여 능엄법회를 열었으며, 1387년(우왕13) 8월에는 수창궁(壽昌宮)으로 모셔 소재기도(消災祈禱)도 봉행하였다. 1392년(공양왕3) 9월 18일 청룡사에서 세수 73, 법랍 61세를 일기로 입적하였다. 왕이 크게 슬퍼하고 시호를 보각(普覺), 탑호를 정혜원융(定慧圓融)이라 하였다. 사암채영(獅岩采永)의 『서역중화해동불조원류 西域中華海東佛祖源流』와 이색(李穡)의 「원증국사탑명 圓證國師塔銘」 등에는 모두 태고보우의 제자로 전하고 있으며, 그의 법은 구곡각운(龜谷覺雲)에게 전해졌으며, 뛰어난 제자에는 경관(慶觀)·담원(湛圓)·소안(紹安)·천봉만우(千峰萬雨) 등이 있다. 권근(權近)이 비문을 지어 1394년(태조3)에 세운 비가 충청북도 충주군 소대면 오양동 청룡사에 있다. 〔참고문헌〕『朝鮮金石總覽』 권하 pp.719~725, 『朝鮮佛敎通史』 권상 pp.339~343, 李穡 「幻庵記」(『朝鮮佛敎通史』 권상, pp.344~345), 李智冠 『校勘譯註歷代高僧碑文』 朝鮮篇1 pp.30~63. ⇨청룡사보각국사정혜원융탑비 靑龍寺普

覺國師定慧圓融塔碑, 청룡사 青龍寺 ⑭

혼숙 惛熟 Ⓢ nidrā, Ⓣ gnyid. 어둠에 잠기다. 수면(睡眠)에 빠진 듯 깨어나지 못한 사태. 관습(串習)의 무명(無明)을 '혼'이라 하고, 성지(聖智)가 생겨나지 못함을 '숙'이라 한다. 무명으로 나고 죽는(生死) 사태 또한 혼습으로 비유한다. 『유식이십론』(대정장31, p.76c7 : *Vijñ-v.*, p.9)에 "〔송〕 깨어나지 않았을 때에는 꿈에서 본 것이 있는 것 아님을 알지 못한다. 〔논〕 아직 깨어나지 못한 상태에서는 꿈속의 경이 밖에 실로 있는 것이 아님을 알지 못하지만, 깨어났을 때는 아는 것과 같다. 이와 같이 세간은 허망분별에 꿰인 채로 익혀서 어둠에 잠겨 있으니 마치 꿈속에서 본 모든 것은 다 실로 있는 것 아님과 같다. 진정한 깨어남을 얻지 못하면 능히 스스로 알 수 없다. 만약 때가 되어 저 세간을 벗어나 대치할 무분별지 얻으면 이를 진정한 깨어남이라 한다. 頌曰 未覺不能知 夢所見非有 論曰 如未覺位 不知夢境非外實有 覺時乃知 如是世間虛妄分別串習惛熟如在夢中 諸有所見皆非實有 未得眞覺不能自知 若時得彼出世對治無分別智 乃名眞覺 svapne dṛg-viṣaya-abhāvam na-aprabuddho 'vagacchati. evaṃ vitatha-vikalpa-abhyāsa-vāsanā-nidrayā prasupto lokaḥ svapne ivābhūtam-arthaṃ paśyan-na prabuddhas-tad-abhāvaṃ yathāvan-na-avagacchati. yadā tu tat-pratipakṣa-lokottara-nirvikalpa-jñāna-lābhāt-prabuddho bhavati", 『유식이십론술기』 권하(대정장43, p.1001b19)에 "생사하는 알음알이 실다운 뜻에 맞지 않기에 허망이라 하고, 무시이래로 거듭해 익혀 일으키는 것을 관습이라 한다. 덮히고 얽힌 채로 거듭 막히기에 '혼'이라 하고, 독한 불에 달여지기에 '숙'이라 한다. 또는 관습의 무명을 '혼'이라 하고, 성지가 생겨나지 않는 것을 '숙'이라 한다. 비유하면 세간이 거듭해 익히는 어둡고 몽매해 어둠에 잠기게 하는 식을 이름하여 꿈이라 하는 것과 같다. 생사도 또한 그러해서 수란 혼숙의 뜻이다. 生死之識 不稱實理 說爲虛妄 無始已來 數數熏發名爲串習 蓋纏覆蔽 稱之爲惛 毒火所煎 號之爲熟 或復串習無明稱惛 聖智不生 名之爲熟 猶如世間數習闇昧惛睡之識 名之爲夢 生死亦爾 睡者惛熟義"라고 하였다. 〔참고문헌〕『唯識二十論』, 『唯識二十論述記』, *Vijñ-v.*

혼식 昏識 깜깜한 채로인 알음알이. 반야(般若)로 깨우친다. 『반야등론석』「서 序」(대정장30, p.51b10)에 "진실로 반야 이것이야말로 심신을 맑히는 숫돌이고, 어둡고 험난한 곳을 건너는 배와 수레이고, 혼식을 깨우는 번개와 천둥이고, 어두운 길을 비추는 해와 달이다. 信是瑩心神之砥礪 越溟嶮之舟輿 駭昏識之雷霆 照幽塗之日月者矣", 『만선동귀집』 권3(대정장48, p.985b15)에 "따라서 반야야말로 험악한 길 중을 이끄는 스승이고, 어둡고 깜깜한 방을 밝히는 등불이고 … 혼식을 일깨우는 맹렬한 우레이고 … 가난한 이를 구하는 보배 구슬임을 알 수 있다. 故知般若是險惡徑中之導師 迷闇室中之明炬 … 驚昏識之迅雷 … 給貧乏之寶珠"라고 하였다. 〔참고문헌〕『般若燈論釋』, 『萬善同歸集』.

혼우전 昏寓錢 ➡ 예전 瘞錢, 음전 陰錢

혼원 混元 ❶ 1191~1271. 고려후기 스님, 조계산 수선사(修禪社 : 松廣寺) 16국사 중 제4세 법주이다. 『동문선』 권117에 수록된 김구(金坵 1211~1278)가 지은 「와룡산자운사왕사증시진명국사비명 臥龍山慈雲寺王師贈諡眞明國師碑銘」(『동문선』 권117)에 따르면 휘는 혼원(混元), 시호는 진명(眞明) 탑호(塔號)는 보광(寶光), 속성은 이(李)씨, 본관은 수안(遂安), 아버지의 휘는 사덕(師德), 어머니는 김씨부인이니, 열보(閱甫)의 딸이다. 감로(甘露)를 얻어 마시는 어머니 태몽 후, 1191년(명종21) 평안도 수안에서 태어났다. 어려서부터 불법을 공경하고 신심 또한 깊었다. 1204년(신종7) 13살 때 통효국사(通曉國師)인 범일(梵日)의 운손(雲孫 : 8대법손)인 종헌(宗軒)을 은사로 하여 스님이 된 후 이어 비구계를 받았다. 천품이 총명하여 내외학문에 정통하였으니, 사굴산문(闍崛山門)의 본사인 굴산사(崛山寺)의 영수(領首)가 되었다. 선선과(禪選科)에 응시하여 상상과(上上科)에 합격하였으나, 수행에 전념할 뿐 명예에는 뜻이 없었다. 홍천 쌍계사(雙溪寺 : 강원도 홍천군 내촌면 서곡리)로 찾아가 홍변청우(洪辯青牛)의 회하에서 수년간 수학하여 깊이 깨달았다. 다시 순천 조계산 수선사의 제2세 법주인 무의자(無衣者 : 眞覺慧諶)의 가르침을 받고 인가(認可)를 얻은 후, 혜심의 제자이며 수선사의 제3세인 청진국사 몽여(淸眞國師 夢如)의 법을 이어받고 제4세가 되었다. 종안(宗眼)만 밝았을 뿐 아니라 낙설무애변재(樂說無礙辯才)마저 얻어 명실상부한 종설겸통(宗說兼通)한 대종사였다. 당시 실권자인 최우(崔瑀 ?~1249)가 주청하여 3중대사(三重大師)의 법계를 드렸고 정혜사(定慧社)에 주석케 하였으며, 선사(禪師)의 법계에 올랐다. 1245년(고종32) 최우가 강화도 선원면에 선원사(禪源寺)를 창건하고는 낙성법회에 스님을 증명법사로 추대하였으므로, 1246년에 제자 충경(沖鏡)·천영(天英) 등 고승대덕 2백명을 거느리고 선원사로 들었다. 이때 고종이 최고위인 대선사(大禪師) 법계를 비증(批贈)하였다. 최우가 낙성소(落成疏)를 짓고, 문객(門客)이 청법함에 따라 스님 설법하였으니 고종은 크게 감동하고 금란가사(金襴袈裟)를 헌증했다. 스님 비록 번화한 서울에 있으나 마음은 항상 깊은 산중에 있어서 여러 차례 산으로 돌아가고자 청했으나 왕이 허락하지 않았다. 1252년(고종39) 8월 스승인 청진국사가 입적하자 왕의 청으로 수선사의 제4세 법주가 되어 그 해 12월 수선사에 도착하여 보조지눌(普照知訥)의 선풍을 이어 선양했다. 1256년(고종43) 가을 66세 때 다시 선원사 법주로 청했으나, 천영(天英 : 수선사의 제5세 법주)을 대신 보내고 자신은 운수(雲水)의 길에 올랐다. 1258년(고종45) 숭도감(崇都監)에 봉하여 경남 산청 단속사(斷俗寺) 주지로 있다가, 진주군 자운사(慈雲寺 : 一名 臥龍山 臥龍寺)로 옮겼다. 1259년(고종46) 5월 11일 왕사로 책봉하고 왕이 직접 자운사에 가서 예를 갖추고 왕사로 모시려 하였으나, 6월에 왕이 갑자기 죽고 원종(元宗 재위 1259~1274)이 즉위하여 훑추(遹追)하였다. 이후로는 자운사에서 12년간 머물며 사부대중을 교화하고 퇴락한 전당도 일신중수하였으므로 사람들이 입을 모아 와룡사(자운사)의 창건주 경공대사(景空大師)가 다시 오셨다 하며 칭송했다. 고종의 외삼촌인 종지(鐘智)대선사가 어릴 때 양산원진(陽山圓眞)국사를 은사로 스님이 되었는데, 혼원(混元)으로부터 수학하면서 제자인 듯 여겼다. 왕의 뜻을 받들어 승적을 굴산파(崛山派)로 옮겨서 범일(梵日)의 문손이 되어 단속사에서 주석했다. 1271년(원종12) 12월 1일 방장실에서 "오늘 아침이 납월 초하루다. 살피고 살펴 삼십일이니, 삼십일이 다가와도 정념일 뿐이어서 잊어버릴 것 없으리라. 今朝臘月一 看看三十日 三十日到來 正念無忘失"는 송을 읊은 9일 후인 12월 10일 새벽 시자가 아침 인사를 드리니 스님께서 아미타불을 부르며 '눈 새가 허공을 날아 마음으로 들어오네. 眼鳥從空裏 飛入向心中'라 말하고는, 임금께 드릴 편지에 왕사직인을 봉하여 시자에게 맡기고 신시(申時 : 15~17시)에 이르러서는 옷과 가사를 갈아입고 선상(禪床)에 앉아 합장하고 조용히 입적하였으니 세수 81, 법랍 68세였다. 원종 임금이 부고를 듣고 크게 슬퍼(震悼)하고, 시호를 진명(眞明) 탑호를 보광(普光)이라 추증하였다. 16일에 화장한 후 자운사 서쪽에 부도를 세웠고, 김구(金坵)가 비문을 지어 1272년(원종13)에 세운 비도 진주 자운사에 있다. 제자에는 일인(一印)·도영(道英)·탁연(卓然)·경지(鏡智) 등이 있다. 〔참고문헌〕『東文選』, 『朝鮮金石總覽』 권상 pp.593~595. ⇨ 몽여 夢如, 천영 天英 **2** 1853~1889. 조선후기 팔공산 동화사 스님. 세환(世煥)의 법호이다. ⇨ 세환 世煥

혼원당세환대사행장 混元堂世煥大師行狀 1853~1889. 혼원스님의 행장이니 1910년(융희4)에 제자인 석응달현(石應達玄 : 藕堂達玄)이 지었는데, 『혼원집』(한불전11, pp.732c~733b)에 있다. 〔참고문헌〕『混元集』 권2, 李智冠 『伽倻山海印寺誌』 p.156. ⇨ 세환 世煥

혼원밀화상어요 混源密和尙語要 혼원담밀(混源曇密)의 어록. 1권. 속고존숙어요5, 卍속장119, pp.115a12~118a16에 있다. 1238년(가희2)에 상당(上堂)·송고(頌古)·수주(數珠)로 묶어 간행했다.

혼원집 混元集 조선후기 혼원세환(混元世煥 1853~1889)의 문집. 2권. 한불전11, pp.712a1~734a7에 있다. 홍희흠(洪羲欽)의 서문이 붙어 있고, 이어서 권1

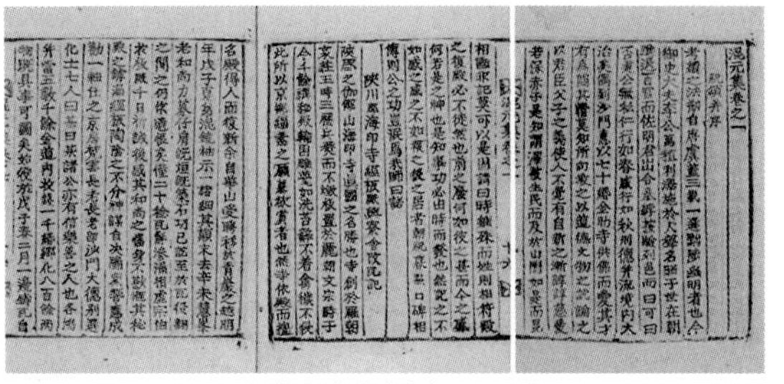

혼원집 간행처미상 1912년

에 「축송병서 祝頌幷序」에서 「합천군해인사경판전여요사개와기 陜川郡海印寺經板殿與寮舍改瓦記」까지 모두 15편의 글이 있으며, 2권은 「금강록 金剛錄」이 있다. 부록으로 「행장 行狀」과 「혼원화상유고후발 混元和尙遺稿後跋」이 붙어 있다. ⇨ 세환 世煥

혼융 混融 섞여 어울리다. 분별해 따로 인 것 없게 해서 어울리는 뜻이다. 『시설론』 권7(대정장26, p.528a23)에 "비유컨대 세간의 소와 꿀이나 물과 기름이 한 곳에서 섞여 어울리듯이 정에 든 비구도 이와 같다. 몸과 마음이 고르게 어울려 가볍고 편안해 유연하며 부드러워 심상 자재해서 뜻 따라 능히 갈 수 있으니 범천계 중에서 높거나 낮거나 오르고 넘어서는 일에 모두 장애가 없다. 譬如世間 酥蜜水油 混融一處 在定苾芻 亦復如是 身心和融 輕安柔軟 心想自在 隨意能往 梵天界中 高下騰越 悉無障礙", 『대승보요의론』 권7(대정장32, p.67a27)에 "마치 소금을 물에 던지듯 해서 모두 녹아 어울려 남은 것이 없게 한다. 如鹽投水 而悉混融 亦無有餘", 『화엄경탐현기』 권1(대정장35, p.119a22)에 "이와 사가 섞여 어울려 걸림 없으니 오직 하나여서 머무르는 것 없으니 불이법문이다. 理事混融無礙 唯一無住 不二法門", 『십이문론종치의기』 권상(대정장42, p.217b2)에 "진과 속으로 섞인 듯 어울리니 중도로 여긴다. 眞俗混融 以爲中道也"라고 하였다. 〔참고문헌〕『施設論』, 『大乘寶要義論』, 『華嚴經探玄記』, 『十二門論宗緻義記』.

혼의 魂衣 죽은 이에게 옷을 입히다. 춘추시대 연(燕) 양각애(羊角哀)가 자기를 대신해 얼어 죽은 좌백도(左伯桃)를 위해 죽은 몸에 옷을 입힌 고사에서 기원하여, 수의(壽衣) 등의 효시로 알려졌다. 양각애와 함께 초

(楚)로 출사하려고 가는 중에 큰 추위를 맞아 고립되었다. 둘 모두 살아서 벗어날 수 없는 지경에 이르자 옷과 식량을 양각애에게 주고 목숨을 희생하였다. 그 후 양각애가 초에서 벼슬을 하게 되자 좌백도의 시신에 혼의(魂衣)를 입혀 맞이하였다. 『법원주림』 권97(대정장53, p.999a24)에 "『상복요기』에서 말한다. '노(魯) 애공이 아버지의 장례를 치르는데, 공자가 애공에게 물었다. 「혼의는 어떻게 베풀 것인가?」「혼의는 백도가 일으켰다. 백도는 형산 아래서 추위 만나 죽고, 친구 양각애는 애통해 하며 다시 가서 그 죽은 몸을 맞이하였다. 혼신의 추위를 가엾이 여겨 혼의를 고쳐 지었다. 제 부친은 생전에도 비단옷을 입으셨고 돌아가실 때도 옷 걸치셨으니 무엇에 쓰려는 옷이란 말인가」' 蕭喪服要記曰 魯哀公葬其父 孔子問曰 寧設魂衣乎 哀公曰 魂衣起伯桃 伯桃荊山之下道逢寒死 友人羊角哀往迎其屍 愍魂神之寒 故改作魂衣 吾父生服錦繡 死于衣被 何用衣爲"라고 하였다. 〔참고문헌〕『法苑珠林』, 『諸經要集』 권19(대정장54, p.178c13), 『四分律搜玄錄』 권3(卍속장95, p.419b12), 『四分律行事鈔簡正記』 권10(卍속장68, p.652a18), 『雲溪俍亭挺語錄』 권11(가흥장33, p.776b1).

혼인 婚姻 Ⓢāvāha-vivāha, Ⓣbag-ma-gtong-ba-dang-bag-ma-len-pa. 남과 여가 장가들고 시집가는 일. 『장아함경』 권20 「세기경 世記經」(대정장1, p.133c8)에 "염부제 사람은 혼인으로 왕래하며 남자는 장가들고 여인은 시집간다. 구야니 사람과 불우체 사람 또한 혼인하여 남자는 장가들고 여인은 시집간다. 울단월 사람은 혼인 없이 남녀가 시집가고 장가든다. 용·금시조·아수륜 또한 혼인하여 남자는 장가들고 여인은 시집간다. 사천왕·도리천에서 타화자재천에 이르기까지 또한 혼인하여 남자는 장가들고 여인은 시집간다. 그 위의 모든 하늘들에겐 다시 남녀는 없다. 閻浮提人 有婚姻往來 男娶女嫁 拘耶尼人 弗于逮人 亦有婚姻 男娶女嫁 鬱單曰人 無有婚姻 男女嫁娶 龍金翅鳥 阿須倫 亦有婚姻 男女嫁娶 四天王 忉利天 乃至他化自在天 亦有婚姻 男娶女嫁 自上諸天 無復男女", 『유부율』 권25(대정장23, p.764a16)에 "무릇 혼인이란 친속이 와서 마시고 먹으며 되돌려 떠올리며 이름을 부르면 씨족이 서로 응하여 '우리쪽에서 딸을 주겠소'라고 하는 것이다. 凡婚姻者 親屬還往 飲噉追呼 氏族相應 我方與女", 『우바새계경』 권3(대정장24, p.1046c23)에 "혼인함에 상대를 구할 때 신분이 낮은 이를 취하지 않는다. 婚姻求對 不取卑下"라고 하였다. 〔참고문헌〕『長阿含經』, 『有部律』, 『優婆塞戒經』, 『大樓炭經』 권4(대정장1, p.297a19), 『一切經音義』 권26(대정장54, p.478a19), *Bodh-bh.4*.

혼정신성 昏定晨省 해지면 잠자리를 보살펴드리고 아침이면 문안드리다. 『아미타경소초사의』(卍속장33, p.493b1)에 "잠자리 편안하게 모시기(定)와 문안인사 드리기(省)를 어김없이 해야 한다 : 『예기』 「곡례」 상편에 '무릇 사람의 자식이라 하면 겨울에는 따뜻하게 하고 여름에는 시원하게 하며, 해지면 잠자리 보살펴드리고 아침에는 문안드린다'라고 하였다. 定省不違 禮記曲禮上篇 凡爲人子者 冬溫而夏凊 昏定而晨省", 돈황본 『금강경소』(대정장85, p.121c29)에 "그런 까닭에 반야바라밀이라 한다고 하지 않고 도피안이라 하였으니, 비유하자면 혼정신성이 그대로 효양인 것과 같다. 所以不言 是名般若波羅蜜 是到彼岸也 喩昏定晨省 即是孝養"라고 하였다. 〔참고문헌〕『阿彌陀經疏鈔事義』, 『金剛經疏』.

혼종 昏鐘 해질녘에 종 울리다. 『선림상기전』 권27(대장경보편19, p.728a10)에 "혼종 : 초경 1점 이후 대종을 108번 친다. 이를 혼종이라 한다. 昏鐘 初更一點後 大鐘百八下 此名昏鐘"라고 하였다. 〔참고문헌〕『禪林象器箋』. ⇨ 대종백팔추 大鍾百八槌, 석례종송 夕禮鍾頌, 조례종송 朝禮鍾頌, 종송 鍾頌

혼종명 昏鐘鳴 초경(初更) 1점(오후 8시)에 울리는 종소리. 초경의 시각을 가리키기도 한다. 옛날 총림에서는 초야(初夜)부터 후야(後夜)까지를 다섯으로 구분하여 오경(五更)이라 하고, 매 1경마다 또 다섯 시각으로 구분하여 오점(五點)이라 하였다. 석종(夕鐘)·혼종·만종(晩鐘)·입상종(入相鐘) 등이라고도 한다. 새벽에 울리면 효종(曉鐘)이다. 『백장청규』 권2 「달마기 達磨忌」(대정장48, p.1118a2)에 "혼종을 울리고 다시 승당종을 울려 대중이 모이게 해서는 주지가 향을 올린 다음 유나가 능엄주를 읊고서 마친다. 昏鐘鳴 再鳴僧堂鐘集衆 住持上香 維那擧楞嚴呪畢"라고 하였다. 〔참고문헌〕『百丈淸規』. ⇨ 대종 大鐘

혼주 昏住 어두운 채로 머물러 있다. 성성(惺惺)하게 해서 다스린다. 망상분별하는 연려(緣慮)는 적적(寂寂)으로 다스린다. 『선종영가집』(대정장48, p.390b17)에 "고요하고 고요히 하는 적적으로 연해서 심려하는 연려를 물리치고 깨고 또 깨는 성성으로 어둠에 잠긴 채로인 혼주를 물리친다. 이 두 약을 써서 저 두 병 마주하기에 대치라 한다. … 적적하기만 하고 성성하지 못하면 이에 혼주이고, 뚜렷하게 깨어 있지만 고요히 가라앉지 않으면 이것이 연려이다. 以寂寂治緣慮 以惺惺治昏住 用此二藥 對彼二病 故名對治 … 寂寂不惺惺 此乃昏住 惺惺不寂寂 此乃緣慮", 지눌(知訥)의 『수심결』(대정장48, p.1008a11·한불전4, p.712a1)에 "만약 먼저 적적으로 연려를 다스리고, 그 다음에 성성으로 혼주를 다스린다고 말하면, 앞뒤로 마주해 다스려 혼란을 고르고 조화롭게 하니 고요한 경계에 들어가는 방법이다. 이는 점문의 열한 근기가 행할 바다. 若言先以寂寂 治於緣慮 後以惺惺 治於昏住 先後對治 均調昏亂 以入於靜者 是爲漸門劣機所行也"라고 하였다. 〔참고문헌〕『禪宗永嘉集』, 『修心訣』. ⇨성성적적 惺惺寂寂, 혼침 昏沈

혼체 昏滯 Ⓢmiddha. 어두운 채로 멈추다. 혼체수면(昏滯睡眠) 또는 수면개(睡眠蓋)라 한역한다. 『대승입능가경』 권2(대정장16, p.595b11 : *Laṅk.*, p.49)에 "보살마하살이 능취소취의 분별경계가 모두 자기 마음이 나타남이라는 것을 분명하게 알고자 한다면 떠들석한 경계와 어둡게 가라앉은 마음을 모두 떠나 초야·중야·후야 내내 부지런히 한층 닦고 익혀야 한다. 菩薩摩訶薩 若欲了知 能取所取 分別境界 皆是自心之所現者 當離憒鬧 昏滯睡眠 初中後夜 勤加修習 bodhisattvena svacittadṛśyagrāhyagrāhakavikalpagocaraṃ parijnātukāmena saṃgaṇikāsaṃsargamiddhanivaraṇavigatena bhavitavyam. prathamamadhyamapaścādrātrajāgarikāyogānuyuktena bhavitavyam", 『구사론송소론본』 권19(대정장41, p.923a13)에 "탐 등의 번뇌를 수면이라 한다. 유정을 따라다니며 어두운 채로 이게 하기에 수면이라 한다. 貪等煩惱 名曰隨眠 隨逐有情 增昏滯故 故名隨眠라고 하였다. 〔참고문헌〕『大乘入楞伽經』, 『俱舍論頌疏論本』, *Laṅk.* ⇨수면개 睡眠蓋

혼춘반랍성외사원지 琿春半拉城外寺院址 중국 길림성 혼춘현 성 밖에 남아있는 절터. 발해 5경(京) 중 하나인 동경용원부(東京龍原府)가 있던 혼춘반랍성의 밖 또는 외성(外城)에 있는 절터(寺地)인데 총 3곳이다. 제1폐사지는 성의 동쪽벽과 남쪽벽 지점으로 탑지(塔址)만 확인되었고, 제2폐사지는 성의 남쪽으로 약 2km 떨어진 곳에 흙벽으로 남아 있다. 동서 30m·남북 18m의 단 위에 4칸 정도의 화강암 주춧돌이 남아 있다. 제3폐사지는 제2폐사지의 동쪽 400m 지점에 있으며 8개의 주춧돌이 남아 있다. 이외에도 소조상(塑造像) 파편 및 전불편(塼佛片), 철제추(鐵製樞), 방형사수경(方形四獸鏡), 녹유귀면와(綠釉鬼面瓦) 등이 발견되었다. 〔참고문헌〕『渤海の遺蹟調査 半拉城』(齋藤甚兵衛, 1942).

혼측 溷廁 뒷간. 측간. 『방광대장엄경』 권6(대정장3, p.573c26)에 "이곳은 깨끗하지 못하니 마치 한 무리 돼지가 뒷간에 있는 듯하다. 此處不淨 猶如群豕在溷廁中", 『수행도지경』 권6(대정장15, p.222a23)에 "집안의 우물은 측간과 떨어지게 한다. 舍有井泉 溷廁別異"라고 하였다. 〔참고문헌〕『方廣大莊嚴經』, 『修行道地經』.

혼침 昏沈 Ⓢstyāna, Ⓣrmugs-pa. 어두운 채로 가라앉음. 경(境)의 진실 밝게 알아 견딜 힘 없기에 모든 번뇌를 업(業)으로 하는 무명(無明) 즉 치(癡)의 분(分)이다. 혼(惛)으로도 쓴다. 들뜨는 심소인 도거(掉擧 Ⓢauddhatya)와 함께 두 가지 병통 중 하나다. 정혜(定慧) 또는 지관(止觀)에서 혜 또는 관(毘鉢舍那 Ⓢvipaśyanā)을 장애한다. 『대집대허공장보살소문경』 권7(대정장13, p.640a11)에 "몸이 고요함으로써 혼침을 떠남과 어리석은 성 벗어나게 되고, 마음 고요해서 두루 아는 것과 번뇌를 끊게 된다. 身靜以離昏沈 及離癡性所攝 心靜以遍知 及斷除煩惱所攝", 『대승광오온론』(대정장31, p.853c12)에 "무엇을 혼침이라 하는가? 마음이 고르게 펴지지 못하여 감당해 견디지 못하는 몽매함을 성으로 한다. 이것은 어리석음분으로서 모든 번뇌와 그에 수반하는 번뇌(隨煩惱)마저 의지하여 업이 된다. 云何昏沈 謂心不調暢 無所堪任 蒙昧爲性 是癡之分 與一切煩惱 及隨煩惱 所依爲業", 『순정리론』 권11(대정장29, p.391c10)에 "혼은 혼침을 말한다. 혼몽해서 낙 등이 일어나지 못하는 마음의 무거운 속성을 혼침이라 한다. 이렇게 가려 덮기에 마음이 어두워져 감당해 견딜 것이 없게 된다. 모호하고 어두침침한 성으로 말미암아 경안으로 대치할 대상이라 한다. 惛謂昏沈 瞢瞢不樂等所生 心重性 說名昏沈 由斯覆蔽 心便昏昧 無所堪任 瞢憒性故 由是 說爲輕安所治", 『성유식론』 권6(대정장31, p.34a19)에 "무엇을 혼침이라 하는가? 마음이 경에 대하여 감당해 견딜 것 없음을 성으로 하고, 평안하게 하는 비발사나에 장애가 됨을 업으로 한다. 어떤 뜻으로는 혼침을 치의 일분으로 거둔다. 논에서 오직 치의 일분이라고 설했기 때문이며, 어둡고 무겁게 가라앉음이 치의 특징이기 때문이다. 어떤 견해로는 혼침이 어리석음에 속할 뿐만 아니라 감당해 맡길 것 없는 것이 혼침상이다. 모든 번뇌 모두 다 견뎌 맡길 것 없으니, 이것을 떠나서 따로 혼침상이란 없다. 云何惛沈 令心於境無堪任爲性 能障輕安毘鉢舍那爲業 有義 惛沈癡一分攝 論唯說此是癡分故 惛昧沈重 是癡相故 有義 惛沈非但癡攝 謂無堪任 是惛沈相 一切煩惱 皆無堪任 離此無別惛沈相故", 『성유식론음향보유』 권6(卍속장83, p.36a14)에 "마음이 경에 대하여 견뎌 맡길 것 없다 한 것은, 혼침이 지금 진행되고 있을 경우 마음은 마음으로 견디는 바 없기에 능히 색 등의 경계를 명료히 할 수 없다. 令心於境無堪任者 謂若惛沉 現在前時 心無所堪 不能明了色等境故", 『선종결의집』(대정장48, p.1015c10)에 "게으른 마음은 혼침의 바탕이고, 멋대로 하는 마음은 산란의 뿌리다. 이로써 혼침에 빠지면 경계 달라지고, 산란하면 체가 갈라진다. 두 가지 모두 망상에 물든 마음이니 짧은 순간에 백 가지로 변하지만 마음이 일어나지 않는다면 무슨 잘못이 있겠는가? 懶惰心是 昏沈之本 恣縱心是 散亂之根 所以 昏沈則境異 散亂則體殊 皆隨妄想之心 頃

刻百變 心若不起 爭如之何"라고 하였다. 〔참고문헌〕『大集大虛空藏菩薩所問經』, 『大乘廣五蘊論』, 『順正理論』, 『成唯識論』, 『成唯識論音響補遺』, 『禪宗決疑集』, *Pañ-s.12.*, *Mvyut.104.* ⇨도거 掉擧, 경안 輕安

혼침 惛沈 Ⓢstyāna, Ⓟthīna, Ⓣrmugs-pa. 어두운 채로 가라앉다. 분명히 아는 것 없게 해서 선법(善法) 등을 견뎌 맡지 못한다. 혼침(昏沈)·혼(惛·昏)이라고도 한다. 몽롱함(瞢瞢 Ⓢtandrā) 등 다섯 가지 먹이(惛眠蓋食)로 자라나는 몸과 마음이 가라앉아 무거운(沈重) 상태다. 선법(善法)을 감당할 수 없게 되며, 경안(輕安)에 의해 다스린다. 아비달마에 따르면 13대번뇌지법(大煩惱地法) 중 하나이고, 유식에 따르면 20수번뇌(隨煩惱) 중 하나다. 『대비바사론』 권37(대정장27, p.191c24)에 "무엇이 혼침인가? 온몸 무거운 성과 마음 무거운 성이어서 몸도 마음도 고르고 부드럽지 못하고 몸과 마음 몽롱해서 분간 못해 어둡고 무거워 혼침이라 한다. … 몸의 둔중함이란 오식과 상응해서 혼침함을 나타내고, 마음의 둔중함이란 의식과 상응해 혼침함을 나타내는 것이다. 이에 따라 나머지 구도 이와 같음을 알아야 할 것이다. 마음의 어둡고 무거운 성이란 이것 모두 심소법의 성임을 나타낸다. 云何惛沈 答 諸身重性 心重性 身不調柔 心不調柔 身瞢瞢 心瞢瞢 身憒悶 心憒悶 心惛重性 是謂惛沈 … 身重性者 顯五識相應惛沈 心重性者 顯意識相應惛沈 由此餘句應知亦爾 心惛重性者 顯此皆是心所法性", 『순정리론』 권11(대정장29, p.391c10)에 "혼이란 혼침을 말한다. 몽롱해 기뻐하지 못함으로 생겨나는 마음의 무거운 성을 혼침이라 한다. 이것에 의해 가려 덮힘으로써 마음은 바로 혼매해져 (선법을) 감당할 수 없게 되니, 이는 흐리멍덩한 성질 때문이다. 이에 경안으로 다스린다고 설한다. 惛謂惛沈 瞢瞢不樂等所生 心重性說名昏沈 由斯覆蔽 心便惛昧無所堪任 瞢憒性故 由是說爲輕安所治", 『유가사지론』 권11(대정장30, p.329b18 : *Samā-bh.*, p.132)에 "혼침이란, 청정한 시라 등을 따라 다니며 허물어뜨리기에, 근문을 지키지 못하고 먹어도 그 양을 알지 못하니, 부지런히 정진해서 수면 깨우지 못한 채여서 늘 바르게 알지 못한다. … 온갖 번뇌를 일으켜 몸과 마음이 혼매하여 감당할 수 없는 상태를 말한다. … 수순하여 번뇌를 일으켜 가행을 무너뜨려 끊는 것이 혼침의 성이다. 惛沈者 謂或因毁壞淨尸羅等隨一善行 不守根門 食不知量 不勤精進 減省睡眠 不正知住 … 生起一切煩惱 身心惛昧 無堪任性 … 又順生煩惱壞斷加行 是惛沈性 styānaṃ katamat. anyatamānyatamāṃ vā śīlādivipattim āgamyendriyair aguptadvāratāṃ vāmātrābhojitāṃ vājāgarikānuyuktatāṃ vāsaṃprajānavihāritāṃ vā … sarvakleśotpattyanukūlaṃ kāyacittastaimityaṃ kāyacittākarmaṇyatā … styānaṃ kleśotpattyā prahāṇaprayogaṃ nāśayati", 『성유식론』 권6(대정장31, p.34a19)에 "무엇을 혼침이라 하는가? 마음으로 경에 대해 견뎌 맡을 수 없게 하는 것을 성으로 하고, 경안과 비발사나를 능히 가림을 업으로 한다. 云何惛沈 令心於境無堪任爲性 能障輕安毘鉢舍那爲業"라고 하였다. 〔참고문헌〕『大毘婆沙論』, 『順正理論』, 『瑜伽師地論』, 『成唯識論』, *Samā-bh.*, *Abh-k-bh.56.* ⇨혼 惛, 혼면개식 惛眠蓋食, 대번뇌지법 大煩惱地法, 이십종수번뇌 二十種隨煩惱, 십전 十纏, 경안 輕安, 비발사나 毘鉢舍那

혼침수면개 惛沈睡眠蓋 Ⓢstyāna-middha-nivaraṇa. 혼면개(惛眠蓋)와 같다. 무명(無明)·의(疑)·혼침수면개는 모두 어둠(黑闇)으로서 법의 광명(光明)으로 다스리는데, 문혜(聞慧)와 사혜(思慧)로는 무명과 의를 없애고, 수혜(修慧)로는 혼침수면개를 다스린다. 『유가사지론』 권11(대정장30, p.330a21)에 "〔문〕 혼침수면개는 무엇을 (장양하는) 먹이로 삼는가? 〔답〕 흑암상이 있고 저 상에 대해 바르게 사유하지 못해 많이 수습하는 것을 먹이로 한다. 〔문〕 이 개는 무엇을 비식으로 하는가? 〔답〕 광명상이 있고 저 상에 대해 이치에 맞게 뜻지어 많이 수습하는 것을 비식으로 한다. 問 惛沈睡眠蓋 以何爲食 答 有黑暗相 及於彼相 不正思惟 多所修習 以之爲食 問 此蓋誰爲非食 答 有光明相 及於彼相 如理作意 多所修習 以爲非食", "광명에 세 가지가 있으니, 첫째 어둠을 다스리는 광명, 둘째 법으로서 빛나고 밝은 것, 셋째 몸에 의지하는 광명이다. 어둠을 다스리는 광명에 다시 세 가지가 있으니, 첫째는 밤에 있는 것이니 별과 달 등을 말하고, 둘째는 낮에 있는 것이니 햇빛을 말하며, 셋째는 밤과 낮 모두에 있는 것이니 불꽃 구슬 등을 말한다. 법의 광명이란 가령 어떤 사람이 (교법을) 받아 사유하며 만나는 것들마다에서 제법을 관찰하고, 혹은 다시 수습하고, 부처님 등을 따라 기억함을 말한다. 몸에 의지하는 광명이란 유정에게 저절로 일어나는 몸의 광명을 말한다. 明有三種 一 治暗光明 二 法光明 三 依身光明 治暗光明 復有三種 一 在夜分 謂星月等 二 在晝分 謂日光明 三 在俱分 謂火珠等 法光明者 謂如有一隨其所受所思所觸 觀察諸法 或復修習 隨念佛等 依身光明者 謂諸有情自然身光", "첫 번째 (어둠을 다스리는) 광명은 세 가지로 어둠을 다스림 알아야 하니, 첫째 밤의 어둠, 둘째 구름 덮어 어두움, 셋째 가려 어두운 굴로 된 집 등이다. 법의 광명으로 세 가지 어둠 다스리니, 제법에 대해 여실히 알지 못하기에 과거·현재·미래에 대해 많이 의혹을 일으키고 불법 등에 대해서도 그와 같이 하는 것이다. 이 중에서 무명과 의를 모두 어둠이라 한다. 또 몸소 관찰해 능히 혼침수면개의 어둠을 다스릴 수 있으니, 모든 법의 성을 드러나게 해서 알게 하기 때문이다. 當知初明 治三種暗 一者 夜暗 二者 雲暗 三者 障暗 謂窟宅等 法明能治三種黑暗 由不如實知諸法故 於去來今多生疑惑 於佛法等亦復如是 此中無明及疑俱名黑暗 又證觀察 能治惛沈睡眠黑暗 以能顯了諸法性故"라고 하였다. [참고문헌] 『瑜伽師地論』, 『瑜伽論記』 권4(대정장42, p.379c8), *Samā-bh.139.* ⇨무명 無明[1], 의疑, 혼면개 惛眠蓋, 혼침 惛沈, 수면 睡眠

혼칩 昏蟄 어둠에 갇혀 지내다. 기나긴 겨울잠. 무명에 잠긴 중생의 비유다. 『법화의소』 권8(대정장34, p.563b12)에 "천둥 소리를 (설법의) 비유로 삼은 까닭은 중생의 오승선근을 능히 일으켜, 무명이라는 어두운 겨울잠을 능히 깨운다. 今取雷聲爲喩者 能生衆生 五乘善根 能覺悟無明昏蟄", 『자백존자전집』 권10(卍속장126, p.817a14)에 "천둥이 아니면 기나긴 겨울잠을 일깨울 방법이 없고, 바람이 아니면 만물을 고동시킬 수단이 없다. 盖非雷無以驚昏蟄 非風無以鼓萬物"라고 하였다. [참고문헌] 『法華義疏』, 『紫柏尊者全集』.

혼해 混海 근대 스님 찬윤(讚允)의 법호. [참고문헌] 『鏡虛集』. ⇨찬윤 讚允

혼허 渾虛 1826~?. 해남 달마산 미황사(美黃寺) 스님. 상능(尙能)의 법호이다. ⇨상능 尙能

혼혼 昏昏 어둑어둑해 분간할 수 없음. 『조산어록』(대정장47, p.528b11)에 "학인이 조산에게 물었다. '삼계 어질어질하고, 육취는 어둑어둑할 뿐이니 어떻게 색으로라도 가릴 수 있습니까?' '색 가릴 수 없다' '어찌하여 색을 가리지 못합니까?' '색 가린즉 바로 캄캄해지리라'. 僧問 三界擾擾 六趣昏昏 如何辨色 師曰 不辨色 僧云 爲甚麽不辨色 師曰 若辨色卽昏也", 『운문광록』 권중(대정장47, p.563b22)에 "언제 이렇게 말하였다. '옛사람 말하시길 사람마다 빠짐없이 광명에 존재한다고 하였는데, 보려 하면 보이지 않고 깜깜해 어둑어둑하기만 하다. 어찌하여 광명이란 말인가?' 대신 말하였다. '부식창고에는 문이 셋이다'. 또 말하였다. '좋은 일이라도 아무것도 없는 것만 못하다'. 或云 古人道 人人盡有光明在 看時不見暗昏昏 作麽生是光明 代云 廚庫三門 又云 好事不如無", 『달마대사혈맥론』(卍속장110, p.811a2)에 "이 어리석은 사람이 무기공에 떨어져 혼미하니 마치 취한 사람처럼 호오를 가리지 못한다. 헤아려 무작법을 닦으려면 먼저 반드시 성을 보아야 하고, 그런 다음에야 연려함 쉴 수 있다. 성을 보지 못한 채로 불도를 얻어 이룬다는 것은 있을 수 없는 일이다. 是癡人 落無記空中 昏昏如醉人 不辨好惡 若擬修無作法 先須見性 然後息緣慮 若不見性 得成佛道 無有是處"라고 하였다. [참고문헌] 『曹山語錄』, 『雲門廣錄』, 『達磨大師血脈論』.

홀 笏 고대에 대신이 천자를 알현할 때 손에 잡는 좁고 긴 판대기. 수판(手版). 대나무 등으로 만든다. 잊지 않기(備忘) 위해 쓴다. 선림에서는 스승이 학인을 접화하거나 법요 때 사용한다. 『석씨요람』 권중(대정장54, p.279c9)에 "세속의 관인들의 수판과 같이 잊지 않기 위해 적어 두는 것을 홀이라 한다. 若俗官之手版 備於忽忘 名笏也"라고 하였다. [참고문헌] 『釋氏要覽』.

홀거 忽遽 갑작스럽게. 또는 숨가쁘게. 『열반현의발원기요』 권4(대정장38, p.41b12)에 "무상해 숨가쁘니 저 부싯돌 빛과 같다. 無常忽遽 如彼石火", 『법화경삼대부보주』 권13(卍속장44, p.454b17)에 "심이란 심구, 사는 사찰이다. 이 두 심소 모두 마음을 숨가쁘게 한다. 尋謂尋求 伺謂伺察 此二皆悉 令心忽遽"라고 하였다. [참고문헌] 『涅槃玄義發源機要』, 『法華經三大部補注』.

홀로마국 忽露摩國 고대 서역에 있어 현장(玄奘)이 경유한 나라. 타지키스탄(Tajikistan) 가름(Garm・Gharm)에 비정된다. 『대당서역기』 권1(대정장51, p.872a29)에 "(赤鄂衍那國에서) 동쪽으로 가면 홀로마국에 이른다. 홀로마국은 동서로 백여 리, 남북으로 3백여 리이고, 나라의 수도성은 둘레 십여 리이다. 왕은 해소돌궐족이다. 가람은 두 곳에 승도는 백여 인이다. 동쪽으로 더 가면 수〈'삭'과 '구'를 반절한 음〉만국에 이른다. 東至忽露摩國 忽露摩國 東西百餘里 南北三百餘里 國大都城 周十餘里 其王奚素突厥也 伽藍二所 僧徒百餘人 東至愉〈朔俱反〉漫國"라고 하였다. [참고문헌] 『大唐西域記』, 『一切經音義』 권82(대정장54, p.836c17).

홀륜 囫圇 덩이진 채로여서 분별해 알지 못함. 혼륜(渾淪)과 통한다. 『금강경주해』 권4(卍속장38, p.959a6)에 "야보도천(冶父道川)선사가 말한다. '빼앗아 뭉치기도 하고 놓아 열기도 한다'. 송으로 읊는다. '덩이진 채로인 것 두 쪽 되게 하고 쳐 부수어 도리어 뭉쳐 둥글 뿐이네. 가늘게 씹더라도 씹혀 부서지지는 않게 해야 하니 비로소 그 맛 온전히 알리라'. 川禪師曰 揑聚放開 兵隨印轉 頌曰 囫圇成兩片 擘破却團圓 細嚼莫咬碎 方知滋味全", 『담연원징어록』 권4(卍속장126, p.210a15)에 "한 번 휘두르는 칼날을 마주해서는 곧바로 누구든 마음 쓸 짬이 없고 사유할 방도 없으며 분별할 여지도 없고 이것저것 헤아릴 길도 없어 덩이진 채로여서 틈이라곤 없으니, 천마나 외도인들 무엇인들 하겠는가? 當頭一揮 直下無你用心處 無你思惟處 無你分別處 無你計較處 囫圇無一些縫隙可得 天魔外道 欲何爲耶"라고 하였다. [참고문헌] 『金剛經註解』, 『湛然圓澄語錄』. ⇨혼륜 渾崙

홀름국 忽懍國 고대 서역에 있던 나라. 발흐(Balkh) 지역의 콜름(Kholm・Khulm). 현재의 아프가니스탄(Afghanistan)의 타쉬쿠르간(Tashqurghan)에 비정된다. 『대당서역기』 권1(대정장51, p.872b27)에 "(紇露悉泯健國에서) 서북쪽으로 가면 홀름국에 이른다. 홀름국은 둘레 8백여 리이고 도성은 둘레 5~6리이다. 가람은 10여 곳에 승도 5백여 인이다. 서쪽으로 더 가면 박갈국에 이른다. 西北至忽懍國 忽懍國 周八百餘里 國大都城 周五六里 伽藍十餘所 僧徒五百餘人 西至縛喝國", 『일체경음의』 권77(대정장54, p.809a2)에 "홀름국〈가운데 글자는 림과 금을 반절한 음〉. 忽懍國〈中林禁反〉"이라고 하였다. [참고문헌] 『大唐西域記』, 『一切經音義』.

홀실 笏室 방장실(方丈室). 유마(維摩)가 거처하던 방의 크기에서 유래한 말이다. 십홀실(十笏室)이라고도 한다. 홀은 수판(手板). 10홀(笏)은 1장(丈)에 상당한다. 『법원주림』 권29(대정장53, p.501c10)에 "대당 현경년간(656~661)에 칙사 위장사 왕현책 인도를 향해 가다가 정명의 집을 지나며 홀(笏)로 그 터를 재어보니 그 밑둥이 십홀이었다. 그래서 '방장실'이라는 호칭이 생겼다. 於大唐顯慶年中 勅使衛長史王玄策 因向印度 過淨名宅 以笏量基 止有十笏 故號方丈之室也", 『석씨요람』 권상(대정장54, p.263b21)에 "유마거사의 집 병세를 보였던 방 터만 남아서 돌이 쌓여 있을 뿐이다. 왕책이 직접 수판으로 가로세로를 재어보니 10홀이었다. 그래서 '방장'이라고 호칭이 생겼다. 維摩居士宅示疾之室 遺址疊石爲之 王策躬以手板縱橫量之得十笏 故號方丈", 『호은집』 권4 「임제종회당화상행적기 臨濟宗晦堂和尙行蹟記」(한불전9, p.725b20)에 "따로 감실 조성하여 용과 거북이 보호하였다. 홀실 앞에는 한 칸의 영당이 우뚝하다. 別造龕護螭龜 笏室之頭 一間影堂巋然"라고 하였다. [참고문헌] 『法苑珠林』, 『釋氏要覽』, 『好隱集』. ⇨ 유마방장 維摩方丈, 유마장실 維摩丈室, 방장 方丈 ■

홀연 忽然 Ⓢ yad-ṛcchā, akasmāt, Ⓣ 'dod-rgyal, blo-bur. 문득. 갑자기. 저절로. 뜻밖에. 느닷없이. 연고도 없이. 『무량수경』 권하(대정장12, p.273c13)에 "(보살들은) 부처님께 공양을 올리고 나서 드시기도 전 느닷없이 가벼이 날아서 본래의 국토로 돌아간다. 供養佛已 未食之前 忽然輕擧 還其本國", 『원각경대소초』 권10(卍속장14, p.873b13)에 "홀연이란, 좇아온 곳 없고 인과 까닭도 없이 일어나는 그곳 알아채지도 못하므로 홀연이라 한다. 忽然者 無所從來 亦無因由 不覺起處 故曰忽然", 『조당집』 권7 「설봉장 雪峰章」(대장경보편25, p.444b1)에 "느닷없이 경산이 그대에게 묻는다면 그에게 무어라 대답하겠는가? 忽然徑山問汝 向他道什摩"라고 하였다. [참고문헌] 『無量壽經』, 『圓覺經大疏鈔』, 『祖堂集』, *Laṅk.295.*, *Mvyut.245.*

홀연염기 忽然念起 까닭도 없이 생각이 일어나다. 온 곳도 없이 일어나는 무명(無明)의 유래를 말한다. 『대승기신론』(대정장32, p.577c6)에 "갑자기 저절로 넘일어나니 그 이름 무명이다. 忽然念起 名爲無明", 『대승기신론의기』 권3(대정장44, p.267a22)에 "오로지 이 무명만이 번뇌에 물든 법의 샘일 뿐 더없이 미세하여 다시는 번뇌에 물든 법은 없으니, 능히 이것이 바탕일 뿐이다. 그러므로 '까닭도 없이 생각이 일어난다'라고 한다. 唯此無明 爲染法之源 最極微細 更無染法 能爲此本 故云忽然念起也", 『기신론소필삭기』 권12(대정장44, p.360c19)에 "이는 번뇌에 물든 모든 법이 비로소 일어나는 바탕이므로 '까닭도 없이 일어난다'라는 말에 따라서 그것이 앞선 것임을 표했다. 是諸染法 始起之本故 故約忽起 以表其先也"라고 하였다. [참고문헌] 『大乘起信論』, 『大乘起信論義記』, 『起信論疏筆削記』.

홀연염기명위무명 忽然念起名爲無明 홀연히 념이 일어나니 그 이름 무명이다. 『대승기신론』의 구절이다. 원효(元曉)의 『대승기신론소기회본』 권4(한불전1, p.763a6)에 "〈논〉 하나인 법계에 달하지 못한 까닭에 마음이 상응하지 못하여 홀연히 념이 일어나니 이를 무명이라 한다. 〈소〉 두 번째 중에서 말하기를 '마음이 상응하지 못하여'라고 한 말은, 이 무명이란 가장 미세하여 능소와 심왕심수의 차별이 있지 못함을 밝혔다. 그러므로 '마음이 상응하지 못하여'라고 하였다. 오직 이것만이 본이고 이것보다 더 미세한 그 전에 있을 법한 염법은 따로 없다. 이러한 뜻 때문에 '홀연히 일어난다'라고 설했다. 以不達一法界故 心不相應 忽然念起名爲無明 第二中言 心不相應者 明此無明 最極微細 未有能所王數差別 故言心不相應 唯此爲本 無別染法 能細於此 在其前者 以是義故 說忽然起", 『대승기신론의기』 권하본(대정장44, p.267a17)에 "이 또한 위에서 무명이 일어나는 연유에 대한 풀이다. 진여의 평등한 한 뜻을 분명하게 알지 못하는 까닭에 마음이 상응하지 못하여 문득 념이 움직이니 이것을 무명이라 한다. … 오직 이 무명만이 염법의 샘이고 더할 나위 없이 미세하며, 어떤 염법도 이것의 본이 되는 일은 결코 없으므로 '홀연히 념이 일어난다'라고 한다. 亦釋上無明得起所由 以不了眞如平等一義故 心不相應 忽然念動 名爲無明 … 唯此無明 爲染法之源 最極微細 更無染法 能爲此本 故云忽然念起也"라고 하였다. [참고문헌] 『大乘起信論疏記會本』, 『大乘起信論義記』.

홀절색의계 忽切索衣戒 간절히 보채서 옷 찾는 일을 금하는 계. 삼십니살기바일제(三十尼薩耆波逸提 : 三十捨墮法) 중 하나로 과한홀절색의가계(過限忽切索衣價

戒)라고도 한다. 단월(檀越)이 집사(執事)에게 옷을 짓도록 값을 치렀을 경우, 비구비구니는 옷을 받으러 여섯 번까지 찾아갈 수 있고 이를 넘기면 니살기바일제를 범한다. 『사분율』 권7 「삼십사타법」(대정장22, p.613a25)에 "옷이 필요한 비구는 마땅히 집사인의 처소로 가되 두 번이든 세 번이든 기억나게 하고 '나는 옷이 필요합니다'라고 말해야 한다. 만약 두 번이나 세 번으로 기억하게 하여 옷을 얻게 되거든 좋고 만약 옷을 얻지 못했다면 네 번, 다섯 번, 여섯 번 앞에 말없이 서 있는다. 만약 네 번, 다섯 번, 여섯 번 말없이 앞에 머물러 있다가 옷을 받으면 좋고, 만약 옷을 받지 못하였는데도 이를 넘겨 구하여 옷을 얻으면 니살기바일제다. 須衣比丘 當往執事人所 若二反三反 爲作憶念 應語言 我須衣 若二反三反 爲作憶念 若得衣者善 若不得衣 四反五反六反 在前默然立 若四反五反六反 在前默然住 得衣者善 若不得衣 過是求得衣者 尼薩耆波逸提", 『사분율함주계본소행종기』 권1(卍속장62, p.314a8)에 "30사타법은 … 열 번째 홀절색의계다. 三十捨墮法 … 十忽切索衣戒"라고 하였다. [참고문헌] 『四分律』, 『四分律含注戒本疏行宗記』, 李智冠 『南北傳六部律藏比較硏究』 pp.140~142. ⇨ 과한홀절색의가계 過限忽切索衣價戒, 삼십니살기바일제 三十尼薩耆波逸提

홀지 忽地 문득. 느닷없이. 까닭없이. 『대혜어록』 권12 「당도인청찬 唐道人請讚」(대정장47, p.861a20)에 "이 존자 더듬어 찾을 길 없으니, 문득 기뻐하다가 문득 싫어하신다네. 기뻐하면 고른 기운이니, 봄날 온갖 꽃이 망울 터뜨린 듯하고, 노하면 천둥 번개 쳐 바람과 구름을 한꺼번에 일듯하노라. 這尊慈無摸㨂 忽地喜忽地惡 喜也和氣 如春百華開蕚 怒也雷電 風雲一時俱作"라고 하였다. [참고문헌] 『大慧語錄』.

홋소리 ○○○ 범패 바깥채비 중 혼자 부르는 소리. 짓소리가 제일 길고 홋소리는 중간이며, 제일 짧은 소리에 대해서는 '쓸다'라고 한다. 홋소리는 자유리듬으로 부르고 주로 동부지방의 민요선법으로 되어 있고, 가사는 주로 4구로 1·2구를 안짝, 3·4구를 밧짝이라 하며, 형식은 1·3구와 2·4구가 같거나 또는 1·2구를 3·4구에서 반복하는 형식이다. 홋소리로는 「할향 喝香」·「개계 開啓」·「향수나열 香需羅列」·「보장취 寶藏聚」·「향화게 香花偈」·「오덕사 五德師」·「직찬 直讚」·「복청게 伏請偈」 등을 부른다. 명칭에 대하여 『중요무형문화재조사보고서』(1965)의 '범패'에서 '홋소리'로 소개된 이후 줄곧 홋소리라 하였으며, 2010년 이후부터 연구자들에 의해 '홑소리'라는 명칭으로 변화되고 있다. [참고문헌] 한만영 『韓國佛敎音樂硏究』(서울대출판부, 1990) pp.38~52. ⇨ 범패 梵唄, 짓소리 ○○○

홍각 弘覺 신라 제48대 경문왕 및 49대 헌강왕(재위 861~886)대에 활약하였던 스님. 휘는 이관(利觀), 자는 유자(有者), 시호는 홍각(弘覺), 속성은 김(金)씨, 경주에서 태어났다. 입적한 후 김원(金薳)이 헌강왕의 명을 받아 비문을 짓고, 운철(雲徹)스님이 왕희지(王羲之)의 글씨를 집자(集字)하여 886년(헌강왕12)에 양양 사림사(沙林寺 : 강원도 양양군 서면 미천리)에 세웠다. 알 수 없는 때 절은 없어지고 절터(禪林院址)에 탑비의 이수와 귀부 및 부서진 비편(碑片)만 남아 있었다. 1775년(영조51)경 양양군수가 비편만을 읍내로 옮겼고, 1914년 일제강점기에는 경복궁으로 옮겨졌다가 지금은 국립춘천박물관에 있다. 한편 선림원지에 남아 있는 귀부와 이수에 2008년 비신(碑身)을 새로 제작해 복원한 탑비가 사지에 있다. [참고문헌] 「襄陽沙林寺弘覺禪師碑」(李智冠 『校勘譯註歷代高僧碑文』 新羅篇 pp.116~125), 『朝鮮金石總覽』 권상 pp.65~66, 『文化遺蹟總覽』 권상 p.5. ⇨ 이관 利觀, 선림원지홍각선사탑비 禪林院址弘覺禪師塔碑, 선림원지홍각선사탑비귀부및이수 禪林院址弘覺禪師塔碑龜趺○螭首

홍각 洪覺 고려 명종(재위 1170~1197)의 서자(庶子). 명종의 서자 10여명 중 선사(善思)·홍기(洪機)·홍추(洪樞)·홍규(洪規)·홍균(洪鈞)·홍각(洪覺)·홍이(洪貽)는 모두 폐첩(嬖妾)의 소생으로 스님이 되게 하여 소군(小君)이라 불리웠고 1197년(명종27) 9월 최충헌(崔忠獻) 형제가 왕을 폐하고 왕의 아우 평량공(平涼公) 민(旼 : 神宗)을 왕으로 옹립하고는 폐위된 명종과 서자 모두를 귀양을 보냈다. [참고문헌] 『高麗史』 권90 列傳3 宗室1 明宗·권129 列傳42 崔忠獻.

홍각등계부휴선수대선사비 弘覺登階浮休善修大禪師碑 백곡처능(白谷處能 1619~1680)이 찬(撰) 한 부휴선수(浮休善修 1543~1615)의 비. 송광사(松廣寺)에 있다. ⇨ 선수 善修[2], 송광사 松廣寺[1]

홍각범 洪覺範 각범혜홍(覺範慧洪)의 별칭. 『허당록』 권4(대정장47, p.1014c10)에 "대혜 말하길 '나는 매번 제멋대로 천착하는 홍각범의 치우친 성향을 비웃는다'라고 하였다. 大慧道 我每笑洪覺範 偏要胡亂穿鑿"라고 하였다. [참고문헌] 『虛堂錄』. ⇨ 각범 覺範

홍각사 弘覺寺 중국 강소성(江蘇省) 강녕현(江寧縣) 남쪽 우두산(牛頭山)에 있는 절. 우두선(牛頭禪)의 발상지. 개산조는 우두법융(牛頭法融)이다. 양대 천감년간(502~519) 사공서도(司空徐度)가 불굴사(佛窟寺)로 건립한 이래 복창원(福昌院)·자선원(資善院)으로, 태평홍국년간(976~984)에는 숭교사(崇敎寺)로 이름을 바꿨다. [참고문헌]『大明一統志』 권6, 『大淸一統志』 권52, 『金陵梵刹誌』 권33. ⇨ 우두산 牛頭山[1]

홍경 弘景 당대 스님. 남산율사(南山律師) 도선(道宣)의 제자. 천태의 장안대사(章安大師)를 따라 천태의 종지를 배웠고, 측천무후(則天武后) 때 실차난타(實叉難陀) 등과 『화엄경』을 한역하였으며, 무후에서 중종(中宗)에 이르는 대까지 세 차례나 궁중에 들어가 계사(戒師)가 되어 수계하였다. [참고문헌]『佛祖統紀』 권10(대정장49, p.201c20). ⇨ 도선 道宣

홍경 弘經 1899~1971. 간성 건봉사(杆城 乾鳳寺) 스님. 휘는 장육(藏六)이다. ⇨ 장육 藏六[2]

홍경 洪慶 신라말 고려초 스님. 『고려사』 권1 「세가世家」1 태조 11년(928) 8월에 "신라스님 홍경이 후당의 민부에서 대장경 1부를 구하여 배에 싣고 예성강에 도착하니 태조가 직접 맞이하여 제석원에 봉안하였다. 新羅僧 洪慶 自唐閩府 航載大藏經一部 至禮成江 王親迎之 置于帝釋院"라고 하였는데, 『삼국유사』 권3(대정장49, p.994b9 · 한불전6, p.327a6) 탑상(塔像)4 전후소장사리(前後所將舍利)에는 홍경(弘慶)이라 하였고, 옛날 보요선사(普耀禪師)가 남월(南越)에 가서 대장경을 구하여 배에 싣고 오다가 폭풍을 만나 매우 위급하게 되었을 때, 홀연히 한 조각 배가 파도 사이에 나타나므로 스님이 말하되, '혹시 용왕이 경을 가지려는 뜻이 아닐까?'하고 일념으로 주문을 외웠고 곧 풍파는 가라앉아 무사히 귀국하였다. 경을 봉안할 곳을 찾다가 상서로운 구름이 일어나는 곳에 절을 짓고 이름을 해용왕사(海龍王寺)라 하고 모시고 온 대장경을 봉안하였다고 하였다. [참고문헌]『高麗史』, 『三國遺事』, 『高麗史節要』 권1 太祖 11年, 『韓國寺刹全書』 권하 p.1137a11 海龍王寺.

홍경 洪鏡 1229~1301. 원대 초 학승. 속성은 이(李)씨. 운남성(雲南省) 곤명(昆明) 출신. 어릴 때 출가하여 대리국(大理國)의 국사였던 자운(子雲)의 제자가 되었다. 남송대 1253년(보우1) 몽고의 홀필열(忽必烈)이 대리국의 단(段)씨를 멸함에 따라 단씨일족과 승중(僧衆) 대부분이 몽고에 귀화하였고, 홍경도 다음 해에 원경(元京)에 이르러 25년 동안 머물며 당시 네 스승에게 사사를 받고 단주(壇主)의 법도 계승하였고, 이후 단주를 통하여 황제에게 귀향의 뜻을 전할 당시 홍경이라는 법명을 받았다. 귀향 후 대리성(大理城) 동쪽의 옥안산사(玉案山寺)에 들어가 『원각경』 등의 경전과 『마하연사절론 摩訶衍四絶論』을 운남성 일대에 거주하던 소수민족의 언어인 북어(僰語)로 번역하였다. 언변이 뛰어나 웅변법사(雄辯法師)라 불렀다. 1301년(대덕5) 11월에 세수 73세로 입적하였다. [참고문헌]『新續高僧傳』 권2(대장경보편27, p.35b6), 『滇釋紀』 권1.

홍경대사 弘經大士 불경을 풀이하고 널리 알린 대사. 용수(龍樹) · 무착(無著) · 천친(天親) 등을 가리키는 말이다. 『영각광록』 권29(卍속장125, p.764a2)에 "당송대의 홍경대사들이 온갖 경을 분석하고 소(疏)를 붙여 전해 오늘날에까지 이르게 한 것은 비록 반드시 부처님의 본의와 합하지 않을 수도 있겠지만 그 큰 뜻을 살펴보면 모두가 부처님을 거스르지 않았다 할 수 있다. 唐宋弘經大士 分疏諸經 其傳至今日者 雖未必其合佛意與否 而考其大旨 皆所謂不違於佛者也", 『양인산거사유서』 권20(대장경보편28, p.651a1)에 "홍경대사라면 만사의 사상을 무너뜨려서는 안 되고, 다만 사를 그대로 두고서 이를 드러내야만 한다. 누군가 엮는 중에 육종진동 · 보탑고광 · 겁일장단 등에 관한 설을 물어와 만사의 드러난 상들을 고르게 떨쳐 버리고 성과 리로 말한다면 교의에 어긋남이 있는 듯도 할 것이다. 弘經大士 不可破事相 但須卽事顯理 或問篇中 六種震動 寶塔高廣 劫日長短等論 均拂事相 而談性理 似於敎義有違"라고 하였다. [참고문헌]『永覺廣錄』, 『楊仁山居士遺書』.

홍경사 弘慶寺 충청남도 천안시 서북구 성환읍 대홍리에 있던 절. 곧 봉선홍경사(奉先弘慶寺)다. [참고문헌]『韓國寺刹全書』 권하 p.1171a1. ⇨ 봉선홍경사 奉先弘慶寺, 봉선홍경사사적갈비 奉先弘慶寺事蹟碣碑

홍경사갈기 弘慶寺碣記 최충(崔冲 ?~1068) 지음. 『조선금석총람』 권상과 『한국금석전문』 중세상(中世上)에 「홍경사갈 弘慶寺碣」이라는 이름으로 수록되었으며

봉선홍경사갈탁본

『동문선』 권64 기(記)에는 「봉선홍경사기 奉先弘慶寺記」라 하였다. 1026년(현종17)에 지은 글로 현종(顯宗)의 명으로 1016년(현종7)부터 창건이 시작된 사연과 참여한 인물, 홍경사의 구조 등을 기록하였다. 별감사(別監使)인 세속관리 강민첨(姜民瞻 ?~1021) · 김맹(金猛 ?~1030)과 함께 사원 창건을 감독한 스님인 형긍(逈兢) · 득총(得聰) · 장림(藏琳) 등이 기록되었고, 『조선금석총람』과 『한국금석전문』에는 『동문선』에서는 삭제된 홍경사 창건에 도감(都監)으로 참여한 언숭(彦崇) 등 스님들 명부가 더해졌다. [참고문헌]『朝鮮金石總覽』, 『韓國金石全文』, 『東文選』. ⇨ 홍경사 弘慶寺

홍경삼궤 弘經三軌 부처님의 가르침을 널리 전하기 위해 세운 세 가지 본보기. 자비(慈悲)·인욕(忍辱)·법공(法空)의 뜻을 의좌실삼궤(衣座室三軌)로 비유하였고 홍교삼궤(弘教三軌)라고도 하고, 『법화경』의 설이다. 『사분율산보수기갈마소제연기』 권4(卍속장64, p.915a3)에 "『법화경』에 '이 선남자선여인이 여래의 방에 들어 여래의 옷을 입고, 여래의 자리에 앉아서 사부중을 위하여 이 경을 널리 설할 것인데, 여래의 방이란 일체중생 중에 대자비가 이것이고, 여래의 옷은 부드럽고 온화한 인욕심이며, 여래의 자리란 일체법 공한 뜻이다. 이 가운데 안주해서 게으르지 않는 마음으로 여러 보살과 사부중을 위하여 이 경을 널리 설한다' 하였으니, 이것을 홍경삼궤라고 한다. 是善男子善女人 入如來室 著如來衣 坐如來座 乃爲四衆 廣說斯經 如來室者 一切衆生中 大慈悲是 如來衣者 柔和忍辱心是 如來座者 一切法空是 安住是中 以不懈怠心 爲菩薩四衆 廣說是經 此謂弘經三軌"라고 하였다. 〔참고문헌〕『四分律刪補隨機羯磨疏濟緣記』, 『法華經』 권4(대정장9, p.31c23). ⇨의좌실삼궤 衣座室三軌, 삼궤 三軌 2, 여래의 如來衣, 여래좌 如來座, 여래실 如來室

홍경원 弘慶院 고려시대 나라 위한 도량을 설하던 곳. 『고려사절요』 권9 인종공효대왕(仁宗恭孝大王) 8년(1130)에 "이자겸이 권력을 잡았을 때 산승 선서의 말을 들어 홍경원을 수리하였다. 李資謙用事 用山僧善諝言 修葺弘慶院", 『고려사』 권16 세가(世家)16 인종 8년(1130) 8월에 "(왕이) 홍경원에서 아타바구신도량, 선군청에서 반야도량을 모두 27일 동안 열도록 명하였다. 命置呵吒波拘神道場于弘慶院 般若道場于選軍廳 皆二七日", 같은 책 권19 세가(世家)19 명종 7년(1177) 3월 11일에 "망이, 신해 등이 홍경원에 불을 지르고 스님 10여 명을 죽이고 주지를 위협하여 서울로 글을 가져가도록 했다. 亡伊等焚弘慶院 殺居僧十餘人 逼令住持僧賫書赴京"라고 하였다. 이색(李穡 1328~1396)의 『목은집』 권3에 시(詩) 「홍경원 弘慶院」도 전한다. 〔참고문헌〕『高麗史節要』, 『高麗史』, 『牧隱集』, 『韓國寺刹全書』 권하 p.1171b16. ⇨홍교원 弘教院

홍경원행아파타구위대장군도량문 弘慶院行阿波吒拘威大將軍道場文 이규보(李奎報 1168~1241) 지음. 『동국이상국전집』 권39 불도소(佛道疏)와 『동문선』 권114 도량문(道場文)에 수록되었다. 희종년간(熙宗 재위 1204~1212)에 일어난 재난을 막기 위해 홍경원에서 도량을 열고 작성한 글이다. 이보다 앞서 1130년(인종8) 9월 임자일에 묘청(妙淸 ?~1135)의 말을 따라 같은 도량을 설행하기도 했다. 〔참고문헌〕『高麗史』, 『東國李相國全集』, 『東文選』.

홍계 弘繼 홍계(弘繼)라고도 함. 신라 경덕왕(景德王) 정명신사(貞明辛巳 : 921) 때 정화(靖和)와 함께 그림을 잘 그렸던 스님. ⇨홍계 弘繼 1

홍계 弘戒 널리 알려 계를 가지게 한다. 불법을 알리는 일 중에서도 계단(戒壇)을 베풀고 법을 널리 행하게 하는 일. 『비니일용절요향유기』 권상(卍속장106, p.147a8)에 "홍계란 사람으로서 법을 행함을 말한다. 계법을 널리 퍼뜨리는 것을 홍이라 하고, 몸과 마음을 청정히 함을 계라 한다. 비구 앞에 홍계라는 두 글자가 붙은 까닭은 사람이어야 능히 도를 널리 알리기 때문이다. 경론이라 하지 않고 계라 한 까닭은 무엇인가? 삼무루학(삼학)에 진실로 박식하지 않음이 없어 널리 전하고 이롭게 하여 구제하지만 오롯이 율종을 숭상하므로 홍계라 한다. 弘戒者 人之法行也 廣布戒法曰弘 淸淨身心曰戒 比丘前立此二字者 人能弘道故 不云經論 而云戒者 三無漏學 固無不博 弘傳利濟 專尙律宗 故云弘戒也"라고 하였다. 〔참고문헌〕『毗尼日用切要香乳記』.

홍계 弘繼 1 신라대 정화(靖和)와 함께 흥륜사(興輪寺)를 중창한 스님. 단계(叩繼)라고도 함. 『삼국유사』 권3(대정장49, p.991c28·한불전6, p.323a6) 탑상(塔像)4 흥륜사벽화보현(興輪寺壁畫普賢)에 따르면 신라 경명왕(재위 917~924) 때 흥륜사의 남문과 좌우의 행랑(行廊)채가 모두 폐실된 후 재건하지 못하고 있었다. 이 때 정화와 홍계(弘繼·叩繼라고도 한다) 두 스님이 원을 세우고 화주(化主)가 되어 중창하려던 중, 921년(경명왕5) 5월 15일 제석천왕(帝釋天王)이 홍륜사의 왼쪽 경루(經樓)에 강림하여 10여 일 동안 머물고 있었을 때, 전탑(殿塔)과 초목·토석(土石) 등이 모두 특이한 향기를 발하며 오색 구름이 절을 덮었고, 남쪽 못에는 고기와 용이 환희용약(歡喜踊躍)하여 물 위로 뛰어올랐으므로 이를 보기 위해 사방에서 모여들었다. 보는 사람마다 그 신비함을 찬탄하고 서로 다투어 금옥·비단·곡식 등을 시주하여 시물이 산더미처럼 모였을 뿐만 아니라, 목수와 석공도 스스로 와서 공사를 도와 얼마 되지 않아 중건공사가 끝이 났다. 제석이 도리천으로 돌아가려 하므로 두 스님이 천상(天像)을 그려서 정성껏 공양하여 큰 은혜에 보답하려 하니 제석천왕이 이르기를 나의 원력은 보현보살님만 같지 못하니 보현보살상을 그려 모시고 정성껏 공양토록 하라 하였으므로 두 스님은 그의 지시를 받들어 홍륜사 벽에 보현보살상을 그렸는데, 그 그림이 일연(一然 1206~1289) 스님이 유사를 지을 때까지도 남아 있었다고 한다. 〔참고문헌〕『三國遺事』. ⇨흥륜사 興輪寺 1, 정화 靖和 2 1605~1686. 명말청초(明末淸初) 조동종 스님. 속성은 복(濮)씨. 강소성 고소(姑蘇) 출신. 여덟 살에 상사

(喪事)를 목격한 후 이를 해결하겠다는 뜻을 품었다. 서른세 살에 설교(雪嶠) 문하에서 공부하던 중 숲을 거닐다 고개 들어 버드나무에 걸린 달을 보는 순간 깨달았다. 1654년(순치11) 숭유도밀(嵩乳道密 1588~1658)의 부촉으로 법좌에 올랐다. 1686년(강희25) 세수 82세로 입적하였다. [참고문헌]『五燈全書』 권116(卍속장142, p.166a14),『增訂佛祖道影』 권3.

홍계법의 弘戒法儀 명대 밀운원오(密雲圓悟)의 제자 한월법장(漢月法藏) 엮음. 2권. 卍속장106, pp.968a1~1046b11에 수록되었다. 1623년(천계3)에 간행하였다. 선교율(禪教律) 삼종(三宗)은 일심의 계체(戒體)에 의지해야 한다고 주장하며, 재가자의 삼귀오계(三歸五戒)부터 사미의 득도(得度), 비구의 백사갈마(白四羯磨), 보살의 대계(大戒)에 이르기까지 33조목을 갖가지 계경(戒經) 등 율장에서 발췌·편집하였다. 같은 류의 책으로 청대 초원(超遠)이 검록(檢錄)한『전수삼단홍계법의 傳授三壇弘戒法儀』 2권도 있다.

홍계희 洪啓禧 1703~1771. 조선후기의 문신(文臣). 자는 순보(純甫), 호는 담와(淡窩), 본관은 남양(南陽), 우전(禹傳)의 아들이다. 벼슬은 정언(正言)·수찬(修撰)에서 시작하여 1762년(영조38) 경기도 관찰사로 있으면서 김한구(金漢耉)·윤급(尹汲) 등과 공모하여 나경언(羅景彦)의 상변(上變)을 일으킴으로써 영조로 하여금 사도세자(思悼世子)를 죽이게 하는데 연류되기도 하였다. 마지막으로 판중추부사(判中樞府事)가 되었고, 봉조하(奉朝賀)에서 치사(致士)했다. 문장과 글씨에 뛰어나 1766년(영조42) 순천 송광사에 세운 백암당 성총(栢庵堂性聰)대사비의 전액(篆額)을 썼고, 해남 대흥사에 있는 환성당 지안(喚醒堂志安)대사비문을 짓고 아울러 전액을 썼으며, 같은 절에 세운 호암당 체정(虎岩堂體淨)대사비문 등도 지었다. [참고문헌] 智冠『韓國高僧碑文總集 朝鮮朝·近現代』 p.298·364·448.

홍교 紅教 ❶ 티베트불교의 닝마파(rÑiṅ-ma-pa)가 붉은 가사와 모자를 쓰기에, 노란 가사와 모자를 쓰는 겔룩파(dGe-lugs : 노란모자)와 구분해 홍교라고 지칭한다. ⇨ 닝마파 rÑiṅ ma pa ❷ Ⓣ Zhwa-dmar-pa 티베트불교의 종파 중 샤마르파로 '붉은 모자를 쓴 자'라는 뜻이다. 제1대 샤마르파인 닥파셍게(Grags-pa-seng-ge 1283~1349)가 스승이자 제3대 카르마파였던 랑중도르제(Rang-'byung-rdo-rje 1284~1339)로부터 카르마파의 상징인 검은 모자와 동일하지만 붉은 색인 모자를 받으면서 샤마르파가 창시되었다. 그렇기에 '붉은 모자 카르마파'라고도 불린다. 제1대를 시작으로 제14대인 미팜최키로되(Mi-pham-chos-kyi-blo-gros 1952~2014)로 계보가 전해지고 있었으나 근래 입적했다. 이에 홍교와 동등한 권위를 지니는 검은 모자의 카르마카규파의 두 명의 수장인 틴레타예도르제(Phrin-las-mtha'-yas-rdo-rje 1983~)과 오르갠틴래도르제(O-rgyan-'phrin-las-rdo-rje 1985~)가 함께 제15대 샤마르파의 환생을 찾기 위해 함께 협력할 것임을 공표하고 환생을 찾는 중에 있다.

홍교원 弘教院 고려조에 도량(道場)을 설행하던 곳. 흥왕사 내에 있었다.『고려사』 권15 세가(世家)15 인종 6년(1128) 3월 8일에 "왕이 친히 홍교원에서 5일간 화엄도량을 열었다. 親設華嚴道場於弘教院 五日",『고려사절요』 권11 의종장효대왕(毅宗莊孝大王) 1년(1156) 4월에 "원자가 태어나자 흥왕사 홍교원을 수리하여 (사경본을) 진장하였다. 元子生 寫成二部 修興王寺弘教院藏之"라고 하였다.『동문선』에는 권6에 시(詩)「홍교원청강 弘教院聽講」이 전한다. [참고문헌]『高麗史』,『高麗史節要』,『東文選』,『韓國寺刹全書』 권하 p.1171b18. ⇨ 흥왕사 興王寺❶, 홍경원 弘經院

홍교조 洪喬祖 원대 고봉원묘(高峰原妙 1238~1295)의 재가 제자의 법명. 이름은 신은(新恩), 자는 절부(節夫), 호는 직옹(直翁)이다.『고봉화상선요 高峰和尚禪要』를 편집하였다. ⇨ 고봉화상선요 高峰和尚禪要

홍근 鴻根 1917~2003. 근세 예천(醴泉) 서악사(西嶽寺) 스님. 휘는 홍근(鴻根), 호는 서암(西庵), 속성은 송(宋)씨, 본관은 여산(礪山 : 지금의 全羅北道 益山郡 礪山面 礪山里)이다. 아버지의 휘는 동식(東植), 어머니는 신동경부인(申東卿夫人)이니 어느 날 어머니의 꿈에 가사와 장삼을 입은 스님이 태양 위에 올라 앉아 하늘로부터 내려와 품 안으로 들어오는 태몽을 꾼 다음, 1917년 10월 8일 경상북도 안동군 녹전면 구송리에서 5남매 중 셋째 아들로 태어났다. 총명하여 한 번만 보거나 들으면 모두 기억하는 신동이었다. 7세 때부터 한학을 공부하던 중 친한 친구의 갑작스러운 죽음을 보고 선생님께 '인간이 왜 죽어야 하며 또한 죽으면 어디로 갑니까?' 하고 물었으나, 의심을 풀지 못했고 이 의심 항상 떠나지 않던 차에 문경 김룡사의 스님을 만나 이를 물었더니 스님이 대답하되 '본시 온 적이 없거늘 어찌 죽어서 가는 것이 있겠는가'라는 말씀을 듣고 나서부터는 무언가 방법이 있는 것 같았다. 1932년 부모님의 완강한 반대를 무릅쓰고 예천읍 대심동 봉덕산(鳳德山)에 있는 서악사(西嶽寺)로 찾아가 화산(華山)스님을 은사로 하여 스님이 되었다. 1937년 문경 김룡사(金龍寺)에서 금오태전(金烏太田)선사로부터 비구계와 보살계를 받았으며, 같은 해 7월 15일 금오스님을 법사로 하여

서암(西庵)이라는 당호와 함께 법도 전해 받았다. 1938년 김룡사 불교전문강원에서 대교과(大敎科)를 졸업하였고, 같은 해 7월 일본대학 종교학과에 입학하여 수학하다가 폐결핵 말기로 1940년에 학업을 중단하고 귀국했다. 1941년 대창학원(大昌學院) 교사에 재임하다가 1942년 4월 15일부터 김룡사 선방에서 안거(安居)를 시작했다. 다시 철원 심원사(深源寺)에서 1년여 동안 학인을 모아 놓고 『화엄경』을 강설했지만 다시 죽음의 화두 떠올라 무상이 신속하고 나고 죽는 일 이리도 큰 줄(生死事大) 되새기며 학인을 해산하고 사교입선(捨敎入禪)의 길로 나아갔다. 1944년 하안거를 금강산 마하연에서, 동안거를 문경 대승사 묘적암(妙寂庵)에서 지냈으며, 1945년 하안거는 대승사에서, 동안거는 해인사 퇴설당(堆雪堂)에서 정진하였고, 1946년 하안거는 계룡산 나한굴(羅漢窟)에서, 동안거는 덕숭산 정혜사에서, 1947년 하안거는 합천 해인사에서 동안거는 도봉산 망월사에서 지냈다. 1948년에는 하동 칠불암에서, 1949년 하안거는 광양 백운암에서, 동안거는 계룡산 사자암에서 지냈고, 1951년 하안거는 계룡산 정진굴(精進窟)에서, 동안거는 속리산 복천암(福泉庵)에서 정진했으며, 1952년부터 1974년까지에는 문경 원적사(圓寂寺)에서 오후 불식과 장좌불와로 정진하다가 동정일여(動靜一如)의 경지를 터득하였다. 1975년 59세 때 조계종 제10대 총무원장에 취임하였으나, 얼마 되지 않아 납자(衲子)의 본분이 아니라 생각하고 야반에 조계사를 빠져 나와 자취를 감추었다. 1979년 4월 문경 봉암사 선원조실로 추대되어 임제종풍을 진작하면서부터는 퇴락한 당우(堂宇)도 일신중수하는 한편, 백팔평의 선실과 대웅전을 신축하여 조계종에서 지정하는 종립선원으로서의 위상을 갖추었으니 국내의 선원 중 가장 많은 대중이 운집했고 결해제(結解制)에 상관 없이 항상 백여 대중이 정진하게 되었다. 1991년 조계종 원로의원으로 추대되었고, 1993년 12월에는 조계종 제8대 종정으로 추대되었다. 종사께서는 조계종의 지도자로서 뿐만이 아니라, 다난했던 한국불교계에서 종단의 어른으로서의 본보기를 거침없이 보이시며 그 역할 톡톡히 하셨기에 근세에 후학들이 기억해야 할 선지식으로 남아있다. 말년에는 종정직까지 벗어 던지고 때로는 토굴에서, 때로는 콘테이너에서, 때로는 다리 밑에서 마치 한산(寒山)과 습득(拾得) 같이 하늘을 이불 삼고 땅을 깔개로 삼아 무애자재히 지내던 중 2001년 봉암사 주지 원타화상(圓陀和尙)이 간청하여 봉암사 염화실(拈花室)로 다시 모셨다. 어느 날 대중을 모아 놓고 나는 이제 세연(世緣)이 다하였으니, 대중스님들은 부지런히 정진하라고 당부하였다. 이때 시봉하던 상좌인 범진(梵眞)이 '스님께서 입적하신 후 사람들이 스님의 열반송(涅槃頌)을 물으면 무어라고 답할까요?' '나에게는 그런 것 없다'. '그래도 한평생 수도하시고 후인들에게 남기실 말씀이 없습니까?' '아무것도 할 말이 없다'. '그래도 누가 물으면 무어라고 답할까요?' '특별히 할 말은 아무것도 없지만, 그러나 만약 군이 묻는 사람이 있거든 그 노장(老丈) 그저 그렇게 살다가 그렇게 떠났다고 답하거라, 이것이 나의 열반송이다'라고 말씀하시고는 조용히 입적하시니 세수 87, 법랍 70세였으니 때는 불기 2547년(2003) 3월 29일 오전 7시 40분이었다. 가산지관(伽山智冠)스님이 비문을 지어 2003년 12월에 세운 비가 문경 봉암사와 청화산(靑華山) 원적사(圓寂寺)에 있다. 〔참고문헌〕「臨濟嫡孫扶宗樹敎大振宗風曹溪宗正西庵堂鴻根大宗師碑銘」. ⇨ 서암 西庵 [2]

홍기 洪基 1822~1881. 조선후기 스님. 휘는 홍기(洪基), 호는 우담(優曇), 속성은 권(權)씨, 본관은 안동(安東)이며, 아버지의 휘는 중국(重國), 어머니는 조씨(趙氏)부인이니, 1822년(순조22) 3월 3일 경상북도 안동에서 태어났다. 어려서부터 영민했고 배우기를 좋아했으며 일찍이 불문(佛門)에 투신하기를 서원하고 부모에게 허락을 구했으나, 받지 못하자 마침내 14세 때 몰래 집을 나와 영주(榮州) 소백산(小白山) 희방사(喜方寺)로 찾아가 자신(自信)스님을 은사로 하여 스님이 되었다. 스스로 지눌(知訥)의 『계초심학인문 誡初心學人文』과 원효의 『발심수행장 發心修行章』과 야운(野雲)의 『자경문 自警文』 등을 열람한 다음 친한 도반과 함께 팔공산 동화사(桐華寺)로 가서 혼허상능(渾虛尙能)으로부터 사교(四敎)를 수학하고는 만행(萬行)의 길을 떠나 선지식이면 반드시 찾아가 친견하고, 명승고적이면 빠뜨리지 않고 답사하면서 순천 송광사로 가서 지봉(智峰)스님을 세연의 주(世緣之主)인 의지사(依支師)로 삼았고, 연월화상(蓮月和尙)을 법인의 부(法印之父)인 법사로 하였으며, 경론은 침명한성(枕溟翰醒 1801~1876)으로부터 배웠고, 선법(禪法)은 인파(仁坡)에게서 받았으며, 1848년(헌종14) 27살 때 연월(蓮月)의 법을 이었으니, 부휴선수(浮休善修)의 7세요, 임제의현(臨濟義玄)의 36세 법손인 셈이다. 그의 법계는 부휴(浮休)의 칠전하(七傳下)인 풍암세찰(楓巖世察)로부터 벽담행인(碧潭幸仁)·회계휘종(會溪輝宗)으로 이어지고, 회계의 삼전하(三傳下)인 연월(蓮月)·우담홍기(優曇洪基)로 이어진다. 1881년(고종18) 9월 8일 세수 60, 법랍 45세를 일기로 송광사에서 입적하였다. 저서는 『선문증정록 禪門證正錄』 1권을 지었는데, 이 책은 진정국사(眞靜國師) 천책(天頙)이 『선문강요 禪門綱要』 1권을 지었고, 백파긍선(白坡亘璇)이 이를 바탕으로 『선문수경 禪門手鏡』 1권을 지었는데, 그 내용이 전통의 고석(古釋)과 어긋난다 보고 반론해 지은 것이다. 이렇게 하여 그들 양파(兩派)의 문인들 간의 논쟁이 계속되기도 하였다. 그 외 『우담임하록 優曇林下錄』 1권 등이 있다. 〔참고문헌〕『東師列傳』 권4 「優曇講伯傳」(한불전10, p.1058b16), 『朝鮮佛敎通史』 권상 p.601, 『曹溪山松廣寺史庫』(亞細亞文化社, 1977) p.645, 猊雲散人 崔東植 「優曇大禪師行狀草」(한불전12, p.710c4). ⇨ 선문증정록 禪門證正錄, 우담임하록 優曇林下錄

홍남 弘南 명대 조동종 스님. 속성은 서(徐)씨. 호는 직지(直指). 광신부(廣信府) 영풍(永豊) 출신. 어릴 때 박산(博山)의 무이원래(無異元來)에게 법을 물었다. 스무 살에 포읍(浦邑)의 옥지암(玉池庵)으로 출가하였다. 각랑도성(覺浪道盛)과 선권달위(善權達位)을 친견하고, 설간봉(雪磵奉)에게 참문하고 그 법을 이었다. 〔참고문헌〕『五燈全書』 권117(卍속장142, p.168a15).

홍눌 弘訥 조선후기 스님. 1758년(영조34)에 석초(碩草) 등과 함께 경상도 칠곡 가산산성(架山山城) 안의 천주사(天柱寺)를 삼창하였다. 호은유기(好隱有璣)가 쓴 「천주사기 天柱寺記」(『호은집』 권1 · 한불전9, p.710a10)에 "홍눌 · 홍찬 · 석초 · 석종 · 쾌정 · 해순 여섯 스님께서 금을 끊을 듯 함께 도모하였으니, 홍눌 · 석초 두 스님의 공 더욱 크다. 한 분은 감영에 호소하여 재물을 얻었고, 한 분은 연화(緣化)를 펼쳐 물목을 모았다. 弘訥弘贊碩草碩宗快淨海順六師 斷金共謀 訥草兩師之功尤大焉 一以訴營得財 一以發化裒物"라고 하였다. 〔참고문헌〕『好隱集』. ⇨ 천주사 天柱寺[6]

홍능 弘能 청대 조동종 스님. 속성은 반(潘)씨. 자는 산유(山庾). 절강성(浙江省) 여요(餘姚) 출신. 세칭 산유홍능이라 한다. 서른셋에 『고봉어록 高峰語錄』을 읽고 출가하여 우선 서광철명(瑞光徹命)을 찾아갔고, 다시 보리밀화상(菩提密和尙)을 친견하고 조동종의 종지를 깨우쳐 인가를 받았다. 그 뒤 경회(景會) · 강포(江浦 : 江蘇省) · 독봉(獨峰) 등에 주석하였다. 양곡암(暘谷菴)에 은거하다가 세수 67세로 입적하였다. 암자 좌측에 탑을 세웠다. 〔참고문헌〕『增訂佛祖道影』 권3.

홍담 弘曇 1602~1671. 명말청초(明末淸初) 조동종 스님. 속성은 소(蘇)씨. 자는 영서(靈瑞). 청주(靑州 : 山東省 益都) 제성(諸城) 출신. 세칭 영서홍담선사라 한다. 어릴 때부터 불도에 품던 뜻이 점점 견고해졌는데 마침 숭유도밀(嵩乳道密 1588~1658)이 옥주(沃州 : 河北省)에서 교화할 때 그 문하로 출가하여 종지를 깨닫고는 남쪽으로 행각하였다. 그때 천동산의 밀운원오(密雲圓悟)를 만나고 다시 옥주로 돌아와 스승의 부촉을 받고 보은사(報恩寺) · 보리사(菩提寺) 등에서 법을 펼쳤다. 1671년(강희10) 세수 70세로 입적하였다. 〔참고문헌〕『增訂佛祖道影』 권3.

홍도 弘瑫 오대송초(五代宋初) 스님. 설봉(雪峰) 문하. 속성은 진(陳)씨. 복건성(福建省) 천주(泉州) 선유현(仙遊縣) 출신. 용화사(龍華寺)에서 출가하여 스무살에 구족계를 받고는 설봉문하로 들어가 그 법을 이었다. 곳곳의 선문을 두루 돌아다니며 참문하다가 다시 설봉에게 돌아왔다. 안국화상(安國和尙)이라고도 한다. 시호는 명진대사(明眞大師)이다. 〔참고문헌〕『祖堂集』 권10(대정장보편25, p.498b12), 『景德傳燈錄』 권19(대정장51, p.353b27), 『五燈會元』 권7(卍속장138, p.262a5), 『聯燈會要』 권24(卍속장136, p.835a9), 『佛祖綱目』 권34(卍속장146, p.598b6).

홍도광현삼매경 弘道廣顯三昧經 Ⓢ Āryānavataptanāgarājaparipṛcchā-nāma-mahāyānasūtra, Ⓣ 'phags-pa klu'i rgyal-po ma-dros-pas shus-pa shes-bya-ba theg-pa chen-po'i mdo. 서진(西晉)대 308년(영기2)에 축법호(竺法護 Ⓢ Dharmarakṣa) 한역. 4권. 고려장13, pp.399a1~425a15, No.407 · 대정장15, pp.488b15~507a23, No.635에 수록되어 있으며, 티베트역본(北京版 No.823)도 전한다. 아누달용왕(阿耨達龍王 Ⓢ Anavatapta-nāgarāja)이 수많은 권속들을 거느리고 부처님의 처소를 찾아와 가르침을 청하니, 이에 대해 부처님께서 보지(普智) · 육바라밀(六波羅蜜) · 제법개공(諸法皆空) · 공무욕행(無欲行) 등을 말씀하시어 용왕과 태자가 유순법인(柔順法忍)을 얻도록 하신 내용이다. 『광현정의경 廣顯定意經』 · 『삼품제자경 三品弟子經』 · 『아누달용왕경 阿耨達龍王經』 · 『아누달제불경 阿耨達諸佛經』 · 『아누달청불경 阿耨達請佛經』 · 『입금강문정의경 入金剛問定意經』 · 『삼매홍도광현정의경 三昧弘道廣顯定意經』이라고도 한다. 〔참고문헌〕『出三藏記集』 권2(대정장55, p.7c4), 『大唐內典錄』 권2(대정장55, p.233b1). ⇨ 광현삼매경 廣顯三昧經

홍두 紅頭 중국 도교 여산파(閭山派)의 홍두법사(紅頭法師). 여산파에는 홍두와 흑두(黑頭) 두 법사가 있는데, 홍두법사는 주로 임수부인(臨水夫人) 등 3위의 여신을 받들고 붉은 두건을 썼으며, 살(煞)을 눌러 복을 불러들이는 길상법사(吉祥法事)를 주로 행하였고, 흑두는 망령(亡靈) 등을 천도하는 법사를 행하였다. ⇨ 도량 道場[6], 도교 道敎

홍란저인 紅爛底人 붉게 문드러질 뿐인 사람. 약산이 들고 조산이 답한 말머리다. 『조산어록』 권하(대정장47, p.541a20)에 "학인이 약산과 작별하고 고향으로 가려 하자 약산이 물었다. '한 사람 온몸이 붉게 문드러진 채로 가시나무 사이에 누워 있구나' '그렇다면 저는 돌아갈 수 없지요' '돌아가는 법을 알기만 한다면 그대에게 곡기를 끊고 사는 비방을 알려주겠다' '곡기를 끊고 사는 비방이 무엇인지요?' '매일 법좌에 오르지만 쌀 한 톨도 깨물지 않는다'. 조산이 말했다. '다만 고덕이 말한 대로 「온몸이 붉게 문드러진 사람」이라 한 것이 다만 누추한 사람일 뿐이라면, 어떤 사람도 가까이 할 수 없어야 하리라. 달리 짐작할 여지 없음에 다시 이르길 「가시나무 숲에 누워 있구나」라고 했으니, 다만 「지금 늘 하던 대로인 듯한 그곳에 있다」 말할 뿐이다. 이 또한 더듬어 찾을 길 없으니, 잘 지켜 보임하면 될 일이다'. 有僧 辭藥山歸鄕去 藥山問 有一人 遍身紅爛 臥在荊棘之中 僧云 恁麽則學人不歸去 藥山曰 但知歸去 與爾休糧方 問 如何是休糧方 山曰 每日上堂 不咬破一粒米也 師曰 只如古德有云 遍身紅爛底人 秖是醜陋底人 一切人近不得 無拈掇處 更道 臥在荊棘之中 只道在如今日用 也亦無作拈掇處護持保任邊事"라고 하였다. [참고문헌] 『曹山語錄』.

홍려시 鴻臚寺 한(漢)대 외국 손님을 접대하던 관아. 홍려시의 장관(長官)을 진대(秦代)에는 전객(典客), 한대(漢代)에는 홍려경(鴻臚卿)이라 하였고, 조공·외교 등과 관련된 손님을 접대하거나 국가의례 등의 일을 맡아보는 관직이었다. 여기서 시(寺)는 관아를 뜻한다. 『당서 唐書』 「백관지 百官志」 제38의 기사에 따르면, 홍려시는 경(卿) 1인, 소경(少卿) 2인, 승(丞) 2인을 두고, 전객·사의(司儀)라는 두 부서를 관리하도록 하였다. 불교도입기에 법을 전하는 스님들을 이곳에 안치하였던 관습으로 후대에 스님들의 거주처를 사(寺)로 부르게 되었다. 불교가 성행하던 당대 서역의 스님으로 홍려경의 직위를 받은 이들은 보리유지(菩提流志)·선무외(善無畏)·불공(不空) 등이다. 『우란분경소』 권하(대정장39, p.507c3)에 "불교가 동쪽으로 흘러 중국까지 오면서 홍려시에 묵으며 이역의 스님들을 손님으로 맞았고, 스님들이 점차로 늘어나자 별관을 여기저기 설치하였지만 본래의 칭호를 남겨두어 모두 다 시라 하였다. 以佛敎東流初至中國 止鴻臚寺 賓異域僧 僧旣漸多 散置別館 存其本號 皆曰寺焉", 『자은전』 권6(대정장50, p.253b19)에 "조국공 장손무기가 황제께 아뢰었다. '법사는 홍려에 머물고 있습니다만 날이 저물어 돌아가지 못할까 걱정입니다'. 趙國公 長孫無忌 奏稱 法師停在鴻臚 日暮恐不及", 『승사략』 권상(대정장54, p.236c16)에 "홍려시는 본디 사방의 외국 국빈을 예우하여 묵게 하던 집이었다. 鴻臚寺者 本禮四夷遠國之邸舍也"라고 하였다. [참고문헌] 『盂蘭盆經疏』, 『慈恩傳』, 『僧史略』, 『開元釋敎錄』 권9(대정장55, p.564a27). ⇨ 사 寺

홍련나락가 紅蓮那落迦 Ⓢ narakaḥ padmaḥ, Ⓣ pad-ma-ltar-gas-pa'i-sems-can-dmyal-ba. 팔한나락가(八寒那落迦 : 八寒地獄) 중 일곱 번째 지옥. 극심한 추위에 피부가 터지고 찢어져 홍련화(紅蓮花)처럼 붉은 색으로 변하기에 이렇게 부른다. 줄여서 홍련이라고도 하며, 발특마(鉢特摩)·파두마(波頭摩) 등으로도 음사한다. 『유가사지론』 권4(대정장30, p.294c13 : *Yogā-bh.*, p.74)에 "이 외에 또 추위에 시달리는 여덟 가지 나락가 처소가 있다. 무엇이 여덟 가지인가? … 일곱째는 홍련나락가이다. … 홍련나락가는 이 청련나락가(靑蓮那落迦)와 차별되니, 거무스름하게 변한 상태(靑瘀)도 넘어서 몸의 색이 붉게 변하는데, 피부가 열 갈래 또는 더 많이 찢어지는 곳이기에 이 나라가를 홍련이라 한다. 此外復有八寒那落迦處 何等爲八 … 七 紅蓮那落迦 … 紅蓮那落迦與此差別 過此靑已色變紅赤 皮膚分裂或十或多 故此那落迦名曰紅蓮 pareṇa-aṣṭau śīta naraka-sthānāni. tadyathā … padmo … tatra padme'yaṃ viśeṣaḥ. nīlatāṃ samatikramya vyālohitāyamānā daśadhā vā bhūyo vā tvacāṃ sphoṭamā padyante. tasmāc-ca sa narakaḥ padma ity-ucyate", 『구사론기』 권11(대정장41, p.187b2)에 "발특마는 홍련화라 한다. 엄혹한 추위에 핍박을 당해 몸 색깔이 변하고 터지고 찢어진 모습이 마치 홍련화와 같다. 鉢特摩 此云紅蓮花 嚴寒逼切身變拆裂如紅蓮花"라고 하였다. [참고문헌] 『瑜伽師地論』, 『俱舍論記』, *Yogā-bh.* ⇨ 발특마 鉢特摩, 파두마 波頭摩, 팔한지옥 八寒地獄

홍련사 紅蓮社 강원도 고성군 금강산(金剛山)에 있던 절. 『대각국사문집』 권18 「화국원공추일숙산사 和國原公秋日宿山寺」(한불전4, p.560c1)에 "밖에서 노닐다 홍련사에 발을 디디면 세상영화는 초개처럼 가볍기만 하네. 遊來已入紅蓮社 世上榮華一芥輕", 『동문선』 권13 임유정(林惟正)의 「제개골산장연사집구 題皆骨山長淵寺集句」에 "홍련사주는 벽운스님이시다. 紅蓮社主碧雲師"라 하였다. [참고문헌] 『大覺國師文集』, 『東文選』.

홍련암 紅蓮庵 ❶ 강원도 양양군 강현면 진전리 낙가산(洛迦山) 낙산사(洛山寺) 있는 관음굴(觀音窟). 1975년 원철(圓哲)이 중창하였고, 1984년 문화재자료 제36호로 지정되었다. [참고문헌] 『乾鳳寺本末事蹟』(亞細亞文化社, 1977), 『韓國寺刹全書』 권하 p.1173b9. ⇨ 관음굴 觀音窟❶ ❷ 충청북도 보은군 속리산면 사내리 법주사(法住寺) 산내(山內) 암자. 『법주사본말사법』에 "지금은 폐사하였다. 今廢"라고 하였다. [참고문헌] 『法住寺本末寺法』 『韓國寺刹全書』 권하 p.1173b7.

홍례 弘禮 1600~1667. 명말청초(明末淸初) 임제종(臨濟宗) 스님. 굉례(宏禮)라고도 한다. 속성은 장(張)

씨. 자는 구덕(具德). 회계(會稽 : 浙江省 紹興) 출신. 보타사(普陀寺)에서 출가했고, 그 후에 한월법장(漢月法藏)에게 법을 물으러 안은사(安隱寺)로 갔다. 어느 날 거울을 보는 순간 참신한 소식을 깨우쳤다. 측간을 치우는 소임(圊頭)을 맡아 변을 나르는 순간 큰 깨달음이 와서 이때부터 기용(機用)을 마음껏 드러내 총림에서 철자(鐵觜)라 칭하였다. 만년에 천녕사(天寧寺)에 주지를 살다가 1667년(강희6) 10월에 세수 68, 법랍 47세로 입적하였다. 어록 30권을 남겼다. [참고문헌] 『五燈全書』 권69(卍속장141, p.448a1).

홍로상일점설 紅爐上一點雪 붉게 타는 화로 위에 한 점 눈송이. 『경덕전등록』 권14 「장자광전 長髭曠」(대정장51, p.313a29)에 "장자가 절을 올리자 석두가 물었다. '그대는 무슨 도리를 보았기에 절을 하는가?' '저의 견해로는 큰 화로 위에 한 점 눈송이가 같습니다〈현각이 말한다. '말해 보라! 장자는 안목 있어 응대하였을까? 안목 없이 응대하였을까? 만약 안목 있었다면 어째서 석두에게 눈을 밝혀달라 청했을까? 만약 안목 갖추지 않았다면 어째서 「성취한지 오래되었다」고 말했을까? 어떻게 헤아려야 할까?'〉' 師禮拜 石頭曰 汝見什麽道理 便禮拜 師曰 據某甲所見 如洪鑪上一點雪〈玄覺云 且道 長髭具眼秖對 不具眼秖對 若具眼 爲什麽請他點眼 若不具眼 又道成就久矣 且作麽生商量〉", 『벽암록』 69칙 「수시 垂示」(대정장48, p.198c8)에 "가시나무 숲 헤쳐나가니 납승들 저 붉게 타는 화로 위 한 점 눈송이일 뿐. 透荊棘林 衲僧家 如紅爐上一點雪"라고 하였다. [참고문헌] 『景德傳燈錄』, 『碧巖錄』.

홍룡사 虹龍寺 경상남도 양산시 상북면 천성산(千聖山)에 있는 절. 천 여명의 스님이 경내의 홍룡폭포에서 몸을 씻고 원효의 『화엄경』 설법을 들었다고 하며, 673년(문무왕13) 원효(元曉)가 낙수사(落水寺)로 창건하였다고 전한다. 이후 영남제일선원으로 불리며 천성산에서 가장 큰 규모의 가람을 세웠으나 임진왜란으로 폐사되었다. 1910년 통도사(通度寺)의 법화(法華)가 중창하였고, 폭포이름에서 유래하여 홍룡사가 되었다. 1970년대 말 주지 우광(愚光) 부임 이후 가람정비로 지금에 이른다. 당우로는 대웅전·산신각·관음전·요사 등이 있다. [참고문헌] 『양산의 문화재』(양산시, 2006).

홍류동최고운제시석고 紅流洞崔孤雲題詩石考 가야산 해인사 홍류동에 있는 고운제시석(孤雲題詩石)에 관한 기록. 고운(孤雲) 최치원(崔致遠)이 신라말에 나라 구할 길이 없음을 개탄하고 가족과 함께 가야산 해인사를 찾아들다가 홍류동 계곡의 넓은 반석 위에 앉아 망세입산시(忘世入山詩)를 읊었는데 세상 사람들이 이것을 일러 고운제시석이라고 한다. 즉 "미친 듯 거듭해 물결 바위치며 겹겹의 산 울리니. 지척에서 하는 말도 분간할 수 없지만, 시비소리 이곳까지 들려 올까봐. 흐르는 물 다함 없이 산을 감쌌네! 狂奔疊石吼重巒 人語難分咫尺間 尙恐是非聲到耳 故敎流水盡籠山"라 하였다. 이 입산시 홍류동 개울 한 복판에 위치한 반석 위에 새겨졌고 강한 물결 7백여 년 흐르는 동안 글자가 모두 마멸되고, 기구(起句)의 첫 머리인 광분(狂奔) 두 자와 낙구(落句)의 첫째인 고교(故敎) 두 자 등 네 자만 남게 되었다. 우암(尤庵) 송시열(宋時列 1607~1689)이 가야산을 답사할 때 이 시의 마멸을 개탄하고 이를 후대에 전하고자 자필로 본래의 제시석이 있었던 직선 동쪽 산기슭의 암벽(岩壁)에 새겨 두었는데, 후인들이 이를 바로 알지 못하고 우암 글씨를 고운(孤雲) 진적(眞蹟)이라 자주 말하므로, 해인사의 가산지관(伽山智冠)이 본래의 자리를 찾아 뚜렷이 다시 새기고는 1996년 3월 10일 "가야산홍류동최고운제시석처 伽倻山紅流洞崔孤雲題詩石處"라는 비를 세웠다. [참고문헌] 『寒岡文集』 권9, 『大東金石書』, 丁時翰 『山中日記』, 『竹軒集』 권7, 『明庵集』 권5, 『淵齊集』 권21, 『捐庵集』 권4, 李智冠 『伽倻山海印寺誌』 pp.916~918, 李智冠 『校勘譯註歷代高僧碑文』 高麗篇4 pp.521~525. ⇨ 해인사홍류동 海印寺紅流洞, 최치원 崔致遠

홍릉사 弘陵寺 인천광역시 강화군 내가면 고천리 고려산(高麗山)에 있던 절. 홍릉사(弘凌寺)라고도 한다. 『동국여지승람』 권12 경기 강화도호부 불우에 이름과 위치가 전하고, 『여지도서』 강도 사찰에 "지금은 폐사하였다. 今廢", 『강도지』에 "지금 홍릉 아래에 옛 터가 아직 남아 있다. 今弘陵下 舊址尙存"라고 하였다. [참고문헌] 『東國輿地勝覽』, 『輿地圖書』, 『江都誌』, 『韓國寺刹全書』 권하 p.1171b20·p.1172a2.

홍명집 弘明集 남조(南朝) 양(梁)대 승우(僧祐 445~518) 지음. 14권. 대정장52, pp.1a3~96b3, No.2102에 수록되어 있다. 동한(東漢) 이래 남조(南朝) 제·양(齊梁)에 이르는 500여 년 동안 도교와 유교의 공격을 받고 불법을 선양한 자취를 모아 수록한 호법론집(護法論集)이다. 『출삼장기집』에는 10권 33편만 있었는데 그 뒤 보충하여 14권 58편이 되었고, 당대 도선(道宣)은 이것에 근거하여 속편에 해당하는 『광홍명집』 30권을 편찬했다. 한위(漢魏)대에는 출가사문은 서역인에 한정되어 있었지만 동진(東晉) 이후 중국인 출가자도 점차 늘어나 탑사(塔寺)를 세우는 용도로 국비 등 재원이 소모되었고 동진대에는 마침내 사문의 환속과 왕에 대한 사문예경 등이 문제로 발생하여 정치적 논란이 되면서 불교와 유교가 대치하는 국면이 조성되었다. 유가의 관점에서 말하면 출가와 사문불경왕자(沙門不敬王

者) 등은 모두 선왕의 예속과 국가의 법도를 어기는 중대한 사안이었고 또한 불교 교설인 인과보응(因果報應) 등의 설도 유학의 진실과 대립할 소지가 다분했다. 여산 혜원(廬山慧遠) 이하 문류들은 이러한 류의 배불상황을 반박하고 해명하였지만 위진(魏晉) 이래로 신선불사(神仙不死)의 술법이 성행하고, 노장의 허무자연(虛無自然) 등 현학(玄學)을 숭상하기도 하는 형국에서 위진대 불교이론가들도 노장의 용어를 빌어 불교의 이치를 풀이하는 방법에 익숙하였다. 송제(宋齊)대에 이르면 도가가 불교를 모방하여 수많은 위경을 지어내었고 이것에 의하여 불교와 상통한다고 생각하기도 하였다. 삼교가 대립하면서도 서로 영향을 주고받기도 하였는데 본서는 이러한 시대를 조명하는 풍부한 자취를 담고 있다. 저자 승우는 만년에 병이 들어 몸이 쇠약해졌지만 호법에 힘을 기울여 삼보에 이익이 되는 일만 있으면 엮어서 책을 만들었다. 홍명이라는 말은 불도를 넓히고(弘) 교설을 밝힌다(明)는 뜻이었으니 다분히 적대세력을 염두에 두고 정법을 천양하려는 마음을 담았다. 앞의 11권은 유가와 도가의 비판에 대한 응답으로 유불도 삼교의 동이점을 드러내려 엮었고, 뒤의 3권에서는 적극적으로 불교의 교의를 풀이하였다. 일반인이 이해하기 쉬운 내용으로 당시 삼교 교섭을 조망하는 중요한 자료다. [참고문헌] 『大唐內典錄』 권4(대정장55, p.265a9), 『開元釋教錄』 권6(대정장55, p.537a9). ⇨ 광홍명집 廣弘明集

홍모파 紅帽派 **1** 티베트불교의 구파인 닝마파(rNying-ma-pa)가 붉은 가사와 모자를 쓰기에 붙여진 한역명. **2** 티베트불교의 카르마 카규파 중 샤마르파(Zhwa-dmar-pa). '붉은 모자를 쓴 자'의 뜻이다. 카르마 카규파의 제3대 수장이 자신의 제자였던 닥파셍게(Grags-pa-seng-ge 1283~1349)를 제1대 샤마르파 수장으로 임명하면서부터 이 전통이 설립되었다. ⇨ 홍교 紅教

홍민 弘敏 1606~1672. 조동종 스님. 속성은 진(陳)씨. 호는 영학(穎學). 의풍(宜豊 : 江西省 瑞州府) 출신. 어릴 때부터 오신채를 싫어하였고, 『능엄경』을 읽은 뒤 출가의 뜻을 굳혔다. 후에 박산(博山)의 설관지은(雪關智誾) 문하로 들어가 그 법을 이었다. 1672년(강희11) 11월에 세수 67, 법랍 42세로 입적하였다. [참고문헌] 『五燈全書』 권116(卍속장142, p.164b16).

홍범 弘梵 고려대 인도스님. 지종(智宗)의 은사. 인도 마갈타국(摩竭陀國) 대법륜(大法輪) 보리사(菩提寺) 실리바일라(嗢哩囀日羅) 스님. 고려 태조 21년(938) 3월 고려에 왔을 때 왕이 위의(威儀)를 갖추고 양가(兩街)와 함께 영접하였다. 이때 지종 원공국사(圓空國師)가 사나사(舍那寺)로 찾아가 그를 은사로 하여 득도하였다. [참고문헌] 「原州居頓寺圓空國師勝妙塔碑」(李智冠 『校勘譯註歷代高僧碑文』 高麗篇2, p.215).

홍범 洪範 한없이 크고 어디서나 언제나 본보기인 법(法). 『여래흥현경』 권4(대정장10, p.613a15)에 "이와 같은 홍범은 바로 여래의 은밀하게 감추어진 창고다. 이것은 일체세간에서는 미칠 수 없고 여래의 묘인에 들어서만이 아는 것이다. 如是洪範 則是如來 祕奧之藏 斯則名曰 一切世間所不及知乃入如來之妙印也", 『수능엄의소주경』 「서 序」(대정장39, p.823a9)에 "『대불정밀인료의수능엄경』은 천축의 홍범이자 법의 정원에서 자란 귀중한 전적이다. 大佛頂密因了義首楞嚴經者 乃竺乾之洪範 法苑之寶典也라고 하였다. [참고문헌] 『如來興顯經』, 『首楞嚴義疏註經』.

홍법 弘法 **1** 일본 진언종(眞言宗) 개조(開祖) 공해(空海 774~835)의 시호. ⇨ 공해 空海**2** **2** 신라말 고려초 스님. 비문이 마멸되어 휘(諱), 자, 속성, 생몰연대 등은 알 수 없고, 시호가 홍법임을 알 뿐이다. 1017년(현종8) 충주 정토사(淨土寺 : 忠州東良面荷川里)에 세웠던 비가 알 수 없는 때에 폐허가 된 정토사지에 탑비만 남아 있던 것을 일제강점기 국립중앙박물관으로 옮겼다. 판독 가능한 내용만을 보면, 어느 날 들보 위한 스님이 모자(僧伽帽)를 쓰고 어머님이라 부르면서 던진 구슬이 어머니 품안으로 들어오는 태몽을 꾼 후 태어났다. 10세를 넘어 스스로 출가하여 스님이 되겠다고 하였고, 태몽을 되새겨 반대하지 못했다. 사미계를 받고 스님이 된 후 930년(경순왕4) 4월(仲呂月) 북산(北山 : 金剛山)의 마하갑사(摩訶岬寺 : 摩訶衍)의 계단에서 비구계를 받았다. … 당으로 가는 입조사인 현신의 배에 편승하고 중국에 가서 … 은산 □심대사를 친견하고 불교를 문답했다. … 설미스님을 만난 후 … 귀국했다. … 고려 제6대 성종(재위 981~997)이 대선사의 법계를 올렸고, 제7대 목종(재위 997~1009)이 국사로 추대하고, 원광변조국사(圓光遍照國師)라는 호를 드리고는 개성 봉은사(奉恩寺)에 주석케 하였다. 다시 개성 숭교사(崇教寺)로 옮겼다. 충주 정토사로 옮긴 지 얼마 되지 않아 대중을 모아놓고 출가한 초지를 잊지 않고, 나라와 국민 그리고 고려불교를 위해 부지런히 정진하라고 당부하고, 단정히 앉아 입적하였다. 정토사 북쪽의 괴석봉 앞에서 화장했다. 왕이 시호를 홍법(弘法), 탑호를 실상탑(實相塔)이라고 추증했다. 제자에는 낭혜(朗惠), 고운(孤雲), 승통(僧統)인 문업(文業), 삼중대사인 정□, 대사에 □현, 보수, 대사에 □미, 계소(計紹) 등 수십명이 있었다. 비문은 손몽주(孫夢周)가 지어 1017년(현종8)에 정토사에 세웠는데, 국보 제102호로 지정되었다. 높이는 7자 4치, 너비는 3자 5치, 자경은 6푼이고, 해서(楷書)로 새겼다. 〔참고문헌〕「忠州淨土寺弘法國師實相塔碑文」(『朝鮮金石總覽』 권상 pp.234~240, 『韓國金石全文』 中世上 pp.435~440, 『海東金石苑』 권4, 李智冠 『校勘譯註歷代高僧碑文』 高麗篇2 pp.160~179). ⇨ 정토사홍법국사실상탑비 *淨土寺弘法國師實相塔碑* **3** 1930~1978. 양산 통도사 스님. 휘는 홍법(弘法)이고, 호는 운조(雲照)이며, 속명은 홍구(洪九), 속성은 진(秦)씨이고 본관은 풍기(豊基)이다. 아버지의 휘는 정흠(正欽), 어머니는 정포동(鄭包洞)부인이니 1930년 2월 9일 경상북도 영주군 안정면 생현리에서 4남 2녀 중 둘째 아들로 태어났다. 천품이 총명하여 사물을 관찰하는 눈이 비범하였다. 어려서부터 한학을 공부하다가 영주 중학을 졸업하고 17세 때 가장 친한 친구의 병사함을 보고는 인간무상을 철저히 느껴 부모의 완강한 반대에도 불구하고 18세 때인 1948년 10월 15일 출가 입산코자 양산 통도사로 찾아가 월하희중(月下喜重)스님을 은사로 방한암(方漢巖)스님을 계사로 하여 사미계를 받고 스님이 되었다. 22세 때인 1952년 3월 15일 부산 범어사 금강계단에서 동산혜일(東山慧日)율사로부터 비구계를 받았다. 그로부터 일의일발(一衣一鉢)로 운수납자(雲水衲子)가 되어 가야산·팔공산·금정산·조계산·계룡산·덕숭산·태백산·오대산·설악산 등 명산대찰로 다니면서 화두와 씨름하는 참선정진을 하였다. 그 후 때로는 강원에서 교리연구도 하고 때로는 선방에서 서래밀지(西來密旨)를 참구하다가 1957년 27세 때 통도사 불교전문강원에서 대교과(大敎科)를 졸업했다. 그해 12월 통도사 교무국장에 취임하였고, 1958년 8월 조계종 경상남도종회의원에 선출되었으며 1967년 11월 조계종 중앙종회의원에 당선되었다. 1969년 9월부터 통도사 강원강주로 추대되었고, 1971년 2월 조계종 중앙종회의원에 재선되었다. 같은 해 2월 정화이후 통도사 제5대 주지에 취임하여 종단과 본사의 발전에 크게 기여하였다. 3년간 주지직에 재직하면서 백장선사의 하루 일하지 않으면 하루를 굶겠다(一日不作 一日不食)는 유훈을 본받아 방에 들면 정진하고 밖에 나가면 일을 했다. 화상은 이와 같이 출가한 이래 촌음을 아끼면서 때론 학불장(學佛場)에서 교리를 연구하고, 때론 본사와 종단사에 몸을 돌보지 않다가 마침내 병마를 얻어 이겨내지 못하고 1978년 6월 27일 17시 통도사에서 세수 49, 법랍 31세를 일기로 입적하였다. 화상의 상좌 정우(頂宇)학인이 주선하여 동학(同學)인 가산지관(伽山智冠)이 비문을 짓고 이성우(李性雨)가 써서 1994년에 세운 스님의 행적비가 통도사 일주문 앞 왼편 비림(碑林)에 있고, 향심 지극한 정우상좌는 스님의 이름으로 '홍법문화복지법인'을 설립하고는 많은 불사를 수행하며 그 유지를 받들고 있다. 〔참고문헌〕「梁山通度寺雲照堂弘法大禪師碑文」(智冠 『韓國高僧碑文總集 朝鮮朝·近現代』, pp.1394~1396). ⇨ 운조 雲照

홍법사 *弘法寺* **1** 경기도 수원시 영통구 영통동 청명산(晴明山)에 있던 절. 『태종실록』 권14 7년(1407) 12월 2일에 "이에 여러 고을의 자복사를 모두 명찰로 대신하였다. … 남양의 홍법사. *於是 諸州資福寺 皆代以名刹 … 南陽 弘法寺*", 조익(趙翼 1579~1655)의 『포저집』 권1에 "선생은 남양의 홍법사에 있었다. *先生在南陽之洪法寺*"라고 하였다. 『동국여지승람』 권9 경기 남양도호부 불우에 이름과 위치가 전하고, 『범우고』에 "지금은 폐사되었다. *今廢*"라고 하였다. 〔참고문헌〕『太祖實錄』, 『浦渚集』, 『東國輿地勝覽』, 『梵宇攷』, 『韓國寺刹全書』 권하 p.1172a4. **2** 위치 미상. 1729년(영조5)에 간행된 『관음사지』「옥과현성덕산관음사사적 玉果縣聖德山觀音寺事蹟」에 "한 스님을 만났는데 홍법사법당을 간선하는 성공이었다. *逢一僧 乃弘法寺法堂幹善 稱名性空者也*"라고 하였다. 〔참고문헌〕『觀音寺誌』, 『韓國寺刹全書』 권하.

홍법사 *洪法寺* **1** 경기도 화성시 봉담읍 수기리 홍범산(洪範山)에 있는 절. 대한불교조계종 용주사(龍珠寺)의 말사이다. 1376년(우왕2) 또는 1676년(숙종2)에 광봉(光峰)이 화성시 정남면 탑상골에 창건하였다고 전한다. 1841년(헌종7)에 봉담읍 분천리로 이전하였으나 잦은 도둑의 출몰로 1934년 덕수(德修)가 지금의 자리에 옮겨 지었다. 1936년 법당과 요사채 중건, 1953년 중창, 1980년 주지 혜명(惠明)의 법당 및 요사채 중수, 1983년 별당 신축 등의 정비로 현존하는 당우로는 약사보전·천불전·요사 등이 있다. 〔참고문헌〕『龍珠寺本末寺法』, 『韓國寺刹全書』 권하 p.1173b15. **2** 평안남도 숙천군 검산리 검산(檢山)에 있던 절. 홍법사(弘法寺)라고도 한다. 『동국여지승람』 권52 평안도 함종현 불우에 이름과 위치가 전하고, 『범우고』에 "지금은 폐사되었다. *今廢*", 『사탑고적고』에 "돌담의 일부가 평지에 있다. 석불 1구가 초가집 불당 내에 안치되어 있는데, 높이는 3척 폭은 2척이며, 조각이 심히 졸렬하다. *石垣一部 在於平地 石佛一軀 安置草屋佛堂內 高三尺 幅二尺 雕刻甚拙劣*"라고 하였다. 〔참고문헌〕『東國輿地勝覽』, 『梵宇攷』, 『寺塔古蹟考』, 『韓國寺刹全書』 권하 p.1172a7·1174a2. **3** 황해도 개성에 있던 절. 홍법사(弘法寺)라고도 한다. 『고려사』 권36 충혜왕후 3년(1342) 6월 22일에 "(왕이) 홍법사에 행차하여 스님 학선을 보고 오래 사는 비결을 물었다. *幸洪法寺 見僧鶴仙 因問長生訣*", 권103 열전(列傳)16 제신(諸臣) 김취려(金就礪)와 『고려사절요』 권14 1216년(고종1)에는 "다음날 밤에는 홍법사에서 (거란군과) 싸워 이겼다. *明日夜 戰于洪法寺克之*"라고 하였다. 같은 책 권13 1187년(명종2)에는 스님 일엄이 "또 홍법사로 옮겨 거처하니 사녀들 다투어 머리

풀어 일엄의 발 밑을 깔았고, 일엄이 그들에게 아미타불을 부르게 하니 소리가 10리 밖에서도 들렸다. 又移居弘法寺 士女競布髮於前 藉嚴足 嚴 令唱阿彌陁佛 聲聞十里"라고 하였다. 〔참고문헌〕『高麗史』, 『高麗史節要』, 『韓國寺刹全書』 권하 p.1172a3欄外·1173b17.

홍법우 弘法友 1938년 3월 12일 경기도 봉선사홍법강원(奉先寺弘法講院)에서 발행한 잡지. 강원 학인의 홍법강우회가 봉선사평의원회로부터 160원을 지원받아 포교·강학 증진을 위해 창간하였으나 계속 발행되지는 못했다. 강원의 강령(綱領) 및 원훈(院訓) 10칙, 권두언으로 퇴경상로(退耕相老)의 「세행의 이점 細行의一二點」이 수록되었고, 학인 운허(耘虛)의 「종교와 종교인을 논하야 학인의 각성을 촉함. 宗教와宗教人을論하야學人의覺醒을促함」도 눈에 띤다. 권말에 「전조선강원학인명부 全朝鮮講院學人名簿」·「고월초선사유촉서 故月初禪師遺囑書」과 봉선사불교전문강원 원칙(院則) 등이 수록되었다. 〔참고문헌〕『東亞日報』(1938.3.19).

홍벽 弘壁 1598~1669. 임제종 스님. 속성은 정(鄭)씨. 호는 부석(剖石). 무석(無錫 : 江蘇省 常州府) 출신. 열일곱에 출가한 뒤 스물둘에 한월법장(漢月法藏) 문하에서 수행하다가 곳곳으로 돌아다니며 참문하였다. 다시 한월에게 돌아와 종지를 깨달은 뒤 성은사(聖恩寺)에 주석하였다. 1669년(강희8) 세수 72세로 입적했다. 〔참고문헌〕『五燈全書』 권69(卍속장141, p.446a17).

홍변 弘辨 **1** 782~865. 장경혜휘(章敬慧暉)의 제자. 변은 변(辯)과 통용한다. 장안(長安 : 西安) 천복사(薦福寺)에 주석하였다. 당 선종(宣宗)과 문답한 적이 있다. 865년(함통6) 세수 84세로 입적하였다. 원지선사(圓智禪師)라는 호를 받았다. 〔참고문헌〕『佛祖歷代通載』 권16(대정장49, p.639a23), 『釋氏稽古略』 권3(대정장49, p.839a29), 『景德傳燈錄』 권9(대정장51, p.269a27), 『五燈會元』 권4(卍속장138, p.144a9). **2** 오대(五代) 스님. 변은 변(辯)과 통용한다. 장경혜릉(長慶慧稜)의 제자. 복주(福州 : 福建省) 장경원(長慶院)에 주석하였다. 묘과대사(妙果大師)로 불렸다. 〔참고문헌〕『景德傳燈錄』 권21(대정장51, p.376b24), 『五燈會元』 권8(卍속장138, p.288a16). **3** 조선후기 건봉사 스님. 호는 사경(四警). 목양영안(牧羊靈眼 1631~1724)의 은사스님이나 자세한 전기는 알 수 없다. 「금강산건봉사목양당영안대사비 金剛山乾鳳寺牧羊堂靈眼大師碑」에 "영안이 8세 때인 1638년(인조16) 절에 가서 행자생활을 하다가 20세 때 경율론 삼장에 정통하고 사경당 홍변장로를 은사로 하여 스님이 되었으니, 청허휴정의 3세 법손이다. 師八歲出家 受菩薩戒 二十歲 奄通經律論師事四警堂弘辨長老 上接淸虛休靜 爲三世孫"라고 하였다. 〔참고문헌〕 智冠 『韓國高僧碑文總集 朝鮮朝·近現代』 p.330, 『乾鳳寺本末事蹟』(亞細亞文化社, 1977) p.51, 『韓國金石文大系』 권7 p.180. ⇨ 영안 靈眼 **1**

홍변 洪辯 고려중기 스님. 호는 청우(靑牛), 휘는 홍변(洪辯)이다. 보조지눌(普照知訥)을 은사로 하여 스님이 되었다. 1212년(강종1) 경기도 개풍(開豊) 창복사에서 선담법회(禪談法會 : 『동국이상국전집』 권25에 昌福寺談禪牓이 전한다) 때 스님께서 주맹(主盟 : 證師)이 되었고, 다음 해인 1213년(高宗卽位年)에는 전라남도 화순(和順) 쌍봉사(雙峰寺) 주지에 취임했다. 제자에는 진명국사(眞明國師)인 혼원(混元)이 있다. 〔참고문헌〕『高麗史』 권21·22, 『東國李相國全集』 권25.

홍보룡 洪寶龍 1920년을 전후하여 오대산 월정사(月精寺) 주지였던 스님. 1920년 말에 30본산 주지총회를 열고 모두가 단합하여 불교사업을 일으켜 조선불교를 진흥시키고 세계적 조류에 부응하기 위해 30본산연합사무소를 종무원(宗務院) 체제로 전환키로 결의하였는데, 이 결의에 따라 1921년 1월 초에 월정사 주지인 홍보룡을 종무원장으로 선출하였다. 〔참고문헌〕 김광식 『韓國近現代佛教史資料集』.

홍복도감 弘福都監 고려시대 설치되었던 관청. 처음 설치된 때는 알 수 없지만, 「이제현처권씨묘지명」에 의하면 이서종(李瑞種)이 이미 1332년(충숙왕 복위) 경에 홍복도감판관(弘福都監判官)을 역임하였고, 공양왕 3년(1391)에 3월에는 홍복도감의 포(布) 2천필을 연복사(演福寺)의 탑을 수리하는데 쓰고 있었으니 불사(佛事) 등 지원하는 관청으로 추정된다. 『고려사』 권77 백관지(百官志)2 제사도감각색(諸司都監各色)에 의하면 공민왕(恭愍王 재위 1351~1374) 때 소속 관리로 종5품의 판관(判官)과 권무관(權務官)인 녹사(錄事)를 정했고 1392년(공양왕4)에 혁파했다. 『고려사』 권79 식화지(食貨志)2 화폐(貨幣)에 의하면 공양왕 3년(1391) 7월에 도평의사사의 주청으로 홍복도감을 없애고 자섬저화고(資贍楮貨庫)를 설치하였다고 한다. 〔참고문헌〕『高麗史』, 金龍善 「李齊賢妻權氏墓誌銘」(『高麗墓誌銘集成』, 한림대아시아문화연구소, 2012).

홍복사 弘福寺 **1** 경기도 양주군 어둔동 홍복산(弘福山)에 있던 절. 『이조실록불교초존』 권5에 "경신(1462·세조8) 25일 양주 홍복사 등 여러 곳에 행차하였다. 사냥을 관람하고 날이 저물어 환궁하였다. 庚申二十五日 幸揚州洪福寺等處 觀獵日暮還宮"라고 하였다. 『동국여지승람』 권11 경기 양주목 불우와 『범우고』에 이름과 위치가 전한다. [참고문헌] 『李朝實錄佛教鈔存』, 『東國輿地勝覽』, 『梵宇攷』, 『韓國寺刹全書』 권하 p.1172a10. **2** 경상북도 구미에 있던 절. 『동문선』 권101 「수선전 守禪傳」에 "수선은 처음 나이가 12~13세 때 홍복사의 승에게 가서 글을 배웠다. 禪始年十二三時 從弘福寺僧學文"라고 하였다. [참고문헌] 『東文選』. **3** 평안남도 평양시에 있던 절. 홍복사(洪福寺)라고도 한다. 『고려사』 권10 세가(世家)10 선종 4년(1087) 10월 18일에 "(왕이) 홍복사와 인왕사 두 절에 행차하였다. 幸弘福仁王二寺", 같은 책 권11 세가(世家)11 숙종 7년(1102) 8월 28일에 "마침내 홍복사에 행차하여 행향하고 (홍복사)남쪽 강의 언덕에 나아가 활쏘기를 관람하였다. 술자리를 마련하도록 명하였고, 태자와 신료들에게 연회를 베풀었다. 遂幸弘福寺行香 出御寺南江岸閱射 因命置酒 太子及臣僚侍宴", 같은 책 권12 세가(世家)12 숙종 10년(1105) 8월 24일에 "홍복사에 행차하여 재를 지내고 남쪽 언덕 장전으로 나아가 술자리를 마련하였다. 태자와 재추, 개경과 서경의 문무대신이 연회에 참석하였고, 왕이 사운시를 지어 돌려 보도록 하였다. 幸弘福寺設齋 遂御南岸帳殿 置酒 太子及宰樞 兩京文武大臣侍宴 王賦詩四韻宣示", 『고려사절요』 권8 예종 2년(1116)에 "홍복사에 행차하였다. 幸弘福寺", 『고려사』 권18 세가(世家)18 의종 22년(1168)에 "(왕이) 홍복사에 행차하였다. 幸洪福寺", 같은 책 권19 세가(世家)19 의종 23년(1169)에 "(왕이) 영명사에서 배를 띄워 홍복사에 이르렀다. 自永明寺泛舟 至洪福寺"라고 하였다. 『동국여지승람』 권51 평안도 평양부 불우에 이름과 위치가 전하며, 『여지도서』 평안도 평양 사찰과 『범우고』에 "지금은 폐사되었다. 今廢"라고 하였다. [참고문헌] 『高麗史』, 『高麗史節要』, 『東國輿地勝覽』, 『輿地圖書』, 『梵宇攷』, 『韓國寺刹全書』 권하 p.1172a12·1172b2·1174a4. **4** 황해도 연안군 비봉산(飛鳳山)에 있던 홍복암(弘福庵). 『동국여지승람』 권43 황해도 연안도호부 불우에 이름과 위치가 전하며, 『여지도서』 황해도 연안 사찰에 "부 서쪽 5리에 있었고, 지금은 폐사되었다. 在府西五里 今廢", 『범우고』에 "지금은 폐사되었다. 今廢"라고 하였다. [참고문헌] 『東國輿地勝覽』, 『輿地圖書』, 『梵宇攷』, 『韓國寺刹全書』 권하 p.1172b4. **5** 중국 섬서성(陝西省) 장안현(長安縣) 남쪽에 있는 절. 당 태종(太宗) 때인 634년(정관8) 태목황후(太穆皇后)를 추모하고자 건립하고, 645년(정관19) 현장(玄奘)이 서역에서 귀국하면서 가져온 불사리(佛舍利)·불상(佛像)·경율론(經律論) 등을 모두 본사에 안치하였다. 3월에는 역장(譯場)을 열고 『보살장경』·『불지경』·『육문다라니경』·『현양성교론』 등을 한역하였다. 이 역장은 대자은사(大慈恩寺)로 옮겨질 때까지 계속되었다. 705년(신룡1)에는 홍복사(興福寺)로 개칭하였다. 후에 다시 홍복사(洪福寺)로 이름을 바꾸었다. 명대인 1369년(홍무2) 장안성 안의 태극궁(太極宮) 서궁(西宮)의 수덕방(修德坊)을 지금의 터로 옮겼다. 헌종(憲宗) 때인 성화년간(1465~1487) 주지 진경(眞景)이 중수하였고, 그 뒤의 사적은 알 수 없다. [참고문헌] 『慈恩傳』 권6(대정장50, p.252b19)·권7(대정장50, p.257b29), 『大清一統志』 권180.

홍사 *泓師* 당대 스님. 제안(齊安: 廣東省 恩平) 출신. 신룡년간(705~706) 경사(京師)에 머물렀다. 굴하지 않는 성격에 과묵하였다. 역상(曆象)·점복(占卜)·지리 등에 정통하였고 장법(葬法)에도 뛰어났으며, 항상 당대의 세도가들과 교류하여 국사(國師)라고 불렸다. [참고문헌] 『宋高僧傳』 권29(대정장50, p.889c29), 『唐書』 권191, 『新唐書』 권122.

홍서 *弘誓* Ⓢ praṇidhi, mahā-saṃnāha, pratijñā, Ⓣ smon-lam. 넓고 큰 맹서. 홍서원(弘誓願)·대서장엄(大誓莊嚴)이라고도 한다. 서원한 일로써 광대하게 중생을 이롭게 하므로 홍서라 한다. 사홍서원(四弘誓願)·십선원(十善願)·사십팔원(四十八願) 등이 여기에 속한다. 『무량수경』 권상(대정장12, p.268b9)에 "중생을 구제하고자 홍서의 갑옷을 입고 덕의 바탕을 쌓아 일체중생을 도탈시킨다. 爲衆生故 被弘誓鎧 積累德本 度脫一切", 『유마경약소』 권8(대정장38, p.675b24)에 "만약 사무량심 일으키기만 하고 홍서가 없다면 마치 아교를 섞지 않은 물감으로 그린 그림의 빛깔 떨어져나듯 하리라. 若但起四無量心 無弘誓者 如畫無膠 色必脫落", 『법계차제초문』 권3(대정장46, p.685b25)에 "홍서라는 말은, 넓고 골르게 펼치는 연을 홍이라 하고, 그 마음을 스스로 제어함을 서라 하며, 뜻을 품고 가득 채워 다하기를 구하므로 원이라 한다. 言弘誓者 廣普之緣 謂之爲弘 自制其心 名之曰誓 志求滿足 故云願也"라고 하였다. [참고문헌] 『無量壽經』, 『維摩經略疏』, 『法界次第初門』, *Saddh-p.447.*, *Sukh-vy. I.18.*, *Sam-r.123.* ⇨ 사홍서원 四弘誓願, 대서원 大誓願, 대홍서원 大弘誓願, 서원 誓願, 승나 僧那[1], 피승나 被僧那

홍서 *洪恕* 고려 제25대 충렬왕(재위 1274~1308) 때 스님. 사자암(獅子庵)에 주석하다가 1284년(충렬왕10)에 개성 삼현리(三峴里) 묘련사(妙蓮寺)를 창건하였다. [참고문헌] 『韓國寺刹全書』 권상 p.367b18, 「妙蓮寺重興碑」(『益齋亂藁』 권6·韓國文集叢刊2, p.556b4).

홍서강연 *弘誓强緣* 큰 맹서에 굳은 연. 아미타불(阿彌陀佛)의 크나큰 서원(弘誓)의 힘으로 중생이 깊이 믿어 서방정토에 왕생하게 하니 강한 증상연(增上緣)이다. 『아미타경요해』(대정장37, p.370a16)에 "[문] 부처님의 수명이 한량이 없음은 가능하지만, 사람들의 수명은 어떻게 역시나 한량이 없을 수 있는가? 〔답〕 부처님의 본원력이 불가사의하기 때문이고, 믿어 원해서 부처님의 명호를 수지하는 공덕도 불가사의하기 때문이다. 믿음과 서원으로 부처님의 명호를 수지하는 것이 정인연이고, 부처님의 본원력은 증상연이다. 問 佛壽無量可也 人民壽命 胡得亦無量耶 答 佛本願力 不思議故 信願持名 功德 不思議故 信願持名 是正因緣 佛本願力 是增上緣"라고 하였다. 〔참고문헌〕『阿彌陀經要解』. ⇨ 미타인행사십팔원 彌陀因行四十八願, 사십팔원 四十八願

홍서보문 弘誓普門 십보문(十普門) 중 하나다. 사제(四諦)에 의지해 커다란 서원(弘誓) 세우고 중생 위해 널리 여는 문. 『법화문구』 권10(대정장34, p.145b19)에 "홍서보란 무엇인가? 홍(弘)은 광(廣)이고 서(誓)는 제(制)이니, 바라는 마음을 널리 제어하기에 홍서라고 한다. 홍서는 '사제'를 잡아 일어난다. 만약 유작·무생·무량의 사제를 잡아서는 법을 거둠을 다하지 못하므로 보(普)라고 하지 않지만, 무작사제를 잡아서야 홍서보라고 한다. 弘誓普者 弘廣也 誓制也 廣制要心 故言弘誓 弘誓 約四諦起 若約有作 無生 無量四諦者 收法不盡 不名爲普 若約無作四諦者 名弘誓普也", 『관음현의』 권하(대정장34, p.889b28)에 "홍서보란 무엇인가? '홍'이란 '광'을 말하고, '서'란 '제'를 일컬으며, '원'이란 중요한 것 구함이다. 그러므로 그 마음을 제어하여 널리 뛰어난 법을 구하는 것을 홍서라고 한다. 弘誓普者 弘名爲廣 誓名爲制 願名要求 是故 制御其心 廣求勝法 故名弘誓也"라고 하였다. 〔참고문헌〕『法華文句』, 『觀音玄義』. ⇨ 십보문 十普門, 보문 普門❶, 사종사제 四種四諦❶

홍서심여해 弘誓深如海 Ⓢ praṇidhī-sāgara, Ⓣ smon-lam-rgya-mtsho. 크나큰 맹서 깊어 바다와 같다네. 『법화경』 권7(대정장9, p.57c10 : *Saddh-p.*, p.447)에 "불자는 무슨 인연으로 관세음이라고 합니까? 묘상을 구족하신 세존께서 게송으로 무진의보살에게 답하셨네. 그대는 관음행을 들어라. 모든 곳에 잘 응하는, 크나큰 맹서 깊어 바다 같네. 겁을 지남에 헤아릴 수조차 없으니, 천억의 수많은 부처님을 모시고, 크고 청정한 원을 발하였네. 佛子何因緣 名爲觀世音 具足妙相尊 偈答無盡意 汝聽觀音行 善應諸方所 弘誓深如海 歷劫不思議 侍多千億佛 發大淸淨願 kena jinaputra hetunā ucyate hi avalokiteśvaraḥ. atha tādṛśatā vilokiyā praṇidhī-sāgaru akṣayomatiḥ, citradhvajam-adhibhāṣate śṛṇu caryām-avalokiteśvare. kalpaśatan-eka-acantiyā bahubuddhāna sahasrakoṭibhiḥ, praṇidhāna yathā viśodhitas", 『법화경연의』 권7(卍속장52, p.538b15)에 "'크나큰 맹서 깊어 바다 같다'란, 발한 서원이 위로는 모든 부처님의 가르침을 넓히고자 하고, 아래로는 구계중생을 교화하고자 하는 것이니, 곧 위로도 다하고 아래로도 사무치기에 바다와 같다 한다. 言弘誓深如海者 以其所發之誓 上則欲弘諸佛之道 下則欲化九界之生 所謂上窮下徹 故云如海也"라고 하였다. 〔참고문헌〕『法華經』, 『法華經演義』, *Saddh-p.*

홍서영락 弘誓瓔珞 크나큰 맹서 구슬로 꾸미다. 『보살영락경』 권2(대정장16, p.15c24)에 "또한 홍서라는 영락이 있다. 이 영락을 얻는 보살은 겁을 거듭해도 멀다 여기지 않는다. 復有弘誓瓔珞 菩薩得此瓔珞者 不以劫數爲遠"라고 하였다. 〔참고문헌〕『菩薩瓔珞經』.

홍선 泓宣 1905~1979. 대한불교불입종(佛入宗)을 창립한 스님. 호는 태허(太虛), 휘는 홍선(泓宣), 성명은 이용이(李龍頤), 본관은 전주이다. 1905년(광무9) 8월 25일 서울시 종로구 견지동 44번지에서 아버지 선준, 어머니 김해 김씨 묘심행 사이에서 태어났다. 1928년 경성 예비전문학교를 졸업한 다음, 일제강점의 수탈이 보기 싫지만 저항할 힘은 없고 해서 중국의 상해(上海) 등 여러 곳으로 돌아다니면서 망국의 한을 달랬다. 귀국하여 이기심이 가득한 세간의 힘으로는 독립이 이루어질 수 없음을 깨닫고, 1930년 26살 때 조선불교 선교양종의 교정(敎正)이며, 승주 선암사(仙巖寺) 강주인 경운원기(擎雲元奇 1852~1936)스님을 은사로 하여 스님이 되었다. 스님 밑에서 4년간 정진하다가 다시 중국으로 가서 산서성(山西省)의 명산과 대찰(大刹)을 참배하면서 선지식을 친견하고 1939년에 귀국하였다. 그 후 서울시 종로구 숭인동 묘각사(妙覺寺)를 창건하고 포교에 전념하다가, 1950년 6·25전쟁으로 경상북도 상주(尙州)로 피난했다. 1951년에는 피난 중 백화암(白花庵)이라는 암자를 창건하고 그곳에서 6년간 두문불출(杜門不出)하면서 『법화경』을 독송하는 한편, 관음기도로 정진했다. 휴전 후 다시 서울로 올라와 탑골공원에서 대중을 상대로 2년간 포교 활동에 매진했다. 1957년 일승불교현정회(一乘佛敎顯正會)를 조직하여 법화계(法華系) 스님들의 분파(分派)를 막고 법화신앙의 종문(宗門)을 위해 노력했다. 그러나 이 일이 뜻대로 되지 않자 1965년 12월 8일 독자적으로 『법화경』을 소의경전으로 하는 대한불교불입종(大韓佛敎佛入宗)을 창종하고, 1966년 초대 종정에 취임했다. 자신을 법화행자(法華行者)라 자칭하며 문서포교를 위해 1973년 월간 『범성 梵聲』을 출간하였으며, 1970년 한일 불교친선협회(韓日佛敎親善協會) 고문, 1971년 대통령으로부터 보국훈장 수상, 1975년 한중 불교협의회(韓中佛敎協議會) 고문에 추대, 1987년 불교재산관리법이 폐지됨에 따라 사단법인관음종으로 개칭하였다. 저서로는

『해동천태법화법맥소고』, 『피안의 등대』, 『법화문증선집』, 『성불도』, 『법요의식』과 『천태사교의』 번역 등이 있다. 상좌에는 홍파(弘坡) 등이 있다. 1979년 6월 24일 세수 75, 법랍 50세를 일기로 입적했다. 다비 후 사리 128과가 나와 묘각사에 탑을 세우고 봉안하였다. [참고문헌] 『海東天台法華宗法脉小考』, 『成佛圖』, 『太虛堂泓宣行狀』, 『佛教會報』(1985.3.15).

홍선 洪宣　유연(柔然)의 스님. 『북사 北史』 권98 「연연전 蠕蠕傳」에 따르면, 511년(영평4) 9월 유연왕 추노(醜奴)가 홍선을 파견하여 북위(北魏)의 선무제(宣武帝)에게 구슬로 만든 상(珠像)을 봉헌했다고 한다.

홍선부단 紅線不斷　붉은 끈 끊지 못하다. 은애(恩愛) 끊기 어렵다는 뜻이다. 『무명혜성어록』(卍속장121, p.643b16)에 "대역량인이라도 다리 아래 묶인 은애의 붉은 끈은 끊지 못한다. 둘을 놓고 셋을 버리며, 귀신을 속이고 귀신을 놀래킨다. 환분, 환분! 누가 그대를 모르랴? 大力量人 脚下紅線不斷 放兩抛三 瞞神諕鬼 換盆換盆 誰不識你"라고 하였다. [참고문헌] 『無明慧性語錄』.

홍섬 洪暹　명말청초(明末清初) 임제종 스님. 속성은 왕(王)씨. 호는 감여(憨予). 촉(蜀 : 四川省) 순경서충(順慶西充) 출신. 출가 후 여러 곳을 돌아다니며 공부하다가 1656년(순치13) 가화(嘉禾 : 浙江省) 자간각(自間覺)의 법을 이었다. 『감여섬화상어록』 6권을 남겼다. 이 어록 권6에 스스로 쓴 「행실 行實」(가흥장33, p.582b4)에서 행적을 알 수 있다.

홍성 弘聖　?~1658. 임제종 스님. 속성은 무(巫)씨. 호는 석기(碩機). 형계(荊溪 : 浙江省) 출신. 열아홉에 형계의 정명원(淨明院)에서 출가하였다. 그 뒤 한월법장(漢月法藏)에게 법을 물었지만 기연이 맞지 않아 박산원래(博山元來)・밀운원오(密雲圓悟)에게　참문하다가 결국은 한월문하에 귀의하여 법을 이었다. 1658년(순치14) 5월 2일 입적하였다. [참고문헌] 『五燈全書』 권69(卍속장141, p.453b15).

홍성사 弘聖寺　중국 운남성(雲南省) 대리현(大理縣) 점창산(點蒼山) 칠봉(七峰)의 산기슭에 있는 절. 『운남통지 雲南通志』에 따르면, 절터는 태화현(太和縣)의 성(城) 서남쪽에 있으며 높이 10장에 10층 탑이 있는데 세간에서 전하는 말로는 아육왕이 건립한 탑이라고 한다. 명 가정년간(1522~1566)에 이원양(李元陽)이 중수하였으며, 양신(楊愼)이 지은 『유점창산기 游點蒼山記』에 따르면 본 절에 높이 200척의 부도(浮圖)가 있는데 야사를 고증해 보면 아육왕이 건립했다고도 하고 수(隋) 문제(文帝)대 칙명에 의해 건립되었다고도 한다.

홍성신경리마애여래입상 洪城新耕里磨崖如來立像　고려시대 마애불상. 보물 제355호. 충청남도청 서쪽에 있는 용봉산 능선의 정상부근인 해발 340m 지점에 있다.

마애불은 높이 4.75m이며 길이와 폭이 약 5m인 ㄴ자 형태의 바위 남면에 새겨져 있는데, 바위 꼭대기에는 맞배지붕 모습의 보개가 있다. 바위의 남쪽 면에 타원형의 얕은 감실을 조성한 후 그 안에 조각하였는데 주변에 세 줄의 음각선으로 두광과 신광도 표현하였다. 마애불의 머리는 소발(素髮)이며 높은 육계가 있다. 머리는 신체에 비해 크게 조각하였으나 참배자의 자리에서 우러러 보면 알맞은 모습이다. 양어깨를 덮는 통견형 대의를 걸쳤는데 가슴부터 무릎까지 U자형으로 흘러 내려온다. 오른손은 아래로 곧게 내리고 왼손은 들어 올려 시무외인을 취하였다. 별도의 석재로 복련문이 새겨진 대좌 위에 발도 새겨 불상 밑에 자연스럽게 붙였다. 훌륭한 조각솜씨와 참배자의 시선을 고려한 비례가 뛰어난 불상으로 통일신라 불교조각 전통이 고려까지 전승된 중요한 성보다.

홍성오관리당간지주 洪城五官里幢竿支柱　고려전기 석조물. 보물 제538호. 홍성시내를 관통하는 홍성천변에 있으며, 이곳은 고려시대 창건된 광경사지(廣景寺址)로 전해지는 곳이다. 당간지주는 동서로 마주 서 있고 그 사이에 지대석(址臺石)은 생략되었고 간대(竿臺)가 남아 있다. 1988년 해체수리 때 당간지주 하부로 판석형 석재와 크고 작은 자연석을 깔아 기초를 쌓은 흔적이 확인되었다. 두 지주는 별다른 장식이 없고 전후면 외곽에 낮은 양각의 윤곽대(輪廓帶)를 시문했으며 윤곽대의 넓

이는 다른 지주에 비해 넓은 편이다. 두 지주는 하단은 넓고 상단으로 올라가면서 좁아지고 있어 상승감이 표현되었고 상부에는 외면과 만나는 부분에서 약하게 호선을 형성하였다. 두 지주의 외면 중간에는 반원형으로 굵은 2조의 세로띠 장식을 도드라지게 표현하고 있는데 이러한 장식은 금산사(金山寺) 당간지주에서도 보이는 것이다. 당간지주 중앙에 간대가 남아 있는데, 당간을 공정하는 원공(圓孔)과 원좌(圓座)는 정교하게 치석한 반면 간대석 전체는 거칠게 다

듬질하고 거북머리를 표현했다. 전체 높이가 4.8m로 비교적 큰 규모에 속한다. 지주의 외면 중앙에 세로로 굵은 돋을대 장식은 용두사지(龍頭寺址)·천흥사지(天興寺址)·담양읍(潭陽邑)·보원사지(普願寺址) 당간지주와도 강한 친연성을 보이는 것으로 고려전기에 제작된 것으로 추정된다. 〔참고문헌〕 엄기표『한국의 당간과 당간지주』(학연문화사, 2007) pp.451~453.

홍수 洪壽　944~1022. 법안종 스님. 속성은 조(曹)씨. 전당(錢唐 : 浙江省) 출신. 어릴 때 천룡사(天龍寺) 랑지(朗智)를 찾아가 출가하고 구족계를 받은 뒤 행각하면서 계율을 공부하였다. 천태산 덕소(德韶)에게 참문하고 법을 이은 다음 고향의 대자산(大慈山)에 암자를 짓고 살았다. 박락비타물(撲落非他物)이라는 유명한 오도송을 남겼다. 1016년(대중상부9) 지주(知州) 마량(馬亮)의 청에 따라 항주(杭州 : 浙江省) 흥교사(興敎寺)에서 법좌를 열었다. 1022년(건흥1) 3월 20일 세수 79, 법랍 62세로 입적하였다. 영명연수(永明延壽)를 대수(大壽)라 함에 맞서 소수(小壽)라 불린다. 〔참고문헌〕『天聖廣燈錄』 권27(卍속장135, p.872a8), 『聯燈會要』 권28(卍속장136, p.901b6), 『五燈會元』 권10(卍속장138, p.376a17). ⇨ 박락비타물 撲落非他物

홍심 紅心　붉은 색을 칠한 과녁의 중심. 핵심이나 요지 따위를 상징한다. 『주조론소』 권6(卍속장96, p.349b18)에 "과녁인 적이란 홍심을 말한다. 세 발의 화살이 한 결같이 하나의 과녁에 적중했다고 하니, 삼승이 한결같이 하나의 이치를 증명한다는 비유다. 的謂紅心 三箭同中一的 喩三乘同證一理", 『허당록』 권2(대정장47, p.1002a14)에 "법좌에 올라 학인이 물었다. '비구니 유철마가 위산을 방문하자 위산이 「암소야, 네가 왔구나!」라고 말한 이 뜻은 무엇인지요?' '한 발의 화살이 홍심에 적중했군'. 上堂 僧問 劉鐵磨訪潙山 山云 老牸牛 汝來也 此意如何 師云 一箭中紅心"라고 하였다. 〔참고문헌〕『注肇論疏』, 『虛堂錄』.

홍심자 紅心字　붉은 색의 마음 심 자. 『의여집』에 "만이라는 글자 중심에 붉은 색의 마음 심 자를 써서 심지계의 심상을 본떴다. 卍字中書紅心字 模出心地戒之心相" 라고 하였다. 〔참고문헌〕『衣裓集』.

홍어 鴻魚　기러기와 물고기. 서신(書信). 편지. 소식을 기러기 발에 매달거나 물고기 배에 의지해 전했던 일화에 따른 말이다. 어신(魚信)이라고도 한다. 『종용록』 63칙 「송 頌」(대정장48, p.266c11)에 "야통 어기고 가는 일 허용치 않지만 날 밝으면 도착해 있으리라 하니 〈벌써 길에 들어섰다〉, 집안 소식 기러기나 물고기에 붙이려 하지 않네〈이미 소식을 함부로 전하고 말았다〉. 不許夜行投曉到〈已涉程途〉 家音未肯付鴻魚〈已是妄傳消息〉", 『직주천동송고』 권2 「착어 著語」(卍속장117, p.779b10)에 "투자에게는 집안 소식을 전할 방법이 다행히 있었으니 마치 문희와 소무가 (기러기에 의지해) 편지 전한 것과 같았다. 投子家音 幸有分付 如文姬蘇武之書傳"라고 하였다. 〔참고문헌〕『從容錄』, 『直註天童頌古』.

홍언 洪偃　504~564. 남조(南朝) 진대(陳代) 스님. 속성은 사(謝)씨. 회계산음(會稽山陰 : 浙江省 紹興) 출신. 용광사(龍光寺) 작법사(綽法師)에게 불법을 배웠고, 그 뒤에 대중을 모아 『성실론』을 강설하면서 명성이 크게 퍼졌다. 시와 그림에 능하여 당시 견줄 이가 없을 정도였기에 양 문제(文帝)가 환속을 권했지만 따르지 않았다. 후에 난을 피하여 진운(縉雲)에 숨어들어 야야운문정사(若耶雲門精舍)에 머물렀다. 진 무제(武帝)가 천하를 평정한 다음 천가년간(560~563) 초에 건강선무사(建康宣武寺)에서 법좌를 열고 경전을 강설하였다. 저서에 『성실론소수 成實論疏數』 10권과 문집 20여 권이 있다. 564년(천가5) 세수 61세로 입적하였다. 〔참고문헌〕『唐高僧傳』 권7(대정장50, p.476b16).

홍여 洪如　1592~1664. 청대 초기 스님. 속성은 등(鄧)씨. 자는 무주(無住). 운남성(雲南省) 모정(牟定) 출신. 어릴 때부터 『금강경』을 깊이 공부하다가 해량대천(海量大千)을 은사로 출가하였고, 철용주리(徹庸周理)에게 법을 물은 뒤에 정원복성사(定遠福成寺)에서 종소리를 듣는 순간 막혔던 의문이 풀렸기에 『신속고승전』 권21(대장경보편27, p.183b9)에 "온몸이 바로 이것이요, 온누리 이것이며, 곳곳에서 마주치거늘, 떨어진 적 있었던가? 通身是 遍界是 處處逢 何曾避"라고 밝혔다. 제방을 다니다가 고향으로 돌아온 다음 수목산(水目山)에 보화사(寶華寺)를 창건하고 종풍을 널리 알렸다. 1664년(강희3) 세수 73세로 입적했다. 『창산집 蒼山集』, 『공명집 空明集』, 『고해자항집 苦海慈航集』, 『종문어록 宗門語錄』, 『남등속염 南燈續燄』 등을 남겼다. 〔참고문헌〕『新續高僧傳』.

홍연화 紅蓮花　➡ 발두마 鉢頭摩 1, 발두마화 鉢頭摩華

홍영 洪英　1012~1070. 송대 임제종 황룡파(黃龍派) 스님. 속성은 진(陳)씨. 복건성(福建省) 소무(邵武) 출신. 영소무(英邵武)라고도 불린다. 『화엄십명론 華嚴十明論』을 읽고 그 종지를 깨달았다. 황룡혜남(黃龍慧南)을 찾아가 의지하고 그 법을 이었다. 황룡이 입적한 다음에는 강서(江西) 늑담사(泐潭寺)에서 법문을 열었는데 당시 늑담홍영이라 불렸다. 1070년(희녕3) 6월에 세수 59, 법랍 43세로 입적하였다. 『늑담영선사어요 泐潭英禪師語要』 1권을 남겼다. [참고문헌] 『續傳燈錄』 권15(대정장51, p.567b4), 『聯燈會要』 권14(卍속장136, p.665a2), 『五燈會元』 권17(卍속장138, p.663b1).

홍영도슬 洪英掐膝 늑담홍영(泐潭洪英)이 무릎을 치다. 『선원몽구』 권상(卍속장148, p.211a5)에 "홍영도슬 : 〈황룡혜남의 법제자. 『임간록』 권상〉 취암가진점흉(翠巖可眞點胸)이 때마침 학인에게 물었다. '문수는 칠불의 스승인데 어째서 여자를 삼매에서 나오게 하지 못했고, 망명은 하방에서 온 초지보살인데 어째서 나오게 할 수 있었을까?' 아무도 답하는 이가 없었지만 유독 영소무(홍영)만이 그 질문을 듣는 순간 손으로 자신의 무릎을 치고 일어나 자리를 떴다. 취암이 웃으며 말했다. '수저 파는 나그네구나. 아직 멀었다'. 洪英掐膝〈黃龍南法嗣 林間錄上〉 翠巖眞點胸 好問僧 文殊 是七佛之師 因甚麼 出女子定不得 罔明 從下方來 因甚出得女子定 莫有對者 獨英邵武 方其問時 以手掐其膝而去 眞笑曰 賣匙箸客 未在"라고 하였다. [참고문헌] 『禪苑蒙求』, 『林間錄』 권1(卍속장148, p.606b4). ⇨ 여자출정 女子出定

홍예 洪預 조선전기 함허득통(涵虛得通 1376~1433)의 제자. 『동사열전』 권2 「함허선사전 涵虛禪師傳」(한불전10, p.1011a1)에 "문인 홍예 등 10여 인이 있다. 門人洪預等十餘人"라고 하였다. [참고문헌] 『東師列傳』.

홍온 洪蘊 937~1004. 송대 스님. 속성은 람(藍)씨. 호남성(湖南省) 장사(長沙) 출신. 나이 열셋에 개복사(開福寺) 지파(智巴)를 은사로 출가한 뒤 방기(方技)을 익히며 특히 의술에 관한 서적에 정통하여 그 분야로 이름을 떨치게 되었다. 태조(太祖)의 명에 따라 궁에 들어가 자방포(紫方袍)를 하사받고 광리대사(廣利大師)라는 칭호도 받았다. 왕족과 대신들의 병을 고친 사례가 많았다. 우가수좌(右街首座)의 직책을 맡았고, 좌가부승록(左街副僧錄)까지 올랐다. 1004년(경덕1) 세수 68세로 입적하였다. [참고문헌] 『新續高僧傳』 권60(대장경보편27, p.440a20), 『宋史』 권461.

홍우 紅藕 1611~1689. 조선후기 경기도 양평(楊平) 용문사 스님, 선천(善天)의 법호이다. ⇨ 선천 善天 [2]

홍원 弘垣 1581~1643. 임제종 스님. 속성은 주(朱)씨. 호는 담여(澹予). 소주(蘇州 : 江蘇省) 출신. 10세에 출가하였고, 15세에 지옥을 떠도는 꿈을 꾸고 인생의 허망함을 각성하였으며, 19세에 운서주굉(雲棲袾宏)에게 법을 물었다. 그 뒤 한월법장(漢月法藏) 문하로 들어가 법을 이었다. 현녕사(顯寧寺)에서 개법하였다. 1643년(숭정16) 11월 11일 세수 63세로 입적하였다. [참고문헌] 『五燈全書』 권69(卍속장141, p.445b15).

홍원 弘願 Ⓢ praṇidhi. 크나큰 서원(誓願). 홍서(弘誓)라고도 한다. 『방광대장엄경』 권7(대정장3, p.582b17)에 "각자 크나큰 서원을 일으켜, 원컨대 아나파정(阿那婆定 Ⓢ āsphānaka-dhyāna)에 머물면서 모든 중생을 이익케 하지만 그 마음 허공같이 하리라. 各自發弘願 願住那婆定 利益諸衆生 其心如虛空", 『보살계갈마문석』(卍속장61, p.391a8)에 "홍원을 발하지 않은 이 설령 계를 받고 싶어도 계를 얻을 수 없다. 若不發弘願者 縱令求受 不得戒也"라고 하였다. [참고문헌] 『方廣大莊嚴經』, 『菩薩戒羯磨文釋』, *Lal-v.190.* ⇨ 홍서 弘誓

홍원문 弘願門 아미타불(阿彌陀佛)의 너른 서원에 따라 정토에 왕생하는 문. 사십팔원(四十八願) 중 원왕(願王)인 제18 염불왕생원(念佛往生願)을 일컫는다. 정산이문(定散二門)의 자력으로 왕생하는 요문(要門)과 상대한다. 『무량수경』 권상(대정장12, p.268a26)에 "내게 부처 얻음이 베풀어져 시방중생이 지심으로 믿고 즐거워하며 제 국토에 나고자 십념을 하였는데도 만약 나지 못한다면 정각을 취하지 않겠나이다. 設我得佛 十方衆生 至心信樂 欲生我國 乃至十念 若不生者 不取正覺"라고 한 이 제18원이 바로 홍원문에 해당한다. 『말대염불수수인』(대정장83, p.274a14)에 "어떤 이가 말하였다. '행문과 관문과 홍원문 이 삼문을 세우니, 홍원문으로는 왕생할 수 있으나, 저 행문의 사람은 왕생할 수 없다'. 或人云 行門觀門弘願門 立此三門 弘願門得往生 其行門之人 不得往生"라고 하였다. [참고문헌] 『無量壽經』, 『末代念佛授手印』. ⇨ 사십팔원 四十八願, 염불왕생원 念佛往生願, 요홍이문 要弘二門, 요문 要門 [1]

홍원사 弘圓寺 황해도 개성시에 있던 절. 『고려사』 권10 선종 7년(1090) 3월 23일에 "홍원사와 국청사 두 절의 역을 파하였다. 罷弘圓國淸兩寺之役", 같은 책 권15 인종 6년(1128) 3월 14일에는 "(왕이) 홍원사에 행차하여 반승을 베풀었다. 幸弘圓寺飯僧"라고 하였다. 같은 책 권83 지(志)37에 산직장상(散職將相)을 2명 배정받았다는 내용과 권129 열전(列傳)42에 최충헌(崔忠獻) 살해를 도모한 승군(僧軍)에 홍원사 승이 있었다는 기록도 전한다. 『대각국사문집』 권9 「답숙왕교서장 答肅王敎書狀」(한불전4, p.542b15)에 "교서 한 통을 받았다. 새로 지은 홍원사에 주지가 없어서 유사가 누차 진달하고 있으니 그 까닭에 승으로 하여금 주관할 자를 은밀히 추천하도록 하였다. 示教書一道 以新創弘圓寺未有住持 有司累次奏陳 以故 令僧密薦主領之人者"라고 하였다. [참고문헌] 『高麗史』, 『高麗史節要』, 『大覺國師文

集』, 『韓國寺刹全書』 권하 p.1172b5.

홍원사 洪圓寺 황해도 개성시에 있던 절. 「전등본말고사 傳燈本末古寺」에 "문종 2년(1048) 창건. 文宗二年刱", 『고려사』 권11 세가(世家)11 숙종 6년(1101) 2월 25일에 "(왕이) 홍원사에 행차하여 대장당 및 구조당을 낙성하였다. 幸洪圓寺 落成大藏堂及九祖堂", 이에 『대각국사외집』 권12(한불전4, p.592b14~c18)에 "국사를 청하여 훈수하고 낙성하도록 하였다. … 갑술년(1094·선종11) 2월 초 홍원사에 들어가서 예전처럼 강학하였다. 請師熏修以落之 … 甲戌春二月初 入洪圓寺 其教學如故"라고 하였다. 『고려사』 권14 세가14 예종 16년(1121) 10월 21일에 "홍원사에 행차하였다. 幸洪圓寺", 같은 책 권53 지(志)7 오행(五行)1에 "(인종) 12년(1134) 5월 무인. 홍원사 종이 저절로 울렸다. 十二年五月戊寅 洪圓寺鍾 自鳴"라는 기록이 있으며, 같은 책 권18 세가18 의종 17년(1163) 2월 14일에 "천수사와 홍원사에 행차하였다가 술에 취하여 유숙하였다. 幸天壽洪圓二寺 沈醉留宿"라고 하였고, 같은 해 3월 12일·1165년 2월 16·2월 25일·3월 10일·3월 19일에 홍원사로 이어(移御)한 기록이 있다. 같은 책 권20 세가20 명종 13년(1183) 4월 8일에 "홍원사에서 화엄법회를 성대히 열고 경인년과 계사년 이후 죽은 망자들을 위하여 천도재를 지냈다. 大設華嚴法會于洪圓寺 薦庚癸以來死亡者"라고 하였다. 관련 금석문으로 「홍원사초오승통교웅묘지명 洪圓寺超悟僧統敎雄墓誌銘」, 「홍원사광제승통총서묘지명 洪圓寺廣濟僧統聰諝墓誌銘」이 남아 있다. [참고문헌] 『高麗史』, 『高麗史節要』, 『大覺國師外集』, 『韓國寺刹全書』 권하 p.1174a7, 『傳燈本末寺址』(亞細亞文化社, 1978) pp.331~348, 李智冠 『校勘譯註歷代高僧碑文』 高麗篇3 pp.220~223.

홍원사초오승통묘지명 洪圓寺超悟僧統墓誌銘 초오교웅(超悟敎雄 1079~1153)스님의 행적을 담은 묘지명. 크기는 세로 36.4cm, 가로 48.5cm. 자경은 1.2cm며 해서체다. 1153년(의종7)에 지었으나 저자는 알 수 없다. [참고문헌] 『海東金石苑』 補遺 권3, 『朝鮮金石總覽』 권상 pp.366~368, 『韓國金石全文』 中世上 pp.719~721, 金龍善 『高麗墓誌銘』 pp.136~137, 李智冠 『校勘譯註歷代高僧碑文』 高麗篇3 pp.318~323. ⇨ 교웅 敎雄

홍원표 洪元杓 근세 거사. 충청남도 공주군 상반동(公州郡常盤洞)에서 출생. 중추원 의관을 역임한 홍종협(中樞院議官 洪鍾協)의 손자. 당시 충남의 갑부였던 홍종협은 말년에 불교를 믿어 제행무상(諸行無常)과 인생은 빈손으로 왔다가 또한 맨손으로 돌아가는(空手來 空手去) 진실을 체득하였다. 임종할 때 가족들에게 유언하기를, 3만원의 채권을 탕면해 주고 어려운 이들을 형편에 따라 도우라 당부하였다. 손자인 원표(元杓)는 할아버지의 유언을 지켜 3만원의 채권을 탕감해 주는 한편, 2천여 명의 소작인들에게는 각각 소두(小斗) 10말(十斗)씩 합계 1천석(石)분의 도조(賭租)도 감면해 주었으며, 조부의 명복을 빌기 위해 충청남도 공주시내에 포교당을 지어 마곡사(麻谷寺)에 헌납하였다. 이에 앞서 27세 때 일본과 중국으로 다니며 공부하다가 할아버지의 병환으로 귀국하여 남선제사주식회사(南鮮製絲株式會社) 전무취체역(專務取締役)을 맡고 있을 때 조부를 위해 1930년 8월 2일 계룡산 갑사(甲寺)에서 생전예수제를 봉행하였고, 우대응(禹大應)스님을 청하여 7일간 설경법회도 가졌다. [참고문헌] 『佛敎』78 p.61(寶蓮閣版 『韓國佛敎雜誌叢書』 제8책, pp.620~623).

홍월초 洪月初 ➡ 거연 巨淵

홍유 弘裕 명대 조동종 스님. 속성은 부(傅)씨. 호는 원조(元祚). 열여섯에 박산무이(博山無異)를 찾아가 구족계를 받았다. 2년 후 스승이 입적하자 설간봉(雪磵奉) 문하로 들어가 그 법을 이었다. [참고문헌] 『五燈全書』 권117(卍속장142, p.169a16).

홍유 *泓宥* 1718~1774. 조선후기 스님. 휘는 홍유(泓宥), 호는 추파(秋波), 속성은 이(李)씨, 본관은 완산(完山 : 全州)이니, 1718년(숙종44) 5월 20일 경기도 광주(廣州) 묵동(墨洞)에서 태어났다. 효령대군(孝寧大君)의 후예이며 연관(硯寬)의 손자다. 10세 때 이미 백권서(百卷書)를 읽었다. 그 후 희암 채팽윤(希庵 蔡彭胤)으로부터 수학하다가 17세 때인 1735년(영조11) 남해상(南海上) 방장산(方丈山 : 지리산)으로 찾아가 스님이 된 후 용담조관(龍潭慥冠)에게서 수학하다가 25세 때(1744년) 한암성안(寒巖性眼)(『조선불교통사』 권상 p.559에는 寒巖性岸)의 법을 받았다. 태고보우의 제5대 법손인 부용영관(芙蓉靈觀)의 제자 부휴선수(浮休善修) → 벽암각성(碧巖覺性) → 모운진언(慕雲震言) → 보광원민(葆光圓旻) → 회암정혜(晦庵定慧) → 한암성안(寒巖性眼) → 추파홍유(秋波泓宥) → 경암관식(鏡巖慣拭)으로 이어졌기에 임제의 제32대 법손인 셈이다. 스님은 유교에도 조예가 깊어 신유한(申維翰)·채응일(蔡膺一) 등 많은 선비들과 유불을 비교해 논한 글을 남겼으며, 30여 년간이나 학인을 가르쳤다. 말년에는 정업(定業)을 닦다가 산청(山淸) 심적사(深寂寺)에서 1774년(영조50) 5월 13일 목욕하고 향을 피운 다음, "납자로서 평생 강개한 뜻으로, 때때로 반야의 칼 높이 들었네! 내 이제 일념으로 미타불을 불렀으니, 곧바로 서방극락 향해 가리라. 衲子平生慷慨志 時時竪起般若刀

好從一念彌陀佛 直往西方極樂橋"는 임종게를 설하고 단정히 앉아 세수 57, 법랍 40세를 일기로 입적하였다. 조재득(趙載得)이 비문을 짓고 서무수(徐懋修)가 써서 1776년(영조52)에 세운 비와 함께 영정은 산청 심적사에 모셔져 있고, 옥류동(玉流洞)에 탑이 있다. 제자에는 문인(文寅)·천제(天濟)·경암관식(鏡巖慣拭) 등이 있고, 저서는 『추파집』 3권과 『추파수간 秋波手柬』 1권을 남겼는데, 한불전10, pp.58~97에 수록되어 있다. [참고문헌] 『西域中華海東佛祖源流』(한불전10, pp.123b17~127a17) 『朝鮮佛敎通史』 권상 p.559a1, 『韓國高僧碑文總集 朝鮮朝·近現代』 p.564, 申景濬 「秋波集序」(한불전10, p.58a1), 柳光翼 「秋波集序」(한불전10, p.59a1), 蔡濟恭 「秋波大師 影贊」(한불전10, p.81a10), 海峰有機 「秋波集後序」(한불전10, p.81b6). ⇨심적사 深寂寺 3, 추파수간 秋波手柬, 추파집 秋波集

홍유후 弘儒侯 설총(薛聰)의 추증명. 신라대 신문왕(神文王 재위 681~692) 때 활동한 설총을 1022년(현종13)에 추증하였다. 『고려사』 권4 세가(世家) 현종 13년 1월 갑오(甲午)에 "신라의 한림인 설총을 추증하여 홍유후로 삼아 선성의 묘정에 종사하였다. 贈新羅翰林薛聰弘儒侯 從祀先聖廟庭"라고 하였다. [참고문헌] 『三國史記』, 『高麗史』. ⇨설총 薛聰

홍은 弘恩 1598~1646. 조동종 스님. 호는 원석(元錫). 명 서창왕(瑞昌王)의 네 번째 아들. 박산(博山)을 은사로 출가하였고, 설관지은(雪關智誾)의 법을 이었다. 그 뒤 여러 곳을 다니다가 송계(松溪 : 福建省 建州) 화엄사(華嚴寺)에 주석하였다. 1646년(순치3) 8월에 세수 49, 법랍 28세로 입적하였다. [참고문헌] 『五燈全書』 권116(卍속장142, p.163b16).

홍은 洪恩 당대 스님. 마조도일(馬祖道一)의 제자. 낭주(朗州 : 湖南省 常德) 중읍(中邑)에 주석하였다. 앙산혜적(仰山慧寂)과 나눈 문답에 기초한 미후육창(獼猴六窓)의 공안이 전한다. [참고문헌] 『景德傳燈錄』 권6(대정장51, p.249b9). ⇨미후육창 獼猴六窓

홍의 弘懿 넓고 큰 아름다움. 『양고승전』 권1 「축담마라찰전 竺曇摩羅刹傳」(대정장50, p.326c22)에 "아득할 뿐이신 호공(축담마라찰 Ⓢ Dharmarakṣa : 竺法護)이시여! 하늘 닿은 크나큰 미덕이여! 흐르는 모래에 발 씻으며 건너와, 그윽한 이치 끌어내었다네. 邈矣護公 天挺弘懿 濯足流沙 領拔玄致"라고 하였다. [참고문헌] 『梁高僧傳』. ⇨축법호 竺法護

홍인 弘仁 1610~1663. 명말청초(明末淸初) 때 화승. 법호는 점강(漸江)·무지(無智). 속성은 강(江)씨로 휘는 도(韜)·방(舫), 자는 구맹(鷗盟)·육기(六奇). 매화 그리기를 특히 즐겼기에 세칭 매화고납(梅花古納)이라 하였다. 안휘성(安徽省) 흡(歙 : 休寧·新安) 출신으로 시서화(詩書畫)에 모두 뛰어나 당시 유력한 신안화파(新安畫派)의 선구가 되었고, 어려서 유학을 익히며 홀로된 모친을 지극히 모시고 효자로 이름났다. 명(明)이 망하자 청(淸)에 출사하지 않으려고 무이산(武夷山)으로 들어가 고항(古航)에게 의지하여 스님이 되었다. 은둔 화가 예찬(倪瓚 1301~1374)을 존숭하여 영감을 받고는 산수의 위용을 깊이 있게 담아내며 「서암송설도 西岩松雪圖」·「계산무진도 溪山無盡圖」 등 명작을 남겼다. 1663년(강희2) 세수 54세로 오명선원(五明禪院)에서 입적하였고, 사리는 황산(黃山)의 피운봉(披雲峰) 아래에 묻혔다.

홍인 弘忍 1 602~675. 당대 스님. 선종 제5대 조사. 속성은 주(周)씨. 심양(潯陽 : 江西省 九江) 출신. 또는 기주(蘄州 : 湖北省 蘄春) 황매(黃梅) 출신이라고도 한다. 나이 일곱에 4조 도신(道信) 문하로 출가하여 기주 황매의 쌍봉산(雙峰山) 동산사(東山寺)에서 공부하여 돈점(頓漸)의 취지를 깨우치고 마침내 스승의 마음을 터득하였다. 651년(영휘2) 51세에 도신이 입적한 후 그 자리를 계승하면서 오조황매(五祖黃梅) 또는 황매라 불렸다. 671년(함형2) 혜능에게 그 법을 전하였다. 그의 선풍은 특별히 동산법문(東山法門)이라 하였고, 선종의 소의경을 『능가경』에서 『금강경』으로 바꾸는 실마리도 그의 법문에서 시발되어 혜능으로 이어졌다. 그의 선법은 수일불이(守一不移)·수심(守心) 등의 전통적인 좌선법과 더불어 혜능에게로 이어져 돈오의 뿌리가 된 일행삼매(一行三昧) 등으로 대별할 수 있다. 세수 74세로 입적하였다. 시호는 대만선사(大滿禪師)이다. 저술로 『최상승론 最上乘論』 1권이 전하지만 위작으로 보기도 한다. [참고문헌] 『佛祖統紀』 권29(대정장49, p.291c28)·권39(대정장49, p.368a15), 『宋高僧傳』 권8(대정장50, p.754a13), 『景德傳燈錄』 권3(대정장51, p.222c6), 『五燈會元』 권1(卍속장138, p.35b15). ⇨동산법문 東山法門 2 1599~1638. 명대 임제종 스님. 속성은 정(鄭)씨. 자는 담길(潭吉). 촉(蜀)의 자천(資川) 출신. 스무살에 출가하여 항상 승조(僧肇)·현장(玄奘)을 전범으로 흠모하였다. 1631년(숭정4) 한월법장(漢月

홍인 삼십삼조사탱
선암사 순천 1753년

法藏)의 어록을 보고 온몸의 털끝이 서는 감동을 받고 찾아가 그 문하에서 수행하였다. 법장이 입적한 뒤에 안은사(安隱寺)의 주지가 되어 학인을 교화하였다. 선림의 폐단을 개혁하는 데 힘을 쏟기도 하다가 1638년(숭정11) 세수 40세로 입적하였다. 저서에 『안은록』·『소여외집 燼餘外集』 등이 있다. 스승 법장이 『오종원 五宗源』을 지어 염화(拈華) 하나만 전하여 오가(五家)의 종지를 말살하는 조동종에 반기를 들고 논쟁을 야기하였는데, 홍인이 『오종구 五宗救』를 지어 스승의 주장을 변호하였다. 이후 청대 옹정제(雍正帝)는 『간마변이록 揀魔辨異錄』을 지어 법장과 홍인일파의 설은 삿된 주장이라 배척하고는 그 책과 함께 문도들을 몰아냈다. 〔참고문헌〕『五燈全書』 권69(卍속장141, p.452b16).

홍인 洪諲 ❶?~901. 오대(五代) 스님. 속성은 오(吳)씨. 절강성(浙江省) 오흥(吳興) 출신. 나이 열아홉에 개원사(開元寺) 무상대사(無上大師)를 은사로 출가하였다. 스물두 살에 숭산(嵩山)에 들어가 구족계를 받았다. 운암(雲巖)에게 참문했으나 기연이 맞지 않아 위산(潙山)에게 참문하고서 종지를 깨우쳤다. 866년(함통7) 무상대사가 입적하자 그 법석을 이었다. 오월(吳越) 무숙왕(武肅王)이 외호하였고 법제대사(法濟大師)라는 호도 내렸다. 〔참고문헌〕『宋高僧傳』 권12(대정장50, p.781a7), 『景德傳燈錄』 권11(대정장51, p.284c9), 『五燈會元』 권9(卍속장138, p.328a9). ❷송대 임제종 스님. 속성은 호(扈)씨. 양수(襄水 : 湖北省) 출신. 홍인(鴻諲)이라고도 한다. 수산성념(首山省念)의 법을 이은 다음 남악(南嶽)에 은거하다가 나중에 담주(潭州 : 湖南省) 신정사(神鼎寺)에 주석하였다. 『신정산제일대인선사어록 神鼎山第一代諲禪師語』 1권을 남겼다. 〔참고문헌〕『續傳燈錄』 권1(대정장51, p.471a19), 『禪林僧寶傳』 권14(卍속장137, p.497a8).

홍일고고 紅日杲杲 붉은 해가 밝디 밝게 빛나는 모양. 『직주설두송고』 권상(卍속장117, p.515a18)에 "흰 구름은 뭉게뭉게 붉은 해 밝디 밝게 〈날마다 품은 것 집어내니 삿된 견해 내는 일 면한다〉. 白雲重重 紅日杲杲〈平懷拈出 免生異見〉"라고 하였다. 〔참고문헌〕『直註雪竇頌古』.

홍일대사법집 弘一大師法集 홍일 지음. 6책. 신문풍출판사(新文豐出版社) 간행. 대만의 계율학자 홍일대사(1880~1942)의 저술을 채념생(蔡念生 1901~1992)이 편집하여 엮은 책이다. 『약사경석의 藥師經析疑』, 『사분율비구계상표기 四分律比丘戒相表記』, 『지장보살성덕대관 地藏菩薩聖德大觀』, 『율학강록 律學講錄』 33편, 『강연집 講演集』, 「연보 年譜」(林子青 편집), 『영회록 永懷錄』 등 20여 종으로 구성되어 있다.

홍일삼간 紅日三竿 붉은 해 세 길이라네. 해 뜬 지 이미 오래되었다는 말. 『오등전서』 권67 「목운통문장 牧雲通門章」(卍속장141, p.415a14)에 "해가 세 길 높이로 떴으나 팔베개하고 누웠으니, 불법이라는 두 글자 더듬고 찾아도 찾을 길 없네. 紅日三竿 曲肱而枕 佛法二字 摸索全無"라고 하였다. 〔참고문헌〕『五燈全書』.

홍자광제사신지 弘慈廣濟寺新志 청대 담우(湛祐) 지음. 연총(然叢) 편집. 3권. 『중국불사사지휘간 中國佛寺史志彙刊』 제1집에 수록되어 있다. 홍자광제사는 북평(北平) 내성(內城) 서쪽과 큰 시가의 북쪽에 위치하고 있는데, 동쪽으로는 서화문(西華門)을 바라보고 있으며 서쪽으로는 부성문(阜城門)과 인접해 있고 시내에 가까이 있으며 경치 그윽해 운치 있다. 송말에 창건되어 원래 이름은 서유촌사(西劉村寺)였는데 원말에 전란으로 폐허가 되었다가 명 헌종(憲宗) 때 대대로 토착하여 살던 사람이 땅을 파다 석불(石佛)을 얻게 된 인연으로 노주(潞洲) 스님 희운(喜雲)이 그 땅 위에 지금의 절을 중건하였으며 지금의 이름으로 사액을 받았다. 청 강희년간에 담우가 대비단(大悲壇)을 건립하고 문헌을 광범위하게 모아 새로운 사지(寺志)를 만들었는데 후에 연총의 편집을 거쳐 3권으로 정리되었다. 앞부분에는 어제홍자광제사비문(御製弘慈廣濟寺碑文)과 황제가 친히 쓴 편액(扁額)이 수록되어 있고 뒷부분에는 건치도(建置圖)·비명송(碑銘頌)·전기서(傳記序)·부찬발(賦贊跋)이 실려 있다. 1704년(강희43) 대비단에서 간행한 판본의 영인본이 현재 국립대만대학도서관에 있다.

홍저 弘儲 1605~1672. 명말청초 임제종 스님. 자는 계기(繼起). 호는 퇴옹(退翁). 속성은 이(李)씨. 강남(江南) 통주(通州 : 江蘇省 南通) 출신. 어려서 집이 어려워 조모의 손에서 자랐으며 명 천계년간에 향교에 들어갔지만 공명을 이루려는 뜻을 버리고 불법에 깊이 침잠하였다. 25세에 한월법장(漢月法藏)에게 출가하여 스님이 되었고, 법장이 항주(杭州 : 浙江省) 안은사(安隱寺)에서 출세하였을 때 일대사를 규명하기 위해 진력하여 3년 뒤 법을 부촉받았다. 이후 상주(常州 : 江蘇省) 부초산(夫椒山) 상부사(祥府寺)에서 출세하였고 천태산(天台山) 국청사(國淸寺)에 주석한 이래 소주(蘇州 : 江蘇省) 영암산(靈巖山) 숭보사(崇報寺)·무창(武昌 : 湖北省) 동암사(東巖寺)·한양(漢陽 : 湖北省) 대별산(大別山) 흥국사(興國寺) 등 명찰에 차례로 주석하였고, 1672년(강희11) 9월 27일에 세수 68세를 일기로 입적하였다. 요봉산(堯峰山)에 탑이 건립되었고 대광명장(大光明藏)이라 불렸다. 법을 이은 제자 중 이름이 알려진 사람만 70여 명이나 되며 저술도 대단히 많아서 『퇴옹홍저선사광록 退翁弘儲禪師廣錄』 60권·『퇴옹홍저선사여록 退翁弘儲禪師餘錄』30권·『갑진록 甲辰錄』10권·『수천집 樹泉集』10권·『보자록 報慈錄』10권·『부상록 浮湘錄』5권·『설주집 雪舟集』2권 등이 유행하였지만 현재는『남악계기화상어록 南嶽繼起和尙語錄』20권·『남악단전기 南嶽單傳記』1권(卍속장146, No.1596)·『남악륵고 南嶽勒古』1권·『영암기략 靈巖記略』1권만 전한다. 〔참고문헌〕『南嶽單傳記』(卍속장146, p.950a1).

홍전 弘傳 널리 전하다.『금강경찬요간정기』권1(대정장33, p.179a19)에 이 경전을 유통시킨 뛰어난 보살은 미륵·무착·천친이니, 자세하게 해석하였기에 비로소 널리 전파될 수 있었다. 流通上士 卽是彌勒 無著 天親也 邐迤解釋 方始弘傳",『정원신정석교목록』권16(대정장55, p.889b27)에 "가르침 여신 분이라면 여래이시지만 널리 전하신 분은 군주이십니다. 불사를 베풀어 행하려면 성스러운 천자가 아니면 어떤 분이겠습니까! 開敎者如來 弘傳者君主 施行佛事 非聖主而誰"라고 하였다. 〔참고문헌〕『金剛經纂要刊定記』,『貞元新定釋敎目錄』.

홍제 弘濟 ❶ 널리 건지다.『불지경론』권5(대정장26, p.314b28)에 "일체성문들보다 뛰어나서 일체유정 구해 건너게 하려고 오랜 세월 복혜를 쌓아 모아 자량을 성취해 가득 채웠기에 홍제라고 한다. 以勝一切聲聞等故 救度一切諸有情故 長時積集福慧 資糧所成滿故 說名弘濟",『행사초자지기』권2(대정장40, p.285a12)에 "보살(大士)이란 오롯이 남을 이롭게 함에 있을 뿐이니, 무수한 세월 지나며 중생을 널리 건진다. 大士專在利他 歷塵劫而弘濟"라고 하였다. 〔참고문헌〕『佛地經論』,『行事鈔資持記』. ❷ 백제 스님. 일본 비후(備後) 삼곡군(三谷郡)의 삼곡사(三谷寺)를 창건하였다고 한다.『영이기』권상 제칠(第七)「속구명방생득현보구소조연 贖龜命方生得現報龜所助緣」에 의하면, 백제가 멸망하려 할 때 이를 구원하기 위해 군대를 이끌고 다녀온 인물이 무사히 돌아온 것을 감사히 여겨 홍제와 함께 삼곡사를 창건하였다고 한다. 홍제가 존상(尊像)을 만들기 위해 상경하였다가 바닷가 사람이 팔고 있는 거북을 방생한 일이 있었는데, 이후 뱃사람에게 바다에 던져지는 일을 겪었으나 방생한 거북이에게 구조되었다고 한다. 〔참고문헌〕『靈異記』. ❸ 고려전기 스님. 대각국사(大覺國師) 의천(義天)에게 가르침을 주었던 스님으로 승통(僧統)이었다.『대각국사문집』권16에 의천이 홍제승통(弘濟僧統)을 위해 지은「제홍제승통문 祭弘濟僧統文」에 "… 제(의천)가 스님에게 (가르침을) 받은 것이 몇 년이 되었는데, 하루아침에 영원히 이별하다니 감히 눈물 숨길 수 없습니다. 予稟于師 積有歲年 一朝永訣 敢不潸然"라고 하였다. 〔참고문헌〕『大覺國師文集』. ❹ 조선조 스님. 회응석주(晦應錫柱)가 지은 스님의 행장(行狀)에 따르면 법명은 홍제이고, 호는 낙빈(洛濱)이다. 1659년(효종10년) 병신(丙申 : 10년은 기해년이다) 10월 29일에 출생하였고, 1730년(영조6) 9월 29일에 입적하였다. 어릴 때 부모를 잃고 어린 나이로 입산하여 상봉정원(霜峰淨源)의 법을 이어받은 후, 40여 년간 후학을 지도하였다. 음성이 청아하고 변재가 뛰어나 강설이나 법문을 들은 사람들이 모두 청량국사가 다시 왔다고 칭송하였다. 만년에 이르러 평생 저술한 문구(文句)를 모두 불태우고는 제자들에게 내가 죽거든 비나 탑을 세워 사리나 유골을 간직하려 하지 말라고 당부하였다. 〔참고문헌〕『霜峰門譜』. ⇨ 낙빈 洛濱 ❺ 1265~1356. 원대 스님. 자는 동주(同舟). 호는 천안(天岸). 속성은 요(姚)씨. 여요(餘姚 : 浙江省) 출신. 보적사(寶積寺)의 순전만(舜田滿)화상에게 출가하였다. 스승에게『법화경』을 받아 암송하였고 16세에 구족계를 받고 비구가 되었으며 날마다『사분율』을 익히며 계율을 엄격히 지켰다. 이후 반산전(半山全)법사에게 천태교관을 배워 종지에 통달하였으며 늘 법화참법(法華懺法)·금광명참법(金光明懺法)·정토참의(淨土懺儀) 등을 닦았다. 1324년(태정1)에 만수산(萬壽山) 원각사(圓覺寺)에서 출세하였고 이듬해에 승상 탈환(脫驩)의 명을 받고 염관(鹽官 : 浙江省)의 해안에서 수륙대재(水陸大齋)를 거행하고 자심삼매(慈心三昧)에 들어 대비다라니(大悲陀羅尼)를 암송함으로써 붕괴된 해안을 견고하게 하였다. 천력년간(1328~1330)에 집경사(集慶寺)와 현자사(顯慈寺)에 주석하였고 1345년(지정5)에 회계(會稽) 원통사(圓通寺)로 옮겨가 4년간 머물렀다. 이후 보적사로 돌아와 7년간 지내며 염불삼매 수행하다가 항주(杭州) 보복사(普福寺)에서 1356년(지정11) 3월 10일에 세수 86, 법랍 71세를 일기로 입적하였는데 7일이 지나도 그대로 여서 살아 있는 듯하였다 한다. 저서에『사교의기정 四敎儀紀正』·『천안외집 天岸外集』이 있다. 〔참고문헌〕『大明高僧傳』권2「釋弘濟傳」(대정장50, p.905b18).

홍제사 弘濟寺 황해도 개성시에 있던 절.『고려사』권33 세가(世家)33 충선왕 1년(1308) 12월 29일에 "왕명과 겹하는 글자(사용을) 금하였다. … 장항사를 홍제사로 고쳤다. 禁嫌名 … 譩項寺爲弘濟寺"라고 하였다. 〔참고문헌〕『高麗史』,『韓國寺刹全書』권하 p.1172b14.

홍제암 弘濟庵 ❶ 경상북도 합천군 가야면 가야산(伽倻山) 해인사(海印寺) 산내암자. 홍제존자 사명유정을 인연한 암자 이름이다. 김희주(金熙周 1760~1830)『갈천집』권6에 실린 각연(覺蓮)의「홍제암중수기 弘濟菴重修記」(한국문집총간105, p.382b19)에 "(사명대사) 유정(1544~1610)이 경산을 기꺼워하지 않아 태백산으로 들어가 작은 암자에 거하며 강설하니 이름이 홍제이다. 惟政不樂於京山 杖策入太白山中 構小菴以居 名曰弘濟"라고 하였으며, 이곳 홍제암에서 3년간 수도하다가 입적하자 광해군은 허균(許筠 1569~1618)에게 「사명대사석장비문 四溟大師石藏碑文」을 쓰게 하고 자통홍제존자(慈通弘濟尊者)라는 시호를 내렸다. 1614년(광해군6) 혜구대사(慧球大師)가 사명대사의 진영을 봉안하기 위해 영당(影堂)을 건립하였고, 1731년(영조7)에는 영규(靈珪)가 「합천해인사홍제암상량기 陜川海印寺弘濟庵上樑記」를 지었다. 이후 1738년(영조14)에는 표충사(表忠祠)를 지었다. 유탁기(兪拓基 1691~1767)의 『지수재집』 권15 「유가야기 游伽倻記」와 송병선(宋秉璿 1836~1905)의 『연재집』 권21 「가야산기 伽倻山記」 등에서 꾸준히 언급되었다. 현존하는 당우로는 인법당과 청허(淸虛)와 사명, 기허(騎虛) 등의 고승 영정을 모신 영자각·서래당·표충사·요사 등이 있다. 성보문화재로는 보물 제1300호 홍제암·제1301호 사명대사탑및석장비, 시도유형문화재 제359호 삼화상진영 등이 있으며 2017년에는 가산지관(伽山智冠 1932~2012)의 사리탑비가 세워졌다. [참고문헌] 『梵宇攷』, 『葛川集』, 『知守齋集』, 『淵齋集』, 『韓國寺刹全書』 권하 p.1172b16·1172b20, 『上樑文集』(文化部 文化財管理局, 1991) pp.223~232, 李智冠 『校勘譯註歷代高僧碑文』 朝鮮篇1 pp.102~137. ⇨ 유정 惟政❶, 사명대사석장비 四溟大師石藏碑 ❷경상북도 봉화군 소천면 고선리 태백산(太白山)에 있는 암자. 고운사(孤雲寺)의 말사다. 홍제암(洪濟庵) 또는 홍제사(弘濟寺)라고도 한다. 신라 문무왕대 원효(元曉)가 창건했다 하며, 『범우고』에 홍제암으로 이름과 위치가 전한다. 1906년 금담(錦潭)이 중건하였으며 현재의 가람은 1966년에 일신하였으며 당우로는 법당·요사 등이 있다. [참고문헌] 『梵宇攷』, 『韓國寺刹全書』 권하 p.1172b18·1174a12.

홍조 紅糟 납월팔일이라 불리는 음력 12월 8일 부처님의 성도일(成道日)에 대중공양 위해 오곡을 섞어 만든 죽. 『선림상기전』 권25(대장경보편19, p.663b3)에 "홍조 : 『백장청규』 '월분수지 月分須知'에 이르길 '12월 초8일 부처님의 성도일에 고사는 미리 홍조를 만들어 둔다' 하였는데, 이에 대해 해석하기를 '옛날 부처님께서 성도하셨을 때 소 치는 여인을 따라가 우유를 걸식하셨는데, 지금의 홍조인즉 우유를 본받은 것이며 무엇을 더해 붉게 되었는지는 알 수 없다. 홍조는 온조(溫糟)라고도 한다'라고 하였다. … 도충이 말한다. '홍조는 바로 오미죽이며 납팔에 먹는다〈오미죽 항목 참조〉. … 홍은 붉은 팥의 색이며 … 과일과 오곡을 섞어 죽을 만들면 쌀의 흰색이 변하기에 홍이라고 하며, 여러 맛을 서로 합했기에 조라고 말한다'. 紅糟 敕修淸規 月分須知云 十二月初八日 佛成道 庫司 預造紅糟 解者曰 昔佛成道 隨牧牛女 乞牛乳喫 今紅糟學牛乳者也 未知加何紅物矣 紅糟 或作溫糟 … 忠曰 紅糟 卽五味粥也 臘八啜之〈見五味粥處〉 … 紅是赤豆色 … 果品五穀 雜和造粥 米白色爲之變 故言紅 數味相合 故言糟而已"라고 하였다. [참고문헌] 『禪林象器箋』. ⇨ 오미죽 五味粥

홍종 洪鐘 큰 종. 또는 크게 울려 널리 퍼지는 범종(梵鐘). 함허(涵虛)의 『금강경오가해설의』 권상(한불전7, p.11a11)에 "밖으로 온갖 기에 응한다. … 〈설의〉 북걸이에 걸린 홍종 크게 두드리면 크게 울리고 작게 두드리면 작게 울린다. 外應羣機 … 洪鐘在簴 大扣大鳴 小扣小鳴", 『균여전』(한불전4, p.514c12)에 "80 화엄을 여는 주인 되시고 『잡화』(화엄경)의 첫머리에 자리를 잡으시어 뭇 가르침 돌아갈 곳을 알게 하셨네. … 북걸이에 걸린 홍종이 두드림 기다리듯 묻는 대로 모두 답해주셨다. 爲八十開經之主 占位於雜華元首 衆教知歸 … 是掛簴之洪鐘待叩 有問皆酬", 『법원주림』 권99(대정장53, p.1017a13)에 "홍종 울려 퍼지게 해서 뭇 중생을 깨우니, 소리 시방무량토에 가득 채운다. 식 품은 군생 널리 들어 알게 해서 중생들의 긴긴밤 고통을 벗어나 없게 하리라. 洪鍾震響覺群生 聲遍十方無量土 含識群生普聞知 拔除衆生長夜苦"라고 하였다. [참고문헌] 『金剛經五家解說誼』, 『均如傳』, 『法苑珠林』. ⇨ 범종 梵鐘

홍주종 洪州宗 마조도일(馬祖道一)의 문파를 가리키는 말. 마조가 홍주 개원사(開元寺)에서 선풍을 드날렸기에 이렇게 부른다. 북종(北宗)이 일상의 분별과 동작을 모두 허망한 것으로 보고, 우두종(牛頭宗) 또한 일체를 꿈과 같다고 보아 본래무사(本來無事)를 주장하는 데 반해 일용의 행위 중에서 선법을 구현할 것을 주장한다. 홍주종이란 이름은 종밀(宗密)이 『배휴습유문 裴休拾遺問』에 처음 언급했으며 『규봉선사비명 圭峯禪師碑銘』에는 강서종(江西宗)이라고 칭한다. 마조는 수많은 제자를 배출하였는데 그중에서도 서당지장(西堂智藏)과 백장회해(百丈懷海)의 문하가 번성하여 후대 선종의 주류가 되었다. 『선문사자승습도』(卍속장110, p.867b15)에 "홍주종이라 하니 그 선조는 육조혜능문하를 곁해서 나왔다. 성은 마(馬)씨이고 도일이라는 이름의 한 선사가 있었는데 처음에는 검남(劍南) 김화상(金和尙)의 제자였다. … 후에 홍주 개원사에서 회양(懷讓)의 종지를 널리 전하였기에 당시 사람들이 홍주종이라고 불렀다. 회양은 조계문하에서 방계로 갈라져 나온 무리다. 洪州宗者 先卽六祖下傍出 謂有禪師 姓馬 名道一 先是劍南金和尙弟子也 … 後於洪州開元寺 弘傳讓之言旨 故時人號爲洪州宗也 讓卽曹溪門下傍出之派徒", 같은 책(卍속장110, p.873b5)에 "만약 밝은 구슬이야말로 능히 나투는 바탕인 줄 알아차린다면 영원히 변역할 일 없겠지만〈하택종의 입장〉, 혹이 그대로 구슬이라고 말하거나〈홍주종의 입장〉 혹은 헤아려 흑색 떠나 따로 구슬을 찾거나〈북종의 입장〉, 혹은 명주든 흑이든 도무지 없다고 말한다〈우두종의 입장〉. 모두가 구슬 보지 못했을 뿐이다〈총괄하여 결론을 내림〉. 若認得明珠是能現之體 永無變易〈荷澤〉 但云 黑是珠〈洪州宗〉 或擬離黑覓珠〈北宗〉 或言 明黑都無者〈牛頭宗〉 皆是未見珠也〈都結〉"라고 하였다. [참고문헌] 『禪門師資承襲圖』. ⇨ 도일 道一 ③, 마조도일 馬祖道一

홍준 洪俊 882~939. 속성은 김씨, 아버지는 지유(志儒)이며 어머니가 태몽 이후로 오신채와 고기를 멀리하며 몸을 정결히 하여 882년(헌강왕8) 3월 19일에 태어났다. 어려서부터 성품이 온순하고 공손하여 가풍을 잘 이었으며 항상 잘 극기하여 조덕(祖德)을 닦았으며, 다섯 줄을 단번에 읽어 천재라는 소문이 마을에 자자하였다. 늘 출가입산의 뜻을 품었다가 부모의 허락을 받고 동쪽으로 대령(大嶺)을 넘어 흑암선원(黑巖禪院)으로 가서 봉림산문(鳳林山門)의 진경대사(眞鏡大師) 심희(審希 855~923)를 은사로 스님이 되었고, 899년에 명주 입량율사(入良律師)에게 비구계를 받았으며 제방을 두루 다니며 마하연(摩訶衍)을 닦으며 많은 선지식을 친견하였다. 고려 태조의 귀의를 받아 개경 구산선원(龜山禪院)에 주석하다가 939년(태조22) 10월 1일 그곳에서 세수 58, 법랍 48세로 입적하였다. 그달 6일에 문도들이 영구를 옮겨 명봉사(鳴鳳寺 : 경북 예천군 상리면 명봉리) 북쪽 산기슭에 가장(假葬)하였다. 시호는 자적선사(慈寂禪師)이고 탑호는 능운지탑(凌雲之塔)이며, 법을 전해받은 제자로는 작린(綽麟)과 승담(承湛) 등 백여 명이었다. 최언위(崔彦撝)가 왕명으로 비문을 짓고 스님의 제자가 구양순 글씨를 집자하여 새겨 941년(태조24) 10월 27일 명봉사에 세운 비가 보물 제1648호로 지정되어 지금까지 남아있다. [참고문헌] 「榮豊境淸禪院慈寂禪師凌雲塔碑文」(李智冠 『校勘譯註歷代高僧碑文』 高麗篇1). ⇨ 경청선원자적선사능운탑비 境淸禪院慈寂禪師凌雲塔碑, 명봉사경청선원자적선사능운탑비 鳴鳳寺境淸禪院慈寂禪師凌雲塔碑

홍준 洪遵 530~608. 수대 율종(律宗) 스님. 속성은 시(時)씨. 상주(相州 : 河南省 安陽) 출신. 8세에 출가하였고 구족계를 받은 후에는 율장을 배우는 데 전념하며 각지로 유학하였다. 숭고(崇高 : 河南省 登封縣) 소림사(少林寺)에 머물며 혜광(慧光)의 문인 도운(道雲)에게 율장과 화엄과 『대지도론』을 배웠으며, 업도(鄴都 : 河北省 臨漳)의 도휘(道暉)가 『사분율』을 널리 선양하자 찾아가 따랐고 법좌에 올라 경전을 강의하여 대중이 우러러보았다. 후에 『대지도론』과 비담(毘曇)을 깊이 배웠으며 10년 동안 선법(禪法)을 익힌 다음 다시 율종을 익혔는데 따르며 배우는 이들이 천여 명이었다고 한다. 늘 혜원(慧遠) 등의 명승과 교유하였고, 577년(승광5) 북제(北齊)가 북주(北周)에게 멸망하자 백록암(白鹿巖)에 은거하다가 수가 건립되고 587년(개황7)에 칙명을 받아 대흥선사(大興善寺)에 주석하였다. 591년(개황11)에 십대덕사문(十大德沙門)의 한 명이 되었고 천축 스님 사나굴다(闍那崛多)의 역장(譯場)에 참여하였으며, 596년(개황16)에는 칙명으로 강율중주(講律衆主)가 되어 숭경사(崇敬寺)에서 『사분율』을 강의하여 『마하승기율』을 중시하던 관내(關內)의 풍조에 일대 변화를 가져왔으며 별도로 『법화경』도 강의하였다. 608년(대업4) 5월 19일에 대흥선사에서 세수 79세를 일기로 입적하였다. 문하에 홍연(洪淵)이 있으며 법손 중에 상부종(相部宗)의 개조 법려(法礪)가 있다. 저서로는 『사분율대순초 四分律大純鈔』 5권이 있다. [참고문헌] 『唐高僧傳』 권21 「釋洪遵傳」(대정장50, p.611a26).

홍증 弘證 1588~1646. 명말(明末) 임제종 스님. 호는 재가(在可). 속성은 주(朱)씨. 무석(無錫 : 江蘇省) 출신. 14세에 출가하였고 후에 한월법장(漢月法藏)을 찾아뵙고 6년간 문하에서 참학하였으며 한월을 따라 누강(婁江 : 江蘇省) 혜수사(慧壽寺)로 가 머물다가 그의 법을 이었다. 여러 절에 주석하였고 후에 삼봉(三峰) 대수사(大樹寺)에 주석하였다. 1646년(순치3) 9월 16일에 세수 59세를 일기로 입적하였다. [참고문헌] 『五燈全書』 권69 「在可弘證傳」(卍속장141, p.443b17).

홍지 洪之 고려 제23대 고종(재위 1213~1259) 때 승병장(僧兵將). 『고려사』 권24 고종 41년(1254) 7월 몽고(蒙古)의 장수 차라대(車羅大)가 군사를 거느리고 압록강을 건너왔고, 그해 10월 19일(戊子日) 충주산성과 상주산성(一名 白華山城)을 공격해 오므로 황령사(黃嶺寺 : 尙州郡銀尺面黃嶺里七寶山)의 홍지(洪之)스님이 분연히 일어나 적의 제4관인(第四官人)과 적군의 병사들 반수 이상 물리쳤으므로 겁에 질린 적들이 퇴각하였다. [참고문헌] 『高麗史』 권24.

홍직 洪直 신라말 선문구산 중 하나인 남원 실상사(實相寺)에 있으면서 서당지장(西堂地藏)스님의 선풍을 선양하였던 스님, 『조당집』 권17에 따르면 휘는 홍척(洪陟), 호는 홍직(洪直), 시호는 증각(證覺)이며, 탑호는 응적(凝寂)이다. [참고문헌] 『祖堂集』. ⇨ 홍척 洪陟

홍진 弘眞 ❶ 1228~1294. 고려후기 스님. 휘는 혜영(惠永), 호는 보자국존(普慈國尊), 속성은 강(康)씨, 시호(諡號)는 홍진(弘眞), 탑호는 진응(眞應)이니, 홍진국존(弘眞國尊)의 시호이다. ⇨혜영 惠永 ❷순천 송광사 16국사 중 15번째 스님. 『조계산송광사사고』(아세아문화사, 1977) p.488에는 송광사의 제15대 법주라 하였고, 「송광사사원사적비 松廣寺嗣院事蹟碑」(『조선금석총람』 권하, p.954)에는 보조(普照)·진각(眞覺)·청진(淸眞)·진명(眞明)·회당(晦堂)·자정(慈精)·원감(圓鑑)·잠당(湛堂)·묘명(妙明)·자원(慈圓)·혜각(慧覺)·각엄(覺儼)·정혜(淨慧)·홍진(弘眞)·고봉(高峰)·홍진(弘眞) 등의 순으로 서술되고 있다. [참고문헌] 『曹溪山松廣寺史庫』, 『朝鮮金石總覽』 권하, 『朝鮮佛教通史』 권하 pp.349~351. ❸조선전기 스님. 『해동조계제육세원감국사가송』 「간기 刊記」에 "정통 12년 정묘(1447·세종29) 7월 일 나주목개간. 홍진·학비·계담. 正統十二年丁卯七月日 羅州牧開刊 弘眞 學丕 戒淡"이라 하였다. [참고문헌] 『海東曹溪第六世圓鑑國師歌頌』.

홍진 洪進 당대 선사. 복건성(福建省) 장주(漳州) 나한계침(羅漢桂琛)의 법사(法嗣). 보통 진산주(進山主)라고 불린다. 호북성(湖北省) 양주(襄州) 청계산(淸谿山)에 이어 천평산(天平山)에 주석하였다. [참고문헌] 『景德傳燈錄』 권24 「淸谿洪進傳」(대정장51, p.400a12).

홍진 洪震 신라말 스님. 신무왕(神武王 ?~839) 우징(祐徵)이 태자시절 왕위쟁탈전에서 실패하여 천관산 남쪽 완도(莞島)에 유배되자, 홍진이 천관사에서 그를 위해 화엄신장기도(華嚴神將祈禱)를 하였다. 「천관산기 天冠山記」(『동문선』68)에 "화엄 홍진스님이 평소 태자와 친하였는데, 동궁의 일이 급함을 듣고서 달려갔고 이 절에 의지하며 밤낮으로 정근하고 화엄신중을 예창하였다. 華嚴洪震師 素善太子 聞東宮事急 走依是寺 日夜精勤 禮唱華嚴"라 하였다. [참고문헌] 『東文選』, 『東文選所載麗代僧侶詩文』(한불전6, p.885a12).

홍진 紅塵 붉은 먼지. 물든 번뇌. 거마(車馬) 등이 오고 가며 일으키는 흙먼지. 덧없는 세속 또는 세속의 번거로움, 또는 물든 번뇌를 비유한다. 『동산어록』(대정장47, p.514a25)에 "동산이 문 앞까지 배웅하다 청림에게 말했다. '이렇게 가는데 한마디 일러주시게.' '걸음걸음 붉은 티끌 밟지만 온몸에 그림자 지지 않습니다'. 동산이 잠시 침묵하자 청림이 말했다. '노화상께서는 어째서 빨리 말씀하시지 않습니까?' '그대 얻은 것 무엇이기에 그리 급한가?' 청림이 '제가 잘못했습니다' 하고는 절을 올리고 작별했다. 門送謂靑林曰 恁麽去 一句作麽生道 林曰 步步踏紅塵 通身無影像 師良久 林云 老和尙何不速道 師曰 子得恁麽性急 林曰 某甲罪過 便禮辭", 『분양어록』 권상(대정장47, p.600b27)에 "한 학인이 분양에게 물었다. '어떤 것이 나그네 중의 나그네입니까?' '종일 달리며 붉은 먼지 일으킬 뿐 집안의 보물 믿지 않는다'. 問 如何是賓中賓 師云 終日走紅塵 不信自家珍"라고 하였다. [참고문헌] 『洞山語錄』, 『汾陽語錄』.

홍징 泓澄 넘실대는 물 크고도 깊어 맑음. 『천태구조전』(대정장51, p.100b6)에 "바로 꿈꾸었는데 바위절벽 만 겹이고 구름에 해는 반쯤 드리워졌고 그 옆으로 푸른 바다 끝없이 펼쳐져 물속 깊어 맑았다. 乃夢 巖崖萬重 雲日半垂 其側滄海無畔 泓澄其下", 『일체경음의』 권97(대정장54, p.913c8)에 "홍징〈(홍은) 오와 굉을 반절한 음이다. 『광아』에 '홍은 맑고 깊다' 하였고, 『설문』에 '깊고 크다. 부수는 삼수변이고 홍은 소리다'라고 하였다〉. 泓澄〈烏宏反 廣雅云 泓 泓深也 說文 深大也 從水弘聲〉"라고 하였다. [참고문헌] 『天台九祖傳』, 『一切經音義』.

홍찬 弘贊 1611~1685. 명말청초 조동종 스님. 호는 재삼(在犙). 속성은 주(朱)씨. 신회(新會 : 廣東省) 출신. 1637년(숭정10)에 27세의 나이로 항주(杭州 : 浙江省) 접대사(接待寺)로 설관지은(雪關智誾)을 찾아뵈었고 횡산(橫山) 광명(光明)의 고찰(古刹)을 모시고 따라다니며 참학하였다. 광주(廣州 : 廣東省) 남해현(南海縣) 호산(湖山)의 보상림(寶象林)에 머물렀으며, 1685년(강희24)에 세수 75세를 일기로 입적하였다. 저서는 『정호산목인거재삼선사찰고 鼎湖山木人居在犙禪師剎稿』 5권과 『사분율명의표석 四分律名義標釋』 40권(卍속장70, p.401a1)·『사분계본여석 四分戒本如釋』 12권(卍속장63, p.33a1)·『범망경보살계약소 梵網經菩薩戒略疏』 8권(卍속장60, p.773a1)·『사미율의요략증주 沙彌律儀要略增註』 2권(卍속장106, p.264b1)·『사미학계의궤송주 沙彌學戒儀軌頌註』 1권(卍속장107, p.191a1)·『예불의식 禮佛儀式』 1권(卍속장129, p.235a1)·『식차마나니계본 式叉摩那尼戒本』 1권(卍속장64, p.193a1)·『비구니수계록 比丘尼受戒錄』 1권(卍속장107, p.186a1)·『사문일용 沙門日用』 2권(卍속장106, p.239a1)·『비구수계록 比丘受戒錄』 1권(卍속장107, p.174a1)·『공제천과의 供諸天科儀』 1권(卍속장129, p.241a1)·『예사리탑의식 禮舍利塔儀式』 1권(卍속장129, p.221a1)·『해혹편 解惑篇』 2권(가흥장35, No.B325)·『육도집 六道集』 5권(卍속장149, p.646a1)·『준제다라니경회석 準提陀羅尼經會釋』 3권(卍속장37, p.429a1)·『위산경책구석기 潙山警策句釋記』 2권(卍속장111, p.299a1)·『귀계요집 歸戒要集』 3권(卍속장107, p.125a1), 『도솔귀경집 兜率龜鏡集』 3권(卍속장149, p.532a1)·『관음자림집 觀音慈林集』 3권(卍속장149, p.581a1)·『반야심경첨족 般若心經添足』 1권(卍속장41, p.920a1)·『지송준제진언법요 持誦準提眞言法要』 1권(卍속장104, p.786a1)·『팔관

재법 八關齋法』 1권(卍속장107, p.164a1) 등이다.

홍찬법화전 弘贊法華傳 당(唐)대 혜상(惠詳) 지음. 10권. 대정장51, pp.12b16~47c12, No.2067에 수록되어 있다. 중국 삼국시대부터 당 중기까지 『법화경』의 유전과 영험을 널리 모아 집성한 책이다. 다른 자료에서는 찾아보기 어려운 한국 스님에 대한 기록과 설화도 전하고 있어 주목할 만한 서적이다. 『법화전』·『법화경전』·『홍찬전』이라고도 한다. 도상(圖像)·번역(翻譯)·강해(講解)·수관(修觀)·유신(遺身)·송지(誦持)·전독(轉讀)·서사(書寫) 등으로 구성되었다. [참고문헌] 『新編諸宗教藏總錄』 권1(대정장55, p.1169a24·한불전4, p.684b5). ⇨ 법화전 法華傳, 법화경전 法華經傳

홍찬제십급현응록 弘贊第十及現應錄 『홍찬법화전 弘贊法華傳』(대정장51, No.2067)의 권10과 『법화경현응록 法華經顯應錄』. 법화영험록의 기원이 된 당(唐)대 혜상(惠詳)이 모은 『홍찬법화전』 권10과 남송(南宋)대 종효(宗曉)가 모은 『법화경현응록』을 말한다. [참고문헌] 『法華靈驗傳』 권상(卍속장134, p.787b12). ⇨ 홍찬법화전 弘贊法華傳, 법화경현응록 法華經顯應錄

홍척 洪陟 신라 제41대 헌덕왕(재위 809~826) 때 활약하였던 스님. 휘는 홍척(洪陟), 호는 홍직(洪直), 별호는 남한조사(南漢祖師) 또는 실상화상(實相和尙), 시호는 증각(證覺), 탑호는 응적(凝寂)이다. 826년(홍덕왕 1) 당에 건너가 서당지장(西堂智藏)스님의 문하에서 법을 배운 다음, 그의 법을 이어받고 826년 가을에 귀국했다. 귀국한 후 홍덕왕과 선광(宣光)태자의 귀의(歸依)를 받아 전라북도 남원군 산내면 입석리 실상사를 중수하여 근본도량을 삼고, 지장으로부터 전해 받은 조계선풍(曹溪禪風)을 크게 진작하였다. 최치원(崔致遠)이 지은 경상북도 문경군 희양산 봉암사에 있는 지증대사적조탑비(智證大師寂照塔碑, 『조선금석총람』 권상, p.90)에 따르면 홍척스님이 당에 가서 법을 전해온 것은 가지산문(伽智山門)의 도의(道義)가 앞이지만(821년에 귀국하여 859년에 개산), 절을 짓고 문파(門派)를 이룬 것은 구산선문(九山禪門) 중 홍척의 실상산문(實相山門)이 가장 먼저(826년 귀국하여 828년에 개산)다. 스님은 도의스님과 더불어 당시 선불교계에 쌍벽이라 불리우는 선구자였다. 제자에는 편운(片雲)·수철(秀澈) 등 일천여 명이 그의 선풍을 널리 떨쳤다. 『경덕전등록』 권9 목차(대정장49, p.264a24)에는 신라국홍직선사(新羅國洪直禪師)를 서당지장(西堂智藏)의 네 명의 제자 중 한 스님으로 기록해 전한다. [참고문헌] 『朝鮮金石總覽』, 『景德傳燈錄』, 『祖堂集』 권17 東國實相和尙 嗣西堂師 諱洪直 諡號證覺大師 凝寂之塔(東國大影印本 『高麗大藏經』 권45, p.338c8), 『海東金石苑』 권2 「智證大師碑文」(亞細亞文化社, 1976) p.155, 『文化遺蹟總覽』 권하 p.74 實相寺證覺大師凝寂塔碑條.

홍척국사진영
실상사 남원 조선후기

홍천괘석리사사자삼층석탑 洪川掛石里四獅子三層石塔 강원도 홍천군 홍천읍 희망리에 있는 고려시대 특수형 석탑. 보물 제540호. 높이 3.5m. 원래 홍천군 두촌면 괘석리 396번지에 있던 것을 1969년 현재의 (구)홍천읍사무소로 옮겨 세웠다. 기단부에 네 마리 사자 조상을 배치한 사사자석탑으로 특수양식에 속한다. 기단부는 이중으로 하층은 면석과 갑석을 하나로 일체화한 1매의 괴체석으로 구성했다. 면석 각면에 2구씩 화형안상(花形眼象)을 새겼고 갑석은 상단에 굽대를 돌렸다. 그 위 모서리에 네 마리의 사자 조상을 배치했는데, 뒷다리는 구부려 앉고 앞다리를 길게 세워 허리를 곧추세운 자세로 정면을 바라보고 있다. 모두 입 다문 채로 근엄하지만 목에 방울 달고 두 줄기의 고리로 장식하였다. 사자가 앉아 있는 안쪽으로 1단을 더 두었는데 별도의 상을 안치했을 것으로 추정한다. 네 마리 사자가 이고 있는 갑석은 1매의 판석으로 하단은 수평상으로 중앙부에 팔엽의 연화문을 새겨 두었다. 상면은 경사가 매우 급하며 네 모서리에 합각선을 돋을새김했다. 위로는 앙련의 연화문을 돌려 장식성을 극대화하였다. 탑신부는 초층탑신만 별석이며 1층옥개와 2층탑신·2층옥개와 3층탑신·3층옥개와 노반석은 각각 한돌이다. 탑신부 모두 네 모서리에 우주를 새겼다. 옥개석 하단에 3단의 괴임을 두어 처마와 옥개받침 사이가 넓어 보인다. 상륜은 3층 옥개석과 한돌인 노반(露盤)만 남아 있다. 사사자석탑의 전통을 잘 이어온 탑이지만 기단부의 화형안상과 옥개석의 둔탁함, 상층기단 갑석의 굽형괴임의 형태 등을 미루어 고려전기에 조성된 성보다. [참고문헌] 박경식 『탑파』(예경, 2001), 『홍천군의 역사와 문화유적』(강원문화연구소, 1996), 『한국의 사지』(문화재청·불교문화재연구소, 2013하).

홍천물걸리삼층석탑 洪川物傑里三層石塔 강원도 홍천

군 내촌면 물걸리에 있는 신라시대 석탑. 보물 제545호. 높이 4.0m. 이중기단에 삼층의 탑신을 올린 신라의 전형석탑이다. 여러 매의 장대석으로 지대를 구성하고 하층기단면석을 올렸다. 하층기단면석도 여러 매의 면석이고, 하단에 굽을 돌려 높였고 모서리에 우주와 중앙에 1주의 탱주를 새겼다. 상층면석은 4매의 판석으로 앞뒤에 긴 판석을 두고 좌우에 짧은 판석을 끼워 넣은 H자형 결구다. 상층갑석은 2매로 두께가 매우 얇은데 하단에 부연을 두고 상단 중앙에 각형 2단의 괴임을 두어 초층탑신을 받고 있다. 탑신부는 몸돌과 지붕돌이 각각 1매다. 몸돌은 우주를 새겼을 뿐 다른 장식은 없다. 지붕돌은 하층 받침이 초층과 2층은 5단이며 3층은 4단이다. 옥개상면 중앙에 2단의 괴임을 두어 위층 탑신을 받고 있다. 상륜은 노반(露盤)만 남고 모두 결실되었다. 상하층 탱주가 1:1로 축소되고 옥개석 하단의 층급받침이 줄어드는 등의 양상을 보이고 있으나 신라석탑의 비례와 기법에 충실한 수작으로 제작시기는 9세기 중후반으로 보인다. 〔참고문헌〕 박경식 『탑파』(예경, 2001), 『홍천 물걸리사지』(국립춘천박물관, 2007), 『홍천물걸리사지 - 삼층석탑주변유적 발굴조사보고서』(강원고고문화연구원, 2017).

홍천물걸리석조대좌 洪川物傑里石造臺座 통일신라시대 불상대좌. 보물 제543호. 대좌 높이 104cm. 복원 전 광배 높이 135cm. 홍천물걸리석조대좌는 물걸리사지 보호각 안에 있는 네 개의 대좌 중 향 우측 첫 번째 자리에 있으며 대좌 위에 광배가 올려져 있다. 보물 제543호 석조대좌는 하대석에 귀꽃이 없는 점을 제한다면 보물 제541호 석조여래좌상의 대좌와 거의 유사하다. 석조대좌는 지대석은 없으나 하중상대석이 온전히 남아 있다. 석조대좌 하대하단석 중앙에는 향로를 새겼고 나머지 부분에는 가릉빈가를 새겼다. 하대상단석에는 복엽8판이 조식되어 있다. 중대석은 각 모서리마다 우주가 새겨지고 각 면에 보살입상이 조각되어 있다. 상대석 하단에는 화려한 연판문이 있다. 가릉빈가 장엄은 주로 9세기 말부터 승탑장엄으로 나타나기 시작하여 10세기 중엽까지 지속되었다. 보물 제543호 석조대좌도 하대석 가릉빈가장엄을 통해 9세기 말경에 조성된 것으로 알려진다. 대좌 위의 광배 상부와 좌우측면이 파손되었다. 2015년 강원고고문화연구원의 발굴조사를 통해 광배의 상부편이 발견되었다. 광배는 거신광배이며 두광에는 화문과 당초문이 새겨져 있고 신광에도 당초문이 조식되어 있다. 광배 외곽은 화염문을 촘촘히 채웠다. 보물 제543호 대좌 위에 올려있는 광배는 높이와 폭을 보았을 때 보물 제542호 비로자나불좌상의 광배일 것으로 추정하며, 홍천 물걸리 석조비로자나좌상의 조성 때인 9세기 후반경 조성으로 알려져 있다. 〔참고문헌〕 정성권 「홍천 물걸리사지 불교조각의 복원과 조성의의」(『동악미술사학』19, 2018) pp.135~162.

홍천물걸리석조대좌및광배 洪川物傑里石造臺座○光背 고려전기 석조대좌와 통일신라시대 광배. 보물 제544호. 대좌 높이 99cm, 광배 높이 189cm. 보물 제544호. 보물 제544호 석조대좌는 지대석 없이 물걸리사지 보호각 안에 있는데, 각 안에 있는 네 개의 대좌 중 향좌측 첫 번째에 자리하고 있으며 대좌 위에는 온전한 광배도 있다. 석조대좌의 하대석은 안상이 새겨진 하단석과 복련의 상단석이 한 돌로 조성되었다. 중대석은 평면 팔각이며 각 면에는 안상문양이 있으며 안상 안에는 등돌린 여래상과 신장상 등이 새겨져 있다. 상대석은 2열의 단엽 화판으로 구성된 앙련이고 대좌 위에는 거신광배가 놓여져 있다. 거신광배 안에 두광과 신광이 구획되어 있고, 그 안쪽에는 인동당초문이 빽빽이 시문되어 있으며 외곽에는 화염문을 새겼다. 두광에 5구, 신광에 4구의 화불이 새겨져 있다. 조성시기는 고려초로 알려져 있다.

대좌위에 있는 광배는 본래 이 대좌와 한 짝이 아니다. 인제 한계사지에서는 하대하단석에 가릉빈가상이 새겨진 대좌가 발견된 바 있는데, 홍천 물걸리사지 보물 제541호 및 보물 제543호 대좌의 하대하단석에도 가릉빈가상이 새겨져 있고, 이밖에 보물 제544호 대좌위에 있는 광배와 매우 유사한 광배가 한계사지에서 출토된 바 있기에, 보물 제544호 대좌위 광배는 본래 보물 제541호나 보물 제543호 불상대좌 위에 있었던 것임을 알 수 있다. 광배의 조성시기는 보물 제541호, 보물 제543호 대좌의 조성시기인 통일신라말로 알려져 있다.

[참고문헌] 정성권 「홍천 물걸리사지 불교조각의 복원과 조성의의」(『동악미술사학』19 ,2018) pp.135~162.

홍천물걸리석조비로자나불좌상 洪川物傑里石造毘盧遮那佛坐像 통일신라시대 석조불상. 보물 제542호. 불상 높이 171cm. 대좌 높이 90cm. 물걸리사지 보호각 안에 있는 네 개의 대좌 중 향좌측 세 번째 대좌위에 모셔져 있다. 현재 비로자나불좌상을 모신 대좌에는 하대하단석은 없다. 하대하단석은 4매의 석재로 이루어졌는데 현재 3매는 보호각 안에 따로 놓여 있으며 나머지 한 매는 2003년 발굴조사 중 출토되어 국립춘천박물관에 보관 중이다. 하대하단석 부재 각 측면에 7마리의 웅크린 사자와 구름문양을 새겼다. 하대상단석은 복엽 8판의 복련이다. 하대석과 중대석 사이에는 원래 굽형 중대석괴임이 삽입되어 있었으나 현재 중대석괴임은 파손되었다. 중대석괴임의 파편은 발굴조사 후 물걸리사지 석재를 모아 놓았던 장소에서 확인되었다. 중대석은 평면팔각이며 각 면에는 향로와 공양보살상 등이 새겨져 있다. 상대석은 3열로 구성된 단판 16엽의 앙련이며 화판중앙에는 화려한 화문이 새겨져 있다. 비로자나불좌상은 얼굴이 신체와 어깨 폭에 비해 큰 편이다. 머리는 나발이며 높은 육계가 솟아 있다. 상호는 넓고 팽창한 듯하면서도 단정하고 근엄하다. 비로자나불좌상은 양견대의를 수했고, 수인은 일반적인 지권인과는 다른 왼손을 위로 한 좌권인이다. 다리는 왼쪽발이 밖으로 나오게 한 결가부좌한 항마좌다. 현재 보물 제543호 대좌위에 이 좌상의 비로자나광배가 있는데 광배의 폭을 고려할 때 불좌상의 광배로 볼 수 있다. 2015년 발굴조사에서는 파손되고 결실되었던 광배의 상부편이 발견되었고 9세기 중후반경에 건립된 것으로 알려져 있다.

홍천물걸리석조여래좌상 洪川物傑里石造如來坐像 통일신라시대 석조불상. 보물 제541호. 불상 높이 112cm, 대좌 높이 105cm. 물걸리사지 보호각 안에 있는 네 개의 대좌 중 향 좌측 두 번째 자리에 있다. 육계가 명확하지 않고 나발이 표현되어 있었으나 마모로 인해 소발(素髮)처럼 보인다. 얼굴 역시 마모가 많이 진행되었으나 온화한 이미지는 남겨졌다. 석조여래좌상의 수인은 오른손을 무릎 아래로 내리고 왼손을 편 채로 결가부좌한 다리위에 올린 전형적인 항마촉지인이고, 법의는 양 어깨를 모두 덮는 통견형 대의다. 가슴에 내의 띠 매듭이 있다. 조성시기를 추정할 수 있는 통일신라 9세기 후반의 석불좌상들은 내의 띠 매듭이 모두 복부에 있다. 이에 반해 띠 매듭이 가슴부터 시작하고 있으면 시대하강의 요소로 여긴다. 지대석은 없으나 하중상대석은 온전히 남아 있다. 팔각의 하대하단석 중앙에 향로를, 나머지 각 면에 가릉빈가를 새겼고 팔각의 중대석 각 면마다 보살입상을 새겼으며, 상대석 하단에 화려한 연판문이 있다. [참고문헌] 정성권 「홍천 물걸리사지 불교조각의 복원과 조성의의」(『동악미술사학』19, 2018) pp.135~162.

홍천희망리당간지주 洪川希望里幢竿支柱 고려전기 석조물. 보물 제80호. 홍천읍을 끼고 흐르는 홍천강변에 인접해 있다. 주변으로 기와조각들이 넓게 흩어져 있어 사찰의 규모가 상당하였음을 알 수 있으나 사찰의 명칭은 확인되지 않고 있다. 당간지주와 함께 있던 삼층석탑은 홍천읍사무소 앞으로 이동하였다. 동서로 마주 서 있고 두 지주 사이에 지대석(址臺石)과 간대(竿臺)도 모두 결실되었다. 거칠게 다듬질한 치석 솜씨로 내외면 모두 윤곽대나 세로띠 등의 장식은 없다. 하단이 넓고 상단으로 올라가면서 좁아져 상승감을 표현했고, 상부는 외면과 만나는 부분에서 약하게 호선을 형성했다. 지주 사이에 고정하기 위한 별도의 간공은 없고 상부에 간략한 U간구(刊溝)를 시공했다. 이처럼 전체적으로 투박하게 다듬질하고 외관은 안정된 인상이다. 치석수법으로 보아 강릉 대창리(大昌里)·수문리(水門里)·법천사지(法泉寺址) 당간지주와 강한 친연성을 보이고 있어 고려전기 제작으로 추정된다. [참고문헌] 엄기표 『한국의 당간과 당간지주』(학연문화사, 2007) pp.426~427.

홍천희망리삼층석탑 洪川希望里三層石塔 강원도 홍천군 홍천읍 희망리에 있는 고려시대 석탑. 보물 제79호. 높이 2.45m. 1934년 8월에 발간된 『조선총독부관보』에 의하면 홍천군 홍천면 희망리 311번지 4전(田)에 있었던 것으로 전한다. 이후 1949년 홍천 교육청 자리로 옮겼고 1957년 현재의 자리로 옮겨 세웠다. 단층기

단에 삼층의 탑신을 올린 석탑으로 지대석은 4매의 장대석인데 일부는 새로운 부재다. 하대석은 2매의 판석으로 되어 있는데 두께가 두껍고 상단 중앙에 1단의 얕은 괴임을 두어 면석을 받고 있다. 면석은 4매로 2매의 면석은 세우고 2매는 끼워 넣는 H자형 결구법이다. 따라서 동서면은 좌우 모서리에 우주를 새기고 남북면은 판석의 돌출부를 자연스레 우주로 삼았다. 중심부에는 각면 1주씩의 탱주를 새겼다. 갑석은 두꺼운 편으로 하단에는 깊숙이 부연을 새겼고 상단 중앙에는 3단의 괴임을 두어 초층탑신을 받고 있다. 갑석의 상면은 사선에 가깝게 기울었고 네 모서리에 합각선과 함께 반전도 두었다. 탑신부는 초층몸돌은 별석이고 초층 지붕과 2층 몸돌이 한돌이며 2·3층 지붕돌만 남아 3층 몸돌은 없어진 상태다. 1957년 『국보도록』에 소개될 때는 3층 탑신이 남아 있었다. 1·2층 탑신석은 모두 모서리에 우주를 새기고 옥개석은 3층 모두 하단받침이 4단이며 처마 낙수면은 완만한 채로 반전을 보인다. 옥개석 상면에는 1단의 낮은 괴임을 각출하여 상층탑신을 받게 했다. 상륜부는 모두 결실되었다. 기단부의 변형이 심하고 탑신부의 간략화가 두드러진 고려전기의 석탑으로 보인다. [참고문헌] 박경식 『탑파』(예경, 2001), 『홍천군의 역사와 문화유적』(강원문화연구소, 1996), 『한국의 사지』(문화재청·불교문화재연구소, 2013하).

홍철 弘徹 1588~1648. 명말청초 임제종 스님. 자는 정목(頂目). 속성은 백(柏)씨. 금릉(金陵) 출신. 24세에 한월법장(漢月法藏)에게 출가하였는데 법장이 게송을 주어 3년 동안 부지런히 지니고 외웠다. 그러던 어느 날 문득 게송의 뜻을 스스로 알아차린 후로는 일체경의 깊은 뜻에 통달하게 되었다. 법장이 대중에게 게송을 짓게 하였는데 스님만이 법장으로부터 상을 받았다. 후에 폭죽소리를 듣고 크게 깨달았으며 법장의 법을 이었다. 1629년(숭정2)에 법장으로부터 법석도 물려받았으며 후에 소주(蘇州) 서광사(瑞光寺)와 금산사(金山寺)에 주석하였고, 만년에 물러나 궁륭산(穹窿山) 염화사(拈華寺)에 은거하다가 1648년(순치5) 9월 8일에 세수 61세를 일기로 입적하였다. 절 오른편 정종당(正宗堂) 뒤에 탑을 세워 전신을 안치하였고 사농(司農) 장유예(張有譽)가 비명을 지었다. 문인 제삼(濟森)이 편집한 어록 4권이 세상에 유행하였다. [참고문헌] 『五燈全書』 권69 「頂目弘徹傳」(卍속장141, p.444b3).

홍첨 紅簽 붉은 찌지. 『백장청규증의기』 권6(卍속장111, p.751b8)에 "병불패(秉拂牌) 오른쪽 위에 붉은 찌지를 붙인다. 〈찌지에는 다음과 같이 쓴다〉 '아무개가 수좌화상께 청합니다'. 牌右上貼紅簽 〈簽上寫云〉 請某首座和尙"라고 하였다. [참고문헌] 『百丈淸規證義記』.

홍초당 洪草堂 전라남도 장흥군 관산읍 천관산(天冠山) 천관사(天官寺) 백운대(白雲臺) 아래에 있던 당. 『지제지』에 "지금은 없다. 今無"라고 하였다. [참고문헌] 『支提誌』, 『韓國寺刹全書』 권하 p.1174a14.

홍촉 弘燭 1610~1683. 명말청초 조동종 스님. 속성은 모(毛)씨. 산양(山陽) 출신. 세칭 영염홍촉선사(靈談弘燭禪師)라고 부른다. 보리사(菩提寺)의 숭유도밀(嵩乳道密)에게 귀의하였다가 다시 광려(匡廬 : 江西省)의 서현요례(棲賢遙禮)를 찾아가 출가하였다. 후에 박산(博山)의 설관지은(雪關智誾)을 찾아뵙고 깨달은 바가 있었으며 다시 천동산(天童山)의 밀운원오(密雲圓悟)를 찾아가 오랫동안 참학하였다. 이후 고향에 돌아와 숭유도밀에게 깨친 법 드러내 인가를 받은 뒤 폐관수련하였다. 1663년(강희2)에 대중의 청에 응하여 홍복사(洪福寺) 주지가 되어 20년간 종풍을 드날렸다. 1683년(강희22)에 74세를 일기로 입적하였다. [참고문헌] 『正源略集』 권8 「靈談燭章」(卍속장145, p.382b7).

홍충 弘充 남북조시대 학승. 양주(涼州 : 甘肅省) 무위(武威) 출신. 어려서는 노장(老莊)에 통달하였고 경율에 밝았으며 논변도 좋아했다. 유송(劉宋) 무제(武帝) 때인 대명년간(457~464)에 다보사(多寶寺)로 가서 강석(講席)을 순회하며 학자들과 논변하였고, 후에 직접 법연(法筵)을 열었는데 논쟁이 극심하였지만 구변이 뛰어나 막힘없었기에 모두 논파하였다. 『법화경』·『십지경론』 등을 강의하자 청중이 가득하였고 유송의 이름 있는 신료들이 많이 귀의하였다. 명제(明帝)가 즉위하자 상궁사(湘宮寺)를 건립하고 스님을 강령(綱領)에 임명하여 머물게 하였다. 남제(南齊) 무제(武帝) 때인 영명년간(483~493)에 세수 72세를 일기로 입적하였다. 저서에 『주문수문보리경 注文殊問菩提經』·『주수능엄경 注首楞嚴經』 등이 있다. [참고문헌] 『梁高僧傳』 권2 「釋弘充傳」(대정장50, p.376a10).

홍치 弘致 ?~1628. 명대 임제종 스님. 호는 범이(梵伊). 속성은 도(陶)씨. 해우(海虞 : 江蘇省 常熟縣) 출신. 어려서 보암낭(寶巖朗)에게 출가하였고 후에 한월법장(漢月法藏)의 법을 이었다. 1627년(천계7) 상숙 삼봉청량원(三峰淸涼院)에서 출세하였고, 1628년(개원1)에 입적하였다. 저서로 『범이굉치선사어록 梵伊宏致

禪師語錄』이 있다. 〔참고문헌〕『五燈全書』 권69 「梵伊弘致傳」(卍속장141, p.441b2).

홍치 洪癡 넘쳐나는 어리석음. 한없이 어리석음. 무명(無明)과 같은 뜻이다. 『분별공덕론』 권1(대정장25, p.32a15)에 "아비담이란 대법이다. 대라고 말한 까닭은 사제의 큰 지혜는 제법의 근본(牙旗)이어서 온갖 사견과 무명이라는 한도 없는 어리석음을 끊기 때문이다. 그래서 대법이라고 한다. 阿毘曇者 大法也 所以言大者 四諦大慧 諸法牙旗 斷諸邪見 無明洪癡 故曰 大法也", 『출삼장기집』 권6(대정장55, p.44c6)에 "겹겹이 쌓인 구름으로 퍼져 빽빽함 관하시고는 팔방 끝까지 그물을 펼치시니, 넘쳐나는 어리석음 날개 펴 흔들지 못하였고 거대한 애착도 발 뻗지 못하였다. 觀羅密於重雲 止置網于八極 洪癡不得振其翼 巨愛不得逞其足"라고 하였다. 〔참고문헌〕『分別功德論』, 『出三藏記集』. ⇨ 무명 無明[1]

홍침 弘綝 당대 스님. 속성은 확(䨼)씨. 북부(北府) 출신. 어머니는 유(劉)씨. 7세 때 『유마경 維摩經』과 『공작왕경 孔雀王經』 등을 읽고, 12세 때 계동(契同)화상을 은사로 하여 스님이 되었다. 『미륵상하경 彌勒上下經』·『반야경 般若經』·『열반경 涅槃經』·『사분율 四分律』·『인명론 因明論』·『백법론 百法論』·『구사론 俱舍論』 등에 정통하여 크게 교법을 펼쳤다. 925년(동광3) 8월 19일 세수 37세를 일기로 입적하였다.

홍택 洪澤 휘는 홍택이고, 호는 송암(松巖). 1635년(인조13)에 제월경헌(霽月敬軒)의 행적을 지었다. 『제월당대사집』 권하(한불전8, pp.126b2~127b22)에 수록되어 있다. 〔참고문헌〕『霽月堂大師集』 권하.

홍통 弘通 널리 통하게 하다. 『유부율잡사』 권40(대정장24, p.411b28)에 "이때 우파급다(Ⓢ Upagupta)는 법을 장로(具壽) 지저가(地底迦 Ⓢ Dhītika)〈유괴(有媿)라고 한역〉에게 부촉하였는데, 이때 이미 정법 널리 유통해 마치고는 다시 장로 흑색〈범어로 흘리슬나(Ⓢ Kṛṣṇa)〉에게 부촉하였다. 爾時 鄔波笈多 以法付囑 具壽地底迦〈此云 有媿〉 此旣弘通正法敎已 轉付具壽黑色〈梵云 訖里瑟拏〉", 『수상론』(대정장32, p.168c18)에 "승거(Ⓢ Sāṃkhya)는 아가 있다는 설을 세웠는데 다섯 가지 뜻으로 이를 증명하였다. 첫째로 쌓고 모아 남을 위하기에 아가 있음을 안다. 예를 들면 세간 사람들이 법을 널리 유통시키기 위해 경서를 모으는데, 이는 스스로를 위하는 것이 아니라 바로 다른 이를 위하는 것이다. 僧佉立有我 以五義爲證 一 聚集爲他 故知有我 如世人爲弘通法故 聚集經書 非是自爲 乃是爲他", 『법화경의기』 권7(대정장33, p.662a24)에 "셋째로 '이 경법을 능히 보호할 수 있는 이'라는 구 이하로 4행의 게송이 있는데, 만약 이 경을 능히 널리 유통시킨다면 이는 여래께 공양하는 일이다. 第三從其有能護此經法者 有四行偈 則言若能弘通此經者 則是供養如來"라고 하였다. 〔참고문헌〕『有部律雜事』, 『隨相論』, 『法華經義記』.

홍파리색아미타 紅頗梨色阿彌陀 붉고 투명한 색의 아미타불. 홍파리아미타(紅玻璃阿彌陀)라고도 한다. 금강계(金剛界) 오불(五佛)을 오색(五色)에 배대하는 경우 아미타불은 연화부의 경애를 받으므로 홍련화색이 되는데 이를 붉은 유리색이라고 부른 것이다. 『무량수의궤』(대정장19, p.69a24)에 "다음으로 단 중앙의 홍파리색과 같은 완전한 광명이 방출되어 시방 세계를 두루 비춘다고 관상한다. 그 안에서 이 빛을 만난 중생은 모두 죄업의 장애가 소멸된다. 次想壇中有紇哩字 放大光明如紅頗梨色 遍照十方世界 其中有情遇斯光者 無不皆得罪障消滅", 『수호국계주다라니경』 권2(대정장19, p.530c15)에 "다시 서쪽에서 동쪽을 향해 앉는다 또한 위와 같이 금강결가부좌 하여 몸을 단정하게 앉고 오른손바닥을 위로 향하되 왼손 위에 겹치고 양손의 엄지 끝을 맞댄다. 이 인은 제일최승삼매인이라 하니 광란하는 일체 망념을 소멸시키고 마음을 하나의 대상에 집중하게 만드니 곧 아미타여래의 인이다. 또한 위와 같이 비로자나여래진언을 염송하며 호자관을 향한다. 이 자를 정수리 위의 월륜에 놓고 홍련화색과 같다고 관상한다. 관상한 후에 점차 온 몸이 홍련화색이 되고 이 몸이 곧 아미타여래가 된다고 관상한다. 이렇게 관상하면 정수리에서 홍련화색 광명이 방출되고 또한 무수한 백천억의 광명을 권속으로 삼는다. 하나하나의 광명 안에 무량한 홍련화색의 보살이 나타나서 각각 이 수인이 되고 깊은 삼매에 든다. 서방의 무수한 세계를 광명으로 비추는데 그곳 중생 가운데 이 빛을 만난이는 모두 삼매에 든다. 復於西方面向東坐 亦作如上金剛結跏端身正坐 左手仰掌當於臍上 右手仰掌重左手上 以大母指令頭相拄 此印名爲第一最勝三昧之印 能滅狂亂一切妄念令心一境 卽阿彌陀如來之印 亦誦如上毘盧遮那如來眞言作護字觀 當以此字處月輪中置於頂上 如紅蓮華色 觀想成已漸觀遍身皆紅蓮華色 此身卽成阿彌陀如來 此觀成已卽從頂上放紅蓮華色光 亦以無數百千億光而爲眷屬 一一光中皆有無量紅蓮華色菩薩而現 各爲此印入深三昧 光照西方恒沙世界 彼中衆生遇斯光者皆入三昧", 『금강정경관자재왕여래수행법』(대정장19, p.73c15)에 "이와 같이 일체세계제불여래께서 꽃을 따라 본신을 아우르니 곧 자기 몸을 변화하여 무량수불의 몸이 되고 홍파리색으로 대광명을 놓는다. 如是一切世界諸佛如來 隨華而斂量等本身 卽變已身爲無量壽佛身 紅頗梨色放大光明"라고 하였다. 〔참고문헌〕『無量壽儀軌』, 『守護國界主陀羅尼經』, 『金剛頂經觀自在王如來修行法』.

⇨ 오대 五大[1], 오여래색 五如來色

홍파호묘 洪波浩渺 한도 없이 크게 파도쳐 끝도 없이 일렁이다. '은빛 파랑 하늘 뒤덮다'는 백랑도천(白浪滔天)과 함께 쓴다. 『양기어록』(대정장47, p.640c12)에 "학인이 양기에게 물었다. '마음속의 소란스러움 면하려 해서 마땅히 옛 가르침 살핍니다. 무엇이 옛 가르침입니까?' '건곤중에 달은 밝고 푸른 바다 파도쳐 맑다' '어떻게 살펴야 하는지 모르겠습니다' '발밑을 봐라' '느닷없이 크게 파도쳐 끝도 없이 일렁이는 때 어떻게 합니까?' '모든 허물 풀어주고 한 수 가지게 해서 제멋대로이게 한다 한들 또 무엇을 하겠는가?' 학인이 문득 소리지르고는 박수 한 번 칠 뿐이었다. 僧問 欲免心中鬧 應須看古教 如何是古教 師云 乾坤月明 碧海波澄 進云 未審作麽生看 師云 脚跟下 進云 忽遇洪波浩渺時如何 師云 放過一著 十字縱橫 又作麽生 僧便喝 撫掌一下", 『능엄경관심정해대강』(卍속장23, p.568b16)에 "일체중생은 온전히 이 마음에 의지할 뿐이다. 크게 파도쳐 아득히 일렁이는 중에 생사를 벗어나 보리를 증하며, 시방제불 또한 구경의 이 마음을 말미암아 삼계오탁세 안에서 대비를 일으키고 법륜을 굴려 중생을 제도한다. 一切衆生 全憑此心 在洪波浩渺中 出生死 證菩提 十方諸佛 亦由究竟此心 於三界五濁之內 起大悲 轉法輪 度衆生", 『석개어록』(卍속장121, p.401a10)에 "백 척 장대 그 끝에서 한 걸음 내딛는다. 거친 풀 하늘에 닿을 지라도 한 걸음 물러서면 큰 파도 끝도 없이 일렁일지니 바람 없이도 물결치리라. 百尺竿頭進一步 荒草連天 退一步 洪波浩渺 無風起浪"라고 하였다. [참고문헌] 『楊岐語錄』, 『楞嚴經觀心定解大綱』, 『介石語錄』.

홍파호묘백랑도천 洪波浩渺白浪滔天 크게 파도쳐 끝도 없이 일렁이고 은빛 물결 하늘을 뒤덮는다. 『벽암록』 18칙 「본칙 本則」(대정장48, p.158a2)에 "설두가 착어(著語)했다. '바다는 잠잠하고 황하는 깨끗하군〈크게 파도쳐 끝도 없이 일렁이고 은빛 물결 하늘에 넘쳐흐르지만 여전히 모자라다〉'. 雪竇著語云 海晏河淸〈洪波浩渺 白浪滔天 猶較些子〉", 『열조제강록』 권10(卍속장112, p.312a18)에 "투자의청이 법좌에 올라 말했다. '침묵하면 오음과 십팔계에 떨어지고 말한즉 깊은 구덩이에 떨어진다. 헤아리면 하늘과 땅 사이만큼 벌어지지만 천 번 나서 만 겁을 견뎌야 하니, 크게 파도쳐 한도 끝도 없이 떠돌기를 은빛 물결 하늘 끝 닿도록 하리니, 바다 잠재우는 진해광덕왕(鎭海廣德王)의 명주는 누구 손에 맡겨졌는가?' 잠시 침묵한 뒤 주장자를 높이 들고 말했다. '산산이 부서졌네'. 上堂 默沉陰界 語落深坑 擬著則天地懸殊 棄之則千生萬劫 洪波浩渺 白浪滔天 鎭海明珠 在誰收掌 良久卓拄杖曰 百雜碎", 『불과격절록』 13칙 「본칙 本則」(卍속장117, p.461a3)에 "설두가 이 공안의 핵심을 집어내어 말했다. '이 학인이 한 방 먹기는 했는데 어쨌든 가서 다시는 돌아오지 않았고〈옆에서 달가워하지 않는군〉, 조수가 비록 학인을 가게 했지만 바람 한 점 없는데도 파도를 일으킨 것은 어찌할 수 없었다〈바로 때리며 말한다. '바람도 불고 파도도 있다. 거대한 파도가 일어나 하얀 물결이 하늘에 닿을 만큼 넘쳐흐른다'〉'. 雪竇拈云 這僧棒卽喫 要且去不再來〈旁不甘〉 棗樹令雖行 爭奈無風起浪〈便打云 也有風浪 洪波浩渺 白浪滔天〉"라고 하였다. [참고문헌] 『碧巖錄』, 『列祖提綱錄』, 『佛果擊節錄』.

홍포 弘布 법이나 경전 등을 널리 펴다. 『주유마힐경』 권10(대정장38, p.416b27)에 "승조가 말한다. '위에서는 믿음과 이해로 지켜 가지고 펴 보여 널리 폄을 법공양으로 삼았는데, 여기서는 안으로 행해서 마땅히 따름을 법공양이라고 밝혔다'. 肇曰 上以信解護持 宣示弘布 以爲法養 今明內行應順 爲法供養也", 『석씨계고략』 권3(대정장39, p.819b29)에 "불타파리(佛陀波利)가 범본을 가지고 서명사 스님 순정을 찾아가자 순정이 천자에게 아뢰어 함께 한역하니 『존승다라니경 尊勝陀羅尼經』이라고 하는데 3번째로 역출된 본이다. 두행의(杜行顗) 등에게 역출하게 한 것과 대동소이하지만, 다른 역본들에 비해 이것이 가장 널리 펴졌다. 波利又將梵本訪西明寺僧順貞 貞奏聞共譯之 名尊勝陀羅尼 乃第三出也 與杜令譯者 大同小異 比諸衆譯 此最弘布"라고 하였다. [참고문헌] 『注維摩詰經』, 『釋氏稽古略』.

홍한 弘瀚 1630~1706. 명말청초대 조동종 스님. 자는 속여(粟如). 호는 작암(勺菴). 광영풍(廣永豊 : 廣東省) 출신. 1630년(숭정4) 2월 3일에 태어났으며, 21세에 박산(博山)의 설간도봉(雪磵道奉)을 찾아가 출가하였다. 24세에 영은사(靈隱寺)의 구덕홍례(具德弘禮)에게 구족계를 받았고, 이듬해에 영산(瀛山)으로 설간을 찾아가 참학하였으며 36세에 법의와 불자를 전수받은 뒤 39세에 인가와 법의 부촉을 받았다. 1669년(강희8)에 신주(信州 : 江西省) 박산 능인사(能仁寺)로 옮겨 가 21년 동안 주석하였으며, 이 해에 『무이원래선사광록 無異元來禪師廣錄』 35권을 편집하여 판각하였다. 1706년(강희45) 2월 27일에 세수 77, 법랍 54세를 일기로 입적하였다. 저서로 『박산속여한선사어록 博山粟如瀚禪師語錄』 6권(가흥장40, No.B490)이 있는데, 문인 전붕(傳鵬)이 지은 행장(行狀)과 법제(法弟) 조린(趙璘)이 지은 탑명(塔銘)과 장국정(張國禎)이 지은 도행탑원기(道行塔院記)가 함께 수록되어 있다.

홍해 弘解 조선후기 스님. 호는 동파(東坡), 자는 무위자(無爲子). 열반게로 "인생 허깨비 같고 꿈과 같아 팔십년 끝에 옛 얼굴만 바뀌었네. 세상에 살아 털끝 만한 착한 일 없는데 죽어서 무엇 가져 명관에게 답하랴? 人生如幻又如夢 八十年末換舊顔 在世若無毫末善 死將何物答冥官"를 남기고 앉은 채 입적하였다. 해인사성보박물관에 진영이 전하는데, 영제(影題)는 '청허오대손동파당대사홍해지진영 淸虛五代孫東坡堂大師弘觧之眞影'이며, 채승용(蔡昇龍)이 지은 영찬(影讚)에 "스님이 말씀 환이라 하시니 오음의 오두막 말씀이신가? 스님 말씀 꿈이라 하니 삼계로 불타는 집을 비유함인가? 허깨비 허깨비 아닐진대 구품연대 일진만을 염하시리! 꿈에서 꿈을 말하니 반폭 얇은 비단에 칠분 모습으로 계시네. 師之言幻 五陰蘧廬之謂耶 師之言夢 三界火宅之譬耶 幻而非幻 九品蓮臺 念一眞乎 夢中說夢 半幅氷綃 像七分乎"라고 하였다. [참고문헌] 李智冠『伽倻山海印寺誌』p.773, 『海印叢林 : 歷對高僧眞影』(해인사성보박물관, 2012).

홍혜 弘惠 신라 스님. 중국 유학 후 당 사람인 피일휴(皮日休)에게 시로써 전송을 받았다. 『전당시』 9함(函) 9책(策) 피일휴 편에 「경인세십일월신라홍혜상인여본국동서청일휴위영취산주선사비장환이시송지 庚寅歲十一月新羅弘惠上人與本國同書請日休爲靈鷲山周禪師碑將還以詩送之」라는 글이 전하고 있으며 『전당시』 9함 10책 육구몽(陸龜蒙) 편에는 이 시에 화답한 「화습미위신라홍혜상인찬영취산주선사비송귀시 和襲美爲新羅弘惠上人撰靈鷲山周禪師碑送歸詩」도 전한다. 피일휴의 시에 경인년이라고 하였으니 홍혜의 귀국은 870년(경문왕10)으로 추정된다. [참고문헌] 『全唐詩』.

홍혜 弘慧 고려후기 공민왕(재위 1351~1374) 때 스님. 홍혜국사(弘慧國師)다. 한때 공민왕궁의 내원당주(內願堂主)로 있다가 전라북도 남원(南原) 만행산(萬行山) 금강사에 주석하면서 중축불사를 추진하다가 마치지 못하고 입적하자 생질(甥姪)이며 상좌인 졸암연온(拙庵衍昷)이 계승하여 1361년(공민10)에 낙성하고 승련사(勝蓮寺)라고 사액(寺額)을 바꾸었다. [참고문헌] 『韓國寺刹全書』 권상 p.739a12, 『東國輿地勝覽』 권39 南原都護府 佛宇條 勝蓮寺.

홍호사 弘護寺 고려대 수도였던 개경(開京)에 있었던 사원. 고려 13대 국왕인 선종(宣宗 재위 1083~1094)이 1093년(선종10)에 직접 사원을 창건할 땅을 살펴보고 창건하도록 하였으며 사원명칭도 하사했다. 숙종(肅宗 재위 1095~1105)도 여러 차례 방문했는데, 1101년(숙종6) 3월 행차에서는 직접 시를 짓고 호종 신하들에게 화답의 글을 올리도록 하였으며 그 해 5월에는 6500명의 사람을 동원하여 그곳을 수영(修營)하도록 하였다. 숙종에 의해서 창운(昶雲 1031~1104)이 첫 주지로 임명되었으며 1149년(의종3) 경에는 삼중대사(三重大師)인 준류(俊流)가 주지였다. 왕실의 진전(眞殿)도 설치되어 이를 수호하기 위한 산직장상(散職將相)이 임명되기도 하였다. 1174년(명종4)에 개경 일대의 교종(敎宗) 사원의 스님들이 모여 무신정권에 저항하였는데, 홍호사도 이에 참여하였다. 한편 『고려도경』 권17 사우(祠宇) 왕성내외제사(王城內外諸寺)에 기록된 숭인문(崇仁門) 동쪽의 홍호사(洪護寺)를 같은 사원으로 파악하기도 한다. [참고문헌] 『高麗史』, 『高麗圖經』, 金龍善 「(僧)柳昶雲墓誌銘」·「崔湧妻金氏墓誌銘」(『高麗墓誌銘集成』, 한림대아시아문화연구소, 2012).

홍호사등관승통묘지명 弘護寺等觀僧統墓誌銘 1031~1104. 등관승통 창운(昶雲)스님의 자취를 적은 묘지명으로 높이 65cm, 너비 65cm이다. 『한국금석전문』과 『한국금석문추보』에는 부덕부저일랑(傅德富猪一郎)의 소장이라 하였으나, 김용선(金龍善)의 『고려묘지명집성』에는 일본인이 소장한다 하였지만 지금은 알 수 없다 하였다. [참고문헌] 『韓國金石全文』 中世上 pp.535~537, 『韓國金石文追補』 pp.266~267, 『高麗墓誌銘集成』 pp.50~51, 李智冠 『校勘譯註歷代高僧碑文』 高麗篇.

홍화 弘化 널리 중생을 이익되게 하다. 『인왕반야경소』 권하(대정장33, p.353a10)에 "홍화란 중생에게 이익이 되게 하는 것이다. 弘化者 利益衆生也", 『인왕경소』 권하(대정장33, p.421a9)에 "또한 여래의 수다라장 등 삼장이라는 성스러운 가르침으로 중생을 널리 교화한다. 又以如來脩多羅藏等三藏聖教 弘化衆生", 『법화현론』 권8(대정장34, p.431b21)에 "지금 널리 교화함에 나아가 나눈다면, 외범이상의 위는 모두가 법사위다. 今就弘化分之 外凡已上 皆法師位也", 『삼미륵경소』(대정장38, p.305c21)에 "처음의 한 경전(『彌勒上生經』)은 미륵보살이 하늘에 올라 천중을 널리 교화해 이롭고 즐겁게 함을 가렸고, 뒤의 두 경전(『彌勒下生經』·『彌勒下生成佛經』)은 미륵보살이 인간계로 내려와 널리 교화해 이롭고 즐겁게 함을 가렸다. 初一經辨彌勒上天 弘化利樂 後二經辨彌勒下人 弘化利樂", 『주유마힐경』 권4(대정장38, p.364b24)에 "승조가 말한다. '방편은 널리 교화함에서 일어나고 네 가지로 거둔다 하니 찾아오는 중생으로부터 생겨난다'. 肇曰 方便起乎弘化 四攝生乎來衆焉"라고 하였다. [참고문헌] 『仁王般若經疏』, 『仁王經疏』, 『法華玄論』, 『三彌勒經疏』, 『注維摩詰經』.

홍화사 弘化寺 고려시대 수도인 개경(開京)에 있었던 사원. 968년(광종19)에 유암사(遊巖寺)·삼귀사(三歸寺)와 함께 창건되었다. 당시 광종(光宗 재위 949~975)은 참소를 믿어 여러 사람들을 살해한 후 두려운 마음이 생겨 죄업을 없애고자 널리 재회(齋會)를 설행하고 방생소(放生所)를 설치하였으며 인근 사원에 행차해서 불경을 강설케 하였는데 홍화사 등의 창건 또한 이때다. 1073년(문종27)에 국왕행차가 있었고 『홍찬법화전』 간기에 1115년(예종10) 당시 왕사이자 홍화사의 주지인 덕연(德緣)의 이름이 전하고, 『고려사』와 『고려사절요』의 968년 창건기록과는 달리 그 전의 홍화사기록도 전하고 있는데, 948년(정종3)에 설행된 홍화사의 전장법사(轉藏法事)에 혜거국사(惠居國師)가 왕명으로 참여했으며, 974년(광종25) 혜거국사가 입적 후 시호를 요청할 때 그 제자 숭담(嵩曇)이 홍화사 주지라 하였다. 〔참고문헌〕『高麗史』, 『高麗史節要』, 『弘贊法華傳』(대정장51), 「高麗國水州府花山葛陽寺辯智無碍圓明妙覺興福佑世惠居國師諡洪濟尊者寶光之塔碑銘〈並序〉」(『韓國佛敎雜誌叢書』14, 1976).

홍효사 *弘孝寺* 경상북도 경주시 건천읍 모량리 취산(醉山)에 있던 절. 『삼국유사』 권5(대정장49, p.1018b15 · 한불전6, p.368b10) 효선(孝善)9 손순매아흥덕왕대(孫順埋兒興德王代)에 "손순은 살던 곳을 절로 하고 홍효사라고 부르고 석종도 안치하였다. 진성왕 대 백제의 횡적이 마을로 들어와 종은 없어지고 절만 남았다. 順捨舊居爲寺 號弘孝寺安置石鍾 眞聖王代百濟橫賊入其里 鍾亡寺存", 『신라고와연구』 권20에는 "초석이 산재해 있다. 礎石散在"라고 하였다. 〔참고문헌〕『三國遺事』, 『新羅古瓦硏究』, 『韓國寺刹全書』 권하 p.1173a8.

화 化 ❶ [S] samā-√dā, vi-√nī, [T] kun ′dzud. 다른 것 알게 해서 보다 의미있게 하다. 영향을 끼쳐 변하게 하다. 불법으로 가르쳐 고통에서 벗어나 자유롭게 하다. 권해 바뀌게 하는 권화(勸化) · 변하도록 이끄는 화도(化導) · 교화해 이롭게 하는 화익(化益) · 변화해 고통 등을 건너게 하는 화도(化度) · 교화하는 이 능화(能化) · 교화받는 이 소화(所化) · 다른 이를 교화하는 타화(他化) · 교화하는 주동자 화주(化主) · 가리지 않고 교화하는 적화무방(適化無方) · 연(緣)에 따라 교화하는 수연화물(隨緣化物) · 중생의 형편 따라 교화하는 순화(順化) · 어렵게 해서 교화하는 역화(逆化) 등 많은 관련 파생어들이 있다. 『장아함경』 권1 「유행경 遊行經」(대정장1, p.13a7)에 "계정혜와 해탈은 오직 부처님만이 능히 분별하여 괴로움을 여의시고 저들을 교화해서 생사의 습기를 끊게 하시네. 戒定慧解上 唯佛能分別 離苦而化彼 令斷生死習", 『생경』 권1(대정장3, p.70b2)에 "이 족성자는 감옥 같고 쇠사슬 같고 수갑 같은 집을 버리고도 처자식 떠올려 집착하여 스스로 얽어매니 범행을 좋아할 수 없었다. 이러한 때 세존께서 여래의 말씀, 온갖 신통과 지혜, 안목 있는 말씀을 열어 보이고 그 사람을 현성으로 바꾸셨다. 於是族姓子 棄家牢獄 銀鐺杻械 想著妻子而自繫縛 不樂梵行 於時世尊開示如來章句 諸通慧句 有目章句 化人賢聖", 『출요경』 권20(대정장4, p.718a8)에 "부처님과 그 제자들은 앞서 세상을 관하여 '누구 마땅히 제도할 수 있고 누구는 제도할 수 없는지, 누구는 교화받을 만하며 누구는 교화받을 수 없는지, 누가 해탈할 뿌리 심었고 누가 해탈의 뿌리 심지 못했는지'를 두루 관찰한다. 그러므로 '지혜로운 이는 어리석지 않아 세상을 관하고 세상 따라 교화한다'고 말한 것이다. 佛及諸弟子先觀世間 誰應得度 誰不應度 周遍觀察 誰堪受化 誰不受化 誰種解脫根栽 誰不種解脫根栽 是故說 智人不處愚 觀世隨而化也', 『법화경』 권1(대정장9, p.3a25 : *Saddh-p.*, p.12)에 "또 살펴보니 어떤 불자들은 정혜 구족하여 한량없는 비유로 대중을 위해 법을 강설하고 기쁜 마음으로 법을 설하여 모든 보살을 교화한다. 又見佛子 定慧具足 以無量喩 爲衆講法 欣樂說法 化諸菩薩 paribhāvitātmāna jinendraputrān kāṃś cic ca paśyāmy ahu tatra tatra, dharmaṃ vadanto bahuprāṇakoṭināṃ dṛṣṭāntahetūnayutair anekaiḥ. prāmodyajātāḥ pravadanti dharmaṃ samādapento bahubodhisattvān", 『마하마야경』 권상(대정장12, p.1006c13)에 "앙굴마라 같은 이는 여러 중생을 많이 죽였지만, 세존께서는 그러한 앙굴마라도 가엾게 여기시어 교화해 불도에 들게 하셨다. 如央掘摩羅 多殺諸衆生 世尊亦矜愍 化令入佛道"라고 하였다. 〔참고문헌〕『長阿含經』, 『生經』, 『出曜經』, 『法華經』, 『摩訶摩耶經』, *Saddh-p.* ⇨ 권화 勸化, 능화 能化, 소화 所化 ❷, 적화무방 適化無方, 수연화물 隨緣化物 ❷ [S] nirmāṇa, nir-√mi, abhinirmita, [T] sprul, sprul-par byed. 변화해 다르게 되다. 화작(化作) · 화현(化現) · 화신(化身) 등과도 통한다. 『비바시불경』 권상(대정장1, p.156b19)에 "비바시보살([P] Vippasin)은 다시 색수상행식은 생멸하여 머물지 않으니, 마치 허깨비나 요술과 같아 실한 것 있을 리 없음을 관하고, 눈앞에 나타난 업과 습기와 번뇌가 일체 난 일이 없음을 지혜로 관하고는 대해탈을 얻어 정등각을 성취하였다. 毘婆尸菩薩 復觀色受想行識 生滅不住 如幻如化 無有眞實 智觀現前 業習煩惱 一切不生 得大解脫 成正等覺", 『대승본생심지관경』 권3(대정장3, p.302a1)에 "대비보살이 인간으로 화해 은혜 갚는 모든 방편을 나타내 보여주었으니, 만일 선남자나 선여인이 어머니 은혜를 갚고자 효도를 행하되 살을 베고 피를 뽑아 항상 공양하여 1겁을 넘치도록 하며, 갖가지 효도 위해 부지런히 닦더라도 여전히 (어머님의) 잠시의 은혜도 능히 갚지는 못하리라. 大悲菩薩化人間 示現報恩諸方便 若有男子及女人 爲報母恩行孝養 割肉刺血常供給 如是數盈於一劫 種種勤修於孝道 猶未能報暫時恩", 『불본행집경』 권25(대정장3, p.772b

5)에 "이때 보살이 우유죽을 드신 후 금발우를 물에 던지자 바다 용왕은 크게 희유하고 기특하다는 마음을 내었다. 보살은 다시 세상에 나타나기 어려우니, 저 금그릇 집어 공양하려는 생각에 자기 궁으로 가지고 가려 했다. 爾時 菩薩食彼糜訖 以金鉢器 棄擲河中 時海龍王 生大希有奇特之心 復爲菩薩難現世故 執彼金器 擬欲供養將向自宮", "그때 천주 석제환인이 자기 몸 금시조로 변화시키고 금강부리를 지어 용왕에게서 금발우를 빼앗아 도리천궁 삼십삼천에 이르러 항상 스스로 공양하였으며, 지금도 그곳 삼십삼천에서는 '보살의 금발우에게 공양하는 날'이란 이름으로 지금까지 끊어지지 않고 있다. 是時天主釋提桓因 卽化其身作金翅鳥 金剛寶嘴 從海龍邊奪取金鉢 向忉利宮三十三天 恒自供養 於今彼處三十三天立節 名爲供養菩薩金鉢器節 從彼已來 至今不斷", 『대반야경』 권49(대정장5, p.277c8)에 "부처님께서 선현에게 말씀하셨다. '보살마하살이 보시바라밀다에 안주하며 혹은 세계를 폐유리같이 변화시키고, 혹은 스스로 전륜왕 등으로 화하여 유정들이 구하는 대로 베풀어주고, 또 그들을 위해 육바라밀다와 상응한 법을 연설하는 것도 또한 이와 같이 한다. 비록 하는 것은 있지만 단 하나도 실인 것은 없다. 왜 그러한가? 선현아, 제법의 성은 공하여 모두 환과 같기 때문이다'. 佛告善現 菩薩摩訶薩安住布施波羅蜜多 或化世界如吠琉璃 或化自身爲輪王等 隨有情類所須施與 及爲宣說六波羅蜜多相應之法 亦復如是 雖有所爲而無一實 何以故 善現 諸法性空 皆如幻故"라고 하였다. 〔참고문헌〕『毘婆尸佛經』, 『大乘本生心地觀經』, 『佛本行集經』, 『大般若經』, *Lal-v.138.*, *Pañca-pr.187.*, *Abh-k-bh.97.* ⇨ 화작 化作, 화현 化現, 화신 化身 **3** 사람이 죽는 것. 고승의 죽음을 의미하는 천화(遷化)의 준말. 『낙방유고』 권하(대정장47, p.246a23)에 "해인신화상은 … 평소에 주방어 집안의 공양을 받아들여 누차 그의 집에 갔었다. 하루는 주방어가 '화상께선 후세에 이 제자의 집으로 와서 탁생하실 수 있겠습니까?'라고 물으니, 스님은 미소지으며 응낙하셨다. 스님은 절로 돌아온 후 곧바로 몸이 불편해졌고, 며칠 후 입적하였다. 스님이 천화하던 당일에 주씨가에 한 여자아이가 태어났으니, 그 슬픔 견딜 수 없었다. 海印信和尙嗣 … 平日受朱防禦家供養屢到其宅 一日朱問日 和尙後世能來弟子家中託生得否 師微笑諾之 及歸寺卽不快 數日而化 其遷化日 朱室生一女子 不勝悲嘆"라고 하였다. 〔참고문헌〕『樂邦遺稿』. ⇨ 천화 遷化 **4** 중국 남북조대 송(宋)에서 활동했던 비구니. 속성은 홍(弘)씨. 영세(永世) 출신. 죽원사(竹園寺)에 주석하였다. 『비구니전』 권2 「죽원사혜준니전 竹園寺慧濬尼傳」에 붙여 전함에 "같은 절(죽원사)에 화 비구니가 있었는데 총명함이 매우 뛰어났다. 경율을 많이 암송하고 채식하며 절개를 굳게 지키니 혜준(慧濬)과 명성을 나란히 하였다. 同寺有化尼聰穎卓秀 多誦經律 蔬食苦節 與濬齊名"라고 하였다. 〔참고문헌〕『比丘尼傳』. ⇨ 혜준 慧濬

화 火 **1** Ⓢ agni, tejas, vahni, Ⓟ aggi, tejo, Ⓣ me. 사대(四大 : 地水火風) 중 하나인 화대(火大). 대(大)·계(界)·대종(大種)으로서의 불. 『구사론』 권1(대정장29, p.3b1 : *Abh-k-bh.*, p.8)에 "지수화풍이 자상과 소조색을 능히 가지기에 이름을 계라고 하며, 이와 같은 사계를 또한 대종이라고도 한다. 地水火風 能持自相及所造色 故名爲界 如是四界 亦名大種 ity ete catvāraḥ svalakṣaṇopādāyarūpadhāraṇād dhātavaś catvāri mahābhūtāny ucyante", 『유가사지론』 권3(대정장30, p.290c17 : *Yogā-bh.*, p.56)에 "일체색취중에 있어서는 일체시에 일체대종계를 모두 갖춘다. 저 세간에 현재 있는 마른 섶 등의 사물을 비비면 곧 불이 생겨나며, 돌끼리 부딪쳐도 그러하고, 또 구리·쇠·금은 등을 뜨거운 불로 가열하면 녹아서 액체가 되는 것과 같은 것이다. 於一切色聚中 一切時具有一切大種界 如世間現見乾薪等物 鑽卽火生 擊石等亦爾 又銅鐵金銀等 極火所燒 卽銷爲水 tatra sarvasmin rūpasamudāye sarveṣāṃ mahābhūtānāṃ dhātur vidyate sarvakālaṃ. tad yathā dṛśyate śuṣkāt kāṣṭhād abhimathyamānād agnir jāyate. tathā pāṣāṇa … agnir jāyate tathā loha rūpyasuvarṇādīnāṃ pragāḍhāgnisamprataptānāṃ dravatotpadyate", 『당범양어쌍대집』(대정장54, p.1242c11)에 "화〈아의이〉. 火〈阿擬儞〉"라고 하였다. 〔참고문헌〕『俱舍論』, 『瑜伽師地論』, 『唐梵兩語雙對集』, *Abh-k-bh.*, *Yogā-bh.*, *DN.2.244.* ⇨ 화대 火大**1**, 화계 火界, 사대 四大**1** **2** 번뇌, 삼계화택(三界火宅) 또는 그중에 삼유(三有 : 欲有 色有 無色有)로 움직이며 살지만 뜨거운 지도 모르는 중생. 『장아함경』 권3 「유행경 遊行經」(대정장1, p.20a21)에 "행을 멸하여 남음이 없으니, 마치 불 꺼진 등과 같다네. 滅行無有餘 如燈盡火滅", 『대반열반경』 권하(대정장1, p.205b18)에 "삼독으로 거세게 불타며 항상 모든 중생을 태우네. 대비의 구름이 있지 않으니 누가 능히 비 내려 끄는가. 三毒熾然火 恒燒諸衆生 無有大悲雲 誰能雨令滅", 『보살본생만론』 권5(대정장3, p.347c28)에 "번뇌는 땔감과 같고, 지혜는 불과 같다. 煩惱如薪 智慧如火", 『법화경』 권2 「비유품 譬喩品」(대정장9, p.12c1 : *Saddh-p.*, p.73)에 "그런데 모든 아이들 노는 데 빠져서 기꺼이 믿고 받아들이지 않으며 놀라지도 두려워하지도 않아 끝내 나오려는 마음도 없었다. 또한 무엇이 불이고 무엇이 집이며 무엇이 잘못인지도 모르고, 다만 이리저리 뛰어다니며 놀면서 아버지를 바라볼 뿐이었다. 而諸子等樂著嬉戲 不肯信受 不驚不畏 了無出心 亦復不知 何者是火 何者爲舍 云何爲失 但東西走戲 視父而已 atha khal u te kumārakā evaṃ tasya hitakāmasya puruṣasya tad bhāṣitaṃ nāvabudhyante nodvijanti notrasanti na saṃtrasanti na saṃtrāsam āpadyante na vicintayanti na nirdhāvanti nāpi jānanti na vijānanti kim etad ādīptaṃ nāmeti anyatra te na tenaiva dhāvanti vidhāvanti punaḥ punaś ca taṃ pitaram avalokayanti", 『승사유범천소문경론』 권3(대정장26, p.350a28)에 "세존이시여, 물속에서 불이 나오고, 불 속에서 물이 나오는 것과 같다는 비유는 무슨 뜻을 드러냅니까? 이것은 보여 드러내기 위함이니, 즉 번뇌 불과 같으니 적정한 바탕 아니기에 저 적정체(寂靜體 : 涅槃)를 멀리 떠나기 때문이고, 보리는 물과 같으니 이는 능히 번뇌의 불을 끄기 때문이다. 世尊 譬如水中出火 火中出水者 爲示何義 以爲示現 煩惱如火 以非寂靜體 遠離彼體故 菩提如水 以其能滅煩惱火故"라고 하였다. 〔참고문헌〕『長阿含經』, 『大般涅槃經』, 『菩薩本生鬘論』, 『法華經』, 『勝思惟梵天所問經論』, *Saddh-p.* ⇨ 삼계화택 三界火宅 ❸ 나무 등 땔감과 만나서야 타오르는, 본래 없다가 있게 되는 불. 인연법으로서의 불. 『중아함경』 권38 「앵무경 鸚鵡經」(대정장1, p.669a10 : *Subha-sutta, MN.2,* p.203)에 "초목을 떠나서 불타오르는 것 끝내 있을 수 없는 일이다. 오직 여의족의 신통력이어야 하니, 만약 초목을 떠나서 불타오르게 한다면 저 빛과 불꽃 가장 높고 가장 묘하며 가장 훌륭할 것이다. 若離草木 而然火者 終無是處 唯有如意足力 若離草木 而然火者 彼光燄最上最妙最勝 aṭṭhānaṃ kho etaṃ māṇava anavakāso yaṃ nissaṭṭhatiṇakaṭṭhūpādānaṃ aggiṃ jāleyya aññatra iddhimatā … seyyathāpi māṇava nissaṭṭhatiṇakaṭṭhūpādānaṃ paṭicca aggi jalati tathūpamāhaṃ māṇava imaṃ pītiṃ vadāmi yāyaṃ pīti aññatreva kāmehi aññatra akusalehi dhammehi", 『대지도론』 권31(대정장25, p.292c29)에 "예컨대 하나의 불이 능히 타올라 만들어진 색이 능히 태우듯이, 두 법이 화합하기에 불이라는 이름 얻는다. 이 두 법을 떠나서 불이 있다고 한다면 반드시 따로 불의 용이 있어야 하는데, 따로인 용은 없다. 이런 까닭에 불이라는 것이 임시의 이름이고 또한 실이 있을 리 없음을 알 수 있다. 如一火能燒 造色能熠 二法和合 故名爲火 若離是二法有火者 應別有火用 而無別用 以是故知 火是假名 亦無有實", 『화엄경소초』 권32(대정장36, p.249a3)에 "만약 이름이 곧 물이라면 불을 부른 즉시 입이 불타야 할 것이다. 만약 물이 곧 이름이라면 물을 보는 즉시 마땅히 이름을 알아야 할 것이다. 若名卽物 召火卽應燒口 若物卽名 見物卽應知名"라고 하였다. 〔참고문헌〕『中阿含經』, 『大智度論』, 『華嚴經疏鈔』, *MN.* ❹ 오행(五行) 중에 불. 『마하지관』 권8(대정장46, p.115b8)에 "사(巳)에 세 가지가 있으니, 매미·잉어·뱀이다. 오(午)에 세 가지가 있으니, 사슴·말·노루이다. 미(未)에 세 가지가 있으니, 양·기러기·매이다. 이 아홉 동물은 남방의 화에 속한다. 巳有三 蟬鯉蛇 午有三 鹿馬麞 未有三 羊雁鷹 此九屬南方火也", 『경덕전등록』 권25 「보은현칙전 報恩玄則傳」(대정장51, p.413b11)에 "처음 청봉〈어떤 판본에는 '백조'라고 하였다〉에게 물었다. '무엇이 부처〈어떤 판본에는 '자기'라고 하였다〉입니까?' '병정동자가 불을 구하러 왔구나'. 현칙이 이 말을 깨닫고 마음에 품고 있었다. 初問青峯〈有本云白兆〉 如何是佛〈有云自己〉 青峯曰 丙丁童子來求火 師得此語 藏之於心"라고 하였다. 〔참고문헌〕『摩訶止觀』, 『景德傳燈錄』. ⇨ 오행 五行 ❺ [S] kṛśānu. 신으로 섬기는 불. 화신(火神). 화천(火天). 『빈바사라왕경』(대정장1, p.825c7)에 "나는 최상적정구에 대해 밝게 알지 못하여 퇴굴하였으며, 오직 오욕만을 탐하여 여리하지 못했다. 그러므로 불을 섬겨 끊임이 없었다. 위다에선 불 섬기면 해탈을 얻는다 하므로 중생들 이로 말미암아 마음이 미혹하니, 눈먼 이 죽은 사람과 다름이 없어 최상적정구에서 물러나 잃는다네. 我於最上寂靜句 由不了故生退屈 唯耽五慾非如理 是故事火無間斷 圍陀事火證解脫 衆生由此心迷惑 盲者無異於死人 退失最上寂靜句"라고 하였다. 〔참고문헌〕『頻婆娑羅王經』, 『佛所行讚』 권1(대정장4, p.4c17), *Buddh-c.16.* ⇨ 화천 火天, 사화 事火 ❻ [S] tejas, [T] me. 불 원소·빛·광휘. 바이세시카([S] Vaiśeṣika : 勝論學派)의 9실체(九實) 중 하나. 〔참고문헌〕『十句義論』(대정장54, p.1262c21). ⇨ 구실 九實

화 [감] 의성어. '화'라고 소리낼 뿐이어서 정해진 뜻은 없다. 느닷없이 무엇인가를 새롭게 하거나 돌이킬 때 또는 예측하지 못한 일을 당했을 때 내는 소리다. 『동산어록』(대정장47, p.522c11)에 "용아가 덕산에게 물었다. '제가 막야검을 들고서 스님의 머리를 취하려고 할 때는 어떻습니까?' 덕산이 목을 내밀며 가까이 다가와 말했다. '화!' 용아가 '머리가 떨어졌군요'라고 말하자 덕산이 크게 웃었다. 용아가 후에 동산에게 가서 앞서 있었던 일을 말하자 동산이 말했다. '덕산이 뭐라고 하던가?' '아무 말도 없었습니다' '아무 말도 없었다고 말하지 말고 덕산의 떨어진 머리 가져와 나에게 보여 줘 보거라'. 용아가 깨우친 바 있어 문득 참회하였다. 龍牙問德山 學人仗鏌鎁劍 擬取師頭時如何 德山引頸近前云 囫 龍牙云 頭落也 德山呵呵大笑 龍牙後到洞山 擧前話 師云 德山道甚麽 龍牙云 德山無語 師云 莫道無語 且將德山落底頭呈似老僧看 龍牙方省 便懺謝", 『벽암록』 22칙 「본칙 本則」(대정장48, p.162c2)에 "설봉이 대중에게 보였다. '남산에 납작코를 한 독사 한 마리가 있으니〈요괴를 보고도 요괴라고 생각하지 않으면 그 요괴는 저절로 무너지기 마련이다. 굉장히 기괴한 일 사람 꼼짝없이 의심하게 만드는군〉 그대들은 잘 봐야 한다〈화! 한바탕 정신없이 몰아쳤군〉'. 擧雪峯示衆云 南山有一條鼈鼻蛇〈見怪不怪 其怪自壞 大小大怪事 不妨令人疑着〉 汝等諸人 切須好看〈囮 一場漏逗〉", 『선관책진』(대정장48, p.1099c10)에 "3월 6일 좌선 중에 바로 무(無) 자를 들고 있었는데 수좌가 승당에 들어와 향을 사르고 향합을 쳐서 소리 내자 홀연히 '화!' 하는 일성에 자기 알아 얻었고 조주의 뜻도 알아차렸다. 三月初六日坐中 正擧無字 首座入堂燒香 打香盒作聲 忽然囮地一聲 識得自己 捉敗趙州"라고 하였다. 〔참고문헌〕『洞山語錄』, 『碧巖錄』, 『禪關策進』.

화 和 ❶ Ⓢ saṃgama, saṃnipāta. 어울리다. 『화엄오교장』 권4(대정장45, p.508b7)에 "셋째 동상이라는 것은 서까래 등 모든 연들이 어울려 같이해서 집이 되는데, 서로 어긋나지 않기에 모두 집의 연이라고 하며 집 아닌 것 짓지 않기에 동상이라고 한다. 第三同相者 椽等諸緣 和同作舍 不相違故 皆名舍緣 非作餘物故 名同相也"라고 하였다. 〔참고문헌〕『華嚴五教章』, *Abh-k-bh.72·132.* ⇨ 화합 和合 ❷ 고른 상태를 유지하다. 『대반열반경』 권하(대정장1, p.203c7)에 "이때 아난은 이 말을 듣고서 마음속으로 생각하였다. '세존께서는 지금 사대가 고르지 못하시구나. 사람들을 대한 지 오래되어 이미 스스로 병세를 악화시키셨구나'. 爾時 阿難聞其此語 心自思惟 世尊今者 四大不和 接對來久 已自增惡"라고 하였다. 〔참고문헌〕『大般涅槃經』. ❸ 화답하다. 『경덕전등록』 권3 「홍인전 弘忍傳」(대정장51, p.222c29)에 "혜능이 잠시 침묵한 뒤 말했다. '훌륭하긴 하지만 깨닫지는 못했소'. 그러자 동학이 꾸짖으며 말했다. '평범한 이들이 어찌 알겠는가! 터무니없는 말 하지 마시게' '그대는 믿지 못하시오? 원컨대 게송 하나로 화답하려 하오'. 동학은 답하지 않고 바라보며 웃었다. 能良久曰 美則美矣 了則未了 同學訶曰 庸流何知 勿發狂言 能曰 子不信耶 願以一偈和之 同學不答 相視而笑"라고 하였다. 〔참고문헌〕『景德傳燈錄』. ❹ ~마저. 심지어 ~까지도. 『원오어록』 권18(대정장47, p.796c10)에 "만약 이중에서 가려 얻지 못한다면 산승이 그대들에게 주장자를 주겠지만, 알아차리지 못한다면 그대들의 콧구멍마저 일시에 잃어버리게 되리라. 若向箇裏辨得 山僧與爾拄杖子 若辨不得 和鼻孔一時失却", 『벽암록』 8칙 「본칙 本則」(대정장48, p.148b1)에 "취암이 하안거 마지막 날 대중에게 보였다. '하안거 동안 형제들에게 설법해 왔다〈입은 열었었지만 이렇게 될 줄 알았겠는가!〉. 내 눈썹이 남아 있는지 봐라〈결국 눈동자 땅에 떨어지고 콧구멍마저 잃어버렸으니 쏜살같이 지옥에 들 뿐인 것을〉'. 擧 翠嵒夏末 示衆云 一夏以來 爲兄弟說話〈開口 焉知恁麽〉 看翠嵒眉毛在麽〈只贏得眼睛也落地 和鼻孔也失了 入地獄如箭射〉"라고 하였다. 〔참고문헌〕『圜悟語錄』, 『碧巖錄』.

화 花 Ⓢ puṣpa, kusuma, Ⓟ puppha, Ⓣ me-tog. 꽃. 세간에서 으뜸인 것으로 삼보(三寶) 등 존귀해 우러를 만해서 드리는 물건 중 하나다. 육법공양(六法供養) 중 하나며 화(華)로도 쓴다. 보삽파(補澀波)·보서파(補逝波) 등으로 음사한다. 『잡아함경』 권25(대정장2, p.180c7)에 "수백 무리 채녀들과 밤낮으로 스스로 즐겼었는데, 이제 그것들 도무지 사라져 저 나무에 꽃과 열매 없네. 얼굴 갈수록 말라빠지고 몸도 힘도 그러하니, 고운 꽃 하염없이 시들어가듯 내 지금 그와 같구나. 婇女數百衆 日夜自娛樂 今者都永盡 如樹無花實 顔貌轉枯盡 色力亦復然 如花轉萎悴 我今亦復爾", 『업보차별경』(대정장1, p.895a23)에 "만약 중생이 향기로운 꽃을 받들어 보시하면, 열 가지 공덕을 얻게 된다. 그 첫 번째가 세상을 살지만 꽃다우리라. 若有衆生奉施香花 得十種功德 一者 處世如花", 『대반열반경』 권중(대정장1, p.199a13)에 "세존께서는 모든 비구들과 함께 사라림으로 드시어 두 그루 나무 아래 이르러, 오른쪽 옆구리를 평상에 대고, 발을 포개고 누우시어 마치 사자 잠자듯 하시고는 마음을 바로잡고 정념하셨다. 그때 쌍사라수에서 갑자기 꽃이 피어 여래 위로 떨어지니, 세존께서 아난에게 이렇게 물으셨다. '너는 저 사라수 때 아닌데 꽃을 피워 나에게 공양하는 것 보았느냐?' 아난이 답하였다. '예. 보았습니다'. 世尊與諸比丘 入娑羅林 至雙樹下 右脇著床 累足而臥 如師子眠 端心正念 爾時 雙樹忽然生花 墮如來上 世尊卽便 問阿難言 汝見彼樹 非時生花 供養我不 阿難答言 唯然 見之", 『대일경소』 권8(대정장39, p.660a3)에 "꽃이란 자비로부터 생겨난다는 뜻인데, 이것이 곧 정심종자로서 대비태장 중에 만 가지로 행하고 열어 펼쳐서 부처님 보리수 장엄하기에 설하여 꽃을 삼은 것이다. 所謂花者 是從慈悲生義 卽此淨心種子 於大悲胎藏中 萬行開敷莊嚴佛菩提樹 故說爲花"라고 하였다. 〔참고문헌〕『雜阿含經』, 『業報差別經』, 『大般涅槃經』, 『大日經疏』, *Av-ś.1., Rāṣtr.136., Mvyut.242., DN.2.137.* ⇨ 화 華, 보삽파 補澀波, 기화오정 寄花五淨, 육법공양 六法供養, 육종공양 六種供養

화 華 Ⓢ puṣpa, Ⓟ puppha, Ⓣ me-tog. 불보살 또는 중생들 모두에게 더없이 좋은 일 있을 때 함께하는 초목의 꽃. 인천(人天)이 모두 세간에서 가장 아름답다 여겨 드린다. 포슬파(布瑟波)·보서파(補逝波)라고 음역한다. 『무량수경』에서는 우발라화(優鉢羅華 Ⓢ utpala : 청련화)·발특마화(鉢特摩華 Ⓢ padma : 홍련화)·구물두화(拘勿頭華 Ⓢ kumuda : 백련화)·분다리화(分陀利華 Ⓢ puṇḍarīka : 대백련화) 등을 극락세계를 장엄하는 진귀한 꽃으로 서술하고, 『법화경』에서는 만다라화(曼陀羅華 Ⓢ māndārava)·마하만다라화(摩訶曼陀羅華 Ⓢ mahā-māndārava)·만수사화(曼殊沙華

Ⓢ mañjūṣaka)・마하만수사화(摩訶曼殊沙華 Ⓢ mahā-mañjūṣaka)를 서상(瑞相) 중 하나로 서술한다. 밀교에서는 중요한 공양물로서 다양한 보화(寶華)를 제존(諸尊)의 위치와 성격에 따라 다르게 공양한다. 『대일경』에서는 진언행자는 제존을 위해 백색・황색・적색의 열의화(悅意華)를 공양한다고 하였고, 『소실지갈라경』에서는 세 가지 작법을 닦을 때 물과 육지에서 피어난 갖가지 꽃을 공양한다고 하였다. 또한 밀교에서 작법의 목적에 따라 다른 꽃을 공양하는데 식재법에는 흰색의 꽃을 쓰고, 증익법에는 황색 꽃을 쓰며, 항복법에는 자주색 꽃을 쓴다. 『화엄경탐현기』 권1(대정장35, p.121c3)에 화엄의 제목을 풀면서 말한다. "화(華)에 열 가지 뜻이 있으니 표하는 바 역시 그러하다. 첫째, 미묘하다는 뜻이니 이것이 꽃의 의미다. 부처님 교화의 덕이 거친 상을 떠났기에 꽃을 설하여 장엄한다. 이하에서 역시 이에 따른다. 둘째, 피어남의 뜻이다. 행함으로 펴서 꽃다운 성품 열어 깨닫게 하심을 나타낸다. 셋째, 단정한 뜻이다. 행 원만하고 덕상이 구족하심을 나타낸다. 넷째, 향기롭다는 뜻이다. 덕의 향기가 널리 덮게 해서 자타를 이롭게 함을 나타낸다. 다섯째, 따라서 기뻐한다는 뜻이다. 뛰어난 덕 즐거이 환희하고 싫증내지 않음을 나타낸다. 여섯째, 훌륭하게 성취되었다는 뜻이다. 닦은 바 덕의 모습이 훌륭하게 성취되었음을 나타낸다. 일곱째, 빛이 청정하다는 뜻이다. 번뇌의 장애를 영원히 끊어 극히 청정함을 나타낸다. 여덟째, 장식한다는 뜻이다. 깨우친 인으로 본래 갖춘 불성을 장엄함을 나타낸다. 아홉째, 과를 이끄는 뜻이다. 인을 생하여 불과를 일으킴을 나타낸다. 열째, 물들지 않는다는 뜻이다. 연꽃처럼 세간에 처하지만 물들지 않음을 나타낸다. 華有十義 所表亦爾 一 微妙義是華義 表佛行德離於麤相故說華爲嚴 下竝准此 二 開敷義 表行敷榮性開覺故 三 端正義 表行圓滿德相具故 四 芬馥義 表德香普熏益自他故 五 適悅義 表勝德樂歡喜無厭故 六 巧成義 表所修德相善巧成故 七 光淨義 表斷障永盡極淸淨故 八 莊飾義 表爲了因嚴本性故 九 引果義 表爲生因起佛果故 十 不染義 表處世不染如蓮華故"라고 하였다. [참고문헌] 『無量壽經』, 『法華經』, 『大日經』, 『蘇悉地羯羅經』, 『華嚴經探玄記』, *Saddh-p.5.*, *Sukh-vy. I.41.* ⇨ 화 花

화 話 마주해 말하다. 이야기 주고받다. 말해 다른 이에게 듣게 하거나 뜻(義)을 전하고자 해서 소리 내 말하는 일. 특별히 선문(禪門)에서의 화(話)란 화두(話頭)이며 고칙(古則)・공안(公案)을 가리키는데, 이는 뜻이나 이해의 장벽마저 부수고 주고받으며 격밖(格外)에서 말해 주고받기에 늘 열린 채로다. 『임제록』(대정장47, p.503a21)에 "황벽이 앞서 있었던 이야기를 들자 임제가 말했다. '반두(飯頭) 알아듣지 못했으니 화상께서 단번에 뒤칠 한마디 대신해 주시길 청합니다'. 黃蘗擧前話 師云 飯頭不會 請和尙代一轉語", 『운문광록』 권상(대정장47, p.549a14)에 "한 학인이 운문에게 물었다. '십이시중에 어떻게 몸소 다 알아차립니까?' '알아차리기 어렵지 않다' '제가 그 들어갈 만한 곳이라도 있습니까?' '앞선 이야기 자세히 살펴야 하리'. 問 十二時中 如何體悉 師云 不難辨 進云 還有學人入頭處也無 師云 細看前話", 『위산어록』(대정장47, p.577a22)에 "한때 위산이 전좌(典座)를 맡고 있었는데 사마 씨 성을 가진 두타행자가 백장야호(百丈野狐) 이야기 들어 위산에게 물었다. '어떻게 생각해야 합니까?' 위산이 손으로 문짝을 세 번 흔들었다. '참으로 대단하십니다' 위산이 말했다. '불법에서 무슨 크다 작다 말하는가!' 時 師作典座 司馬頭陀 擧野狐話 問師 作麽生 師以手撼門扇三下 司馬云 太麤生 師云 佛法說甚麽麤細", 『법안어록』(대정장47, p.591a22)에 "효광혜각선사가 법안의 처소에 왔다. 법안이 물었다. '어디서 왔는가?' '조주에서 왔습니다' '조주에게 뜰 앞의 잣나무 말한 적 있다고 들었다. 맞는가?' '그런 건 없습니다'. 光孝慧覺禪師 至師處 師問 近離甚處 覺云 趙州 師云 承聞趙州有柏樹子話 是不 覺云 無", 『어선어록』 권18(卍속장119, p.752a3)에 "공이 남전참묘(南泉斬猫) 공안에 대해 수순(守珣)에게 물었다. '제가 이 화두 들어 간한 지 굉장히 오래였지만 끝내 뚫어 사무치지 못했으니 화상의 자비를 바랄 뿐입니다' '그대는 남의 집 고양이 돌보느라 자기 집 개가 도망쳐버린 건 모르고 있구려'. 공이 이 말을 듣자마자 술에서 깬 것 같았다. 公又以南泉斬猫話問曰 某看此甚久 終未透徹 望和尙慈悲 師曰 你祇管理會別人家猫兒 不知走却自家狗子 公於言下如醉醒", 『오등전서』 권50 「축원묘도전 竺元妙道傳」(卍속장141, p.116a13)에 "하루는 (雲門의) 마른 똥막대기 화두 드는 걸 듣고 마음이 활연히 크게 깨달았다. 一日聞擧乾屎橛話 豁然大悟"라고 하였다. [참고문헌] 『臨濟錄』, 『雲門廣錄』, 『潙山語錄』, 『法眼語錄』, 『御選語錄』, 『五燈全書』, *Laṅk.363.*

화가나 和伽那 Ⓢ Ⓟ vyākaraṇa의 음사어. 수기(授記). 화가라나(和伽羅那)・비가나(毘伽那)로도 음사한다. 『번역명의집』 권4 「십이분교 十二分敎」(대정장54, p.1111b21)에 "화가나를 여기서는 '수기'라 한다. 和伽那 此云授記", 『원각경협송집해강의』 권12(卍속장87, p.987a6)에 "십이부경은 또한 십이분교라고도 한다. … 세 번째는 화가나〈여기서는 수기라고 한다. 곧 사람이나 하늘에게 부처가 되리라고 수기하는 것이다〉이다. 十二部經亦云 十二分敎 … 三 和伽那〈此云授記 卽授記人天作佛也〉"라고 하였다. [참고문헌] 『翻譯名義集』, 『圓覺經夾頌集解講義』. ⇨ 수기 授記, 화가라나 和伽羅那

화가라 和伽羅 Ⓢ vyākaraṇa, Ⓟ vyākaraṇa, veyyākaraṇa의 음사어. 한역으로 수기(授記)라고도 함. 구분교(九分敎), 십이분교(十二分敎) 가운데 세 번째 경. 부처님이 제자의 미래 상황을 설하여 준 내용으로 이뤄진 경이다. 화가라(和伽那)·화가라나(和伽羅那)·비하갈라나(毘何羯喇拏)·폐가란타(弊迦蘭陀)·비가나(毘伽那)·비가라(毘伽羅)라고도 음역한다. [참고문헌]『翻譯名義集』 권4(대정장54, p.1111b21), 『一切經音義』 권26(대정장54, p.474a14). ⇨수기 授記, 십이부경 十二部經, 화가라나 和伽羅那

화가라나 和伽羅那 ⓈⓅ vyākaraṇa의 음사어. 틀림없이 있을 것으로 약속하고 기억하는 일. 범어 vy-ākaraṇa는 '분명히 하다'와 '드러나 모양 가져 누구나 볼 수 있게 되다'가 더해진 뜻으로 수기(授記)·기별(記別) 등으로 한역하고, 화가나(和伽那)·화가라(和伽羅)·화라나(和羅那) 등으로 음사한다. 앞선 부처님이 뒤에 성불할 부처에게 반드시 성불하리라 약속하고 서로 지켜 반드시 성취하니, 곧 부처가 부처를 낳고 이어가는 일을 말한다. 구부경(九部經)·십이부경(十二部經) 중의 하나로 불경의 핵심양식 중 하나다. 『법화현의』 권1(대정장33, p.688b7)의 "혹 중생 미래의 일을 바로 기록해 기억하게 하고 나아가 비둘기나 참새의 성불 등을 약속한 일을 화가라나라 한다. 或直記衆生未來事 乃至記鴿雀成佛等 是名和伽羅那", 『화엄경소』 권24(대정장35, p.682a13)에 "세 번째 수기라는 것은 범어로는 화가라나라고 하며 기별이라고도 한역한다. 기는 새긴다는 뜻이고, 별은 분별하다는 뜻이다. 첫째는 제자들의 나고 죽은 인과 과를 기억해 알게 한 것이고, … 둘째는 보살의 미래성불을 기억하게 한 것이다. 三 授記者 梵云和伽羅那 亦云記別 記者錄也 別謂分別 一 記弟子生死因果 … 二 記菩薩當成佛事", 『대승의장』 권1(대정장44, p.470a21)에 "세 번째는 '화가라나'라고 하며, 분명히 약속해 주는 '수기'라고 한역한다. 행한 인으로 인해 과를 얻기에 지목해 '기'라고 하며, 성인이 설하여 사람에게 보여주으므로 '수'라고 한다. 第三名爲和伽羅那 此名授記 行因得果 目之爲記 聖說示人 故稱爲授라고 하였다. [참고문헌]『法華玄義』, 『華嚴經疏』, 『大乘義章』, *Ratna-ut. 70.* ⇨수기 授記, 기별 記別, 구부경 九部經, 십이부경 十二部經, 연등불 燃燈佛, 화광여래 火光如來

화가라나경 和伽羅那經 ❶Ⓢ vyākaraṇa. 십이부경(十二部經) 중 수기(授記)를 주제로 한 경. 『유마경현소』 권1(대정장38, p.522a19)에 "세계중생의 미래 일을 약속해 아는 것으로 가령 비둘기나 참새가 성불하는 것을 약속해 알게 하는 것이니, 이를 화가라나경이라 한다. 記世界衆生未來之事如記鴿雀成佛 卽是和伽羅那經"라고 하였다. [참고문헌]『維摩經玄疏』, *Ratna-ut. 70.* ⇨화가라나 和伽羅那, 수기 授記, 기별 記別 ❷Ⓢ vyākaraṇa. 베다(Ⓢ Veda)를 이해하기 위한 여섯 갈래(六支 Ⓢ ṣaḍaṅgāni) 중 하나. 이미 성인이 정한 말씀에 의지해서야 알 수 있기에, 정해진 이론에 의지해 알아가는 것이기에 기(記)라 한다. 구역은 비가라론(毘伽羅論), 신역은 비야갈라남(毘耶羯剌諵)이며, 한역하여 성명기론(聲明記論)·기론(記論)이라 한다. 불교는 이에 반해 정한 이치 없게 해서 깨닫게 하기에 무기(無記 Ⓢ avyākarana)라 한다. 『성실론』 권1(대정장 p.243c7)에 "또 부처님의 법은 다른 경을 상대해서 성립될 수 있는 것이 아니다. 저 화가라나경은 다섯 가지 경을 상대한 연후에야 성취한다. 하지만 부처님의 법은 그렇지 않다. 又佛法者 不待餘經而得成也 如和伽羅那經待五種經然後得成 佛法不爾"라고 하였다. [참고문헌]『成實論』. ⇨비가라론 毘伽羅論, 무기 無記, 십사무기 十四無記

화가리 和伽利 ❶Ⓢ upakārin의 음사. 요익(饒益)·이익(利益)으로 한역된다. 『성실론』 권1(대정장32, p.240c7)에 "또 좋아하는 바를 따르기에 근에 차별이 있다. 신근을 좋아하기에 이름하여 신(信)이라 한다. 많은 지혜가 있는 사람은 모든 근이 다 뛰어나지만, 좋아하는 바를 따르기에 화가리라 한다. 又隨所樂故 根有差別 樂信根故名爲信 多有智慧人 諸根皆勝 以所樂故 名和伽利"라고 하였다. [참고문헌]『成實論』. ❷비구 이름. 『화수경』 권7(대정장16, p.183b24)에 "그때 이 사람은 나를 위해 게를 설하였고 그런 뒤 나의 처소에서 신심을 얻고서는 다음처럼 말하였다. '그대가 성불한다면 나를 제도해 주시오'. 그가 어찌 다른 사람이겠는가? 그렇게 생각해서는 안 될 것이니, 지금의 화가리비구가 바로 그 사람이다. 爾時是人爲我說偈 後於我所得信心已 作如是言 汝成佛時 當度我者 豈異人乎 勿造斯觀 今和伽利比丘是"라고 하였다. [참고문헌]『華手經』.

화갈 貨竭 부처님 재세 시 비구 사가타(沙伽陀 Ⓢ Svāgata, Ⓟ Sāgata)의 다른 음사어. 선래(善來)라고도 한역한다. 『무량수경연의술문찬』 권상(대정장37, p.133c27·한불전2, p.21b12)에 "선래란 무엇인가? 즉 지겸(支謙)은 현자 채게(蔡揭)라고 한역하였으며, 『오백제자본기경』에서는 또한 '화갈'이라 하였고, 『남해기귀내법전』에서는 '범어 사게다는 선래로 한역한다'라고 하였다. 善來者 卽支謙云 賢者蔡揭 本起亦云貨竭 傳云 梵音莎揭哆 譯爲善來"라고 하였다. [참고문헌]『無量壽經連義述文贊』, 『五百弟子本起經』(대정장4, p.192b28), 『南海寄歸內法傳』 권3(대정장54, p.223a11). ⇨사가타 娑伽陀, 선래 善來 ❷

화감 華甘 조선후기 강원도 삼척 두타산(頭陀山) 명적사(明寂寺) 스님. 화감은 호이고, 휘는 지희(知稀)이니 『반야반야밀다심경』에 대한 주해를 지었는데, 한불전11 pp.529~530에 수록되어 있다. ⇨지희 知稀

화개 華蓋 Ⓢpuṣpa-cchatra. 꽃으로 장식한 가리개. 화개(花蓋)라고도 쓴다. 『불본행집경』 권3(대정장3, p.667b15)에 "내가 내세에 부처 지을 때에는, 지금의 연등여래법과 같으리니, 대중 또한 다를 것이 없고, 뿌린 꽃들이 허공에 머물러 꽃잎은 아래로, 꽃줄기 위를 향한 채로 부처님 머리 위 꽃덮개를 이루고는 부처님 따라 가거나 멈추게 해주시옵소서. 若我來世得作佛時 如今然燈如來得法 及於大衆無有異者 所散之華住虛空中 花葉向下花莖向上 當佛頂上成於華蓋 隨佛行住", 『법화현찬』 권2(대정장34, p.685b29)에 "서역은 매우 더워 사람들이 흔히 양산을 지닌다. 꽃으로 장식하여 화개라 한다. 화(華)는 화(化)의 음이다. 西域暑熱 人多持蓋 以花飾之 名爲花蓋 華是花音也"라고 하였다. [참고문헌] 『佛本行集經』, 『法華玄贊』, *Sukh-vy. I.60.*

화개부왕 華開敷王 ⓈSaṃkusumita-rāja-tathāgata. 태장만다라 중대팔엽원(中臺八葉院)의 남방에 안치된 여래. 개부화왕여래(開敷華王如來)・사라수왕(娑羅樹王)・사라수왕화개부불(娑羅樹王華開敷佛) 등이라고도 한다. 『대일경의석연밀초』 권5(卍속장37, p.126b16)에 "황이 사라수왕의 색이란 말은, 보리심을 종자로 대비와 만행을 길러 치우침 없고 올바른 깨달음을 성취할 때 온갖 덕이 활짝 꽃피므로 화개부왕불이라고 부른다. 言黃是娑羅樹王色者 謂以菩提心種子 長養大悲萬行 成等正覺之時 萬德開敷 名爲華開敷王佛", 같은 책 권9(卍속장37, p.234a8)에 "범본에 의하면 계소라야(鷄蘇囉惹)라고 하는데 화개부왕이라 한역한다. 계소라인날라(鷄蘇囉印捺囉)〈날과 라를 합하여 한 음절〉라고 해도 또한 화개부왕인데, 앞 구절에서 두 개의 라(囉) 자가 나란히 있었기 때문이다. 若依梵本 謂鷄蘇囉惹 此云 華開敷王 若云 鷄蘇囉印捺囉〈二合〉 亦是華開敷王 爲前句中併有二囉字故"라고 하였다. [참고문헌] 『大日經義釋演密鈔』. ⇨사라수왕 娑羅樹王❶

화개사 華蓋寺 인천광역시 강화군 교동면 상용리 화개산(華蓋山)에 있는 절. 전등사(傳燈寺)의 말사로 옛 이름은 화개암(華盖庵)이다. 이색(李穡 1328~1396)이 독서하고 「화개산 華蓋山」 등의 시를 지은 곳이기도 하다. 「화개암지 華盖庵誌」에 "연혁은 알 수 없다. … 소화 3년(1928) 무진 3월 감원 김정운이 개분불사를 봉행하였다. … 예전에는 남산 대흥정 동쪽에 있었고 이미 폐사되어 화약고로 쓰였는데 또 폐하여 밭이 되었다. 沿革未詳 … 昭和三年 戊辰三月 監院金晶雲 改粉佛事奉行 … 舊在南山大興町東 旣廢爲火藥庫 又廢爲田"라고 하였다. 『교동군읍지』에는 교동팔경(喬桐八景) 중 6번째로 소개되었으며, 1890년대 이후 중창되어 현존하는 당우로는 법당 등이 있다. [참고문헌] 『喬桐郡邑誌』, 『江都志』, 『韓國寺刹全書』 권하 p.1175a8, 『傳燈本末寺誌』(亞細亞文化社, 1978) pp.87~90.

화개연현 華開蓮現 연꽃 피면 열매인 연자 드러난다. 천태에서 시설한 연화삼유(蓮華三喩) 중 하나로 연꽃은 권법(權法)에, 연밥은 실법(實法)에 비유되므로 권법 열어 실법이 드러나게 한다는 뜻이다. 즉 법화의 적문(迹門)에서 삼승(三乘)의 권법을 열어 본문(本門)에서 일승(一乘)의 실법을 나타내는 것을 비유하는 말이다. 개권현실(開權顯實)・개적현본(開迹顯本)과 같은 뜻이다. 『법화현의』 권5(대정장33, p.739a6)에 "개권현실은 화개연현과 같다. 開權顯實 如華開蓮現", 같은 책 권7(대정장33, p.773a13)에 "또 세 가지 비유로 본문을 비유한다. … 둘째 화개연현이다. 적문을 열어 본문 나타남을 비유하는데, 그 뜻은 적문에 있으니 보살이 부처의 방편을 알도록 했다. 이미 적을 알고 난 다음에는 다시 본을 알아 도를 증장하고 생사를 손멸한다. 又三譬譬本門者 … 二 華開蓮現 譬開迹顯本 意在於迹 能令菩薩識佛方便 旣識迹已 還識於本 增道損生"라고 하였다. [참고문헌] 『法華玄義』, 『蓮宗寶鑑』 권2(대정장47, p.309c5). ⇨개권현실 開權顯實, 개적현본 開迹顯本, 연화삼유 蓮華三喩, 본적이문 本迹二門

화갱 火坑 불구덩이. ❶Ⓟaṅgārakāsu. 오욕(五欲)을 빗댄 말. 『중아함경』 권54 「아리타경 阿梨吒經」(대정장1, p.763c15 : *Alagaddūpama-sutta, MN.1,* p.130)에 "비구들은 답하였다. '우리들은 세존께서 다음과 같이 설법하셨다는 것을 압니다. 욕에는 장애가 있으니 세존께서는 욕에 장애가 있다고 설하셨고, … 욕은 불구덩이와 같기에 세존께서는 욕은 불구덩이와 같다고 설하셨습니다'. 諸比丘答曰 我等知世尊如是說法 欲有障礙 世尊說欲有障礙也 … 欲如火坑 世尊說欲如火坑也 appassādā kāmā vuttā bhagavatā bahudukkhā bahupāyāsā, ādīnavo ettha bhiyyo … aṅgārakāsūpamā kāmā vuttā bhagavatā", 『잡아함경』 권43(대정장2, p.314a18 : *Dukkhadhammā-sutta, SN.4,* p.189)에 "이처럼 많이 들은 귀한 제자들은 오욕을 불구덩이처럼 보고 심지어 세간의 탐욕과 근심과 악해 불선한 법들이 결코 마음을 덮지 않게 해야 한다. 如是多聞聖弟子 見五欲如火坑 乃至世間貪 憂 惡不善法 不永覆心 evam eva kho bhikkhave bhikkhuno aṅgārakāsūpamā kāmā diṭṭhā honti yathāssa kāme passato yo kā mesu kāmacchando kāmasneho kāmamucchā kāmapariḷāho so nānuseti"라고 하였다. 〔참고문헌〕『中阿含經』, 『雜阿含經』, *MN.*, *SN.* ❷ Ⓢ agni-khadā. 악취(惡趣)를 빗댄 말. 60권본 『화엄경』 권18(대정장9, p.512b12)에 "일체중생이 모두 악취라는 불구덩이를 없게 해서 여래의 즐거움을 누리게 한다. 令一切衆生 皆悉除滅 惡趣火坑 受如來樂", 『호국존자소문대승경』 권1(대정장12, p.4b23)에 "불법의 공덕들로부터 멀리 벗어나 악취라는 큰 불구덩이에 떨어져 이와 같이 행한 바 악취로 갈 뿐이니, 교법에 의지하지 않아 이러한 고통을 얻었다네. 이에 늘 보리도 행하여 악취에 나는 일 없게 하리라. 遠離佛法諸功德 墮入惡趣大火坑 如是所行惡趣行 不依敎法獲斯苦 是故常行菩提道 無令淪沒惡趣生"라고 하였다. 〔참고문헌〕『華嚴經』, 『護國尊者所問大乘經』, *Gaṇḍ-vy.141.*

화갱변성지 火坑變成池 Ⓢ abhisikto iva agni śāmyati, Ⓣ chus btab bshin-du me dag shi-bar 'gyur. 불구덩이가 변하여 연못이 되다. 관세음보살을 생각하는 힘으로 얻는 열두 가지 영험 중 하나이다. 『법화경』 권7(대정장9, p.57c17 : *Saddh-p.*, p.448)에 "설사 해치려는 마음을 일으킨 사람에 의해, 큰 불구덩이에 떨어질지라도, 저 관음보살을 생각하는 힘으로, 그 불구덩이마저 연못으로 변한다네. 假使興害意 推落大火坑 念彼觀音力 火坑變成池 saci agnikhadāya pātayed ghatanārthāya praduṣṭamānasaḥ, smarato avalokiteśvaraṃ abhisikto iva agni śāmyati"라고 하였다. 〔참고문헌〕『法華經』, *Saddh-p.* ⇨ 삼십삼관음 三十三觀音, 관세음보살 觀世音菩薩

화거 火車 불타는 수레. 죄인을 태우고 지옥으로 간다고도 하며, 지옥의 이름이기도 하다. 『보살본행경』 권하(대정장3, p.122a24)에 "지옥에서 불에 타고 끓는 물에 삶아지며 칼로 된 산과 검으로 된 숲에서 고통받고 불길이 맹렬하게 타오르는 수레 타고 화로와 숯에 고통받으며 칼과 톱에 몸이 잘리는 등 혹독한 고통을 이루 다 설할 수 없다. 地獄之中 火燒湯煮 刀山劍樹 火車爐炭 刀鋸解析 甚酷甚痛 不可具陳", 『변의장자자경』(대정장14, p.840a5)에 "죽어서 지옥에 떨어지면 불길이 맹렬하게 타오르는 수레의 바퀴에 짓밟히는데 억겁이 지나야 빠져나온다. 死入地獄 爲火車所轢 億劫乃出", 『대지도론』 권14(대정장25, p.165a7)에 "또한 맹독을 손톱에 바르고 부처님께 예를 올리는 척 해치려 왕사성에 가려고 했지만, 도착하기도 전에 땅이 자연스레 갈라지고 불타는 수레가 영접하러 와서 산 채로 지옥에 들어갔다. 復以惡毒 著指爪中 欲因禮佛 以中傷佛 欲去未到王舍城中 地自然破裂 火車來迎 生入地獄"라고 하였다. 〔참고문헌〕『菩薩本行經』, 『辯意長者子經』, 『大智度論』.

화거지옥 火車地獄 지옥 이름. 『대방편불보은경』 권2(대정장3, p.136a12)에 "나는 이때 화거지옥에 떨어졌는데 두 사람 함께 불타는 수레를 끌었다. 我於爾時 墮在火車地獄中 共兩人竝挽火車", 『관불삼매해경』 권5(대정장15, p.671a26)에 "화거지옥이란 다음과 같다. 구리로 된 가마솥 하나하나마다 가로세로가 똑같이 40유순인데 그 안에 맹렬한 불길 가득하고 아래에는 12개의 화륜이 있으며 위에는 94개의 화륜이 있다. … 이 말을 마치고 기절하여 죽으면 불타오르는 수레 위에 실려 사지가 불에 타며 거대한 불길에 떨어져 신체마저 타서 흩어진다. 옥졸이 살아나라고 외치면 그 소리에 응하여 살아나는데 불타는 수레 바퀴로 총 18번 짓밟아 몸은 부서져 티끌 되고 하늘에서 끓는 구리비 내려 신체에 마구 뿌려지면 다시 살아난다. 火車地獄者 一一銅鑊 縱廣正等 四十由旬 滿中盛火 下有十二輪 上有九十四火輪 … 作是語已 氣絶命終 載火車上 支節火然 墮火聚中 身體燋散 獄卒唱活 應聲還活 火車轢身 凡十八返 身碎如塵 天雨沸銅 遍灑身體 卽便還活"라고 하였다. 〔참고문헌〕『大方便佛報恩經』, 『觀佛三昧海經』.

화게 花偈 경문(經文) 중의 게송을 가리키는 말. 경의 산문을 산화(散花)라고 부르고 게송을 관화(貫花)라고 부르는 데서 유래하였다. 또는 달마게를 가리키기도 한다. 화게(華偈)라고도 한다. 『원각경심경』 권1(卍속장93, p.958b15)에 "여래의 일대시교는 대소승으로 구부와 십이부고, 이 경이 갖추어진즉 길게 말씀하신 것으로 꽃 흩뿌린 듯한 일부가 있고, 거듭 게로 설해 꽃 꿴 듯한 관화라는 일부다. 부처님께서 세상에 계실 때 사람들 꽃 가져와 부처님께 드리니 바람 불어 날아가버렸다. 그 뒤로 실로 꿰었기에 관화라 하였다. 如來說一代時敎 大小乘 有九部十二部 此經具有之 卽此長行爲之散花 一部重說偈爲之貫花 亦一部 佛世時人 以花來供佛 前風飄去 後以線貫之 故曰貫花也", 『조정사원』 권3(卍속장113, p.73a2)에 "화게 : 초조달마가 법을 전한, 꽃에서 다섯 잎이 피었다 한 게를 말한다. 花偈 初祖達磨傳法一花五葉之偈"라고 하였다. 〔참고문헌〕『圓覺經心鏡』, 『祖庭事苑』. ⇨ 일화개오엽 一華開五葉

화경 化境 부처님 한 분이 교화할 경계 안의 땅이나 중생. 이종불경(佛證境 佛化境) 중 하나다. 『화엄경소』 권5(대정장35, p.535a16)에 "하나의 삼천계가 한 부처님의 화경이기에 때로는 불찰불토라고도 한다. 一三千界 一佛化境故 或名佛刹佛土", 『화엄오교장』 권3(대정장45, p.498a12)에 "어떤 이는 화경이 백억에 그치지 않는다고 설한다. 저 『대지도론』 중 삼천대천세계를 하나의 수로 삼아서 그 수가 항하사에 이르면 일세계성이 되고, 다시 이것을 헤아려 항하사에 이르면 일세계성이 되며, 이것을 헤아려 다시 무량의 항하사가 되면 일세계종이 되고, 이것을 헤아려 다시 무량시방항하사에 이르러야 한 부처님의 세계로서 교화하실 분제가 된다. 或說化境 非但百億 如大智論中 以三千大千世界爲一數 數至恒河沙 爲一世界性 又數此至恒河沙 爲一世界海 數此又至無量恒河沙 爲一世界種 數此又至無量十方恒河沙 爲一佛世界 所化分齊也"라고 하였다. 〔참고문헌〕『華嚴經疏』, 『華嚴五敎章』. ⇨ 이종불경 二種佛境

화경업 和敬業 Ⓢ sāmīcī-karman, Ⓣ 'dud-pa, 'dud-pa'i-las. 고르게 어울려 서로 삼가고 우러르다. 『금광명최승왕경소』 권3(대정장39, p.227b3)에 "선한 벗에게 때마다 우러러 묻고 예배하고 받들어 맞이하고 합장하는 등 은근히 화경업을 닦음으로써 공양으로 삼는다. 於善友 隨時敬問禮拜 奉迎合掌 殷勤修和敬業 而爲供養", 『유가론기』 권7(대정장42, p.465a21)에 "(九種加行 중) 세 번째는 불완가행이니 빈틈없이 은중함 일으켜 화경업을 닦는다. 여섯 가지 화경을 말한다. 三 不緩加行 謂起無間慇重 修和敬業者 謂六和敬"라고 하였다. 〔참고문헌〕『金光明最勝王經疏』, 『瑜伽論記』, *Śrāv-bh.39.*, *Bodh-bh.4.* ⇨ 가행 加行, 육화경 六和敬

화경행 和敬行 Ⓟ sāmīci-paṭipanna. 계・학・설・별해탈처를 같이하며 어울려 삼가고 받드는 행. 『법온족론』 권2(대정장26, p.463b15)에 "화경행이란, 부처님의 제자들은 하나로 지키고 하나로 익히며 하나로 설하고 하나로 별해탈한다. 계를 같이하고 배움을 같이하며 설함도 같고 별해탈도 같이한다. 구족계를 받은 지 백 년이 된 이가 배워온 학처를 처음 구족계를 받은 이가 또한 그 중에서 배우고, 처음 막 구족계를 받은 이가 배워야 할 학처를 구족계를 받은 지 백 세 된 이가 또한 믿고 그 중에서 배운다. 和敬行者 謂佛弟子衆 一戒 一學 一說 一別解脫 同戒 同學 同說 同別解脫 受具百歲所應學處 初受具者亦於中學 初受具者所應學處 受具百歲亦於中學", "불제자들로서 이 중에서 하나뿐인 계의바탕, 배움의 바탕, 설함의 바탕, 별해탈의 바탕에서 그 계성・학성・설성・별해탈성을 함께하는 것을 화경행이라 한다. 또 불제자들은 서로 공경하고 서로 겸양하며, 장로와 기숙에게는 일어나 맞이하면서 합장하고 위문하고 예배하며 서로 화경을 표한다. 불제자들 이와 같이 행하니 화경행이라 한다. 佛弟子衆能於此中一戒性 一學性 一說性 一別解脫性 同戒性 同學性 同說性 同別解脫性 名和敬行 又佛弟子衆 互相恭敬 互相推讓 於長宿者起迎合掌 慰問禮拜 表相和敬 佛弟子衆如是而行 名和敬行", 『유가사지론』 권84(대정장30, p.767b22)에 "화경행은 육견법으로 서로 상응한다. 和敬行者 與六堅法而共相應"라고 하였다. 〔참고문헌〕『法蘊足論』, 『瑜伽師地論』, *SN.5.380.* ⇨ 승증정 僧證淨, 육화경 六和敬

화계 火界 Ⓢ Ⓟ tejo-dhātu, Ⓣ me'i-khams. 사계(地水火風) 중 불이라는 계. 익히는(熟成 Ⓢ pakti) 업(業)이고, 따뜻함(煖性 Ⓢ uṣṇatā)을 자성(自性)으로 한다. 난성을 지닌 내외의 모든 요소를 말한다. '계'란 뒤섞이지 않는 자상(自相)과 물질의 형태(所造色)로 상속해 세계를 유지하는 공(空)한 것들 중에서도 바탕이 되는 것을 말한다. 화대종(火大種)이라고도 한다. 『구사론』 권1(대정장29, p.3b6 : *Abh-k-bh.*, p.8)에 "화계는 능히 익히고 … 화계는 난성이다. 火界能熟 … 火界煖性 uṣṇatā tejo-dhātuḥ", 『대승아비달마집론』 권1(대정장31, p.663b22 : *Abh-s.*, p.3)에 "무엇이 화계인가? 온열성을 말한다. 何等火界 謂溫熱性 tejo-dhātuḥ katamaḥ. uṣṇatā", 『구사론기』 권1(대정장41, p.22c12)에 "가져 견디는 뜻을 계라 한다. 첫째 능히 큰 씨앗 가져 스스로의 상을 고치지 않으며, 둘째 능히 지은 바 색으로 서로 이어 가진다. 持義名界 一 能持大種自相不改 二 能持所造色相續", 『대비바사론』 권75(대정장27, p.388a6)에 "〔문〕 화계란 무엇인가? 〔답〕 따뜻한 바탕이다. 이 화계 모두 모아 난성이라고 하지만 이 따뜻함의 차별은 끝이 없으니 내외분의 난성 서로 다르다. 내분의 따뜻함이란 몸 안의 열 한결같고 두루 있어 이로 인해 마시고 먹고 삼킨 것 모두 쉽게 소화되어 몸을 안온하게 한다. 이 따뜻함 만약 증대한다면 열병이 된다. 외분의 따뜻함이란 횃불・등불・촛불・질그릇 화로 등의 불길과 화염이 성・마을・산림・광야・약초를 태우는 것과, 태양・마니주・하늘・용궁에서 나오는 화염과 지옥 등의 모든 불의 난성을 말한다. 問 火界云何 答 煖性 雖此火界總是煖性 而此煖性差別無邊 謂內外分煖性各異 內分中煖性者 謂身中熱等熱遍熱 由此所飮所食所噉 皆易消熱令身安隱 此若增時便成熱病 外分中煖性者 謂炬燈燭陶竈爐等火聚炎焰 燒諸城 村山林曠野 及諸藥草 日輪末尼天龍宮殿所出火焰 幷地獄等諸火煖性", "마땅히 이렇게 말해야 한다. '내분의 화계의 난성이 외분의 화계의 것보다 더 뜨겁다. 왜 그러한가? 만약 음식을 가마솥에 두고 아래에서 불을 지피면 하루가 지나더라도 형색이 바뀌게 할 수 없지만, 뱃속에 있으면 잠깐 사이에 변하기 때문이다'. 이러한 내외분의 갖가지 난성이 특징이 같기에 간략히 하나로 묶어 거둬서 화계라 한다. 應作是說 內火煖性熱於外火 所以者何 若以飮食置釜鑊中 下然熾火經一日夜 猶不能令形色變易 如在腹中經須臾頃 此內外分種種煖性以相同故 略爲一聚總名火界"라고 하였다. 〔참고문헌〕『俱舍論』, 『大乘阿毘達磨集論』, 『俱舍論記』, 『大毘婆沙論』, *Abh-k-bh.*, *Abh-s.*, *DN.3.228.* ⇨

화 火, 사대 四大❶, 계 界, 사대종 四大種

화계사 華溪寺 서울시 강북구 수유동 삼각산(三角山)에 있는 절. 대본산 봉은사(奉恩寺)의 말사였는데, 지금은 대한불교조계종 직할교구 소속이다. 1619년(광해군11)에 도월(道月)이 쓴 「삼각산화계사중수연기문 三角山華溪寺重修緣起文」(『한국사찰전서』 권하 pp.1175b11~1176a3)에 따르면 고려 때 탄문(坦文)이 한양(漢陽)의 동쪽 10리에 있는 부허동(浮虛洞)에 보덕암(普德庵)을 창건하였고, 이어 1522년(중종17)에 서평군(西平君) 이공(李公)이 보덕암을 왕래하며 신월(信月)과 오래 만났는데, 함께 뜻을 모아 보덕암 남쪽의 화계동(華溪洞) 절터에 법당 3채와 요사 50칸을 새로 지으면서 화계사라고 하였으며, 1618년(광해군10) 9월 15일 밤에 갑자기 불이 일어나 모두 불타고 말았는데, 도월이 선조(宣祖)의 생부인 덕흥대원군(德興大院君) 이초(李昭)의 시주를 받아 5개월만에 이전의 모습으로 재건하였다. 1866년(고종3)에 대생(臺生)이 쓴 「삼각산화계사중건기 三角山華溪寺重建記」(같은 책, p.1176a3~17)에는 1619년(광해군11) 가을에 불탄 것을 덕흥대군(德興大君)과 도월이 중건하였고, 1866년(고종3)에 용선(龍船)·범운(梵雲)이 운현대원군(雲峴大院君)으로 불린 고종의 생부 흥선대원군(興宣大院君)의 시주를 받아 삼창(三創)하였다고 하였다. 1870년(고종7)에는 용선이 초암(草庵)과 함께 대웅전을 중수하였고, 1876년(고종13)에 금람동섭(錦藍東燮)이 작성한 「화계사중창단확기 華溪寺重刱修丹雘記」(같은 책, p.1176a17~b6)에는 1875년(고종12)에 자수(刺繡)로 제작한 관음보살상을 궁궐에서 가져와 고법당(古法堂)에 봉안하였는데 건물이 1칸에 불과할 정도로 작았으므로, 1876년 봄에 초암이 화주가 되어 법당을 고쳐 넓히고, 상궁 신녀들의 시주를 받아 단청을 입혔다고 하였다. 자수관음상은 뒷날 순종(純宗)으로 황위에 오른 원자(元子)의 탄생을 맞아 어머니 명성황후(明成皇后)와 익종비(翼宗妃) 신정왕후(神貞王后), 헌종비(憲宗妃) 효정왕후(孝定王后) 등이 발원하고 궁녀가 수를 놓아 조성한 것이라고 전한다. 1878년(고종15)에도 초암이 화주로 시왕전을 중수하였는데, 특히 신정왕후가 자주 시주를 하여 상궁의 출입이 잦았기에 당시에는 화계사를 '궁절'이라 부르기도 하였다 한다. 1885년(고종22)에는 금산화상(錦山和尙)이 산신각을, 1921년에는 현하(玄荷)·동화(東化)가 관음전·시왕전을 중수 단청하였다. 1933년에는 조선어학회(朝鮮語學會)가 보화루(寶華樓)에 기거하며 한글맞춤법통일안을 정리하기도 하였다. 1963년부터 한동안 재경동국대학교 학승을 위한 기숙사를 겸해 운영하였다. 1960년대 중반부터 숭산행원(崇山行願)이 해외 포교에 힘쓰면서 1984년에 국제선원을 개원하여 외국인 스님들을 위한 수행공간이 마련되었고, 2018년에는 국제선문화체험관을 완공하였다. 현재 당우로는 대웅전, 대적광전, 미륵전, 명부전, 천불오백성전, 삼성각, 보화루 등이 있다. 성보문화재로는 1683년(숙종9) 4월에 사인비구(思印比丘)가 제작한 동종과 1649년(인조27)에 영철(靈哲)이 조성한 것으로 추정되는 명부전에 봉안한 25좌의 목조지장보살삼존상 및 시왕상이 보물로 지정되어 있고, 대웅전과 함께 목조관음보살좌상 및 복장유물, 아미타괘불도 및 오여래도, 아마타후불도, 지장보살도, 십대왕도, 시왕도 및 사자도, 천수천안관음변상판, 탑다라니판 등도 유형문화재로 지정되어 있다. 〔참고문헌〕『韓國寺刹全書』, 『華溪寺誌』.

화계사동종 華溪寺銅鍾 서울 삼각산 화계사에 있는 조선후기 동종. 보물 제11-5호. 높이 97.4cm. 1683년 사인(思印) 스님이 경상도 영주 희방사의 대종으로 만든 것을 1897년 해남 미황사의 운판과 함께 구입하였다 한다. 사인스님은 17세기 경기도와 경상도 일대의 이름난 주종장으로 포항 보경사 서운암 동종(1667년, 보물 제11-1호) 등 8점이 보물로 지정되어 있다. 화계사 동종은 중국과 한국의 주종 양식이 혼합된 동종으로 중국양식의 편평한 천판 위에는 음통 없이 두 마리의 용이 등을 맞대고 있다. 몸체 상단의 2단 범자문대 상단에는 원권 안에 육자대명왕진언(六字大明王眞言)을, 하단에는 파지옥진언(破地獄眞言)을 배치하였다. 바로 아래 사방의 연곽이 있고, 그 사이의 원패(願牌)에는 '종면벽석이여 임금의 길 더욱 안녕하고 지혜의 햇빛 길이 밝아서 법계 가득 열매 맺으리. 宗面碧石王道彌隆惠日長明法周泌果'라는 원문이 새겨져 있다. 17세기 전반 범종과는 다르게 원패만을 배치해 양식적 변화를 도모했고, 연곽의 테두리에 당초문을 새기고 연곽 안에는 5엽의 연화 위로 도드라진 연뢰 9개를 배치하였다. 종신에 새겨진 명문에 따르면, 강희 22년인 1683년 경상도 소백산 희방사에 봉안하기 위해 만든 대종으로 무게는 3백근이고, 종의 제작에는 사인(思印)스님을 비롯해 담연(湛衍)·설옥(雪玉)·청윤(淸允)·조신(祖信)·후영(厚英) 등 모두 6명의 주종장이 참여하였다. 사인스님의 독립적인 범종양식을 처음 드러낸 성보다. ⇨사인비구제작동종 思印比丘製作銅鐘

화계사만일염불회 華溪寺萬日念佛會 1910년 12월 서울 삼각산 화계사에 창설된 만일염불회. 절의 노스님

월명(越溟)이 강원도 양양의 토지 276마지기를 헌납함으로써 창설되었으며, 회주(會主) 월제(月濟), 화주(化主)는 월초(月初)·포응(抱應)·동화(東化) 등이었다. 1910년(융희4) 12월 16일에 법우사미(法雨沙彌)가 「삼각산화계사만일염불회창설기」를 지었으며, 1916년 10월에 월명의 공덕을 기리고자 사중에서 월명당과 만일회헌답기념비를 건립하였다. [참고문헌] 『韓國近世佛敎百年史』 권1 「法式編年」 p.4. ⇨ 만일염불회 萬日念佛會, 화계사 華溪寺

화계사목조지장보살삼존상및시왕상일괄 華溪寺木造地藏菩薩三尊像◯十王像一括 서울 삼각산 화계사의 조선후기 목조불상. 보물 제1822호. 높이 지장보살 98.0cm·무독귀왕 156.5cm·도명존자 135.5cm·시왕 133.0~146.0cm. 명부전에 봉안되어 있다. 지장보살과 좌우보처 도명존자와 무독귀왕 그리고 시왕·귀왕·판관·사자·장군·동자 등 모두 25구(軀)로 이루어져 있다. 「화계사연혁 華溪寺沿革」에 의하면, 모든 상들은 원래 황해도 배천군(白川郡) 견불산(見佛山) 강서사(江西寺)에 봉안되었던 존상들로, 1877년(고종14)에 왕명으로 서울 화계사로 옮겨 봉안되었다고 한다. 지장보살상에서 발견된 조성발원문에 의하면 1649년(효종즉위) 9월 3일에 완성되었고, 견불산(見佛山) 강서사(江西寺)에 봉안되었으며, 수조각승 영철(靈哲) 등 12명의 조각승에 의해 제작되었다고 한다. 영철은 17세기 초반에 충청남도와 전라북도 지역에서 활동한 수연(守衍)의 제자로 1619년부터 1639년까지 20년 동안 수연이 조성한 모든 불사에 동참하였고, 화계사의 지장상 등은 그가 수조각승으로 조성한 현존 유일의 불상이다.

화계삼매 火界三昧 삼매에 들어 불꽃을 뿜어내는 삼매. 화계정(火界定)·화정(火定)·화삼매(火三昧)·화광삼매(火光三昧)·화염삼매(火焰三昧)라고도 한다. 『대반열반경』 권하(대정장1, p.204b25)에 "이때 수발다라가 부처님 앞에서 화계삼매에 든 채로 반열반하였다. 時須跋陀羅 卽於佛前 入火界三昧而般涅槃", 『제석소문경』(대정장1, p.247b6)에 "세존이시여, 제가 기억하기에 한 때 부처님께서는 사위국 기수급고덕원에서 화계삼매에 드셨습니다. 이때 저는 비사문궁에서 그 궁의 묘비라는 부인이 부처님께서 이 화계삼매에 드시는 것을 보고 합장하여 공경하며 전심으로 염불하는 것을 보았습니다. 世尊 我念一時佛在舍衛國祇樹給孤獨園入火界三昧 是時我在毘沙門宮 見彼宮中有一夫人 名曰妙臂 見佛入是火界三昧 合掌恭敬專心念佛", 『대방등대집경』 권48(대정장13, p.317a15)에 "화계삼매란 몸을 떠나지 않은 채로 뜨거운 상과 태우는 상, 그리고 사라져 없어지는 성을 반연해 성숙시키는 것이다. 火界三昧者 不分離身 成熟攀緣 熱想 燒相 盡滅性", 『초분설경』 권상(대정장14, p.763b5)에 "세존께서 화계삼매에 들어 연기와 불꽃을 내보이셨으니 그 집 주위가 온통 한 무더기 크게 타오르는 불꽃이었다. 다시 청황적백 갖가지 색상으로 극악한 화염을 뿜었으니 세존께서도 청황적백의 갖가지 불꽃을 뿜어내셨다. 世尊卽入火界三昧 亦出煙焰 周匝其舍 都成一聚大火熾焰 彼龍復出青黃赤白種種色相 大惡火焰 世尊亦出青黃赤白種種色焰"라고 하였다. [참고문헌] 『大般涅槃經』, 『帝釋所問經』, 『大方等大集經』, 『初分說經』. ⇨ 화광삼매 火光三昧

화계정 火界定 Ⓢ tejodhātu-samāpanna, Ⓟ tejodhātuṃ samāpatti. 불꽃을 방출하는 정. 『대비바사론』 권135(대정장27, p.700a2)에 "(존자는) 신력으로 허공중에 올라 좌상과 갖가지 땔감을 화작하고는 원력을 빌어 화계정에 드니 바로 불이 일어나 반열반하였다. 神

화계사목조지장보살삼존상·제1진광대왕·제2초강대왕·제3송제대왕·제4오관대왕·제5염라대왕·제6변성대왕·제7태상대왕·제8평등대왕·제9도시대왕·제10오도전륜대왕·귀왕(좌우)·판관(좌우)·동자(우2·좌2)·사자(좌우)·장군상(좌2)

力昇空於虛空中 化作床座及種種薪 便以願力入火界定 纔發火已則般涅槃", 『구사석론』 권13(대정장29, p.249c16 : *Abh-k-bh.*, p.267)에 "그 옛날 저사여래 계셨는데 보산 바위굴에서 화계정에 드셨다. 昔有如來號底沙於寶山巖中 入火界定 tiṣyaṃ tathāgata-ratnaguhāyāṃ tejodhātu-samāpanna"라고 하였다. 〔참고문헌〕『大毘婆沙論』, 『俱舍釋論』, *Abh-k-bh.*, *Vin.3.159.*

화계주 火界呪 부동명왕(不動明王)의 다라니. 『청색대금강약차벽귀마법』(대정장21, p.101b23)에 "위대한 용맹심에 머물러 부동명왕화계주를 백 번 염송한다. 住大勇猛心 誦不動火界呪一百", 『행림초』 권49(대정장76, p.340a11)에 "금강수보살이 문수보살에게 '위대한 위노왕 계시니 성자무동이시다. 나 지금 이 마음과 입인을 설한다'고 하였다. 그 마음이란 화계주를 말하니 이 궤의 큰 뜻은 저 다라니를 근본으로 섬겨 으뜸으로 삼는다. 所謂金剛手告文殊言 有大威怒王 名聖者無動 我今說是心 及立印云云 其心者 是可謂火界呪 此軌大旨 以彼呪爲朝宗歟"라고 하였다. 〔참고문헌〕『青色大金剛藥叉辟鬼魔法』, 『行林抄』. ⇨ 부동명왕 不動明王

화곡 花谷 조선후기 스님 계천(誡天)의 호. 월하계오(月荷戒悟 1773~1849)의 「화곡집후서 花谷集後序」(『가산고』 권4 · 한불전10, p.787c23)에 "시로써 세상에 이름난 분은 근래에 화곡대사가 바로 그분이시다. 이름은 계천이니 성품이 밝고 부지런하셨다. 以詩名於世者 而近曰花谷大士 其人乎 名誡天 性明勤"라 하였다. 〔참고문헌〕『伽山藁』. ⇨ 계천 誡天

화공 化工 잘 만들어 솜씨 좋은 이. 창조주의 비유다. 『조론신소유인』 권상(卍속장96, p.493b4)에 "이 땅에도 조화에 주인이 있다고 헤아린다. 옛 사람은 '물건 만드는 어린아이 기량이 많다' 하였고, 접화시에도 '우습구나, 조화의 주인이여! 정해진 마름본 없다네. 붉은빛 뒤집어 자줏빛으로 놀기도 하니 주인 마음일세'라고 하였다. 이들 모두가 만물이 생멸하며 변화하고 옮겨가는 일이 화공의 부림 때문이라고 본다. 此方亦計造化有主 古人云 造物小兒多伎倆 又接華詩云 可笑化工無定準 翻紅弄紫只由人 皆見萬物生滅 變化遷移 由化工使之", 『열조제강록』 권42(卍속장112, p.785a7)에 "또 다시 한껏 밝은 것 싹터 움직이니 화공이 몰래 움직이고 삼세로 변해 옮김에 놀랄 뿐이니, 비록 묵묵하여 말없다 하지만 어찌 불타듯 언제나 말하고 있지 않던가! 又見一陽萌動 化工密運 俄驚三世變遷 雖則默爾無言 爭柰熾然常說"라고 하였다. 〔참고문헌〕『肇論新疏游刃』, 『列祖提綱錄』. ⇨ 화모 化母, 공화사 工畫師, 심여공화사 心如工畫師

화공 畫工 ❶ ➡ 화사 畫師, 공화사 工畫師 ❷ 그림을 그리는 이. 특히 불화를 그리거나 불상을 조성하는 스님은 불모(佛母) 또는 금어(金魚)라고 한다. 『의룡집』 「마하사불사유공기 摩訶寺佛事有功記」(한불전12, p.302a9)에 "이에 인해상인과 마을로 다니며 권화하여 수천 냥을 얻고는, 증명법사를 청하고 화공을 맞이해 일을 시작함은 경인년(1890) 3월 10일이고 일을 마침은 같은 달 28일이었다. 이로부터 삼존불과 16존이 마치 미소 짓는 듯하여 능히 스님과 속인들로 하여금 우러러 공경 예배하고 따라 기뻐하며 찬탄케 하였다. 於是乃與印海上人行化邑 得數千兩 請證師 邀畫工 始事於庚寅三月初十日 畢功於同月二十八日 自是三尊佛十六尊 如有微笑 而能使緇素人 瞻敬禮拜 隨喜讚歎"라고 하였다. 〔참고문헌〕『義龍集』. ⇨ 불모 佛母 ❺, 금어 金魚 ❶

화과수 花果樹 Ⓢ puṣpaphala-vṛkṣa, Ⓣ me-tog-dang-'bras-bu'i-shing. 꽃피고 열매 맺는 나무. 취온(取蘊)이나 법지인(法智忍) 등 반드시 과(果)를 낳는 인(因)의 비유다. 화과수(華果樹)로도 쓴다. 『구사론』 권1(대정장29, p.2a27 : *Abh-k-bh.*, p.5)에 "또는 (유루의) 온은 취를 낳기에 취온이라 하니, 저 화과수와 같다. 或蘊生取故名取蘊 如花果樹 upādānāni vā tebhyaḥ saṃbhavantīty upādānaskandhāḥ puṣpaphalavṛkṣavat", 같은 책 권23(대정장29, p.121b3 : *Abh-k-bh.*, p.350)에 "이는 바로 법에 대한 지를 인으로 법에 대한 지를 견뎌 얻었기에 법지인이라 이름하는 것이다. 저 화과수와 같다. 是法智因得法智忍名 如花果樹 dharmajñānārthaṃ kṣāntiḥ puṣpaphalavṛkṣavat", 『구사론기』 권1(대정장41, p.14c29)에 "나무에서 꽃과 열매 나기에 화과수라 하는 것처럼 온이 능히 취를 낳기에 취온이라 한다는 것은 과를 좇아 이름을 삼은 것이다. 樹生華果名華果樹 蘊能生取故名取蘊 從果爲名", 같은 책 권23(대정장41, p.351a11)에 "이 나무에서 꽃과 열매 생기기에 화과수라 하듯이, 참고 견뎌 법에 지혜롭게 되기에 법지인이라 한다는 것이다. 樹生花果名花果樹 忍生法智名法智忍"라고 하였다. 〔참고문헌〕『俱舍論』, 俱舍論記』, *Abh-k-bh.*

화광동진 和光同塵 빛으로 어울리고 티끌과 함께하다. 지혜의 빛으로 번뇌와 함께하다. 또는 부처의 마음으로 중생과 함께하다 등의 뜻이다. 전거는 『노자』의 구절이다. 『유마경약소수유기』 권5(대정장38, p.772c4)에 "빛으로 어울리지만 티끌과 같이하지 않는다라 한 것은 (유마거사가) 방편으로 병을 보였으므로 '빛으로 어울린다'라고 하며, 안으로 혹업이 없으므로 티끌과 함께하지 않는다. 『노자』가 '그 빛으로 어울려 티끌과 같이한다'라고 하였으니, 담담해 그럴 듯해서 있는 듯한 것을 화광동진이라 하지만, 묘할 뿐 본래 섞인 일 없으니 '담담해 그럴 듯해서 있는 듯한 것'이라고 한다. 和光不同其塵者 方便現疾 故曰和光 內無惑業 故不同塵 老子云 和其光 同其塵 湛兮似或存 此謂和光同塵 而妙本不雜 故云 湛兮似或存", 『조론소』 권중(대정장45, p.180c15)에 "화광동진이란, 『노자』는 '화란 그 빛과 어울려 티끌과 함께 한다'라고 하였다. 이제 이 말을 빌어 성인이 화광동진함을 밝혔다. 유에 있으면 유와 같이하고, 무에 있으면 무와 같아진다. 유와 같아지지만 유를 취하지 않고, 무와 같이하지만 무를 가지지 않는다. 和光塵勞者 老子云 和者 和其光 同其塵 今借此語 以明聖人和光同塵 在有同有 在無同無 同有 不取有 同無 不取無也"라고 하였다. 〔참고문헌〕 『維摩經略疏垂裕記』, 『肇論疏』.

화광불 華光佛 Ⓢ Padmaprabha. 과거세 장엄겁(莊嚴劫)에서 최초의 부처님. 『미륵경유의』(대정장38, p.266c21)에 "과거 있어 장엄겁이라 하고 천불 계셨으니 그 중에 최초의 부처님 그 이름 화광불이셨고 최후의 부처님은 비사바여래였다. 過去名莊嚴劫 有千佛 最初佛名華光佛 最後佛名毘舍婆如來也"라고 하였다. 〔참고문헌〕 『彌勒經遊意』, *Saddh-p.66.*

화광삼매 火光三昧 Ⓢ eka-jvālī-bhūto dhyāyati. 불꽃으로 빛나는 삼매. 화생삼매(火生三昧)·화염삼매(火焰三昧) 등이라고도 한다. 『불본행집경』 권40(대정장3, p.841c6)에 "여래께서 그때 또 이와 같은 화광삼매에 드시니 몸에서 큰 불이 나왔다. 如來爾時 亦入如是火光三昧 身出大火", 같은 책 권53(대정장3, p.898a7)에 "여래께서 또 그때 다시 화광삼매에 드시니 모든 모공에서 갖가지 빛을 놓으셨다. 청색광명, 황색광명, 적색광명, 백색광명, 천초색광명, 파리색광명이다. 如來又時 或復入於火光三昧 於諸毛孔出種種光 所謂青色光明 黃色光明 赤色光明 白色光明 蒨草色光 頗梨色光"라고 하였다. 〔참고문헌〕 『佛本行集經』, 『雜阿含經』 권21(대정장2, p.151c14), *Saṅ-v.1.218.* ⇨ 화계삼매 火界三昧

화광삼매 華光三昧 꽃처럼 빛나는 삼매. 『신화엄경론』 권28(대정장36, p.915b8)에 "일체종화광삼매라 하니, 빛을 놓아 일체중생을 밝게 비춘다는 뜻이다. 一切種華光三昧者 放光照燭 一切衆生故", 『범망경술기』 권상(卍속장60, p.213a1)에 "이 삼매에 의지해 놓는 광명이 마치 꽃같이 빛나기에 화광삼매라 한다. 依此三昧 所出光明 猶如華光 名華光三昧"라고 하였다. 〔참고문헌〕 『新華嚴經論』, 『梵網經述記』. ⇨ 화계삼매 火界三昧

화광여래 華光如來 Ⓢ Padmaprabha, Ⓣ Pad-ma'i-'od. 사리불(舍利弗)이 미래에 부처 되어 받게 될(受記) 명호(名號). 연화광여래(蓮華光如來)라고도 한다. 『법화경』 권2(대정장9, p.11b16)에 "사리불이여, 너는 미래세에 한량없고 가없는 불가사의겁을 지나며 천만억쯤의 부처님께 공양하고 정법을 받들며, 보살이 행해야 하는 도를 빠짐없이 갖추어 부처가 될 것이니, 명호는 화광여래응공정변지명행족선서세간해무상사조어장부천인사불세존이리라. 그 국토는 이구(Ⓢ Viraja)라 하는데, 그 땅 평평하고 반듯하며 청정하고 장엄하며, … 화광여래께서 또한 삼승으로 중생을 교화하신다. … 사리불이여, 화광불의 수명은 12소겁이니, 왕자로서 성불하기 전은 제하며, 그 나라 인민의 수명은 8소겁이다. 화광여래는 12소겁을 지내시고는 견만보살(Ⓢ Dhṛtiparipūrṇa)에게 아누다라삼막삼보리를 기억해 주어 수기한다. 舍利弗 汝於未來世 過無量無邊 不可思議劫 供養若干千萬億佛 奉持正法 具足菩薩所行之道 當得作佛 號曰華光如來 應供 正遍知 明行足 善逝 世間解 無上士 調御丈夫 天人師 佛世尊 國名 離垢 其土平正 清淨嚴飾 … 華光如來 亦以三乘 教化衆生 … 舍利弗 華光佛壽十二小劫 除爲王子 未作佛時 其國人民 壽八小劫 華光如來 過十二小劫 授堅滿菩薩 阿耨多羅三藐三菩提記", 『현겁경』 권7(대정장14, p.54c21)에 "화광여래께서 나실 땅의 성은 선월화다. 그 부처님의 광명은 삼천백이십리를 비추며, 범지의 종성이고, 아버지는 애견이라 하며, 어머니는 성수라 하고, 아들은 견증이라 하며, 시자는 각씨라 하고, 가장 으뜸으로 지혜로운 제자는 의씨라고 하며, 신족제자는 상당이라 한다. … 정법은 오만세를 존립하고, 사리 또한 널리 흘러 시방으로 두루 퍼진다. 華光如來 所生土地 城名善月華 其佛光明 照三千一百二十里 梵志種 父名愛見 母字星宿 子曰堅證 侍者曰覺氏 上首智慧弟子曰義氏 神足弟子曰詳幢 … 正法存立五萬歲 舍利普流 遍布十方"라고 하였다. 〔참고문헌〕 『法華經』, 『賢劫經』, 『正法華經』 권2(대정장9, p.74b3), *Saddh-p.65.* ⇨ 사리불 舍利弗, 수기 授記, 화가라나 和伽羅那

화광음입심삼매 華光音入心三昧 『범망경』 권10상(대정장24, p.1002b4)에서 시설한 삼매. 『범망경직해』 권1(卍속장61, p.106a16)에 "화광음입심삼매란 무엇인가? 부처님 사자후의 뜻을 거듭 밝혔다. 화란 곧 행해서 빛나기에 사람으로서의 덕을 성취함이고, 광이란 지혜의 빛으로 사람의 장애를 무너뜨리며, 음이란 법의 소리로 사람의 미혹을 열고, 입심은 행·지·법음으로 거듭 중생의 마음 속으로 들어가 정각을 성취하는 것이다. 그러므로 화광음입심삼매라 한다. 華光音入心三昧者 申明佛吼之義 華 卽行華 成人之德 光 卽智光 破人之障 音 卽法音 開人之迷 入心 卽以行智法音 轉入衆生心中 而成正覺 故云 華光音入心三昧"라고 하였다. 〔참고문헌〕 『梵網經』, 『梵網經直解』.

화광정 火光定 Ⓢ tejo-dhātu. 불꽃으로 빛나는 정. 『대당서역기』 권3(대정장51, p.888a3)에 "허공에 올라 화광정에 들어가니 몸에서 연기과 화염이 일어나면서 적멸에 달어갔다. 남은 유해는 바닥에 떨어져 탑을 세웠다. 卽昇虛空 入火光定 身出煙焰 而入寂滅 餘骸墜下 起窣堵"라고 하였다. 〔참고문헌〕『大唐西域記』, *Saṅ-v.1.156.* ⇨ 화광삼매 火光三昧

화광존 火光尊 화천(火天). 밀교에서 호마법을 행할 때 권청하는 존격. 『대일경』 권2(대정장18, p.11b14)에 "화광존이 일체를 가엾이 여김을 사유하고 공양기 가득 채워 공양해야 한다. 思惟火光尊 哀愍一切故 應當持滿器 而以供養之", 『건립만도라호마의궤』(대정장18, p.932a18)에 "불이란 빛나는 불꽃을 일으킴이니 분노왕이 더러움을 없애는 것이다. 수인과 진언으로 두루 공양물을 가지하되 수인이 닿을 때마다 진언을 외우고 화염 속에서 람자가 화광존으로 변한다고 관상한다. 그 존격은 몸은 붉고 터럭은 황색이며 세 눈에 네 팔을 갖추었고 온몸이 불꽃의 광명으로 뒤덮였다. 오른손을 펼치고 엄지손가락은 손바닥에 넣고 소지·무명지·중지로 누르며 검지는 구부려 부르는 모양을 만든다. '저는 이제 머리 숙여 청하오니 화천의 상수존께서는 천 중의 대선이시고 범행은 숭앙과 경애를 받으십니다. 원컨대 여기 강림하시어 호마공양을 받으소서'. 火旣發光焰 忿怒王去垢 契明遍加物 每觸皆稱明 便於火焰中 而想有囕字 變成火光尊 身色赤髮黃 三目具四臂 遍身火焰光 智者展右手 空輪屈入掌 押以地水火 風曲鉤呼召 我今稽首請 火天上首尊 天中之大仙 梵行所崇敬 唯願降臨此 納受護摩供"라고 하였다. 〔참고문헌〕『大日經』, 『建立曼荼羅護摩儀軌』.

화광토출 和光吐出 빛인 채로 토해내다. 『무문관』 17칙 「평창 評唱」(대정장48, p.295a)에 "국사 세 번 부르자 혀끝 땅에 떨어졌고, 시자는 세 번 응답하자 온통 빛인 채로 토해냈다. 國師三喚 舌頭墮地 侍者三應 和光吐出"라고 하였다. 〔참고문헌〕『無門關』.

화교 化教 남산율종(南山律宗)의 교판(教判). 경의 말씀으로 다독여 가르침. 계로 정해 다스려 가르치는 제교(制教 : 行教)에 상대한다. 『우란분경소』 권상(대정장39, p.506a29)에 "경이란 화교이니, 열고 다독여 교화해 이끈다. 율이란 제교이니, 행업을 단속한다. … 지금 이 『우란분경』은 그 제목에 의하면 화교로 거두니 경장에 속하며, 그 뜻에 기울면 또한 제교로 거두기에 율장에도 속한다. 經是化教 開誘化導也 律是制教 制約行業也 … 今此盂蘭盆 據其名題 卽化教攝 屬於經藏 據其義意 亦制教攝 屬於律藏", 『천태보살계소』 권상(대정장40, p.584a25)에 "〔문〕 앞의 십계와 같은 것은 승계로 서로 통하는데 어떻게 구별하는가? 〔답〕 제교로 설명하면 악한 변방을 금함을 좇아 '계'라 하며, 화교로 밝히자면 선을 닦고 혜를 익힘을 좇아 '승'이라 해서 다른 것이다. 問 如前十戒 乘戒互通 如何取別 答 制教所明 從禁惡邊 而得戒名 化教所明 從修禪學慧 而立乘稱 此則別也", 『사분율행사초비』 권3(卍속장67, p.320b15)에 "교 비록 많다 해도 화교와 제교 두 가지를 벗어나지 않는다. 화교는 열려있어 도속에 통하고, 제교는 제한적이니 승니에만 국한한다. 화교중에서 인과선악의 두 업을 모두 밝히고 교화하여 출리의 길을 닦게 하므로 화교라 한다. 행교란 오편칠취로 그릇된 것을 금하고 단속하는 것인데, 교가 다스림으로 말미암아 흥하므로 제교라 한다. 통이다 국이다 함은, 화교는 칠중에 통하고 제교는 오중에 한하므로 그렇게 말한다. 教雖衆多 不出化制二種 化教是通 通於道俗 制教是局 局被僧尼 以化教中總明因果善惡二業 教化令修出離之道 故曰化教 言行教者 五篇七聚 禁約緣非 教由制興 故曰制教 言通局者 謂化教通七衆 制教局五衆故曰也"라고 하였다. 〔참고문헌〕『盂蘭盆經疏』, 『天台菩薩戒疏』, 『四分律行事鈔批』. ⇨ 남산종 南山宗, 남산삼관 南山三觀, 제교 制教, 오편칠취 五篇七聚

화궁전수 化宮殿手 천수관음의 40수(手) 중 하나. 궁전수(宮殿手)·보전수(寶殿手)라고도 한다. 작은 모양의 궁전을 쥐고 있다. 『천수다라니』(대정장20, p.119b2)에 "만약 세세생생 항상 부처님의 궁전에 머물고 수태되어 몸을 받지 않기를 원하는 이를 제도하는 것은 화궁전수에 해당한다. 진언은 '옴 미살라 미살라 훔반탁 Oṃ visāra visāra hūṃ phaṭ'이다. 若爲生生世世常在佛宮殿中不處胎藏中受身者 當於化宮殿手 眞言 唵 微薩囉微薩囉 吽泮吒"라고 하였다. 〔참고문헌〕『千手陀羅尼』.

『오대진언』 쌍계사본 1634년

화급 火急 타는 불처럼 급한 것. 사급(死急)과 통한다. 『대혜어록』 권19(대정장47, p.894a3)에 "요즘 사대부들은 도를 배우면서 허다히 반은 나아가고 반은 물러납니다. 세상사 뜻대로 되지 않으면 화급하게 참선하려 하다가도 홀연히 세사가 뜻대로 되면 문득 참선을 그만두니 결정신이 없기 때문입니다. 선은 이에 반야의 다른 이름인데, 범어 반야는 지혜라 한역합니다. 당사자가 만약 결정신이 없고 또한 지혜도 없으면서 생사를 벗어나고자 한다면 이런 일은 없습니다. 今時士大夫學道 多是半進半退 於世事上 不如意 則火急要參禪 忽然世事遂意

則便罷參 爲無決定信故也 禪乃般若之異名 梵語般若 此云智慧 當人若無決定信 又無智慧 欲出生死 無有是處"라고 하였다. 〔참고문헌〕『大慧語錄』. ⇨ 사급 死急

화기 化期 죽음이 가까워 천화(遷化)하려 할 때. 입적(入寂)하려 할 때를 말한다. 『법화문구』 권6(대정장34, p.81c26)에 "스스로 노후를 념한다란, 화기 장차 마치려 할 적에 대법을 전할 사람이 없다면 마치 노후하여 자식이 없음과 같은 것이다. 自念老朽者 化期將畢 無傳大法之人 如老朽而無子也", 『전법정종기』 권1(대정장51, p.717c26)에 "그 후 화기가 장차 가까워지려 함에 바로 마하가섭에게 명하여 말씀하시길 '나 청정법안과 열반묘심과 실상무상의 미묘정법을 이제 그대에게 주촉하노니, 그대 마땅히 호지하라'라고 하셨다. 其後 以化期將近 乃命摩訶迦葉曰 吾以淸淨法眼涅槃妙心實相無相微妙正法 今付於汝 汝當護持"라고 하였다. 〔참고문헌〕『法華文句』, 『傳法正宗記』. ⇨ 사기 死期

화기 化機 ❶ 교화할 기틀. 또는 인연. 『법화문구』 권6하(대정장34, p.86c28)에 "처음에 '죽으려 하니 오래 지속하지 못한다'라는 말은 무슨 뜻인가? 기가 있은즉 응해 나게 되고, 기가 다해 응하여 사라지니 이를 죽는다고 한다. 교화할 기틀 즉 인연 장차 마치려 하니 응하여 사라져 오래가지 않는다는 의미이다. 初 將死不久者 有機則應爲生 機盡應謝爲死 今化機將畢 應謝非久也"라고 하였다. 〔참고문헌〕『法華文句』. ❷ 조화(造化)의 장치. 천지자연의 작용을 직물하는 기계장치에 비유한 말이다. 『굉지광록』 권4(대정장48, p.43b24)에 "반짝반짝 별들 가득한 맑은 밤, 고운 꽃들 일렁이며 봄을 토해내는 때, 나무 신랑은 몰래 움직여 만물에 다가가니 실오라기 하나 어긋남 없다네. 돌 색시 온전히 끌어 빈 도장 찍었으나 그 무늬 드러나지 않는다네. 그런 까닭에 '하나도 아니고 다른 것도 아니며, 가는 일도 없고 오는 일도 없다네'. 粲粲星羅霽夜 英英華吐春時 木人密運化機 絲毫不爽 石女全提空印 文彩未彰 所以道 不一不異 無去無來"라고 하였다. 〔참고문헌〕『宏智廣錄』.

화기자 和伎者 Ⓢ vidūṣa, Ⓣ bzhad-gad-pa. 기예(伎藝)에 화답하는 사람. 기예 부리는 이인 공기아(工伎兒) 있어 화답하는 이가 있다. 『능가경주해』 권4(대정장39, p.416b27)에 "저 화기자 같다 하니, 오식이 진을 취하면 의식도 함께 일어난다. 이를 반려삼아 망상분별하니 저 놀이 즐기는 사람 같다. 如和伎者 五識取塵 意識同起 是爲伴侶 妄想分別 如觀伎人也"라고 하였다. 〔참고문헌〕『楞伽經註解』, *Laṅk.224.* ⇨ 공기아 工伎兒

화남 和南 Ⓢ Ⓟ vandana, vandanā의 음사어. 공경하는 마음으로 예를 표하는 것. 또는 그렇게 예배하면서 하는 말. 만타나(萬馱那)·반다미(盤茶味)·반담(槃淡)·반제(畔睇)·번담(煩談)이라고도 음사한다. 예(禮)·작례(作禮)·경례(敬禮)·예찬(禮讚)·예경(禮敬)·공양(供養)·도아(度我)·아례(我禮)·계수(稽首)·계수례(稽首禮)·공경작례(恭敬作禮)라 한역한다. 나모실갈라(那謨悉羯羅 Ⓢ namaskāra)를 뜻하기도 한다. 『마하승기율』 권27(대정장22, p.446b24)에 "부처님께서 말씀하셨다. '오늘부터는 입으로 화남이라고 말해야 한다'라고 하시니, 당시 비구들이 장난치며 '존자께 화남합니다. 존자께 화남합니다'라고 하자 요란하게 되었다. 여러 비구들이 이러한 인연을 세존께 가서 아뢰었다. 佛言 從今日後 當口說和南 時比丘調戲 故作是言 和南尊者 和南尊者 復擾亂他 諸比丘以是因緣 往白世尊", "부처님께서 말씀하셨다. '오늘부터는 화남에 세 가지가 있으니, 몸과 입과 마음으로 하는 화남이다. 몸으로는 앞에 사람이 앉았든 서있든 머리와 얼굴로 발에 예하니, 이것이 몸의 화남이다. 입으로는 앞에 사람이 멀리서 오면 합장하며 머리를 숙이고 화남이라고 말하니, 이것이 입의 화남이다. 마음으로 함이란 등지고 가더라도 응당 합장하며 공경을 표하는 것이니, 이를 마음의 공경이라고 한다. 만약 상좌가 오는 것을 보고도 일어나 맞이하기 위해 화남으로 공경하지 않으면, 월비니죄다'. 佛言 從今日後 和南有三種 身口心 身者 前人若坐 若立住 頭面禮足 是名身 口者 若前人遠遙 合掌低頭 作是言 和南 是名口 心者 若以背去 應合掌作敬 是名心恭敬 若見上座來 不起迎和南恭敬者 越毘尼罪", 『십송율』 권38(대정장23, p.280a21)에 "부처님께서 우파리에게 말씀하셨다. '화남이라고 부름은 입으로 하는 말이고, 몸까지 구부려야 마음이 깨끗한 것이다'. 佛語優波離 稱和南者 是口語 若曲身者 是名心淨", 『사분율』 권59(대정장22, p.1007a16)에 "부처님께서 말씀하셨다. '나이가 어리고 밖에서 온 비구는 응당 다섯 가지 법으로 상좌의 구비구에게 예배해야 한다. 응당 오른쪽 어깨를 내 보이고, 신발을 벗으며, 오른 무릎을 땅에 대고 상좌의 양발 위에 대고 말한다. 「대덕이시여, 저는 화남합니다」'. 佛告言 年少客比丘 應以五法 禮上座舊比丘 應偏露右肩 脫革屣 右膝著地 捉上座兩足言 大德我和南", 『남해기귀내법전』 권3(대정장54, p.223b4)에 "화남이라는 말은 범어로 '반제' 또는 '반탄남'이라 하고 한역하여 '경례'라고 한다. 채택된 말이 참되지 못한데도 '화남'이라 부르고 있으니, 옛 관습을 바꿀 수가 없어서 그저 '화남'이라고 말한다. 적확하게 정음을 취하려면 응당 '반제'라고 해야 한다. 言和南者 梵云畔睇 或云畔憚南 譯爲敬禮 但爲採語不眞 喚和南矣 不能移舊 且道和南 的取正音 應云畔睇", "또 길을 가거나 대중이 모였을 때 예배를 올리는 것은 예의가 아니라서, 합장하며 고개를 숙이고 입으로 '반제'라고 말하는 것이다. 그러므로 경에서 '혹은 다시 합장만 하거나 약간 고개를 숙이는 것에 이르기까지 바로 공경하는 뜻이다'라고 한 것이다. 남쪽 사람의 일상의 인사 불심은 정도에 맞다고 하기에 분명치가 않다. 만약 불심을 '반제'라고 바꾼다면, 이는 곧 전적으로 율의 가르침과 같아졌다 할 것이다. 又道行衆集 禮拜非儀 合掌低頭 口云畔睇 故經云 或復但合掌 乃至小低頭 卽是致敬也 南人不審 依希合度 向使改不審爲畔睇 斯乃全同律教矣", 『금광명최승왕경소』 권4(대정장39, p.266a29)에 "정성스럽게 머리 숙여 절하는 것을 '경례'라고 한다. 범어 남성으로는 '반담'이라고 소리 내고, 여성으로는 '반지'라고 소리 낸다. 한역하여 '경례'이고, 소리가 변하여 '화남'이라고 한다. 虔誠頂拜 名爲敬禮 梵男聲呼云伴談 女聲呼云伴底 此云敬禮 訛云和南", 『법원주림』 권20(대정장53, p.434a10)에 "경에 화남이라는 말이 있는데, 범어이다. 혹은 나모·바남 등이라고도 한다. 이 말(화남)은 바른 음사는 아니고, 본음을 따라 올바로 음사하면 '반담'이다. 〈한역하여〉 '아례'라 한다. 혹은 '귀례'라고 한다. '귀'는 또한 나의 본래 심정이고, '례' 우러러 으뜸이라 여긴다는 뜻이다. 혹은 '귀명'이라 한 것이 있는데, 의미상 '나무'를 대신하여 세운 것으로 이(理)와 사(事)로 겉으로 같이하고 심정을 표해 다함이다. 속인들은 '나무'를 중요시하고 '경례'를 가볍게 여기는 이유는 범어를 한자로 바꾸어 한역함에 자세하지 못하기 때문이다. 하물며 다시 더해 '모든 부처님께 화남한다'라는 것을 잘못이라고 여기는 것을 말해 무엇하랴. 더더욱 크게 웃을 일이다. 依經云 和南者 梵語也 或云 那謨婆南等 此猶非正 依本正云槃淡 〈唐言〉 我禮 或云歸禮 歸亦我之本情 禮是敬之宗致也 或云歸命者 義立代於南無也 理事符同 表情得盡 俗人重南無而輕敬禮者 不委唐梵之交譯也 況復加以和南諸佛迷之 彌復大笑", 『경덕전등록』 권2 「승가난제전 僧伽難提傳」(대정장51, p.212a28)에 "자비로우신 아버지께 머리 조아리며, 뼈와 피를 나누신 어머니께 화남합니다. 저 이제 출가하고자 하니, 요행히 바라건대 가엾게 여기소서. 稽首大慈父 和南骨血母 我今欲出家 幸願哀愍故"라고 하였다. 〔참고문헌〕 『摩訶僧祇律』, 『十誦律』, 『四分律』, 『南海寄歸內法傳』, 『金光明最勝王經疏』, 『法苑珠林』, 『景德傳燈錄』, 『翻譯名義集』 권4(대정장54, p.1124c8), 『梵語雜名』(대정장54, p.1226c19), *SN.1.236.*, *Vin.4.58.* ⇨ 나무 南無

화내삼장 華內三障 연꽃 속에서 겪는 세 가지 장애. 오역죄(五逆罪)를 범하거나 정법(正法)을 비방한 사람은 서방정토(西方淨土)에 날 수 없다. 하지만 염불(念佛)의 힘과 아미타불(阿彌陀佛) 원력으로 죄짓고도 정토에 날 아주 오래도록 피지 않은 연꽃 속에 갇힌 채로 세 가지 장애를 겪는다. 『관무량수불경소』 권4(대정장37, p.277a22)에 "사십팔원 중에서 오직 오역죄와 정법을 비방하여 왕생할 수 없는 경우는 제한다. … 죄를 지었으나 다시 거두어 왕생하는 경우에는 비록 정토에 왕생할지라도 연꽃이 피지 못한 채로 다겁을 지낸다. 이런 죄인이 꽃 속에 있을 때 세 가지로 장애 겪는다. 첫째 부처님과 모든 성중을 볼 수 없고, 둘째 정법을 들을 수 없으며, 셋째 다니며 섬겨 공양할 수 없다. 이것을 제하고 더는 다른 고통 없다. 如四十八願中 唯除五逆 誹謗正法 不得往生 … 若造還攝得生 雖得生彼 華合逕於多劫 此等罪人 在華內時 有三種障 一者 不得見佛及諸聖衆 二者 不得聽聞正法 三者 不得歷事供養 除此已外 更無諸苦"라고 하였다. 〔참고문헌〕 『觀無量壽佛經疏』, 『無量壽經』 권상(대정장12, p.268a27). ⇨ 오역 五逆, 비방정법 誹謗正法, 오역왕생 五逆往生

화노 花奴 꽃다운 노리개. 중국 고대(古代)의 방언으로서 고양이(猫)를 일컫는 말. 고양이의 애칭이다. 『경덕전등록』 권8 「온주불오화상전 溫州佛嶼和尙傳」(대정장51, p.259c16)에 "학인이 물었다. '무엇이 이류입니까?' 불오선사가 그릇을 두드리며 말했다. '야옹아, 야옹아. 와서 밥 먹자'. 僧問 如何是異類 師敲椀云 花奴花奴喫飯來"라고 하였다. 〔참고문헌〕 『景德傳燈錄』.

화니 化尼 비구니로 화현(化現)한 불보살. 『원형석서』 권28(대정장보편32, p.319c15)에 "화니가 스스로 연꽃 줄기를 꺾어서 실 뽑아낸 다음 새 우물을 파고 씻었더니 오색으로 찬연했다. 다시 며칠이 지나 용모가 단려한 여인 하나가 찾아와 화니에게 물었다. '실은 준비되었습니까?' '준비되었습니다'. 화녀가 실을 받아서 불전 서북쪽 모퉁에서 잤다. 베틀의 북이 삐걱대며 초경에 시작하여 사경에 마쳤는데 그 폭이 한 길 다섯 자였다. 化尼自折莖取絲 穿新井濯之 五色燦然 又數日一女來 容貌端麗 問化尼曰 絲成否 對曰成 化女得絲 於殿之西北角織之 機杼軋軋 始于初更 終于四更 其幅一丈五尺"라고 하였다. 〔참고문헌〕 『元亨釋書』.

화니합수 和泥合水 진흙과 어울리고 물에 합하다. 『황룡혜남어록속보』(대정장47, p.636b14)에 "진흙과 어울리고 물과 합하는 그곳 향해서 본래면목을 알아차려야 하리. 向和泥合水處 認取本來面目"라고 하였다. 〔참고문헌〕 『黃龍慧南語錄續補』. ⇨ 타니대수 拖泥帶水

화다 化茶 차로 교화하다. 교화해 차 마시다. 『남석문수어록』 권4(卍속장124, p.431b9)에 "화다 : 우리 문에 들어오면 문득 차 마시게 된다. 풍류 격을 넘어서 자랑할 만하다네. 비록 쓸 만한 것 대단치 않지만, 알아차리려면 반드시 작가라야 하리라. 化茶 入得吾門便喫茶

風流越格也堪誇 雖然用處無多子 領略須還是作家"라고 하였다. [참고문헌]『南石文琇語錄』.

화단 化壇 천화(遷化)한 이의 법구(法軀)를 모신 열반대(涅槃臺). 『선림상기전』 권1(대장경보편19, p.12a17)에 "화단 : 열반대를 화단이라고도 한다. 『환주청규』에 '묵묵히 경주를 송지하면서 화단으로 맞이해 이르게 한다' 하였고, 또 '결계대중과 마을사람들 함께 천화하신 이의 단상으로 가서 유골을 수습한다'라고 하였다. 化壇 涅槃臺 又名化壇 幻住菴淸規云 默持經呪 送至化壇 又云 公界與鄕人 往化人壇上 收骨"라고 하였다. [참고문헌]『禪林象器箋』. ⇨ 열반대 涅槃臺, 다비 茶毘, 천화 遷化

화단 火壇 Ⓢ agni-kuṇḍa, Ⓣ me-thab. 호마단(護摩壇). 호마법을 닦는 화로(火爐)를 말한다. 『대비밀왕만나라경』 권1(대정장18, p.543a16)에 "다시 세 가지 화단에서 작법하는 경우에 또는 제자가 먼저 행법할 때, 또는 만다라호마 때에 갖가지 장애와 곤란을 조복하고 붙잡아 매는 것은 일체성취 진언과 향화 등으로 증익하여 그것을 불러내어 제사지내는 것이다. 又復若於三種火壇作法時 或弟子作先行法時 或作曼拏羅護摩時 所有禁縛調伏諸障難者 以增益一切成就明眞言 及以香花等 爲彼出生用作祭祀", 『화우궤별록』(대정장18, p.939b28)에 "화단에 세 가지가 있으니 첫째 안은, 둘째 풍요, 셋째 제원 등을 목적으로 한다. 첫째 안은을 목적으로 하는 화단은 노지를 다스려서 단을 설치하고 그 가운에 부처님께서 연화좌에 앉은 모습을 그린다. 단의 사면에 반야보살·성문·부처님·자민보살을 그린다. 부처님의 상호를 그린다. 초승달을 그리고 다시 아발라이다 정거천 용왕을 그린다. 단 중앙에 향화로 공양하고 단의 서남쪽 모서리에 화단을 만든다. 높이는 손가락 네 뼘이고 중앙에 화단이 뚫려있는데 모서리 길이가 1주이다. 백토를 화로 중앙을 바른다. … 화단에 공양물을 태우되 하루에 세 번 진흙단에 향화 등을 공양한다. 향는 본래 가시가 없는 것을 공양하면 일체 재액을 없애고 장수하며 일체 질병을 없앤다. 火壇有三 一 安穩 二 富饒 三 除怨 初安穩 卽於露地撩治一壇中畫佛坐蓮花坐 壇四面畫般若菩薩 聲聞佛慈愍菩薩 畫佛相好 畫一朔 更畫阿鉢羅爾多淨居天龍王 壇中以香花供養 於壇西南角作火壇 高四指 於中穿火壇 方一肘 取白土塗爐中央 … 燒火壇一日三時泥壇香花供養已 香自無針刺 用供養卽得除滅一切災厄 亦得長命除一切病", 『대일경소』 권8(대정장39, p.662b15)에 "만약 대만다라문이 서쪽을 향해 열려있다면 화단은 대단의 서쪽에 있어야 하고, 아사리 또한 화단의 서쪽에 있어야 한다. 假令大漫荼羅門向西開 火壇當在大壇西 阿闍梨又在火壇之西"라고 하였다. [참고문헌]『大祕密王曼拏羅經』, 『火吽軌別錄』, 『大日經疏』, *Mvyut.198.* ⇨ 호마로 護摩爐, 호마단 護摩壇, 화로 火爐 ❶

화담 華潭 ❶ 1786~1848. 조선후기 스님. 휘는 경화(敬和), 호는 화담(華潭), 속성은 박씨이다. ⇨ 경화 敬和 ❷ 1776~1849. 조선후기 스님. 명필(名筆)로서 휘는 영원(靈源), 호는 화담(華潭), 속성은 박씨니, 전라남도 무안(務安)에서 태어났다. ⇨ 영원 靈源 ❸

화담 華曇 1848~1902. 조선후기 장성 백양사 스님. 법린(法璘)의 법호이다. ⇨ 법린 法璘 ❷

화담당경화대사행장 華潭堂敬和大師行狀 1786~1848. 경화스님의 행적을 기록한 행장. 1869년(고종6)에 수법 제자인 보월혜소(寶月慧昭)가 지었는데, 한불전10, pp.482c~485a에 수록되어 있다. [참고문헌]『三峰集』附錄. ⇨ 경화 敬和

화담당법린대사행장 華曇堂法璘大師行狀 1843~1902. 화담스님의 행적을 기록한 행장이니, 1904년(광무8)에 법제(法弟)인 법희(法喜)가 지었는데, 『농묵집』 부록(한불전11, pp.707c~710a)에 수록되어 있다. [참고문헌]『聾默集』附錄. ⇨ 법린 法璘 ❷

화담대사부도비명 華潭大師浮屠碑銘 조선후기 화담경화(華潭敬和 1786~1848)의 부도비명. 이유원(李裕元)이 지었고 『삼봉집』 권말 부록(한불전10, p.481b16)에 전한다. 경기도 가평군 현등사(懸燈寺)에 비 없이 부도만 남아 있다. 비문에 "위로는 태고화상을 거슬러 연했고, 가까이로 화악상인의 어짊 본받았네. 우뚝하심이여, 꽃다운 정령으로 목숨 누리시고, 율계 지켜 가지셨기에 참된 법문뿐이셨다네. 上溯太古和尙緣 近法華嶽上人賢 卓乎精英靈壽延 守律護戒得眞詮"라고 하였다. [참고문헌]『三峯集』. ⇨ 경화 敬和

화대 火大 ❶ Ⓢ tejo-dhātu. 사대(地水火風) 중 하나. 『아비담비바사론』 권17(대정장28, p.126b15)에 "아라한이 죽을 때 풍대 능히 화대를 없어지게 하고 화대가 없어지기에 음식을 소화할 수 없다. 阿羅漢死時 風大能損火大 火大損故飲食不消", 『구사론』 권1(대정장29, p.3b2 : *Abh-k-bh.*, p.8)에 "모든 나머지 색의 의지하는 성이기에, 그 바탕 넓고 크다. 또는 지(地) 등을 더욱 세차게 모이게 해서 그 형상 크게 하기에, 또는 갖가지로 큰 일 일으켜서 쓰이기에 (大라 한다). 一切餘色所依性故 體寬廣故 或於地等增盛聚中 形相大故 或起種種大事用故 sarva-anya-rūpa-āśrayatvena-audārikatvāt. atha vā tad-udbhūta-vṛttiṣu pṛthivy-ap-tejo-vāyu-skandheṣv-eṣāṃ mahāsaṃniveśatvāt", 『구사

론기』 권1(대정장41, p.22c25)에 "세 가지 뜻으로 대를 푼다. 첫째는 그 바탕 널리 있기에 대라 이름하니, 낱낱으로 만들어진 것들 각각 사대가 있기 때문이다. 둘째는 상을 잡아 크다 했으니, 가령 대지나 큰 산은 지가 증성한 것이며, 큰 강이나 큰 바다 수가 증성한 것이며, 화로나 맹렬한 불꽃은 화가 증성한 것이며, 흑풍이나 회오리바람은 풍이 증성한 것이다. 셋째 용(用)을 잡아 크다 한 것이니, 가령 화·수·풍재는 그 차제대로 초정려·제2정려·제3정려를 능히 부수는데, 지 능히 세계를 맡아 가지기에 용이 크다 한 것이다. 三義釋大 一 約體寬名大 一一所造各有四大 二 約相名大 如大地大山地增盛 大江大海水增盛 炎爐猛焰火增盛 黑風團風風增盛 三 約用名大 如火水風災 如其次第能壞初二三定 地能任持世界 故用大也"라고 하였다. [참고문헌] 『阿毘曇毘婆沙論』, 『俱舍論』, 『俱舍論記』, *Abh-k-bh*. ⇨ 화계 火界, 사대 四大[1], 사대종 四大種 ❷ Ⓢ tejas. 상키야(Ⓢ Sāṃkhya : 數論)에서 상정한 오대(五大) 중 하나. 『금칠십론』 권상(대정장54, p.1250c11)에 "오직 오유만이 오대를 낳으니 … 색유는 화대를 낳는다. 唯五唯生五大 … 色唯生火大", 같은 책 권중(대정장54, p.1254c16)에 "자성도 이와 같이 세신과 추신을 위한 의지처를 짓고 능히 오대를 낳는다. … 넷째 화대를 낳아 음식을 소화하는 역할을 한다. 自性亦如是 爲細身及麤身作依止處能生五大 … 四生火大 爲銷食處"라고 하였다. [참고문헌] 『金七十論』, *Sāṃkhy-k.27*. ⇨ 화 火

화대종 火大種 불(火)이라는 크고 씨앗이 되는 것. 사물들을 있게 하고 증대시키기에 어디에나 있어 크고 종자인 듯 퍼져 있다. 화계(火界)와 화대(火大) 등을 다르게 부르는 말. 『대비바사론』 권190(대정장27, p.953a15)에 "화대종이 말마(末摩 Ⓢ marman : 死穴)를 끊는다는 것은, 장차 죽으려 할 때 몸 안에서 화계가 증성하는데, 이 타들어가는 핍박으로 인해 힘줄들이 타고 힘줄들이 타기에 지절이 풀어지고 지절이 풀어지기에 오래지 않아 목숨을 마친다. 火大種斷末摩者 謂將死時於內身中火界增盛 由此燒逼令一切筋燋 諸筋燋故支節解 支節解故不久命終", 『구사론기』 권1(대정장41, p.22c14)에 "'대종'이라 하였는데, 일체 나머지 만들어진 색들이 의지하는 자성이다. 나머지 색들이 의지해서 능히 생겨나게 하는 뜻이다. 이것이 바로 대종에 대한 풀이다. 言大種者 一切餘所造色 所依性故 餘色所依 是能生義 此即釋種"라고 하였다. [참고문헌] 『大毘婆沙論』, 『俱舍論記』. ⇨ 화계 火界, 화대 火大, 사대종 四大種

화덕불 華德佛 시방(十方)의 십불(十佛) 중 서북방 중음계(衆音界)의 부처님. 『십주비바사론』 권5 「이행품 易行品」(대정장26, p.41c28)에 "화덕불이라 하니, 여기에서 서북방으로 무량무변항하사불토를 지나면 중음이라는 세계가 있고, 그 세계의 부처님 명호는 '화덕'이다. 지금 현재 법을 설하시고 계신다. 그 부처님의 색신이 묘해 꽃과 같고 그 덕 또한 무량하다. 華德佛者 西北方去此無量無邊恒河沙等佛土 有世界名衆音 佛號華德 今現在說法 其佛色身 猶如妙華 其德無量", 『법화삼매참의』 「예불방법 禮佛方法」(대정장46, p.951c15)에 "일심으로 서북방의 화덕불과 서북방법계의 일체제불께 공경히 예를 올립니다. 一心敬禮西北方華德佛 盡西北方法界一切諸佛"라고 하였다. [참고문헌] 『十住毘婆沙論』, 『法華三昧懺儀』. ⇨ 십불 十佛[3]

화도 火渡 불 위를 밟고 건너는 수법. 밀교에서는 부동명왕(不動明王)의 화생삼매로 중생의 삼독과 번뇌를 태우고 갖가지 장애를 없애며 온갖 화룡(火龍)을 항복시킨다고 설하는데, 시등(柴燈)의 호마 후에 그 불을 이용하여 수인을 맺고 진언을 외우면서 불 위를 밟고 건넌다. ⇨ 부동명왕 不動明王, 화생삼매 火生三昧

화도사 化度寺 중국 장안(長安 : 陝西省 西安)에 있었던 절. 수대인 583년(개황3) 고경(高熲)이 사택을 희사하여 절로 개조하고 진적사(眞寂寺)라 불렀다. 당시 삼계교(三階敎)의 조사 신행(信行)이 이곳에 머물면서 『삼계집록 三階集錄』 등 40여 권을 저술하였다. 그가 입적하고 그 문도인 승옹(僧邕)·혜여(慧如)·혜료(慧了) 등이 모두 이 절에 머물며 삼계교를 널리 알려다. 무덕년간(618~626)에는 신의(信義)가 절 안에 무진장원(無盡藏院)을 설치하고 삼계교의 중심으로 삼았다. 619년(무덕2) 화도사로 개칭하였다. 845년(회창5) 무종(武宗)의 훼불(毁佛)이 진행되면서 무너졌으나 다음해 도량을 회복하고 숭복사(崇福寺)라 개칭하였다. [참고문헌] 『佛祖統紀』 권40(대정장49, p.372c20), 『唐高僧傳』 권16 「信行傳」(대정장50, p.560a24), 『釋敎部彙考』 권2(卍속장133, p.334b6), 『三階敎殘卷』 권1(대장경보편26, p.217a12).

화도사비 化度寺碑 화도사에 주석했던 승옹선사(僧邕禪師)의 사리탑비(舍利塔銘). 631년(정관5)에 건립되었다. 이백약(李百藥)이 글을 지었고, 구양순(歐陽詢)이 직목곡철(直木曲鐵)의 필법으로 썼다. 송대 끊어져 탁본이 세 종류 전한다. 하나는 서안부학(西安府學)에 있고, 다른 하나는 대흥옹씨(大興翁氏)가 소장하고 있으며, 나머지 하나는 미상이다. 지금 전하는 탁본은 대부분 번각(翻刻)한 것이다. [참고문헌] 『宋高僧傳』 권25 「鴻莒傳」(대정장50, p.870b18), 『天台山方外志』 권9(中國佛寺史志彙刊89, p.387a5).

화두 火頭 점등(點燈)을 맡는 소임. 유두(油頭)라고도 한다. 또는 불을 지피며 밥을 짓는 소임(飯頭)을 가리키기도 한다. 『선원청규』 권9 「훈동행 訓童行」(卍속장111, p.929a14)에 "화촉을 조심스레 다루며 화두는 등불을 붙여야 하니 항상 긴장을 놓치지 말고 국차행자와 어긋나서는 안 된다. 謹愼火燭 火頭上火 常知緊慢 不得與局次行者相違", 『경덕전등록』 권9 「위산영우전 潙山靈祐傳」(대정장51, p.265a11)에 "위산이 법당에 앉아 있는데 고두가 목어를 두드리자 (불을 지피던) 화두가 부젓가락을 내던지고 박수를 치며 크게 웃었다. 師在法堂坐 庫頭擊木魚 火頭擲却火抄 拊掌大笑"라고 하였다. 〔참고문헌〕『禪苑淸規』, 『景德傳燈錄』.

화두 話頭 말머리. 대화의 처음. 모든 말들 또는 이야기들의 실마리. 서로 만나 주고 받는 이야기를 일칙(一則) 공안이라 하는데 반해 그 이야기 중 실마리나 단서가 되는 한 마디를 화두라 한다. 모든 말에 처음과 끝이 있어 분별해 마칠 수 있다 하지만 화두는 그렇게 할 수 없게 추동하는 단서로서 움직이며 의단(疑團)을 쉬지 않게 한다. 무분별(無分別) 사유의 전통으로 이어져 간화선(看話禪)이라는 큰 주류의 공부법이 되었다. 『양기어록』(대정장47, p.642c4)에 "그대가 말해 보라. 나 양기의 말 끝 떨어져 어디에 있는지. 爾道 楊岐話頭 落在什麽處", 『선관책진』 「균주황벽운선사시중 筠州黃檗運禪師示衆」(대정장48, p.1098b6)에 "이것(無字)은 후대로 들게 된 공안과 화두라 간하는 것들의 시작이다. 그러나 반드시 무자에 붙들릴 필요는 없다. 무자일 수도 있고, 만법일 수도 있으며, 수미산일 수도 있고, 사료소료 등일 수도 있으며, 염불참구할 수도 있다. 오직 일칙만 지켜 따르면서 깨우칠 때를 기약할 뿐이다. 의심해 같지 않고 깨달아 둘일 수 없다. 此後代提公案 看話頭之始也 然不必執定無字 或無字 或萬法 或須彌山 或死了燒了等 或參究念佛 隨守一則 以悟爲期 所疑不同 悟則無二", 『서장』 「답여사인장 答呂舍人狀」(대정장47, p.930a16)에 "만약 화두를 버려 버리고, 다시 따로 문자상에 의심을 일으키거나, 경교상에서 의심을 일으키거나, 고인공안상에서 의심을 일으키거나, 일상의 번잡한 경계에서 의심을 일으킨다면, 그 모두 삿된 마의 권속들이다. 若棄了話頭 却去別文字上起疑 經教上起疑 古人公案上起疑 日用塵勞中起疑 皆是邪魔眷屬", 『선종직지』(卍속장112, p.980a18)에 "불법공부에 가장 두려워할 것은 공에 떨어짐이니, 화두 현전해 있는데 어찌 공하게 될 수 있겠는가. 다만 이 낙공의 두려움 공하게 하지 못한다면, 어찌 하물며 화두현전한다고 하겠는가! 佛法工夫 最怕落空 話頭現前 那得空去 只此怕落空的 便空不去 何況說話現前耶", 『청익록』 71칙 「평창 評唱」(卍속장117, p.875b12)에 "공안 이리한즉 '죽은 고양이'를 말머리로 삼는다. 這則公案 以死猫兒爲話頭", 『감산집』 권6 「시참선절요 示參禪切要」(卍속장127, p.284a7)에 "황벽에 이르러 처음으로 말머리를 살피라고 사람들 가르쳤고, 대혜선사에 이르러 비로소 있는 힘을 다하여 주장하며 학인들 가르쳐 하나로 기준 삼아 고인공안을 참하도록 하였고 이 수단을 화두라 하면서 누구나 끊어질 듯 끊어질 듯 들어 놓지 않도록 하였다. 至黃檗始教人看話頭 直到大慧禪師 方纔極力主張 教學人參一則古人公案 以爲巴鼻 謂之話頭 要人切切提撕"라고 하였다. 〔참고문헌〕『楊岐語錄』, 『禪關策進』, 『書狀』, 『禪宗直指』, 『請益錄』, 『憨山集』. ⇨ 간화선 看話禪, 간화십종병 看話十種病, 경절문 徑截門, 관 關, 공안 公案, 기관 機關, 구 句❷, 망각화두 忘却話頭, 몰자미 沒滋味, 몽중역기득화두 夢中亦記得話頭, 무자미 無滋味, 무화두 無話頭, 발전화두 撥轉話頭, 본참화두 本參話頭, 사구 死句, 사화두 死話頭, 선문화두 禪門話頭, 의단 疑團, 의정 疑情❶, 참구 參究, 화두야불식 話頭也不識, 활구 活句

화두금강 火頭金剛 Ⓢ Ucchuṣma. 오추슬마(烏芻瑟摩) 명왕. 화두(火頭)라고도 한다. 『다라니집경』 권9(대정장18, p.864a27)에 "화두금강을 그린다. … 형상은 청색에 팔이 넷이다. 오른손은 어깨를 향해 금강저를 들었고 왼손은 어깨를 향해 붉은 올무를 들고 있는데 올무는 구부러진 모양이 마치 뱀과 같다. 다른 오른손은 아래로 늘어뜨렸는데 중지로 검지를 눌러서 아래로 곧게 펴고 나머지 세 손가락은 위를 향해 구부린다. 다른 왼손은 구부려 위를 향하고 염주를 쥐었는데 중지의 끝으로 염주를 짚고 있다. 얼굴은 단정하고 지극하게 미묘하다. 畫作火頭金剛 … 其像色青而有四臂 右手向髆把跋折囉 左手向肩而把赤索 其索盤屈狀似盤蛇 右手舒下 仰大指搏頭指 直下舒 其餘三指纔屈向上 左手屈臂向上手把數珠 用中指頭而掐其珠 面貌端正極令姝妙"라고 하였다. 〔참고문헌〕『陀羅尼集經』. ⇨ 오추슬마 烏芻瑟摩

화두금강주 火頭金剛呪 오추슬마명왕(烏芻瑟摩明王 Ⓢ Ucchuṣma)의 진언. 부동명왕(不動明王)의 진언을 말한다. 『송고승전』 권25(대정장50, p.867a26)에 "또한 화두금강주를 외우는 스님이 있었는데 이때 세간의 존숭을 받았다. 又持火頭金剛呪僧 時所宗重"라고 하였다. 〔참고문헌〕『宋高僧傳』. ⇨ 오추슬마 烏芻瑟摩

화두야불식 話頭也不識 말끝 헤아리지 못하다. 『임제록』(대정장47, p.506b7)에 "명화의 처소에 이르자 명화가 물었다. '오고 또 오고 가고 또 가니, 뭐 하는 것인가?' '부질없이 짚신만 닳을 뿐이지' '끝내는 어떻게 해야 하나?' '노한이시여, 말끝 헤아리지 못하시다니' 到明化 化問 來來去去 作什麽 師云 秪徒踏破草鞋 化云 畢竟

作麽生 師云 老漢 話頭也不識", 『분양어록』 권중(대정장47, p.610b21)에 "삼성이 설봉에게 말했다. '천오백무리 이끄는 선지식께서 말끝 헤아리지 못하시다니' '노승은 주지일로 바쁘다'. 聖云 一千五百人善知識 話頭也不識 峰云 老僧住持事繁"라고 하였다. 〔참고문헌〕『臨濟錄』, 『汾陽語錄』.

화등유 化燈油 등불 태울 기름 권해 보시받다. 화는 권화(權化)다. 『천송필기』(卍속장114, p.783a8)에 "화등유 : 이 한 점 빛으로 삼천계를 다 밝히리니, 법계의 깜깜한 길 곧바로 사무쳐, 미륵의 내원에서 언제나 빛나리. … 보시로 일찍 베푸니 이에 이 밝음 다시 이으리니, 조금씩만 타게 해서 항상 어둡지 않도록 하소서. 化燈油 這一點光 燭三千界 法界之幽途直透 彌勒之內院恒輝 … 檀那蚤施 仍續此明 拈出些些 莫教常昧", 『송은유암연어록』 권2(가흥장25, p.36a10)에 "화등유 : 겁초의 한 점 광명 심고, 맹렬하게 공부해 밀쳐 가져와서, 푸른 유리병 속으로 쏟아부으니, 백천 부처님들 환하게 웃으시네. 化燈油 劫初一點光明種 猛烈工夫撈出來 瀉入碧琉璃裏去 百千諸佛笑顔開"라고 하였다. 〔참고문헌〕『千松筆記』, 『松隱唯菴然語錄』.

화라 火羅 Ⓢ horā의 음사어. 구요(九曜)를 품고 있는 하늘. 희랍어 horā, 라틴어 hora와 어원이 같다. 동서가 모두 높은 하늘이라 섬기던 것의 이름이다. 당(唐)대 일행(一行 683~727)이 『범천화라구요 梵天火羅九曜』(대정장21, p.1311)를 지은 바 있고, 『입당구법순례행기』 권4(대장경보편18, p.99b7)에서는 "(會昌武宗) 칙령으로 도사 81인을 불러들여 궁궐 안에서 노지에서 구천(九天)을 모시는 도량을 짓게 했다. 80개로 펼친 상을 높이 올려 고운 빛깔 입히고는 하루 12시 동안 천존에 제사지냄에 건포와 술고기를 써서 화라천에 제사 올렸다. 4월 1일 시작하여 7월 15일까지 설행하였는데, 끝나도록 그 도량은 노지 정원에서 작법하였다. 맑은 날에는 햇볕에 그을리고, 비가 내리면 온몸 적셔 81인 중 대부분이 병에 걸렸다. 지금 천자는 도교를 치우쳐 믿고 불법을 싫어하여 스님 만나기를 좋아하지 않는다. 勑召道士八十一人 又於內裏 令作九天道場於露處 高疊八十張床鋪設精彩 十二時行道祭天尊 乾脯酒肉 用祭火羅天 四月一日起首 直到七月十五日 爲終期其道場 不在屋舍內 於露庭中作法 晴明卽日炙 雨下卽霖身 八十一人中 多有著病者也 今上偏信道教 憎嫉佛法 不喜見僧"라고 하였다. 『변위록』 권1(대정장52, p.754b29)에 "가장 위에 있는 곳은 '대라천'이라 하는데, 모든 하늘을 망라하며 극히 높아 그보다 위가 없다. 最上曰大羅天 包羅諸天 極高無上", 『가태보등록』 권16 「문수심도장 文殊心道章」(卍속장137, p.236b17)에 "한 걸음 내딛으면 대라천 위에 당도하고, 한 걸음 물러서면 구유성에 떨어진다. 다만 내딛지도 물러나지도 않는 한 구마다 어떻게 말해야 할까? 설령 날개로 날아 삼청로에 오르더라도 마침내 이 윤회하는 꿈같은 한 몸일 뿐인데. 進一步便到大羅天上 退一步却入九幽城中 只如不進不退一句 又作麽生道 直饒羽化三淸路 終是輪迴一幻身"라고 하였다. 〔참고문헌〕『入唐求法巡禮行記』, 『辯僞錄』, 『嘉泰普燈錄』. ⇨ 범천화라구요 梵天火羅九曜

화라나 和羅那 화가라나(和伽羅那 Ⓢ vyākaraṇa)의 줄인 음사어. 십이부경(十二部經) 중 하나인 기별(記別). 『사분율소식종의기』 권3(卍속장66, p.102a9)에 "세 번째, 화라나는 기별이라 한역한다. 구역은 수기이다. 이 말에 세 상이 있다. 첫째, 제자가 날 곳을 분명히 말해 기억한다. 둘째, 깊어 알기 어려운 뜻을 기억해 전수한다. 셋째, 장차 부처될 일을 기별한다. 三者 和羅那 此云記別 舊名授記 此有三相 一者 記別弟子生處 二者 記別深密之義 三者 記別當成佛事"라고 하였다. 〔참고문헌〕『四分律疏飾宗義記』. ⇨ 기별 記別, 십이부경 十二部經, 화가라나 和伽羅那

화라반 和羅飯 ➡ 발화라 鉢和羅, 발화라반 鉢和羅飯

화락연성 華落蓮成 꽃 떨어지니 열매 맺는다. 천태에서 시설한 연화삼유(蓮華三喩) 중 하나다. 연꽃은 권법(權法)을, 연밥은 실법(實法)을 비유하므로 권법인 삼승(三乘) 적문(迹門)이 피었다 지고, 일승(一乘) 본문(本門)이 드러나는 뜻이다. 폐권입실(閉權立實)·폐적현본(閉迹顯本)의 뜻과 같다. 『법화현의』 권7(대정장33, p.773a13)에 "또 세 가지 비유 본문의 비유다. … 셋째는 연꽃 지면 연밥이 익는다는 것이다. 적문을 폐하고 본문을 드러냄의 비유다. 이미 본을 안 후에는 다시 자취에 미할 일 없으니 법신으로 닦아 상지를 원만하게 할 뿐이다. 又三譬譬本門者 … 三 華落蓮成 譬廢迹顯本 既識本已 不復迷迹 但於法身修道 圓滿上地也", 『불조통기』 권3(대정장49, p.161c22)에 "화락연성이란 폐권입실을 비유하니, 『법화경』에 '바로 방편을 버리고, 무상도만을 설할 뿐이다'라고 하였다. 華落蓮成 喩廢權立實 文云 正直捨方便 但說無上道"라고 하였다. 〔참고문헌〕『法華玄義』, 『佛祖統紀』, 『法華經』 권1(대정장9, p.10a19). ⇨ 폐권입실 廢權立實, 폐적현본 廢迹顯本, 연화삼유 蓮華三喩, 본적이문 本迹二門

화락원림 畫樂園林 제석천(帝釋天)이 머무는 선견궁(善見宮 Ⓢ Sudarśana)을 품고 있는 원림. 『장아함경』 권20 「세기경 世記經」(대정장1, p.131b26)에 "선견궁 남쪽에 화락이라는 이름의 원림이 있다. 높고 넓기가 천유순이다. 담장은 일곱 겹이고, 일곱 겹 난간에, 일곱 겹의 그물과 일곱 겹의 나무들 늘어서 있다. 둘러싼 장식은 칠보이고, 무수한 새들 어울려 소리냄 또한 이러하다. 善見宮南有園林 名晝樂 縱廣千由旬 園牆七重 七重欄楯 七重羅網 七重行樹 周匝校飾 以七寶成 乃至無數衆鳥 相和而鳴 亦復如是"라고 하였다. [참고문헌]『長阿含經』. ⇨ 선견성 善見城, 제석천 帝釋天

화락천 化樂天 Ⓢ Nirmāṇa-rati deva, Nirmita-pura, Ⓟ Nimmāna-rati. 욕계(欲界)의 여섯 하늘인 육욕천(六天) 중 다섯 번째 하늘. 위로는 타화자재천(他化自在天)이고 아래는 도솔천(兜率天)이다. 화자재천(化自在天)·화자락천(化自樂天)·불교락천(不憍樂天)·낙무만천(樂無慢天)·무공고천(無貢高天)·낙변화천(樂變化天)이라고도 하며, 니마라천(尼摩羅天)·유나라니천(維那羅泥天)이라 음사한다. 스스로 다섯 티끌(五塵)을 변화시켜(化) 스스로 즐기기(樂)에 이렇게 부른다. 『기세경』 권7(대정장1, p.344c23)에 "화락천의 신장은 8유순, 옷 길이는 16유순, 옷 너비는 8유순, 옷 무게는 1가리사의 16분의 1이다. 化樂天 身長八由旬 衣長十六由旬 闊八由旬 重一迦利沙十六分之一", 『구사석론』 권8(대정장29, p.217c12 : *Abh-k-bh.*, p.169)에 "화락천은 함께 웃는 것만으로 음을 삼는다. … 모든 중생이 욕의 티끌을 바꿔 짓고, 화작한 티끌 중에서 한층 자재하니 이를 화락천이라 한다. 化樂天 以共笑爲婬 … 有諸衆生 化作欲塵 於化作塵中 作增上自在 謂化樂天 nirmāṇaratīnāṃ prekṣitena … santi sattvā nirmitakāmā nirmāya kāmān aiśvaryaṃ vaśe var tayanti. tad yathā devā nirmāṇaratayaḥ"라고 하였다. [참고문헌]『起世經』, 『俱舍釋論』, *Abh-k-bh.*, *Lal-v.32.*, *Pañca-pr.11.* ⇨ 낙변화천 樂變化天, 낙화천 樂化天, 니마라천 尼摩羅天, 무공고천 無貢高天, 불교락천 不憍樂天, 선화천 善化天, 수녈밀타 須涅蜜陀, 육욕천 六欲天, 화락천왕 化樂天王, 천 天

화락천왕 化樂天王 Ⓢ sunirmita. 화락천의 왕. 화락천주(化樂天主)라고도 한다. 『화엄경소』 권5(대정장35, p.540b15)에 "여섯째, 화락천왕이다. 『불지경론』에 '스스로 변화함을 즐기고 온갖 즐기는 도구 만들어 스스로 즐긴다'라고 하였다. 또한 다만 스스로 만든 낙만을 수용하니 다른 이를 범할 일 없기에 선한 장난이라 한다. 六 化樂天王 論云 樂自變化 作諸樂具 以自娛樂 又但受自所化樂不犯他 故名爲善化也"라고 하였다. [참고문헌]『華嚴經疏』, 『佛地經論』 권5(대정장26, p.316c7), *Lal-v.263.* ⇨ 선화천 善化天, 화락천 化樂天

화란 和鸞 수레나 수레 끄는 것들에 달아 소리나게 하는 방울. 수레 앞 횡목에 다는 방울은 화이고, 멍에나 수레 시렁에 다는 방울은 '란'이라 한다. 소리를 울려 알리므로 가르침인 교법(敎法)을 비유한다. 『십이문론』「서 序」(대정장30, p.159b20)에 "참으로 소리 좋은 방울 얻어 저 북쪽 아득했던 곳 울리고는, 흰 소 몰아 남쪽으로 먼 곳 향해 달리네. 眞得振和鸞 於北冥 馳白牛以南逈"라고 하였다. [참고문헌]『十二門論』.

화랑도 花郞道 신라시대 청소년 수양단체. 화랑도(花郞徒)·풍월도(風月道)·풍류도(風流道)·국선도(國仙徒)·용화향도(龍華香徒)라고도 하며, 그 수장(首長)은 풍월주(風月主)·국선(國仙)·화랑(花郞)·원화(源花) 등으로 불렸다. 설치에 대하여 『삼국사기』 권4 신라본기(新羅本紀)4 진흥왕(眞興王)에 "37년(576년) 봄 처음으로 원화를 받들었다. … 그 후 다시 미모의 남자를 뽑아 장식하고 화랑이라 이름하여 받드니 무리들이 구름처럼 모였다. 도의로써 서로 탁마하거나 가악으로 서로 즐기며 산수에서 노닐며 멀리까지 가지 않는 곳이 없었다. 三十七年春 始奉源花 … 其後更取美貌男子 粧飾之 名花郞以奉之 徒衆雲集 或相磨以道義 或相悅以歌樂 遊娛山水 無遠不至"라고 하였다. 8세기 신라의 역사가 김대문(金大問)이 지은 『화랑세기』에는 법흥왕(재위 514~540)이 위화랑(魏花郞)을 아껴 화랑이라 부른 것이 시작인데, 만년에 남모(南毛)와 준정(俊貞)이라는 두 여자를 택하여 원화로 하여, 낭도를 많이 두었으나, 서로 질투하는 폐단으로 이를 폐지하고 대신 귀족출신의 청소년 중 아름답고 품행이 곧은 이를 뽑아 풍월주로 삼아 화랑도를 창단하였다 하였다. 이후 진흥왕대인 568년 미실(美室)을 원화로 설화랑(薛花郞)과 미생랑(美生郞) 형제로 하여금 낭도들을 이끌어 조회하게 하고, 다시 576년 미실을 원화, 그녀의 남편인 세종(世宗)을 상선(上仙), 문노(文弩)를 아선(亞仙), 설화랑과 비보랑(秘寶郞)을 좌우화랑, 미생랑을 전방화랑으로 조직하기도 하였다고 전한다. 『화랑세기』에 의지해 보면 풍월주는 540년 취임한 제1세 위화랑을 시작으로, 2세 미진부(未珍夫), 3세 모랑(毛郞), 4세 이화랑(二花郞), 5세 사다함(斯多含), 6세 세종, 7세 설화랑(재위 572~579), 8세 문노(재위 579~582), 9세 비보랑(재위 582~585), 10세 미생, 11세 하종(夏宗), 12세 보리(菩提), 13세 용춘(龍春), 14세 호림(虎林), 15세 유신(庾信 재세 595~673), 16세 보종(寶宗), 17세 염장(廉長), 18세 춘추(春秋), 19세 흠순(欽純), 20세 체원(體元), 21세 선품(仙品), 22세 양도(良圖), 23세 군관(軍官), 24세 천광(天光), 25세 춘장(春長), 26세 진공(眞功)으로 이어졌다. 화랑도에 대하여 『해동고승전』 권1 「법운전 法雲傳」(대정장50, p.1019c24)에 "원랑으로부터 신라 말까지 모두 이백여 명이다. 그 중

사선이 가장 뛰어나다. 自原郎至羅末 凡二百餘人 其中四仙最賢", 『파한집』 권하에 "화랑의 무리는 삼천여 명에 이르렀다. 其徒至三千餘人"라고 하였다. 사선은 영랑(永郎)·남랑(南郎)·술랑(述郎)·안상(安詳)을 말한다. 낭도무리에 스님이 참여함으로써 화랑도를 용화향도라 부르기도 하였는데, 원광(圓光)의 세속오계(世俗五戒 : 事君以忠 事親以孝 交友以信 臨戰無退 殺生有擇)를 화랑오계라 여기기도 한다. 최치원(崔致遠)의 「난랑비서 鸞郎碑序」에서는 '나라의 현묘한 도 있으니 풍류다. 國有玄妙之道 曰風流'라 하고 유불도(儒佛道)가 함께하는 무리로 보기도 하였다. 〔참고문헌〕『三國史記』, 『花郎世紀』, 『海東高僧傳』, 『破閑集』, 三品彰影 『新羅花郎の研究』(三省堂, 1943), 박남수 『신라화백제도와 화랑도』(주류성출판사, 2013). ⇨ 난랑비 鸞郎碑

화래순 樺來唇 자작나무 껍질처럼 열린 채인 입술. 자작나무 껍질 마르면 옆으로 벌어지며 올라가는데, 이 모습이 사람 입을 벌린 모양과 같아서 입 벌린 채 말 못하는 것을 속어에서 '화래순'이라고 일컫는다. 순(唇)은 순(脣)으로 쓰기도 한다. 『법화산거화상어요』(고존숙어록26, 卍속장118, p.490b7)에 "법화가 법좌에 올라 말하였다. '삼세제불이 입을 벽에 걸어두시니, 천하의 노화상들이 어떻게 손 쓸 수 있겠는가? 여러분들은 여러 총림에 가서는 무어라 하겠는가? 산승도 이렇게 말하리니, 또한 오랫날 늘어져 있을 뿐인 자작나무 껍질처럼 입 열고 있을 뿐이다'. 할을 한바탕 내질렀다. 上堂云 三世諸佛 口掛壁上 天下老和尙 作麽生措手 你諸人到諸方作麽生擧 山僧恁麽道 也是久日樺來唇 喝一喝", 『선문염송설화』 1392칙(한불전5, p.894c22)에 "〈설화〉 화래순·구래시 등은 아마도 옛사람들의 이어(俚語)일 것이다. 樺來唇 狗來腮等 盖古人俚語耳"라고 하였다. 〔참고문헌〕『法華山擧和尙語要』, 『禪門拈頌說話』, 『汾陽語錄』 권상(대정장47, p.606a12).

화령 火鈴 때때로 불 있는 곳 살피라 요령소리 내서 알리는 일. 전통의 사원에서는 법당에는 향촉 올리고, 간경함에 등잔불 붙이며, 난방 위해 불 때는 등의 일로 대중들 늘 불조심해 살피게 하는 등의 이유로 소리내 경계한다. 『선림상기전』 권27(대장경보편27, p.747a5)에 "화령 : 도충(道忠)이 말한다. '아침 공양 때 화령을 울린다〈순화판 항목을 참조하라〉. 또한 2경 1점과 4경 1점에 모두 화령을 울린다〈이십오점 항목을 참조하라〉. 불조심하도록 주의해 경계하므로 화령이라는 이름이 붙었다'. …『파암선선사수봉록』에 상당해 말씀하시길 '말한즉 잘못이고 생각한즉 어긋난다. 방석 모자 거꾸로 끌고 난삼도 뒤집어 입는다. 자세히 살펴라! 저녁 하늘 눈 내리려 하니 모두 움직여야 하리. 각자 잘 비추어 돌아보라. 대답해 보라! 비추고 돌아볼 것 무엇인지?' 스스로 답했다. '불꽃 튀는지 비춰 돌아보아야 하리'. 火鈴 忠曰 齋時振火鈴〈見巡火板處〉 又二更一點 四更一點 並振火鈴〈見二十五點處〉 儆戒火燭 故得火鈴名 … 破菴先禪師秀峯錄 上堂云 開口卽錯 擬心卽差 倒攜蒲帽 翻著襴衫 看看暮天欲雪 普請 各宜照顧 且道 照顧箇什麽 自云 照顧火燭"라고 하였다. 〔참고문헌〕『禪林象器箋』.

화로 火爐 **1** Ⓢ kuṇḍā. 밀교에서 호마법(護摩法)을 행하기 위해 호마단 중앙에 안치한 화로로 노(爐·鑪). 군다(軍茶)라고도 음사하고 호마로(護摩爐)라고도 한다. 인도 브라만 등의 전통에서 공물을 태워 천신에게 제사지내던 의식에서 쓰던 것이다. 밀교에서의 호마는 화로에 공물을 태우는 외호마와 함께 지혜의 불로 번뇌를 소진시키는 내호마의 의미로 심화되었다. 본래는 토단(土壇)을 축조하여 화로로 사용하였으나 동아시아에서 호마단을 목재로 만들면서 중앙에 금속이나 석재로 만든 화로를 설치하게 되었다. 화로의 형태는 작법의 목적에 따라 구분한다. 식재법에는 원형(圓形), 증익법에는 방형(方形), 항복법에는 삼각형(三角形), 소구법에는 반월형(半月形), 경애법에는 팔엽연화형(八葉蓮花形) 화로를 사용한다. 『일자심주경』(대정장19, p.319a22)에 "집안의 모든 악들 없애려는 이는 먼저 땅에 화로를 만들고 네 둘레에 연꽃을 그리고서 화로 안에 뽕나무를 가져다 장작으로 놓고 낙소밀과 함께 하루에

식재법 · 증익법 · 항복법 · 소구법 · 경애법

세 차례 진언 외우기를 천팔 번 하며 이렇게 사흘 동안 작법하면 성취된다. 若欲除家內諸惡者 作地火爐 四邊畫作蓮花 火爐內取桑木作柴 幷酪及酥蜜一日三時誦呪一千八遍 至三日內卽得成就", 『자씨보살염송법』 권하(대정장20, p.598c2)에 "네 가지 법을 행할 때는 중앙에 각각 본법에 상응하도록 뗄감을 만든다. 그 화로단은 방

형・원형・삼각형・반월형의 단으로 한다. 둘레 길이는 4주이고 중심을 방형과 원형 1주 크기로 파는데 깊이도 1주이다. 若作四種法 中各隨本法相應而爲柴薪 其火爐壇方圓三角半月壇等 量取四肘 中心掘方圓一肘 深亦一肘", 『오추슬마명왕경』 권하(대정장21, p.153c1)에 "단 서쪽에 유목으로 화단을 만든다. 아사리는 먼저 화천을 소청하여 화단에 안치한 후 소・밀・낙과 유・마 등으로 한 번 가지할 때마다 화로에 던지며 21번 공양하거나 108번 공양하며 마음으로 화천을 관상한다. 壇西以乳木作火壇 阿闍梨先請火天 於火爐中安置訖 乃以蘇蜜酪和油麻 一加持一進火中 供養二十一遍或一百八遍 心念火天"라고 하였다. [참고문헌] 『一字心呪經』, 『慈氏菩薩念誦法』, 『烏樞瑟摩明王經』, 『仏教法具図鑑』(國書刊行會, 1993). ⇨ 호마로 護摩爐, 호마단 護摩壇, 화단 火壇 **2** 탐진치 삼독에 대한 비유 중 하나. 『출요경』 권27(대정장4, p.757c5)에 "마치 저 화로가 붉은 불꽃으로 활활 타는 듯하다는 말은 무슨 뜻인가? 마치 대장장이가 화로에서 쇠 탄알을 녹이는 그때 활활 타는 불길이 극도록 거세어 참으로 다가설 수 없는 것과 같다. 이처럼 성인은 중생의 무리가 음노치(탐진치)의 화로에서 스스로 태워 익어가면서도 자각하여 알아채지 못하는 실상을 꿰뚫어보신다. 이에 '마치 저 화로가 붉은 불꽃으로 활활 타는 듯하다'라고 설하신다. 猶彼火爐 赫焰熾然者 猶若彼匠 火燒鐵丸 極自熾然 甚難可近 是以聖人 觀衆生類婬怒癡火 而自燒炙 不自覺知 是故說曰 猶彼火爐 赫焰熾然也"라고 하였다. [참고문헌] 『出曜經』. ⇨ 탐진치 貪瞋癡, 음노치 婬怒癡, 삼독 三毒

화로 話路 말 따라 열린 길. 『경덕전등록』 권19 「운문문언전 雲門文偃傳」(대정장51, p.357c23)에 "머리 맞대고 익혀 얻은 것이라고는 옛 사람들 이야기 길이다. 알아차리는 성으로 기억해 가져서는 망상해 헤아리고는 '나는 불법을 다 알았다'라고 말한다. 聚頭學得 箇古人話路 識性記持 妄想卜度 道我會佛法了也"라고 하였다. [참고문헌] 『景德傳燈錄』.

화론 話論 말해 알게 하다. 『조당집』 권12 「화산무은장 禾山無殷章」(대장경보편25, p.534a2)에 "학인이 물었다. '그림자 지지 않는 말을 하려면 어떻게 말해 알게 할까요?' '한입 가득 담은 채로 토해 다하니 이미 알아야 할 소식을 빠짐없이 갖추었구나'. 問 無影之言 如何話論 師云 滿口吐盡 已具知聞", 『황벽단제선사완릉록』(고존숙어록3, 卍속장118, p.192a16)에 "무어라 해도 그대가 말해 논한 여지는 없다. 總無你話論處"라고 하였다. [참고문헌] 『祖堂集』, 『黃檗斷際禪師宛陵錄』.

화롱 華籠 꽃 바구니. 꽃을 담은 그릇. 화협(華筴)・화거(華筥)・화명(華皿)・화반(花盤)이라고도 한다. 법회에서 꽃 흩으는 산화(散華)를 행할 때 들고 다닌다. 본래 귀한 이에게 꽃을 담아 바치는 그릇이었고, 금속이나 대나무 재질로 만들어 종이로 만든 연꽃잎이나 침향나무 잎을 담아서 쓰기도 한다. 『오추슬마명왕경』 권3(대정장21, p.154b1)에 "아래에 행자를 그리는데 오른손에는 향로를 들었고 왼손에는 화롱을 든 채 대위력명왕을 올려다보고 있다. 於下畫行者 右執香爐左持華籠 瞻仰大威力", 『남악총승집』 권상 「자개봉 紫蓋峯」(대정장51, p.1057c21)에 "높이 오천사백여 길에 자줏빛 노을 진 꽃 바구니 모양이다. 그 모습 가리개 같아 화개봉이라고도 한다. 高五千四百餘丈 有紫霞華籠之狀 其形如蓋 亦謂之華蓋峯", 『당초제사계단별수계식』(대정장74, p.39c16)에 "당우 바깥 남쪽은 덮고 서쪽에 화롱을 놓을 탁자를 두고 화롱 10개를 올려 놓는다. 堂外南庇西方 置華籠机 安華籠十枚"라고 하였다. [참고문헌] 『烏樞瑟摩明王經』, 『南嶽總勝集』, 『唐招提寺戒壇別受戒式』.

화룡사 化龍寺 경상남도 진주시 지리산(智異山)에 있던 절. 『경상도속찬지리지』에 "선종에 속한다. 屬禪宗"라고 하였다. [참고문헌] 『慶尙道續撰地理誌』, 『韓國寺刹全書』 권하 p.1174b2.

화룡외도 火龍外道 불을 섬기던 사화외도(事火外道 Ⓟ aggika). 『대당서역기』 권8(대정장51, p.918a2)에 "가섭파형제 서북솔도파에서 제도하였으니 여래께서 가섭파가 섬기던 화룡을 항복시킨 곳이다. 度迦葉波兄弟西北窣堵波 是如來伏迦葉波所事火龍處", 『증도가송사실』 권2(한불전6, p.131b9)에 "옛날에 삼가섭이 부처님께 나아가 출가하였으나 도심을 잃고 물러나 화룡외도를 섬겼다. 부처님께서 그 근성이 이미 익었음을 보시고 곧 가서 제도하였다. 昔者 有三迦葉 投佛出家 退失道心 侍火龍外道 佛觀其根性旣熟 卽往度之"라고 하였다. [참고문헌] 『大唐西域記』, 『證道歌頌事實』. ⇨ 가섭 迦葉 **5**, 사화외도 事火外道, 삼가섭 三迦葉

화륜 火輪 Ⓢ alāta-cakra, Ⓣ mgal-me'i-'khor-lo. 불꽃 바퀴. 불을 손에 쥔 채로 빠르게 돌리면 바퀴모양으로 보이는데 선화륜(旋火輪)이라고 한다. 본래 모습 아닌 것의 비유다. 『대승입능가경』 권3(대정장16, p.601b5 : *Laṅk.*, p.92)에 "대혜여, 비유컨대 저 화륜 실로 바퀴가 아니지만 어리석은 범부가 취착할 뿐이다. 지혜롭지 못한 이들과 외도 역시 그러하니 악견으로 하나다 다르다 옳다 못 미친다 집착하기를 즐긴다. 大慧 譬如火輪實非是輪 愚夫取著 非諸智者 外道亦爾 惡見樂欲 執著一異俱不俱等 一切法生 tadyathā mahāmate acakramalātacakraṃ bālaiścakrabhāvena parikalpy ate na paṇḍitaiḥ, evameva mahāmate kudṛṣṭitīrt hyāśayapatitā ekatvānyatvobhayānubhayatvaṃ parikalpayiṣyanti sarvabhāvotpattau", 『화엄경소』 권14(대정장35, p.606c20)에 "업이 다해 문득 사라지고 사라질 것마저 없게 된다. 본래 주인이라는 것 없으니 하물며 찰나에 생멸함에 스스로 가질 성이란 없다. 비유해 불꽃 바퀴라 하니, 불꽃 빠르게 돌리면 처음과 끝 볼 수 없는 것과 같으니 생겼다 사라지길 거듭해 이어 흐를 뿐이니 어찌 본래의 그 모습 알 수 있으리. 業盡便滅滅無所滅 本無主者 況刹那生滅實無自性 喩以火輪 謂旋火速轉不見始終 生滅遞流寧知本際"라고 하였다. 〔참고문헌〕『大乘入楞伽經』, 『華嚴經疏』, *Laṅk.*

화륜 華輪 둥근 꽃타래. 많은 꽃들 서로 이어 바퀴인 듯한 모양 만든 것을 말한다. 『인왕호국반야바라밀다경』 권하(대정장16, p.840c21)에 "대중들이 십천금련화 가져서 석가모니부처님 위로 흩뿌리니 다시 모여 꽃타래 되어 모든 대중들을 덮었다. 是諸大衆持十千金蓮華 散釋迦牟尼佛上 合成花輪蓋諸大衆". 『인왕경소』 권3(卍속장41, p.365a11)에 "합해 화륜이 되어 대중을 덮었다 하니, 앞 구는 전법륜을 나타내고, 뒷 구는 법을 듣고 이익을 얻음을 나타낸다. 合成華輪 蓋諸大衆 上句表已轉法輪 下句表聞法獲益"라고 하였다. 〔참고문헌〕『仁王護國般若波羅蜜多經』, 『仁王經疏』.

화륜단 火輪壇 삼각형(三角形)의 호마단. 『대일경소연오초』 권40(대정장59, p.417b6)에 "동일하게 동남쪽 모서리에 있다는 것은 화륜단 있을 곳을 가리킨 것이다. 사중만다라에서 화천 등의 부류는 모두 동남쪽에 있음을 말한다. 同在東南隅者 此指火輪壇所在也 謂於四重曼荼羅中 此火天等部類皆在東南隅也", 『태장계대법대수기』 권6(대정장75, p.107a19)에 "공해대덕께서 설하였다. '셋째 월륜에서 화륜단을 관한다. 그 형상은 삼각형이고 단 위에 람자 종자를 안치하며 대혜도인을 맺고 람자 진언을 세 번 외운다'. 海大德說 第三月觀火輪壇 其形三角 壇上觀安 𑖨𑖼(raṃ) 字種子 結大慧刀印 誦覽眞言三遍"라 하였다. 〔참고문헌〕『大日經疏演奧鈔』, 『胎藏界大法對受記』. ⇨ 화단 火壇, 화로 火爐❶, 호마단 護摩壇

화륜비구 和輪比丘 과거세 석가세존의 수업사(受業師)로 반주삼매를 전했다. 『반주삼매경』 권하(대정장13, p.919a13)에 "기지성이라는 명호의 부처님께서 때마침 화륜이라는 비구의 됨됨이를 알아보았으니, 저 불세존께서 열반에 드신 다음 비구는 항상 이 삼매를 지니고 있었다. 나는 당시 왕군자의 지위였는데, 꿈에서 이 삼매에 대해 들었다. '화륜비구가 이 경을 지니고 있으니, 왕은 마땅히 그를 따라 이 삼매를 받아야 한다'라고. 꿈에서 깨어난 다음 그를 찾아 나서니 문득 비구가 삼매를 지니고 있음을 알았다. 머리를 깎고 사문이 되어 팔천세를 익혔으니 일시에 들었다. 有佛號曰其至誠 時知比丘名和輪 彼佛世尊泥曰後 比丘常持是三昧 我時爲王君子種 夢中逮聞是三昧 和輪比丘有斯經 王當從受此定意 從夢覺已卽往求 輒見比丘持三昧 卽除鬚髮作沙門 學八千歲一時聞"라고 하였다. 〔참고문헌〕『般舟三昧經』.

화륜삼매 火輪三昧 불바퀴 삼매. 『흑곡상인어등록』 권7(대정장83, p.141c25)에 "어느날 좌상 위에 연꽃 한 줄기가 있었는데 향기가 가득했다. 제자가 기이하게 여기고 물으니 상인이 답하였다. '내가 수륜삼매에 들 때는 물이 되고, 화륜삼매에 들 때는 불이 되며, 연화삼매에 들 때는 연꽃이 된다'. 一日又見床上有蓮華一莖馨香郁郁 弟子怪問 上人答曰 我入水輪三昧時成水 入火輪三昧時成火 入蓮華三昧時成蓮華也"라고 하였다. 〔참고문헌〕『黑谷上人語燈錄』.

화륜인 火輪印 밀교의 수인. 화인(火印)·법계생인(法界生印)이라고도 한다. 불꽃 위로 뾰족히 오르기에 삼각화륜인(三角火輪印)이라고도 하고, 화대의 종자가 람(𑖨𑖼 raṃ) 자이므로 람자인(覽字印)이라고도 하며, 화대가 법성의 지혜를 뜻하므로 지화인(智火印)이라고도 한다. 양손을 각각 쥐먹쥐고 손바닥을 위로 향하며 양손의 엄지를 손바닥 안에 넣고 양손의 검지를 곧게 세워 끝을 붙여서 삼각형 모양을 만든다. 『청룡사궤기』(대정장18, p.174b16)에 "다음으로 화륜인을 가슴 앞에 안치하고 람 자에 귀명하는 진언을 염송한다. 次火輪印安心上誦歸命 𑖨𑖼", 『택초』 권6(대정장78, p.452b15)에 "화륜인은 양손을 주먹 쥐고 양손의 검지를 펴서 옆으로 붙인 것이다. 이것은 람자관인이다. 火輪印 二手作拳 二頭申側合 覽字觀印也", 『행림초』 권19(대정장76, p.337b6)에 "다음으로 구지분소삼마지에 든다. 〔기〕 이 행법은 화륜인으로 화광계진언을 염송하여 일체 삼승의 천룡팔부와 일체 중생을 불러모아 약간의 차별심을 뽑아내고 일체가 되게 하여 이 삼매에 머물게 하고 이 마음을 모두 태우는 것이다. 이렇게 하면 일체의 불국토와 삼천대천세계의 산과 바다와 대지가 오직 거대한 불무더기일 뿐이니 온 법계에 오직 불무더기가 있을 뿐 다른 것이 없게 된다. 次入俱胝焚燒三摩地 記云 其行法 以火輪印誦火光界眞言 善集一切三乘天龍八部一切衆生 抽撮若干差別之心 皆爲一體 等令住此三昧 皆悉焚燒此心 及以一切佛土 三千大千世界 山海大地 唯一大火聚 周遍法界 唯有火聚 更無餘物"라고 하였다. 〔참고문헌〕『靑龍寺軌記』, 『澤鈔』, 『行林抄』.

화리 和利 Ⓢ Ⓟ Upāli. 석존 재세시 우파리(優婆離)를

말한다. 『성실론』 권1(대정장32, p.243a23)에 "또 불세존께서는 정진 등의 모든 공덕의 무더기 가지고 계신다. 마치 화리가 백 가지 구로 부처님을 찬탄한 바와 같다. 이런 공덕 있으시기에 응당 예배를 받으신다. 又佛世尊 有精進等 諸功德聚 如和利以百句讚佛 有此功德 是故應禮", 같은 책 권6(대정장32, p.286a27)에 "또 『화리경』에서 설하기를 '니건자는 냉수를 끊고 온수를 받았는데, 죽음에 이르러 냉수를 구하다가 끝내 마시지 못하고 죽어 의착천에 났다'라고 하였다. 이는 곧 찬 것을 생각하였기에 태어난 것이다. 그러므로 구하는 것이 바로 생각임을 알라. 又和利經中 說尼延子 斷冷水受暖水 死時求冷水 竟不得而死 生意著天 是則以思冷故生 故知求卽是思"라고 하였다. 그런데 여기에서 말한 『화리경』의 일화는 『중아함경』 권32 「우파리경 優婆離經」(대정장1, p.629c3 : *Upāli-sutta*, *MN.1.* p.376)에 "(부처님이 말씀하였다.) '니건이 탕을 마시고 냉수를 끊었다가 훗날 탕이 없어서 냉수를 마시려다 냉수를 얻지 못하고 목숨을 마쳤다'. … 우파리거사가 답하였다. '구담이시여, 하늘이 있는데, 이름이 의착이고, 저 니건은 목숨을 마치며 뜻에 붙들린 채로 죽었다면 반드시 그곳에서 났을 것입니다'. 若有尼揵來飮湯斷冷水 彼後無湯時便欲飮冷水 不得冷水 彼便命終 … 優婆離居士 答曰 瞿曇 有天名意著 彼尼揵命終 若意著死者 必生彼處 idh' assa nigaṇṭho ābādhiko dukkhito bāḷhagilāno sītodakapaṭikkhitto uṇhodakapaṭisevī so sītodakaṃ alabhamāno kālaṃ kareyya. … atthi bhante manosattā nāma devā tattha so upapajjati taṃ kissa hetu"라고 하였다. 〔참고문헌〕 『成實論』, 『中阿含經』, *MN.*, *Śikṣ.168.* ⇨ 우파리 優婆離

화리금계 火裏金雞 불 속의 금빛 닭. 불에 녹아 없어져야 새벽을 알릴 수 있다는 뜻에서 모양 가진 채로는 새벽을 알 수 없다. 『투자어록』 권상(卍속장124, p.457b2)에 "정중래 : 불 속의 금빛 닭이 봉대에 앉았네. 아득한 길 허공 따라 온갖 길 위로 통하지만, 구름 덮힌 저 험한 길에서야 티끌 벗어날 수 있으리. 正中來 火裏金雞坐鳳臺 玄路倚空通陌上 披雲鳥道出塵埃"라고 하였다. 〔참고문헌〕 『投子語錄』. ⇨ 금계 金鷄

화리동지두 靴裏動指頭 신발 속에서 발가락 움직이다. 자기만이 알아 누구도 알 수 없다고 여기다. 『종용록』 69칙 「송 頌」(대정장48, p.271a14)에 "묵묵히 스스로 알 뿐이니 마음밭 편안하고〈신발 속에서 발가락 움직인다〉, 등등한들 누가 뱃속도 어리석다 여기랴?〈미련한 중에 간교한 솜씨라니〉 默默自知田地穩〈靴裏動指頭〉 騰騰誰謂肚皮憨〈呆裏撒奸〉", 『지월록』 권8(卍속장143, p.181b7)에 "경산고(宗杲)가 말했다. '두 늙은이(남전과 조주)가 비록 신발 속에서 발가락을 잘도 움직였지만 옆에서 보는 이 낯부끄러워한지는 전혀 몰랐다'. 徑山杲云 兩個老漢雖善靴裏動指頭 殊不知旁觀者醜"라고 하였다. 〔참고문헌〕 『從容錄』, 『指月錄』.

화리부주 化理不住 변화의 이치 머물지 않음이다. 『수능엄의소주경』 권10(대정장39, p.965c5)에 "〈경〉 변화의 이치는 머물지 않음이다. 움직이고 움직이며 은밀하게 옮겨간다. 손톱이 자라고 머리털이 나며 기운이 시들해지고 얼굴은 주름진다. 밤낮으로 번갈아 바뀌지만 일찍이 알아차린 적은 없다. 〈소〉 운행하는 온갖 상을 드러내었다. 처음 두 구는 행음 옮겨 흐르지만 미세하여 알아채기 어려움을 나타낸다. 그러므로 '머물지 않고 은밀하게 옮겨간다'라고 한다. 化理不住 運運密移 甲長髮生 氣銷容皺 日夜相代 曾無覺悟 顯行相也 初二句標 行陰遷流 微細難覺 故云 不住密移也"라고 하였다. 〔참고문헌〕 『首楞嚴義疏注經』.

화리빙 火裏氷 타는 불 속에야 얼음 있네. 『오등회원』 권7 「장경혜릉장 長慶慧稜章」(卍속장138, p.250b12)에 "만상 중에 오롯이 드러난 몸, 오직 사람만이 스스로 기꺼워해서야 비로소 알 수 있으리. 그 옛날 길 잘못 들어 헤매었으니, 오늘에야 살펴보니 불 속의 얼음일세. 萬象之中獨露身 唯人自肯乃方親 昔時謬向途中覓 今日看來火裏冰"라고 하였다. 〔참고문헌〕 『五燈會元』.

화리습미가국 貨利習彌伽國 고대 서역에 있던 나라. 현재 우즈베키스탄의 히바(Khiva)에 비정된다. 현장(玄奘)이 전하는 나라이며 강성할 때는 호라즘(Khorazm)이라는 이름으로 널리 알려졌다. 『대당서역기』 권1(대정장51, p.871c23)에 "이곳(벌지국)에서 서남쪽으로 5백여 리를 가면 화리습미가국에 이른다. 화리습미가국은 박추하를 따라 양쪽 기슭에 위치하며 동서로 20~30리이고, 남북으로는 5백여 리이다. 토산품과 풍속은 벌지국과 같으나, 언어는 조금 다르다. 從此西南五百餘里 至貨利習彌伽國 貨利習彌伽國 順縛芻河兩岸 東西二三十里 南北五百餘里 土宜風俗 同伐地國 語言少異"라고 하였다. 현장(玄奘)스님이 직접 가본(親踐) 나라는 아니고 전해 들은(傳聞) 나라이다. 〔참고문헌〕 『大唐西域記』, 『慈恩傳』 권2(대정장50, p.227c26).

화리연 火裏蓮 불꽃 속에 피는 연꽃. 『경덕전등록』 권29 「십현담·심인 十玄談·心印」(대정장51, p.455a28)에 "겁을 지나도록 늘 그래서 색을 달리할 일 없었으니, 심인이라 불러도 이미 헛된 말이라네. 본래 허공성인 줄 알아야 하니, 붉게 타는 화롯불 속 연꽃이라 비유할 뿐이라네. 歷劫坦然無異色 呼爲心印早虛言 須知本自

虛空性 將喻紅爐火裏蓮", 『원오어록』 권19(대정장47, p.800c19)에 "왕궁과 도솔천, 중생제도와 모태에서의 출생, 처음과 끝 하나로 꿴 채여서 처음부터 오고간 적 없다. 자취 쓸어 없애고 뿌리와 꼭지 다 버려서야, 불 속의 연꽃 처처에 피어나리라. 王宮兜率 度生出胎 始終一貫 初無去來 掃蹤滅跡除根蒂 火裏蓮華處處開"라고 하였다. 〔참고문헌〕『景德傳燈錄』, 『圜悟語錄』.

화리인 火裏人 같은 무리(隊)의 사람. 화반(火伴)의 사람. 동지(同志). 화란 10인을 일화(一火)로 삼는 군대의 단위다. 『종용록』 71칙 「본칙 本則」(대정장48, p.272a5)에 "보복이 말했다. '도둑질하는 사람의 마음은 허하다〈그래도 같은 무리의 사람이다〉'. 保福云 作賊人心虛〈也是火裏人〉"라고 하였다. 〔참고문헌〕『從容錄』.

화리철우생독자 火裏鐵牛生犢子 불 속의 무쇠소 송아지를 낳다. 『경덕전등록』 권23 「명초덕겸전 明招德謙傳」(대정장51, p.393a9)에 "(임종게) 지체없이 칼무더기 속에서 온전한 위엄 드러냈으니, 그대들 마땅히 잘 지켜서 간직해야 하리. 불 속의 무쇠소가 송아지 낳았으니, 헤어지는 마당에 어느 누가 나의 기틀 따라올까? 驀刀叢裏逞全威 汝等應當善護持 火裏鐵牛生犢子 臨岐誰解湊吾機"라고 하였다. 〔참고문헌〕『景德傳燈錄』.

화림불전중경목록 華林佛殿衆經目錄 양대(梁代) 승소(僧紹)가 찬한 한역 경록. 『역대삼보기』 권11(대정장49, p.94b17)에 "천감 14년(515)에 사문 승소에게 칙하여 『화림불전중경목록』 4권을 찬하게 하였으나 미처 다 신지 못하였다. 至十四年 又勅沙門僧紹 撰華林佛殿衆經目錄四卷 猶以未委"라고 하였다. 〔참고문헌〕『歷代三寶紀』, 『大唐內典錄』 권4(대정장55, p.263c29). ⇨ 중경목록 衆經目錄 **2**

화림사 花林寺 **1** 경상남도 산청군 금서면 오봉리 지리산(智異山)에 있는 절. 화림암이라고도 한다. 해인사(海印寺)의 말사다. 노광무(盧光懋 1808~1894)의 『구암유고』 권2 「유방장기 遊方丈記」에 "산청 오봉천에서 화림사에 이르렀다. 自山淸五峯村 至花林寺"라 전하고, 당우로 극락보전·요사 등이 있다. 〔참고문헌〕『懼菴遺稿』, 『韓國寺刹全書』 권하 p.1174b14. **2** 충청북도 청주시 상당구 용정동 낙가산(洛迦山)에 있는 절. 화림사(化林寺)라고도 하고 고려대에 창건된 것으로 추정하며, 송인수(宋麟壽 1499~1547)의 『규암집』 권1 「송몽암유공지연 送夢菴柳公之燕」에 이곳에서 머물렀던 기록이 남아 전한다. 『동국여지승람』 권15 충청도 청주목 불우에 화림사(化林寺)의 이름과 위치가 전하며, 『여지도서』 충청도 청주 사찰과 『범우고』에 "지금은 폐사되었다. 今廢"라고 하였다. 이후 일제강점기에 대웅전과 요사가 다시 건립되었고, 1978년 요사 부근에서 '청주 淸州'라는 명문의 수키와도 발견되었다. 현존 당우로는 대웅전·요사 등이 있다. 〔참고문헌〕『圭菴集』, 『東國輿地勝覽』, 『輿地圖書』, 『梵宇攷』, 『韓國寺刹全書』 권하 p.1174b3, 『寺誌』(충청북도, 1982).

화림사 華林寺 **1** 중국 광동성(廣東省) 광주(廣州) 서관(西關)의 서래초지(西來初地). 본사의 제2대주지 이환원각(離幻元覺)이 지은 「개산비기 開山碑記」에 따르면, 이 터는 527년(대통1) 보리달마(菩提達摩)가 배를 타고 와서 안착한 곳이므로 달마가 서쪽에서 중국으로 와 처음으로 밟은 땅이라는 뜻에서 서래초지라 한다. 그곳에 서래암(西來庵)이 있다. 명대 숭정년간(1628~1644) 초 종부노인(宗符老人)이 창주(漳州)에서 와서 암주의 청에 응하여 도량을 세웠고, 청대 1655년(순치12) 대웅보전(大雄寶殿)·누각(樓閣)·당무(堂廡)·요실(寮室)을 완성한 다음 하류(河流)에 공덕수(功德水)라는 이름을 붙였고, 나무를 심어 기원(祇園)을 이루고 화림선사(華林禪寺)라 하였다. **2** 중국 복건성(福建省) 복부(福州) 북쪽 교외에 있는 병산(屛山)의 남쪽 기슭에 있는 절. 북송대 964년(건덕2) 오월왕(吳越王) 전씨(錢氏)가 복주(福州)를 점거하고 그 신하 포수양(鮑脩讓)이 군수가 되어 이곳에 절을 짓고 처음에서 월산길상선원(越山吉祥禪院)이라 하였다가 명대 정통년간(1436~1449) 사액을 받고 화림사라 개명하였다. 지금은 대웅전만 남아 있고, 명청(明淸)대에 중건을 거쳤다. 다만 그 주요 건축 잔영은 처음 건축했을 당시의 원물이 보존되어 당송(唐宋)대의 풍격을 보존하고 있다. **3** 일본 대판부(大阪府) 계시(堺市) 팔전사정(八田寺町)에 있는 절. 팔전사(八田寺) 또는 봉전사(蜂田寺)라고도 하며, 고야산(高野山)의 진언종(眞言宗) 소속이다. 일본의 화천국(和泉國) 출신인 백제계 스님 행기(行基 668~749)가 어머니 봉전약사고(蜂田藥師古)를 위해 창건했다고 전한다. 겸창시대(鎌倉時代 1185~1333)에 쓰인 것으로 추정하는 「행기보살행장회전 行基菩薩行狀繪傳」과 1479년 「행기보살연기도회사 行基菩薩緣起圖繪詞」에는 행기의 나이 13세 때인 680년에 건립하였다고 하였으나 근거가 될 만한 다른 자료는 전하지 않는다. 남북조시대와 전란 등을 거치면서 점차 쇠퇴하다가 1679년 광혜(廣惠)의 중창 이후 지금에 이른다. 현존하는 당우로는 본당(本堂)·고리(庫裏)·토장(土藏) 등이 있으며, 사찰 보물로 행기가 13세 때 그렸다는 자화상이 전한다. 〔참고문헌〕『續日本記』, 『行基大菩薩行狀記』, 『東國高僧傳』. ⇨ 행기 行基

화림암중창기 花林庵重刱記 이구봉(李九峯) 지음. 『조선사찰사료』 권상에 「방장산화림암중창기 方丈山花林庵重刱記」라는 이름으로 있다. 1868년(고종5) 기문에 의하면 숭정(崇禎) 말년에 화림암이 화재의 피해를 입자 신호(信浩)와 종신(宗信) 등이 수리하여 축리(祝釐)하였고, 함풍(咸豐) 말년에 다시 화림암이 황폐해지자 창윤(彰玧)이 모금하여 금월당(錦月堂) 치언(致彦)에게 중창을 담당하게 하였다 한다. 창윤이 귀적(歸寂)한 해에 그의 자취를 기록하기 위해 중창기를 작성하였다고 한다. 〔참고문헌〕『朝鮮寺刹史料』. ⇨ 화림사 花林寺 ❶

화림원 華林園 남북조(南北朝)대 남조의 궁원(宮苑). 강소성(江蘇省) 강녕현(江寧縣)에 있다. 『불조통기』 권36(대정장49, p.346c22)에 따르면, 제(齊) 무제(武帝) 때인 483년(영명1) 이곳에서 팔관재(八關齋)를 베풀었다. 또 『당고승전』 권5 「승민전 僧旻傳」(대정장50, p.462b20)에 499년(영원1) 칙령에 따라 30인의 스님이 들어와 강설하면서 승민을 법주(法主)로 삼았다고 한다. 〔참고문헌〕『佛祖統紀』, 『唐高僧傳』.

화림원회 華林園會 미륵이 하생하여 염부제 용화수 아래에서 행할 법회의 이름. 『법화경삼대부보주』 권7(卍속장44, p.175b13)에 "화림원회 : 용화삼회이다. 미륵이 하생할 때, 염부찰 안에는 산·언덕·시내·골짜기 등이 없어 땅이 숫돌처럼 평평하고, 수목은 장대하며 사람에게 삼독심이 적다. 華林園會 卽龍華三會也 彌勒下生時 閻浮刹內 無有山陵谿谷 地平如砥 樹木長大 人少三毒"라고 하였다. 〔참고문헌〕『法華經三大部補注』, 『法苑珠林』 권16(대정장53, p.405a3).

화만 華鬘 Ⓢkusumamālā. 꽃타래. 꽃을 엮어 만든 화환. 본존께 공양하는 공양구(供養具). 또는 불전(佛殿)을 장엄하는 장엄구(莊嚴具). 인도의 습속에서는 세인들이 머리 등을 꾸미는 장신구였다. 출가자는 착용할 수 없었지만 보시 받는 것은 허용되었기에 벽에 걸어 놓고

화만 종자·실매듭·옥매듭

시주한 이의 복을 기원한다. 또한 출가자가 불전에 바치기 위한 공양물로서 화만을 만드는 일은 허락되었는데, 화만을 만드는 재료는 생화(生花)를 비롯하여 금(金)·은(銀)·백랍(白鑞) 등의 재질과 나무·옷감 뿐 아니라 소가죽을 쓰는 경우도 있었다. 『비니모경』 권5(대정장24, p.828b7)에 "화만영락은 본인이 착용할 수 없고, 또한 화만영락을 만들어 속인이 착용하도록 해서도 안된다. 비구가 부처님께 공양하기 위해서나 불탑·성문탑에 공양하기 위한 경우에 만들면 계를 범하는 것은 아니다. 무엇으로 영락화 타래를 만드는가? 첫째 우발라화, 둘째 바사가화, 셋째 첨복가화, 넷째 아제목다가화, 다섯째 금을 두드려 만든 꽃, 여섯째 은을 두드려 만든 꽃, 일곱째 백납화, 여덟째 연석화, 아홉째 나무로 만든 꽃, 열째 옷감으로 만든 꽃, 열한번째 띠로 매듭져 만든 꽃이다. 이들을 화만화라 한다. 花鬘瓔珞自不得著 亦不得作花鬘瓔珞與俗人著 比丘若爲佛供養 若爲佛塔聲聞塔供養 故作伎不犯 何者是作鬘瓔珞花 一 優鉢羅花 二 婆師迦花 三 瞻蔔迦花 四 阿提目多迦花 五打金作花 六打銀作花 七白鑞花 八鉛錫花 九作木花 十作衣花 十一作帶花 是名花鬘花", 『대당서역기』 권(대정장51, p.876b26)에 "국왕과 대신의 복장은 아름답고 특이했는데 화만과 보관으로 머리를 장식하고 팔찌와 영락을 몸에 걸었다. 國王大臣服玩良異 花鬘寶冠以爲首飾 環釧瓔珞而作身佩", 『유마경약소수유기』 권10(대정장38, p.839a4)에 "화만이란 범어 구소마(kusuma)를 화라고 한역하고 범어 마라(mālā)를 만으로 한역한 것이다. 서역에서 머리장식하는 이들은 소마나화를 많이 쓴다. 꽃을 엮어 길게 꿰어서 남녀와 귀천을 불문하고 모두가 이것으로 장엄한다. 머리나 몸에 장식한다. 華鬘者 梵言俱蘇摩 此云華 梵言摩羅 此云鬘 西域結鬘師 多用蘇摩那華 行列結之 以爲長貫 無問 男女貴賤 皆以此莊嚴 或首或身 用爲飾好", 『금광명최승왕경소』 권5(대정장39, p.313c4)에 "존상 앞에 사방단을 만들고 꿀물이나 설탕물을 가득 채운 네 개의 병과 도향·말향·소향과 갖가지 화만을 안치한다. 於此像前作四方壇 安四滿甁蜜水 或沙糖水 塗香末香燒香 及諸華鬘", 『교적의기』(대정장39, p.1023c25)에 "화만이란 인도에서 꽃을 엮어 이름하길 만이라 한다. 言華鬘者 謂西國以綖貫華名之爲鬘", 『사분율행사초』 권하(대정장40, p.140b6)에 "화만과 영락을 착용하거나 향을 몸에 바르거나 옷에 뿌릴 수 없다. 不著華鬘瓔珞 及香塗身熏衣", 『사분율산보수기갈마』 권상(대정장40, p.496c11)에 "목숨이 다할 때까지 화만과 향유를 몸에 바를 수 없다. 이것이 사미계다. 盡形壽 不著華鬘 香油塗身 是沙彌戒"라고 하였다. 화만은 향기나는 생화로 만들었지만 점차 금속이나 가죽 등 다양한 재료에 의지해 그 수명을 오래가게 했고, 걸기 위한 고리

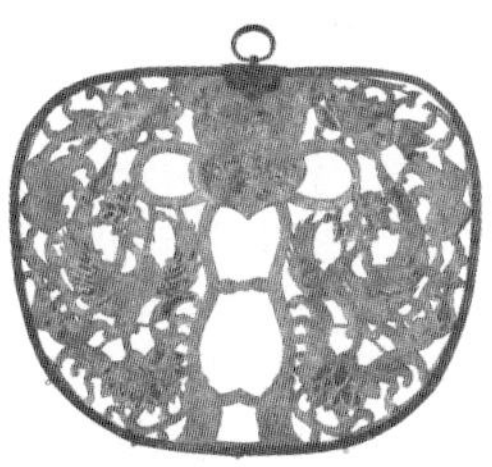

나라국립박물관 일본 겸창13세기

를 달거나 내부에는 당초문이나 연화문의 형태로 엮거나, 가릉빈가(迦陵頻迦) 등 새들도 투조로 새겨넣었으며, 아래쪽에 방울 등으로 늘어뜨린 수하장식도 더했다. 일본 나라국립박물관에 오래된 화만이 남아 있다. [참고문헌]『毘尼母經』,『大唐西域記』,『維摩經略疏垂裕記』,『金光明最勝王經疏』,『教跡義記』,『四分律行事鈔』,『四分律刪補隨機羯磨』,『一切經音義』 권59(대정장59, p.699c17), 伊藤信一「幡と華鬘」(『日本の美術』542, 至文堂).

화만다라 火曼荼羅 밀교 작법에서 호마단(護摩壇) 또는 화로(火爐)를 말한다.『대일경소연오초』 권26(대정장59, p.284b14)에 "『소실지의궤』 권하에서 '본존 앞과 자신의 몸 중간에 화로를 안치한다'고 하였다. 경전에서 '만다라 안'이라고 한 것은 화단을 만다라라고 부르는 것을 가리킨다. 이 화만다라는 둘째 자리에 있으므로 '안'이라고 한 것이다. 蘇悉地軌下云 本尊之前 己身中間 而置其爐 然經言漫荼羅中者 此指火壇云曼荼羅 此火曼荼羅在二位中 故云中",『사십첩결』 권10(대정장75, p.919c18)에 "『대일경의석』에서 '화존과 자기의 몸은 둘도 아니고 다르지도 않다고 관상해야 한다. 화존이 화만다라에 해당하는 것도 역시 그러하다'라고 하였다. 스승은 '화만다라는 화로이다'라고 하였다. 又云 義釋云 火尊 與己身 無二無別 如火尊 當火曼荼羅 亦然云云 師曰 火曼荼羅者 爐是也"라고 하였다. [참고문헌]『大日經疏演奧鈔』,『四十帖決』. ⇨화로 火爐 1

화만비나야가 華鬘毘那夜迦 금강계만다라 외금강부 20천(天) 중 금강식천(金剛食天 Ⓢ Vajramālā)의 다른 이름.『금강삼밀초』 권5(대정장75, p.716c13)에 "(20천 중) 식천〈코끼리 머리에 붉은 색이라 한다. 도상에서 '화만비나야가'라고 하였다〉. 食〈有云 象頭紅色 圖云 花鬘毘那夜迦云云〉"이라고 하였다. [참고문헌]『金剛三密抄』. ⇨금강식천 金剛食天

화만수 花鬘樹 화만(花鬘 : 꽃다발)이 열리는 나무.『장아함경』 권18「세기경 世記經」(대정장1, p.118a26)에 "화만수가 있으니 높이는 칠십 리이고 꽃과 열매가 무성하며, 그 열매가 익었을 때 껍질이 저절로 깨지면서 갖가지 화만이 나온다. 나무 때로는 육십 리나 오십 리 혹은 사십 리인데, 아주 작은 것은 높이가 오 리이며 모두 꽃과 열매가 무성해서 갖가지 만이 나온다. 有花鬘樹 高七十里 花果繁茂 其果熟時 皮殼自裂 出種種鬘 樹或高六十里 五十 四十里 極小高五里 亦皆花果繁茂 出種種鬘"라고 하였다. [참고문헌]『長阿含經』,『起世因本經』 권7(대정장1, p.401c14). ⇨화만 華鬘

화만아수라 華鬘阿修羅 세 번째 지하에 사는 아수라. 『정법염처경』 21권(대정장17, p.121a6)에 "화만아수라의 군대는 몸에 제천의 금강갑옷을 입고 손에는 갖가지 싸우는 무기를 지녔다. 華鬘阿修羅王軍 身著諸天金剛鎧鉀 手執種種兵刃武器",『법계안립도』 권상(卍속장150, p.922a5)에 "셋째 땅은 둘째 땅 아래 만천 유순거리에 있다. 이것은 화만아수라왕이 머무는 곳이니 종횡으로 일만삼천유순이다. 성의 이름은 함비라이며 종횡으로 팔천유순이다. 수명은 칠천세이고 인간세계의 칠백살이 하루 밤낮이다. 第三地在二地下二萬一千由旬 是華鬘阿修羅王住處 縱廣一萬三千由旬城名含毗羅縱廣八千由旬 壽七千歲人間七百季爲一日一夜"라고 하였다. [참고문헌]『正法念處經』,『法界安立圖』.

화맹발소할 和盲勃塑瞎 눈먼 이와 어울려 더듬는 눈먼 이. 발소(勃訴)·발솔(勃窣)·파살(擺撒)·패소(悖訴)라고도 쓴다.『산당승순선사어』(속고존숙어요4, 卍속장119, p.6a7)에 "거름더미에 사는 장륙의 금빛 몸, 눈먼 이와 어울려 더듬는 눈먼 이일세. 요즘 형제들 이런 소리 듣게 한다면 끄덕여 침뱉으며 '나는 알았다'고 말한다. 하지만 이 산당 늙은이는 이들 무리에 속하지 못한 줄도 모르고 있다. 무슨 뜻인가? 요즘 사람들 낚시줄 드리우느라 흰갈대꽃 여뀌꽃 붉은 빛과 마주하고 있는 모습조차 보지 못한다. 糞掃堆頭 丈六金身 和盲勃塑瞎 今時兄弟 聞人與麼擧 點頭噤唾道 我會了也 殊不知 山堂老漢 不入這保社 何也 時人只看絲綸上 不見蘆花對蓼紅",『오등회원』 권11「풍혈연소장 風穴延沼章」(卍속장138, p.407a8)에 "'무엇을 가리켜 서로 바꿀 줄 아는 기라 하는지요?' '눈먼 이와 어울려 더듬는 눈먼 이다'. 問 如何是互換之機 師曰 和盲諄愬瞎",『조정사원』 권6(卍속장113, p.159a7)에 "화맹패소 : 화맹은 '맹인처럼'이라는 뜻의 여맹이라 해야 옳다. 패소는 '훔치다'라는 뜻의 패색이라 해야 옳다. 물건을 훔쳐서 몰래 취한다는 뜻이다. 패소도 방언이며 더듬어 찾는다는 뜻이다. 和盲悖訴 和盲當作如盲 悖訴當作悖揉 悖亂也 揉暗取物也 悖揉亦方言 謂摸揉"라고 하였다. [참고문헌]『山堂僧洵禪師語』,『五燈會元』,『祖庭事苑』.

화모 化母 조화(造化)의 어미. 만물을 낳고 기르는 이. 화공(化工)이라고도 한다.『조론소』 권하(대정장45, p.194a6)에 "화모는 바른 길로 능히 만물을 기른다. 자식이 어미 좇아 나듯이, 천만변화는 도의 바탕에서 벗어나지 않는다. 부처님께서 그 샘이란 것 다하셨기에 화모라 한다. 化母 正道能育萬物 如子從母而生 千變萬化 不出道體 佛盡其源 故云化母也", 같은 책 권하(대정장45, p.196a16)에 "화모에게 길러지는 뜻에 어둠과 밝음은 없다. 화모는 길이고 길러 먹임이니, 어둡거나 밝거나 모두 길에서 난다. 化母所育 理無幽顯 化母道也 育養也

若幽若顯 皆道生也", 『종용록』 1칙 「평창 評唱」(대정장48, p.228a23)에 "화모는 변화해 빚어 물을 만들어내는 것의 별호다. 유교와 도교는 하나인 기를 으뜸으로 여기고, 불가의 무리들 그 바탕 부르기를 일심이라 한다. 化母 化工造物之別號 儒道二敎 宗於一氣 佛家者流 本乎一心"라고 하였다. 〔참고문헌〕『肇論疏』, 『從容錄』. ⇨화공 化工, 공화사 工畫師

화목과 花木瓜 모과꽃. 모과의 산지 선주(宣州 : 安徽省) 출신 대혜종고(大慧宗杲)를 가리킨다. 『여정어록』 권하 「무용정상 無用頂相」(대정장48, p.131b17)에 "선주의 화목과를 때려 죽이고, 월주의 옹목대를 불쑥 꺼낸다. 打殺宣州花木瓜 爆出越州翁木大", 『혼원밀화상어』(속고존숙어요5, 卍속장119, p.117b15)에 "대혜선사 기일을 맞아 향을 사르고 말했다. '돌! 이 화목과여! 쓰고 떫어 덧붙일 맛이 없구나. 느닷없이 씹어 부수니 맑은 바람 치아에서 일어나리라'. 大慧禪師忌日 拈香 咄這花木瓜 苦澁無以加 驀然嚼得碎 淸風生齒牙", 『올암보녕어록』 권하(卍속장123, p.36b10)에 "이후로 화목과를 잇는 후손 중에 이 무리를 넘어서는 일은 거의 없다. 自後花木瓜種族 罕有出乎其類"라고 하였다. 〔참고문헌〕『如淨語錄』, 『混源密和尙語』, 『兀菴普寧語錄』.

화묵 華默 1740~1817. 조선후기 영일(迎日) 석남사 스님. 휘는 화묵(華默), 자는 자은(自隱), 호는 남파(南坡), 속성은 이씨, 본관은 경주, 표암(瓢巖) 이알평공(李謁平公)의 후손이다. 어머니는 장기 허씨(長鬐許氏)니, 1740년(영조16) 10월 15일에 태어났다. 1753년 13세 때 영일군 지행면(只杏面 : 옛 長鬐面) 석남사 취행(就行)을 은사로 스님이 되었고, 용계율사로부터 비구계를 받았다. 어린 시절부터 영남과 호남 등지로 다니면서 삼장을 연마하였다. 밀양 표충사(表忠祠)를 수호하는 도총섭(都摠攝)을 역임하였고 선교에 정통하여 많은 후학을 지도하였다. 스님의 계보는 태고보우(太古普愚)·환암혼수(幻庵混修)·구곡각운(龜谷覺雲)·벽계정심(碧溪正心)·벽송지엄(碧松智儼)·부용영관(芙蓉靈觀)·부휴선수(浮休善修)·벽암각성(碧巖覺性)·모운진언(慕雲震言)·보광(葆光)·회당(晦堂)·서악(西岳)·용계(龍溪)·남파(南坡)로 이어졌다. 1817년(순조17) 4월 26일 세수 78세, 법랍 65하로 석남사에서 입적하였다. 문인 계오(戒悟)가 비문을 지어 다음해인 1818년 4월 영일 석남사에 세웠다. 〔참고문헌〕「南坡大師碑文」(『韓國金石文大系』 권3, p.282), 『好隱集』 권4 「臨濟宗晦堂和尙行蹟記」(한불전9, p.725c7). ⇨남파당화묵대사비 南坡堂華默大師碑

화문론 花文論 아름다운 글로 꾸민 논. 뜻(義)만을 논하는 섭의론에 상대한다. 『석마하연론』 권1(대정장32, p.592c16)에 "마명보살이 지은 모든 논서는 모두 100부다. 100부 중 90부는 아홉 갈래 화문론으로 거두고, 나머지 10종의 논은 섭의론으로 거둔다. 馬鳴菩薩 所作諸論 總一百部 於百部中九十 九種花文論攝 餘十種論 攝義論攝"라고 하였다. 〔참고문헌〕『釋摩訶衍論』.

화물 化物 중생을 교화하다. 『옥야경』(대정장2, p.865c28)에 "오직 부처님이라는 위대한 성인만이 중생을 잘 교화하시어 감히 따르지 못함이 없게 하시니, 부처님 오셔서 교화하도록 청해야겠습니다. 唯佛大聖 善能化物 剛强弭伏 無敢不從 請佛來化"라고 하였다. 〔참고문헌〕『玉耶經』, 『樂邦文類』 권2(대정장47, p.173c12).

화미 化米 쌀을 보시받다. 『보암인숙어록』 권2(卍속장120, p.635b12)에 "화미 : 관문에 당해서는 황금자물쇠 부순다. 부처와 중생은 따로 있는 것 아닐세. 모두 거둬 삼켜 다하자 시방이 텅 비고, 만억의 용과 하늘이 지켜 보좌한다. … 곧바로 유마의 불이문 두드리니, 좁은 길에서 마주치면 지나가도록 하지 마라. ⊙. 化米 當關擊破黃金鎖 佛與衆生無兩箇 全提呑盡十方空 萬億龍天爲護佐 … 直叩維摩不二門 狹路相逢休放過 ⊙", 『요당유일어록』 권3 「증적유나 贈的維那」(卍속장123, p.945a3)에 "쌀 화주해 돌아왔지만 숯 화주할 판이다. 당사라는 한 직책이 문득 번거롭게 느껴지는구나. 분명한 서래의를 밝히고자 하는가? 언제나 일용중에 찾아 있게 할 뿐이라네. 化米歸來仍化炭 堂司一職輒相煩 要明的的西來意 只在尋常日用間"라고 하였다. 〔참고문헌〕『普庵印肅語錄』, 『了堂惟一語錄』.

화반 化飯 밥을 구하는 탁발. 대중의 먹거리를 권해 보시받는 일. 『유교경보주』(卍속장59, p.12b13)에 "한 스님이 밥을 구걸하고자 한 시주의 집에 이르렀다. 有一僧化飯 至一施主家", 『백장청규증의기』 권6(卍속장111, p.740a14)에 "화반은 화주라고도 한다. 이 직책은 속인과 가까이하는 기회가 많아서 눈에 띄지 않는 곳에서 여인과 이야기해서는 안 된다고 경계한다. 이는 밖으로 비난과 혐오를 피하고, 안으로 자기 마음을 지키는 길이다. 化飯 亦名化主 此執多近俗人 故誡其不可屛處與女說話 外避譏嫌 內護自心"라고 하였다. 〔참고문헌〕『遺敎經補註』, 『百丈淸規證義記』.

화반 火伴 한패거리. 화는 화(伙)와 통용한다. 당(唐) 이후 병제(兵制)에서 병사 10인을 '화'라 한다. 부엌의 아궁이를 담당하는 소임을 가리키기도 한다. 『보령인용어록』(卍속장120, p.377a4)에 "도적이 도적의 물건을 훔치다니 참으로 희기한 일이다. 뛰어난 솜씨는 또한 저들 한패거리도 알리라. 지금 훔친 물건과 함께 일제히 잡아들였으니, 편의 얻으려다 편의에 걸려든 꼴이다. 賊偸賊物大希奇 好手還他火伴知 今日幷贓齊捉獲 得便宜是落便宜", 『선림상기전』 권7(대장경보편19, p.260b4)에 "화반 : 도충(道忠)이 말한다. '부엌의 불을 맡아보는 무리다. 세인들이 화번이라 하는 말은 오류이다'. 허당지우선사의 『허당록』 「정자후록」(대정장47, p.1045b28)에서 집사의 노고에 감사하는 뜻으로 행한 상당에 '패거리에 또 한 사람이 붙었다'라는 말이 보인다. 火伴 忠曰 司竈火之伴類也 世作火番謬矣 虛堂愚禪師 淨慈後錄 謝執事上堂云 火伴得人"라고 하였다. [참고문헌] 『保寧仁勇語錄』, 『禪林象器箋』, 『虛堂錄』. ⇨ 화리인 火裏人

화반탁출 和盤托出 음식 담아 소반 채로 내어주다. 진실을 통째로 모두 전하는 비유. 『금강경회해료의』(卍속장39, p.417b4)에 "소반에 담은 채로 모두 내어주어 아무나 좇아 쓰도록 했지만, 손 내밀어 잡는 순간 벌써 늦으리라. 和盤托出從君用 信手拈來早是遲", 『평석여지어록』(卍속장122, p.387b10)에 "옛사람이 소반 채로 밀어주었으나 갈증 그치게 할 뿐 허기 채울 줄은 모른다. 古人 和盤托出 只堪止渴 不可充飢"라고 하였다. [참고문헌] 『金剛經會解了義』, 『平石如砥語錄』.

화방사 花芳寺 경상남도 남해군 고현면 대곡리 망운산(望雲山)에 있는 절. 옛 이름은 연죽사(煙竹寺)·영장사(靈藏寺)다. 쌍계사(雙磎寺)의 말사다. 창건과 연혁은 1713년(숙종39)에 임홍(林泓)이 쓴 「영우남해현망운산영장사기 嶺右南海縣望雲山靈藏寺記」(『화방사지』, pp.186~199), 1744년(영조20)에 박문평(朴文枰)이 찬술한 「망운산화방사중창서 望雲山花芳寺重創序」(같은 책, pp.201~217), 1772년(영조48)에 운봉명연(雲峰明演)이 쓴 「영우남해망운산화방사지삼창병서 嶺右南海望雲山花芳寺誌三創幷序」(같은 책, pp.219~232), 1775년(영조51)에 유명규(柳明奎)가 찬술한 「화방사중창기 花芳寺重創記」(같은 책, pp.104~105) 등에 자세하다. 신문왕(神文王 681~686) 대에 원효(元曉)가 연죽사(煙竹寺)로 창건하였다고 전하며, 신라말 고려초에 활동하였던 현각선사(玄覺禪師)가 창건하였다고도 전한다. 1202년(강종2)에 진각혜심(眞覺慧諶)이 영기(靈氣)가 있는 망운산의 영험함을 보고 와서 절을 짓고는 "신령한 곳 숨은 뜻을 취하여 取靈區藏其中之義" 영장사라고 불렀다. 1592년(선조25)에 왜란으로 불탄 것을 1638년(인조16)에 계원(戒元)·영철(靈哲)이 중건하고 "연꽃 핀 모습의 뜻 취하여 取寺開蓮花形局之義" 화방사로 바꾸었고, 1818년(순조18) 9월 경운(景雲)·의직(義直)이 지은 「화방사삼법당중창기 花芳寺三法堂重創記」(『조선사찰사료』 권상, pp.583~586)에는 "연대봉 화방사 蓮臺峯 花芳寺"라고 하였으며, 승통(僧統) 재징(再澄)이 1638년(인조16)에 화방사를 삼창(三創)한 이래 당시에 이르러 사창(四創)을 하게 되었다고 하면서, 보광전은 보수하고 응진전과 시왕전은 이건(移建)하려는 뜻을 세우고는 수년 동안 중망(衆望)을 얻고자 하였다. 마침내 청동 3백여 꾸러미, 쌀 20여 석을 시주로 받고 장인(匠人)과 자재를 갖추어 3월부터 6월까지 보광전은 새로 기둥을 놓아 고쳤고, 시왕상은 상실(上室)로 옮겼으며, 나한십육존장은 창사(創寺) 이래 다섯 번째로 이전의 시왕전으로 옮겨 중창을 완료하였다. 1740년(영조16)에 절이 다시 불타자 석순(碩淳)·충찰(忠察)이 1741~1749년(영조25)에 중창하였고, 그 뒤 순찰(淳察)과 습색(習賾)이 거듭 중창하였다. 1788년(정조12)에 작성된 「무신육월화방사완문 戊申六月花芳寺完文」(『화방사지』, pp.95~100)과 「무신칠월화방사완문 戊申七月花芳寺完文」(같은 책, pp.105~117)에는 통영 충무공 이순신의 사우인 충렬사(忠烈祠)를 수호하는 속찰(屬刹)이었기에 『이충무공전서』 권40 「충렬사지 忠烈祠志」에 "화방사 승 10인과 승장 1인이 번갈아 와서 지켰다. 以花芳寺僧十人 僧將一人 輪迴來直"라고 하였다. 용문사(龍門寺)가 맡았던 지역(紙役)도 전담하였다고 하였으며, 1852년(철종3)에 작성된 「함풍이년임자 완문 咸豐二年壬子完文」(같은 책, pp.66~67)에는 동십릉(東十陵)의 조포사(造泡寺)라고 하였으니, 조선조 후대에는 나라살림을 돕는 일로 분주했다. 산내암자로 망운사(望雲寺)·극락암(極樂庵)·서암(西庵) 등이 있고 현존 당우로는 대불전, 대웅전, 응진전, 명부전, 조사전, 채진루, 삼성각, 요사 등이 있는데, 1981년에 화재로 불탄 보광전을 복원하면서 대웅전으로 이름을 바꾸었다. 성보문화재로는 석조석가삼존십육나한상을 비롯하여 1855년(철종6)에 제작된 지장시왕탱, 1767년(영조43)에 조성된 건륭삼십이년동종, 청동반자(靑銅飯子) 등이 있다. [참고문헌] 『李忠武公全書』, 『伽藍考』, 『梵宇攷』, 『柏後集』, 『晚醒集』, 『俛宇集』, 『朝鮮寺刹史料』, 『韓國寺刹全書』 권하 p.1176b12·1176b14, 『文化遺蹟總覽』(文化財管理局, 1977) p.594, 『花芳寺誌』(화방사, 2006). ⇨ 영장사 靈藏寺 ❶

화방사 華芳寺 ❶ ➡ 화방사 花芳寺 ❷ 전라남도 강진군 군동면 화산리 천불산(千佛山)에 있는 절. 대한불교조계종 대흥사(大興寺)의 말사이다. 1211년(희종7)에 원묘(圓妙 1163~1245)가 화방암(華芳庵)으로 창건하였다. 1876년(고종13) 경신(敬信)이 중창하였고, 1888년(고종25)에 화산(華山)이 중수하였다. 1912년 태흥(太興)이 삼존묘상(三尊妙相)과 16나한을 봉안하였고, 1917년에 계정(戒定)이 「천불산화암사사적비 千佛山華嚴寺事蹟碑」를 세웠다. 『강진군지』에는 "화방사 현

동쪽 10리에 있다. … 옛 기록에서는 화방의 옛 이름을 나한사라고 한다. 花坊寺 在縣東十里 … 古誌云 花坊古稱羅漢寺"라고 하였다. 현존 당우로는 대웅전·응진전·노전·산신각·요사 등이 있다. 〔참고문헌〕『康津郡誌』, 『朝鮮總督府官報』, 『韓國寺刹全書』 권하 p.1176b11.

화법 化法 법(法)에 의지해 교화함. 모양내고 다듬어 근기에 맞추는 화의(化儀)와 대칭한다. 『천태사교의』(대정장46, p.774c19)에 "장통별원(藏通別圓)의 사교를 화법이라 한다. 藏等四教名化法 如辨藥味", 『사명존자교행록』 권3(대정장46, p.882b7)에 "화의와 화법이라는 두 갈래의 사교로 불법을 가려 풀었으니 거두지 못함이 없다. 化儀化法 兩種四教 判釋佛法 罄無不盡"라고 하였다. 〔참고문헌〕『天台四教儀』, 『四明尊者教行錄』. ⇨ 화법사교 化法四教, 화의 化儀

화법 火法 호마법(護摩法)을 가리키는 말. 화로에 향(香)·화(華)·목(木) 등을 태워 본존을 공양하는 밀교 작법. 목적에 따라 네 가지로 분류한다. 『화우공양의궤』(대정장18, p.935b11)에 "또한 이 화법에는 간략하게 네 가지가 있다. 첫째 선지가법은 북쪽을 향한다. 화로법은 둥글게 만들고 갖가지 공양구는 모두 흰색이다. 이것을 재앙을 그치고 죄업을 멸한다고 한다. 의복과 화상 등은 모두 흰색으로 한다. 둘째는 보슬미가법이니 동쪽을 마주한다. 화로는 네모로 만들고 공양구는 모두 황색으로 한다. 이것은 원만하게 성취하고 갖가지 수승한 일을 목적으로 행한다. 셋째, 아비차로가법은 남쪽을 마주한다. 화로는 삼각형으로 만들고 공양구는 모두 붉은 색이다. 넷째, 빈가라법은 서쪽을 마주하고 화로는 연꽃과 같이 팔각형으로 만든다. 공양구는 모두 자단색이다. 이는 보살을 만나고 애경을 구하기 위한 작법이다. 且其火法略有四種 第一扇底迦法應當北面 鑪法圓作 其諸供具皆悉白色 此謂息災滅罪 衣服及畫像等皆悉白色 第二補瑟徵迦法應當東面 爐法方作 其諸供具皆悉黃色 此謂成就滿願及諸勝事 第三阿毘遮魯迦法應當南面 爐法三角 其諸供具皆悉赤色 第四擯迦羅法應當西面 爐法八角如蓮華葉 其諸供養皆紫檀色 此謂欲見大人求敬愛法"라고 하였다. 〔참고문헌〕『火件供養儀軌』. ⇨ 화로 火爐[1], 호마 護摩

화법사교 化法四教 천태교판에서 교법으로 교화하는 장통별원(藏通別圓)의 사교를 가리킨다. 화의사교(化儀四教)와 병칭하여 천태팔교(天台八教)라 한다. 『교관강종』(대정장46, p.936c26)에 "다섯 번째는 삼장교, 여섯 번째는 통교, 일곱 번째는 별교, 여덟 번째는 원교이니, 이상을 화법사교라 한다. 五三藏 六通 七別 八圓 名爲化法四教", 『마하지관의례찬요』 권6(卍속장99, p.737b17)에 "화법사교의 분류에 따라 화엄을 풀면 별과 원양교다. 원교는 능히 겸할 줄 알고, 별교는 겸해 있을 뿐이다. 約化法四教釋華嚴 即是別圓兩教也 圓爲能兼 別爲所兼", 『주법화본적십불이문』(卍속장100, p.167a2)에 "화법사교에서 장교는 일향에 권이고, 통교는 입혀 가까이하기에 권도 있고 실도 있으며, 별교는 가르쳐 행하기에 지혜는 권이고 이치는 실이며, 원교는 오직 실이어서 그 체 본래부터 하나일 뿐이니 불이문이라고 한다. 化法四教 藏教一向權 通教被接 有權有實 別教教行 智權理實 圓教唯實其體元一 故曰不二門矣"라고 하였다. 〔참고문헌〕『教觀綱宗』, 『摩訶止觀義例纂要』, 『註法華本跡十不二門』, 『天台四教儀』(대정장46, p.776a5). ⇨ 사교 四教, 사시팔교 四時八教[1], 장통별원 藏通別圓, 오시팔교 五時八教, 팔교 八教, 화의사교 化儀四教

화변 火辨 Ⓢ Citrabhāna. 유식십대논사(唯識十大論師) 중 한 사람. 질달라바나(質呾羅婆拏)라고 음사한다. 『성유식론술기』 권1(대정장43, p.232a1)에 "범어 질달라바나는 화변이라 한역하는데, 역시 세친(Ⓢ Vasubandhu)과 시대가 같다. 云 質呾羅婆拏 唐言火辨 亦世親同時也", 『성유식론속전』 권1(卍속장81, p.21a6)에 "『유식개몽』에 말하길, 부처님께서 열반에 드신 후 구백년 즈음에 천친(天親 : 世親)이 『유식삼십송』을 지으니, 친승과 화변이 동시에 주석서를 지었다. 識開蒙云 佛圓寂後 九百年中 天親造頌 親勝火辯 同時造釋"라고 하였다. 〔참고문헌〕『成唯識論述記』, 『成唯識論俗詮』. ⇨ 질달라바나 質呾羅婆拏, 십대논사 十大論師

화변처정 火遍處定 Ⓢ tejas-kṛtsnāyatana-samādhi, Ⓟ tejo-kasiṇāyatana-samādhi, Ⓣ zad-par-me'i-skye-mched-ting-nge-'dzin. 불 세간에 가득하다 떠올려 정에 들다. 흩어져 움직이고 치달려 흐르는 마음(散動馳流心)을 거두기 위한 관법이다. 십변처정(十遍處定) 중 하나로 동서남북(東西南北) 사방상하 불(火)의 상으로 가득차 있다고 승해력(勝解力)으로 사유해 가행(加行)해서 불의 상이 편재함을 유지하는 관상법(觀相法)으로 정(定 Ⓢ samādhi)에 든다. 『집이문족론』 권19(대정장26, p.448b17)에 "〔문〕 화변처정에 대한 가행은 어떻게 하는가? 관행을 닦는 이는 어떤 방편으로 화변처정에 능히 드는가? 〔답〕 처음 그 업을 수습하는 이가 관을 수습하기 시작할 때는 이 세계에서 청정한 태양불의 상을 취하든 … 광야가 불타는 큰 화염상을 취하든 … 무량한 백천 년 된 나무를 태우는 큰 화염상을 취하든 한다. … 이와 같은 것들에 대해 경우에 맞게 하나의 상을 취하고는, 승해력으로 마음을 묶어 사유하고 가상으로 관찰하여 이것은 어떠어떠한 불의 상이라는 신해를 안립한다. 問 火遍處定加行云何 修觀行者由何方便而能證入火遍處定 答 初修業者創修觀時 於此世界

或取清淨日輪火相 … 或取燒野大火焰相 … 或取燒無量百千載木大火焰相 … 於如是等隨取一相 以勝解力繫念思惟假想觀察安立信解是某火相", "흩어져 움직이고 치달려 흐르는 마음을 거두기 위해 하나의 불의 상에 대해 묶어 기억해 사유하는데, '이것 불이지 물 등이 아니다'라고 사유한다. … 나아가 이러한 마음 끊임없이 이어져 오래도록 해야 하니, 더없이 행해서 능히 화정에 든다. … 한 번 이 정에 나아가서는 다시 '이 불이 점차로 증광해 동서남북 모두 이 불로 가득하다' 떠올린다. 爲攝散動馳流心故 於一火相繫念思惟 謂此是火非爲水等 … 乃至令心相續久住 由斯加行能入火定 … 一趣定已 復想此火漸次增廣 東南西北遍皆是火", "그는 '이 불 점차로 증대해 동서남북이 모두 이 불로 가득하다'라고 떠올리기에 마음이 다시 산동치류하여 능히 한 가닥 한 경으로 묶을 수 없게 되면 이 경 온통 다 불로 가득할 뿐이라 사유한다. … 산동치류심을 거두기 위해 불로 가득찬 상을 마음에 두고 사유할 뿐이니, '이 가득한 것 불이지 물 가득한 것 아니다'라고 사유한다. … 나아가 이 마음 끊임없이 이어져 오래도록 하니 이 가행으로 점차 화변처정에 든다. 彼想此火漸次增廣 東南西北遍是火故 心便散動馳流諸相 不能一趣繫念一境 思惟此境遍皆是火 … 爲攝散動馳流心故 於遍火相繫念思惟 此遍是火非遍水等 … 乃至令心相續久住 由斯加行乃漸能入火遍處定"라고 하였다. [참고문헌] 『集異門足論』, *Mvyut.72.* ⇨ 십변처정 十遍處定, 십일체처 十一切處

화병 華甁 꽃을 공양하기 위한 병(甁). 법구로서 향로(香爐)·촉대(燭臺)와 함께 삼구족(三具足) 중 하나이다. 보병(寶甁)에서 기원하며 처음에는 물 담긴 수병(水甁)에 꽃을 꽂거나 보병에 덮개로서 일륜화(一輪花)를 꽂아서 헌공한 것에서 유래한다. 본래 보병은 밀교의 식에서 오곡(五穀)·오약(五藥)·오보(五寶)·향수(香水) 등을 담아서 대단(大壇)의 중앙과 사우(四隅)에 안치하기 위해 쓰였다. 『대일경소』 권8(대정장39, p.659b22)에 "다음으로 길상병법을 설한다. 반드시 금은 등의 보배를 써야하며 없는 경우에는 항아리 또는 깨끗한 질그릇을 써야 한다. 지극하게 원만하고 단정하며 또한 새지 않아야 한다. 율장의 방편대로 그 안에 청정한 물을 가득 붓고 오보·오곡·오약을 담는다. … 앞서 설한 갖가지 도향과 물을 섞어 용뇌·우황과 함께 두고 병 입구에 보화를 꽂는다. 또는 지역의 풍토에 따라 구할 수 있는 이름난 꽃을 쓴다. 次說吉祥甁法 當用金銀等寶 乃至無者 應以瓷或淨瓦爲之 極令圓滿端正 又不洩漏 如毘尼中方便 灌漉淨水盛滿其中 內五寶五穀五藥 … 前所說諸塗香末和水 兼置龍腦牛黃 於甁口插以寶花 或隨方土所有名花", 『대방등대운경청우품제육십사』 권19(대정장20, p.506b13)에 "단의 네 모서리에 네 화병을 안치하는데 각각 세 말이다. 청대와 같은 금정을 물과 섞어 맑게 하여 병에 가득 채우고 갖가지 초목과 꽃을 병 안에 꽂는다. 其壇四角安四華甁 各容三斗 以金精若靑黛等和水令淸 悉使滿甁 種種草木華藥插置甁內"라고 하였다.

화병충기 畫餠充飢 그림의 떡으로 허기를 채우려 하다. 『경덕전등록』 권11 「향엄지한전 香嚴智閑傳」(대정장51, p.284a4)에 "위산영우(潙山靈祐)가 '내가 말해 얻은 것 있다면 나의 견해일 뿐 그대의 안목에 무슨 이익이 되겠는가?'라고 하는 소리에 향엄은 마침내 방으로 돌아와 모아둔 제방의 어구를 두루 뒤져보았으나 그 말에 맞설 만한 말이 하나도 없자 '그림의 떡으로는 허기를 채울 수 없구나' 탄식하고 모조리 태워버렸다. 祐曰 吾說得是 吾之見解 於汝眼目 何有益乎 師遂歸堂 遍檢所集 諸方語句 無一言可將酬對 乃自歎曰 畫餠不可充飢 於是盡焚之", 『반야심경주해』 권상(卍속장42, p.124b17)에 "남의 말을 듣거나 문자에서 알고 이해하려 든다면 그림의 떡으로 허기를 채우려는 것과 같고, '술, 술!' 하고 말해서 갈증을 그치려는 듯하니 결코 문제를 해결할 수 없다. 若聽人言說 或文字上知解 如畫餠充飢 似說酒止渴 終不濟事", 『불조광화상어』(속고존숙어요5, 卍속장119, p.89b1)에 "설사 말하기 전에 알아차리고자 해도 그림의 떡으로 허기를 채우려 하고, 말 아래서 정통하려 하니 말뚝 박은 채 노 젓는 짓과 같다. 設使言前薦得 畫餠充飢 句下精通 釘椿搖櫓"라고 하였다. [참고문헌] 『景德傳燈錄』, 『般若心經註解』, 『佛照光和尙語』.

화보 華報 꽃피는 보. 나무 심었는데 열매 보기 전에 향기로운 꽃 보는 일을 말하니, 열반이나 성불의 과를 얻기 전에 이미 성도(聖道)의 낙을 수용하는 뜻이다. 『잡보장경』 권2(대정장4, p.460a4)에 "무릇 꽃피는 보 맛봄이 이와 같으니, 하물며 그 과보야 어찌 헤아릴 수 있겠는가! 夫以華報 所感如此 況其果報 豈可量也", 『관정경』 권12(대정장21, p.534a22)에 "선한 남녀가 유리광여래에게 예경을 드린 공덕으로 맞이한 꽃피는 보이와 같거늘 하물며 열매 맺는 보이겠는가! 以善男女禮敬瑠璃光如來功德 所致華報如是 況果報也", 『대지도론』 권11(대정장25, p.140c10)에 "누군가 그늘을 구하고자 나무를 심기도 하고, 꽃을 얻거나 열매를 얻고자 나무를 심기도 하는 것과 같다. 보시의 과보도 이와 같다. 금세와 후세의 락은 그늘을 구하는 일과 같고, 성문 벽지불의 도는 꽃과 같으며, 성불은 열매와 같다. 如人求蔭故種樹 或求華 或求果故種樹 布施求報 亦復如是 今世後世樂如求蔭 聲聞辟支佛道如華 成佛如果"라고 하였다. [참고문헌] 『雜寶藏經』, 『灌頂經』, 『大智度論』.

화보살 華菩薩 Ⓢ Vajrapuṣpā-boddhisattva. 금강

계만다라 팔공양보살(八供養菩薩)·외사공양보살(外四供養菩薩) 중 금강화보살(金剛華菩薩). 무애의 지혜를 나타내는 존격이다. 성신회(成身會)를 비롯한 회중에서 남서쪽 모서리 월륜에 자리한다. 보생여래(寶生如來)가 대일여래를 공양하기 위해 몸을 나툰 존격이며『금강정경』에서는 보생여래가 대일여래의 공양에 응하여 보장엄(寶莊嚴)의 공양삼매에 들어가 일체의 꽃 공양으로 엄식하고 허공계에서 널리 금강화천녀(金剛華天女)로 나투었다고 설명한다. 꽃으로 장엄한다는 것은 일체의 공덕을 뜻하고, 여래에게 꽃으로 공양한다는 것은 미혹을 부수고 마음을 열어 청정한 지혜를 증득하는 것을 의미한다. 성신회에서 밀호는 묘색금강(妙色金剛) 또는 청정금강(清淨金剛). 종자는 [illegible](oṃ). 삼매야형은 꽃이 가득한 그릇. 존형은 옅은 황색 몸에 양손으로 가득한 꽃을 받들고 연화좌에 앉은 모습이다. 수인은 양손으로 금강권을 만든 후 펼쳐서 앙장(仰掌)한다. 진언은 '옴 바즈라푸슈페 [illegible] oṃ vajrapuṣpe 옴 금강화여!'이다. 삼매야회(三昧耶會)의 종자는 성신회와 같고 삼매야형은 연꽃 위에 꽃이 가득한 형상이다. 수인은 외박하여 앙장한 형태가 된다. 진언은 '옴 팔라가미 [illegible] oṃ phalāgāmi 옴 열매 맺게 하시는 여존이여!'이다. 미세회는 성신회와 같다. 공양회(供養會)의 존형은 옅은 청색 몸에 연꽃 위의 꽃무더기를 양손으로 든 모습이다. 진언은 '옴 사르바타타가타 푸슈파푸자메가사무드라스파라나사마예 훔 [illegible] oṃ sarva-tathāgata puṣpa-pūjā-megha-samudra-spharaṇa-samaye hūṃ 옴 일체여래 운해(雲海) 같은 광대한 꽃공양 서원한 여존이시여! 훔'이다. 이취회(理趣會)의 존형은 옅은 황색 몸으로 왼손에는 꽃이 가득한 그릇을 들고 오른손은 그릇을 가리키는 모습이다. 수인은 성신회와 같고 진언은 '헤 바즈라티 [illegible] he vajrati 헤 금강희(金剛喜)여'이다. 항삼세회(降三世會)의 존형은 공양회와 같다. 항삼세삼마야회의 종자는 [illegible](su)이고 삼매야형은 삼매야회와 같다. ⇨팔공양보살 八供養菩薩

화복상승 禍福相承 화와 복은 서로 이어진다. 화복상의(禍福相倚)라고도 한다.『태자서응본기경』권상(대정장3, p.475c14)에 "모든 하늘들 비록 즐겁다 해도 무상하다. 그곳의 복이 다하면 두렵고 죄가 이르리니 두렵다. 화와 복은 서로 이어지고 생과 사 가득찬 채로 영원하다. 諸天雖樂 而亦無常 福盡則懼 罪至亦怖 禍福相承 生死彌久",『선림보훈』권2(대정장48, p.1023b10)에 "영원위고화상이 말했다. '화와 복은 서로 기대있고, 길과 흉도 같은 곳을 같이 한다. 오직 사람이 스스로 불러들일 뿐이니 어찌 삼가지 않으랴!' 靈源謂古和尚曰 禍福相倚 吉凶同域 惟人自召 安可不思"라고 하였다. [참고문헌]『太子瑞應本起經』,『禪林寶訓』.

화봉 花峰 조선후기 스님. 추파홍유(秋波泓宥 1718~1774)가 스님께 받은 시에 차운한「근차화봉장로기시 謹次花峯長老寄示」(『추파집』권1·한불전10, p.60b23)에 "세밀 눈서리 머리끝에 떨어져도 굳센 뜻 오히려 선정의 강에 두셨네. 법문 거듭 디디시길 하늘 속 구름처럼 하시더니, 만행 무르익어 비단 위 꽃이 되셨네. 歲暮霜雪落頭邊 壯志猶在禪定河 法門重踏空中雲 萬行煉熳錦上花"라고 하였다. [참고문헌]『秋波集』.

화봉 華峯 ❶조선후기 조원(照源)의 법호. ⇨조원 照源 ❷조선후기 스님 유철(有喆)의 법호. 월하계오(月荷戒悟 1773~1849)가 금강산으로 떠나는 스님께 드린「증화봉대사지금강산 贈華峯大師之金剛山」(『가산고』권1·한불전10, p.762c2)에 "여러 해 금강산 바라시더니 오늘 아침 물병과 지팡이 들고 가시네. 존자여, 꽃과 새들 나그네만은 아니시니 곧장 중향성에 오르소서. 積歲金剛願 今朝甁錫行 尊非花鳥客 直上衆香城"라고 하였다. [참고문헌]『伽山藁』.

화봉 華峰 양양 낙산사 승화(勝和)의 호. ⇨승화 勝和

화불 化佛 Ⓢnirmita-buddha, nirmāṇa-kāya, Ⓣsprul-pa'i-sangs-rgyas, sprul-pa'i-sku. 삼신불(三身佛) 중 하나. 화신(化身)·화신불(化身佛)·변화신(變化身)·응화불(應化佛)·변화불(變化佛)이라고도 한다.『보살본행경』권중(대정장3, p.117b23)에 "오색의 광명이 부처님 입에서 나오고 … 낱낱의 꽃 위에 모두 화불이 계신다. 五色光明 從口中出 … 一一花上 皆有化佛",『대반야경』권1(대정장5, p.2b5)에 "모든 꽃대 위에 모두 화불이 결가부좌하고서 묘법음을 펴시고, 낱낱의 법음으로 모두 반야바라밀다에 상응하는 법을 설하시며, 듣는 유정들 반드시 무상정등보리를 얻는다. 諸花臺中 皆有化佛 結跏趺坐 演妙法音 一一法音 皆說般若波羅蜜多相應之法 有情聞者 必得無上正等菩提",『관무량수경』(대정장12, p.343b21)에 "두렷한 빛 중에 백만억나유타항하사화불이 있고, 그 낱낱의 화불을 다양하고 많은 화보살이 모시고 있다. 於圓光中 有百萬億那由他 恒河沙化佛 一一化佛 亦有衆多無數化菩薩 以爲侍者",『관무량수불경의소』권하(대정장37, p.296c29)에 "화불보살은 중생에 응하여 나타난 몸이다. 化佛菩薩 卽應現也",『법집경』권1(대정장17, p.613b4)에 "선남자야! 무엇을 화불이라 하는가? 화불이란 제불여래와 보살이 일체색신삼매를 얻어 드러내 보임이다. 저 모든 불보살이 자재 성취하여 대자대비 능히 화불색신을 나타내어 모든 중생을 제도하시니 이를 화불이라 한다. 善

男子 云何化佛 化佛者 諸佛如來 及諸菩薩 得示現一切色身三昧 彼諸佛菩薩 成就自在 大慈大悲 皆能示現 化佛色身 度諸衆生 是名化佛", 『대승의장』 권19(대정장44, p.840c11)에 "이 응신에 의지하여 무량무변화불이 출생하니 이를 화신이라 한다. 그러므로 열반중인 여래께서 중생들 바라는 바 만족케 하시고자 당신의 몸의 낱낱 모공에서 무량부처님 변화로 나타내어 대중공양을 받으심은 화신이고, 석가모니부처님 스스로 순타의 공양을 받으신 것은 응신이다. 依此應身 出生無量無邊化佛 名爲化身 故涅槃中 如來欲令衆生望滿足 於其身上 一一毛孔化無量佛 受大衆供 卽是化身 釋迦自受 純陀之供 卽是應身", 『법화현론』 권9(대정장34, p.437a20)에 "『법화론』에 '왕궁에 나타나 출생하고, 가야에서 성불하시니 화불이라 이름한다' 하였다. 法華論云 王宮現生 伽耶成佛 名爲化佛", 『능가경의소』 권상(卍속장26, p.149b15)에 "갖가지 중생들 근기에 따라 널리 그 그림자를 나타내니 달이 천강에 드리운 듯하니 이를 화불이라 한다. 곧 범부이거나 성인이거나 연이 맞기만 한다면 모두 볼 수 있으므로 하나가 아니다. 約隨羣機 普現其影 如月印千江 名爲化佛 則若凡若聖 但有緣者 皆得見之 故不一也", 『능가경심인』 권2(卍속장27, p.183b13)에 "화불이란 무리 따라 응하여 변화한 뒤 일체에 두루 들어간다. 자성의 상적광토를 스스로 받아 쓸 뿐 남들이 알 수 있는 세계 아니다. 보불의 타수용토는 십지보살과 함께하지만, 성인과 범부가 함께한즉 화불의 국토다. 무리 따라 모두에게 들어가서 보는 바 각기 다르다. 化佛者 謂隨類應化 徧入一切也 自性常寂光土 爲自受用 非他所知 報佛他受用土 與十地菩薩共 聖凡同居 卽化佛土 隨類皆入 所見各別", 『대승본생심지관경천주』 권3(卍속장34, p.233a4)에 "본래 아득히 먼 날에 부처되셨지만 다시 과를 얻은 후에 교화를 펼치고자 변화로 나타나 성불하시므로 화불이라 한다. 本來久遠成佛 又復果後施化 化現成佛 故名化佛"라고 하였다. 〔참고문헌〕『菩薩本行經』, 『大般若經』, 『觀無量壽經』, 『觀無量壽佛經義疏』, 『法集經』, 『大乘義章』, 『法華玄論』, 『楞伽經義疏』, 『楞伽經心印』, 『大乘本生心地觀經淺註』, 『千手千眼大悲心陀羅尼經』(대정장20, p.111b6), *Laṅk.241・242.* ⇨ 변화불 變化佛, 변화신 變化身, 삼신 三身[1], 삼신불 三身佛, 응화불 應化佛, 화신불 化身佛

화불단행 禍不單行 화는 단번에 그치지 않는다. 복무쌍지(福無雙至) 또는 복불중지(福不重至)와 함께 쓰기도 한다. 『오조법연어록』 권하(대정장47, p.663a7)에 "여기까지 이르렀다면 반드시 농부의 소를 몰아내고 굶주린 이의 밥을 빼앗는 수단이 있었어야 한다. 문득 밀치고 밀쳐내다 못해 거듭 몰아쳐서 더는 피할 길 없는 곳에 이르러서는 그를 향해 '복은 거듭 받지 못해도, 화는 단번에 그치지 않는다'라고 말해주어야 한다. 到者裏須是有驅耕夫之牛 奪飢人之食底脚手 便與搒一搒 逼一逼趕教走到結角處 便好向伊道 福不重受 禍不單行"라고 하였다. 〔참고문헌〕『五祖法演語錄』, 『大慧語錄』 권8(대정장47, p.845b26). ⇨ 화복상승 禍福相承

화불착 華不著 꽃이 몸에 붙지 않는다는 말. 대승에서 분별심을 경계하는 유명한 일화이다. 『유마경』 권중(대정장14, p.547c23)에 "유마힐의 방안에 한 천녀가 있어 여러 보살들의 설법을 듣고서 곧 몸을 드러내 하늘 꽃을 보살들과 대제자들에게 뿌렸다. 보살들 위에 뿌린 꽃은 땅에 떨어졌지만 대제자들 위에 뿌린 꽃은 몸에 붙어 떨어지지 않았다. 모든 제자들은 신통력으로 꽃을 떨어내려 하였으나 떨어지지 않았다. 그때 천녀가 사리불에게 물었다. '무슨 까닭에 꽃을 떨어내려 합니까?' 사리불이 답했다. '이 꽃은 법답지 못하니 떨어내려고 합니다'. 維摩詰室有一天女 見諸大人 聞所說法 便現其身 卽以天華 散諸菩薩大弟子上 華至諸菩薩 卽皆墮落 至大弟子 便著不墮 一切弟子神力去華 不能令去 爾時天女問舍利弗 何故去華 答曰 此華不如法 是以去之", "천녀가 말했다. '이 꽃을 법답지 못하다고 하지 마십시오. 이 꽃은 분별이 없습니다. 당신이 스스로 분별상을 일으킨 것일 뿐입니다. 불법에 출가하여 분별함이 있다면 여법하지 못한 것입니다. 만약 분별이 없다면 이것이야말로 법다운 것입니다. 저 보살들을 보건대, 꽃이 붙지 않는 것은 이미 일체의 분별상을 끊었기 때문입니다. 마치 사람이 두려워할 때 비인(非人)이 기회를 얻듯 제자들이 생사를 두려워하므로 색성향미촉 등으로 기회를 엿봅니다. 이미 두려움에서 벗어난 사람에게는 일체 오욕이 어찌할 수 없습니다. 번뇌의 습기가 아직 다하지 않았으므로 꽃이 몸에 붙은 것일 뿐이니, 번뇌의 습기가 다한 이에게 꽃은 붙지 않습니다'. 天曰 勿謂此華爲不如法 所以者何 是華無所分別 仁者自生分別想耳 若於佛法出家 有所分別 爲不如法 若無所分別 是則如法 觀諸菩薩 華不著者 已斷一切分別想故 譬如人畏時 非人得其便 如是弟子畏生死故 色聲香味觸 得其便也 已離畏者 一切五欲無能爲也 結習未盡 華著身耳 結習盡者 華不著也", 『유마경약소』 권8(대정장38, p.678a24)에 "지금 '대제자들이 신통력으로 꽃을 떨어낸다'라는 말을 풀면, 천녀가 모든 보살들에 뿌린 꽃들은 모두 떨어졌으나, 대제자들에게 뿌린 꽃들은 붙어서 떨어지지 않자 사리불이 오해나 의심에서 벗어나려고 한 일이다. 이치로 풀면, 이승인은 세간의 오욕을 싫어하여 열반을 얻고자 함을 밝힌 것이니, 이는 마음에 버리고 취함이 있는 것이다. 今言大弟子神力去華者 若依事釋 天女散華諸菩薩皆墮 至大弟子便著不墮 身子遠嫌避疑 所以去華 理釋者 明二乘人 厭世五欲而取涅槃 此則心有去取"라고 하였다. 〔참고문헌〕『

維摩經』,『維摩經略疏』. ⇨ 산화천녀 散花天女

화사 化事 교화하는 일. 『구사론』 권3 「분별근품 分別根品」(대정장29, p.15c24)에 "오직 3개월 머무시고 더하지도 덜하지도 않은 까닭은 이를 넘으면 더 교화시킬 일이 없기 때문이고, 이보다 덜하면 중생 이롭게 함을 마지막까지 다하지 못하기 때문이다. 唯留三月不增減者 越此更無所化事故 減此利生 不究竟故", 『유가사지론』 권88(대정장30, p.796c11)에 "세 가지 상으로 말미암아 여래의 마음은 소욕의 머무름 중에 드니, 첫 번째는 그때 교화할 일의 구경을 말미암아 현법락주에 안주하고자 하신 것이다. 由三種相 如來心入少欲住中 一 由爾時 化事究竟 爲欲安住現法樂住"라고 하였다. 〔참고문헌〕『俱舍論』,『瑜伽師地論』. ⇨ 유화 留化

화사 火舍 향로(香爐)의 일종. 밀교에서 작법할 때 향을 사르는 데 쓰는 법기(法器). 대단(大壇)의 중앙에 배치하며 작법에 따라 사면기(四面器)나 일면기(一面器)를 중앙에 놓고 좌우에 육기(六器), 화병 등을 놓고 공양한다. 다족(多足)향로를 기원으로 하고 대개 동(銅)으로 제작하며 층을 달리한 뚜껑 위로는 향연이 피어오르도록 다양한 형태의 연공이 있다. 발은 셋인데 짐승의 다리 등을 형상화했다. 여섯 가지 공양물은 육바라밀에 상응하고 향연을 끊임없이 피워올리므로 정진바라밀을 비유한다. 『행림초』 권20(대정장76, p.159a23)에 "스승께서 '이 법은 소향과 음식 두 가지에 비전이 있다'고 하셨다. 이는 사면의 화사로 향을 사르는 것을 말한다. 공작경법의 소향을 규범으로 활용한 것이다. 師曰 此法燒香飮食二種有秘傳 謂四面火舍之燒香 例孔雀經法燒香用之", 『행심초』 권3(대정장78, p.735a25)에 "중앙의 화사에서 다섯 가지 명향을 사른다. 中央火舍 五種名香令燒之"라고 하였다. 〔참고문헌〕『行林抄』,『幸心鈔』,『仏教工芸』(奈良國立博物館, 2007). ⇨ 화로 火爐[1]

화사 나라국립박물관
일본 14-15세기

화사 火祠 Ⓟ aggiṃ pari-√car. 불로 제사지내다. 『태자서응본기경』 권상(대정장3, p.476c1)에 "태자가 니련선하(尼連禪河 Ⓢ Nairañjanā)를 건너 수십 리쯤 가서 범지 셋이 각각 제자들과 함께 시냇가에 머물고 있었다. 그들의 도에 대해 물으니 스스로 말하길 '우리들은 범천을 섬기며, 해와 달을 받들고, 날마다 화사를 닦으며, 오직 물만이 깨끗할 뿐입니다'. 보살이 답하길 '생사의 길일 뿐이다. 물은 언제나 차있지 않고, 불 또한 오래도록 뜨겁지 않으며, 해는 뜨면 지고, 달도 차면 기운다. 도란 맑아 비운 곳에 있거늘 물로 어떻게 사람의 마음을 깨끗하게 할 수 있겠오?' 太子渡河 行數十里 見三梵志 各與弟子 索居谿邊 過問其道 自稱言 吾事梵天 奉於日月 日修火祠 唯水是淨 菩薩答曰 是故 生死道耳 水不常滿 火不久熱 日出則移 月滿則虧 道在淸虛 水焉能令人心淨", 『법구경』 권1(대정장4, p.564b29 : *Dp.*, p.16)에 "비록 백세가 다하도록 화사를 받들어 섬겨도 잠간 동안 삼존에 공양함만 같지 않으니, 한 번 공양한 복은 저 백년을 이긴다네. 雖終百歲 奉事火祠 不如須臾 供養三尊 一供養福 勝彼百年 yo ca vassasataṃ jantu aggiṃ paricare vane, ekañca bhāvitattānaṃ muhuttampi pūjaye, sā yeva pūjanā seyyā yañce vassasataṃ hutaṃ", 『대일경소』 권4(대정장39, p.616b23)에 "불은 능히 무성한 잡초를 태워 없앤다. 즉 이 사람의 몸과 말과 뜻이 비록 아직 깨끗해 번뇌를 벗어나지는 못하였으나, 안에 혜성 있어 깨끗한 업을 즐겨 행하고, 허물이 있으면 능히 고칠 수 있다면 그 이름 화사라 할 수 있다. … 또 모든 이학들에게는 베다의 화사법을 깊이 즐겨 범천에 나기를 바란다. 부처님의 비밀스런 가르침 중에도 화천진언행법이 있으니, 그 지취가 매우 깊기에 이 법문으로도 정법에 들 수 있다. 火能焚滅荒穢 謂此人身口意 雖未能淸昇出離 然內有慧性 好行淨業 有過能改 故名火祠 … 復次 有諸異學 深樂圍陀火祠之法 願生梵世 聞佛祕藏中 亦有火天眞言行法 旨趣甚深故 卽從此門 而入正法"라고 하였다. 〔참고문헌〕『太子瑞應本起經』,『法句經』,『大日經疏』, *Dp.* ⇨ 사화 事火, 사화외도 事火外道, 삼화 三火[2][3], 응사삼화 應事三火

화사 和社 Ⓢ upādhyāya, Ⓟ upajjhāya. 화상(和尙) 즉 오파다야(鄔波馱耶)의 한역어로 친교사(親敎師)의 뜻이다. 제자를 가까이해서 가르치는 뜻이다. 『남해기귀내법전』 권3(대정장54, p.222a1)에 "머리를 조아리고 합장하며 물어 말씀드린다. '오파다야여, 늘 생각해 왔습니다〈다(馱)의 소리는 정(停)과 야(夜)를 반절한 음이다. 정체 없는 글자로 음을 빌려서 표기한 것이다. 오파(鄔波)는 '가까이하다(親近)'라는 뜻이다. 파(波)는 장음으로 발음하는 중에 아(阿)라는 소리가 들어간다. 아타야(阿馱耶)의 뜻은 '가르침을 읽게 한다'(敎讀)라는 의미다. 화상(和尙)은 아니다. 서방에서 널리 '박사'라고 불리는 것은 오사(烏社)인데, 이는 글로 쓰는 말은 아니다. 범본 경율문에 따르면 '오파다야'라고 한 것은 '친교사'로 한역이 되는데, 북방의 여러 나라들에서 모두 '화사'라고 불렀다. 이 한역이 전해지게 되면서 그 음이 와전된 것이다〉'. 低頭合掌問云 鄔波馱耶 存念〈馱字音停夜反 旣無正體 借音言之 鄔波是其親近 波字長喚中有阿字 阿馱耶義 當敎讀 言和尙者非也 西方汎喚博士 皆名烏社 斯非典語 若依梵本經律之文 咸云 鄔波馱耶 譯爲親敎師 北方諸國 皆喚和社 致令傳譯習彼訛音〉"라고 하였다. 〔참고문헌〕『南海寄歸內法

傳』, 『四分律名義標釋』 권4(卍속장70, p.453a3), *Saṅ-v. 22.*, *AN.3.69.* ⇨ 오파다야 鄔波馱耶, 화상 和尙

화사 和闍　화상(和尙)의 다른 표기. 『일체경음의』 권47(대정장54, p.619b11)에 "구역은 화상이고, 화사라고도 하지만, 모두 우전 등 여러 나라의 와전이다. 뜻으로 번역하면 죄를 알거나 죄가 없음도 아는 이 화상이다. 舊云和上 或云和闍 皆于闐等 諸國語訛也 義譯云 知罪知無罪 爲和上也"라 하였다. 〔참고문헌〕『一切經音義』.

화사 畫師　Ⓢ citra-kara, citra-ācārya, Ⓟ citta-kāra, Ⓣ ri-mo-mkhan. 그림 그리는 이. 온갖 것들 화작(化作)하는 마음의 비유로 심여공화사(心如工畫師)라고 하고, 화공(畫工). 화가(畫家). 공화사(工畫師)·화인(畫人)이라고도 한다. 『잡아함경』 권15(대정장2, p.103b18 : *Atthirāga-sutta, SN.2,* p.101)에 "비유하면 다음과 같다. 비구여! 화사와 화사의 제자가 갖가지 물감을 모아놓고 허공에 그림을 그리려 한들 어찌 그릴 수 있겠는가? 譬如 比丘 畫師 畫師弟子集種種彩色 欲粧畫虛空 寧能畫不 seyyathāpi bhikkhave rajako vā cittakāro vā sati rajanāya vā lākhāya vā haliddiyā vā nīliyā vā mañjeṭṭhāya vā suparimaṭṭhe vā phalake bhittiyā vā dussapaṭṭe vā itthirūpam vā purisarūpaṃ vā abhinimmineyya sabbaṅgapaccaṅgaṃ", 80권본 『화엄경』 권10(대정장10, p.51c20)에 "비유하면 온갖 그림은 화사가 그린 것이듯, 이와 같은 일체 세계 마음이라는 화사가 그려낸 것이다. 譬如衆繢像 畫師之所作 如是一切刹 心畫師所成", 『대비바사론』 권15(대정장27, p.73b20)에 "잘 그리는 이를 화사라고 하는 것과 같다. 如善畫者名爲畫師", 같은 책 권117(대정장27, p.610b15)에 "가령 화사가 부처님을 그리려 하면 선한 안식이 일어나고 여인을 그리려 함에 물든 안식이 일어나는 것과 같다. 如畫師畫作佛時起善眼識 畫女人時起染眼識", 『구사론』 권17(대정장29, p.92b10 : *Abh-k-bh.*, p.258)에 "비유하면, 저 화사가 먼저 한 가지 색으로 그 형상을 그린 뒤 여러 색을 채워 넣는 것과 같다. 따라서 사람의 몸같이 품받았더라도 그 중에는 지체와 제근과 형량 모습과 크기, 색과 힘 등의 장엄을 모두 갖추는 이도 있고, 또는 앞의 것들이 빠지거나 모자란 이도 있다. 譬如畫師先以一色圖其形狀後塡衆彩 是故雖有同稟人身 而於其中有具支體諸根形量色力莊嚴 或有於前多缺減者 yathā citrakara ekayā vartyā rūpamālikhya vahvībhiḥ paripūrayati tathā hi tulye mānuṣye kaścit sakalendriyāṅgapratyaṅgo bhavativarṇakṛtipramāṇabalasaṃpadā vibhrājamānaḥ kaścid eṣāṃ kenacidvikalaḥ"라고 하였다. 〔참고문헌〕『雜阿含經』, 『華嚴經』, 『大毘婆沙論』, 『俱舍論』, *SN.*, *Abh-k-bh.*, *Laṅk.48·316.* ⇨ 공화사 工畫師, 심여공화사 心如工畫師

화사법 火祠法　불을 섬기는 법. 『대일경의석연밀초』 권10(卍속장37, p.266a18)에 "외전정행 등이라 하니, 불법과 마주해서 그 밖에 있는 교전을 모두 외전이라 한다. 여기에서 정행이란 위다론 중에 화사법을 취한 것이니 곧 불을 섬기는 바라문법이다. 위다는 바르게 말하면 베다이니 이곳에서는 외도명론이라 하고 네 가지라 밝혔으니 성명·인명·공교명·의방주술명이다. 이 화사법은 사명 중 어디에 속하는가? 화사법은 주술에 속한다. 外典淨行等者 對佛法外所有敎典皆名外典 今取淨行韋陀論中 火祠之法 卽是事火婆羅門法也 韋陀正云吠陀此方云明外道明論 而有四種 謂聲明 因明 工巧明 醫方呪術明 此火祠法四明之中何明所攝 然火祠法呪術所攝"라고 하였다. 〔참고문헌〕『大日經義釋演密鈔』.

화사비 畫師譬　Ⓢ citrakara-dṛṣṭānta, Ⓣ dpe-ri-mo-mkhan. 화가의 비유. 『중변분별론』 권하(대정장31, p.463a22 : *Madhy-vibh.*, p.72)에 "가히 두려워 분별하는 한끝 있고, 이 두려워할 만한 것으로 인해서 두려워한다. 다시 이 한끝 분별로 지은 색 등의 온갖 티끌이 두려움 일으켜 고통스럽고 두렵다 한다. 이 두 가지 두려워 떠는 분별의 끝 벗어나게 하고자 부처님께서 화사의 비유를 설하셨다. 可怖畏分別一邊 因此可畏起怖畏 復是一邊分別 所作色等諸塵 起怖畏 及起苦怖畏 爲離此二種 怖畏分別邊 佛說畫師譬 trāsye 'pi vikalpo 'ntas tataś ca trāsyād bhaye 'pi parikalpitarūpāditrasanāt. duḥkhabhīrutayā etasya vikalpadvayāntasya parivarjanārthaṃ citrakaradṛṣṭāntaḥ"라고 하였다. 〔참고문헌〕『中邊分別論』, *Madhy-vibh.*

화사석 火舍石　불집. 불이 들어있는 집. 석등의 윗부분에 등불을 안치해 빛이 밖으로 비추도록 화창을 뚫은 집 모양의 불집. 측면을 팔각, 육각, 사각석등으로 조성하고는 팔각의 경우 사면에 화창(火窓)이 배치되고 나머지 4면은 부석사 석등과 같이 보살공양상을 새기거나, 법주사 석등이나 청량사 석등과 같이 사천왕상 등을 새

진구사지석등 임실·청량사 합천 통일신라·관촉사 논산 고려

기기도 한다. 또는 8면 모두에 화창을 열기도 하는데, 개선사지 석등, 진구사지 석등 등 고복형(鼓腹形)석등에서 주로 나타난다. 평면 사각석등은 관촉사 석등이나

현화사지 석등처럼 네 모서리에 기둥을 두어 화창이 넓게 드러나 빛이 밖으로 많이 새어 나오도록 했다. 화창은 대개 직사각형태이나 계성사지 석등과 같이 타원형인 경우도 있다. 대체로 화창 주변으로 못구멍들이 남아있어 비바람을 막았던 별도의 막음장치가 있었으리라 추정한다. 〔참고문헌〕『석등조사보고서Ⅰ-간주석 편』(국립문화재연구소, 1999) p.38.

화사수무영 花謝樹無影 꽃 지고 나니 나무 그림자 질일 없네. 『벽암록』 86칙 「송 頌」(대정장48, p.211c15)에 "꽃이 지면 나무 그림자조차 남기지 않는다〈이 말 저 말 지어내서 무슨 깨달을 기약이 있으랴? 어딜 향해 더듬어 찾겠는가? 깜깜한 옻칠 통에 먹물 차오를 뿐이니〉. 花謝樹無影〈打葛藤有什麽了期 向什麽處摸索 黑漆桶裏盛黑汁〉"라고 하였다. 〔참고문헌〕『碧巖錄』.

화사십사 化事十四 Ⓢnirmāṇa caturdaśa. 변화로 보이는 열네 가지 일. 신통의 과로 얻은 능변화심으로 짓는 열네 가지를 말한다. 『구사론』 권27(대정장29, p.144a24 : *Abh-k-bh.*, p.426)에 "〔논〕 신경통의 과인 능변화심력으로 능히 변화하여 일체화사를 낳는다. 이에는 열네 가지가 있다. 근본사정려에 의지해 나는 것이니 차별이 있기 때문이다. 초정려에 의지해 두 가지 변화심이 생겨나니, 첫째는 욕계로 거두고 둘째는 초정려로 거둔다. 제2정려로 세 가지 화심이 생겨나니, 두 가지는 앞에서 말한 것과 같고 여기에 제2정려를 더한다. 제3정려에는 네 가지 변화심이 있고 제4정려에는 다섯 가지 변화심이 있다. 즉 각각의 경지 이하는 이치에 맞게 생각해 보아야 하는데, 모든 과로서의 '화심'은 자신 이상의 경지에 의지하여 일어나며, 결코 그 이하의 경지에 의지하는 일은 없다. 아래의 정심은 그 이상의 과를 낳을 수 없을 정도로 세력이 약하기 때문이다. 論曰 神境通果 能變化心 力能化生 一切化事 此有十四 謂依根本四靜慮生 有差別故 依初靜慮 有二化心 一 欲界攝 二 初靜慮 第二靜慮 有三化心 二種如前 加二靜慮 第三有四 第四有五 謂各自下 如理應思 諸果化心 依自上地 必無依下 下地定心 不生上果 勢力劣故 〈bhāṣya〉 abhijñāphalaiḥ 〈kārikā〉 nirmāṇacittais tāni caturdaśa 〈bhāṣya〉 tāni punaś caturdaśa nirmāṇacittāni … prathamadhyānaphalaṃ dve kāmadhātuprathamadhyānabhūmike nirmāṇacitte. dvitīyadhyānaphalaṃ trīṇi kāmadhātuprathamadvitīyadhyānabhūmikāni. evaṃ tṛtīyacaturthadhyānabhūmikāni ca tvāri pañca ca yojyāni. svabhūmikādharabhūmikaṃ nirmāṇacittaṃ dhyānaphalaṃ veditavyam … nordhvabhūmikaṃ nirmāṇacittam adharadhyānaphalam asti"라고 하였다. 〔참고문헌〕『俱舍論』, *Abh-k-bh.* ⇨유화 留化, 유화사 留化事

화사유 畵師喩 Ⓢcitrakara-dṛṣṭānta, Ⓣdpe ri-mo-mkhan. 그림 그리는 이의 비유. 『마하지관』 권6(대정장46, p.83c6)에 "무생문에서 마음을 관하면 마치 그림 그리는 이 갖가지 오음을 만드는 것처럼 일체세간 중에 마음 따라 짓지 않는 것이 없다. 하나의 음계입이 일체의 음계입이고 하나의 성상체력이 일체 것들의 자성이고 모양이며 몸이고 힘 등으로 다름 없으며 나머지 문 역시 그러하다. 若無生門觀心如工畵師造種種五陰 一切世間中 莫不從心造 一陰界入 一切陰界入 一性相體力 一切性相體力等 餘門亦如是", 『능엄경관심정해』 권2(卍속장23, p.656b1)에 "마음이란 마치 그림 그리는 이 능히 갖가지 색깔과 모양 그리듯 하니, 만약 마음으로 지은 것이 있는 물건인 듯 만질 수 있는 것이라면, 지금 마음이 드러남에 당체 온전히 빈 채로여서 온갖 법이란 것 바로 임시로 있을 뿐이다. 오직 마음이란 것이 그 중일 뿐이고 드러난 것 이 공일 뿐이다. 삼제가 한 마음 중에 있어 밝을 뿐이다. 心如工畵師能畵諸色像 若云心造似有物可得 今云心現 當體全虛 諸法是假 唯心是中 現是空 三諦在一心中明矣"라고 하였다. 〔참고문헌〕『摩訶止觀』, 『楞嚴經觀心定解』, Madhy-vibh.72.

화산 華山 ❶조선후기 스님 오선(晤善)의 법호(法號). ❷1902~1966. 근대 비구니 강사. 수옥(守玉)의 법호이다. ⇨수옥 守玉

화산권법사 花山勸法師 신라 보조체징(普照體澄 804~880)의 은사. 「보림사보조선사창성탑비문 寶林寺普照禪師彰聖塔碑文」에 "화산 권법사 좌하에 나아가 경 배우기를 업으로 삼았다. 投花山勸法師座下 聽經爲業"라고 하였다. 〔참고문헌〕李智冠『校勘譯註歷代高僧碑文』 新羅篇 p.105. ⇨체징 體澄

화산무은 禾山無殷 884~960. 당말(唐末) 및 오대십국 시기 스님. 속성은 오(吳)씨. 복주(福州) 연강(連江) 출신. 나이 일곱에 설봉의존(雪峰義存) 문하로 출가하여 구족계를 받았다. 훗날 조도(祖道)를 찾아 유력하다가 구봉도건(九峰道虔)을 만나 한마디 말에 심원(心源)을 단박에 보고 법을 이었다. 세상에 나와서는 길주(吉州) 화산(禾山) 적면봉(赤面峰) 아래에 화산사(禾山寺)를 열고 가르침을 펼쳤다. 『경덕전등록』 권17(대정장51, p.343a16)에 따르면, 송(宋)이 개국하는 건륭 원년(960) 병세가 보이자 학인들을 모아놓고 "다음에 올 배우는 이 화산을 미처 알지 못하리. 바로 지금 알아들 두시고 잘 지내시길. 後來學者 未識禾山 卽今識取 珍重"이라 하고 입적하니 세수 77세였다. 법성선사(法性禪師)

라는 시호를 받았고, 탑호는 묘상(妙相)이었다. 법제자로는 영안혜도(永安慧度)·조산의숭(曹山義崇)·화산계운(禾山契雲) 등이 있고, 화산타고(禾山打鼓)라는 화두도 남겼다. 〔참고문헌〕『景德傳燈錄』, 『祖堂集』 권12(대장경보편25, p.528b1). ⇨ 화산타고 禾山打鼓

화산사 華山寺 평안북도 삭주에 있던 절. 최치원(崔致遠 857~?)의 『당대천복사고사주번경대덕법장화상전 唐大薦福寺故寺主翻經大德法藏和尙傳』(한불전3, p.775c21)에 "화엄종은 10산에 두루하였다. … 계람산 곧 삭주의 화산사다. 一國學徧十山 … 鷄藍山是朔州華山寺"라 하였다. 〔참고문헌〕『韓國寺刹全書』 권하 p.1176b16.

화산타고 禾山打鼓 화산무은(禾山無殷)에게 거듭 네 번이나 물음에 모두 '북을 칠 줄 안다 解打鼓'고 답한 공안. 화산사타고(禾山四打鼓)라고도 한다. 길주화산의 징원무은선사가 법어를 내렸다. 『선문염송설화』 1181칙(한불전5, p.800b23)에 "길주화산의 징원무은선사가 법어를 내렸다. '익히고 배우는 것은 「듣는다」고 하고, 배움마저 끊으면 「가깝다」고 하며, 이 둘을 지나면 「참되다」고 한다'. 학인이 물었다. '무엇이 진인지요?' '북을 칠 줄 안다.' '무엇이 진제인지요?' '북을 칠 줄 안다.' '마음 그대로 부처라 한 말은 묻지 않겠습니다. 무엇이 마음도 아니고 부처도 아닌지요?' '북을 칠 줄 안다.' '향상인이 오면 어떻게 가르치시겠습까?' '북을 칠 줄 안다'. 吉州禾山 澄源無殷禪師 垂語云 習學謂之聞 絶學謂之鄰 過此二者 是爲眞 僧問 如何是眞 師云 解打鼓 問 如何是眞諦 師云 解打鼓 問 卽心卽佛 卽不問 如何是非心非佛 師云 解打鼓 問 向上人來 如何接 師云 解打鼓", "오조사계(五祖師戒)가 들어 말했다. 화산은 처음을 신중히 할 줄만 알았지 마지막을 지킬 줄은 몰랐다. 〈설화〉 화산의 그 말씀 모색할 여지 전혀 없고 뜻으로 맛볼 것 없기 때문이다. 五祖戒拈 禾山 只解愼初 不解護末 〈說話〉 其言 似沒摸㩋 無義味故也"라 하였다. 〔참고문헌〕『禪門拈頌說話』, 『寶藏論』(대정장45, p.144a27).

화삼매 火三昧 Ⓟ tejo-dhātuṃ samāpajjati. 화광삼매(火光三昧). 『대지도론』 권54(대정장25 p.443b22)에 "색계천은 선정을 행함에 욕에서 벗어나 화삼매를 수습하므로 몸에서 항상 묘한 빛 나온다. 해와 달이나 욕계보로 얻은 광명보다 뛰어나다. 色界天 行禪離欲 修習火三昧故 身常出妙光 勝於日月及欲界報光明", 『치선병비요법』 권상(대정장15, p.333c24)에 "봄날에는 마땅히 화삼매에 들어 신체를 따뜻하게 한다. 화광이 맹렬하게 타올라 신체가 뜨겁게 덥혀지니 의당 다스려진다. 모든 화광이 여의주 짓고 모공 좇아 나오고 불꽃 사이마다 금련화가 피어 화신불이 그 위에 앉으시어 병 고치는 법을 설하신다고 관상하라. 春時 應入火三昧 以溫身體 火光猛盛 身體蒸熱 宜當治之 想諸火光 作如意珠 從毛孔出 焰焰之間 作金蓮華 化佛坐上 說治病法"라고 하였다. 〔참고문헌〕『大智度論』, 『治禪病祕要法』, 『雜阿含經』 권8(대정장2, p.50b19), *Ud.92.* ⇨ 화광삼매 火光三昧

화상 化相 ❶ 화신(化身)을 말한다. 부처님의 수승한 열 가지 덕 중 하나다. 『화엄경소』 권12(대정장35, p.585b26)에 "아홉 번째는 화상이다. 화는 진을 좇아 흐르니 저 샘과 다름이 없다. 九者 化相 化從眞流 源無有異", 『화엄경소초』 권27(대정장36, p.205c18)에 "아홉 번째 화상이라 하니 곧 화신이다. 九 化相 卽化身"라고 하였다. 〔참고문헌〕『華嚴經疏』, 『華嚴經疏鈔』. ❷ Ⓢ nirmāṇa, Ⓣ 'phrul-ba. 세간에 모습 가져 드러내서 중생들과 만나고 교화해 열반에 드시기까지 드러내 보인 모든 모습. 석가세존 일대의 의미있는 장면들을 특별히 가리고 드러내 팔상(八相) 등으로 말하기도 한다. 『해심밀경소』 권9(卍속장35, p.95a10)에 "두 번째, 화상을 바로 밝힌다. 그러나 이 화상에는 다소 차별이 있어 여러 교설 같지 않다. 『무상의경』에는 열세 가지 상이 있다. 첫째, 도솔천으로 오르시고 둘째, 도솔천에서 내려오시며 … 열둘째, 법륜을 굴린다. 열셋째, 반열반 나투신다. 『상속경』에 따르면 열한 가지 상이라 한다. 첫째, 모태에 드시고 둘째, 모태에서 나오는 모습이다. … 열째, 법륜을 굴리시며 열한 번째, 열반에 드신다. 『해심밀경』에도 열한 가지 상이라 하며, 『상속경』과 대동소이하다. 第二 正明化相 然此化相 多少差別 諸教不同 無上依經 有十三相 一 示昇兜率 二 示下彼天 … 十二 現轉法輪 十三 現般涅槃 依相續經 爲十一相 一 入胎 二 出胎 … 十轉法輪 十一 入涅槃 依深密經 亦十一相 與相續經大同少異", 『석문귀경의호법기』(卍속장105, p.171b2)에 "화상이라 말하는 것인즉 여래께서 도솔천에서 흰 코끼리를 타고 강생하여 교화하는 모습을 말한다. 言化相者 則如來從兜率天 乘白象瑞降生 教化之相也", 『석문귀경의통진기』 권상(卍속장105, p.211a5)에 "화상이라 말하니, 기에 응하여 나투는 것이다. 형상이 있기에 부처님과 중승이 모두 적멸의 뜻을 깨우치고 마음이 상 없음에 머물게 되었으니, 이러한 상들 보게 하므로 화상이라 한다. 言化相者 應機而現 有形狀故 如佛與僧 皆證滅理 心住無相 而示此相 故云化相"라고 하였다. 〔참고문헌〕『解深密經疏』, 『釋門歸敬儀護法記』, 『釋門歸敬儀通眞記』, *Laṅk.24.* ⇨ 팔상 八相

화상 和上 화상(和尙). 친교사(親教師). 출가해 계를 받은 이를 가까이 가르치는 은사(恩師)이며, 계(戒)를 가르쳐 전하는 이는 아사리(阿闍梨)다. 『아비담비바사론』 권42 「사건도 使揵度」(대정장28, p.316a27)에

"위로 가까이 모실 분 중에 은혜가 두터운 이는 부모·화상·아사리다. 上親分中 有重恩者 謂父母和上阿闍梨", 승장(勝莊) 『범망경술기』 권하(한불전2, p.148b1)에 "화상이란, 옛날엔 화사라 하였으며 한역하면 력이다. 지금 범음으로 오파제야라 하니 한역은 친교이다. 어떤 이는 욱파제야라 하는데 한역은 근송이다. … 화상 등을 보면 일어나 앉아 안부를 여쭙는다. 和上者 舊云和闍 此云力 今云梵音 名爲鄔婆提耶 此云親敎 或云郁波第耶 此云近誦 … 見和上等 起坐問訊", 둔륜 『유가론기』 권41(한불전13, p.822c6)에 "친교와 궤범은 높은 듯 높은 분이니, 화상이란 친교사라 이름하고 사리는 궤범사라 이름한다. 親敎軌範 尊似尊等者 和上名親敎師 闍梨名軌範師", 『일체경음의』 권22(대정장54, p.441b14)에 "화상〈『오천아언』을 살펴보니, 화상을 오파지야라 한다. … 지금 바른 풀이에 따르면, 오파는 근, 지야는 독이라 한역하니, 이는 존사가 제자를 위하여 친근히 익히고 일러주는 분을 말하며, 옛날에 친교라 함이 이것이다〉. 和上〈案五天雅言 和上謂之塢波地耶 … 今依正釋 言塢波者 此云近也 地耶者 讀也 言此尊師爲弟子親近習讀之者 舊云親敎是也〉"이라고 하였다. [참고문헌] 『阿毘曇毘婆沙論』, 『梵網經述記』, 『瑜伽論記』, 『一切經音義』, 『阿毘曇八犍度論』 권1(대정장26, p.774b20). ⇨ 화상 和尙, 친교사 親敎師

화상 和尙 Ⓢ upādhyāya, Ⓟ upajjhāya, Ⓣ mkhan-po. 제자가 비구가 될 수 있도록 가르쳐 지도하는 스승. 친교사(親敎師)인 은사(恩師)를 말한다. 수계시 화상의 이름을 확인하므로 화상이 없으면 계를 받을 수 없다. 산스크리트 우파디야야(Ⓢ upādhyāya)의 음사어로 오파타야(鄔波陀耶)·오파타야(鄔波馱耶)라고도 하며 화상(和上)·화사(和闍)·친교사(親敎師)·역생(力生)·근송(近誦)이라 의역한다. 『오분율』 권17(대정장22, p.120a8)에 "대덕스님들은 들어주십시오. 이 아무개는 아무개로부터 구족계를 받기를 청합니다. 아무개는 스스로 청정을 말하니, 구족계를 받는데 장애가 되는 사항이 없으며, 삼의와 발우를 갖추었으며, 화상과 부모의 허락도 이미 받았습니다. 승가로부터 구족계를 받기를 청하오니 승가는 지금 아무개가 화상 아무개에게서 구족계를 받도록 해주십시오. 大德僧聽 此某甲求某甲受具足戒 某甲自說淸淨 無諸難事 三衣鉢具已受 和尙父母聽許已 從僧乞受具足戒 僧今與某甲受具足戒和尙某甲 若僧時到僧忍聽 白如是"라고 하였다. 반드시 화상을 두게 한 것은 화상이나 아사리 등의 가르치는 이가 없어 출가자들이 옷을 짓고 입는 등 위의를 갖추지 못하여 재가자들로부터 비난받은 일을 계기로 마련되었다. 따라서 화상은 제자가 승가에 잘 적응할 수 있도록 교육시키고 의식주에 있어 불편함이 없도록 잘 보살피게 하였다. 『십송률』 권21(대정장23, p.148a6)에 "불세존께서 왕사성 밖에 머무실 때에는 아직 비구에게 화상과 아사리를 허락하지 아니하셨으니, 백사갈마로 구족계를 받는 일이 아직 없었다. 그 때 비구들 처음이고 화상과 아사리가 없었기에 가사의 짓기에도 법답게 할 수 없었고 옷을 입는 것에도 여법하지 못했으며 모든 위의가 다 여법할 수 없었다. … 부처님께서 갖가지 인연을 들어 나무라신 후에 비구들에게 말씀하시기를 '오늘부터 화상과 아사리를 둘 것을 허락하노라'. 佛婆伽婆王舍城外住 爾時未聽比丘作和尙阿闍梨 未有白四羯磨受具足戒 時諸比丘以初未有和尙阿闍梨故 作袈裟衣不如法 著衣亦不如法 及身威儀皆不如法 … 佛種種因緣訶已語諸比丘 從今聽作和尙阿闍梨", 『사분율』 권33(대정장22, p.799c3)에 "세존께서 말씀하시기를 '지금부터 이후 화상을 둘 것을 허락하노라. 화상은 제자 돌보기를 자식 돌보듯이 하고, 제자는 화상 모시기를 아버지와 같이 해야 한다. 서로서로 공경하며 소중하게 서로 보살피도록 하여라. 이렇게 해야 정법이 오래 머물 수 있으며, 오래도록 그 이익 광대할 것이다'. 世尊言 自今已去聽有和尙 和尙看弟子 當如兒意看 弟子看和尙 當如父意 展轉相敬 重相瞻視 如是正法便得久住 長益廣大", 『대지도론』 권13(대정장25, p.161b26)에 "사미와 사미니가 출가하여 계를 받는 법은 어떤가? 백의가 찾아와 출가할 길을 찾고자 한다면 두 스승을 구해야 한다. 하나는 화상이고 또 하나는 아사리이다. 화상은 아버지와 같고 아사리는 어머니와 같다. 본래 낳아준 부모를 버리고 출가의 부모를 구해야만 한다. 云何沙彌沙彌尼 出家受戒法 白衣來欲求出家 應求二師 一 和尙 一 阿闍梨 和上如父 阿闍梨如母 以棄本生父母 當求出家父母", 『속일체경음의』 권4(대정장54, p.951a10)에 "화상〈바른 범어 음사어는 도파지야고 근독이라 한역한다. 이 존경스러운 스승은 제자에게 가까이 다가서서 읽기를 학습시키는 이라는 뜻이다. 구역은 친교라 했다. 인도 세속의 관습에서는 올사라고 하였고, 중국에서 와전되어 화상이라 불렀다. 대대로 이어진 세월이 오래되어 한역하는 이들도 지역과 습속에 따라 불렀을 뿐이다〉. 和尙〈正梵語 搗波地耶 此云近讀 謂此尊師 爲弟子親近 習讀者也 舊翻爲親敎 良以彼土 流俗云塭社 此方訛轉 謂之和尙 相承旣久 翻譯之者 順方俗云〉", 『석문상의초』 권상 「승오복도 僧五服圖」(한불전8, p.237b4)에 "득계화상〈3년〉, 수업사〈3년〉 得戒和尙〈三年〉 受業師〈三年〉", 같은 책(한불전8, p.238c10)에 "수업화상은 부모와 같아 훈육한 은혜가 깊은 예이므로 모두 삼년복을 한다. 若受業和尙 同於父母 訓育恩深例 皆三秊服也"라고 하였다. 따라서 화상의 제자는 가까이 모셔 가르침 받아야 하기에 공주제자(共住弟子 Ⓟ saddhivihārika)라 하였고 스승은 친교사라 하였다. 화상이 될 수 있는 자는 법랍 10년 이상의 스님으로서, 덕이 있고 지혜로우며 계를 잘 지키고 다문(多聞)이어야 한다. 한편 후대에는 대중의 스승이 될 만한 덕 높은 스님에 대한 존칭으로도 부르게 되었다. 〔참고문헌〕『五分律』, 『十誦律』, 『四分律』, 『大智度論』, 『續一切經音義』, 『釋門喪儀抄』, *Vin.1.45.*, *Gaṇḍ-vy.37.*, *Mvyut.269.*, *SN.1.177.*, *Sp.248.*. ⇨ 친교사 親教師, 발지야 拔底耶, 역생 力生, 오파다야 鄔波馱耶, 욱파제야 郁波弟耶

화상 畫像 Ⓢ ālekhya-bhittī. 불보살 등의 형상을 그린 그림. 밀교에서는 만다라라고 한다. 『법화경』 권1(대정장9, p.9a10 : *Saddh-p.*, p.51)에 "어떤 사람은 탑묘나 보상과 화상에 꽃과 향과 번개로써 공경하는 마음으로 공양한다. 若人於塔廟 寶像及畫像 以華香幡蓋 敬心而供養 dhātūṣu yaiś cāpi tathāgatānāṃ stūpeṣu vā mṛttikavigraheṣu vā, ālekhyabhittīṣv api pāṃsustūpe puṣpā ca gandhā ca pradatta āsīt", 『석씨요람』 권중(대정장54, p.288c8)에 "화상 : 『대당내전록』에 다음과 같이 전한다. 후한 명제 때인 64년(영평 7) 진경(秦景)을 월지국에 파견하여 우전왕의 조상사가 그린 네 번째 그림〈이것이 서역의 시초이다〉을 가지고 낙양에 돌아왔다. 왕은 칙령으로 서양성문과 현절릉에다 그리고 공양하도록 하였다. 이것이 중국에서 시초가 되었다. 畫像 唐內典錄云 後漢明帝 永平七年 使秦景往月支國 得優塡王雕像師第四畫樣〈此西域始也〉 至洛陽 勅圖於西陽城門 及顯節陵上供養 此土爲始也"라고 하였다. 〔참고문헌〕『法華經』, 『釋氏要覽』, 『大唐內典錄』 권1(대정장55, p.221a20), *Saddh-p.*

화상가풍 和尙家風 제자에게 전하고자 하는 스승의 속내. 『운문광록』 권상(대정장47, p.545c1)에 "학인이 물었다. '무엇이 화상가풍입니까?' '오랜 장마에 맑을 날이 없구나'. 問 如何是和尙家風 師云 久雨不晴", 『경덕전등록』 권20 「동안비전 同安丕傳」(대정장51, p.362b3)에 "'무엇이 화상가풍입니까?' '금닭은 알 품은 채 은하수로 돌아갔고, 옥토끼는 새끼 밴 채로 자미성으로 향했다'. 問 如何是和尙家風 師曰 金鷄抱子歸霄漢 玉兎懷兒向紫微"라 하였다. 〔참고문헌〕『雲門廣錄』, 『景德傳燈錄.

화상삼보 化相三寶 중생 위해 변화로 드러내 보인 삼보. 사종삼보(四種三寶) 중 하나로 별상삼보라고도 한다. 불보는 석가모니불, 법보는 사제(四諦)・십이인연(十二因緣) 등의 법문, 승보는 교진여(憍陳如) 등 직제자를 말한다. 소승삼보를 말한다. 『석문귀경의』 권상(대정장45, p.857b26)에 "세 번째 화상삼보를 밝힌다. 석가여래가 불보고, 여래께서 설하신 멸제가 법보며, 앞서 지혜로워 고를 다한 제가는 승보다. 이 화상삼보는 별상삼보라고도 한다. 三 明化相三寶者 謂釋迦如來爲佛寶也 所說滅諦爲法寶也 先智苦盡爲僧寶也 此化相三寶或名別相", 『석문귀경의통진기』 권상(卍속장105, p.211a5)에 "화상이라는 말은 기에 응하여 나타나서 모양새 있는 뜻이다. 불보와 승보는 모두 열반인 멸의 뜻 증하여 마음은 상 없음에 머물지만, 이러한 상을 드러내기에 화상이라 한다. 言化相者 應機而現 有形狀故 如佛與僧 皆證滅理 心住無相 而示此相 故云化相"라고 하였다. 〔참고문헌〕『釋門歸敬儀』, 『釋門歸敬儀通眞記』. ⇨ 별상삼보 別相三寶, 사종삼보 四種三寶, 삼보 三寶 ❶

화상아사리 和尙阿闍梨 Ⓢ ācāryopādhyāya, ācārya, Ⓟ ācariyupajjhāya. 은사(恩師)인 화상과 법사(法師아)인 아사리를 아울러 부르는 말. 60권본 『화엄경』 권42(대정장9, p.664a1)에 "존중할 복전인 화상과 아사리, 부모・사문・바라문에게 존중해 공경공양하지 않는다면 이를 만업이라 한다. 所謂 於尊重福田 和尙阿闍梨 父母 沙門 婆羅門所 而不尊重 恭敬供養 是爲慢業", 『오분율』 권6(대정장22, p.37c7)에 "부처님께서 사위성에 계시던 그때 비구들 화상아사리와 함께하였으며 화상아사리와 함께 부지런히 익히고 물었으니, 초야에도 후야에도 일찍이 잠들지 못했다. 佛在舍衛城 爾時 諸比丘與和尙阿闍梨 同和尙阿闍梨 共勤學問 初夜後夜 未曾睡眠"라고 하였다. 〔참고문헌〕『華嚴經』, 『五分律』, *Śikṣ.37・151.*, *Sp.41.* ⇨ 화상 和尙, 아사리 阿闍梨

화색 化色 Ⓟ vikāra-rūpa. 변화로 드러낸 사물들. 불보살이 중생을 위해 방편으로 드러내 보게 하는 모습. 변화색(變化色)이라고도 하며 실색(實色)과 마주하게 해서 이종색(二種色)으로 나누기도 한다. 『불지경론』 권7(대정장26, p.325b2)에 "또 '화신에는 심도 심법도 없다'라고 설하는데, 이는 이승과 모든 이생의 정력에 나아가서 설한다. 저들의 정력은 열하여 무형질의 법을 화현시킬 수가 없다. 모든 불보살은 부사의정으로 모두 화현시킬 수 있다. 만약 그렇지 않다면 어떻게 여래께서 탐진 등을 드러내며, 어떻게 성문과 중생 등이 여래의 마음을 알겠는가? … 다만 모든 화색은 실색처럼 작용하나, 화근과 심은 다만 모습 가져 드러날 뿐 실제의 용과는 같지 않다. 又說化身 無心心法 此就二乘 及諸異生 定力而說 彼定力劣 不能化現 無形質法 諸佛菩薩 不思議定 皆能化現 若不爾者 云何如來 現貪瞋等 云何聲聞 及傍生等 知如來心 … 但諸化色 同實色用 化根及心 但有相現 不同實用", 『반야바라밀다심경찬』(대정장33, p.551b8)에 "색에는 두 가지가 있다. 첫째는 실색, 둘째는 화색이다. … 화색이란 대비원력으로 광대한 지위의 여러 보살 무리 중에 들어서 온갖 몸을 드러냄에 그 모양이나 수량에 정함이 없는 것이다. 色有二種 一者實色 二者化色 … 言化色者 由悲願力 爲入大地諸菩薩衆 現種種身 形量不定"라고 하였다. 〔참고문헌〕『佛地經論』, 『般若波羅蜜多心經贊』, *Vism.451.* ⇨ 실색 實色

화색 花色 야수다라(耶輸陀羅 Ⓢ Yaśodharā)의 한역. 『석가여래행적송』 권상(한불전6, p.495b8)에 "야수다라 한역하면 화색이니 단정제일이다. 곧 숙세에 꽃을 팔던 여인이었다. 耶輸陀羅 此云花色 端正第一 卽宿世賣花女"라고 하였다. 〔참고문헌〕『釋迦如來行蹟頌』. ⇨ 야수다라 耶輸陀羅❶

화색비구니욕선견불 華色比丘尼欲先見佛 화색비구니(Ⓟ Uppalavaṇṇā)가 부처님을 먼저 뵈려 하다. 전륜성왕(轉輪聖王)으로 모습을 바꾸면서까지 가장 먼저 부처님 찾아 뵙지만, 세존께서는 색신의 집착으로 보고자 함을 꾸짖으셨다. 화색은 연화색(蓮華色). 『대지도론』 권11(대정장25, p.137a12)에 "모든 사람들 모두가 먼저 부처님을 뵙고 예경공양을 올리고자 한다. 화색비구니가 오명을 버리고자 해서 문득 전륜성왕으로 변하여 칠보천자마저 데리고 나타나자 모두들 이를 보고 자리에서 일어나 가버렸다. 변화한 왕이 부처님의 처소에 당도해서는 다시 본래 몸으로 돌아가 비구니가 되어 최초로 부처님께 예배하였다. 一切衆人 皆欲求先見佛 禮敬供養 有華色比丘尼 欲除惡名 便化爲轉輪聖王 及七寶千子 衆人見之 皆避坐起去 化王到佛所已 還復本身 爲比丘尼 最初禮佛", "이때 부처님께서 비구니에게 고하셨다. '그대가 나에게 처음 예배한 것이 아니다. 수보리가 처음으로 나에게 예배하였다. 왜 그런가. 수보리는 모든 법이 공임을 관하였으니, 이야말로 불법신을 본 것이어서 진실한 공양을 얻었으니 공양 중에 가장 훌륭하다. 반면 생신에 지극한 경의 표한다 해도 공양이라 할 수 없다'. 是時 佛告比丘尼 非汝初禮 須菩提最初禮我 所以者何 須菩提觀諸法空 是爲見佛法身 得眞供養 供養中最 非以致敬生身爲供養也"라고 하였다. 이 인연은 『증일아함경』 권28(대정장2, p.707c4), 『대당서역기』 권4(대정장51, p.893b22) 등에도 전한다. 〔참고문헌〕『大智度論』, 『增壹阿含經』, 『大唐西域記』, 『曆代法寶記』(대정장51, p.186c18). ⇨ 연화색 蓮華色, 전륜성왕 轉輪聖王

화색신 化色身 Ⓢ nirmāṇa-kāya. 이종색신(二種色身) 중 하나로 중생기에 따라 화현으로 드러낸 몸. 화신(化身)으로 실색신(實色身)과 대칭한다. 『점비일체지덕경』 권5(대정장10, p.492c1)에 "뜻을 일으킬 무렵 여러 중생에게 드리워 그 원하는 바에 따라 화색신을 건립하여 주니, 지성으로 꾸며 더하니 장엄하여 자기 몸으로 여래신을 드러낸다. 여래신 드러냄으로써 자기 몸을 삼고 여래신으로써 자기 몸을 건립한다. 發意之頃 示諸衆生 如其所願 建化色身 嚴莊志性 能以己身 現如來身 以如來身 現爲己身 以如來身 建立己身", 『정토론』 권하(대정장47, p.103b19)에 "지금 팔만사천상호를 관한다 한 것은 화색신에 응해 봄이다. 이런 관을 지으려는 이는 반드시 상마다 구분하고 호마다 다르게 해서 섞어 하나가 되게 하지 않는다. 今觀八萬四千相好者 此是應化色身觀也 若作此觀者 卽須相相分明 好好別異 不得混爲一也"라고 하였다. 〔참고문헌〕『漸備一切智德經』, 『淨土論』, 『妙吉祥菩薩所問大乘法螺經』(대정장14, p.518a22), 『佛地經論』 권7(대정장26, p.326c12), *Sūtr.45*. ⇨ 이종색신 二種色身, 화신 化身

화색위제바소해 華色爲提婆所害 화색비구니(Ⓟ Uppalavaṇṇā) 제바달다(提婆達多)에 의해 살해되다. 화색은 연화색(蓮華色). 삼장 여러 곳에서 이 사건을 전하고 있다. 『대지도론』 권14(대정장25, p.164c27)에 "제바달다는 크게 공양받았으나 따르는 무리들 적었기에 스스로 생각하였다. '나는 30상을 갖추었고 부처님보다 조금 못한데 이는 제자 아직 모이지 않아서다. 만약 대중이 나를 둘러싼다면 부처님과 더불어 무엇이 다르겠는가?' 이와 같이 생각한 다음 승단을 깨뜨리겠다는 마음을 일으켜서 오백제자를 얻으려 하였으나, 사리불과 목건련이 설법교화하여 승단이 도리어 화합하였다. 提婆達多 大得供養 而徒衆尠少 自念 我有三十相 減佛未幾 直以弟子未集 若大衆圍繞 與佛何異 如是思惟已 生心破僧 得五百弟子 舍利弗目揵連 說法敎化 僧還和合", "그때 제바달다가 악심을 일으켜 산을 밀어뜨려 부처님을 압사시키려 했는데, 멀리서 금강역사가 금강저를 날려서 바위를 깨뜨렸고 그 부서진 돌이 떨어져서 부처님의 발가락에 상처를 냈다. 화색비구니가 이를 꾸짖으니 다시 주먹으로 때려 눈이 나오게 해서 죽이고 말았다. 이로써 삼역죄를 지었다. 爾時 提婆達多 便生惡心 推山壓佛 金剛力士 以金剛杵 而遙擲之 碎石迸來 傷佛足指 華色比丘尼呵之 復以拳打尼 尼卽時眼出而死 作三逆罪", 36권본 『대반열반경』 권17(대정장12, p.722b28)에 "여래에게 제바달다라는 동생이 있었는데, 승가를 파괴하고 부처님의 몸에서 피를 내게 만들고 연화비구니를 살해하여 삼역죄를 지었다. 如來有弟 提婆達多 破壞衆僧 出佛身血 害蓮花比丘尼 作三逆罪"라고 하였다. 한편, 『사분율』 권49(대정장22, p.929c29)·『십송율』 권40(대정장23, p.293c12)등에는 화색비구니가 어린 바라문에게 폭행당하여 눈을 다쳤으나 깊은 신심으로 회복한 일로 전한다. 〔참고문헌〕『大智度論』, 『大般涅槃經』, 『四分律』, 『十誦律』. ⇨ 연화색 蓮華色, 제바달다 提婆達多

화생 化生 ❶ Ⓢ upapāduka, aupapāduka, Ⓟ opapātika-yoni, Ⓣ brdzus-te-skye-ba. 중생으로 나는 네 가지 형태인 사생(四生: 胎卵濕化) 중 하나다. 또는 네 가지로 나는 것들 그 자성 본래 없기에 다 화생이라 한다. 본래 없다가 문득 생겨나니, 의탁한 곳 없다가 업력에 의해 출현하는 중생을 말한다. 『증일아함경』 권17

(대정장2, p.632a15)에 "모든 하늘과 대지옥·아귀와 사람이나 축생이나 이들 이름하길 화생이라 한다. 所謂諸天 大地獄 餓鬼 若人 若畜生 是謂名爲化生", 『대지도론』 권8(대정장25, p.118a21)에 "모든 천들과 지옥은 다 화생이고, 아귀는 태생이거나 화생이거나 두 갈래로 나며, 사람과 축생은 네 가지로 난다. 諸天地獄 皆化生 餓鬼二種生 若胎 若化生 人道畜生四種生", 『구사론』 권8(대정장29, p.43c22 : *Abh-k-bh.*, p.119)에 "지옥과 제천, 중유는 오직 화생일 뿐이다. 地獄及諸天 中有唯化生 nārakā upapādukāḥ antarābhavadevāś ca"라고 하여 이들 오취(五趣) 중 지옥·천·중유는 화생에 속하지만, 사람(劫初人 등)이나 축생(龍·金翅鳥)이나 아귀는 일분만 화생이라 하였다. 또한 모든 중유(中有)와 겁초(劫初)의 사람도 화생이며, 오취 중 가장 많은 무리를 형성한다. 80권본 『화엄경』 권11(대정장10, p.711b9)에 "겁초에 시가 성취되니 사람의 수명은 무량하고 자연히 화생한다. 劫初成時 人壽無量 自然化生"라고 하였다. 화생은 죽어도 형체를 남기지 않고 단번에 사라지므로 『구사론』 권8(대정장29, p.44a14 : *Abh-k-bh.*, p.119)에 "일체 나는 것들 중에 어떤 생이 가장 뛰어난가? 마땅히 가장 최승은 다름아닌 화생이라 말해야 한다. 一切生中 何生最勝 應言最勝 唯是化生 katamā yoniḥ sarvasādhvī. upapādukā"라고 하였다. 같은 책 권9(대정장29, p.47a5 : *Abh-k-bh.*, p.127)에 "화생이라면 물든 곳 처해서 난다. 곧 멀리서 살펴보고 장차 날 곳을 알고는 곧바로 물든 곳에 애착하고는 저에 가서 몸받아 난다. 若化生者 染處故生 謂遠觀知 當所生處 便生愛染 往彼受生 upapādukāṃ tu yoniṃ pratipadyamānaḥ sthānābhilāṣāt", 『화엄공목장』 권1(대정장45, p.540c25)에 "정토에 두 가지로 난다. 습생과 화생이다. 왜 그런가? 화생은 모든 근 단번에 갖추지만, 정토의 연화는 점차로 이루어지므로 그곳에 습생도 있음을 알 수 있다. 淨土有二生 謂濕生化生 何以故 化生諸根頓具 淨土蓮華有漸成者 故知有濕生"라고 하였다. [참고문헌] 『增壹阿含經』, 『大智度論』, 『俱舍論』, 『華嚴經』, 『華嚴孔目章』, *Abh-k-bh.*, *Vajr-pr.28.*, *Mvyut.117.*, *DN.3.230.* ⇨사생 四生❶, 화생유정 化生有情 ❷ Ⓢ Aupapāduka. 과거 가섭불 때에 출가한 비구. 선근 공덕으로 포태되지 않고 화생으로 나기를 서원하였다. 『찬집백연경』 권9(대정장4, p.247a12)에 "그때 저 회중에 홀연히 한 화생비구가 있어 모든 대중에게 말했다. '그대들 지금 각각 저의 청을 받으사 저 맛난 음식 필요한 만큼 제가 모두 드리겠습니다' 이렇게 말하니 모든 대중은 제천의 보배 그릇에 백가지 맛의 음식을 각각 생각하였고 모두 생각한 대로 획득하여 배불리 만족하였다. 時彼會中 忽然有一化生比丘 告諸大衆 汝等今者 各受我請 餚饍飮食 百種所須 我悉能與 作是語已 時諸大衆 各各自念 諸天寶器 百味飮食 皆悉獲得 充足飽滿"라고 하였다. [참고문헌] 『撰集百緣經』, *Av-ś.213.*

화생 극락구품도 염불암 동화사 대구 1841년

화생 華生 꽃에서 나다. 습기를 머금고 나는 습생(濕生)과 정토의 연화에 나는 화생(化生)이 있다. 36권본 『대반열반경』 권30(대정장12, p.805c11)에 "지금 설한 암라수녀·가부다수녀와 같이 인간 중에도 습생이 있음을 알 수 있다. 如今所說 菴羅樹女 迦不多樹女 當知人中 則有濕生", 『제공재환경』(대정장17, p.557a29)에 "물든 곳과 함께하지 않겠다고 발원하여 청정하게 나니, 이는 복된 과보로 포태의 냄새나고 더러운 곳을 의지하지 않고 매번 꽃을 인해서 났다. 發願不與汚穢會 所生淸淨 以是福報 不因胞胎臭穢之處 每因花生", 『본원약사경고적』 권상(대정장38, p.260a26)에 "『열반경』에 따르면 암라수녀는 나무로 인해 꽃으로 나서 '습생'이라고 하는데, 정토도 꽃으로 인하는데 어찌하여 '화생'이라고 하는가? 매(邁)스님이 말하였다. '나기 전 나무에 있는 습기에 의탁함이 없으니 정토의 연화가 사람과 더불어 화생한다'. 如涅槃經 菴羅樹女 因樹華生 名爲濕生 淨土因華 何名化生 邁師云 未託生前 樹有濕氣 淨土蓮華與人化生"라고 하였다. [참고문헌] 『大般涅槃經』, 『除恐災患經』, 『本願藥師經古跡』, 『法苑珠林』 권94(대정장53, p.982c15). ⇨습생 濕生, 화생 化生❶

화생삼매 火生三昧 온 몸 가득 불꽃을 내뿜는 삼매. 부동존의 삼매를 말한다. 『대일경』 권2(대정장18, p.15b20)에 "다음으로 박가범은 일체장을 멈추고자 화생삼매에 머물러 대최장성자부동주진언을 설했다. 復次薄伽梵 爲息一切障故 住於火生三昧 說此大摧障聖者不動主眞言", 『저리염송비밀법』 권상(대정장21, p.15b17)에 "부동존 역시 자신의 몸 가득 화염광을 방출하니 곧 본존 스스로 화생삼매에 머문 것이다. 또한 불에 네 가지 뜻이 있다. 두 가지는 세간이고 두 가지는 출세간이다. 세간의 불이란 하나는 내화이니 삼독번뇌를 불이라 부른 것이다. 이것은 능히 중생의 선근공덕을 태우기 때문이다. 둘째 외화이니 중생을 성취시키고 만물을 기른다. 출세간의 불은 크나큰 지혜의 불이다. 저 95종 외도법 중에서도 불을 모시는 것이 최고라 여기지만, 마치 큰 불의 용이 출세간의 불로 변화하여 중생을 태우고 또한 갖가지 물건을 태우는 것과 같다. 이 흔들림 없는 지혜의 불은 먼저 화룡을 항복시키고 온갖 외도들의 다른 길 능히 다스린다. 위로는 등각에서 아래로는 중생에 이르기까지 번뇌 내지 보리지혜습기마저도 모두 태울 수 있다. 또한 일체중생의 무명번뇌와 어둠의 장애를 태운다. 또한 본존의 진언구에 본래 화생의 뜻이 있으니 곧 마하로사구가 이것이다. 이 지혜의 불은 아자(𑖀)의 일체지문에 머물러 거듭거듭 온갖 보살의 광대한 습기와 번뇌를 태우고 남김이 없게 하므로 화생삼매라 한다. 不動亦自身遍出火焰光 卽是本尊自住火生三昧 又明火有四義 二種世間 二種出世間 世間火者 一 是內火 三毒煩惱名之爲火 能燒諸衆生諸善功德故 二 外火 能成就衆生長養萬物 出世間火者 是大智火也 如九十五種外道法中 事火爲最 如大火龍變出世火 燒損衆生亦能焚燒衆物 此無動智火 先能降伏火龍制諸異道 上至等覺下至衆生 皆能燒諸煩惱乃至菩提大智習氣 亦燒一切衆生無明煩惱黑闇障故 又本尊眞言句 自有火生義 卽摩賀盧沙句是 此智火住阿字一切智門 重重燒諸菩薩廣大習氣煩惱 令盡無餘故 名火生三昧"라고 하였다. 〔참고문헌〕『大日經』, 『底哩念誦祕密法』.

화생신 化生身 Ⓢ aupapāduka. 화생. 화생으로 얻은 몸. 『유부율잡사』 권36(대정장24, p.385c1)에 "부처님께서 말씀하셨다. '비구여! 이 마을에 250명의 오바삭가(Ⓢ Ⓟ upāsaka)가 있다. 그들은 오하분결을 끊고 이곳에서 수명이 다하면 화생신을 얻어 저 열반에 들어 물러날 일 없으니, 불환과를 증하여서는 다시는 윤회의 세계로 돌아오지 않는다. 佛言 苾芻 於此村中 有二百五十 諸鄔波索迦 斷五下分結 從此命過 得化生身 於彼涅槃 更不退轉 證不還果 不復更來"라고 하였다. 〔참고문헌〕『有部律雜事』, *Mp-s.166.*

화생왕자 化生王子 왕자오위(王子五位) 중 네 번째로 중생 위해 감춘 것 없게 된다. 『인천안목』 권3 「석상답오위왕자 石霜答五位王子」(대정장48, p.316c4)에 "화생왕자란 무엇인가? 엄정한 위의로는 견줄 리 없고, 신인 듯 움직이니 짝할 이 없다. 如何是化生王子 霜云 正威無比況 神用莫能儔", 『만법귀심록』 권3(卍속장114, p.831a14)에 "'무엇이 화생왕자인가?' '크게 써 드러나 있을 뿐이니 누가 감히 앞서겠는가?' 問 如何是化生王子 答曰 大用現前 誰敢當先"라고 하였다. 〔참고문헌〕『人天眼目』, 『萬法歸心錄』, 『五家宗旨纂要』 권중(卍속장114, p.534a2). ⇨ 오위왕자 五位王子

화생유정 化生有情 Ⓢ sattva upapādukaḥ, Ⓟ sattā opapātikā, Ⓣ sems-can-skye-ba. 사생(四生) 중에 변화로 나는 화생의 유정. 태생(胎生)·난생(卵生)·습생(濕生) 이외의 방식으로 수생(受生)하는 유정을 말한다. 중유(中有 : 中陰) 등을 가리킨다. 『대비바사론』 권23(대정장27, p.120a27)에 "화생유정의 모든 근은 단번에 생겨난다. 化生有情 諸根頓起", 같은 책 권39(대정장27, p.202c13)에 "〔답〕 저들 생을 받을 때와 명이 다할 때 모든 근과 신분 단번에 얻고 버리기 때문이니, 마치 사람이 물속에서 잠깐 나왔다가 금새 들어갈 뿐이어서 그가 어디서 왔다가 어디로 갔는지 알 수 없는 것과 같다. 따라서 화생은 죽은 뒤에 주검의 모습이 나타나지 않는다. 또 화생유정은 그 몸이 가볍고 묘하니, 마치 불꽃·구름·안개·번갯불과 같아서 멸하면 아무것도 남지 않기에 주검이 나타날 리 없다. 答 以彼受生及命終時 諸根身分頓得捨故 如人水中暫出暫沒 不可知彼沒何所至出何所從 故化生死後 無屍骸相現 復次化生有情其身輕妙 猶如火焰雲霧電光 滅則無餘 故無屍現", 『구사론』 권30(대정장29, p.155b12 : *Abh-k-bh.*, p.468)에 "온이 상속하여 능히 후세로 가지만 태난습을 경유하지 않는 것은 화생유정이라 한다. 이런 일 없다 하면 사견에 속하는 것이니, 화생의 모든 온은 이치상 실로 있기 때문이다. 謂蘊相續能往後世 不由胎卵濕名化生有情 撥此爲無故邪見攝 化生諸蘊理實有故 tasmād yaḥ parat ropapādukasattvākhyaskandhasaṃtānāpavādaṃ karoti tasyaiṣā mithyādṛṣṭir nāsti sattva upapād uka iti skandhānām upapādukatvāt", 『성유식보생론』 권3(대정장31, p.88b25)에 "실제로 화생유정이 존재한다고 설하지 않으셨다. … (조복을 위해 존재한다고 설하신 것은) 이는 밀의설이다. … 자신의 쾌락을 따르는 이들, 후세는 없다고 하는 이들, 선악의 인과는 없다는 이들 위해서 이러한 악견을 씻어 없애려고 (방편으로) 설하신 것이다. 그래서 '마음으로 상속해서 끊임이 없다'고 설하셨으니, 마음의 상속이라고 말함에는 마땅히 날 것이니 미래생을 드러낸 것이기 때문이다. 不說實有化生有情 … 是密意說也 … 隨自樂爲者 無後世者 無善惡因果者 爲欲洗除此之惡見 是故說心相續不斷 心相續言顯當生故"라고 하였다. 〔참고문헌〕『大毘婆沙論』, 『俱舍論』, 『成唯識寶生論』, *Abh-k-bh.*, *MN.1.515.* ⇨ 화생 化生 ❶, 사생 四生 ❶, 중유 中有

화서국 華胥國 황제(黃帝)가 꿈속에 노닐었던 나라. 『열자 列子』 「황제」 편을 근거로 한다. 이상세계를 뜻하지만 불교에서는 천축(天竺)을 가리키기도 한다. 화서는 복희씨(伏羲氏)의 모친이다. 『광홍명집』 권2 「제서술불지 齊書述佛志」(대정장52, p.106b26)에 "왕소(王劭)가 말하였다. '불교(釋氏)는 좁은 견식(管窺)으로 미칠 바가 아니니, 그대의 허망한 말에 따를 수 있으랴'. 또 열어구(列御寇 : 列子)의 책을 이끌어 상(商) 태재가 공자에게 성인에 대해 물은 일을 기술하였다. 또 황제가 꿈에서 화서씨의 나라에서 노닐었던 것에 대해서는 화서씨의 나라는 불신이 노니는 곳에 있을 뿐이라고 하였다. 劭曰 釋氏非管窺所及 率爾妄言之 又引列御寇書 述商太宰問孔子聖人事 又黃帝夢遊華胥氏之國 華胥氏之國在佛神遊而已", 『당고승전』 권4 「석현장전 釋玄奘傳」(대정장50, p.447b18)에 "중생을 가벼이 여기지 않아 목숨도 바치니 맹세코 화서로 가리라. 어떻게 하면 능히 보고 말함을 다 갖추어서 씀에 통하고 신통하게 알 수 있을까? 若不輕生殉命 誓往華胥 何能具覩成言 用通神解"라고 하였다. [참고문헌] 『廣弘明集』, 『唐高僧傳』.

화석 畫石 돌에 그려 새기다. 36권본 『대반열반경』 권3(대정장12, p.624a10)에 "여래의 변치 않는 몸이라 하니 마치 돌에 그려 새김과 같다. 如來常身 猶如畫石", 같은 책 권14(대정장12, p.696a9)에 "비유하자면 돌에 새긴 그림 같아서 그 문양이 항상 존재하지만, 물에다 새기면 곧바로 사라져 그 세가 오래 머물지 못하는 것과 같다. 성냄은 마치 돌에 새긴 듯한 그림이고 온갖 선함의 근본은 저 물에 그림과 같다. 그러므로 이 마음 조복시키기 어려운 것이다. 譬如畫石 其文常在 畫水速滅 勢不久住 瞋如畫石 諸善根本 如彼畫水 是故此心 難得調伏", 『대보적경』 권63(대정장11, p.367a3)에 "저 하늘 능히 대지혜로써 일체세간이 공함을 관찰한다네. 마치 돌에 새긴 글자가 사라지지 않는 것처럼 저들 기억해 잃지 않음 또한 이와 같다네. 彼天能以大智慧 觀察一切世間空 猶如畫石字不滅 彼念不失亦如是"라고 하였다. [참고문헌] 『大般涅槃經』, 『大寶積經』.

화석가찬 畫釋迦贊 강석덕(姜碩德 1395~1459)이 석가세존을 모신 그림에 부쳐 찬한 글. 『동문선』 권51 찬(贊)에 수록되어 있다. "금륜의 후예이지만 오히려 고아나 홀아비와 같습니다. 베옷에 풀방석에 흐트러진 머리와 야윈 얼굴로 이미 나기도 전에 능히 때마다의 어려움을 구제하였을 것인데, 어찌 스스로 고통 찾아 빈 산에 앉으셨습니까. 아! 金輪之胤 反同惸鰥 麻衣草座 蓬首悴顔 旣能未胎 竟濟時艱 何須自苦 危坐空山 咄"라고 하였다. [참고문헌] 『東文選』.

화선 華先 1827~?. 조선후기 스님. 휘는 알 수 없고, 호는 화선, 속명은 성순(性淳), 속성은 박씨니, 1827년(순조27) 황해도 수안군 방계방(方契坊)에서 태어났다. 4세 때 입학하였고, 15세 때 이미 모든 경서를 열람해 마쳤다. 그러나 어릴 때 부모 잇따라 죽음으로 고애자(孤哀子)가 된 형제는 의지할 데가 없었다. 스님은 홀연히 명산대찰과 고적을 유람코자 하고는 황해도의 구월산(九月山)과 고달산(高達山)·감로(甘露)와 호암사(好巖寺)의 유촉(遺躅) 등을 둘러보고, 개성과 서울(漢京)로 답사하고서는 일체 것들의 무상함을 실감하였다. 다시 서호(西湖)를 거쳐 남쪽으로 내려가 경주(慶州 : 東京)를 살펴보고 화려했던 신라천년의 영화도 꿈이었음을 깨달았다. 하동 칠불암으로 가서 7왕자의 기연을 살피고, 화순(和順 : 日封)의 천불천탑에도 참배했다. 해남 두륜산(頭輪山) 만일암(挽日庵)과 익산(益山) 미륵사, 마한의 옛 도읍지인 공주(公州), 견훤(甄萱)이 웅거하였던 전주(全州) 등지를 넓게도 순방한 후, 22세 때인 1850년(철종1)에 밀홍(密弘)을 은사로 하여 스님이 되었고, 침명한성(枕溟翰醒)으로부터 비구계를 받았다. 우담홍기(優曇洪基)의 문하에서 사교(四敎)를 배움과 아울러 화선(華先)이라는 호를 받고 제자가 되었다. 그로부터 하루에 한 끼만을 하면서 장좌불와로 고행정진하였다. 28세 때 금강산(衆香山) 법기암(法起庵)으로 들어간 후의 행적과 입적 등은 알 수 없다. [참고문헌] 『東師列傳』 권5 華先傳(한불전10, p.1063b4).

화선여래 華鮮如來 용녀가 부처님의 설법 듣고 성불하여 성취한 명호. 『증도가주』(卍속장111, p.389b14)에 "옳다면 용녀 또한 단박에 부처되고, 그르다면 선성비구도 산 채로 지옥에 떨어지네. 〈주〉 용녀와 선성이라 한 것은 시비의 상을 분명히 드러내고 있다. 그 옛날 영산회상에서 한 용녀가 부처님께 보주를 바쳤는데, 세존께서 그것을 받으시고 설법을 해 주셨다. 무생인을 깨달아 남방무구세계로 가서 보련화에 앉아 등정각 성취했으니 그 명호 '화선여래'다. 是則龍女頓成佛 非則善星生陷墜 龍女善星者 明顯是非之相也 昔日靈山會上 有一龍女 獻佛寶珠 世尊受之 而爲說法 悟無生忍 卽往南方無垢世界 坐寶蓮華 成等正覺 號華鮮如來也"라 하였다. 사갈라용왕(娑竭羅龍王)의 딸로 『법화경』 권4 「제바달다품 提婆達多品」(대정장9, p.35c12)에 성불인연이 전한다. [참고문헌] 『證道歌註』, 『法華經』. ⇨ 용녀성불 龍女成佛

화성 化城 Ⓢṛddhi-maya nagara. 변화로 지은 성. 방편의 비유다. 『현우경』 권7(대정장4, p.398b23)에 "그때 저 사자가 앞에 나타난 화성으로 들어가 대왕을 보고는 깊이 놀라 떨었다. 於是彼使 前入化城 既覩大王 情甚驚悚", 『법화경』 권3 「화성유품 化城喩品」(대정장9, p.26a9 : *Saddh-p*, p.188)에 "이에 많은 사람들이 앞에 나타난 화성으로 들어가고서, 이제 건너게 되었다는 생각과 안전하게 되었다는 생각을 일으켰다. 於是衆人 前入化城 生已度想 生安隱想 puruṣās tad ṛddhim ayaṃ nagaraṃ praviśeyuḥ, āgatasaṃjñinaś ca bhaveyuḥ, nistīrṇasaṃjñinaś ca bhaveyuḥ. nirvṛtāḥ śītībhūtā sma iti manyeran", 『중관론소』 권10(대정장42, p.157b13)에 "소승은 화성이라 하고 큰 줄 모르기에 이 화성이라 하니, 큼을 바라기에 작다 말하는 것이 화(化)다. 小乘是化城 不知大亦是化城 望大故言小是化", 『전심법요』(대정장48, p.381c13)에 "10월 8일

황벽이 배휴(裴休)에게 말씀하셨다. '화성이라고 말하는데, 이승·십지·등각·묘각 모두 다 방편 세워 만나고 이끄는 가르침일 뿐이니 아울러 화성을 삼는다. 보소라고 말하는데 이는 곧 진심 본래 부처의 자성으로서의 보배다. 이 보배는 정량에 속하지 않아서 드러내 세울 수 없다. 부처도 없고 중생도 없으며 능소도 없으니 어디에 성이 있는가? 만약 「이곳 이미 화성일진대 어느 곳을 보배 있는 곳이라 하겠는가」 묻는다면 보소는 가리킬 수 없고 가리킨즉 방향과 장소가 있으니 진실한 보소라 할 수가 없다. 그러므로 (경에서) 「가까이에 있다」라고 했을 뿐이다'. 十月八日 師謂休曰 言化城者 二乘及十地等覺妙覺 皆是權立接引之教 並爲化城 言寶所者 乃眞心本佛自性之寶 此寶不屬情量 不可建立 無佛無衆生 無能無所 何處有城 若問此旣是化城 何處爲寶所 寶所不可指 指卽有方所 非眞寶所也 故云 在近而已"라고 하였다. [참고문헌] 『賢愚經』, 『法華經』, 『中觀論疏』, 『傳心法要』, *Saddh-p.* ⇨ 화성유 化城喩

화성 火性 Ⓢ agni svabhāva, Ⓟ tejo-gata. 불이라는 성. 뜨겁고 태우는 성 등이다. 『보살본연경』 권상(대정장3, p.52c26)에 "비유하자면 불성이 일체사물을 모두 능히 태우듯이 무상한 법 또한 이와 같아서 일체중생 능히 무너뜨려 사라지게 한다. 譬如火性 悉能燒然 一切之物 無常之法 亦復如是 悉能壞滅 一切衆生", 36권본 『대반열반경』 권36(대정장12, p.846c9)에 "견고함은 땅의 성이고, 습함은 물의 성이며, 뜨거움은 불의 성이고, 움직임은 바람의 성이다. 堅是地性 濕是水性 熱是火性 動是風性", 『대지도론』 권31(대정장25, p.292c29)에 "마치 불 능히 태우고 조색은 능히 타버린다. 두 법이 화합해야 '불'이라고 한다. 만약 두 법을 떠나서 불이 난다면 반드시 따로 불의 작용이 있어야 하거늘, 따로 씀이 없기에 불은 임시의 이름일 뿐이며 또한 실체 있지 않음을 알 수 있다. 如火能燒 造色能焰 二法和合 故名爲火 若離是二法有火者 應別有火用 而無別用 以是故知 火是假名 亦無有實", "만약 진실로 불이라는 법이 없다면 어떻게 뜨거움은 불의 성이라 말하는가? 한편 뜨거운 성은 온갖 연에서 생한다. 안으로는 신근이 있고 외부에는 색의 촉이 있다. 이 둘이 화합하여 신식을 일으키고 뜨거움을 안다. 만약 화합하지 못했다면 뜨거운 성은 없다. 이런 까닭에 뜨거움이 불의 성이 아니라는 것을 알 수 있다. 若實無火法 云何言熱是火性 復次 熱性從衆緣生 內有身根 外有色觸 和合生身識 覺知有熱 若未和合時則無熱性 以是故知 熱非火性", 『대승기신론』(대정장32, p.578c3)에 "또 모든 불법에 인과 연이 있어 인연이 구족해야만 무엇인가 성취할 수 있다. 마치 나무 속에 화성이 불의 정인이기는 하지만 만약 아무도 알지 못하여 방편을 빌리지 못한다면 저절로 나무를 태우는 일은 결코 일어날 수가 없다. 又諸佛法 有因有緣 因緣具足 乃得成辦 如木中火性 是火正因 若無人知 不假方便 能自燒木 無有是處"라고 하였다. [참고문헌] 『菩薩本緣經』, 『大般涅槃經』, 『大智度論』, 『大乘起信論』, *Sūtr.18.*, *Vibh.83.* ⇨ 화 火, 화계 火界, 화대 火大

화성 火星 Ⓢ Aṅgāraka. 오성(五星) 중 하나. 형혹(熒惑)이라고도 한다. 남방(南方) 화덕(火德)을 관장한다. 주로 재난과 전쟁의 징조라 여긴다. 『보살본행경』 권상(대정장3, p.109c18)에 "화성이 움직여 나타나니 태사가 점치기를 앞으로 가물어 비 내리지 않기를 12년 동안일 것이라 하였다. 火星運現 太史占之 當旱不雨 經十二年", 『현우경』 권5(대정장4, p.386c9)에 "당시 그 나라에 화성이 출현하였다. 그것은 악재의 징조로 이 별이 이미 출현하면 12년 동안 나라가 가물어 하늘에 비 내리지 않을 것이고, 씨를 뿌릴 수가 없어 나라가 반드시 무너지리라. 於時彼國 有火星現 是其惡災 此星已現 十二年中 國當乾旱 無有天雨 不得種植 國必破矣", 『석씨계고략』 권3(대정장49, p.839a5)에 "수인씨가 아직 불을 가지는 일 없었다면 하늘에 화성도 없고 사람도 익혀 먹지 않았으며, 거북이 등껍질을 불에 태워 점칠 일도 없었고 불날 일도 없었을 것이 틀림없다. 夫燧人氏之未有火也 則天無火星 人無火食 龜無火兆 物無火災 必矣", 『운문광록』 권중(대정장47, p.563c19)에 "운문이 문득 '아야야! 신라에서 쇠를 두드리니, 화성이 내 손가락을 태운다'. 이에 자신이 대어하였다. '손가락뿐만이 아니다'. 師或云 阿耶耶 新羅國裏打鐵 火星燒著我指頭 自代云 非但指頭"라 하였다. [참고문헌] 『菩薩本行經』, 『賢愚經』, 『釋氏稽古略』, 『雲門廣錄』, 36권본 『大般涅槃經』 권18(대정장12, p.724c26), 『梵天火羅九曜』(대정장21, p.460c17), *Mañj-m.13.* ⇨ 형혹성 熒惑星, 오성 五星

화성 花城 ❶ 조선후기 도우(道祐)의 법호(法號). ⇨ 도우 道祐 ❷ 조선후기 스님. 철우표운(鐵牛表云 ?~1846)의 법손(法孫)이다. 『동사열전』 권4 「철우선덕전 鐵牛禪德傳」(한불전10, p.1036a1)에 "(철우표운은) 현해모윤 선사에게 머리를 깎고 출가하였다. 수룡과 화성의 법형이다. 剃染於懸解慕閏禪師 袖龍花城之兄"라고 하였다. [참고문헌] 『東師列傳』.

화성 花盛 Ⓢ Pamdottama. 부처님 머리 위에 꽃 뿌린 인연의 정원사가 부처되어 받은 이름. 꽃무리지다의 뜻이다. 『찬집백연경』 권1(대정장4, p.206b8 : *Av-ś.*, p.20)에 "부처님께서 아난에게 말씀하셨다. 너 지금 이 정원 지킨 이 보았는가? 꽃 한 송이 가져 내 위로 뿌린 이를! 미래세에 삼아승기겁 지나 그림 그려 얻으리니, 호는 꽃무리이고 중생을 제도함에 끝이 없이 하리라. 佛

告阿難 汝今見此守園人不 持此一花 散我上者 於未來世 過三阿僧祇劫 當畫像得成 佛號曰花盛 度脫衆生 不可限量 paśyasy ānanda anenārāmikeṇa prasādajāten a mamaivaṃvidhāṃ pūjaṃ kṛtāṃ, evaṃ bhadant a, eṣa ārāmiko 'nena kuśalamūlena … trikalpās aṃkhyeyasamudānītāṃ bodhiṃ samudānīya … p admottamo nāma samyaksaṃbuddho bhaviṣyati" 라고 하였다. [참고문헌] 『撰集百緣經』, *Av-ś*.

화성사 化城寺 **1** 중국 안휘성(安徽省) 지주시(池州市) 청양현(青陽縣) 구화산(九華山) 서남쪽에 있는 절. 구화산의 개산사찰이자 저명한 지장보살도량(地藏菩薩道場)이다. 구화산의 본래 이름은 아홉 봉우리 크게 있어 구자산(九子山)이었는데, 이백(李白 701~762)이 천보년간(742~756) 이곳에 들러 "묘유가 (음양의) 두 기운으로 나뉘어 영산에 아홉 송이 꽃 피웠네. 妙有分二氣 靈山開九華"라고 읊은 이후로 '구화산'이 되었다. 구화산에 크게는 9개의 봉우리, 작게는 99개의 봉우리가 있는데, 오직 천태봉(天台峯)만이 정상에 평지여서 물이 흘러 밭을 일굴 수 있다. 화성사는 바로 이 천태봉 서북쪽에 위치하는데, 사면이 다른 봉우리에 가린 분지를 이루어 마치 성(城)인 듯 보이기에 '화성'이라는 이름이 붙었다. 이곳에 처음 사찰이 건립된 때는 동진(東晉) 401년(융안5)으로 배도(杯渡 ?~426)선사가 축성하였다. 이후 신라출신의 교각(喬覺) 김지장(金地藏 696~794)스님이 주석하면서부터 널리 세간에 알려졌다. 교각은 이곳 석실에서 좌선과 관법을 익히며 오랫동안 자급자족하며 수행하였는데, 대중이 그 수행력에 감화되어 스님을 위한 당우를 지었고, 당시 사람들은 교각을 지장보살의 화신이라 일컬었으며 멀리서까지 찾아와 존경을 표하였다. 마침내 건중년간(780~783) 조정에서 '화성'이라는 이름을 사액하고, 지장보살도량으로 삼았다. 명(明)말에는 지욱(智旭 1599~1655)스님이 이곳에서 주석하였다. 태평천국(太平天國 1851~1864)의 난 때는 여러 당우가 훼손되었고, 1889년에 이르러서야 중수되었다. 화성사 서쪽 신광령(神光嶺)에는 육신보전(肉身寶殿)이라 일컫는 김지장탑(金地藏塔)이 있다. [참고문헌] 『宋高僧傳』 권20(대정장50, p.838c16), 『九華山志』 권2 「九華山紀遊」·권3 「金地藏塔」·「化城寺」. ⇨배도 杯渡, 교각 喬覺 **2** 중국 강서성(江西省) 구강시(九江市) 여산구(廬山)에 있던 절. 화성사(化成寺)라고도 한다. 여산혜원(廬山慧遠 334~416)이 창건하였다. 수(隋)대 습선(習禪)을 하였던 법충(法充), 당말(唐末) 설봉의존(雪峰義存)의 법을 이은 혜랑(慧朗) 등이 이곳에서 주석하였다. [참고문헌] 『唐高僧傳』 권16(대정장50, p.550a26), 『景德傳燈錄』 권26(대정장51, p.420a3), 『法苑珠林』 권82(대정장53, p.893c6). **3** 중국 절강성(浙江省) 항주시(杭州市) 여항구(餘杭區)에 있던 절. 경산사(徑山寺)의 하원(下院)으로 쌍계화성접대사(雙溪化城接待寺)·화성원(化城院)이라고도 한다. 가정년간(1208~1224) 경산사 주지를 역임하고 있던 임제종 황룡파(黃龍派) 스님 가선(可宣)이 창건하였다. 1610년(만력38) 가흥장판(嘉興板) 대장경을 보관하기 위하여 중수하였다. [참고문헌] 『憨山集』 권29(卍속장127, p.617a6), 『居士傳』 권44(卍속장149, p.961a9), 『徑山志』 권4 「重興化城寺疏」·권13 「雙溪化城接待寺」.

화성유 化城喩 변화로 지은 성의 비유. 먼 길 가는 이를 위해 길 안내하는 이가 중간에 거짓 성 화작하여 쉬게 하고는 끝내는 이를 곳에 다다르게 하는 이야기로, 삼승(三乘)을 보인 후에 일불승(一佛乘)에 다다르게 하는 뜻의 비유다. 법화칠유(法華七喩) 중 하나다. 『법화경』 권3 「화성유품 化城喩品」 권3(대정장9, p.26a2 : *Saddh-p.*, p.187)에 "이끌어 안내하는 이는 온갖 방편을 떠올리며 이런 생각을 하였다. '이들은 참으로 불쌍하다. 어찌하여 큰 보배 버리고 물러나 되돌리려 하는가?' 이런 생각 하고서 방편력으로 험한 길 3백유순 지나는 곳에 하나의 성을 만들어 두었다. 導師多諸方便 而作是念 此等可愍 云何捨大珍寶 而欲退還 作是念已 以方便力 於險道中 過三百由旬 化作一城 bhikṣavaḥ sa deśika upāyakuśalas tān puruṣān pratinivartitukā mān viditvā evaṃ cintayet. mā khalv ime tapas vinastādṛśaṃ mahāratnadvīpaṃ na gaccheyur it

화성유품변상 돈황217굴 당 상서홍림常書鴻臨 모작

i. sa teṣām anukampārtham upāyakauśalyaṃ pr ayojayet. tasyā aṭavyā madhye yojanaśataṃ vā dviyojanaśataṃ vā triyojanaśataṃ vātikramya ṛ ddhimayaṃ nagaram abhinirmimīyāt", "안내자 이 무리들 머물러 쉬고 피곤이 가신 것을 알고서 화성을 사라지게 했다. 그리고 여러 사람들에게 말했다. '그대들은 따라오라. 보처가 가까이에 있다. 저 보았던 큰 성내가 신통으로 만들어낸 것으로 그쳐 쉬게 할 뿐이었다'. 導師知此人衆 旣得止息 無復疲惓 卽滅化城 語衆人言 汝等去來 寶處在近 向者大城 我所化作 爲止息耳 tat ast ān deśiko viśrāntān viditvā tadṛddhimayaṃ nagaram antardhāpayet. antardhāpayitvā ca tā n puruṣān evaṃ vadet. āgacchantu bhavantaḥ s attvāḥ. abhyāsanna eṣa mahāratnadvīpaḥ. idaṃ tu mayā nagaraṃ yuṣmākaṃ viśrāmaṇārtham ab hinirmitam iti", "그대들 해야 할 바 아직 가리지 못하였다. 그대들이 머무는 곳 불혜에 가까울 뿐이니, 얻은 바 열반 진실이 아님을 관찰하며 헤아려야 할 것이다. 다만 여래방편력으로 일불승을 분별하여 셋으로 설했을 뿐이다. 마치 저 안내하는 이 휴식을 위해서 신통력으로 대성을 만들고, 휴식을 취했음을 알고서 '보처가 가까이에 있다. 이 성은 실제 아니니, 내가 신통으로 만들어낸 것일 뿐이다'라고 말한 것과 같다. 汝等所作未辦 汝所住地 近於佛慧 當觀察籌量 所得涅槃 非眞實也 但是如來方便之力 於一佛乘 分別說三 如彼導師 爲止息故 化作大城 旣知息已 而告之言 寶處在近 此城非實 我化作耳 na khalu punarbhikṣavo yūyaṃ kṛtakṛtyāḥ kṛta karaṇīyāḥ. api tu khalu punar bhikṣavo yuṣmāk am abhyāsaḥ. itas tathāgatajñānaṃ vyavalokaya dhvaṃ bhikṣavo vyavacārayadhvam. yad yuṣmā kaṃ nirvāṇaṃ naiva nirvāṇam, api tu khalu pu nar ūpāyakauśalyam etad bhikṣavas tathāgatān ām arhatāṃ samyaksaṃbuddhānāṃ yat trīṇi yān āni saṃprakāśayantīti", 『법화문구』 권7 「석화성유품 釋化城喩品」(대정장34, p.98a10)에 "'화'란 신통력으로 이루어졌다는 뜻이다. 신통력을 썼기에 없기는 하나 잠깐 동안 있으니, 이름을 '화'라고 한 것이다. 나쁜 것과 적을 방어하기에 '성'이라고 칭하였다. 이는 은밀히

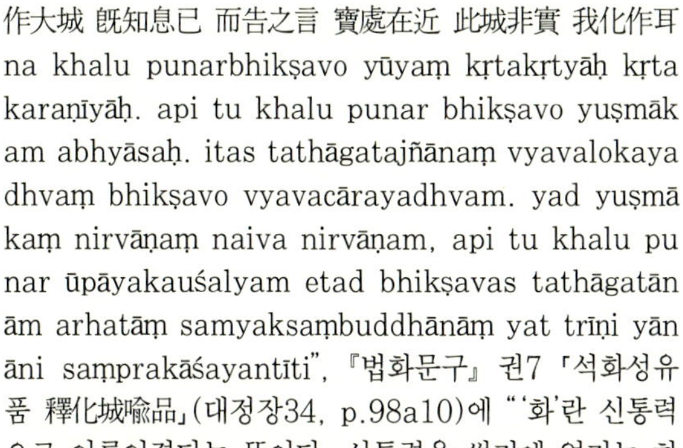

화성유 묘법연화경권제삼변상도 일본鍋島報效會

이승의 이치에 부합한다. 열반이란 방편의 지혜로 이루어진 것이다. 방편의 지혜력을 썼기에 없기는 하나 '있다'고 설하였으니, 가르침으로 교화하기 위해서이다. 생각과 견해를 방어하기에 '열반'이라고 이름 붙였다. 이는 숨을 돌려서 안으로 끌어들이려는 것이다. 실제로 구경이 아니지만 '멸도'라고 말함으로써 임시방편을 시설하였기에 '화성'이라고 말한 것이다. 化者 神力所爲也 以神力故 無而欻有 名之爲化 防非禦敵 稱之爲城 內合二乘涅槃者 權智所爲也 以權智力 無而說有 用教爲化 防思禦見 名爲涅槃 蘇息引入 實未究竟 而言滅度 權假施設 故言化城"라고 하였다. 한편, 『법화경』 외에도 『대법고경』 권하(대정장9, p.296a8)·『수행도지경』 권7(대정장15, p.225c28) 등에 동일한 취지의 화성유가 전한다. [참고문헌] 『法華經』, 『法華文句』, 『大法鼓經』, 『修行道地經』, 『法華義疏』 권8(대정장34, p.568b9), *Saddh-p.* ⇨ 화성 化城, 법화칠유 法華七喩

화성유품 化城喩品 Ⓢ Pūrvayoga-parivarta. 『법화경』(대정장9, No.262) 권3 제7품. 대정장9, pp.22a18~27b8에 수록되어 있다. 이역본 『정법화경 正法華經』(대정장9, No.263)의 「왕고품 往古品」에 대응한다. 법화칠유(法華七喩) 중 화성유에 대해 전하고 있다. ⇨ 묘법연화경 妙法蓮華經, 화성유 化城喩

화성집교 化城執教 화성에 붙들려 있는 가르침. 권교(權教)·방편교(方便教) 등을 뜻한다. 『경덕전등록』 권27 「천태지자전 天台智者傳」(대정장51, p.432a6)에 "천태는 항상 이렇게 말하였다. '『법화경』은 일승의 묘전이다. 화성에 붙들려 있는 가르침을 쓸어 없애고, 초암에 막힌 정을 풀어주며, 방편의 권문을 열어주고, 진실의 묘한 이치를 보여주며, 뭇 선의 작은 실천을 모아주어 광대한 일승으로 되돌아가게 한다'. 그리하여 『법화현의』를 제출하고 석명·변체·명종·논용·판교상의 오중에 대해 말하였다. 師常謂 法華爲一乘妙典 蕩化城之執教 釋草庵之滯情 開方便之權門 示眞實之妙理 會衆善之小行 歸廣大之一乘 遂出玄義 曰釋名辨體 明宗論用 判教相之五重也"라고 하였다. [참고문헌] 『景德傳燈錄』, 『法華玄義』 권1 「序王」(대정장33, p.681b12). ⇨ 화성 化城, 권교 權教, 방편교 方便教

화소의 火燒衣 Ⓟ daḍḍha cīvara. 불에 탄 옷. 십종분소의(十種糞掃衣) 중 하나로 불에 타서 망가진 천을 모아서 만든 가사(袈裟). 소의(燒衣)·의소의(衣燒衣) 등이라고도 한다. 『오분율』 권21(대정장22, p.143b14)에 "분소의에는 열 가지가 있다. … 쥐가 갉아 먹은 옷, 불에 탄 옷이다. 糞掃衣有十種 … 鼠咬衣 火燒衣", 『십송율』 권51(대정장23, p.371a7)에 "다섯 가지 분소의는 축장해서는 안 된다. 화소의·우작의·서담의·초가의·산의이다. 有五種糞掃衣 不應畜 火燒衣 牛嚼衣 鼠噉衣 初嫁衣 產衣"라고 하였다. [참고문헌] 『五分律』, 『

十誦律』, 『釋氏要覽』 권상(대정장54, p.269b29), *Vin.3.196.* ⇨ 십종분소의 十種糞掃衣, 가사 袈裟

화속 華束 Ⓟ mālā-guṇa. 꽃다발. 『선견율비바사』 권9(대정장24, p.735b17)에 "만약 꽃다발 물속에 담긴 경우에 훔치려는 마음으로 다발을 풀면 투란차이고, 취하여 다발을 벗어나게 했다면 바라이다. 若華束在水中漬 若盜心解束 偸蘭遮 離束波羅夷", 『마하승기율』 권3(대정장22, p.246b1)에 "다만 꽃을 취해 땅에 두었으면 바라이가 아니다. 꽃다발이 아주 무거워서 무게를 이기지 못하고 끌고 멀리 갔어도 바라이가 아니다. 들어올려 땅에서 떨어지게 했다면 바라이다. 나아가 일체의 물에서 나는 사물들 또한 이와 같다. 但取花著地 未波羅夷 花束大重不能勝 曳去雖遠 未波羅夷 擧離地 波羅夷 乃至 一切水生物 亦復如是"라고 하였다. 〔참고문헌〕 『善見律毘婆沙』, 『摩訶僧祇律』, *Sp.620.*

화속법사 化俗法師 재가대중을 교화하는 법사. 『입당구법순례행기』 권1(대장경보편18, p.17a12)에 "또 (唐에는) 화속법사가 있는데, 본국에서 '도비교화사'라고 부르는 것과 같다. 세간이 무상고공이라는 이치를 설하여 선남자와 선여자를 교도하는데, 이를 '화속법사'라고 부른다. 경율론과 그에 따른 주석 등에 대해 강론을 하는 이는 '좌주'·'화상'·'대덕'이라 하고, 납의를 입고 마음을 거두어 수행하는 이는 '선사' 또는 '도자'라고 하며, 계를 가져 기울어 많이 하는 이는 '율대덕', 강하면 '율좌주'라 한다. 又有化俗法師 與本國導飛敎化師同也 說世間無常苦空之理 化導男弟子女弟子 呼導化俗法師也 講經論律記疏等 名爲座主和尙大德 若衲衣收心 呼爲禪師 亦爲道者 持律偏多 名律大德 講爲律座主"라고 하였다. 〔참고문헌〕 『入唐求法巡禮行記』. ⇨ 법사 法師

화수 火燧 부싯돌. 홀로 일어날 수 있는 것은 없으니 반드시 인연이 모여서만이 생겨날 수 있는 뜻을 보이는 비유 중의 하나다. 비구십팔물(比丘十八物) 중 하나이기도 하다. 36권본 『대반열반경』 권13(대정장12, p.689b2)에 "비유하자면 부싯돌을 인하고 부딪힘이 있고 손을 인하고, 마른 소똥을 인하여서 불이 날 수 있는 것과 같다. 부싯돌 또한 '나는 능히 불을 일으킬 수 있다'라고 말하지 않고, 부시·손·소똥도 각기 '나는 능히 불을 일으킬 수 있다'라고 생각하여 말하지 않는다. 그리고 불 또한 '나는 능히 스스로 일어날 수 있다'고도 말하지 않는다. 譬如因燧 因鑽因手 因乾牛糞 而得生火 燧亦不言 我能生火 鑽手牛糞 各不念言 我能生火 火亦不言 我能自生", 『나선비구경』 권중(대정장32, p.712b15)에 "나선비구가 왕에게 물었다. '예컨대 부딪히게 해 불 일으키니, 두 나무와 사람의 빠른 손 움직임 없다면 정녕 불을 낼 수 있겠습니까?' '불을 낼 수가 없습니다'. 那先問王 如鑽火燧 無兩木無人鑽者 寧能得火不 王言 不能得火", 『범망보살계경소주』 권하(卍속장59, p.624a2)에 "(비구십팔물 중) 제12물은 화수이다. 〔주〕 불을 얻는 도구다. 나무·거울·구슬 등이 이용되기도 한다. 十二物 火燧 註 取火具 或木或鏡或珠等", 『범망경보살계약소』 권6(卍속장60, p.877a13)에 "화수란 지혜의 빛을 표함으로써 무명의 어리석은 어둠을 깨뜨린다. 火燧表慧光 以破無明癡闇"라고 하였다. 〔참고문헌〕 『大般涅槃經』, 『那先比丘經』, 『梵網菩薩戒經疏註』, 『梵網經菩薩戒略疏』, 『梵網經』 권하(대정장24, p.1008a15).

화수 畫水 물 위에 그림 그리다. 돌에 새겨 그리는 그림인 화석(畫石)과 상대된다. 『별역잡아함경』 권11(대정장2, p.451a3)에 "마치 물에 그림을 그려서 자취를 찾으려는 것과 같고, 황무지(鹵地)에 씨 뿌려 싹 틔우려 함과 같네. 譬如畫水欲求迹 下種鹵地求苗稼", 『백유경』 권1(대정장4, p.545c7)에 "옛날 어떤 사람이 배를 타고 바다를 건너는데, 은그릇을 놓쳐 바닷속에 빠뜨렸다. 그러고는 바로 이렇게 생각하였다. '내가 지금은 물 위에 그려 표시 남겼으니 다음에 와서 주워야겠다'. 昔有人乘船渡海 失一銀釬墮於水中 卽便思念 我今畫水作記 捨之而去後當取之", 36권본 『대반열반경』 권20(대정장12, p.739c20)에 "보살마하살은 오욕법에 기뻐할 것이 없어서 그곳에 잠시도 머무를 수 없음을 안다. (오욕법은) 개가 마른 뼈를 씹듯 하고, 사람이 불 들고 바람 거슬러 가는 듯하며, 상자에 든 독사 꿈에서 얻음과 같고, 길가의 과일나무 많은 이들에게 던져두는 것과 같으며, 또한 자른 고기를 새 떼 다투어 쫓듯 하니, 마치 물에 뜬 물거품이 물에 그린 자취와 같다. 菩薩摩訶薩 知五欲法無有歡樂 不得暫停 如犬嚙枯骨 如人持火 逆風而行 如篋毒蛇 夢中所得 路邊菓樹 多人所擲 亦如段肉 衆烏競逐 如水上泡 畫水之迹"라고 하였다. 〔참고문헌〕 『別譯雜阿含經』, 『百喩經』, 『大般涅槃經』. ⇨ 화석 畫石

화수 華手 꽃 피는 손. 손으로 무늬져 온갖 뜻 피어내니, 손에서 피는 꽃과 같다 하여 화수라 하고, 수인(手印)을 말한다. 『대일경소』 권15(대정장39, p.734b3)에 "이 꽃은 손에서 생긴 것이다. 봉일체지분생인을 발생시킨다. 보리심을 관하는 것은 화수의 발생이니 수인을 맺는 것을 말한다. 수인을 맺고 마음을 움직여 공양하는 것이다. 此花從手生也 發生 奉一切支分生印 觀菩提心者 花手發生 謂作印 作印已卽運心供養也"라고 하였다. 〔참고문헌〕 『大日經疏』. ⇨ 인계 印契

화수 華水 깨끗한 물. 불전에 올리는 알가수(閼伽水 Ⓢ arghya)를 말한다. 정화수(井華水)라고도 한다. 『다라니집경』 권12(대정장18, p.890c18)에 "다음으로 아사리가 향로를 들고 나가며 여섯 제자를 인도한다. 각각의 제자는 하나의 물건을 들었는데 한 사람은 화수를 들었고 … 아사리의 뒤를 따라 가며 널리 일체부중과 수호귀신들에게 베풀고 내지는 일체 아귀의 부류에게 널리 베풀어 모두 만족시킨다. 사방과 상하 모두 흩뿌려서 베푼다. 次阿闍梨把香鑪出 領六弟子 一一弟子各執一事 一人執華水 … 隨阿闍梨從後行之 普皆施與一切陪從幷及守護諸鬼神等 乃至周遍施與一切餓鬼之類 悉令滿足 四方上下總散施已", 『불공견삭다라니자재왕주경』 권중(대정장20, p.426c29)에 "다시 진언을 외우며 메벼와 화수를 단 내부에 흩뿌리고 침향을 사르며 불공견산신주를 외운다. 復呪粳米及與華水灑散壇內 應燒沈香誦不空羂索神呪", 『금강수보살강복일체부다대교왕경』 권하(대정장20, p.560a22)에 "이때 용녀가 그 몸을 장엄하고 사람 앞에 나타나서 화수를 써서 알가를 드린다. 時彼龍女莊嚴其身卽現人前 用華水獻閼伽"라고 하였다. 〔참고문헌〕 『陀羅尼集經』, 『不空羂索陀羅尼自在王咒經』, 『金剛手菩薩降伏一切部多大敎王經』. ⇨ 알가수 閼伽水

화수경 華手經 Ⓢ Kuśalamūla-saṃparigraha, Kuśalamūla-paridhara, Ⓣ dGe-ba'i-rtsa-ba yongs-su-'dzin-pa. 요진(姚秦)대 구마라집(鳩摩羅什 Ⓢ Kumārajīva) 한역. 10권 또는 13권. 대정장16, pp.127a3~208c13, No.657에 수록되어 있고 티베트역본(北京版 No.769 · 델게版 No.101)도 전한다. 『화수경 華首經』 · 『섭제선근경 攝諸善根經』 · 『섭제복덕경 攝諸福德經』 · 『섭선근경 攝善根經』 · 『섭복덕경 攝福德經』 등이라고도 한다. 부처님께서 왕사성(王舍城 Ⓢ Rājagṛha) 가란다죽원(迦蘭陀竹園 Ⓢ Kalandaka-nivāsa)에 계실 때 신통력을 보여 사부대중을 거두시자 시방의 보살이 모두 모여 손에 손에 연꽃을 쥐고 공양을 올렸고, 부처님께서는 대중의 일체의혹을 없게 하셨으며, 불법과 대승의 수행자를 비방하여 얻게 되는 과보와 불법을 수호하는 방법 그리고 조상(造像)의 공덕 등을 설하셨다. 〔참고문헌〕 『歷代三寶紀』 권13(대정장49, p.109b28), 『衆經目錄』 권1(대정장55, p.115a18), 『開元釋敎錄』 권4(대정장55, p.512c22).

화수공 華水供 밀교에서 알가수(閼伽水 Ⓢ arghya) 즉 정화수(精華水)를 본존께 올리는 공양. 한편 화로에 향화(香花)를 태워 올리는 공양을 호마공(護摩供)이라 하고 과일 등의 음식을 올리는 공양을 음식공(飮食供)이라 한다. 『요인결』 권17(대정장77, p.154c29)에 "보현보살은 매일 축시에 화장세계에서 기를 토해주는데 이 기가 모든 더러운 물을 꽃처럼 청정하게 한다. 그러므로 축시에 물을 길어서 화수로 활용한다. 화수공이라는 것은 여기에서 유래한다. 普賢菩薩 每日丑時 花藏界氣吐給 其氣當一切淨穢水 皆花淸淨成 故丑時水汲花水用也 花水供云事 此起"라고 하였다. 〔참고문헌〕 『了因決』, 『行林抄』 권55(대정장76, p.386b24).

화수구문 畫水求文 물 위에 그려 무늬 남기를 바라다. 정각(淨覺)의 『주반야바라밀다심경』(『初期禪宗史書の研究』 資料七, p.602)에 "마치 얼음에 새겨 글자 찾고 물에 그려 무늬 남기를 바라는 것과 같으니, 공이어서 볼 수 없다. 만약 오온이 있다고 보면 갖가지 행이 생하겠지만, 오온이 공이라고 보면 항하사로 쌓인 업이 흩어지리라. 如鏤氷覓字 畫水求文 空不可見也 若見五蘊是有 則種種行生 若見五蘊是空 則恒沙業散也"라고 하였다. 〔참고문헌〕 『注般若波羅蜜多心經』.

화수길 和修吉 Ⓟ Vāsuki의 음사어. 수미산에 사는 용왕의 이름. 구두(九頭) · 다두(多頭)라고 한역한다. 『대보적경』 권110(대정장11, p.615b23)에 "부처님께서 말씀하셨다. '대약이여! 수미산왕은 높이 팔만사천유순인데, 난다 · 오파난다 두 대용왕이 각각 세 바퀴 돌면서 두 용이 크게 숨쉬면 수미가 흔들리며 내해 중의 물도 모두 변하여 독이 된다. 이 두 용왕은 장대하고 힘이 센데 화수길용과 덕차가용 두 대용왕 또한 그들과 같느니라'. 佛言 大藥 須彌山王 高八萬四千由旬 難陀 烏波難陀 二大龍王 各遶三匝 二龍大息 搖振須彌 內海中水 咸變成毒 此二龍王 長大力壯 和修吉龍 德叉迦龍 二大龍王 亦與之等", 『일체경음의』 권27(대정장54, p.483a2)에 "화수길〈벌소지이며, 구두라고 한역한다〉. 和修吉〈筏蘇枳 此云 九頭〉", 『번역명의집』 권2(대정장54, p.1078c7)에 "화수길 다두라고 한역한다. 和修吉 此云 多頭"라고 하였다. 〔참고문헌〕 『大寶積經』, 『一切經音義』, 『翻譯名義集』. ⇨ 다두 多頭, 천룡팔부 天龍八部

화수길용왕 和修吉龍王 Ⓟ Vāsuki. 팔대용왕(八大龍王) 또는 팔십일용왕(八十一龍王) 중 하나로 바소지(婆素枳) · 바수길(婆修吉)이라 음사하고 다두(多頭) · 보칭(寶稱)이라 푼다. 36권본 『대반열반경』 권1(대정장12, p.608a16)에 "이때 또 아홉 항하사와 같은 용왕 등이 있어 사방에 머물렀는데, 그 이름은 화수길용왕 · 난다용왕 · 바난다용왕이었으며 이들이 상수가 되었다. 爾時復有九恒河沙諸龍王等 住於四方 其名曰 和修吉龍王 難陀龍王 婆難陀龍王 而爲上首", 『보우경』 권1(대정장16, p.284a12)에 "또 헤아릴 수 없는 백천의 용왕 무리들이 있었는데, 아나바달다용왕 · 마나사용왕 · 바게라용왕 · 화수길용왕 등이 상수가 되었다. 復有無量百千諸龍王衆 阿那婆達多龍王 摩那斯龍王 娑揭羅龍王 和修吉龍王等 而爲上首", 『구사론기』 권11(대정장41, p.191b2

7)에 "팔용왕이란 말은, 『법화경』에 이르길 '팔용왕이 있으니, 난다용왕·발난다용왕·사가라용왕·화수길용왕·덕차가용왕·아나바달다용왕·마나사용왕·우발라용왕이다'라고 하였다. 言八龍王者 法花經云 有八龍王 難陀龍王 跋難陀龍王 娑伽羅龍王 和修吉龍王 德叉迦龍王 阿那婆達多龍王 摩那斯龍王 優盋羅龍王", 『법화경과주』 권1(卍속장48, p.730b16)에 "화수길용왕 : 다두 또는 보칭이라 한역한다. 和修吉龍王 此云多頭 亦云寶稱"라고 하였다. [참고문헌] 『大般涅槃經』, 『寶雨經』, 『俱舍論記』, 『法華經科註』, 『孔雀王咒經』(대정장19, p.482b21). ⇨ 바소지용왕 婆素枳龍王, 바수길용왕 婆修吉龍王, 팔대용왕 八大龍王, 팔십일용왕 八十一龍王

화수니 華手尼 『법화경』 독송수행하여 손톱과 손바닥에 꽃이 피어난 비구니. 『불조통기』 권37(대정장49, p.352b20)에 "고우현(高郵縣)의 어떤 비구니는 밤낮 가리지 않고 『법화경』을 독송하여 열 손톱과 두 손바닥에 모두 꽃이 피었다. 임금(陳武帝)이 내전으로 불러서 그 꽃 모양을 보고 크게 기뻐하며 공경하였다. 세간에서 화수니라 불렀다. 高郵有尼 誦妙法華 不舍晝夜 十爪二掌 皆生華 上召見內殿 觀其華大嘉敬之 世號華手尼"라고 하였다. [참고문헌] 『佛祖統紀』, 『法華經顯應錄』 권하 「高郵華手尼」(卍속장134, p.880b15).

화승 畵僧 ➡ 불모 佛母[5], 금어 金魚[1], 화사 畵師

화식 火食 Ⓢ hutāśa, hutāśana 밀교의 호마 작법에서 공양물을 화로에 태워서 제존(諸尊)께 올리는 공양. 진언을 염송하면서 향(香)이나 꽃을 화로에 던져서 태우는 공양법을 말한다. 『소실지갈라경』 권하(대정장18, p.661c7)에 "이 진언을 한 번 외울 때마다 한 번 화식을 태우면 작법이 성취된다. 以此眞言一明 一燒火食 作法成就", 『일자불정륜왕경』 권2(대정장19, p.237a8)에 "포슬치가법의 경우 진언을 염송하거나 화식을 태울 때는 동쪽을 향해 한결 같은 마음으로 단정하게 가부좌하고 진언을 염송한 후에 매번 솔·바·하 세 자를 붙인다. 선지가법의 경우 진언을 외울 때나 화식을 태울 때 북쪽을 향해 고요한 마음으로 결가부좌하고 진언을 외울 때마다 끝에 솔·바·하 세 자를 붙인다. 若布瑟置迦法作誦呪時 燒火食時 面東一心跏趺端坐 呪後每加窣嚩訶三字 若扇底迦法作誦呪時 燒火食時 面北定心結跏趺坐 亦每呪後加窣嚩訶三字"라고 하였다. [참고문헌] 『蘇悉地羯羅經』, 『一字佛頂輪王經』, *Mvyut.245.*

화식회 火食灰 밀교에서 호마(護摩) 작법으로 공물을 태우고 남은 재. 『불공견삭신변진언경』 권7(대정장20, p.263a9)에 "몸과 의복 등을 깨끗하게 정돈하고 우황·자단향·울금향 등을 여러차례 청정하게 다스리고 정련한다. 화식재로써 약의 삼분의 일을 줄여서 별도로 채우고 진언으로 가지한다. 적동을 가득채워 함께 단 안쪽 관세음보살상 앞에 안치한다. 깨끗한 비단으로 위를 덮거나 연잎으로 위를 덮고 그 화식재를 자단목·두중목·도곡·화·백갱미·백개자·유마·소·밀·낙을 활용하여 여법하게 호마하여 미세하고 흰 재를 얻는다. 모다라니진언·광대명왕앙구사진언·분노왕진언을 염송하고 앞의 약을 가지하여 세 가지 모습이 드러나도록 한다. 첫째 난상, 둘째 비연상, 셋째 광상이니 이 세 가지 상을 증득한 것을 대성취라 한다. 淨治身服等 數當以牛黃紫檀香鬱金香 淨治精研 以火食灰 減藥三分中一分別盛 眞言加持 盛赤銅合置於壇內觀世音菩薩像前 淨帛覆上或荷葉蓋上 其火食灰 用紫檀木杜仲木稻穀花白粳米白芥子油麻酥蜜酪 如法護摩取細白灰 誦持母陀羅尼眞言廣大明王央俱捨眞言奮怒王眞言 加持先藥令現三相 一者煖相 二者沸煙相 三者光相 證三相者 名大成就"라고 하였다. [참고문헌] 『不空羂索神變眞言經』.

화신 化身 Ⓢ nirmāṇa-kāya, nairmāṇika kāya, Ⓣ sprul-pa'i-sku. 중생을 교화하기 위하여 갖가지로 변화하여 나타나는 몸. **1** 이신(二身 : 法身 化身) 중 하나. 삼십이상(三十二相)을 갖춘 부처님의 생신(生身). 법보응(法報應) 삼신(三身) 중에서는 응신(應身)에 당한다. 『법신경』(대정장17, p.699b23)에 "화신이란 부모에게서 태어난 몸을 드러낸 것이다. 삼십이상과 팔십종호를 갖추어 그 몸을 장엄하고 지혜의 눈으로써 두루 중생을 살피니, 지혜로운 이는 우러러보고 마음에서 기쁨이 일어나 삼업이 청정해진다. 하나하나의 상호마다 백가지 복을 갖추니 이와 같이 장엄한 백천의 복 덩어리로서의 대장부상은 모두 색온으로 거둔다. 또한 십력·사무소외·삼불공법·삼염주법·삼불호법·사무량법을 갖추고, 대장부의 가장 수승한 하나하나의 나라연력을 갖추신다. 이와 같이 간략하게 여래·응공·정등정각께서 장엄한 공덕을 빠짐없이 갖추어 원만하신 모습을 설하여 화신이라 한다. 化身者 示從父母所生 具三十二相八十種好 莊嚴其身 以智慧眼 普觀衆生 智者瞻仰 心生適悅 三業清淨 一一相好 百福具足 如是莊嚴 百千福聚 大丈夫相 皆色蘊攝 又復 具足十力 四無所畏 三不空法 三念住法 三不護法 四無量法 具大丈夫 一一最勝 那羅延力 如是略說 如來 應供 正等正覺 莊嚴功德 具足圓滿 是名化身", 『금강반야경찬술』 권상(대정장33, p.139b26)에 "삼십이상을 설함은 화신을 가리킨다. '상이라 하지만 상이 아니다'라는 말은 법신의 상이 아니라는 뜻이고, '이것을 삼십이상이라 한다'라는 말은 화신의 삼십이상이다. 說三十二相者謂化身 相卽是非相者 非法身相 是名三十二相者 是化身三十二相也"라고 하였다. [참고문헌] 『法身經』, 『金剛般若經贊述』. ⇨ 법신 法身, 변화신 變化身, 삼십이상 三十二相, 응신 應身, 이신 二身❶ ❷ 응신(應身)·법신(法身)과 함께 삼신(三身) 중 하나. 부처님께서 인·천 등 오취중생을 제도하고자 변화로 나타난 용(龍)·귀(鬼) 등 부처님 형상이 아닌 몸. 부처님 형상의 몸을 가리키는 응신과 대비된다. 『이취육바라밀다경』 권1(대정장8, p.866c28)에 "화신이란 저들 유정을 위하여 그들에 응해 변화하므로 무량아승기야의 수로 나타나는 모든 화불신을 말한다. 그 변화한 몸은 지옥에서 그 몸을 나타내기도 하는데 그곳의 유정을 제도하여 모든 괴로움에서 벗어나도록 하고 정법으로 이끌어 수승한 마음을 일으키도록 한다. … 용의 몸을 짓기도 하고, 사자·코끼리·말·곰 … 봉황·원앙·앵무의 몸을 짓기도 한다. 言化身者 爲彼有情 隨所應化 故現無量 阿僧企耶 諸化佛身 其所化身 或於地獄 以現其身 度彼有情 令離衆苦 導以正法 令發勝心 … 或作龍身 或作師子 象 馬 熊 … 鳳凰 鴛鴦 鸚鵡", 『합부금광명경』 권1(대정장16, p.362c22)에 "어떻게 보살은 화신을 요별하는가? 선남자야! 여래께서 과거세 수행위에 계실 때 모든 중생을 제도하고자 갖가지 법을 닦으셨다. 이 모든 닦은 법으로 닦은 행이 원만하게 되면 수행한 힘 때문에 자재를 얻는다. 그 자재력으로 중생의 마음 따르고 중생행을 따르며, 중생계를 따라 갖가지로 알아 구별한다. 때를 기다리지도 지나치지도 않고 처한 곳마다에서 서로 응하니, 때에 상응하며 행에 상응하고 설법으로 상응하여 갖가지 몸을 나타낸다. 이를 화신이라 한다. 云何菩薩了別化身 善男子 如來昔在修行地中 爲一切衆生修種種法 是諸修法 至修行滿 修行力故 而得自在 自在力故 隨衆生心 隨衆生行 隨衆生界 多種了別 不待時 不過時 處所相應 時相應 行相應 說法相應 現種種身 是名化身", 『법화현찬』 권9(대정장34, p.829b22)에 "『금광명경』에서는 또 네 가지를 설한다. 첫째, 화신이지만 응신에 속하지 않는 예이다. 부처님께서 중생을 제도하고자 화현한 용·귀 등의 형상으로 불신이 아니다. 이를 화신이지만 응신에 속하지 않는다고 한다. 金光明經 又說四種 一化非應 佛爲物所現 龍鬼等形 不爲佛身 名化非應", 『대승의장』 권19(대정장44, p.840c19)에 "부처님께서 중생의 차이에 따라 갖가지 형상을 나타내시니 사람이나 천이나 용이나 귀와 같이 이들 모두가 세간의 색상과 같으며 부처님 형상이 아니다. 이를 화신이라 한다. 이 삼신 중 진신을 본으로 하고, 진신에 의지하여 응신을 일으키며, 응신에 의지하여 화신을 일으킨다. 佛隨衆生 現種種形 或人或天 或龍或鬼 如是一切 同世色像 不爲佛形 名爲化身 此三身中 眞身爲本 依眞起應 依應起化"라고 하였다. [참고문헌] 『理趣六波羅蜜多經』, 『合部金光明經』, 『法華玄贊』, 『大乘義章』, *Sūtr.188.* ⇨ 삼신 三身❶, 응신 應身, 법신 法身, 보신 報身

화신 火神 Ⓢ Agni, Ⓟ Aggi. 불을 관장하는 신. 화천(火天)·화존(火尊)이라고도 한다. 베다에서 숭배하는 자연신격 중 하나였으나 밀교 전통에서 불법을 수호하는 호법제천 중 하나로 수용되었다. 태장만다라 외금강원 남방 천부 중 화요(火曜)에 해당한다. 『장아함경』 권7(대정장1, p.44b15)에 "화신을 모시는 어떤 범지가 항상 숲에 머물렀다. 有一梵志奉事火神 常止一林", 『불본행집경』 권24(대정장3, p.763c6)에 "범부은 내세의 과보를 구하고자 여러 신들과 화신에게 제사지내려면 반드시 다른 중생의 목숨을 살해해야 하는데 이것은 이치에 맞지 않는다. 凡夫求於後世果報 祭祀諸天 并及火神 必須殺害他衆生命 此則非理", 같은 책 권45(대정장3, p.856c14)에 "만약 어떤 이가 백년을 살면서 숲에서 화신에게 제사지내더라도 몸과 마음을 잘 조복한 사람이 오는 것을 보고 잠시라도 보시하여 공양할 수 있다면 이것이 불에 제사지내는 것보다 뛰어나 많은 것들 구족하여 더없는 일생을 보낼 것이다. 若人滿足一百歲 在林祭祀於火神 若見善調伏人來 能捨暫時供養者 是則勝彼祭祀火 多種具足極一生", 『대불정광취다라니경』 권2(대정장19, p.164b17)에 "이 겨자씨를 불속에 던져 넣으면 화신이 나타나서 구하는 일이 모두 뜻대로 된다. 若將此芥子擲著火中 火神卽現 所求驅使皆得隨意", 『대일경소』 권19(대정장39, p.779b6)에 "아래에 열거하는 삿된 종지로 불에 제사지내는 법은 모두 베다에서 밝힌 것이다. 먼저 화신의 근본은 설하면 최초는 대범왕이다. 그는 일체가 자신에게서 생겼다고 헤아리는데 이와 같은 아만이 있기 때문이다. 또한 스스로 영원하다고 헤아리므로 아만이라는 이름과 자연이라는 호칭을 얻었으니 이것이 바로 대범왕이다. 다음으로 범천의 아들은 범왕이다. 마음으로 중생이 있기를 바라면 중생이 그 생각에 응하여 생겨나는데 범왕은 자기가 낳은 아들이라 여긴다. 이것은 범천이 낳은 불의 시작이고 저절로 생긴 것이다. … 생겨난 파바구란 세간의 불의 이름이다. 이것으로부터 차례대로 생겨난 것이 모두 이 법에서 말하는 화신이다. 다만 공양할 뿐 사용할 곳이 없다. 以下次列邪宗火祠之法 皆是韋陀典中所明也 先說火神之本 最初是大梵王 以彼有如是計一切皆從我生 有如是我慢故 又計自說常故 得我慢名及自然之號 卽大梵王也 次梵天子卽是梵王 意念欲有衆生而彼應念而生 梵王 以爲己所生子者 此是彼天火初也 自然生者 … 所生簸嚩句 此是世間火名也 從此已下次第相生 皆是彼法中火神 但供養而無用處也", 같은 책 권20(대정장39, p.781a18)에 "넷째, 태양처럼 붉으며 삼각형 안에 머문다. 오른손에 칼을 쥐고 단정하게 앉아 있다. 칼은 날카로운 지혜로 번뇌를 끊음을 나타낸다. 마치 세상에서 태양이 처음 뜰 때처럼 밤이 사라지자 낮이 드러나고 어둠이 다하자 밝음이 드러난 것과 같다. 그러므로 이 색을 취한 것이다. 화신은 이와 같은 모습과 색깔이다. 광염 역시 그러하다. 몸의 모습은 단정하고 원만하며 앞서 삼매에 머물러 미세한 분노형을 지었던 것과 같다. 第四赤如日暉住三角中 右手執刀端坐 刀表利慧斷結也 如世日初出時 夜除晝現暗盡明現 故取此色也 火神如是形色 光焰亦爾 身相端滿 如前住於三昧作微怒形也"라고 하였다. 〔참고문헌〕『長阿含經』, 『佛本行集經』, 『大佛頂廣聚陀羅尼經』, 『大日經疏』, *Ud.6.* ⇨ 형혹천 熒惑天, 화요 火曜, 화천 火天

화신 火燼 불타고 남은 재. 깜부기. 『중아함경』 권34 「지변경 至邊經」(대정장1, p.647b11)에 "어리석어서 욕락을 잃고, 다시 사문의 정당성마저 잃네. 양쪽을 함께 잃어버리니, 마치 불타고 남은 재와 같다네. 愚癡失欲樂 復失沙門義 俱忘失二邊 猶燒殘火燼", 『불본행집경』 권12(대정장3, p.706b22)에 "세간의 번뇌의 불이 타올라도 이 사람 능히 법의 연못 물을 솟아오르게 하네. 이미 이와 같은 미묘법을 얻었으니, 저 번뇌의 깜부기 사라져 없게 하네. 世間煩惱火熾然 此能出生法池水 旣得如是微妙法 滅彼煩惱火燼無"라고 하였다. 〔참고문헌〕 『中阿含經』, 『佛本行集經』, 『大日經』 권1(대정장18, p.4a4), 『一切經音義』 권56(대정장54, p.679c9).

화신구치추 火神救雉雛 불의 신이 꿩의 새끼인 꺼병이를 구하다. 『오분율』에 이 인연이 전한다. 부처님이 머무시는 아란야 인근에 들불이 번져 끌 수가 없었다. 부처님은 비구들에게 화신께 화재를 막게끔 청하도록 하였다. 화신의 도움으로 불이 곧바로 꺼지자 부처님께서 화신과의 인연담을 다음과 같이 들려주었다. 같은 책 권26(대정장22, p.175c19)에 "부처님께서 말씀하셨다. '이 화신은 비단 금세의 내 이름을 듣고서 불을 끈 것이 아니다. 과거세 바다에 섬이 있었는데 7년 동안 불탔다. 그 섬 풀숲에 꿩이 아기를 낳았는데, 부모 새가 불이 다가오는 것을 보고 아기를 버리고 달아났다. 佛言 此火神不但今世聞我名 火便滅 過去世時 海中有洲 於七歲中 常爲火所燒 彼洲上叢草中 有雉生一鶵 父母見火欲至 便捨而去", "그러자 꺼병이가 날개와 다리를 펴 화신에게 보이며 게송을 설하였다. 「다리가 있어도 걸을 수 없고, 날개가 있어도 날 수가 없네. 부모가 보고도 버리고 가니, 오직 원컨대 내 목숨을 살리소서」. 其鶵於後 帳舒翅脚示火神 說偈言 有脚未能行 有翅未能飛 父母見捨去 唯願活我命", "화신이 게로 답하였다. 「난생은 구할 바 아니나 지금 나에게 빌고 있네. 나 이제 너에게 사방으로 1심을 베푸리라」'. 火神卽以偈答 卵生非所求 而今從吾乞 我今當施汝 四面各一尋", "부처님께서 말씀하셨다. '그때 꺼병이가 나의 몸이고, 화신은 지금의 화신이다. 옛날 나를 위해 불을 끄고, 지금도 나를 위해 껐다. 만약 들불이 번져오면 응당 건추를 치라. 대중이 한 데 모이게 되면, 정인들로 하여금 주변의 풀을 베게 하고 역으로 맞불을 놓아 땅에 물을 뿌려 적시고 젖은 옷으로 두드려 꺼야 한다'. 佛言 爾時雉鶵者 則我身是 火神者今火神是 昔已爲我滅火 今復爲我滅之 若野火來時 應打揵槌 若唱令僧同集 使淨人刈左右草 以火逆燒 水土澆坋濕衣撲滅"라고 하였다. 〔참고문헌〕 『五分律』.

화신멸도육종인 化身滅度六種因 화신이 멸도하는 여섯 가지 인. 화신으로서의 부처님이 상주하지 않고 열반에 드시는 이유. 『섭대승론』 권하(대정장31, p.132b17 : *Mah-saṃ.*, p.98)에 "여섯 가지 이유로 모든 불세존께서 화신중에 영원히 머물지 않는다. 첫 번째, 모든 바른 일에는 끝내 마침이 있기 때문이며, 이미 이룬 해탈로 말미암아 중생을 성숙시켰기 때문이다. 두 번째, 이미 해탈을 얻었다면 반열반을 구해야 저들 반열반의 뜻을 버리게 하여 불신으로 항상 머묾을 구하고자 하기 때문이다. 세 번째, 저들 부처님에 대해 가졌던 경만심 없게 하기 위해서이며, 깊고 깊은 진여법과 정설법에 통달시키기 위해서다. 有六種因 諸佛世尊 於化身中 不得永住 一 正事究竟故 由已解脫 成熟衆生故 二 若已得解脫 求般涅槃 爲令彼捨般涅槃意 欲求得常住佛身故 三 爲除彼於佛 所有輕慢心故 爲令彼通達 甚深眞如法 及正說法故 rgyu drug gis na sangs rgyas bcom ldan 'das rnams sprul pa'i sku gtan du mi bzhugs te. yongs su smin par byas pa'i sems can rnam par grol bar mdzad pas mdzad pa yongs su rdzogs pa dang, sangs rgyas kyi sku rtag par 'dod pas mya ngan las 'das pa la 'dun pa med pa bzlog pa dang, chos zab mo bstan pa khong du ma chud pas sangs rgyas la brnyas pa bzlog pa dang", "네 번째, 중생으로 하여금 불신에 대해 우러르는 마음에 목마르게 우러름 일으켜 자주 보더라도 싫증남이 없게 하기 때문이다. 다섯 번째, 저들 자신을 향해 지극한 정진을 일으키게 하기 위하여 바르게 설한 이 얻을 수 없음을 알게 하기 때문이다. 여섯 번째, 빠르게 성숙위를 얻어 자신을 향해 짐진 것 버리지 않게 하여 지극히 정진하게 만들기 때문이다. 四 爲令衆生於佛身 起渴仰心 數見無厭足故 五 爲令彼向自身 起極精進 由知正說者 不可得故 六 爲令彼速得至成熟位 向自身不捨荷負 極精進故 rgyun du mthong na khyad du gsod pas spro ba bskyed pa dang, ston pa mi dmigs pas so so rang gis brtson 'grus bskyed par bya ba dang, so so rang brtson 'grus mi 'dor bas myur pa nyid du yongs su smin par bya ba'i phyir ro", 『무량수경연의술문찬』 권중(대정장37, p.143a16)에 "〔경〕 멸도를 드러내 보여 ~ 온갖 덕의 뿌리를 심는다. 〔술〕 이것은 아홉 번째 진으로 돌아가 물을 이롭게

함이다. 저 『섭대승론』에 화신이 멸도함에 여섯 가지 뜻 있다 함과 같으니, 첫째 일에는 다해 마침이 있기 때문이고, 둘째 즐겨 넘어질 일 없게 하기 때문이고, 셋째 경만심을 버리게 하기 때문이다. 넷째 목마르게 우러르게 하기 때문이고, 다섯째 자기 위해 정진하게 하기 때문이고, 여섯째 빨리 성취하게 하고자 하기 때문이다. 經曰 示現滅度 至殖衆德本者 述云 此第九 歸眞利物也 如攝論 化身滅度 有六意 一 事究竟故 二 爲除樂倒故 三 令捨輕慢故 四 爲生渴仰故 五 爲身精進故 六 欲速成就故"라고 하였다. 〔참고문헌〕『攝大乘論』, 『無量壽經連義述文贊』, *Mah-saṃ.* ⇨ 화신 化身

화신불 化身佛 Ⓢ nairmāṇika kāya. 변화한 몸으로서의 부처님. 교화를 위해 중생의 근기에 따라 화현하신 부처님. 줄여서 화신, 갖춰서 변화신불(變化身佛)이라고도 한다. 이신(二身) 또는 삼신(三身)의 하나다. 『불삼신찬』(대정장32, p.757c1)에 "저는 지금 화신불께 머리 조아리니, 보리수 아래에서 정각을 이루셨나이다. 때로는 변화해 나타나시고 때로는 고요하시며, 때로는 다시 시방으로 가서 변화하십니다. 때로는 녹야원에서 법륜을 굴리시고, 때로는 불덩이처럼 큰 빛을 드러내십니다. 삼도로 고통스런 보들 모두 능히 없애시니, 삼계에 견줄 이 없는 큰나큰 성자십니다. 我今稽首化身佛 菩提樹下成正覺 或起變現或寂靜 或復往化於十方 或轉法輪於鹿苑 或現大光如火聚 三塗苦報悉能除 三界無比大牟尼", 『이취육바라밀다경』 권1 「귀의삼보품 歸依三寶品」(대정장8, p.867b4)에 "부처님 응신은 찰나에 옮겨 변하고, 화신불은 빠르게 열반에 들며, 공덕법신만이 담연히 상주한다. 이런 까닭에 청정법신에 귀의하는 것이다. 爲佛應身 刹那遷變 化身佛者 疾入涅槃 功德法身 湛然常住 以是歸依淸淨法身", 『금강반야바라밀경론』 권하(대정장25, p.795c13)에 "가고 옴은 화신불이지만, 여래는 언제나 움직이지 않네. 이 법계에 처해서 하나도 아니고 다르지도 않네. 去來化身佛 如來常不動 於是法界處 非一亦不異", 『대승아비달마잡집론』 권16(대정장31, p.770c8)에 "또 화신불은 부처님의 상에 머물지 않으면서 갖가지 불사를 능히 짓는다. 又化身佛 不住佛相而能造作 種種佛事", 『화엄경탐현기』 권2(대정장35, p.130b2)에 "〔문〕 이 제8회의 부처님은 어떤 몸인가? 〔답〕 어떤 사람 풀기를 '이는 화신불이니 보리수 아래에서 여덟 모습으로 도를 이루신 것은 화신이기 때문이다'. 問 此八會佛 是何等身 答 有人釋云 是化身佛 以菩提樹下 八相成道 是化身故", 『신화엄경론』 권1(대정장36, p.725b7)에 "교주가 다르다는 것은 이렇다. 이 『법화경』의 설법은 화신불의 설법이다. 과거에 멸도하신 다보불이 돌아와서 이 경이 삼세제불이 공동으로 설하셨음을 증명하셨다. 『화엄경』의 경우에는 그렇지 않다. 교주인즉 바로 비로자나를 교주로 삼았기 때문이다. 教主別者 說此法華經 卽是化身佛說 還過去滅度 多寶佛來證成此經 三世諸佛 同共宣說 如華嚴經卽不然 教主則是毘盧遮那爲教主故", 『화엄오십요문답』 권상(대정장45, p.519b18)에 "삼승의 부처님 세 갈래로 계신다. 첫째는 법신불, 둘째는 보신불, 셋째는 화신불이다. 소승의 부처님에 둘이 계신다. 첫째는 생신불, 둘째는 화신불이다. 三乘佛有三 一法身佛 二報身佛 三化身佛 小乘佛有二 一生身佛 二化身佛", 종보본 『단경』 「참회 懺悔」(대정장48, p.354b13)에 "내가 일체삼신인 자성불을 설하여 그대들로 하여금 삼신을 분명하게 보게 해서 자성을 스스로 깨닫게 하리니, 모두 내가 하는 말을 따라 해보라. '스스로의 색신으로 청정법신불에 귀의하며, 스스로의 색신으로 원만보신불에 귀의하며, 스스로의 색신으로 천백억의 화신불에 귀의합니다'. 吾與說一體三身自性佛 令汝等見三身了然 自悟自性 總隨我道 於自色身 歸依淸淨法身佛 於自色身 歸依圓滿報身佛 於自色身 歸依千百億化身佛", 『경덕전등록』 권28 「진주임제의현화상시중 鎭州臨濟義玄和尙示衆」(대정장51, p.446c21)에 "일념 깨끗한 빛이 그대들 집에 들어앉은 법신불이요, 한 생각의 무분별의 빛이 그대들의 보신불이며, 한 찰나 무차별의 빛이 그대들의 화신불이다. 이 세 갈래 몸 그대로 오늘 눈앞에서 법을 듣고 있는 사람이니, 밖을 향해 구하지 않으면 이 세 가지 공의 쓰임이 있다. 一念淨光 是汝屋裏法身佛 一念無分別光 是汝報身佛 一念無差別光 是汝化身佛 此三身 卽是今日 目前聽法底人 爲不向外求 有此三種功用"라고 하였다. 〔참고문헌〕『佛三身讚』, 『理趣六波羅蜜多經』, 『金剛般若波羅蜜經論』, 『大乘阿毘達磨雜集論』, 『華嚴經探玄記』, 『新華嚴經論』, 『華嚴五十要問答』, 『壇經』, 『景德傳燈錄』, *Ratna-ut.85.* ⇨ 화신 化身, 이신 二身❶, 삼신 三身

화신업 化身業 변화로 보이는 신업. 화삼업(化三業) 중 하나로 성소작지로 상응하는 업이다. 『불지경론』 권6(대정장26, p.318c24)에 "성소작지로 정진해 상응해서 화신업을 일으킨다. 이 화업으로 말미암아 보살이 될 때 갖가지를 현시한다. 도사 등 류의 솜씨 등이 바로 이 지혜 위에다 신업의 상을 드러낸다. 成所作智 精進相應起化身業 由此化業 爲菩薩時 示現種種 陶師等類 工巧等處 此是智上 身業相現", 『섭대승론석론』 권10(대정장31, p.316c8)에 "화신업이라 한즉 견고히 머물지 않는다. 化身業則不牢住"라고 하였다. 〔참고문헌〕『佛地經論』, 『攝大乘論釋論』. ⇨ 성소작지 成所作智

화신진언 化身眞言 화신불(化身佛)을 관상하며 외우는 진언. 『제불경계섭진실경』 권중(대정장18, p.275a14)에 "또한 유가행자는 화신관을 행한다. 여러 화신불이

보살에게 말씀하신 것과 같다. 선남자야 화신진언이 있다. 옴 사르바 사모 훔 復次瑜伽行者 作化身觀 如諸化佛告菩薩言 善男子 有化身眞言曰 (oṃ) (sa) (rva) (sa) (mo) (hūṃ) 唵 薩嚕嚩 娑謨 吽"라고 하였다. 〔참고문헌〕『諸佛境界攝眞實經』.

화신팔상 化身八相 화신으로 세간에 보이는 여덟 가지 모습. 제불께서 한결같이 가지시는 모습(定法)이다. 강생상(降生相)부터 열반상(涅槃相)에 이르는 팔상(八相)을 말한다. 『화엄경탐현기』 권15(대정장35, p.396c12)에 "화신팔상은 모든 부처님이 한결같이 갖기에 '정해진 법'이라고 한다. 化身八相 諸佛等有 故云定法", 『화엄경소초』 권18(대정장36, p.143b10)에 "삼신으로 도를 성취함이 다르다고 하는데, 법신은 이룰 것이 없고 다만 장애를 일으켜 성도한다. 보신은 네 지로 원통함을 창달하여 성도한다. 화신은 팔상으로 보리수 아래에서 성도한다. 言三身成異者 法身無成 但出障爲成 報身四智 創圓爲成 化身八相 菩提樹下爲成", 『금강정경유가십팔회지귀』(대정장18, p.286a22)에 "그 다음은 석가모니불께서 염부제로 내려와 변화신의 여덟 가지 모습으로 성도함을 나타내니, 이들은 모두 보현보살의 환화라 하겠다. 次後示釋迦牟尼佛 降於閻浮提 變化身八相成道 皆是普賢菩薩幻化"라고 하였다. 〔참고문헌〕『華嚴經探玄記』, 『華嚴經疏鈔』, 『金剛頂經瑜伽十八會指歸』. ⇨ 팔상 八相

화심 火心 60심 중 하나. 맹렬한 불처럼 치솟는 마음. 선악을 막론하고 순식간에 치달려 무량한 업을 짓고 마는 마음의 속성을 말한다. 『대일경소』 권2(대정장39, p.599a29)에 "화심이란 무엇인가? 치성한 화염과 열기를 본성으로 하는 것을 말한다. 마치 불의 성질이 밝고 급한 것처럼 이 사람의 마음 역시 그러하다. 선을 행할 때 잠깐동안 무량한 공덕을 이룰 수 있고 악을 행할 때 역시 잠시동안 지극히 무거운 업을 짓는다. 여기에서 대치하여 맹렬하고 포악한 마음이 잃는 것이 많음을 사유하고 부드럽고 자비로운 물의 방편으로 없애되 선한 일은 타오르게 하여 일이 오래 지속되도록 한다. 이것이 그에 대한 처방이다. 云何火心 謂熾盛炎熱爲性者 如火性赫奕躁疾 此人心亦爾 若造善時 須臾間能成無量功德 造惡亦少時成極重業 此中治行 應思惟猛暴之心多所敗傷 以柔和慈善之水方便令滅 而熾然善事務令恒久 是彼對治"라고 하였다. 〔참고문헌〕『大日經疏』.

화십의 華十義 꽃의 열 가지 뜻. "대방광불화엄경 大方廣佛華嚴經" 경제(經題)에서 글자 화(華)가 지니는 열 가지 뜻. 『화엄경소』 권3(대정장35, p.525a26)에 "다섯 번째, '화'를 풂에 열 가지 뜻이 있다. 첫째, 실을 머금은 뜻이니 법계 성덕 품었음을 표한다. 둘째, 빛나고 깨끗한 뜻이니 본지가 밝게 드러나기 때문이다. 셋째, 미묘의 뜻이니 낱낱의 모든 행이 법계와 같기 때문이다. 넷째, 한없이 기쁘다는 뜻이니 중생의 기에 순하기 때문이다. 다섯째, 과를 이끄는 뜻이니 행으로 나는 인을 삼아서 정각을 일으키기 때문이다. 五 釋華十義者 一 含實義 表於法界 含性德故 二 光淨義 本智明顯故 三 微妙義 一一諸行 同法界故 四 適悅義 順物機故 五 引果義 行爲生因 起正覺故", "여섯째, 단정한 뜻이니 행과 원을 모두 갖추어 빠짐이 없기 때문이다. 일곱째, 물듦이 없는 뜻이니 낱낱의 행문으로 삼매를 갖추기 때문이다. 여덟째, 솜씨 좋게 이룬다는 뜻이니 닦은 덕업이 잘도 성취되었기 때문이다. 아홉째, 향기롭다는 뜻이니 뭇 덕 머물러 있게 해서 향기 넘쳐 멀리까지 가득하기 때문이다. 열째, 열어 펴는 뜻이니 온갖 행 펼쳐 꽃다우니 마음으로 하여금 열어 깨닫게 하기 때문이다. 六 端正義 行與願俱無所缺故 七 無染義 一一行門 三昧俱故 八 巧成義 所修德業 善巧成故 九 芬馥義 衆德住持 流馨彌遠故 十 開敷義 衆行敷榮 令心開覺故", "화(華)는 두 가지다. 첫째는 풀과 나무의 꽃이니 만행인을 비유한다. 때로는 인과 더불어 과 함께하지만 때로는 함께하지 못한다. 둘째는 몸을 꾸미는 꽃이니 금옥 등으로 신통한 뭇 상의 비유다. 오직 과만을 갖추어 함께한다. 앞선 열 가지 뜻 중 첫째 · 다섯째 · 아홉째 · 열째는 풀과 나무에 국한되고, 나머지는 두 꽃에 통한다. 然華有二種 一 草木華 喩萬行因 然或因與果俱 或不與俱 二 嚴身華 通金玉等 喩於神通衆相等 唯與果俱 前十義中 一五九十 局於草木 餘通二華"라고 하였다. 〔참고문헌〕『華嚴經疏』, 『華嚴經疏鈔』 권16(대정장36, p.120c20).

화씨벽 和氏璧 변화(卞和)가 초(楚) 형산(荊山)에서 캐낸 옥. 그 이름을 따서 변벽(卞璧)이라고도 하고, 이 옥에서 생긴 사연에 따라 연성지벽(連城之璧) · 완벽(完璧) 등의 말이 생겨났다 하며, 간직한 나라 이름을 따서 조벽(趙璧)이라고도 한다. 『종용록』 18칙 「평창 評唱」(대정장48, p.239a7)에 "『사기』에 따르면, 조 혜문왕(惠文王)이 초 화씨벽을 얻자 진 소왕이 듣고는 열다섯 개의 성과 바꾸자고 하여 인상여가 그 옥을 받들고 진에 들어갔다고 한다. 史記 趙惠王 得楚和氏璧 秦昭王以十五城易之 藺相如奉璧入"라고 하였다. 〔참고문헌〕『從容錄』. ⇨ 변벽 卞璧, 변화삼헌 卞和三獻, 연성지벽 連城之璧, 완벽 完璧 1, 연금 燕金

화씨성 華氏城 Ⓢ Pāṭaliputra, Ⓟ Pāṭaliputta의 한역어. 중인도 마가다국(摩揭陀國 Ⓢ Magadha)의 도성. 파타리자(波吒釐子) · 파타라(波吒羅) · 파라리자(波羅利子) · 파라리불다라(波羅利弗多羅) · 파타리보달라(波吒唎補怛羅) · 파라리불(巴羅利弗) · 파린(巴隣) · 파

련불(巴連弗) 등으로 음사한다. 화씨국(華氏國)·화씨읍(華氏邑)이라고도 한다. 갠지스강(Ⓢ Ⓟ Gaṅgā) 좌측 언덕으로 지금의 파트나(Patna)시에 당한다. 이 성에 파타리(Ⓢ pāṭali)라는 나무가 많이 있어 인연한 이름이다. 『속고승전』 권4(대정장50, p.450c16)에 "긍가 남안에 파타리성이 있다. 둘레 칠십리로, 곧 경에서 말하는 화씨성이다. 왕궁의 많은 꽃으로 인하여 이름지었다. 殑伽南岸 有波吒釐城 周七十里 卽經所謂華氏城也 王宮多花 故因名焉"라고 하였다. 아사세왕(阿闍世王 Ⓢ Ajātaśatru)대 밧지족(Ⓢ Vṛji, Ⓟ Vajjī : 跋耆族)의 침입을 방어할 목적에서 세운 성이라고도 하고, 750년 갠지스강의 범람으로 고대 도성의 위용은 대부분 유실되었다고 한다. 근대에 그 유적이 발굴되면서 와델(L.A.Waddell)의 *Discovery of the Exact Site of Asoka's Classic Capital of Pāṭaliputra*와 P.C.Mukharji의 *A Report on the Excavations on the Ancient Sites of Pátaliputra* 등이 출간되었다. 〔참고문헌〕『續高僧傳』, 『大莊嚴論經』 권1(대정장4, p.258c18), 『歷代三寶紀』 권1(대정장49, p.23c9), 『阿育王傳』 권1(대정장50, p.101b5), 『法華經三大部補注』 권11(卍속장44, p.343a16), A.Cunningham *Ancient Geography of India* (London : Trübner and Co., 1871), N.L.Dey *The Geographical Dictionary of Ancient and Mediaeval India* (London : Luzac & Co., 1927). ⇨ 파라리자성 波羅利子城, 파타리불다라 波吒釐弗多羅

화악 華嶽 ❶ 1629~1707. 문신(文信)의 법호. ⇨ 문신 文信 ❷ 1750~1839. 지탁(知濯)의 법호. ⇨ 지탁 知濯 ❸ ➡ 태영 泰榮

화악당문신대사비명 華嶽堂文信大師碑銘 조선후기 스님 화악문신(華嶽文信 1629~1707)의 비명. 아암혜장(兒庵惠藏 1772~1811)이 지은 비명은 『아암유집』 권2(한불전10, p.697c19)에 있고, 한치응(韓致應 1760~1824)이 지은 비명은 『만덕사지』 pp.127~130과 『대둔사지』 pp.29~30에 수록되어 있다. 두 비문의 내용이 대동소이하나, 아암의 비문에는 밤마다 방망이를 들고 백여 번 절을 돌며 학인을 경계하던 행적을 더했다. 〔참고문헌〕『兒庵遺集』, 『萬德寺志』(亞細亞文化社, 1976), 『大芚寺志』(亞細亞文化社, 1980), 『東師列傳』 권3 華岳祖師傳(한불전10, p.1023b22). ⇨ 문신 文信

화악사 華岳寺 강원도 춘천시에 있던 절. 『동국이상국전집』 권18 「차운강선배곡장대선수 次韻康先輩哭丈大禪師」에 "나의 도우 화악사 주지 대선사혜문이 입적한지 오래다. 予道友華岳寺住老 大禪師惠文 入寂已久", 『동문선』 권64 「청평산문수원기 淸平山文殊院記」에 "후에 혜조국사가 이웃한 산의 화악사 주지로 있었다. 後遇慧照國師住持 山隣華岳寺"라 하였다. 〔참고문헌〕『東國李相國全集』, 『東文選』, 『韓國寺刹全書』 권하 p.1176b18.

화안애어 和顏愛語 Ⓢ madhura priya-ālāpa. 온화한 얼굴과 부드러운 말씨. 60권본 『화엄경』 권40(대정장9, p.650c13)에 "보살마하살은 일체중생을 거두어 요익케 하니, 항상 일체중생에게 법을 베풀며 온화한 얼굴과 부드러운 말로 악한 말을 멀리 여의고, 일체중생들에게 항상 즐거운 마음을 일으키며 진실로 이익되게 한다. 일체중생들로 하여금 보리 알고 깨달아 악한 마음을 멀리 여의고 평등해 실한 뜻 구족히 성취하게 한다. 菩薩摩訶薩 攝一切衆生而饒益之 常以法施 於一切衆生 和顏愛語 遠離惡言 於一切衆生 常起樂心 眞實利益 令一切衆生 解悟菩提 遠離惡心 具足成就平等實義", 『대승입도차제』(대정장45, p.450a11)에 "보살이 항상 닦아 인욕하고 겸손하고 공경하며, 얼굴 온화하게 하고 말 부드럽게 하며, 자신과 타인을 해치지 않고 몸이 공적함을 깨달아, 원수를 대해서도 능히 참으니 이 이름 무에행이라고 한다. 菩薩常修忍辱 謙卑恭敬 和顏愛語 不害自他 悟身空寂 怨對能忍 名無恚行"라고 하였다. 〔참고문헌〕『華嚴經』, 『大乘入道次第』, 『無量壽經』 권상(대정장12, p.269c14), *Sukh-vy. I .24.*

화암 華庵 경상북도 구미시 금오산(金烏山)에 있던 암자. 『범우고』에 "지금은 폐사되었다. 今廢"라고 하였다. 〔참고문헌〕『梵宇攷』, 『韓國寺刹全書』 권하 p.1176b20.

화암사 禾巖寺 ❶ 강원도 고성군 천후산(天吼山)에 있던 절. 『범우고』에 "천계 임술년(1622·광해군14)에 불이 났다. 다시 폐사하였다. 天啓壬戌火 仍廢"라고 하였다. 〔참고문헌〕『梵宇攷』, 『韓國寺刹全書』 권하 p.1174b7. ❷ 강원도 고성군 토성면 신평리 설악산(雪嶽山)에 있는 절. 「금강산화엄사사적 金剛山華嚴寺事蹟」, 878년(고종15) 함윤(咸允) 찬(撰) 「금강산화엄사안양암중건기 金剛山華嚴寺安養庵重建記」, 1894년(고종31) 동현(東峴) 찬 「화엄사안양암중수기 華嚴寺安養庵重修記」, 최석현(崔錫玄) 찬 「화엄사안양암칠성각상량문 華嚴寺安養庵七星閣上樑文」, 영운(影雲) 찬 「화엄사안양암칠성각창건기 華嚴寺安養庵七星閣創建記」 등에 의지하면 연혁은 다음과 같다. 769년(혜공왕5)에 진표(眞表)가 산 북쪽 기슭에 화엄사(華嚴寺)로 창건하였고 산내 암자인 지장암(地藏庵)을 세웠다. 941년(태조24)에 산내 암자인 월영암(月影庵), 1401년(태종1)에 지장암을 동쪽으로 옮겨 짓고 미타암(彌陀庵)으로 바꾸었다. 1623년(인조1)에 화재가 일어났고 1625년(인조3)에 중건하였다. 1628년(인조6)에 광명(廣明)이 절 서쪽에 안양암(安養庵)을 창건하고 지장상을 조성봉안하였다. 1635년(인조13)에 산불로 타자 동쪽에 임시로 이전하였다가 1644년(인조22) 옛터에 중건하였다. 1662년(현종3)에 거듭 화재 있은 후 중건하였고, 1716년(숙종42)에는 산적들이 또 다시 화재를 일으켰다. 다음 해 동쪽 무릉도(武陵島)에 초옥을 짓고 거하다가 1721년(경종1)에 다시 옛터에 중건하고 안양암을 중수하였다. 1760년(영조36)에 대웅전·향각·승당이 불에 타자 다음 해에 승당을 중건하였고, 또 다음 해에 대웅전과 향각을 중건하였다. 1794년(정조18)에는 화성당(華城堂) 도한(道閑)이 나라를 위해 성사(聖寺)의 약사전(樂師殿)에서 축수를 드렸다. 1796년(정조20)에 미타암의 화응전을 원당으로 삼아 관음보살상과 정조의 친필 병풍 6폭, 손수레 등을 하사하고 절의 사표(四標)를 정해주었다. 1860년(철종11)에 산불로 전소한 것을 춘담(春潭)이 중건을 시작하여 안양암을 중수하였고, 수봉(穗峰)이 탱화를 조성하였다. 1864년(고종1)에 다시 산불로 소실된 것을 1868년(고종5)에 지장·신중·현왕탱화를 조성 및 봉안하였다. 1872년(고종9)에 수봉이 화재를 피하기 위해 잡은 새터에 법당·영각·누각 등을 중건하였고, 1882년(고종19)에 자허(耔虛)와 선월(船月)이 철원 장구사(長久寺)에서 모셔온 아미타여래상과 약사여래상을 봉안하였다. 1893년(고종30)에 폭우로 인한 산사태로 안양암이 훼손되자 다음 해 축성(竺星)이 중수하였고, 1909년 영운(影雲)이 안양암에 칠성각을 건립하였다. 1912년에는 대본산 건봉사(乾鳳寺)의 말사가 되었으며, 이때부터 화암사로 이름을 바꾸었다. 1915년 9월에 화재로 불에 탄 후 1917년 중건하였고, 그 후 김영찬(金泳粲)·박수근(朴修根) 등이 주지로 부임하였다. 1950년 6·25전쟁으로 크게 파손되었다가 1953년 극락암에 비구니가 머물렀으며, 1986년 양설(良說)이 크게 중창한 이후로는 미륵용화도량으로 자리잡았다. 현존 당우로는 대웅전·명부전·인법당·삼성각·미타암·요사 등이 있으며 「석품제일선교양종도원장겸도총섭춘담당대선사비명 釋品第一禪敎兩宗都院長兼都摠攝春潭堂大禪師碑銘」 등 세월 만큼이나 많은 15기의 부도·탑·비와 16품의 진영(眞影)이 있다. [참고문헌] 『乾鳳寺本末事蹟』(亞細亞文化社, 1977) pp.147~158, 『韓國寺刹全書』 권하 p.1174b9. **3** 충청북도 충주시 용탄동 종당산(宗堂山)에 있던 절. 『여지도서』 충청도 충원 사찰에 "현 동쪽 10리 종당산 위에 있다. 在縣東十里宗堂山上", 『가람고』에 "주 동쪽 10리에 있다. 在州東十里"라고 하였고, 『범우고』에 "지금은 폐사되었다. 今廢"라고 하였다. [참고문헌] 『輿地圖書』, 『伽藍考』, 『梵宇攷』, 『韓國寺刹全書』 권하 p.1174b5.

화암사 花巖寺 전라북도 완주군 경천면 가천리 불명산(佛明山)에 있는 절. 대한불교조계종 제17교구본사 금산사(金山寺)의 말사다. 원효(元曉)와 의상(義湘)이 수행하였다고 전하며 13세기 백문절(白文節 ?~1282)이 시로 남긴 「화암사운제 花巖寺雲梯」가 전한다. 『태종실록』 권11 6년(1406) 5월 8일에 "황모란을 전라도 고산현 화암사에서 구하여 세 개의 분으로 나눠 바쳤다. 得黃牧丹於全羅道 高山縣之花巖寺 種之三盆以獻"고 하였다. 성달생(成達生 1376~1444)의 「화암사중창비 花巖寺重創碑」와 「극락전상량문 極樂殿上樑文」 등에 의지한 연혁은 다음과 같다. 1425년(세종7)에 성달생이 중창불사를 시작하였고 해총(海聰) 등이 주도하였다. 1440년(세종22)에 극락전을 완성하였고, 1441년(세종23)에 「화암사중창비」를 작성하고, 『문종실록』 권1에는 화암사 스님 도온(道溫)의 이름이 전하며, 1572년(선조5)에 「극락전중창기 極樂殿重創記」를 석비로 건립하였고 1592년(선조25)에는 임진왜란으로 당우의 일부가 불탔다. 1611년(광해군3)에 성징(性徵)이 3번째 중창불사를 하였고, 1629년(인조7)에 4번째 중창불사를 수행하였고, 1666년(현종7) 영혜(靈惠)의 5번째 중창불사와 1711년(숙종37) 6번째 중창불사를 수행하고는 「극락전상량문」을 지었다. 1830년(순조30)에 명부전의 후불탱화, 1835년(헌종1) 산신각 산신탱화, 1858년(철종9) 의상암 신중탱화와 명부전 대왕탱화, 1871년(고종8) 극락전의 현왕탱화, 1917년 극락전 칠성탱화, 1982년 산신각 산신탱화 등을 조성하였다. 현존 당우로 극락전·명부전·산신각·적묵당·우화루·철영재·요사 등이 있으며, 성보문화재로 국보 극락전·보물 우화루·유형문화재 제40호 동종·제94호 중창비·국가등록문화재 괘불도 등이 있다. 이외에도 1469년(예종1) 판각한 『보현행원품 普賢行願品』·1618년(광해군1) 『금강경오가해 金剛經五家解』·『무경집』 등의 귀한 경판이 있었는데 현재 전북대학교박물관으로 옮겼다. 허주(虛舟)·고경(古鏡)·낭월(朗月)·고경(古鏡)·인파(仁坡)·낙암(樂巖)·월하(月河)·벽암(碧庵) 7인의 영정이 전하였으나 지금은 확인되지 않는다. 『동국여지승람』 권34 전라도 고산현 불우와 『여지도서』 전라도 고산사찰에 이름과 위치가 전하며, 김시습(金時習 1435~1493)의 『매월당집』 권11에 「화암사수사회 花巖寺垂絲檜」와 김창흡(金昌翕 1653~1722)의 『삼연집』 권11에 시(詩) 「화암사」, 『조선사찰사료』 1667년(현종8)에 춘담(春潭)이 쓴 「화암사어사유공치숭영세불망명 花巖寺御史兪公致崇永世佛忘銘」이 전한다. [참고문헌] 『太宗實錄』, 『文宗實錄』, 『東國輿地勝覽』, 『輿地圖書』, 『伽藍考』, 『梵宇攷』, 『梅月堂集』, 『三淵集』, 『朝鮮寺刹史料』 권상 p.288, 『韓國寺刹全書』 권하 p.1175a1.

화암사극락전 花巖寺極樂殿 전북 완주 불명산 화암사의 1605년 목조건물. 국보 제316호. 정면 3칸·측면3칸의 다포계 맞배지붕. 기단은 자연석을 지형에 맞게 정면은 3단, 후면은 1단으로 쌓아 마감하고, 중앙에 2단의 계단을 설치하였다. 자연석으로 된 초석(礎石) 위에 외진주 12기의 두리기둥을 놓아 평면을 구성하였다. 공포(栱包)는 주심기둥 상부 주두에 주심포를 놓고, 정면 정칸은 2조, 협칸과 후면 3칸은 1조의 주간포를 놓고, 공포상부에 하앙을 따로 올린 국내 유일의 하앙다포식이며 외 2·내 3출목이다. 가구(架構)는 맞배지붕의 특성상 내부와 측면으로 구분되는데, 내부는 무고주 7량가로 전면에서 이어진 대보 2기가 후면까지 한 번에 이어진다. 대보 상부로는 동자주를 놓아 종보를 대신하여 하앙을 받고 있는데 대량상부의 하앙결구는 하앙의 기울기와 동일하게 사선으로 치목된 4제공대량위에 놓이고 대량위 첨차와 판재를 결구시켜 주두를 놓고 그 위에 뜬장혀, 하앙, 종량, 중도리, 장혀를 차례로 놓았다. 중도리 장여와 결구되는 하앙뿌리는 상부의 결구홈이 도리의 높이에 따라 약간의 차이를 두었다. 측면가구는 2고주 7량가 방식으로 전칸과 후칸 중간에 고주 2기가 상부의 종보를 받고 있으며, 종보상부로 판대공을 중첩하여 종도리를 받는다. 측면 고주상부에 결구된 하앙은 고주화통가지 안에서 짜여지는데 뜬장혀와 맞춤하고 있다. 지붕은 용마루와 내림마루로 구성된 맞배집이다. 불전내부 천장은 대보와 종보의 동자주 사이에 한단 낮은 1칸 반자천장을 두고, 종보사이의 중앙에 한단 높은 층급의 우물천장으로 반자틀 소란을 둘러 격식을 갖추었다. 중앙에 닫집 달린 불단을 조성하고 아미타삼존좌상과 후불도 등을 봉안하고 있다. 1981년 해체수리시에 발견된 종도리 묵서명에 '만력삼십삼년을사초파일상량조입 萬曆三十三年乙巳初八日上樑造立'이라는 기록이 남아 있어 1605년 중건 사실을 알게 하였다. ⇨화암사 花巖寺

화암사우화루 花巖寺雨花樓 전북 완주 불명산 화암사의 1611년 목조건물. 보물 제662호. 정면 3칸·측면 3칸의 다포계 맞배지붕건물. 화암사 기단은 자연석 1단으로 마감하였다. 초석(礎石) 역시 자연석으로 조성하고 그 위에 누하주 8기, 누상주 14기의 두리기둥을 놓아 2층 평면을 구성하고 있다. 공포(栱包)는 주심 기둥 상부 주두에 주심포를 놓고, 정·후면 정칸은 2조, 협칸은 1조의 주간포를 놓는 다포식으로 내외 2출목5포작이다. 가구는 맞배지붕의 특성상 내부와 측면으로 구분되는데 내부는 1고주 5량가로 후면에서 이어진 대보 2기가 전칸 상부의 고주에서 전면퇴보와 맞보형식으로 결합된다. 대보상부는 정후면의 포동자주를 3단으로 중첩하여 쌓고 그 사이에 화반을 함께 놓아 상부의 종보를 받고 있으며, 종보는 다시 판대공을 놓고 종도리를 받는다. 측면가구는 2고주5량가로 전칸과 후칸 중간에 고주 2기를 올려 상부종보를 받고 있으며, 종보상부로 간략하게 동자대공을 놓고 종도리를 받는다. 지붕은 용마루와 내림마루로 구성되어 있는 맞배집이다. 누각 내부 천장은 대보, 종보, 동자주, 서까래를 그대로 노출시킨 연등천장으로 반자틀을 구성하지 않았다. 정면 중앙 3칸은 문설주가 있는 2짝 판장문을 달았다. 우화루의 상량문에 '만력삼십구년신해팔월이십일 萬曆三十九年辛亥八月二十日'이라 하여 1611년 중건된 사실을 남겼다. ⇨화암사 花巖寺

화압 花押 ■1 옛날 문서 말미에 쓴 서명. 또는 서명을 대신해 쓴 초서 등의 글씨나 특별한 부호. 수결(手決)이라고도 한다. 『선림상기전』 권13(대장경보편19, p.468a4)에 "옛사람의 화압은 거짓 정사를 막으려고 이름을 꽃처럼 쓴 것이다. 무릇 관부의 문서이관과 사람 사이의 사사로운 편지글에서 앞에 성명을 쓰고 뒤에 압자한다. 古人花押 所以防僞政 以名而花之 凡官府文移 人間私簡俱前書名姓 而後押字", 『사명존자교행록』 권7(대정장46, p.924c1)에 "의적에게 맡겨 보내주신 편지를 어제 받고서, 스님께서 천계 위해 『금광명경』을 강하실 때 단 한 번의 회상이 원만하였음을 갖추어 알게 되었습니다. … 지금 보내드리는 유약과 비단 20필 차 200각 이르거든 거두시고 가르침 보내주시길 바라며 이만 줄입니다〈화압〉. 9월 어느 날 부침. 報義寂勾當所申 昨委 汝爲天界講金光明經 一會圓滿 備已知悉 … 今賜汝乳藥絹二十疋茶二百角 至可收領 遣此示諭 不具〈花押〉 付九月日"라고 하였다. [참고문헌] 『禪林象器箋』, 『四明尊者教行錄』. ⇨첨압 僉押 ■2 경전 등의 책가의(冊加衣)인 비단 등의 바탕천에 보상화문(寶相華紋) 등 꽃무늬를 눌러 드러나게 하니 압인(押印)이라 한다. 금은니(金銀泥)를 바탕과 무늬 새긴 누름판 사이에 넣고 눌러 찍어 떨어질 일 없게 한다. ■3 책표지 등에 꽃잎을 그대로 눌러 붙여 장식하는 압화(押花)를 가리키기도 한다.

화야 火夜 Ⓢ hāva의 음사어. 화파야(火婆夜)라고도 음사하고, 불러오다라는 뜻의 환래(喚來)라 한역한다.

『대지도론』 권48(대정장25, p.409a1)에 "만약 화라는 글자를 듣는다면 곧바로 모든 법에 음성상이 없음을 알게 된다. 화야는 환래라 한역한다. 若聞火字 卽知一切法無音聲相 火夜 秦言喚來", 『번역명의집』 권5(대정장54, p.1136a13)에 "화야는 환래라 한역한다. 『대품반야경』에 '화자문에서 모든 법은 불러들일 수 없음을 깨닫는다'하였다. 火夜 秦言喚來 大品 火字門 入諸法喚不可得故라고 하였다. 〔참고문헌〕『大智度論』, 『翻譯名義集』, 『大品般若經』 권5(대정장8, p.256b3).

화약란 花藥欄 작약(芍藥)으로 어우러진 울타리. 중국에서 육조(六朝)부터 당대까지 귀족이나 절의 정원을 꾸미던 양식이었다. 중당(中唐) 이후에는 모란(牡丹)이 유행한다. 『경덕전등록』 권11 「녹수전 淥水傳」(대정장51, p.287a14)에 "학인이 '달마가 서쪽에서 온 뜻은 무엇인지요?' 문자 '뜰 앞의 화약란이 보이는가?'라고 되물음에 그 학인 말이 없었다. 僧問 如何是祖師西來意 師云 還見庭前花藥欄麽 僧無語"라고 하였다. 〔참고문헌〕『景德傳燈錄』. ⇨ 운문화약란 雲門花藥欄

화양사 華陽寺 ❶ 서울시 광진구 구의동 아차산(峨嵯山)에 있는 영화사(永華寺). 〔참고문헌〕『韓國寺刹全書』 권하 p.1177a5欄外. ⇨ 영화사 永華寺 ❷ 인천광역시 강화군에 있던 절. 「전등본말고사 傳燈本末古寺」에 "수정면 돌곶리 화양동에 있었다. 지금은 폐사하였고 단지 석탑만 남아 있다. 舊在水晶面乭串里華陽洞 今廢 只有石塔"라고 하였다. 〔참고문헌〕『韓國寺刹全書』 권하 p.1177a4, 『傳燈本末寺誌』(亞細亞文化社, 1978) p.337.

화양자 和痒子 손이 닿지 않는 가려운 부위를 긁는 도구. 화는 화해(和解) 또는 해결, 양은 양(癢)과 통하며, 자는 어조사로 요즘의 효자손이다. 『조당집』 권4 「석두희천장 石頭希遷章」(대장경보편25, p.372b13)에 "화상이 효자손을 들고 '그곳(조계)에도 이것이 있는가?'라고 물음에 '그곳뿐만 아니라 서천에도 없습니다'라고 답했다. 和尙拈起和痒子曰 彼中還有這個也無 對曰 非但彼中 西天亦無"라고 하였다. 〔참고문헌〕『祖堂集』.

화어당 花御堂 ➡ 화정 花亭

화엄 華嚴 ❶ 『화엄경』의 줄임말. 『화엄유의』(대정장35, p.1c1)에 "화엄은 보불의 설이고, 열반반야 등은 화불의 설이며, 법불은 설하지 않는다. 華嚴 是報佛說 涅槃般若等 是化佛說 法佛則不說"라고 하였다. 〔참고문헌〕『華嚴遊意』. ⇨ 대방광불화엄경 大方廣佛華嚴經 ❷ 화엄종(華嚴宗)의 줄임말. 『종경록』 권35(대정장48, p.618b15)에 "화엄의 설에 의하여 오교를 세우고, 천태의 설에 따라서 사교 내지 팔교를 세운다. 今依華嚴立五教 天台立四教 乃至八教"라고 하였다. 〔참고문헌〕『宗鏡錄』. ⇨ 화엄종 華嚴宗 ❸ 꽃으로 피어나 더없이 빛나다. 수행하여 쌓은 불과(佛果)로서 법신의 덕을 비유한다. 『화엄경수현기』 권1상(대정장35, p.14c29)에 "화엄이라 하였으니, 이는 법신의 행덕이 아름다움에 견준 뜻이다. 言華嚴者 此況法身行德之美故", 『화엄망진환원관』(대정장45, p.637c6)에 "화엄이란 말은, 꽃(화)에 열매를 맺는 용이 있듯이 행에는 과를 부르는 효능이 있다. 여기서는 사에 의탁해 드러내 보이려 꽃을 들어 비유로 삼았다. 엄이라 한 것은, 행이 성취되고 과마저 차올라 이에 상응해서 진실이라 부르니, 성도 상도 다 잊고 능과 소도 끊어진 채여서 드러나 빛나기가 눈부시니 이것의 이름이 엄이다. 言華嚴者 華有結實之用 行有感果之能 今則託事表彰 所以擧華爲喩 嚴者 行成果滿 契理稱眞 性相兩亡 能所俱絶 顯煥炳著 故名嚴也"라고 하였다. 〔참고문헌〕『華嚴經搜玄記』, 『華嚴妄盡還源觀』.

화엄감응연기전 華嚴感應緣起傳 청대 홍벽(弘璧) 편저. 1권. 卍속장134, pp.576a1~597b13에 수록되어 있다. 『화엄경소초 華嚴經疏鈔』나 『화엄경전기 華嚴經傳記』 등에서 추려낸 이야기들과 경의 성립과 유통 그리고 이 경을 믿는 이들이 체험한 구체적 사적과 영험한 감응 등을 10문으로 나누어 편집하였다.

화엄강목 華嚴綱目 신라 원효(元曉 617~686) 지음. 1권. 일본 동대사(東大寺) 원초(圓超 ?~914)가 914년에 편찬한 『화엄종장소병인명록 華嚴宗章疏幷因明錄』(대정장55, p.1133b14)에는 원효의 저술이라고 하였지만, 현재 책의 내용은 전하지 않는다. 〔참고문헌〕『華嚴宗章疏幷因明錄』, 『韓國佛教撰述文獻總錄』(1976).

화엄강요 華嚴綱要 당(唐)대 청량징관(淸凉澄觀 738~839) 지음. 실차난타(實叉難陀)가 한역한 80권본 『화엄경』 내용을 3권으로 정리했다. 갖춰서 『대방광불화엄경강요』 또는 『대화엄경강요』라고도 한다. 『신편제종교장총록』 권1(대정장55, p.1167b5)에 "『화엄경강요』 3권. 징관의 저술이다. 綱要三卷 澄觀述", 『불조역대통재』 권19(대정장49, p.609c13)에 "황제가 크게 기뻐하며 징관에게 자색 방포와 '교수화상'이라는 호를 하사하였다. 그후 상국 제항과 정여경·고영이 『화엄강요』 3권 지어주기를 청하였다. 帝大悅 賜觀紫方袍. 號教授和尙 其後相國齊抗 鄭餘慶高郢 請撰華嚴綱要三卷"라고 하였다. 현재는 명(明)대 감산덕청(憨山德淸 1546~1622)이 청량의 소의(疏義)에 80권본의 경문을 대응시키고 교감한 편집본 80권으로 전한다. 이는 卍속장12, p.787a1~卍속장14, p.214b1에 수록되어 있다.

먼저 경문을 적고 그 아래 한 단 내려 청량의 강요문이 뒤따르게 한 형식이다. 제자 금성경(金聲敬)이 쓴 간행사 「각감대사화엄강요인 刻憨大師華嚴綱要引」과 감산에게 법을 이어받은 전우관형(顓愚觀衡)이 쓴 서문이 앞에 있다. 〔참고문헌〕『新編諸宗敎藏總錄』, 『佛祖歷代通載』, 『石門文字禪』 권25(가흥장23, p.698a5).

화엄게 華嚴偈 『화엄경』의 사구게(四句偈). 『대방광불화엄경 大方廣佛華嚴經』의 방대하고 깊은 뜻이 한 수(首)의 게송에 담겨 있어 이렇게 부른다. 60권본 『화엄경』 권10(대정장9, p.466a5)에 "지림보살게(智林菩薩偈) : 이 세상의 누구든 부처님을 알고자 하거든, 마땅히 이와 같이 관할 것이니, 마음으로 온갖 여래 지을 뿐이라네. 若人欲求知 三世一切佛 應當如是觀 心造諸如來", 80권본 『화엄경』 권19(대정장10, p.102a29)에 "각림보살게(覺林菩薩偈) : 만약 과거현재미래의 모든 부처 알고 싶거든 반드시 법계성을 관해 보아라. 모든 것 오직 마음으로 지었다네. 若人欲了知 三世一切佛 應觀法界性 一切唯心造", 긍선(亘璇)의 『작법귀감』 권상에 "일념으로 널리 무량겁 관하노니, 가지도 오지도 머문 적도 없다네. 이처럼 삼세일 모두 알면 모든 방편 뛰어넘어 십력을 이루리라. 一念普觀無量劫 無去無來亦無住 如是了知三世事 超諸方便成十力"라 하였다. 〔참고문헌〕『華嚴經』, 『作法龜鑑』, 『釋門儀範』 권하 p.71.

화엄경 華嚴經 Ⓢ Buddha-avataṃsaka-nāma-mahāvaipulya-sūtra. 갖춘 이름은 『대방광불화엄경 大方廣佛華嚴經』이다. 이 경은 옛부터 육역(六譯)이며 삼존삼궐(三存三闕)이라 하였는데, 그 삼존본(三存本)은 '대방광불화엄경 大方廣佛華嚴經' 항목에 자세하다. 『화엄경』의 결집과 설시(說時)에 있어서는 고래로 많은 전설이 전한다. 사십화엄의 범본이 우란국으로부터 진공(進貢)된 것으로 보아 본경은 우란국에서 집성된 것이라 하거나, 혹은 전의 30종 별행본인 지류경을 합집한 것이라고도 한다. 현재 범본으로 전하는 「입법계품」(*Gaṇḍavyūha*)과 『십지경』(*Daśabhūmikasūtra*)에 의지해 보면 서북인도 혹은 중앙아시아에서 성립되었고, 그 연대는 서기전 1세기 전후로 추측한다. 광본(廣本)의 성립은 물론 그 후의 일이다. 설시 또한 현수(賢首)는 『화엄경탐현기』 권3(대정장35, p.166b27)에서 성기품을 인용하여 "이 경은 마치 해가 처음 뜸에 먼저 높은 산 꼭대기를 비추듯 한다. 此經 猶如日出先照高山" 하였으며, 『십지경』 권1(대정장10, p.535a29)에서도 "일시에 세존께서 성도하신 후 오래지 않은 이칠일 一時 婆伽婆 成道未久第二七日"에 설하셨다고 하였다. 본 경의 주요 교의는 후대 화엄가들에 의해 크게 '십현문 十玄門'·'사법계 四法界'·'육상원융 六相圓融' 등으로 체계화되었다. 『화엄경』 「현담 玄談」(『화엄경소』 권3, 대정장35, p.523a9)에 의하면 "자성의 바다를 말하자면(性海之詮) 언제나 설하고 어디에서나 설하시므로(常說偏說) 말로는 법계를 다하고(言窮法界) 가히 헤아릴 수 없기에 이제 적은 것을 크게 해서 간략히 열 가지 류라 하겠다" 하고는 "첫째는 약본(略本)이니 지금 전하는 팔십권본(今所傳八十卷本)과 구역육십권(舊譯六十卷)인데 모두 십만게를 간략히 한 것이니(皆是十萬偈中之略)

〈표〉 한국인 찬술 화엄경 주석서

시대	저자	주석서명	권수	현존
신라	원효元曉	『화엄강목華嚴綱目』	1	實失
		『화엄경소華嚴經疏』	10	존存
		『화엄경종요華嚴經宗要』	?	실失
		『화엄경입법계품초華嚴經入法界品抄』	2	실失
	의상義湘	『일승법계도一乘法界圖』	1	존存
		『입법계품초기入法界品抄記』	1	실失
		『화엄십문간법관華嚴十門看法觀』	1	실失
	지통智通	『화엄추동기華嚴錐洞記』	2	실失
	도신道身	『화엄일승문답華嚴一乘問答』	2	실失
	표원表員	『화엄경문의요결문답華嚴經文義要決問答』	5	존存
		『화엄경요의문답華嚴經要義問答』	3	실失
	명효明皛	『해인삼매론海印三昧論』	1	존存
	태현太賢	『화엄경고적기華嚴經古迹記』	10	실失
	연기緣起	『화엄경요결華嚴經要訣』	12	실失
		『화엄경진류환원낙도華嚴經眞流還源樂圖』	1	실失
		『화엄경개종결의華嚴經開宗決疑』	30	실失
	견등見登	『화엄일승성불묘의華嚴一乘成佛妙義』	1	존存
	진숭珍嵩	『일승법계도기一乘法界圖記』	1	존存
		『화엄공목기華嚴孔目記』	6	실失
	의융義融	『화엄경석명장華嚴經釋名章』	1	실失
	심상審祥	『화엄기신관행법문華嚴起信觀行法門』	1	실失
	범여梵如	『화엄경요결華嚴經要訣』	6	실失
	가귀可歸	『화엄경의망華嚴經義綱』	1	실失
	법융法融	『법계도기法界圖記』	1	존存
고려	균여均如	『석화엄교분기원통초釋華嚴敎分記圓通抄』	10	실失
		『석화엄지귀장원통초釋華嚴旨歸章圓通抄』	2	존存
		『화엄삼보장원통기華嚴三寶章圓通記』	2	존存
		『십구장원통기十句章圓通記』	2	존存
		『일승법계도원통기一乘法界圖圓通記』	2	존存
		『수현방궤기搜玄方軌記』	10	실失
		『공목장기孔目章記』	8	실失
		『오십요문답기五十要問答記』	4	실失
		『탐현기석探玄記釋』	28	실失
		『입법계품초기入法界品抄記』	1	실失
	지눌知訥	『화엄론절요華嚴論節要』	3	존存
	체원體元	『화엄경관자재보살소설법문별행소 華嚴經觀自在菩薩所說法門別行疏』	2	존存
		『화엄경관음지식품華嚴經觀音知識品』	1	존存
	미상	『법계도기총수록法界圖記叢髓錄』	4	존存
조선	설잠雪岑	『화엄일승법계도주華嚴一乘法界圖註』	1	존存
	정혜定慧	『화엄경소은과華嚴經疏隱科』	미상	실失
	상언尙彦	『청량초적결은과淸凉鈔摘抉隱科』	1	존存
		『구현기鉤玄記』	1	존存
	최눌最訥	『화엄품목華嚴品目』	1	존存
	유일有一	『화엄유망기華嚴遺忘記』	5	존存
	의첨義沾	『화엄경사기華嚴經私記』	1	존存

번역함에 다하지 못했다(譯未盡故)"라 하였고, "둘째는 하본경(下本經)이니 말하기를 마하연장(摩訶衍藏)은 이

문수사리가 아난과 더불어 철위산간에서 이 경을 결집하고는 용궁에 거둬들였다 하니, 용수보살이 용궁에 가서 본 불가사의경(見此大不思議經)이다. 본은 세 본이지만(有其三本) 대본(大本)은 십만게사십팔품(十萬偈四十八品)이라 하였거늘, 용수가 외워 얻어와서 세상에 유통하였다(流傳於世) 하였으므로 『대지도론』(대정장25, p.756b7)에 이름하여 이것은 '불가사의경이며 십만게 此爲不思議經 有十萬偈'라고 하였다. "셋째는 중본경(中本經)이니 용수가 용궁에서 본 사십구만팔천팔백게에 일천이백품(四十九萬八千八百偈一千二百品)"이라 하였다. 『대지도론』 권100에 "不可思議解脫經 十萬偈"라 하였으나 「입법계품」 일품(一品)에 한하여 십만게가 있다고 전하므로 39품(品)의 전경(全經)이라는 뜻은 아니다. 〔**지분경支分經**〕 따라서 3본(本)의 『화엄경』이 편집되기 전에 여러 이름의 지분경들이 있었으니, 『화엄경전기 華嚴經傳記』 권1(대정장51, p.155b10)에 의하면 초역(抄譯)한 지류경(支流經)들은 『도사경 兜沙經』 1권(名號品의 別譯. 대정장10, p.445a2), 『보살본업경 菩薩本業經』(淨行品의 別譯. 대정장10, p.446b26), 『보살십주경 菩薩十住經』 1권(대정장10, p.456c9), 『보살십도지경 菩薩十道地經』 1권, 『십지경 十地經』 12권(『佛說十地經』 대정장10, p.535a23), 『보살십지경 菩薩十地經』 1권(『佛說大方廣菩薩十地經』 대정장10, p.963b7), 『대방광십지경 大方廣十地經』 1권, 『라마가경 羅摩伽經』 3권(「入法界品」의 別譯), 『대방광불화엄불경계분경 大方廣佛華嚴佛境界分經』 1권(『大方廣如來不思議境界經』 대정장10, p.909a3) 등 많은 본(本)이 전한다. 그 중 범본과 티베트본으로 전승되고 있는 경들이 있는데, 티베트역은 지나미트라(Jinamitra)와 쉬렌드라보디(Śīrendrabodhi)와 예셰데(Ye shes sde)가 번역한 『십지경』(北京版 No.761 KG.57, 49a~168a)과 「보왕여래성기품 寶王如來性起品」(北京版 No.761 KG.59, 75b~142a)과 「입법계품」(北京版 No.761 KG.60과 61)이 있으며, 근대 이후 출간된 범어편집본으로는 J. Rahder, *Daśabhūmika-sūtra et Bodhisattvabhūmi*(Paris 1926), J. Rahder & S. Susa, *The Daśabhūmika-sūtra, The Eastern Buddhist,* Vol.V, No.4~Vol.VI, No.1(Kyoto 1931~1932 長行部分), R. Kondo, *Daśabhūmīsvaro nāma Mahāyānasūtram*(Tokyo 1936), J. Rahder, *Daśabhūmika-sūtram, Seventh stage, Skt. Text, including Translation of Vasubandhu's commentary, Acta Orientalia* 4(1926 pp.214~256 第七地)가 있고, 색인으로 J. Rahder, *Glossary of the Sanskrit Tibetan Mongolian and Chinese versions of the Daśabhūmika-sūtra*(Paris 1928)가 있다. 「보왕여래성기품」은 범어원전 완본(完本)은 전하지 않지만 그 일부가 『보성론 寶性論』(E.H. Johnston, *Ratnagotravibhāga Mahāyānottaratantraśāstra*, Patna, 1950) 중에 인용되어 있고, 「입법계품」 범본으로는 D.T. Suzuki & H. Idzumi, *The Gaṇḍavyūha-sūtra*, 4vols(Kyoto 1934~1936)가 있다. 그 외 「입법계품」의 결송(結頌)인 『보현행원찬 普賢行願讚』(Ⓢ Bhadracaryāpraṇidhāna) 62송(頌)도 범문으로 남아 있다. 〔**한국에서의 유통과 찬술**〕 자장(慈藏)이 화엄경 게송을 남기고 있어 이미 신라에 전해진 것을 알 수 있으며, 진흥왕(眞興王) 26년(565)에 진문제(陳文帝)가 유사(劉思)와 입학승 명관(明觀)을 보내어 경론 일천칠백여권을 보낸 것이 대부질(大部帙) 유입의 효시라 하였으니, 이에 의하면 남래한 보덕(普德)의 강학기초가 서고 그 문하에 원효와 의상이 배출되었고, 열반경을 친품(親稟)하고 화엄까지 전수해서 진흥왕 27년(566) 황룡사(皇龍寺)가 창건되었으니 드디어 화엄전강의 도량이 열렸다. 원효(元曉 617~686)는 『화엄경소』·『화엄강목 華嚴綱目』·『화엄경종요 華嚴經宗要』·『입법계품초 入法界品抄』 등을 지었고, 의상(義相 625~702)은 당의 지엄(智儼 602~668)에게 화엄을 배우고 『일승법계도 一乘法界圖』·『입법계품초기 入法界品抄記』·『십문간법관 十門看法觀』을 지었으며, 의상이 제자들에게 강의한 내용은 『화엄경문답 華嚴經問答』이나 『일승문답 一乘問答』(『도신장 道身章』) 등의 이름으로 편찬되어 전한다. 태현이 『화엄경고적기 華嚴經古迹記』를 지었고, 9세기에 신림의 제자들인 법융(法融)·진수(眞秀)·대운(大雲)은 『일승법계도』를 해석한 『법기 法記』·『진기 眞記』·『대기 大記』를 지었다. 이들 세 주석서는 고려후기에 『법계도기총수록 法界圖記叢髓錄』으로 묶어 편찬되었으며, 진숭(珍嵩)은 『법계도기』와 『공목장기 孔目章記』를 지었다. 승전(勝詮)은 법장에게 수학하고 692년 귀국하면서 법장이 의상에게 보내는 서신과 함께 『탐현기』 등의 저술을 가져왔다. 연기(緣起)는 754년에 화엄사에서 여러 사람들과 동참하여 변상도를 그리고, 경심과 종이 등도 만드는 등 작업을 분담하여 80권본 『화엄경』을 사경(寫經)하였는데, 현재 그 일부가 남아 전하며 『개종결의 開宗決疑』·『화엄경요결 華嚴經要決』 등도 지었다. 더해서 화엄사에서는 장륙전 사방벽에 방전형태의 돌에 60권본 『화엄경』을 새겨 남기기도 했으니 화엄석경(華嚴石經)이라 하며, 이 도량에서는 원성왕 때 지해(智海)가 화엄을 강의하였고 범여(梵如)는 『화엄경요결 華嚴經要決』을 지었다. 범수(梵修)도 799년(소성왕1)에 징관의 『화엄경소』를 강의하였다. 표원(表員)은 『화엄문의요결문답 華嚴文義要決問答』을 편찬했고, 견등(見登)은 『화엄일승성불묘의 華嚴一乘成佛妙義』를 지었다. 명효(明皛)도 도인(圖印)에 의지해 『해인삼매론 海印三昧論』을 저술하였다. 현준과 결언은 884년에 지엄을 추모하는 보은결사(報恩結社)를 조직하였고, 886년에는 헌강왕의 명복을 비는 화엄경결사 또한 조직하였으며, 결언(決言)은 861년에 경문왕의 초청으로 곡사(鵠寺)에서 원성왕의 명복을 비는 『화엄경』 강의를 하였다. 현준(賢俊) 또한 886년에 『화엄경』 결사의 강주로서 정강왕이 형왕 헌강왕의 명복을 빌기 위해 종실들이 60권본을 조성하고, 고위관료들이 40권본을 조성하여 모두 100권을 사경하는 사업을 수행해 마치기도 했다. 정치적 입지 등을 배경으로 신라말에 태백산 부석사 학풍인 북악(北岳)을 계승한 희랑(希朗)과 지리산 화엄사 학풍인 남악(南岳)을 계승한 관혜(觀惠)는 입장을 달리하기도 하였다. 균여는 『법계도원통기 法界圖圓通記』·『십구장원통기 十句章圓通記』·『교분기원통초 敎分記圓通鈔』·『지귀장원통초 旨歸章圓通鈔』·『삼보장원통기 三寶章圓通記』 등을 짓고, 대중을 위한 보현십원가(普賢十願歌) 11수도 지어 고려의 화엄을 널리 드러내 폈다. 의천(義天)은 역대의 화엄 관계 주요 저술을 모아 『원종문류 圓宗文類』 23권을 엮었다. 지눌(知訥)은 『화엄경』 출현품과 이통현의 『화엄론 華嚴論』에 의지해 깨달음을 얻었고, 이통현의 『신화엄경론』을 간추린 『화엄론절요 華嚴論節要』 3권에 이어 원돈성불론(圓頓成佛論)의 체계를 세웠다. 고려말 체원(體元)은 『화엄경』 중에서 관자재보살소설법문에 징관의 소를 덧붙인 『관음품별행소 觀音品別行疏』를 간행하고, 40화엄에서 관음법문만을 묶어 지송하기 좋게 만든 「관음지식품 觀音知識品」도 판각해 유포하였다. 고려 현종은 1029년에 부모의 명복을 빌기 위해 현화사에 3본 『화엄경』을 조판간행하였으며, 의천은 교장(敎藏)의 결집을 발원해서 중국과 신라의 화엄전적을 모아 목록을 만들었다. 부석사에는 고려 때 새긴 3본 화엄경판이 보존되어 있고, 해인사 사간판 전에는 1008년 수창판 60화엄판과 고려말의 3본 『화엄경』 경판이 보존되어 있다. 조선의 김시습(金時習 1435~1493)은 경의 제목을 중심으로 풀이한 『화엄경석제 華嚴經釋題』를 짓고, 의상의 『일승법계도』에 대해 평창한 『대화엄법계도주 大華嚴法界圖註』도 지었다. 조선후기에는 화엄강회가 더욱 성행하였는데 모운진언(暮雲震言)은 『화엄칠처구회품목지도 華嚴七處九會品目之圖』, 백암성총(柏巖性聰)은 임자도에 표류해온 징관의 『화엄경소초 華嚴經疏鈔』를 1689년에 징광사에서 개판하여 널리 유통하였으며, 회암정혜(晦庵定慧)와 설파상언(雪坡尙彦)은 『화엄소초 華嚴疏鈔』를 분석하고 순차를 그림으로 표시한 『은과 隱科』를 저술하였다. 묵암최눌(默庵最訥)은 『화엄과도 華嚴科圖』를 지었고 연담유일(蓮潭有一)은 은과에 자신의 해석을 더한 『화엄현담사기 華嚴玄談私記』를 저술하였으며 인악의첨(仁岳義沾) 또한 『화엄사기』를 지었다. 선초에 청계사에서 처음 개판한 이래 1689년의 징광사 『화엄소초』, 1774년의 영각사와 1856년에 봉은사에서 80화엄경이 개판되었고, 이밖에 석왕사판·해인사판·국태사판·쌍계사판 등이 간행되어 『화엄경』은 조선시대 강학도량에서 가장 많이 유통강설되었던 경이었다. 특히 40권 화엄경의 별행판이라 할 수 있는 「보현행원품」은 1449년·1469년 청룡사, 1721년 운흥사, 1736년 동화사, 1742년 성산 쌍계사, 1760년 은진 쌍계사, 1774년 대암난야, 1898년 표충사, 대둔사 등에서 판본을 간행유통하였으며, 고려조이후 금은니사경본(金銀泥寫經本)으로도 제작되었다. 「보현행원품」은 지금도 한국의 불자들이 지송수행하는 대표적인 수지독송본으로 널리 유통되고 있다. [참고문헌] 『華嚴經疏鈔玄談』, 『大智度論』, 李智冠 『韓國佛敎所依經典硏究』(寶蓮閣, 1969) p.285. ⇨ 대방광불화엄경 大方廣佛華嚴經, 십현문 十玄門, 사법계 四法界, 육상원융 六相圓融

화엄경간정기 華嚴經刊定記 『속화엄경약소간정기 續華嚴經略疏刊定記』의 줄인 제목. 『화엄경약소간정기』·『간정기』 등이라고도 한다. 『화엄종장소병인명록』(卍속장55, p.1133a17)에 "『화엄간정기』 16권〈신경(80권본)의 주석. 정법사 혜원 저술〉. 華嚴刊定記十六卷〈新經 靜法寺 慧苑述〉"이라고 하였다. [참고문헌] 『華嚴宗章疏并因明錄』, 『圓覺經大疏釋義鈔』 권3(卍속장14, p.520a16). ⇨ 속화엄경약소간정기 續華嚴經略疏刊定記

화엄경감응전 華嚴經感應傳 당대 호유정(胡幽貞) 간찬(刊纂). 1권. 대정장51, pp.173b1~178b10, No.2074에 『대방광불화엄경감응전 大方廣佛華嚴經感應傳』으로 수록되었다. 법장(法藏)의 제자 혜영(惠英)이 2권으로 편성했던 책을 783년 1권으로 재편하였다. 『화엄경』 감응의 사적(事蹟)을 기록한 책으로는 명대 주굉(袾宏)의 『화엄경감응약기 華嚴經感應略記』, 청대 홍벽(弘璧)의 『화엄감응연기전 華嚴感應緣起傳』, 청대 주극복(周克復)의 『화엄경지험기 華嚴經持驗記』 등이 있다.

화엄경개종결의 華嚴經開宗決疑 신라 진흥왕(眞興王 재위 540~576)대 화엄종 연기(緣起) 지음. 30권. 목록으로만 전한다. 『신편제종교장총록』 권1 「해동유본현행록 海東有本見行錄」(대정장55, p.1167c4)에 "『화엄경개종결의』 30권. … 이상은 연기의 저술이다. 開宗決疑 三十卷 … 已上 緣起 述"라고 하였다. [참고문헌] 『新編諸宗敎藏總錄』. ⇨ 연기 緣起 [3]

화엄경결의론 華嚴經決疑論 ➡ 결의론 決疑論 [1]

화엄경고적기 華嚴經古跡記 통일신라 태현(太賢) 지음. 10권. 또는 5권. 목록으로만 전한다. 『신편제종교장총록』 권1 「해동유본현행록 海東有本見行錄」(대정장55, p.1166b5)에 “『화엄경고적기』 10권〈또는 5권〉. 태현의 저술이다. 古迹記 十卷〈或五卷〉 太賢 述”라고 하였다. 〔참고문헌〕『新編諸宗敎藏總錄』. ⇨ 태현 太賢

화엄경관음소 華嚴經觀音疏 ➡ 화엄경관자재보살소설법문별행소 華嚴經觀自在菩薩所說法門別行疏

화엄경관음지식품 華嚴經觀音知識品 고려후기 목암체원(木庵體元)이 월광대사(月光大師) 인원(忍源)의 청을 받아 지음. 1권. 고판본은 1331년(충혜왕1)에 간행된 목판 해인사간장본(海印寺刊藏本)으로, 전반부(약 7張)이 결락된 후반 잔편(殘篇) 형태로만 전하고 한불전6, pp.602b1~604a8에 수록되었다. 이 본 후쇄본은 1943년 일제강점기 해인사 장경판전(藏經板殿)의 판목으로 인출되어 국립도서관에서 소장하고 있다. 이 저술은 체원이 찬한 『화엄경관자재보살소설법문별행소 華嚴經觀自在菩薩所說法門別行疏』를 과목(科目)에 해당하는 관주(冠註)와 경문(經文)만을 별행하여 독송용으로 만든 것이다. 결락 후 처음 시작되는 구절은 선재동자(善財童子)가 관자재보살의 대비청정게(大悲淸淨偈)를 듣고 찬탄하는 게송 중간 부분(40권본 『화엄경』 권16, 대정장10, p.734c24)이다. 말미에 월광의 발문(跋文)과 체원의 제(題)가 붙어 있다. ⇨ 체원 體元

화엄경관자재보살소설법문별행소 華嚴經觀自在菩薩所說法門別行疏 고려후기 목암체원(木庵體元)이 1331년(지순2·충혜왕1) 지음. 2권. 줄여서 『화엄경관음품별행소 華嚴經觀音品別行疏』·『화엄경관음소』 등이라고도 한다. 한불전6, pp.577c1~602a17에 있다. 고판본은 목판 해인사간장본(海印寺刊藏本)으로 1334년(충숙왕 복위3) 때 『백화도량발원문 白花道場發願文』과 함께 간행된 단일본이 규장각(奎章閣)·국립도서관 등에 있다. 이와 상응하는 판목(板木)이 해인사 장경판전(藏經板殿)에 완비되어 전하는데 상권 38판, 하권 34판이다. 이 저술은 삼장 반야(般若)가 한역한 40권본 『화엄경』 중 관자재보살의 법문(권16)에 해당하는 부분을 청량징관(淸凉澄觀)의 소(疏)와 규봉종밀(圭峯宗密)의 초(鈔)에 의지하고 체원 자신의 약해(略解)를 더한 것이다. 권상 서두에 『화엄경』의 한역본에 대한 개요와 청량의 약전을 실었고, 본론에 들어서는 경문에 따라 주석하였다. 그 처음은 거사 비슬지라(毘瑟底羅 Ⓢ Veṣṭhila)가 선재동자(善財童子)에게 보달락가(補怛洛迦 Ⓢ Potalaka)에 머무는 관자재보살 찾아갈 것을 권하는 문장(40권본 『화엄경』 권16, 대정장10, p.732c20)에서 시작한다. 주석의 마지막은 선재가 관자재보살의 법문에 따라 심심지입대비문(甚深智入大悲門)을 얻고 물러나는 구절(같은 책 권16, 대정장10, p.735c8)까지다. 체원은 이 주석을 저술하고서 독송용으로 과목(科目)에 해당하는 관주(冠註)와 경문만을 수록하여 『화엄경관음지식품 華嚴經觀音知識品』을 별도로 저술하였다. ⇨ 체원 體元, 화엄경관음지식품 華嚴經觀音知識品

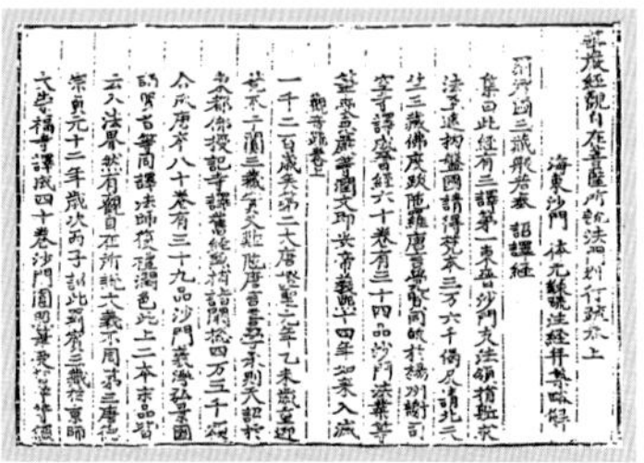

화엄경관자재보살소설법문별행소
해인사 합천 1724년

화엄경내장문등잡공목장 華嚴經內章門等雜孔目章 ➡ 공목장 孔目章, 화엄공목장 華嚴孔目章

화엄경도량 華嚴經道場 『화엄경』을 강설하는 등에 의지해 대중이 모여 대승의 뜻을 깨우치고, 나라와 인민의 안온을 발원하여 기도하는 등의 법회를 말한다. 왕실 주도의 도량이기에 고려대에 많이 설행하였다. 『고려사』 권7 세가(世家)7 문종즉위년(1046) 8월 임자에 “건덕전에서 화엄경도량을 베풀었다. 設華嚴經道場于乾德殿”이라고 하였고, 같은 책 권9 세가9 문종37년(1083) 추7월 계축에는 “백관이 흥국사에서 5일 동안 화엄경도량을 베풀고 풍우가 순조롭기를 기원하였다. 百官設華嚴經道場于興國寺五日 以祈風雨調順”이라고 하였으며, 같은 책 권15 세가15 인종6년(1128) 3월 임진에 “(왕이) 친히 홍교원에서 5일 동안 화엄(경)도량을 베풀었다. 親設華嚴道場於弘敎院五日”고 하였다. 위의 1046년과 1083년 7월, 1128년 외에도 940년(태조23), 1051년(문종5), 1077년(문종31), 1083년(선종즉위년) 12월, 1087년(선종4), 1096년(숙종1), 1102년(숙종7), 1106년(예종1), 1128년(인종6), 1134년(인종12), 1147년(의종1), 1183년(명종13), 1284년(충렬왕10), 1363년(공민왕12) 등의 때에도 화엄법회(華嚴法會)·화엄회(華嚴會)·화엄삼매참도량(華嚴三昧懺道場)·사경(寫經)과 강경(講經)의 이름으로 베풀었는데, 특히 문종대부터 명종대까지의 기록이 많이 남아 있다. 다만 1249년(고종36)~1255년(고종42)과 1268년(원종9)에는 화엄경도량 대신 화엄신중도량(華嚴神衆道場)이라는 이름으로 베풀었다. 〔참고문헌〕『高麗史』.

화엄경등장 華嚴鏡燈章 청대 자운속법(慈雲續法) 엮음. 1권. 卍속장104, pp.145a1~148a14에 수록되어 있다. 1662년(강희1) 경 간행하였다. 거울과 등불을 비유로 중중무진(重重無盡)한 사사무애법계(事事無礙法界)를 해명한 저작이다. 〔참고문헌〕『中華大藏經總目錄』 권4(대장경보편35, p.550a10).

화엄경론 華嚴經論 후위(後魏 : 北魏) 때 스님 영변(靈辨·靈辯)이 지은 60권본 『화엄경』에 대한 주석서. 영변이 오대산(五臺山) 청량사(淸涼寺)에 들어가 지었기 때문에 『오대론 五臺論』이라고도 한다. 처음 찬했을 당시 전체 100권이었으나, 현재는 「여래광명각품 如來光明覺品」에 대한 주석 제10권만이 卍속장93, p.936a1~944b18에 전한다. 『중화대장경총목록』 권4(대장경보편35, p.535a7)에 "『화엄경론권십』〈후위의 영변이 지었다〉. 華嚴經論卷十〈後魏靈辨造〉"라고 하였다. [참고문헌] 『中華大藏經總目錄』. ⇨ 영변 靈辨

화엄경명법품내립삼보장 華嚴經明法品內立三寶章 당대 법장(法藏) 지음. 2권. 대정장45, pp.613a3~626b20, No.1874에 수록되어 있다. 성립연대는 알 수 없다. 『화엄잡장문 華嚴雜章門』이라고도 한다. 중중무진(重重無盡)·원융무애(圓融無碍)를 기반으로 하는 화엄교학의 근본 이치를 『화엄경』 「벙법품」에 설해져 있는 삼보흥륭(三寶興隆)의 문제를 계기로 선명하게 밝힌다. 삼보장 이하 7장으로 구성되며, 삼보를 특히 철학적·종교적으로 깊이 파고들어 해석하고 있다. [참고문헌] 『法界聖凡水陸大齋法輪寶懺』 권5(卍속장130, p.16b3), 『大明重刊三藏聖教目錄』 권하(중화장106, p.782c16), 『閱藏知津』 권1(가흥장31, p.789c23).

화엄경문답 華嚴經問答 신라 의상(義湘 625~702)의 강의를 제자들이 기록해 엮은 책. 대정장45, pp.598b20~612c22에는 당 법장(法藏 643~712)의 찬술로 상하 두 권이 실려 있다. 신라 견등지(見登之)의 『화엄일승성불묘의』(대정장45, p.782a7)에는 "『향상문답』 하에서 말하길 '또한 『공목장』에는 『화엄경』 중에 성불함에 다섯이 있다'고 하였다. 故香象問答下云 又孔目云 華嚴經中 成佛有五中"라고 하여 『향상문답』으로도 불렀는데, 법장이 쓴 『화엄발보리심장 華嚴發菩提心章』「화엄발보리심장범례 華嚴發菩提心章凡例」(대정장45, p.650c26)에 "향상대사가 『보리심장』에 법계관문을 실어 발심의 상을 밝혔다. 香象大師菩提心章載法界觀門 以明發心相"고 하였기에, 법장의 저술로 알려져왔다. 그러나 삼승의 수행자가 온전히 깨달으려면 반드시 일승으로 회심하여 『화엄경』 가르침에 따라 수행해야 하고 삼승의 가르침에 따라 성불한 이도 예외는 아니라는 삼승극과회심설(三乘極果廻心說)을 강조하는 등 의상이 언급한 편린들이 보이고, 의상의 문도인 지통(智通)이 스승의 말을 기록한 문체와 매우 유사하기에, 의상의 강의를 기록한 지통의 『추동기 錐洞記』, 또는 『추혈문답 錐穴問答』의 이본(異本)이나 의상 강의의 또 다른 필록본(筆錄本)으로 추정한다. 165개의 문답으로 『화엄경』의 요체를 상세히 풀이하였는데, 수전법(數錢法) 등의 방편으로 무분별지(無分別智)를 얻어 화엄의 요체를 터득할 수 있으며, 성기(性起)법문을 상세하게 다루는 등 제자들과 함께 강의하고 문답하며 의심을 풀고 근지를 깨우치게 하고자 한 의상화엄의 전승과정을 생생하게 담은 글이다. [참고문헌] 『華嚴一乘成佛妙義』, 『華嚴發菩提心章』. ⇨ 추동기 錐洞記, 도신장 道身章

화엄경문의강목 華嚴經文義綱目 ➡ 문의강목 文義綱目

화엄경법계도기총수록 華嚴經法界圖記叢髓錄 ➡ 법계도기총수록 法界圖記叢髓錄

화엄경부류전역십의 華嚴經部類傳譯十義 부류·전승·번역 등을 망라하여 『화엄경』의 뜻을 열 가지 뜻으로 나누어 푼 글. 현수법장(賢首法藏 643~712)의 설이다. 또 다른 『화엄경』 분류인 화엄십류경(華嚴十類經)과 중첩되어 비춰 살필 수 있다. 『화엄경탐현기』 권1(대정장35, p.122a29)에 "(『화엄경』을 해석하는 十門 중) 여덟 번째, 부류전역에 또한 열 가지 뜻이 있다. 첫째 항본, 둘째 대본, 셋째 상본, 넷째 중본, 다섯째 하본, 여섯째 약본, 일곱째 논석, 여덟째 번역, 아홉째 지류, 열째 감응이다. 第八 部類傳譯者 亦有十義 一恒本 二大本 三上本 四中本 五下本 六略本 七論釋 八翻譯 九支流 十感應"라 하고 이하에서 십의(十義) 각각에 대해 설명하였다. ① 영원한 본으로서의 항본 : "나무 등 이류세계까지 통하고 터럭끝에서도 념념이 언제나 설해서 쉬어 그친 적이 없기에 결집한 것이 아니다. 이 품의 송 다소를 말할 수 없으니, 하위들이 능히 가져 지닐 일도 아니다. 此通樹形等 異類世界 各毛端處 念念常說 無有休息 此非可結集 不可限其品頌多少 亦非下位所能受持". 60권본 『화엄경』 권31 「불부사의법품 佛不思議法品」(대정장9, p.598c11)에서 "일체법계와 허공계 등의 세계 모두 터럭끝으로도 두루 재고 헤아리며, 그 낱낱의 터럭끝에서 찰나마다 불가설불가설불찰미진 등의 몸으로 화해서 미래겁까지 다한다. 一切法界 虛空界等世界 悉以毛端 周遍度量 一一毛端處 於念念中 化不可說不可說佛刹微塵等身 乃至盡未來際刧"라고 한 법문에 의지한다. ② 커서 밖이 없는 본으로서의 대본 : "해운비구가 지닌 『보안경』이다. 수미산을 모아서 만든 붓과 사대해 물로 만든 먹으로도 이 경의 한 품마저 다 쓸 수 없다. … 패엽에 능히 써 기억할 것이 아니다. 海雲比丘 所受持普眼經 以須彌山聚筆 四大海水墨 書一品修多羅 不可窮盡 … 亦非貝葉 所能書記". ③ 가장 뛰어난 본으로서의 상본 : "결집 『화엄경』의 상위본으로 서역에 전한다고 한다. 용수보살이 용궁에서 본 세 가지 『대부사의해탈경』 중 상위본이며, 십삼천대천세계미진수송과 사천하미진수품이다. 三上本者 此是結集文中之上本也 故西

域相傳 龍樹菩薩往龍宮見大不思議解脫經有三本 上本有十三千大千世界微塵數頌 四天下微塵數品". ④ 중간본인 중본 : "사십구만팔천팔백게와 일천이백품이며 상본과 함께 용궁에 감춰져 있다. 염부제 사람의 힘으로는 수지할 수도 전할 수도 없다. 有四十九萬八千八百偈 一千二百品 此上二本 竝祕在龍宮 非閻浮提人力 所受持故此不傳". ⑤ 하본 : "십만송 삼십팔품으로 용수보살이 용궁에서 가져다 출현시켜 천축에서 전승된 본으로 서역기에서 설하기를 우전국 남쪽 차구반국 산속에 이 본이 갖춰져 있다고 한다. 有十萬頌 三十八品 龍樹將此本 出現傳天竺 … 西域記說 在于闐國南 遮俱槃國山中 具有此本". ⑥ 간략히 한 본으로서의 약본 : "이 땅에 전하는 60권본으로 하본의 십만 게송 중에서 전분에 해당하는 삼만육천송을 요약하여 내놓은 것이다. 현수법사가 당시 자은사 탑에 보관 중이던 범본『화엄경』3부와 한역 60권본을 비교하였는데, 내용과 게송 수가 비슷하였다. 此土所傳 六十卷本 是彼十萬頌中 前分三萬六千頌 要略所出也 近於大慈恩寺塔上 見梵本華嚴有三部 略勘竝與此漢本大同 頌數亦相似". ⑦ 논석 : "용수보살이 이미 하본을 가져『대부사의론』을 지었고 … 이것의 일분이『십주비바사론』이다. … 또 세친보살이『십지론』도 지었다. 龍樹旣將下本 出因造大不思議論 … 今時十住毘婆沙論 是彼一分 … 世親菩薩 造十地論". ⑧ 번역 : "동진의 사문 지법령이 우전국에서 삼만육천게 범본경을 구하여 북천축 출신의 불타발다라에게 한역하도록 청하였다. … 이를 사문 법업 · 혜엄 · 혜관 등이 필수하였다. 有東晉沙門支法領 從于闐國 得此三萬六千偈經 幷請得北天竺 大乘三果 菩薩禪師 名佛馱跋陀羅 … 沙門法業 及慧嚴慧觀等 親從筆受". ⑨ 지류 : "대경을 힘 따라 가져서 나누어 여러 부로 만들었는데『도사경』1권은 제2회 초분,『보살본업경』1권은「정행품」,『소십주경』1권은「십주품」,『대십주경』4권과『점비일체지덕경』4권 이 둘은「십지품」에 대응한다. 此大經隨力 受持分成多部 兜沙經一卷 是第二會初 菩薩本業經一卷 是淨行一品 小十住經一卷 是十住品 大十住經四卷 漸備一切智德經四卷 竝是十地品". ⑩ 감응 : "『화엄경』을 독송 · 암송 · 서사함에 따라 교의를 깨닫거나 신통을 경험하게 된 인연이다. 이와 같은 예사가 극히 빈번하고 넓은데 5권『화엄전』에 갖추어 설했다. 諸如此例事極繁廣 具如五卷華嚴傳中說". [참고문헌]『華嚴經探玄記』,『華嚴經』. ⇨ 십류경 十類經

화엄경사 華嚴經社 『화엄경』을 의지해 사경(寫經)하고 전독(轉讀)하며 신행하기 위해 모인 대중결사. 기한을 정해 사경해서 전독할 경책을 마련하고는 정례로 모여 전독하며 신행을 이어간다. ⇨ 화엄경사회원문 華嚴經社會願文, 화엄사회원문 華嚴社會願文, 화엄사 華嚴社

화엄경사회원문 華嚴經社會願文 신라 최치원(崔致遠 857~?) 지음. 886년(정강왕1)에 정강왕(定康王 재위 886~887)이 형인 선왕 헌강왕(憲康王 재위 875~886)의 명복을 빌고자『화엄경』사경결사를 베풀면서 발원 내력을 밝힌 글로, 한불전4, pp.646b17~647c3의『원종문류』권22에 전한다. 1740년(영조16)에 동은(東隱)이 엮은『불국사고금창기』에도「나조상재국척대신등봉위헌강대왕결화엄경사원문 羅朝上宰國戚大臣等奉爲獻康大王結華嚴經社願文」이라는 제목으로 전하는데,「동국승사비 東國僧史碑」를 인용하여 결사시기를 882년(헌강왕8), 주관사찰인 능침북사(陵寢北寺)를 불국사(佛國寺) 광학장(光學藏)이라고 하였다. 발원문에서(한불전4, p.646b18) 정강왕은 "경전으로 사를 삼음은 좋은 인연으로 사람을 모으는 것이고, 지성으로 모여 임금에게 보답하는 것이다. … 보은에는 도연을 맺음과 같은 것이 없고, 추복에는 법회를 일으킴과 같은 것이 없다. 夫以經爲社者 乃聚人以善緣 報主以至誠之會也 … 以爲報恩莫如結道緣 追福莫如興法會"라고 하여, 태화년간(827~835)에 균량(均諒)이 민애왕(재위 838~839)의 모후인 선의왕후(宣懿王后 · 貴寶夫人)가 춘추로 결사하고 경권을 베푼 고사에 의거하여 사경을 권하면서 대덕 현준(賢雋)에게 교서를 내려『화엄경』강경을 요청하였다. 특히 시서(侍書) 중에 글씨를 잘 쓰는 자를 뽑아 의희본 60권본『화엄경』제일「세간정안품 世間淨眼品」을 사경하면서 상재(上宰) 서발한(舒發韓) 김임보(金林甫)와 국척(國戚)이면서 중신(重臣)인 소판(蘇判) 김일(金一) · 김순헌(金順憲) 등에게 사경을 갈무리하도록 하였다. 이어서 국통(國統)과 승록(僧錄) 등에게도 정원본 40권『화엄경』을 사경하도록 하였는데, 뒤에 진성왕으로 즉위하는 북궁장공주(北宮長公主)가 듣고서 장정을 꾸미도록 시주하니 열흘이 채 지나지 않아 10질 곧 100권의 사경이 성취되었다. 이후 매년 두 차례 능침불사에 모여『화엄경』100권을 전독(轉讀)하였다. [참고문헌]『圓宗文類』,『佛國寺古今創記』.

화엄경삼보장원통기 華嚴經三寶章圓通記 균여(均如 923~973) 지음. 2권 1책 목판본. 당 현수법장(賢首法藏 643~712)이 지은『삼보장』의 주석서다. 대각국사(大覺國師) 의천(義天 1055~1101)의『신편제종교장총록』권1(한불전4, p.681b11) 해동유본견행록(海東有本見行錄) 상에는 "화엄잡장문 일권 삼보장 · 유전장 · 법계연기장 · 원음장 · 법신장 · 십세장 · 현의장. 華嚴雜章門一卷 三寶章流轉章法界緣起章圓音章法身章十世章玄義章"이라고 하여,『화엄잡장문』이라고도 이름하였다. 균여는 신라 의상(義湘 625~702)이『화엄경』요지 210자를 도인(圖印)으로 만든『화엄일승법계도 華嚴一乘法界圖』, 의상의 스승인 지엄(智儼 602~66

8)이『화엄경』핵심을 십구로 정리한 것을 신라 법융(法融)이 해설한『십구장 十句章』, 현수법장이『화엄경』에 대한 질문이나 뜻에 따라 설한 것을 적은『화엄교분기 華嚴教分記』와『화엄경』의 가르침을 설명한『화엄지귀장 華嚴旨歸章』등을 강하였는데, 특히『삼보장』은 959년(광종10)경『십구장』강의 이후 962년(광종13) 여름에 시작한『화엄교분기』강의 이전에 진행하였던 듯하다. 당시 제자들이 우리말로 강의록을 만들었는데,『화엄삼보장원통기』(한불전4, p.239a22)에 "균여성사가 광종 때 행화한 신이와 감통은 모두 학사 혁련정이 지은 행장록과『해동승사』의 것과 같다. 성사로부터 이미 멀어져 법계종중의 광대한 뜻은 땅에 떨어졌으니, 아아! 대도는 행해지기 어렵구나. 이 강을 한 화상 천기는 (균여성사부터) 수백 년이 지난 후에 숙세의 인연처럼 태어나서 오직 의상 문하에 의지하여 묘지에 전념하였는데, 성사가 남긴 기록은 상말오탁이 심해진 (지금의) 때에 홀로 원종의 오래된 뜻을 힘써 연 것이다. 그 뒤에 해동 학인들은 화엄에 (의상인) 의지 한 길만 있는 줄 알았으나, 제자는 본 강을 한 화상을 섬겨 한 둘의 대의를 미리 들었다. 이제 (균)여공의『삼보장』옛 기록에 의지하여 신라말을 지운 다음 두 권으로 나누어 학인에게 베풀었다. 감히 호사라고는 하지 못하더라도 앞선 화상의 본원을 성취하려는 것일 뿐이다. 均如聖師 在光宗朝 行化神異感通 具如學士赫連挺所述行狀錄 及海東僧史 自聖師旣遠 法界宗中廣大之義 墜乎地則 嗚呼大道之難行也 本講和尙天其 生於相去數百餘載之後 生如宿植 一依義相門下 所專妙旨 聖師遺記 當此季末五濁之深 揭獨力開圓宗古義 然後海東學人 知有華嚴義持一路矣 弟子事本講□ 預聞一二大義 今依如公三寶章古記 刊削羅言 離爲二卷 以施學人 非敢好事 欲成就先和尙之本願耳"라고 하였다. 균여 화엄을 계승하며 저술을 수습한 천기의 제자들은 신라의 방언을 한문으로 바꾸고 몇 차례 윤문하여,『석화엄지귀장원통초 釋華嚴旨歸章圓通抄』·『석화엄교분기원통초 釋華嚴教分記圓通抄』등과 함께 1250년(고종37) 전후에 대장도감(大藏都監) 강화본사(江華本司)에서 재조대장경 경판을 조성할 때 함께 개간(開刊)하였다. 당시의 목판은 현재 해인사 장경판전(藏經板殿)에 소장되어 있다. 이 글은 현수법장이 삼보장·유전장(流轉章)·법계연기장(法界緣起章)·원음장(圓音章)·법신장(法身章)·십세장(十世章)·현의장(玄義章) 등『화엄경』의 일곱 장에 대한 설명을 모은 것으로,『화엄삼보장원통기』(한불전4, p.160a17)에서는 "차례를 정하면, 세간에서 가장 귀의해야 한다고 하고 또 총이므로 삼보가 처음에 오고, 법보에 나아가면 … 이법관이고 … 행법관이고 … 과법현이므로 … 법보 중에 유전장을 세워 두 번째로 한다. 유전법은 일승에서는 법계연기이므로 세 번째가 되고, 불보 중에 능설의 음과 소의의 신이기에 네 번째와 다섯 번째로 있다. 이것의 삼보는 십세 중에서 성하여 끊어지지 않으므로 여섯 번째이고, 위의 여섯단은 현의를 나타냈으므로 일곱 번째이다. 作次第也 謂於世間最可歸依故 又是摠故 三寶在初也 就法寶中 … 是理法觀 … 是行法觀 … 是果法現 … 是故 於法寶中 立流轉章 故有第二 此流轉法 至於一乘 則法界緣起 故有第三 佛寶中 能說之音及所依之身 故有第四第五 此之三寶 於十世中 紹隆不絶 故有第六 此上六段 所現玄義 故有第七也"라고 하면서, 삼보장·유전장·법계연기장 일부는 상권, 법계연기장 일부와 나머지는 하권으로 나누어 수록하였다.『삼보장』은 먼저 찬자인 현수법장의 행적과 이 글의 찬술시기 등을 밝힌 장주인연행장병조문인연급차제(章主因緣行狀幷造文因緣及次第), 다음은 책의 제목을 설명한 석제명(釋題名), 마지막은 본문의 내용을 해설한 입문해석(入文解釋) 등의 세 부분으로 구성하였다. [참고문헌]『新編諸宗教藏總錄』.

화엄경삼역 華嚴經三譯 『화엄경』의 세 가지 한역.『불조통기』권41(대정장49, p.380a22)에 "798년(정원14) 2월, 반야삼장과 징관법사 등이 신역『화엄경』40권 올렸다〈이 경은 세 가지 한역이 있다. 진역 60권과 당 무후조 때 80권, 지금 덕종조의 40권과「보현행원품」1권이 그것이다〉. 十四年二月 般若三藏 澄觀法師等 進新譯華嚴經四十卷〈此經三譯 晉譯六十卷 唐武后朝八十卷 今德宗朝四十卷 幷普賢行願品一卷〉"라고 하였다. [참고문헌]『佛祖統紀』. ⇨ 대방광불화엄경 大方廣佛華嚴經

화엄경삼조 華嚴經三照 부처님의 일대시교(一代時教)를 판석(判釋)함에 해가 떠오르면서 고산·유곡·평지 등 차제로 비추는 비유로 드러낸 것을 말한다.『열반경』의 오미(五味)와 어울려 삼조오미(三照五味)라고도 한다. 60권본『화엄경』권34「보왕여래성기품 寶王如來性起品」(대정장9, p.616b14)에서 설한 비유에 따른다.『법화현의석첨』권1(대정장33, p.822b24)에 "열반의 오미는 전변하지만 단지 하나의 젖일 뿐이고, 화엄의 삼조 같지 않지만 단지 하나의 해일 뿐이다. 이제 화엄의 평지의 비유를 펴서 열반의 뒤의 삼미에 마주하면 수는 비록 같지 않지만 그 뜻은 뚜렷하게 가지런하다. 또 열반에서는 소로써 부처님에 빗대었으니, 젖이 소를 좇아 나옴은 부처님께서 처음에 대승 설하신 것을 비유하고 젖이 나온 이후에 그 맛이 전변함은 나눠어진 비유를 이룸과 같다. 그러므로 이 아래 글에선 뜻에 있어 오미가 모두 소를 좇아 나왔다고 세웠으니, 화엄에서 해는 부처님에 빗대고 빛은 가르침 설하신 것에 빗대어 해는 무연자비로 나오지 않고도 나오고 뭇 근기들 두드린 바는 비추지 않고도 비추기에 고산과 유곡과 평지로 하여금 같지 않으면서도 한결같이 가르침의 빛을 받아 끝내 고르게 비춤으로 돌아가게 한 것과는 같지 않다. 그러므로 두 경을 써서 두 뜻이 서로 이뤄진다. 涅槃五味 轉變而秪是一乳 華嚴三照 不同而秪是一日 今演華嚴平地之譬以對涅槃後之三味 數雖不等 其義宛齊 又涅槃 以牛譬佛乳從牛出 譬佛初說大 乳出已後 其味轉變 猶成分譬 故此下文 義立五味 皆從牛出 未若華嚴 日譬於佛 光譬說教日無緣慈 非出而出 衆機所扣 非照而照 故使高山 幽谷平地 不同 同稟教光 終歸等照 故用兩經 二義相成", 『불조통기』 권3(대정장49, p.146b26)에 "일대란 통으로는 팔상을 가리키고 별로는 오시에 있는데, 오시에 또 통과 별이 있다. … 오시를 논한 것은 뜻으로는 세 경에 나오는데, 화엄삼조와 열반오미와 『법화경』「신해품」에서 사대제자가 깨달았다는 등의 글을 이른다. 一代者 通指八相 別在五時 五時復有通別 … 論五時者 義出三經 謂華嚴三照 涅槃五味 法華信解品 四大弟子領解等文", 『법화경현첨증석』 권1(卍속장44, p.791b15)에 "삼조오미 : 『불조통기』 권3(대정장49, p.147d1)에 삼조오시오미도가 있으며, 또 화엄사유라고 하였다. 구역 「성기품」에 '비유컨대 저 해가 나옴에 먼저 모든 대산왕들을 비추고 다음으로 일체대산을 비추며 다음으로 금강보산을 비춘 연후에 널리 일체대지에 미친다'라고 하였는데, 『묘현』(『法華玄義』)에서 넷을 합하여 셋으로 하였으니 〈가운데 둘을 합하여 유곡이라 하였다〉, 첫째 고산, 둘째 유곡, 셋째 평지며, 『석첨』에서 셋을 열어 다섯으로 하였으니, 고산·유곡·식시·우중·정중〈뒤의 셋은 평지를 좇아 열어 나온 것이다〉이다. 三照五味 佛祖統紀第三卷 有三照五時五味圖 又云 華嚴四喩 舊譯性起品云 譬如日出先照諸大山王 次照一切大山 次照金剛寶山 然後普及一切大地 妙玄 合四爲三〈合中二爲幽谷〉 一 高山 二 幽谷 三平地 籤 開三爲五 高山 幽谷 食時 禺中 正中〈後三 從平地開出〉", "두 경의 뜻이 서로 이뤄지니, 만약 열반오미를 쓰지 않는다면 화엄의 셋을 펴서 다섯 이름을 드러내지 못하고, 만약 화엄삼조를 쓰지 않는다면 열반에서의 뒤의 사미가 모두 소를 좇아 나옴을 드러내지 못한다. 그러므로 두 뜻이 서로 이뤄진다고 하였다. 兩經二義相成 若不用涅槃五味 則不顯華嚴演三成五 若不用華嚴三照 則不顯涅槃後之四味皆從牛出 故云 二義相成", 『마하지관의례수석』 권1(卍속장99, p.815a4)에 "화엄에서 먼저 고산을 비췄다는 말은 이것은 돈을 증하고, 다음으로 유곡을 비춤은 이것은 점을 증하며, 다음으로 평지를 비춤은 이것은 부정을 증한다. 오도 등으로써 근기 비춤에 섞여 정해지지 않았기 때문이다. 『화엄경』 중에서는 다만 삼조만 있을 뿐인데 천태에서 평지 비춤을 열어 삼시로 삼고 열반의 젖 등 오미에 배대하여 일대교를 판석하였으니 심히 정취가 있다. 言華嚴先照高山者 此證頓也 次照幽谷 此證漸也 次照平地 此證不定也 以五道等照機雜不定故 華嚴經中 但有三照 天台開照平地 以爲三時 以配涅槃乳等五味 判一代教 深有致也"라고 하였다. 〔참고문헌〕『華嚴經』, 『法華玄義釋籤』, 『佛祖統紀』, 『法華經玄籤證釋』, 『摩訶止觀義例隨釋』. ⇨ 오미 五味, 비유 譬喩

화엄경삼품별행소 華嚴經三品別行疏 당대 징관(澄觀) 지음. 2권. 80권본 『화엄경』 권13의 「보살문명품 菩薩問明品」, 권14의 「정행품 淨行品」, 권14와 15에 걸친 「현수품 淨行品」에 대해 따로 주석한 것이다. 『신편제종교장총록』 권1(대정장55, p.1167b8)에 "『삼품별행소』 2권〈「문명품」, 「정행품」, 「현수품」이 그것이다〉. 三品別行疏 二卷〈問明 淨行 賢首是也〉"라고 제명이 전한다. 〔참고문헌〕『新編諸宗教藏總錄』.

화엄경석명장 華嚴經釋名章 통일전쟁 시기 진구사(珍丘寺 : 백제 지역 임실) 스님 의융(義融) 지음. 1권. 목록으로만 확인된다. 의융은 보덕(普德)의 여러 제자 중 한 명으로 열반종(涅槃宗)을 종지로 삼았다. 『신편제종교장총록』 권1 「해동유본현행록 海東有本見行錄」(대정장55, p.1167c3)에 "『화엄경석명장』 1권. 의융의 저술이다. 釋名章 一卷 義融 述"라고 하였다. 〔참고문헌〕『新編諸宗教藏總錄』. ⇨ 의융 義融

화엄경설시 華嚴經說時 부처님께서 『화엄경』을 설법한 때. 성도 후 제이칠일설(第二七日說)·전후분이시설(前後分異時說) 등이 있으나, 청량징관(淸涼澄觀) 등은 권서(卷舒)에 자재한 염겁원융(念劫圓融)의 뜻으로 시절 논함을 회통하였다. 현수법장(賢首法藏)은 『화엄오교장』 권1(대정장45, p.482b19)에서 "부처님께서 처음 도를 이루신 후 제이칠일에 보리수 아래에서 마치 해가 뜰 때 먼저 산의 높은 부위를 비추듯이 해인삼매에 들어 십십법문을 동시에 연설하셨다. 佛初成道 第二七日 在菩提樹下 猶如日出 先照高山 於海印定中 同時演說十十法門"라고 하였으며, 이에 대한 근거를 『십지경』 권1 「보살극희지품 菩薩極喜地品」(대정장10, p.535a29 : *Daśa-bh.*, p.1)에 "나는 이와 같이 들었다. 일시 박가범께서 도를 이루신 지 오래되지 않은 제이칠일날이었다. 如是我聞 一時薄伽梵 成道未久 第二七日 evaṃ mayā śrutam. ekasmin samaye bhagavān … acirābhisaṃbuddho dvitīye saptāhe"라는 구절에서 찾았다. 『십지경론』 권1(대정장26, p.124a11)에 "무엇 때문에 초칠일에 설하시지 않은 것일까? 인연행을 행함에 대해 사유하셨기 때문이다. 본래 다른 이를 위해 도를 이루셨는데, 무엇 때문에 7일 동안 사유하시고 설하시지 않은 것일까? 스스로 대법락을 즐거워 한 것을 드러내 보인 것이다. 何故不初七日說 思惟行因緣行故 本爲利他成道 何故七日思惟不說 顯示自樂大法樂故"라고 하였다. 이런 현수법장의 제이칠일동시설(第二七日同時

說)과 달리 전후분이시설(前後分二時說)을 여러 법사들이 주장한 바 있다. 먼저 보리유지(菩提流支 Ⓢ Bodhiruci)는 『화엄경탐현기』 권2(대정장35, p.127b24)에 "보리유지는 말하길 '화엄 8회 중 앞 5회는 부처님 성도 후 초칠일의 설법이고, 제6회 이후는 제이칠일의 설법이다'. 菩提流支云 華嚴八會中 前之五會 是佛成道 初七日說 第六會後 是第二七日說"라고 하여 초칠일과 제이칠일의 양분설법을 주장하였다. 한편 가상길장(嘉祥吉藏)·천태지의(天台智顗)·자은규기(慈恩窺基) 등의 여러 법사들은 제7회까지는 초시(初時)에 설해지고 제8회 이후는 후시(後時)에 설해진 격별한 경이라 하였고, 특히 천태는 『화엄경』을 전분화엄(前分華嚴)과 후분화엄(後分華嚴)으로 나누고는, 전분은 『법화경』 권1 「방편품 方便品」(대정장9, p.9c4 : *Saddh-p.*, p.54)에 "나는 비로소 도량에 앉아 보리수 보며 경행하였네. 삼칠일 동안 이와 같은 일을 사유하였네. 我始坐道場 觀樹亦經行 於三七日中 思惟如是事 so 'haṃ viditvā tahi bodhimaṇḍe saptāha trīṇi paripūrṇa saṃsthitaḥ, arthaṃ hi cintemimam evarūpaṃ ullokayan pādapam eva tatra"라고 한 경문에 의지해 최초설법을 제삼칠일로 보아 『법화현의』 권10(대정장33, p.806c28)에 논증하였고, 훗날 천태종에서는 전분을 적장화엄(寂場華嚴 : 60권본 『화엄경』 권1~권36), 후분은 시장화엄(時長華嚴 : 권37~권60)이라고도 하였다. 다시 같은 책 권10(대정장33, p.808a5)에 "화엄시는 간격이 길다. 옛적 소승의 기틀로는 들어가지 못하여 농아와 같았는데, 반야를 듣고서야 들어갈 수 있게 되었다. 華嚴時節長 昔小機未入 如聾如瘂 今聞般若 卽能得入"라고 하며, 후분이 반야이후의 설법임을 주장하였다. 나아가 제8회에 부처님 성도 후 6년 만에 지어진 기원정사(祇園精舍)와 성도 후 5년 만에 제자가 된 사리불(舍利弗) 등 오백성문제자가 도량에 참석한 점 등도 제이칠일의 설법으로 생각할 수 없는 점이라고 하였다. 이런 견해에 대해 다시 현수법장은 『화엄오교장』 권1(대정장45, p.482b24)에 "일체 전후의 법문에서부터 말대의 유통과 사리불이 법문을 들었다는 일 등에 이르기까지 모두 아울러 동시에 드러난 일이다. 왜인가? 거두고 펼침에 자재하기 때문이다. 펼친즉 9세를 다 품고 거둔즉 일시에 있게 된다. 一切前後法門 乃至末代流通 舍利見聞等事 並同時顯現 何以故 卷舒自在故 舒則該於九世 卷則在於一時"라고 하였고, 청량징관은 『화엄경소』 권1 「서문 序文」(대정장35, p.503a13)에 "보리수왕에서 일어서지 않으시고 법계를 칠처로 벌이셨으니, 후제를 어긴 일 없으셨으니 처음 성도하심에 9회를 드러내신 것이다. 不起樹王 羅七處於法界 無違後際 暢九會於初成"라고 하여 설시에 대한 격별한 논의를 화엄종지의 입장으로 회통하였다. 〔참고문헌〕 『華嚴五敎章』, 『十地經』, 『十地經論』, 『華嚴經探玄記』, 『法華經』, 『法華玄義』, 『華嚴經疏』, 『法華玄義釋籤』 권20(대정장33, p.958a13), 『佛祖統紀』 권34(대정장49, p.326b9), 李智冠 『韓國佛敎所依經典硏究』 pp.290~291, *Daś-bh.*, *Saddh-p.*

화엄경소 華嚴經疏 ❶ 『화엄경 華嚴經』에 대한 주석서 중에 「소 疏」라 이름 붙인 것들. ❷ 원효(元曉) 지음. 10권. 한불전1, pp.495a1~497c10에 수록되어 있다. 처음에는 8권이었다가 10권으로 개편되었다. 현재는 「진역화엄경소서 晋譯華嚴經疏序」와 제3권 「여래광명각품 如來光明覺品」만 남아있어 『화엄경광명각품소 華嚴經光明覺品疏』 또는 『화엄경소권제삼 華嚴經疏卷第三』 등이라고도 한다. 60권본 『화엄경』에 대한 주석서다. ❸ 법장(法藏)의 『화엄경탐현기 華嚴經探玄記』 20권의 별칭. 60권본 『화엄경』의 대요를 서술하고 문구의 뜻을 해석함으로써 화엄종 교의의 핵심을 밝히려는 의도로 저술되었다. ⇨ 화엄경탐현기 華嚴經探玄記 ❹ 징관(澄觀)이 지은 『정원신역화엄경소 貞元新譯華嚴經疏』의 별칭. 『화엄경보현행원품소 華嚴經普賢行願品疏』·『화엄경행원품소』라고도 한다. 40권본 『화엄경』의 강요를 서술하고 문구의 뜻을 풀이했다. ⇨ 정원신역화엄경소 貞元新譯華嚴經疏 ❺ 징관이 80권본 『화엄경』을 풀이한 『대방광불화엄경소 大方廣佛華嚴經疏』 60권의 별칭. 『신화엄경소 新華嚴經疏』·『청량소 淸涼疏』·『화엄대소 華嚴大疏』·『대소』라고도 한다. ⇨ 대방광불화엄경소 大方廣佛華嚴經疏 ❻ 저자 미상. 1권. 돈황본(敦煌本) S. 2721. 대정장85, pp.217b16~234a7, No.2755에 수록되어 있다. 80권본 『화엄경』 주석서지만 흩어지고 남은 본을 정리한 결과물로 추정한다.

화엄경소과문 華嚴經疏科文 청량(淸涼)의 『대방광불화엄경소 大方廣佛華嚴經疏』를 과문한 것. 10권. 卍속장8, pp.1a1~344a1에 수록되어 있다. 『화엄경소초 華嚴經疏鈔』와 『화엄경현담 華嚴經玄談』의 과목(科目)도 활용되었다. 『중화대장경총목록』 권4(대장경보편35, p.485a4)에 "『화엄경소과문』 10권〈당 징관 배정. 속장경 제8투 제3책부터 제10투 제4책까지이다〉. 華嚴經疏科文 十卷〈唐澄觀排定 續第八套第三冊 至第十一套第四冊〉"이라고 하였다. 한편, 이것을 거사 이원정(李圓淨 1894~1950)이 도표를 활용하는 등 근대식으로 정리하여 『화엄경소과문표해 華嚴經疏科文表解』라는 이름으로 1939년 연인본으로 발행한 바 있다. 〔참고문헌〕 『中華大藏經總目錄』. ⇨ 대방광불화엄경소 大方廣佛華嚴經疏

화엄경소은과 華嚴經疏隱科 조선후기 스님 회암정혜(晦菴定慧 1685~1741) 지음. 1권. 저술 시기 및 내용 등은 미상이고 『화엄경은과 華嚴經隱科』라고도 한다. 『선원집도서과기』 「회암대사행적 晦菴大師行蹟」(한불전9, p.545a21)에 "문하에서 편록하는 것을 허용하지 않았기에 바람에 낙엽 떨어지듯 흩어지고 오직 『화엄경소은과』·『도서절요주해』와 『제경론소구절』만이 세상에 따로 돌아다닌다. 不許門下編錄故 風散落葉 唯華嚴經疏隱科 都序節要註解 諸經論疏句絶 獨行於世", 『저역총보』 권2(한불전12, p.470c5)에 "『화엄경은과』 1권. 회암정혜 지음 華嚴經隱科一 晦庵定惠"이라고 하였다. 이로써 세간에 어느 정도 명성을 갖고 유포되었음을 알 수 있다. 한편, 동국대학교도서관에는 저자 미상의 『화엄경은과』 필사본 2종이 전하는데, 이 중 하나가 회암정혜의 저술일 것으로 추정한다. [참고문헌] 『禪源集都序科記』, 『著譯叢譜』. ⇨정혜 定慧 [3]

화엄경수소연의초 華嚴經隨疏演義鈔 당 징관(澄觀 738~839)이 지은 『화엄경』의 주석서. 90권. 갖춘 이름은 『대방광불화엄경수소연의초 大方廣佛華嚴經隨疏演義鈔』. 『수소연의초』·『연의초』·『화엄대소초』라고 간략히 부르기도 한다. 대정장36에 수록되어 있다. 청량(淸涼)국사 징관은 화엄사상을 대성한 법장(法藏 643~712)의 사상을 계승 발전시킨 화엄 제4조로 꼽힌다. 징관은 80권 『화엄경』의 주석서로 787년에 『화엄경소 華嚴經疏』 60권을 저술하였는데 법장의 60화엄 주석서인 『탐현기 探玄記』와 함께 『화엄경』 주석서의 쌍벽으로 불린다. 징관이 다시 『화엄경소』를 상세하게 부연 설명한 것이 『수소연의초』로서, 문인 승예(僧叡) 등을 위해 문장을 따라가며 해설하는 방식으로 자세히 풀었다. 총서와 경명의 뜻(總序名意), 귀경과 가피를 청하는 귀경청가(歸敬請加), 장을 열어 경문을 풀이한 개장석문(開章釋文), 찬탄하고 회향한 겸찬회향(謙讚廻向)의 크게 네 부분으로 구성되었다. 귀경청가에서 징관은 선종에 대하여는 돈점의(頓漸義)와, 천태를 상대해서는 돈원(頓圓) 등으로 바른 뜻을 선양하고자 함을 분명히 하였다. 개장석문에서는 다시 열 가지 뜻으로 열었다. 첫째 화엄의 가르침이 일어나는 인연(教起因緣), 둘째 삼장교를 거둔 뜻(藏教所攝), 셋째 뜻과 이치로 가지런히 함(義理分齊), 넷째 이 가르침을 수용하는 근기(教所被機), 다섯째 교체의 낮고 깊음(教體淺深), 여섯째 종취에 있어서의 열고 닫음(宗趣通局), 일곱째 부로 나누고 품으로 알게 함(部類品會), 여덟째 화엄의 전역과 감통(傳譯感通), 아홉째 경제를 모두 풀고(總釋經題), 열째 경문을 따라 풀어 알게 함(隨文解釋)이다. 1690년(숙종16)에 백암성총(柏巖性聰)이 중국 가흥본(嘉興本)이 일본으로 수송되던 중 난파하여 임자도에 실려온 판본을 낙안 징광사(澄光寺)에서 새로 판각유통함으로써 널리 유통되었다. 이 판본은 80권본으로서 『대방광불화엄경소초』라는 이름 아래 『화엄현담 華嚴玄談』 8권 8책, 『화엄소초』 80권 70책, 『화엄경보현행원품소』 1권 1책, 『화엄소초리합범례·화엄소초음석 華嚴疏鈔釐合凡例華嚴疏鈔音釋』 합1책으로 구성되었다. 이 경판이 1770년에 화재로 소실되자 1774년(영조50)에 설파상언(雪坡尙彦)이 판각하여 영각사(靈覺寺)에 모셨는데, 이후 제방강원의 교재로 널리 유통되었다. 1886년에는 남호영기(南湖永奇)가 봉은사에서 판각하였다. 이 책의 앞부분(天字卷~荒字卷)은 징관화엄의 강요서로서 현담(玄談 또는 懸談)이라는 이름으로 유독 중요시되었고, 『화엄현담 華嚴玄談』이라는 이름으로 따로 유통되기도 하였다. 원의 보서(普瑞)는 이 현담만을 해석한 『화엄현담회현기 華嚴懸談會玄記』 40권을, 요의 선연(鮮演)은 『화엄현담결택 華嚴懸談決擇』 6권을 짓기도 하였다. [참고문헌] 普瑞 『華嚴懸談會玄記』, 鮮演 『華嚴懸談決擇』. ⇨대방광불화엄경수소연의초 大方廣佛華嚴經隨疏演義鈔, 대방광불화엄경 大方廣佛華嚴經, 화엄경 華嚴經

화엄경수품찬 華嚴經隨品讚 ➡대방광불화엄경수품찬 大方廣佛華嚴經隨品讚

화엄경수현기 華嚴經搜玄記 ➡대방광불화엄경수현분제통지방궤 大方廣佛華嚴經搜玄分齊通智方軌

화엄경심요 華嚴經心要 당대 징관(澄觀 738~839) 지음. 『신편제종교장총록』 권1(한불전4, p.681a19)에 "『심요』 1권. 이상 징관 술. 心要 一卷 已上 澄觀述"이라고 이름만 전한다. [참고문헌] 『新編諸宗教藏總錄』, 『楊仁山居士遺書』 권22(대장경보편28, p.690b3).

화엄경십구원통초 華嚴經十句圓通鈔 ➡십구장원통기 十句章圓通記

화엄경십류 華嚴經十類 ➡십류경 十類經, 화엄경부류전역십의 華嚴經部類傳譯十義

화엄경십불 華嚴經十佛 ➡십불 十佛 [1] [2]

화엄경약찬게 華嚴經略纂偈 80권본 『화엄경』의 핵심적인 사항을 모아서 간략히 설한 게송. 7언 110구 770자. 『저역총보』 권1(한불전12, p.436b21)에 "화엄약찬게 용수보살지음. 華嚴略贊偈 龍樹菩薩造"라 하였으며, 『석문의범』 권하 pp.202a6~205a5에 수록되어 있다. 줄여서 「화엄약찬게」 또는 「약찬게」라고도 한다. 현재 한국불교의 법회·신행·의례 등 현장에서 늘 지송하는 송게(誦揭) 중 하나다. 게송 첫 두 구로 제목하여 '대방광불화엄경용수보살약찬게 大方廣佛華嚴經龍樹菩薩略纂偈'라고 하였다. 게문은 대략 귀경(歸敬)·설경

인연(說經因緣)·청법대중(聽法大衆)과 선재동자가 참례한 53선지식의 이름, 칠처구회(七處九會)와 각 품(品)의 명칭, 유통(流通) 등으로 구성되어 『화엄경』 구성과 청법대중의 전모를 드러내고 있다. 〔참고문헌〕『著譯叢譜』, 『釋門儀範』. ⇨ 용수보살약찬게 龍樹菩薩略纂偈

화엄경약책 華嚴經略策 당 청량징관(淸涼澄觀 738~839) 지음. 1권. 원래 이름은 『대화엄경략책 大華嚴經略策』이다. 자신이 지은 『화엄경소초 華嚴經疏鈔』를 42개조로 요약한 글로, 1711년에 새긴 뒤 1795년에 교정하여 다시 새긴 판본이 대정장36, pp.701b4~709c7에 전한다. 1795년에 유가종(瑜伽宗) 사문 겸순(謙順)이 쓴 「재간화엄약책서 再刊華嚴略策序」(대정장36, p.701b9)에 "체제는 먼저 문답을 베풀고 마지막에 '삼가 답한다'고 말하는데, 모든 조가 다 그렇다. 살펴보면 문체명변과 설서격식은 송 소식의 서 삼편에 있으니, 처음에는 문대를 두었고 마지막에는 '삼가 답한다'고 하였다. … 책략이라고 한 것 또한 대책의 뜻도 취한 것이다. 於其體製 始設問答 終曰謹對 每條皆然 考之文體明辯說書格式 有宋蘇軾書三篇 皆始置問對終曰謹對…題曰略策 抑亦取對策之意耶"라고 하였다. 내용은 석경제목(釋經題目)·명경종취(明經宗趣)·석불명호(釋佛名號)·처회법주(處會法主)·불기승천(不起昇天)·설경시절(說經時節)·경지부류(經之部類)·번역전통(翻譯傳通)·화장체상(華藏體相)·생불교철(生佛交徹)·십신원묘(十信圓妙)·혹장부동(惑障不同)·여래십신(如來十身)·성현위차(聖賢位次)·십바라밀(十波羅蜜)·설십지유(說十之由)·지옥돈초(地獄頓超)·이승롱고(二乘聾瞽)·보현행원(普賢行願)·문수조사(文殊祖師)·비지쌍류(悲智雙流)·지관쌍운(止觀雙運)·동적자재(動寂自在)·사리상융(事理相融)·창기십현(彰其十玄)·변현소이(辨玄所以)·법계명체(法界名體)·증입심천(證入淺深)·선재남구(善財南求)·지식별증(知識別證)·원융항포(圓融行布)·과해이언(果海離言)·십정지명(十定之名)·십통차별(十通差別)·십통육통(十通六通)·십인천심(十忍淺深)·불부사의(佛不思議)·십신상해(十身相海)·공무공유(功無功由)·교기원유(教起源由)·삼장이장(三藏二藏)·십이분교(十二分教) 등이다. ⇨ 대화엄경약책 大華嚴經略策

화엄경오온관 華嚴經五蘊觀 당대 징관(澄觀) 지음. 1권. 卍속장103, p.605a1~b8에 『오온관』이라는 제명으로 수록되어 전한다. 『신편제종교장총록』 권1(대정장55, p.1166c22)에도 "『오온관』 1권. 五蘊觀 一卷"이라 하여 제명을 전하고 있다. 오온(五蘊)을 주제(主題)로 하여 대승과 화엄의 종(宗)을 개략적으로 풀어 썼다. 요(遼)나라 때 지복(志福)이 찬한 『석마하연론통현초』 권4(卍속장73, p.249a2)에도 전문이 인용되어 있다. 〔참고문헌〕『新編諸宗教藏總錄』, 『釋摩訶衍論通玄鈔』.

화엄경오주인과 華嚴經五周因果 ➡ 오주인과 五周因果

화엄경요결 華嚴經要決 연기(緣起) 지음. 12권 또는 6권. 현존하지 않는다. 『신편제종교장총록』 권1(대정장55, p.1167c4·한불전4, p.682a21)에 이름만 전한다. 〔참고문헌〕『新編諸宗教藏總錄』.

화엄경요의 華嚴經了義 당대 징관(澄觀) 지음. 1권. 『신편제종교장총록』 권1(대정장55, p.1166c24)에 "『요의』 1권〈고기 먹음이 죄가 있는지 없는지에 관함이 붙어 있다〉. 了義 一卷〈食肉有罪無罪附〉"라고 제명만 전한다. 또 『신수과분육학승전』 권6 「징관전」(卍속장133, p.522b2))에 "당시 순종이 춘궁에 있을 때 오대산을 둘러보며 지냈는데, 이때 교지를 받고 『요의』 1권과 『심요』 1권 및 고기 먹음이 죄짓는 인연 등에 대해 지었다. 當順宗之在春宮也 時觀居五臺 承敎述了義一卷 心要一卷 食肉得罪因緣等"라고 하였다. 〔참고문헌〕『新編諸宗教藏總錄』, 『新修科分六學僧傳』.

화엄경요의문답 華嚴經要義問答 ➡ 대화엄경요의문답 大華嚴經要義問答

화엄경원종문류 華嚴經圓宗文類 ➡ 원종문류 圓宗文類

화엄경윤관 華嚴經綸貫 송대 복암(復菴) 지음. 1권. 卍속장4, pp.930a1~935b6에 수록되어 있다. 내제(內題)는 『복암화상화엄윤관 復菴和尙華嚴綸貫』이다. 80권본 『화엄경』의 칠처팔회(七處八會) 39품 등의 요지를 서술한 책으로 선종의 관점으로 마무리하고 있다. 첫머리에 경의 품수(品數)를 제기하고, 다음에는 징관(澄觀)의 삼분설(三分說)을 기술하면서 제호(題號)에 담긴 세 가지 뜻을 들고 회품(會品)의 설 등을 서술한 다음, 거듭하여 사분(四分)·오주인과(五周因果)·십현육상(十玄六相)·사법계(四法界) 등을 설명하며, 마지막에 선재동자(善財童子)가 선지식을 두루 참방한 이야기를 소재로 선종의 종지에 따라 결론을 맺는다. 곧 "(張無盡의 송에) '두루 참방하였으나 단 한 번의 일도 없었으니, 비로소 짚신 값을 허비했음을 알았다'라고 하였으니 이 모두가 『화엄경』과 같은 뜻이다. 偏參無一事 始知虛費草鞋錢 皆與此經同意"라고 하였다. 〔참고문헌〕『中華大藏經總目錄』 권4(대장경보편35, p.484a4).

화엄경의기 華嚴經義記 후위(後魏)의 혜광(慧光 508~?) 지음. 1권. 『화엄경』에 대한 주석서. 현재는 돈황(燉煌)에서 출토된 단간(斷簡)만 남아 있다. 광통율사(光統律師) 혜광이 지론종(地論宗)의 관점에서 이 경에 대한 광략(廣略)의 소를 지었다고 알려져 있다. 점돈원(漸頓圓) 삼교교판을 세웠으며 『화엄경』을 원교에 배대한 설은 여기서 비롯하였다. [참고문헌] 『中華大藏經總目錄』 권5(대장경보편35, p.650a2).

화엄경의해백문 華嚴經義海百門 당대 법장(法藏) 지음. 1권. 대정장45, pp.627a3~636c22, No.1875에 있다. 성립연대 미상. 『화엄경』의 종지를 십문백의(十門百義)와 뛰어난 비유로써 밝힌 저술이다. 짧고 간결한 형식에 화엄의 주요 주제를 망라했다. 본서 말미의 「상교제사 詳校題辭」(대정장45, p.636c5)에 "대경을 끌어 담아 깊은 종지를 발휘하고, 열 문으로 모두 모아 백 가지 뜻으로 분석하였으니, 만법을 어울리게 해서 한 티끌로 돌아가게 했다. 囊括大經 發揮玄旨 總十門而析百義 融萬法 而歸一塵"라고 하였다. [참고문헌] 『華嚴妄盡還源觀』 「淨源紀重校」(대정장45, p.641a21), 『中華大藏經總目錄』 권4(대장경보편35, p.547a16).

화엄경입법계품초 華嚴經入法界品鈔 ❶ 남북조대 율사 광통(光統 468~537) 지음. 1권. 목록만 확인된다. 『화엄종장소병인명록』(대정장55, p.1133b12)에 "『화엄입법계품초』 1권〈광통율사의 저술이다〉. 華嚴入法界品鈔 一卷〈光統律師 述〉", 『동역전등목록』(대정장55, p.1146c9)에 "『화엄경입법계품초』 1권〈광통율사가 지었다〉. 同 入法界品抄 一卷〈光統律師 撰〉"이라고 하였다. [참고문헌] 『華嚴宗章疏幷因明錄』, 『東域傳燈目錄』. ⇨ 광통율사 光統律師 ❷ 당(唐)대 지엄(智儼) 지음. 1권. 목록만 확인된다. 다만 『석화엄교분기원통초』 권4(한불전4, p.360c13) · 『법계도기총수록』 권상1(한불전6, p.769c3) 등에 단편이 인용되어 있다. 『신편제종교장총록』 권1 「해동유본현행록 海東有本見行錄」(대정장55, p.1167b3)에 "『화엄경입법계품초』 1권. 지엄의 저술이다. 入法界品鈔 一卷 智儼 述"라 하였다. [참고문헌] 『釋華嚴教分記圓通鈔』, 『法界圖記叢髓錄』, 『新編諸宗教藏總錄』.

화엄경입법계품초기 華嚴經入法界品鈔記 ❶ 원효(元曉 617~686) 지음. 1권. 목록으로만 확인된다. 근대 순천 송광사 스님 다송보정(茶松寶鼎 1861~1930)이 작성한 『저역총보』 권2 「선일저술부 鮮日著述部」(한불전12, p.463b9)에 "진역 『화엄경입법계품초기』 1권. 원효. 晋譯華嚴經入法界品鈔記一 元曉"라고만 전하고 있다. [참고문헌] 『著譯叢譜』. ⇨ 원효 元曉 ❷ 의상(義湘 625~702) 지음. 1권. 목록으로만 확인된다. 『신편제종교장총록』 권1 「해동유본현행록 海東有本見行錄」(대정장55, p.1167b4)에 "『화엄경입계품초기』 1권. 의상의 저술이다. 入法界品鈔記 一卷 義想述"라고 하였다. [참고문헌] 『新編諸宗教藏總錄』. ⇨ 의상 義湘 ❸ 균여(均如 923~973) 지음. 1권. 목록만 확인된다. 『균여전』 「해석제장분 解釋諸章分」(한불전4, p.512b5)에 "스님께서 세간에 머무실 때 법을 넓혀 사람을 이롭게 함을 자기의 소임으로 여겼다. 제가들의 문서 중에서 아직 소상하지 않은 것이 있으면 반드시 그것을 밝혀 기록하고 풀었다. 『수현방궤기』 10권, 『공목장기』 8권, 『오십요문답기』 4권, 『탐현기석』 20권, 『교분기석』 7권, 『지귀장기』 2권, 『삼보장기』 2권, 『법계도기』 2권, 『십구장기』 1권, 『입법계품초기』 1권 등 모두가 당대에 유통되었다. 師之在世 以洪法利人 爲己任 若有諸家文書未易消詳者 必爲之著記釋故 有搜玄方軌記 十卷 孔目章記 八卷 五十要問答記 四卷 探玄記釋 二十八卷 教分記釋 七卷 旨歸章記 二卷 三寶章記 二卷 法界圖記 二卷 十句章記 一卷 入法界品抄記 一卷 並行於代"라고 하였다. [참고문헌] 『均如傳』. ⇨ 균여 均如

화엄경전기 華嚴經傳記 당 법장(法藏 643~712)이 『화엄경』과 그 유통에 대한 것을 10가지 주제로 묶은 책. 5권. 『화엄전 華嚴傳』 · 『화엄전기 華嚴傳記』 · 『화엄경전 華嚴經傳』 · 『화엄경찬령기 華嚴經纂靈記』로도 부른다. 대정장51, pp.153a9~173a27에 수록되어 있다. 부류(部類) · 은현(隱顯) · 전역(傳譯) · 지류(支流) · 논석(論釋) · 강해(講解) · 풍송(諷誦) · 전독(轉讀) · 서사(書寫) · 잡술(雜述)이다. 부류는 『화엄경』 3본에 대해서, 은현은 『화엄경』이 용궁에서 나오거나 용수 등에 의해 세상에 나타난 일을, 전역은 불타발다라(佛駄跋陀羅) 지바하라(地婆訶羅) 실차난타(實叉難陀)에 대해서, 지류는 지분경(支分經)과 그 유통에 대해서 기술하였다. 논석은 『화엄경』 주석가들을, 강해는 동진 법업(法業) 이후 구나발타라(求那跋陀羅) · 늑나마제(勒那摩提) · 지구(智炬) · 혜광(慧光) · 승범(僧範) · 담연(曇衍) · 영유(靈裕) · 혜장(慧藏) · 영간(靈幹) · 혜각(慧覺) · 법민(法敏) · 혜조(慧眺) · 도영(道英) · 도앙(道昂) · 영변(靈辨)과 지엄(智儼)에 이르기까지 『화엄경』을 강설한 18인을 기록하고, 풍송은 보원(普圓) · 보제(普濟) · 변재(辨才) · 혜오(慧悟) · 담의(曇義) · 원(苑) · 일조(日照)삼장 · 번현지(樊玄智) · 반야미가(般若彌迦) · 왕씨(王氏) · 무량(無量)비구니 등 11인, 전독은 법념(法念) · 법안(法安) · 보안(普安) · 해탈(解脫) · 명요(明曜) · 가미다라(迦彌多羅) · 고의성(高義成) · 홍보(弘寶)의 8인, 서사는 위안풍왕연중산왕희(魏安豐王延中山王熙) · 덕원(德圓) · 법성(法誠) · 수덕(修德) · 손사목(孫思邈) · 사강아록산(士康阿祿山) 등 6인의 신행과 전파에 공이 큰 이들을 기술하였다. 마지막 잡술 부분은 『화엄경』에 관련된 잡저 12부를 들어서 유통초기부터 법장의 시대에 이르는 사실을 기록한 것인데, 법장이 마무리하지 못하고 입적하여 문인인 혜원(慧苑)·혜영(惠英) 등이 뒤이어 완성하였다.

화엄경종요 華嚴經宗要 원효(元曉) 지음. 2권. 또는 1권. 줄여서 『화엄종요』라고도 한다. 목록으로만 확인된다. 다만 균여(均如)의 『일승법계도원통기』 권하(한불전4, p.25a8)·『석화엄교분기원통초』 권8(한불전4, p.448c15)과 지눌(知訥)의 『법집별행록절요』(한불전4, p.762a20) 등에 단편으로 인용되어 있어 고려중기까지 전승되다가 실전된 것으로 추정한다. 『신편제종교장총록』 권1 「해동유본현행록 海東有本見行錄」(대정장55, p.1168b15)에 "『화엄경종요』 2권〈또는 1권〉. 원효의 저술이다. 宗要二卷〈或一卷〉 元曉 述"라고 하였다. 〔참고문헌〕 『一乘法界圖圓通記』, 『釋華嚴教分記圓通鈔』, 『法集別行錄節要』, 『新編諸宗教藏總錄』. ⇨ 원효 元曉

화엄경지귀 華嚴經旨歸 ❶ 당 법장(法藏 643~712) 지음. 1권. 『화엄지귀 華嚴旨歸』라고도 한다. 대정장45, pp.589c3~596c24에 수록되어 있다. 화엄의 대강을 10가지 범주로 나눠 풀었다. 경을 설한(說經處) 10곳, 경을 설한 시(說經時), 경을 설한 부처(說經佛), 경을 들은 대중(說經衆), 경을 설한 형식(說經儀), 경의 가르침을 열 가지로 가려 냄(辯經教), 경의 뜻을 십대(十對)로 드러냄(顯經義), 경이 드러나게 된 의도를 풀이함(釋經意), 경의 이익을 밝힘(明經益), 경의 가르침 이즈러짐 없이 두렷한 가르침을 보임(示經圓) 등이다. 지엄에서 법장으로 이어지는 십현문(十玄門)의 과도기적 모습이다. 고려 균여(均如)는 이를 해석한 『석화엄지귀장원통초 釋華嚴旨歸章圓通抄』 2권을 지었다. 〔참고문헌〕 法藏 『華嚴經傳記』 권5(대정장51, p.172b6), 均如 『釋華嚴旨歸章圓通抄』(한불전4, p.81c1). ❷ 동진 법업(法業)이 지은 책. 2권. 불타발다라가 『화엄경』(60권본)을 번역함에 법업이 필수(筆受)로 참가하였고, 종장이 되어 수백 인의 제자를 길러내 화엄학의 문을 열었는데, 이 책은 그의 저서로 알려진 유일한 책이나 전하지 않는다. 〔참고문헌〕 法藏 『華嚴經傳記』 권2(대정장51, p158b3). ❸ 불타삼장(佛陀三藏)이 지은 책. 2권. 대각국사(大覺國師) 의천(義天 1055~1101)의 『신편제종교장총록』 권1 「해동유본견행록 海東有本見行錄」 상(한불전4, p.681a14)에 "『지귀』 두 권 불타삼장 저술 指歸兩卷 佛陁三藏述"이라고 하였으나 현재 전하지 않는다. 〔참고문헌〕 『新編諸宗教藏總錄』.

화엄경진류환원락도 華嚴經眞流還源樂圖 연기(緣起) 지음. 1권. 전하지 않는다. 『신편제종교장총록』 권1(대정장55, p.1167c6·한불전4, p.682a22)에 보일 뿐이다. 〔참고문헌〕 『新編諸宗教藏總錄』.

화엄경찬영기 華嚴經纂靈記 『화엄경전기 華嚴經傳記』. 줄여서 『찬영기』라고 한다. 『화엄경합론』 권1 「지녕서 志寧序」(卍속장5, p.652a9)에 "지금 전하는 것 다만 4만 5천여 게송뿐이니, 바로 80권본 경이 이것이다〈이는 『화엄경찬영기』 중의 설이다〉. 今之所傳 只獲四萬五千餘偈 卽八十卷經是也〈此准華嚴經纂靈記中說也〉"라 하였다. 〔참고문헌〕 『華嚴經合論』. ⇨ 화엄경전기 華嚴經傳記

화엄경칠처구회 華嚴經七處九會 부처님께서 『화엄경』을 일곱 곳에서 아홉 차례에 걸쳐 설하시다. 실차난타(實叉難陀) 80권본에 따른다. 〔참고문헌〕 『七處九會頌釋章』(대정장36, p.710a10), 『觀無量壽經義疏正觀記』 권중(卍속장33, p.59b5). ⇨ 칠처구회 七處九會

화엄경칠처구회송석장 華嚴經七處九會頌釋章 당대 징관(澄觀) 지음. 1권. 대정장36, pp.709c12~719b7, No.1738에 있다. 『신역화엄경칠처구회송석장 新譯華嚴經七處九會頌釋章』·『화엄경칠처구회송 華嚴經七處九會頌』이라고도 한다. 송분(頌分)·석분(釋分) 두 분으로 5언 68구의 송이다. 〔참고문헌〕 『中華大藏經總目錄』 권4(대정장35, p.484a3).

화엄경칠처팔회 華嚴經七處八會 부처님께서 『화엄경』을 일곱 곳 여덟 차례 설하시다. 불타발다라(佛馱跋陀羅 Ⓢ Buddhabhadra) 60권본에 따른다. 〔참고문헌〕 『法華義疏』 권12(대정장34, p.631a25), 『三階教殘卷』 권상(대장경보편26, p.323a6). ⇨ 칠처팔회 七處八會

화엄경탐현기 華嚴經探玄記 당 법장(法藏 643~712)이 60권본 『화엄경』을 풀이한 책. 20권. 『화엄탐현기 華嚴探玄記』 『화엄경소 華嚴經疏』 『탐현기 探玄記』라고도 한다. 대정장35, pp.107a2~492b15에 수록되었다. 60권본 진본(晋本) 구역(舊譯) 『화엄경』 최고의 해석서로 꼽힌다. 이 책은 법장이 스승 지엄(智儼 602~668)의 『수현기 搜玄記』를 본받아 『화엄경』의 대요를 밝히고 경문의 뜻을 낱낱이 풀었다. 총서(總序)에 이어 십문(十門)을 열어 풀었는데 교가 일어난 까닭(教起所由), 장부로 거둠(藏部所攝), 교를 세움에 차별함(立教差別), 가르칠 근기(教所被機), 능히 설할 바탕(能詮教體), 말해 알리고자 한 뜻(所詮宗趣), 경 제목을 풀다(釋經題目), 부류와 전역(部類傳譯), 문에 따른 뜻을 나누고 가지런히 함(文義分齊)이다. 마지막 수문해석(隨文解釋)이 2권 이하 대부분을 차지한다. 첫 번째 '교기인연'에서는 법이(法爾) 원력(願力) 기감(機感) 위본(爲本) 현덕(顯德) 현위(顯位) 개발(開發) 견문(見聞)

성행(成行) 득과(得果)의 열 가지로 밝혔고, '장부소섭'에서는 성문장 보살장과 계경 등 12부경으로 밝혔다. '입교차별'에서는 옛글을 편 다음 이(理)로써 종(宗)을 열고는 보리유지에서 법운 등의 10시교판 등과 소승에서 원명구덕종(圓明具德宗)에 이르는 10종을 들고 있다. '교소피기'는 가르침 받을 근기를 10위로, 다섯 째 '능전교체'에서는 연기유심문(緣起唯心門) 등 십문을, 여섯째 '소전종취'에서는 인사(印師) 민사(敏師) 등을 앞세워 법계(法界)를 풀었고, '석경제목'에서는 수(數)·법(法) 등에 의지해 10가지로 풀었다. '부류전역'에서는 항본(恒本)에서 감응(感應)에 이르는 십의(十義)로 인도와 중국의 이본과 주석서, 번역본·별행본 강경자를 소개하였고, '문의분제'에서는 십현문(十玄門)에 의지해 풀어냈으며, '수문해석'에서는 각 품마다 석명(釋名)·내의(來意)·종취(宗趣)·석문(釋文) 네 가지로 해석하였다. 80화엄의 대표적 주석서인 징관(澄觀 738~839)의 『화엄경소 華嚴經疏』와 함께 쌍벽으로 꼽힌다. 법장은 695년경 이 책 집필중에 신라 의상에게 보내 살펴봐 줄 것을 요청하기도 하였다. [참고문헌] 『圓宗文類』 권22 「賢首國師奇海東書」(한불전4, p.635c4), 木村清孝 『中國華嚴思想史』(平樂寺書店, 1992) p.126.

화엄경합론 華嚴經合論 실차난타(實叉難陀 Ⓢ Śikṣānanda)가 한역한 『화엄경』 80권본과 이통현(李通玄 635~730)의 주석서 『신화엄경론 新華嚴經論』 40권을 아울러 묶은 책. 당(唐) 대중년간(847~860) 때 개원사 스님 지녕(志寧)이 편집. 120권. 卍속장5, p.649a1~卍속장7, p.295b18에 수록되어 있다. 권1~권7은 십문회석(十門會釋)으로 경문과는 별도이며, 권8부터 논문과 경문이 상응한다. 먼저 774년(대력9) 광초(廣超)가 필사한 『신화엄경론』이 분천(汾川 : 陝西 延安) 지역을 중심으로 성행하였는데, 이를 민월(閩越 : 福建) 출신 사문 지녕이 경문과 함께 엮어서 120권본으로 편집하였다. 이를 다시 북송(北宋) 967년(건덕5)에 민(閩) 출신 스님 혜연(慧研·惠研)이 조리에 따라 '화엄경합론'이라는 이름을 붙여 간행함으로써 세상에 널리 유포되었다. 편집자 지녕의 서문과 함께 북송 때 혜연의 의뢰를 받아 왕지(王旨)가 찬한 서문과 논주 이통현의 행장에 해당하는 「석대방광불화엄경논주이장자사적 釋大方廣佛華嚴經論主李長者事迹」이 있다. 권말미마다에 벽자 음절(音切)을 표기해 두었다. 이 합론에 대한 주석서로 명대 탁오(卓吾) 이지(李贄 1527~1602)가 찬한 『화엄경합론간요 華嚴經合論簡要』 4권, 명대 비구 방택(方澤)이 찬한 『화엄경합론찬요 華嚴經合論纂要』 3권이 전한다. 한편, 의천(義天 1055~1101)이 찬한 『신편제종교장총록』 권1(대정장55, p.1166b11)에 "『화엄경합론』 120권〈지녕이 이통현의 논을 경문 아래에 주로 놓았다〉. 合論一百二十卷〈志寧將通玄論注於經下〉"이라 하였으니, 고려조 이른 시기에 입수되었다. [참고문헌] 『新編諸宗敎藏總錄』, 『宋高僧傳』 권22(대정장50, p.854a16). ⇨ 신화엄경론 新華嚴經論, 이통현 李通玄

화엄경해인삼매론 華嚴經海印三昧論 ➡ 해인삼매론 海印三昧論

화엄경회석 華嚴經會釋 당대 이통현(李通玄) 지음. 2권. 『신편제종교장총록』 권1(한불전4, p.681c1)에 "『회석』 양권·『약석』 1권·『십문현의』 1권·『십이연생해술현지성비론』 1권·『안목론』 1권. 이상 이통현 술. 會釋兩卷 略釋一卷 十門玄義一卷 十二緣生解述顯智成悲論一卷 眼目論一卷 已上 李通玄 述"이라고 이름만 전한다. [참고문헌] 『新編諸宗敎藏總錄』.

화엄고적 華嚴古迹 신라 태현(太賢) 지음. 『화엄경』 주석서로, 『대화엄경고적기 大華嚴經古迹記』·『화엄경고적기 華嚴經古迹記』라고도 부른다. 대각국사(大覺國師) 의천(義天 1055~1101)의 『신편제종교장총록』 권1(한불전4, p.680b10) 「해동유본견행록 海東有本見行錄」 상에 "『고적기』 10권〈또는 5권〉 태현 저술. 古迹記十卷〈或五卷〉 太賢述"이라고 하였는데, 일본의 『불전소초목록 佛典疏鈔目錄』 권상에도 "『화엄고적』 10권 華嚴古迹十卷"이라고 하는 등 책 이름이 소개되었다. 유식 관련 저술에 힘쓴 태현이 쓴 열 권의 화엄 관련 저술 중 대표적인 주석서다. [참고문헌] 『新編諸宗敎藏總錄』, 『韓國佛敎撰述文獻總錄』(동국대출판부, 1976) p.72. ⇨ 대화엄경고적기 大華嚴經古迹記

화엄공목기 華嚴孔目記 신라 진숭(珍嵩) 지음. 6권. 지엄(智儼 602~668)의 『공목장 孔目章』 주석서인데, 현전하지는 않는다. 914년에 일본 동대사(東大寺) 원초(圓超 ?~914)가 엮은 『화엄종장소병인명록』(대정장55, p.1134a7)에 "『화엄공목기』 6권〈신라 진숭 저술〉. 華嚴孔目記六卷〈新羅珍嵩述〉", 1094년에 일본 흥복사(興福寺) 영초(永超)가 편찬한 『동역전등목록』(대정장55, p.1147a6) 홍경록(弘經錄)1 화엄부(華嚴部)에도 "『화엄공목기』 6권〈신라 진숭사 찬술〉. 華嚴孔目記六卷〈新羅珍嵩師撰〉"이라고 하였다. [참고문헌] 『華嚴宗章疏幷因明錄』, 『東域傳燈目錄』, 『韓國佛敎撰述文獻目錄』(東國大佛敎文化硏究所編, 1976) p.87.

화엄공목장 華嚴孔目章 당 지엄(智儼 602~668) 지음. 4권. 60권본 『화엄경』의 칠처팔회를 144장으로 설명한 글로, 대정장45, pp.536c4~589b14에 전한다. 914년에 일본 동대사(東大寺) 원초(圓超 ?~914)가 엮은 『화엄종장소병인명록』(대정장55, p.1133b18)에 "『화엄공목장』 4권〈지엄 저술〉. 華嚴孔目章四卷〈智儼述〉"이라고 하였는데, 대각국사(大覺國師) 의천(義天 1055~1101)의 『대각국사외집』 권2(한불전4, p.570a4) 서(書) 제2에 "보내주신 『화엄공목내장』 所惠花嚴孔目內章", 의천의 『원종문류』 권14(한불전4, p.621b24) 「제문행위류 諸文行位類」 상에는 "공목장제이 孔目章第二", 고려 체원(體元)의 『화엄경관자재보살소설법문별행소』 권하(한불전6, p.596b14)에도 "공목장에서 말하다. 孔目章云"라고 하였다. 대정장과 『중화대장경총목록』에는 『화엄경내장문등잡공목장 華嚴經內章門等雜孔目章』이라고 하였다. 144장 중 138장까지는 회차와 경문에 따른 풀이고, 나머지 6장은 총론이다. 제1회는 7장으로 해설하였고, 17장인 제2회에는 십팔계장(十八界章)과 십이처장(十二處章)을 더하여 19장으로 풀었으며, 제3·4·5·6·7·8회는 각각 19·7·13·62·9·4장인데, 권4에 141장라고 한 것은 부가(附加)한 2장과 융회삼승의 총론을 뺀 것으로, 이를 합치면 모두 144장이다. 총론에서는 소승교·대승시교·대승종교·돈교·원교의 오교차제에 교의심천을 설명하고, 소승·삼승·일승의 삼승으로 그 차별을 분명히 하였다. 주석서로는 신라 진숭(珍嵩)의 『화엄공목기 華嚴孔目記』 6권이 있었지만 전하지는 않는다. 일본 동대사(東大寺) 응연(凝然 1240~1321)이 지은 『화엄공목장발오기 華嚴孔目章發悟記』 등은 전한다. [참고문헌] 『華嚴宗章疏幷因明錄』, 『大覺國師外集』, 『圓宗文類』, 『華嚴經觀自在菩薩所說法門別行疏』, 『中華大藏經總目錄』. ⇨ 수명차별장 壽命差別章, 칠처팔회 七處八會

화엄과도 華嚴科圖 조선후기 묵암최눌(默庵最訥 1717~1790) 지음. 1권. 『화엄경』의 요지를 도표화한 주석서로 전하지 않는다. 1801년(순조1)에 묵암최눌의 문하인 와월교평(臥月教萍)이 쓴 『묵암대사시초』의 「묵암화상문집간각후발 默庵和尙文集刊刻後跋」(대정장10, p.225a18)에 "선사는 『화엄과도』와 『제경회요문답』 등 세 책을 지었는데, 내외의 열 권 중에 앞의 여섯 권은 이미 없어졌다. 先師所述華嚴科圖諸經會要問答等三冊 姑置而內外雜十卷中前六卷 已失之矣"고 하였고, 「묵암대화상행장 默庵大和尙行狀」(대정장10, p.24b10)에 "사람들이 그 아는 바 마치 신과 같다고 칭찬함은 과장이 아니다. 하물며 『화엄과도』·『제경문답』·『반착회요』 등 각 1권과 내외 잡저 등 합하여 열 권의 글은 모두 심안을 열만한 것들이다. 人之稱其知如神者 非誣也 况吐辭成章華嚴科圖諸經問答盤錯會要 各一卷 內外雜著 合十卷等文 悉可爲警開心眼者哉", 금명보정(錦溟寶鼎 1861~1930)의 『다송문고』 권2(대정장12, p.766c1) 문(文) 「대경자수변결의변〈무진육월일〉 大經字數卞決疑辨〈戊辰六月日〉」에 "『화엄경』의 글자수 오직 묵암고노의 『화엄품목』에만 유독 있다. 華嚴經字數 唯獨默庵古老華嚴品目中", 『동사열전』 권6 「원응강백전 圓應講伯傳」에는 "묵암의 『화엄품목』〈일권〉 『회요』〈일권〉. 默庵華嚴品目〈一卷〉 會要〈一卷〉"이라고 하였다. [참고문헌] 『默庵大師詩抄』, 『茶松文稿』, 『東師列傳』, 『韓國佛教撰述文獻總錄』(東國大佛教文化硏究所編, 1976) p.207.

화엄교사지 華嚴敎寺志 1627년(명 희종 천계7)에 이저(李翥) 지음. 12권. 중국 절강성(浙江省) 항주(杭州) 옥잠산 혜인사의 사지로, 원래 이름은 『옥잠산혜인고려화엄교사지 玉岑山慧因高麗華嚴敎寺志』다. 1085년(고려 선종2)에 대각국사(大覺國師) 의천(義天 1055~1101)은 송에 들어가 정원(淨源)을 따라 혜인사에 머물렀다가 일년 뒤 불교전적 삼천권을 가지고 귀국하였고, 그 뒤에 권6의 「항주혜인교원화엄각기 杭州慧因教院華嚴閣記」에 "번역한 『화엄경』 세 본은 무려 170권이었다. 배에 실어 혜인교원에 머물고 있는 정원에게 보내 황제의 은덕에 보답하고자 하였다. … (지금의 임금이) 화엄경각을 짓고서 노사나불과 보현·문수보살상, 그리고 공구 등을 조성하여 그 경각에 모시고자 청한 천 수백냥을 계속 보태었다. 所譯華嚴經三本 凡一百七十卷 附海舟捨入源師所住慧因敎院 以報皇帝之德 … 繼附白金千數百兩請於慧因院 造華嚴經閣及盧舍那佛普賢文殊菩薩像幷供具等"라고 하였다. 이 일로 혜인사는 고려사(高麗寺)로 불리기도 하면서 '화엄제일도량'으로 자리매김했다. 의천은 혜인사 지수(止水)의 요청으로 이 글을 지었는데, 십문(十門)으로 나누어 서술하였다. [참고문헌] 『玉岑山慧因高麗華嚴敎寺志』(中國佛寺史志彙刊 第20冊 No.17). ⇨ 혜인고려사지 慧因高麗寺志

화엄구현기 華嚴鉤玄記 조선후기 설파상언(雪坡尙彦 1707~1791) 지음. 1권. 금명보정(錦溟寶鼎 1861~1930)의 『저역총보』 권2 「선일저술부 鮮日著述部」2(한불전12, p.471a21)에 "『화엄구현기』 설파상언 華嚴鉤玄記 雪坡尙彦", 『조선불교월보』 제16호 「한갈등 閒葛藤」에 "파언화상과 연담일화상 형제는 함께 호암의 문하출신인데 칭하길 보살이 다시 왔다 하였고, 한편 조사께서 다시 나셨다고 하였다. 파옹은 『화엄청량소초』를 깊이 살펴 『적결은과』 1권과 『구현기』 1권을 함께 찬술하였고. 坡彦和尙 蓮潭一和尙兄弟ㄴ同出於虎巖之門ㅎ야一稱菩薩重來ㅎ고一稱祖師再生이라ㅎ니坡翁은深鉤華嚴淸凉疏鈔ㅎ야摘抉隱科一卷과幷著鉤玄記一卷ㅎ고"라고 하였다. 현재는 전하지 않는다. [참고문헌] 『著譯叢譜』, 『朝鮮佛教月報』 제6호(1915.5) p.58.

화엄금관 華嚴錦冠 당말오대(唐末五代) 전오(傳奧) 지음. 4권 또는 2권. 『화엄금관초 花嚴錦冠鈔』·『금관초 錦冠鈔』라고도 불렸다. 의천(義天 1055~1101)의 『신편제종교장총록』 권1 「해동유본견행록 海東有本見行錄」 상(한불전4, p.681c13)에 "『금관초』 4권〈혹은 2권〉 전오가 찬술하였다. 錦冠鈔四卷〈或二卷〉 傳奧述"라고 하였고, 연담유일(蓮潭有一 1720~1799)의 『법집별행록절요』(한불전10, p.204b12)에 "『화엄금관』은 규봉 문인인 전오대사가 찬술한 글로 4권인데 청량소를 풀었다. 華嚴錦冠者 圭峯門人傳奧大師之所述文有四卷 釋淸凉疏也"라고 하였는데, 『법계도기총수록』 권하2(한불전6, p.845c14)에는 "『화엄금관초』에 이르기를. 花嚴錦冠鈔云"라고 하였다. [참고문헌] 『新編諸宗敎藏總錄』, 『法集別行錄節要』, 『法界圖記叢髓錄』.

화엄금사자장 華嚴金師子章 당 현수법장(賢首法藏 643~712) 지음. 1권. 금사자를 비유로 들어 법계연기를 설명한 글로 십문(十門)으로 구성되었다. 법장이 실차난타와 함께 80권 『화엄경』을 새로 번역하고(699) 701년에 무측천(武則天)의 칙명으로 궁궐의 장생전(長生殿)에서 강의했는데, 제망중중(帝網重重) 등 화엄의 깊은 교의를 무측천이 잘 이해하지 못하자 궁궐 장식물인 금사자에 비유하여 설명하니 무측천이 깨우친 일을 인연으로 이 책의 이름을 얻었다. 『송고승전』 권5 「주낙경불수기사법장전 周洛京佛授記寺法藏傳」(대정장50, p.732a25)에 "황제가 이에 망연해 분명히 이해하지 못하자 (법)장은 진전의 금사자를 비유로 뜻을 지어 이해하도록 하였기에 금사자장이라 이름하였는데, 십문으로 총별의 상을 나누니 황제가 마침내 그 뜻을 깨달았다. 帝於此茫然未決 藏乃指鎭殿金獅子爲喩 因撰義門 徑捷易解 號金師子章 列十門總別之相 帝遂開悟其旨"라고 하였다. 십문(十門)으로 구성되었다. 명연기(明緣起)에서는 금에는 자성이 없지만 장인을 연으로 사자형상을 드러내듯 모든 상은 연에 의지하여 드러난다. 변색공(辨色空)에서는 그 보인 색이 공함을 가렸고, 약삼성(約三性)에서는 변계소집성·의타기성·원성실성 등 세 가지 자성 있어 세간에 모양있게 되며, 현무상(顯無相)에서는 본래 없는 상 드러냈음을 밝혔다. 설무생(說無生)에서는 일찍이 생겨난 적 없는 뜻을, 논오교(論五敎)에서는 다섯 갈래 가르침으로 금이 사자로 드러난 뜻을 설명했다. 늑십현(勒十玄)은 십현문을 금과 사자의 비유로, 괄육상(括六相)은 육상원융의 이치를, 성보리(成菩提)에서는 본래의 적멸에 들어 일체종지(一切種智)를 얻고 깨달음에 이름을, 입열반(入涅槃)에서는 금과 사자의 상 모두 사라져 열반 얻음을 풀었다. 주석서로는 송 정원(淨源 1011~1088)의 『금사자장운간유해 金師子章雲間類解』 1권과 정원의 스승이자 오대산(五臺山) 진용원(眞容院) 사문(沙門)인 승천(承遷)의 주가 전한다. 대각국사(大覺國師) 의천(義天 1055~1101)의 『신편제종교장총록』 권1(한불전4, p.681a14)에 "『금사자장』 1권 이상 법장 저술. 金師子章一卷 已上法藏述", 담악(曇噩 1285~1373)의 『신수과분육학승전』 권4(卍속장77, p.102c19) 「혜학 慧學」 당법장(唐法藏)에 "자는 현수이다. … 드디어 그 말씀을 모아 『금사자장』으로 하여 후대에 성행하게 하였다. 字賢首 … 遂緝其言 爲金獅子章 行于世", 금명보정(錦溟寶鼎 1861~1930)의 『저역총보』 권1 「축화저술부 竺華著述部」1(한불전12, p.437b20)에 "『금사자장』 이 현수 씀. 金獅子章二 賢首造"이라고 하였다. 『화엄경금사자장주』 「금사자장서 金師子章序」(대정장45, p.667c11)에 "금사자장은 (측)천황후의 청에 의하여 (법)장대사가 설한 바인데, 문은 간략하지만 뜻은 깊고, 말은 적지만 의미는 넓다. 金師子章者 依則天皇后請 藏大師之所說也 文約而義深 言少而意廣"라고 하였다. [참고문헌] 『新編諸宗敎藏總錄』, 『新脩科分六學僧傳』, 『著譯叢譜』, 『華嚴經金師子章註』, 『宋高僧傳』, 崔致遠 『唐大薦福寺故寺主翻經大德法藏和尙傳』(한불전3, p.773a2), 方立天 『華嚴金獅子章校釋』(中華書局, 2004). ⇨ 대화엄경금사자장 大華嚴經金師子章, 금사자장 金師子章, 법장 法藏 ⑥

화엄기신관행법문 華嚴起信觀行法門 일본의 화엄종 스님 심상(審祥)이 지은 책. 『증보제종장소록』 권2에 대안사(大安寺) 심상이 쓴 것이라 전하고, 『화엄경』과 『기신론』의 관행에 대해 쓴 책으로 추정하지만 전하지 않아 알 수 없다. [참고문헌] 『增補諸宗章疏錄』.

화엄두 華嚴頭 선종 사원의 소임인 가방화주(街坊化主) 중 하나. 『화엄경』의 공덕을 단월(檀越)에게 설하여 금전이나 물자의 보시를 장려하고 모집하는 소임. 당대(唐代)에 일반 사원에서 행해졌던 속강(俗講)이 선원에 도입된 것이다. 『선원청규』 권4(卍속장111, p.896b14)에 "죽가방·미맥가방·채가방·장가방·수두·탄두·등두·화엄두·반야두·경두·미타두는 전부 밖으로는 단월에게 보시를 권하여 복전을 증장시키고 안으로는 선림을 도와 깨달음(道果)을 돕고 유지하게 한다. 그러나 만약 성현이 운용하는 마음에 부합하지 않는다면 어떻게 대중의 기대에 두루 보답하겠는가! 粥街坊 米麥街坊 菜街坊 醬街坊 水頭 炭頭 燈頭 華嚴頭 般若頭 經頭 彌陀頭 竝是外勸檀越 增長福田 內助禪林 資持道果 若非契聖運心 何以普酬衆望", 『선림상기전』 권7(대장경보편19, p.283b8)에 "화엄두 : 반야두와 죽가방 항목 참조. 華嚴頭 見般若頭 及粥街坊處"라고 하였다. [참고문헌] 『禪苑淸規』, 『禪林象器箋』. ⇨ 가방화주 街坊化主

화엄론절요 華嚴論節要 지눌(知訥 1158~1210) 지

음. 3권 1책. 1207년(희종3)에 조계산 수선사(修禪社, 송광사)에서 당 이통현(李通玄 635~670)의 『신화엄경론 新華嚴經論』 40권 중에 주요 부분을 가려 엮은 뒤 제자 충담(冲湛)에게 위촉하여 판각·유통하였다. 일본 금택문고(金澤文庫) 필사본을 저본으로 대정장36에 수록한 『신화엄경론』과 1968년에 발표한 김지견의 교주본을 대조하여 한불전4, pp.767c2~869c23에 전하는데, 제1권과 제3권 끝부분에는 1295년에 일본의 원종(圓種 1254~1377)이 표점·교정하였음이 적혀 있다. 지눌은 『육조단경 六祖壇經』을 읽다 처음으로 깨달은 바 있어 28세에 하가산(下柯山) 보문사(普門寺)에서 대장경을 열람하였는데, 자신이 쓴 「화엄론절요서」(한불전4, p.767c13)에서 "부처님의 말씀 중에 심종에 상응함 구하기를 삼년 동안 하였는데, 『화엄경』「출현품」에서 '한 띠끌 들어 대천을 품는다'는 경권의 비유와 그 뒤에 '여래지혜 또한 이와 같아서 중생신 중에 구족하지만, 여러 범부 어리석어 알지도 깨닫지도 못한다'함에도 합하였다. … 이(통현)장자가 지은 『(신)화엄(경)론』에서 십신초위를 풀어 말하길 … (『신화엄경론』) 사십권 중에서 그 강요만을 뽑아 세 권으로 엮고는 문인 충담에게 부탁하여 장인을 모아 새기고 찍어 전하여 사라지지 않게 하였다. 이것을 보는 사람은 모든 쟁론을 내려놓고서, 물러나 스스로 바라보아 일념연기에서 남이 없음을 얻고, 삼승권학의 견망을 찢고 전전하여 열어보이니, 겁이 다하도록 이익되게 하여 불조의 수명을 영원히 끊어지지 않게 한다면 어찌 대장부의 뜻이 아니겠는가. … 정묘(1207) 1월 8일 해동 조계산 사문 지눌이 서문을 쓴다. 求佛語之契心宗者 凡三周寒暑 至閱華嚴經出現品 擧一塵含大千 經卷之喩 後合云 如來智慧 亦復如是 具足在於衆生身中 但諸凡愚不知不覺 … 閱李長者所造華嚴論釋十信初位云 … 於四十卷中 撮其綱要 編成三卷 屬門人冲湛禪者 募工鏤印 以傳不朽 若覽之者 息諸諍論 退身自觀 得一念緣起無生 裂三乘權學 見網 展轉開示 窮劫蒙益 使佛祖壽命 永不斷絶 豈非大丈夫之志也 … 丁卯正月八日 海東曹溪山沙門知訥序"라고 하였다. 3권 중에 권2 중반부까지는 『신화엄경론』 요간(料間)에 대해 십문(十門 : 依敎分宗·依宗敎別·敎義差別·成佛同別·見佛差別·說敎時分·淨土權實·攝化境界·因果延促·會敎始終)으로 풀었으며, 『화엄경』 칠처구회에 승삼선천(昇三禪天)·십일지(十一地)·불화품(佛華品)을 더해, 십처십회사십품으로 보는 이통현의 견해를 수용하여 '화엄론수문해석절요 華嚴論隨文解釋節要'라고 구분하고는 『신화엄경론』 문에 따라 하였다. 특히 네 차례에 걸쳐 '목우자왈 牧牛子曰'이라고 하면서 자신의 의견을 개진하기도 하였다. 「화엄론절요서」 권3(한불전4, p.868c9)에서 "광대한 비원을 일으켜 자타가 함께 이로운 각행을 성취하는데, 단 하나 이 논이 밝힌 바에 의지해서 화엄대경을 수지하기를 바란다. 須發廣大悲愿 自他兼利 覺行成就 一依此論所明 受持華嚴大經 是爲所望謹白" 하였고, 권3 끝에 이통현의 전기인 「조화엄경론주이통현장자행장 造華嚴經論主李通玄長者行狀」을 더했다. 〔참고문헌〕『新華嚴經論』, 『華嚴論節要序』, 金知見 『華嚴論節要』(東京大學文學部, 1968). ⇨ 원돈신해문 圓頓信解門

화엄문의요결문답 華嚴文義要決問答 신라 표원(表員) 지음. 4권. 80권본 『화엄경』 주석서로, 『화엄종경논장소목록』(대일본불교전서 제1책, p.134하)에는 "『동경문의요결문답』 4권. 同經文義要決問答 四卷", 영초(永超)의 『동역전등목록』 홍경록(弘經錄)1 화엄부(華嚴部)(대정장55, p.1146c37)과 일본 대곡대학(大谷大學) 소장본에는 "『동경문의요결』 오권 신라원사. 同經文義要決 五卷 新羅員師", 『나량록』 천평승보(天平勝寶) 삼년기(三年記)에는 "『화엄문의요결』 1권. 華嚴文義要決一卷" 등이라고 하였지만, 한불전2, pp.350b2~397a21과 만신찬대일본속장경(卍新纂大日本續藏經)8 pp.414a3~447c23에는 "황룡사 스님 표원 모음. 皇龍寺釋表員集"으로 『화엄경문의요결문답』 권1~4이 실려 있다. 좌등(佐藤) 1권·나량 동대사(東大寺) 2권 필사본에는 『화엄문의요결문답』이라고 하였고, 경도(京都)대학·경도 연력사(延暦寺) 2권·용곡(龍谷)대학(4권)·신연산(身延山)대학(4권) 등에도 필사본이 전한다. 80권본 『화엄경』의 주요 교리를 열 여덟 항목으로 설명한 신라 최초의 『화엄경』 주석서로, 인용한 『속화엄약소간정기 續華嚴略疏刊定記』의 찬자인 당 혜원(慧苑 673?~743?)이 743년에 입적하였고, 일본 정창원(正倉院) 문서로 입고된 기록을 보아, 743년(경덕왕2) 이전에 찬술하여 751년 이전에 일본에 전한 것으로 추정한다. 각 항목은 제목을 풀고(釋名) 대의를 밝힌 다음(出體) 문답으로 분별하였다(問答分別). 열 여덟 주제는 다음과 같다. ① 일곱 곳에 아홉 차례 열린 법회 칠처구회의(七處九會義), ② 성도 직후 설하신 돈교의 가르침으로서의 설경시의(說經時義), ③ 경을 설하신 부처님의 뜻 설경불의(說經佛義), ④ 총별동이성괴(總別同異成壞)라는 여섯 갈래 뜻인 육상의(六相義), ⑤ 십전의 비유로 법계를 헤아려 보는 수십전유의(數十錢喩義), ⑥ 제법이 연기하는 뜻인 연기의(緣起義), ⑦ 깊고 그윽함 새겨보는 탐현의(探玄義), ⑧ 안도 밖도 따로 할 수 없는 보법의(普法義), ⑨ 보리의 마음 일으키는 발보리심의(發菩提心義), ⑩ 삼제(三際) 분명하지만 서로 거두고 있는 뜻에서의 실제의(實際義), ⑪ 법법이 분별 밖에서 이미 자유롭다는 뜻의 여여의(如如義), ⑫ 법계를 사연(隨緣·對緣·忘緣·緣起)으로 나누고 다시 연기법계를 네 가지(有爲·無爲·自體·平等) 연집법계(緣集法界)로 나눈 뜻인 법계의(法界義), ⑬ 일승의(一乘義), ⑭

오교판의 분교의(分敎義), ⑮ 보살도인 십주의(十住義), ⑯ 십행의(十行義) ⑰ 십회향의(十迴向義) ⑱ 십지의(十地義)로 연이어 밝혔다. 안름(安廩)·원효·법장·혜원(慧苑)의 견해를 고루 인용하였다. [참고문헌]『華嚴宗經論章疏目錄』, 『東域傳燈目錄』, 『奈良錄』, 『韓國佛敎撰述文獻總錄』(東國大佛敎文化硏究所編, 1976) p.66.

화엄발보리심장 華嚴發菩提心章 당 현수법장(賢首法藏 643~712) 지음. 1권. 1094년에 일본 흥복사(興福寺) 영초(永超)가 편찬한 『동역전등목록』(대정장55, p.1146a20) 홍경록일(弘經錄)1 화엄부(華嚴部)에 "『동발보리심장』 1권. 同發菩提心章一卷"이라고 하였다. 대정장45, pp.650c21~656a10에 수록되어 있다. 1714년에 금릉산(錦綾山) 만다라원(曼陀羅院)에서 작성한 「화엄발보리심장범례 華嚴發菩提心章凡例」(대정장45, p.650c24)에 "(응연의) 『법계의경』에서 말하길 '향상대사의 『보리심장』은 법계관문을 실어 발심상을 밝힌 것이다'고 하였으므로, 지금 장은 제사표덕 중에 오문이 있는데, 제일진공관에서 제삼주변함용관까지 저 관문을 다 들었다. 法界義鏡曰 香象大師菩提心章 載法界觀門 以明發心相 故今章明第四表德中有五門 自第一眞空觀至第三周遍含容觀 全擧彼觀文耳也"라고 하였다. 또한 『화엄발보리심장』(대전장45, p.650c22)에 "이 장은 따로 이본이 있다. 문화는 잘못된 곳이 많고 자구는 빠진 것이 많아, 지금 매미·남도의 여러 판본으로 문의에 따라 바로잡고 고쳤으니 가감한 것은 내 뜻은 아니다. … 원초의 『소초록』·응연의 『화엄종요의』·영초의 『동역전등목록』과 『고산사장목』 등에는 모두 현수의 찬술이라고 하였다. 세간에 따로 『화엄삼매장』이라는 제목을 붙인 것이 있는데 문장이 이 장과 상당히 비슷하다. 후학이 이 장의 잔편으로 『삼매장』으로 삼은 것은 잘못이지 않은가. 此章別有異本 而文畫多紕謬 字句頗缺脫 今以梅尾南都諸本隨義參訂改正 筆削非私意也 … 如圓超疏鈔錄 凝然華嚴宗要義 永超東域傳燈錄及高山寺藏目等 皆標爲賢首撰也 世別有題爲華嚴三昧章者 然其文大同此章 今謂是乃後學誤以今章殘編爲三昧章者耶"라고 하였다. 발심(發心), 간교(簡敎), 현과(顯過), 표덕(表德) 등으로 구성하였다. [참고문헌]『東域傳燈目錄』.

화엄범어 華嚴梵語 당대 법장(法藏)이 지은 『대화엄경범어 大華嚴經梵語』이다. 『화엄경전기』 권5(대정장51, p.172b21)에 "『화엄번범어』 1권〈구경〉·『화엄범어』 1권 및 『화엄음의』 1권〈신경〉: 오른쪽은 신구 2경의 있는 바 범어와 신경의 난자에 대해 번역과 음역 모두 갖추었기에 경을 읽는 이에게 실로 필요한 바다. 華嚴翻梵語 一卷〈舊經〉 華嚴梵語 及音義 一卷〈新經〉 右新舊二經所有梵語 及新經難字 悉具翻及音釋 讀經之士 實所要焉", 『화엄종장소병인명록』(대정장55, p.1133b26)에 "『화엄범어』 1권 및 『화엄음의』 1권〈신경에 대해 법장 술〉. 華嚴梵語 及音義 一卷〈新經 法藏 述〉"라고 하였다. [참고문헌]『華嚴經傳記』, 『華嚴宗章疏幷因明錄』. ⇨ 대화엄경범어 大華嚴經梵語

화엄법화약찬총지 華嚴法華略纂摠持 『화엄경』과 『법화경』에 관련된 약찬게(略纂偈)와 총지(總持) 등 일용에 송지하던 신행자료를 하나로 모아 엮은 책. 목판본 1권 1책. 1885년(고종22)에 해인사에서 간행하였고, 해인사와 원각사 등이 소장하고 있다. 권수제는 대방광불화엄경용수보살약찬게(大方廣佛華嚴經龍樹菩薩略纂偈)이고, 표제는 파사진(波斯肆)이다. 맨 앞의 서문 뒤부터 청량징관(淸涼澄觀 738~839)의 「대방광불화엄경소서 大方廣佛華嚴經疏序」, 「대방광불화엄경 용수보살약찬게 大方廣佛華嚴經龍樹菩薩略纂偈」, 「대방광불화엄경입법계품백십팔총지문 大方廣佛華嚴經入法界品百十八摠持門」, 「대승묘법연화경석제 大乘妙法蓮華經釋題」, 「묘법연화경심 妙法蓮華經心」, 「일승묘법연화경 보장보살약찬게 一乘妙法蓮華經寶掌菩薩略纂偈」, 「묘법연화경제칠제권이십육품오다라니 妙法蓮華經第七卷第二十六品五陀羅尼」, 간기, 발문의 순서로 구성하였다. 특히 법화경오다라니는 약왕보살다라니(藥王菩薩陀羅尼)·용시보살다라니(勇施菩薩陀羅尼)·비사문천왕주(毘沙門天王呪)·지국천왕주(持國天王呪)·십나찰녀귀다나리(十羅刹女鬼陀羅尼)·보현보살선다리니(普賢菩薩旋陀羅尼) 등 육다라니이므로, 내용 끝의 미제(尾題)에서도 묘법연화경육다라니(妙法蓮華經六陀羅尼)라 하였다. 서문과 발문은 인파(仁波)의 법손인 용성천오(龍星天旿)가 썼고, 대중질로 교증(較證) 추담정행(秋淡井幸)과 용성천오(龍星天旿), 시주 동곡지훈(東谷知訓), 화주 경허평진(敬虛平昣), 서사(書寫) 사미 규선(奎鮮), 목수 김(金), 공양주 성철(成哲) 등도 남겼다.

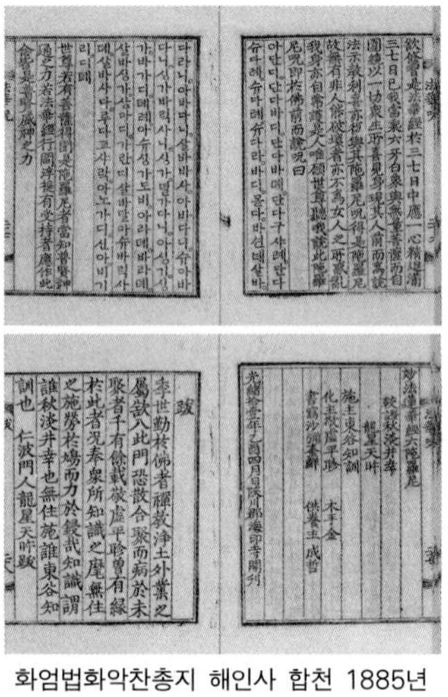

화엄법화약찬총지 해인사 합천 1885년

화엄변상 華嚴變相 대방광불화엄경변상도. 『자백존자전집』 권14(卍속장126, p.882b17)에 "무릇 화엄변상이라 하니, 비록 범성이 같지 않으나 그 주반으로 삼나

무인 듯 자연스럽고 빽빽하여 위의 또한 구족하다. 일마다에서 법을 드러냄에 이르러서는 그윽한 뜻 깊이 밝아 마치 가을 물 속 달인 듯하여 언어로 빌릴 일 아니어서 보는 이로 하여금 각각 분명하게 드러내 알게 함이니 미혹될 일 없다. 夫華嚴變相 雖聖凡不同 其主伴森然 威儀具足 至於卽事表法 玄旨幽朗 如月在秋水 不假言語 使見者 各各顯了不惑"라고 하였다. [참고문헌]『紫柏尊者全集』. ⇨ 대방광불화엄경변상도 大方廣佛華嚴經變相圖, 대방광불화엄경사경변상도 大方廣佛華嚴經寫經變相圖

화엄보탑교원 華嚴寶塔教院 송대(宋代) 사찰. 지금의 중국 강소성(江蘇省) 소주시(蘇州市) 오강구(吳江區)인 평강부 오강현에 있었는데, 904년(효공왕8)에 최치원(崔致遠 857~?)이 지은『당대천복사고사주번경대덕법장화상전』(한불전3, p.777c1)의 마지막에 "때는 소흥 19년(1149·의종3) 10월 1일에 평강부 오강현 화엄보탑교원의 사강이며 주지인 원증대사 의화가 삼가 제목을 적었다. 旹紹興十九年孟冬一日 平江府吳江縣華嚴寶塔教院 嗣講住持圓證大師義和 謹題"라고 하였다. 대각국사(大覺國師) 의천(義天 1055~1101)의 후원으로 중창한 화엄사찰 혜인사의 사지인『옥잠산혜인고려화엄교사지』권12 혜인사지부록(慧因寺志附錄)에 실린 1231년(宋 理宗 소정4) 찬술의「송고려사상서성첩비 宋高麗寺尚書省牒碑」에도 "전주지 평강부 화엄보탑교원 승청원을 칙명으로 임안부 남산 고려혜인교사 주지로 뽑아 정한다. … 주지 평강부 오강현 화엄보탑교원 승 청원 前住持 平江府華嚴寶塔教院 僧淸遠 牒奉敕宜差住持臨安府南山高麗慧因教寺 … 住持 平江府吳江縣華嚴寶塔教院 僧淸遠"이라고 하였다. [참고문헌]『唐大薦福寺故寺主翻經大德法藏和尚傳』,『玉岑山慧因高麗華嚴教寺志』(中國佛寺史志彙刊 第20冊) p.267.

화엄본조 華嚴本祖 화엄의 본 뜻을 지킨 조사. 아난에서 용수, 그리고 각현에 이르는 선지식을 말한다. 최치원(崔致遠)이 지은 당 현수법장(賢首法藏 643~712)의 전기『당대천복사고사주번경대덕법장화상전 唐大薦福寺故寺主翻經大德法藏和尚傳』에 "대개 가르침 품받은 승니들은 모두 율을 호지하고 선에 깃듦을 언제나와 같이 애쓴다. 화엄의 본조라 하면 아난으로부터 용수, 그리고 불현(佛賢 : 60『화엄경』을 한역한 불타발다라. 覺賢이라고도 함)에 오기까지 선풍이 실추되지 않고 관행 두 날개인 듯하였으니, 가히 한결같아 부족함이 없었음을 알 수 있다. 大都稟教僧尼 僉以護律栖禪爲恒務 卽知華嚴本祖 自阿難海而來龍猛佛賢 禪風靡墜 觀行雙翼 可缺一乎"고 하였다. [참고문헌] 崔致遠『唐大薦福寺故寺主翻經大德法藏和尚傳』(한불전3, p.775c3).

화엄부 華嚴部 화엄의 교의를 드러낸 것들의 모음.『화엄경』과 이본(異本) 및 지분경(支分經) 등 모두를 모아 부르는 이름이다. 730년에 당 지승(智昇)이 편찬한『개원석교록』권10(대정장55, p.580a10) 보살삼장록(菩薩三藏錄) 제1에는 대승경전, 곧 보살계경장(菩薩契經藏)을 반야부(般若部)·보적부(寶積部)·대집부(大集部)·화엄부·열반부(涅槃部)·오대부외(五大部外) 등으로 나누었는데, 화엄부에는 60권본과 80권본『대방광불화엄경 大方廣佛華嚴經』,『도제불경계지광엄경 度諸佛境界智光嚴經』1권,『불화엄입여래덕지경 佛華嚴入如來德智經』2권,『대방광입여래지덕부사의경 大方廣入如來智德不思議經』1권,『대방광불화엄경부사의불경계분 大方廣佛華嚴經不思議佛境界分』1권,『대방광여래부사의경계경 大方廣如來不思議境界經』1권,『대승금강계주보살수행분 大乘金剛髻珠菩薩修行分』1권,『대방광불화엄경수자분 大方廣佛華嚴經修慈分』1권,『대방광보현보살소설경 大方廣普賢菩薩所說經』1권,『장엄보리심경 莊嚴菩提心經』1권,『대방광보살십지경 大方廣菩薩十地經』1권,『도사경 兜沙經』1권,『보살본업경菩薩本業經』1권,『제보살구불본업경 諸菩薩求佛本業經』1권,『보살십주행도품 菩薩十住行道品』1권,『보살십주경 菩薩十住經』1권,『점비일체지덕경 漸備一切智德經』5권,『십주경 十住經』4권,『등목보살소문삼매경 等目菩薩所問三昧經』2권,『현무변불토공덕경 顯無邊佛土功德經』1권,『여래흥현경 如來興顯經』4권,『도세품경 度世品經』6권,『나마가경 羅摩伽經』3권,『대방광불화엄경속입법계품 大方廣佛華嚴經續入法界品』1권에, 추후에 한역한 40권본『대방광불화엄경입부사의해탈경계보현행원품 大方廣佛華嚴經入不思議解脫境界普賢行願品』을 더하여 모두 26부 187권 18질을 수록하였다. 명의 지욱(智旭 1599~1655)은 가흥대장경(嘉興大藏經)에 수록된『열장지진 閱藏知津』에서 천태교판에 따라 "대승경 오부인데 화엄부·방등부·반야부·법화부·열반부 등이다. … 大乘經五部 一華嚴部 二方等部 三般若部 四法華部 五涅槃部"라고 하여 화엄부에 29부 236권을 실었다. 고려대장경에는 26부 188권, 대정신수대장경에는 60권본『대방광불화엄경』부터『최승문보살십주제구단결경 最勝問菩薩十住除垢斷結經』까지 32부 254권을 수록하였고, 대각국사(大覺國師) 의천(義天 1055~1101)의『신편제종교장총록』권1(한불전4, p.680a6) 해동유본견행록(海東有本見行錄) 상에서는 장소(章疏) 등도 합해서 177부 1270권의 목록을 실었다. [참고문헌]『開元釋教錄』,『閱藏知津』,『新編諸宗教藏總錄』.

화엄사 華嚴寺 **1** 인천광역시 강화군 교동면 상용리 화개산(華蓋山)에 있던 절.『동국여지승람』권13 경기 교동현 불우에 이름과 위치가 전하고,『가람고』에 "부 북쪽 3리에 있다. 在府北三里"고 하였다. 〔참고문헌〕『東國輿地勝覽』, 『伽藍考』, 『韓國寺刹全書』 권하 p.1177a4. ❷ 강원도 고성군 토성면 원암리 천후산(天吼山)에 있던 화암사(禾巖寺). 〔참고문헌〕『韓國寺刹全書』 권하 p.1178a17. ⇨ 화암사 禾巖寺❶ ❸ 경상남도 진주시 지리산(智異山)에 있던 절. 『동국여지승람』 권30 경상도 진주목에 이름과 위치가 전하며, 『범우고』에 "지금은 폐사하였다. 今廢"고 하였다. 〔참고문헌〕『東國輿地勝覽』, 『梵宇攷』, 『韓國寺刹全書』 권하 p.1177a1. ❹ 전라남도 구례군 마산면 황전리 지리산(智異山)에 있는 절. 대한불교조계종 제19교구본사로 신라대에는 화엄십찰(華嚴十刹) 중 하나였다. 전국 전통사찰 중 국보와 보물 등 성보문화재가 가장 많이 남아 전하는 사찰이며, 현재 사역전체가 국가사적으로, 사역주변 지리산 일원과 함께 명승으로 지정되어 있다. 〔창건과 연혁〕 544년(성왕22)에 천축(天竺)에서 오신 스님 연기(緣起·煙起·鷰起)가 창건하고 해회당(海會堂)·대웅상적광전(大雄常寂光殿)을 건립하였다 하니, 삼매 중에 칠불(七佛)의 조사인 대지문수사리보살(大智文殊師利菩薩)이 많은 보살에 둘러싸인 가운데 『화엄경』 보살문명품(菩薩問明品) 등을 문답함을 본 이후로 지(智)와 이(利)를 가져 지리산(智利山)이라 이름붙였다고 하여 '지리산화엄사 智利山華嚴寺'라 한다 전하고 있으며, 삼신산(三神山)의 하나인 방장산(方丈山)이기에 '방장산화엄사'라고도 불리기도 한다. 백제 때 창건설은 자장이 건립한 석존의 7층사리탑과 석등, 등롱(燈籠) 등이 지금까지 전하고 있으나 9세기 양식이라 하여 의문을 남기고 있기도 하다. 특히 선덕왕 재위기간은 백제 무왕(武王 재위 600~641)과 의자왕(義慈王 재위 641~660) 때로, 당시 구례 일대는 백제의 영토였는데 신라의 자장이 백제 땅에서의 대규모 중창불사설행을 쉽게 믿을 수 없다 여기기 때문이다. 따라서 544년 창건설과 643년 중창설은 여전히 옛사람과 남은 이들의 숙제가 되었다. 다만 754년(경덕왕13)~755년에 황룡사(黃龍寺) 연기(緣起)가 발원하여 조성한 『신라백지묵서대방광불화엄경 新羅白紙墨書大方廣佛華嚴經』을 근거로 경덕왕대 창건설을 주장하기도 한다. 1636년(인조14)에 중관해안(中觀海眼 1567~?)이 쓴 「호남도구례현지리산대화엄사사적 湖南道求禮縣智異山大華嚴寺事蹟」과 2008년에 가산지관(伽山智冠 1932~2012)이 찬술한 「선교양종지리산대화엄사사적비명 禪敎兩宗智利山大華嚴寺事蹟碑銘」을 중심으로 창건사적과 연혁을 정리하면 〈표1〉과 같다. 677년에 의상(義湘)이 사십팔가(四十八架)를 지어 장육전(丈六殿)이라 이름하여 신라의 대표적인 화엄사찰로 손꼽혔고, 경덕왕대에는 왕명에 의해 진역본 『화엄경』 60권(420년 동진 원희2)을 새긴 청자석(青紫石)인 '석경'으로 장육전 토벽을 대신하기도 하였다. 또한 당역본 『화엄경』 80권(695년 중종 사성12), 화엄경 후분인 입법계품(華嚴經後分入法界品) 40권(796년 덕종 정원12) 등을 모두 각판하였을 뿐만 아니라, 당우 8채를 건립하고 산내 명소에 화엄원(華嚴院)·봉천원(奉天院)·안지원(安智院)·홍교원(弘敎院)·서유원(西遊院)·미타원(彌陀院)·선림원(禪林院)·증림원(證林院) 등의 8원과 81곳의 암자를 두었다. 다만 의상의 중창과 석경의 조성은 『봉성지 鳳城誌』에 670년(문무왕10)의 일이라고 하였으나 화엄사 진응(震應 1873~1941)은 헌강

〈표1〉 화엄사 사적

연도	사적
544(성 왕22)	·연기창건
643(선덕왕12)	·자장(慈藏) 사사자삼층석탑 건립
677(문무왕17)	·의상(義湘) 3층 장육전 중창 ·장육전(丈六田) 차 파종
742~765(경덕왕1~24)	·화엄경석경(石經)조성·산내 8원 81암자
754~755(경덕왕13~14)	·황룡사 연기 신라백지묵서대방광불화엄경 사경
875~886(헌강왕1~헌강왕12)	·도선(道詵)주석 ·300여칸 당우와 동서오층석탑 건립
918~943(태조1~태조26)	·관혜(觀惠) 견훤의 복전
943(태조26)	·국왕 요청으로 확장·중수
950~975(광종1~광종26)	·국왕 시주로 홍경(洪慶·墨和尙)중수
1047~1082(문종1~문종36)	·의천(義天)주석·대규모 중수 ·공양곡물 보관창고 건립
1123~1135(인종1~인종13)	·정인(定仁)중수
1314~1330(충숙왕1~충숙왕17)	·도선 주석처 원소암(圓炤庵)중건 ·국왕 시주로 조형(祖衡)전면보수·원당 건립
1352~1374(공민왕1~공민왕23)	·적기암(赤旗庵)창건
1424(세종 6)	·선교양종분속 때 18곳 선종사찰 중 하나 ·선종대본산(禪宗大本山)
1584(선조17)	·부휴선수(浮休善修) 화엄경 강설
1587	·중관해안 화엄법석 설행
1592(선조25)	·본사 및 8원 81암자 전소·주지 설홍(雪泓)과 화엄사 승병 석주진(石柱鎭)에서 전사
1593	·왜군에 의해 전소
1630~1636(인조8~인조14)	·벽암각성(碧巖覺性)중건
1646(인조24)	·백곡처능(白谷處能) 복원기원법회 봉행
1648	·취미수초(翠微守初) 복원기원법회 봉행
1650(효종1)	·선종대가람(禪宗大伽藍)
1702~1703(숙종28~숙종29)	·계파성능(桂坡性能) 장륙전중건·각황전사액 ·선교양종대가람(禪敎兩宗大伽藍)
1706	·명곡현안(明谷玄眼) 선교강설 ·설암추붕(雪巖秋鵬) 화엄경 강설
1714(숙종40)	·상월새봉(霜月璽篈) 화엄경 강설
1841(헌종7)	·재원(宰元)·지원(智圓)·준언(俊彥) 등 대흥사(大興寺) 표충사(表忠祠) 유사(有司) ·제향관 취임
1950	·지장암(地藏庵)·내원암(內院庵) ·보적암(寶積庵)·상원암(上院庵) ·보련암(寶蓮庵)·본사 만월당(滿月堂) 소실
1967~	·이산도광(离山導光)·금성명선(金城明煽) ·원응종원(圓應宗源)·평전종수(平典宗守) ·송천종열(松泉宗烈)·우암종걸(愚岩宗乞) ·우봉명섭(愚峰明燮)·지포월종(持抱月宗) 중수·보수·신축·개금불사 봉행
2007	·화엄사사적비 건립

왕~경순왕대 일로, 지리산의 납석으로 석경을 조성하였다고 보기도 하였다. 도선은 15세 때 월유산(月留山·月遊山) 화엄사에서 출가한 뒤 헌강왕 때 동서오층석탑을 건립하는 중창불사를 봉행하였는데, 감로탑과 각황전 앞 석등도 비슷한 시기에 조성되었다고 추정되면서, 신라말에 화엄사는 참으로 '화엄불국세계'라 할 만하였다. 886년(정강왕1)에 31칸의 광학장(光學藏)을 신축한 이후로 증축이나 신축의 자취가 보이지 않지만, 고려 태조 왕건이 도선의 자문을 받아 5백선찰(禪刹)을 건립하고 3천8백교찰(敎刹)을 세우도록 명하였을 때 기존 사찰 중에서는 화엄사를 제일 먼저 중수하였다. 이후 의천이 가장 큰 규모로 중창하였는데, 당시 국왕이었던 문종은 넷째 아들인 의천을 위해서 지금의 전라도와 경상남도에서 매년 징수하는 곡물 중 일정량을 화엄사에 헌납하도록 하면서 일주문 밖에 창고 두 채를 건립하였다고 한다. 조선시대에는 한층 사격을 높였는데, 특히 임진왜란 당시 주지 설홍은 화엄사 스님 삼백여 명의 승군을 이끌고 왜적과 싸우다가 전사하였고, 화엄대선겸선교판직(華嚴大選兼禪敎判職) 윤눌(潤訥)은 이순신(李舜臣)의 부장(副將)으로 활약하다가 전사하였다. 왜장 가토 기요마사(加藤淸正)는 범종을 일본으로 가져가려고 배에 싣고 가다가 섬진강 중간쯤에서 침몰하여 종은 물에 잠기고 왜군은 모두 고기밥이 되었다고 전하기도 한다. 조선후기에도 지속적으로 왕실의 후원을 받았다. 1630년(인조8)부터 주지 벽암각성(碧巖覺性)이 7년에 걸쳐 주요 전각을 복원하였고, 제자인 계파성능(桂坡性能)은 1699년(숙종25)부터 3년 동안 장육전을 중수하였는데, 1650년에는 선종대가람(禪宗大伽藍)이 되었고, 1703년에 숙종이 각황전을 사액하면서는 선교양종대가람(禪敎兩宗大伽藍)으로 삼았다. 특히 계파성능의 각황전 중건과 관련하여 왕실과의 인연이 깊다. 계파성능은 각황전 중건을 위한 화주로 선임된 뒤 "다음날 아침에 제일 먼저 만나는 사람에게 시주를 권하라"는 문수보살의 말씀을 듣고 처음 마주한 이는 남루한 옷을 걸친 채 잔심부름으로 먹고사는 노파였다. 어쩔 수 없어 시주를 권하였고, 노파는 자신의 가난함을 한탄하다가 '왕궁에 다시 태어나 큰 불사를 이루리다'고 서원한 뒤 연못에 몸을 던져 죽었다. 5~6년 뒤 계파성능은 한양에서 자신을 보고 반가워하는 공주를 만났고, 날 때부터 손을 쥔 채로 펴지 않았던 공주의 손을 어루만져 펴게 하였는데, '장육전'이라는 글자가 쓰여져 있었다. 이를 들은 숙종이 장육전 중건비용을 시주하였고 '부처님은 깨달은 황제'라는 뜻으로 각황전이라는 이름도 사액하였다 한다. 각황전 불상봉안에도 숙종을 비롯하여 왕비 인현왕후, 세자 윤(昀 뒤에 경종), 후궁 숙빈최씨(淑嬪崔氏)와 왕자 연잉군(延礽君 뒤에 영조) 등 왕실 인사들은 물론 여흥민씨·해주오씨 등 유력 집안도 대거 참여하여 18세기 초 최대의 왕실주도의 불사를 봉행하기도 하였다. 당시에 명곡현안(明谷玄眼)·설암추붕(雪巖秋鵬)·상월새봉(霜月璽篈) 등이 이곳에서 강설하였다. 그 뒤 자세한 연혁은 전하지 않지만, 1970년부터 이산도광(离山導光 1922~1984)이 전각을 중수하고 개금과 단청을 더하였으며, 1977~1980년에 금성명선(金城明煽)이 범종 주조와 묘향대 개축, 삼전(三殿)·견성당(見性堂)·운고각(雲鼓閣)·적조당(寂照堂)·108계단를 중수하였고, 1983년 각황전 번와, 1984년부터 만월당·일주문 신축, 1989년 원융료·청풍당 신축과 연기암(緣起庵) 복원 등을 완료하였으며, 구례 포교당인 도광사(導光寺)와 순천 포교소인 흥륜사(興輪寺) 등을 창건하였다. [전각 및 성보문화재] 화엄사는 대표적인 호남의 신라 명찰답게 많은 전각과 다수의 성보문화재를 소장하고 있는데, 그것을 정리하면 〈표2〉와 같다. 각황전 앞 석등은 현존하는 석등 중 가장 큰 석등이고, 효대의

〈표2〉 화엄사 주요 당우 및 성보문화재 일람표

*국보 **보물 ***유형문화재 *****천연기념물

전각	규격·내용·인연 대중
대웅전	■** 정유재란 때 소실·1630(인조8) 벽암각성중건·1757(영조33) 회심(會心)·처관(處寬) 등 중수·1915중수 정·측5·3칸 ■비로자나삼신불목조좌상(비로자나불·노사나불·석가불)* 1635(인조13) 벽암각성주관·청헌(淸軒)·응원(應元)·인균(印均) 등 조성·1757(영조33) 회심·처관 등 개금 ■삼심불탱 3폭(비로자나불·노사나불·석가불)** 1757 의겸(義謙) 등 조성 ■편액 의창군(義昌君)서(書) ■앞 마당 동서오층석탑** 875(헌강왕1)건립추정·동탑 1단기단 5층탑신·서탑 2단기단 5층탑신 조각장엄 배례석·서오층석탑 사리장엄구** 1995해체보수중 신라백지묵서대방광불화엄경·청동불상범 등 발견·동오층석탑 사리장엄구 1999해체보수중 금동광배·청동사리합 등 발견
각황전	■* 장육전 정유재란 때 소실·1702(숙종28) 계파성능 중건·연잉군(후에 영조)원당·1703 각황전사액·1769(영조45)중수·1847(헌종13) 의헌(義憲)·윤행(允幸) 등 중수·1936 정만우(鄭曼宇)보수·1943수리·1961일부해체보수 정·측7·5칸 2층 ■화엄경석경** 742~765(경덕왕1~24)조성·정유재란 때 파손 ■석가여래삼불목조좌상 및 사보살목조입상(석가불·다보불·아미타불·문수보살·보현보살·관음보살·지적보살)** 1703(숙종29) 왕실 시주로 계파성능·색난(色難)·충옥(沖玉) 등 봉안·1975 복장유물 발견 ■앞 석등* 860(헌안왕4)~873(경문왕13)건립추정 ■옆 홍매화
영산전(응향각)	1836(헌종2) 금봉우익중건 정·측4·2칸
나한전	1632(인조10) 벽암각성중건·1795(정조19) 담인(曇仁)중건 정·측3·2칸
원통전	■1703(숙종29)중건·1761(영조37) 송운(松藴)중수 정·측3·3칸 ■앞 사자탑** 9세기조성추정
명부전	1630(인조8) 벽암각성중건·1970도광중수 정·측5·3칸
영전	1632(인조10) 벽암각성중건·1836(헌종2)중수 정·측5·2칸
삼전	1836(헌종2) 금봉우익중건 정·측5·5칸 ㄱ자
봉향각(奉香閣)	1869(고종6) 구례현감 방효함(方孝函)중수
삼성각	정·측1·1칸
범종각	1976건립 정·측3·2칸
운고각(雲鼓閣 法鼓樓)	정·측3·2칸 2층

적묵당	1632(인조10) 벽암각성중건 · 1798(정조22) 황악행원(黃岳幸元)중수 · 1978 금성명선(金城明煽)보수 정·측6·3칸 ㄱ자
청풍당	1987 원응종원(圓應宗源)중건 정·측7·7칸 ㄱ자
혜원당	정·측5·5칸
만월당	1950소실 · 정·측8·5칸
성행당	정·측5·3칸
원융료	정·측7·7칸 2층 ㄱ자
범음료	정·측9·2칸 2층
관정료	정·측4·4칸 ㄱ자
보제루	*** 1827(순조27) 금봉우익(錦峰祐益) · 낭규(朗圭)중수 · 1974중수 정·측7·4칸
효대(孝臺)	사사자삼층석탑* 8세기 중반건립추정 · 석탑의 합장 어머니와 석등의 차공양 연기 · 배례석 · 636(선덕왕5) 자장 봉지(奉持) 불사리 봉안 전승
탑전(견성전·견성당)	원효 해인당(海印堂)으로 건립 · 정유재란 때 소실 · 1703 계파성능 견성당으로 중건 · 1900(광무4) 청하단정 월유선원으로 · 1937 붕괴 · 1955금오태전(金烏太田)보수 · 1963 금오태전중수 · 2015 영관해체 · 2018덕문중창 정·측3·5칸
화엄원	정·측11·5칸
광학장	정·측10·9칸 ㄱ자
덕장전	1955 전강영신(田岡永信)중수 정·측6·3칸
천왕문	정·측3·3칸
금강문	1632(인조10) 벽암각성중건 정·측3·2칸
일주문	▪대웅전 편액 의창군 서 ▪정·측1·1칸
승탑	▪계파당성능탑(桂坡堂性能塔) · 비구니순홍지운응안탑(比丘尼順洪知云應安塔) · 동헌당완규탑(東軒堂完圭塔) · 대월당탑(大月堂塔) · 등계경봉당탑(登階景峰堂塔) · 명곡당현안탑(明谷堂玄眼塔) · 벽암당각성탑(碧巖堂覺性塔) · 보산당탑 · 양직당탑(養直堂塔) · 자운당처관탑(慈雲堂處寬塔) · 진응당혜찬탑(震應堂慧燦塔) · 환공당탑(幻空堂塔)
석비·탑비	▪도선국사비(道詵國師碑) 1172(명종2)건립 · 현재 없음 ▪국일도대선사벽암당각성대사비(國一都大禪師碧巖堂覺性大師碑) 1663(현종4)건립 이경석(李景奭 1595~1671)찬 · 오준(吳竣)서(書) ▪호은당문성대율사비(虎隱堂文性大律師碑) 1919건립 장지연(張志淵 1864~1921)찬 ▪대화엄사중흥공덕주사승풍규정팔도도승통금봉당우익대선사비(大華嚴寺中興功德主賜僧風糾正八道都僧統錦峰堂祐益大禪師碑) 1929건립 김택영(金澤榮 1850~1927)찬 ▪이산당도광대선사비(离山堂導光大禪師碑) 1987건립 동곡일타(東谷一陀)찬 · 이영식(李榮植)서 · 2007새로 건립 가산지관(伽山智冠)찬 · 정하건(鄭夏建)서 ▪사과박필종희사공덕비(司果朴弼鐘喜捨功德碑) 1930건립 고용주(高墉柱)찬
성보박물관	▪정·측8·8칸 ▪신라백지묵서대방광불화엄경* 754(경덕왕13)~755조성 한국최고(最古)사경 · 변상도 신라유일 회화자료 ▪백자청화'홍치2년'명송죽문항아리* 1489(성종20)제작 동국대박물관소장 ▪영산회 괘불탱(석가불 · 문수보살 · 보현보살)* 1653(효종4) 벽암각성 · 지영(智英) 등 조성
나무	▪올벚나무***** 수령 300년추정 1636(인조14) 병자호란후 전쟁 대비용 활 제작위해 식수 ▪매화***** 길상암 앞 4그루 중 1그루 생존 · 들매화

사사자삼층석탑은 신라 석탑을 전형을 따르면서도 1층 기단의 모서리기둥을 네 마리 사자로 꾸민 불국사 다보탑과 더불어 대표적인 이형석탑으로 회자되고 있다. 각황전 역시 우리나라의 대표적인 다층건물로, 수미단에는 거대한 석가여래삼불목조좌상과 사보살목조입상을 모셔 이채로운데, 그동안 오른쪽 불상을 약사불이라고 하였으나 1975년 개금불사 때 발견된 불복장문(佛腹藏文)에는 후불탱이 다보불이라고 하였다. 경내에서 가장 오래된 건물인 대웅전에는 17세기 최대 불상이자 유일한 조각 삼신불인 비로자나삼신불목조좌상을 모셨는데, 선조의 여덟째 아들 의창군(義昌君) 이광(李珖 1589~1645) 내외와 사위 신익성(申翊聖 1588~1644) 내외, 상궁, 스님 580분 등 1320명이 시주자로 참여한 불복장문이 확인되었다. 대웅전 앞 마당의 동서삼층석탑에서는 해체보수중에 각각 '신라백지묵서대방광불화엄경'·청동불상범(青銅佛像范)·금동광배·청동사리함 등의 복장물이 발견되기도 하였다. 원통전 앞에는 사사자삼층석탑처럼 1층기단 모서리에 네 마리 사자를 둔 사자탑이 자리하고 있는데, 다소 길죽한 1층의 탑신만 있어서 공양대(拱養臺)로 알려져 있다. 화엄사는 홍매화와 벚꽃이 만발하는 곳으로 유명하다. 화엄사 앞을 흐르는 냇가에서 그리 멀지 않은 곳에는 천연기념물로 지정된 수령 약 300년 추정의 화엄사 올벚나무가 있는데, 병자호란 뒤에 인조가 전쟁에 대비하고자 벚나무를 많이 심도록 권장하였고, 벽암각성이 그 뜻을 함께 하여 사역 주변에 많이 심은 흔적으로, 약 80년 전까지는 두 그루였지만 한 그루는 절을 중수할 때 목재로 사용하였는데, 판자 한 장으로 적묵당 안마루를 깔고도 남을 정도였다고 전한다. 성보박물관 남쪽에는 풍수지리상 화엄사가 배 모양을 하고 있기에 항해 중에 필요한 물을 담기 위해서 고려 초에 조성한 것으로 추정되는 화강석으로 다듬어 만든 돌항아리가 있다. 화엄사 남암 남쪽에는 828년(흥덕왕3)에 견당사(遣唐使) 김대렴(金大廉)이 당에서 가져온 차 씨앗을 왕명을 받아 안지원(安智院)터에 심어 죽로차(竹露茶)의 기원이 된 장죽전(長竹田)녹차시배지가 있는데, 정만우의 「화엄사적기」에는 원래 544년에 연기가 인도에서 와서 화엄사를 건립할 때 심었던 곳으로 화엄차(華嚴茶)의 본향이라고 하였다. 또한 일주문 건너편에는 신라대부터 지리산 산신에게 제사지냈던 남악사(南岳祠)가 자리하고 있는데, 1737년(영조13)에 광의면 온당리 당동에 중건한 건물이 1908년(융희2)에 훼철되자 1969년에 이곳에 정·측 3·2칸으로 다시 지었다. 다만 화엄사 성보문화재는 일제강점기 때부터 지속적으로 도난당했다. 1932년 6월 8일자 「동아일보」에는 화엄사 법당에 있는 6백여원 가량 되는 불체를 절취당하였다고 하였고, 1975년 11월 22일자 「경향신문」에도 금잔과 송자대전각판 등이 도난당하였다고 하였으며, 1862년(철종13)에 제작된 지장보살도와 시왕도, 금강역사목조상과 판관목조상, 지장암의 보살목조좌상도 도난으로 신고되기도 하였다. 석비 중에 사과박필종희사공덕비는 6천원을 시주하여 상해장경(上海藏經)을 구입해서 화엄사 경장에 봉안하는 한편 다시 6천원을 희사하여 논 50마지기(斗落)를 매입하여 10마지기는 각황전 불량(佛糧)에, 10마지기는 사리탑에, 10마지기는 대웅전에 공량미로 헌납하고 20마지기는 자신이 생전에 수용하다가 사후에는 명복을 비는 천도재용으로 정했다는 내용을 담은 비석인데,

당시 화엄사 주지 진응혜찬(震應慧燦 1873~1941)이 주관하여 건립하였다. [산내암자] 「호남도구례현지리산대화엄사사적」에는 원소암(圓炤庵) 등 14곳이 있었다고 하였으나 「선교양종지리산대화엄사사적비명」에는 이전에 구층암(九層庵)·금정암(金井庵)·지장암(地藏庵)·원소암·청련암(青蓮庵)·적기암(赤旗庵)·은무암(隱霧庵)·은선암(隱仙庵)·선정암(禪定庵)·심원암(深源庵)·백련암(白蓮庵)·도선암(道詵庵)·금강굴(金剛窟)·봉천암(鳳泉庵)·청계암(聽溪庵)·보적암(寶積庵)·연기암(緣起庵)·길상암(吉祥庵)·내원암(內院庵)·미타암(彌陀庵)·용혈암(龍穴庵)·상암(上庵)·묘향대(妙香臺)·문수대(文殊臺) 등 24곳이었다가 현재 연기암·청계암·구층암·미타암·길상암·내원암·봉천암·금정암·지장암·보적암·상암·용혈암·묘향대·문수대 등 14곳만 있다고 하였다. 문수암(文殊庵)은 1867년(고종4)에 초운섭률(草雲攝律)이, 내원암은 1837년(헌종3) 금봉우익이, 봉천암은 1846년(헌종12)에 취봉(翠峰)이 각각 창건하였고, 1901년(광무5)에는 구층암에서 백련사 결사가, 보적암에서는 환월(幻月)이 선불장을 개설하고 진응혜찬(震應慧燦)이 좌주를 맡기도 하였다. 특히 구층암에는 통일신라시대에 건립된 것으로 추정되는 석등이 유형문화재로 지정되어 있고, 천불보전과 삼층석탑, 감로당이 있으며, 연기암에는 우리나라에서 가장 큰 문수보살상과 마니차, 대웅상적광전, 관음전이 자리하고 있다. [참고문헌] 『東國輿地勝覽』, 『朝鮮寺刹史料』 권상 pp.268~271, 『朝鮮佛教通史』 권하 pp.49~57·151~158, 『韓國寺刹全書』 권하 pp.1177a~1178a, 『華嚴寺誌』(亞細亞文化社, 1997), 『韓國의 寺刹』 권8 華嚴寺(一志社, 1978), 『傳統寺刹叢書』 권7 광주·전남의 전통사찰2(寺刹文化研究院, 1996), 『華藏 지리산 대화엄사』(불교중앙박물관·지리산대화엄사, 2021). **5** 충청남도 예산군 신암면 용궁리 오석산(烏石山)에 있는 절. 대한불교조계종 제6교구본사 마곡사(麻谷寺)의 말사이며 화암사라고도 부른다. 1848년(헌종14)에 추사 김정희(金正喜 1786~1856)의 둘째 동생 김명희(金命喜 1788~1857)와 셋째 동생 김상희(金相喜 1794~1861)가 쓰고 조석신(曺錫臣)이 새긴 「화암사중수건기 華巖寺重修建記」에 따르면 1752년(영조28)에 김정희의 증조부이자 영조의 부마였던 김한신(金漢藎 1720~1758)이 아버지 김흥경(金興慶 1677~1750)의 묘소 옆에 명복을 비는 절을 중건하였고, 영조가 사액하였다 한다. 1846년(헌종12)에 절이 폐사지경에 이르자 김명희가 직접 나서 중건에 힘썼고, 김정희는 「오석산화엄사상량문 烏石山華嚴寺上樑文」(한국문집총간301, p.132a7)과 '무량수각(無量壽閣)'·'시경루(詩境樓)' 편액 글씨를 써서 보내기도 하였다. 또한 법당 뒤편 너럭바위에 '천축고선생댁 天竺古先生宅'이라 새긴 글이 남아있다. 1988년 대웅전 중건 이래 현존하는 당우로는 대웅전·약사전·추수루·요사 등이 있다. [참고문헌] 『阮堂全集』, 『韓國寺刹全書』 권하 p.1177a8, 『文化遺蹟總覽』(文化財管理局, 1977) p.706. **6** 평안남도 안주시 가을두산(加乙頭山)에 있던 절. 『동국여지승람』 권52 평안도 안주목 불우에 이름과 위치가 기록되어 있다. [참고문헌] 『東國輿地勝覽』, 『韓國寺刹全書』 권하 p.1177a3·p.1178a19. **7** 중국 섬서성(陝西省) 서안시(西安市) 장안구(長安區)에 있는 절. 화엄종의 조정(祖庭)이 되는 곳. 장안 남교(南郊)를 흐르는 분천(樊川)에 세워진 여러 사찰 중 하나로 편의상 '분천화엄사'라고도 한다. 『화엄경소초』 권15(대정장36, p.116a26)에 따르면, 초조 두순(杜順 557~640)이 입적한 후에 분천 북원(北原)에 장사를 지내고 전신을 입탑하여 장안 남쪽 화엄사에 안치하였다(葬在樊川北原 今全身塔 在長安南華嚴寺)고 하였는데, 바로 이 무렵 645년에 탑묘로 처음 조성되었다. 절이 건립되고 수백 년간 법당이 없는 굴동(窟洞) 형태로 유지되었던 것으로 보인다. 두순선사의 묘탑은 아직까지 전하고 있는데, 방형(方形)의 7층 규모이다. 두순의 탑 옆에는 청량징관(清凉澄觀)의 탑도 있는데, 육각형의 5층 규모이다. 기록에 따르면, 제2조 지엄(智儼)과 제3조 법장(法藏)의 탑도 조성되어 있었는데, 청(清)대 산사태도 유실되었다고 한다. [참고문헌] 『華嚴經疏鈔』, 『慈恩傳』 권10(대정장50, p.278b10). ⇨ 두순 杜順 **8** 중국 산서성(山西省) 오대산(五臺山)에 있는 절. 대부영추사(大孚靈鷲寺)·화원사(花園寺)·현통사(顯通寺)·영명사(永明寺) 등이라고도 하고, 다른 곳의 화엄사와 구별하여 '오대화엄사'라고도 한다. 처음 개창한 시기는 후한(後漢) 명제(明帝) 때로 백마사(白馬寺) 건립 이후 얼마 되지 않은 시기이다. 이에 따라 중국의 사찰 중 제2의 고찰로 평가한다. 이때의 이름이 '대부영추사'이고, 북위(北魏)대는 '화원사'라 불렀다. 『광청량전』 권상(대정장51, p.1103c20)에 따르면, 당대 청량징관(清凉澄觀 738~839)이 이곳에서 『대화엄경소』를 지으면서 칙명으로 '대화엄사'로 고쳐 부르게 되었다(至唐朝 因澄觀法師於此造大華嚴經疏 遂下勅改爲大華嚴寺)고 전한다. 그런데 『입당구법순례행기』 권3(대장경보편18, p.70a16)을 살펴보면, 원인(圓仁)스님이 구법하던 840년에 이미 천태종 사찰로 바뀌어 있음을 알 수 있다(實可謂五臺山大華嚴寺 是天台之流也). 이후 명(明)에 이르러 현통사·영명사 등의 이름으로 계속 바뀌다가, 청(清)대 다시 '현통사'로 바꾸어 현재에 이르고 있다. [참고문헌] 『廣清涼傳』, 『入唐求法巡禮行記』. ⇨ 현통사 顯通寺 **9** 중국 산서성(山西省) 대동시(大同市)에 있는 절. 현재 절은 상하 2개의 절로 나뉘어 있는데, 상(上) 화엄사는 요(遼) 1062년(청녕8)에 건립되었다. 하(下) 화엄사의 박가경장(薄伽經藏)은 1038년(중희7) 건축된 것으로 현존하는 중국의 목조 건물 중 가장 오래된 것이다. [참고문헌] 『古今圖書集成選輯』 권상(대장경보편15, p.555b21).

화엄사 華嚴社 ❶ 신라 오대산에서 행한 화엄결사. 『삼국유사』 권3 탑상(塔像)4 대산오만진신(臺山五萬眞身)(대정장49 p.998c13·한불전6 p.334b9)에 "자장법사가 신라에 돌아왔을 때 정신대왕의 태자 보천과 효명 형제가 … 오대산에 들어와 … 신룡원년(705·성덕왕4) … 비로소 진여원을 개창하였다. 대왕이 친히 문무백관을 거느리고 산에 이르러 전당을 세우고 아울러 문수대성의 이상을 만들어 당중에 봉안하고 지식 영변 등 다섯 명으로 『화엄경』을 길이 전독하게 하니 이어 화엄사를 맺고는 해마다 비용을 대게 하였다. 매년 춘추에 산에서 가까운 주현에서 창조 일백석과 정유 한 석을 후원하는 것을 상규로 삼고, 진여원에서 서쪽으로 육천보를 가서 모니점과 고이현 밖에 이르는 시지 십오결과 율지 육결, 좌위 이결을 주어 처음으로 장사를 두었다. … 보천이 세상을 떠날 때 후일에 산중에서 행할 행사를 기록하였는데, '… 황색처인 중대의 진여원 가운데에는 이상문수부동을 모시고 뒷벽에는 누런 바탕에 비로자나를 수반으로 삼십육형을 그려 봉안하며, 복전 다섯을 두어 낮에는 『화엄경』과 육백반야를 읽고 밤에는 문수예참을 염하였으니, 화엄사라 이름하라'고 하였다. 藏師之返新羅 淨神大王太子寶川孝明二昆弟 … 入五臺山 … 以神龍元年 … 始改創眞如院 大王親率百寮到山 營搆殿堂 竝塑泥像文殊大聖安于堂中 以知識靈卞等五員 長轉華嚴經 仍結爲華嚴社 長年供費 每歲春秋 各給近山州縣倉租一百石 淨油一石 以爲恒規 自院西行六千步 至牟尼岾古伊峴外 柴地十五結 栗枝六結 坐位二結 創置莊舍焉 … 川將圓寂之日 留記後來山中所行輔益邦家之事云 … 黃處中臺眞如院中 安泥像文殊不動 後壁安黃地畫毗盧遮那爲首三十六化形 福田五員 晝讀華嚴經六百般若 夜念文殊禮懺 稱華嚴社"라고 하였다. [참고문헌] 『三國遺事』. ❷ 신라말 왕실의 후원으로 베푼 두 차례의 화엄결사. 의천(義天 1055~1101)의 『원종문류』 권22에 수록된 최치원(崔致遠 857~?)이 지은 「화엄사회원문 華嚴社會願文」(한불전4, p.646a11)과 「화엄경사회원문 華嚴經社會願文」(한불전4, p.646c13)에 전한다. 두 결사는 대체로 886년(정강왕1) 경에 설행된 듯한데, 「화엄사회원문」에는 "우리들 화엄업 중에서 앞서 깨우친 용상들과 더불어 향사를 맺고 특별히 법연을 베풀었는데, 먼저 열반하신 분을 위해서 황복사에 모여서 하루동안 강경하고 명복을 추념한다. 故我業中 先達龍象 共締香社 特營法筵 如有先示滅者 衆集皇福寺 講經一日 追冥福也"라고 하여, 신라 화엄업에 힘쓴 의상(義湘 625~702)과 법장(法藏 643~712), 그들의 스승인 지엄(智儼 602~668)을 추념하고자 『화엄경』을 강경하였다. 이어서 설행된 「화엄경사회원문」에는 886년(정강왕1)에 정강왕(定康王 재위 886~887)이 형인 선왕 헌강왕(憲康王 재위 875~886)의 명복을 빌고자 『화엄경』 사경결사를 베풀면서, "경전으로 사를 삼음은 좋은 인연으로 사람을 모으는 것이고, … 추복에는 법회를 일으킴과 같은 것이 없다. 夫以經爲社者 乃聚人以善緣 … 追福莫如興法會"라고 하고는, 대덕 현준(賢雋)에게 『화엄경』 강경을 청한 뒤, 상재(上宰) 서발한(舒發韓) 김임보(金林甫)와 국척(國戚)이면서 중신(重臣)인 소판(蘇判) 김일(金一)·김순헌(金順憲) 등이 의희본 60권본 『화엄경』 제일 「세간정안품 世間淨眼品」의 사경을 마감하도록 하였다. 이어서 국통(國統)과 승록(僧錄) 등에게도 정원본 40권 『화엄경』을 사경하도록 청하였는데, 뒷날 진성왕으로 즉위한 북궁장공주(北宮長公主)의 시주로, 열흘이 채 지나지 않아 10질, 곧 100권의 사경을 이루었고, 매년 두 차례 능침불사에 모여 『화엄경』 100권을 전독(轉讀)하도록 하였다고 전한다. [참고문헌] 『圓宗文類』. ⇨ 화엄사회원문 華嚴社會願文, 화엄경사회원문 華嚴經社會願文 ❸ 당대(唐代) 유행했던 결사중에 『화엄경』에 의지한 결사. 결사의 인원이었던 백거이(白居易, 772~847)가 826년(당 경종 보력2)에 항주(杭州) 용흥사(龍興寺) 남조(南操)의 청으로 지은 「화엄경사석기 華嚴經社石記」가 『원종문류』 권22 「찬송잡문류 讚頌雜文類」(한불전4, p.636a16)에 실렸는데, "남조가 장경2년(822)에 영은사 도봉스님께 『대방광불화엄경』을 강설하도록 청하였는데, 「화장세계품」에 이르러 '넓고 장엄한 일'을 듣고 남조는 환희심을 일으켜 발원하면서 '원하오니 도속 대중 십만인에게 권하여 각 사람마다 『화엄경』 1부를 전독하게 하고, 십만인은 다시 천 명에게 권하여 각자 『화엄경』 1권을 암송하도록 하는 것이다' 하였다. 매년 사계절마다 대중을 모았는데 사로써 거두었고 재로써 베풀었다. … 매번 재를 베풀 때마다 남조는 향을 받들고 무릎 꿇고서 부처님께 아뢰기를 '원컨대 저의 내세에 화장세계대향수해상의 보련금륜중에 계신 비로자나여래 앞에 태어나 십만인과 함께 하기를 바랍니다'라고 하였다. 또 대중중에 재화를 모아 좋은 밭 십 경을 맡겨 해마다 그 이익을 취하여 영원히 재의 비용으로 보태도록 하였다.… 보력2년 9월25일에 전소주자사 백거이가 쓰다. 南操 當長慶二年 請靈隱寺僧道峯 講大方廣佛華嚴經 至華藏世界品 聞廣博嚴淨事 操歡喜發願 願於白黑衆中 勸十萬人 人轉華嚴經一部 十萬人又勸千人 人諷華嚴經一卷 每歲四季月 其衆大聚會 於是攝之以社 齋之以齋 … 每齋操捧香胡跪啓於佛曰 願我來世生華藏世界大香水海上寶蓮金輪中 毗盧遮那如來前與十萬人 俱斯足矣 又於衆中 募財置良田十頃 歲取其利 永給齋用 … 寶曆二年九月

二十五日 前蘇州刺史白居易記"라고 하였다. 〔참고문헌〕『圓宗文類』, 『佛祖統紀』 권42 敬宗(대정장49 p.384c17).

화엄사각황전 華嚴寺覺皇殿 전남 구례 지리산 화엄사의 1702년 목조건물. 국보 제67호. 정면 7칸·측면 5칸의 2층 다포계 팔작지붕건물. 기단은 지대석과 면석 그리고 갑석으로 구성하여 가구식으로 마감하고, 사방으로 면석을 갖춘 격식 있는 5단

의 계단을 두고 있다. 기단의 면석에는 우주와 탱주가 모각되어 있다. 초석(礎石)은 운두가 있는 가공석으로 조성하고 그 위에 외진주 24기, 내진주 20기, 활주 4기를 포함해서 총 48기의 두리기둥을 놓아 내외진 평면을 구성하고 있다. 공포(栱包)는 주심 기둥 상부 주두에 주심포를 놓고, 중앙 5칸은 1·2층 모두 2조, 1층 2협칸은 1조의 주간포를 놓는 다포식(多包式)으로 1·2층 내·외 2출목 5포작이다. 건물의 외형은 2층이지만 내부는 통층으로 구성되어 있고 가구(架構)는 3고주 7량가 방식이다. 지붕 1층은 내림마루, 추녀마루만 있는 우진각집이고, 2층은 용마루와 내림마루와 추녀마루로 구성된 팔작집이다. 불전 내부 천장(天障)은 대보상부에서 중보까지 경사가 있는 빗천장이고 중보천장은 평천장으로 혼합구성했다. 빗천장은 6단의 반자틀이고 평천장은 4단반자틀로 우물천장이다. 불전 중앙에 장방형의 불단을 조성하고 3여래 4보살과 영산회상괘불도를 봉안하고 있다. 임진왜란 이후 100년이 지난 1702년에 중건되었고 일제강점기 해체수리 과정에서 확인된 「조선국전라도구례현지리산화엄사장육전중건상량문 朝鮮國全羅道求禮縣智異山華嚴寺丈六殿重建上樑文」에 의하면 1702년 중건에 참여한 대양공(大良工) 천관사문 능오(能悟), 동부편수(東副片手) 계룡산 각해(覺海), 서부편수 홍국사 월원(月圓) 등 다수 장인이 참여하였다. 〔참고문헌〕『지리산대화엄사』(불교중앙박물관, 2021) pp.421~422. ⇨ 화엄사 華嚴寺 4

화엄사각황전앞석등 華嚴寺覺皇殿◯石燈 전라남도 구례군 마산면 황전리 화엄사 경내 각황전 앞에 있는 신라시대의 석등. 국보 제12호. 높이 6.4m. 팔각평면이고 기단부의 간주석이 장구모양인 고복형이다. 기단부는 하중상대석으로 구성되었는데, 하대석은 팔각의 복련석이고 면마다 안상(眼象)을 새겼다. 상단석은 팔엽의 복련마다 귀꽃을 장식하여 화려함을 더했으며 그 위로 구름모양과 굽형받침대를 두어 중대를 받고 있다. 중대석도 위아래를 돌출시켜 장구모양을 하고 있다. 중심 편구부분에는 8곳에 꽃무늬를 배치하고 2줄의 띠매듭으로 연결했다. 화사석은 8면에 4면 화창(火窓)이며 옥개석은 낙수면이 평박하고 처마도 수평을 이루다가 모서리마다에 커다란 귀꽃으로 장식했고 상면에는 연꽃이 조각된 복련대를 두었다. 상륜부는 노반(露盤)·앙화(仰

花)·보륜(寶輪)·보개(寶蓋)·보주(寶珠) 모두 갖추어져 있다. 노반은 팔각으로 상면에 낮은 1단의 받침을 두어 팔각팔엽의 앙화를 받고 있으며, 보륜은 원형이며 보개 또한 귀꽃으로 장식했다. 보개의 위로는 3단의 원통형 받침을 두고 최상부에 연봉형의 보주를 놓았다. 이 석등은 9세기 통일신라 석조미술에서 자주 등장하는 안상과 귀꽃 등을 적절히 배치하여 화려함을 더하였고, 장구모양의 간주석으로 안정감을 높였으며 화사석에는 오히려 문양이나 장식없이 하여 위용이 돋보이는 석등이다. 9세기 후반 유행했던 굽형받침으로 제작시기를 추정한다. 이 석등은 국내 현존하는 석등 가운데 가장 큰 규모이며 세부 조각도 정교하여 신라석등의 백미로 평가한다. 또한 호남지역에 널리 유행한 고복형석등의 선구적 작품이다. 〔참고문헌〕『구례 화엄사 실측조사 보고서』(문화재관리국, 1986), 『석등조사보고서Ⅱ』(국립문화재연구소, 2001), 홍선 『석등』(눌와, 2011).

화엄사대웅전 華嚴寺大雄殿 전남 구례 지리산 화엄사의 1636년 목조건물. 보물 제299호. 정면 5칸·측면 3칸의 다포계 팔작지붕의 전각. 기단은 지대석·면석·갑석을 갖춘 가구식 마감이고, 정면으로 면석을 갖춘 격식 있는 6단의 계단을 두고 있다. 초석(礎石)은 자연석으로 조성하고 그 위에 외진주 16기, 내진주 6기, 활주 4기를 포함해서 총 26기의 두리기둥을 놓아 평면을 구성하고 있다. 공포(栱包)는 주심 기둥 상부 주두에 주심포를 놓고, 후면 중앙 3칸은 1조, 나머지 모든 칸은 2조의 주간포를 놓는 다포식으로 외3·내 4출목이

다. 가구는 1고주 7량가 방식으로 구성했다. 후면 내외진기둥을 연결하는 충량은 볼록한 곡선재인 상부 충량밑에 하부 충량이 포개져 있는 2중 구조이고, 측면에 있는 '×'자형의 인방재 부재 등은 다른 불전에서 보이지

않는 특징이다. 지붕은 용마루와 내림마루, 추녀마루로 구성되어 있는 팔작집이다. 불전의 내천장(內天障)은 층급형으로 2단 모두 반자틀 내부로 소란을 생략한 우물천장이다. 중앙에 화려한 닫집과 불단을 조성하고 목조비로자나삼존불·보물 제1548호과 삼신불도·보물 제1363호 등을 봉안하고 있다. 사적기에 의하면 임진왜란 이후 1636년 벽암각성(碧巖覺性)에 의해 재건되었는데 현판은 황명숭정구년세사병자중추의창군광서(皇明崇禎九年歲舍丙子仲秋義昌君光書)라 하였으니 조선왕실의 일원인 의창군이 썼다. [참고문헌] 『華嚴寺誌』(亞細亞文化社, 1997) pp.133~137. ⇨화엄사 華嚴寺 ❹

화엄사대웅전삼신불탱 華嚴寺大雄殿三身佛幀 전남 구례 지리산 화엄사의 1757년 삼신불탱. 보물 제1363호, 비단에 채색, 438cm·295cm(비로자나불). 화엄사 대웅전에 봉안된 세로 438cm·가로 295cm에 달하는 3폭의 삼신불회도로 총14명이 각 한 폭씩을 나누어 그렸다. 화기에 기록된 화승의 호칭도 화원·화공·편수로 다양하다. 비로자나불회도는 정인(定印)·도환(道環)·태총(泰聰)·호영(好泳)·지선(祉旋)이, 노사나불회도는 '대정경(大正經)'이란

비로자나불·노사나불·석가모니불 화엄사 구례 1757년

존칭의 의겸(義謙)을 수화승으로 회밀(回蜜)·재훈(再訓)·채운(采雲)·계안(戒眼)이, 석가모니불회도는 색민(嗇旻)·수활(守闊)·우은(祐訔)·보일(宝一)이 제작했다. 이 불화를 그린 이들은 의겸화파의 일원으로, 의겸은 1713년에서 1757년까지 약 40년간 활동하였는데 화엄사 삼신불탱은 제작연대가 알려진 그의 가장 마지막 불화다. 본존을 돋보이게 해서 권속과의 위계를 확실하게 구분하였고 엄중한 인상의 불보살 특징이 잘 드러나 있지만, 안면에 강조된 음영효과는 그의 화풍과는 차이가 있다. 1759년 임한 등이 그린 통도사 대광명전 삼신불도와 더불어 18세기를 대표하는 삼신불회도다. [참고문헌] 『韓國의 佛畫 畫記集』(성보문화재연구원, 2011) pp.410~411. ⇨화엄사 華嚴寺 ❹

화엄사동오층석탑 華嚴寺東五層石塔 전남 구례 지리산 화엄사 대웅전 앞마당 동쪽에 있는 신라말 고려초 오층석탑. 보물 제132호. 높이 6.4m. 단층기단에 오층의 탑신과 상륜부를 갖춘 석탑이다. 기단은 단층기단으로 6매의 장대석으로 지대석을 마련하였는데, 외곽에는 부정형 판석으로 탑구를 형성했다. 갑석의 하단에는 부연이 있고 상면 중앙에는 각형 1단 받침으로 탑신을 받고 있다. 탑신 초층탑신부만 5매의 판석으로 결구하였고, 1층 옥개부터 5층 옥개까지는 각각 1매석이다. 초층탑신은 아래쪽 너비가 넓고 위쪽 너비가 좁아 안쏠림을 느낄 수 있으며 문비 등의 장식은 없다. 2층부터 5층까지는 적당한 체감을 보이고 있으며 모두 우주를 새겼다. 옥개석 하단의 받침은 모두 4단이며 상면은 2단의 각형 받침으로 위층 탑신을 받고 있다. 옥개석은 3층까지 반전이 없다가 4층과 5층에서 경쾌한 반전을 보이고 있다. 상륜부는 노반과 복발이 있고 그 위로 원통형 석주를 세우고 최상부에 보주를 올렸다. 이 석탑은 기단부면석의 구성이나 초층탑신 체감율 등은 신라계 석탑양식이며, 면석과 초층탑신의 결구와 안쏠림, 기단갑석이 평박한 모습은 백제계 석탑양식을 보이고 있어 양식상의

교류를 추정한다. 특히 초층탑신과 기단부에서 사리장엄이 발견되어 신라말에서 고려초에 이르는 석탑과 사리장엄 등을 알 수 있는 귀중한 성보다. 탑은 대웅전 석단 하단에 마련된 마당에 서오층석탑(보물 제133호)과 나란히 서 있으나 세부형태나 배치 위치로 볼 때 다른시기에 건립된 것으로 보인다. 석탑의 건립시기도 9세기말에서 10세기 초로 추정하고 있다. [참고문헌] 강우방·신용철 『탑』(솔출판사, 2003), 『전라남도의 석탑 I』(국립문화재연구소, 2005). ⇨화엄사 華嚴寺 ❹

화엄사분 華嚴四分 80권본 『화엄경』의 칠처구회(七處九會) 여러 품을 신해행증(信解行證)의 네 분으로 나누어 푼 것을 말한다. 지엄(智儼)의 삼분과 법장(法藏)의 오분에 견주어 징관(澄觀)의 사분이라고 부른다. 지엄

은 삼분하였으니, 『화엄경수현기』 권1(대정장35, p.19c15)에서 "둘째로 품에 나아가 나눈 것에 셋 있으니, 처음부터 광각래까지는 과를 들어 기꺼이 믿음 낳기를 권하는 분이고, 둘째 「명난품 明難品」 아래에서는 인 닦아 과에 들어맞고 해 생함을 밝힌 분이며, 셋째 「이세간품 離世間品」 아래에서는 연에 의지해 수행하여 덕 이룸을 가린 분이다. 二 就品分者 有三 初至光覺等來 擧果勸樂生信分 二 明難下 明修因契果生解分 三 離世間下 辨依緣修行成德分"라고 하였고, 법장은 사분이라 하였으나 실제 오분하였는데, 『화엄경탐현기』 권2(대정장35, p.125b3)에서 "대원법사는 이 경을 나누어 넷으로 풀었으니, 초품(「世間淨眼品」)을 연기정기분, 둘째 「사나품 舍那品」을 표종책지분, 셋째 「명호품 名號品」 이하 제8회에 이르기까지를 현도책수분, 넷째 말후의 보현이 설한 바 게를 촉루유통분이라 이름하였다. 이제 다시 아래 글을 자세히 살펴보면 모두 길게 나누어 다섯이 되게 하였다. 초품은 교기인연분이고, 둘째 「사나품」 중 일주문답을 거과권락생신분이라 이름하며, 셋째 제2회부터 제6회까지의 일주문답을 수인계과생해분이라 이름하고, 넷째 제7회 중의 일주문답을 탁법진수성행분이라 이름하며, 다섯째 제8회중의 일주문답을 의인입증성덕분이라 이름한다. 大遠法師 分此經爲四分 初品 名緣起淨機分 二舍那品 名標宗策志分 三 名號品下 至第八會來 名顯道策修分 四 末後普賢所說偈 名屬累流通分 今更尋下文 總長分爲五 初品是教起因緣分 二 舍那品中一周問答 名擧果勸樂生信分 三 從第二會 至第六會來 一周問答 名修因契果生解分 四 第七會中一周問答 名託法進修成行分 五 第八會中一周問答 名依人入證成德分"라고 하여 다섯으로 나누었는데, 이들 모두 60권본의 칠처팔회(七處八會) 설법을 기준으로 한 것이었다. 이후 징관이 80권본에 기초한 『화엄경소』 권4(대정장35, p.527b11)에서 칠처구회의 설법을 토대로 하여 신해행증의 넷으로 나눈 것이 '화엄사분'이란 이름으로 전승되었다. 『화엄경소초』 권16(대정장36, p.123b8)에 "혹은 신해행증으로 거둬 다하니, 경에 네 분 있다. 초회는 신이고, 다음 여섯은 해를 밝혔으며, 팔회는 행 이룸을 잡았고, 구회는 오직 증이기 때문이다. 或信解行證攝盡 經有四分 初會是信 次六明解 八約成行 九唯證故", 『대화엄경약책』(대정장36, p.702c17)에 "이 구회를 묶어 사분으로 삼는다. 제1회는 「세주묘엄품」부터 「비로자나품」까지로 11권의 경문이 있으니 거과권락생신분이라 이름하고, 제이는 제2회 「여래명호품」부터 「여래출현품」까지로 31품 41권의 경문이 있으니 수인계과생해분이라 이름한다. 셋째는 제8회 「이세간」 한 품으로 7권의 경문이 있으니 탁법진수성행분이라 이름한다. 넷째는 제9회 「입법계」 한 품으로 21권의 경문이 있으니 의인증입성덕분이라 이름한다. 束此九會 以爲四分 第一會 從世主妙嚴品 至毘盧遮那品 有十一卷經文 名擧果勸樂生信分 第二 從第二會 如來名號品 至如來出現品 有三十一品 四十一卷經文 名修因契果生解分 第三 以第八會 離世間一品 有七卷經文 名託法進修成行分 第四 以第九會 入法界一品 有二十一卷經文 名依人證入成德分", 『화엄경행원품소』 권2(卍속장7, p.508a15)에 "이제 이 구회를 묶어 총 네 분으로 삼으니, 이 네 처로서 넓은 물음 있기 때문이다. 첫째 제1회를 거과권락생신분으로 삼으니, 여래화장찰해신운이 두루함을 들어 중생들로 하여금 기뻐하고 즐기게 하여 모두 분 있음을 알게 하여 믿음을 낳기 때문이다. 둘째 제2회부터 제7회까지를 수인계과생해분이라 이름하니, 오위의 두렷한 인을 닦아 묘각의 가득 찬 과에 들어맞게 하여 중생들로 하여금 인과의 모습 바로 알게 하였기 때문이다. 셋째 제8회 한 회를 탁법진수성행분이라 이름하니, 육위의 있는 바 법문에 의지하여 증진·수습하고 모두 행 이루게 하여 아는 것 행하였기 때문이다. 넷째 제9회를 의인증입성덕분이라 이름하니, 불보살이라는 인과의 사람에 의지하여 법계를 증입하고 덕을 거두어 몸에 있게 하는데 수행에는 반드시 과에 증입함이 있기 때문이다. 불법이 비록 무리지어 많지만 이 넷을 벗어나지 않으니 신해행증이라 할 수 있다. 사분 중에 비록 모두 서로에게 있을 수 있지만 그 한층 뛰어남을 따라 각각 한 이름을 세웠을 뿐이다. 今束此九會 總爲四分 以其四處 有廣問故 第一 以第一會 爲擧果勸樂生信分 謂擧如來華藏刹海身雲周遍 令物欣樂 知皆有分 而生信故 第二 從第二會 盡第七會 名修因契果生解分 謂修五位之圓因 契妙覺之滿果 令物正解因果相故 第三 以第八一會 名託法進修成行分 謂託六位所有法門 增進修習 皆令成行 解在行故 第四 以第九會 名依人證入成德分 謂依佛菩薩因果之人 證入法界 攝德在身 修行必有證入果故 佛法雖衆 不出此四 謂信解行證 四分之中 雖皆互有 從其增勝 各立一名", 『대명삼장법수』 권10(영락장181, p.745b2)에 "화엄사분〈『법보표목』에 나옴〉: 첫째, 신분. 제1회 보리장 중에서 설한 「세주묘엄품」에서 「비로자나품」까지를 거과권락생신분이라 이름한다. 여래의 의정이 보와 생각하기 어려운 과를 들어올려 당한 기에게 듣고 즐거워하게 해서 깨끗한 믿음 생하기를 권하기에 믿음의 분이라 이름한다. 華嚴四分〈出法寶標目〉 一 信分 謂第一會 菩提場中 說世主妙嚴品 至毘盧遮那品 名擧果勸樂生信分 蓋擧揚如來依正二報 難思之果 勸勵當機 聞而樂欲 生其淨信 故名信分", "둘째 해분. 제2회 보광명전에서 십신법을, 제3회 도리천궁에서 십주법을, 제4회 야마천궁에서 십행법을, 제5회 도솔타천궁에서 십회향법을, 제6회 타화자재천궁에서 십지법을, 제7중회 보광명전에서 십정 등의 법을 설한 것을 수인계과생해분이라 이름한다. 나아가 육위의 두렷한 인 닦아 십신이라는 묘과에 들어맞고 증하여 뛰어난 해 낳게 하기에 알아 깨우치는 분이라 이름한다. 二 解分 謂第二會 普光明殿 說十信法 第三會 忉利天宮 說十住法 第四會 夜摩天宮 說十行法 第五會 兜率陀天宮 說十回向法 第六會 他化自在天宮 說十地法 第七重會 普光明殿 說十定等法 名脩因契果生解分 盖進脩六位之圓因 契證十身之妙果 令生勝解 故名解分", "셋째 행분. 제8회 보광명전에서 보현이 설한 「이세간」 한 품은 이천행법을 갖췄으니 탁법진수성행분이라 이름한다. 차별한 인과의 법에 대해 이미 해를 생하였고 이제 앞의 법에 기대어 해를 거두고 행을 이루니 따라 한 행 들어 여섯 위 몰록 닦기에 행하는 분이라 이름한다. 三 行分 謂第八會 普光明殿 普賢說離世間一品 具二千行法 名託法進脩成行分 盖於差別因果之法 旣生解已 今乃寄託前法 攝解成行 隨擧一行 六位頓脩 故名行分", "넷째 증분. 제9회 서다림에서 설한 「입법계품」을 의인증입성덕분이라 한다. 앞선 큰 행으로 이미 일 따라 뜻 드러냈으니, 선재동자가 선지식들을 겪어 모시며 보고 들은 바 따라 증입하지 않음이 없기에 증분이라 이름한다. 四 證分 謂第九會 逝多林 說入法界品 名依人證入成德分 盖由前大行 旣具隨事顯理 而善財童子 歷事善知識 隨所見聞 無不證入 故名證分"라고 하였다. [참고문헌] 『華嚴經探玄記』, 『華嚴經搜玄記』, 『華嚴經疏』, 『華嚴經疏鈔』, 『大華嚴經略策』, 『華嚴經行願品疏』, 『大明三藏法數』. ⇨사분 四分 ²

화엄사사사자삼층석탑 華嚴寺四獅子三層石塔 전남 구례 지리산 화엄사 경내에 있는 신라대 석탑. 국보 제35호. 높이 7.1m. 화엄사 각황전 후면 언덕에 화엄사 도량을 내려다 볼 수 있는 곳에 있다. 기단부에 4마리의 사자를 두고 삼층의 탑신을 올렸다. 탑이 있는 공간은 공양석등·배례석·석탑이 차례대로 일정한 거리를 두고 배치되어 있어 탑원(塔院)만의 독립된 공간을 형성하고 있다. 탑 주위로 11매의 판석으로 탑구를 형성하고 그 내부에 기대석을 놓아 하층기단을 형성하였다. 기대석은 각면 서로 다른 형태로 7매의 장대석으로 구성했다. 면석은 동면이 1매·남북이 2매·서면이 3매로 총 8매로 구성했다. 각면 우주나 탱주 없이 커다란 안상을 3구씩 두고 그 안에 흩날리는 천의로 아름다운 각기 다른 주악천인상(奏樂天人像)을 두었다. 갑석은 여러 매의 판석으로 상면 네모서리에 앙복련연화대좌를 두고 각각 1마리씩의 사자를 배치했다. 사자는 뒷다리를 구부리고

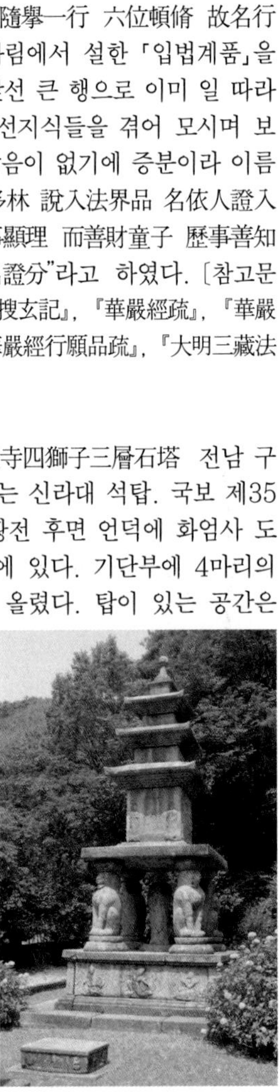

앞다리를 뻗어 앉아 있는 자세로 정면을 바라보고 있는데, 모두 가슴에 화려한 영락(瓔珞)으로 장식하였다. 상층기단부 중심에는 복련연화좌 위에 가사를 착용한 스님 모습으로 연봉을 쥔 오른손을 가슴에 대고 왼손으로 받쳐올린 형상이다. 모서리 네 마리의 사자 위에는 각각 하대와 대칭인 앙련연화문이 있어 상대갑석을 받고 있다. 상대갑석 아래에는 부연은 생략하고 인물상이 배치된 곳에 화려한 중판연화문을 배치했다. 탑신부는 몸돌과 지붕돌이 각각 별석이고 초층몸돌 4면 모두 장방형이고 문비(門扉)에는 자물쇠와 문고리도 자세히 새겼으며, 좌우에는 각각 2구씩의 신장상을 두었는데 동쪽면은 제석·범천, 서측면은 금강역사, 남측과 북측면은 사천왕으로 보인다. 상들 모두 두광에 지물을 들고 있다. 또한 상의 상면에 우주를 표현하여 기둥 앞에 배치한 듯한 효과를 내고 있다. 지붕돌은 하단의 층급받침이 모두 5단이며 상면 중앙에는 2단의 각형괴임을 두었다. 상륜은 일반형 석탑과는 달리 변형이 나타나고 있는데, 노반(露盤)과 복발(覆鉢), 연봉형의 보주(寶珠)를 차례대로 별석 처리하여 올렸다. 석탑 앞에는 석등 1기를 배치하였고 석등 앞에 방형 배례석을 두었으며, 그 뒤에 판석으로 지대석을 마련한 위로 복판 팔엽의 복련대좌를 두고 우슬착지한 자세의 공양자상을 두었는데, 좌측손 위에 공양잔을 든 채로 탑쪽을 향하고 있다. 이 석탑과 석등은 『추강선생문집 秋江先生文集』·『동국여지승람』·『산중일기 山中日記』 등에서 전하는 바에 의하면 화엄사의 창건주 연기조사가 어머니를 위해 세운 공양탑이라 하였으며, 탑 안의 상은 연기조사의 어머니이고 공양을 올리는 상을 연기조사로 설명하고 있는데, 이는 고려초 화엄사를 찾은 대각국사 의천이 지은 「유제지리산화엄사 留題智異山花嚴寺」에 나타난 효대를 이 석탑으로 이해하여 생겨난 이야기라 추정한다. 그러나 현재 남아 전하는 5기의 사사자석탑의 도상적 특징에 의지해서 보면 『화엄경』 「입법계품」에 의지한 것으로, 탑 앞의 공양상은 화엄의 구도자인 선재동자로, 탑내 인물은 53선지식 중 한 명으로 보기도 한다. 4마리의 사자 또한 『화엄경』의 사자빈신삼매(獅子頻迅三昧)를 염두에 둔 설정으로 추정한다. 제작시기는 8세기 후반경으로 사사자석탑의 시원 탑으로 한국석탑으로는 매우 귀중한 성보다. [참고문헌] 『秋江先生文集』, 『東國輿地勝覽』, 『山中日記』, 『華嚴寺誌』(亞細亞文化社, 1997), 『전라남도의 석탑 Ⅰ』(국립문화재연구소, 2005), 신용철 「화엄사 사사자석탑의 조영과 상징」(『미술사학연구』250·251, 2006).

화엄사서오층석탑 華嚴寺西五層石塔 전남 구례 지리산 화엄사 대웅전 앞마당에 서쪽에 있는 신라말 오층석탑. 보물 제133호. 높이 6.4m. 탑은 이중기단에 오층의 탑신이다. 기단부는 상하층 2단으로 되어 있다. 하

층기단 여러매의 장대석으로 탑구를 형성하고 중앙에 면석을 세웠다. 면석은 4매의 판석으로 결구했는데, 우주나 탱주를 생략하고 각 면 3구씩의 안상(眼象)과 함께 그 내부에 십이지상을 모두 좌상으로 배치했다. 하층 갑석은 4매로 올렸으며 상단에 2단의 각형괴임을 놓았다. 상층면석 각각에 탱주를 중심으로 좌우 1구씩, 4면 8구의 팔부중상(八部衆像)을 입상(立像)으로 새겼다. 탑신부는 오층으로 탑신석과 옥개석이 각각 1매 있다. 탑신부는 모두 모서리에 우주를 새겼으며, 초층탑신 면석에 각 면 1구씩 사천왕상을 새겼는데 창이나 검을 쥐고 있으며 북쪽 다문천왕 왼손에 보탑을 쥐고 있다. 옥개석은 5층이 모두 하단에 5단의 층급받침이 있고 상단에는 1단의 각형받침을 두어 위층의 탑신을 받치고 있다. 상륜부는 노반석과 복발이 있고 그 위로는 원통형 석주를 세우고 최상부에 보주를 올려놓아 마무리했다. 탑의 앞면에는 장방형의 배례석이 남아 있는데, 상면에 3구의 연잎을 고부조로 새겼으며 측면에는 안상이 있다. 특히 신라대 오층석탑으로 하층기단의 십이지상·상층기단에 팔부중상·초층탑신에 사천왕상의 부조가 나타난 유일한 예이며, 9세기말에 건립된 것으로 보고 있다. [참고문헌] 강우방·신용철 『탑』(솔출판사, 2003), 『전라남도의 석탑Ⅰ』(국립문화재연구소, 2005), 최성은 「화엄사 서오층석탑 출토 청동제 불상틀(범)에 대한 고찰」(『강좌미술사』15, 2000), 주경미 「화엄사서오층석탑 출토 사리장엄구 고찰」(『불교중앙박물관상설전도록』, 2007).

화엄사서오층석탑사리장엄구 華嚴寺西五層石塔舍利莊嚴具 전남 구례 지리산 화엄사 서오층석탑에서 발견된 사리장엄구 일괄품. 보물 제1348호. 1995년 8월에서 9월에 걸쳐 진행된 화엄사 서오층석탑 해체수리 과정 중 1층 탑신상면 사리공에서 발견되었다. 사리장엄구는 청자병·청동합·수정옥·불사리 22과·백지묵서다라니경과 탑을 찍은 종이 등 8종 30여점에 달한다. 또한 상층기단부내에서도 소탑·청동제불상틀·금동수저·도자(刀子) 등 8종 40여점의 유물이 발견되어 불탑내에서 발견된 사리장엄구로 가장 많은 양이다. 청동제불상틀은 소형 토불(土佛)의 틀로 9세기 후반경에 제작된 것으로 이 탑의 제작시기를 파악할 수 있다. 백지묵서다라니경은 한지에 직접 쓴 다라니경으로, 당시 서체와 불경제작 방법 등을 알려주는 성보다. 탑인(塔印)은 『무구정경』에 의지해 다량의 소탑을 탑내에 봉안하는 방식에서 유래한 것으로, 기존에 흙으로 빚어 만든 니탑(泥塔)이나 소목탑을 넣는 것과는 달리 직접 찍어 봉안한 사례로서 주목된다. 한편 장엄구의 핵심인 사리는 유리사리병과 청동합 등을 넣고 외함은 청자항아리다. 이로 미루어 고려시대 탑을 해체수리했음을 알 수 있다. 현재 화엄사성보박물관에 있다. [참고문헌] 주경미 「화엄사 서오층석탑 출토 사리장엄구 고찰」(『불교중앙박물관 상설전 도록』, 2007).

화엄사영산회괘불탱 華嚴寺靈山會掛佛幀 전남 구례 지리산 화엄사의 괘불탱. 국보 제301호. 세로 1,009cm·가로 731cm. 삼베에 채색. 1622년 죽림사 괘불탱에 이어 전라권역에서는 두 번째로 오래된 불화이자 영

산회괘불로서 1653년(효종4) 조성기년을 알 수 있을 뿐만 아니라 굴지의 수작으로 알려진 성보다. 진채(眞彩) 보다 분채(粉彩)를 많이 써 선명하고 경쾌하며 탱화의 필선과 설채문양 또한 우수한 작품이므로 불화제

작에 귀중한 자료가 된다. 본존인 석가모니를 중심으로 좌우에 문수와 보현 양대보살이 시위하고 있으며, 상부 중앙에는 천개(天蓋)의 화려한 장엄과 상서로운 구름 속에 좌우로 5위씩 10위 화불(化佛)이 하늘에서 내려

오는 듯하고 석가모니불의 두광 좌우에는 약사여래와 아미타불을 작게 모셨고, 그 아래 좌우에 십대제자가 부처님을 향해 양편으로 서있다. 사천왕 중 동방과 북방천왕은 뒤쪽에서 작게, 전방 좌우에 남방 및 서방

천개天蓋 · 좌우시위보살제자중 · 탁자위공양구供養具

천왕이 당당하게 앞을 지키고 있다. 전방에는 탁자(卓子)를 배치하고 보물 공양도 진설하였다. 지영(智英)을 수화승으로 탄계(坦戒) · 도우(道祐) · 사순(思順) · 행철(行哲) · 나협(懶浛) 등 여섯 명이 조성했다. 화기에는 임란 시 팔도도총섭으로 승병을 이끌고 전란 후에는 지역별 총섭을 거느리고 남한산성 축조 등 국가재건에 힘쓴 벽암각성(碧巖覺性 1575~1660)을 비롯해 전 전남도총섭, 전 홍청도총섭, 절충장군 등의 동참기록이 남았다. 〔참고문헌〕『韓國의 佛畫 畵記集』(성보문화재연구원, 2011) pp.21~22, 『대형불화정밀조사보고서』(문화재청 · 성보문화재연구원, 2017). ⇨ 화엄경 華嚴經

화엄사예연기조사영 華嚴寺禮緣起祖師影 대각국사(大覺國師) 의천(義天 1055~1101) 지음. 화엄사 창건주 연기조사의 영정을 배관하면서 지은 글로, 『대각국사문집』 권17(한불전4, p.559b10) 시(詩)에 실려 있다. "논에도 경에도 통하지 않음이 없으니〈스님 늘 강연하셨기에 화엄세계 일으켰도다〉, 일생을 널리 지켜 깊은 공 있으시니 삼천의학으로 법등을 나눈 뒤로는 원교의 종풍 해동에 가득하였네. … 偉論雄經罔不通〈師平昔講演起□花嚴〉 一生弘護有深功 三千義學分燈後 圓教宗風滿海東 …" 라고 하였다. 〔참고문헌〕『大覺國師文集』.

화엄사원통전앞사자탑 華嚴寺圓通殿獅子塔 전남 구례 지리산 화엄사 원통전 앞에 있는 신라시대 석조물. 보물 제300호. 높이 3.5m. 기단부는 사사자석탑의 외형을 따르고 있으나 몸체부는 일반적 석탑과는 다른 형태다. 기단은 이중으로 기대석 · 면석 · 갑석이 한돌로 구성된

판석 4매를 이용하여 하층기단을 구성하였다. 갑석은 얕게 돌출하고 하단에 1단의 부연을 각출한 위에 1매의 판석을 놓고 네 모서리에 팔엽의 복련대좌를 놓았다. 연화대좌 위에는 뒷다리를 구부리고 앞다리를 세워 정면을 바라보는 사자를 1구씩 배치했다. 사자는 두 눈을 부릅뜨고 있는데, 2구는 입을 벌린 채 모두 목에 장식을 두르고 있다. 사자의 머리 위로는 앙련문을 두고 그 위로 상대갑석을 두었다. 갑석은 2단으로 하단은 판석으로 두고 상단은 16엽의 복련문을 두어 탑신부를 받고 있는데 그 위로 낮게 1단 괴임을 각출하였다. 탑신부는 방주형(方柱形)에 가깝게 높은 것이 특징인데 탑신의 4면은 상하좌우 벽선을 마련하고 내부에 입상의 사천왕상(四天王像)을 저부조로 새겼다. 탑신 상부는 일반적 옥개석과는 달리 2단의 구조물을 올렸는데, 하층은 앙련문으로 탑신 받침 복련문과 대칭을 이루고 있으며 그 위로 1단의 판석을 올려놓은 것처럼 처리했다. 그 위로 마모가 심한 반구형의 구조물이 올라가 있는데 용도는 알 수 없다. 다만 상부에 무엇인가에 쓰였던 가로 · 세로 11.3×12.9cm, 깊이 17cm의 구멍이 있다. 기단부는 일반적 사사자석탑의 형태와 같지만 탑신부 위로는 불탑인지 혹은 다른 의미를 지니는 석조물인지 알 수 없다. 사전(寺傳)에는 노주(露柱)라고도 부르기에 다른 용도로 쓰였을 가능성이 높다. 용도와 관계없이 기본적 구조에서 경내의 사사자석탑(국보 제35호)을 모방한 구조물임에 틀림없고 제작시기도 9세기 후반경으로 볼 수 있다. 〔참고문헌〕『전라남도의 석탑 I』(국립문화재연구소, 2005).

화엄사회원문 華嚴社會願文 신라 최치원(崔致遠 857~?) 지음. 886년(정강왕1)에 지은 화엄결사 발원문인 「화엄경사회원문」이 전한다. 『화엄경』 향사에 앞서 화엄의 조사들을 추념하고 있다. 『원종문류』 권22(한불전4, p.646a11~b16)에 전한다. 같은 책(한불전4, p.646a11)에 "무릇 성인이 가르침을 베풂에는 거짓 없는

것 보여서 저 인연있는 이들 교화함에 있으니 … 그러므로 우리들 화엄업 중에서 앞서 깨우친 용상들과 더불어 향사를 맺고 특별히 법연을 베풀었는데, 먼저 열반하신 분을 위해서 황복사에 모여서 하루동안 강경하고 명복을 추념한다. 夫聖人之設敎也 示其無証 化彼有緣 … 故我業中 先達龍象 共締香社 特營法筵 如有先示滅者 衆集皇福寺 講經一日 追冥福也"라고 하여 화엄업으로 용상에 오른 의상(義湘 625~702)과 법장(法藏 643~712), 그들의 스승인 지엄(智儼 602~668)을 추념하였다. 〔참고문헌〕『圓宗文類』. ⇨ 화엄경사회원문 華嚴經社會願文, 화엄사 華嚴社

화엄산림 華嚴山林 방대한 『화엄경』을 강설하기 위해 기한을 정하고 베푸는 대중법회. 삼칠일·30일·49일·53일·100일 등 기간을 정하고서 매일 『화엄경』을 강설한다. 금명보정(錦溟寶鼎 1861~1930)의 『다송문고』 권1(한불전12, p.692c1) 「통허화상출세통장서 洞虛和上出世通狀序」에 "여러 조사의 말씀을 꼼꼼히 탐구하였다. … 본사 자정난야에서 만일회를 베풀었는데, 기묘(1879) 4월 15일에 처음 시작하고서 6~7년 사이에 화엄회를 두 차례 베풀었지만, 장소가 좁은 것을 싫어하여 을유(1885) 봄에는 대사 보제당으로 모임을 옮겼고, 팔방으로 넓게 트인 탓에 오는 사람을 널리 받아들이니 재물은 늘어서고 선중은 많았다. … 신축(1901) 봄에 대단신이 와서 화엄산림을 물었는데, 종이 두드림을 기다리는 듯, 거울이 피로함을 잊은 듯하였다. 3월 12일부터는 비로소 결계하고 법회를 베풀어 개당하고 널리 설하여 막힘 없이 회향하였다. … 이 만일회 결사 이래 겨우 23년간 상서로움을 드러내며 왕생하거나 빛을 발하며 왕생하거나 좌탈하여 왕생한 자가 무려 수십 명인데, 화상과 본래 왕생을 서원한 상선인이다. 密究諸祖語句 … 爰設萬日會於本寺慈靜蘭若 己卯四月十五日始刱 六七年間 設華嚴會兩度 嫌於狹窄 乙酉春移會於大寺普濟堂 廣闢八闥 普接方來 財帛陳陳 禪衆濟濟 … 辛丑春有大檀信來 叩華嚴山林 如鍾待扣 如鏡忘疲 自三月十二日 始結界設會 開幢普說 無障回向已 … 此萬日會結社以來 纔二十三年之間 或有現瑞而往生 或有放光而往生 或有坐脫而往生者 其數十餘 而是莫非和尙本誓願往生之諸上善人也"라고 하였다. 통도사에서는 1922년에 주지 구하천보(九河天輔 1872~1965)가 보담(寶潭)·해담 치익(海曇致益 1862~1945)을 강백으로 모시고 2월 그믐부터 한달 동안 화엄산림법회를 베풀었는데, 그 뒤 1927년부터 경봉(鏡峰靖錫 1892~1982)이 화엄산림을 열어 지금까지 음력 11월 한달 동안 여러 스님이 『화엄경』 각 품을 강설한다. 〔참고문헌〕『茶松文稿』.

화엄삼매 華嚴三昧 **1** ➡ 해인삼매 海印三昧 **2** 『화엄경』의 각 회(會)마다의 삼매. 7처 9회 중 8회마다 삼매를 달리한다. 이들을 거두는 총정(總定)이 해인삼매(海印三昧)다. 『화엄경소초』 권4(대정장36, p.32b16)에 "9회에서 경을 설하였고 8회에서 삼매에 들었으니 제2회에서는 들지 않았기에 이름하여 많다고 한다. 제1회에선 보현보살이 비로자나여래장신삼매에 드셨고, 제3회에선 법혜보살이 보살무량방편삼매에 드셨으며, 제4회에선 공덕림보살이 보살선사유삼매에 드셨고, 제5회에선 금강당보살이 지광삼매에 드셨으며, 제6회에선 금강장보살이 보살대지혜광명삼매에 드셨고, 제7회에선 여래께서 스스로 찰나제삼매에 머무셨으며, 제8회에선 보현보살이 불화엄삼매에 드셨고, 제9회에선 여래께서 스스로 사자빈신삼매에 드셨다. 제2회에서 들지 않은 것은 위에 든 일이 없기 때문이다. 九會說經 八會入三昧 第二不入 故名爲多 第一會 普賢菩薩 入毘盧遮那如來藏身三昧 第三會 法慧菩薩 入菩薩無量方便三昧 第四會 功德林菩薩 入菩薩善思惟三昧 第五會 金剛幢菩薩 入智光三昧 第六會 金剛藏菩薩 入菩薩大智慧光明三昧 第七會 如來自住刹那際三昧 第八會 普賢菩薩 入佛華嚴三昧 第九會 如來自入師子頻申三昧 第二不入者 未入位故", 『화엄경강목관섭』(卍속장88, p.801a13)에 "초회는 보리장에서 보현이 회주 되어 여래의 의정법을 설하였는데, 부처님께선 입과 미간에서 빛을 놓으셨고 보현보살은 비로자나장신삼매에 들었다. 모두 여섯 품이니 「세주묘엄품 제1」·「여래현상품 제2」·「보현삼매품 제3」·「세계성취품 제4」·「화장세계품 제5」·「비로자나품 제6」이다. 이 여섯 품은 경의 신분이 되며 소신인과주다. 初會 菩提場 普賢爲會主 說如來依正法 佛放口光眉間光 普賢菩薩入毗盧遮那藏身三昧 共六品 世主妙嚴品第一 如來現相品第二 普賢三昧品第三 世界成就品第四 華藏世界品第五 毗盧遮那品第六 此六品 經爲信分 爲所信因果週", "2회는 보광명전에서 문수가 회주 되어 십신법문을 설하였는데, 부처님께선 양족륜에서 빛을 놓으셨지만 이 회에선 정에 들지 않았다. 모두 여섯 품이니 「여래명호품 제7」·「사성제품 제8」·「광명각품 제9」·「보살문명품 제10」·「정행품 제11」·「보현품 제12」다. 二會 普光明殿 文殊爲會主 說十信法門 佛放兩足輪光 此會不入定 共六品 如來名號品第七 四聖諦品第八 光明覺品第九 菩薩問明品第十 淨行品第十一 普賢品第十二", "3회는 도리천궁에서 법혜가 회주 되어 십주법문을 설하였는데, 부처님께선 양 발가락에서 빛을 놓으셨고 법혜보살은 무량방편삼매에 들었다. 모두 여섯 품이니 「승수미정품 제13」·「수미게찬품 제14」·「십주품 제15」·「범행품 제16」·「초발심공덕품 제17」·「명법품 제18」이다. 三會 忉利天宮 法慧爲會主 說十住法門 佛放兩足指光 法慧菩薩入無量方便三昧 共六品 升須彌頂品第十三 須彌偈讚品第十四 十住品第十五 梵行品第十六 初發心功德品第十

七 明法品第十八", "4회는 야마천궁에서 공덕림이 회주되어 십행법문 설하였는데, 부처님께선 양 발뒤꿈치에서 빛을 놓으셨고 공덕림은 선사유삼매에 들었다. 모두 네 품이니 「승야마천궁품 제19」·「야마게찬품 제20」·「십행품 제21」·「십무진장품 제22」다. 四會 夜摩天宮 功德林爲會主 說十行法門 佛放兩足趺光 功德林入善思惟三昧 共四品 升夜摩天宮品第十九 夜摩偈讚品第二十 十行品第二十一 十無盡藏品第二十二", "5회는 도솔천궁에서 금강당이 회주 되어 십회향법문 설하였는데, 부처님께선 양쪽 슬륜에서 빛을 놓으셨고 금강당보살은 보살지광삼매에 들었다. 모두 세 품이니 「승도솔천궁품 제23」·「도솔게찬품 제24」·「십회향품 제25」다. 五會 兜率天宮 金剛幢爲會主 說十迴向法門 佛放兩膝輪光 金剛幢菩薩入菩薩智光三昧 共三品 升兜率天宮品第二十三 兜率偈讚品第二十四 十迴向品第二十五", "6회는 타화천궁에서 금강장이 회주 되어 십지법문 설하였는데, 부처님께선 미간의 백호상에서 빛을 놓으셨고 금강장보살은 지혜광명삼매에 들었다. 모두 한 품이니 「십지품 제26」이다. 六會 他化天宮 金剛藏爲會主 說十地法門 佛放眉間毫相光 金剛藏菩薩入智慧光明三昧 共一品 十地品第二十六", "7회는 보광명전에서 여래께서 회주 되셔서 등각묘각법문 설하셨는데, 부처님께선 눈썹과 입에서 빛을 놓으셨고 찰나삼매에 드셨다. 모두 열한 품인데 「십정품 제27」·「십통품 제28」·「십인품 제29」·「아승기품 제30」·「수량품 제31」·「보살주처품 제32」까지 이 스물여섯 품은 경에서 해분이며 차별인과주고, 「불부사의법품 제33」·「십신상해품 제34」·「수호광명품 제35」·「보현행품 제36」〈이 보현품은 병등인이라 이름함〉·「여래출현품 제37」〈여래출현품은 평등과라 이름함〉이다. 七會 普光明殿 如來爲會主 說等覺妙覺法門 佛放眉光口光 佛入刹那三昧 共十一品 十定品第二十七 十通品第二十八 十忍品第二十九 阿僧祇品第三十 壽量品第三十一 菩薩住處品第三十二 此二十六品 經爲解分 爲差別因果週 佛不思議法品第三十三 十身相海品第三十四 隨好光明品第三十五 普賢行品第三十六〈此普賢品 名平等因〉 如來出現品第三十七〈如來出現品 名平等果〉", "8회는 보광명전에서 보현이 회주 되어 이천행문 설하였는데, 이 회에선 빛을 놓지 않으셨고 보현보살이 불화엄삼매에 들었다. 모두 한 품이니 「이세간품 제38」이다. 이 품은 행분이며 성행인과주다. 八會 普光明殿 普賢爲會主 說二千行門 此會不放光 普賢菩薩入佛華嚴三昧 共一品 離世間品第三十八 此品爲行分 爲成行因果週", "9회는 서다림에서 여래선우가 회주 되어 과법계 설하였는데, 부처님께선 미간의 백호에서 빛을 내보내셨다. 「입법계품 제39」인데 이 품은 증분이며 증입인과주다. 九會 逝多林 如來善友爲會主 說果法界 佛放眉間白毫光 入法界品第三十九 此品爲證分 爲證入因果週"라고 하였다. 〔참고문헌〕『華嚴經疏鈔』, 『華嚴經綱目貫攝』. **3** 불화엄삼매(佛華嚴三昧)를 달리 이르는 말. 60권본 『화엄경』 권6(대정장9, p.434c10)에 "시·계·인욕·정진·선과 방편·지혜·모든 공덕들, 일체가 자재하여 사의하기 어려우니 화엄삼매의 세력 때문이라네. 施戒忍辱精進禪 方便智慧諸功德 一切自在難思議 華嚴三昧勢力故"라고 하였는데, 80권본 『화엄경』 권14(대정장10, p.74a3)에서는 "시·계·인·진 및 선정과 지혜·방편·신통 등 이와 같은 일체가 모두 자재하니, 불화엄삼매의 힘 때문이라네. 施戒忍進及禪定 智慧方便神通等 如是一切皆自在 以佛華嚴三昧力"라고 하였다. 『화엄경탐현기』 권1(대정장35, p.120a6)에 "제6 종취란, 말이 나타내는 바를 종이라 하고, 종이 돌아가는 바를 취라 한다. 그러나 이 대경의 종취는 가리기 어려우니 간략하게 열 개의 설을 펴서 한 종을 드러내겠다. … 둘째 대원법사는 화엄삼매를 종으로 삼았으니, 인행의 꽃으로 능히 불과를 장엄할 수 있음을 이른다. 第六宗趣者 語之所表 曰宗 宗之所歸 曰趣 然此大經宗趣難辨 略敍十說 以顯一宗 … 二 大遠法師 以華嚴三昧爲宗 謂因行之華 能嚴佛果", 『화엄유심법계기』(대정장45, p.646b8)에 "화엄삼매란, 풀기를 '화란 보살의 만행이다. 어째서인가? 꽃은 열매 낳는 용 있고 행은 과 느끼는 능 있기 때문이다. 비록 또 안팎으로 둘이 다르게 낳고 느끼지만 힘에는 비슷함 있으니, 이제 곧 법으로 일에 맡기기에 화라 이름한다. 엄이란 행이 이뤄지고 과가 채워져 계합하고 상응하니 때와 장애 길이 사라지고 증과 리 두렷하고 깨끗하여 용 따라 덕 찬탄하기에 칭하여 엄이라 한다. 삼매란 뜻과 지 둘 없어 서로 통하고 녹아드니 피차 다 없어지고 능소 이에 끊어지기에 삼매라 이른다'라고 하였다. 言華嚴三昧者 解云 華者 菩薩萬行也 何者 以華有生實之用 行有感果之能 雖復內外 兩殊生感 力有相似 今卽以法託事 故名華也 嚴者 行成果滿 契合相應 垢障永消 證理圓潔 隨用讚德 故稱曰嚴也 三昧者 理智無二 交徹鎔融 彼此俱亡 能所斯絶 故云三昧也"라고 하였다. 〔참고문헌〕『華嚴經』, 『華嚴經探玄記』, 『華嚴遊心法界記』. ⇨ 불화엄삼매 佛華嚴三昧

화엄삼매관 華嚴三昧觀 당대 법장(法藏 643~712) 지음. 1권. 입장(入藏)되어 있지 않아 자세한 내용을 알 수 없지만, 법장의 다른 저서인 『화엄발보리심장 華嚴發菩提心章』(대정장45, No.1878)과 같은 책으로 보기도 한다. 최치원(崔致遠)의 『법장화상전』(한불전3, p.770a2)에서 "이에 법장이 지은 『화엄삼매관』의 직심 중 열 가지 뜻에 나아가 짝지어 비유하였으니, 첫째 족성광대심, 둘째 유학심심심, 셋째 삭염방편심, 넷째 강연견고심, 다섯째 전역무간심, 여섯째 저술절복심, 일곱째 수신선교심, 여덟째 제속불이심, 아홉째 수훈무애심, 열째 시멸원명심이다. 仍就藏所著華嚴三昧觀直心中十義

而配譬焉 一 族姓廣大心 二 遊學甚深心 三 削染方便心 四 講演堅固心 五 傳譯無間心 六 著述折伏心 七 修身善巧心 八 濟俗不二心 九 垂訓無礙心 十 示滅圓明心"라고 하였는데, 이 직심의 열 가지 뜻은 『화엄발보리심장』(대정장45, p.651a18)에 광대심(廣大心)·심심심(甚深心)·방편심(方便心)·견고심(堅固心)·무간심(無間心)·절복심(折伏心)·선교심(善巧心)·불이심(不二心)·무애심(無礙心)·원명심(圓明心)으로 시설되어 있으며, 『법계도기총수록』 권하2(한불전6, p.849b5)에서 "현수대사의 『화엄삼매관문』 중 묻기를 '중생 수행함에 성스러운 가르침 받아 지녀야 하는가, 가르침 버려야 하는가?' 하자 답하길 '열 가지로 무리짓는다' 하였다. 賢首大師花嚴三昧觀門中 問云 衆生修行 爲要受持聖教耶 爲須捨教耶 答 有十類"라면서 인용하고 있는 내용도 『화엄발보리심장』(대정장45, p.651b28)의 제2간교(第二簡教)에 해당된다고 여겨 같은 책으로 추정한다. 그러나 규봉종밀(圭峰宗密)의 『화엄경행원품소초』 권5(卍속장7, p.955b2)에는 "현수대사가 지은 바 『화엄삼매관문』의 제4간교문 중에 물음을 빌려 이르길 '중생이 수행함에 성스러운 가르침을 받아 지녀야 하는가, 가르침 버려야 하는가?'라 하자 답하길 '열 가지 류 있다'라 하였다. 賢首大師所製華嚴三昧觀門 第四簡教門中 假問云 衆生修行 爲要受持聖教耶 爲要捨教耶 答 有十類"라고 적고 있어 이 내용이 제4간교문(第四簡教門)에 의지했음을 알 수 있다고 하였고, 『화엄발보리심장』이 발심제일(發心第一)·간교제이(簡教第二)·현과제삼(顯過第三)·표덕제사(表德第四)의 넷으로 과문되는 데 반해 본서는 십문(十門)으로 구성되어 있는 점을 들고, 일본 교토 고산사(高山寺)에 송대(宋代) 판본이 전한다는 점에서 본서와 『화엄발보리심장』을 별책으로 보기도 한다. 『화엄경전기』 권5(대정장51, p.172b12)에 "『화엄삼매관』 1권. 10문. 오른쪽은 위의 십문을 또한 각각 열 뜻으로 그 중요한 바를 가렸으니, 힘써 보현행원 닦아 성취케 해서 금강종 맺어 보리인 지어서는 당래에 화엄해회 얻고, 천태의 법화삼매관으로도 쓰이게 하였으니, 모든 수행자들에게 족히 마음의 거울이 된다. 사문 법장이 지은 바다. 華嚴三昧觀 一卷 十門 右於上十門 亦各以十義 辨其所要 務令修成普賢願行 結金剛種 作菩提因 當來得預華嚴海會 用於天台法華三昧觀 諸修行者 足爲心鏡耳 沙門法藏所述", 『화엄종장소병인명록』(대정장55, p.1133b27)에 "『화엄삼매관』 1권〈10문. 법장 술〉 華嚴三昧觀 一卷〈十門 法藏述〉"라고 하였다. [참고문헌] 『華嚴發菩提心章』, 『法藏和尙傳』, 『法界圖記叢髓錄』, 『華嚴經行願品疏鈔』, 『華嚴經傳記』, 『華嚴宗章疏幷因明錄』.

화엄삼매참법 華嚴三昧懺法 화엄삼매 또는 화엄의 가르침에 의지해 참회하는 법회. 고려 이후 조선조에 이르기까지 왕실중심의 기록이 많이 전하지만 '참법' 설행의 기원은 더 앞서 있다. 화엄참의(華嚴懺儀)라 하면 대표적으로는 『화엄경해인도량참의 華嚴經海印道場懺儀』를 말하는데, 실제 제명(題名)은 『대방광불화엄경해인도량십중행원상편예참의 大方廣佛華嚴經海印道場十重行願常徧禮懺儀』(卍속장128, pp.276a1~718b18)다. 당(唐) 혜각(慧覺)이 경록하고, 송(宋) 보서(普瑞)가 보주(補註)하며, 명(宋) 목증(木增)이 정정(訂正)하고, 독철(讀徹)이 참열(參閱)하며, 정지(正止)가 치정하면서 오랜 기간 편찬되어 『화엄경』 품 순서로 총42권이다. 고려 의천(義天 1055~1101)이 송 진수정원(晉水淨源 1011~1088)에게 보낸 편지 「상정원법사서 上淨源法師書」(『대각국사문집』 권10·한불전4, p.543b3)에 "지난해 8월 15일에 도강 이원적이 와서 2월에 쓰신 서한 한 통과, 손수 지으신 『화엄보현행원참의』 … 『교의분제장과문』 등 8본을 잘 받았습니다. 洎去年八月十五日 都綱李元積 至得捧二月書教一通 幷手撰花嚴普賢行願懺儀 … 教義分齊章科文等八本", 『고려사』 권40 세가40 공민왕(恭愍王) 12년(1363) 3월 20일(庚申)에 "시어궁에서 친히 화엄삼매참도량을 베풀었다. 親設華嚴三昧懺道場于時御宮"라 하였으며, 정추(鄭樞 1333~1382)도 「화엄삼매참법석소 華嚴三昧懺法席疏」(『원재고』 권하)를 남겼다. 권근(權近) 『양촌집』 권12 「수원 만의사축상화엄법회중목기 水原萬義寺祝上華嚴法會衆目記」에 "처음에 『화엄삼매참의경』을 펴고 『묘법연화경 환사소해』를 강하였는데 삼칠일이 지나서 마쳤다. 初展華嚴三昧懺儀經 講妙法蓮經環師疏解 歷三七日而訖", 『태조실록』 권5 3년(1394) 4월 29에 "환왕기신이므로 임금이 중궁과 경천사에 거둥하여 환왕어진을 봉안하고, 이내 재를 베풀어 화엄삼매참을 강하였다. 桓王忌晨 上與中宮 幸敬天寺 安桓王眞 仍設齋 講華嚴三昧懺", 『태종실록』 권16 8년(1408) 8월 17일에 "태조빈전에서 화엄삼매참법석을 베풀었다. 임금이 사재로써 법회를 마련하고 홍덕사주지 설오를 강주로 삼았고, 108 스님들께 의발을 올렸다. 상왕(정종)도 각각 가사를 올렸다. 設華嚴三昧懺法席于殯殿 上用私財辦會 以興德寺住持雪悟爲講主 緇徒凡百八 各賜衣鉢 上王亦各賜袈裟"라고 하였다. [참고문헌] 『華嚴經海印道場懺儀』, 『大覺國師文集』, 『高麗史』, 『陽村集』, 『太祖實錄』, 『太宗實錄』, 『圓齋槀』.

화엄삼생 華嚴三生 화엄의 성불 교의. 견문생·해행생·증입생의 세 단계를 거쳐 성불한다는 교의로, 1932년에 일본 용곡대학(龍谷大學)에서 발간한 『(강본)팔종강요초』 하(大藏經補編32, p.90a11) 「제칠장 화엄종 第七章 華嚴宗」에는 "이 교는 삼성성불을 세우는데 견문·해행·증입이 그것이다. 此教立三生成佛 見聞解行證入是也"라고 하였는데, 당 청량징관(淸涼澄觀 73

8~839)의 『화엄경소초』 권2(대정장36, p.12a21)에는 "이 경의 종지는 삼생원만을 밝게 하는데, 첫째는 견문생, 둘째는 해행생으로 위 두 구절이고, 셋째는 증입생으로 아래 두 구절이다. 此經宗 明三生圓滿 一見聞生 二解行生 卽上二句 三證入生 卽下二句"라고 하였다. 요(遼) 도종(道宗 재위 1055~1101) 때 선연(鮮演 1049~1119)이 지은 『대방광불화엄경담현결택』 권2(卍속장경8, p.12b11)에 "이 경의 종지인 삼생원만이란 삼생을 거쳐 원만을 얻는다는 수생원만이나 일생의 몸으로 삼생을 거친다는 것을 말함이 아니다. … 삼생의 뜻은 각각 어떤 위에 있는가? 현수(법장)의 설에 따르면 오랫동안 범부로 유전하면서 견문하여 종을 이루는 것을 견문생이라고 부르고, 사십심위와 십지성인이 참되게 이해하고 참되게 행하는 것을 해행생이라고 이름하며, 묘각여래가 원만을 인과로 삼은 것을 증입생이라고 부른다. 청량의 뜻에 의하면 다만 십지를 취하여 증입생으로 삼았을 뿐 나머지는 현수와 같다. 此經宗三生圓滿者 非謂隨生圓滿備經三生方得圓滿 或一生身經歷三生 … 三生之義 各在何位 准賢首說 長流凡夫 見聞成種 名見聞生 四十心位 十地聖人 眞解眞行 名解行生 妙覺如來 因圓果滿 名證入生 准淸涼義 但取十地 爲證入生 餘同賢首"고 하였다. [참고문헌] 『(講本)八宗綱要鈔』, 『華嚴經疏鈔』, 『大方廣佛華嚴經談玄決擇』. ⇨ 삼생 三生 ❷

화엄삼성 華嚴三聖 『화엄경』 화장세계(華藏世界)의 세 성자(聖者). 비로자나불과 문수와 보현보살을 말한다. 『정토성현록』 권5(卍속장경78, p.267a12) 왕생비구(往生比丘) 3의4 주굉(袾宏)에 "지금 사람들은 단지 화엄이 극락에서 빛남을 알지만 미타가 곧 (비로)자나임은 알지 못한다. 또한 용수는 용궁에서 화엄을 출현시키고 극락에 태어나기를 바랐고, 보현을 화엄장자로 삼아 극락왕생을 원했다. 문수와 보현은 자나를 함께 도왔으므로 화엄삼성이라고 부른다. 今人但知華嚴廣於極樂 而不知彌陀卽是遮那也 又龍樹於龍宮而出華嚴 而願生極樂 普賢爲華嚴長子 而願生極樂 文殊與普賢同佐遮那 號華嚴三聖"라고 하였다. 당 청량징관(淸涼澄觀 738~839)은 『삼성원융관문』(대정장45, p.671a16)에서 "삼성은 본사 비로자나여래와 보현·문수 두 보살인데, … (두 보살은) 능신과 소신으로 상대하면, 보현은 소신의 법계를 나타내고 … 문수는 능신의 마음을 드러낸다. … 해행으로 상대하면, 보현은 소기의 만행을 나타내고 … 문수는 능기의 해를 드러낸다. … 이지로 상대하면, 보현은 소증의 법계를 나타내고 … 문수는 능증의 대지를 드러낸다. … 두 성인의 법문은 각각 원융하고 … 두 성인의 법문은 서로 상융하여 … 인과해에 들어가므로 비로자나라고 이름한다. 三聖者 本師毘盧遮那如來普賢文殊二大菩薩是也 … 以能信所信相對 謂普賢表所信之法界 … 文殊表能信之心 … 以解行相對 普賢表所起萬行 … 文殊表能起之解 … 以理智相對 普賢表所證法界 … 文殊表能證大智 … 二聖法門各自圓融 … 二聖法門互相融 … 沒因果海 是名毘盧遮那"라고 하였기에, 문수와 보현이 비로자나불을 대신하여 『화엄경』의 설주(說主)가 되었다. [참고문헌] 『淨土聖賢錄』, 『三聖圓融觀門』.

화엄시 華嚴時 『화엄경』을 설하신 때. 천태의 오시교판(五時敎判) 중 첫 번째인 때다. 체관(諦觀 970~?)의 『천태사교의』(한불전4, p.518c5)에 "진과 수의 국사인 천태지자대사(天台智顗 538~597)는 오시팔교로 동쪽으로 흘러온 일대 성교를 모두 판석하였다. 오시라고 말하는 것은 첫째 화엄시, 둘째 녹원시〈사아함을 설함〉, 셋째는 방등시〈『유마(경)』·『사익(경)』·『능가(경)』·『능엄삼매(경)』·『금광명(경)』·『승만(경)』 등의 경을 설함〉, 넷째로 반야시〈『마하반야』·『광찬반야』·『금강반야』·『대품반야』 등 제 반야경을 설함〉, 다섯째 법화열반시를 오시라고 하는데, 또한 오미라고도 부른다. 陳隋國師天台智者大師 以五時八敎 判釋東流一代聖敎 罄無不盡 言五時者 一華嚴時 二鹿苑時〈說四阿含〉 三方等時〈說維摩思益楞伽楞嚴三昧金光明勝鬘等經〉 四般若時〈說摩訶般若光讚般若金剛般若大品般若等諸般若經〉 五法華涅槃時 是爲五時 亦名五味"라고 하였고, 특히 화엄시에 대해서는 같은 책(한불전4, p.518c15)에 "첫 번째 돈교는 화엄교다. 부를 따르고 맛에 따라 돈이라는 이름을 얻었다. 여래께서 처음 정각을 이루고 적멸도량에 계실 때 사십일위의 법신대사와 숙세근이 무르익은 천룡팔부가 일시에 둘러쌌는데, 구름이 달을 싼 듯하였다. 그때 여래께서 노사나신으로 나투어 원만수다라를 설하셨기에 돈교라고 한다. (대중의) 근과 교를 잡으면 방편을 겸하였음을 면할 수 없는데, '초발심 때 바로 정각을 이룬다'는 등의 글은 원교의 근기를 위해서 원교를 설하였지만 곳곳에서 항포차제를 설함은 방편의 근기를 위해서 별교를 설한 것이기 때문이다. 그러므로 부로 보면 돈교가 되지만 설한 바를 보면 겸이라고 부른다. 이 경에서는 '비유하면 해가 뜰 때 먼저 높은 산을 비추는 것과 같다〈첫번째 때〉'고 하였고, 『열반경』에서는 '비유하면 소에서 우유가 나오는 것과 같아서 부처님을 좇아 십이부경이 나왔다〈한 맛의 우유〉'는 것이다. 『법화경』 「신해품」에서는 '곧바로 곁의 사람을 보내 급하게 따라가서 돌아오도록 하였는데, 궁핍한 자식은 깜짝 놀라 원망하며 크게 부르짖었다'고 한 것 등이다. 第一頓敎者 卽華嚴敎也 從部時味等得名爲頓 所謂如來初成正覺 在寂滅道場 四十一位 法身大士 及宿世根熟 天龍八部 一時圍繞 如雲籠月 爾時如來現盧舍那身 說圓滿修多羅 故言頓敎 若約機約敎 未免兼權 謂初發心時便成正覺等文 爲圓機說圓敎 處處說行布次第 則爲權機說別敎 故約部爲頓 約敎名兼 此經中云 譬如

日出 先照高山〈第一時〉 涅槃云 譬如從牛出乳 此從佛出十二部經〈一乳味〉 法華信解品云 卽遣旁人 急追將還 窮子驚愕 稱怨大喚等"라고 하였다. [참고문헌] 『天台四敎儀』.

화엄신중 華嚴神衆 『화엄경』에서 시설하고 있는 불법을 수호하는 신들. 60권본 『화엄경』 권1(대정장9, p.395a26) 「세간정안품 世間淨眼品」에서는 대보살(大菩薩)·금강역사(金剛力士)·도량신(道場神)·용신(龍神)·지신(地神)·수신(樹神)·약초신(藥草神)·곡신(穀神)·하신(河神)·해신(海神)·화신(火神)·풍신(風神)·허공신(虛空神)·주방신(主方神)·주야신(主夜神)·주주신(主晝神)·아수라신(阿脩羅神)·가류라왕(伽留羅王)·긴나라왕(緊那羅王)·마후라가왕(摩睺羅伽王)·구반다왕(鳩槃茶王)·귀신왕(鬼神王)·월신천자(月身天子)·일천자(日天子)·삼십삼천왕(三十三天王)·야마천왕(夜摩天王)·도솔천왕(兜率天王)·화락천왕(化樂天王)·타화자재천왕(他化自在天王)·대범천(大梵天)·광음천자(光音天子)·변정천(徧淨天)·과실천자(果實天子)·정거천(淨居天) 등 34류 384신중이 등장하고 있는데, 이 중에 보살은 이십류를, 나머지는 각각 십류를 권속으로 하였다. 80권본 『화엄경』 권1(대정장10, p.2a11) 「세주묘엄품 世主妙嚴品」에서도 십불세계의 티끌 수와 같은 보살마하살·집금강신(執金剛神)·신중신(身衆神)·족행신(足行神)·도량신·주성신(主城神)·주지신·주산신(主山神)·주림신(主林神)·주약신(主藥神)·주가신(主稼神)·주하신·주해신·주수신(主水神)·주화신·주풍신·주공신·주방신·주야신·주주신·아수라왕·가루라왕·긴나라왕·마후라가왕·야차왕(夜叉王)·대용왕(大龍王)·구반다왕·건달바왕(乾闥婆王)·월천자·일천자·삼십삼천왕·수야마천왕(須夜摩天王)·도솔타왕(兜率陀王)·화락천왕·타화자재천왕·대범천왕·광음천왕·변정천

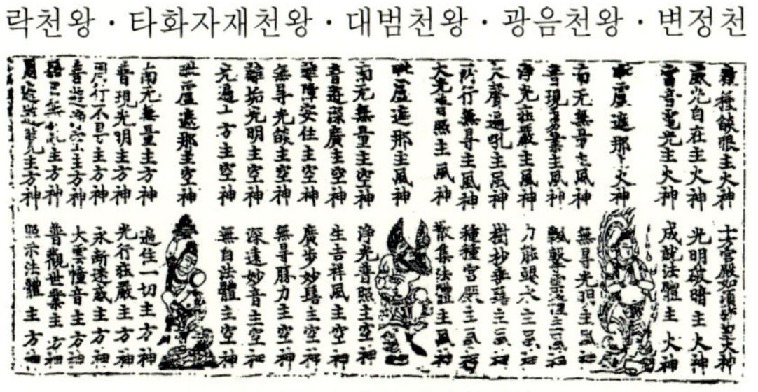
화엄신중 목판본 해인사 합천

왕·광과천왕(廣果天王)·대자재천왕(大自在天王) 등이라 하여 40류 450신중이 있었다고 하였는데, 이 중에 보살은 이십류, 나머지는 각각 십류를 권속으로 하였다. 『삼국유사』 권3(대정장49, p.998c13·한불전6, p.334b9) 탑상(塔像)4 대산오만진신(臺山五萬眞身)에는 "정신대왕의 태자 보천과 효명 형제가 … 오대산에 들어와 … 신룡원년(705·성덕왕4) … 비로소 진여원을 개창하였다. … 보천암을 화장사로 개창한 뒤 원상비로자나삼존과 대장경을 봉안하고, 복전 다섯을 두어 장문장경(을 읽고) 밤에는 화엄신중을 염하면서 매년 백일동안 화엄회를 열어 법륜사라 이름하라. 화장사를 오대사의 본사로 삼아 굳게 호지하고 정행복전을 명하여 길이 향화를 받들면, 국왕이 천수를 다하고 백성이 크게 평안하며 문무가 화평하고 백곡이 풍요로울 것이다. 또 하원문수갑사를 사의 도회로 삼고서 복전 일곱이 밤낮으로 화엄신중예참을 베풀게 하라' 하였다. 淨神大王太子寶川孝明二昆弟 … 入五臺山 … 以神龍元年 … 始改創眞如院 … 寶川庵改創華藏寺 安圓像毗盧遮那三尊及大藏經 福田五員 長門藏經 夜念華嚴神衆 每年設華嚴會一百日 稱名法輪社 以此華藏寺爲五臺社之本寺 堅固護持 命淨行福田 鎭長香火 則國王千秋 人民安泰 文虎和平 百穀豊穰矣 又加排下院文殊岬寺爲社之都會 福田七員 晝夜常行華嚴神衆禮懺"라고 하였다. 화엄신중도량(華嚴神衆道場)이 설행된 신라말에는 팔십권 사십류 화엄신중의 명호를 중심으로 『화엄경』을 요약한 『신중경 神衆經』이 유통되기도 하였고, 895년에 건립한 해인사묘길상탑에서 발견된 탑지(塔誌)중 「백성산사전대길상탑중납법침기 百城山寺前臺吉祥塔中納法賝記」에도 "화엄 이불의 명호, 사십류 신중의 이름들, 위광이 만난 불우의 이름, 선재가 만난 오십오 선우의 이름들, 오십삼불의 명호, 십대제자의 덕호. 花嚴二佛名號 卌類神衆列名 威光所遇佛友名 善財所携五十五善友列名 五十三佛號 十大弟子德號"라고 하였다. 균여(均如 923~973)의 『균여전』(한불전4, p.511a11)에 "근래에 전중내급사 강유현이 (균여)수좌의 모든 흔적을 모았는데, 글은 아름답지만 사적은 많이 탈락되었다. 화엄을 배우는 자들이 유감으로 여겼는데 나 역시 한스러웠다. 함옹 10년(1074·문종28) 4월에 이르러 『신중경』 주주대사 창운이 실록구고 한 권을 펴보이며 나에게 작성을 의뢰하였다. … 전진사 혁련정 삼가 서문을 쓰다. 近有殿中內給事康惟顯 集首座初終現迹 文則遒麗 事多脫略 一乘行者 憾之 予亦憾之 迨咸雍十年首夏之月 神衆經注主大師昶雲 示以實錄舊藁一卷 因托述於予 … 前進士赫連挺謹序"라고 하였고, 1249년(고종36)~1255년(고종42)과 1268년(원종9)에도 날씨의 순조로움은 물론 왕실의 안녕과 나라의 태평을 기원하는 뜻을 담아 화엄신중도량이 설행되기도 하였다. 국보로 지정된 해인사 국간판(國刊板)중에 여덟판 십오매의 『대방광불화엄경세주묘엄품제일 大方廣佛華嚴經世主妙嚴品第一』 경판(『전국사찰소장목판집』)은 1235년(고종22) 경에 순안산성방호별감(順安山城防護別監) 이영(李榮)이 "산인 지한에게 청하여 화엄신중을 받들어 베껴 공인을 모아 조판하였다. 請山人志閑 敬寫華嚴神衆 募工雕板者"고 한 것으로, 판수제(板首題)는 신중(神衆)이며, 80권본 사십류 신중과 오십오 선지식

에게 귀의하도록 권한 내용을 담았다. 보물인 해인사 사간판(寺刊板) 중에 『화엄신중』 개판(『전국사찰소장목판집』) 1매 2면에도 하신·해신·수신·화신·풍신·공신·주방신 등 신중의 이름과 함께 변상을 판각하였다. 국립중앙박물관 소장 『대방광불화엄경행원품신중합부 大方廣佛華嚴經行願品神衆合部』는 1350년(충정왕2)에 연안군부인(延安郡夫人) 이씨가 아버지 이사온(李思溫)·어머니 진씨(秦氏)·남편 김석(金碩)의 명복을 빌고자 조성한 것으로, 특히 제7면 이하에는 비로자나불을 비롯하여 사십류 신중과 오십사 선지식의 명호를 적고, 그 위에 각각의 도상을 세밀하게 그려 넣었다. 〔참고문헌〕『華嚴經』, 『三國遺事』, 『均如傳』, 許興植 『韓國金石全文』 古代篇(亞細亞文化社, 1984) p.238, 『全國寺刹所藏木板集』(文化財管理局, 1987) p.396·p.420. ⇨신중 神衆, 팔부중 八部衆 1, 호법 護法 1, 호법선신 護法善神, 화엄신중도량 華嚴神衆道場

화엄신중도량 華嚴神衆道場 『화엄경』의 신중들을 모시고 베푸는 도량. 『화엄신중경』을 독송강설하며 불법을 지켜 나라의 안위 등을 기도한다. 신라말에 『화엄신중경』이 성립되었고, 이를 토대로 한 신앙이 해인사 길상탑이나 오대산 결사 등에 나타나고 있다. 고려시대에는 1249년(고종 36)부터 1256년(고종 43)년의 고종 재위 기간 중에 화엄신중도량이 34회나 집중적으로 개설되었다. 이 시기에 개설된 천병도량(天兵道場) 또는 천병신중도량(天兵神衆道場)도 모두 화엄신중도량을 말하는 것으로 보인다. 1254년 5월에 개설한 도량은 천병화엄신중도량이라 불렀다(『高麗史』 권24 高宗 41년 5월 임신). 화엄신중도량은 왕륜사 등 사찰에서 개설했지만 왕궁에서도 설행했는데, 이 때는 고려가 대장경조판을 완성하고 몽골의 침공에 맞서 대몽항쟁하던 후반기다. 1259년에 고려가 몽골에 굴복한 이후 화엄신중도량이 거의 시행되지 않은 것과 비교해 볼 때, 이 도량은 국난을 극복하기 위해 불국토를 수호해주는 화엄신중의 위력을 빌고자 일 년에 몇 차례씩 개최하였는데 1249년 두 차례, 1250년 세 차례, 1251년 세 차례, 1252년 일곱 차례, 1253년 다섯 차례, 1254년 열 차례, 1255년 세 차례, 1256년 한 차례 개최되었다. 1101년(숙종6)에 송충이를 물리치기 위해, 1217년(고종4)과 1218년에 거란군을 물리치기 위해 개설한 신중도량도 화엄신중도량으로 추정된다. 고종 이후로는 1268년(원종 9)과 1369년(공민왕 18)에 두 차례 화엄신중도량개설 기록이 전한다. 〔참고문헌〕『高麗史』 권23·24, 金炯佑 「高麗時代 國家的 佛教行事에 대한 研究」(동국대학교대학원, 1992). ⇨화엄신중 華嚴神衆

화엄십만게 華嚴十萬偈 60권본 『화엄경』 권60(대정장9, p.788b5)에 "『화엄경』의 범본 십만게인데, 옛 도인 지법령이 우전국에서 이 삼만육천 게송을 얻었다. 진(晉)나라 의희 14년 세차 순화 3월 10일에 양주사공 사석이 세운 도량사에서 천축선사 불도발다라에게 청하니, 선사가 손에 범문 든 채로 범어를 번역하고, 사문 석법업이 바로 받아 적었다. 華嚴經 梵本凡十萬偈 昔道人支法領 從于闐國 得此三萬六千偈 以晉 義熙 十四年 歲次 鶉火 三月十日 於揚州司空謝石所立道場寺 請天竺禪師 佛度跋陀羅 手執梵文 譯梵爲晉 沙門釋法業 親從筆受"라고 하였다. 〔참고문헌〕『華嚴經』.

화엄십찰 華嚴十刹 신라의 의상(義湘 625~702)과 관련한 사찰. 의상이 창건하였거나 전교(傳敎)하였다고 전하는 곳으로 해동화엄십산(海東華嚴十山)이라고도 한다. 『삼국유사』 권4(대정장49, p.1006c1·한불전6, p.348b20) 의해(義解)5 의상전교(義湘傳敎)에는 "태백산 부석사, 원주 비마라사, 가야산 해인사, 비슬산 옥천사, 금정산 범어사, 남악 화엄사 등이 그것이다. 太伯山浮石寺 原州毗摩羅 伽耶之海印 毗瑟之玉泉 金井之梵魚 南嶽華嚴寺等是也"라고 하였고, 최치원의 「당대천복사고사주번경대덕법장화상전」(한불전3, p.775c20) 주(註)에는 "해동에 화엄 대학이 있는 십산이다. 중악 공산 미리사, 남악 지리산 화엄사, 북악 부석사, 강주 가야산 해인사·보광사, 웅주 가야협 보원사, 계룡산 갑사, 괄지지에서는 계남산 삭주 화산사, 낭주 금정산 범어사, 비슬산 옥천사, 전주 무산 국신사, 한주 부아산 청담사이다. 海東華嚴大學之所有十山焉 中岳公山美理寺 南岳知異山華嚴寺 北岳浮石寺 康州迦耶山海印寺 普光寺 熊州迦耶峽普願寺 鷄龍山岬寺 括地志所云鷄藍山是朔州華山寺 良州金井山梵語寺 毗瑟山玉泉寺 全州毋山國神寺 更有如漢州負兒山青潭寺也"라고 하여 기록마다 다르다. 또한 위 사찰의 일부는 창건 시기가 의상의 생존 시기와 맞지 않는 경우도 있기에 의상 및 화엄사상과 관련한 여러 사찰을 의미하는 것으로 보인다. 〔참고문헌〕『三國遺事』, 「唐大薦福寺故寺主翻經大德法藏和尙傳」.

화엄암 華嚴庵 강원도 삼척시 미로면 내미로리 두타산(頭陀山) 천은사(天恩寺) 산내에 있던 암자. 1907년(융희1) 12월에 불에 탄 것을 1909년 9월에 다시 짓고 다음 해에 완공하였으며, 일제강점기 주지이동 현황도 자세하지만 6·25전쟁시 전소하였다. 〔참고문헌〕『朝鮮總督府官報』, 『韓國寺刹全書』 권하 p.1178b1.

화엄염불삼매무진등 華嚴念佛三昧無盡燈 1165년(송 효종 건도1)에 원징의화(圓澄義和) 지음. 종효(宗曉 1151~1214)의 『낙방문류』 권2(대정장47 p.165a26)에 "화엄염불삼매무진등 원징법사의화 華嚴念佛三昧無

盡燈 圓澄法師義和"라고 하였다. 현재 서문만 전하는데, 같은 책에 수록된 1165년에 의화가 쓴 「화엄염불삼매무진등서 華嚴念佛三昧無盡燈序」(대정장47, p.169c28)에는 "비록 제불이 고통 벗어나 즐거움 주려 하는 것은 하나일 뿐이고 불사의력도 한 가지이지만, 오직 서방의 미타세존께서 사바중생을 맞아 이끌어 원력이 치우쳐 무거운 것은 우리 본사 석가세존때문이다. … 이에 법문을 갖추어 기록하고서 묶어 일편을 이루어 견문하는 이로 하여금 움직이지 않고도 정토에 돌아가게 하였다. … 제불은 티끌 등지고 깨우침 합하기에 밝고, 중생은 정각 등지고 티끌에 합하기에 어리석다. 부려 어두운 것 다 밝게 하고자 하나 밝음을 마치려 함에 끝이 없으니, 그 일편을 제목하여 무진등이라고 하였을 뿐이다. 건도원년 9월보름 임안부혜인원 화엄교관 의화가 서하다. 雖然諸佛拔苦與樂之心一也 不思議力一也 唯西方彌陀世尊 接引娑婆衆生願力偏重 卽本師故 … 於是備錄法門 著爲一編 使見聞者不動步而歸淨土 … 諸佛則背塵合覺故明 衆生則背覺合塵故昏 欲使冥者皆明 明終無盡 因目其篇曰無盡燈云爾 乾道元年九月望 臨安府慧因院 華嚴教觀義和序"라고 하였다. 〔참고문헌〕『樂邦文類』.

화엄오십요문답 華嚴五十要問答 당 지엄(智儼 602~668) 지음. 초후(初後) 2권. 1695년(원록8)에 장여보양(長與實養)이 쓴 『화엄오십요문답』의 「계화엄오십요문답서 鍥華嚴五十要問答序」(대정장45, p.519a3)에 "오십요문답 두 책은 화엄 제이조 운화존자가 잡화의 요의를 촬략한 것이다. 五十要問答二冊者 華嚴第二祖雲華尊者 撮略雜華之要義", 의천(義天 1055~1101)의 『신편제종교장총록』 권1(한불전4, p.681b3) 해동유본견행록(海東有本見行錄) 상에 "요의문답 이권. 세간에서 오십요문답이라고 한 것이 이것이다. 要義問答二卷 世云五十要問答是"라고 하였으며, 『화엄문답 華嚴問答』·『화엄경문답 華嚴經問答』이라고도 한다. 대정장45, pp.519a3~536b23에 전한다. 오십삼 항목은 다음과 같다. 시불급명의(十佛及名義)·수직의(受職義)·중생작불의(衆生作佛義)·성불전후의(成佛前後義)·일념성불의(一念成佛義)·타방불성화의(他方佛成化義)·불모권속의(佛母眷屬義)·불정근의(佛情根義)·불보살인과통국의(佛菩薩因果通局義)·제교수도총별의(諸教修道總別義)·성불불성불의(成佛不成佛義)·불상모의(佛相貌義)·대사소사의(大師小師義)·신만성불의(信滿成佛義)·겁감불흥의(劫減佛興義)·보리수위시의(菩提樹爲始義)·불신상무상의(佛身常無常義)·불전의의(佛轉依義)·전사식성사지의(轉四識成四智義)·교상의(教相義)·일승분제의(一乘分齊義)·입일승위의(立一乘位義)·육도성정방편의(六道成淨方便義)·입장부동의(立藏不同義)·심의식의(心意識義)·제경부류차별의(諸經部類差別義)·도품의(道品義)·열반의(涅槃義)·계학의(戒學義)·정학의(定學義)·혜학의(慧學義)·현성의(賢聖義)·색취의(色聚義)·불상응의(不相應義)·삼성삼무성의(三性三無性義)·심수급심소유법의(心數及心所有法義)·삼세부동의(三世不同義)·장의(障義)·일승별장의(一乘別障義)·다라니문(陀羅尼門)·승문수명부동의(乘門數名不同義)·사심사의(四尋思義)·여실인연의(如實因緣義)·회과법의(悔過法義)·다라니용의(陀羅尼用義)·유식략관의(唯識略觀義)·공관의(空觀義)·보경인악의(普敬認惡義)·사종의(四宗義)·십이부경의(十二部經義)·번의등의(翻依等義)·속제입보현문의(俗諦入普賢門義)·일승득명의(一乘得名意) 등이다. 『수현기 搜玄記』 찬술 이후에 소승·대승시교·대승종교·대승돈교·원교의 오교판을 정립한 저술로 화엄의 원융무애의 뜻을 밝혔다. 〔참고문헌〕『新編諸宗教藏總錄』. ⇨ 대화엄경요의문답 大華嚴經了義問答

화엄오조 華嚴五祖 **1** 중국 화엄종 초기에 기틀을 확립한 5인의 조사. 『불조통기佛祖統紀』 권29 제종입교지(諸宗立教志, 대정장49, p.292c4)에서는 '초조 종남법순 2조 운화지엄 3조 현수법장 4조 청량징관 5조 규봉종밀법사 賢首宗教 初祖終南法順法師 二祖雲華智儼法師 三祖賢首法藏法師 四祖淸涼澄觀法師 五祖圭峯宗密法師'라 하였고, 명대에 편찬된 『옥잠산혜인고려화엄교사지玉岑山慧因高麗華嚴教寺志』에는 1101년에 쓴 「항주혜인교원화엄각기杭州慧因教院華嚴閣記」를 수록했는데, 이 비문에 '현수교는 세상에서 화엄경학으로 전하는데 제심두순에서 시작하여 다음은 지엄 현수법장 청량징관 규봉종밀이다. 정원은 이 다섯 대사를 화엄오조로 삼았다 賢首教者 世傳華嚴經之學 始於帝心杜順 次尊者智儼 次賢首國師法藏 次淸涼國師澄觀 次圭峰禪師宗密 … 源師因以五師爲華嚴五祖'라고 하였다. 화엄조사설은 종밀이 『주화엄법계관문註華嚴法界觀門』에서 '종남산 두순은 화엄 신구 두 소의 첫째 조사이고 지엄존자가 2조이고 강장국사가 3조이다'라고 한 3조설이 처음이다. 종밀이 스스로 화엄 제5조임을 표명하였으므로 종밀 즈음에 5조설이 성립하여 정원이 확정한 것으로 추정된다. 일본 응연(凝然)은 『화엄법계의경華嚴法界義鏡』 권하 종서상승(宗緖相承)에서 1조 종남제심존자 2조 종남산지상사지엄대사 3조 서대원사(西大原寺)현수보살 4조 청량산징관대사 5조 종남규봉초당사정혜대사(終南圭峰草堂寺定慧大師)의 5조를 들었다. 응연은 『오교장통로기五教章通路記』 권1에서도 고래의 설이라 하여 제심 운화 현수 청량 교산의 오조설을 제시하고 이는 당에서 가져온 것이라 하였다. 〔참고문헌〕「杭州慧因教院華嚴閣記」(『玉岑山慧因高麗華嚴教寺志』, 中國佛寺史志彙刊 第20冊 No.17), 『佛祖統紀』 권29(대정장49, p.292c4), 凝然

『華嚴法界義鏡』 권하, 凝然 『五教章通路記』 권1. ⇨ 화엄칠조 華嚴七五祖 ❷ 중국 화엄종의 제5조인 규봉종밀(圭峰宗密)을 말한다. ⇨ 종밀 宗密

화엄용궁전래설 華嚴龍宮傳來說 용수보살(龍樹菩薩)이 용궁에서 『화엄경』을 전해왔다는 설. 아난(阿難)과 문수사리(文殊師利)가 철위산(鐵圍山)에서 보살장(菩薩藏)을 결집하고 이 경을 용궁에다 들였으며, 용수보살이 상중하본 중 하본을 전해오고, 이 하본을 약출한 것이 유행하는 60권본 또는 80권본의 약본경(略本經)이라는 설이다. 『화엄경지귀』(대정장45, p.593b8)에 "(華嚴十類經 중) 네 번째는 상본경이니, 이는 결집하여 글로 적은 것 중에 상본이다. 옛날 용수보살은 용궁에 가서 이 『대부사의해탈경』에 3본이 있음을 보았다. 상본은 십삼천대천세계미진수게와 사천하미진수품이 있는데 이를 이름한다. 四 上本經者 此是結集書記之上本也 故龍樹菩薩往龍宮 見此大不思議解脫經有三本 上本有十三千大千世界微塵數偈 四天下微塵數品 此之謂也", "다섯 번째 중본경은 저이가 본 중본으로 사십구만팔천팔백게와 일천일백품이 있다. 이상의 두 경은 모두 용궁에 숨겨 있어 염부제인의 힘으로 지닐 바 아니므로 이는 전하지 못하였다. 五 中本經者 彼見中本 有四十九萬八千八百偈 一千一百品 此上二本 並祕在龍宮 非閻浮提人力所持 故此不傳", "여섯 번째 하본경은 저이가 본 바의 하본을 일컬으니 십만게가 있다. 현재 천축에 전하며 『양섭론』(眞諦 譯 『攝大乘論』) 중에 『백천경』이라 하니 곧 십만이다. 『대지도론』 중에 또한 이 경을 『부사의해탈경』이라 하고 십만게가 있다고 하였다. 『대당서역기』에는 자구반국의 산 중에 이것의 갖추어진 본이 있다 하였다. 六下本經者 謂彼所見下本 有十萬偈 現傳天竺 梁攝論中 名百千經 卽十萬也 大智論中 亦名此經 爲不思議解脫經 有十萬偈 西域記說 在遮俱槃國山中 有此具本", "일곱 번째 약본경은 이 땅에 전하는 60권본이니, 범본에는 삼만육천게가 있다. 이는 앞의 십만게 중에서 요점을 간략히 뽑은 것이다. 七 略本經者 卽此土所傳 六十卷本 梵本有三萬六千偈 是前十萬偈中要略所出"라고 하였다. [참고문헌] 『華嚴經旨歸』, 李智冠 『韓國佛敎所依經典硏究』 pp.286~287. ⇨ 십류경 十類經, 대방광불화엄경 大方廣佛華嚴經, 화엄경 華嚴經

화엄원 華嚴院 ❶ 해인사에 있던 부속 사원. 최치원(崔致遠)은 당 법장(法藏)의 전기 『법장화상전 法藏和尙傳』에서 "904년 갑자년 봄에 가야산 해인사 화엄원에서 난리도 피하고 병도 고치며 두 가지 편리를 도모했다. 于時天復四春 枝幹俱首 於尸羅國迦耶山海印寺華嚴院 避寇養痾 兩偸其便"고 하여 신라말에 해인사에 화엄원이 있었음을 알 수 있다. [참고문헌] 崔致遠 『唐大薦福寺故寺主翻經大德法藏和尙傳』(한불전3, p.776c12). ❷ 중국 호북성 양양(襄陽) 성 동남쪽 17km 거리에 있는 녹문산(鹿門山)에 있던 절. 남제(南齊) 건무년간(494~497)에 습욱(習郁)이 산중에 신사(神祠)를 세우고 두 개의 돌로 만든 사슴을 세워 녹문산이라 하였는데, 수당 이래로 은일을 즐기는 이들이 이 산에서 많이 살았다. 화엄원은 당대 건립되었는데 후에 처진(處眞)선사가 이곳에서 조동선법을 크게 선양하여 시방총림을 만들었고 명대 더욱 확장되어 선종사원이 되었다. 후에 임제 3세 손인 풍혈연소(風穴延沼) 선사가 이 절에서 수행하기도 하였다. [참고문헌] 『景德傳燈錄』 권20 襄州鹿門山華嚴院處眞禪師(대정장51, p.364b12). ❸ 당 오회염불을 창안한 염불의 대가 법조(法照)가 머물며 염불수행을 하던 절. 법조가 아미타불과 문수 보현보살을 친견하는 영험을 보이며 염불수행을 이끌던 중 화엄원의 서쪽 누각에 큰 등이 나타나자 신조는 등이 백 개로 나눠지고 다시 천 개로 나눠지기를 기원하여 나뉜 등불이 산야를 가득 비추게 하였다. 신조는 또 금강굴에 이르러 대성을 뵙기를 원하니 삼경이 되어 불타파리(佛陀波利)라는 범승이 보이자 그를 절에 모셔 와서 섣달 그믐날 화엄원에서 염불도량에 들게 하였다. 그리고 그 인연 있는 터에는 죽림사(竹林寺)를 세웠다. [참고문헌] 『宋高僧傳』 권21 唐五臺山竹林寺法照傳(대정장50, p.844c21). ❹ 일본 경도(京都) 인화사(仁和寺)에 있는 부속 사원. 고려 의천(義天)이 편찬한 『신편제종교장총록 新編諸宗教藏總錄』의 현전필사본 관련 기록이 전한다. 『신편제종교장총록』 권3 말미에 "1176년(안원2) 병신년 6월 4일에 인화사 화엄원의 법교 경아가 이 책을 서사하여 마쳤다. 安元二年丙申六月四日 以仁和寺花嚴院法橋景雅御本書寫了"라고 하였다. 이후 1644년과 1693년에 거듭 서사하였음을 기록하였다. [참고문헌] 『新編諸宗教藏總錄』 권3 (한불전4, p.679a18).

화엄유심법계기 華嚴遊心法界記 당 현수법장(賢首法藏 643~712) 지음. 1권. 『화엄종장소병인명록』(대정장55, p.1133c6)에 "『화엄유심법계기』 1권〈법장 찬술〉. 華嚴遊心法界記一卷〈法藏述〉"이라고 하였다. 찬술시기는 전하지 않으나 "경조(부) 서숭복사 법장 찬술 京兆西崇福寺釋法藏撰"이라고 하였으므로, 서숭복사에 주석할 때 작성한 듯하다. 화엄의 관문(觀門)을 밝힌 글로, 대정장45, pp.641b3~650c16에 수록되었다. 법시아비문(法是我非門)·연생무성문(緣生無性門)·사리혼융문(事理混融門)·언진이현문(言盡理顯門)·법계무애문(法界無礙門) 등 오문으로 나누고서, 각 문을 소승교(小乘教)·대승초교(大乘初教)·대승종교(大乘終教)·대승돈교(大乘頓教)·별교일승(別教一乘) 등 오교에 배대하였다. [참고문헌] 『華嚴宗章疏并因明錄』.

화엄유의 華嚴遊意 수(隋) 길장(吉藏 549~623) 지음. 삼론을 토대로 화엄을 해석한 글로, 대정장35, pp.1a3~13b18에 전한다. 맨 앞부분에 "혜일도량사문 호인 길장 찬술 慧日道場沙門胡吉藏撰"이라고 하였으므로, 597년(개황17)~599년에 양주(揚州) 혜일도량에 머물 때 지은 듯하다. 『화엄종장소병인명록』(대정장55, p.1134a9)에 "화엄유의 일권〈길장 찬술〉. 華嚴遊意一卷〈吉藏述〉", 『삼론종장소』(대정장55, p.1137c6)에 "『화엄경유의』 1권〈길장 찬술〉. 華嚴經遊意一卷〈吉藏述〉"이라고 하였다. 글의 맨 앞(대정장35, p.1a25)에 "지금 정토의를 간단히 밝히려고 하는데, 정토는 네 조가 있어 첫째는 화주, 둘째는 화처, 셋째는 교문, 넷째는 도중이다. 今略明淨土義 淨土凡有四條 一化主 二化處 三教門 四徒衆"라고 하여 교화의 주체인 화주·교화의 장소인 화처·교문·교화대중 등 네 가지로 화엄교학의 불신관·불국토·인과 등을 해석하였는데, 화주는 남북조시대에 남방논사의 노사나불과 석가불의 이불(二佛)일치설과 북방논사의 이불상이설을 다루었고, 화처는 노사나불의 연화장세계와 석가불의 사바세계, 정토와 예토(穢土)의 동이(同異)를 해석하였다. 교문은 능소(能所)·인과(因果)·반만상무상(半滿常無常)으로 나누어 노사나불과 석가불의 동이를 설명하였고, 도중도 『화엄경』을 근거로 이불의 동이를 해석하였다. 〔참고문헌〕『華嚴宗章疏并因明錄』, 『三論宗章疏』.

화엄음의 華嚴音義 ➡ 신역대방광불화엄경음의 新譯大方廣佛華嚴經音義

화엄일승교의분제장 華嚴一乘教義分齊章 당의 화엄종 대가 현수법장(賢首法藏) 지음. 3권 또는 4권. 『오교장 五教章』이라고 널리 불리며 『화엄오교장 華嚴五教章』·『교분기 教分記』·『화엄교분기 華嚴教分記』·『화엄일승교분기 華嚴一乘教分記』라고도 한다. 대정장45, pp.477a3~509a4, No.1866에 수록되어 있다. 670년 경 법장이 화엄일승의 교의(教義)를 서술하여 다른 교학에 대비시켜 화엄의 우위를 드러내기 위한 목적으로 저술되어, 화엄교학의 개요서로 꼽혀 화엄종은 물론 교학 전반에 크게 영향을 미쳤다. 일본의 천태종 개조 최징(最澄)이 당에서 가져온 3권 본에는 상권과 중권의 제목이 『화엄일승교분기 華嚴一乘教分記』로 되어 있고, 하권은 『화엄경중일승오교분제의 華嚴經中一乘五教分齊義』로 되어 있으며, 외제(外題)는 『화엄오교장』으로 기재되어 있는데, 이를 화본(和本, 일본본)이라 한다. 4권 본인 송본(宋本)은 일본본에서 중권과 하권의 순서가 바뀌고 원래 일본본의 하권이었던 부분이 두 권으로 나누어진 체제인데, 제목은 모두 『화엄일승교의분제장 華嚴一乘教義分齊章』이다. 대정장본은 송본의 체제를 따르고 있다. 고려 균여(均如)는 『석화엄교분기원통초 釋華嚴教分記圓通抄』라는 이름으로 이 책에 대한 10권의 주석서를 지었다. 법장은 모든 교설을 오교(五教 : 소승교 대승시교 종교 돈교 원교)와 십종(十宗 : 我法俱有宗 法有我無宗 法無去來宗 現通假實宗 俗妄眞實宗 諸法但名宗 一切皆空宗 眞德不空宗 相想俱絶宗 圓明俱德宗)으로 구분하여 설명하고, 원교 중에서도 『법화경』 등을 동교일승(同教一乘)으로 보고 이에 비해 『화엄경』은 다른 가르침을 뛰어 넘어 가장 우수한 별교일승(別教一乘)임을 강조하였다. 내용은 모두 십문(十門)으로 구성되었다. 첫째, 건립일승(建立一乘)에서는 삼승교 외에 진실한 법인 일승교가 존재하는 이유를 설명한다. 둘째, 교의섭익(教義攝益)에서는 삼승교와 일승교가 중생에게 주는 이익의 우열을 설명한다. 셋째, 고금립교(古今立教)에서는 보리유지에서 현장에 이르는 고금의 10대사의 교판을 설명한다. 넷째, 분교개종(分教開宗)에서는 화엄의 교판인 오교십종으로서 오교를 십종으로 나누어 설명하여 제10 원명구덕종이 화엄원교의 무진교의임을 말한다. 다섯째, 승교개합(乘教開合)에서는 승으로는 일승과 삼승, 교로는 오교 십종으로 나누는 것이 교의의 우열을 구분하기 위한 것으로서 개합에 지나지 않음을 설명한다. 여섯째, 기교전후(起教前後)에서는 각종 경전의 가르침이 시간 순서에 따라 일어난 것을 설명한다. 일곱째, 결택기의(決擇其意)에서는 가르침을 받아들이는 중생의 근기상의 차별을 설명한다. 여덟째, 시설이상(施設異相)에서는 일승과 삼승의 시설에는 한량없는 차이가 있음을 10문으로 밝힌다. 여기까지가 제1권에 해당된다. 제2권과 제3권은 아홉째 소전차별(所詮差別)로서, 여기서는 오교(五教)에 대해 총이행과(總異行果)의 다양한 차별을 다시 십문(十門)으로 나누어 설명한다. 제4권은 열 번째 의리분제(義理分齊)로서 별교일승의 사사무애의 뜻을 삼성동이의(三性同異義)·연기인문육의법(緣起因門六義法)·십현연기무애법문의(十玄緣起無礙法門義)·육상원융의(六相圓融義) 등의 네 가지로 밝혔다. 주소(註疏)에는 현전하는 가장 오래된 주석서인 고려시대 균여(均如)의 『석화엄교분기원통초 釋華嚴教分記圓通鈔』가 있고, 송대 사대가 도정(道亭)·관복(觀復)·사회(師會)·희적(希迪) 등의 주석이 전한다.

화엄일승교의분제장복고기 華嚴一乘教義分齊章復古記 1166년(남송 건도2)에 옥봉사문(玉峯沙門) 사회(師會 1102~1166) 지음. 3권. 『중국대장경총목록』(대장경보편35, p.548a12)에는 "『화엄일승교의분제장복고기』 6권〈송 사회 저술 선희 이어짓고 병서〉. 華嚴一乘教義分齊章復古記六卷〈宋師會述 善熹繼作并序〉"이라고 하였는데, 1669년(관문9)에 일본 오대산 반야사의 보입(普入)이 쓴 「화엄오교장복고기간행범례 華嚴五教章復古記刊行凡

例」(卍속장58, p.302a17)에는 "기문은 본래 삼권이었는데 지금은 나누어 육권으로 하였다. 記本三卷 今分爲六卷"고 하였다. 『오교장복고기 五教章復古記』라고도 하였다. 당 현수법장(賢首法藏 643~712)이 지은 『화엄일승교의분제장』을 송 진수정원(晉水淨源 1011~1088)이 다시 교정한 『화엄교분기 華嚴教分記』에 의지한 주석서로, 송대 화엄종 사대(四大) 주석의 하나로 꼽힌다. 다만 사회가 「단혹분제장 斷惑分齊章」을 집필할 때 지병으로 입적하자, 제자인 선희(善熹)가 유지를 받들어 완성하였다. 1192년(소희3)에 선희가 쓴 「복고기서 復古記序」(卍속장58, p.302b20)에 "어려서부터 마음에 화엄교장을 두고서 대개 침식도 잊은 채 문의가 통하지 않으면 힘써 연구하여 반드시 지당한 말씀을 구한 뒤에야 그쳤다. … 선사께서는 오롯이 옛 뜻을 써서 훈석하였기에 복고라는 이름을 붙이라고 하였다. 自幼留心華嚴教章 殆忘寢食間 有文義未通 孜孜研究 必求至當之說而後已 … 先師專用古義訓釋 因以復古命焉"라고 하였다. 〔참고문헌〕『中國大藏經總目錄』.

화엄일승법계도 華嚴一乘法界圖 사법계도송(四法界圖頌)·법계도(法界圖)·해인도(海印圖) 등이라고도 한다. ⇨ 법계도 法界圖, 사법계도송 四法界圖頌

화엄일승십현문 華嚴一乘十玄門 당 지엄(智儼 602~668) 지음. 1권. 『중국대장경총목록』(대장경보편35 p.547a10)에 "『화엄일승십현문』〈수 두순 강설 당 지엄 찬술〉. 華嚴一乘十玄門一卷〈隋杜順說 唐智儼撰〉"이라고 하여, 스승인 두순(杜順 557~640)이 강설한 화엄 법계연기를 이어 화엄일승의 요지를 설명하였는데, 대정장45, pp.514a21~518c23에 수록되어 있다. 일본 동대사(東大寺) 원초(圓超 ?~914)가 914년에 편찬한 『화엄종장소병인명록』(대정장55, p.1133c18)에는 "『화엄십현장』 1권〈지엄이 두순의 저술을 이었다〉. 華嚴十玄章一卷〈智儼承杜順述〉"이라고 하였고, 『화엄오교지관』(대정장45, p.509a11) 「오교지관일승십현문합행서 五教止觀一乘十玄門合行敘」에는 "일승십현문은 (화엄) 제2조 지상대사가 찬술한 것이다. 一乘十玄門也者 第二祖至相大師所撰也"라고 하였다. 지엄은 『화엄경수현기』 권1(대정장35, p.15b20)에 "위의 십문현은 모두 별과 이가 있었다. 上之十門玄並皆別異"라 하여 십문현이라고 불렀고, 신라 의상(義湘 625~702)도 『일승법계도원통기』 권하(한불전4, p.38a4)에서 "위의 십문현은 모두 별과 이가 있었다는 것은 한편 십문의 별이를 말하는 것이다. 上十門玄並皆別異者 一云十門之別異也"라고 하였다. 십문은 동시구족상응문(同時具足相應門)·인타라망경계문(因陀羅網境界門)·비밀은현구성문(秘密隱顯俱成門)·미세상용안립문(微細相容安立門)·십세격법이성문(十世隔法異成門)·제장순잡구덕문(諸藏純雜具德門)·일다상용부동문(一多相容不同門)·제법상즉자재문(諸法相卽自在門)·유심회전선성문(唯心廻轉善成門)·탁사현법생해문(託事顯法生解門)인데, 지엄은 각각을 다시 교의(教義)·이사(理事)·해행(解行)·인과·인법(人法)·분제경위(分齊境位)·법지사제(法智師弟)·주반의정(主伴依正)·역순체용(逆順體用)·수생근욕성(隨生根欲性)의 십의(十義)로 해석하여 모두 백문(百門)으로 보였다. 현수법장(賢首法藏 643~712)은 『화엄교분기 華嚴教分記』에서는 지엄의 십현문설을 그대로 계승했으나, 『화엄경탐현기』 권1(대정장35, p.123a29)에서 제장순잡구덕문을 광협자재무애문(廣狹自在無碍門)으로, 유심회전선성문을 주반원명구덕문(主伴圓明具德門)으로 바꾸고 순서도 일부 수정하여, 『화엄경탐현기』 이후의 십현설을 신십현(新十玄), 이전의 십현설을 고십현(古十玄)이라 부르기도 한다. 〔참고문헌〕『中國大藏經總目錄』, 『華嚴宗章疏幷因明錄』, 『華嚴五教止觀』, 『華嚴經搜玄記』, 『一乘法界圖圓通記』, 『華嚴經探玄記』. ⇨ 십현문 十玄門

화엄전교십찰 華嚴傳教十刹 ➡ 화엄십찰 華嚴十刹

화엄종 華嚴宗 중국 당대 두순 지엄 법장 등에 의해 형성된 교학불교의 대표적인 종파. 남북조시대에 법상(法常) 혜원(慧遠) 등에 의해 화엄연구가 법계와 연기 등을 주제로 심화되고, 수대의 현실절대론을 만나 구축한 사상적 기반과 화엄경에 대한 신앙으로써 행해진 독송과 서사를 통한 신통력 등이 대중에게 강한 호소력을 발휘하고 화엄재회(華嚴齋會) 등을 기반으로 화엄종이 성립되었다. 두순(杜順)은 화엄경독송과 보현행을 권장하면서 관행에 앞장섬으로써 화엄종의 문호를 크게 열었다. 두순의 제자 지엄(智儼)은 지론종 남도파의 십지경론과 화엄교학연구·섭론학·선수행 등 다양한 교행 경력을 토대로 남북조에서 수당에 걸친 중국불교의 흐름을 화엄경 중심으로 합하여 사상적 체계를 세웠다. 그는 수현기(搜玄記)를 지어 법계연기설의 원형을 체계화하고 삼승과 동별 2교를 유기적으로 연관시킨 5교체계도 제시했다. 지엄의 제자 법장(法藏)은 유식을 화엄체계 속에 융회시키고자 노력하여 『오교장 五教章』과 『탐현기 探玄記』 등 수많은 저술을 통해 별교일승(別教一乘)의 원교(圓教) 화엄교학을 5교와 10종의 교판 체제로 정립하고, 십현·육의·육상 중심의 법계연기설을 확대강화하고 정립하여 화엄종을 완성시켰다. 징관(澄觀)은 화엄과 선의 문제를 주요한 관심 대상으로 삼아 선종이 풍미하던 시대에 화엄법계연기론을 고양시켰고, 뒤이어 종밀(宗密)은 화엄교학과 선을 대비시킨 교선일치론을 전개하기도 하였다. 신라 화엄종 또한 의상이 창도하여 일승법계도(一乘法界圖)를 중심으로 면면히 계승되어 신라와 고려의 가장 왕성한 종파의 하나였으니, 의상 이후 신림과 법융 등이 활동했고 고려 때는 균여와 탄문, 의천 등이 계승하였다. 조선초기 1424년(세종6)의 교단개편으로 화엄종은 교종으로 통합되었다.

화엄종요 華嚴宗要 신라 원효(元曉 617~686) 지음. 1권. 『화엄경』의 요지를 설명한 글로, 『삼국유사』 권4(대정장49, p.1006b19・한불전6, p.348b6) 의해(義解)5 원효불기(元曉不羈)에 "일찍이 분황사에 머물면서 『화엄소』를 편찬하였는데, 제사십회향품에 이르러 마침내 절필하였다. 曾住芬皇寺 纂華嚴疏 至第四十廻向品終乃絶筆"고 하여 『화엄경소』를 지었다고 하였고, 대각국사(大覺國師) 의천(義天 1055~1101)의 『신편제종교장총록』 권1 해동유본견행록(海東有本見行錄) 상 「대화엄경 大華嚴經」(한불전4, p.680b9)에는 "소 십권〈본래 팔권인데 지금 제오권과 종요를 펴서 고르게 십권으로 만들었다〉. 원효가 찬술하였다. 疏十卷〈本是八卷 今開第五卷幷宗要 均作十卷也〉 元曉述"고 하여 『화엄경종요 華嚴經宗要』를 지었다고 하였다. 위의 서문과 권3 일부분이 전하는 『화엄경소』와 달리, 이 글은 현재 전하지 않는다. 다만 균여(均如 923~973)의 『일승법계도원통기』 권하(한불전4, p.25a8)에 "『화엄종요』에서는 '설명하는 보법을 밝히는 뜻은 이 경이 설명하려는 뜻이기 때문이다'고 하였고, … 또 『종요』에서는 '수전문은 (지)엄법사가 제시한 것으로, 역시 도리가 있으므로 지금 취한다'고 하였다. 華嚴宗要云 此明所詮普法義者 乃至正是此經所詮之義〈已上〉 一義也 … 又宗要云 此數錢門 儼法師出亦有道理 故今取之〈已上〉"고 하였고, 『석화엄교분기원통초』 권8(한불전4, p.448c15)에서도 "(원)효공의 『화엄종요』에서 이르기를. 謂曉公華嚴宗要云"이라고 하면서, 지엄이 제시한 수전문의 동일한 구절을 인용하여 수전법의 개요를 설명하였다. 『석화엄지귀장원통초』 권상(한불전4, p.120b10)에도 "『화엄종요』 중 삼십육품은 본품과 자품이 있는데 본품의 수를 따른 것이다. 華嚴宗要中三十六品者 有本品 有子品 從本品數也"고 하였다. [참고문헌] 『三國遺事』, 『新編諸宗教藏總錄』, 『一乘法界圖圓通記』, 『釋華嚴教分記圓通鈔』, 『釋華嚴旨歸章圓通鈔』. ⇨ 화엄경종요 華嚴經宗要

화엄종조사회권 華嚴宗祖師繪卷 일본 겸창(鎌倉)시대에 명혜고변(明惠高辨 1173~1232)상인이 원효와 의상을 기리기 위해 만든 두루마리 형태의 그림. 『화엄연기 華嚴緣起』 또는 『화엄종조사회전 華嚴宗祖師繪傳』이라고도 부른다. 현재 일본 고산사(高山寺)에 소장되어 있다. 겸창시대에 화엄종의 부흥을 도모하던 명혜는 고산사를 건립하고 일세에 명성을 드날리며 전도에 진력하였다. 그는 송을 거쳐 인도에 가서 불적을 순례하려 치밀한 계획을 세웠으나 뜻을 이루지 못하였으나 고산사를 건립하고 선묘사(善妙寺)를 창건하는 과정에서 깊이 흠모하던 원효와 의상에 대한 깊은 신앙심과 화엄의 호법신으로 변신한 선묘 그리고 고산사 건립에 큰 후원을 했던 단월들을 의식한 복합적인 배경에서 이들 그림을 제작했다고 추정한다. 그림의 내용은 『송고승전』 「당신라국황룡사원효전 唐新羅國黃龍寺元曉傳」과 「당신라국의상전 唐新羅國義湘傳」의 이야기를 따라가며 장면장면을 묘사하였는데 제사는 명혜가 작성하였다. 「원효전」은 1228~1232년 경에 성인(成忍)이 그리고 제사는 고산사 스님이 썼고, 「의상전」은 1232년 경에 겸강(兼康)이 그리고 제사는 궁정귀족이 썼을 것으로 추정한다. 「원효전」은 1권에 의상과의 입당길, 강설, 좌선, 인왕경대회, 왕비치유, 2권에 용궁에서 금강삼매경 전래, 대안과 설법, 3권에 대안의 편집, 금강삼매경강의, 경소저술, 왕궁초청 등의 내용으로 구성되어 있다. 「의상전」은 1권에 원효와의 입당길, 무덤에서의 깨달음, 원효와 헤어져 배로 입당, 2권에 당의 도시, 선묘와 만남, 지상사 지엄에게 수학, 3권에 선묘의 후원, 지상사에서 작별, 항구의 선착장, 선묘의 투신화룡 등의 장면으로 구성되었다. 긴 두루마리 형태인데 시공간이 자연스럽게 전환되면서도 약동적인 화면전개를 보여준다. 이 그림은 명혜가 주도해 제작한 이후 16세기에 원효전 2권 의상전 4권으로 전승되었는데 병란으로 일부소실되어 원효전은 절반쯤 남고 의상전은 뒷부분이 없어진 것을 강호(江戶)시대에 보수하여 각각 3권으로 만들었고, 1991~1994년에 전체를 보존수리하면서 일부를 바로잡아 원효전은 옛모습을 살린 3권으로 의상전은 당초 형태에 가까운 4권으로 복원하였다. [참고문헌] 『續日本の繪卷8 華嚴宗祖師繪傳』(中央公論社, 1990), 『日本の美術413 繪卷=華嚴宗祖師繪傳』(至文堂, 2000), 角川源義著 金知見監修・金京南譯 『華嚴緣起 華嚴宗祖師繪傳』(法融寺, 1996). ⇨ 의상선묘설화 義湘善妙說話

화엄청량소초적결은과 華嚴淸凉疏鈔摘抉隱科 조선후기 선운사(禪雲寺) 스님 설파상언(雪坡尙彦 1707~1791) 지음. 1권. 『청량초적결은과』라고도 한다. 설파는 당시 『화엄경』에 밝았던 대강백이다. 동국대학교도서관에는 저자 미상의 『화엄경은과』 필사본 2종이 전하는데, 이 중 하나가 설파상언의 저술일 가능성이 없지 않다. [참고문헌] 『朝鮮佛教月報』 제16호. ⇨ 상언 尙彦

화엄추동기 華嚴錐洞記 신라 지통(智通 655~?) 지음. 2권. 스승인 의상(義湘 625~702)의 설법 요지를 엮은 것으로, 금명보정(錦溟寶鼎 1861~1930)의 『저역총보』 권2(한불전12, p.465b22) 「선일저술부 鮮日

著述部」2에 "『화엄추동기』 지통. 華嚴錐洞記 智通"이라고 하였다. 『삼국유사』 권5(대정장49, p.1017c2 · 한불전6, p.367a11) 효선(孝善)9 진정사효선쌍미(眞定師孝善雙美)에 "법사 진정은 … 부역 중에 품팔이로 곡식을 얻어 홀어머니를 봉양하였는데, 셀 수 있는 재산은 고작 다리 부러진 솥 하나 뿐이었다. 어느 날 스님이 문 앞에서 절을 꾸밀 철물의 보시를 권하자 어머니가 그 솥을 시주하였다. … 의상법사가 태백산에서 설법하여 사람을 이롭게 한다는 소문을 듣고는 … 어머니에게 '효를 다한 뒤에 의상법사에게 나아가 삭발하고서 불도를 배우겠습니다'고 하였는데, 어머니는 '불법은 만나기 어렵고 인생은 너무도 빠르다. 효를 다한 뒤라면 또한 늦지 않겠느냐. 내가 죽기 전에 도를 들었다고 듣는 것만 하겠느냐. 빙빙 돌지 말고 속히 하라' 하였다. … 의상은 문도를 이끌고 소백산 추동으로 귀산하여 풀로 집을 짓고는 대중 삼천명을 모아 약 구십일 가량 화엄대전을 강하였다. 문인 지통은 강에 따라 추요를 골라내어 두 권을 엮고서 『추동기』라고 이름 붙여 세상에 유통하였다. 강이 끝난 뒤에 꿈에 어머니가 나타나 '나는 이미 천상에 태어났다'고 하였다. 法師眞定 … 部役之餘 傭作受粟以養孀母 家中計產 唯折脚一鐺而已 一日有僧到門 求化營寺鐵物 母以鐺施之 … 聞人說義湘法師在太伯山說法利人 … 告於母曰 畢孝之後 當投於湘法師 落髮學道矣 母曰 佛法難遇 人生大速 乃曰畢孝 不亦晩乎 曷若趂予不死以聞道聞 愼勿因循 速斯可矣 … 湘率門徒歸于小伯山之錐洞 結草爲廬 會徒三千 約九十日 講華嚴大典 門人智通隨講 撮其樞要 成兩卷 名錐洞記 流通於世 講畢 其母現於夢曰 我已生天矣", 『석화엄교분기원통초』 권2(한불전4, p.290c18)에 "『지통문답』에 이르기를. 智通問答云", 『법계도기총수록』 권하1(한불전6, p.836b2)에 "『추동문답』에 이르기를. 錐穴問答云"이라고 하였다. 원문은 전하지 않지만, 고려대 균여의 『석화엄교분기원통초』·『석화엄지귀장원통초 釋華嚴旨歸章圓通抄』·『일승법계도원통기 一乘法界圖圓通記』·『십구장원통기 十句章圓通記』과 의상의 문도가 엮은 것으로 추정하는 『법계도기총수록』 등에 여러 차례 인용되었다. 『신편제종교장총록』 권1(한불전4, p.682a10) 해동유본견행록(海東有本見行錄) 상에 "『일승문답』 2권〈승전에서는 도신장이라고 하였다〉. 도신이 지었다. 『대송승사』 의상전을 살펴면, … 『추혈문답』 등과 같다고 운운하였다. 一乘問答二卷〈僧傳云道身章是〉 道身述 按大宋僧史義湘傳 … 如云錐穴問答等云云"라고 하여, 도신과 함께 의상의 설법으로 기록을 적어 전하였다. [참고문헌] 『著譯叢譜』, 『三國遺事』, 『釋華嚴敎分記圓通鈔』, 『法界圖記叢髓錄』, 『新編諸宗敎藏總錄』. ⇨지통 智通[2], 도신장 道身章

화엄칠조 華嚴七祖 중국 화엄종 초기에 기틀을 확립한 7인의 조사. 화엄종칠조(華嚴宗七祖)라고도 한다. 인도의 마명(馬鳴) 용수(龍樹) 2인과 중국의 제심두순(帝心杜順), 운화지엄(雲華智儼), 현수법장(賢首法藏), 청량징관(淸涼澄觀), 규봉종밀(圭峰宗密 780~841)을 꼽는데, 송의 진수정원(晉水淨源)이 제시한 설이다. 의천(義天)의 『대각국사외집大覺國師外集』 권10의 「대송범천사소비구덕무상大宋梵天寺小比丘德懋上」에(한불전4, p.586a21) "칠조를 이어 전해 이제 진수법사에 이르렀네. 七祖繼傳今晋水"라는 구절에 '중국 인도 7조사도는 진수법사가 처음 차례를 정한 것이다. 華梵七祖師圖 始自晋水法師排定'라고 주석을 달았다. 이는 정원이 『화범칠조도 華梵七祖圖』를 지어 7조설을 처음으로 확정한 것을 말한 것이다. 『대각국사문집 大覺國師文集』 권11의 「대송 정원법사께 올리는 글 3 上大宋淨源法師書 三」에는(한불전4, p.545c13) "본종의 칠조의 일에 대해서 상의해 주셨는데 所議及本宗七祖之事"라 하여 7조설에 대해 정원이 의천과 상의하여 정한 것임을 추정하게 한다. 육증상(陸增祥)이 지은 『혜인원교장기慧因院敎藏記』에서(中國佛寺史志彙刊20, p.78a3) 정원이 항주 혜인원(慧因院)에 주석하면서 '중국 인도의 칠조상 華梵七祖之像'을 조성 봉안했다고 한 기록도 정원이 7조설을 확정했음을 말해 준다. 징관의 소와 규봉종밀의 초를 합간한 『화엄경보현행원품별행소초 華嚴經普賢行願品別行疏鈔』 제6권에서 화엄종칠조행적(華嚴宗七祖行蹟)을 부록으로 수록하며(嘉興藏15, p.643a11) 이들 7조를 제시하였다. 이 내용은 『대명삼장법수 大明三藏法數』에도 그대로 수록되었다.(권22, 永樂北藏182, p.323b2) 일본의 응연(凝然)은 『팔종강요초 八宗綱要鈔』에서 이와 같은 7조를 제시하였다. 응연은 또 『화엄법계의경 華嚴法界義鏡』 권하에서는 먼저 중국 5조를 제시하고, 정원이 마명 용수를 더해 중국인도[華梵] 7조설을 제시

화엄칠조탱 용문사 예천 조선후기

했다고 하여 송의 진수정원(晉水淨源)이 7조설을 주장했음을 밝히고, 『오교장통로기 五敎章通路記』 권1에서도 같은 내용을 기술하였다. "첫째 고래로 5조를 세웠으

니 제심존자 운화존자 현수보살 청량대사 규산대사이다. 이는 시조가 당에서 가져온 것이다. 둘째는 송의 정원이 왕명으로 세운 7조이다. 당 5조 위에 마명과 용수를 취하여 처음 두 조사로 하였다. 一古來立五祖 謂帝心尊者 雲花尊者 賢首菩薩 淸涼大師 圭山大師也 此是始祖自唐而取 二宋朝淨源 奉詔建立七祖 唐五祖上 取馬鳴龍樹 以爲初二", 이능화(李能和)는 『조선불교통사 朝鮮佛敎通史』 중편에서 의천이 이들 7조를 세웠다고 했으나(印支淵源羅麗流派, p.82), 김부식(金富軾)은 영통사 대각국사비문에서 의천이 1101년(숙종6)에 홍원사(洪圓寺)에 구조당(九祖堂)을 세우고 마명 용수 천친(天親) 불타(佛陁) 광통혜광(光統慧光) 제심 운화 현수 청량의 9조설을 정했는데, 이는 그동안 조통설이 일정하지 않아 9조설을 정한 것이라고 하였다고 하여 의천은 9조설을 주장했음을 알 수 있다. 화엄종 조통에 대해서는 종밀이 『주법계관문 註法界觀門』에서 처음으로 두순-지엄-법장의 3조설을 제시한 이래, 종밀이 스스로 화엄제5조임을 표명하였으므로 종밀 즈음에 5조설이 성립된 것으로 추정된다. 명대에 편찬된 『옥잠산혜인고려화엄교사지 玉岑山慧因高麗華嚴教寺志』에는 1101년에 쓴 「항주혜인교원화엄각기 杭州慧因教院華嚴閣記」를 수록했는데(中國佛寺史志彙刊20, p.76a4), 이 비문에 정원이 5조를 꼽았다고 하여 이때까지는 5조설이 확립된 것으로 생각된다. 이는 정원이 5조설을 알고 있으면서 7조설을 새롭게 제시한 것을 말해 준다. 한편 『불조통기 佛祖統紀』 권29 제종입교지(諸宗立敎志)에서는(대정장49, p.292c4) 초조 종남법순(終南法順) 2조 운화지엄(雲華智儼) 3조 현수법장(賢首法藏) 4조 청량징관(淸涼澄觀) 5조 규봉종밀(圭峯宗密) 이라 하여 5조설을 수록하고, 이에 덧붙여 장수자선 진수정원・의화(義和)・이통현(李通玄 635~730)의 사적도 수록하였다.

[참고문헌] 『大覺國師文集』 권11 上大宋淨源法師書 三(한불전4, p.545c13), 『大覺國師外集』 권10 大宋梵天寺小比丘德懋上(한불전4, p.586a21), 『慧因院敎藏記』(『玉岑山慧因高麗華嚴教寺志』, 中國佛寺史志彙刊20, p.76a4)), 『大明三藏法數』 권22(永樂北藏182, p.323b2), 凝然 『八宗綱要鈔』 권하, 凝然 『五教章通路記』 권1, 李能和 『朝鮮佛敎通史』 中篇 印支淵源羅麗流派 p.82. ⇨ 화엄오조 華嚴五祖 ▮

화엄탱화 華嚴幀畵 『화엄경』에 의지해 그린 불화. 우리나라에서는 『화엄경』을 주제로 한 화엄경변상도(華嚴經變相圖)는 표현형식에 따라 두 가지로 나뉜다. 하나는 『화엄경』의 각 권의 내용을 도해한 변상도를 책머리에 배치하는 형식이다. 대표적인 예는 고려시대 해인사에서 판각한 『80화엄경』으로 낱권의 변상도 80판이 전해진다. 다른 하나는 한 화면에 『80화엄경』의 칠처구회(七處九會)를 표현한 조선후기 화엄탱화인데, 그림의 아랫쪽은 2단으로 나눠 제일 아랫단에는 큰 연꽃이 펼쳐있고 그 위에 글자로 찰종(刹種)이 쓰여져 있다. 화면하단에는 선재동자가 55선지식을 찾는 장면이 그려져 있다. 그 위로는 칠처구회의 장면이 전개되는데, 각 설법회의 주존으로는 지권인의 비로자나불을 대신해 두 손을 어깨로 올리고 양쪽으로 벌린 설법인을 하고 있는 노사나불을 표현하였다. 아래쪽에는 지상에서 설법한 제1적멸도량회(寂滅道場會)・제2보광명전회(普光明殿會)・제7보광명전중회(普光明殿重會)・제8보광명전삼회(普光明殿三會)・제9서다림회(逝多林會)의 다섯 법회를 배치하고, 위쪽은 하늘에서 설법한 제3도리천회(忉利天會)・제4야마천회(夜摩天會)・제5도솔천회(兜率天會)・제6타화자재천궁회(他化自在天宮會)의 네 법회를 배치한다. 각각의 법회에서 설법하는 주불은 화엄경의 교주인 비로자나불이 아니라 각 회의 설주보살인 보현보살(普賢菩薩), 문수보살(文殊菩薩), 법혜보살(法慧菩薩), 공덕림보살(功德林菩薩), 금강당보살(金剛幢菩薩), 금강장보살(金剛藏菩薩) 등의 보살로 표현된다. 이러한 화엄탱화는 대부분 18세기부터 19세기에 걸쳐 제작되었다. 대표적인 작품은 송광사 화엄탱화(1770), 선암사 화엄탱화(1780), 쌍계사 화엄탱화(1790), 통도사 화엄탱화(1811)가 있다. 이 외에 1765년 김룡사 화장암에서 칠처구회도의 화엄회(華嚴會)를 제작하여

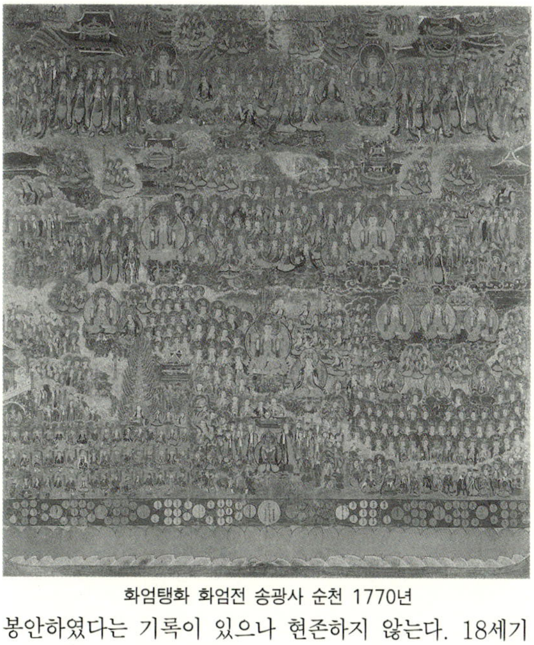

화엄탱화 화엄전 송광사 순천 1770년

봉안하였다는 기록이 있으나 현존하지 않는다. 18세기에 그려진 송광사・선암사・쌍계사의 세 폭의 화엄탱화는 기본구성과 형식 등이 거의 유사한 반면, 통도사 화엄탱화는 화엄에 관음신앙을 결합한 도상으로 구성되었다는 점에서 주목된다. 이 가운데 선암사와 쌍계사 화엄

탱화는 도난당해 현재 송광사 화엄탱화만 전한다. 경전을 그대로 재현한 형식의 송광사 화엄탱화는 영조 46년(1770) 경판을 보관하는 화엄전(華嚴殿)에 봉안하기 위해 무등산(無等山) 안심사(安心寺)에서 조성된 불화이다. 그림 내용은 맨 아래쪽에 화엄경의 우주관을 반영한 연화장세계와 찰종이 그려졌고 그 위로 지상설법과 천상설법이 설해지는 칠처구회의 장면이 상하 2단으로 나누어 구성되었다. 하단의 지상설법은 제1보리도량회를 중심으로 좌측에 3회(제2・7・8회)에 걸쳐 설해지는 보광명전회가 있고 맞은편에는 제9서다림회가 배치되었다. 상단은 천상설법으로 화면 왼쪽에 제3도리천궁회와 제4야마천궁회를 배치하였고, 오른쪽은 제5도솔천궁회, 제6타화자재천궁회로 이루어졌다. 『화엄경』에서 가장 널리 알려진 「입법계품」의 53선지식을 찾아 가는 선재동자의 구법 장면은 제9회 아래에 배치하였다. 이에 비하여 19세기에 제작된 통도사 화엄탱화(1811)는 검은 바탕에 황색선으로 묘사한 선묘불화(線描佛畫)이다. 앞 시기의 송광사나 선암사, 쌍계사의 세 작품과 비슷하게 칠처구회의 설법 장면을 상중하 3단으로 나누어 구성하였지만, 표현기법이나 구성, 채색 등에서는 전혀 다르다. 화면 상단은 중앙의 노사나불 좌우로 천상설법을 배치하고 지상설법을 중단에 배치하였다. 하단에는 화엄경 입법계품의 선재동자의 구법장면과 함께 좌우로 천수관음보살과 준제관음보살을 크게 그렸는데, 마치 노사나불과 대등한 존재처럼 표현하였다. 최근까지 선원인 보광전에 봉안되어 있었던 통도사 화엄탱화는 판전(版殿)인 대장전이 원 봉안처였을 가능성이 높다. 통도사 화엄탱화는 조선후기의 선교염불(禪敎念佛)을 함께 닦으며 삼문수업(三門修業)하던 당시 불교계를 반영하여 제작된 불화이다. 〔참고문헌〕 이용윤 「朝鮮後期 華嚴七處九會圖와 蓮華藏世界圖의 圖像 硏究」(『미술사학연구』233・234, 한국미술사학회, 2002) pp.187~232, 김정희 『찬란한 불교미술의 세계, 불화』(돌베개, 2009) pp.184~187. ⇨ 연화장세계해도 蓮華藏世界海圖

화엄팔엽 華嚴八葉 태장만다라 제1중의 중대팔엽(中臺八葉)을 가리키는 말. 팔엽(八葉)은 연화장세계를 말한다. 『대일경』 권6(대정장18, p.40c22)에 "팔엽은 마음에서 생기니 연꽃은 지극하게 장엄되었네. 원만한 월륜 안에 청정한 거울처럼 티가 없으며 그곳에 항상 안주하네. 八葉從意生 蓮華極嚴麗 圓滿月輪中 無垢猶淨鏡 於彼常安住", 『대일경소』 권5(대정장39, p.631b4)에 "목구멍 위로 정수리의 광명에 이르기까지가 제1중의 자리이다. 그 안에 태장이 바로 비로자나 자심의 팔엽화이다. … 내심이 수승한 백련이라는 것은 이것이 중생의 본심이고 묘법 분다리화의 비밀한 표치이라는 뜻이다. 화대의 팔엽은 원만하고 균등하여 맞치 완전하게 피어난 모습과 같다. 이 연화대는 실상 자연의 지혜이다. 연화의 꽃잎은 대비방편이다. 바로 이러한 화장으로써 대비태장만다라의 바탕을 말한 것이다. 나머지 3중은 이 자증의 공덕에서 나온다. 自咽以上乃至於頂相之光 爲第一重位 其中胎藏 卽是毘盧遮那自心八葉花也 … 內心妙白蓮者 此是衆生本心 妙法芬陀利花祕密摽幟 花臺八葉圓滿均等如正開敷之形 此蓮花臺是實相自然智慧 蓮花葉是大悲方便也 正以此藏 言大悲胎藏漫荼羅之體 其餘三重是從此自證功德流出"라고 하였다. 〔참고문헌〕 『大日經』, 『大日經疏』. ⇨ 중대팔엽원 中臺八葉院

화엄품목문목관절도 華嚴品目問目貫節圖 모운진언(慕雲震言 1622~1703) 지음. 목판본 1책. 『화엄경』 공부 요령을 간추린 글로, 장절(章節)을 나누고서 도상(圖像)으로 정리하였다. 발(跋)에는 "기축(1709・숙종 3) 관불일에 문인 민오는 손을 씻고 분향한 다음 삼가 발을 지었다. … 기축 단오일에 법자 담권은 삼가 글을 썼다. … 강희 48년 기축단오일에 양산 천성산 상원암에서 개간하고서 울산 운흥사로 옮겨 두었다. 己丑灌佛日 門人敏悟 盥手焚香 謹跋 … 己丑端午日 法子曇卷謹書 … 康熙四十八年己丑 端午日 刊于梁山千聖山上院庵移寘于蔚山雲興寺"라고 하였다. 글은 대방광불화엄경칠처구회품목지도(大方廣佛華嚴經七處九會品目之圖), 사회삼백일십대위문목지도(四會三百一十大位問目之圖), 화엄사과관절도(華嚴四科貫節圖)의 세 부분으로 구성하였는데, 대방광불화엄경칠처구회품목지도에서는 칠처구회 법문의 품목 명칭을 열거하였고, 사회삼백일십대위문목지도에서는 초회(初會)・제2회・제8회・제9회 등 사회에서 보살이 오십이계위에 해당하는 삼백십가지 질문을 한 것을 열거하였으며, 당 청량징관(淸涼澄觀 738~839)의 『화엄경소 華嚴經疏』에 따라 전체 삼십구품을 신(信)・해(解)・행(行)・증(證) 등으로 나눈 다음 다시 수백여 절목으로 나눈 것을 화엄사과관절도에서 언급하였다. 부록에는 부용영관(芙蓉靈觀 1485~1571)의 법손인 벽암각성(碧巖覺性 1575~1660)의 법자인 「모운대로행적 慕雲大老行蹟」과 함께 소요태능(逍遙太能 1562~1649)의 현손인 보운도엄(寶雲道嚴, 1621~1705)의 「보운당행적 寶雲堂行蹟」을 부록으로 덧붙였는데, 「모운대로행적」에는 모운진언이 부휴선수(浮休善修 1543~1615)의 법손이자 벽암각성의 제자로, 만년에 운부암(雲浮庵)에서 화엄법회를 베풀어 화엄종주(華嚴宗主)라고도 불렸다고 하였다.

화엄학인 華嚴學人 화엄을 배우는 이. 강원(講院) 대교과(大敎科)에서 화엄을 배우는 이를 일컫기도 한다. 균여(均如)의 『석화엄교분기원통초』 권8(한불전4, p.444b20)에 "저 화엄 배우는 이 어찌 능히 이 관(空假中

三觀) 닦지 않으리요! 若華嚴學人 何不能修此觀耶"라고 하였다. 〔참고문헌〕『釋華嚴敎分記圓通抄』. ⇨ 대방광불화엄경 大方廣佛華嚴經, 대교과 大敎科, 강원 講院

화엄현담중현기 華嚴懸談重玄記　청량징관(淸涼澄觀)의 『화엄경소초현담 華嚴經疏鈔玄談』 8권과 주석서 모음집인 『화엄현담회현기 華嚴懸談會玄記』 40권(普瑞 편집)에 대한 사기(私記). 조선후기 연담유일(1720~1799) 지음. 2권. 필사본. 108장(張). 16항 자수 부정. 담양 용흥사(龍興寺)에서 소장하고 있다. 『화엄중현기』 또는 『중현기』라고도 하고, 현담(懸談)은 현담(玄談)이라고도 쓴다. 권말에 간기로 필사 시기와 장소를 적고 있는데, 시기는 정유(丁酉)년이고 장소는 순천 송광사(松廣寺)와 함양 안국암(安國庵)이다. 체제는 청량의 『화엄경소초현담』 8권에 따라 천·지·현·황·우·주·홍·황(天地玄黃宇宙洪荒) 총 8부로 나누었다. 『연담대사임하록』 권4 「연담대사자보행업 蓮潭大師自譜行業」(한불전10, p.285c23)에 "또 학인을 가르치려고 저술한 것에 … 『현담사기』 2권 … 등이 있다. 又爲學人所述 … 玄談私記 二卷 … "라고 하였고, 『동사열전』 권6 「원응강백전 圓應講伯傳」(한불전10, p.1071a14)에 연담의 저술로 『현담사기』 2권을 들고 있는데, 바로 이 『화엄현담중현기』가 『현담사기』를 일컫는 것으로 보인다. 이 필사본 외에도 동일 제목의 문헌 3종이 용흥사에 소장되어 있고, 『중현기』와 『현담중현기』 2종이 동국대학교에 있다. 다만 이들은 잔권으로 온전하지 않다. 한편 근래 교감·정리된 활자판본으로 조계종교육원과 봉선사 능엄학림이 간행한 『화엄청량소초현담기유망기 華嚴淸凉疏鈔懸談記遺忘記』(2004년)와 동국대학교출판부에서 간행한 『화엄경현담중현기』(2013년)가 있다. 〔참고문헌〕『蓮潭大師林下錄』, 『東師列傳』.

화엄현담회현기 華嚴懸談會玄記　원(元) 보서(普瑞) 지음. 40권. 당 청량징관(淸涼澄觀 738~839)이 80권본 『화엄경』의 강요를 간추린 『화엄현담』 아홉 권에 대한 주석서로, 卍속장8, pp.90a3~413a19에 실려 있다. 1636년(명 의종 숭정9)에 작성한 『조계일적연기』(가흥대장경25, p.267b10)에 "『화엄현담회현기』는 창산 재광사 비구 보서가 작성하였다. 華嚴懸談會玄記 爲蒼山再光寺比丘普瑞集", 유겸(喩謙)의 『신속고승전사집』 권3 「남조창산재광사사문석보서전 南詔蒼山再光寺沙門釋普瑞傳」(대장경보편27 p.521b)에 "재광사를 창건하고서 머물렀다. 서상의 징표로 마음에 묘한 깨우침 있어 깊이 그윽한 이치에 들어갔다. 문 닫고 글을 씀에 오롯이 앉아 종일토록 하였고, 정성을 쌓고 상으로 감응했으니 청량이나 현수 등 화엄 제조와 함께 말하면서 『화엄현담회현기』 40권을 지었는데 지금도 한 벌을 소장하고 있다. 爲建再光寺以居之 瑞澂心妙悟 深入玄理 閉戶著書 兀坐終日 積誠相感 常夢與淸涼賢首華嚴諸祖共語 譔華嚴懸談會玄記四十卷 今在藏帙"라고 하였다. 1695년(숙종21)에 지리산 쌍계사(雙溪寺)에서 권수제를 '화엄현담회현기 華嚴懸談會玄記', 판심제는 '회현기 會玄記'으로 하여, 강학의 주요 교재로 활용하고자 목판본을 개판(開板)하였다. 요(遼) 선연(鮮演 1049~1119)도 청량징관의 『화엄경소』과 『화엄경소초』의 정요(精要)를 가려 『대방광불화엄경담현결택 大方廣佛華嚴經談玄決擇』 6권을 지었지만, 그것보다 내용이 훨씬 방대한 편이다. 〔참고문헌〕『曹溪一滴緣起』, 『新續高僧傳四集』.

화염 化鹽　단월(檀越)의 집이나 일반 민가에 가서 소금보시를 권하는 것. 재가자는 이 일로 선근을 쌓고 인연을 맺어 부처님께 귀의한다. 화는 권화(勸化)의 뜻. 『속전등록』 권32 「정자혜광전 淨慈慧光傳」(대정장51, p.708a29)에 "자는 잠암이며, 화염을 소재로 다음의 게송을 지었다. '물과 진흙을 한데 섞고 끓여 물이 다 마르고 진흙만 남으면 눈꽃이 생겨나는데, 기회 틈타 터무니없이 높은 가격을 불러도 분명하게 공인되어 있으니 누가 감히 다투겠는가!' 字潛菴 作化鹽偈曰 合水和泥一處烹 水乾泥盡雪花生 乘時索起遼天價 公驗分明孰敢爭", 『선림상기전』 권13(대장경보편19, p.473b5)에 "화염 : 『잡독해』 소실화상의 화염을 소재로 한 게송에 '파도를 무릅쓰고 흙무더기에서 도태해 낸 뒤 큰 풀무를 갖다 대고 끓이면 온몸이 깨끗하게 새하얘지니 누구와 견주겠는가! 찍어 먹으면 반드시 온갖 맛을 되살아나게 한다네'라고 하였다. 도충이 말한다. '화재·화욕·화등·화시·화강·화다·화석·화종 등은 모자란 것이 있으면 보시를 구하지 않는 법이 없다. 이들을 일일이 다 열거할 수는 없어 집록에 실었다'. 化鹽 雜毒海 少室和尙化鹽偈云 逆浪堆中淘汰出 大爐鞴裡衮將來 遍身潔白誰能比 點著須敎百味回 忠曰 凡化齋 化浴 化燈 化柴 化薑 化茶 化席 化鐘等 有所闕乏 無不抄化 不勝枚擧 載在集錄"라고 하였다. 〔참고문헌〕『續傳燈錄』, 『禪林象器箋』.

화염리횡신 火焰裏橫身　불꽃 속에 몸을 뉘이다. 『벽암록』 12칙 「송 頌」(대정장48, p.153a11)에 "금까마귀(日) 다급하고〈왼쪽 눈으로만 보아도 반근(8兩)이다. 빠른 매라도 미치지 못한다. 불꽃 속에 몸을 뉘일 뿐〉, 옥토끼(月) 달린다네〈오른쪽 눈으로 보아 8냥(半斤)이다. 달(姮娥)의 궁전에 보금자리 만들었군〉. 金烏急〈左眼半斤 快鷂趕不及 火焰裏橫身〉 玉兎速〈右眼八兩 姮娥宮裏作窠窟〉"라고 하였다. 〔참고문헌〕『碧巖錄』.

화염삼매 火焰三昧　불꽃 삼매. 화광삼매(火光三昧)·화생삼매(火生三昧)라고도 한다. 부처님께서 독룡(毒

龍)을 항복시키기 위해 이 삼매에 드셨던 적이 있다. 『장아함경』 권10 「석제환인문경 釋提桓因問經」(대정장1, p.62c12)에 "이때 세존께서 화염삼매에 드시자 저 비타산(Ⓟ Vediya)도 그 불길과 동일한 색깔이 되었다. 이에 당시 그 나라 사람들이 이를 보고 서로 말했다. '저 비타산이 하나같이 화색이다. 아마도 여래나 제천의 힘 때문일 것이다'. 爾時 世尊入火焰三昧 彼毘陀山 同一火色 時國人見 自相謂言 此毘陀山 同一火色 將是如來諸天之力", 『석씨요람』 권중(대정장54, p.288b29)에 "화염이라 하니 『장아함경』에서 부처님께서 마갈국 비타산에서 화염삼매에 드셨다고 하였고, 또한 옛날 사위성 한 바라문의 집에서 화염삼매에 드셨다고 하였는데, 여기서는 이 삼매를 상징한다. 火焰 長阿含經云 佛在摩竭國毘陀山中 入火焰三昧 叉昔在舍衛婆羅舍 入火焰三昧 今則象之"라고 하였다. [참고문헌] 『長阿含經』, 『釋氏要覽』. ⇨ 화광삼매 火光三昧, 화생삼매 火生三昧

화염윤지인 火焰輪止印 부동명왕(不動明王)의 14근본인(根本印) 중 하나. 제화인(制火印)·차화인(遮火印)이라고도 한다. 화(火)를 뜻하는 중지와 풍(風)을 뜻하는 검지 사이를 공(空)을 의미하는 엄지로 막아서 불을 멈추는 것으로 수인 지어 상징한다. 『금강수광명관정경최승립인성무동존대위노왕념송의궤법품』(대정장21, p.3a1)에 "화염윤지인은 양손을 각각 주먹 쥐고 양손의 엄지를 중지와 검지 사이로 나오게 하고 양주먹의 등을 붙인 것이다. 이렇게 하면 능히 온갖 불을 그치게 할 수 있다. 火焰輪止印 定慧各爲拳 空出火風間 二拳背相合 能制止諸火"라고 하였다. [참고문헌] 『金剛手光明灌頂經最勝立印聖無動尊大威怒王念誦儀軌法品』.

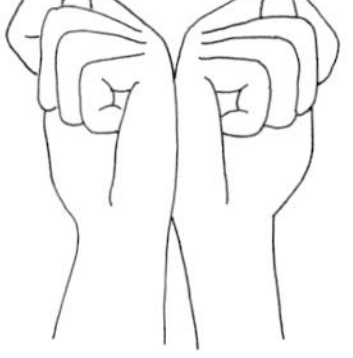

화염인 火焰印 부동명왕(不動明王)의 14근본인(根本印) 중 하나. 풍지(風指)로 화지(火指)의 중심을 누르는 형태의 수인. 왼손의 중지로 왼손 손바닥의 중심을 누르는 모양으로서 부처님의 자비의 바람으로 중생의 지혜의 불을 일으키는 것을 상징한다. 『금강수광명관정경최승립인성무동존대위노왕념송의궤법품』(대정장21, p.2c19)에 "다음으로 화염인을 맺는다. 오른손의 엄지로 무명지와 중지의 끝을 누르고 중지를 세워서 왼손 바닥에 세운다. 오른쪽으로 돌리면 계의 방향이 되고 왼쪽으로 돌리면 해산이라 한다. 次結火焰印 以慧手空輪 加於水火甲 風竪拄定掌 右旋成界方 左轉名解散"라고 하였다. [참고문헌] 『金剛手光明灌頂經最勝立印聖無動尊大威怒王念誦儀軌法品』. ⇨ 부동명왕 不動明王

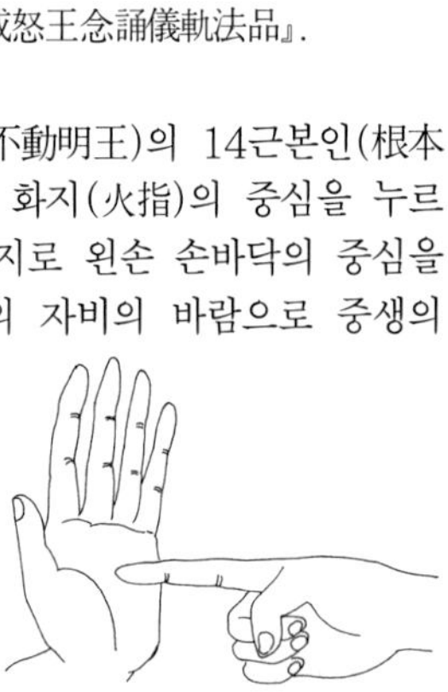

화예 華翳 허공꽃과 눈의 티끌. 공화(空華)와 예안(翳眼). 『원각경약소』 권상(대정장39, p.549a5)에 "〈경〉 생사와 열반은 일어나고 사라질 뿐으로 같다. 묘각으로 두렷이 비춰서 공화와 예안에서 벗어난다. 〈소〉 미해서 생사를 보는 것은 공화가 일어난 듯하고, 깨달아 열반을 얻은 것은 헛된 꽃 사라진 듯하다. 두렷이 깨우쳐 꽃도 티끌도 여읜다는 말은 생사와 무명을 쌍으로 털어 없앤다는 뜻이다. 生死涅槃 同於起滅 妙覺圓照 離於華翳 迷見生死似華起 悟得涅槃似華滅 言圓覺離華離翳 則雙拂生死無明", 『어주원각경』 권상(卍속장15, p.766b12)에 "원각을 증하면 마음과 경계 둘 다 공하리니, 마치 저 깨끗한 눈에 결코 허공꽃도 눈에 티끌도 없는 것과 같다. 證圓覺者 心境兩空 如彼淨目 了無華翳", 『원각경협송집해강의』 권1(卍속장87, p.750a7)에 "병이라 함은 무명이다. 무명업식만을 알 뿐 자기가 진실로 공함을 알지 못하기에 티끌 묻은 눈으로 허공꽃 볼 뿐이다. 공화가 티끌에서 생겨난 줄 알면 허공에서 꽃도 티끌도 생하지 못함을 알겠지만, 티끌 낀 눈 꽃피우는 줄 모르니, 이 허공자성에 미혹할 뿐이다. 病者 是無明 只知無明業識 不知是自己眞空 故以翳目 見是空華 若知華從翳生 則知空不生華翳 不知翳目生華故 以惑此虛空自性"라고 하였다. [참고문헌] 『圓覺經略疏』, 『御註圓覺經』, 『圓覺經夾頌集解講義』. ⇨ 공화 空華, 예안 翳眼

화완포 火浣布 불로 씻어 깨끗이 하는 베. 화서(火鼠)의 털로 만든 베. 불에 타지 않아서 때가 묻으면 불 속에 던져서 세탁(浣)한다 하여 이렇게 불린다. 후세에는 석면(石綿)으로 만든 베를 가리키기도 하였다. 『찬법계송』(대정장32, p.754c21)에 "비유하자면 화완포와 같아서 불 속에 던져 능히 더러움에서 벗어난다. 때 사라지고 베만 남아 광명 더없이 영롱하고 맑다네. 譬如火浣布 處火能離染 垢去布猶存 光明轉瑩淨", 『벽암록』 70칙 「송평창 頌評唱」(대정장48, p.199c28)에 "열 개의 대륙은 모두 해외 여러 나라들에 부속되어 있다. … 다섯째 염주에서는 화완포가 난다. 十洲 皆海外諸國之所附 … 五 炎洲 出火浣布", 『성세록』 권4(가흥장23, p.121a13)에 "『오록』에 '일남군 비경현에 화서가 있는데 털을 취해 베로 만들고 불에 태워 정련하니 화완포라고 한다'라고 하였고, 『수신기』에 '곤륜산에 불길이 치솟는 산이 있는데, 산 위의 짐승과 초목은 모두 불길 속에 산다. 그래서 화완포가 있게 되었으니 이 산에 있는 초목의 껍질이 아니라 짐승의 털이다. 위 문제 때 서역의 사신이 화완포가사를 바쳤다' 하였으니 분명한 증거다. 吳錄曰 日南北景縣 有火鼠 取毛爲布 燒之而精 名火浣布 搜神記曰 崑崙之墟 有災火之山 山上有鳥獸草木 皆生於

災火之中 故有火浣布 非此山草木之皮 則獸之毛也 魏文帝時 西域使人獻火浣布袈裟 卽是明驗"라고 하였다. [참고문헌] 『讚法界頌』, 『碧巖錄』, 『醒世錄』.

화완포가사 火浣布袈裟 화완포로 만든 가사. 『법원주림』 권35(대정장53, p.559b28)에 "위 문제 때 남방에 화완포가 있다는 말을 믿지 않아 황제가 '불의 효능으로 돌과 쇠도 녹일 수가 있는데 어찌 그 화완포라는 것은 타지 않는가!'라고 말하였다. 문제가 이미 붕어하시고 태자가 명제가 되었을 때 서역에서 화완포로 만든 가사를 바쳤는데, 명제가 처음에는 부왕의 말에 따라 믿지 않았지만 불로 시험해 보니 오랫동안 태워도 손상되지 않았기에 비로소 증거가 있는 말이고 거짓이 아님을 알게 되었다. 魏文帝時 不信南方有火浣布 帝云 火功尙能鑠石銷金 何爲不燒其布 文帝旣崩 至太子明帝時 西國有獻火浣布袈裟 明帝初依父語不信 以火試之 久燒不壞 始知有徵言不虛也"라고 하였다. [참고문헌] 『法苑珠林』.

화왕 華王 꽃 중에 꽃. 또는 연꽃으로 장엄한 최상의 자리. 『대승본생심지관경』 권5(대정장3, p.313c14)에 "빠르게 무량겁 뛰어넘어 화왕법계 중에 단정히 앉으시니, 복지 두 가지로 장엄하여 모두 원만하며 가이없는 겁해에서 중생을 이롭게 하시네. 速得超於無量劫 端坐華王法界中 福智二嚴皆圓滿 無邊劫海利群生", 『대승본생심지관경천주』 권5(卍속장34, p.311a15)에 "화왕이란 보배로 이루어진 연화좌다. 부처님께서 앉아 존귀한 모습을 드러내시기에 화왕이라고 한다. 단좌란 바르게 앉음이다. 華王者 寶蓮華座也 以佛坐顯尊 故爲華王 端坐者 正坐也", 『해심밀경소』 권1(卍속장34, p.621b3)에 "이 보배 홍련은 꽃들 중에 가장 다르게 뛰어나기에 화왕이라고 한다. 此寶紅蓮 於諸華中 最爲殊勝 故名華王"라고 하였다. [참고문헌] 『大乘本生心地觀經』, 『大乘本生心地觀經淺註』, 『解深密經疏』.

화왕세계 華王世界 꽃 중의 꽃들이 머무는 세계. 과보토(果報土)를 말한다. 『법화현의』 권7(대정장33, p.767a19)에 "화왕세계의 연화장해라는 것은 실보토이다. 言華王世界蓮華藏海者 此實報土也", 『법화문구』 권9(대정장34, p.125c2)에 "스스로 설해서 열어 보여 깨우쳐 들게 할 뿐 더한 것 없다. 화왕세계이므로 변하지 않는다고 말한 것이다. 自說開示悟入不加於他 花王世界故言不變", 『유마경약소』 권1(대정장38, p.565a2)에 "화엄은 인다라망세계를 밝히고 섭대승은 화왕세계를 밝혔으니 모두 과보토의 걸림 없는 모습을 밝혔다. 華嚴明因陀羅網世界 攝大乘明華王世界 皆明果報土無障礙相", 『법화경삼대부보주』 권9(卍속장44, p.282b8)에 "『범망경』에서 '적멸도량에서 금강화광왕좌에 앉는다' 하였고, 『정명소』에서 '섭대승은 화왕세계를 설하였다'고, 구역 『섭론』에서는 '대연화왕청정세계'라고, 신역 『섭론』에서는 '대보화왕청정불토'라고 하였다. 梵網經云 於寂滅道場 坐金剛華光王座 淨名疏云 攝大乘說 華王世界 舊攝論云 大蓮華王淸淨世界 新攝論云 大寶華王淸淨佛土"라고 하였다. [참고문헌] 『法華玄義』, 『法華文句』, 『維摩經略疏』, 『法華經三大部補注』.

화외 化外 교화가 미칠 수 없는 저 밖. 부처님이 교화할 수 없는 저 곳. 『종용록』 4칙 「송 頌」(대정장48, p.230a13)에 "풀잎 끝 마다에 끝도 없는 봄이라네〈협산이 여전히 있군〉 손닿는 대로 써서 낯설지 않다네〈거친 논밭에 들어가는 것도 가리지 않는다〉. 장육금신 공덕 모였으니〈잘 모르겠다〉 되는대로 손잡고 붉은 티끌 속으로 든다네〈무대 만나 춤추는군〉. 티끌 중에 능히 주인 짓는다〈하루아침에 권력이 손안에 들어왔다〉. 손볼 곳 아닌 밖에 나그네 스스로 찾아오는구나〈법령이 시행되고 있는 때를 똑똑히 보라〉. 百草頭上無邊春〈夾山猶在〉 信手拈來用得親〈入荒田不揀〉 丈六金身功德聚〈不審〉 等閑携手入紅塵〈逢場作戲〉 塵中能作主〈一朝權在手〉 化外自來賓〈看取令行時〉"라고 하였다. [참고문헌] 『從容錄』.

화요 火曜 Ⓢ Aṅgāraka. 구요(九曜) 중 하나. 밀교 태장만다라(胎藏曼荼羅)에서는 외금강원(外金剛院) 남방의 천부 중에 자리한다. 삼매야형은 독고극(獨鈷戟)이고 종자는 (a). 수인은 화천소청인(火天召請印)으로 화천인(火天印)을 맺은 후 오른손 검지를 세 번 구부린다. 존형은 살색 몸으로 오른손은 허벅지 위에 두고 왼손은 창을 든 모습이다. 진언은 '옴 앙가라카슈리 스바하 oṃ aṅg ārakaśri svāhā 옴 상서로운 형혹성이여, 스바하'이다. 금강계만다라에서 형혹천(熒惑天)에 상응한다. 『수요경』 권중(대정장21, p. 398b9)에 "화요 형혹은 오랑캐말로 운한이라 페르시아어로 세삼물이라 하며 인도어로 앙가라가라 한다. 火曜熒惑 胡名雲漢 波斯名勢森勿 天竺名盎哦囉迦", 『칠요양재결』 권중(대정장21, p.449a23)에 "화의 신이 별자리에 도달할 때 본명이 출돌하는 방향에 있는 별자리인 경우 마땅히 화요의 본신을 그리고 그 신에게 공양해야 한다. 구리 송곳니와 붉은 모습에 분노의 기색을 띠고 여관을 썼으며 표범무늬 치마를 입었다. 네 팔 중 한 손에는 활을

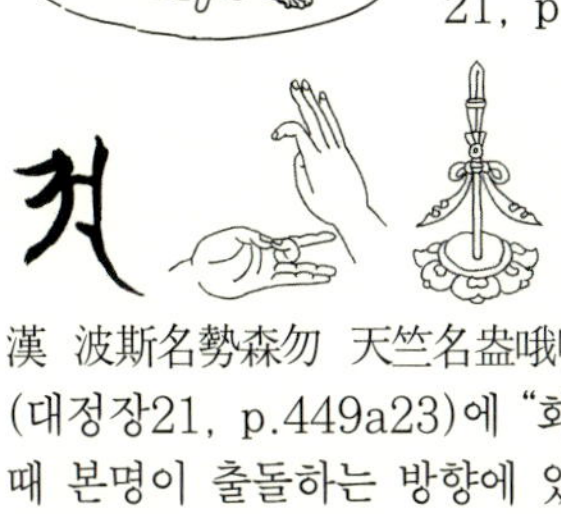

들었고 한 손에는 화살을 들었으며 한 손에는 칼을 들었다. 관자재진언을 외우며 『금강반야경』과 『금강명경』 7권 또는 10권을 전독한다. 반드시 붉은 옷을 입고 주사를 지녀야 한다. 운한의 날 아침을 택하여 공양하고 정향·자단향·소합향을 사르고 맛있고 기름진 음식을 올린다. 火其神到宿命及皆衝向之宿 宜畫火曜本身供養其神作銅牙赤色貌 帶嗔色 驢冠 著豹皮裙 四臂一手執弓 一手執箭 一手執刀 宜持觀自在眞言轉金剛般若經及金光明經共七卷或十卷 宜著緋衣服幷帶朱砂 其供養取雲漢日平旦時 燒丁香紫檀香蘇合香 好食熱味及辛膩之物"라고 하였다. [참고문헌] 『宿曜經』, 『七曜攘災決』, 『曼荼羅図典』(大法輪閣, 2002). ⇨ 형혹성 熒惑星, 형혹천 熒惑天

화운 化運 해남 대흥사 스님 은철(銀哲 ?~1864)의 법호. ⇨ 은철 銀哲

화운 花雲 삼척 신흥사(新興寺) 스님 현진(玄振 1743~1771)의 법호. ⇨ 현진 玄振

화원 火院 십팔도(十八道) 중 하나이고 수인으로 결계(結界)하는 법. 화계(火界)·금강염(金剛炎)이라고도 한다. 『소실지갈라공양법』 권2(대정장18, p.700b6)에 "그 수인의 모양은 오른손 손등을 왼손 손가락 안쪽에 올리고, 간격을 없게 하고 양손 엄지를 위로 곧게 세운 채 오른쪽으로 한 바퀴 돌면 화원이 된다〈이것이 아삼몽지녕인이다〉. 其手印相 以右手指背 置左手指內 令無縫二大指向上直竪 右轉一遍 卽成火院〈此是阿三蕾祇寧印〉", 『무량수의궤』(대정장19, p.70a12)에 "금강화원계인을 맺는다. 왼손으로 오른손의 등을 감싸고 서로 붙인 채 양손 엄지를 곧게 세우면 성립한다. 이 수인에서 무량한 광염이 유출된다고 관상하며 수인을 맺은 채 오른쪽으로 세 번 돌면 금강장 밖에서 다시 화염이 주위를 둘러싸고 견고하고 청정한 화원대계가 성립한다. 結金剛火院界印 以左手掌掩右手背 令相著擽竪二大指卽成 想從印流出無量光焰 以印右旋三匝 則於金剛牆外 便有火焰圍遶 卽成堅固淸淨火院大界"라고 하였다. [참고문헌] 『蘇悉地羯羅供養法』, 『無量壽儀軌』. ⇨ 화원밀봉인 火院密縫印

화원 華院 만다라에서 중대(中臺)를 둘러싸는 제이중(第二重)과 제삼중(第三重)을 가리키는 말. 만다라를 3회(會)의 팔엽연화(八葉蓮花)로 그리는데 중대팔엽을 둘러싸는 제이중과 제삼중을 화원(華院)이라 한다. 『금강봉누각일체유가유기경』 권하(대정장18, p.263a18)에 "일체 유가에서 존상은 모두 자신이 앉은 것과 같다고 생각하고 그린다. 여기에서 삼회의 팔엽연화를 그려야 한다. 중앙에 나의 몸을 그리고 내 앞의 연꽃잎 위에 일체불정륜왕을 그리되 손에는 팔폭륜 금강보륜을 들었다. 다음으로 오른쪽으로 올아가며 칠요사자를 안치한다. 두 번째 화원은 정륜왕 앞에 금강살타를 그린다. 다음으로 팔대보살을 그리되 각각 본원의 표치를 들고 있다. 다음으로 세 번째 화원을 그린다. 오른쪽으로 돌아가며 팔대금강명왕을 그린다. 또한 화원 밖 사방의 면에는 팔대공양보살과 사섭 등의 사자를 그리는데 모두 사자관을 쓰고 있다. 이것을 화상법이라 한다. 만다라 역시 이와 같다. 凡一切瑜伽中像 皆身自坐等量畫之 於中應畫三會八葉蓮華 中畫我身 當於我前 一蓮華葉上 畫一切佛頂輪王 手持八輻金剛寶輪 於次右旋 布七曜使者 第二華院 當頂輪王前 畫金剛薩埵 次畫八大菩薩 各執本幖幟 次第三花院 右旋各畫八大金剛明王 又於華院外四方面畫八大供養及四攝等使者 皆戴師子冠 是名畫像法 曼拏羅亦如此"라고 하였다. [참고문헌] 『金剛峰樓閣一切瑜伽瑜祇經』. ⇨ 중대팔엽원 中臺八葉院, 연화부 連華部

화원밀봉인 火院密縫印 십팔도(十八道) 중 하나. 수인을 맺고 오른쪽으로 세 번 돌아 사방사유를 화계(火界)로 결계하는 인계. 화원(火院)·팔방화원(八方火院)·금강염(金剛炎)·금강화염(金剛火炎)·밀봉인(密縫印)이라고도 한다. 『십팔계인』(대정장18, p.783b4)에 "다음으로 화원밀봉인을 맺는다. 왼손으로 오른손 등을 감싸고 양손의 엄지를 세우고 진언을 세 번 외운다. 몸을 오른쪽으로 세 바퀴 돌면서 금강장 밖에 화원이 둘러싸고 있다고 관상한다. 次結火院密縫印 以左手掩右手背 竪二大指誦眞言三遍 右繞身三匝 想金剛牆外火院圍繞", 『감로군다리보살공양염송성취의궤』(대정장21, p.46a13)에 "다음으로 화원밀봉인을 맺는다. 왼손으로 오른손 등을 감싸고 양손의 엄지를 세운다. 수인을 맺은 후에 수인에서 금강의 치성한 화염이 유출된다고 관상한다. 진언을 세 번 염송하고 몸을 오른쪽으로 세바퀴 돌면서 금강장 밖에 화염이 둘러싸고 있다고 관상한다. 次結火院密縫印 以左手掩右手背 竪禪智 結印成已 當作此觀從印流出金剛熾盛火焰 誦密言三遍 右遶身三匝 想於金剛牆外 火焰圍遶"라고 하였다. [참고문헌] 『十八契印』, 『甘露軍荼利菩薩供養念誦成就儀軌』.

화원사 花元寺 평안남도 평양 자화산(慈化山)에 있던 절. 『동국여지승람』 권51 평안도 평양부 불우에 이름과 위치가 전하며, 『여지도서』 평안도 평양 사찰과 『범우고』에 "지금은 폐사되었다. 今廢"라고 하였다. [참고문헌] 『東國輿地勝覽』, 『輿地圖書』, 『梵宇攷』, 『韓國寺刹全書』 권하 p.1175a5.

화월 化月 해남 대흥사 스님 숙홍(淑葒 1820~1886)의 법호. ⇨ 숙홍 淑葒

화월 華月 ❶조선후기 스님 성눌(聖訥 1690~1763)의 법호. ⇨성눌 聖訥 ❷조선후기 스님 현간(玄侃)의 법호. ⇨현간 玄侃

화월보간 華月普侃 조선후기 스님. 『동사열전』 권4 「송암대사전 松庵大師傳」(한불전10, p.1039b1)에 송암 최흠(松庵最欽 ?~1870)의 수교(受敎) 제자라고 하였다. 〔참고문헌〕『東師列傳』.

화월현옥 華月玄玉 조선후기 스님. 『동사열전』 권3 「나암강사전 懶庵講師傳」(한불전10, p.1027b1)에 "(나암승제 1629~1707는) 설담자우(1769~1830)를 이었고 모은지훈의 손자며 화월현의 증손이고 제월수일의 현손이며 소요태능(1562~1649)의 후예다. 雪潭自優之嗣 暮隱智薰之孫 華月玄玉之曾 霽月守一之玄 逍遙太能之裔"라고 하였다. 〔참고문헌〕『東師列傳』.

화유보살십종선법 火喩菩薩十種善法 불로써 비유한 보살의 열 가지 선법. 『제개장보살소문경』 권6(대정장14, p.719a22)·『대명삼장법수』 권31(영락장182, p.670b8)에 따르면 다음과 같다. 첫째, 번뇌라는 땔감을 태운다(燒煩惱薪). 둘째, 만물을 성숙시키는 불의 속성처럼 보살도 모든 불법을 성숙시킨다(成熟佛法). 셋째, 큰불이 물건의 습기를 말려버리듯이 지혜로 비춰 번뇌의 습기를 말린다(乾煩惱淤泥). 넷째, 큰 불덩이가 추위를 녹이듯이 번뇌의 한기를 쫓아낸다(如大火聚). 다섯째, 빛이 어둠을 물리치듯이 지혜로 무명을 두루 비춘다(作光明照). 여섯째, 큰 불이 모든 동물을 두려움에 떨게 하듯이 지혜의 광명은 천마와 외도를 공포에 몰아넣어 해치지 못하게 한다(能使驚怖). 일곱째, 광야에서 밤에 길을 잃고 두려워하는 사람들에게 불빛이 위안을 주듯이 고통에 빠진 중생을 위안하는 갖가지 설법을 한다(能作安慰). 여덟째, 큰 불이 피차를 가리지 않고 모든 것을 두루 비추듯이 귀하건 천하건 가리지 않고 필요한 생활용품을 제공하여 이롭게 한다(利與衆共). 아홉째, 세간의 불을 바라문과 찰제리와 일반 민중이 모두 받들듯이 보살의 무량한 교화도 모든 세간의 사람들이 누구나 받들고 공양하는 대상이다(人所供養). 열째, 작은 불일지라도 소홀히 보지 않듯이 보살이 초발심하면 세간의 누구도 가벼이 보지 않는다(人不輕慢). 〔참고문헌〕『除蓋障菩薩所問經』, 『大明三藏法數』.

화윤 華允 조선말 스님. 호는 경운, 휘는 화윤(華允). 응화유한(應化有閑 1813~1885)의 제자다. 『동사열전』 권4 「응화강백전 應化講伯傳」(한불전10, p.1047a22)에 "경담두원·인담두인·경운화윤·훈허상능이 그의 제자다. 鏡潭斗元 仁潭斗印 敬雲華允 渾虛尙能 爲其弟子"라고 하였다. 〔참고문헌〕『東師列傳』.

화의 化儀 중생을 위해 보이는 차별된 법의 모습. 천태에서는 넷으로 분류하여 화의사교(化儀四敎)라고 한다. 교설의 의미와 내용은 화법(化法)이라 한다. 『화엄경소초』 권6(대정장36, p.44c5)에 "돈교 중 법을 드러냄에 점교 중의 그것과 다름이 없지만 때를 달리해 공과 불공을 설하면 점교라 하고 동시에 공과 불공을 설하면 돈교라 하니, 이렇게 하는 것이 교화를 위해 드러낸 모습이다. 頓中化法 無異漸中 別時說空不空 卽名爲漸 同時說空不空 卽名爲頓 故是化儀", 『천태사교의』(대정장46, p.774c17)에 "팔교란 돈교·점교·비밀교·부정교·장교·통교·별교·원교를 말한다. 돈교 등 사교는 교화를 위해 드러낸 모습이니 세간의 약을 처방함과 같고, 장교 등 사교는 교화하는 법이어서 약의 맛이 구별되는 것과 같다. 言八敎者 頓 漸 祕密 不定 藏 通 別 圓 是名八敎 頓等四敎是化儀 如世藥方 藏等四敎名化法 如辨藥味"라고 하였다. 〔참고문헌〕『華嚴經疏鈔』, 『天台四敎儀』. ⇨화의사교 化儀四敎, 화법 化法

화의돈 化儀頓 드러내 보여 설한 돈이라는 교법(頓敎). 『화엄경』과 『십지경론』이 해당한다. 축기돈(逐機頓)에 대칭한다. 『금사자장운간류해』(대정장45, p.664c23)에 "돈이란 언설이 단번에 끊어져 이성이 단번에 드러남이니 일념도 생겨나지 않으면 그대로 부처라는 등이다. … 여기에도 두 가지가 있으니, 첫째는 축기돈으로 이 글에 나타나 있으며 둘째는 화의돈으로 뒤에 원교로서 거두는 것이다. 頓者 言說頓絶 理性頓顯 一念不生卽是佛等 … 此亦有二 一 逐機頓 卽此文示之 二 化儀頓 卽後圓敎收之", 『도서』 권하(대정장48, p.407c2)에 "둘째 화의돈은 부처님께서 처음 성도하시고 나서 숙세의 연이 익어 뛰어난 근기의 무리를 위해 일시에 문득 설하셨으니, 성상이사와 중생의 온갖 번뇌와 보살만행과 현성지위와 제불만덕과 인으로 꾸린 과해와 처음 마음에 곧바로 보리를 얻음과 과가 인의 근원에 사무침과 위가 차도 여전히 보살이라 부르는 등이다. 이것은 오직 『화엄경』이라는 한 경과 『십지경론』에만 해당되며 원돈교라 하는데 나머지 교설은 모두 이를 갖추지 못하였다. 二 化儀頓 謂佛初成道 爲宿世緣熟上根之流 一時頓說 性相理事 衆生萬惑 菩薩萬行 賢聖地位 諸佛萬德 因該果海 初心卽得菩提 果徹因源 位滿猶稱菩薩 此唯華嚴一經及十地論 名爲圓頓敎 餘皆不備"라고 하였다. 〔참고문헌〕『金師子章雲間類解』, 『都序』. ⇨돈교 頓敎, 축기돈 逐機頓

화의돈점 化儀頓漸 교화하는 이를 위해 시설한 화의의 돈교와 점교. 『석가여래성도기주』 권하(卍속장130, p.226b11)에 "혹은 일러 돈이라고도 하고 점이라고도 한다네. 〈주〉 중생의 근에는 지혜로움도 둔함도 있기에 부처님께서 설교하심에 돈도 있고 점도 있다. 이제 가르침에 나아가면 화의돈점이 있고 응기돈점이 있지만, 사람에 나아가면 가르침 주는 방편에 돈점이 있고 근성과 오입에 돈점이 있으며 뜻 발해 수증함에 돈점이 있다. 或謂之頓也漸也 且衆生之根 有利有鈍 故佛說教 有頓有漸 今就教有化儀頓漸 應機頓漸 就人有教授方便頓漸 根性悟入頓漸 發意修證頓漸"라고 하였다. 〔참고문헌〕『釋迦如來成道記註』. ⇨ 돈점 頓漸, 돈점이교 頓漸二教

화의사교 化儀四教 드러내 보인 네 가지 가르침. 천태의 네 가지 가르침인 돈교(頓教)·점교(漸教)·비밀교(秘密教)·부정교(不定教)를 말한다. 화법사교(化法四教)에 대칭한다. 『불조통기』 권3(대정장49, p.146c5)에 "묘락(妙樂 : 荊溪湛然)이 말하길, '화의사교는 교상을 가려낸 대강이고 화법사교는 교의(教義)를 해석한 강목이다'라고 하였다. 妙樂云 化儀四教 是判教之大綱 化法四教 是釋義之綱目", 『번역명의집』 권5(대정장54, p.1141a10)에 "천태에 의하면 팔교로 가리는데 돈교·점교·비밀교·부정교는 부처님께서 베푸신 교화의 형식을 보이는 것이므로 화의사교라고 한다. 若依天台乃辨八教 頓 漸 祕密 不定 示佛設化之儀式 名化儀四教", 『법화경과주』 권1(卍속장48, p.713b8)에 "첫째, 화의사교. … 화엄시의 가르침은 돈교이고 녹원시의 가르침은 점교의 시작이며 방등시의 가르침은 점교의 중간이고 반야시의 가르침은 점교의 마지막이니, 이 세 때의 가르침은 모두 점교다. 비밀교란 녹원시에서는 본래 소승의 가르침인 아함경들을 설하지만 그중에 대승의 근기가 있어서 은밀히 대승 설함이 있으며, 때로는 곧바로 대승을 설하지만 소승의 근기도 있으니 은밀하게 소승을 설한다. 그래서 비밀이라고 한다. 부정교란 소승을 설할 때 문득 대승의 이익을 얻거나 대승을 설할 때 문득 소승의 이익을 얻는 경우로 돈교에 있어 점교로 이해하고 점교에 있어 돈교로 이해하기에 부정이라고 한다. 一者 化儀四教 … 華嚴卽頓教 鹿苑卽漸始 方等卽漸中 般若卽漸終 此三時皆漸教也 祕密教者 如鹿苑本是說小乘阿含諸經 其中有大乘機 密爲說大 或正說大乘 有小乘機 卽密爲說小 故名祕密也 不定教者 如說小時 忽得大益 說大時 忽得小益 於頓解漸 於漸解頓 故爲不定也"라고 하였다. 〔참고문헌〕『佛祖統紀』, 『翻譯名義集』, 『法華經科註』. ⇨ 화법사교 化法四教

화의재진언 化衣財眞言 옷과 재물을 변화시키는 진언. 『천지명양수륙재의범음산보집』 권상(한불전11, p.501b24)에 "우리 부처님께 화의재진언이 있으니 삼가 염송하겠습니다. '나모 사만다 몰다남 옴 반차나 비로지제 사하'. 吾佛如來 有化衣財陀羅尼 謹當宣念 化衣財眞言 曩謨 三滿多 沒馱喃 唵 般遮那 毘盧枳帝 莎訶"라고 하였다. 〔참고문헌〕『天地冥陽水陸齋儀梵音刪補集』.

화의진언 化衣眞言 옷을 변화시키는 진언. 수륙재에서 고혼(孤魂)의 넋이 목욕한 후 새 옷으로 갈아입을 때 종이 옷을 태우며 외우는 진언이다. 『천지명양수륙재의범음산보집』 권상(한불전11, p.473b)에 "가지하여 옷을 변화시키는 편을 마치고 화의진언을 외운다. 법회의 대중이 함께 염송하되 횟수에 구애되지 않는다. 단 종이옷이 완전히 탈 때까지 한다. '옴 미망라 사바하'. 加持化衣篇畢 化衣眞言 法衆 同誦而勿拘遍數 但以紙衣盡燒爲限可也 唵 微莽囉 莎婆訶"라고 하였다. 〔참고문헌〕『天地冥陽水陸齋儀梵音刪補集』.

화이라원 和夷羅洹 Ⓢ vajrapāṇi의 음사어. 금강을 손에 쥐었다는 뜻으로 집금강(執金剛)이라 한역한다. 야차의 이름이다. 『도행반야경』 권6(대정장8, p.455b26)에 "이와 같은 보살은 복덕을 구족하고 얻음이 모두 깊은 반야바라밀의 위신력으로 이렇게 생각하게 한 것이다. 이 보살은 화이라원이 온갖 귀신을 변신하여 뒤를 따르고 또한 감히 가까이 하지 못한다. 보살이 끝내 뜻을 잃지 않고 마음을 허망하게 일으키지 않으며 신체가 완전하게 갖추어지고 부스럼이 없으며 극히 용맹하니 … 불퇴전보살임을 알 수 있다. 如是菩薩 其福具足得之 是皆深般若波羅蜜威神力 使作是念 是菩薩 和夷羅洹化諸鬼神隨後 亦不敢近附 菩薩終不失志 心不妄起 身體完具 無瘡瘢 極雄猛 … 知是阿惟越致菩薩"라고 하였다. 〔참고문헌〕『道行般若經』. ⇨ 집금강 執金剛

화이라원열차 和夷羅洹閱叉 Ⓢ Vajrapāṇi yakṣa의 음사어. 집금강야차(執金剛夜叉)라고 한역하며 금강저를 손에 쥔 야차라는 뜻이다. 금강수(金剛手)의 범어 이름에 상응한다. 『방광반야경』 권13(대정장8, p.88b10)에 "수보리여. 화이라원열차가 항상 뒤를 따르며 그를 지킨다. 야차들이 말했다. '저는 항상 이 보살을 지키겠습니다. 아누다라삼야삼보리를 이룰 때까지 마음이 산란하지 않게 하고 끝내 멀리 떠나지 않겠습니다'. 또한 오성 화이열차 역시 다시 불퇴전보살을 곁에서 보호사여 다른 잡신과 비인신이 편의를 얻지 못하게 하였다. 須菩提 和夷羅洹閱叉常隨後護彼 閱叉等言 我常當護是菩薩 至成阿耨多羅三耶三菩 使意不亂 終不遠離 復有五性和夷閱叉 亦復侍護阿惟越致菩薩摩訶薩 令餘小神 及非人神 無能得其便者", 『일체경음의』 권9(대정장54, p.358a17)에 "화이라원열차〈집금강신이다. 손에 금강저를 들었다는 뜻이니 이것으로 이름을 삼았다〉. 和夷羅洹閱叉〈卽執金剛神也 謂手執金剛杵 因以爲名焉者也〉", 『번역명의집』 권2(대정장54, p.1078c24)에 "화이라원열차는 집금강신과 같다. 和夷羅洹閱叉 卽執金剛神"라고 하였다. [참고문헌] 『放光般若經』, 『一切經音義』, 『翻譯名義集』.

화인 化人 ❶ Ⓢ nirmita, Ⓣ sprul-pa. 신통력으로 인간의 모습으로 화현하거나, 불보살이 중생 교화를 위해 인간의 모습으로 나타나거나, 환술로 인간의 모습으로 변화하는 일. 『유마경』 권중(대정장14, p.547b10 : *Vikī-n.*, p.258)에 "변화의 사람이 번뇌를 일으키는 것과 같고, 꿈에서 본 것을 깨어서도 보며, 열반에 든 이가 몸을 받아 나는 것과 같고, 연기 없는 불과 같으니, 보살은 중생 보기를 이와 같이 한다. 如化人起煩惱 如夢所見已寤 如滅度者受身 如無烟之火 菩薩觀衆生爲若此 tad yathā mañjuśrīḥ tathāgatanirmitasyān utpannāḥ kleśāḥ … tad yathā mañjuśrīḥ svapnadarśanapratibuddhasya darśanam … tad yathā mañjuśrīḥ aparikalpayataḥ kleśāḥ … tad yathā mañjuśrīḥ anupādānasyāgneḥ saṃbhavaḥ evaṃ bodhisatvena sarvasatvāḥ pratyavekṣitavyāḥ", 『대지도론』 권6(대정장25, p.105a26)에 "마치 환술의 인간과 같아서 생로병사가 없고 고락도 없어서 인간의 삶과 다르니, 이에 공하여 실이 없다. 일체법 또한 이와 같아서 모두 생주멸이 없으니, 이에 제법은 저 환으로 변화한 것들과 같다고 설한다. 如化人 無生老病死 無苦無樂 異於人生 以是故空無實 一切諸法 亦如是 皆無生住滅 以是故說 諸法如化", 『청정비니방광경』(대정장24, p.1076b24)에 "천자시여! 뜻에 있어서 어떻습니까? 여래께서 인간의 모습으로 화현하여 설하신 것이 있다면 진실합니까, 허망합니까? 천자가 답하였다. '실도 아니고 허망함도 아닙니다. 어째서일까요? 여래께서 변화의 인간이라면 실체가 없기 때문입니다'. 天子 於意云何 如來化人 若有所說 爲實爲虛妄 答言 非實非虛妄 何以故 如來化人 無有實故"라고 하였다. [참고문헌] 『維摩經』, 『大智度論』, 『淸淨毘尼方廣經』, *Vikī-n.*, *Saddh-p.235.* ❷ Ⓟ aññam anusāsati. 사람을 교화하는 일. 『잡아함경』 권39(대정장2, p.286c9 : *Sattavasāni-sutta*, *SN. 1*, p.123)에 "마가 다시 게로서 설하였다. '구담은 스스로 안온한 열반의 길을 알았다면 홀로 무위의 즐거움을 누리는 데 힘쓸 것이지 어째서 굳이 다른 사람을 교화하는가!'. 魔復說偈言 瞿曇若自知 安隱涅槃道 獨善無爲樂 何爲强化人 sace maggaṃ anubuddhaṃ khemaṃ amatagāminaṃ, apehi gaccha tvam eveko kim aññam anusāsasīti", 『대승본생심지관경』 권1(대정장3, p.296a4)에 "부처님께서는 그 옛날에 전륜성왕 되시어 사대주 진귀한 보배로 충만하게 하였고 천 명의 아들과 권속들을 구족했으며 십선으로 사람들 교화하기를 백천 겁이나 하였으니, 국토마다 안온하여 하늘궁전 같이 하였으니 오욕의 즐거움 누리기에 다함이 없게 하였다. 佛昔曾作轉輪王 四洲珍寶皆充滿 具足千子諸眷屬 十善化人百千劫 國土安隱如天宮 受五欲樂無窮盡"라고 하였다. [참고문헌] 『雜阿含經』, 『大乘本生心地觀經』, *SN.*

화인 火印 불(火)의 뜻을 드러내는 수인. 의궤에 따라 다르다. 『불공견삭다라니경』(대정장20, p.420a23)에 "관세음 화인과 주. 양손의 무명지·소지·중지를 밖으로 깍지끼고 양손의 검지를 세워서 서로 붙이며 양손의 엄지는 검지 곁에 붙인다. 진언은 '지'이다. 이것은 관세음 화인과 진언으로서 겁화에 불타지 않는다. 觀世音火印呪第十三 二無名指小指中指向外相叉 竪二頭指相合 以二大指附頭指側 呪曰 枳 此是觀世音火印呪 不爲劫火之所焚燒", 『저리염송비밀법』 권하(대정장21, p.20c2)에 "부종금강화인 여덟째. 오른손 엄지로 세 손가락의 등을 눌러 주먹을 쥐고 검지 하나를 펼쳐서 오른손 손바닥을 가리킨다. 왼손의 다섯 손가락은 맹렬한 화염처럼 펼치면 이것을 무동금강화의 수인이라 한다. 無動金剛火印第八 禪捻三度背爲拳 進度獨舒指定掌 散開五度如猛焰 是名無動金剛火", 『나라연천공아수라왕투전법』(대정장21, p.342c9)에 "다음으로 화인은 오른손은 금강권을 만들고 왼손의 다섯 손가락을 곧게 펴서 살짝 움직인다. 왼손의 검지로 오른손의 중심을 지탱하면 일체의 원한 맺힌 마음의 어지러움을 태울 수 있다. 수인의 큰 불꽃으로 그것을 향하여 가리키면서 그것을 불로 태운다고 관상한다. 次火印 定手作金剛拳 右手直舒五指微動 以左頭指柱右手心 能燒一切 設覩嚕心爛 以印大焰向彼指之 想火燒彼如是"라고 하였다. [참고문헌] 『不空罥索陀羅尼經』, 『底哩念誦祕密法』, 『那羅延天共阿修羅王鬥戰法』.

화인설 化人說 사람으로 변하여 설하다. 오인설경(五人說經) 중 하나다. 불보살이 인간의 모습으로 화현하여 불법을 설하는 것을 말한다. 『비니지지회집』 권1 「범례 凡例」(卍속장61, p.663b17)에 "다섯째는 변화한 사람이 설하는 것인데, 삼승의 성인이 근기에 따라 변화로 나타나니 마치 라후라가 금륜왕으로 화작하여 성 동쪽의 노모를 제도하는데 먼저 복과인연을 찬탄한 다음 뒤에 대승묘법을 설한 것과 같다. 五 化人說 謂三乘聖人 隨機現化 如羅睺羅 化作金輪王 而度城東老母 先讚福果因緣 後說大乘妙法", 『비니관요』 권1(卍속장63, p.630b4)에 "다섯째는 화인이 설하는 것인데, 부처님께서 변화해 나타나거나 대보살들이 변화해 인간의 모습으로 중생의 근기에 따라 법을 설하여 인연 있는 중생을 제도하는 것을 말한다. 五 化人說 謂佛所化現 或諸大菩薩 所作化人 隨機說法 度有緣衆"라고 하였다. [참고문헌] 『毗尼止持會集』, 『毘尼關要』.

화일 華日 조선후기 장흥 보림사(寶林寺) 스님. 휘는 화일(華日), 호는 청호(靑湖)이다. 1894년 범해각안(梵海覺岸)스님이 지은 『동사열전』 권6 「청호강백전」(한불전10, p.1073b3)에 금년 갑오년(1894)에 화일스님이 순천 선암사(仙巖寺)에 있다라고 하였으나(今甲午 在仙岩寺大覺國師義天僧統大道場), 자세한 생몰연대는 알 수 없다. 어릴 때 장흥 보림사로 찾아가 벽파찬영(碧波贊英)스님을 은사로 하여 스님이 되었다. 재주가 뛰어나 경율론 삼장은 물론, 유가경사에도 정통하였다. 벽련인성(碧蓮仁性 : 蓮老)스님은 선사(先師)의 강석이 다시 열린 것 같다라고 칭송하였다. 스님은 두륜산(대흥사)에서 뿌리를 내렸고(托根), 보림사에서 꽃을 피웠으며(開花), 조계산 선암사에서 열매 맺었으므로(曹溪結實) 마치 부처님의 삼처전심(三處傳心)과 같이 하셨을 뿐 아니라, 마치 맹자의 어머니가 아들 위해 세 번 이사를 한 것과 같다(孟母三遷)고도 하였다. 스님은 오랫동안 강설하여 후학을 지도하다가 간화문(看話門)에 들어가 연좌관심(宴坐觀心)하여 선교를 겸비하였다. 스님은 임제의현(臨濟義玄)의 제34세 법손이고, 태고보우(太古普愚)의 16세이며, 청허휴정(淸虛休靜)의 11세이고, 호암체정(虎巖體淨)의 6세, 설파상언(雪坡尙彦)의 5세, 낭송유화(朗松有華)의 4세, 해암청윤(海岩淸閏)의 3세로서, 연서(蓮棲)의 손자이며, 벽파찬영(碧坡贊英)의 제자다. [참고문헌] 『東師列傳』 권6 「靑湖講伯傳」(한불전10, pp.1072c20~1073b3). ⇨ 청호 靑湖

청호당화일대선사진영
선암사 순천 1917년

화일체처 火一切處 불 일체에 처하다. 십일체처(十一切處 : 十遍處) 중 하나다. 화변처정(火遍處定 Ⓢ tejas-kṛtsnāyatana)과 같다. 『중아함경』 권60 「예경 例經」(대정장1, p.807a12)에 "무명을 끊고자 한다면, 마땅히 십일체처를 닦아야 한다. … 이와 같이 수일체처와 화일체처와 … 무량공처일체처가 그것이다. 欲斷無明者 當修十一切處 … 如是修水一切處、火一切處 … 無量空處一切處", 『제법무쟁삼매법문』 권하(대정장46, p.635a6)에 "화일체처정에 머물러 대광명을 놓아 시방 가득 비춘다. 住火一切處 放大光明 遍照十方", 『법계차제초문』 권중(대정장46, p.678a19)에 "(십일체처 중) 일곱째는 화일체처다. 돌이켜 팔배사와 팔승처 중 적은 화색을 취해 일체처가 모두 화색이도록 하는 것이다. 七 火一切處 還取前背捨勝處中少火色 使一切處皆火色也"라고 하였다. [참고문헌] 『中阿含經』, 『諸法無諍三昧法門』, 『法界次第初門』. ⇨ 화변처정 火遍處定, 십일체처 十一切處

화자 化者 Ⓢ nirmātṛ, Ⓣ sprul-pa. 변화를 짓는 이. 만물을 변화해 만들고 지어내는 존재 즉 모든 것의 아버지라 불리는 대범(大梵) 즉 외도에서 주장하는 브라흐만 등을 말한다. 『구사론』 권4(대정장29, p.20c28 : *Abh-k-bh.*, p.59)에 "나는 이 범중(梵衆天)에서 대범이고 자재하며 작자·화자·생자·양자이며 일체의 아버지이다. 我於此梵衆 是大梵 自在 作者 化者 生者 養者 是一切父 aham asmi brahmā īśvaraḥ kartā nirmātā sraṣṭā sṛjaḥ pitṛbhūto bhūtānām", 『구사론기』 권4(대정장41, p.81a4)에 "풀어 말한다. '범중 가운데 존귀하므로 대범이라 하고, 일체를 거느려 거두므로 모두가 자재를 얻으며, 능히 기세간을 만들어 내므로 작자라 하고, 유정세간을 변화해 있게 하므로 화자라 한다. 생자란 앞의 작자를 풀어 작의 뜻을 거듭 드러낸 것이니, 기세간을 낳는 이이기에 작자라고 하였다. 양자 이하에서는 앞의 화자를 풀어 화(化)의 의미를 거듭 드러낸 것이니 유정세간을 능히 기른다는 뜻이며, 일체유정의 아버지이기에 화자라고 한다'. 解云 梵衆中尊 名爲大梵 統攝一切 皆得自在 能作器世間 名作者 能化有情世間 名化者 言生者 釋前作者 重顯作義 謂能生器世間者 故名作者 養者已下 釋前化者 重顯化義 謂能養育有情世間者 是一切有情父 故名化者"라고 하였다. [참고문헌] 『俱舍論』, 『俱舍論記』, *Abh-k-bh.* ⇨ 작자 作者[2]

화자 火字 실담자 (hva)의 음사. 실담42자문(悉曇四十二字門)의 하나로 화바(火婆)·가바(訶婆)·가박(訶嚩)·합박(嗑縛)·사파(沙波) 등으로 음사하고 환래(喚來)·호소(呼召) 등으로 한역한다. 『대품반야경』 권5(대정장8, p.256b3 : *Pañca-pr.I-2*, p.86)에 "화자문이니 제법을 불러도 얻지 못함에 든다. 火字門 入諸法喚不可得故 hva-kāramukhāḥ sarvadharmā āhvānāpagatatvāt", 『대지도론』 권48(대정장25, p.409a1)에 "화자를 들은즉 일체법무음성상을 안다. 화파야는 환래라 한다. 若聞火字 卽知一切法無音聲相 火婆夜 秦言喚來"라고 하였다. [참고문헌] 『大品般若經』, 『大智度論』, *Pañca-pr.* ⇨ 실담 悉曇, 사십이자문 四十二字門

화자재천 化自在天 Ⓢ Nirmāṇa-rati deva, Ⓟ Nimmāna-ratī devā. 욕계의 여섯 하늘(六欲天) 중 다섯 번째인 화락천(化樂天). 『장아함경』 권4 「유행경 遊行經」(대정장1, p.27b4)에 "그때 화자재천왕이 다시 게를 지어 읊었다. '부처님 오늘 밤에 오른쪽 허리를 붙이고 누우셨네. 여기 사라원에서 석사자 멸도하시네'. 爾時化自在天王 復作頌曰 佛於今後夜 偃右脇而臥 於此娑

羅園 釋師子滅度",『증일아함경』권21(대정장2, p.656 b28)에 "사천하 좇아 도솔천에 이르기까지의 복을 다 헤아린다 해도 결국 화자재천 하나의 복에 미치지 못하고, 사천하부터 화자재천의 복을 다 그러모아도 결국 타화자재천 하나의 복에 미치지 못한다. 計從四天下 至兜術天之福 故不如一化自在天之福 計從四天下至化自在天之福 故不如一他化自在天之福"라고 하였다. 〔참고문헌〕『長阿含經』·권20「世記經」(대정장1, p.136a1),『增壹阿含經』, 60권본『華嚴經』권54(대정장9, p.743b29), *Lal-v.34.*, *DN.1.218.* ⇨ 화락천 化樂天, 육욕천 六欲天

화작 化作 ■1 Ⓢ nirmitta, nir-√mā, abhinir-√mā, prādur-bhūta, Ⓟ abhinimminātі, Ⓣ sprul-par byed, mngon-par-sprul te. 변화해 짓다. 불보살이 중생을 위해 신통력으로 변화하거나 갖가지 사상(事象)을 지어내는 것을 말한다.『법화경』권7(대정장9, p.55b17 : *Saddh-p.*, p.426)에 "이에 묘음보살은 자리에서 일어나지도 몸을 동요하지도 않고서, 삼매에 들어 그 힘으로 법좌에서 멀지 않은 기사굴산에다 팔만사천무리의 보배연꽃들이 피어나게 하였다. 於是妙音菩薩不起于座 身不動搖 而入三昧 以三昧力 於耆闍崛山 去法座不遠 化作八萬四千衆寶蓮華 yasya samādheḥ samanantarasamāpannasya gadgadasvarasya bodhisattvasya atha tāvad eveha sahāyāṃ lokadhātau gṛdhrakūṭe parvate tasya tathāgatadharmāsanasya purastāc caturaśītipadmakoṭīnayutaśatasahasrāṇi prādurbhūtāny abhūvan",『대법고경』권하(대정장9, p.296a7)에 "가섭이 부처님께 아뢰었다. '세존이시여, 여래께서는 어찌하여 삼승이 있다고 말씀하십니까?' 부처님께서 가섭에게 말씀하셨다. '비유하자면 저 길을 안내하는 이가 있어 용맹웅걸하여 장차 모든 권속과 다른 사람들을 데리고 사는 곳에서 다른 곳으로 가고자 해서, 광야의 험난한 길을 지나고자 할 때,「이 사람들이 피곤하고 힘들어 돌아가려 하지나 않을까」하여 모든 사람들을 쉬게 하려고 저 앞길에 신통변화로 커다란 성을 지어내니, 멀리서 가리키며 모든 대중에게「저 앞에 큰 성이 있으니 빨리 갑시다」하는 것과 같다'. 迦葉白佛言 世尊 如來云何 說有三乘 佛告迦葉 譬如導師 勇猛雄傑 將諸親屬及餘人衆 從其所住 欲至他方 經由曠野嶮難惡道 作是思惟 此衆疲乏 將恐退還 爲令諸人得止息故 於其前路化作大城 遙以指示語諸大衆 前有大城 當速至彼",『불지경론』권1(대정장26, p.295a1)에 "모든 보살들은 무량천룡 등의 몸으로 화작해 정토에 머물면서 부처님께 공양하거나, 스스로 천이나 용 등으로 변하여 여래날개처럼 보필하니 때문에 허물이라고는 없다. 諸菩薩化作無量天龍等身 住淨土中 以供養佛 或自化身爲天龍等翼從如來 故無有過",『구사석론』권8(대정장29, p.217c28 : *Abh-k-bh.*, p.170)에 "'나머지 모든 하늘'이란 앞의 사부천을 말한다. 즉 어떤 중생들은 욕진마저 지어내니, 그 화작한 진중에서 한층 더한 자재를 지어내니 화락천을 말한다. 諸餘天者 謂前四部天 有諸衆生 化作欲塵 於化作塵中 作增上自在 謂化樂天 te punaś catvāro devanikāyāḥ. santi sattvā nirmitakāmā nirmāya kāmān aiśvaryaṃ vaśe vartayanti. tadyathā devā nirmāṇaratayaḥ"라고 하였다. 〔참고문헌〕『法華經』,『大法鼓經』,『佛地經論』,『俱舍釋論』, *Saddh-p.189.*, *Abh-k-bh.426.*, *DN.2.211.* ■2 만들어내다.『장아함경』권17「포타파루경 布吒婆樓經」(대정장1, p.111c12)에 "내가 다시 범지에게 묻기를 '그대 능히 자기 몸으로 마음을 일으켜 다른 이의 사대신을 만들어 내서 신체구족하고 제근이 빠짐없게 할 수 있겠는가?' 하니, 그가 나에게 '할 수 없다'고 답했다. 我又問彼言 汝能於己身起心化作他四大身 身體具足 諸根無闕不 彼答我言 不能"라고 하였다. 〔참고문헌〕『長阿含經』.

화작양궐 話作兩橛 말해 두 토막 내다.『법안어록』(대정장47, p.593b2)에 "법안이 들기를 '덕산이 대중에게 보이길「오늘 밤은 문답 하지 않겠다. 물어 말하는 이 30방이다」. 그때 어떤 학인이 나와서 절을 올리자, 덕산이 바로 때렸다. 학인이 덕산에게 말했다.「저는 말해 묻기도 전인데, 화상께서 무슨 이유로 저를 때리셨습니까?」「너는 어디서 왔느냐?」「신라인 입니다」「배 타기도 전에 30방 줘야 좋았을 것을」'. 법안이 말하였다. '대단한 덕산이 말로 두 토막 냈다'. 擧 德山示衆云 今夜不答話 問話者三十棒 時有僧出禮拜 德山便打 僧云 某甲話也未問 和尙因甚麽打某甲 德山云 汝是甚處人 云 新羅人 德山云 未跨船舷 好與三十棒 師云 大小德山 話作兩橛",『벽암록』82칙「본칙 本則」(대정장48, p.208a26)에 "학인이 대룡지홍(大龍智洪)에게 물었다. '색신 마침내 무너집니다. 무엇이 견고한 법신입니까?〈말로 두 토막 낼 뿐. 나눠 열어야 좋다〉'. '산에 꽃 피니 마치 비단결 같고, 계곡물 맑아 쪽빛 같다〈구멍 없는 피리에 털로 짠 박판이라니. 뒤섞여 덩이졌기에 쳐서 부수지 못한다. 사람이 진주에서 왔다가 허주로 간다〉'. 僧問大龍 色身敗壞 如何是堅固法身〈話作兩橛 分開也好〉 龍云 山花開似錦 澗水湛如藍〈無孔笛子 撞著氈拍板 渾崙擘不破 人從陳州來 却往許州去〉"라고 하였다. 〔참고문헌〕『法眼語錄』,『碧巖錄』,『圜悟語錄』권1(대정장47, p.716a10).

화잡불상리 和雜不相離 Ⓢ miśrī-bhāva-avinirbhāga, Ⓣ 'dres-pa'i-tha-dad-med-pa. 어울려 섞여서 서로 떨어지지 않다. 두 가지 불상리(不相離) 중 하나로 상잡불상리(相雜不相離)라고도 한다. 섞이지 않은 채로 한 곳에 있는 것은 동처불상리(同處不相離)다.『유가사지론』 권3(대정장30, p.290a23 : *Yogā-bh.*, p.53)에 "또 불상리에 두 가지다. … 둘째는 화잡불상리이니, 이 대종의 극미와 나머지 모아 쌓인 능조소조의 색이 처소를 함께하기에 이를 화잡불상리라 한다. 가득차 모여있는 색들 갖가지 물들을 돌로 갈아 가루로 만들고 물로 합하면 서로 떨어질 수 없는 것과 같다. 호마·녹두·조·피 등이 모여는 있는 것과는 같지 않음을 알아야 할 것이다. 又不相離有二種 … 二 和雜不相離 謂卽此大種極微與餘聚集能造所造色處俱故 是名和雜不相離 又此遍滿聚色 應知如種種物石磨爲末以水和合互不相離 非如胡麻綠豆粟稗等聚 dvividhaś-ca-avinirbhāgaḥ … miśrībhāvāvinirbhāgaḥ punar-ekadeśatvāt. tadyathā tasmād-eva bhūta-paramāṇos-tad-anyasya samudāyasya bhūtabhautikasya. tasya punaḥ kṛtsnasya rūpa-samudāyasya vividha-dravya-śilāniṣpiṣṭāpsamāyuktavan-miśrībhāvā vinirbhāgo draṣṭavyo no tu tila-mudga-māṣa-kulattha-rāśivat", 『유가론기』 권1(대정장42, p.332a13)에 "다만 마치 온갖 물들 돌로 갈아 가루로 만들고 물로 합하면 (각 대종의) 처소는 나누기 어렵지만 그 자성은 각각 따로이니 이것이 화잡불상리의 뜻이다. 但如諸物石磨爲末以水和合 處所難分 其性各別 是和雜不相離義", 『유가사지론약찬』 권2(대정장43, p.19b23)에 "화잡불상리란, 자류의 대종과 다른 류의 대종 다 더불어 거듭 서로 섞여 드니 모두 한 곳에 처한 뜻이다. 和雜不相離者 謂自類大種與餘類大種 更相涉入 俱一處義"라고 하였다. [참고문헌] 『瑜伽師地論』, 『瑜伽論記』, 『瑜伽師地論略纂』, *Yogā-bh.* ⇨ 동처불상리 同處不相離

화장 火帳 공양하는 대중의 수를 적는 장부. 『선림상기전』 권23(대장경보편19, p.645a9)에 "화장 : 도충이 말한다. '반두가 공양할 사람 수를 헤아려 그 밥 지은 일의 장부이다'. 火帳 忠曰 飯頭計人口 打飯之帳也"라고 하였다. [참고문헌] 『禪林象器箋』, 『雪巖祖欽語錄』 권2(卍속장122, p.511b10).

화장 火葬 주검을 불로 태운 다음 사리를 거둬서 안치하는 장법(葬法). 곧 다비(茶毘)를 일컫는다. 『육도집경』 권5 「인욕도무극장 忍辱度無極章」(대정장3, p.28b24)에 "뱀이 밤에 궁에 들어와 깨무니 바로 목숨이 끊어졌다. 시신을 삼일 동안 두기로 하고 명 내리길 '태자를 능히 살리는 이가 있으면 나라를 나누어 다스리게 하겠다' 하였지만, 결국 싣고서 산간에서 마땅히 화장하려 하였다. 蛇夜入宮 咋之卽絶 停屍三日 令曰 有能活太子者 分國而治 載之山間 當火葬之", 『대당서역기』 권2(대정장51, p.877c26)에 "마지막 보내며 염하여 장사 치르는 그 의식에는 셋이 있다. 첫째는 화장이니, 땔감을 쌓고 불태워 사르는 것이다. 둘째는 수장이니, 물에 빠뜨려 떠다니다가 흩어지게 하는 것이다. 셋째는 야장이니, 숲에 버려 짐승에게 먹이는 것이다. 送終殯葬 其儀有三 一曰火葬 積薪焚燎 二曰水葬 沈流漂散 三曰野葬 棄林飼獸", 『임제록』(대정장47, p.505a20)에 "황벽은 일어나자마자 유나를 때렸다. 임제가 땅을 곡괭이질하면서 말했다. '제방에서는 화장을 하지만, 저는 여기에다가 한꺼번에 산채로 묻습니다'. 黃檗纔起 便打維那 師钁地云 諸方火葬 我這裏一時活埋"라고 하였다. [참고문헌] 『六度集經』, 『大唐西域記』, 『臨濟錄』. ⇨ 다비 茶毘, 다비법 茶毘法, 불장 佛葬, 장법 葬法

화장 華藏 피어나 꽃다울 것들 감춘 채로여서 언제나 피어나 꽃답게 하는 뜻. 연꽃(蓮華)이 연씨 품은(含子) 비유로 연화장세계해(蓮華藏世界海)를 말한다. 『화엄경소』 권57(대정장35, p.939a9)에 "화란 열 가지로 평등해 깨끗한 마음이다. 진경 곧 60권본 『화엄경』에서는 '깨끗한 마음 꽃 피워 가득 채운 뜻이다'라 하였다. 화장이란 진제와 속제 쌍으로 닦음으로써 얻기 어려운 뛰어남 씨앗 삼아 품어 가득 채움이다. 華謂十種平等淨心故 晉經云 淨心華藏 華藏者 以眞俗雙修 於難得勝 爲因含藏故", 『화엄경지귀』(대정장45, p.590a3)에 "화장으로 돌아간다 하는 것은, 이들 모든 뒤섞여 물든 세계는 각각 모두 한결같이 다할 것이니, 오직 이 연화장장엄세계의 바다 뿐이다. 歸華藏者 謂此等一切 雜染世界 各皆同盡 唯是蓮華藏莊嚴世界海", 『화엄현담회현기』 권12(卍속장12, p.164b12)에 "화장이란 말은, 연화가 씨를 품고 있는 자리를 가리켜 꽃을 감추고 있다 한다. 지금 찰종도 찰도 대연화로 품어 감춘 뜻이기에 화장이라 한다. 言華藏者 蓮華含子之處 目之曰華藏 今刹種及刹 爲大蓮華之所含藏 故云華藏", 『유마경약소수유기』 권1(대정장38, p.718c7)에 "먼저 과보를 푼다. 곧 이 화장이란 『화엄경』에서 밝힌 연화장세계의 바다다. 初釋果報 卽是華藏者 謂華嚴所明 蓮華藏世界海"라고 하였다. [참고문헌] 『華嚴經疏』, 『華嚴經旨歸』, 『華嚴懸談會玄記』, 『維摩經略疏垂裕記』. ⇨ 연화장세계 蓮華藏世界

화장계 華藏界 연화장세계(蓮華藏世界)의 줄임말. 『화엄경탐현기』 권2(대정장35, p.128b2)에 "화장에 의지하여 사바의 상으로 나뉜다. 끝에 드러나는 것들은 그 바탕에 의지하기에 그 아래 문에서 이르길, '화장계 중에 사바계' 등으로 한 말이다. 以依華藏 而有娑婆染淨相分 末依本故 如下文云 華藏界中 娑婆世界 此之謂也", 『칠처구회송석장』 권1(대정장36, p.711c17)에 "본과 말을 쌍으로 나툰 문이니, 경에서 '화장계 중에 사바계와 같다'라고 한 말과 같다. 本末雙顯門 如經云 華藏界中 娑婆界等"라고 하였다. [참고문헌] 『華嚴經探玄記』, 『

七處九會頌釋章』. ⇨ 연화장세계 蓮華藏世界

화장납관 和贓納款 훔친 물건과 함께 품목 적은 장부까지 내놓다. 다 드러내다의 뜻이다. 『허당록』 권1(대정장47, p.989a18)에 "올해의 가난은 송곳조차 없다고 하니, 훔친 물건에 품목마저 내놓는다. 今年貧錐子也無 和贓納款", 『괴안국어』 권2(대정장81, p.524a3)에 "학인이 다시 물었다. '어떤 학인이 「이것(호떡이라는 말)으로 어떻게 교섭한다 합니까?」라고 따지자 운문이 「분명히 드러나 있는데 무슨 교섭이란 말인가」 하신 뜻은 무엇인가요?' '훔친 물건에 품목마저 내놓는 일이다'. 進云 僧云 這箇有什麽交涉 門云 酌然 有什麽交涉 此意如何 師云 和贓納款"라고 하였다. 〔참고문헌〕『虛堂錄』.

화장밀엄 華藏密嚴 화장세계(華藏世界)와 밀엄세계(密嚴世界). 석가모니부처님의 정토를 화장세계라 하고 대일여래의 정토를 밀엄세계라 한다. 『관심본존초』(대정장84, p.275b5)에 "화장 · 밀엄 · 삼변 · 사견 등의 삼토와 사토는 모두 성겁에서 무상한 국토가 변화한 것이니 방편토 · 실보토 · 적광토 · 안양국토 · 정유리토 · 밀엄국토 등이다. 華藏密嚴三變四見等之三土四土 皆成劫之上 無常土所變化 方便實報 寂光安養 淨瑠璃 密嚴等也"라고 하였다. 〔참고문헌〕『觀心本尊抄』.

화장사 花長寺 경상남도 함양 화장산(花長山)에 있던 절. 『동국여지승람』 권31 경상도 함양군 불우에 이름과 위치가 전하며, 『여지도서』 경상도 함양사찰과 『범우고』에 "지금은 없다. 今無"고 하였다. 김종직(金宗直 1431~1492)의 『점필재집』 권7에 '화장사 승 적연이 난초를 가지고 왔다. 花長寺僧寂然持蘭而至'라고 하였고, '진산군을 모시고 화장사에서 묵었다. 陪晉山君宿花長寺' 등이 전한다. 〔참고문헌〕『東國輿地勝覽』, 『輿地圖書』, 『梵宇攷』, 『佔畢齋集』, 『韓國寺刹全書』 권하 p.1175a7.

화장사 花藏寺 함경남도 단천군 오봉산(五峯山) 동덕사(東德寺). 『동국여지승람』 권49 함경도 단천군 불우에 이름과 위치가 전한다. 『여지도서』 함경도 단천군 사찰에 "동쪽 35리 오봉산에 있으며, 일명 동덕사이다. 東三十五里在五峯山 一名東德寺"라고 하였으며, 『가람고』와 『범우고』에도 이름과 위치가 전한다. 〔참고문헌〕『東國輿地勝覽』, 『輿地圖書』, 『伽藍考』, 『梵宇攷』, 『韓國寺刹全書』 권하 p.1175a10. ⇨ 동덕사 東德寺

화장사 華莊寺 황해도 개성에 있던 절. 『태종실록』 권7 4년(1404) 2월 18일에 "제릉의 비를 세웠다. … 화장사의 묵은 비를 갈아내고 다시 새긴 것이다. 立齊陵碑 … 磨去華莊寺舊碑而刻之"라고 하였고, 『성종실록』 권163 15년(1484)에는 주지(住持) 지성(至誠)이 태조와 태종의 도서(圖書) 위조건을 논의한 일이 있었으며, 『현종실록』 권22 15년(1674)에는 "장단에 사는 유생 정탁이 내간에서 대행왕대비를 위해 송도 화장사에서 수륙재를 설행한다는 소식을 듣고 소를 올려 그 잘못됨을 극구 말하였다. 長湍儒生鄭鐸 聞自內間爲大行王大妃將設水陸齋 於松都華莊寺 投進一疏 極言其非"라고 하였다. 황혁(黃赫 1551~1612)의 『독석집』 「송도도중우음 松都途中偶吟」과 임상원(任相元 1638~1697)의 『염헌집』 권28 「구월산패엽사기 九月山貝葉寺記」 등에 이 절의 소식이 전한다. 〔참고문헌〕『太宗實錄』, 『成宗實錄』, 『顯宗實錄』, 『獨石集』, 『恬軒集』.

화장사 華藏寺 **1** 서울특별시 동작구 관악산(冠嶽山)에 있는 절. 전에는 대본산 봉은사(奉恩寺)의 말사였고 대한불교조계종 직할교구 조계사(曹溪寺)의 말사이다. 『범우고』에는 "지금은 갈궁사라고 부른다. 今稱葛弓寺"라고 하였고, 『가람고』에는 "화장암 華藏庵"이라고 하였다. 현재는 국립서울현충원 안에 있어 호국지장사(護國地藏寺)라고 부른다. 1577년(선조10)에 이곳에 중종의 후궁이자 선조의 할머니인 창빈안씨(昌嬪安氏)의 묘역이 있었으므로 창빈의 조포사(造泡寺)로 창건하고 갈궁사(葛弓寺)라고 불렀다. 그 뒤 『봉은사말지 奉恩本末志』(『한국사찰전서』 권하, pp.1189c4~1189d3)에는 "현종 2년 계묘 顯宗二年癸卯"라고 하여, 1663년(현종4)에 중수하였다고 전한다. 다만 1862년(철종13)에 권영휘(權永彙)가 쓴 「경기좌도과천현관악산화장사중건상량문 京畿左道果川縣冠嶽山華藏寺重建上樑文」(같은 책, pp.1189d3~1190c4)에는 1663년에 세 번째로 중수하였고, 1862년에 네 번째로 중건하였다고 하였다. 현재 일본 오사카부립 나카노시마도서관 소장 1712년(숙종38) 간행 정두경(鄭斗卿)의 『동명선생집』 권10 여어(儷語) 「화장사중창문 華藏寺重創文」에는 "강과 산 빼어나 대웅께서 머무르시길 합당하지만, 기둥과 지붕은 새롭게 하지 못해 자못 다니는 이들이 한탄하였다. 호일상인은 … 보고는 탄식하면서 경영하고자 하였다. … 9층의 범왕전을 일으켰다. 河山特出 縱合大雄之居 棟宇不新 頗有遊人之恨 浩一上人 … 見而歎息爲之經營…起九層梵王殿"이라고 하였다. 1786년(정조10) 윤7월 12일에 묘소도감(墓所都監)이 보고한 부사군(浮莎軍)과 보토군(補土軍)의 별단(別單)에 화장사 스님 11명이 포함되기도 하였다. 그 뒤에 선방 주변이 무너지고 불전의 단청이 떨어져 나갈 정도로 퇴락하였는데, 1862년(철종13)에 운담(雲潭) · 경해(鏡海)가 서빙고(西氷庫) 단씨(段氏)의 시주를 받아 중건하여 백학이 먼저 깃들고 청룡이 머물며 누구든지 찾아오는 곳이 되게 하였고, 연이어 1870년(고종7)에 경파루(鏡波樓)를 건립하였다. 1878년(고종15)에 주지 서월(瑞月)과 도감(都監) 경해가 대방을 중수하였고, 1896년(건양1)에도 계향(戒香)이 칠성각을 건립하였다. 1920년에는 주지 원옹(圓翁)과 원감 명진(明眞)이, 1936년에는 주지 유영송(劉永松)이 각각 대방과 능인전을 중수하였다. 1953년에 국군묘역에 포함되었는데, 1983년에 혜성(慧惺)이 지장보살의 원력으로 국립묘지에 안장된 순국선열과 호국영령이 극락왕생하도록 기원하는 뜻으로 절 이름을 호국지장사로 고쳤다. 현존하는 당우로는 대웅전, 능인보전, 극락전, 삼성각, 지장보살입상, 요사 등이 있으며, 성보문화재로는 지장사 철불좌상을 비롯하여 1870년(고종7)에 조성한 지장사 아미타불도, 1893년(고종30)에 제작한 지장사 극락구품도·지장사 감로도·지장사 지장시왕도·지장사 대웅전 신중도·지장사 현왕도, 1901년(광무5)에 그려 봉안한 지장사 괘불도, 그외에 지장사 팔상도 등이 유형문화재로 지정되어 있으며, 지장사목조여래좌상 및 복장유물은 현재 불교중앙박물관에 있다. 〔참고문헌〕『梵宇攷』, 『伽藍考』, 『韓國寺刹全書』, 『日省錄』 正祖 10年 閏7月 12日, 『東溟先生集』. **2** 강원도 통천군 답전면 황룡산(黃龍山)에 있던 절. 대본산 유점사(楡岾寺)의 말사였다. 1012년(현종3)에 원공국사(圓空國師) 지종(智宗)이 창건한 뒤, 1018년(현종9)에는 5층석탑을 건립하였다. 1508년(중종3)에 불탄 것을 1512년(중종7)에 종수(宗修)가 중건하였다. 1686년(숙종12)에 석심(碩心)이 지장보살상과 시왕상을 조성하였고, 1716년(숙종42)에는 자관(自寬)이 극락전 후불탱을 봉안하였다. 1748년(영조24)에 절 전체가 불타자 1752년(영조28)에 명현(蓂玄)·도신(道信)이 극락전·요사만 중건하였다. 1772년(영조48)에는 신서(信瑞)·일안(一安)이 제석탱과 신중탱을 조성하여 봉안하였고, 1787년(정조11)에는 긍원우감(肯圓宇甘)이 아미타삼존상을 개금하였다. 그 뒤 전각 1채만 남을 정도로 퇴락하였는데, 1901년(광무5)에 통천군수 이주하(李胄夏)가 어실각과 삼문을 건립하였고, 1927년에 주지 정재은(鄭在隱)이 매몰되어 있던 5층석탑을 극락보전 앞 마당에 옮겨 세웠으며, 1930년에는 어실각과 요사를 수리하였다. 〔참고문헌〕『東國輿地勝覽』, 『伽藍考』, 『梵宇攷』, 『楡岾寺本末寺誌』, 『韓國寺刹全書』 권하. **3** 강원도 평창군 오대산(五臺山) 중대(中臺)에 있던 절. 원래 보천암(寶川庵)이었는데, 화장사나 법륜사(法輪社)로도 불렸다. 『삼국유사』 권3(대정장49, p.998c14·한불전4, p.334b9) 흥법(興法)3 대산오만진신(臺山五萬眞身)에는 신라 정신대왕(淨神大王)의 태자 보천과 효명(孝明)이 세속 밖에 뜻을 두고는 몰래 오대산에 들어갔다가, 보천은 청련이 핀 곳에 암자를 짓고 머물렀는데 보천암이라고 하였다. 705년(성덕왕4)에 오대산에 진여원(眞如院)을 열자, 즉위한 효명은 문수성상을 조성하여 봉안하고 화엄경을 사경하게 하면서 화엄사를 조직하였다. 이 때 보천암을 화장사로 바꾸고 100일 동안 화엄회를 열게 하면서 법륜사라고도 이름을 붙였다. 이후 화장사를 오대산 오대사의 본사로 삼았다. 〔참고문헌〕『三國遺事』. ⇨보천암 寶川庵, 법륜사 法輪社 **4** 경기도 장단군 진서면 보봉산(寶鳳山)에 있는 절. 허목(許穆)이 쓴 『기언』 권27 하편 「성거천마고사 聖居天摩古事(1666년)」(한국문집총간98, pp.135a3~137a12)에는 오관산(五冠山) 동쪽 봉악(鳳嶽) 아래에는 화장사가 있다고 하였고, 『기언』 권29 하편 「낭선공자화첩서 朗善公子畫貼序(1667년)」(같은 책, pp.149b16~150a12)에도 "성거산 화장사 聖居華藏"라고 하여, 봉악과 성거산이 보봉산의 또 다른 이름이라고 하였다. 또한 이규보(李奎報)의 『동국이상국전집』 권35 「고화장사주지왕사정인대선사추봉정각국사비명 故華藏寺住持王師定印大禪師追封靜覺國師碑銘」(한국문집총간2, pp.62a3~64a13)에는 정우 5년(1217·고종4)에 화장사는 경내가 맑고 뛰어나 머물기에 적합하므로 대사께서 그 곳에 계시기를 청하였다고 하였고, 『대동야승』에 수록된 이덕형(李德泂)의 「송도기이 松都記異」에도 화장사 불전 뒤에는 깊이를 알 수 없는 바위 구멍이 있어서 비가 오려고 하면 푸른 연기 한 줄기가 일어났다 사라졌는데, 큰 뱀이 구멍 속에 엎드려 있다가 기운을 뿜어내기 때문이라는 전승에 의지해, 화장사(花藏寺)라는 또 다른 이름을 얻기도 하였다. 창건의 때와 관련해서는 10세기 이전에 개창되었다 전하지만 확인할 수는 없다. 『동국여지승람』 권12 장단도호부 불우조에는 처음 이름이 계조암(繼祖庵)이었는데, 눌암지백(訥菴知白)이 쓴 「고단주화장사개창기 古湍州華藏寺改創記(1660년)」(『조선사찰사료』 권상 pp.91~97)에는 태정년간(1324~1327·충숙왕11~14)에 서천 지공선현(指空禪賢)이 원의 신주(神州)에 와서 태자의 환대를 받았다고 소문이 나자, 현릉(玄陵 : 공민왕)이 본사주지를 보내 내원으로 모시고 스승으로 삼았고, 보봉산에 머물던 지공에게 승속의 모든 이들이 다투어 찾아오자, 지공은 계조암 옛 터에 절을 짓고 화장(華藏)이라고 하였다고 하면서, 국군을 단월로 삼고 방언(邦彦)이 관리를 맡았기에, 비록 천보산(天寶山) 회암사(檜巖寺)에는 미치지 못하지만 버금갈 정도의 규모와 위용이어서 지공의 도덕풍화(道德風化)를 드러내는 동국 오백선찰의 표상으로 자리잡았다고 하였다. 그 뒤 숭해(崇海)가 을병년부터 천준(天濬)·성총(性聰)·수진(守眞)·인종(印宗)·묘순(妙淳)·유옥(唯玉)·밀현(密玄)·묘경(妙經) 등과 전각을 중창하고 단청하여 임진년(1652 : 효종3) 사월초파일에 경찬대회를 설행할 예정이었지만, 3월 12일 실화로 모두 불타버렸는데, 서천에서 가져온 조사영정 10여 위와 금으로 만든 종 1구, 황색 발(簾席)·화준(花

樽) 각 1쌍 등이 전부 불탔다. 숭해는 대중을 격려하고 이산(李山)을 대공덕주로 삼아 8년만에 중건하였는데, 홍해(弘海)·해운(海雲)·행흘(行屹)·지헌(智軒)·혜당(慧塘)·수령(秀零)·제익(濟益) 등이 함께 하였다고 하였다. 김보(金普)가 쓴 「보봉산화장사중창비명병서 寶鳳山華藏寺重創碑銘幷序(1706년)」(『전등본말사지』 pp.151~153)에는 지공이 고려에 온 과정을 설명한 뒤, 1369년(공민왕18)에 계조암 옛 터에 절을 지어 태자의 원당으로 삼아 화장사라고 부르고는 패엽경·전단·강진향 등을 두었고, 그 뒤 해서(海西)스님 숭해가 중건하였지만, 숭정 임진(1652·효종3)에 불타 버려 해운·홍해·향운(香雲)·쌍흘(雙屹)·초계(楚戒)·해민(海玟)·유옥(裕玉)·경안(敬安)·법운(法雲)·제익·일휴(一休)·청읍(淸揖)·성철(性哲)·자운(慈雲)·청간(淸侃)·자중(自重)·취징(翠澄)·방걸(邦傑) 등과 함께 해서 8년만인 1659년(효종10)에 옛 모습대로 중창하였다고 하였다. 「경기우도장단보봉산화장사전후중창기 京畿右道長湍寶鳳山華藏寺前後重刱記」(『조선사찰사료』 권상 pp.97~98)에서는 이색(李穡) 찬술의 지공비를 인용하여, 서국 만왕(滿王)의 아들 지공이 태정 연간에 금강산 법기도량에 참례한 뒤 갑자기 돌아갔다고 하였고, 석지형(石之珩)의 『수현집 壽峴集(1709년)』에 실린 「화장사중건기 華藏寺重建記」를 인용하여, 1385년(우왕11)에 왕이 지공의 명령으로 계조암난야의 옛 터에 절을 짓고 화장이라고 이름하면서 고려 왕의 화상과 지공의 소상을 봉안하였으며, 지공이 가져온 패엽경 1협, 우두전단향 1조를 소장하게 하였다고 적었다. 조선 효종은 즉위 전에 청의 수도에서 가져온 강진향을 하사하였고, 당시에는 경내 동쪽에 지공의 정혜영조탑(定慧靈照塔)이 있었으며, 효종 무자년에 숭해·수령·제익이 8년만에 중건하였다고 하였다. 그러나 「국청사묘응대선사교웅묘지명 國淸寺妙應大禪師教雄墓誌銘」(1142년)에는 1115년(예종10)에 교웅에게 왕명으로 삼중대사를 내리고 화장사로 옮겨 머물게 하였고, 「고화장사주지왕사정인대선사추봉정각국사비명」에서는 1217년(고종4)에 정각국사 지겸(志謙)이 화장사에 머물렀다가 1229년(고종16)에 입적하여 행장을 담은 비를 건립하였다고 하였으며, 『고려사』 권108 열전(列傳)21 김이전(金怡傳)에는 1288년(충렬왕14)에 나이 24세의 김이가 우연히 화장사에 유숙하던 중, 시에 화답한 왕이 감탄하여 옷을 벗어 입혀준 꿈을 꾼 뒤 장흥부사로 부임하였다는 이야기도 전하며, 『화장사지』(『전등본말사지』 p.145)에서도 1353년(공민왕2)에 계조암을 확장하여 지공을 모셨다고 하였다. 또한 정도전(鄭道傳 1342~1398)의 『삼봉집』에 수록된 「화장사적묵당불량답책서華藏寺寂默堂佛糧畓冊序」(한불전10, pp.471c6~472a11)에는 불량답을 조성한 일과, 「보봉산화장사대웅전응진전양법당인등불유계좌목서 寶鳳山華戲寺大雄殿應眞殿兩法堂引燈佛油契座目序」(같은 책, p.472a12~b19)에서는 불유계를 맺은 일을 전하고 있다. 이처럼 화장사는 1369년에 지공이, 1385년에 우왕이 각각 계조암 옛 터에 창건하였다고 하지만, 1115년 이전에도 이미 사세를 유지하였던 것으로 알려졌다. 경내의 모습과 패엽경에 대해서 『농암집』 권23 「유송경기 游松京記」(한국문집총간162, pp.163a3~166a3)에는 신해년(1671·현종12)에 절은 매우 웅장하고 아름다운데, 불전은 옛날에 불탔다가 최근에 중건하였고 단청은 환해 보였다. 불전 왼쪽의 작은 건물에는 공민왕 영정을 봉안하였고, 그 왼쪽에는 나한전이 있어 천백나한을 모셨으며, 불전 오른쪽은 적묵당으로 지공의 소상을 모셨다. 적묵당 남쪽에는 조사전으로 가섭 이하 여러 조사를 모셨는데, 신비스러운 그림 이야기가 전할 만큼 자못 정밀하고 화려하다. 사승이 함 하나를 꺼내어 보여 주었는데, 모두 범자라 알기 어렵지만 패엽서가 있었고, 『능엄경』에서 말한대로 한 대만 피워도 40리 안에 동시에 향기가 퍼진다는 전단향이 있었으며, 지공이 서역에서 가져온 것으로 지금까지 소장하고 있다. 남쪽 누대는 높고 앞이 트여 조망할 수 있었는데, 강화(江華)와 통진(通津)의 여러 산이 백 리 안에 가깝게 보였다고 하였다. 「성거천마고사」에도 화장사에는 공민왕 도상이 있는데, 고려 유민이 옷감을 내어 팔아 진전에 올린 것이 수백 년을 이었다고 하면서, 스님들이 전해서 지켜 오던 패엽경은 서축의 범문으로 혹 지공이 쓴 것이라고 하였고, 지공의 등신불이 있다고 하였다. 「낭선공자화첩서」에서는 공민왕의 조경자사도(照鏡自寫圖)가 있다고 하였다. 다만 『운양집』 권3 해서지부집(海西持斧集) 「패엽사 貝葉寺」(한국문집총간328, p.27b17~21)에는 신라 승운(僧雲)이 서역에 불경을 쓴 패엽 다섯 묶음을 가지고 와서 진장하였기에 패엽사라고 이름붙였는데, 지금은 화장사에 옮겨 봉안되어 있다고 하였다. 『오주연문장전산고』 석전류 석전총설(釋典總說)에는 화장사 패엽경은 나옹(懶翁)이 지공대사를 사사하여 가지고 온 것으로, 길이는 포척(布尺)으로 반 자쯤 되고 너비는 4촌쯤이며, 빛깔은 희고 무늬와 결은 마치 자작나무 껍질과 같고, 한 잎에 6~7행씩 범자가 쓰였고 세자(細字)까지 합하면 모두 천여 잎이나 되는데, 위아래 두 군데에 구멍을 뚫고 실로 꿰맸으며, 곁에는 양쪽으로 나무 조각을 대어 꼭 끼워 놓았다고 설명하였다. 1679년(숙종5)에는 종념(宗念)이 금고(金鼓)를 조성하였고, 품곡무희(品谷無喜)가 쓴 「대웅전후불탱화조성기 大雄殿後佛幀畵造成記(1779년)」(『전등본말사지』 p.153)에는 숭해 중창 이후 삼회후불을 그려 봉안하였다가, 1776년(정조즉위) 2월에 염파옥련(艶葩玉鍊)이 삼인(三印)과 탱화를 그려 대웅전에 모셨다고 하였다. 1803년

(순조3)에는 월은(月誾) 등이 포응당초율대사비(抱應堂初律大師碑)를 건립하였고, 향엄지순(香嚴之淳)이 쓴 「운하당중건기 雲霞堂重建記(1901년)」(같은 책 pp.155~157)에는 1854년(철종5)에 무경대사(無鏡大師)가 불타버린 적묵당을 중건한 뒤, 1864년(고종1)에 용파대덕(龍波大德)이 거듭 새롭게 하였지만, 당시에 5분의 1정도만 남아 있을 정도여서 1878년(고종15) 경에 우담화상(藕潭和尙)이 대웅전을 중수한 뒤 장연부 학림사(鶴林寺)에서 시왕상을 모셔와 명부전을 짓고 봉안하였고, 1897년(광무1)에는 용파대덕과 미산장로(眉山長老)가 대중의 시주를 받아 1899년(광무3)에 응진전을 중수하고 1900년에는 운하당을 중수하였다고 하였고, 1905년(광무9)에 작성된 「화장사응진전개금개채탱화단확공덕기　華藏寺應眞殿改金改彩幀畵丹雘功德記」(같은 책, pp.157~158)에서는 전하는 말로 공민왕 때 나옹조사가 응진전을 세웠다고 하는데, 오직 1806년(순조6)에 의민대사(義旻大師)가 중수한 자취만 남아 있기에, 용파화상의 유지를 받든 법손 지영(智永)이 내탕금 2천원을 하사받아 1905년에 석가존상과 관음상을 개금하고 문수보현과 16나한·5백나한·독성·지공조사 등 존상을 개채하고 새로 나반탱 1폭, 신중탱 4폭을 조성하여 봉안하였다고 하였다. 향엄지순이 쓴 「화장사적묵당중창기 華藏寺寂默堂重刱記(1908년)」(같은 책, pp.159~160)에는 창건 시기에 대하여 1373년(공민왕22)에 개산조 지공화상이 창건하고 화장이라고 불렀다고 하면서, 적묵당은 명심양성(明心養性)을 위해 내부를 아자형으로 만들었는데, 숭해 중창 이후 1854년(철종5)에 무경(無鏡)이 불탄 옛 터에 중창하였고, 1865년(고종2)에도 용파대덕이 중창하였지만, 십수칸 밖에 안된 탓에 경제지영(鏡濟智永)이 다시 건립하였다고 하였다. 1912년에도 지영이 만세루를 중건하였고, 1919년에도 영산전 존상을 개금하였다. 1923년에는 황초암(黃楚巖)이 법당 개금불사를 봉행하였고, 1927년에는 실화로 적묵당을 제외한 모든 전각이 불타자, 황초암이 이경화(李鏡華)와 함께 옛 모습으로 복원하였다. 1934년에는 대종을 주성하였고, 1936년과 1937년에도 이경화가 대웅전 삼존상과 명부전 지장상, 시왕 등을 개금하거나 개채하였다. 현재 당우로는 대웅전, 명부전, 나한전 등이 있다. 성보문화재로는 1393년(태조2)에 건립한 지공의 정혜영조탑이 있다. [참고문헌]『記言』,『東國李相國全集』,『大東野乘』,『東國輿地勝覽』,『朝鮮寺刹史料』,『傳燈本末寺誌』,『高麗史』,『華藏寺誌』,『三峯集』,『農巖集』,『雲養集』,『五洲衍文長箋散稿』,『韓國寺刹全書』 권하,『北韓寺刹硏究』(韓國佛敎宗團協議會, 1993), 李智冠『校勘譯註歷代高僧碑文』 高麗篇3, pp.241~252. **5** 경상북도 문경시 산북면에 있던 절. 절이 있던 곳의 옛 행정구역명인 화장면의 화장(化庄)도 화장사에서 유래했다고 전한다.『동국여지승람』 권28 상주목 산천에는 고려 진정(眞靜)의 「유산기(遊山記)」를 인용하여, 산양현 북쪽에 산이 있어 동쪽으로는 죽령과 연결되고 남쪽으로는 화장을 잡아당기는데, 산의 이름은 사불(四佛)이지만, 공덕(功德)이라고도 한다고 하였다. 1705년(숙종31)에 작성된 「대승사사적기 大乘寺事蹟記」(『대승사지』, p.17)에는 일찍이 「고기」를 보니 의상이 공덕산 아래에 백련사(白蓮寺)를 창건하고, 원효 또한 화장사에 머물렀는데, 서로 10리쯤 되는 거리인 탓에 아침저녁으로 만났고 원효가 사운시(四韻詩)를 보냈다고 하였다.『한국사찰전서』 간행 당시 폐사된 지 오래되어 노전에는 박씨(朴氏) 묘역이 들어섰다고 하였다. [참고문헌]『東國輿地勝覽』,『大乘寺誌』,『韓國寺刹全書』 권하. **6** 전라남도 곡성군 죽곡면 연화리에 있던 절.『가람고』 편찬 당시에 폐사되었다고 하였다.『사탑고적고』에는 연화리 북쪽에 있는 절터 북쪽 돌담 위에 머리와 오른쪽 무릎이 대부분 부러져 없어진 높이 2척 2촌 불좌상 1위가 있는데 풍화에도 조각이 정교하다 하였다. [참고문헌]『伽藍考』,『韓國寺刹全書』 권하. **7** 평안남도 용강군 용월면 봉곡산(鳳哭山)에 있던 절.『사탑고적고』에는 갈현리 산중턱의 절터에는 당우터와 무너진 돌담, '화장사불향비 건륭이년월일 華藏寺佛香碑 乾隆二年月日'이라는 글자를 새긴 석비가 있고, 높이는 25척, 가슴의 지름과 두께는 2척 3촌과 7촌, 얼굴의 길이와 너비는 2척 2촌과 1척 7촌인 불상이 있으며, 길이 9촌에 너비와 두께가 3촌 5분과 2촌인 연와 등이 출토되었다고 하였다.『월저당대사집(1717년)』 하, 권사(勸詞) 「용강화장사대법당중창권문　龍岡華藏寺大法堂重創勸文」(한불전9, p.119a11)에는 "한 때 경운아사리가 계시면서 … 이리저리 해서 육화의 승당을 맺었고 … 용흥전의 복설이 이미 옛 일이라면 봉곡산의 중창은 바로 지금에 당한다. 頃有慶雲阿闍梨 … 東塗西抹 爰結六和之僧堂 … 龍興殿之復設 旣有昔時 鳳曲山之重開 正當今日"라고 하였다. [참고문헌]『寺塔古蹟考』,『月渚堂大師集』,『韓國寺刹全書』 권하,『韓國佛敎全書』,『北韓寺刹硏究』(韓國佛敎宗團協議會, 1993). **8** 황해도 송화군 약산(藥山)에 있던 절.『동국여지승람』 권43 풍천도호부 불우에는 약산에 있다고 하였고,『가람고』와『범우고』에는 각각 대약산(大藥山), 화약산(火藥山)에 있다고 하였다. [참고문헌]『東國輿地勝覽』,『伽藍考』,『梵宇攷』,『韓國寺刹全書』 권하,『北韓寺刹硏究』(韓國佛敎宗團協議會, 1993). **9** 황해도 신천군 구월산(九月山)에 있던 절.『동국여지승람』 권42 문화현 불우에는 "구월산에 있다. 在九月山"라고 하였으나『범우고』 편찬당시에 폐사되었다고 하였다.『패엽사사적기후록 貝葉寺事蹟記後錄』(『한국사찰전서』 권하, p.1191c8~9)에는 구월산 패엽사(貝葉寺) 경내에 있다고 하였지만 관련 자료는 전하지 않는다.『한국

사찰전서』 찬자 권상로는 "지금의 화장동으로 의심된다. 疑今之華藏洞"고 하였지만, 역시 근거는 밝히지 않았다. 〔참고문헌〕『東國輿地勝覽』, 『梵宇攷』, 『韓國寺刹全書』, 『北韓寺刹硏究』(韓國佛敎宗團協議會, 1993).

화장사대웅전응진전양법당인등불유계좌목서 華藏寺大雄殿應眞殿兩法堂引燈佛油契座目序 지탁(知濯) 지음. 찬술 시기는 알 수 없다. 화장사 대웅전과 응진전에 등불을 밝히고자 조직한 불유계(佛油契) 좌목의 서문이다. 원제목은 「보봉산화장사대웅전응진전양법당인등불유계좌목서 寶鳳山華藏寺大雄殿應眞殿兩法堂引燈佛油契座目序」로, 『삼봉집』(한불전10, p.472a12~b19)에 실려 있다. 비구와 비구니, 선남자와 선여인 등이 해마다 기름을 화주해 모아 화장사 대웅전과 응진전에 등불을 밝히려는 불유계를 만들었는데, 이 결사는 제불(諸佛)의 광명은혜를 갚는 것이면서 중생의 마음에서 나오는 제불의 대광명장(大光明藏)이기도 하다. 다만 마음에 머무는 상을 두지 않아, 비록 한 잔의 기름과 한 점의 심지로 부처님 앞에 등을 밝혀도 무진등(無盡燈)이 되어, 낱낱의 등빛이 영원히 법계 가득 비칠 것임을 유념한다고 하였다. 〔참고문헌〕『三峯集』. ⇨화장사 華藏寺 **1**

화장사적묵당불량답책서 華藏寺寂默堂佛糧畓冊序 삼봉지탁(三峯知濯 1750~1839) 지음. 『삼봉집』(한불전10, p.471c6)에 있다. 경기도 장단 화장사의 적묵당에 마지를 올리기 위해 불량답(佛糧畓)을 마련해서 추수한 신곡을 불량미(佛糧米)로 바치는 불량계(佛糧契) 내력을 적은 계책(契冊) 서문이다. 서문 뒤에는 불량계 동참 대중을 모두 적었다. 특히 이 글에서는 불량답 조성에서부터 불량미의 운송과 유지, 까닭 등을 자세히 적고 있다. 같은 책(한불전10, p.471c22)에 "지금 신심 있는 단월(檀越)이 부지런히 서로 도모하여 조금씩 재원을 모아 전답을 사니 그 전답을 불량답이라 한다. 가을이 되면 추수하여 힘을 다해 절로 수송하고 깨끗이 말려 부지런히 찧으니 그 쌀을 불량미라 한다. 매년 매달 매일마다 쌀을 일어 씻고 공양을 지어 떠서 손을 씻고 부처님께 올리며 몸을 굽혀 절하니 정성이 없는 이들은 정성이 생기고 정성스런 이들 또한 순일해서 각기 그 소원 이루고 각기 그 복을 얻으니 이것이 부처님께 공양을 올리는 이유이다. … 진성·묘련·의민스님 등이 실무를 주관하고 운영하여 다시 계(契)를 맺으니 동참한 이들의 이름을 적어 첩(帖)을 만들어 길이 오래 보이고자 한다. 今信檀那 懃懃而相謀 寸寸而鳩財 買之畓田 名其畓曰佛粮畓 及秋而收之 盡力而輸之 乾而淨淨 舂之勤勤 名其米曰佛粮米 年年歲歲 月月日日 淅之溲之 蒸之浮之 盥手而薦之 傴僂而拜之 無誠者發誠 有誠者純一 各遂其願 各獲其福 則此佛粮之由也 … 上人眞性 妙連 義旻 實主張而經紀之 復結之爲契 而列名爲帖 將示永久"라 하였다. 〔참고문헌〕『三峯集』. ⇨불량계 佛糧契, 불량답 佛粮畓, 화장사 華藏寺 **1**

화장사정각국사비 華藏寺靜覺國師碑 이규보(李奎報 1168~1241) 지음. 『동국이상국전집』 권35 비명·묘지(碑銘·墓誌)와 『동문선』 권118 비명(碑銘)은 「고화장사주지왕사정인대선사추봉정각국사비명 故華藏寺住持王師定印大禪師追封靜覺國師碑銘」이다. 왕사였다가 입적 후 정각국사로 추봉된 지겸(志謙 1145~1229)의 비명이다. 지겸의 문인인 곽운(郭雲) 등이 비를 세울 것을 청하자 임금이 비의 이름을 하사하고 1232년(고종19)에 이규보에게 글을 짓도록 하였다. 〔참고문헌〕『東國李相國全集』, 『東文選』. ⇨지겸 志謙

화장세계 華藏世界 연화장세계(蓮華藏世界). 『법계도기총수록』 권상1(대정장45, p.722b1)에 "화장세계가 깊고 깊다 한 말은, 낱낱 티끌 중에 법계가 나타나기 때문이다. 이에 한 티끌 잡아 안팎을 구하려 해도 결코 찾을 수 없다. 花藏世界甚深者 以一一塵中 見法界故 是故約一微塵 求其內外 並不可得", 같은 책 권상1(대정장45, p.730c22)에 "경에 '화장세계 모든 티끌 그 낱낱 티끌 중에 법계가 나타나 빛 가득한 채로 부처 나투길 저 구름 모이듯 한다' 하였으니, 이는 여래의 세계 자재해서 중생 열고자 하면 취할 수 있으니, 이래서 중생의 바다로 무늬진다 하고, 부처로서 문을 취하기에 부처의 바다에 무늬진다 한다. 經云 花藏世界所有塵 一一塵中見

화장세계 감지금니대방광불화엄경권십변상도 삼성리움미술관 고려후기

法界 普光現佛 如雲集 此是如來刹自在 以衆生門取 則是衆生海印 以佛門取 則是佛海印"라고 하였다. 〔참고문헌〕『法界圖記叢髓錄』. ⇨연화장세계 蓮華藏世界, 연화장세계해도 蓮華藏世界海圖

화장암 華藏庵 **1** 강원도 고성군 외금강면 금강산(金剛山) 신계사(神溪寺) 경내에 있던 암자. 궤철(軌哲)의 요청으로 작성한 찬자 미상의 「금강산화장정사기 金剛山華藏精舍記」(『유점사본말사지』, pp.249)에는 화장정사는 금강산 동쪽의 구룡연(九龍淵)과 옥류동(玉流洞)

아래에 있는데, 1786년(정조10)에 환밀선사(幻密禪師)가 초창(初創)하였고, 1808년(순조8)에 궤철이 단월 임공(林公)의 시주를 받아 중건하였다고 하였다. 『한국사찰전서』에서는 궤철을 범철대사(帆哲大師)로 기록하였다. [참고문헌] 『韓國寺刹全書』 권하, 『楡岾寺本末寺誌』, 『北韓寺刹硏究』(韓國佛敎宗團協議會, 1993). ❷ 경상북도 문경시 산북면 운달산(雲達山) 김룡사(金龍寺) 경내에 있는 암자. 「김룡사화장암중수중암개편화장암기 金龍寺華藏庵重修中庵改扁華藏庵記」(『한국사찰전서』 권하, pp.1193b6~1194a5)에는 1758년(영조34)에 암주(庵主) 백련(白蓮)이 중수한 내역과 절 이름을 바꾼 과정이 적혀 있다. 백련의 선사(先師) 정암공(靜岩公)이 암자를 수리하려다가 천화(遷化)하였고, 뜻을 함께 한 두타성천(頭陀性天)도 입적하고 말았다. 그 뒤 백련이 혼자서 중건하고 중암(中庵)에서 화장으로 절이름을 바꾸었다고 하였다. 1768년(영조44)에 영파성규(影波聖奎)가 영각(影閣)을 건립하였고, 「강우상주목운달산운봉사화장암번와중복기 江右尙州牧雲達山雲峰寺華藏庵燔瓦重覆記(1800년)」(같은 책, pp.1192b9~1192d10)에는 1758년(영조34)에 중건하면서 기와를 수리한 이래, 1767년(영조43)에도 기와를 다시 올렸고, 1799년(정조23)부터 양학대사(良學大師)가 구운기와로 중수하였다고 하였다. 사산(史山)이 쓴 「화장암중창기 華藏庵重刱記(1867년)」(『조선사찰사료』 권상, pp.451~452)에는 1846년(헌종12)에 무경장로(無鏡張略)가 정토왕생결사를 맺고자 하다가 입적하였고, 법손인 장공(璋公)도 만일회(萬日會)를 설행하고자 하였으나 역시 마치지 못하였다 하였다. 수은상인(守恩上人)이 포허(包虛)·응우(應愚)·영열(英悅)·헌희(憲熙)·침계(枕溪) 등과 함께 중건하였다고 하였

삼세후불탱 화장암 김룡사 문경 1822년

다. 호영(護詠)이 쓴 「화장암불사기 華藏庵佛事記(1822년)」(『한국사찰전서』 권하, pp.1192d10~1193b5)에는 1821년(순조21)부터 단월의 시주를 받아 이듬해 봄에 후불탱 1부를 중수하고, 관음존상 등 4위를 개금(改金)하였으며, 조실과 별당의 탱화를 새로 조성하였다. 그 뒤 1900년(광무4)에 풍곡영안(豐谷永安)이 영각을 중건하였다. [참고문헌] 『韓國寺刹全書』, 『朝鮮寺刹史料』. ⇨중암 中庵❺ ❸ 전라북도 완주군 대둔산(大芚山) 안심사(安心寺) 경내에 있던 암자. 『한국사찰전서』 편찬 당시에는 없다고 하였다. [참고문헌] 『韓國寺刹全書』 권하. ❹ 평안북도 영변군 북신현면 묘향산(妙香山) 보현사(普賢寺) 경내 암자. 대본산 보현사의 말사였다. 『태고사사법 太古寺寺法』에서는 화장암(華藏庵)이라고 하였고, 『한국사찰전서』에서는 화장사(華藏寺)라고 하였다. 1699년(숙종25)에 창건되었다고 하나 분명하지는 않다. [참고문헌] 『韓國寺刹全書』 권하, 『北韓寺刹硏究』(韓國佛敎宗團協議會, 1993). ❺ 평안북도 태천군 동면 향적산(香積山)에 있던 암자. 『범우고』에서는 화장사(華藏寺)라고 하였고 『가람고』와 『태고사사법 太古寺寺法』에서는 화장암이라고 하였다. 대본산 보현사(普賢寺)의 말사였다. 명철(明喆)이 찬술한 「향적산화장암개조칠성탱겸성전단확기 香積山華藏庵改造七星幀兼聖殿丹雘記(1753년)」(『조선사찰사료』 권하, pp.151~152)에는 세붕(世鵬)이 시주를 받아 칠성탱과 단청을 개수하였다고 하였다. [참고문헌] 『東國輿地勝覽』, 『梵宇攷』, 『伽藍考』, 『朝鮮寺刹史料』, 『北韓寺刹硏究』(韓國佛敎宗團協議會, 1993). ❻ 함경남도 홍원군 영각산(靈覺山)에 있던 암자. 창건과 연혁은 전하지 않는다. [참고문헌] 『梵宇攷』, 『伽藍考』, 『韓國寺刹全書』 권하, 『北韓寺刹硏究』(韓國佛敎宗團協議會, 1993).

화장장엄세계 華藏莊嚴世界 연꽃으로 장엄된 세계. 연화장세계(蓮華藏世界)·연화장장엄세계해(蓮華藏莊嚴世界海)·화장세계(華藏世界)라고도 한다. 『신화엄경론』 권24(대정장36, p.882c13)에 "제망차별이란, 저 천제의 그물이 겹겹이어서 빛과 그림자 서로 들이듯 한다. 이와 같이 세계가 겹겹이 함께 머무니 곧 화장장엄세계가 이것이며, 중생세계해와 더불어 함께 머물지만 업으로 서로 방해하지 않으니, 마치 저 제망이 서로 들이고 머묾에 각각 스스로의 업 의지해 서로 봄과 같다. 帝網差別者 如天帝網 重重光影 互相容也 如是世界 重重共住 卽華藏莊嚴世界 是 與衆生世界海共住 業不相妨 猶如帝網 互相容而住 各依自業相見", 『불조통기』 권31(대정장49, p.303b8)에 "「화장세계품」에 이르길 '이 화장장엄세계는 수미산미진수풍륜이 버티는 바에 있는데, 가장 위에 있는 것을 수승위광장이라 이름하며 능히 보광마니향수해를 버틸 수 있고, 이 바다에 큰 연꽃이 있으니 종종광명예향당이라 한다. 화장장엄세계는 그 중에 머물며 금강륜산이 주위를 둘러싸고 있다'라고 하였다. 華藏世界品云 此華藏莊嚴世界 有須彌山微塵數風輪所持 最在上者 名殊勝威光藏 能持普光摩尼香水海 此海有大蓮華

名種種光明蘂香幢 華藏莊嚴世界 住在其中 金剛輪山 周匝圍遶"라고 하였다. [참고문헌]『新華嚴經論』, 『佛祖統紀』. ⇨연화장세계 蓮華藏世界, 연화장장엄세계해 蓮華藏莊嚴世界海, 화장세계 華藏世界

화장장엄세계해 華藏莊嚴世界海 비로자나불의 원과 행으로 피어난 연꽃으로 장엄된 세계. 연화장세계(蓮華藏世界)·연화장장엄세계해(蓮華藏莊嚴世界海)·화장세계(華藏世界)라고도 한다. 80권본『화엄경』권8(대정장10, p.39a16)에 "이때 보현보살이 또 대중에게 고하여 말하였다. '불자들이여! 이 화장장엄세계해는 비로자나여래께서 옛날 세계해미진수겁에 보살행 닦으실 때 낱낱의 겁 중에 세계해미진수불을 몸소 가까이하고 낱낱의 부처님 계신 곳에서 세계해미진수대원을 깨끗하게 닦아 장엄된 바이다. 불자들이여! 이 화장장엄세계해는 수미산미진수풍륜이 버티는 바에 있느니라. 爾時 普賢菩薩 復告大衆言 諸佛子 此華藏莊嚴世界海 是毘盧遮那如來 往昔於世界海微塵數劫修菩薩行時 一一劫中 親近世界海微塵數佛 一一佛所 淨修世界海微塵數大願之所嚴淨 諸佛子 此華藏莊嚴世界海 有須彌山微塵數風輪所持", "불자들이여! 저 수미산미진수풍륜의 가장 위에 있는 것 이름이 수승위광장인데 능히 보광마니장엄향수해를 버틸 수 있으며, 이 향수해에 있는 큰 연꽃 이름이 종종광명예향당이니라. 화장장엄세계해는 그중에 머무는데 사방이 고르고 평하며 청정하고 견고하며, 금강륜산이 주위를 둘러싸고 있으며 땅과 바다와 뭇 나무들도 각각 구별이 있느니라. 諸佛子 彼須彌山微塵數風輪 最在上者 名殊勝威光藏 能持普光摩尼莊嚴香水海 此香水海有大蓮華 名種種光明蘂香幢 華藏莊嚴世界海 住在其中 四方均平 淸淨堅固 金剛輪山 周匝圍遶 地海衆樹 各有區別"라고 하였다. [참고문헌]『華嚴經』. ⇨연화장세계 蓮華藏世界, 연화장장엄세계해 蓮華藏莊嚴世界海, 화장세계 華藏世界, 이십중화장장엄세계해 二十重華藏莊嚴世界海

화장팔엽 華藏八葉 태장만다라의 제1원인 중대팔엽원(中臺八葉院). 연화장세계(蓮華藏世界)에 출현하는 아홉 분의 부처님을 형상화한 것이다. 『입진언문입여실견강연법화약의』권상(대정장56, p.192b14)에 "연화란 대비태장의 팔엽심의 연꽃이다. 蓮華者 卽是大悲胎藏八葉心蓮"라고 하였다. [참고문헌]『入眞言門入如實見講演法華略儀』. ⇨중대팔엽원 中臺八葉院

화재 化齋 스님들께 올릴 공양 즉 재(齋)를 위한 화주. 화재량(化齋糧)이라고도 한다. 『두남위어록』권하(가흥장40, p.315c24)에 "화재 : 초가을 하안거를 마치려 할 때 동구에 이르러, 접대하려 하나 양식이 없어 자유롭지 못하다네. 운수납자들 모여들어 밥 먹자고 하니, 나 이제 방편으로 금우화상이 되고자 하노라. 化齋 初秋夏末到東甌 接待無糧不自由 雲水都來要飯喫 我今權作老金牛"라고 하였다. 금우화상은 언제나 밥통을 들고 '보살들, 공양하시오!'라고 하며 박수치고 웃었던 일화를 남겼다. [참고문헌]『斗南暐語錄』.

화재 火災 Ⓢ tejaḥ-saṃvartanī, Ⓣ mes-'jig-pa. 삼재(水災 火災 風災) 중 불의 재난. 괴겁(壞劫)에 일어나는 세 가지 재앙 중 하나다. 일곱 개의 태양(日輪)이 출현해 무간지옥(無間地獄)에서부터 색계(色界)의 초선천(初禪天)까지 불태운다. 또한 초정려(初靜慮)의 심(尋)과 사(伺)를 내적인 화재에 비유한다. 『구사론』권12(대정장29, p.66b2 : *Abh-k-bh.*, p.189)에 "요컨대 일곱 차례 화재에 한 번의 수재가 일어나고, 일곱 번의 수재와 화재 후에 풍재가 일어난다. [논] 이 대삼재는 유정류를 핍박하여 하지를 버리고 상지의 천계에 모이게 하는데, 최초에 화재가 일어남에는 일곱 개의 태양이 출현하기 때문이다. … 제2정려는 화재의 끝이라 하겠으니, 이 아래는 불에 타버리기 때문이다. … 초정려는 심과 사를 내재로 삼아 마음을 태우고 어지럽히는 것이 외적인 화재와 같기 때문이다. 要七火一水 七水火後風 論曰 此大三災逼有情類 令捨下地集上天中 初火災興由七日現 … 第二靜慮爲火災頂 此下爲火所焚燒故 … 謂初靜慮尋伺爲內災 能燒惱心等外火災故 ⟨kārikā⟩ saṃvartanyaḥ punas-tisro bhavanty-agnyambuvāyubhiḥ ⟨bhāṣya⟩ ekatra dhyāne sattvāḥ samaṃ saṃvartante etasyāmiti saṃvartanī … trīṇi saṃvartanīśīrṣāṇi. tejaḥsaṃvartanyā dvitīyaṃ dhyānaṃ śīrṣaṃ bhavatyadho dahyate … pratheme hi dhyāne vitarkavicārā apakṣālāḥ. saptabhiḥ sūryais-tejaḥ saṃvartanī bhavati", 『유가사지론』권2(대정장30, p.285b27 : *Yogā-bh.*, p.31)에 "또 저 괴겁은 세 가지 재앙으로 말미암으니 첫째, 화재로 능히 세간을 무너뜨리니 무간지옥으로부터 범세에 이르기까지다. 又彼壞劫由三種災 一者 火災能壞世間 從無間獄乃至梵世 sa punaḥ saṃvartas-trividho veditavyaḥ. tejaḥ-saṃvartany-avīcim-upādāya yāvad-brahmalokāt-saṃvartate", 『대비바사론』권133(대정장27, p.690a14)에 "[문] 화재가 일어날 때 불은 어디서 오는가? 어떤 이는 이렇게 말한다. '세계가 성립할 때 일곱 개의 태양이 한꺼번에 일어나 지쌍산 뒤에 숨어서 있다가, 그 이후에 저곳에서 하나의 일륜이 떠올라 소미로를 돌며 빛을 내비춘다. 겁이 장차 끝나려 할 때 화재가 일어나 나머지 여섯 개의 태양이 점차로 출현해 저 세력으로 세계가 문득 무너진다'. 또 어떤 이는 '세계 장차 무너지려 할 때면 하나의 태양이 일곱 개로 나뉘니 저들 세력으로 문득 무너진다'라고 하였다. 또 어떤 이는 '하나의 태양은 겁이 장차 끝나려 할 때면 일곱 배로 뜨거워져 세계를 불태운다'라고 하였다. 問 火災起時火從何出 有作是說 世界成時有七日輪俱時而起 持雙山後隱伏而住 然後彼處一日輪昇 逸蘇迷盧而爲照耀 至劫將末火災起時 餘六日輪漸次而出 由彼勢力世界便壞 有說 世界將欲壞時 卽一日輪分爲七日 由彼勢力世界便壞 有說卽一日輪至劫將末 成七倍熱焚燒世界"라고 하였다. [참고문헌]『俱舍論』, 『瑜伽師地論』, 『大毘婆沙論』, *Abh-k-bh.*, *Yogā-bh.* ⇨삼재 三災, 대삼재 大三災

화재겁 火災劫 화재 일어나서 겁이 다하는 때. 『금광명최승왕경소』 권6(대정장39, p.323b13)에 "80증감이 1겁이니 곧 화재겁이다. 八十增減爲一劫 卽火災劫", 『법화경현찬요집』 권14(卍속장54, p.57b8)에 "제2선 삼천 중 소광천의 수명은 2개 화재겁, 무량광천은 4개 화재겁, 극광정천은 8개 화재겁이다. 第二禪 三天之中 少光天 壽命兩个火災劫 無量光天四个火災劫 極光淨天八个火災劫", 『월인석보』 권1에 "한 수재겁 사이에 화재겁이 여덟이오, 한 화재겁 사이에 성주괴공의 네 겁이오, 성주괴공 사이에 각각 스물 증감이다. ᄒᆞᆫ 水災劫 ᄉᆞᅀᅵ예 火災劫이 여들비오 ᄒᆞᆫ 火災劫 ᄉᆞᅀᅵ예 成住壞空 네 劫이오 成住壞空ㄱ ᄉᆞᅀᅵ예 各各 스믈 增減이라"라고 하였다. [참고문헌]『金光明最勝王經疏』, 『法華經玄贊要集』, 『月印釋譜』. ⇨화재 火災

화쟁 和諍 ❶ 다툼을 그치고 어울려 함께 하다. 오퇴구(五退具) 중 하나이기도 하다. 『유마경』(대정장14, p.538b22)에 "십선이야말로 보살정토이니 보살이 부처가 될 때 목숨 일찍 버리지 않고, 큰 재물에 깨끗한 행으로 하고, 하는 말이 성실하고 진실하고, 항상 부드러운 말을 쓰며, 권속들은 헤어지는 일이 없고, 다툼을 잘 화해시키며, 하는 말은 반드시 이익을 주고, 질투하거나 성내지 않으니 정견중생들 이 나라에 와서 난다. 十善是菩薩淨土 菩薩成佛時 命不中夭 大富梵行 所言誠諦 常以軟語 眷屬不離 善和諍訟 言必饒益 不嫉不恚 正見衆生來生其國", 『시등공덕경』(대정장16, p.806c13)에 "설사 어떤 사람이 거짓말을 시킬지라도 실한 말을 지켜 끝내 거짓말하지 않는다. 이 사람의 말을 저 사람 향해 하지 않으며, 저 사람 일을 이 사람에게 말하지 않는다. 두 벗이 앞서 무너졌더라도 한층 더 크게 하지 말고 말하게 해서 능히 다툼을 잘 화해시킨다. 設若有人 教令妄語 爲護實語 終不妄言 不以此語 向彼人說 不持彼事 向此人道 二朋先壞 不令增長 有所發言 能善和諍", 『분별업보약경』(대정장17, p.449b8)에 "어떤 사람이든 두말하지 않고 방편을 잘 써 다툼 화해시키면, 사람 중에 귀한 이로 나고 권속들 언제나 무너지지 않으리. 若人不兩舌 方便善和諍 生爲人中尊 眷屬常不壞", 『보살계본』(대정장24, p.1109b1)에 "만약 보살이 율의계에 머물면서 중생들이 하는 것을 보고 성내고 원한을 품어 더불어 함께 하지 않는다. 이를테면 온갖 일을 사량한다든가, 길을 가고, 법대로 돈을 벌며, 전업·목우·화쟁·길회·복업을 더불어 함께 하지 않는다면, 이를 이름하여 무리를 범한 것이고 많이 범했다고 하니, 범해서 물든 법 일으킨다 한다. 若菩薩住律儀戒 見衆生所作 以瞋恨心 不與同事 所謂思量諸事 若行路 若如法興利 若田業 若牧牛 若和諍 若吉會 若福業 不與同者 是名爲犯衆多犯 是犯染汚起", 『석정토군의론』 권4(대정장47, p.55c27)에 "만약 인간세상에 나서 다섯 가지에 있어 물러남이 있으니 곧 오랜 병환·원행·화쟁·승사·습송이다. 비록 성도를 얻고 번뇌를 끊어 다했더라도 이에서 물러나는 연을 만난다면 다시 퇴전하여 온갖 번뇌를 일으킨다. 若生人中逢五退具 所謂長病 遠行 和諍 僧事 習誦 等五退具 雖得聖道斷除煩惱 逢此退緣 還復退轉起諸煩惱"라고 하였다. [참고문헌]『維摩經』, 『施燈功德經』, 『分別業報略經』, 『菩薩戒本』, 『釋淨土群疑論』. ⇨멸쟁법 滅諍法, 오퇴구 五退具 ❷ 주야신(主夜神) 중 하나. 60권본 『화엄경』 권1 「세간정안품 世間淨眼品」(대정장9, p.396a29)에 "또 무량한 주야신이 있었으니 그들 이름 묘광신 … 화쟁신·정복구신이며, 이들은 다 조도법을 매우 깊이 좋아하였다. 復與無量主夜神俱 其名曰 妙光神 … 和諍神 淨福具神 如是一切 於助道法深重愛樂"라고 하였다. [참고문헌]『華嚴經』. ⇨주야신 主夜神

화쟁국사영찬 和諍國師影贊 김부식(金富軾 1075~1151) 지음. 『동문선』 권50 찬(贊)에 수록되어 있다. 『고려사』 권11 세가(世家)11에 의하면 숙종 6년(1101) 8월 계사일에 의상과 함께 원효를 화쟁국사로 추증하고 있는데, 화쟁국사인 원효의 진영을 찬하길, "… 지극한 이의 큰 가르침은 다른 듯이 같습니다. 유가의 이름과 모습 반듯하고 넓고도 두렷해 어우러졌으니 나로부터 본다면 감에 통하지 않음이 없습니다. 백으로 흐르는 강물 함께 해 바다 되고 만 가지 모습들 하늘로 하나 되니 넓고도 크다 할 뿐 이름 붙일 수 없습니다. … 至人大鑒 卽異而同 瑜伽名相 方廣圓融 自我觀之 無往不通 百川共海 萬像一天 廣矣大矣 莫得名焉"라고 하였다. [참고문헌]『高麗史』, 『東文選』. ⇨원효 元曉, 진찬 眞讚

화저 火筯 부젓가락. 아궁이나 화로의 불을 고르는 용도로 쇠나 나무 등으로 만든다. 저는 저(箸)와 같이 쓴다. 『백장청규』 권6 「일용궤범 日用軌範」(대정장48, p.1146a29)에 "향 숟가락이나 부젓가락을 놀려서는 안 되고, 화롯불을 휘저어 재를 날리게 해서도 안 된다. 不得弄香匙火筯 不得撥火飛灰", 『경덕전등록』 권18 「현사사비전 玄沙師備傳」(대정장51, p.347a1)에 "현사가 부젓가락으로 구리 화로를 두드리며 물었다. '이것은 무슨 소리인가?' 師以火筯 敲銅鑪問 是什麽聲"라고 하였다. 〔참고문헌〕『百丈淸規』, 『景德傳燈錄』.

화적 火摘 부젓가락. 화저(火筯)와 통한다. 『일체경음의』 권47(대정장54, p.618b17)에 "화적〈적은 정과 척을 반절한 음이다. 『고성』에 '적은 이리저리 파뒤진다는 뜻의 발(撥)과 같다'〉. 火擿〈下呈隻反 考聲 擿撥也〉"이라고 하였다. 〔참고문헌〕『一切經音義』. ⇨ 화저 火筯

화적 和寂 1702~1775. 조선후기 스님. 두일(斗日)의 법호이다. ⇨ 두일 斗日

화적누각다라니경 華積樓閣陀羅尼經 조송(趙宋)대 시호(施護 Ⓢ Dānapāla) 한역. 1권. 『화적다라니신주경 華積陀羅尼神呪經』과 동본이역으로 후대에 번역되었다. 〔참고문헌〕『天聖釋教總錄』 권2(금장110, p.691b7).

화적다라니신주경 華積陀羅尼神呪經 Ⓢ Puṣpakūṭa-dhāraṇī, Ⓣ Me-tog brtsegs-pa. 지겸(志謙) 한역. 1권. 대정장21, pp.874c7~875b5, No.1356에 수록되어 있고 티베트역본(北京版 No.316・델게版 No.516)도 전한다. 『화적경』이라고도 한다. 부처님 열반 이전과 이후 공양 모두 그 공덕이 다르지 않다 하고 화적다라니를 설한 경이다. 출가보살은 재가보살보다 존중되어야 한다고 하면서 특히 향과 꽃 그리고 등명 등 공양하는 의궤(儀軌)의 초기형태가 잘 나타나 있어 주목받는다. 〔참고문헌〕『歷代三寶紀』 권13(대정장49, p.113c28), 『衆經目錄』 권2(대정장55, p.125c7).

화적음 和適音 어디든 어느 때든 고르게 들리는 음. 부처님 팔음(八音) 중 하나다. 『법계차제초문』 권하(대정장46, p.697b2)에 "셋째는 화적음이다. 부처님께서는 중도의 이에 머무시기에 적절한 이해로 따라 수용하기에 내는 음성마다 조화롭고 딱 들어맞아 듣는 이들로 하여금 마음 다 고르게 어울리게 해서 소리로 인하여 이를 알게 된다. 이런 이유로 화적음이라 한다. 三 和適音 佛居中道之理 巧解從容 故所出音聲 調和中適 能令聞者 心皆和融 因聲會理 故名和適音"라고 하였다. 〔참고문헌〕『法界次第初門』, 『大明三藏法數』 권24(영락장182, p.377a8). ⇨ 사변팔음 四辯八音, 팔음 八音

화전 化轉 교화해 뒤치게 하다. 『사교의』 권1(대정장46, p.721a22)에 "능전의 이치를 설하여 중생의 마음을 교화해 뒤치므로 교(教)라 한다. 교화해 뒤친다 함에 세 가지 뜻이 있다. 첫째, 악을 뒤쳐 선이 되게 한다. 둘째, 미함을 굴려 깨달음이 되게 한다. 셋째, 범부를 뒤쳐 성인이 되게 한다. 그러므로 교는 능전의 이로써 중생을 교화함을 뜻으로 삼는다. 說能詮理 化轉物心 故言教也 化轉有三義 一 轉惡爲善 二 轉迷成悟 三 轉凡成聖 故教以詮理化物爲義也"라고 하였다. 〔참고문헌〕『四教義』.

화전 火佃 불을 관장하는 소임. 『선림상기전』 권7(대장경보편19, p.260a17)에 "화전 : 도충이 말한다. '화객을 화전이라고도 한다. 『비용청규』에 따르면, 존숙이 천화하여 제를 올리는 차제가 있는데, 장갑 다음으로 화전이 있다. 火佃 忠曰 火客 亦云火佃 備用淸規 尊宿遷化祭次 莊甲之次 有火佃"라고 하였다. 〔참고문헌〕『禪林象器箋』, 『禪林備用淸規』 권9(卍속장112, p.126a1).

화전 花箭 꽃화살. 밀교에서 경애법(敬愛法)을 닦을 때 올리는 공물(供物) 중 하나. 증오의 마음을 버리기 위해 단(壇)에 올리며, 차조기 또는 연꽃 줄기로 약 40센치 길이로 만든다. 본래 마왕(魔王)이 인간을 유혹하기 위해 쓰던 물건이었으나 불교에서는 염리심과 증오를 없애는 자비의 화살로 전환했다. 『금강정유가호마의궤』(대정장18, p.919a11)에 "본존의 몸에서 화전에 유출되어 무량한 세계에서 일체 제불과 성현을 공양하고 성문연각의 염리심과 육도사생이 서로 미워하고 화내는 마음을 쏜다고 관상한다. 많은 화살로 저 사람들의 다섯 곳〈이마・두 가슴・심장・하반신〉을 쏜다고 관상한다. 卽想本尊身中 流出花箭 遍無量世界 供養一切佛賢聖 及射聲聞緣覺厭離心 及六道四生互增恚心 卽以此衆箭射彼人五處〈所謂額兩乳心及下分〉", 『유마경의소』 권4(대정장38, p.952a20)에 "외도들이 파순을 도와서 욕계의 주인이 되었는데 또한 화전이라고도 한다. 諸外道詔波旬 爲欲界主 亦名花箭", 『마하지관』 권8(대정장46, p.115b19)에 "『대지도론』에서 '마구니를 화전이라고 하고 오전이라고도 한다'고 하였으니 오근 각각을 쏘아서 함께 의근을 무너트린다. 오근은 각각 한 찰나이니 찰나동안 움직이면 의근에 속한다. 의근이 무너지면 오근이 어떻게 존재하겠는가? 눈으로 좋아하는 색을 볼 수 있으니 화전이라 한다. 大論云 魔名花箭 亦名五箭 各射五根 共壞於意 五根各一刹那 刹那若轉卽屬意根 意根若壞五根豈存 眼見可愛色名花箭"라고 하였다. 〔참고문헌〕『金剛頂瑜伽護摩儀軌』, 『維摩經義疏』, 『摩訶止觀』.

화전서 化前序 육성취(六成就) 중 뒤의 네 가지(時 處 主 衆)의 성취를 가리킨다. 당대 선도(善導)가 『관무량수경소』에서 이러한 해설의 관점을 취하였다. 『관무량수경소』 권2(대정장37, p.261a26)에 "처음에 증신서를 밝혔고, 다음에 화전서를 밝혔으며, 마지막에 발기서를 밝혔다. 앞서 이처럼 비록 세 가지 서가 같지 않지만 다 모아 서분을 밝혀 마쳤다. 初明證信序 次明化前序 後

明發起序 上來雖有三序不同 總明序分竟"라고 하였다. 〔참고문헌〕『觀無量壽經疏』. ⇨ 관경화전서 觀經化前序, 발기서 發起序, 서분 序分, 육성취 六成就 ■

화전지옥 火箭地獄 불화살 지옥. 『불명경』 권13(대정장14, p.236a29)에 "화전지옥이란, 그 지옥은 높고 넓기가 구십유순이고 철벽이 주위를 두르고 맹렬한 불로 불꽃 떨어진다. 쇠와 금옥 울려 땅을 뒤덮는다. 연기와 불이 텅비어서 죄인을 불태운다. 그 땅의 사면에서 더운 바람이 함께 일고 허공에서 사나운 바람이 철산에 거칠게 불고 그 산이 마모되면 불화살이 된다. 불화살이 서로 문지르면서 연기와 불이 함께 치성해진다. 그 화살은 몸과 털이 모두 불이 붙어 있는데 죄인에게 쏘면 머리로 들어가 발 아래로 나오고 등 뒤로 들어가 가슴 앞으로 나온다. 좌우로 뚫린 상처에서 불이 타오르고 연기와 화염이 함께 나온다. 죄인은 비명을 지르며 고통을 말하지도 못한다. 하루 밤낮 동안 무량한 죄를 받고 천번 죽었다가 천번 다시 태어나고 만번 죽었다가 다시 만번 태어나며 고통받는다. 云何名曰火箭地獄 其獄縱廣九十由旬 鐵壁周匝猛火絶炎 地有鐵鏘遍布其地 烟火洞然來燒罪人 其地四面爛風俱起 於虛空中 猛風卒疾來吹鐵山 其山相磨則成火箭 火箭相揩烟火俱熾 其箭身毛亦皆火然 來射罪人 從頭而入足下而出 背上而入胸前而出 左右通徹瘡中火然 烟焰俱出 罪人號叫痛不可言 一日一夜受無量罪 千死千生 萬死萬生"라고 하였다. 〔참고문헌〕『佛名經』.

화정 火定 불삼매. 『비화경』 권4(대정장3, p.190c3)에 "화정에 들어가 스스로 그 몸을 태워버리고 그 몸을 태어버린 다음 사방에서 시원한 바람이 그 몸에 불어온다. 入於火定 自燒其身 燒其身已 四方淸風 來吹其身"라고 하였다. 〔참고문헌〕『悲華經』.

화정 火淨 불에 익혀 먹을 수 있게 하다. 부처님께서 제정한 오정식(五淨食) 중 하나로 대정(大淨)이라고도 한다. 『유부율』 권36(대정장23, p.826a23)에 "무엇을 화정이라 하는가? 불에 태우는 것이다. 云何火淨 謂以火觸著", 『대명삼장법수』 권18(영락장182, p.171b6)에 "첫째, 대정이다. 모든 야채나 과일 등의 음식물은 먼저 불로 굽거나 쪄서 익힌 다음에 먹도록 한다. 이를 화정이라 한다. 율에서 '불을 닿게 한다'라고 한 말이 그것이다. 一 大淨 謂一切瓜果等物 先當以火燒煮 令熟後方食之 是名火淨 律云 以火觸著是也"라고 하였다. 〔참고문헌〕『有部律』, 『大明三藏法數』. ⇨ 오정작정 五淨作淨

화정 和靜 원효(元曉 617~686)의 시호(諡號). 『동사열전』 권1 「원효국사전 元曉國師傳」(한불전10, p.996b1)에 "고려 숙종(1101·숙종6)이 화정국사라는 시호를 내렸다. 高麗肅宗賜和靜國師之號"라고 하였다. 〔참고문헌〕『東師列傳』. ⇨ 원효 元曉

화정 花亭 꽃으로 장엄한 정단(亭壇). 정단이란 감실(龕室)처럼 꾸며놓은 작은 단이다. 음력 4월 8일 부처님오신날 봉축기념법회 때 룸비니 공원에서 탄생하신 싯다르타태자의 탄생상을 시련(侍輦)하여 화정에 모시고 관불한다. 『백장청규』 권2(대정장48, p.1115c17)에 "불강탄조(佛降誕條) : 부처님 오신 당일 고사(庫司 : 都監)가 화정을 장엄하게 설치하고 그 안에 부처님의 탄생상을 모시고 향탕을 담은 그릇에 관욕할 쪽자를 태자의 입상 앞에 둔다. 至日 庫司 嚴設花亭 中置佛降生像 於香湯盆內 安二小杓佛前", 『백장청규증의기』 권3 「석가불탄 釋迦佛誕」(卍속장111, p.617b2)에 "사고(庫司)는 화정을 장엄하여 설치하고, 그 안에 부처님 강생을 공양하기 위한 실달태자의 소상을 모신다. 향탕을 담은 동이 안에 작은 주걱 두 자루를 놓고, 불전에 비치된 일체의 공양 그릇은 함께 다른 곳으로 옮겨 둠으로써 욕불을 편하게 하도록 한다. 나머지 다른 성상도 이 날 함께 목욕한다. 庫司嚴設花亭 中供佛降生 爲悉達太子小像 於香湯盆內 安二小杓 佛前一切供器 俱移量他處 以便浴佛 卽餘聖像 是日俱沐浴", 『환주암청규』 「사월 四月」(卍속장111, p.974a18)에 "초파일 불강탄을 맞아 미리 화정 일좌를 꾸려놓는다. 初八日 佛降誕 預結花亭一座"라고 하였다. 〔참고문헌〕『百丈淸規』, 『百丈淸規證義記』, 『幻住菴淸規』. ⇨ 부처님오신날 ○○○○○○, 불탄일 佛誕日, 관불 灌佛

화정사 和鼎寺 충청남도 청양군 구봉산(九峰山)에 있던 절. 『동국여지승람』 권19 충청도 청양현 불우와 『범우고』에 이름과 위치가 전하고, 『여지도서』 충청도 청양 사찰과 『가람고』에 화정사(火鼎寺)로 전한다. 〔참고문헌〕『東國輿地勝覽』, 『輿地圖書』, 『伽藍考』, 『梵宇攷』, 『韓國寺刹全書』 권하 p.1174b1·1175a15.

화정사 華井寺 충청북도 청주시에 있던 절. 『해동조계제육세원감국사가송』(한불전6, p.374b1) 시(詩)에 "(나의 벗이) 보고 기뻐하면서 주리에게 급히 명하여 주의 화정사를 깨끗이 청소하고 머물도록 권하였다. 見之欣然 遽命州吏 洒掃州之華井寺 勉留之"라고 하였다. 〔참고문헌〕『海東曹溪第六世圓鑑國師歌頌』.

화정사 華亭寺 중국 운남성(雲南省) 곤명호반(昆明湖畔)의 화정산에 있는 절. 원래 송대 호족의 별채였는데 원대 1320년(연우7) 현봉(玄峰)선사가 중건하고 원각사(圓覺寺)라 하였지만 후인들이 산이름을 붙여 화정사라 개명하였다. 청대 초에 전쟁으로 훼손되어 1687년

(강희26)과 1883년(광서9) 두 차례 보수하였다. 1922년 허운화상(虛雲和尙)이 중건하면서 발굴한 고비(古碑)에 운서(雲棲)라는 두 글자가 새겨져 있어 다시 운서선사(雲棲禪寺)라 개명하였다.

화정사 華頂寺　중국 절강성(浙江省) 천태산(天台山) 꼭대기에 있는 절. 오대(五代) 이후 진(晉)대 936년(천복1) 덕소대사(德韶大師)가 건립하였다. 당시에는 선흥사(善興寺)라 불렸고, 후에 세월이 많이 흘러 거듭 허물어지고 허듭 수리하는 과정을 거치면서 처음의 모습을 사라졌다. 『불조강목』 권35(卍속장146, p.634a7)에 따르면, 덕소대사가 입적하자 화정사 서쪽 봉우리가 갑자기 무너졌다(華頂西峰忽摧)고 한다. 지금 남아 있는 대웅전은 1928년에 세웠다. 사문(寺門)에 화정강사(華頂講寺)라 하였다. 꼭대기에 있는 배경대(拜經臺)는 지자대사(智者大師)가 절하던 곳이라 전한다. [참고문헌] 『佛祖綱目』, 『補續高僧傳』 권19 「裘和尙傳」(卍속장134, p.317a13), 『宗敎律諸宗演派』(卍속장150, p.530a17), 『天台山方外志』 권2(中國佛寺史志彙刊88, p.103a9).

화정선사어록 華頂禪師語錄　일본 화정문수(華頂文秀)의 어록. 5권. 1839년(천보10) 간행. 권1에 법륜록(法輪錄)을, 권2에 황벽록(黃檗錄)을, 권3에 귀은록(歸隱錄)을, 권4에 게송찬(偈頌贊)을, 권5에 소불사(小佛事)를 각각 수록하였고, 진수(眞壽)가 지은 행유록(行由錄)이 부록으로 실려 있다.

화정선자 華亭船子　화정현(華亭縣)의 뱃사공. 덕성(德誠)의 별칭. 『단교묘륜어록』 권상(卍속장122, p.420a14)에 "법신은 모양 없으니 우리 앞에 푸른 산 빽빽이 늘어섰고, 법안에는 티 없어 용마루 끝에서 갈까마귀가 훨훨 날아다닌다. 협산선회(夾山善會)가 일찌감치 이 진실을 알았더라면 화정산자가 젓는 노 아래 향해 살림살이를 다 털어먹지는 않았으리라. 法身無相 檻前簇簇排靑嶂 法眼無瑕 屋角翩翩度碧鴉 夾山早知有此 不向華亭船子橈下 喪盡生涯"라고 하였다. [참고문헌] 『斷橋妙倫語錄』. ⇨ 덕성 德誠, 덕성천척 德誠千尺

화정식 火淨食　불로 깨끗이 한 음식. 『능엄경』 권8(대정장19, p.141c16)에 "불로 깨끗이 해서 먹어야 하며 날것 그대로 먹지 마라. 以火淨食 無啖生氣", 『수능엄의소주경』 권8(대정장39, p.925c15)에 "불로 깨끗이 해서 먹어야 한다는 말은 얕음으로 깊은 것들에 견준다. 날 과일도 깨끗이 해서 먹어야 하거늘 하물며 술과 고기를 먹고 음도살망을 행하겠는가! 以火淨食者 以淺況深生果尙須淨食 何況酒肉婬盜殺妄"라고 하였다. [참고문헌] 『楞嚴經』, 『首楞嚴義疏注經』. ⇨ 화정 火淨

화제 火祭　밀교의 호마(護摩 Ⓢhoma)를 달리 이르는 말. 호마단의 화로(火爐)에서 향(香)·화(華)·목(木) 등을 불로 태우며 진언을 염송하여 공양하는 작법을 가리킨다. 『광대보누각선주비밀타라니경』 권하(대정장19, p.652c24)에 "다음으로 여래께서 대중들에게 화제법을 설하셨다. 각각의 법에서 일체의 효험을 구하고자 하는 것을 행하는 이가 성취하게 한다. 復次如來爲諸大衆說火祭法 於一一法中 欲求一切驗効者 能令作者成就", 『일체경음의』 권41(대정장54, p.579b14)에 "호마법〈호마는 범어이다. 당 말로 화제사법이라 하니 성현에게 공양드리는 물건을 불속에서 태우는 것이다. 마치 사교와 오악 등에 제사지내는 것과 같다〉. 護魔法〈梵語 唐云火祭祀法 爲饗祭賢聖之物 火中焚燎 如祭四郊五岳等〉"이라고 하였다. [참고문헌] 『廣大寶樓閣善住祕密陀羅尼經』, 『一切經音義』. ⇨ 호마 護摩, 화로 火爐 1

화제 花祭　꽃으로 제사 지내다. 바치는 대상은 일월성신(日月星辰) 또는 천신(天神)이다. 『마등가경』 권하(대정장21, p.409b7)에 "달이 정수에 있을 적에 병을 얻은 이는 향과 꽃으로 해에 제사를 올리면 8일 만에 치유된다. 달이 귀수에 있을 적에 병을 얻은 이는 꽃으로 세성(歲星 : 木星)에 제사를 올리면 5일 만에 병이 없어져 낫는다. 月在井宿 其得病者 香花祭日 八日得愈 月在鬼宿 有得病者 花祭歲星 五日除愈", 『대방등대집경』 권42(대정장13, p.278b6)에 "저수는 15일을 섬겨야 여러 악인을 두려워하도록 만든다. 그 기간에 병을 얻으면 꽃으로 신께 제사를 올리되 15일을 꽉 채우면 병이 사라져 치유된다. 그날에 난 이는 위덕이 숙연하여 큰 부에 넉넉한 재물 누리나, 그 성품이 탐욕스러워 다른 이의 부녀자와 음행을 저지를 수 있으므로 모름지기 스스로 자신의 몸을 다스려 이런 일을 행해서는 안 된다. 氐宿十五日用事 能作諸惡人所畏敬 其日得病 以華祭神滿十五日乃得除愈 其日生者 威德肅然 大富饒財 其性慳貪 婬他婦女 須自治身 勿行此事", 『유부율송』 권하(대정장24, p.646c20)에 "만약 어떤 다른 인연이 있다면 향과 꽃으로 제사 올리는 음식 마련을 허용하네. 시속을 어겨서는 안 되며 손해도 이익도 만들어내서는 안 되네. 若有餘因緣 許香花祭食 不得違時俗 損益不應爲"라 하였다. [참고문헌] 『摩登伽經』, 『大方等大集經』, 『有部律頌』.

화제이교 化制二敎　화교(化敎)와 제교(制敎). 율종(律宗)의 판교(判敎)다. 도속(道俗)을 모두 교화하는 화교와 출가 대중만을 다스리는 제교(制敎)를 말한다. 『사분율행사초』 권상(대정장40, p.18b1)에 "첫째, 화제이교를 잡아서 서로 같지 않음을 밝힌다. 一 約化制二敎明相不同", 『사분율행사초비』 권3(卍속장67, p.322b9)에 "저 화교와 제교라는 두 교 마음을 일으켜 선악을 지으면 마음에 상이 넘쳐나게 된다고 한다. 대승은 마음을 다스리고 소승 또한 마음 다스리므로 율에서는 마음으로 생각해 짓는다고 한다. 그러나 대승은 마음이 조금만 일어나도 범했다고 여기지만, 소승은 문득 움직인 몸이나 입으로 짐짓 움직인 마음이 있어야 비로소 범했다고 간주한다. 그럼에도 이들 두 교는 마음을 방비한다는 점에서 같고, 다만 몸과 입을 빌리거나 그렇지 않거나 하는 차이가 있을 뿐이므로 모두 '넘쳐난다'고 한다. 如化制二教 起心造善惡 心有相濫 大乘制心 小乘亦制心 故律中心念作是也 然大乘單心起卽犯 小乘有擬動身口之心方始結犯 然此二教 防心是同 但假身口爲異 故言濫也"라 하였다. 〔참고문헌〕『四分律行事秒』, 『四分律行事鈔批』.

화족 華足 ❶ 보배 꽃으로 발을 받드는 것. 보화승족(寶華承足)이라고도 한다. 『법화현찬』 권5(대정장34, p.743b10)에 "화족이란 보배 꽃으로 발을 받들었다는 뜻이다. 법화의 교법을 들은 것을 인으로 삼아 불과를 원만하게 이루었으므로 화족이라 하였다. 華足者 寶華承足 由聞法華爲因 成佛果圓滿故 名爲華足", 『법화경소의찬』 권4(卍속장45, p.484b9)에 "저 불국토에서 보살행을 할 때 보화로 발을 받들었으므로 화족이라 하였다. 彼土菩薩行時 寶華承足 故曰華足"라고 하였다. 〔참고문헌〕『法華玄讚』, 『法華經疏義纘』. ❷ 불전(佛前)에 경(經)을 올려두기 위한 탁자의 꽃모양다리.

화족안행 華足安行 Ⓢ Padma-vṛṣabha-vikrāmin, Ⓣ Pad-ma'i khyu-mchog rnam-par-gnon-pa. 견만보살(Ⓢ Dhṛti-paripūrṇa)이 수기로 받은 부처의 이름. 『법화경』 권2(대정장9, p.11c8)에 "이 견만보살이 다음에 마땅히 부처가 되리니, 그 이름 화족안행 다타가가도(如來) 아라아(應供) 삼막삼불타(正遍智)이리라. 是堅滿菩薩 次當作佛 號曰 華足安行 多陀阿伽度 阿羅訶 三藐三佛陀", 『법화의소』 권5(대정장34, p.518a6)에 "화족안행이라는 명호는 보배꽃 발 받쳐 편안하게 걷는 뜻이다. 號曰華足安行者 寶華承足 安祥而行也"라고 하였다. 『정법화경』 권2(대정장9, p.74b22)에는 도연화계(度蓮華界)라 한역하였다. 〔참고문헌〕『法華經』, 『法華義疏』, 『正法華經』, *Saddh-p.67.*

화종 華鐘 범종(梵鐘)의 다른 이름. 『비니일용절요향유기』 권상(卍속장106, p.150a16)에 "종이라 함은 비어 있다. 비어 있는 안에 기운 많이 받아들이므로 소리가 크다. 이는 법기이다. … 『오경통의』에서 '종이란 추분의 소리이니 만물이 가을에 이르러야 완성되고 겨울에 이르면 숨는다. 그러므로 쇠로 종을 만들어 끊이지 않게 한다'라고 하였다. 『서경기』에서 '고래를 쏘아서 화종을 친다'고 하였다. 설종의 주에서 '바다의 큰 물고기 고래라 한다. 바다의 섬에 사는 짐승을 포뢰라 하는데 고래의 공격을 두려워 한다. 고래가 한 번 공격하면 포뢰가 갑자기 크게 포효한다. 종 소리가 널리 퍼지게 하려면 위에 포뢰의 형상을 만들어 올리고, 종을 치는 나무는 고래모양으로 만든다'고 하였다. 鐘者 空也 空內受氣多 故聲大 此是法器 … 五經通義云 鐘者 秋分之音 萬物至秋而成 至冬而藏 故金爲鐘 相繼不絶也 西京記云 發鯨魚 鏗華鐘 薛宗註云 海中大魚名鯨 海島有獸名蒲牢 畏鯨擊 鯨一擊 蒲牢輒大吼 凡鐘欲令聲洪 故作蒲牢於上 擊鐘之木 爲鯨魚形也", 『자백존자전집』 권13(卍속장126, p.865a4)에 "화종이라도 두드리지 않으면 음향 퍼지지 않고, 보배 횃불이라도 탈 수 없다면 서늘한 빛을 머금는다. 그러므로 불조에 귀의함에 모양 가져 뜻 있는 것들에 의지한다. 華鐘匪叩 則音響不流 寶炬未然 則寒光匿耀 故歸依佛祖 藉有形儀"라고 하였다. 〔참고문헌〕『毗尼日用切要香乳記』, 『紫柏尊者全集』. ⇨ 종 鐘

화종거사 火種居士 Ⓟ aggivessana. 불을 섬기는 거사. 사화외도(事火外道 Ⓟ aggika)를 가리킨다. 특히 부처님의 제자인 살차니건자(薩遮尼揵子 Ⓟ Saccha Nigaṇṭhaputta)를 화종거사라 부른다. 『잡아함경』 권5(대정장2, p.35b1 : *Cūḷasaccaka-sutta*, *MN.1*, p.228)에 "화종거사여, 세존께서는 이와 같이 설법하시고 제자들을 가르쳐 따라 닦게 하신다. 火種居士 世尊如是說法敎諸弟子 令隨修學 evaṃ kho aggivessana bhagavā sāvake vineti. evaṃbhāgā ca pana samaṇassa gotamassa sācakesu anusāsanī bahulā pavattati" 하였다. 갖춘 이름은 삿차카 악기베사나(Ⓟ Saccaka Aggivessana)다. 본래 니르간타(Ⓢ nirgaṇṭha) 출신이었는데 갖가지 철학논쟁과 이교도의 가르침을 두루 익혔다. 〔참고문헌〕『雜阿含經』, *MN.*

화종도경 火種刀耕 불 놓아 씨 뿌리고 베어내고 밭 갈다. 농사 짓는 일을 말한다. 『환주암청규』 「수좌 首座」(卍속장111, p.994b11)에 "불 놓아 씨 뿌리고 칼로 베며 밭 간다. 몸과 그림자 서로 위로해 품고 사니, 저절로 지금 돌아볼 일도 없으니 도의 용은 그 중에 있을 뿐. 常以火種刀耕 形影相弔爲懷 自然不落今時 道用在其中矣", 『석옥청공어록』 권하 「중암지하십수 重巖之下十首」(卍속장122, p.644b6)에 "바위골 아래 농사짓고 사니, 조도 푸성귀도 있어 삶고 익힐 만하구나. 내 눈앞의 일 분명하니, 나의 여생 즐기리라. 앉아서 뜰나무 바라보고 있자니, 그 얼마나 지고 폈는가? 重巖之下 火種刀耕 有粟有蔬 可煮可烹 了我目前 樂我餘生 坐眄庭柯 幾度衰榮"라고 하였다. 〔참고문헌〕『幻住菴淸規』, 『石屋淸珙語錄』.

화좌관 華座觀 연꽃자리 관하다. 『관무량수경』의 십육관법(十六觀法) 중 제7관. 화좌상(華座想)이라고도 한다. 연꽃을 자리삼아 앉아 계신 아미타불(阿彌陀佛)을 떠올리는 법이다. 『관무량수경』(대정장12, p.342c22)에 “저 부처님 뵈오려는 이는 마땅히 상념하기를, 칠보로 된 땅 위에 연화상을 짓고 그 연꽃의 잎 하나하나마다에 백보색이라고 떠올린다. 그 연꽃에 하늘 그림과 같은 모습의 팔만사천 줄기가 있고 줄기 낱낱에 팔만사천의 광명이 있어 뚜렷하고 분명하게 드러나 모두가 보게 한다. … 곳곳에서 변화하여 각각 다른 모습을 나타내니, 금강대가 되기도 하고, 진주 그물이 되기도 하며, 갖가지 꽃구름이 되기도 하면서 시방마다에서 뜻 따라 변해 나타나 불사를 베푼다. 欲觀彼佛者 當起想念 於七寶地上 作蓮花想 令其蓮花一一葉 作百寶色 有八萬四千脈 猶如天畫 一一脈有八萬四千光 了了分明 皆令得見 … 處處變化 各作異相 或爲金剛臺 或作眞珠網 或作雜花雲 於十方面 隨意變現 施作佛事”, 『관무량수불경의소』 권3(대정장37, p.294c7)에 “화좌관이라 하니 우러러 존귀한 경계 보려면 먼저 앉은 자리를 보아야 하리. 華座觀者 欲瞻尊境 先觀坐處”라고 하였다. 〔참고문헌〕『觀無量壽經』, 『觀無量壽佛經義疏』. ⇨ 십육관 十六觀

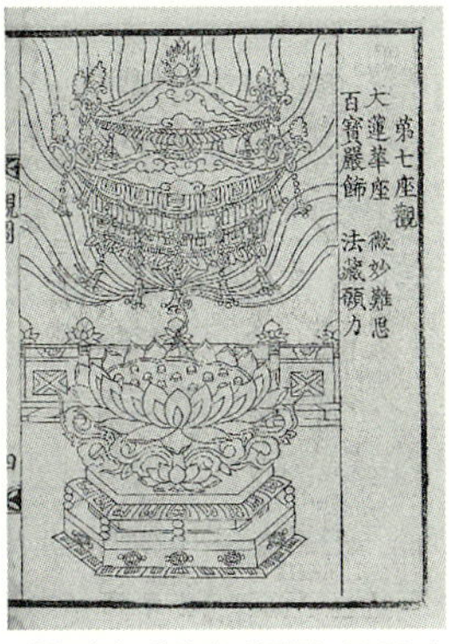

십육관경 내원암 삼각산 1853년

화좌번각 和座翻却 앉은 자리 통채로 뒤집어엎다. 『설암조흠어록』 권4(卍속장122, p.559a9)에 “다만 이 무자 옛사람은 나귀 묶어두는 말뚝일 뿐 누구라도 십이시 중 한 곳에 두고서 가리지 못할 일이 없으리라고 간주하였다. 만약 견해가 모두 사라지고 분별이 없어져 자리 통채로 한꺼번에 뒤집어엎는다면 조주노한이 그대 다리 아래 있게 되리라. 只遮無字 古人謂繫驢橛子 要爾十二時中 置之一處 無事不辦 忽若見盡情忘 和座盤一時翻却 趙州老漢 在爾脚底”, “… 십이시중에 옛 그대로 잘라 두 토막 낼 뿐이다. 생사와 오매 하나로 돌아가지 못한다. 이 두터운 빗장 뚫고자 한다면 반드시 앉은 자리 통채로 뒤집어엎어야 하리라. … 十二時中 依舊截作兩橛 生死與寤寐 不能歸一 要透遮重關子 須是和座翻却”, 라고 하였다. 〔참고문헌〕『雪巖祖欽語錄』. ⇨ 화반탁출 和盤托出

화좌자 和坐子 선수행자. 선화자(禪和子) 곧 선승(禪僧)을 말한다. 『원오심요』 권상종 「시인선인 示印禪人」(卍속장120, p.725b7)에 “약산이 대중에게 이르길 ‘내게 한 마디 있는데 송아지가 새끼 낳으면 그대에게 말해주겠다’라고 말했는데, 당시에 그가 말하는 대로 놓아두지 않았다면 다만 그대 향해 ‘화좌자의 잘못입니다’라고만 말했어야 하리라. 藥山示衆云 我有一句子 待犢牛生兒 卽向你道 當時若不放過 但向伊道 和坐子 敗缺”, 『석계심월어록』 권중(卍속장123, p.89a16)에 “화좌자라면 가볍게 발길질 한 번에 차서 뒤집을 필요도 없으리라. 和座子 不消輕輕 一踏踏翻”라고 하였다. 〔참고문헌〕『圓悟心要』, 『石溪心月語錄』. ⇨ 선화자 禪和子

화주 化主 ❶ 교화의 주인. 석존(釋尊). 능화(能化) 또는 교주(敎主) 등과 같다. 『보살계의소』 권상(대정장40, p.570c9)에 “첫째, 교화의 주인이신 대성석존을 나타낸다. 一標化主 大聖釋尊”라고 하였다. 〔참고문헌〕『菩薩戒義疏』. ❷ 주지(住持)나 방장(方丈) 등 대중을 이끌어 교화하는 이. 『선원청규』 권10 「백장규승송 百丈規繩頌」(卍속장111, p.1158a5)에 “도안을 갖추고 따를 만한 덕도 있는 이를 장로라 부른다. 마치 서역에서 도가 높가 법랍이 많은 이를 가리켜 수보리 등이라 이르는 예와 같다. 이미 화주라 한 이상 방장에 거처한다. 凡具道眼 有可遵之德者 號曰長老 如西域道高臘長 呼須菩提等之謂也 卽爲化主 卽處于方丈”라고 하였다. 〔참고문헌〕『禪苑淸規』. ❸ 주지삼보(住持三寶)를 위해 단월에게 권하고 보시하게 해서 세간을 교화하는 이. 가방화주(街坊化主)라고도 한다. 화는 권화(權化). 죽가방(粥街坊)·미맥가방(米麥街坊)·채가방(菜街坊)·장가방(醬街坊) 등의 구별이 있었다. 권화로 얻은 물건을 화미(化米)·화맥(化麥)·화장(化醬) 등이라고 한다. 『백장청규』 권4 「화주」(대정장48, p.1133a19)에 “무릇 대중을 안주하게 하는 곳에는 상주에 필요한 세입에 한계가 있으니 반드시 화주를 두어 단월들에게 권해 교화한다. 힘닿는 만큼 보시하고 도움을 보태어 대중에게 공양하게 한다. 때로는 꾸준히 생산되어 족히 쓸 수 있으니, 그때는 자주 가서 구하고 취해서 꺼리게 해서는 안된다. 凡安衆處 常住租入有限 必籍化主 勸化檀越 隨力施與 添助供衆 其或恒產足用 不必多往干求取厭也”라고

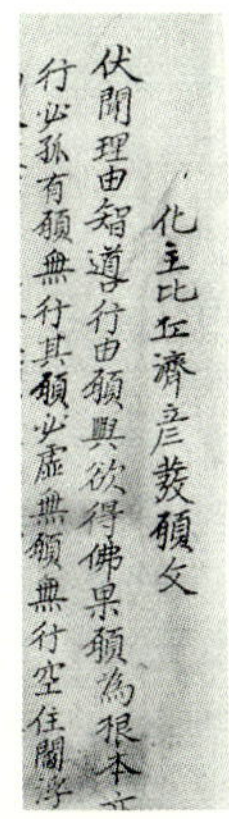

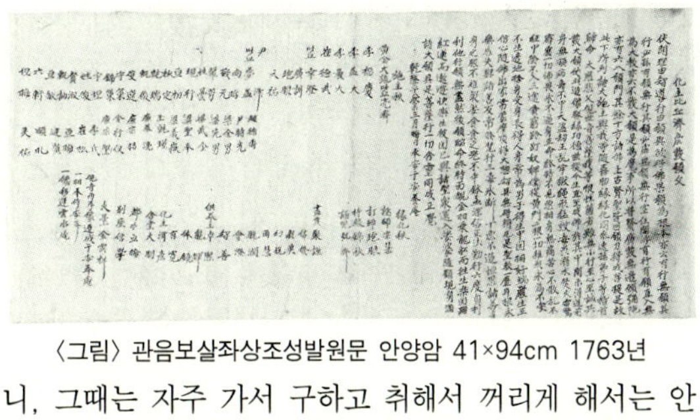
〈그림〉 관음보살좌상조성발원문 안양암 41×94cm 1763년

하였다. 조선조 화주가 남긴 발원문이 〈그림〉과 같다. 〔참고문헌〕『百丈淸規』. ⇨가방화주 街坊化主

화주 火珠 ❶탑(塔)의 상륜(相輪)에 올리는 보주(寶珠). 주위를 화염의 모양으로 장식하므로 화주라 한다. ⇨수연 水煙, 상륜 相輪 ❷불꽃구슬. 태양빛 모아 불 내는 구슬. 관심(觀心)의 대상이기도 하다. 『치선병비요법』 권상(대정장15, p.333b27)에 "마음을 씻는 관이란, 먼저 스스로 마음을 관하여 점점 밝게 해서 마치 불꽃구슬같이 한다. 사백사십사 줄기 마치 비유리 황금 파초와 같이 곧장 심장의 주변에 이르고 화주가 기운을 뿜어 춥지도 않고 덥지도 않으며 거칠지도 미세하지도 않게 하여 모든 맥을 훈한다고 관상한다. 洗心觀者 先自觀心令漸漸明 猶如火珠 四百四十四脈 如毘琉璃黃金芭蕉直至心邊 火珠出氣 不冷不熱 不麤不細 用熏諸脈想", 『유가론기』 권17(대정장42, p.689c24)에 "마치 불꽃구슬 햇빛의 비춤을 기다려서 불을 내므로 일주라고 부르는 것과 같다. 如有火珠待日光照卽出火 故名爲日珠"라고 하였다. 〔참고문헌〕『治禪病祕要法』, 『瑜伽論記』.

화주 話主 화제(話題)의 주인공. 『경덕전등록』 권18 「장경혜릉전 長慶慧稜傳」(대정장51, p.348a4)에 "그대는 고금에서 어떤 절요 있어 장경과 가지런하겠는가? 만약에 들어보인다면 그대를 화주라 여기겠다. 汝於古今中 有什麽節要 齊得長慶 若擧得 許汝作話主"라고 하였다. 〔참고문헌〕『景德傳燈錄』.

화주승 化主僧 화주하는 스님. 『동국승니록』 「유정전 惟政傳」(한불전12, p.867a18)에 "화주승이 두루 대중에게 말하길 '부처님 손 그릴 분을 원합니다' 하였으나 아무도 응하는 이가 없었는데, 끝에 앉아 지치고 느른한 한 스님이 모집에 응하여 스스로 나왔다. 化主僧 遍告大衆 願得畵佛手 莫有應者 坐末疲癃一僧 應募自出", 『염불보권문』 「현씨발원문 玄氏發願文」(한불전9, p.71a2)에 "경상좌도 밀양 사는 현씨 불명 본원은 재가에서 마침 가사 화주승이 시주 허락을 청하므로 몰록 신심을 내어 시주가 되었다. 慶尙左道密陽居姓玄氏 佛名本願 在家適有袈裟化主僧 請其許施主 忽發信心 爲施主"라고 하였다. 〔참고문헌〕『東國僧尼錄』, 『念佛普勸文』.

화중 和衆 ❶승가(Ⓢ saṃgha)의 번역어. 무리로 어울리다. 어울린 무리. 화합중(和合衆)이라고도 한다. 『유부율송』 권3(대정장24, p.650b1)에 "만일 죄악인이 있어 화중을 깨트리려 한다면, 즐겁지 않은 일이 될까 염려하여 내보내는 것으로 상할 일 없게 한다. 若有罪惡人 聞來破和衆 恐爲非樂事 出去者無傷", 『온실경의기』 권1(대정장39, p.512c28)에 "외국의 정음은 승가이며, 한역하면 화중이다. 덕을 행함에 어김이 없으므로 화라 이름하니, 어울림이란 하나일 수 없으니 무리를 위한다. 外國正音名曰僧伽 此云和衆 行德無乖 名之爲和 和者非一目之爲衆", 『남해기귀내법전』 권2(대정장54, p.213c20)에 "객승이 처음 절에 들어오면 닷새 안으로 화중이 더불어 같이 먹게 해서 편하게 쉬기를 바란다. 客僧創來入寺 於五日內 和衆與其好食 冀令解息"라고 하였다. 〔참고문헌〕『有部律頌』, 『溫室經義記』, 『南海寄歸內法傳』. ⇨화합중 和合衆, 현전승가 現前僧伽, 승가 僧伽 ❶ ❷대중에게 알리다. 『사분율행사초자지기』 권1(대정장40, p.210c21)에 "상하로 대중에게 밝히 알리다. … 상하에 알리는 것은 정황이 어그러질까 염려해서이다. 上下明和衆 … 和上下者 恐情乖故", 『십송비구니바라제목차계본』 권1 「화중장 和衆章」(대정장23, p.479b11)에 "대덕비구니 스님들은 들어주십시오. 지금 15일 포살함에 바라제목차를 설하고자 합니다. 만약 스님이 때 맞춰 이르셨고 스님들께서 묵묵히 듣고자 하시기에 한 마음으로 포살을 지어 바라제목차를 설하고자 이와같이 아룁니다. 大德尼僧聽 今十五日布薩 說波羅提木叉 若僧時到 僧忍聽僧 一心作布薩 說波羅提木叉 如是白"라고 하였다. 〔참고문헌〕『四分律行事鈔資持記』, 『十誦比丘尼波羅提木叉戒本』. ⇨갈마 羯磨

화중련 火中蓮 불 속의 연꽃. 『복개정행소집경』 권5(대정장32, p.728a23)에 "이 대장부는 이세로 이익이 되었으니 마치 불 속의 연꽃 같아 참으로 희유하였으니, 곧바로 고요하고 묘한 즐거움에 안주하였다. 是大丈夫爲二世益 如火中蓮 甚爲希有 則爲安住 寂靜妙樂", 『원오어록』 권14 「시허정구봉의 示許庭龜奉議」(대정장47, p.776c17)에 "재가보살이 출가행을 닦는 것은 마치 불 속에서 연꽃을 피우는 것과 같습니다. 在家菩薩 修出家行 如火中出蓮", 『조계진각국사어록』 「시종민상인 示宗敏上人」(한불전6, p.25a14)에 "산승이 옛적에 지리산 상무주암에 있을 때 좌선게를 이처럼 지은 바 있습니다. '앉음을 앉음이라 여겨 앉으면 앉음이 아니요, 선을 선이라 여겨 선을 하면 선이 아니니라. 좌선의 뜻 알고자 하는가? 불꽃 속에서 연꽃 보아 취하라'. 山僧往年 在智異山上無住庵 作坐禪偈曰 坐坐坐非坐 禪禪禪不禪 欲知坐禪旨 看取火中蓮"라고 하였다. 〔참고문헌〕『福蓋正行所集經』, 『圓悟語錄』, 『曹溪眞覺國師語錄』.

화중생연화 火中生蓮華 Ⓢ agni-madhye padmaḥ. 불꽃 중에 연꽃 피다. 『앙굴마라경』 권4(대정장2, p.543b8)에 "기이하도다, 두 부처님께서 세상에 출현하시어, 일찍이 없었던 법을 세간에 행하시네. 마치 불꽃 중에 연꽃 피듯 하니, 세간에 희유하게도 두 부처님을 보노라. 奇哉二佛出于世 未曾有法行世間 猶如火中生蓮華

世間希有見二佛"라고 하였다. 〔참고문헌〕『央掘魔羅經』, *Vikī-n.318.* ⇨ 화중련 火中蓮

화지부 化地部 Ⓢ Mahīśāsaka, Ⓟ Mahiṃsāsaka, Ⓣ sa-ston-sde. 소승이십부(小乘二十部) 중 하나로 불멸(佛滅) 후 삼백 년 경에 상좌부(上座部)의 설일체유부(說一切有部)에서 갈라져 나온 부파. 개조는 왕위를 버리고 유부(有部)로 출가한 대불가기부(大不可棄部)라고 한다. 정지부(正地部)·교지부(敎地部)라고도 하며, 음사어는 미사새부(彌沙塞部)이다. 자은(慈恩)과 현수(賢首)는 법무거래종(法無去來宗)이라고 하였다. 본 부파의 기원과 이름에 관해 『성유식론술기』 권2(대정장43, p.292a2)에 "화지부는 구역에서 정지부라 한다. 또한 9종의 무위법을 세웠다. 첫째는 택멸, 둘째는 비택멸, 셋째는 허공, 넷째는 부동으로 구역에서는 무아라 하였지만 오역이다. 다섯째는 선법진여, 여섯째는 불선법진여, 일곱째는 무기법진여, 여덟째는 도지진여, 아홉째는 연기진여이다. 化地部 舊云正地部 亦立有九 一 擇滅 二 非擇滅 三 虛空 四 不動 舊云無我謬也 五 善法眞如 六 不善法眞如 七 無記法眞如 八 道支眞如 九 緣起眞如", 『이부종륜론』(대정장49, p.15b14)에 "그 다음으로 이 제300년에 설일체유부에서 다시 한 부파가 나왔으니 화지부라 한다. 次後此第三百年 從說一切有部復出一部 名化地部", 『이부종륜론소술기』(卍속장, p.220c8)에 "〔술〕 이 부파의 주는 본래 국왕으로, 그 왕이 다스렸던 나라의 경계의 땅을 지라 하는데, 그 땅의 인민들을 교화하였으므로 화지라 한다. 나라를 버리고 출가하여 불법을 널리 알렸는데, 본에 따라 이름하여 화지부라 부른 것이다. 述曰 此部之主 本是國王 王所統攝國界地也 化地上之人庶 故言化地 捨國出家 弘宣佛法 從本爲名 名化地部"라고 하였다. 『이부종륜론』(대정장49, p.16c2)에 "저 화지부는 본종과 뜻을 같이하는데, 과거와 미래는 없고 현재와 무위는 있으며, 사성제는 일시에 현관하므로 고제를 볼 때 능히 모든 제도 본다. … 수면은 심도 아니고 심소도 아니며 들어갈 것도 없다. 면과 전은 다르니 수면의 자성은 심과 상응하지 않지만, 전의 자성은 심과 상응한다. 其化地部本宗同義 謂過去未來是無 現在無爲是有 於四聖諦一時現觀 見苦諦時 能見諸諦 … 隨眠非心 亦非心所 亦無所入 眠與纏異 隨眠自性心不相應 纏自性心相應", "이생은 욕탐진에 끊지 못하고, 모든 외도들 중에 능히 오신통을 얻는 이는 없으며, 또한 하늘중에 범행에 머무른 이가 없고, 결정코 중유는 없으며, 아라한에게는 증장하는 복업도 없다. 오식에 물듦도 물듦을 여의는 것도 있으며, 육식은 모두 심사와 상응하고, 또한 제수보특가라가 있다. 세간정견은 있으나 세간의 신근이란 없으며, 출세정려는 없고 또 무루심사도 없으며, 만약 인을 가짐이 아니라면 예류에는 물러남이 있으나, 모든 아라한은 결정코 물러남이 없다. 도지는 모두 염주로써 거둔 것이다. 異生不斷欲貪瞋恚 無諸外道能得五通 亦無天中住梵行者 定無中有 無阿羅漢增長福業 五識有染 亦有離染 六識皆與尋伺相應 亦有齊首補特伽羅 有世間正見 無世間信根 無出世靜慮 亦無無漏尋伺 若非有因 預流有退 諸阿羅漢定無退者 道支皆是念住所攝", "무위법에는 아홉 가지가 있으니 택멸·비택멸·허공·부동·선법진여·불선법진여·무기법진여·도지진여·연기진여다. 모태에 듦이 처음이고 목숨을 마치는 것이 마지막이 되며, 색근대종은 모두 전변하고 심심소법도 전변한다. 승중에 부처가 있으니 승가에 보시하면 곧 큰 과보를 얻을 수 있으니 따로 부처에게 보시할 일은 아니며, 부처와 이승은 모두 같은 도이고 같은 해탈이며, 일체행 모두 찰나에 사라져서 결정코 작은 법이라도 전세를 쫓아 후세까지 이르는 일은 없다. 이런 것들이 저 본종으로 뜻을 같이하는 것이다. 無爲法有九種 一 擇滅 二 非擇滅 三 虛空 四 不動 五 善法眞如 六 不善法眞如 七 無記法眞如 八 道支眞如 九 緣起眞如 入胎爲初 命終爲後 色根大種皆有轉變 心心所法亦有轉變 僧中有佛 故施僧者便獲大果 非別施佛 佛與二乘皆同一道同一解脫說 一切行皆剎那滅 定無少法能從前世 轉至後世 此等是彼本宗同義"라고 하였다. 『오분율 五分律』(대정장22, No.1421)은 본 부파가 전승한 율장이다. 〔참고문헌〕『成唯識論述記』, 『異部宗輪論』, 『異部宗輪論疏述記』. ⇨ 미사새 彌沙塞, 미사새부 彌沙塞部, 소승이십부 小乘二十部

화지암 和池庵 부산 연지동 화지산(和池山)에 있던 암자. 『여지도서』 경상도 동래 사찰에 "부 남쪽 10리 화지산에 있다. 在府南十里和池山" 하였고, 『가람고』와 『범우고』에도 전한다. 〔참고문헌〕『輿地圖書』, 『伽藍考』, 『梵宇攷』, 『韓國寺刹全書』 권하 p.1175a17.

화지일성 囮地一聲 '와!' 하는 한 소리. 또는 그런 소리를 내다. 뜻밖에 찾아온 깨달음의 순간을 묘사한다. 화지란 힘을 쓸 때 크게 내는 소리 또는 갑자기 마주쳤을 때 저절로 나오는 감탄의 소리다. 『연종보감』 권10(대정장47, p.350c4)에 "마치 물건 잃었던 사람이 문득 찾게 되면 저도 모르게 이 한 소리가 나오니 그것이 화라는 글자이다. 종문에서는 이 글자를 말하는 예가 많이 있다. 스승을 찾아다니며 도를 구하는 사람이 참구한 세월이 이삼십년 지나 문득 마음의 꽃이 피어나 본분사를 알아차리면 저도 모르게 '와!' 하는 한 소리가 나온다. 喩如失物人 忽然尋見 不覺發此一聲 是囮字也 宗門多言此字者 蓋尋師訪道之人 參究三二十年 忽然 心花發現 會得此事 不覺囮地一聲", 『선관책진』 「몽산이선사시중 蒙山異禪師示衆」(대정장48, p.1099c10)에 "3월 6일 좌선중에 바로 무자를 들던 참에 수좌가 들어와 향을 사르다가 향합을 쳐서 소리가 났다. 그 바람에 문득 '와!' 하는 한 소리를 내면서 자신이 조주를 붙들었음을 알아차렸다. 三月初六日坐中 正擧無字 首座入堂燒香 打香盒作聲 忽然 囮地一聲 識得自己 捉敗趙州", 『고봉어록』 권2 「보유 補遺」(卍속장122, p.691a12)에 "문득 경행하거나 앉았거나 누운 자리에서 저도 모르게 '와!' 하고 한 소리가 나오면 마치 천지에 가득한 가시나무 숲에 죽은 듯이 있다가 한 줄기 활로 얻은 듯하리니, 어찌 시원하지 아니하랴! 忽於經行坐臥處 不覺囮地一聲 猶如死在漫天荊棘林中 討得一條出身活路相似 豈不快哉"라고 하였다. 〔참고문헌〕『蓮宗寶鑑』, 『禪關策進』, 『高峰語錄』.

화지일하 囮地一下 저도 모르게 '와!' 하고 한 번 내는 소리 아래. 『서장』 「답왕장원 答汪狀元」(대정장47, p.932b12)에 "공의 눈동자 고요한 움직임 보니 거의 다 알아차렸지만, 다만 결정적인 한 번의 계기가 모자랄 뿐입니다. 만약 결정적인 한 번의 계기 얻고 나면 유가 그대로 불교이고 불교 그대로 유가이며, 승 그대로 속이고 속 그대로 승일 것이니 … 소락과 제호를 휘저어 한 맛이 되고, 그릇과 소반과 비녀와 팔찌를 녹여 하나의 쇠로 만드는 솜씨 나 자신에게 달려 있지 다른 이에게 있는 것 아니다. 見公眼目定動 領覽得九分九釐 只欠囮地一下爾 若得囮地一下了 儒卽釋釋卽儒 僧卽俗俗卽僧 … 酥酪醍醐 攪成一味 缾盤釵釧 鎔成一金 在我不在人", 『속등정통』 권32 「조종통인장 朝宗通忍章」(卍속장144, p.864b12)에 "그런 까닭에 '매달린 절벽에서 잡은 손을 뿌리치고 스스로 수긍하여 알아차리며 숨이 끊어진 다음에 다시 살아난다면 아무도 그대를 속이지 못할 것이다'라고 한다. 이 경계에 이르면 천하인의 혀끝 잘라 버리니 바로 혀 없는 사람의 말이고, 혀 없는 사람의 말로 세상 사람들의 혀끝 바로 잘라버릴 것이다. 만약 죽을 힘을 다하여 훔치는 마음으로 '와!' 하고 한번 소리 아래 사무쳐 벗어나 깨끗이 다함이 아니라면 어떻게 이처럼 진실로 받아 쓸 수 있으랴! 所以曰 懸崖撒手 自肯承當 絕後再甦 欺君不得 到者裡 截斷天下人舌頭 正是無舌人語 無舌人語 正截斷天下人舌頭 若非死盡偸心 囮地一下透脫淨盡 安得有此 眞實受用"라고 하였다. 〔참고문헌〕『書狀』, 『續燈正統』. ⇨ 화지일성 囮地一聲

화차 和蹉 Ⓢ Vatsa의 음사. 나라 또는 범지(梵志) 이름. 벌차(筏蹉)·바차(婆蹉)로도 음사한다. 부처님 재세시 인도 십육대국(十六大國) 중 한 곳이자, 이곳 출신 외도논사의 이름으로 이후 귀의하여 독자부(犢子部 Ⓢ Vātsīputrīya)를 세웠다. 『성실론』 권3(대정장32, p.256b15)에 "또 『화차경』에서 설하기를 '어떤 중생이 이 음을 버리고 나서 아직 마음이 몸을 받지 못했을 때 그 중간에 아를 설하여 애(愛)로 인연을 삼으니 이를 중음이라 한다'. … 또 그대는 『화차경』을 들어서 설하지만 이것은 옳지 않다. 왜 그러한가? 이 경 중간에서는 물음도 다르고 답도 다르기 때문이다. 이 화차 범지가 계탁하는 바 신(身)이나 신(神)과도 다르기에 이와 같이 중음 중에 오음이 있다고 답한 것이다. 又和蹉經說 若衆生捨此陰已 未受心生身 於是中間我說愛爲因緣 是名中陰 … 又汝言和蹉經說 是事不然 所以者何 是經中問異答異 是和蹉梵志所計身異神異故如是答 中陰中有五陰"라고 하였다. 〔참고문헌〕『成實論』. ⇨ 벌차 筏蹉, 바차 婆蹉

화차사 華次寺 봉업사의 옛 이름. ⇨ 봉업사 奉業寺

화차지옥 火車地獄 불덩이 치솟는 수레 가득한 지옥. 『증일아함경』 권40(대정장2, p.767a11)에 "죄가 많은 이라면 지옥에 들어가서 도산지옥·검수지옥·화차지옥·노탄지옥을 거치며 구리 녹인 물을 마시게 될 것이다. 혹은 축생을 태어나 사람의 부림을 받으며 꼴과 풀을 먹으면서 고통받기가 무량할 것이다. 設罪多者 當入地獄 刀山劍樹 火車爐炭 呑飮融銅 或爲畜生 爲人所使 食以芻草 受苦無量", 『관불삼매해경』 권5(대정장15, p.671a26)에 "화차지옥이란 낱낱의 구리가마 높고 넓기가 40유순이고, 그중에 치솟은 불길로 가득하다. 아래에는 12개의 불바퀴, 위로는 94개의 불바퀴가 있다. … 기절하고 목숨을 잃으면 화차 위에 실려 팔다리가 불타오르는 중에 불덩이 안에 떨어져 몸뚱이 타며 흩어진다. 옥졸이 '살아나라' 외치면 그 소리를 듣고 다시 살아나고, 화차가 몸 짓밟기를 열여덟 번 반복하면 몸이 먼지처럼 부서진다. 하늘에서 끓어오른 구리 녹인 물이 쏟아져 몸뚱이에 끼얹어지면 곧바로 다시 살아난다. 이와 같이 계속 반복한다. 火車地獄者 一一銅鑊 縱廣正等 四十由旬 滿中盛火 下有十二輪 上有九十四火輪 … 氣絶命終 載火車上 支節火然 墮火聚中 身體燋散 獄卒唱活 應聲還活 火車轢身 凡十八返 身碎如塵 天雨沸銅 遍灑身體 卽便還活 如是往返"라고 하였다. 〔참고문헌〕『增壹阿含經』, 『觀佛三昧海經』, 『大方便佛報恩經』 권2(대정장3, p.136a11), 『慈悲道場懺法』 권9(대정장45, p.958b19).

화창 火窓 석등(石燈)의 화사석(火舍石) 안에 놓인 등잔에서 불빛 새어나오도록 뚫어놓은 창(窓). 화창은 석등의 쓰임에 따라 모양도 갯수도 달랐다. 일반적인 팔각간주석 석등은 화사석 4곳에 장방형(長方形) 화창을 두었으며, 화창 주변으로 총 12개 혹은 10개의 둥근 구멍을 뚫기도 한다. 고복형석등 화사석은 8곳에 좁고 길게 네모난(細長方形) 화창을 두기도 한다. 고려전기에 유행한 사각석등은 화사석 모서리에 별도의 기둥석을 두어 넓고 개방감 있는 화창 형태를 보인다. 한편 육각석등은 6매로 화사석을 구성하여 타원형의 독특한 형태의 화창이 되도록 하였다. 대부분의 화창은 안으로 1단의 홈을 두어 별도로 제작한 창호를 설치하기도 하였는데, 이는 비바람으로부터 불빛을 보호하는 장치였으며 화창

금당앞 운문사 청도 · 청량사 합천 통일신라 · 석산사 시가현 일본

주변의 둥근 구멍들이 가리개 역할의 창을 드리우던 고정장치였던 것으로 보인다. 또한 사각석등은 별도의 등을 화사석 안으로 밀어넣는 방식을 채택했다. [참고문헌] 정명호 『한국석등양식』(민족문화사, 1994) p.62.

화천 火天 Ⓢ Agni, Ⓟ Aggi. 십이천(十二天) 또는 팔방천(八方天) 중 하나. 동남방의 수호신. 태장만다라 외원 동남쪽에 자리하고 금강계만다라 외금강부에서는 북쪽에 위치한다. 아기니(阿耆尼) · 아아나(阿哦那) · 악기니(惡祁尼)라고 음사한다. 브라만교에서는 화신(火神) · 화사(火司)의 의미로서 범왕(梵王)이 낳은 최초의 불로 존숭되었으나, 불교에서는 여래의 지혜를 의미하는 것으로 전환된다. 존형은 만다라에 따라 다르다. 태장현도만다라에서는 네 팔을 가진 선인의 모습이다. 오른쪽 첫째 손은 가슴 앞에서 삼각인(三角印)을 맺었고, 둘째 손은 하박을 세워서 염주를 쥐었다. 왼쪽 첫째 손은 무릎 앞에서 조병(澡甁)을 쥐었고, 둘째 손은 팔을 들어 선장(仙仗)을 쥐고 앉았는데 몸 전체에 화염이 치성한 모습이다. 태장구도양(胎藏舊圖樣)에서는 석가원(釋迦院)과 최외원(最外院)의 두 곳에 자리한다. 금강계

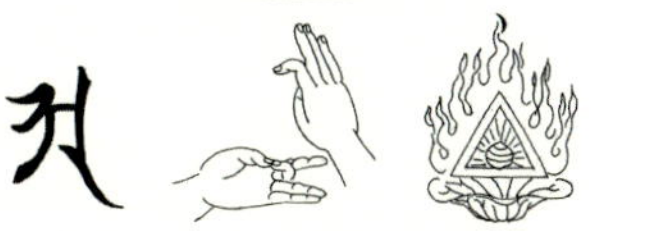

최외원 동방 태장만다라

만다라에서는 오른손은 가슴 앞에서 삼각인을 맺고 왼손은 선장을 들어올린 채 연꽃 위에 앉은 모습이다. 삼매야형은 화륜(火輪)의 모습을 한 삼각인 또는 조병이다. 종자는 태장에서는 (a), 금강계에서는 (ra)다. 수인은 『대일경』「밀인품 密印品」에서는 오른손으로 시무외인(施無畏印)을 맺은 후 엄지를 손바닥 안에 넣고 진언의 '사하바' 부분에서 검지를 세 번 구부리는 동작을 취한다고 설명한다. 『청룡사의궤』에서는 오른손은 앞서의 경우와 같고 왼손을 가슴 앞에서 앙장(仰掌)하되 엄지와 중지를 붙여서 삼각형을 만든다고 설명한다. 진언은 '나마 사만타붓다남 아그나예 스바하 namaḥ samantabuddhānāṃ agnaye svāhā 널리 제불께 귀의합니다. 화천이여! 스바하'이다. 금강계 진언은 '옴 바즈라 날라 oṃ vajranala'로 바즈라는 금강(金剛), 날라는 청죽(靑竹), 곧 청죽을 든 화천을 뜻한다. 화천여성 존격인 화천후(火天后 Ⓢ Āgneyī)는 화천 곁에 자리하는데 종자는 (a), 삼매야형은 조병(澡甁)이다. 존형은 흰살의 몸으로 화염에 앉아 양손을 구부리고 손바닥을 위로 향한 모습이다. 수인은 화천인(火天印)이고 진언은 '나마 사만타붓다남 아그네야이 스바하 namaḥ samantabuddhānāṃ āgneyai svāhā 널리 모든 부처님께 귀명합니다. 화천후여. 스바하'이다. 『다라니집경』 권12(대정장18, p.896b16)에 "만다라 남동쪽 첫째 자리의 존격은 화천이다. 연화좌 위에 보병형을 만드는데 그 병 입구에서 화염이 나온다. 南面東頭第一座主 名曰火天 蓮花座上作寶瓶形 其瓶口上 出於火焰", 『금강정유가호마의궤』(대정장18, p.923b12)에 "동남방에 화천은 푸른 양에 올라탔다. 붉은 살색 몸 전신에 화염이 있다. 오른손 둘 중 하나는 푸른 대나무를 들었고 다른 한손은 물병을 들었다. 왼손 둘 중 하나는 주먹을 쥐었고 다른 하나는 염주를 쥐었다. 천화를 든 천녀 둘이 있고 좌우에 고행선을 안치한다. 東南方火天 乘靑羊赤肉色 遍身火焰 右二手 一持靑竹 一持軍持 左二手 一揚掌 一持念珠 有二天女持天花 左右置苦行仙", 『대일경소』 권5(대정장39, p.634a22)에 "동남쪽 모서리에 화천의 무리를 배열한다. 화염 속에 머무는데 이마와 양 팔에 각각 재로 그린 세 가지 그림이 있으니, 바라문이 세 손가락으로 재를 취해 스스로 몸에 바른 모습이다. 온통 진한 붉은 색이고 가슴에 삼각인이 있다. 화염의 원상 안에서 왼손에는 염주를 들었고 오른손에는 조병을 들었다. 이것은 보문의 몸이니 불로 제사지내는 베다의 범지를 받아들여 방편으로 부처님의 베다법을 펼친 것이다. 그러므로 이 완전한 지혜의 화단을 드러내었

성신회 금강계만다라

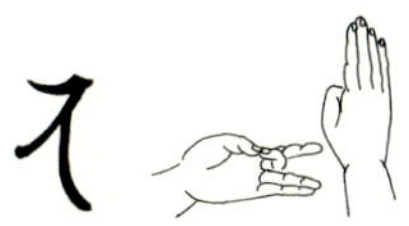

삼매야회 금강계만다라

으니 이는 청정한 범행의 표식이다. 東南隅右列諸火天衆 住火焰中 額及兩臂各有三灰畫 卽婆羅門用三指取灰自塗身象也 一切深赤色 當心有三角印 在焰火圓中 左手持數珠右手持澡瓶 此是普門之一身 爲引攝火祠韋陀梵志方便開示佛圍陀法 故示此大慧火壇 淨修梵行之摽幟也"라고 하였다. [참고문헌]『陀羅尼集經』, 『金剛頂瑜伽護摩儀軌』, 『大日經疏』, 『大日經』(대정장18, p.24b1), 『曼荼羅図典』(大法輪閣, 2002).

화천계성리석등 華川啓星里石燈 강원도 화천군 하남면 계성리에 있는 고려전기 석등. 보물 제496호. 높이 2.79cm. 하남면 면사무소 부근 계성골입구에서 서쪽으로 약 6km 계성사지 절터에 있다. 신라시대에 유행한 고복형(鼓腹形) 석등에서 파생한 양식으로 간주석은 고복형, 평면은 육각을 지닌 특수형의 석등이다. 하대석은 육각평면으로 12엽의 연화문을 양각하고 그 위에 원형의 간주석 괴임을 각출하였다. 간주석은 3단 구조로 상하와 중앙을 넓게 마련하고 내부에는 연화문과 여의두문 등을 장식했다. 상대석은 같은 연화문을 새겼는데 연판의 볼륨이 두드러진다. 화사석은 6각의 모서리마다 I자형 기둥석을 세워 고정했으며 화창(火窓)은 타원형이다. 옥개석은 낙수면의 경사가 완만하며 전각부의 끝을 귀꽃으로 장식해 화려함을 더하였다. 옥개석 처마 하단에는 1단의 절수홈도 설치했다. 상륜은 보륜형 받침을 두고 그 위로 큼직한 보주를 올려 마무리했다. 이 석등은 해인사 원당암 육각석등, 황해도 자혜사 육각석등 등 고려초기 육각석등의 계보를 파악할 수 있는 귀중한 작품이다. 특히 금강산 정양사 육각석등과는 거의 동일형태의 석등으로 강원일대의 독특한 지역양식으로 볼 수 있다. 정양사 육각석등의 경우 간주석의 문양이 생략되고 옥개석의 낙수면이 지나치게 급하여 비례적으로 불안정하기에 계성리 석등보다 시기적으로 늦은 것으로 보인다. 따라서 계성리 석등은 고려초기 육각석등의 선두적 작품으로 볼 수 있다. [참고문헌]『석등조사보고서 I-간주석 편』(국립문화재연구소, 1999) pp.167~169, 정명호 『한국석등양식』(민족문화사, 1994) pp.226~232.

화천발견인 火天發遣印 화천을 보내는 수인. 소청(召請)하는 것에 상대한다. 『대일경소』 권16(대정장39, p.744a9)에 "화천을 소청하는 수인. 오른손을 펴고 검지의 셋째 마디를 조금 구부린다. 또한 엄지의 윗마디를 손바닥 안으로 구부린다. 먼저 곧게 한 후에 구부리면 부르는 수인이고, 먼저 구부린 후에 다시 펴면 보내는 수인이다. 請召火天印 當側申右手 其風指第三節稍屈 又屈空指上節向掌中 若先直而屈 是請召也 若先屈而還展是發遣也"라고 하였다. [참고문헌]『大日經疏』.

화천비 火天妃 Ⓢ Āgneyī. 태장만다라 최외원(最外院) 동쪽에 모시는 존격. 화천후(火天后)라고도 한다. 종자는 (a), 삼매야형은 조병(澡瓶), 진언은 '나마 사만타붓다남 아그네야이 스바하 namaḥ samantabuddhānāṃ āgneyai svāhā 널리 제불께 귀의합니다, 화천비여! 스바하'이다. 화천의 명비(明妃). 『행림초』 권61(대정장76, p.414b22)에 "화천비는 도상에서 몸이 흰색이고 손에 든 지물이 없으며 양손이 밖으로 펼쳐진 채 치성한 화염 속에 있다고 하였다. 후에 나온 도상에서는 오른손은 병을 들고 왼손은 염주를 들었다. 火天妃 圖云 白色無所持物 二手外開 在盛火炎中 後本右持瓶 左持念珠"라고 하였다. [참고문헌]『行林抄』, 『曼荼羅図典』(大法輪閣, 2002).

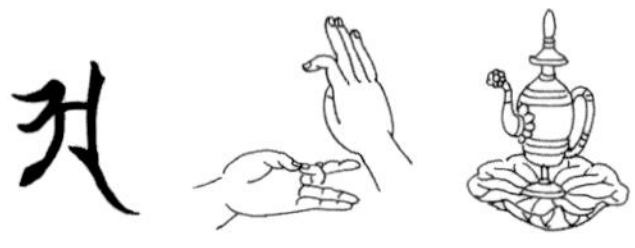

화천진언 火天眞言 화천의 진언. 화천은 삼계를 떠나지 않고 번뇌를 태워 없애는 보살의 지혜를 상징한다. 『대일경소』 권8(대정장39, p.663a5)에 "다음으로 화천진언을 설한다. '나마 사만타붓다남 아카예 스바하' 次說火天眞言曰 (na) (maḥ) (sa) (ma) (nta) (bu) (ddhā) (nāṃ) (a) (kha) (ye) (svā) (hā) 南摩 三曼多勃陀喃 阿揭娜曳 莎訶", "첫 구는 제불에게 귀명한다는 뜻이며 앞의 설명과 같다. 둘째 구 '아게나예'는 불이라는 뜻이다. 이 중 가장 첫 구절인 '아' 자가 종자가 된다. 일체 모든 법이 본래 생멸이 없다는 뜻이니 곧 금강지혜의 바탕과 같다. '가'는 행이라는 뜻이다. 모든 법이 본래 생멸하지 않으므로 만행을 갖추었더라도 행한 바가 없다. 그러므로 스승 없이 홀로 깨달음을 말한다. 初句歸命諸佛義如前說 第二句阿揭娜曳 是火義也 此中以最初阿字爲種子 以一切諸法本不生故 卽同金剛智體 俄是行義 以諸法本不生故 雖具足萬行而無所行 是故名爲無師自覺", "스승 없이 홀로 깨닫는다면 이것은 거대한 허공이 모든 곳에 편재하는 것과 같다. 그러므로 '나' 자와 동체이다. 모든 법이 스승이 없으며 행함이 없으므로 스스로 모든 곳에 편재한다. 그러므로 삼계에서 벗어나지 않고 일체지에 이른다. … 제불이 보

살도를 행할 때 모두 이와 같은 지혜의 불로써 마음의 모든 번뇌를 불태우고 정법의 광명을 밝힌다. 그러므로 여실하게 설하면 진언이 된다. 若是無師自覺 卽是同於大空遍一切處 故與娜字同體也 以諸法無師無行故 自遍一切處 故於三界不動出 而至薩婆若 … 諸佛行菩薩道時 皆以如是慧火 焚燒一切心垢 熾然正法光明 是故如實說之 卽成眞言也"라고 하였다. 〔참고문헌〕『大日經疏』.

화첨비 火檊譬 부지깽이의 비유. 불이 잘 타도록 헤집는 부지깽이가 먼저 타버리듯이, 중생을 제도한 다음에 성불하겠다는 서원을 세운 보살이 먼저 성불해 버림의 비유다. 화괄비(火栝譬)라고도 한다. 『왕생론주』 권하(대정장40, p.842a26)에 "대단한 방편이란, 보살이 자기 지혜의 불로 일체중생의 번뇌라는 초목을 태우는데, 한 사람의 중생이라도 성불하지 않으면 나도 부처가 되지 않겠다고 서원하였으나 중생 미처 성불해 다하지 못했는데 보살은 이미 저절로 성불해 버린다. 비유하면 부지깽이〈첨은 청과 념을 반절한 음이다〉로 일체초목을 헤집어〈적은 청과 력을 반절한 음이다〉 태워 다하려 하였지만, 초목 아직 다 태우지 못한 채로 부지깽이 이미 다했으니, 그 자신을 뒤로 하였으나 자신이 앞서기에 교방편이라고 한다. 巧方便者 謂菩薩願 以己智慧火 燒一切衆生煩惱草木 若有一衆生不成佛 我不作佛 而衆生未盡成佛 菩薩已自成佛 譬如火檊〈聽念反〉欲摘〈聽歷反〉一切草木燒令使盡 草木未盡 火檊已盡 以後其身而身先故 名巧方便"라고 하였다. 〔참고문헌〕『往生論註』.

화청 化淸 조선후기 순천 송광사 두월당 우홍(斗月堂禹洪 1684~1756)의 은사 스님. 순천 송광사에 있는 두월당 우홍대사비에 따르면 우홍이 15세(1698·숙종24) 때 화청스님을 은사로 하여 스님이 되었고, 1756년(영조32) 11월 21일 송광사 천자암에서 세수 73, 법랍 58세로 입적하였다. 〔참고문헌〕『曹溪山松廣寺史庫』(亞細亞文化社, 1977) p.621.

화청 和請 다함께 청하여 부르는 노래. 범패 중 하나이며 불교가사에 곡을 더해 부르기도 한다. 『산보집』 권상(한불전11, p.476a12)에 "보낼 때에는 앞서 이끌어 봉송게를 부르고 화청소리로써 보내드린다. 送時 咽導 唱奉送偈 以和請聲送之", 같은 책 권하(한불전11, p.513a18)에 "다음으로 회향진언, 다음으로 심경과 화청, 다음으로 축원한다. 次回向眞言 次心經及和請 次祝願"라고 하였다. 화청은 재(齋)의례 중 범패사가 한문체 사설로 하는 「상단축원」과 「중단지장축원」 등의 축원, 「회심곡」과 「백발가」 등 불교가사에 곡을 더한 화청으로 구분된다. 「상단축원」은 '공덕 공덕~'으로 시작하고 「중단지장축원」은 '원력 원력~'으로 시작하며, 박송암(朴松巖 1915~2000)이 부른 「축원화청」은 징으로 ♩♩♪♪리듬을 2번 치고 시작 하며 대체로 6박 이고 음조직은 경(京)토리로 부른다. 불교가사에 곡을 더한 화청으로는 『석문의범』 권하 가곡편의 참선곡·호심곡·별회심곡·백발가·몽환가·권왕가·원적가·왕생가·신년가·가가음가·신불가·찬불가·경축가·성탄가·성도가·오도가·열반가·월인가·목련가·권면가·관음신앙가·문명퇴치가·애국발심가·안양왕생가·불전화혼가·산회가·금강산유산록·관악산유산록과 1969년 『무형문화재 조사보고서 제65호 화청』의 육갑화청·팔상화청·자책가·서왕가·원불·십악업·조학유·전설인과곡·지옥오송·방생도송·아귀도송·인도송·천도송·별창권락곡·권선곡·선중권곡·명리권곡·재가권곡·빈인권곡·수선권곡 등 수십 가지다. 박송암이 부른 「백발가」는 엇모리형 장단에 경토리이지만, 장벽응이 부른 「회심곡」은 메나리토리를 보이면서 경토리의 특성도 함께 나타난다. 또한 고사염불(告祀念佛)을 주로 하였던 하룡남과 김혜경의 화청은 4·4조의 가사체에서 3+2+3+3+2+3의 장단에 맞춰 불러 규칙성을 보이면서도 변화를 주어 범패승에 비해 다양하다. 〔참고문헌〕『刪補集』, 『釋門儀範』, 동국대불교대학조사 『무형문화재조사보고서 제65호 화청』(문화공보부문화재관리국, 1969), 이상보 『불교가사전집』(집문당, 1990), 박범훈 『한국불교음악사연구』(장경각, 2000). ⇨ 범패 梵唄, 불교가사 佛敎歌辭, 축원 祝願

화취 火聚 ❶ 지옥의 불덩이. 『정법염처경』 권11(대정장17, p.64a25)에 "큰 불덩이가 있으니 그 무더기의 높이는 오백 유순이고 너비는 이백 유순이다. 불꽃 타올라 치성하니, 저 사람이 지은 악업 세력으로 급히도 그 몸 던져 저 불덩이에 떨어진다. 有大火聚 其聚擧高五百由旬 其量寬廣二百由旬 熖燃熾盛 彼人所作惡業勢力 急擲其身 墮彼火聚"라고 하였다. 〔참고문헌〕『正法念處經』. ❷ 신체의 부정(不淨)을 비유하는 말. 『대반열반경』 권4(대정장12, p.385b23)에 "스스로 자기 몸을 불덩어리와 같다고 관하는 이를, 스스로를 바르게 한다고 부른다. 自觀己身猶如火聚 是名自正"라고 하였다. 〔참고문헌〕『大般涅槃經』. ❸ 분노를 비유하는 말. 『대반열반경』 권15(대정장12, p.453c28)에 "선남자야, 비유컨대 돌에 새긴 무늬는 변하지 않고, 물에 그린 그림은 빠르게 사라져서 오래 머물지 않는 것과 같다. 분노는 돌에 그린 그림이고 선한 뿌리는 물에 그린 그림과 같다. 그러므로 이 마음 마치 큰 불덩이 그 밝음 오래 머무는 것처럼 조복하기 어렵다. 善男子 譬如畫石其文常在 畫水速滅勢不久住 瞋如畫石 諸善根本如彼畫水 是故此心難得調伏如大火聚其明久住"라고 하였다. 〔참고문헌〕『大般涅槃經』. ❹ ➡ 선화륜 旋火輪

화취다라니주경 華聚陀羅尼呪經 Ⓢ Puṣpakūṭa-dhāraṇī, Ⓣ Me-tog brtsegs-pa. 역자 미상. 1권. 대정장21, p.876a18~876c28, No.1358에 수록되어 있고 티베트역(北京版 No.316・델게版 No.516)도 전한다. 동진(東晋)대 한역되었다. 이역본으로 동시대 역자미상의 『사지분신보살소문경 師子奮迅菩薩所問經』과 지겸(支謙) 역의 『화적다라니신주경 華積陀羅尼神呪經』, 북송(北宋)대 시호(施護 Ⓢ Dānapāla) 역 『화적누각다라니경 華積樓閣陀羅尼經』이 있다. 다라니경전 중 초기에 속한다. 밤낮 다라니를 입으로 읊고 일심으로 염불하라고 권하며 출가보살의 행법으로서 다라니공덕도 설한다. 〔참고문헌〕『大唐內典錄』 권8(대정장55, p.307c16), 『開元釋敎錄』 권3(대정장55, p.510a3).

화취보살 華聚菩薩 꽃다발 짓듯 온갖 바라밀 행하는 보살. 온갖 행으로 장식한 보살이라는 뜻. 십바라밀의 공덕을 완수한 보살에 붙인 비유적 이름. 『화엄경탐현기』 권6 「공덕화취보살십행품 功德華聚菩薩十行品」(대정장35, p.216b4)에 "첫째 이름을 푼다. 십도(십바라밀)는 체를 이롭게 적시니 공덕이라 한다. 꾸며 감하는 공이 있어 꽃이 열매를 맺듯 하고, 온갖 행 주고받으며 꾸미니 저 꽃다발 같다. 또한 덕이야말로 행의 체이고, 꽃은 행의 용이며, 모듬은 행의 상이다. 보살은 그런 사람으로서 그러한 덕을 갖추었다는 말이니 유재석이다. 이는 공덕림의 다른 명칭이다. 初釋名者 十度利潤體 名功德 有莊感之功 如華結果 衆行交飾 如華聚 又德是行體 華是行用 聚是行相 菩薩是人 有彼德者 則有財釋也 此是功德林之異名"라고 하였다. 〔참고문헌〕『華嚴經探玄記』.

화취선 火聚仙 Ⓢ Siddhavidyādhara. 태장만다라 외금강원(外金剛院) 북쪽 비사문천(毘沙門天) 위쪽에 머무는 존격. 성취지명선(成就持明仙)・성취명선(成就明仙)・지명선(持明仙)이라고도 한다. 이 존격은 몸 가득 화염에 둘러싸인 모습이다. 삼매야형은 미개부연화(未開敷蓮花)이고, 종자는 (si) 존형은 살색 몸에 오른손은 검을 들었고 왼손은 허벅지 위에 올려

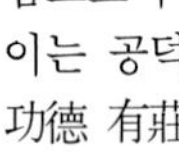
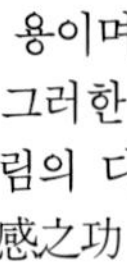
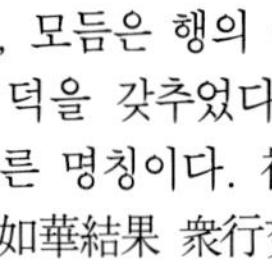
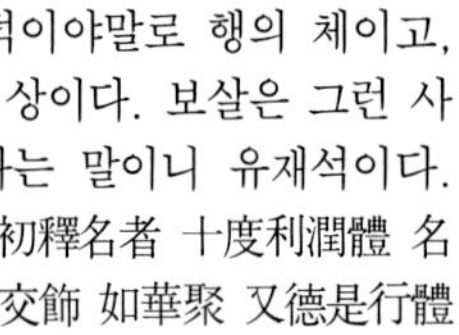

놓았으며 등뒤에서 화염이 치성하게 일어나는 모습이다. 수인은 성취지명선인(成就持明仙印)으로 오른손을 세우되 무명지를 구부려서 엄지로 누른 형태를 취한다. 진언은 '나마 사만타붓다남 싯다비디야다라남 스바하 namaḥ samantabuddhānāṃ siddhavidyādharāṇāṃ svāhā 널리 제불께 귀의합니다. 성취지명선이여 스바하'이다. 진언을 염송하여 영험한 능력을 성취한 선인이다. 본래 힌두교에서 불가사의한 힘을 가진 정령으로서 천룡팔부와 관련된 존재였는데 밀교의 존격으로 수용되었다. 〔참고문헌〕『曼荼羅図典』(大法輪閣, 2002).

화취성 火聚性 Ⓢ agnir jvalate. 불덩어리의 속성. 『대승장엄경론』 권3(대정장31, p.603b9 : *Sūtr.*, p.37)에 "〔게〕 마치 불덩어리 성과 같으니, 때로는 타오르고 때로는 사라져 다하기도 한다. 이와 같이 모든 부처님의 교화도 때로는 모습을 드러내기도 하고 열반에 들기도 하신다네. 偈曰 譬如火聚性 或然或滅盡 如是諸佛化 或出或涅槃 yathāgnir jvalate 'nyatra punar anyatra śāmyati, buddheṣv api tathā jneyaṃ saṃdarśanam adarśanam", "풀어 말한다. 이 게는 제불의 교화에 드러남도 있고 숨음도 있다는 사실을 보여준다. 마치 불의 성과 같으니 타오르는 순간이 있는가 하면 꺼져서 소멸하는 순간도 있다. 모든 부처님의 교화도 이와 같으니, 세간에 출현하시기도 하고 어떤 때는 열반을 보일 때도 있다. 이상에서 여래께서 구르며 의지함을 마쳤다. 釋曰 此偈顯示 諸佛敎化 有出有沒 譬如火性 有時熾然 有時滅盡 諸佛敎化 亦復如是 有時示現出世 有時示現涅槃 如是已說 如來轉依 anena ṣaṣṭhena buddhavineyeṣu satsu buddhotpādāt taddarśanaṃ. vinīteṣu parinirvāṇāt tadadarśanaṃ agnijvalanaśamanasādharmyeṇa sādhayati. anābhogāpratiprasrabdhabuddhakāryatve catvāraḥ ślokāḥ"라고 하였다. 〔참고문헌〕『大乘莊嚴經論』, *Sūtr.*

화치 華齒 ❶ 부처님 명호. 『불명경』 권29(대정장14, p.296c28)에 "화치불께 귀의합니다. 南無華齒佛"라고 하였다. 〔참고문헌〕『佛名經』. ❷ Ⓢ Puṣpadantī, Ⓣ me-tog-so. 십나찰녀(十羅刹女) 중 한 명. 『법화경』을 수지・독송하는 이를 보호하기로 맹세한 나찰녀 중 하나이다. 화치(花齒)・시화(施華)라고도 한다. 『법화경』 권7(대정장9, p.59a22 : *Saddh-p.*, p.400)에 "그때 (열 명의) 나찰녀들이 있었으니 …넷째 화치이다. 爾時有羅刹女等 … 四名 華齒 atha khalu … puṣpadantī ca nāma rākṣasī", 『법화십나찰법』(대정장21, p.377b27)에 "화치는 그 형상이 비구니와 같으며, 옷은 자색이다. 오른손에는 꽃을, 왼손에는 화반을 들고 있으며, 얼굴은 조금 숙인 듯하다. 花齒 形如尼女 衣色紫色也 右手把花 左手把花盤 面少低也", 『법화의소』 권12(대정장34, p.630b13)에 "화치〈시화라고 한역한다〉. 華齒〈此云施華〉"라고 하였다. 〔참고문헌〕『法華經』, 『法華十羅刹法

』, 『法華義疏』, *Saddh-p.* ⇨ 십나찰녀 十羅刹女, 나찰녀 羅刹女 **1 3** **3** 산 이름. 『대방등대집경』 권45(대정장13, p.293c16)에 "세존께서는 다시 수미산 아래 북쪽 산등성이 사이 화치산에 지제(Ⓢ caitya) 중, 성인들의 주처인 향봉모니의 비창가소지용왕과 청정법행비구에게 부촉하셨다. 世尊 復以須彌山下 北脇之間 華齒山中支提 聖人住處 名香峯牟尼 付毘昌伽蘇脂龍王 乃至淸淨法行比丘 亦皆付囑"라고 하였다. [참고문헌] 『大方等大集經』.

화칙 話則 말해 칙이 되다. 법도가 되는 이야기. 고칙 공안(古則公案). 화두·화·칙 등이라고도 한다. 『선림상기전』 권21 「화칙」(대장경보편19, p.599b9)에 "도충(道忠)이 말한다. '부처님과 조사가 남긴 이야기는 배우는 이들이 본받을 법도가 될 만하다. 그러므로 화칙이라 하고, 화기칙이라고도 한다. 『조정사원』의 설에 따라 천착하여 이야기할 필요까지는 없다'. 忠曰 佛祖說話 可爲學者法則 故言話則 又言話幾則 不必用事苑鑿說矣"라고 하였다. [참고문헌] 『禪林象器箋』. ⇨ 공안 公案

화타 化他 다른 이를 변하게 하다. 스스로 행하여 변하면 자행(自行)이다. 이타(利他)와 통한다. 『승만보굴』 권중(대정장37, p.37c15)에 "화타란 팔만사천법문을 말한다. 化他者 謂八萬四千法門", 『유마경약소』 권2(대정장38, p.581c8)에 "일곱 번째, 화타의 뜻을 밝힌다. 관행하고 강설하며 마땅히 스스로 마음길 돌아보고 이 네 가지 뜻으로 득실을 분별한다면, 교화할 이들의 행업이 같지 않음을 알게 되고 미래의 승침 또한 뚜렷이 알 수 있으리라. 마땅히 이러한 뜻으로 교화하여 이끌어야 한다. 七 化他者 若觀行講說 應當自省心行 用此四意 分別得失 卽見所化之者 行業不同 未來升沉 宛然可知 當以此意 而化導之"라고 하였다. [참고문헌] 『勝鬘寶窟』, 『維摩經略疏』. ⇨ 자행화타 自行化他, 화타문 化他門

화타 話墮 말에 떨어지다. 『전심법요』(대정장48, p.382b26)에 "'겨우 화상 향해 말하려 하면 어째서 문득 말에 떨어졌다고 하십니까?' '그대 스스로 말귀를 알아듣지 못하는 사람인데, 무슨 떨어질 일이라도 있겠는가?' 問 纔向和尙處發言 爲甚麽便言話墮 師云 汝自是不解語人 有甚麽墮負", 『부석어록』 권5(가흥장26, p.592a5)에 "불자를 세우고 말했다. '알겠는가? 흑백으로 입을 연즉 그 말에 떨어지리니, 틀림없이 흙에다 다시 진흙 더할 뿐이리라'. 竪拂云 會麽 黑白口開成話墮 分明土上更添泥"라고 하였다. [참고문헌] 『傳心法要』, 『浮石語錄』. ⇨ 부타 負墮, 운문화타 雲門話墮

화타문 化他門 다른 이를 변화시키는 문. 화문(化門)이라고도 한다. 『법화문구』 권8상(대정장34, p.108a13)에 "다섯 법 크게 펼쳐서 널리 이롭게 함이 화타문이다. 弘宣五法 廣利益者 卽化他門", 『법화현의석첨』 권14(대정장33, p.919b26)에 "여덟 번째, 삼업의 불이문이라 하니 화타문에서 사를 삼밀로 나누고 물의 이치 따라 붙이는 이름은 같지 않다. 마음의 바퀴로 근기를 감별하여 두 바퀴로 교화를 베풀고, 몸을 나타내어 법을 설함에 한 치의 어긋남도 없다. 몸에서는 진신과 응신을 나누고, 법에서는 권과 실을 나눈다. 두 몸이 전적으로 다르다면 어떤 까닭에 결국은 '법신과 같다'고 하겠으며, 두 설이 어긋난다면 어떤 까닭에 결국은 '모두 불도를 성취한다'라고 말하겠는가! 법신일 뿐이라면 세간에 드리울 교법은 응당 없을 것이고, 불도일 뿐이라면 누가 삼승을 시설하겠는가? 八 三業不二門者 於化他門 事分三密 隨順物理 得名不同 心輪鑒機 二輪設化 現身說法 未曾毫差 在身分於眞應 在法分於權實 二身若異 何故乃云卽是法身 二說若乖 何故乃云皆成佛道 若唯法身 應無垂世 若唯佛道 誰施三乘"라고 하였다. [참고문헌] 『法華文句』, 『法華玄義釋籤』. ⇨ 화타 化他

화탄 化炭 권해 숯을 보시하게 하다. 『여정화상어록』 권하(대정장48, p.132b2)에 "화탄 : 한 칼에 두 토막 내어 헤아릴 여지가 없으니, 무명의 큰 불구덩이를 뚫고 나오네. 다시 식은 재로 들어 구워지고도 살아난다면, 추위 견뎌낸 성가 더욱 두드러지리라. 化炭 一刀兩段沒商量 透出無明大火坑 再入死灰烹得活 歲寒聲價轉峥嵘"라고 하였다. [참고문헌] 『如淨和尙語錄』.

화탑 畫塔 그리거나 새겨 찍은 탑. 『양서』 권54 「반반국전 槃槃國傳」에 "429년(원가6) 8월, 다시 보리국에 진신사리와 화탑을 보내면서 보리수잎과 첨당 등의 향도 바쳤다. 六年八月 復使送菩提國 眞舍利及畫塔 並獻菩提樹葉 詹糖等香"라고 하였다. [참고문헌] 『梁書』.

화탕지옥 火湯地獄 불 끓는 지옥. 확탕지옥(鑊湯地獄)이라고도 한다. 『불공견삭신변진언경』 권24(대정장20, p.361c2)에 "장차 목숨을 버린 뒤에 곧바로 정토에 왕생한 다음 연꽃에서 화생하여 모든 상호를 빠짐없이 갖추고 스스로 장엄한다. 시방지옥은 (관세음보살의) 광명을 받는 순간 청정한 연꽃으로 변하고 이곳의 유정은 모두 해탈한다. 화탕지옥 또한 이 광명의 조명을 받고 그 자리에서 청량한 못으로 변하고 이곳의 유정은 모두 해탈한다. 當捨命後 便往淨土 蓮華化生 具衆相好 而自莊嚴 十方地獄 爲光照時 變成淸淨 蓮華之池 是中有情 皆盡解脫 火湯地獄 爲斯光照 卽現變成 淸涼水池 是中有情 皆盡解脫"라고 하였다. [참고문헌] 『不空絹索神變眞言經』. ⇨ 확탕지옥 鑊湯地獄

화태 華胎 꽃태(胎). 정토에 가서도 꽃 속에 갇혀 있기에 꽃태라 한다. 함화(含華)·태생(胎生)·태궁(胎宮)이라고도 한다. 『무량수경회석』(卍속장150, p.717a3)에 "그는 재세 시에 모든 제불의 불가사의지·대승광지·최상승지를 깨닫지 못한 채 단지 죄와 복만을 믿고, 선한 바탕만을 닦고 익혀 저 정토에 나길 원할 뿐이었므로, 이 사람 목숨이 다할 때 저 아미타국 변두리 칠보성에 난다. 由彼在世時 不了諸佛不思議智 大乘廣智 最上勝智 但信罪福 修習善本 願生其國 此人命終時 生彼國邊界七寶城中", "또한 이 국토중생이 모태에서 나오기 전에는 일체를 보고 듣지 못하는 것처럼, 저 중생들도 역시 이와 같다. 즉 비록 '화태'에 있으나 부처님을 뵙고 정법을 들을 수 없으니 이 땅의 모태에 있는 것과 다름없다. 又如此土衆生 處母胎中 尙未出胎 一切無所見聞 此等衆生 亦復如是 雖處華胎 而不能見佛聞法 與此土處胎無異", 『관무량수불경약론』(卍속장33, p.116b12)에 "중품은 오직 자신만을 구하므로, 설사 의혹을 내지 않더라도 끝내 부처님의 지혜는 깨닫지 못하여 태생과 화생의 그 사이에 있을 뿐이다. 하품은 마지막에 회심하여 화태에 처했다가 49일에 왕생하지만, 12대겁에 이르도록 화태에서 나오지 못하기도 한다. 中品唯求自利 縱不生疑惑 要爲不了佛智 故在胎化之間 下品末後迴心 處華胎中 自七七日以往 至十二大劫"라고 하였다. [참고문헌] 『無量壽經會釋』, 『觀無量壽佛經約論』, 『大阿彌陀經』 권하(대정장12, p.339a7), 『法華經顯應錄』 권하(卍속장134, p.884a10). ⇨ 함화 含華, 태궁 胎宮

화태장 華胎藏 꽃을 태로 하여 머물다. 꽃이 태인 채로 잠겨 있다. 피지 않은 채 꽃봉오리인 상태로 제3정려의 이희묘락(離喜妙樂 Ⓢ niṣprītika-sukha-maṇḍa)인 안적수(安適受)에 비유한다. 화태장(花胎藏)으로도 쓴다. 『유가사지론』 권12(대정장30, p.339c4)에 "또 세 번째 비유에도 차별이 있으니, 저 올발라(Ⓢ utpala : 青蓮花) 등과 같이 희(喜)를 여읜 낙(樂)이다. 저 상응법과 소의신도 또한 이와 같음을 알아야 한다. 물이란 희를 여읜 심도 없고 사도 없는 정려(無尋伺定)의 비유고, 희가 일어나는 환희의 상태가 거기에는 없기에 화태장이 물속에 잠긴 것에 비유한다. 又於第三喩有差別 如嗢鉢羅等 離喜之樂 彼相應法 及所依身 當知亦爾 水喩離喜無尋伺定 喜發踊躍 由無彼故 喩花胎藏沒在水中", 『유가론기』 권4(대정장42, p.397b24)에 "세 번째 비유중에 '물은 희를 여읜 심도 없고 사도 없는 정려의 비유 내지 화태장이 물속에 잠겨 있는 비유'라고 하였는데, 이 말의 뜻은 제2정려가 물과 같음을 나타내는 것이니, 희를 인하여 움직여 솟아오르니 마치 꽃이 물 밖으로 나온 것과 같아서 꽃을 희에 비유한 것이기 때문이다. 지금 제3정려로서 희를 여읜 심도 없고 사도 없는 정려 또한 물과 같은데, 그 즐거움은 마치 화태장 품은 채로 여서 아직 터지지 않을 때와 같은데, 다만 물속에 잠겨 있기에 화태장이라 한다. 그 고요함이 서로 순하여 동용이 없는 것이 저 물속에 있는 것과 같다. 第三喩中 水喩離喜無尋伺定乃至喩華胎藏沒在水中者 此言意顯 第二定如水 因喜動涌 如華出水 華喩喜故 今第三定離喜無尋伺亦如水 其樂如華胎藏胞未開剖 猶在水中名華胎藏 與定相順不動湧故 如在水中"라고 하였다. [참고문헌] 『瑜伽師地論』, 『瑜伽論記』. ⇨ 이희묘락 離喜妙樂

화택 火宅 Ⓢ ādīptāgāra, ādīpta-gṛha, Ⓣ khang-pa 'bar-ba. 불 타는 집. 유정들 번뇌로 불타고 있는 삼계(三界)를 비유한다. 『대승본생심지관경』 권4(대정장3, p.307c17)에 "세간의 일체사택 능히 무량한 번뇌의 불을 일으키니, 탐심 일으켜 항상 족할 줄 모른다. 세간재보는 마치 초목과 같고 탐욕의 마음은 저 세간의 집과 같다. 이러한 인연 때문에 일체의 모든 부처님들께서는 설하시기를 삼계를 '불타는 집'이라 부르셨다. 世間一切舍宅 能生無量煩惱之火 爲起貪心 恒無知足 世間財寶 猶如草木 貪欲之心 如世舍宅 以是因緣 一切諸佛 說於三界名爲火宅", 『법화경』 권2 「비유품 譬喩品」(대정장9, p.14c22)에 "삼계 평온함이 없어 불타는 집과 같으니, 뭇 고통으로 충만하여 심히 두려워해야 할 것이네. 늘 나고 죽고 병들고 죽고 근심하여 이와 같은 등 불로 치연하여 쉴 줄 모른다. 여래께서는 이미 삼계화택을 떠나서 고요하게 한가로이 머물며 숲에서 평온하게 자리하네. 지금 이 삼계는 모두 나의 소유이고 그 안의 중생은 모두 나의 자녀라네. 三界無安 猶如火宅 衆苦充滿 甚可怖畏 常有生老 病死憂患 如是等火 熾然不息 如來已離 三界火宅 寂然閑居 安處林野 今此三界 皆是我有 其中衆生 悉是吾子", 종보본 『단경』 「기연 機緣」(대정장48, p.356a22)에 "양·사슴·소의 수레를 방편으로 시설하여 초중후의 가르침을 잘 드날리지만 그 누가 화택 안이 원래 법중의 왕임을 알랴. 羊鹿牛權設 初中後善揚 誰知火宅內元是法中王", 『수심결』(대정장48, p.1005c21)에 "삼계의 뜨거운 번뇌는 마치 불타는 집과 같거늘 그 어찌 차마 머무르며 기나긴 고통을 달게 받겠는가. 윤회 면하고자 하면 부처 구하는 것만한 것이 없다. 부처를 구하고자 하면 마음이 곧 부처라서 마음을 어찌 멀리서 구하겠는가? 몸을 떠난 중에는 있지 않다. 三界熱惱 猶如火宅 其忍淹留 甘受長苦 欲免輪迴 莫若求佛 若欲求佛 佛卽是心 心何遠覓 不離身中"라고 하였다. [참고문헌] 『大乘本生心地觀經』, 『法華經』, 『壇經』, 『修心訣』, 『中陰經』 권하(대정장12, p.1065b7), *Saddh-p.78.*, *Śikṣ.119.*

화택유 火宅喩 불타는 집에 빗대다. 법화칠유(法華七喩) 중 하나다. 『법화경』 권2 「비유품 譬喩品」의 비유로 대장자(大長者)의 집에 불이 났는데(火宅), 어리고 철없는 자녀들이 놀이에 빠져 나오려 하지 않았다. 장자는 아이들이 좋아하는 수레(羊車, 鹿車, 牛車)를 주겠노라 꾀어서 나오게 하였고, 나오게 하여서는 가장 좋은 대백우거(大白牛車) 주었다. 화택은 삼계, 세 수레는 삼승(三乘), 대백우거는 일승(一乘), 대장자는 부처님을 각각 비유한다. 같은 책 권2(대정장9, p.12b13)에 "어떤 나라 취락에 대장자가 있었는데, 나이 들고 쇠약하기는 했으나 재부 무량하고 수많은 밭과 집에 여러 동복 거느렸다. 그 집안은 광대하였지만, 문은 딱 하나밖에 없었다. … 갑자기 불이 일어나 집 태우는데, 장자의 자녀들은 열 또는 스물 내지는 서른 명에 이르렀다. 이 집안에서 장자는 큰불이 사면에서 일어남에 크게 두려웠다. 若國邑聚落 有大長者 其年衰邁 財富無量 多有田宅 及諸僮僕 其家廣大 唯有一門 … 欻然火起 焚燒舍宅 長者諸子 若十二十 或至三十 在此宅中 長者見是大火 從四面起 卽大驚怖", "아이들 놀이에 빠져 불이 났다는 사실을 믿지도 않고 놀라서 두려워하지도 않아 나가려는 마음도 없었다. 또한 무엇이 불인지, 무엇이 집인지, 무엇이 잘못인 줄도 알지 못하며 이리저리 달려 놀며 아버지를 쳐다만 볼 뿐이었다. 而諸子等 樂著嬉戲 不肯信受 不驚不畏 了無出心 亦復不知 何者是火 何者爲舍 云何爲失 但東西走戲 視父而已", "'갖가지 양거·녹거·우거가 지금 문밖에 있으니 가지고 놀 수 있다. 너희들이 이 불타는 집에서 빨리 빠져나간다면 너희들이 원하는 만큼 모두 너희들에게 줄 것이다'. 그때 모든 아이들이 아버지가 말한 장난감에 대해 듣고 마음에 쏙 들었기에 모두들 조급해져서 서로 밀치고 경쟁하며 달려나가 불타는 집을 빠져나갔다. 種種羊車鹿車牛車 今在門外 可以遊戲 汝等於此火宅 宜速出來 隨汝所欲 皆當與汝 爾時諸子 聞父所說珍玩之物 適其願故 心各勇銳 互相推排 競共馳走 爭出火宅", "그때 장자는 모든 아이들에게 큰 수레를 공평하게 하나씩 주었다. 그 수레는 크고 넓으며 온갖 보석으로 장식되어 있었다. … 흰 소에게 수레 메게 하였는데 피부가 매우 깨끗하고 형태는 아름다웠다. 힘은 아주 세고 걸음걸이 평정했으며 그 빠르기는 바람과 같았다. 爾時長者 各賜諸子 等一大車 其車高廣 衆寶莊挍 … 駕以白牛 膚色充潔 形體姝好 有大筋力 行步平正 其疾如風", 『대지도론』 권84(대정장25, p.648c2)에 "중생 중에 부처님께 미칠 수 있는 이가 없으니 끌어 알게 하고자 이것은 선하다 이것은 악이다 설한 것이다. 마치 『법화경』에서 화택을 설하여 삼승으로 모든 자녀를 꾀어서 빼낸 것과 같다. 다만 말과 모습 가져 모든 법 설할 뿐이어서, 제일의를 무너뜨리지 않는다. 以衆生無及佛者 欲牽引令解故 說是善是惡 如法華經說火宅 以三乘引出諸子 但以名相說諸法 不壞第一義", 『법화문구』 권4(대정장34, p.58b19)에 "용사가 여섯 유를 말하였으니, 그 첫 번째는 '집안의 아버지와 아들'로 '부처님께서 삼계의 왕이 되어 중생을 교화하시는 것'의 비유다. 두 번째는 '장자가 불을 본 것'으로 '자신의 불안으로 육도중생을 관하는 것'의 비유다. 세 번째는 '장자가 불에서 구한 것'으로 '부처님이 삼십칠조도품으로 중생을 구하려고 함에 큰 것을 쓸 수 없었음'의 비유다. 네 번째는 '장자가 방편 삼아 삼거로 꾀인 것'으로 '부처님이 삼승교 건립한 것'의 비유다. 다섯 번째는 '장자가 큰 수레를 하나씩 준 것'으로 '『묘법연화경』 설한 것'의 비유다. 여섯 번째는 허망하지 않은 비유이다. 龍師云 六譬 一 舍宅父子 譬佛王三界 化衆生也 二 長者見火 譬我以佛眼 觀見六道衆生也 三 長者救火 譬佛三七 欲度衆生 不得用大也 四 長者方便 誘以三車 譬佛設三乘敎也 五 長者賜一大車 譬說妙法華 六 不虛妄譬也"라고 하였다. 한편, 『법화경』 외에도 『대승본생심지관경』 권4(대정장3, p.307c20)와 『수행도지경』 권7(대정장15, p.226b26) 등에 같은 비유가 전한다. [참고문헌] 『法華經』, 『大智度論』, 『法華文句』, 『法華義疏』 권5(대정장34, p.511c25). ⇨ 법화칠유 法華七喩, 화택 火宅, 회삼귀일 會三歸一

화토 化土 중생을 제도하고자 변화로 나타낸 국토. 삼불토(三佛土) 중 하나다. 변화신(變化身)이 머무는 변화토(變化土). 『아미타경소』(대정장37, p.311c9)에 "보정토라면 모든 부처님이 평등하여 우열이 없지만, 화토라면 중생 따라 나타나기에 다르게 나타나니 차별이 있다. 若報淨土 諸佛平等 無有優劣 若化土者 隨衆生現 卽有差別故", 『성유식론술기』 권10(대정장43, p.604c20)에 "화토에서 비록 다시 법을 설하기도 하지만 신통이 어떤 토보다 증대하므로 변화라는 이름을 붙인다. 법은 중생 저마다의 즐거움이지만 뜻은 열등하다. 化土 雖復說法 神通增故 立變化名 法樂義劣", 『법원주림』 권15(대정장53, p.397c18)에 "또한 『십지경』에 '모든 중생이 마음으로 즐겨 보려 함에 맞추어 나타내 보이기 때문이다'라고 하였으니, 이 여러 경론에서 밝힌 내용은 모두 화를 잡아 정토라 한 것이다. 부처님의 신통력에 따라 나타나므로 있다가 거두어들이므로 없어진다. 이런 연유로 화토라 하였다. 又十地經云 隨諸衆生 心所樂見 爲示現故 此諸經論所明 並約化爲淨土 由佛神力 現故卽有 攝故卽無 故名化土"라고 하였다. [참고문헌] 『阿彌陀經疏』, 『成唯識論述記』, 『法苑珠林』, 『十地經』 권1(대정장10, p.539a16). ⇨ 변화토 變化土

화파 恕破 부처님 재세 시 우바새(優婆塞). 카필라밧투(Ⓟ Kapilavatthu)의 석가족 출신으로 원래 자이나교를 믿었으나, 마하목갈라나(目犍連)와 논쟁하고 이어서 부처님과 대론한 후 감화되어 우바새가 되었다고 한다. 『중아함경』 권12 「화파경 恕破經」(대정장1, p.434

a14)에는 "나는 이와 같이 들었다. 한때 부처님께서 석기수의 가유라위를 유행하다가 니구류동산에 머무셨다. 그때 존자 대목건련이 비구들과 함께 점심공양을 마친 뒤, 논의할 일이 있어서 강당에 모여 앉아 있었다. 이때 니건의 제자인 화파라고 하는 석가족 출신의 사람이 있었는데, 점심공양을 마친 다음 돌아다니다가 대목건련의 처소에 이르러 서로 안부 인사를 주고받은 뒤 물러나 한쪽에 앉았다. 그때 존자 대목건련이 다음과 같은 문제에 대하여 물었다. '화파 그대의 생각은 어떠한가? 만일 어떤 비구가 몸과 입과 생각을 잘 보호함에도 불구하고, 그대가 이러한 선업을 보고도 그로 인하여 좋지 못한 번뇌를 일으킨다면 후세에 그 과보를 받게 되지 않겠느냐?' 화파가 대답했다. '대목건련이시여! 만일 어떤 비구가 몸과 입과 생각을 잘 보호함에도 불구하고, 제가 이러한 선업을 보고도 그로 인하여 좋지 못한 번뇌를 일으킨다면 후세에 그 과보를 받게 될 것입니다. 대목건련이시여! 만일 전생에 선하지 않은 행위를 한 적이 있고, 이것으로 인하여 선하지 않은 번뇌를 일으킨다면 후세에 그 과보를 받게 될 것입니다'. 我聞如是 一時 佛遊釋羈瘦迦維羅衛 在尼拘類園 爾時 尊者大目乾連 與比丘衆俱 於中食後 有所爲故 集坐講堂 是時 尼乾有一弟子 釋種 名曰惒破 中後彷徉 至尊者大目乾連所 共相問訊 却坐一面 於是尊者大目乾連問如此事 於惒破意云何 若有比丘身口意護 汝頗見是處 因此生不善漏 令至後世耶 惒破答曰 大目乾連 若有比丘 身口意護 我見是處 因此生不善漏 令至後世 大目乾連 若有前世 行不善行 因此生不善漏 令至後世"라고 하였다. [참고문헌] 『中阿含經』, *AN.4.195.*

화파 話欛 이야깃거리. 화제(話題). 화병(話柄)과 통한다. 파는 패(覇)와 통한다. 『염팔방주옥집』 권중(卍속장119, p.271a18)에 "불해가 말했다. '아비가 몸을 팔고 아들이 값을 치뤄 사들이니 제방에 이야깃거리를 만들어 주었다. 그렇다 하더라도 사고파는 일 있을 뿐이니 어쩌랴?' 佛海云 爺賣身 子酬價 與諸方作話欛 雖然爭奈現成買賣何", 『운봉문열어록』(고존숙어록40, 卍속장118, p.680a1)에 "비야리성 유마거사 침묵한 일이 지금에 이르도록 이야깃거리이다. 毗耶杜詞 至今話欛"라고 하였다. [참고문헌] 『拈八方珠玉集』, 『雲峰文悅語錄』.

화판 火板 대중 위한 밥이 다 되면 반두가 세 번 쳐서 알리는 판대기. 치고 나면 화두(火頭)는 불을 끄므로 화판이라 한다. 『선림상기전』 권27(대장경보편19, p.738b10)에 "화판 : 공양 전에 세 번 울리는 판이다. 구설에 따르면 다음과 같다. '화판은 부엌의 부뚜막 위에 걸어놓는다. 밥이 다 되어 반두가 세 번 치면 화두가 아궁이 불을 끄므로 화판이라 한다'. 오늘날 식전에 종을 세 번 울리는 관습은 화판을 모방한 것이다. 『백장청규』「수사법인전점」에 '화판이 울리면 대중은 승당으로 간다'라고 하였다. 『일용궤범』에 '양치질을 하고 승당으로 돌아가 좌선한다. 화판이 울리기 전에 먼저 요사로 돌아가면 안 된다'라고 하였다. 도충(道忠)이 말한다. '화판이 울리면 좌선을 마친다. 여기서 「화판이 울리기 전」이라 한 말은 좌선을 마치기 전이다'. 火板 齋前三下板也 舊說曰 火板掛在 庫司竈上 及飯熟 飯頭打之三下 則火頭滅火 故名火版矣 但今食前三鐘 蓋擬火板也 敕修清規受嗣法人煎點云 火板鳴 大衆赴堂 日用軌範云 仍嚼楊枝 歸堂坐禪 火板未鳴 不得先歸寮 忠曰 及火板鳴 坐禪罷 今言火板未鳴者 坐禪未了也"라고 하였다. [참고문헌] 『禪林象器箋』.

화편두 華匾頭 넓적한 머리의 응암담화(應菴曇華). 응암이 각진 머리여서 붙여진 별명. 『총림성사』 권상(卍속장148, p.59b8)에 "밀암함걸(密庵咸傑)선사는 민 출신으로 언젠가 산마루를 넘어 무주의 지자선사 처소에 이르렀을 때 마침 햇볕이 따스한 날이었다. … 노숙이 '여기서 떠나 구주의 명과암(明果庵)에 가면 화편두가 있다. 비록 나보다 후생이지만 견식은 탁월하니 그대는 만나보아야 한다'라고 하였고, 함걸은 그 지시대로 명과암에 가서 화편두의 가르침을 따랐다. 密菴傑禪師閩人 初出嶺 至婺州智者 偶負暄次 … 宿云 此去衢州明果 有華匾頭 雖後生 見識超卓 汝宜見之 傑依教往明果依華"라고 하였다. [참고문헌] 『叢林盛事』. ⇨ 응암 應庵 **1**

화표 華表 고대 인도에서 도성(都城) 문앞에 세우던 기둥. 중국에서는 도로나 임금에게 간언을 올리는 문을 표시하는 것을 이른다. 기둥 위에 나무를 가로로 교차 장식하여 꽃처럼 보이므로 화표라 부른다. 『유부율잡사』 권37(대정장24, p.393a1)에 "구시나성은 옛날에 성왕의 도성이었고 구사벌저라 하였다. 안은하고 풍요로워 사람이 많았다. … 둘레는 모두 금·은·유리·수정 등의 네 가지 보배로 만들어졌다. 성문 역시 네 가지 보배를 합하여 만들었다. 모든 문은 큰 화표의 기둥이 있었고 이들 역시 보배로 된 것이었다. 此拘尸那城 乃往古昔 有聖王都城 名拘奢伐底 安隱豐樂人民熾盛 … 此等皆以四寶所成 謂金銀琉璃水精 城門亦以四寶合成 門門皆有大華表柱 亦以寶成", 『조정사원』 권8(卍속장113, p.234a2)에 "화표주. 고금의 풀이에서 '요임금이 간언하는 나무를 설치하였으니 화목이다'라고 하였다. 나무를 가로로 눕혀 기둥 끝에 교차시키는데 꽃의 모양과 같고 두레박의 모양과 같다. 대로가 교차하는 거리에 모두 설치되었다. 華表柱 古今注曰 堯設誹謗之木 卽華表也 以橫木交柱頭 如華形 如桔槔 大路交衢悉設焉"라고 하였다. [참고문헌] 『有部律雜事』, 『祖庭事苑』.

화합 和合 ❶ Ⓢ saṃgha, Ⓟ saṅgha, Ⓣ dge-'dun-nam. 승(僧)을 이르는 말. 36권본 『대반열반경』 권5(대정장12, p.636a22)에 "이름과 뜻이 모두 다르다란, 불을 이름하여 각이라 하고 법을 불각이라 이름하며, 승을 화합이라 이름하고 열반을 해탈이라 이름하며, 허공을 비선이라 이름하고 또한 무애라고 이름하니, 이것이 이름과 뜻이 다 다름이다. 名義俱異者 佛名爲覺 法名不覺 僧名和合 涅槃名解脫 虛空名非善 亦名無礙 是爲名義俱異", 같은 책 권26(대정장12, p.778a29)에 "선남자여! 승을 화합이라 이름하는데, 화합에는 둘이 있으니 첫째는 세화합이요 둘째는 제일의화합이니라. 세화합이란 성문승을 이름하고 의화합이란 보살승을 이름하는데, 세간의 승은 무상이지만 불성은 상이며 저 불성이 상인 뜻과 같이 승 또한 그러하다. 善男子 僧名和合 和合有二 一者 世和合 二者 第一義和合 世和合者 名聲聞僧 義和合者 名菩薩僧 世僧無常 佛性是常 如佛性常義 僧亦爾", "또한 승 있어 법화합이라 이르는데, 법화합이란 십이부경을 이른다. 십이부경은 상이니, 이 때문에 나는 법과 승은 상이라고 설하느니라. 復次 有僧謂法和合 法和合者 謂十二部經 十二部經常 是故我說 法僧是常", "선남자여! 승을 화합이라 이름하니, 화합이란 입이인연을 이름한다. 입이인연 중에 또한 불성 있으니 십이인연은 상이며 불성 또한 그러하다. 이 때문에 나는 승에 불성이 있다고 설하느니라. 또한 승이란 제불의 화합이니, 이 때문에 나는 승에 불성이 있다고 설하느니라. 善男子 僧名和合 和合者 名十二因緣 十二因緣中 亦有佛性 十二因緣常 佛性亦爾 是故我說 僧有佛性 又復僧者 諸佛和合 是故我說 僧有佛性", 『법화현의』 권5(대정장33, p.745c14)에 "사로 화하고 이로 화하기에 승을 화합이라 이름한다. 事和 理和 故僧名和合", 『사명존자교행록』 권1(대정장46, p.863b19)에 "소위 삼보란, 불을 이름하여 각이라 하고 법을 불각이라 이름하며 승을 화합이라 이름하는데, 이 셋은 곧 하나고 이 하나는 곧 셋이어서 종도 아니고 횡도 아니며 나란하지도 않고 다르지도 않으니 불가사의하므로 비밀장이라 이름한다. 세간과 출세간에서 가장 존귀하므로 이름하여 보라 하니, 이제 불법승을 보로 삼는다. 所謂三寶者 佛名曰覺 法名不覺 僧名和合 此三卽一 此一卽三 不縱不橫 不並不別 不可思議 名祕密藏 世出世間 最尊最貴 名之曰寶 今以佛法僧爲寶也", 『섭론장권제일』(대정장85, p.1023b10)에 "불은 지의 용을 취하고 법은 궤칙을 취하며 승은 화합하므로 경에 이르길 '불을 이름하여 각이라 하고 법을 불각이라 이름하며 승을 화합이라 이름한다'라고 하였다. 佛取智用 法取軌則 僧和合 經云 佛名爲覺 法名不覺 僧名和合"라고 하였다. 〔참고문헌〕 『大般涅槃經』, 『法華玄義』, 『四明尊者教行錄』, 『攝論章卷第一』. ⇨ 승 僧, 승가 僧伽❶, 승보 僧寶, 제일의화합 第一義和合, 화합승 和合僧, 화합중 和合衆 ❷ Ⓢ samagra, sāmagrī, Ⓟ samagga, sameti, Ⓣ tshogs. 어울려 합하다. 『미사새오분계본』(대정장22, p.199c18 : *Sutta-vibhaṅga, Vin.4*, p.207)에 "이 중에 여러 대덕께서는 한마음으로 화합하여 기뻐하고 다투지 아니하니, 마치 물과 우유가 섞이듯 안락하게 행하고 마땅히 해야 할 것 익힌다. 是中諸大德 一心和合 歡喜不諍 如水乳合 安樂行 應當學 tattha sabbeh' eva samaggehi sammodamānehi avivadamānehi sikkhitabban ti", 『유부율잡사』 권35(대정장24, p.382c28 : *Mahāparinibbāna-sutta, DN.2*, p.73)에 "아난다야, 너는 불율씨국 사람들 많지만 어울려 합하기에 같이 일어나고 같이 앉아서 국사를 평하고 논하곤 한다는 것을 들어보았느냐? 阿難陀 汝頗聞知 佛栗氏國 人多和合 同起同坐 評論國事 kin ti te ānanda sutaṃ, vajjī samaggā sannipatanti samaggā vuṭṭhahanti samaggā vajjī-karaṇīyāni karontīti"라고 하였다. 〔참고문헌〕 『彌沙塞五分戒本』, 『有部律雜事』, *Vin・3.173., DN., Udāna-v.397.* ⇨ 화합중 和合衆 ❸ Ⓢ saṃgati, saṃyoga, samavāya, saṃsarga, sāmagrī, pratisaṃdhāna, upamiśra, Ⓟ saṃgati, Ⓣ nye-bar-'dres-pa. 근경식(根境識)으로 서로 어울려 합하는 뜻. 『잡아함경』 권8(대정장2, p.54a8)에 "눈과 색을 연하여 안식이 일어나고, 세 가지(根境識)로 화합하여 촉을 연하니, 촉은 괴로움이나 즐거움이나 괴롭지도 즐겁지도 않은 수를 낳는다. 緣眼色 眼識生 三事和合 緣觸 觸生受 若苦 若樂 不苦不樂", 『구사론』 권26(대정장29, p.137a10)에 "집성제에 네 가지 상이 있으니 첫째 인, 둘째 집, 셋째 생, 넷째 연이다. 저 종자의 뜻이기에 인이고, 고루 나타나는 뜻에서 집이며, 상속의 뜻으로 생이고, 이루는 뜻이므로 연이다. 비유하면 진흙덩어리・물레・밧줄・물 등 온갖 연이 화합하여 항아리 등을 이루는 것과 같다. 集聖諦有四相 一 因 二 集 三 生 四 緣 如種理故因 等現理故集 相續理故生 成辦理故緣 譬如泥團 輪 繩 水等 衆緣和合 成辦甁等", 『현양성교론』 권1(대정장31, p.484b26)에 "화합이란 제행이 연이 되어 모이는 성품이다. 和合者 謂諸行緣會性", 『아비달마집론』 권1(대정장31, p.666a1 : *Abh-s.*, p.11)에 "무엇이 화합인가. 인으로 과로 뭇 연이 모여 임시로 세움이 화합이다. 何等和合 謂於因果衆緣 集會假立和合 sāmagrī katamā. hetu-phala-pratyaya-samavadhāne sāmagrīti prajñaptiḥ"라고 하였다. 〔참고문헌〕 『雜阿含經』, 『俱舍論』, 『顯揚聖教論』, 『阿毘達磨集論』, *Abh-s.* ⇨ 삼사화합 三事和合, 연기의 緣起義 ❹ Ⓢ saṃbandha, Ⓣ 'brel-pa. 결부된 것. 연관된 것. 『변중변론』 권중(대정장31, p.469a22 : *Madhy-vibh.*, p.39)에 "세 가지 고란 무엇인가? 첫째 소취고이니, 변계소집을 말하는데, 아집과 법집에 취착하기 때문이다. 둘째 사상고이니, 의타기를 일컫는데, 세 가지 고의 상이기 때문이다. 셋째 화합고이니, 원성실을 가리키는데, 괴로움의 상과 합하기에 연관되기 때문이다. 苦三種者 一 所取苦 謂遍計所執 是補特伽羅法執所取故 二 事相苦 謂依他起 三苦相故 三 和合苦 謂圓成實苦相合故 tri-vidhā duḥkhatā upādāna-duḥkhatā lakṣaṇa-duḥkhatā saṃbandha-duḥkhatā ca"라고 하였다. [참고문헌]『辯中邊論』,『成唯識論』권8(대정장31, p.47b9), *Madhy-vibh.* ❺ Ⓢ saṃnipatita, Ⓣ phrad-pa. 남녀의 교합. 『대법거다라니경』권6(대정장21, p.687a4)에 "다시 그 색이 어디에서 생기는가를 관찰하면, 삿된 생각에 의하여 부정함이 생기고, 삿된 생각으로부터 남자와 여자라는 생각이 일어나며, 남자와 여자라는 생각 때문에 애착하는 마음이 일어남을 안다. 애착이 늘어나 애욕에 화합하는 일을 하므로 범행을 깬다고 한다. 그들이 화합할 때, 곧 태장을 이루는데, 이것을 가라라대라고 하며, 이 가라라일 때에는 남녀의 모습이 있다고 할 수 없다. 復觀彼色從何而生 因於邪念 不淨而生 知從邪念起男女想 男女想故 起愛著心 愛著增已 和合欲事 名破梵行 彼和合時 卽成胎藏 是名迦羅邏大 此迦羅邏時 不可說有男女形相", 『구사론』권8(대정장29, p.44c26 : *Abh-k-bh.*, p.121)에 "모태에 들어가려면 세 가지 사정이 현재 모두 갖추어져야만 한다. 첫째 어머니의 몸이 시의적절한 것이고, 둘째 부모가 서로 사랑하고 화합하는 것이며, 셋째 건달바가 바로 눈앞에 있어야 하는 것이다. 入母胎者 要由三事 俱現在前 一者 母身是時調適 二者 父母交愛和合 三 健達縛 正現在前 trayāṇāṃ sthānānāṃ saṃmukhī-bhāvāt mātuḥ kukṣau garbhasya-avakrāntir-bhavati. mātā kalyā'pi bhavati ṛtumatī ca. mātā-pitarau raktau bhavataḥ saṃnipatitau ca. gandharvaś-ca pratyupasthito bhavati-iti"라고 하였다. [참고문헌]『大法炬陀羅尼經』,『俱舍論』, *Abh-k-bh.* ❻ Ⓢ samudita. 실체가 있는 것들이 모이는 뜻. 상키야(Ⓢ Sāṃkhya : 數論)의 용어. 『금칠십론』권상(대정장54, p.1249a11)dp "삼덕이 화합하여 변이를 낳기 때문이다. 비유하면 마치 많은 실이 화합하여 옷감을 낳는 것처럼 삼덕 역시 이와 같으니, 서로서로 의지하기 때문이다. 그러므로 변이를 낳을 수 있다. 三德合生變故 譬如有多縷和合 能生衣 三德亦如是 更互相依故 所以能生異"라고 하였다. [참고문헌]『金七十論』, *Sāṃkhy-k.20.* ❼ Ⓢ samavāya. 바이셰쉬카(Ⓢ Vaiśeṣika : 勝論)에서 주장하는 십구의(十句義) 중 하나로 떨어질 수 없어 영속적이고 내재적인 불가분리의 관계를 말한다. 『십구의론』(대정장54, p.1263c17)에 "화합구의란 어떤 것인가? 즉 실 등으로 하여금 분리될 수 없어 서로 속한다. 또는 성은 하나다라고 하는 것을 화합구의라고 한다. 和合句義云何 謂令實等 不離相屬 此詮智因 又性是一 名和合句義"라고 하였다. [참고문헌]『十句義論』. ⇨ 십구의 十句義❷

화합견설 和合見說 유부(有部) 정통의 '안근이 색을 본다(眼見色)'는 학설과 다른 유부 내 이집(異執) 중 하나. 심(心)과 심소(心所)의 화합으로 색을 본다는 비유자(譬喩者 Ⓢ Dārṣṭāntika)의 주장이다. 『대비바사론』권13(대정장27, p.61c10)에 "(타종의 다른 주장 중 하나는) 혹은 다시 (심과 심소의) 화합으로 색을 보는 것이라고 집하는 것이니 비유자의 경우다. … 이와 같은 타종의 다른 주장을 그치게 해서 우리 종의 두 눈으로 색을 보는 것임을 드러내기 위해 이 논을 짓는다. … 만약 화합이 색을 보는 것이라고 한다면, 모든 때에 색을 보는 것이어야 하니, 어떤 때도 화합하지 않는 경우는 없기 때문이다. (이 주장) 또한 합당하지 않다. 或復有執和合見色 如譬喩者 … 爲止如是他宗異執 顯示已宗二眼見色 故作斯論 … 若和合見色者 應一切時見色 以無時不和合故 亦不應理", 『오사비바사론』권상(대정장28, p.991b26)에 "심과 심소의 화합이 보는 것이라고 하는 주장에 있어 그 심과 심소가 화합하는 (경우 그 수는) 고정적이지 않다. 즉 선한 안식과는 스물두 가지 심소가 상응하며, 불선의 안식과는 스물한 가지 심소가 상응하며, 유부무기의 안식과는 열여덟 가지 심소가 상응하며, 무부무기의 안식과는 스무 가지 심소가 상응하는 등 이미 (그 수가) 고정적이지 않은데 어떻게 화합이 보는 것이라 하겠는가? 若心心所和合能見 諸心心所和合不定 謂善眼識與二十二心所相應 不善眼識與二十一心所相應 有覆無記眼識與十八心所相應 無覆無記眼識與十二心所相應 旣不決定云何和合"라고 하였다. [참고문헌]『大毘婆沙論』,『五事毘婆沙論』. ⇨ 비유자 譬喩者

화합결집 和合結集 다름이나 이견 없이 맺고 모으다. 등송(等誦 Ⓟ saṅgīti)이라고도 한다. 승중(僧衆)이 부처님께 들었던 법(法)과 율(律)을 함께 모여 바르게 기억해 전승한 일로 합송이라고도 한다. 『집이문족론』권1(대정장26, p.367b22)에 "(舍利子가 대중에게 고했다) 우리들은 이제 부처님께서 세간에 계실 때 들었던 법과 비나야를 화합하여 결집해 여래께서 반열반하신 후에도 세존의 제자들이 어긋나 다투는 일이 없도록 하고, 마땅히 범행에 수순해서 법과 율이 오래도록 유지되어 무량한 유정들을 이락케 하도록 하며, 세간의 모든 천인과 사람들을 애민히 여겨 수승한 의리로 안락을 얻도록 해야 한다. 我等今應聞佛住世 和合結集法毘奈耶 勿使如來般涅槃後世尊弟子有所乖諍 當令隨順梵行 法律久住 利樂無量有情 哀愍世間諸天人衆 令獲殊勝義利安樂", 『아육왕경』권6(대정장50, p.151a6)에 "이때 대가섭은 바로 다음처럼 법도를 제정했다. '지금부터 승중은 법장을 화합하여 결집해야 할 것이니, 그 일이 끝나기 전까지 비구들께서는 열반에 드셔서는 안 됩니다'. 是時大迦葉卽便立制 從今已去衆僧和合結集法藏 其事未畢 諸比丘等不得涅槃"라고 하였다. [참고문헌] 『集異門足論』, 『阿育王經』. ⇨ 결집 結集, 합송 合誦

화합과 和合果 Ⓢ sāmagrī-phala, Ⓣ tshogs-pa'i-'bras-bu. 근과 경과 식(根境識)이 화합해서 맺은 과. 구과(九果) 중 하나다. 『대비바사론』 권121(대정장27, p.630b15)에 "서방(Ⓢ Gandhāra)의 논사들은 과에 이 아홉이 있다고 설한다. 앞의 오과(等流果·異熟果·離繫果·士用果·增上果)에 다시 네 가지를 더한 것이다. … 화합과란, 안과 색과 화합하여 안식을 낳는 것이고, 내지 의와 법과 화합하여 의식을 낳는 것이다. 나머지 화합과에 대해서도 이에 견주어 알아야 할 것이다. "西方諸師說果有九種 謂於前五更加四種 … 和合果者 謂眼色和合生眼識 乃至意法和合生意識 餘和合果類此應知", 『구사론』 권6(대정장29, p.36a11 : *Abh-k-bh.*, p.97)에 "셋째는 화합과이니 저 안식 등은 안근 등의 과임을 말하는 것이다. 三 和合果 謂如眼識等爲眼根等果 sāmagrīphalam yathā cakṣurādīnāṃ cakṣurvijñānādīni"라고 하였다. [참고문헌] 『大毘婆沙論』, 『俱舍論』, *Abh-k-bh.* ⇨ 구과 九果, 오과 五果, 삼사화합 三事和合

화합관정 和合灌頂 보살이 일체여래의 지혜의 법수(法水)로 번뇌를 끊고 공덕을 성취하는 것을 관정에 비유한 말. 『대반야경』 권578(대정장7, p.988a24)에 "이때 세존께서 일체삼계의 수승한 주인인 여래의 상에 다시 의지하여 보살들에게 반야바라밀다의 일체여래화합관정의 깊고 깊은 이취인 지장법문을 설하셨다. 爾時 世尊復依一切三界勝主如來之相 爲諸菩薩 宣說般若波羅蜜多 一切如來和合灌頂 甚深理趣 智藏法門", 『반야이취분술찬』 권3(대정장33, p.52b13)에 "일체시방여래께서 화합하여 함께 그 정수리를 관정하였으니 찰제리의 왕위를 받는 법과 같다. 지금 이 보살이 부처라는 존귀한 위를 받으니 어떠한 법수로 그 정수리를 적셔서 길상하게 할 것인가? 일체 부처님의 지혜법수에 수승한 지혜가 있어 온갖 덕을 낳고 품는 것이 비유컨대 저 창고와 같다. 이 지혜의 물로 보살의 정수리를 관정하여 무시이래의 두 가지 번뇌를 다하게 하고 일체 여래의 길상과 공덕이 모두 성취되게 한다. 一切十方如來和合咸灌其頂 如刹帝利受王位法 今此菩薩 受佛尊位 以何法水 灌灑其頂 令作吉祥 謂一切佛智慧法水有殊勝智 出生諸德 含容諸德 譬如於藏 以此智水灌菩薩頂令無始來二障垢盡 一切如來吉祥功德皆悉圓滿"라고 하였다. [참고문헌] 『大般若經』, 『般若理趣分述讚』. ⇨ 관정 灌頂 [1]

화합구의 和合句義 Ⓢ samavāya-padārtha. 승론(勝論)의 십구의(十句義 Ⓢ daśa-padārtha) 중 여섯 번째 원리. 『십구의론』 권1(대정장54, p.1263c17)에 "화합구의란 실 등을 떠나지 않고 상속하는 것으로, 이것을 말해 지인이라고 하며 또한 성이라 하니, 이 하나의 이름이 화합구의다. 和合句義云何謂令實等不離相屬此詮智因 又性是一名和合句義"라고 하였다. [참고문헌] 『十句義論』. ⇨ 화합 和合 [7], 십구의 十句義 [2]

화합상 和合相 어울려 합해 있을 뿐인 상. 오음(五陰)을 말하며, 이 화합이 무너지면 열반이다. 『불퇴전법륜경』 권3(대정장9, p.242b27)에 "허망함에 취해 붙들림 없어서 화합상 벗어나 이와 같이 잘 알고 나면, 상도 없고 있는 것이라고는 없다. 虛妄無取著 離於和合相 如是善知已 無相無所有", 『제법무행경』 권상(대정장15, p.754b2)에 "화합상이 무너짐을 관해 다만 법상을 얻을 뿐이니, 이것이 법념처다. 觀壞和合相 但得法相 是法念處", 『금강경불괴가명론』 권상(대정장25, p.891b23)에 "두렵지 않다는 것은 모든 법에 화합상 없어서 마음에 두려울 것도 없다는 뜻이다. 그러나 세속에서는 화합상 중에 서로 이어 분별해서 집착해 실을 삼기 때문이다. 不怖者 謂於諸法 無和合相 心不怖懼 而於世俗 和合相中 相續分別 執爲實故", 『성유식론』 권1(대정장31, p.4b10)에 "저들 화합상이 이미 실로 있는 것 아니어서 말할 수 없으니 오식의 연일 뿐이다. 彼和合相 旣非實有故不可說 是五識緣", 『주유마힐경』 권2(대정장38, p.348b8)에 "승조(僧肇)가 말한다. '오음이라는 췌식은 함께 하는 화합상일 따름이다. 오음화합 무너지면 열반이라 한다. 마땅히 이 마음으로 췌식을 취한다. 만약 그렇다면 종일 췌식해도 종일토록 열반이리라'. 肇曰 五陰揣食 俱和合相耳 壞五陰和合 名爲涅槃 應以此心 而取揣食也 若然則終日揣食 終日涅槃"라고 하였다. [참고문헌] 『不退轉法輪經』, 『諸法無行經』, 『金剛經不壞假名論』, 『成唯識論』, 『註維摩詰經』. ⇨ 오음 五陰

화합색 和合色 Ⓢ saṃghāta, Ⓣ 'dus-pa. 어울려 합해 있을 뿐인 색. 취색(聚色)이라고도 한다. 극미(極微)들 어울려 합한 색. 방분(方分)이 있는즉 유분(有分)의 것들은 화합할 수 있다고 하기에, '일곱극미 七極微'로 모인 아누(阿耨) 이상은 유분의 색으로 화합색 즉, 취색의 분이 있어 서로 촉(觸)할 수 있고 따라서 색(色)이 화합하는 뜻이 성립된다. 『구사론기』에서는 이 주장이 유부 비정통(第二師)의 설이라고 하지만, 『유식이십론』에서는 가습미라국(Ⓢ Kāśmīra) 비바사사(毘婆沙師)의 설이라고 한다. 그러나 설일체유부는 극미를 더는 쪼갤 수 없는 실(實)로 설정했기에 쪼갤 수도 없어 유분(有分)도 아니기에 화합할 수 없다고 주장한다. 『구사론』

권2(대정장29, p.11c4 : *Abh-k-bh.*, p.32)에 "또 극미들은 서로 촉하는가, 촉하지 않는가? 가습미라국의 비바사사는 서로 촉하지 않는다고 설한다. 왜 그러한가? 만약 극미들 체에 두루해서 서로 촉한다면, 실물로서의 체와 상이 뒤섞이는 허물이 있게 된다. 만약 일분만으로 촉한다고 해도 극미에 분이 있게 되는 과실이 있게 된다. 하지만 모든 극미들은 더 작게 분할할 수 없는 것이다. … 또 화합색은 분을 가지는 것으로 인정되기에 서로 촉한다고 해도 아무런 허물은 없다. 又諸極微爲相觸不 迦濕彌羅國毘婆沙師說不相觸 所以者何 若諸極微遍體相觸 卽有實物體相雜過 若觸一分成有分失 然諸極微更無細分 … 又和合色 許有分故 相觸無失 kiṃ punaḥ paramāṇavaḥ spṛśanty anyonyam āho svin na. na spṛśantīti kāśmīrakāḥ kiṃ kāraṇam yadi tāvat sarvātmanā spṛśeyur miśrībhaveyur dravyāṇi athaikadeśena sāvayavāḥ prasajyeran niravayavāś ca paramāṇavaḥ … api khalu saṃghātāḥ sāvayavatvāt spṛśantīty adoṣaḥ", 『구사론기』 권2(대정장41, p.52a18)에 "'또 화합색은 ~ 동류로 상속한다'라고 하였는데, 이 이하는 두 번째 논사의 풀이다. 모든 극미 서로 촉하지는 않지만, 화합색은 방분을 갖기에 서로 촉해도 과실은 없다는 것이다. 又和合色至同類相續者 此下第二師解 雖諸極微互不相觸 許和合色有方分故 相觸無失", 『유식이십론술기』 권하(대정장43, p.994c11)에 "[술] (극미 일곱 개가 화합한) 아누색 이상의 모든 대취색은 서로 합할 수 있으니 방분이 있기 때문이고, 여섯 분으로 이루어져 있으니 취색이라는 말이 또한 성립한다는 것이다. 이는 곧 취합함에 방분 있을 수 있지만 극미에는 합도 분도 없는 뜻을 밝혔다. 따라서 『구사론』에서 말하길, '또 화합색은 유분으로 인정되기에 서로 촉한다고 해도 허물이 없다'라고 한 것이다. 촉과 화합은 뜻은 같고 이름만 다른 것이다. 어떤 때는 취색이라고 하고 또 어떤 때는 화합색이라 한다. 述曰 阿耨色以上諸大聚色 可有相合 有方分故 可成六分 聚色亦成 卽顯聚合許有方分 極微無合無分義成 俱舍論云 又和合色 許有分故 相觸無失 觸之與合 義一名異 此名爲聚色 彼名和合色"라고 하였다. [참고문헌] 『俱舍論』, 『俱舍論記』, 『唯識二十論述記』, 『唯識二十論』(대정장30, p.76a3), *Abh-k-bh.* ⇨ 극미 極微, 유분 有分❶, 유분색 有分色

화합생 和合生 어울려 모여서 생하다. 자성(自性) 다른 법(法)들이 어울려 모여 일어나는 것을 말한다. 36권본 『대반열반경』 권12(대정장12, p.685a20)에 "부모의 화합을 인함에 의해 생함을 이름하여 세제라 하고, 십이인연의 화합으로 생하는 것을 제일의제라 이름한다. 依因父母和合而生 名爲世諦 十二因緣和合生者 名第一義諦", 『대지도론』 권19(대정장25, p.197c25)에 "삼계세간은 모두 화합을 좇아 생하는데, 화합하여 생하는 것은 자성이 없으며, 자성이 없기에 이는 곧 공이 된다. 공이기에 가히 취할 수 없으며 가히 상을 취할 수 없으니 이것이 열반이다. 三界世間 皆從和合生 和合生者 無有自性 無自性故 是則爲空 空故不可取 不可取相是涅槃", 『아비담비바사론』 권29(대정장28, p.210a10)에 "아비담은 이와 같은 설 짓기를 '유위법에는 본래 한 법으로 화합해 생하는 것이 있고 많은 법이 화합하여 생하는 것이 있다. 한 법으로 화합해 생하는 것은 한 찰나경에 생하기에 일법화합생이라 이름하고, 많은 법이 화합하여 생하는 것은 저 하나하나의 수법과 같이 각각 하나씩 생함이 있지만 비록 많더라도 서로 여의지 않기에 다법화합생이라 이름한다'라고 하였다. 阿毘曇者 作如是說 有爲法 自有一法和合而生 自有多法和合而生 一法和合生者 於一刹那頃生故 名一法和合生 多法和合生者 如一一數法 各有一生 雖多不相離 故名多法和合生", 『구사석론』 권7(대정장29, p.209a23)에 "[게] 촉은 여섯이라네. [석] 안촉 내지 의촉을 이른다. 이 육촉은 무슨 법인가? [게] 화합생이라네. [석] 세 법의 화합을 좇아 생하니 근·진·식을 이른다. 偈曰 觸六 釋曰 謂眼觸乃至意觸 此六觸是何法 偈曰 和合生 釋曰 從三法和合生 謂根塵識"라고 하였다. [참고문헌] 『大般涅槃經』, 『大智度論』, 『阿毘曇毘婆沙論』, 『俱舍釋論』.

화합성 和合性 ❶ Ⓢ sāmagrī, Ⓣ tshogs-pa. 뭇 연(衆緣)이 어울려 합하는 성. 24심불상응법(心不相應法) 중 23번째 법이며, 『구사론』에서는 중동분(衆同分)으로 거둔다. 제법이 어울려 임시로 화합하는 뜻이다. 『순정리론』은 『구사론』에서와 달리, 『대승백법명문론』 권1(대정장31, p.855c10)에 "네 번째로 심불상응행법에는 간략히 스물네 가지가 있다. … 스물세 번째는 화합성이다. 第四 心不相應行法 略有二十四種 … 二十三和合性", 같은 책 권2(대정장44, p.51c14)에 "화합성이라 말할 수 있는 것은 제법에 있어 서로 어긋나지 않는 것이다. 言和合性者 謂於諸法不相乖反", 『대승아비달마집론』 권1(대정장31, p.666a1 : *Abh-s.*, p.11)에 "무엇 등이 화합하는가. 인과의 뭇 연들이 만나 모임에 임시로 서 있을 수 있어 화합이다. 何等和合 謂於因果衆緣集會 假立和合 sāmagrī katamā. hetuphalapratyaya-samavadhāne sāmagrīti prajñaptiḥ", 『대승아비달마잡집론』 권2(대정장31, p.701a10 : *Abh-s-bh.*, p.10)에 "'인과의 뭇 연들이 만나 모인다'란, 저 식법의 인과상속은 반드시 뭇 연들을 빌려 화합한다. 근이 무너지지 않고 경계가 현전함에 능히 이 식을 낳고 작의가 바로 일어남을 말한다. 因果衆緣集會者 且如識法因果相續 必假衆緣 和合 謂根不壞境界現前 能生此識作意正起 hetuphalapratyayānāṃ samavadhānaṃ tadyathā vijñānākhyasya hi hetuphalasyendriyāparibhedo viṣayābhāsagamanaṃ tajjanakam manaskārapratyupasthānaṃ ceti", 『구사론기』 권4(대정장41, p.84b8)에 "지금 이 『구사론』을 살펴보면, 심불상응행법은 14가지 밖에 없지만, 『순정리론』에 따르면, 화합성을 더한다. 따라서 『순정리론』 권12에서 '(게송의) 「등」이라는 말은 구신문신과 화합성을 아울러 취한다는 말이다'라고 하였다. 이 두 논서 이미 설함이 같지 않다. 임의로 빈주를 상정하여 문답으로 연구해 찾겠다. 『구사론』 논사 〔문〕 '이 화합성에 대해 어떻게 실제로 알 수 있는가?' 『순정리론』 논사 풀어 말하길, '저 승가가 파괴될 때 화합성을 버리게 되니 따로 존재함을 명백히 알 수 있다'. 『순정리론』 논사 〔문〕 '내가 상정한 바와 같이 별도의 체성이 있는 것인데, 그대의 경우 상정하지 않는다면 어떤 법으로 거두는가?' 『구사론』 논사의 〔해〕 '이 화합성은 중동분으로 거둔다'. 今案此論 心不相應行但有十四 若依正理加和合性 故正理十二云 等者等取句身文身及和合性 二論旣說不同 無容竝是 假興賓主問答硏尋 俱舍師問云 此和合性如何證知 正理師解云 如破僧時捨和合性 明知別有 正理師問云 如我所立別有體性 汝不立者何法中收 俱舍師解云 此和合性衆同分攝"라고 하였다. 〔참고문헌〕 『大乘百法明門論』, 『大乘阿毘達磨集論』, 『大乘阿毘達磨雜集論』, 『俱舍論記』, 『順正理論』 권12(대정장29, p.396c11), *Abh-s.*, *Abh-s-bh.* ⇨ 불상응행법 不相應行法 **2** 소훈사의(所熏四義)와 능훈사의(能熏四義) 중 하나. 칠전식(七轉識)의 능훈과 종자(種子)가 소훈임에 동시동처(同時同處)로 화합해서야 다른 몸이 아닌 것에서의 훈이 성취되기에 화합성이라 한다. 화합은 상응(相應)의 뜻이다. 『성유식론』 권2(대정장31, p.9c15)에 "무엇이 소훈의 네 가지 뜻인가? 넷째는 능훈과 더불어 함께해서 화합하는 성이다. 만약 능훈과 더불어 동시동처여서 하나가 되지도 떨어지지도 아니하기에 이에 소훈이어서 다른 몸인 것을 막는다. (능훈과 소훈의) 찰나에 전후가 있는 것이라면 화합의 뜻은 없기에 소훈이라 하지 못한다. … (능훈의 네 가지 뜻 중) 넷째는 소훈과 더불어 화합해서야 움직인다. 何等名爲所熏四義 … 四與能熏共和合性 若與能熏同時同處不卽不離 乃是所熏 此遮他身刹那前後無和合義故非所熏 … 四 與所熏和合而轉"라고 하였다. 〔참고문헌〕 『成唯識論』. ⇨ 소훈사의 所熏四義, 능훈사의 能熏四義, 칠전식 七轉識

화합승 和合僧 Ⓢ samagra-saṃgha, saṃgha-sāmagrī, saṃgha, Ⓟ samagga-saṃgha, saṃgha-sāmaggī, Ⓣ dge-'dun-mthun-pa. 어울려 함께하는 승가. 동일계(同一界 Ⓢ sīmā)에서 함께 머물면서 포살·자자·갈마 등을 함께 하는 승중을 말한다. 화합중(和合衆)·화승(和僧)·화중(和衆)이라고도 한다. 상대어는 파화합승(破和合僧)이다. 『마하승기율』 권7(대정장22, p.282c23)에 "화합승이란, 따로 모이는 무리가 없는 것이다. 여러 비구가 비록 거듭 다투기도 하지만 거듭 서로 이끌어 한 계에서 하나의 대중으로 한 곳에 주하고 하나로 포살자자 하므로 화합승이라 이름한다. 和合僧者 不別衆 諸比丘雖復鬪諍 更相導說 但一界一衆一處住一布薩自恣故 名爲和合僧", 『사분율』 권58(대정장22, p.999c9)에 "'어떤 것을 화합승이라고 하며, 승가가 깨진 후에는 누가 화합합니까?' 부처님께서 우파리(Ⓢ Upāli)에게 말씀하셨다. '어떤 비구가 범했으면 범했다고 말해야 하며, 범하지 않았으면 범하지 않았다고 말해야 하며, 가벼운 것은 가볍다고 말하며, 무거운 일은 무겁다고 말해야 한다. 저 비구가 이 네 가지 일에 있어서 자기편을 구하지 않아야 하며, 다른 이를 시켜 구하지 않아야 하며, 따로 갈마·포살·설계·재 등을 하지 않아야 하니 이 모든 일이 화합승을 위한 일이며, 이렇게 하는 일이야말로 승가의 화합이 무너진 이후에 다시 화합하는 것이다'. 云何和合僧 僧破已 誰爲和合 佛告優波離 若有比丘犯彼言犯 若不犯彼言不犯 輕言輕 重言重 彼比丘 於此四事 不求伴 不使人求 不別部羯磨 布薩 說戒 齊 是名爲和合僧 是爲僧破已還和合", *Suttavibhaṅga* (*Vin.3*, p.173)에 "화합승이란 동주자가 동일한 계 안에 있는 것이다. samaggo nāma saṅgho samānasaṃvāsako samānasīmāyaṃ ṭhito"라고 하였다. 〔참고문헌〕 『摩訶僧祇律』, 『四分律』, 『注大乘入楞伽經』 권2(대정장39, p.441b29), *Vin.*, *Prāt-m.18.*, *Śrāv-bh.6.*, *Sp. 5.1066.* ⇨ 파화합승 破和合僧, 화합중 和合衆

화합시설 和合施設 어울려 합하게 해서 드러나게 되는 일. 중생(衆生), 일체법(一切法)의 다른 이름이다. 『대법고경』 권상(대정장9, p.293a19)에 "가섭이 부처님께 여쭈었다. '세존이시여, 무엇을 중생이라고 합니까?' 부처님께서 가섭에게 이렇게 말씀하셨다. '중생이란 사계로 거둬 베풀어 있게 한 것이다. 즉 안으로는 지계·수계·화계·풍계와 입처오근 나아가 십삼연기지 … 수상사심의식이 이름하여 중생법이다. 가섭아, 이것을 일체법이라고도 함을 알아야 한다'. 迦葉白佛言 世尊 云何衆生 佛告迦葉 衆生者 四界攝施設 謂內地界 水界 火界 風界 及入處五根 乃至十三緣起支 … 受想思心意識 是名衆生法 迦葉當知 是名一切法", "가섭이 부처님께 여쭈었다. '이중에서 어떤 법이 중생입니까?' 부처님께서 가섭에게 말씀하셨다. '이중에서 한 법만으로 중생이라고 하지는 않는다. 왜 그런가? 가섭아, 비유하면 파사익왕의 북과도 같으니, 어떤 것이 북이냐?' 가섭이 답하기를, '북이란 가죽과 나무와 북채 이 세 법이 화합해서야 북이라고 할 수 있습니다'. 부처님께서 말씀하시길, '이와 같이 화합시설해서야 중생이다'. 迦葉白佛言 是中何等法

是衆生 佛告迦葉 是中非一法名爲衆生 所以者何 迦葉 譬如波斯匿王鼓 何等爲鼓 迦葉白佛言 所言鼓者 皮 木 及捊 此三法和合 是名爲鼓 佛告迦葉 如是和合施設 名爲衆生"라고 하였다. [참고문헌]『大法鼓經』,『阿彌陀經疏』(대정장37, p.319a29). ⇨중생 衆生, 일체법 一切法

화합식 和合識 Ⓢsāmagrī-vijñāna, Ⓣtshogs na rnam-par-shes-pa. 팔식십명(八識十名) 중 하나로 제8 아뢰야식(阿賴耶識)은 염과 정 그리고 생멸과 불생멸로 어울려 있기에 이렇게 부른다.『대승기신론내의약탐기』(대정장44, p.415b5・한불전3, p.752a19)에 "화합식이란 여래장의 불생멸이 생멸과 더불어 칠전식으로 화합하기에 화합식이라 하니, 곧 리야식이다. 和合識者 如來藏不生滅 與生滅七轉識和合 名和合識 卽梨耶識",『종경록』권50(대정장48, p.712c29)에 "제8식의 열 가지 이름은 무엇인가? … 둘째 참과 거짓이 뒤섞여 있으므로 화합식이라고 한다. 第八識十名者 … 二 眞僞雜間 名爲和合識"라고 하였다. [참고문헌]『大乘起信論內義略探記』,『宗鏡錄』, *Abh-s.20.* ⇨팔식십명 八識十名

화합유 和合有 화합해서야 존재하는 것. 있다(有) 함에 다섯(名有 實有 假有 和合有 相對有)이 있고, 그중 4번째 이름으로 존재하는 것을 화합유 또는 연합유(緣合有)라고 한다.『대비바사론』권9(대정장27, p.42a29)에 "어떤 이는 '다섯 가지가 있다. 첫째는 명유이다. … 둘째는 실유이다. … 셋째는 가유이니, 물단지・옷・수레 등을 말한다. … 넷째는 화합유이니, 모든 온이 화합하여 시설한 보특가라이며, 다섯째는 상대유다'라고 설한다. 有說五種 一 名有 … 二實有 謂一切法各住自性 三假有 謂甁衣車 … 等 四 和合有 謂於諸蘊和合施設補特伽羅 五 相待有",『순정리론』권50(대정장29, p.622a2)에 "모든 성스런 가르침 중에 일체를 모두 모아 '유'라고 설한 말씀은 간략히 네 가지다. … 둘째는 연합유이다. … 저 계경에서 '나무가 존재해야지만 그림자도 존재할 수 있다'라거나, '그대들 필추가 만약 화합할 수만 있다면 다시 (실체적 존재로서) 스승과 더불어 나라는 등은 존재하지 않는 것이다'라고 설하고 있으니, 이와 같은 등의 경문은 연들이 화합해서야 있게 되는 것들을 말한 것이다. 諸聖敎中總集一切說有言敎 略有四種 … 二 緣合有 … 如契經說 要由有樹方得有影 汝等苾芻若有和合 更無有師與我等者 如是等文說緣合有"라고 하였다. [참고문헌]『大毘婆沙論』,『順正理論』.

화합의 和合義 Ⓢsaṅgama-artha, Ⓣldan-pa'i-don. 화합의 뜻. 화합이라는 뜻. 36권본『대반열반경』권23(대정장12, p.758c25)에 "반(槃)이란 있다(有)는 말이니, 있음이라는 뜻이 없어야 열반이라 한다. 또 반은 화합이니 화합이라는 뜻이 없어야 열반이라 한다. 또 반은 고통을 말하니 고통이라는 뜻이 없어야 열반이라 한다. 槃者言有 無有之義乃名涅槃 槃名和合 無和合義乃名涅槃 槃者言苦 無苦之義乃名涅槃",『구사론』권9「분별세품 分別世品」(대정장29, p.50b16)에 "삼(參 Ⓢsam)은 화합이라는 뜻이다. 參是和合義",『유가사지론』권10(대정장30, p.325c9 : *Yogā-bh.*, p.219)에 "무엇이 화합의 뜻인가? 여러 연이 쌓이고 모였다는 뜻이다. 云何和合義 謂諸緣聚集義 katamaḥ saṅgama-arthaḥ. yaḥ sāmagrī-samavadhāna-arthaḥ",『아미타경통찬소』권중(대정장37, p.341a14)에 "승(僧)이란 범어로 '승가'라고 음사하고, 이름 지어 중(衆)이라고 하니, 화합이라는 뜻이다. 몸으로 어울려 함께 머무르고, 말 고르게 해서 다툼이 없으며, 뜻으로 어울려서 어긋남이 없고, 계로 다투지 않아 함께 닦고, 견해 같게 해서 그치며, 이로움 함께 고르게 한다. 이 여섯 가지 조화를 구축하기에 '승'이라고 한다. 僧者 梵云 僧伽 此名爲衆 和合義也 謂身和共住 語和無諍 意和無違 戒和同修 見和同止 利和同均 具此六和 故名僧也"라고 하였다. [참고문헌]『大般涅槃經』,『俱舍論』,『瑜伽師地論』,『阿彌陀經通贊疏』, *Yogā-bh.* ⇨화합 和合, 육화경 六和敬

화합이성 和合二聖 화성(和聖)과 합성(合聖). 한산(寒山)과 습득(習得)을 다르게 부르는 이름. 청대(1733) 옹정제(雍正帝)가 이렇게 봉(封)하였다.『한산사지』권1(中國佛寺史志彙刊43, p.49a5)에 "한산과 습득을 헤아려 보현과 문수의 화신이라 했는데, 오늘날에는 화성과 합성이라 부르고 한산과 습득으로 변상으로 그렸다. 攷寒山拾得 爲普賢文殊化身 今稱和聖合聖 爲寒山拾得變相也"라고 하였다. [참고문헌]『寒山寺志』.

화합작용 和合作用 어울려 합해서 짓고 쓰다. 유위(有爲)의 뜻을 드러내는 말로 무위(無爲)와 구별한다.『대비바사론』권76(대정장27, p.392c21)에 "또한 만약 어떤 법이 인연화합작용에 의지하고 속한 것이라면 유의의 뜻이고, 만약 어떤 법이 인연화합작용에 의지해 속하지 않는 것이라면 무위의 뜻이다. 復次若法依屬因緣和合作用是有爲義 若法不依屬因緣和合作用是無爲義",『순정리론』권16(대정장29, p.422c11)에 "(等流果는) 위는 체가 아님을 잡은 것은 화합작용의 위를 말미암기 때문이고 과는 체로서의 과가 아니고 화합작용일 뿐이기에 이것을 법차별인연화합하는 법이 위를 달리해 행하는 것이다. 법이 위를 달리 해서 행한다는 것은 체를 떠나 되는 것도 아니다. 그렇다고 위를 달리 하는 행이 그대로 체인 것도 아니어서 이와 같은 이위는 위를 달리하는 대로 생겨나는 것이다. 동류과인을 이름해 이위라 할 것이니, 이 때문에 화합작용위란 과일 뿐이지 체로서의 과는 아니다. 約位非體 由和合作用位 果非體果 和合作用 是法差別因緣和合 法行異位 法行異位 非離體成 然異位行 亦非卽體 如是異位 從異位生 同類果因 名爲異位 故和合作用位 果非體果"라고 하였다. 〔참고문헌〕『大毘婆沙論』, 『順正理論』. ⇨ 등류과 等流果

화합중 和合衆 승가(僧伽 Ⓢ Ⓟ saṃgha)의 한역어 중 하나로 불법을 수행하는 무리를 일컫는 말이다. 『능엄경지장소』 권1(卍속장24, p.179b1)에 "'중'이란 범어로 승가(saṃgha)이며, 한역하여 화합중이라 한다. 화합에는 두 가지가 있다. … 둘째는 이치의 화합이니 택멸무위법을 함께 증득하는 것을 말한다. 衆者 梵語僧伽 此云和合衆 和合有二 … 二 理和 謂同證擇滅無爲法故", 『법화경지장소』 권1상(卍속장93, p.467a2)에 "중이란 화합을 말함이다. 범어는 승가이고 화합중이라 한다. 화합에는 두 가지가 있다. 첫째는 사화이니 계·견·이·신·구·의라는 여섯 가지로 섞겨 함께 어울리기 때문이다. 둘째는 이화다. 같이 택멸무위법을 증득하기 때문이다. 衆者 和合之稱 梵語僧伽 此云和合衆 和合有二 一事和 謂戒 見 利 身 口 意 六事俱和故 二理合 謂同證擇滅無爲法故", 『대승의장』 권10(대정장44, p.654b3)에 "말하길 승이라 하니, 외국 정음으로는 승가라 하고 여기에서는 번역하여 화합중이라 한다. 행하고 덕을 쌓음에 어긋남이 없어야 '화'라 이름하고 화란 하나가 아니기에 지목하여 무리가 된다. 所言僧者 外國正音名曰僧伽 此方翻譯名和合衆 行德不乖 名之爲和 和者非一 目之爲衆", 『화엄경명법품내입삼보장』 권1(대정장45, p.613c2)에 "승가란 여기에서는 화합중이라 하니 두 가지 뜻이 있다. 첫째는 이로서 어울린다. 진실의 뜻 보려 함에 마음 비록 각각 다르더라도 깨우치는 뜻은 같기 때문이다. 두 번째는 일로 어울려 합하니 4인 이상의 사람들이 비록 각각 다르지만 함께 붙잡고 한 가지로 갈마할 수 있어야 일로서 어울린다 한다. 이렇게 한즉 부처님이 바로 깨우쳐 비추는 뜻이고 승이란 화합하는 뜻이라 하며 법이란 바로 본보기 뜻이 될 수 있으니 모두 뜻을 좇아 써서 이름을 세움이다. 『대지도론』에서 이르길 승가란 진나라말로 '무리 져 많다'는 것이고, 비구가 한곳에 모여 화합하기에 그 이름이 승가다. 僧伽此云和合衆 此有二義 一理和 謂見諦理時 心雖各異所證理同故 二事和 謂四人已上人雖各別同秉成一羯磨事 故名事和 是則佛是覺照義 僧是和合義 法是軌範義 皆從義用立名也 又智論云 僧伽秦言衆多 比丘共一處和合 是名僧伽", 『사분율수현록』 권2(卍속장95, 366a7)에 "승이라 말하고 화로서 뜻을 삼는다 한 것은, 옛사람들 화합중이란 말로 승가를 번역한 것을 두고 초문에서 다르게 가린 것이다. 그러므로 갈마소에 이르길 범본에서 갖춘 음으로는 마땅히 승가야라고 해야 하나 이 땅에 없는 이름이기에 중(衆)을 가져 번역하고 가(伽)의 화합을 있게 해서 이에 뜻으로 쓴 것이다. 그러므로 문에서 말하길 승이란 4인 이상이어야 하고 화합이란 하나로 갈마하고 하나로 설계함이다. 만약 무리(衆)를 번역해서 3인이라 한다면 비록 셋도 무리이지만 어떤 일을 가려야 할 때 다른 의견 구별해 낼 수 없고 넷이면 성사되지 못할 일 없다. 그러기에 본승을 두는 것이니 문득 승체를 가리기 때문이다. 言僧以和爲義者 對古人將和合衆 翻其僧伽 鈔文簡異也 故羯磨疏云 具本梵音應言僧伽耶 此土無名 將衆以譯 有加和合 乃是義用 故文云 僧者四人若過 和合者 一羯磨 一說戒也 若以衆翻 則通三人 雖三成衆 但非辨事 據別顯德 非四不成 故存本僧也 便辨僧體", 『사분율행사초간정기』 권5(卍속장68, 278a4)에 "승이란 어울림으로 뜻을 삼는다 한 것은, 이 구 또한 깨진다는 뜻이기도 하다. 옛사람 말하길, 범어 승가야는 뒤쳐 화합중이다. 체를 잡아서는 4인이어야 결계와 설계 등의 사법을 가려낼 수 있기에 화합중이라 한다. 지금 중(衆)이라는 글자에는 넘침이 있는데 3인이라도 중이라 할 수 있지만 흔히 갈마등법은 처리하지 못하기에 마땅히 중이라 이름 붙이지 못한 것이다. 4인이어야 설계 등을 행할 수 있어서 화합하는 무리라 부를 수 있다. 즉 1·2·3인으로는 육화로 씀이 없으니 두 가지 허물이 있게 된다. 이런 까닭으로 초문에서 직언하기를 승이란 화합으로서 뜻을 삼을 뿐이니 1인 또한 비록 육화를 갖춘다 한들 홀로 있고 4인 따로인데 어찌 화합이라 부르겠는가. 僧者以和爲義者 此句亦爲破 古人云 梵語僧伽耶 翻爲和合衆 約體 四人辨結說等事法 故云和合衆也 今云衆字有濫 如三人亦名衆 未能辨羯磨等法 應不名衆 若云四人辨說戒等云名和合者 卽一二三人 元無六和之用 有二重之過 是以鈔文直言僧者 以和爲義 但標僧字是存略梵便收得三人二人一人 總號爲僧 但言以和爲義 卽一人亦須具六和 豈獨四人方名和合 今此和合但是僧家義用 故云以和爲義也", 『사분율명의표석』 권1(卍속장70, 413b1)에 "승이란 갖추어 말하면 승가이고 번역하여 중(衆)이다. 화합하는 무리를 말한다. 이에 네 비구 이상을 부른 것이다. 일이삼비구는 중이라 부르지 않는다. 그러므로 『대지도론』에 이르길 무리 져 많은 비구가 한곳에서 화합하니 그 이름이 승가다. 비유하자면 저 큰 나무들 모여서야 숲이라 하는 것과 같다. 낱낱의 나무 숲이라 하지 않고 낱낱의 나무 버리고는 또한 숲 없으니 모든 비구 화합해서야 승이라 이름한다. 천태 이르길, 중이란 화합의 이름이니 출가해 삼승을 행하는 이 마음으로 부처님 말씀하신 사와 이의 법으로 합하니 그 이름 승이다. 『율초』에서 이르길 이 나라 말로 화합중이니 화합에 두 뜻이 있으니, 첫째는 뜻으로 어울리는 것이니 함께 같이 택멸(열반)을 경험해야 한다. 둘째는 일로 어울리니, 따로 여섯 가지 뜻이 있다. 견해 고르게 해서 같이 이해할 수 있어야 하고, 몸으로 어울려서 함께 머물러야 하며, 이로움 고르게 해서 차별 없어야 하고, 입으로 평화로워 다투지 않아야 하며, 뜻에 있어 어울려 함께 기뻐한다. 구마라즙 말하길 무리 서로 어울리게 하려면 반드시 여섯 가지 법을 따라해야 한다. 첫째 자심으로 신업을 일으키고, 둘째 자심으로서만이 구업을 일으키며, 셋째 자심으로서 의업 일으킨다. 넷째 먹을 일 있을 때는 발우 중에 밥 덜어 상좌 1인과 하좌 1인에게 공양하고, 다섯째 계 지켜 청정하며, 여섯째 번뇌 다해 지혜롭게 됨이다. 이 여섯 가지 법 행한즉 무리들 언제나 어울려 따라서 어기고 다툴 일 있을 리 없으리라. 승조께서 말하길, 진심 아니면 육법 갖춤도 없고 육법 아니면 무리 화합 없다. 저 무리를 불화하면 공경해 따를 길 아니게 될 뿐이다. 또 승이란 아름다운 복전이라 하는데, 저 『보은경』에 이르길 중승이란 삼계를 벗어난 복전이라 한 것은 비구가 계체 구족히 가지고, 계로써 만선의 뿌리 삼으니, 그래서 세인들이 귀의해 믿고 공양해서 복을 뿌리는 것이다. 마치 기름져 토다운 밭이어야 능히 아름다운 싹 틔울 수 있기에 양복전이라 한다. 『파사율』에 이르길 승에 다섯 가지 있다. 첫째, 양 떼인 듯한 승이니 포살·행주·설계·자자·갈마 등 일체승가 모두 알지 못해서 마치 양 떼 같을 뿐임을 말한다. 둘째, 부끄러워할 줄 모르는 승이니, 무리 부추겨 함께 비법을 행하니 저 부정한 일·음주·때 아닌 때 먹는 등 계를 범하고 법답지 못하면서 함께 머무니 무참괴승이다. 셋째, 따로 무리진 승이니, 무릇 마음 가는 대로 따로 무리 짓고 갈마하니 별중승이다. 넷째, 청정승이다. 일체범부들 계 가져 청정해서 무리 져 법 아닌 것 없으니 청정승이다. 다섯째, 제일의제승이니, 사향사과 얻을 수 있으니 그 이름 제일의제승이다〈4득이란 4과이고 4향이란 4과를 향하는 이름이다〉. 僧者 具云僧伽 此翻爲衆 謂和合之衆 乃四比丘上之稱也 一二三比丘 不名爲衆 故大論云 衆多比丘一處和合 是名僧伽 譬如大樹叢聚 是名爲林 一一樹 不名爲林 除一一樹 亦無林 如是一一比丘 不名爲僧 除一一比丘 亦無僧 諸比丘和合 故名僧 天台云 衆名和合 出家三乘行者 心與佛所說事理法合 故名爲僧 律鈔曰 此云和合衆和合有二義 一理和 謂同證擇滅故 二事和 別有六義 所謂戒和同修 見和同解 身和同住 利和同均 口和無諍 意和同悅 什師曰 欲令衆和 要由六法 一以慈心起身業 二以慈心起口業 三以慈心起意業 四若得食時 減鉢中飯 供養上座一人 下座一人 五持戒淸淨 六漏盡智慧 若行此六法 則衆常和順 無有乖諍也 肇師曰 非眞心無以具六法 非六法無以和羣衆 如衆不和 非敬順之道也 又僧名良福田者 如報恩經云 衆僧者 出三界之福田 謂比丘具有戒體 戒爲萬善之根 是故世人歸信供養種福 如沃壤之田 能生嘉苗 故號良福田 婆沙律云 僧有五種 一羣羊僧 謂不知布薩 行籌 說戒 自恣 羯磨 一切僧事 盡皆不知 猶如羣羊 名羣羊僧 二無慚愧僧 謂擧衆共行非法 如行不淨 飮酒 過中食 凡是犯戒非法 一切同住 名無慚愧僧 三別衆僧 謂凡是隨心別衆羯磨 名爲別衆僧 四淸淨僧 謂一切凡夫 持戒淸淨 衆無非法 名淸淨僧 五第一義諦僧 謂四得四向 名第一義諦僧也〈四得 謂得四果也 四向 謂向四果也〉", 『율종회원』 권3(卍속장105, 935a8)에 "승이란 천축의 음이다. 여기에는 그런 사람 없기에 상으로 뒤쳐서 중(衆)이라 부르게 되었다. 때로는 옛적 이해로 화합중이라 하니 체상으로 이름한 것이다. 이 등 사람들 함께 같이 여섯 가지로 어울리고 4인으로서 1인은 아니라 하니 받들어 무리 짓는 법을 성취하기 때문이다. 그러나 제경중에 다만 단순히 중이라 번역하고 겸하여 그 바탕 설하지 않았다. 널리 보려면 갈마소해와 같이 해야 한다. 僧者天音 此無其人 以相翻之號爲衆也 或有舊解 言和合衆 卽體相爲名 言斯等人 同具六和 四人非一 崇成衆法故也 然諸經中 但單衆翻不兼體說 廣如羯磨疏解"라고 하였다. 〔참고문헌〕『楞嚴經指掌疏』, 『法華經指掌疏』, 『大乘義章』, 『華嚴經明法品內立三寶章』, 『四分律搜玄錄』, 『四分律行事鈔簡正記』, 『四分律名義標釋』, 『律宗會元』. ⇨ 승 僧, 승가 僧伽[1], 승가화합 僧伽和合[2], 이사이화 理事二和, 화합승 和合僧, 중 衆

화합향 和合香 여러 가지 향료를 어울리게 해서 합한 것. 『소실지갈라경』 권상(대정장18, p.609c3)에 "큰 실지를 성취하고자 한다면 앞서의 즙향과 향과를 활용한다. 중간의 실지를 성취하려면 견목향과 향화를 쓴다. 하품의 실지를 성취하려면 뿌리·껍질·꽃·열매를 활용하여 도향을 만들어 공양한다. 향을 화합할 때 갑향·사향·자삼 등의 종류와 같은 유정의 향과 술이나 식초는 쓸 수 없다. 若欲成就大悉地者 用前汁香及以香菓 若中悉地 用堅木香及以香花 若下悉地 根皮花菓 用爲塗香而供養之 和合香時 不應用於依有情香謂甲香麝香紫釤等類 及以酒酢"라고 하였다. 〔참고문헌〕『蘇悉地羯羅經』.

화해 和解 고르게 하여 품. 다툼이나 갈등의 인연들을 치우치지 않게 하는 뜻이다. 『생경』 권3(대정장3, p.87a23)에 "그때 사리불은 지혜가 가장 으뜸이라고 찬탄을 받았다. 대중의 의심을 끊고 다툼을 화해시켰으며, 갈 길의 뜻을 분별하여 통하지 않는 것이 없었으니, 마치 어둠 속에서 횃불이 환하게 비추는 것과 같았다. 時舍利弗 嗟歎智慧最爲第一 斷衆狐疑和解鬪諍 分別道義無所不通 如冥中有炬火多所炤曜", 『돈진다라소문여래삼매경』 권중(대정장15, p.359a20)에 "싸워 법으로 다투거나 저 돈과 재물로 밭과 집 때문에 다툰다면, 보살은 중간에서 양쪽을 화해시켜야 한다. 만약 부족하면 돈과 재물을 가지는 뜻으로 만족하게 주고 받게 하여 화해시키고, 그런 후에는 경의 가르침을 설하여 발심시켜 불도를 구하도록 한다. 若有鬪諍變訟 若諍錢財 若諍田宅 菩薩於中央 兩分和解 若有不足 持錢財義 爲和解給足與却

後爲說經道 令發意索佛道"라고 하였다. 〔참고문헌〕『生經』, 『仛眞陀羅所問如來三昧經』.

화행 化行 화교(化敎)와 행교(行敎)를 아울러 부르는 말. 화제(化制)라고도 한다. 『대승의장』 권1(대정장44, p.469a11)에 "둘째, 저들 화행 양교가 선한 뜻을 모아 놓은 측면에서는 수다라(Ⓢ sūtra)라 하고, 화행 양교가 악한 뜻을 여읜다는 측면에서는 비니(Ⓢ vinaya)라 하며, 이들 두 가지에 들어 있는 화교를 풀이한 것을 아비담(Ⓢ abhidharma)이라 하고, 이들 두 가지에 들어 있는 행교를 풀이한 것은 마덕륵가(Ⓢ mātṛkā)라 한다. 第二 就彼化行兩敎 集善義邊 名修多羅 化行兩敎 離惡義邊 名曰毘尼 釋此二中 所有化敎 名阿毘曇 釋此二中 所有行敎 名摩德勒伽"라고 하였다. 〔참고문헌〕『大乘義章』, 『四分律行事鈔資持記』 권상(대정장40, p.174b29). ⇨ 화교 化敎, 행교 行敎, 제교 制敎

화행 火行 불을 섬기는 행위. 외도가 가장 수승한 법이라고 집착하는 행위 중 하나이다. 『집이문족론』 권16(대정장26, p.433b9)에 "여섯 가지 무상법이라 하였는데, 무엇이 여섯 가지인가? … (다섯 번째로) 무엇을 행무상법이라 하는가? 〔답〕 세존께서 다음처럼 말씀하셨다. '필추여 마땅히 알아야 할 것이니, 어떤 한 부류의 보특가라는 코끼리나 말을 길들이는 행위 … 또는 불이나 해와 달을 섬기는 행위 … 또는 사문이라 바라문으로서 사견과 사행을 일으키는 이가 받아지는 행을 행위하면, 나는 「그러한 부류는 비록 실천할 할 바를 간직하고 있어 실천의 준칙이 없는 것은 아니지만, 이것들은 하천한 본성의 이생의 것이지 현성의 행위가 아니다」라고 설한다'. 六無上法者 云何爲六 … 云何行無上 答 如世尊說 苾芻當知 如有一類補特伽羅 行調象行或調馬行 … 或事火行或事月行或事日行 … 或行沙門若婆羅門發起邪見邪見行者所受持行 我說彼類 雖有所行非無所行 而是下賤本性異生非賢聖行", 『대비바사론』 권33(대정장27, p.172c18)에 "외도들은 나체상태, 자발적 기아 … 불을 섬김, 소 등처럼 사는 것 등 갖가지 방식이 진정한 도라고 그릇되게 집착한다. 謂諸外道妄執種種露形自餓 … 火行牛等行 以爲眞道"라고 하였다. 〔참고문헌〕『集異門足論』, 『大毘婆沙論』. ⇨ 화현교 火祆敎

화행이교 化行二敎 ➡ 화행 化行, 화제이교 化制二敎

화향수중분 火向水中焚 불은 저 물 향하는 중에서 타오른다. 『종감법림』 권61(卍속장116, p.775b7)에 "학인이 도량에게 물었다. '어떻게 하면 자성을 보고 듣고도 연을 따르지 않습니까?' '그대가 들어 보거라'. 학인이 절을 올렸다. 그러자 여눌이 말했다. '귀머거리도 오랑캐가 가곡을 부르기는 하지만 좋고 나쁨과 높낮이를 본래 알지는 못한다' '자성이 분명하게 들리는군요' '돌은 허공 중에 서 있고 불은 저 물 향하는 중에 타고 있다'. 因僧問 如何得見聞性不隨緣 師曰 汝聽看 僧作禮 師曰 聾人也唱胡家曲 好惡高低自不知 僧曰 聞性宛然也 師曰 石從空裏立 火向水中焚", "승법부가 말했다. '이 학인은 성이 완연히 들린다고 말했으나 자기 눈으로 보지만 눈먼 이와 같고, 귀도 듣는다 하지만 귀머거리 같은 줄은 알지 못했고, 도량은 저렇게 말했지만 입만 열 줄 알았지 혀가 긴 줄은 몰랐다'. 勝法溥云 者僧道聞性宛然 不知自眼見如盲 耳聽如聾 道場恁麽道 祇知開口 不覺舌長", 『월강정인어록』(卍속장123, p.237a12)에 "학인이 물었다. '무엇이 사사무애법계입니까?' '돌은 허공 좇아 그 중에 서 있고 불은 물 향해 그 중에서 타고 있다'. 僧云 如何是事事無碍法界 答云 石從空裏立 火向水中焚"라고 하였다. 〔참고문헌〕『宗鑑法林』, 『月江正印語錄』.

화향운수 華香雲樹 꽃과 향내와 구름과 나무. 법계법문의 대표적 표상들이다. 『화엄경소』 권3(대정장35, p.519a29)에 "진실로 능히 법을 얻고 신과 어울릴 수 있다면 어찌 언설 반드시 있어야 하겠는가! 하물며 화엄성해에서야. 운대와 보망이 함께 묘음을 연출하고, 모공광명이 모두 능히 법을 설한다. 꽃・향기・구름・나무 그대로 법계의 법문이며, 찰토의 중생이 본디 십신의 정체이니, 어디에 가르침이 아닌 것이 있겠는가! 苟能得法契神 何必要因言說 況華嚴性海 雲臺寶網 同演妙音 毛孔光明 皆能說法 華香雲樹 卽法界之法門 刹土衆生 本十身之正體 于何非教耶", 『화엄경소초』 권12(대정장36, p.94b9)에 "『화엄경소』에서 '꽃・향기・구름・나무 그대로 법계의 법문이다'라고 한 것은 두 번째 드러난 일마다 그대로 법임을 밝혔으니 다시 논설하겠는가. 사(事)에 기대 법을 드러내어 알게 하는 문이기 때문이다. 疏 華香雲樹 卽法界之法門者 第二明卽事是法 更何論說 以有託事顯法生解門故", 『종경록』 권37(대정장48, p.632b15)에 "무릇 마음이 있는 이라면 모두 마땅히 삼보리를 얻을 수 있으니, 마음 바로 으뜸일 뿐이니, 마음 다스려 한곳에 두면 가리지 못할 일 없으니, 마음이 바로 용이다. 삼계에 별다른 법이 있는 것이 아니고, 오직 한마음으로 지을 마음으로 마음을 분별하여 마음으로 증한 것이 교상이다. 그러므로 '꽃・향기・구름・나무 그대로 법계의 법문이며, 찰토의 중생이 본디 십신 그대로의 바탕이다'라고 한 것이다. 夫有心者 皆當得三菩提 心是宗 制心一處 無事不辦 心是用 三界無別法 唯是一心作 覺觀心是語本 以心分別於心 證心是教相 故云 華香雲樹 卽法界之法門 刹土衆生 本十身之正體"라 하였다. 〔참고문헌〕『華嚴經疏』, 『華嚴經疏鈔』, 『宗鏡錄』, 『祖庭事苑』 권7(卍속장113, p.194b10). ⇨ 무정설법 無情說法

화향환 和香丸 여러 향료의 가루를 화합하여 만든 환. 갖가지 향료로 만든 향을 태우면 갖가지 향기가 나는 것처럼 하나의 법문에 무량법문이 담겨 있음을 말한다. 『금광명경현의』 권상(대정장39, p.4b4)에 "만약 이러한 열 가지 법문을 본다면 같거나 다르거나 역시 하나의 법문이다. … 화엄에서 '하나의 법문이 무량한 법문을 권속으로 삼는다'한 것과 같고, 『수능엄경』의 화향환과 같으며, 『대품경』의 과주와 같고, 『법화경』에 한 땅에서 자란 초목과 같으며, 『열반경』의 바닷물로 목욕한다는 비유가 모두 그 뜻이다. 若見此十法門 若同若異 亦是一法門 … 華嚴云 一法門無量法門而爲眷屬 首楞嚴和香丸 大品裹珠 法華一地所生 涅槃大海水浴 皆是其義", 『금광명경현의순정기』 권상(卍속장31, p.428b7)에 "『수능엄경』의 화향환이란 경전에서 만 가지 향을 빻아 환을 만들어 하나만 태워도 갖가지 향기를 갖춘다고 한 것이다. 이것은 같고도 다른 중에 깨우치니 이성은 저 환과 같아서 이것은 같음을 증하는 것이다. 다름과 즉한 같음이고, 같음과 즉한 다름이다. 관행은 향을 사르는 것과 같이 모든 법이 한꺼번에 일어나는 것이니 이를 뭇 향 구족한다 해서 다름을 증함이다. 首楞嚴和香丸者 經云 擣萬種香爲丸 若燒一塵 具足衆氣 此亦證於若同若異也 理性如丸 此證同也 卽異而同 卽同而異 觀行如燒 諸法頓發 名具足衆氣 此證異也"라고 하였다. [참고문헌] 『金光明經玄義』, 『金光明經玄義順正記』. ⇨ 화합향 和合香

화현 化現 Ⓢ purataḥ √sthā, nirmita. 때마다 변화해 나투다. 불보살이 중생을 제도하고자 갖가지 형상으로 변화하여 나타나는 일. 『무량수경』 권하(대정장12, p.272b29 : *Sukh-vy. I*, p.49)에 "그 사람 죽음에 임해 무량수불께서 그 몸을 화현하신다. 其人臨終 無量壽佛 化現其身 buddhanirmito maraṇakāle purataḥ sthāsyati", 『성유식론』 권10(대정장31, p.58b8)에 "위없이 깨달은 이 신력 헤아릴 수 없으니 능히 변화해 나타나서 형질의 법이 없다. 無上覺者 神力難思 故能化現無形質法", 『법원주림』 권2(대정장53, p.278c10)에 "모든 불세존께서는 모두 변화해 드러내시니 나오기도 하시고 사라지기도 하시면서 성인도 이끌고 범부도 이끄신다. 諸佛世尊 皆垂化現 現生現滅 導聖導凡"라 하였다. [참고문헌] 『無量壽佛』, 『成唯識論』, 『法苑珠林』, *Sukh-vy. I.*, *Laṅk.139.* ⇨ 화신불 化身佛, 변화신 變化身

화현교 火祆教 불을 섬겨 제사지내는 교. 배화교(拜火教). 화현은 배화교의 주신(主神)인 아후라 마즈다(Ahura Mazda)의 의역(意譯)이다. 기원전 6~7세기경 조로아스터가 창시한 이래 기원후 3~7세기 사산왕조(Sassanides, 224~651)대에 이르기까지 페르시아의 국교로 흥(興)하였고, 안국(安國)·석라국(石騾國)·강국(康國) 등 서역(西域)의 나라들도 신봉하였다. 『불조통기』 권39(대정장49, p.364a23)에 "처음에 파사국 소로지가 마니화현교〈현은 화와 연을 반절한 음. 호신이니 곧 외도범지다〉를 세웠는데 경사에 대진사〈파사국은 서해에 있는데 대진이라 한역한다〉를 세우도록 칙명을 내렸다. 初波斯國 蘇魯支立末尼火祆教〈祆 火煙反 胡神 卽外道梵志也〉 勅於京師 建大秦寺〈波斯國在西海 此云大秦〉", 『유방기초』(대정장51, p.978b22)에 "또 대식국으로부터 동쪽도 호국이니 곧 안국·조국·사국·석라국·미국·강국 등인데, 비록 각각 왕이 있지만 대식국이 관할하는 바에 속하니 나라가 협소하고 병마도 많지 않아 능히 스스로 지킬 수 없기 때문이다. … 또 이 여섯 나라는 모두 화현을 섬기고 불법을 알지 못하며, 오직 강국에 절 하나 승가 하나 있을 뿐인데 또한 공경할 줄 모른다. 又從大寔國已東 並是胡國 卽是安國 曹國 史國 石騾國 米國 康國等 雖各有王 並屬大寔所管 爲國狹小 兵馬不多 不能自護 … 又此六國總事火祆 不識佛法 唯康國有一寺有一僧 又不解敬也", 『대송승사략』 권하 「대진말니 大秦末尼」(대정장54, p.253b21)에 "화현〈화와 연을 반절한 음〉교법은 본래 대파사국에서 일어났으니 호를 소로지라 하고 제자 있어 현진이라 이름하였는데, 스승의 법을 익히고 파사국에 살았다. … 후에 중국에서 교화를 행했으니 정관 5년에 법을 전하는 목호 하록이 현교를 가지고 조정에 와서 천자께 아뢰었다. 이에 칙명을 내려 장안 숭화방에 현사(祆寺)를 짓게 하고 대진사로 불렀고 또한 파사사라 이름하였다. 개원 20년 8월 15일에 조칙을 내려 '말니는 본래 사견인데 망령되이 불교라 칭하며 백성을 속이고 있지만 서호 등에서는 이미 사법이어서 마땅히 몸소 행하니 벌을 내릴 필요는 없다' 하였다. … 대력 3년 6월에 칙명을 내려 회흘(위구르)에 절을 두고 대운광명이라는 사액을 내렸으며, 6년 정월에 또 칙명을 내려 형주·월주·홍주 등에 각각 대운광명사 한 곳을 두게 하였다. 무종 회창 3년에는 칙명을 내려 천하의 마니사를 폐하고 입궁하게 하였으며 경성의 여인 마니교도 72인이 죽었고 이 나라와 위구르의 마니교도들을 각 도로 유배 보냈는데 죽은 이가 태반이었다. 5년에는 다시 칙명을 내려 대진의 목호 화현 등 2,000여 인을 모두 환속시켰다. 火祆〈火煙切〉教法 本起大波斯國 號蘇魯支 有弟子名玄眞 習師之法 居波斯國 … 後行化於中國 貞觀五年 有傳法穆護何祿 將祆教詣闕聞奏 勅令長安崇化坊立祆寺 號大秦寺 又名波斯寺 開元二十年八月十五日 勅末尼本是邪見 妄稱佛教 誑惑黎元 以西胡等旣是師法 當身自行 不須科罰 … 大曆三年六月 勅迴紇置寺 宜賜額大雲光明之寺 六年正月又勅荊越洪等州 各置大雲光明寺一所 武宗會昌三年勅 天下摩尼寺並廢入宮 京城女摩尼七十二人死 及在此國 迴紇諸摩尼等配流諸道 死者大半 五年再勅 大秦穆護火祆等二千餘人並勒還俗"라고 하

였다. 〔참고문헌〕『佛祖統紀』, 『遊方記抄』, 『大宋僧史略』. ⇨배화교 拜火敎, 화행 火行

화현금강 化現金剛 ❶불공구보살(不空鉤菩薩)의 밀호. 『태장금강교법명호』(대정장18, p.203c8)에 "오른쪽 불공구보살〈밀호는 화현금강〉. 右邊不空鉤菩薩〈化現金剛〉"이라고 하였다. 〔참고문헌〕『胎藏金剛敎法名號』. ❷여래아보살의 밀호. 『태장금강교법명호』(대정장18, p.205a14)에 "동문남쪽 첫째 여래아보살〈밀호는 호법금강 화현금강〉. 東門南第一如來牙菩薩〈護法金剛 化現金剛〉"이라고 하였다. 〔참고문헌〕『胎藏金剛敎法名號』.

화혈도 火血刀 불과 피와 칼. 삼악도(三惡道)의 다른 이름. 화도(火途)·혈도(血途)·도도(刀途). 순서대로 지옥·축생·아귀라는 삼악도 각각에 배대한다. 『마하지관』 권1상(대정장46, p.1c7)에 "먼저 닦아 귀의해 계 가지고는 삿됨 뒤쳐 바른 길 향한다. 화혈도를 그침으로써 삼선의 길에 이른다. 다음으로 선정을 닦아 욕의 산란한 그물을 그치고 색무색정의 길에 이른다. … 마지막으로 실상을 닦아 이변의 치우침을 그치고 상주의 길에 이른다. 이상이 처음에 얕았다가 나중에 깊어지는 점차지관의 상이다. 先修歸戒 翻邪向正 止火血刀 達三善道 次修禪定 止欲散網 達色無色定道 … 後修實相 止二邊偏 達常住道 是爲初淺後深 漸次止觀相"라고 하였다. 〔참고문헌〕『摩訶止觀』. ⇨삼도 三途

화형 火刑 고대 다섯 가지 형벌(五刑) 중 하나. 묵형(墨刑)에 속하며 오행 중 화로 분류하여 화형이라 한다. 의적(義寂)의 『무량수경술의기』 권하(한불전2, p.345b18)에 "둘째, 묵형이다. 정법은 백 가지, 속법은 천 가지다. 화형이다. 二者 墨刑 正法百 其屬千 是火刑也"라고 하였다. 〔참고문헌〕『無量壽經述義記』.

화형단 華形壇 꽃다이 꾸민 단. 밀교 의식에서 오곡(五穀)·오보(五寶)·오고저·향화등촉(香華燈燭) 등을 올려서 공양하는 법구다. 단의 네 측면은 오색선(五色線)을 중심으로 위쪽과 아래쪽에 각각 연꽃 열여섯 송이가 새겨져 있는데

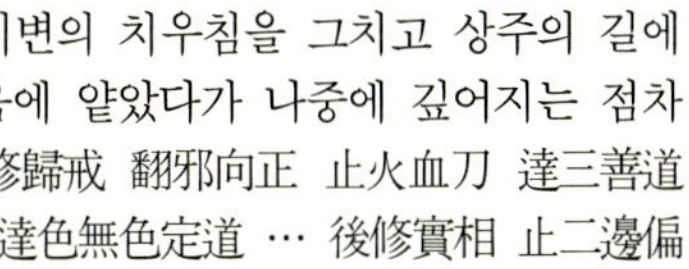

위쪽의 연꽃은 혜문(慧門) 16존을 상징하고, 아래쪽의 연꽃은 팔공양·사섭·사바라밀 등 정문(定門) 16존을 나타낸다. 오색선은 오지(五智)를 나타내는데 사방(四方)에 사지(四智)의 사불(四佛)과 그 바탕에 있는 법계체성지(法界體性智)로서의 대일여래에 상응한다. 화형단의 사면에 새겨진 연꽃과 오색선은 금강계삼십칠존(金剛界三十七尊)을 나타낸다.

화호 化胡 노자(老子)가 부처 되어 호인(胡人)을 교화하다. 도교 계통의 『노자서승경 老子西昇經』과 『노자화호경 老子化胡經』 등에서 내세웠던 허탄한 주장이다. 『석씨통감』 권1(卍속장131, p.762a17)에 "당 고종조에 다시 불교(僧衆)와 도교(道士)의 관계자들을 불러들여 『화호경』의 진위를 마무리지으려 했는데 법명 스님이 허황된 측면을 지적하였다. 그 이후부터 칙령으로 천하의 『화호경』을 거두어 불사르고, 도경의 조목에 두지 말며, 모든 도경에서 화호의 기사를 적은 대목은 모조리 삭제하고, 그 조목을 찾아보려 할 경우에는 죄로써 다스리라고 명했다. 이때부터 화호의 설은 사라졌다. 唐高宗朝 復追僧道 定奪化胡經眞僞 而僧法明指其妄 於是 勅搜天下化胡經焚棄 不在道經之數 凡道經有記化胡事者 並皆削除 有司條 爲罪制 自是 化胡之說泯矣", 『불조역대통재』 권22(대정장49, p.717b8)에 "벽간의 화상을 보고 양소(楊素)가 도사에게 물었다. '이것은 무엇을 그린 그림이오?' '노자가 호인을 교화하고 성불한 이야기를 그린 그림입니다' '전하는 말에 노자가 호인을 교화하려 했으나 호인이 받아들이지 못하자 노자가 부처로 변신하고서야 호인이 받아들였다고 합니다. 그렇다면 부처가 호인을 교화했고 도사는 호인을 교화할 수 없었다는 말인데 어떻게 노자가 호인을 교화했다고 합니까?' 도사가 더는 답하지 못했다. 見壁間畫像問道士曰 此何圖也 道士對曰 老子化胡成佛圖 素曰 承聞 老子化胡 胡人不受 老子變身作佛 胡人方受 是則佛能化胡 道不能化胡 何言老子化胡也 道士不能加答", 『당고승전』 권23 「담무최전 曇無最傳」(대정장50, p.624c19)에 "명제(明帝)가 강빈에게 물었다. '부처와 노자는 동시대입니까?' '노자가 서쪽으로 들어가서 호인을 교화했습니다. 성불할 당시 부처는 시자였습니다. 이 사실을 기록한 글이 『노자개천경』에 나옵니다. 이에 따르면 동시라는 사실이 분명합니다'. 帝問 佛與老子同時不 姜斌曰 老子西入化胡 成佛時 以爲侍者 文出老子開天經 據此明是同時"라고 하였다. 〔참고문헌〕『釋氏通鑑』, 『佛祖歷代通載』, 『唐高僧傳』. ⇨노자화호경 老子化胡經

화호경 化胡經 『노자화호경』. 『파사론』 권상(대정장52, p.477c17)에 "『화호경』에 '원하건대 우담화를 따고, 또 원하건대 전단향을 사르어 천불신에 공양하고 정광불께 머리숙여 예를 올리고자 합니다'. 化胡經云 願採優曇花 願燒栴檀香 供養千佛身 稽首禮定光"라고 하였다. 〔참고문헌〕『破邪論』. ⇨노자화호경 老子化胡經

화화 火化 불 붙여 법구를 태워 옮겨 가시게 하다. 다비(茶毘 ⓈⓅjhāpita)를 말한다. 『용서증광정토문』 권5 「후진봉상승지통 後晉鳳翔僧志通」(대정장47,p.268b17)에 "화화할 때 오색의 상서로운 구름이 불 위를 고

리 모양으로 덮었다. 火化時 五色祥雲 環覆火上",『불조역대통재』 권22(대정장49, p.734a4)에 "화화하고 나서 수습한 사리로 죽림의 언덕에 탑을 세웠다. 旣火化以舍利 塔于竹林之墟",『법화경지장소』 권1(卍속장93, p.515a17)에 "다비 : 화화라 한역한다. 불로써 몸을 변화시킨다는 뜻이다. 茶毗 此云火化 以火化身也"라고 하였다. 〔참고문헌〕『龍舒增廣淨土文』,『佛祖歷代通載』,『法華經指掌疏』. ⇨ 다비 茶毘, 천화 遷化

화화 囮囮 물 위로 배를 띄우거나 가게 하기 위해 힘쓰는 소리. '화, 화!', '영차!' 따위와 비슷하다.『오등회원속략』 권2「아호양암심장 鵞湖養菴心章」(卍속장138, p.940b16)에 "강에서 배 미는 소리를 듣고 깨우침이 일어나 게송을 지었다. '고요한 밤 휑하니 트인 강에서, 배 밀며「화, 화!」 소리지르네. 어느 곳으로 가는지 알지 못하나, 짐 실지 않은 한 편은 가볍구나'. 聞江中推船有省 偈曰 夜靜江空濶 推船囮囮聲 不知何所往 擔子半邊輕"라고 하였다. 〔참고문헌〕『五燈會元續略』.

화화 和和 옹알이. 아기가 말 배울 때 내는 소리로 분별해 알 수 없는 소리를 말한다.『앙산어록』(대정장47, p.585b1)에 "중읍이 손바닥으로 입을 두드리며 '화화!' 하며 소리를 내었다. 中邑拍口 作和和聲"라고 하였다. 〔참고문헌〕『仰山語錄』. ⇨ 바바화화 婆婆和和, 치치화화지 哆哆和和地

화확 火鑊 Ⓢ Kumbhi. 불가마. 확탕지옥(鑊湯地獄).『무량수경』 권하(대정장12, p.276c21)에 "다만 전생의 행업을 밀려 불가마에 들어가 몸과 마음이 부서지고 정신까지 괴로움에 시달릴 뿐이니 바로 이러한 순간에 후회한들 어찌 돌이킬 수 있으랴! 但得前行 入於火鑊 身心摧碎 精神痛苦 當斯之時 悔復何及"라고 하였다. 〔참고문헌〕『無量壽經』, *Śikṣ. 75.* ⇨ 확탕지옥 鑊湯地獄

화후일경묘 火後一莖茆 화장(火葬)한 자리에 남은 한 줄기 띠풀. 동산양개(洞山良介)의 화두다.『동산어록』(대정장47, p.524c4)에 "한 학인이 물었다. '열반하신 스님 옮겨 가신다 하니 어딜 향해 가셨습니까?' '불탄 후에 남은 한 줄기 띠풀이로구나'. 僧問 亡僧遷化 向甚麽處去 師云 火後一莖茆",『굉지광록』 권7「하화 下火」(대정장48, p.83b2)에 "사대로 흩어지고, 육문은 고요하나, 진실한 저 사람 가지도 않고 들지도 않는다네. 분명하구나, 불탄 후 한 줄기 띠풀이여! 결코 마주치고도 알아채지 못하는 일은 없어야 하리. 四大分離 六門空寂 眞實底人 不出不入 分明火後一莖茆 切忌相逢不相識"라고 하였다. 〔참고문헌〕『洞山語錄』,『宏智廣錄』.

화훔 火吽 밀교의 호마(護摩)를 이르는 말. 화(火)는 호마(護摩)를 뜻하고, 훔(吽 𑖮𑖳𑖽)은 청정한 보리심의 종자로서 지혜의 불을 가리킨다. 지혜의 불로 무명번뇌를 모두 태워버린다는 뜻이다.

화훔공양의궤 火吽供養儀軌 1권. 당 선무외(善無畏) 지음. 대정장18, pp.934c15~936b22, No.913에 수록되어 있다. 잡밀(雜密)에 속하는 호마법을 설명하는 내용이다. 화(火)는 호마법이고 훔(吽)은 보리심의 청정한 종자를 말하니 화훔은 무명 번뇌를 태워 없애는 청정한 지혜의 불을 상징한다. 식재·증익·항복·경애의 사종 호마법을 중심으로 결계(結界)·호신(護身)·관상(觀想)·화목(火木)·도향(塗香)·환향(丸香)·소법(燒法) 등을 설명한다.

화훔궤별록 火吽軌別錄 1권.『화훔공양의궤 火吽供養儀軌』에 덧붙여진 진언집(眞言集). 대정장18, pp.936b25~939b16, No.914에 있다. 동북방대자재천왕명(東北方大自在天王明)을 시작으로 동방제석천왕명(東方帝釋天王明)·동남방화천왕명(東南方火天王明)·남방염마라천왕명(南方炎魔羅天王明)·서남방녈리지천왕명(西南方涅哩底天王明)·서남방수천왕명(西方水天王明)·서북방풍천왕명(西北方風天王明)·북방비사문천왕명(北方毘沙門天王明)·상방대범천왕명(上方大梵天王明)·하방지거천왕명(下方地居天王明)·일천자명(日天子明)·월천자명(月天子明)·제성천자명(諸星天子明)·제용왕명(諸龍王明)·일체사자급제귀신등명(一切使者及諸鬼神等明)·비로자나삼매야진언(毘盧遮那三昧耶眞言) 및 호마법과 화훔의궤음의(火吽儀軌音義) 등이다.

화흥사 花興寺 전라남도 담양군 수북면 궁산리에 있던 절.『사탑고적고』에 "화방부락 북쪽 약 300칸에 무너진 석담과 와편이 산재해 있다. 동쪽 모퉁이에 약 4척 2촌의 더없이 정교한 옛 부도 1기가 있다. 花芳部落 北方約三百間 有崩壞石垣瓦片散在 東隅有高約四尺二寸 精巧無比之古浮屠一個 刻白蓮堂大禪師"라고 하였다. 〔참고문헌〕『寺塔古蹟考』,『韓國寺刹全書』 권하 p.1175a12.

확사국 鑊沙國 고대 서역에 있었던 나라. 와크슈(Wakhsh)강 유역으로 지금의 타지키스탄의 쿠르간튜베(Kurgan-Tyube : Bokhtar)에 해당한다.『대당서역기』 권1(대정장51, p.872b11)에 "확사국은 동서로 삼백여 리, 남북으로 오백여 리이다. 대도성은 사방 16~17리 정도다. 鑊沙國 東西三百餘里 南北五百餘里 國大都城 周十六七里"라고 하였다. 〔참고문헌〕『大唐西域記』.

확언 矱彦 1591~1658. 조선후기 춘파당(春坡堂)의

다른 법호이다. 호가 쌍언(雙彦) 또는 확언(矆彦 : 矆은 雙의 誤字인 듯함)이다. ⇨ 쌍언 雙彦

확연 廓然 막힘없이 트여 그러할 뿐. 확이(廓爾)라고도 한다. 『분양어록』 권상(대정장47, p.603c5)에 "학인이 물었다. '막힘없이 트여 어디에도 의지하지 않을 경우 법은 어디로 돌아가는지요?' '대지와 해와 달은 어디에서 일어나는가?' 問 廓然無依 法歸何處 師云 大地日月 起自何來"라고 하였다. 〔참고문헌〕『汾陽語錄』.

확연대오 廓然大悟 넓고 커서 잡을 길 없이 크게 깨닫다. 『장아함경』 권1 「대본경 大本經」(대정장1, p.7a18)에 "태자는 노인과 병자를 보고 세간의 고뇌를 알았고, 다시 죽은 사람을 보고는 세간에 연연하는 생각이 사라졌으며, 사문을 보고는 막힘없이 트인 그대로 크게 깨달았다. 太子見老病人 知世苦惱 又見死人 戀世情滅 及見沙門 廓然大悟"라고 하였다. 〔참고문헌〕『長阿含經』.

확연무성 廓然無聖 ➡ 곽연무성 廓然無聖

확이 廓爾 탁 트여 잡을 길 없이 그러할 뿐. 『유마경약소수유기』 권10(대정장38, p.843b6)에 "(三諦를) 모두 잊거나 모두 비추거나 그 바탕 하나여서 막힘없이 트여 어디에도 의지하지 않는다. 정명(유마거사)의 침묵이 어찌 이를 벗어나겠는가? 버리고 버리다가 더 이상 버릴 것이 없는 곳에 이르러서야 뜻을 얻었다. 亡照體一 廓爾無寄 淨名杜口 豈離斯乎 損至無損 可以意得", 『주조론소』 권5(卍속장96, p.320b18)에 "지인은 교의 연을 모두 마쳐서는 신령한 비춤마저 영원히 사라졌다. 넓고 커서 끝 간 데 없고 조짐마저 없으므로 '남김이 없다'라고 한다. 至人教緣都訖 靈照永滅 廓爾無眹 故曰無餘"라고 하였다. 〔참고문헌〕『維摩經略疏垂裕記』, 『注肇論疏』.

확인 霍印 조선후기 스님. 청허휴정(淸虛休靜 1520~1604)이 소사(小師)라고 불렀으니 어린 제자다. 「계확인소사 誡霍印小師」(『청허집』 권1·한불전7, p.697b2)에 "만약이라도 마음 끝에 바른 지혜 없으면 죽어서 장차 무슨 물건 가져 명왕에게 답하리. 若也心頭無正慧 死將何物答冥王"라고 하였다. 〔참고문헌〕『淸虛集』.

확철대오 廓徹大悟 남길 것 없이 넓고 깊이 사무쳐 크게 깨닫다. 『서장』 「답부추밀」 제2서(대정장47, p.922a8)에 "바라건대 당신께서는 거침없이 정체 드러내 이것만을 기약해야 하니 넓고 깊이 사무쳐 크게 깨우치니, 가슴속 비추기만 해서 저 백천의 해와 달인 듯하리라. 시방세계가 일념에 밝아져 마쳐서 한 터럭 끝 달리 떠올릴 상 없을 때라야 비로소 끝내 마쳤다 하리라. 願左右快著精彩 決期於此 廓徹大悟 胸中皎然 如百千日月 十方世界 一念明了 無一絲毫頭異想 始得與究竟相應"라고 하였다. 〔참고문헌〕『書狀』.

확탕노탄검수도산 鑊湯爐炭劍樹刀山 끓는 쇳물에 불타는 숯, 그리고 칼나무 빽빽한 칼산숲. 지옥을 묘사한 말들이다. 『허당집』 18칙 「평창 評唱」(卍속장124, p.536b7)에 "일체업장의 바다 모두 망상으로 생겨났다. 어찌 확탕·노탄·검수·도산이라는 지옥과 삼악도의 혹심한 고통에 그치겠는가! 一切業障海 皆由妄想生 何止鑊湯爐炭劍樹刀山地獄 三途苦楚者哉"라고 하였다. 〔참고문헌〕『虛堂集』. ⇨ 확탕지옥 鑊湯地獄, 노탄 爐炭, 검수지옥 劍樹地獄, 도륜지옥 刀輪地獄

확탕지옥 鑊湯地獄 Ⓟ Mahā-loha-kumbhi-niraya. 쇳물 가마솥에 던져지는 지옥. 살생의 죄로 받는다. 『관불삼매해경』 권5(대정장15, p.671c16)에 "부처님께서 아난에게 이르셨다. '무엇을 18개의 확탕지옥이라 하는가? 확탕지옥에는 18가마솥이 있고 그 낱낱의 가마솥은 크고 깊기가 모두 40유순으로 일곱 겹 철망이 둘러친 채로 끓는 쇳물 가득하다. 오백나찰이 큰 석탄을 두드리며 구리 가마솥을 끓인다. … 뼈와 살이 부서지며 끓는 가마솥에 떨어진다. 살생의 죄 때문이다. 하루 밤낮이 항하사만큼 죽고 항하사만큼 살아나길 반복하다가 죄 마치면 마침내 축생으로 난다. … 축생으로서의 목숨을 마친 뒤에는 다시 사람으로 태어나 두 가지 과보를 받는다. 하나는 병이 많고, 또 하나는 단명한다'. 佛告阿難 云何名十八鑊湯地獄 鑊湯地獄者 有十八鑊 一一鑊 縱廣正等 四十由旬 七重鐵網 滿中沸鑊 五百羅刹 鼓大石炭 燒其銅鑊 … 骨肉斷壞 落鑊湯中 殺生罪故 一日一夜 恒河沙死 恒河沙生 罪畢乃出生畜生中 … 命終之後 還生人中 受二種報 一者多病 二者短命"라고 하였다. 〔참고문헌〕『觀佛三昧海經』, 『經律異相』 권50(대정장53, p.265a15), *Sp.512.*

확탕지옥 시왕도 태고사
국립중앙박물관 19세기

확호불발 確乎不拔 단단해서 뽑아 낼 수조차 없다. 『치문경훈』 권1 「고산원법사시학도 孤山圓法師示學徒」(대정장48, p.1044a21)에 "인의를 지키면서 단단하니 뽑아낼 수 없고 빈천하게 살면서 즐겨 근심 잊는다. 守仁義而 確乎不拔 處貧賤則 樂以忘憂", 『주역선해』 권1(가흥장20, p.398c15)에 "단단해 뽑아낼 수 없으니 잠용이로다. 성인의 덕을 감안하여 해석하면 문 그대로 알 수 있다. 만약 이치에 따라 풀면 용은 덕이 있지만 숨기니 소위 감춰진 것을 여래장이라 이름한다. … 즐거우면 그대로 행하니 행하는 그것 또한 불성이고, 근심스러우면 어기니 어기는 그것도 불성이다. 종일토록 연을 따르지만 종일토록 변하지 않는다. 그러므로 단단하여 뽑아내지 못한다 한다. 確乎其不可拔 潛龍也 約聖德釋 如文可解 若約理卽釋者 龍德而隱 卽所謂隱名如來藏也 … 樂則行之 而行者亦是佛性 憂則違之 而違者亦是佛性 終日隨緣 終日不變 故確乎其不可拔也"라고 하였다. 〔참고문헌〕『緇門警訓』, 『周易禪解』.

환 幻 Ⓢ Ⓟ māyā, Ⓣ sgyu-ma. 헛 것. 본래 없는 것이 나타나 있는 듯한 것을 말한다. 임시로(假) 드러나(現) 있을 뿐 실(實)한 바탕(體)이란 없는 것(空) 즉 유위법(有爲法)의 비유다. 『불반니원경』 권하(대정장1, p.173c24)에 "세간 온통 무상하고 은애라 해도 사라져 버릴 꿈결 같으니 뉘라서 붙잡아 길이 있게 하겠는가? 世皆無常 恩愛猶幻 誰獲長存者", 『불개해범지아발경』(대정장1, p.260a22)에 "어느 때는 원수가 서로 좇아 친속이 되기도 하고, 어느 때는 친속이 다시 원수가 되기도 한다. 인연 흩어지거나 합하는 그 일체가 저 허깨비 같다. 或時冤仇 相從爲親 或時親屬 復爲冤仇 因緣離合 一切如幻", 『중아함경』 권4(대정장1, p.445b20)에 "세존께서 답하셨다. '가미니야! 만약 이와 같이 설해야 하니, 「사문 구담은 환을 환이라 안다」 하니, 그는 사문구담 비방하지 못한다. 그는 진실을 말했고 그는 이 법을 말했으며, 그는 법을 법 그대로 말했으니, 법에 잘못이 없고 비난해 어려울 일도 없다. 왜 그런가? 가미니야! 나 저 환 알기에 나 스스로는 환이 아니다'. 世尊答曰 伽彌尼 若如是說 沙門瞿曇 知幻是幻 彼不謗毁 沙門瞿曇 彼說眞實 彼說是法 彼說法如法 於法無過 亦無難詰 所以者何 伽彌尼 我知彼幻 我自非幻", 『방광반야경』 권3 「문환품 問幻品」(대정장8, p.17a25)에 "오음인즉 환이고 환인즉 오음이며, 십이쇠와 십팔성도 모두 환이고, 삼십칠품과 불십팔법도 환이며, 환이 바로 십팔법입니다. 五陰則是幻 幻則是五陰 十二衰及十八性 皆是幻 三十七品及佛十八法 亦是幻 幻則十八法", 『대지도론』 권55(대정장25, p.449a24)에 "일체중생 중에 부처님 제일로 삼고, 일체제법 중에서는 열반이 제일이다. 이들 두 가지 일 허깨비와 같고 꿈과 같음을 듣고 마음 놀라고 의심해서 '부처님과 열반이 최상최묘한데 어째서 허깨비와 같고 꿈과 같다는 말일까?'라 하는가 하였다. … 이 두 법이 비록 미묘하지만 모두 모두 허망한 법에서 나왔기에 공할 뿐이다. 왜 그런가? 허망한 법 좇아 열반이 있고 복덕지혜 좇아 부처님이 있다. 이처럼 이들 두 법은 인연에 속하여 실로 정한 것이라고는 없다. 一切衆生中 佛爲第一 一切諸法中 涅槃第一 聞是二事 如幻如夢 心則驚疑 佛及涅槃 最上最妙 云何如幻如夢 … 是二法雖妙 皆從虛妄法出故空 所以者何 從虛妄法 故有涅槃 從福德智慧 故有佛 是二法屬因緣 無有實定", 『주화엄법계관문송』 권상(대정장45, p.697b19)에 "마치 환사(마술사) 술법으로 만들어낸 형상과 같으니, 지혜로써 자신의 체가 원래 없고 진공임을 분명히 안다. 如幻師術所成像 以智了知 元無自體 卽是眞空"라고 하였다. 〔참고문헌〕『佛般泥洹經』, 『佛開解梵志阿颰經』, 『中阿含經』, 『放光般若經』, 『大智度論』, 『註華嚴法界觀門頌』, *Pañca-pr.151.*, *Sūtr. 59.*, *SN.4.340.* ⇨ 여몽환포영여로역여전 如夢幻泡影如露亦如電, 오온 五蘊, 십이처 十二處, 십팔계 十八界

환 患 Ⓢ upadravatva. 근심이 되는 것들. 『장아함경』 권10 「석제환인문경 釋提桓因問經」(대정장1, p.63b10)에 "세존께서 대답하셨다. '그대와 제석과 도리천의 수명을 연장해 쾌락케 해서 근심이란 없게 할 것이다. 왜 그러한가? 모든 천과 세간사람들과 아수륜 등 온갖 중생들은 수명과 안락과 근심 없기를 탐하기 때문이다'. 世尊報曰 使汝帝釋及忉利天壽命延長 快樂無患 所以然者 諸天世人及阿須輪諸衆生等 皆貪壽命 安樂 無患", 『구사론』 권26(대정장29, p.137a13 : *Abh-k-bh.*, p.400)에 "멸이라는 성스런 진실에는 네 가지 상이 있으니, 첫째는 멸, 둘째는 정, 셋째는 묘, 넷째는 리이다. 제온이 다하였기에 멸이고, 세 가지 불길(貪瞋癡)이 쉬었기에 정이고, 온갖 근심 없기에 묘이고, 온갖 재앙에서 벗어났기에 리이다. 滅聖諦有四相 一 滅 二 靜 三 妙 四 離 諸蘊盡故滅 三火息故靜 無衆患故妙 脫衆災故離 skandhoparamatvāt nirodhaḥ agninirvāpaṇāt śāntaḥ nirūpadravatvāt praṇītaḥ sarvāpakṣālavimuktatvānniḥ saraṇam iti"라 하였다. 〔참고문헌〕『長阿含經』, 『俱舍論』, *Abh-k-bh.* ⇨ 멸정묘리 滅靜妙離, 멸제 滅諦

환각천하인설두 換却天下人舌頭 천하 사람의 혀끝 뒤집다. 『벽암록』 19칙 「본칙 本則」(대정장48, p.159a17)에 "구지화상은 누가 물어도〈무슨 소식이라도 있는가? 아둔한 스님 하고는!〉 다만 한 손가락 세울 뿐이었다〈이 노인네여! 그저 천하 사람 혀끝 놀리지 못하게 해야 하리. 더운즉 하늘도 땅도 고루 덥고, 추운즉 하늘과 땅 어디나 고루 춥다. 천하 사람들 혀끝 뒤집을 뿐이다〉. 俱胝和尙 凡有所問〈有什麽消息 鈍根阿師〉 只竪一指〈這老漢 也要坐斷天下人舌頭 熱則普天普地熱 寒則普天普地寒 換却天下人舌頭〉"라고 하였다. 〔참고문헌〕『碧巖錄』. ⇨ 구지수일지 俱胝竪一指

환각치락마 還覺齒落麽 치아가 빠진 줄은 아느냐는 반문. 쓸데없는 말을 늘어놓았다는 비난의 취지. 『벽암록』 28칙 「본칙 本則」(대정장48, p.168a27)에 "위로 좇아 모든 성인들 도리어 사람 위한다 하면서 법 설하신 일 있는지요?〈화상이라면 합당히 아시겠지. 만 길의 절벽처럼 우뚝 서 있을 뿐 오히려 치아 빠진 줄이나 알 길 있겠는가?〉從上諸聖 還有不爲人說底法麽〈和尙合知 壁立萬仞 還覺齒落麽〉"라고 하였다. 〔참고문헌〕『碧巖錄』.

환경 幻鏡 ❶ 1887~1983. 근세 합천 해인사 스님. 독립운동가. 휘는 환경(幻鏡), 속명은 재수(在修), 속성은 임(林)씨, 본관은 나주(羅州)이다. 1887년(고종24) 경상남도 합천군 가야면 숭산리에서 태어났다. 1895년 8세 때 이동광(李東光)선생 밑에서 사서(四書)를 배웠고, 1899년 13세 때 해인사 백련암으로 찾아가 행자생활을 하다가 1902년(광무6)에 연응(蓮應)스님을 은사로 하여 스님이 되었고, 1908년(융희2) 해인사에서 용성(龍城)스님으로부터 비구계를 받았다. 1919년 용성진종(龍城震鐘)·만해봉완(卍海奉玩) 등 독립운동하는 스님들 모시고 서울 탑동 공원의 3·1운동에 참가했다. 1924년 김만응(金萬應)이 주지에 취임하여 전임주지 회광사선(晦光師璿)이 12년간 재임하면서 은행에 저당한 해인사 소유 토지 4천여 두락, 약 80여 만평을 17년 동안 전부 상환할 때 교무(敎務)로서 맡아 수행했다. 1926년에는 대구 장길상(張吉相)처사의 독판시주로 해인사 정중탑(庭中塔) 개축공사를 할 때 감독하였고, 조선불교 유학회(遊學會)의 잡지인『금강저 金剛杵』간행도 후원하였으며, 해인사 산내 암자인 홍제암(弘濟庵)에 주석하면서 시조 백로가(白鷺歌)를 유포하여 독립정신을 고취하기도 하였으니, 1929년 1월 일본 경찰에 붙잡혀 1년 동안 옥고를 치렀다. 이와 때를 같이하여 홍제암 동쪽에 있는 사명대사석장비문(泗溟大師石藏碑文) 중에 설보화상(說寶和尙云云) 이야기가 배일을 부추긴다 여겨 당시 합천경찰서장 다깨다(竹浦)가 나섰고 이에 사내(寺內) 친일파의 호응을 받아 사명대사비를 네 조각으로 파괴하던 때였다. 스님은 그때 일을 잊은 적 없었으니, 광복 후 1964년 4월 해인사 주지에 취임하자 변영만(卞榮晩)에게 비문을 짓게 하고, 오세창(吳世昌)에게도 전액을 쓰게 하고, 김태석(金台錫)에게 글씨 쓰게 해서 1947년에 홍제암 동쪽 구비(舊碑) 곁에 세웠다. 말년에는 홍제암과 가야면 숭산리 농장에 머물렀다. 글씨에 뛰어나 해인사 동구에 나무아미타불·옥류동천(玉流洞天 : 獅子門 밑)·절승대(絶勝臺)·사자문(獅子門)·사자문 서쪽 길 양쪽 석주에 "사십구년하증설 팔만법장독차방 四十九年何曾說 八萬法藏獨此方" 등이 석각으로 남아있고, 전국 사부대중이 소지하고 있는 필적은 상당수에 달한다. 특히 지관(智冠)이 해인사 주지재임시인 1972년 해인사사적비(海印寺事蹟碑)를 건립함을 보고는 붓을 들어 해인사에 제일가는 열 가지 덕을 적어 남겼다. "海印寺事蹟碑除幕式日을 記念하여라는 제 아래 八萬의 藏經은 天上人間에 보배요, 紅流의 九谷은 天下의 奇景이므로 左와 如히 十大第一을 記하다. 山水第一海印寺, 藏經第一海印寺, 法堂第一海印寺, 佛像第一海印寺, 寶物第一海印寺, 排置第一海印寺, 史蹟第一海印寺, 碑龜第一海印寺, 松栢第一海印寺, 洞口第一海印寺, 右十大第一故로 碑文關頭에 曰 天下名區라 云云하였다. 檀紀 四三O五年 西紀 一九七二年 壬子八月十八日 此爲海印寺住持李智冠猊下法正 八七曉天林幻鏡"라 하였는데, 『가야산 해인사지』 pp.73~74에 전한다. 1983년 세수 97, 법랍 84세를 일기로 숭산난야(崇山蘭若)에서 입적하였다. 〔참고문헌〕『幻鏡大禪師回顧錄』(서문당, 1982) p.7 年譜, 『佛敎新聞』(1982.5.9), 李智冠『伽倻山海印寺誌』. ❷ 조선말 양주 봉선사(奉先寺) 스님. 휘는 우인(雨仁), 호는 환경(幻鏡), 속성은 황(黃)씨, 태고보우(太古普愚)의 제17대손이며 청허휴정(淸虛休靜)의 제11대 법손인 환옹환진(幻翁喚眞 1824~1904)의 제자이니, 우인(雨仁)의 법호이다. 권상로(權相老)의 『조선불교약사 朝鮮佛敎略史』에는 환경(幻鏡)과 환옹(幻翁)은 사제간이 아니라, 법형제(法兄弟)간이라고 하다. 〔참고문헌〕權相老『朝鮮佛敎略史』p.248.

환계 還戒 계를 돌려 불전에 올리고 세간으로 돌아가는 일. 비구계를 여법한 절차에 따라 환납(還納)하는 것이다. 『마가승기율』 권2(대정장22, p.237a24)에 "다시 다음으로 만일 비구가 말하기를 '나는 부처를 버리고 부처는 나를 버리며, 나는 부처를 떠나고 부처는 나를 떠나며, 나는 부처와 멀어졌고 부처는 나와 멀어졌으며, 나는 부처를 싫어하고 부처는 나를 싫어하며, 나는 부처되길 그만두고 부처 또한 나를 그만두게 한다'고 말하면 이는 모두 계를 버린다고 한다. 모든 경론을 버리는 것도 이와 같아서 이를 환계라고 한다. 환계라 할 수 없는 것은 만일 성을 내든지, 갑자기 말하든지, 홀로 말하든지, 확실하게 말하지 않든지, 다툼으로 인해 말하든지, 홀로 생각해서 말하든지, 앞의 사람들에게 알아듣지 못하게 말하든지, 자는 사람을 향하여 말하든지, 미친 자를 향하여 말하든지, 고뇌하는 자를 향하여 말하든지, 어린아이를 향하여 말하든지, 비인을 향하여 말하든지, 축생을 향하여 말하든지, 이와 같이 한 말들은 환계라 말하여도 이는 계를 버렸다고 하지 못한다. 復次若比丘言 我捨佛 佛捨我 我離佛 佛離我 我遠佛 佛遠我 我厭佛 佛厭我 我休佛 佛休我 如是皆名捨戒 乃至捨諸經論亦如是 是名還戒 不還戒者 若瞋恚 若卒說 若獨說 若不了說 若因諍說 若獨想說 若說前人不解 若向眠者說 向狂者說 向苦惱者說 向嬰兒說 向非人說 向畜生說 如是諸說還戒是不名捨戒", 『십송율』 권56(대정장23, p.410c10) "환계란 만약 비구가 '나는 부처님을 버리고, 법을 버리고, 승가를 버리고, 계율을 버리고, 화상과 아사리를 버리고, 화상에 버금가는 이들과 아사리에 버금가는 이들을 버리고, 비구·비구니·식차마니·사미·사미니를 버리겠다. 그대들은 마땅히 알아야 한다. 나는 속인이나 사미다. 나는 비구가 아니고 사문이 아니고 불제자가 아니다'라고 말하거나 나아가 '나는 너희들과 함께 지내는 것이 즐겁지 않다'라고 말하면 이를 환계라 한다. 還戒者 若比丘言 我捨佛 捨法 捨僧 捨戒 捨和上阿闍梨 捨同和上同阿闍梨 捨比丘比丘尼式叉摩尼沙彌沙彌尼 汝等當知 我是白衣 若沙彌 我非比丘 非沙門 非釋種子 乃至言我不喜與汝等共住 是名還戒"라고 하였다. 〔참고문헌〕『摩訶僧祇律』, 『十誦律』. ⇨사계 捨戒

환골영방 換骨靈方 뼈마디 바꿔 신령하게 되는 방편. 『조선사찰사료』 권2 「선천부보리산보광사사적 宣川府菩提山普光寺事蹟」(대장경보편31, p.209b24)에 "뼈마디 바꿔 신령되는 방편과 안막 도려내는 금비의 솜씨라 하니 서산 아니면 누구인가? 그러므로 후대의 아득한 자손들까지 그 도를 흠모하고 그 덕을 우러르며 끊임없이 송을 읊고 마땅히 예를 올리지 않았던가! 所謂換骨靈方 刮膜金鎞者 非西山而誰 故後之作雲孫者 慕其道仰其德 而稱頌不已 宜其禮哉"라고 하였다. 〔참고문헌〕『朝鮮寺刹史料』, 『碧巖錄』「普照序」(대정장48, p.139a5).

환공 幻空 조선후기 스님. 호는 환공, 휘는 치조(治兆)다. ⇨치조 治兆

환귀본토진언 還歸本土眞言 본토로 돌아가길 바래 외우는 진언. 다비 끝난 후 기골(起骨)과 습골(拾骨) 등을 마치고 쇄골(碎骨)하여 사방으로 뿌리면서(散骨) 외우는 게송과 진언이다. "산골함마저 헛되지만 뼈 흩으고 재 날리니 지금 영가는 어디에 계시는가? 홀연한 한 소리에 비로소 고향집 문 앞에 이르렀도다. 애달프다! 일점의 영명 안과 밖이 없어, 오대의 높은 하늘 흰 구름 그 사이에 진 치셨네! 옴 바좌나 사다모. 散骨是空故 骨散灰飛 身在何安 驀地一聲 始到牢關 咄 一點靈明非內外 五臺空鎭白雲間 唵 婆左那 娑多謨"라 하다. 〔참고문헌〕亘璇의 『茶毘說』(朴世敏 『韓國佛敎儀禮資料叢書』 권3 p.479a13), 『釋門儀範』 권하 p.147a16.

환귀사 還歸寺 경상북도 영천시에 있던 절. 유방선(柳方善 1388~1443)은 『태재집』 권1에 「환귀사에 노닐어 명곡상인에게 주다 遊還歸寺 贈明谷上人」라 하였고, 『동문선』 권81 「백련암기 白蓮庵記」에서도 "원명곡이 남쪽으로 와서 영천의 환귀사에 수년간 석장을 멈추었었다. 圓明谷之南來也 卓錫于永之還歸寺數年"라 하였다. 〔참고문헌〕『泰齋集』, 『東文選』, 『韓國寺刹全書』 권하.

환다작야 喚爹作爺 아비를 불러서는 아버지라 한다. 글자나 이름만 다를 뿐이어서 분별해 돌림일 뿐임을 말한다. 『벽암록』 89칙 「본칙 本則」(대정장48, p.213c26)에 "도오(道吾)가 말했다. '온몸이 손과 눈이다〈새우가 아무리 뛰어도 국자를 벗어나지 못하지. 그대의 눈동자를 바꾸고, 혀 끝 옮겼다 할 뿐이니 충분히 다 얻었는가? 아비를 아버지라 부를 뿐이다〉'. 吾云 通身是手眼〈鰕跳不出斗 換却爾眼睛 移却舌頭 還得十成也未 喚爹作爺〉"라고 하였다. 운암(雲巖)이 편신(遍身)이라 한 말을 도오는 통신(通身)이라 바꾸는 등의 일을 말한다. 〔참고문헌〕『碧巖錄』.

환단 還丹 아홉 차례 정련하여 만든 단약(丹藥). 생사 넘어서는 것의 비유다. 구환단(九還丹)이라고도 하는데 불로장생(不老長生)을 지향하는 선가(仙家)의 설이다. 『인천안목』 권1 「고덕십수 古德十首」(대정장48, p.306b24)에 "무엇을 가리켜 나고 죽길 함께한다고 하는가? 복사꽃 붉고 배꽃 희다네. 올해는 큰 환단을 삼켰더니, 곳곳에서 이팔백(신선) 마주칠 뿐이라네. 作麽生兮同生殺 桃花紅兮李花白 今年呑却大還丹 到處相逢李八伯", 『여산기』 권4 이백(李白)의 「여산요기려시어허주 廬山謠寄廬侍御虛舟」(대정장51, p.1043c15)에 "일찍이 환단 삼켰기에 속세의 정이란 없었다네. 早服還丹無世情"라고 하였다. 〔참고문헌〕『人天眼目』, 『廬山記』.

환단일립점철성금 還丹一粒點鐵成金 환단 한 알로 적시니 쇠는 금이 되다. 전미개오(轉迷開悟)의 비유로 쓴다. 『원각경약소』 권상(대정장39, p.534c10)에 "만법이 허공꽃인 줄 아니 어찌 다시 돌고 도는 일 볼 일 있겠는가! 환단 한 알 쇠에 떨구니 금이 되고, 진리의 한마디 적시니 범부는 성인 된다네. 旣知萬法如空華 豈更見有輪轉 還丹一粒點鐵成金 眞理一言點凡成聖", 『종용록』 43칙 「시중 示衆」(대정장48, p.254c18)에 "환단 한 알로 쇠에 점 찍어 금이 되고, 지극한 뜻 전하는 한마디 범부 뒤쳐 성인이 되신다. 그러나 금과 쇠 둘이 아니고 범부와 성인도 본래 같은 줄 알면 과연 한 점 쓸 일마저 없으리라. 還丹一粒 點鐵成金 至理一言 轉凡成聖 若知金鐵無二 凡聖本同 果然一點 也用不著"라고 하였다. 〔참고문헌〕『圓覺經略疏』, 『從容錄』.

환담 幻潭 해담치익(海曇致益 1862~1942)이 보낸 「상환담화상서 上幻潭和尙書」(『증곡집』 권상·한불전12, p.793b10)에 "한번 가야에 들어가심에 그림자가 산을 나오지 않아 발에 티끌로 물들지 않았으니, 참으로 출세의 높은 표상이십니다. 천만번 칭송하고 경하드립니다. 一入伽耶 影不出山 足不染塵 眞是出世高標 千頌萬賀耳"라고 하였다. 〔참고문헌〕『曾谷集』. ⇨치익 致益

환등팔유 幻等八喩 환(幻) 등의 여덟 가지 비유. 환

(幻)·아지랑이(陽炎)·꿈(夢)·영상(影像)·메아리(谷響)·빛그림자(光影)·물에 비친 달(水月)·변화(變化) 등의 비유를 말한다. 『섭대승론석』 권5(대정장31, p.344c13)에 "이에 대해 다시 의심하길 '만약 유정의 뜻은 실로 있는 것이 아니라면, 어떻게 진실을 증하는 모든 보살들이 저들을 이락케 하는 각혜 등을 짓고, 저들 취중에서 자체를 거둬들일 수 있는가'라고 한다. 이 의심을 없애고자 변화유를 설해 의타기를 드러낸다. 비유하면 저 변화는 실로 있을 리 없는 것이지만, 화자의 힘에 의해 일체사를 성립하니 변화의 뜻이 아니고서는 얻을 수 없다. 이에 대해서도 또한 이와 같음을 알아야 할 것이니, 받은 바 자체로서는 그 뜻 비록 없지만 능히 일체유정을 이익안락케 함은 있으니, 받은 바 자체의 뜻 나타나 얻을 수는 있다. 또 다시 다른 뜻 있으니, 세존께서 뜻이 있어 환상 등 여덟 가지 비유를 설하신 것을 지금 드러낼 것이다. 於此復疑 若有情義實無所有 云何證眞諸菩薩等 作彼利樂覺慧爲先 彼彼趣中攝受自體 爲除此疑 說變化喩 顯依他起 譬如變化 實無有義 由化者力一切事成 非變化義而不可得 應知此中亦復如是 所受自體其義雖無 而有能作一切有情利益安樂 所受自體義現可得 復有別義 世尊意說幻等八喩 今當顯示"라고 하였다. 그 여덟 가지 유는 다음과 같다. 환유이니, 안 등의 여섯 내처를 없애기 위해서 안 등의 육처를 드러내는 것임을 알아야 한다. 비유컨대 환상과 같아 실로 있는 것이 아닐지라도 나타남은 있을 수 있다(此中幻喩 爲除眼等六種內處 應知顯示眼等六處 譬如幻象 雖實非有而現可得). 아지랑이의 비유다. 기세간을 없애기 위해서다. 그것은 광대하기 때문이다. 아지랑이 중에는 실로 물 있을 리 없지만 동요의 힘 때문에 물인 듯한 것 볼 수 있다(說陽炎喩 爲除器世間 由彼大故 於陽炎中實無有水 動搖力故似水可得). 꿈의 비유다. 색 등으로 받아쓰는 경을 없애기 위해서다. 이는 꿈속의 색 등은 실로 없는 것 인 삼아 애와 비애 일으켜 받아써 차별한 것이다(說所夢喩 爲除色等所受用境 顯如所夢色等 實無而能爲因起愛非愛受用差別). 영상의 비유다. 신업의 과를 없애기 위해서다. 이는 선이나 불선의 신업을 연으로 하여 그 밖의 색의 영상이 생기하는 일이 있음을 보여준다(說影像喩 爲除身業果 顯善不善身業爲緣 而有餘色影像生起). 메아리의 비유다. 어업과를 없애기 위해서다. 이는 어업의 인이 어업의 과를 초감하는 것이 마치 메아리와 같다는 것을 보여준다. 의업에는 세 가지가 있다. 첫째는 등인(Ⓢ samāhita)이 아닌 것이고, 둘째는 등인지의 것이며, 셋째는 들음(聞)의 종류다(說谷響喩爲除語業果 顯語業因感語業果猶如谷響 意業三種 一 非等引地 二 等引地 三 聞種類). 그림자의 비유다. 등인이 아닌 지에서의 모든 의업의 과를 없애기 위해서다. 이는 이 의업으로 얻은 바 모든 과는 마치 빛과 그림자와 같음을 보여준다(說光影喩 爲除非等引地諸意業果 顯此意業所得諸果猶如光影). 물에 비친 달의 비유다. 등인지에서의 모든 의업의 과를 없애기 위해서다. 이는 등인지에서의 모든 의업과는 마치 물에 비친 달과 같다는 것을 나타낸다(說水月喩 爲除等引地諸意業果 顯等引地諸意業果猶如水月). 변화의 유다. 듣는 종류의 의업을 없애기 위해서다. '듣는 종류'란 문(聞)과 사(思)로 훈습된 것이니 이는 듣는 종류의 의업이 차별해서 구르니 마치 변화와 같다는 것을 나타낸다(說變化喩 爲除聞種類意業 聞種類者 卽是聞思之所熏習 此卽顯示聞種類意差別而轉 猶如變化). 원측(圓測)의 『해심밀경소』 권4(한불전1, p.248b12)에 "환 등의 여덟 가지 비유는 의타기를 나타낸 것이다. … 〔문〕『대반야경』 등은 환 등을 통해 공의 뜻을 비유하는데, 어째서 이 경은 의타기를 비유하는 것인가? 〔해〕 환 등에는 본래 두 가지 뜻 있다. 첫째는 유(有)가 아닌 유인 듯한 것이고, 둘째는 실상 등이 없음이다. 따라서 두 경은 각기 하나의 의미에 의지한 것이기에 어긋나지 않는다. 幻等八喩 顯依他起 … 問 大般若等卽用幻等 喩其空義 如何此經喩依他起 解云 幻等自有二義 一 非有似有 二 無實像等 是故二經各據一義 故不相違"라고 하였다. 〔참고문헌〕『攝大乘論釋』, 『解深密經疏』. ⇨ 의타팔유 依他八喩, 의타기성 依他起性

환렴 換簾 계절에 따라 승당(僧堂)의 발(珠簾)을 바꾸는 일. 환장(換帳)이라고도 한다. 『백장청규증의기』 권8 「사월 四月」(卍속장111, p.858a8)에 "날씨가 따뜻해 지는 때가 오면 승당 내에 난렴은 내리고 양렴은 건다. 候天氣暖時 僧堂內 下暖簾 上涼簾"라고 하였다. 〔참고문헌〕『百丈淸規證義記』. ⇨ 난렴 暖簾, 양렴 凉簾

환례 還禮 특별한 청(請)이나 공양에 응하는 답례. 회례(回禮) 또는 복례(復禮)라고도 한다. 『선림상기전』 권10(대장경보편19, p.401b15)에 "환례 : 회례를 환례라고도 한다. 『선원청규』 「청입승」에서 말하길 '퇴원하는 존숙이나 수좌·장주가 대중의 바램과 합하면 입승을 천거해도 좋다. 지사와 대중은 요사에 가서 예를 갖추고 청한다〈청하는 말은, 「대중이 마음을 기울여 오랜 시간 가르침을 기대했습니다. 엎드려 바라건대 자비를 베푸시어 허락해 주시기 바랍니다」〉. 만약 허락하면 즉시 환례한다〈말하기를 「간곡한 청을 받은 터라 감히 고사하지 못하겠습니다」〉'. 還禮 回禮又謂還禮 禪苑淸規 請立僧云 退院尊宿 首座藏主 如合衆望 可擧立僧 知事大衆 詣寮禮請〈請辭云 大衆傾心 久思示誨 伏望慈悲 俯賜開允〉 如允 卽時還禮〈云 旣蒙堅請 不敢固辭〉"라고 하였다. 〔참고문헌〕『禪林象器箋』, 『禪苑淸規』 권7(卍속장111, p.914a11).

환면개두 換面改頭 얼굴을 바꾸고 머리를 고치다. 모양새만 바꾸는 뜻으로 윤회전생의 다른 표현이기도 하다. 『법화경대의』 권하(卍속장49, p.777a8)에 "사생육도의 겁의 시간은 길고, 얼굴을 바꾸고 머리를 고친다 해도 고뇌를 늘릴 뿐이다. 四生六道劫時長 換面改頭增懊惱", 『삼산등래어록』 권10(가홍장29, p.730b20)에 "마당을 만나면 춤출 뿐이니 어느 때 되어야 얼굴 바꾸고 머리 고치는 일 그만두랴? 逢場作戲 幾時休換面改頭", 『천목중봉광록』 권30 「경세입이수 警世廿二首」(대장경보편25, p.971b13)에 "업연에 이끌려 사바에 들고 보니, 백세광음도 한 찰나로구나. 허울 바꾸며 거듭나지만 깨우침에 당하지 못하니, 들판에 덧붙여 해골만 많아지리라. 業緣牽引入娑婆 百歲光陰一刹那 換面改頭無了當 野田添得髑髏多"라고 하였다. 〔참고문헌〕『法華經大意』, 『三山燈來語錄』, 『天目中峰廣錄』.

환멸 還滅 Ⓢnivṛtti, Ⓣldog-pa. 돌아가 사라지다. 사라짐으로 돌아가다. 유전(流轉 Ⓢpravṛtti)의 상대어이다. 사성제 중 멸제와 도제에 해당한다. 『대비바사론』 권100(대정장27, p.515b13)에 "환멸이란 열반에 나아감을 말한다. 還滅者 謂趣涅槃", 『순정리론』 권9(대정장29, p.379c10)에 "생사 그쳐 쉬는 것이 환멸의 뜻이다. 生死止息 是還滅義"라고 하였다. 〔참고문헌〕『大毘婆沙論』, 『順正理論』, *Abh-k-bh.40.* ⇨ 유전 流轉

환멸문 還滅門 돌이켜 사라지게 하는 문. 적멸(寂滅)로 돌아가는 문. 12지(支)를 무명멸즉행멸(無明滅則行滅) 등으로 시작해서 생로병사멸(生老病死滅)로 끝나게 하는 뜻이다. 번뇌가 다한 열반의 적멸로 향하는 문이라는 뜻으로, 12지(支) 등을 '연 緣'으로 하지 않고 '멸 滅'로 관함이어서 역관(逆觀)이라 한다. 유전문(流轉門)과 대칭한다. 『기신론소필삭기』 권8(대정장44, p.337b13)에 "이것과 같지 않다는 말은 망을 쉬고 진여로 돌아가는 환멸문을 말한다. 곧 진을 멸하고 깨달음에 합한다는 뜻이다. 非是等者 謂息妄歸眞 還滅門也 卽滅塵合覺義", 『반야심경약소』(대정장33, p.554a17)에 "무명을 역으로 관하면 환멸문이다. 진공이므로 더는 다함도 없다. 逆觀無明 還滅門 以眞空故 無可盡也", 『원각경대소초』 권1(卍속장14, p.446a11)에 "게송의 하반에서 이르길 '생멸이 사라져 다하면, 적멸을 즐거움으로 삼는다'라고 한 구절은 대열반으로서 환멸문이다. 下半云 生滅滅已 寂滅爲樂者 是大涅槃 還滅門也"라고 하였다. 〔참고문헌〕『起信論疏筆削記』, 『般若心經略疏』, 『圓覺經大疎鈔』. ⇨ 유전문 流轉門

환멸연생문 還滅緣生門 두 가지 연생문(緣生門 : 流轉門 還滅門) 중 하나다. 환멸이라는 연생문. 환멸문(還滅門)과 같다. 『반야심경찬』(대정장33, p.547a21)에 "이 연생문에는 두 가지가 있다. 첫째는 유전이고 둘째는 환멸이다. … 공성 중에는 이러한 유전이 없기에 경에서 설하길 '무명도 없고 내지 노사도 없다'라고 한 것이다. 관하는 지의 힘에 의해 무명을 멸하고, 무명이 멸하기에 제행이 또한 멸한다. 이것은 이전으로 굴려서 열반으로 다시 돌아가는 것이기에 환멸이라 한다. 此緣生自有二種 一者 流轉 二者 還滅 … 於空性中無此流轉 故經說言無無明乃至無老死 由觀智力令無明滅 無明滅故諸行亦滅 如此乃至由生滅故老死亦滅 此卽輪前還歸涅槃 故名還滅"라고 하였다. 〔참고문헌〕『般若心經贊』.

환멸인 還滅因 Ⓢnivṛtti-hetu, Ⓣldog-pa'i-rgyu. 돌이켜 사라지게 하는 인. 제행(諸行)과 잡염(雜染) 되돌려 사라지게 해서 열반과 보리 얻기에 인이라 한다. 『유가사지론』 권16(대정장30, p.362c7)에 "환멸인이란, 제행을 돌려 사라지게 해서 잡염도 돌이켜 사라지게 하니 있는 바 일체 능히 적정의 길뿐이게 한다. 능히 반열반하고, 능히 보리에 나아가며 저 자량과 그 방편 능히 생겨나게 해서 능히 가려 마친 것을 환멸인이라 한다. 還滅因者 謂諸行還滅 雜染還滅 所有一切能寂靜道能般涅槃 能趣菩提 及彼資糧 幷其方便能生能辦 名還滅因", 『유가사지론약찬』 권7(대정장43, p.97a6)에 "환멸인 중에 '제행환멸'이란 유루의 세 가지 성으로 행하던 것이 사라지니 멸계를 말하고, '잡염의 환멸'이란 견도소단과 수도소단의 번뇌가 끊어지는 단계를 말한다. 있는 바 일체 능히 적정의 길이라 한 것은 능히 적정하게 하는 앞의 두 가지 환멸로서의 두 갈래 모든 무루도를 말한다. 이 무루도로 능히 반열반하고 능히 보리에 나아간다. '그 자량'이란 자량도를 말하고, '그 방편'이란 가행도를 말한다. '능히 나게 한다'란 저 도 능히 종자를 나게 하고, '능히 가린다'란 능히 열반으로 현행하는 무루도로 결판했음을 말한다. 還滅因中 諸行還滅者 有漏三性行滅滅界也 雜染還滅者 見修煩惱斷斷界也 所有一切能寂靜道者 謂能寂靜前二還滅諸無漏道 此無漏道 能般涅槃能趣菩提 及彼資糧 卽資糧道 幷其方便 卽加行道 能生者謂彼道能生種 能辨者 謂能辨涅槃現行無漏道"라고 하였다. 〔참고문헌〕『瑜伽師地論』, 『瑜伽師地論略纂』, *Yogā-bh.111.* ⇨ 환멸 還滅, 무루도 無漏道

환멸품 還滅品 Ⓢnivṛtti-pakṣa, Ⓣldog-pa'i-phyogs. 되돌아 사라지게 하는 것들. 멸제(滅諦)와 도제(道諦) 등을 말한다. 멸제 즉 열반(涅般)은 환멸되는 것(所還)이고 도제는 환멸하는 것(能還)이며, 멸제는 멸의 체(滅體)이고 도제는 염오법의 단멸에 수순(順滅)하는 것이다. 따라서 '환'으로 멸제와 도제를 거두고, '멸'에도 멸제와 도제를 거둔다. 유전품(流轉品)에 대칭한다. 『유가사지론』 권10(대정장30, p.328a16 : *Yogā-bh.*, p.2

30)에 "환멸품에 있어, 명색은 후유식으로서 환멸의 인이 아니기에, 이러한 이유로 다시 지나쳐서 관찰한다. 於還滅品中 名色非是後有識還滅因 由此因緣復過觀察 nivṛtti-pakṣe tu nāma-rūpe na paunar-bhavikasya vijñānasya nivṛtti-hetur-yena paraḥ pratyavekṣitavān", 『성유식론』 권3(대정장31, p.14b8)에 "또는 여기서는 열반과 도를 쌍으로 말한 것이다. 모두 환멸의 품류도 거두기 때문이다. 或此雙說涅槃與道 俱是還滅品類攝故", 『성유식론술기』 권4(대정장43, p.349b6)에 "이 두 법은 양자 모두 환과 멸의 품류로 거두기 때문이다. 이 뜻을 말하면, 오직 도만이 환이고 열반만이 멸인 것이 아니다. 도란 능환이고, 열반은 소환이다. 따라서 열반도 환의 품류로 거둔다. 멸이란 멸의 체다. 도도 저에 수순해 염법을 단멸하니, 멸에 순하기에 멸의 품류로 거둔다. 도와 열반은 모두 환이라고 할 수 있고 모두 멸이라고 할 수 있다. 따라서 모두 환멸품류로 거둔다고 하는 것이다. 二法俱是還滅品類之所攝故 謂此意說 非唯道是還 涅槃是滅 道爲能還 涅槃所還 故涅槃亦是還品類攝 滅是滅體 道亦順彼斷滅染法 以能順滅故 亦說是滅品類攝 道與涅槃俱可言還 俱可言滅 故言俱是還滅品攝", 『유가사지론약찬』 권4(대정장43, p.65c16)에 "멸제와 도제의 둘은 백품이라고 하니 환멸의 품류이기 때문이다. 滅道兩諦名爲白品 還滅品故"라고 하였다. [참고문헌] 『瑜伽師地論』, 『成唯識論』, 『成唯識論述記』, 『瑜伽師地論略纂』, *Yogā-bh.* ⇨ 환멸 還滅

환명 幻溟 조선후기 고창 선운사(禪雲寺) 스님. 휘는 경찬(敬贊). [참고문헌] 『東師列傳』 권6 「幻溟禪師傳」(한불전10, p.1074c10). ⇨ 경찬 敬贊

환명 喚明 19세기 초 대구 팔공산 동화사 스님. 휘는 일진(日眞). [참고문헌] 『팔공산 동화사』(동화사·국립대구박물관, 2009). ⇨ 일진 日眞

환몽 幻夢 ❶ Ⓢ māyā-svapna. 허깨비와 꿈. 『대승본생심지관경』 권8(대정장3, p.327b24)에 "마음은 허깨비나 꿈과 같으니 아 없는 법에 붙들려 아를 삼는다. 心如幻夢 於無我法 執爲我故"라고 하였다. [참고문헌] 『大乘本生心地觀經』, *Saddh-p.142.* ⇨ 몽환 夢幻 ❷ 조선후기 스님. 굉활(宏闊)의 호다. ⇨ 굉활 宏闊

환몽당굉활대사비 幻夢堂宏闊大師碑 조선후기 환몽굉활(幻夢宏濶 1680~1741)의 행적비. 제자 체인(體仁) 등이 영주(靈珠) 7매와 정골사리(頂骨舍利) 7매를 탑에 봉안하고, 조현명(趙顯命)의 비문과 조명교(曺命敎)의 글씨로 1742년(영조18)에 비를 건립하였으며, 명(銘)에 "14매의 구슬 모두 서산조사의 마음이라네. 마음에서 마음으로 서로 전하니, 전한 이들이 숲 같다. 惟十四枚珠 皆西山祖心 心心相傳 傳者如林"라고 하였다. [참고문헌] 智冠 『韓國高僧碑文總集 朝鮮朝·近現代』, 『朝鮮佛教通史』 권상 p.540. ⇨ 굉활 宏濶

환묵 喚默 18세기 초 대구 팔공산 동화사 스님. 호는 환묵. 휘는 응률(應律). 스님의 영정이 동화사 성보박물관에 있다. [참고문헌] 『팔공산 동화사』(동화사·국립대구박물관, 2009). ⇨ 응률 應律

환문 還門 돌이켜 능히 관하는 마음에 아 없음을 비춰 알게 하는 문. 천태에서 설정한 육묘문(六妙門) 중 하나다. 『법계차제초문』 권상 「육묘문초문 六妙門初門」(대정0장46, p.673b17)에 "다섯째, 환문이다. 마음 구르게 해서 뒤쳐 비추기에 환이라 한다. 행자가 비록 닦아 관조하더라도 진실한 지혜가 일어나기 전에 아가 있어 능히 관해 전도를 쪼개 부실 수 있다고 헤아린다면 아가 있다고 헤아리는 혹이 다시 관에 붙어 일어난다. 이는 외도와 같아지므로 돌이키는 것으로서 '이는 모든 외도가 헤아려 붙들리는 것이어서 공을 관하는 지혜에 불과하여 해탈을 얻을 수 없다'고 한다. 이러한 병통을 알아차리면 마음 굴려 뒤쳐 능히 관한다는 마음 비춘다. 만약 능히 관하는 마음마저 허광해 실 없다 한즉 관에 붙어 아로 집착하는 것 스스로 사라진다. 이로 인하여 무루방편 자연히 밝아지리라. 이에 환으로 문을 삼은 것이다. 五 還門 轉心反照 名之爲還 行者雖修觀照 而眞明未發 若計有我能觀 析破於顚倒 則計我之惑 還附觀而生 同於外道 故云 是諸外道計著 觀空智慧 不得解脫 若覺此患 卽當轉心反照能觀之心 若知能觀之心 虛誑無實 卽附觀執我之倒自亡 因是 無漏方便 自然而朗 故以還爲門"라고 하였다. [참고문헌] 『法界次第初門』. ⇨ 육묘문 六妙門

환배 還拜 답례(答禮)로 올리는 절. 답배(答拜)와 통한다. 『백장청규』 권3 「하유서 下遺書」(대정장48, p.1130a15)에 "주지는 법좌에 오르고 내림에 영궤(靈几) 앞으로 다가서 향을 사르고 점탕하며 제를 올리고 점다한 뒤 절을 올린다. 전사는 법좌 오른쪽에서 환배한다. 住持陞座下座 詣靈几前 炷香點湯 上祭點茶展拜 專使座右還拜"라고 하였다. [참고문헌] 『百丈淸規』.

환법 幻法 Ⓢ māyā-dharma, marīci-dharma, Ⓟ marīci-dhamma, Ⓣ sgyu-ma'i chos. 마술로 드러낸 덧없는 법. 『대반야경』 권4(대정장5, p.17b10)에 "비유컨대 마술사나 그 제자가 환법에 능하여 갖가지 다섯 가지 묘한 욕구를 환으로 지어내어 마음대로 함께 즐기는 것과 같다. 어떻게 생각하느냐? 저 마술로 지어낸 것들, 실이라 할 만한가? 譬如幻師 或彼弟子 善於幻法

幻作種種 五妙欲具 於中自恣 共相娛樂 於意云何 彼幻所作 爲有實不"라고 하였다. [참고문헌] 『大般若經』, *Laṅk.307.*, *Udāna-v.247.*, *Dhp.13.*

환법무명무체 幻法無名無體 덧없는 법이어서 이름도 없고 몸도 없다네. 『인왕경』 권상(대정장8, p.828c18)에 "환법은 꾸며서 변한 것이니 이름자 없고 몸 가진 모양새 없다. 幻法幻化 無名字 無體相", 『인왕경소』 권중(대정장33, p.401c29)에 "[석] 두 번째 꾸며낸 법 이름도 몸도 없음을 밝힌다. 환법에는 환화로서의 용이 있다 해도, 이와 같은 체와 용에는 모두 이름자도 없고 몸도 모양도 없으니 저 허공꽃 같다. 釋曰 第二明幻法無名無體 謂幻法有幻化用 如是體用 皆無名字 亦無體相 如空花等"라고 하였다. [참고문헌] 『仁王經』, 『仁王經疏』.

환보 寰普 당말 스님. 출신과 속성 등은 알 수 없다. 출가한 다음 협산선회(夾山善會)에게 법을 묻고 그 법을 이었다. 낙경(洛京)의 소산(韶山)에 머물렀다. 시호는 무외선사(無畏禪師)이다. [참고문헌] 『祖堂集』 권9(대장경보편25, p.475a2), 『宋高僧傳』 권12(대정장50, p.778b1), 『景德傳燈錄』 권16(대정장51, p.333a13).

환봉 煥峰 조선후기. 섭민의 법호다. ⇨ 섭민 攝旻

환부 還付 Ⓢ pra-√yam. 돌이켜 넘겨주다. 『십송율』 권35(대정장23, p.254c22)에 "대중 스님들과 상좌가 바라제목차(Ⓢ prātimokṣa : 別解脫律儀)를 설해 능히 이 일이 끊이지 않게 해야 하니 반드시 이 일 할 사람에게 돌이켜 부촉해야 한다. 이 일을 맡은 사람은 반드시 도중에 끊임 없게 하고 법다이 계율에 맞게 부처님의 가르침에 따라 판단해야 한다. 若是衆僧 及上座說波羅提木叉 不能斷是事者 應還付傳事人 傳事人應取是事 於道中斷 如法 如比尼 如佛敎斷", 『금칠십론』 권중(대정장54, p.1254a19)에 "삼세간의 티끌 비추어 나를 위해 돌이켜 깨닫게 한다 하였으니 이 십이근으로 세간의 티끌 비추어 돌이켜 '각'에 돌려주니, 비유하면 국토의 모든 관리나 백성이 나라의 재물을 취함에 모두 국왕에게 돌린 듯 모든 티끌 십이근으로 말미암아 장차 돌이켜 각에 돌려주니 각으로 나로 하여금 보게 한다. 그러므로 아를 위해 돌이켜 깨달음에 돌린다 한다. 照三世間塵 爲我還付覺者 是十二根 照世間塵 悉還付覺者 譬如國土 一切吏民 取國財物 悉付國主 如是諸塵 由十二根 將還付覺故 覺令我見 故說爲我還付覺"라고 하였다. [참고문헌] 『十誦律』, 『金七十論』, *Sāṃkhy-k.37.*

환사 幻士 ❶ Ⓢ māya-kara. 모든 것 마음대로 만들어 내는 환술사(幻術士). 반야행자 또는 자유롭게 방편을 펼치는 부처님을 비유한다. 『대반야경』 권291(대정장6, p.479a18)에 "선현아! 비유컨대 저 환사가 비방하거나 칭찬한다 해서 덜하거나 더하지도 않고 근심도 없고 기쁨도 없는 것과 같다. 이와 같이 반야바라밀다의 깊고 깊은 법성도 이와 같아서 설하든 설하지 않든 본래 그대로여서 달라질 일 없다. 善現 譬如幻士 於毁讚時 不減不增 無憂無喜 如是般若波羅蜜多 甚深法性 亦復如是 若說不說 如本無異", 『대승집보살학론』 권23(대정장32, p.138a13)에 "비유컨대 저 갖가지 모든 환사가 온갖 형상을 변화하여 나타낼 수 있는 것과 같다. 여래께서 세간에 출현하여 신통력으로 교화를 펼치는 모양도 이와 같으니, 권도의 뛰어난 방편을 모든 유정에게 널리 행하여 고루 이익을 준다. 譬如種種諸幻士 而能變現衆形相 如來出現於世間 神通示化亦如是 能以權巧善方便 廣行饒益諸有情"라고 하였다. [참고문헌] 『大般若經』, 『大乘集菩薩學論』, *Śikṣ.330.* ⇨ 환사 幻師 ❷ Ⓢ māyā-puruṣa. 마술로 나타난 사람. 몸을 비유한다. 『인왕반야경소』 권중1(대정장33, p.461c22)에 "비유컨대 마술로 나타난 사람과 같다는 말은 무슨 뜻인가? 마술의 변화로 나타난 사람은 목각 꼭두각시와 같다. 저가 비록 움직이지만 주재함은 없기 때문이다. 몸을 허깨비와 같이 보아야 하니, 비록 말하고 듣는 일 있지만 말하거나 듣는 상이 사라지면 분별하지 못하기 때문이다. 譬如幻士者 幻化之士 或如木人 彼雖轉動 無主宰故 觀身如幻 雖有說聽 亡說聽相 不分別故"라고 하였다. [참고문헌] 『仁王般若經疏』, *Aṣṭ-pr.11.*

환사 幻事 Ⓢ māyā, māyā-kṛta, Ⓣ sgyu-ma-byas-pa. 실(實)이 아니어서 헛되고 무상한 일. 무자성(無自性)한 오온(五蘊) 등으로 일어나는 일. 『대승입능가경』 권2(대정장16, p.596b16)에 "갖가지로 꿈같은 일이어서 모두 자성이 없음에도 중생들 갖가지로 집착하며 진실이라 여기지만 모두 그 실은 얻을 수 없는 것들이다. 種種幻事 皆無自性 而諸衆生 種種執著 取以爲實 悉不可得", 『대지도론』 권44(대정장25, p.376c11)에 "마치 사람이 헛된 일을 보고 집착하는 마음을 일으켜 자신의 생업을 버렸다가 그 헛된 일이 사라지는 순간 후회가 일어나는 것과 같다. 다섯 가지로 받는 음도 이와 같다. 전세에 쌓은 업의 인연으로 금생의 오중을 헛되게 일으켜 오욕을 받고 탐진 일으키다가 무상하게 무너지는 때 그제서야 마음에 후회 일으키며 '내가 어째서 이렇게 헛된 다섯 가지 무리일 뿐인 오온에 집착하여 모든 법의 실상을 잃었던가!'라고 한탄하는 것과 같다. 如人見幻事 生著心 廢其生業 幻滅時生悔 五受衆亦如是 先業因緣 幻生今五衆 受五欲 生貪瞋 無常壞時 心乃生悔 我云何著是幻五衆 失諸法實相", 『유가사지론』 권16(대정장30, p.363b22)에 "(五蘊 중) 모든 식은 환사와 같다. 諸識猶

幻事"라 하였다. [참고문헌] 『大乘入楞伽經』, 『大智度論』, 『瑜伽師地論』, *Laṅk.56.*, *Madhy-vibh.69.* ⇨ 환 幻

환사 幻師 Ⓢ Ⓟ māyā-kāra, Ⓣ sgyu-ma-byed-pa, sgyu-ma-mkhan. 마술사. 환사(幻士)·환인(幻人)·환술사(幻術師)라고도 한다. 실체라곤 없는 곳에서 변화로 있는 듯이 나타내 보이는 솜씨 좋은 마술사. 『반주삼매경』 권상(대정장13, p.903c12)에 "비유컨대 환사가 마음대로 변화해 온갖 법을 지어내듯 미리 준비된 생각 없이 문득 만들어 낼 뿐이어서 그것 온 곳도 따라서 간 곳도 없는 것과 같다. 譬如幻師 自在所化 作諸法 不豫計念 便成法 亦無所從來 亦無所從去", 『대승입능가경』 권2(대정장16, p.596b19)에 "비유컨대 마술사가 마술의 힘으로 초목이나 돌조각에 의지해 헛것으로 중생을 지어내어 그 약간의 색상을 보는 사람들이 갖가지 분별을 하도록 하지만 모두 참된 실체가 없는 것과 같다. 대혜야! 이것도 마찬가지이다. 경계에 취착하고 습기의 힘으로 말미암아 연기성 중에 헛되게 헤아리는 성 있어서 갖가지 모습 나타날 뿐이니 이것을 가리켜 '헛되게 헤아리는 성으로 나는 것'이라고 한다. 譬如幻師 以幻術力 依草木瓦石 幻作衆生 若干色像 令其見者 種種分別 皆無眞實 大慧 此亦如是 由取著境界 習氣力故 於緣起性中 有妄計性 種種相現 是名妄計性生"라고 하였다. [참고문헌] 『般舟三昧經』, 『大乘入楞伽經』, *Laṅk.342.*, *Sūtr.89.*, *SN.3.142.* ⇨ 환 幻, 환사 幻士 ■

환사발다신주경 幻師颰陀神呪經 동진(東晉)대 서역삼장(西域三藏) 축담무란(竺曇無蘭) 한역. 1권. 대정장21, p.902a8~b16, No.1378b에 수록되어 있다. 『현사발다소설신주경 玄師颰陀所說神呪經』이라고도 한다. 비구가 독사에게 물리거나 귀신에게 홀리거나 도적에게 당하는 등의 위험에 처해서 외우는 다라니를 설한 경이다. [참고문헌] 『衆經目錄』 권2(대정장55, p.126a2), 『大周刊定衆經目錄』 권1(대정장55, p.376a26).

환사인현경 幻士仁賢經 Ⓢ Bhadramāyākāra-paripṛcchā, Ⓣ sGyu-ma-mkhan bzang-po lung-bstan-pa. 서진(西晉)대 월씨국삼장(月氏國三藏) 축법호(竺法護 Ⓢ Dharmarakṣa) 한역. 1권. 대정장12, pp.31a6~37a25, No.324에 수록되어 있고 티베트역본(北京版 No.760·델게版 No.65)도 전한다. 『인현환사경 仁賢幻士經』이라고도 하며, 『대보적경』 권21 「수환사발다라기회 授幻師跋陀羅記會」에 해당한다. 마술로 삿되게 이익을 보던 당시 가장 뛰어난 환사(마술사) 인현(仁賢 Ⓢ Bhadra)을 제도하기 위하여 설한 경이다. 나아가 마술을 비유로 삼아 바른 법을 행하는 보살도를 설했다. [참고문헌] 『歷代三寶紀』 권6(대정장49, p.63c13), 『出三藏記集』 권2(대정장55, p.7c18).

환산록 還山錄 위림도패(爲霖道霈 1615~1702)의 어록. 흥등(興燈) 등 엮음. 4권. 卍속장125, pp.921a1~979b16에 수록되어 있다. 1688년(강희27) 간행하였다. 『고산위림선사환산록 鼓山爲霖禪師還山錄』 또는 『위림선사환산록』이라고도 한다. 고산에 다시 주석한 이후의 어록이기에 '고산에 돌아왔다'는 의미를 붙여 환산록이라 칭한다. 상당(上堂)·시중(示衆)·불사(佛事)·게(偈)·찬(贊)·서(序)·제발(題跋)·기(記) 등의 순서로 구성되어 있다. 권말 부록 「여박환적 旅泊幻蹟」 1편은 위림이 자신의 행적으로 술회한 기록이다.

환상 幻相 Ⓢ māyābhiniveśa-lakṣaṇa. 연(緣)해서 생겨날 뿐 실(實)인 체(體)도 성(性)도 없어서 헛되고 꿈결같아 영원할 수 없는 모습들. 『삼법장경』 권21(대정장8, p.661a8)에 "수보리가 말씀드렸다. '그렇지 않습니다. 세존이시여! 저 꿈결같은 마음이나 헛된 상 떠나더라도 법 있어 아뇩다라삼먁삼보리 얻었다 할 수 없습니다. 세존이시여! 만약 허한 마음을 떠나고 헛된 상 떠나서도 법 있어 가히 볼 수 있다 하면 이 법 또한 있다 없다 할 수 없습니다'. 須菩提言 不也 世尊 離如幻心 及彼幻相 亦不見有法 可得阿耨多羅三藐三菩提 世尊 若離如幻心 及離幻相 有法可見者 是法亦不可說 是有是無", 『화엄오교지관』(대정장45, p.512b18)에 "이 모두가 몸도 자성도 없다. 체가 없음으로 말미암아 환상이 비로소 성립하니, 연을 따라 날 뿐이어서 자성이란 있을 리 없기 때문이다. 皆是無實體性也 卽由無體 幻相方成 以從緣生 非自性有故"라고 하였다. [참고문헌] 『三法藏經』, 『華嚴五敎止觀』, *Laṅk.109.* ⇨ 환 幻

환상 幻象 Ⓢ māyā-hastin, Ⓣ sgyu-ma glang-po. 환술(幻術)로 나타난 허상의 코끼리. 연기할 뿐 공(空)인 뜻과 있는 듯(似有) 하지만 실(實)이 아닌 의타기성의 비유이기도 하다. 『대반야경』 권478(대정장7, p.421b27)에 "환술로 드러난 코끼리·말 등은 도무지 실체 없어서 어리석은 아이들 속일 뿐이다. 幻象馬等 都無實事 但誑愚童", 『대승입능가경』 권6(대정장16, p.627a19 : *Laṅk.*, p.281)에 "무명이 마음 물들여, 나타난 온갖 중생, 환술로 드러난 코끼리·말 등이나, 나뭇잎 돈이라 하는 속임수와 같다. 無明熏於心 所現諸衆生 如幻象馬等 及樹葉爲金 māyāhastī yathā citraṃ patrāṇi kanakā yathā, tathā dṛśyaṃ nṛṇāṃ khyāti citte ajñānavāsite", 원측(圓測)의 『해심밀경소』 권2(卍속장34, p.658b2·한불전1, p.175b9)에 "또한 이 환상의 비유에는 본래 두 가지 뜻이 있다. 첫째, 『대반야경』 등에 의지한 환 등의 열 가지 비유로서 공의 뜻을 비유한다. 둘째, 『아비달마경』과 『섭대승론』에 의지한 여덟 가지 비유로써 의타기를 나타낸 것이니 있는 듯하여 실이 아닌 뜻이다. 이 경도 또한 있는 듯한 것의 비유로 의타기의 비유다. 又此幻象喩 自有二義 一 依大般若等 幻等十喩 喩於空義 二 依阿毗達磨經 及攝大乘 八喩顯依他 似有非實 此經亦爾 用似義喩依他起"라 하였다. [참고문헌] 『大般若經』, 『大乘入楞伽經』, 『解深密經疏』, *Laṅk.*

환상 幻想 Ⓢ māyā-kṛta-saṃjñā. 환(幻)일 뿐인 상. 환일 뿐이어서 실(實)이 아니라고 떠올리는 일. 일체법(一切法) 또는 마음(心)에서마저도 환일 뿐이라고 생각하는 것을 말한다. 『대반야경』 권486(대정장7, p.471c10)에 "정계를 닦을 때 일체법에 대해 머물기를 저 환상처럼 한다. 정계 행하지만 섬길 것도 얻을 것도 없어 본래 성 공함을 깨달으면, 이것이 반야바라밀다이고 대공덕의 갑옷이 된다. 修淨戒時 於一切法 住如幻想 於淨戒行 無恃無得 達本性空 是爲般若波羅蜜多 大功德鎧", 『불퇴전법륜경』 권3(대정장9, p.240b7)에 "식지는 지 아니라, 일체 붙들 것 없으니 만약 법에 대해 안다면, 식은 환상과 같네. 識智非智 一切不著 若知於法 識如幻想", 『대위덕다라니경』 권13(대정장21, p.810c14)에 "허깨비를 만들어낼 수 있는 이라고 하는 것은 바로 환사라 하겠는데, 만약 언어상을 지으면 그것은 환상이라 하며, 무정체라 하며, 희론이라 하며, 무정성이라 하며, 어리석음이라 이름할 따름이다. 名能幻化者 是名幻師 若有作語言想 彼名幻想也 彼名無正體 彼名戲論 彼名無定性 彼名爲癡", 『십주비바사론』 권16(대정장26, p.113b12)에 "비유하자면 마치 초목 같을 뿐이니 아란야에 처하지만 놀라거나 두려움이 없다. 보살도 이와 같이 아란야에 처해서 마땅히 초목상·와석상, 물에 비친 영상, 거울에 비친 상들을 일으킬 뿐이다. 언어에 있어서는 메아리일 뿐이라 떠올리고 마음에 있어서는 환일 뿐이라 생각한다. 이렇게 하는 중에 누가 놀라고 누가 두려워하겠는가? 보살은 이럴 때 몸을 바르게 관하여 아와 아소가 없음을 볼 뿐이다. 譬如草木 在阿練若處 無有驚畏 菩薩如是 在阿練若處 應生草木想 瓦石想 水中影想 鏡中像想 於語言生響想 於心生幻想 此中誰驚誰畏 菩薩爾時 則正觀身 無我無我所"라고 하였다. [참고문헌] 『大般若經』, 『不退轉法輪經』, 『大威德陀羅尼經』, 『十住毘婆沙論』, *Pañca-pr.177.* ⇨ 환 幻, 상 想

환상 幻像 Ⓢ māyā hastin, Ⓣ sgyu-ma-byas-pa. 꿈결같아 실이라고는 없는 것들이 나타남. 마술사 솜씨 부려 본래 없는 것 있게 하듯이, 일체(一切) 공(空)해서 실(實)이라고는 없지만 분별(分別)해 붙들고(執) 붙들린 것들에 거듭 붙들려 거듭 꿈인 듯 드러나는 현상을 뜻한다. 『섭대승론석』 권6(대정장31, p.191b21)에 "[논] '따라서 환으로 일어난 일의 비유와 허공의 비유를 써서'. [석] 이 비유로 제자의 의심을 풀었다. 비유하면, 실체로는 없는 것이지만 드러나 나타난 것으로서는 있다고 할 수 있다. 모든 분별로 생겨난 법들 또한 이와 같다. 실제로는 없는 것이 드러나 보여서 있는 듯할 뿐이다. 論曰 是故譬幻事亦以譬虛空 釋曰 卽以此譬 釋弟子疑 譬如幻像實無顯現爲有 諸分別法亦爾 實無而顯現似有", 『불성론』 권4(대정장31, p.809b21)에 "셋째는 붙들고 붙들리는 두 끝이라 하니, 가집과 능집이 실유한다고 분별하는 것이다. 이 두 끝을 여의게 하기 위해서 경중에서 부처님께서는 환사의 일로써 비유를 삼으신 것이다. '가섭이여! 비유하면 환사가 온갖 환상을 만들어 내는데, 만들어낸 호랑이가 도로 환사를 잡아먹는 것과 같으니, 가섭이여! 이와 같이 관행을 하는 비구가 한 경을 따라 관함에 드러나 나타날 뿐 오직 공할 뿐이라 여기고 실로 있는 것이라고는 없고 헛되어 진실이라고는 없다고 하는 것이다'. 三 可執執二邊者 分別可執與能執以爲實有 爲離此二邊故 經中佛以幻師爲譬 迦葉 譬如幻師作諸幻像 所作虎等還食幻師 迦葉 如是觀行比丘 隨觀一境 顯現唯空故 實無所有 虛無眞實"라고 하였다. [참고문헌] 『攝大乘論釋』, 『佛性論』, *Sūtr.59.* ⇨ 환사 幻師

환상인죽재기 幻上人竹齋記 이규보(李奎報 1168~1241) 지음. 『동국이상국후집』 권11 기(記)에 수록되어 있다. 이규보가 도우(道友)로 삼을 만한 이라고 평한 요환(了幻)이 죽재(竹齋)를 만들고 이규보에게 청하여 지어진 기문이다. 기문에 의하면, "환상인은 성품이 대나무를 좋아하였다. … 또 송가도의 보문정사 옆에 별도로 하나의 집을 세워 머물렀는데 모두 대나무로 만들고 죽재라고 불렀다. … 죽재가 완성되자 나에게 기문을 작성해달라고 청하였으므로 대략 드러내었다. 상인의 이름은 요환이고 자는 이수인데 사문 중에서 더불어 도우가 될 만한 자이다. 有幻上人者 性或愛竹 … 復於松家島普門精舍之側 別立一齋寓焉 皆以竹搆之 因號竹齋 … 齋成 固乞予爲記 爲略標之 上人名了幻 字而誰 於沙門可與爲道友者"라고 하였다. [참고문헌] 『東國李相國後集』.

환상회향 還相廻向 돌이켜 회향함. 왕생한 후에 방편의 힘을 갖추고는 다시 생사의 숲으로 돌아와 일체중생과 함께 함을 말한다. 『왕생론주』 권하(대정장40, p.836a21)에 "회향에 두 가지가 있으니 첫째는 왕상, 둘째는 환상이다. … 환상이란 저 정토에 난 다음 사마타와 비발사나를 얻고 방편력을 성취하여, 돌이켜 생사의 숲으로 들어가서 일체중생을 교화하여 함께 불도로 향한다. 迴向有二種相 一者 往相 二者 還相 … 還相者 生彼土已 得奢摩他 毘婆舍那 方便力成就 迴入生死稠林 敎化一切衆生 共向佛道"라고 하였다. [참고문헌] 『往生論註』.

⇨ 회향 廻向, 왕상회향환상회향 往相廻向還相廻向

환상회향원 還相廻向願 아미타불이 인위(因位)에서 발한 사십팔원(四十八願) 중 스물두 번째 원. 정토왕생한 보살이 중생을 구제하고자 예토에 다시 돌아오겠다는 서원이다. 일생보처원(一生補處願)·함계보처원(咸階補處願)이라고도 한다. 『무량수경』 권상(대정장12, p.268b8 : *Sukh-vy. I*, p.18)에 "제가 부처가 될 때 타방 불국토의 모든 보살들이 제 국토에 와서 나면 끝내는 반드시 일생보처에 이르겠지만, 다만 다음과 같이 본원이 자재하여 중생을 위하는 일들은 제합니다. 그 일은 넓은 서원의 갑옷을 입고 덕의 뿌리 모으고 쌓아 일체중생을 제도하여 해탈하도록 하며, 모든 불국토에 유행하며 보살행을 닦고 시방세계의 제불여래께 공양하는가 하면, 항하사만큼 한량없는 중생을 깨우치도록 교화하여 최상의 정진도를 건립하며, 늘 그런 모든 지의 행을 훤출히 벗어나 보는 앞에서 보현보살의 덕행을 닦는 일일 것입니다. 만약 그렇지 않다면 저는 정각을 성취하지 않겠습니다. 設我得佛 他方佛土諸菩薩衆來生我國 究竟必至一生補處 除其本願自在所化爲衆生故 被弘誓鎧 積累德本 度脫一切 遊諸佛國 修菩薩行 供養十方諸佛如來 開化恒沙無量衆生 使立無上正眞之道 超出常倫諸地之行 現前修習普賢之德 若不爾者 不取正覺 sacen me bhagavan bodhiprāptasya tatra buddhakṣetre ye sattvāḥ pratyājātā bhaveyus te sarve naikajātipratibaddhāḥ syur anuttarāyāṃ samyaksaṃbodhau sthāpayitvā praṇidhāna-viśeṣāṃs teṣām eva bodhisattvānāṃ mahāsattvānāṃ mahāsaṃnāha-saṃnaddhānāṃ sarvalokārtha-saṃnaddhānāṃ sarvalokārthābhiyuktānāṃ sarvaloka-parinirvāpitābhiyuktānāṃ sarvaloka-dhātuṣu bodhisattva-caryāṃ caritukāmānāṃ sarvabuddhān satkartukāmānāṃ gaṅgānadīvālukāsamān sattvān anuttarāyāṃ samyaksaṃbodhau pratiṣṭhāpakānāṃ bhūyaś cottaricarya-abhimukhānāṃ samantabhadracaryā-niyatānāṃ mā tāvad aham anuttarāṃ samyaksaṃbodhim abhisaṃbudhyeyam"라고 하였다. 〔참고문헌〕『無量壽經』, *Sukh-vy. I*. ⇨ 미타인행사십팔원 彌陀因行四十八願, 왕상회향환상회향 往相廻向還相廻向

환생 幻生 꿈결처럼 나다. 실체 없이 연으로 나는 것들의 수사다. 『법화문구』 권1상(대정장34, p.9a25)에 "사구로 환생을 구해도 생 온 곳이 없고, 사구로 환멸구해도 그 멸은 사라져 간 곳이 없다. 성에 본래 생이 없어 멸 뒤의 생도 아니니 생이 없고, 성에 본래 멸이 없어 멸할 것으로서의 멸도 아니니 멸이 없다. 이처럼 생도 없고 멸도 없으므로 무생이라 한다. 四句求幻生 生無從來 四方求幻滅 滅無去處 性本無生 非滅生無生 性本無滅 非滅滅無滅 無生無滅 故曰無生", 『유마경약소』 권9(대정장38, p.691b8)에 "생도 아니고 멸도 아닌 문이라 한다. 환생도 얻을 수 없거늘 하물며 환멸이 있겠는가? 생멸 모두 얻을 수 없으므로 생도 아니고 멸도 아닌 뜻으로 열려 있을 뿐이다. 非生非滅門者 幻生尙不可得 何況有幻滅 生滅不可得 故言非生非滅門"라고 하였다. 〔참고문헌〕『法華文句』, 『維摩經略疏』.

환생 還生 ❶ Ⓢ ā-√yā, Ⓟ paccājāyati, Ⓣ 'ong-ba. 돌고 돌며 나다. 윤회해서 거듭 몸 받아 나다. 『잡아함경』 권33(대정장2, p.239a24)에 "저곳에서 생을 받고 반열반을 얻은 아나함은 다시는 이 세계에 돌아와 나지 않는다. 於彼受生 得般涅槃阿那含 不復還生此世"라고 하였다. 〔참고문헌〕『雜阿含經』, *Abh-k-bh.231.*, *MN. 3.169.* ❷ 파계자가 참회로써 정명(正命)을 회복하는 뜻. 『지관보행전홍결』 권4(대정장46, p.258c23)에 "만약 삼귀를 어기고 삿된 스승과 삿된 법과 삿된 무리에 귀의하여 오계를 파하고 250계까지 파하는 중죄를 범한다면 성불의 법에서 보면 죽은 사람이지만 참회로 인하여 계를 회복하므로 환생이라 한다. 若違三歸 而歸邪師邪法邪衆 破於五戒 乃至二百五十戒中重罪 卽成佛法死人 因懺戒復 故云還生"라고 하였다. 〔참고문헌〕『止觀輔行傳弘決』.

환선암 幻仙庵 강원도 삼척 대이리에 있던 암자. 『사탑고적고』에 "서쪽 약 30칸 밭 중에 있다. 서쪽 약 6리 떨어진 곳에 초석만 남아 있다. 전하기로 고려시대사지라고 한다. 西方約三十間田中 距三陟西面約六里 礎石僅存 相傳高麗時代寺址云"라고 하였다. 〔참고문헌〕『寺塔古蹟考』, 『韓國寺刹全書』 권하 p.1194a16.

환성 喚醒 1664~1729. 조선후기 양평(楊平) 용문사(龍門寺) 스님. 지안(志安)의 법호. ⇨ 지안 志安

환성당지안대사행장 喚惺堂志安大師行狀 1664~1729. 환성스님의 행적을 기록한 행장. 1750년(영조26)에 그의 제자인 함월해원(涵月海源 1691~1770)이 지었는데, 『환성집』(한불전9, pp.475c~476c)과 『천경집』 권하(한불전9, pp.624a~625a)에 있다. 〔참고문헌〕『喚惺集』, 『天鏡集』 권하. ⇨ 지안 志安

환성사 環城寺 경상북도 경산시 하양읍 팔공산(八公山)에 있는 절. 대한불교조계종 은해사(銀海寺)의 말사다. 835년(흥덕왕10)에 심지(心地)가 창건하였다. 고려말에 소실되었다가 1635년(인조13) 신감(神鑑)이 중창하였다. 『화성지』에 "일찍이 임고서원에 속하여 조공하였다. 숙종 갑진에 유생 박서봉과 황윤중이 여러 차례 상소하여 마침내 임금께서 (하양) 향교로 환속시켰다. 曾屬貢於臨皐書院矣 肅廟甲辰 鄕儒朴瑞鳳黃允中 累年呈狀乃至 天聽還屬本鄕校"라고 하였고, 『승정원일기』 권577 1724년(영조1)에는 이를 다시 돌려달라는 상소가 있었고, 1728년(영조4)에 중건하였다. 1824년(순조24)에 심검당을 중건하였고, 1897년(광무1)에 긍월(亘月)이 중수하였다. 1973년 대웅전을 해체 및 보수하였고, 1976년 단청하였다. 1990년 진담이 진입로를, 1982년에 명부전, 1995년에 감로당을 중건하여 지금에 이른다. 당우로는 대웅전·수월관·심검당·명부전·요사 등이 있다. 성보문화재로는 보물 대웅전, 유형문화재 심검당·대웅전수미단·방형석조, 문화재자료 주형석조·수월관 등이 있다. 조호익(曺好益 1545~1609)의 『지산집』 권1 「환성사 環城寺」, 정석달(鄭碩達 1660~1720)의 『함계집』 권1 「환성사독서 環城寺讀書」 등이 전한다. [참고문헌] 『花城誌』, 『承政院日記』, 『芝山集』, 『涵溪集』, 『韓國寺刹全書』 권하 p.1194b15, 『文化遺蹟總覽』(文化財管理局, 1977) pp.275~276.

환성사대웅전 環城寺大雄殿 경북 경산 팔공산 환성사의 1668년 목조건물. 보물 제562호. 정면 5칸·측면 4칸. 다포계 팔작지붕. 환성사 대웅전의 기단(基壇)은 면석과 자연석을 이용해 정면을 정연하게 치석하여 3단 높이까지 쌓아 마감하고, 중앙으로 9단의 계단을 두었다.

공포는 주심 기둥 상부주두에 주심포를 놓고, 사방 모든 칸에 1조의 주간포를 놓는 다포식(多包式)으로 외3내4출목이다. 공포의 정후면 쇠서모양을 다르게 구성한 정면성이 강조된 건물이다. 가구(架構)는 1고주 7량 구조로 비교적 큰 규모이다. 지붕은 용마루와 내림마루, 추녀마루로 구성된 팔작집이다. 불전 내부 천장(天障)은 하중도리에서 중보동자주까지가 1단 낮고, 중보천장이 한단 높은 층급형으로 2단 모두 반자틀 내부로 소란을 두른 격식 있는 법식의 우물천장이다. 중앙에 불단 위로 석가모니 삼존불과 후불도 등을 봉안하고 있으며, 상부에는 소략한 닫집을 설치했다. 2013년 해체수리 당시에 발견된 종도리 묵서명에 의하면 건축 연대는 1688년, 강희칠년무신중창(康熙七年戊申重創)이며, 경상북도 팔공산 일원에서 활약했던 스님 상혜(尙慧)가 도대목(都大木)이었음이 확인되었다. ⇨환성사 環城寺

환성시집 喚醒詩集 환성지안(喚醒志安 1664~1729)의 문집. 한불전9, pp.467c1~476c25에 수록되었다. 1751년(영조27) 안변(安邊) 석왕사(釋王寺)에서 간행된 목판본(木板本)이 현전한다. 지안은 편양언기(鞭羊彦機)·풍담의심(楓潭義諶)·월담설제(月潭雪霽)의 법을 이은 고승으로, 그의 문인 성눌(聖訥), 해원(海源) 등이 문집간행을 주도하였다. 오봉(鼇峯)의 서문이 있고, 본문에 시 144편이 수록되었다. 말미에는 해원이 찬술한 「환성화상행장 喚醒和尙行狀」과 지안의 문인목록인 「문정목록 門庭目錄」도 수록되었다. 오봉은 서문에서 지안의 시를 "도의 바탕 빈 산에 달이 비춤이요, 마음 법 물 흐르고 꽃 화사할 뿐이었네. 道體山空月照心法水流花明"(한불전9, p.467c7)라고 하였고, 지안이 선교로 널리 교화한 일과 네 가지 신이한 행적도 특기하였다. ⇨지안 志安

환성지안대사비 喚醒志安大師碑 조선후기 환성지안(1664~1729)의 행적비. 1822년(순조22) 해남 대흥사(大興寺)에 세운 유명조선국환성대사비(有明朝鮮國喚醒大師碑)와 1994년 건립한 '환성당지안대종사순교비 喚醒堂志安大宗師殉敎碑'가 있다. 전자는 홍계희(洪啓禧 1703~1771)가 짓고 조명채(曺命采)가 썼으며, 후자는 동곡일타(東谷日陀)가 짓고 애산송월(涯山淞月)이 썼다. 해남 대흥사 비문에 "대사 입적 후 법손 궤홍상인이 스승의 행장을 가지고 와서 비문을 구하였다. … 대사께서 종지를 풀어 연설해 대중의 미혹을 깨우쳐주셨으니 진실로 법문용상에 부끄럽지 않았다. 師沒後 其法孫 軌泓上人 以師狀來求碑 … 若師之演繹宗旨 開悟衆迷 眞不愧於法門龍象"라고 하였다. [참고문헌] 『通度寺誌』(亞細亞文化社, 1979) p.428, 『大芚寺誌』(亞細亞文化社, 1980) p.267, 『金山寺誌』(亞細亞文化社, 1982) p.194, 『朝鮮佛敎通史』 권상 p.529, 『海東佛敎』2, 智冠 『韓國高僧碑文總集 朝鮮朝·近現代』 pp.364~371. ⇨지안 志安

환소 紈素 곱고 깨끗한 바탕. 하얀 비단으로 백환(白紈)이라고도 한다. 『사십이장경』(대정장17, p.724a14)에 "사문은 정욕 보기를 저 진흙보다 더 두렵게 본다. 마음을 곧게 하여 도를 떠올려야 뭇 고통을 면할 수 있다. … 나는 왕후의 지위를 먼지틈처럼 여기고, 금옥등 보석 보기를 기와돌처럼 하며, 환소로 만든 옷 낡은 비단처럼 본다. 沙門視情欲 甚於彼泥 直心念道 可免衆苦 … 吾視王侯之位 如塵隙 視金玉之寶 如瓦礫 視紈素之服 如弊帛", 『사십이장경주』(卍속장59, pp.77b18)에 "'환소로 만든 옷 낡아빠진 비단처럼 본다'고 하였으니, 남

루한 모습을 빌려 치장한 모습을 취하지 않는다는 뜻이다. 視紈素之服 如敝帛 假以蔽形 不取飾好", 『조정사원』 권6(卍속장113, p.183a11)에 "환소 : 앞 글자는 호와 관을 반절한 음이다. 고운 비단이다. 紈素 上胡官切 細絹也", 『일체경음의』 권87(대정장54, p.863c26)에 "백환〈(뒤 글자는) 환과 만을 반절한 음이다. 허숙중(許愼)은 '환은 소이다'라고 하였고, 『설문』에서는 부수는 사(糸)이고, 음은 '환'이다고 하였다〉. 白紈〈換巒反 許叔重云 紈 素也 說文 從糸丸聲〉"이라고 하였다. 〔참고문헌〕『四十二章經』, 『四十二章經註』, 『祖庭事苑』, 『一切經音義』.

환속 還俗 Ⓢ gṛha-sthaṃ √kṛ. 세속으로 돌아가다. 계를 돌려놓고(還戒) 세속으로 돌아가기에 반속(反俗)이라고도 한다. 본인의 결정으로 환속하기도 하지만 파불(破佛) 등의 정치적 이유로 강제 환속하기도 한다. 범계(犯戒)로 인해 강제로 절을 떠나 세속으로 가게 되는 경우는 빈출(擯黜)이어서 환계(還戒)라 하지 않는다. 『잡아함경』 권39(대정장2, p.284b12)에 "죽었다고 말한다면 계를 버리고 환속하여 정법정율을 잃었음이다. 所言死者 謂捨戒還俗 失正法正律", 『대장엄론경』 권6(대정장4, p.288a25)에 "여인이 말하길 '당신이 불도를 버리고 환속한다면 저는 당신을 따르겠소'라고 말하는 그 순간에 비구는 곧바로 도를 버렸다. 婦女言 汝今若能罷道還俗 我當相從 彼時比丘 卽便罷道", 40권본 『대반열반경』 권7(대정장12, p.403c1)에 "국왕이나 왕자나 대신을 가까이하고 여인들과 사귀며, … 술집·창녀촌·도박장 따위의 부정한 곳을 드나들며 놀아난다. 이와 같은 사람들을 나는 이제 비구들과 섞이도록 허용치 않고, 마땅히 불도를 그만두고 환속하여 다른 일을 하도록 하겠다. 마치 벼 속의 피와 같으니 모두 남김없이 사라지게 해야 한다. 親近國王 王子 大臣 及諸女人 … 出入遊行 不淨之處 所謂沽酒 婬女 博奕 如是之人 我今不聽在比丘中 應當休道 還俗役使 譬如稗稊 悉滅無餘", 『유부율잡사』 권24(대정장24, p.322a15)에 "여인이 세 차례 시집가거나, 출가했다가 환속하거나, 그물로 잡았던 새가 새장을 탈출하거나, 이 셋은 간사라 한다. 女人三度嫁 出家復還俗 網鳥脫籠飛 此三解姦詐", 『양고승전』 권3 「법현전 法顯傳」(대정장50, p.337b23)에 "나이 열 살에 아버지 상을 당했는데 숙부가 어머니 홀로 살기 힘들다는 이유로 환속을 재촉하자 법현이 말했다. '본래 아버지가 계셨기에 출가했던 것이 아니라 번뇌를 멀리하고 세속을 떠나려는 바로 그 이유로 불도에 들어왔을 따름입니다'. 숙부가 그 말을 잘 알아듣고 권유를 그만두었다. 十歲遭父憂 叔父以其母寡獨不立 逼使還俗 顯曰 本不以有父而出家也 正欲遠塵離俗 故入道耳 叔父善其言 乃止", 『선림상기전』 권15(대장경보편19, p.498a14)에 "환속 : 『거가필용이학지남편』에 '환속은 승도가 죄를 범하여 속가로 돌아가는 경우를 말한다'라고 하였다. 『경국대전주해』에 '환속 : 승도의 출가를 속을 버렸다 하고, 만약 죄를 범하면 이전에 살던 속가로 돌아가게 해서 민이 되도록 한다'라고 하였다. 還俗 居家必用吏學指南篇云 還俗 謂僧道犯罪 歸家者 經國大典註解云 還俗 僧道出家 曰棄俗 若犯罪 令其還歸本俗爲民也"라고 하였다. 〔참고문헌〕『雜阿含經』, 『大莊嚴經論』, 『大般涅槃經』, 『有部律雜事』, 『梁高僧傳』, 『禪林象器箋』, *Śikṣ.60*. ⇨ 환계 還戒, 멸빈 滅擯, 빈출 擯黜, 귀속 歸俗, 반복 反服, 반속 反俗❶, 승니환속 僧尼還俗

환속도사 還俗道士 도교의 도사로 있다가 환속한 사람. 『법원주림』 권55 「요혹란중 妖惑亂衆」(대정장53, p.705a22)에 "최근 639년(정관13)에 이르러 서경 서화관의 도사 진영회와 성관의 도사 위영부와 환속한 도사 주영감은 모두 『장초 章醮』에 대한 이해가 약간 있어 칙령으로 태자를 섬기도록 하였는데, 이들이 태자를 유혹하여 왕위 찬탈의 뜻을 도모했다가 사정이 여의치 못하여 결실을 보지 못하였다. 진영회·위영부·주영감 등이 모두 참수당했고, 그들의 사택과 재물은 몰수되었고 처자들은 모두 관 노비의 신분으로 전락하였다. 近至貞觀十三年 有西京西華觀道士 秦英會 聖觀道士 韋靈符 還俗道士 朱靈感 並薄解章醮 勅令事東宮 惑亂東宮 結謀大意 爲事不果 秦英 靈符 靈感等 並被誅斬 私宅財物 及有婦兒 並配入官"라고 하였다. 〔참고문헌〕『法苑珠林』.

환수추흉 換手搥胸 손을 바꾸어 가며 가슴 치다. 답답해 어쩔 줄 몰라 하다. 『경덕전등록』 권8 「낙경흑간전 洛京黑澗傳」(대정장51, p.262b12)에 "학인이 물었다. '무엇이 밀실입니까?' '귀 자르는 길에 누웠네' '무엇이 밀실중에 사람입니까?' 흑간이 손을 바꾸어 가며 가슴을 쳤다. 僧問 如何是密室 師云 截耳臥街 僧云 如何是密室中人 師乃換手搥胸"라 하였다. 〔참고문헌〕『景德傳燈錄』.

환술 幻術 Ⓢ māyā-vidyā, māyā. 본래 없는 것(非有) 만들어 내서 보이게 하는 일. 헛된 헤아림(妄計)으로 집착하고 분별(分別)해서 공(空)한 연기자성(緣起自性)을 물들여 형(形)도 색(色)도 있게 하는 일을 말한다. 『대승입능가경』 권2(대정장16, p.596b18 : *Laṅk.*, p.56)에 "대혜여! 망계자성은 연기자성에 집착하여 일어난다. 대혜여! 비유하면 환사가 환술의 힘으로 풀·나무·기와·돌에 의지하여 중생이라는 몇 가지 색상을 만들어 내는 것과 같아서 그것들을 보는 이로 하여금 갖가지로 분별하게 하지만 이 모두에 진실이란 없다. 大慧 妄計自性執著緣起自性起 大慧 譬如幻師以幻術力依草木瓦石幻作衆生若干色像 令其見者種種分別 皆無眞實 mahāmate parikalpita-svabhāva-vṛtti-lakṣaṇ aṃ paratantra-svabhāva-abhiniveśataḥ pravartate. tadyathā tṛṇa-kāṣṭha-gulma-latā-āśrayān-māyā-vidyā-puruṣa-saṃyogāt-sarvasattva-rūpadhāriṇaṃ māyāpuruṣa-vigrahamabhiniṣpannaika-sattva-śarīraṃ vividha-kalpa-vikalpitaṃ khyāyate, tathā khyāyannapi mahāmate tad-ātmako na bhavati", 『능가경』 권1(대정장16, p.487c28 : *Laṅk.*, p.69)에 "생사의 길에서 갖가지 신색으로 돌고 도니, 환술의 신통한 주술로 모양 불러 일으키는 듯 한다. 生死趣有輪 種種身色 幻術神呪 機發像起 saṃsāra-bhava-gati-cakre vicitra-deha-rūpa-dhāri māyā-vetāla-yantra-pratimaṃ pravartamānaṃ pravartate", 『순정리론』 권50(대정장29, p.623c1)에 "환상이란 무엇인가? 환술의 과로서 마치 신통한 이가 지은 색과 같을 뿐이다. 이와 같이 환상도 실로 현색과 형색이 있다. (환상은) 환술로부터 생겨나 능히 볼 수 있는 경이 될 수 있지만 붙들 만한 실다운 일이란 필경에 없다. 그래서 경에서 '있는 것 아니다 非有'라고 설한다. 幻相是何 謂幻術果 如神通者所化作色 如是幻相有實顯形 從幻術生能爲見境 所執實事是畢竟無 故彼經中說爲非有"라고 하였다. 〔참고문헌〕 『大乘入楞伽經』, 『楞伽經』, 『順正理論』, *Laṅk.* ⇨ 인길자 人吉蔗, 환사 幻事

환술진언 幻術眞言 허깨비를 나타나게 하는 진언. 『대일경』 권3(대정장18, p.18b2)에 "마치 환술진언이 갖가지 정원과 사람을 나투게 하는 것과 같다. 如幻術眞言 能現種種園林人物"라고 하였다. 〔참고문헌〕 『大日經』.

환신 幻身 꿈결같아 사라져 버릴 몸. 사대(四大 : 地水火風)가 임시로 모여 있을 뿐인 덧없는 육신을 말한다. 『대방등무상경』 권6(대정장12, p.1103b11)에 "'세존이시여, 저 부처님 말씀대로 이 삼매에 머물면 법신을 얻는데 어찌 다시 변화신이라 하고, 여래법신이 교화를 위해 잡식신을 짓는다 하면, 어찌 이 몸은 허망하지 않을 수 있습니까? 진법신이 어찌하여 다시 잡식신이 되고, 저 식신이 된다면 뜻에 있어 마땅하지 않습니다'. 부처님께서 말씀하셨다. '그만두어라. 이 삼매에 머무는 보살마하살에게 있어 화신은 환신이라고 하지 않는다'. 世尊 如佛所說 住是三昧 則得法身 云何復言 是變化身 如來法身 若爲敎化 作雜食身 云何此身 非虛妄耶 眞法身者 云何復作 雜食之身 若作食身 是義不然 佛言 止止 勿作是語 住是三昧 菩薩摩訶薩 若有化身 是名幻身", 『원각경』(대정장17, p.914b22)에 "'나의 지금 이 몸은 사대가 화합한 것이니 … 사대가 각각 흩어지면 이제 이 허망한 몸은 어디에 있는가?' 곧 이 몸 마침내 체가 없이 화합하여 모습 되었을 뿐이니, 실로 허깨비 변화한 듯함을 알아야 한다. … 선남자여, 저 중생들의 환신이 멸하기에 환심 또한 멸하고, 환심이 멸하기에 환진 또한 사라진다. 我今此身 四大和合 … 四大各離 今者妄身 當在何處 卽知此身 畢竟無體 和合爲相 實同幻化 … 善男子 彼之衆生 幻身滅故 幻心亦滅 幻心滅故 幻塵亦滅", "선남자여, 마땅히 알라. 몸과 마음 모두 헛된 티끌이니, 때문은 모습 길이 사라지면 시방세계 청정하리라. 善男子 當知身心 皆爲幻垢 垢相永滅 十方淸淨"라고 하였다. 〔참고문헌〕 『大方等無想經』, 『圓覺經』.

환심 幻心 꿈결처럼 실없는 마음. 『원각경』(대정장17, p.914a10)에 "'선남자야, 일체중생 가지가지로 변화해 나투니 모두 여래의 원각묘심에서 일어난다. 저 허공꽃이 허공 좇아 있듯이, 허공꽃 비록 사라지더라도 비어있던 그 바탕 무너지지 않는다. 중생환심도 돌이켜 환 따라 사라지니 모든 꿈결 다해 사라져도 각심만은 그대로다. … 선남자야, 환인 줄 아는 즉시 여읨이니 굳이 방편 짓지 않는다. 꿈결 떠난즉 깨달음이어서 점차마저 없다'. 善男子 一切衆生 種種幻化 皆生如來 圓覺妙心 猶如空花 從空而有 幻花雖滅 空性不壞 衆生幻心 還依幻滅 諸幻盡滅 覺心不動 … 善男子 知幻卽離 不作方便 離幻卽覺 亦無漸次", 『대지도론』 권78(대정장25, p.610c17)에 "'교시가야, 이 보살이 인이야말로 이 복덕이라 하니 저 제법실상회향이다. 저 실상중에서의 마음은 불가득이어서, 마음이 아니라고도 마음을 떠나지 않는다고도 말한다'. 憍尸迦 是菩薩 因是福德 如諸法實相迴向 於實相中 心不可得 是故 說非心 亦不離心", "부처님께서 말씀하시길 '마음 저 허공과 같아서 있는 바 없다고 하면, 너는 이런 말 중에서 유를 보아 저 유인가 무인가 하는 희론하지는 않는가'. 답하여 '아닙니다' 하니, '여의면 공이어서 있을 것이 없어 저 꿈결 같은 마음 뿐일진대, 그대 어찌 다시 법이란 것이 있어 능히 무상도를 얻는다고 보느냐'라고 다시 하시니, '그렇게 보지 않습니다'라고 하였다. 佛言 心若空 無所有 汝見是中有 是若有若無戲論不 答言 不也 離是空 無所有 如幻心 汝見更有法能得無上道不 答言 不見"라고 하였다. 〔참고문헌〕 『圓覺經』, 『大智度論』. ⇨ 환 幻

환아불법래 還我佛法來 도리어 나에게 불법 가져오시게. 『양기후록』(대정장47, p.647c10)에 "양기가 '모든 법 다 그대로 불법이다'라고 한 뒤 마침내 선상을 한 번 치고는 '산하대지가 가루 되도록 부서졌으니 나에게 불법을 돌려다오'라고 한 다음 잠깐 침묵하다가 말했다. '아득한 하늘 송골매 만리 구름 단번에 뚫고 날았다는데 닮은 듯한 일 있기는 한가?' 師乃云 一切法皆是佛法 遂拍禪床一下云 山河大地百雜碎 還我佛法來 良久云 何似生遼天鶻 萬里雲只一突", 『조정사원』 권1 「운문실중록 雲門室中錄」(卍속장113, p.16b13)에 "일체법 다 이 부처님 법이다. 승상도 노주도 바로 그대로 일체법일 뿐이다. 돌이켜 나에게 불법 가져오시게. 一切法 皆是佛法 繩牀露柱是一切法 還我佛法來"라고 하였다. [참고문헌] 『楊岐後錄』, 『祖庭事苑』.

환암 幻庵 ❶ 1320~1392. 고려말 조선초 스님. 휘는 혼수(混修), 자는 무작(無作). ⇨ 혼수 混修 ❷ 선흠(善欽 1706~1773)의 호. ⇨ 선흠 善欽

환야 幻野 헛된 들판. 삼독에 취해 헤매이는 생사를 반복하는 몽환(夢幻)의 세계. 『훔자의』(대정장77, p.405c7)에 "삼계육도에서 길게도 하나로 떳떳한 이치에 미해 항상 삼독의 일에 취하여 헛된 들판에서 거칠게 사냥질하다가 별 생각도 없이 집으로 돌아와 기나긴 꿈에 떨어져 자니 깨어날 때 어느 때리요. 三界六道 長迷一如之理 常醉三毒之事 荒獵幻野 無心歸宅 長眠夢落 覺悟何時"라고 하였다. [참고문헌] 『吽字義』.

환양도우 喚羊禱祐 조선후기 스님. 『동사열전』 권5 「연호대사전 烟湖大師傳」(한불전10, p.1056c1)에 "(연호승정은) 환양도우 선사에게 법을 이어 받았다. 嗣法於喚羊禱祐禪師"라고 하였다. [참고문헌] 『東師列傳』.

환양팔원 喚羊八元 조선후기 스님. 용파기홍(龍坡基弘)의 3세손이고 낭송유화의 제자다. 『동사열전』 권5 「용파선사전 龍坡禪師傳」(한불전10, p.1063b1)에 "환양팔원은 낭송유화의 법을 이었다. 元 朗松有華之嗣"라고 하였다. [참고문헌] 『東師列傳』.

환업 幻業 꿈결처럼 그림자인 듯 메아리 치듯 짓고 행하는 일. 실(實) 아니지만 세계중에 드러나 움직이는 일. 60권본 『화엄경』 권3(대정장9, p.410a22)에 "그때 보현보살은 여러 보살들에게 말했다. '불자여, 낱낱의 세계해가 의지해 머무니 저 세계 티끌만큼이나 셀 수 없다. 말해 보면, 일체장엄에 의지해 머물거나 허공에 의지해 머물며, 혹은 일체보에 의지해 머물거나 부처님 광명에 의지해 머물고, 혹은 환업에 의지해 머물거나 마하나가금강역사의 손바닥에 의지해 머물거나 보현보살의 원력에 의지하여 머문다'. 爾時 普賢菩薩 告諸菩薩言 佛子 一一世界海所依住 如世界微塵數 所謂依一切莊嚴住 或依虛空住 或依一切寶住 或依佛光明住 或依幻業住 或依摩訶那伽金剛力士掌中住 或依普賢菩薩願力住", 『대지도론』 권44(대정장25, p.376c18)에 "수보리가 생각하길 '그렇다면 보살은 무엇 때문에 가지가지 도를 행하여 아누다라삼막삼보리를 구하는 것일까?' … 부처님께서 말씀하셨다. '보살은 저 마술사와 같이 반야바라밀을 행한다'. 오온(五衆 : 五蘊)인즉 바로 환인과 다름이 없으니, 앞선 세상의 업인연을 쫓아 마술 같은 업을 드러내기 때문이다. 이 오온으로는 능히 부처를 이룰 수 없다. 있을 리 없기에 저 꿈과 같고, 요술 같고, 그림자와 메아리 등과 같을 뿐이다. 須菩提作是念 若爾者 菩薩 何以故 種種行道 求阿耨多羅三藐三菩提 … 佛言 菩薩應如幻人行般若波羅蜜 五衆 卽是幻人無異 從先世業因緣 幻業出故 是五衆 亦不能得成就佛 何以故 性無所有故 餘夢化 影 響等 亦如是"라고 하였다. [참고문헌] 『華嚴經』, 『大智度論』. ⇨ 환인 幻人 ❷, 환사 幻事

환영 奐榮 신라 스님. 887년 하동 쌍계사(雙溪寺)에 진감선사(眞鑑禪師)의 비를 세울 때 각자(刻字)하였다. [참고문헌] 河東 雙溪寺 眞鑑禪師碑.

환예 歡豫 ❶ 한껏 기뻐함. 『기세경』 권9(대정장1, p.358a28)에 "비구들아, 세간이 뒤쳐 변하여 이런 때가 오리니, 모든 중생들 중 많은 이가 광음천(光音天 Ⓢ Ābhāsvara)에 난다. 이 중생들이 저 하늘에 날 때 몸과 마음이 한껏 기쁘니, 희열로 먹이 삼아 저절로 광명이 나고, 또 신통 있어 하늘을 나르며 최승의 몸을 얻어 수명 또한 길게 아주 오래가니 안락하게 머문다. 諸比丘 世間轉已 如是成時 諸衆生等 多得生於光音天上 是諸衆生 生彼天時 身心歡豫 喜悅爲食 自然光明 又有神通 乘空而行 得最勝色 年壽長遠 安樂而住"라고 하였다. [참고문헌] 『起世經』, 『修行本起經』 권하(대정장3, p.472b12). ❷ 가섭불(迦葉佛) 때의 옹기장이 이름. 아난(阿難)의 전신이다. 『경률이상』 권15(대정장53, p.78b24)에 "부처님께서 말씀하셨다. '옛날 가섭불(迦葉佛 Ⓢ Kāśyapa Buddha) 때 이곳에 정사가 있었는데 이만의 사문이 있었고 가섭불께서 항상 정법을 설하셨다'. 아난은 곧 의자를 내드리며 무릎 꿇고 말씀드렸다. '원하옵건대 높은 자리에 앉으시옵소서. 이 땅에 복이 있어 두 부처님께서 오셨습니다'. 부처님께서는 자리에 앉으시고서 손을 들어 가리키는데 '저곳에 큰 고을이 있었으니, 유릉이였고 옹기장이 이름이 환예였다. 佛言 昔迦葉佛時 此處有精舍 精舍中有二萬沙門 迦葉佛常說正法 阿難卽施繩床跪勸曰 願就尊坐 斯地有福 乃致兩佛 佛就坐畢 擧手指曰 彼有大縣 其名維綾 時有陶家 名曰歡豫", 같은 책 권15(대정장53, p.79b12)에 "부처님께서 모든 비구들에게 말씀하셨다. '그 때의 화결은 바로 지금의 나이고, 환예는 아난이다. 아난은 나의 좋은 친구이니, 힘써 나를 부처님 계신 곳으로 이끌고, 가르침을 듣고서 부처가 되게 하였다. 현명한 친구의 깨우침은 곧 만복의 터이다'. 佛告諸比丘 時 花結者 我身是也 歡豫者 阿難是 阿難爲吾良友 力牽吾至佛所 聽經令吾得佛 夫賢友之喩 乃萬福之基"라고 하였다. [참고문헌] 『經律異相』. ❸ 정거천(淨居天)의 천자. 『보요경』 권7(대정장3, p.530c4)

에 "'우리들은 저 부처님의 정진위신력을 마땅히 배워야 하네. 속히 삼세에 뛰어나 세상에 바라밀을 베풀고, 모두가 무상보리에 속히 이르게 한다'. 이에 여러 천자들이 모두 모였는데 … 셋째의 이름은 환예 … 여덟째의 이름은 적률이었다. 이와 같은 정거천 여덟 천자가 천이나 되는 천자들을 데리고 모두 모여 세존의 가르침을 듣고 수지하였다. 吾等當學 彼佛精進 威神勢力 使疾獲致 三世之尊 施世道目 皆使逮致 無上正眞之道 於是 諸天子等 悉來集會 … 三 名歡豫 … 八 名寂律 如是等類 八淨居天 從千天子 悉來集會 聽受世尊所轉法輪"라고 하였다. [참고문헌]『普曜經』. ⇨정거천 淨居天

환옹 幻翁 1824~1904. 양주 봉선사(奉先寺) 스님, 휘는 환진(喚眞). ⇨환진 喚眞

환운 幻雲 조선후기 스님. 해봉유기(海峰有璣 1707~1785)의 「환운찬 幻雲贊」(『호은집』 권2 · 한불전9, p.714b16)과 「차환운도남운 次幻雲圖南韻」(같은 책 권3 · 한불전9, p.722b18)이 있다. [참고문헌]『好隱集』.

환운대은 幻雲大隱 조선후기 스님. 금허세원(錦虛世元 1824~1894)의 제자. 『동사열전』 권5 「금허선백전 錦虛禪伯傳」(한불전10, p.1061c1)에 "환운대은의 속성은 김씨, 청해인이다. 수계제자로는 준학경문 등 15인이 있다. 幻雲大隱 金氏 淸海人 受戒弟子 有俊學敬文等 十五人"라고 하였다. [참고문헌]『東師列傳』.

환웅 桓雄 우리나라 시조 단군의 아버지. 보각국존(普覺國尊) 일연(一然)이 1281년(충렬왕7)에 지은 『삼국유사』 권1(대정장49, p.961c24 · 한불전6, p.269a20) 기이(紀異)1 고조선(古朝鮮)에 "옛 기록에 이르기를, '옛날에 환인〈제석을 말함〉의 서자 환웅이 자주 천하에 뜻을 두어 인간세상 구하고자 하였다. 아버지가 아들의 뜻을 알고는 삼위태백을 내려다보니 가히 널리 인간을 이롭게 할 만하기에 천부인 세 개를 주며 가서 다스리게 하였다. 웅이 무리 삼천을 데리고 태백산정〈즉 태백은 지금 묘향산〉 신단수 아래에 내려와 신시라 하니, 바로 환웅천왕이다. 장차 풍백 · 우사 · 운사에게 곡식 · 명 · 병 · 형 · 선악을 맡게 하고 무릇 인간 삼백육십여 일을 맡아 세간에 있으며 다스려 교화하였다. 古記云 昔有桓因〈謂帝釋也〉庶子桓雄 數意天下 貪求人世 父知子意 下視三危太伯 可以弘益人間 乃授天符印三箇 遣往理之 雄率徒三千 降於太伯山頂〈卽太伯今妙香山〉神壇樹下 謂之神市 是謂桓雄天王也 將風伯雨師雲師 而主穀主命主病主刑主善惡 凡主人間三百六十餘事 在世理化", 동안거사(冬安居士) 이승휴(李承休)가 두타산 삼화사(三和寺)에서 대장경을 열람던 중이던 1287년(충렬왕13)에 지은 『제왕운기』 권하에 "처음 누가 나라 열어 세상 펼쳤는가? 석제의 후손 이름은 단군이라네. 본기에 이르기를 '상제 환인의 서자 웅이라고들 하였다. 일러 말하기를 「내려가 삼위태백에 이르러 인간을 널리 이롭게 할 수 있겠는가?」 하였기에 환웅은 천부인 3개를 받고 귀중 삼천을 데리고 태백산 꼭대기 신단수 아래로 내려왔으니, 이분이 단웅천왕이시다'라고 하였다. 손녀에게 약을 먹여 사람 몸 이루고 단수신과 혼인하여 남자아이를 낳게 하니, 이름이 단군이고 조선 땅에 자리잡아 왕이 되었다. 初誰開國啓風雲 釋帝之孫名檀君 本紀曰 上帝桓因有庶子 曰雄云云 謂曰 下至三危太白 弘益人間歟 故雄受天符印三箇 率鬼三千 而降太白山頂神檀樹下 是謂檀雄天王也云云 令孫女飮藥 成人身 與檀樹神婚而生男 名檀君 據朝鮮之域爲王"라고 하였다. [참고문헌]『帝王韻紀』. ⇨신웅 神雄, 삼국유사 三國遺事

환원 還源 샘으로 돌아가다. 일체(一切)를 출생시키지만 이름도 모양도 없고 생사도 열반도 없는 마음의 고향으로 돌아가다. 반본환원(返本還源)이라고도 한다. 『금강경찬요간정기』 권3(대정장33, p.191a16)에 "만약 편히 앉고자 한다면 반드시 발에 묻은 먼지를 씻어야 하고, 고향으로 돌아가고자 한다면 반드시 마음에 쌓인 망념을 털어 없애야 한다. 若欲安坐 必須洗去足塵 若欲還源 必須拂除心念", 『법화현의』 권2하(대정장33, p.703a5)에 "마치 백 갈래 강물이 바다에 모이면 그 맛이 다르지 않다가 다시 갈라져 샘으로 돌아가 강으로 물로 흐른즉 달라진다. 如百川會海 其味不別 復局還源 江河則異", 『화엄경소』 권52(대정장35, p.895b18)에 "본성을 본즉 돌이켜 본원으로 돌아간다 하지만, 돌아가거나 떠나는 것 모두 마음 일으킬 뿐이다. 돌아가 머물 일 다 잊어야 고요하여 어떤 마음도 일으키지 않는다. 見本性則 還源反本 有還有去 皆是起心 還住兩亡 寂然不起", 『정명현론』 권1(대정장38, p.859a25)에 "『정관론』에 '생사와 열반은 본래 서로 다른 경계가 아니다'라고 하였다. 이것이 방등의 훌륭한 나루터요 근원으로 돌아가는 요술일 뿐이다. 보살이 세간을 일으키는 일 이 하나의 문에 있다. 正觀論云 生死涅槃 本無二際 蓋是方等之良津 還源之要術 大士興于世者 在斯一門", 『기신론소필삭기』 권1(대정장44, p.302a25)에 "누군가 물을 거슬러 올라가 그 물의 본원에 닥치면 환원이라 하는 것과 같다. 이로써 수행자가 생사의 흐름을 돌이켜 본제로 돌아감을 비유한다. 본제를 얻으면 마음의 샘을 깨달았다고 한다. 그러므로 아래 문에서 '마음의 샘 깨달으면 구경각이라 한다'라고 한다. 如人泝洄 窮其水本 名爲還源 以喩行者 反生死流 歸於本際也 得本際者 名覺心源 故下文云 覺心源者 名究竟覺"라고 하였다. [참고문헌]『金剛經纂要刊定記』, 『法華玄義』, 『華嚴經疏』, 『淨名玄論』, 『起信

論疏筆削記』. ⇨ 반본환원 返本還源

환원관소초보해서 還源觀疏鈔輔解序 정원(淨源)이 저술한 『망진환원관소초보해 妄盡還源觀疏鈔補解』의 「서序」. 『원종문류』 권22(卍속장103, p.849b13 · 한불전4, p.639c18)에 수록되었다.

환월 幻月 1819~1881. 조선후기 스님. 휘는 시헌(時憲). 학인지도와 함께 항상 『법화경』을 독송하였는데, 구월산(九月山) 패엽사(貝葉寺)에 있을 때는 3년 동안 『법화경』을 연찬 · 독송하였다. 작자 미상의 환월대사행적이 『조선불교총보』 제19호(『한국불교잡지총서』 권15, p.650)에 수록되어 있다. 〔참고문헌〕『朝鮮佛教叢報』19 「幻月大師行蹟」. ⇨ 시헌 時憲

환유 幻有 Ⓢ māyā … asti, Ⓣ sgyu-ma-zhin-du yod. 꿈결처럼 있을 뿐. 『이취육바라밀다경』 권10(대정장8, p.911b18)에 "일체제법은 임시로 있어 실로는 없다. … 일체제법은 그 본성이 불생이며, 연에 따라 환으로만 있을 뿐이니, 온 적도 없고 간 일도 없다. 끝나지도 영원하지도 않아서, 청정하여 고요히 그러할 뿐이니, 참으로 고르고 한결같다. 一切諸法 假有實無 … 一切諸法 本性不生 從緣幻有 無來無去 非斷非常 淸淨湛然 是眞平等", 『성유식론』 권1(대정장31, p.2a25)에 "내가 붙들고 있는 것들 모두 연들일 뿐이니 무상한 오취온의 모습이다. 헛되이 붙잡아 나를 삼는다. 그러나 모든 온상도 연 쫓아 생겨나므로 이는 꿈결처럼 있을 뿐이다. 我執皆緣 無常五取蘊相 妄執爲我 然諸蘊相 從緣生故 是如幻有"라고 하였다. 〔참고문헌〕『理趣六波羅蜜多經』, 『成唯識論』, *Laṅk.294.* ⇨ 환 幻

환응 幻應 ❶ 조선후기 스님. 추파홍유(秋波泓宥 1718~1774)가 보낸 「답환응장실서 答幻應丈室書」(『추파집』 권2 · 한불전10, p.65a16)에 "이미 단에 올라 여리박빙 하셨으니, 초학을 대할 때에는 둔함을 마다하지 않고 가르쳐 인도하여 깨달아 알게 해야 합니다. 旣登壇如履薄 對初機 莫嫌其鈍 誘而導之 使有曉解焉"라고 하였다. 〔참고문헌〕『秋坡集』. ❷ 1847~1929. 고창 선운사(禪雲寺)스님. 휘는 탄영(坦泳), 호는 환응(幻應), 속성은 김씨, 본관은 김해이다. 아버지의 휘는 기우(基愚), 어머니는 박씨부인이니, 1847년(현종13) 4월 전라북도 무장(茂長縣 : 지금의 高敞郡 茂長面 茂長里)에서 태어났으며, 선운사에서 성일(性鎰)스님을 은사로 하여 스님이 되었고, 경담서관(鏡潭瑞寬 1824~1904)의 법을 이어받았다. ⇨ 탄영 坦泳

환응 喚應 조선후기 영천 은해사 영파성규(影波聖奎 1728~1812)의 은사. 영파당 성규대사의 비문에 따르면 성규가 19세 때인 1747년(영종23)에 경상북도 청도군 각북면 오산동 최정산(最頂山) 용천사 환응장로(幻應長老)를 은사로 스님이 되었다 하였다. 〔참고문헌〕「永川銀海寺影波堂聖奎大師碑文」(智冠 『韓國高僧碑文總集 朝鮮朝 · 近現代』 p.594). ⇨ 성규 聖奎

환인 幻人 ❶ Ⓟ māyāvin. 마술을 부리는 사람(幻術師 : 幻師). 『중아함경』 권4 「파라뢰경 波羅牢經」(대정장1, p.445c16)에 "여래가 어찌 환임을 알지 못하고서 스스로 환이 아니라 하겠는가. 까닭이 무엇인가. 나는 환을 알고 환술을 부리는 이를 알며, 환의 과를 알고 환을 끊을 줄 안다. … 만약 어떤 사람이 '사문 구담이 환을 안다면 그는 곧 마술사일 것이다'라고 말한다면 … 목숨이 끝나면 지옥에 날 것이다. … 선서시여, 저 바보 같고 온전치 못했으며 불선하였습니다. 제가 망령되이 말하여 사문구담이 환이라 했기 때문입니다. 如來 何以不得知幻 而自非幻 所以者何 我知幻 知幻人 知幻報 知斷幻 … 若有作是說 沙門瞿曇知幻 卽是幻者 … 命終 生地獄中 … 善逝 如愚如癡如不定如不善 所以者何 我以妄說 沙門瞿曇是幻", 상응하는 *Pātali-sutta*(*SN.4*, p.342)에 "'여래가 환술을 안다 해서 환인인 것은 아니다'라고 왜 알지 못합니까? 촌장이여, 나는 환술과 그 결과에 대해 잘 압니다. 환술을 행하면 환인은 몸이 부서져 죽은 뒤에 … 지옥에 떨어진다는 것도 나는 잘 압니다. kasmā tathāgato na lacchati tathāgato māyaṃ jānāti na ca tathāgato māyāvīti. māyañ-cāhaṃ gāmaṇi pajānāmi, māyāya ca vipākaṃ, yathā-paṭipanno ca māyāvī kāyassa bhedā param maraṇā … vinipātaṃ nirayam upapajjati tañca pajānāmi", 『대방편불보은경』 권3(대정장3, p.136b27)에 "대왕이시여, 다음과 같은 것을 알아야 합니다. 우리들의 경서 4베다전에서 말하길 '일천년에서 이천년 사이에 한 명의 환인이 세상에 출현할 것이다'. 구담사문이 바로 그 사람입니다. 大王 當知 我等經書 四圍陀典說言 千年二千年 當有一幻人出世 瞿曇沙門 正是其人"라고 하였다. 〔참고문헌〕『中阿含經』, 『大方便佛報恩經』, *SN.* ⇨ 환사 幻師 ❷ Ⓢ māyā-puruṣa, Ⓣ sgyu-ma'i-skyes-bu. 마술로 지은 사람(幻化人). 『대품반야경』 권4(대정장8, p.239b16)에 "세존이시여, 만약 누군가 묻되 '환인이 반야바라밀(般若波羅蜜 Ⓢ prajñā-pāramitā)을 배우면 살바야(薩婆若 Ⓢ sarvākāra-jñātā : 一切種智)를 얻는가. …' 하면 저는 어떻게 대답해야 합니까? 부처님께서 수보리에게 말씀하셨다. 내 너에게 되물으니 네 뜻에 따라 답하여라. 수보리여, 네 뜻에 어떠하냐. 색과 환이 다름이 있더냐? 世尊 若當有人問言 幻人學般若波羅蜜當得薩婆若不 … 我當云何答 佛告須菩提 我還問汝 隨汝

意答我 須菩提 於汝意云何 色與幻有異不",『대승입능가경』 권5(대정장16, p.616c1 : *Laṅk.*, p.199)에 "대혜야, 망심분별은 실다운 경계 아니니, 저 건달바성의 환술로 지은 사람과 같다. 대혜야, 비유하면 어린 아이가 건달바성과 환술로 지은 이들이 사고 팔며 드나드는 것을 보고 미혹한 마음으로 실제의 일이라고 말하듯 한다. 범부의 어리석은 소견으로는 생과 불생·유위와 무위 모두 역시 이와 같다. 환술로 지은 이 생기는 듯 사라지는 듯하지만, 환인은 실로 난 적도 사라진 적도 없다. 모든 법 또한 그러하여 생멸을 여읜다. 大慧 妄心分別 不實境界 如乾闥婆城 幻所作人 大慧 譬如小兒 見乾闥婆城 及以幻人商賈入出 迷心分別 言有實事 凡愚所見 生與不生 有爲無爲 悉亦如是 如幻人生 如幻人滅 幻人其實不生不滅 諸法亦爾 離於生滅 abhūtārtha-vikalpārtha-vibhram eṣa mahāmate gandharvanagara-māyā-puruṣavat. tadyathā mahāmate kaścid-gandhar vanagare bālajātīyo māyā-puruṣa-sattvasārtha-v aicitryaṃ praviśantaṃ vā nirgacchantaṃ vā kal payet. amī praviṣṭā amī nirgatāḥ. na ca tatra ka ścit-praviṣṭo vā nirgato vā. atha yāvad-eva vika lpa-vibhrama-bhāva eṣaḥ teṣām evam-eva mahā mate utpāda-anutpāda-vibhrama eṣa bālānām. n a cātra kaścit-saṃskṛto 'saṃskṛto vā māyā-puru ṣotpattivat-na ca māyā-puruṣa utpadyate vā nir udhyate vā bhāvābhāvā-kiṃcit-karatvāt. evam-e va sarvadharmā bhaṅga-utpāda-varjitā"라고 하였다. 〔참고문헌〕『大品般若經』, 『大乘入楞伽經』, *Laṅk.*, *P añca-pr.150.* ⇨환사 幻士 [2]

환인 桓因 석제환인(釋提桓因)의 약칭. 제석천(帝釋天)이다. ⇨석제환인 釋提桓因

환인율의 還引律儀 범함이 있게 되어도 재빨리 드러내 뉘우치고는 돌이켜 계를 굳게 가지는 일. 팔종율의(八種律儀) 중 하나. 실념(失念) 등에 의해 범하고 나서 뉘우쳐 두 번째로 계를 새롭게 가지는 뜻에서 제이의 백법(第二白法)이라 한다. 『유가사지론』 권53(대정장30, p.590b11)에 "만약 어떤 때에 실념하여 온갖 악이 현행하면, 신속히 염이 안주하도록 하면서 스스로 성심을 다해 자신을 책망하고 범한 바를 드러나게 해서 후회를 없게 한 뒤 수지한 바의 율의를 견고하게 수호하니, 이를 다시 돌이켜 이끈 율의라 한다. 若時失念諸惡現行 卽便速疾令念安住 自懇自責發露所犯 蠲除憂悔 後堅守護所受律儀 是名還引律儀", 『법원의경』 권6(대정장71, p.259a9)에 "〔해〕 범하는 것에는 두 가지가 있다. 첫째는 작범이다. 버젓이 성인의 가르침 어기면서 널리 온갖 허물 짓는 것을 작범이라 한다. 둘째는 지범이다. 성스런 가르침에 의지해 닦지 않아 방지함에 범하는 바가 있는 것이기에 지범이라 한다. 삼감이 없는 이가 몸과 입을 방종하여 금계를 위배하면서 과실을 일으키고, 선행을 닦지 않아 본래 수지한 바를 물들이는 것을 범함이라 한다. 참괴하고 뉘우치고 고백하면서 다시 염하여 본래의 것을 회복하면 또한 가진다(持)고 할 수 있다. 이 두 가지 범함에 대해 몸과 말을 삼가지 않기에 실념하여 범함이 있게 된다고 하는 것이다. … 훼손하고 나서 다시 뉘우치는 바로서 두 번째 백법이기에 돌이켜 이끈 율의라 한다. 解云 犯亦有二 一者 作犯 現違聖教廣造諸過 稱爲作犯 二者 止犯 不依教奉修止而有違 故名止犯 不謹之人 縱放身口違禁興過 不修善行汚本所受 名之爲犯 慚愧追謝 還念復本亦名爲持 於此二犯身口不謹 故云失念有犯 … 毁而還悔第二白法 故云還引律儀"라고 하였다. 〔참고문헌〕『瑜伽師地論』, 『法苑義鏡』. ⇨팔종율의 八種律儀 [1], 율의 律儀 [1], 지작이범 止作二犯

환자 幻者 Ⓢ māyākāra. 마술을 부리는 이. 『환사인현경』(대정장12, p.31a27)에 "왕사성 안에 발다(颰陀 Ⓢ Bhadra : 仁賢)라는 환사가 있었는데, 경에 밝고 마술을 알며 … 마갈국(摩竭國 Ⓢ Magadha)의 다른 환술사들은 모두 그에 미치지 못하였다. 王舍大城中 有一幻士 名曰颰陀〈晉言 仁賢〉 明經解術 … 其摩竭國 諸餘幻者 皆所不及", 『유마힐경』 권하(대정장14, p.528a12 : *Vikī-n.*, p.252)에 "(유마힐이) 답하여 말하되, 저 마술 부리는 이가 환으로 일어난 일들의 모습을 보듯이, 보살은 일체중생을 이렇게 관한다. 答曰 譬如幻者見幻事相 菩薩觀人物爲若此 tadyathā mañjuśrīḥ māyākār o māyākāra-nirmitaṃ puruṣam avekṣeta evaṃ b odhisattvena sarvasattvā avekṣitavyāḥ"라고 하였다. 〔참고문헌〕『幻士仁賢經』, 『維摩詰經』, 『圓覺經』, *Vikī-n.* ⇨환사 幻士 [1], 환사 幻師

환장 環杖 고리 달려 소리나는 지팡이. 소리나게 해서 미물들 피하게 하여 살생을 미리 막고 위험한 짐승 멀리해서 비구를 안전하게 지킨다. 여섯 고리를 달기에 육환장(六環杖)이라고 부른다. 『홍명집』 권6 「중중답서병주중문 周重答書幷周重問」(대정장52, p.41b10)에 "지금 어떤 사람이 여기서 환장을 잡고 법성을 말한다 칩시다. 녹건을 쓴 선비가 허무라는 말에 집착하여 와서는 따지며 말하길 '나는 그대와 다릅니다. 나는 그대와 더불어 싸워야겠소' 하는 격입니다. 今有人於此 操環杖而言法性 鹿巾之士 執虛無而來 詣曰 爾不同我 吾與爾鬪"라고 하였다. 〔참고문헌〕『弘明集』, 『神僧傳』 권6 「金剛仙傳」(대정장50, p.1008a6). ⇨육환장 六環杖

환장암 煥章庵 충청북도 괴산군 속리산 화양계곡에 있던 암자. 대한불교조계종 법주사(法住寺)의 말사인 채운암(彩雲庵)이 법등을 잇고 있다. 민정중(閔鼎重)이 1669년(현종10) 청에서 가져온 명(明) 의종(毅宗)의 친필 '비례부동 非禮不動(예가 아니면 움직이지 않음)'을 송시열(宋時烈)이 화양계곡 벼랑에 모각하고는 그 원본을 이 절에 보관하였는데, 그 연유를 송시열이 1675년(숙종1) 9월 27일에 쓴 「답홍원구 答洪元九」(『송자대전』 권47 · 한국문집총간109, p.440b5)에 "처음에 그 곁에 집을 지어 산승이 지키게 하고는 『논어』의 '빛나는 문장'이라는 말을 취하여 환장이라 하였다. … 집짓기를 이루지 못하여 이 뜻이 묻힐까 하여 마침내 그 이름을 동쪽 절로 옮겼다. 始欲結屋於其側 守以山僧 名曰煥章 蓋取論語煥乎文章之語也 … 屋既不就 則抑恐此志 又成埋沒 遂移其名於東邊僧舍"라고 하였다. 1704년(숙종30) 송시열 제자들이 석벽 위에 만동묘(萬東廟)를 건립하고, 『영조실록』 권9 2년(1726) 3월 17일에 "주상이 말하길, 본도로 하여금, 약간의 전결을 환장암에 나눠주어 지키게 함이 옳다. 令本道 劃給若干田結于煥章菴 以爲守護之地可也" 하였고, 황경원(黃景源 1709~1787) 「운한각기 雲漢閣記」(『강한집』 권10 · 한국문집총간244, p.199a12)에 "바로 암서재 동쪽 백여 걸음에 선원을 짓고 환장이라 하였다. … 금년 봄 내가 환장선원으로부터 와서 암서재에서 자고 운한각에 올랐다. 直巖棲東百餘步爲禪院曰煥章 … 今年春 余自煥章禪院 宿巖棲 登雲漢閣"라는 기록도 있다. 〔참고문헌〕 『宋子大全』, 『英祖實錄』, 『江漢集』, 『梵宇攷』, 『韓國寺刹全書』 권하 p.1194b8. ⇨ 채운암 彩雲庵

환적 幻寂 1603~1690. 조선후기 합천 해인사 스님 의천의 법호. ⇨ 의천 義天

환적당의천대사행장 幻寂堂義天大師行狀 환적스님의 행적을 기록한 행장이니 스님의 상좌인 풍계명찰(楓溪明察 1640~1708)이 지었는데, 『풍계집』 권하(한불전9, pp.156c~158)에 수록되어 있다. 〔참고문헌〕 『楓溪集』 권하. ⇨ 의천 義天 ❷

환적암 幻寂庵 ❶ 경상북도 문경시 가은읍 희양산(曦陽山) 봉암사(鳳巖寺)의 산내 암자. 『한국사찰전서』(권상 pp.546b18~549a19) 「봉암사사실약록 鳳巖寺事實略錄」에 "산의 중간 … 환적암 … 그지없이 깊고 조용하며 한정해 구석진 땅이다. 山之中間 … 幻寂 … 盡是幽閑靜僻地也"라고 하였다. 고윤식(高允植 1831~1891)의 『태허집』 권2 「희양산환적암」, 고성겸(高聖謙 1810~1886)의 『녹리집』 권7에 「환적암」 등이 전한다. 〔참고문헌〕 『泰虛集』, 『甪里集』, 『韓國寺刹全書』 권하 p.1194b1. ❷ 황해도 개성시 대흥산(大興山)에 있던 암자. 『전등본말사지』 「전등본말고사 傳燈本末古寺」에 이름과 위치가 전한다. 〔참고문헌〕 『韓國寺刹全書』 권하 p.1194a19, 『傳燈本末寺誌』(亞細亞文化社, 1978) p.353.

환제 幻諦 환으로서의 진실. 실제(實諦)가 아닌 뜻에서 진실이다. 일체(一切)가 공(空)하여 인연으로 있는 것들 모두 환일 뿐이라는 진실을 말한다. 『인왕경』 권상(대정장8, p.828c25)에 "모든 것 연으로 성취된 것이기에 임시로 중생일 뿐이다. 한때 인과이든 다른 때의 인과이든 삼세의 선악이든 일체 꿈결인 듯 변화한 것들이기에 이를 환으로서의 진실인 중생이라 한다. 一切法皆緣成 假成衆生 俱時因果 異時因果 三世善惡 一切幻化是幻諦衆生", 『인왕경소신보기』 권4(대정장33, p.307c11)에 "있어도 진실로 있지 않고, 있지 않으면서도 있으니, 이것을 환으로서 있음(幻有)이라 하고 환으로서의 진실이라고도 한다. 또한 환제는 실제(實諦)와 마주해서야 얻은 이름이고 세제란 진실이 아닌 것(非諦)과 마주해 설한 말이니, 각각 그 이치에 들어맞지만 의미에 따라 깊이가 다를 뿐이다. 有而實非有 非有而有 是爲幻有 亦名幻諦 又幻諦者 對實諦得名 世諦者 對非諦爲說 各當其理 而隨義淺深爾", 같은 책 권4(대정장33, p.308a22)에 "그러나 이들 인과는 그 진실한 법을 구하려 해도 모두 얻을 수 없어 환제라 한다. 중생은 허깨비인 듯 머물기에 진실이 아니니 허망한 꿈일 뿐인 것이다. 허깨비로서 능히 진실이기에 환제라 한다. 환제란 바로 공한 뜻이다. 然以此等因果 求其實法 皆悉叵得 是爲幻諦 衆生居幻而非諦 則爲妄幻 幻而能諦 方名幻諦 幻諦卽空也", 원측(圓測)의 『인왕경소』 권중(대정장33, p.401c26 · 한불전1, p.82b22)에 "환제법이란 바로 세제다. 幻諦法者 卽世諦也"라고 하였다. 〔참고문헌〕 『仁王經』, 『仁王經疏神寶記』, 『仁王經疏』. ⇨ 환 幻

환주 幻住 Ⓢ māyā-gata. 꿈결로 머물다. 잠깐 머물다 사라진다는 뜻. 『유심결』(대정장48, p.994c5)에 "있는 것 아니지만 있는 듯 보이고 꿈의 것처럼 아른거리며 되는 일 없지만 무엇인가 이루어진 듯하여 문득 허깨비처럼 머문다. 不有而示有 杳若夢存 無成而似成 倏如幻住", 『고암여벽선사어』 「위익시자하화 爲翼侍者下火」(속고존숙어요2, 卍속장118, p.922b13)에 "선익아! 그대는 과연 살았었던가? 삼십년 간 세상에 있었어도 허깨비처럼 머물었을 뿐이네. 그대는 참으로 죽었던가? 한때 중생이었다 하나 뒤집힌 생각일 뿐이라네. 善翼 汝果生耶 三十年在世 亦幻住爾 汝果死耶 亦一時衆生顚倒見爾"라고 하였다. 〔참고문헌〕 『唯心訣』, 『古巖如璧禪師語』, *Gaṇḍ-vy.360.*

환주가훈 幻住家訓 원대 중봉명본(中峯明本)의 법문을 자적(慈寂)이 엮었다. 『천목중봉광록 天目中峰廣錄』 권16, 대장경보편25, pp.873b3~877a12에 있다. 1674년(강희13) 간행되었다. 환주는 중봉명본의 호 환주도인(幻住道人)을 말하고, 가훈은 가풍(家風)과 통한다. 법어(法語) 형식으로 중봉파(中峰派)의 안목을 드러낸 글이다. 그 첫머리(대정장보편25, p.873b5)에 "어떤 이가 묻기를 '소나무는 어찌하여 곧고, 가시나무는 어째서 굽으며, 고니는 무엇 때문에 희고, 까마귀는 왜 검습니까?'라고 물음에 환인이 불자를 세우고 대중에게 말했다. '나의 이 허깨비 불자는 서고자 해도 스스로 서지 못하고 환에 의지하여 서며, 눕고 싶어도 스스로 눕지 못한다'. 有問 松緣何直 棘緣何曲 鵠緣何白 烏緣何玄 幻人竪起拂子 召大衆曰 我此幻拂 竪不自竪 依幻而竪 橫不自橫", 마지막에는 "만약 이것을 허깨비라 여긴다면 나 환인까지 연루되어 허깨비 그물에 걸린 뒤로 만겁에도 벗어나지 못할 것이며, 허깨비가 아니라고 말하려 한다면 어묵동정 온통 버리고서 분명한 소식 보이기를 바랄 뿐이다. 若謂是幻 帶累幻人 墮在幻網中 萬劫出不得 若謂非幻 請去却語默動靜 出來露箇消息"라고 하며 배촉관(背觸關)의 형식으로 마무리 하고 있다. ⇨명본 明本

환주도인 幻住道人 ➡명본 明本

환주명 幻住明 임제종(臨濟宗) 스님. 환주는 호이고, 명 앞 글자 생략된 법명이다. 어린시절에 불도에 입문하여 이독태(耳毒泰)의 법을 이었다. 1660년(순치17) 인수현(隣水縣 : 四川省) 선인산관음원(仙人山觀音院)에, 1664년(강희3) 대죽현(大竹縣 : 四川省) 만봉산태평사(萬峰山太平寺)에, 1667년(강희6) 만현(萬縣 : 四川省) 흥륭사(興隆寺)에 주석하였다. 청상(淸尙) 등이 엮은 『환주명선사어록』(가흥장38, pp.983a1~992b8)이 있다. [참고문헌] 『五燈全書』 권105(卍속장142, p.36a9), 『錦江禪燈』 권14(卍속장145, p.673a11).

환주암청규 幻住菴淸規 원대 중봉명본(中峰明本)이 지은 청규. 1권. 卍속장111, pp.972a1~1012b18에 수록되어 있다. 내제(內題)는 『보응국사환주암청규 普應國師幻住庵淸規』이다. 일상에서 반드시 알아 지켜야 할 것(日用須知)들을 열개의 강목으로 제정하였다. 곧 일자(日資)·월진(月進)·연규(年規)·세범(世範)·영판(營辦)·가풍(家風)·명분(名分)·천리(踐履)·섭양(攝養)·진송(津送)으로 나누고 설명을 붙였다. 기존의 청규는 작은 절의 수도자들에게 맞지 않다고 여겨 실제 생활을 고려하여 제정하였다. 부록으로 개감로문(開甘露門)은 시아귀회(施餓鬼會)의 시식차제(施食次第)와 법문(法文)·소(疏) 등이 있다. 자서(自序)에 따르면, 원대 1317년(연우4)에 성립되었다. ⇨명본 明本

환중 寰中 ❶천자가 지배권을 행사하는 영역. 기내(畿內)라고도 한다. 『분양어록』 권중(대정장47, p.609a10)에 "이전에도 영운에게는 본래 아는 바 있었지만, 복사꽃은 이미 떨어져 나라 안팎에 가득 퍼졌다네. 환중에서 칼 빼어들고 황제의 칼끝 마주한 이여! 온몸 던져 만 갈래 베어내지는 못했구려. 昔日靈雲自有知 桃花已落布華夷 寰中拔劍當鋒者 未徹橫身斬萬機", 『일체경음의』 권88(대정장54, p.873a10)에 "환중〈…『양전』에 '환은 왕이 다스리는 천 리 내의 봉역이다'라고 하였다〉. 寰中〈…梁傳 寰 王者千里內封域也〉"이라고 하였다. [참고문헌] 『汾陽語錄』, 『一切經音義』. ⇨환중새외 寰中塞外 ❷780~862. 당대 스님. 속성은 노(盧)씨. 하동(河東) 포판(蒲坂 : 山西省 蒲州) 출신. 백장회해(百丈懷海)의 법을 이은 다음 남악상락사(南嶽常樂寺)에 은거하였다. 그 뒤에 대자산(大慈山)에 주석하면서 종풍을 크게 떨쳤다. 대자강서(大慈江西) 등의 공안에서 그 선풍을 살필 수 있다. 회창파불(會昌破佛)을 맞은 844년(회창4) 환속하였다가 852년(대중6) 다시 출가하였다. 862년(함통3) 2월 세수 83, 법랍 54세로 입적하였다. 희종(僖宗)이 877년(건부4) 성공대사(性空大師)라는 시호를 드렸다. [참고문헌] 『祖堂集』 권17(대장경보편25, p.612a2), 『宋高僧傳』 권12(대정장50, p.778a7), 『景德傳燈錄』 권9(대정장51, p.266c17), 『五燈會元』 권4(卍속장138, p.124a13). ⇨대자강서 大慈江西, 대자반야 大慈般若, 대자식병 大慈識病, 대자행설 大慈行說

환중 環中 둥근 것에서의 그 가운데 텅 비어 그 무엇도 없는 곳. 또는 문을 여닫는 중심이 의지한 빈 곳으로 아무것도 없지만 모든 것이 움직일 수 있는 곳의 뜻이다. 출전은 『장자 莊子』「제물론 齊物論」이다. 『조론소』 권하(대정장45, p.190a16)에 "환중에 묘하게 들어맞는다는 말은 『장자』에서 나왔다. 이는 중도인 무생의 뜻의 비유다. 妙契環中 語出莊子 此以喩中道無生理也", 『조론신소』 권하(대정장45, p.228b16)에 "환중에 빈 곳이 어서 시비 가히 의지할 곳 없으니 이로써 도를 비유한다. 環中之虛 則無是非之可寄 以況道也", 『종용록』 63칙 「평창 評唱」(대정장48, p.266c18)에 "환중의 출전은 '지도리 환중을 얻어서야 비로소 끝없는 변화에 응할 수 있다'라는 『장자』의 말이다. 이 말은 돌고 돌아 끝이 없으니 저 환중에서 얻는다 한 것이다. 환중에 빈 곳이 몸이고 순환함에 무궁함이 그 쓰임이다. 環中者 莊子 樞始得其環中 以應無窮 此言 循環而無窮 得其環中者也 環中虛處 體也 循環無窮 用也"라고 하였다. [참고문헌] 『肇論疏』, 『肇論新疏』, 『從容錄』.

환중새외 寰中塞外 천자가 다스리는 환중과 국경 저편인 새외. 『조정사원』 권1(卍속장113, p.20b16)에 "환

중새외 : 환중은 환내라고도 하며, 천자의 기내를 말한다. 새는 떨어진 뜻이다. 곧 다른 나라와 떨어져 막힌 뜻이다. 한 문제는 주아부를 장군으로 임명하고 세류에 주둔시킴으로써 오랑캐 침입에 대비하였다. 문제가 세류의 군영에 행차했을 때 호위하는 군사들 갑옷 입고 활을 채워 무장하고 있었다. 천자의 선발대가 당도했지만 들어가도록 허용치 않았다. 선발대가 '천자께서 이곳에 오셨다'라고 알리자 군영의 문을 총괄하는 도위(都尉)가 '군영 안은 장군의 명령만 따라야 하니 천자의 조칙도 들을 수 없소'라 응답했다. 조금 뒤 상이 도착했지만 여전히 들어갈 수 없었다. 그때 상이 사신에게 자신의 부절(符節)을 지니고 가서 장군에게 '나는 군사들을 위로할 따름이다'라고 알리도록 함에 아부가 비로소 성벽의 문을 열라고 전하고서야 문제가 들어갈 수 있었다. 문제가 말했다. '이 사람 참다운 장군이다. 전에 보았던 패상 극문은 어린아이 놀이 같았다'. 寰中塞外 寰中 猶寰內 天子畿內也 塞 隔也 謂隔塞於它邦 漢文帝 以周亞夫爲將軍 軍細柳 以備胡 帝之細柳營 軍士被甲 弓努持滿 天子先驅至 不得入 先驅曰 天子且至 軍門都尉曰 軍中 聞將軍之令 不聞天子之詔 有頃上至 又不得入 於是 上使使持節 詔將軍曰 吾欲勞軍爾 亞夫迺傳言開壁門 帝方得入 曰 此眞將軍也 向者覇上棘門 如兒戲爾"라고 하였다. [참고문헌]『祖庭事苑』. ⇨ 새외장군 塞外將軍, 환중 寰中 **1**

환중지 寰中旨 환중의 명령. 『경덕전등록』 권17 「동산사건전 洞山師虔傳」(대정장51, p.338c1)에 "절에 새로 찾아온 모든 스님에게 먼저 섶을 세 번 나르도록 한 다음에 승당에 들어가도록 하였는데 한 학인이 받아들이지 않고 물었다. '세 번인즉 묻지 않겠지만 세 번 밖은 무엇입니까?' '철륜천자의 환중의 명령이다'. 학인이 말 못하자 때려서 떠나도록 했다. 凡有新到僧 先令般柴三轉 然後參堂 有一僧不肯 問曰 三轉內即不問 三轉外如何 師曰 鐵輪天子寰中旨 僧無對 師便打令去", 『건중정국속등록』 권30(卍속장136, p.412b18)에 "한 마디에 환중 뜻에 묘하게 들어맞으니 천고의 순풍에 특별히 맑았다. 一言妙契寰中旨 千古淳風特地淸"라고 하였다. [참고문헌]『景德傳燈錄』, 『建中靖國續燈錄』.

환중허백처 環中虛白處 둥글게 도는 중에 비어 밝은 곳. 『굉지광록』 권8 「대광명장 大光明藏」(대정장48, p.84a18)에 "둥근 중에 비어 밝기만 한 자리에 단정히 앉았으니, 설령 티끌처럼 무수한 겁이 지날지라도 옮기지는 못하리라. 端坐環中虛白處 縱經塵劫箇難移"라 하였다. [참고문헌]『宏智廣錄』. ⇨ 환중 環中 **1**, 허백 虛白 **1**

환진 幻塵 실(實) 없어 허망한 티끌. 육진(六塵)을 말한다. 『원각경』(대정장17, p.914c2)에 "선남자야, 저 중생들의 허깨비 같은 몸이 멸하기에 허깨비 같은 마음도 멸하고, 허깨비 같은 마음이 멸하기에 '환진'도 멸하며, 허망한 티끌이 멸하기에 허망함의 멸함마저도 사라지고 환멸 다시 멸하지만, 허깨비가 아닌 것은 멸하지 않는다. 비유하면 저 거울을 닦음과 같아 거울 위 티끌 다하면 밝음 드러남과 같다. 善男子 彼之衆生 幻身滅故 幻心亦滅 幻心滅故 幻塵亦滅 幻塵滅故 幻滅亦滅 幻滅滅故 非幻不滅 譬如磨鏡 垢盡明現", 『어주원각경』 권상(卍속장15, p.762b2)에 "일체망심에 색성향미촉법의 여섯 가지 허망한 티끌의 밖에서 유혹할 일 없다면 이 마음이 무엇을 좇아 일어나겠는가? 一切妄心 若無色聲香味觸法六種幻塵 誘之於外 則此心從何而起"라고 하였다. [참고문헌]『圓覺經』, 『御註圓覺經』. ⇨ 진 塵

환진 喚眞 1824~1904. 조선후기 양주 봉선사(奉先寺) 스님. 휘는 환진(喚眞), 호는 환옹(幻翁), 속성은 한(韓)씨니, 1824년(순조24)에 태어났다. 금강산으로 찾아가 창파(滄波)스님을 은사로 하여 스님이 되었다. 뒤에 보혜(普慧)스님의 법을 이어 받고 법제자가 되었다. 이어 양주군 부도암(浮屠庵 : 양주군 眞乾面 松陵里 天磨山 奉印寺의 부속 암자)에서 강원을 열고 후학을 지도하였고, 만년에는 서울 동대문구 숭인동 청량사에서 주석하다가 1904년에 입적하였다. [참고문헌]『朝鮮佛敎通史』, 權相老『朝鮮佛敎略史』 p.248.

환진각원 幻盡覺圓 꿈결 다하면 깨우침 두렷하리. 『원각경』 「보현장 普賢章」의 요지를 담아낸 구절이다. 환진각만(幻盡覺滿)·환멸각원(幻滅覺圓) 등의 말도 있다. 『원각경』(대정장17, p.914a26)에 "허공의 꽃과 같아 허공에 의지해서 모양도 있다네. 허공 꽃이 다시 사라져도 허공 본래 움직임 없듯이 꿈결은 제각을 좇아 생하니 꿈결 사라지면 깨우침 두렷해 가득 차오르리. 각심은 움직인 적 없기 때문이라네. 猶如虛空花 依空而有相 空花若復滅 虛空本不動 幻從諸覺生 幻滅覺圓滿 覺心不動故", 『원각경약소』 「대방광원각수다라요의경서 大方廣圓覺修多羅了義經序」(대정장39, p.524b7)에 "갖가지 꿈인 듯 변화함에 각심에서 생겨나고 허깨비가 다하면 깨달음이 두렷해 마음 통하고 법이 두루 하다. 마음이 본디 부처인지라 염 일어나 뜨고 가라앉을 뿐 저 언덕 옮긴 일 없으니 배에 올라 떠돌 뿐이어서 망령되이 주재하는 일 문득 사라지면 허공에 꽃필 일 없으리라. 種種幻化 生於覺心 幻盡覺圓 心通法遍 心本是佛 由念起而漂沈 岸實不移 因舟行而鶩驟 頓除妄宰 空不生華", 『보암인숙어록』 권1 「위원보이자행동보설 爲圓普二字行童普說」(卍속장120, p.541a12)에 "자기가 본래 없음을 알지 못하면 일체유위여서 허깨비일 뿐, 반드시 허깨비 다해야 깨달음 두렷하고 실상 구족하리. 산하대지를 자기로 여기고 색공명암으로 진여 나툰다. 未解自己本無一切有爲如幻 直須幻盡覺圓 具足實相 將大地山河爲自己以色空明暗顯眞如", 『원각경도량수증의』 권3 「보현장」(卍속장128, p.752b8)에 "부처님께서 허깨비가 본래 깨우친 자리로부터 일어났다고 말씀하시니, 허깨비 다하면 깨달음 가득 차리니 어떤 어그러짐 있으리오. 허깨비 멀리 떠날 때 능히 몽매함 사라지리. 佛說幻從眞覺起 幻盡覺滿有何虧 遠離幻時能離泯"라고 하였다. 〔참고문헌〕『圓覺經』, 『圓覺經略疏』, 『普菴印肅語錄』, 『圓覺經道場修證儀』. ⇨ 보현장 普賢章

환차별 幻差別 환으로서의 차별. 물들거나(染) 물든 것(性染) 따라 헛되게 달라지는 뜻이다. 『대승기신론』에서는 무루(無漏)의 수염환차별(隨染幻差別)과 무명(無明)의 성염환찬별(性染幻差別)로 나눈다. 『대승기신론』(대정장32, p.577a22)에 "각과 더불어 불각에 두 가지 상이 있다. 무엇이 그 둘인가? 첫째는 동상, 둘째는 이상이다. … 이상이란 저 갖가지 질그릇이 각각 같지 않는 것과 같다. 이처럼 무루무명은 물듦을 따라 헛되게 차별하거나 자성 물들어 헛되게 차별하다. 覺與不覺 有二種相 云何爲二 一者同相 二者異相 … … 異相者如種種瓦器 各各不同 如是 無漏無明 隨染幻差別 性染幻差別故", 『석마하연론』 권4(대정장32, p.630b29)에 "또한 마음 얻을 수 없다는 구로 말미암아 대공의 뜻이 성립하고, 무심의 심량구로 환차별의 뜻이 성립한다. 또한 대공의 뜻으로 모든 법이 성립할 수 있고, 환차별의 뜻으로 공의 이치가 드러날 수 있다. 復次 由心不可得之句故 成立大空之義 由無心之心量句故 成立幻差別之義 復次 由大空之義故 諸法得成 由幻差別之義故 空理得顯", 『대승기신론별기』(대정장44, p.235a4)에 "무루란 바로 염을 따른 헛된 차별이고, 무명이란 성으로 물든 헛된 차별이다. 왜인가? 그 무명은 평등성을 어기기에 저 일어난 일체염법의 성이 저절로 차별하다. 무루법은 평등성에 순하여 그 성을 곧게 둔 채로다. 응당 차별이 없어야 하나, 다만 물든 법을 따라 차별하기에 '무루에 차별이 있다'라고 설할 뿐이다. 無漏是隨染幻差別 無明是性染幻差別 何者 其無明 是違平等性 故其所起一切染法性 自差別 無漏法 是順平等性 直置其性 應無差別 但隨染法差別 故說無漏有差別耳"라고 하였다. 〔참고문헌〕『大乘起信論』, 『釋摩訶衍論』, 『大乘起信論別記』. ⇨ 환 幻

환채 還債 ❶Ⓢ ṛṇaṃ śodhayati. 빚을 갚다. 『유부율』 권32(대정장23, p.801a21)에 "그 어머니가 '너는 장가를 가서 가업을 안정시켜야 한다'라고 하자 아들이 어머니에게 '제가 빚을 갚은 다음에야 어머니의 지시를 따르겠습니다'라고 아뢰었다. 其母告曰 汝可娶妻 安置家業 兒白母曰 我還債後 方隨母教"라고 하였다. 〔참고문헌〕『有部律』, *Abh-k-bh.223.* ❷세상에 온 빚 갚고 돌아가다의 뜻으로 선사의 입적을 말한다. 또는 중생에게 스님에게 진 빚 갚는 뜻도 있다. 『조당집』 권2 「사자존자장 師子尊者章」(대장경보편25, p.328a4)에 "이 스님께서 빚 갚고 돌아가신 때는 이 땅 전위의 세 번째 황제 소제 때인 기묘세(259년)였다. 此師還債時 當此土前魏第三主 少帝 己卯歲矣"라고 하였다. 〔참고문헌〕『祖堂集』.

환채자 還債者 Ⓢ niṣkṛti. 빚 갚는 이. 『백오십찬불송』(대정장32, p.761c6 : *Śata-śa.*, p.138)에 "저들 모든 성중은 자기를 위해 닦고 배워서 중생을 이롭게 하려는 마음을 버렸다면 빚을 갚은 사람이라 하지 못하네. 彼等諸聖衆 爲己而修學 由捨利生心 不名還債者 tava te 'vasthitā dharme svārtham eva tu kurvate, yaḥ śramas tannimittaṃ tu tava kā tasya niṣkṛtiḥ"라고 하였다. 〔참고문헌〕『百五十讚佛頌』, *Śata-śa.*

환천 鐶釧 Ⓢ kaṭaka, Ⓣ gdu-bu. 둥근 모양의 가락지와 팔찌. 환천(鐶釧)이라고도 한다. 『대승십법경』(대정장11, p.765b10)에 "무엇이 보살의 보시행인가? 즉 마시고자 하면 마시게 하고, 먹고자 하면 먹게 하며 … 금·은·보관·팔찌 등 모든 장엄구, 심지어 자기 몸의 살갗으로 중생들을 이롭게 하여야 하니, 이같이 행하여 마쳐서는 보시를 아누다라삼막삼보리로 회향할 뿐이다. 모름지기 이렇게 보시하고도 내가 했다는 마음마저 내지 않는다. 云何菩薩行布施 所謂須飮與飮 須食與食 … 須金銀寶冠環釧等諸莊嚴具 乃至己身皮肉潤益衆生 彼如是行 於布施已 然彼布施迴向發阿耨多羅三藐三菩提 雖施而不生我慢等心", 40권본 『대반열반경』 권40(대정장12, p.598c6)에 "팔 위에 두는 것을 천, 손가락에 끼는 것을 환이라고 한다. 在臂上者 名之爲釧 在指上者 名之爲環", 『이취육바라밀다경』 권3(대정장8, p.881a14)에 "어떤 외도는 몸에 검은 숯을 바르고, 사람의 해골과 뼈로 영락·화만·환천을 만들어 몸과 머리를 꾸민다. 或有外道 炭墨塗身 以人髑髏 支節諸骨 以爲瓔珞 花鬘鐶釧 身首莊嚴",라고 하였다. 〔참고문헌〕『大乘十法經』, 『大般涅槃經』, 『理趣六波羅蜜多經』, *Yogā-bh.92.*

환초 幻草 조선후기 스님. 해봉유기(海峰有璣 1707~1785)의 「함월당기 含月堂記」(『호은집』 권1·한불전9, p.710c5)에 "성상의 46년 경인(1770·영조46)에 전총섭 쾌정이 함월당을 중창하였는데, 처음에 정공이 환초·문철·희준 등 여러 스님과 함께해서 부지런함을 다하였다. 聖上四十六年庚寅 前摠攝快淨 重創含月堂 初淨公與幻草文哲希俊諸師 共致勤"라 하였다. 〔참고문헌〕『好隱集』. ⇨ 천주사 天柱寺 ❻

환초불선사어록 還初佛禪師語錄 환초광불(還初光佛)의 어록. 통량(通量) 등 엮음. 2권. 가흥장37, pp.653a1~665b24에 수록하였다. 1686년(강희27) 가흥부(嘉興府) 능엄사(楞嚴寺)에서 『화엄환초불선사어록』으로 간행하였다. 「서 敍」에 이어 권상에 상당(上堂)·소참(小參)·다화(茶話), 권하에 기연(機緣)·입실(入室)·염고(拈古)·송고(頌古)·잡게(雜偈)·불사(佛事) 등을 수록하였다.

환택 幻宅 허깨비 사는 집. 몸을 비유한다. 『주유마힐경』 권2(대정장38, p.345a11)에 "승조가 말한다. '몸은 허깨비가 사는 집이거늘 어찌 안에 머문다 하겠는가? 만물 이에 비었거늘 어찌 밖에 있다고 하겠는가? 소승은 망념을 방비하고자 마음을 안에 묶어두고, 범부는 구하는 일이 많기에 밖으로 생각 치달리며, 보살은 가지런히 관하기에 안팎으로 의지할 일 없다'. 肇曰 身爲幻宅 曷爲住內 萬物斯虛 曷爲在外 小乘防念故 繫心於內 凡夫多求故 馳想於外 大士齊觀故 內外無寄也"라고 하였다. 〔참고문헌〕『註維摩詰經』.

환학암 喚鶴庵 충청북도 영동군 황간면에 있던 암자. 윤봉오(尹鳳五 1688~1769)의 『석문집』 권1에 「환학암 喚鶴菴」이 전하며, 『여지도서』 충청도 황간 사찰에 "한천동에 있다. 在寒泉洞", 『가람고』에 "현 북쪽 5리에 있다. 縣北五里"라고 하였다. 〔참고문헌〕『石門集』, 『輿地圖書』, 『伽藍考』, 『韓國寺刹全書』 권하 p.1194b4.

환해 幻海 **1** 꿈결처럼 헛되이 출렁이는 바다. 『인왕경과소』 권3(卍속장94, p.978b16)에 "범부는 유에 붙들리고 이승은 공에 멈추어서 본과 말에 떨어지므로 뒤집혀 구른다 한다. 보살은 이들 두 끝에 집착하지 않고 모든 법이 환과 같다고 뚜렷이 알고 꿈결같은 헛것들의 바다에서 노닐면서 꿈결과 같은 중생을 도탈시킨다. 헛꽃을 불사 삼고 물에 잠긴 달을 도량으로 삼아서 그 중에 붙들려 벗어나려 하지 않을 뿐이다. 凡夫執有 二乘執空 墮於本末 二種顚倒 故云顚倒 菩薩 不執二邊 了法如幻 遊戲幻海 度脫幻生 以空花爲佛事 以水月作道場 然亦未免著於中也"라고 하였다. 〔참고문헌〕『仁王經科疏』. ⇨ 환 幻 **2** 조선후기(1749~1820) 조계산 송광사 스님. 법린(法璘)의 법호이다. ⇨ 법린 法璘**1**

환해 寰海 천자가 다스리는 바다. 『조정사원』 권2(卍속장113, p.44a5)에 "환해 : 환은 호와 관을 반절한 음. 왕이 다스리는 기내의 현으로 환중해내라고도 한다. 寰海 上戶關切 王者畿內縣 卽寰中海內"라고 하였다. 〔참고문헌〕『祖庭事苑』. ⇨ 환중 寰中**1**, 환중새외 寰中塞外

환향 丸香 Ⓢgandha-gulikā. 좋은 향료를 섞고 합하여 환으로 만든 향. 백단향(白檀香)·침향(沈香)·훈육향(薰陸香)·용뇌향(龍腦香) 등을 섞는다. 밀교의 호마의식에서 화로에 던져넣어 공양물로 봉헌한다. 갖가지 향을 섞은 것은 일체의 번뇌를 뜻하므로 이 향을 사르는 것은 지혜의 불로 번뇌를 소진한다는 뜻이 된다. 『소실지갈라경』 권상(대정장18, p.610a19)에 "보습징가법에는 환향을 쓴다. 일체를 통섭하여 각각의 향 자체의 성분을 활용하되 함께 빻아서 환향을 만든다. 설탕을 넣고 가루향과 안수교향을 합하여 환향을 만든다. 꿀·소유·설탕을 활용해야하며 일반적으로 꿀로 대체할 수도 있다. 補瑟徵迦 用作丸香 攝通一切 用自性 合擣 丸香 置以砂糖 和塵末香安樹膠香 令作丸香 應用好蜜酥乳砂糖亦通替蜜", 『다라니집경』 권1(대정장18, p.788c18)에 "손으로 향로를 들고 향을 사르며 공양한다. 칠대의 일체 부모와 현세의 부모를 위해 환향 하나를 공양하고, 널리 육도의 일체 사생을 위해 환향 하나를 공양한다. 手執香爐燒香供養 爲其七世一切父母現存父母 著一丸香 普爲六道一切四生 著一丸香", 『화홈공양의궤』(대정장18, p.935c14)에 "환향법. 침향 두 냥과 천향 여덟 냥, 소합 세 냥, 향부자 한 냥, 안실향 두 냥, 훈육향 두 냥, 청목향 한냥, 담당 두 냥, 백단향 두 냥, 용뇌향 한 푼, 울금향 한 푼, 사향 한 분 등의 열두 가지를 한 곳에서 간다. 갑향 두냥을 위의 향과 섞어서 꿀에 재었다가 마지막으로 용뇌향 등의 셋을 넣는다. 丸香法 沈香二兩 淺香八兩 蘇合三兩 香附子一兩 安悉香二兩 熏陸香二兩 青木香一兩 詹唐二兩 白檀香二兩 龍腦香一分 鬱金香一分 麝香一分 已上十二物 同一處研 甲香二兩 右和合以鍊蜜得所 最後入龍腦等三味"라 하였다. 〔참고문헌〕『蘇悉地羯羅經』, 『陀羅尼集經』, 『火絣供養儀軌』, *Gaṇḍ-vy.115.*

환향 還香 돌리는 뜻의 향. 답례로 피우는 향을 말한다. 답향(答香)이라고도 한다. 『선림비용청규』 권6(卍속장112, p.100a8)에 "신구의 전당 수좌 앞에서 향을 사르면 수좌는 환향하고 촉례로 일배 올린다. 詣新舊前堂首座前炷香 首座還香 觸禮一拜"라고 하였다. 〔참고문헌〕『禪林備用清規』. ⇨ 답향 答香

환향 還鄕 고향으로 돌아오다. 『법안어록』(대정장47, p.589b10)에 "'탕자가 고향으로 돌아온 소식 어떠한가?' '무엇을 가져 드리는가?' '물건이라고는 없습니다' '나날이 무엇으로 사는가?' 問 蕩子還鄕時如何 師云 將甚麽奉獻 云 無有一物 師云 日給作麽生"라고 하였다. 〔참고문헌〕『法眼語錄』.

환향곡 還鄕曲 고향으로 돌아온 소식을 부르는 노래. 미혹의 길에서 헤매다 돌아온 소식을 노래한다. 『동산어록』(대정장47, p.515c11)에 "옛길 평탄한데 누군들 발 들여놓으랴? 아무도 환향곡 부를 줄 모르네. 맑은 바람 부는 달빛 아래 그루터기 지키는 이여! 재빠른 토끼 멀어질수록 봄풀 푸르구나. 古路坦然誰措足 無人解唱還鄕曲 淸風月下守株人 涼兎漸遙春草綠"라고 하였다. 〔참고문헌〕『洞山語錄』. ⇨ 환향곡자 還鄕曲子

환향곡자 還鄕曲子 고향으로 돌아온 소식을 노래한 곡. 『경덕전등록』 권25 「백장도상전 百丈道常傳」(대정장51, p.416b24)에 "'고향으로 돌아온 소식을 어떻게 부를까?' '설사 부른다고 해도 그대 뒤에 있을 뿐이다'. 問 還鄕曲子 作麽生唱 師曰 設使唱落汝後", 『용문불안어록』(고존숙어록27, 卍속장118, p.501a4)에 "대체로 많은 사람들이 고향으로 돌아온 소식을 부르지만 곡조 다해 둥글지 못하다. 익숙한 고향 길은 잊을 수 없고 고향 이야기는 고칠 수 없으니 가리키는 지남을 탓할 수 없다. 어떻게 해야 곡조 두렷이 할까? 蓋爲諸人唱還鄕曲子 曲調不圓 熟路難忘 鄕談未改 非指南之不妙也 如何得曲調圓去"라고 하였다. 〔참고문헌〕『景德傳燈錄』, 『龍門佛眼語錄』. ⇨ 환향곡 還鄕曲

환향곡조 還鄕曲調 환향곡을 노래하다. 『경덕전등록』 권29 「동안상찰십현담 同安常察十玄談」 중 「환원 還源」(대정장51, p.455c2)에 "환향곡조를 어떻게 부를까? 명월당 앞 고목에 꽃 한창이라네. 還鄕曲調如何唱 明月堂前枯樹華"라고 하였다. 〔참고문헌〕『景德傳燈錄』. ⇨ 환향곡 還鄕曲, 환향곡자 還鄕曲子

환향시 還鄕詩 고향에 돌아가 읊은 시. 출가한 스님들 오랜 세월이 지난 후 속가의 고향마을 돌아본 후 그 소회를 읊은 시들이 많이 전한다. 휴정(休靜)스님의 환향시(還鄕詩)와 초의(草衣)스님의 귀고향시(歸故鄕詩)는 다음과 같다. 『청허당대사집』 권상(17장, 右面8항)에 "나는 초년에 일찍 고애자 되어 10세 때 집을 떠난 후 35세에 고향마을을 찾았더니, 그 옛날 남쪽 이웃과 북쪽 마을은 사라지고 드넓은 밭에 오직 뽕나무와 보리만이 푸르러 봄바람에 흔들릴 뿐이었다. 서글픈 감정을 이길 수 없어 북받치는 착잡한 소회를 무너져가는 집 벽에 쓰고 하룻밤을 묵고 산으로 돌아왔다. 시로 말하면 '삼십년 지나 고향마을 찾았더니, 사람은 죽어 없고 살던 집 무너졌고 마을도 황량했네. 청산은 봄날 저문다고 말해주지 않고 두견새 울음소리에 늦은 봄 알리네. 줄 지은 아이들 창틈으로 엿보고, 백발노인 나의 이름 묻고는 어릴 때의 이름 듣고서는 서로 눈물 흘렸네. 푸른 하늘 저 바다인 듯 달 뜬 깊은 밤이여!' 余艸年孤哀 十歲離家 三十五歲 還鄕則昔之南隣北閭 蕩然爲耕 惟桑麥靑靑 動搖春風耳 不勝哀楚 書懷于廢宅之壁 一宿而還山焉 詩曰 三十年來返故鄕 人亡宅廢又村荒 靑山不語春天暮 杜宇一聲來杳茫 一行兒女窺窓紙 鶴髮隣翁問姓名 乳號方通相泣下 碧天如海月三更", 『초의시고』 권하 「귀고향계묘 歸故鄕癸卯」(한불전10, p.858c13)에 "고향을 떠나온 지 어언 40년 돌아와 보니 어느 결에 머리엔 흰 눈 내렸네. 집터 풀에 덮혀 새롭고 옛 무덤 이끼 낀 채 발 붙인 자취 없이 황량할 뿐. 마음 이미 죽어 한인들 어디에서 일어나랴. 피도 눈물도 말라 흐르지도 못하네. 외로이 육환장 짚고 다시 구름 따라 떠날 뿐이네. 아서라! 짐승도 고향 향해 죽는다(狐死首邱) 함이 부끄러울 따름이네. 詩曰 遠別鄕關四十秋 歸來不覺雪盈頭 新基艸沒家安在 古墓苔荒履跡愁 心死恨從何處起 血乾淚亦不能流 孤笻更欲隨雲去 已矣人生愧首邱"라고 하였는데, 이 시는 1843년(헌종9 : 癸卯) 초의스님이 59세 때 고향인 전남 나주군 삼향면을 방문하고 읊은 시이다. 〔참고문헌〕『淸虛堂大師集』(杻溪寺板), 『草衣詩藁』.

환허 幻虛 조선말 스님. 자는 문일(文一)이니, 봉규(奉奎)의 법호이다. ⇨ 봉규 奉奎

환허 煥虛 조선후기 스님. 속성은 최(崔)씨. 함경도 안변 설봉산(雪峯山) 석왕사(釋王寺)에 오래 주석하였기에 설봉상인으로 불렸다. 1912년 석왕사에서 일반인 포교법회에서 강설했다. 한영정호(漢永鼎鎬 1870~1948)의 「설봉산환허상인영찬 雪峯山煥虛上人影贊」(『석전문초』 석림초, p.65)에 "보운에서 함께 연마하고 내원에서 옷깃을 이었도다. 갑자기 한평생 지나가니 예부터 지금까지구나. 헛된 모습 지으려 하지 않아 여기 동림에서 만났도다. 普雲同硏兮 內院聯衿 俄經一世兮 往古來今 不圖幻相兮 對此東林"라고 하였다. 〔참고문헌〕『石顚文鈔』 石林草, 『朝鮮佛敎月報』 第七號(1912).

환현 桓玄 369~404. 자는 경도(敬道) 또는 영보(靈寶). 동진(東晉) 대사마(大司馬) 환온(桓溫)의 아들. 사문은 왕자를 공경해야 마땅하다는 견해로 혜원(慧遠)이 지은 「사문불경왕자론」을 논박하였다. ⇨ 사문불경왕자론 沙門不敬王者論

환혜 換鞋 신발을 갈아 신다. 측간에 들어갈 때 바꿔 신는 일에서 생긴 말이다. 『백장청규』 권6 「일용궤범 日用軌範」(대정장48, p.1145b19)에 "오른손에 물을 들고 측간에 들어가고, 신발을 측간용으로 갈아 신으면서 여기저기 놓지 마라. 右手提水入廁 換鞋不得參差"라고 하였다. 〔참고문헌〕『百丈淸規』.

환화견환화 幻化見幻化 꿈결로 꿈결을 보다. 헛되게 변화한 것으로 허망하게 움직이는 것들을 보다. 공(空)

한 몸(六根)으로 공한 것들(六塵) 바라보는 뜻이다. 『인왕경』 권상(대정장8, p.828c14)에 "(중생의 억념을 일으키는) 세간의 진실 임시로 있어 진실이 아니니 허망하게 변화하기에 있고 이렇게 육도가 있어 허망하게 변화한 중생들 그 허망한 세계를 본다. 꿈결이 꿈결을 볼 뿐이다. 世諦假誑 幻化故有 乃至六道 幻化衆生見幻化 幻化見幻化", 『인왕반야경소』 권중(대정장33, p.340b25)에 "헛된 것이 헛된 것 본다 하니, 중생의 바탕이 환일 뿐이니 다시 환의 티끌 물들인다. 허깨비가 허깨비를 본다고 한다. 幻化見幻化者 衆生體是其幻 復染幻塵名幻見幻也", 『인왕호국반야경소』 권중(대정장33, p.484a15)에 "허깨비가 허깨비를 본다는 것은 모든 세간 능히 보는 이나 보이는 것들 모두 다 부실함을 밝히고 있다. 실없이 변화한 것들이기 때문이다. 幻化見幻化者 明諸世間 能見所見 悉皆不實 是幻化故라고 하였다. 〔참고문헌〕『仁王經』, 『仁王般若經疏』, 『仁王護國般若經疏』.

환화공신즉법신 幻化空身卽法身 꿈결처럼 빈 채로인 몸이 곧 법의 몸이라네. 영가현각(永嘉玄覺)의 말로서 무명실성즉불성(無明實性卽佛性)과 함께한다. 『운문광록』 권중(대정장47, p.554b14)에 "일숙각(영가)이 말한다. '허깨비처럼 허망한 몸 그대로 법신이다'라 한 말 듣고는 운문이 주장자 들고 말했다. '대지 다해도 법신은 아니다'. 擧一宿覺云 幻化空身卽法身 師拈起拄杖云 盡大地不是法身", 『금강경주해』 권2(卍속장38, p.882b14)에 "야보도천(冶父道川)이 말했다. '제행은 무상하고, 일체는 모두 고이다'라고 말한 뒤 송으로 읊었다. '삼위성문도 일찌감치 육진에서 벗어났으나, 오고 감에 정을 구해서 친소가 있다네. 분명한 사과라면 원래 과란 없으니, 꿈결로 빈 몸 그대로 법신이라네'. 川禪師曰 諸行無常 一切皆苦 頌曰 三位聲聞已出塵 往來求靜有疏親 明明四果元無果 幻化空身卽法身", 『반야심경주해』 권1(卍속장42, p.80a17)에 "(색이 공과 다르지 않다는 구절에 대한 풀이) 영가는 말하길 '꿈결로 빈 이 몸 그대로 법신이요, 그 법신 깨우치면 한 물건도 없어서 본래로 스스로의 성품 천진한 부처일세' … 보공이 말하길 '모양새 가진 몸 중에 모양 없는 몸 있다네. 돌. 알겠는가. 복사꽃 붉고 버들은 푸르며 매화 꽃 하얗네. 온통이 모두 봄의 정령 조화라네.' 永嘉云 幻化空身卽法身 法身覺了無一物 本源自性天眞佛 … 寶公云 有相身中無相身 咄 理會得麽 桃紅柳綠梅華白 總是東君造化成"라고 하였다. 〔참고문헌〕『雲門廣錄』, 『金剛經註解』, 『般若心經註解』. ⇨ 무명실성즉불성 無明實性卽佛性

환화망대유가교십분노명왕대명관상의궤경 幻化網大瑜伽教十忿怒明王大明觀想儀軌經 1권. 송대 법현(法賢) 한역. 대정장18, pp.583a16~587b25, No.891에 수록되었다. 『십분노명왕경 十忿怒明王經』 또는 『십분노명왕대명관상의궤경 十忿怒明王大明觀想儀軌經』이라고도 한다. 『유가대교왕경』에서 십분노명왕의 관상법을 별출한 것이다. 십분노명왕이란 염만득가(焰鬘得迦)·무능승(無能勝)·발납만득가(鉢訥鬘得迦)·미근난득가(尾覲難得迦)·부동존(不動尊)·타지(吒枳)·대이라난나(大儞羅難拏)·대력(大力)·송파(送婆)·일라파다(日囉播多) 등을 말한다. 부처님께서 정광천청정대누각(淨光天淸淨大樓閣)에 계실 때 금강수보살의 원에 답하여 대환화망유가대교왕경삼매만다라(大幻化網瑜伽大教三昧曼茶羅) 중에 십분노명왕의 관상의궤법을 설하신 내용이다. 먼저 관상법을 설명한 후에 명왕의 진언과 그 효능을 설한다. ⇨ 분노명왕 忿怒明王

환화망대탄트라 幻化網大tantra Ⓢ Māyājālamahātantra, Ⓣ rgyud-kyi rgyal-po-chen-po sgyu-'phrul dra-ba shes-bya-ba. 금강계(金剛界) 밀교경전으로 한역(漢譯)과 티베트역만 전한다. 한역은 북송(北宋)대 법현(法賢 Ⓢ Dharmabhadra)이 번역한 『불설유가대교왕경 佛說瑜伽大教王經』이고, 티베트역은 린첸상포(Ⓣ Rin-chen bzang-po) 번역으로 북경판(北京版) No.102에 전한다. 한역과 티베트역 모두 10품으로 나눠 시설했는데 서(序 'jug pa)·만노라(曼拏羅 dkyil 'khor)·진언(眞言 gsang sngags)·삼마지(三摩地 ting nge 'dzin)·진언대지변화(眞言大智變化 gsang sngags kyi ye shes rnam par bsgyings pa)·인상대공양의(印相大供養儀 phyag rgya'i mchod pa)·관상보리심대지(觀想菩提心大智 byang chub kyi sems bsgom pa'i ye shes bsgrub pa)·상응방편성취(相應方便成就 sbyor ba'i thabs kyis sgrub pa)·호마(護摩 sbyin bsreg)·촉루(囑累 cho ga thams cad bstan pa)이다. ⇨ 유가대교왕경 瑜伽大教王經❶, 대교왕경 大教王經❷

환화비진 幻化非眞 꿈결일 뿐 진실이 아니다. 헛된 변화여서 본래 있는 것 아니라는 뜻이다. 『보살영락경』 권12(대정장16, p.105c26)에 "일체제법 모조리 공하여 모조리 고요하니 허망한 변화일 뿐 참인 것 아니라네. 어리석은 사람 깊이 붙들려 뒤집히고 무너지네. 一切諸法 皆空皆寂 幻化非眞 愚者深著 便致顚倒", 『반야심경약소소초』(卍속장41, p.725a13)에 "꿈결일 뿐 있는 것 없어서 꿈결로 있고, 묘하게 있을 뿐이라 하고, 있지 않은 것으로 있는 것 삼기에 묘유라 한다. 幻化非眞 故云幻有 亦名妙有 以非有爲有 故名妙有"라고 하였다. 〔참고문헌〕『菩薩瓔珞經』, 『般若心經略疏小鈔』.

환화오음 幻化五陰 허망한 오음. 『인왕경』 권상(대정장8, p.828a27)에 "일체법 모여 있어 허망하게 변화한 오음에 불과하니 합함도 없고 흩어짐도 없다. 법은 법성과 같아 고요하고 공하기 때문이다. 一切法集 幻化五陰 無合無散 法同法性 寂然空故", 『인왕호국반야경소』 권5(대정장33, p.277b4)에 "허망하게 변한 오음이란 오음의 실체가 없음이니 이것을 법가라 한다. 모임도 없고 흩어짐도 없다는 말은 받음도 가여서 인연 모여 날 뿐이기에 흩어짐이 없고, 인연 자체가 공이므로 모임도 없다. 幻化五陰者 五陰無實 此爲法假也 無合無散者 此受假也 因緣共生 故無散 因緣卽空 故無合也"라고 하였다. 〔참고문헌〕『仁王經』, 『仁王護國般若經疏』.

환화종 幻化宗 동진(東晉)대 반야학파인 육가칠종(六家七宗) 중 하나. 일체가 환이라 하면서도 심신(心神)은 불공(不空)이라 여긴다. 『중론소기』 권3말(대정장65, p.95a3)에 "도일이 지은 『신이제론』에 '일체제법은 모두 허깨비와 같고 허깨비 같으므로 세제라 한다. 심신은 오히려 진이어서 공하지 않아 제일의다. 만약 신도 공이라면 교법을 어떻게 베풀겠으며, 누가 도를 닦아 범부를 떠나 성인이 되겠는가? 심신은 공하지 않음을 알아야 한다'라고 하였다. 道壹著神二諦論云 一切諸法 皆同幻化 同幻化故 名爲世諦 心神猶眞不空 是第一義 若神復空 教何所施 誰修道隔凡成聖 故知神不空"라고 하였다. 〔참고문헌〕『中論疏記』. ⇨ 육가칠종 六家七宗 ❶

환활지옥 還活地獄 Ⓢ Saṃjīva-naraka, Ⓟ sañjīvaṃ nirayam. 팔대지옥(八大地獄) 중 하나. 등활지옥(等活地獄)·상지옥(想地獄)이라고도 한다. 『증일아함경』 권36(대정장2, p.747c21)에 "어떤 이유에서 환활지옥이라 하는가? 또 그곳 중생들의 온몸은 잡아당겨져 있어 꼼짝할 수 없고, 고통에 시달려도 피해갈 수 없어 온몸의 살과 피가 없어져 버리게 된다. 그때 중생들은 서로 '중생들아 다시 살아나자, 다시 살아나자'라고 말한다. 그러면 그 중생들은 다시 살아난다. 이러한 인연으로 환활지옥이라 한다. 以何等故 名爲還活地獄 又彼衆生形體挺直 亦不動搖 爲苦所逼 不能移轉 形體以無肉血 是時 衆生自相謂言 衆生還活 還活 是時 彼衆生便自還活 以此因緣 故名爲還活地獄"라고 하였다. 〔참고문헌〕『增壹阿含經』, *Abh-k-bh.111.*, *Kv.623.* ⇨ 등활지옥 等活地獄, 상지옥 想地獄, 팔대지옥 八大地獄 ❶

환희 歡喜 ❶ Ⓢ tuṣṭa, abhi-√nand, pramudita, Ⓟ abhinandati, cittaṃ ārādheti, Ⓣ dga'-ba. 깊이 기뻐함. 『중아함경』 권6 「교화병경 敎化病經」(대정장1, p.460b21)에 "세존께서 나에게 법을 설해 주시고 목말라 우러르는 마음이 일어나도록 하시어 환희를 성취하였다. 世尊爲我說法 勸發渴仰 成就歡喜", 『증일아함경』 권3(대정장2, p.561b7)에 "그때 비구들이 부처님의 말씀을 듣고 환희하며 받들어 행하였다. 爾時 諸比丘聞佛所說 歡喜奉行", 『대지도론』 권18(대정장25, p.196a23)에 "인욕의 인연 때문에 진에의 독을 막아 단정한 몸빛깔과 가장 뛰어난 위엄을 얻었으니 보는 이들이 환희하고 공경하여 믿으며 마음으로 복종하는데 또 무슨 설법이 필요하랴! 以忍辱因緣故 障瞋恚毒 得身色端政 威德第一 見者歡喜 敬信心伏 況復說法", 『십지경론』 권2(대정장26, p.135c27)에 "환희라 하니, 마음의 환희·몸의 환희·근의 환희를 말한다. 이 환희에는 아홉 가지 있다. 歡喜者 名爲心喜體喜根喜 是歡喜有九種"라고 한 뒤 경환희(敬歡喜)·애환희(愛歡喜)·경환희(慶歡喜)·조유환희(調柔歡喜)·용약환희(踊躍歡喜)·감수환희(堪受歡喜)·불괴환희(不壞歡喜)·불뇌환희(不惱歡喜)·부진환희(不瞋歡喜)를 시설한다. 〔참고문헌〕『中阿含經』, 『增壹阿含經』, 『大智度論』, 『十地經論』, *Buddh-c.3.*, *Sukh-vy.Ⅱ.94.*, *Bodh-bh.92.*, *MN.1.432.*, *Mil.25.* ⇨ 견자환희 見者歡喜, 공경환희 恭敬歡喜, 문법생환희 聞法生歡喜, 사환희 四歡喜 ❶❷, 삼의환희 三義歡喜, 신심변환희 身心遍歡喜, 육법령타환희 六法令他歡喜, 일념환희 一念歡喜 ❷ Ⓢ Ⓟ Ānanda, Ⓣ kun-dga'-bo. 아난다(阿難陀)의 번역 이름. 『관무량수불경소』(대정장37, p.190a9)에 "아난은 환희라 한역하고, 무염이라고도 하며, 흔락이라고도 한다. 阿難 此翻歡喜 亦云無染 或云欣樂"라고 하였다. 〔참고문헌〕『觀無量壽佛經疏』. ⇨ 아난 阿難, 아난다 阿難陀 ❶ ❸ 신라 스님. 선덕여왕(善德女王 재위 632~647) 때 황룡사의 첫 주지였던 스님으로 진골(眞骨)이었다. 『삼국유사』 권3(대정장49, p.990b24·한불전6, p.320c3) 탑상(塔像)4 황룡사장륙(皇龍寺丈六)에 "절의 기록에 진평왕 5년 갑진년에 금당이 조성되었는데 선덕여왕 대에 절의 첫 주지는 진골인 환희 스님이고 제2대 주지는 자장 국통, 다음은 국통 혜훈, 다음은 상률스님이라고 하였다. 寺記云 眞平五年甲辰 金堂造成 善德王代 寺初主眞骨歡喜師 第二主慈藏國統 次國統惠訓 次廂律師云"라고 하였다. 〔참고문헌〕『三國遺事』. ⇨ 황룡사 皇龍寺

환희국 歡喜國 Ⓢ Abhirati, Ⓣ mngon-par-dga'-ba. 동방 아촉불(阿閦佛 Ⓢ Akṣobhya)의 정토. 묘희국(妙喜國)이라고도 한다. 『법화경』 권3(대정장9, p.25b23)에 "그 불제자 열여섯 사미들은 지금 모두 아누다라삼막삼보리를 얻어 시방국토에서 현재 설법하고 있다. … 그 가운데 두 사미는 동방에서 부처가 되었으니, 첫째는 아촉이라 하는데 환희국에 계시고, 둘째는 수미정이라 한다. 彼佛弟子十六沙彌 今皆得阿耨多羅三藐三菩提 於十方國土現在說法 … 其二沙彌 東方作佛 一名 阿閦 在歡喜國 二名 須彌頂"라고 하였다. 〔참고문헌〕『法

華經』, 『華嚴經疏鈔』 권90(대정장36, p.698b10), *Saddh-p.184.* ⇨ 묘희국 妙喜國, 아촉불 阿閦佛

환희금강 歡喜金剛 여래소보살(如來笑菩薩)의 밀호. 『태장금강교법명호』(대정장18, p.205a1)에 "여래소〈환희금강 또는 파안금강이라고도 한다〉 如來笑〈歡喜金剛亦號破顔金剛〉"라고 하였다. 〔참고문헌〕『胎藏金剛教法名號』.

환희단 歡喜團 Ⓢ mahotikā. 기쁘게 하는 둥근 묘약. 기름(油)·꿀(蜜) 등을 빚어 둥글게 만든다. 환희환(歡喜丸)이라고도 하며, 마호다가(摩呼茶迦)라고 음사한다. 밀교에서는 만다라(曼茶羅)의 여러 존위(尊位)나 환희천(歡喜天)에게 공양하며, 환희천의 지물(持物)이기도 하다. 『잡보장경』 권4(대정장4, p.469c28)에 "'전에 가난하던 네가 어떻게 갑자기 부자가 되었느냐?' 동생이 답하길 '나는 구담을 뵙고 한 발우 공양하여 이 같은 보를 얻었습니다'. 네 형은 이 말을 듣고서 뛸 듯이 기뻐하며 다시 동생에게 말하길 '네가 지금 우리들을 위해서 환희단을 만들어주면, 우리 넷은 각각 하나씩 구담에게 공양하여 하늘에 나기를 원할 뿐, 법을 청하거나 해탈을 구하지는 않겠다'. 汝先貧窮 云何卒富 答言 我見瞿曇 施一鉢飯 得如是報 四兄聞已 歡喜踊躍 又語弟言 爾今爲我 作歡喜團 我等四人 各持一團 供養瞿曇 願求生天 不聽其法 不用解脫", 『유부율파승사』 권12(대정장24, p.161a12)에 "'세존이시여, 무엇 때문에 야수다라(Ⓢ Yaśodharā)는 환희단으로 불세존께서 염착을 내게 하였습니까?' 부처님께서 말씀하시길 '비구들아, 야수다라는 금생에서만 환희단으로 나를 염착하려 한 것이 아니라, 일찍이 과거세에도 이미 이런 일이 있었다'. 世尊何故 耶輸陀羅 因歡喜團 於佛世尊 生於染著 佛言 諸苾芻 此耶輸陀羅 非於今生 欲因歡喜團 而染著我 曾於過去先有是事", 『문수사리근본의궤경』 권6(대정장20, p.857b2)에 "기름·꿀 등의 먹을 것으로 환희단을 만든다. 用油蜜食等 作歡喜團"라고 하였다. 〔참고문헌〕『雜寶藏經』, 『有部律破僧事』, 『文殊師利根本儀軌經』. ⇨ 환희환 歡喜丸, 마호다가 摩呼茶迦

환희모 歡喜母 Ⓢ Hārītī. 귀신왕 반사가(般闍迦 Ⓢ Pāñcika : 半只迦)의 부인 귀자모신(鬼子母神)의 다른 한역어. 하리제(訶利帝) 등으로 음사한다. 왼손에 빙갈라천동자(氷揭羅天童子)를 품고 있다. 『준제다라니경회석』 권상(卍속장37, p.441b3)에 "아리지모는 곧 귀자모이며, 본래 이름은 환희모이다. 阿利底母 卽鬼子母 本名歡喜母"라고 하였다. 〔참고문헌〕『準提陀羅尼經會釋』, 『大藥叉女歡喜母幷愛子成就法』(대정장21, p.286a16). ⇨ 귀자모신 鬼子母神, 반지가 半只迦, 빙갈라천 氷揭羅天, 하리제모 訶利帝母

환희모애자성취법 歡喜母愛子成就法 ➡ 대야차녀환희모병애자성취법 大藥叉女歡喜母幷愛子成就法

환희사 歡喜寺 ❶ 평안남도 대동군 백록산(白鹿山)에 있던 절. 『동국여지승람』 권51 평안도 평양부 불우에 이름과 위치가 전하고, 『여지도서』 평안도 평양 사찰과 『가람고』에 "부 서쪽 80리에 있다. 在府西八十里", 『사탑고적고』에 "돌담이 약간 남아 있고, 와편이 산재해 있다. 사리탑 원형이 높이 5척으로 완전하다. 石垣略存 瓦片散在 有舍利塔圓形 高約五尺完全"라고 하였다. 도안(道安 1638~1715)의 『월저집』에 「백록산환희사차벽상운 白鹿山歡喜寺次壁上韻」도 전한다. 〔참고문헌〕『東國輿地勝覽』, 『輿地圖書』, 『伽藍考』, 『寺塔古蹟考』, 『月渚集』, 『韓國寺刹全書』 권하 p.1195a6. ❷ 함경남도 정평군 백운산(白雲山)에 있는 절. 대본산 석왕사(釋王寺)의 말사였다. 『동국여지승람』 권48 함경도 정평도호부 불우에 이름과 위치가 전하고, 『여지도서』 함경도 정평 사찰에 "부 북쪽 30리에 있고, 승도는 40명이다. 府北三十里僧徒十四口", 『한국불교근세백년사』 권1 「석왕사본말사 釋王寺本末寺」(p.216)에 환희사의 계단(戒壇)에서는 60여 명이 수계(受戒)한 일도 전한다. 〔참고문헌〕『東國輿地勝覽』, 『輿地圖書』, 『伽藍考』, 『梵宇攷』, 『韓國寺刹全書』 권하 p.1195a3, 『韓國佛教近世百年史』.

환희사 歡喜死 십이품생사(十二品生死) 중 하나. 일심으로 죽음에 임하는 부류. 『미증유인연경』 권하(대정장17, p.582a18)에 "환희사란 기쁜 과보를 받고 안온하고 쾌락하게 맞는 죽음으로 과보도 그렇다. 歡喜死者 受歡喜報 安隱快樂 果報亦爾"라고 하였다. 〔참고문헌〕『未曾有因緣經』. ⇨ 십이품생사 十二品生死

환희삼매 歡喜三昧 Ⓢ ratikaro nāma samādhi. 백팔삼매(百八三昧) 중 하나. 제법(諸法)에 환희락을 일으키는 정(定 : 三昧). 발묘락삼매(發妙樂三昧)라고도 한다. 『대품반야경』 권5(대정장8, p.252a9 : *Pañca-pr.*, p.200)에 "무엇이 환희삼매인가? 이 삼매에 머물면 모든 삼매의 기쁨을 느끼는데, 이것을 환희삼매라고 한다. 云何名歡喜三昧 住是三昧 能受諸三昧喜 是名歡喜三昧 katamaḥ ratikaro nāma samādhiḥ yatra samādhau sthitvā sarva-samādhīnāṃ ratim anubhavati tena-ucyate ratikaro nāma samādhiḥ", 『대지도론』 권47(대정장25, p.400a4)에 "환희삼매란, 이 삼매를 얻으면 모든 법에서 환희락이 생긴다. 이것은 무엇인가? 어떤 사람은 이렇게 말한다. '초선이 이것이다. 저 부처님께서 말씀하신 「사수정이 있으니, 첫째 이 삼매를 닦으면 현재에 환희락을 얻고, 둘째 정을 닦아 지견을 얻어 중생생사를 보며, 셋째 정을 닦아 지혜분별을 얻으며, 넷째 정을 닦아 번뇌가 다한다」'. 또 이 삼매를 얻으면 한량없고 가없는 법에 환희락을 일으킨다. 歡喜三昧者 得是三昧 於諸法生歡喜樂 何者是 有人言 初禪是如佛說有四修定 一者 修是三昧 得現在歡喜樂 二者 修定得知見 見衆生生死 三者 修定得智慧分別 四者 修定得漏盡 復次 得是三昧 生無量無邊法歡喜樂"라고 하였다. [참고문헌] 『大品般若經』, 『大智度論』, *Pañca-pr.* ⇨ 발묘락삼매 發妙樂三昧, 백팔삼매 百八三昧

환희암 歡喜庵 충청남도 예산군 덕산면 덕숭산(德崇山)에 있는 암자. 대한불교조계종 수덕사(修德寺)의 산내 암자이며 환희대(歡喜臺)라고도 한다. 조위(曺偉 1454~1503)의 『매계집』 「환희암 歡喜菴」, 송상기(宋相琦 1657~1723)의 『옥오재집』 「남천록 南遷錄」 등에 기록이 전한다. 1935년 만공선사(滿空禪師)가 재창건하였고, 비구니 참선도량으로 일엽(一葉 1898~1971)이 입적(入寂)한 곳이다. 현존하는 당우로는 선원과 원통보전 등이 있다. [참고문헌] 『梅溪集』, 『玉吾齋集』, 『韓國寺刹全書』 권하 p.1195a11.

환희용약 歡喜踊躍 Ⓢ prīti-pramodya-jāta, prītatara, Ⓣ dga'-ba dang rangs-pa skyes-pa, ches-dga'-ba. 기뻐 날뛰다. 뛸듯이 기쁘다. 법을 듣고 그 의미를 깨달은 사람의 심경과 외양을 묘사하는 경전의 가장 일반적 묘사이다. 40권본 『대반열반경』 권1(대정장12, p.191c6)에 "그때 마왕이 부처님의 이 말씀을 듣고 뛸듯이 기뻐하며 천궁으로 돌아갔다. 是時 魔王聞佛此語 歡喜踊躍 還歸天宮", 『빈바사라왕경』(대정장1, p.825b16)에 "왕이 부처님 말씀을 듣고 뛸듯이 기뻐하며 물러나 한 쪽에 앉았다. 王聞佛言 歡喜踊躍 退坐一面", 『석선바라밀차제법문』 권6(대정장46, p.519a21)에 "선정으로 즐거움을 처음 얻는 순간을 즐거움이라 한다. 환희심이 안에서 일어나고 그 즐거운 모습이 밖으로 나타나니 기뻐 날뛰어서 이를 기쁨이라 한다. … 만약 기쁘다는 상을 취하면 마음이 산란에 사로잡히지만 뒤에 삼매가 점차로 깊어지는 연고로 비록 겉으로 기뻐 날뛰더라도 마음은 산란하지 않으므로 세하다고 한다. 初得樂時名樂 歡心內發 樂相外現 歡喜踊躍 是名喜 … 若取喜相 心散亂攝 後緣三昧漸深 雖歡喜踊躍 心不散亂 故爲細"라고 하였다. [참고문헌] 『大般涅槃經』, 『頻婆娑羅王經』, 『釋禪波羅蜜次第法門』, *Saddh-p.75.*, *Bodh-bh.230.*

설법도중환희용약 아잔타17굴 인도 5~6세기

환희원 歡喜苑 ⓈⓅ Nandana-vana, Ⓣ dga'-ba'i-tshal. ❶ 도리천(忉利天 : 三十三天) 중 제석천(帝釋天 Ⓢ Śakra devānāmindra)에 있는 네 원(四苑) 중 하나. 원(苑)은 원(園)으로도 쓴다. 환락원(歡樂園)·희림원(喜林苑)·가무원(歌舞苑)·대희원(大喜苑) 등이라고도 하며, 난다반나(難檀槃那)·난다(難陀) 등으로 음사한다. 수미산 정상 선견성(善見城) 북쪽에 있다. 세존께서 어머니 마야부인의 은혜에 보답하고자 도리천에 오르셨을 때 설법하셨던 곳이기도 하다. 『대비바사론』 권80(대정장27, p.415a6)에 "삼십삼천, 그곳에 네 개의 정원이 있는데 장엄수묘하니, 중거·추악·환희·잡림이다. 三十三天 彼有四苑 莊嚴殊妙 一名 衆車 二名 麤惡 三名 歡喜 四名 雜林", 『기세인본경』 권7(대정장1, p.397b19)에 "비구들아, 저 환희원에 삼십삼천왕이 들어가서는 환희와 선환희라는 두 돌 위에 앉아 마음으로 환희를 느낀 후에 뜻으로 생각하고 생각한 다음에는 다시 마음으로 기뻐하고, 열락을 누린 후에도 더 없이 기쁘고 즐거우니 저 이름이 환희원이다. 諸比丘 彼歡喜園 三十三天王 入其中已 坐於歡喜 及善歡喜 二石之上 心受歡喜 意念歡喜 念已復念 心受悅樂 受悅樂已 復受悅樂 是故 彼稱 爲歡喜園", 『입세아비담론』 권3(대정장32, p.185b21)에 "선견대성 북문 밖 20유순(Ⓢ yojana)에 도리천의 커다란 정원이 있으니 환희라고 한다. 이 가운데 연못이 있는데 그 이름도 환희다. 善見大城 北門之外 二十由旬 諸忉利天 有大園林 名曰歡喜 此中有池 亦名歡喜"라고 하였다. [참고문헌] 『大毘婆沙論』, 『起世因本經』, 『立世阿毘曇論』, *Abh-k-bh.168.*, *AN.3.40.* ⇨ 사원 四苑 ❷ 아수라(阿修羅)의 네 정원(四苑) 중 하나. 『법원주림』 권5(대정장53, p.309a6)에 "아수라왕에게도 사원이 있으니, 경열·환희·극희·가애다. 阿素洛王亦有四苑 一名 慶悅 二名 歡喜 三名 極喜 四名 可愛"라고 하였다. [참고문헌] 『法苑珠林』.

환희장마니보적불 歡喜藏摩尼寶積佛 문수보살(文殊菩薩)의 본지(本地)로서의 불호. 『법화문구』 권2(대정장34, p.23a2)에 "『비화경』에서 이르길 '원하건대 제가 보살도를 행하면 교화받는 중생이 모두 시방에서 먼저 정각을 성취하고, 그 모습을 제가 천안으로 모두 볼 수 있도록 하시며, 저의 국토는 모두 일생보살이라면 누구나 저를 따라 도심을 일으키도록 하여 제가 보살도를 행함에 한계가 없도록 하시옵소서'라고 하자 보장불이 말씀하셨다. '그대가 지은 공덕은 깊고도 참으로 깊은데 묘토를 취하길 원한다니 지금 그런 이유로 그대를 문수사리라고 부를 것이다. 그대는 북방의 환희세계에서 부처가 되고 그 명호는 환희장마니보적불이리라'. 悲花云 願我行菩薩道 所化衆生 皆於十方 先成正覺 令我天眼 悉皆見之 我之國土 皆一生菩薩 悉令從我 勸發道心 我行菩

薩道 無有齊限 寶藏佛言 汝作功德 甚深甚深 願取妙土 今故號汝 名文殊師利 在北方歡喜世界作佛 號歡喜藏摩尼寶積佛"라고 하였다. 〔참고문헌〕『法華文句』.

환희조왕경 歡喜竈王經 **1** 1권. 1795년(정조19) 간행. 『천지팔양신주경 天地八陽神呪經』과 같은 해에 같은 형태로 출판됨. 부엌을 관장하는 조왕(竈王)의 공덕과 위신력을 10가지로 구성한 게송 형태의 위경(僞經)이다. **2** 각청의례(各請儀禮) 중 조왕청(竈王請) 때 독송하는 경으로 7언 20구의 짧은 경으로 다음과 같다. 『석문의범』 권하 「조왕청」(p.36a9)에 "장엄한 조왕신께 머리 조아리니, 시방에 대광명이 비추어 빛납니다. 위광이 자재하신 조왕신이여, 토지와 용신이 모두 환희합니다. 천상의 사관이신 조왕신이여, 온 집안사람들 모두 안녕합니다. 안팎을 창성하시는 조왕신이여, 금은옥백이 집 한가득 채워집니다. 항상 경사 만나시는 조왕신이여, 악귀와 사신이 물러나갑니다. 稽首莊嚴竈王神 十方照曜大光明 威光自在竈王神 土地龍神皆歡喜 天上仕官竈王神 闔家人衆摠安寧 內外吉昌竈王神 金銀玉帛滿堂進 常逢吉慶竈王神 惡鬼邪神退散去", "희망 두루 이루시는 조왕신이여, 억선만복이 모두 갖추어집니다. 장애 떠나 안주하시는 조왕신이여, 부부와 가족의 수명이 늘어납니다. 재앙 소멸하시는 조왕신이여, 백병이 소멸되어 크게 길상합니다. 때맞춰 수호하시는 조왕신이여, 온갖 살(殺)에 살아나와 누에를 곱절로 키우십니다. 건물을 구호하시는 조왕신이여, 일체의 모든 신이 모두 환희합니다. 志望周成竈王神 億善萬福皆具足 離障安住竈王神 夫婦家人增福壽 災殃永滅竈王神 百病消除大吉祥 會時守護竈王神 百殺勝出養蠶倍 救護舍宅竈王神 一切諸神皆歡喜"라고 하였다. 〔참고문헌〕『釋門儀範』.

환희지 歡喜地 Ⓢ pramuditā bodhisattva-bhūmi, pramuditā bhūmi, pramuditā, Ⓣ rab-tu-dga'-ba. 보살십지(菩薩十地) 중 첫 번째 지이고 보살 52위 중에서는 제41위 성위(聖位)에 드는 때다. 극희지(極喜地)·초환희지(初歡喜地)·초지라고도 한다. 보살이 십신(十信)·십주(十住)·십행(十行)·십회향(十迴向) 등의 수행위를 거치는 일대아승기겁(一大阿僧祇劫)의 수행을 하고 나서 처음으로 진여(眞如)의 평등성(平等性)을 깨치고 이공(二空)의 도리를 모두 증득하여 자리이타(自利利他)의 행을 증득함으로써 많은 환희가 일어나므로 환희지라 한다. 『인왕경』 권하(대정장8, p.842c13)에 "처음으로 평등성을 증득하여, 부처님 가문에 태어나고, 처음으로 깨달음을 얻음으로 말미암아, 환희지라 한다네. 初證平等性 而生諸佛家 由初得覺悟 名爲歡喜地", 『섭대승론』 권하(대정장31, p.126a18)에 "어째서 초지를 환희라 하는가? 처음으로 자신과 타인에게 이익을 주는 공능이 생기기 때문이다. 云何初地名歡喜 由始得自他利益功能故", 『인왕호국반야경소』 권중(대정장33, p.467b12)에 "(歡喜地에서) 환희라는 말은 처음으로 성인의 성품을 얻고 이공을 모두 증득하여 능히 자타에게 이익을 줌으로써 큰 기쁨이 일어났다는 뜻이다. 言歡喜者 初獲聖性 具證二空 能益自他 生大喜故", 『관무량수경의소정관기』 권하(卍속장33, p.90a7)에 "환희라는 말은 겁의 세월을 거치며 수행하여 간신히 성위에 오르니 기쁨을 이길 수 없다 하여 붙여진 이름이다. 言歡喜者 歷劫修行 纔登聖位 喜不自勝 故以爲名", 『법화문구』 권5상(대정장34, p.64a14)에 "이공관을 방편도로 삼으면 가관으로 이승의 좁은 견해를 쓸어 없애고, 공관으로는 범부의 거친 견해를 없애 이변에 치우친 악을 넘어서 큰 환희를 얻는다. 두렷한 깨우침에 의지한 초발심주를 환희주라 하고, 초행도 환희행이라고 하며, 초지도 환희지라 한다. 신자(舍利弗)는 상근의 영리한 지혜로 반드시 환희로 넘어 들어갔을 것이고, 설령 넘어 들어가지 않았더라도 환희라 한다. 이상은 모두 경전의 설에 근거한 해석이다. 若二空觀 爲方便道 假觀蕩二乘之隘陋 空觀蕩凡夫之喧湫 過二邊惡 得大歡喜 依圓悟初發心住 名歡喜住 初行亦名歡喜行 初地亦名歡喜地 身子旣是 上根利智 必是超入之歡喜 設不超入 亦名歡喜 此皆約敎釋也", 『십주비바사론』 권2(대정장26, p.26a19)에 "보살은 초지에서 능히 견뎌 받는 것 많으니 쟁송을 좋아하지 않으며, 그 마음에 기쁨과 즐거움이 많고, 항상 즐겨 청정해서 비심으로 중생 가엾이 여겨 진에의 마음 있을 리 없으니, 이 일곱 가지 일을 수없이 행한다. 菩薩在初地 多所能堪受 不好於諍訟 其心多喜悅 常樂於淸淨 悲心愍衆生 無有瞋恚心 多行是七事"라고 하였다. 〔참고문헌〕『仁王經』, 『攝大乘論』, 『仁王護國般若經疏』, 『觀無量壽經義疏正觀記』, 『法華文句』, 『十住毘婆沙論』, *Daś-bh.8.*, *Sūtr.85.*, *Mvyut.31.*

환희천 歡喜天 **1** Ⓢ Nandikeśvara. 환희자재(歡喜自在)라는 뜻이고 대성환희자재천(大聖歡喜自在天 Ⓢ Mahārya-nandikeśvara)·환희자재천(歡喜自在天)·난제자재천(難提自在天)·대성환희천(大聖歡喜天) 등이라고도 한다. 줄여서 성천(聖天)·천존(天尊)이라고 한다. 『잡아함경』 권32(대정장2, p.227a6)에 "만약 기예를 부리는 사람이 대중 속에서 노래하고 춤추며 웃기는 따위로 갖가지 기예를 펼쳐 저들 대중이 즐거워하고 기쁜 웃음을 짓도록 한다면 이러한 업연으로 목숨을 마친 다음 환희천에 난다고 하는데, 고타마의 법에서는 어떻게 설하는지요? … 저들 즐거워하고 기쁜 웃음을 짓던 사람들이 어찌 탐진치의 속박을 더욱 늘리지 않았겠느냐? 若伎兒 於大衆中 歌舞戲笑 作種種伎 令彼大衆 歡樂喜笑 以是業緣 身壞命終 生歡喜天 於此 瞿曇

法中 所說云何 … 當其彼人 歡樂喜笑者 豈不增長貪恚癡縛耶"라고 하였다. 〔참고문헌〕『雜阿含經』. ⇨대성자재천 大聖自在天 **2**➡환희천법 歡喜天法

환희천경궤 歡喜天經軌 환희천(歡喜天)을 본존으로 수습하는 경궤. 식재(息災)·증익(增益)·항복(降伏) 등의 목적을 성취하기 위한 의궤다. 첫째, 불공(不空)이 한역한 『대성천환희쌍신비나야가법 大聖天歡喜雙身毘那夜迦法』 1권. 둘째, 보리유지(菩提流志) 역 『사주법경使呪經法』 1권. 셋째, 선무외(善無畏) 역 『대성환희쌍신대자재천비나야가왕귀의염송공양법 大聖歡喜雙身大自在天毘那夜迦王歸依念誦供養法』 1권. 넷째, 경슬(憬瑟) 찬집 『대성환희쌍신비나야가천형상품의궤 大聖歡喜雙身毘那夜迦天形像品儀軌』 1권. 다섯째, 함광(含光)이 기록한 『비나야가아나발지유가실지품비요 毘那夜迦誐那鉢底瑜伽悉地品祕要』 1권. 여섯째, 금강지 역 『금색가나발지다라니경 金色迦那鉢底陀羅尼經』 1권 등이 있다.

환희천법 歡喜天法 환희천을 본존으로 모시고 닦는 밀교 작법. 주로 재난을 그치게 하고 부귀·총명·관직·순산 등의 이익을 얻기 위해 닦는다. 대법(大法)을 닦을 때 먼저 여러 곤란을 없애기 위해 부수적으로 이 법을 닦는 경우도 있다. 환희천법에는 욕유공(浴油供)·주공(酒供)·화수공(華水供) 등이 있다. 욕유공은 호마유(胡麻油)로 환희천의 상(像)을 목욕시키는 의식이다. 먼저 먼저 사람의 얼굴 형상으로 환희천상을 만들고 청정한 실내에서 우분(牛糞)을 바른 원형 단을 설치한다. 호마유 한 되를 주문을 외우며 데우고 동(銅)으로 만든 법기(法器)에 담아 단에 안치한 후 동으로 제작한 수저 또는 국자로 호마유를 떠서 환희천상을 목욕시킨다. 『성환희천식법』(대정장21, p.324a6)에 "성천법에서 영험을 크게 개발하고자 하는 이는 먼저 천반과 지반을 만든다. 천반은 3주 또는 4주, 지반은 7주 길이가 된다. … 동쪽 연꽃잎 위에 옴자가 태양과 같은 환희천이 된다고 관상한다. 머리는 일륜에 있고 세속의 모습으로 분노상이며 얼굴은 붉은 색이다. 오른손은 폐유리를 쥐고 가슴 앞에 두었고, 왼손은 독고저를 쥐고 왼쪽 허리품에 두었다. 若於聖天法大欲開靈驗者 先造立天地盤 則天盤長三寸又四寸 地盤長方七寸 … 觀東方安葉上唵字 卽變成日王歡喜天 頭上在日輪 於俗形而有瞋相 面容赤色 右手持吠瑠璃收胸上 左手持獨股收左腰"라고 하였다. 〔참고문헌〕『聖歡喜天式法』.

환희해 歡喜海 Ⓢ Ānanda-sāgara. 삼아난(三阿難) 중 대승법장(佛藏)을 지녀 전한 아난. 아난가라(阿難迦羅)·아난다사가라(阿難陀娑伽羅)라고도 한다. 『인왕호국반야경소』 권1(대정장33, p.256b8)에 "『정법념경』에 세 아난이 제시되어 있다. 첫째 아난(Ⓢ Ānanda)은 환희라 한역하며 소승장을 지송(持誦)한다. 둘째 아난발다(Ⓢ Ānandabhadra)는 환희현이라 하며 잡장을 지송한다. 셋째 아난사가는 환희해라 하며 불장을 지송한다. 아함에 보이는 전장아난은 보살장을 지송한다. 正法念經 有三阿難 一阿難陀 此云歡喜 持小乘藏 二阿難跋陀 此云歡喜賢 持雜藏 三阿難娑伽 此云歡喜海 持佛藏 阿含有典藏阿難 持菩薩藏"라고 하였다. 〔참고문헌〕『仁王護國般若經疏』. ⇨삼종아난 三種阿難, 아난가라 阿難迦羅, 아난다사가라 阿難陀娑伽羅

환희행 歡喜行 보살의 십행위(十行位) 중 첫 번째 행. 보시의 기쁨 또는 법공(法空)의 증득에서 오는 환희를 자성으로 한다. 60권본 『화엄경』 권11(대정장9, p.466c2)에 "불자야! 무엇을 보살마하살의 환희행이라 하는가? 이 보살은 대시주가 되어 능히 일체소유를 모두 버리고 평등한 마음으로 모든 중생에게 베푼다. 보시하고 나서는 후회가 없고 과보도 바라지 않으며 명예도 구하지 않고 더 나은 곳에 나기를 바라지도 않으며 이양을 구하지도 않는다. 佛子 何等爲菩薩摩訶薩歡喜行 此菩薩爲大施主 悉能捨離 一切所有 等心惠施 一切衆生 施已無悔 不望果報 不求名譽 不求生勝處 不求利養", 『화엄경소초』 권86(대정장36, p.674b12)에 "소의 처음에 선견비구가 환희행에 기댄다 한 것은, 베풂으로 자타가 모두 기쁘기에 환희라 한다. 疏初善見比丘 寄歡喜行者 施悅自他 故名歡喜", 『대승의장』 권14(대정장44, p.747c7)에 "환희행은 보시를 체로 삼는다. … 희를 일으킴에는 두 가지가 있다. 하나는 스스로 희를 일으키고, 다른 하나는 타인이 환희하게 한다. 歡喜行者 布施爲體 … 生喜有二 一生自喜 … 二生他喜", 돈황본 『본업영락경소』(대정장85, p.749a2)에 "환희행이란, 비로소 법공에 들어 외도의 삿된 꾀임에 당하지 않고 정위에 들기에 기쁨이 풍족하게 일어난다. 이를 환희행이라 한다. 歡喜行者 始入法空 不爲外道邪誨所到 入正位故 多生慶悅 名歡喜行"라고 하였다. 〔참고문헌〕『華嚴經』, 『華嚴經疏鈔』, 『大乘義章』, 『本業瓔珞經疏』. ⇨십행 十行 **1**

환희환 歡喜丸 Ⓢ modaka. 떡의 일종. 호마·석밀 등을 재료로 만든다. 마호가다(摩呼茶迦)라고 음사한다. 『십송율』 권34(대정장23, p.249a19)에 "부처님께서 왕사성 죽원에 계실 때 거사들이 대발나·호마환희환·석밀환희환·밀환희환 … 등을 준비하여 이들 떡을 들고서 승방으로 향했다. 佛在王舍城竹園中 諸居士辦 種種帶鉢那 胡麻歡喜丸 石蜜歡喜丸 蜜歡喜丸 … 持是餠向僧坊", 『대지도론』 권17(대정장25, p.182c3)에 "라후라는 일곱 살의 몸으로 환희환을 들고 지름길로 부처님 앞에 이르러 세존께 받들어 올렸다. 羅睺羅 以七歲身 持

歡喜丸 徑至佛前 奉進世尊”, 『법원주림』 권34(대정장53, p.555b29)에 “그때 어떤 한 사람이 가려진 곳에서 혼자 마호가다〈환희환이라 한역한다〉를 먹고 있었다. 時有一人 屛處獨食 摩呼茶迦〈隋言歡喜丸也〉”라고 하였다. 〔참고문헌〕『十誦律』, 『大智度論』, 『法苑珠林』, *Vin.3.59.* ⇨마호다가 摩呼茶迦, 환희단 歡喜團

활계 活計 살림살이. 납자(衲子)로서의 수단. 또는 궁리·분별 등의 뜻으로 쓴다. 『동산어록』「현중명 玄中銘」(대정장47, p.515b25)에 “삼라만상은 고불의 가풍이요, 푸르기만 한 저 하늘은 도인의 살림살이다. 森羅萬象 古佛家風 碧落青霄 道人活計”, 『서장』「답부추밀 答富樞密」(대정장47, p.921c11)에 “언어의 길 위를 향해서 살 길 찾아서는 안 된다. 不得向語路上作活計”라고 하였다. 〔참고문헌〕『洞山語錄』, 『書狀』. ⇨귀굴리활계 鬼窟裏活計, 미모상작활계 眉毛上作活計, 미시납승활계 未是衲僧活計, 음계리활계 陰界裏活計

활계일물무 活計一物無 살림살이라곤 한 물건도 없다. 『경덕전등록』 권17 「늑담광오전 泐潭匡悟傳」(대정장51, p.342c8)에 “학인이 물었다. ‘무엇이 문 닫고 수레를 만드는 것입니까?’ ‘살 궁리라고는 한 물건도 없다’ ‘무엇이 문 밖에 나서면 바퀴자국 합한다 합니까?’ ‘앉은 자리에서 장안으로 간다’. 問 如何是閉門造車 師曰 活計一物無 曰 如何是出門合轍 師曰 坐地進長安”라고 하였다. 〔참고문헌〕『景德傳燈錄』.

활구 活句 살아 움직이는 말. 마음 움직여 뜻있게 해서 말하는 이 듣는 이(說聽同時) 모두에게 걸림없어 자유롭게 말하고 듣는 말. 방편으로 말해도 그 어디에도 걸리지 않고(坐斷中邊) 처함에 언제나 분별의 그물에서 자재(超脫三際)하며, 끝내 사활(死活)에서마저 자유로운 말을 말한다. 『응암담화어록』 권1(卍속장120, p.804a3)에 “예로부터 고존숙이라면 말 없었던 이들은 일찍이 없었으니, 그저 노란 단풍잎을 돈이라 속여 아이울음을 그치게 할 뿐이었다. 중이든 끝이든 눌러 끊고 삼제를 넘어서야 활구를 참구한다고 말할 수 있다. 말만 배우는 무리들이 이해할 수 있는 경계가 아니다. 自昔古尊宿 未嘗有無言者 如以黃葉止小兒啼 坐斷中邊 超脫三際 謂之參活句 非學語之流 所能解也”, 『희수소담광록』 권6(卍속장122, p.289b5)에 “나는 사구 중에 활구 두지만 많은 노숙들은 활구 중에 사구 둔다. 사활 저 위인 그곳에 할 일 있을 뿐이다. 머뭇거리며 요모조모 헤아리니 채주 자사(刺史) 오원제 꼴이로다. 밤이 되기도 전에 채주성이 침입당하여 벌써 사로잡히고 말았던 것이다. 관문을 꿰뚫는 눈 갖춘 사람이라면 간절히 눈 쓸며 발자국 찾지는 말아야 하리. 太白 死句中有活句 諸老 活句中有死句 死活向上有事在 擬議尋思吳元濟 不待夜入蔡州城 已被擒捉了也 具透關眼者 切忌掃雪求跡”, 『서암요혜어록』 권하 「묵선상인하화 默宣上人下火」(卍속장122, p.369b4)에 “아무리 말해도 이야기한 적 없고 침묵하는 그때 오히려 널리 펼쳐 말한다. 사구와 활구 둘 모두 전혀 관계 없으니 마음 씀에 당하여 누가 가려내랴? 병정동자가 거듭 수다를 떠니 허공신 순야다신의 귀가 타는 듯이 뜨겁다. 開口未嘗談 默時廣宣說 死句與活句 二俱沒交涉 只此沒交涉 當機誰辨別 丙丁童子重饒舌 舜若多神耳門熱”, 『월간어록』 권상(卍속장150, p.1062a7)에 “법좌에 올라 ‘참선하려면 반드시 활구를 참해야 한다’ 한 뒤 ‘대중이여!’ 불러 말했다. ‘천하의 노골이 횡설수설하니 이야말로 사구고, 6대의 조사들 곧게 가리키고 굽혀 가리킨다 해도 이 사구이며, 오천사십팔권의 부처님 말씀도 사구다. 필경에 무엇이 이 활구란 말인가?’ 잠깐 말 없다가 법좌에서 내려왔다. 上堂 參禪須參活句 召衆云 天下老骨 橫說竪說 是死句 六代祖師 直指曲指 是死句 五千四十八卷 金口所宣 是死句 畢竟如何是活句 良久 下座”, 『태암보장어록』 권1(卍속장123, p.970a1)에 “몇몇 무리 향하길 활구에서 죽어버리고, 몇몇 무리는 사구중을 향해 살아난다. 또 한 무리의 사람은 능히 죽고 능히 살아서 일체언구 앉아 끊는다 하지만 도리어 나에게 와서는 수중에 주장자 찾아 맞보려 한다. 幾人向活句中死却 幾人向死句中活却 更有一人 能死能活 坐斷一切語句 却來雲居 手中覓棒吃”, 『학봉어록』 권상(가흥장38, p.560b19)에 “지금 녹음진 버드나무에서 꾀꼬리가 지저귀니 소리마다 활구요, 흙먼지 일으키며 말이 뛰어다니니 처처에 활력이 넘친다. 卽今綠柳鶯啼 聲聲活句 紅塵馬躍 處處生機”라고 하였다. 〔참고문헌〕『應菴曇華語錄』, 『希叟紹曇廣錄』, 『西巖了慧語錄』, 『月澗語錄』, 『呆菴普莊語錄』, 『鶴峰語錄』. ⇨사구 死句

활국 活國 서역(西域) 고대국가 중 하나. 총령(葱嶺) 서쪽. 지금의 옥서스(Oxus)강 남쪽에 있는 쿤두즈(Kunduz)에 비정한다. 『대당서역기』 권12(대정장51, p.940a12)에 “활국은 도화라국의 옛터로 사방 2천여 리다. 나라의 대도성은 사방 20여 리로 별도의 군장은 두지 않았으며 돌궐족에 예속되었다. … 삼보를 믿는 사람이 많았고 일부가 잡신을 섬겼다. 가람 10여 곳에 승도 수백인이 대소이승을 아울러 공부하며 함께 익힌다. 그 나라 왕은 돌궐족이었다. 活國 睹貨邏國故地也 周二千餘里 國大都城 周二十餘里 無別君長 役屬突厥 … 多信三寶 少事諸神 伽藍十餘所 僧徒數百人 大小二乘 兼功綜習 其王突厥也”라고 하였다. 〔참고문헌〕『大唐西域記』.

활기 活機 살아 움직여 죽은 구석이라고는 없는 기세. 일체에 자유로워 그 무엇에도 머물지 않는 사태를 수용하고 드러내는 근기를 말한다. 『여정어록』 권하(대정장48, p.133a3)에 "진헐의 탑에 예배하다 : 떨쳐 다해 참으로 비워 사무친 활달한 기틀로, 후손들 서로 마주하니 목숨 저 실인 듯하였네. 이젠 넘어질 일도 없어 하늘만 가리키며 애통할 뿐이건만, 소쩍새는 아직도 꽃나무 가지에서 피 토하듯 우는구나. 禮眞歇塔 歇盡眞空透活機 兒孫相接命如絲 今無倒指空腸斷 杜宇血啼花上枝", 『선문단련설』 「변기수화 辨器授話」(卍속장112, p.987a11)에 "당대 선풍은 풍성하였다. 근기 예사롭지 않았고 송곳처럼 꼿꼿했던 노숙들이 학인을 접하니, 모두 온전한 기틀 크게 써서 단숨에 목숨도 근도 끊고 거침없이 써서 활기찰 뿐이어서 죽는 법이란 없었다. 송대 이후로 참선함에 화두 쓰면서는 사법도 자리잡게 되었다. 唐代禪風鼎盛 機器不凡 老古錐接人 皆全機大用 頓斷命根 純用活機 殊無死法 至宋以後 參禪用話頭 而死法立矣"라고 하였다. 〔참고문헌〕『如淨語錄』, 『禪門鍛鍊說』.

활달 豁達 막힘 없어 탁 트이고 무엇에도 어둡지 않아 모든 것들 맞이할 수 있는 바탕. 또는 텅 비워 그저 장애 없을 뿐인 허무. 『지관보행전홍결』 권3(대정장46, p.223c12)에 "크나큰 뜻 인과와 자타에 통하기에 활달이라 한다. 大意通於因果自他 故云豁達", 『원오어록』 권12(대정장47, p.769a6)에 "만약 유를 버리고 무로 돌아가 멀고 아득하기만 할 터이니, 넓게 트이고 걸림 없는 공에 떨어져 있어 인과마저 없애버린 곳이라면 영겁토록 지옥과 삼도의 인과에서 벗어날 수 없을 것이다. 若撥有歸無 杳杳冥冥 墮在豁達空 撥無因果處 則永劫出他地獄三塗因果不得", 『봉암집』(고존숙어록9, 卍속장118, p.265a11)에 "한가지 소리로 티끌과 모래만큼의 말들 쏟아내서 넓어 거침없는 허공에서 만 갈래 기틀에 맞이한다. 一音剖出塵沙句 豁達虛空應萬機"라고 하였다. 〔참고문헌〕『止觀輔行傳弘決』, 『圜悟語錄』, 『鳳巖集』.

활도사문 活道沙門 Ⓢ mārga-jīvin, Ⓣ lam-gyis-'tsho-ba. 가야할 길 가는 사문. 사사문(四沙門) 중 하나로 명도사문(命道沙門)이라고도 한다. 『유가사지론』 권29(대정장30, p.446c11 : *Śrāv-bh.*, p.338)에 "선행을 닦는 모든 사람을 활도사문이라 한다. 諸修善行者 名活道沙門 tatra yaḥ pratipannaḥ. sa mārgajīvī", 『대명삼장법수』 권11(영락장181, p.790a4)에 "넷째, 활도사문 : 탐진치 등을 조복하여 모든 선한 법을 부지런히 반듯하게 닦고 견뎌 능히 지혜의 목숨도 기른다. 이를 활도사문이라 한다. 四 活道沙門 謂能調伏 貪瞋癡等 勤脩正行 所有善法 堪能生長 智慧命根 是名活道沙門"라고 하였다. 〔참고문헌〕『瑜伽師地論』, 『大明三藏法數』, *Śrāv-bh.* ⇨ 명도사문 命道沙門, 사사문 四沙門

활동자 活童子 살아있는 아기. 의왕(醫王) 기바(耆婆 Ⓢ Jīvaka)의 별명. 『선견율비바사』 권17(대정장24, p.793c21)에 "기바는 범어로 활동자라 한역한다. 어째서 활동자라 이름하였는가? 때는 무외왕자가 새벽에 수레 타고 왕을 친견하러 가는 길에 버려진 어린아이를 보았다. 옆 사람에게 '이 아이는 죽었는가 살았는가?'라고 묻자 그 사람이 '살았습니다'라고 답한 연고로 활동자라 한다. 왕자가 물었다. '그 어미가 낳은 다음에 어째서 길에 버렸는가?' '이들 음녀법은 딸을 낳으면 음녀의 족속으로 가르쳐 익히도록 하고 아들을 낳으면 바로 버립니다. 이에 낳자마자 거리에 버린 것입니다'. 왕자 무외가 안아서 길러 점차로 성장하였으니 아들(태자)로 삼았다. 耆婆者 外國音 漢言活童子 何以名之活童子 時無畏王子 晨朝乘車 欲往見王 路見小兒 問傍人言 此兒爲死活 傍人答言活 是故 言活童子 王子問曰 其母生已 何以擲置路上 答曰 此婬女法 若生女教習爲婬女種 若生男則擲棄 是故生棄路上 王子無畏 抱取養育 漸漸長大 卽立爲兒"라고 하였다. 〔참고문헌〕『善見律毘婆沙』. ⇨ 기바 耆婆 1

활로 活路 살길. 해결책. 역경을 딛고 살아나는 길. 『대지도론』 권14(대정장25, p.163a6)에 "여우가 마음속으로 생각하였다. '내 몸을 취하는 이가 점점 많아지는데, 혹시 나의 머리를 가지려 하면 살길이 없다'. 野干心念 取者轉多 儻取我頭 則無活路", 『대혜어록』 권23 「시방기의 示方機宜」(대정장47, p.909a9)에 "덕산은 무슨 까닭에 학인이 문에 들어서자마자 방을 날렸고, 임제는 무슨 까닭에 학인이 문에 들어서자마자 소리질렀겠습니까? 만약 이 양대 노장 쓴 곳 알아차린다면 언제 어디서나 누굴 만나든지 세간의 진실이라 퍼뜨릴 일도, 불법의 이론을 짓는 일도 하지 않으리라. 이미 이 두 끝에 붙들릴 일 없으니 반드시 저절로 한 가닥 살 길만 있음을 알리라. 德山何故見僧入門便棒 臨濟何故見僧入門便喝 若識二大老用處 則於日用觸境逢緣處 不作世諦流布 亦不作佛法理論 旣不著此二邊 須知自有一條活路", 『무문관』 5칙 「평창 評唱」(대정장48, p.293c5)에 "설령 폭포인 듯 쏟아내는 언변일지라도 죄다 쓸데없고, 일대장교 설할 줄 안다 해도 또한 쓸데없다. 만약 이런 일 향해 그 속에서 마주해 얻는 것 있다면, 종전의 죽는 길 끝자락에서 살릴 수도 있고 종전의 살 길 그 끝에서 죽일 수도 있다. 縱有懸河之辨 總用不著 說得一大藏教 亦用不著 若向者裏對得著 活却從前死路頭 死却從前活路頭"라고 하였다. 〔참고문헌〕『大智度論』, 『大慧語錄』, 『無門關』. ⇨ 살활자재 殺活自在

활매 活埋 산채로 묻다. 『임제록』(대정장47, p.505a20)에 "모든 곳에서 화장한다지만 나의 이곳에서는 일시에 산 채로 묻는다. 諸方火葬 我這裏 一時活埋", 『어선어록』 권19(卍속장119, p.773b14)에 "황벽이 괭이를 들고 왔으니 산 채로 묻는 것이 화장보다 빠르리라. 화장에는 헤아릴 일 있지만, 생매장은 피할 틈도 없다네. 금강불괴의 몸일지라도 늘 하던 대로 여지없이 묻어버린다. 黃蘗持钁來 活埋速於火 火化有商量 活埋無閃躲 任是金剛不壞身 尋常一例都埋却"라고 하였다. 〔참고문헌〕『臨濟錄』, 『禦選語錄』.

활명 活命 Ⓢ jīvikā, ājīvikā, Ⓟ ājīva, Ⓣ 'tsho-ba, 'tsho-ba-can. 목숨을 살리다. 살아가다. 생활하다. 아시박가(阿時縛迦)·아시바가(阿時婆迦)·아인바가(阿寅婆迦)·아시바(阿時婆)·아기비가(阿耆毘伽)·아이유(阿夷維)·아기유(阿耆維)라 음사한다. 생계를 위해 길흉을 점치는 등 갖가지 금지된 행위로 재물을 얻으면 사명(邪命 Ⓢ mithyājīva)이라 한다. 『마하승기율』 권38(대정장22, p.531a17)에 "비구로서 의사업에 종사하여 생활하는 이는 월비니죄다. 比丘 作醫師活命者 越毘尼罪", 『천태보살계소』 권중(대정장40, p.594c9)에 "29번째는 삿되게 목숨 유지함을 금하였으니 사법으로 목숨 살리므로 사명이라 한다. 第二十九 邪命自活戒 邪法活命 故云邪命"라고 하였다. 〔참고문헌〕『摩訶僧祇律』, 『天台菩薩戒疏』, *Yogā-bh.63.*, *Bodh-bh.133.*, *DN.3.44.* ⇨ 사명 邪命 ❶ ❷ ➡ 활명동자 活命童子

활명동자 活命童子 목숨 붙어있던 동자. 의왕(醫王) 기바(耆婆). 『구사론기』 권5(대정장41, p.103b1)에 "구마라시바(Ⓢ Kumāra-jīvaka)라는 음사어에서 구마라는 동자라 한역하고 시바는 활명이라 한역하여 활명동자라 한다. 鳩摩羅時婆 鳩摩羅 此言童子 時婆 此云活命 名活命童子"라고 하였다. 〔참고문헌〕『俱舍論記』.

활명인명 活命印明 밀교의 연명법(延命法). 혼을 소환하는 초혼(招魂) 기법이다. 진언은 "옴 바즈라사트바 훔 자 唵 嚩日囉薩埵 吽 嗡 Oṃ vajrasattva hūṃ jaḥ"이다. 『진실섭경』에 이 인(印)을 취하여 정수리에 두고 이 진언을 외우면 죽은 자의 생명이 돌아온다고 하였다. 〔참고문헌〕『眞實攝經』 권14(대정장18, p.389a24), 『乳味鈔召』 권22 「秘鈔問答」 권9. ⇨ 연명 延命, 연명법 延命法

활문수 活文殊 살아 움직이고 있어 만나려 하면 어디에서든지 만나는 문수. 경전상의 성인이 아니라 목전에 언제나 분명히 움직여 아는 그 곳이라면 문수는 어디에나 있다는 뜻. 『임제록』(대정장47, p.498c26)에 "보통의 학인들은 오대산에 가서 문수를 찾는데 이는 벌써 그르친 일이다. 오대산에는 문수가 없다. 그대들은 문수를 알고 싶은가? 바로 그대들 목전에 움직이는 곳이야말로 처음도 끝도 다르지 않아 어디가 되었거나 의심할 필요없으니 이것이 살아 움직이는 문수다. 有一般學人 向五臺山裏求文殊 早錯了也 五臺山無文殊 爾欲識文殊麽 秖爾目前用處 始終不異 處處不疑 此箇是活文殊"라고 하였다. 〔참고문헌〕『臨濟錄』.

활발발 活鱍鱍 물고기 등 생기 있게 움직이는 모양. 머뭇거려 멈출 일도, 분별해 의지할 일도 없어 있는 그대로의 자성 보아 걸림없는 모양새다. 활발발(活潑潑)이라고도 쓴다. 『경덕전등록』 권4 「보당무주전 保唐無住傳」(대정장51, p.235a2)에 "진심이란 념이 생해도 그 생에 따르지 않고, 멸해도 그 고요에 기대지 않는다. … 활발발해 늘 그렇게 자재하니 이 마음이란 것의 바탕 끝내 얻을 수도 알아챌 수조차 없다. 눈에 닿는 대로가 다 그렇게 떳떳해 다른 것 아니니, 모든 것들의 성을 보지 못할 리는 없다. 眞心者 念生亦不順生 念滅亦不依寂 … 活鱍鱍 平常自在 此心體 畢竟不可得 無可知覺 觸目皆如 無非見性也", 『원오어록』 권6(대정장47, p.738b13)에 "발꿈치 바로 밑을 향해서도 일념 일어나지 않아 온통 그 바탕 드러나 그대로여서 깨끗해 벗은 채로여서 활발발 뿐이다. 가고 싶으면 가고, 머물고 싶으면 머물며, 쓰려면 쓰고, 그만두고 싶으면 그만둔다. 두 번째 머리를 가리킬 일도 없고 두 번째 견해에 떨어질 일도 없다. 若向脚跟下 一念不生 全體顯露 則淨裸裸 活鱍鱍 要行卽行 要住卽住 要用卽用 要休卽休 不指第二頭 不落第二見"라고 하였다. 〔참고문헌〕『景德傳燈錄』, 『圜悟語錄』.

활발발지 活鱍鱍地 그대로여서 자유로움. 연기해 멈추게 하지 않아 그대로임. 전도(顚倒)나 분별(分別)해 덮어 강제하는 일(有爲) 없어서 목전에서 한껏 자유로운 사태를 수용하는 뜻이다. 『대혜어록』 권19 「시동봉거사 示東峯居士」(대정장47, p.892b15)에 "사람에 당해서 매일 쓰는 이육시중에 수은이 바닥에 떨어지면 큰 것은 큰 대로 둥글고, 작은 것은 작은 대로 둥근 것과 같다. 안배할 필요도 없고 조작을 빌리지도 않으니, 저절로 활발발해서 언제나 드러나 앞에 있다. 在當人日用 二六時中 如水銀落地 大底大圓 小底小圓 不用安排 不假造作 自然活鱍鱍地 常露現前", 『밀암어록』 「시임선인 示臨禪人」(대정장47, p.981c26)에 "위로 통하고 아래로 사무쳐 온전히 바탕 그대로 대해탈문 활발발해서, 부처를 보거나 조사를 보거나 해진 짚신인 듯하고 선이나 도를 듣거나 저 바람 나무 스치듯 할 뿐이다. 通上徹下 全體是箇大解脫門 活鱍鱍地 見佛見祖 如破草鞋 聞禪與道 如風過樹"라고 하였다. 〔참고문헌〕『大慧語錄』, 『密菴語錄』.

활복사 活福寺 황해도 신천군 구월산(九月山)에 있던 절. 『동국여지승람』 권42 황해도 문화현 불우에 이름과 위치가 기록되어 있으며, 『범우고』에 "지금은 폐사하였다. 今廢"라고 하였다. 〔참고문헌〕『東國輿地勝覽』, 『梵宇攷』, 『韓國寺刹全書』 권하 p.1195a13.

활서만행 猾胥萬倖 교활한 관리 온갖 요행을 부리다. 틀에 구애되지 않는 자재한 용의 비유다. 『종용록』 99칙 「시중 示衆」(대정장48, p.291b6)에 "바둑 두려면 별다른 영지가 필요하고, 술 마심에 별다른 장이 있어야 한다. 꾀 많은 토끼 굴 세 개 파놓고, 교활한 관리는 온갖 요행 부려 이익을 취한다. 棊有別智 酒有別腸 狡兎三穴 猾胥萬倖"라고 하였다. 〔참고문헌〕『從容錄』.

활성 滑性 Ⓢ ślakṣṇatva, Ⓣ 'jam-pa-nyid. 매끄러움. 몸(身)으로 이 감수하는 자성. 열한 가지 촉처(觸處) 또는 일곱 가지 소조촉(所造觸) 중 하나다. 『대비바사론』 권13(대정장27, p.65a5)에 "촉처에는 열한 가지가 있으니, 사대종의 매끄러운 성질 · 거친 성질 · 무거운 성질 · 가벼운 성질 · 차가움 · 허기짐 · 목마름이 그것이다. 觸處有十一種 謂四大種滑性澁性輕性重性冷性飢性渴性", 『구사론』 권2(대정장29, p.8c4 : *Abh-k-bh.*, p.23)에 "소조촉에는 일곱 가지가 있으니 부드러운 성질 등을 말한다. 사대종에 의지해 생겨난 것이기에 '만들어진 것'이라 한다. 所造有七 謂滑性等 依大種生故名所造 bhautikaṃ ślakṣṇatvādi saptavidham bhūteṣu bhavatvāt", 『순정리론』 권1(대정장29, p.334c18)에 "이를 말로 풀면 서로 맞닿아 만져짐에 매끄럽다 하는 것이니, 이는 바로 부드럽고 따뜻함이다. … 수계와 화계가 한창이기에 매끄러운 성 생겨난 것이다. 訓釋詞者 可相逼觸 故名爲滑 卽是軟煖 … 水火界增故生滑性", 『유가사지론』 권54(대정장30, p.597a11)에 "대종의 청정성에서 매끄러운 성이 임시로 있는 상태다. 謂於大種淸淨性假立滑性"라고 하였다. 〔참고문헌〕『大毘婆沙論』, 『俱舍論』, 『順正理論』, 『瑜伽師地論』, *Abh-k-bh.* ⇨ 촉처 觸處❶❷, 십일촉 十一觸

활실다국 闊悉多國 고대 서역에 있던 나라. 현재 아프가니스탄의 호스트(Khost)에 비정된다. 『대당서역기』 권12(대정장51, p.940a3)에 "여기(安呾羅縛國)에서 서북쪽 계곡에 들어 고개 넘고 여러 작은 성을 지나 4백여 리를 가면 활실다국에 도착한다. 활실다국은 도화라국의 옛땅이다. 둘레는 천 리에 조금 못 미치고, 수도의 성은 둘레가 10여 리다. 대군장은 있지 않고 돌궐에 복속되어 있다. 산은 많고 하천은 좁아 바람 불고 춥다. 곡식과 과일의 수확은 풍성하다. 사람들의 성미 사납고 세속에 법도가 없다. 가람은 세 곳에 승도는 적다. 從此西北 入谷踰嶺 度諸小城 行四百餘里 至闊悉多國 闊悉多國 覩貨邏國故地也 周減千里 國大都城 周十餘里 無大君長 役屬突厥 山多川狹 風而且寒 穀稼豐 花菓盛 人性獷暴 俗無法度 伽藍三所 僧徒尠少"라고 하였다. 현장(玄奘)스님이 직접 가 본(親踐) 나라로 귀국하는 중에 거쳤다. 〔참고문헌〕『大唐西域記』, 『慈恩傳』 권5(대정장50, p.250a12).

활연 活緣 살아감에 연인 것들. 목숨은 활인(活因)이다. 『범망경보살계본소』 권1(대정장40, p.613a15)에 "첫째, 목숨은 삶의 인이니 이를 끊으므로 살의 인이라 한다. 둘째, 옷과 음식 등은 살아가는 연이니 이를 빼앗음도 죽음에 이르게 하니 살생의 연이라 한다. 一 命爲活因 斷故名殺因 二 衣食等爲活緣 奪故令死 名殺緣"라고 하였다. 〔참고문헌〕『梵網經菩薩戒本疏』.

활연 豁然 막힘없이 트인 채로여서 걸림없이 자유로움. 『법화현의』 권8하(대정장33, p.784a1)에 "붙들린 견이라고는 다 버려서 악 다하지 못한 것도 없으니 제일의 의리로 활연하다. 執見皆祛, 無惡不盡, 第一義理 豁然明發", 『중관론소』 「서 序」(대정장42, p.4a6)에 "문득 사무침이란, 곽상은 '죽음도 삶도 다 보내서 안팎을 잊었으니, 활짝 트여 그대로 막힘 없으니 무엇을 보든 자유롭게 지으니 문득 사무쳤다고 한다'라고 풀었다. 朝徹者 郭象云 遺死生亡內外 豁然無滯 見機而作 故云朝徹也", 『능엄경지장소』 권5(卍속장24, p.473a1)에 "활연이란 뚫어 통하는 뜻이다. 뚫어 통한 이상 육근의 몸과 기계가 생각하는 대로 성취되기에 위없이 알아 깨우친다. 그러므로 대무애를 얻는다고 하니, 이야말로 깨우쳐 마쳐서 부처의 경계와 가지런하다. 豁然者 貫通義 旣已貫通 則根身器界 應念化成 無上知覺 故云 得大無礙 是悟證已 齊佛境界矣"라고 하였다. 〔참고문헌〕『法華玄義』, 『中觀論疏』, 『楞嚴經指掌疏』.

활연대오 豁然大悟 거칠 것 없이 다 트여 자유로워 크게 깨닫다. 『대반열반경』 권하(대정장1, p.204a28)에 "수발다(Ⓢ Subhadra) 이미 부처님께서 말씀하신 팔성도의 뜻 듣고서 마음 열려 밝아서 막힘없이 트인 듯이 크게 깨달았다. 모든 법에서 번뇌의 먼지와 때를 멀리 벗어나 청정한 법안을 얻었다. 須跋陀羅 旣聞佛說 八聖道義 心意開朗 豁然大悟 於諸法中 遠塵離垢 得法眼淨", 『잡보장경』 권10(대정장4, p.496b14)에 "실달보살은 육년 동안 고행하다가 보리수 아래서 사마를 항복시키고 모든 음개 버리고 활연대오하였으니 위없는 길 성취하였다. 悉達菩薩 六年苦行 於菩提樹下 降伏四魔 除諸陰蓋 豁然大悟 成無上道"라고 하였다. 〔참고문헌〕『大般涅槃經』, 『雜寶藏經』.

활이개명 豁爾開明 활짝 트여 열린 채로여서 밝다. 활연(豁然)과 통한다. 『법화문구』 권10상(대정장34, p.137b21)에 "일념에 믿고 안다 하니 들리는 대로 활짝 열려 밝으니, 말 그대로 들어 걸림이 없으면 모든 법이 무엇이나 불법이라는 진실을 믿게 된다. 今釋一念信解者 謂隨所聞處 豁爾開明 隨語而入 無有罣礙 信一切法 皆是佛法"라고 하였다. 〔참고문헌〕『法華文句』. ⇨활연 豁然

활인검 活人劍 ➡살인도활인검 殺人刀活人劍

활인서 活人署 병든 이를 돌보아 살리는 관청. 고려대의 동서대비원(東西大悲院)을 조선조에는 1414년(태종 14)에 동서활인원(活人院)으로 바꾸었고, 『세조실록』 권38 세조 12년(1446) 1월 15일에 "동서활인원은 개칭하여 활인서라 하고 참봉 1인을 두었다. 東西活人院 改稱活人署 置參奉一", 성종대 『경국대전』 이전(吏典) 경관직(京官職) 종육품아문(從六品衙門)에 "활인서〈도성의 병든 이를 구활함을 맡는다. 제조 1원이며 참봉과 의원은 체아직(순환임시직)이다. 일년에 두번 도목(정기인사)을 한다〉 종6품 별제 4원, 종9품 참봉 2원. 活人署〈掌救活都城病人 提調一員 參奉 醫員遞兒 兩都目〉從六品 別提四員 從九品 參奉二員", 『고종실록』 권19 고종 19년(1882) 12월 29일(신사)에 "혜민서와 활인서를 아울러 없애 전의감에 속하게 한다. 惠民署 活人署 竝革屬典醫監"라고 하였다. 〔참고문헌〕『世祖實錄』, 『經國大典』, 『高宗實錄』. ⇨동서대비원 東西大悲院, 동서활인원 東西活人院

활저인 活底人 끝내 살았다 하는 이. 목숨 붙어있지만 죽은 거나 다름없는 이가 아닌 사람. 『고설철어록』 권4(가흥장28, p.328b19)에 "대중이여! 크게 죽어 마친 사람을 알고 싶은가? 그대들의 본래 어머니가 그이다. 크게 살아 더 살 것 없는 이 알고 싶은가? 그대들의 골수 받은 아이들이 그이다. 요즘 한결같이 살아 마친 이 있긴 한데 끝내 죽지는 못하는 이 있으니 왕왕 도적을 아들로 오인한다. 정히 복숭아나무 버리고 산을 따라 올라가 떫은 배를 딴다는 말이 바로 그것이다. 大衆 要識大死底人麼 卽你本來母是 要識大活底人麼 卽你嫡骨兒是 而今有等活了 死不得底 往往認賊爲子 正所謂抛卻甛桃樹 沿山摘醋梨"라고 하였다. 〔참고문헌〕『古雪哲語錄』.

활중득사 活中得死 살아서 죽다. 죽어서 사는 뜻은 사중득활(死中得活)이다. 『벽암록』 9칙 「수시 垂示」(대정장48, p.149a14)에 "맑은 거울 대에 당하니 곱거나 추함 스스로 알 수 있고, 막야검 손에 잡고 죽이고 살릴 때 마음대로 한다. 한인 가면 호인 오고, 호인 가면 한인 온다. 죽음 중에서 삶을 얻고, 삶 속에서 죽음을 얻는다. 明鏡當臺 妍醜自辨 鏌鎁在手 殺活臨時 漢去胡來 胡來漢去 死中得活 活中得死", "자, 말해 보라. 여기에 이르러서는 또 어떻게 해야 할까? 만일 빗장 사무치는 눈썰미로 몸 번드칠 자리 없으면, 여기에서 명백히 어떻게 해볼 수 없으리라. 자, 말해 보라. 무엇이 관문 뚫는 안목으로 몸마저 뒤치는 곳인가. 시험삼아 들어 보아야 하리. 且道 到這裏 又作麼生 若無透關底眼 轉身處 到這裏 灼然不柰何 且道 如何是透關底眼 轉身處 試擧看"라고 하였다. 〔참고문헌〕『碧巖錄』. ⇨사중득활 死中得活

활한 活漢 살아 있다 할 만한 이. 『경덕전등록』 권20 「청봉전초전 青峰傳楚傳」(대정장51, p.369b5)에 "생소한 길에 죽은 사람 무수하고, 익숙한 길 위에는 살아 있다 할 만한 이 발 붙일 일 없다. 生路上 死人無數 熟路上 不著活漢", 『용문불안어록』(고존숙어록27, 卍속장118, p.508a18)에 "'(亡僧을 전송하는 의식에 대하여) 산승은 「한 떼거리의 죽은 이들이 산 사람 하나를 보낸다」라고 말하겠다. 이 이야기 이해하는 사람 있는가?' '어떻게 해서 한 떼거리 죽은 사람입니까?' '몸은 옮기지만 옮겨 걷지 못한다' '무엇이 산 사람 하나입니까?' '수없는 기틀에도 이르지 못한다'. 山僧道 一隊死漢 送箇活漢 有人會恁麽說話麽 怎生是一隊死漢 師云 移身不移步 怎生是一箇活漢 師云 萬機俱不到"라고 하였다. 〔참고문헌〕『景德傳燈錄』, 『龍門佛眼語錄』.

활해 闊海 1804~1877. 해인사 스님. 성여(性如)의 법호. 〔참고문헌〕『霜峰門譜』 제29張. ⇨성여 性如

황 況 ❶ Ⓢ kiṃ punaḥ, prāg eva, Ⓣ lta-smos-kyang-ci-dgos, lta-ci-smos. 하물며. 더구나. 『장아함경』 권2 「유행경 遊行經」(대정장1, p.11b15)에 "저 나라 인민들 한 가지 법만 행해도 그것을 도모할 수 없을 것인데, 하물며 일곱이나 갖추라 하다니 말해서 무엇하겠습니까? 彼國人民 若行一法 猶不可圖 況復具七"라고 하였다. 〔참고문헌〕『長阿含經』, *Abh-k-bh.54.*, *Bodh-bh.10.* ❷ 비유하다. 견주다. 『화엄오교장』 권4(대정장45, p.504c20)에 "이것은 늘 드러나 알 수 있는 돈에 관한 일 잡아서 저 일승연기인 무진다라니법에 견줘 말한 것이다. 此且約現事錢中 況彼一乘緣起 無盡陀羅尼法"라고 하였다. 〔참고문헌〕『華嚴五教章』.

황가사 黃袈裟 황색의 가사. 마하승기부(摩訶僧祇部)에서 입었다. 『대비구삼천위의』 권하(대정장24, p.926a4)에 "마하승기부라 하니 여러 경전을 부지런히 익혀서 그 의리를 부연하였다. 이 부에서는 황가사를 입게 한다. 摩訶僧祇部者 勤學衆經 敷演義理 應著黃袈裟"라고 하였다. 〔참고문헌〕『大比丘三千威儀』, 『四分律疏飾宗義記』 권3(卍속장66, p.75a5). ⇨가사 袈裟

황갑사 黃甲寺 평안남도 평원군 천보산(天寶山)에 있던 절. 『동국여지승람』 권52 평안도 영유현 불우에 이름과 위치가 전하며, 『범우고』에 "지금은 폐사하였다. 今廢"라고 하였다. 〔참고문헌〕『東國輿地勝覽』, 『梵宇攷』, 『韓國寺刹全書』 권하 p.1199a14.

황강 黃薑 Ⓢ haridrā, Ⓟ haḷidda. 강황. 울금(鬱金 Ⓢ kuṅkuma) 뿌리. 『유부율』 권27(대정장23, p.776b9)에 "무엇이 근종인가? 향부자·창초·황강·백강·오두부자 등이다. 이들 식물은 모두 뿌리를 심어서 자라기에 근종이라 한다. 云何根種 謂香附子 菖蒲 黃薑 白薑 烏頭附子等 此物皆由種根乃生 故名根種", 『사분율소』 권5(卍속장65, p.600b15)에 "아리타강이라 한 것은 황강이라 한역하는데, 율문에서 인도말과 한자를 함께 드러냈다. 呵梨陀薑者 漢云黃薑 律文胡漢 並彰故也"라고 하였다. 〔참고문헌〕『有部律』, 『四分律疏』, 『飜梵語』 권9(대정장54, p.1048a3), *Divy.371.*, *Sp.833.*

황계사 黃鷄寺 강원도 삼척시 두타산(頭陀山)에 있던 절. 〔참고문헌〕『韓國寺刹全書』 권하 p.1199a16.

황권 黃卷 불경(佛經). 황권적축(黃卷赤軸)의 줄임말. 『금광명경문구기』 권1(대정장39, p.84b24)에 "저 땅(천축)에는 패엽이 있고 이 땅(중국)에는 황권이 있다. 彼土貝葉 此方黃卷"라고 하였다. 〔참고문헌〕『金光明經文句記』. ⇨ 황권적축 黃卷赤軸, 패엽 貝葉

황권적축 黃卷赤軸 경권(經卷). 황지(黃紙)에 쓰고 양끝에 붉은 빛 막대(적축)를 붙여 만 두루말이 형태의 책. 『천태보살계소』 권1(대정장40, p.582a18)에 "황권적축을 법보로 삼는다. 黃卷赤軸爲法寶", 『유마경약소수유기』 권1(대정장38, p.714a27)에 "당 정관년간(627~649)에 처음으로 황지에 서사하도록 조칙을 제정하였다. 唐貞觀中 始用黃紙寫勅制焉"라고 하였다. 〔참고문헌〕『天台菩薩戒疏』, 『維摩經略疏垂裕記』.

황금양채유리응취 黃金讓采琉璃凝翠 황금도 저 빛남에 물러나고 유리는 저 비취빛에 꼼짝 못하네. 석존(釋尊)의 삼십이상(三十二相) 중 금색의 몸과 나발감청상(螺髮紺靑相)에 대한 찬탄. 『괴안국어』 권2(대정장81, p.531c2)에 "황금도 그 채색을 양보하고〈부서진 칠통을 무엇에 쓰랴?〉 유리도 비취빛에는 꼼짝 못하네〈이런 낡고 냄새나는 버선은 구덩이를 파서 깊이 묻어버려라!〉 黃金讓采〈破漆桶 堪做何用 擊碎了也〉 琉璃凝翠〈者般破臭襪 掘土深埋〉"라고 하였다. 〔참고문헌〕『槐安國語』.

황금주출철곤륜 黃金鑄出鐵崑崙 황금에서 무쇠 곤륜을 주물해 내다. 『괴안국어』 권1(대정장81, p.519c9)에 "다만 가을 붉은 산수유에 맺힌 이슬 있어 좋아할 뿐〈소반 채로 야명주 내어 주었다. 서쪽에서 온 소식 알기란 참으로 어렵지. 물총새 퍼덕이고 연잎에 비 쏟아진다〉, 치천(신선술)의 이야기는 근심하지 않아 잊으니〈대천세계 바다의 거품일 뿐이고, 모든 성현 저 번개치듯 할 뿐〉, 근심하지도 기뻐하지도 않는다〈황금으로 무쇠곤륜 주물러 냈다네〉. 只愛秋露凝赤萸〈和盤托出夜明珠 西來消息 會者大難 翡翠踏翻荷葉雨〉 不憂忘稚川之說〈大千世界海中漚 一切賢聖如電拂〉 不憂不喜〈黃金鑄出鐵崑崙〉"라고 하였다. 〔참고문헌〕『槐安國語』. ⇨ 곤륜작생철 崑崙嚼生鐵

황금첨자천균중 黃金擔子千鈞重 짊어진 황금의 무게 삼만근으로 무겁다. 『허당어록』 권9(대정장47, p.1055a14)에 "학인이 물었다. '세존께서 말씀하시길 「나에게 정법안장이 있으니 마하가섭에게 분부했다」고 하셨는데 이 뜻은 또 무엇입니까?' '짊어진 황금의 무게가 삼만근이다'. 僧云 世尊云 吾有正法眼藏 分付摩訶迦葉 此意又作麽生 師云 黃金檐子千鈞重"라고 하였다. 〔참고문헌〕『虛堂語錄』. ⇨ 정법안장 正法眼藏❶

황금택 黃金宅 가람(伽藍)의 미칭. 황금의 집이란 말은 기원정사(祇園精舍) 세움에서 유래했다. 『조정사원』 권3(卍속장113, p.90b18)에 "황금택 : 황금택은 승가람의 총칭이다. 『현우경』에서 말하길, 수달장자가 정원을 사들여 정사를 만들려고 하자 기타태자가 말했다. '만약 황금 깔아 바닥에 빈 틈이 없이 하면 팔겠습니다' '예! 그 값대로 치르겠소' '제가 농담으로 한 말일 뿐입니다'. 黃金宅 黃金宅 僧伽藍之總稱也 賢愚經云 須達長者 欲買園造精舍 祇陀太子言 若能以黃金布地 令間無空者 便當相與 須達言 諾 謹隨其價 太子言 我戲語爾"라고 하였다. 〔참고문헌〕『祖庭事苑』. ⇨ 가람 伽藍, 기원정사 祇園精舍, 기타태자 祇陀太子, 수달 須達

황납 黃衲 청색과 황색을 섞은(間色) 납의(衲衣). 『승사략』 권상 「복장법식 服章法式」(대정장54, p.238a4)에 "당시 청색과 황색의 간색을 황갈이라 불렀다. … 지금 천하에서는 모두 황납을 관음납이라 한다. 時有靑黃間色 號爲黃褐 … 今天下皆謂 黃衲爲觀音衲也"라고 하였다. 〔참고문헌〕『僧史略』. ⇨ 가사 袈裟

황노도 黃老道 ➡ 도교 道敎

황단백 黃端伯 ?~1645. 명대 스님. 자는 원공(元公). 호는 해안도인(海岸道人). 상서성(江西省) 신성(新城) 출신. 1628년(숭정1) 진사에 오른 뒤 관직이 예부랑중(禮部郎中)까지 이르렀다. 조동종(曹洞宗) 무명혜경(無明慧經)의 지도로 조주백수자(趙州柏樹子) 공안을 꾸준히 참구하다가 소식을 얻었다. 저서에 『역소易疏』, 『요광각집 瑤光閣集』 등이 있다. 〔참고문헌〕『五燈全書』 권62 「祠部黃端伯居士」(卍속장141, p.336a5).

황당 荒唐 뿌리없이 나고 바람없이 흔들리는 등의 믿을 수 없는 일. 『일용작법』(海印寺板 85張, 右面3)에 "황당〈뿌리가 없는 나무와 풀을 황이라 하고, 바람도 없는데 흔들리니 당이라고 한다〉. 荒唐〈無根樹草曰荒 無風搖動曰唐〉", 『능엄경억설』(卍속장19, p.349b18)에 "또한 (경머리에) 때와 장소를 가리킴은 의지할 만한 것 근거 삼게 해서 황당하지 않다는 뜻이다. 復指時處 憑據可準 非謂荒唐", 『인왕경과소』 권5(卍속장94, p.1049b4)에 "말법시대는 투쟁이 견고하고 황당한 말에 진실이 없어 비록 교리는 있어도 그림의 떡처럼 볼 뿐이니 참으로 법이 소멸하는 직전의 조짐이다. 末法則 鬥諍堅固 荒唐無實 雖有敎理 視爲畵餠 乃法滅之前相也"라고 하였다. 〔참고문헌〕『日用作法』, 『楞嚴經臆說』, 『仁王經科疏』.

황당숭악소림사비 皇唐崇嶽少林寺碑 배최(裵漼) 지음. 「소림사비」라고도 한다. 북종신수(北宗神秀) 문하 보적(普寂)의 제자인 일행(一行)을 추모하고자 칙령에 따라 728년(개원16) 소림사에 세운 비이다. 『전당문』 권279에 채록되어 있지만, 『보리달마숭산사적대관 菩提達磨嵩山史蹟大觀』에 탁본을 실었다.

황도 黃圖 장안(長安). 『삼보황도 三輔黃圖』라는 책명에서 유래한다. 『불조역대통재』 권2(대정장49, p.492c6)에 "걸(桀)은 … 충간(忠諫)한 관용봉을 죽이고 황도를 불살랐다. 桀 … 殺關龍逄 焚黃圖", 『당고승전』 권14 「삼혜전 三慧傳」(대정장50, p.534c19)에 "626년(무덕9) 멀리서 황제의 궁궐(京闕)에 인사하러 오자 칙령으로 상견하여 위로한 다음 황도에 거처하도록 했다. 武德九年 遠朝京闕 勅見勞問 任處黃圖"라고 하였다. 〔참고문헌〕『佛祖歷代通載』, 『唐高僧傳』.

황도십이궁 黃道十二宮 ➡ 십이궁 十二宮

황두 黃頭 ❶ 부처님의 별칭. 황금빛 머리. 황두로(黃頭老)라고도 한다. 부처님이 출생한 가비라성(迦毘羅城 Ⓢ Kapilavastu)의 가비라가 황색 또는 적황색(黃赤色)이라는 뜻인데 여기서 유래했다고도 한다. 『금강경주해』 권4(卍속장38, p.951a12)에 "야보도천(冶父道川)의 송 : 색을 보거나 소리를 듣거나 세간은 바탕 언제나인데, 한 겹의 눈 위에 한 겹의 서리일세. 그대 이제 황금빛 머리의 노인〈황금빛 머리의 노인은 석가불이다〉 알고자 하는가? 마야의 뱃속에 뛰어들어가 숨었다네. 頌曰 見色聞聲世本常 一重雪上一重霜 君今要見黃頭老〈黃頭老 乃釋迦佛也〉 走入摩耶腹內藏"라고 하였다. 〔참고문헌〕『金剛經註解』. ⇨ 황두대사 黃頭大士 ❷ Ⓢ Kapila의 한역어. 외도인 가비라(迦毘羅). 『지관보행전홍결』 권10(대정장46, p.434b17)에 "삼선(三仙) 중 첫 번째인 가비라는 황두라 한역한다. 머리가 황금빛과 같아서 그렇다. 또한 '머리와 얼굴 모두 금빛과 같아 그에 따라 붙인 이름이다'라고도 한다. 第一 迦毘羅 此翻黃頭 頭如金色 又云 頭面俱如金色 因以爲名"라고 하였다. 〔참고문헌〕『止觀輔行傳弘決』. ⇨ 황두선인 黃頭仙人

황두대사 黃頭大士 부처님의 별칭. 『대방등무상경』 권4(대정장12, p.1096a16)에 "여래·세존은 항상 황두대사라 칭찬받으시니 그것이 제바달다비구이다. 如來世尊 常所稱讚 黃頭大士 卽是提婆達多比丘", 『조정사원』 권3(卍속장113, p.64b1)에 "황두 : 가비라라 음사하고, 황두라 한역한다. 부처님은 가비라국에서 출생하였기에 출생처에 따라 부를 경우 부처님을 황두대사라 한다. 黃頭 梵云迦毗羅 此言黃頭 以佛生迦毗羅國 就生處而稱 佛爲黃頭大士也"라고 하였다. 〔참고문헌〕『大方等無想經』, 『祖庭事苑』. ⇨ 황두 黃頭❶

황두벽안 黃頭碧眼 황금 머리와 푸른 눈. 부처님과 달마. 『벽암록』 51칙 「송 頌」(대정장48, p.186c21)에 "황금 머리와 푸른 눈일지라도 가려내어야 하리라〈세상 모든 사람이 예리한 칼날을 잃고 혀가 굳어지리라. 나도 이렇겠지만 다른 이들은 이렇지 않다. 노호가 알게는 하겠지만 노호가 이해하도록 하지는 않는다〉. 黃頭碧眼須甄別〈盡大地人亡鋒結舌 我也恁麽 他人却不恁麽 只許老胡知 不許老胡會〉"라고 하였다. 〔참고문헌〕『碧巖錄』. ⇨ 벽안 碧眼❶

황두선인 黃頭仙人 상키야(Ⓢ Sāṃkhya : 數論)의 시조. 『이문론술기』 권1(대정장44, p.84a5)에 "수론을 지은 논사는 비로 황두선인인데, 본래 음사는 겁비라(Ⓢ Kapila)이며, 한역하여 황이라 한다. 안색이 황색이기 때문이다. … 이 논사가 이십오제의 뜻을 수립했다. 造數論師 是黃頭仙人 本音劫比羅 此云黃 以頭面黃故也 … 此師立二十五諦義", 『화엄경탐현기』 권18(대정장35, p.446a9)에 "금비라란, 정확한 음사는 겁비라이며, 한역하여 황이라 한다. 아주 먼 옛날 머리카락이 황색인 선인이 있었는데, 이로써 족성을 삼은 것이고 또한 족성을 따라 이름을 삼은 것이다. 金毘羅者正云劫比羅 此云黃謂上古有黃頭仙 因以爲姓 亦從姓爲名"라고 하였다. 〔참고문헌〕『理門論述記』, 『華嚴經探玄記』. ⇨ 가비라 迦毘羅❶, 황발외도 黃髮外道, 이십오제 二十五諦

황둔사 黃芚寺 경상북도 경주시 황용동 함월산(含月

山) 황룡사(黃龍寺)의 옛 이름. 심적암(深寂庵)이라고 도 했다. ⇨심적암 深寂庵[6], 황룡사 黃龍寺[3]

황련사 黃蓮寺 인천광역시 강화군 강화읍 국화리에 있던 절. 『강도지』에 "지금의 연화동 보만정이다. 전하기를 황련사의 옛 터라고 한다. 今蓮花洞保晩亭 俗傳爲黃蓮寺古址"라고 하였다. 〔참고문헌〕『江都誌』, 『韓國寺刹全書』 권하 p.1199a18.

황련화 黃蓮花 ❶ Ⓢ padma의 한역어 중 하나. 발특마(鉢特摩) 등이라 음사한다. 『일체경음의』 권13(대정장53, p.383a7)에 "발특마화〈홍련화. 또는 황련화〉. 鉢特摩花〈紅蓮花 或云黃蓮花也〉"라고 하였다. 〔참고문헌〕『一切經音義』. ⇨발특마 鉢特摩 ❷ Ⓢ Ⓟ kumuda의 한역어 중 하나. 구물두(拘物頭) 등이라 음사한다. 『번역명의집』 권3(대정장54, p.1103c29)에 "구물투는 구물두라고도 음사하고, 지희화라 한역한다. 또는 구모다라고도 음사하고 황련화라 한역한다. 拘勿投 亦云拘勿頭 此云地喜華 亦云拘某陀 此云黃蓮華"라고 하였다. 〔참고문헌〕『飜譯名義集』. ⇨구물두 拘物頭

황령사 黃嶺寺 경상북도 상주시 은척면 칠봉산(七峯山)에 있는 절. 대한불교조계종 제8교구본사 직지사(直指寺)의 말사다. 창건주와 창건 시기, 연혁 등은 알 수 없다. 『고려사』에는 1254년(고종41) 9월에 몽골의 차라대(車羅大)가 충주산성을 공격하다가 실패하자, 10월에 상주산성을 공격하였는데, "황령사 스님 홍지가 제사관인을 쏘아 죽였다. 적은 사졸 중 죽은 자가 과반을 넘었으므로, 마침내 포위를 풀고 퇴각하였다. 黃嶺寺僧洪之射殺第四官人 士卒死者過半遂解圍而退"라고 하였다. 해남 표충사(表忠祠)를 건립할 때 팔도별 시주자와 그 내역을 기록한 대흥사(大興寺) 『표충설립유공록기유오월일 表忠設立有功錄 己酉五月日』에는 "경상도 … 함창 황령사 1냥. 慶尙道 … 咸昌 黃嶺寺 一兩"이라고 하였다. 1933년 4월에 안석연(安錫淵)이 쓴 「황령사불상범종구입자원동참기 黃嶺寺佛像梵鐘購入自願同參記」(『한국사찰전서』 권하, pp.1199d1～1200a5)에는 본산회의에서 선출된 석암화상(石庵和尙)이 운봉(雲峰)에서 부임한 뒤, 불단이 비어 있고 종소리 오래도록 울리지 않은 것을 안타까워하여 장안고사(長安古寺)에서 삼존불상을 옮겨 봉안하고 경성(京城)에서 범종을 구입하여 절의 틀을 갖추었다고 하였다. 현존하는 당우로는 대웅전·관음전·삼성각·요사 등이 있고, 유형문화재인 상겸(尙謙) 등이 조성한 대웅전 후불탱화가 직지사성보박물관에 있다. 〔참고문헌〕『高麗史』 권24 高宗 41年, 『韓國寺刹全書』 권하, 『伽藍考』, 『梵宇攷』.

황령사아미타후불도 직지성보박물관 1786년

황령암 黃嶺庵 전라북도 남원시 방장산(方丈山) 만복대(萬福臺)에 있던 절. 원래 보문암(普門庵)이었다. 『추강집』 권6, 「지리산일과 智異山日課」(한국문집총간16, p.124b2)에는 "반야봉 … 봉우리 서쪽에 방장산이 있고, 방장산 꼭대기에 만복대가 있다. … 만복대 북쪽에 보문암이 있는데, 일명 황령암이다. 登般若峯 … 峯西有方丈山 山頭有萬福臺 … 臺北有普門庵 一名黃嶺庵"라고 하였다. 남원의 읍지인 『용성지』 권4 불우에는 고려 공민왕 때 창건하여 1537년(중종32)에 중수하였다고 하면서, "들보와 도리, 서까래 모두 오래되어 사람들 어깨와 다리에 닿아 움푹 파였다. 길은 매우 멀고 험해 병화도 미치지 못하였다. 樑棟榱桷 皆仍舊材故爲人肩脚所磨 柱軆成凹 路極險遠 兵火不及"라고 하였지만, 『난중잡록』 제7 무술에는 1598년(선조31) 하4월 초10일 곤양 왜적 4백여 명이 하동악양을 거쳐 지리산 쌍계·칠불·연곡 등 사찰에 들어 뒤지고 도둑질하다가 반야봉을 넘었고, 14일에는 몰래 남원 황령(黃嶺)·운봉 대암(臺岩) 등의 절에 이르러 죽이고 빼앗았다고 하였다. 〔참고문헌〕『秋江集』, 『龍城誌』, 『亂中雜錄』, 『韓國寺刹全書』 권하. ⇨보문암 普門庵[1]

황로원 黃蘆園 Ⓟ Naḷeru-pucimanda. 비란야(鞞蘭若 Ⓟ Verañjā : 毘蘭若) 부근의 동산. 황죽원(黃竹園)이라고도 한다. 교살라국(憍薩羅國 Ⓟ Kosala)의 도시로 부처님께서 머무실 때 흉년이 들어 대중이 심한 고초를 겪었다. 『중아함경』 권40 「황로원경」(대정장1, p.679b6)에 "어느 때 부처님께서 비란야를 유행하시다 황로원에 머무셨다. 그때 비란야의 범지는 나이 많은 존경받는 어른으로 장수하여 목숨이 다할 때가 되었으니 백이십 세였다. 지팡이를 짚고서 천천히 걸어 부처님의 처소로 가서는 서로 인사를 나누고 부처님 앞에서 지팡이에 의지한 채로 서 있었다. 一時 佛遊鞞蘭若 在黃蘆園中 爾時 鞞蘭若梵志 年耆宿老 壽將欲過 命垂至盡 年百二十 拄杖而行 中後彷徉 往詣佛所 共相問訊 當在佛前 倚杖而立"라고 하였다. 〔참고문헌〕『中阿含經』, *AN.4.172.* ⇨황로원경 黃蘆園經, 비란야 毘蘭若

황로원경 黃蘆園經 『중아함경』 권40 「범지품 梵志品」에 속한 소경(小經). 고려장18, pp.125c3～127b6·

대정장1, pp.679b4~680b19에 수록되어 있다. 상응하는 팔리경전은 앙굿타라니카야 앗타카니파타 제11경 *Verañjā-sutta(AN.4,* pp.172~179)이다. 부처님께서 교살라국(憍薩羅國 Ⓟ Kasala)의 비란야(鞞蘭若 Ⓟ Verañjā) 부근에 있는 황로원(Ⓟ Naḷerupucimanda)에 계실 때, 부처님을 찾아온 120세의 연로한 바라문에게 사선(四禪)과 삼명(三明)을 설법하여 교화하고 삼보(三寶)에 귀의하도록 한 내용이다. 이역본으로 『불위황죽원노바라문설학경 佛爲黃竹園老婆羅門說學經』(대정장1, No.75)이 있다. ⇨ 불위황죽원노바라문설학경 佛爲黃竹園老婆羅門說學經

황룡국 黃龍國 하북성 영년현(永年縣)에 있었던 지역. 『출삼장기집』 권2(대정장55, p.12a28)에 "『관세음수기경』 1권 : 이상의 1부는 모두 1권으로 송무제 때 황룡국 사문 담무갈이 서역에 가서 역출했다. ⓖ마 觀世音授記經一卷 右一部 凡一卷 宋武帝時 黃龍國沙門曇無竭 遊西域譯出"라고 하였다. [참고문헌] 『出三藏記集』.

황룡남선사어록 黃龍南禪師語錄 황룡혜남(黃龍慧南)의 어록. 1권. 구정혜천(九頂慧泉) 엮었고 『황룡사가록 黃龍四家錄』 중의 하나다. 卍속장120, pp.187b4~209a18에 수록되어 있다.

황룡사 皇龍寺 경상북도 경주시 구황동에 있던 신라 국찰(國刹). 황룡사(黃龍寺)라고도 불렀다. 왕성인 월성(月城)의 동북쪽, 별궁인 동궁(東宮)과 월지(月池)의 동북쪽에 자리하였다. 규모나 사격(寺格)에서 신라 제일이었을 뿐 아니라, 황룡사 창건설화에서는 과거칠불의 인연터였음을 드러내 신라땅이 오랜 구원(久遠)의 불연토(佛緣土)임을 자리매김하였고, 장육존상에 아육왕의 연기를 실어 전륜성왕(轉輪聖王)의 꿈마저 전승하였고, 불국토 구현을 위한 모든 일들이 현현했던 사찰이다. 『삼국유사』 권3(대정장49, p.991a13 · 한불전6, p.321b18) 탑상(塔像)4 황룡사구층탑(皇龍寺九層塔)에 "해동명현 안홍이 쓴 「동도성립기」에 '… 황룡사에 구층탑을 세우면 주변 나라의 재앙을 진압할 수 있는데, 제1층은 일본, 제2층은 중화, 제3층은 오월, 제4층은 탁라, 제5층은 응유, 제6층은 말갈, 제7층은 단국, 제8층은 여적, 제9층은 예맥이다'고 하였다. 海東名賢安弘撰東都成立記云 … 皇龍寺建九層塔 則隣國之災可鎭 第一層日本 第二層中華 第三層吳越 第四層托羅 第五層鷹遊 第六層靺鞨 第七層丹國 第八層女狄 第九層穢貊"고 하여 나라를 수호하는 사찰로 자리매김했다. 같은 책 권3(대정장49, p.990a24 · 한불전6, p.320a16) 탑상4 황룡사장륙(皇龍寺丈六)에는 "신라 제24(대) 진흥왕 즉위 14년(553) 계유 2월에 용궁 남쪽에 자궁을 지으려고 하였는데, 황룡이 그 땅에서 나타났기에 고쳐 지어 불사로 삼고는 황룡사라고 불렀다. 기축년(569)에 둘레에 담을 쌓고서 17년만에 마쳤다. 新羅第二十四眞興王卽位十四年癸酉二月 將築紫宮於龍宮南 有黃龍現其地 乃改置爲佛寺 號黃龍寺 至己丑年 周圍墻宇 至十七年方畢", 같은 책 권3(대정장49, p.986b15 · 한불전6, p.314a9) 흥법(興法)3 아도기라(阿道基羅)에는 "스님이 다섯 살이었을 때 어머니가 출가하도록 하였다. … 어머니는 '이 나라는 지금은 불법을 모르지만 이후 3천여 월이 지나면 계림에 성왕이 나와 불교를 크게 일으킬 것이다. 왕도 안에 일곱 곳의 가람터가 있는데, … 셋째는 용궁 남쪽〈지금의 황룡사인데, 진흥왕 계유(553 · 진흥왕14)에 처음 열었다〉 … 모두 앞선 부처님 때의 가람터이기에 법수 오랫동안 흐르던 땅이다' 하였다. 師生五歲 其母令出家 … 母謂曰 此國于今不知佛法 爾後三千餘月 鷄林有聖王出 大興佛教 其京都內有七處伽藍之墟 … 三曰龍宮南〈今黃龍寺 眞興王癸酉始開〉 … 皆前佛時伽藍之墟 法水長流之地", 같은 책 권3(대정장49 p.989a23 · 한불전6, p.318b17) 탑상4 가섭불연좌석(迦葉佛宴坐石)에도 "『옥룡집』과 「자장전」 및 여러 사람의 전기에는 모두 '신라 월성 동쪽의 용궁 남쪽에 가섭불의 연좌석이 있는데, 곧 앞선 부처님 때의 가람터로, 지금의 황룡사는 칠(처) 가람의 하나다'라고 하였다. 국사에는 진흥왕 즉위 14년인 개국 3년(553) 계유 2월에 월성 동쪽에 새 궁궐을 지을 때 황룡이 그 땅에서 나타났으므로, 왕은 이상히 여기고는 황룡사로 고쳐 지었는데, 연좌석은 불전의 뒷쪽에 있다. … 절을 지은 이래 두 번씩이나 화재를 겪었는데, 연좌석에 갈라지고 쪼개진 곳이 생겼기에 사승이 철을 붙여 보호하였다. 玉龍集及慈藏傳與諸家傳紀皆云 新羅月城東龍宮南 有迦葉佛宴坐石 其地卽前佛時伽藍之墟也 今皇龍寺之地卽七伽藍之一也 按國史 眞興王卽位十四開國三年癸酉二月 築新宮於月城東 有皇龍現其地 王疑之 改爲皇龍寺 宴坐石在佛殿後面 … 創寺已來 再經災火 石有拆裂處 寺僧貼鐵爲護"라고 하였다. 고려가 신라를 정벌하려 함에 굳이 지켜야 한다 여길 정도였으니 같은 책 권1(대정장49, p.968b18 · 한불전6, p.281a11) 기이(紀異)1 천사옥대(天賜玉帶)에는 "고려왕이 신라를 치고자 꾀하면서 '신라의 삼보는 범해서는 안된다. 무엇인가 하면, 황룡사 장륙존상이 첫째고, 그 절의 구층탑이 둘째이며, 진평왕 천사옥대가 셋째다'고 하였다. 高麗王將謀伐羅 乃曰 新羅有三寶不可犯 何謂也 皇龍寺丈六尊像一 其寺九層塔二 眞平王天賜玉帶三也"라고 하여 신라 삼보 중 두 가지가 황룡사 것이었다. 같은 책(대정장49, p.990a27 · 한불전6, p.320a20) 탑상4 황룡사장륙에 "(조성불사를 마친 뒤) 얼마 지나지 않아 바다 남쪽에 큰 배 한 척이 와서 하곡현 사포에 정박하였다. … 서축 아육왕이 황철 5만7천근과 황금 3만푼을 모아서 … 석가삼존상을 주조하려고 하였는데, 이루지 못하여 배에 실어 바다에 띄우고는 '인연있는 국토에 이르러 장륙의 존상으로 이루어지소서'라고 축원하고 불상 1위와 보살상 2위의 모형까지 함께 실었다. … (왕이) 사자에게 칙을 내려 그 현의 성곽 동쪽 높고 시원한 땅을 점쳐서 동축사를 세우고는 삼존을 모셨다. (그런 다음) 경사에 금철을 실어 보내 대건 6년(574·진흥왕35) 3월에 … 장륙존상 주조를 잠깐 사이에 이루어 … 황룡사에 봉안하였다. … 뒤에 대덕 자장이 서쪽으로 유학하여 오대산에 이르렀는데 문수가 나투어 비결을 주면서 '네 나라의 황룡사는 석가와 가섭불이 강연하던 곳으로 연좌석이 아직 있기에, 천축 무우왕이 황철 약간근을 모아 바다에 띄워 1천300여 년이 지난 뒤 네 나라에 이르러 그 절을 짓도록 한 것인데, 대체로 거룩한 인연이 그렇게 시킨 것이다'고 하였다. … 불상을 조성한 뒤 동축사 삼존도 사중으로 옮겨 모셨다. 사기에는 '진평 5년 갑진(584)에 금당을 건립하였는데, 선덕왕 때 첫 주지는 진골 환희사, 제2대주는 자장국통, 다음은 국통 혜훈, 그 다음은 상률사였다'고 하였다. 未幾 海南有一巨舫 來泊於河曲縣之絲浦 … 西竺阿育王 聚黃鐵五萬七千斤黃金三萬分 … 將鑄釋迦三尊像 未就 載舡泛海 而祝曰 願到有緣國土 成丈六尊容 幷載模樣一佛二菩薩像 … 勅使卜其縣之城東爽塏之地 創東竺寺 邀安其三尊 輸其金鐵於京師 以大建六年甲午三月 … 鑄成丈六尊像 一鼓而就 … 安於皇龍寺 … 後大德慈藏西學到五臺山 感文殊現身授訣 仍囑云 汝國皇龍寺 乃釋迦與迦葉佛講演之地 宴坐石猶在 故天竺無憂王 聚黃鐵若干斤泛海 歷一千三百餘年 然後乃到而國 成安其寺 蓋威緣使然也 … 像成後 東竺寺三尊亦移安寺中 寺記云 眞平五年甲辰 金堂造成 善德王代 寺初主眞骨歡喜師 第二主慈藏國統 次國統惠訓 次廂律師云", 같은 책(대정장49, p.990c3·한불전6, p.320c12) 탑상4 황룡사구층탑에 "신라 제27(대) 선덕왕 즉위 5년(636)인 정관 10년 병신에 자장법사가 서쪽으로 유학하여 … 중국 태화지 주변을 지날 때 홀연히 신인이 나와 … '황룡사 호법룡은 나의 장자로, 범왕의 명을 받아 그 절을 보호하고 있으므로, 본국에 돌아가 사중에 구층탑을 이루면 주변국이 항복하고 구한이 와서 조공하여 왕업이 영원히 편안할 것이고, 탑을 세운 뒤에 팔관회를 베풀고 죄인을 사하면 외적이 능히 해를 끼치지 못할 것이며, 다시 나를 위하여 경기 남쪽 물가에 정사 하나를 두고 함께 나의 복을 빌면 나도 또한 덕으로 갚으리라'고 하였다. … 정관 17년(643) 계묘 16일에 … (자장은) 귀국하여 탑을 건립하는 일을 (선덕) 왕에게 아뢰었다. … 군신이 '공장은 백제에 청해 구하여야 할 것입니다'고 하므로, 보물과 비단으로 백제에 청하여, 아비지가 명을 받고 왔다. … 공장이 이에 후회하고는 탑불사를 마쳤다. … 자장이 오대에서 받은 사리 백립은 기둥 속과 통도사 계단, 대화사 탑에 나누어 모셨다. 新羅第二十七善德王卽位五年 貞觀十年丙申 慈藏法師西學 … 經由中國大和池邊 忽有神人出 … 皇龍寺護法龍 是吾長子 受梵王之命 來護是寺 歸本國成九層塔於寺中 隣國降伏 九韓來貢 王祚永安矣 建塔之後 設八關會 赦罪人 則外賊不能爲害 更爲我於京畿南岸置一精廬 共資予福 予亦報之德矣 … 貞觀十七年癸卯十六日 … 還國以建塔之事聞於上 … 群臣曰 請工匠於百濟 然後方可 乃以寶帛請於百濟 匠名阿非知 受命而來 … 匠於是改悔 畢成其塔 … 慈藏以五臺所授舍利百粒 分安於柱中幷通度寺戒壇及大和寺塔", 박거물(朴居勿)이 짓고 요극일(姚克一)이 글씨를 쓴 「황룡사찰주본기 皇龍寺刹柱本記」에는 "(871~873년에 중건하면서) 기둥을 들어 보도록 명하

〈표〉 황룡사 사적

연도	사적
553(진흥왕14)	·황룡사 조성 불사 기공(起工)
566~569 (진흥왕27~30)	·조성 불사 준공
573~574 (진흥왕34~35)	·장육존상 조성
584(진평왕6)	·금당 건립
613(진평왕35)	·수사(隋使) 왕세의(王世儀) 요청으로 백고좌(百高座) 개설·원광(圓光) 등 설법
622(진평왕44)	·국왕 예방
636(선덕왕5)	·국왕 치병 기원 백고좌회 개설 ·『인왕경』 강설·백 여명 도승(度僧)
645	·구층목탑 기공·자장이 가져온 불사리 일부를 구층목탑에 안치
646(선덕왕15)	·구층목탑 준공
674(문무왕14)	·대풍(大風)으로 전각 훼손
698(효소왕7)	·구층목탑 벼락 맞음
718(성덕왕17)	·구층목탑 흔들림
720	·구층목탑 중성(重成)
754(경덕왕13)	·대덕 법해(法海) 『화엄경』 강설 ·국왕 예방 행향(行香)·범종 조성
839~857 (문성왕1~19)	·구층목탑 동북쪽으로 기움
866(경문왕6)	·국왕 예방 간등(看燈)
868	·구층목탑 흔들림·황룡사 중수(重修)
871~873	·구층목탑 중건
872(경문왕12)	·국왕 시주
876(헌강왕2)	·백고좌회 개설·불경 강설·반승(飯僧) ·국왕 예방 관청(觀聽)
886(헌강왕12)	·국왕 치병 기원 백고좌회 개설·불경 강설
887(진성왕1)	·백고좌회 개설·국왕 예방 청강(聽講)
890	·국왕 예방 간등(看燈)
924(경애왕1)	·백고좌회 개설·스님 삼백명 반승(飯僧) ·국왕 예방 행향
927(경애왕4)	·구층목탑 흔들려 북쪽으로 기움
949(정종 4)	·구층목탑 화재
953(광종 5)	·구층목탑 벼락 맞고 화재
1012(현종 3)	·구층목탑 중수
1021	·구층목탑 중건
1036(정종 2)	·구층목탑 벼락 맞음
1064(문종18)	·구층목탑 중건
1095~1096 (헌종2~숙종1)	·구층목탑 벼락 맞아 화재·중성·황룡사 중수
1105(예종 1)	·황룡사 보수
1238(고종25)	·몽골 침략으로 소실

였는데, 주춧돌 구덩이 안에 금은의 고좌가 있고, 그 위에는 사리가 든 유리병을 봉안하였다. … 이전에 둔 것처럼 돌려놓고서 또한 사리 백과와 법사리 두 가지를 봉안하였으며 제목과 사유, 처음 세운 기원, 고쳐 만든 까닭 등을 적어 만겁토록 나타나게 하였다. 專令擧柱觀之礎臼之中 有金銀高座 於其上 安舍利琉璃甁 … 還依舊置 又加安舍利一百枚法舍利二種 專命記題事由 略記始建之源 改作之故 以示萬劫 表後迷矣", 같은 책 권3(대정장49 p.991b2 · 한불전6 p.322a1) 탑상4 황룡사종 분황사약사 봉덕사종(皇龍寺鐘芬皇寺藥師奉德寺鐘)에는 "신라 제35(대) 경덕대왕이 천보 13년(754 · 경덕왕13) 갑오에 황룡사종을 주성하였는데, 길이는 1장 3촌, 두께는 9촌, 무게는 49만7천5백81근이었다. 시주는 효정이왕과 삼모부인이고, 장인은 이상택 하전이었다. 숙종 때 거듭 새 종을 주성하였는데, 길이는 6척 8촌이었다. 新羅第三十五景德大王 以天寶十三甲午 鑄皇龍寺鐘 長一丈三寸厚九寸入重四十九萬七千五百八十一斤 施主孝貞伊王三毛夫人 匠人里上宅下典 肅宗朝重成新鐘 長六尺八寸", 『삼국사기』 권48 열전(列傳)8 솔거(率居)에 "(솔거가) 일찍이 황룡사 벽에 노송을 그렸는데, 줄기는 비늘주름 같고 가지는 구부러져, 까마귀 · 솔개 · 제비 · 참새 등이 가끔 바라보고 날아왔다가 잘못 짚고서 엎어져 떨어졌다. 세월이 오래되어 색이 어두어진 탓에 사승이 단청으로 보수하였는데, 까마귀와 참새 등이 다시 오지는 않았다. 嘗於皇龍寺壁畫老松 體幹鱗皴 枝葉盤屈 烏鳶燕雀 往往望之飛入 及到蹭蹬而落 歲久色暗 寺僧以丹靑補之 烏雀不復至", 『삼국유사』 권5(대정장49, p.1012a26 · 한불전6, p.358b21) 감통(感通)7 광덕 엄장(廣德嚴莊)에는 "문무왕 때 사문 광덕과 엄장 두 사람이 좋은 벗이어서 낮밤으로 약속하기를 '먼저 안양으로 돌아가는 이가 반드시 알리자'고 하였다. (광)덕은 분황서리에 은거하였다〈혹 황룡사에 서거방이 있다고 하였다〉. 文武王代 有沙門名廣德嚴莊二人友善 日夕約曰 先歸安養者 須告之 德隱居芬皇西里〈或云 皇龍寺有西去房〉"라고 하여 황룡사 일부 당우의 이름을 남기기도 하였다. 그러나 『고려사절요』 권16 고종안효대왕(高宗安孝大王) 무술 25년(1238) 윤4월에 "몽골병이 동경에 이르러 황룡사 탑을 불태웠다. 蒙兵至東京 燒皇龍寺塔"라고 하였듯이, 모두 불타고 말았다. 황룡사의 연혁을 정리하면 〈표〉와 같다. 〔참고문헌〕『三國遺事』, 『三國史記』, 『高麗史節要』, 『황룡사 皇龍寺』(국립경주박물관, 2018), 『韓國寺刹全書』 권하 p.1195a14.

황룡사 黃龍寺 ❶강원도 안변군에 있던 절. 『명종실록』 권11 6년(1551) 4월 14일에 "왕희걸이 서계를 올렸다. … 서계에서 '신이 북방사람에게 들으니, 보우스님은 처음에 역적 이유의 노승과 함께 안변 황룡사 초암에 머물렀다'고 합니다. 王希傑書啓 … 其書啓曰 臣因北方人聞 僧人普雨初與逆瑠之奴僧 同居于安邊黃龍寺草菴", 『연경재전집』 권56 「초사담헌 草榭談獻」3 산남열부김시우(山南烈婦金時雨)에 "열부는 영남 모군의 사족 출신이다. … 나라의 산곡 · 도읍 · 민가 · 사찰 등을 두루 돌아다녔다. … 안변의 황룡사에 이르렀다. 烈婦嶺南某郡士族 … 遍遊國中山谷都邑閭里寺刹 … 至安邊之黃龍寺"라고 하였다. 〔참고문헌〕『明宗實錄』, 『硏經齋全集』(韓國文集叢刊275, p.177b13). ❷경상북도 경주시 구황동에 있던 신라의 국찰(國刹). ⇨황룡사 皇龍寺, 황룡사지 皇龍寺址 ❸경상북도 경주시 황용동 함월산(含月山)에 있던 절. 『불국사지』에 수록된 「경상도강좌대도호부경주동령토함산대화엄종불국사고금역대제현계창기 慶尙道江左大都護府慶州東嶺吐含山大華嚴宗佛國寺古今歷代諸賢繼創記」에 "명 희종 천계 3년(1623) 계해 조선 인조원년에 황룡사를 중건하였다. 明熹宗天啓三年癸亥朝鮮仁祖元年 重建黃龍寺", "선과대덕 담화가 조명에 따라 일본에 사신으로 갔다가 돌아와 은점산 본사에 입산하였는데, 왜적이 불을 질러 타 없어져 탄식하며 중창하였다. 選科大德曇華 奉朝命使日本 還入隱霑山本寺 輒爲倭賊所燒 蕩然煨燼 慨然重刱"라고 하였으며, 고전(古傳)에는 633년(선덕왕2)에 약사상을 주성(鑄成)하여 봉안하고서 황둔사(黃芚寺)라고 하였는데, 소성왕(재위 799~800) 때 5년 동안 가뭄으로 초목이 말라죽었지만 이 산만은 계곡에 물이 흘러 초목을 모두 적셨기에 산 이름을 은점, 절 이름은 황룡으로 고쳤다고 하였다. 이어서 1650년(효종1)에 수좌 일진(一眞)이 중수하였고, 1701년(숙종27)에 스님은 흩어지고 절은 폐허되어 불국사에 속하게 하면서 심적암(深寂庵)으로 고쳐 불렀으며, 다음해에 화주 숭흘(崇屹) · 사흠(思欠)이 중창하였지만 1715년에 실화로 불타 화주 국정(國淨)이 중창하였으며, 찬홍(贊弘)이 1708년과 1730년(영조6)에 중건하면서 법당도 중수하였다고 하였다. 경주시내에서 덕동호를 지나 추령터널을 거쳐 감은사지로 가는 경감로의 황용휴게소 삼거리에서 북동쪽으로 '절골', '사곡'으로 향한 절골길을 가다보면 1987년에 종연(宗然)이 건립한 황룡사가 나오는데, 절터는 그 북서쪽에 있다. 추정 절터는 A~C구역으로 나누어 확인하였는데, A구역에는 넘어진 채 석재가 흩어져 있는 삼층으로 추정되는 동서석탑 2기와 건물터 2곳, B구역에는 건물터 2곳, C구역에는 붕괴된 석탑 1기와 배례석 등이 남아 있다. 2018년부터 3년 동안 재단법인 불교문화재연구소가 시행한 발굴조사 결과, 건물터와 회랑 등을 비롯하여 많은 유구를 확인하였고, 투조금동귀면, 금동보당 당간과 기단부, 금동불상 옷주름 조각, 금동사자상, 금동연봉, 금동촉대받침 등 금동제 유물 20여 점을 출토하기도 하였다. 특히 금동보당 당간과 기단부는 최초의 발굴사례로,

전체 높이가 110cm로 추정되는 국내 최대형이고, 금동불상 옷주름 조각도 30cm가 넘어 1m 이상의 대형 금동불의 일부인 듯하며, 금동사자상 2점도 크기가 약 17cm정도이다. 절터의 규모가 제법 큰 편으로, 통일신라시대에 창건한 뒤 조선후기까지 계속 사역을 늘린 사찰인 듯하다. 〔참고문헌〕『佛國寺誌』(亞細亞文化社, 1983) pp.83~84, 『한국의 사지』 현황조사보고서 대구광역시·경상북도Ⅰ·Ⅱ·Ⅲ(문화재청·財團法人 佛教文化財硏究所, 2012). ⇨심적암 深寂庵[6] ❹ 전라남도 광양시 진상면 백운산(白雲山)에 있던 절. 『여지도서』 권44 전라도 광양현 사찰와 『가람고』 전라도 광양에 "황룡사〈현의 동쪽 40리에 있으며, 모두 백운산에 있다〉. 黃龍寺〈在縣東四十里 俱在白雲山〉"라고 하였고, 『범우고』 전라도 광양에도 백운산에 있다고 하였으며, 1858년(철종9)에 편찬하고 1924년에 속찬(續撰)한 『광양군지』에도 현의 동쪽 40리에 있다고 하였다. 정식(鄭栻 1683~1746)의 『명암집』 권5 녹(錄) 「월출산록 月出山錄」에 "내가 일찍이 스님으로부터 호남의 명산은 월출이 제일이다라는 말씀을 들었다. … 마침내 을사(1725·영조1) 10월 22일에 길을 나서서 … (섬진)강을 건너 광양 백운산을 지나는데 가랑비가 내려 황룡사에 묵었다. 余嘗聞之僧湖南之名山 月出第一 … 遂以乙巳十月二十二日啓行 … 越江過光陽白雲山下 微雨霏霏 宿黃龍寺", 김성탁(金聖鐸 1684~1747)의 『제산집』 연보(年譜) 영종대왕(英宗大王)에 "17년(1741) 신유 … 12월 … 상일을 맞았다. … 황룡사 북암으로 옮겨 머물렀다. 18년 임술 … 정월 용선암으로 옮겨 머물렀다. 2월 황룡사로 옮겨 머물렀다. 十七年辛酉 … 十二月 遇祥日 … 移寓黃龍寺北庵 十八年壬戌 … 正月 移寓龍仙庵 二月 移寓黃龍寺"라고 하였다. 〔참고문헌〕『輿地圖書』, 『伽藍考』, 『梵宇攷』, 『光陽郡誌』, 『明庵集』 권5(韓國文集叢刊續65 p.523a4), 『霽山集』 年譜(韓國文集叢刊206 p.536b5), 『韓國寺刹全書』 권하 p.1200b1. ❺ 전라북도 익산시 황등면 황등산(黃登山)에 있는 절. 『태고사사법 太古寺寺法』에는 대본산 위봉사(威鳳寺)의 말사라고 하였다. 『문화유적총람』 권하 익산군에는 신라시대부터 있었고 1923년 1월에 중창하였다고 하였으나 황등산을 석산(석산)으로 개발하면서 폐사로 전하기도 하나, 2000년에 산수가 지금의 자리에 창건하였는데, 현존하는 당우로는 대웅전·산령각·백의동자·요사 등이 있다. 〔참고문헌〕『韓國寺刹全書』 권하 p.1200a16, 『文化遺蹟總覽』 권하(文化公報部 文化財管理局, 1977) p.151. ❻ 평안남도 용강군 용강면 황룡산(黃龍山)에 있던 절. 『여지도서』 권18 평안도 용강현 사찰에 "황룡사〈황룡성 안에 있다〉. 黃龍寺〈在黃龍城內〉"라고 하였고, 『가람고』과 『범우고』 평안도 용강에는 "황룡사〈황룡산성 안에 있다〉. 黃龍寺〈在黃龍山城內〉"라고 하였으며, 『대동지지』 권21 평안도 용강현 성지(城池)에는 "황룡산성〈오석산 정상에 있으며, … 성 안에 황룡사가 있다〉. 黃龍山城〈在烏石山上 … 中有黃龍寺〉"이라고 하였다. 〔참고문헌〕『輿地圖書』, 『伽藍考』, 『梵宇攷』, 『大東地志』, 『韓國寺刹全書』 권하 p.1200b8. ❼ 평안남도 순천시 황룡산(黃龍山)에 있던 절. 『가람고』 평안도 자산(慈山)에 "황룡사〈황룡산에 있는데 부의 서쪽 삼십사리다〉. 黃龍寺〈在黃龍山 府西三十四里〉"라고 하였고, 『범우고』 평안도 자산에는 황룡산에 있다고만 하였으며, 『여지도서』 자산부 사찰에는 부의 서쪽 삼십사 리의 황룡산에 있다고 하였다. 〔참고문헌〕『伽藍考』, 『梵宇攷』, 『輿地圖書』, 『韓國寺刹全書』 권하 p.1200b4. ❽ 황해도 서흥군 매양면 황룡산(黃龍山)에 있던 절. 『가람고』 황해도 서흥에 "황룡사〈황룡산에 있는데, 현의 동쪽 삼십 리다〉. 黃龍寺〈在黃龍山 在縣東三十里〉"라고 하였고, 『범우고』 황해도 서흥과 『여지도서』 권25 황해도 서흥현 사찰에 황룡산에 있다고만 전한다. 〔참고문헌〕『伽藍考』, 『梵宇攷』, 『輿地圖書』, 『韓國寺刹全書』 권하 p.1200b6.

황룡사가록 黃龍四家錄 ➡사가어록 四家語錄[3]

황룡사구층목탑 皇龍寺九層木塔 경상북도 경주시 구황동 황룡사 경내에 있던 구층목탑. 『삼국유사』 권3(대정장49, p.990c2·한불전6, p.320c11) 탑상(塔像)4 황룡사구층탑에 건탑연기가 전한다. 자장(慈藏)이 중국에 유학할 때 태화지(太和池) 변에 이르러 신인(神人)과의 대화에서 신라와 연접한 국가들의 침입을 막고자 황룡사에 구층탑 건립을 제안했다. 이에 자장은 당 황제에게 받은 불사리를 가지고 돌아와 선덕여왕에게 알리니 신하들과 의논하여 백제의 장인 아비지(阿非知)를 초청하여 이간 용춘(龍春)을 감독으로 삼아 탑 건립을 진행하였다. 탑의 높이는 철반(鐵盤)이상이 42척, 이하가 183척으로 자장이 당에서 모셔온 불사리 100립을 탑의 기둥 속에 봉안하였다. 안홍(安弘)이 지은 「동도성립기 東都成立記」에 이웃나라의 침범을 진압하기 위하여 구층탑을 세웠다고 하였다. 탑은 건립후 잦은 낙뢰와 훼손으로 중수가 끊이지 않았다. 698년과 718년 벼락을 맞

황룡사구층목탑 추정복원
황룡사역사문화관

황룡사구층목탑지

아 720년 중수하였고 868년 벼락을 맞아 872~873년에 걸쳐 다시 고쳐세웠다. 927년에 북쪽으로 기울고 953년 벼락을 맞아 1022년에 중수하였고 1035년 벼락을 맞아 1064년에 중수하였다. 마지막으로 1095년 벼락을 맞아 이듬해인 1096년에 중수하는 등 총 6차례에 걸쳐 중수를 거듭하였으나 1238년(고종25) 몽고의 침입으로 황룡사 전체가 불탈 때 함께 소실되었다. 1976년부터 10년간 진행된 황룡사지 발굴을 통해 목탑지에 대한 세밀한 조사가 이루어졌다. 정면 7칸, 측면 7칸의 평면에 중심에는 사천주(四天柱)초석과 심초석(心礎石)을 두었다. 놀랍게도 구층탑 소실 이후 심초석 위에 별도의 방형석재를 둔 탓으로 다행히 사리구가 보존되어 있었으나 1964년 겨울 도굴되는 비극이 발생하였고 곧 회수되었다. 이때 회수된 찰주본기(刹柱本記, 보물 제1870호)는 872년 중수 때 넣은 것으로 황룡사 목탑의 창건과 중수, 사리장엄의 봉안 등 귀중한 옛일을 기억하게 하였다. 고려시대 구층탑을 방문하고 기록한 김극기(金克己)의 시에 따르면, 탑의 중요한 특징 가운데 하나로 각 층을 돌면서 상층으로 올라갈 수 있도록 설계되었다고 전하고 있다. 황룡사 구층목탑은 창건후 2대 왕조 600여 년간 존속하면서 호국의 상징으로 자리잡은 대표적 목탑이다. 〔참고문헌〕『三國遺事』, 『찰주본기』, 『유물로본 신라 황룡사』(국립경주문화재연구소, 2013) pp.9~11. 『황룡사』(국립경주박물관, 2018) pp.60~67.

황룡사구층탑 黃龍寺九層塔 ➡ 황룡사구층목탑 皇龍寺九層木塔, 황룡사 皇龍寺

황룡사구층탑지 皇龍寺九層塔誌 황룡사구층탑 연혁을 기록한 금동판. 「경주 황룡사 구층목탑 금동찰주본기 慶州皇龍寺九層木塔金銅刹柱本記」·「황룡사구층목탑 사리함기 皇龍寺九層木塔舍利函記」·「황룡사구층목탑 찰주본기 皇龍寺九層木塔刹柱本記」·「황룡사찰주본기 皇龍寺刹柱本記」라고도 부른다. 872년(경문왕12)에 황룡사 구층목탑을 중수하면서 이전부터의 내력을 보물로 지정된 여섯 장의 금동판에 새겼다. 자장(慈藏 590~658)이 종남산(終南山) 원향선사(圓香禪師)의 말을 듣고 귀국한 뒤 국왕에게 권하여, 645년(선덕왕14)에 조성불사를 시작해서 이듬해에 37보3자의 높이로 완공하였다. 문성왕(재위 839~857) 때 동북쪽으로 기울어졌는데, 871년에 "(왕의)친동생인 상재상 이간 김위홍에게 명하여 □신으로 삼고 사주인 혜홍을 문승이자 수감전으로 모셔 … 8월 12일에 비로소 낡은 것을 없애고 새 것을 만들었다. 『무구정경』에 의거하여 탑 안에는 각각의 탑마다 사리 한 과를 모신 작은 석탑 구십구기, 다라니 네 가지, 경 한 권을 넣고 그 위에 사리 한 과를 철반 위에 모시고는 이듬해 7월에 모두 마쳤다. 그러나 찰주가 움직이지 않자 국왕은 … 임진년(872) 11월 6일에 여러 신하를 이끌고 가보도록 하였다. 기둥을 들고 보았는데, 주춧돌 구덩이 안에 금은으로 만든 고좌가 있고 그 위에 사리를 모신 유리병을 안치되어 있었다. … 25일에 본래대로 하고서 또 사리 백 과와 법사리 두 가지를 봉안하였는데, (국왕이) 사유를 적고 창건한 근원과 고쳐 세운 이유를 간단히 적도록 명하였다. 命親弟上宰相伊干魏弘 爲□臣 寺主惠興 爲聞僧及脩監典 … 八月十二日 始廢舊造新 其中更依無垢淨經 置小石塔九十九軀 每軀納舍利一枚 陀羅尼四種 經一卷 卷上安舍利一具 於鐵盤之上 明年七月 九層畢功 雖然刹柱不動 上 … 取壬辰年十一月六日 率群僚而往 專令擧柱觀之 礎臼之中 有金銀高座 於其上 安舍利琉璃瓶 … 卄五日 還依舊置 又加安舍利一百枚 法舍利二種 專命記題事由 略記始建之源 改作之故"고 하였다. 글은 시독(侍讀) 박거물(朴居勿)이 짓고 글씨는 숭문대랑(崇文臺郎) 요극일(姚克一)이 썼으며, 총혜(聰惠)스님·연전(連全) 등이 구백 여 자를 금동판 안쪽 각 면에 새겼다. 금동판은 목탑터 주춧돌 중앙의 높이 27.5cm, 한 변 30cm인 장방형의 사리구멍 안에서 발견하였는데, 각 면에 2기의 신장상을 새긴 금동판과 그 안에 한 면에만 안팎으로 신장상을 새기고 나머지 세 면의 안팎에 글자를 새겼다. 목탑을 처음 조성할 때는 각 면마다 신장상을 새긴 금동판을 봉안하였지만, 경문왕 때 중수하면서 세 면에 글자를 새긴 금동판을 추가로 안치한 듯하다. 글자는 윤곽을 뾰족한 칼 등으로 그린 쌍구체(雙鉤體)인데, 왕희지체와 구양순체를 섞어 썼다. 목탑 중수에 오십삼명에 이르는 주요 담당자를 열거하고 있어, 당시 성전(成典)의 조직과 구성도 알 수 있다. 국립중앙박물관에 소장되어 있다. 〔참고문헌〕『皇龍寺遺蹟發掘調査報告書』Ⅰ(文化財管理局, 1982·1984), 黃壽永 「新羅 皇龍寺九層木塔 刹柱本記와 그 舍利具」(『東洋學』3, 檀國大 東洋學硏究所, 1973).

황룡사기 皇龍寺記 ➡ 황룡사 皇龍寺

황룡사목탑지사리장엄구 皇龍寺木塔址舍利莊嚴具 통일신라 645~872년, 국립경주박물관 소장. 6400년 당에서 귀국한 자장의 건의로 643년 착공하여 645년에 완공한 황룡사 9층 목탑은 1238년 소실될 때까지 여섯 번의 중수가 있었고, 9층목탑 심초석 아래에 있던 사리장엄구는 1964년 12월 도굴당하였으나 수습하였다. 수습한 사리장엄구 중 금동사리내함은 4면 중 3면에 명문이 새겨져 있었고, 2개의 문짝에는 신장상(神將像)이 새겨져 있었다. 금동사리내함에 새겨진 「찰주본기 刹柱本紀」에는 553년 진흥왕 때 황룡사 건립부터 872년 9층 목탑 중수내력도 자세히 기록되어 있다. 찰주본기에 의하면 872년 중수 때 탑 안에는 금은고좌(金銀高座)

와 사리가 든 유리병이 있었고, 여기에 다시 사리 100과 은판 2매에 '제법인연생 諸法因緣生'을 새긴 법사리 2종을 봉안하였다. 또한 찰주본기에는 872년 중수시 「무구정광다라니경 無垢淨光陀羅尼經」에 의거하여 철반 위에 소탑 99기를 만들고 작은 탑마다 사리 1과와 다라니 4종을 넣었다고 기록하고 있다. 금동외함은 4매로 각 면에 신장상이 2구씩 새겨져 있는데 파손이 심한 편이다. 금동사리내함과 금동사리외함 이외에도 대좌와 옥개만 남은 은제사리탑, 금동팔각사리탑, 은제합, 금제합, 청동방형함 등이 발견되었다. 1978년 실시한 목탑지 2차 조사 때에는 심초석 밑에서 당대 형요(邢窯) 백자항아리와 청동거울, 금동굵은고리 귀걸이(金銅太環垂飾), 청동완과 청동합 등이 발견되었다. 황룡사 목탑지 사리장엄구는 9층 목탑의 건립과 중수 및 7세기부터 9세기 후반까지 신라 사리장엄구의 변화양상을 알 수 있는 중요한 성보다. [참고문헌] 『탑속 또 하나의 세계, 사리장엄』(국립익산박물관, 2019) pp.58~61, 이난영 『한국 고대의 금속공예』(서울대학교 출판부, 2000) pp.151~152, 『불사리장엄』(국립중앙박물관, 1991) p.112. ⇨ 황룡사 皇龍寺

(위)금동팔각사리탑·(아래)은제그릇·금제그릇·은제원형장식·사각모양합·원통모양합
통일신라 국립중앙박물관

황룡사장륙상 皇龍寺丈六像 ➡ 황룡사 皇龍寺

황룡사종 皇龍寺鐘 신라 황룡사(皇龍寺) 대종. 754년(경덕왕13)에 조성되었으나, 『삼국유사』 권3(대정장49, p.991b3·한불전6, p.321c15) 탑상(塔像)4 황룡사종분황사약사봉덕사종(皇龍寺鍾芬皇寺藥師奉德寺鍾)에 기록으로만 전할 뿐 현전하지 않는다. 같은 책에 따르면, 처음 주조한 종은 길이 1자 1치·두께 9치·무게 497,581근이었으며 시주는 효정이왕(孝貞伊王)·삼모부인(三毛夫人)이고 장인(匠人)은 이상택(里上宅)이었다. 고려 숙종 때에 길이는 6자 8치의 대종으로 다시 주조하였다고 한다. 같은 책(대정장49, p.991b2·한불전6, p.322a1)에 "신라 제35 경덕대왕이 천보 13년 갑오에 황룡사종을 주조하였다. … (고려) 숙종조에 새 종으로 다시 조성하였다. 新羅第三十五景德大王 以天寶十三甲午 鑄皇龍寺鐘 … 肅宗朝 重成新鐘"라고 하였다. [참고문헌] 『三國遺事』. ⇨ 황룡사 皇龍寺

황룡사지 皇龍寺址 경상북도 경주시에 있던 신라 국찰(國刹) 황룡사의 터. 왕성인 월성(月城)의 동북쪽, 별궁인 동궁(東宮)과 월지(月池)의 동북쪽에 자리한 절터는

사적으로 지정되어 현재까지 여러 차례 발굴조사하였다. 일제강점기인 1922~1927년에 지표면에 노출된 유구와 유물을 중심으로 지표조사를 진행하면서, 현존 주춧돌을 중심으로 건물 규모를 측정하고 건물터 배치를 통해 가람배치 형식을 확인하였다. 1964~1969년에는 목탑터 주춧돌의 훼손을 막고자 민가를 철거하고 강당터를 발굴조사하여 규모를 밝혔는데, 이 때 주춧돌

〈표〉 황룡사지와 주변 지역 발굴조사 현황

연도	조사 지역 및 내용
1922~1927	·지표조사, 주춧돌과 가람배치 확인
1964~1969	·민가 철거 및 발굴조사 목탑터 주춧돌 및 방형대석·강당터 확인
1976~1983	·사역 내부 발굴조사, 목탑터·금당터·강당터·중문터·회랑터·종루터·경루터·담장·도로 등 확인
1984~1988	·사역 외부 발굴조사, 서쪽 폐사지의 금당터·강당터·회랑터·쌍탑터·다수 건물터 등 확인
1987~2002	·사역 외부 발굴조사, 동쪽 신라왕경지구의 거주공간·도로·배수시설 등 확인
1999~2003	·사역 외부 분황사(芬皇寺) 발굴조사 일탑삼금당식(一塔三金堂式) 가람배치 확인
1999~2004	·사역 외부 구황동 원지 유적 발굴조사 연못·축대·건물터 등 추정 동지(東池) 확인
2004~2012	·사역 외부 분황사 발굴조사 강당·회랑 등 특이 조성 확인
2007~2014	·사역 외부 서쪽 지역이자 '경주 동궁과 월지' 동쪽 지역 발굴조사, 7세기 후반 추정 유구층 확인
2009~2010	·사역 외부 서쪽 황룡사연구센터 건립예정부지 발굴조사, 방지(方池) 확인
2013~2014	·사역 외부 미탄사지 발굴조사, 여러 건물터·배수로·도로 등 확인, 왕경 방(坊)의 경계 확인
2015~2020	·사역 남쪽담장 외곽 발굴조사, 황룡사 축토(築土) 방법·사역 남쪽 광장·동서 담장 등 확인
2016	·사역 외부 황룡사역사문화관 및 임시주차장 건립 및 조성부지 내 발굴조사, 여러 건물터·도로·수로 확인
2016~2017	·중문터 및 담장터 발굴조사, 중문터 남진 확인

위에 노출된 사리장엄구를 도난당했다가 2년 뒤에 회수하면서, 1976년부터 지금까지 쉼없이 대규모의 발굴조사를 시행하고 있다. 그 내용은 위의 〈표〉와 같다. 1976~1983년의 발굴조사는 절터에 자리한 민가 100여 호를 철거하면서 시작하여, 목탑터·금당터·강당터 등 14채 이상의 건물터를 중심으로 일탑삼금당식(一塔三金堂式) 가람배치를 확인하였고, 4만점 이상의 유물을 수습하였으며, 특히 강당 북쪽의 건물들은 승방·공양간·창고·공방 등 스님의 생활공간이었을 것으로 추정하였다. 특히 1984년부터 시행한 사역 외부 발굴조사는 황룡사 창건 당시 축토(築土) 방법을 확인하면서, 7세기 후반 이후 황룡사는 물론 월성과 동궁 및 월지 등 신라 왕실의 주요 유적을 중심으로 한 왕경의 방리 구획, 황룡사 주변 연못 조성과 수로 설비, 광장 조성과 도로 배치 등도 확인하였다. 2014년에 황룡사지 1단계 정비계획을 수립한 이래 2018년에 황룡사지 보존정비 기본계획을 발표하여 2024년까지 건물터 등 유구를 정비하고 절터 주변을 포함한 관람객의 관람 동선과 편의 시설을 정비하고 있다. [참고문헌] 『皇龍寺 遺蹟發掘調査報告書』I(文化財管理局 文化財硏究所, 1984), 『新羅王京發掘調査報告書』I(國立慶州文化財硏究所, 2002), 『芬皇寺 發掘調査報告書』I(國立慶州文化財硏究所, 2005), 『慶州 東宮과 月池I 발굴조사보고서』(국립경주문화재연구소, 2012), 『황룡사 복원정비 종합계획』(국립문화재연구소·경주시, 2012), 『慶州 東宮과 月池II 발굴조사보고서』(국립경주문화재연구소, 2014), 『芬皇寺 發掘調査報告書』II(國立慶州文化財硏究所, 2015), 『皇龍寺址 發掘調査 略報告書』(국립경주문화재연구소, 2017), 『황룡사지 보존정비 기본계획』(국립문화재연구소·경주시청, 2018), 『황룡사 皇龍寺』(국립경주박물관, 2018).

황룡사찰주본기 皇龍寺刹柱本記 ➡ 황룡사구층탑지 皇龍寺九層塔誌, 찰주 刹柱 [2]

황룡산 黃龍山 중국 강서성(江西省) 수수현(修水縣) 서쪽에 있는 산. 보산(輔山)이라고도 한다. 전설에 따르면 산 꼭대기에 황룡 한 마리가 바람과 비를 관장하므로 이렇게 부른다고 한다. 당대 회기(誨機)가 개산하였고, 송대 혜남(慧南)이 이곳의 광홍선법(廣弘禪法)에 주석하며 황룡파(黃龍派)를 형성했다. 그 뒤에 조심(祖心)·오신(悟新)·유청(惟淸)·지명(智明)·덕봉(德逢)·도진(道震)·법충(法忠) 등이 이어서 주석하며 종풍을 이어가다가 150년 정도 지나 쇠락하기 시작하였다. 산중에는 일명 영안사(永安寺)라고도 하는 황룡원(黃龍院)이 있다. 혜남·조심 두 선사의 탑이 있다.

황룡삼관 黃龍三關 황룡혜남(黃龍慧南)이 늘상 학인들 만나면 베풀던 세 가지 관문. 『황룡어록』(대정장47, p.636c16)에 "방장실에서 늘 학인들에게 출가한 이유와 가문의 내력을 물었다. '사람마다 누구나 태어난 인연이 있는데 상좌의 인연은 무엇인가?'라고 물은 다음, 다시 그 기에 당한 문답을 나누며 날카로운 변설을 내둘렀다. 손을 펼쳐 보이면서 '나의 손이 부처님 손과 비교하여 어떠한가?'라고 묻는가 하면, 제방에서 참문하고 종사들에게 얻은 바를 뒤쳐 묻기도 하였으니, 다리를 내려뜨리며 '나의 다리는 나귀 다리와 비교하여 어떤가?'라고 묻기도 하였다. 30여 년 동안 이 세 가지로 펼쳐 보였지만 학인들 중 대부분 그 기에 닿을 수 없었기에 총림에서는 이것을 가리켜 모두들 삼문이라 하였다. 師室中常問僧 出家所以 鄕關來歷 復扣云 人人盡有生緣處 那箇是上座生緣處 又復當機問答 正馳鋒辯 却復伸手云 我手何似佛手 又問諸方參請 宗師所得 却復垂脚云 我脚何似驢脚 三十餘年 示此三問 往往學者 多不湊機 叢林共目爲三關"라고 하였다. [참고문헌] 『黃龍語錄』.

황룡적반 黃龍赤斑 황룡은 붉은 반점투성이였다. 황룡혜남(黃龍慧南)이 지악요종(智岳了宗)과 나눈 이야기다. 『선원몽구』 권하(卍속장148, p.282a9)에 "황룡적반 : 〈출전은 『경덕전등록』 권21〉 복주 고산의 지악요종대사가 악주의 황룡을 찾아가 물었다. '황룡의 명성을 들은지 오래인데, 막상 찾아와 보니 붉은 반점투성이 뱀에 불과하군요' '그대가 붉은 반점투성이 뱀만 보았을 뿐 황룡을 알아보지 못하는 탓이다' '무엇이 황룡인지요?' '도도할 뿐이지' '금시조를 만난다면 또 어떻게 하는지요?' '목숨을 보존하기 어렵겠지' '그렇다면 잡아먹힌다는 말씀이로군요' '화상의 공양이 고마울 뿐이네'. 黃龍赤斑〈傳燈卄一〉福州鼓山 智岳了宗大師 至鄂州黃龍 問曰 久嚮黃龍 到來只見赤斑蛇 黃龍曰 汝只見赤斑蛇 且不識黃龍 宗曰 如何是黃龍 曰 滔滔地 宗曰 忽遇金翅鳥來 又作麽生 曰 性命難存 宗曰 恁麽卽被他呑却也 曰 謝闍梨供養"라고 하였다. [참고문헌] 『禪苑蒙求』, 『景德傳燈錄』 권21(대정장51, p.379a8).

황룡척독고록 黃龍尺牘考錄 예주사문(豫州沙門) 월한(月漢) 지음. 1권. 황룡혜남(黃龍慧南)의 『서척집 書尺集』에서 전거를 발췌하여 의문과 해석을 덧붙였다.

황룡탕 黃龍湯 인분(人糞)을 걸러서 만든 약. 분청(糞淸). 용탕이라고도 한다. 백약이 무효인 최후에 쓴다. 『마하지관』 권2하(대정장46, p.19a21)에 "비유컨대 부모가 병에 걸린 자식을 보고 다른 약이 듣지 않으면 반드시 황룡탕 억지로라도 입에 쏟아 부어 먹이고 나면 병이 낫는 것과 같다. 부처님도 이와 같으시니 그 근기에 적합하게 설하신다. 譬如父母 見子得病 不宜餘藥 須黃

龍湯 鑿齒瀉之 服已病愈 佛亦如是 說當其機"라고 하였다. [참고문헌]『摩訶止觀』. ⇨ 용탕 龍湯

황룡파 黃龍派 중국선종 오가칠종(五家七宗) 중 하나. 황룡혜남(黃龍慧南 1002~1069)을 종조로 한다. 황룡종(黃龍宗)이라고도 한다. 남송(南宋) 이후에는 임제종(臨濟宗) 석상초원(石霜楚圓) 문하에서 함께 갈려져 나온 양기파(楊岐派)는 융성하였지만 황룡파는 나날이 쇠락의 길을 걸었다. 진정극문(眞淨克文)·동림상총(東林常總)·회당조심(晦堂祖心) 등이 있고, 문인·사대부와 교류도 적지 않았다. 송판대장경(宋版大藏經)의 성립에 황룡파가 많은 공을 쏟았다. 극문 문하에는 도솔종열(兜率從悅_·늑담문준(泐潭文準)·혜일문아(慧日文雅) 등이 있고, 조심 문하에는 사심오신(死心悟新)·영원유청(靈源惟淸)·늑담선청(泐潭善淸) 등이 있다.

황룡혜남 黃龍慧南 ➡ 혜남 慧南

황룡혜남선사서척집 黃龍慧南禪師書尺集 황룡혜남 지음. 수소(守素) 엮음. 1367년(정치6) 일본 경도(京都) 임천사(臨川寺) 간행.『황룡산남선사서척집 黃龍山南禪師書尺集』이라고도 한다. 혜남의 서한 50여 편을 요산(堯山)의 수소가 편집하였다. 법문 관계도 다수이며 이전에는 서한문의 본보기로 널리 알려졌다.『사원 事苑』,『전거 典据』,『고증 考證』등의 섭전(涉典) 류도 있다.

황룡혜남선사어록 黃龍慧南禪師語錄 남송(南宋) 혜천(惠泉) 엮음. 1권. 대정장47, pp.629c8~640a8, No. 1993에 수록되어 있다. 황룡혜남의 어요·게송 등을 수록하였다. 황룡이 처음 동안숭승선원(同安崇勝禪院)에 주석했을 때의 상당어(上堂語) 11조, 다음으로는 천주귀종사어록(遷住歸宗寺語錄) 13조, 균주황벽산법어(筠州黃檗山法語) 14조, 황룡산어록(黃龍山語錄) 14조와 40수의 게송을 포괄한다. 어요 가운데는 약산(藥山)·남악회양(南嶽懷讓)·석두(石頭)·운문(雲門)·대전(大顚)·엄양(嚴陽)·임제(臨濟)·덕산(德山)·경청(鏡淸)·늑담(泐潭)·영가(永嘉)·방거사(龐居士)·대주(大珠) 등 고덕의 설이 수록되어 있다.

황륭사 皇隆寺 경상북도 경주시 월성 동쪽에 있던 황룡사(皇龍寺).『삼국유사』권4(대정장49, p.1001c6·한불전6, p.340a4) 의해(義解)5 원광서학(圓光西學)에 "신라 황륭사의 석 원광의 속성은 박씨이고 본래 삼한에 살았다. … 살고 있던 황륭사 안에서 꼿꼿이 앉아 죽음을 맞았다. … 당전에 황륭사에서 입적하였다고 하는데 그 지명이 분명하지 않으니 황룡의 오자로 의심된다. 新羅皇隆寺釋圓光 俗姓朴氏本住三韓 … 端坐終于所住皇隆寺中 … 唐傳云告寂皇隆寺 未詳其地 疑皇龍之訛也"라고 하였다. [참고문헌]『三國遺事』,『韓國寺刹全書』권하 p.1198b17. ⇨ 황룡사 皇龍寺

황마지 黃麻紙 삼(麻)으로 만든 누른 색 종이. 주재료인 삼의 섬유로 종이를 만들고, 벌레 먹는 것을 막으려고 황벽(黃蘗)으로 물들인다. 황제의 조서(詔書)로도 쓴다. 이 황마지에 조서가 쓰인 것 자체를 칙황(勅黃·敕黃)이라고 한다.『백장청규』권22「칙황」(대정장48, p.1131a14)에 "명산대찰은 모두 성지가 담긴 칙황을 받들게 되면, 주지는 감사의 표문을 갖추었다. 名山大刹凡奉聖旨勅黃 住持者卽具謝表",『선림상기전』권22「칙황」(대장경보편19, p.606b13)에 "『산당사고』에서 이렇게 말하였다. '당 태종이 황마지를 사용하여 조문·칙문을 옮겨적었다. 그러므로 두보의 시에「자주색 조문을 아울러 맡으니, 황마지가 마치 육경과 같네」라고 한 것이다. 당 현종은 학사원을 별도로 설치하고 내명을 관장하게 하며, 대체로 장상을 임명하고 파면할 때 모두 백마지를 썼다. 주석하자면, 황마조지는 황벽으로 염색하여 좀 벌레를 쫓으려고 쓴다. 山堂肆考云 唐太宗 用黃麻紙 寫詔敕文 故杜詩 紫詔仍兼綰 黃麻似六經 唐玄宗別置 學士院掌內命 凡拜免將相 皆用白麻 注云 黃麻詔紙用黃蘗染成 取其辟蠹也", "『야객총서』에서는 이렇게 말하였다. '칙명을 내릴 때 예전에는 백지를 썼으나, 당 고종 상원년간(674~676)에 제도를 시행한 이래 오랜 법식이 되었다. 백지는 대부분 좀 먹기에 노랗게 물들여 썼는데 장상을 임명하는 명령서를 제외하고는 황마지를 썼다'. 野客叢書云 敕舊用白紙 唐高宗上元間 以施行之制旣爲永式 白紙多蠹 遂改用黃 除拜將相制書 用黃麻紙"라고 하였다. [참고문헌]『百丈淸規』,『禪林象器箋』,『宋高僧傳』권22(대정장50, p.852c6). ⇨ 칙황 勅黃

황매 黃梅 호북성(湖北省) 동남쪽의 산. 황매현(黃梅縣)에 있는 동산과 서산. 중국선종의 4조 도신(道信)과 5조 홍인(弘忍)의 득도처이다. 5조는 동산법문(東山法門)의 근거지로 널리 알렸다. 도신은 황매 서북 17km 지점의 쌍봉산(雙峰山 : 서산) 정각사(正覺寺)에 주석하였고, 홍인은 황매 동북 17km 지점의 빙무산(馮茂山 : 동산) 진혜사(眞惠寺)에서 교화를 펼쳤다. 6조 혜능(慧能)이 5조의 의발(衣鉢)을 이어 황매 서남쪽 성 밖의 동점사(東漸寺)에서 법을 펼쳤다. 그 뒤 가장 큰 절로 자리잡은 삼대 선림(禪林)은 노조사(老祖寺)·사조사(四祖寺)·오조사(五祖寺)이다. 청대 성조(聖祖)는 천하제일산(天下第一山)이라는 편액을 내렸다. 황매 서북 23km 황매산은 매화나무가 많아 지어진 이름이다. [참고문헌]『大明一統志』권61. ⇨ 동산 東山

황매실발가사송 黃梅失鉢袈裟頌 오조홍인이 전법의 증표인 가사와 발우를 잃어버리고 읊은 게송. 『서장사기』의 제현송구(諸賢頌句)에 수록되었다. 『사집사기』 p.131에 "황매선사가 밤에 발우와 가사를 잃어버렸더니 칠백영웅들이 본분작가를 따르지 않았네. 봄바람이 아무 곳에도 없다고 말하지 마라. 남쪽 가지에 열매 맺고 북쪽 가지에 꽃은 핀다네. 黃梅夜失鉢袈裟 七百雄從不作家 莫道春風無彼此 南枝結果北枝花"라고 하였다. 〔참고문헌〕『書狀私記』, 李智冠『四集私記』.

황매야반 黃梅夜半 황매에서의 한밤중. 야밤에 몰래 5조 홍인(弘忍)이 6조 혜능(慧能)에게 법을 전했던 일을 말한다. 『황룡혜남어록』(대정장47, p.634a13)에 "법좌에 올라 말하길 '황매에서는 한밤중에 마음글 전하고, 소림굴 앞에서 팔을 잘랐다. 보기 좋던 살점에 흠집을 내고도 아픈 줄 몰랐다니, 지금에 이르도록 시비거리다'라고 말한 뒤 불자로 선상을 치고 법좌에서 내려왔다. 上堂云 黃梅夜半傳心偈 少室巖前斷臂時 剜肉作瘡不知痛 直至如今成是非 以拂子擊禪床 下座", 『회당조심화상어』(속고존숙어요1, 卍속장118, p.863b13)에 "이 일을 말하자면 늙은 오랑캐 본래 강을 건넌 일 없고, 2조 또한 골수 얻은 적 없으며, 황매의 한밤중 일들 모두 한 사람이 전한 거짓을 만인이 실이라 전했다. 다만 이 쌀 찧는 이일 뿐이리. 若論此事 老胡本不渡江 二祖不曾得髓 及至黃梅夜半 一人傳虛 萬人傳實 若據老盧見解 只是舂米漢"라고 하였다. 〔참고문헌〕『黃龍慧南語錄』, 『晦堂祖心和尙語』. ⇨ 혜능 慧能

황매칠백여승 黃梅七百餘僧 황매 문하의 칠백여 스님. 황매는 5조 홍인(弘忍). 『경덕전등록』 권3 「홍인전 弘忍傳」(대정장51, p.222c16)에 "홍인이 '그대들은 각자 생각나는 대로 게 한 수 적어라. 만약 말한 뜻 들어맞으면 가사와 법을 모두 전하겠다'라고 하였다. 당시 회하의 칠백여 스님 가운데 상좌는 단연 신수였다. 그는 학문으로 안팎에 통하여 대중이 우러렀으니, 모두들 추천하고 칭송하며 '만약 존경하는 신수가 아니라면 누가 이 일을 맡겠는가?'라고 말했다. 汝等各自隨意述一偈 若語意冥符 則衣法皆付 時會下七百餘僧 上座神秀者 學通內外 衆所宗仰 咸共推稱云 若非尊秀 疇敢當之"라고 하였다. 〔참고문헌〕『景德傳燈錄』.

황매화 黃梅話 황매의 말씀. 황매의 속뜻이 무엇인지 참하는 화두. 황매는 5조 홍인(弘忍)을 가리킨다. 『조계진각국사어록』 「보유 補遺」(한불전6, p.49a17)에 "황매화 : 육조에게 어떤 학인이 물었다. '황매의 속뜻은 어떤 이가 얻었습니까?' '불법을 이해하는 사람이 얻었겠지' '화상께서는 얻었는지요' '나는 얻지 못했다' '화상은 어째서 얻지 못했습니까?' '나는 불법을 모른다'. (진각국사의 송) 비 지나간 봄 산 먹 뿌린 듯 짙푸르고, 아침 해 높이 떠오르니 타는 금인 듯하다. 성긴 주렴 걷어 올리고 맑은 풍경 즐기노라니, 기이한 새 날아와 아름다운 소리 보낸다. 黃梅話 六祖因僧問 黃梅意旨 什麽人得 祖曰 會佛法人得 僧云 和尙還得否 祖曰 我不得 僧云 和尙爲什麽不得 祖云 我不會佛法 雨過春山如潑黛 霞登曉日似燒金 踈簾捲起酣淸賞 怪羽飛來送好音"라고 하였다. 〔참고문헌〕『曹溪眞覺國師語錄』.

황면노자 黃面老子 부처님의 별칭. 황면구담(黃面瞿曇)·황면노(黃面老)·황두대사(黃頭大士)·황두(黃頭) 등이라고도 한다. 『대혜어록』 권8(대정장47, p.842c8)에 "욕불시중 : 마지막 한마디 소리내기도 전에 드러나 벌거벗은 채로여서 하늘과 땅 그 어디나 있고 소리와 색 온통 그것이다. 황면노자는 이 결정적인 한 수를 얻어 '도솔천을 떠나지 않고 이미 왕궁에 강림하였고, 모태 나오기도 전에 중생 제도해 마쳤다'라고 했던 것이다. 浴佛示衆 末後一句子 聲前露裸裸 蓋天蓋地 蓋聲蓋色 黃面老子 得箇一著子 便道 未離兜率 已降王宮 未出母胎 度人已畢"라고 하였다. 〔참고문헌〕『大慧語錄』.

황명명승집략 皇明名僧輯略 명대 운서주굉(雲棲袾宏) 편(編). 1권. 卍속장144, pp.403a1~438a3에 수록되어 있다. 명대(明代)의 선승(禪僧) 가운데 초석범기(楚石梵琦)를 비롯한 10명을 선별한 후 그들의 행실과 기연을 개략적으로 설하고 이에 대한 평어(評語)를 붙인 책. 부록(附錄)에 실린 고정조명(古鼎祖銘)을 비롯한 9명의 선승은 『송경렴학사집 宋景濂學士集』 중에서 선별하였으며, 이들의 전기를 요약하여 기록하고 있다.

황모 黃茅 길상초(吉祥草 Ⓢ kuśa)를 달리 일컫는 말. 『대일경공양차제법소』 권상(대정장39, p.791b29)에 "상초는 이 땅의 황모이다. 祥草者 此土黃茅也"라고 하였다. 〔참고문헌〕『大日經供養次第法疏』.

황모보살 黃毛菩薩 죽어 가는 소(牛)를 향해 이름 붙이다. 『청이록』 권상 「수명문 獸名門」에 "황모보살 : 내가 양적(陽翟 : 河南 許昌 禹州)의 농장 주변에 있을 적에 나이든 농부가 있었다. 그는 마음속 일을 감추지 못하고 말을 내뱉는 것이 강직하였다. 그래서 농담 삼아 그를 '담벼락 깨는 이 撞倒墻'라고 놀렸다. 더욱이 소 죽이는 것을 못마땅하게 여겨 마을에 소 머리와 다리를 매달아 놓은 것을 보면, 부인에게 이렇게 말하였다. '천하의 사람이 구하는 것이 모두 이 황모보살의 몸에서 발생하였으니, 죽임당하여 쓰러지고 나면 오히려 하늘에 살게 될 거야'. 黃毛菩薩 予陽翟莊舍左右有田老者 不爲欺

心事 出言鯁直 諢名撞倒墻 尤不喜殺牛 見村舍懸 列牛頭脚 告妻子曰 天下人所吃 皆從此黃毛菩薩身主發生 臨了殺倒 卻有天在"라고 하였다. [참고문헌] 『淸異錄』.

황모파 黃帽派 티베트불교의 게룩파(Ⓣ dGe-lugs-pa)를 말한다. 닝마파·사캬파·카규파 등 기존 종파들의 악습을 타파하고 엄격한 계율을 강조하기 위해 총카파(Ⓣ Tsong-kha-pa 1357~1419)가 세웠다. 카담파를 개혁하여 세워졌기 때문에 신(新)카담이라 하고, 붉은 모자를 쓰던 기존 종파들과 구별하기 위해 황색 모자를 쓰고 황색 법의(法衣)를 수(受)하므로 황모(黃帽) 또는 황의파(黃衣派)·황교(黃敎)라고도 부른다. 『조선불교통사』 권2(대장경보편31, p.469a3)에 "라마는 서장의 말이니, 『성무기』에서 번역하여 '무상'이라 하였다. 아마도 부처님의 십호인 무상사로부터 나온 듯하다. 그 종지는 순전히 진언밀교니 기도와 금주를 위주로 한다. 원나라 세조가 아주(亞洲) 전체를 아울러 도모함에 서장 스님 발사팔을 존중하니, 라마교가 이로써 크게 일어났다. 명나라에 이르러 종객파라는 이가 별도로 일파를 내니, 하나였던 종에서 나뉘어 양파가 되었다. 구파는 홍교라 하고 신파는 황교라 하는데, 모두 옷색을 취하여 이름을 삼았다〈또한 홍모와 황모라 한다〉. 홍모는 밀교를 지니고 황모는 현교를 위주로 한다. 또 홍교는 처자 두는 것을 허용하지만 황교에서는 금한다. 喇嘛者 西藏語 聖武記 譯云無上 盖來自佛十號之無上士也 其宗旨 純是眞言秘密 以祈禱禁呪爲主 元世祖幷有全亞 尊重西藏僧發思八 喇嘛教因以大興 至明 有宗喀巴者別出一派 於是一宗 分作兩派 舊派爲紅敎 新派爲黃敎 皆取服色爲名〈亦云紅帽黃帽〉 紅守密敎 黃主顯敎 紅教許有妻子 黃敎禁之"라고 하였다. [참고문헌] 『朝鮮佛敎通史』. ⇨ 간덴파 dGaḥ-ldan派, 게룩파 dGe-lugs-pa

황문 黃門 ⓈⓅ paṇḍaka, Ⓣ ma-ning. 남근(男根)을 온전히 갖추지 못한 남성. 반택가(半擇迦)·반다가(般茶迦)·반택(半擇)·반타(般吒) 등이라고도 음사하고, 불남(不男)·불능남(不能男)·엄인(閹人) 등이라고도 한다. 무근(無根)인 선차(扇搋 Ⓢ ṣaṇḍha)를 포함하기도 하는 등, 분류 기준에 따라 다양하게 나뉜다. 범어 '판다카'를 '황문'이라 한역한 이유에 대해서는 중국에서 거세된 내시(內侍)가 황궁의 문을 지켰기 때문이라는 해석이 전한다. 『대방편불보은경』 권6(대정장3, p.160c13)에 "네 종류의 사람이 있다. 첫째는 남성, 둘째는 여성, 셋째는 황문, 넷째는 이근이다. 이 네 종류의 사람 중에 오직 남성과 여성만이 계를 받을 수 있다. 나머지 두 종류 사람은 계를 받을 수 없으니, 황문과 이근이다. 有四種人 一男 二女 三黃門 四二根 四種人中 唯男女得戒 二種人不得戒 黃門二根", 『사분율』 권35(대정장22, p.812c3)에 "황문은 우리 법에 대해 아무런 이익이 없으니, 출가시켜 구족계를 주어서는 안 된다. 만약 이미 출가하여 구족계를 받았다면, 반드시 쫓아내야 한다. 여기서 말하는 황문이란 생황문·건황문·투황문·변황문·반월황문이다. 黃門於我法中 無所長益 不得與出家受具足戒 若已出家受具足戒 應滅擯 是中黃門者 生黃門 犍黃門 妬黃門 變黃門 半月黃門", "생황문은 태어나면서부터 황문인 경우이다. 건황문은 온전히 태어나고 전부 잘려버려 황문이 된 경우이다. 투황문은 다른 이가 음행하는 것을 보고 음심을 일으킨 경우이다. 변황문은 다른 이와 음행을 하는 때 남근을 잃고 황문으로 변한 경우이다. 반월황문은 보름은 남성 구실을 하고, 반월은 남성 구실을 하지 않는 경우이다. 生者 生已來黃門 犍者 生已都截去作黃門 妬者 見他行婬 已有婬心起 變者 與他行婬時 失男根變爲黃門 半月者 半月能男 半月不能男", 『구사론기』 권3(대정장41, p.56c12)에 "선차와 반택을 함께 '황문'이라 함을 반드시 알아야 한다. 그러므로 「분별업품 分別業品」에서 '두 황문과 이형'이라고 한 것이다. 선차는 근이 없는 경우만을 한정한다. 무근에 두 가지가 있다. 첫째 태어나면서 선차인 경우, 둘째는 다쳐서 없어진 선차인 경우이다. 반택은 근이 있는 경우만을 한정한다. 근이 있는 것에 세 가지가 있다. 첫째는 질석, 둘째는 반월, 셋째는 관쇄이다. 應知扇搋半擇 俱名黃門 故業品云 二黃門二形 扇搋唯無根 無根有二 一本性扇搋 二損壞扇搋 半擇唯有根 有根有三 一嫉妬 二半月 三灌灑", 『지관보행전홍결』 권6(대정장46, p.345a14)에 "엄(閹)은 엄(揜)이고, 엄(揜)은 문을 닫는다는 뜻이니, 또한 '황문'이라고 한다. 황(黃)은 중(中)을 주관한다는 뜻이다. 중(中)은 곧 성인이 천하의 가운데 거주하며 만민을 두루 다스림을 뜻한다. 황가(黃家)의 문을 주관하기에 '황문'이라 한다. 또한 황혼에 문을 닫는다고 하여 '황문'이라고 한다. 閹者 揜也 揜 閉門也 亦曰黃門 黃者主中 中謂聖人居天下中 而通理萬民 主黃家之門 故曰黃門 亦曰黃昏閉門 故曰黃門", 『번역명의집』 권2(대정장54, p.1083a9)에 "반타는 응당 '반다가'라고 해야 하고, 한역하여 '황문'이라고 한다. 般吒 應言般茶迦 此云黃門"라고 하였다. [참고문헌] 『大方便佛報恩經』, 『四分律』, 『俱舍論記』, 『止觀輔行傳弘決』, 『翻譯名義集』, 『俱舍論』 권15(대정장29, p.80b17), *Abh-k-bh.226.*, *Mvyut.270.*, *Vin.1.86.* ⇨ 불남 不男, 반택가 半擇迦, 선차 扇搋

황발외도 黃髮外道 사비가라(娑毘迦羅). 수론(數論)외도의 시조. 『능엄경』 권1(대정장19, p.106c9)에 "그때 아난이 걸식을 하려고 가던 차에 음실을 지나다가 뛰어난 환술사 마등가녀를 만났다. 그녀가 사비가라의 선범천주를 이용해 음실의 자리로 끌어들였고, 음란하게 몸으로 주무르고 문질러 계체를 무너뜨리려고 하였다. 爾

時阿難 因乞食次 經歷婬室 遭大幻術 摩登伽女 以娑毘迦羅 先梵天呪 攝入婬席 婬躬撫摩 將毁戒體",『능엄경요해』 권1(卍속장17, p.687a12)에 "마등가는 기녀이다. 사비가라는 한역하여 '황발외도'라고 한다. 전해 받은 환술주문 이름이 '선범천'이고 실제로 요술일 뿐이다. 摩登伽 妓女也 娑毗迦羅 此云黃髮外道 所傳幻呪 名先梵天 實妖術耳", 『번역명의집』 권2(대정장54, p.1084b18)에 "사비가라는 또한 '겁비라'라고도 한다. 한역하여 금두 또는 황발이라고 하는데, 식미재외도이다. 娑毘迦羅 亦云劫毘羅 此云金頭 或云黃髮 食米齋外道"라고 하였다. [참고문헌]『楞嚴經』,『楞嚴經要解』,『翻譯名義集』. ⇨ 사비가라 娑毘迦羅, 황두선인 黃頭仙人

황방식 黃榜式 황색 종이에 성절계건(聖節啓建)에 관한 사항을 써서 알리는 서식. 『백장청규』 권1 「성절 聖節」(대정장48, p.1113c23)에 "황방식 : ○주 ○부 ○사 ○월 ○일 공경히 맞이합니다. 천수성절을 본사에서 미리 이번 달 ○일 삼가 이루어 대불보전에서 계건하니 금강무량수도량에 한 달 동안 매일 윤번승이 번갈아 올라갑니다. 진전(眞詮)을 펴서 살피며 밀호를 베풀어 지닙니다. 모인 홍인(洪因)은 오로지 축연하기 위함입니다. 지금 상황제의 성수가 만세에 이르고, 만세 만만세 이르소서. 앞에 적은 바를 삼가 바라나이다. 불일은 밝게 빛나고, 천룡은 뚜렷이 나타납니다. ○년 ○월 ○일 도감사 신승 ○○ 삼가 아뢰나이다. 주지 신승 ○○. 黃榜式 某州某府某寺 某月某日欽遇 天壽聖節 本寺預於今月某日恭就 大佛寶殿啓建 金剛無量壽道場 一月日逐日輪僧上殿 披閱眞詮 宣持密號 所萃洪因 端爲祝延 今上皇帝聖壽萬歲 萬歲萬萬歲 右 恭惟 佛日洞明 龍天昭格 某年某月 日 都監寺臣僧某謹言 住持 臣僧某"라고 하였다. [참고문헌]『百丈清規』,『禪林象器箋』 권22(대장경보편19, p.619a6). ⇨ 성절 聖節, 성절황방 聖節黃榜

황백대사 黃白大士 명성천자(明星天子) 아루나(阿樓那 Ⓢ Aruṇa : 太白星). 황백천자(黃白天子)라고도 한다. 『허공잉보살경』 권하(대정장13, p.672c25)에 "저 동방의 이름이 '아루나'이신 황백대사를 찾아 입으로 부르며 이렇게 말한다. '인자하신 아루나여, 당신은 대자비로 나오셔서 이 염부제를 비추시고자 하며 저를 가련히 여기시니 자비심을 일으키시어 저를 덮어 보호하여 주소서'. 求彼東方黃白大士名阿樓那 而口唱言 仁阿樓那 汝大慈悲 欲出現照 此閻浮提 憐愍我故 起慈悲心 覆護於我"라고 하였다. [참고문헌]『虛空孕菩薩經』. ⇨ 명성천자 明星天子, 아루나 阿樓那, 황백천자 黃白天子

황백색화 黃白色花 수마나화(須摩那花 Ⓢ sumanā)의 한역 이름. 『대장일람』 권9(가흥장21, p.575c26)에 "만다라화〈한역하여 '잡색화'라고 한다〉, 첨복화〈한역하여 '황색화'라고 한다〉, 우발라화〈한역하여 '대색화'라고 한다〉, 파두마화〈한역하여 '적련화'라고 한다〉, 분다리화〈한역하여 '백련화'라고 한다〉, 소말나화〈한역하여 '황백색화'라고 한다〉, 구물두화〈한역하여 '지희화'라고 한다〉. 曼陁羅花〈此云 雜色花〉 瞻蔔花〈此云 黃色花〉 優鉢羅花〈此云 黛色花〉 波頭摩花〈此云 赤蓮花〉 芬陀利花〈此云 白蓮花〉 蘇末那花〈此云 黃白色花〉 拘物頭花〈此云 地喜花〉"라고 하였고, 여기에 언급된 '소말나'는 '수마나'를 달리 음사한 말이다. [참고문헌]『大藏一覽』. ⇨ 수마나화 須摩那花, 소말나 蘇末那

황백술 黃白術 연금술(鍊金術). 단사(丹砂 : 朱砂. 황화수은)로 황금과 백은을 만들겠다던 방술. 사실 황금은 유황에 해당하고 백은은 수은이다. 『견정론』 권하(대정장52, p.569c8)에 "또 『태청경』·『상청경』 등은 모두 비련술·황백술·약석술 등의 술법에 대해 기술하고 있다. 又太清上清等經 皆述飛鍊黃白 藥石等法", 『불조통기』 권42(대정장49, p.392b25)에 "송(宋) 세종(世宗) 현덕 3년(956) 황제가 화산의 은사 진단을 불러다가 비승술과 황백술에 대해 묻자 대답하기를, '천자께서는 천하를 편안히 다스리는 것이 책무인데, 어찌 이런 것을 쓰려 하십니까?'라고 하니 바로 산으로 돌려 보내었다. 주·현에 명하여 늘 안부를 물으라고 하였다. 三年 帝召華山隱士陳摶 問以飛升黃白之術 對曰 天子以治安天下爲務 安用此爲 乃遣還山 詔州縣常存問", 『열하일기』 「황교문답 黃教問答」에 "내가 형산에게 물었다. '법왕의 법술, 이것은 무슨 도라고 이름 합니까?' '이른바 황교라고 하는 것입니다' '황교라면 황로의 도입니까? 아니면 황백술이나 비승술을 말합니까?' 余問 法王法術 是名何道 亨山曰 所謂黃教 余曰 黃教乃黃老之道耶抑亦黃白飛昇之術耶"라고 하였다. [참고문헌]『甄正論』,『佛祖統紀』,『熱河日記』.

황백천자 黃白天子 명성천자(明星天子) 아루나(阿樓那 Ⓢ Aruṇa : 太白星). 황백대사(黃白大士)라고도 한다. 『허공잉보살경』 권하(대정장13, p.674c11)에 "후야 때 향수탕으로 목욕하고서 깨끗한 옷으로 갈아입는다. 무릎 꿇고 합장한 채로 동쪽을 향해 침수향을 사르고 지극한 마음으로 동방의 황백아루나천자에게 권청하며 이렇게 말해야 한다. '아루나여, 아루나여! 당신께서는 대자비와 대공덕을 가지고 계십니다. 당신께서는 동방에서 떠오르자마자 염부제를 두루 비추시어 자비로써 저를 덮어 보호하여 주옵소서'. 於後夜時 以香湯洗浴 著淨衣裳 胡跪合掌 向於東面 燒沈水香 至心勸請 東方黃白阿樓那天子 應作是言 阿樓那 阿樓那 汝有大慈悲 有大功德 汝初出東方 普照閻浮提 以慈悲故 願覆護我"라고 하였다. [참고문헌]『虛空孕菩薩經』. ⇨ 명성천자 明星天

子, 아루나 阿樓那, 황백대사 黃白大士

황벽 黃檗 ❶ ➡ 황벽산 黃檗山 ❷ 황벽희운(黃檗希運). 『운문광록』 권하(대정장47, p.575c12)에 "도종(道蹤)은 황벽의 후예이다. 蹤黃檗之裔也", 『앙산어록』(대정장47, p.587b18)에 "백장은 대기를 얻었고, 황벽은 대용을 얻었으며, 그 나머지는 모두 종지를 알리는 스승에 불과하다. 百丈得大機 黃檗得大用 餘者盡是 唱導之師"라고 하였다. 〔참고문헌〕『雲門廣錄』, 『仰山語錄』. ⇨ 희운 希運 ❸ ➡ 융기 隆琦

황벽간경 黃檗看經 황벽과 그 제자 임제(臨濟) 사이에 있었던 기연. 임제는 황벽이 반하(半夏)에 경전 읽는 모습을 보고 문자에 매몰되어 있는 늙은이에 불과하다는 판단으로 떠나려 했으나 몽둥이(棒)를 맞고 가는 도중에 의문이 들어 다시 돌아와 하안거를 마쳤다는 이야기이다. 『열조제강록』 권37(卍속장112, p.716a10)에 "용창준선사가 중하(반하)에 법좌에 올라 (이 공안을 제기하고) … 그 핵심을 집어내어 말했다. '불러들이면 오지 않고 쫓아내면 가지 않으니 도대체 그는 어떤 사람인가? 나 서암이 만약 황벽이었다면 그가 다시 돌아오는 모습을 보고 몽둥이가 부러지도록 때리고도 용서하지 않았을 것이다. 왜 그런가? 몽둥이를 아무리 맞아도 용이 되지 않기 때문이다'. 用彰俊禪師 中夏上堂 … 拈云 招之不來 揮之不去 是什麽人 瑞巖 若做黃檗 待他再回 棒折也未放在 何故 棒上不成龍"라고 하였다. 〔참고문헌〕『列祖提綱錄』. ⇨ 반하 半夏

황벽단제어록 黃檗斷際語錄 황벽희운(黃檗希運)의 어록. 1권. 『단제선사어록 斷際禪師語錄』·『황벽희운선사어록 黃檗希運禪師語錄』이라고도 한다. 고존숙어록2, 卍속장118, pp.180b1~185a10에 수록되었다. 황벽이 백장회해(百丈懷海)에게 법을 물으러 갔을 때의 기연어요(機緣語要), 상당(上堂)·시중(示衆)의 법어와 문답 등을 엮었다. 본 어록의 일분이 별도로 『전심법요 傳心法要』에도 수록되었다. 『전심법요』와 함께 임제종(臨濟宗) 조사선풍을 알 수 있는 자료다.

황벽무념선사어록 黃檗無念禪師語錄 무념심유(無念深有)의 어록. 명문(明聞) 교정. 6권. 명대인 1625년(천계5) 간행하였다. 원종도(袁宗道)와 고기원(顧起元)의 서(序)가 있다. 권1~3에는 황벽무념선사복문(黃檗無念禪師復問) 제목 아래 제방의 서간에 대한 답서(答書)를, 권4~6에는 황벽무념선사성혼록(黃檗無念禪師醒昏錄) 제목 아래 법어(法語)·송(頌)·찬(贊)·사기(寺記)·탑문(塔文)·행유(行由) 등을 묶었다.

황벽사 黃蘗寺 남창부(江西省) 무녕현(武寧縣) 서남쪽 150리 지점 황벽산(黃蘗山)에 있는 절. 보은광효사(報恩光孝寺)·영취사(靈鷲寺)라고도 한다. 희운(希運)·법제(法濟) 등이 주석하였다. ⇨ 황벽산 黃檗山 ❷

황벽산 黃檗山 ❶ 중국 복건성(福建省) 복청현(福淸縣) 서남쪽으로 30리 지점에 있는 산. 남산(南山)이라고도 한다. 껍질을 약용과 염료용으로 쓰는 황벽(나무)의 산지여서 붙여진 이름이다. 당대인 789년(정원5) 6조 혜능(慧能)의 제자 정간(正幹)이 개산하고 1우(宇)의 절을 짓고 반야당(般若堂)이라 명명하였다. 그 뒤 당우(堂宇)를 여러 채 늘려가다가 8년이 지나 건복사(建福寺)라 개칭하였다. 희운(希運)선사가 주석하면서 황벽이라는 이름이 단번에 두드러지게 되었고, 마침내 임제파(臨濟派)의 대도량(大道場)으로서 송대에 번성하였다. 그 뒤 여러 차례 흥망성쇠를 겪었다. 명 신종(神宗)은 만복선사(萬福禪寺)라는 편액을 내렸다. 1641년(숭정14) 은원(隱元)이 중흥한 뒤에 일본으로 건너가 우치대화산(宇治大和山)을 건립하면서 그 규모를 고스란히 취하였고 이름도 황벽산만복선사(黃檗山萬福禪寺)라 하였다. 〔참고문헌〕『釋氏稽古略』 권3(대정장49, p.839a21), 『宋高僧傳』 권12 「義玄傳」(대정장50, p.779a28), 『景德傳燈錄』 권9 「黃檗希運傳」(대정장51, p.266a3). ❷ 중국 강서성(江西省) 의풍현(宜豐縣) 서쪽으로 57km 지점에 있는 산. 취봉산(鷲峰山)이라고도 한다. 당말에 희운(希運)선사가 개산하였다. 그가 복주(福州) 황벽산에서 출가하였으므로 이 산을 황벽산이라 부르고 절 이름을 황벽사 또는 영취사라 한다. 오래 지나지 않아 사방에서 학인들이 운집하여 항상 천여 인이 왕래하였다. 선종(宣宗)이 이 산에 행차하여 희운과 폭포를 감상하면서 시를 주고받은 이래로 황벽종의 선풍은 강남에 널리 퍼졌다. 희운 이후 법제(法濟)·법인(志因)·유초(惟初)·유승(惟勝)·도전(道全)·영태(永泰) 등이 이어서 주석하면서 산은 더욱 유명해졌다. 남송(南宋)대 1139년(소흥9) 고종(高宗)이 보은광효선사(報恩光孝禪寺)라는 사액을 내리고 부왕인 휘종(徽宗)을 추념하였다. 명대에 폐허가 되었으나 사종(思宗) 시기 상우(常愚)·소통(炤通) 등이 부흥하였다. 〔참고문헌〕『大淸一統志』 권238, 『元一統志』 권9, 『傳心法要』 「裵休序」.

황벽산단제선사전심법요 黃檗山斷際禪師傳心法要 ➡ 전심법요 傳心法要

황벽산지 黃檗山志 황벽종(黃檗宗) 성유(性幽) 편집. 은원(隱元) 중수(重修). 8권. 청 세조(世祖) 때인 1653년(순치8) 간행했다. 복건성(福建省) 황벽산 만복선사(萬福禪寺)의 기원과 연혁을 기술했다. 산(山)·사(

寺)·승(僧)·법(法)·탑(塔)·외호(外護)·문(文)·시게일사(詩偈逸事)라는 8편(編)으로 나뉜다. 제1권과 제5권의 머리에 절의 경관과 탑대(塔臺) 등을 묘사한 그림이 붙어 있고, 황벽희운(黃檗希運)선사의 정맥원류(正脈源流)와 은원선사의 법계 등도 수록되어 있다.

황벽삼총림 黃檗三叢林 일본 황벽종(黃檗宗)의 본산(本山)인 만복사(萬福寺) 말사(末寺) 중에서 가장 저명한 세 총림. 홍선사(興禪寺)·대년사(大年寺)·동광사(東光寺)를 말한다. 모두 선사(禪寺)이다.

황벽수상생목밀 黃檗樹上生木蜜 황벽나무에서 허깨나무가 자라다. 황벽은 그 쓴맛의 껍질을 약으로 쓰고, 목밀은 허깨나무(枳椇)의 별명으로 단맛의 열매를 약으로 쓴다. 쓴맛과 단맛 서로 의지해 있으니 정체를 알 길 없다. 『괴안국어』 권3(대정장81, p.528a7)에 "학인이 물었다. '선재가 한 줄기 풀을 집어서 문수에게 건네자 문수가 「이 풀은 사람을 죽일 수도 있고 사람을 살릴 수도 있다」라고 하였는데, 효험은 어디에 있는지요?' '황벽나무 위에서 허깨나무가 자란다'. 僧云 善財拈一莖草 度與文殊 殊云 此藥 亦能殺人 亦能活人 拈驗在那裏 師云 黃檗樹上生木蜜"라고 하였다. [참고문헌] 『槐安國語』.

황벽수중작무 黃檗隨衆作務 황벽이 대중 따라 울력하다. 황벽희운(黃檗希運)이 스승 백장(百丈)과 밭 일구는 울력을 주제로 주고받은 이야기다. 『선문염송설화』 396칙(한불전5, p.325b6)에 "황벽이 백장 문하에 있던 어느날, 대중 울력으로 밭을 일구고 돌아오자 백장이 말했다. '희운 사리야, 밭을 일구는 일이 쉽지 않지?' '대중을 따라 일했을 뿐입니다' '수고로움은 도를 쓰려 함에 있다' '수고로움 어찌 피하겠습니까?' '밭은 얼마나 일구었느냐?' 황벽이 호미를 들고 밭 일구는 시늉을 해 보이자 백장이 소리질렀고, 황벽 마침내 귀 막고 가버렸다. 黃蘗在百丈 一日 普請開田歸 丈云 運闍梨 開田不易 師云 隨衆作務 丈云 有勞道用 師云 爭敢辭勞 丈云 開得多少田 師作鋤田勢 丈便喝 師遂掩耳而去", "지해본일(智海本逸)이 읊는다. '쇠호미로 밭을 갈아엎자마자, 맑은 하늘에 날벼락 치네. 때마침 밭 일구던 저 농부, 불현듯 귀 막고 가버리는구나. 돌아가지 않았다면, 대웅봉 길 이끼 껴 미끄러웠으리'. 智海逸頌 金鋤才動土 旱地忽聞雷 好是開田畯 狼忙掩耳迴 若不迴 雄峯路上滑於苔", "송원이 법좌에 올라 이 말 듣고 말했다. '백장이 소리지르자 구름에 바람 불어 산봉우리 솟았고 황벽이 귀 닫았다. 그대들 스스로 모색해 보라'. 〈설화〉 '그대들 스스로 모색해 보라'는 말은 무슨 뜻인가? 종전의 밭 일군 뜻과 같은가 다른가? 松源 上堂 擧此話云 百丈一喝 風雲聳岳 黃蘗掩耳 諸人 自摸索看 〈說話〉 諸人下 從前鋤田意 是同是別"라고 하였다. [참고문헌] 『禪門拈頌說話』, 『頌古聯珠通集』 권16(卍속장115, p.189a1).

황벽예불 黃檗禮佛 황벽이 예불하다. 『송고연주통집』 권16(卍속장115, p.186b5)에 "황벽이 어느날 염관의 불전에서 예불하고 있었다. 당시 사미였던 당 선종이 물었다. '부처에 집착하여 구하지도 말고, 법에 집착하여 구하지도 말며, 승에 집착하여 구하지도 말라고 하였는데 장로께서는 예배해서 무엇을 구하려 하시오?' '부처에 집착하여 구하지도 말고, 법에 집착하여 구하지도 말며, 승에 집착하여 구하지도 않으니, 언제나 예배함이 그러한 일입니다' '예배는 해서 무엇 하시오?' 황벽이 따귀를 때렸다. 사미가 '말도 아닙니다!' 하자 황벽이 '이곳에 무엇이라도 있다고 거칠다 세하다 하는가!' 하고는 한 대 때렸다. … 황금 궁전에서 기라고는 다 드러났거늘, 어찌 눈썹 치켜들고 눈동자 움직이듯 하리. 세 차례 발톱과 이빨 몸소 맘껏 누리던 그 자리, 전쟁 중에 태평의 터전 세운 것이라네. 〈동산원의 송〉. 黃蘗一日 在鹽官殿上 禮佛次 時唐宣宗爲沙彌 問曰 不著佛求 不著法求 不著僧求 長老禮拜 當何所求 師曰 不著佛求 不著法求 不著僧求 常禮如是事 彌曰 用禮何爲 師便掌 彌曰 太麤生 師曰 這裏是甚麽所在 說麤說細 隨後又掌 … 黃金殿上顯全機 爭似揚眉瞬目時 三度爪牙親弄處 干戈中立太平基 〈東山源〉"라고 하였다. [참고문헌] 『頌古聯珠通集』, 『祖庭事苑』 권2(卍속장113, p.44a6).

황벽외기 黃檗外記 일본 무착도충(無著道忠) 지음. 1 1권. 필사본(筆寫本). 묘심사용화원(妙心寺龍華院) 소장. 황벽은원(黃檗隱元)이 일본에 건너온 이야기다.

황벽종 黃檗宗 임제종(臨濟宗)·조동종(曹洞宗)과 함께 일본 선종(禪宗) 삼파(三派) 중 하나로 개조(開祖)는 중국에서 건너온 은원융기(隱元隆琦 1592~1673)다. 본산은 황벽산만복사(黃檗山萬福寺)이다. 은원융기가 1654년(승응3) 일연(逸然)의 간청에 따라 건너온 이후 1661년(관문1)부터 황벽산에 만복사를 건립하기 시작했다. 황벽종이 중국에서는 독립된 종파는 아니어서 임제종(臨濟宗)으로 거두지만 사찰이나 법규 등에서 일본 임제종과 차별을 두고자 독립한 종파가 되기에 이르렀다. 특징은 염불선(念佛禪)이다. 서방 아미타불의 정토신앙을 선양하고, 일본 기타 선종의 종풍과도 다르다. 은원의 법을 이은 제자 23인 가운데 전기가 알려진 11인 중 7인이 중국 출신이다. 그중 목암성도(木庵性瑫)는 만복사를 계승한 다음 강호백금(江戶白金)에 서성사(瑞聖寺)를 창건하여 스승 은원을 서성사에 옮겨 주석토록 하였고, 자신은 두 곳을 모두 오갔다. 아울러 근강정명사(近江正明寺) 등에 그 선풍을 크게 알리면서 마침내 관동(關東)에 확산되었으나 만복사는 제5대 고천(高泉) 이후로 쇠미해졌다. 1851년(가영4) 제33대 양충(良忠)이 종문을 정비하면서 그 선풍이 부활하였다. 1874년(명치4) 임제종과 병합하였다가 2년 뒤에 다시 독립을 고했다. 만복사를 대본산으로 하고 별도로 5백여 사찰이 있다. 종규(宗規)로는 정법안장(正法眼藏)·실상무상(實相無相)의 법문을 개시한다. 또한 교선일여(教禪一如)를 종지로 삼기도 한다.

황벽종감록 黃檗宗鑑錄 고천성곽(高泉性漷)·고당원창(杲堂元昶) 등 엮음. 과거칠불(過去七佛)부터 서천이팔조(西天二八祖)와 동토육조(東土六祖)를 경유하여 서천 69세 일본 황벽종 개산조(開山祖) 은원융기(隱元隆琦)까지 이르는 전수자의 법명을 기록하였고, 이어서 전법자의 법명을 순서에 따라 부기하였다. 권상에는 문화문정(1804~1830)의 연대까지, 권하에는 석존 이하 75세를 시작으로 명치 20년대까지 기록하고 있다. 황벽산 5세 고천성돈이 1692년(원록5)에 법을 이은 순서를 기록하여 본산에 갖추면서 시작하였다. 제1쇄가 1693년(원록6)에 간행된 이래로 1726년(형보11) 제5쇄에 이르기까지 점차 증보하였다.

황벽청규 黃檗淸規 은원융기(隱元隆琦) 지음. 고천성돈(高泉性潡) 엮음. 목암성도(木庵性瑫) 교열. 1권. 대정장82, pp.766a7~785c8, No.2607에 수록되어 있다. 1672년(관문12) 서간(序刊). 일본 황벽종의 법식의궤(法式儀軌)를 보이는 청규로서 총 10장으로 구성되어 있다. 축리(祝釐)·보본(報本)·존조(尊祖)·주지(住持)·범행(梵行)·풍송(諷誦)·절서(節序)·찰법(札法)·보청(普請)·천화(遷化)가 그것이다. 불사범패찬(佛事梵唄讚)·노인예촉어(老人預囑語)·개산탑원규약(開山塔院規約)·문련통용(門聯通用)·고덕어집요(古德語輯要)·법구도(法具圖)를 부록으로 실었다. 보통은 황벽산 만복사(萬福寺)에서 간행한 관문본(寛文本)이 유행하지만 묘심사(妙心寺) 동해본암(東海本庵)에는 무착도충(無著道忠) 수택본(手澤本)이 있다.

황벽택채 黃檗擇菜 황벽이 나물 캐다. 남전(南泉)과 나눈 대화다. 『천성광등록』 권8 「황벽장」(卍속장135, p.659a3)에 "어느 날 대중 울력을 하다가 남전이 황벽에게 물었다. '어디 가느냐?' '나물을 캐러 갑니다' '무엇으로 캐느냐?' 황벽이 칼을 꼿꼿이 세우자 남전이 말했다. '그저 손님 노릇만 할 줄 알았지 주인 노릇은 할 줄 모르는구나'. 황벽이 칼을 세 번 두드렸다. 一日普請 南泉問 什麽處去 師云 擇菜去 泉云 將什麽擇 師竪起刀子 泉云 秖解作賓 不解作主 師扣刀三下", 『교외별전』 권6(卍속장144, p.108a17)에 "황룡오신(黃龍悟新)이 말한다. '요즘 사승들은 흔히 남전과 황벽이 나물 캐는 일로 문답했다고 알 뿐이다'. 黃龍新云 今時師僧 往往將南泉黃檗 作擇菜會却", 『운관어록』 권6(가흥장27, p.484b23)에 "염 : 거친 밭에서 잡초를 골라내도 여전히 풀은 모래 속에 있으니, 모래 일어 금을 가려내야 금 비로소 알리라. 拈云 荒田揀草 猶存草沙裏 淘金始識金"라고 하였다. [참고문헌] 『天聖廣燈錄』, 『教外別傳』, 『雲關語錄』.

황벽판대장경 黃檗版大藏經 일본 황벽종(黃檗宗) 철안도광(鐵眼道光)이 번각한 대장경. 1668년(관문8)~1679년(연보7) 사이에 번각(飜刻)했던 6,956권의 대장경판. 철안판·황벽판·황벽판장경 등이라고도 한다. 철안은 개판의 뜻을 품고 전국을 행각하며 보시를 받았지만 그 사이에 기내(畿內)에 기근이 발생하여 이를 구조하고자 두 차례 보시하였고, 세 번이나 권모(勸募)해서 겨우 개판을 성취할 수 있었다. 이 판목(版木)은 현재 산성(山城 : 京都府) 황벽산 만복사(萬福寺)의 탑두보장원(塔頭寶藏院)에 진장되어 있다.

황변처정 黃遍處定 Ⓢ pīta-kṛtsnāyatana-samādhi, Ⓟ pīta-kasiṇāyatana-samādhi, Ⓣ zad-par-ser-po'i-skye-mched-ting-nge-'dzin. 십변처정(十遍處定) 중 하나. 동서남북(東西南北) 사방과 상하가 황색(黃)의 상으로 가득차 있다고 승해력(勝解力)으로 사유하고 가행(加行)해서 그 황색상이 편재함을 성취하는 정(定). 『집이문족론』 권19(대정장26, p.450a25)에 "[문] 황변처정가행이란 무엇인가? 관행을 닦는 이는 어떤 방편으로 능히 황변처정에 증입하는가? [답] 처음 그 업을 닦는 이가 관을 닦기 시작할 때 이 세계에서 황색의 나무를 취하든 … 갖가지 그 밖의 황색 사물을 취한다. … 저가 이와 같이 따라 취한 한 가지 상에 승해력으로, 마음을 한데 묶어 놓고 사유하고 가상으로 관찰하여 이것은 어떠어떠한 황색 상이라는 신해를 안립한다. 問 黃遍處定加行云何 修觀行者由何方便而能證入黃遍處定 答 初修業者創修觀時 於此世界或取黃樹 … 或取種種諸餘黃物 彼於如是隨取一相 以勝解力繫念思惟假想觀察安立信解是某黃相", "산란하고 동요하며 치닫는 마음을 거두기 위해 하나의 황색상에 대해 마음을 한데 묶고 사유하는데, '이것은 그러한 황색이지 청색 등이 아니라'라고 사유하는 것이다. … 나아가 이러한 마음의 오랫동안 끊임없이 이어지도록 해야 하니 이러한 가행으로 능히 황정에 든다. … 한 번 이 정에 취향한 뒤 다시 '이 황색이 점차로 증대해 동서남북이 모두 이러한 황으로 편만하다'고 생각한다. 爲攝散動馳流心故 於一黃相繫念思惟 謂此是黃非爲靑等 … 乃至令心相續久住 由斯加行能入黃定 … 一趣定已 復想此黃漸次增廣 東南西北遍皆是黃", "저가 '이 황색이 점차로 증대해 동서남북이 모두 이 황으로 편만하다'고 생각한다. 마음 다시 산란하고 동요하며 여러 상으로 치달아 능히 일경에 마음을 한데 묶어둘 수 없게 되면, '이 경은 모두 황색으로 편만하다'라고 사유한다. … 산란하고 동요하며 치닫는 마음을 거둬들이기 위해 황색의 상으로 편만한 형상에 대해 마음을 한데 묶어 놓고 사유하길 '이렇게 가득한 것은 황색이지 편만한 청색 등이 아니다'라고 한다. … 나아가 이러한 마음이 오랫동안 끊임없이 이어지도록 해야 하니 이러한 가행으로 점차 능히 황변처정에 든다. 彼想此黃漸次增廣 東南西北遍是黃故 心便散動馳流諸相不能一趣繫念一境 思惟此境遍皆是黃 … 爲攝散動馳流心故 於遍黃相繫念思惟 此遍是黃非遍青等 … 乃至令心相續久住 由斯加行乃漸能入黃遍處定"라고 하였다. 〔참고문헌〕『集異門足論』, *Mvyut. 72.* ⇨ 십변처정 十遍處定

황병 黃病 Ⓢ kāmala, kāmalā. 악구(惡垢). 또는 나병(癩病). 가말라(迦末羅)라고 음사하기도 한다. 『마하승기율』 권32(대정장22, p.486c1)에 "그때 어떤 비구가 황병에 걸렸다. 의사가 말하길 '존자여, 사람의 피를 마시면 가히 차도가 있을 수 있는데, 만약 먹지 않는다면 곧 죽을 것이고 다른 방법은 없습니다'라 하였다. 時有比丘黃病 醫師言 尊者服人血者 可差 若不服者 便死更無餘方", 『번역명의집』 권6(대정장54, p.1165c23)에 "가마라 혹은 가말라는 이쪽에서 황병이라 한다. 또 악구 또는 나병이라 한다. 迦摩羅 或迦末羅 此云黃病 又云惡垢 亦云癩病"라고 하였다. 〔참고문헌〕『摩訶僧祇律』, 『翻譯名義集』. ⇨ 가말라 迦末羅[2], 악구 惡垢

황복사 皇福寺 경상북도 경주시 구황동에 있던 절. 황복사(黃福寺)라고도 한다. 『삼국유사』 권4(대정장49, p.1006c3·한불전6, p.348b20) 의해(義解)5 의상전교(義湘傳敎)에 "29세에 경사의 황복사에서 머리를 깎았다. … 의상이 황복사에 있을 때 무리들과 함께 탑을 돌았는데 매번 허공을 밟고 올라갔으며 계단으로 오르지 않았다. 年二十九依京師皇福寺落髮 … 湘住皇福寺時與徒衆繞塔 每步虛而工不以階升", 『십구장원통기』 권하(한불전4, p.94c27)에 "옛말에 표훈대덕이 황복사에 머물렀을 때 대정각우가 표훈대덕의 방에 들어가 3가지 근본의 정을 배우길 청했다. 古言表訓大德 在皇福寺時 大正角于進於訓德房中 白言請學三本定焉", 『법계도기총수록』 권상(한불전6, p.776a4)에 "이 말 또한 표훈 대덕의 뜻이니 상원 원년(674·문무왕14) 황복사에서 설한 것이다. 此辭亦是訓德之義 上元元年 在皇福寺說也", 『삼국사기』 권12 신라본기(新羅本紀)12 경명왕(景明王)에 "가을 8월 왕이 돌아가셨다. 시호를 경명이라 하고 황복사 북쪽에 장사지냈다. 秋八月 王薨 謚曰景明 葬于黃福寺北", 『원종문류』 권22(한불전4, p.646b7)에 "대중이 황복사에 모여 하루 동안 강경하고 명복을 구하였다. 衆集皇福寺 講經一日 追冥福也"는 기록이 있다. 성보문화재로는 사지(寺址)에 있는 삼층석탑(국보 제37호), 그 안에서 발견된 구황동금제여래좌상(국보 제79호)과 구황동금제여래입상(국보 제80호)가 있다. 〔참고문헌〕『三國遺事』, 『十句章圓通記』, 『法界圖記叢髓錄』, 『三國史記』, 『圓宗文類』, 『輿地圖書』, 『韓國寺刹全書』 권하 p.1199a3·1200b10.

황복사지삼층석탑 皇福寺址三層石塔 경상북도 경주시 구황동에 있는 신라시대 석탑. 국보 제37호. 높이 6.7m. 황복사는 낭산 동북쪽에 위치한 신라시대의 절로 『삼국유사』 권4(대정장49, p.1006c2·한불전6, p.348b20) 의해(義解)5 의상전교(義湘傳敎)에 의하면 의상대사가 여기서 출가하였다고 한다. 일제강점기인 1937년 '왕복(王福)' 또는 '황복사'명 기와가 발견되어 절 이름을 특정하고 있다. 탑은 2단의 기단위에 3층의 몸돌을 쌓아 올린 전형적인 신라석탑양식이다. 하층기단은 8매로 지대석, 면석, 갑석이 일체형으로 모서리에 'ㄱ'자형 귀들석을 두고 '一'자형 부재를 끼워 넣은 모습이다. 우주와 중앙에 2주씩의 탱주를 새겼다. 갑석 상면은 평편한 편이며 상단에 호각형 2단 괴임을 두어 상층기단 면석을 받고 있다. 상층기단면석은 모서리에 귀틀석을 두고 각면 중앙에 1매씩의 면석을 끼워 모서리에 우주와 중앙에 2주의 탱주를 두었다. 상층기단 갑석4매는 기울기가 거의 없으며 하단에는 부연을, 상단 중앙에는 2단의 각형괴임을 두어 초층탑신을 받고 있다. 탑신부는 몸돌과 지붕돌 각각 하나씩 쌓아 올렸다. 몸돌 모두 우주를 새겼으나 별도의 부조상들은 없다. 지붕돌은 낙수면이 짧고 경사가 급한 편으로 전각부는 살짝 올렸고 양옆으로 풍경을 달았던 구멍이 남아 있다. 처마의 아래는

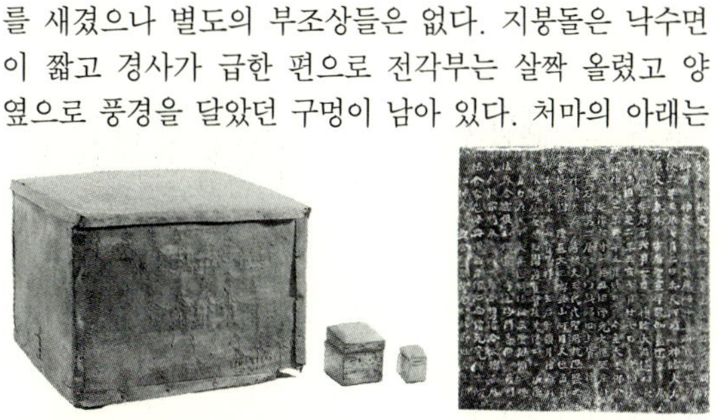

황복사삼층석탑사리함명문탁본·사리기 국립중앙박물관 통일신라

5단의 받침을 두었고 상단은 2단의 각형 괴임을 두어 탑신을 받게 했다. 상륜은 노반(露盤)만 남아 있고 노반의 상면에 찰주공이 있으며 주변은 햇무리무늬를 돋을새김했다. 1942년 탑을 해체수리 하였는데 2층 지붕돌 상부에서 사리공을 확인하였고, 그 안에서 금동사리

함과 순금제 불상 2구(국보 제79호, 제80호) 유리구슬·은제고배·동제고배 등 많은 유물이 발견되었다. 특히 금동사리함 뚜껑에는 탑을 건립한 연유를 350여자로 상세히 남겼는데, 천수(天授) 2년(691) 신문왕이 승하하고 신목태후(神睦太后)와 효소대왕(孝昭大王)이 종묘의 성령(聖靈)을 위해 선원과 가람을 짓고 3층

금제여래좌상·금제여래입상

석탑을 세웠으며, 700년 6월 1일 신목태후가 죽고 702년 7월 27일에는 효소왕이 승하하였다. 그리하여 706년에 석탑을 세우고 부처님 사리 4과와 순금불상·『무구정광대다라니

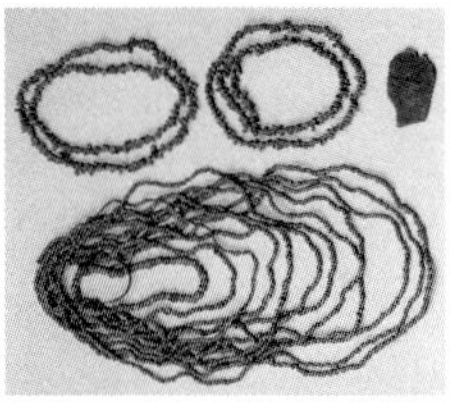

유리옥류(위)·금동·은제고배(아래) 국립중앙박물관 통일신라

경』 1권을 봉안한다고 하였다. 『무구정광대다라니경』이 처음 납입된 탑으로 유명하다. 또한 양식적으로 통일신라시대 초기 신라석탑의 변화과정을 파악할 수 있는 귀중한 성보다. [참고문헌] 『三國遺事』, 皇福寺 石塔 金銅舍利函銘(『韓國金石全文』 古代, p.123), 藤島亥治郎 『建築雜紙』(1930), 『불사리장엄』(국립중앙박물관, 1991), 장충식 『신라석탑연구』(일지사, 1994), 『경북의 석탑 I』(국립문화재연구소, 2007).

황사 黃寺 ❶ 라마교 사원을 지칭하는 말. ❷ 중국 북평(北平) 안정문(安定門) 밖 10여 리에 위치한 절. 동황사(東黃寺)와 서황사(西黃寺)라는 두 절이 동서로 인접해 있다. 동황사는 원래 보정선림(普淨禪林)이라 불리던 작은 절이었는데 1651년(순치8)에 청(淸) 세조(世祖 : 順治帝)의 칙명으로 고쳐 지은 뒤 내몽고·외몽고와 서장(西藏) 라마교의 스님들이 머무는 곳이 되었다. 한편 서황사는 청정화성(淸淨化城)이라고도 하는데 1652년(순치9)에 청 세조가 달라이라마 5세를 위해 건립한 절이다. ⇨ 서황사 西黃寺 ❸ 중국 요녕성(遼寧省) 심양(瀋陽)에 있는 실승사(實勝寺)를 세속에서 부르던 이름. 황사(皇寺)라고도 한다. ⇨ 실승사 實勝寺

황산덕 黃山德 1917~1989. 불교 신자이며 법률학자. 1917년 6월 18일 평안남도 양덕에서 태어났다. 1941년 경성제국대학 법학과를 졸업하고, 1943년 고등문과 행정과와 사법과에 수석으로 합격하였다. 1948년 고려대학교 행정대학 교수가 되었다. 1952년부터 1966년까지 룸비니 불교대학생회를 맡아 이끌었고, 1960년 서울대학교에서 우리나라에서는 처음으로 법학박사가 되었으며, 1974년 성균관대학교 총장에 취임하였으며, 바로 그 해에 법무장관에 취임하였고, 1976년에는 문교부장관에 취임했다. 1980년부터 1989년 죽을 때까지 한국불교진흥원 이사장직을 맡아 수행하는 한편, 여러 면으로 한국불교 발전에 크게 기여하다가 1989년 10월 19일 별세했다. 저서로는 『自然法論』, 『偶像崇拜』, 『韓國의 宗敎像』, 『佛敎人의 平和論』, 『如來藏』 등 많은 저서를 남겼다. [참고문헌] 『佛敎新聞』.

황산불사 黃山佛舍 충청남도 논산시 연산면 천호산(天護山 : 황산)에 있던 절. 『삼국사기』 권50 열전10 견훤(甄萱)에 "견훤이 근심과 번민으로 등창이 난지 며칠 만에 황산불사에서 죽었다. 甄萱憂懣發疽 數日卒於黃山佛舍"라고 하였다. 김정호(金正浩) 『대동지지』 연산(連山) 개태사(開泰寺)의 "후백제 견훤이 여기에서 죽었다. 後百濟王甄萱死于此"에 의거하여, 개태사의 전신이거나 같은 절로 보기도 한다. [참고문헌] 『三國史記』, 『大東地志』, 『三國遺事』 권2(대정장49, p.982b3·한불전6, p.307a2) 紀異2 後百濟甄萱. ⇨ 개태사 開泰寺

황산사 黃山寺 ❶ 강원도 원주시 귀래면 용암리 미륵산(彌勒山)에 있던 절. 『오주연문장전산고』 권5 「김부대왕변증설 金傅大王辨證說」에 "(경순왕이) 이에 산 밑에 원당을 세우고 황산사라고 불렀다. 仍築願堂於山下 號黃山寺"라고 하였다. 한동안 폐사되었다가 1970년 장용기(張龍基)의 시주로 중건되는 과정에서 '천하일송촌인번수(天下一松村因幡守)'가 쓰인 고려중기의 유병경(有柄鏡) 1점, 납석제음각불좌상(蠟石製陰刻佛坐像) 5구, 동불상 1좌 등이 출토되었다. 『여지도서』 강원도 원주 사찰에 "주 남쪽 50리 미륵산에 있다. 중세에 전하기를 이 절은 본래 김부 왕의 영당으로 지금은 소상만 있다. 在州南五十里彌勒山 中世傳寺本金傅王影堂 今有塑像"라고 하였다. 현재 사지(寺址)에는 또 다른 창건자로 전하는 학서당(鶴西堂)과 서응당(西應堂) 두 대사의 부도가 남아 있고, 문화재자료 주포리미륵불및삼층석탑이 있다. [참고문헌] 『五洲衍文長箋散稿』, 『輿地圖書』, 『韓國寺刹全書』 권하 p.1201a5. ❷ 경상북도 안동시 임동면 수곡리 아기산(鵝岐山)에 있는 봉황사(鳳凰寺). 정영방(鄭榮邦 1577~1650)이 비가 내려 황산사에 머무르다가 읊고서 원상인(圓上人)에게 준 「황산사체우 黃山寺

滯雨」(『석문집』 권3, 한국문집총간속19, p.256a6)라는 시와 김시온(金是榲 1598~1669)의 「황산사회음 黃山寺會飮」(『표은집』 권1, 한국문집총간속27, p.471a19)이 전한다. 이유장(李惟樟 1625~1701)이 1700년(숙종26)에 이현일(李玄逸)과 만나 수창(酬唱)하고 예설(禮說)을 논하던 곳이자 류정원(柳正源 1702~1761)이 1736년(영조12)에 묵으며 자치통감강목(資治通鑑綱目)을 강하던 곳이기도 하다. 이곳에서 류장원(柳長源 1724~1796)은 1736년(영조12)에 황산사에서 열린 문회(文會)에서 장원하여 찬탄을 받았으며, 김도행(金道行 1728~1812)은 1759년(영조35)에 황산사 강회(講會)에서 주서절요(朱書節要)를 강하여 이름을 알렸다. 김명석(金命錫 1675~1762)은 『우계집』에 1759년(영조35) 황산사 주변에 거주하는 자손들이 결성한 계회의 내력 등을 「황산계회록후서 黃山稧會錄後敍」에 기록하였고, 류치호(柳致皜 1800~1862)는 류휘문(柳徽文 1773~1832) 등과 1824년(순조24)에 중용(中庸) 강학에 참석하였다. 『여지도서』 경상도 안동 사찰과 『가람고』, 『범우고』에 황산사의 위치와 이름이 기록되어 있다. [참고문헌] 『石門集』, 『瓢隱集』, 『孤山集』, 『雨溪集』, 『三山集』, 『東巖集』, 『雨皐集』, 『好古窩集』, 『東林集』, 『輿地圖書』, 『伽藍考』, 『梵宇攷』, 『韓國寺刹全書』 권하 p.1201a2. ⇨ 봉황사 鳳凰寺 1

황산삼조탑명 黃山三祖塔銘 곽소율(郭少聿) 찬. 황산에 건립된 중국 선종 3조 승찬(僧璨)의 탑명. 764년(광덕2)에 사제지간인 지장(智藏)과 지공(智空)에 의해 건립되었다고 전한다. [참고문헌] 『全唐文』.

황색 黃色 밀교의 오색(五色) 중 하나. 태장(胎藏)을 대표하는 색이며 호마법(護摩法) 중 증익법(增益法)에 상응한다. 오자(五字) 중 아(阿 𑖀)자, 오대(五大) 중 지대(地大), 오불(五佛) 중 남방 개부화왕여래(開敷華王如來), 오근(五根) 중 염근(念根)·진근(進根), 오력(五力) 중 진력(進力)·염력(念力)에 배대된다. 『대일경소』 권6(대정장39, p.643c19)에 "황색은 사라수왕색이다. 정각을 이룰 때 온갖 공덕이 개화하여 모두 금강의 실제에 이르므로 세 번째 색이 된다. 黃色是娑羅樹王色 以成正覺時 萬德開敷皆到金剛實際 故第三", 같은 책 권15(대정장39, p.735c4)에 "갖가지 증익법에 쓰는 만다라는 방형□〈황색〉이다. 諸增益事漫荼羅 方□〈而黃色〉", 『대일경공양차제법소』 권상(대정장39, p.793c27)에 "연화부의 권속은 황색이다. 蓮華眷屬以黃色", 같은 책 권하(대정장39, p.799b9)에 "금강륜이란 아자가 안립한 사방륜이다. 본래 첫 자는 아자이다. 황색은 아자의 색이다. 金剛輪者 阿字所安四方輪也 本初字者阿字也 黃色者阿字色也"라고 하였다. [참고문헌] 『大日經疏』, 『大日經供養次第法疏』.

황색금강 黃色金剛 팔금강 중 하나. 원하는 일을 이루게 돕는 금강보살. 『금강경과의회요주해』 권2(卍속장92, p.274a8)에 "황수구금강이란 황색금강이니 일체의 원하는 바를 모두 뜻대로 얻게 한다. 관직·연명·복덕·총명·재물·처자·복장·보주·선약·신통 등의 일이다. 黃隨求金剛者 卽黃色金剛 能令一切所求皆得遂意 爲求遷官延壽 福德聰明 錢財妻子 伏藏寶珠 仙藥神通等也"라고 하였다. [참고문헌] 『金剛經科儀會要註解』.

황색방형 黃色方形 아자(𑖀 阿字)는 황색에 방형이다. 『대일경소묘인초』 권37(대정장58, p.314c1)에 "다음에 묘고산 위에서 아자가 황색의 방형이 된다고 관상한다. 그 가운데 자신이 머물러 오자로 엄신하여 오륜법계의 원만하고 밝은 바탕이 된다고 관상한다. 정수리 위에서 아자가 백광변조왕이 되어 무구안으로 자신의 팔엽심 연화대 위 아자문에서 광명이 나와 시방을 비춘다고 관상한다. 然後 於妙高山上 觀阿字成黃色方形 其中自身居在 以五字嚴身成五輪法界圓明體 頂上觀阿字成百光遍照王 以無垢眼 觀自身八葉心蓮華臺上 𑖀(a)字門 從此字放光明照十方"라고 하였다. [참고문헌] 『大日經疏妙印鈔』. ⇨ 아자문 阿字門

황성기 黃晟起 1919~1979. 불교학자이니 한때 스님으로 있다가 퇴속하여 동국대학교 불교대학 교수로 재직하였다. 1919년 11월 19일 강원도 고성(高城)에서 태어났다. 1934년 고성공립보통학교를 졸업하고, 그 해에 수원 용주사에서 대련일형(大蓮日馨)스님을 은사로 하여 스님이 되었다. 1943년 혜화전문학교 불교학과를 졸업하고, 용주사 소속 수원불교포교소의 포교사로 1945년까지 활동했다. 그 후 고향인 고성으로 가서 2년간 거진면(巨津面) 송강리(松江里)에 있는 송강초등학교 교장을 1946년까지 역임하였고, 1947년부터 1948년까지 거진(巨津)여자중학교의 교감, 1951년부터 1953년까지 31본산의 하나인 수원 용주사 자혜원(慈惠院) 원장을 지냈다. 1953년부터 수원시에 있는 대승원 원장이 되었으며, 1955년 조계종 종립대학인 동국대학교 불교학과를 졸업했고, 이어 1957년 동국대학교 대학원 불교학과를 졸업하였다. 1960년부터 1970년까지 이 대학교 불교대 교수가 되어 후진양성에 힘썼다. 1969년 불교사상연구회 부회장을 역임하였고, 1976년 동국대학교에서 철학박사학위를 받았다. 1979년 12월 4일 수원 대승원에서 61세를 일기로 입적하였다. 저서로는 『한국불교의 재건론』, 『불교학개론』, 『원측의 유식학적연구』, 『한국불교의 범패에 대한 연구』가 있고 『황성기박사불교문집』이 전한다.

황성사 皇聖寺 경상북도 경주시 월성동 건천읍 모량리에 있던 절. 『삼국유사』 권2(대정장49, p.972a8・한불전6, p.287b3) 기이(紀異)2 문무왕법민(文武王法敏)에 "이튿날 아침 (거득공)거사가 작별하고 떠나려고 할 때 말하기를 '나는 경사인으로 내 집은 황룡사와 황성사 두 절 사이에 있고, 내 이름은 단오이다'. 詰旦居士欲辭行時曰 僕京師人也 吾家在皇龍皇聖二寺之間 吾名端午也"라고 하였다. 〔참고문헌〕『三國遺事』.

황소 黃巢 ?~884. 당 중기부터 말기에 걸쳐 일어난 농민 봉기의 지도자. 조주(曹州 : 山東省) 원구(冤句 : 荷澤縣) 출신. 원래 관의 허가 없이 소금을 밀매하던 부유한 상인이었는데, 농민 봉기를 주도하여 충천대장군(衝天大將軍)이라 칭하였고 880년(광명1)에 황제라 칭하며 국호를 대제(大齊)로 정하고 연호를 금통(金統)으로 고쳤지만, 883년(중화3)에 이극용(李克用)에게 멸망당하여 이듬해 7월에 죽었다. 『설두어록』 권4(대정장47, p.694c24)에 "설두가 하루는 학인과 산을 유람하던 차였다. 개산화상의 탑 근처에 이르자 학인이 물었다. '산문을 개창한 것은 바로 황소라고 들었습니다' '황소는 산적들의 천자인데 무엇 때문에 산에 주석하는 사람이 됐겠느냐?' '그의 제삿날이니 그에게 죽을 진설해 주는 게 좋겠습니다'. 설두가 수긍하지 않고 스스로 대신 말하였다. '원수를 피하지 않은 것을 높이 평가하마'. 師一日同僧遊山次 到開山和尙塔頭 僧云 見說開山便是黃巢 師云 黃巢是草頭天子 爲什麽却作住山人 僧云 忌辰也好與他設粥 師不肯 自代云 賞不避仇讎", 『경덕전등록』 권9 「복주대안전 福州大安傳」(대정장51, p.268a4)에 "한 학인이 대안에게 물었다. '황소의 군대가 온다면 화상께서는 어디로 피하시겠습니까?' '오온이라는 산속으로 피하겠다' '갑자기 그에게 붙잡혔을 때는 어떻게 하시겠습니까?' '장군을 괴롭혀 혼란스럽게 한다'. 有僧問云 黃巢軍來 和尙向什麽處迴避 師云 五蘊山中 僧云 忽被他捉著時如何 師云 惱亂將軍", 같은 책 권16 「암두전활전 巖頭全豁傳」(대정장51, p.326c16)에 "암두가 한 학인에게 물었다. '어디서 오는가?' '서경에서 옵니다' '황소가 지나간 후에 검을 손에 넣었느냐?' '손에 넣었습니다'. 암두가 목을 내밀어 칼을 맞는 시늉을 했다. 학인이 '스님의 머리가 떨어졌습니다'라고 하자 암두가 크게 웃었다. 師問僧 什麽處來 曰 西京來 師曰 黃巢過後 還收得劍麽 曰 收得 師引頸作受刃勢 僧曰 師頭落也 師大笑"라고 하였다. 〔참고문헌〕『雪竇語錄』, 『景德傳燈錄』.

황신 荒神 악을 벌하기 위해 황란분노(荒亂忿怒)의 모습을 드러내는 신. 삼보황신(三寶荒神)이라고도 한다. 본래 곤란을 만드는 악신이었으나 불교에 수용되면서 불법과 사찰을 수호하는 호법신이 되었다. 비나야가(毘那夜迦 Ⓢ Vināyaka)와 동격으로 이해되는 경우도 있다. 수험도(修驗道)에서는 역행자(役行者)가 감득한 신으로 알려졌다. 『삼보감응요략록』(대정장51, p.833b23)에 "니건자가 막대기로 땅을 짚으며 말했다. '황신이 어지러이 장애와 곤란을 일으키니 반드시 큰 신에 귀의해야 편안하게 될 것입니다'. 왕은 총명하여 뜻을 이해하였으니 신 중에서 불타보다 큰 이는 없었다. 곧 비로자나상을 만들어 좌우의 정사에 안치하였다. 왼쪽에는 황금으로 만들고 오른쪽에는 백은을 썼으며 높이는 모두 20길이었다. 매일 예배하고 공양하니 이 때 야차동자가 나타나서 황신과 악귀를 쫓아내어 비로소 장애와 곤란이 사라졌다. 尼乾以籌印地云 荒神亂起障難 須歸大神 方得安穩 王聰明達歸宗 神中之大 不如佛陀 卽造此毘盧遮那像 安置左右精舍 左彫鏤黃金 右用白銀 高咸二十丈 日日禮拜供養 爾時表夜叉童子 驅荒神惡鬼出國界 方無障難矣", 『십팔계인의석생기』(대정장78, 120b11)에 "비나야가는 코끼리 코라고 하는데 이유가 있다. 이것은 상수마이다. 천마와 지마는 찾아오는 때가 일정하지 않지만 비나야가는 항상 일체 중생을 따르므로 상수마라고 한다. 외도가 황신이라 부르는 것이 이것이다. 毘那夜迦者 此云象鼻 有因緣 是常隨魔也 夫天地魔有來時不常 而是毘那夜迦恒常隨逐一切有情 是故名常隨魔 外人所呼荒神是也"라고 하였다. 〔참고문헌〕『三寶感應要略錄』, 『十八契印義釋生起』.

황신공 荒神供 삼보황신(三寶荒神)을 공양하는 법회. 황신공은 성천(聖天) 비나야가(Ⓢ Vināyaka)를 주존으로 공양하는 것을 말한다. 『비초문답』 권15(대정장79, p.562c4)에 "〔문〕 외도의 법식에서 황신공이라 하는 것과 불교의 법식에서 성천공이라 하는 것이 공양하는 신의 같고 다름은 어떠한가? 〔답〕 황신과 성천(비나야가)는 그 바탕이 같다. 問 外法云 荒神供 內法云 聖天供 所供神同異如何 答 荒神聖天其體同也"라고 하였다. 〔참고문헌〕『祕鈔問答』.

황양 滉瀁 물이 가득 찬 모습을 형용하는 말. 『무량수경연의술문찬』 권하(대정장37, p.168c10)에 "황양이란 물이 가득 차 있는 모습으로 넓게 펼쳐져 출렁이듯 한다. 滉瀁者 積水貌 猶浩蕩也", 『일체경음의』 권94(대정장54, p.900b22)에 "황양〈앞 글자는 황과 광을 반절한 음이고, 뒤 글자는 양과 장을 반절한 음이다. 황양은 물의 모습을 형용한 말이며, 양은 양(漾)이라고도 하는데 음이 같다〉. 滉瀁〈上黃廣反 羊掌反 按 滉瀁 水貌也 瀁或作漾 音同也〉", 『신집장경음의수함록』 권2(고려장34, p.689a7)에 "황양〈앞 글자는 호와 광을 반절한 음이고 뒤 글자는 양과 량을 반절한 음이다. 물의 모습을 형용한 말이다〉. 滉瀁〈上戶廣反 下羊兩反 水皃也〉"이라고 하였다. 〔참고문헌〕『無量壽經連

義述文贊』, 『一切經音義』, 『新集藏經音義隨函錄』.

황양목선 黃楊木禪 황양목과 같은 선이라는 뜻. 황양목은 회양목과의 상록 활엽 관목인데 1년에 1촌밖에 자라지 않으며, 윤년(閏年)이 되면 오히려 키가 1촌 줄어든다고 한다. 내내 그 자리에 있는 듯해 진전이 없는 참선 수행을 비유한다. 『대혜어록』 권17(대정장47, p.883a28)에 "하루는 관료들과 방장에서 약석(藥石 : 夕食)을 먹고 있을 때였는데, 내가 젓가락을 손에 들고만 있고 밥 먹는 것을 완전히 잊고 있자 노화상(圜悟克勤)께서 '이 놈이 황양목선을 하던 중 엎어진 채로구나' 말씀하셨다. 내가 이에 비유를 들어 '화상! 이 도리는 흡사 개가 끓는 기름솥을 지켜보듯 해 핥으려 해도 핥을 수 없고, 내버려 두려 해도 내버려 둘 수 없습니다' 하자 노화상께서 '그대의 비유 대단하구나. 이것이야말로 문득 금강울타리이고 가시돋힌 밤송이로구나'라고 말씀하셨다. 一日 同諸官員 在方丈藥石次 我只把箸在手 都忘了喫食 老和尙曰 這漢 參得黃楊木禪 却倒縮去 我遂說箇譬喩曰 和尙 這箇道理 恰如狗看著熱油鐺相似 要舐 又舐不得 要捨 又捨不得 老和尙曰 爾喩得極好 只這箇 便是金剛圈栗棘蓬", 『선관책진』(대정장48, p.1106a4)에 "침식양망 : 송원숭악(松源崇岳)선사는 처음에 거사로서 응암담화(應菴曇華)를 찾아갔지만 계합하지 않자 더욱 분발하였고, 밀암함걸(密菴咸傑)을 찾아뵙고는 묻는 대로 다 답했지만 밀암이 탄식하며 '황양나무선일 뿐이다' 하자 잠자는 것과 먹는 것조차 잊으며 더욱 깊이 분발하였다. 후에 밀암을 만나 뵈러 입실하였는데 밀암이 한 학인에게 '마음도 아니고 부처도 아니고 중생도 아니다'라고 말하자 옆에 있다가 크게 깨달았다. 寢食兩忘 松源岳禪師 初以居士 參應菴華 不契 愈自奮勵 見密菴傑 隨問隨答 密嘆曰 黃楊木禪耳 奮勵彌切 至忘寢食 會密入室問僧 不是心 不是佛 不是物 師從傍大悟"라고 하였다. 〔참고문헌〕『大慧語錄』, 『禪關策進』.

황양호한 滉瀁浩汗 가득 차 아득히 넘실댈 뿐. 다른 것 덮어 보이지 않을 만큼 차고 넘치다. 『무량수경』 권하(대정장12, p.278a4)에 "비유하자면 수겁(水劫) 물이 세계 가득 채우므로 그 중에 만물이 빠져들어 드러나지 않으며, 물만 가득 차 아득히 넘실댈 뿐이어서 오직 큰물만 볼 뿐이다. 저 무량수불의 광명 또한 이와 같아서 성문과 보살들의 일체광명이 모두 다 숨어 덮여서 오직 부처님의 광명만이 밝고 찬란하게 빛날 뿐이다. 譬如劫水 彌滿世界 其中萬物 沈沒不現 滉瀁浩汗 唯見大水 彼佛光明 亦復如是 聲聞菩薩 一切光明 皆悉隱蔽 唯見佛光 明耀顯赫"라고 하였다. 〔참고문헌〕『無量壽經』.

황엽 黃葉 Ⓢ pāṇḍu-palāśa, Ⓣ lo-ma ser-po. 마른 잎. 누렇게 물든 잎. 『대반열반경 大般涅槃經』에서는 방편행(方便行)의 비유다. 『유부율』 권27(대정장23, p.776c24)에 "만약 비구가 초목의 살아 있는 잎을 상하게 하면 타죄를 얻고, 누런 잎을 손상시키면 악작죄를 얻으며, 아직 피지 않은 꽃을 손상시키면 타죄를 얻고, 활짝 핀 꽃을 손상시키면 악작죄를 얻으며, 아직 익지 않은 열매를 손괴하면 타죄를 얻고, 이미 익은 열매를 손괴하면 악작죄를 얻는다. 若苾芻損樹草生葉 得墮罪 若損黃葉 得惡作罪 若損未開花 得墮罪 若花已開壞 得惡作 若果未熟壞 得墮罪 若已熟者壞 得惡作", 『대반열반경집해』 권44(대정장37, p.514b26)에 "〈경〉 '영아행이란 무엇인가? 저 아기와 같다'로부터 '그러나 이 누런 나뭇잎은 실로 금이 아니다'까지는 무슨 말인가? 〔해〕 승량은 이렇게 말한다. '세 번째 비유이니, 삼십삼천의 즐거움을 설하여 삼도의 괴로움을 면하게 하기 위한 것이다'. 嬰兒行者 如彼嬰兒 至然此黃葉 實非金也 案 僧亮曰 第三譬 爲說三十三天之樂 以免三途苦也"라고 하였다. 〔참고문헌〕『有部律』, 『大般涅槃經集解』, 40권본 『大般涅槃經』 권20(대정장12, p.485c10), *Mvyut.197.*

황엽보도문 黃葉普渡門 황엽으로 널리 건널 수 있게 열린 방편. 교문(敎門). 여기서 황엽은 경전의 비유다. 『법계도기총수록』 권하(대정장45, p.752b2 · 한불전6, p.825a12)에 "이에 저 황엽을 가지고 곧 정녕코 진금이라 함은, 이처럼 가리켜 깨우치는 곳이다. 此是將彼黃葉郎正眞金 如是指誨之處也", 『함홍당집』 권2 「여용호강백 與龍湖講伯」(한불전10, p.989b1)에 "황엽 몇 권 손에 쥔 채로 넓고 깊게 설해 가고 설해 오시니, 이 무슨 출세간의 맑은 복이랍니까! 手把黃葉幾卷 縱橫說去說來 是何等出世間淸福也"라고 하였다. 『석문의범』에는 교문에서 승중이 행주좌와로 행하는 모든 행법을 「황엽보도문」으로, 선문(禪門)의 행법을 「격외념롱문 格外拈弄門」으로 묶는다. 「황엽보도문」에는 예경 · 축원 · 송주 · 재공 · 각소 · 각청 · 시식 · 배송 · 점안 · 이운 · 수계 · 다비 · 제반 · 방생 · 지송 · 간례 · 가곡 · 신비 등 18편, 「격외념롱문」에는 불조화두 · 좌선의식 · 좌선심득을 묶었다. 〔참고문헌〕『法界圖記叢髓錄』, 『涵弘堂集』, 『釋門儀範』, 『大般涅槃經』 권18 「嬰兒行品」(대정장12, p.729a4). ⇨ 황엽 黃葉, 황엽지제 黃葉止啼, 교 敎, 교상문 敎相門, 석문의범 釋門儀範

황엽지제 黃葉止啼 누런 잎으로 아이 울음 그치다. 누런 잎을 금(金)이라고 달래서 어린 아이의 울음을 그치게 하듯 하는 방편행(方便行)의 비유다. 40권본 『대반열반경』 권20(대정장12, p.485c10)에 "영아행이란 무엇인가? 어린 아기가 울 때에 그 부모가 버드나무의 누런 잎을 주면서 말하기를 '울지 마라. 울지 마라. 내가 너에게 금을 주겠다'라고 하니, 아기가 보고서 진짜 금이라고 생각하여 바로 울음을 그쳐 울지 않는다. 그러나 이 버드나무 잎은 실은 금이 아니다. … 여래도 그와 같으니, 만약 중생들이 뭇 악을 지으려 하면 여래는 그들 위해 삼십삼천의 상락아정을 말한다. … 중생들 이와 같은 즐거움이 있다고 들었기에 마음으로 즐거움 탐하여 그쳐 악을 행하지 않으며, 부지런히 삼십삼천에 날 선업을 짓는다. 嬰兒行者 如彼嬰兒啼哭之時 父母卽以楊樹黃葉 而語之言 莫啼莫啼 我與汝金 嬰兒見已 生眞金想 便止不啼 然此楊葉 實非金也 … 如來亦爾 若有衆生 欲造衆惡 如來爲說 三十三天 常樂我淨 … 衆生聞有如是樂故 心生貪樂 止不爲惡 勤作三十三天善業"라고 하였다. 〔참고문헌〕『大般涅槃經』, 『宗鏡錄』 권15(대정장48, p.497a14). ⇨ 양엽 楊葉, 공권 空拳

황엽지제전 黃葉止啼錢 노란 잎 울음 그치는 돈이라네. 『경덕전등록』 권9 「하중공기전 河中公畿傳」(대정장51, p.270a22)에 "한 학인이 하중에게 물었다. '도란 무엇이고, 선이란 무엇입니까?' 하중이 이르길 '이름 있는 것 도가 아니며, 시비 있은즉 선이 아니네. 이 중의 뜻 알고자 하는가? 노란 잎은 울음 그치는 동전이라네'. 僧問 如何是道 如何是禪 師云 有名非大道 是非俱不禪 欲識此中意 黃葉止啼錢"라고 하였다. 〔참고문헌〕『大般涅槃經』, 『景德傳燈錄』. ⇨ 황엽지제 黃葉止啼

황우거계 黃牛拒戒 황우가 계 받기를 거절하다. 황우는 정토유소(淨土惟素)의 법사(法嗣)로서 정황우(政黃牛)라고 불린 정토유정(淨土惟政)이다. 『선원몽구요림』 권하(卍속장148, p.282a14)에 "황우거계〈출처는 『오등회원』 권10〉: 정황우는 전당(錢塘 : 浙江省 杭州) 출신이며, 여항(餘杭) 공신산(功臣山)에 주석하였다. 어려서 고아로 동자가 되었는데, 탁월한 식견이 있었으며 하는 말마다 전부 사람의 의표를 찔렀기에 스승이 사람들에게 칭찬하였다. 이에 한 대단월이 기특하게 여겨 도첩을 사서 보시하려 했지만 무릎을 꿇고 정중하게 사양하며 받지 않았다. 스승이 그 이유를 묻자 '은혜는 가벼이 받을 수 없습니다. 저 분은 저를 아는 분도 아닌데 스님의 말씀만 듣고 일개 동자에게 백천이나 되는 보시를 하려고 합니다. 틀림없이 평생토록 능히 베푼 시물을 가져 갚아야 하지 않겠습니까? 여래세존께서 대원으로 중생을 제도하심에 자애로운 음덕이 남아 있으니, 지금의 『묘법연화경』이 이것입니다. 마땅히 자신을 굽히고 이를 암송하여 지닌다면 그 은혜가 모두 하나로 귀결되어 뜻에 마땅할 것입니다' 하였다. 스승이 이후로 더욱 기특하게 여겼다. 나이 80에 과연 마음을 먹고 비구가 되었으며, 각지를 다니며 도를 묻다가 30년이 지나자 그만 두었다. 黃牛拒戒〈會元十〉 政黃牛者 錢塘人 住餘杭功臣山 幼孤爲童子 有卓識 詞語皆出人意表 其師稱於人 有大檀越 奇之 以度牒施之 跪捧謝而不受 其師問故 曰 恩不可輕受 彼非知我者 特以師之言 施百千於一童子 保其終身能施物 不責報乎 如來世尊 大願度生 則有慈廕 今妙法蓮華經 是 當折節誦持 恩倂歸一 於義爲當 師自是益奇之 年八十 果以其志爲大僧 游方問道 三十年乃罷"라고 하였다. 〔참고문헌〕『禪苑蒙求瑤林』.

황욱천 晃昱天 Ⓟ Ābhassara deva. 색계십팔천 중 광음천(光音天 Ⓢ Ābhāsvara, Ⓟ Ābhassara)의 다른 이름. 『중아함경』 권11 「우분유경 牛糞喩經」(대정장1, p.496b5)에 "비구여, 내가 옛날에 칠년 동안 자심을 행하고, 세상이 일곱 번 이루어지고 무너지는 동안 이 세상에 오지 못하다가 세상이 무너질 때에 황욱천에 났으며, 세상이 이루어질 때에는 공범궁전에 나서 그 범천에서 대범천이 되었다. 그 이외의 다른 곳에서 천 번을 자재천왕이 되었으며, 서른여섯 번을 천제석이 되었고, 또 한량없이 반복해서 찰리정생왕이 되었다. 比丘 我在昔時 七年行慈 七反成敗 不來此世 世敗壞時 生晃昱天 世成立時 來下生空梵宮殿中 於彼梵中 作大梵天 餘處千反 作自在天王 三十六反 作天帝釋 復無量反 作刹利頂生王", 같은 책 권43 「의행경 意行經」(대정장1, p.700c10)에 "비구는 각관도 이미 쉬어 안으로 고요해 마음을 하나로 하고, '각'도 없고 '관'도 없이 정생희락하여 제이선을 성취하여 노닌다. 그가 이 정을 좋아하여 머물고자 하고, 그가 이 정을 좋아하여 머물고자 한 다음에는 반드시 그렇게 되어 거기에 머물면서 그것을 즐기며, 목숨이 다하면 황욱천에 난다. 모든 황욱천자는 그곳에 나서 그곳에 머물며 '정생희락'을 누리고, 비구는 이곳에 머물며 제이선에 들어가 '정생희락'을 누리는데, 이 둘은 차별이 있을 리 없어 둘 모두 같다. 比丘覺觀已息 內靜一心 無覺無觀 定生喜樂 得第二禪成就遊 彼此定樂欲住 彼此定樂欲住已 必有是處 住彼樂彼 命終生晃昱天中 諸晃昱天者 生彼住彼 受定生喜樂 及比丘住此 入第二禪 受定生喜樂 此二定生喜樂 無有差別 二俱等等"라고 하였다. 〔참고문헌〕『中阿含經』, *MN.3.102.* ⇨ 광음천 光音天

황의 黃衣 황색 법의(法衣). 황색은 정색(正色)으로서 괴색(壞色)이 아니어서 계율상 금지되어 있었지만, 중국에서는 고대부터 관복으로 입는 등 황색을 높이 여겨 임금이 스님들께 하사하는 등의 일로 북주(北周)부터 원대(元代)에 이르기까지 종종 조정에서 스님들께 드리는 옷이 되었다. 또한 14세기 말 라마교의 새로운 종파가 황의를 입게 되면서 황의파(黃衣派)로 불리기도 하였다. 『선림상기전』 권26(대장경보편19, p.706a3)에 "황의 : 『승사략』에 '후주(後周 : 北周)대 흑색 옷을 입은 스님들의 예언을 듣기 싫어하자 모두 흑색을 버리고 황색 옷을 입었으니 후주에서 처음 시작되었다'라고 하였고, 『산당사고』에 '스님들이 예전에는 흑색 옷을 입었는데, 원 문종(文宗)이 스님 흔소은(欣笑隱)을 총애하여 황색 옷을 하사하자 그 문도들이 이후로는 모두 황색을 입었다'라고 하였다. … 도충이 말한다. '『군담채여』와 『요산당외기』에도 이 사실이 기재되어 있지만, 내가 고증해 보니 『용원개청선사어록』에 항주에서 황색 법의와 사호(師號)를 하사받은 데 대한 감사의 뜻으로 상당 설법을 행한 것이 있는데 용원은 원 성종(成宗)〈제6대 칸〉 대덕년간(1297~1307) 때 사람이며 이때 이미 황색 법의를 하사받은 일이 있으므로 문종〈제12대 칸〉 때 시작된 것은 아니다. … 또한 고증해 보니 『승사략』에 「여러 사서를 찾아보면 스님들의 법의는 적색·황색·흑색·청색 등이다〈이하 생략〉」라고 되어 있어 황색 법의를 입은 것이 원대가 처음이 아니며 단지 원대 이를 하사하는 일이 성행했을 뿐임을 알 수 있다'. 『속문헌통고』에 '홍무 14년(1381)에 스님과 도사의 복색에 대한 칙명을 내려 선승은 다갈색을 평상복으로 하고 청색 끈을 쓰며 옥색 가사를 입게 하였고, 강승은 옥색을 평상복으로 하고 녹색 끈을 쓰며 옅은 붉은색 가사를 입게 하였으며, 교승은 검은색을 평상복으로 하고 흑색 끈을 쓰며 옅은 붉은색 가사를 입게 하였다. 승관도 모두 이와 같게 하였다. … 〈도충이 말한다. 「교승은 아마도 율승이라고 해야 할 것 같다」〉'라고 하였다. 黃衣 僧史畧云 後周忌聞 黑衣之讖 悉屛黑色 著黃色衣 起於周也 山堂肆考云 僧舊著黑衣 元文宗寵愛僧欣笑隱 賜以黃衣 其徒 後皆衣黃 … 忠曰 羣談採餘 堯山堂外紀 亦載此事 然予按龍源清禪師錄 有謝杭州賜黃衣師號上堂 源則元成宗〈第六主〉大德年中人 此時已有賜黃衣 非始於文宗〈第十二主〉也 … 又按僧史畧云 尋諸史 僧衣赤黃黑青等色〈止此〉 可知黃衣非始於元朝 但元朝盛賜之耳 續文獻通考云 洪武十四年令凡僧道服色 禪僧 茶褐常服 青條 玉色袈裟 講僧 玉色常服 綠條 淺紅袈裟 教僧 皂常服 黑條 淺紅袈裟 僧官皆如之 … 〈忠曰 教僧 恐當作律僧〉"라고 하였다. [참고문헌] 『禪林象器箋』. ⇨가사 袈裟

황의돈 黃義敦 1890~1964. 불교 신자, 사학자, 교육자. 호는 해원(海圓). 1890년 서천(舒川)에서 태어났다. 아버지의 휘는 기주(麒周). 1894년(고종31) 5살 때부터 할아버지인 황태현(黃泰顯)으로부터 한학을 배워 깊은 학식을 축적하였다. 이어 1907년부터는 군산공립학교(群山公立學校) 보습과(補習科)에 입학하여 1년만에 수료하고, 그 후 2년간 서울과 일본 동경(東京)를 왕래하면서 근대 신학문도 익혔다. 1909년 일제 침략에 대응하여 구국운동을 전개하기 위해 만주땅 북간도(北間島) 중영촌(中營村)으로 이주하고 명동서숙(明東書塾)을 설립하였다. 1910년 한일합방 후 귀국하여 항일독립운동을 전개하려 했으나 뜻을 이루지 못하고, 중국으로 다시 망명하려던 차에 이승훈(李昇薰) 등의 만류로 1911년부터 도산 안창호(島山安昌浩)가 설립한 평양 대성학교(大成學校)에서 국사를 맡아 가르치면서 민족혼을 일깨웠다. 1916년 YMCA강당에서 국사강연을 한 것이 문제 되어 일본 경찰에 체포되서 곤욕을 겪었으며, 이 사건으로 휘문의숙 교사직에서 파면되었다. 1920년부터 약 20년간 보성고등학교에서 국사와 한문강의를 담당하였고, 겸하여 휘문고등학교와 중동학교의 교원도 겸직했다. 중일(中日)전쟁이 확대됨에 따라 국사와 국어교육이 금지되자 교사직을 사임하고 1938년부터 조선일보사 기자가 되었으나, 1940년 조선일보가 일제에 의해 폐간되자 물러나 산사(山寺)에 은거하였다. 이 때(1942년)에 처음으로 불교에 귀의하게 되어 오대산 상원사에서 한암중원(漢巖重遠)스님을 사사하여 참선공부에 치중했다. 1945년 광복이 되자 동국대학교 교수로 초빙되어 후학을 지도하였다. 1962년 동국대학교에서 명예문학박사학위를, 정부로부터는 대통령문화훈장을 받았다. 1964년 향수 75세를 일기로 별세했다. 저서로는 『대동청사 大東靑史』·『조선신사 朝鮮新史』·『중등조선역사 中等朝鮮歷史』·『화담서경덕전 花潭徐敬德傳』·『이목은전 李牧隱傳』·『안의사전 安義士傳』·『손의암전 孫義庵傳』·『갑오혁신운동과 전봉준 甲午革新運動과 全奉準』 등을 남겼다. [참고문헌] 『海圓文稿』(동국대출판부, 1961), 『黃義敦先生古稀記念史學論叢』(동국대출판부, 1960).

황이촌리한 黃夷村裏漢 누런 오랑캐마을 사람. 따로이면 알 수 없지만 어울려 함께 하면 누구나 알 수 있는 진실이라는 뜻이다. 『경덕전등록』 권21 「나한계침전 羅漢桂琛傳」(대정장51, p.371b9)에 "이것은 두렷해 언제나 그러해서 실다운데, 누가 이렇게 말하겠는가? 저 누런 오랑캐마을 사람만 아니라면 이렇게 말할 줄 안다. 是圓常平實 什麽人恁麽道 未是黃夷村裏漢 解恁麽說"라고 하였다. [참고문헌] 『景德傳燈錄』.

황적색선인 黃赤色仙人 Ⓢ Kapila. 상키야의 시조 가비라(迦毘羅). 『성유식론술기』 권1(대정장43, p.252a26)에 "겁비라라는 이름의 외도가 있다. 예전에는 가비라라 잘못 불렀다. 한역하여 황적인데, 수염과 머리카락과 얼굴색이 모두 황적이었기 때문이다. 지금 서방의 귀족 바라문종들은 모두 황적색이다. 당시에는 황적색선인이라 불렀다. 謂有外道名劫比羅 古云迦毘羅訛也 此云黃赤 鬢髮面色並黃赤故 今西方貴波羅門種 皆黃赤色也 時世號爲黃赤色仙人", 『인명입정리론소』 권2(대정장44, p.116c23)에 "성겁 초에 겁비라라는 이름의 외도가 출현하였는데 한역하여 황적색선인이라 하였다. 成劫之初

有外道出 名劫比羅 此云黃赤色仙人"라고 하였다. [참고문헌]『成唯識論述記』, 『因明入正理論疏』. ⇨ 가비라 迦毘羅 1, 황두선인 黃頭仙人

황정견 黃庭堅 1045~1105. 송대 시인. 송대사대서가(宋代四大書家) 중 한 명. 자는 노직(魯直). 호는 산곡도인(山谷道人). 홍주(洪州) 분녕(分寧) 출신. 부옹(涪翁)이라고도 불렸으며, 황룡조심(黃龍祖心)의 법을 이은 거사로 유명하다. 학식이 넓고 시(詩)·문(文)·사(詞)·초서(草書) 등에 뛰어났는데, 특히 시를 소식(蘇軾)에게 배우고 두보(杜甫)와 도연명(陶淵明)을 종주로 삼아 일가를 이루었으며 기이하고 탈속한 언행으로 사람들을 놀라게 하였다. 강서시파(江西詩派)의 시조로서 구양수(歐陽修)·소식 이래로 전해진 시풍을 일변하였으며, 청말(淸末)까지 그 유풍이 이어졌고 사에 있어서는 방언과 속어를 구사하였다. 스승인 소식보다는 유영(柳永)의 계통으로 분류된다. 1105년(숭녕4)에 세수 61세를 일기로 입적하였다. 저서로 『황산곡집 黃山谷集』이 있다. ⇨ 조심 祖心

황정경 黃庭經 양생(養生)과 수련의 요지를 기술하고 있는 도교(道敎) 경전. 『주대승입능가경』 권2(대정장39, p.447a23)에 "무릇 마음이란 말은 간략하게 이름으로 체만 보일 뿐이니, 전부 네 종류가 있다. 범음 각각이 다르고 번역 또한 다르다. 첫째는 흘리다야고 육단심이라고 한역하는데, 이는 육신의 오장 중 하나인 심장이며 이 땅의 『황정경』 오장론 중의 설과 같다. 凡言心者 略示名體 通有四種 梵音各別 翻譯亦殊 一 紇利陀耶 此云 肉團心 是色身中五藏心也 如此方黃庭經五藏論中說", 『불조통기』 권33에 "천축 사문 각칭은 '우리나라에서 고기와 오신채를 먹으면 성 밖으로 쫓아내기에 나라 안에 이것을 판매하는 일이 없다' 하였고, 도장에서도 이르길 '『황정경』을 외움에 오신채를 꺼린다' 하였다. 天竺沙門覺稱云 吾國食肉五辛者 驅出城外 故國中無貨此 道藏云 誦黃庭經 忌食五辛"라고 하였다. [참고문헌]『注大乘入楞伽經』, 『佛祖統紀』. ⇨ 오신채 五辛菜

황정암 黃丁庵 충청북도 옥천군에 있던 암자. 『동국여지승람』 권15 충청도 옥천군 불우에 "군 북쪽에 있다. 在郡北", 『범우고』에 "지금은 폐사하였다. 今廢"라고 하였다. [참고문헌]『東國輿地勝覽』, 『梵宇攷』, 『韓國寺刹全書』 권하 p.1201a8.

황제 黃帝 1 중국 상고시대의 제왕 중 한 명으로 화하족(華夏族)의 조상이다. 탁록(涿鹿)에서 치우(蚩尤)와 맞붙어 중원의 최후 승자가 되었다. 보통 소전(少典)의 아들로 보며 성은 공손(公孫), 이름은 헌원(軒轅), 씨는 유웅(有熊)이라 하나, 전승에 따라 조금씩 다르다. 삼황(三皇) 또는 오제(五帝)로 꼽는다. 『법화문구기』 권6(대정장34, p.258c2)에 "삼황은 '복희·신농·황제'며, 오제는 '소호·전욱·고신·당·우'다. 三皇者 伏羲神農黃帝 五帝者 少昊 顓頊 高辛 唐 虞", 『법화현찬』 권2(대정장34, p.685b26)에 "황제는 치우와 더불어 탁록의 들에서 전쟁을 치렀다. 黃帝與蚩尤 戰於涿鹿之野"라고 하였다. [참고문헌]『法華玄義』, 『法華玄贊』. ⇨ 삼황 三皇, 삼황오제 三皇五帝 2 오제(五帝) 중 하나. 중앙(中央)을 다스리는 신. 황색은 오방(五方) 중 중앙에 당한다. 『화엄경소초』 권19(대정장36, p.149b21)에 "『화엄경소』에서 '동방의 청제 등의 류'라 하였으니, 이들이 다스리는 오방에 오제가 있다. … 중앙은 무토와 기토이고 그 색이 누르기에 황제가 된다. 疏 卽東方靑帝等類者 此主五方 有五帝 … 中央 戊己土 其色黃 爲黃帝", 『지관보행조람』 권1(卍속장99, p.468b1)에 "오제에 짝한다 : 오천대제다. … 중앙의 황제인 함추뉴는 숭산과 짝한다. 配於五帝 五天大帝也 … 中宊黃帝含樞紐 配嵩山"라고 하였다. [참고문헌]『華嚴經疏鈔』, 『止觀輔行助覽』.

황제보살 皇帝菩薩 양무제(梁武帝)를 일컫는 말. 고기와 술을 멀리하며 채식을 고수하는 등 계율을 지켰으며, 공양도 많이 하고 강론이나 저술에도 힘썼기에 이렇게 불린다. 『종경록』 권41(대정장48, p.656c6)에 "옛날에 양무제가 화림원 중운전에 사부대중을 불러 모은 뒤 『삼혜경』과 『반야경』을 직접 강의하였다. 이때 부대사도 법회에 참석해 있었는데 태자가 양무제의 질문을 전하여 말했다. '대사께서는 어째서 뜻을 논하지 않으십니까?' 부대사가 답하였다. '황제보살께서 하신 말씀은 길지도 않고 짧지도 않으며 넓지도 않고 좁지도 않으며 끝이 있는 것도 아니고 끝이 없는 것도 아니어서 한결같이 바른 이치에 부합하는데 다시 무슨 말을 하겠습니까!'. 昔梁武帝 於華林園重雲殿 集四部衆 自講三慧般若經 時傅大士在會 太子遣問 大士何不論義 答曰 皇帝菩薩所說 非長非短 非廣非狹 非有邊非無邊 如如正理 復有何言"라고 하였다. [참고문헌]『宗鏡錄』. ⇨ 양무제 梁武帝

황종대려성 黃鐘大呂聲 황종과 대려의 소리. 양과 음의 처음소리로 더없이 좋은 소리라는 뜻으로 쓰인다. 『허당록』 권4(대정장47, p.1012b22)에 "달마조사는 서천에서부터 십만 리를 행각하여 이 땅에 온 다음 최초로 양무제를 만났는데, 더없이 좋은 소리 연주되었다. 하늘은 사심 없이 소리를 듣겠지만 음절은 그 뜻을 놓쳤기에 마침내 작은 배를 타고 강을 건너 소림사에서 면벽하였다. 達磨祖師 自西天 歷十萬里水雲 而至此土 首對梁主 奏以黃鐘大呂之聲 雖天聽無私 而音節失旨 遂絶江航葦 面壁少林", 『범망보살계경의소발은사의』(卍속장59, p.

838b12)에 "황종대려 : 『예기』에 나오는데, 육률인 황종·태주·고선·유빈·이칙·무사는 양성이며, 대려·응종·남려·임종·중려·협종은 음성이다. 黃鐘大呂 禮記 六律 黃鐘 太簇 姑洗 蕤賓 夷則 無射 爲陽 大呂 應鐘 南呂 林鐘 仲呂 夾鐘 爲陰", 『열조제강록』 권25(卍속장112, p.568a14)에 "황종과 대려 소리는 고요하게 연주되지 않았고 음란한 음악과 아름다운 소리 또한 들리지 않았다. 黃鐘大呂 寂而不作 鄭音衛響 亦乃不聞"라고 하였다. [참고문헌] 『虛堂錄』, 『梵網菩薩戒經義疏發隱事義』, 『列祖提綱錄』.

황지 黃紙 황색의 종이. 경문을 적던 종이. 황권적축(黃卷赤軸)으로 불전을 가리킨다. 『선림상기전』 권22(대장경보편19, p.619b16)에 "황지는 황벽나무로 염색한다. 『둔재한람』에 '옛사람들이 경전을 베껴 쓸 때 전부 황색종이를 사용했는데, 황벽나무로 물들여서 좀벌레를 물리치기 위해서였다. 이에 황권이라고 한다'라고 하였다. 黃紙 以黃蘗染 遯齋閒覽云 古人寫書 皆用黃紙 以蘗染之 所以辟蠹 故曰黃卷"라고 하였다. [참고문헌] 『禪林象器箋』. ⇨ 황권적축 黃卷赤軸

황지 潢池 물이 고여 있는 못. 『십송율』 권61(대정장23, p.459a19)에 "비구들의 음식 남아 있는 채로 못에 발우를 대어 물 뜨려 하자 남은 음식이 물속에 흘러 멀리서 흰 밥처럼 보였다. 비구들이 어떻게 해야 할지 몰라 말씀드리자 부처님께서 말씀하셨다. '발우 깨끗이 씻은 다음에 남은 물 마시도록 한다'. 諸比丘鉢 有殘食著鉢 著潢池 水中取水 食沒入水 遙見飯白 諸比丘不知當云何 便白佛 佛言 可却者却 殘餘淨水得飮", 『일체경음의』 권52(대정장54, p.651b1)에 "황지⟨(첫 글자는) 호와 광을 반절한 음이다. 황은 연못이다. 모여 있는 물을 황이라고 하는데, 작은 것을 오(洿)라 하고 큰 것을 황이라 한다⟩. 潢池 ⟨胡光反 潢 池也 積水曰 潢也 小曰 洿 大曰 潢也⟩"라고 하였다. [참고문헌] 『十誦律』, 『一切經音義』.

황참화 黃懺華 근대 중국의 불교학자. 광동(廣東) 순덕(順德) 출신. 1912년(민국1)에 구양점(歐陽漸)에게 유식학을 배웠으며, 아우인 황수인(黃樹因)도 범어와 티베트어에 능통한 학자였지만 일찍 죽었다. 1926년(민국15)에 태허대사(太虛大師)를 만났고 1928년(민국17)에 중국불학회(中國佛學會)가 설립되자 상무이사(常務理事)가 되었으며 복단대학(復旦大學)과 하문대학(廈門大學)의 교수를 역임했다. 범어와 티베트어를 익혔고 유식학에 특히 뛰어났지만 인도와 서양철학에 대해서도 연구하는 등 다방면에 걸쳐 업적을 남겼다. 저서로는 『현대철학개관 現代哲學槪觀』·『서양철학사강 西洋哲學史綱』·『인도철학사강 印度哲學史綱』·『중국불교사 中國佛敎史』·『불교각종대의 佛敎各宗大意』·『금강정보리심론천석 金剛頂菩提心論淺釋』·『유식학윤곽여화엄근본적교의 唯識學輪廓與華嚴根本的敎義』·『삼론가저중도론급유부종저만유해석 三論家底中道論及有部宗底萬有解釋』 등이 있다.

황천 黃泉 사람이 죽어서 가는 저승. 『대방편불보은경』 권5(대정장3, p.149c17)에 "제가 다른 곳에서 왕의 공덕에 대해 들었는데, 보시를 하면서도 사람의 마음 거스르지 않으시니 명성이 멀리까지 들려 위로는 하늘까지 사무치고 아래로 황천까지 통하였습니다. 我在他方聞王功德 布施不逆人意 名聲遠聞 上徹蒼天 下徹黃泉", 『팔사경』(대정장14, p.966a19)에 "내 생각에 늙고 병들고 죽는 것은 삼계의 큰 우환이니, 복이 다하여 수명이 끝나면 숨쉬는 일 끊어져 황천에 간다네. 몸은 문드러져 다시 흙이 되고 혼백은 인연을 따르니, 나는 이를 두려워했기에 불도를 배워 열반에 오르려 한다네. 我惟老病死 三界之大患 福盡而命終 氣絶於黃泉 身爛還爲土 魂魄隨因緣 吾用畏是故 學道昇泥洹", 『분양어록』 권상(대정장47, p.599b10)에 "분양이 말했다. '다시 물을 것이라도 있는가? 있다면 빨리 물어보거라. 도량 만나기 어렵지만 때라는 빛은 빠르게 달릴 뿐이니, 한 번 쉬어버리면 황천에서 만 겁이다. 오랫동안 서 있느라 수고했소. 안녕히 계시오'. 師云 更有問底麽 快問將來 道場難遇 時光迅速 一息不來 黃泉萬劫 久立珍重"라고 하였다. [참고문헌] 『大方便佛報恩經』, 『八師經』, 『汾陽語錄』.

황천객 黃泉客 황천으로 가는 나그네. 사자(死者). 『원각경도량수증의』 권11(卍속장128, p.887b11)에 "범부가 병을 얻으면 다분히 일어나기 어려우니, 지금까지 몇 사람의 죽음을 봤었는가? 거리의 곡소리가 늘 귓가에 들리니, 황량한 성 밖 무덤길 점점 늘어나네. 노소 마침내 죽음 벗어날 수 없음을 알아야 하니, 어째서 스스로 비통해하지 않는지 생각해 보라. 모든 이들 다 황천으로 갈 나그네이니, 어찌 자기 몸을 오래도록 보전할 수 있겠는가! 凡夫得病多難起 比來曾見幾人亡 街巷哭聲常在耳 荒郊塚墓漸成行 定知老少終難免 思量豈不自悲傷 合堂並是黃泉客 爭保吾身得久長", 『한산자시집』(가흥장20, p.657a12)에 "사시로 그침이 없으니 해가 가면 또 다른 해가 오고, 만물은 서로 주고 받지만 구천은 무너지지 않는다네. 해는 동쪽에서 떴다가 다시 서쪽으로 지고 꽃은 떨어졌다가 다시 피는데, 오직 황천으로 간 나그네만은 아득히 가 버려서는 돌아오지 않는구나. 四時無止息 年去又年來 萬物有代謝 九天無朽摧 東明又西暗 花落復花開 唯有黃泉客 冥冥去不迴"라고 하였다. [참고문헌] 『圓覺經道場修證儀』, 『寒山子詩集』. ⇨ 황천 黃泉

황천교 黃天敎 명청대(明淸代)에 유행하던 민간 종교. 명 가정년간(1522~1566)에 차하르성(察哈爾省) 만전현(萬全縣)에서 이빈(李賓 : 李升官)이 창립했다. 이빈은 스스로 보명불(普明佛)의 환생이라고 주장하면서 보명호안선사(普明虎眼禪師)·보명조(普明祖)라 칭하였으며, 연등불은 과거를 대표하기에 짐승의 얼굴과 사람의 마음을 지녔으며(獸面人心), 석가불은 현재를 대표하고 짐승의 얼굴과 짐승의 마음을 지녔고(獸面獸心), 미륵불은 미래를 대표하기에 부처의 얼굴과 부처의 마음을 지니고 있다(佛面佛心)고 주장하였고, 대겁(大劫)이 도래하면 천하에 변란이 있을 것이라고 공언하는 등 말세를 설정해 공포를 조장하고 신도들을 규합하는 사도들의 일반적인 행태도 견지했다. 『보명여래무위료의권 普明如來無爲了義卷』과 『보정여래약시통천보권 普靜如來鑰匙通天寶卷』을 근거로 하고, 교도의 이름 앞에 모두 보(普) 자를 썼다. 초기에는 차하르와 하북 일대에서 유행하다가 점점 남방으로 전파되었으며, 만력년간(1573~1620)에는 강소성과 절강성 일대까지 전파되었고 일파가 갈라져 나와 장생교(長生敎)라 칭하였다. 또한 청 광서년간(1875~1908)에는 장원시(張垣市)와 만전현 일대에서 성행하던 이 유파의 비밀 종교를 황천도(黃天道)라 칭하였는데, 장원시에서 약 30리 떨어진 선방보(膳房堡)를 주신(主神)인 보명불의 발상지라고 설하면서 미륵불을 함께 숭배하였고 보명·보정·보현(普賢)·보광(普光)·원통(圓通)의 오위(五位)를 조사(祖師)로 세우기도 했다. 그리고 광서년간 초기에는 각지를 유행하던 스님 지명(志明)이 만전현에서 미륵불의 화신이라 설해지는 보명금광불(普明金光佛)로부터 도를 전수받고 황천대도(黃天大道)라고 칭하였는데 이 유파는 화북의 민간에서 비밀리에 유전되었다.

황학란야 黃壑蘭若 옛 무주(武州 : 광주광역시)에 있던 아란야. 보조체징(普照體澄)이 858년(헌안왕2) 이곳에 주석하다가 같은 해 겨울 가지산 보림사(寶林寺)로 옮겨 가지산문(迦智山門)을 열었다. 「보림사보조선사창성탑비문 寶林寺普照禪師彰聖塔碑文」에 "드디어 무주 황학란야에 머무르니, 때는 대중 13년(858) 용이 절목의 진에 모인 병인년(丙寅年) 헌안대왕 즉위 이듬해였다. 遂次武州黃壑蘭若 時大中十三禩 龍集于析木之津 憲安大王卽位之後年也"라고 하였다. [참고문헌] 李智冠 『校勘譯註歷代高僧碑文』 新羅篇 p.108. ⇨ 체징 體澄

황학루 黃鶴樓 중국 호북성(湖北省) 무창성(武昌城) 황학산(黃鶴山)에 있는 누대. 이백(李白)·최호(崔顥) 등의 시(詩)로 유명하다. 『법연어록』 권1(대정장47, p.656a7)에 "주먹질 한 방에 황학루를 무너뜨리고 발길질 한 번에 앵무주를 뒤엎는다. 一拳拳倒黃鶴樓 一趯趯飜鸚鵡洲", 『인천안목』 권6(대정장48, p.330b10)에 "한 학인이 물었다. '옛 거울 아직 갈고 닦지 않았을 때 어떻습니까?' 풍혈(風穴)이 말하였다. '천마의 간담을 서늘하게 한다'. 자명(慈明)이 말하였다. '신라에서 북을 친다'. 취암(翠巖)이 말하였다. '천하의 해골을 남김없이 비춘다'. 동산(洞山 : 洞山曉聰)이 말하였다. '이곳으로부터 한양이 멀지 않다. 갈고 닦은 후에는 어떠한가?' 풍혈이 말하였다. '헌원이 길을 막고 있다'. 자명이 말하였다. '서천에서 춤을 춘다'. 취암이 말하였다. '칠흑 같이 캄캄하다'. 동산이 말하였다. '황학루 앞의 앵무주이다'. 僧問 古鏡未磨時如何 穴云 天魔膽喪 明云 新羅打鼓 巖云 照破天下髑髏 山云 此去漢陽不遠 磨後如何 穴云 軒轅當道 明云 西天作舞 巖云 黑似漆 山云 黃鶴樓前鸚鵡洲", 『경덕전등록』 권10 「장사경잠전 長沙景岑傳」(대정장51, p.274b19)에 "한 수재가 『불명경』을 보다가 장사에게 물었다. '백천이나 되는 부처들 이름만 보이는데, 어떤 국토에서 어떤 중생들 제도하는지 도대체 알 길이 없습니다'. '최호가 황학루를 제목으로 시를 지었었는데 그 후로 수재도 시를 일찍이 지은 적이 있는가?' '없습니다'. '한가롭게 시나 한 편 짓는다 한들 별 일 없으리라'. 有秀才看佛名經 問曰 百千諸佛 但見其名 未審居何國土 還化物也無 師曰 黃鶴樓崔顥題後 秀才還曾題未 曰 未曾 師曰 得閑題一篇何妨"라고 하였다. [참고문헌] 『法演語錄』, 『人天眼目』, 『景德傳燈錄』.

황학사 黃鶴寺 평안북도 순천군 자모산성(慈母山城) 내에 있던 절. 임창택(林昌澤 1682~1723)의 『숭악집』 권1 「송승성언 送僧性彦」에 "출가 후 처음에는 황학사에 머물렀다. 황학사는 대령의 남쪽에 있다. 出家初住黃鶴寺 黃鶴寺在大嶺南"라고 하였고, 『여지도서』 평안도 자산 사찰, 『가람고』, 『범우고』 등에 이름과 위치가 전한다. [참고문헌] 『崧岳集』, 『輿地圖書』, 『伽藍考』, 『梵宇攷』, 『韓國寺刹全書』 권하 p.1201b2.

황학산 黃鶴山 중국 강소성(江蘇省) 윤주(潤州) 진강부(鎭江府) 단도현(丹徒縣) 남쪽에 있는 산. 황학산(黃鵠山)이라고도 한다. 산중에 학림사(鶴林寺)가 있는데 우두종(牛頭宗)의 지위(智威)와 그의 법사(法嗣)였던 현소(玄素)가 주석했던 절이다. [참고문헌] 『佛祖歷代通載』 권13(대정장49, p.596b29), 『宋高僧傳』 권9 「玄素傳」(대정장50, p.762a18). ⇨ 학림사 鶴林寺 [2]

황학상수일지화 黃鸎上樹一枝花 꾀꼬리 나무 위에 앉으니 한 송이 꽃 피었네. 백로 떼 밭에 내려앉으니 천 송이 눈 내렸네(白鷺下田千點雪)와 대구로 쓰며, 황리상수일지화(黃鸝上樹一枝花)라고도 한다. 『종문염고휘집』 권11(卍속장115, p.640a6)에 "반산이 대중에게 보였다. '마음이라는 달 홀로 두렷하여 그 빛 만상을 삼켰으니, 빛은 경을 비춘 적 없고 경 또한 있은 적 없다. 빛과 경 모두 잊었으니 다시 이 무슨 물건인가?' 盤山示衆 心月孤圓 光吞萬象 光非照境 境亦非存 光境俱忘 復是何物", "경산고 이르길 '백로 떼가 밭에 내려앉으니 천 송이 눈 내린 듯하고, 꾀꼬리 나무 위에 앉으니 한 송이 꽃이로다'라 하였다. 徑山杲云 白鷺下田千點雪 黃鸝上樹一枝花", 『요암청욕어록』 권1(卍속장123, p.593a5)에 "상당하여 '4월 15일에 결제하고 7월 15일에 해제하지만 해제든 결제든 본디 같은 마음이니 묶은 일도 없고 벗어날 일도 없다'라고 말하고는 주장자로 향대를 두드리며 말했다. '과거 모든 여래들께서는 이 문으로 성취하셨고, 현재 모든 보살들은 이제 깨달아 두렷하고 밝은 곳으로 드니, 미래에 닦고 배우는 사람들 마땅히 이와 같은 법에 의지해야 한다'. 주장자를 세워 들고 말했다. '백로 떼 밭에 내려앉으니 천 송이 눈꽃이고, 꾀꼬리 나무 위에 앉으니 한 송이 꽃 피었네'. 上堂 四月十五結七月十五解 解結本同心 無縛無脫者 以拄杖敲香臺云 過去諸如來 斯門已成就 現在諸菩薩 今覺入圓明 未來修學人 當依如是法 卓拄杖 白鷺下田千點雪 黃鸝上樹一枝花"라고 하였다. 〔참고문헌〕『宗門拈古彙集』, 『了菴清欲語錄』. ⇨ 백로하전천점설 白鷺下田千點雪

황혼종 黃昏鐘 해질녘의 종소리. 『굉지광록』 권8(대정장48, p.86a26)에 "비에 씻긴 가을 산 분명하게 드러나고, 바람마저 소나무 흔들어 더없이 사람마음 맑게 하네. 돌아와 놀던 흥취 흩어져 다하지 않았는데, 누군가 다듬이질 해서 달도 해질녘 종소리도 불러오누나! 明見秋容山洗雨 淸可人意風吟松 歸來游興散不盡 誰杵喚月黃昏鐘"라고 하였다. 〔참고문헌〕『宏智廣錄』.

황홀 恍惚 『노자』에 '도라고 하는 물건 그저 황홀할 뿐이다. 道之爲物 惟恍惟惚'라 하였으니, 왕필(王弼)은 '황홀은 형체 없어 가늠해 엮을 수 없음을 탄한 말이다. 恍惚 無形不繫之歎'라고 하였다. **1** 잠깐 빛인 듯 있다가 사라지는 뜻에서 무상(無常)한 것들의 묘사다. 『육도집경』 권8(대정장3, p.50a)에 "사람의 목숨 비유하면 천둥번개와 같아서 황홀할 뿐이니 찰나에 사라지는 목숨 흘러 가버림은 천둥번개를 능가한다. 人命譬若雷電恍惚須臾卽滅 命之流疾 有甚雷電", 『태자묘백경』(대정장3, p.410c14)에 "세간은 무상해서 황홀하기가 저 꿈같다. 世間無常 恍惚如夢", 『유마힐경』 권상(대정장14, p.521b5)에 "이 몸은 꿈인 듯 나타나 황홀할 뿐이다. 是身如夢 其現恍惚", 『사천왕경』(대정장15, p.118b1)에 "목숨 번개와 같아서 번뜩이다 가버린다. 壽命猶電 恍惚卽滅"라고 하였다. 〔참고문헌〕『老子道德經注』, 『六度集經』, 『太子墓魄經』, 『維摩詰經』, 『四天王經』. **2** Ⓢ vitatha, Ⓟ khepa. 정신을 잃고 아득해 분명히 알지 못함. 『법구비유경』 권1(대정장4, p.576a24)에 "범지는 이런 일을 당하자 우울하고 괴롭고 정신 잃고 아득해서는, 마치 미친 사람과 같아져 빠져나올 수 없었다. 梵志得此憂惱愁憒 失意恍惚 譬如狂人 不能自解", 『오분율』 권3(대정장22, p.19c7)에 "이에 술 취한 코끼리가 멀리서 부처님이 오시는 모습을 보고는 귀를 펄럭이고 코로 소리를 내며 부처님 향해 돌진했다. 그러자 아난은 두렵고 아득해져 자기도 모르는 사이에 부처님의 겨드랑이 아래로 들어갔다. 於是醉象 遙見佛來 奮耳鳴鼻 大走向佛 阿難怖懼 恍惚不覺入佛腋下", 『기신론소기회열』 권10(卍속장72, p.635a2)에 "황홀 : 음은 황홀이며 정신을 잃음이다. 또한 아득해 잊어버려 분명하게 기억할 수 없음이다. 恍惚 音慌忽 失意也 又昏忘而不能明憶也"라고 하였다. 〔참고문헌〕『法句譬喩經』, 『五分律』, 『起信論疏記會閱』, *Vikī-n.66.*, *Dhp.39.* **3** 순식간에. 눈 깜짝할 사이에. 『문수사리보초삼매경』 권상(대정장15, p.411b15)에 "세존께서 다시 수보리에게 말씀하셨다. '너는 가서 발우를 구해 와라. 어디로 갔는지 알아내어 공양물을 찾아서 가지고 와라'. 수보리는 바로 가르침을 받들고는 삼매에 들어 만이천 가지 선정으로 순식간에 만이천불국토를 초월하여 발우를 구했지만 어디에 가 있는지 알지 못했다. 世尊復告須菩提曰 汝行求鉢 知其所歸 索齎致來 卽亦受敎 三昧正受 萬二千定 恍惚超越萬二千佛土 求不見鉢 不知所止", 『성구광명정의경』(대정장15, p.452b21)에 "팔을 펴는 것과 같이 짧은 순간에 세수를 마치고 부처님께서는 대중과 함께 눈 깜짝할 사이에 돌아오셔서 정사에 앉아 계셨다. 水盥已畢 如伸臂頃 佛與大衆 恍惚而還 在精舍坐"라고 하였다. 〔참고문헌〕『文殊師利普超三昧經』, 『成具光明定意經』.

황홀 慌忽 어지러이 문득 있을 뿐인 것. 일체(一切) 무상(無常)한 것들의 비유다. 『광찬경』 권3(대정장8, p.167a19)에 "또한 이 눈 살펴보니 텅 비어 실체 없어 황홀할 뿐이니, 그 이름 머물지도 않고 머물지 않는 것도 아닙니다. 그 이유는 무엇일까요? 무명 좇아 임시로 있을 뿐 이름 헤아려 보면 이처럼 임시일 뿐이어서, 머물지도 않고 또한 머물지 않는 것도 아닙니다. 又察其眼虛無慌忽 其名不住 亦不不住 所以者何 因從無明 假號而立 計其名者 如是所假 亦不住 亦不不住", 『유수보살무상청정분위경』 권하(대정장8, p.745a7)에 "이렇게 모든 법이라는 것 근거 없어 잠깐일 뿐이어서 믿을 것 없으니, 저 꿈인 듯 메아리인 듯 그림자인 듯 있는 것이라고는 저 텅 빈 자리다. 斯哉諸法 慌忽無信 若夢影響 所有如空", 『신집장경음의수함록』 권1(고려장34, p.659c10)에 "황홀〈앞 글자는 호와 광을 반절한 음이다. 허망하게 보임이고, 있는 듯하고 없는 듯하다는 뜻이다. 황(怳)이라고도 쓴다〉. 慌忽〈上呼廣反 虛妄見也 似有似无也 或作怳〉", 『경율이상』 권40(대정장53, p.213b15)에 "비유하자면 인체에 열병을 얻으면 자기도 모르게 정신이 아득하여 헛된 말 하는데, 뛰어난 의사가 약을 주면 열병이 치료되어 다시는 허언을 하지 않는 것과 같다. 속인들은 근심하고 어리석고 미혹되어 초조해지는 데서 스스로 벗어날 수 없는데, 만약 스스로 무상을 깨닫는다면 다시는 근심하지 않으니 마치 열병이 낫는 것과 같다. 譬如人身得熱病 不自覺知 慌忽妄語 良醫與藥 熱卽除愈 不復妄語 俗人愁憂愚癡醉熱 不能自解 若自曉無常 不復愁憂也 如熱得愈", 『일체경음의』 권11(대정장54, p.375b7)에 "황홀〈(앞 글자는) 황과 광을 반절한 음으로 황(怳)이라고도 쓴다. 황홀(慌忽)과 같으며 정신이 어지럽고 뜻도 잃은 모습이다〉. 慌忽〈荒廣反 或作怳 同慌忽 神亂失志貌〉"이라고 하였다. [참고문헌] 『光讚經』, 『濡首菩薩無上淸淨分衛經』, 『新集藏經音義隨函錄』『經律異相』, 『一切經音義』. ⇨ 황홀 恍惚

황화수 黃花樹 노란꽃 피고 향기로운 나무. 첨복(瞻匐 Ⓢ campaka)의 한역어. 『일체경음의』 권27(대정장54, p.491b22)에 "첨복〈(뒤 글자는) 방과 북을 반절한 음이다. 첨박가(瞻博迦)이며 황화수라고 한역한다. 꽃은 작고 향기로운데 서역에는 이 나무가 많이 서식한다〉. 瞻匐〈傍北反 瞻博迦 此云黃花樹 花小而香 西域多此林耳〉"이라고 하였다. [참고문헌] 『一切經音義』. ⇨ 첨복 瞻匐

회 悔 Ⓢ kaukṛtya, Ⓟ kukkucca, Ⓣ 'gyod pa. 돌이켜 뉘우치다. 부정지법(不定地法)·부정심소(不定心所) 중 하나이며 또는 십전(十纏) 중 하나다. 자신이 전에 한 행위를 뉘우치는 뜻으로 추회(追悔)·악작(惡作)과 같은 뜻이다. 『구사론』 권21(대정장29, p.109b25)에 "회란 바로 악작으로서 앞의 권4에서 이미 가렸다. 悔卽惡作 如前已辯", 『성유식론』 권7(대정장31, p.35c11)에 "회는 악작을 말하니, 지은 바 업을 싫어하여 돌이켜 뉘우침을 자성으로 하고, 지(止 Ⓢ śamatha)를 장애하는 업이다. 이것은 과에 대해 임시로 세운 인으로서의 이름이다. 지은 바 업을 싫어함이 앞서 있고, 뒤이어 비로소 후회하기 때문이다. 가령 과거에 하지 못한 바를 후회하는 것도 악작에 포함된다. 즉 후회하면서 '내가 과거에 이와 같은 사업을 짓지 못함도 나의 악작이다'라고 말하는 것과 같다. 悔謂惡作 惡所作業 追悔爲性 障止爲業 此卽於果假立因名 先惡所作業後方追悔故悔先不作亦惡所攝 如追悔言我先不作如是事業 是我惡作", 『성유식론술기』 권7(대정장43, p.466c3)에 "[술] 악작은 인이고, 회의 바탕은 과다. 회를 악작이라고 하는 것은 인을 따라 이름한 것이다. 먼저 한 행위에 대한 싫어함은 그 인이고, 이후에 비로소 후회함에 그 과를 나타내는 것이다. 述曰 惡作是因 悔體是果 悔名惡作 從因爲名 先惡所作顯其因 後方追悔明其果"라고 하였다. [참고문헌] 『俱舍論』, 『成唯識論』, 『成唯識論述記』, *Abh-k-bh.312.* ⇨ 악작 惡作[1], 부정지법 不定地法, 부정사 不定四, 십전 十纏

회 會 ❶ Ⓟ sannipāta. 여러 법들이 모이다. 『중아함경』 권37 「아섭화경 阿攝惒經」(대정장1, p.666a10)에 "세 가지 일들이 고르게 합해 모여서 수태하게 되니, 부모가 합해 모이고 새는 일 없이 감내해야 향음이 이른다. 아사라여! 이러한 일들이 고르게 모여야 모태에 든다. 以三事等 合會受胎 父母合會 無漏堪耐 香陰已至 阿私羅 此事等會 入於母胎"라고 하였다. [참고문헌] 『中阿含經』, *MN.2.157.* ❷ 사람들이 모이다. 『나선비구경』 권상(대정장32, p.695a11)에 "스승께서 말씀하시길 '비구들 모이거라'. 이에 다 모여서 모두 앉았다. 師敎言會比丘僧 悉會皆坐"라고 하였다. [참고문헌] 『那先比丘經』. ❸ Ⓢ samāja, Ⓟ sabhā. 법회. 모임. 『잡아함경』 권2(대정장2, p.15a11)에 "이때 회 중에 또 다른 비구가 있었는데 근기가 둔하고 무지하여 무명에 갇힌 채로 나쁜 사견을 일으켜 생각했다. '만약 무아라면 무아의 업을 지을 것이니 미래세에 누가 보를 받겠는가!' 爾時會中 復有異比丘 鈍根無知 在無明𣪍 起惡邪見 而作是念 若無我者 作無我業 於未來世 誰當受報", 『유부율잡사』 권36(대정장24, p.386b10)에 "이때 회 중에 황발마납바라는 한 바라문이 있었는데 자리에서 일어나 옷매무새를 가다듬고 합장하며 부처님께 말씀 드렸다. '세존이시여! 저는 이제 기꺼이 따라 기뻐하고 찬탄하려 합니다'. 爾時 會中 有一婆羅門 名曰黃髮摩納婆 從座而起 整衣合掌 白佛言 世尊 我今樂欲隨喜讚歎"라고 하였다. [참고문헌] 『雜阿含經』, 『有部律雜事』, *Mp-s.182.*, *SN.1.184.* ❹ 달리했던 것이나 멀리 흩어져 갔던 것들을 돌이켜 모이게 하다. 『관음현의기』 권1(대정장34, p.896a11)에 "지금 논하는 내용들은 실을 위해 방편을 베푸는 것과 방편을 열어 실을 드러내는 것과 방편을 모아 실로 돌아가게 하는 것과 방편을 닫아 실을 세우는 것이니, 이러한 방편과 실은 다른 부(部)에는 길이 없다. 今所論者 爲實施權 開權顯實 會權歸實 廢權立實 此之權實 餘部永無", 『대승법계무차별론소』(대정장44, p.69b7)에 "중생이 법신과 다르지 않다 한 것은 끝의 것들을 모아 본래로 돌아가게 하기 때문이다. 衆生不異法身者 會末歸本故", 『화엄오교장』 권1(대정장45, p.478b16)에 "열째는 본과 말을 열고 합해 차별하게 함이니 『대승동성경』에 '모든 성문법과 벽지불법과 보살법과 제불법이라는 일체제법은 모두 비로자나의 지혜보고인 큰 바다로 흘러들 뿐이다'라고 한 내용과 같다. 이 글은 본말을 분명히 달리한 뜻을 잡았기에 이제는 끝의 것들을 모아 바탕으로 돌아가게 해서 일승과 삼승에 차별 없음을 밝히는 것이다. 十 本末開合差別 如大乘同性經云 所有聲聞法 辟支佛法 菩薩法 諸佛法 如是一切諸法 皆悉流入毘盧遮那智藏大海 此文約本末分異 仍會末歸本 明一乘三乘差別顯耳"라고 하였다. [참고문헌]『觀音玄義記』, 『大乘法界無差別論疏』, 『華嚴五教章』. ⇨ 회통 會通 **5** 깨달아 알아차리다. 『임제록』(대정장47, p.496c20)에 "학인이 임제에게 물었다. '나그네와 주인 있다고 할 수 있습니까?' '나그네 주인 분명히 있다'. 임제가 다시 말했다. '대중이여! 나그네 주인 알고 싶다면, 당 안의 두 수좌에게 물어보거라'. 곧바로 법좌에서 내려왔다. 僧問師還有賓主也無 師云 賓主歷然 師云 大衆 要會臨濟賓主句問取堂中二首座 便下座", 『동산어록』(대정장47, p.507b24)에 "동산이 말했다. '저는 모르겠으니, 스님께서 가르쳐 주시기 바랍니다'. 위산이 불자를 세우고 말했다. '알겠는가?' '모르겠습니다. 화상께서 말씀해 주시길'. 師曰 某甲未明 乞師指示 潙山竪起拂子曰 會麽 師曰 不會 請和尙說", 『앙산어록』(대정장47, p.584c10)에 "상공(相公)인 육희성(陸希聲)이 앙산에게 물었다. '화상께서는 계를 지키십니까?' '지키지 않습니다' '좌선 하십니까?' '안 합니다'. 상공이 말이 없자 앙산이 말했다. '아시겠습니까?' '모르겠습니다'. 又問 和尙還持戒否 師云 不持戒 云 還坐禪否 師云 不坐禪 公良久 師云 會麽 云 不會"라고 하였다. [참고문헌]『臨濟錄』, 『洞山語錄』, 『仰山語錄』. **6** 지(只)와 함께 써서 ~할 줄 알다의 뜻이다. 『종문염고휘집』 권30(卍속장115, p.859a2)에 "조산이 학인에게 물었다. '뭐하다 왔는가?' '마당 쓸었습니다' '부처의 앞을 쓸었는가, 뒤를 쓸었는가?' '앞뒤 동시에 쓸었습니다' '나에게 신발이나 건네 주거라'. 曹山問僧 作什麽來 曰 掃地來 山曰 佛前掃 佛後掃 曰 前後一時掃 山曰 與曹山過靸鞋來", "천계도성(天界道盛)이 말한다. '조산은 한결같이 그저 주인 지을 줄만 알았다. 산승이라면 그렇게 하지 않겠다. 앞뒤를 동시에 쓸었다고 말하자마자 행자를 불러서 「이 학인 마당 쓰느라 고생했으니 그에게 차 한 잔 마시게 해 줘라」라고 말하리라'. 天界盛云 曹山一向只會作主 若是山僧 則不然 待道前後一時掃 却喚行者 者僧掃地辛苦 且與他一盌茶喫", 『사심오신어록』(卍속장120, p.248a18)에 "세 번째 아이는 눈멀고 귀먹고 말못해서 콩 보리도 구분하지도 못하고 매사에 무능하며 밥 먹을 줄만 안다. 第三兒 盲聾瘖瘂 菽麥不分 事事無能 只會喫飯", 『할당혜원광록』 권1(卍속장120, p.911a11)에 "위대하신 조사께서 붙어 얽힌 것 풀어 버릴 줄만 알았지 머리에 박힌 말뚝 뽑고 눈에 박힌 못 빼내 주지는 못했다. 大小祖師 只會解黏去縛 不能拔楔抽釘"라고 하였다. [참고문헌]『宗門拈古彙集』, 『死心悟新語錄』, 『瞎堂慧遠廣錄』. **7** 중동분(衆同分) 또는 동분(同分 Ⓢnikāya-sabhāgatā)의 구역(舊譯). 유정(有情)을 동류(同類)이게끔 하는 성질. 『아비담오법행경』(대정장28, p.1001a24)에 "염근이란 무엇인가? 삼계 중 목숨 가져 모인 것들을 무엇이라 하는가? 사람들 같이 머물러 살게 한다. 처란 무엇인가? 함께 무리져 사는 군과 현이다. 念根爲何等 三界中命會爲何等 人同居得 處爲何等 同郡縣", 『나선비구경』 권하(대정장32, p.702b14)에 "나선비구가 왕에게 물었다. '만약 어떤 사람이 칼집째로 벽에 기대 놓으면 칼 스스로 끊겠는가?' '아닙니다' '마찬가지로 사람의 마음이 비록 지혜롭더라도 이 여섯 가지 일 얻을 수 있어야 함께 지혜로울 수 있다' '훌륭하십니다! 훌륭하십니다!' 那先問王 如人持刀著鞘中倚壁 刀寧能自有所割截不 王言 不能有所割截 那先言 人心雖明 會當得是六事 共成智耳 王言 善哉 善哉"라고 하였다. [참고문헌]『阿毘曇五法行經』, 『那先比丘經』. ⇨ 중동분 衆同分, 동분 同分 **8** 부모가 몸을 합하는 일. 『수행도지경』 권1(대정장15, p.186b9)에 "중지의 상태에 있는 이는 하루 내지 최대한 길어야 7일간 그 상태에 머무는데 부모가 합하게 되면 자신이 이전에 지었던 업에 따라 삼악도나 인간계나 천상으로 가게 된다. 在中止者 或住一日 極久七日 至父母會 隨其本行 或趣三塗 人間 天上"라고 하였다. [참고문헌]『修行道地經』. **9** 뜻하지 않게. 뜻밖에. 『나선비구경』 권상(대정장32, p.695a15)에 "스승인 가유가 말했다. '설사 한 발의 화살로 백 개의 표적에 명중했더라도 뜻하지 않게 대중의 뜻에 어긋나게 되더라도 그치게 해서는 안 된다. 나머지 사람들이 계를 지킨다 해도 나선이 득도한 것만 못할 수 있기 때문이오'. 師迦維曰 政使一箭射中百准 會爲犯衆人要 不得止 餘人持戒 不能如那先得道"라고 하였다. [참고문헌]『那先比丘經』.

회 誨 Ⓢsaṃdarśana, codita, Ⓟanusāsati. 가르쳐 깨우치게 하다. 『장아함경』 권4 「유행경 遊行經」(대정장1, p.26a21)에 "이때 아난이 다시 부처님께 말씀드렸다. '부처님께서 입멸하신 후에 여인의 무리들 중 가르침을 받지 않으려는 이들은 어떻게 합니까?' '더불어 서로 보지마라'. 是時 阿難復白佛言 佛滅度後 諸女人輩 未受誨者 當如之何 佛告阿難 莫與相見", 『잡아함경』 권36(대정장2, p.261b26 : *Kiṃdada-sutta, SN.1*, p.32)에 "음식을 보시하면 큰 힘을 얻고 옷을 보시하면 묘색을 얻으며 수레를 보시하면 안락을 얻고 등을 보시하면 밝은 눈을 얻는다네. 빈집으로 나그네 대하니 이를 일러 일체를 보시한다고 하며, 법으로 그들을 가르쳐 이끌면 이것이 감로를 베푸는 것이라네. 施食得大力 施衣得妙色 施乘得安樂 施燈得明目 虛舘以待賓 是名一切施 以法而誨彼 是則施甘露 annado balado hoti vatthado hoti vaṇṇado, yānado sukhado hoti dīpado hoti cakkhudo. so ca sabbadado hoti yo dadāti upassayaṃ, amataṃ dado ca so hoti yo dhammam anusāsatīti", 『유마경』 권1(대정장14, p.539b6 : *Vikī-n.*, p.17)에 "만약 범천에 있으면 범천중에 으뜸이 되어 뛰어난 지혜로 깨우칠 뿐이다. 若在梵天 梵天中尊 誨以勝慧 brahmasu ca brahmasaṃmato viśeṣajñānasaṃdarśanāya"라고 하였다. 〔참고문헌〕『長阿含經』, 『雜阿含經』, 『維摩經』, *SN.*, *Vikī-n.*, *Śikṣ.112.*

회 懷 Ⓢ√vah, antar-bhāva, utsaṅga, Ⓣnang-gi-sems, 'dzin-par-byed-pa. 마음으로 가져 품다. 『장아함경』 권1 「대본경 大本經」(대정장1, p.2c20)에 "저 모임에서 내가 뜻을 드러내 시현하여 청정한 가르침을 펼쳤기에 마음으로 늘 환희를 품었으며 번뇌 다하고 다시 날 일도 없게 되었다네. 彼會我現義 演布淸淨敎 心常懷歡喜 漏盡盡後有", 『불반니원경』 권상(대정장1, p.165c18)에 "넷째, 마음속으로 노여움·어리석음·탐욕을 품어서는 안 된다. 四者 不得懷怒癡貪", 『증일아함경』 권7(대정장2, p.576c29)에 "만약 어떤 사람이 마음속으로 술 마시는 것을 좋아한다면, 다시 나는 곳에서 지혜 있을 리 없으니 늘 어리석음만을 품게 된다. 若有人心好飮酒 所生之處 無有智慧 常懷愚癡"라고 하였다. 〔참고문헌〕『長阿含經』, 『佛般泥洹經』, 『增壹阿含經』, *Bodh-bh.5·101.*, *Mvyut.245.*

회감 懷感 당대 정토종 스님. 처음에는 장안(長安) 천복사(千福寺)에 머물면서 유식(唯識)과 경율을 배워 통달하였지만 정토에 왕생함에는 믿음을 일으키지 못하다가 선도(善導)를 만나 의문을 푼 뒤 염불수행에 정진하였다. 21일이 지났는데도 상서를 보지 못하자 스스로 죄업장애가 심한 것을 한탄하며 식음을 끊고 죽으려고도 했지만 선도가 이를 막았다. 이에 다시 염불정진하여 3년 후에 영험을 얻고 금색의 옥호도 보았으며 염불삼매를 증득하고 『석정토군의론 釋淨土群疑論』을 찬술하는 중에 입적하였다. 후에 동문인 회운(懷惲)에 의해 완성되었다. 입적할 당시 화불(化佛)의 영접을 받고 서쪽을 향해 합장한 채로 정토에 왕생하였다 전한다. 〔참고문헌〕『宋高僧傳』 권6 「懷感傳」(대정장50, p.738c11). ⇨석정토군의론 釋淨土群疑論

회강암 檜岡庵 위치미상. 『해동조계제육세원감국사가송』(한불전6, p.392b1) 「사자수의 공이 조계산에서 회강암으로 가는 중에 나의 거처를 방문하고 이틀간 머물다가 미을장에서 물으며 송을 지어 부쳤기에 차운하여 우러러 답하다. 師子岫之公 自曹溪向檜岡庵次 歷訪弊止留二日 至宿味乙莊 作偈寄之 次韻奉答」가 실려 있다. 〔참고문헌〕『海東曹溪第六世圓鑑國師歌頌』.

회견사 晦見寺 충청남도 공주시 계룡산(鷄龍山)에 있던 절. 『동국여지승람』 권18 충청도 진잠현 불우와 『범우고』에 이름과 위치가 전한다. 〔참고문헌〕『東國輿地勝覽』, 『梵宇攷』, 『韓國寺刹全書』 권하 p.1204a8.

회경 會經 흩어져 있던 경들을 모으다. 대중이 보던 경들을 장경전에 가지런히 모아 놓는 일. 『선원청규』 권3(卍속장111, p.895a2)에 "저녁 때 참선 파하기 전에 전주(殿主 : 藏殿主)가 종을 치면 경전을 모은 다음 교차해 출납을 점검한다. 晩間放參前 殿主鳴鐘會經 交點出納"라고 하였다. 〔참고문헌〕『禪苑淸規』.

회경 懷鏡 경주 법왕사(法王寺)를 중창한 스님. 『삼국유사』 권5(대정장49, p.1012a16 · 한불전6, p.357c15) 감통(感通)7 욱면비 염불서승(郁面婢念佛西昇)에 따르면 신라 경덕왕(재위 742~765) 때 강주(康州 : 지금의 晉州) 아간(阿干)인 귀진(貴珍)이라는 부자가 미타사 만일염불회에 날마다 동참하였다. 그의 집 여종 욱면(郁面)도 부지런히 일 마치고 구박을 받아가면서 저녁 늦게 일심으로 염불하였더니, 천장을 뚫고 육신으로 서방정토에 왕생하였다. 욕심 많던 귀진마저도 크게 신심 내어 집을 희사하여 절을 삼고 법왕사(法王寺)라 이름하고 절의 유지를 위해 많은 토지까지 헌납했다. 그러나 오랜 세월이 지나, 절은 폐하고 유허(遺墟)만 남아 있던 것을 회경(懷鏡)이라는 스님이 승선(承宣) 벼슬을 하는 유석(劉碩)과 소경(小卿) 벼슬인 이원장(李元長)과 함께 사원 복구를 다짐하고는, 직접 토목공사에 참여하여 재목을 준비하던 중 어느 날 밤 꿈에 돌아가신 아버지가 나타나 삼(麻)으로 삼은 신(미투리)과 칡으로 삼은 신을 각각 한 켤레씩 주시는 꿈을 꾸었고 오래된 신사 곁에 있는 나무를 구할 수 있게 되었다. 5년만에 불사를 마쳤다. 회경스님을 귀진의 후신이라고 칭송하였다. 〔참고문헌〕『三國遺事』.

회계 灰戒 Ⓢbhasma-vrata, Ⓣthal-ba'i-brtul-zhugs. 재를 몸에 바르는 것을 지켜 행한다. 온몸에 재를 바르는 것으로 청정을 얻을 수 있다고 믿어 지키는 외도의 계금(戒禁)이다. 도회외도(塗灰外道) · 포다외도(餔多外道)의 계다. 망계청정론(妄計淸淨論)의 하나로, 사견(邪見)에 속한다. 『유가사지론』 권7(대정장30, p.312b11 : *Yogā-bh.*, p.158)에 "또 어떤 외도들은 … 회계를 지니거나 스스로 고통스런 계를 지니거나 하는 등을 … 청정이라고 계탁한다. 復有外道 … 或持灰戒 或持自苦戒 … 計爲淸淨 bhasmavratena kaṣṭavratena … śuddhaṃ manyate", 『유가사지론약찬』 권3(대정장43, p.43b10)에 "회계를 지닌다고 하였는데, 몸에 재를 바르기 때문이다. 持灰戒者 灰塗身故", 『대승법원의림장사자후초』 권3(대정장71, p.525b10)에 "몸에 재를 바르는 계를 지닌다 하니, 자재천을 섬기는 포다의 무리다. 재를 몸에 바르는 것을 도를 닦는다고 여긴다. 온 몸이 쑥빛의 흰색이어서 마치 부뚜막에서 자는 고양이 같다. 이 무리들 중인도 악혜제달라(惡醯掣呾邏國)에 아주 많다고 한다. 持塗灰戒者 事自在天餔多之輩 以灰塗體用爲修道 遍身艾白 猶寢竈之猫狸 中印度惡醯掣呾邏國 此輩尤多"라고 하였다. 〔참고문헌〕『瑜伽師地論』, 『瑜伽師地論略纂』, 『大乘法苑義林章師子吼鈔』, *Yogā-bh.* ⇨도회외도 塗灰外道, 포다외도 餔多外道

회계 會溪 조선후기(1759~1835) 순천 송광사 스님. 휘종(輝宗)의 법호다. ⇨휘종 輝宗

회계 會稽 중국 절강성(浙江省) 소흥현(紹興縣). 『법화유의』(대정장34, p.636c10)에 "옛날 회계에 법화의 종지를 찬술하여 해석한 이가 전부 13명이었다. 昔在會稽 撰釋法華宗旨 凡有十三家", 『유마경약소수유기』 권9(대정장38, p.824b6)에 "옛날에 회계 태수 맹의가 부처님을 정성스럽게 모셨다. 昔會稽太守孟顗 事佛精懇", 『동산어록』(대정장47, p.519b18)에 "선사의 법휘는 양개이며, 회계 출신으로 유씨의 자손이다. 師諱良价 會稽俞氏子"라고 하였다. 〔참고문헌〕『法華遊意』, 『維摩經略疏垂裕記』, 『洞山語錄』.

회계당휘종대사행장 會溪堂輝宗大師行狀 1759~1835. 휘종스님의 행장이니, 금명보정(錦溟寶鼎 1861~1930)스님이 지은 회계대사전(會溪大師傳)이 있는데, 『조계산송광사사고』(아세아문화사, 1977) pp.633~634에 실려 있다. 〔참고문헌〕『曹溪山松廣寺史庫』, 『茶松文庫』 권2(한불전12, p.731c14). ⇨휘종 輝宗

회계산 會稽山 중국 절강성(浙江省) 소흥현(紹興縣) 북부에 있는 산. 모산(茅山)·무산(畝山)이라고도 하며, 춘추전국시대에 월왕(越王) 구천(句踐)이 난을 심었기에 난저산(蘭渚山)으로도 불린다. 최고봉인 향로봉(香爐峯)을 비롯하여 대우릉(大禹陵)·백조낙원(百鳥樂園)·대향림(大香林) 등의 관광 명소와 노봉선사(爐峰禪寺) 등의 명승 고적으로 유명하다. 『신승전』 권5 「석지조전 釋智璪傳」(대정장50, p.983c12)에 "지조는 스승을 따라 청을 받아들여 함께 회계산으로 갔다. 璪隨師受請 同赴會稽山", 『경덕전등록』 권5 「인종화상전 印宗和尙傳」(대정장51, p.240a14)에 "선천 2년(713) 2월 21일에 회계산 묘희사에서 입적하였는데 세수는 87세였다. 先天二年二月二十一日 終于會稽山妙喜寺 壽八十有七"라고 하였다. 〔참고문헌〕『新僧傳』, 『景德傳燈錄』.

회고락도 迴顧落道 돌아 보다 길에 떨어지다. 『관무량수불경소』 권4(대정장37, p.272b22)에 "돌아 보다 길에 떨어지니 왕생하는 크나큰 이익을 잃고 만다. 迴顧落道 卽失往生之大益也", 『선택전홍결의초』 권4(臺灣國圖善本42, p.145b1)에 "돌아 보다 길에 떨어진다라 하니, 도적떼 부르는 소리 들리니 동쪽 언덕으로 돌아가고자 한다. 돌아 보기에 백도따라 떨어질 수 있기에 길에서 떨어진다고 한다. 迴顧落道等者 若聞群賊喚聲 欲歸東岸 故云 迴顧 從白道可落 故云 落道"라고 하였다. 〔참고문헌〕『觀無量壽佛經疏』, 『選擇傳弘決疑鈔』.

회골 回鶻 위구르(Uighur)의 음사어. 회흘(回紇)이라고도 한다. 터키계 종족으로 몽고·감숙(甘肅)·신강(新疆) 일대에 분포해 있다. 8~9세기가 전성기로 외몽고의 오르콘(Orkhon)강 변을 점거하고 중앙아시아로 진출하였다. 원래는 철륵(鐵勒)의 한 부족이었는데 돌궐(突厥)의 통치를 받다가 수대(隋代)에 독립하였고 다시 당(唐)에 예속되었다. 후에 둘로 나뉘어 한 부류는 송(宋)·요(遼)·금(金)대 감주(甘州)와 사주(沙洲)에서 창궐한 감주 위구르와 사주 위구르가 되었고, 다른 한 부류는 서주(西州 : 高昌)에 거주하며 서주 위구르(高昌)가 되었는데 마니교와 불교를 신봉하였다. 8세기경에 서주 위구르가 소그드(Sogd)문자에서 기원한 위구르문자를 만들어 썼기에, 이 문자로 불전을 서사하여 『금광명경 金光明經』·『법화경 法華經』「보문품 普門品」·『미륵하생경 彌勒下生經』·『존승다라니경 尊勝陀羅尼經』 등이 남아 있는데, 발문들을 통해 대부분 티베트어·토번어·한문 등의 번역본을 중역한 것임을 알 수 있다. 『불조역대통재』 권15(대정장49, p.626c9)에 "〈임인년〉 봄인데 눈이 내렸다. 태화공주는 금인에 항복하여 위구르로 시집갔다. 〈壬寅〉 春時雪 太和公主 降金人 嫁回鶻", 『역조석씨자감』 권7(卍속장132, p.135b14)에 "병술년. 당 헌종 원화 원년(806)에 위구르가 조공을 바쳤다. 丙戌 憲宗元和元年 回鶻入貢"라고 하였다. 〔참고문헌〕『佛祖歷代通載』, 『歷朝釋氏資鑑』.

회과 悔過 Ⓢ pratideśanā, Ⓟ accayaṃ deseti, Ⓣ so-sor-bshags-pa. 허물을 뉘우치다. 앞서 한 행위를 돌이켜 후회하는 일. 『장아함경』 권17 「사문과경 沙門果經」(대정장1, p.109b12)에 "이때 아사세왕이 자리에서 일어나 이마를 부처님의 발에 대고 예를 표한 다음 말씀드렸다. '세존께서 저의 허물 돌이킴을 받아 주시기 바랍니다. 저는 어리석고 무식합니다. 저의 부왕이신 마갈국의 병사왕께선 법으로 다스리고 교화하셔서 치우치거나 잘못되는 일이 없었지만, 저는 오욕에 미혹되어 실로 부왕을 해쳤습니다. 세존께서 자비와 연민을 베푸셔서 저의 회과를 받아 주시기 바랍니다'. 爾時 阿闍世王 卽從坐起 頭面禮佛足 白佛言 唯願世尊 受我悔過 我爲狂

愚癡冥無識 我父摩竭甁沙王 以法治化 無有偏枉 而我迷惑五欲 實害父王 唯願世尊 加哀慈愍 受我悔過", 『대지도론』 권2(대정장25, p.68b12)에 "대가섭이 말했다. '그대는 여섯 종류의 돌길라죄를 범했으니 대중들에게 잘못을 뉘우쳐야 한다'. 아난이 말했다. '예. 장로 대가섭과 승가의 가르침을 따르겠습니다'. 大迦葉言 汝有六種突吉羅罪 盡應僧中悔過 阿難言 諾 隨長老大迦葉及僧所教", 『십주비바사론』 권9(대정장26, p.66b2)에 "첫째 죄가 있으면 즉시 드러내 알리고 숨겨 덮지 말아야 하고 잘못을 뉘우쳐 죄를 없게 해서 사라지게 하니 후회할 일이 없는 길을 가야 한다. 一者 有罪 卽時發露 無所隱藏 悔過除滅 行無悔道", 『대승장엄경론』 권4(대정장31, p.610a21)에 "벗어난다는 말은 죄에서 벗어난다는 뜻인데 여기에는 일곱 가지가 있다. 첫째는 잘못을 뉘우치는 것인데 죄가 상속되는 것을 영원히 끊는 것이다. 出者罪出離 此有七種 一者 悔過 謂永遮相續"라고 하였다. [참고문헌] 『長阿含經』, 『大智度論』, 『十住毘婆沙論』, 『大乘莊嚴經論』, *Sūtr.55.*, *DN.2.102.*

회과경 悔過經 『사리불회과경 舍利弗悔過經』 또는 『문수회과경 文殊悔過經』의 약칭. 『사리불회과경』(대정장24, p.1091b7)에 "부처님께서 말씀하셨다. '천하의 아라한과 벽지불에게 천 년 동안 공양하는 것이 이 『회과경』을 지니고서 밤낮으로 각자 하루에 3번 읽는 것만 못하니, 아라한·벽지불에게 공양하여 얻는 복덕보다 백 배·천 배·만 배·억 배나 뛰어난 복을 얻는다'. 佛言 其供養天下阿羅漢辟支佛千歲 不如持悔過經 晝夜各三過讀一日 其得福 勝供養天下阿羅漢 辟支佛 百倍 千倍 萬倍 億倍"라고 하였다. [참고문헌] 『舍利弗悔過經』. ⇨ 문수회과경 文殊悔過經, 사리불회과경 舍利弗悔過經

회과법 悔過法 Ⓢ pratideśanīyaḥ dharmaḥ, Ⓟ pāṭidesanīya. 허물을 돌이켜 참회하는 법. 바라제제사니(波羅提提舍尼)라고 음사한다. 『오분율』 권10(대정장22, p.72a4)에 "비구가 비구니로부터 음식을 받았다면, 이 비구는 마땅히 모든 비구들 향해서 잘못을 뉘어쳐야 한다. '저는 타락하여 비난받을 만한 짓을 저질렀으니, 지금 대덕들 향해 잘못을 뉘우칩니다'. 이를 일러 회과법이라고 한다. 若比丘 從比丘尼受食 是比丘 應向諸比丘悔過 我墮可呵法 今向諸大德悔過 是名悔過法", 『오분비구니계본』(대정장22, p.212b15)에 "비구니가 병이 없는데도 스스로 소(酥)로 된 음식을 걸식한다면, 이 비구니는 모든 비구니들 향해 잘못을 돌이켜야 한다. '저는 타락하여 비난받을 만한 짓을 저질렀으니, 지금 자매님들 향해 잘못을 뉘우칩니다'. 이를 일러 회과법이라고 한다. 若比丘尼 無病 自爲乞酥食 是比丘尼 應諸比丘尼邊悔過 我墮可呵法 今向諸阿姨悔過 是名悔過法"라고 하였다. [참고문헌] 『五分律』, 『五分比丘尼戒本』, *Prāt-m.236.*, *Vin.1.172.* ⇨ 바라제제사니 波羅提提舍尼

회과죄 悔過罪 ❶ 허물인 죄를 뉘우치다. 『광박엄정불퇴전륜경』 권6(대정장9, p.284b23)에 "부처님께서 아난에게 말씀하셨다. '그 사람은 목숨이 다하려 할 때 몸 위의 낱낱 모든 모공중에서 무량한 고통을 받지만 오래 가지는 않는다. 어째서인가? 나와 여타 헤아릴 수 없이 끝없는 불세존 앞에서 죄를 뉘우쳤기 때문이다'. 佛告阿難 其人欲命終時 身上一一諸毛孔中 受無量苦 亦不經久 所以者何 以於我前 及餘無量無邊諸佛世尊 悔過罪故", 『대방등대집경』 권18(대정장13, p.122c11)에 "부처님께서 말씀하셨다. '훌륭하도다! 훌륭하도다! 파순이여! 그대는 자신이 지은 악업들을 스스로 능히 보았다 하니, 대단히 훌륭하구나! 능히 이와 같이 죄를 뉘우치는 것은 불법중에서는 여래법장을 널리 선양하는 것이 되며 제불 또한 이런 사람의 참회를 받아들인다. 그러므로 그대는 이제 다시는 죄를 짓지 말아야 하리'. 佛言 善哉善哉 波旬 汝乃能自見所作諸惡 爲上善哉 能如是悔過罪者 於佛法中 則爲弘廣如來法藏 諸佛 亦受其人悔過 是故汝今勿更復作"라고 하였다. [참고문헌] 『廣博嚴淨不退轉輪經』, 『大方等大集經』. ❷ Ⓟ pātidesanīya. 참회해야 할 죄. 『마하승기율』 권26(대정장22, p.441c12)에 "비구들이 물었다. '장로여! 승가바시사(Ⓢ saṃghāvaśeṣa)라는 죄를 범했습니까?' '범했습니다'. 장로는 마음속으로 환희가 생겨 이렇게 생각했다. '범행을 닦는 사람들이 나에게 자심을 일으켜 참회해야 할 죄를 거론하니 후회하지 못할 일은 없구나'. 諸比丘問 長老 犯僧伽婆尸沙罪耶 答言 犯 彼心生歡喜 作是念 諸梵行人 於我起慈心 擧可悔過罪 非不可悔", 『십송율』 권10(대정장23, p.74b22)에 "부처님께서는 구섬미국에 계셨는데, 이때 장로 천나가 참회해야 할 죄를 범하였다. 이때 비구들이 자비로운 마음과 연민으로 그를 이롭게 하고자 죄를 뉘우치도록 이렇게 말하였다. '천나여! 그대는 모종의 참회해야 할 죄를 범하였습니다. 그대 마땅히 드러내서 덮어 숨기지 마라'. 佛在拘睒彌國 爾時 長老闡那犯可悔過罪 時諸比丘 慈心憐愍 欲利益故 教令悔過言 闡那 汝犯某可悔過罪 汝應發露 莫覆藏"라고 하였다. [참고문헌] 『摩訶僧祇律』, 『十誦律』, *Vin.1.173.*

회과출죄 悔過出罪 잘못을 뉘우쳐 죄에서 벗어나다. 참회를 통해 죄를 없애는 것. 『오분율』 권8(대정장22, p.58b1)에 "비구들이 길을 가거나 목재와 물건을 끌고 가거나 발우를 데울 때 잘못하여 벌레들을 죽이자 모두 부끄러워하였으며 잘못을 뉘우치고 죄에서 벗어나는 이들도 있었다. 이에 부처님께 말씀드리자 부처님은 이 일 때문에 비구승가를 소집한 뒤 비구들에게 말씀하셨다.

'잘못하여 중생을 죽였는데 바일제(Ⓢ pāyattika)를 범했다고 한다면 이런 일은 있을 수 없다. 지금부터 이 계에 대해서는 이렇게 설한다. 「비구가 고의로 축생의 목숨을 빼앗으면 바일제이다」'. 有諸比丘 在道路行 或牽材物 或熏鉢時 誤殺諸虫 皆生慚愧 亦有悔過出罪者 以是白佛 佛以是事 集比丘僧 告諸比丘 若誤殺衆生 犯波逸提 無有是處 從今是戒 應如是說 若比丘 故奪畜生命 波逸提"라고 하였다. 〔참고문헌〕『五分律』.

회광 回光 우리나라 근대 불교계 잡지. 일제강점기에 청담순호(淸潭淳浩)·운허용하(雲虛龍夏) 등이 주도한 한국불교전통의 회복과 교육개혁을 위한 조선불교학인연맹(朝鮮佛敎學人聯盟) 기관지로서 1929년 3월 6일에 창간되나 곧 중단되고 4년 후인 1933년 3월 16일에 제2호를 내고 다시 폐간되었다. 체재는 국판(菊版), 내용은 불교의 혁신과 부흥이라는 연맹의 결성목적에 걸맞는 논설과 학인들의 작품으로 구성되었다. 창간호는 60여 면으로 서울 개운사(開運寺)에서, 제2호는 110여 면으로 합천 해인사(海印寺)에서 간행되었다. 〔참고문헌〕『曹溪宗史』 近現代(대한불교조계종, 2001) pp.104~111. ⇨ 조선불교학인연맹 朝鮮佛敎學人聯盟

회광 廻光 1924~1996. 순천 송광사 스님. 일각(一覺)의 법호. ⇨ 일각 一覺[2]

회광 晦光 1862~1933. 설악산 신흥사 스님. 사선(師璿)의 호이다. ⇨ 사선 師璿

회광반본 迴光返本 빛을 돌이켜 본래로 돌아오다. 회광반조(迴光返照)와 통한다. 『경덕전등록』 권29 「지공화상대승찬 誌公和尙大乘讚」(대정장51, p.449c5)에 "두렷해 어디에나 통하는 큰 뜻 깨닫지 못했다면 말과 행으로 서로 북돋아야 하지만, 여타의 알음알이에 붙들려서는 안 되니 빛을 돌이켜 본래로 돌아올 뿐이니 그 무엇도 없다. 未悟圓通大理 要須言行相扶 不得執他知解 迴光返本全無", 『속전등록』 권20 「불해유서전 佛海有瑞傳」(대정장51, p.599b1)에 "대개 그대들이 빛을 돌이켜 본래로 돌아오고 생각을 살펴 마음을 거두면 선이든 악이든 도무지 사량하지 마라. 자연스레 깨달음을 얻어 마음바탕 고요해 맑아서 묘하게 쓰기를 저 항하사 모래처럼 하니 만물과 어울려 같아지리라. 大底秖要諸人回光返本 斂念收心 善惡都莫思量 自然得入 心體湛寂 妙用恒沙 物我混同"라고 하였다. 〔참고문헌〕『景德傳燈錄』, 『續傳燈錄』. ⇨ 회광반조 迴光返照

회광반조 回光返照 빛을 돌이켜 비추다. 회는 회(迴)라고도 쓰며, 회광내조(迴光內照)라고도 하고 회광반본(迴光返本)과 통한다. 『종경록』 권2(대정장48, p.421c7)에 "바른 종지를 깊이 믿어서 달이 손가락에 있지 않음을 알게 하며, 빛을 돌이켜 비춰서 성을 보아 글따라 돌지 않게 한다. 深信正宗 令知月不在指 迴光返照 使見性不徇文", 『경덕전등록』 권26 「운거의능전 雲居義能傳」(대정장51, p.428b27)에 "학인이 운거에게 물었다. '무엇이 부처입니까?' '마음이 바로 부처다' '제가 모르겠으니 스님께 방편을 청합니다' '방편상 부처라고 부르지만, 빛을 돌이켜 되돌려 비출 뿐이니 몸과 마음이 무슨 물건인가 살피라'. 問 如何是佛 師曰 卽心是佛 曰 學人不會 乞師方便 師曰 方便呼爲佛 迴光返照 看身心是何物", 『능엄경통의』 권5(卍속장19, p.203b5)에 "중생이 념념으로 빛을 돌이켜 되돌려 비추기만 한다면 스스로 마음의 부처 보지 못할 일 없으리. 若衆生念念 迴光返照 無有不見 自心之佛也", 『금강경과의회요주해』 권8(卍속장92, p.404b14)에 "빛을 돌려 돌이켜 비춰 본래면목 살피니 모자람도 없고 남음도 없다. 그러므로 생에 당해서도 생겨난 게 아니다. 迴光返照 本來面目 無欠無餘 故於當生 卽是不生也", 『반야심경직설』(卍속장41, p.847a2)에 "진실로 능히 본래 있는 것 문득 깨달아 그 아래에서 빛을 돌려 돌이켜 비춰 일념에 익혀 닦은즉, 생사로 분별하던 빗장 홀연히 부서져 마치 천 년 동안 깜깜한 방 한 등빛에 능히 밝아지듯 하리니 다시 따로 구할 방편 또한 없으리. 苟能頓悟本有 當下迴光返照 一念熏修 則生死情關 忽然隳裂 正如千年暗室 一燈能破 更不別求方便耳"라 하였다. 〔참고문헌〕『宗鏡錄』, 『景德傳燈錄』, 『楞嚴經通議』, 『金剛經科儀會要註解』, 『般若心經直說』.

회기 回機 기를 돌리다. 동안상찰(同安常察)이 지은 『십현담 十玄談』의 제8위에 해당한다. 『원오어록』 권17(대정장47, p.795b7)에 "원오가 들었다. '학인이 조산에게 묻기를 「이런 뜨거움 어딜 향해 돌아 피합니까?」 「끓는 솥과 활활 타는 화로 안에서 피한다」 「그런 곳에서 어떻게 피합니까?」 「어떤 고통도 능히 이르지 못한다」'. 원오가 이 공안 집어 말했다. '기를 돌리고 자리 뒤쳐 더할 것 없어야 모든 것에 통한다. 곧바로 섣달에 핀 연꽃인 듯 하리라. 그렇다 해도 못 자르고 쇠 끊듯 다 한 길 열어두어야 하리'. 擧 僧問曹山 恁麽熱 向什麽處回避 山云 鑊湯爐炭裏回避 僧云 鑊湯爐炭裏作麽生回避 山云 衆苦不能到 師拈云 回機轉位 宛爾通方 直下似臘月蓮華 雖然如是 斬釘截鐵 更饒一路", 『속전등록』 권12 「향산법성전 香山法成傳」(대정장51, p.542b27)에 "설령 자리 뒤치고 기를 돌려서야 해 중천에 뜨고 그림자 달아난 듯 하다. 縱然轉位回機 大似日中逃影", 『조정사원』 권8(卍속장113, p.223b17)에 "입제 : 첫째 심인, 둘째 조의, 셋째 현기, 넷째 이진, 다섯째 불교, 여섯째 환향곡, 일곱째 파환향곡, 여덟째 회기, 아홉째 전위귀, 열째 지위전이다. 立題 一 心印 二 祖意 三 玄機 四 異塵 五 佛教 六 還鄉曲 七 破還鄉曲 八 回機 九 轉位歸 十 止位前"라고 하였다. [참고문헌] 『圜悟語錄』, 『續傳燈錄』, 『祖庭事苑』. ⇨ 동안십현담 同安十玄談

회기 誨機 당대 선사. 청하(淸河) 출신. 속성은 장(張)씨. 회기(晦璣)라고도 한다. 청원행사(青原行思)의 법계다. 어려서 암두전활(巖頭全豁)을 찾았고 후에 현천산언(玄泉山彦)을 사사하고 법을 이었다. 천우년간(904~907)에 악주 황룡산(黃龍山)에서 교화에 힘썼으며, 자의(紫衣)와 초혜대사(超慧大師)라는 사호도 받았다. [참고문헌] 『景德傳燈錄』 권23 「黃龍晦機傳」(대정장51, p.391b26), 『傳法正宗記』 권8(대정장51, p.759a10), 『補續高僧傳』 권6 「黃龍誨機傳」(卍속장134, p.118a1).

회기전위 回機轉位 ➡ 회기 回機

회낭 灰囊 Ⓢ bhasman, Ⓣ thal-ba. 재를 담은 주머니. 때를 없애거나, 몸에 바르기 위해 소지한다. 『금칠십론』 권하(대정장54, p.1257b8)에 "여기서 취한 것이란 모든 출가해 도를 닦는 이들의 도구로서 네 가지가 있는데, 삼장・물단지・가사・길상이다. 길상에 다섯 가지가 있으니, 첫째 회낭, 둘째 천목주, 셋째 세 가닥 매듭으로 몸에 걸치는 것, 넷째는 온갖 주술장구, 다섯째는 한 가닥 긴 풀로서 정수리 상투 위에 놓는 길상초이다. 이 다섯 가지는 도를 배우는 도구로 부정함을 없애주므로 길상이라고 한다. 取者 一切出家行道具 具有四種 謂三杖澡灌袈裟吉祥等 吉祥有五 一 灰囊 二 天目珠 三 三縷纓身 四 諸呪術章句 五 以一長草安頂髻上謂吉祥草 此五並是學道之具 能去不淨 故曰吉祥"라고 하였다. [참고문헌] 『金七十論』, 『俱舍釋論』 권7(대정장29, p.208b3), *Abh-k-bh.140.*

회녕 會寧 당대 천축에 갔었던 구법승(求法僧). 익주(益州) 성도(成都) 출신. 당 고종(高宗) 인덕년간(664~666)에 해로로 인도로 떠났는데 도중에 파릉(波凌 : 南海 訶陵國)에서 야나발다라(若那跋陀羅 : 智賢 Ⓢ Jñānabhadra)와 함께 『대반열반경후분 大般涅槃經後分』 2권(대정장12, No.377)을 역출하고는 교주(交州)에서 제자 운기(運期)를 통해 표문(表文)과 함께 장안으로 보내고 인도 도착 후의 행적은 알 수 없다. [참고문헌] 『宋高僧傳』 권2 「智賢傳」(대정장50, p.717b23).

회단 灰斷 재로 끊다. 재만 남기고 사라지는 이승(二乘)의 열반. 회신멸지(灰身滅智)와 같은 뜻이다. 『금강경찬요간정기』 권4(대정장33, p.199b23)에 "보살의 변역생사에도 머물지 않고 이승의 재만 남기는 열반에도 머물지 않으니, 진실로 머무는 곳 없기에 무여라고 한다. 不住菩薩變易生死 不住二乘灰斷涅槃 卽眞無住處名爲無餘", 『법화현의』 권7(대정장33, p.769a26)에 "통교의 서원으로서의 몸이므로 교화의 연을 마치면 역시 재만 남기고 사라져 다시 나지 않는다. 通教佛 誓願之身 化緣若訖 亦歸灰斷 滅已不生", 『화엄경탐현기』 권16(대정장35, p.411b24)에 "이 중 이승열반은 지옥의 깊은 구덩이에 합하니, 불에 타서 재만 남기고 끊어지기 때문이다. 此中二乘涅槃 合地獄深坑 以火燒灰斷故"라고 하였다. [참고문헌] 『金剛經纂要刊定記』, 『法華玄義』, 『花嚴經探玄記』. ⇨ 회신멸지 灰身滅智

회당 悔堂 1902~1963. 대한불교진각종의 개조(開祖)인 손규상(孫珪祥)의 호. ⇨ 손규상 孫珪祥

회당 晦堂 ❶ 조선후기 스님. 해봉유기(海峰有璣 1707~1785)스님이 지은 「임제종회당화상행적기」(한불전 9, p.725b3)에 성주(星州) 청암(淸菴)에서 입적하였다고 하였다. 『화엄경』에 정통하여 여산(廬山)의 혜원(慧遠)에 비견할 만하다고 칭송하였다. 부휴계 법손으로 부휴선수(浮休善修)・벽암각성(碧巖覺性)・모운진언(暮雲震言)・보광(葆光)・회당(晦堂)으로 이어진다고 하였다. [참고문헌] 『好隱集』 권4, 「臨濟宗晦堂和尙行蹟記」(한불전9, p.725b). ❷ ➡ 조심 祖心

회당목서향 晦堂木犀香 회당이 계수나무 향기를 말하다. 산곡거사(山谷居士) 황정견(黃庭堅)이 회당조심(晦堂祖心)을 만나 깨달음을 얻은 인연이다. 목서는 향기 짙은 상록의 계수나무다. 서는 서(樨)로도 쓴다. 『교외별전』 권9 「태사황정견거사전 太史黃庭堅居士傳」(卍속장144, p.226a8)에 "회당이 말했다. '저 중니(仲尼 : 孔子)는 「그대들은 내가 숨기는 것 있는가? 나는 그대들에게 숨기는 것이 없다」(『論語』 「述而」)라고 말했는데, 태사께서 그 자리에 계셨다면 어떻게 논하시겠습니까?' 황정견이 답하려 하자 회당이 '아닙니다. 아닙니다' 하니 알 수 없어 답답할 뿐이었다. 하루는 회당을 모시고 산행을 하던 차 때마침 암계(巖桂 : 木犀) 한창이었다. 회당이 말하였다. '목서 꽃향기 맡으십니까?' '맡습니다' '저는 당신께 숨기는 것 없습니다'. 이에 공연히 풀렸으니 절하고 말했다. '화상께서 이리도 노파심 간절하셨다니'. 회당이 웃으며 말했다. '다만 공께서 집으로 되돌아오시길 바랬을 뿐입니다'. 晦堂曰 祇如仲尼道 二三子 以我爲隱乎 吾無隱乎爾者 太史居當 如何理論 公擬對 晦堂曰 不是 不是 公迷悶不已 一日侍晦堂山行次 時巖桂盛放 晦堂曰 聞木樨華香麼 公曰 聞 晦堂曰 吾無隱乎爾 公釋然 卽拜之曰 和尙得恁麽老婆心切 晦堂笑曰 祇要公到家耳"라고 하였다. [참고문헌] 『敎外別傳』.

회대원경선사어록 晦臺元鏡禪師語錄 회대원경(晦臺元鏡) 지음. 각랑도성(覺浪道盛) 편집. 1636년(숭정9) 간행. 1권. 무명혜경(無明慧經)의 법사인 회대원경(1587~1670)의 어록. 卍속장125, pp.72a1~91b18에 수록되었다. 건양 일지산(一枝山)에서 개당(開堂)할 때의 어록과 송(頌)·진찬(眞贊) 등을 수록했으며 도성이 지은 「건창름산충공전 建昌廩山忠公傳」이 실려 있다.

회도 迴途 갔던 길을 되돌아오다. 향상(向上)의 길 돌려 향하(向下)해 되돌아오는 것으로 화광동진(和光同塵) 등의 뜻이다. 『광지광록』 권1(대정장48, p.2a24)에 "사랑하는 사람이 손짓하던 곳 다시 아름다워지려면 길을 돌릴 일이다. 玉人招手處 復妙在迴途", 『경덕전등록』 권15 「점원중흥전 漸源仲興傳」(대정장51, p.321b4)에 "조문을 마치고 함께 돌아오던 차에 점원이 스승 도오에게 말했다. '화상께서는 오늘 반드시 저에게 말해 주셔야 합니다. 만약 또다시 말하지 않는다고 하시면 바로 때리겠습니다' '때리려거든 때려라. 산다 해도 할 말 없고 죽는다 해도 할 말 없다'. 弔畢同迴途次 師曰 和尙今日 須與仲興道 儻更不道 卽打去也 道吾曰 打卽任打 生也不道 死也不道", 『허당집』 86칙 「본칙 本則」(卍속장124, p.602b2)에 "학인이 석문혜철(石門慧徹)선사에게 물었다. '운광이 소가 되었다고 하는데 무엇입니까?'〈음메!〉 '누추한 뒷골목에서는 금빛 말 타지 않으니 갔던 길을 되돌아와 누더기 걸친 뿐이다〈머리와 얼굴을 바꾸니 사람들이 알아보기 힘들지만 동쪽 마을 이 씨의 둘째 아들 분명하다〉'. 僧問石門徹禪師 雲光作牛 意旨如何〈吽〉 門云 陋巷不騎金色馬 迴途却著破襴衫〈改頭換面人難識 只是東村李二郎〉"라고 하였다. 〔참고문헌〕『宏智廣錄』, 『景德傳燈錄』, 『虛堂集』. ⇨ 화광동진 和光同塵

회도바라문 灰塗婆羅門 온몸에 재를 바르는 바라문. 『앙굴마라경』 권4(대정장2, p.541b25)에 "비구가 목욕을 마쳤는데 몸에 부스럼이 많아 파리와 벌들 먹이삼아 붙었다. 바로 흰 재를 부스럼마다에 바르고 물에 젖은 옷으로 몸을 덮었다. 이때 이를 본 사람이 '이것이 도이다'라고 말하였고 그 법을 배웠기에 회도바라문이 이로부터 생겨났다. 比丘浴已 身體多瘡 蠅蜂唼食 卽以白灰處處塗瘡 以水衣覆身 時 有見者 謂言是道 卽學彼法 灰塗婆羅門 從是而起"라고 하였다. 〔참고문헌〕『央掘魔羅經』. ⇨ 회계 灰戒, 도회외도 塗灰外道

회도복묘 迴途復妙 길을 돌이켜 다시 아름답게 하다. 『동산어록』(대정장47, p.515b15)에 "비록 공한 바탕 고요할 뿐이지만 온갖 움직임 어기지 않는다. 말하는 중에 말 없게 해서 적멸해 공하다 하기도 전에 이미 아름답게 하고, 말 없는 중에 말 있게 해서 길을 돌려 다시 아름답게 한다. 雖空體寂然 不乖群動 於有句中無句 妙在體前 以無語中有語 迴途復妙", 『가태보등록』 권15 「차암경원전 此庵景元傳」(卍속장137, p.231b7)에 "학인이 차암에게 물었다. '법당(法幢) 세워 교화한다 해도 저 새나 넘는 아득한 길 방해하지 않는다. 왔던 길을 되돌려 다시 아름답다 하니 가풍을 빛낸다. 무엇이 조동의 종지입니까?' '손에 밤 밝히는 부적 든다고 몇이나 새벽하늘 알겠는가.' 云 建化何妨行鳥道 回途復妙顯家風 如何是曹洞宗 日 手執夜明符 幾箇知天曉"라고 하였다. 〔참고문헌〕『洞山語錄』, 『嘉泰普燈錄』.

회동 會同 만나게 해서 같게 하다. 『사교의주휘보보굉기』 권6(卍속장102, p.579b12)에 "때로는 주석과 지금 쓰여진 것에 신역과 구역으로 다름이 있을 뿐이니 경론의 차제 다른 것은 모아 같게 할 수 있다. 或註與今所記 有新舊譯異也 而經論次異 可會同也", 같은 책 권9(卍속장102, p.735b16)에 "둘째로 중생과 부처를 만나게 해서 같게 한다. 마음과 부처와 중생, 이 셋에는 차별이 없다. 二 生佛會同 心佛及衆生 是三無差別"라고 하였다. 〔참고문헌〕『四敎儀註彙補輔宏記』.

회두 回頭 고개 돌리다. 돌아보다. 내달리던 마음 길 문득 돌이켜 새롭게 보아 깨우치다. 또는 일향에 나아가는 뜻에서는 머뭇거리다의 뜻으로 쓴다. 『연종보감』 권10(대정장47, p.354a6)에 "한 분의 아미타불 사람사람 본래 구족하지만, 다만 탐진에 반연해서 나고 죽으며 헛되이 출몰할 뿐이다. 고해의 업을 씨뿌려 돌고도니 만겁에 몽매한 나루터 기대어 고개 돌릴 생각 못하니 거듭 들어 펴고 구르길 끝없이 한다. 一箇彌陀佛 人人本具足 秖緣癡嗔愛 生死虛出沒 苦海業因循 萬劫受迷津 不發回頭念 轉入展轉深", 『임제록』(대정장47, p.505b7)에 "하루는 보청을 하던 차에 임제가 뒤따라가자 황벽이 고개를 돌려 임제에게 빈손을 보이며 물었다. '가래는 어디에 있느냐?' '누군가 가지고 가 버렸습니다'. 一日普請次 師在後行 黃蘗回頭 見師空手 乃問 钁頭在什麽處 師云 有一人將去了也", 『허당어록』 권9(대정장47, p.1052c6)에 "누군가 있어 어금니 칼 나무 같고 입은 피범벅 주발이라면 한 방 때려도 뒤돌아보지 않을 것이며, 어느 날엔가는 홀로 높이 솟은 정상에 풀로 엮은 암자를 짓고 서 나의 도를 건립할 것이다. 可中有箇漢 牙如劍樹 口似血盆 一棒打不回頭 他時異日 向孤峯頂上 盤結草菴 立吾道去也", 『원오어록』 권5(대정장47, p.735a27)에 "여기에 이르면 붙잡아 두려 해도 가까이 머물지 않으며 불러도 뒤돌아보지 않는다. 到這裏 羅籠不肯住 呼喚不回頭"라고 하였다. 〔참고문헌〕『蓮宗寶鑑』, 『臨濟錄』, 『虛堂語錄』, 『圜悟語錄』. ⇨ 회광반조 迴光返照

회두시안 回頭是岸 고개 돌린 즉시 바로 이 언덕이라네. 돌이켜 깨우치면 바로 벗어나 저 언덕에 이른다는 뜻. 『어선어록』 권19(卍속장119, p.805b1)에 "여천이 법좌에 올랐다. '고인은 「고해는 끝이 없지만 고개를 돌리면 피안이다」라고 말했다'. 불자를 세우고 다시 말했다. '여기가 고해이다. 어떻게 고개를 돌리겠는가? 또 「죽이는 칼 내려놓으면 그 자리에서 부처 된다」라고 했는데, 이것이야 말로 죽이는 칼이다. 어떻게 내려놓겠는가?' 上堂 古人道 苦海無邊 回頭是岸 豎拂云 這是苦海 作麽生回頭 又道 放下屠刀 立地成佛 這是屠刀 作麽生放下", 『자비도량수참법과주』 권상(卍속장129, p.441b3)에 "살생・도둑질・부적절한 음행・거짓말・탐욕・분노・어리석음 등 모두 다하면 고해에서 길이 벗어나 결국 피안으로 도약한다. 그래서 고해는 망망하지만 고개를 돌린즉 피안이라고 한다. 만약 몸으로만 참회해 그쳐서 마음으로 부지런히 참회하지 않는다면, 죄업 여전히 남아 악보 면할 수 없다. 將殺盜淫妄貪嗔癡等 一切盡掃 則永離苦海 竟超彼岸 故曰 苦海茫茫 回頭是岸 若止身懺 而不勤心懺 罪業仍存 惡報不免"라고 하였다. 〔참고문헌〕『御選語錄』, 『慈悲道場水懺法科註』.

회두전뇌 回頭轉腦 고개를 돌리고 번뇌 뒤치다. 『허당어록』 권1(대정장47, p.991c16)에 "허당이 법좌에 올라 들었다. '오설이 처음에 석두를 찾아 말하길 「한마디에 서로 맞으면 머물겠지만, 그렇지 못하면 가겠습니다」. 석두가 자리해 앉자 오설이 바로 가려고 했다. 이에 석두가 「사리여!」라고 부르자 오설이 고개를 돌렸다. 「나면 늙을 뿐인데 고개는 돌리고 번뇌 뒤친들 뭐하는가?」 오설이 이 말에 크게 깨달았다'. 허당이 말하였다. '가득 싣고 갔다가 손 털고 돌아왔다'. 上堂 擧 五洩初參石頭 洩云 一言相契卽住 不契卽去 頭據坐 洩便行 頭云 闍梨 洩回首 頭云 從生至老 只是者箇 回頭轉腦 作甚麽 洩於言下大悟 師云 稛載而往 垂橐而歸", 『능엄경종통』 권1(卍속장25, p.36a17)에 "말해 보라! 무업과 오설은 고개를 돌리다 이렇게 깨달았는데, 아난에게 견줘 얼마나 못 미치는가? 且道 無業五洩 回頭轉腦 便爾悟去 較阿難多少", 『정토십요』 권8(卍속장108, p.823a5)에 "입과 귀로 여섯 자(南無阿彌陀佛)로 서로 전하니 성인과 부처 사이에는 실오라기 하나 틈새 없다네〈법신마저 집어 던지고 오르는군〉. 당당하게 날마다 타고난 그 부처 쓰지만〈입으로 나가고 귀로 들어온다〉 화급하게 빛을 돌이켜도 이미 늦었다네〈고개를 돌리는 건 금물이다〉. 口耳相傳六箇字 聖凡不隔一條絲〈拈出法身向上事〉 堂堂日用天眞佛〈出口入耳〉 火急回光也是遲〈切忌回頭轉腦〉"라고 하였다. 〔참고문헌〕『虛堂語錄』, 『楞嚴經宗通』, 『淨土十要』.

회두토면 灰頭土面 재 투성이 머리에 흙 묻는 얼굴이여 화광동진(和光同塵)하는 보살의 모습이다. 『법연어록』 권중(대정장47, p.656c19)에 "대중이여! 재 투성이 머리에 흙먼지 얼굴로 다른 이들 웃게 하지만 언듯 흰구름 무더기 진 그 속에서 일없이 한가할 뿐이리라. 大衆 灰頭土面從他笑 贏得白雲堆裏閑", 『원오어록』 권1(대정장47, p.714c15)에 "그저 눈으로 구름 끝 하늘 바라기만 해서 천 길 낭떠러지여서 성인들 외로이 등지기만 질 뿐이지만, 한결같이 진흙 끌어 물 적시고 재 투성이에 흙 묻힌다 해도 자기를 묻는 일일 뿐이다. 一向目視雲霄 壁立千仞 則孤負諸聖 一向拕泥涉水 灰頭土面 則埋沒自己", 『허당어록』 권6(대정장47, p.1031c21)에 "양기방회화상 : 머리에 재를 뒤집어쓰고 얼굴에 진흙을 바르고서 거짓 장난으로 진실인 듯 하지만, 다리 셋인 당나귀요 뿔 하나 달린 기린이라네. 楊岐會和尙 灰頭土面 弄假像眞 三脚驢子 獨角麒麟", 『벽암록』 43칙 「송평창 頌評唱」(대정장48, p.180c1)에 "조동에서는 세간으로 나오기도 나오지 않기도 하고 손길 드리우기도 드리우지 않기도 한다. 만약 세간으로 나오지 않는다면 눈으로 하늘 끝을 보지만, 세간으로 나온다면 재 투성이 머리에 흙 묻은 얼굴이리라. 눈으로 하늘 끝 바랄 뿐인즉 만 길 봉우리 끝일 뿐이고, 회두토면인즉 온갖 일에 손길 드리움이다. 曹洞下 有出世不出世 有垂手不垂手 若不出世 目視雲霄 若出世 便灰頭土面 目視雲霄 卽是萬仞峯頭 灰頭土面 卽是垂手邊事"라고 하였다. 〔참고문헌〕『法演語錄』, 『圜悟語錄』, 『虛堂語錄』, 『碧巖錄』.

회득 會得 모여 함께해서 얻다. 알아차리다. 말하는 이, 듣는 이, 그 사의 말들, 보이지 않지만 오가는 기세, 그리고 언뜻 부는 바람이라도 있다면 그 모든 것들 함께하는 그 깨우치기에 모여 얻는다 한다. 『동산어록』(대정장47, p.523c12)에 "봉문이 말했다. '대중이여! 만약 알아차린다면 신통 유희함에 방해함이 없으리니 어떤 시절 온다 해도 추위도 더위도 상간없지만, 알아차리지 못한다면 춥다덥다 하며 겨울 여름 보낼 것이다'. 峰文云 大衆 若也會得 不妨神通遊戲 一切臨時 寒暑不相干 若也不會 且向寒暑裏 經冬過夏", 『운문광록』 권상(대정장47, p.548c20)에 "학인이 운문에게 물었다. '화상의 한마디 어떻게 알아차립니까?' '섣달 25일이다'. 問 如何會得和尙一句 師云 臘月二十五", 『양기어록』(대정장47, p.640b14)에 "만약 알아차린다 해도 쓸데없이 공력을 낭비하지 않겠지만, 알아차리지 못했다면 양기산세가 험하다고는 말하지 마라. 앞에 다시 최고봉 있다. 若也會得 功不浪施 若也不會 莫道楊岐山勢嶮 前頭更有最高峯", 『설두어록』 권2(대정장47, p.679c21)에 "설두가 하루는 법좌에 올라 대중이 모이자마자 주장자를 무릎 위에 뉘어 놓고 말했다. '이렇게 이해하면 천하 사람 눈을 멀게 한다'. 다시 주장자를 내던지며 말했다. '절반은 구제했다'. 바로 법좌에서 내려왔다. 一日上堂 衆方集 以拄杖 橫按膝上云 恁麽會得 瞎却天下人眼 復抛下拄杖云 救取一半 便下座"라고 하였다. [참고문헌] 『洞山語錄』, 『雲門廣錄』, 『楊岐語錄』, 『雪竇語錄』.

회란사 回鑾寺 중국 산서성(山西省) 개휴현(介休縣) 서남쪽 면산(綿山)에 위치한 절. 원래 이름은 공왕영계사(空王靈溪寺)였지만 당대 태종(太宗)이 면산에 올라 예불하려다가 이곳에 이르러 수레를 돌려 되돌아갔기(回鑾)에 후에 희종(僖宗)이 회란사라는 이름을 하사하였다. 오대(五代)에 병화(兵火)로 훼손되었다가 송 태조(太祖) 때인 962년(건륭3)에 중건되고 흥국사(興國寺)로 개칭하였으며, 금 천회년간부터 대정년간에 걸친 시기(1123~1189)에 옛터에 다시 중건되었다. 대전(大殿) 위에는 '대원국지대원년세차무신이십칠일임오정미시중건 大元國至大元年歲次戊申二十七日壬午丁未時重建'이라고 적혀 있으며 명청시대에도 개축된 바 있다. 경내에는 용괴(龍槐)와 잣나무가 무성하게 있는데 일찍부터 개휴십경(介休十景) 또는 면산십경(綿山十景) 중에서도 으뜸가는 경관으로 손꼽혀 왔다.

회려 誨勵 깨우치고 다독이다. 『경덕전등록』 권3 「보리달마전 菩提達磨傳」(대정장51, p.219b12)에 "달마가 불쌍히 여겨 물었다. '그대 오랫동안 눈 속에 서 서 무슨 일 구하느냐?' 신광(神光)이 슬피 울며 말했다. '오직 원컨대 화상께서 자비로 감로문을 여시어 널리 중생을 건지시길' '제불의 위없는 묘도는 광겁에 부지런히 정진하고, 행하기 어려워도 능히 행하고 참기 어려워도 참아내거늘, 어찌 부족한 덕과 작은 지혜와 가볍고 교만한 마음으로 진정한 가르침을 바라 쓸데없이 애를 쓰느냐?' 신광은 달마 깨우쳐 다독임을 듣고는 감췄던 날카로운 칼로 왼쪽 팔 스스로 베어 스승 앞에 놓았다. 師憫而問曰 汝久立雪中 當求何事 光悲涙曰 惟願和尙慈悲 開甘露門 廣度群品 師曰 諸佛無上妙道 曠劫精勤 難行能行 非忍而忍 豈以小德小智輕心慢心 欲冀眞乘 徒勞勤苦 光聞師誨勵 潛取利刀 自斷左臂 置于師前"라고 하였다. [참고문헌] 『景德傳燈錄』. ⇨ 단비 斷臂

회련 懷璉 1009~1090. 북송(北宋)대 운문종 스님. 속성은 진(陳) 씨. 장주(漳州 : 福建省) 용계(龍溪) 출신. 늑담회징(泐潭懷澄)의 법사(法嗣)이며 명주(明州 : 浙江省) 육왕산(育王山)에 주석하였다. 북송 황우년간(1049~1054)에 인종(仁宗)의 초청에 입궐하여 불법의 대의(大意)를 설하였기에 대각선사(大覺禪師)라는 사호를 받고는 대각회련(大覺懷璉)이라고도 불렀다. 1090년(원우5)에 세수 82세를 일기로 입적하였다. [참고문헌] 『釋氏稽古略』 권4(대정장49, p.867c4), 『續傳燈錄』 권5 「育王懷璉傳」(대정장51, p.494b17).

회령 懷靈 영묘함 품다. 유정(有情)을 달리 이르는 말. 『대당서역기』 「서문 序文」(대정장51, p.867b15)에 "가만히 드려다 보니 동글게 모양 내고 있는 하늘(穹儀)과 온갖 것 실어 반듯한 땅(方載)으로 넓고 영묘함 품어 다른 것들 쌓인 채로 알아차리는 하늘을 말했던 추연(鄒衍)도 그 끝 다함이 없었고 『괄지』마저도 그 바탕 충분히 가리지 못했다. 竊以穹儀方載之廣 蘊識懷靈之異 談天 無以究其極 括地 詎足辯其原"라고 하였다. [참고문헌] 『大唐西域記』. ⇨ 유정 有情

회례 回禮 **1** 예에 답하다. 복례(復禮)·환례(還禮)라고도 한다. 『백장청규』 권5(대정장48, p.1140b14)에 "주지는 명승(名勝 : 雲水僧)과 상견하게 되면 객위까지 배웅하고 예에 답한다. 住持遇名勝相看 就送客位回禮", 『선림상기전』 권10(대장경보편19, p.401b9)에 "회례 : 도충이 말한다. '회례란 예에 답하는 것이다'. 『칙수청규』 '유방참청 遊方參請'(대정장48, p.1140a18)에 '참두는 대중을 이끌고 객사(客司)에 이른 다음 〈생략〉 단과(旦過 : 旦過寮)로 돌아오면 지객이 따라가서 답례한다'라고 하였다. 『희수소담선사광록 希叟紹曇禪師廣錄』 권3 「개선숭경선사어록 開善崇慶禪寺語錄」(卍속장122, p.224b6)에도 제산(諸山)의 예에 답하고 돌아와 상당한 일이 있다. 回禮 忠曰 回禮者 答他之禮也 敕修淸規 遊方參請云 參頭領衆 至客司 〈乃至〉 歸旦過 知客尋往回禮 希叟曇禪師開善錄 有回諸山禮歸 上堂"라고 하였다. [참고문헌] 『百丈淸規』, 『禪林象器箋』. **2** 안거(安居)가 시작될 때 주지(住持)와 각종 소임을 맡은 스님들이 수좌(首座) 등에게 감사를 표하는 행사. 이를 알리는 게시물을 회례방(回禮榜)이라고 한다. [참고문헌] 『百丈淸規』 권5(대정장48, p.1142a26). ⇨ 회례방 回禮榜

회례방 回禮榜 안거(安居)에 대해 감사를 표하는 행사를 알리는 게시물. 산문 내의 대중(衆僧)에게 알리기 위해 중료(衆寮) 앞에 건다. 『선림상기전』 권22(대장경보편19, p.615b2)에 "회례방 : 『칙수청규』 '사괘탑 謝掛搭'에 '당일 이른 아침에 방장객두행자와 당사행자는 각각 회례방을 베껴 쓴 뒤 중료 앞에 붙이는데, 방장의 회례방은 상간에 붙이고 양서(兩序)의 회례방은 하간에 붙인다'라고 하였다. 回禮榜 敕修淸規 謝掛搭云 當日侵早 方丈客頭 堂司行者 各寫回禮榜 貼衆寮前 方丈榜 貼上間 兩序榜 貼下間"라고 하였다. [참고문헌] 『禪林象器箋』, 『禪林備用淸規』 권8(卍속장112, p.120a15).

회룡사 回龍寺 **1** 경기도 의정부시 도봉산(道峰山)에 있는 절. 대한불교조계종 봉선사(奉先寺)의 말사이고 비구니대중의 수행처다. 창건과 관련하여 1384년(우왕 10)에 무학대사(無學大師)가 초창(初創)하였다 하고, 1395년(태조4)에 무학이 창건하고 1398년에 태조가 이곳에 이르러 왕사 무학을 위해 확장하면서 '회룡'이라고 바꾸었다고 전한다. 1881년(고종18)에 우송(友松)이 쓴 「회룡사중창기 回龍寺重創記」(『한국사찰전서』 권하, p.1202a2~b3)에는 1394년(태조3)에 무학이 정도전의 의심을 받자 이곳에 토굴을 파고 피신하였는데, 1398년(태조 7)에 태조가 함흥에서 환궁하면서 이곳의 무학을 방문하여 여러 날 머무르면서 절을 짓고는 '어가를 돌린다'는 '회란(回鑾)'의 뜻을 담아 절 이름을 '회룡'이라고 붙였다고 하였다. 1636년(인조14) 7월 8일에는 사장(私藏)했던 『좌전 左傳』 각판을 인출하였다고 하고, 『기언별집』 권15 「갑인기행 甲寅記行」(한국문집총간99, p.132c10)에는 1645년(현종15)에 허목(許穆)이 회룡사를 참방하였을 때, 불전(佛殿)의 정문 옆에 큰 석조(石槽)가 있었는데 '1501년(연산군7) 刻弘治十四年'이라는 각자가 있었다고 하였고, 1880년(고종17) 10월 10일에는 이최응(李最應)이 양주 도봉산에 있는 회룡사에는 어제(御題)·어필(御筆)·도서(圖書)·의장(儀仗) 등이 봉안되어 있는데 오래되어 무너져가니 중건할 물품을 넉넉히 지급해달라고 청했고 고종은 국초에 창건되었고, 더욱이 중히 여기는 것을 봉안한 곳이라면서 신속히 수리하도록 하였다. 「회룡사중창기」와 1954년 퇴경(退耕) 권상로(權相老)가 찬술한 「도봉산회룡사중창상량문 道峯山回龍寺重創上樑文」(『한국사찰전서』 권하, pp.1202c8~1203d8)에는 1881년(고종18)에 혜봉최성(慧峰最性)이 경해원삼(慶海圓三)과 뜻을 세우고 상궁 하씨(河氏)와 조씨(趙氏)를 대단월로 옛 모습을 새로 바꾸고자 큰방(大房)을 새로 건립하면서 화사(畫師)를 초빙하여 지장·신중·현왕·무학국사의 탱화를 그려 봉안하였고, 1938년에는 니구니 순악(順岳)이 요사를 건립하였으며, 1954년에 비구니 도준(道準)이 중창하였다. 현존하는 당우로는 대웅전, 극락보전, 약사전, 삼성각, 설화당과 함께 관음보살입상이 있고, 성보문화재로는 1979년에 복원한 오층석탑이 있다. [참고문헌] 『韓國寺刹全書』, 『記言別集』. ❷ 평안남도 평양부 용악산(龍岳山)에 있던 절. 『사탑고적고』에는 돌담이 무너져 있고 기와 조각도 흩어져 있으며, 1749년(영조25) 4월에 건립한 「회룡사중수기석비 回龍寺重修記石碑」가 있었다고 하였다. [참고문헌] 『寺塔古蹟攷』, 『韓國寺刹全書』 권하, 『承政院日記』 52책 仁祖 14年 7月 8日, 『承政院日記』 2880책 高宗 17年 10月 10日.

회륵사 回勒寺 전라북도 남원시 둔산(屯山) 기슭에 있던 절. 『용성지』에 "지금은 폐사되었다. 今廢"고 하였다. [참고문헌] 『龍城誌』, 『韓國寺刹全書』 권하 p.1204a2.

회리 會裏 무리 져 함께하는 이들. 한 스승을 의지해 함께하기에 회하(會下)·문중(門衆)이라고도 한다. 회리(會裡)라고도 한다. 『임제록』(대정장47, p.504b14)에 "찾아온 학인이 경산에게 물었다. '저 학인에게 방금 전 무슨 말을 하였기에 문득 화상께 소리질렀습니까?' '저 학인은 황벽문중에서 왔다. 그대는 그 뜻 알고 싶은가? 직접 그에게 물어보거라'. 이에 경산의 오백 대중 태반이 흩어졌다. 尋有僧問徑山 這僧適來有什麽言句 便喝和尙 徑山云 這僧從黃蘗會裏來 爾要知麽 自問取他 徑山五百衆 太半分散", 『운문광록』 권중(대정장47, p.556b3)에 "와관이 주지가 된 후 설봉이 찾아와 차 마시며 담화하던 차에 설봉이 물었다. '당시 덕산의 회리에 나무를 벤 일은 무엇입니까?' '돌아가신 스승께서는 그때 나를 수긍하셨다'. 瓦官住院後 雪峯去訪茶話次 峯云 當時在德山會裏 斫木因緣作麽生 官云 先師當時肯我", 『원오어록』 권12(대정장47, p.767b10)에 "또 석두가 육조회리에서 사미로 있을 때였다. 하루는 육조에게 물었다. '화상께서 입적하시면 저는 어떻게 합니까?' '행사(行思)를 찾아가거라'. 又石頭在六祖會裏 作沙彌時 一日問祖云 和尙遷化後 某甲如何 祖云 尋思去", 『허당어록』 권4(대정장47, p.1015b8)에 "키 작은 사숙이신 소산(疎山)은 도를 탐구하는 마음이 대단히 간절했는데, 하루는 위산회하에서 대중에게 들어 보이길 '행각승이라면 모름지기 듣고 보는 곳 향한 채로 잠자고 앉고 누워야 한다'라고 설법하는 말을 듣고 앞으로 나가 물었다. '무엇이 소리나고 보이는 것들에 떨어지지 않는 것이니까?' 위산이 불자를 세워 들자 소산이 말했다. '이것 소리와 빛깔에 떨어지는 한 마디다'. 위산이 방장으로 돌아갔다. 疎山矮師叔 探道之心甚切 一日在潙山會裡 聞示衆道 行脚高士 直須向聲色裏睡眠 聲色裏坐臥 始得 疎山便出問 如何是不落聲色句 潙山竪起拂子 疎山云 此是落聲色句 潙山便歸方丈"라고 하였다. [참고문헌] 『臨濟錄』, 『雲門廣錄』, 『圜悟語錄』, 『虛堂語錄』.

회말야제 會末耶提 맡으면 두려움을 느끼게 하는 나쁜 냄새. 포향(怖香)이라고 한다. 『석마하연론』 권5(대정장32, p.634c24)에 "비유하자면 의복에는 본래 향기도 없고 악취도 없어서 한결같이 냄새 없지만 사람들이 반다가야사차제오숲에 들어가서는 회말야제에 훈습되기에 더러운 냄새가 나며, 범단지다나숲에 들어가서는 마다건다에 훈습되기에 향기 난다. 譬如衣服 從本已來 亦無芬香 亦無鄙香 一向無氣 而士夫衆 入於班多伽耶娑叉提鄔林時 會末耶提 以熏習故 而有穢香 入於梵檀只多那林時 陀摩鍵多 以熏習故 而有香氣", 『석마하연론기』(卍속장72, p.733a9)에 "반다가야사차제오는 (귀신들이 모여 있는 숲이라는 뜻에서) 귀집림(鬼集林)이라 한역하고, 회말야제는 포향이라 한역한다. 班多伽耶娑叉提鄔

反云 鬼集林 會末耶提 反云 怖香", 『석마하연론찬현소』 권4(卍속장72, p.960a15)에 "예를 들어 사람의 옷에는 본래 좋은 향기도 없고 악취도 없는데, 귀집림에 들어가 포향에 훈습되기에 악취를 띠게 되며 선거림에 들어가 선향에 훈습되기에 좋은 향기를 띠게 된다. 如人衣服 本無好香 亦無惡香 入鬼集林 怖香熏故 卽帶惡香 入仙居林 仙香熏故 卽帶好香"라고 하였다. [참고문헌] 『釋摩訶衍論』, 『釋摩訶衍論記』, 『釋摩訶衍論贊玄疏』.

회명 晦明 1866~1952. 근세 서울 도봉구 상계동 수락산 학림암(鶴林庵) 스님. 1866년(고종3) 경기도 양주(楊州)에서 태어났다. 4세 때 어머니가 죽고, 아버지는 공무원으로 항상 외지에서 근무한 탓으로 할머니 밑에서 자랐다. 1876년(고종13) 11세 때 수락산 학림암으로 찾아가 보하(寶河)스님을 은사로, 서울 개운사(開運寺)의 용호(龍湖)스님을 계사로 하여 스님이 되었다. 1923년 간성 건봉사(乾鳳寺) 강원에서 대교과를 졸업하고는 전국으로 다니면서 불자교화와 후진 양성에 힘을 기울였다. 만년에는 전라북도 임실군 임실면 대원암(大圓庵)에서 주석하다가 1952년에 세수 87, 법랍 76세를 일기로 입적하였다. [참고문헌] 『大圓庵寺誌』.

회문 懷問 북송(北宋)대 천축에 갔던 구법승. 『경우신수법보록 景祐新修法寶錄』 권16~18에 전하길, 1017년(천희1) 10월과 1023년(천성1) 정월과 1032년(명도1) 정월 등 세 차례에 걸쳐 천축에 가서 범본 경전과 부처님의 사리와 염주 및 보리수 잎 등을 가지고 돌아왔으며, 인종(仁宗)으로부터 현교대사(顯教大師)라는 사호도 받았다. 두 번째로 천축에 갔을 때 진종(眞宗) 황제를 위해 붓다가야 금강좌(金剛座) 옆에 탑을 건립하였고, 세 번째로 갔을 때는 탑 두 개를 더 건립하고 '진종성교서 眞宗聖教序·황태후발원문 皇太后發願文·인종어제삼보찬 仁宗御製三寶讚' 등을 새기고 왔다. 이후의 행적은 알 수 없다. 일찍이 인종의 명을 받고 역경윤문사(譯經潤文使)·추밀부사(樞密副使)·병부시랑(兵部侍郎)인 하송(夏竦)이 『회문삼예서천중인도마가다국기 懷問三詣西天中印度摩伽陀國記』를 찬술한 바 있다. [참고문헌] 『佛祖統紀』 권45(대정장49, p.409b7).

회민 懷敏 조선중기 선암사(仙巖寺) 스님. 간기(刊記)에 "순치 17년(1660·현종1) 경자 3월일 조계산 선암사개간. 順治17年庚子 3月日 曹溪山仙岩寺開刊"이라고 한 『법화경』 권1의 발문(跋文)을 썼다.

회발게 回鉢偈 발우공양을 시작할 때 선반으로부터 발우를 내려서 자리 앞에 놓고 외우는 게송이다. "부처님 가비라에서 탄생하셨고, 마갈타 보리수 밑에서 성도하셨으며, 바라나성에서 처음 설법하시고, 구시라성에서 열반에 드셨네. 佛生迦毗羅 成道摩竭陀 說法波羅捺 入滅俱尸羅"라고 하다. [참고문헌] 海印寺板 『日用作法』 2張 右面, 『釋門儀範』 권상 p.104a2. ⇨상념게 想念偈, 심경 心經, 오관게 五觀偈, 전발 展鉢, 발우공양 鉢盂供養

회백 懷白 1637년(인조15) 조선중기 제월경헌(霽月敬軒 1542~1632)의 문집인 『제월당대사집』에 따른 서문을 지은 스님이다. [참고문헌] 『霽月堂大師集』 권상(한불전8, p.114a6). ⇨경헌 敬軒

회보미방 懷寶迷邦 보배 품고도 세상 어둡게 두다. 보배 품은 채로 세상 헤매이다. 『논어』 「양화 陽貨」에 "양화가 공자에게 말했다. '보물 품은 채 나라를 어지럽게 한다면 인(仁)이라고 할 수 있습니까?' 공자가 말했다. '없습니다'. 曰 懷其寶而迷其邦 可謂仁乎 曰 不可"라 하였다. 주희(朱熹)는 이에 대해 "보물 품은 채 나라 어지럽게 하였다니 도덕을 품기만 해서 나라 어지러운 것 구하지 않았다는 뜻이다. 懷寶迷邦 謂懷藏道德 不救國之迷亂"라고 주석하였으며, 『능엄경의소석요초』 권3(卍속장16, p.894a18)에서는 "공자는 재능도 지혜도 있었지만 벼슬 하지 않았는데 이것이 보물도 품었다 한 것이다. 나라를 다스리길 잘 알면서도 정사를 맡지 않았는데 이것이 나라를 어지럽게 함이다. 孔子有才知 而不仕 是懷其寶也 善於治國之道 不執政事 是迷其邦也"라고 하였다. 『황룡어록』(대정장47, p.638a5)에 "사람사람이 모두 신령스런 뱀이 물어다 준 진주를 지니고 있고 누구나 본래 형산의 옥을 간직하고 있지만, 스스로 빛을 돌이켜 비추지 못하기에 보물을 품고도 세상 어지러운 채로 있다 한다. 人人盡握靈蛇之珠 箇箇自抱荊山之璞 不自回光返照 懷寶迷邦", 『대승본생심지관경천주현시』 「심지관경천주본서 心地觀經淺註本序」(卍속장34, p.2b15)에 "부처가 되고 못 되고는 마음을 관할 수 있느냐 없느냐에 있을 뿐이다. 진실로 일체중생은 여래지혜의 덕상으로서의 마음 바탕 갖추고 있지만 물욕과 망상에 뒤덮여 스스로 이를 알지 못한다. 이에 보물을 품고도 스스로 세상 어두운 채로이니 구걸한다. 佛之成與不成 但在觀心之能與不能耳 良以一切衆生 俱有如來智慧德相之心地 以物欲妄想所蔽 而不自知 故懷寶迷邦 抱珠乞丐", 『시식단의』(卍속장104, p.864a17)에 "이 깨달음이라는 꽃은 사람사람 본래 있고 개개가 없지 않아서 일체중생 각각 갖추지 못함이 없어서 모든 보살과 더불어 본래 그 바탕 같을 뿐이다. 어쩌다 머리 잃고 그림자 볼 뿐이니 보배 품고는 세상 헤매서 스스로 알 날 없으니 참으로 슬프고 가련하다. 此覺悟之花 人人本有 箇箇不無 一切衆生 無不各具 與諸菩薩 本是同體 如何迷頭認影 懷寶迷

邦 而不自覺 誠可悲愍"라고 하였다. [참고문헌] 『論語集註』, 『楞嚴經義疏釋要鈔』, 『黃龍語錄』, 『大乘本生心地觀經淺註懸示』, 『施食壇儀』.

회복 洄澓 Ⓢāvarta, Ⓟāvaṭṭa-gāha. 소용돌이. 또는 물이 거꾸로 흐르는 모양. 빠져 허우적거리는 세상의 바다 또는 계를 버리면 돌아가야할 세속을 비유한다. 『잡아함경』 권8(대정장2, p.54c6 : *Samudda-sutta, SN.4*, p.157)에 "바다란 세간의 어리석은 범부중생이 하는 말이고, 성인의 말씀은 아니다. 바다란 크고 작은 물일 뿐이다. 눈은 사람의 바다이고, 저 색경이란 파도이니, 만약 색의 파도를 능히 견디면, 눈인 바다를 건너, 파도 쳐 소용돌이치는 모든 물인 악충과 나찰녀귀를 다하게 된다. 海者 世間愚夫所說 非聖所說 海大小水耳 眼是人大海 彼色爲濤波 若能堪色濤波者 得度眼大海 竟於濤波 洄澓諸水 惡蟲 羅刹女鬼 samuddo samuddo ti bhikkhave assutavā puthujjano bhāsati. neso bhikkhave ariyassa vinaye samuddo. mahā eso bhikkhave udakarāsi mahā udakaṇṇavo. cakkhu bhikkhave purisassa samuddo tassa rūpamayo vego. yo taṃ rūpamayaṃ vegaṃ sahati ayaṃ vuccati bhikkhave atari cakkhu samuddaṃ saūmiṃ sāvaṭṭaṃ sagāhaṃ sarakkhasaṃ", 같은 책 권43(대정장2, p.315a4 : *Dārukkhandha-sutta, SN.4*, p.179)에 "비구도 또한 이와 같다. 이 언덕에 집착하지도 않고 … 소용돌이 치는 곳에 들어가지도 않는다면 … 열반으로 흘러든다. 比丘亦復如是 亦不著此岸 … 不入洄澓 … 浚輸涅槃 evam eva kho bhikkhave sace tumhe pi na oriman-tīram upagacchatha … na āvaṭṭagāho hessatha … nibbānapabbhārā", "휘돌아 흐른다는 회복이라 하니, 환계하여 퇴전하는 것을 비유한 것이다. 洄澓者 猶如有一還戒退轉 āvaṭṭagāho ti kho bhikkhu pañcannetam kāmaguṇānam adhivacanaṃ", 60권본 『화엄경』 권50(대정장9, p.713c23)에 "적멸락에 머물러 생사로 소용돌이 쳐 흐르는 연못을 멀리 벗어난다. 住寂滅樂 遠離生死洄澓流淵", 『순정리론』 권59(대정장29, p.669a11)에 "비록 아주 깊고 험난한 소용돌이 지날지도 능히 빠지지 않고 마음대로 떠서 건너갈 수 있다. 雖經極深險難洄澓 能免淪沒自在浮渡", 『신화엄경론』 권24(대정장36, p.887c9)에 "'일체중생이 커다란 폭포수의 물결에 빠졌다'란 애욕의 물에 빠짐을 밝힌 것이고, '욕류・유류・무명류・견류에 들어가 생사에 소용돌이친다'란 애욕의 강물로 소용돌이 쳐 흘러 떠서 구름을 다 거둬 밝힌 것이다. 一切衆生 爲大瀑水波浪所沒者 明因愛水所沒故 入欲流 有流 無明流 見流生死洄澓者 明總因愛河漩流漂轉故", 『대승의장』 권13(대정장44, p.729c17)에 "여덟 가지 인연을 여의면 곧바로 (열반이라는) 대해에 나아간다. … 일곱 번째는 소용돌이에 들지 않는다. … 계를 버리고 다시 집으로 돌아가지 않는 것을 회복에 들지 않는 것이라 한다. 離八因緣直趣大海 … 七 不入洄澓 … 不退戒還家 名不入洄澓"라고 하였다. [참고문헌] 『雜阿含經』, 『華嚴經』, 『順正理論』, 『新華嚴經論』, 『大乘義章』, *SN.*, *Abh-k-bh.165.*

회복사 薈福寺 중국 내몽고자치구 적봉시(赤峰市) 바아린우기(巴林右旗) 대판진(大板鎭) 동쪽 끝에 위치한 절. 청대인 1706년(강희45)에 강희제의 차녀 영헌공주(榮憲公主)가 주관하여 창건하였다. 처음에는 파이사묘(巴爾斯廟 : 巴爾斯虎廟)라고 불렀다가 후에 회복사로 이름을 바꿨으며 동대묘(東大廟)라고도 한다. 원래대로 유지되어 전전(前殿)・후전(後殿)・동서배전(東西配殿)・후동측실(後東側室) 등이 있고 그 앞에 복발식(覆鉢式) 전탑(磚塔) 2기가 있다. 완공된 지 얼마 안 되어 파림초원을 순행하던 강희제를 영접하기 위해 지은 행궁(行宮)의 옛터가 현재까지도 남아 있다.

회본 會本 따로 유통되던 글들을 모아 엮는 책. 중국 송대 이후 간행된 형식이며 강습의 편의를 위해 근대 학자들이 널리 채택하였다. 예를 들면, 『법화현의석첨회본 法華玄義釋籤會本』은 천태지의(天台智顗)가 저술한 『법화현의 法華玄義』와 그 주석서인 형계담연(荊溪湛然)의 『현의석첨 玄義釋籤』을 명 만력년간(1573~1620)에 천태산(天台山) 불롱(佛隴)의 진각(眞覺)이 합본한 책이다. 『열반경현의문구』 「범례 凡例」(卍속장56, p.300a2)에 "원본 『현의』는 2권이고, 『문구』는 1권인데, 지금 회본 또한 2권이다. 이에 『현의』에는 권 끝에 표시와 함께 위아래로 제목이 있지만, 『문구』에는 없다. 原本玄義 二卷 文句 一卷 今會本 亦二卷 故玄義 則卷際有標及上下目 而文句則無", 『사분율계본소행종기』 「서문 序文」(卍속장62, p.310b16)에 "오늘날 섭율의계를 총괄하여 받을 때 역시 주석서(鈔疏)에 의거하고 있는데, 그중 이 계본의 주석과 소(疏)・기(記) 등은 별도로 세상에 유행하고 있었다. 지금 이 회본이야말로 나의 스승께서 오랫동안 마음을 다해 힘쓴 결과물이다. 今時通受攝律儀戒 亦依鈔疏 於中 此戒本注 幷疏記等 特別行于世焉 今此會本也 我師久用心之務也"라고 하였다. [참고문헌] 『涅槃經玄義文句』, 『四分律戒本疏行宗記』.

회봉사 回鳳寺 평안남도 용강군 두륵산(頭勒山)에 있던 절. 『동국여지승람』 권52 평안도 용강현 불우에 이름과 위치가 전하고, 『범우고』에 "지금은 폐사되었다. 今廢"라고 하였다. [참고문헌] 『東國輿地勝覽』, 『梵宇攷』, 『韓國寺刹全書』 권하 p.1204a3.

회부득 會不得 알아차릴 수 없다. 상대어는 회득(會得)이다. 『운문광록』 권상(대정장47, p.545c10)에 "한 학인이 운문에게 물었다. '무엇이 사문행입니까?' '알 수 없다' '어째서 알 수 없습니까?' '그저 알 수 없을 뿐이다'. 問 如何是沙門行 師云 會不得 進云 爲什麼會不得 師云 秖守會不得", 『원오어록』 권18(대정장47, p.796c19)에 "원오가 들었다. '나찬화상이 말하길 「나에게 한마디 있지만 생각도 끊어졌고 연마저 잊어버려서 잘 설할 수 없으니 마음으로 전할 뿐이다」'. 원오가 이를 집어 말했다. '이 노인 물고기가 헤엄쳐 물을 흐렸으니 허물 적지 않다. 비록 이와 같더라도 이중에 혹시라도 연도 잊고 생각 끊은 이 있다면 나와서 말해 보라. 무엇으로 이 마음으로 전한다고 하는가? 알아차렸다면 이미 전해 마쳤고 알 수 없다면 마음인즉 그대로 둔다. 끝내 이것이 저 핵심적인 한마디이다. 「승당으로 돌아가 쉬거라!」' 擧 懶瓚和尙云 吾有一言 絶慮忘緣 巧說不得 只要心傳 師拈云 這老漢 魚行水濁 漏逗不少 雖然如是 箇中或有解忘緣能絶慮者 出來道 作麽生是心傳 若也會得 已傳了也 若會不得 心卽且置 畢竟是那箇一言 歸堂歇去", 『벽암록』 73칙 「송 頌」(대정장48, p.201b6)에 "지장(智藏)의 머리는 하얗고 회해(懷海)의 머리는 검지만 〈반은 닫고 반은 열려 있으니, 한 손으로는 떠받들고 한 손으로는 누르는구나. 시종일관 훌륭하군〉, 눈 밝은 납승도 알아차릴 수 없다네〈다시 30년 행각해라. 그래도 결국엔 그대들의 콧구멍이 남에게 꿰일 것이지만, 산승은 본래 입을 다문 채로다〉. 藏頭白海頭黑〈半合半開 一手擡一手搦 金聲玉振〉 明眼衲僧會不得〈更行脚三十年 終是被人穿却爾鼻孔 山僧故是口似匾檐〉", 『종문염고휘집』 권28(卍속장115, p.843b9)에 "설봉이 법좌에 올라 말했다. '망주정에서 그대들과 만났었고, 오석령에서 그대들과 만났었으며, 승당 앞에서 그대들과 만났었다'. 雪峰 上堂云 望州亭與汝相見了也 烏石嶺與汝相見了也 僧堂前與汝相見了也 ; 운거도제(雲居道齊)가 말했다. '이 두 존숙(雪峰과 保福)에 대해 말해 보라. 알아차렸는가, 알아차리지 못했는가? 서로 보았는가, 본 일도 없는가? 한번 판단해 보라'. 雲居齊徵云 此二尊宿 且道 會得 會不得 相見 不相見 試斷看"라고 하였다. 〔참고문헌〕 『雲門廣錄』, 『圜悟語錄』, 『碧巖錄』, 『宗門拈古彙集』. ⇨ 회득 會得

회불사 繪佛師 부처님 모습을 그리는 스님. ⇨ 금어 金魚 **1**, 불모 佛母 **5**, 화사 畵師

회사 回寺 **1** 충청남도 서천군 한산면 호암지 건지산(乾至山) 북쪽에 있던 절. 『동국여지승람』 권17 충청도 한산군 불우에 이름과 위치가 전하고, 제영에 "회사고봉. 뒷 고개는 삼각산과 같고 앞 봉우리 반은 하늘에 들었다. 가는 배 쇠 닻줄 내리니 혹 광풍이 있을런가. 回寺高峯 後嶺如三角 前峯入半空 行舟缶鐵碇 遮莫有狂風"라고 하였다. 『범우고』에 "지금은 폐사되었다. 今廢"라고 하였다. 〔참고문헌〕 『東國輿地勝覽』, 『梵宇攷』, 『韓國寺刹全書』 권하 p.1204a5. **2** 머물러 일하지 않고 돌아다니며 사는 여인. 『중종실록』 권19 8년(1513) 10월 3일에 "남자들 거사라 하고 여인들 회사라 하는데 모두 농업에 종사하지 않고 마음대로 음탕한 행동을 하며 풍속을 그르치니 법으로 마땅히 금지해야 합니다. 男子之稱爲居士 女人之稱爲回寺者 率皆不事農業 縱淫橫行 傷風敗俗 法所當禁"라고 하였다. 〔참고문헌〕 『中宗實錄』.

회사 悔死 후회하며 죽다. 십이품생사(十二品生死) 중 하나다. 『십이품생사경』(대정장17, p.575b5)에 "후회하며 죽는다 하니 곧 범부의 것이다. 悔死者 謂凡夫也", 『사제론』 권2(대정장32, p.384b13)에 "계를 깨뜨린 사람의 죽음을 후회가 있는 죽음이라 하고, 계를 지닌 사람의 죽음을 후회가 없는 죽음이라 한다. 破戒人死 名有悔死 持戒人死 名無悔死"라고 하였다. 〔참고문헌〕 『十二品生死經』, 『四諦論』, 『三部律抄』(대정장85, p.674b17). ⇨ 십이품생사 十二品生死

회사 迴謝 **1** 돌아가며 서로 바꾸다. 『출삼장기집』 권10 「대지론초서 大智論抄序」(대정장55, p.75c28)에 "미루어 다한즉 알 수 있는데, 있다 없다 한 법에서 서로 돌아가며 자리 바꾸니 서로 마주할 뿐 그 뿌리 없고, 나고 사라짐도 하나 변화 둘로 행할 뿐이어서 빛나는 하늘 주인은 없다. 推而盡之則知 有無迴謝於一法 相待而非原 生滅兩行於一化 映空而無主"라고 하였다. 〔참고문헌〕 『出三藏記集』. **2** 감사의 뜻을 회신하는 것. 『해동고승전』 권1 「석순도전 釋順道傳」(대정장50, p.1016a5)에 "고구려 제17대 해미류왕〈또는 소수림왕〉 2년 임신년(372) 여름 6월 진(秦 : 後秦) 부견이 사신과 스님(浮屠) 순도를 시켜 불상과 경문을 보내왔다. 이에 군신들이 만남의 예로써 받들어 성문(省門)에서 맞이하였다. 정성을 다해 공경히 믿음에 감동과 경사가 유행하였다. 이윽고 사신을 보내어 감사의 뜻을 회신하니 지역산물로 조공하였다. 句高麗第十七 解味留王〈或云 小獸林王〉 二年壬申夏六月 秦符堅發使 及浮屠順道 送佛像經文 於是君臣 以會遇之禮 奉迎于省門 投誠敬信 感慶流行 尋遣使迴謝 以貢方物"라고 하였다. 〔참고문헌〕 『海東高僧傳』.

회산 晦山 **1** 1610~1672. 명대 스님. 원운(愿雲) 또는 원운(願雲), 법호는 계현(戒顯), 별호는 회산(晦山) 또는 파옹(罷翁)이다. 속성은 왕(王)씨이며 아버지는 왕몽규(王夢虯)이다. 1610년 강소성 태창(太倉)에서 태어났다. 어려서는 아버지로부터 글을 배우고 불교전적도 접했다. 장채(張采)의 문하에서 수학한 후 장원급제하였다. 20세 이후에는 외삼촌으로부터 천태교학을 배웠다. 1644년 갑신변란(甲申變亂)을 보고 제거문(制擧文)을 지어 문묘에서 통곡하고는 출가를 결심했다. 남경(江蘇省 서쪽 長江 연안에 있음) 금릉(金陵) 보화산(寶華山)으로 가서 삼매적광(三昧寂光 1580~1645) 율사를 은사로 하여 스님이 되었으니 나이는 35세였다. 항주 고정산(皐亭山) 현녕사(顯寧寺)에서 구덕홍례(具德弘禮)를 처음으로 친견하고 강소의 지장암·영은사(靈隱寺) 등지로 모시고 다니면서 참선정진을 하다가 삼매율사가 자신이 지은 『범망경직해 梵網經直解』 4권의 교간(校刊)을 부탁한 일로부터 율학을 깊이 연구하였다. 소주의 해장암(海藏庵)에 구덕홍례 화상이 방장일 때 서당(西堂)을 맡았고, 36세 때 구덕의 법을 이어받았으니 남악회양의 36대 법손이 되니 설암조흠(雪巖祖欽)·고봉원묘(高峰原妙)·소암덕보(笑巖德寶)·운서주굉(雲棲袾宏)·환유정전(幻有正傳) → 밀운원오(密雲圓悟)·한월법장(漢月法藏)·구덕홍례·회산계현으로 이어진다. 1651년(순치8)부터 7년간 운거산 진여사(眞如寺) 주지로 있으면서 선법을 진작하였으며 1661년(순치18)부터 4조 도신(道信)의 도량인 파두산(破頭山)에 주석하였다. 영은사에 있을 때는 대전(大殿)·구덕화상탑원(具德和尙塔院)·법수당(法壽堂)·보동탑(普同塔)을 세우는 한편 『영은사지 靈隱寺誌』와 구덕화상의 탑명(塔銘)도 지었다. 영은사 주지직을 사임하고 1672년(강희11) 고정산 불일암(佛日庵)으로 옮겼다가 그해 7월 17일 세수 63, 법랍 28세를 일기로 입적하였다. 제자들이 운거산 발우봉(鉢盂峰)에 탑을 세웠다. 제자로는 사법제자(嗣法弟子) 26명, 사율(嗣律)제자 2명 등 모두 28명이었는데 『오등전서』에 운거연뇌봉(雲居燕雷峰)선사, 소산이서기(疎山頤西器) 등 7명의 이름이 나타나 있다. 「전계정범서 傳戒正範序」·「화산동전비음제기 華山銅殿碑陰題記」·「모각화엄대경소 募刻華嚴大經疏」·「구덕화상행장 具德和尙行狀」·『어록』 12권·『선문단련설 禪門鍛鍊說』·『현과수록 現果隨錄』·『불법본초 佛法本草』·『추봉집 鷲峰集』·『사미율의비니일용합참 沙彌律儀毘尼日用合參』 등 많은 저서를 남겼으나, 그 중 상당은 일실되었다. 〔참고문헌〕『五燈全書』. **2** 조선조 범어사 보혜(普慧)의 법호. ⇨ 보혜 普慧

회산사 檜山寺 **1** 함경남도 이원군에 있던 절. 『가람고』와 『범우고』에 "군 서쪽 40리에 있다. 郡西四十里"라고 하였다. 목만중(睦萬中 1727~1810)의 『여와집』 권1에 「회산사 檜山寺」가 전한다. 〔참고문헌〕『伽藍考』, 『梵宇攷』, 『餘窩集』, 『韓國寺刹全書』 권하 p.1204b10. **2** 황해도 봉산군 계유산(鷄遊山)에 있던 절. 『동국여지승람』 권41 황해도 봉산군 불우에 이름이 전하고, 『여지도서』에 "지금은 없다. 今無", 『범우고』에 "지금은 폐사하였다. 今廢"라고 하였다. 〔참고문헌〕『東國輿地勝覽』, 『輿地圖書』, 『梵宇攷』, 『韓國寺刹全書』 권하 p.1204b12.

회산주부 灰山住部 Ⓢ Ⓟ Gokulika, Kukkuṭika. 소승이십부(小乘二十部) 중 하나. 계윤부(雞胤部)라고도 한다. 부처님 멸도 후 200년이 지난 시기에 대중부(大衆部)에서 갈라져 나왔다. 『부집이론』(대정장49, p.20a26)에 "이 다섯 사항에 대해 달리 생각해 택해서 나뉘어 두 부파가 성립되었다. 첫째는 대중부, 둘째는 상좌제자부이다. 두 번째 백 년이 되어 대중부로부터 다시 세 부가 나왔는데 첫째는 일설부, 둘째는 출세설부, 셋째는 회산주부다. 思擇此五處 分成兩部 一 大衆部 二 上座弟子部 至第二百年中 從大衆部 又出三部 一 一說部 二 出世說部 三 灰山住部", 『이부종륜론소술기』(卍속장83, p.435b4)에 "진제법사는 말하길 '회산주부라는 이 말은 잘못이다. 본래의 음과 뜻도 모두 이런 설은 없다. 이는 율주의 성(姓)에 따른 것이다'. 眞諦法師云 灰山住部 此言非也 本音及義 皆無此說 此從律主之姓", 『삼론현의』(대정장45, p.8c29)에 "셋째, 회산주부는 앞 두 부는 집중하는 뜻을 따라 이름을 받았다면 이 부파는 머무는 곳에 따라 이름을 삼았다〈이 산에 돌이 있는데 석회를 만들 수 있다. 이 부는 그곳 산중에서 도를 닦기에 이름하였다〉. 이 부는 비담이 실다운 가르침이라고 집착하였고, 경과 율은 방편법이라고 여겼다. 三 灰山住部 前二從執義受名 此因住處爲目〈此山有石 堪作灰 此部住彼山中修道 故以爲名〉 其執毘曇是實教 經律爲權說故"라고 하였다. 〔참고문헌〕『部執異論』, 『異部宗輪論疏述記』, 『三論玄義』, *M hv.28.* ⇨ 계윤부 雞胤部, 소승이십부 小乘二十部

회삼 會三 셋이 모이게 하다. 삼승(三乘)을 모이게 하다. 『열반종요』(대정장34, p.873c22)에 "〔문〕 방편교 중 인승과 천승이 있는데, 무슨 까닭에 이 둘을 모으지 않고 저 셋을 모은다 하는가? 〔답〕 셋을 모은다는 말에 또한 두 가지가 있다. 이유가 무엇일까? 『법화경』 중에서 설하길, 삼승에 두 가지가 있다. 첫째는 삼거의 비유로 「비유품 譬喩品」에 나오고, 둘째는 삼초의 비유로 「약초유품 藥草喩品」에 나온다. 이 뜻은 어떤가? 인승과 천승을 합하여 소승이라 하니 소약초와 같고, 성문과 연각은 중승이라 하니 중약초와 같으며, 저 별교에 의지하여 발심한 보살은 설하여 대승이라고 하니 대약초와 같다. 이 삼승을 모이게 하면 오승을 거두게 된다. 問 方便教中 有人天乘 何故不會此二 唯會彼三 答 會三之言 亦攝此二 所以然者 法花教中說 三乘有二 一者 三車所譬 出喩品 二者 三草所喩 出藥草品 此義云何 人天二乘 合爲小乘 如小藥草 聲聞緣覺 名爲中乘 如中藥草 依彼別教 發心菩薩 說名爲大乘 如大藥草 會此三乘 卽攝五乘", 『법화문구』 권8(대정장34, p.110a21)에 "『법화경』 이전에는 대소승으로 서로 나눴지만 『법화경』 이후로는 이미 모여 같게 했으니, 이 경이 바로 셋을 모이게 한 그 시작이요, 하나로 돌아가게 한 시작이기에 '제일'이라고 말하는 것이다. 法華之前 小大相隔 法華已後 已得會同 此經正是 會三之始 歸一之初 故言第一"라고 하였다. 〔참고문헌〕『涅槃宗要』, 『法華文句』, 『梁高僧傳』 권5(대정장50, p.356c16). ⇨ 회삼귀일 會三歸一

회삼계유심 會三界唯心 삼계가 오직 마음뿐이라고 알다. 『경덕전등록』 권24 「나한계침전 羅漢桂琛傳」(대정장51, p.371a9)에 "현사사비(玄沙師備)가 계침에게 묻기를 '삼계가 오직 마음뿐이라 하니 그대는 어떻게 아는가?' 계침이 의자를 가리키며 말하였다. '화상께서는 이것을 무엇이라 부르십니까?' '의자' '화상께서는 삼계가 오직 마음뿐임을 알지 못하십니다' '나는 이것을 대나무라고 부른다. 그대는 무엇이라 부르는가?' '계침 또한 대나무라고 부릅니다' '대지 온통 불법 안다 할 만한 이 찾아보기가 어렵구나'. 玄沙嘗問曰 三界唯心 汝作麼生會 師指倚子曰 和尙喚遮箇作什麼 玄沙曰 倚子 曰 和尙不會三界唯心 玄沙曰 我喚遮箇作竹木 汝喚作什麼 曰 桂琛亦喚作竹木 玄沙曰 盡大地 覓一箇會佛法底人 不可得"라고 하였다. 〔참고문헌〕『景德傳燈錄』, 『聯燈會要』 권26(卍속장136, p.861a2). ⇨ 삼계유심 三界唯心

회삼귀일 會三歸一 삼승(三乘 Ⓢ tri-yāna)으로 전개된 방편을 모아서 일승(一乘 Ⓢ eka-yāna)의 진실로 되돌아가게 하다. 『법화경』의 교의(敎義)를 내세운 말. 회삼입일(會三入一)·회삼입일(迴三入一)·회삼위일(會三爲一) 등이라고도 한다. 천태에서 특히 중시하는 이치로서 개삼현일(開三顯一) 또는 개권현실(開權顯實)과도 뜻을 같이한다. 성문승(聲聞乘)·연각승(緣覺乘)·보살승(菩薩乘)은 방편적으로 시설된 것이고, 이 모두 방편 그대로 『법화경』의 일불승(一佛乘)으로 돌아올 수밖에 없으니, 삼승이 바로 일승이고 일승이 바로 삼승인 '회삼귀일'의 뜻이 성립된다고 보았다. 『법화현의』 권1(대정장33, p.684b1)에 "경문에 '부처님께서 마땅히 법우를 내리셔서 구도자를 충족시키리라' 한 것은 회삼귀일이라는 법의 비로써 불도인을 구하는 이로 하여금 충족케 하고, 나아가 일체를 다 모이게 해서 충족케 하는 뜻이다. 만약 가까운 것을 열어 먼 것을 드러내는 법우라면 불도과를 구하는 이를 충족시키게 한다. 文云 佛當雨法雨 充足求道者 卽是會三歸一之法雨 令求佛道因者充足 乃至一切皆會令充足 若開近顯遠之法雨 令求佛道果者充足", 『금강반야소』 권1(대정장33, p.87a4)에 "『열반경』은 바로 상과 무상을 밝혔고, 『법화경』은 회삼귀일의 법을 밝혔으며, 『화엄경』은 널리 보살인과의 덕행을 밝혔다. 涅槃正明常無常 法華明會三歸一之法 華嚴廣明菩薩因果德行", 『법화현의』 권9(대정장33, p.799b14)에 "개삼현일·주삼용일·회삼귀일, 이 세 조항은 위인실단에 속한다. 왜인가? 본디 이 셋을 익힘에 이제 도리어 셋 닦음을 잡아서 일승을 닦으니, 길과 자취를 바꾸거나 고치지 않는다. 다만 이 삼승을 깊이 관하면 일승의 이치가 저절로 드러나고 삼승 중에 일승이 있어 취사할 필요가 없다. 그러므로 개삼현일은 위인실단에 귀속되고, 주삼용일 또한 이와 같아서 다만 이 삼승에 나아가 일승의 도를 닦는 것일 뿐이다. 開三顯一 住三用一 會三歸一 此三條屬爲人悉檀 何者 本習此三 今還約三修一 不改途易轍 秖深觀此三 一理自顯 三中有一 不須取捨 故開三顯一 屬爲人悉檀 住三用一亦如是 秖就此三而修一道", 『법화유의』(대정장34, p.647a24)에 "〔문〕 무엇을 회삼귀일이라고 하는가? 〔답〕 회삼귀일을 알고자 한다면 먼저 개일위삼의 뜻을 알아야 한다. 하나를 열어 셋이 되었다 함은 앞서 대승으로서의 인을 가리켜 설해서 소승의 구경과를 삼았음이요, 이제 다시 돌이켜 소승의 구경과를 가리켜서 곧바로 이 대승의 인이라 한 것이니 회삼귀일이라고 한다. 問 云何名會三歸一耶 答 欲識會三歸一 先須知開一爲三 開一爲三者 昔指大乘之因說 爲小乘究竟之果也 今還指小乘究竟之果 卽是大乘之因 故名會三歸一也", 『법화경종요』(대정장34, p.873a28)에 "회삼귀일이란 앞서 설해진 삼승인과를 모아서, 다시 본래 일승의 이치로 되돌아가게 한 것이다. 會三歸一 會昔所說三乘因果 還歸於本一乘理故", 『신화엄경론』 권7(대정장36, p.761a25)에 "여덟째는 『법화경』이라는 실교에 의지하여 삼승을 모아 일승으로 되돌아가는 것이니, 용녀로 하여금 한 찰나간에 성불케 하여 삼승의 경이 오랜 겁을 거쳐야 비로소 성불한다는 주장을 깨뜨린다. 第八 依法華經實敎 會三歸一 令龍女一刹那際成佛 破三乘經於多劫 方始成佛", 『법화문답』(대정장85, p.204a2)에 "병에 의거하여 말하자면 삼승을 깨뜨려 일승에 되돌아가나, 행을 잡아 깨우치게 함이 곧 삼승을 모아 일승에 되돌아감이니, 병일 것 같으면 모두 부셔서 모이지 않게 해야 할 것이지만, 행으로 말하자면 모두 모아서 깨뜨리지 않는다. 據病爲言 則破三歸一 約行爲悟 則會三歸一 病則俱破而不會 行則俱會而不破"라고 하였다. 〔참고문헌〕『法華經』, 『法華玄義』, 『金剛般若疏』, 『法華遊意』, 『法華經宗要』, 『新華嚴經論』, 『法華問答』. ⇨ 개삼현일 開三顯一, 화택유 火宅喩, 삼거사거 三車四車

회삼입일 會三入一 회삼귀일(會三歸一)의 취지를 달리 표현한 말. 『신화엄경론』 권37(대정장36, p.981c12)에 "『법화경』의 회삼입일의 법문 중에는 이 세 법인 문수·보현·관세음보살의 법이 갖춰져 있다. 법신의 무상혜와 근본지인즉 문수의 행이 주가 되고, 근본지로 좇아 차별행을 일으킴은 보현이 주가 되게 드러냈고, 대자비심으로 항상 고류에 처하면서도 빠져나오기를 구하지 않음은 관세음이 주가 되게 드러냈다. 이 세 법이 한 사람의 행하는 바에 속하게 해서 구족케 하고, 온전히 갖추어 일체중생계에 두루해서 중생을 교화함에 빠짐없이 하니 비로자나불이라고 한다. 곧 일체처가 문수요, 일체처가 보현이요, 일체처가 관세음이요, 일체처가 비로자나이며 나아가 미진 중에 겹겹이 가득차 있음을 밝혔다. 於法華經中 會三入一門中 具有此三法 文殊普賢 觀世音菩薩 表法身無相慧 及根本智 卽文殊之行主之 表從根本智 起差別行 以普賢主之 表大慈悲心 恒處苦流 不求出離 以觀世音主之 以此三法 屬於一人所行令具足 遍周一切衆生界 教化衆生 令無有餘 名毘盧遮那佛 卽明一切處文殊一切處普賢 一切處觀世音 一切處毘盧遮那 乃至微塵中重重充遍"라고 하였다. [참고문헌] 『新華嚴經論』, 『華嚴經合論』 권102(卍속장7, p.77a12).

회상 會上 Ⓢ parṣan-maṇḍala. 불보살이 설법하고 대중이 모여드는 법회. 법화회상(法華會上)·능엄회상(楞嚴會上) 등이 그 예이다. 『십주경』 권4(대정장10, p.528c27 : *Daś-bh.*, p.56)에 "부처님 한 분 한 분께서 설법하는 큰 회상마다에서는 모두 온갖 보배 비처럼 쏟아지니 그 모양이 거대한 구름과 같다. 一一佛大會上皆雨衆寶 狀如大雲 nānāvyūhamahāratnavarṣā iva ekaikatathāgataparṣanmaṇḍale mahāmeghā ivābhipravarṣanti sma"라고 하였다. [참고문헌] 『十住經』, *Daś-bh.* ⇨ 능엄회상 楞嚴會上, 법화회상 法華會上, 열반회상 涅槃會上, 영산회상 靈山會上❶❷, 용화회 龍華會, 원통회상 圓通會上

회상귀성 會相歸性 상을 모아 성으로 돌아가다. 제법이 진여로 돌아가는 뜻이다. 『화엄경소초』 권9(대정장36, p.66b19)에 "또한 '과거는 이미 사라졌고, 미래는 아직 오지 않았으며, 현재는 머무름이 없다' 한다. 이처럼 삼세는 모두 공하여 체성인즉 멸하니 상을 모아 성으로 돌아간다는 말이다. 又云 過去已滅 未來未至 現在無住 三世皆空故 體性卽滅 乃會相歸性也", 『입능가심현의』(대정장39, p.428a22)에 "상을 모아 성으로 돌아간다는 말은, 허망한 분별인즉 공하여 연해서 일어나기에 성이 없다. 경은 이 뜻에 의지해서 모든 법 그대로 진여라고 설한다. 會相歸性者 以妄計卽空 緣起無性 經依此義說一切法 卽眞如也", 『도서』 권상1(대정장48, p.402a7)에 "상을 모아 성으로 돌아가니 그 까닭이 없지 않다. 성과 상은 서로 가로막지 않으니 모두 한 마음인 탓이다. 會相歸性 非無所以 性相無礙 都是一心"라고 하였다. [참고문헌] 『華嚴經疏鈔』, 『入楞伽心玄義』, 『都序』.

회생 懷生 생명을 품은 존재. 중생. 『호명방생궤의법』(대정장45, p.902a17)에 "생을 품은 존재는 모두 그 생을 애착하니 위로는 지혜로운 사람까지 그러하고, 죽을 수밖에 없는 존재는 모두 그 죽음을 두려워하니 아래로 곤충까지 그러하다. 夫以懷生者 皆愛其生 上通賢智 有死者 咸畏其死 下洎蜫蟲", 『미륵상생경서응초』 권상(卍속장35, p.877a7)에 "회생은 유정의 다른 이름이니, 정식 또는 번뇌를 함유하고 있기 때문이다. 懷生卽是有情異名 懷含情識 或煩惱故"라고 하였다. [참고문헌] 『護命放生軌儀法』, 『彌勒上生經瑞應鈔』.

회서척석 淮西擲錫 회서에서 석장을 날리다. 등은봉(登隱峰)의 고사다. 『불조강목』 권32(卍속장146, p.532b11)에 "오대산에 올랐다가 회서로 길을 나섰는데 마침 오원제가 병사를 쪼개 양군이 맞서게 되었지만 승부를 가리지 못하였다. 등은봉이 '내가 이 우환을 풀겠다'고 한 뒤 석장을 허공에 던져 몸을 날려 지나가자 양군의 장수와 사졸이 쳐다보았는데, 그 일이 미리 꾼 꿈과 맞아들자 싸울 마음이 단번에 그쳤다. 薦登五臺 路出淮西 屬吳元濟阻兵 兩軍交鋒 未決勝負 峰曰 吾當少解其患 乃擲錫空中 飛身而過 兩軍將士仰觀 事符預夢 鬪心頓息"라고 하였다. [참고문헌] 『佛祖綱目』. ⇨ 비석 飛錫❶

회석두 回石頭 대수원정(大隨元靜)의 제자 석두자회(石頭自回). 『오등회원』 권20(卍속장138, p.785b4)에 "사람들이 석공으로 여겨 회석두라 불렀다. 人以其爲石工 故有回石頭之稱也"라고 하였다. [참고문헌] 『五燈會元』. ⇨ 자회 自回

회선사 會善寺 중국 하남부(河南府 : 河南省) 등봉현(登封縣)에서 북쪽으로 10리 지점의 숭산(嵩山)에 있는 소림사(少林寺)에 이어지는 대사원. 본래는 후위(後魏) 효문제(孝文帝)의 이궁(離宮)이었는데 개황년간(581~600) 회선사라는 이름을 받았다. 오조홍인(五祖弘忍) 문하의 혜안(慧安)·정장(淨藏)이 주석하였다. 이 절의 계단(戒壇)이 있어 유리계단(瑠璃戒壇)이라 불렸는데 조주종심(趙州從諗)도 이곳에서 계를 받았다. [참고문헌] 『大明一統志』 권29, 『大淸一統志』 권163.

회선암 會仙庵 황해도 수안군 아달산(阿達山)에 있던 암자. 『여지도서』 황해도 수안 사찰에 "군 북쪽 60리 아달산 동쪽에 있다. 在郡北六十里阿達山東"라고 하였고, 『범우고』에도 이름과 위치가 전한다. [참고문헌] 『輿地圖書』, 『梵宇攷』, 『韓國寺刹全書』 권하 p.1204a10.

회성 會成 조선말 스님. 법호는 침송(枕松). 『동사열전』 권4 「회산강백전 晦山講伯傳」(한불전10, p.1044b1)에 "(회산보혜는) 도갑사의 회성과 함께 『화엄경』을 익혔다. 道甲之會成 同學華嚴", 같은 책 권5 「기봉선사전 騎峯禪師傳」(한불전10, p.1059a19)에 "(기봉장선은) 침송회성대사의 조실에서 구족계를 받았다. 受具於枕松會成大師之室", 같은 책 권6 「설우대사전 雪藕大士傳」(한불전10, p.1066b1)에 "(설우대운은) 13세에 월출산 도갑사에 들어가 침송회성대사에게 머리를 깎았다. 師十三 入月出山道甲寺 祝髮於枕松會成大師"라고 하였다. [참고문헌] 『東師列傳』.

회소 懷素 ❶ 634~707. 당대 율승(律僧). 속성은 범(范)씨. 경조(京兆 : 陝西省 西安) 출신. 나이 열둘에 현장(玄奘) 문하로 출가하여 경론을 학습했다. 구족계를 받은 다음 도의(道宜)의 지도로 『사분율행사초 四分律行事鈔』를 공부하였다. 그 뒤에 법려(法礪)의 제자 도성(道成) 문하로 들어가 『사분율소 四分律疏』를 배웠다. 이런 과정이 토대가 되어 『사분율개종기 四分律開宗記』 20권를 지어 이전의 과오를 수정하고 새롭게 하였기에 신소(新疏)라 하고는 동탑율종(東塔律宗)이라 하였으니, 법려의 상부종(相部宗), 도선의 남산종(南山宗)과 함께 율학삼대종(律學三大宗)이라 불렸다. 707년(경룡1) 세수 74세로 입적하였다. 저서에 『구사론소 俱舍論疏』·『유교경소 遺敎經疏』·『사분비구계본소 四分比丘戒本疏』·『승갈마 僧羯磨』·『니갈마 尼羯磨』 등이다. [참고문헌] 『宋高僧傳』 권14(대정장50, p.792b25), 『大唐貞元續開元釋敎錄』 권중(대정장55, p.760b8). ❷ 737~?. 당 스님이자 서법가(書法家). 속성은 전(錢)씨. 자는 장진(藏眞). 장사(長沙 : 湖南) 출신. 구양순(歐陽詢)·오동(鄔彤)·장욱(張旭) 등에게 서법을 배웠다. 대력년간(766~779)에 자서첩(自敍帖)·천금첩(千金帖)·성모첩(聖母帖)·장진첩(藏眞帖)·율공첩(律公帖)·식어첩(食魚帖)·고순첩(苦筍帖) 등 서첩을 완성했다. 세상에 그 첩들이 유행하면서 귀보(瑰寶)라 일컬어졌다. 특히 초서(草書)에 능하여 스스로 초성삼매(草聖三昧)를 얻었다고 말했다. 그 필법은 장욱(張旭)을 계승했으므로 둘을 한 쌍으로 불러 전장광소(顚張狂素)라 하였다. 『초서사십이장경 草書四十二章經』을 남겼다. 현재 호남성(湖南省) 영릉현(零陵縣) 영주진록천암유지(永州鎭綠天庵)의 유지(遺址) 부근에 청대 회소의 천자문을 베껴쓴 석비(石碑) 한 기가 있고, 부근에는 묵지(墨池)·필총(筆塚) 등이 남아 전한다. 799년(정원15) 생존 당시 63세였다. [참고문헌] 『全唐文』 권433, 『太平廣記』 권208, 『釋氏疑年錄』.

회수 灰水 ❶ Ⓢ śara-parṇī의 한역어. 마(麻)의 일종으로 가사(袈裟)의 소재 중 하나다. 식라반니(識羅半尼)·차라파니(差羅波尼) 등이라 음사한다. 『번역명의집』 권3(대정장54, p.1108a23)에 "차라파니는 섭라반니라고도 음사하고 회수라 한역한다. 差羅波尼 或飜羅半尼 此云灰水"라고 하였다. [참고문헌] 『飜譯名義集』. ⇨ 식라반니 識羅半尼 ❷ Ⓢ kṣarodaka, Ⓣ 'gyur-byed-kyi-chu. 잿물. 또는 뜨겁게 끓어 식지 않는 물. 『유가사지론』 권4(대정장31, p.296c26 : *Yogā-bh.*, p.85)에 "쇠로 된 설납말리숲 바로 옆에 뜨겁게 끓어오르는 잿물이 가득찬 광대한 강이 있는데, 그 유정들은 집을 찾아 구하려고 거기에서 나와 여기로 와 떨어진다. 從鐵設拉末梨林無間 有廣大河沸熱灰水彌滿其中 彼諸有情尋求舍宅 從彼出已來墮此中 tasya khalv ayaḥśālm alīvanasya samanantaraṃ sannihitam eva vaitaraṇī nadī pūrṇā kvathitasya kṣārodakasya yatra te sattvā layanagaveṣiṇaḥ prapatanti"라고 하였다. [참고문헌] 『瑜伽師地論』, *Yogā-bh.*

회승물계 迴僧物戒 대중에게 돌아갈 물건을 가로채서는 안되는 계. 삼십사타(三十捨墮) 곧 니살기바일제(尼薩耆波逸提)다. 회승물입기계(迴僧物入己戒)라고도 한다. 『사분율비구함주계본』 권상(대정장40, p.442a22)에 "서른 번째는 회승물계다. 부처님께서 사위성에 계실 때 거사들이 스님들에게 음식을 공양하고 옷을 보시하였다. (육군비구 중 하나인) 발란다(Ⓢ Ⓟ Upananda)가 소문을 듣고 '보시받을 스님이 많으니 지금은 나에게 보시함이 낫겠소'라고 말했다. 거사가 그 뒤에 보니 장로비구들이 위의를 갖추고 그 일을 돌아보며 탄식하였고, 비구들이 잘못을 제기하자 부처님께서 계로 제정하셨다. 三十 迴僧物戒 佛在舍衛 居士飯僧施衣 跋難陀聞語言 施僧者多 今可施我 居士後見 長老比丘 威儀具足 便卽悔歎 比丘擧過 佛因制戒"라고 하였다. [참고문헌] 『四分律比丘含注戒本』. ⇨ 니살기바일제 尼薩耆波逸提, 삼십사타 三十捨墮, 회승물입기계 迴僧物入己戒

회승물입기계 迴僧物入己戒 회승물계를 달리 이르는 말. 돈황본 『사분승계본』(卍속장61, p.541a3)에 "회승물입기계 제30 : 만약 비구가 누군가 대중 스님들에게 물건을 보시하려 한다는 사실을 알고 스스로 자기 것으로 돌려 가로챈다면 니살기바일제다. 迴僧物入己戒 第三十 若比丘 知他欲與僧物 自迴入己者 尼薩耆波逸提", 『사분율소』 권9(卍속장66, p.629a3)에 "회승물입기계 제30 : 대중 스님들에게 보시한 물건을 자신에게 돌려 가로채는 행위를 허용하지 않는 까닭은 무엇인가? 출가한 인사라면 마땅히 탐욕을 줄이고 만족할 줄 아는 마음을 품어야 함에도 어떤 거사가 대중 스님들에게 보시하려 한다는 소문을 듣고 수를 써서 권화하여 자신의 것으로 돌려 놓을 경우 안으로는 탐욕의 번뇌를 늘이고 밖으로는 시주를 괴롭게 한다. 迴僧物入己戒 第三十 所以不聽 迴僧物向己者 出家之士 理宜少欲知足爲懷 聞他居士

許欲施僧 方便勸化 迴來入已 內長貪結 外惱施主"라고 하였다. 〔참고문헌〕『四分僧戒本』, 『四分律疏』.

회신 懷信 1280~1357. 원대 임제종 스님. 속성은 강(姜)씨. 호는 부중(孚中). 절강성(浙江省) 봉화(奉化) 출신. 나이 열다섯에 자사(子思)를 은사로 출가하고 오대산에서 구족계를 받았다. 천동산(天童山) 축서묘탄(竺西妙坦)의 법을 이었고, 운외운수(雲外雲岫) 문하에서 장경(藏經)을 익혔다. 1326년(태정3) 명주관음사(明州觀音寺) 주지로 주석한 후 보타사(普陀寺)로 옮겼다. 항상 발우 하나를 들고 오초(吳楚) 사이에서 걸식하였고, 진남왕(鎭南王)·선양왕(宣讓王)이 모두 도를 물었으며 귀의하였다. 또한 광혜묘오지보홍교선사(廣慧妙悟智寶弘教禪師)라는 호를 받기도 하였다. 1342년(지정2) 중천축사(中天竺寺)로 옮겼고, 그 뒤에는 천동산과 강소용상집경사(江蘇龍翔集慶寺)에 주석했다. 1357년(지정17) 세수 78세로 입적하였다. 〔참고문헌〕『補續高僧傳』 권14(卍속장134, p.259a16), 『南宋元明禪林僧寶傳』 권10(卍속장137, p.713b3), 『增集續傳燈錄』 권6(卍속장142, p.891b16).

회신멸지 灰身滅智 몸은 식어 재로 돌아가고 마음의 움직임인 지도 사라져 버리다. 무여회단(無餘灰斷)·분신회지(焚身灰智)·회멸(灰滅)·회단(灰斷)·회심민지(灰心泯智)라고도 한다. 『금강선론』 권9(대정장25, p.864c21)에 "소승인은 삼계의 번뇌를 끊고 분단생사를 다해서는 몸과 마음을 남김없이 멸함으로써 무여열반에 드니 선악인과등 모두 함께 버린다. 小乘人 斷三界煩惱 盡分段生死 灰身滅智 入無餘涅槃 善惡因果 一切俱捨", 『금강경소』(대정장33, p.77b3)에 "소승열반은 회신멸지를 무여라 여기지만, 대승은 번뇌가 다하지 못함이 없고 덕 또한 두렷하지 않음이 없어서 무여라 한다. 小乘涅槃 灰身滅智爲無餘 大乘以累無不盡 德無不圓 名爲無餘", 『중관론소』 권2(대정장42, p.33c27)에 "다음으로 허공삼매를 무너뜨리니, 이것이 바로 단멸도 아니고 상주도 아니다. 이미 성문인이 무위공중에 머무름을 파했으니 '이 상이 아니다' 하였고, 단도 아니어서 회신멸지의 단도 없다. 다음으로 대비심을 닦고 익히니 오지도 않고 가지도 않는다. 보살은 대비를 닦고 익혀 스스로 이롭고 남도 이롭게 하니 자신과 타자가 둘이 아니다. 次破虛空三昧 卽是不斷不常 旣破聲聞人 住無爲空中 卽是不常 不斷亦無灰身滅智之斷 次修習大悲 卽是不來不去 以菩薩修習大悲 自利利人 自他不二", 『조론』 「열반무명론 涅槃無名論」(대정장45, p.158a23)에 "그런 까닭에 지극함에 이른 이는 몸도 지도 사라져 다해서 모양새 버리고 생각도 끊는다. 안으로 기로 비추는 수고로움 없고, 밖으로 크나큰 근심의 바탕인 몸도 그친다. 뛰어넘어 그러해서 무리와 더불어 길이 나뉘었으니 저 태허와 한몸일 뿐이다. 所以至人 灰身滅智 捐形絶慮 內無機照之勤 外息大患之本 超然 與群有永分 渾爾 與太虛同體"라고 하였다. 〔참고문헌〕『金剛仙論』, 『金剛經疏』, 『中觀論疏』, 『肇論』, 『天台四教儀』(대정장46, p.777a13).

회심 迴心 마음을 돌이키다. 곧바로 나아가지 못하여 돌아가다. 『능엄경』 권9(대정장19, p.147a22)에 "그대들 유학인 연각성문이여, 오늘 마음을 돌려 대보리의 위없는 묘각으로 나아가게나. 나는 이미 그에 관한 진실한 수행법을 설했다. 汝等有學 緣覺聲聞 今日迴心 趣大菩提 無上妙覺 吾今已說 眞修行法", 『화엄오교장복고기』 권2(卍속장103, p.490b1)에 "무릇 범부로서 곧바로 보살승에 들면 직진이라 하고, 앞서 이승에 들거나 무루에 이른 다음에 발심하면 모두 회심이라 한다. 소승 중에도 직진의 예가 있다. 凡夫直入菩薩乘 謂之直進 先入二乘 或至無漏 然後發心 皆曰迴心 小乘中亦有直進"라고 하였다. 〔참고문헌〕『楞嚴經』, 『華嚴五教章復古記』.

회심 懷深 1077~1132. 송대 운문종 스님. 속성은 하(夏)씨. 자는 자수(慈受). 수춘부(壽春府 : 安徽省) 육안(六安) 출신. 나이 열넷에 출가하여 장로숭신(長蘆崇信)을 친견하고 후에 그 법을 이었다. 1113년(정화3) 의진군수(儀眞郡守)의 청에 따라 자복사(資福寺)에 주석하였다. 칙령에 따라 상소초산(江蘇焦山)·낙양혜림사(洛陽慧林寺) 등에 주석하였다. 1132년(소흥2) 세수 56, 법랍 36세로 입적하였다. 『자수심화상광록 慈受深和尚廣錄』 4권을 남겼다. 〔참고문헌〕『續傳燈錄』 권18(대정장51, p.588a28), 『嘉泰普燈錄』 권9(卍속장137, p.146a6), 『五燈會元』 권16(卍속장138, p.642a14).

회심곡 回心曲 중생들을 깨우치기 위해 곡조를 붙여 외우게 한 8언절 206구(句)의 노래로 된 법문. 해봉유기(海峰有璣 1707~1785)의 『신편 보권문』에 수록되어 있고 「청허존자회심가 淸虛尊者回心歌」라 하였다. 『불교』 제91호(『한국불교잡지총서』 권10 p.50)에서는 (1937년刊) 손진태(孫晋泰)의 작품으로 전하지만 차이가 있다. 안진호(安震湖)가 『석문의범』 권하(p.236)를 편찬할 때 또한 한글맞춤법 등에 의지하고 현대어로 수정 산보(刪補)하였다. 〔참고문헌〕『新編普勸文』(한불전9, p.703a7), 『釋門儀範』 권하 pp.236~240.

회심굉모 恢心宏摸 마음 넓게 하고 도모함에 크게 하다. 『출삼장기집』 권6 「안반수의경서 安般守意經序」(대정장55, p.44b1)에 "이들 삼승이 비록 함께 선정에 의지하지만 뜻을 세워 처음을 발굴함에 각자 거둬 돌아감이 있었다. 그러므로 학자는 마땅히 마음 넓게 하고 본보기 크게 해서 처음을 심어야만 한다. 此三乘 雖同假禪靜 至於建志厥初 各有攸歸 故學者宜恢心宏摸 植栽於始也"라고 하였다. [참고문헌]『出三藏記集』.

회심민지 灰心泯智 마음도 식어 재가 되고 지혜도 없어지다. 회신멸지(灰身滅智)와 통한다. 『금강경파공론』(卍속장39, p.288b12)에 "일체이승은 치우친 진실에 기대어 마음 재가 되고 지혜 없게 해서 분단생사에서 벗어난다 하지만, 이를 다해 말하면 변역생사는 온전히 남아 있으니 어찌 일찍이 나지 않는다 하는가! 一切二乘妄於偏眞 灰心泯智 離分段生 盡理言之 變易全在 何嘗不生"라고 하였다. [참고문헌]『金剛經破空論』, 『禪林寶訓』 권3(대정장48, p.1030a28). ⇨ 회신멸지 灰身滅智

회심소승 迴心小乘 ➡ 회심이승 迴心二乘

회심이승 迴心二乘 이승에서 마음을 돌이키다. 회심소승(迴心小乘)이라고도 한다. 『성유식론술기』 권8(대정장43, p.535c26)에 "저 세간에 속하지도 않고 이승에서 대승으로 마음으로 돌리는 경계에도 속히지 않기에 수승하다고 한다. 오직 미묘하고 미세할 뿐이며 다름아닌 보살의 경지이고, 자신이 부처님의 경계와 함께하므로 미세하다고 한다. 非彼世間 及非迴心二乘境故 名爲殊勝 唯妙唯細 唯是菩薩 及其自身 並佛境界 故名爲細"라고 하였다. [참고문헌]『成唯識論述記』.

회심직진 迴心直進 회심교와 직진교. 화엄교판 상 오교(五教) 중 두 번째인 시교(始教)내에서의 구별이다. 『화엄경탐현기』 권1(대정장35, p.110a22)에 "비록 회심과 직진이 같지 않다 하지만 모두 십지의 항포와 점차에 의지해 수행하여 불과에 이른다. 雖說有迴心直進不同 俱依十地 行布漸次 修至佛果", 『화엄오교장복고기』 권2(卍속장103, p.496b15)에 "'약의'라는 구절 이하는 회심과 직진이라는 두 갈래 사람 있기 때문이다. 회심은 소승문과 같고, 직진은 소승문과 다르다. 회심과 직진은 두 갈래 가르침이다. 若依下 由有迴心直進 二種人故 迴心卽是 同小乘門 直進卽是 異小乘門 迴心直進二種教也"라고 하였다. [참고문헌]『華嚴經探玄記』, 『華嚴五教章復古記』. ⇨ 오교 五教

회심칠위 廻心七位 성문연각승(聲聞緣覺乘)에서 마음을 돌려 대승에 드는 일곱 위. 현수법장(賢首法藏)이 나누어 가린 설로서 사과(四果)와 독각(獨覺 : 緣覺), 삼매에 취해 있다가 대승심을 일으키는 이, 이승(二乘)의 공덕으로 다른 불국토에 난 다음 대승의 가르침을 받아 보살이 되는 이 등을 꼽는다. 『대승기신론의기』 권상(대정장44, p.244b8)에 "날카롭고 빠르거나 둔하고 느림에 모든 성스러운 가르침에는 대략 7위가 있다. 곧 팔만, 육만, 사만, 이만, 일만 등의 겁은 차제에 따라 사과와 독각인에 짝지어진다. 이 5위는 저 『열반경』의 설과 같다. 利鈍遲疾 諸聖教略有七位 謂八萬六萬 四萬二萬 一萬等劫 如次以配四果 及獨覺人 此五 如彼涅槃經說", "제6위는 저 『입능가경』에사 '삼매 술에 취하여 ~ 겁에 이르러도 깨닫지 못하네. ~ 술기운 사라진 후에야 깨달아 부처의 위없는 몸 얻네'라고 함과 같다. 이 위는 또한 앞의 위보다는 날카로워 만겁을 보내지 않는다. 第六位中 如楞伽云 三昧酒所醉 乃至劫不覺 酒消然後覺 得佛無上身 此亦利於前 不經萬劫", "제7위는 저 『법화경』 권3에서 '내가 멸도한 후에 다시 제자가 있어 이 경을 듣지 못하여 보살이 행할 바를 알지도 깨닫지도 못하며 스스로 얻은 바의 공덕으로 멸도하였다는 상(想)을 내고 장차 열반에 드리라고 한다면, 나는 다른 국토에서 부처를 이루고 다른 이름을 얻으리. 이 사람이 비록 멸도의 상을 내어 열반에 들거든 저 국토에서 불지혜를 구하여 이 경을 들을 수 있으리. …'라고 한 것과 같다. 풀자면, 이 위가 가장 날카로운 근기니 또한 분단을 버리고 열반에 이미 들었는데 저 불토에서 변역신을 받고 부처님의 교화를 입어 대승에 든다. 第七位 如法華第三云 我滅度後 復有弟子 不聞是經 不知不覺菩薩所行 自於所得功德 生滅度想 當入涅槃 我於餘國作佛 更有異名 是人雖生滅度之想 入於涅槃 而於彼土 求佛智慧 得聞此經 … 解云 此最利根 亦捨分段 入涅槃已 卽於佛土 受變易身 受佛教化 入於大乘"라고 하였다. [참고문헌]『大乘起信論義記』, 36권본 『大般涅槃經』 권21(대정장12, p.746b10), 『楞伽經』 권2(대정장16, p.497c5), 『大乘入楞伽經』 권3(대정장16, p.607b10), 『法華經』 권3(대정장9, p.25c14), 『釋華嚴教分記圓通鈔』 권5(한불전4, p.393b1).

회악 懷岳 **1** 오대(五代) 조동종 스님. 호는 달공선사(達空禪師). 운거도응(雲居道膺)의 제자로 운거산 4세다. 『오등회원』 권13(卍속장138, p.499b10)에 "'무엇이 본래 상서로운 풀입니까?' '뛰어난 손길로도 집어내지 못한다'. 問 如何是本來瑞草 師曰 好手拈不出"라는 등 문답이 전할 뿐이다. [참고문헌]『五燈會元』, 『景德傳燈錄』 권20(대정장51, p.363c1), 『聯燈會要』 권25(卍속장136, p.852a14). **2** 오대(五代) 스님. 천주(泉州) 출신으로 설봉의존(雪峯義存)의 제자. 창주(滄州) 보은원(報恩院)에 주석하였다. [참고문헌]『祖堂集』 권10(대장경보편25, p.497a10), 『景德傳燈錄』 권18(대정장51, p.350b24), 『五燈會元』 권7(卍속장138, p.261b8).

회악욱 晦岳旭 청초 임제종(臨濟宗) 스님. 속성은 왕(王)씨. 호는 회악. 기수(蘄水 : 湖北省) 출신. 나이 일곱에 만복심(萬福心)을 은사로 출가하였다. 열아홉에 산탁진재(山鐸眞在) 문하에서 구족계를 받은 후 8년 동안 공부하여 법을 받은 다음 오월(吳越)의 선지식을 두루 참방하고 1682년(강희21) 가흥(嘉興 : 浙江省) 금명사(金明寺)에 주석하였다. 1702년(강희41)에는 가흥진여사(嘉興眞如寺)에 들어갔다. 어록 8권을 남겼다. 〔참고문헌〕『五燈全書』 권102(卍속장141, p.1008a1).

회악욱선사어록 晦岳旭禪師語錄 청대 회악욱의 어록. 전림(全林) 등 엮음. 8권. 가흥장38, pp.495a1~539b24에 수록되어 있다. 1703년(강희42) 서간(序刊). 권1에는 금명사어록(金明寺語錄), 권2에는 경덕선사어록(景德禪寺語錄), 권3·4에는 감로사어록(甘露寺語錄), 권5에는 대각사어록(大覺寺語錄), 권6에는 재주금명사어록(再住金明寺語錄), 권7에는 진여사어록(眞如寺語錄), 권8에는 염고(拈古)가 수록되어 있다.

회암 悔庵 조선후기 심훈(心訓)의 법호. 『동사열전』 권5 「회암선백전 悔庵禪伯傳」(한불전10, p.1056c4)에 "스님의 이름은 심훈, 호는 회암이다. 師名心訓 號悔庵"라고 하였다. 〔참고문헌〕『東師列傳』. ⇨심훈 心訓

회암 晦庵 1685~1741. 조선후기 부산 범어사(梵魚寺) 스님. 휘는 정혜(定慧), 호는 회암(晦庵), 속성은 김씨니, 정혜의 법호이다. ⇨정혜 定慧 3

회암 檜巖 1684~1765. 조선후기 스님. 나식(懶湜)의 법호. 송계(松桂)라고도 한다. ⇨나식 懶湜

회암당정혜대사비 晦庵堂定慧大師碑 조선후기 회암정혜(晦庵定慧 1685~1741)의 행적비. 갖춘 이름은 쌍계사회암당정혜대사비이며, 채청(彩晴)이 쓴 「회암대사행적」을 저본으로 조현명(趙顯命)이 간략한 비문을 지었다. 비문에 "문도 채청이 행장을 가지고 와서 비명을 청하였다. … 그 행장에 이르기를. 其徒彩晴 以狀來請銘 … 其行狀曰"라 하였다. ⇨정혜 定慧 3, 쌍계사회암당정혜대사비 雙溪寺晦庵堂定慧大師碑

회암대사행적 晦庵大師行蹟 조선후기 회암정혜(晦庵定慧 1685~1741)의 행장. 1744년(영조20)에 문인 용암채청(龍巖彩晴)이 지었고, 1747년(영조23) 함경도 길주 성불산 길상암(吉祥庵) 개간본 『선원집도서과기』 권말(한불전9, pp.544c3~545b21)과 1757년(영조33) 덕유산 장수사(長水寺)에서 개간하여 불영산 청암사(靑巖寺)에 보관했던 목판본 『선원집도서착병』 권말에 전한다. 탄생과 출가 및 수학, 1710년(숙종36) 율사(栗寺)에서 개강한 이후의 후학양성과 저술, 입적시 제자들에 대한 당부, 채청 등의 탑비건립과 진영조성 등의 일을 자세히 하여 비문에 없는 풍부한 내용을 담았다. 행적말미에 "채청이 오랫동안 법은을 받았으나 갚을 길이 없으므로 동문과 꾀하여 지리산 의신동과 불령산 청암 기슭에 각기 탑을 세웠다. 또한 모습을 그려 청암·벽송·석왕 등 여러 명찰에 사당을 세워 모시고 스승의 행적을 적었다. 彩晴久受法恩 無以自報 與同門謀 一塔於智異山義神洞 一塔於佛靈山青岩麓 又爲之繪像 立祠於青岩碧松釋王諸名刹 記師行蹟"라고 하였다. 〔참고문헌〕『禪源集都序科記』, 『禪源集都序着柄』. ⇨정혜 定慧 3

회암사 檜庵寺 평안남도 성천군 회암산(檜庵山)에 있던 절. 『여지도서』 평안도 성천 사찰에 "부 북쪽 90리 회암산에 있다. 在府北九十里檜巖山"라고 하였고, 『가람고』와 『범우고』에도 이름과 위치가 전한다. 〔참고문헌〕『輿地圖書』, 『伽藍考』, 『梵宇攷』, 『韓國寺刹全書』.

회암사 檜巖寺 경기도 양주시 회암동 천보산(天寶山)에 있는 절. 대한불교조계종 제25교구본사 봉선사(奉先寺)의 말사다. 고려말 조선초의 대표적인 절로, 최자(崔滋 1188~1260)의 「회암사유왕자승원경국사수적 檜巖寺有王子僧圓鏡國師手蹟」에 고려 인종의 아들인 원경(元敬)국사 충희(沖曦 ?~1183)의 수적(手蹟)이 남아 있다고 하여, 이미 1174년(명종4) 이전에는 창건된 듯하다. 1313년(충선왕5)에 태고보우(太古普愚 ?~1382)가 광지(廣智)를 은사로 이곳에서 출가하였고, 1328년(충숙왕15)~1329년에는 지공(指空 ?~1363)이 서천의 아란다사(阿蘭陁寺·那爛陀寺)와 비슷하며 과거불이신 가섭불 때에 이미 대도량이었던 곳이라고 하여 터를 넓혔고, 1372년(공민왕21)에 지공의 제자 나옹혜근(懶翁惠勤 1320~1376)이 지공의 승탑을 조성한 뒤 유훈을 받들고자 1374년(우왕즉위)에 대규모의 중창불사를 봉행하였다가 입적한 뒤 문도 윤절간(倫絶澗) 등이 뜻을 받들어 낙성하였다. 이색(李穡 1328~1396)이 윤절간의 청으로 작성한 『목은문고』 권2 「천보산회암사수조기 天寶山檜巖寺修造記」에는 "크고 굳세며 미려함은 동국에서 으뜸으로, 강호를 유람하며 두루 다닌 이들도 모두 말하길 '중국에서 흔히 볼 수 없다고 해도 과언은 아니다'라고 하였다. 宏壯美麗 甲于東國 遊覽江湖行遍者 皆曰雖中國 未之多見 非誇言也"라고 하면서, 당시 가람배치와 전각규모 등 중창 내역을 상세히 기술하였는데, 다섯칸의 보광전을 중심으로 설법전·사리전·정청(正廳)이 남북으로, 정청을 중심으로 동·서방장과 나한전·대장전이 주변에, 설법전 좌우에 조사전·영당 등이 자리하였고, 보광전 정문 동서에 관음전·미타전·종루·향적전 등이 위치하였으며, 그 사이에 요사·회랑 등이 들어서, 모두 이백육십이칸에 십오자 불상 칠위를 모셨다고 하였다. 그 뒤에도 고려 우왕과 공양왕의 후원으로 1374(우왕즉위)~1376년과 1391년(공양왕3)에 각각 문수회(文殊會)와 반승(飯僧)을 설행하였다. 조선시대에도 1424년(세종6)에 이백오십 명의 스님이 머물면서 오백결의 토지를 보유한 큰 사찰이었는데, 1472년(성종3)에는 세조비 정희왕후(貞熹王后)의 후원으로 중창하였고, 1563년(명종18)~1565년에는 명종의 어머니 문정왕후(文定王后)가 이곳에서 출가한 허응보우(虛應普雨 1509~1565)를 모시고 전국 제일의 수선도량(修禪道場)으로 삼았다. 하지만 16세기 중반부터는 사세가 기울기 시작하여, 1566(명종21)~1596년(선조29)에 불타 폐사된 듯하다. 그 뒤 남용익(南龍翼 1628~1692)의 『호곡집』 권5에 "신축년(1661) 7월에 … 연천현으로 돌아왔는데 조시우가 양주에 살고 있으므로 회암사에서 만나자고 편지를 보냈다. 辛丑七月 … 歸覲漣川縣 時趙禹瑞宰楊州 送書約會于檜巖寺"고 하였으니, 1661년(현종2) 전후에 일부 전각과 요사를 복원하여 사세를 유지한 듯하다. 『일성록』 순조21년(1821) 6월 1일과 『순조실록』 권24 21년 7월 23일에는 광주(廣州) 유학(幼學) 이응준(李膺峻)이 부도와 비석을 파괴한 뒤 그곳을 아버지의 묘소로 삼았다고 하였는데, 1828년에 조정에서는 무학자초(無學自超 1327~1405)의 탑비가 태조 이성계의 유지로 세운 것이라고 하여, 7년 전에 훼손된 지공·혜근·자초 세 스님의 부도·탑비와 사적비를 중수하기도 하였다. 1922년에 봉선사 주지 홍월초(洪月初)가 보전을 새로 지어 불상을 봉안하고는 지공·혜근·자초의 진영을 모셨고, 1976년에는 호선(昊禪)이 대웅전을 중심으로 삼성각과 영성각(影聖閣) 등을 중건하였는데, 진영은 현재 이전의 영성각이었던 조사전에 함허득통(涵虛得通) 진영과 함께 봉안되어 있다. 현존 당우로는 대웅전·조사전·관음전·삼성각·설법전·범종루 등이 있고, 관음전 뒷 능선에는 2007년에 산불로 손상된 뒤 원래의 몸돌을 본뜬 혜근의 선각왕사비가 세워져 있으며, 대웅전 왼쪽의 능선에는 아래서부터 지공과 나옹의 승탑과 탑비가, 그 반대편에는 보물로 지정된 무학의 승탑과 쌍사자석등, 탑비가 자리하고 있고, 이 능선 왼쪽 아래에 일주문이 서 있다. 문정왕후가 1565년에 명종의 만수무강과 왕비의 왕자 탄생을 축원하며 회암사 중수에 맞추어 조성한 '화암사'명 약사여래삼존도는 보물로 지정되어 국립중앙박물관에 있고, 1755년(영조31)에 상정(尙淨)·유순(有淳) 등이 지금의 전라남도 담양 용흥사(龍興寺) 상선암(上禪庵)에 봉안하였다가 회암사로 이안한 여래목조좌상과 복장물은 경기도유형문화재로 지정되어 조사전에 모셔져 있다. [회암사지] 1997년 시굴조사와 1998년 발굴 조사 이래 2015년까지 경기도박물관·기전문화재연구원·경기문화재연구원 등이 모두 열 두차례에 걸쳐 사역을 조사하였다. 2004년 제6차 발굴조사까지는 대체로 중심사역을, 2008년 제10차 발굴조사까지는 중심사역 외곽 유물산포지 등을 확인하였고, 그 뒤에는 외곽지역을 대상으로 두 차례 더 발굴조사하여, 이색의 「천보산회암사수조기」의 가람배치는 물론 조선 성종 때 중건의 흔적, 그 뒤 필요에 따라 일부를 변경하거나 부속 전각을 추가한 모습, 화재로 폐사되었던 잔흔도 확인하였다. 특히 보광전 건물터 북동쪽 모서리 주변에서 1394년(태조3) 6월에 이득분(李得芬)이 "조선 국호가 만세에 전하고 전쟁이 영원히 그쳐 나라와 백성이 편안하여 마침내 같은 인연의 깨달음으로 돌아가게 하소서. 朝鮮之号傳萬歲 干戈永息國民安 畢竟同緣歸覺際"라는 발원문을 새긴 금탁(金鐸)을 발견하여 가람배치의 중심이 보광전이었음도 확인하였다. 다만 무너진 잔해 위에 설치한 온돌이나 각 건물터 주변에 17세기 전반에서 중반에 이르도록 제작된 자기조각을 발견하여 현종대 전후로 일부 복원되었음도 알 수 있었는데, 특히 용무늬와 봉황무늬 막새기와나 청기와 등 사옹원(司饔院) 분원인 광주관요(廣州官窯)에서 제작한 왕실 관련 유물이 많이 출토되었고, 잡상(雜像)·용두(龍頭)·취두(鷲頭)·토수(吐首) 등 사찰에서 흔히 볼 수 없는 특수기와도 발견되었다. 담장 주변의 일정한 곳에 깨진 채 방치된 석조불상이나 한 곳에 자기를 모아 놓고 깨뜨린 흔적 등 인위적 훼손·폐기 흔적도 확인되어, 고려와 조선 왕실의 지속적인 후원으로 높은 사격을 유지하였던 회암사가 문정왕후 사후 급격하게 사세를 잃게 되는 정황도 알 수 있게 한다. 2000년에 절터 입구에 회암사지 발굴자료관을 건립한 이래, 2012년에 양주시립회암사

청동금탁 국립중앙박물관

천순경진명봉황문수막새
국립중앙박물관 1460년

잡상 나한전지출토·토수 보광전지출토
국립중앙박물관 조선전기

지박물관을 세워 출토유물과 관련자료를 정리해 유적발굴의 성과를 알리고 있으며, 2016년까지 주변 일대를 정비하여 유적공원으로 조성하였다. 절터는 현재 사적으로 지정되어 있는데, 엄격한 가람배치를 지키면서도 영역의 성격에 맞게 동선의 흐름, 외부공간과의 연계, 경계의 설정 등을 실용적으로 구성한 '14세기 수행공동체 위주로 조성된 선종사원의 모델'로 손꼽혀, 현재 유네스코 세계문화유산 잠정목록에 포함되어 있기도 하다. 〔참고문헌〕『東國輿地勝覽』, 『伽藍考』, 『梵宇攷』, 『牧隱文藁』 권2(韓國文集叢刊5, p.15b11), 『壺谷集』 권5(韓國文集叢刊131, p.88b12), 『日省錄』, 『純祖實錄』, 『韓國寺刹全書』 권하, p.1204b16, 李智冠 『校勘譯註歷代高僧碑文』 高麗篇4 pp.450~472 · 朝鮮篇1 pp.80~100, 『檜巖寺』Ⅱ 7 · 8단지 발굴조사보고서(경기도 · 양주시 · 경기도박물관 · 기전문화재연구원, 2003), 『檜巖寺』Ⅲ 5 · 6단지 발굴조사보고서(경기도 · 양주시 · 경기도박물관 · 경기문화재연구원, 2009), 『韓國의 寺址』 사지(폐사지)현황조사보고서(上) 서울 · 인천 · 경기북부(문화재청 · 재단법인 불교문화재연구소, 2010) pp.533~535, 『檜巖寺』Ⅳ 1~4단지 발굴조사 보고서(경기도 · 양주시 · 경기문화재단 · 경기문화재연구원, 2013), 『檜巖寺』Ⅴ 사역 동쪽 석축 · 담장지 및 북서쪽 외곽(경기도 · 양주시 · 경기문화재단 · 경기문화재연구원, 2016), 『檜巖寺』Ⅵ 사역 동쪽 외곽 지역(경기도 · 양주시 · 경기문화재단 · 경기문화재연구원, 2017). ⇨지공 指空 혜근 惠勤[1], 자초 自超

회암사명약사여래삼존도 檜巖寺銘藥師如來三尊圖 경기도 양주 천보산 1565년 약사삼존도. 보물 제2012호. 세로 54.2cm · 가로 29.7cm. 비단 바탕에 금선묘. 국립중앙박물관 소장의 조선중기 왕실발원 불화. 문정왕후(文定王后)가 발원하고 허응당(虛應堂) 보우(普雨)가 주도해 조성한 당대의 기념비적 불화이자 역사의 비극이 담긴 불화이다. 보우는 회암사 중수를 경찬하는 수륙재(水陸齋)에 이 불화를 점안한 다음 산문의 도인들에게 반포하고 조석으로 왕실 원불탱(願佛幀) 앞에서 축수(祝壽)케 하여 왕실과 불교의 새로운 전기를 마련하고자 하였는데, 당시 4월의 회암사 수륙재는 문정왕후의 갑작스런 홍거(薨去)로 인해 중단되고 보우 자신도 비극적인 운명을 맞게 된다. 불화는 금화(金畵)와 채화(彩畵)로 석가모니불·아미타불 · 약사불 · 미륵불도의 사존(四尊)을 총 400점을 조성해 1565년 1월에 마친 것이다. 현재 국내외에 6점만이 전하고 있다. 특이하게도 이 불화는 상지금니사경(橡紙金泥寫經)처럼 적갈색의 바탕을 써서 금니로 약사여래와 일광(日光) · 월광(月光)보살을 그리고, 산화락(散花落)의 꽃비 밑으로 발원문을 써 내렸는데 보우의 이름도 남겼다.

회암사목조여래좌상및복장물 檜巖寺木造如來坐像○腹藏物 경기도 양주 천보산(天寶山) 회암사(檜巖寺)에 봉안된 목조여래좌상과 복장물. 경기유형문화재 제206호. 복장 「발원문」에 "재장은 상정과 유순 · 우학 · 칭숙이며 … 화주는 일환과 성호 등이다. … 건륭20 을해년(1755 · 영조31) 3월 창평(전남 담양) 용흥사 상선암에 모심. 梓匠 尙淨 有淳 宇學 稱淑 … 化主 一還 性昊 等 … 乾隆二十乙亥年三月 昌平 龍興寺 上禪庵 設"이라 하였는데, 언제 회암사로 옮겨 모셨는지 알 수 없다. 상체를 약간 앞으로 구부리고 결가부좌하였으며 통견의 법의를 수하고 양손은 아미타인을 결하였고 부드러운 미소를 머금은 높이 51cm의 중소형 불상이다. 복장에

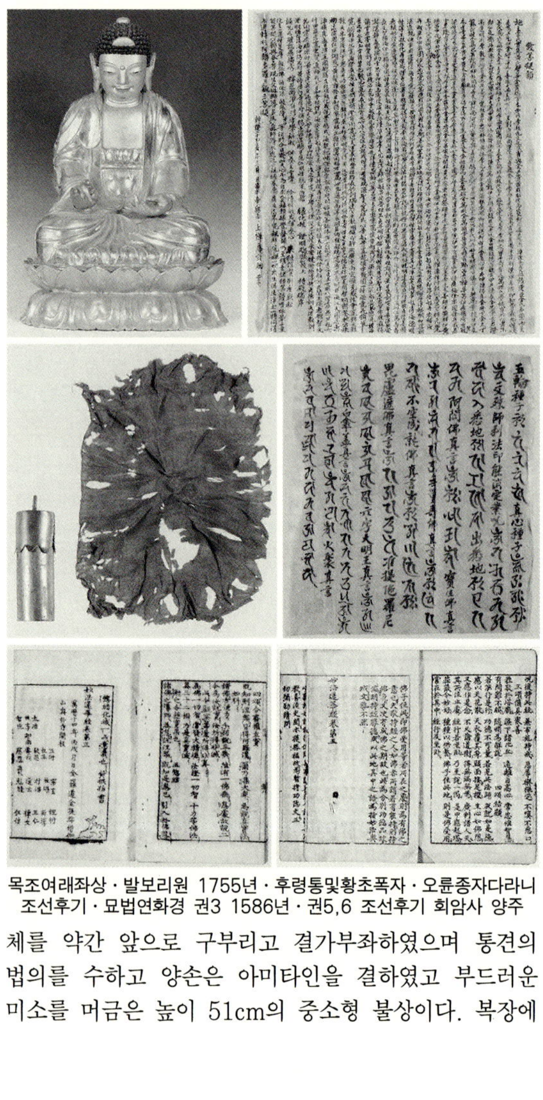

목조여래좌상 · 발보리원 1755년 · 후령통및황초폭자 · 오륜종자다라니 조선후기 · 묘법연화경 권3 1586년 · 권5,6 조선후기 회암사 양주

서 많은 동참자의 이름이 빼곡히 적힌 「발원문」, 황동 후령통과 황초폭자, 1586년(선조19) 전라도 김제 승가산 흥복사(興福寺) 개판 『묘법연화경』, 1754년 전라도 옥과 성덕산(聖德山) 관음사(觀音寺) 개판 「일체여래심비밀전신사리보협인다라니」·「진심종자다라니」·「오륜종자다라니」 등이 발견되었다. 〔참고문헌〕『한국의 사찰문화재』 인천광역시·경기도2(문화재청·불교문화재연구소, 2012) pp.146~148.

회암사선각왕사비 檜巖寺禪覺王師碑 ➡회암사지선각왕사비 檜巖寺址禪覺王師碑

회암사제납박타존자지공부도비명 檜巖寺提納薄陁尊者指空浮屠碑銘 인도 스님으로서 고려에서 법을 펼친 지공(指空 Ⓢ Dhyānabhadra 1289~1363)의 비명. 이색(李穡)이 왕명을 받들어 「서천제납박타존자부도명 西天提納薄陁尊者浮圖銘」(『동문선』119)이란 이름으로 짓고 한수(韓脩)가 글씨를 썼으며 권중화(權仲和)가 전액을 썼다. 1372년(공민왕21)에 나옹(懶翁)의 제자들이 정업원(淨業院) 주지 묘장(妙藏) 비구니와 함께 연석(燕石)을 마련하여 회암사 북쪽 언덕에 건립하였다. 그런데 1821년(순조21)에 광주(廣州) 유학(幼學) 이응준(李膺峻)이 회암사 지공·나옹·무학의 탑과 비를 부수어 사리를 훔치고 그 자리에 아버지 묘를 써 훼손시켰다. 당시 대신들은 가벼운 형벌을 주장하였지만, 순조는 태종봉교찬(太宗奉敎撰)인 무학의 비가 포함된 것을 들어 엄형으로 다스려 자백을 받아낸 후 사형을 감하여 외딴 섬에 정배(定配)시키고 경기감영(京畿監營)에서 비를 다시 세우라는 교지(敎旨)를 내렸다. 교지의 전문이 『순조실록』 권24 21년(1821) 7월 27일에 전한다. 이희현(李羲玄)이 왕명을 받아 이색의 비명을 다시 쓰고 김이교(金履喬)의 추기(追記)를 김렴(金鐮)이 써서 1828년(순조28)에 다시 세웠다. 중건시 주사도감동(主事都監董)은 인봉덕준(仁峯德俊)·부간역(副看役)은 기암의관(奇庵義寬)·물력(物力) 담당 희연(熙衍)이었고, 남·북한산성 도총섭과 봉선사·봉은사·용주사 등의 총섭·판사 등이 참여하였으며, 각수(刻手)는 박지춘(朴枝春)이고 석수(石手)는 박종석(朴宗錫)·문수북(文守北)이었다. 중수 비문은 『조선사찰사료』 권하 pp.1284~1289에 전하고, 비는 경기도 문화재자료 제135호이며, 비신의 크기는 242.5×97×27.6cm이다.

원비(元碑)의 비편(碑片)이 동국대박물관에 보관되어 있으며, 비편에 남은 비문은 이지관 『교감역주역대고승비문』 고려편4 p.446에 전한다. 〔참고문헌〕『東文選』, 『純祖實錄』, 『朝鮮寺刹史料』, 李智冠 『校勘譯註歷代高僧碑文』 高麗篇4. ⇨지공 指空

회암사지무학대사탑 檜巖寺址無學大師塔 경기도 양주시 회암동 회암사지에 있는 조선시대 승탑. 보물 제388호. 높이 2.7m. 조선초 왕사를 지낸 무학대사 자초(自超 1327~1405)의 묘탑이다. 회암사지 북쪽 능선에 위치해 있는데 위부터 지공(指空 ?~1363), 나옹(懶翁 1320~1376)의 탑과 함께 서 있다. 탑은 주변과 공간을 분리하기 위하여 난간을 둘렀다. 난간은 장대석을 이용하여 2단으로 쌓아 올린 8각의 석단 위에 있다. 석단의 모서리마다 사각형 동자주를 세우고 하단에 하방석을 돌린 그 사이에 난간을 두르고 원형보주로 장식하였다. 지대석 각면을 운문으로 조각하여 마치 탑이 구름 위에 떠 있는 듯하다. 그 위로 차례대로 하중상대석을 올렸다. 하대석은 귀꽃장식의 16엽 복련문으로 화려하다. 중대석은 약간 배가 부른 고복형(鼓腹形)으로 모서리마다 기둥모양을 조각하여 안상문(眼象文)을 배치하고 화문을 넣었다. 상대석은 2단으로 하단에 16엽의 연화문을 양감있게 새겼고, 상단은 당초문(唐草文)을 돋을새김하였다. 탑신은 거의 둥근 모습이고 표면에 운문(雲文)과 함께 용문(龍文)을 가득히 조각하였는데 생동감 있게 표현하였다. 팔각의 지붕돌의 하단에 2단의 처마를 표현하고 대들보 모양의 두공도 새겨 목조건축인양 형상화하였다. 지붕은 기와골 없이 우동마루만 굵게 표시하고는 용두(龍頭)를 하나씩 새겨넣었다. 지붕의 낙수는 급하게 하여 현수곡선(懸垂曲線)이다. 상륜은 연잎모양의 노반과 그 위에 보주만을 올려 간소하다. 승탑 앞으로는 편구형 대석 위에 올라간 상석과 쌍사자석등이 차례대로 놓여 있다. 탑 주변에 난간석을 돌린 형식이나 연꽃과 탑신부에 나타나는 용의 조각은 조선전기 왕실발원 석조물에 보이는 표현방식이다. 충주 청룡사 보각국사 정혜원융탑(1394년)과 함께 조선전기를 대표하는 왕실발원 승탑이다. 1407년(태종7)에 건립되었다. 〔참고문헌〕 엄기표 『석조부도』(학연문화사, 2003). ⇨자초 自超

회암사지무학대사탑앞쌍사자석등 檜巖寺址無學大師塔◯雙獅子石燈 경기도 양주시 회암동 회암사지에 있는 조선시대 이형석등. 보물 제389호. 높이 2.63m. 회암

사지 북쪽 능선위에 지공(指空) 및 나옹(懶翁)의 탑, 석등과 함께 일직선상에 위치한다. 석등은 무학대사홍융탑 앞에 위치하는데, 탑과 석등사이에는 별도의 상석(床石)이 있다. 석등은 사각평면이나 기단부의 중대석에 쌍사자를 배치한 특수양식이다. 사각의 지대석과 하대석은 한 돌로 하대석에는 팔엽의 복련을 조각했다. 중대석의 사자는 2마리가 서로 마주한 채로 하체부터 가슴까지를 맞대고 있어 신라시대 석등의 쌍사자석들이 뒷다리를 세운 것에 비하여 엉덩이를 바닥에 대고 있는 자세다. 사자 몸체는 둔중하고 다리도 짧지만 머리카락과 꼬리의 문양들은 단정하다. 상대석은 팔엽의 앙련문을 놓고 상면에 받침단 없이 화사석을 두었다. 화사석은 네 모서리에 원주모양의 우주를 각출하였다. 자연스레 화창을 마련하였다. 옥개석은 사모지붕의 형태로 네 곳에 굵은 우동마루를 돌출시켰으며, 하단에는 사래와 추녀 등 목조지붕의 형태를 모방하였다. 상륜부는 복발형 부재 위에 보주를 올렸다. 충주 청룡사지 보각국사탑 앞 사자석등(보물 제656)과 유사하다. 이 석등은 크기와 사자상과 연화문 등에 있어서 조형미가 돋보이는 조선 전기 석조예술의 대표작이다. 제작시기는 무학대사가 입적하기 전 조성된 부도와 같은 때인 1397년(태조6) 경으로 추정한다. 〔참고문헌〕『석등조사보고서Ⅱ-이형식 편』(국립문화재연구소, 2001) pp.166~169.

회암사지선각왕사비 檜巖寺址禪覺王師碑 나옹혜근(懶翁惠勤 1320~1370)스님의 행적을 담은 비. 선각(禪覺)은 나옹스님의 시호다. 비신의 높이는 151.5cm, 너비는 97cm. 석재는 화강석이며 보물 제387호이니, 비문은 이색(李穡)이 짓고 권중화(權仲和)가 써서 1377년(우왕3)에 세운 비가 경기도 양주시 회암동 회암사지에 있다. 비신(碑身)과 이수(螭首)가 한돌로 되어 있어 중국 당대 형식을 보인다. 귀부 바닥에 장대석을 두었고 귀부는 용두구신형으로 머리를 웅크려 정면을 바라보고 있으며, 귀갑 위에 비좌를 마련하고 비신을 고정했다. 비신과 이수는 일체형으로 상단부에 위로 두 마리의 용이 엉킨듯 오르게 하여 역동적으로 표현하였다. 제액(題額)은 '선각왕사지비 禪覺王師之碑'라 하였고 비액(碑額)은 '고려국왕사대조계종사선교도총섭근수본지 중여조풍복국우세보제존자시선각□□□□□□탑명병서 高麗國王師大曹溪宗師禪教都摠攝勤脩本智重興祖風福國祐世普濟尊者諡禪覺□□□□□□塔銘并序'라 새겼다. 1997년 3월 천보산에 발생한 산불로 비각이 화재를 입어 비석이 파손되는 수난을 겪었다. 당시 심하게 파손된 비편을 수습하여 오랜기간 국립문화재연구소에서 보존처리를 거쳐 현재 비석은 불교중앙박물관에 별도로 보관하고 새로 복원한 비는 원래 자리에 세웠다. 〔참고문헌〕『朝鮮金石總覽』 권상 pp.498~502, 『韓國金石全文』 中世下 pp.1195~1200, 『東文選』 권119 제14張, 『懶翁和尙語錄』(한불전6, pp.709~711), 『大東金石書』, 『韓國金石文大系』 권5 pp.39~41, 李智冠 『校勘譯註歷代高僧碑文』 高麗篇4 pp.348~370, 『회암사지 선각왕사비 보존』(국립문화재연구소, 2001). ⇨ 혜근 惠勤 ■

회양 懷讓 ➡ 남악회양 南嶽懷讓

회업 懷業 당대 남해구법승(南海求法僧). 정고(貞固)의 제자. 속성은 맹(孟)씨. 범호(梵號)는 승가제바(僧伽提婆). 조부(祖父)는 본래 북인(北人)이었으나 영남(嶺南)에 부임한 인연으로 광주(廣州 : 廣東省)에서 출생했다. 약관에 출가하여 스승 정고를 따라 689년(영창 1) 불서국(佛逝國)에 이르렀다. 곤륜어(崑崙語)와 범어(梵語)에 능통하였고, 『구사론』의 게송을 암송하였다. 귀국 후에 의정(義淨)의 번역사업에 참여하였다. 〔참고문헌〕『大唐西域求法高僧傳』 권하(대정장51, p.11c12).

회연 晦然 고려후기 스님 일연(一然 1206~1289)의 자(字). 『중편조동오위』 권하(한불전6, p.236c2)에 「중통원년실침랍팔유봉소헌회연서 中統元季實沈臘八遺鳳笑軒晦然序」에 '후학 회연 보. 後學 晦然 補'가 전한다. 〔참고문헌〕『重編曺洞五位』.

회오 回悟 돌이켜 깨닫다. 『만법귀심록』 「발 跋」(卍속장114, p.840a15)에 "이 글이 비록 분을 나눠 묻고 있지만 곁으로 드나드는 문을 쓸어 없애고 곧바로 나아갈 길을 가리키니, 진실한 신령함 돌이켜 깨우쳐 본원으로 되돌아가게 할 뿐이니 그 모두가 실다운 공부다. 是錄雖分數問 其掃除旁門 直指要路 回悟眞靈 返本還源 皆實學也"라고 하였다. 〔참고문헌〕『萬法歸心錄』.

회오 悔悟 돌이켜 후회해서 깨닫다. 『연종보감』 권10 「변명계중주 辨明髻中珠」(대정장47, p.349b15)에 "간절한 마음으로 염불하며 앞선 잘못을 돌이켜 후회해서 깨달으면 모든 법이 본래 없음을 분명하게 알게 된다.

恪心念佛 悔悟前非 了知諸法本無"라고 하였다. 〔참고문헌〕『蓮宗寶鑑』.

회오 會悟 다한 끝에 깨닫다. 이런저런 경우를 다 고려해 사유한 후에 알게 되다의 뜻이다. 『열반현의발원기요』 권1(대정장38, p.17a15)에 "화엄에서 삼덕의 뜻을 모아 깨닫는다. 於華嚴 會悟三德理", 『성유식론연비』 권7(대정장43, p.958b5)에 "연한 것들 중에 구경을 얻으므로 제라 한다. 제란 끝의 뜻이다. 이것을 끝내 깨우치고 나면 더이상 이것을 넘어 연해서 구할 만한 법이 없으므로 실제라 한다. 以所緣中 以得究竟 故名爲際 際者極也 會悟此已 更無過此 可緣求法 故名實際"라고 하였다. 〔참고문헌〕『涅槃玄義發源機要』, 『成唯識論演祕』.

회옥 懷玉 ?~742. 당대 정토종 스님. 속성은 고(高)씨. 단구(丹邱 : 浙江省 寧海) 출신. 대주(台州 : 浙江省 臨海) 용천사(涌泉寺)에 주석하며 계율을 확고하게 지켰다. 『아미타경』을 30만 번 독송하였고, 매일 5만회 불호를 칭념했다. 『정토성현록』 권2 「회옥」(卍속장135, p.233a8)에 따르면, 742년(천보1) 6월 9일 서방정토 성인의 형상을 만나는 꿈을 꾸고는 목숨이 곧 끊어지리라 알고 "청정하고 밝디 밝아 티끌마저 없으니, 상품의 저 연대 부모로 삼았다. 나는 도 닦아 지나길 십겁이었고 염부제에서 온갖 고통 싫어하는 몸 보였지만, 이제 한평생 고행으로 십겁을 뛰어넘었으니 영원히 사바 떠나 정토로 돌아가리라. 淸淨皎潔無塵垢 上品蓮臺爲父母 我修道來經十劫 出示閻浮厭衆苦 一生苦行超十劫 永離娑婆歸淨土"라 한 뒤 입적하였다. 〔참고문헌〕『淨土聖賢錄』. **2** 당대 스님. 속성은 허(許)씨. 병주(幷州 : 山西省 太原) 출신. 계율을 엄격히 지키며 건사(建寺)·조상(造像)·사경(寫經) 등을 일로 삼았다. 대력년간(766~779) 태원숭복사(太原崇福寺)에 주석할 때 절 옆에 정토원(淨土院)을 건립하였다. 당시 황제가 관정도량(灌頂道場)의 주인으로 임명하였다. 세수 63세였다. 〔참고문헌〕『宋高僧傳』 권26(대정장50, p.877c8).

회운 懷惲 **1** 640~701. 당대 정토종(淨土宗) 스님. 선도(善導)의 제자. 장안의 서명사(西明寺)에서 출가한 다음 얼마 뒤에 실제사(實際寺) 선도의 문하로 들어갔다. 측천무후(則天武后) 때인 689년(영창1) 칙령에 따라 실제사 주지가 되었다. 동문이었던 회감(懷感)의 유지를 이어 『석정토군의론 釋淨土群疑論』을 완성하였다. 701년(대족1) 10월에 세수 62세로 입적하였다. 705년(신룡1) 융천대법사(隆闡大法師)라는 시호를 내렸다. 〔참고문헌〕『釋淨土群疑論』 「序」(대정장47, p.30c10), 『金石萃編』 권86 「隆闡大法師碑銘」. **2** 754~815. 당대 스님. 회휘(懷暉)라고도 한다. 『경덕전등록』 권7(대정장51, p.252b19) 등에 회운으로 되어 있다. 〔참고문헌〕『景德傳燈錄』. ⇨회휘 懷暉 **3** 오대(五代) 조동종 제3대 조사. 운거도응(雲居道膺)의 법을 이은 청원(靑原) 6세. 여산귀종사(廬山歸宗寺)와 백장산(百丈山)에 주석했다. 〔참고문헌〕『景德傳燈錄』 권20(대정장51, p.363a21), 『聯燈會要』 권25(卍속장136, p.853a3).

회운덕윤 會雲德潤 조선후기 스님. 『동사열전』 권5 「연호대사전 烟湖大師傳」(한불전10, p.1056c1)에 "환양도우선사의 법을 이었고, 환양은 회운덕윤의 제자이다. 회운은 도암복환의 법제자이며 동연의 속가 동생이자 또한 출가해서는 법제가 되었다. 嗣法於喚羊禱祐禪師 喚羊會雲德潤之子 會雲 道庵復還之子 洞然之家弟 亦出家弟"라고 하였다. 〔참고문헌〕『東師列傳』.

회운진환 會雲振桓 조선후기 스님. 청허휴정(淸虛休靜 1520~1604)의 법손이다. 『동사열전』 권5 「원담선사전 圓潭禪師傳」(한불전10, p.1052b1)에 "(원담내원은) 회운진환의 법제자이다. 會雲振桓之子"라고 하였다. 〔참고문헌〕『東師列傳』.

회융 會融 모이게 해서 어울리다. 자성(體 : 本)이 각각인 법(相 : 末)들을 모여 어울리게 해서 장애 없게 하니 한결같은 법계(法界)에서 일체법이 자유롭게 되는 뜻이다. 『화엄경탐현기』 권6(대정장35, p.230c29)에 "지금이라 한즉 앞서 말한 것들 모아 어울리게 해서 시작도 끝도 없다. 지금에는 하나하나의 행에 일체의 행을 갖추게 된다. 今卽會融前說 令無始終 是故 一一行中 具一切行也", 『화엄경소』 권3(대정장35, p.522b14)에 "두 번째, 인과를 모아 어울리게 해서 법계로 함께한다. 법계의 문 중에 십사와 다섯으로 마주하는 일 있어 서로 으뜸의 길로 삼는다. 第二 會融因果 以同法界 法界門中 亦有十事五對 互爲宗趣", 『신화엄경론』 권1(대정장36, p.721c8)에 "여섯 번째, 『유마경』은 물듦과 깨끗함이라는 두 가지 봄을 모여 어울리게 하고 부사의를 드러내서 종취로 삼았다. 第六 維摩經 以會融染淨二見 現不思議爲宗", 『화엄오교장』 권1(대정장45, p.479c15)에 "둘째, 바탕이 된 것들과 드러나 보인 것들을 어울리게 한다 하니, 이같은 가르침이 모든 승들을 모아 어울리게 해서 둘이 없게 해서는 한결같은 법계와 같게 한다. 二融本末者 此同敎諸乘等 會融無二 同一法界", 『화엄오교장의원소』 권1(卍속장103, p.205b17)에 "모여 어울리게 해서 둘이 없다는 말은 '저것과 이것을 꾸려 거두어 한가지로 연기하게 하니 장애 없는 법계일 뿐이다'라는 뜻이다. 會融無二者 謂彼此該收 同一緣起 無障礙法界耳"라고 하였다. 〔참고문헌〕『華嚴經探玄記』, 『華嚴經疏』, 『新華嚴經論』, 『華嚴五敎章義苑疏』.

회은 晦隱 ❶ 1587~1672. 임진왜란 때 승병장. 응준(應俊)의 법호다. ⇨ 응준 應俊 ❷ 조선말 스님 승혜(昇慧)의 법호다. ⇨ 승혜 昇慧

회응 晦應 조선말 스님. 용연사(龍淵寺) 만하승림(萬下勝林)의 수계(受戒) 제자다. 〔참고문헌〕『韓國近代佛教百年史』 권1 「僧團編年」 p.5. ⇨ 승림 勝林❶

회의개 悔疑蓋 Ⓢ kaukṛtya-vicikitsā-āvaraṇa. 오개(五蓋) 중 하나. 후회하고 의심하는 번뇌를 말한다. 후회는 도회개(掉悔蓋 Ⓢ auddhatya-kaukṛtya-āvaraṇa)라고 하여 도거(掉擧)와 함께 일컫는다. 『장아함십보법경』 권상(대정장1, p.234c25)에 "오개를 버려야 하니, 애욕개·진에개·수면개·희락개·회의개이다. 當捨五蓋 一 爲愛欲蓋 二 爲瞋恚蓋 三 爲睡眠蓋 四 爲戲樂蓋 五 爲悔疑蓋", 『잡아함경』 권26(대정장2, p.189b17 : *SN.5*, p.85)에 "만일 비구가 바르게 사유한다면 아직 일어나지 않은 탐욕개는 일어나지 않게 하고, 이미 일어난 탐욕개는 멸하게 하며, 아직 일어나지 않은 진에·수면·도회·의개는 일어나지 않게 하고, 이미 일어난 진에·수면·도회·의개는 끊는다. 若比丘正思惟者 未起貪欲蓋不起 已起貪欲蓋令滅 未起瞋恚 睡眠 掉悔 疑蓋不起 已起瞋恚 睡眠 掉悔 疑蓋則斷 yoniso bhikkhave manasikaroto anuppanno ceva kāmacchando nūppajjati uppanno ca kāmacchando pahīyati. anuppanno ceva vyāpādo … thīnamiddhaṃ … uddhaccakukkuccaṃ … anuppannā ceva vicikicchā nūppajjati uppannā ca vicikicchā pahīyati"라고 하였다. 〔참고문헌〕『長阿含十報法經』, 『雜阿含經』, *SN*. ⇨ 오개 五蓋, 도회개 掉悔蓋

회이 會異 다른 말이나 뜻을 모아 통하게 하다. 칠번공해(七番共解) 중 하나. 해석의 차이를 회통하는 방법이다. 『마하지관』 권3상(대정장46, p.22b20)에 "셋째, 다른 것들을 모이게 한다 하니, 저 절대지관은 한편 불가사의라고도 하고, 대(大)라고도 한다. 40권본 『대반열반경』 권23(대정장12, p.502c9)에 '대를 불가사의라 한다' 하였고, 나머지 모든 경론에서는 원리라고도 하고, 또는 부주불착·무위적멸·분별하지 않는 선정·기제·사(捨) 등이라고도 한다. 이와 같은 일체의 차이는 모두 지(止)의 다른 이름이다. 三 會異者 如此絶待止觀 亦名不可思議 亦名爲大 大經云 大名不可思議也 諸餘經論 或名遠離 或名不住不著 無爲寂滅 不分別禪定 棄除捨等 如是一切 皆是止之異名"라고 하였다. 〔참고문헌〕『摩訶止觀』. ⇨ 불전석례 佛典釋例, 칠번공해 七番共解

회이귀일 會二歸一 이승을 모아 일승에 돌아가게 하다. 녹거(鹿車)는 우거(牛車) 외에 대백우거(大白牛車)를 인정하지 않는 자은(慈恩)·가상(嘉祥)과 같은 삼승가(三乘家 : 三車家)의 주장이다. 『법화문구』 권5(대정장34, p.71a1)에 "세간인들은 수레의 수 같지 않음에 붙들려 수레의 바탕마저 다르다고 한다. 즉 처음에는 세 가지 수레를 말하고, 뒤에는 두 가지 수레를 모아 하나의 수레로 돌아간다고 하거나, 처음에 세 가지 수레를 말하고 뒤에는 세 수레를 모아 한 수레로 돌아간다고 하거나, 처음에는 네 가지 수레를 말하고 뒤에 세 수레를 모아 한 수레로 돌아간다고 한다. 그러니 경을 벗어나서 사람의 말을 믿지 마라. 世人執車數不同 說車體不同 或言初說三車 後會二歸一 或言初說有三 後會三歸一 或言初說有四 後會三歸一 所以出經 勿信人語", "이 글은 예전에 부처님께서 성문을 위해서는 마땅히 사제법을 말씀하셨고, 연각을 위해서는 십이인연법을 설하셨으며, 보살인에게는 육바라밀법을 설하신 것을 끌어 온 것이다. 지금 부처님께서 설하신 세 가지 헤아림이 이와 같다. 此文引昔佛爲聲聞說應四諦法 爲緣覺人說應十二因緣法 爲菩薩人說應六波羅蜜法 今佛說三 數亦如此", 『법화유의』(대정장34, p.647c8)에 "〔문〕 회삼귀일인가, 회이귀일인가? 〔답〕 이 또한 한 가지 뜻이다. 『대지도론』에서 '하나의 불승을 셋으로 나눈 것이다'라고 하였으니, 예를 들면 사람이 한 말의 쌀을 세 무더기로 나누었을 경우, 세 무더기를 모아 한 무더기가 되기도 하고, 두 무더기를 모아 한 무더기가 되기도 하니 셋을 모으나 둘을 모으나 한결같은 뜻이어서 어긋남이 없다. 問 爲會三歸一 爲會二歸一 答 此且猶是一義 智度論云 於一佛乘開爲三分 如人分一斗米爲三聚 亦得合三聚爲一聚 亦得會二聚歸一聚 會三會二猶是一義 不相違也"라고 하였다. 〔참고문헌〕『法華文句』, 『法華遊意』, 『法華經』 권2(대정장9, p.12b12). ⇨ 삼승가 三乘家, 삼거사거 三車四車, 양거 羊車, 녹거 鹿車, 우거 牛車, 대거 大車

회인향과 迴因向果 인을 돌이켜 과로 향하게 하다. 『인왕경소신보기』 권2(대정장33, p.295a22)에 "스스로를 돌려서 다른 이에게 향하게 하고, 인을 돌이켜 과로 향하게 한다. 과 반드시 극에 이르면 사를 돌이켜 이로 향해 그 뜻을 모두 품는다. 迴自向他 迴因向果 果必至極則迴事向理義該之矣", 『인왕반야경소』 권3(대정장33, p.350c2)에 "세 가지 회향이 있다. 그 첫째로 인을 돌이켜 과로 향하게 함이어서 가졌던 선근을 일체지과로 향하게 한다. 有三種迴向 一 迴因向果 所有善根 向薩婆若果", 『능엄경의소석요초』 권6(卍속장16, p.1003b10)에 "회인향과는 닦아서 쌓은 선한 종자로 이승으로 나아가지 않고, 닦은 바 성을 순하게 해서 다 요인을 성취케 하니 인은 반드시 과를 나투기에 보리로 회향한다. 이와 같은 회향이라야 비로소 보살대행이고, 비로소 자타가 고르게 생사를 건널 수 있게 된다. 迴因向果者 所修善種 不趣二乘 所修順性 皆成了因 因必顯果 故迴向菩提 如此迴向 方是菩薩大行 方獲自他等度也"라고 하였다. [참고문헌] 『仁王經疏神寶記』, 『仁王般若經疏』, 『楞嚴經義疏釋要鈔』. ⇨ 회향 廻向

회일 會日 조선후기 스님. 문암영유(聞庵永愈)의 수은(受恩)제자이자 철우표운(鐵牛表云 ?~1846)의 법손(法孫)이다. [참고문헌] 『東師列傳』 권4(한불전10, p.1036a1) · 권5(한불전10, p.1051b1).

회자불망망자불회 會者不忙忙者不會 깨우쳐 안 사람은 바쁜 일 없고 바쁘기만 한 이는 깨닫지 못한다. 『종용록』 35칙 「송 頌」(대정장48, p.250b26)에 "협산이 말했다. '가만, 가만! 제발 경솔하게 굴지 마라〈깨우친 사람은 바쁠 일 없고 바쁘기만 해서는 깨우치지 못한다〉'. 山云 住住 且莫草草怱怱〈會者不忙忙者不會〉", 『석우법단』 권7(가흥장27, p.103a26)에 "학인이 다시 물었다. '나그네와 주인이 서로 보면 무슨 일 이야기합니까?' '바쁜 사람은 아는 것 없고 아는 사람은 바쁘지 않다'. 進曰 賓主相見 所談何事 師曰 忙者不會會者不忙"라고 하였다. [참고문헌] 『從容錄』, 『石雨法檀』.

회자정리 會者定離 모아 함께하던 것들 반드시 떠나가게 된다. 『장아함경』 권3 「유행경 遊行經」(대정장1, p.16c26)에 "은애는 언제나와 같지 않으니 합해 모인 것은 떠남이 있다. 恩愛無常 合會有離", 40권본 『대반열반경』 권2(대정장12, p.373a28)에 "무릇 일어나 한창이던 것들 반드시 스러져 가고 합해 모였던 것들 따로 떠나기 마련이다. 夫盛必有衰 合會有別離", 『유교경론』(대정장26, p.290c22)에 "그러므로 마땅히 알라. 세간은 모두 무상하여 만남에는 반드시 이별이 있으니 후회하거나 근심하지 마라. 세간 모든 일이 이와 같다. 是故當知 世皆無常 會必有離 勿懷憂也 世相如是"라는 등의 구절이 그 취지와 통한다. [참고문헌] 『長阿含經』, 『大般涅槃經』, 『遺教經論』.

회장 懷奘 1198~1280. 일본 겸창(鎌倉)시대 조동종 스님. 법호는 고운(孤雲), 시호는 도광보조국사(道光普照國師). 속성은 등원(藤原)씨. 경도(京都) 출신. 도원선사(道元禪師)의 법을 받아 영평사(永平寺)의 제2조가 되었다. 한암의윤(寒巖義尹), 보경적원(寶慶寂圓), 철통의개(徹通義介) 등이 법을 이었으며, 저서로는 『광명장삼매 光明藏三昧』, 『정법안장수문기 正法眼藏隨聞記』 등이 전한다. ⇨ 도원 道元 ④

회재 回財 제사 때 빌린 재물을 갚는다는 말. 회제(回祭)라고 해야 한다 바로잡았다. 『선림상기전』 권29(대장경보편19, p.857a13)에 "회재 : 구설에 따르면 '시주가 절에 나아가 천도를 행하면서 지불해야 할 비용을 미납하여 상주 재물을 빌려서 마련했다면 나중에 시주가 액수에 맞게 갚아야 한다. 이것을 회재라 한다'라고 하였다. 도충이 말한다. '회제라고만 하면 될 일을 회재라고 잘못 말하였다'. 回財 舊說曰 施主就寺修薦 或未納支費見錢 且借常住財營辨 後時施主 如數償之 此言回財 忠曰 但是回祭 訛言回財耳"라고 하였다. [참고문헌] 『禪林象器箋』. ⇨ 회제 迴祭

회쟁론 廻諍論 Ⓢ Vigrahavyāvartanī, Ⓣ rTsod-pa-zlog-pa. 용수(Ⓢ Nāgārjuna 기원후 150~250년경)의 『비그라하브야바르타니 *Vigrahavyāvartanī*』의 한역명. 고려장17, pp.756a1~768c13, No.630 · 대정장32, pp.13b10~23a26, No.1631에 수록되었다. 실제 저자가 『근본중론송』의 용수인지, 후대에 더한 것인지 논쟁이 있어 왔다. 1936년에 라훌라 상끄리티야야나(Ⓢ Rāhula Sāṅkṛtyāyana)가 티베트의 짤루(Ⓣ Zhwa-lu)사원에 보존되어 오던 범어사본을 발견하여 보고하면서 이 문헌의 범본이 알려지게 되었다. 한역(漢譯)은 541년에, 티베트역(北京版 No.5228 · 델게版 No.3828)은 9세기와 11세기 두 차례에 걸쳐 번역되었다. 범어 편집본으로는 존스턴(Johnston)과 쿤스트(Kunst)가 작업한 교정본이 널리 쓰이지만, 이는 상끄리티야야나의 필사본에만 의지했기에 개정의 필요가 있었다. 이후, 해당 범어사본을 다시 참조한 요네자와(Yonezawa)의 재편집본이 출판되었다. 아리야(Ⓢ Āryā) 운율로 쓰인 총 70개의 게송을 문답형식으로 구성하였다. 각 게송에 자주(自註)가 붙어 있다. 1송에서 20송까지는 실재론(實在論)을 주창하는 이들의 반론(反論 Ⓢ pūrvapakṣa)을 드러낸 다음, 20송에서 70송까지는 이에 대한 공성론(空性論)을 답해 논증(答論)하고 있다. [참고문헌] E.H.Johnston · A.Kunst 'The Vigrahavyāvartanī of Nāgārjuna with the author's commentary'(*Mélanges chinois et bouddhiques* 9, pp.99~152), Yoshiyasu Yonezawa 'Vigrahavyāvartanī, Sanskrit transliteration and Tibetan translation'(*Journal of Naritasan Institute of Buddhist Studies* 31, pp.209~333), Jan Westerhoff *The Dispeller of Disputes* (Oxford University Press, 2020).

회적 晦迹 자취를 감추다. 『대반열반경집해』 권15(대정장37, p.436b9)에 "비록 세속의 무리 속으로 자취를 감추었지만 맑고 깨끗해 물들지 않았다. 雖晦迹俗流 而淸白無染", 『주유마힐경』 권8(대정장38, p.402a9)에 "자취를 감추고 지혜도 숨기고서 스스로 가난한 이들과 함께 구결한다. 晦迹潛明 自同貧乞"라고 하였다. [참고문헌] 『大般涅槃經集解』, 『註維摩詰經』.

회적 懷迪 당대 스님. 순주(循州 : 廣東省 惠陽 東北) 출신. 나부산(羅浮山) 남루사(南樓寺)에 주석하면서 내외의 전적이 두루 통하였고 범승(梵僧)에게 범어도 학습하였다. 706년(신룡2) 보리유지(菩提流志)가 『보적경』을 한역할 당시 증의(證義)를 맡았다. 후에 광부(廣府)에서 범승과 함께 『능엄경 楞嚴經』 10권을 역출하였는데 『개원석교록』 권9(대정장55, p.571c14)에 따르면 범문에서 한역한 경전은 아니므로 회적의 증의기록은 없다. [참고문헌] 『宋高僧傳』 권2(대정장50, p.718c14), 『續古今譯經圖紀』(대정장55, p.372a4).

회전 迴轉 Ⓢ ābhoga, vivartya, Ⓣ 'jug. 끊임없이 돌며 구르다. 정해진 자리에 있다가 다시 움직여 구르다. 마음의 움직임을 표현한 말이다. 『대비바사론』 권180(대정장27, p.902c10)에 "세존께서 '필추여! 알아야 할 것이니, 나는 그 어떤 법도 마음처럼 빠르게 회전하는 것을 본 적이 없다. 왜 그러한가? 마음이 신속히 회전하는 양상은 어떤 것으로도 비유하기 어렵기 때문이다'라고 설하셨다. … 이로 인해 단지 상속에 의지해서 마음의 신속한 회전을 설하신 것이다. 이를테면 한 몸 안의 마음은 어떤 때는 선이고 어떤 때는 불선이며 어떤 때는 무기이고, 어떤 때는 안근에 의지하고 내지 어떤 때는 의근에 의지하며, 어떤 때는 색을 연하고 내지 어떤 때는 법을 연하며, 낱낱의 무리중에서 거듭 돌며 다시 바뀌기 때문이다. 如世尊說苾芻當知 我不見一法速疾迴轉猶如心者 所以者何 心速疾迴轉難作譬喩 … 由此但依相續說心速疾迴轉 謂一身中心或時善或時不善或時無記 或時依眼乃至或時唯依於意 或時緣色乃至或時緣法 一一類中復轉易故", 『구사론』 권23(대정장29, p.120c22 : *Abh-k-bh.*, p.348)에 "보리살타는 유정을 이롭게 하고자 품는다 하고 유정을 교화하기 위해 반드시 악취로 가야하지만, 저 인이라는 종성은 돌이켜 돌지 않는다. 따라서 결코 정해서 성불의 뜻은 얻을 수 없다. 菩提薩埵利物爲懷 爲化有情必往惡趣 彼忍種性不可迴轉是故定無得成佛義 bodhisattvāś-ca parihitakriyāpāratantryādapāyān-apy-avagāhanta iti. tasya-eva tu gotrasyāvivartyatvād-asambhavaḥ", 『유가사지론』 권3(대정장30, p.291b27 : *Yogā-bh.*, p.60)에 "작의란 무엇인가? 마음의 회전이다. 作意云何 謂心迴轉 manaskāraḥ katamaḥ. cetasa ābhogaḥ", 『유가사지론약찬』 권2(대정장43, p.22a10)에 "회전이란 일어나 움직이는 뜻이다. 迴轉者 起動義", 『순정리론』 권23(대정장29, p.473c7)에 "또 소의인 경계행상에서 마음이 신속하게 회전하는 것이지 소의를 여의고서 오직 경계로 가서 신속하게 회전하는 것이 아니다. 又於所依境界行相 心疾迴轉 非離所依唯往境界速疾迴轉"라고 하였다. [참고문헌] 『大毘婆沙論』, 『俱舍論』, 『瑜伽師地論』, 『瑜伽師地論略纂』, 『順正理論』, *Abh-k-bh.*, *Yogā-bh.*

회전무상 迴轉無常 돌고 돌아 덧없다. 무상의 다섯 뜻 중 하나로 변이무상(變異無常)이라고도 한다. 『열반경본유금무게론』(대정장26, p.282c4)에 "무상에는 본래 다섯 뜻 있으니, 첫째 실멸무상, … 셋째 변이무상 또는 회전무상, … 다섯째 자성무상이다. … 회전이란 곧 흼을 뒤쳐 합색이 됨이다. 無常自有五義 一 失滅無常 … 三 變異無常 亦名迴轉無常 … 五 自性無常 … 迴轉者 卽轉白爲鴿色"라고 하였다. [참고문헌] 『涅槃經本有今無偈論』. ⇨ 변이무상 變異無常

회전물 迴轉物 Ⓢ parivartaka, Ⓣ shi-ba'i-nor. 돌려써야 하는 물건. 죽은 비구가 남긴 물건은 반드시 남은 이들이 돌려써야 한다. 『구사론』 권16(대정장29, p.87a8 : *Abh-k-bh.*, p.244)에 "만약 회전물을 훔쳤다면, 이미 갈마를 한 이라면 결계내의 스님들에게 갈마지어야 하고, 만약 갈마를 성취하지 못한다면 두루 모든 불제자에 대해 투도의 죄를 얻게 된다. 그 밖의 경우에 생각해야 할 것이다. 若有盜取諸迴轉物 已作羯磨於界內僧 若羯磨未成 普於佛弟子得偸盜罪 餘例應思 parivartakaṃ haratah kṛte karmaṇi sīmāprāptemyaḥ akṛte sarvabuddhaśaikṣyebhyaḥ", 『구사론기』 권16(대정장41, p.259a25)에 "죽은 비구가 남긴 쓰던 물건을 회전물이라 한다. 남은 필추에게 돌려쓰게 하여야 하기에 회전이라 한다. 亡苾芻物名迴轉物 可令迴轉屬餘苾芻故名迴轉"라고 하였다. [참고문헌] 『俱舍論』, 『俱舍論記』, *Abh-k-bh.* ⇨ 현전승물 現前僧物

회전쟁두래 回轉鎗頭來 창 끝 돌려 돌아오다. 일향(一向)에 움직이던 기세 돌리다. 도전쟁두(倒轉鎗頭)와 통한다. 『벽암록』 35칙 「본칙 本則」(대정장48, p.173c5)에 "무착선사가 문수보살에게 물었다. '이곳에서는 어떻게 주지하는지요?〈몰아칠 뿐이다! 창끝 돌려 돌아온다〉'. 無著問文殊 此間如何住持〈拶著 便回轉鎗頭來也〉"라고 하였다. [참고문헌] 『碧巖錄』. ⇨ 도전쟁두 倒轉鎗頭

회정 懷正 고려 의종(毅宗) 때 스님. 고려 수도인 개경(開京)에 있었던 총지사(摠持寺)의 주지였다. 『고려사』 권18 세가(世家)에 의하면, 1157년(의종11) 8월 을묘일에 의종이 총지사에 행차하여 주지인 회정을 만났고, 회정은 주금(呪噤)으로 의종의 총애를 받았다 하였다. 총지사라는 절의 이름도 그렇고 밀교의 수법을 행하던 스님으로 생각한다. [참고문헌] 『高麗史』, 『高麗史節要』.

회정 懷淨 1678~1738. 조선후기 해남 미황사(美黃寺)스님. 휘는 회정(懷淨), 자는 윤중(允中), 호는 설봉(雪峰), 속성은 조(曹)씨, 본관은 창녕(昌寧)이며, 어머니 김씨부인이 어느 날 신인(神人)이 밝은 구슬 한 개를 주는 태몽을 꾼 다음, 1678년(숙종4) 1월 15일(上元日) 낭주(朗州 : 靈巖)에서 태어났다. 골격이 준수하고 천품이 영특하였다. 9세 때인 1686년(숙종12)에 달마산 미황사로 찾아가 조명(照明)스님 밑에서 행자생활을 마치고, 16세에 스님이 되었다. 뒤에 화악문신(華岳文信)의 법을 이어 받았으니 임제(臨濟)의 31세요, 서산휴정(西山休靜)의 제5세의 법손이다. 선교에 두루 정통하여 남방의 모든 스님들이 선림의 '종주(宗主)요 교해(敎海)의 지침(指針)'이라고 칭송하였다. 검소하여 항상 누더기를 입었으며 수발(鬚髮)을 깎지 않아서 봉두난발(峯頭亂髮)이었고, 율의를 벗어난 위의에 비판이 심하였으나 구애받지 않고 술집(酒肆)과 다방(茶坊)도 걸림없이 드나들며 불법이 별것 아닌 것이어니(佛法無多字) 어찌 문자가 필요하리요라 하였다. 그의 문 앞은 항상 학인들 신발이 가득하였다 한다. 때로는 섬으로 가서 토굴을 짓고 야은(野隱)이라는 편액을 걸고 수행하였다. 호남의 명산 대찰을 두루 참방하고 가지산 보림사(寶林寺)를 거쳐 미황사 보현암(普賢庵)으로 돌아와 주석하던 중 1738년(영조14) 6월 8일 대중을 모아 놓고 "뜬구름 온 곳이 없고, 사라지나 자취 전혀 없네! 구름 오고 간 곳 아무리 살펴봐도, 다만 한결같은 빈 하늘일 뿐이네. 浮雲來無處 去也亦無蹤 細看雲去來 只是一虛空"라는 임종게를 읊고 입적하니, 세수는 61, 법랍은 45세였다. 화장 후 사리 1과와 영주(靈珠) 1매가 나왔으므로 미황사에 탑을 세우고 안치하였다. 법계로는 청허휴정(淸虛休靜)・소요태능(逍遙太能)・해운경열(海運敬悅)・취여삼우(醉如三愚)・화악문신(華岳文信)・설봉회정(雪峰懷淨)으로 이어진다. 김진상(金鎭商 1684~1755)이 비문을 짓고 1739년(영조15)에 세운 비가 미황사에 있다. [참고문헌] 『朝鮮佛教通史』 권상 p.535, 『萬德寺誌』(亞細亞文化社, 1977) pp.130~133, 『大芚寺誌』(亞細亞文化社, 1980) pp.282~287, 智冠 『韓國高僧碑文總集 朝鮮朝・近現代』 pp.404~408.

회제 悔除 Ⓢ pratikaraṇatā, pratikṛta, Ⓣ gso-ba, phyir-'chos-pa, bcos-pa. 뉘우치게 해서 없게 하다. 범계(犯戒)한 이로 하여금 드러내(發露) 참회하게 해서 죄를 없게 하는 일. 『대비바사론』 권57(대정장27, p.293b18)에 "가령 비나야에서는 두 갈래 보특가라를 청정하다고 한다. … 둘째는 (禁戒를) 범한 뒤 여법하게 돌이켜 없게 한다. … 이 두 번째는 물든 것으로 청정을 얻기에 청정하다고 한다. 如毘奈耶說有二種補特伽羅 名爲淸淨 … 二者 犯已如法悔除 … 第二從染得淨故名淸淨", 같은 책 권120(대정장27, p.624c9)에 "사습미라국의 논사들은 '비록 율의를 범하더라도 율의는 끊어지는 것이 아니니 법에 따라 회제하면 다시 계를 가진다'라고 하였다. 迦濕彌羅國諸論師言 雖犯律儀而律儀不斷 如法悔除還名持戒", 『구사론』 권15(대정장29, p.79b12 : *Abh-k-bh.*, p.223)에 "만약 범한 것을 드러내어 참회해서 없앤다면 시라를 갖춘 이라고 하지 범계한 이라고는 하지 않으니, 마치 (부자가) 부채를 갚고 나면 단지 부자라고 할 수 있는 것과 같다. 若於所犯發露悔除 名具尸羅 不名犯戒 如還債已但名富人 āviṣkṛtāyāṃ tu tasyāmāpattau śīlavānbhavati na duḥśīlo yathā ṛṇaṃ śodhayitvā dhanavānbhavati na tvṛṇavāniti", 『유가사지론』 권41(대정장30, p.521a19 : *Bodh-bh.*, p.124)에 "설사 어겨 범했더라도 곧 법에 따라 신속히 참회해서 없게 하면 돌이켜 깨끗함을 얻게 한다. 設有違犯卽應如法疾疾悔除令得還淨 vyatikrāntena ca yathādharma-pratikaraṇatayā pratyāpattiḥ karaṇīyā"라고 하였다. [참고문헌] 『大毘婆沙論』, 『俱舍論』, 『瑜伽師地論』, *Abh-k-bh.*, *Bodh-bh・99.* ⇨ 발로 發露

회제 迴祭 재를 위해 썼던 비용을 갚는다는 말. 회제(回祭)라고도 쓰고, 회재(迴財)와 통한다. 먼저 고사(庫司)에게 알려 제사 음식을 마련하게 한 다음 사후에 그 비용을 돌려받는 것을 말한다. 『백장청규』 권6 「망승 亡僧」(대정장48, p.1148a)에 "미리 고사에게 알려 제사 음식을 마련토록 하며 사람들을 시켜서 제사자리를 준비한다. 향인과 법권은 제문을 짓고, 고사에 금전을 납입하여 제사 비용을 돌려드린다. 預報庫司造祭食 差人鋪排祭筵 鄕人法眷作祭文 納庫司錢回祭"라고 하였다. [참고문헌] 『百丈淸規』. ⇨ 회재 回財

회종 會宗 종지(宗旨)를 깊고 널리 알다. 종지를 충분히 깨우치다. 『법화문구』 권9(대정장34, p.127c4)에 "밝은 이는 그 뜻을 귀히 여기고, 어두운 이는 그 글만을 지키려 한다. 다만 말로 된 것들에서 찾아 종지를 알게 되는 것이야말로 가르침의 바른 뜻이다. 구차하게 찌꺼기(糟糠) 붙들고 건너갈 다리만을 따져 묻는 일 어찌 이로울 수 있겠는가? 明者貴其理 暗者守其文 但尋詮會宗 是敎之正意 苟執糟糠 問橋何益", 『경덕전등록』 권30 「남악석두화상참동계 南嶽石頭和尙參同契」(대정장51, p.459b17)에 "만물 저마다 공능 있으니, 써서 미치는 자리에 당해서 말해 보겠네. 사(事)라 하면 상자와 덮개가 서로 합해 있고, 이(理)라 해서는 화살들 이어달리며 그 끝과 처음 서로 이어지듯 해야 한다. 말을 이어가려면 반드시 종지를 알려 해야지 스스로 규구를 세워서는 아니 되네. 눈으로 보아도 도(道)를 알지 못하니, 발걸음 옮긴들 어찌 길(路)을 아리오. 萬物自有功 當言用及

處 事存函蓋合 理應箭鋒拄 承言須會宗 勿自立規矩 觸目不會道 運足焉知路"라고 하였다. 〔참고문헌〕『法華文句』, 『景德傳燈錄』, 『宗鏡錄』 권61(대정장48, p.764b10).

회좌 會座 대중이 모인 자리. 법을 듣기 위해 대중이 함께 모여 앉은 자리로 회좌(會坐)라고도 쓴다. 『영락본업경』 권하 「대중수학품 大衆受學品」(대정장24, p.1022a28)에 "이제 다시 이 제8의 회좌에 이르러 시방의 끝없는 대중과 경수보살의 일체중을 위하여 육입명문을 설하니, 일체대중이 받아 지니길 하나 같이 해서 둘도 다름도 없었다. 今復至此第八會座 爲十方無極大衆 敬首菩薩一切衆 說六入明門 一切大衆受持 若一無二無別", 『유마경』 권상 「불국품 佛國品」(대정장14, p.537b18)에 "다시 만이천의 천제가 또한 다른 사천하로부터 와서 회좌에 있었다. 復有萬二千天帝 亦從餘四天下 來在會坐", 『심사대장의궤』(대정장21, p.376b16)에 "그때 관세음보살이 대중의 회좌 중에서 일어나 오체투지하며 부처님의 두 발에 절을 올렸다. 爾時 觀世音菩薩 在大衆會座中而起 五體投地 禮佛雙足"라고 하였다. 〔참고문헌〕『瓔珞本業經』, 『維摩經』, 『深沙大將儀軌』. ⇨법화이처삼회 法華二處三會, 칠처구회 七處九會

회주 會主 모인 이들 중에 주가 되는 이. 설주(說主)를 말한다. 『법화현의석첨』 권19(대정장33, p.950c17)에 "두 곳의 회주는 비록 석가모니불과 비로자나불로 같지 않지만 옷의 영락구슬 등일 뿐 몸 자체는 다르지 않다. 二處會主 雖卽釋迦舍那不同 但是衣纓少殊 內身不別", 『화엄경탐현기』 권10(대정장35, p.294b3)에 "다섯째, 회주의 뛰어남이다. 석가모니불이 이 법회주로서 다른 모든 부처님들이 광명을 비추시며 이 부처님 앞에서 그 교화를 돕기 때문이다. 五 會主勝 以釋迦佛爲此會主 諸佛放光 對此佛前 助揚化故"라고 하였다. 〔참고문헌〕『法華玄義釋籤』, 『華嚴經探玄記』.

회준 懷濬 당대 스님. 출신은 알 수 없다. 술수(術數)의 학에 정통하였다. 어리석고 상식의 이해를 넘어선 언행을 일삼았으며, 조짐이 전혀 없는 일을 미리 헤아려 알아맞추었다. 〔참고문헌〕『宋高僧傳』 권22(대정장50, p.850a14), 『神僧傳』 권9(대정장50, p.1009b29).

회중 會衆 Ⓢpariṣad, upaniṣaṇṇa, Ⓣ'khor, 'khod-pa. 모여 무리 짓다. 법을 듣기 위해 모인 대중. 회중(會中)이라고도 한다. 『대법고경』 권상(대정장9, p.291a25)에 "이 법회에 모인 대중은 전단나무숲과 같아서 청정하고 순일하다. 今此會衆 如栴檀林 清淨純一", 『현우경』 권5(대정장4, p.384b17)에 "그때 모든 회중이 이 법을 듣고 나서 각자 도의 자취를 얻고는 사과에 이르러 기뻐하지 않는 이가 없었으니 모두들 가르침을 정수리에 이고 받들어 행하였으며 공경하는 마음으로 예를 올리고 떠났다. 時諸會衆 聞此法已 各獲道迹 乃至四果 莫不歡喜 頂戴奉行 敬禮而去"라고 하였다. 〔참고문헌〕『大法鼓經』, 『賢愚經』, *Bodh-bh.41.*

회즙 灰汁 Ⓢkṣāra, kṣārodaka. 잿물. 몸을 씻거나 빨래를 할 때 쓴다. 『문수사리문경』 권하(대정장14, p.503a23)에 "비유하면 때가 탄 옷을 잿물로 빨면 때는 사라지고 옷은 그대로 인 것과 같다. 왜 그러한가? 때가 없어져 옷이 깨끗해진다. 譬如垢衣以灰汁澣濯 垢滅衣在 何以故 垢已去故 以垢去故 衣得清淨", 『순정리론』 권64(대정장29, p.693a13)에 "저 거친 때는 옷에 묻어 있더라도 아주 굳은 채로 붙어있지 않기에 작은 노력을 들여 씻어 없앨 수 있지만, 미세한 때는 그렇지 않으니 옷에 아주 견고하게 붙어있기에 회즙 등으로 많은 노력을 기울여야 없앨 수 있다. 謂彼麤垢於所住衣非甚堅著 少用功力 以水浣洗 便能遣除 細垢不然 由甚堅著所住衣故 以灰汁等及多功力方能遣除"라고 하였다. 〔참고문헌〕『文殊師利問經』, 『順正理論』, *Abh-k-bh.130·164.*

회지 會止 ⓈⓅsamāna-saṃvāsa. 모여 함께하다. 살다. 『법구비유경』 권3(대정장4, p.599c1)에 "세속의 어려움은 억겁에도 쉬지 않는다. 처자식과 모여 살며 안락과 이익을 같이하기를 원하고, 영원히 즐겁고 환난을 당하지 않기를 바란다. 이는 마치 병을 고치려고 독약을 먹어서 더 심해져 낫지 않는 것과 같다. 居家艱難 億劫無息 妻息會止 願同安利 欲望永樂 不遭患難 是猶治病服毒 有增無損也", 『출요경』 권13(대정장4, p.679b16)에 "부처님께서 비구들에게 말씀하셨다. '타향에 나가 마음 붙이기 어렵고, 가난해도 구걸하기 어려우며, 모여 살더라도 이익을 같이하기는 어렵다'. 佛告比丘 僑寄他鄉難 素貧乞求難 會止同利難"라고 하였다. 〔참고문헌〕『法句譬喩經』, 『出曜經』, *Udāna-v.187.*, *Dhp.84.*

회지향속 迴遲向速 늦을 것 돌이켜 빨리 향해 가다. 정토수행의 여섯 가지 공덕 중 하나다. 무수겁 행해야 갈 곳을 빠르게 성취하는 뜻이다. 『안락집』 권하(대정장47, p.20c9)에 "넷째, 느린 것 돌이켜 빨리 향한다 하니, 이러면 세간에 머물지 않는다. 四 迴遲向速 此卽不住世間也"라고 하였다. 〔참고문헌〕『安樂集』.

회진 會眞 조선중기 대구 파계사(把溪寺) 스님. 휘는 원의(圓儀), 호는 회진(會眞)이다. ⇨원의 圓儀

회진사 廻眞寺 고려시대 사찰. 신해명(辛亥銘) 회진사종(鍾)이 현재 일본 송강시(松江市) 천륜사(天倫寺)에 있다. [참고문헌] 『韓國金石全文』 中世下 p.1274.

회진사 懷眞寺 강원도 횡성 소장산(昭將山)에 있던 절. 지금의 칠봉산(七峯山)이다. 『동국여지승람』 권46 횡성현 불우에 이름과 위치가 전하며, 『범우고』에 "지금은 폐사하였다. 今廢"라 하였다. [참고문헌] 『東國輿地勝覽』, 『梵宇攷』, 『韓國寺刹全書』 권하 p.1204a11.

회진사종 廻眞寺鐘 고려시대 범종. 전체높이 87cm · 입지름 53cm. 일본 도근현(島根縣) 송강시(松江市) 천륜사에 있다. 명문에 회진사(廻眞寺)라는 사찰명이 있어서 회진사종이라고도 한다. 사전(寺傳)에 의하면 본원사(本願寺)를 창건한 수관화상(秀關和尙)이 1394년(태조3)에 조선에 가서 성관음상(聖觀音像) · 『법화경』 등과 함께 가져왔다고 한다. 정상부에는 용뉴를 중심으로 주종 관련 인물이나 시주자의 명단으로 추정되는 12개의 명문곽이 있다. 연곽(蓮廓) 아래에는 2개의 당좌와 여래좌상과 명문곽을 양각하였다. 여래좌상은 화려한 천개(天蓋) 아래 결가부좌하고 있는데, 두광과 신광을 모두 갖추고 전법륜인(轉法輪印)을 하고 있다. 불상 좌우에는 천의에 감싸여 날아다니는 듯한 악기를 표현하였다. 명문에는 "신해년(1071년 추정) 4월에 고려국 동경(慶州) 회진사의 불제자인 스님 □□가 임금의 무병장수와 국태민안을 기원하며 인연 있는 사람 3천여 명에게 권선하여 … 금종 1구를 조성하였다. 高麗國 東京內廻眞寺 佛弟子釋□□ 奉爲 聖壽天長 國泰人安 勸有緣者三千餘人 … 添敬造金鐘一軀 辛亥四月八日記"라고 하였다. [참고문헌] 『朝鮮金石總覽』, 『韓國金石全文』, 廉永夏 『韓國의 鐘』(서울대출판부, 1991) pp.187~189, 『고려범종 : 高原日美子 寄贈』(국립문화재연구소, 2000) pp.72~73. ⇨회진사 廻眞寺

회진암 懷眞庵 경상남도 창원시 백월산(白月山)에 있던 양사(壤寺)의 다른 이름. [참고문헌] 『韓國寺刹全書』 권하 p.1204a13. ⇨양사 壤寺

회징 懷澄 송대 운문종 스님. 출신은 미상이다. 출가한 뒤에 오조사계(五祖師戒)를 친견하고 그 법을 이었다. 홍주(洪州 : 江西省) 늑담보봉사(泐潭寶峰寺)에 주석하였다. 『천성광등록』 권23(卍속장135, p.830a15)에 "학인이 '무엇이 부처입니까?'라고 묻자 '잘 쓴 글이라면 점 하나 더할 필요가 없다'라고 답했다. 僧問 如何是佛 師云 文不加點"라는 등의 문답이 전한다. [참고문헌] 『天聖廣燈錄』, 『聯燈會要』 권27(卍속장136, p.893a3), 『五燈會元』 권15(卍속장138, p.587b11).

회창법난 會昌法難 당 무종(武宗)이 회창년간(841~846)에 사원을 철폐하고 승단을 파괴한 폐불(廢佛) 사태. 회창파불(會昌破佛)이라고도 한다. 중국불교사에 있어서 삼무일종(三武一宗)의 법난으로 북위무제(北魏武帝) · 북주무제(北周武帝) · 후주세종(後周世宗)과 함께 4대 폐불사태에 속하지만 그중 가장 대규모였고 철저한 방법으로 시행되었다. 당시 국가의 경제적 문제를 해결하려는 의지의 희생물이기도 하였지만, 불교교단 내 승니의 부패와 타락, 사도위람승(私度僞濫僧)의 횡행 등도 실마리가 되었다. 도교(道敎)를 믿었던 무종은 문종(文宗)의 뒤를 이어 황제의 자리에 오르고 나서 841년(회창1) 9월 도사 조귀진(趙歸眞) 등 81인을 소환하여 궁에 불러들이고 삼전(三殿)에서 금록도량(金籙道場)을 베풀었다. 그해 10월에는 삼전에 행차하여 구선현단(九仙玄壇)에 올라 몸소 도사의 수행증명서인 법록(法籙)을 받았다. 회창 2년 6월에는 형산(衡山)의 도사 유원정(劉元靜)을 불러들여 은청광록대부(銀靑光錄大夫) · 숭현관학사(崇玄館學士)로 임명하고, 조귀진과 함께 궁중에서 법록을 베풀도록 하였다. 회창 3년 3월에는 조귀진을 좌우가도문교수선생(左右街道門敎授先生)으로 임명하였다. 당시 무제는 폐불할 마음을 품고 있던 차에 칙령으로 불교 사원과 대중의 수를 조사하도록 하였고, 승 · 도(승도)에게 명하여 인덕전(麟德殿)에서 논쟁을 하도록 하였는데, 모두 폐불을 위한 조치였다. 당시의 논쟁 상황을 『석씨계고략』 권3(대정장49, p.838a13)에 "법사 지현이 논좌에 올라 민첩한 말솜씨가 세밀하고 굳건하여 도사의 무리들이 논파할 수 없었고 … 무제의 안색이 편치 못하였다. 法師知玄登論座 辯捷精壯 道流不能屈 … 帝色不平"라고 그 일면을 전한다. 회창 5년 정월에 무제는 남교(南郊)에 망선루(望仙樓)를 건립하고 도사들을 소집하여 선도(仙道)에 관한 잡사를 주워 들었다. 그때 조귀진은 무제의 특별한 총애를 받아 그 곁을 따라다니는 모습이 황제의 격에 맞지 않다는 이유로 수 차례 그 잘못을 따지는 상소가 올라왔다. 조귀진은 나부산(羅浮山)의 도사 등원초(鄧元超)를 무제에게 추천하여 궁중에 들였다. 그때부터 등원초 · 유원정 등이 본격적으로 파불을 공모하여 사원을 척파하라는 의견을 빈번하게 올렸고, 승상 이덕유(李德裕)도 덩달아 부추겼다. 그해 4월 사부(祠部)에 조칙을 내려 천하의 사원과 승니의 실태를 빠짐없이 조사하라고 명했다. 그 결과 사원은 모두 4만 4천 6백 개소, 승니는 모두 26만 5천 명 가량되었다. 5월에 다시 조칙을 내려 상도(上都) · 동도(東都)에 각각 4개소의 사원과 승도 각각 40인만 남겨두도록 조치하였다. 또한 천하의 주군(州郡)에 각각 절 하나를 남기고 절의 규모를 나누어 상사(上寺)에는 20인, 중사(中寺)에는 10인, 하사(下寺)에는 5인만 머물게 하고 나머지는 모두 환속시켰다. 천하의 모든 사원을 훼손하면서 종 · 경쇠 · 불상 등을 모두 녹여 동전을 만들었고, 철 불상은 소속 주군의 농기구로 만들었으며, 금・은・수석 등은 돈으로 지불하였고, 서민들 소유의 금은 등 불상은 한 달을 기한으로 관가에 납부하도록 하였다. 8월에는 다시 조칙을 내려 폐불의 뜻을 밝혔다. 회창 6년 3월에 무제가 병으로 죽고 선종(宣宗)이 즉위하면서 조귀진・유원정・원초 등 20인을 잡아들였다. 847년(대중1) 3월 천하의 불사를 다시 이전처럼 되돌렸다. [참고문헌]『釋氏稽古略』,『佛祖歷代通載』 권16(대정장49, p.636a16),『宋高僧傳』 권12(대정장50, p.779b18),『僧史略』 권하(대정장54, p.253c5),『釋氏通鑑』 권11(卍속장131, p.970b8),『佛祖綱目』 권32(卍속장146, p.548a1). ⇨ 법난 法難, 삼무일종법난 三武一宗法難, 폐불 廢佛, 파불 破佛

회창폐불 會昌廢佛 ➡ 회창법난 會昌法難

회탄탑 灰炭塔 부처님 입멸 후 그 사리를 여덟 등분하여 모셨던 탑 외에 유회(遺灰) 즉 재를 모아서 세운 탑. 사리를 담은 병을 모신 탑은 병탑(瓶塔 Ⓢ droṇa-stūpa)이라 한다.『불소행찬』 권5(대정장4, p.54a10)에 "구이나갈(Ⓢ Kuśinagara) 사람들이 나머지 회탄을 모아서 탑 하나를 세우고 회탄탑이라 하였다. 俱夷那竭人 聚集餘灰炭 而起一支提 名曰灰炭塔"라고 하였다. [참고문헌]『佛所行讚』. ⇨ 병탑 瓶塔[1]

회탕 灰湯 잿물. 가사나 옷가지를 세탁하는 등의 용도다.『잡아함경』 권5(대정장2, p.30b24)에 "비유하자면 유모의 옷을 세탁하는 사람에게 맡기면 갖가지 회탕으로 먼지와 때를 씻어내지만 여전히 여분의 악취가 남아 있을 경우 반드시 갖가지 잡향을 뿌려 사라지게 하는 것과 같다. 譬如乳母衣 付浣衣者 以種種灰湯 浣濯塵垢 猶有餘氣 要以種種雜香 薰令消滅",『금광명경문구』 권3(대정장39, p.60c9)에 "회탕이나 조두로 몸을 씻는다. 灰湯澡豆淨身"라고 하였다. [참고문헌]『雜阿含經』,『金光明經文句』. ⇨ 회즙 灰汁

회토 灰土 재를 섞은 흙. 측간 즉 해우소(解憂所)에 두고 분뇨 위에 뿌린다.『선원청규』 권4「연수당주정두 延壽堂主淨頭」(卍속장111, p.898a15)에 "정두의 소임은 오경에 등불을 붙이고 해가 뜨는 시각에 묘주와 정포를 거두어 물에 담그어 놓는다. 다음으로 변기통을 털고 씻어서 나란히 겹친 모양으로 놓고 바닥을 쓴다. 묘주・정건과 아울러 회토・조각 등을 교체하고, 세면장을 깨끗이 정리한다. 淨頭之職 五更上燈 日出收茆籌淨布浸之 次刷洗茆槽 併疊掃地 添換茆籌淨巾 竝灰土皂角 打當水廨"라 하였다. [참고문헌]『禪苑淸規』. ⇨ 해우소 解憂所

회토 懷兎 Ⓢ śaśin. 토끼를 품고 있다고 여기는 것. 달(月)을 말한다.『인명입정리론소』 권중(대정장44, p.115b5)에 "달이란 토끼 품은 것이다. 月是懷兎",『일체경음의』 권51(대정장54, p.643b21)에 "회토〈저 천축국에서는 달을 토끼라고 하므로, 이것으로 비유한 것이다.『토왕경』에서 이렇게 말한다. '달 속의 토끼란 무슨 말인가? 옛날에 부처님께서 토끼의 왕이셨는데, 한 선인을 공양하고자 몸을 불 속에 던져 육신으로 그 선인에게 보시하니, 천제가 그 해골을 취해 월궁으로 옮겨 가서 청량하게 하고, 또 오늘날 지상의 중생들이 항상 보고서 자비심을 발하도록 하였다'〉. 懷兎〈彼天竺國 名月爲兎 故以喩焉 兎王經云 月中兎者 佛昔作兎王 爲供養一仙人 投身入火 以肉施彼仙人 天帝取其骸骨 置於月宮中 使得淸涼 又今地上衆生 常見而發 慈心故也〉"라고 하였다. [참고문헌]『因明入正理論疏』,『一切經音義』.

회토비월 懷兎非月 토끼를 품은 것은 달이 아니라네. 삼십삼과(三十三過) 중 세간상위(世間相違)의 예로 인용된다.『인명입정리론집해』(卍속장87, p.117a2)에 "〈논〉 세간상위란 무엇인가? 예를 들어 '토끼를 품은 것은 달이 아니다'라고 하는 것과 같다. … 세간에는 두 가지가 있으니, 첫째는 학자의 세간, 둘째는 비학자의 세간이다. 세속에서는 모두 토끼가 새끼를 배는 것은 달이 있어 가능한 일이라고 한다. 이제 달이 아니라고 하는 것은 비학자들의 세간과는 어긋난다. 世間相違者 如說懷兎非月 … 世間有二 一 學者世間 二 非學者世間 世俗共說 兎之懷胎 因月而有 今言非月 卽與非學者世間相違"라고 하였다. [참고문헌]『因明入正理論集解』,『因明入正理論』(대정장32, p.11b29). ⇨ 세간상위 世間相違

회통 會通 모이게 해서 통하게 하다. 어울려 장애하지 않아 자유로운 뜻이다. 일체(一切)가 연기(緣起)한 법(法)이기에 끝내 붙들어 변하지 못할 바탕이란 없고(無我), 어울려 모일 수 있고 지켜 굳은 것 없이 비어 있기에(空) 통하여 걸릴 일 없는 뜻이다. 글(文)에서 다른 듯해도 끝내 뜻(義)으로 통한다. 원효(元曉)의『본업경소』 권하(한불전1, p.512c18)에 "인연이 화합하므로 있다고 말할 뿐 있는 것이어서 있다고 말한 것이 아니다. 인연이 흩어지므로 없다고 말할 뿐 있는 것 없어져서 없다고 말한 것이 아니다. 이와 같이 일체 어려운 물음도 만나 통하지 못할 것이 없으므로 절묘한 모임이라 한다. 因緣合故謂之有 非曰有是有 因緣散故謂之無 非曰有是無 若如是 一切難問 無不會通 故曰巧會", 원효(元曉)의『열반종요』(한불전1, p.543c15)에 "여섯 번째는 회통이다. 여기에 둘이 있다. 글이 다름을 통하게 하고, 그 다음에는 뜻이 같은 것을 어울리게 한다. … 이와 같이 서로 어긋난 것을 어떻게 회통할까? 통한다 하는 것을 풀어 말하면, 만약 유정과 무정에 다름이 있다고 함에 의지하는 문에서는 기와나 돌 등 불성이라 하지 못하지만, 오직 식의 변현일 뿐이라는 문에 나아가서는 안과 밖 둘이 없어서 합하여 불성이 된다. 第六會通 於中有二 初通文異 後會義同 … 如是相違 云何會通 通者解云 若依有情無情異門 瓦石等物 不名佛性 若就唯識所變現門 內外無二 合爲佛性", 『법화현론』 권3(대정장34, p.382b14)에 "〈문〉 첫 문은 『반야경』이 뛰어나고 『법화경』 등의 경전이 열등하다는 예이고, 두 번째 문은 『반야경』이 열하고 『법화경』이 깊다고 하며, 나머지 세 번째는 낮고 깊음 가릴 수 없다고 한다. 이들 셋이 서로 어긋나는데 어떻게 회통하겠는가? 〔답〕 오시설과 사종의 주장에 의지해 이렇게 서로 해쳐 모순하기에 회통할 수 없다고 말한다. 初文 列般若勝 而法華等劣 第二文 般若淺法華深 餘三 不別淺深 此三相違 云何會通耶 答 依五時之說 四宗之論 言此相害鉾楯 不可會通", 『화엄경소』 권2(대정장35, p.513a23)에 "네 번째, 총상을 회통함에 자세히 나눠 둘이다. 먼저 갖가지 교설 모이게 해서 통하게 하고, 다음에는 화의의 전후가 있게 해서 모인다. 第四 總相會通 曲分爲二 先通會諸教 後會化儀前後", 『대반열반경소』 권28(대정장38, p.198c16)에 "뒷문에서는 말하길 불성은 미래라 하고, 앞에서는 삼세로 거두지 아니한다 하였으니 두 말로 서로 어긋난다. 이제 비로소 모아 통하게 하니, 앞서 말한 삼세로 거두지 못할 바라 한 것은 불성의 바탕에 나아가서이고, 뒤에 미래라 말한 것은 중생이 닦는 것을 잡아서 일체중생 미래에 마땅히 청정한 몸을 얻기에 미래라 말할 뿐이다. 後文云 佛性未來 前云 非三世攝 兩語相違 今須會通 前云 三世所不攝者 就佛性體 後言未來 約衆生修 一切衆生 未來當得 淸淨之身 故言未來"라고 하였다. 〔참고문헌〕『本業經疏』, 『涅槃宗要』, 『法華玄論』, 『華嚴經疏』, 『大般涅槃經疏』.

회하승 會下僧 한 스승을 섬겨 모여 가르침을 받는 이. 『암흑두집』 권8(卍속장145, p.995b13)에 "옛날에 우두 회하의 학인이 파조타화상에게 참문하러 가서 그의 주위를 한 바퀴 돌고서 떠났다. 昔有牛頭會下僧 參破竈墮和尙 遶一帀出去"라고 하였다. 〔참고문헌〕『揞黑豆集』.

회하지옥 灰河地獄 잿물의 강으로 끓는 지옥. 십육유증지옥(十六遊增地獄) 중 하나다. 『장아함경』 권19 「세기경·지옥품 世記經·地獄品」(대정장1, p.122c17)에 "회하지옥은 종횡 오백 유순 깊이 오백 유순 크기로 잿물의 강이 끓어오른다. 灰河地獄 縱廣五百由旬 深五百由旬 灰河涌沸", 『관불삼매해경』 권5(대정장15, p.672a8)에 "부처님께서 아난에게 이르셨다. '무엇을 회하지옥이라 하는가? 회하지옥은 길이 이백 유순에 너비 이십 유순이고, 강 바닥에 예리한 칼이 있고 언덕에는 칼나무가 심어져 있으며 20길 두께의 맹렬한 불이 가운데 가득하다'. 佛告阿難 云何名灰河地獄 灰河地獄者 長二百由旬 廣十二由旬 下有利刀 岸上劍樹 滿中猛火 厚十二丈"라고 하였다. 〔참고문헌〕『長阿含經』, 『觀佛三昧海經』. ⇨ 십육유증지옥 十六遊增地獄

회한 悔恨 Ⓢ vipratisārin, vipratisāra, vippaṭisārin. 뉘우쳐 마음에 품다. 『대반열반경』 권하(대정장1, p.203a22 : *DN.2*, p.147)에 "내가 오늘 후야분에 열반에 들 것이니 모두 와서 나를 보도록 하라. 만약 의심이 든다면 거리낌 없이 물어 내가 열반에 들 때 미처 서로 보지 못해 나중에 회한이 없게 하라. 我今日於後夜分 入般涅槃 皆悉令來 與我相見 若有所疑 恣意請問 莫令於我般涅槃時 不及相見 後生悔恨 ajja kho vāseṭṭhā rattiyā pacchime yāme tathāgatassa parinibbānaṃ bhavissati. abhikkamatha vāseṭṭhā abhikkamatha vāseṭṭhā mā pacchā vippaṭisārino ahuvattha", 『별역잡아함경』 권3(대정장2, p.392b4)에 "부처님께서 대왕에게 묻기를 '당신은 어머니를 극진히 사랑하고 공경합니까?' 왕이 곧바로 답했다. '실로 사랑하고 공경합니다. 가령 누구든 저의 어머니를 다시 살아나게 할 수 있다면, 저는 상군·거군·마군·보군을 다 주어 제 어머니의 목숨을 늘릴 수만 있다면 마음에 회한이 없겠습니다'. 佛告大王 汝於母所極愛敬不 王卽答言 實爲愛敬 設令有人能使我母還得活者 我以象軍車軍馬軍步軍 悉以與之 續我母命 心無悔恨"라고 하였다. 〔참고문헌〕『大般涅槃經』, 『別譯雜阿含經』, *DN.*, *Mp-s.4·37.*

회해선사탑명병서 懷海禪師塔銘倂序 진후(陳詡) 지음. 「당홍주백장산고회해선사탑명병서 唐洪州百丈山故懷海禪師塔銘倂序」의 약칭. 백장회해(百丈懷海)의 탑명으로 『전당문』 권446에 수록되어 있고, 『백장청규』 권8(대정장48, p.1156b17)에 그 전문이 보인다.

회향 廻向 Ⓢ pariṇāmanā, parināmayati, pariṇāmana, Ⓣ bsngo-ba, yongs-su-bsngo-bar-byed, bsgyur-ba. 돌이켜 향하다. 얻은 것이나 가진 것 또는 아는 것이나 행위 등에 머물지 않고(不住) 어딘가에로 향하는 것이니, 우선은 중생과 보리와 실제(實際)로 향한다 하고, 이렇게 해서 삼계도(三界道)를 끊고 희론(戱論)마저 멸하지만, 회향한다는 분별(相) 가진 바 없으며 회향하는 나도 회향하는 곳도 본래 없는 줄 아는 그 끝까지를 회향의 뜻으로 여긴다. 『인왕호국반야경소』 권하(대정장33, p.499a3)에 "회향이란 말은, 이치를 비추지만 머물지 않음을 회라 하고, 대비로 만물을 구함을 향이라 하니 중생을 향하는 뜻이다. 또한 행해서 머물지 않음을 회라 하고, 보리로 곧바로 나감을 향이라 하니 보리로 나아갈 뿐이다. 또한 상에 머물지 않음을 회라 하고, 만사에 통달하여 비추는 대로여서 향이라 하니 실제를 향한다. 이러한 뜻으로 회향이라 한다. 言迴向者 照理不住曰迴 大悲救物名向 向衆生也 又行不住有曰迴 直趣菩提名向 向菩提也 又於相不住曰迴 達事照如名向 向實際也 由此義故 名爲迴向", 『대승의장』 권9(대정장44, p.636c22)에 "회향이란, 자신이 쌓은 선한 법을 돌려서 나아가 향할 것이 있게 하기에 회향이라 한다. 言迴向者 迴己善法 有所趣向 故名迴向", 『왕생론주』 권상(대정장40, p.833c16)에 "회향이란 자신의 공덕을 돌려서 중생에게 두루 베푸니 함께 아미타여래를 친견하고 안락국에 난다. 迴向者 迴己功德 普施衆生 共見阿彌陀如來 生安樂國", 『소품반야경』 권3 「회향품」(대정장8, p.548b11)에 "법치고 능히 회향할 법 있을 리 없으니, 이것의 이름이 아누다라삼막삼보리로 바르게 회향한다고 한다. … 모든 부처님께서는 상을 취해 회향함을 인정하지 않으시기 때문이다. … 이 회향은 상을 취한 분별이기에 잡독이라 한다. 無有法能迴向法 是名正迴向阿耨多羅三藐三菩提 … 諸佛不許取相迴向故 … 是迴向取相分別故 名爲雜毒", 『관무량수불경소』 권4(대정장37, p.273b10)에 "회향이란 무엇인가? 저 나라에 나서 다시 대비심을 일으켜 생사에 들어서는 중생을 교화하는 것을 회향이라 한다. 言迴向者 生彼國已 還起大悲 迴入生死 教化衆生 亦名迴向也", 『마하지관』 권7(대정장46, p.98b24)에 "중생에게 선이 없으면 내가 선으로 베풀고, 중생에게 베풀고 나서는 곧바로 보리로 향한다. 마치 소리를 돌려 호각에 불어넣어 울려 들리면 멀리까지 퍼지는 것과 같다. 바른 회향이란 삼계도를 끊고 모든 희론을 사라지게 함이다. … 회향하는 이와 회향할 곳 분별해서는 안 되니, 온갖 법은 모두 망상의 화합으로 있을 뿐 일체법은 참으로 생멸하지 않는다. 삼세의 모든 부처님께서 알거나 보거나 인정하시는 이것이야말로 진실로 바른 회향이고 최상으로 구족한 대회향이라 한다. 衆生無善 我以善施 施衆生已 正向菩提 如迴聲入角 響聞則遠 迴向爲大利 正迴向者 斷三界道 滅諸戲論 … 不分別能迴向者 所迴向處 諸法皆妄想和合故有 一切法實不生 如三世諸佛 所知所見所許 是名眞實正迴向 亦名最上具足大迴向"라고 하였다. 〔참고문헌〕『仁王護國般若經疏』, 『大乘義章』, 『往生論註』, 『小品般若經』, 『觀無量壽佛經疏』, 『摩訶止觀』, *Aṣṭ-pr. 72.*, *Madhy-vibh. 30·32.*, *Sūtr. 69.* ⇨ 교방편회향 巧方便迴向, 등일체불회향 等一切佛迴向, 무도회향 無倒迴向, 무박무착해탈회향 無縛無著解脫迴向, 발원회향 發願回向, 방편회향 方便迴向, 법차법향 法次法向, 보리회향 菩提迴向, 보신회향 普伸迴向, 보회향 普回向, 삼종회향 三種迴向, 삼처회향 三處迴向, 삼회향 三迴向, 수희회향 隨喜迴向, 심회향 心迴向, 십종회향 十種迴向 ❶, 십회향 十迴向, 염불회향 念佛迴向 ❶❷, 왕상회향환상회향 往相迴向還相迴向, 육종회향 六種迴向, 이종회향 二種迴向

회향개생원 迴向皆生願 미타인행사십팔원(彌陀因行四十八願) 중 하나. 『예념미타도량참법』 권5(卍속장128, p.194a9)에 "회향개생원〈제20원. 만일 내가 성불하였을 때, 나머지 세계의 유정이 나의 이름을 듣고 선근으로 회향하여 나의 나라에 태어나길 바라니, 만일 그리되지 않는다면 정각을 취하지 않겠습니다〉. 迴向皆生願〈二十者 若我成佛 餘刹有情 聞說我名 善根迴向 願生我國 若不爾者 不取正覺〉"이라고 하였다. 〔참고문헌〕『禮念彌陀道場懺法』, 『淨土紺珠』(한불전11, p.863c21), 『釋門儀範』 권상(p.85a18) 「誦呪篇」 '朝誦呪文'. ⇨ 미타인행사십팔원 彌陀因行四十八願

회향다라니 迴向陀羅尼 선근공덕을 일체 중생에게 회향하여 모든 악업을 소멸시키는 다라니. 회향륜다라니라고도 한다. 진언은 '옴 스마라 스마라 비마나 사라 마하차크라 바 훔  oṃ smara smara vimāna sāra mahācakra va hūṃ 옴 념념이 천궁의 정수요 대륜이어니! 바 훔'이며 바와 훔은 종자다. 회향의 이익이 금강륜(金剛輪)과 같으므로 회향륜다라니(迴向輪陀羅尼)라고도 한다. 『수호국계주다라니경』 권1(대정장18, p.529c5)에 "일체여래와 일체보살 그리고 일체중생이 이와 같은 류가 가진 공덕을 저희 모두 따라서 기뻐합니다. 또한 이러한 원을 지은 선근으로 원컨대 저희들의 일체장애과 극히 무거운 악업 모두 없어지기 바라옵니다. 이때 세존께서 회향다라니를 설하셨으니 '옴 사마라사마라 미마낭 사라 마하적가라 바 훔'이라고 하였다. 一切如來一切菩薩一切衆生如是等類所有功德我皆隨喜復作是願以此善根 願令我等一切諸障極重惡業皆得消滅 爾時 世尊卽說迴向陀羅尼曰 唵 娑麽囉娑麽囉 微麽曩 娑囉 摩訶斫迦囉 嚩 吽", 『회향륜경』(대정장19, p.578a22)에 "선남자·선여인이 부처님께 마음을 집중하여 낮이든 밤이든 이와 같은 대회향륜을 반복하여 염송한다면 이 선남자·선여인은 온갖 죄가 소멸하고 일체 번뇌가 점차 희미해지며 앞에 설한 공덕을 얻을 수 있다. 若善男子 或善女人 繫念於佛或晝或夜 轉誦如是大迴向輪 此善男子或善女人 諸罪銷滅一切煩惱漸得微薄 能獲如前所說功德"라고 하였다. 〔참고문헌〕『守護國界主陀羅尼經』, 『迴向輪經』.

회향륜경 迴向輪經 Ⓢ Pariṇāma-cakra, Ⓣ Yongs-su-bsngo-ba'i-'khor-lo. 우전(于闐) 출신 삼장(三藏) 시라달마(尸羅達摩 Ⓢ Śīladharma)가 북정용흥사(北庭龍興寺)에서 한역하였다. 1권. 대정장19, pp.577a20~578a28, No.998에 수록했다. 회향발원(迴向發願)의 법과 대회향륜다라니(大迴向輪陀羅尼)를 설하였다. 티베트역본(北京版 No.908·델게판 No.242)이 있다.

〔참고문헌〕『續開元釋敎錄』 권하(대정장55, p.769a9), 『貞元新定釋敎目錄』 권1(대정장55, p.773c6).

회향문 廻向文 법회 등을 마친 후 그 모든 공덕을 돌이켜 향하게 하는 글. 『법화경』 권3(대정장9, p.24c21 : *Saddh-p.*, p.177)에 "원하옵건대 이 공덕이 일체에 두루 미쳐 우리들과 중생이 모두 함께 불도를 성취토록 하소서. 願以此功德 普及於一切 我等與衆生 皆共成佛道 asmākam anukampārthaṃ paribhuñja vināyaka, vayaṃ ca sarvasattvāś ca agrāṃ bodhiṃ spṛśemahi", 『유가집요염구시식의』 권1 「발원회향게 發願回向偈」(대정장21, p.482b13)에 "능히 돌이켜 사람에게 베풀어 회시 회시한 선, 얻은 바 일체 일체 공덕, 오히려 저 환화 환화 꿈인 듯한 지경, 이 삼륜의 체공 체공하여 다 맑고 편안하네. 能迴施人迴施迴施善 所獲一切一切諸功德 猶如幻化幻化似夢境 三輪體空體空悉淸寧", 『관무량수불경소』 권1(대정장37, p.246a9)에 "원하옵건대 이 공덕이 일체중생에게 평등하게 베풀어져 함께 보리심을 일으켜 안락국에 왕생토록 하소서. 願以此功德 平等施一切 同發菩提心 往生安樂國", 청(淸) 서천선사(西天禪寺) 성기(性起)가 『금강경법안주소』를 찬술하고 지은 「회향게」(卍속장92, p.697a17)에 "나, 정진력과 비지로써 묘한 마음 움직여 범정의 터럭만한 도지로 법계공을 헤아려 보았습니다. 성상의 가장자리 취하지 않아 묘관으로 무위에 들고, 십지를 뛰어넘어 행이 두렷해 길이 상락과를 증득케 하소서. 我以精進力 悲智運妙心 凡情毛道智 測量法界空 不取性相際 妙觀入無爲 超十地行圓 永證常樂果", 『이부승수계의식』 권1(卍속장107, p.243a10)에 "유나가 회향게를 먼저 하면〈대중이 함께 부름〉 수계공덕의 수승행으로 가없이 뛰어난 복을 모두 회향합니다〈십사에 한번 절〉. 널리 바라오니 가라앉은 모든 유정 무량광불찰에 빨리 가게 하소서. 維那擧回向偈〈大衆同和〉 受戒功德殊勝行 無邊勝福皆回向〈十師一拜〉 普願沉溺諸有情 速往無量光佛刹", 『석문의범』 권상(p.215a13) 「예수시왕생칠재의찬요」 보신회향편(普伸回向篇)의 회향게는 "널리 바라오니 괴로운 윤회바다 중생들 모두 삶아짐 없어 시원해지고, 모두 무상보리심을 내어 목마름의 강에서 함께 나와 피안에 오르게 하소서. 普願衆生苦輪海 摠令除熱得淸涼 皆發無上菩提心 同出愛河登彼岸"라고 하였다. 〔참고문헌〕『法華經』, 『瑜伽集要焰口施食儀』, 『觀無量壽佛經疏』, 『金剛經法眼註疏』, 『二部僧授戒儀式』, 『釋門儀範』, *Saddh-p.* ⇨ 사미수계회향문 沙彌受戒廻向文, 송골회향문 送骨廻向文

회향발원심 廻向發願心 정토행자가 갖추어야 할 삼심(三心) 중 하나다. 『관무량수경소묘종초』 권6(대정장37, p.230b7)에 "경의 회향발원심을 소에서 비록 풀이하지 않았지만 뜻은 마땅히 저 논의 대비로 고통을 뽑아낸다고 한 뜻이다. 대체로 진여의 실다운 념으로 과에 나아가는 선한 마음이다. 經 迴向發願心 疏 雖不解 義當彼論 大悲拔苦之義 蓋以眞如實念 趣果善心", 『관무량수불경소』 권4(대정장37, p.272b16)에 "자신과 타자가 닦은 선근은 모두 진실하여 깊은 신심중에 회향하여 저 나라에 나기를 원하므로 회향발원심이라 한다. 以此自他 所修善根 悉皆眞實 深信心中 迴向願生彼國 故名迴向發願心也"라고 하였다. 〔참고문헌〕『觀無量壽經疏妙宗鈔』, 『觀無量壽佛經疏』. ⇨ 삼심 三心 ■

회향보리성문 迴向菩提聲聞 보리로 회향하는 성문. 사종성문(四種聲聞) 중 하나다. 어떤 인연을 만나더라도 보리로 회향하는 성문. 『해심밀경소』 권4(卍속장34, p.787b1 · 한불전1, p.263b13)에 "회향보리성문이라 한 것은, 본래로 지극히 열한 자비종성이었으나 여래와 친근히 해서 머물기에 광대한 불법중에 큰 공덕상 일으켜 익혀 닦기를 이어가서 비록 구경에 이르러 무루계에 머물지라도 모든 부처님의 깨달음에 힘입어 방편의 교법으로 인도받아 들어간다. 迴向菩提聲聞者 謂從本來 是極微劣 慈悲種性 由親近如來住故 於廣大佛法中 起大功德想 熏修相續 雖到究竟 住無漏界 而蒙諸佛覺悟 引入方便開導", 『성유식론연비』 권6(대정장43, p.932a13)에 "회향보리성문과 같이해서 인연을 만남으로 말미암아 위없는 교승에 올라 반열반에 이른다. 이와 같은 보살은 설령 여래나 보살들에게 버림을 받을지라도 버려짐으로 인하여 어떤 인연을 조우하기만 하면 더욱 거듭하여 구한다. 하열승의 반열반 연해서도 마땅히 그 하열한 교승에 올라서 반열반한다. 如迴向菩提聲聞 由遇緣故 乘無上乘 而般涅槃 如是菩薩 設爲如來 及諸菩薩之所棄捨 因棄捨故 若遭尤重求 下劣乘般涅槃緣 應乘下乘 而般涅槃"라고 하였다. 〔참고문헌〕『解深密經疏』, 『成唯識論演祕』. ⇨ 사종성문 四種聲聞, 성문 聲聞

회향장 迴向藏 돌이켜 향함 가득 쌓인 곳. 80권본 『화엄경』 권23(대정장10, p.126c15)에 "조어(부처님)께서는 세간에 같을 이 없으니, 그 뜻 잘 닦고 다스려 매우 밝고 깨끗하게 하신 다음 모든 함식(중생)을 두루 구제할 마음 일으키시니, 그분은 회향 가득 쌓인 곳으로 잘도 들어가시네. 調御世間無等人 修治其意甚明潔 發心普救諸含識 彼能善入迴向藏", 『화엄경탐현기』 권7(대정장35, p.247c3)에 "이들 여섯 가지 수승한 마음(廣心 堅心 勝心 淨心 敬養心 深心)을 갖추어야 비로소 이 회향 가득 쌓인 곳에 들어갈 수 있다. 그러므로 이 창고 지극히 수승하다고 한다. 具此六種 殊勝大心 方能入此迴向之藏 是故此藏 爲極殊勝"라고 하였다. 〔참고문헌〕『華嚴經』, 『華嚴經探玄記』. ⇨ 회향 迴向

회향주 回向呪 불사를 마치고 회향하며 읊는 주문(呪文). 보회향진언(普回向眞言)이라고도 한다. 『백장청규증의기』 권5(卍속장111, p.713b12)에 "소문(疏文)을 다 태운 다음 주를 맺고 나면 이어서 유나를 향하고 서서 회향주를 들어보이고 북과 동발 소리에 맞추어 대중들 가지런히 소리내 게송과 주문을 세 차례 읊는다. '옴 사마라 사마라 미마랑 사합라 마하찰합 라 훔 oṃ smara smara vimāna sāra mahācakra va hūṃ 焚疏畢 結呪已 仍向上立維那 擧回向呪 用鼓鈸 衆僧齊唱 偈呪三遍 唵 娑摩囉 娑摩囉 彌摩曩 斯哈囉摩訶咱哈囉吽 옴 염하시오! 염하시오! (심)궁전의 진수를, 대법륜을 훔'"이라 하였다. 〔참고문헌〕『百丈淸規證義記』. ⇨ 보회향진언 普回向眞言

회향행 廻向行 세 가지 견고한 행(三堅固行) 중 하나. 공덕을 남에게 돌려 향하게 하는 행이다. 『화엄경탐현기』 권18(대정장35, p.448a20)에 "다음으로 삼견고행이니 하나는 정진행이교, 하나는 신지행이요, 하나는 회향행이다. 次三堅固行 一 精進行 一 信智行 一 回向行"라고 하였다. 〔참고문헌〕『華嚴經探玄記』.

회현 懷賢 송대 스님. 속성은 하(何)씨. 자는 잠도(潛道). 온주영가(溫州永嘉) 출신. 호는 원통대사(圓通大師). 네 살 때 사인(嗣仁) 문하로 출가하였으나 이별하고 다니다가 마지막에 달관영(達觀穎)의 문하에서 인가를 받고 금산사(金山寺)에 주석했다. 명주설두(明州雪竇)와 20여 년 동안 오가며 교유하였다. 55인의 제자를 두었고, 저서에 『시송문집 詩頌文集』 5권 등이 있다. 〔참고문헌〕『補續高僧傳』 권7(卍속장134, p.136a11), 『新續高僧傳』 권60(대장경보편27, p.439a6).

회호 回互 서로 자리 바뀌가며 돌다. 지킬 자성 없는 줄 알지만 중생 따라 잠시 주인 되기도 한다. 때로는 나그네인 듯 때론 주인인 듯 자재히 행하는 뜻이다. 회호(迴互)라고도 쓴다. 『인천안목』 권3 「조동종 曹洞宗」(대정장48, p.313c12)에 "깊고도 밝아 또렷한 뜻 아름다운 길에서 묘하게 부르노라. 임금과 신하가 그 길에서 합하고, 끝자리 주인 자리 서로 주고받네. 深明的旨 妙唱嘉猷 道合君臣 偏正回互", 『경덕전등록』 권30 「남악석두화상참동계 南嶽石頭和尙參同契」(대정장51, p.459b10)에 "문마다 펼쳐진 일체경, 서로 바꾸기도 지키기도 하네. 바꾼즉 다시 서로 거두고, 아니면 자리 지켜 머물 뿐. 門門一切境 迴互不迴互 迴而更相涉 不爾依位住", 『분양어록』 권3 「여중암도자주산가 與重巖道者住山歌」(대정장47, p.621a10)에 "문답으로 기를 따라 지혜롭게 돌아보니 몸은 저 산을 닮고 물과 같다. 산도 물도 허공 꽃 닮아 속도 겉도 없으니, 마주한 경계 볼 때만이 있는 듯할 뿐인데 자세히 밀어 그 끝 다해보지만 누굴 쫓아 일어나는가. 問答隨機巧迴互 身如山性如水 山水空花無表裏 對境看時似有形 子細推窮從誰起"라고 하였다. 〔참고문헌〕『人天眼目』, 『景德傳燈錄』, 『汾陽語錄』. ⇨ 묘중회호 妙中回互, 불회호 不廻互

회호방참 回互傍參 서로 바뀌가며 곁해서 참하다. 조동종(曹洞宗)의 수단이다. 『응암담화화상어』(속고존숙어요4, 卍속장119, p.33a4)에 "학인이 다시 묻기를 '일체제불께서도 도리어 이 병이 있습니까?' 하자 조산이 답했다. '있다' '어떻게 해야 병에 걸리지 않는지요?' '성성해야 한다'. 이 노인 조동의 정전이어서 서로 바뀌 곁해 참할 줄 아는 것 있으니, 범할 수단이란 없다. 기에 임해 여덟 가지 모습으로 대자재 얻었으니, 어찌 보금자리를 지키고 배우는 이들의 눈이나 멀게 하랴! 這僧又問 一切諸佛 還有此病也無 山云有 僧云 因什麽不病 山云 爲伊惺惺 此老人 是曹洞正傳 有回互傍參 不犯底手段 臨機八面 得大自在 豈守窠臼 瞎學者眼"라고 하였다. 〔참고문헌〕『應菴曇華和尙語』.

회호비불회호비 回互非不回互非 서로 바꾼다 해도 틀리고, 돌려 바꾸지 않는다 해도 맞지 않는다. 『불능어오위설』에 "회호도 맞지 않고 불회호도 맞지 않으며, 두렷이 거둔다 해도 틀리다. 아니게 해서야 세 뜻 능히 갖춘다. 回互非 不回互非 圓收尙非 非故能具三義"라고 하였다. 〔참고문헌〕『不能語五位說』. ⇨ 불회호 不廻互

회호완전 回互宛轉 돌아 서로 자리 바뀌가며 남김없이 구른다. 정위(正位)와 편위(偏位)로 또는 주객(主客)으로 자리바꿈에 남김없이 해서 자취마저 없게 하다의 뜻이다. 본래 회호와 완전은 조산본적(曹山本寂)이 시설한 팔요현기(八要玄機)의 여덟 조목에 속한다. 『정자혜휘어록』 권5(卍속장124, p.950a2)에 "견성선사가 혜휘에게 말했다. '서로 바뀌가며 완전히 구른다 하니 없지 않구나. 노승도 항상 이 수단을 쓰지만 별다른 이 있다고 여기지 않는다' '그는 어떤 사람입니까?' 선사가 입을 열려 하자 혜휘가 '이미 저 밖의 사람입니다'라고 말함에 선사가 저도 모르게 혀를 내밀었다. 혜휘가 말했다. '화상께 하나로 쌍인 칙을 청합니다' '알아듣는 사람을 만나기가 어려운데' '누군가 묻는다면 화상께서는 어떻게 대하시겠는지요?' 선사가 묵묵히 있자 혜휘가 이에 절을 올렸다. 禪曰 回互宛轉則不無 老僧常用箇手段 別有人不肯 師曰 是何人 禪擬開口 師曰 早是外人 禪不覺吐舌 師曰 請和尙一兩則 禪曰逢知音稀 師曰 忽有人問和尙如何祗對 禪默然 師乃禮拜"라고 하였다. 〔참고문헌〕『淨慈慧暉語錄』. ⇨ 회호 回互

회확광탕 恢廓曠蕩 Ⓢudāratā. 한없이 넓고 끝도 없이 커서 막힘 없음. 『금강삼매경』(대정장9, p.367b19)에 "그때 대중들은 이 뜻을 설하는 것을 듣고 마음속으로 크게 기뻐하였으며, 마음도 아도 여의고 공하여 상 없음에 드니, 넓고 커서 막힘 없어 모두 결정성을 얻고, 번뇌로 맺은 것 끊고 흐르던 것 다한다. 爾時 大衆聞說是義 心大欣懌 得離心我 入空無相 恢廓曠蕩 皆得決定 斷結盡漏", 『무량수경』 권상(대정장12, p.270a7)에 "성불하신 이래로 무릇 십겁이 지났다. 그 불국토는 저절로 칠보인 금·은·유리·산호·호박·차거·마노로 땅이 되고, 넓고 크고 막힘 없어 끝도 다함도 없다. 成佛已來 凡歷十劫 其佛國土 自然七寶 金 銀 琉璃 珊瑚 琥珀 車璖 瑪瑙 合成爲地 恢廓曠蕩 不可限極"라고 하였다. 〔참고문헌〕『金剛三昧經』, 『無量壽經』, *Sukh-vy. I.23.*

회확요조 恢廓窈窕 넓고 크고 깊어 아득함. 크고 넓은 세계의 비유다. 『무량청정평등각경』 권4(대정장12, p.297a24)에 "천지간에 오도가 분명해서 넓고 크고 깊고 멀어 아득해 망망한데, 굴러 서로 이어 받는다. 선악의 심한 고통을 몸으로 스스로 당해서 대신할 이가 없는 것은 자연스런 도로써, 그 행한 바 따라 명대로 태어나고 멋대로 버릴 수 없다. 즉 착한 사람은 선을 행하고, 선을 따르기에 인자하고 효성스럽고, 즐거움에서 즐거움으로 들어가고 밝음 좇아 밝음으로 들어간다. 악한 사람은 악을 행하고, 괴로움에서 괴로움으로 들어가며, 어둠 좇아 어둠으로 들어간다. 天地之間 五道分明 恢廓窈窕 浩浩茫茫 轉相承受 善惡毒痛 身自當之 無有代者 道之自然 隨其所行 追命所生 不得縱捨 善人行善 從善慈孝 從樂入樂 從明入明 惡人行惡 從苦入苦 從冥入冥"라고 하였다. 〔참고문헌〕『無量淸淨平等覺經』.

회휘 懷暉 754~815. 속성은 사(謝)씨. 천주(泉州 : 福建省) 출신. 회운(懷惲)이라고도 한다. 정원년간(785~805) 초에 홍주(洪州 : 江西省)에서 마조도일(馬祖道一)에게 법을 묻고 종지를 터득한 뒤에 저협산(岨峽山)에 은거하였다. 제주(濟州 : 山東省) 영암사(靈巖寺), 정주(定州 : 河北省) 백암사(百巖寺) 등에 주석하다가 중조산(中條山)에서 선법을 알렸다. 808년(원화3) 칙령에 따라 경조부(京兆府 : 長安) 장경사(章敬寺)의 비로자나원(毘盧遮那院)에 주석하며 교화를 펼쳤다. 또한 궁에 들어가면 항상 상좌(上座)에 앉았다. 815년(원화10) 12월 21일에 세수 62세로 입적하였다. 시호는 대각선사(大覺禪師)라 하고, 대선교선사(大宣教禪師)라 추시(追諡)되었다. 〔참고문헌〕『祖堂集』 권14(대장경보편25, p.576a12), 『宋高僧傳』 권10(대정장10, p.767c25), 『景德傳燈錄』 권7(대정장51, p.252b19).

획 獲 Ⓢpratilambhika, lābha. 없던 것을 얻다. 성취하다. 득(得 Ⓢprāpti)의 다른 이름. 아직 얻지 못한 것의 '득'을 획(獲)이라 한다. 『대비바사론』 권157(대정장27, p.797a20)에 "득이란 무엇인가? 붙들어 가져 성취함이다. 획이란 무엇인가? 얻어 성취함이다. 성취란 무엇인가? 획득과 득이다. 득과 획득과 성취는 발성에는 비록 차이가 있지만 뜻에는 차이가 없다. 得云何 謂獲成就 獲云何 謂得成就 成就云何 謂獲得 得獲成就聲雖有別而義無異", 같은 책 권162(대정장27, p.823a26)에 "어떤 이는 '처음 가지게 됨을 득이라 하고, 얻은 뒤 잃지 않는 것을 성취라 한다. 따라서 득은 오직 처음에만 있고, 성취는 처음과 후에 통한다' 하였다. 有說 初獲名得 得已不失名成就 是故得唯在初 成就通初後", 『구사론』 권4(대정장29, p.22a10 : *Abh-k-bh.*, p.62)에 "〔송〕 득이란 얻어 성취함(Ⓢsamanvāgama)를 말하며 비득은 이와 서로 어긋남이니, 득과 비득은 오직 자상속의 두 가지 멸로서 있다. 〔논〕 득에는 두 가지가 있다. 아직 얻지 못하였거나 이미 잃었던 것을 지금 얻는 것이고, 둘째는 얻고서는 잃지 않아 성취함이다. 頌曰 得謂獲成就 非得此相違 得非得唯於 自相續二滅 論曰 得有二種 一者 未得已失今獲 二者 得已不失成就 prāptir lābhaḥ samanvayaḥ prāptyaprāptī svasaṃtāna patitānāṃ nirodhayoḥ dvividhā hi prāptir aprāptavihīnasya ca lābhaḥ pratilabdhena ca samanvāgamaḥ", 『순정리론』 권12(대정장29, p.396c24)에 "앞서 얻지 못한 것 얻음을 획이라 하고, 앞서 이미 얻은 것 얻으면 성취라 한다. … 아직 얻지 못한 것을 얻지 못함을 불획이라 하고, 이미 잃은 것도 얻지 못하면 불성취라 한다. 따라서 이생성을 설하길 성법을 얻지 못함이라 이름한다. 先未得得 說名爲獲 先已得得 說名成就 … 未得非得 說名不獲 已失非得名不成就 故說異生性名不獲聖法"라고 하였다. 〔참고문헌〕『大毘婆沙論』, 『俱舍論』, 『順正理論』, *Abh-k-bh.*, *Laṅk.120.* ⇨득 得

획일획 劃一劃 한 획을 긋다. 주장자 등으로 땅이나 허공에 일자로 긋는 동작이다. 『원오어록』 권8(대정장47, p.748b22)에 "그때 학인이 나와서 이르길 '제가 산을 보고 산이라 하고 물을 보고 물이라 합니다. 이 무엇입니까?' 하자 운문이 손을 들어 한 획을 긋고 말했다. '불전이 어째서 이 안으로 지나가느냐?' 원오가 집어 말했다. '운문이 손으로 한 획을 그으며 「불전이 어째서 이 안으로 지나가느냐?」라고 했으니 이 또한 무엇일까? 낙엽 하나 떨어짐에 천하가 가을임을 안다'. 時有僧出云 學人見山是山 見水是水時 如何 雲門以手劃一劃云 佛殿爲什麽從這裏去 師拈云 … 只如雲門以手劃一劃云 佛殿因什麽從這裏去 又且如何 一葉落知天下秋"라고 하였다. 〔참고문헌〕『圜悟語錄』.

획주사 劃珠寺 경기도 용인시 기흥구 마북동에 있던 절. 『사탑고적고』에 "석불과 석탑이 있다. 불상의 높이는 8척, 탑은 5층이며 높이는 8척이다. 有石佛石塔 佛像高八尺 塔五層 高八尺"라고 하였다. 〔참고문헌〕『寺塔古蹟考』, 『韓國寺刹全書』 권하 p.1207a13.

획토망제 獲兎忘罤 토끼 잡은 뒤에 덫은 잊는다. 『종경록』 권1(대정장48, p.417b10)에 "손가락 가리켜 달 보듯 방편의 문이 없어서는 안 되지만, 토끼 잡은 뒤에 덫은 잊어야 저절로 천진의 길에 합한다. 因指得月 不無方便之門 獲兎忘罤 自合天眞之道"라고 하였다. 〔참고문헌〕『宗鏡錄』, 『萬法歸心錄』 권중(卍속장114, p.812a16). ⇨ 벌유 筏喩, 득토망제 得兎忘罤

횡 橫 ❶ 가로지르다. 차제 등을 넘어서다. 『금광명경문구신기』 권2(卍속장31, p.572a2)에 "처음의 풀이는 세출세를 잡아 차제로 세워 논하기에 종이라 하고, 다음의 풀이는 사리가 서로 바라봄에 있어 이름하길 횡이라 한다. 初釋約於世及出世 次第竪論 故名爲縱 次釋約於事理相望 名之爲橫", 『서곡명목구해』 권7(선본불전41, p.405b6)에 "종이란 오시를 세워 펼이어서 교법을 설하는 차제이고, 횡이란 여덟 가지 교로 그물친 곳이어서 이에 사교와 오시가 일념의 마음에서 벗어나지 않는다는 뜻이다. 縱者 竪設五時 說敎次第 橫者 云張八敎網處也 仍四敎五時 不出一念心也"라고 하였다. 〔참고문헌〕『金光明經文句新記』, 『西谷名目句解』. ⇨ 횡수 橫竪, 횡해수말 橫該竪抹 ❷ 제멋대로. 법도를 무시하고 아무렇게나. 『장아함경』 권14 「범동경 梵動經」(대정장1, p.89a5)에 "사문구담은 … 담보물을 받아서 잡고 빚을 내주어 제멋대로 까닭없는 이득을 취하지 않는다. 沙門瞿曇 … 亦不取受觝債 橫生無端"라고 하였다. 〔참고문헌〕『長阿含經』. ❸ 가로막아 나아가지 못하게 하는 것. 『보법의경』(대정장1, p.924b17)에 "현자여! 불도를 닦는 제자에게는 열한 가지 가로막는 것이 있다. … 가로막는 것이 끊어지지 않았다면 마땅히 끊어야 한다. 賢者 道弟子當有十一橫 … 所橫未斷 當爲斷已"라고 하였다. 〔참고문헌〕『普法義經』. ❹ 뜻밖에. 느닷없이. 『불본행집경』 권16(대정장3, p.729a4)에 "느닷없이 광혹하게 되어 색경계에서 부질없이 욕심낸다. 橫被誑惑 於色境界 妄生欲心"라고 하였다. 〔참고문헌〕『佛本行集經』.

횡계 橫計 Ⓢ kalpayitvā, Ⓣ brtags-pas. 멋대로 헤아리다. 근거없이 분별하다. 『과거현재인과경』 권4(대정장3, p.761a29)에 "뒤집힌 상이기에 아와 아소가 있다고 멋대로 헤아리지만 실한 법은 없다. 이렇게 뒤집히고 미혹한 생각을 끊어버린즉 해탈이다. 以倒想故 橫計有我 及以我所 無有實法 若能斷此倒惑想者 則是解脫", 『성유식론』 권8(대정장31, p.47a17)에 "변계소집이란 이름 따라 멋대로 헤아림이니, 바탕 실로 있는 것 아니어서 임시로 뜻을 세운 이름일 뿐이다. 遍計所執 隨名橫計 體實非有 假立義名"라고 하였다. 〔참고문헌〕『過去現在因果經』, 『成唯識論』, *Abh-k-bh.81.*

횡계사 橫溪寺 평안남도 개천시 서남동 회계산(橫溪山)에 있던 절. 『동국여지승람』 권54 평안도 개천군 불우에 이름과 위치가 전하며, 『범우고』에 "지금은 폐사하였다. 今廢"라고 하였다. 〔참고문헌〕『東國輿地勝覽』, 『梵宇攷』, 『韓國寺刹全書』 권하 p.1207a15.

횡구 橫構 멋대로 얽개짓다. 『출삼장기집』 권8 「주해대품서 注解大品序」(대정장55, p.53c16)에 "의심 품는 일 많으면 멋대로 얽는 생각이 번잡해진다. 懷疑多則 橫構之慮繁"라고 하였다. 〔참고문헌〕『出三藏記集』.

횡구삼점 橫鉤三點 거침없이 갈고리에 세 번 점 찍다. 마음 심(心)자의 모양새를 가져 본분에 자리했음을 비유한 말이다. 『허당록』 권4 「발범서심경 跋梵書心經」(대정장47, p.1013b13)에 "거침없이 갈고리에 세 점 찍으니 초승달인 듯 별인 듯하다. 노호께서 기관 써 다하셨으니, 일생에 점 찍으며 헛된 일 없이 했다. 橫鉤三點 似月如星 老胡用盡機關 一生拈弄不出"라고 하였다. 〔참고문헌〕『虛堂錄』.

횡긍시방 橫亘十方 자유롭게 시방을 다 아우르다. 『법화문구』 권10(대정장34, p.142a9)에 "이렇게 손가락을 한 번 튕김에 삼세를 세운 채로 사무치고 옆으로 시방까지 아우른다. 此一彈指 竪徹三世 橫亘十方", 『운문광록』 권상(대정장47, p.552b10)에 "눈을 깜박이는 것으로 시방을 모두 아우르니, 눈썹 위로는 하늘과 땅을 꿰뚫고 아래로는 황천마저 사무친다. 眼睫橫亘十方 眉毛上透乾坤 下透黃泉"라고 하였다. 〔참고문헌〕『法華文句』, 『雲門廣錄』. ⇨ 시방삼세 十方三世

횡기 橫機 어디서나 거침없는 자재한 기. 『북간거간어록』 「영조녀 靈照女」(卍속장121, p.161a16)에 "집안에선 거침없는 기세로 아버지(龐居士)와 맞서고, 대문 앞에선 옷소매 걷어붙이며 단하와 마주했다네. 屋裏橫機抗老爺 門前斂袂對丹霞", 『소은대흔어록』 권1(卍속장121, p.204a14)에 "거침없는 기틀은 종잡을 수 없어 만상이 평지채로 가라앉을 지경이다. 모조리 죽이기도 하고 살리기도 하고, 능히 풀어주기도 사로잡기도 한다. 橫機莫莫 萬象平沈 全殺全活 能縱能擒"라고 하였다. 〔참고문헌〕『北澗居簡語錄』, 『笑隱大訢語錄』.

횡기첩출 橫機捷出 자재한 기틀 주저 없이 드러내다. 『오등전서』 권48(卍속장141, p.75b8)에 "보상좌라는 이 있으니 큰 지견을 가져 알아듣는 이 만나 개당하면 반드시 기틀 거침없이 드러내니, 칼끝 만나서는 반드시 이겼다. 有寶上座者 具大知見 遇知識開堂 必橫機捷出 迎鋒取勝"라고 하였다. 〔참고문헌〕『五燈全書』.

횡난 橫難 Ⓢ upakrama. 뜻밖의 재난. 예측할 수 없는 어려움. 80권본 『화엄경』 권78(대정장10, p.431a2 : *Gaṇḍ-vy.*, p.398)에 "비유하자면 어떤 사람이 해탈의 약을 얻으면 결코 뜻밖의 재난이 없는 것과 같다. 보살마하살도 이와 같으니 보리심과 해탈지의 약을 얻는다면 일체 생사하는 뜻밖의 재난을 영원히 벗어난다. 譬如有人 得解脫藥 終無橫難 菩薩摩訶薩 亦復如是 得菩提心 解脫智藥 永離一切 生死橫難 tad yathā kulaputra asty anirmuktā nāmauṣadhiḥ. tayā gṛhītayā sarvaparopakramabhayāni na bhavanti. evam eva bodhicittajñānauṣadhiparigṛhītasya bodhisattvasya sarvasaṃsāropakramabhayāni na bhavanti"라고 하였다. 〔참고문헌〕『華嚴經』, *Gaṇḍ-vy.*

횡념수방 橫拈竪放 가로질러 잡고 세워 놓아 버린다. 이리저리 마음대로 하다. 『은산찬화상어』(속고존숙어요2, 卍속장118, p.935b17)에 "천하의 노은산에게는 기괴함 백천 가지다. 본분에 의지해 선을 설하지 않고 한결같이 이리저리 잡고 놓는다. 때로는 초명 눈에 밤의 저자 던지고, 때로는 수미정상에 철선 타고 오른다. 天下老隱山 醜怪百千狀 不依本分說禪 一向橫拈竪放 有時放夜市於蟭螟眼中 有時 駕鐵船於須彌頂上", 『오등전서』 권75 「징청월장 澂淸月章」(卍속장141, p.566b10)에 "주장자를 잡고 내리치며 말했다. '바로 이 목상좌(주장자) 크고 자재해서 크게 받아쓴다. 이리저리 잡고 놓지만 편안한 그대로 움직인 적 없다'. 拈拄杖 卓一下曰 只有者箇木上座 具大自在 有大受用 橫拈竪放 安然不動"라고 하였다. 〔참고문헌〕『隱山璨和尙語』, 『五燈全書』.

횡래기 橫來機 멋대로 다가오는 근기. 부처님 일대장교를 차제없이 맞이하는 이. 『사교의주휘보보굉기』 권1(卍속장102, p.312a6)에 "횡래기란 아함회를 거치지 않아 생멸사제를 듣지 못했으니, 참된 이치를 증하지 못했으므로 반드시 장교를 설한다. 橫來機者 未經阿含會 未聞生滅四諦 不證眞理 故須說藏敎", 『원각경소초수문요해』 권3(卍속장15, p.543b13)에 "범부란 횡래기로서 차례 밟아 온 이승은 아니다. 言凡夫者 卽橫來機 非二乘竪來者也"라고 하였다. 〔참고문헌〕『四敎儀註彙補輔宏記』, 『圓覺經疏鈔隨文要解』.

횡설수설 橫說竪說 자재해서 걸림없이 말하다. 또는 이말 저말 근거 없이 말하다. 『경덕전등록』 권9 「황벽희운전 黃檗希運傳」(대정장51, p.266c4)에 "무릇 출가한 이라면 반드시 위로 좇아온 일의 분수 알아야 한다. 저 사조하의 우두융대사 거침없이 말하였지만 오히려 향상하는 빗장 모르고 있었다. 夫出家人 須知有從上來事分 且如四祖下 牛頭融大師 橫說竪說 猶未知向上關棙子", 『운문광록』 권상(대정장47, p.546a19)에 "삼승십이분교로 걸림없이 설하셨고, 천하의 노화상들도 종횡으로 그 어디서나 가로질러 막힘없이 설한다. 三乘十二分教 橫說竪說 天下老和尙 縱橫十字說"라고 하였다. 〔참고문헌〕『景德傳燈錄』, 『雲門廣錄』.

횡수 橫竪 옆으로 있게 된 공간과 세로로 있게 되는 시간. 여기저기 있게 해서 서로 바라볼 수 있으면 횡이라 하고, 옛과 지금 있게 해서 서로 바라 생각할 수 있으면 수라 한다. 『법화문구기』 권3상(대정장34, p.205a4)에 "횡수라고 말하는 것은 피차가 서로 바라보기에 횡이라 하고, 지금과 옛으로 서로 바라보기에 수라 한다. 言橫竪者 彼此相望爲橫 今昔相望爲竪", 『지관보행전홍결』 권3(대정장46, p.235c18)에 "횡수라 말함은, 저 삼제 중 하나를 열어 둘과 셋을 삼으면 둘과 셋이라는 이름으로 삼는다. 그 방편으로 실을 바라 역시 수라 이름함을 얻게 된다. 권을 펴 실을 드러내면 더이상 둘과 셋은 없으니 어떻게 수를 논하겠는가? 하나인 실 나눈 일 없이 나누어 삼제로 삼았으니, 삼제는 횡도 아니고 수도 아니지만 수라고 할 뿐이다. 今言橫竪者 如三諦中 且據開一以爲二三 卽名二三以爲方便 方便望實 亦得名竪 開權顯實 無復二三 何所論竪 旣於一實 不分而分 分爲三諦 何妨此三 非橫非竪 而名爲竪"라고 하였다. 〔참고문헌〕『法華文句記』, 『止觀輔行傳弘決』. ⇨수 竪❷

횡절 橫截 가로질러 끊다. 삼계오취(三界五趣)의 생사윤회하는 물결을 가로질러 끊고서 왕생하다. 『무량수경』 권하(대정장12, p.274b21)에 "마땅히 각자 부지런히 정진하고 노력하여 스스로 구하니, 반드시 넘어 끊어버리고 안락국에 왕생하여 오악취를 가로질러 악취 저절로 닫혀서 도에 오르니 다해 끝도 없으리. 宜各勤精進 努力自求之 必得超絶去 往生安樂國 橫截五惡趣 惡趣自然閉 昇道無窮極", 『무량수경의소』 권하(대정장37, p.112a1)에 "점차로 없애면 가로질러 끊는다고 하지 않는다. 만약 미타정토에 왕생한다면 사바오도를 일시에 문득 버리므로 가로지른다고 한다. 漸除不名橫截 若得往生彌陀淨土 娑婆五道一時頓捨 故名橫截"라고 하였다. 〔참고문헌〕『無量壽經』, 『無量壽經義疏』.

횡점도용 橫拈倒用 마음대로 잡고 거꾸로 쓰다. 『황룡어록』(대정장47, p.632a14)에 "법좌에 올라 주장자를 잡고 말했다. '마음대로 잡고 거꾸로 휘두르니 미륵은 눈동자 활짝 뜨고, 밝게 오고 어둡게 가서 조사의 코를 두드려 떨어뜨린다. 이런 때 당하여 목련이나 사리불일지라도 숨죽이고 목소리를 삼키겠지만, 임제나 덕산이라면 껄껄대고 크게 웃을 것이다. 답해 보라! 무엇 때문에 웃을까? 돌!' 上堂 拈拄杖云 橫拈倒用 撥開彌勒眼睛 明去暗來 敲落祖師鼻孔 當是時也 目連鶖子 飮氣呑聲 臨濟德山 呵呵大笑 且道 笑箇什麽 咄", 『벽암록』 2칙 「평창 評唱」(대정장48, p.142a1)에 "그는 평소에 허다한 헤아림 없어서 멋대로 잡았다 거꾸로 휘두르고, 거꾸로 행하고 따르기도 하면서 어디에 들더라도 자재하다. 蓋爲他平生 無許多計較 所以 橫拈倒用 逆行順行 得大自在"라고 하였다. 〔참고문헌〕『黃龍語錄』, 『碧巖錄』.

횡주지합장 橫柱指合掌 Ⓢ tiryak. 옆으로 세운 합장. 12합장 중 하나다. 『대일경소』 권13(대정장39, p.714c29)에 "열두째, 양손의 손바닥을 위를 향하게 하되 양손의 중지 끝을 붙여서 앙장한다. 이를 제리예합장〈이를 횡주지합장이라 부른다〉이라 한다. 第十次仰二手掌 令二手中指頭相接而仰之 名帝哩曳合掌〈此名橫柱指合掌〉"라고 하였다. 〔참고문헌〕『大日經疏』. ⇨ 십이합장 十二合掌

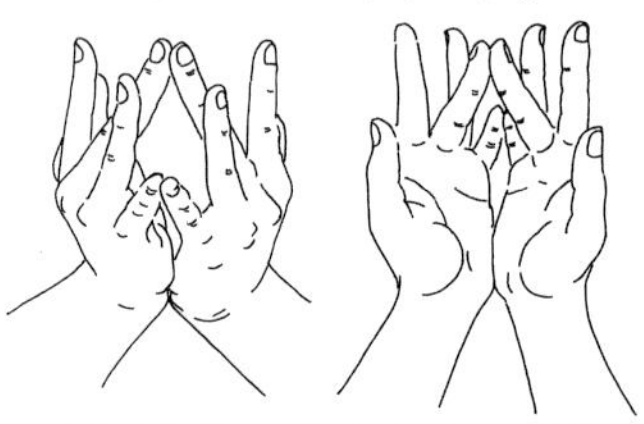

횡진법계 橫盡法界 횡으로 법계 다하다. 삼세로 다하는 것은 수진법계(竪盡法界)라 하니 시방(十方)으로 두루하고 삼제(三際)로 끝없는 뜻이다. 『화엄일승법계도』(한불전2, p.1b13)에 "선교 드러내 보임에 장소 가림이 없어서 법계 따라 다하고 십세도 서로 응해서 두렷이 화합하고 가득 차기에 이 뜻은 원교에 당한다. 顯示善巧無方 應稱法界 十世相應 圓融滿足故 卽是義當圓敎"라고 하였고, 이에 대해 『법계도기총수록』 권상2(한불전6, p.793c3)에 "응함에 법계에 따른다 함은 횡으로 법계를 다함이다. 십세와 서로 응한다라 함은 세로로 삼제를 꿰이다. 應稱法界者 橫盡法界故 十世相應者 竪貫三際故也"라고 풀었다. 또 『화엄경지귀』 「설경처 說經處」(대정장45, p.589c17)에 "무릇 두렷하고 가득한 가르침 일으킴에는 반드시 진방을 주(周)와 측(側)으로써 한다. 그런데 법계 다했다는 이야기를 벌써 하였는데, 어찌 가히 그 자리를 나누어 따로 할 수가 있는가. 夫圓滿敎起 必周側於塵方 旣爲盡法界之談 詎可分其處別"라고 하였고, 이에 대해 균여(均如)의 『석화엄지귀장원통초』 권상(한불전4, p.87c14)에 "진방의 진은 미진의 뜻이요, 방은 시방이니 곧 미진시방에 가로지고(周) 세로지음(側)이다. 주란 공간적으로 법계 다함이요, 측이란 시간적으로 법계 다함이다. 이제 풀자면 횡과 수를 반드시 따로 할 것 없지만, 다만 시방삼세에서 이 크나큰 법을 두루 널리 설하지 않음이 없기에 주측이라 했을 뿐이다. 塵方者 塵則微塵 方則十方 謂周側於微塵十方也 周者 橫盡法界 側者竪盡法界也 今釋不須別橫竪 但於十方三世 無不普遍說此大法 故云周側耳"라고 하였다. 〔참고문헌〕『華嚴一乘法界圖』, 『法界圖記叢髓錄』, 『華嚴經旨歸』, 『釋華嚴旨歸章圓通鈔』. ⇨ 수진법계 竪盡法界, 십층십탑 十層十塔, 법계 法界, 법계도 法界圖 ❶

횡초 橫超 가로질러 뛰어넘다. 『아미타경』의 횡절(橫截)에 의지한다. 정토진종(淨土眞宗)에서 설하는 이쌍사중(二雙四重)의 교판 또는 이초(二超) 중 하나. 아미타불의 본원(本願)을 굳게 믿고 흔들림이 없이 수행하여 죽어서 곧바로 진실보토(眞實報土)에 왕생하는 뜻이며 횡출(橫出)과 대칭한다. 『우독초』 권상(대정장83, p.647b15)에 "둘째 횡초〈(아미타불의) 본원을 선택하면 진실보토에 곧 왕생할 수 있다는 것이다〉. 二 橫超〈選擇本願 眞實報土 卽得往生也〉"라고 하였다. 〔참고문헌〕『愚禿鈔』, 『無量壽經』. ⇨ 횡출 橫出 ❷

횡초대서원 橫超大誓願 거침없이 뛰어넘기를 크게 서원하다. 아미타불이 인위(因位)에서 발한 48원(願) 중 18번째 서원으로 가장 중요한 원이므로 원왕(願王)·왕본원(王本願)이라고 한다. 『현정토진실교행증문류』 권2(대정장83, p.600b7)에 "천친보살 논을 지어 설하였고 무애광여래께 귀명하였네. 수다라에 의지해 진실을 드러내고, 거침없이 뛰어넘는 대서원을 밝게 천명하였네. 天親菩薩造論說 歸命無礙光如來 依修多羅顯眞實 光闡橫超大誓願"라 하였다. 〔참고문헌〕『顯淨土眞實敎行證文類』, 『無量壽經』 권상(대정장12, p.268a26). ⇨ 미타인행사십팔원 彌陀因行四十八願, 사십팔원 四十八願

횡출 橫出 ❶ 이출(二出) 중 하나. 타력으로 생사윤회에서 벗어남. 수출(豎出)의 상대어이다. 송대 택영(擇瑛)의 구분이다. 『낙방문류』 권4(대정장47, p.210a23)에 "횡출이란 염불로 정토에 나기를 구하는 것이다. 비유하자면 음서와 같아, 그 공이 조상의 타력에서 연유한 까닭에 학업의 유무를 따지지 않는 것과 같다. 橫出者 念佛求生淨土 譬如蔭敍 功由祖父他力 不問學業有無"라고 하였다. 〔참고문헌〕『樂邦文類』. ⇨ 이출 二出, 수출 豎出 ❷ 정토진종(淨土眞宗)에서 설하는 이쌍사중(二雙四重)의 교판 또는 이초(二超) 중 하나. 자력으로 수행하여 방편화토(方便化土)에 나는 것을 말한다. 횡초(橫超)와 대칭한다. 『현정토진실증문류』 권3(대정장83, p.606c9)에 "횡출이란 정·잡·정·산 등 타력 속의 자력보리심이다. 橫出者 正雜定散 他力中之自力菩提心也"라고 하였다. [참고문헌]『顯淨土眞實證文類』, 『愚禿鈔』 권하(대정장83, p.650b11). ⇨횡초 橫超

횡피 橫披 가사(袈裟)를 수할 때 오른쪽 어깨에 덧붙여 걸치는 옷. 피(被)는 피(被·帔·皮)로도 쓰고 횡미(橫尾)·횡대(橫帶)라고도 한다. 대체로 부견의(覆肩衣) 또는 승기지(僧祇支)와 유사하다. 『교계율의』「이시식법 二時食法」(대정장45, p.871b21)에 "네 번째, 칠조의를 입을 때는 횡피를 걸치고 다른 옷과 어울리게 가지런히 정리하되, 어깨 위쪽 바로 아래 견박을 반쯤 덮는다. 四 著七條 當令橫披 共衣領齊 直下臂上 半覆肩膊", 같은 책 「식료출당법 食了出堂法」(대정장45, p.872b13)에 "열 번째, 출당하고자 하면 먼저 횡피를 거두고 가사를 정리한다. 요란해서는 안 되고, 차제로 나간다. 十 欲出堂 先收攝橫帔 整理袈裟 勿令僚亂 依次而行", 『지관보행전홍결』 권8(대정장46, p.404c5)에 "의상이란 말은 위의 것을 의(衣), 아래의 것을 상(裳)이라 한다. 예로부터 옛사람들의 복식은 도사처럼 피(帔)가 없는 것이 옳았으나, 위(魏)대부터 도사가 비로소 횡피를 더하였고, 지금의 출가인 역시 가사로 열반승 등을 입는다. 言衣裳者 上曰衣下曰裳 故古人服飾如道士無帔者是 至魏朝時 道士方始加於橫帔 今出家人 亦以袈裟涅槃僧等", 『의발명의장』「부견 覆肩」(卍속장105, p.477a14)에 "『마하승기율』에서 '옷을 지어 어깨를 덮어야 한다'라고 하였으니, 이것이 부견의다. 『교계율의』에서 '횡피를 다잡아야 한다'라고 한 것이 바로 이 옷이다. 僧祇律云 當作衣覆肩 名覆肩衣 教誡儀云 當收攝橫帔 即此衣也"라고 하였다. [참고문헌]『教誡律儀』, 『止觀輔行傳弘決』, 『衣鉢名義章』. ⇨부견의 覆肩衣, 승기지 僧祇支

횡해수말 橫該竪抹 횡으로 아우르고 종으로 거두다. 시방(十方)을 아우르고 삼세를 거두는 뜻이다. 『환계유일어록』 권하(卍속장122, p.133b16)에 "대천사계 한 티끌에서 놀게 하고 십세와 고금의 세월을 지금 찰나에 모이게 하니, 횡으로 아우르고 종으로 거둬서 일곱 번 구멍내고 여덟 번 뚫는다. 融大千沙界於一塵 會十世古今於當念 橫該竪抹 七穴八穿", 『용문불안어록』「좌선 坐禪」(고존숙어록30, 卍속장118, p.541b3)에 "횡으로 아우르고 종으로 드니 생사가 영원히 그치고 한 알 환단으로 쇠에 점을 찍어 즙으로 만든다. 橫該豎入 生死永息 一粒還丹 點金成汁"라고 하였다. [참고문헌]『環溪惟一語錄』, 『龍門佛眼語錄』.

횡행 橫行 **1** 서지 못하고 가로로 다니는 축생. 방행(傍行)이라 한다. 『잡아비담심론』 권8(대정장28, p.936b7)에 "몸을 옆으로 뉘여 다니기에 축생이라 한다. 身橫行故說畜生"라고 하였다. [참고문헌]『雜阿毘曇心論』. ⇨축생 畜生 **2** 이리저리 오다가. 『순정리론』 권29(대정장29, p.478a19)에 "인간 등 삼취(餓鬼·傍生)의 중유는 가로질러 다니니, 마치 새가 허공을 날아서 다른 곳으로 가는 것과 같다. 人等三趣中有橫行 如鳥飛空往餘洲處"라고 하였다. [참고문헌]『順正理論』. **3** 나란히 서다. 『부공견삭신변진언경』 권15(대정장20, p.305b3)에 "관세음보살의 정수리에는 일곱 분의 부처님께서 횡으로 늘어서 계신다. 觀世音頂上 橫行七佛"라고 하였다. [참고문헌]『不空羂索神變眞言經』. **4** 제멋대로 하다. 『출요경』 권8(대정장4, p.653b25)에 "세간의 미친 사람들은 제멋대로 죄업을 짓는데, 칼이나 몽둥이로 서로 해치니 … 독과 음모를 품어 재앙은 문족에게까지 미친다. 世間狂夫橫行罪業 或以刀杖共相傷害 懷毒陰謀禍及門族", 『무량수경』 권하(대정장12, p.276c11)에 "존귀한 자리에 오르면 스스로 위대하다 여겨 자신에게만 도가 있다고 말하며, 함부로 위세 부리면서 사람들 업신여기면서도 스스로 알지 못해 악하지만 부끄러워할 줄 모른다. 尊貴自大謂己有道 橫行威勢侵易於人 不能自知 爲惡無恥"라고 하였다. [참고문헌]『出曜經』, 『無量壽經』.

효 孝 부모에게 정성을 다함. 효경(孝敬)·효순(孝順)·효사(孝事)·효양(孝養)으로도 쓴다. 효에 대한 경전으로는 『불승도리천위모설법경 佛昇忉利天爲母說法經』·『육방례경 六方禮經』·『부모은중난보경 父母恩重難報經』·『제위파리경 提謂波利經』·『우란분경 盂蘭盆經』 등이 있다. **1** 『화엄경』 권6 「정행품 淨行品」(대정장9, p.430c3)에 "효로써 부모 섬김에, 마땅히 중생이 일체를 감싸 길러 큰 편안을 길이 얻기를 바래야 하네. 孝事父母 當願衆生 一切護養 永得大安"라 하였다. 효의 복덕으로는 『중아함경』 권33(대정장1, p.641a10)에 "부모에게 너그럽고 효도하는 이는 반드시 늘어남이 있고 덜어짐이 없으리라. 若慈孝父母者 必有增益則無衰耗"이며, 불효의 악과는 『금광명최승왕경』 권3 「멸업장품 滅業障品」(대정장16, p.413c17)에 "존친에 불효하며 스승과 바라문중을 가벼이 여기면 응당 지옥·아귀·방생에 떨어지리. 不孝尊親 輕慢師長婆羅門衆 應墮地獄餓鬼傍生"라고 하였다. 출가사문은 『범망경』 권하(대정장24, p.1008c4)에 "출가인법으로 국왕과 부모를 향해 예배하지 않는다. 出家人法 不向國王禮拜 不向父母禮拜"라고 하였으니 계를 받기 전 부모를 향하여 마지막으로 세 번 절한다. 출가사문으로서 석존은 부왕의 관(棺)을 지고자 하셨으니, 『정반왕반열반경』 권1(대정장14, p.782c13)에 "그때 세존께서 당래세 사람들이 흉포하여 부모양육의 은혜를 갚지 않을까 염려하시고 … 여래 몸소 스스로 부왕의 관을 메려고 하였다. 爾時世尊 念當來世 人民兇暴 不報父母育養之恩 … 如來躬身 自欲擔於

父王之棺"라고 하였으며, 예로부터 사고무의(四顧無依) 한 노부모를 곁에 모시고 봉양하였던 스님들이 적지 않았다. 『삼국유사』를 지은 일연(一然)은 「인각사보각국존정조탑비문 麟角寺普覺國尊靜照塔」에 "노모를 모시고자 구산(舊山 : 전에 주석하던 곳이니 苞山 佛日寺)으로 돌아가기를 청하여 … 구산으로 내려가 어머니를 편안히 모셨으므로 조야가 모두 희유한 효심이라 찬탄하였다. 以老母乞還舊山 … 下山寧親 朝野嘆其希有", 조선중기 진묵일옥(震默一玉 1562~1633)은 『진묵조사유적고』(한불전10, p.878a24)에 "위막촌〈전주〉에서 노모를 봉양하였는데, 스님이 마을 뒤쪽(鳳棲庵)에 주석하던 날 암자를 나가 여름날 어머니께서 모기로 괴로워하시는 것을 보고 산신령에게 부탁하여 모기를 쫓았다. 奉養老母 於倭幕村〈全州地〉 師居村後之日 出庵 夏日 母以蚊子爲苦 師屬山靈而歐蚊"라고 하였다. [참고문헌] 『華嚴經』, 『中阿含經』, 『金光明最勝王經』, 『淨飯王般涅槃經』, 『震默祖師遺蹟攷』, 李智冠 『校勘譯註歷代高僧碑文』 高麗篇 4, pp.245~246. **2** 출세간에서의 진정한 효는 번뇌를 끊어 생사고해(生死苦海)를 길이 벗어나게 함이다. 따라서 '한 자식이 출가함에 구족이 생천함. 一子出家九族生天'이라 하듯 출가야말로 '효 중의 대효(大孝)'라 하였다. 원효(元曉) 『발심수행장』(한불전1, p.841a16)에 "단 음식을 먹고 사랑하여 길러도 이 몸은 마침내 무너지며, 보드라운 옷을 입어 보호하더라도 목숨은 기필코 끝나리니. 喫甘愛養 此身定壞 著柔守護 命必有終"라고 하였다. 대승보살도에서는 효순의 법을 드러내 행하게 하였으니, 효가 곧 계를 가지는 뜻이라 하였다. 『범망경』 권하(대정장24, p.1004a24)에 "부모·스승·삼보에 효순해야 하니, 지극한 도에 효순하는 법이므로 효를 계라 이름한다. 孝順父母師僧三寶 孝順至道之法 孝名爲戒", 신라 승장(勝莊)의 『범망경술기』 권상(한불전2, p.128a14)에 "효를 계라 이름함은, 부처님의 가르침을 따르므로 효를 행한다고 하며 또한 계라 이름한다. 孝名戒者 隨順佛教 名之爲孝 亦名爲戒"라고 하였다. 신라 태현(太賢)의 『범망경고적기』 권4(대정장40, p.712b8·한불전3, p.465b18)에 "효에는 두 가지가 있으니, 세간의 효는 원망으로 원망을 갚아 마치 풀로 불을 끄려는 것과 같고, 뛰어난 뜻의 효는 자애로 원망을 갚아 마치 물로 불 끄듯 한다. … 그러므로 자심평등으로 원망을 풀어 빨리 끊게 함이 효 중의 효다. 孝有二種 世間之孝 以怨報怨 如草滅火 勝義之孝 以慈報怨 如水滅火 … 故以慈心平等解怨 速令斷絶 孝中之孝"라고 하였다. 이러한 의미에서 삼계에 제일가는 대효를 행한 이는 석가세존이시며, 목련존자(目蓮尊者)와 지장보살의 전생인 광목녀(光目女)도 악도(惡道)에 떨어진 어머니를 직접 구제하였다. 『지장보살본원경』(대정장13, p.781a14)에 "(淸淨蓮華目如來께서 말씀하시길) 광목아, 너는 대자민으로 어머니를 위해 이와 같은 대원을 발하였다. 내가 너의 어머니를 보니, 13세를 마치고 이 지옥과보를 버려 범지로 태어나 백세를 살았다. 이 과보를 지난 후에는 무우국토에 나서 헤아릴 수 없는 겁을 살다가 후에 불과를 이루어 널리 인천을 제도하니 그 수가 항하모래알 같았다. 光目 汝大慈愍 善能爲母 發如是大願 吾觀汝母 十三歲畢 捨此報已 生爲梵志 壽年百歲 過是報後 當生無憂國土 壽命不可計劫 後成佛果 廣度人天 數如恒河沙"라고 하였다. 선망부모(先亡父母)를 위한 천도(薦度) 역시 부처님의 법력(法力)과 지장보살님의 서원(誓願) 및 승보(僧寶)의 공덕에 의지하여 삼악도에 떨어져 고통받는 이를 구제함이다. 중국 당대 황벽희운(黃蘗希運)은 출가 초에는 구도일념으로, 후에는 대중지도와 중생교화로 부모를 찾아보지 않았지만 오히려 어머니를 제도하여 생천케 한 출천(出天)의 효자였다. 우리나라에도 삼국시대 불교가 전래된 이후 출가수행·조탑공양(造塔供養)·사경(寫經)·및 불경간행, 수륙재 설행 등으로 출세간의 효를 다한 일들이 허다하다. 『삼국유사』 권5 효선(孝善)9에는 진정사효선쌍미(眞定師孝善雙美)·대성효이세부모(大城孝二世父母) 등으로 전하고, 고려·조선대 고승문집에도 부모를 천도하는 소문(疏文)이 다수 전한다. [참고문헌] 『發心修行章』, 『梵網經』, 『梵網經述記』, 『梵網經古迹記』, 『地藏菩薩本願經』, 『三國遺事』. ⇨ 삼계제일효 三界第一孝, 목련지효가 目連至孝歌, 부모효양문 父母孝養文, 부모은중경 父母恩重經 **1**

효가 曉可 고려 제26대 충선왕(재위 1308~1313) 때 스님이다. 요망(妖妄)한 행으로 세간을 미혹케 하였다. 『고려사』 권34 세가(世家)34 충선왕(忠宣王) 5년(1313) 2월 14일(甲戌日) 조정에서 민폐가 심하다는 이유로 연등회(燃燈會)를 못하도록 금지했다. 그리고 같은 날 효가스님을 순군옥(巡軍獄)에 투옥시켰는데 그 죄상은 다음과 같다. 효가가 스스로 자신이 견성성불한 도인이라 참칭하고 요술로써 순박한 남녀들을 현혹시켰다. 일찍이 쌀가루를 꿀에 반죽하여 녹두알 환(丸)을 만들어 이것이 감로사리(甘露舍利)인데 모두 나의 몸에서 나온 것이라고 속였고, 사람들 복용하거나 간직하는 자가 적지 않았다. 일찍이 자신이 들어가 숨을 만한 굴(窟)을 발견하고는 그 위에 나무를 쌓고 올라가, 군중들에게 나는 지금 분신(焚身)하여 죽은 뒤 7일 만에 법신을 증득할 것이라 하고 마침내 불을 지르니, 연기와 불꽃이 사방에서 일어났지만 스스로 땔 나무 속 굴속으로 뛰어들어가 감과 밤(柿栗)을 먹고 있다가 7일이 지난 후 재(灰)를 털고 나왔다. 헌사(憲司 : 司憲府)에서 그 속임수를 알아차리고 붙잡아 심문하니 순순히 자백하였으므로 구속하였다. [참고문헌] 『高麗史』, 『高麗史節要』 권23 忠宣王 5年 2月, 『璿源系譜』 1313年 2月.

효가원 孝家院　충청남도 공주시에 있던 원. 『삼국유사』 권3(대정장49, p.1000a11 · 한불전6, p.336c2) 탑상(塔像)4 대산월정사오류성중(臺山月精寺五類聖衆)에 "후에 신효거사가 있었는데, 혹은 유동보살의 화신이라고도 한다. 집은 공주에 있고, 어머니 봉양을 순수하고 효성있게 하였다. … 후에 출가하여 자신의 집을 내놓아 절로 삼았는데, 지금의 효가원이다. 後有信孝居士者 或云幼童菩薩化身 家在公州 養母純孝 … 後乃出家 捨其家爲寺 今爲孝家院"라고 하였다. 정추(鄭樞 1333~1382)의 『원재고』 권상 「공주효가원 公州孝家院」이 있고, 유희춘(柳希春 1513~1577)의 『미암집』 권14 「일기 日記」에 "29일. 출발하여 30리를 가다가 공주의 효가원 마을에 도착하였다. 二十九日 發行三十里 到公州孝家院里"라고 하였다. [참고문헌] 『三國遺事』, 『圓齋稾』, 『眉巖集』, 『韓國寺刹全書』 권하 p.1207a16.

효고 曉鼓　새벽에 북 치다. 저녁에 치는 북은 혼고(昏鼓)라 한다. 『선림상기전』 권27(대장경보편19, p.732a1)에 "효고는 혼고와 반대로 하니, 처음에 작게 쳐 소리 작게 하다가 뒤로 점점 크게 쳐서 큰 소리 나게 하니 해 뜨는 모양새 따랐다. 曉鼓 反之 初小擊小聲 後漸大擊大聲 以象日出焉", 『설암잡저』 권2 「향산 香山」(한불전9, p.288c22)에 "하늘 가득 노을 걸어 옥봉우리 감추고, 성루의 새벽 종소리 어스름한 산봉우리에 떨치네. 天界霽霞藏玉峀 星樓曉鼓振煙鬟"라고 하였다. [참고문헌] 『禪林象器箋』, 『雪巖雜著』. ⇨ 혼고 昏鼓

효공사교 曉公四教　신라 원효(元曉)가 부처의 일대시교를 넷으로 나눈 뜻으로 삼승별교(三乘別教) · 삼승통교(三乘通教) · 일승분교(一乘分教) · 일승만교(一乘滿教)를 말한다. 법장(法藏)의 『탐현기 探玄記』와 징관(澄觀)의 『화엄경소 華嚴經疏』 등에 인용하여 전한다. 법장은 『화엄경탐현기』 권1에서(대정장35, p.111a26) 여러 교판을 소개하는 중에 "일곱번째 당조 해동 신라국 원효법사가 이 경의 소를 지어 또한 사교를 세웠다. 첫 번째는 삼승별교이니 사제교 연기경 등을 말한다. 두 번째는 삼승통교이니 『반야경』 『해심밀경』 등을 말한다. 세 번째는 일승분교이니 『영락경』 『범망경』 등을 말한다. 네 번째는 일승만교이니 『화엄경』 보현교 등을 말한다. 이렇게 네 가지로 달리 해석하는 것은 그의 소에서와 같다. 七唐朝海東新羅國元曉法師造此經疏 亦立四教 一三乘別教 謂如四諦教緣起經等 二三乘通教 謂如般若經深密經等 三一乘分教 如瓔珞經及梵網等 四一乘滿教 謂華嚴經普賢教 釋此四別如彼疏中"라고 하였다. 징관은 『화엄경소』 권2(대정장35, p.510a20)에서 "셋째는 당초 해동원효법사가 또한 사교를 세웠다. 첫째, 삼승별교이니 저 사제연기 등이다. 둘째, 삼승통교이니 『반야경』 『해심밀경』 등이다. 셋째, 일승분교이니 『범망경』 등이다. 넷째, 일승만교이니 『화엄경』 등이다. 그러나 삼승이 함께 익히므로 삼승교라 하고, 그중에 법공에 밝지 못함에 별상교라 하고, 제법이 공함을 설한 것을 통교라고 한다. 이승과 함께 하지 않는 것을 일승교라 한다. 그중에 보법을 드러내지 못한 것을 수분교라 하고, 보법을 갖추어 밝힌 것을 원만교라고 한다. 그런데 이는 천태와 크게 같으나 다만 별교와 원교를 합쳐 일승을 더했을 뿐이다. 三唐初海東元曉法師 亦立四教 一三乘別教 如四諦緣起經等 二三乘通教 如般若深密經等 三一乘分教 如梵網經等 四一乘滿教 如華嚴經等 然三乘共學 名三乘教 於中未明法空 名別相教 說諸法空 是爲通教 不共二乘 名一乘教 於中未顯普法 名隨分教 具明普法 名圓滿教 然此大同天台 但合別圓 加一乘分耳"라고 하였다. 또 이통현(李通玄)도 『신화엄경론』 권3(대정장36, p.734c21)에서도 『탐현기』와 같이 인용하였다. 신라 표원(表員)은 『화엄문의요결문답』 권4(한불전2, p.385b10)에서 사교의 이름은 『탐현기』를, 이어지는 설명은 『화엄경소』를 이끌어 풀었다. 이능화(李能和)는 『조선불교통사』 권하 p.120에서 『탐현기』를 인용하여 "원효법사가 이 경의 소를 지어 사교 등을 세웠다"라고 하고, 또 『화엄현담』을 인용하였다. 『대명삼장법수』(永樂北藏181, p.769b10)에서는 "당 원효법사는 해동 신라인으로 이 종을 홍포했다. 또 사교판을 세워 여러 경전을 해석했기에 효공사교라고 부른다. 唐元曉法師 海東新羅人 來此弘宗 亦立四教判 釋諸經故 稱曉公四教焉"라고 하였다. [참고문헌] 『華嚴經探玄記』, 『華嚴經疏』, 『新華嚴經論』, 『華嚴文義要決問答』, 『朝鮮佛教通史』, 『大明三藏法數』. ⇨ 사교 四教

효과인 效果因　Ⓢ nimitta-kāraṇa. 정리(正理 Ⓢ Nyāya)와 승론(勝論 Ⓢ Vaiśeṣika)에서 세운 3종 인(內屬 非內屬 效果因) 중 하나로 내속인(Ⓢ samavāyi-kāraṇa)이 실질적 과를 산출할 수 있도록 돕는 인. 도구인(道具因 Ⓢ sahakāri-kāraṇa) 또는 보조인(補助因)이라고도 하는데, 과의 산출을 돕는 수단이나 도구에 빗대어 설명하기 때문이다. 예를 들면 옹기나 옷을 지을 때, 흙이나 실은 옹기와 옷의 내속인이고, 반죽하거나 직조하는 일은 비내속인이며, 물레와 베틀은 효과인이다.

효당 曉堂　최범술(崔凡述)의 호. ⇨ 최범술 崔凡述

효도 孝棹　고려후기 보자국존(普慈國尊) 혜영(惠永 1228~1294)의 제자로서 김제 금산사(金山寺) 주지를 역임하고, 승통으로 있으면서 대중 지도를 맡아 금산사의 승풍을 진작하였다. [참고문헌] 『朝鮮金石總覽』 권상.

효렴 孝廉 효와 청렴. 인재선발의 오랜 전통. 『지관보행전홍결』 권6(대정장46, p.343b7)에 "(華他는) 유학에 전념하였으며 효렴으로 천거되었으나 피하여 관직에 나가지 않았다. 專遊學擧孝廉 避而不就", 『불조통기』 권35(대정장49, p.336c21)에 "왕원은 효렴으로 천거되어 낭중의 자리에 올랐으나 관직을 버리고 입산수도했다. 王遠 擧孝廉爲郎中 棄官入山修道"라고 하였다. 〔참고문헌〕 『止觀輔行傳弘決』, 『佛祖統紀』.

효령대군 孝寧大君 1396~1486. 조선조 제3대 태종(재위 1400~1418)의 둘째 아들이다. 왕위계승 등 권력에는 전혀 관심이 없었다. 초명은 호(祜)였으나 뒤에 보(補)로 바꾸었으며, 자는 선숙(善叔), 시호는 정효(靖孝)이며, 어머니는 소열왕후(昭烈王后) 민(閔)씨다. 독서하기를 좋아하고 활쏘기에도 능하여 아버지 태종을 따라 자주 사냥터에 다녔으며 효성 또한 지극했다. 동생인 세종(충녕대군)과는 우애가 특별히 깊어 왕이 자기 집에 들르면 밤이 깊도록 나랏일로 의견을 나누었다. 특히 불교를 독신하여 많은 유신(儒臣)들의 반대를 무릅쓰고 스님들을 모아 불경(佛經)을 강론하도록 했으며, 1464년(세조10) 탑동 공원에 원각사(圓覺寺)를 창건하게 되자 세종이 스님에게 조성도감제조(造成都監提調)를 맡겼고, 금오산(金鰲山) 매월당 김시습(梅月堂 金時習)에게 낙성법회 참석을 청하였으나 매월당 역시 편지로만 회답하였다. 『원각경』 국역간행 불사와 각처의 사찰불사 등으로 크게 기여한 불자(佛子)다. 1486년(성종17)에 향년 91세로 별세했다. 〔참고문헌〕 『世宗實錄』, 『成宗實錄』, 『慵齋叢話』, 『璿源系譜』 太宗.

효령대군영정 관악산 연주암 조선

효료 曉了 **1** Ⓢ bodhi, Ⓟ anubodha. 속속들이 깨우치다. 분명하게 이해하다. 『장아함경』 권2 「유행경 遊行經」(대정장1, p.13a4)에 "이 법은 미묘하여 알기 어려우니, 나와 그대들이 분명하게 이해하지 못하므로 오랜 세월 생사에 떨어져 끝도 없이 유전하는 것이다. 此法微妙 難可解知 我及汝等 不曉了故 久在生死 流轉無窮", 『관정경』 권12(대정장21, p.523b7)에 "비록 경에 밝다 해도 중의 뜻에는 미치지 못하여 능히 분별해 중도에서 일어나는 만가지 일 밝히 깨우치지 못한다. 雖知明經 不及中義 不能分別 曉了中事"라고 하였다. 〔참고문헌〕 『長阿含經』, 『灌頂經』, *Lal-v.7.*, *DN.2.90.* **2** 당대 스님. 6조 혜능(慧能)의 제자. 편담산(匾擔山)에 주석했다. 북종(北宗)의 홀뇌징(忽雷澄)이 그 탑명(塔銘)을 지었다. 〔참고문헌〕 『景德傳燈錄』 권5(대정장51, p.237c2), 『五燈會元』 권2(卍속장138, p.56b8).

효룡 孝龍 동진(東晉)대 스님. 속성은 지(支)씨. 하남성(河南省) 회양현(淮陽縣) 출신. 법룡(法龍)이라고도 한다. 내외의 경전에 통달하여 팔달(八達)이라 불렸다. 〔참고문헌〕 『梁高僧傳』 권4(대정장50, p.346c15), 『釋氏蒙求』 권상(卍속장148, p.561a15).

효만 孝滿 효를 채우다. 부모상을 당하여 삼년 동안 상복을 입고 추모하는 '효'의 기간이 다 되었다는 뜻이다. 『조산어록』(대정장47, p.528c21)에 "학인이 물었다. '영의(喪服)를 걸치지 않았을 때는 어떻습니까?' '나 조산은 오늘 부모상을 마쳤다' '부모상을 마친 다음에는 어떻게 합니까?' '나는 주정부리기를 좋아한다'. 問 靈衣不挂時如何 師曰 曹山孝滿 云 孝滿後如何 師曰 曹山好顚酒"라고 하였다. 〔참고문헌〕 『曹山語錄』.

효명 孝明 신라 스님. 『삼국유사』 권3(대정장49, p.998c14 · 한불전6, p.334b10) 홍법(興法)3 대산오만진신(臺山五萬眞身)에 따르면 정신왕(淨神王)의 태자인 보천(寶川)과 효명(孝明) 두 형제가 도은(逃隱)하여 … 강원도 평창군 오대산(五臺山)에 숨어 들어와 보명태자는 푸른 연꽃이 핀 곳에 동쪽을 향해 암자를 지었고, 동생인 효명태자는 북대(北臺)의 남쪽 기슭에 암자를 맺고 각각 기도했다. 이들 형제는 함께 5봉으로 다니면서 다섯 무리 성중들(五聖衆)에게 예배를 올렸다. 신라의 56대 왕 중에 정신왕(淨神王)은 없다. 혹시 전후연대에 비추어 31대 신문왕(神文王)이나, 또는 제33대 성덕왕(聖德王)이 아닌가 추정하며, 효명태자는 뒤에 왕위를 계승한 뒤 자신이 수도하던 곳에 진여원(眞如院) 즉 상원사를 창건하고 문수보살상을 조성봉안하고는 화엄결사를 조직하여 『화엄경』을 사경토록 하고, 문수예찬(文殊禮讚)도 염송하였다 한다. 〔참고문헌〕 『三國遺事』. ⇨ 대산오만진신 臺山五萬眞身

효명암 孝明庵 강원도 홍천군 오대산(五臺山)에 있던 암자. 『삼국유사』 권3(대정장49, p.998b20 · 한불전6, p.334a4) 탑상(塔像)4 대산오만진신(臺山五萬眞身)에 "동북쪽을 향하여 600여 보 가니 북대의 남쪽 기슭에 또한 푸른 연꽃이 피어 있으므로 아우인 태자 효명도 또한 암자를 짓고 머물렀다. … 먼저 효명암 앞에 이르러 만세를 부르니 그때 오색구름이 7일 동안 드리워 덮었다. 向東北行六百餘步 北臺南麓亦有靑蓮開處 弟太子孝明又結庵而止 … 先到孝明庵前呼萬歲 時有五色雲七日垂覆"라고 하였다. 김세필(金世弼 1473~1533)의 『십청

집』 권3 「월정사 승 법공의 시축에 차운하다 次月精寺僧法空詩軸韻」에서 사적의 으뜸이라고 언급하였다. [참고문헌] 『三國遺事』, 『十淸集』.

효명제 孝明帝 후한(後漢) 황제. 재위 57~75. 아우인 초왕영(楚王英)과 함께 중국불교 초전(初傳)의 공덕주(功德主)로서 불법을 적극 수용하고 전역(傳譯)하였다. 『대당내전록』 권1 「후한전역불경록 後漢傳譯佛經錄」(대정장55, p.220a27)에 "경 역출은 후한 효명제 때 시작되었다 말한다. … 영평 7년(64) 밤 꿈에 신장 장륙이고 목에 일륜을 찬 금인이 공중을 날아 이르는데 광명이 붉게 빛나며 궁전을 비추었다. 이튿날 여러 신하들을 모아 꿈꾼 것을 점치게 했더니, 통인 부의가 나와서 답하길 '제가 들으니 옛 서방에 있었던 신 그 이름 부처라 합니다. 폐하께서 보신 바 장차 반드시 이 분일 것입니다' 하였다. 황제가 그렇다 여기고 흔쾌히 신령한 상서에 감하여 사신 우림중랑 진경박사와 제자 왕준 등 열네 사람을 조서로써 천축으로 가게 했다. 월지국에서 사문 가섭마등과 축법란을 만나 베껴 얻은 경과 상을 백마에 실어 돌아가 낙양에 이르게 하였다. … 이로부터 석존의 가르침 서로 이어져 구름처럼 일어났고, 사문과 신심있는 선비들 발자욱 끊이지 않게 하여 전역하였다. 言經出起於後漢孝明帝者 … 於永平七年夜夢 金人身長丈六項佩日輪 飛空而至 光明赫奕 照於殿庭 旦集群臣 令占所夢 通人傅毅 進奏對曰 臣聞昔西方有神 其名爲佛 陛下所見 將必是乎 帝以爲然 欣感靈瑞 詔遣使者羽林中郎秦景博士弟子王遵等一十四人往適天竺 於月支國 遇沙門迦葉摩滕竺法蘭 寫得經像 載以白馬還達雒陽 … 自爾釋教相繼雲興 沙門信士 接踵傳譯"라고 하였다. [참고문헌] 『大唐內典錄』. ⇨명제 明帝, 초왕영 楚王英, 축법란 竺法蘭, 가섭마등 迦葉摩騰

효문제 孝文帝 467~499. 북위(北魏) 제6대 황제(재위 471~499). 495년(태화19) 제주(除州) 백탑사(白塔寺)에 행차하여 도등(道登)의 『성실론』을 들었고, 승달(僧達)을 맞아들여 『사분율』을 강설토록 하였다. 안양사(安養寺)를 건립하여 사방의 승중을 초빙하고 육궁(六宮)의 시녀들이 모두 재(齋)를 지키도록 하였으며 불도를 숭상하는 이들은 모두 출가하도록 허용했다. 전후로 승니(僧尼) 1만 4천의 출가를 도왔다. [참고문헌] 『釋迦方志』 권2(대정장51, p.974b18).

효복 孝服 효를 표하는 옷. 덕망 있는 스님이 입적하면 법권이나 제자들이 모두 정해진 분에 따라 입는 상복(喪服)이다. 『백장청규』 권3 「효복」(대정장48, p.1128a18)에 "시자와 소사〈마포의 철〉 양서〈저포의 철〉 주상 및 법권의 존장〈생포의 철〉. … 갑간·장객·제복〈마포의 건〉. 侍者小師〈麻布裰〉 兩序〈苧布裰〉 主喪及法眷尊長〈生布裰〉 … 甲幹莊客諸僕〈麻布巾〉", 종보본 『단경』(대정장48, p.362a24)에 "육조가 게송을 설한 다음 제자들에게 일렀다. '그대들은 잘 있거라. 내가 멸도한 뒤에 세간의 정에 따라 슬피 울며 눈물을 흘리거나 사람들의 조문을 받거나 효복을 걸치지 마라. 그렇게 하면 나의 제자가 아니고 정법도 아니다. 다만 스스로의 본심을 알고 스스로의 본성을 보기만 하라'. 師說偈已 告曰 汝等好住 吾滅度後 莫作世情 悲泣雨淚 受人弔問 身著孝服 非吾弟子亦非正法 但識自本心 見自本性", 『선림상기전』 권26(대장경보편19, p.717b6)에 "효복 : 도충(道忠)이 말한다. '존숙이 입적하면 법권의 무리들은 흉복을 입는다'. 孝服忠曰 尊宿遷化 法眷會裏 著凶服也"라고 하였다. [참고문헌] 『百丈淸規』, 『壇經』, 『禪林象器箋』.

효봉 曉峰 1888~1966. 교단 정화 이후 대한불교조계종 종정을 역임한 스님. 일명(一名) 학눌(學訥), 호는 효봉, 속명은 찬형(燦亨), 속성은 이씨니, 효봉의 법호이다. ⇨원명 元明, 학눌 學訥

효봉어록 曉峰語錄 효봉학눌(曉峰學訥 1888~1966)의 법어집. 1권 1책. 1973년에 제자인 구산(九山)·법정(法頂) 등이 '상당법어(上堂法語)에 들어가야 할 기록이 문도들의 불찰로 상실되었지만 다행히 몇 권의 공책이 남아 어록으로 엮었다'면서, 엮은 이는 '효봉문도회편', 발행처는 '조계산삼일암 曹溪山三日庵'으로 간행하였다. 그 뒤 효봉문도회에서 1975년의 경봉(鏡峰) 서문, 1976년의 구산 중간 서문, 1995년의 일각(壹覺) 중간 서문과 서장·화보를 더하여 『효봉법어집 曉峰法語集』으로 중간하였다. 앞부분에는 진영·입산한 금강산 신계사(神溪寺)와 주석처 송광사(松廣寺)의 전경 사진·'방함록서(芳啣錄序)' 등 친필을 수록하였고, 상당법어·수시설법·게문·서장·부록 등을 네 부로 나누어 게재하였다. 특히 부록에는 법정이 쓴 「효봉선사일대기」와 함께 종정 효봉대종사 종단장 만사(輓詞), 송광사·용화사·미래사·표충사 비문, 효봉대종사 출가약력(出家略歷), 현호(玄虎)가 쓴 행장과 연보 등이 실렸다. 특히 처음에 은법도우 임석두(林石頭)에게 운봉원명(雲峰元明)으로 불린 사좌전송(師佐傳頌)·증호(贈號), 고봉(高峰)과 한암(漢巖)에게 '효봉'과 '포운(抱雲)'의 호를 받은 게송 등이 실려 있다.

효빈 效顰 이맛살 찌푸려 따라하다. 몸이 아파 이맛살을 찌푸리는 미인 서시(西施)의 표정까지 아름답다고 여겨 모두가 따라했다는 『장자 莊子』 「천운 天運」의 이야기. 본받아 따라할 뿐인 행위. 『오등회원속략』 권1 「담연원징장 湛然圓澄章」(卍속장138, p.875a4)에 "가령 이전에 경산이 죽비를 들고서 '이것을 죽비라 불러도 안 되고, 죽비라 부르지 않아도 안 된다. 죽비라 부르면 그 말에 물들고, 죽비라 부르지 않으면 그 말을 등지게 된다'라고 말한 예와 같다. 산승이 이를 흉내내며 불자를 들고 말했다. '이것을 불자라 불러도 안 되고, 불자라 부르지 않아도 안 된다. 불자라 부르면 그 말에 물들고 불자라 부르지 않으면 그 말을 등지게 된다'. 祇如先徑山 擧竹篦子曰 者個 不得喚作竹篦子 不得不喚作竹篦子 喚作竹篦子則觸 不喚作竹篦子則背 山僧效顰 擧拂子曰 者個 不得喚作拂子 不得不喚作拂子 喚作拂子則觸 不喚作拂子則背"라고 하였다. [참고문헌]『五燈會元續略』. ⇨ 학빈 學顰

효선 餚膳 Ⓢ khādyaṃ ca bhojyaṃ ca, khādanīya bhojanīya, Ⓟ khādaniya bhojaniya. 맛난 음식. 효선(餚饍·肴膳·肴饍)이라고도 쓴다.『법화경』권1(대정장9, p.3b9 : *Saddh-p.*, p.13)에 "혹은 보살이 맛난 음식과 여러 가지 탕약을 부처님과 스님께 보시하는 것을 본다. 或見菩薩 餚饍飮食 百種湯藥 施佛及僧 dadanti dānāni tathaiva kecit saśiṣyasaṃgheṣu jineṣu saṃmukham, khādyaṃ ca bhojyaṃ ca tathānnapānnaṃ gilānabhaiṣajya bahū analpakam",『법화현찬』권2(대정장34, p.687a20)에 "효란 무엇인가? 곡식이 아니지만 먹을거리를 효라고 한다. 효는 저(葅)이니, 효(肴)라고 해야 한다. 씹어 먹는 것이다. 채소류가 이것이다. 또 열매를 말하기도 한다. 선이란 음식을 갖추는 것이다. 오늘날 맛있는 것을 또한 진선이라고 하는데, 세속에서 효선육이라고 하는 것이다. 이 경에서는 그것을 말하는 것이 아니니, 보살이 시설하여 부처님께 공양하는 것이므로 선(膳)이라고 해야 한다. 효선이라고 하는 것은 잘못이다. 肴者 非穀而食之曰肴 肴葅也 應作肴字 食也 啖也 菜之類是 亦云豆實 膳具食也 今時美物 亦曰珍膳 俗解肴膳肉也 今則不然 菩薩設以供養佛故 應爲膳字 有作餚饍非也"라고 하였다. [참고문헌]『法華經』,『法華玄贊』, *Saddh-p.*, *Av-ś.30.*, *DN.1.148.*, *Sp.80.* ⇨ 오작식 五嚼食, 오담식 五噉食

효선 餚饍 Ⓢ khādya-bhojya, Ⓣ bza'-bca'. 맛있는 반찬. 풍성하게 차린 음식.『장아함경』권17「사문과경 沙門果經」(대정장1, p.109c4)에 "그때 왕은 궁으로 돌아가 온갖 맛있는 반찬과 갖가지 음식을 마련하였다. 時王還宮辦諸餚饍 種種飮食"라고 하였다. [참고문헌]『長阿含經』, *Saddh-p.212.*

효성 曉星 1910~1961. 근대 서울 도봉산 쌍룡사(雙龍寺)의 비구니 스님. 휘는 효성(曉星), 속명은 향심(香心), 속성은 신(申)씨다. 아버지는 기독교의 목사(牧使)였으며, 1910년 진주(晉州)에서 태어났다. 어릴 때 어머니가 죽자 기생 윤(尹)씨의 양육을 받고 있다가 윤씨가 대구에 사는 신(申)씨와 결혼하면서 신향심(申香心)으로 이름하게 되었다. 1924년 개성 출신 손(孫)씨와 결혼하고 미리흠(美理欽) 여학교를 졸업했다. 1938년 남편 손씨가 죽자 1941년 도봉산 쌍용사에서 행자생활을 하다가, 1945년 예산 수덕사에서 사미니계를 받고 스님이 되었다. 1948년 계룡산 동학사(東鶴寺) 중수의 화주가 되어 당우를 일신중수하였다. 또한 한국 비구니의 위상 정립과 비구니 법사 양성의 필요성을 자각하여 1960년 서울 종로구 수송동 조계사(曹溪寺)와 안국동 선학원(禪學院)에서 법회를 열고, 최초로 공개설법을 했다. 1961년 세수 52, 법랍 17세를 일기로 입적하였다. [참고문헌]『德崇山見性庵誌』.

효성 曉城 1905~1988. 불교학자. 동국대학교 총장을 역임한 조명기(趙明基)의 호. ⇨ 조명기 趙明基

효성굴 曉星窟 황해도 개성시 있던 효성암(曉星庵).『동국여지승람』권4 개성부 상(上) 불우와『여지도서』송도지(松都誌) 권4에 "복령사는 송악산 서쪽 기슭에 있고, 그 위에 효성굴이 있다. 福靈寺 松岳西麓 上有曉星窟"라고 하였다. [참고문헌]『東國輿地勝覽』,『輿地圖書』,『韓國寺刹全書』권하 p.1207b7.

효성문 曉聖文 의천이 원효에게 올린 제문(祭文).『대각국사문집』권16에 실린「제분황사효성문 祭芬皇寺曉聖文」(한불전4, p.555a10~b4)이다. 의천은 "구법사문 모(의천)는 삼가 다과와 시식으로 우러러 해동교주 원효보살님께 공양 올립니다. … 오직 우리 해동보살만이 성상을 어울리게 해서 밝게 하셨고 고금을 그윽이 꾸렸으며 백가이쟁의 실마리들 고르게 하셨으며 일대지공의 논의를 얻었습니다. 求法沙門某 謹以茶菓時食之奠 致供于海東敎主元曉菩薩 … 唯我海東菩薩 融明性相 隱括古今 和百家異諍之端 得一代至公之論"라고 하였다. [참고문헌]『大覺國師文集』.

효성유치원 曉星幼稚園 함경북도 청진시 나남구에 있던 불교유치원. 나남관북불교회(羅南關北佛敎會)의 직영 유치원으로 1927년 3월 29일에 제2회 보육증을 113명의 원아 중 38명의 졸업생에게 수여하였다. [참고문헌]『韓國佛敎近世百年史』권2 p.288.

효순 孝順 섬겨 따르다. 일체중생을 섬겨 따르는 마음. 대승범망계를 가지는 마음을 말한다.『범망경』권하(대정장24, p.1004a23)에 "그때 석가모니불께서 처음으로 보리수 아래 앉아 무상각을 성취하시고 처음 보살의 바라제목차를 맺으셨다. '부모와 사승과 삼보에 효순하는 지극한 도의 법을 효라 하고 계라 이름하니 제지라고도 한다'. 爾時 釋迦牟尼佛 初坐菩提樹下 成無上覺 初結菩薩波羅提木叉 孝順父母師僧三寶 孝順至道之法 孝名爲戒 亦名制止", 돈황본 『범망경술기』 권1(대정장85, p.737b23)에 "말해서 효순이란 계의 공능으로 순정한 마음을 일으킨다는 뜻이다. 존자나 어버이를 친애하고 공경하기에 이를 효라 한다. 言孝順者 謂戒功能 起淳淨心愛敬尊親 是謂孝也", 『선종결의집』「귀원실제문 歸源實際門」(대정장48, p.1013a26)에 "이 효순이라는 두 가지는 세인들이 항상 말하지만, 그 뜻 매우 깊고 넓어 알지 못한다. 효라는 것을 간략히 말한다면 네 가지로 봉양하는 것이니, 어떤 것이 그 네 가지인가? 음식과 의복과 와구와 약이다. 경애로 모시고 봉양함이 효이다. 순이라는 것은 부모의 안색을 따르는 것이고, 부모의 뜻에 맞게 따름이다. 하는 일마다 부모의 뜻을 어기지 않으니 이와 같이 효순하는 마음이 있으면 상하가 화목하여 부모는 편안함을 얻는다. 이것이 세간에서 효경의 선도이다. 천륜의 뜻과 어찌 다르겠는가? 這孝順二事 世人以爲常語 不知其理甚優甚廣 略言孝者 四事供給 何爲四事 飮食衣服臥具醫藥 敬愛侍養是爲孝也 順者順父母之顔色 順父母在理之所欲 凡有所爲 不違父母之意 若有如是 孝順之心 上下和睦 父母得以不動心 此是世間 孝敬善道 天倫之理 何異常乎", "나아가 지재·봉계·염불·참선 등으로 대승을 구하여 생사에서 벗어난다면 이 또한 출세간의 큰 효이며 큰 선이다. 更能持齋奉戒 念佛參禪欲求大乘 了脫生死 此又是出世間之大孝大善也"라고 하였다. [참고문헌] 『梵網經』, 『梵網經述記』, 『禪宗決疑集』.

효순사 孝順寺 함경남도 정평군 중봉산(中峰山)에 있던 절. 『동국여지승람』 권48 함경도 정평도호부 불우에 이름과 위치가 전하고, 『여지도서』 함경도 정평 사찰에 "지금은 혁파되었다. 今革", 『범우고』에 "지금은 폐사되었다. 今廢"라고 하였다. [참고문헌] 『東國輿地勝覽』, 『輿地圖書』, 『梵宇攷』, 『韓國寺刹全書』 권하 p.1207a20.

효순심 孝順心 중생에게 효순하는 대승계를 가지는 마음이다. 『보살계본소』 권2(대정장40, p.671a21)에 "효순심이란 저 교훈을 따라서 감히 어기지 않는 마음이다. 孝順心者 於彼敎訓從 而不敢違也", 『범망경보살계본소』 권2(卍속장60, p.317a14)에 "효순심이라 하는 것을 풀어 말하면, 보살은 마땅히 사섭심으로 행하여 중생을 거두어 교화하고 잘 이끌어야 한다. 이런 이유로 효순심이라 한다. 孝順心者 述曰 菩薩 應行四攝 攝化誘引 故云孝順心"라고 하였다. [참고문헌] 『菩薩戒本疏』, 『梵網經菩薩戒本疏』. ⇨ 효순 孝順

효신 孝信 신라대 충청남도 공주 신도. ⇨ 신효 信孝

효신사 孝信寺 황해도 개성시에 있던 절. 고려대 왕실이 추복하며 의지하던 절이다. 『고려사』 권21 세가(世家)21 희종 2년(1206) 9월 16일 갑오(甲午)에 "(왕이) 양릉을 알현하였다. 능 옆에 창신사를 고쳐 짓고 효신사로 이름을 바꾸어 (신종의) 명복을 도왔다. 謁陽陵 重營陵傍彰信寺 改額曰孝信 以資冥福", 권29 세가(世家)29 1283년(충렬왕9) 6월 27일 기유(己酉)에는 "왕과 공주가 효신사에서 그린 부처를 뵈었다. 王與公主 幸孝信寺 觀畫佛", 같은 책 권30 세가(世家)30 충렬왕 15년(1289) 2월 27일 정축(丁丑)에 "왕의 몸이 편치 않아서 공주, 세자와 함께 효신사로 거처를 옮겼다. 王不豫 與公主世子 移御孝信寺"라고 하였다. [참고문헌] 『高麗史』, 『高麗史節要』, 『韓國寺刹全書』 권하 p.1207b2.

효암 曉庵 1369~1443. 속성은 양(楊)씨. 법명은 선계(善啓). 자는 동백(東白). 장주(長洲 : 江蘇省 吳縣) 출신. 대장경에 정통하고 제자백가도 섭렵하였다. 1403년(영락1) 칙명에 따라 『영락대전 永樂大典』을 편찬하고, 대장경을 교정하였다. 1443년(정통8) 11월 8일 세수 75, 승랍 60세로 입적했다. [참고문헌] 『大明高僧傳』 권3(대정장50, p.910c19), 『補續高僧傳』 권2 「啓東白傳」(卍속장134, p.372a9).

효와 誵訛 속임수나 거짓말. 진실이라고는 찾을 길 없는 이야기. 말도 생각도 뿌리 없이 일어나 떠도는 것들이어서, 말한다 하면 그대로 효와일 뿐이다. 효와(詨訛·肴訛·淆訛·殽訛)·뇨와(譊訛)·오와(謷訛·聱訛)·의와(疑訛)라고도 한다. 반드시 타파해야 한다는 뜻에서 관문(關門)·기관(機關) 또는 화두(話頭)와도 통한다. 『설두어록』 권4(대정장47, p.692c16)에 "언젠가 말하길 '석가노자도 숨 쉴 수 없었다 하니, 어째서 효와인가?'라고 하자 대어(代語)로 '도량을 메우고 계곡이라면 다 막았구나'라고 답하였고, 또 대어로 '세 걸음 물러나라'라고 하였다. 有時云 釋迦老子 出氣不得 甚麼處誵訛 代云 塡溝塞壑 又代云 退身三步", 『원오어록』 권17(대정장47, p.791c18)에 "경청은 도 있다고 하고는 손해보았다 했고, 명교는 없다고 답하고서 똑같이 손해보았다고 했다. 말해 보라! 효와는 어디에 있을까? 鏡淸 道有也失利 明教 道無也失利 且道 誵訛在什麽處", 『벽암록』 66칙 「평창 評唱」(대정장48, p.197a3)에 "이 안의 효와라 하니, 몸소 증하고 직접 깨우친 일 없다면 입으로 아무리 시원하고 날카롭게 하더라도 구경에는 생사를 뚫고 벗어나지 못한다. 산승 언제나와 같이 사람들에게 기관 이리저리 구르는 곳 간파하라고 일러주었지만, 조금이라도 머뭇거려 헤아린다면 멀고도 멀게 될 뿐이다. 這裏誵訛 若不曾親證親悟 縱使口頭快利 至究竟透脫生死不得 山僧尋常 教人覰這機關轉處 若擬議則 遠之遠矣", 『선문염송설화』 238칙(한불전5, p.231a3)에 "지비자의 송 : 의심 해결하고자 물어 효와할 뿐이니, 병 깨뜨려도 안 되고 거위 다치게 해도 안 된다네. 천 길 낚싯줄 단 한 번 드리워, 거대한 자라 곧장 큰 파도에서 낚았네. 知非子頌 狐疑欲決問聱訛 不破瓶兼不損鵝 千尺絲綸抛一釣 巨鼇隨手出洪波", 같은 책 281칙(한불전5, p.256a20)에 "금우는 밥 다 되었다고 껄껄대며, 밥통 가득 담아와서는 저들에게 주었다. 승당을 가득 채운 보살들에게 이르노니, 수저 잡고 밥이나 먹을 뿐 이런 말 저런 소리에 흔들리지 마라. 金牛飯熟笑呵呵 滿桶盛來付與他 爲報滿堂菩薩子 拈匙擧筯莫誵訛", 『응암담화어록』 권2(卍속장120, p.813a17)에 "공안 드러나 있고 효와마저 앉아 끊었으니, 해설을 잘못 붙인다면 허리 꺾이리라. 現成公案 坐斷誵訛 錯下註脚 搥折你腰", 『초석범기어록』 권19 「송현상인예조 送玹上人禮祖」(卍속장124, p.278a3)에 "구슬은 뀀 적도 옥을 간 적도 없으니, 혼륜이란 말에는 효와란 전혀 있지 않다네. 마조는 일부러 부처의 사리를 찾는 듯이 하였으니, 바람도 없는데 물결 일렁이게 하려 했다네. 珠不曾穿玉不磨 渾崙句子絶誵訛 江西特地尋靈骨 却是無風帀帀波", 『치문경훈』 권8 「답투자통화상서 答投子通和尙書」(대정장48, p.1086b4)에 "그러므로 천차만별한 공안효와 금강울타리 가시 돋힌 밤송이 단숨에 거둬 다해 벗어나지 못한다. 만약 능히 한 송이 삼키고 한 울타리 뚫는다면 백천만억 송이나 울타리 온통 다 걸림 없으리라. 是以 千差萬別 公案誵訛 不出金剛圈栗棘蓬一時攝盡 若能吞一蓬透一圈 則百千萬億蓬圈 悉皆無礙", 『반야심경주해』(卍속장42, p.98b1)에 "진실한 광명 값마저 없는 구슬, 사람마다에 차수라곤 없다네. 다만 조금뿐인 효와 처함으로 인하여, 맑은 하늘에 구름 일고 달빛마저 사라지네. 眞實光明無價珠 人人分上沒差殊 只因些子誵訛處 雲起靑天月色無", 『공곡집』 62칙 「평창 評唱」(卍속장117, p.598a14)에 "임천은 '다만 옛부터 다니던 길이지만, 사람을 만나 들려주기만 하면 문득 거짓말 돼 버린다'라고 하였다. 만약 이곳 향해 알아차린다면 비로소 군자는 천 리로 있어도 바람 같으리니, 원래 한 집안으로 둘 없음을 믿게 된다. 林泉道 只是舊時行的路 逢人擧著便誵訛 若向這裏會得 方信道君子千里同風 元本一家無二", 『청주백문』(卍속장119, p.352b10)에 "한산과 습득은 껄껄대니, 목격하는 곳에 있음을 알겠는가? 이 뜻 분명하여 상세히 밝힐 일도 아니니, 더는 특별히 효와를 파 뒤지려 들지 마라. 寒山拾得笑呵呵 目擊心存會也麽 此意分明非委曲 更休特地覓誵訛"라고 하였다. [참고문헌] 『雪竇語錄』, 『圜悟語錄』, 『碧巖錄』, 『禪門拈頌說話』, 『應菴曇華語錄』, 『楚石梵琦語錄』, 『緇門警訓』, 『般若心經註解』, 『空谷集』, 『靑州百問』. ⇨ 관문 關門, 기관 機關, 몰효와 沒誵訛, 무효와 無誵訛, 오와 聱訛, 화두 話頭

효원 孝園 신라 제41대 헌덕왕(재위 809~826) 때 스님으로, 김상랑(金相郎)의 호이다. 대통(大統)인 녹풍(鹿風), 대서성인 진로(眞怒), 파진찬(波珍飡)인 김의(金嶷) 등과 함께 817년(헌덕왕9) 8월 5일 이차돈(異次頓)의 순교한 날을 기념하여 경주 흥륜사(興輪寺)에 이차돈의 무덤을 수축하고 순교기념비를 세웠다. ⇨ 혜륭 惠隆, 이차돈순교비 異次頓殉敎碑

효유 曉喩 Ⓢ saṃjñapta, saṃjñapya, Ⓣ brda-sprad-pa, go-bar-byas-te. 깨우쳐 알게 하다. 『잡비유경』(대정장4, p.525a16)에 "옛날에 형제 두 사람 출가하여 도를 배웠다. … 형은 항상 아우를 깨우쳐 알게 하고자 이렇게 말했다. '사람의 몸은 얻기 어렵고 부처님 계신 세상은 만나기 어렵다. 이미 사람의 몸을 얻었으니 마땅히 지금 힘써야 한다'. 동생은 형에게 '모름지기 널리 배우고 삼장을 두루 갖추어 다른 사람들의 스승이 된 다음에 선을 닦겠습니다'라고 하였다. 昔有兄弟二人 出家學道 … 其兄常曉喩弟言 人身難得 佛世難値 旣得人身宜憂時爲 弟語兄言 須得廣學 具足三藏 堪任人師 爾乃行禪", 『유가사지론』 권88(대정장30, p.796a6)에 "열반의 자량을 수습하는데 대략 세 가지 장애가 있음을 알아야 한다. … 둘째는 선지식이 방편으로 깨우쳐 알게 함이 없는 것이다. 應知修習涅槃資糧 略有三障 … 二者 無善知識 方便曉喩"라고 하였다. [참고문헌] 『雜譬喩經』, 『瑜伽師地論』, *Bodh-bh.83·89.*

효의사 曉義寺 부산광역시 동래구 금정산(金井山)에 있는 지금의 금정사(金井寺). 『명종실록』 권14 8년(1553) 5월 29일에 "동래 효의사 주지승 원감이 이르길 … '효의사는 숙원의 원찰인데 주지로 삼을 자는 원감만한 자가 없다'고 하였다. 東萊曉義寺住持僧 圓鑑自稱 … 曉義 乃淑媛之願刹 而爲住持者 無如圓鑑"라고 하였다. 정사룡(鄭士龍 1491~1570)의 『호음잡고』 권3에 「효의사 曉義寺」가 전하고, 『동국여지승람』 권23 경상도 동래현 불우와 『범우고』에 이름과 위치가 전한다. 『여지도서』 경상도 동래 사찰에는 "지금은 없다. 今無"라고 하였는데 사형집행장이었던 현재의 자리에 1924년 금우(金牛)가 원혼을 위한 기도처를 세웠고 1954년 석주(昔珠)가 금정사로 중창하여 선학원에 등록하였다. 1969년 대웅전 준공 후 가람정비로 지금에 이른다. 현존 당우로는 대웅전·칠성각·보제루·요사 등이 있으며, 성보문화재로는 목조아미타여래좌상 및 복장유물이 있다. [참고문헌] 『明宗實錄』, 『湖陰雜稿』, 『東國輿地勝覽』, 『輿地圖書』, 『梵宇攷』, 『韓國寺刹全書』 권하 p.1207b17.

효일사 曉日寺 인천광역시 남동구 장수동 소래산(蘇來山)에 있던 절. 성간(成侃 1427~1456)의 『진일유고』 서(序)에 "임술(1422·세종24)에 형 백씨와 효일사에서 독서하였다. 壬戌 與伯氏 讀書于曉日寺"라고 하였다. 『사탑고적고』에는 지금은 없어진 비석에 산의 주인 양묵연(梁默然)이 1915년 인천에 거주하는 일본인 반전무등웅(飯田茂登雄)에게 팔았다는 기록이 있었다고 전한다. 〔참고문헌〕『眞逸遺稿』, 『仁川府邑誌』, 『寺塔古蹟考』, 『韓國寺刹全書』 권하 p.1207b9.

효자경 孝子經 역자 미상. 1권. 대정장16, pp.780b3~781a6, No.687에 수록되었다. 『효자보은경 孝子報恩經』이라고도 한다. 부모가 악을 버리고 선을 행하도록 권하는 법을 제대로 행함이 부모를 봉양하는 최선의 길이라는 취지를 밝힌 경이다. 〔참고문헌〕『歷代三寶紀』 권14(대정장49, p.118c28), 『大周刊定衆經目錄』 권12(대정장55, p.447c24).

효자은경 孝子隱經 『보살섬자경 菩薩睒子經』의 다른 이름. 『역대삼보기』 권9(대정장49, p.83b24)에 "『섬자경』 1권〈일명 『효자섬경』, 일명 『보살섬경』, 일명 『불설섬경』, 일명 『섬본경』, 일명 『효자은경』, 모두 여섯 가지 제명이다. 두 번째 역출이며, 구마라집 한역본과 조금 다르다. 『시흥록』을 참고하라〉. 睒子經一卷〈一名 孝子睒經 一名 菩薩睒經 一名 佛說睒經 一名 睒本經 一名 孝子隱經 凡六名 第二出 與羅什譯者小異 見始興錄〉"이라고 하였다. 〔참고문헌〕『歷代三寶紀』. ⇨ 보살섬자경 菩薩睒子經, 섬자경 睒子經

효정 孝楨 고려 제27대 충숙왕(재위 1314~1330, 복위 1332~1339) 때 스님. 『고려사』 권34 세가(世家) 34 충숙왕(忠肅王)1 즉위원년(1314) 10월 병자일(丙子日)에 상왕(忠宣王)의 발원으로 연경궁(延慶宮)에 2천개의 등불을 밝히는 한편, 스님 2천명을 연경궁으로 초청하여 공양을 올리면서 선승(禪僧)인 충탄(冲坦)스님과 교승(敎僧)인 효정(孝楨)스님으로 하여금 5일간 설법토록 하였다. 〔참고문헌〕『高麗史』. ⇨ 충탄 冲坦

효제암 孝悌庵 충청남도 공주시 장기면 산학리에 있던 암자. 『공주읍지』에 "지금은 폐사다. 今廢"라고 하였다. 〔참고문헌〕『公州邑誌』, 『韓國寺刹全書』 권하.

효종 孝宗 1127~1194. 남송(南宋)의 2대 황제. 고종(高宗)의 황태자가 되어 1162년(소흥32)에 즉위하였다. 총명하였던 황제로서 26년의 재위 기간 동안 정치를 개혁하고 군비를 삭감하였으며 강남(江南)을 개발하고 문화를 융성시키며 공헌을 쌓아 남송의 융성을 가져왔다고 평가받는다. 불교에도 깊은 관심을 가져 경산(徑山)의 대혜종고(大慧宗杲)·영산(靈山)의 자수자림(慈受子琳)·주산(住山)의 약눌법사(若訥法師)·영은(靈隱)의 혜원선사(慧遠禪師)에게 불법을 배웠으며, 1180년(순희7)에는 운보사(雲寶寺)의 보인선사(寶印禪師)를 궁중으로 불러 삼교(三敎)에 대해 대담하기도 하였다. 제위에서 물러난 후에는 남화궁(南華宮)에서 『원도론 原道論』을 지어 한유(韓愈)의 『원도 原道』에 대해 반론을 제기하였으며, 유불도 삼교는 각각 장점이 있어서 서로 보완하였을 때 도(道)를 완전하게 실현할 수 있다며 삼교일치를 제창하였다.

효종 曉鐘 새벽 종. 효고(曉鼓)라고도 한다. 『선림비용청규』 권10 「경중법기 警衆法器」(卍속장112, p.148a4)에 "효종은 긴 밤을 깨뜨리고 잠을 깨운다. 曉鐘者 破長夜警睡眠", 『운암보암어록』(卍속장121, p.651a7)에 "산승은 어젯밤 삼경에 한 줄기 거센 바람에 날려 나찰귀국에 떨어지는 꿈을 꾸었는데 목숨을 보존하지 못할 뻔했으나 다행히 새벽 종 소리를 한 번 듣고 놀라 깨어 일어났다. 山僧 昨夜三更 夢中被一陣黑風吹 墮羅刹鬼國 幾乎性命不存 賴得曉鐘一動 驚覺起來"라고 하였다. 〔참고문헌〕『禪林備用淸規』, 『運菴普巖語錄』.

효종랑 孝宗郎 신라시대 화랑. 이름은 화달(化達), 서발한(舒發翰)의 아들로서 경주의 효녀(孝女)인 지은(知恩)의 효성에 감복하고는 부모에게 청하여 조(粟) 100섬과 의복을 보내어 지은의 살림을 돕고, 지은을 종으로 산 주인에게 곡식 30섬을 변상해주므로써 양민(良民)이 되게 했다. 이 일로 칭송이 자자하였고 헌강왕의 딸을 아내로 맞아 부마(駙馬)가 되었다. 〔참고문헌〕『三國遺事』 권5(대정장49, p.1018c2·한불전6, p.369a7) 孝善9 貧女養母. ⇨ 지은 知恩

효종사 曉鍾寺 평안남도 양덕군 상룡면 중리 효종산(曉鍾山)에 있던 절. 종산암(鍾山庵) 또는 종산암(鍾山菴)이라고도 한다. 『여지도서』 양덕 사찰에 "종산암. 현 북쪽 110리 효종산에 있다. 鍾山菴在縣北一百十里曉鍾山"라고 하였으며, 『양덕읍지』에 폐사(廢寺)로 전한다. 『사탑고적고』에는 부도가 있고, 석비(石碑)에 "조영탑을 경오년에 세우다. 照影塔庚午建"라고 하였다. 〔참고문헌〕『輿地圖書』, 『陽德邑誌』, 『寺塔古蹟考』, 『韓國寺刹全書』 권하 p.1207b19·1024a8.

효진 囂塵 떠들썩하고 성가신 티끌. 고요할 수 없게 하는 번뇌의 비유다. 『묘법성염처경』 권6(대정장17, p.434c27)에 "만약 두렷해 고요한 뜻으로 상 없는 마음을 일으킨다면, 망상의 때를 여의고 성가신 번뇌 먼지로 가득한 세간을 끊고는 끝내 피안에 이르리라. 若於圓寂理

而起無相心 離垢絶囂塵 究竟到彼岸", 『대지도론』 권17(대정장25, p.180c24)에 "성가시게 떠도는 티끌 하늘에 뜬 해를 덮고, 장대비가 능히 가리듯 각관의 바람이 마음 흩더라도 선정으로 능히 멸한다. 囂塵蔽天日 大雨能掩之 覺觀風散心 禪定能滅之"라고 하였다. 〔참고문헌〕『妙法聖念處經』, 『大智度論』, 『碧巖錄』「夾山無礙禪師降魔表」(대정장48, p.151b1).

효총재송 曉聰栽松　효총이 소나무 심다. 『선원몽구』 권하(卍속장148, p.269b6)에 "효총재송 : 〈문수응천전의 법을 이었다. 전거는 『오등회원』 권15〉 동산효총선사가 동쪽 산봉우리 가득 소나무를 손수 심으면서 『금강반야경』을 염송하여 산에 사는 사람들이 그 봉우리를 금강이라 불렀다. 소나무를 심고 있던 중에 보선사가 이르렀다. 당시 오조법연(五祖法演) 문하에서 친히 찾아왔다. 효총이 '산 꼭대기 소식 한마디 무어라 할까?'라고 물음에 보선사가 '몹시도 급하게 몰아붙이시는군요'라고 하자 효총이 곡괭이에 기대어 '어디서 이렇게 말 따라 알음알이 내는 스님이 왔을까? 산 꼭대기 소식 묻자 급하게 몰아붙인다고 응하는 바람에 불법 도리어 널리 퍼졌다'라고 나무랐다. 보선사가 대어를 청하자 효청이 말했다. '어째서 「몰아쳐 사람 죽겠다」라고 말하지 못했는가?' 소요가 '산봉우리 여기 있는데 금강은 어느 곳에 있습니까?'라고 묻자 효총이 손가락으로 가리키며 말했다. '이 한 그루 소나무를 이 노승이 직접 심었소'. 曉聰栽松 〈文殊應天眞嗣 五燈十五〉 洞山曉聰禪師 手植萬松於東嶺 而誦金剛般若經 山中人名其嶺曰金剛 方植松而寶禪師至 時親自五祖來 師問 上嶺一句 作麽生道 寶曰 氣急殺人 師拄钁呵曰 從何得此隨語生解阿師 見問上嶺 便言氣急 佛法却成流布 寶請代語 師曰 何不道氣喘殺人 逍遙問 嶺在此 金剛在什麽處 師指曰 此一株松 是老僧親栽 "라고 하였다. 〔참고문헌〕『禪苑蒙求』, 『五燈會元』 권15(卍속장138, p.587a5).

효충 孝忠　신라대 스님. 승전(勝詮)이 현수법장(賢首法藏)에게서 의상(義湘)에게 보낸 편지와 책을 받은 후 답례로 문안편지와 선물등을 맡아 현수 부탁받고 중국으로 간 스님이다. 그 밖의 행적은 알 수 없다. 〔참고문헌〕『三國遺事』 권4(대정장49, p.1009a17 · 한불전6, p.353a3) 義解5 勝詮髑髏.

효후 哮吼　Ⓢ pra-√garj. 입 벌려 크게 소리내다. 으르렁거리다. 번뇌망상을 조복하는 불보살의 설법 등을 상징한다. 『대방편불보은경』 권4(대정장3, p.147b27)에 "그때 여래께서 자비력으로 오른손을 드시자 다섯 손가락 끝에서 다섯 사자가 출현하여 입을 벌리고 크게 소리냈다. 오백 마리의 취한 코끼리가 두려워하며 엎드렸다. 爾時 如來 以慈悲力 卽擧右手 於五指頭 出五師子 開口哮吼 五百醉象 恐怖躃地", 『방광대장엄경』 권8(대정장3, p.584c26)에 "또한 무량한 수의 코끼리 · 말 · 소 등이 보살을 둘러싸고 소리를 내지르며 으르렁거리니 그 소리가 화창하였다. 復有無量象馬牛等 圍繞菩薩 發聲哮吼 其音和暢", 『일체경음의』 권79(대정장54, p.818b7)에 "효후〈첫 글자는 효와 교를 반절한 음, 둘째 글자는 호와 후를 반절한 음이다. 『비창』에 '크게 분노하는 모양이다. 큰 목소리로 내는 울부짖음으로 가령 큰 소의 울음이나 큰 호랑이의 노한 음성을 효후라 한다'라고 한다. 소리를 형상화한 글자이다〉. 哮吼〈上孝交反 下呼垢反 埤蒼云 大嚇怒也 大聲嘷吼 如大牛鳴 大虎怒聲 名曰哮吼 形聲字〉", 『열반경소사기』 권11(卍속장57, p.962b13)에 "삼년을 충분히 채우면 포효할 수 있다는 말은 사자새끼가 사자왕이 된다는 뜻이다. 마치 보살의 설법이 부처님과 비슷하게 된 듯하므로 후라 한다. 足滿三年則 能哮吼者 謂師子子 成師子王 譬菩薩說法 與佛相似 故云吼也"라고 하였다. 〔참고문헌〕『大方便佛報恩經』, 『方廣大莊嚴經』, 『一切經音義』, 『涅槃經疏私記』, *Lal-v.200.*

후공양 後供養　전공양(前供養)의 상대어. 밀교 작법을 행할 때 본존가지(本尊加持)와 산염송(散念誦) 이후 여섯 가지 공양구(供養具)로 행하는 공양. 심비석(深祕釋)에 의하면 전공양에서는 수득(修得)의 존(尊)을 공양하고 후공양에서는 성덕(性德)의 존에 공양한다. 행사 공양할 때 진언행자의 왼쪽의 단상에서 공양구를 공양한다. 후공양은 인도에서 방문객이 떠날 때 음식을 권했던 습속에서 유래하였다고 전한다. 『행법간엽초』 권중(대정장78, p.888b20)에 "인도의 예법에서 손님을 초대하면 돌아갈 때에 반드시 음식과 음료를 권한 후에 배웅했다. 지금 후공양이 그 예이다. 그러므로 전공양의 알가는 발을 씻고 후공양의 알가는 입을 헹군다. 또는 전공양은 부처님을 모시는 공양이고, 후공양은 자신이 지금 성불함에 공양하는 것이라고 한다. 大國法請賓客還向之時必薦饌飛盞 然後奉送 今後供養卽其例也 故前供閼伽浴御足 後供閼伽洗御口云云 或云 前供供召請佛 後供供自身今成佛"라고 하였다. 〔참고문헌〕『行法肝葉鈔』.

후광 後光　➡ 광배 光背

후구 煦嫗　따뜻하게 봉양하다. 온화한 마음으로 보살피다. 『치문경훈』 권1「명교숭선사존승편 明教嵩禪師尊僧篇」(대정장48, p.1043c29)에 "빈곤하거나 병든 사람들을 온화한 마음으로 보살핌에는 하인과 뒤섞일지라도 비천하게 생각하지 않는다. 煦嫗貧病 瓦合輿儓 而不爲卑"라고 하였다. 〔참고문헌〕『緇門警訓』.

후권청 後勸請 밀교에서 작법을 마친 후에 마무리하는 범패(梵唄). 앞서 행한 제존권청(諸尊勸請)에 상대하는 이름이다. 후권청의 글은 『불모대공작명왕경』(대정장19, p.433a29)에서 "모든 청정한 바라문은 일체의 악업을 능히 없애네. 이와 같은 성중에게 나는 귀의하오니 나의 몸과 권속을 보호해주소서. 諸有淸淨行婆羅門 能除一切諸惡業 如是等衆我歸依 擁護我身幷眷屬"라고 하였다. 〔참고문헌〕『佛母大孔雀明王經』.

후금 喉衿 숨길인 목과 옷일 수 있게 하는 옷깃. 무엇보다 긴요한 것의 비유다. 후는 내요(內要), 금은 외요(外要)의 비유다. 후금(喉襟)과 통한다. 『중론』「승예서 僧叡序」(대정장30, p.1a25)에 "이 논을 익혀 맛보지 못함이 없었으니 이를 후금으로 삼았다. 無不翫味斯論 以爲喉衿", 『금광명경조해』 권상(卍속장31, p.743b18)에 "무릇 번역이란 부처를 배우는 요체이고, 뜻을 풀이하는 으뜸이고 머리다. 夫翻譯者 學佛之喉衿 釋義之元首也"라고 하였다. 〔참고문헌〕『中論』, 『金光明經照解』, 『三論玄義』(대정장45, p.6c8).

후금 喉襟 후금(喉衿)과 뜻이 같다. 『열반현의발원기요』 권3(대정장38, p.29b17)에 "오장을 세워 수행의 요체로 삼는다는 말은 무슨 뜻인가? 마치 (목숨이 달린) 몸의 목구멍과도 같고, 옷의 옷깃과도 같다. 대체로 요를 말한다. 以立五章 修行喉襟者 如身之喉 如衣之衿 蓋言要也"라고 하였다. 〔참고문헌〕『涅槃玄義發源機要』.

후당 後堂 **1** 후승당(後僧堂). 남송(南宋)대 대총림(大叢林)에는 전당·후당이라는 두 승당(重雲堂)을 두었다. 지금은 승당 중앙에 모신 성승(聖僧) 좌우의 출입판(出入板) 전방을 전당(前板)이라 하고, 후방은 후당(後板)이라 한다. 『선림비용청규』 권3(卍속장112, p.85a10)에 "방장에 찾아가 절을 올리고 이렇게 청한다〈오늘 재를 마치고 운당으로 가서 차를 끓여 특별히 후당의 대중에게 공양하겠으니 바라옵건대 화상께서도 자비를 베푸시어 왕림해 주십시오〉. 詣方丈拜請云〈今辰齋退 就雲堂 點茶 特爲後堂大衆 伏望 和尙 慈悲降重〉"라고 하였다. 〔참고문헌〕『禪林備用淸規』. **2** 후당수좌(後堂首座)의 줄임말. 『백장청규』 권2 「입실 入室」(대정장48, p.1121a5)에 "다만 후당이 대중을 이끌고 잠깐 기다리다가 모두 입실하고 시자는 대중에 섞여 있다가 마지막에 입실을 마치고 향을 사른다. 只後堂領衆 暫到皆當入室 侍者居衆 後入室畢炷香"라고 하였다. 〔참고문헌〕『百丈淸規』.

후당수좌 後堂首座 후당의 대중을 이끄는 소임. 전당수좌(前堂首座)는 수좌라 약칭하는 반면, 후당수좌는 후당이라 약칭한다. 『백장청규』 권4 「후당수좌」(대정장48, p.1131a)에 "자리는 후판이며 종풍을 돕는다. 법도인즉 장하고 반듯해서 대중에게 본보기가 된다. 대중이 많기에 전당과 후당으로 나누었다. 아침점심 두 때에 공양하기 위해 승당에 오르거나 좌선하러 갈 경우는 후문으로 출입한다. 位居後板 輔贊宗風 軌則莊端 爲衆模範 蓋以衆多 故分前後 齋粥二時 過堂及坐禪 則後門出入"라고 하였다. 〔참고문헌〕『百丈淸規』. ⇨ 후당 後堂 **2**

후당판두 後堂板頭 후당수좌의 좌석. 『선림상기전』 권2(대장경보편19, p.35b14)에 "후당판두〈승당〉: 승당 후문의 상간이 후당판두이다. 주지와 마주보는 자리이다. 『백장청규』 「전사특위수청인전점」(대정장48, p.1125a18)에 '승당 안에서 주지와 마주보고 새로 임명된 소임의 자리를 마련한다'라고 하였는데, 이 새로 임명된 소임의 자리가 후당판두이다. 後堂板頭〈僧堂〉 僧堂後門上間 是後堂板頭也 卽住持對面位也 勅修淸規 專使特爲受請人煎點云 於僧堂內 住持對面 設新命位〈止此〉 是新命位 卽後堂板頭也"라고 하였다. 〔참고문헌〕『禪林象器箋』. ⇨ 후당수좌 後堂首座

후대위 後大潙 대안(大安)의 별명. 백장회해(百丈懷海)의 법을 이었지만 위산영우(潙山靈祐)의 뒤를 계승하여 대위산(大潙山)에 주석한 이유로 전대위(前大潙) 곧 영우와 구별하기 위하여 이렇게 부른다. 『연등회요』 권10(卍속장136, p.608a1)에 "후인들은 전대위와 후대위로 구분하지 않았다. 後人不分 前大潙 後大潙"라고 하였다. 〔참고문헌〕『聯燈會要』. ⇨ 대안 大安 **3**

후득무분별지 後得無分別智 후득지(後得智 Ⓢ pṛṣṭha-labdha-jñāna)를 말한다. 무성(無性)의 『섭대승론석』 권8(대정장31, p.431b20)에 "'말 못하는 이가 아닌 사람이 뜻을 받음과 같다'란, 벙어리 아닌 사람이 온갖 경계들을 수용하고 또한 언설을 일으키는 것과 같다는 것이다. 이와 같이 후득무분별지로 진여로 현증한 경계 돌이켜 비춰서 능히 언교를 일으키는 것 또한 이와 같음을 알아야 할 것이다. 如非瘂受義者 如不瘂人受諸境界 亦起言說 如是後得無分別智 反照眞如現證境界 能起言教 當知亦爾", 세친(世親)의 『섭대승론석』 권8(대정장31, p.363c17)에 "(三種無分別智 중) 셋째는 후득부분별지이니 용을 일으키는 혜를 말한다. … 이 중에서 후득무분별지 물듦이 없이 뛰어나 이로우니 비유하면 무엇과 같은가? 〔논〕 허공과 같이 물든 일 없으니 이는 무분별지로서 항시 세간에 행하지만 세법에 물들지 않는다. 〔석〕 이 지력에 의지해 모든 유정을 이롭고 안락하게 하는 일을 관하기 때문이다. 저 세간으로 가서 생을 받겠다고 의욕하고, 이미 생을 받았더라도 어떤 세간법도 물들일 수 없다. … 무분별지로부터 생겨난 것이기에 이

지도 또한 무분별지라는 명칭을 획득한다. 三 後得無分別智 謂起用慧 … 此中後得無分別智無染勝利 其譬云何 論曰 如虛空無染 是無分別智 常行於世間 非世法所染 釋曰 由此智力觀諸有情諸利樂事故 思往彼世間受生 旣受生已 一切世法所不能染 … 從無分別智所生故 此智亦得無分別名"라고 하였다. [참고문헌]『攝大乘論釋』. ⇨ 후득지 後得智, 오후득지 五後得智, 무분별지 無分別智

후득지 後得智 Ⓢ pṛṣṭha-labdha-jñāna, Ⓣ rjes-la-thob-pa'i-ye-shes, rjes-las-thob-pa'i-shes-pa. 근본무분별지(根本無分別智) 이후에 얻는 지. 모든 차별상을 분별하는 지로서 의타기성이 환사(幻事)임을 요별한다. 또한 제법의 자상(自相)과 공상(共相) 등을 분별하고, 모든 유정의 근성차별을 관하며, 신체와 국토 등을 나투어 모든 유정을 위해 정법을 설하는 지를 말한다. 무분별후지(無分別後智)·후득무분별지(後得無分別智) 또는 여량지(如量智)·권지(權智)·속지(俗智) 등이라고도 하며, 무분별지(無分別智)·근본무분별지(根本無分別智)·근본지(根本智) 등에 대칭한다. 『성유식론』 권8(대정장31, p.46b28)에 "무분별지가 진여를 증득한 이후 얻는 후득지 중에서 비로소 능히 의타기성은 환사 등과 같음을 요달한다. 無分別智證眞如已後得智中 方能了達依他起性如幻事等", 『성유식론술기』 권9(대정장43, p.547b6)에 "[술] 먼저 진여를 증득한 뒤 후득지 중에서 비로소 의타기성이 환사나 아지랑이라는 여덟 가지 비유와 같음을 요달한다. 처음 견도위에서 일시에 (진속을) 쌍으로 보는 것이 아니다. 제5지 이후와 불지에서나 능히 그렇게 할 수 있다. 述曰 先證眞如已後得智中 方能了達依他起性如幻事陽炎八喩等也 非初見位一時雙見 第五地後 及佛能爾", 같은 책 권8(대정장43, p.514a11)에 "무분별지의 경우 오직 현량이어서 외경이 없기에 반연할 수 없으니 후득지와 같지 않다. 후득지의 견분은 돌이켜 자증분을 반연하는데, 영상을 지어 연하는 것이기에 이는 상분이다. 如無分別智 唯是現量無外境故不緣 不同後得智 後得智見分返緣自證 作影像緣仍是相分", 『성유식론』 권9(대정장31, p.50b17)에 "모든 후득지에는 두 분이 있는가? 어떤 이의 뜻으로는 양자 모두 없으니 (能所의) 두 가지 취를 여의기 때문이다. 어떤 뜻으로는 이 지에 견분은 있고 상분은 없다. … 또 주장하길 이 지에는 두 분이 모두 있다. (『유가사지론』 권73에서) 이것은 (변현된) 상사의 진여상을 사유하는 것이지, 진실의 진여성을 현견하는 것이 아니라고 설하기 때문이다. (『불지경론』 권3·『섭대승론석』 권6에서) 또 이 지는 제법의 자상과 공상 등을 분별하는 것이고, 모든 유정의 근성차별을 관하는 것이라고 설하기 때문이다. (『불지경론』 권3에서) 또 이 지로 신체와 국토 등을 나투어 모든 유정을 위해 정법을 설하는 것이라고 설하기 때문이다. … 이에 후득지에는 (견상의) 두 분이 모두 있다. 諸後得智有二分耶 有義 俱無離二取故 有義 此智見有相無 … 有義 此智二分俱有 說此思惟似眞如相 不見眞實眞如性故 又說此智分別諸法自共相等 觀諸有情根性差別而爲說故 又說此智現身土等爲諸有情說正法故 … 由斯後智二分俱有", 『섭대승론본』 권중(대정장31, p.143a28 : *Mah-saṃ.*, p.53)에 "또 후득지는 일체아뢰야식에서 생한 것과, 일체요별상중에 대해 환사 등과 같다고 현견하니 자성에 있어 전도됨이 없다. 又後得智 於一切阿賴耶識所生 一切了別相中 見如幻等 性無倒轉 rjes la thob pa'i ye shes de ni kun gzhi rnam par shes pa las thams cad rab tu skye ba dang. rnam par rig pa'i mtshan ma thams cad la sgyu ma lta bu nyid la sogs par kun tu lta bas rang bzhin gyis phyin ci log pa med par 'byung ngo", 『섭대승론석』 권6(대정장31, p.352b27)에 "만약 이 무분별지로 일체장애 끊고 불법을 증득한다고 하면, 이 후득지에는 더 어떤 쓸모가 있는가? 무분별지로는 모든 인과법을 선설할 수 없으니, 무분별이기 때문이다. 이러한 이유로 후득지라야 모든 인과법을 선설할 수 있다. … '일체아뢰야식에서 생한 것에 대해'란 아뢰야식이 인이 됨을 말한다. '일체요별상중에 대해'란 식을 인으로 하는 견분과 상분에 대해서임을 말한다. 후득지에 의지해서 환사 등과 같음을 현견하고 또 선설하는 때 모두에 전도됨이 없다. 若無分別智斷一切障證得佛法 此後得智復何所用 無分別智不能宣說諸因果法 無分別故 由是因緣須後得智 宣說所有諸因果法 … 於一切阿賴耶識所生者 謂阿賴耶識爲因 一切了別相中者 謂識爲因見相分中 由後得智見如幻等 及宣說時皆無顚倒", 같은 책 권9(대정장31, p.367a26)에 "[석] 이 후득지에는 다섯 가지 차별이 있다. 첫째는 통달사택이고, 둘째는 수념사택이고, 셋째는 안립사택이고, 넷째는 화합사택이고, 다섯째는 여의사택이다. 여기서 '통달사택'이란, 통달할 때에 다음처럼 '나는 이미 통달했다'고 사택하는 것을 말한다. 여기서 사택이란 뜻으로 취해서 각찰하는 것이다. '수념사택'이란, 이를 좇아 따라 억념해서 말하길 '나는 이미 무분별성을 통달했다'고 말하는 것이다. '안립사택'이란, 타인을 위해 이 통달의 일을 설하는 것이다. '화합사택'이란, 다 모아 연한 지로 일체법은 모두 동일상이라고 관하는데 이 지혜에 의지하기에 전의하는 데로 향해 나아가는 것을 말한다. 혹은 전의해 마쳐서도 거듭 이 지를 일으킨다. '여의사택'이란, 의지한 바에 따라 모든 것이 뜻한 대로 되는 것을 말한다. 이 사택에 의지해 땅 등을 변하게 해서 금 등이 되도록 한다. 뜻대로 얻기에 이 사택을 일으킨다. 따라서 여의사택이라 말하는 것이다. 釋曰 此後得智五種差別 一 通達思擇 二 隨念思擇 三 安立思擇 四 和合思擇 五 如意思擇

此中通達思擇者 謂通達時如是思擇 我已通達 此中思擇意取覺察 隨念思擇者 謂從此出隨憶念言 我已通達無分別性安立思擇者 謂爲他說此通達事 和合思擇者 謂總緣智觀一切法皆同一相 由此智故進趣轉依 或轉依已重起此智 如意思擇者 謂隨所思一切如意 由此思擇能變地等令成金等 爲得如意起此思擇 是故說名如意思擇", 원측(圓測)의 『인왕경소』 권하(대정장33, p.417c11)에 "이 후득지로 진여경을 연할 때에는 변한 그림자로 연하는 것이지 능히 제일의제를 바로 증할 수는 없다. 此後得智 緣眞如境變影而緣 不能親證於第一義諦"라고 하였다. 〔참고문헌〕『成唯識論』, 『成唯識論述記』, 『攝大乘論本』, 『攝大乘論釋』, 『仁王經疏』, 『瑜伽師地論』 권73(대정장30, p.700a9), 『佛地經論』 권3(대정장26, p.303c15), 『攝大乘論釋』 권6(대정장31, p.416c16), *Mah-saṃ.* ⇨ 후득무분별지 後得無分別智, 근본지 根本智, 무분별지 無分別智

후령 後鈴 밀교 작법에서 공양을 마칠 때 본존을 봉송(奉送)하기 위해 금강령을 울리는 것. 진령(振鈴)이라고도 한다. 손님이 떠날 때 주인이 배웅하며 음악을 연주하던 풍습에서 유래한다. 『제불경계섭진실경』』 권하(대정장18, p.284a27)에 "이때 유가행자는 제불이 각각 본토로 돌아가시도록 배웅하는 진언을 외운다. … 유가행자가 진언을 수습한 후에 금강령을 세 번 흔든다. 是時瑜伽行者 習送諸佛各還本土眞言 … 瑜伽行者習眞言已 振金剛鈴三遍", 『사십첩결』 권1(대정장75, p.830c4)에 "후령에는 배웅의 뜻이 있다. 鈴有奉送意"라고 하였다. 〔참고문헌〕『諸佛境界攝眞實經』, 『四十帖決』.

후령통 喉鈴筒 불상을 조성한 후 경·다라니 등과 함께 납입하는 복장물. 금속 재질의 통으로서 안에 진언종자·오곡(五穀)·오보(五寶)·사리(舍利)·오병(五甁) 등을 넣는다. 이때 오병의 입구를 양면의 원경(圓鏡)으로 막고 오색실을 병 목에 묶어서 후령통 밖으로 나오도록 빼놓고 통 입구를 닫는다. 황초폭자(黃稍幅子)로 후령통을 감싸고 밖으로 나온 오색실로 위를 묶어서 봉인한 후 복장한다. 의식의 방법은 『조상경』「후령통내안립차제 喉鈴筒內安立次第」에 근거한다. 인체의 심장 고동과 같은 상징으로 후령이라 하였다. 우리나라에서도 문수사 금동아미타불상·안정사 금동여래상·자운사 목조 아미타불상 등 고려시대 불복장 등에서 후령통이 발견되었다. 〔참고문헌〕『造像經』. ⇨ 해인사동형쌍불비로자나불좌상및복장유물 海印寺同形雙佛毘盧遮那佛坐像○腹藏遺物, 사리장엄구 舍利莊嚴具

후번제호미 後番醍醐味 후번(後番)의 제호미(醍醐味). 『열반경』을 말한다. 천태종의 오시교판(五時敎判 : 乳味 酪味 生酥味 熟酥味 醍醐味) 중 다섯 번째 맛으로 제호미는 『법화경』과 『열반경』의 가르침인데 이중 앞서 시설된 『법화경』을 전번제호미(前番醍醐味), 이후에 시설된 『열반경』은 후번제호미라고 한다. 『법화현의』 권10(대정장33, p.808a19)에 "제호란 뭇 맛 중에서 으뜸이니, 『열반경』을 제호라고 하고, 본 경은 대왕선이라 하니 두 경 다 제호다. 또 등명불께서는 『법화경』을 설하시고 나서 곧 중야에 열반에 드실 것임을 말씀하셨는데, 저 부처님의 일대교화는 처음에 화엄을 설하시고 뒤에 법화를 말씀하셨다. 가섭불 때 역시 이와 같았으니, 다 열반을 밝히기 전에 모두 법화를 마지막 가르침인 최후의 맛으로 삼으셨다. 言醍醐者 是衆味之後也 涅槃稱爲醍醐 此經名大王饍 故知二經 俱是醍醐 又燈明佛說法華經竟 卽於中夜唱入涅槃 彼佛一化 初說華嚴 後說法華 迦葉佛時 亦復如是 悉不明涅槃 皆以法華爲後敎後味", "지금 부처님께서는 전번인을 성숙시키는데 법화로서 제호를 삼으시고, 다시 후단인을 성숙시키는데 거듭 반야로서 거르시고는 비로소 열반에 드셨으니, 다시 열반으로 후교후미로 삼으신 것이다. … 그러므로 '마하반야로부터 대열반으로 나가는 것'은 후번의 차제라 하겠다. 今佛熟前番人 以法華爲醍醐 更熟後段人 重將般若淘汰 方入涅槃 復以涅槃爲後敎後味 … 故云 從摩訶般若出大涅槃 卽後番次第也"라고 하였다. 〔참고문헌〕『法華玄義』. ⇨ 오시교판 五時敎判[3], 오시팔교 五時八敎

후법 後法 Ⓢ saṃparāya, sāmparāyika, Ⓣ tshe-phyi-ma. 현법(現法)에 상대해 미래(未來)의 법을 말한다. 『구사론』 권28(대정장29, p.150a26 : *Abh-k-bh.*, p.451)에 "후법의 낙에 머문다고 하지 않는 것은 후법의 낙은 정해 머묾이 아니기 때문이다. 어떤 경우는 물러나기도 하고 어떤 경우는 상계에서 생을 받기도 하며 어떤 경우는 반열반하기도 하니, 머묾이 아니기 때문이다. 不言爲住後法樂者 以後法樂非定住故 謂或退墮或上受生或般涅槃 便不住故 nāvaśyaṃ saṃparāyasukhavihārāyāparihiṇordhvopapann aparinirvṛtānāṃ tad abhāvāt", 『유가사지론』 권9(대정장30, p.320b11 : *Yogā-bh.*, p.194)에 "어떻게 후법의 죄를 낳는가? 가령 남을 해치는 일이다. 云何生後法罪 謂如能爲他害 kathaṃ sāmparāyikam-avadyaṃ prasavati. yathā para-vyābādhāya cetayate", 『구사론기』 권6(대정장41, p.119b8)에 "만약 인과에 의거해 전후를 밝히면 전법을 인이라 하고, 후법을 과라 한다. 若據因果明前後 卽前法名因 後法名果", 『유가론기』 권13(대정장42, p.119b8)에 "탐으로 인해 악도에 떨어지는 것을 후법의 죄라 한다. 由貪墮惡道名後法罪"라고 하였다. 〔참고문헌〕『俱舍論』, 『瑜伽師地論』, 『俱舍論記』, 『瑜伽論記』, *Abh-k-bh.*, *Yogā-bh.* ⇨ 현법 現法[1]

후변 後邊 Ⓢ anta, Ⓟ antima. 뒤따르는 끝. 더는 뒤가 없는 뜻으로 최후변(最後邊)이라고도 한다. 저 아라한(阿羅漢)이 다시 후유(後有)을 받지 않아서 생사(生死)를 벗어난 최후유(最後有 Ⓟ antima-bhava)를 가리키니, 더는 생사하는 미래가 없기 때문이다. 『잡아함경』 권29(대정장2, p.211c21)에 "(나) 모니는 후변을 지닌 채 마군을 조복하고 피안으로 건너갔다. 牟尼持後邊 降魔度彼岸" 『대비바사론』 권33(대정장27, p.173b6)에 "최후자체를 후변신이라 하며, 영구히 인연을 끊어 다시 미래생사를 받지 않으니 이에 저 후변신에 머문다고 한다. 最後自體名後邊身 永斷因緣 不復更受當來生死 是故說彼住後邊身", 『구사론』 권9(대정장29, p.48a19 : *Abh-k-bh.*, p.131)에 "하지만 후변은 있으니 인이 다하는 것을 말미암기 때문이다. 생은 인에 의지하기에 인이 사라져 무너질 때 과 생할 일도 반드시 없게 되는 이치 반드시 그러하니, 마치 씨앗이 사라져 무너지면 싹은 결코 생겨나지 않은 것과 같다. 然有後邊 由因盡故 生依因故 因滅壞時 生果必亡 理定應爾 如種滅壞芽必不生 antas tu hetukṣayāt yuktaḥ hetvadhīnatvāj janmano bījakṣayādivaṅkurasyeti", 『구사론기』 권9(대정장29, p.48a19)에 "'따라서 생사는 결정코 그 시초가 없지만 후변은 있다'라고 하였는데, 혹업의 인이 다하기 때문이다. 과를 생함에 반드시 혹업의 인에 의지하기 때문이다. 만약 혹업인 사라져 없게 되었으니 과를 낼 일 반드시 없게 된다. 是故生死決定無初 然有後邊 由惑業因盡故 生果必依惑業因故 若惑業因滅壞之時 生果必亡"라고 하였다. 〔참고문헌〕『雜阿含經』, 『大毘婆沙論』, 『俱舍論』, 『俱舍論記』, *Abh-k-bh.*, *It.40.*

후변보살 後邊菩薩 생사(生死)의 끝에 이른 보살. 다음 생에 성불하는 일생보처(一生補處)의 보살을 말한다. 『잡아비담심론』 권11(대정장28, p.962c26)에 "만약 수명의 중간에 반열반한다면 이도 그렇지 않다. 울단월(北俱盧洲)과 후변보살을 제외한 많은 중생은 수명을 다하지 못한 채 죽는데 이 모두 중반열반이겠는가? 若言壽命中間般涅槃者不然 除鬱單曰及後邊菩薩 多有衆生不盡壽而死 此皆是中般涅槃耶"라고 하였다. 〔참고문헌〕『雜阿毘曇心論』. ⇨ 일생보처 一生補處

후변생 後邊生 Ⓢ antyā bhava-utpatti. 최후의 생애. 부처님이 되기 위해 태어난 마지막 생을 말한다. 『불소행찬』 권1(대정장4, p.1b13 : *Buddh-c.*, p.2)에 "이번 생은 부처가 되기 위한 생이니, 후변생이라오. 此生爲佛生 則爲後邊生 bodhāya jāto 'smi jagaddhitārtham antyā bhavotpattir iyaṃ mameti", 『정명현론』 권2(대정장38, p.867c8)에 "부처가 되는 최후의 몸을 후변생이라고 한다. 最後身作佛 稱後邊生"라고 하였다. 〔참고문헌〕『佛所行讚』, 『淨名玄論』, *Buddh-c.*

후변의 後邊依 Ⓣ tha-ma'i-phung-po. 생의 끝에서의 의지처. 의시설안립(依施設安立 Ⓣ phung-po-gdags-pa-rnam-par-gzhag-pa)이 의지하는 팔종의(八種依) 중 하나. 아라한으로서의 최후신(最後身)인 아라한의 오온이다. 『유가사지론』 권50(대정장30, p.577a21)에 "무엇을 후변의라 하는가? 아라한의 상속신(相續身)인 모든 온을 말하니, 이것에 의지하기에 아라한들이 임시로 유지하는 최후신을 설하는 것이다. 〔문〕 아라한필추는 모든 번뇌를 길이 다해 유여의지에 머물고 있는데 몇 가지 의지처로 함께 상응한다고 해야 하는가? 〔답〕 한 가지 의지처와 한결같이 상응한다 해야 하니 이는 후변의를 말한다. 云何後邊依 謂阿羅漢相續諸蘊 由依此故 說諸阿羅漢任持最後身 問 阿羅漢苾芻 諸漏永盡住有餘依地 當言與幾種依共相應耶 答 當言與一種依一向相應 謂後邊依", 『대명삼장법수』 권26(영락장182, p.463b4)에 "(팔종의 중) 여덟째는 후변의이다. 아라한은 삼계의 번뇌와 업을 이미 다해서 다시는 생을 받지 않으니 그 최후신은 유여열반에 의지하여 머물기에 후변의라 한다. 八 後邊依 謂阿羅漢 三界惑業已盡 更不受生 其最後身 依有餘涅槃而住故 名後邊依"라고 하였다. 〔참고문헌〕『瑜伽師地論』, 『大明三藏法數』. ⇨ 팔종의 八種依

후보업 後報業 Ⓢ apara-paryāya-vedanīya-karma, Ⓟ aparāpariya-vedanīya kamma. 뒤따르는 보를 부르는 업. 다음 생에 보를 받는 업을 말하며 후보(後報)와 같다. 신역은 순후차수업(順後次受業)·순후수업(順後受業)이다. 『아비담비바사론』 권11(대정장28, p.81b7)에 "세 가지 업이 있으니 현재세에 보를 초래하는 업과 다음 생에 보를 초래하는 업과 다음 생 이후에 보를 초래하는 업이 그것이다. … 무엇을 후에 과를 초래하는 업이라 하는가? 이 생에서 업을 짓고 그 업을 증익케 하여 다음 생 중에 보를 얻으면 이를 후에 보를 받는 업이라 한다. 有三種業 謂現報業 生報業 後報業 … 云何後報業 若業於此生作 亦令增益彼業 後生中得報 是名後報業也", 『대지도론』 권24(대정장25, p.237c21)에 "후보업의 인연으로 후보를 받는다. 後報業因緣故受後報"라고 하였다. 〔참고문헌〕『阿毘曇毘婆沙論』, 『大智度論』, 『俱舍釋論』 권17(대정장29, p.276c25), *Abh-k-bh.361.*, *Kv.611.* ⇨ 순후차수업 順後次受業, 순후수업 順後受業, 삼시업 三時業 ■

후불 後佛 Ⓢ paścimakas tathāgataḥ. 나중에야 오실 부처님. 또는 미륵불(彌勒佛)을 말하기도 한다. 『법화경』 권1(대정장9, p.3c29 : *Saddh-p.*, p.18)에 "미륵아, 마땅히 알라. 초불과 후불은 모두 동일한 이름이니, 일월등명이라 하고 십호를 빠짐없이 갖춘다. 彌勒當知 初佛後佛 皆同一字 名日月燈明 十號具足 tatra ajita teṣāṃ viṃśatitathāgatasahasrāṇāṃ pūrvakaṃ tathāgatam upādāya yāvat paścimakas tathāgataḥ so 'pi candrasūryapradīpanāmadheya eva tathāgato 'bhūd arhan samyaksaṃbuddho vidyācaraṇasampannaḥ sugato lokavid anuttaraḥ puruṣadamyasārathiḥ śāstā devānāṃ ca manuṣyāṇāṃ ca buddho bhagavān", 『열반경소사기』 권5(卍속장57, p.840a5)에 "후불에게 전해 맡겼다는 말은 미래세에 미륵이 세상에 출현한다는 뜻이다. 傳付後佛者 卽是當來彌勒出世"라고 하였다. 〔참고문헌〕『法華經』, 『涅槃經疏私記』, *Saddh-p.* ⇨ 미륵 彌勒❶, 전불후불 前佛後佛

후불벽화 後佛壁畵 불단(佛壇) 뒤에 따로 세운 불벽(佛壁)에 직접 조성한 불화. 후불벽에 탱화를 걸면 후불탱화라고 한다. 불벽의 앞면에는 불상과 도상을 그리는데 석가삼존불상 뒤에는 영산회상도, 아미타삼존불상 뒤에는 아미타삼존도, 삼신불상 뒤에는 삼신불도 등을 그리고, 불벽 뒷면에는 주로 관세음보살상 등을 크게 단독으로 그린다. 대표적으로 봉정사대웅전영산회상벽화·무위사극락전아미타삼존벽화·선운사대웅전삼신불벽화·위봉사보광명전관음보살벽화 등이 있다. 〔참고문헌〕 관조 『사찰벽화』(미술문화, 1999). ⇨ 무위사극락전아미타후불벽화 無爲寺極樂殿阿彌陀後佛壁畵, 봉정사대웅전영산회후불벽화 鳳停寺大雄殿靈山會後佛壁畵, 선운사비로자나불회도 禪雲寺毘盧遮那佛會圖, 선운사아미타극락회상도 禪雲寺阿彌陀, 불교벽화 佛敎壁畵

후비 後比 Ⓢ śeṣavat. 비지(比知 : 比量)의 하나. 헤아린 과를 근거로 알지 못했던 인을 추론하는 것. 또는 이전의 경험에 따른 판단을 통해 동류(同類)의 사태에 대한 판단을 이끌어내는 것으로 유여(有餘)·여잔(如殘)이라고도 한다. 『방편심론』 권1(대정장32, p.25b10)에 "비지에는 세 가지가 있으니 … 둘째는 후비라 한다. 후비란 가령 바닷물을 마시고는 그 짠맛을 알게 되어 이후에 바닷물은 모두 다 짜다고 하는 것이니 이를 후비라 한다. 比知有三 … 二曰後比 … 後比者 如飮海水得其鹹味 知後水者皆悉同鹹 是名後比"라고 하였다. 〔참고문헌〕『方便心論』. ⇨ 유여 有餘❷, 여잔 如殘

후산외 後山外 천태(天台) 사명지례(四明知禮) 문하에서 다른 견해를 지닌 이들을 낮추어 부르는 말. 오은(晤恩)·원청(源淸) 등 전산외(前山外)와 대칭한다. 산가(山家)의 정통 견해가 아니라는 이유로 잡전파(雜傳派)라고도 불린다. 정각인악(淨覺仁岳)·신지종의(神智從義) 등이 그들인데 사명문하의 법손이기는 하지만 도리어 산외파(山外派)의 주장과 같기 때문이다. 신지종의의 경우 사명의 설과 달리 공에는 어떤 상도 없다(空中無相)는 설로써 적광(寂光)이 주장하는 유상(有相)을 비판하고 또한 삼천가제(三千假諦)로써 삼천공중(三千空中)을 논파한다. 후산외란 흔히 정각과 종의 두 논사를 대표로 한다. 〔참고문헌〕『佛祖統紀』 권21 「諸師雜傳」(대정장49, p.241a12), 『釋門正統』 권5 「晤恩章」(卍속장130, p.827a9). ⇨ 산가산외 山家山外

후삼심 後三心 후념(後念 : 後刹那)의 세 심(心). 수상행(受想行)의 세 음(陰)을 말한다. 『섭대승론석』 권2(대정장31, p.167a29)에 "'행을 일으키는 것 등의 심법'이라 하였는데, 작의 등의 이름이 행을 일으키는 것이다. 이를테면 이것은 좋다거나 저것은 나쁘다는 등의 사유이기에 작의라 한다. 이 작의가 심으로 하여금 이것을 버리거나 저것은 받아들이게 하기에 행을 일으킨다 한다. 행을 일으키는 것을 행음이라 하고 6식을 심이라 하는데, 이 초심을 좇아 후의 세 마음이 생하기에 심법이라 한다. 起行等心法者 作意等名起行 謂此好彼惡等思故名作意 此作意能令心捨此受彼 故名起行 起行卽是行陰 六識名心 從此初心生後三心故 名心法"라고 하였다. 〔참고문헌〕『攝大乘論釋』.

후삼혜 後三慧 뒤의 세 가지 혜. ❶ 문사수(聞思修)의 세 가지 혜 뒤의 세 가지로서 학혜(學慧)·무학혜(無學慧)·비학비무학혜(非學非無學慧)를 말한다. 『집이문족론』 권5(대정장26, p.387c26)에 "뒤의 세 가지 혜란, 첫째는 학계, 둘째는 무학혜, 셋째는 비학비무학계이다. 학계란 무엇인가? 〔답〕 유학의 작의와 상응해서 법을 간택하고 … 각명혜행하는 비발사나를 학혜라 한다. 무학혜란 무엇인가? 무학의 작의와 상응해서 법을 간택하고 … 비발사나를 무학혜라 한다. 비학비무학혜란 무엇인가? 유루의 작의와 상응하는 법에 대해 간택하고 … 비발사나를 비학비무학의혜라 한다. 後三慧者 一 學慧 二 無學慧 三 非學非無學慧 學慧云何 答 學作意相應 於法簡擇 … 覺明慧行毘鉢舍那 是名學慧 無學慧云何 答 無學作意相應 於法楝擇 … 毘鉢舍那 是名無學慧 非學非無學慧云何 答 有漏作意相應 於法楝擇 … 毘鉢舍那 是名非學非無學慧"라고 하였다. 〔참고문헌〕『集異門足論』. ❷ 구종상혜(九種相慧) 중 세 번째인 세 가지 난행지(難行慧)를 말한다. 원측(圓測)의 『해심밀경소』 권8(卍속장35, p.51a13)에 "(두 가지 삼혜 중) 뒤의 삼혜란, 첫째는 깊디깊은 법무아를 능히 아는 지혜, 둘째는 능히 유정의 조복방편을 아는 지혜, 셋째는 모든 알아야 할 경계를 분명히 알아서 장재가 없는 지혜를 말한다. 〔해〕 첫째는 법공지이고, 다음은 인공지이며, 셋째는 두 가지 공을 쌍으로 증하는 지다. 後三慧者 一 能知甚深法無我

智 二 能知有情調伏方便智 三 了知一切所知境界無障礙智 解云 初一 法空智 次一 人空智 後一 雙證二空智"라고 하였다. 〔참고문헌〕『解深密經疏』.

후선 後善 Ⓢ paryavasāna-kalyāṇa, paryavasāne kalyāṇam, Ⓟ pariyosāna-kalyāṇa, Ⓣ tha-mar-dge-ba. 마지막까지 선이다. 부처님 말씀에 올리는 찬탄으로 '초선중선후선 初善中善後善'의 관용구로 쓴다. 『유가사지론』 권83(대정장30, p.763b13)에 "후선이란 지극한 구경이니 모든 번뇌를 벗어났다는 뜻이며, 탐욕에서 벗어난 모든 구경의 경지를 최후의 경계로 삼는다는 뜻이기도 하다. 後善者 謂極究竟 離諸垢故 及一切究竟離欲 爲後邊故", 『금광명최승왕경소』 권4(대정장39, p.267b2)에 "후선 중에 '극구경등'이라 한 말은 최후의 무간도위를 가리키며, '급일체구경등'이란 말은 최후의 해탈도로서 번뇌에서 벗어난 인과의 구경을 뜻한다. 後善中 謂極究竟等 是最後無間道位 及一切究竟等 是最後解脫道 離垢因果究竟故", 『삼미륵경소』(한불전2, p.107a14)에 "종극에는 구경과에 이르므로 후선이라 한다. 終至究竟果 故爲後善也", 『금강경주해』 권4(卍속장38, p.944b18)에 "『법화경』에서 '초선・중선・후선'이라 하였다. … 후란 선법마저 무너뜨려 일체선악과 범성에서 취사하거나 애증을 품는 마음이 없다. 평상 그대로 도모할 일이 없다. 이에 '선법이 아닌 것마저 선법이라 한다'라고 한다. 고덕은 '평상심이 도라는 진실을 깨우쳐 배고프면 밥 먹고 피곤하면 잔다' 하였고, 또한 '항상 평등한 마음'이라 하였다. 이와 같이 광대한 묘관찰지는 해의 광명과 같다. 체용이 여기까지 이르면 부처님의 경계다. 法華經云 初善中善後善者 … 後謂卽破善法 直教一切善惡凡聖 無取捨憎愛之心 平常無事 故云 卽非善法是名善法也 古德云 了取平常心是道 飢來喫飯 困來眠 又云 常平等心 如此廣大 妙觀察智 如日光明 體用及此 是佛境界"라고 하였다. 〔참고문헌〕『瑜伽師地論』, 『金光明最勝王經疏』, 『三彌勒經疏』, 『金剛經註解』, 『法華經』 권1(대정장9, p.3c21), *Sūtr.82.*, *Mvyut.63.*, *MN.3.280.*

후세 後世 ❶ Ⓢ para-loka, paratra, Ⓟ para-loka, Ⓣ 'jig-rten-pha-rol. 다음 세상. 죽은 뒤의 세. 『무량수경』 권하(대정장12, p.276a6)에 "세간이란 여기에 있어 눈앞에서 드러난 일이지만, 목숨을 마친 후세에는 더욱 심각하고 더욱 극심해지니, 어두운 저승에 들어가 전생하여 몸을 받는 고통은 마치 왕법 가운데 가장 괴로운 극형과 같다. 世間有此 目前現事 壽終後世 尤深尤劇 入其幽冥 轉生受身 譬如王法 痛苦極刑", 『용서증광정토문』 권6(대정장47, p.272a26)에 "후세가 멀다고 말하지 마라. 눈 감으면 바로다. 莫言後世遠 閉眼卽是"라고 하였다. 〔참고문헌〕『無量壽經』, 『龍舒增廣淨土文』, *Udāna-v.156.*, *Abh-k-bh.135.*, *DN.2.319.* ⇨ 내세 來世 ❷ 일정한 때가 지난 후에 다가올 때. 『불조통기』 권34(대정장49, p.325a15)에 "여래께서 세간에 출현하신 대의를 알고자 한다면 반드시 먼저 본래의 자취를 밝혀야 하지만, 결국은 삼장의 결집에 도달함으로써 천하와 후세에 본보기를 베풀었던 것이다. 欲知如來 出興大意 必先明乎本迹 而終至結集三藏 以垂範於天下後世"라고 하였다. 〔참고문헌〕『佛祖統紀』.

후소득방편지 後所得方便智 근본지(根本智 : 無分別智) 이후에 얻는 방편지. 후득지(後得智)를 말한다. 원측(圓測)의 『인왕경소』 권중(대정장33, p.395c20)에 "'실지로 적을 연한 방편도'라 한 것은 간략하게 두 지를 나눈다. 첫째 진실의 근본지는 오직 적정진여를 연으로 한다. 둘째 후소득의 방편지는 진제와 속제를 다 연으로 하기에 지금 우선 방편도만을 거론하였지 소연은 가리지 않았다. 아래 구는 두 지혜를 거듭 풀었다. '무생을 통달하고'란 앞의 실지이고 '공와 유를 비춰 안다'란 후득지를 풀이한 것이니, 진제와 속제를 다 비춘 것이다. 言實智緣寂方便道者 略開二智 謂一實根本智 唯緣寂靜眞如 二後所得方便智 通緣眞俗 故今且擧方便道 不辨所緣 下句重釋二智 達無生者 釋上實智 照空有了者 釋後得智 通照眞俗"라고 하였다. 〔참고문헌〕『仁王經疏』.

후소득세간정지 後所得世間淨智 Ⓢ tat-pṛṣṭhalabdha-śuddhalaukikajñāna. 무분별지(無分別智 : 根本智) 이후에 얻는 세간의 깨끗한 지. 후득지(後得智)를 말한다. 『유식이십론』 권1(대정장31, p.76c11 : *Vijñ-v.*, p.9)에 "만약 그 세간을 벗어나는 대치의 무분별지를 얻어 진각이라 이름할 때, 이 이후에 얻는 세간의 청정한 지혜로 현전하게 되면 여실하게 저 경은 실이 아닌 줄 아니, 그 뜻에서 평등하다. 若時得彼出世對治無分別智 乃名眞覺 此後所得世間淨智現在前位 如實了知彼境非實 其義平等 yadā tu tat-pratipakṣa-lokottara-nirvikalpa-jñānā-lābhāt prabuddho bhavati tadā tat-pṛṣṭha-labdha-śuddha-laukika-jñāna-saṃmukhī-bhāvād viṣayābhāvaṃ yathāvad avaga-cchatīti samānam etat", 『유식이십론술기』 권하(대정장43, p.1001c26)에 "〔술〕 견도 중에 여기서 설한 무분별지를 얻는다. 후유에서 세간무루지만을 연해서 현재 눈앞에 있게 하니 비로소 이에 능히 합한다. 여실히 생사식경이 실유가 아님을 안즉 후득지로 세간을 만나기에 세간을 위한다 할 수 있다. … 체는 유루가 아니어서 '정'이라 이름한 것이다. 경에 합하여 안다는 의미에서 '여실하게 안다'고 하며, 앞의 무분별지는 오직 진여의 리를 연한다는 의미에서 오직 '진정 깨달은 이'라 한 것이다. 이 후득지로 세간을 두루 연하여 경이 없음을 알기에 '여실하게 안다' 또는 '진각'이라고도 할 수 있다. 이 (후득의) 지혜가 일어나려면 무분별지에 의지해야 하기에 무분별지의 경우만을 홀로 '진각'이라 한다. 述曰 於見道中 得此所說無分別智 後有緣世間無漏之智 現在前位 方能稱理 如實了知彼生死識境非實有 卽後得智 緣世間故 名爲世間 … 體非是漏 立以淨名 稱境而知 名如實知 前無分別 唯緣如理 但名眞覺 此後得智 遍緣世間 能知境無 名如實知 亦名眞覺 此智得起 藉無分別 無分別智 獨名眞覺"라고 하였다. [참고문헌]『唯識二十論』, 『唯識二十論述記』, *Vijñ-v.* ⇨ 후득지 後得智

후수업 後受業 Ⓢ aparaparyāya-vedanīyaṃ karma, Ⓟ aparāpariyāya-vedanīya kamma, samparāya-vedaniya kamma, Ⓣ lan-grangs-gzhan-la-myong-ba-'gyur-ba'i-las. 후생에 받는 업. 후보업(後報業)이라고도 하며, 신역어는 순후수업(順後受業)·순후차수업(順後次受業)이다. 『유부율』 권9(대정장23, p.674b13)에 "무엇을 후수업이라 하는가? 겁비라가 가섭파부처님의 정등정각교법 중에서 출가하고 독송수지하여 사람들을 위해 연설하면서 온·처·계·십이연생·처비처에 대해 모두 다 잘 알았으니, 그 쌓은 선근업력으로 천상에 나고 지금 내가 보는 데서 사진제를 현견하니 이를 후수업이라 한다. 云何後受業 卽劫比羅於迦攝波佛正等正覺教法之中而爲出家 讀誦受持爲人演說 於蘊界處 十二緣生及處非處悉皆善巧 由彼積集善根業力得生天上 今於我所見四眞諦 是名後受業", 『중사분아비담론』 권5(대정장26, p.650b27)에 "무엇을 후수업이라 하는가? 만약 업은 이 생에서 지어 장양하였는데, 그 업에 대해 세 번째나 네 번째 생에 가서 비로소 그 보를 받는 것이니 이를 후수업이라 한다. 云何後受業 謂若業此生作長養 彼業至第三第四生方受其報 或復經衆多生然後受報 是名後受業"라고 하였다. [참고문헌]『有部律』, 『衆事分阿毘曇論』, *Yogā-bh.192.*, *Kv.612.* ⇨ 순후차수업 順後次受業, 삼시업 三時業❶, 업 業

후시 後時 ❶ Ⓢ apareṇa samayena, paścāt, Ⓣ phyis-dus-gzhan-du, phyis. 뒤에. 나중에. 지금 아닌 다음의 때. 『잡아함경』 권47(대정장2, p.344a28)에 "나제가야, 나는 어떤 비구가 마을의 정사에 살며 명문대덕으로서 재물·의복·음식·의약·여러 가지 생필품을 받을 수 있었지만, 그는 다음의 때에 그런 이양·마을·평상을 모두 버리고 한적한 곳에 이르러 평상에 편안하게 머무는 것을 보았다. 나제가야, 나는 비구가 이와 같이 이익·마을·평상을 모두 버리고 한적한 곳에 머무는 것을 좋아한다. 나제가야, 비구는 이와 같이 배워야 한다. 那提迦 我見比丘住聚落精舍 名聞大德 能感財利 衣被 飮食 湯藥 衆具 彼於後時 集捨利養 聚落 床座 至於空閑 床臥安止 那提迦 我喜如是 比丘集捨 利養 聚落 床臥 住於空閑 那提迦 比丘當如是學"라고 하였다. [참고문헌]『雜阿含經』, *Yogā-bh.230.*, *Bodh-bh.168.* ❷ Ⓢ kalpa-anta. 겁이 다한 때(劫盡). 세계가 무너진 그 후. 『입능가경』 권10(대정장16, p.584b14 : *Laṅk.*, p.365)에 "수기하고 열반에 들며, 대혜에게 전법륜을 부촉하네. 대혜는 법승에게 주고, 법승은 미거리에게 부촉하네. 미거리에게는 제자가 없으니 세계가 멸할 때에 법도 사라지리. 授記入涅槃 付慧轉法輪 大慧與法勝 勝與彌佉梨 彌佉無弟子 於後時法滅 vyākṛtya parinirvāsye abhiṣicya mahāmatim. matirdāsyati dharmāya dharmo dāsyati mekhale, mekhalaḥ śiṣyo daurbalyāt-kalpa-ante nāśayiṣyati"라고 하였다. [참고문헌]『入楞伽經』, *Laṅk.* ⇨ 겁진 劫盡 ❸ 주야삼시(晝夜三時) 중 각각의 후시. 오후나 새벽을 말한다. 60권본 『화엄경』 권30(대정장9, p.594c20)에 "한량없는 때에, 청정한 법륜을 굴리니, 혹은 잠깐동안, 혹은 낮의 처음·중간·나중의 때에, 혹은 밤의 처음·중간·나중의 때에. 於無量時 轉淨法輪 或須臾時 或於晝 初中後時 或於夜 初中後時", 『유가사지론』 권24(대정장30, p.411c11)에 "후야란 무엇인가? 즉 밤의 사분 중 뒤 일분을 지나는 것을 밤의 뒷부분이라고 한다. 言後夜者 謂夜四分中 過後一分 是夜後分", 『유가론기』 권6(대정장42, p.435b8)에 "불법에서는 주야에 각각 삼시를 세우고, 삼시는 사분하여 거둔다. … (밤의) 뒤에서 앞으로 향하여 뒤 일분을 지나는 것을 후시라고 한다. 佛法晝夜 各立三時 以三時攝四分 … 從後向前 過後一分 名後時"라고 하였다. [참고문헌]『華嚴經』, 『瑜伽師地論』, 『瑜伽論記』. ❹ 삼법륜(三法輪) 중 세 번째인 지법륜(持法輪)의 때. 석가존께서 성도하시고 38년 후 7년 동안 설하신 『해심밀경』 등을 일컫는다. [참고문헌]『華嚴五教章』 권1(대정장45, p.481a19). ⇨ 삼법륜 三法輪

후식 後食 ❶ 정오(正午) 이후의 식사. 오후불식계에 어긋난다. 『마하승기율』 권11(대정장22, p.319a10)에 "우파난다(Ⓢ Upananda)가 그를 돌려보낸 다음 후식으로 갖가지 음식을 다 먹고 나서 그 사실을 발각될까 두려워 재빨리 돌아왔다. 優波難陀 遣彼還已 於後食 種種飮食 食已恐事情露 疾還"라고 하였다. [참고문헌]『摩訶僧祇律』. ❷ 오시(午時)인 일중(日中) 전의 식사. 날이 밝고 아침 식사 전의 식은 전식(前食)이다. 『사분율』 권15(대정장22, p.665b18)에 "그때 발난다는 후식을 마치고 비로소 청하지 않은 다른 집에 찾아가 오시가 지나서야 돌아오는 바람에 대중이 충분히 먹을 수 없었다. 時 跋難陀後食已 方詣餘家 時過乃還 使衆僧不得食新果", 『사분계본여석』 권8(卍속장63, p.169a13)에 "후식이란 아침 식사 시간부터 일중 사이에 하는 식사를 말한다. 後食者 謂從食時 至日中也"라고 하였다. 〔참고문헌〕『四分律』, 『四分戒本如釋』.

후신 後身 Ⓢcarama-bhavika, ātma-bhāva. 생을 뒤이어 받는 몸. 『과거현재인과경』 권2(대정장3, p.631c16)에 "번뇌의 도적을 물리쳐 후신을 받지 않으므로 비구라 한다. 能破結賊 不受後身 故曰比丘", 『구사론』 권22(대정장29, p.116b5)에 "견주어 알 수 있으니, 애가 있으므로 능히 상속케 해서 후유로 달려가고 또한 후신을 취하게 한다. 굳은 집착 가져 놓지 않을 뿐으로저 탐애와 비견할 만한 법은 결코 없다. 由此比知 以有愛故 能令相續 馳趣後有 又取後身 更無有法 封執堅著 如貪愛者", 『중론』 권3(대정장30, p.24c4)에 "모든 수가 멸하므로 무량한 후신도 모두 멸한다. 이를 무여열반이라 한다. 諸受滅故 無量後身 皆亦滅 是名說無餘涅槃"라고 하였다. 〔참고문헌〕『過去現在因果經』, 『倶捨論』, 『中論』, *Lal-v.15.*, *Abh-k-bh.333.* ⇨최후신 最後身

후신각 後身覺 Ⓟkāyapariyantikaṃ vedanaṃ vediyamāno. 몸이 마지막에 이르렀다는 느낌. 수신최후각(受身最後覺)·신분제수소각(身分齊受所覺)·신분제수각(身分齊受覺)과 같은 뜻이다. 『중아함경』 권3 「화파경 惒破經」(대정장1, p.434c14)에 "화파여, 마땅히 알아야 한다. 비구도 이와 같으니, 무명 이미 다하고 명이 생겨나면 저 무명이 이미 다하고 명이 생겨서 후신각이 생겨나면 문득 후신각이 생겨남을 알고 … 몸이 무너지고 목숨을 마치면 수명 다해 끝나는 것이어서 곧 현세에서 일체감각이 다하여 멈추며 마침내는 싸늘해짐을 안다. 惒破 當知 比丘亦復如是 無明已盡 明已生 彼無明已盡 明已生 生後身覺 便知生後身覺 … 身壞命終 壽已畢訖 卽於現世 一切所覺 便盡止息 當知至竟冷"라고 하였다. 〔참고문헌〕『中阿含經』, *AN.2.198.*

후신보살 後身菩薩 Ⓢcarama-bhavika bodhisattva, Ⓣsrid-pa-tha-ma-pa'i-byang-chub-sems-dpa'. 윤회의 마지막 몸으로서의 보살. 소승에서는 무여의열반(無餘依涅槃)을 얻은 아라한을 가리키고, 대승에서는 등각보살신(等覺菩薩身)을 일컫는다. 성불하기까지의 삼아승기겁(三阿僧祇劫) 중 제8지 이상의 세 번째 아승기겁위에 있으며, 도솔천에 머물거나 초지에서 제7지의 보처보살(補處菩薩)과 구분하여 말후신(末後身)보살·최후생(最後生)보살·최후신(最後身)보살·최후유(最後有)보살 등이라고도 한다. 『대품반야경』 권26(대정장8, p.409b19)에 "'세존이시여, 초발의보살이 필정입니까, 최후신보살이 필정입니까?' 부처님께서 말씀하셨다. '초발의보살도 필정이고, 아유월치(Ⓢavinivartanīa : 不退)보살도 필정이며, 후신보살 역시 필정이다'. 世尊 爲初發意菩薩畢定 爲最後身菩薩畢定 佛言 初發意菩薩亦畢定 阿惟越致菩薩亦畢定 後身菩薩亦畢定", 『현종론』 권12(대정장29, p.834a9)에 "그렇다면 어떤 이유로 후신보살은 생을 얻음에 자유자재하거늘 화생이 아닌 태생을 받는가? 커다란 이익이 있기 때문이다. 즉 친족과 권속을 이끌어 정법에 들게 하고, 교화할 중생으로 하여금 마음을 연마하게 하며, 다른 종족들이 존경하도록 하고, 모든 외도들이 허깨비라고 비방하는 것을 멈추게 하며, 신계(身界 : 舍利)를 남겨 다른 사람들을 이롭게 할 수 있으니, 화생했을 때와는 같지 않다. 若爾何緣 後身菩薩得生自在 不受化生見受胎生 有大利故 謂引親屬入正法故 令所化生練磨心故 令餘族類生尊敬故 息諸外道謗爲幻故 留遺身界饒益他故 又與化生時不同故"라 하였다. 〔참고문헌〕『大品般若經』, 『顯宗論』, *Pañca-pr.8.130.*, *Abh-k-bh.119.* ⇨최후신보살 最後身菩薩, 최후유보살 最後有菩薩, 보처보살 補處菩薩, 소견 少見 ❷

후심 後心 ❶Ⓢpaścima-citta. 마지막 마음. 최후의 불과(佛果)를 이룬 때의 마음. 무상정등보리(無上正等菩提)를 성취하여 십지(十地)에 도달한 때의 마음으로 초발심(初發心)과 구별하여 최후심이라 하지만 끝내는 둘이 아니다. 『대반야경』 권526(대정장7, p.700b23)에 "모든 보살마하살은 두 가지를 행하지 않으므로 초발심부터 후심에 이르기까지 그 언제나 수승한 선법을 증장한다. 諸菩薩摩訶薩 不行二故 從初發心 乃至後心 恒時增長 殊勝善法", 같은 책 권516(대정장7, p.639a20)에 "모든 보살마하살은 초발심부터 반야바라밀다를 행하다가 최후심에 이르러 십지가 원만해지면 무상정등보리를 증득한다. 諸菩薩摩訶薩 從初發心 行深般若波羅蜜多 至最後心 十地圓滿 便證無上正等菩提", 『금강반야소』 권4(대정장33, p.122b29)에 "처음으로 무생인을 얻어도 초발심이라 한다. 또한 여기서는 초발심을 좇아 단멸관도 익히지 않고 상주관도 일으키지 않음을 밝힌다. 후심도 모두 이와 같으므로 초심과 후심은 둘이 아니다. 마치 '초발심과 필경, 이 두 가지는 다르지 않다'는 말과 같다. 初得無生忍 亦名初發心也 又此中明 從初發心 不習斷滅觀 亦不起常觀 後心皆爾 故初後不二 如云發心畢竟 二不別也라고 하였다. 〔참고문헌〕『大般若經』, 『金剛般若疏』, *Pañca-pr.4.176.* ❷보살 십지 중 마지막 법운지(法雲地). 『사교의주휘보보굉기』 권7(卍속장102, p.647b3)에 "혹은 보살의 후심을 법운지로 여기고, 불지를 법운지로 여기기도 한다. 或以菩薩後心 爲法雲地 或以佛地 爲法雲地"라고 하였다. 〔참고문헌〕『四教儀註彙補輔宏記』. ⇨법운지 法雲地

후안거 後安居 음력 5월 16일부터 8월 15일까지의 안거 기한. 4월 16일부터 시작하는 전안거(前安居)와 구분하는 뜻이다. 『사분율』 권37(대정장22, p.832a23)에 "후안거를 허락한다. 두 가지 안거가 있다. 전안거도 있고 후안거도 있다. 만약 전안거에 들어가면 앞으로 정한 석달 동안 머물러야 하고, 후안거에 들어가면 뒤로 정한 석달 동안 머물러야 한다. 聽後安居 有二種安居 有前安居 有後安居 若在前安居 應住前三月 若後安居 應住後三月"라 하였다. 〔참고문헌〕『四分律』. ⇨ 안거 安居, 결제 結制[2], 삼안거 三安居, 삼월하안거 三月夏安居

후암사 厚岩寺 조선조 15세기 중반 전에 경상남도 함양군 안의면에 있던 절. 김종직(金宗直 1431~1492)의 『점필재집』 권2 「안음현신창향교 安陰縣新創鄕校」에 "현 소재지 북쪽 3리쯤에 땅을 가려 후암사의 옛터를 얻었다. 卜地於縣治之北三里許 得厚岩寺舊址", 『동국여지승람』 권31 경상도 안음현 학교에 "향교 현 북쪽 3리에 있다. … 성화 9년(1473·성종4) 현감 최영이 후암사 옛터에 지었다. 鄕校在縣北三里 … 成化九年 縣監崔榮營于厚岩寺舊址"라고 하였다. 〔참고문헌〕『佔畢齋集』, 『東國輿地勝覽』, 『韓國寺刹全書』 권하 p.1208a3.

후앙장로 後仰長老 조선후기 스님. 영해약탄(影海若坦 1668~1754)이 고향으로 돌아가는 스님을 전송하며 이별의 아쉬움을 적은 「송후앙장로귀고산 送後仰長老歸故山」이 『영해대사시집초』(한불전9, p.485a13)에 전한다. 〔참고문헌〕『影海大師詩集抄』.

후애석 吼崖石 명대 임제종 스님. 부석홍벽(剖石弘璧)의 법을 이은 뒤에 소주(蘇州 : 江蘇省) 성은사(聖恩寺)에 주석하였다. 『오등전서』 권82(卍속장141, p.697b6)에 "조사의 관문을 뚫고자 하면 당면한 기에 당해서 알아채는 길만이 귀할 뿐이다. 기틀 아래 문득 몸을 뒤쳐서야 비로소 본래면목을 깨우치리. 게다가 법의 근원 다하면 처처에서 통하고 변할 수 있으리니, 노주가 웃다가 뒤집어지고 승당과 산문들은 불전으로 뛰어들어갈 것이다. 欲透祖師關 貴在當機薦 機下忽翻身 始悟本來面 更盡法根源 處處得通變 露柱笑倒 僧堂山門 走入佛殿"라는 등의 법문과 기연이 전한다. 〔참고문헌〕『五燈全書』.

후야 後夜 Ⓢ apara-rātra, Ⓟ rattiyā paccusa-samayaṃ, Ⓣ nam-gyi-cha-smad. 주야(晝夜) 육시(六時) 중 밤의 초중후 삼시(三時) 중 후분(後分). 일출 전후인 인시(寅時)에 해당한다. 사등분 최후의 시각이기도 하다. 『현우경』 권10(대정장4, p.419a13)에 "밤을 삼시로 쪼개어 초야·중야·후야로 나누니 이를 삼시라 한다. 夜三時開 初夜中夜後夜 是謂三時", 『미륵보살소문경론』 권3(대정장26, p.247b17)에 "초야와 후야에 부지런히 수행한다. 初夜後夜 精勤修行", 『유가사지론』 권24(대정장30, p.411c11 : *Śrāv-bh.*, p.98)에 "후야란, 밤의 네 분 중 뒤의 한 분을 지나는 것을 말하니, 곧 야후분이다. 言後夜者 謂夜四分中 過後一分 是夜後分 katamad apararātram. … tatrāyaṃ sāyāhnaṃ ardharātraṃ, sāyāhnaṃ sūryāstaṃgamanamupādāya yo rātryāḥ … so sātirekaḥ praharaḥ" 라고 하였다. 〔참고문헌〕『賢愚經』, 『彌勒菩薩所問經論』, 『瑜伽師地論』, *Śrāv-bh.98.*, *SN.1.107.*

후야게 後夜偈 밀교의 행자가 후야에 외우는 게송. 『금강정경삼마지예참문』(대정장18, p.337a17)에 "모든 법 저 그림자와 같으니, 청정하여 티끌이란 없도다. 아무리 설하려 해도 할 수 없지만, 모든 것 인 쫓아 업으로 난 것일 뿐. 諸法如影像 淸淨無瑕穢 取說不可得 皆從因業生"라 하였다. 〔참고문헌〕『金剛頂經三摩地禮懺文』.

후야좌선 後夜坐禪 후야에 행하는 좌선. 아침 공양 이전 새벽에 행하는 좌선이다. 『선림상기전』 권9(대장경보편19, p.331b6)에 "「영평청규」 「변도법」에 다음처럼 전한다. '새벽에 좌선하는 수좌와 대중은 가사를 걸치고 승당에 들어가 정해진 자리로 가서 면벽하고 좌선한다. 수좌는 면벽하지 않지만 그 나머지 두수는 대중과 마찬가지로 면벽하고 앉으며, 주지인은 의자에서 좌선한다'. 또한 '후야의 좌선을 행할 때 대중은 가사를 걸치지 않고 주지인은 가사를 의자에 걸어놓고 좌선한다. 이것이 법이다'라는 주장도 있다'. 永平淸規 辨道法云 早晨坐禪 首座大衆 搭袈裟入堂就被位 面壁坐禪 首座不面壁 自餘頭首 一如大衆 面壁而坐 住持人 就椅子坐禪 又云後夜坐禪 大衆不搭袈裟 住持人 袈裟掛于椅子而坐禪 是法也"라고 하였다. 〔참고문헌〕『禪林象器箋』.

후어 後語 뒤따르는 말. 차마 다하지 못한 말 또는 말 뒤에 남은 뜻을 가리키기도 한다. 『양기어록』(대정장47, p.641c17)에 "법좌에 올라 '한마디 있거나 한마디 없거나 저 덩굴나무에 의지할 뿐인 듯하다. 문수나 유마라도 손 뿌리치고 돌아가리라. 내가 이렇게 한 말도 땜질한 것 볼 뿐이다. 다시 뒤의 말 있으니 잘못 들먹이지 마라'라고 한 뒤 법좌에서 내려왔다. 上堂 有句無句 如藤倚樹 文殊維摩 撒手歸去 雲蓋與麽道 也是看錮鏴 更有後語 不得錯擧 下座", 『가태보등록』 권5 「정엄수수장 淨嚴守遂章」(卍속장137, p.110b17)에 "당시에 뒤의 말이 없었다면 달마라는 한 줄기 종지는 모조리 쓸려 사라졌을 것이다. 當時 若無後語 達磨一宗 掃土而盡"라고 하였다. 〔참고문헌〕『楊岐語錄』, 『嘉泰普燈錄』.

후예부정 朽穢不淨 육종부정(六種不淨) 중 하나. 썩고 더럽기에 부정하다는 것. 의내후예부정(依內朽穢不淨)

과 의외후예부정(依外朽穢不淨)으로 나뉜다. 『유가사지론』 권26(대정장30, p.428c20)에 "간략하게 육종부정 있음을 설하니, 첫째 후예부정이다. 略說 有六種不淨 一朽穢不淨", "무엇을 이름하여 후예부정이라 하는가? 이 부정은 대략 두 종에 의지함을 말하니, 첫째는 의내, 둘째는 의외다. 무엇이 의내후예부정인가? 내신 중의 머리카락·털·손발톱·이·때·살갗·살·해골·힘줄·맥·심장·쓸개·간·허파·대장·소장·생장·숙장·위장·지라·신장·고름·피·열·담·기름·근육·골수·뇌·막·콧물·침·눈물·땀·똥·오줌 등 이와 같은 류를 이름하여 의내후예부정이라 한다. 云何名爲朽穢不淨 謂此不淨 略依二種 一者 依內 二者 依外 云何依內朽穢不淨 謂內身中 髮 毛 爪 齒 塵垢 皮 肉 骸骨 筋 脈 心 膽 肝 肺 大腸 小腸 生藏 熟藏 肚胃 脾 腎 膿 血 熱 痰 肪膏 肌 髓 腦 膜 洟 唾 淚 汗 屎 尿 如是等類 名爲依內朽穢不淨", "무엇이 의외후예부정인가? 혹은 청어, 혹은 썩어 문드러지거나, 혹은 변하여 무너지거나, 혹은 부어오르거나, 혹은 식담, 혹은 붉게 변하거나, 혹은 흩어져 무너지거나, 혹은 뼈나, 혹은 쇠사슬이거나, 혹은 골쇄, 혹은 똥으로 지은 바, 혹은 오줌으로 지은 바, 혹은 침으로 지은 바, 혹은 콧물로 지은 바, 혹은 피로 칠한 바, 혹은 고름으로 칠한 바, 혹은 대소변이 나오는 곳 등 이와 같은 류들을 이름하여 의외후예부정이라 한다. 이와 같이 의내후예부정과 의외후예부정을 총설하여 하나의 후예부정이라 한다. 云何依外朽穢不淨 謂或青瘀 或復膿爛 或復變壞 或復膖脹 或復食噉 或復變赤 或復散壞 或骨 或鎖 或復骨鎖 或屎所作 或尿所作 或唾所作 或洟所作 或血所塗 或膿所塗 或便穢處 如是等類名爲依外朽穢不淨 如是依內朽穢不淨 及依外朽穢不淨 總說爲一朽穢不淨", 『유가론기』 권6(한불전13, p.489a10)에 "후예부정에는 둘 있으니, 첫째는 의내로 곧 자기 몸의 36종 부정한 물을 관함이고, 둘째는 의외로 남의 몸의 16종 부정한 일을 관함이다. 朽穢不淨 有二 一者 依內 卽觀自身三十六種不淨之物 二者 依外 則觀他身十六種不淨之事"라고 하였다. [참고문헌] 『瑜伽師地論』, 『瑜伽論記』. ⇨ 육종부정 六種不淨, 의내부정 依內不淨

후오백년 後五百年 오오백년(五五百年) 중 최후의 오백년. 후오백세(後五百歲)라고도 한다. 『대위덕다라니경』 권3(대정장21, p.768b1)에 "여래의 교법이 후오백년중에 세상에 출현해서 빛나 밝다가 속히 사라지리라. 如來教法 於後五百年中 出現於世 顯照明已 還當速滅", 『능가경참정소』 권6(卍속장27, p.94a7)에 "부처님께서 정법·상법·말법으로 구분되는 오오백년을 예언하셨다. 그중 여기서 후오백년이라는 말은 바로 말법초에 해당한다. 이 때는 투쟁이 견고하고 이론이 널리 일어나 피차가 파괴한다. 佛讖 正像末法 爲五五百年 今云後五百年 正當末法之初 其時鬥爭堅固 廣興異論 彼此破壞"라고 하였다. [참고문헌] 『大威德陀羅尼經』, 『楞伽經參訂疏』. ⇨ 오오백년 五五百年

후운지옥 厚雲地獄 십대지옥(十大地獄) 중 하나. 장아함경』 권19 「세기경 世記經」(대정장1, p.125c9)에 "열 곳의 지옥이 있다. 첫째 지옥은 후운이다. … 어찌하여 후운지옥이라고 하는가? 그 지옥의 죄인은 절로 몸이 생겨나는데, 마치 두터운 구름과 같기에 후운이라고 한다. 有十地獄 一名 厚雲 … 云何厚雲地獄 其獄罪人 自然生身 譬如厚雲 故名厚雲"라고 하였다. [참고문헌] 『長阿含經』. ⇨ 십대지옥 十大地獄[1], 지옥 地獄

후원 後院 뒤뜰. 종보본 『단경』(대정장48, p.348a23)에 "나 혜능이 물러나 후원에 이르자 한 행자가 나에게 장작을 패고 방아를 찧는 일을 맡겼다. 慧能退至後院 有一行者 差慧能破柴踏碓", 『오등전서』 권74 「개암침대장 芥菴琛大章」(卍속장141, p.535a13)에 "앞 마을에는 단풍잎 다하려 하고, 후원의 국화 피는가 했더니 다시 진다. 前村紅葉落將盡 後院黃花開又殘"라고 하였다. [참고문헌] 『壇經』, 『五燈會元』.

후원 後園 Ⓢ gṛhodyāna. 뒷뜰. 『보요경』 권2(대정장3, p.492c26 : *Lal-v.*, p.57)에 "열 달이 차서 보살이 태어나려 할 때 먼저 상서로운 감응 서른두 가지였다. 그 처음으로 뒷뜰의 나무들 절로 열매 맺혔다. 滿十月已 菩薩臨産之時 先現瑞應 三十有二 一者 後園樹林 自然生果 daśamāseṣu nigateṣu bodhisattvasya janmakālasamaye pratyupasthite rājñaḥ śuddhodanasya gṛhodyāne dvātriṁśatpūrvanimittāni prādur abhūvan. katamāni dvātriṁśat. sarvapuṣpāṇi suṅgībhūtāni na puṣpanti sma", 『출요경』 권2(대정장4, p.619b21)에 "비구들이여, 내가 그때 후원에 이르러 둘러보다가 한 노인을 보았는데, 몸은 쇠하였고 피부와 얼굴은 주름졌으며 지팡이를 짚은 채 신음하며 기력은 고갈되었다. 그때 마부에게 '저 사람 어찌하여 형색이 변하여 이토록 되었는가' 물으니, 마부는 '이는 늙은 사람입니다'라고 답했다. 比丘 我時至後園觀看 見有老人 形衰色變 皮緩面皺 拄杖呻吟 氣力枯竭 時問御者 斯是何人 形衰色變 乃至於斯 御者報曰 此是老人"라고 하였다. [참고문헌] 『普曜經』, 『出曜經』, *Lal-v.*

후원려끽초 後園驢喫草 후원에서는 나귀가 풀을 뜯는다. 암두(巖頭)가 고범미괘(古帆未掛)에 답한 이야기다. 『무준사범어록』 권3(卍속장121, p.907b5)에 "만약 제대로 말한다면 후원의 나귀 풀을 뜯을 것이고, 제대로 답하지 못하더라도 가을이 되면 기러기는 갈대 물고 날아가리라. 若也道得 後園驢喫草 若道不得 秋至雁啣蘆",『고림청무어록』 권5(卍속장123, p.518b7)에 "후원의 나귀 풀을 뜯는다고 하니, 이 말은 진실로 저 끝에 합하였으니 달리 찾아 물을 일 없게 되었다. 다시는 거창하게 조도를 논할 일조차 없게 했다. 後園驢喫草 此語誠合頭 且免別尋討 皇皇祖道無復論"라고 하였다. 〔참고문헌〕『無準師範語錄』,『古林淸茂語錄』. ⇨ 고범미괘 古帆未掛, 소어탄대어 小魚呑大魚

후유 後有 Ⓢ punar-bhava, paunar-bhavika, Ⓟ punabbhava, Ⓣ yang-'byung-ba, yang-srid-pa. 뒤따라 있게 되다. 뒤따라 생사해서 미래로 이어지기에 내생(來生)·후생(後生)이라고도 한다.『장아함경』 권2「유행경 遊行經」(대정장1, p.12a23)에 "이미 해탈을 얻어서는 해탈지를 일으켜 생사 이미 다하고 범행도 이미 성취했으니, 할 일도 벌써 마쳤기에 후유를 받지 않으리라. 已得解脫 生解脫智 生死已盡 梵行已立 所作已辦 不受後有",『잡아함경』 권1(대정장2, p.1a13 : *Anicca-sutta, SN.3*, p.21)에 "나의 생은 이미 다하였고 범행은 이미 확립되었으며, 해야 할 바는 다하여 후유를 받지 않음을 스스로 안다. 我生已盡 梵行已立 所作已作 自知不受後有 khīṇā jāti vusitaṃ brahmacariyaṃ kataṃ karaṇīyaṃ nāparam itthattāyāti pajānātīti",『대비바사론』 권102(대정장27, p.528b3)에 "후유를 받지 않는다는 말은 무생지를 나툼이다. 不受後有者 顯無生智",『구사론』 권9(대정장29, p.51b20 : *Abh-k-bh.*, p.140)에 "취를 연으로 하여 갖가지로 후유를 부르는 업을 적집하니, 이를 유라고 한다. 저 세존께서 아난다에게 '후유를 불러들이는 업을 유라 한다'고 말씀하는 것과 같다. 由取爲緣積集種種招後有業 說名爲有 如世尊告阿難陀言 招後有業說名爲有 upādānapratyayaṃ punaḥ paunarbhavikaṃ karmopacīyate tadbhavaḥ", 같은 책 권22(대정장29, p.116a29 : *Abh-k-bh.*, p.333)에 "(經量部 問) 애로 일어나는 인을 삼는다 하니 어떤 이치를 증거로 삼는 것인가? (有部 答) 애를 여의면 후유는 결코 일어나지 않기 때문이다. 즉 (凡夫와 有學人으로서) 애가 있는 이와 (無學人으로서) 애를 여읜 이 둘이 모두 목숨이 끊어졌을 때, 오직 애가 있는 이에게만 후유가 다시 일어나게 되니, 이러한 이증으로 인해 애가 기의 인이 된다고 한 것이다. 일어나는 일이 있거나 일어나는 일이 없는 것은 반드시 애에 따른 것이기 때문이다. 또 애로 인해 상속해서 후를 향해 나아간다. 愛爲起因何理爲證 離愛後有必不起故 謂有愛離愛二俱命終 唯見有愛者後有更起 由此理證愛爲起因 起有起無定隨愛故 又由愛故相續趣後 tṛṣṇā 'bhinirvṛttihetur iti kā 'tra yuktiḥ vītatṛṣṇasya janmābhāvāt ubhaye 'pi briyante satṛṣṇā vītatṛṣṇāś ca satṛṣṇā eva jātā dṛśyante na vītatṛṣṇā iti vinā tṛṣṇayā janmābhāvāt bhavasyābhinirvṛttau tṛṣṇāhetuṃ pratīmaḥ saṃtatinamanāc ca",『구사론기』 권22(대정장41, p.337b8)에 "세 가지 이증을 통해 애는 (후유가) 일어나는 인이 됨을 밝혔다. 첫째는 애를 여읜 이에게는 후유가 결코 일어나지 않는다는 것, 둘째는 애의 힘으로 상속해서 후를 향해 나아간다는 것, 셋째는 후신을 취하는 데 집착하는 것은 아애가 가장 강하다는 것이다. 以三理證愛爲起因 一 離愛後有必不起故 二 由愛力故相續趣後 三 執取後身我愛最强",『보살선계경』 권8(대정장30, p.1007b28)에 "보살의 후유란 보살이 마지막으로 받는 몸이니 이를 보살유라 한다. 장엄한 보리를 다 갖추어 성취하였으니 바라문종으로 나거나 찰리종으로 나거나 아누다라삼막삼보리를 얻고 일체불사를 지으리니 이를 보살의 후유라 한다. 菩薩後有者 菩薩最後身 名菩薩有 具足成就 莊嚴菩提 若生婆羅門種 若生刹利種 得阿耨多羅三藐三菩提 作一切佛事 是名菩薩後有",『성유식론』 권8(대정장31, p.43b20)에 "후유를 초감하는 모든 업을 업이라 한다. … 성문무학은 영구히 후유를 다했는데, 어떻게 무상의 보리를 능히 증한다고 하는가? 변화신에 의지해 무상의 보리(覺)를 증하는 것이지 업보신에 의지하는 것은 아니기 때문이다. 能感後有諸業名業 … 聲聞無學永盡後有 云何能證無上菩提 依變化身證無上覺 非業報身",『구사론송소론본』 권3(대정장41, p.834a19)에 "후유란 나서 있게 되는 것이다. 중유위를 말미암아 갈망해 분노하는 마음 일으켜 문득 이어지니 나서 있게 된다. 言後有者 是生有也 由中有位 起愛恚心 便續生有",『대승의장』 권19(대정장44, p.846c22)에 "후세의 괴로운 보를 후유라 한다. 後世苦報名爲後有"라고 하였다. 〔참고문헌〕『長阿含經』,『雜阿含經』,『大毘婆沙論』,『俱舍論』,『俱舍論記』,『菩薩善戒經』,『成唯識論』,『俱舍論頌疏論本』,『大乘義章』, *SN・2.171.*, *Abh-k-bh・93.*, *Madhy-vibh.21.*, *Vin.1.11.* ⇨ 후신 後身

후유 後喩 Ⓢ uttara aupamya. 뒤따르는 비유. 먼저 주장이나 도리를 제시하고 다음에 그 비유를 보이는 방법.『번역명의집』 권5(대정장54, p.1140b16)에 "후유의 예는 다음과 같다. 사소한 악은 재앙이 되지 않으리라고 경시하지 마라. 물방울 하나는 비록 미미하지만 점차로 큰 그릇을 가득 채우는 법이다. 後喩者 莫輕小惡 以爲無殃 水滴雖微 漸盈大器"라고 하였다. 〔참고문헌〕『飜譯名義集』, *Ratna-ut.113.* ⇨ 비유 譬喩

후유보살 後有菩薩 후유(後有)의 몸으로서의 보살. 중생 위해 후유의 몸을 받아 세간에 온 석가세존을 말한다.『대비바사론』 권60(대정장27, p.309a7)에 "후유보살이 모태에 들 때 마음에 전도가 없었으니 부친은 부친이라 생각하고 모친은 모친이라 생각했다. 비록 부모에게 친애하는 정감이 있고 다른 마음을 먹지 않지만 친애하는 정감이 있으므로 마음이 번뇌로 물들지만, 전도상이 없으므로 바르게 안다. 後有菩薩 入母胎時 心無顚倒 於父父想 於母母想 雖俱親愛而無異心 有親愛故心有染汚 無倒想故 名爲正知", 『유가론기』 권23(대정장42, p.843a24・한불전14, p.824c12)에 "후유보살이라 함은 실로 행하는 후유보살은 제10지에 머물러 있다가 대자재천중에서 정각을 성취한다. 알기 어렵기에 다만 화신이라 할 뿐이니, 팔상성도에서 도솔천에서 내려와 인계중에 남을 후유보살이라 한다. 後有菩薩者 實行後有菩薩 住第十地 於大自在天中 當成正覺 以難知故 但說化身 八相成道 從覩史多 下生人中 名後有菩薩"라고 하였다. 〔참고문헌〕『大毘婆沙論』, 『瑜伽論記』. ⇨ 최후유보살 最後有菩薩, 최후신 最後身, 후신 後身

후유상속 後有相續 Ⓢ bhava-pratisaṃdhāna, punarbhava-prabandha, Ⓣ srid-par-nying-mtshams-sbyor-ba, yang-srid-pa'i-rgyun. 후유로 상속하다. 일체가 삼계・오취・사생으로 달리하고, 업과 유애를 생기인으로 이어져 끊이지 않는 뜻이다. 『구사론』 권22(대정장29, p.116a24 : *Abh-k-bh.*, p.333)에 "삼계・오취・사생 등의 품류로 차별해서 자체출현하는 것을 설하여 생(生)이라 한다. 만약 차별 없이 후유로 상속하는 것이라면 일어남(起)이라 한다. 업과 유애는 그 차제로 저 두 인이 된다. 비유하면 저 종자가 어떤 곡식이나 보리 등 다른 종류의 싹에 대해서만 능히 생인(能生因)이 되고, 물은 일체에 차별 없기에 어떤 싹에 대해서도 능히 일어나게 하는 인(能起因)이 되는 것과 같이, 업과 유애로 생기인을 삼음에도 그렇다는 것을 알아야 할 것이다. 界趣生等品類差別自體出現 說名爲生 若無差別後有相續 說名爲起 業與有愛如其次第爲彼二因 譬如種子與穀麥等別種類芽爲能生因 水與一切無差別芽爲能起因 業及有愛爲生起因 應知亦爾 dhātugatiyonyādiprakārabhedenātmabhāvasyoṣapadanam upapattiḥ abhedena punar bhavapratisaṃdhānam abhinirvṛttiḥ tayor yathākramaṃ karma ca bhavatṛṣṇā ca hetuḥ tadyathā bījaṃ śālivādijātiprakārabhedenāṅkuropapadanasya hetuḥ āpaḥ punar abhedena sarvaṅkuraprarohamātrasyety eva dṛṣṭāntaḥ", 『변중변론』 권하(대정장31, p.476b18 : *Madhy-vibh.*, p.71)에 "물들어 생겨남에는 세 가지가 있다. 첫째는 후유가 생하는 것, 둘째는 생겨난 심과 심소가 찰나찰나 일어나는 것, 셋째는 후유로 상속하는 것이다. 生雜染有三種 一 後有生 二 生已心心所念念起 三後有相續 janmasaṃkleśaḥ punarbhavajātiḥ jātasya cittacaittānāṃ pratikṣaṇotpādaḥ punarbhavaprabandhaś ca"라고 하였다. 〔참고문헌〕『俱舍論』, 『辯中邊論』, *Abh-k-bh.*, *Madhy-vibh.* ⇨ 후유 後有

후유애종 後有愛種 후유를 초래하는 애라는 종자. 삼유(三有)로 이어지게 하는 갈애(愛)라는 종자(種子)를 말한다. 『대지도론』 권1(대정장25, p.57c16)에 "후유의 애라는 종자 이미 영원히 다했으니, 아소는 이미 사라져 그 뿌리까지 없어졌다. 後有愛種永已盡 我所旣滅根亦除", 『대지도론소』 권1(卍속장87, p.378b8)에 "후유는 삼유이니 과가 맺어졌음을 밝힌다. 애라는 종자는 종자가 맺어졌다는 말이니 애분의 번뇌를 분명하게 들어보였다. 모든 아라한은 삼계의 미혹을 끊어 조금도 남아 있지 않고 종자가 맺어지는 일도 영원히 없다. … 오직 애만이 모든 유가 이어가도록 하니, 애가 있으면 생하고 애가 사라지면 멸한다. 애가 윤택하게 생토록 하는 이상 모든 유의 근본이니, 애에 근거하여 말함으로써 '후유를 초래하는 애의 종자'라 한다. 다만 애를 들기만 해도 오둔사가 모두 없어진다는 사실을 알아야 한다. 後有卽是三有 明於果結 愛種者 卽是子結 明擧愛分煩惱 諸阿羅漢 旣斷三界惑盡 子結永無 … 唯愛能令 諸有相續 有愛則生 愛盡則滅 愛旣潤生 是諸有之本 以據愛爲言 云後有愛種 但擧其愛 則知五鈍使俱亡"라고 하였다. 〔참고문헌〕『大智度論』, 『大智度論疏』.

후유원 後有願 Ⓢ punarbhava-praṇidhāna, Ⓣ yang-srid-pa-la-smon-pa. 후유를 원하다. 미래세에 태어나 존재하기를 바라는 것. 『유가사지론』 권91(대정장30, p.817a14)에 "만약 비구가 있어 후유를 구해서 스스로 서원을 일으켜 범행을 수행한다. … 이는 현법 중에서 능히 열반을 장애한다. 이러한 인연으로 당래에 여유있게 원만할지는 결정할 수 없다. 이 후유원이란 것은 저 미세결박 중에서도 가장 미세한 것임을 알아야 할 것이다. 若有苾芻 爲求後有 自發誓願 修行梵行 … 於現法中能障涅槃 由此因緣能得當來 有暇圓滿不決定故 此後有願 當知於彼微細縛中 最極微細", "만약 비구들이 마음으로 후유를 원하여 이 마음이 만약 일어나면 곧바로 결박되고, 이미 결박되고 나면 자신이 결박되어 있음도 알지 못하니, 이에 가장 미세한 것이다. 때도 분도 모두 미세하기에 극미세라고 함을 알아야 할 것이다. 若諸苾芻心願後有 此心若起便卽被縛 旣被縛已不能了知自身有縛 是故此縛最極微細 當知時分及以難識俱微細 故名極微細", 『변중변론』 권하(대정장31, p.476b15 : *Madhy-vibh.*, p.71)에 "번뇌잡염에는 다시 세 가지가 있으니, 첫째는 온갖 견들, 둘째는 탐진치의 상, 셋째는 후유원이다. 煩惱雜染 復有三種 一 諸見 二 貪瞋癡相 三 後有願 tatra kleśa-saṃkleśas trividhaḥ dṛṣṭiḥ rāga-dveṣa-moha-nimittaṃ punar-bhava-praṇidhānaṃ c a", 『변중변론술기』 권하(대정장44, p.40c27)에 "후유원이란 후유에 대한 갈망일 뿐이다. 後有願者 卽後有愛"라고 하였다. 〔참고문헌〕『瑜伽師地論』, 『辯中邊論』, 『辯中邊論述記』, *Madhy-vibh.* ⇨ 후유 後有

후윤 後胤 뒤를 잇는 일. 후손(後孫)을 말한다. 『불본행집경』 권49(대정장3, p.882b23)에 "사문 구담은 우리들에게 자녀가 없게 하고, 우리들 집안을 파산시키며, 후손마저 끊어지게 할 것이다. 사문구담은 이미 상투 튼 외도 천 명을 출가시켰으며, 산사야파리바사가로부터도 오백제자를 빼앗아 출가시켰다. 지금 다시 마가다국의 모든 커다란 위덕과 위력이 있는 여러 선남자들도 마땅히 그곳에 가서 범행을 행한다. 沙門瞿曇 當令我等無有子息 令我等輩破家散宅 絶我後胤 沙門瞿曇 已度髻髮一千人等令遣出家 沙門瞿曇 從刪闍耶波離婆闍迦邊 亦復劫奪五百弟子 令使出家 今者 復有摩伽陀國諸大威德 大威力等諸善男子 當至其所 行於梵行", "… 이렇게 말하면 너희들은 이런 게송으로 답해야 한다. 〈게〉 대장부이신 세존께서는, 사람들에게 법다운 길을 가게 하시고 이미 여법히 행하고 있으니, 지혜로운 이라면 어찌 거스를 수 있겠는가? … 作是語者 汝等應以如此偈答 世尊大丈夫 將人如法去 旣有如法行 智者何得違", 『불소행찬』 권1(대정장4, p.2b11)에 "비야사선인은 온갖 경론을 많이 지었고, 그의 후손 발미는 게송의 장구를 널리 모았다네. 毘耶娑仙人 多造諸經論 末後胤跋彌 廣集偈章句"라고 하였다. 〔참고문헌〕『佛本行集經』, 『佛所行讚』.

후일분 後日分 밤낮을 각각 삼등분할 경우 낮의 마지막 분. 『환주암청규』 「일자 日資」(卍속장111, p.972b2)에 "경전에서 초일분·중일분·후일분이라 하고 또한 초야·중야·후야라 하니, 고덕이 말한 주삼야삼이 그것이다. 敎中謂 初日分 中日分 後日分 又初夜 中夜 後夜 卽古德所謂 晝三夜三者也", 『금강경과의회요주해』 권5(卍속장92, p.344a13)에 "후일분은 (十二時 중) 신·유·술시에 해당한다. 後日分者 卽申酉戌時也"라고 하였다. 〔참고문헌〕『幻住菴淸規』, 『金剛經科儀會要註解』.

후자 後者 ❶ Ⓟ anāgata. 뒤에 있을 것. 미래. 아직 오지 않은 것. 『잡아함경』 권38(대정장2, p.278b2 : *Theranāma-sutta, SN.2,* p.283)에 "어떤 것이 뛰어나고 아름답게 혼자 머무는 것인가? 즉 비구야, 앞의 것은 말라갔고, 뒤가 되면 사라져 다할 것이며, 그중에 탐하고 기꺼워함이 없으니 이것이야말로 바라문이다. 마음에 망설임이 없고 이미 근심이나 후회를 버렸으며, 모든 있는 것들에 갈망을 여의어 온갖 번뇌를 다 끊었으니, 한결같이 더없는 머무름에 있어 이보다 더한 것이 없다'. 何等爲勝妙一住 謂比丘 前者枯乾 後者滅盡 中無貪喜 是婆羅門 心不猶豫 已捨憂悔 離諸有愛 群聚使斷 是名一住無有勝住過於此者 kathaṃ ca thera ekavihāro vitthārena paripuṇṇo hoti. idha thera yaṃ atītaṃ taṃ pahīnaṃ. yaṃ anāgataṃ taṃ paṭinissaṭṭhaṃ. paccuppannesu ca attabhāvapaṭilābhesu chandarāgo suppaṭivinīto. evaṃ kho thera ekavihāro vitthārena paripuṇṇo hotīti"라고 하였다. 〔참고문헌〕『雜阿含經』, *SN.* ❷ 뒤에 수계한 사람. 후배. 『범망경』 권하(대정장24, p.1008b1)에 "불자라면 여법하게 차례로 앉아야 한다. 즉 계를 먼저 받은 이가 앞에 앉고, 계를 뒤에 받은 이는 뒤에 앉는다. … 우리 불법에서는 먼저 계를 받은 사람이 앞에 앉고, 뒤에 받은 사람은 뒤에 앉으니, 보살이 차례로 앉지 않으면 경구죄를 범한다. 若佛子應如法次第坐 先受戒者在前坐 後受戒者在後坐 … 我佛法中 先者先坐 後者後坐 而菩薩不次第坐者 犯輕垢罪"라고 하였다. 〔참고문헌〕『梵網經』. ❸ Ⓢ uttara, Ⓣ phyi-ma. 뒤의 것. 전자(前者)의 상대어. 『아비담비바사론』 권2(대정장28, p.14c13)에 "〔문〕 앞의 비유와 뒤의 비유는 어떤 차별이 있는가? 〔답〕 … 앞의 것은 내법을 갖추어서 비유한 것이고, 뒤의 것은 외법을 갖추어서 비유한 것이다. 問曰 前喩後喩 有何差別 答曰 … 前者以內法具爲喩 後者以外法具爲喩"라고 하였다. 〔참고문헌〕『阿毘曇毘婆沙論』, *Sūtr.101.*

후정려 後靜慮 Ⓢ antya-dhyāna, Ⓣ bsam-gtan-tha-ma. 최후의 정려. 색계(色界)의 제4정려를 말한다. 무상정(無想定)은 색계의 제4정려에만 있는 뜻으로 이렇게 말한다. 제4정려 이하(下地)에는 희수(喜受) 등의 행상이 거칠기에 심상(心想)을 멸하기가 어렵지만, 제4정려에는 행상이 미세한 사수(捨受)만이 남게 되면 단멸이 쉬워 무상정에 들 수 있다. 제4정려 이상인 무색계(無色界)에는 소의신(所依身 : 色身)이 있지 않아 이 무상정을 해탈이라고 간주하는 이생은 심심소마저 멸하는 멸무(滅無)를 두려워하기에 이 계에는 무상정이 존재하지 않는다. 『구사론』 권5(대정장29, p.24c4 : *Abh-k-bh.*, p.69)에 "이와 같이 다시 별법이 있어 심과 심소로 하여금 멸하게 하기에 무상정이라 하는데, 무상자의 정이기에 무상정이라 하며, 또는 정이 무상이어서 무상정이라 한다. … 이러한 무상정은 어느 지에 존재하는 것인가? 후정려이니 즉 제4정려에 존재하지 나머지에는 존재하지 않는다. 如是復有別法能令心心所滅名無想定 無想者定名無想定 或定無想名無想定 … 此在何地 謂後靜慮 卽在第四靜慮非餘 so 'pi citta-caittānāṃ nirodhaḥ … antya-dhyānaṃ caturthaṃ tat-paryāpannā 'sau na-anya-bhumikā", 『구사론기』 권5(대정장41, p.96c9)에 "'최후의 정려 ~ 다른 곳에는 존재하지 않는다'란 답이다. 오직 제4정려에만 존재하지 그

밖에 상하의 어떤 지에도 존재하지 않는다. 따라서『대비바사론』에서 '또 모든 하지에는 기쁨과 슬픔의 수(受)의 행상이 거칠게 움직여 멸하는 것이 어렵다. 하지만 제4정려에는 오직 처중의 수(處中受 : 捨受)만이 있고 행상미세하여 쉽게 끊어 사라지게 할 수 있다. 따라서 하지 중에는 무상정이 없다. 〔문〕 어째서 무색계에는 저정이 없는가? 〔답〕 오직 이생만 이 정을 헤아리고 익혀서 능히 무상열반을 증하는 것으로 삼는다. 하지만 무색계 중에는 무상의 이숙을 도모할 수 없기에 무상정에는 이것이 또한 없다. 또 이생들은 단멸을 두려워하기에, 저 계는 (소의신이 없는) 무색이라서 심마저 멸한다면 문득 단멸이라 여겨 저들의 두려워하는 바이기에 그 무색계에는 무상정이 없다. 謂後靜慮至非餘者 答 唯在第四靜慮 非餘上下諸地 故婆沙一百五十二云 又下諸地有歡慼受 行相麤動難可除滅 第四靜慮 唯有處中受 行相微細易可斷滅 故下地中無無想定 問 何故無色界無彼定耶 答唯有異生計習此定 以爲能證無想涅槃 無色界中無有無想異熟可計 故無想定於彼亦無 又諸異生怖畏斷滅 彼界無色若便滅心便爲斷滅 是彼所怖故 彼界中無無想定"라고 하였다. 〔참고문헌〕『俱舍論』, 『俱舍論記』, *Abh-k-bh.*

후제 後際 Ⓢ aparānta, Ⓟ aparanta, Ⓣ phyi-ma'i-mtha'. 뒤에 올 때. 삼제(三際) 중 미래(未來)를 말한다. 『잡아함경』 권12(대정장2, p.84b26 : *Paccaya-sutta, SN.2,* p.26)에 "많이 들은 고귀한 제자는 이 인연법과 연생법을 바르게 알고 잘 보아 … '나는 당래의 세상에 존재할까, 아니면 존재하지 않을까? 어떤 부류일까? 무엇과 같을까?'하면서 후제를 구하지 않는다. 多聞聖弟子於此因緣法 緣生法正知善見 … 不求後際 我於當來世爲有 爲無 云何類 何如 yato kho bhikkhave ariyasāvakassa ayañca paṭiccasamuppādo ime ca paṭiccasamuppannā dhammā yathābhūtaṃ sammāpaññāya sudiṭṭhā honti … aparantam vā upadhāvissati. bhavissāmi nu khvāhaṃ anāgatam addhānam na nu kho bhavissāmi anāgatam addhānam kiṃ nu kho bhavissāmi anāgatam addhānam kathaṃ nu kho bhavissāmi anāgatam addhānaṃ", 『구사론』 권9(대정장29, p.48a28 : *Abh-k-bh.*, p.131)에 "어떻게 십이지를 삼제로 건립하는가? … 무명과 행은 전제에 있으며, 생과 노사는 후제에 있다. … 어떤 때에는 둘로 나눠 연기를 설하니, 하나는 전제로 거두고 다른 하나는 후제로 거둔다. 앞의 일곱 지분은 전제로 거두니 무명에서 수까지다. 뒤의 다섯 지분은 후제로 거두니 애부터 노사까지다. 이는 전제와 후제, 인과 과의 둘로 나눠 거둔다. 云何十二支於三際建立 … 無明行在前際 生老死在後際 … 有時但說二分緣起 一前際攝 二後際攝 前七支前際攝 謂無明乃至受 後五支後際攝 謂從愛至老死 前後因果二分攝故 katham eṣu triṣu kāṇḍeṣu dvādaśāṅgāni vyavasthāpyante … avidyā saṃskārāś ca pūrvānte jātirjarāmaraṇaṃ cāparānte śeṣāṇy aṣṭau madhye … yadā tu dvividhaḥ pratītyasamutpāda ucyate paurvāntikaś cāparāntikaś ceti tadā saptāṅgāni paurvāntiko yāvad vedanāntaḥ pañcāparāntikaḥ saphalahetukayoḥ pūrvāparāntayor grahaṇāt", 『유가사지론』 권56(대정장30, p.612b22)에 "미래를 후제라 한다. 未來名後際"라고 하였다. 〔참고문헌〕『雜阿含經』, 『俱舍論』, 『瑜伽師地論』, *SN.*, *Abh-k-bh.* ⇨ 삼제 三際[1], 전제 前際

후제분별견 後際分別見 후제에 대한 분별견. 미래에 의지해 일으키는 악견(惡見)으로 외도(外道)의 육십이견(六十二見) 중 십육유상론(十六有想論)·팔무상론(八無想論)·팔비유상비무상론(八非有想非無想論)·칠멸견론(七斷滅論)·오현법열반론(五現法涅槃論) 등 마흔네 가지 악견을 이것으로 거둔다. 과거에 대한 분별은 전제분별견(前際分別見)이다. 『대비바사론』 권199(대정장27, p.996b26)에 "또 『범망경』에서는 예순 두 가지 악견취를 설하고 있는데 모두 유신견에 뿌리를 두고 있다. … 후제분별견에는 마흔네 가지가 있다. … 열여섯 가지 유상론, 여덟 가지 무상론, 여덟 가지 비유상비무상론, 일곱 가지 단멸론, 다섯 가지 현법열반론이 그것이다. … 미래에 의지해 분별견을 일으키는 것이기에 후제분별견이라 한다. 又梵網經說六十二諸惡見趣 皆有身見爲本 … 後際分別見四十四 … 謂十六有想論 八無想論 八非有想非無想論 七斷滅論 五現法涅槃論 … 依未來起分別見名後際分別見", 같은 책 권200(대정장27, p.1002a24)에 "(나머지는 모두 死後에 대한 논의인데) 〔문〕 어째서 이 다섯 가지 현법열반론을 후제분별견으로 거두는가? 〔답〕 이 다섯 가지는 비록 현재를 연하지만, 과거를 마주해서 이름을 얻기에 후제분별견이라 한다. 또 어떤 이는 '이 다섯 가지는 「아는 현재에도 이미 즐거움이 있고 미래에도 즐거움이 있다」고 주장하는 것이니 따라서 후제분별견으로 거둔다'고 설한다. 問 云何此五現法涅槃論是後際分別見攝 答 此五雖緣現在而待過去名後 是故說爲後際分別 復有說者 此五執我現既有樂後亦有樂 故是後際分別見攝", "후제분별견 중에서 유상론·무상론·비유상비무상론은 모두 상견으로 거두기에 상견품이고, 일곱 가지 단멸론은 단견으로 거두기에 단견품이다. 다섯 가지 현법열반론은 상견품에 들고, 아 언제나 있어서 열반을 얻는다고 주장하기 때문이다. 어떤 이는 '두 품에 드니 「아가 있어 현재 열반을 얻고는 미래에는 단멸한다」고 주장하기 때문이다'라고 한다. 後際分別見中有想無想非有想非無想論 皆常見攝故卽常見品 七斷滅論斷見攝故卽斷見品 五現法涅槃論入常見品 執

有我常得涅槃故 有說 入二品 以執有我現得涅槃後斷滅故"라고 하였다. [참고문헌]『大毘婆沙論』.

후종 朽種 썩은 씨앗. 싹을 틔울 수 없는 종자라는 뜻에서 일천제(一闡提)를 가리킨다. 『도행반야경』「도안서 道安序」(대정장8, p.4245a10)에 "지극한 덕은 진인의 그것보다 큰 것이 없지만 견주어 썩은 씨앗일 뿐이고, 높고 묘한 성품으로는 세웅(부처님)의 그것보다 큰 인물이 없지만 비유해 꿈결이라 한다. 至德莫大乎眞人 而比之朽種 高妙莫大乎世雄 而喩之幻夢"라고 하였다. [참고문헌]『道行般若經』.

후주세종 後周世宗 921~959. 삼무일종(三武一宗)의 파불(破佛) 당사자 중 하나. 주태조(周太祖)의 양자. 성은 시(柴)씨. 이름은 영(榮). 서사(書史)에 대략 통하였고, 풍부한 통치 수단을 지니고 있었던 터에 즉위한 다음 진롱(秦隴) 일대를 장악하였고, 회우(淮右) 지역도 평정하면서 그 위세가 사방에 떨쳤다. 특히 예악(禮樂)을 정비하고 제도를 확정하여 그 모두가 후세까지 본으로 삼는 법도가 되어 현군(賢君)으로 칭송되기도 하였다. 이전 삼무의 법난과 달리 교단의 항쟁은 없었지만 불교사원과 승니가 국가재정에 큰 부담으로 작용한다는 난점을 타개하고자 승단의 타락을 이유로 내세워 폐불을 단행하였다. 『석가여래행적송』 권하(卍속장130, p.286b18)에 "후주의 세종 영은 현덕 원년(954) 을묘에 조칙을 내려 천하의 사원 가운데 칙액을 받지 않는 것은 모두 헐어버리도록 하엿다. 그 총계가 3만 136개 소였고, 불상을 녹여서 동전을 주조하였으며, 강제로 환속시킨 비구는 4만 2천 440인이었고, 비구니는 8천 7백 56인이었다. 황제는 오래 지나지 않아 느닷없이 죽고 말았다. 또한 폐불을 저지른 저들 위무·당무 그리고 주세종까지 위대한 가르침 사라지게 하고는 뜻밖의 질병을 얻어 천수를 누리지 못하고 운명했다. 後周世宗榮 現德元年乙卯 下詔 天下寺院 非勅額者皆毀之 計三萬三百三十六所 毀像鑄錢 廢僧四萬二千四百四十 尼八千七百五十六人 帝不久非常而崩 且彼魏武唐武 及周世宗 滅大教已尋得非常之疾 不待天年而殂", 『신오대사』 권12「공제전 恭帝傳」 125에 "주세종은 즉위한 다음 해(955년) 천하의 불사 3천 336개 소를 허물었다. 당시 중국에는 동전이 부족하여 조칙으로 천하의 동불상을 모두 허물어 동전을 주조하도록 명하였다. 周世宗 卽位之明年 廢天下佛寺 三千三百三十六 是時中國乏錢 乃詔悉毀天下銅佛像以鑄錢"라고 하였는데, 이를 일종지액(一宗之厄)·일종법난(一宗法難) 등이라 부른다. 그는 스스로 훼불(毁佛)을 자행하기도 하였다. 『불조통기』 권43(대정장49, p.394b11)에 "주세종은 불상을 허물었다〈세종 스스로 도구를 들고 진주 대비상(관세음보살상)의 가슴을 뚫어 파괴하였다〉. 그 뒤 등창이 가슴에 나더니 죽었다(39세 : 재위 6년). 그때 태조와 태종이 그 광경을 보고 신승 마의 화상을 찾아가 물었다. '오늘날 불법을 훼손하는 사건은 참으로 사직의 복은 아니겠지요?' '어찌 삼무의 화를 모르시오?' '천하가 언제나 안정되겠소?' '상서로운 기운이 이미 조짐을 보이고 있으니 진년과 신년 사이에 진실한 군주가 출현하겠고 불법도 크게 진흥할 것이요〈그 뒤 태조가 선양을 받았고, 때는 경신년 정월 갑진일이었으니, 감응이 여기에 나타났다〉'. 周世宗之廢佛像也〈世宗自持 鑿破鎭州大悲像胸〉 疽發於胸而殂 時太祖太宗目見之 嘗訪神僧麻衣和上曰 今毀佛法 大非社稷之福 麻衣曰 豈不聞三武之禍乎 又問 天下何時定乎 曰 赤氣已兆 辰申間當有眞主出興 佛法亦大興矣〈其後太祖受禪 於庚申年正月甲辰 其應在於此也〉"라고 하였다. 세종은 국가권력으로 불교교단을 완전히 지배하는 정책을 펼쳤고 그것은 후세에 이어져 제도로써 정착되었다. 송 이후 승관제도(僧官制度)·사원제도(寺院制度)의 정비가 그 결과로 평가한다. [참고문헌]『釋迦如來行蹟頌』, 『新五代史』, 『佛祖統紀』. ⇨ 법난 法難, 삼무일종 三武一宗, 파불 破佛

후직 后稷 고대에 농사를 관장하는 관직. 『지관보행전홍결』 권1(대정장46, p.172c1)에 "『산해경』에 전한다. '후직의 손자 숙균이 처음으로 소의 쟁기를 만들었고 이것이 이 땅에서 쟁기의 시초가 되었다'. 山海經云 后稷之孫叔均 始造牛犁 卽此土有犁之始", 같은 책 권2(대정장46, p.210b13)에 "농정을 관장함으로써 직관이 되었으므로 후직이라 하였다. 以掌農正 而爲稷官 故謂之后稷", 『불조통기』 권2(대정장49, p.142a4)에 "주초기 후직의 이름은 기(棄)이고, 농사짓기를 좋아하였다. 요임금이 농사를 천거하였고, 순임금 때 태로 봉해지면서 후직이라 불렸다. 周之先 后稷名棄 好耕農 帝堯擧爲農師 舜時封於邰 號后稷"라고 하였다. [참고문헌]『止觀輔行傳弘決』, 『佛祖統紀』.

후진 後陳 인명(因明) 용어. 뒤이어 펴다는 뜻으로 주장명제(宗)의 술어부를 말한다. 후설(後說)·법(法)·능별(能別)이라고도 한다. 따라서 주어부는 전진(前陳)·전술(前說)·유법(有法)·소별(所別)이라 부른다. 후진인 차별(差別 Ⓢ viśeṣa)·법(法 Ⓢ dharma)·능별(能別 Ⓢ viśeṣaṇa)을 체(體)나 의(義)의 세 가지 이름이라고 한다. 『인명입정리론소』 권상(대정장44, p.98c23)에 "후진으로 저 전설과 달리한다. 앞의 것은 소별이고, 뒤의 것은 능별이다. 예를 들어 세간에서 푸른색 연꽃이라고 말하는 경우에 푸른색이라고만 말하고 연꽃이라고 말하지 않으면, 어떤 것이 푸른 것인지 곧 옷이 푸른지 나무가 푸른지 병이 푸른지를 알 수 없다. 연꽃이라고만 말하고 푸른색이라고 말하지 않으면, 어떤 꽃인지 즉 붉은 꽃인지 하얀 꽃인지 검붉은 꽃인지를 알 수 없다. 若以後陳別彼前說 前爲所別 後爲能別 如世說言靑色蓮花 但言靑色 不言蓮花 不知何靑 爲衣爲樹爲甁等靑 唯言蓮花 不言靑色 不知何花 爲赤爲白爲紅等花", "여기서 푸르다고 말하는 것은 붉은 등의 꽃을 가려내는 것이고, 연꽃이라고 말하는 것은 옷 등의 푸른 것을 가린다. 선진과 후설은 서로 가릴 것이 있으며, 서로 구별되는 것이고, 서로 구별한다. 이것도 그와 같다. 후진은 앞의 것과 다르고, 전진은 뒤의 것과 다르니, 서로 능별과 소별이라고 한다. 今言靑者 簡赤等華 言蓮花者 簡衣等靑 先陳後說 更互有簡 互爲所別 互爲能別 此亦應爾 後陳別前 前陳別後 應互名爲 能別所別", 『인명입정리론집해』(卍속장87, p.109a10)에 "종에는 의도 있고 체도 있다. 일반적으로 유법은 전진으로서의 종의이고, 일반적으로 능별은 후진으로서의 종체다. 종체가 의지하는 것이기에 종의라고 하는데, 종체가 능별이라면 종의는 소별이다. 宗有依有體 極成有法 前陳宗依也 極成能別 後陳宗體也 宗體所依 故名宗依 宗體爲能別 則宗依爲所別矣"라고 하였다. [참고문헌]『因明入正理論疏』, 『因明入正理論集解』. ⇨ 능별 能別, 종체 宗體[2], 전진 前陳

후찬 後讚 뒤에 부르는 찬가. 또는 뒤이어 부르는 찬가. 『대방광불화엄경소』 권56 「입법계품 入法界品」(대정장35, p.927a4)에 "후찬 중에 둘이 있으니 먼저 발심을 찬탄함이고, 다음으로는 선남자 마땅히 알아야 하니 보살도 낮추어 그 벗 찾음을 찬탄함이다. … 둘째는 벗 구함을 찬탄함이니 보살은 만나기 어렵지만 능히 구하면 능히 만나게 된다. 그러므로 선재가 바로 깊은 법기임을 알면서도 또한 벗을 구하는 마음을 미리 타일렀기에, 12년 동안 해탈처를 두루 다녔어도 지쳐 싫어함 내지 않았다. 그 중에도 둘이니 처음은 기에 응함 얻기 어려움을 모두어 찬함이고, 둘째는 보살이 아래가 되어 따로 선우를 찬함이다. 後讚中二 先讚發心 後善男子應知 菩薩下讚其求友 … 第二讚求友中 以菩薩難遇而能求能遇 故知善財是深法器 亦預誡求友之心故 解脫處歷十二年 不生疲厭 於中二 初總讚機應難得 二菩薩爲下別讚善友"라고 하였다. [참고문헌]『大方廣佛華嚴經疏』.

후청가 後聽可 Ⓟ anumati-kappa. 갈마 뒤에 승인받아도 되다. 십사비법(十事非法) 중 하나다. 구청정(求聽淨)·수의정(隨意淨)이라고도 한다. 『사분율행사초자지기』 권하(대정장40, p.367c3)에 "네 번째 후청가〈계내의 별중이 갈마하여 허락받고 나서 나중에 정식으로 승인을 받아도 된다〉. 四 後聽可〈界內別衆 羯磨已聽 可謂後與欲〉"라 하였다. [참고문헌]『四分律行事鈔資持記』, *Vin.2.294.* ⇨ 구청정 求聽淨, 수의정 隨意淨, 십사비법 十事非法

후출아미타불게 後出阿彌陀佛偈 한역자 미상. 1권. 대정장12, p.364b9~c11, No.373에 수록되어 있다. 『후출아미타게경』·『후출아미타불경』이라고도 한다. 『무량수경 無量壽經』의 대요를 5언 14게 56구로 서술하였다. 아미타불의 이십사원(二十四願)을 설한 경전에 입각하여 법장비구의 발원과 중생의 왕생인과(往生因果)를 밝혔다. [참고문헌]『歷代三寶紀』 권4(대정장49, p.55b25), 『開元釋敎錄』 권1(대정장55, p.483c2).

후택 朽宅 낡은 집. 허물어져 가는 집. 『법화경』 「비유품 譬喩品」의 장자(長者)의 불타는 집(火宅). 또는 삼계(三界)를 비유한다. 『송고승전』 권10 「영탄전 靈坦傳」(대정장50, p.767a21)에 "이와 같이 기쁘게 학습하기를 그치지 않아 삼교의 서에 더없이 통달하였지만 항상 낡은 집을 안타깝게 여기며 공문에 들어가리라고 서원하였다. 如是悅學不休 三敎之書 彌增洞達 然而恒嗟朽宅 誓入空門", 『법화경지음』 권1(卍속장49, p.439a5)에 "비유품에서는 삼계를 불타는 집에 비유하였는데 서에서 '낡은 집'이라 한 까닭은 '이 낡고 오래된 집은 한 사람(如來)에게만 속한다(대정장9, p.14a18)'라는 경문에 따른다. 譬品 以三界譬火宅 而序曰朽宅者 經云 是朽故宅 屬于一人", 『법화경지장소현시』 권1(卍속장93, p.454b2)에 "후택이라는 두 글자 하나의 비유인 전문을 모두 가리킨다. 후란 무너져 불안한 모양이고, 택이란 의지하고 몸을 의탁하는 곳이다. 삼계에 안주할 곳이 없다는 뜻의 비유다. … 후택의 비유는 화택이라고도 한다. 큰 불에 타고 있다는 뜻이다. 후라는 말은 집이 오래되어 곧 쓰러질 지경이라는 뜻이다. 朽宅二字 通指一喩全文 朽者 敗壞不安之相 宅者 依止投托之處 義喩三界無安 … 卽朽宅之喩也 亦名火宅 大火所燒故 今言朽者 宅久頓弊故라고 하였다. [참고문헌]『宋高僧傳』, 『法華經知音』, 『法華經指掌疏懸示』.

후트 Huth, Georg 1867~1906. 게오르그 후트. 독일 태생의 동양학자이자 탐험가. 프로이센 왕국의 크로토신(Krotoszyn)에서 태어났다. 베를린대학을 거쳐 라이프찌히대학에서 1889년에 박사학위를 받았고, 1891년에 중앙아시아 언어와 불교 분야의 교수직을 맡았다. 1897년에 상페테스부르크 국립학술원(Imperial Academy of Sciences of St. Petersburg)의 지원을 받아 퉁구스어(Tungusic) 연구를 위해 시베리아를 여행했으며 터키어 방언 연구를 위해 투르키스탄(Turkestan) 지역도 탐사했다. 인도학 불교학 관련 대표저서로 *Die Zeit des Kālidāsa*(1889), *The Chandoratnākara of Rantākaśānti*(1890), *Die tibetische Version der Naiḥsargikaprâyaçcittidharmâs*(1891), *Die Inschriften von Tsaghan Baišing*(1894) 등이

있다. 〔참고문헌〕 Claus Vogel 'Georg Huth'(*Neue Deutsche Biographie* 10, 1974).

후판 後板 선원대중이 드나드는 출입판(出入板)의 뒤. 후당(後堂)이라고도 한다. 『선림상기전』 권2(대장경보편19, p.34b1)에 "승당의 성승감 좌우를 출입판이라 하고, 출입판을 기준으로 그 앞을 전판 또는 전당이라 하며, 전당수좌가 관리한다. 출입판을 기준으로 그 뒤를 후판 또는 후당이라 하며, 후당수좌가 관리한다. 僧堂聖僧龕左右 爲出入板 自出入板 已前爲前板 亦曰前堂 卽前堂首座 管領之 自出入板 已後爲後板 亦曰後堂 卽後堂首座 管領之"라고 하였다. 〔참고문헌〕 『禪林象器箋』, 『百丈清規』 권4 「後堂首座」(대정장48, p.1131a6).

후패종 朽敗種 Ⓢ pūti-bīja, Ⓣ sa-bon-rul-ba. 썩어 싹 틔울 수 없는 씨앗. 이숙과(異熟果)를 불러낼 수 없는 무기법(無記法)의 비유다. 『대비바사론』 권19(대정장27, p.98c1)에 "마치 썩은 씨앗 좋은 밭에 심고서 물을 주고 거름을 덮어 준다고 해도 인의 힘이 없어 능히 싹을 틔우지 못하듯이, 이와 같이 무기의 모든 유위법에다 애(愛)의 물로 적셔주고 그 밖의 번뇌(結)로 덮어 준다고 해도 그 바탕 허약해 유(有)의 싹을 틔우지 못한다. 如朽敗種雖置良田 以水溉灌覆之糞壤 而因力闕不能生芽 如是無記諸有爲法 雖以愛水餘結潤覆 而體羸劣有芽不生", 『구사론』 권6(대정장29, p.33a6 : *Abh-k-bh.*, p.89)에 "어째서 무기는 이숙과를 불러들이지 못하는가? 힘이 열하기 때문이다. 마치 썩은 씨앗과 같다. 어째서 무루는 이숙을 불러들이지 못하는가? 애로 적심이 없기 때문이다. 마치 정실한 씨앗을 물로 적셔 기름지게 하지 못함과 같다. 何緣無記不招異熟 由力劣故 如朽敗種 何緣無漏不招異熟 無愛潤故 如貞實種無水潤沃 kasmād avyākṛtā dharmāḥ vipākaṃ na nirvarttayanti. durbalatvāt pūti bījavat. kasmān nānāsravāḥ tṛṣṇānabhiṣyanditatvāt. anabhiṣyanditasārabījavat"라고 하였다. 〔참고문헌〕 『大毘婆沙論』, 『俱舍論』, *Abh-k-bh.* ⇨ 종자 種子, 이숙 異熟

후폐감언 厚幣甘言 후한 예물에 듣기 좋은 말. 『종용록』 22칙 「본칙 本則」(대정장48, p.241b17)에 "동산이 듣고 말했다. '활공(全豁)이 아니었다면 참으로 알아차리기 어려웠겠다〈후한 예물에 듣기 좋은 말이군〉'. 洞山聞云 若不是豁公 大難承當〈厚幣甘言〉", 『허당집』 9칙 「평창 評唱」(卍속장124, p.525b12)에 "이는 후한 예물에 듣기 좋은 말인가? 아니면 본전에 붙여 이윤을 도모함인가? 아니면 눈에 박힌 대못을 빼려 함인가? 아니면 뒤통수에 박힌 쐐기를 뽑아내려 함인가? 爲復是厚幣甘言 爲復是著本圖利 爲復是眼裏拔釘 爲復是腦後抽楔"라고 하였다. 〔참고문헌〕 『從容錄』, 『虛堂集』.

후포 後包 납자가 행각할 때 어깨 뒤로 걸치는 보따리. 가사 등을 넣은 것은 전포(前包)다. 『선원청규』 권1 「장포 裝包」(卍속장111, p.877b16)에 "후포 안에는 피단·면의·친한과 같이 때 묻은 옷가지와 관련된 종류를 넣는다. 後包內安被單 綿衣 襯汗 應係觸衣之類"라고 하였다. 〔참고문헌〕 『禪苑淸規』.

후학 後學 뒤이어 배우는 이들. 배움이 적은 이. 또는 자신의 겸칭. 『삼론현의』(대정장45, p.3c21)에 "후학은 선배 종장의 은혜를 등져서는 안 된다. 後學不應孤負前匠", 『도서』 권상1(대정장48, p.402a25)에 "후학은 얕은 식견 탓에 다만 이 말이 구경의 도라 집착할 뿐이다. 後學淺識 便但只執此言 爲究竟道", 『선문사자승습도』(卍속장110, p.873a2)에 "어리석은 이란 저 종(홍주종)의 초학자를 말한다. 言愚者 彼宗後學也"라고 하였다. 〔참고문헌〕 『三論玄義』, 『都序』, 『禪門師資承襲圖』.

후한기 後漢紀 진(晉)대 원굉(袁宏) 지음. 30권. 반고(班固)의 『세조본기 世祖本紀』·『광무시공신열전재기 光武時功臣列傳載記』, 최실(崔實) 등의 『한기 漢紀』, 마일제(馬日磾) 등의 『동관한기 東觀漢紀』를 참고하였고, 순열(荀悅)의 『한기 漢紀』 체재를 모방하여 완성하였다. 불교가 중국에 전래되던 초기의 설화 가운데 가장 잘 알려진 후한명제(後漢明帝)의 감몽구법(感夢求法)을 전하는 자료는 많지만 본서가 최고(最古)로서 가장 신뢰할 만하다고 평가받는다. 명제시대와 약 200년 떨어진 진의 기록이다. 〔참고문헌〕 『廣弘明集』 권13(대정장52, p.185b9), 『集沙門不應拜俗等事』 권5(대정장52, p.470b2), 『辯正論』 권2(대정장52, p.499c19).

후회난추 後悔難追 뒤늦게 뉘우쳐도 뒤돌아 쫓을 길 없네. 『대정구왕경』 권하(대정장1, p.835a24)에 "스스로 깨우쳐 알지 못하고 단견에 붙들려 기나긴 밤 고통을 받지만 뒤늦게 뉘우쳐도 쫓을 길 없네. 不自覺知 執於斷見 長夜受苦 後悔難追", 『범망경보살계약소』 권5(卍속장60, p.853b17)에 "일념에 이미 어긋나면 천 년의 생이 갈 길을 그르친다는 저 경전에서 설하신 말씀과 같으니, 마땅히 스스로 경계할 뿐이다. 아무리 후회해도 소용이 없는 지경에 이르지 않도록 하라. 一念旣差 千生途錯 如經所說 當自警之 毋致後悔難追也"라고 하였다. 〔참고문헌〕 『大正句王經』, 『梵網經菩薩戒略疏』.

후후 睺睺 Ⓟ ahaha. 한빙지옥(寒氷地獄) 중 하나. 추위 떠는 소리. 『대지도론』 권16(대정장25, p.177a1)에 "다섯째, 후후라 한다〈이는 추위에 괴로와하며 내는 소리이기도 하다〉. 五 名睺睺〈亦是患寒聲〉"라고 하였다. [참고문헌] 『大智度論』, 『翻譯名義集』 권2(대정장54, p.1091c20), *SN.1.152.* ⇨ 팔한빙지옥 八寒氷地獄

훈경 訓璥 조선후기 스님. 호는 응암(應庵). 춘담법함(春潭法咸 1748~1835)의 은사다. 「춘담당법함대선사비문 春潭堂法咸大禪師碑文」에 "나이 열한 살에 이르러 부모를 여의고 마침내 금강의 화암사로 들어 응암경훈대사에게 머리를 깎았다. 年至十一 失怙恃 遂入金剛之華巖寺 祝髮于應庵訓璥大師"라고 하였다. [참고문헌] 智冠 『韓國高僧碑文總集 朝鮮朝·近現代』 p.638.

훈동행 訓童行 어린 행자를 가르치다. 『백장청규』 권2 「훈동행」(대정장48, p.1122a8)에 "초하루와 보름 그리고 오참(5·15·20·25일)의 상당을 마치면 참두행자는 갈식행자에게 각 국무에 알리도록 시키고, 행당 앞에 패를 걸어 대중에게 알리도록 한다. 혼종이 울리면 행당 앞에서 판을 세 번 울려 모든 행자 모이도록 한다. 먼저 불전, 다음은 조당과 승당 앞 그리고 전당료에서 각각 갈참한다. 침당에 올라가 가지런히 늘어서면 삼두는 방장에 들어가서 주지가 나와서 자리잡아 달라고 청한다. 참두는 앞으로 나가 향을 사르고 물러나 자리로 돌아온다. 凡旦望五參上堂罷 參頭行者 令喝食行者 報各局務 行堂前掛牌報衆 昏鐘鳴 行堂前鳴板三下 集衆行者 先佛殿 次祖堂僧堂前 前堂寮〈喝參〉 方上寢堂排立 參頭入方丈 請住持出就坐 參頭進前 揷香退身歸位"라고 하였다. [참고문헌] 『百丈清規』, 『禪林象器箋』 권11(대장경보편19, p.431b14). ⇨ 행자 行者

훈로 薰爐 향을 사르는 그릇. 향로(香爐)다. 『자은전』 권6(대정장50, p.252c17)에 "승니들이 복장을 가지런히 하고 따르면, 우아한 범패가 앞에 자리하고 훈로가 뒤에 열지어 선다. 僧尼等整服隨之 雅梵居前 薰爐列後", 『열조제강록』 권6(卍속장112, p.242a17)에 "저 경산은 오늘 선사의 기일을 맞아 베풀 만한 것 없어 겨우 찻그릇과 훈로를 펼쳐놓고 공양올려 잊지 않는 마음만 표하고자 합니다. 徑山今日 先師忌辰 直是無可施設 茗椀薰爐 聊伸供養 庶表不忘"라고 하였다. [참고문헌] 『慈恩傳』, 『列祖提綱錄』. ⇨ 향로 香爐

훈륙향 薰陸香 Ⓢkunduru, kunduruka, Ⓣpog spos. 훈륙향수(薰陸香樹)의 진액으로 만든 향. 이 나무는 감람과(橄欖科)에 속하며 학명은 *Boswellia thurifera*이다. 형태와 향기는 송진과 비슷하다. 군두로(君杜嚕)라고 음사하며, 불에 녹으면서 강한 향기를 내므로 소향(燒香)으로도 쓰인다. 또는 여름 햇빛에 녹아 땅 위에 떨어질 때 향이 나기에 훈육(薰陸)이라고도 한다. 진액 방울이 유두(乳頭)와 같으므로 유향(乳香)·유두향(乳頭香)이라 한다. 안식(安息)·전단(栴檀)·용뇌(龍腦)·소합(蘇合)·다게라(多揭羅) 등 여러 향과 섞어 소향공양(燒香供養)에 쓴다. 『법원주림』 권36(대정장53, p.573b13)에 "훈륙향이란 무엇인가? 『위략』에서 '대진에서 훈륙이 생산된다'고 하였으며, 『남방초물장』에서는 '훈륙향은 대진국에서 생산된다. 해변에 큰 나무가 모래 속에서 절로 생겨나는데, 한여름에 그 나무의 진액이 모래 위에 흐르면, 그 지역 사람들은 그것을 채취하여 사람들에게 판다'라고 하였다. 薰陸香 魏略曰 大秦出薰陸 南方草物狀曰 薰陸香出大秦國 云在海邊自有大樹生於沙中 盛夏時 樹膠流出沙上 夷人採取賣與人", 『자은전』 권4(대정장50, p.243b7)에 "훈륙향 나무의 잎이 당리(棠梨 : 팥배나무)의 것과 비슷하다. 出薰陸香樹樹葉類此棠梨也"라고 하였다. [참고문헌] 『法苑珠林』, 『慈恩傳』, *Saddh-p.407.*, *Mvyut.244.* ⇨ 유향 乳香

훈몽요초 訓蒙要鈔 1권. 벽송지엄(碧松智嚴 1464~1534) 지음. 1618년(광해군10) 순천 송광사 개간 『선가귀감』에 합철되어 한불전7, pp.385c1~388b13에 있다. 먼저 기신일심도(起信一心圖)를 그려 시설하였고, 사대·삼계·오온·육근육진·육식·십이처·십팔계와 유식관련 제육식·제팔식·식전사지(識轉四智), 삼보·사륜왕·일조사주(日照四洲)·팔풍(八風)·십사(十使)·육도(六度)·삼계구지(三界九地) 등의 법수를 나열하였다. 이어서 십이인연(十二因緣)을 혹업고(惑業苦) 삼도와 과현미(過現未) 삼세인과에 연결시킨 도식과 잡염송(雜染頌)·윤전송(輪轉頌)도 시설하였다. 이어 천태사교(天台四敎)·화엄의 현수오교(賢首五敎)·교외삼처전심(敎外三處傳心)·세존출태시삼륜방편(世尊出胎示三輪方便)을 차례로 수록하였다. 부록으로 생기송(生起頌)·수단송(修斷頌)·부대사사상송(傅大士四相頌) 및 노병사상송(老病死相頌)과 화엄삼십종정행(華嚴三十種淨行)이 있다. 한문본이지만 한글로 된 쌍행소주(雙行小註)를 붙였다. 1576년(선조9) 오대산 월정사 간행본으로 울산 양덕사소장의 『훈몽요초』를 비롯하여 간행년 미상의 광명산대법주사(光明山大法住寺) 개간본(규장각소장) 등이 있다. 그외 『보림사사천왕상복장계초심학인문 寶林寺四天王像腹藏戒初心學人文』에도 합철되어 있다. 『훈몽요초』(한불전7, p.387c10)에 "『훈몽요초』 끝〈이 초는 온갖 곳에 흩어져 있어 따로 모으기에는 마땅치 않다. 하지만 벽송선사께서 몽매한 이를 가르칠 때에 반드시 이것을 먼저 하였고, 사람을 이끎에 법납 또한 같게 하지 않으셨다〉. 訓蒙要鈔終〈右鈔 散在諸錄 不宜別集 然碧松先師 凡訓蒙 則必先於此 其導人不獵等也〉"라고 하였다.

훈발작의 薰鉢作衣 발우(鉢盂)를 훈증(熏蒸)하고 가사를 짓다. 훈발은 발우의 냄새를 없애고 때가 잘 묻지 않게 하는 작업이다. 『마하승기율』 권6(대정장22, p.278c17)에 "만약 어떤 비구가 이 방에서 발우를 훈증하고 가사를 짓거나 경을 읽거나 사유하거나 그러한 일체를 수용하면 월비니죄(Ⓢ vinayātikrama)를 얻는다. 若有比丘 於此房中 若熏鉢作衣 若受誦 若思惟 一切受用者 得越比尼罪"라고 하였다. 〔참고문헌〕『摩訶僧祇律』.

훈변식 熏變識 익혀 변하는 식. 팔식십명(八識十名) 중 하나다. 『종경록』 권50(대정장48, p.712c29)에 "세 번째는 제8식의 여덟 가지 명칭이다. … 넷째, 머물러 유지하면서 일으켜 움직이기에 훈변식이라 한다. 三第八識十名者 … 四 住持起發 名熏變識"라고 하였다. 〔참고문헌〕『宗鏡錄』. ⇨ 팔식십명 八識十名

훈선 熏禪 선정을 익히다. 위가 다른 선정으로 입출하며 차제로 선을 순숙시켜가는 것을 말한다. 40권본 『대반열반경』 권36(대정장12, p.578c20)에 "첫째는 훈선을 닦고, 둘째는 훈선을 닦지 않는다. 훈선을 닦는 사람은 오정거천에 들어가고, 훈선을 닦지 않는 사람은 무색계에 나 그 수명이 다하고 반열반하니 이를 상류반열반이라 한다. 一者 修熏禪 二者 不修熏禪 修熏禪者 入五淨居 不修熏禪者 生無色界 盡其壽命 而般涅槃 是名上流般涅槃", 『대승의장』 권17(대정장44, p.804c4)에 "무엇을 훈선이라 하는가? 무루선으로써 유루를 훈하여 유루정이 정묘하고 뛰어나 청정하도록 하는 것이다. 훈법은 어떤가? 행자가 사선정을 닦고 나서 처음으로 제사선정을 훈하여 처음에는 여러 무루심에 들고 다음으로 여러 유루심 중에 들며 마지막에는 여러 무루심에 든다. 이와 같이 반복하여 오가면서 점차로 간략하게 하고 최후로 두 무루심과 두 유루심에 이르는데, 그 후의 두 무루심을 가리켜 훈선방편도가 성취되었다고 한다. 다시 하나의 무루심과 하나의 유루심에 드는데 마지막 하나의 무루심을 가리켜 훈선이 성취되었다고 한다. 云何熏禪 用無漏禪 熏於有漏 令有漏定 精勝淸淨 熏法如何 行者 修得四禪定已 初熏第四 初入衆多無漏心中 次入衆多有漏心中 後入衆多無漏心中 如是往返 漸次略之 乃至最後 二無漏心 二有漏心 後二無漏 名爲熏禪方便道成 次復 入於一無漏心 一有漏心 後一無漏 名熏禪成", 『지관보행전홍결』 권9(대정장46, p.419a20)에 "훈선이란 사자분신이다. 마치 사자가 모든 흙먼지를 떨쳐내듯이 재빠르게 떨치면서 (여러 선정을) 드나든다. 드나든다는 말은 구선정에 모두 드나드니, 아래부터 상위 멸진정에 이르기까지의 순서다. 言熏禪者 卽師子奮迅 猶如師子奮諸塵土 謂奮迅入出 所言入者 具入九定 從下以至滅定爲順", 『석선바라밀차제법문』 권상(대정장46, p.480b24)에 "훈선이란 사자분신삼매이니, 순역차제로 들고 나며 모든 선을 훈함으로써 정(定)과 관(觀)을 분명히 하고 순숙하게 해서 공덕을 더욱 늘린다. 熏禪者 卽是師子奮迅三昧 順逆次第 入出熏諸禪 令定觀分明 純熟增益功德故"라고 하였다. 〔참고문헌〕『大般涅槃經』, 『大乘義章』, 『止觀輔行傳弘決』, 『釋禪波羅蜜次第法門』. ⇨ 사선 四禪[3], 선 禪

훈선 勳禪 훈수선(勳修禪)을 말한다. 신역어는 잡수(雜修 Ⓢ vyavakīrṇa)다. 『잡아비담심론』 권7(대정장28, p.930b4)에 "만약 한 찰나는 무루이고 또 다른 한 찰나는 유루이며 다시 한 찰나는 무루라면 이를 훈선의 성취라 한다. 따라서 십오심 중 다섯은 유루의 심이고 열은 무루의 심이다. … 훈선에는 세 가지 인연이 있다. '정수를 염하는 것'이란 수행자가 정수를 애념하고 있음이 현법낙주하고, '번뇌를 두려워하면' 두려워 물러난다. 즐겨 생을 받는 이는 즐겨 정거천에 난다. 若一刹那無漏 一刹那有漏復一刹那無漏 是名勳禪成 有十五心 五有漏心 十無漏心 … 勳禪有三因緣 念正受者 謂修行者愛念正受 爲現法樂住故 畏煩惱者 畏退故 樂受生者 樂生淨居故"라고 하였다. 〔참고문헌〕『雜阿毘曇心論』.

훈수선 勳修禪 두 찰나의 무루(無漏)의 선정 중간에 한 찰나의 유루의 선정을 닦는 것. 신역어는 잡수정려(雜修靜慮 Ⓢ dhyāna vyavakīrṇa)이다. 훈수선은 정거천(淨居天)의 과보를 초감하기에 색구경천(色究竟天)에서 반열반한다. 『잡아비담심론』 권5(대정장28, p.913a2)에 "앞서 훈수선을 획득하지 못한 이는 정거천에 태어나지 않고 무색계에 태어난다. … 〔문〕 여기에는 몇 가지 종성이 있는가? 〔답〕 여기에는 여섯 가지 종성이 있다. … 퇴법부터 부동법까지이다. … 퇴법종성은 훈수선에서 물러난 뒤 견도를 획득한다. 先不得勳者 不生淨居天生無色界 … 問 此幾種性 答 此亦六種性 … 退法乃至不動 … 謂退法種性於勳修禪退後得見到"라고 하였다. 〔참고문헌〕『雜阿毘曇心論』. ⇨ 잡수정려 雜修靜慮

훈습 熏習 Ⓢ Ⓟ vāsanā, Ⓣ bag-chags. 선악염정(善惡染淨)의 현행법(現行法)이 진여(眞如)나 아뢰야식(阿賴耶識)에 종자(種子)나 습기(習氣)를 남기는 작용. 준말은 훈(熏·薰)이다. 소승의 경량부(經量部)에서도 색심호훈설(色心互薰說)을 말하기도 하지만, 좀 더 체계적인 훈습설은 대승유식에서 갖추어진다. 신어의(身語意)로 현행(現行)하는 칠전식(七轉識)의 능훈법(能薰法)과 종자로 저장되는 제팔아뢰야식의 소훈법(所薰法)으로 아뢰야식의 인과상속(因果相續)의 뜻을 드러내고, 나아가 능훈법과 소훈법이 각각 갖추어야 하는 유생멸성(有生滅性)·유승용성(有勝用性)·유증감성(有增減性)·능소화합성(能所和合性)과 견주성(堅住性)·무기성(無記性)·가훈성(可薰性)·능소화합성(能所和合性)

의 네 가지 성질을 말한다. 훈습의 종류에는 견분훈(見分薰)·상분훈(相分薰)의 이종훈(二種薰)을 비롯하여, 명언습기(名言習氣)·아집습기(我執習氣)·유지습기(有支習氣)의 삼종훈습(三種薰習), 무명훈습(無明薰習)·망심훈습(妄心薰習)·망경계훈습(妄境界薰習)·정법훈습(淨法薰習)의 사종훈습(四種薰習) 등이 있다. 『대승입능가경』 권5(대정장16, p.618b21 : *Laṅk.*, p.212)에 "대혜여, 팔지보살·성문·연각은 심·의·의식의 분별상이 사라진다. 처음 초지로부터 육지에 이르기까지 삼계일체는 오직 심·의·의식이 스스로 분별하여 일으키는 것임을 관찰하고, 아·아소를 여의고 외법의 갖가지 상을 보지 않는다. (그러나) 범부는 어리석어 시작 없는 때로부터 과거의 악한 훈습으로 자신의 마음 안에서 능취소취상을 변화시켜 만드는 것임을 알지 못하고 집착을 낳는다. 大慧 八地菩薩 聲聞 緣覺 心意意識分別想滅 始從初地 乃至六地 觀察三界一切 唯是心意意識 自分別起 離我我所 不見外法 種種諸相 凡愚不知 由無始來 過惡薰習 於自心內 變作能取所取之相 而生執著 aṣṭamyāṃ mahāmate bhūmau bodhisattvānāṃ mahāsattvānāṃ śrāvaka-pratyekabuddhānāṃ ca citta-mano-manovijñāna-vikalpa-saṃjñā-vyāvṛttir-bhavati. prathama-ṣaṣṭhyāṃ bhūmau citta-mano-manovijñāna-mātraṃ traidhātukaṃ samanupaśyati. ātma-ātmīya-vigataṃ svacitta-vikalpa-udbhavam na ca bāhyabhāva-lakṣaṇa-vaicitrya-patitam-anyatra svacittam-eva. dvidhā bālānāṃ grāhya-grāhaka-bhāvena pariṇāmya svajñānaṃ na ca-avabodhyante anādikāla-dauṣṭhulya-vikalpa-prapañca-vāsanā-avāsitāḥ", 『성유식론』 권2(대정장31, p.9c5)에 "어떤 뜻에 의지해 훈습이라는 이름을 세우는가? 소훈과 능훈에 각각 네 가지 뜻을 갖추게 하고, 종자로 하여금 생겨나 자라게 하기에 훈습이라고 한다. 依何等義 立熏習名 所熏能熏 各具四義 令種生長 故名熏習", 같은 책 권2(대정장31, p.10a2)에 "이와 같이 능훈식과 소훈식이 함께 생멸하므로 훈습의 뜻이 성립한다. 소훈 중에 종자를 생겨나게 하고 자라게 하는 것이 마치 (향기가 없는) 거승(苣藤 : 胡麻)을 훈하는 것과 같기에 훈습이라고 한다. 如是能熏 與所熏識 俱生俱滅 熏習義成 令所熏中 種子生長 如熏苣藤 故名熏習", 『섭대승론석』 권2(대정장31, p.162c6 : *Mah-saṃ.*, p.9)에 "〔논〕 이 마음과 더불어 욕 등은 같이 생하고 멸한다. 저들이 자주 거듭 생하여 마음을 변하고 다르게 하는 인을 낳는다. 論曰 是心與欲等 同生同滅 彼數數生 爲心變異生因 'dod chags la sogs pa la spyod pa rnams kyi 'dod chags la sogs pa'i bag chags 'dod chags la sogs pa dang lhan cig 'byung zhing 'gags kyang sems ni de'i rgyu mtshan nyid du 'byung ba dang", "〔석〕 '같이 생하고 멸한다'는 뜻은 앞과 같다. '저들'이란 욕 등의 행이며, '자주 거듭 생한다'란 때로는 일생이나 일시를 잡은 것이다. 앞서 아직 훈습이 없었으나 이제 변이하는데 저것의 생인이 되어 능히 마음을 변해 다르게 하기에 훈습이라고 한다. 釋曰 同生滅義如前 彼者欲等行 數數生者 或約一生 或約一時 先未有熏習 今變異 爲彼生因 能變異心 是名熏習", 『현식론』(대정장31, p.878c17)에 "〈게〉 현식이 분별을 일으키고, 분별이 훈습을 일으키며, 훈습이 또 현식을 일으키기에 생사윤전한다. 〈논〉 훈습이라는 말은, 첫째 분별성품에 집착하는 것이고, 둘째 진실성을 관하고 닦는 것이니, 이 두 가지 뜻으로 훈습이라고 한다. 顯識起分別 分別起熏習 熏習起顯識 故生死輪轉 所言熏習者 一 執著分別性 二 觀習眞實性 以此二義故名熏習", "첫 번째 훈습은 아리야식을 증장하니, 아리야식이 증장되면 모든 능을 구족하여 능히 육도에 나고 모든 식을 받아 나니, 이 뜻 때문에 생사가 원만하다. 둘째 훈습이란 것은 진실성을 관습하는 것으로, 이 훈습이 능히 분별성집착을 없앨 수 있다. 첫번째 훈습이 손실되고 무너지기에 아리야식도 손실되고, 아리야식도이 손실을 당하기에 수생식도 손실되고, 아리야식으로 능히 삼계에 나지만, 손실을 당하기에 삼계에 유전한다. 第一熏習者 增長阿梨耶識 阿梨耶識被增長 具足諸能 能生六道 受生諸識 以是義故生死圓滿 第二熏習者 名觀習眞實性 此熏習能除執著分別性 是第一熏習被損壞故 阿梨耶識亦被損 阿梨耶識旣被損 受生識亦被損 以阿梨耶識能生三界 由被損故得三界轉", 『대승기신론』(대정장32, p.578a17)에 "훈습의 뜻이란, 마치 세간의 의복에는 실로 향기가 없었으나 어떤 사람이 향으로 훈습하기에 곧 향기가 있게 되는 것처럼, 이것 역시 이와 같다. 진여정법에는 실로 물듦이 없으나, 단지 무명으로 훈습하기에 곧 물든 상이 있게 되며, 무명염법에는 실로 정업이 없으나, 단지 진여로 훈습하기에 곧 청정한 용이 있게 된다. 熏習義者 如世間衣服 實無於香 若人以香 而熏習故 則有香氣 此亦如是 眞如淨法 實無於染 但以無明 而熏習故 則有染相 無明染法 實無淨業 但以眞如 而熏習故 則有淨用"라고 하였다. 〔참고문헌〕 『大乘入楞伽經』, 『成唯識論』, 『攝大乘論釋』, 『顯識論』, 『大乘起信論』, *Laṅk.*, *Mah-saṃ.* ⇨ 능훈사의 能薰四義, 소훈사의 所薰四義, 이종훈 二種熏, 삼종훈습 三種熏習, 사훈습 四熏習

훈습도리 熏習道理 Ⓢ vāsanā tathāyogena, Ⓣ bag-chags tshul-de-bzhin-du. 훈습의 도리. 아뢰야식(阿賴耶識)에 제법(諸法)을 생기하는 인성(因性)을 훈습이라 한다는 것. 『섭대승론본』 권상(대정장31, p.134c6 : *Mah-saṃ.*, p.9)에 "탐 등을 행하는 이에게 탐 등을 훈습하는데, 저 탐 등과 함께 생하고 함께 멸함에 의지하여 이 마음은 저것을 생하는 인을 동반하여 생한다. 또한 많이 듣는 이에게는 많이 들음의 훈습이 있는데, 들음을 작의하는 것과 함께 생하고 함께 멸함에 의지하여 이 마음은 저 기억하는 인을 동반하여 생한다. 이 훈습을 능히 거둬 가지기에 법을 가진다라 한다. 아뢰야식의 훈습의 도리도 이와 같음을 알아야 할 것이다. 貪等行者 貪等薰習 依彼貪等俱生俱滅 此心帶彼生因而生 或多聞者 多聞薰習 依聞作意俱生俱滅 此心帶彼記因而生 由此薰習能攝持故 名持法者 阿賴耶識薰習道理 當知亦爾 'dod chags la sogs pa la spyod pa rnams kyi 'dod chags la sogs pa'i bag chags 'dod chags la sogs pa dang lhan cig 'byung zhing 'gags kyang sems ni de'i rgyu mtshan nyid du 'byung ba dang. mang du thos pa rnams kyi mang du thos pa'i bag chags kyang thos pa de yid la byed pa dang lhan cig tu 'byung zhing 'gags kyang sems ni de brjod pa'i rgyu mtshan nyid du 'byung ste. bag chags des yongs su zin pas chos 'dzin pa zhes bya ba ltar kun gzhi rnam par shes pa la yang tshul de bzhin du blta bar bya'o", 『섭대승론석』 권2(대정장31, p.328a11)에 "〔석〕 '저 법에 의지해 함께 생하고 함께 멸함에 이 중에 능히 저것을 생하게 하는 인성이 있게 되는데, 이를 소전이라 한다'란, 저 잡염제법과 함께 생하고 함께 멸함에 의지하여 아뢰야식에 저 제법을 생하는 인성이 있게 되는데 이를 훈습이라 한다는 것이다. 釋曰 謂依彼法俱生俱滅 此中有能生彼因性 是謂所詮者 謂卽依彼雜染諸法俱生俱滅 阿賴耶識有能生彼 諸法因性是名熏習"라고 하였다. 〔참고문헌〕『攝大乘論本』, 『攝大乘論釋』, *Mah-saṃ.*

훈습력 熏習力 Ⓢ bhāvanā. 익혀 거듭하는 힘. 『현식론』 권1(대정장31, p.880c11)에 "〔석〕 훈습력이란, 비유하면 향을 사를 때 향기가 옷에 훈습되는데 향의 바탕 사라지지만 향기는 오히려 옷에 남아 이를 향기로운 옷이라 함과 같다. 이 향 있다고 할 수 없는 것은 향의 바탕은 사라졌기 때문이고, 또 없다고도 할 수 없으니 향기는 있기 때문이다. 이에 훈이라 한다. 釋曰 熏習力者 譬如燒香熏習衣 香體滅而香氣猶在衣中名爲熏衣 此香不可言有 香體滅故 不可言無 香氣在故 故名爲熏", "이와 같이 육식이 선이나 악을 일으키면 훈한 힘이 본식 중에 남아 있게 되어 미래보를 감득하니 이를 종자라 한다. … 무실이라고도 하니 비유하면 권약과 같다. 따라서 부처님께서 게송으로 설하셨다. '어떤 업도 잃지 않으니 무수겁 중에 모이고 쌓일 때가 되면 중생에게 과보를 부여한다'. 如六識起善惡 留在熏力於本識中 能得未來報 名爲種子 … 名爲無失 譬如劵約 故佛說偈 諸業不失 無數劫中 至聚集時 與衆生報", 『성유식론』 권1(대정장31, p.1b3)에 "아와 법을 분별하는 훈습의 힘 때문에 모든 식이 생기할 때 아와 법인 듯 변한다. … (제8식과) 일체법이 서로 인이 되어서 훈습하는 힘에 의해 기억하거나 식별하는 일 등이 있게 된다. 我法分別熏習力故 諸識生時變似我法 … 與一切法更互爲因熏習力故 得有如是憶識等事", 『구사론』 권13(대정장29, p.70a17 : *Abh-k-bh.*, p.199)에 "훈습의 힘 때문에, 허물을 일으키려 할 때 기억하여 바로 문득 그치기 때문이다. 由熏習力 欲起過時憶便止故 tadbhāvanayā kriyākāle smarataḥ tatpratyupasthānāt", 『구사론기』 권13(대정장41, p.209b20)에 "수계자는 몸과 마음 중에 찰나찰나 훈습하고 사유하는 종자라는 계의 힘 때문에 허물을 일으키려 할 때 기억해 문득 그친다. 由受戒者 於身心中 念念熏習思種戒力 欲起過時憶便止故"라고 하였다. 〔참고문헌〕『顯識論』, 『成唯識論』, 『俱舍論』, 『俱舍論記』, *Abh-k-bh.*

훈신 葷辛 매운 냄새가 나는 채소. 훈여(葷茹)와 통하며, 오신채(五辛菜)를 말한다. 『중허마하제경』 권6(대정장3, p.949a3)에 "내가 먹는 음식은 본래 훈신의 종류에 속하지 않듯이 당신(천자)의 몸에서 나온 음식도 청정하지 않으니 만약 그것을 내가 먹도록 한다면 당신은 반드시 지옥에 떨어질 것이오. 如我所食 本非葷辛 食出汝身 亦非淸淨 若令我食 必墮地獄", 『일체경음의』 권73(대정장54, p.780a6)에 "훈신〈훈은 허와 운을 반절한 음이다. 『창힐편』에 '훈신은 채소이다. 매운 냄새가 나는 식물은 모두 훈이라 한다'라고 하였다〉. 葷辛〈許雲反 蒼頡篇云 葷辛菜也 凡物辛臭者 皆曰葷也〉"이라고 하였다. 〔참고문헌〕『衆許摩訶帝經』, 『一切經音義』. ⇨ 오신채 五辛菜, 오신계 五辛戒, 훈여 葷茹, 훈전 葷羶

훈여 葷茹 훈신(葷辛)과 통하며, 오신채(五辛菜)를 말한다. 『승사략』 권3 「대진말니 大秦末尼」(대정장54, p.253c12)에 "훈여를 먹지 않으면서 평민들을 인도하여 가르쳤다. 不食葷茹 誘化庸民", 『조정사원』 권6(卍속장113, p.174b9)에 "훈여 : 첫 글자는 허와 운을 반절한 음으로 매운 냄새 나는 채소이다. 둘째 글자는 여와 예를 반절한 음으로 채소를 말한다. 葷茹 上許云切 臭菜也 下如預切 菜茹也"라고 하였다. 〔참고문헌〕『僧史略』, 『祖庭事苑』. ⇨ 오신채 五辛菜, 훈신 葷辛, 훈전 葷羶

훈요십조 訓要十條 태조 왕건이 후대 왕에게 전한 10개항의 훈계(訓戒). 혹은 태조십훈요(太祖十訓要)라고도 한다. 943년(태조26) 4월에 왕건이 임종하기 직전에 대광(大匡) 박술희(朴述希)를 불러 후세 왕들이 치국(治國)의 귀감으로 삼도록 유훈을 남겼는데 그 중 불교와 관련한 조항을 살펴보면, 『고려사』 권2 세가2 태조26년(943) 4월에 "내전에 나오셔서 대광 박술희를 불러 친히 훈요를 내리셨다. 御內殿 召大匡朴述希 親授訓要"라 하였으며, 십조 중 불교관련 훈요는 제1·2·6조이다. "첫째, 우리나라 대업은 반드시 제불호위의 힘으로 도움 받아야 하니, 선교 사원을 열고 주지를 뽑아 보내 사루어 닦게 함으로써 각기 그 업을 다스리게 하라. 후세 간신이 정권을 잡고 스님의 청을 받아 각기 사사를 일삼으며 다투어 서로 바꾸고 빼앗음은 간절히 금해야만 한다. 其一曰 我國家大業 必資諸佛護衛之力 故創禪敎寺院 差遣住持焚修 使各治其業 後世姦臣執政 徇僧請謁 各業寺社 爭相換奪 切宜禁之", "둘째, 여러 사원은 모두 도선이 산수의 순역을 미루어 점쳐 개창하였다. 도선이 이르기를 '내가 점쳐 정한 곳 외에 함부로 더하여 열고 만든다면 지덕이 줄어들고 엷어져 조업이 길지 못하리라' 하였다. 짐이 생각하건대 후세 국왕과 공후와 후비와 조신이 각기 원당이라 일컬으며 혹 더하여 열어 만든다면 크게 우려할 만하다. 신라말에 다투어 부도를 짓다 지덕이 쇠하여 결국 망하는 데 이르렀으니 경계하지 않을 수 있겠는가? 其二曰 諸寺院 皆道詵推占山水順逆而開創 道詵云 吾所占定外 妄加創造 則損薄地德 祚業不永 朕念後世國王公侯后妃朝臣 各稱願堂 或增創造 則大可憂也 新羅之末 競造浮屠 衰損地德 以底於亡 可不戒哉", "여섯째, 짐의 지극한 바람은 연등과 팔관에 있으니, 연등하는 까닭은 부처를 섬기는 것이고 팔관하는 까닭은 천령·오악·명산·대천·용신을 섬기는 것이다. 후세 간신들이 이를 더하거나 줄이기를 건의함은 결단코 마땅히 금지하라. 나 또한 당초에 다짐한 마음으로 회일에 국기를 범하지 않았다. 임금과 신하가 함께 즐거워하며 마땅히 삼가 의지해 행하라. 其六曰 朕所至願 在於燃燈八關 燃燈所以事佛 八關所以事天靈及五嶽名山大川龍神也 後世姦臣 建白加減者 切宜禁止 吾亦當初誓心 會日不犯國忌 君臣同樂 宜當敬依行之"라고 하였다. 〔참고문헌〕『高麗史』.

훈일사 訓逸寺 충청남도 서천군 비인면 성내리 월명산(月明山)에 있던 절. 『동국여지승람』 권20 충청도 비인현 불우에 이름과 위치가 전하고, 『범우고』에 "지금은 폐사되었다. 今廢"라고 하였다. 〔참고문헌〕『東國輿地勝覽』, 『梵宇攷』, 『韓國寺刹全書』 권하 p.1208a7.

훈전 葷羶 매운맛의 야채와 누린내 나는 고기. 『송고승전』 권6 「신청전 神清傳」(대정장50, p.740c20)에 "모태에 있던 때 어머니 문득 오신채와 고기를 싫어하였다. 處胎之際 母頓惡葷羶", 『경덕전등록』 권4 「회통전 會通傳」(대정장51, p.230c8)에 "신은 어릴 때부터 오신채와 고기를 먹지 않았고 뜻을 세워 불교를 따르길 바랬습니다. 臣幼不食葷羶 志願從釋"라고 하였다. 〔참고문헌〕『宋高僧傳』, 『景德傳燈錄』. ⇨ 오신채 五辛菜, 훈신 葷辛

훈종자 熏種子 종자를 익히다. 『입능가경』 권9(대정장16, p.567c4)에 "처음 식이 분별을 낳아 갖가지 종자를 훈습한다. 식은 마치 폭포수 일어남과 같으니, 그것을 끊은즉 불생이다. 初識生分別 種種熏種子 識如瀑水起 斷彼則不生", 원측(圓測)의 『해심밀경소』 권3(卍속장34, p.724a14)에 "명언에 의해 훈습된 종자를 명언습기라 하고, 두 가지 아견에 의해 훈성된 종자를 아견습기라 하며 내지 선업이나 악업에 의해 훈습된 종자를 유지습기라 한다. 名言所熏種子 爲名言習氣 二種我見所熏成種 爲我見習氣 乃至由善惡業所熏種子 爲有支習氣"라고 하였다. 〔참고문헌〕『入楞伽經』, 『解深密經疏』.

훈주 葷酒 오신채(五辛菜)와 술. 『불조통기』 권54(대정장49, p.475a17)에 "무릇 훈주를 일삼지 않으므로 쉽게 살림이 풍족해지고 만물의 목숨을 죽이지 않으므로 점점 선하게 된다. 大氐不事葷酒 故易於裕足 而不殺物命 故近於爲善", 『금강경법안현판소초』 권4(卍속장92, p.634a3)에 "처자와 오욕까지 보리를 장애하지 않는다고 말하면서 무슨 수로 오로지 남에게만 살생하지 말고 영원히 훈주를 끊으라 할 수 있겠는가! 旣云妻子五欲 不礙菩提 云何專又教人戒殺 永斷葷酒"라고 하였다. 〔참고문헌〕『佛祖統紀』, 『金剛經法眼懸判疏鈔』. ⇨ 오신채 五辛菜, 훈전 葷羶

훈주패 葷酒牌 냄새나는 채소나 술을 먹고 결계(結界) 안으로 들어오는 것을 금하는 패. 『월주어록』 권상(대정장82, p.550a1)에 "금석을 세워 대중에게 보이다. 스님께서 금석을 가리키며 말하셨다. '세워도 좋지만 세우지 않아야 더 좋다. 화상 문전에 훈주금패석이라니'. 立禁石示衆 師指石曰 立亦好兮不立好 畵像門前葷酒禁牌石"라고 하였다. 〔참고문헌〕『月舟語錄』. ⇨ 결계석 結界石 2, 계단석 戒壇石, 금패석 禁牌石

훈필 訓弼 신라 스님. 879년(헌강왕5)에 남천군(지금의 경기도 利川郡)의 통승(統僧). 「봉암사지증대사적조탑비문 鳳巖寺智證大師寂照塔碑文」에 "그해(879) 9월 남천군 통승 훈필이 교지로써 별서를 택하여 바른 도량(正場 : 살생을 금하는 곳)을 구획하였다. 其年九月 敎南川郡統僧訓弼 擇別墅 劃正場"라고 하였다. 〔참고문헌〕李智冠 『校勘譯註歷代高僧碑文』 新羅篇 p.320.

훈향 薰香 Ⓢ sugandhi, gandha, Ⓣ spos. 향내 배게 하다. 선(善)을 익히는 일의 비유다. 『불본행집경』 권19(대정장3, p.740a8)에 "너의 몸은 항상 가시가의(Ⓢ kāśika-vastra) 향내로 덮여 있었건만, 지금은 어째서 거칠고 악취나는 옷을 몸에 걸치고 있느냐? 汝身恒以迦尸迦衣 薰香所覆 今者云何 麤澁臭衣 能忍著身", 『출요경』

권22(대정장4, p.728c3 : *Udāna-v.*, p.312)에 "향나무나 해바라기 잎, 누구라도 가서 따면, 잎에서 베인 향이 멀리 퍼지 듯이, 선을 익힘도 이와 같다. 木榓葵藿葉衆生往採取 葉薰香遠布 習善亦如是 tagaraṃ palāśapa treṇa yo naro hy upanahyati, patrāṇy api sugan dhīni sad evam saṃgamāt satām"라고 하였다. 〔참고문헌〕『佛本行集經』, 『出曜經』, *Udāna-v.*

훈혁 訓畫 신라 스님. 진성여왕 9년(895)을 전후하여 7년간에 걸쳐 궁예와 견훤의 싸움으로 피폐해지자 굶주린 장병들을 위해 당시 해인사 스님이었던 훈혁이 농촌으로 다니면서 벼 한 단씩 희사받아 군량에 충당하고, 그 나머지는 치군(緇軍)과 전몰장병들의 천도와 국태민안을 위한 호국탑을 만들어 해인사 길상봉(吉祥峰) 밑에 세웠다. 탑의 높이는 3m이고 석장(石匠)은 난교(蘭交)스님이었으며 탑지(塔誌)는 최치원이 지었다. 탑지는 도굴되었다가 현재 국립중앙박물관에 있다. 〔참고문헌〕「海印寺妙吉祥塔誌」. ⇨ 해인사길상탑 海印寺吉祥塔

훈호자 獯狐子 Ⓢ Aulūkya. 바이셰쉬카의 개조인 가나다(迦那陀 Ⓢ Kaṇāda)의 별명 울루카(Ⓢ Ulūka 優樓迦 : 獯狐)에서 유래한 말. '울루카의 자손'이라는 뜻이다. 『인명정리문론』(대정장32, p.6b19)에 "혹은 선인이 세운 종의 뜻 서로 어긋난다. 예를 들면 훈호자가 '소리는 영원하다'라고 한 것과 같다. 或先所立宗義相違 如獯狐子立聲爲常"라고 하였다. 〔참고문헌〕『因明正理門論』, 『因明正理門論本』(대정장32, p.1a20). ⇨ 바이셰쉬카 Vaiśeṣika

훈호조 訓狐鳥 Ⓢ titīla-ulūka, Ⓣ pha-lbang-'ug-pa. 올빼미. 현장 역본 『구사론』에는 박쥐(蝙蝠)·올빼미(鵂鶹)라 하였고, 진역 역본에는 박쥐(蝙蝠)·구관조(鴝鵒)라 하였다. 『시설론』 권5(대정장26, p.523c24)에 "〔문〕 어째서 저 훈호조는 밤에는 볼 수 있지만 낮에는 볼 수 없는가? 〔답〕 저 훈호조의 눈동자는 그 형상이 적색이기에 밤에는 장애가 없지만, 낮에는 장애가 있으니, 이에 밤에는 볼 수 있지만 낮에는 볼 수 없다. 問何因彼訓狐鳥 夜見晝不見 答 彼訓狐鳥 目中瞳人其狀赤色 夜中無障 晝卽有障 是故夜見而晝不見", 『일체경음의』 권84(대정장54, p.854a6)에 "훈호〈앞 글자는 허와 운을 반절한 음이고, 뒷 글자의 음은 호이다. 괴이한 새이다〉. 獯狐〈上許云反 下音胡 怪鳥也〉"라고 하였다. 〔참고문헌〕『施設論』, 『一切經音義』, 『俱舍論』 권2(대정장29, p.7a22), 『俱舍釋論』 권1(대정장29, p.167a24), *Abh-k-bh.19.*

훈화 勛華 요(堯)와 순(舜). 요의 자는 방훈(放勛), 순의 자는 중화(重華). 훈화(勳華)라고도 한다. 『파사론』 권상 「상전하파사론계 上殿下破邪論啓」(대정장52, p.475b3)에 "훈화·주공의 가르침을 서술하여 그 요지를 끌어낸다. 述勛華周孔之敎 統其要也", 『일체경음의』 권88(대정장54, p.869a15)에 "훈화〈첫 글자는 훈과 운을 반절한 음, 둘째 글자는 화와 과를 반절한 음이다. 당우 이제의 자이다. 제요의 자는 방훈, 제순의 자는 중화이다〉. 勛華〈上訓雲反 下畫瓜反 唐虞二帝字也 帝堯字放勛 帝舜字重華〉"라고 하였다. 〔참고문헌〕『破邪論』, 『一切經音義』.

훌연 欻然 Ⓢ sahasā, Ⓣ mod-la. 문득. 갑자기. 훌이(欻爾)라고도 하며, 홀연(忽然)과 통한다. 『대승본생심지관경』 권4(대정장3, p.310b17)에 "이웃집에서 갑자기 화재가 일어나면, 맹렬한 불길이 바람을 타고 번져 막을 수 없다. 隣家欻然災火起 猛焰隨風難可禁", 80권본 『화엄경』 권5(대정장10, p.681b6)에 "내가 이와 같이 사유하는 순간 바다에서 온갖 보배로 장엄한 큰 연꽃 한 송이가 문득 출현하였다. 我作如是思惟之時 從大海中 有大蓮華 衆寶莊嚴 欻然出現", 『금강경주소』 권상(卍속장38, p.527a6)에 "문득 나타나는 것을 화라 한다. 欻然而現 曰化也"라고 하였다. 〔참고문헌〕『大乘本生心地觀經』, 『華嚴經』, 『金剛經註疏』, *Abh-k-bh.156.*

훌이 欻爾 Ⓢ akasmāt. 문득 그렇게. 『유가사지론』 권7(대정장30, p.310c9 : *Yogā-bh.*, p.150)에 "때로는 문득 저절로 큰 바람이 졸지에 일어났다가 한 순간에 고요히 멎기도 한다. 或時欻爾 大風卒起 於一時間 寂然止息 akasmād ekadā vāyavo vānti ekadā na vānti"라고 하였다. 〔참고문헌〕『瑜伽師地論』, *Yogā-bh.*

훌쯔쉬 Hultzsch, Eugen Julius Theodor 1857~1927. 유겐 율리우스 티오도르 훌쯔쉬. 독일태생의 인도학자이자 금석학자. 아쇼카 비문을 판독한 것으로 잘 알려져 있다. 드레스덴(Dresden)대학에서 동양어를 전공, 본(Bonn)대학에서도 수학한 후, 1879년에 박사학위를 라이프지히(Leipzig)대학에서 받았다. 뷸러(Bühler)교수의 지도 아래 비엔나(Vienna)에서 연구를 하던 중, 1886년에 인도고고학회(Archaeological Survey of India, ASI)의 금석학 전문가로서 일하기 위해 인도 마드라스로 옮겨 남인도의 힌두사원에 있는 수많은 비문을 판독하였다. 인도비문연구서인 *Epigraphia Indica*의 총 8권 중 3권을 편집하였다. 가장 잘 알려진 저작으로 마우리야(Maurya)왕조의 아쇼카(Aśoka)왕의 비문을 판독한 연구 결과인 *Inscriptions of Asoka* (1925)가 있다. 〔참고문헌〕 Klaus L.Janert 'Hultzsch, Eugen'(*Neue Deutsche Biographie* 10, 1974).

훔 吽 Ⓢ hūṃ. 진언 종자(種子). 태장만다라 금강수원(金剛手院) 중 여러 존격의 종자이며 금강계만다라에서 제천(諸天) 공통의 종자로 쓰인다. 본래 인도 베다에서 연원하였고 밀교에 수용되어 보리심의 종자 또는 무량한 공덕을 함의한다. 𑖮𑖳𑖽(hūṃ)은 𑖮(ha)·𑖀(a)·𑖄(ū)·𑖦(ma) 네 자의 조합으로 성립한다. 『반야이취석』 권상(대정장19, p.609c10)에 "본서의 심진언은 훔자이다. 훔자는 인의 뜻이다. 인의 뜻이란 보리심을 인으로 삼는다는 뜻이니 일체 여래의 보리심과 같다. 또한 이것은 일체여래의 불공의 진여묘체로서 항하사와 같이 무량한 공덕이 모두 여기에서 생한 것이다. 훔(𑖮𑖳𑖽)이라는 한 글자에는 네 가지 뜻이 있다. 먼저 하(𑖮) 자가 본체가 된다. 하 자는 아(𑖀) 자에서 생하였다. 아 자는 일체법의 본불생이라는 뜻이다. 일체법의 인은 얻을 수 없다. 훔 자 중 우(𑖄) 자가 있다. 우 자는 일체법의 손감을 얻을 수 없음을 말한다. 이 글자 위에 원점과 반월이 있는데 이것이 마(𑖦) 자이고 일체법에서 아(我)의 뜻을 얻을 수 없다는 뜻이다. 아에는 두 가지가 있으니 인아와 법아이다. 이 두 가지는 모두 허망한 분별이 집착하는 대상이니 증익의 치우친 변이라 한다. 만약 손감과 증익을 떠난다면 중도에 계합한다. 本誓心眞言吽字 吽字者 因義 因義者 謂菩提心爲因 卽一切如來菩提心 亦是一切如來不共眞如妙體恒沙功德 皆從此生 此一字具四字義 且賀字以爲本體 賀字從阿字生 由阿字一切法本不生故 一切法因不可得 其字中有汚聲 汚聲者一切法損減不可得 其字頭上有圓點半月 卽謂麽字者 一切法我義不可得 我有二種 所謂人我法我 此二種皆是妄情所執 名爲增益邊 若離損減增益 卽契中道", 『훔자의』(대정장77, p.407c10)에 "여기에서 훔자의 본체는 하 자이다. 이는 일체여래의 보리심이 인이 된다. 아래에 있는 삼매의 획은 대비만행의 뜻이다. 위에 있는 대공점은 구경보리열반의 과이다. 이 한 자로써 삼승인이 인과 실천 그리고 과를 남김 없이 모두 아우른다. 그리고 현교 일승과 비밀교 일승의의 원인과 실천 등을 이에 준하여 알 수 있다. 今此吽字本體訶字 是則一切如來菩提心以爲因也 下有三昧畫 是大悲萬行義 上有大空點 是究竟大菩提涅槃之果也 以此一字攝三乘人因行果等悉攝無餘 及以顯教一乘祕密一乘之因行等准知之", "다음으로 이 한 자로써 모든 경론이 밝힌 이치를 공통적으로 아우를 수 있음을 밝힌다. 『대일경』과 『금강정경』에서 밝힌 것은 모두 이 보리심이 인이 되고, 대비가 뿌리가 되며, 방편이 구경이 된다는 삼구를 벗어나지 않는다. 만약 광대함을 아울러 간략하게 하거나 지말을 거두어 근본으로 돌아가게 한다면 일체의 교의는 이 삼구를 벗어나지 않는다. 이 삼구를 합치면 훔 자 하나로 돌아간다. 광대하지만 어지럽지 않고 간략하지만 빠트림이 없다. 이는 여래의 부사의한 힘이고 법 본연의 가지력이 행한 것이니 비록 수천 수만의 경론이더라도 이 삼구와 한 자를 벗어나지 않는다. 次明以此一字通攝諸經論等所明理者 且 大日經 及金剛頂經所明 皆不過此菩提爲因 大悲爲根 方便爲究竟之三句 若攝廣就略攝末歸本 則一切教義不過此三句 束此三句以爲一吽字 廣而不亂略而不漏 此則如來不思議力 法然加持之所爲也 雖千經萬論 亦不出此三句一字"라고 하였다. 〔참고문헌〕『般若理趣釋』, 『吽字義』. ⇨ 종자 種子

훔가라 吽迦羅 Ⓢ hūṃ-kāra의 음사어. 훔자(吽字)라는 뜻이다. 『금강정약출염송경』 권3(대정장18, p.241b5)에 "금강아사리가 위에 설명한대로 자리에 따라 배열한 후 법에 따라 진언유가에 머무르면 이를 금강 훔가라라고 한다. 이것이 바로 훔삼마지법을 설한 것이다. 金剛阿闍梨如上所說 隨位布置已 復依法住瑜伽 號爲跋折囉吽迦羅 卽說此吽三摩地法", 『금륜주왕경』(대정장19, p.334a26)에 "보살마하실의 마음이 산란하지 않으면 일체의 실지를 성취하고 현생에 훔가라심의 대금강신체를 증득한다. 菩薩摩訶薩心不廢亂 卽得成就一切悉地 現生證得吽迦羅心摩訶縛日羅身"라고 하였다. 〔참고문헌〕『金剛頂略出念誦經』, 『金輪呪王經』. ⇨ 훔 吽

훔발 吽發 실담자 𑖮𑖳𑖽 𑖣𑖘𑖿(hūṃ phaṭ)의 음사어. 두 음절의 진언 종자. 훔발타(吽發吒)라고도 음사한다. 마장(魔障)을 부수는 공력이 있어 항복법 진언의 마지막에 붙인다. 『금강정약출염송경』(대정장18, p.226a9)에 "분노한 목소리로 진언을 염송하는 것은 비구름의 그림자와 같으니 훔자라 한다. 분노로 항복법의 진언을 염송할 때 훔발 두 자를 붙이면 모든 경우에 뜻이 분명해진다. 凡以瞋語音誦密語者 謂如雲蔭稱吽字 以瞋語誦降伏密語卽加吽發二字 皆須音旨分明", 『금강삼업경』 권7(대정장18, p.510a26)에 "성취법에서 설한 훔발타 자는 자성적정의 문이니 대성취라는 뜻이다. 成就法所說 謂吽發吒字 自性寂靜門 是大成就義", 『묘길상최승근본대교경』 권3(대정장21, p.92b6)에 "마지막 구절에서 훔발타 자를 염송하면 악인들이 빠르게 사라진다. 後句誦吽發吒字 彼等惡人速得除滅"라고 하였다. 〔참고문헌〕『金剛頂略出念誦經』, 『金剛三業經』, 『妙吉祥最勝根本大教經』.

훔자관 吽字觀 실담자 𑖮𑖳𑖽(Ⓢ hūṃ) 자(字)를 관상하는 밀교 관법. 금강계 제존(諸尊) 공통의 종자(種子)로서 일체 여래의 보리심(菩提心)과 중중무진(重重無盡)의 공덕을 뜻한다. 『금강봉유기경』 권상(대정장18, p.258a20)에 "항상 자기 마음 속에서 훔자의 모양과 소리를 관상하되 들숨과 날숨을 놓치지 않으면 몸과 마음이 보이지 않게 되고 다만 자를 관하는 인연이 일어날 뿐이니 거대한 허공과 같아져서 금강성에 견고하게 머물고 완전하게 금강과 같은 몸이 된다. 常於自心中 觀一吽字聲出入隨命息 不見身與心 但觀字因起 等同於大空 堅住金剛性 全成金剛體", 『삼십칠존심요』(대정장18, p.292a

4)에 "수행자의 처음 일으킨 신심은 보리심을 나타낸다. 이는 대원경지의 흘리나야(Ⓢ hṛdaya)의 마음이다. 이는 중생의 마음 속에 훔자를 종자로 안치하는 것이니 종자가 월륜으로 변하고 원륜의 광명 속에서 오지의 금강저가 광명으로 사무친다고 관상하면 금강저가 금강살타로 변화한다. 이는 곧 보현보살의 다른 이름이다. 이는 동방 아축여래의 금강부를 나타내고 대원경지와 같다. 夫修行者初發信心 以表菩提心 卽大圓鏡智紇哩娜野心 是衆生內心 安吽字爲種子 所變種子爲月輪 於輪光明中 想五智金剛杵光明照徹 卽易杵爲金剛薩埵 卽普賢菩薩之異名 此表東方阿閦如來金剛部也 卽大圓鏡智是也", 『묘길상평등유가비밀관신성불의궤』(대정장20, p.931b6)에 "마음 속에서 승단 위에 있는 훔자의 형태를 관상하되 반복하면 금강으로 변하고 다시 한 번 관상하면 아축존이 된다. 次想心內僧壇位 觀吽字形 去而復來卽爲金剛 想一返成阿閦尊"라고 하였다. 〔참고문헌〕『金剛峰瑜祇經』, 『三十七尊心要』, 『妙吉祥平等瑜伽祕密觀身成佛儀軌』.

훔자의 吽字義 홍법대사(弘法大師) 공해(空海) 지음. 1권. 훔자(吽字)의 의미를 종횡으로 해석하는 내용이다. 『즉신성불의』·『성자실상의』와 함께 공해의 삼대 저작으로 꼽힌다. 『대일경』과 『금강정경』·『수호경』·『대일경소』를 통소의(通所依)로 삼고, 『반야이취경』·『유기경』을 별소의(別所依)로 삼아 저술되었다. 훔(हूं hūṃ) 한 자에 천만 경론의 무량한 법문과 교법이 포함되어 있다는 내용을 골자로 다양한 관점과 깊이로 훔자의 함의를 풀이하여 설명한다. ⇨훔 吽

훔합라실리 吽哈囉悉利 1103~1165. 남송대 스님. 북인도 말광달국(末光闥國) 출신. 계족산(鷄足山)에 머물렀고 갖가지 밀교다라니를 외웠으며 질병을 치유하고 호풍환우하며 사나운 호랑이를 조복시키는 등의 신통력이 있었다. 형제 삼마야실리(三磨耶悉利) 등 7명과 문수보살을 친견하기 위해 소흥연간에 남송 국경을 넘어 청량산에서 문수보살을, 영암(靈巖)에 가서는 관음상을 예배하였다. 제남(濟南)에서 문수진용사(文殊眞容寺)를 세웠고 체주(棣州)에서 삼학사(三學寺)를 건립했다. 1165년에 삼학사에서 세수 63세로 입적했다. 〔참고문헌〕『佛祖歷代通載』 권20(대정장49, p.699c22).

훔훔 吽吽 호랑이나 소 등의 울부짖는 소리. 훔(हूं hūṃ)은 밀교의 종자지만 선종에서는 이를 겹쳐 써서 할(喝) 등과 같이 쓴다. 『임제록』(대정장47, p.504a)에 "임제가 행산에게 물었다. '무엇이 노지의 흰 소입니까?' '훔, 훔!' 師問杏山 如何是露地白牛 山云 吽吽", 『선문염송설화』 1029칙 「설화 說話」(한불전5, p.729c4)에 "'훔, 훔!'이라 소리내는 것은 마구니를 항복시키는 진언이다. 괴이함을 물리친다. 喚云吽吽者 降魔眞言也 是遣怪也"라고 하였다. 〔참고문헌〕『臨濟錄』, 『禪門拈頌說話』.

훤정동관 喧靜同觀 시끄러움과 고요함 한결같이 보다. 『대각국사문집』 권19(한불전4, p.564a7)에 "대사는 자잘한 절에 묶이지 않고 불법을 널리 알리는 소임을 품고서 산수에서 좌선하고 때로는 사람들 속에서 교화를 펼쳤다. 자신과 타자에게 아울러 이익을 주었으니 시끄러움과 고요함을 한결같이 보았기 때문이다. 今大師不拘小節 弘法爲心 山水坐禪 或人間行化 自他兼利 喧靜同觀故也"라고 하였다. 〔참고문헌〕『大覺國師文集』.

훤화 諠譁 Ⓢ saṃcagghati, dgod-pa. 목소리를 크게 하여 시끄럽게 떠들다. 훤은 훤(喧)과 혼용한다. 훤효(喧囂)라고도 한다. 『대장엄론경』 권15(대정장4, p.347b26)에 "듣자하니 옛날에 수미라라는 비구는 농담으로 우스갯소리를 잘하여 한 국왕에게 시끄럽게 떠들며 기쁘게 함으로써 왕의 마음에 들었다고 한다. 曾聞往昔有比丘名須彌羅 善能戲笑 與一國王 諠譁歡悅 稱適王意", 『담연원징어록』 권8(卍속장126, p.301b16)에 "대부는 고요한 환경을 구하고 시끄럽게 떠드는 경계를 싫어한다. 大夫求靜 厭喧譁"라고 하였다. 〔참고문헌〕『大莊嚴論經』, 『湛然圓澄語錄』, *Bodh-bh.115.* ⇨훤효 喧囂

훤효 喧囂 시끄럽다. 또는 그러한 곳. 훤화(諠譁)라고도 한다. 『대방광총지보광명경』 권2(대정장10, p.890a9)에 "만약 그 경계에 머물며 이와 같은 마음을 지닌다면, 대승경전을 독송하고 수지하며, 시끄러운 곳을 멀리 떠나 고요한 곳에 살면서, 모든 가까운 선지식을 찾아 다니리라. 若以住彼如是心 讀誦受持大乘典 遠離喧囂居閑靜 訪尋一切親善友", 『법화경현찬요집』 권14(卍속장54, p.74b16)에 "범이란 고요하다는 뜻이다. 번뇌는 시끄럽기에 범이 아니라고 한다. 梵者寂靜義 煩惱喧囂故名非梵"라고 하였다. 〔참고문헌〕『大方廣總持寶光明經』, 『法華經玄贊要集』. ⇨훤화 諠譁

훼 毁 **1** 비방하거나 비판하여 무너지게 하다. 『순정리론』 권26(대정장29, p.489b19)에 "따라서 다른 종의(宗義)의 선설을 배타하고 구차하게 자신이 스스로 종승을 세우고자 해서 다음처럼 '성교의 이치에 순하지 못했다' 하는 것은 다른 이가 성취한 것을 무너뜨리는 것이니, 어찌 어진 스승이라 하겠는가? 是故憎背他宗善說 苟欲成立自所宗承 如是未爲順聖教理 毁他成已 豈日仁師", 『성유식론』 권3(대정장31, p.14c21)에 "모든 대승경전은 다 무아에 수순하며 삭취취(數取趣 Ⓢ pudgala)를 거스른다. 유전을 버려 등지고 환멸을 향해 나아가며, 불법승을 찬탄하고 외도들을 무너뜨린다. 諸大乘

經皆順無我違數取趣 棄背流轉趣向還滅 讚佛法僧毁諸外道"라고 하였다. [참고문헌] 『順正理論』, 『成唯識論』. ❷ Ⓢ avajñāṃ prakaroti, prati-√kṣip, pratikṣipati, ayāsa, Ⓟ ayaso, Ⓣ rab-tu-brnyas-byed-pa, spongs-pa. 비방. 무너뜨림. 세간팔법(世間八法) 중 하나로 기(譏)로 한역되기도 하였다. 『증일아함경』 권42(대정장2, p.779c9 : *Lokadhamma-sutta, AN.4*, p.156)에 "이른바 세간의 여덟 가지 법이란 세간을 따라 돌고 돈다. 무엇이 그 여덟인가? 이익·손실·불명예·명예·칭탄·비방·고통·쾌락이다. 所謂世間八法是隨世迴轉 云何爲八 利 衰 毁 譽 稱 譏 苦 樂 aṭṭh' ime bhikkhave lokadhammā lokaṃ anuparivattanti, loko ca aṭṭha lokadhamme anuparivattati. katame aṭṭha. lābho ca alābho ca ayaso ca yaso ca nindā ca pasaṃsā ca sukhañ ca dukkhañ ca", 『대승장엄경론』 권1(대정장31, p.592c23 : *Sūtr.*, p.8)에 "'헐뜯는 말'이란 좋은 말을 무너뜨린다. 謗說者 毁善說故 dharmasya ca svākhyātatāṃ pratikṣipati tan nidānaṃ ca-apuṇya-prabhāvāt kṣatiṃ prāpnoti"라고 하였다. [참고문헌] 『增壹阿含經』, 『大乘莊嚴經論』, *AN.*, *Sūtr.* ⇨ 세간팔법 世間八法, 팔세법 八世法

훼계 毁戒 Ⓢ dauḥśīlya, Ⓣ 'chal-pa'i-tshul-khrims. 약속해 지켜야 할 계를 무너뜨림. 계를 지켜 가지지 못함의 뜻이다. 『장아함경』 권10 「삼취경 三聚經」(대정장1, p.59b27)에 "무엇이 악취를 향해 나아가는 두 법인가? 첫째는 계를 훼손하는 것이고, 둘째는 정견을 무너뜨리는 것이다. 云何二法趣向惡趣 一謂 毁戒 二謂 破見", 『구사론』 권14(대정장29, p.75b26 : *Abh-k-bh.*, p.214)에 "만약 갖가지 향이나 화만과 높은 침상이나 의자를 수용하거나 노래와 춤을 익히고 가까이하면 마음 문득 교만하거나 들뜨게 되어 이윽고 계를 훼손하게 된다. 그것들을 멀리함으로써 마음은 곧 교만을 여의게 된다. 以若受用種種香鬘高廣床座 習近歌舞 心便憍擧 尋卽毁戒 由遠彼故 心便離憍 uccaśayanamahāśayananṛttagītādikaṃ pratisevamānasya madaḥ saṃbhavet mattasya ca dauḥśīlyam adūraṃ bhavet", 『대승광백론석론』 권6(대정장30, p.219a28)에 "또 계를 훼손하는 이는 계를 범했기에 항시 부끄러움을 품고서 스스로를 꾸짖지만, 정견을 파괴한 이는 부끄러움 없이 사견을 찬성하면서 항시 스스로를 높인다. 又毁戒者由犯戒故 常懷慚愧訶厭自身 壞正見者無慚無愧 讚成邪見恒自貢高", 『보살선계경』 권4(대정장30, p.983a16)에 "계를 훼손한 이를 보거든 깊이 연민하여 청정한 마음으로써 좋은 말로 마치 부모가 자식들에게 하듯이 가르쳐 말하길 '그대들은 범한 바를 발로하여 여법하게 참회해야 한다'라고 한다. 見毁戒者深生憐愍 以淸淨心善語敎告猶如父母敎告諸子 汝所犯者宜應發露如法懺悔"라고 하였다. [참고문헌] 『長阿含經』, 『俱舍論』, 『大乘廣百論釋論』, 『菩薩善戒經』, *Abh-k-bh.* ⇨ 계 戒, 삼취정계 三聚淨戒

훼괴 毁壞 ❶ Ⓢ pratibādhati, vipatti, vidūṣaṇa, Ⓣ rnam-par-sun-'byin-pa. 무너뜨리고 부수다. 『중론』 권4(대정장30, p.32c6 : *Pras.*, p.213)에 "공법은 인과 과를 파괴하고, 죄와 복도 파괴하며, 모든 세속의 법도 다 파괴한다. 空法壞因果 亦壞於罪福 亦復悉毁壞 一切世俗法 śūnyatāṃ phalasadbhāvam adharmaṃ dharmam eva ca sarvasaṃvyavahārāṃś ca laukikān pratibādhase", 『유가사지론』 권11(대정장30, p.329b18 : *Samā-bh.*, p.132)에 "혼침이란, 청정한 계 등 선행 중 하나를 파괴하는 것 등의 인이 된다. 惛沈者 謂或因毁壞淨尸羅等隨一善行 styānaṃ katamat. anyatamānyatamāṃ vā śīlādi-vipattim"라고 하였다. [참고문헌] 『中論』, 『瑜伽師地論』, *Pras.*, *Samā-bh.* ❷ Ⓢ lujyate, naṣṭa, Ⓣ 'jig-pa. 부서져 무너지고 마는 것. 세간(世間)이나 유루법(有漏法)의 뜻이다. 『구사론』 권1(대정장29, p.2b2)에 "(有漏法을) 또한 세간이라고도 하니 가히 부서져 무너지기 때문이고, 마주해 다스릴 수 있기 때문이다. 亦名世間 可毁壞故 有對治故", 『구사론기』 권1(대정장41, p.15a10)에 "이러한 유루법을 또한 세간이라고도 한다. '가히 무너지기 때문이다'란 무위법을 가려 달리하는 것이고, '마주해 다스릴 수 있기 때문이다'란 도제를 가려 달리함이다. 此有漏法亦名世間 可毁壞故 簡異無爲 有對治故 簡異道諦", 『능가경』 권4(대정장16, p.508b15 : *Laṅk.*, p.205)에 "어떤 이는 '색이 전변하는 과정을 무상이라 한다'고 설한다. 틈새없이 스스로 흩어져 무너지니 마치 우유가 연유 등으로 전변하는 것처럼 과정은 볼 수 없지만, 무상에 의해 파괴되어 모든 자성이 변한다는 것이다. 有說色轉變中間 是名無常 無間自之散壞 如乳酪等轉變 中間不可見 無常毁壞 一切性轉 anye rūpasya vikārāntaram-anityatām. nairantarya-prabandhena svarasabhaṅgabhedaṃ sarvadharmāṇāṃ kṣīra-dadhi-pariṇāma-vikārāntaravad-adṛṣṭa-naṣṭā sarva-bhāveṣu pravartate na nityateti"라고 하였다. [참고문헌] 『俱舍論』, 『俱舍論記』, 『楞伽經』, *Laṅk.*, *Abh-k-bh.5.*

훼금 毁禁 Ⓢ sacchidratva, Ⓣ nyams bcas. 금한 바를 무너뜨리다. 금계(禁戒)를 말한다. 『별역잡아함경』 권8(대정장2, p.433b20)에 "나와 비구들이 비록 다른 곳으로 갈지라도 네가 만약 여래와 비구들을 항상 보고자 한다면, 법안을 다한 마음으로 관하고 항상 다섯 가지 일을 닦으니, 다섯 가지란 무엇인가? … (둘째는) 청정한 계율을 지켜서 가르침을 따르는 것으로, 계를 어기면서 가르침을 따를 수는 없다. 我及比丘 雖去餘處 汝若恒欲見於如來及比丘者 應以法眼至心觀察 常修五事 何等爲五 … 持淨戒故 能隨順教 非是毁禁 能順教也", 『사익범천소문경』 권1(대정장15, p.35c23)에 "범천이여, 보살은 네 가지 법을 가져서 계를 범하는 죄에서 잘 벗어난다. 그 네 가지란 첫째 무생법인을 얻음이니, 모든 법은 온 곳이 없기 때문이다. 둘째 무멸인을 얻음이니, 모든 법은 간 곳이 없기 때문이다. 셋째 인연인을 얻음이니, 모든 법은 인연으로 일어남을 알기 때문이다. 넷째 무주인을 얻음이니, 다른 마음이 상속하지 않기 때문이다. 이것이 그 네 가지이다. 梵天 菩薩有四法 善出毁禁之罪 何等四 一者 得無生法忍 以諸法無來故 二者 得無滅忍 以諸法無去故 三者 得因緣忍 知諸法因緣生故 四者 得無住忍 無異心相續故 是爲四"라고 하였다. [참고문헌] 『別譯雜阿含經』, 『思益梵天所問經』, *Sūtr.165.*

훼멸 毁滅 무너뜨려 사라지게 하다. 『대반야경』 권547(대정장7, p.814b22)에 "반야바라밀다를 호념하면서 모든 악마로 하여금 무너뜨려 멸하지 못하도록 하니, 모든 세간에 오래도록 머물러 이익과 즐거움을 준다. 護念般若波羅蜜多 令諸惡魔 不能毁滅 久住利樂 一切世間"라고 하였다. [참고문헌] 『大般若經』.

훼방 毁謗 Ⓢ apavāda, prati-√kṣip, Ⓟ avaṇṇaṃ bhāsati, Ⓣ skur-pa-'debs-pa. 말로 헐뜯어 무너지게 하다. 『장아함경』 권14 「범동경 梵動經」(대정장1, p.88c9 : *Brahmajāla-sutta, DN.1,* p.2)에 "그때 세존께서 비구들에게 이르셨다. '만약 어떤 방편으로 여래와 법과 중승을 훼방하는 사람이 있을지라도 그대들은 분노를 품고 마음에 두어 그들을 해칠 생각을 해서는 안된다'. 爾時 世尊告諸比丘 若有方便 毁謗如來 及法衆僧者 汝等不得 懷忿結心 害意於彼 mamaṃ vā bhikkhave pare avaṇṇaṃ bhāseyyuṃ dhammassa vā avaṇṇaṃ bhāseyyuṃ saṃghassa vā avaṇṇaṃ bhāseyyuṃ tatra tumhehi na āghāto na appaccayo na cetaso anabhiraddhi karaṇīyā", 『법화의소』 권9(대정장34, p.593c8)에 "악인이 훼방하는 까닭에는 대체로 두 뜻이 있다. 하나는 밖에서 마구니가 자신에게 침입하여 헐뜯도록 한다. 세 줄의 글이 그것이다. 또 하나는 안으로 어리석어 소승이 방편임을 모르고 집착하여 대승을 비방한다. 두 줄의 글이 그것이다. 惡人所以毁謗者 凡有二義 一者 外魔來入身中 令其毁謗 三行文是也 二者 內愚癡故 不知 小乘是方便 執以謗大 二行半文是也"라고 하였다. [참고문헌] 『長阿含經』, 『法華義疏』, *DN., Yogā-bh.204., Śikṣ.95.*

훼방론 毁謗論 Ⓢ apavāda, Ⓣ tshig-ngan-pa-smra-ba. 헐뜯고 비방하기만 하는 언론. 육종론(六種論) 중 하나로 분노 등 염오심을 가진 채 위세를 드러내며 서로 비방만을 위해 언론을 일으킨다. 『유가사지론』 권15(대정장30, p.356a16)에 "이 인명처(因明處)는 첫째 논체성(Ⓢ vāda) 등 간략히 일곱 가지다. … 무엇을 논체성이라 하는가? 여섯 가지가 있다. … 훼방론이란 분함을 품고 일으키는 이가 염오의 마음으로 위세를 떨치려 해서 다시 서로 내치고 비방하는 모든 언론을 말한다. 추악한 말로 견인되거나 불손함으로 견인되거나 기어로 견인된다. 내지 악설의 법과 율중에서 모든 유정들 위해 그 법을 설하고 연구하고 결정해 택해서 가르치고 훈계하는 것을 말한다. 이와 같은 등의 논을 훼방론이라 한다. 當知此中略有七種 一 論體性 … 云何論體性 謂有六種 … 毁謗論者 謂懷憤發者 以染汚心 振發威勢 更相擯毁 所有言論 謂麤惡所引 或不遜所引 或綺言所引 乃至惡說法律中 爲諸有情 宣說彼法 硏究決擇 教授教誡 如是等論 名毁謗論", 『현양성교론』 권11(대정장31, p.531b17)에 "왜 그러한가? 실상을 버릴 수 없기 때문이고, 악도를 견인하기 때문이고, 무리가 설사 노력을 기울여도 뜻도 이익도 없으니, 이에 이러한 논을 훼방론이라 한다. 何以故 非撥實相故 引惡道故 徒設功勞無義利故 是故此論名毁謗論"라고 하였다. [참고문헌] 『瑜伽師地論』, 『顯揚聖教論』. ⇨ 육종론 六種論, 칠인명 七因明

훼사 虺蛇 독사(毒蛇). 삼독(三毒) 중 진(瞋)을 비유하기도 한다. 『불본행경』 권3(대정장4, p.73c14)에 "비유하면 꽃으로 겉이 장식된 좋은 집이라 해도 그 안에는 독을 품은 독사가 가득한 것과 같다. 譬如好舍 花飾其表 含毒虺蛇 充滿其中", 『잡아비담심론』 권4(대정장28, p.905c7)에 "진에라는 번뇌를 닦고 익혀 자주 익히면 독사로 난다. 瞋恚使修習多修習生虺蛇中", 『비나야』 권9(대정장24, p.887c28)에 "어느 한 어리석은 비구가 큰 썩은 나무를 가지고 와 불을 피우려 했다. 검은 독사가 나무에서 나와 그 비구는 두려운 나머지 소리를 질러 사람들을 불렀다. 有一摩訶羅比丘 負大腐木來欲然火 有黑虺蛇木中來出 比丘怖懼便失聲喚"라고 하였다. [참고문헌] 『佛本行經』, 『雜阿毘曇心論』, 『鼻奈耶』.

훼소 虺所 독사가 사는 곳. 사대(四大)로 된 색신의 비유다. 『칠처삼관경』(대정장2, p.875b19)에 "색이란 사대이고, 사대라는 독사가 사는 곳이기도 하다. 색은 본래 이와 같으니 본래 그대로 알라. 色爲四大 亦爲在四大虺所 色本如是 如本知"라고 하였다. [참고문헌] 『七處三觀經』. ⇨ 사대 四大, 색 色

훼예 毁譽 Ⓢ varṇa-avarṇa, yaśo 'yaśaḥ, Ⓣ snyan-pa-dang-mi-nyan-pa. 비난과 칭찬. 번뇌의 여덟

양상으로서 팔풍(八風)의 네 가지 짝 중 하나. 『과거현재인과경』 권3(대정장3, p.644a28)에 "내 마음 저 허공 같아서 모든 비난과 칭찬에 어떤 분별도 없다. 我心如空 於諸毁譽 無所分別", 『대집대허공장보살소문경』 권1(대정장13, p.616b25)에 "비난과 칭찬 등 세간의 여덟 가지 법을 넘어서 마음 행함에 고르고 가지런하니, 마치 허공과 같다. 超越世間 毁譽八法 心行平等 猶若虛空", 『집이문족론』 권18(대정장26, p.443a5)에 "무엇이 훼(毁)인가? 〔답〕 모든 것이 숨어 등진 채로 눈앞에 없을 때 칭찬하지도 탄미하지도 또 드러내 말하지도 않음은 물론, '그는 신계문사혜 등에 모두 구족하지 못하다' 하는 것 등을 '훼'라고 한다. 어떤 것을 예(譽)라고 하는가? 〔답〕 모든 것이 숨고 등진 채로 면전에 없는 곳에서 칭찬하며 탄미하고 드러내며 '그는 신계문사혜 등을 모두 빠짐없이 갖추었다' 하는 것을 '예'라고 한다. 云何名毁 答 諸有隱背 不現在前 不稱不讚 不歎不美 亦不揄揚言 彼信戒聞捨慧等 皆不具足 是名爲毁 云何名譽 答 諸有隱背 不現在前 稱讚歎美 亦復揄揚言 彼信戒聞捨慧等 悉皆具足 是名爲譽", 『자비도량참법』 권2(대정장45, p.930c9)에 "모든 중생에 대하여 마음 항상 평등하여 마치 허공과 같으니, 비난과 칭찬에도 흔들리지 않고 원수와 친속을 하나같이 여기니, 깊고 넓은 마음에 들어가 부처님의 지혜를 배운다. 於一切衆生 心常平等 猶如虛空 毁譽不動 怨親一相 入深廣心 學佛智慧", 『석씨계고략』(대정장49, p.771a9)에 "비난과 칭찬은 애착과 혐오의 근원이자 화와 복의 조짐이다. 夫毁譽者 愛惡之原 而禍福之機也"라고 하였다. 〔참고문헌〕 『過去現在因果經』, 『大集大虛空藏菩薩所問經』, 『慈悲道場懺法』, 『釋氏稽古略』, *Yogā-bh.51.*, *Sūtr.180.* ⇨ 팔풍 八風

훼자가책 毁呰呵責 잘못을 드러내 꾸짖고 책망함. 염괴대치(厭壞對治 Ⓢ dūṣaṇā-pratipakṣa : 厭患對治)를 말한다. 『잡아비담심론』 권8(대정장28, p.937c25)에 "아라한에게는 비록 불선법과 단대치는 없지만 괴대치〈비방하고 가책하는 것을 괴대치라 한다〉·지대치·원분대치가 있기에 또한 사정단을 말하는 것이다. 阿羅漢雖無不善法及斷對治 而有壞對治〈毁呰呵責是壞對治〉持對治遠分對治故 亦說四正斷"라고 하였다. 〔참고문헌〕 『雜阿毘曇心論』. ⇨ 염괴대치 厭壞對治, 염환대치 厭患對治, 사종대치 四種對治

훼치 毁齒 이가 빠지다. 아동의 유치가 빠진 모양으로 일고여덟 살을 가리킨다. 『불조통기』 권49(대정장49, p.441c6)에 "훼치 나이에 출가하여 열다섯에 낙발하고 구족계를 받았다. 毁齒出家 十五 落髮受具戒", 『일체경음의』 권57(대정장54, p.689b4)에 "정현(鄭玄)이 주석한 『주례』에 따르면, 남아 일곱 살, 여아 여덟 살이 훼치이다. 鄭注周禮 男七歲 女八歲 卽毁齒也"라고 하였다. 〔참고문헌〕 『佛祖統紀』, 『一切經音義』.

훼패 毁敗 망가뜨리고 무너지게 하다. 『부사의광보살소설경』(대정장14, p.672a1)에 "분노가 일어나기에 몸과 마음을 허물어 뜨리고 몸과 마음을 허문 다음에는 진에에 휩싸여 욕을 쏟아낸다. 以忿恚故 毁敗身心 敗身心已 瞋恚罵言" 『대지도론』 권35(대정장25, p.318a3)에 "다섯 가지 애욕의 발생은 바로 갖가지 선을 파괴하고 덕업을 허물기 위하여 나온다. 五欲之生 正爲破壞衆善 毁敗德業故出"라고 하였다. 〔참고문헌〕 『不思議光菩薩所說經』, 『大智度論』.

훼형 毁形 Ⓢ vairūpya, Ⓣ gzugs-mi-sdug-pa. 부모에게 받은 몸을 훼손하다. 삭발 등으로 모습을 바꾸는 일로 출가를 뜻한다. 『과거현재인과경』 권4(대정장3, p.645c22)에 "오욕의 쾌락을 버리고 몸을 훼손하여 품은 뜻을 지키며 사문이 되리라. 우리들이 이제 다시 무엇을 돌아보고 연연하면서 출가하지 못하겠는가? 棄五欲樂 毁形守志 而爲沙門 我等今者 復何顧戀 不出家耶", 『오분율』 권1(대정장22, p.3a7)에 "그때 수제나는 부모님이 오는 모습을 보고 일어나 맞이하며 인사를 올렸다. 부모님이 '너는 어쩌자고 몸을 훼손하여 숲 속에 지낼 필요가 있느냐? 다시 불도를 버리고 집에서 선행을 닦아야 한다'라고 하자 부모님께 아뢰었다. '불도를 버리고 다시 하천한 속가로 갈 수 없습니다'. 이와 같이 세 차례 오가면서도 굳힌 마음은 더욱 확고해지자 부모는 흐느껴 울면서 포기하고 집으로 돌아갔다. 時 須提那 見父母來 起迎問訊 父母語言 汝何用毁形 在林樹間 可還捨道 在家修善 白父母言 不能捨道 還就下賤 如是至三 執心彌固 父母嗚咽 捨之還家"라고 하였다. 〔참고문헌〕 『過去現在因果經』, 『五分律』, *Bodh-bh.133.*

휘신 諱辰 죽은 날. 기일(忌日). 『동산어록』(대정장47, p.507b4)에 "동산이 여러 곳을 돌아다닐 때 먼저 남전을 찾아갔는데 마침 마조의 휘신을 맞아 재를 준비하고 있었다. 師遊方首謁南泉 値馬祖諱辰修齋"라고 하였다. 〔참고문헌〕 『洞山語錄』. ⇨ 기일 忌日

휘신도량 諱辰道場 고려대에 국왕과 왕비의 제삿날에 행했던 천도재. 휘신도량(諱晨道場)이라고도 한다. 『고려사』 세가(世家)에 의하면, 1042년(정종8) 6월 을해일에 정종(靖宗)이 태조(太祖) 왕건(王建)의 휘신도량을 위해서 개국사(開國寺)에 행차하였고 이후 1046년(문종 즉위) 7월 기묘일에 모후(母后)의 휘신도량을 위해 왕륜사(王輪寺), 1047년(문종1) 5월 기해일에 현종(顯宗)의 휘신도량을 위해 현화사(玄化寺), 1105년(숙종10) 9월 무술일에 어머니인 인예태후(仁睿太后)의 휘신도량을 위해 장경사(長慶寺), 1032년(덕종1) 5월 정유일에 아버지 문종(文宗)의 휘신도량을 위해 현화사, 1032년 6월 신축일에 태조의 휘신도량을 위해 봉은사(奉恩寺)에 당시 국왕이 행차하였다고 한다. 1193년(명종23) 11월 을유일에는 공예태후(恭睿太后)의 휘신(諱辰)이어서 내전(內殿)에서 재(齋)를 설했다고 하는데 이 또한 휘신도량으로 이해된다. 『고려사』 편찬 범례에 의하면 국왕이 직접 행차한 것만을 기록하고 상례적인 행사는 처음 보이는 것만을 서술하고 있어 고려시대 휘신도량 설행은 현재 남겨진 기록보다 더 많았으리라 추정된다. 〔참고문헌〕『高麗史』.

휘요 暉曜 ❶Ⓢprabha. 눈부시게 빛남. 『찬집백연경』 권1(대정장4, p.203b5 : *Av-ś.*, p.2)에 "불세존을 뵈오니 삼십이상과 팔십종호를 갖추시고, 광명으로 밝게 빛나시는데, 마치 백천의 해와 같았다. 見佛世尊 三十二相 八十種好 光明暉曜 如百千日 bhagavantaṃ dadarśa dvātriṃśatā mahāpuruṣalakṣaṇaiḥ samalaṃkṛtam aśītyā cānuvyaṃjanair … sūryasahasrātirekaprabhaṃ", 『출요경』 권9(대정장4, p.655a13)에 "지혜란 빛이고 밝음이며, 횃불이고 등불이며, 눈이고 태양이며, 달이고 큰 불덩이이며, 제법의 눈부시게 빛남이다. 慧者 亦名爲光 亦名爲明 亦名爲炬 亦名爲燈 亦名爲眼 亦名爲日 亦名爲月 亦名爲大火聚 亦名諸法之暉曜"라고 하였다. 〔참고문헌〕『撰集百緣經』, 『出曜經』, *Av-ś.* ❷Ⓢarciṣmati. 보살십지 중 하나인 염혜지(焰慧地)를 달리 이르는 말. 『점비일체지덕경』 권1(대정장10, p.458c21)에 "네 번째 보살주를 휘요라고 한다. 第四菩薩住 名曰暉曜"라고 하였다. 〔참고문헌〕『漸備一切智德經』, *Daś-bh.3.* ⇨염혜지 焰慧地 ❸사람 몸에 붙어 사는 벌레. 오호충(五戶蟲) 중 하나다. 『대보적경』 권57(대정장11, p.331b28)에 "오호충이 있으니, 월만·월면·휘요·휘면·별주라고 하는데, 오른쪽 옆구리에 붙어 살며 오른쪽 옆구리를 먹는다. 有五戶蟲 一名 月滿 二名 月面 三名 暉曜 四名 暉面 五名 別住 依右脇食右脇"라고 하였다. 〔참고문헌〕『大寶積經』.

휘유 徽猷 아름다운 길. 이끌어 훌륭하게 되도록 하는 길로서의 도(道). 『선가귀감』(한불전7, p.645c20)에 "신령스런 빛 어둡지 않아 만고의 아름다운 길일새. 이 문에 들어오거든 알음알이 두지 마라. 〈평〉 '신령한 빛 어둡지 않다' 함은 앞의 '밝디 밝아 영험하고도 영험하다'는 것을 맺음이고, '만고의 아름다운 길'이라 함은 앞의 '저 바탕 나지도 사라지지도 않는다'라고 한 것을 맺음이다. 神光不昧 萬古徽猷 入此門來 莫存知解 神光不昧者 結上昭昭靈靈也 萬古徽猷者 結上本不生滅也", 『속전등록』 권19 「천성제월전 天聖齊月傳」(대정장51, p.594b7)에 "이내 마음에 지해를 두려거든 식에 걸려 듣고 봄일 뿐이니, 조사의 아름다운 길 어찌해야 닿을 수 있을까. 오늘부터 곧장 모름지기 일념으로 정을 다하여 안팎으로 보는 것도 잊으리니 큰 지혜 두렷이 밝아 바야흐로 능히 훤히 밝히리라. 若乃心存知解 識滯見聞 祖師徽猷 如何得到 今日直須一念情盡 內外見亡 大智圓明 方能洞曉"라고 하였다. 〔참고문헌〕『禪家龜鑑』, 『續傳燈錄』.

휘일 諱日 꺼리는 날. 기일(忌日) 또는 휘신(諱辰)이라고도 한다. 『수능엄경』 권1(대정장19, p.106b24)에 "파사익왕이 그 부왕을 위해 휘일에 재를 베풀어 부처님을 궁중으로 청하되 몸소 여래를 맞이했고 널리 차린 빼어난 음식들 위없이 아름다운 맛이었으며, 아울러 다시 친히 제대보살을 모셨다. 波斯匿王 爲其父王 諱日營齋 請佛宮掖 自迎如來 廣設珍羞 無上妙味 兼復親延諸大菩薩", 『수능엄의소주경』 권1(대정장39, p.829c4)에 "선왕이 붕어한 날은 꺼리는 날이다. 그러므로 휘일이라 하니, 곧 자자 후의 첫 날이다. 휘는 꺼림이니 꺼림으로써 길한 일(吉事 : 吉禮이니 곧 祭禮임)을 거행하기에 꺼리고 피함으로 이름하였다. 先王崩日 忌諱之晨 故云諱日 卽自恣後之一日也 諱忌也 以忌擧吉事 諱避其名", 『대각국사외집』 권12 「영통사대각국사비문 靈通寺大覺國師碑文」(한불전4, p.593b10)에 "천성이 지극한 효로서 부모께 잘하여 게으르지 않았다. 그 돌아가심에 미쳐서는 그리움 끝까지 하고 마음 다하여 이로써 공덕을 지었다. 스스로 연비함에 이른 후부터 휘일이 되면 또한 그렇게 하였다. 天性至孝 善父母不怠 及其亡則窮思畢情 以營功德 至自燒臂 後値諱日亦如之"라고 하였다. 〔참고문헌〕『首楞嚴經』, 『首楞嚴義疏注經』, 『大覺國師外集』. ⇨기일 忌日, 기신도량 忌晨道場, 기신재 忌晨齋

휘종 輝宗 1759~1835. 조선후기 순천 송광사 스님. 휘는 휘종, 호는 회계(會溪), 속성은 장(張)씨, 아버지의 이름은 문칠(文七), 어머니는 남원 이(李)씨이다. 1759년(영조35) 2월 15일 곡성군 서면에서 태어났다. 8살부터 향교(鄕校)에서 공부하다가 1773년(영조49) 14살 적에 송광사로 가서 벽담행인(碧潭幸仁)을 은사로 하여 스님이 되었으며, 1774년부터 8년간 경론을 연구하고 1782년 벽담의 법을 이어받아 그의 종풍을 크게 떨쳤다. 1835년(헌종1) 11월 9일 보조암(普照庵) 방장실에 문인들을 불러놓고 이르기를 "나는 가고자 한다. 너희들 위법망구로 부지런히 정진하라! 吾欲行矣 汝等愼哉"는 유언을 끝으로 세수 77, 법랍 64세를 일기로 단정히 앉아 입적하였다. 화장한 후 사리 2과를 얻어 보조암 동쪽에 탑을 세웠다. 〔참고문헌〕 錦溟寶鼎 「會溪大師行狀」(『曹溪山松廣寺史庫』 p.633).

휘종배불 徽宗排佛 북송(北宋) 휘종(徽宗)이 도교를 숭상하면서 불교를 배척했던 사적. 휘종은 도사 서지상(徐知常)·서수신(徐守信)·유혼강(劉混康) 등을 총애하고 믿으면서 교주도군황제(敎主道君皇帝)라 자칭하고, 옥청소양궁(玉淸昭陽宮)을 지어 노자상(老子像)을 공양하며 받들었다. 아울러 절을 무너뜨린 자리에 천도회(千道會)를 세워 매 회매다 수만의 금고를 낭비하였다. 또한 1116년(정화6) 도적원(道籍院)에 칙령을 내려 불경을 태워버렸으며, 1119년(선화1) 칙령을 내려 부처님의 칭호를 대각금선(大覺金仙)으로, 보살은 선인대사(仙人大士)로, 비구는 덕사(德士)로, 비구니는 여덕사(女德士)로 개칭하여 불교의 면모를 바꾸려 하였다. 그때 좌가향적원(左街香積院)의 용도(永道)라는 스님이 불교탄압을 그치라는 상소문을 올렸으나 받아들이지 않았고 도리어 그것을 빌미로 도주(道州)로 유배되었다. 1120년(선화2)에야 비로소 점차로 승니의 복장과 승이라는 칭호도 회복했다. 1125년(선화7) 영도의 죄를 사면하였고, 불법을 위하는 뜻을 가상히 여겨 원통법제대사(圓通法濟大師)라는 호를 내렸다. [참고문헌] 『佛祖統紀』 권46(대정장49, p.418c22)·권54(대정장49, p.471b20), 『佛祖歷代通載』 권19(대정장49, p.678b26). ⇨ 법난 法難, 배불 排佛

휘종사 彙宗寺 찰합니다륜약니(察哈爾多倫諾爾 : Dolon nor)의 북단에 있는 절. 동묘(東廟)·황사(黃寺)라고도 한다. 『대청일통지』 권409의 2에 실린 기사에 따르면, 1691년(강희30) 객이객(喀爾喀)의 여러 부족이 갈이단(噶爾丹)에게 패전한 뒤 청조(淸朝)를 찾아와 투항하였고, 성조(聖祖)는 몽고의 경계를 순찰하다가 마침내 객이객 7부·48기(旗)를 이곳에서 모아 연회를 베풀고 접견하였다. 당시 각 기(旗)의 청에 따라 이 절을 건립하고 절 이름에는 48기 조종(朝宗)의 뜻이 들어 있다. 이 절을 창립한 이래 제14세 장가호도극도아갈왕라포상각납단(章嘉呼圖克圖阿噶旺羅布桑卻拉丹 Ⓣ Ngag-dbang-blo-bzang chos-ldan)이 청에 응하여 주지하면서 내외의 몽고에 황교(黃敎)를 널리 알렸으며, 그 뒤의 16세·17세·19세 장가호도극도(章嘉呼圖克圖)는 모두 동시에 본사와 선인사(善因寺)를 주지하였다. 1796년(가경1) 화재를 당하여 현존의 건축물은 후세의 작품이다. [참고문헌] 天純『內蒙黃敎調査記』, 妙丹『蒙藏佛敎史』, 逸見梅榮·仲野半四郞『滿蒙の喇嘛敎美術解說』.

휘종제삼게 徽宗帝三偈 휘종이 세 차례 게로 말하다. 송 휘종이 혜지(慧持 337~412)에게 바친 세 수의 게송을 말한다. 1113년(정화3) 사천성(四川省) 가주(嘉州)의 순리(巡吏)가 아미산(峨眉山) 길가에 벼락을 맞고 부러진 나무 안에서 온몸을 덮을 정도로 머리를 기른 모습으로 선정(禪定)에 든 스님이 있다는 말을 듣고 휘종은 칙령으로 그 스님을 상경토록 하였다. 인도 출신 총지삼장(總持三藏)이 경쇠로 그를 선정에서 깨워 물었다. 그는 여산(廬山) 동림사(東林寺) 혜원(慧遠 334~416)의 제자 혜지로서 아미산에 와서 선정에 들었고, 스승 혜원은 700년 전에 입적하였다고 답하였다. 휘종은 그 형상을 그려 천하에 반포하도록 명하면서 게송 세 수를 지었다. 『가태보등록』 권22 「휘종황제장 徽宗皇帝章」(卍속장137, p.304b5)에 "처음 이르길, 칠백년 전 꼿꼿한 늙은이, 정중 소식 그 누가 알랴? 어찌 한 짝 짚신으로 서쪽으로 돌아간 달마만 있으랴? 죽음은 부질없어 나무가 마른 껍질되듯 하리니. 둘째로 읊기를, 저 못에 산도 감추고 몸도 감추나, 천하는 감출 곳 없어 도와 가까울 만하다네. 장주(장자)에게 머뭇대지 말고 말 전해야 하니, 나무 안의 그는 시간 짊어지고 달아나는 사람(夜半有力者) 아니라네. 세 번째로 읊었다. 유정의 몸 무정 아니니, 피차 사람사람 삼매중에 몸이라네. 보리에는 본디 나무 없음을 알아차린다면, 쓰디쓰게 고생하며 노능에게 물을 일 없으리라. 一曰 七百年前老古錐 定中消息許誰知 爭如隻履西歸去 生死徒勞木作皮 二曰 藏山於澤亦藏身 天下無藏道可親 寄語莊周休擬議 樹中不是負趨人 三曰 有情身不是無情 彼此人人定裏身 會得菩提本無樹 不須辛苦問盧能"라고 하였다. [참고문헌] 『嘉泰普燈錄』. ⇨ 혜지 慧持

휘트니 Whitney, William Dwight 1827~1894. 윌리엄 드와이트 휘트니. 미국태생의 언어학자이자 문헌학자. 산스크리트 문법과 베다문헌학 분야에 많은 업적을 남겼다. 대학 졸업 후 지질학 조사를 하던 친형을 돕다 취미로 산스크리트 공부를 시작하게 되었다고 한다. 1850년에 본격적으로 산스크리트공부를 위해 독일로 떠나 베를린에서 알브레히트 베버(Albrecht Weber) 아래서, 튀빙겐(Tübingen)에서는 루돌프 폰 로스(Rudolph von Roth) 아래서 수학하며 아타르바베다(Atharvaveda)의 전체 편집본과 번역을 시작했다. 1857년에 미국동양학회(American Oriental Society) 간사를 맡은 후 1884년에 학회 수장직을 역임했다. 가장 잘 알려진 저술로 파니니(Pāṇini)의 『아슈타디아이 *Aṣṭādhyāyī*』에 의지한 범어 문법서 *Sanskrit Grammar*(1879)가 있다. 범어뿐만 아니라 독일어, 불어, 영어의 비교사전도 만들었다. [참고문헌] Stephen G.Alter *William Dwight Whitney and the Science of Language* (Johns Hopkins University Press, 2005).

휘호 徽號 고승의 학덕을 공경하고 표창하기 위한 호. 특히 칙령에 따라 내리는 시호(諡號)를 말한다. 휘는 미·선(美善)을 나타낸다. 『선림상기전』 권6(대장경보편19, p.208a8)에 "휘호 : 시호를 휘호라고도 한다. 본래 깃발의 이름에서 빌려 쓴 말이다. 徽號 謚號又言徽號本旌旗之名 借用"라고 하였다. 〔참고문헌〕『禪林象器箋』.

휴 虧 '~에서 떨어져 나온'의 뜻이지만 '~의 덕택으로'의 뜻으로도 쓴다. 『조당집』 권11 「보복종전장 保福從展章」(대장경보편25, p.508a1)에 "어떤 학인이 물었다. '온갖 번뇌의 경계를 가려내지 않고 어떻게 분명한 진실을 알겠는지요' '그대의 질문 덕택으로 말할 수 있겠군' '그렇다면 학인이 의지해 나갈 여지가 있겠군요' '산귀신의 굴을 그대 스스로 파는구나'. 有人問 不弁諸塵如何端的 師云 虧汝問卽道 進曰 與麼卽學人有賴去也 師云 山鬼窟 汝自作得"라고 하였다. 〔참고문헌〕『祖堂集』.

휴거헐거 休去歇去 '쉬어라! 그쳐라!'. 모든 헐떡거림 놓아버리고 쉬게 해서 버리다. 석상칠거(石霜七去) 중 두 가지를 짝으로 쓴 경우다. 『대혜어록』 권14(대정장47, p.867b11)에 "어떤 이들은 어떤 언설도 없이 오래도록 말없이 묵연할 뿐으로, 공겁 이전의 일로 여기고서는 사람들에게 '쉬어라! 그쳐라!'라고 가르치니, (번뇌 망상을) 그쳐서 저 흙이나 나무나 돌조각인 듯하게 할 뿐이다. 或者 以無言無說 良久默然 爲空劫已前事 教人休去歇去 歇教如土木瓦石相似"라고 하였다. 〔참고문헌〕『大慧語錄』. ⇨석상칠거 石霜七去

휴구 休咎 그쳐 아무 일 없는 때와 허물 있는 때. 길흉. 선악. 복화(福禍)가 서로 자리 바꿀 뿐인 뜻이다. 『벽암록』 9칙 「평창 評唱」(대정장48, p.150a10)에 "어떤 장애도 없이 비추어보니 천리 저편의 터럭까지도 분명히 살필 수 있을 뿐만 아니라 삿된 법과 바른 법을 가려서 판정하고, 득과 실을 분별하며, 시의적절한 도리를 가려내며, 길흉을 알아차리기도 한다. 照見無礙 不唯千里 明察秋毫 亦乃定邪決正 辨得失 別機宜 識休咎", 『연등회요』 권17 「서선정수장 西禪鼎需章」(卍속장136, p.714b7)에 "설령 하늘과 땅의 축을 돌리고 번개를 내려치고 별을 내달리게 하는 수단을 지녔을지라도 강력한 적수가 되지 못한다. 지금 내 말의 선악을 가려낼 사람 있는가? 나와서 나와 맞서보기 바란다. 조금 머뭇대다 돌아서려 한다면 한 번의 철퇴로 분쇄해 버리겠다. 縱具回天轉地 電卷星馳底手段 要且不堪勍敵 而今莫有別休咎者麼 便請出來相見 如其稍遲涉回 一鎚直教粉碎"라고 하였다. 〔참고문헌〕『碧巖錄』, 『聯燈會要』.

휴달사 亏達寺 함경남도 덕원군에 있던 절. 『동국여지승람』 권49 덕원도호부 불우에 절 이름이 보이나, 『범우고』에 폐사된 절로 기록되어 있다. 〔참고문헌〕『東國輿地勝覽』, 『梵宇攷』, 『韓國寺剎全書』 권하 p.888a11.

휴도 休屠 Ⓢbuddha의 음사어. 부도(浮屠)·불도(佛圖)·불타(佛陀)·포도(蒲圖) 등으로도 음사한다. 승중(僧衆) 또는 승중의 일원. 부처님(佛陀)을 가리키기도 한다. 부도라고 쓰기 이전의 음사어이다. 흉노(匈奴)의 왕 이름이기도 한데, 현세의 신(부처)으로 생각한 까닭이며 그들은 금인(구리 등으로 조성한 불상)을 제천(祭天)인 듯 여겼다. 『위략 魏略』 「서이전 西夷傳」에 "애제 때인 원수 원년(기원전2) 박사 제자 경헌이 대월씨국왕의 사신 이존이 구전한 휴도(부처님)의 경(佛經)을 받았다. 哀帝元壽元年 博士弟子景憲 受大月氏 王使伊存口傳休屠經", 『조상양탁경해』 「조상양탁경인 造像量度經引」(대정장21, p.939a8)에 "한 무제가 북쪽에서 흉노를 정벌하고 전리품으로 휴도인 금인(불상)을 얻어 감천궁에 안치했다. 漢武北伐匈奴 得休屠金人 安置於甘泉宮", 『사명존자교행록』 권1(대정장46, p.856c12)에 "『서한서』에 전하는 말이다. '김일제는 흉노 휴도왕의 아들이다. 오랑캐로서 나라를 잃고 한무제에게 포로로 사로잡히는 신세가 된 뒤 돈독한 공경심으로 충효를 다하였다. 그 가문은 7세 동안 대대로 내시로 지냈다. 이들은 처음부터 휴도(부처님)의 형상을 금인으로 만들어 천주에게 제사를 올리는 수단으로 삼았던 연고로 김씨라는 성을 하사받았다'. 西漢書曰 金日磾 匈奴休屠王之子 夷狄亡國 羈虜漢武 而篤敬忠孝 七世內侍 本以休屠作金人 爲祭天主故 因賜姓金氏", 『한서 漢書』 「곽거병전 霍去病傳」에 "휴도(불상)를 노획했는데, 이는 하늘에 제사지내는 금인이다. 收休屠 祭天金人", 『역대삼보기』 권2(대정장49, p.29b13)에 "천한2(기원전99)에 곽거병이 흉노를 토벌한 다음 거연산을 지나면서 휴도왕을 사로잡고 그 금인을 노획하였다. (武帝는 이를) 대신으로 생각하여 감천궁에 안치하고 향을 사르며 예를 올렸다. 이것이 불상이 처음 중국에 오게 된 일이다. 二年 霍去病 討匈奴 過居延山 擒休屠王 獲其金人 以爲大神 列置於宮 燒香禮之 此卽像初至"라고 하였다. 〔참고문헌〕『造像量度經解』, 『四明尊者教行錄』, 『歷代三寶紀』.

휴란알 休攔遏 가두고 붙잡아 두지 말기를. 붙잡아 머물게 하는 파주(把住)가 아니게 하는 뜻이다. 『선림승보전』 권21 「자명전 慈明傳」(卍속장137, p.525a8)에 "(牧童歌) 사방 어디로나 놓아 가게 해서 묶어두지 말며, 일체 물이라고는 없게 해서 뜻대로 놀게 하라. 붙잡아 두고자 한다면 고삐줄 끝 당기기만 하면 되리라. 四方放去休攔遏 一切無物任意游 要收只把索頭撥"라고 하였다. 〔참고문헌〕『禪林僧寶傳』, 『書狀』 「答樓樞密狀」(대정장47, p.938b25).

휴량 休糧 곡기를 끊다. 곡물(穀物)을 먹지 않는 선가(仙家)의 수련법. 벽곡(辟穀)과 통하며 복기술(服氣術)

과도 연관된다. 『포박자 抱朴子』「선약 仙藥」 등에 나타난다. 『묘길상대교왕경』 권2(대정장20, p.911b5)에 "그 숲에서 12년간 고행하며 수행하였는데 매 일년마다 고행법이 달랐다. 첫 일년은 숲에서 발우를 들고 식사를 하였다. … 마지막 일년은 좌선하며 기만을 먹었다〈중국의 태식법이나 휴량과 같다〉. 12년이 되도록 극단의 고통으로 수행하였지만 정각을 성취하지는 못하였다. 於其林中 一十二年 苦行修行 每一年中 苦行各別 一年林中持鉢而食 … 一年坐禪食氣〈如此土胎息休糧也〉 至第十二年 極苦修行 未成正覺", 『수습지관좌선법요』「치병 治病」(대정장46, p.472a21)에 "무엇보다 이 수행(止觀)에 기수련법이나 휴량 따위를 덧붙여서는 안 되니, 정법에서 벗어나는 견해를 일으킬까 염려하는 탓이다. 又不得於此 更學氣術休糧 恐生異見", 『동산어록』(대정장47, p.510b6)에 "밥을 먹고 기력을 얻으면 배부르다는 생각도 잊을 수밖에 없고, 곡기를 끊어도 배고프지 않다. 得力須忘飽 休糧更不飢"라고 하였다. [참고문헌] 『妙吉祥大教王經』, 『修習止觀坐禪法要』, 『洞山語錄』, 『宏智廣錄』 권4(대정장48, p.54c28), 『景德傳燈錄』 권14 「藥山惟儼傳」(대정장51, p.312a2). ⇨ 도교 道敎, 벽곡 辟穀, 복기술 服氣術, 복이법 服餌法

휴류 鵂鶹 Ⓢ ulūka, bhuḍhuka. 올빼미의 일종. 낮에는 눈이 보이지 않아 밤에만 활동하는 새. 『유부율』 권30(대정장23, p.792a1)에 "새들이 함께 앵무의 둥지로 가서 물었다. '우리는 휴류를 우두머리로 세우려 하는데 이렇게 해도 되겠는가?' 그때 앵무는 휴류의 얼굴을 살펴보고 게송으로 읊었다. '나는 휴류를 모든 새들의 우두머리로 삼는 일을 좋다 여기지 않노라. 성내지 않는 얼굴도 이와 같이 험상궂거늘, 일단 성을 낸다면 어떻게 하려는가?' 卽共往詣鸚鵡之處問言 欲立鵂鶹爲主 是事可不 于時 鸚鵡觀鵂鶹面 而說頌曰 我不愛鵂鶹 以爲衆鳥主 不瞋面如此 瞋發欲如何", 『일체경음의』 권51(대정장55, p.643b19)에 "휴류〈첫 글자는 후와 우를 반절한 음, 둘째 글자의 음은 유이다. 『문자전설』에 '휴류는 기이한 새이다. 휴류를 보면 낮에는 숨어 있다가 밤에 활동한다. 올빼미류에 속하며, 크기는 솔개 정도이고, 푸른 색에 붉은 눈을 가졌다'라고 한다〉. 鵂鶹〈上朽尤反 下音留 文字典說云 鵂鶹怪鳥也 案鵂鶹晝伏夜飛 荒鵄鴟梟之類也 大如鳶蒼色赤目 古今正字並從鳥休留皆聲也〉"라고 하였다. [참고문헌] 『有部律』, 『一切經音義』, *Lal-v.183.*, *Laṅk.366.*

휴류선인 鵂鶹仙人 Ⓢ Ⓟ Ulūka. 바이셰쉬카 개조인 가나다(迦那陀 Ⓢ Kaṇāda). 우루가(憂樓伽)·우루거(優婁佉)라고 음사하고, 취호선(臭胡仙)·휴각선(鵂角仙)·훈후(獯猴)라고 한역하기도 한다. 『지관보행전홍결』 권10(대정장46, p.435a4)에서 "우루(승거)는 번역하여 휴선인이다. 그 선인은 낮에는 산 속에 숨어 경서를 짓고, 밤에는 돌아다니며 설법 교화하는 것이 마치 저 올빼미새(鵂鶹)와 같으므로 이렇게 불렀다. … 그 선인은 부처님보다 앞서 팔백년 전에 출세하여 역시 오신통을 얻었다. 優樓僧佉此云休留仙 其人晝藏山谷以造經書 夜則遊行說法敎化 猶如彼鳥故得此名 … 其人在佛前八百年出世亦得五通"라고 한다. [참고문헌] 『止觀輔行傳弘決』, 『一切經音義』 권26(대정장54, p.477b1).

휴류선화석 鵂鶹仙化石 휴류선이 돌이 되다. 시조 우루거(優樓佉)가 돌로 변했다는 말. 『지관사기』 권10에 "진제가 말했다. '휴류선인은 성겁 말기에 세상에 출현하여 장생약을 복용하고 돌로 변하였다. 그 형상은 누은 소를 닮았다. 부처님 출세 이전 800년 경에 돌이 재처럼 녹아버리자 문인들이 모두 열반에 들었다고 칭송하였다'. 眞諦云 鵂鶹仙人 成劫末出 服長生藥 變爲石 形如牛臥 在佛前八百年中 石消融如灰 門人皆稱入涅槃", 『북산록』 권10(대정장52, p.631a8)에 "이 선인은 외형이 추하여 (올빼미처럼) 밤에 나가서 걸식하길 좋아하였으므로 휴류라 한다. … 후에 돌로 변화하였는데 진나보살에게 부서졌다. 그가 한 번 소리를 내지르자 돌이 가루가 되었다. 以此仙人 形醜好夜出乞食 故號鵂鶹 … 後化爲石 爲陳那菩薩破之 一吼而石粉碎矣"라고 하였다. [참고문헌] 『止觀私記』, 『北山錄』. ⇨ 우루거 優樓佉

휴류심 鵂鶹心 육십심(六十心) 중 하나. 올빼미와 같이 밤이라야 육근(六根)이 제대로 움직이는 마음. 『대일경』 권1(대정장18, p.3a)에 "휴류심이란 무엇인가. 항상 어두운 밤에만 사념하는 것을 말한다. 云何鵂鶹心 謂常暗夜思念", 『대일경소』 권2(대정장39, p.598c14)에 "제37번째, 무엇을 휴류심이라 하는가? 항상 어두운 밤에 사념에 드는 마음을 말한다. 휴류라는 새는 대낮에는 아무것도 하지 못하다가 밤이 되면 육정(육근)이 밝게 통한다. 마치 행자가 낮에는 들은 내용이 있어도 외우고 익히려 하면 흐릿해져서 좋은 방편을 얻지 못하지만 어두운 밤이 되어 이전에 했던 일을 돌이켜 생각하고 거듭 헤아리면 곧바로 명료해지는 경우와 같다. 순관을 닦는 수행 등에 이르기까지 어두운 곳이 낫다고 여긴다. 만약 알아차리고 나면 밝음과 어둠을 평등하게 생각하여 작의하는 것마다 밤낮의 차별이 없도록 할 것이다. 이것이 대치한 결과이다. 第三十七 云何鵂鶹心 謂常暗夜思念者 此鳥於大明中 無所能爲 夜則六情爽利 若行者 晝日雖有所聞 誦習昏憒 不其善巧 至暗夜 思憶所爲之事 重復籌量 便得明了 乃至修禪觀等 亦以暗處爲勝 若覺知已 當念等於明暗 令所作意 無晝夜之別 是所對治"라고 하였다. [참고문헌] 『大日經』, 『大日經疏』.

휴류자 鵂鶹子 Ⓢ Ulūka. 승론(勝論)의 개조. 색(色)과 성(聲)을 피해 밤에 걸식하며 다녔기에 휴류 즉 올빼미라 이름 했으며, 또 미제(米濟)를 추려 먹었다고 하여 식미제(食米濟 Ⓢ Kaṇāda) 선인(仙人)으로도 불렸다. 올로가(嗢露迦)·우루거(優婁佉) 등으로 음사한다. 육구의(六句義)를 처음 설하였다. 『순정리론』 권8(대정장29, p.371c17)에 "설사 어떤 이가 '만약 극미들이 서로 부딪히지 않는다면 어떻게 부딪칠 때 소리가 날 수 있겠는가?'라고 힐난하여 말한다면, 지금 이것은 휴류자 등이 '반드시 덕과 합하여야지만 소리가 생겨난다'라고 주장하는 것과 같으니 어찌 이와 같이 힐난할 수 있겠는가? 設有難言 若諸極微互不相觸 如何拊擊 得發音聲 今此豈同鵂鶹子等 要由合德方乃生聲 而爲此難", 『성유식론술기』 권1(대정장43, p.255b19)에 "성겁의 말 인간의 수명이 무량할 때 한 외도가 세간에 출현했다. 이름은 올로가였으며 휴류로 한역한다. 낮에는 색과 성을 피해 자취를 산속으로 숨었고, 밤에는 보고 듣지 않으면서 비로소 걸식을 다녔다. 그때 사람들이 마치 올빼미(鵂鶹) 같다고 해서 이로써 이름했다. 즉 훈후(獯猴)의 이명이다. 구역에서는 우루거라 하였는데 잘못이다. 또는 갈나복(羯拏僕 Ⓢ Kaṇāda)이라고도 부른다. '갈나'는 미제(米濟)로 한역하고, '복'은 식(食)으로 한역한다. 成劫之末人壽無量外道出世 名嗢露迦 此云鵂鶹 晝避色聲匿跡山藪 夜絶視聽方行乞食 時人謂似鵂鶹因以名也 謂卽獯猴之異名焉 舊云優婁佉訛也 或名羯拏僕 羯拏云米濟 僕翻爲食", "먼저는 밤에 돌아다녔기에 다른 아이나 부녀자를 놀라게 하였기에 이윽고 마당의 맷돌에서 겨 중에 있는 미제(米濟)를 거두어 먹었다. 따라서 이로써 이름을 삼은 것이니, 그때의 사람들은 식미제선인이라 불렀다. 구역에서는 건니다(蹇尼陀)라 하였으니 잘못 전했다. 또한 폐세사가(吠世史迦 Ⓢ Vaiśeṣika)라 하는 것은 승(勝)으로 한역한다. 『육구론』을 지었다. … 구역에서 위세사 또는 비세사라고 한 것은 모두 잘못 줄인 것이다. … 다년간 수도하여 이윽고 오통을 얻고 보리를 증득했노라고 말하고는 곧 입멸한다고 기뻐했다. 다만 깨달은 바 전해줄 사람이 없음을 탄식하고 세간의 유정이 무지해 혜안이 없음을 가엽게 여겨 이에 일곱 가지 덕이 있음을 보고는 법을 주어 전하도록 하였다. 先爲夜遊驚他稚婦 遂收場碾糠粃之中米齊食之 故以名也 時人號曰食米濟仙人 舊云蹇尼陀訛也 亦云吠世史迦 此翻爲勝 造六句論 … 舊云衛世師 或云鞞世師 皆訛略也 … 多年修道遂獲五通 謂證菩提便欣入滅 但嗟所悟未有傳人 愍世有情癡無惠目 乃觀七德授法令傳"라고 하였다. 〔참고문헌〕『順正理論』, 『成唯識論述記』. ⇨ 바이세쉬카 Vaiśeṣika, 승론 勝論

휴목 休沐 쉬며 목욕하다. 관리들이 휴식일에 쉬며 목욕재계를 하였기에 이렇게 말한다. 『당호법사문법림별전』 권상(대정장50, p.202a7)에 "다만 제자는 왕사로 겨를이 없어 이 서신을 보내어 회포를 대신합니다. 휴목일에 곧장 달려가 뵙겠습니다. 但弟子王事靡暇 遣此代懷 休沐之日 卽當馳謁", 『운와기담』 권상(卍속장148, p.15a1)에 "한림원 학사 왕언장이 초계를 다스릴 때 도에 대해 들은 것이 늦음을 한탄하여 휴목일이 되면 꼭 여러 총림의 노장들을 만나 문답하였다. 汪翰林彦章 牧苕谿時 於道有聞晚之歎 遇休沐日 必會諸山長老道話"라고 하였다. 〔참고문헌〕『唐護法沙門法琳別傳』, 『雲臥紀談』, 『宗門武庫』(대정장47, p.943c29), 『佛祖統紀』 권12(대정장49, p.214c25).

휴복 畦服 밭두둑 모양을 한 옷. 조각을 붙여 만든 옷(割截衣)인 가사다. 『불조역대통재』 권22(대정장49, p.732b18)에 "(妙文講主는) 나이 아홉에 부처님을 섬기고, 열 여덟에 휴복을 걸치고 공부하러 돌아다녔다. 九歲爲浮圖 年十有八 畦服游學"라고 하였다. 〔참고문헌〕『佛祖歷代通載』. ⇨ 가사 袈裟, 할절의 割截衣

휴사 休捨 Ⓢ Āśā. 선재동자가 참방했던 53명 선지식 중 일곱 번째 우바이. 80권본 『화엄경』 권63(대정장10, p.342c19)에 "선남자야! 이곳에서 남쪽으로 가면 해조라는 하나의 주처가 있고 그곳에 보장엄이라는 원림이 있다. 그 원림에 휴사라는 우바이가 있을 것이다. 그대는 그에게 가서 보살은 어떻게 보살행을 배우고 보살도를 닦는지 물어 보거라. 善男子 從此南行 有一住處 名曰海潮 彼有園林 名普莊嚴 於其園中 有優婆夷 名曰休捨 汝往彼問 菩薩 云何學菩薩行 修菩薩道", 『화엄경탐현기』 권18(대정장35, p.461c5)에 "휴사라는 말에 대해 『대지도론』 권8에는 사라라 불렀다. 범어를 감안하면 본명은 아사이다. 의요라 한역하고 만원이라고도 한다. 모든 중생의 원을 채워준다는 의미이다. 休捨者 智論第八 名呼捨羅 勘天竺本名阿舍 此翻名意樂 亦名滿願 以能滿一切衆生願故", 『일체경음의』 권23(대정장54, p.451c11)에 "우바이 이름은 휴사〈휴사의 온전한 음사어는 호사라이다. 희망이라 한역하고, 의요 또는 만원이라고도 한역한다. 중생의 희망과 의요를 채워준다는 뜻이다〉. 優婆夷名休捨〈休捨 具云呼舍羅 此云希望 亦曰意樂 或曰滿願 滿衆生希望意樂故也〉"라고 하였다. 〔참고문헌〕『華嚴經』, 『華嚴經探玄記』, 『一切經音義』, *Gaṇḍ-vy. 78.*

휴사우바이찬 休捨優婆夷讚 휴사우바이를 찬양하는 송. 『원종문류』 권22 「화엄경입법계품찬 華嚴經入法界品讚」(卍속장103, p.832b13·한불전4, p.629a20)에 "휴사우바이찬 : 마음 저 큰 바다 같아 온전히 들여 받으며 뜻은 저 수미산처럼 흔들림 없었다. 보장엄의 금보좌에 앉았노라니, 중생들 병으로 시달리니 보면 능히 없게 하였다네. 休捨優婆夷讚 心如大海全容受 志若須彌不動搖 坐普莊嚴金寶座 衆生病惱見能銷"라고 하였다. 〔참고문헌〕『圓宗文類』. ⇨ 휴사 休捨

휴수절화 携水折花 물 긷고 꽃 꺾는다네. 『공곡집』 10칙(卍속장117, p.543b2)에 "학인이 협산에게 물었다. '평소에는 누구와 더불어 이야기 하십니까?〈말 한마디 라도 다른 이 따라 하면 천산이 나를 몰아붙이리라〉' '문수는 나에게 물을 길어다 주었는데 보현은 아직도 꽃 따오지 않는구나〈꽃 따거나 물 긷는 일 헛되게 베푼 일 아니니 몇이나 엿보아 그 속을 간파할까?〉' 僧云 尋常與甚麽人對談〈一句隨他語 千山走衲僧〉 山曰 文殊 與吾携水去 普賢 猶未折花來〈採汲不虛施 幾人窺得破〉"라 하였다. 〔참고문헌〕『空谷集』.

휴암 休庵 1930~2006. 합천 해인사 스님. 휘는 정천(正天), 호는 휴암이다. ⇨ 정천 正天

휴암사 鵂岩寺 평안남도 안주시에 있던 절. 『범우고』에 "휴암에 있다. 在鵂巖"라고 하였다. 〔참고문헌〕『梵宇攷』, 『韓國寺刹全書』 권하 p.1208a9.

휴암선일 休庵善日 조선후기 스님. 『동사열전』 권4 「응화강백전 應化講伯傳」(한불전10, p.1047a1)에 응화유한(應化有閑 1813~1885)의 법형제라고 하였다. 〔참고문헌〕『東師列傳』.

휴옹 休翁 조선 스님. 일선(一禪)의 법호. 경성(慶聖 : 敬聖) 또는 선화자(禪和子)라고도 한다. ⇨ 일선 一禪[1]

휴옹행록 休翁行錄 ➡ 경성당선사행적 敬聖堂禪師行蹟, 삼로행적 三老行蹟, 일선 一禪[1]

휴우 睢盱 부릅뜨고 보다. 『일체경음의』 권16(대정장54, p.405b10)에 "고야왕 『옥편』에 '휴우는 놀라 빠른 모양'이라 하였고, 『설문』에 '위로 보다'라고 하였다. 顧野王云 睢盱 驚速之皃 說文 仰視也", 『대천보제어록』(卍속장121, p.347a5)에 "명성과 지위를 훔쳐서 교만 가득한 눈으로 부릅뜨고 보는 사람과 함께 말을 나누어도 될까? 其與竊借名位 驕盈睢盱者 可同日語哉"라고 하였다. 〔참고문헌〕『一切經音義』, 『大川普濟語錄』.

휴유미 休愈味 Ⓢ śamanīya, Ⓣ zhi-bar-byed-pa. 열 가지 맛 중 하나로, 병을 낫게 하는 맛. 『유가사지론』 권3(대정장30, p.293b17 : *Yoga-bh.*, p.67)에 "향에서 말한 것과 같이 열 가지 맛을 세우기도 한다. 즉 가작미 · 가담미 · 가상미 · 가음미 · 가연미 · 가폭건미 · 충족미 · 휴유미 · 탕척미 · 상습미인데, 뒤의 다섯 가지는 여러 가지 약맛이다. 如香說 或立十種 謂可嚼味 可噉味 可嘗味 可飮味 可吮味 可爆乾味 充足味 休愈味 盪滌味 常習味 後五謂諸藥味 daśavidhaḥ khādyaraso bhojanarasaḥ svādyarasaḥ peyarasaś cūṣyaraso viśeṣaṇīyas tarpaṇīyaḥ śamanīyaḥ śodhanīyo niṣevaṇīyaś cauṣadharasaḥ", 『유가사지론약찬』 권2(대정장43, p.23c12)에 "휴유미란 병증을 없애고 멈추어 낫게 하는 맛이다. 休愈味者 除止差病味"라고 하였다. 〔참고문헌〕『瑜伽師地論』, 『瑜伽師地論略纂』, *Yoga-bh.*

휴응 休應 기쁜 감응. 길조(吉兆)의 뜻이다. 『불조역대통재』 권12(대정장49, p.584a17)에 "그 해에 경산이 처음 출현했다. 『당오행지』에서 전한다. '686년(수공2) 9월, 옹주 신풍현에 큰 바람과 함께 천둥번개가 치더니 산 하나 솟았고 그 높이 20장이었다. 못 둘레는 300무였고 용과 봉황 형상인 듯 벼와 보리가 이채로왔다. 측천무후는 길조라 여겨 경산이라고 이름을 붙였다'. 是年有慶山始出 唐五行志曰 垂拱二年九月 雍州新豐縣 有大風雷電震吼 涌出一山 高二十丈 有池周三百畝 池有龍鳳之形 禾麥之異 天后以爲休應 故名曰慶山"라고 하였다. 〔참고문헌〕『佛祖歷代通載』.

휴정 休靜 1520~1604. 조선전기 스님. 임진왜란 때 전국 승병을 총괄하였던 8도 16종 도총섭이었다. 휘는 휴정(休靜), 자는 현응(玄應), 이름(名)은 여신(汝信), 호는 청허(淸虛) · 서산(西山), 별호는 백화도인(白華道人 : 금강산 表訓寺 白華庵) · 풍악산인(楓岳山人 : 金剛山) · 두류산인(頭流山人 : 智異山) · 묘향산인(妙香山人 : 평안도 寧邊) · 조계퇴은(曹溪退隱) · 병로(病老) 등이다. 속성은 최씨, 본관은 완산(完山), 아버지의 휘는 세창(世昌), 어머니는 김씨부인이다. 현윤(縣尹 : 縣監)을 맡아 보던 외조부인 김우(金禹)가 재직중에 연산조(1494~1506)로부터 죄를 받아 관직을 삭탈당하고 안능(安陵)으로 귀양을 가게 되어 안주(安州)사람이 되었다. 아버지 세창도 고향 땅에서 기자전(箕子殿)을 수호하는 참봉(參奉)이었으나 장인인 김우의 죄에 연좌(連坐)되어 파직당하고는 세상을 비관하면서 시주(詩酒)로써 세월을 보냈다. 어머니가 늙도록 자식을 얻지 못하여 애태우던 어느날 꿈에 한 노파가 와서 '대장부를 잉태할 것이

청허당대선사지진
통도사성보박물관 조선후기

므로 경하를 드린다'라 하고는 1520년(명종15) 3월에 태어났다. 3세 되던 1522년 어느 날 저녁 술에 취해 누워있던 아버지에게 한 노인이 찾아와 작은스님(小沙門)을 찾아보러 왔다면서 두 손으로 어린 아이를 번쩍 들어 얼굴을 맞대고 몇 마디의 주문(呪文)을 외운 다음, 이마를 만져주며 이르기를 '이 아이의 이름을 운학(雲鶴)이라고 하라'는 말을 하고는 떠났다. 간 곳이 없었으므로 알 수 없었고, 어릴 때의 이름은 운학이 되었다. 어려서부터 배우기를 게을리하지 않았을 뿐 아니라, 효심 또한 지극하여 효자며 신동이라는 칭송이 자자했다. 스님의 양아버지(養父)며 그 고을 원임(主倅 : 주쉬) 이사증(李思曾)에게까지 들여 매우 사랑하였다. 스님의 가족관계를 살펴보면 스님이 57세 때인 1576년(선조9) 1월 13일 아버지의 제삿날의 제문(祭父母文 : 한불전7, p.721c15)이 전하는데, 이 제문은 묘향산 심원동(深源洞)의 위쪽 남대(南臺) 초암(草庵)에 병석에 누운 채로 여서 아버님의 제사에 참여하지 못함을 안타까워하며 지어 보낸 제문이다. 3남 1녀 중 셋째 아들이었고, 제문을 짓던 때에는 맏형과 둘째형은 이미 죽었고 누이동생도 잇따라 죽었다 했으며(再朝金闕 歲月如流 星星白髮 尋而二兄已頹 一妹連萎號天也), 바라건대 백발이신 계형(季兄 : 끝의 형님)께서 저를 위해 영전에 대신 차 한잔을 올려 주시기 바란다(白髮一兄 爲我一奠 冥謨有知 尙哀鑑之 : 한불전7, p.722a10)라고 하였다. 9세 때 모친이 죽고 10세 적에 아버지 마저 세상을 떠나보내는 고애자(孤哀子)가 되었다. 안주 목사(牧使) 이사증(李思曾)의 양자(養子)로 입적하였다. 양아버지는 스님이 10세 때 서울로 데려가 반재(泮齋 : 대신이나 귀족들의 子弟들이 배우는 특수 學堂)에 입학시켰다. 1534년(중종29) 15세 때 진사과(進士科)에 낙방한 뒤 부모를 여읜 슬픔과 외조부의 연좌(連坐) 등으로 의욕을 잃고 번민하던 동학(同學)과 함께 남쪽을 향해 명산승지를 순방하고는 지리산에 들어가 여러

서산대사부도 대흥사 해남 17세기 · 백화암 금강산 조선후기

경전을 탐구하였다. 혼연히 선가(禪家)의 돈법(頓法)을 만나 발심하고 부용영관(芙蓉靈觀 1485~1571)에게서 불법을 듣고 입산출가할 것을 결심하였으니 숭인(崇仁 : 智嚴의 제자임)을 은사로 하여 스님이 되었다. 이어 은사로부터 『전등록』·『법화경』 등을 배우고, 7·8년간 행각하다가 경성일선(敬聖一禪)을 계사로하여 비구계를 받고 영관의 법도 이어받았으니, 달마의 제35대, 임제의 25대, 태고보우의 제6대 법손이 되었다. 30세 되던 1549년(명종4) 선과(禪科)에 응시하여 대선(大選)으로부터 중덕을 거쳐 선교 양종판사(禪敎兩宗判事)에 올랐다. 보우(普愚)의 후임으로 잠시 서울 삼성동 봉은사 주지를 지냈다. 그러나 승과에 급제하거나 주지직을 맡아보는 것 들이 출가한 본 뜻이 아님을 깊이 느끼고 1557년(명종12) 겨울 모든 공직을 벗어 던지고 금강산으로 돌아와 "주인은 나그네에게 꿈 이야기하고, 나그네 또한 주인에게 꿈을 말하네. 지금 꿈 이야기하는 두 나그네. 그 밖에 또 한 사람 있어 말하길 이들 역시 꿈 중에 이들이라네. 主人夢說客 客夢說主人 今說二夢客 亦是夢中人"라는 「삼몽사 三夢詞」를 읊어 여러 겹으로 꿈에 갇힌 세간의 삶을 절묘하게 경책하였다. 이어 오대산·태백산·두류산 등을 거쳐 묘향산 향로봉(香爐峯)에 올라 좁고 악착스러움을 벗어나 소요자재함 읊었으니, "모든 나라 서울 장안 거미줄 같고, 당당한 호걸들은 식혜 속 벌레 같네! 창문에 비친 달은 청허의 베개인데, 끝이 없는 솔바람 운곡 또한 자유롭네. 萬國都城如蟻蛭 千家豪傑若醯鷄 一窓明月淸虛枕 無限松風韻不齊"라고 하는 「명리허망시 名利虛妄詩」다. 이로 인해 역모의 혐의마저 받게 되었다. 1589년(선조22) 정여립(鄭汝立 ?~1589)의 역모사건이 일어나자 많은 스님들이 가담하였고, 역모의 근거지가 계룡산·구월산을 중심으로 한 여러 사찰이라는 점 때문에 불교계가 매우 난처하였다. 이때 정여립 일당인 요승 무업(無業)과 의연(義衍) 등이 문초 받을 때, 휴정과 그의 제자인 사명유정(四溟惟政)도 무고하여 일시 투옥되었으나, 많은 사람들의 구명운동은 물론 선조대왕의 친국(親鞫)에도 의연하고 조리있게 대응하고는 곧 석방되었다. 왕이 스님을 위해 묵죽(墨竹) 한 폭을 그려 보내면서 이에 화답하는 시를 지어 바치게 하였는데, "소상의 한줄기 대나무여! 전하의 붓끝에서 생겨났도다. 산승이 향사루는 곳, 잎사귀마다에 가을 소식 가득합니다. 瀟湘一枝竹 聖主筆端生 山僧香爇處 葉葉帶秋聲"라 하니 이에 선조도 한 수 지어 위로하였다. "댓 잎 붓 끝에서 문득 나온 것이요, 뿌리는 땅위에서 나온 것 아니로다. 달빛 밝으나 그림자 볼 수 없

휴정대사비 백화암 금강산 1632년

고, 바람 불지만 댓잎 소리 들을 수 없네. 葉自毫端出根非地面生 月來無見影 風動不聞聲"라 하였다. 1529년(선조25) 4월 임진왜란이 일어나 왕이 용만(龍灣 : 義州)으로 피신하였으나, 승병장 기허영규(騎虛靈圭) 등이 청주성을 탈환하자 왕이 감격하여 묘향산에서 수도하고 있던 스님을 불러 8도 16종 도총섭이 되어 국난을 타개해 줄 것을 간곡히 당부하였다. 스님은 당시 73세의 노령임에도 불구하고 전국에 격문을 돌려 전국의 모든 스님들 중 늙거나 병든 스님은 절에서 국난퇴치를 위해 기도를 봉행하게 하였고, 유정(惟政)은 관동지방에서 7백여 스님, 처영은 호남지역에서 2천여 스님, 휴정은 평안도 지방에서 1천 5백여 스님 등 무려 5천여 승병을 규합, 평안도 순안(順安) 법흥사에 모여 청의 응원병과 합세하였고, 평양·개성·한성 등을 탈환한 후 왕을 서울로 다시 돌아오게 하였다. 후에는 곧 노병을 이유로 제자인 사명유정과 뇌묵처영에게 총섭의 일을 넘겨주고 묘향산으로 들어갔다. 왕은 충은을 보답하기 위해 "국일도대선사선교도총섭부종수교보제등계존자 國一都大禪師禪教都摠攝扶宗樹教普濟登階尊者"라는 호를 바쳤다. 1천여 명의 제자 중 도덕이 투철하게 뛰어난 자가 70여 명이나 되었으니, 사명유정(四溟惟政)·편양언기(鞭羊彦機)·소요태능(逍遙太能)·정관일선(靜觀一禪)·완허원준(玩虛圓俊)·현빈인영(玄賓印英)·기암법견(奇巖法堅)·무염성정(無染性淨)·보응해일(普應海一)·청련자휴(青蓮自休)·향봉행주(香峰幸珠)·백련덕운(白蓮德雲)·보진(葆眞)·쌍흘(雙屹)·제월경헌(霽月敬憲)·송헌희감(松軒熙鑑)·호영옥정(湖影玉晶)·무영영숙(無影靈淑)·허영장륙(虛影莊六)·보감보희(寶鑑寶熙)·중관해안(中觀海眼)·진묵일옥(震默一玉)·휴운담언(休雲曇彦)·취운학린(翠雲學璘)·취진의영(醉眞義瑩)·추월은휴(秋月隱休)·관매설매(觀梅雪梅)·응화진일(應化眞一)·기허영규(騎虛靈圭)·무염계훈(無染戒訓) 등이다. 1604년(선조37) 1월 23일 묘향산 원적암(圓寂庵)에서 제자들을 모아놓고 설법한 다음, 미리 그려 두었던 자신의 진영 뒷면에 "팔십년 전에는 그대가 곧 나였지만, 팔십 년 후에는 내가 바로 그대일세 八十年前渠是我 八十年後我是渠"라고 써서 송운(松雲)에게 넘기고는 단정히 앉아 세수 77, 법랍 64세를 일기로 조용히 입적하였다. 원준(圓俊)과 인영(印英) 등의 주선으로 화장하니 영골 1편과 사리 3과가 나왔다. 사리는 묘향산 안심사(安心寺)에 부도를 조성하여 봉안하고 영골 1편은 유정과 자휴(自休) 등이 모시고 금강산으로 가서 다시 기도 끝에 분신사리 몇 과를 더 얻어 이를 유점사(楡岾寺) 북쪽에 탑을 세우고 봉안하였다. 저서로는 『청허당집』 7권·『선가귀감 禪家龜鑑』 1권·『삼가귀감 三家龜鑑』 1권·『선교석 禪教釋』 1편·『선교결 禪教訣』 1편·『운수단 雲水壇』 1권·『설선의 說禪儀』 1편·『심법요초 心法要抄』 1편·『청허집보유 淸虛集補遺』·『동국제산선등직점단 東國諸山禪燈直點壇』·『삼로행적 三老行蹟』 1편·『회심곡 回心曲』 1편 등이 있다. 〔참고문헌〕『淸虛堂集』(한불전7, p.616~758), 『宣祖實錄』, 『仁祖實錄』, 『朝鮮佛教通史』 권상 p.463·468·536·561·547, 李智冠 『校勘譯註歷代高僧碑文』 朝鮮篇1 pp.214~310, 智冠 『韓國高僧碑文總集 朝鮮朝·近現代』 pp.50~73, 『西域中華海東佛祖源流』(한불전10, pp.100~134). ⇨ 대흥사서산대사부도 大興寺西山大師浮屠, 대흥사서산대사표충사기적비 大興寺西山大師表忠祠紀蹟碑, 대흥사청허대사비 大興寺淸虛大師碑, 서산대사비 西山大師碑, 대흥사표충사 大興寺表忠祠, 보현사수충사비명 普賢寺酬忠祠碑銘, 청허당집 淸虛堂集, 선가귀감 禪家龜鑑, 삼가귀감 三家龜鑑, 삼몽록 三夢錄, 심법요초 心法要抄, 봉정사청허대선사진영 鳳停寺淸虛大禪師眞影, 임란삼화상진영 壬亂三和尙眞影, 청허문 淸虛門, 선교결 禪教訣, 선교석 禪教釋

휴정무촌초처 休靜無寸草處 휴정이 가야 할, 풀 한 포기 나지 않은 곳. 화엄휴정(華嚴休靜)이 스승 동산양개(洞山良价)와 나눈 일화다. 동산무촌초와 같은 소재다. 『불조강목』 권34(卍속장146, p.607a10)에 "일전에 휴정이 양개에게 참문하면서 물었다. '제가 이로 통하는 길을 아직 보지 못해서 정식으로 부릴 뿐입니다' '그대는 이로 통하는 길이 있다고 보는가?' '이로 통하는 길도 없다고 알고 있습니다' '정식은 어디서 얻는가?' '제가 참으로 묻고 싶은 질문입니다' '그렇다면 곧바로 만리 사방에 풀 한 포기 없는 곳으로 가야 한다' '만리 사방에 풀 한 포기 없는 곳으로 저 휴정이 갈 수나 있을까요?' '반드시 가야 한다'. 初休靜參良价 問 學人未見理路 未免情識運爲 曰 汝還見有理路也無 曰 見無理路 曰 甚處得情識來 曰 學人實問 曰 恁麽 直須向萬里無寸草處去 曰 萬里無寸草處 還許休靜去也無 曰 直須恁麽去"라고 하였다. 〔참고문헌〕『佛祖綱目』. ⇨ 동산무촌초 洞山無寸草

휴헐 休歇 모든 것 쉬게 해서 마치다. 『대승유가대교왕경』 권7(대정장20, p.759a8)에 "마음은 허공과 같아서 널리 유정을 제도함에 쉬어 마칠 날 있을 리 없다. 心等虛空 廣度有情 無有休歇", 『원오어록』 권9(대정장47, p.754c3)에 "부처님이 세상에 출현하고 달마가 서쪽에서 왔지만 참으로 한 법도 누군가에게 준 일이 없다. 다만 모든 이들 진실로 쉬어 그치기만을 바랐을 뿐이다. 만약 진실로 쉬고 그치는 마음밭에 이른다면 하루 모든 때에 하늘이 덮은 듯하고 땅이 떠받친 듯하여 한 터럭도 남아도는 것 없고 한 터럭도 모자라지 않아 깨끗하게 벗은 채로 말끔히 씻은 몸과 같으리니 진실만이 실현되리라. 所以 諸佛出世 祖師西來 實無一法與人 只要

諸人休歇 若實到休歇田地 二六時中 如天普蓋 似地普擎 更不剩一絲毫 亦不欠一絲毫 淨裸裸赤灑灑 見成公案"라고 하였다. 〔참고문헌〕『大乘瑜伽大教王經』, 『圜悟語錄』.

휴휴암 休休庵 중국 강소성(江蘇省) 소주시(蘇州市) 평강구(平江區)에 있던 절. 원각사(圓覺寺)·보광왕선원(普光王禪院)이라고도 한다. 1274년(함순10·지원11) 송원(宋元) 교체 시기 몽산덕이(蒙山德異 1231~1308?)가 창건하고 이곳에서 은거하였다. 원 지정년간(1341~1370)에 중건되었고, 다시 명(明) 만력년간(1573~1619) 신시행(申時行 1535~1614)이 중수하였다. 이를 다시 청(淸)대 신시행의 후손들이 중수하였는데, 1742년(건륭7)에 태풍으로 신씨의 집이 파괴되자 휴휴암으로 들어와 살게 되었다. 이로써 절이 신씨의 가암(家庵)이 되고 말았고, 현재까지 민간에서 점유하고 있다. 한편, 『나옹어록』「행장 行狀」(한불전6, p.704b10)에 따르면, 나옹혜근(懶翁惠勤 1320~1376)이 1350년(지정10·庚寅) 지공(指空)이 머무르던 대도(大都:北京)를 떠나 하안거를 이 휴휴암에서 보냈다고 한다. 안거를 마치고 떠나려 할 때 한 장로가 계속 머물러 주기를 청하자 휴휴암을 소재로, "철석장을 비껴 날림에 휴휴암에 당도하였고, 휴휴처 얻어 문득 쉬고 또 쉬게 되었네. 이제 휴휴를 버리고 떠나서, 사해오호 마음껏 자유로우리. 鐵錫橫飛到休休 得休休處便休休 如今捨却休休去 四海五湖任意游"라고 한 게송을 지어서 주었다. 또 나옹이 떠날 때 가져왔다는 「휴휴암주좌선문 休休庵主坐禪文」이 아직까지 전하는데, 『삼문직지』(한불전10, p.161c1)와 『조선불교통사』 권하(대장경보편31, p.769b1) 등에 전한다. 〔참고문헌〕『懶翁語錄』, 『三門直指』, 『朝鮮佛教通史』, 『五燈全書』 권56(卍속장141, p.205b9), 『吳都法乘』 권22(대장경보편34, p.621a9)·권30(대장경보편34, p.932b5). ⇨덕이 德異, 혜근 惠勤 ■

휴휴암주 休休庵主 송원(宋元) 교체시기 임제종(臨濟宗) 몽산덕이(蒙山德異)를 일컫는 말. 휴휴암을 창건했기에 '암주'라고 한 것이다. ⇨휴휴암 休休庵

휵기대 搐氣袋 향을 넣어두는 주머니. 특히 죽은 사람 살린다는 반혼향(反魂香) 주머니로 죽고 사는 일을 들먹일 때 쓰는 비유다. 『종용록』 29칙 「본칙 本則」(대정장48, p.246a21)에 "풍혈이 '고래를 낚아서 바닷물을 맑게 만드는 일에 익숙했었는데 도리어 개구리 걸음으로 진흙탕 모래 속에서 뒤척일 뿐이니 안타깝구나〈혼을 부르는 깃발이요, 반혼향 주머니로다〉'라고 하자 노피장로가 우두커니 생각했다〈귀문관 이미 지나갔네〉. 穴云 慣釣鯨鯢澄巨浸 却嗟蛙步驟泥沙〈引魂幡子 搐氣袋〉 陂佇思〈已過鬼門關〉". 『청익록』 20칙 「착어 著語」(卍속장117, p.831a2)에 "귀신 모이는 저자에서 반혼향 주머니 판다. 鬼市裏賣搐氣袋"라고 하였다. 〔참고문헌〕『從容錄』, 『請益錄』.

흉식 胸飾 Ⓟ uracchada. 가슴에 붙이는 장식물. 법도에 맞지 않는 비행 중 하나다. 『건도』 권11(남전장4, p.13a1)에 "그때 아습바(Ⓟ Assaji)와 부나바사(Ⓟ Punabbasu)의 무리는 계타산(Ⓟ Kiṭāgiri)에 머물렀는데 이들은 염치가 없는 악한 비구에 속한다. 저들의 행위는 이와 같이 법도에 맞지 않는 행이었다. … 스스로 가슴의 장식물을 달거나 남에게 그렇게 하도록 시키기도 한다. 爾時 阿濕婆 富那婆娑之徒 住雞咤山 屬無恥之惡比丘 彼等行如此非行 … 自作胸飾 亦教人作"라고 하였다. 〔참고문헌〕『犍度』, *Vin.2.10.*

흉악 兇惡 Ⓢ caṇḍa, krūra, raudra, Ⓟ caṇḍa, Ⓣ ma-rungs-pa. 난폭하고 포악한 것. 흉포(兇暴)와 같다. 『잡아함경』 권23(대정장2, p.163c5 : *Divy.*, p.235)에 "거기에 산 하나가 있으니 기리라고 하는데, 그곳에 직조공 집안이 있고 그 직조공에게는 한 명의 아들이 있으니 이름을 역시 기리라고 했다. 그는 흉악하여 소년이나 소녀들을 묶어놓고 때렸고, 또 수륙의 생물을 잡았으며, 심지어 부모를 거역하기까지 하였다. 그러므로 세인들은 흉악한 기리자라고 하였다. 彼有一山 名曰耆梨 中有一織師家 織師有一子 亦名耆梨 兇惡撾打繫縛小男小女 及捕水陸之生 乃至拒逆父母 是故 世人傳云 兇惡耆梨子 yāvat tatra nātidūre pūrvatapādamūle karvaṭakam. tatra tantravāyaḥ prativasati. tasya putro jātaḥ. girika iti nāmadheyaṃ kṛtam. caṇḍo duṣṭātmā mātaraṃ pitaraṃ ca paribhāṣate dārakadārikāś ca tāḍayati pipīlikān makṣikān mūṣikān matsyāṃś ca jālena baḍiśena praghātayati. caṇḍo dārakas tasya caṇḍagirika iti nāmadheyaṃ kṛtam", 『증일아함경』 권28(대정장2, p.703c4)에 "세존께서 말씀하셨다. '저 두 용왕은 매우 흉악하여 교화하기 어렵다. 그대는 자리로 돌아가 앉아라'. 그때 존자 아나율이 곧 자리에서 일어나 세존께 말씀드렸다. '제가 지금 당장 가서 저 악룡을 항복시키겠습니다'. 세존께서는 이렇게 답하셨다. '저 두 악룡은 몹시 흉포하여 교화하기 어렵다. 그대는 자리로 돌아가 앉아라'. 世尊告曰 此二龍王 極爲兇惡 難可受化 卿還就坐 是時 尊者阿那律 卽從坐起 白世尊言 我今欲往 降彼惡龍 世尊告曰 此二惡龍 極爲兇暴 難可受化 卿還就坐"라고 하였다. 〔참고문헌〕『雜阿含經』, 『增壹阿含經』, *Divy.*, *Bodh-bh.112.*, *Mvyut.147.*, *SN.4.61.*

흉자 胸字 삼십이상(三十二相) 중 가슴의 만자(卍字 Ⓢ śrī-vatsa)를 말한다. 『관불삼매경』 권3(대정장15,

p.661b18)에 "그때 세존께서 승기지를 열어제치고 가슴에 새겨진 만자를 보이시며 비구들에게 덕자를 소리내어 읽도록 하신 다음 부처님의 공덕과 지혜로 장엄된 속성을 알게 아시고 만자의 인 가운데서 부처님이 성취한 팔만사천의 온갖 공덕행을 설하셨다. 비구들이 보고 나서 부처님을 찬탄하여 말하였다. '세존이시여, 매우 탁월하십니다. 바로 이 흉자에서만 무량한 도리를 설하시니 부처님 마음에 쌓인 공덕이야 말할 필요 있겠습니까?' 是時世尊 披僧祇支 示胸德字 令比丘讀誦德字已 知佛功德 智慧莊嚴 於萬字印中 說佛八萬四千 諸功德行 比丘見已 讚歎佛言 世尊甚奇特 但於胸字說無量義, 何況佛心所有功德"라고 하였다. [참고문헌]『觀佛三昧經』, 『祖庭事苑』 권4(卍속장113, p.95a1), *Pañca-pr.6.*

흉중색물 胸中色物 가슴속의 모양 가진 물건. 심장을 말한다. 『섭대승론석』 권1(대정장31, p.384b24)에 "경량부에서 세운 '색은 의식과 함께 생하는 별의다'라는 주장은 성립하지 않으며, 도리에 맞지도 않는다. 사택분별과 수념분별에는 일체시에 분별이 없어야 하기 때문이다. 이런 도리로 그 밖의 부파에서 주장하는 '흉중색물이 의식의 별의'라고 하는 것도 성립하지 않는다. 설한 것과 같은 과실이 항상 수반하기 때문이니, 비유하면 색근에 의지하는 여러 가지 식과 같다. 經部所立 色爲意識俱生別依 此不成就 不應道理 以就思擇隨念分別 應一切時 無分別故 由此道理 餘部所立 胸中色物 意識別依 亦不成就 如所說過 恒隨逐故 譬如依止色根諸識", 『성유식론술기』 권7(대정장43, p.469b21)에 "『섭대승론』 권1에서 상좌부의 흉중색물이 의근이라는 주장을 논파하였다. 攝論第一 破上座胸中色物爲意根"라고 하였다. [참고문헌]『攝大乘論釋』, 『成唯識論述記』.

흉포 凶暴 Ⓢ raudra, dāruṇa, pāpa, Ⓟ ludda, Ⓣ drag-shul, sdig-pa. 흉하고 사나운 것. 흉(凶)은 흉(兇)과 통한다. 『중아함경』 권30 「교담미경 敎曇彌經」(대정장1, p.618b21)에 "그때 존자 담미는 고향의 장로가 되었으나 … 성품이 흉포하며 극히 추악하여 모든 비구들을 욕설로 꾸짖고 나무랐다. 이에 그 지방 비구들은 모두 고향을 버리고 떠났으며 기꺼이 머물지 못했다. 爾時 尊者曇彌 爲生地尊長 … 凶暴急弊 極爲麤惡 罵詈責數於諸比丘 因此故生地 諸比丘皆捨離去 不樂住此", 『출요경』 권17(대정장4, p.703c17)에 "그때 부처님께서 게송으로 답하셨다. '지만아, 나 이미 여기에 머무니, 어느 누구도 해입지 않으리라. 너 이미 흉포한 사람이 되었을진댄 어찌하여 그 죄과를 고치지 않느냐?' … 그때 도적 지만은 곧 칼과 방패를 머리에 올리고 깊은 연못에 몸을 던지고, 여래께 두 손 모아 합장하고 참회하였다. 爾時 佛復以偈答曰 指鬘我已住 無害一切人 汝爲凶暴人 何不改罪過 … 爾時 指鬘賊 卽以劍楯頭上 指鬘投於深淵 叉手合掌向如來懺悔", 『과거현재인과경』 권4(대정장3, p.646a26)에 "부처님께서 또 답하시길 '악룡이 있다 하더라도 다만 보기만 하여라'. 가섭이 또 말하길 '그 용의 성질이 흉악하고 사나워 반드시 해칠 것입니다. 애석해할 일이 아닙니다'. 佛又答言 雖有惡龍 但以見借 迦葉又言 其性兇暴 必當相害 非是有惜"라고 하였다. [참고문헌]『中阿含經』, 『出曜經』, 『過去現在因果經』, *Saddh-p.272・273., Śrāv-bh.61., MN.3.165.*

흉행 胸行 가슴으로 기다. 뱀 따위. 복행(腹行)이라고도 한다. 『사분율행사초자지기』 권중(대정장40, p.282a22)에 "흉행이란 뱀이 가슴을 앞에 붙이고 긴다는 말이다. 胸行者 謂蛇以胸當前而行", 『사분율행사초비』 권8(卍속장67, p.672b4)에 "위에서 흉행의 뱀이라는 말은 모든 뱀이 다리가 없어 가슴으로 바닥을 밀며 간다는 뜻이다. 上言胸行蛇者 謂一切蛇無足 用胸抵地而行也"라고 하였다. [참고문헌]『四分律行事鈔資持記』, 『四分律行事鈔批』, 『中阿含經』 권29(대정장1, p.608b16).

흑가사 黑袈裟 흑빛 가사. 가사는 정색(正色)으로 하지 않으니 검은 흙빛의 치색(緇色)을 말하는 것이다. 『지자대사별전주』 권하(卍속장134, p.647b6)에 "건초사의 보경은 항상 만춘나무 껍질로 물들인 흑가사를 입었으므로 오경이라 불렸다. 이 가사는 후에 지자대사가 받아 양제에게 진상하였다. 建初寶瓊 常被萬椿樹皮黑袈裟 故號烏瓊 此衣後智者得之 進與煬帝", 『오등엄통』 권24 「한월법장장 漢月法藏章」(卍속장139, p.1021b12)에 "'무엇이 안온한 가풍인지요' '흑가사 아래 구름이 자리를 이어받고, 백즐률(주장자) 주변의 바람이 사람을 몰아붙인다'. 曰 如何是安隱家風 師曰 黑袈裟下雲承座 白榔櫟邊風逼人"라고 하였다. [참고문헌]『智者大師別傳註』, 『五燈嚴統』. ⇨ 흑의 黑衣

흑견실향 黑堅實香 Ⓢ kālānusāri-candana. 검은색의 딱딱한 침향(枕香). 『별역잡아함경』 권4(대정장2, p.396b18)에 "이 흑견실향(침향)이 모든 뿌리향 가운데 최상이듯이, 모든 선법(선법) 중에 불방일이 최상이다. 一切根香中 黑堅實香最爲第一 此事亦爾 一切善法因不放逸"라고 하였다. [참고문헌]『別譯雜阿含經』, 『中阿含經』(대정장1, p.647c4), *Saddh-p.406.*

흑광 黑光 ■1 검은빛. 흑색에서 번득이는 빛. 『기세경』 권7(대정장1, p.344b5)에 "화색의 불빛, 금색의 금빛 … 황색의 노란빛, 흑색의 검은빛. 火色火光 金色金光 … 黃色黃光 黑色黑光", 『대보적경』 권56(대정장11, p.330c13)에 "흰빛과 검은빛이 색을 따라 나온다. 白光

黑光 隨色而出", 『경덕전등록』 권13 「풍혈연소전 風穴延沼傳」(대정장51, p.303c5)에 "'정혜를 닦지 않는데 어째서 의심할 여지 없이 성불합니까?' '금닭은 오로지 새벽을 알릴 뿐이나 칠통에서 검은빛이 일어난다'. 問不修定慧 爲什麽 成佛無疑 師曰 金雞專報曉 漆桶黑光生"라고 하였다. 〔참고문헌〕『起世經』, 『大寶積經』, 『景德傳燈錄』. ⇨ 가타라 迦陀羅 ❷ ➡ 가류다이 迦留陀夷

흑구충 黑口蟲 골수 속에 사는 벌레. 『대보적경』 권57(대정장11, p.331c10)에 "이호충이 있다. 첫째는 흑구이고 둘째는 대구인데, 넓적다리에 의지하면서 넓적다리를 먹는다. 有二戶蟲 一名 黑口 二名 大口 依髀食髀", 『정법염처경』 권65(대정장17, p.387c7)에 "수행자는 몸속을 차례로 관하여 문혜나 천안으로 열 가지 벌레가 골수 속을 다니는 것을 본다. 열 가지 중에 … 둘째가 흑구충이다. … 흑구충은 골수 속에 살며 온몸을 장애없이 다닌다. 만약 그 벌레가 성을 내면 골수를 녹여, 상하게 하니 사람의 얼굴빛이 나빠지며, 곱사등이가 되어 걷는 것이 불편해져 지팡이를 짚고 다니고, 안색은 초췌하고 몸을 떤다. … 흑구충을 관하여 여실하게 몸을 안다. 修行者 內身循身觀 彼以聞慧或以天眼 見十種蟲 行於髓中 有行精中 何等爲十 … 二名 黑口蟲 … 黑口蟲 住於髓中 一切身中 行無障礙 若蟲瞋恚 能令髓融 以傷髓故 令人色惡 曲脊身傴 行步不便 柱杖而行 顔色憔悴 身體振掉 … 觀黑口蟲已 如實知身"라고 하였다. 〔참고문헌〕『大寶積經』, 『正法念處經』.

흑녹피 黑鹿皮 검은 사슴 가죽. 비구에게 금지된 것이고, 외도들은 제사 지낼 때 입기도 한다. 『십송율』 권25(대정장23, p.182a24)에 "다시 다섯 가지 가죽은 지녀서는 안 되니 코끼리 가죽, 말 가죽, 개 가죽, 여우 가죽, 검은 사슴 가죽이 그것이다. 更有五皮不應畜 象皮 馬皮 狗皮 野干皮 黑鹿皮", 같은 책 권48(대정장23, p.347a23)에 "'검은 사슴의 가죽과 피와 힘줄을 먹어도 됩니까?' 부처님께서 말씀하셨다. '가죽을 빼고 나머지는 먹어도 된다'. 黑鹿皮肉血筋 得食不 佛言 除皮 餘者得食", 『집이문족론』 권9(대정장26, p.406b21)에 "왕의 제사장 제사를 지내려할 때는 먼저 성내에서 사단을 맺어놓고서, 소유를 온몸에 바르고 머리를 풀어헤치며 정수리를 드러내고 검은 사슴 가죽을 입으며 손에는 사슴의 뿔을 쥐고 온몸을 문지르는데, 어떤 때는 불에 제사를 지내기도 하고 어떤 때는 하늘에 제사를 지내기도 한다. 如王祠主欲祠祀時 先於城內結置祠壇 以諸酥油自塗支體 散髮露頂被黑鹿皮 手執鹿角揩磨支體 或時祀火或時祭天", 『사분율명의표석』 권26(卍속장70, p.799b12)에 "가라피는 흑피 또는 잡색피로 한역하는데, 『십송율』에서는 흑녹피라 하였다. 迦羅皮 此云黑皮 亦云雜色皮 十誦云 黑鹿皮"라고 하였다. 〔참고문헌〕『十誦律』, 『集異門足論』, 『四分律名義標釋』.

흑두미생아시 黑豆未生芽時 검은콩 아직 싹 트기 전에. 『조산어록』(대정장47, p.531c27)에 "말 없는 중에도 말 있으니, 마치 '검은콩 싹 트기 전에 시방의 모든 부처님께서 몸을 벗어난다'고 하는 말과 같다. 無語中有語 如云 黑豆未生芽時 十方諸佛出身處", 『설두어록』 권1(대정장47, p.670a27)에 "학인이 물었다. '검은콩이 싹 트기 전이라 하니, 무엇입니까?' '나귀 먹이고 말도 먹인다' '싹이 튼 후에는 어떻습니까?' '물도 뚫고 모래도 뚫는다'. 학인이 절을 올렸다. 問 黑豆未生芽時如何 師云 餧驢餧馬 進云 生後如何 師云 透水透沙 僧禮拜", 『경덕전등록』 권14 「삼평의충전 三平義忠傳」(대정장51, p.316c6)에 "어떤 학인이 물었다. '검은콩 싹 트기 전에 어떻습니까?' '부처님일지라도 알 수 없다'. 有人問 黑豆未生芽時如何 師曰 佛亦不知"라고 하였다. 〔참고문헌〕『曹山語錄』, 『雪竇語錄』, 『景德傳燈錄』.

흑려구 黑黧狗 Ⓢśyāma-śabalā nāma śvāna, Ⓣkhyi-sre-bo. 검은 점 개. 흑박구(黑駁狗)다. 『유가사지론』 권4(대정장30, p.296c16)에 "(近邊那落迦 중에는) 다음으로 칼과 칼날로 빽빽하고 틈도 없이 칼날잎의 숲이 있다. 저 유정들 집을 찾아 구하려 그곳에서 벗어나 저 그늘 아래에 앉자마자 미풍 불어 칼날잎이 떨어지고, 온몸의 팔다리가 끊어져 이내 땅에 넘어지면 흑려구가 등뼈와 배를 움켜 문 채 끌고 다니며 씹어 먹는다. 次刀劍刃路無間有刃葉林 彼諸有情爲求舍宅 從彼出已往趣彼蔭纔坐其下微風遂起刃葉墮落 斫截其身一切支節 便卽躄地有黑黧狗 摣掣脊腹而噉食之"라고 하였다. 〔참고문헌〕『瑜伽師地論』, *Yogā-bh.85*. ⇨ 흑박구 黑駁狗

흑련대 黑蓮臺 강원도 동해시 삼화동 두타산(頭陀山)에 있는 삼화사(三和寺). 〔참고문헌〕『韓國寺刹全書』 권하 p.1208a14. ⇨ 삼화사 三和寺

흑련사 黑蓮寺 인천광역시 강화군 내가면 고천리 혈구산(穴口山)에 있던 절. 『강도지』에 "혈구산 서영동에 석굴 하나 있다. 옛 절터가 있는데 그곳 사람들이 전하기로 흑련사라고 한다. 穴口山西影洞 有一石窟 前有古寺址 居人相傳曰 黑蓮寺"라고 하였다. 〔참고문헌〕『江都誌』, 『韓國寺刹全書』 권하 p.1208a12.

흑령 黑嶺 현재의 파키스탄 동부 인더스(Indus)강의 지류인 쉬거(Shigar)강 상류에 위치한 산맥. 흑산(黑山)이라고도 한다. 현장(玄奘)이 가필시국(迦畢試國 Ⓢ Kāpiśī)에서 람파국(濫波國 Ⓢ Lampā)으로 들어갔던 때에 높고 험한 산봉우리를 밟고 흑령을 넘었다고 한다. 곤륜산맥(崑崙山脈)과 힌두쿠시(Hindu Kush)산맥 사이의 카라코람(Karakoram)산맥에 비정된다. 『자은전』 권2(대정장50, p.229b4)에 "동쪽으로 600여 리 더 가서 흑령을 넘은 다음 북인도 국경에 들어가자 람파국에 이르렀다. 東進行六百餘里 越黑嶺 入北印度境 至濫波國", 『대당서역기』 권2(대정장51, p.878b17)에 "람파국은 사방 천여 리 크기에 북쪽은 설산을 등졌고, 서남동 삼면은 흑령에 드리웠다. 濫波國 周千餘里 北背雪山 三垂黑嶺"라고 하였다. 〔참고문헌〕『慈恩傳』, 『大唐西域記』, S.Beal *Buddhist Records of the Western World* vol.1(London : Trübner&Co., 1884).

흑륜준 黑輪皴 검게 주름진 주장자. 흑린준(黑鱗皴)이라고도 한다. 『파암조선어록』(卍속장121, p.833b2)에 "법좌에 올라 말했다. '초여름 첫머리에 임하여 훈풍이 부는가 했더니, 급히도 달리는 세월 저 베틀의 북 같아 만가지로 변화하는구나. 오직 주장자 있어 검고 주름져 사량해 셈하는 일이 전혀 없이 「주고는 승당 향해 읍하고 삼문은 불전을 알현한다」라고 말할 줄 안다'. 上堂 首夏初臨 薰風乍扇 急景如梭 萬化千變 惟有拄杖子 黑輪皴 沒思算 解道 廚庫揖僧堂 三門朝佛殿", 같은 책(卍속장121, p.842a16)에 "오직 주장자 있어 옛 그대로 검고 주름진 채로 옮기지도 변하지도 않으니, 굴욕도 없고 영광도 없다. 惟有拄杖子 依舊黑輪皴 不遷不變 無辱無榮"라고 하였다. 〔참고문헌〕『破菴祖先語錄』. ⇨ 흑린준 黑鱗皴

흑리차비구니 黑離車比丘尼 크샤트리야 출신의 리차족(離車族 Ⓢ Licchavi)에서 출가한 비구니. 『오분율』 권12(대정장22, p.84b21)에 "그때 흑리차비구니가 비사리성의 여러 리차족에게 공경하는 마음으로 공양을 올렸다. 時 黑離車比丘尼 爲毘舍離諸離車 恭敬供養"라고 하였다. 〔참고문헌〕『五分律』.

흑린준 黑鱗皴 검은 비늘투성이 주장자. 흑륜준(黑輪皴)의 다른 이름. 『허당록』 권2(대정장47, p.998a25)에 "동지의 소참 : 어떤 학인이 물었다. '검은 콩이 싹 트기 전의 때는 어떻습니까?' '검은 비늘투성이지' '싹이 튼 다음은 어떻습니까?' '검은 비늘투성이라니까' '싹 터서와 싹 트지 못할 때 어떻습니까?' '검은 비늘투성이일 뿐이다' '이렇게 하면 어찌 구분해 분명히 알겠습니까?' '분명히 알 수 없는 그곳 향해서야 검은 비늘투성이 주장자 알게 되리라!' 冬至 小參 僧問 黑豆未芽時如何 師云 黑鱗皴地 僧云 芽後如何 師云 黑鱗皴地 僧云 芽與未芽時如何 師云 黑鱗皴地 僧云 若與麽有甚分曉 師云 向無分曉處 識取黑鱗皴地", 『석계심월어록』 권상(卍속장123, p.46a8)에 "산형주장자 이렇게 검은 비늘투성이지만 때가 되면 한껏 웃으며 몸도 뒤치리라. … 배 뒤집고 장 쏟아내듯 그대 위해 설하려 하니, 노래 부르려면 반드시 제향사람이라야 하리라. 山形主丈子 只麽黑鱗皴 時來也解笑翻身 … 倒腹傾腸爲君說 唱歌須是帝鄕人"라고 하였다. 〔참고문헌〕『虛堂錄』, 『石溪心月語錄』, 『建中靖國續燈錄』 권27 「東林常總章」(卍속장136, p.367b4). ⇨ 흑륜준 黑輪皴, 산형주장자 山形拄杖子

흑만만 黑漫漫 깜깜해 아득함만이 넘실대는 그 때. 흑만만지(黑漫漫地)라고도 쓴다. 『임제록』(대정장47, p.502c22)에 "대덕들이여! 늘 할 일 없는 듯 날을 보내지 마시오. 산승도 견처가 생기기 전에는 아득함만이 넘실댈 뿐이었지만, 세월 헛되이 보내서는 안 되겠기에 뱃속은 뜨겁고 마음은 조급하여 분주히 도를 물으러 이리저리 뛰다가 나중에 힘을 얻고서야 비로소 오늘 도류들과 함께 이와 같이 이야기 나눌 수 있게 되었소. 大德 莫因循過日 山僧往日 未有見處時 黑漫漫地 光陰不可空過 腹熱心忙 奔波訪道 後還得力 始到今日 共道流如是話度", 『운문광록』 권상(대정장47, p.545b20)에 "자기 마음속이 까마득하면 내일이나 훗날 그 언젠가 숱한 장애가 생길 것이다. 自己心裏 黑漫漫地 明朝後日 大有事在", 『벽암록』 73칙 「본칙 本則」(대정장48, p.200c22)에 "여기에 닥치고 보니 도저히 알 길이 없다〈여러 말을 달 필요가 없다. 천년만년의 세월 좇아 까마득히 넘실댈 뿐이다〉. 我到這裏 却不會〈不用忉忉 從敎千古萬古 黑漫漫〉"라고 하였다. 〔참고문헌〕『臨濟錄』, 『雲門廣錄』, 『碧巖錄』.

흑모와구계 黑毛臥具戒 검은 양털로 와구를 만들지 못하도록 금한 계. 니살기바일제에 속한다. 『사분율비구함주계본』 권상(대정장40, p.439b7)에 "열두 번째는 흑모와구계다. 부처님께서 비사리에 계실 때 나쁜 짓을 많이 저지르던 리차비족 자제들이 검은 양털로 양탄자를 만들어 몸에 덮어 쓰고 밤에 쏘다니며 남들의 눈에 띄지 않도록 하였다. 육군비구들이 그것을 보고는 일부러 만들어 따라 하자 리차비족들이 비방하며 불평했다. 비구들이 그 잘못을 거론하자 부처님께서 이로 인하여 계를 제정하셨다. 十二 黑毛臥具戒 佛在毘舍離 諸梨車子 多行邪行 作黑毛氈 披體夜行 使人不見 六群比丘見便故作之 梨車譏嫌 比丘擧過 佛因制戒", 『신산정사분승계본』(卍속장61, p.539a17)에 "흑모와구계 제12 : 만약 비구가 신선하고 검은 양털로 와구를 만든다면 니살기바일제이다. 黑毛臥具戒 第十二 若比丘 以新純黑糯羊毛 作臥具者 尼薩耆波逸提"라고 하였다. 〔참고문헌〕『四分律比丘含注戒本』, 『新刪定四分僧戒本』.

흑몰준지 黑沒焌地 깜깜해 거북껍질 태울 여지도 없다. 옛부터 거북등 태워 점치기에 이렇게 말한다. 헤아릴 여지도 없는 곳에 당한 비유다. 『임제록』(대정장47, p.501a17)에 "산승이 하루내내 남들에게 말해 주어도 배우는 이들은 전혀 마음에 담지 않는다. 천 번이고 만 번이고 거듭 전하지만 발밑에서 밟고도 모르고 지나쳐 버리니, 깜깜한 채로여서 태울 여지마저 없다. 山僧竟日與他說破 學者總不在意 千遍萬遍 脚底踏過 黑沒焌地"라고 하였다. [참고문헌]『臨濟錄』.

흑문 黑門　지옥의 문. 『송고승전』 권29「혜응전 慧凝傳」(대정장50, p.889a19)에 "재물을 얻었으니 탐심바로 일어나고, 탐행을 길렀으니 삼독이 타올라 번뇌란 번뇌 다 갖추고는 담모최(曇謨最)와 함께 흑문에 들어갔다. 旣得財物 貪心卽起 旣長貪行 三毒熾然 具足煩惱 與最同入黑門"라고 하였다. [참고문헌]『宋高僧傳』.

흑박구 黑駮狗 Ⓢśyāma-śabalā nāma śvāna, Ⓣkhyi-sre-bo. 검은 반점이 있는 개. 팔대나락가(八大㮈落迦)의 사면 문 밖의 근변나락가(近邊㮈落迦 : 十六增) 중 하나인 검엽림(刀葉林 : 劍葉林)에 사는 개. 지옥취(地獄趣) 유정의 골육을 먹는다. 흑려구(黑黧狗)・오박구(烏駮狗)라고도 한다. 『대비바사론』 권124(대정장27, p.647c14)에 "가다연나 존자가 말했다. '그대들이 짓는 양 등을 잡는 업은 어떤 때에 하는가?' 백정이 답했다. '낮에만 합니다'. … '그대들은 밤에는 근주팔계를 수지하도록 하라'. 백정들은 기뻐하며 받들어 행하였다. 목숨이 마친 뒤에는 모두 광야의 귀취에 태어났다. 매일 낮이 되면 흑박구가 돌연히 나타나서 그 살을 뜯어먹었는데, 해골만 남게 되면 다시 살이 생겨나 옛과 같아졌고, 그러면 다시 살을 뜯어먹혀 그 고통은 마치 지옥취와 같았다. 하지만 매일 밤이 되면 오욕을 스스로 즐기며 유희하였으니 마치 천취의 경우와 같았다. 尊者告言 汝等所作屠羊等業何時分造 屠兒答言 唯於晝分 … 汝等可於夜分受持近住八戒 諸屠兒輩歡喜奉行 命終皆生曠野鬼趣 每於晝日有黑駮狗欻然而現噉食其肉 唯餘骸骨俄頃肉生平復如舊 還被食噉受諸苦惱如地獄趣 每至夜分五欲自娛 遊戲受樂猶如天趣", 같은 책 권172(대정장27, p.866c26)에 "발이 네 개인 경우는 흑박구 등과 같다. 有四足者 如黑駮狗等"라고 하였다. [참고문헌]『大毘婆沙論』, *Yogā-bh.85.* ⇨검엽림 劍葉林, 흑려구 黑黧狗

흑반 黑半 Ⓢkṛṣṇapakṣa, Ⓣzla-ba-mar-gyi-ngo. 한 달 중 어두운 절반. 음력 보름 이후 15일간을 말한다. 흑분(黑分)・흑월(黑月)・하반월(下半月)이라고도 한다. 백반(白半)에 대칭한다. 『구사론』 권11(대정장29, p.59b13 : *Abh-k-bh.*, p.166)에 "어째서 둥근 달 흑반 끝나거나 백반 시작하려 할 때 이즈러져 보이는가? 『세시설론』에서 풀이하길 '달의 궁전이 운행을 하다가 해에 가까워짐에 따라 달은 해의 빛으로 그 비추던 힘 잠식당하고 나머지 끝 또한 그림자져 스스로 둥근 달 덮는다. 이 때 둥글지 않게 보이는 것이다'. 何故月輪於黑半末白半初位 見有缺耶 世施設中作如是釋 以月宮殿行近日輪 月被日輪光所侵照 餘邊發影自覆月輪 令於爾時見不圓滿 śuklapakṣasyādau candramaso vikalaṃ maṇḍalaṃ dṛśyate kiṃ tatra kāraṇam yadā hi saurasya vimānasyāsanne cāndramasaṃ vimānaṃ vahati tadā kila sauryo bhāsastasmin vimāne patanti tato 'parapārśve chāyā patantī vikalaṃ maṇḍalaṃ darśayatīti prājñaptiko nirdeśaḥ", 『구사론기』 권11(대정장41, p.187c20)에 "또한 한 달 나눠 둘이니, 앞의 15일을 흑반이라 한다. 復分一月爲二 前十五日爲黑半"라 하였다. [참고문헌]『俱舍論』, 『俱舍論記』, *Abh-k-bh.*, *Mvyut.253.* ⇨흑월 黑月

흑발 黑鉢　육종발(六種鉢) 중 하나. 검은 색의 와발(瓦鉢). 진흙을 소재로 빚고 훈증(熏蒸)하여 검은 색을 입힌다. 『마하승기율』 권23(대정장22, p.417b9)에 "그때 어떤 스님이 식전에 사문의 표치를 걸치고 손에는 흑발을 들고 마을에 들어가 걸식하였다. 식사를 마치고는 외도의 표치를 걸치고 손에는 목발을 들고 다시 사람들을 따라 숲속 못과 원관이 있는 곳에 들어가 걸식하다가 세인들의 비난을 받았다. 爾時 有人食前 著沙門標幟 手捉黑鉢 入聚落乞食 食後 著外道標幟 手捉木鉢 復逐人入林中 池水園觀處乞食 爲世人所譏", 『사분율』 권52(대정장22, p.952c17)에 "그때 세존께서 비사리에 계셨는데 비구들이 흑발을 보시받고도 받아들이지 못하고 '부처님께서 아직 우리들께 흑발 보유를 허용하지 않으셨다'고 하면서 부처님께 여쭙자 부처님께서 '보유를 허용한다'고 말씀하셨다. 時世尊 在毘舍離 諸比丘得黑鉢不受言 佛未聽我等畜黑鉢 白佛 佛言 聽畜", 『비니지지회집』 권7(卍속장61, p.809a3)에 "흑발 : 이 발우는 비사리성에서 나며(赤鉢은 舍衛國에서 난다), 고운 흑색의 귀한 와발이다. 그런 까닭으로 비구들이 보시받았지만 받아들일 수 없었는데 부처님께서 받아들여 보유하도록 허용하셨다. 黑鉢 此是毗舍離城上 好黑色貴瓦鉢 諸比丘得不敢受 佛聽受畜"라고 하였다. [참고문헌]『摩訶僧祇律』, 『四分律』, 『毗尼止持會集』. ⇨목발 木鉢, 발우 鉢盂, 와발 瓦鉢, 육종발 六種鉢

흑백 黑白 ❶사업(四業) 중 흑흑업(黑黑業 Ⓢkṛṣṇasya karmaṇaḥ : 純黑業 : 黑黑異熟業)과 백백업(白白業 Ⓢśuklasya karmaṇaḥ : 純白業 : 白白異熟業). 각각 모든 불선업(不善業)과 색계(色界)의 선업(善業)을 말한다. 흑과 백은 선과 악의 다른 이름이다. 『구사론』 권

16(대정장29, p.83b26 : *Abh-k-bh.*, p.235)에 "모든 불선업은 오로지 흑일 뿐이라고 하니 염오성 때문이고, 그 이숙과도 또한 흑이라고 하니 좋아할 만한 것이 아니기 때문이다. 색계의 선업은 오로지 백일뿐이라고 하니 어떤 악도 섞여 있지 않기 때문이고, 그 이숙과도 또한 백이라고 명명하니 좋아할 만한 것이기 때문이다. 諸不善業一向名黑 染汚性故 異熟亦黑 不可意故 色界善業一向名白 不雜惡故 異熟亦白 是可意故 aśubhaṃ karma ekāntena kṛṣṇaṃ kliṣṭatvāt kṛṣṇavipākaṃ cāmanojñavipākatvāt rūpāptaṃ śubhamekāntena śuklamakuśalenāvyatibhedāt śuklavipākaṃ ca manojñavipākatvāt", 『구사론기』 권16(대정장41, p.250c19)에 "악을 흑이라 한 것을 풀이한 것이다. 불선을 악이라 한다. 흑이란 흑흑을 말한다. … 따라서 『대비바사론』에서 '흑에는 두 가지가 있다. 첫째는 염오로서의 흑이고, 둘째는 좋아할 만하지 않는 것으로서의 흑이다. 여기서 업은 두 가지 흑으로 인해 흑이라고 하고, 이숙과는 단지 좋아할 만하지 않은 것으로서의 흑으로 인해 또한 흑이라 하는 것이다'라고 하였다. … 색계의 선을 백이라 한 것을 풀이한 것이다. 백이란 백백을 말한다. … 불선인 악업과 번뇌가 섞여 있지 않기 때문이다. 釋惡名黑 不善名惡 黑謂黑黑 … 故婆沙一百一十四云 黑有二種 一 染汚黑 二 不可意黑 此中業由二黑故說名爲黑 異熟但由不可意黑故亦名黑 … 釋色善名白 白謂白白 … 不雜不善惡業惑故"라고 하였다. 〔참고문헌〕『俱舍論』, 『俱舍論記』, 『大毘婆沙論』 권114(대정장27, p.590a7), *Abh-k-bh.* ⇨ 사업 四業, 백백업 白白業, 흑흑이숙업 黑黑異熟業, 백백이숙업 白白異熟業 ❷ 흑백업(黑白業 Ⓢ karma kṛṣṇa-śuklam : 黑白黑白異熟業)을 말한다. 『순정리론』 권41(대정장29, p.573b10)에 "욕계의 선업을 흑백이라 하니, 악이 섞여 있기 때문이고, 그 이숙과도 또한 흑백이라 하니, 애호할 만하지 않은 과보가 섞여 있기 때문이다. … 유여사는 '욕계의 선업은 의요와 가행에 있어 흑백이 섞여 일어나니, 이에 흑백이라는 두 가지 이름을 세운 것이다. 하지만 어떤 업도 그 자체가 선이면서 악인 경우는 없다. 說欲界善業名爲黑白 惡所雜故 異熟亦黑白 非愛果雜故 … 有餘師言 欲界善業意樂加行黑白雜起 由此故立黑白二名 非一業體有善有惡", "혹은 또 어떤 사람이 자신의 아들이나 문인에 대해 이롭고 안락하지 않은 일을 막고자 하고 이롭고 안락인 일에 안주하게 하려는 의도로, 연민의 마음으로 추악한 신업과 어업을 일으켜 유정을 때리고 욕하며 핍박할 때, 이와 같은 경우를 비록 가행은 흑일지라도 의요는 백이라고 한다'라고 하였다. 或復有一於子門人 爲欲遮防非利樂事及令安住利樂事中 以憐愍心起麤身語 楚撻訶罵逼迫有情 如是名爲雖加行黑而意樂白"라고 하였다. 〔참고문헌〕『順正理論』, *Abh-k-bh.235·236.* ⇨ 흑백흑백이숙업 黑白黑白異熟業, 흑백업 黑白業, 사업 四業 ❸ Ⓟ kaṇha-sukka. 검은색과 흰색. 『중아함경』 권38 「앵무경 鸚鵡經」(대정장1, p.668b16 : *Subha-sutta, MN.2,* p.201)에 "세존께서 말씀하셨다. '비유하면 날 때부터 눈먼 이 이렇게 말하니, 「검은색과 흰색은 없으며, 또한 검은색과 흰색을 보는 이도 없다. 좋은 색과 나쁜 색은 없으며, 또한 좋은 색과 나쁜 색을 보는 이도 없다」라고 하는 것과 같다'. 世尊告曰 猶人生盲 彼作是說 無黑白色亦無見黑白色者 無好惡色 亦無見好惡色 so evaṃ vadeyya, na 'tthi kaṇha-sukkāni rūpāni na 'tthi kaṇha-sukkānaṃ rūpānaṃ dassāvī"라고 하였다. 〔참고문헌〕『中阿含經』, *MN.*

흑백교호 黑白交互 흑(正位 ●)과 백(偏位 ○)이 서로 바꾸다. 정편교호(正偏交互). 정중편(正中偏 ◓)·편중정(偏中正 ◒)을 가리킨다. 『영각광록』 권27 「동상고철 洞上古轍」 권상(卍속장125, p.710a7)에 "향상하는 하나뿐인 통로는 흑과 백 서로 자리 바꿀 뿐이다. 마치 지초 같고, 저 금강저와 같다. 向上一竅 黑白交互 如莖草味 如金剛杵"라고 하였다. 〔참고문헌〕『永覺廣錄』. ⇨ 편정오위 偏正五位, 조동오위 曹洞五位

흑백권아 黑白圈兒 조동종(曹洞宗)의 편정오위(偏正五位)를 나타내는 흑색의 원과 백색의 원. 『조동오위현결』 권중(卍속장111, p.250a13)에 "묘희 시중 때 말하였다. '또 한 종이 있어 편정의 회호로써 종지 삼으니, 흑백권아로써 오위의 형상을 짓는다. 온통 흑색인 원으로써 위음나반·부모미생·공겁이전·혼돈미분사를 삼으니 이를 일러 정위라 하고, 흑색을 이분하고 난 일분의 백색 원으로 정중편을 삼는다'. 妙喜 示衆云 又有一種 以偏正回互 爲宗旨 以黑白圈兒 作五位形相 以全黑圈兒 爲威音那畔 父母未生 空劫已前 混沌未分事 謂之正位 以二分黑一分白圈兒 爲正中偏"라고 하였다. 〔참고문헌〕『曹洞五位顯訣』. ⇨ 권아 圈兒, 편정오위 偏正五位

흑백미교시 黑白未交時 흑과 백이 섞이기 전에. 정중편(正中偏)의 소식이다. 『조산어록』 「축위송병주별간 逐位頌竝注別揀」(대정장47, p.532c28)에 "정중편 : 〈간〉 어둠 속에서 고개를 끄덕인다. 〈송〉 삼경 초야 달이 뜨기 전이로다. 〈간〉 '흑과 백이 섞이기 이전에 가려내어라'. '싹 트기 전이다'. 〈별간〉 '지금은 어떤 때인가?' '여기에는 해도 달도 없으니, 앞뒤를 말하지 못하리라'. 正中偏 揀云 暗裡點頭 三更初夜月明前 揀云 黑白未交時辨取 又云 萠芽未生之時 又別揀云 只今是甚麽時 又云 此中無日月 不說前後去也"라고 하였다. 〔참고문헌〕『曹山語錄』. ⇨ 정중편 正中偏, 흑백미분 黑白未分

흑백미분 黑白未分 ❶차별상이 나타나기 이전. 부모미생이전(父母未生以前)·음양미분이전(陰陽未分以前)·천지미개이전(天地未開以前) 등과 통한다. 『서장』「답조대제장 答趙待制狀」(대정장47, p.924b3)에 "다만 흑돌과 백돌이 나뉘기 전에 나아가 바둑판 뒤집고 알을 흩으며 그에게 '결정적인 한 수 찾아 보시오'라고 요구하십시오. 만약 찾지 못한다면 그는 참으로 둔한 근기일 것입니다. 只就黑白未分處 掀了盤撒了子 却問他 索取那一著 若索不得 是眞箇鈍根漢"라고 하였다. 〔참고문헌〕『書狀』. ⇨부모미생이전 父母未生以前 ❷정위와 편위로 나뉘어지기 이전의 지위. 『종용록』 57칙 「착어 著語」(대정장48, p.263b12)에 "흑과 백으로 나뉘어지기 이전은 정중편과 같다. 黑白未分前 猶是正中偏", 『인천안목』 권3 「오위서 五位序」(대정장48, p.314c1)에 "흑과 백이 나뉘기 전에는 피차라 할 수 없고, 하늘 땅 있은 후라야 비로소 자타로 자리한다. 바로 그때 흑을 빌려 정위를 세우고, 백을 빌려 편위를 드러낸다. 夫黑白未分 難爲彼此 玄黃之後 方位自他 於是 借黑權正 假白示偏"라고 하였다. 〔참고문헌〕『從容錄』, 『人天眼目』.

흑백미조 黑白未兆 흑으로 백으로 조짐을 드러내기 전. 『영각광록』 권27 「동상고철 洞上古轍」 권상(卍속장125, p.710a9)에 "가장 위의 일상(○)은 흑으로 백으로 조짐을 드러내기 전을 나타낸다. 곧 향상하는 종승사를 말한다. 학자는 마땅히 먼저 이것을 깨달아야 한다. 만약 이것을 깨닫지 못하고서 이를 설하고 사를 설하며 체로 나뉘고 용으로 나눈다면 교 아래서 익힌 대로 강하는 이들과 무엇이 다르겠는가? 最上一相 表黑白未兆之前 所謂向上宗乘事也 學者當先悟此 若未悟此 而說理說事 分體分用 與教下習講者何異"라고 하였다. 〔참고문헌〕『永覺廣錄』. ⇨흑백미분 黑白未分

흑백석 黑白石 흑백의 돌. 우파국다(優波鞠多 Ⓢ Upagupta)가 그 스승 상나화수(商那和修 Ⓢ Śāṇakavāsa)의 가르침을 받고 흑돌과 백돌로 선악의 마음을 헤아렸던 이야기. 『석가여래응화록』 권하 「국다주산 鞠多籌筭」(卍속장130, p.411a14)에 "상나화수가 우파국다의 처소에 가서 법을 설해 주면서 점차로 방편으로써 상념을 묶어두도록 하였다. 흑돌과 백돌을 산가지로 써서 만약 악한 마음이 일어나면 흑돌을 내려놓고 선한 상념이 일어나면 백돌을 내려놓으라고 했다. 우파국다는 그 가르침을 받들어 념을 거두어 흩어지지 않게 하면서 선악의 마음이 일어날 때마다 돌을 바로 던졌다. 처음에는 흑돌이 치우쳐 많고 백돌이 적었지만 점차 수습함에 따라 백돌과 흑돌이 같게 되었으며, 념을 묶어두기를 그치지 않자 마음이 점점 순정해져서 더이상 흑돌은 없고 순수하게 백돌만 남았다. 선한 념이 무성해지고 초과를 얻자 상나화수가 이에 부촉하며 '그대가 마땅히 수호하라'고 하였다. 商那和修 卽至其所 而爲說法 漸以方便 教令繫念 以黑白石子 用當籌筭 若起惡心 當下黑石子 設生善念 下白石子 優波鞠多 奉受其教 攝念不散 善惡心起 輒投石子 初黑偏多 白者尠少 漸漸修習 白黑正等 繫念不止 心轉純淨 更無黑石 純有白者 善念已盛 逮得初果 商那和修 以付囑之 汝當守護"라고 하였다. 〔참고문헌〕『釋迦如來應化錄』.

흑백업 黑白業 Ⓢ karma kṛṣṇa-śuklam. 흑이면서 백인 업. 한 가지 일에 선이면서 악인 일이 현전하는 업. 사업(四業) 중 하나로 욕계(欲界)에서의 선업(善業)을 말한다. 욕계의 선업은 의요(意樂)와 가행(加行) 등에 있어 악과 선이 섞여 있기에 흑백업이라 한다. 구역은 흑백업흑백보(黑白業黑白報)이다. 흑백흑백업(黑白黑白業)·흑백흑백이숙업(黑白黑白異熟業)이라고도 한다. 『유가사지론』 권66(대정장30, p.665a21)에 "흑백업이란 … 마치 어떤 하나의 일에 있어 어떤 때(전찰나)에 이익을 주는 마음을 일으켜 현전시키고, 곧 이 일에 대해 다시 어떤 때(후찰나)에 불이익을 주는 마음을 일으켜 현전시키는 것이다. 혹은 다른 이의 물건을 빼앗아 보시를 행하는 것을 말한다. … 어떤 극히 포악하게 나쁜 짓을 하는 사람에 대해 진에와 함께 작용하는 의지(思)는 일으켰지만 그 포악함에 대해 좋아하지 않는 것과 같다. 이 의지는 진에와 함께 작용하기에 흑업의 부분에 속하는 것이고 그 포악함에 대해 기뻐하지 않음과 함께 작용하기에 백업의 부분에 속하는 것임을 알아야 할 것이다. 따라서 이 업을 흑백업이라 한다. 黑白業 … 謂如有一隨於一事於一時間起利益心而現在前 卽於此事復於一時不利益心而現在前 或奪他物而行惠施 … 譬如有一於極暴虐作惡人所 發生瞋恚俱行之思 不喜彼惡 當知此思瞋俱行故 墮黑分中 不喜樂彼惡俱行故 墮白分中 是故此業說名黑白", 『순정리론』 권41(대정장29, p.574a6)에 "〔논〕 첫 번째(흑흑업)와 세 번째(흑백업)에 대해서는 모두 이설이 있다. 유여사는 '지옥 중의 (五蘊異熟果를) 받는 데 수순하는 업과 욕계 중의 (오온이숙과를) 받는 데 수순하는 업을 차례대로 순흑업(純黑業 : 黑黑業)과 잡업(雜業 : 黑白業)이라 한다. … 오직 지옥을 제한 그 밖의 욕계 중의 이숙은 모두 선업과 악업에 의해 초래되는 것이기에 그 오온이숙과를 받는 데 수순하는 업을 흑백업이라 하는 것이다'라고 하였다. 하지만 이와 같은 설은 앞에서 이미 부정하였으니, 선업은 불선업과 섞이는 일이 없기 때문이다. 論曰 第一第三皆有異說 有餘師說 順地獄受及欲界中順餘受業 如次名爲純黑雜業 … 唯除地獄餘欲界中異熟皆通善惡業感 故順彼受名黑白業 如是所說前已遮遣 謂善無能雜不善故"라고 하였다. 〔참고문헌〕『瑜伽師地論』, 『順正理論』, *Abh-k-bh.23*

5·236. ⇨흑백 黑白❷, 사업 四業

흑백월 黑白月 흑월과 백월. 달 밝은 보름과 달 기우는 보름. 『대반야경』 권296(대정장6, p.504b25)에 "이 선남자·선여인들은 흑백월의 각각 제8일(8일·23일)과 제14일(14일·29일)과 제15일(15일·30일)에 이와 같은 반야바라밀다를 독송하고 설한다. 是善男子 善女人等 於黑白月 各第八日 第十四日 第十五日 讀誦宣說 如是般若波羅蜜多"라고 하였다. [참고문헌] 『大般若經』. ⇨백월 白月, 흑월 黑月, 백반 白半, 흑반 黑半

흑백이서 黑白二鼠 검은 쥐와 흰 쥐. 밤과 낮 또는 일월(日月 : 세월)을 비유한다. 『비유경』(대정장4, p.801b9)에 "검은 쥐와 흰 쥐는 밤과 낮을 비유한다. 黑白二鼠 以喩晝夜", 『주유마힐경』 권2(대정장38, p.342b10)에 "검은 쥐와 흰 쥐는 백월과 흑월을 비유한다. 黑白二鼠 白月黑月也라고 하였다. [참고문헌] 『譬喩經』, 『注維摩詰經』. ⇨백서유 白鼠喩

흑백이업 黑白二業 악업과 선업. 『사제론』 권4(대정장32, p.394c1)에 "두 끝을 벗어나므로 중도라 하고, 능히 흑백이업을 없애므로 복과 악을 멸한다고 한다. 能離二邊 故名中道 能除黑白二業 名滅福惡"라고 하였다. [참고문헌] 『四諦論』. ⇨백업 白業, 흑업 黑業

흑백이월 黑白二月 흑월과 백월. 흑백월(黑白月)이라고도 한다. 『소실지갈라경』 권1(대정장18, p.612a22)에 "흑백이월의 8일·14일·15일과 일식·월식이 일어날 때와 지진이 발생할 때는 공양을 널리 시행하고, 호마를 행할 때 필요한 물품은 먼저 본존 앞에 갖추어 놓는다. 若黑白二月 八日 十四日 十五日 日月蝕時 地動時 卽廣加供養 護摩之時 所須之物 先辦置於本尊前", 『범망경보살계약소』 권하(卍속장60, p.798a4)에 "상반월(백월)과 하반월(흑월)은 흑백이월이다. 곧 그믐과 보름 두 날에 해당한다. 흑이라는 말은 악업을 나타내고, 그 악이 다 사라짐을 바래서 단덕을 성취한다. 백이라는 말은 선업을 나타내고, 그 선이 원만해짐을 바래서 지덕을 성취한다. 上半月 下半月 乃黑白二月 卽晦望二日也 言黑 是表惡業 欲其惡盡 而成斷德也 言白 是表善業 欲其善圓 而成智德也"라고 하였다. [참고문헌] 『蘇悉地羯羅經』, 『梵網經菩薩戒略疏』. ⇨흑백월 黑白月

흑백흑백업 黑白黑白業 선악이 함께하는 업. 흑백흑백이숙업(黑白黑白異熟業)과 같다. 『유가론기』 권3(대정장42, p.363a14)에 "그 '모든 복업을 흑백흑백업이라 한다'란, 욕계의 인천의 총업(總業)과 오취를 순하는 별업(別業)을 말한다. 선과 불선은 서로 원수 대하듯 하기에 흑백흑백업이라 한다. 其諸福業名黑白黑白業 謂欲界人天總業及順五趣別善業 善爲不善之所怨對故名黑白黑白業", 『유가사지론약찬』 권4(대정장43, p.53a6)에 "흑백흑백업이란 욕계의 잡업을 말한다. 한 찰나에 업은 선이면서 악일 수 없지만, 의요에 의지하고 방편에 따라 합하여 하나의 업으로 이름하여 잡업이라 한다. 즉 어떤 업은 의요로는 흑이며 방편으로는 백이다. … 혹은 어떤 업은 의요로는 백이며 방편으로는 흑이다. 곧 제자를 가르치기 위해 몸과 말로 악업을 일으키기도 한다. 黑白黑白業 謂欲界雜業 非一刹那業通善惡 然依意樂及由方便合說一業名爲雜業 謂有業意樂故黑 方便故白 … 或有業意樂故白 方便故黑 卽訓弟子發身語惡"라고 하였다. [참고문헌] 『瑜伽論記』, 『瑜伽師地論略纂』. ⇨흑백흑백이숙업 黑白黑白業異熟業, 흑백업 黑白業, 흑백 黑白❷

흑백흑백이숙업 黑白黑白異熟業 Ⓢkṛṣṇa-śuklaṃ kṛṣṇa-śukla-vipākaṃ karma, Ⓟkammaṃ kaṇha-sukkaṃ kaṇha-sukka-vipākaṃ, Ⓣgnag-cing-dkar-la-rnam-par-smin-pa-gnag-cing-dkar-ba'i-las. 사업(四業) 중 하나. 『집이문족론』 권7(대정장26, p.397b22)에 "어떤 것이 흑백흑백이숙업인가? [답] 세존께서 구지의 우계를 지닌 보랄나(ⓈPūrana)에게 말씀하신 것과 같다. 즉 '원만아, 다음을 알아야 한다. 세간에 한 부류의 보특가라가 있어 손해가 있기도 하고 손해가 없기도 한 신어의의 행을 짓는데, 그는 손해가 있기도 하고 손해가 없기도 한 신어의의 행을 지은 다음에 손해가 있기도 하고 손해가 없기도 한 법을 쌓고 증장시키며 … 云何黑白黑白異熟業 答 如世尊爲持俱胝牛戒補剌拏說 圓滿 當知 世有一類補特伽羅 造有損害無損害身語意行 彼造有損害無損害身語意行已 積集增長有損害無損害法 …", "저 중생은 손해가 있기도 하고 없기도 한 세간에 난 다음에 손해가 있기도 하고 없기도 한 촉을 감하고, 그는 손해가 있기도 하고 없기도 한 촉을 감한 다음에 손해가 있기도 하고 없기도 한 느낌이 서로 끼어들고 섞임을 느끼니, 예를 들면 인간과 일분의 천의 모든 유정중생들이다. 彼生有損害無損害世間已 觸有損害無損害觸 彼觸有損害無損害觸已 受有損害無損害受相間相雜 如人及一分天 諸有情類", "저들은 이런 류로 말미암아 이런 류로 나서는 또 이와 같은 류의 촉을 감한다. 그러므로 나는 「저 모든 유정중생들은 자기가 지은 업에 따른다」고 한다. 원만아, 이것을 흑백흑백이숙업이라 함을 알아야 한다'. 彼由此類有此類生 生已復觸 如是類觸 是故我說 彼諸有情 隨自造業 圓滿 當知 是名黑白黑白異熟業", 『대비바사론』 권114(대정장27, p.591a14)에 "어떤 것이 흑백흑백이숙업인가? 욕계에 매인 선업으로 인취와 천취를 감하는 이숙업을 말한다. [문] 하나의 업으로 흑이기도 백이기도 한 것은 없는데, 어째서 흑백흑백이숙업이라고 하는가? 〔답〕 하나로 의지하는 중에 하나의 상속 중에서 두 가지 업을 불러오는 이숙이다. 하나는 흑이고 또 하나는 백이다. 그러므로 흑백흑백이숙업이라고 한다. 云何黑白黑白異熟業 謂欲界繫善業 能感人天趣異熟業 問 無有一業 亦黑亦白 何故名黑白黑白異熟業耶 答 爲欲顯示 一依止中 一相續中 受二種業所感異熟 一 黑 二 白 是故 說名黑白黑白異熟業"라고 하였다. 〔참고문헌〕『集異門足論』, 『大毘婆沙論』, *Yogā-bh.189.*, *Abh-s.59.* ⇨ 사업 四業 ❷

흑법 黑法 Ⓢ kṛṣṇo dharmaḥ, Ⓟ kaṇha-dhamma, kaṇha-dhamma. 불선(不善)한 법과 유부무기법(有覆無記法). 물들어(雜染) 악한 법(惡法). 청정한 법은 백법(白法)이다. 『대비바사론』 권114(대정장27, p.589c28)에 "어떤 것이 흑법인가? 불선법과 유부무기법이다. 云何黑法 謂不善法及有覆無記法", 『섭대승론석』 권9(대정장31, p.217a19)에 "〔논〕 나태함과 모든 악법을 멸하므로 비(毘)라고 한다. 〔석〕 악처에 깊이 빠지기에 나태함이라고 하며, 또한 악행을 싫어하여 싫증내지 않기에 나태함이라고 한다. 나태함으로 모든 선행을 여의고 모든 악법을 낳는다. 신구의 삼업이 항상 잘못을 일으키므로 악법이라고 한다. 나태함을 멸하므로 나태함이 낳는 모든 악을 없앨 수 있다. 이것을 흑법을 멸하는 정진이라고 한다. 論曰 滅除懶惰 及諸惡法 故名毘 釋曰 於惡處沈沒 故稱懶惰 又不厭惡惡行 故稱懶惰 由懶惰故 離諸善行 生諸惡法 三業恒起過 故名惡法 由滅懶惰故 能除懶惰所生諸惡 此名滅黑法精進", 『종경록』 권74(대정장48, p.828b5)에 "'세존이시여, 이 무루업은 흑법이 아닌데, 어째서 백법이라고 하지 않습니까?' '선남자야, 보가 없기에 백법이라고 하지 않는다. 흑법을 대치하여야 백법이라고 한다. 나는 보를 받는 것을 흑법이나 백법이라고 하는데, 이 무루업은 보를 받지 않기에 백법이라고 하지 않고 적정이라고 한다'. 世尊 是無漏業 非是黑法 何因緣故 不名爲白 善男子 無有報故 不名爲白 對治黑故 故名爲白 我今乃說 受果報者 名爲黑白 是無漏業 不受報故 不名爲白 名爲寂靜"라 하였다. 〔참고문헌〕『大毘婆沙論』, 『攝大乘論釋』, 『宗鏡錄』, *Abh-k-bh.355.*, *Sp.1.195.* ⇨ 흑품 黑品, 악법 惡法, 사흑품 四黑品, 백법 白法

흑비구 黑比丘 Ⓟ Kālaka bhikkhu. 다툼을 즐겼던 녹모(鹿母 Ⓟ Migāra-mātar)의 아들. 『중아함경』 권23 「흑비구경」(대정장1, p.576a18 : *Adhikaraṇa-sutta, AN.5,* p.164)에 "이때 항상 다툼을 좋아하는 녹모의 아들 흑비구가 부처님 처소로 갔다. 세존께서는 멀리서 흑비구가 오는 것을 보시고, 흑비구를 인연하여 여러 비구들에게 말씀하셨다. '어떤 사람은 항상 다툼을 좋아하고, 다툼을 그치는 것을 칭찬하지 않는다. 만약 어떤 사람이 항상 다툼을 좋아하고, 다툼을 그치는 것을 칭찬하지 않는다면, 이 법은 즐겨할만한 것이 아니고 … 받들어 무겁게 여길 수 없으며,… 사문이 될 수 없고 … 능히 열반을 얻지 못한다'. 是時 黑比丘 鹿母子 常憙鬪諍 往詣佛所 世尊遙見黑比丘來 因黑比丘故 告諸比丘 或有一人常喜鬪諍不稱止諍　若有一人常喜鬪諍不稱止諍者 此法不可樂 … 不能令敬重 … 不能令得沙門 … 不能令得涅槃 tatra kho bhagavā kālakaṃ bhikkhuṃ ārabbha bhikkhū āmantesi bhikkhavo ti. bhadante ti te bhikkhū bhagavato paccassosuṃ. bhagavā etad avoca. idha bhikkhave bhikkhu adhikaraṇiko hoti adhikaraṇasamathassa na vaṇṇavādī. yam pi bhikkhave bhikkhu adhikaraṇiko hoti adhikaraṇasamathassa na vaṇṇavādī ayam pi dhammo na piyattāya na garuttāya na bhāvanāya na sāmaññāya na ekībhāvāya saṃvattati"라고 하였다. 〔참고문헌〕『中阿含經』, 『四分律』 권23(대정장22, p.726c13), *AN.* ⇨ 녹모 鹿母

흑비구경 黑比丘經 『중아함경』 권23에 수록된 아흔네 번째 소경(小經). 대정장1, pp.576a18~577b1, No. 26에 수록되어 있다. 상응하는 팔리경전은 앙굿타라니카야 다사카니파타(Dasaka-nipata) 제87경 *Adhikaraṇa-sutta(AN.5,* pp.164~169)이다. 『법륜보참』 권2(卍속장129, p.872b7)에 "흑비구경 : 흑비구가 다툼을 좋아하자 부처님께서 애호할 만하지 않는 것과 애호할 만한 것에 대해 설하셨고, 또 나쁜 말과 좋은 말로 비유를 들어 설하였다. 黑比丘經 因黑比丘喜鬥諍 佛說不可愛及可愛法　亦說惡馬良馬喻"라고　하였다. 〔참고문헌〕『中阿含經』, 『法輪寶懺』.

흑산 黑山 ❶ Ⓢ kṛṣṇa-parvata, kīta-parvata, Ⓣ ri nag-po. 남섬부주 북쪽에 있는 산. 『구사론』 권11(대정장29, p.58a18 : *Abh-k-bh.*, p.162)에 "이 섬부주는 중심에서 북을 향한 세 곳에 세 겹의 흑산이 있다. 此贍部洲 從中向北 三處各有 三重黑山 ihaiva jambūdvīpe uttareṇāsya jambūdvīpasya kṛṣṇaparvatās trayas tān atikramyāpare trayaḥ punaś ca traya iti navabhyaḥ"라고 하였다. 〔참고문헌〕『俱舍論』, *Abh-k-bh.* ❷ 찾아 헤아릴 줄만 알아 밝음을 등진 뜻. 『벽암록』 42칙 「수시 垂示」(대정장48, p.179b11)에 "머뭇거린즉 해골 앞에서 귀신을 볼 것이며, 헤아려 생각한즉 흑산 아래 앉아 있게 되리라. 擬議則髑髏前見鬼 尋思則黑山下打坐"라고　하였다. 〔참고문헌〕『碧巖錄』. ⇨ 흑산귀굴 黑山鬼窟 ❸ ➡ 흑령 黑嶺

흑산귀굴 黑山鬼窟　흑산인데 귀신마저 사는 굴. 선정

(禪定)들을 닦음에 일 없는 듯 어둠에 갇힌 채로이거나 분별해 망상할 뿐임을 꾸짖는 말. 『선원청규』 권8 「좌선의 坐禪儀」(卍속장111, p.920a18)에 "만약 선정 얻어 그 힘이 가장 뛰어난 그 옛날 습정의 고승들은 좌선 때 항상 눈을 뜨고 있었다. 이전에 법운원통선사도 눈을 감고 좌선하는 사람들을 꾸짖어 흑산귀굴이라 하였다. 若得禪定 其力最勝 古有習定高僧 坐常開目 向法雲圓通禪師 亦訶人閉目坐禪 以謂黑山鬼窟", 『오가종지찬요』 권상 「제종육병약 濟宗六病藥」(卍속장114, p.520a18)에 "둘째, 일 없는 중에 갇혀서 칼을 두려워하고 검을 피해서는 안 된다. 이는 흑산귀굴의 병통이다. 삼산등래(三山燈來)가 말한다. '어째서 나오려 하지 않는가?' 二不得無事甲裏 畏刀避劍 此是黑山鬼窟之病 三山來云 何不出頭來"라고 하였다. 〔참고문헌〕『禪苑淸規』, 『五家宗旨纂要』. ⇨ 흑산하활계 黑山下活計, 흑산하귀가활계 黑山下鬼家活計

흑산불탑군 黑山佛塔群 아프가니스탄 카불 동쪽의 잘라라바드(Jalalabad)에 있는 불탑군. 2세기 경에 건립된 세와키불탑군보다 약간 이른 1세기경 조성되었고 14곳의 석굴과 30여 불탑이 있었으나 지금은 탑 몇 기만 남아 있다. 그 중 비마란(Bimaran) 제2탑에서 발견되어 현재 대영박물관에 있는 황금사리기는, 뚜껑 없는 원통형이며 아치 기둥 안에 무외인(無畏印)을 결한 부처

흑산불탑군 황금사리기 비마란제2탑 아프가니스탄 대영박물관 1세기

님상과 합장한 예배자 등이 부조되었고, 기둥 위아래에는 1세기경 간다라에서 조성된 것으로 추정되는 붉은 보석이 장엄되어 있다. 흑산은 흑령(黑嶺)이라고도 하며 현장(玄奘)은 이곳을 넘어 남파국으로 들어갔다. ⇨ 세와키불탑군 Shewaki佛塔群, 남파국 濫波國

흑산하귀가활계 黑山下鬼家活計 흑산 아래 귀신의 집에 살림하다. 『서장』 「답부추밀장 答富樞密狀」 제2서(대정장47, p.921c24)에 "간절히 한결같이 공에 빠지고 고요에만 나아가서는 안 된다네. 옛 사람은 그것을 흑산 아래 귀신집 살림살이라 하였으니, 미래가 다해도 사무쳐 벗어날 기약 있을 리 없으리라. 切不可一向 沈空趣寂 古人喚作 黑山下鬼家活計 盡未來際 無有透脫之期"라고 하였다. 〔참고문헌〕『書狀』. ⇨ 흑산귀굴 黑山鬼窟, 흑산하좌귀취리 黑山下坐鬼趣裏

흑산하좌귀취리 黑山下坐鬼趣裏 흑산 아래 귀신 무리 중에 앉아 있을 뿐. 흑산하귀가활계(黑山下鬼家活計)라고도 한다. 『운문광록』 권상(대정장47, p.552a15)에 "다시 저런 이들 있으니 쉬고 또 멈춰야 한다는 말 겨우 듣고서는 음계 향해 두 눈 감고는 쥐구멍에서 활계지을 뿐이니, 흑산 아래 귀신 무리 중에 앉을 뿐이어서 나는 길을 얻었다 하니 꿈에라도 보았는가? 更有一般底 纔聞說箇休歇處 便向陰界裏閉目合眼 老鼠孔裏作活計 黑山下坐鬼趣裏 體當便道 我得箇入路也 還夢見麽"라고 하였다. 〔참고문헌〕『雲門廣錄』. ⇨ 흑산귀굴 黑山鬼窟, 흑산하귀가활계 黑山下鬼家活計

흑산하활계 黑山下活計 흑산 아래서 살림 차리다. 『남석문수어록』 권2(卍속장124, p.392b15)에 "시방에 어떤 그림자도 없고 삼계에 발자취가 끊어지게 되면 그것이 바로 흑산 아래서 살림 차린 모양이니, 설사 우주를 뒤집어엎고 허공을 때려부수며 고금을 모두 차지하고 만물 밖으로 훌쩍 벗어날지라도 늘 하던 분별에서 벗어나지 못했음을 알아야 한다. 直得十方無影象 三界絶行蹤 正是黑山下活計 設使掀翻宇宙 打破虛空 坐斷古今 高超物表 也知未出常情"라고 하였다. 〔참고문헌〕『南石文琇語錄』. ⇨ 흑산하귀가활계 黑山下鬼家活計

흑색 黑色 밀교의 오색(五色) 중 하나. 온갖 색깔과 물건을 없애고 감춘다는 뜻을 가진 색으로 호마법 중 항복법에 상응한다. 오불(五佛) 중 천고뇌음여래(天鼓雷音如來), 오지(五智) 중 여래구경지(如來究竟智), 오전(五轉) 중 대열반(大涅槃), 오대(五大) 중 풍대(風大), 오방 중 북방, 오자 중 하(訶 ཧ) 자에 배대된다. 『대일경소』 권5(대정장39, p.627a14)에 "고음불은 흑색은 띤다. 鼓音佛持黑色", 같은 책 권8(대정장39, p.663c7)에 "흑색은 큰 장애를 꺾고 소환하는 데 쓴다. 黑色摧伏大障幷攝召用", 같은 책 권15(대정장39, p.735c5)에 "항복단은 삼각형△이고 그 안은 흑색이다. 降伏壇三角△ 其中黑色"라고 하였다. 〔참고문헌〕『大日經疏』.

흑석사 黑石寺 ❶ 경상북도 영주시 이산면에 있는 절. 대한불교조계종 제16교구본사 고운사(孤雲寺)의 말사다. 주변의 바위 유난히 검기에 '흑석사'라 불렀다고 한다. 『백암집』 백암선생연보(栢巖先生年譜)에는 1574년(선조7) 2월에 영주 출신 문인인 김륵(金玏)이 흑석사에서 독서하였다고 하였고, 『범우고』에는 "금폐 今廢"라고 하였다. 현존하는 당우는 법당·극락전·심검당 등이 있다. 극락전에 봉안된 목조아미타여래좌상의 복장

에서는 1458년(세조4)에 법천사삼존불의 본존불로 조성되었다는 기록과 함께 직물·향·유리 등의 부장물이 발견되어, 국보 제282호로 지정되었다. [참고문헌]『栢巖集』(韓國文集叢刊50, p.145a1), 『梵宇攷』. ❷ 전라북도 전주시에 있던 절. 『고려사』 권53 오행의 현종 2년(1011) 11월에는 "전주 흑석사에 모란꽃이 피었는데 눈이 덮어도 꽃잎 떨어지지 않았다. 全州黑石寺 牧丹花開 冒雪不落"라고 하였고, 『동국여지승람』 권33 전주부 불우에도 고덕산(高德山)에 있다고 하였다. [참고문헌]『高麗史』, 『東國輿地勝覽』, 『韓國寺刹全書』

흑석사목조아미타여래좌상및복장유물 黑石寺木造阿彌陀如來坐像○腹藏遺物 정암산(井巖山) 법천사(法泉寺)에 봉안했던 아미타삼존불 중 주존 아미타불과 그 복장물. 경상북도 영주시 흑석사에 있는 목조아미타불좌상 안에서 발견되었다. 1457년 「정암산법천사당주미타삼존원성제연보권문 井巖山法泉寺堂主彌陀三尊願成諸緣普勸文」과 1458년 「아미타삼존불복장기 阿彌陀三尊佛腹藏記」가 남아 조성연역을 자세히 알 수 있다. 스님 성철(性哲)이 주관하여 태종의 후궁인 의빈권씨(懿嬪權氏)·명빈김씨(明嬪金氏)과 효령대군(孝寧大君)· 대시주 이호(李芋)·지용천(池湧泉)부부 등 내명부와 종친이 주된 후원자였고, 공양·보시·채색·칠이 명기되어 있고 시주품목도 자세히 알 수 있으며, 왕실 종친 등 275명의 이름이 기록된 대규모 불사였다. 복장물로는 사리합과 사리 그리고 〈그림〉과 같이 『묘법연화경』 등 경전, 경전과 사리합을 쌌던 직물, 시주자 이름이 쓰인 직물, 오색의 직물, 오보리수, 오색견사, 모시 등이 발견되었다. 위의 「보권문」에는 "서방의 주인이신 아미타불은 이 사바세계에서 따로이 중생을 고뇌에서 벗어나게 하는 인연이 있어, 한편 저 먼 곳의 부처님이라고도 부르니 구품대 위로 이끌어 데려간다. … 이 뛰어난 인연을 돌려 임금께서 장수하시고 나라에 복이 많고 백성이 걱정이 없기를 축원합니다. 삼가 머리를 숙여 절한다. 천순 원년(세조3·1457) 2월 일 적는다. 간선도인. 西方主阿彌陀佛 此娑婆別有救度衆生之緣 一稱彼佛則 接引九蓮臺上 … 迴玆勝因 壽君福國 萬姓無憂者 龢南謹扣 天順元年二月日誌 幹善道人", 위의 「복장기」에는 "무릇 아미타불 모든 부처님의 본사이시고 관세음보살 모든 보살님의 본사이시며 지장보살 고해 모든 중생들의 본사이시니, 이 삼존은 다른 부처에 비할 바 아니시다. 그러므로 삼가 초상을 조성하니 원컨대 우리들 세세생생에 길이 삼악도 끊으며 … 전쟁 길이 사라져 나라 태평하고 안녕하며, 부처님 광채 더욱 빛나서 법의 수레바퀴 끝없이 돌아 영원하기를. 夫阿彌陀佛 諸佛之本師 觀世音菩薩 諸菩薩之本師 地藏菩薩 苦海諸衆生之本師 此是三尊 非他佛之比也 是故敬造肖像 願我世世生生 永離三惡途 … 干戈永息 國泰安寧 佛日曾輝 法輪轉"라고 하였다. [참고문헌]『발원發願 간절한 바람을 담다』(국립중앙박물관, 2015). ⇨ 흑석사 黑石寺❶

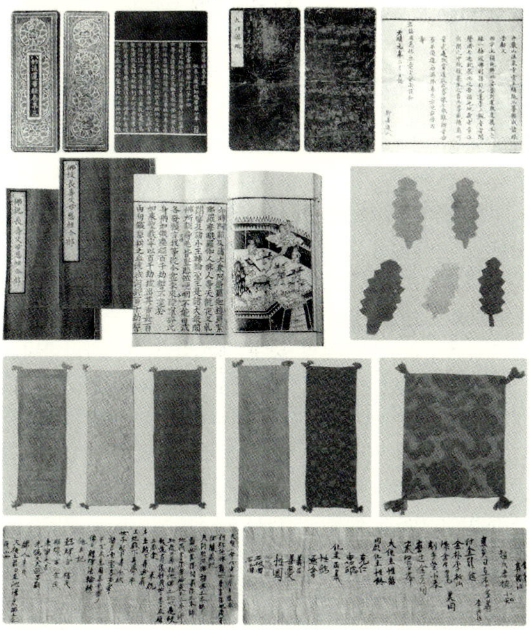

묘법연화경권3 조선전기·아미타삼존불조성보권문 1457년·대보부모은중경합각장수멸죄호제동자다라니경 1432년·잎사귀모양직물·사경보·운문연녹색겹보자기·아미타삼존불복장기 1458년 흑석사 영주

흑석원 黑石院 ❶ 경기도 광주에 있던 절. 「지곡사진관선사비문 智谷寺眞觀禪師碑文」에 "언연은 광주 흑석원 주지. 彦緣 住廣州黑石院"라 하였을 뿐이다. [참고문헌]『釋苑詞林』 권191(한불전4, p.650a8), 李智冠『校勘譯主歷代高僧碑文』 高麗篇2 p.151. ❷ 전라북도 익산에 있던 원(院). 『동국여지승람』 권33 익산군(益山郡)의 불우(佛宇)가 아닌 원우(院宇)에 "흑석원은 흑석부곡에 있다. 黑石院 在黑石部曲"라고 하였다. [참고문헌]『東國輿地勝覽』. ❸ 황해도 수안군에 있던 절. 이세백(李世白 1635~1703년)의 『우사집』 권1 「수안도중 遂安道中」(한국문집총간146, p.390b17)에 "바위 앞 작은 절은 관도에 다다르고, 지척에 마을 연기 나는 곳은 곧 수주라네〈원은 곧 흑석원이다〉. 巖前小院臨官道 咫尺村煙是遂州〈院卽黑石院〉"라고 하였다. [참고문헌]『雩沙集』.

흑설 黑說 Ⓢ kāla-apadeśa, Ⓣ nag-po-bstan-pa. 외도의 사설(邪說)과 악설(惡說)을 말한다. 위대한 말

씀(大說)이 아닌 뜻이다. 『유가사지론』 권16(대정장30, p.361b24)에 "(自性淸淨의 九種相 중) 셋째는 흑설과 대설에 대해 잘 아는 것이다. 三者 能善了知黑說大說", 『유가론기』 권10(대정장42, p.529b6)에 "'흑설과 대설'이란 악설과 선설을 말한다. 言黑說大說者 卽是惡說善說", 『유가사지론약찬』 권7(대정장43, p.96a17)에 "외도의 사설과 악설들을 흑설이라 한다. 外道邪說及諸惡說名黑說"라 하였다. 〔참고문헌〕『瑜伽師地論』, 『瑜伽論記』, 『瑜伽師地論略纂』, *Bodh-bh.76.* ⇨ 악설 惡說

흑승생 黑勝生 도살 등의 흑업을 행하며 살지만 태어나기는 인간(人道)으로 났기에 승생이라 한다. 『대비바사론』 권198(대정장27, p.992b19)에 "흑승생류는 잡예업자를 일컬으니, 곧 짐승 잡고 살 바르는 등의 일을 한다. 黑勝生類 謂雜穢業者 卽屠膾等", 『유가사지론』 권9(대정장30, p.320b29)에 "세 가지 뛰어난 남이 있으니, 첫째는 흑승생에 남이다. 곧 예컨대 어떤 이가 전다라의 집 또는 복갈사의 집, 수레 짓는 집, 대나무 엮는 집 또는 나머지 하천하고 빈궁하며 재물과 음식 등이 적어서 허덕이는 집에 나게 되면 이와 같은 것은 사람 중에 있지만 복덕은 엷은 이다. 有三勝生 一黑勝生生 謂如有一 生旃茶羅家 若卜羯娑家 若造車家 若竹作家 若生所餘 下賤貧窮 乏少財物 飮食等家 如是名爲 人中薄福德者"라고 하였다. 〔참고문헌〕『大毘婆沙論』, 『瑜伽師地論』. ⇨ 전다라 旃陀羅

흑승지옥 黑繩地獄 Ⓢ Kāla-sūtra, Ⓣ Thig-nag. 팔대지옥(八大地獄 : 八熱地獄) 중 두 번째 지옥. 흑이지옥(黑耳地獄)·흑지옥(黑地獄)이라고도 한다. 등활지옥(等活地獄) 아래이자 중합지옥(衆合地獄) 위이며, 십육소지옥(十六小地獄)으로 둘러싸여 있다. 『장아함경』 권19 「지옥품 地獄品」(대정장1, p.123b10)에 "무슨 연고로 흑승지옥이라 하는가? 그곳의 모든 옥졸은 저들 죄인을 붙잡아 뜨거운 철판에 팽개친 뒤에 그 몸을 펼쳐 놓고 뜨거운 쇠먹줄로 줄쳐 곧게 한다. 그런 다음 뜨거운 쇠도끼로 줄 따라 잘라 토막내니, 마치 목수가 먹줄로 나무에 튀기고 날카로운 도끼로 먹줄을 따라 무수히 토막내듯 한다. 저들 죄인을 다스림이 이와 같아서 그 끔찍한 고통 헤아릴 수 없을 정도지만 남은 죄가 다하지 않아 죽지도 않는다. 이를 흑승지옥이라 한다. 何故名爲黑繩地獄 其諸獄卒 捉彼罪人 撲熱鐵上 舒展其身 以熱鐵繩 絣之使直 以熱鐵斧 逐繩道斫 絣彼罪人 作百千段 猶如工匠 以繩絣木 利斧隨斫 作百千段 治彼罪人 亦復如是 苦毒辛酸 不可稱計 餘罪未畢 故使不死 是名爲黑繩地獄"라 하였다. 〔참고문헌〕『長阿含經』, 『大智度論』 권16(대정장25, p.175b9), 『俱舍論』 권8(대정장29, p.41a7), *Abh-k-bh.111.*, *Yogā-bh.74.* ⇨ 팔대지옥 八大地獄

흑씨범지경 黑氏梵志經 월지국(月支國) 지겸(支謙) 한역. 1권. 대정장14, pp.967a5~968a4, No.583에 수록되어 있다. 향산(香山)에 머물며 오통(五通)을 다 갖추고 설법에도 능했던 가라(迦羅)라는 흑씨범지에게 염라왕(閻羅王)이 찾아와 법을 듣고는 7일이 지나면 범지가 죽어서 염라계에 떨어지기에 슬프다고 말했다. 범지가 이를 두려워하여 부처님을 친견하고 과를 증득하였다. 〔참고문헌〕『歷代三寶紀』 권5(대정장49, p.58b20), 『衆經目錄』 권3(대정장55, p.130c28).

흑악사 黑岳寺 강원도 동해시 삼화동 두타산(頭陀山)에 있던 간장암(看藏庵). 허목(許穆 1595~1682)의 『척주지』 권하에 "부 서쪽 30리 미로면 두타산 아래 혹은 백련대라고 하였고, 간장사라고도 하였다. 府西三十里未老面頭陀山下 或曰白蓮庵 一云看藏寺"라고 하였다. 이병연(李秉淵 1671~1751)의 『사천시초』 권하에 「흑악사 黑岳寺」, 채제공(蔡濟恭 1720~1799)의 『번암집』 권7에 「흑악사를 방문하려는데 비가 올 것 같아 밤에 앉아 시를 읊다 將訪黑岳寺有雨意夜坐却吟」, 「흑악사를 되돌아 향해 입지에서 보이다 轉向黑岳寺吟示立之」 등이 전한다. 〔참고문헌〕『陟州誌』, 『槎川詩抄』, 『樊巖集』, 『韓國寺刹全書』 권하 p.1208a11. ⇨ 간장사 看藏寺, 간장암 看藏庵

흑암녀 黑暗女 ➡ 흑암천 黑暗天

흑암지옥 黑闇地獄 온통 검은 것들뿐인 지옥. 삼종지옥(三種地獄) 중 하나다. 『선비요법경』 권상(대정장15, p.243b5)에 "아는 것 많아 교만하고 방일하며 사념처법을 수습하지도 않으니, 몸이 병들어 수명이 다하면 흑암지옥에 떨어지리라. 以多智故 憍慢放逸 亦不修習 四念處法 身壞命終 墮黑闇地獄", 『관불삼매해경』 권5(대정장15, p.670a25)에 "무엇을 흑암지옥이라 하는가? 흑암지옥이란 18겹의 검은 산, 18겹의 검은 그물, 18겹의 철상, 18겹의 철만으로 되어 있다. 산 하나하나마다 높이는 팔만사천유순이고, 만 하나하나마다 두께도 팔만사천유순이며, 만 하나하나의 사이는 18겹의 검은 철위산 늘어서 있을 뿐이어서 숲의 그늘처럼 이 산을 어둡게 한다. 云何名黑闇地獄 黑闇地獄者 十八重黑山 十八重黑網 十八重鐵床 十八重鐵縵 一一山高 八萬四千由旬 一一縵亦 厚八萬四千由旬 一一縵間 十八重黑鐵圍山羅列 如林蔭闇此山"라고 하였다. 〔참고문헌〕『禪秘要法經』. ⇨ 삼종지옥 三種地獄, 지옥 地獄

흑암천 黑暗天 Ⓢ Kālarātrī. 재앙과 불행을 불러오는 하늘. 흑암녀(黑暗女·黑闇女)·흑암천녀(黑暗天女·黑闇天女)·흑야신(黑夜神)·흑야천(黑夜天)·흑이(黑耳

Ⓢ Kṛṣṇakarṇā)라고도 한다. 흑암은 본래 세계가 끝나는 날 밤의 어둠을 의미한다. 길상천(吉祥天 : 功德天)의 누이로서 두 자매는 항상 함께 다니지만 성격은 정반대의 신이다. 흑암천은 추하고 더러운 외모에 가는 곳마다 재물을 없애고, 재앙을 불러온다. 힌두교의 시바신의 비(妃)에 상응하고, 밀교에서는 염마천비(閻魔天妃)로서 밤을 지배한다. 태장만다라 외금강원에 자리한 존격이며 형상은 살색에 왼손에는 인두당(人頭幢)을 든 모습이다. 『대반열반경』 권12(대정장12, p.435c5)에 "다시 물었다. '무슨 까닭으로 흑암이라 이름합니까?' 여인이 답했다. '내가 가는 곳은 집안의 재물을 모두 소모하게 합니다' 주인이 그 말을 듣고 칼을 쥐고 이렇게 말했다. '그대가 가지 않으면 그대의 목숨을 끊겠소' 여인이 답했다. '그대는 매우 어리석고 지혜가 없군요' '왜 내가 어리석고 지혜가 없다 합니까?' '그대의 집안에 있는 자(공덕천)는 나의 누이요. 나는 항상 누이와 함께 다닙니다. 그대가 나를 쫓아낸다면 그녀 역시 쫓아내야 합니다' 復問 何故名爲黑闇 女人答言 我所行處能令其家所有財寶一切衰耗 主人聞已卽持利刀作如是言 汝若不去當斷汝命 女人答言 汝甚愚癡無有智慧 主人問言 何故名我癡無智慧 女人答言 汝舍中者卽是我姊 我常與姊進止共俱 汝若驅我 亦當驅彼", "주인이 다시 집에 들어가 공덕천에게 물었다. '밖에 있는 여인이 그대의 누이라는데 사실입니까?' 공덕천이 말했다. '정말 나의 누이요. 나는 그와 함께 다니고 떨어진 적이 없는데 가는 곳마다 항상 나는 좋은 일을 하고 항상 그는 나쁜 짓을 합니다. 나는 늘 이롭게하고 그는 늘 손해를 끼칩니다. 만약 나를 사랑한다면 그도 사랑해야 하고, 나를 공경한다면 그도 공경해야 합니다'. 主人還入問功德天 外有一女云是汝妹實爲是不 功德天言 實是我妹 我與此妹行住共俱未曾相離隨所住處我常作好彼常作惡 我常利益彼常作衰 若愛我者亦應愛彼 若見恭敬亦應敬彼", 『현법사의궤』 권하(대정장18, p.121c18)에 "남문 가까이에 흑암천이 있고 다음에 염마라왕이 있다. 近門黑暗天 次焰魔羅王", 『중관론소』 권6(대정장42, p.102a8)에 "『열반경』에서 '공덕천은 생을 비유하고 … 흑암녀는 죽음을 비유한다'고 하였다. 涅槃經云 功德天喩生 … 黑闇女譬死"라고 하였다. [참고문헌] 『大般涅槃經』, 『玄法寺儀軌』, 『中觀論疏』, 『曼荼羅図典』(大法輪閣, 2002).

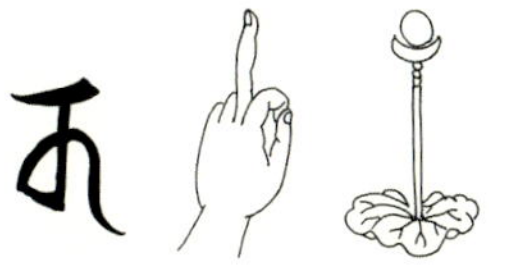

흑야천 黑夜天 Ⓢ Kālarātrī. 흑야신(黑夜神)·흑암천(黑闇天)·흑암녀(黑闇女)·흑암천녀(黑闇天女)라고도 한다. 길상천(吉祥天 : 功德天)의 자매이며 불행과 재난을 부르는 신이다. 밀교에서는 태장만다라 최외원(最外院) 남쪽에 자리한 존격이며 염마천의 비(妃)가 된다. 염마천비와 별도의 존격으로 그려지는 경우도 있다. 이 신은 어두운 밤의 공포와 같은 무명 속에 있는 중생을 가호(加護)하는 존격이다. 칼라(Ⓢ kāla)는 어둠·시간·죽음을 의미하며 특히 인간을 비롯한 모든 것을 지배하는 시간과 죽음의 의미가 강조된 존격이다. 삼매야형은 당(幢), 종자는 (ka). 존형은 오른손은 앙장(仰掌)하고 왼손은 원환(圓環)에 인두(人頭)가 달린 지팡이를 쥐고 광배에 휩싸인 채 염마천 옆에 앉아있는 모습이다. 수인은 왼손을 주먹 쥐고 중지를 펼친다. 진언은 '나마 사만타붓다남 칼라라트리예 스바하 namaḥ samantabuddhānāṃ kālarātriye svāhā 널리 제불께 귀의합니다. 흑야천이여! 스바하'이다. 『대일경소』 권5(대정장39, p.634b9)에 "염마천의 서쪽에 염마후와 사후를 그린다. 이 역시 염마후이다. 동쪽에 흑야신과 칠마달리를 그린다. 칠모라고 한역하는데 모두 귀신이다. 그 형상은 모두 흑색이다. 閻摩之西 作閻摩后及死后 亦是閻摩后也 東邊作黑夜神及七摩怛里 譯云七母皆女鬼也 其形悉皆黑色", 같은 책 권10(대정장39, p.684b14)에 "흑야신의 진언. 이는 염라의 시후이다. '가라라지리예' 첫 가 자는 체가 된다. 밤의 어둠 속에 공포와 환란이 있으므로 무명의 어둠 속에서 긴 밤의 갖가지 장애와 번뇌 등의 두려움을 없애고자 이 진언을 설한다. 黑夜神眞言 此卽閻羅侍后也 迦羅囉底哩曳 以初迦字爲體 以夜暗之中多有恐怖及諸過患 爲欲除彼無明黑暗中 長夜諸障垢等怖畏 故說此眞言也", 같은 책 권14(대정장39, p.721b10)에 "다음으로 왼손의 소지와 무명지를 손바닥 안으로 넣고 중지와 검지를 서로 붙여 펴되 엄지를 평소처럼 만들어 주먹을 쥔다. 이것이 흑야천인이다. 염마왕후의 인이다. 次以左手 握地水指入掌 火風相並而申之其空指如尋常作拳也 此黑夜天印也 閻羅王后也"라고 하였다. [참고문헌] 『大日經疏』. ⇨ 흑이길상 黑耳吉祥, 흑암천 黑暗天

흑업 黑業 Ⓢ kṛṣṇa karma, Ⓟ kaṇha-kamma, Ⓣ nag-po'i-las. 악한 보를 끌어들이는 업. 악한 행위. 『대지도론』 권94(대정장25, p.720a2)에 "흑업이란 선하지 못한 업의 과보다. 지옥 등 고통받는 곳이니 이곳에 떨어진 중생은 크게 고통받아 괴롭기가 극에 이르렀으므로 흑이라 한다. 黑業者 是不善業果報 地獄等受苦惱處 是中衆生 以大苦惱悶極 故名爲黑", 『사리불아비담론』 권7(대정장28, p.582b26)에 "무엇을 흑업이 끌어들이는 흑보라 하는가? 선하지 않은 업이 초래하는 보를 흑업이 끌어들이는 흑보라 한다. 云何黑業黑報 若業不善有報 是名黑業黑報"라고 하였다. 〔참고문헌〕『大智度論』, 『捨利弗阿毘曇論』, *Abh-k-bh.236.*, *MN.1.39.* ⇨ 백업 白業, 악업 惡業, 업 業

흑업흑보 黑業黑報 사업(四業) 중 하나로 흑흑이숙업(黑黑異熟業 ⓢ kṛṣṇaṃ kṛṣṇa-vipākaṃ karma)의 구역어다. 『사리불아비담론』 권7(대정장28, p.582b26)에 "무엇을 흑업흑보라 하는가? 불선의 업으로서 과보를 지니는 것이니, 이를 흑업흑보라 한다. 云何黑業黑報 若業不善有報 是名黑業黑報", 『우바새계경』 권7(대정장24, p.1071a17)에 "흑업흑보란 이른바 지옥을 말한다. 黑業黑報 所謂地獄"라고 하였다. 〔참고문헌〕『舍利弗阿毘曇論』, 『優婆塞戒經』. ⇨ 흑흑이숙업 黑黑異熟業

흑원회주 黑蚖懷珠 검은 뱀이 구슬 품다. 법을 듣고도 행하지 않는 뜻이다. 『마하지관』 권7하(대정장46, p.101b19)에 "만약 위와 같이 부지런히 행해서 한평생을 필히 헛되이 보내지 않겠지만, 비록 불법을 들었어도 쓰지 못한다면 검은 뱀이 구슬을 품은 것과 같으리니, 그 뱀에게 무슨 이익이 되겠는가! 若能如上勤而行之 於一生中 必不空過 雖聞不用 如黑蚖懷珠 何益於長蛇者乎"라고 하였다. 〔참고문헌〕『摩訶止觀』.

흑월 黑月 ⓢ kṛṣṇa-pakṣa. 달이 점차 이지러지는 보름 이후의 반달. 흑분(黑分)·흑반(黑半)이라고도 한다. 달이 점차로 밝아지는 보름은 백월(白月)이다. 흘리사나박결사(訖哩史拏博乞史)라 음사한다. 『기세경』 권10(대정장1, p.361a29)에 "이 월궁전은 흑월분 첫날 이후 달이 모두 이지러질 때까지 광명의 위덕이 점차로 줄어든다. 이 인연으로 월(궁전)이라 한다. 此月宮殿 於黑月分 一日已去 乃至月盡 光明威德 漸漸減少 以此因緣 名之爲月", 『구사론소』 권11(대정장41, p.617a25)에 "서방에서는 흑월 매월 앞이고, 백월이 뒤다. 西方 以黑月爲先 白月爲後"라고 하였다. 〔참고문헌〕『起世經』, 『俱舍論疏』, *Lal-v.8.* ⇨ 백월 白月, 흑백월 黑白月

흑육자명왕 黑六字明王 밀교에서 육자경법(六字經法)을 닦을 때 본존으로 모시고 공양하는 명왕. 육자명왕(六字明王)·육자천(六字天)이라고도 한다. 이 수법을 닦을 때 비밀한 곳에 육자명왕을 안치하고 이 존상의 전신을 검푸른 색으로 만든다. 존상은 육비(六臂) 또는 사비(四臂)로 설명되고 본존을 공양하는 방법에도 이설이 많다. 삼매야형 역시 흰 불자·독고저·둥근 거울 등으로 다르다. 수인은 일체왕인(一切王印) 또는 대삼고인(大三股印)이며, 진언은 '구지구주구비지함수함수다지파지(佉智佉住佉毘智緘壽緘壽多智婆智)'이다. 『비초문답』 권7(대정장79, p.408b14)에 "권수사류에서는 이렇게 말한다. '연꽃 위에 실담자 ग(ga)자가 활이 되고 활이 변하여 본존이 된다. 육자명왕은 흑색에 팔이 여섯인데 좌우의 첫째 손은 수인을 맺고 있다. 왼쪽 둘째 손은 창을 들었고 셋째 손은 월륜을 들었다. 오른쪽 둘째 손은 칼을 들었고, 오른쪽 셋째 손은 일륜을 들었다. 십이신장이 연화부성전 주위를 둘러싼 모습이다'. 勸修寺流云 蓮花上有ग(ga)字成弓 弓變爲本尊 六字明王黑色六臂 左右第一手結印 第二持戟 第三持月輪 右第二持刀 第三持日輪 十二神將 蓮花部聖前後圍繞文", 『박초자구결』 권4(대정장79, p.197a24)에 "이러한 육관음이 본존이 되면 최상의 수습이다. 권수사는 육관음의 변화신인 육자명왕을 본존으로 모시고 수습한다. 그 몸은 검푸른 색이고 유연한 모습이다. 여섯 팔을 구족하고 한 발을 들었는데〈또는 팔이 넷인 형상이다〉 흑육자라고 부르는 것이 그것이다. 『육자신주왕의 궤법』〈금강지 한역〉은 육자상의 신상을 설하였다. 검푸른 색에 팔 넷을 갖추었다. 왼쪽 첫째 손은 큰 칼을 들었고 둘째 손은 일륜을 들었으며, 오른쪽 첫째 손은 칼을 들었고 둘째 손은 월륜을 들었다. 포악한 모습이다. 此六觀音 卽爲本尊 是醍醐之習也 勸修寺習六觀音所變身 名六字明王 爲本尊 謂其身青黑色而柔軟形 六臂具足片足提〈或四臂形也〉 名黑六字是〈云云〉 六字神呪王儀軌法〈金剛智譯云〉 以說六字像身相 青黑色具四臂 左第一手持大刀 第二手擧日輪 右第一手持鉾 第二手擧月輪 大暴惡相也"라고 하였다. 〔참고문헌〕『祕鈔問答』, 『薄草子口決』.

흑의 黑衣 흑색의 가사. 삼종괴색(三種壞色) 중 사흑(似黑)인 치의색(緇衣色)을 말한다. 『승사략』 권상 「복장법식 服章法式」(대정장54, p.238a13)에 "또한 후주에서는 흑의가 천하를 얻는다는 참언이 들리는 것을 꺼려 흑색을 모두 금지하였으니, 황색 가사를 입는 풍습은 후주에서 시작되었다. 後周忌聞 黑衣之讖 悉屛黑色 著黃色衣 起於周也"라 하였다. 〔참고문헌〕『僧史略』. ⇨ 괴색 壞色, 삼종괴색 三種壞色, 치의 緇衣, 흑가사 黑袈裟

흑의이걸 黑衣二傑 가사를 입은 걸출한 두 인물 남조(南朝) 제(齊)의 현양(玄暢)과 법헌(法獻). 『불조통기』 권36 「무제 武帝」(대정장49, p.346c29)에 "483년(영명1) 장우사의 현양과 법헌을 승주로 임명하고 각각 강남과 강북의 일을 나누어 맡도록 하였다. 당시 이들을 흑의이걸이라 불렀다. 勅長干寺 玄暢同法獻 爲僧主 分任江南北事 時號黑衣二傑"라 하였다. [참고문헌]『佛祖統紀』, 『梁高僧傳』 권8 「僧慧傳」(대정장50, p.378b29).

흑의재상 黑衣宰相 남조(南朝) 유송(劉宋)대 혜림(慧琳)이 국정을 자문해서 붙여진 별명이다. 『불조역대통재』 권8(대정장49, p.536c26)에 "당시 혜림이라는 스님은 뛰어난 재주와 학문으로 효무제(孝武帝)의 총애를 받아 정사에 관여하자 흑의재상이라 불렸다. 時有僧惠琳者 以才學得幸于帝 與決政事 時號黑衣宰相"라고 하였다. [참고문헌]『佛祖歷代通載』. ⇨ 혜림 慧琳❶

흑이길상 黑耳吉祥 흑이천(黑耳天 Ⓢ Kṛṣṇakarṇā)과 길상천(吉祥天 Ⓢ Śrīmahādevī). 흑이천은 흑암천(黑暗天)·흑야천(黑夜天)이라고도 하고, 길상천은 공덕천(功德天)이라고도 한다. 둘은 자매로서 항상 함께 다닌다. 추한 외모를 한 흑이천은 재앙과 손해를 불러오고, 좋은 외모를 가진 길상천은 복덕과 이익을 불러온다고 한다. 두 천은 밀교 공양법에서 함께 공양한다. 『구사론기』 권5(대정장41, p.104a28)에 "흑이천과 길상천은 자매사이다. 두 사람을 항상 서로 따라 다닌다. 언니의 이름은 길상이고 가는 곳마다 이익을 준다. 동생은 흑이인데 귀가 까맣다고 붙여진 이름이다. 그는 가는 곳마다 손해를 끼친다. 어리석은 사람이 길상에 탐욕으로 집착하여 지혜로운 이가 집착을 버리게 하기 위해 먼저 흑이를 보여주었더니 흑이를 보고서 길상에 대한 집착 역시 버렸다. 구역에서는 공덕천과 흑암녀라고 하였다. 黑耳吉祥姊妹 二人常相隨逐 姊名吉祥 所至之處能爲利益 妹爲黑耳 由耳黑故故以名焉 所至之處能爲衰損 愚人貪染吉祥 智者欲令厭捨先示黑耳 旣見黑耳吉祥亦捨 舊云功德天黑闇女", 『구사론송소기』 권(卍속장86, p.290a11)에 "길상과 흑이란 『열반경』의 공덕천과 흑암녀이다. 吉祥黑耳者 卽涅槃經功德天黑闇女 是也", 『성유식론소초』 권3(卍속장80, p.289a10)에 "『열반경』에서 공덕천과 흑암천을 설하여 생사를 비유했다. 흑이는 죽음을 비유하고 길상은 삶을 비유한다. 涅槃經中 說功德天黑闇天喩於生死 黑耳喩死 吉祥喩生"라고 하였다. [참고문헌]『俱舍論記』, 『俱舍論頌疏記』, 『成唯識論疏抄』.

흑천 黑天 Ⓢ Mahākāla. 대흑천신(大黑天神). 대자재천(大自在天)의 권속이다. 본래 이름은 포악(暴惡)이라는 뜻을 가진 루드라(Ⓢ Rudra)이고 힌두신화에서 대자재천(Ⓢ Maheśvara)과 동일시되기도 한다. 『대흑천신법』(대정장21, p.355b12)에 "대흑천신은 대자재천의 변화신이다. 오천축과 우리나라의 가람들에서 모셔진다. 어떤 이는 '대흑천신은 견뢰지천의 화신이다'라고 한다. … 대흑천신은 태장계 범명으로 마하가라천이라하고 대흑천신이라고도 한다. 보인을 쓰고 삼매야형은 검이다. 존형은 청색의 세 얼굴에 여섯 팔을 가졌다. 앞의 좌우 손에 검을 비켜들었고 다음 왼손에 사람이 머리를 들었으며 다음 오른손에 양을 들었으며 다음 왼손과 오른손으로 코끼리 가죽을 등뒤에서 펴고 있고 해골을 영락으로 걸치고 있다. 大黑天神者 大自在天變身也 五天竺並吾朝諸伽藍等皆所安置也 有人云 大黑天神者 堅牢地天化身也 … 大黑天神者 胎藏界梵號云摩訶迦羅天 亦云大黑天神 用普印 三摩耶形劍 靑色三面六臂 前左右手橫執劍左次手執人頭 右次手執羊牝 次左右象皮張背後 以髑髏爲瓔珞也", 『인왕호국반야바라밀다경소』 권하(대정장22, p.490, a25)에 "마하는 대로 한역하고 가라는 흑천으로 한역한다. 윗 구절(마하가라)은 범어이고 아랫구절(대흑천신)은 당의 말이다. 대흑천신은 전투의 신이다. 이 신에게 예배하면 위덕을 증가시켜 일으키는 전쟁마다 모두 승리하므로 제사지낸다. 言摩訶者 此翻云大 言迦羅者 此云黑天也 上句梵語下句唐言 大黑天神鬪戰神也 若禮彼神增其威德 擧事皆勝故饗祀也", "『공작왕주경』에서 '오시니국 성의 동쪽에 사마사나라는 숲이 있는데 이는 시체를 버리는 숲이라 하고 그 숲의 둘레는 1유순이다. 그곳에 대흑천신이 있는데 마헤수라의 변화신이며 무량한 권속의 온갖 귀신과 함께 항상 야간에 숲을 돌아다닌다. 대단한 신력과 온갖 진귀한 보배를 가졌으며 몸을 숨기는 약과 장수하는 약을 가졌다. 허공을 비행하며 환술의 약을 인간과 거래하는데 오직 살아있는 인간의 피와 살을 먹는다'고 하였다. 孔雀王經說 烏尸尼國國城之東有林 名奢摩奢那 此云尸林 其林縱廣滿一由旬 有大黑天神 是摩醯首羅變化之身 與諸鬼神無量眷屬常於夜間遊行林中 有大神力多諸珍寶 有隱形藥有長年藥遊行飛空 諸幻術藥與人貿易 唯取生人血肉", 『대일경소』 권2(대정장39, p.595b12)에 "흑천은 범어로 로날라(Ⓢ Rudra)이고 자재천의 권속이다. 黑天 梵音嚕捺囉是自在天眷屬", 같은 책 권10(대정장39, p.684a6)에 "로날라는 부처의 화신이고 마헤수라의 화신이다〈이사나라고도 한다〉. 嚕捺囉 亦佛所化身 是摩醯首羅之化身也〈亦名伊舍那〉"라고 하였다. [참고문헌]『大黑天神法』, 『仁王護國般若波羅蜜多經疏』, 『大日經疏』.

흑치 黑齒 Ⓢ Makuṭa-dantī, Ⓣ Cod-pan-so. 십나찰녀(十羅刹女) 중 하나. 『법화경』을 수지한 사람을 보호하기로 맹세한 나찰녀이다. 『법화경』 권7(대정장9, p.59a22)에 "그때 나찰녀들이 있었으니 … 다섯째가 흑치이다. 爾時 有羅刹女等 … 五名 黑齒", 『법화십나찰법』(대정장21, p.377b28)에 "흑치의 생김새는 신녀와 같으며, 옷의 색은 모두 아름다우며, 오른손에는 작살을 잡고 왼손에는 물병을 쥐고 있으며, 수호형의 반가좌이다. 黑齒 形如神女 衣色都妙色也 右手取叉 左手軍持也

猶如守護之形 半跏坐也", 『법화의소』 권12(대정장34, p.630b13)에 "흑치〈시흑이라 한역한다〉. 黑齒〈此云施黑〉"라고 하였다. 〔참고문헌〕『法華經』, 『法華十羅刹法』, 『法華義疏』, *Saddh-p.400.* ⇨ 십나찰녀 十羅刹女

흑치비구 黑齒比丘 ❶ Ⓟ Kaḷāra-khattiya. 사리불(舍利弗)과 종종 의견을 달리하였던 비구. 그의 이가 검었음을 알 수 있다. 『중아함경』 권5 「지경 智經」(대정장1, p.451a3 : *Kaḷāra-sutta, SN.2,* p.50)에 "흑치비구는 모리파군누(Ⓟ Moliyaphagguna)비구가 계율을 버리고 불도 닦는 것을 그만두었다는 말을 듣고, 곧 존자 사리자의 처소에 가서 머리 숙여 발에 예를 올리고 물러나 한쪽에 앉은 채로 말했다. '사리자여, 모리파군누비구가 계율을 버리고 불도를 닦는 것을 그만두었다는 것을 아십니까?' 黑齒比丘 聞牟利破群㝹比丘捨戒罷道 卽詣尊者舍梨子所 稽首禮足 却坐一面 坐已 白曰 尊者舍梨子 當知牟利破群㝹比丘捨戒罷道 atha kho kaḷārakhattiyo bhikkhu yenāyasmā sāriputto tenupasaṅkami. upasaṅkamitvā āyasmatā sāriputtena saddhiṃ sammodi. sammodanīyaṃ kathaṃ sārāṇīyaṃ vītisāretvā ekam antaṃ nisīdi. ekam antaṃ nisinno kho kaḷārakhattiyo bhikkhu āyasmantaṃ sāriputtaṃ etad avoca. moliyaphagguṇo āvuso sāriputta bhikkhu sikkhaṃ paccakkhāya hīnāyāvattoti", "존자 사리자는 이렇게 말했다. '모리파군누비구는 이 법에 대하여 좋아하고 즐겼는가?' 흑치비구가 물었다. '존자 사리자께서는 이 법에 대하여 좋아하고 즐기십니까?' 존자 사리자가 답하길 '흑치비구여, 나는 이 법에 대해서 어떤 의혹도 없다'. 흑치비구가 다시 묻기를 '존자 사리자여, 미래의 일에 대해서는 또 어떠합니까?' 존자 사리자가 답하길 '흑치비구여, 나는 미래의 일에 대해서도 유예함이 없다'. 尊者舍梨子曰 牟利破群㝹比丘 於此法中而愛樂耶 黑齒比丘問曰 尊者舍梨子 於此法中 而愛樂耶 尊者舍梨子答曰 黑齒 我於此法無有疑惑 黑齒比丘 卽復問曰 尊者舍梨子 於當來事 復云何耶 尊者舍梨子答曰 黑齒 我於來事亦無猶預 na hi nūna so āyasmā imasmiṃ dhammavinaye assāsam alatthāti. tena hāyasmā sāriputto imasmiṃ dhammavinaye assāsaṃ patto ti. na khvāhaṃ āvuso kaṅkhāmīti. āyatim panāvusoti. na khvāhaṃ āvuso vicikicchāmīti"라고 하였다. 〔참고문헌〕『中阿含經』, 『鞞婆沙論』 권13(대정장28, p.514c26), *SN.* ❷ 오비구(五比丘) 중 한 사람인 마승비구(馬勝 Ⓢ Aśvajit)의 다른 이름. 범왕과 삼매(三昧)를 논의한 비구이다. 『유가론기』 권17(대정장42, p.703a24 · 한불전13, p.130c20)에 "마승은 『구사석론』에서는 흑치비구이고 아수라고 하였다. 馬勝者 則舊俱舍云 黑齒比丘 名阿輸", 『법원주림』 권68(대정장53, p.801b12)에 "흑치비구가 범왕에게 가서 물었다. '초선삼매는 어떤 삼매에 의지하여 생기며, 어떤 삼매에서 사라집니까?' 범왕이 답하였다. '나는 이 범천 중에서 존귀한 이다'. 흑치비구가 말했다. '나는 범왕의 존귀함이나 비천함을 물은 것이 아닙니다. 초선삼매가 어떤 삼매에 의지해 생기며, 어떤 삼매에서 사라지는가를 물었을 뿐입니다'. 黑齒比丘 往彼問言 初禪三昧 依何三昧生 從何三昧滅 梵王答言 我是諸梵中尊者 黑齒比丘言 我不問 梵王尊卑 但問 初禪三昧 依何三昧生 從何三昧滅"라고 하였다. 〔참고문헌〕『瑜伽論記』, 『法苑珠林』. ⇨ 마승 馬勝, 오비구 五比丘

흑칠곤륜답설행 黑漆崑崙踏雪行 흑칠의 곤륜인이 하얀 눈 밟으며 간다. 『허당집』 43칙 「평창 評唱」(卍속장124, p.562a17)에 "흑칠의 곤륜인이 눈을 밟으며 가는 곳 정위와 편위를 함께해서 이와 사가 화합하여 통한다. 말로 미칠 수 없고 말로 설할 수 없으며 언설을 모두 잊지만 오히려 식에 머물러 있다. 黑漆崑崙踏雪行處 正偏兼帶 理事叶通 非言可及 非說可說 言說俱忘 猶帶識在"라고 하였다. 〔참고문헌〕『虛堂集』, 『丹霞子淳語錄』 권2(卍속장124, p.506a11). ⇨ 동산오위 洞山五位

흑칠노파 黑漆老婆 검은 칠의 노파. 『영각광록』 권27 「동상고철 洞上古轍」 권상(卍속장125, p.712b10)에 "(洞山五位頌註) 저 대사옹께서 정중편에 답하여 말했다. '시커먼 노파 흰 비단 걸쳤네'. 他大死翁答 正中偏云 黑漆老婆被白練"라고 하였다. 〔참고문헌〕『永覺廣錄』.

흑칠통 黑漆桶 검게 칠한 통. 깜깜해 아무것도 볼 수 없는 그때. 『벽암록』 86칙 「본칙 本則」(대정장48, p.211b13)에 "운문이 법어를 내렸다. '사람마다 광명이 있지만〈검게 옻칠한 통이다〉, 보고자 할 때 보지 못해 그저 깜깜해 아득할 뿐이다〈보는 순간 눈이 먼다〉'. 雲門垂語云 人人盡有光明在〈黑漆桶〉 看時不見暗昏昏〈看時瞎〉", 『서중무온어록』 권5(卍속장123, p.862b18)에 "오로지 이 조주의 무만 들고 참구할 일이니, 걸으면서도 들고 앉았어도 들며 행주좌와에서 언제나 놓칠 일 없이 들다가 문득 흑칠통 때려부수리니, 문득 모든 성인과 어깨 나란히 하게 되리라. 單單提箇趙州無 行亦提坐亦提 行住坐臥常提撕 驀然打破黑漆桶 便與諸聖肩相齊", 『감산집』 권37(卍속장127, p.747a5)에 "본래인을 보고자 하는가? 저 허공 중에 말뚝을 박듯이 흑칠통을 때려부수어야 비로소 모든 것 내려놓고 마치리라. 要見本來人 如空中釘橛 打破黑漆桶 方是大休歇"라고 하였다. 〔참고문헌〕『碧巖錄』, 『恕中無慍語錄』, 『憨山集』. ⇨ 칠통 漆桶

흑침수향 黑沈水香 Ⓢ kālāguru. 바닷물 등에 오래 담

가 검게 된 향. 침향(沈香)을 말한다.『잡아함경』권31(대정장2, p.221c26)에 "비유하면 흑침수향이 여러 향 중에서 상품이듯이, 이와 같이 갖가지 선법 중에서는 불방일이 최상이다. 譬如黑沈水香 是衆香之上 如是種種善法 不放逸最爲其上",『비화경』권2(대정장3, p.175b7)에 "옥녀보로 하여금 여래의 앞에서 우두전단과 흑침수를 갈아서 부처님 위에 뿌리게 했으며, 마니주보는 부처님 앞에 두어 보주와 금륜의 두 가지 아름다운 광명이 언제나 밝게 염부단림에 두루 비치니, 낮과 밤이 다름이 없었다. 使玉女寶 於如來前 磨牛頭栴檀及黑沈水 用散佛上 以摩尼珠寶置於佛前 寶珠金輪 二光微妙 常明遍滿 閻浮檀林 晝夜無異"라고 하였다. [참고문헌]『雜阿含經』,『悲華經』, *Gaṇḍ-vy.55.* ⇨ 침향 沈香

흑침향 黑沈香 Ⓢ kalāpa. 검은 빛의 침향. 80권본『화엄경』권78(대정장10, p.430a6 : *Gaṇḍ-vy.*, p.397)에 "보리심이란 흑침향과 같으니, 능히 법계 스며들어 어디든 가득차기 때문이다. 菩提心者 如黑沈香 能熏法界 悉周遍故 kalāpabhūtaṃ sarvadharmadhātuspharaṇatayā",『십주비바사론』권3(대정장26, p.33c18)에 "제천들 항상 만다라화를 비처럼 뿌리고 흑침향을 사루어 그 향내 가득 넘쳐 퍼진다. 諸天常雨 曼陀羅華 燒黑沈香 芬馨流溢"라고 하였다. [참고문헌]『華嚴經』,『十住毘婆沙論』, *Gaṇḍ-vy.* ⇨ 침향 沈香

흑품 黑品 Ⓢ kṛṣṇa-pakṣa, Ⓣ nag-po'i-phyogs. 불선(不善)의 법들. 또는 염오(染汚)와 불가의(不可意)의 뜻이기도 하다. 백품(白品)에 대칭한다. 한편, 사성제(四聖諦) 중 고제(苦諦)와 집제(集諦), 즉 생사의 과(果)와 인(因)이기에 백품인 열반의 과와 인인 멸도제(滅道諦)에 견주어 흑품이라 한다.『대반야경』권561(대정장7, p.897b6)에 "이와 같은 부류는 끝내 중도에서 물러나 성문지나 독각지에 들지 않고 반드시 무상의 정등보리를 증득하니 이와 어긋나면 흑품이라 함을 알아야 할 것이다. 當知此類 終不中道 退入聲聞或獨覺地 定證無上正等菩提 與上相違是名黑品",『유가사지론』권27(대정장30, p.434c18 : *Śrāv-bh.*, p.253)에 "고제는 흑품의 과이고, 집제는 흑품의 인이다. 謂苦諦是黑品果 集諦是黑品因 tatra duḥkha-satyaṃ phalaṃ. samudaya-satyaṃ hetuḥ", 같은 책 권30(대정장30, p.452c11 : *Śrāv-bh.*, p.374)에 "만약 내가 정색상들의 청정하지 못함에 대해 여실이 알지 못한 채 내·외의 모든 정색상들에 대해 탐욕을 일으키면 전도가 되어 흑품에 속하는 것인데 이는 유쟁법이라서 괴로움·해침·재환·두루 불타는 고뇌가 있으니, 이러한 인연으로 미래의 태어남·늙음·병·죽음·시름·탄식·근심·고통이라는 갖가지 시달림이 일어난다. 若我於彼諸淨色相不淨法性不如實知 於內於外諸淨色相發起貪欲便爲顚倒 黑品所攝 是有諍法有苦有害 有諸災患有遍燒惱 由是因緣 發起當來生老病死愁歎憂苦種種擾惱 yadāha masyanayā 'śubhayā varṇanibhayā etām-aśubhamatāṃ yathābhūtam-aprajānannadhyātmaṃ vā bahirdhā vā śubhāyāṃ varṇa-nibhāyāṃ saṃrāgam-utpādayāmi viparyāsa eva kṛṣṇa-pakṣa-saṃgṛhītaḥ. niḥsaraṇa-dharmaḥ saduḥkhaḥ savighātaḥ sopadravaḥ saparidāhaḥ. ato-nidānā utpadyante. āyatyāṃ jāti-jarā-vyādhi-maraṇa-śokaparideva-duḥkha-daurmanasya-upāyāsāḥ",『유가론기』권22(대정장42, p.811a21)에 "불선을 흑품이라 한다. 不善名爲黑品"라고 하였다. [참고문헌]『大般若經』,『瑜伽師地論』,『瑜伽論記』, *Śrāv-bh.* ⇨ 흑백 黑白 ❶, 백품 白品

흑흑이숙업 黑黑異熟業 Ⓢ kṛṣṇaṃ kṛṣṇa-vipākaṃ karma, Ⓟ kaṇha kaṇha-vipāka kamma, Ⓣ gnag-la-rnam-par-smin-pa-gnag-pa'i-las. 신구의(身口意)의 악행(惡行)으로 악의 보를 받는 사업(四業) 중 하나. 모든 불선업(不善業)은 염오성(染汚性)이기에 흑이라 하고, 이 불선업이 초래하는 이숙과(異熟果) 또한 나락가(那落迦 : 地獄)로서 애호할 만한 것이 아니기에 또한 흑이라 한다. 흑흑업(黑黑業)·흑흑보(黑黑報)·흑흑보업(黑黑報業)·흑업흑보(黑業黑報)라고도 한다.『대비바사론』권114(대정장27, p.589c26)에 "이 중에서 무엇을 흑흑이숙업이라 하는가? 불선업으로서 험한 악취의 이숙과를 초래하는 것을 말한다. … 또 어떤 이는 '견도에서 끊어지는 모든 불선업을 흑흑이숙업이라 하니, 자신의 종류 중에 백이 섞이는 일이 없기 때문이다'라고 한다. 또 여시설자(如是說者 : 毘婆沙師)는 '모든 불선업을 모두 흑흑이숙업이라 한다. 욕계 중의 불선은 강성해 선법이 섞이지 못하지만 불선법은 자지의 선을 조복하고 단멸시키기 때문이다. 선업은 미약해 불선업이 섞이게 되니, 욕계의 선은 불선을 단멸할 수 없기 때문이다'라고 하였다. 此中云何黑黑異熟業 謂不善業能感嶮惡趣異熟 … 復有說者 見道所斷諸不善業名黑黑異熟業 自種類中無白雜故 如是說者 一切不善業皆名黑黑異熟業 由欲界中不善强盛 不爲善法之所陵雜 以不善法能伏能斷自地善故 善業羸劣而爲不善之所陵雜 以欲界善不能斷不善故",『유가사지론』권90(대정장30, p.809a2)에 "또한 각각의 처소에서 나락가를 초감할 수 있는 악업을 흑흑이숙업이라 한다. 復次能感各別處所那落迦惡業 名黑黑異熟業",『대승아비달마잡집론』권8(대정장31, p.731a8 : *Abh-s-bh.*, p.69)에 "흑흑이숙업이란 불선업을 말하니, 염오성이기 때문이고, 애호할 만하지 않은 이숙과를 초래하기 때문이다. 黑黑異熟業者 謂不善業由染汚故 不可愛異熟故 kṛṣṇaṃ kṛṣṇa-vipākaṃ kar ma-akuśalam kliṣṭatvād aniṣṭa-vipākatvāc ca"라고 하였다. 〔참고문헌〕『大毘婆沙論』, 『瑜伽師地論』, 『大乘阿毘達磨雜集論』, *Abh-s-bh.*, *Yogā-bh.193.*, *AN.2.230.* ⇨ 사업 四業, 흑백 黑白 ❶

흔 欣 Ⓢ prāmodya, Ⓟ pāmujja. 기꺼워하다. 공덕(功德)등에 대해 기꺼워 흠모하는 심소를 말한다. 열한 가지 선심소(善心所)에는 속하지 않지만 선심소로 거두고 염(厭)에 상대한다. 『입아비달마론』 권상(대정장28, p.982b15)에 "흔이란 기꺼워 받듦이다. 환멸의 품(滅諦·道諦)에서 공덕을 보고 난 뒤 마음으로 기꺼워 흠모하도록 하여 따라 선을 수습하는 것이니 마음에 이것이 있기에 열반을 즐긴다. 欣謂欣尙 於還滅品 見功德已 令心欣慕 隨順修善 心有此故欣樂涅槃", 『순정리론』 권11(대정장29, p.391b16)에 "흔이란 선심으로서 과환 벗어나고자 마주해 다스리길 바란다. 이러한 증상력에 의해 일어나는 증득과 수습에 수순하는 마음은 기꺼이 받드는 성이다. 이 흔은 희를 여읜 지(地 : 第三靜慮 등)나 미지정(未至定)에도 현행하는 경우가 있기에 희수가 아니다. 欣謂善心 希求過患出離對治 此增上力 所起順證修心欣尙性 此於離喜未至等地 亦有現行 故非喜受", 『성유식론』 권6(대정장31, p.30c9)에 "(제11게송의) '미친다' 한 것에 열한 가지 선심소와 뜻이 다른 심소를 나타낸다. 이를테면 흔과 염 등의 선심소법을 말한다. 뜻에 차이가 있어 갖가지 이름으로 설하지만 자체는 다르지 않기에 따로 상정하지 않은 것이다. 흔이란 욕 심소와 함께하는 무진의 일분이다. 기꺼워할 경이기에 미워하거나 성낼 일이 없는 것이다. 及顯十一義別心所 謂欣厭等善心所法 雖義有別說種種名 而體無異故不別立 欣謂欲俱無瞋一分 於所欣境不憎恚故"라고 하였다. 〔참고문헌〕『入阿毘達磨論』, 『順正理論』, 『成唯識論』, *AN.3.21.*

흔도 掀倒 들어올려 뒤집다. 부동의 선상(禪床) 뒤집어 엎다. 『임제록』(대정장47, p.505a14)에 "임제가 덕산을 모시고 서 있을 때였다. 덕산이 말했다. '오늘은 피곤하구나'. 그러자 임제가 말했다. '이 노인이 잠꼬대 같은 소리를 하며 뭘 하는 건가?' 덕산이 바로 때리자 임제가 승상을 뒤집어엎었다. 덕산이 그만두었다. 師侍立德山次 山云 今日困 師云 這老漢 寐語作什麽 山便打 師掀倒繩床 山便休", 『동산어록』(대정장47, p.509c13)에 "동산이 법좌에 올라 말했다. '앉은 채로 끊는 주인공 두 번째 견에 떨어질 일 없다'. 이때 북원이 대중에서 나와 말했다. '함께하지 않는 한 사람이 있다는 걸 알아야 하오'. 동산이 말했다. '여전히 두 번째 견일 뿐입니다'. 북원이 문득 선상을 들어 엎었다. 이에 동산이 말했다. '노형이라면 어떻게 하시겠습니까?' '내 혀가 문드러질 때 기다려 화상에게 말하겠소'. 上堂曰 坐斷主人公不落第二見 北院出衆云 須知有一人不合伴 師曰 猶是第二見 院便掀倒禪床 師曰 老兄作麽生 院云 待某甲舌頭爛卽向和尙道", 『설두어록』 권3(대정장47, p.687a27)에 "설두가 들었다. '운문이 대중에게 말하길 「늙은 오랑캐는 태어나자마자 한 손으로는 하늘을 가리키고 다른 한 손으로는 땅을 가리키고는 주위 돌며 일곱 걸음을 걷고서 사방을 돌아보고 「천상천하에서 나만이 홀로 존귀하다」 말하였는데, 내가 당시 그 장면을 봤다면 한방에 때려 죽이고 개에게 먹이로 줘서 천하의 태평을 도모했을 것이다」'. 설두가 말했다. '곧바로 선상 뒤집었어야 했는데'. 擧 雲門示衆云 老胡生下 一手指天 一手指地 周行七步 目顧四方 天上天下 唯我獨尊 當時若見 一棒打殺 與狗喫却 貴圖天下太平 師云 便與掀倒禪床"라고 하였다. 〔참고문헌〕『臨濟錄』, 『洞山語錄』, 『雪竇語錄』.

흔묘관 欣妙觀 기꺼워해서 묘한 과를 얻는 초선(初禪)에서의 관법. 육행관(六行觀) 중 하나로 흔묘관(忻妙觀)이라고도 한다. 『대명삼장법수』 권19(영락장182, p.199a7)에 "다섯째, 흔묘관. 이미 욕계탐욕을 싫어했으니, 오진락이 마음을 어지럽히고 세차게 동요시켜 추하기 때문이다. 곧바로 초선에서의 선정락을 기꺼워하여 마음 고요해 움직임 없게 하니 이것이 인(因)으로서 묘하기 때문이다. 또한 욕계의 냄새나고 더러운 몸 추하여 싫어하니, 곧바로 초선의 몸 받아 얻음을 기꺼워한다. 마치 거울 속의 영상인 듯 비록 형색 있지만 막혀 가리는 것 있을 리 없으니 과로서 묘하다. 이처럼 묘함 얻어 추함을 뛰어넘으니 반드시 모두가 기꺼워한다. 五忻妙觀 謂旣厭欲界貪欲 五塵之樂 心亂馳動爲麤 卽忻初禪禪定之樂 心定不動 是爲因妙 復厭欲界臭穢之身爲麤 卽忻受得初禪之身 如鏡中像 雖有形色 無有質礙 是爲果妙 得妙勝麤 皆須忻喜也"라고 하였다. 〔참고문헌〕『大明三藏法數』. ⇨ 육행관 六行觀, 초선 初禪

흔소 欣笑 기꺼운 미소. 『보살수행경』(대정장12, p.65c26)에 "그때 현자 아난은 부처님께 아뢰길 '제불여래께서 세상에 출현하시어 중생을 제도하시며, 그 가르침이 넓고 넓으니, 결코 망령되게 웃지 않으셨을 것입니다. 지금 무슨 까닭으로 위엄있는 얼굴에 기꺼워 미소지으십니까? 爾時 賢者阿難白佛 諸佛如來出現於世 安度衆生 道教洋洋 終不妄笑 今者 何因興發威顔而欣笑耶", 『무량수경』 권상(대정장12, p.266a20)에 "(부처님께서는) 여러 나라에 들어가 풍성한 공양을 받으셨으니 공덕을 쌓게 하고는 복전을 보이셨으며, 법을 베풀고자 하실 때는 기꺼우신 미소를 지으시고 여러 법약으로 세 가지 괴로움(苦苦·壞苦·行苦)을 구제하셨다. 入國分衛 獲諸豐饍 貯功德示福田 欲宣法現欣笑 以諸法藥 救療三苦"라고 하였다. 〔참고문헌〕『菩薩修行經』, 『無量壽經』.

흔승관 忻勝觀 육행관(六行觀) 중 하나로 뛰어남을 기꺼워하는 초선(初禪)에서의 관법. 『대명삼장법수』 권19(영락장182, p.199a4)에 "넷째, 흔승관. 이미 욕계의 하열한 탐욕의 고통을 싫어하였으니, 바로 초선에서의 뛰어난 선정락을 인으로 뛰어나다 기꺼워하며, 또한 욕계에서의 굶주림과 목마름 등의 고통을 싫어하였으니 바로 초선에서의 선미의 락을 과로서 뛰어나다 기꺼워한다. 이처럼 즐거움을 얻어 고통을 이기니 반드시 모두 기꺼워한다. 四 忻勝觀 謂旣厭欲界下劣貪欲之苦 卽忻初禪上勝禪定之樂是爲因勝 復厭欲界饑渴等苦 卽忻初禪禪味之樂是爲果勝 得樂勝苦 皆須忻喜也"라고 하였다. [참고문헌] 『大明三藏法數』. ⇨ 육행관 六行觀

흔아뢰야 欣阿賴耶 애락흔희(愛樂欣喜)의 네 가지 아뢰야 중 하나. 과거세에 생겨난 아뢰야식을 기꺼워하는 뜻으로 나머지 락흔희 아뢰야는 각각 현재·과거·미래에 상응된다. 무성(無性)의 『섭대승론석』 권2(대정장31, p.386a7)에 "흔아뢰야란 과거세에 이미 생겨난 아뢰야식을 기꺼워한다는 것이다. 欣阿賴耶者 欣過去世已生阿賴耶識", 세친(世親)의 『섭대승론석』 권2(대정장31, p.327a4)에 "'세간중생은 아뢰야에 탐애한다'는 것은 다 거둬 표한 한마디다. 다시 (락흔희의) 나머지 구를 썼으니 현재과거미래를 잡아서 삼시로 따로 풀었다. 釋曰 世間衆生愛阿賴耶者 是總標句 如其次第 復以餘句 約就現在過去未來 三時別釋"라고 하였다. [참고문헌] 『攝大乘論釋』, 『成唯識論』 권3(대정장31, p.15a29). ⇨ 애아뢰야 愛阿賴耶, 사아뢰야 四阿賴耶

흔염 欣厭 Ⓢ abhirati anabhirati. 기꺼워하거나 꺼리다. 좋아하거나 싫어하다. 『제법집요경』 권10(대정장17, p.513b8)에 "얻은 음식이 정묘하거나 거친 데 따라 마음으로 기꺼워하지도 꺼리지도 않는다면 이 사람은 저 하늘에 나리라. 隨所得飮食 精妙或麤糲 心不生欣厭 是人生彼天", 『대승광백론석론』 권6(대정장30, p.220b11)에 "또한 무슨 연유로 외도들이 삿된 종지를 기뻐하고 좋아하며 성교(聖敎 : 佛敎)는 싫어 등지는가? 자신을 아(我)라고 여기는 견해의 힘에서 연유하니, 만약 무아임을 알면 반드시 기뻐하지도 싫어하지도 않을 것이다. 왜 그런가? 그 때문에 송으로 설한다. '만약 부처님 말씀처럼 진공무아의 뜻을 알면, 마음에 들어도 기뻐하는 마음을 내지 않으며 마음에 들지 않아도 싫어하거나 두려워하는 마음을 내지 않는다네'. 復次 何緣外道欣樂邪宗 厭背聖教 由身見力 若知無我 必無欣厭 所以者何 故次頌曰 若知佛所說 眞空無我理 隨順不生欣 乖違無厭怖"라고 하였다. [참고문헌] 『諸法集要經』, 『大乘廣百論釋論』, *Vikī-n.346.*

흔요 欣樂 **1** Ⓟ pajappati, pajappita. 바라서 탐함. 『잡아함경』 권36(대정장2, p.261a3 : *Araññа-sutta, SN.1,* p.5)에 "과거를 근심하지 않고 미래도 기꺼워 즐기지 않으며 현재 얻은 바에 따라 올바른 지혜로 묶어 기억해 가지고 음식을 먹으면서도 생각 붙들기에 낯빛 항상 밝게 빛난다. 미래로 치달려 상상하고 과거 돌이켜 근심해 후회하며 어리석은 불로 저절로 찌는 듯하리니 우박이 산 풀 죽이듯 하리라. 於過去無憂 未來不欣樂 現在隨所得 正智繫念持 飯食繫念故 顔色常鮮澤 未來心馳想 過去追憂悔 愚癡火自煎 如雹斷生草 atītaṃ nānusocanti nappajappanti nāgataṃ paccuppannena yāpenti tena vaṇṇo pasīdati. anāgatappajappāya atītassānusocanā, etena bālā sussanti naḷo va harito lutoti"라고 하였다. [참고문헌] 『雜阿含經』, *SN·1.181.* **2** Ⓢ prasanna-citta, Ⓣ dang-ba'i-sems. 기꺼워 후회없이 즐겁게 함. 『법화경』 권1(대정장9, p.3a17 : *Saddh-p.,* p.11)에 "또한 어떤 보살들 보니 머리와 눈과 신체마저 기꺼운 마음으로 베풀어 부처님의 지혜를 구하였네. 又見菩薩 頭目身體 欣樂施與 求佛智慧 śirāṃsi kecin nayanāni kecid dadanti kecit pravarātmabhāvān, datvā ca dānāni prasannacittāḥ prārthenti jñānaṃ hi tathāgatānām"라고 하였다. [참고문헌] 『法華經』, *Saddh-p.* **3** Ⓢ upacchandana, abhinandatā, Ⓟ abhinandati, Ⓣ mngon-par-dga'-ba. 좋아해 즐김. 『잡아함경』 권36(대정장2, p.261c10 : *Anna-sutta, SN.1,* p.32)에 "모든 하늘과 세간 사람들은 먹는 일 모두 기꺼이 즐기는데 모든 세간에 복덕과 즐거움이 저절로 따라 좇는 일 있던가? 諸天及世人 於食悉欣樂 頗有諸世間 福樂自隨逐 annam evābhinandanti ubhayo devamānusā atha ko nāma so yakkho yaṃ annaṃ nābhinandatīti", 『구사론』 권6(대정장29, p.34b25 : *Abh-k-bh.,* p.93)에 "있다 해도 있는 것 아니니 찬탄할 만하다. 온갖 재횡 필경에는 있는 것 아니기에 물듦을 떠난다 한다. 일체 있는 것들과 있지 않는 것 중에 최고여서 가장 뛰어나기에 교화받는 이들 깊이 기꺼워한다. 이에 이것이야말로 제일이라고 찬탄한다. 有雖非有 而可稱歎 故諸災橫 畢竟非有 名爲離染 此於一切有非有中 最爲殊勝 爲令所化 深生欣樂 故應稱歎 此爲第一 abhāvo 'pi ca kaścit praśasyatamo bhavati yaḥ sakalasyopadravasyātyantam abhāva ity anyeṣāṃ so 'gra iti praśaṃsāṃ labdhum arhati. vineyānāṃ tasminn upacchandanārtham"라고 하였다. [참고문헌] 『雜阿含經』, 『俱舍論』, *SN., Abh-k-bh., Bodh-bh.90.*

흔정 昕政 신라말 고려초 스님. 대경대사(大鏡大師) 여엄(麗嚴 862~930)의 전업제자(傳業弟子)다. 융천

(融闡) 등과 함께 국왕에게 표문(表文)을 올려 탑비를 건립함으로써 유덕(遺德)을 펼쳤다. 〔참고문헌〕「菩提寺大鏡大師玄機塔碑文」(李智冠『校勘譯註歷代高僧碑文』高麗篇1, p.95). ⇨ 융천 融闡, 여엄 麗嚴

흔정염예 欣淨厭穢 정토를 기꺼워하고 예토를 싫어하다. 흔구정토(欣求淨土)와 염리예토(厭離穢土)를 줄인 말이다. 『능엄경정맥소』 권9(卍속장18, p.833b3)에 "대개 정에 들기 전에는 경교중에서 정토와 예토를 설함을 듣고 따라 정토를 기뻐하고 예토를 싫어하는 생각을 일으키는데 이것을 익혀 종자가 된다. 蓋是未入定前 諸經教中 聞說淨土穢土 隨起欣淨厭穢之念 熏習成種", 『정토자량전집』 권1(卍속장108, p.462b9)에 "〈문〉 『정토지귀』에서 말하길 '정토를 기꺼워하고 예토를 싫어해서 취하고 버리겠다는 생각을 잊은 적이 없었다'라고 하였는데, 어찌 성인께서 상대되는 두 가지 생각 갖게 해서 사람들을 교화하셨겠는가! 〈답〉 경에서 말하지 않았던가! 비록 모든 부처님나라도 중생도 공임을 알지만 늘 정토 닦아 온갖 살아있는 무리 교화한다. 이렇듯 불타듯 기뻐하고 싫어하지만 흔염의 상 있다고 보지 않기에 이에 얻을 뿐이다. 淨土指歸曰 欣淨厭穢 取舍未忘 豈聖人以二見之道化人耶 曰 經不云乎 雖知諸佛國及與衆生空 而常修淨土 教化諸羣生 蓋熾然欣厭 而不見有欣厭之相 斯爲得矣"라고 하였다. 〔참고문헌〕『楞嚴經正脈疏』, 『淨土資糧全集』. ⇨ 염리예토 厭離穢土

흔출관 欣出觀 초선(初禪)에서의 벗어남의 인과 과를 기꺼워하는 관법. 육행관(六行觀) 중 하나다. 『대명삼장법수』 권19(영락장182, p.199b2)에 "여섯째, 흔출관. 이미 욕계의 번뇌 덮힌 장애 싫어하여 초선에서 마음으로 벗어남을 얻음이 인위에서의 출리임을 기꺼워한다. 또한 욕계의 몸이 물질적 장애로 인해 자재하지 못한 것을 싫어하여 오통의 몸을 얻어 걸림 없이 자재한 것이 과보로서의 출리임을 기꺼워한다. 출리를 얻어 장애를 이기니 반드시 모두 기뻐하게 된다〈다섯 가지 신통이란 천안통·천이통·타심통·숙명통·신족통이다〉. 六 忻出觀 謂旣厭欲界煩惱蓋障 卽忻初禪心得出離 是爲因出 復厭欲界之身 質礙不得自在 卽忻初禪獲得五通之身 自在無礙 是爲果出 得出勝障 皆須忻喜也〈五通者天眼通天耳通他心通宿命通神足通也〉"라고 하였다. 〔참고문헌〕『大明三藏法數』. ⇨ 육행관 六行觀

흘나 仡那 Ⓢjana의 음사어. 생(生)인 뜻인 음사어. 『어주금강반야바라밀경선연』 권하(대정장85, p.43b11)에 "올바른 음사어는 바라필률탁〈어와 흘을 반절한 음〉나인데, 바라(Ⓢbāla)는 우라고 한역하고 필률탁(Ⓢpṛthak)은 이라고 한역하며 흘나는 생이라 한역하니, 합쳐서 어리석은 이생(Ⓢbāla-pṛthag-jana)이라고 한다. 正應云 婆羅畢栗託〈魚訖反〉那 婆羅云 愚 畢栗託云 異 仡那云 生 總云 愚夫異生"라고 하였다. 〔참고문헌〕『御注金剛般若波羅蜜經宣演』. ⇨ 이생 異生

흘로실민건국 紇露悉泯健國 고대 서역에 있던 나라(Hrum-Simingān). 박가랑국(縛伽浪國 Baghlān)의 남쪽 쿤두즈(Kunduz)강 동안(東岸)에 위치해 있었다. 현재 아프가니스탄의 바글란(Baghlan) 인근 사만간(Samangan, Aibak)에 비정된다. 『대당서역기』 권1(대정장51, p.872b25)에 "(縛伽浪國에서) 남쪽으로 가면 흘로실민건국에 도착하는데, 흘로실민건국은 둘레 천여 리이며 나라 안의 큰 도성은 둘레가 14~5리이다. 南至紇露悉泯健國 紇露悉泯健國 周千餘里 國大都城 周十四五里"라고 하였다. 〔참고문헌〕『大唐西域記』.

흘률기 訖栗枳 ⓈKṛkin. 가섭불(迦葉佛 ⓈKāśyapa)의 아버지로 태고 때의 왕. 흘리길(訖哩吉)·길리기(吉利枳)·길기라(吉基羅)·흘률기왕(訖栗枳王)이라고도 하며, 작사(作事)라고 한역한다. 『대보적경』 권57(대정장11, p.336b20)에 "과거세이자 지금의 현겁(賢劫) 중에 사람의 수명이 2만 세였을 때 가섭파불이 세간에 출현하셨는데 십호를 구족하셨으며 바라닐사선인이 은거하던 곳인 시록림에 의지하여 머무셨다. 이때 저 성 안의 왕은 흘률기였으며 바른 법으로 세상을 교화하여 대법왕이 되었으며 자세한 내용은 앞에서 설한 대로이다. 過去世時 此賢劫中 人壽二萬歲 有迦葉波佛 出現世間 十號具足 在婆羅痆斯仙人隱處 施鹿林中 依止而住 時彼城中王 名訖栗枳 以法化世 爲大法王 廣如上說", 『유부율파승사』 권11(대정장24, p.157b24 : *Saṅ-v.2*, p.25)에 "이때 흘률기왕은 부처님께서 사람들이 있는 곳을 유행하시다 시록림에 이르셨다는 소식을 듣고 성에서 나와 부처님이 계신 곳으로 갔다. 爾時 訖栗枳王 聞佛遊行人間 至施鹿林 王從城出 往詣佛所 aśrauṣīt kṛkī rājā kāśyapaḥ samyaksaṃbuddhaḥ kāśiṣu janapade cārikāṃ caran vārāṇasīm anuprāpto vārāṇasyāṃ viharati ṛṣivadane mṛgadāve iti. śrutvā ca punar vārāṇasyāḥ niṣkramya yena kāśyapaḥ samyaksaṃbuddhas tenopasaṃkrāntaḥ", 『구사론기』 권9(대정장41, p.160b17)에 "흘률기는 작사라고 한역하는데, 가섭파불의 아버지이다. 訖栗枳 此云作事 是迦葉波佛父", 『구사론송소론본』 권9(대정장41, p.868c10)에 "〔해〕 흘률기왕은 가섭불의 아버지인데 이러한 열 가지 일에 대한 꿈을 꾼 뒤 세존께 찾아와 말하였다. 解云 訖栗枳王 迦葉佛父 作此十夢 來白世尊", 『일체경음의』 권70(대정장54, p.764b16)에 "흘률기〈거와 지를 반절한 음이다. 바로 가섭불의 부왕 이름이다〉. 訖栗枳〈居紙反 卽迦

葉佛父王之名也)"라고 하였다. [참고문헌]『大寶積經』, 『有部律破僧事』, 『俱舍論記』, 『俱舍論頌疏論本』, 『一切經音義』, *Abh-k-bh.124.*, *Saṅ-v.*

흘률기왕십몽 訖栗枳王十夢 가섭불(迦葉佛)의 아버지인 흘률기왕이 꿈에서 본 열 가지 일. 『득도인연경』 권하(대정장2, p.852c8)에는 같은 내용이 애민왕(哀愍王)의 꿈으로 기술되어 있는데, 『구사론기』 권9(대정장41, p.160b17)에서 다음과 같이 전한다. 이 꿈들은 미래에 석가불이 남겨 놓은 가르침을 믿고 실천할 제자들에 관한 전조다(此表當來釋迦遺法弟子之先兆也). 첫째로 큰 코끼리 한 마리가 문 하나 없는 방 안에 갇혀서 작은 창문으로 빠져나오려 했지만 꼬리가 걸려서 나오지 못한 꿈인데, 석가불의 유법제자들이 부모와 처자를 버리고 출가하여 수도하지만 여전히 명리에 대한 생각을 떨쳐 버리지 못함을 보인 것이다(王夢見 有一大象 被閉室中 更無門戶 唯有小窓 其象方便 投身得出 尾猶礙窓 不能出者 此表釋迦遺法弟子 能捨父母妻子 出家修道 而於其中 猶懷名利 不能捨離 如尾礙窓). 둘째로 한 목마른 사람이 마실 물을 찾고 있었는데 여덟 가지 공덕을 갖춘 우물 하나가 그 사람을 뒤쫓아 왔음에도 그 우물물을 마시지 못한 꿈인데, 석가불의 유법제자들이 도속을 불문하고 법을 배우려 하지 않으며 법을 아는 이가 있어도 명리를 위하기에 대중에 영합하여 설법하므로 불법을 배우지 않은 것이나 다름없음을 보였다(王夢見 有一渴人 求覓水飮 便有一井 具八功德 隨逐其人 不敢飮者 此表釋迦遺法弟子 諸道俗等 不肯學法 有知法者 爲名利故 隨彼爲說 而猶不學). 셋째로 한 되의 진주를 한 되의 보리와 맞바꾸는 꿈인데, 석가불의 유법제자들이 명리를 구하기에 부처님의 정법을 타인에게 설해 주고 그들의 재물만을 바라는 뜻이다(王夢見 以一升眞珠 博一升麨者 此喩釋迦遺法弟子 爲求名利故 以佛正法 爲他人說 希彼財物). 넷째로 전단나무를 평범한 나무와 교환하는 꿈인데, 석가불의 유법제자들이 내전(內典)의 정법을 외전(外典)과 바꿈을 드러냈다(王夢見 栴檀博凡木者 表釋迦遺法弟子 以內正法 博外書典). 다섯째로 미묘한 원림(園林)에 꽃과 과일들이 무성하게 있었는데 난폭한 도적들이 하나도 남김없이 다 훼손한 꿈인데, 석가불의 유법제자들이 여래정법의 정원을 없애는 뜻이다(王夢見 有妙園林 華菓茂盛 狂賊毁壞 無有餘者 此表釋迦遺法弟子 磨滅如來正法苑也). 여섯째로 작은 코끼리들이 큰 코끼리 한 마리를 무리에서 내쫓는 꿈인데, 석가불의 유법제자들 중 파계한 악한 비구들이 무리를 이뤄 계를 지키는 덕 있는 비구를 배척하고 무리 밖으로 쫓아내는 것이다(王夢見 有諸小象 驅一大象 令出群者 表釋迦遺法弟子 諸惡朋黨 破戒苾芻 擯斥持戒有德苾芻 令出衆外). 일곱째로 원숭이 한 마리가 몸에 똥을 바르고서 무리에게 들이닥치자 이를 보고 모두 피하는 꿈인데, 석가불의 유법제자들 중 파계한 사람들이 온갖 악한 일들로 좋은 사람들을 비방하므로 이를 보고 모두 멀리 피하는 뜻이다(王夢見 有一獼猴 身塗糞穢 湯突已衆 見皆避者 表釋迦遺法弟子 諸破戒人 以諸惡事 誹謗好人 見皆遠避). 여덟째로 실제로는 덕이 없는 원숭이 한 마리가 대중에게 추대되어 바닷물로 관정을 받고 왕위에 오르는 꿈인데, 석가불의 유법제자 중 파계한 비구가 실제로는 아는 것이 없는데도 명리를 위하기에 악한 무리가 그를 추대하여 대중의 상수로 세우는 것이다(王夢見 有一獼猴 實無有德 衆共扶捧 海水灌頂 立爲王者 表釋迦遺法弟子 破戒苾芻 實無所知 爲名利故 諸惡朋儻 共相扶捧 立爲衆首). 아홉째로 넓고 견고한 옷이 있었는데 18인이 각각 일부분을 잡고 사방에서 앞다퉈 끌어당겼지만 옷이 찢어지지는 않은 꿈인데, 석가불의 유법제자들이 부처님의 정법을 나눠서 18부가 성립되었는데 서로 다른 견해를 주장하지만 진정한 법은 여전히 보존되었기에 이에 의지하여 수도하면 모두 해탈을 얻을 것임을 드러내 보인다(王夢見 有廣堅衣 有十八人 各執少分 四面爭挽 衣不破者 表釋迦遺法弟子 分佛正法 成十八部 雖有異執 而眞法尙存 依之修道 皆得解脫). 열째로 많은 사람들이 모여 서로 공격하여 죽이고 남김없이 약탈하는 꿈인데, 석가불의 유법제자들이 이미 18부로 나뉘어 각자의 문인들이 부파별로 주장하는 것이 다르기에 서로 투쟁함을 보였다(王夢見 多人共集 互相征伐 死亡略盡者 此表釋迦遺法弟子 旣分成十八 各有門人 部執不同 互興鬪諍). [참고문헌]『得度因緣經』, 『俱舍論記』, 『俱舍論』 권9(대정장29, p.45c25), *Abh-k-bh.124.*

흘률슬마국 訖栗瑟摩國 고대 서역에 있던 나라(Krisma). 현재 아프가니스탄의 키슴(Kishm : Keshem)에 비정되는데, 탈리칸(Taliqan)과 파이자바드(Fayzabad) 사이에 위치하고, 코크차(Kokcha)강에 인접해 있다. 쿤두즈(Kunduz)강에서 바다흐샨(Badakhshan)으로 가는 통로로부터 벗어나 있어 가장 따뜻하고 과실도 많이 나는 곳이다. 『대당서역기』 권12(대정장51, p.940b6)에 "흘률슬마국은 도화라국(Ⓢ Tukhāra)의 옛 땅이다. 동서로는 십여 리이고 남북으로는 3백여 리이며, 나라 안의 큰 도성의 둘레는 15~6리이다. 토산물과 풍속은 몽건국(Mungān)과 대체로 같지만, 사람들의 성격이 난폭하고 어리석으며 악한 점은 다르다. 북쪽으로 가면 발리갈국(Pārghar)에 이른다. 訖栗瑟摩國 覩貨邏國故地也 東西千餘里 南北三百餘里 國大都城 周十五六里 土宜風俗 大同瞢健國 但其人性 暴愚惡有異 北至鉢利曷國"라고 하였다. [참고문헌]『大唐西域記』.

흘리 紇利 Ⓢ hrīḥ의 음사어. 실담자 [siddham](hrīḥ). 흘리

(紇哩)・흘리구(紇利俱)라고도 한다. 밀교에서 아미타불과 관세음보살의 종자(種子)이며 금강부와 연화부 제존(諸尊)에 통용한다. (ha 賀)・(ra 囉)・(ī 伊)・(aḥ 惡) 네 자의 조합으로 성립했다. 네 자는 각각 탐욕・분노・무지・열반을 뜻한다. 흘리는 탐진치(貪瞋癡)의 자성(自性)이 본래 청정함을 나타낸다. 『금강정경』 권상(대정장18, p.311b26)에 "실담자 (hrīḥ) 흘리 자가 입에 있다고 관상한다. 팔엽 연화를 관상하여 자신의 몸이 연꽃이 되고 몸 속에 수많은 연꽃이 금강법이 된다고 관상한다. 전신으로 입을 예배하고 금강장을 정수리에 올려 무량수불께 봉헌하며 모든 부처님의 회상을 널리 관상하며 법륜을 굴리시기를 청한다. (hrīḥ) 觀紇哩字於口 卽想八葉蓮 觀身爲蓮華 身中微塵數 想成金剛法 全身以口禮 金剛掌於頂 奉獻無量壽 遍想諸佛會 而請轉法輪", 『금강삼업경』 권5(대정장18, p.495c20)에 "흘리 자를 관상하면 곧 삼계에서 일어난 갖가지 일체 악독에 의해 항상 괴로움 당하는 세간의 중생을 불러 모을 수 있다. 진언행자는 법에 의지하여 근본 진언으로 가지하여 찰나 사이에 악독을 소멸시킨다. 觀想紇哩字 卽能召集三界所有種種出生一切惡毒 常所惱害世間衆生 行人依法以大明加持 於刹那間惡毒銷滅", 『무량수의궤』(대정장19, p.72a17)에 "흘리자문에서 무량한 광명이 유출된다고 관상한다. 하나하나의 광명의 길에서 극락세계가 성립하고 무량수불을 성중이 위요한다고 관상한다. 想有紇哩字門 從字流出無量光明 於一一光明道 觀成極樂世界 聖衆圍遶無量壽佛", 『반야이취석』 권하(대정장19, p.612b20)에 "흘리자는 네 자를 갖추어 하나의 진언이 된다. 하자문은 일체법의 원인을 얻을 수 없다는 뜻이다. 라자문은 일체법이 티끌을 멀리 떠났다는 뜻이다. 티끌이란 오진을 말하니 능취와 소취의 두 가지 집착이라고도 한다. 이자문은 자재를 얻을 수 없다는 뜻이다. 이점 악자의 뜻은 악자는 열반이라 한다. 제법이 본래 불생이라는 것을 깨달음으로써 두 가지 집착을 멀리 떠나 법계의 청정을 증득한다. 흘리자는 또한 부끄러움을 뜻한다. 부끄러움을 갖추고 일체 불선업을 행하지 않으면 일체 무루 선법을 갖춘다. 그러므로 연화부를 법부라고도 한다. 紇利字具四字成一眞言 賀字門者 一切法因不可得義 囉字門者 一切法離塵義 塵者 所謂五塵 亦名能取所取二種執著 伊字門者 自在不可得 二點惡字義 惡字名爲涅槃 由覺悟諸法本不生故 二種執著皆遠離 證得法界淸淨 紇利字 亦云慚義 若具慚愧不爲一切不善 卽具一切無漏善法 是故蓮華部 亦名法部"라고 하였다. 〔참고문헌〕『金剛頂經』, 『金剛三業經』, 『無量壽儀軌』, 『般若理趣釋』, 『理趣釋祕要鈔』 권8(대정장61, p.712b29).

흘리 紇里 실담자 (ṛ)의 음사어. 실담 50자문 중 하나. 이리(伊里)・갈리(曷利)・로(嚕)・아리(阿里)・억력(億力)이라고도 음사한다. 『실담자기』(대정장54, p.1186b4)에 "그 중에 흘리 등의 네 자가 있다. 실담에는 있지만 활용되는 자가 아니므로 여기에서는 생략한다. 其中有 紇里等 四文 悉曇有之 非生字所用 今略也"라고 하였다. 〔참고문헌〕『悉曇字記』.

흘리 紇梨 ❶ 실담사십이자문(悉曇四十二字門) 중 하나인 (ṝ)의 음사어. 실담자 가운데 별마다(別摩多)에 속한다. 경전에는 이 글자의 앞머리를 따서 실례(Ⓢ dṛṣṭānta)라는 의미에 맞추어 이 글자를 설명한다. 〔참고문헌〕『悉曇字記』(대정장54, p.1187c23). ⇨실담 悉曇, 사십이자문 四十二字門 ❷ Ⓢ hrīḥ의 음사어. 종자자 .

흘리 訖里 실담자 (kṛ)의 음사어. 『실담자기』(대정장54, p.1187a26)에 "가 등의 글자를 활용하여 별마다(Ⓢ nānā-mātṛkā)와 합하면 흘리라 하고 서른네 자가 된다. 用迦等字體 以別摩多合之 謂之 (kṛ) 訖里 成字三十有四"라고 하였다. 〔참고문헌〕『悉曇字記』.

흘리구자탑 紇利俱字塔 탑 중심에 실담자 (hrīḥ) 자가 쓰여진 탑. 목조나 석조로 만든 오층탑으로 금강계 대일여래의 법계궁전을 나타낸다. (ha)・(ra)・(ī)・(aḥ)의 네 글자가 하나로 합성되어 만들어진 흘리구자는 과위(果位)의 무량수불과 인위(因位)의 관세음보살의 종자로서 탐진치 삼독의 청정과 열반을 함의한다. ⇨흘리 紇利

흘리구자향로 紇利俱字香爐 밀교 법구(法具). 실담자 (hrīḥ) 흘리구자(紇利俱字)가 새겨진 향로. 관자재보살의 심진언을 염송할 때 단 중앙에 모시는 향로를 말한다. 형상은 팔엽연화형이고 뚜껑에 실담자 다섯 자로 ' oṃ vajra dharma'가 적혀있고 중앙에 끝이 팔엽연화 모양으로 장엄된 독고저형의 손잡이가 달려 있다. 이 향로에 향을 가득 넣고 태우

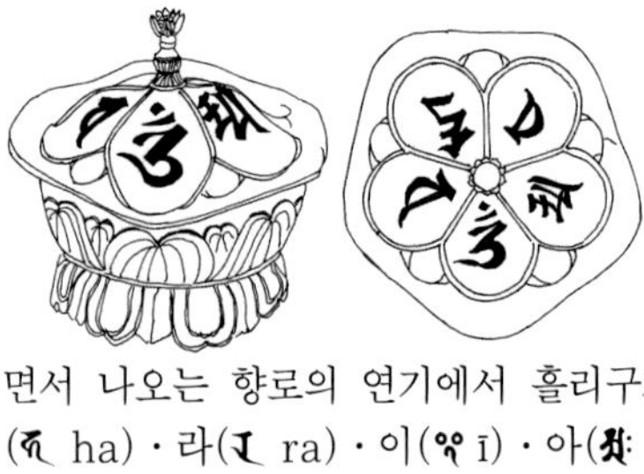

면서 나오는 향로의 연기에서 흘리구자를 구성하는 하(ha)・라(ra)・이(ī)・아(aḥ)의 네 자를 관상한다. 이것이 관자재주변법계(觀自在周遍法界)의 상을 관하는 관법이다. 향로에서 나오는 연기를 흘리자향인(紇利字香印)이라 한다. 『관자재보살대비지인주변법계이익중생훈진여법』(대정장20, p.33b2)에 "그 단 중앙에 향로를 안치한다. 향로는 관자재주변법계의 상을 아우른다. 어떠한 상인가? 향인은 흘리구자의 무늬와 상응한다. 지혜로운 업은 불가득이라는 이치는 네 가지

뜻을 섭수한다. 𑖮·𑖨·𑖂·𑖀𑖾가 합성하여 한 자가 된다. 그 범문은 𑖮𑖿𑖨𑖱𑖾(hrīḥ)다. 하자는 제법의 원인이 불가득이라는 뜻이다. 라자는 청정하여 물듦이 없다는 뜻이다. 이자는 자재를 얻을 수 없다는 뜻이다. 악자는 본래 생멸하지 않는다는 뜻이다. 이것은 수순하는 뜻이다. 본래 불생멸·자재불가득·청정무구염·제법인불가득은 거수르는 뜻이다. 역과 순이 상응하여 향로의 인문을 드러낸다. 於其壇中安置香爐 其香爐含攝觀自在周遍法界之相 以何爲相 卽其香印應作紇哩文 智業不可得理 攝四種義 𑖮 𑖨 𑖂 𑖀𑖾 合成一字 其梵文𑖮𑖿𑖨𑖱𑖾 是也 賀字諸法因不可得 羅字淸淨無垢染 伊字自在不可得 惡字本不生不滅 是爲順義 本不生不滅 自在不可得 淸淨無垢染 諸法因不可得 是爲逆義 逆順相應顯香印文"라고 하였다. 〔참고문헌〕『觀自在菩薩大悲智印周遍法界利益衆生薰眞如法』, 『仏教法具図鑑』(國書刊行會, 1993). ⇨ 흘리 紇利

흘리다 訖利多 Ⓢ krīta의 음사어. 노예를 뜻함. 5종의 노예 가운데 돈을 주고 산 노예이므로 매득(買得)이라고 한역한다. 『대당서역기』 권3(대정장51, p.886b07)에 "모든 다른 나라에서는 천인을 사고 팔아서 역사에 충당한다. 흘리다라고 하며 당언은 매득이다. 於諸異國買鬻賤人 以充役使 以供僧衆 末田底迦入寂滅後 彼諸賤人自立君長 隣境諸國鄙其賤種 莫與交親 謂之訖利多(唐言買得)"라고 하였다. 〔참고문헌〕『大唐西域記』 권3.

흘리다야 紇哩陀耶 Ⓢ hṛdaya의 음사어. 흘리다야(紇利陀耶·紇哩馱耶)·흘리단야(紇利團耶)라고도 음사한다. 또한 건율다야(乾栗陀耶)·한율타(汗栗馱)·간율대(肝栗大)·간율다(干栗多)·하율다(訶栗多)·건율태(乾栗太)·의율타(矣栗馱)·오율타(污栗馱)·건율다타(乾栗陀多)등으로도 음사한다. 종밀(宗密)은 두 가지를 육단심(肉團心)과 견실심(堅實心)으로 구별하고 있으나 모두 범어 hṛdaya의 음사어다. 『도서』 권상(대정장48, p.401c17)에 "마음이라고 하는 것에는 대략 네 가지가 있다. 범어는 각각 다르고 한역 역시 다르다. 첫째, 흘리다야는 육단심이다. 이것은 몸 속의 오장 중 심장이다〈『황정경』의 「오장론」의 설명과 같다〉. … 넷째 견율다야는 견실심으로 한역하고 정실심이라고도 한다. 이것은 진실한 마음이다. 그러나 제8식의 다르지 않은 자체이다. 다만 진실한 마음이 깨닫지 못했으므로 온갖 망상과 화합하거나 화합하지 않는다는 뜻이 있다. 화합한다는 뜻은 염오와 청정을 포함할 수 있으니 이를 장식이라 한다. 화합하지 않는다는 것은 바탕이 항상 변하지 않음으니 이를 진여라 한다. 이들 모두 여래장이다. 汎言心者 略有四種 梵語各別翻譯亦殊 一 紇利陀耶 此云肉團心 此是身中五藏心也〈具如黃庭經五藏論說也〉 … 四 乾栗陀耶 此云堅實心 亦云貞實心 此是眞心也 然第八識無別自體 但是眞心以不覺故 與諸妄想有和合不和合義 和合義者 能含染淨目爲藏識 不和合者 體常不變目爲眞如 都是如來藏", 『번역명의집』 권6(대정장54, p.1162b24)에 "흘리다야는 육단심이니 의근이 의탁하는 것이다. 그러므로 의는 어두운 방처럼 본다고 하였다. 紇利陀耶 此云肉團心 卽意根所託也 故云意如幽室見", 『반야심경이성해』 권하(卍속장92, p.946b8)에 "범어 아뢰야는 장심이고 흘리다야라고도 한다. 이는 육단심이다. 『기신론』에서 '여래장에 의지하므로 생멸심이 있다. 불생불멸과 생멸이 화합하되 같지도 않고 다르지도 않음을 아뢰야식심이라 한다'고 하였다. 이 마음은 사람마다 본래 갖추고 있으나 마음이 반야를 등지고 지혜의 성품을 잃어 생사의 언덕에 머무르니 이를 어리석은 인천의 범부라고 한다. 梵語阿賴耶 此云藏心 亦云紇哩陀耶 此云肉團心 起信論云 依如來藏故 有生滅心 所謂不生不滅 與生滅和合 非一非異 名阿黎耶識心 此心人人本具 心背般若 迷智慧性 居生死岸 稱曰愚迷人天凡夫人", 『반야심경사관해』 권상(卍속장92, p.935a5)에 "마음에 네 가지가 있다. 범어 흘리다야는 육단심이다. 사람의 몸 속에 있는 심장이다. 색법에 포함된다. 心有四種 梵語紇哩馱耶 此云肉團心 人身中心藏也 色法所攝"라 하였다. 〔참고문헌〕『都序』, 『翻譯名義集』, 『般若心經理性解』, 『般若心經事觀解』.

흘리다종 訖利多種 흘리다(Ⓢ Kṛta)라는 종족. 흘리다는 노예라는 뜻이며 매득(買得)이라고 한역한다. 아난(阿難)의 제자 말전지가(末田底迦 Ⓢ Madhyāntika)아라한이 가습미라국(迦濕彌羅國 Ⓢ Kāśmīra)에서 오백 가람을 건립할 때 지위가 비천한 사람들을 사들여서 부역에 충당하였는데 말전지가가 입적한 후에 이 노예들은 스스로 군장(君長)을 세웠다. 하지만 인근의 여러 나라들이 그들을 천한 종족이라고 경시하여 모두 그들과 교역하지 않았으며 흘리다라고 불렀다. 그 후 건다라국(健馱邏國 Ⓢ Gandhāra) 가니색가왕(迦膩色迦王 Ⓢ Kaniṣka)이 이들을 정복하고 불법을 크게 진흥했지만 왕의 사후에 이들은 재기하여 승도를 쫓아내고 불법을 훼손하였다. 다시 불멸 후 600년이 되어 석가종(釋迦種) 출신의 도화라국(睹貨邏國 Ⓢ Tukhāra) 희마달라왕(呬摩呾羅王 : 雪山下王 Ⓢ Himatala)에 의해 이들의 왕이 참수당하고 중신들은 다른 지역으로 보내졌는데, 후에 흘리다종이 다시 가습미라에 들어와 자신들의 왕을 옹립하고서 불교를 크게 배척하였다. 현장이 이곳에 왔을 때는 불교가 융성하지 않고 외도들이 자신들의 신을 모시는 사당이 크게 융성했다고 한다. 『자은전』 권5(대정장50, p.248a13)에 "옛날 가습미라국에서 흘리다 종족이 불법을 훼손하여 승도들이 흩어졌다. 昔 迦濕彌羅國 訖利多種 滅壞佛法 僧徒解散", 『대당서역기』 권3(대정장51, p.887a17)에 "가니색가왕이 죽은 후에 흘리다 종족이 다시 스스로 왕을 칭하고서 승도를 배척하여 쫓아내고 불법을 훼손하였다. 迦膩色迦王 旣死之後 訖利多種 復自稱王 斥逐僧徒 毁壞佛法"라고 하였다. [참고문헌]『慈恩傳』,『大唐西域記』.

흘리슬나 訖里瑟拏 ❶ Ⓢ kṛṣṇa의 음사어. 흑색(黑色). 『번역명의집』 권3(대정장54, p.1109c11)에 "흘리슬나 : 흑색이라 한역한다. (方位로는) 북방이고 (天干으로는) 임·계이며, (行星으로는) 진성(水星)으로 수에 속한다. 訖里瑟拏 此云 黑色 北方壬癸 辰星屬水",『능엄경정해평림』 권1(卍속장90, p.329a14)에 "흘리슬나 : 흑색이며, 가다리라고도 한다. 訖里瑟拏 黑 又迦茶里也"라고 하였다. [참고문헌]『翻譯名義集』,『楞嚴經精解評林』. ❷ 인도 28조 중 제6조. 제5조인 제다가(提多迦 Ⓢ Dhṛtaka)로부터 법을 전해 받은 이는 미차가(彌遮迦) 존자인데, 미차가와 흘리슬나가 동일 인물인지는 확인되지 않았다. 『유부율잡사』 권40(대정장24, p.411b28)에 "이때 오파급다(Ⓢ Upagupta)는 법을 구수 지저가〈유괴라고 한역〉에게 부촉하였는데, 이 존자는 정법의 가르침을 널리 유통시키고 나서 다시 구수 흑색〈흘리슬나라고 음사〉에게 부촉하였다. 爾時 鄔波笈多 以法付囑具壽地底迦〈此云 有媿〉 此旣弘通正法敎已 轉付具壽黑色〈梵云 訖里瑟拏〉"라고 하였다. [참고문헌]『有部律雜事』.

흘리슬타말나 訖利瑟吒末那 Ⓢ kliṣṭa-manas의 음사어. 제7말나식을 말한다. 염오의(染汚意)로 한역하며, 염말나(染末那)라고도 한다. 『유가론기』 권13(대정장42, p.592b6·한불전14, p.4a10)에 "범어 흘리슬타말나는 염오의라고 한역한다. 梵音云訖利瑟吒末那 此云染汚意"라고 하였다. [참고문헌]『瑜伽論記』,『瑜伽師地論略纂』 권13(대정장43, p.169b10). ⇨ 말나식 末那識, 염오의 染汚意, 염말나 染末那

흘차달라 紇差怛羅 Ⓢ kṣetra의 음사어. 토전(土田)이라 한역한다. 『일체경음의』 권21(대정장54, p.436a8)에 "불찰〈찰의 갖춘 올바른 음사어는 흘차달라인데, 토전이라 한역한다. 차의 음은 초와 개를 반절한 음이다〉. 佛刹〈刹具正云 紇差怛羅 此曰 土田也 差音 初芥也〉"이라고 하였다. [참고문헌]『一切經音義』. ⇨ 토전 土田

흘타 訖埵 Ⓢ kṛt. 어미(語尾)로서 이미(已)의 뜻을 말한다. 『순정리론』 권25(대정장29,p. 481a22)에 "이 연기(Ⓢ prati-itya-sam-ut-pāda)라는 말은 어떤 뜻을 인으로 하는가? … 흘타라는 연은 바로 이미라는 뜻으로서 (연이란) 이것이 소의(Ⓢ prati)와 합하여 변함이다. 此緣起言爲因何義 … 訖埵 緣是已義 此合所依變", 같은 책 권49(대정장29, p.619c1)에 "이 분별기(分別記 Ⓢ vibhajya-vyākaraṇa)에 흘타를 둔 것은 오직 뒤의 말이 앞의 말의 뜻을 여의지 않게 해서 나타내기 위한 것이다. 가령 세간에서 '산을 건너서 강에 이른다'라고 할 때, 이는 산을 넘는 것이 먼저이고 강에 이르는 것은 나중임을 밝히기 위한 것이 아니다. 다만 산을 넘지 않고서는 강에 도달할 수 없는 뜻을 알게 하고자 함이다. 흘타라는 어미를 둔 것도 이와 같다. 此中置訖埵者 唯爲顯後不離前義 如世間說度山至河 非此爲明山前河後 但欲令解非離度山有至河義 置訖埵緣如是"라고 하였다. [참고문헌]『順正理論』.

흠 欠 실담자 (khaṃ). 가(佉) 자에 공점(空點)을 붙인 것. 허공(虛空)의 의미를 갖는 가자에 공점을 붙여 대공(大空)을 뜻한다. 『대일경소』 권9(대정장39, p.673c6)에 "가는 대공이고 위에 점을 더하면 전성하여 흠이 된다. 곧 이 대공을 증득함을 반야의 불모라 한다. 바로 명비의 뜻이다. 이 허공장 안에서 진실한 인연의 종자를 함양하니 바로 완전한 수호를 뜻한다. 佉是大空 上加點轉聲爲欠 卽是證此大空名爲般若佛母 正是明妃之義 於此虛空藏中含養眞因種子 卽是大護義也", 같은 책 권10(대정장39, p.686c9)에 "흠〈대근용의 종자다. 부처님께서 도량에 앉아 모든 마구니를 조복시키시므로 일체천인이 대근용이라 부른다. 이는 곧 비로자나다. 가는 공의 뜻이고 위의 점은 대공이다. 대공으로 일체공을 씻어낸다〉. 欠〈大勤勇種子也 佛坐道場伏諸魔 故一切天人號爲大勤勇也 卽毘盧遮那也 佉是空義 上點是大空 以大空淨一切空也〉", 같은 책 권12(대정장39, p.703c3)에 "이와 같이 관할 수 있는 자라면 여래와 같다. 보리수 아래 앉아 마구니를 항복시켰다. 이러한 인은 불가득이므로 그 상은 허공과 같다. 공역시 공하다. 세존께서 설하신 색이란 허공의 색을 설하신 것을 말한다. 위에 점을 더하면 흠자문에 들어간다. 이 흠자문에서 존귀함을 설한 것을 존이라 한다. 이는 존귀한 가운데 존귀하므로 대공과 같다. 若能如是觀者 卽同如來 坐於道樹而降伏魔 以此因等不可得故 卽是其相猶如虛空 空而復空故也 大德世尊說彼色者 謂說虛空色也 若於上加點 卽入欠字門也 此欠字門所說尊者 名爲尊也 謂尊中之尊卽大空也"라 하였다. [참고문헌]『大日經疏』.

흠바라의 欽婆羅衣 Ⓢ Ⓟ kambala의 음사어. 옷 이름. 털로 만든 옷. 또는 거친 옷. 『오분율』 권12(대정장22, p.84b14)에 "이때 투라난타비구니가 항상 파사익왕의 궁전을 출입하였는데, 왕이 '아이(阿姨 : 比丘尼)여! 만약 필요한 것이 있다면 저에게 취하십시오'라고 말하자 곧바로 '저는 덮을 옷이 필요합니다'라고 말하였고, 다시 왕이 '후궁에서 취하십시오'라고 말하자 바로 다시 '저는 왕께서 입고 계신 흠발라를 얻고 싶습니다'라고 말하였고 왕은 즉시 그것을 주었다. 爾時 偸羅難陀比

丘尼 常出入波斯匿王宮內 王言 阿姨 若有所須 就我取之 便語言 我須重衣 王言 就後宮取 卽復言 我欲得王所著欽婆羅 王卽與之", 같은 책 권20(대정장22, p.140b14)에 "이때 한 상인이 흠바라를 가지고 있었는데 파리국에서 구사라로 왔다가 부처님께서 세간에 출현하셔서 크나큰 위신력을 가지고 계시며 제자들 또한 그러하다는 얘기를 듣고 흠바라의를 많이 가져다가 승가에 보시하였다. 이에 비구들이 '부처님께서 아직 저희들이 흠바라의를 받는 것을 허락하지 않으셨습니다'라고 말한 다음 이를 부처님께 말씀드리자 부처님께서는 '받는 것을 허락한다'라고 하셨다. 또 따로 상좌에게 주자 역시 받지 못하고서 '부처님께서 아직 저희들이 따로 흠바라의를 받는 것을 허락하지 않으셨습니다'라고 말한 다음 이를 부처님께 말씀드리자 부처님께서 '역시 따로 받는 것을 허락한다'라고 하셨다. 時 有估客 齎欽婆羅 從波利國 來到拘舍羅 聞佛出世 有大威神 諸弟子 亦復如是 便大持欽婆羅衣 施僧 諸比丘言 佛未聽我等受欽婆羅衣 以是白佛 佛言 聽受 復別與上座 亦不敢受 言 佛未聽我等別受欽婆羅衣 以是白佛 佛言 亦聽別受", 『사분율』 권6(대정장22, p.602a13)에 "옷에는 열 가지가 있으니, 시의·겁패의·흠바라의·추마의·참마의·선나의·마의·시이라의·구이라의·참라반니의이다. 衣者 有十種 絁衣 劫貝衣 欽婆羅衣 芻摩衣 讖摩衣 扇那衣 麻衣 翅夷羅衣 鳩夷羅衣 讖羅半尼衣", 『선견율비바사』 권8(대정장24, p.724c26 : *Sp.*, p.272)에 "머리카락으로 된 흠바라는 사람의 머리털을 짜서 만든 옷이고, 털로 된 흠바라는 들소의 털을 짜서 옷으로 만든 것이다. 髮欽婆羅者 織人髮以爲衣 毛欽婆羅 以犛牛毛織爲衣 kesakambalo ti kesehi tante vāyitvā katakambalo. vāḷakambalo ti camaravāḷehi vāyitvā katakambalo", 『마하지관』 권10(대정장46, p.132b16)에 "흠바라는 거친 옷이다. 欽婆羅 麤衣也", 『사분율개종기』 권3(卍속장66, p.810a18)에 "흠바라는 털로 만든다. 欽婆羅者 毛作", 『사분율행사초간정기』 권12(卍속장68, p.759a17)에 "흠바라는 세모의라고도 하며 잡쇄의라고도 한다. 欽婆羅者 此云 細毛衣 亦云 雜碎衣"라고 하였다. 〔참고문헌〕『五分律』, 『四分律』, 『善見律毘婆沙』, 『摩訶止觀』, 『四分律開宗記』, 『四分律行事鈔簡正記』 *Sp.*, *Laṅk.307.*

흠산 欽山 ❶ 호남성(湖南省) 예주(澧州)에 있는 산. 호북성(湖北省)과의 경계에 있으며 협산(夾山)과 마주하고 있다. 산중에 동산양개(洞山良价)의 법사(法嗣)인 흠산문수(欽山文邃)가 주석했던 흠산사(欽山寺 : 乾明寺)가 있다. ❷ 당대 조동종 스님. 복주(福州 : 福建省) 출신. 동산양개(洞山良价)의 법사(法嗣). 항주(杭州 : 浙江省) 대자산(大慈山) 환중(寰中)에게 배웠으며, 그 후 동산을 찾아뵙고 깨달음을 얻은 뒤 그의 법을 이었다. 27세에 예주 흠산에 주석한 이래 선풍을 드날렸고, 당 대중년간(847)부터 함통년간(874)까지 생존하였으며, 암두전활(巖頭全奯)·설봉의존(雪峰義存)과 함께 행각하기도 하였고 많은 일화를 남겼다. 〔참고문헌〕『景德傳燈錄』 권17 「欽山文邃傳」(대정장51, p.340a15).

흠산일족파삼관 欽山一鏃破三關 '흠산이 단 한 발의 화살로 세 관문을 부수다'에 답하다. 흠산문수(欽山文邃)와 양선객(良禪客 : 巨良)이 나눈 문답. 『종문염고휘집』 권31(卍속장115, p.876b12)에 "양선객이 흠산에게 물었다. '화살 한 발로 세 관문을 부셨다니 어떻습니까?' '갇혀 있던 주인 놓아 보거라' '그렇게 한즉 허물 알아 반드시 고칩니다' '다시 어느 때를 기다리겠는가?' 그러자 양선객이 '좋은 화살 어디에 떨어지든지 상관치 않습니다'라고 한 뒤 나가 버렸다. 이에 흠산이 '이리 와 봐라, 사리여!'라고 말하였고, 양선객이 고개를 돌리자 흠산이 선상에서 내려와 그를 옴짝달싹 못 하게 꽉 붙들고서 말했다. '화살 한 발로 세 관문을 부수는 일은 그렇다 치고, 이 흠산에게 화살을 한번 쏴 봐라'. 양선객이 머뭇거리자 흠산이 일곱 방 때린 뒤 말했다. '어쨌든 들은 놈 어지럽게 하였으니 30년은 의심토록 하리라'. 良禪客問 一鏃破三關時如何 山曰 放出關中主看 良曰 與麽則知過必改 山曰 更待何時 良曰 好箭放不著所在 便出 山曰 且來 闍黎 良回首 山下禪牀把住曰 一鏃破三關則且置 試與欽山發箭看 良擬議 山打七棒曰 且聽者亂統漢疑三十年", "동안상찰(同安常察)이 말했다. '양공은 비록 화살을 쏠 줄 알았지만 어쨌든 적중하지는 못했다'. 이때 학인이 동안에게 물었다. '어떻게 하면 적중합니까?' '갇혀 있는 주인은 어떤 사람인가?' 흠산이 듣고 말했다. '양공이 만약 이렇게 이해했다면 이 흠산의 입에서 벗어날 수는 있었겠지만, 그렇다 해도 동안의 저 말은 호의는 아니니 역시 잘 살펴야 옳다'. 同安察云 良公雖解發箭 要且未中的 僧便問 未審如何得中的 安云 關中主是什麽人 欽山聞云 良公若解與麽 也免得欽山口 然雖如是 同安不是好心 亦須看始得"라고 하였다. 〔참고문헌〕『宗門拈古彙集』.

흠정몽고원류 欽定蒙古源流 청(淸)대인 1777년(건륭42)에 몽고의 소철진살낭태길(小徹辰薩囊台吉) 찬(撰). 8권. 불교를 중심으로 몽고의 정계(正系)·사적(事跡)을 몽고 문자로 된 원본(原本)을 토대로 한역한 책. 몽고 종족 흥망의 내력과 풍속 등을 알 수 있다.

흠충 欽忠 신라 스님. 중국으로 유학 가서 석상(石霜) 경저(慶諸)의 제자가 되었다. 『경덕전등록』에 석상 경저의 제자 41명 중 "신라 흠충선사"라고 그 이름이 전할 뿐이다. 〔참고문헌〕『景德傳燈錄』 권16.

흡문 洽聞 충분히 듣다. 흠뻑 적셔 알게 하다. 『초일명삼매경』 권하(대정장15, p.547b8)에 "그때 뛰어난 학자이면서 대승을 믿는 지도무극이라는 이가 있었는데, 공이어서 무분별인 혜가 심오하여 끝이 없음을 강설하였으며, 오랫동안 범행을 닦고 모두 외웠으며 요지를 널리 유포시켰기에 사부대중을 흠뻑 적셔 알게 했다. 時有大學信大乘者 名智度無極 講空無慧 深奧無際 久修梵行 悉共諷誦 敷陳旨要 宣布流美 四輩洽聞", 『출삼장기집』 권13(대정장55, p.99b11)에 "담마난제는 도거륵 출신이다. 유년에 출가하였는데 총명하고 조숙하였으며 경전을 연구하고 외우면서 정성을 다하여 업을 이루었고, 삼장을 두루 보았으며 증일과 중아함경을 암송하였고 박식하고 흠뻑 들어서 자세히 알지 못하는 것이 없었다. 이에 나라 안의 멀고 가까운 곳에서 모두 받들어 칭찬하며 감복하였다. 曇摩難提 兜佉勒人也 齠歲出家 聰慧夙成 研諷經典 以專精致業 遍觀三藏 闇誦增一中阿鋡經 博識洽聞 靡所不練 是以國內遠近 咸共推服"라고 하였다. 〔참고문헌〕『超日明三昧經』, 『出三藏記集』.

흡반식 噏飯食 소리내 빨아들이듯 먹는 것. 백중학법(百衆學法) 중 하나. 흡식(噏食)이라고도 한다. 『사분율』 권21 「백중학법 百衆學法」(대정장22, p.707c23)에 "거사가 직접 밥과 음식을 나누어 주는데, 육군비구가 크게 소리 내어 음식을 빨아들이며 먹었다. 거사가 그 광경을 보고 꺼리면서 말하였다. '이 사문 석자는 부끄러움이라고는 없구나. 혹 어떻게 정법을 갖고 있겠는가? 앞서 먹던 모습이 마치 돼지·개·낙타·소·당나귀·까마귀와 같구나'. 居士手自斟酌飲食 六群比丘 大噏飯食 居士見已嫌言 此沙門釋子 無有慚愧 乃至何有正法 如上食如似猪狗駱駝 牛驢烏鳥", 『사분승계본』(대정장22, p.1029a16)에 "흡반식을 해서는 안 되니 응당학이다. 不得噏飯食 應當學", 『사분율비구함주계본』 권하(대정장40, p.459a17)에 "(百衆學法 중) 제43은 흡식계이다. 부처님께서 사위성에 계실 적에 거사가 재를 열어 공양하는데, 육군비구가 크게 흡식하였다. 거사가 꺼리면서 말하였다. '부끄러움이 없구나. 먹는 것이 마치 돼지·개·낙타·소·당나귀·까마귀와 같구나'. 비구들이 부처님께 아뢰자 꾸짖고서 하지 못하게 계로 제정하셨다. 四十三噏食戒 佛在舍衛 居士設供 六群大噏食 居士嫌言 無有慚愧 食如猪狗駱駝 牛驢烏鳥 比丘白佛 因訶制戒"라고 하였다. 〔참고문헌〕『四分律』, 『四分僧戒本』, 『四分律比丘含注戒本』. ⇨ 백중학법 百衆學法

흡진서강수 吸盡西江水 서강의 물 남김없이 들이마시다. 일구흡진서강수(一口吸盡西江水)라고도 하며, 방거사의 깨달음을 이끌었던 마조대사의 말에서 유래한다. 『속전등록』 권20 「보봉응건전 寶峯應乾傳」(대정장51, p.598a7)에 "학인이 보봉에게 말했다. '시절 이미 드러났는데, 조사의 뜻과 교의 뜻은 어떻게 나타남 다르다 합니까?' '기법사(基法師 : 窺基)의 콧구멍이다' '망아지(馬祖) 한 마리가 천하사람들 밟아 죽였고, 거사(龐居士)는 서강의 물을 남김없이 들이마셨다' '안목을 갖춰야만 한다'. 僧云 時節旣彰 祖意教意 如何顯異 師曰 基法師鼻孔 僧云 馬駒踏殺天下人 居士吸盡西江水 師曰 須是具眼", 『초석범기어록』 권15(卍속장124, p.233a3)에 "자기는 그가 아니지만 그는 바로 자기이니, 다그쳐 이르면 빛과 그림자가 사라지고 서강의 물마저 마셔 다 했다네. 自己不是渠 渠正是自己 逗到光影消 吸盡西江水"라고 하였다. 〔참고문헌〕『續傳燈錄』, 『楚石梵琦語錄』.

흥거 興渠 Ⓢ hiṅgu, Ⓣ shing-kun. 오신채(五辛菜) 중 하나. 흥구(興瞿·興舊)·흥의(興宜)·형우(形虞)·형구(形具)라고도 한다. 산지는 신강화전(新疆和闐)·서장(西藏)·인도·이란·아프카니스탄 등지이고, 2m 높이의 초본식물이다. 줄기를 끊어 흐르는 액체를 응고한 뒤에 약용으로 쓰는데 이를 아위약(阿魏藥)이라 하며 벌레를 쫓거나 악취를 제거하는 용도로 쓴다. 학명은 *Ferula narthex*이다. 『송고승전』 권29 「혜일전 慧日傳」(대정장50, p.890b26)에 "또한 승도들도 대부분 오신채 중에 흥거를 잘 모른다. 흥거에 대한 설이 사람마다 같이 않아 어떤 이는 운대·호수라고도 하고, 아위라고도 한다. 오직 『정토집』에서 별도로 그 조목을 적어 놓았으니 '오신채가 이 땅에는 네 가지만 있다. 첫째는 마늘, 둘째는 부추, 셋째는 파, 넷째는 염교이며, 흥교는 나지 않는다'라고 하였다. 범어 음사가 조금 잘못되었다. 바른 음사어는 형구이다. 다른 나라에서는 발견할 수 없고 우전으로 돌아가야 볼 수 있다. 가는 넝쿨로 우거진 뿌리처럼 뿌리는 거칠고, 흰색이며 그 냄새는 마늘과 비슷하다. 又以僧徒多迷五辛中興渠 興渠 人多說不同 或云 蕓薹胡荽 或云阿魏 唯淨土集中 別行書出云 五辛此土唯有四 一蒜 二韮 三葱 四薤 闕於興渠 梵語稍訛 正云形具 餘國不見 迴至于闐 方得見也 根麤如細蔓菁根而白 其臭如蒜"라고 하였다. 〔참고문헌〕『宋高僧傳』, *Laṅk.369*, 『仏教植物辭典』(國書刊行會, 1982). ⇨ 아위 阿魏, 오신채 五辛菜

흥경사 興慶寺 ❶ 전라남도 장성군 북하면 입암산성(笠岩山城)에 있던 절. 『여지도서』 전라도 장성 사찰에

"부 북쪽 40리 입암산성 내에 있다. 在府北四十里 笠巖山城內"라고 하였다. [참고문헌]『輿地圖書』, 『伽藍考』, 『韓國寺刹全書』 권하 p.1208b10. **2** 경기도 파주시 적성면 감악산(紺嶽山)에 있던 절. 허목(許穆 1595~1682)의 『기언』 별집(別集) 권8 서(序)에 "홍경사에 머물렀는데, 감악산 북쪽 언덕의 아름다운 절이다. 宿興慶寺 紺嶽北崖佳寺"라고 하였다. [참고문헌]『記言』.

홍경암 興慶庵 경기도 파주시 적성면 감악산(紺岳山)에 있던 암자. 신유한(申維翰 1681~1752)의 『청천집』 권4 「감악산기 紺岳山記」에 "수풀 끝 작은 가람이 있어 홍경암이라고 하는데, 옛 왕조의 명찰이라 한다. 有小伽藍出林梢 曰興慶庵 是古勝國名刹"라고 하였다. [참고문헌]『青泉集』, 『韓國寺刹全書』 권하 p.1208b11.

홍과사 興果寺 중국 강주(江州 : 江西省 九江)에 있던 절. 백거이(白居易)가 지은 「당강주홍과사율대덕주공탑갈명 唐江州興果寺律大德湊公塔碣銘」(『석원사림』 권194 · 한불전4, p.667b11)에 "(773년 승과에서) 스님이 중등으로 합격하여 조칙으로 강주 홍과사에 배정되었다. 師中等得度 詔配江州興果寺"라고 하였다. [참고문헌]『釋苑詞林』. ⇨ 신주 神湊

홍교사 興敎寺 **1** 강원도 영월군 대화산(大華山)에 있던 절. 『가람고』에는 홍교암(興敎庵)이라고 하였다. 『삼국유사』 권3(대정장49, p.997a28 · 한불전6, p.331c9) 흥법(興法)3 낙산이대성 관음 정취 조신(洛山二大聖觀音正趣調信)에는 신라시대 세규사(世逵寺)의 장사(莊舍)였다고 하였다. 고려 충희(冲曦)의 행장을 담은 석비(石碑)가 있었는데, 보문각학사(寶文閣學士) 최선(崔詵)이 국사의 문인 221명의 이름을 음기(陰記)로 적었다고 전한다. [참고문헌]『伽藍考』, 『三國遺事』, 『東國輿地勝覽』, 『韓國寺刹全書』 권하. **2** 경기도 개성군 홍교면 백련산(白蓮山) 후릉(厚陵) 입구에 있던 절. 대본산 전등사(傳燈寺)의 말사였다. 동서 약 40칸, 남북 약 60칸의 홍교리 옛터에는 돌담만 남아 있다. 창건 시기는 알 수 없으나 1682년(숙종8)에 사헌부지평(司憲府持平) 이동욱(李東郁)이 찬술한 「풍덕홍교사사적비명병서 豐德興敎寺事蹟碑銘并序」(『조선금석총람』 권하, pp.970~971)에는 공정대왕(恭靖大王 : 조선 정종)의 왕릉인 후릉(厚陵)의 조포사(造泡寺)였고, 여러 차례의 병란으로 옛 비마저 깨지고 부서졌는데, 지오(智悟)가 돌을 다듬고 글을 새기고자 요청하여 사적비명을 지었다고 하였다. 『전등본말사지』에는 비명 건립 시기를 1683년이라고 하였다. 1799년(정조23)에 최문현(崔文顯)이 쓴 「홍교사중수기 興敎寺重修記」(『전등본말사지』, pp.274~275)에는 4백년 전에 후릉의 조포사가 된 이후에도 육방대찰(六房大刹)로 불릴 정도의 사세를 유지하였고, 만력년간(1573~1620)에 중수할 때는 정종이 인덕궁(仁德宮)에 행차하면서 이곳에 들러 남긴 것이라고 전하는 수저 한 벌을 소장할 만큼 조포사 중에서는 특별한 곳이었다. 사격(寺格)에 맞게 전각을 짓고자 하였지만 때를 만나지 못하였고, 정종의 후예인 이태(李台)가 개성의 지방관으로 와서 홍교사 민상(敏尙)을 화주(化主)로 삼아 애썼지만 뜻을 이루지 못하였다. 그 뒤 개성 지방관으로 제수된 조종현(趙宗鉉)이 주관하고 김덕창(金德昌)이 시주를 하고 홍문적(洪汶績)이 감독하여 세 달만에 불사를 마쳤다. 서선당(西禪堂)은 기와를 바꾸고 단청을 더하였으며, 법당의 소불(小佛)은 개금(改金)하고 족자 4본을 그려 매다는 등 옛 것을 없애고 일신하였다고 하였다. 그 뒤 1857년(철종8)에 도월(道月)이 중수하였다. 1880년(고종17)에 수월(水月)의 문인 연허(蓮虛)가 쓴 「경기우도풍덕군백룡산홍교사중수기 京畿右道豐德郡白龍山興敎寺重修記」(같은 책, pp.275~276)에는 주장승(主丈僧) 인암(仁庵)이 권선문(勸善文)을 지니고 다니며 시주 받아 칸칸마다 수리하고서 시주질도 상세히 기록하였다고 하였다. 1937년에는 주지 이완실(李完實)이 요사를 중건하였다. [참고문헌]『朝鮮金石總覽』, 『傳燈本末寺誌』, 『韓國寺刹全書』 권하, 『北韓寺刹硏究』(韓國佛敎宗團協議會, 1993). **3** 경상북도 경주에 있던 절. [참고문헌]『韓國寺刹全書』 권하. **4** 중국 섬서성(陝西省) 장안(長安)의 남쪽으로 30km 지점에 있는 절. 당대 번천(樊川) 팔대사원(八大寺院) 중 하나로 특히 역경삼장(譯經三藏) 현장(玄奘)과 관련된 절이다. 664년(덕원1) 2월 5일 현장이 옥화사(玉華寺)에서 입적하고, 4월 14일 산수(滻水) 동쪽에서 장례를 거행하였으며, 669년(총장2) 4월 8일 고종(高宗)의 칙령에 따라 번천(樊川)의 북쪽 평원에서 다시 장례를 치루었

삼좌의 탑

자은대사기공상 · 현장삼장법사상 · 원측법사상 자은탑원

는데 이것이 이 절이 창건되는 기원이다. 중종(中宗) 때는 대변각(大遍覺)이라는 시호를 내렸고, 숙종(肅宗)은 탑액(塔額)을 내리면서 홍교사라 명명하였다. 821년(장경1)과 828년(태화2) 사문 담경(曇景)과 의림(義林)이 과업을 이어 수리하였다. 현재 절에 삼좌(三座)의 탑이 남아 있는데 가장 높은 자리에 현장의 사리탑이 배치되어 있고 양측면에 작은 탑이 하나씩 세워져 있다. 그것은 현장의 제자 규기(窺基)와 원측(圓測)의 탑으로 본다. 이 밖에 대웅전·장경루(藏經樓)·장방형창정(長方形敞亭) 등이 있다. 청대인 동치년간(1862~1874)에 화재를 당하여 세 탑 이외에 나머지 건축물을 근대에 신축되었다. 1984년 10월에는 중일불교계(中日佛教界)가 현장대사 입적 1320주년 기념법회를 열기도 했다. [참고문헌] 『佛祖統紀』 권48(대정장49, p.436a1), 『釋氏稽古略』 권4(대정장49, p.872c17), 『慈恩傳』 권10(대정장50, p.278a8), 『玄奘三藏師資傳叢書』 권상 「大唐三藏大遍覺法師塔銘」(卍속장150, p.164a17)·권하 「大周西明寺故大德圓測法師佛舍利塔銘」(卍속장150, p.182b5), 『大淸一統志』 권180.

홍교사사적비 興教寺事蹟碑 이동욱(李東郁 1646~1708) 지음. 『조선금석총람』 권하 pp.970~971에 「풍덕 홍교사사적비 豊德興教寺事蹟碑」라는 이름으로 수록되어 있다. 정종(定宗 1357~1419) 후릉(厚陵)의 원당(願堂)이었던 개성 홍교사에 대해 기록한 비문이다. 지오(智悟)가 병화(兵火)를 겪으면서 옛 비가 없어진 것을 안타깝게 여겨 이동욱에게 청하였고, 지오는 스님들 인륜이 없다고 비난받지만 임금의 성덕을 불법(佛法)으로 무궁하게 축리(祝釐)하고 있는 것이 예(禮)라고 말하고 있다. 1682년(숙종8)에 작성되었는데 신촌거사(新村居士) 윤헌경(尹憲卿)이 글씨를 쓰고 생원(生員) 안상만(安相萬)이 전액을 썼다. [참고문헌] 『朝鮮金石總覽』. ⇨홍교사 興教寺 2

홍교사충희선사비편 興教寺冲曦禪師碑片 ?~1183. 고려 의종(毅宗) 임금의 아우. 휘는 현희(玄曦) 또는 충희(冲曦), 호는 원경국사(元敬國師)다. 1190년(명종20) 경기도 개성 홍교사(興教寺)에 세웠으나 언제인가에 비석은 부서졌고, 그 일분의 비편(碑片)을 탁본한 것이 『대동금석첩』에 실려 있을 뿐이다. 비문을 지은 사람도 알 수 없다. [참고문헌] 『大東金石帖』 pp.91~92, 許興植 『韓國金石全文』 中世上 pp.903~904, 『韓國金石文大系』 권7 p.242, 李智冠 『校勘譯註歷代高僧碑文』 高麗篇4 pp.26~29. ⇨충희 冲曦, 홍교사 興教寺 2

홍교암 興教庵 강원도 영월군 태화산(太華山)에 있던 암자. 홍교사(興教寺)라고도 한다. 김시관(金時觀 1677~1740)의 『절곡집』 권3 「홍교암기 興教菴記」(한국문집총간61, p.180b18)에 "경인년(1710·숙종36) 이 당을 완성하였다. 是歲庚寅也 堂旣成"라고 하였고, 후학 양성 장소로 사용하고자 하는 뜻을 밝혔다. [참고문헌] 『節谷集』, 『韓國寺刹全書』 권하 p.1210a20.

홍교타신 興教墮薪 홍교 땔나무 떨어지는 소리에 깨우치다. 홍교홍수(興教洪壽)가 스승 천태덕소(天台德韶)를 따라 운력할 때의 인연. 『선원몽구』 권상(卍속장148, p.209a1)에 "홍교타신 : 〈천태덕소 국사의 법을 이었다. 출전은 『오등회원』 권10〉. 항주 홍교홍수선사가 국사와 함께 보청을 하다가 땔나무 떨어지는 소리에 깨우침 있어 게를 지어 읊기를 '이리저리 떨어져나간 것들 다른 물건 아니니, 종횡으로 티끌이라 할 것 없도다. 산하대지로 온통 드러난 법왕의 몸이신 것을'. 興教墮薪 〈韶國師法嗣 會元十〉 杭州興教洪壽禪師 同國師普請次 聞墮薪有省 作偈曰 撲落非佗物 縱橫不是塵 山河及大地 全露法王身"라고 하였다. [참고문헌] 『禪苑蒙求』.

홍구 興舊 ➡홍거 興渠

홍국사 興國寺 **1** 경기도 개성시 만월동에 있던 절. 『정조실록』 권45 20년 7월 21일에 송경(松京) 홍국사 옛 터에 탑 하나가 있는데, 탑면에는 "보살계제자 평장사 강감찬이 … 삼가 이 탑을 조성하여 영원히 공양으로 삼고자 한다. 천희 5년 5월일. 菩薩戒弟子 平章事 姜邯瓚 … 敬造此塔 永充供養 天禧五年五月日也"라는 음기(陰記)가 남아 있어, 1021년(현종12)에 강감찬이 7층 석탑으로 건립하였다고 전하고 있다. 『사탑고적고』 편찬 당시에 5층석탑이라 하였고, 『전등본말사지』에는 개성부(開城府) 병부교(兵部橋) 옆의 훈련청(訓鍊廳) 자리에 있었다고 하였다. 서긍(徐兢)의 『선화봉사고려도경』 권17 사우 홍국사에는 광화문(廣化門) 동남쪽 길가에 있는데, 다리가 놓인 시냇물이 앞에 흐르고 동쪽으로 향한 대문에는 '홍국지사 興國之寺'라는 편액이 걸렸으며, 경내 뒷편에 자리한 당(堂)과 전(殿)은 매우 웅장한 편으로, 절 마당에는 윗부분이 뾰족한 채로 마디마디를 붙인 다음 황금으로 칠한 아래 지름 2척, 높이 10여 장 정도의 구리로 만든 번간(幡竿)이 있다고도 하였다. 1041년(정종7)에 국왕이 친히 행차하였고, 1046년(문종즉위)에는 문무백관이 기상영복도량(祈祥迎福道場)을 개설하여 매년 국왕탄생일을 기념하는 항식(恒式)으로 정하기도 하였다. 1053년(문종7)에는 국왕이 팔관회를 열었고, 1082년(문종36)에는 기우제를 지냈으며, 1083년(문종37)에는 백관이 화엄경도량(華嚴經道場)을 베풀어 풍우(風雨)의 순조로움도 기원하였다. 1087년(선종4) 9월에도 국왕이 연등회(燃燈會)를 설행하였고, 이후 여러 차례 친행과 기우재가 이어졌고 1197년(명종27)에는 최충헌(崔忠獻) 형제가 국왕의 폐위를 하늘에 고하였는데, 그 날 밤에 폭풍우가 심하여 홍국사 남쪽 도로 옆의 나무가 날아가 감옥을 무너뜨리기도 하였다. 1225년(고종12)에는 불이 났고, 1299년(충렬왕4)에 국왕은 좌승 합산(哈散)과 함께 이곳에서 한희유(韓希愈)를 반란 모의와 관련하여 국문하였다. 1369년(공민왕18)에도 국왕이 친행하였다. 조선조에 들어서는 남효온(南孝溫)의 『추강집』 권6 「송경록 松京錄」(한국문집총간16, pp.116a3~126a19) 1485년(성종16) 9월 9일조에는 "당금암을 지나 은소령을 넘어 홍국사 옛 터를 지나 내남대문으로 갔다. 過當今巖 越銀梳嶺 經興國寺故墟 出內南大門"고 하였으므로, 이전에 이미 폐사된 것으로 보인다. 〔참고문헌〕『高麗史』, 『正祖實錄』, 『寺塔古蹟考』, 『傳燈本末寺誌』, 『宣和奉使高麗圖經』, 『秋江集』, 『韓國寺刹全書』 권하. **2** 경기도 고양시 덕양구 한미산(漢美山)에 있는 절. 대한불교조계종 제2교구 본사 용주사(龍珠寺)의 말사다. 처음 이름은 홍서암(興瑞庵)이었고, 한미산도 노고산(老姑山)으로 불렸다. 661년(문무왕1)에 분황종조(芬皇宗祖) 원효성사(元曉聖師)가 창건하여 홍서암이라고 하였는데, 1686년(숙종12)에 중창하였고, 1770년(영조46)에 국왕이 친행하여 산 이름을 한미로 고치고 절 이름을 홍국이라고 하였으며, 1785년(정조9)에 남북양산성겸승도대장도총섭(南北兩山城兼僧都大將都總攝) 법헌(法軒)이 중창하였다. 1929년에 정호(鼎鎬)가 짓고 김돈희(金敦熙)가 글씨를 쓴 「한미산홍국사만일회비기 漢美山興國寺萬日會碑記」(『석전문초』 pp.26b4~27b8, 『한국사찰전서』 권하 pp.1211b8~1212b5)에서 전하는 기록은 다음과 같다. 661년에 해동화엄초조 원효가 양주(良州) 천성산(千聖山)에서 한산(漢山)에 이르러, 북한성 서쪽 원효대(元曉臺)와 노고산 홍서암에 머무르면서 약사불 석상을 조성하였는데 지금도 엄연하다. 암자를 절로 바꾸고 홍국의 이름을 하사한 것은 영조 때 일로, 한미는 노고를 번역한 이름이다. 영조는 즉위 전에도 즉위 후에도 소령원(昭寧園)에 행행할 때도 이곳에 머무르기도 하였는데, 그 때 지은 시를 글자로 새겨 소장하고 있고, 약사전이라고 쓴 글씨는 편액으로 매달아 놓았다. 1854년(철종5)에는 장연(長連) 학서사(鶴棲寺)에 있는 옹정 신미(雍正辛未)년에 4백여 근으로 주성(鑄成)한 범종과 삼존불상, 칠성탱화를 옮겨 봉안하였고, 무오(戊午)년에는 단월 박수량(朴壽良)의 시주로 도량에 7층 돌계단을 쌓았다. 1867년(고종4)에는 화주 곽명(廓明)이 약사전을 중건하였고, 1876년(고종13)에는 화주 뇌응(雷應)이 칠성전(七星殿)을 건립하였으며, 1878년에는 완해(玩海)가 내탕금(內帑金)을 받아 탱화를 그려 봉안하였다. 뇌응은 1902년(광무6)에 나한전과 산신각을 지었고, 완해는 1904년에 상궁 김정덕행(金淨德行)·장정심화(張淨心華)·정대덕행(鄭大德行)과 발원하여 만일회를 열기도 하였는데, 당시에는 혜월(慧月)을 연사화주(蓮社化主)로 삼았다가 1905년에 진관사(津寬寺) 해송(海松)을 연사화주로 맞았다. 1908년(융희2)에 상궁 오씨(吳氏)와 원학주(元鶴柱)가 중흥사(重興寺) 반종(盤鍾)을 구매하여 봉안하였고, 1911년에는 건봉사(乾鳳寺) 회명(晦明)과 박신심월(朴信心月)이 강원도 양양의 토지와 불향답(佛享畓)을 시납(施納)하였으며, 1913년에는 정원만행(鄭圓滿行)이 3백금을 내어 중국 상해(上海) 빈가정사(頻伽精舍)의 신대장(新大藏)을 진장하였다. 1915년과 1917년에는 각각 요사와 전향각·동별당 등을 세워 대가람을 이루었다고 하였다. 뇌응당은 1912년에 연사(蓮社)·법우(法宇) 두 채를 중창하기도 하였다. 〔참고문헌〕『石顚文鈔』, 『韓國寺刹全書』 권하. **3** 경기도 광주군 동부면에 있던 절. 『한국사찰전서』에서는 백년 전에 이미 폐사하였다고 하였다. 〔참고문헌〕『韓國寺刹全書』. **4** 경기도 남양주시 별내면 수락산(水落山)에 있는 절. 대한불교조계종 봉선사(奉先寺)의 말사이다. 1941년에 영호한영(映湖漢永)이 쓴 「수락산홍국사기적비 水落山興國寺紀蹟碑」(『석전문초』 pp.31a~32a·『한국사찰전서』 권하 pp.1210b3~1211a17)에는 다음과 같이 전한다. 옛 이름은 수락사(水落寺)로, 불암사(佛岩寺), 내원사(內院寺)와 함께 수락산 3대 사찰로 불린다고 하면서, 신라 진평왕 때 원광법사(圓光法師)가 개산(開山)하였다는 설이 전하나 서거정(徐居正)의 시에 "수락산 중에 수락사 水落山中水落寺"라고 하였으므로, 고려와 조선시대에도 수락사라고 불렸고, 금곡사(金谷寺)라고도 하였다. 1568년(선조1)에는 선조의 생부 덕흥대원군(德興大院君)의 행향원당(行香願堂)이 되어 홍덕사(興德寺)라고 사액(賜額)을 받았다가 1626년(인조4)에 홍국사라고 고쳐 사액되었다. 1790년(정조14)에 5규정소(五糾正所)를 정할 때 동림공원소(東林公員所)로 지정되었고, 1793년(정조17)에는 하사한 내탕금으로 수리하였지만, 1818년(순조18)에 만월전(滿月殿)·양로당(養老堂)만 남고 모두 불탔다. 1821년(순조21)에 특명을 받은 기허학공(騎虛鶴公)이 중건하고는 법화회(法華會)로 회향하였고, 1878년(고종15)에 주지 박범화(朴梵華)가 사재(私財)를 출연하고는 입적하였는데, 1880년(고종17)에 진우종호(振宇鍾浩)와 주지 한월우경(漢月宇炅)이 신온대혜월(申媼大慧月)의 시주를 받아 경내의 사적공간을 합하고 전각을 수리하는 등 도량을 일신하였다고 하였다. 다만 「홍국사사적 興國寺事蹟」(『봉선본말사지』 pp.64~65)에는 599년(진평왕21)에 원광법사가 중국에서 신라로 돌아오는 길에 잠시 머물다가 창건하여 수락사라고 불렸고, 1793년 중수는 기허가 칙명을 받아 주관하였으며, 1821년에는 대웅전·시왕전·대방료(大房寮) 등을 지었으며, 1856년(철종7)에는 은봉대덕(隱峯大德)이 청신녀 양씨(梁氏)의 연금(捐金)으로 육면전(六面殿)을 중수단청하였다고 하였다. 1878년(고종15)에는 대방료가 불타 용암장로(庸庵長老)가 대방을 지었고, 1888년(고종25)에는 제암대덕(濟庵大德)이 각 전각을 중수하고 단청하였는데, 제암은 1892년(고종29)에도 영산전을 새로 짓고 단청을 하였으며, 1907년에는 청신사 강재희(姜在喜)가 각 법당 기와를 바꾸고 대웅전 삼존상을 개금(改金)하였다고 하였다. 벽암(蘗庵)이 쓴 「홍국사시왕전중수기 興國寺十王殿重修記」(같은 책 pp.59~60)에는 1870년(고종7)에 제암과 벽암이 기허의 건립 이후 퇴락한 시왕전을 중수하였다고 하였고, 1879년(고종16)에 취은(翠隱)이 작성한 「홍국사만세루방중건기공문 興國寺萬歲樓房重建記功文」(같은 책 pp.61~63)에는 1830년(순조30)에 만세루 옛 터에 요사인 만세루방을 지었다고 하면서, 1882년(고종19)에 용암이 대웅전을 중건하면서 요사와 대방 등을 새로 지었으며, 1917년에 주지 범화화상(梵華和尙)이 전각과 요사를 중수하고 기와를 교체하거나 단청하였다고 전한다. 박세당(朴世堂 1629~1703)의 『서계선생집』 권8 「석림암기 石林庵記」(한국문집총간134, pp.146b5~147a17)에는 "수락산 동쪽에는 예전에 매월당, 홍국사, 은선암 등 여러 사찰이 있었다. … 홍국사는 가장 번성하였는데 지금은 역시 폐사되었고, 다만 성전이라고 부르는 곳만 없어지지 않아 스님 몇 분이 살고 있을 뿐이다. 山之東 舊有梅月堂興國寺隱仙庵數寺 … 興國寺最盛 今亦廢 但其所謂聖殿者未毁 居僧數人而已"라고 하여, 홍국사 사액 이후 잠시 퇴락하였던 듯하다. 선조가 덕홍대원군의 묘역을 덕릉(德陵)이라고 부르고자 하였다는 전승이 전하면서, 절 아래 마을이나 주변의 고개는 덕릉마을, 덕릉고개라고 불리기도 한다. 현존하는 당우로는 대웅보전, 영산전, 만월보전, 시왕전, 대방, 덕혜당 등이 있으며, 성보문화재로는 소조석가여래삼존좌상 및 16나한상 일괄이 보물로, 목조석가삼존불좌상·1792년(정조16) 제작 목조지장보살삼존살 및 시왕상 일괄, 영산전, 성임당탑(聖任堂塔) 등이 문화재로 지정되어 있다. [참고문헌] 『石顚文鈔』, 『韓國寺刹全書』, 『奉先本末寺誌』, 『西溪先生集』. **5** 경기도 양주군 천보산(天寶山)에 있던 절. 창건 시기와 연혁은 알 수 없다. [참고문헌] 『梵宇攷』, 『韓國寺刹全書』. **6** 경상남도 김해군 녹산면(菉山面)에 있던 절. 『사탑고적고』에는 명월사(明月寺) 터라고도 불리고, 돌담이 그대로 있으며, 수로왕(首露王)이 창건한 곳이라고 전하는데, '김해명월사사적비 金海明月寺蹟碑'라는 제액을 새긴 석비(石碑)가 있다고 하였다. [참고문헌] 『寺塔古蹟考』, 『韓國寺刹全書』 권하. **7** 전라남도 여수시 삼일동 영취산(靈鷲山)에 있는 절. 대한불교조계종 화엄사(華嚴寺)의 말사이다. 1691년(숙종17)에 찬술된 「전라도순천부영취산홍국사사적 全羅道順天府靈鷲山興國寺事蹟」(『조선사찰사료』 권상 pp.228~230)에는 보조국사(普照國師)가 창건한 명찰로, 국사가 1196년(명종26)에 비보사찰을 건립하고자 금오도(金鰲島)를 왕래하다가 굴봉산(崛峯山)에 들어갔을 때 어디서 온 지 알 수 없는 노승이 금성대(金城臺)에서 영취산을 바라보면서, 여러 봉우리가 빼어나고 지세는 깨끗한데다가 덕도 높아 비보의 대가람을 세우고 홍국이라고 부르면 나라도 절도 잘 될 것이다라고 말하고 사라졌기에, 전각을 지어 나라의 보물로 여기게 한 뒤 1201년(신종4)에 조계산(曹溪山)으로 옮겼다. 그 뒤 퇴락하였다가 1560년(명종15)에 법수(法守)가 학준(學俊)·신잠(信岑)·수인(守仁)·양희(良希)·영우(靈佑) 등과 함께 중건하여 3천의 비보 사찰 중에 제일이 되게 하였으나 임진왜란으로 모두 불탔다. 1624년(인조2)에 계시(戒時)가 법당을 중건하면서 여러 전각을 재건하고 범종도 새로 주성하여 일신하였으나 규모가 작은 탓에 줄곧 확장이 요구되었기에, 1690년(숙종16)에 통일(通一)이 사방의 시주를 받아 확장하고 팔상전(八相殿)도 재건하였다고 하였다. 1703년(숙종29)에 최창대(崔昌大)가 찬술하고 이진휴(李震休)가 글씨를 쓴 「유명조선국전라도순천영취산홍국사중수사적비명 有明朝鮮國全羅道順天靈鷲山興國寺重修事蹟碑銘」과 1725년(영조1)에 간행된 최창대의 『곤륜집』 권17 「홍국사중수사적비 興國寺重修事蹟碑」(한국문집총간183, pp.308b12~310a1)에는 두류승(頭流僧) 성능(性能)의 청으로 비문을 짓는다고 하면서, 영취산 둘레에 불사(佛舍) 수십칸이 있을 정도로 최대(最大) 사찰이었는데, 1343년(충혜왕복위4)에 보조국사 지눌(知訥)이 창건한 뒤, 무의자(無衣子) 담당(湛堂 : 慧諶)이 조계산 송광사(松廣寺)를 창건하고는 영건(營建)하였고, 1560년에 법수가 천여 칸으로 확장한 뒤 많은 스님이 머물면서 여러 절 중에 으뜸이었으나 임진왜란 때 모두 불타고 말았으며, 1624년에 계특(戒特)이 여러 차례 중건하였다고 하였다. 다만 좁고 누추한 탓에 '아성상이십육년경오 我聖上二十六年庚午'에 사승(寺僧) 통일(通日)이 널리 시주를 받고 땅을 넓혀 법당 30여칸을 고쳐 지어 옛 모습을 회복하였다고 하였는데, 경오는 1700년(숙종26) 경진(庚辰)의 오기인 듯하다. 『범우고』에는 1773년(영조49)에 수사(水使) 김영수(金永綏)가 산성창(山城倉)을 설치하고 의승군(義僧軍) 3백명을 두어 지키게 하였다고 하였다고 하였다. 1882년(고종19)에 송병선(宋秉璿)이 쓴 『연재선생문집』 권21 「유승평기 遊昇平記」(한국문집총간329 pp.374b6~376b6)에는 "홍국사는 영취산 아래에 있는데 대가람이다. 興國寺 寺在靈鷲山下 爲大伽藍"라고 하여, 당시에도 사세를 유지하였던 듯하다. 현존하는 당우로는 대웅전, 원통전, 팔상전, 불조전, 응진전, 해동선관, 적묵당, 용왕전, 의승수군유물전시관 등이 있으며, 성보문화재로는 1624년에 중건한 대웅전을 비롯하여 목조석가여래삼존상, 1648년(인조26)에 조성한 목조지장보살삼존상 일괄 및 복장유물, 1665년(현종6)에 주성한 동종, 대웅전 관음보살벽화 등이 보물로, 팔상전과 함께 삼장보살도·제석도, 중수사적비 등이 유형문화재로 지정되어 있다. 입구에는 1639년(인조17)에 만든 현존 가장 높고 긴 돌다리(虹橋)가 자리하고 있다. 〔참고문헌〕『朝鮮寺刹史料』, 『昆侖集』, 『梵宇攷』, 『淵齋先生文集』, 『韓國寺刹全書』 권하. **8** 평안남도 평양시에 있던 절. 『동국여지승람』 권51 평양부 고적에는 평양부성 안에 옛 터가 남아 있다고 하였다. 이규보(李奎報)의 『동국이상국전집』 권39 「동경흥국사제혼리왕설금경문 同京興國寺諸魂利往說金經文」(한국문집총간2, p.102b9~18)에는 전쟁에서 죽은 이의 명복을 천도하기 위해서 국왕이 흥국사에 조정의 관리를 보내 청정한 스님께 불경 강의를 듣고 부처님께 공양을 올리게 하였다고 하였다. 이규보가 "한림에 있을 때 저술하였다. 翰林修製"라고 하였으므로, 1207년(희종3)~1215년(고종2)에 작성되었을 것으로 보인다. 〔참고문헌〕『東國輿地勝覽』, 『東國李相國全集』.

흥국사노사나불괘불탱 興國寺盧舍那佛掛佛幀 전남 여수 흥국사의 1759년 괘불탱. 보물 제1331호. 세로 1,273cm·가로 777cm. 비단에 채색. 비단 바탕 22폭을 연결한 7미터가 넘는 화폭에 높이 12미터에 달하는 대형 괘불로, 노사나불만을 독존으로 모셨다. 주존 노사나불은 6위의 화불을 모신 보관을 쓰고 있으며, 두 팔을 어깨 위쪽에서 바깥으로 향한 설법인을 취하고 있다. 가슴에는 '만(卍)'자가 장식된 영락을 지녔는데 영락 장식은 본존의 신체 양 측면으로 늘어뜨렸다. 화면 하단 좌우에는 연꽃이 자라는 곳에 백색보탑이 도해되었는데, 탑의 상서로운 기운을 오색서기로 표현했다. 화기에 의하면 수화승은 비현(丕賢)으로 내관·모령·즉민·연민·어현·쾌윤 등 13명이 제작했다. 비현은 의겸화파의 일원으로 18세기 후반 선암사, 흥국사 등 전라도를 중심으로 활동했다. 비현은 흥국사노사나불괘불탱을 그린 후, 쾌윤과 더불어 1778년에는 금탑사괘불탱을, 1793년에는 만연사괘불탱를 제작했다. 한 화승이 그린 여러 점의 괘불이 남아있는 사례가 많지 않다는 점에서 비현의 영향력을 확인할 수 있다. 적·청·황·녹색의 주조색을 두세 단계 조절해 화려하고 산뜻하면서 부드럽다. 화기에 의하면 승속 223명이 참여했으며 바탕·공양·후배·불령통·채색·향낭·황금·진주 등의 물품을 시주했는데 돌아가신 스승과 부모의 천도를 기원한 이가 많다. 또한 사찰에 거주하는 같은 연령의 스님이 조직한 갑계(甲契)의 계원들이 대거 참여해 조선후기 사원경제를 알 수 있는 중요한 자료이기도 하다. 괘불조성에 직접 시주하거나 연화질로 참여한 이들 외에 기록하지 못한 시주자와 흥국사 및 소속 암자에 머물던 대중의 이름은 괘불 뒷면 하부와 덧붙인 종이에 기재되었는데, 총 1500여명에 달한다. 대웅전 앞 괘불석주에는 '순치順治16'년의 명문이 있어 1659년에 괘불을 야단에 모시기 위해 석주를 세웠음을 알 수 있다. 〔참고문헌〕『韓國의 佛畫 畵記集』(성보문화재연구원, 2011) pp.67~74, 『대형불화정밀조사보고서』(문화재청·성보문화재연구원, 2017). ⇨ 흥국사 興國寺 **7**

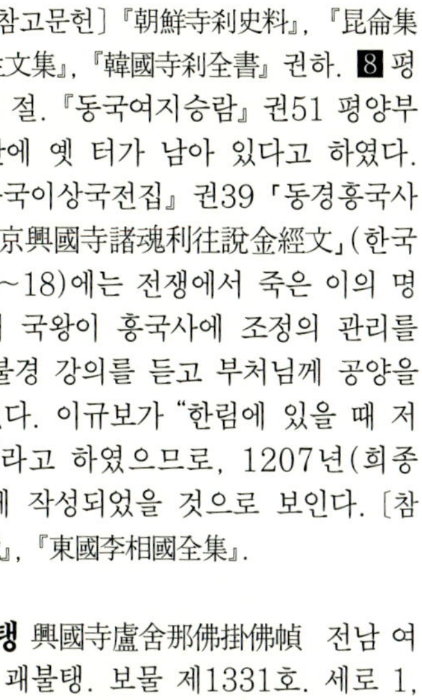

흥국사석탑기 興國寺石塔記 강감찬(姜邯贊 948~1031)이 발원해 조성한 개성의 흥국사 석탑에 새겨져 있는 기문. 『조선금석총람』 권상에 수록되어 있고 『한국금석전문』 중세상(中世上)에는 「흥국사석탑」이라 이름하였다. 1021년(현종12)에 만들어졌다. 권상로(權相老)의 『한국사찰전서』에 의하면 석탑은 원래 7층이었으나 당시 5층의 모습이었다고 한다. 기문의 내용은 "보살계제자 평장사 강감찬이 받들었습니다. 나라가 영원히 태평하고 멀리 있는 이들까지 언제나 편안하길 바래서 삼가 받드는 마음 가져 이 탑을 조성하오니 오래도록 공양에 충당합니다. 때는 천희(天禧) 5년 5월 일입니다. 菩薩戒弟子平章事姜邯贊 奉爲 邦家永泰 遐邇常安 敬造此塔 永充供養 時天禧五年五月日也"라고 하였다. 〔참고문헌〕『朝鮮金石總覽』, 『韓國金石全文』, 『韓國寺刹全書』. ⇨ 흥국사 興國寺 **1**

흥국암 興國庵 함경남도 안변군 황룡산에 있던 암자. 『여지도서』 함경도 안변도호부 사찰에 "흥국암〈부의 동쪽 구십리 쯤인 황룡산 동쪽에 있다. 스님은 여섯이다〉. 興國菴〈在府東九十里黃龍山東 僧徒六名〉", 『가람고』 함경도 안변에 "흥국암〈부의 동쪽 구십리 쯤으로, 모두 황룡산에 있다〉. 興國庵〈府東九十里 俱在黃龍山〉", 『범우고』 함경도 안변에 "흥국암〈모두 황룡산에 있다〉. 興國菴〈俱在黃龍山〉"이라고 하였고, 『학성지 鶴城誌』를 인용하여 "지금은 폐사하였다. 今廢"라고 하였다. 〔참고문헌〕『輿地圖書』, 『伽藍考』,

『梵宇攷』, 『韓國寺刹全書』 권하 p.1214a3.

흥기행경 興起行經 후한(後漢) 강맹상(康孟詳) 한역. 2권. 대정장4, pp.163c11~174b4, No.197에 수록되어 있다. 『십연경 十緣經』·『엄계숙연경 嚴誡宿緣經』이라고도 한다. 194(흥평1)~199년(건안4)에 한역했다. 『손다리숙연경 孫陀利宿緣經』·『두통숙연경 頭痛宿緣經』·『목창자각인연경 木槍刺脚因緣經』·『고행숙연경 苦行宿緣經』 등 열 개 경전의 내용을 엮었다. 부처님이 겪으셨던 열 가지 난국(十難)의 인연을 십품으로 나누어 설한 경이다. 손다리·사미발(奢彌跋)·두통·골절번동(骨節煩疼)·배통(背痛)·목창자각·지바달도척석(地婆達兜擲石)·바라문녀전사방(婆羅門女旃沙謗)·식마맥(食馬麥)이 그 십품이다. 〔참고문헌〕『歷代三寶紀』 권4(대정장49, p.54b2), 『大唐內典錄』 권1(대정장55, p.224c18), 『開元釋敎錄』 권1(대정장55, p.483b3).

홍녕사징효대사보인탑비명 興寧寺澄曉大師寶印塔碑銘 ➡ 징효대사보인탑비 澄曉大師寶印塔碑

홍녕선원지 興寧禪院址 강원도 영월군 수주면 사자산(師子山)에 있는 절터. 643년(선덕왕12)에 신라 자장율사(慈藏律師)가 당에서 모셔온 석가모니의 진신사리(眞身舍利)를 이곳과 오대산 상원사(上院寺), 태백산 정암사(淨巖寺), 영취산 통도사(通度寺), 설악산 봉정암(鳳頂庵) 등에 봉안하였다는 전하지만, 『삼국유사』 권3(대정장49, p.993b2·한불전6, p.325a22) 흥법(興法)3 전후소장사리(前後所將舍利)에는 황룡사(皇龍寺)와 태화탑(大和塔), 통도사에 봉안하였다고 하였다. 882년(헌강왕8) 이후에 징효절중(澄曉折中)이 사자산에 머물렀던 운예선사(雲乂禪師)의 요청으로 이곳에 주석하면서 흥녕선원(興寧禪院)으로 이름붙인 듯하다. 헌강왕 때 중사성(中事省)의 관리를 받았지만, 886년(정강왕1) 또는 891년(진성왕5)에 병란으로 불탔고, 944년(혜종1)에 절중의 행장비가 건립될 때 일부 복원된 듯하다. 현재는 터만 남았는데, 주춧돌 몇 개와 석대좌(石臺座), 종형의 부도만이 남아 있으며, 1931년에는 홍수로 절터 일부가 유실되기도 하였다. 절터의 서북쪽에는 적멸보궁(寂滅寶宮)인 법흥사(法興寺)가 자리하고 있으며, 절중의 행장비와 승탑은 극락전 옆 언덕에 있다. 〔참고문헌〕『三國遺事』, 李智冠 『校勘譯註歷代高僧碑文』 高麗篇1 pp.275~307, 『韓國寺刹全書』 권하 p.1214c10. ⇨ 법흥사 法興寺[1], 적멸보궁 寂滅寶宮

흥덕사 興德寺 [1] 서울에 있던 절. 조선의 수도 한성부 동부 12방의 하나인 연희방(燕喜坊)에 자리하였는데, 『성종실록』 권228 20년(1489) 5월 19일에는 "절 뒤의 고개는 창경궁의 외청룡이다. 興德寺後岾 乃昌慶宮外靑龍"라고 하였다. 『동국여지지』 권1 경도 한성부 고적 흥덕사에는 "공정왕(조선 정종)이 잠저에 있을 때 옛집의 동쪽에 따로 덕안전을 지어 희사하여 절로 삼았는데, 교종이 되었고 뒤에 폐사하여 마을이 되었다. 恭靖王於潛邸 舊第之東別搆德安殿 捨爲寺 是爲敎宗 後寺廢爲閭閻"라고 하였다. 권근(權近 1352~1409)이 지은 「덕안전기 德安殿記」(『양촌집』)에는 "1401년(태종1)에 태상왕이 옛 잠저의 동쪽에 터를 정하고 따로 새 정전을 건립하라고 명하였다. … 장차 이 건물을 가람으로 삼아 영원히 세세복국의 터전으로 생각하고자 … 정전에는 석가모니의 출산 모습을 걸어두고 밀교대장 1부, 새로 새긴 대자능엄경판, 새로 새긴 수륙의문판본 등을 봉안하였다. 建文三年夏 太上王命相址于潛龍舊邸之東 別構新殿 … 若將以此殿舍爲精藍 永作世世福國之所思 … 故於正殿 揭釋迦出山之影 … 中安密敎大藏一部 東置新雕大字楞嚴板本 西藏新雕水陸儀文板本"라고 하였다. 『태종실록』·『세종실록』·『예종실록』에는 태종이 몸소 행차하여 참경·화엄삼매참 등의 법석을 베풀거나 태조와 신의왕후(神懿王后)의 백일재(百日齋)와 기신재(忌晨齋)도 설행하였고, 세종 역시 자주 친행하여 1424년(세종6)에는 교종도회소(敎宗都會所)로 삼았으며, 예종대에도 기우불사를 봉행하며 중건하기도 하였다. 그러나 『연산군일기』 권56 10년(1504) 12월 9일에는 "전년에 흥덕사가 불탔다. 前歲興德寺災"고 하였다. 〔참고문헌〕『東國輿地勝覽』 권3 「漢城府佛宇興德寺」, 『成宗實錄』, 『東國輿地志』, 『陽村集』 권13(韓國文集叢刊7, p.148a1), 『太宗實錄』, 『世宗實錄』, 『睿宗實錄』, 『燕山君日記』, 『韓國寺刹全書』 권하 p.1214a5. [2] 경기도 남양주시 수락산(水落山)에 있는 흥국사(興國寺)의 다른 이름. 1941년에 석전 박한영(朴漢永)이 쓴 「수락산흥국사기적비 水落山興國寺紀蹟碑」(『석전문초』)에는 "선조원년 무진년(1568)에 (중종의 아들이자 선조의 아버지인) 덕흥대원군의 현궁이었기에 칙을 내려 행향원당으로 삼고 흥덕사라고 사액하였다. 宣祖元年戊辰 以德興大院君玄宮之故 勅爲行香願堂 而賜額興德寺"라고 하였으나 1626년(인조4)에 다시 흥국사로 개액(改額)하였다. 〔참고문헌〕『石顚文鈔』 pp.31a5~32b3, 『韓國寺刹全書』 권하 p.1214a17. ⇨ 흥국사 興國寺[4] [3] 경상남도 합천군 가야면 치인리 해인사(海印寺) 서남쪽에 있던 절. 『사탑고적고』에는 '흥덕사지 興德寺址'라고만 전한다. 〔참고문헌〕『寺塔古蹟攷』, 『韓國寺刹全書』 권하 p.1214a18. [4] 경상북도 영주시 하리면 탑동(塔洞)에 있던 절. 『사탑고적고』에는 흥덕사지(興德寺址)에 높이 9척 5촌, 대석 5척 방형의 오층석탑이 있었다고만 전한다. 〔참고문헌〕『寺塔古蹟攷』, 『韓國寺刹全書』 권하 p.1214a20. [5] 전라남도 고흥군 동강면 장덕리에 있는 절. 한국불교태고종 사찰로서 옛 이름은 석로암(石老庵)과 첨산사(尖山寺)며, 1973년에 중건하면서 지금의 이름으로 고쳤다. 현존하는 당우로는 대웅전·산신각·범종각·요사 등이 있으며, 1986년에 세운 홍덕사사적비도 있다. ⇨ 첨산사 尖山寺 **6** 충청북도 청주시 흥덕구에 있던 절. 1372년(우왕21)에 백운경한(白雲景閑)은 선의 요체를 뽑아 『불조직지심체요절 佛祖直指心體要節』 상하 2권을 엮었다. 권하의 발문(한불전6, p.636b4)에 "불조직증심체요절을 초록하여 2권으로 묶어 … 임자년(1372) 9월에 성불산 노비구 경한이 손수 쓴다. … 선광 7년 정사년(1377) 7월 일에 청주목 밖 흥덕사에서 금속활자로 인출하였다. 而抄錄佛祖直證心體要節 集爲二卷 … 壬子年九月成佛山居老比丘景閑白雲手書 … 宣光七年丁巳七月日 清州牧外興德寺鑄字印施"라고 하였다. 1972년에 '세계도서의 해'를 기념하여 파리에서 열린 도서전시회에서 현재까지 전하는 세계 최고(最古)의 금속활자본으로 공인받았다. 홍덕사의 위치는 알 수 없었는데, 1985년에 청주대학교박물관이 청주 운천지구 택지개발사업지역을 발굴하면서 '서원부 홍덕사(西原府 興德寺)'라는 글자가 새겨진 청동금구(靑銅禁口)와 청동불발(靑銅佛鉢) 일부를 발견하여 지금의 위치를 확인하였다. 발굴 결과 홍덕사는 중문, 탑, 금당, 강당이 남북으로 배치된 모습이었는데, '대중삼년(大中三年)'의 글자를 새긴 기와도 출토하여, 849년(문성왕11)에 이미 사세를 갖추었음도 확인하였다. 현재 절터는 사적으로 지정되었고 복원된 금당, 3층석탑과 함께 고인쇄박물관이 자리하고 있다. [참고문헌] 『佛祖直指心體要節』, 『清州興德寺址 發掘調査報告書』(청주대학교박물관, 1986), 『直指와 金屬活字의 발자취』(清州古印刷博物館, 2002). ⇨ 직지심체요절 直指心體要節 **7** 평안남도 덕천군 장안산에 있던 절. 『동국여지승람』 권54 평안도 덕천군 불우에 "장안산에 있다. 在長安山"라고 하였다. 『범우고』에는 폐사로 전한다. [참고문헌] 『東國輿地勝覽』, 『梵宇攷』, 『韓國寺刹全書』 권하 p.1214b1.

홍덕암 興德庵 **1** 강원도 고성군 금강산(金剛山)에 있던 암자. 이경석(李景奭 1595~1671)의 『백헌집』 권10 「풍악록 楓嶽錄」에 "강담의 … 서쪽에 … 홍덕암 등이 있다. 船潭 … 西有 … 興德等庵"라고 하였고, 정필달(鄭必達 1611~1693)의 『팔송집』 권3 「수점령망내외제산 水岾嶺望內外諸山」과 어유봉(魚有鳳 1672~1744)의 『기원집』 권20 「유금강산기 遊金剛山記」에도 전한다. [참고문헌] 『白軒集』, 『八松集』, 『杞園集』, 『韓國寺刹全書』 권하 p.1214b3. **2** 함경도 홍원군 설봉산(雪峰山)에 있던 암자. 대본산 귀주사(歸州寺)의 말사였다. 『여지도서』 사찰과 『가람고』에 "보청사에 있다. 在甫青社"라고 하였다. [참고문헌] 『輿地圖書』, 『伽藍考』, 『韓國寺刹全書』 권하 p.1214b5·p.1214b7.

홍랑사 興浪寺 전라북도 남원군 산내면에 있던 절. 『사탑고적고』에 "남북 약 20칸, 동서 약 15칸이며 돌담이 남아 있다. 南北約二十間 東西約十五間 石垣現存"라고 하였다. [참고문헌] 『寺塔古蹟考』, 『韓國寺刹全書』.

흥룡사 興龍寺 **1** 경기도 김포시 월곶면 비아산(比兒山 : 문수산)에 있던 절. 『동국여지승람』 권10 통진현 불우에 절 이름이 있고, 『범우고』에 "문수산에 있었으나 지금은 폐사되었다. 在文殊山 今廢"라고 하였다. [참고문헌] 『東國輿地勝覽』, 『梵宇攷』, 『韓國寺刹全書』 권하 p.1217b1. **2** 경기도 포천시 이동면 백운산(白雲山)에 있는 절. 대한불교조계종 봉선사(奉先寺)의 말사이다. 고려 태조 때 도선국사(道詵國師 827~898) 창건시 내원사(內院寺), 1786년(정조10)에 태천(泰天) 중건시 백운사(白雲寺), 이후 한때 흑룡사(黑龍寺)라 하였다가 1913년 봉선사본말사법 인가시 흥룡사로 바꾸어 오늘에 이른다. 도선이 7백여 칸의 호국대찰로 창건, 조선 태조 때 무학대사(無學大師 1327~1405)가 중창하였다. 『백운산내원사사적 白雲山內院寺事蹟』(1706년 성책)에 따르면, 무영(無影)이 1631년(인조9)에 주지 두섬(杜暹)의 청탁으로 제자들과 함께 중수하기 시작하여 1638년(인조16)에 오백여 칸의 전당을 이루었으며, 1639년(인조17)에 무영의 제자 지혜(智慧)가 상선암(上禪庵)을 세우고 1648년(인조26)에 청암(清巖)이 보문암(普門庵)을 창건하였다. 1781년(정조5)에 채흠(采欽)·지즙(智檝)이 화주가 되어 도감 대선(大善)·별좌 찬겸(贊謙) 및 공양주 수인(修仁)·서철(瑞喆) 등과 함께 명부전의 시왕 등 일체 존상을 개체(改彩)하였다. 태천(泰天)은 그동안 사세가 기울어 법당·요사 각 1동만 남음을 개탄하고 1786년(정조10)에 법전을 중건하였으며, 지감(智鑑)이 「백운사중수기」를 지었다. 1918년에 동호(東湖)가 큰방을 중건하고 1922년에 설하(渫河)가 대웅전을 중건하며 일신중창하였다. 6·25전쟁으로 폐허가 된 절을 1957년에 중건하고, 1982년에 백운당·1987년 대웅전·1990년 원각당·1993년에 법당·2002년에 삼성각 등을 차례로 중건하였다. 현존하는 당우로는 대웅전·원통당·삼성각·요사 등이 있고, 향토유적 제35호 청암당부도 등이 있다. 『봉선본말사지』 pp.193~201에 「흥룡사지」가 있고 박한영(朴漢永 1870~1948)이 지은 「흥룡사대웅전상량문 興龍寺大雄殿上樑文」(『한국사찰전서』 권상, p.1214b18)도 전한다. [참고문헌] 『奉先寺本末寺誌』(亞細亞文化社, 1978), 『韓國寺刹全書』, 『朝鮮寺刹史料』 권상 pp.37~43. ⇨ 백운산내원사사적 白雲山內院寺事蹟 **3** 경상북도 경주에 있던 절. 『여지도서』 경주 고적에 "흥룡사는 부 남쪽

2리에 있었는데, 지금 폐사되었다. 興龍寺在府南二里今廢"라고 하였다. [참고문헌]『輿地圖書』. ❹ 전라남도 나주 금강진(錦江津) 북쪽에 있던 절. 고려 태조(太祖)와 장화왕후(莊和王后) 오씨가 처음 만나 혜종(惠宗 : 태조의 장남이자 고려 제2대 임금)을 낳은 곳에 창건되었고, 혜종의 사당이 있어서 고려 말까지 제사를 봉행하였다. 충지(冲止 1226~1292) 「홍룡사음 興龍寺吟」(『해동조계제육세원감국사가송』· 한불전6, p.395c1)에 "가을바람 쓸쓸한 부서진 절에 매미소리만 잦아드는데, 홀로 난간에 기대어 고금을 생각하네. 秋風破院蟬聲晚 獨倚欄干感古今", 이색(李穡)의 『목은시고』 권31(한국문집총간4, p.447b16)에 "동갑 백운스님의 편지를 받았다. 편지를 가져 온 이가 '지금은 나주 홍룡사에 계신다' 하였다. 得同甲白雲師 持書來者云 今在羅州興龍寺", 정도전(鄭道傳)이 1375년(우왕1) 회진현(會津縣)으로 좌천되어 가던 중 나주에 들러 지은 「등나주동루유부로서 登羅州東樓諭父老書」(『삼봉집』 권3 · 한국문집총간5, p.330a2)에 "혜왕의 사당이 홍룡사에 있으며, 고을 사람들이 제사지낸다. 惠王祠在興龍寺 州人祀之"라고 하였다. 『동국여지승람』 권35 나주목 불우에 『고려사』 「장화왕후열전」을 인용한 사적이 전하지만, 『범우고』에 '今廢'라 하였다. [참고문헌]『海東曹溪第六世圓鑑國師歌頌』, 『牧隱詩藁』, 『三峯集』, 『東國輿地勝覽』, 『高麗史』, 『梵宇攷』, 『韓國寺刹全書』 권하 p.1217b11. ❺ 전라북도 정읍시 태인면 모악산(母岳山)에 있던 절. 1407년(태종7) 12월 2일에 천태명찰로서 태산(泰山 : 태인의 옛 이름)의 자복사(資福寺)로 지정되었고, 1424년(세종6)에 선교양종의 여른 여섯 절만 남길 때 선종에 속한 대찰로서 『세종실록』 권24 6년 4월 5일에 "태인 홍룡사는 원속전이 80결인데, 이번에 70결을 더 주고, 주석하는 스님은 70명이다. 泰仁 興龍寺元屬田八十結 今加給七十結 居僧七十"라고 하였지만, 이듬해 자복사에서 해제되고, 원속전 150결도 모두 금강산 장안사로 옮겨졌다. 이후 『동국여지승람』 권34 태인현(泰仁縣) 불우에 절 이름이 보이나, 『범우고』에는 '今廢'라고 폐사로 전한다. [참고문헌]『世宗實錄』· 권28 7年(1425) 5月 12日, 『太宗實錄』 권14 7年(1407) 12月 2日, 『東國輿地勝覽』, 『梵宇攷』, 『韓國寺刹全書』 권하 p.1217b4.

흥륜사 興輪寺 ❶ 경상북도 경주시 사정동에 있는 절. 최치원(崔致遠)이 쓴 「성주사 낭혜화상백월보광탑비명 聖住寺 朗慧和尙白月葆光塔碑銘」에는 대흥륜사(大興輪寺)라고 하였고, 『삼국유사』에서는 대왕흥륜사(大王興輪寺)라고 하였다. 『삼국유사』 권3(대정장49, p.986a26 · 한불전6, p.313c8) 홍법(興法)3 아도기라(阿道基羅)와 같은 책 권3(대정장49, p.987b2 · 한불전6, p.315b9) 홍법3 원종홍법 염촉멸신(原宗興法 厭髑滅身)에는 「아도비 我道碑」를 인용하여, 계림(鷄林)에서는 성왕이 불교를 크게 일으킬 것이라고 하면서, 왕경에는 가람 터가 일곱 곳이 있는데, 그 하나인 금교(金橋) 동쪽 천경림(天鏡林)은 지금의 흥륜사이다. 아도가 성국공주(成國公主)의 병을 치료한 뒤 천경림에 절을 지어 신라의 복을 비는 것이 소원이라고 하면서 터를 닦다가 중도에 그만 두었지만, 527년(법흥왕14)에 국왕이 불사를 시작하면서 스스로 주지가 되었고, 535년(진흥왕22)에 천경림을 벌목하고 주춧돌과 석감(石龕)을 마련하여 544년(진흥왕5) 2월에 완공하였으며, 548년(진흥왕9)에 대왕흥륜사로 사액하였다고 하였다. 『삼국사기』 권4 신라본기(新羅本紀)에는 549년(진흥왕10) 봄에 양(梁) 사신 심호(沈湖)가 입학승 각덕(覺德)과 함께 부처님의 진신사리를 가져오자 국왕이 흥륜사 앞 길에서 받들어 모셨다고 하였다. 『삼국유사』 권3(대정장49, p.994c19 · 한불전6, p.327c3) 탑상(塔像)4 미륵선화 미시랑 진자사(彌勒仙花 未尸郎 眞慈師)에는 진지왕 때 흥륜사승 진자가 미륵성상을 예불하며 대성(大聖)께서 화랑으로 나타나게 해달라고 서원하였는데, 웅천(熊川) 수원사(水源寺)에 가면 미륵선화를 뵐 수 있을 것이라는 꿈을 꾸었고, 그 후 수원사와 왕경에서 미시라는 소년을 만나 화랑의 우두머리인 국선(國仙)으로 삼았다고 하였다. 같은 책 권1(대정장49, p.968a6 · 한불전6, p.280a23) 기이(紀異)2 도화녀 비형랑(桃花女 鼻荊郎)에는 진평왕 때 각간 임종(林宗)이 아들 길달(吉達)에게 절의 남쪽에 문루를 짓고 그 위에서 자게 하여 길달문으로 불렀다고 하였고, 『삼국사기』 권5 · 권6 신라본기에는 657년(태종무열왕4) 7월에 문이 저절로 무너졌고, 671년(문무왕11) 4월에는 남문에 벼락이 떨어졌다고 하였다. 『삼국유사』 권5(대정장49, p.1018a3 · 한불전6, p.367b24) 효선(孝善)9 대성효이세부모 신문대(大城孝二世父母 神文代)에는 신문왕 때 개사(開士) 점개(漸開)가 육륜회(六輪會)를 설행하고자 하였다고 하였고, 같은 책 권5(대정장49, p.1010b5 · 한불전6, p.355a5) 신주(神呪)6 밀본최사(密本摧邪)에는 흥륜사승 법척(法惕)이 선덕왕의 병환을 치료하려고 하였고, 밀본(密本)의 치료로 살아난 김양도(金良圖)는 흥륜사 오당(吳堂)에 미륵존상과 좌우보살을 소성하여 봉안하면서 금으로 벽화를 그렸다고 하였으며, 같은 책 권3 홍법3 원종홍법 염촉멸신에는 817년(헌덕왕9)에는 영수선사(永秀禪師)가 이차돈 무덤에 예불할 향도를 결성하고 매월 5일에 범회(梵會)를 열었는데, 향전(鄕傳)에는 향노(鄕老)가 8월 5일마다 이차돈을 기리기 위해서 흥륜사에서 모임을 베풀었다고 하였다. 같은 책 권3(대정장49, p.993a17 · 한불전6, p.325a17) 탑상4 전후소장사리에는 827년(홍덕왕2)에 입학승(入學僧) 구덕(丘德)이 경전 약간을 가지고 오자 국왕이 여러 절의 스님과 함께 흥륜사 앞 길에서 맞았다고 하였다. 『삼국사기』 권11 신라본기와 『삼국유사』 권2(대정장49, p.976a18·한불전6, p.294c5) 기이2 사십팔경문대왕(四十八景文大王)에는 흥륜사승 범교사(範教師)가 국선 응렴(膺廉)의 즉위에 기여하였다고 하였고, 884년(헌강왕10)에 건립한 「보림사 보조선사창성탑비」(이지관, 『교감역주역대고승비문』 신라편 pp.95~114)에는 흥륜사승 현창(賢暢)이 글자를 새겼다고 하였다. 최치원의 「신라수창군호국성팔각등루기 新羅壽昌郡護國城八角燈樓記」(한국문집총간1, pp.165b8~166b13)에는 908년(효공왕12) 10월에 호국의영도장(護國義營都將) 이재(異才)가 팔각등루를 세우고 공산(公山) 동사(桐寺)의 홍순대덕(弘順大德)을 모셔 경찬할 때 흥륜사 융선주사(融善呪師)가 태연대덕(泰然大德)과 영달선대덕(靈達禪大德), 경적선대덕(景寂禪大德), 지념대덕(持念大德), 연선대덕(緣善大德) 등과 함께 법회를 장엄하였다고 하였다. 『삼국유사』 권3(대정장49, p.991d28·한불전6, p.323a6) 탑상4 흥륜사벽화보현(興輪寺壁畫普賢)에는 경명왕 때 남문과 좌우 낭무가 불타 정화(靖和)와 홍계(弘繼)가 중수하고자 하였는데, 921년(경명왕5)에 제석신(帝釋神)이 경루(經樓)에 열흘 동안 머물러 전각과 나무, 흙에서 향기가 나고 오색 구름이 절을 감싸서, 시주가 산처럼 쌓여 불과 하루만에 완성하였다. 천제(天帝)의 뜻을 따라 보현보살의 화상을 벽에 그려 봉안하였는데, 『삼국유사』 편찬 당시에도 남아 있다고 하였다. 같은 책 권3(대정장49, p.989a16·한불전6, p.315b9) 흥법3 동경흥륜사금당십성(東京興輪寺金堂十聖)에는 "금당의 동벽에는 서방을 향해 앉은 소상으로 아도·염촉·혜숙·안함·의상이 있었고, 서벽에는 동방을 향해 앉은 소상으로 표훈·사파·원효·혜공·자장이 있었다. 東壁坐庚向泥塑 我道 猒髑 惠宿 安含 義湘 西壁坐甲向泥塑 表訓 蛇巴元曉惠空慈藏"라고 하였다. 그 뒤의 연혁은 전하지 않지만, 이달충(李達衷 : 1309~1384)의 『제정집』 권1 '차회경루시운 次會慶樓詩韻'(한국문집총간3, p.277a14~17)에는 "흥륜사의 가까운 종소리 은은하고 단석산의 높은 검기는 떠오는구나 興輪寺近鍾聲殷 斷石山高劍氣浮"라고 하였는데, 서거정(徐居正 1420~1488)의 『사가집』 시집보유 권3 '경주십이영 慶州十二詠'(한국문집총간11, p.183a18~21)에는 "명활촌 남쪽은 구름이 아득하고 흥륜사 북쪽은 풀이 무성하네 明活村南雲渺渺 興輪寺北草萋萋", 『매월당시집』 권12 「유금오록 遊金鰲錄」에는 '흥륜사지 興輪寺址'(한국문집총간13, p.268a8~10)라는 시에 "모두 여염집과 같았는데, 오직 옛 구유와 가마만이 홀로 남아 있다 盡化閭閻 惟古槽鑊獨存"라고 하였으므로, 조선초에 폐사한 듯하다. 『사탑고적고』에는 금당 터, 흙 기단, 주춧돌, 기와 조각이 흩어져 있었는데, 『한국사찰전서』 편찬 전에 일부가 발견되었다고 하였다. 한편 『삼국유사』 권5(대정장49, p.1010a17·한불전6, p.361a23) 감통(感通)7 김현감호(金現感虎)에서는 신라 풍속에는 매년 2월 8일~15일에 흥륜사 전탑(殿塔)을 도는 복회(福會)를 행하였다고 하였고, 『동경잡기』 고적조에는 흥륜사 석조(石槽)는 길이가 7척2촌, 너비가 3척5촌 정도인데, 경주부윤 이필영(李必榮)이 금학헌(琴鶴軒) 북쪽 뜰로 옮긴 뒤 백련을 심고 내력을 새겼다고 하였다. 현재 절터는 흥륜사사적으로 지정되었으나 '영묘 靈廟'라는 글자가 새겨진 기와가 출토되어 영묘사 옛 터라고 추정하기도 한다. 발굴조사로 금당터 일부가 확인되었고, 사람 얼굴 모습의 수막새가 발견되어 석조와 함께 국립경주박물관에 소장되어 있다. 지금은 비구니계 원로인 혜해(慧海)가 중창한 이후로 비구니수행도량으로 거듭났으며, 현존하는 당우로는 대웅전과 요사채가 있다. [참고문헌] 『三國遺事』, 『三國史記』, 『霽亭集』, 『四佳集』, 『梅月堂詩集』, 『寺塔古蹟攷』, 『韓國寺刹全書』 권하, 『東京雜記』, 李智冠 『校勘譯註歷代高僧碑文』 新羅篇 pp.153~209, 『東國輿地勝覽』. **2** 백제의 절이라고 전하지만 창건 시기와 연혁은 알 수 없다. 「미륵불광사사적 彌勒佛光寺事蹟」(『조선불교통사』 상편 pp.33~34)에는 526년(성왕4)에 겸익(謙益)이 율장을 구하려고 항해하다가 중인도 상가나 대율사(大律寺)에 이르러 5년 동안 범문을 배워 축어(竺語)에 통달하고 율부를 열심히 공부하여 범승 배달다삼장(倍達多三藏)과 함께 범본 아담장(阿曇藏) 5부를 가지고 귀국하였다. 백제 왕은 교외에서 맞아 이곳에 봉안하였고, 겸익이 국내 명승 28인과 함께 율부 72권으로 번역하였다고 하였다. [참고문헌] 『朝鮮佛教通史』, 『韓國寺刹全書』 권하.

흥륜사대종명 興輪寺大鍾銘 진정국사 천책(天頙 1206~?) 지음. 『만덕산백련사제4대진정국사호산록』 권하에 「흥륜사대종명〈병서〉 興輪寺大鍾銘〈幷序〉」라는 이름으로 수록되어 있다. 종명의 마지막 부분에 1244년(고종31)이라 하여 조성의 때를 알 수 있다. 몽고의 침략으로 흥륜사의 전각과 종이 모두 훼손되었으므로 1244년에 도인(道人) 정견(定堅)과 경주의 유수(留守)인 노연(盧演)이 발원하여 종을 조성하고 천책에게 명문을 부탁했다고 한다. 명문의 서문에서 중국의 불교 전래와 함께 아도(我道)에 의해 신라에 불교가 전해진 일, 아도의 어머니 고도령(高道寧)의 도참도 기록되었으며, 진흥왕과 이차돈의 흥륜사 창건도 적고 있다. [참고문헌] 『萬德山白蓮社第四代眞淨國師湖山錄』.

흥률사 興栗寺 황해도 신천군 용진면 구월산(九月山)에 있던 절. 흥률사(興律寺)라고도 한다. 『연안차씨세보』 「흥률사갑자중수양상소기서 興栗寺甲子重修梁上所

記書』에서 826년(홍덕왕1)에 도의선사(道義禪師)가 창건하였으며, 이 절의 신이함을 언급하였다. 한편 『승정원일기』 1729년(영조5) 12월 21일과 1730년 1월 15일에는 죄를 지은 흥률사의 승 문찬(文贊)을 잡아오라는 기록도 남아있다. 『동국여지승람』 권42 황해도 문화현 불우, 『여지도서』 황해도 문화 사찰과 『가람고』에 흥률사(興律寺)의 이름과 위치가 전한다. 『범우고』에 "지금은 폐사하였다. 今廢"라고 하였다. [참고문헌] 『延安車氏世譜』, 『承政院日記』, 『東國輿地勝覽』, 『輿地圖書』, 『伽藍考』, 『梵宇攷』, 『韓國寺刹全書』 권하 p.1219b8・13.

흥림사 興林寺 경기도 연천군 신서면 내산리 보개산(寶蓋山)에 있는 심원사(深源寺). [참고문헌] 『韓國寺刹全書』 권하 p.1220a13. ⇨ 심원사 深源寺 4

흥림사 興霖寺 경상북도 영양군 일월면 가곡동에 있던 절. 『사탑고적고』에 "모두 밭으로 바뀌었다. 다만 와편이 산재되어 있다. 盡化爲耕也 但瓦片散亂"라고 하였다. [참고문헌] 『寺塔古蹟考』, 『韓國寺刹全書』.

홍법사 興法寺 1 강원도 원주시 지정면 안창리 건등산(建登山)에 있던 절. 통일신라 창건으로 전해지며, 진공충담(眞空忠談 869~940)이 오랫동안 주석하였고 염거화상탑(廉巨和尙塔)이 있던 곳이다. 『고려사』 권2 태조 23년(940) 7월에 "왕사 충담이 입적하시어 영봉산 홍법사에 탑을 세웠는데, 친히 비문을 지었다. 王師忠湛死 樹塔于原州靈鳳山興法寺 親製碑文"라고 하였으나, 진공대사탑및석관(眞空大師塔○石棺)은 국립중앙박물관 경내에 모셔져 있고, 귀부및이수와 삼층석탑이 절터와 근처 경작지에 남아 있다. 『세종실록』 권153 지리지(地理志) 강원도 원주목에 '주 서쪽 30리에 있다'고 하였으나, 신경준(申景濬 1712~1781)의 『가람고』에 "(비를) 후에 옮겨 관아에 세웠는데, 어떤 수령이 세속의 꺼림에 미혹되어 구덩이에 던져두어 그대로 동강이 나서 부서지고 지금은 두 조각만 남았다. 절은 폐사되었다. 後移置州廨 有一守惑俗忌 投擲溝壑中 仍折以破 今存二片 寺廢"라고 하였다. [참고문헌] 『高麗史』, 『世宗實錄』, 『伽藍考』, 『梵宇攷』, 『韓國寺刹全書』 권하 p.1220a17. ⇨ 충담 忠湛, 진공대사탑비 眞空大師塔碑 2 평안남도 대동군 고평면 서리 대동강 변에 있던 절. 『사탑고적고』에 "계단이 아직도 있고, 기와조각도 발견되었다. 階段尙存 瓦片發見"라고 하였다. [참고문헌] 『寺塔古蹟考』, 『韓國寺刹全書』 권하 p.1220b13. 3 평안남도 대동군 임원면 미산리 홍부동 부락(部落) 내에 있던 절. 『사탑고적고』에 "기와조각만이 흩어져 있다. 瓦片散在"라고 하였다. [참고문헌] 『寺塔古蹟考』, 『韓國寺刹全書』 권하 p.1220b15. 4 위치 미상. 『수능엄경환해산보기』(한불전6, p.648c8)에 "유지로써 홍법사 선사 조환과 청송사 선사 천기를 불러 『산보기』 2권을 나누어 베끼도록 하였다. 有旨 召興法寺禪師祖桓 青松寺禪師天其 分寫刪補記二卷"라고 하였다. [참고문헌] 『首楞嚴經環解刪補記』. 5 중국 섬서성 위남현에 있던 절. 법장(法藏)이 측천무후의 명으로 낙양까지 법문사(法門寺)의 불사리를 이운할 때 경유한 절 중 한 곳이다. 최치원(崔致遠)의 『법장화상전』(대정장50, p.284a15・한불전3, p.774b1)에 "위남현 홍법사 머무를 때 (진신사리 빛으로) 밤이 낮처럼 밝았으니 닷새째이다. 宿渭南縣興法寺 夜如晝 五也"라고 하였다. [참고문헌] 『法藏和尙傳』.

흥보사 興寶寺 경상남도 사천시 벌리동 와룡산(臥龍山)에 있던 절. 『동국여지승람』 권31 경상도 사천현 불우에 이름과 위치가 전하며, 『범우고』에 "지금은 폐사하였다. 今廢"라고 하였다. [참고문헌] 『東國輿地勝覽』, 『梵宇攷』, 『韓國寺刹全書』 권하 p.1220b17.

흥복사 興福寺 1 서울시 종로구 탑골공원에 있던 원각사(圓覺寺)의 옛 이름. [참고문헌] 『韓國寺刹全書』 권하 p.1221a1. ⇨ 원각사 圓覺寺 1 2 강원도 춘천시 서면 덕두원리 삼악산(三岳山)에 있던 절. 『여지도서』 강원도 춘천 사찰에 "30칸이며, 현 서쪽 30리 삼악산에 있다. 三十間在縣西三十里三岳山"라고 하였고, 『가람고』에는 복흥사(福興寺)라는 이름으로 위치가 기록되어 있다. [참고문헌] 『輿地圖書』, 『伽藍考』, 『韓國寺刹全書』 권하 p.1221a9. 3 경기도 고양시 덕양구 신원동에 있던 절. 『동국여지승람』 권11 경기 고양군 불우에 "무을고리에 있다. 在無乙古里", 『범우고』에는 "지금은 폐사하였다. 今廢"라고 하였다. [참고문헌] 『東國輿地勝覽』, 『梵宇攷』, 『韓國寺刹全書』 권하 p.1221a2. 4 경기도 양평군 금봉산(金峰山)에 있던 절. 『여지도서』 경기도 양근 사찰, 『가람고』, 『범우고』 등에 이름과 위치가 기록되어 있다. [참고문헌] 『輿地圖書』, 『伽藍考』, 『梵宇攷』, 『韓國寺刹全書』 권하 p.1221a4. 5 전라북도 김제시 흥사동 승가산(僧伽山)에 있는 절. 대한불교조계종 금산사(金山寺)의 말사이다. 650년(의자왕10)에 고구려의 보덕(普德)이 승가사(僧伽寺)로 창건하였고 한때 도교(道敎)가 성행하기도 했다. 1573년(선조6)에 『전주금선암불설대보부모은중경언해 全州金仙庵 佛說大報父母恩重經諺解』를 간행하였으나 1597년(선조30)에 정유재란으로 전소하였다. 1625년(인조3)에 홍복거사(興福居士)가 흥복사로 중창하였고 『동국여지승람』 권33 김제군 불우에 이름과 위치가 전하나 『범우고』에 "지금은 폐사하였다. 今廢"라고 하였다. 이후 조선후기 명필가 이삼만(李三晩 1770~1845)이 쓴 현판이 남아 전하고, 1884년 편찬된 『김제군지』에도 이름과 위치가 전하고 있으며, 이후 1943년 법운(法雲)이 극락전과 관음전을 중수하였고, 1954년 불교정화운동 당시 임시조계종전북종무원이 설치되기도 하였다. 1961년에는 주지 월주(月珠)가 부임하면서 전북 불교정화운동의 핵심 도량이 되었다. 1965년 전강(田岡)을 모셔와 선원을 개설하였고, 1969년 도영이 중창, 1976년 중건한 이후 지금에 이른다. 현존하는 당우로는 대웅전·관음전·미륵전·삼성각·정혜원(요사) 등이 있다. 성보문화재로는 1676년(숙종2)에 조성된 대웅전목조삼존불좌상이 있다. [참고문헌]『東國輿地勝覽』,『梵宇攷』,『韓國寺刹全書』 권하 p.1221a6,『文化遺蹟總覽』(文化財管理局, 1977) p.136. ⇨승가사 僧伽寺[2] **6** 평안남도 평양시 모란봉구역 개선동에 있던 절.『고려사』 권7 세가(世家)7 문종 7년(1053)과 권10 선종 4년(1087) 9월·10월에 "(왕이) 흥복사에 행차하였다. 幸興福寺"라고 하였다. 권11 숙종 7년(1102) 8월에도 왕이 행차하였고, 9월 15일에는 "흥복사 시왕당이 완성되자 태자에게 행향하도록 명하였다. 興福寺十王堂成 命太子行香", 16일에는 "왕, 후비, 태자, 제왕이 흥복사에 행차하여 낙성하였다. 王與后妃太子諸王幸是寺 落成"라고 하였고, 10월 6일 왕이 또 행차하였다. 권13 예종 4년(1109)에는 흥복사를 포함한 여러 절에서 문두루도량(文豆婁道場)을 설행하였다. 권14 예종 11년(1116) 이후, 권18 의종 22년(1168)에 이르기까지 왕실의 잦은 행차가 있었다. 한편 권98 열전(列傳)11에는 인종 13년(1135) 묘청의 난 당시 김부식이 좌군(左軍)을 흥복사에 주둔하도록 하여 반란군을 막은 기록도 전하고, 이후『동문선』 권114 도량문(道場文) 중에는 이규보(李奎報 1168~1241)의「서경 흥복사에서 본국 세존재와 함께 화엄경을 강한 글 西京興福寺本國世尊齋兼講華嚴文」,「서경 흥복사에서 화엄경 강한 글 西京興福寺講華嚴文」 등으로 화엄경 강회가 설행되었음을 전하고 있다. 사지(寺址)에는 북한국보유적 제24호 흥복사6각7층석탑이 남아 있으며, 이를 보존하면서 룡화사가 창건되었다. [참고문헌]『高麗史』,『高麗史節要』,『東文選』,『東國輿地勝覽』,『韓國寺刹全書』 권하 p.1221a13. **7** 함경남도 북청군 신북청면 대덕산(大德山)에 있던 절. 만덕사(萬德寺)의 다음 이름이자 보덕암(普德庵)의 전 이름이다.『여지도서』 함경북도 북청부 사찰에 "속명 상암사. 부 동쪽 80리 거산에 있다. 절의 승도는 58명이다. 俗名上庵寺 在府東八十里居山 社僧徒五十八名"라고 하였고『가람고』와『범우고』에 이름과 위치가 전한다. [참고문헌]『輿地圖書』,『伽藍考』,『梵宇攷』,『韓國寺刹全書』 권하 p.1221a11. ⇨만덕사 萬德寺[5], 보덕암 普德庵[5] **8** 황해도 개성에 있던 절. 정확한 위치는 알 수 없다.『삼국유사』 권3(대정장49, p.986a7·한불전6, p.313b4) 흥법(興法)3 순도조려(順道肇麗)에 "또 초문사는 지금의 흥국사, 이불란사는 지금의 흥복사라고 한 것도 역시 잘못되었다. 又云肖門寺今興國 伊弗蘭寺今興福者亦誤"라고 하였다. [참고문헌]『三國遺事』,『韓國寺刹全書』 권하 p.1221a5欄外. **9** 황해도 황주군 천주산(天柱山)에 있던 절.『여지도서』 황해도 황주 사찰에 "주 동쪽 15리 천주산 아래 있다. 在州東十五里天柱山下"라고 하였고,『가람고』와『범우고』에도 이름과 위치가 전한다. [참고문헌]『輿地圖書』,『伽藍考』,『梵宇攷』,『韓國寺刹全書』 권하 p.1221b10.

흥복암 興復庵 **1** 함경남도 함주군 동천면 설봉산(雪峯山)에 있는 암자. 대본산 귀주사(歸州寺)의 말사였다. [참고문헌]『韓國寺刹全書』 권하 p.1220b20. **2** 함경남도 함흥시에 있던 암자.『여지도서』 함경도 사찰에 "덕천사에 있다. 在德川社",『가람고』에 "동북쪽으로 30리 덕천사에 있다. 在德川社東北三十里"라고 하였고,『범우고』에는 보청사(甫靑社)에 있다고 하였다. [참고문헌]『輿地圖書』,『伽藍考』,『梵宇攷』,『韓國寺刹全書』 권하 p.1220b18.

흥복암 興福庵 **1** 평안북도 희천군 희천읍 백산(白山)에 있던 절. 대본산 보현사(普賢寺)의 말사였다. 국립중앙박물관 소장『보현사본말재산대장』에 '산신탱화 견본채색 장3척 폭2척'이라고 하였다. [참고문헌]『韓國寺刹全書』 권하 p.1221b13. **2** 함경남도 홍원군 달단산(韃靼山)에 있던 절.『여지도서』 권하 홍원현(洪原縣) 사찰에 "현 서쪽 30리 달단동 깊은 계곡에 있으며 스님들은 여덟 분이다. 在縣西三十里 韃靼洞深谷中 僧徒八名"라고 하였다. [참고문헌]『輿地圖書』,『伽藍考』,『梵宇攷』,『韓國寺刹全書』 권하 p.1221b11.

흥복원 興福院 중국 광동성(廣東省) 소주(韶州) 유원현(乳源縣) 서쪽의 쌍봉산(雙峰山) 아래 있는 절. 쌍봉사(雙峰寺)라고도 한다. 송 태평흥국년간(976~984)에 경흠(竟欽 : 慧眞廣悟)이 개창하였으며, 후에 쌍봉산흥복선사(雙峰山興福禪寺)라는 사액을 하사받았다. 1087년(원우2)에 양성(梁誠)이 중수하였고, 명 홍무년간(1368~1398) 초에 요게(了揭)가 중건하였다. 1469년(성화5)에 조관수계(祖觀守戒)가 다시 중수하였고, 1506년(정덕1)에 태진(泰進)이 수리하여 복원하였으며, 1543년(가정22)에 정개(貞愷)가 다시 지었고, 청대인 1683년(강희22)에 다시 중수하였다.

흥부암 興府庵 경상남도 김해시 외동 임호산(臨虎山 : 流民山)에 있는 암자. 대한불교조계종 범어사의 말사이다. 가야 장유화상(長游和尙) 창건 후 오랫동안 폐사되었다가 조선말에 중건되었다. 1899년 편찬된『김해읍지』에 "홍부암은 부 남쪽 2리 유민산에 있다. 옛날이 있다가 중간에 폐사되었는데, 부사 유상필(1818년 김해부사에 임명)이 중건하였다. 興府庵 在府南二里流民山 古有中廢 府使柳侯相弼重建也", 이학규(李學逵 1770~1835)의 「금관기속시 金官紀俗詩」(『낙하생집』 책13·한국문집총간290, p.446a11)에 "암벽 우뚝한 곳에 맺어진 암자, 보이는 풍경이 많기로 홍부만 한 곳 없네. … 홍부암은 부 서쪽 45리 유민산 꼭대기에 있다. 架成蝸屋石嵯峨 眼界無如興府多 … 興府庵 在府西五里流民山巓"라고 하였다. 1985년에 화재로 소실되어 1989년 중건하였고, 1997년에 주지 혜운이 부임하여 김해불교대학을 설치하였다. 현존하는 당우로는 대웅전·산신각·종각 등이 있으며, 대웅전에는 18세기 조성으로 추정되는 석조보살좌상을 봉안하였다. [참고문헌] 『金海邑誌』, 『洛下生集』, 『韓國寺刹全書』 권하 p.1221b15.

홍비 興悲 Ⓢanu-√kamp. 비심(悲心)을 일으키다. 『백오십찬불송』(대정장32, p.758c23 : *Śata-śa.*, p.45)에 "온갖 고통 그 몸을 핍박하여도, 세존께서는 능히 잘 다스리시며, 바른 지혜로 온갖 번뇌를 끊으시고, 허물이 있는 모든 이들 가엾게 여기신다네. 衆苦逼其身 尊能善安慮 正智斷諸惑 有過悉興悲 pīḍyamānena bahuśas tvayā kalyāṇacetasā. kleśeṣu vivṛtaṃ tejo janaḥ kliṣṭo 'nukampitaḥ", 『종경록』 권89(대정장48, p.904c18)에 "그러므로 일체중생을 다 제도하리라 서원한 후에야 비로소 정각을 성취하니, 곧 망념이 다하고 맑아져 천진으로 스스로 빛나시니 이것이 부처를 이룬 뜻이다. 앞선 부처님들께서도 이미 이처럼 스스로를 제도해 마친 연후에야 돌이켜 타인에게 보이셨으니, 이것이야말로 곧 진실한 자비다. 이것을 여의고 가엾게 여김은 모두 망상이다. 所以 先發誓度盡一切衆生 方成正覺 則念盡心澄 天眞獨朗 卽成佛義也 先佛已如是自度竟 然後轉示他人 卽是眞實之慈 離此興悲 皆成妄想"라고 하였다. [참고문헌] 『百五十讚佛頌』, 『宗鏡錄』, *Śata-śa.*

홍서암 興瑞庵 경기도 고양시 덕양구 지축동 한미산(漢美山) 홍국사(興國寺)의 옛 이름이다. [참고문헌] 『韓國寺刹全書』 권하 p.1221b17. ⇨ 홍국사 興國寺 ❷

홍성만수사 興聖萬壽寺 중국 선종의 대표적 사찰인 오산십찰 중 하나. 절강성(浙江省) 여항(餘杭) 서북쪽 약 28km 지점의 경산에 있다. 경산사(徑山寺)·능인홍성만수선사(能仁興聖萬壽禪寺)·만수사(萬壽寺) 등이라고도 한다. 당대인 744년(천보3) 법흠(法欽)이 경산에 들어오면서 절의 터전이 시작되었고, 그가 우두종(牛頭宗)의 선법을 크게 펼치자 대력년간(766~779)에 경산원(徑山院)이라는 사액도 내렸다. 오대 이후 장흥년간(930~933)에 오월(吳越) 전씨(錢氏)가 수리한 다음 전재(全宰)선사를 맞아들이고 진국선원(鎭國禪院)이라 개명하였다. 송대에 다시 지금의 이름으로 고치고 선종 오산의 으뜸이 되었다. [참고문헌] 『徑山志』, 『大明一統志』 권38, 『大淸一統志』 권217, 『禪林象器箋』 권1 「五山」(대장경보편19, p.3a5). ⇨ 오산십찰 五山十刹

홍성사 興聖寺 ❶ 황해북도 개성시 오관산(五冠山)에 있던 절. 『고려사절요』 권9 인종 3년(1125)에 "(왕이) 숭복원에 행차하여 홍성사라는 이름을 내리고 재를 올리고 음악도 베풀며 낙성하였다. 幸崇福院 賜號興聖寺 設齋張樂以落之"라고 하였고, 이색(李穡 1328~1396)은 『목은집』 권2에 「오관산홍성사전장법회기 五冠山興聖寺轉藏法會記」를 실었다. 『동국여지승람』 권12 경기 장단도호부 불우에 "영통사의 북쪽에 있다. 在靈通寺北", 「전등본말고사 傳燈本末古寺」에 "지금 영통사가 있고 그 옛 터였다. 今靈通寺卽其舊址"라고 하였다. [참고문헌] 『高麗史節要』, 『牧隱集』, 『東國輿地勝覽』, 『韓國寺刹全書』 권하 p.1222a4, 『傳燈本末寺誌』(亞細亞文化社, 1978) p.351. ❷ 중국 상해시(上海市) 송강구(松江區)에 있던 절. 오대십국(五代十國)대 후한(後漢) 949년(건우2)에 홍국장수사(興國長壽寺)라는 이름으로 창건되었다. 북송(北宋)대 대중상부년간(1008~1016)에 각운원(覺雲院)이라는 이름으로 바뀌고, 이후 다시 현재의 이름으로 바뀌었다. 현재는 목조 9층의 방탑(方塔)만이 남아있는데, 이 목조탑은 북송 희녕·원우년간(1068~1094)에 조성된 것이다. 사지(寺址)는 현재 공원으로 조성되어 송강방탑원(松江方塔園) 또는 '방탑원'이라는 이름으로 불린다. 현수종(賢首宗) 스님 정진(淨眞)과 천태종 스님 원진(原眞) 등 주로 교가의 스님들이 주석하였다. [참고문헌] 『大明高僧傳』 권1(대정장50, p.901c24)·권3(대정장50, p.908b15). ❸ 중국 섬서성(陝西省) 서안시(西安市) 비림구(碑林區)에 있던 절. 당(唐) 고조(高祖)의 잠룡(潛龍) 시기 구택(舊宅)을 비구니가 머무는 사찰로 고친 것. 당 고조는 등극 후에 구택을 통의궁(通義宮)으로 삼았고, 이어 태종(太宗)이 627년(정관1) 비구니 사찰로 바꾸었다. 『광홍명집』 권28 「사구택조홍성사조 捨舊宅造興聖寺詔」(대정장52, p.329c14)에 "통의궁은 황가의 구택인데, 제도를 널리 드러냄으로써 인사를 높이고 영우를 더욱 공경하려고 마땅히 희사하여 비구니 사찰을 만든다. 이에 '홍성'이라 이름한다. 通義宮 皇家舊宅 制度弘敞 以崇仁祠 敬增靈祐 宜捨爲尼寺 仍以興聖爲名"라고 하였다. [참고문헌] 『廣弘明集』, 『佛祖統紀』 권39(대정장49, p.363b10), 『釋氏稽古略』 권3(대정장49, p.813c28), 『辯正論』 권4(대정장52, p.511b10). ❹ 홍성만수사(興聖萬壽寺)의 줄인 이름. 곧 중국 절강성(浙江省) 항주시(杭州市)

여항구(餘杭區)에 있는 경산사(徑山寺)를 일컫는다. 『허당어록』 권8(대정장47, p.1041a6)에 "스님은 세간에 나와 처음은 가흥부 흥성사에 머무셨다. … 흥성도량은 효종황제가 태어난(流虹) 곳이다. 師出世 初住嘉興府興聖寺 … 興聖道場 孝宗流虹去處", 『고금도서집성선집』 권110(대장경보편15, p.568a14)에 "흥성사 : 절은 선덕년간(1426~1435)에 중건하였다. 가흥부 관할 동북쪽에 위치하며 본디 가흥현의 관청이었다. 송 효종이 이곳에서 나고 자랐다. 가정년간(1208~1224)에 '흥성원'이라 사액되었고, 이종의 어서 '유홍성지흥성지사'라는 여덟 글자를 새긴 비석이 여전히 남아있다. 興聖寺 寺宣德間重建 在嘉興府治東北 本嘉興縣丞廳 宋孝宗誕育於此 嘉定間賜額興聖院 理宗御書 流虹聖地興聖之寺 八字碑刻尙存"라고 하였다. 〔참고문헌〕 『虛堂語錄』, 『古今圖書集成選輯』. ⇨ 흥성만수사 興聖萬壽寺

흥성암 興成庵 ❶ 강원도 인제군 북면 용대리 설악산(雪岳山) 백담사(百潭寺)의 산내 암자. 흥성암(興盛庵)이라고도 한다. 「백담사속암일람 百潭寺屬庵一覽」에 "흥성암(興盛庵) … 창건(創建)과 폐지(廢止) 연대(年代)가 미상(未詳)하니라"라고 하였다. 〔참고문헌〕 『韓國寺刹全書』 권하 p.1221b18, 『乾鳳寺本末事蹟』(亞細亞文化社, 1977) p.70. ❷ 함경남도 함흥군에 있던 암자. 『여지도서』 함경도 함흥부 사찰에 "영고산에 있다. 在永古山", 『가람고』와 『범우고』에 "고산사에 있다. 在古山社"라고 하였다. 〔참고문헌〕 『輿地圖書』, 『伽藍考』, 『梵宇攷』, 『韓國寺刹全書』 권하 p.1222a1.

흥성암 興盛庵 강원도 고성군 서면 백천교리 금강산 유점사(楡岾寺)의 산내 암자. 흥성암(興聖庵)이라고도 한다. 『유점사본말사지』에 1289년(충렬왕15)에 "행전선사(行田禪師)가 흥성암(興盛庵)을 창건하다."라고 하였다. 1591년(선조24) 유정(惟政)이 찬(撰)한 「개골산흥성암조불권선문 皆骨山興盛庵造佛勸善文」이 전하며, 이경석(李景奭 1595~1671)의 『백헌집』과 유휘문(柳徽文 1773~1832)의 『호고와집』 등에도 소식을 전했고, 이후 1925년 이석암(李石庵)의 「흥성암산신당신건축기 興盛庵山神堂新建築記」와 1931년 묘유(妙有)의 「흥성암중건기 興盛庵重建記」도 전한다. 〔참고문헌〕 『白軒集』, 『好古窩集』, 『韓國寺刹全書』 권하 p.1221b20・1222a2・1222b9, 『楡岾寺本末寺誌』(亞細亞文化社, 1977) pp.2~4・68~70・119~120.

흥성암 興聖庵 ❶ 경기도 고양시에 있던 암자. 『여지도서』 경기도 고양군 불우에 "군 동쪽 20리에 있다. 在郡東二十里", 『범우고』에 "군 서쪽 20리에 있다. 郡西二十里"라고 하였다. 〔참고문헌〕 『輿地圖書』, 『梵宇攷』, 『韓國寺刹全書』 권하 p.1222b6. ❷ 경상남도 함안군 여항면 주서리 여항산(餘航山)에 있던 암자. 『여지도서』 경상도 함안 사찰과 『가람고』, 『범우고』에 "대사 서쪽에 있다. 在大寺西"라고 하였다. 〔참고문헌〕 『輿地圖書』, 『伽藍考』, 『梵宇攷』, 『韓國寺刹全書』 권하 p.1222b7.

흥쇠법 興衰法 Ⓢ utpāda-vyaya-dharmin, Ⓟ uppāda-vaya-dhammin. 일어났다 사라지는 법. 일체유위법(一切有爲法)을 말한다. 『반니원경』 권하(대정장1, p.188c9 : *Mahāparinibbāna-sutta, DN.2,* p.157)에 "오음으로 행함에 영원할 리 없으니 단지 일어났다 사라져 갈 법일 뿐이다. 태어나면 반드시 죽지 않을 수 없으니, 부처님의 적멸만이 즐거움이다. 陰行無有常 但爲興衰法 生者無不死 佛滅之爲樂 aniccā vata saṃkhārā uppādavayadhammino, uppajjitvā nirujjhanti tesaṃ vūpasamo sukho'ti", 『출요경』 권1(대정장4, p.610b7)에 "이때 네 사람이 각각 달고 맛난 석밀을 가지고 갔다. 한 사람이 먼저 여래의 처소에 이르러 세존께 올리니, 여래께서는 그것을 받으시고 그 범지에게 게송으로 말씀하셨다. '행하는 것들 항상하지 않다(Ⓢ anityā bata saṃskārā)'. 범지는 이 게송을 듣고 손으로 귀를 막았다. 是時 四人各執四枚甘美石蜜 一人先至如來所 奉上世尊 如來受已 告彼梵志 而說此偈 所行非常 梵志聞已 以手掩耳", "다음으로 두 번째 사람이 여래의 처소에서 석밀을 받치니, 여래께서 다시 게 설하시길 '일어났다 사라져 가는 법이다(Ⓢ utpāda-vyaya-dharmiṇaḥ)'. 범지가 듣고는 손으로 귀를 막았다. … '무릇 난 것들 바로 죽어간다네(Ⓢ utpadya hi nirudhyante)'. … '이 적멸만이 즐거움이다(Ⓢ teṣāṃ vyupaśamaḥ sukham)'. … 여래께서는 그들의 마음을 살펴보시고 제도될 것을 아셨다. 次第二人 至如來所貢上石蜜 如來復說此偈 謂興衰法 梵志聞已 以手掩耳 … 夫生輒死 … 此滅爲樂 … 如來觀彼心意念 知應得度", "… 이어 두 번째 사람에게 물었다. '부처님의 처소에 이르러 어떤 가르침을 받았느냐?' 그가 다시 스스로 말하기를 '내가 여래의 처소에 이르러 석밀을 바치니, 여래께서는 나에게 게송으로 「흥쇠법이라네」 하셨네. 나는 이것을 듣고 손으로 귀를 막고, 받아들일 수 없었네'. … 네 사람은 이 게송을 설해 마친 후에 마음 열리고 뜻으로 깨달아 아나함도 얻었다. … 次問第二人 至如來所 得何言教 其人復自陳說 吾至如來所貢上石蜜 如來與我而說此偈 謂興衰法 吾聞此已 以手掩耳 亦不承受 … 四人說此偈已 心開意解 得阿那含道"라고 하였다. 〔참고문헌〕 『般泥洹經』, 『出曜經』, *DN., Udāna-v.96.* ⇨ 생멸법 生滅法, 유생멸법 有生滅法, 반게 半偈, 무상게 無常偈

흥수암 興水庵 경기도 양주 수락산(水落山)에 있던 절. 『여지도서』 경기도 양주 사찰에 이름과 위치가 전하며, 『가람고』에 "주 남쪽 40리에 있다. 在州南四十里"라고 하였다. 〔참고문헌〕 『輿地圖書』, 『伽藍考』, 『梵宇攷』, 『韓國寺刹全書』 권하 p.1221b11.

흥양묘시 興陽妙翅 흥양이 묘시조를 묻다. 대양경현(大陽警玄)과 제자 흥양청부(興陽淸剖) 간에 오고간 이야기다. 묘시는 용을 잡아먹는다는 묘시조(妙翅鳥) 곧 금시조(金翅鳥)다. 『굉지광록』 권2(대정장48, p.22b22)에 "학인이 흥양청부화상에게 물었다. '용왕 사갈이 바다에서 나오면 하늘과 땅이 고요해지니, 그때 눈앞에 드러나는 생생한 일은 어떠한지요?' '묘시조왕이 우주에 당도했다니 그 누가 머리라도 내밀겠는가?' '만일 머리를 내민다면 또한 어떻게 하시겠습니까?' '송골매가 비둘기 잡듯 할 것이다. 그대는 모르는가? 황제루 앞에서 증험할 수 있어야 비로소 진실을 알 수 있다' '그렇다면 차수하고 가슴에 붙인 자세로 세 걸음 뒤로 물러나야 하겠군요' '수미좌 아래 검은 거북에게 거듭 이마에 상처가 남을 때까지 기다려서는 안 되리'. 擧 僧問 興陽剖和尙 娑竭出海乾坤靜 覿面相呈事若何 陽云 妙翅鳥王當宇宙 箇中誰是出頭人 僧云 忽遇出頭時 又作麽生 陽云 似鶻提鳩 君不覺 御樓前驗始知眞 僧云 恁麽則叉手當胸 退身三步 陽云 須彌座下烏龜子 莫待重教點額痕"라고 하였다. 〔참고문헌〕 『宏智廣錄』, 『從容錄』 44칙 「興陽妙翅」(대정장48, p.255b12).

흥양현 興陽賢 송대 임제종(臨濟宗) 스님. 강주(江州 : 江西省) 출신. 대위모철(大潙慕喆) 문하에 투신하여 법제자가 되어 각립(角立)이라 불렸다. 대위의 방장 뒤에 암자를 짓고 홀로 거처하며 몸소 스승에게 참문하고, 2년 동안 병불(秉拂)하였다. 그 뒤 영주(郢州 : 湖北省) 흥양(興陽)에 머물며 크게 종지를 알렸다. 입적한 뒤에도 육신이 상하지 않았다고 한다. 또한 평생 두발을 길렀기에 현봉두(賢蓬頭)라 불렸다. 〔참고문헌〕 『續傳燈錄』 권17(대정장51, p.583b26).

흥언 興言 말을 일으키다. 말로 표현하다. 『화엄경소』 권9(대정장35, p.562c27)에 "부처님의 마음은 자재하셔서 말 일어나길 기다리지 않으시니, 부처님의 신통력 수승하여 모양만 드러내서도 답하실 수 있다. 佛心自在 不待興言 佛力殊勝 現相能答", 『금광명경현의습유기』 권1(대정장39, p.14c29)에 "셋째, 뜻에 의탁하여 말을 일으킨다. 모든 성인이 보호하는 법의 뜻에 의탁하여 이 오장으로 경의 말씀을 통하게 해서 말을 보인다. 三 託義興言 託上諸聖護法之義 興今五章通經之言", 『조론』 「열반무명론 涅槃無名論」(대정장45, p.161b5)에 "이미 열반의 뜻을 논하려 하니 열반에서 떠나 열반을 언급할 수는 없다. 만약 열반에서 조금도 떨어지지 않고(卽) 그것을 말로 표현한다면 그 누가 구태여 열반과 무관한 것을 얻고자 하겠는가? 旣論涅槃 不可離涅槃 而語涅槃也 若卽涅槃以興言 誰獨非涅槃 而欲得之耶"라고 하였다. 〔참고문헌〕 『華嚴經疏』, 『金光明經玄義拾遺記』, 『肇論』.

흥왕사 興王寺 ❶ 황해도 개성시 덕수현(德水縣) 덕적산(德積山)에 있었던 사원. 고려시대 화엄종(華嚴宗)의 본찰로 여겨졌다. 1056년(문종10)에 창건되기 시작해서 1067년(문종21) 정월에 2,800칸으로 완성되었는데 이때 흥왕사에서 연등대회를 특별히 개설하였으며 계행(戒行)이 있는 1,000명의 스님을 상주하도록 하였고, 1070년(문종24)에는 흥왕사 보호를 위해 성을 쌓았다. 1077년(문종31)에는 금자(金字)로 쓴 『화엄경』을 완성하여 이곳에 봉안하고 전경(轉經)하였는데 이후에도 1156년(의종10)의 『화엄경』 전경이나 1301년(충렬왕27)과 1305년(충렬왕31)의 대장경 전경 행사를 확인할 수 있다. 1078년(문종32)에는 은 427근, 금 144근으로 만든 탑이 완성되어 모셔졌고 1223년(고종10)에는 당시 무신 집정자였던 최이(崔怡 ?~1249)가 13층의 황금탑을 만들어 봉안하기도 하였다. 창건 당시 경창원(景昌院) 소속의 토지가 흥왕사로 옮겨지는 등 국가적 지원이 있었다. 문종(文宗 재위 1046~1083)의 사후 대상제(大祥祭)가 흥왕사에서 실시된 후 그의 기신도량(忌辰道場)이 매년 설행되어 문종의 아들인 선종(宣宗 재위 1083~1094)과 숙종(肅宗 재위 1095~1105)이 직접 행차하기도 하였다. 1086년(선종3)에 대각국사(大覺國師) 의천(義天 1055~1106)이 첫 주지로 임명된 후 왕자 출신 스님인 징엄(澄儼 1070~1141)과 충희(冲曦 ?~1183) 등이 흥왕사 주지로 임명되었으며 총서(聰諝 1054~1139)·혜선(慧宣)·교웅(敎雄 1079~1153)·요일(寥一)·영소(靈炤 1115~1188) 등 주요 화엄종 스님이 이곳에 머물렀는데, 『해동고승전 海東高僧傳』의 저자인 각훈(覺訓)도 흥왕사 소속이었다. 부속 전각으로는 1070년에 만들어진 자씨전(慈氏殿)을 필두로 정각원(正覺院)·무상원(無相院)·대장전(大藏殿)·대시원(大施院)·천복원(薦福院)·홍교원(弘敎院 혹은 洪敎院)·감복원(感德院)·낙적재(樂寂齋)·흥교원(興敎院) 등이 있었다. 대각국사 의천의 교장(敎藏) 간행이 흥왕사에 설치된 교장사(敎藏司) 혹은 교장도감(敎藏都監)에서 시행되었다. 몽골의 침략과 강도(江都)로의 천도 등으로 흥왕사도 훼손되었다가 복구되었는데, 1338년(충숙왕 후7)에 그 일부가 복원된 사실이 이곡(李穀 1298~1351) 「흥왕사중수흥교원낙성회기 興王寺重修興敎院落成會記」로 확인된다. 흥왕사는 개경 나성(羅城) 동남쪽에 위치하며 이를 보호하기 위한 독립적인 성(城)도 있어 개경의

방어 거점이기도 하였는데, 1361년(공민왕10) 홍건적의 침략으로 남쪽으로 피난을 갔다 돌아오던 공민왕은 1363년에 흥왕사를 행궁(行宮)으로 이용하기도 하였다. 〔참고문헌〕『高麗史』, 『破閑集』, 『稼亭集』, 『東文選』, 李智冠『校勘譯註歷代高僧碑文』 高麗篇3 p.112. **2** 경기도 강화군 흥왕리에 있었던 사원. 『한국사찰전서』에는 고려 국왕인 문종(文宗 재위 1046~1083)의 축리(祝釐)를 하던 곳이라 기록하고 있다. 고려가 몽골의 침략을 받아 개경에서 강화도로 천도하면서 원래 수도와 비슷하게 궁궐과 사원 등을 창건했는데, 개성의 흥왕사를 모방하여 만든 것으로 추정한다. 『목은시고』 권4 「마니산기행 摩尼山紀行」 중에 「효과흥왕사시일이금탑 曉過興王寺是日移金塔」이라는 글이 있어 이색(李穡 1328~1396)이 활동하던 때 강화도에 흥왕사가 있었음을 알 수 있다. 〔참고문헌〕『牧隱詩藁』, 『韓國寺剎全書』.

흥왕사 興旺寺 **1** 경기도 개성군 진봉면 흥왕리에 있었던 사원. 『사탑고적고 寺塔古蹟攷』에 의하면 동서 약 60칸, 남북 약 40칸의 터와 돌담, 초석 등이 남아있었다고 한다. 〔참고문헌〕『韓國寺剎全書』. **2** 경기도 여주군 북내면 소달산(所達山)에 있는 사원. 상왕사(霜旺寺)라고도 불렸다. 『조선불교통사』 권상에서는 봉은사(奉恩寺)의 말사로 전한다. 소달화상(蘇達和尙)이 창건했고 나옹화상(懶翁和尙 1320~1376)이 주석했다고도 한다. 1905년 주지 돈묵(頓默)이 법당을 중건한 이후 성묵(性默)·윤익(潤益) 등 역대 주지들이 중수하였는데, 돈묵의 「상왕사법당중건상량문 霜旺寺法堂重建上樑文」, 덕진(德眞)이 발원하여 개금한 「소달산상왕사불상개금기 蘇達山霜旺寺佛像改金記」도 전한다. 〔참고문헌〕『朝鮮佛敎通史』, 『韓國寺剎全書』. ⇨ 상왕사 霜旺寺 **2**

흥왕사대각국사묘지명 興王寺大覺國師墓誌銘 1055~1101. 대각국사 의천(義天)스님의 묘지명. 1101년에 대각국사가 입적함에 따라 경기도 개풍군 덕적산(德積山) 흥왕사 부근에 묘를 축조하여 장례를 지낼 때 입묘(入墓)한 것이나, 일제강점기 때 발굴되어 지금은 국립중앙박물관에 있다. 크기는 세로 1자 3치 8푼, 가로 9치 7푼, 자경(字徑)은 4푼이며, 해서체다. 〔참고문헌〕『朝鮮金石總覽』 권상 pp.293~295, 『韓國金石全文』 中世上 pp.531~533, 金龍善 『高麗墓誌銘集成』 pp.31~33, 李智冠 『校勘譯註歷代高僧碑文』 高麗篇3 pp.106~114. ⇨ 의천 義天 **1**, 대각국사묘지명 大覺國師墓誌銘

흥왕사명청동은입사향완 興王寺銘靑銅銀入絲香垸 개성 흥왕사 명문이 있는 고려시대 향완. 국보 제214호. 높이 38.1cm 삼성미술관 리움 소장. 고려후기인 13세기에 제작된 작품으로 원형받침과 전이 달린 몸체로 구성되어 있다. 고려시대에 제작된 청동은입사향완과는 다르게 몸체에 용과 봉황이 은입사로 시문된 것이 특징이다. 이 향완의 받침은 2단으로 하단에는 명문이 음각으로 새겨져 있고, 상단 옆면에는 삼각원문, 윗면에는

구름문과 삼각원문을 은입사하였다. 나팔형 간주는 음각선으로 받침과 구분을 하였고, 간주에는 변형당초문을 은입사하였다. 간주 위의 원륭대에는 동심원, 그 위의 노신 받침에는 유운문(流雲文)을 은입사하였다. 세장한 몸체 아랫부분에는 여의두문을 일정한 간격으로 은입사하였고, 그 위에는 팔릉형 문양틀 안에 용과 봉황을 번갈아 시문하였는데 각기 위아래 향해 나는 듯한 봉황과 용 주위로 포류수금문·태극문·움직이는 듯한 구름문을 새겼다. 받침하단에 새겨진 명문에는 "기축년(1229, 2월) 흥왕사 학도인 대덕문 □□ 진례군(進禮郡 : 현 금산군)의 부호장 김부(金孚) 등이 한마음으로 발원하고 개경장인 김언수가 제작하였다. 己丑二月日興王寺學徒大德文□□日進禮郡副戶長金孚等同心發愿在京金彦守造"라고 하였다. 〔참고문헌〕『금은보화 – 한국 전통공예의 미』(삼성미술관Leeum, 2013) p.118·165. ⇨ 흥왕사 興王寺 **1**

흥왕사원명국사묘지명 興王寺圓明國師墓誌銘 1090~1141. 원명국사 징엄(澄嚴)스님의 행적을 기록한 묘지명. 제액은 「고원명국사묘지 故圓明國師墓誌」로 원명국사 징엄(澄儼 1090~1141)의 묘지명이다. 1141년(인종19)에 입적하고 원증국사로 추증되면서 작성되었다. 고려 15대 국왕인 숙종(肅宗 재위 1095~1105)과 명의태후(明懿太后)의 아들로 태어나 1098년(숙종3)에 숙부인 대각국사 의천을 은사로 하여 스님이 되었다. 묘지명은 1141년(인종19)에 권적(權適 1094~1146)이 지었다. 크기는 세로 1자 4치, 가로 1자 9치 5푼, 자경(字徑)은 5푼이다. 일본 동경 제실박물관(帝室博物館)에 진열되어 있다. 〔참고문헌〕『朝鮮古蹟圖譜』7, 『朝鮮金石總覽』 권상 pp.342~344, 『韓國金石全文』 中世上 pp.631~633, 金龍善 『高麗墓誌銘集成』 pp.73~74, 『傳燈本末寺誌』 pp.328~329, 李智冠 『校勘譯註歷代高僧碑文』 高麗篇3 pp.226~234. ⇨ 징엄 澄儼

흥운암 興雲庵 평안북도 강계군에 있던 암자. 『범우고』에 "군 북쪽 30리에 있다. 郡北三十里"라고 하였다. 〔참고문헌〕『梵宇攷』, 『韓國寺剎全書』 권하 p.1221b12.

흥원사 興原寺 강원도 강릉시 담정산(淡定山)에 있던 절. 『동국여지승람』 권44 강원도 강릉대도호부 불우에

이름과 위치가 전하며, 『여지도서』 강원도 강릉 사찰에 "부 남쪽 10리 담정산에 있었으나 지금은 폐사하였다. 在府南十里淡頂山 今廢", 『범우고』에도 "지금은 폐사하였다. 今廢"라고 하였다. 〔참고문헌〕『東國輿地勝覽』, 『輿地圖書』, 『梵宇攷』, 『韓國寺刹全書』 권하 p.1228a19.

흥주 興儔 1639~1695. 명대 스님. 호는 동고(東皐), 자는 심월(心越), 속성은 장(蔣)씨, 금화(金華 : 浙江省) 포양(浦陽) 출신. 10세에 출가하였고 33세에 취미활당(翠微濶堂)에게 참학하여 구자무불성(狗子無佛性) 화두를 타파하고 인가를 받았다. 명말청초에 서호(西湖) 영복사(永福寺)에 은거하다가 1676년(강희15) 일본 나가사키(長岐) 흥복사(興福寺) 주지였던 명 출신 징일(澄一)의 초대를 받고 건너가 교화를 펼침으로써, 일본 조동종 수창파(壽昌派)의 조사가 되었다. 1683년(천화3)에 대덕사(大德寺)로 옮기고 기원사(祇園寺)로 개칭하였으며, 1692년(원록5)에 기원사에서 개당(開堂)하였다. 1695년(원록8)에 세수 57세로 입적했다. 『동고집』 1권을 남겼다.

흥주사 興住寺 충청남도 태안군 태안읍 백화산(白華山)에 있는 절. 대본산 마곡사(麻谷寺)의 말사였고, 대한불교조계종 수덕사(修德寺)의 말사이다. 1722년(영조48)에 원통전(圓通殿)을 중수한 기록과 『동국여지승람』 권19 충청도 태안군 불우, 『여지도서』 충청도 태안 사찰, 『범우고』, 『가람고』 등에 이름과 위치가 전한다. 전우(田愚 1841~1922)의 『간재집』에는 1898년(고종35) 여름, 머물렀던 기록을 남기고 있다. 현존하는 당우로는 대웅전·만세루·요사 등이 있다. 성보문화재로는 유형문화재 삼층석탑, 만세루와 기념물 은행나무 등이 있다. 〔참고문헌〕『東國輿地勝覽』, 『輿地圖書』, 『伽藍考』, 『梵宇攷』, 『艮齋集』, 『韓國寺刹全書』 권하 p.1228b1, 『瑞山郡誌』(서산군청, 1982).

홍천사 興天寺 **1** 서울 성북구에 있는 사원. 태조(太祖) 이성계(李成桂)의 비인 신덕왕후(神德王后 ?~1396)의 명복을 빌기 위해 정릉(貞陵) 근처에 창건되었다. 홍천사(興天社)라고도 불렸다. 1396년(태조5)에 공사를 시작하여 1397년(태조6)에 170여 칸으로 완성하고 토지 1,000결을 하사하여 조계종의 본사(本社)로 삼았다. 이후 이성계의 아버지인 이자춘(李子春 1315~1360)의 초상화를 봉안하여 왕실의 원당으로 삼기도 하였다. 창건 이후부터 세종 때까지 홍천사의 주지로 조생(祖生)·운오(云悟)·종안(宗眼)·중연(中演)·행호(行乎) 등이 임명되었다. 1424년(세종6)에 불교를 선종과 교종으로 통합할 때는 홍천사를 선종도회소(禪宗都會所)로 삼았다. 1504년(연산군10) 12월 을축일에 홍천사에 화재가 났고 1510년(중종5)에 사리각마저 화재로 소실되었다. 1537년(중종32) 10월 신해일에 홍천사의 빈 땅을 서울의 사람들이 나누어받으려고 상언한 일이 전하고 있어 당시에 이미 폐사된 것으로 이해된다. 『세종실록』 권24 1424년(세종6) 4월 경술일에 "예조에서 아뢰기를, … 서울의 홍천사를 선종도회소로 만들고 홍덕사를 교종 도회소로 만들도록 하십시오. … 지금 분속하려는 중외의 사사에 머물 스님의 정해진 수와 전지의 결수를 나열하여 아뢰려고 합니다. 선종에 속한 사원은 18개이고 토지는 1,250결입니다. 서울의 홍천사에는 원래 전 160결이 소속되었는데, 지금 90결을 더해 주었고 항상 거주하는 스님은 120명입니다. 禮曹啓 … 以京中興天寺爲禪宗都會所 興德寺爲敎宗都會所 … 今將分屬中外寺社 居僧定額 田地結數 開坐啓聞 禪宗屬寺十八 田四千二百五十結 京中興天寺元屬田一百六十結 今加給九十結 恒居僧一百二十"라고 하였다. 최근에는 무산(霧山)스님의 원력으로 새롭게 복원되어 포교와 지역사회를 위한 봉사 등으로 활발하다. 〔참고문헌〕『太祖實錄』, 『世宗實錄』, 『燕山君日記』, 『中宗實錄』, 『陽村集』. **2** 인천광역시 강화에 있었던 사원. 『한국사찰전서』에 『강도지 江都志』 등을 인용하여 계암산(啓岩山) 아래에 그 터가 있어 홍천동이라는 이름이 생겼다고 하였다. 고려대 몽골의 침략을 받아 개경에서 강화도로 천도하면서 수도였던 개경에 존재했던 사원을 강화도에 그대로 창건하였는데, 그 중 하나로 이해된다. 〔참고문헌〕『韓國寺刹全書』. **3** 경기도 개풍군(開豊郡)에 있었던 사원. 1165년(의종19)에 국왕이 이곳에 이어(移御)한 사실을 통해 고려전기에 이미 창건되었음을 알 수 있다. 1311년(충선왕3)에 충선왕(忠宣王)의 장인이었던 원 진왕(晉王)의 원찰이 되기도 하였으며 이후 충선왕과 그 아내 계국대장공주(薊國大長公主)의 초상화가 모셔지기도 하였다. 김부식(金富軾 1075~1151)이 작성한 「홍천사종명 興天寺鍾銘」과 이규보(李奎報 1168~1241)가 지은 「홍천사법회소 興天寺法會疏」 등이 전한다. 『고려사』 권39 공민왕 6년(1357) 9월에 "무술일에 왜구가 승천부의 홍천사에 들어가서 충선왕과 한국공주(계국대장공주)의 초상화를 취하여 갔다. 戊戌 倭入昇天府興天寺 取忠宣王及韓國公主眞而去"라고 하였다. 〔참고문헌〕『高麗史』, 『東國李相國全集』, 『東文選』.

홍천사 興泉寺 **1** 경상북도 예천군 용궁면에 있던 절. 『동국여지승람』 권25 경상도 용궁현 불우와 『범우고』에 "현 남쪽 20리에 있다. 在縣南二十里", 『여지도서』 경상도 용궁 사찰에 "지금은 없다. 今無"라고 하였다. 〔참고문헌〕『東國輿地勝覽』, 『梵宇攷』, 『輿地圖書』, 『韓國寺刹全書』 권하 p.1234b19. **2** 충청남도 연기군 오봉산(五峰山)에 있던 절. 『동국여지승람』 권18 충청도 연기현 불우에 이름과 위치가 전하나, 『범우고』에 "지금은 폐사하였다. 今廢"라고 하였다. 〔참고문헌〕『東國輿地勝覽』, 『梵宇攷』, 『韓國寺刹全書』 권하 p.1234b17.

홍화사 興化寺 중국 하북성(河北省) 대명부(大名府) 위현(魏縣)에 있었던 절. 임제의현(臨濟義玄)이나 그 제자 존장(存奬)이 종풍을 펼치던 거점이었다. 〔참고문헌〕『臨濟錄』(대정장47, p.506c20), 『補續高僧傳』 권19 「慧宗傳」(卍속장134, p.319a2).

홍화출불출 興化出不出 임제의현(臨濟義玄)의 제자로서 동문(同門)인 삼성혜연(三聖慧然)과 홍화존장(興化存奬)이 나고 듦을 말하다. 『법연어록』 권하(대정장47, p.665b13)에 "상당하여 들기를 '홍화 이르길 「나는 사람을 만나면 나가지 않지만, 나간다면 문득 사람을 위한다」라 하자 삼성 이르길 「나는 사람을 만나면 나가지만, 나간다 한들 사람 위할 일 없다」라 하였다'라 한 후 법연이 말했다. '이 두 고덕 한 사람은 문장이 대단히 뛰어났고 한 사람은 무예를 온전히 베풀었다. 홍화가 옳다고 한다면 문장 얻을 수 없고 삼성이 옳다 하면 무예 얻을 수 없다. 이에 대해 가려낼 수 있겠는가? 만약 가려낼 수 있다면 그대들 몸 통째로 바쳐야 하리니, 가려낼 수 없다면 그대들 스스로 따져보라'. 上堂 擧 興化云 我逢人則不出 出則便爲人 三聖道 我逢人則出 出則不爲人 師云 此二古德 一人文章浩渺 一人武藝全施 若道興化是 文亦不得 若道三聖是 武亦不得 還於此辨得出麽 若辨得出 許爾通身是命 若辨不出 爾自相度", 『원오어록』 권18(대정장47, p.796b24)에 "들기를 '삼성이 「나는 사람을 만나면 나가지만, 나가도 사람 위하지 않는다」라고 말하자 홍화가 「나는 사람을 만나면 나가지 않지만, 나간다면 사람을 위한다」라고 말했다' 한 후 원오가 집어 말했다. '한 사람은 고봉 정상에서 머리에 흙 바르고 얼굴에 재를 뒤집어썼고, 한 사람 네거리에서 못과 쇠를 단칼에 잘라버렸으니, 머리도 꼬리도 있고 죽고 살기도 같이 했다고 할 만하다. 말해 보라! 나온즉 사람 위하는 것인가 아닌가?' 불자 세우고 말했다. '만고의 푸른 못에 허공의 달 떴는데, 두 번 세 번 허우적거려야 비로소 응당 알게 되리'. 擧 三聖道 我逢人則出 出則不爲人 興化道 我逢人則不出 出則便爲人 師拈云 一人 在孤峯頂上 土面灰頭 一人 在十字街頭 斬釘截鐵 有頭有尾 同死同生 且道 出則不爲人底是 出則便爲人底是 竪起拂子云 萬古碧潭空界月 再三撈摝始應知", 『대혜어록』 권1(대정장47, p.813a14)에 "묻기를 '삼성이 「나는 사람을 만나면 나가지만, 나가도 사람을 위하지는 않는다」라고 했는데 무슨 뜻입니까?' 대해 말했다. '사람을 죽임에 칼을 쓰지 않는다' '홍화가 「나는 사람을 만나도 나가지 않지만, 나간다면 사람을 위한다」 하니, 또 어떻습니까?' '사람 살리려 어찌 칼 쓰랴?' 問 三聖道 我逢人卽出 出則不爲人 意旨如何 師云 殺人不用刀 進云 興化道 我逢人卽不出 出則便爲人 又作麽生 師云 活人何必劍"라고 하였다. 〔참고문헌〕『法演語錄』, 『圜悟語錄』, 『大慧語錄』.

홍화타중 興化打中 홍화 저 중을 치다. 홍화존장(興化存奬)의 공안으로 나아갈 곳 정해서는 끝내 이를 곳이라고는 없게 되는 뜻이다. 『선문염송설화』 759칙(한불전5, p.569a11)에 "홍화에게 학인이 물었다. '사방팔면에서 무리지어 쳐들어올 때는 어떻게 하시는지요?' '그 중간을 쳐야지'. 그 학인이 절을 올리자 홍화가 말했다. '산승 어제 마을에서 베푸는 공양을 받으러 가는 도중에 거센 바람과 폭우를 만나 오래된 사당에 들어가 몸을 숨겼다'. 〈설화〉 '중간을 치겠다' 한 것은 사방팔면으로는 이를 수 없는 곳이다. … '산승은 어제 ~ 몸을 숨겼다'라 한 것은 중간을 치는 것으로 한 때의 방편을 삼았을 뿐이다. 저 학인 눈동자 붙인 채 오래된 묘 안에서 살림살이 할 뿐이니, 뒤쳐 벗어나야 하리. 興化因僧問 四方八面來時 如何 師云 打中間底 僧禮拜 師曰 山僧昨日 赴个村齋 半路値卒風暴雨 却向古廟裏䙅得過 〈說話〉 打中間底者 四方八面 不到處也 … 山僧昨日云云者 打中間底 是一期方便也 這僧向這裏 着得眼睛 是古廟裏作活計故 也須轉却", "열재거사가 읊는다. '주인공 얻어 알게 된 뒤로는 천만 가지 차별 다 알아 곧바로 이해하네. 설령 삼십삼천으로 떠나더라도, 먹줄치듯 한 길로 통하리라'. 悅齋居士頌 自從識得主人公 萬別千差盡會同 直饒三十三天去 也有如繩一路通"라고 하였다. 〔참고문헌〕『禪門拈頌說話』, 『頌古聯珠通集』 권26(卍속장115, p.323a14), 『宗門拈古彙集』 권26(卍속장115, p.814a1).

홍화험인 興化驗人 홍화가 학인을 점검하다. 홍화존장(興化存奬)이 완타할(盌唾瞎) 네 갈래로 각각 학인을 점검했던 방편을 말한다. 『오가종지찬요』 권상(卍속장114, p.521a7)에 "홍화험인 : 네 가지 그릇(사완)에 네 가지로 침뱉고(사타) 네 가지 눈 멀게 한다(사할). 興化驗人 四盌 四唾 四瞎", "뜨겁게 끓는 그릇인 듯 소리내지 마라. 중하근기의 말일 뿐이다. 밑 빠진 그릇이니 바닥을 알 수 없는 말이다. 둘레가 떨어져 나간 그릇. 함정이 없는 말이다. 그릇 자체. 향상하며 다른 이의 말 밝힌다. 莫熱盌鳴聲 中下機語 盌脫丘 無底語 盌脫曲 無圈繢語 盌 向上明他語", "정면 향해 침뱉기. 귀신의 말이다. 허공 향해 침뱉기. 정혼의 말이다. 등뒤로 침뱉기. 도깨비의 말이다. 지금 그 자리에서 침뱉기. 속히 사라져버릴 말이다. 當面唾 鬼語 望空唾 精魂語 背面唾 魍魎語 直下唾 速滅語", "눈이 멀지 않은 듯할 뿐이다. 말만 알아들을 뿐 말의 주인이 되지 못한다. 참으로 눈이 먼 듯하나 사실은 멀지 않았다. 앞뒤의 말 살피지 않는다.

눈먼 사람. 반드시 사람에 당해 있을 뿐. 눈이 먼 경계. 말이 온 곳마저 떠나지 않는다. 不似瞎 認得語 不作主 恰似瞎 不見前後語 瞎漢 定在當人分上 瞎 不見語之來處"라고 하였다. [참고문헌]『五家宗旨纂要』, 『人天眼目』 권1(대정장48, p.304c17).

흥황사 興皇寺 중국 강소성(江蘇省) 강녕현(江寧縣)에 있는 절. 서량(西涼)의 도맹(道猛)이 유송(劉宋)대인 449년(원가26) 경사(京師)로 와서 동안사(東安寺). 태시년간(465~471) 초에 명제(明帝)가 건양문(建陽門) 밖에 절을 창건하고 도맹을 초빙하면서 이 절의 기원이 되었다. 도맹은 여기서 『성실론』을 강설하였다. 처음 시작하는 날 황제가 친림하였고, 조칙으로 매달 3만전(萬錢)을 주고 관리 4인과 백박리(白簿吏) 20인 그리고 보려(步輿) 1승을 하사하였다. 그 뒤 도견(道堅)·혜란(慧鸞)·혜부(慧敷)·승훈(僧訓)·도명(道明) 등도 주석하였다. 진대인 558년(영정2) 법랑(法朗)이 칙령을 받들고 주석할 당시에는 『화엄경』·『대품반야경』·『사론』 등을 강설하였고, 삼론종(三論宗) 가상대사(嘉祥大師) 길장(吉藏)도 이곳에 주석하였다. 이러한 연유로 흥황이라는 이름이 천하에 알려지게 되었다. [참고문헌]『梁高僧傳』 권7 「道猛傳」(대정장50, p.374a29), 『唐高僧傳』 권7 「法朗傳」(대정장50, p.477b24).

희 喜 ❶ Ⓢ su-manas, saumanasya, prīti. 마음에 맞아 기쁜 자성. 오수(五受) 중 하나일 때는 희수(喜受)라고 하고, 이십이근(二十二根) 중 하나일 때는 희근(喜根)이라 한다. 가령 초정려(初靜慮)와 제2정려(第二靜慮) 및 욕계 등에서는 즐거움의 행상이 추동(麤動)해서 희탐(喜貪)을 갖기에 낙(樂)이라 하지 않고 희라고만 한다. 『대승아비달마잡집론』 권7(대정장31, p.726a24 : *Abh-s-bh.*, p.61)에 "무엇을 희라 하는가? 이미 전의한 이는 전식에 의지해 마음이 기쁘고(悅)·뛰는 듯(踊)하고 마음이 거스름 없어(適)·고르(調)다. 안적(安適)의 수로서 수로 거둔다. '전식의 의지한다'란, 의식에 의지하니 삼마히다위에는 나머지 식이 없기 때문이다. 云何爲喜 謂已轉依者依於轉識 心悅心踊心適心調 安適受受所攝 依於轉識者卽依意識 於三摩呬多位餘識無故 prītiḥ katamā yā parivṛttāśrayasya pravṛtti-vijñānāśritā citta-tuṣṭiḥ cittaudbilyaṃ citta-harṣaḥ citta-kalyatā sātaṃ veditaṃ vedanāgatam", 『유가사지론』 권11(대정장30, p.329a26 : *Samā-bh.*, p.129)에 "희란 바르게 방편을 수습함을 먼저 하기에 아주 기쁘고 적열한 마음으로 뛰는 듯 흔들림을 말한다. 喜者 謂正修習方便爲先 深慶適悅心欣踊性 prītiḥ katamā. yaḥ samyak-prayoga-pūrvako harṣaḥ prītiḥ saumanasyaṃ cittakalyatā", 『성유식론』 권5(대정장31, p.27b1)에 "의식과 상응해서 욕계와 초정려와 제2정려의 근분정에 있을 때는 희라 하니, 단지 마음을 기쁘게 하기 때문이다. 만약 초정려와 제2정려의 근본에 있을 때는 낙이라고도 하고 희라고도 하니, 몸과 마음을 기쁘게 하기 때문이다. 意識相應 若在欲界初二靜慮近分名喜 但悅心故 若在初二靜慮根本名樂名喜 悅身心故"라고 하였다. [참고문헌]『大乘阿毘達磨雜集論』, 『瑜伽師地論』, 『成唯識論』, *Abh-s-bh.*, *Samā-bh.* ⇨ 희수 喜受, 희근 喜根❶ ❷ Ⓢ muditā, Ⓣ dga'-ba. 중생과 함께해서야 기쁜 사무량심(四無量心) 중 하나. 희무량심(喜無量心)을 말한다. 지겸(支謙) 역본 『유마힐경』 권하 「관인물품 觀人物品」(대정장14, p.528b9 : *Vikī-n.*, p.264)에 "(문수사리가 유마거사에게 물었다.) '무엇을 희(喜)라고 합니까?' '중생에게 베풀고서 후회 없는 것입니다'. 何謂爲喜 曰 所以施衆而無悔 katarā punar asya mahāmuditā. āha yad datvāttamanā bhavati na vipratisārī", 구마라집(鳩摩羅什) 역본 『유마경』 권상 「보살품 菩薩品」(대정장14, p.542c20)에 "자비로움이 바로 도량이니, 중생과 같이하기 때문입니다. 크게 연민함이 도량이니, 피곤함과 괴로움을 견디기 때문입니다. 기뻐함이 도량이니, 법에 대해 기꺼워 즐겨하기 때문입니다. 크게 버림이 도량이니, 증오와 갈망을 끊기 때문입니다. 慈是道場 等衆生故 悲是道場 忍疲苦故 喜是道場 悅樂法故 捨是道場 憎愛斷故", 『현종론』 권40(29, p.973b18)에 "타인의 흥성한 일에 대해 마음으로 탐성이 없으며, 다른 이가 획득한 것을 알고서 기뻐하며, 마음으로 뜨겁게 마주해 다스리니 희라 한다. 따라서 이러한 희는 또한 무탐성임을 안다. 於他盛事心不貪著 知他獲得深生欣慰 心熱對治說名爲喜 故知此喜亦無貪性", 『유가사지론』 권44(대정장30, p.535c19 : *Bodh-bh.*, p.166)에 "만약 보살들이 즐거움이 있는 이에 대해 따라 기뻐하는 뛰어난 의요를 일으켜 널리 시방을 연하여 희와 함께하는 마음을 수습하니 이를 희라 한다. 若諸菩薩於有樂者 發起隨喜增上意樂 普緣十方修喜俱心 是名爲喜 sukhitānvā punaḥ sattvānārabhya sukhānumodanādhyāśayo dasaśu dikṣu muditā-sahagataṃ cittaṃ bhāvayati. sāsya muditā"라고 하였다. [참고문헌]『維摩詰經』, 『維摩經』, 『顯宗論』, 『瑜伽師地論』, *Bodh-bh.*, *Vikī-n* · *150.*, *DN.2.186.* ⇨ 희무량심 喜無量心, 사무량심 四無量心 ❸ Ⓢ praharṣa, prīti, saumanasya, Ⓟ pīti. pītimana, Ⓣ dga'. 기쁨. 기뻐함. 『중아함경』 권10 「열반경 涅槃經」(대정장1, p.490c11)에 "무엇을 지(止)의 습(習 Ⓢ samudaya : 集)이라 하는가? 답한다. 희(喜)로 습을 삼고, 희에 또한 습이 있게 해서 습이 없게 하지 않는다. 무엇을 희습이라 하는가? 답한다. 환열이 습이 되고, 환열에 또한 습이 있어 습이 없지 않게 한다. 何謂止習 答曰 喜爲習

喜亦有習 非無習 何謂喜習 答曰 歡悅爲習 歡悅亦有習 非無習",『의족경』 권상「걸탐왕경 桀貪王經」(대정장4, p.175c17 : *Kāma-sutta, Sn.*, p.151)에 "념을 더해 욕을 따르면 이미 있어도 다시 또 바라네. 나날이 더해 기쁘게 되면 따라 자재함을 얻는다네. 增念隨欲 已有復願 日增爲喜 從得自在 kāmaṃ kāmayamānassa tassa cetaṃ samijjhati, addhā pītimano hoti laddhā macco yad icchati",『불소행찬』 권1「처궁품 處宮品」(대정장4, p.4b5 : *Buddh-c.*, p.14)에 "그때 마야부인은 자신이 낳은 아기를 보았네. 단정함이 꼭 하늘 아이와 같고 뭇 아름다움을 모두 갖추었네. 넘치는 기쁨 스스로 이기지 못하며 목숨을 마치고 천상에 오르셨네. 時摩耶夫人 見其所生子 端正如天童 衆美悉備足 過喜不自勝 命終生天上 devī tu māyā vibudharṣikalpaṃ dṛṣtvā viśālaṃ tanayaprabhāvam, jātaṃ praharṣana śaśāka soḍhuṃ tato nivāsāya divaṃ jagāma",『구사론』 권25(대정장29, p.129b16)에 "호법이라 말하는 것은 얻은 바에 기뻐하며 스스로 지켜 보호하는 것을 일컫는다. 言護法者 謂於所得 喜自防護"라고 하였다. [참고문헌]『中阿含經』,『義足經』,『佛所行讚』,『俱舍論』, *Sn., Buddh-c., Abh-k-bh.41·45.* **4** Ⓢ āttamanas. 따라 기뻐하다.『유마경』 권3「보살행품 菩薩行品」(대정장14, p.554c21 : *Vikī-n.*, p.430)에 "그때 저 여러 보살들이 이 법을 듣고 모두 다 크게 환희하였다. 爾時彼諸菩薩 聞說是法 皆大歡喜 atha khalu te bodhisatvā imaṃ nirdeśaṃ śrutvā tuṣṭā udagra āttamanasaḥ",『연도속업경』(대정장17, p.836b2)에 "기꺼움에는 네 가지로 드러나니, 첫째 온화한 얼굴, 둘째 좋은 말, 셋째 경을 설하는 것, 넷째 뜻을 아는 것이다. 喜有四事 一曰 和顔 二曰 善言 三曰 說經 四曰 解義"라고 하였다. [참고문헌]『維摩經』,『演道俗業經』, *Vikī-n.* **5** Ⓢ nandī, Ⓟ nandi, Ⓣ dga'-ba. 갈망(愛)해 얻은 것으로 기뻐함.『잡아함경』 권15(대정장2, p.102c29 : *Atthirāga-sutta, SN.2*, p.101)에 "네 가지 음식이 중생을 이롭게 하여 그들로 하여금 세간에 머무르며 거두어 받아들이며 장양하게 한다. 무엇이 그 네 가지인가? 첫째는 단식, 둘째는 촉식, 셋째는 의사식, 넷째는 식식이다. 有四食資益衆生 令得住世攝受長養 何等爲四 一者摶食 二者 觸食 三 意思食 四者 識食", "만약 비구가 이 사식에 대해 기쁨과 탐욕이 있으면 식이 머무르며 증장한다. 若比丘於此四食 有喜有貪 則識住增長 me kho bhikkhave cattāro āhārā bhūtānaṃ vā sattānam ṭhitiyā sambhavesīnaṃ vā anuggahāya. kabalīkāre ce bhikkhave āhāre atthi rāgo atthi nandi atthi taṇhā patiṭṭhitaṃ tattha viññāṇaṃ virūḷhaṃ",『능가경』 권3(대정장16, p.498a20)에 "무엇이 중생의 어머니인가? 갈망해 다시 생을 받고 탐욕과 기쁨이 함께한다. 마치 어머니를 연으로 서고 무명이 아버지 되어 입처라는 취락에 난다. 이 두 근본 끊는 것을 '부모를 해친다'라고 한다. 云何衆生母 謂愛更受生貪喜俱 如緣母立 無明爲父 生入處聚落 斷二根本 名害父母"라고 하였다. [참고문헌]『雜阿含經』,『楞伽經』, *SN., Laṅk.56., Abh-k-bh.118.* **6** Ⓢ premaṇī. 삼십이종혈맥(三十二種血脈) 중 하나.『대비공지경』 권1「금강부서품 金剛部序品」(대정장18, p.588a11)에 "그 삼십종혈맥은 이렇다. … 스물세 번째는 희(喜)이다. 彼三十二種血脈者 … 二十三者 喜"라고 하였다. [참고문헌]『大悲空智經』, *Ht.4.* ⇨ 삼십이종혈맥 三十二種血脈 **7** Ⓢ prīti. 상키야가 시설한 삼덕(三德) 중 하나인 살타(薩埵 Ⓢ sattva)의 바탕으로서 밝고 기쁜 것.『금칠십론』 권상(대정장54, p.1247c15)에 "희·우·암이 체가 된다 한 것은, 이 삼덕이란 첫째 살타, 둘째 라사, 셋째 다마이다. '희'는 살타의 체이고, 라자는 '우'가 체가 되며, 암치는 다마가 체가 된다. 喜憂闇爲體者 是三德者 一 薩埵 二 羅闍 三 多磨 喜爲薩埵體 羅闍憂爲體 闇癡多磨爲體"라고 하였다. [참고문헌]『金七十論』, *Sāṃkhy-k.14.* ⇨ 살타 薩埵[4], 삼덕 三德[4]

희 噫 탄식하는 소리.『절의론』 권1(대정장52, p.795b1)에 "희란 마음이 아프고 비탄스러움을 표현하는 말이다. 噫者 傷痛悲歎之辭",『원각경대소초』 권1(卍속장14, p.442b2)에 "희는『육운』에 '원통하여 나오는 소리'라고 하였다. 噫者 陸韻云 恨聲也"라고 하였다. [참고문헌]『折疑論』,『圓覺經大疏鈔』.

희 憙 **1** Ⓟ abhijjhālu. 탐해 기꺼워하다.『범지알바라연문종존경』 권1(대정장1, p.877a17)에 "부처님께서 말씀하셨다. '만약 바라문·찰리·전가·공사 이 네 종성이 심히 살생·도둑질·음행·이간질·욕설·망어·참소를 즐겨하는 사람이고, 어리석은 사람과 함께하기를 즐거워하고 진노하기를 즐거워하고 제사를 즐거워한다면, 이러게 행하는 자는 지옥에 떨어지지 않겠는가? 佛言 若有婆羅門 刹利 田家 工師是四種 甚爲憙殺 憙盜 憙婬 憙兩舌 憙惡口 憙妄言 憙讒人 喜與癡人相隨 喜瞋怒 喜祠祀 作是行者 寧墮地獄中不"라고 하였다. [참고문헌]『梵志頞波羅延問種尊經』, *MN.2.150.* **2** 따라 기뻐하다.『중아함경』 권36「상적유경 象跡喩經」(대정장1, p.657b1)에 "만약 말하려 한다면 맑고 유연하여 귀에 순하고 마음에도 들어 기뻐할 만하고 좋아할 만하며, 타인을 안온하게 하고 음성이 모두 명료하여 남에게 두려움을 주지 않는다. 타인을 정(定)을 얻게 한다 하니, 이처럼 말해야 함을 말한 것이다. 若有所言 淸和柔潤 順耳入心 可憙可愛 使他安隱 言聲具了 不使人畏 令他得定 說如是言"라고 하였다. [참고문헌]『中阿含經』.

희 戱 **1** 두려움 없어 자유로움. 『대지도론』 권7(대정장25, p.110c10)에 "희는 자재를 말한다. 마치 사자가 사슴 중에서 자재하여 두려움이 없기에 희라고 한다. 戱名自在 如師子在鹿中 自在無畏 故名爲戱", 위의 책 권94(대정장25, p.717c8)에 "〔문〕 보살이 신통력으로 짓는 모든 것을 어째서 유희라 하는가? 〔답〕 희는 저 마술사가 갖가지로 변화를 드러냄과 같이 보살도 신통으로 갖가지 변화를 보이니 희라고 한다. 問曰 菩薩神通力有所作 何以名遊戱 答曰 戱名如幻師 種種現變 菩薩神通種種現化 名之爲戱"라고 하였다. 〔참고문헌〕 『大智度論』. **2** Ⓟ hasadhamma, hassadhamma. 즐겨 놀다. 『오분계본』 권1(대정장22, p.198a2 : *Sutta-vibhaṅga, Vin.4*, p.112)에 "만약 비구가 물속에서 논다면 바일제다. 若比丘 水中戱 波逸提 udake hasadhamme pācittiyan ti"라고 하였다. 〔참고문헌〕 『五分戒本』, *Vin.* **3** 악작(惡作 Ⓢ kaukṛtya)의 구역어. 후회할 것으로서의 움직임. 『아비담팔건도론』 권2(대정장26, p.779c7)에 "모든 조(調 : 掉擧)는 희와 상응하는가? 희와 상응하지 않기도 한다. 어째서 조는 희와 상응하지 않는가? … 어째서 희는 조와 상응하지 않는가? 〔답〕 불염오심으로 후회(惡悔)를 짓는 희는 조와 상응하지 않는 것이라 한다. 어떻게 조는 희와 상응하는가? 〔답〕 염오심으로 후회를 짓는 희는 조와 상응하는 것이라 한다. 一切調與戱相應耶 答曰 或調不與戱相應 云何調不與戱相應 … 云何戱不與調相應 答曰 不染汚心若所作惡悔戱 是謂戱不調相應 云何調與戱相應 答曰 染汚心所作惡悔戱是謂調戱相應"라고 하였다. 〔참고문헌〕 『阿毘曇八犍度論』. ⇨ 악작 惡作, 혜장 慧障 **4** ➡ 희론 戱論

희각지 喜覺支 Ⓢ prīti-saṃbodhy-aṅga, Ⓟ pīti-sambojjhaṅga, Ⓣ dga′-ba-yang-dag-byang-chub-kyi-yan-lag. 삼십칠보리분법(三十七菩提分法) 중 칠각지(七覺支) 중 하나. 무루(無漏)의 작의(作意)와 상응하는 희(喜). 정법(正法)을 얻어 환희하는 것. 정진각지(精進覺支)에 의지해 일어나며, 희각지에 의지해 경안각지(輕安覺支)를 얻는다. 희등각분(喜等覺分)·희각(喜覺)·희각분(喜覺分)·희각의(喜覺意)라고도 한다. 『법온족론』 권8(대정장26, p.491b23)에 "그는 정진각지에 의지해 수승한 희를 일으켜 애미를 멀리 여의면 그때에 곧 희각지가 일어난다. 희각지를 얻으면 수습하여 원만하게 한다. 그는 희각지에 의지해 … 그때 곧 경안각지를 얻는다. … 그는 이와 같은 육수념(佛法僧戒施天)을 수습할 때에 모든 무루작의와 상응하는 마음의 기쁨과 지극한 기쁨이 현전하니 … 용약·용약성과 환희·환희성을 모두 희라 하고 또한 희각지라 한다. 彼由精進發生勝喜 遠離愛味 爾時便起喜覺支 得喜覺支 脩令圓滿 彼由此喜身心輕安 遠離麤重 爾時便起輕安覺支 … 彼脩如是六隨念時 所有無漏作意相應心欣極欣現前 …踊躍踊躍性 歡喜歡喜性 總名爲喜 亦名喜覺支", 『구사론』 권4(대정장29, p.132b17 : *Abh-k-bh.*, p.55)에 "희와 희에 수순하는 법을 희각지라 한다. 喜及順喜法名喜覺支 prītiḥ prītisthānīyāś ca dharmāḥ prītisaṃbodhyaṅgam", 『구사론기』 권4(대정장41, p.75c3)에 "희는 희수를 말하고, 희에 수순하는 법은 희와 상응하는 법과 희와 동시에 존재하는 법(得과 生住異滅)을 말하니, 이 모두 희각지라 한다. 喜是喜受 順喜法卽是與喜相應俱有等法 皆名喜覺支", 『유가사지론』 권29(대정장30, p.445a4 : *Śrāv-bh.*, p.326)에 "택법각지·정진각지·희각지의 이 셋은 관의 품류로 거둔다. 謂擇法覺支 精進覺支 喜覺支 此三觀品所攝 tatra yaś-ca dharma vinayaḥ. yac-ca vīryaṃ, yā ca prītir-iti-imāni trīṇi vipaśyanāpakṣyāṇi", 같은 책 권30(대정장30, p.864c27)에 "마음을 기쁘게 하고 죄가 없음을 가장 뛰어나게 여기니 이러한 뜻으로 그 희각지는 여보와 같다고 한다. 悅意無罪最爲殊勝 由此義故 其喜覺支猶如女寶"라고 하였다. 〔참고문헌〕 『法蘊足論』, 『俱舍論』, 『俱舍論記』, 『瑜伽師地論』, *Abh-k-bh.*, *Śrāv-bh.* ⇨ 칠각지 七覺支, 삼십칠보리분법 三十七菩提分法

희견보살 喜見菩薩 Ⓢ Priya-darśana-bodhisattva. 약왕보살(藥王菩薩)의 전신인 일체중생희견보살(一切衆生喜見菩薩)의 준말. 일체중생이 그를 기쁜 마음으로 바라보기에 이렇게 부른다. 『대보적경』 권90(대정장11, p.515a8)에 "희견보살이 (부처님께) 말씀드렸다. '저는 모든 중생들에 일체 악구를 베풀 수 있습니다'. 喜見菩薩曰 我能堪任施諸衆生一切樂具", 『대성문수사리보살불찰공덕장엄경』 권하(대정장11, p.917a16)에 "희견보살이 말하였다. '만일 진여를 수행하면서도 진여에 대해 생각하는 것도 없고, 또한 분별하는 것도 없으면, 이것이 심심이고 일상법문이다'. 喜見菩薩曰 若修行眞如而於眞如無所思惟 亦不分別 此是甚深 是卽名爲一相法門"라고 하였다. 〔참고문헌〕 『大寶積經』, 『大聖文殊師利菩薩佛刹功德莊嚴經』, *Śikṣ.124.* ⇨ 일체중생희견보살 一切衆生喜見菩薩, 법주사희견보살상 法住寺喜見菩薩像, 약왕보살 藥王菩薩

희견성 喜見城 Ⓢ Sudarśana. 도리천주(忉利天主)인 제석천(帝釋天 Ⓢ Śakro devānām indraḥ)이 거주하는 성. 도리천 중앙에 있다고 한다. 희견궁(喜見宮)·선견성(善見城)이라고도 한다. 『대지도론』 권31(대정장25, p.290b9)에 "라후아수라왕이 커다란 바다 가운데 서면 무릎이 물위로 나오고, 양손으로 수미산 꼭대기를 가리며, 아래로 도리천의 희견성을 내려다 본다. 羅睺阿修羅王 立大海中 膝出水上 以兩手隱須彌頂 下向觀忉利

天喜見城", 『법화문구』 권2(대정장34, p.23c22)에 "도리는 삼십삼천이라 한역하는데, 사방에 각각 여덟 개의

도리천의 희견성에서 코끼리를 타고 나온 제석천의 군사들
대방광불화엄경권제사십육변상도부분 코리아나화장박물관 1334년

성이 있고, 희견성을 합하면 삼십삼이 되며, 모두 수미산 꼭대기에 있다. 忉利 此翻三十三 四面各八城 就喜見城 合三十三 共居須彌頂"라고 하였다. 〔참고문헌〕『大智度論』, 『法華文句』. ⇨선견성 善見城, 제석천 帝釋天

희견천 喜見天 ❶Ⓢ Sudṛśa, Ⓟ Sudassa. 색계십팔천(色界十八天) 또는 오정거천(五淨居天) 중 하나. 색계 제4선 중 세 번째 천. 선현천(善現天)이라고도 한다. 『화수경』 권1(대정장16, p.129a3)에 "부처님께서 또 신통력을 나타내시자, 이 삼천대천세계의 여러 사천왕·제석 … 희견천 … 아가니타천(Ⓢ Akaniṣṭha : 色究竟天) 등은 모두 부처님의 힘을 받아 왕사성에 이르러 죽원에 나아가 합장하여 부처님께 예를 올리고 한쪽에 물러나 있었다. 世尊 又現神力 令此三千大千世界 諸四天王 帝釋 … 喜見天 … 阿迦膩吒天 皆承佛力 至王舍城 行詣竹園 合掌禮佛 却住一面", 『십주비바사론』 권14(대정장26, p.99b1)에 "무루로 사선의 수승한 생각을 익히고 닦기에 불열천(Ⓢ Atapa : 無熱天)에 태어나고, 무루로 사선의 수승한 생각을 익히고 닦기에 희견천에 태어난다. 以無漏熏 修四禪勝思故 生不熱天 以無漏熏 修四禪勝思故 生喜見天"라고 하였다. 〔참고문헌〕『華手經』, 『十住毘婆沙論』. ⇨선현천 善現天, 색계십팔천 色界十八天❶, 오정거천 五淨居天❶ ❷Ⓢ Sudarśana, Ⓟ Sudassin. 색계십팔천 또는 오정거천 중 하나. 색계 제4선 중 네 번째 천. 선견천(善見天)이라고도 한다. 『대지도론』 권87(대정장25, p.671c21)에 "이러한 계에 의하여 취함이 없으니, 색이나 수상행식, 삼십이상과 팔십수형호, 찰리의 큰 족성, … 사천왕천 … 희견천 … 비유상비무상처천(Ⓢ Naiva-saṃjñā-nāsaṃjñāyatana), … 사다함의 과위 … 천왕의 지위 등을 취하지 않고, 오직 일체중생들을 위하여 그것을 함께 아뇩다라삼막삼보리에 회향한다. 用是戒 無所取 若色 若受想行識 若三十二相 八十隨形好 若剎利大姓 … 若四天王天 … 喜見天 … 非有想非無想處天 … 若天王 但爲一切衆生共之 迴向阿耨多羅三藐三菩提"라고 하였다. 〔참고문헌〕『大智度論』. ⇨선견천 善見天, 색계십팔천 色界十八天❶, 오정거천 五淨居天❶

희겸 喜謙 조선후기 스님. 언양 천성산(千聖山) 석남사(石南寺)에서 오랫동안 주석하였다. 월하계오(月荷戒悟 1773~1849)의 제자로서, 계오가 "희겸의 시가 이 늙은이보다 나은가? 喜謙詩勝老夫否"라 할 정도로 시를 잘 지었으며, 「부화 희겸 附和 喜謙」(『가산고』·한불전10, p.772c24)·「부원수 희겸 附元手 喜謙」(같은 책, p.773a11)·「근정동경윤노하옹 謹呈東京尹老荷翁」(같은 책, p.773b5)이 전한다. 1849년 2월 4일 계오가 입적한 다음 달인 3월에 「월화대화상행장 月荷大和尙行狀」(같은 책 권4·한불전10, p.794b1)을 지었다. 「시문인희겸 示門人喜謙」(같은 책 권4·한불전10, p.794a20)에 "장차 나를 본보기를 남긴 이로 하려거든, 자네의 언어로 수결하여 눈길을 머물고 손으로 어루만져 주어서 아울러 훗날 먹과 먹줄의 기준인 듯 하여주게. 將欲使余貽厥則 師之言語手訣 目寓手撫 而兼後日繩墨者然"라는 스승 유촉을 받들어 유고(遺稿)를 모으고 1852년(철종3)에 해곡노인(海谷老人) 이기연(李紀淵 1783~?)에게 서문을, 해창산인(海蒼山人) 남기항(南基恒)에게 발문을 청탁하여 『가산고』를 간행하였다. 〔참고문헌〕『伽山藁』. ⇨계오 戒悟, 가산고 伽山藁

희구행 喜俱行 초정려(初靜慮)와 제2정려의 모든 삼마지(三摩地). 3삼마지(喜俱行三摩地 樂俱行三摩地 捨俱行三摩地) 중 하나이다. 『유가사지론』 권11(대정장30, p.328c25)에 "세 가지 삼마지가 있으니 희구행삼마지·낙구행삼마지·사구행삼마지를 말한다. 有三種 謂喜俱行 樂俱行 捨俱行", 같은 책 권12(대정장30, p.339a7)에 "어떤 것이 희구행삼마지인가? 초정려와 제2정려의 모든 삼마지를 말한다. 어떤 것이 낙구행삼마지인가? 제3정려의 모든 삼마지를 말한다. 어떤 것이 사구행삼마지인가? 제4정려 이상의 모든 삼마지를 말한다. 云何喜俱行三摩地 謂初二靜慮諸三摩地 云何樂俱行三摩地 謂第三靜慮諸三摩地 云何捨俱行三摩地 謂第四靜慮已上諸三摩地"라고 하였다. 〔참고문헌〕『瑜伽師地論』, 『勸發菩提心集』 권하(대정장45, p.404a10). ⇨사선 四禪❶, 삼삼마지 三三摩地

희근 喜根 ❶Ⓢ saumanasyendriya, Ⓟ somanassindriya, Ⓣ yid-bde-ba'i-dbang-po. 오근(五根 : 五受根) 또는 이십이근(二十二根) 중 하나. 희수(喜受)와 같다. 『잡아함경』 권17(대정장2, p.124a11)에 "어떤 것이 오수인가? 낙근·희근 … 사근을 오수라고 한다.

云何說五受 謂樂根 喜根 … 捨根 是名說五受", 『법온족론』 권10(대정장26, p.499b17)에 "어떤 것이 희근인가? 순희촉으로 생겨나는 마음의 기쁨으로 평등하게 거두는 수에 섭하는 것을 희근이라고 한다. 또 처음 두 정려를 닦음에, 기꺼운 접촉을 순하여 생긴 마음의 기쁨으로 평등하게 거두는 수에 섭하는 것을 희근이라고 한다. 云何喜根 謂順喜觸所生心喜 平等受 受所攝 是名喜根 復次 脩初二靜慮 順喜觸所生心喜 平等受 受所攝 是名喜根"라고 하였다. [참고문헌] 『雜阿含經』, 『法蘊足論』, *Abh-k-bh.37.* ⇨ 희수 喜受, 오수근 五受根, 이십이근 二十二根 ❶ ❷ 범덕왕(梵德王)의 큰 아들. 『불본행집경』 권60(대정장3, p.930a16)에 "내가 생각하건대, 지나간 과거세 중 아주 오랜 옛날에 이곳 바라나성에는 다스려 교화하는 왕이 있었으니, 범덕이라고 하였다. 그때 그 왕에게는 두 아들이 있었으니, … 두 아들 중에 희근이 큰 아들이었는데, 큰 아들은 본성이 착하고 현명하며 온화하였고, 자비심이 많았고, 모든 죄를 두려워하고, 유에 대한 애착을 싫어하여 여의었다. 我念往昔過去世中 久遠之時 還於此處 波羅㮈城 有王治化 名曰梵德 彼王爾時生於二子 … 二子之內 喜根爲大 其大子者 本性調善 賢直柔和 多有慈心 畏懼諸罪 厭離愛有"라고 하였다. [참고문헌] 『佛本行集經』. ❸ ➡ 희근보살 喜根菩薩

희근보살 喜根菩薩 Ⓢ Nityaprahasitapramuditendriya-bodhisattva, Ⓣ Byang-chub-sems-dpa'-sems-dpa'-chen-po rtag-tu-dga'i dgod dbang-po. 일상지(一相智)를 방편으로 장엄한 보엄국토(寶嚴國土)에서 광유일명왕불(光踰日明王佛)이 된 보살비구. 『대지도론』 권6(대정장25, p.107b13)에 『제법무행경 諸法無行經』을 인용하여 "두 보살비구가 있었으니 희근보살과 승의보살이다. 희근법사 용모와 위의가 질직하고, 세속법 버리지도 선악을 분별하지도 않았다. 희근의 제자는 총명하여 법을 좋아하였기에 즐겨 깊은 뜻을 새겨들었다. 그 스승은 욕심을 줄이고 만족함을 아는 것이나 계행과 두타 등을 찬탄하는 일은 없어도, 단지 제법실상이 청정함을 설할 뿐이어서 모든 제자들에게 말했다. '일체제법은 음욕상·진에상·우치상이니, 이 모든 법상이 바로 제법실상이니 걸릴 바가 없다'. 이 방편으로 제자들을 가르쳐 일상지에 들게 하였다. 有二菩薩比丘 一名 喜根 二名 勝意 是喜根法師 容儀質直 不捨世法 亦不分別善惡 喜根弟子 聰明樂法 好聞深義 其師不讚少欲知足 不讚戒行頭陀 但說諸法實相清淨 語諸弟子 一切諸法婬欲相 瞋恚相 愚癡相 此諸法相 卽是諸法實相 無所罣礙 以是方便 教諸弟子 入一相智", "이 희근보살은 지금 동방으로 십만억 불토를 지난 곳에서 부처가 되었는데, 그 국토 보엄이고 불명호는 광유일명왕이다. 是喜根菩薩於今東方 過十萬億佛土作佛 其土號寶嚴 佛號光踰日明王"라고 하였다. [참고문헌] 『大智度論』, 『止觀輔行傳弘決』 권8(대정장46, p.393c27), *Vikī-n.8.*

희기 希奇 Ⓢ āścarya, āścaryādbhuta, ativismaya, Ⓣ ya-mtshan, ngo-mtshar-rmad-du-byung-ba, ya-mtshan-che. 드물고 기특함. 『불본행집경』 권7(대정장3, p.684a19)에 "보살이 도솔타천에서 정념으로 정반왕의 궁전에 내려와 마야부인의 오른쪽 옆구리로 태(胎)에 들어갈 때 큰 빛을 내어 인간과 하늘의 모든 세계를 두루 비추었고, 또 이 대지는 여섯 가지와 열여덟 가지로 진동하였다. 이때 아사타(Ⓢ Asita)선인은 미증유의 희기한 일과 기이한 광명을 보고, 다시 이 땅이 여섯 가지로 진동함을 보고서 마음으로 크게 놀라고 두려워 몸의 털이 다 일어섰다. … 그때 그 선인은 잠깐 동안 생각하고 조용히 머물며 정념과 정정으로 사유하여 알고 난 다음에 기쁜 마음에 펄쩍펄쩍 뛰면서 어쩔 줄 모르다가 이렇게 부르짖었다. '희유한 대성인이시여, 불가사의하구나! 이 세상에 위대한 부가라(Ⓢ pudgala)가 나시겠구다'. 菩薩 從於兜率陀天 正念下至 淨飯王宮 夫人右脇 入於胎時 放大光明 遍照人天一切世界 復此大地具足六種十八相動 時 阿私陀見未曾有希奇之事 異種光明 復見此地六種震動 心大驚怖 毛孔悉竪 … 時 彼仙人 少時思惟 默然而住 正念正定 思惟知已 心生歡喜踊躍無量 不能自勝 作是唱言 希有大聖 不可思議 世間當出 大富伽羅", 『대보적경』 권63(대정장11, p.365a5)에 "저 모든 새들의 왕이 불보전과 당번을 들어 공중에 드러냈습니다. 이 천인들은 드물고 기특하다 여깁니다. 원컨대 양족존께서는 이 뜻을 설해주소서. 彼諸鳥王已供佛 寶殿幢幡空中現 令此天人生希奇 願兩足尊說是義"라고 하였다. [참고문헌] 『佛本行集經』, 『大寶積經』, 『瑜伽師地論』 권46(대정장30, p.545b24), *Daś-bh.62., Bodh-bh.157., Mvyut.245.*

희대 希代 드문 때. 희세(希世)라고도 한다. 세간에서는 보기 드문 것의 뜻이다. 『대반야경』 권1 「대반야경 초회서 大般若經初會序」(대정장5, p.1a6)에 "『대반야경』은 희대의 절창이고 광겁의 세월을 건너는 아득한 나루터이니, 그 빛은 인천을 모두 덮고 진속을 모조리 감싼다. 大般若經者 乃希代之絶唱 曠劫之遐津 光被人天 括囊眞俗", 『범망경보살계본사기』 권상(卍속장95, p.241a16)에 "이 책은 세상에 드문 책으로 타가에서는 소장한 바 없으니, 청컨대 필사해서 속장경에 편입하길 바란다. 此書者 希代之書 而於他家無所藏 請謄寫之 以編入續藏"라고 하였다. [참고문헌] 『大般若經』, 『梵網經菩薩戒本私記』. ⇨ 희유 希有

희도 呬度 Ⓢ Sindhu의 음사어. 인도(印度)를 가리키는 중국 북방 민족의 말. 『사분율명의표석』 권4(卍속장70, p.460a12)에 "그 북방의 호국에서는 유독 성인(부처님)이 계신 곳을 희도라 부른다. 이는 세속에서 통용되는 이름은 전혀 아니며 다만 방언일 뿐이다. 참으로 별다른 뜻은 없다. 서방의 여러 나라에서 이 이름을 듣는다면 대부분 모두 모를 것이다. 其北方胡國 獨喚聖方以爲呬度 全非通俗之名 但是方言 固無別義 西國若聞此名 多皆不識"라고 하였다. [참고문헌] 『四分律名義標釋』.

희락 喜樂 **1** Ⓢ abhinandanā, abhirati, Ⓟ abhinandati, Ⓣ mngon-par-dga'-ba. 기껍고 즐거움. 『대승비분다리경』 권4(대정장3, p.258b5)에 "어떤 중생은 지은 업행으로 수겁이 지나도록 항상 태생의 괴로움을 받아야 하는데, 내가 보리를 이룰 때 나의 명호를 듣고 마음으로 기껍고 즐겁다 하면, 목숨을 마치고 곧 나의 국토에 태어나서 수태중생으로서 지은 일체업행을 다 멸하고 보리를 이룰 때까지 다시는 태생을 받지 않는다. 有衆生 所作業行 應過數劫 常受胎苦 我逮菩提時 聞我名號 心生喜樂者 於彼命終 卽來我國 受胎衆生 其中一切 所作業行 盡彼除滅 乃至菩提際更不受胎生"라고 하였다. [참고문헌] 『大乘悲分陀利經』, *Śrāv-bh.257.*, *Yogā-bh.21.*, *SN.4.36.* **2** Ⓢ prīti-sukha, Ⓣ dga'-ba-dang-bde-ba. 초정려에서 심사를 대치한 후 얻은 이익지(利益支). 『대승아비달마잡집론』 권9(대정장31, p.736b9 : *Abh-s-bh.*, p.79)에 "초정려 중에서 심(尋)과 사(伺) 두 가지는 대치지이니 능히 욕계의 욕에해 등의 심과 사를 끊기 때문이다. 희와 낙의 두 가지는 이익지이다. 심사지로 다스린 다음에 얻은 이생희이다. 심일경성은 저 두 가지가 의지하는 자성지이다. 지와 정력에 의지하여 심 등을 바꾸기 때문이다. 初靜慮中 尋伺二種 是對治支 能斷欲界 欲恚害等尋伺故 喜樂二種 是利益支 由尋伺支 治所治已 得離生喜樂故 心一境性 是彼二所依 自性支 依止定力 尋等轉故 prathame tāvad dhyāne vitarko vicāraś ca pratipakṣāṅgam tābhyāṃ kām avyāpādavihiṃsāvitarkādiprahāṇāt. prītiḥ sukham cānuśaṃsāṅgam. vitarkavicārābhyāṃ pratipakṣite vipakṣe tadvivekajaprītisukhalābhāt. cittaikāgratā tad ubhayaniśrayāṅgam samādhisaṃniśrayabalena vitarkādipravṛtter iti"라고 하였다. [참고문헌] 『大乘阿毘達磨雜集論』, *Abh-s-bh.* **3** 상키야(Ⓢ Sāṃkhya : 數論)에서 세운 삼덕(三德) 중 살타(薩埵 Ⓢ sattva)의 한역어. 『금칠십론』 권중(대정장54, p.1256c3)에 "덕에는 세 가지가 있으니, 즉 희락과 우고(Ⓢ rajas)와 암치(Ⓢ tamas)이다. 이 세 가지는 서로 거스르니, 희락이 증가하면 우고와 암치를 굴복시킨다. 예를 들면 햇빛이 별빛을 제압하는 것과 같다. 德有三種 謂喜樂 憂苦 闇癡 此三互相違 若喜樂增長 則能伏憂癡 譬如日光能伏星火等"라고 하였다. [참고문헌] 『金七十論』, *Sāṃkhy-k.46.* ⇨살타 薩埵**1**, 삼덕 三德**1** **4** 울단월(鬱單越)의 선현지(善現池) 북쪽에 있는 동산 이름. 『기세경』 권1(대정장1, p.315b20)에 "비구들아, 울단월 사람들을 위하여 선현지 북쪽에 다시 동산이 하나 있는데 희락이라 한다. 세로와 너비는 똑같이 1백유순이고, 또한 지키는 이가 없다. 울단월 사람으로서 만약 희락 동산에 들어가 목욕하고 즐기며 쾌락을 누리고 싶을 때는 그 네 곳의 문으로 마음대로 들어가며, 들어가서는 목욕하고 즐기며 쾌락을 누린다. 諸比丘 爲鬱單越人故 於善現池北 復有一苑 名曰喜樂 縱廣正等一百由旬 乃至無有守護之者 鬱單越人 若欲須入喜樂苑中 澡浴遊戲受快樂時 從其四門隨意而入 入已澡浴遊戲受樂"라고 하였다. [참고문헌] 『起世經』. **5** 도솔천궁에 사는 오대신(五大神 : 寶幢 花德 香音 喜樂 正音聲) 중 하나. 『미륵상생경』 권1(대정장14, p.419b15)에 "이때 도설천궁에 오대신이 있으니 … 네 번째 대신의 이름은 희락이다. 몸에서 여의주를 내면 그 낱낱의 구슬이 절로 당기와 번기 위에 머물며 한량없이 부처님과 법과 비구승에게 귀의할 것을 현설하고, 또 오계와 무량한 선법과 제바라밀과 요익하며 권조하는 보리의 뜻을 설하기도 한다. 時兜率天宮有五大神 … 第四大神名曰喜樂 雨如意珠 一一寶珠自然住在幢幡之上 顯說無量歸佛 歸法 歸比丘僧 及說五戒 無量善法 諸波羅蜜 饒益勸助菩提意者"라고 하였다. [참고문헌] 『彌勒上生經』.

희랑 希朗 889~967?. 고려전기 합천 해인사 스님. 속성은 주(朱)씨니, 889년(진성여왕3) 경상남도 거창군 주상면 성기리에서 태어났다. 해인사에서 득도(得度)한 후 주석하였으며, 말년에는 산내 희랑대에서 입적하였다. 1940년 경 강원도 영월군 수주면 사자산(獅子山) 흥녕사(興寧寺)에 있는 「징효대사보인탑비음기 澄曉大師寶印塔碑陰記」에 의하면 원주 희랑장로(院主希朗長老)라고 한 기록으로 보아 한때 흥녕사에 있었음을 알 수 있다. 「해인사고적 海印寺古籍」(『가야산해인사지』 p.62)에 따르면, 신라말 승통 희랑스님이 해인사 주지로 있으면서 화엄신중삼매(華嚴神衆三昧)를 증득하였으며 고려의 태조 왕건(王建)이 해인사에 들어와 희랑스님을 스승으로 섬기면서 견훤군을 물리칠 방법을 청하자, 희랑은 용적대장군 야차왕(勇敵大將軍夜叉王)으로 하여금 화엄성중(華嚴聖衆)을 거느리고 가서 왕건군을 돕도록 명하였다. 그 때 견훤군이 해인사 쪽 하늘을 보니 갑옷을 입고 창검을 든 신병(神兵)이 공중에 가득함을 보고 두려워하여 항복하였고, 태조는 희랑스님께 보은하는 뜻으로 논 500결(結)을 해인사에 헌납하고 당우(堂宇)를 일신 중수하였다고 했다. 이때 희랑스님은 왕건의 복전(福田)이 되었고 해인사의 화엄종을 북악파(北岳派)라 일컬었으며, 관혜(觀惠)스님은 구례 화엄사(華嚴寺)에 주석하며 있었는데 견훤의 복전(福田)이 되어 그의 자문에 응하였으므로 구례 화엄사의 화엄종을 남악파(南岳派)라 하였다. 혁련정(赫連挺)이 지은 『균여전』(한불전4, p.512a1)에 균여는 화엄종 북악(北岳)의 법손으로, 신라말 해인사에 두 화엄사종(華嚴司宗)이 있는데 하나는 관혜이니 백제의 괴수인 견훤의 복전이고, 둘째는 희랑이니 고려조의 창업주인 태조 왕건의 복전이었다고 하였다. 이 무렵 최치원이 천령군(天嶺郡 : 지금의 咸陽郡) 군수로 있었는데 희랑스님의 해인사 화엄법회에 참여하지 못함을 아쉬워하며 축하시를 보내오기도 했다. 해인사 성보박물관에는 스님 생전에 스스로 조성한 자조목좌상(自彫木坐像 : 指定名稱은 海印寺木造希朗大師像이다)이 전한다. 이 상에는 가슴에 직경 3cm, 깊이 약 5cm 정도의 구멍이 뚫려있어 스님이 전생(前生)에 관제국(貫臍國) 또는 흉혈세계(胸穴世界)로부터 왔느니, 또는 왕건의 후원을 받아 해인사를 중흥하느라고 고생이 심하여 가슴이 뚫어졌느니 하는 등의 전설이 전한다. 『일승법계도원통기 一乘法界圖圓通記』 2권・『십구장원통기 十句章圓通記』 2권・『석화엄지귀장원통초 釋華嚴旨歸章圓通鈔』 2권・『화엄경삼보장원통기 華嚴經三寶章圓通記』 2권・『석화엄교분기원통초 釋華嚴教分記圓通鈔』 10권 등을 짓게 되었다라고 하였다. 〔참고문헌〕『韓國金石全文』 中世上 p.345, 李智冠 『伽倻山海印寺誌』, 『均如傳』, 韓贊奭 『陜川海印寺誌』(創人社, 1949) p.49, 『東國輿地勝覽』 권30 陜川郡 佛宇條 海印寺・海印寺 古籍. ⇨ 해인사 海印寺

희련 熙連 ➡ 희련하 熙連河

희련선하 熙連禪河 니련선하(尼連禪河 Ⓢ Nairañjanā)의 다른 이름. 『번범어』 권9(대정장54, p.1044b8)에 "니련선하〈바른 음사어는 니련선나이고, 희련선이라고도 한다. 한역자는 '니는 부정사 불(不), 연선나는 집착을 즐긴다는 뜻의 낙착이다'라고 푼다〉. 尼連禪河〈應云 尼連禪那 亦云 熙連禪 譯者曰 尼 不也 連禪那者 樂著〉"라고 하였다. 〔참고문헌〕『飜梵語』. ⇨ 니련선하 尼連禪河

희련하 熙連河 Ⓢ Hiraṇyavatī. 갠지스강(Ⓢ Gaṅgā)의 지류. 부처님께서 열반하신 구시나게라(拘尸那揭羅 Ⓢ Kuśinagara) 가까이에 흐르는 강. 시뢰나벌지(尸賴拏伐底)로도 음사한다. 40권본 『대반열반경』 권1(대정장12, p.369b16)에 "점파꽃을 희련하에 흩뿌리면서 부처님 처소로 와서는 부처님 발에 이마를 붙이고 예를 표한 다음 한 편에 자리잡고 있었다. 以占婆花 散熙連河 來至佛所 稽首佛足 却住一面", 『번범어』 권9(대정장54, p.1045a11)에 "바른 음사어는 희련야파지이고 금이 있다는 뜻에서 '유금'이라 한역한다. 應云 熙連若婆底 譯曰 有金"라고 하였다. 〔참고문헌〕『大般涅槃經』, 『飜梵語』, *Mp-s.358.* ⇨ 시뢰나벌지 尸賴拏伐底

희론 戲論 Ⓢ prapañca, Ⓣ spros-pa. ❶ 헛되이 논함. 무의미(無意味)하고 무익(無益)한 언설이나 논의. 넓은 의미로는 분별을 말한다. 미혹한 마음으로 일으키는 애론(愛論)과 갖가지 편견에 의한 견론(見論)의 두 가지가 있다. 범부와 천마(天魔)는 애론, 이승(二乘)과 외도(外道)는 견론에 집착한다. 『기세경』 권8(대정장1, p.350a24)에 "비구들이여, 만약 유아라고 생각한다면 이것은 잘못된 생각이며, 이것은 유위이고, 이것은 희론이다. 무아라고 생각한다면 이것도 희론이다. 나아가 색이 있다, 색이 없다, 상(想)이 있다, 상이 없다, 상이 있는 것도 아니고 상이 없는 것도 아니다라고 하는 것도 모두 희론이다. 비구들이여, 모든 희론은 다 병이니, 종기와 같고 부스럼과 같으며 독화살과 같다. 그 중에서 많이 듣고 통달한 지혜로운 거룩한 사람은 이 희론은 모두 허물과 근심임을 알아서 희론이 없는 것을 즐기며, 마음을 지켜 고요히 하고 수행하는 것 많다. 諸比丘 若念有我 則是邪念 則是有爲 則是戲論 若念無我 亦是戲論 乃至有色無色 有想無想 非有想非無想 悉是戲論 諸比丘 所有戲論 皆悉是病 如癰如瘡 猶如毒箭 其中所有多聞聖達智慧之人 知此戲論 諸過患已 樂無戲論 守心寂靜 多所修行", 『순중론』 권상(대정장30, p.41a210)에 "인연생・인연멸을 어찌하여 희론이라고 하는가? 〔답〕 취착하기 때문이다. 순서대로 나아가 열반에 취착하는 것을 여래께서는 역시 부정하셨거늘 하물며 인연에 취착하는 것을 어찌 부정하지 않으시겠는가? 외도인들은 실체에 취착하기에 선도를 잃고 악도를 행하니, 희론은 진실하지 않다. 若因緣生 因緣滅者 云何戲論 答曰 以取著故 次第乃至 取著涅槃 如來亦遮 何況不遮 取著因緣 外道之人 取著體故 失於善道 行於惡道 戲論不實", 『불성론』 권3(대정장31, p.803b17)에 "희론에 셋이 있으니 탐애・아만・제견이다. 이 세 희론은 여래께서 멸하여 이미 다하였으니 무희론으로 사를 삼는다. 희론에 세 가지 뜻이 있다. 능히 어겨 실리를 막음이고, 헛되이 세간을 속임이며, 해탈을 막아 멀리함이니 첫째는 정경을 어기고 둘째는 정행을 어기며 마지막은 정득을 어긴다. 이 세 뜻을 합하여 희론이라 한다. 또 희론에 9종이 있으니 통계아・적계시아・계아응생・계아부갱생・계아유색응생・계아무색응생・계아유상응생・계아무상응생・계아비상비비상응생이다. 戲論有三 一 貪愛 二 我慢 三 諸見 是三戲論 如來滅之已盡故 以無戲論爲事 戲論者 有三義 一 能違碍實理 二 名虛誑世間 三 障隔解脫 初違正境 次違正行 後違正得 合此三義 名爲戲論 又戲論有九種 一 通計我 二 的計是我 三 計我應生 四 計我不更生 五 計我

有色應生 六 計我無色應生 七 計我有想應生 八 計我無想應生 九 計我非想非非想應生",『대일경소』권19(대정장39, p.777c9)에 "희론이란 무엇인가? 예를 들면 세상의 광대가 산란심으로 몸과 입을 여러 가지로 움직여 다만 앞에 있는 사람만을 즐겁게 할 뿐, 진실한 뜻은 없는 것과 같다. 지금 허망한 견해를 짓는 이도 역시 이것과 같기에 희론이라고 하는 것이다. 戱論者 如世戱人 以散亂心 動作種種身口 但悅前人 而無實義 今妄見者 所作者 亦同於彼 故名戱論也"라고 하였다. [참고문헌]『起世經』,『順中論』,『佛性論』,『大日經疏』,『中論』권3(대정장30, p.25b9). ⇨ 프라판차 prapañca, 무희론 無戱論 ❷ 분별심(分別心). 『대승밀엄경소』권3(卍속장34, p.527b4)에 "희론이란 분별심을 말한다. 言戱論者 謂分別心也"라고 하였다. [참고문헌]『大乘密嚴經疏』. ❸ 말(名 Ⓢ nāma)에 의지해서 드러난 온갖 분별. 『중론』권2(대정장30, p.15c29)에 "저 살바다부 무리가 설하길 제법의 상은 제각각이어서 선·불선·무기·유루·무루·유위·무위 등으로 다르다 한다. 이런 이들은 제법 적멸상을 얻을 수 없으니, 부처님 말씀으로 갖은 희론을 짓는다. 如薩婆多部衆說 諸法各各相 是善是不善是無記 是有漏無漏 有爲無爲等別異 如是等人 不得諸法寂滅相 以佛語 作種種戱論",『섭대승론석』권12(대정장31, p.244a3)에 "언설이 없는 가운데서 억지로 언설을 세우기에 희론이라고 한다. 그 언설에는 네 가지가 있으니, 곧 사방이다. 있다고 한다면 곧 증익방이고, 만약 없다고 한다면 곧 손감방이며, 있기도 하고 또 없기도 하다고 한다면 곧 상위방이고, 만약 있지도 않고 없지도 않다고 한다면 곧 희론방이다. 보살은 무분별지를 얻어 언설로 드러내 보일 수 없기에 희론이 없는 무분별이라고 한다. 왜냐하면 세간의 지혜를 벗어나 초월하였기 때문이고, 또한 세간의 지혜로 알 수 있는 것이 아니기 때문이다. 於無言說中 强立言說 故名戱論 言說有四種 卽是四謗 若說有 卽增益謗 若說無 卽損減謗 若說亦有亦無 卽相違謗 若說非有非無 卽戱論謗 菩薩得無分別智 不可以言說顯示故 稱無戱論無分別 何以故 出過世間智故 又非世間智所知故"라고 하였다. [참고문헌]『中論』,『攝大乘論釋』. ❹ 상(相 Ⓢ nimitta)을 따라 이어지는 끝없는 분별. 『중론』권4(대정장30, p.31a2)에 "희론은 억념으로 상을 취해 이것과 저것을 분별함이니, 부처님의 멸이나 불멸 등을 말하지만 이 사람은 희론으로 혜안을 덮기에 능히 여래법신을 볼 수 없다. 戱論 名憶念取相分別 此彼 言佛滅不滅等 是人爲戱論 覆慧眼故 不能見如來法身",『유가사지론』권91(대정장30, p.815a26)에 "저 희론은 사종행상(有 無 異 不異)과 함께 다니기에 사유관찰해도 도리에 응하지 못한다. 마땅히 알지니, 이러면서 능히 없는 뜻을 끌어다 사유분별하여 내뱉은 어언을 희론이라 한다. 由彼戱論俱行四種行相 思惟觀察不應道理 當知 此中 能引無義 思惟分別 所發語言 名爲戱論"라고 하였다. [참고문헌]『中論』,『瑜伽師地論』. ❺ 사성제(四聖諦) 중 집성제(集聖諦). 80권본『화엄경』권12(대정장10, p.60a18)에 "불자들이여, 고집성제를 이 사바세계에서는 속박이라고도 하고 멸괴라고도 하며, 애착의 뜻이라고도 하고 … 그물이라고도 하며, 희론이라고도 하고 수행이라고도 하며 전도의 뿌리라고도 한다. 諸佛子 苦集聖諦 此娑婆世界中 或名 繫縛 或名 滅壞 或名 愛著義 … 或名 網 或名 戱論 或名 隨行 或名 顚倒根"라고 하였다. [참고문헌]『華嚴經』. ⇨ 집성제 集聖諦 ❻ 종자(種子 Ⓢ bīja)의 다른 이름. 『유가사지론』권2(대정장30, p.284c11 : *Yogā-bh.*, p.26)에 "모든 종자는 여러 가지 차별적인 이름이 있는데 계라고도 하고 종성이라고도 하며, 자성이라고도 하고 인이라고도 하며, 살가야라고도 하고 희론이라고도 하며 … 아만소의지처라고도 한다. 諸種子 乃有多種差別之名 所謂名界 名種姓 名自性 名因 名薩迦耶 名戱論 … 名我慢所依止處 bīja-paryāyāḥ punar-dhātur-gotraṃ prakṛtir-hetuḥ satkāyaḥ prapañca … asmimānādhiṣṭhānaṃ cety-evambhāgīyāḥ paryāyā veditavyāḥ"라고 하였다. [참고문헌]『瑜伽師地論』, *Yogā-bh.* ⇨ 종자 種子 ■

희론구 戱論句 Ⓢ prapañca-padāni. 가창(歌唱)이나 풍송(諷頌) 형식의 언설(言說). 『유가사지론』권2(대정장30, p.289b22 : *Yogā-bh.*, p.50)에 "무엇을 중다언설구라 하는가? 이것은 또한 석사구라고도 하고, 희론구라고도 하며, 섭의구라고도 한다. 이와 같은 종류의 많은 차별이 있다. 또 의미를 담고 있는 자모들도 많은 언설구라 한다는 것을 알아야 할 것이다. 云何衆多言說句 謂卽此亦名釋詞句 亦名戱論句 亦名攝義句 如是等類衆多差別 又諸字母能攝諸義 當知亦名衆多言說句 saṃbahulāni vyavahārapadāni katamāni. tāny-eva niruktipadāny-apy-ucyante. prapañcapadāny-arthasaṃgrahapadāni ceti paryāyāḥ. mātṛkevākṣarāṇām-etāni sarvārtha-saṃgrahāya veditavyāni",『유가론기』권1(대정장42, p.331a2)에 "희론구란 가창 등을 말한다. 歌唱 戱論句者 謂歌唱等",『유가사지론약찬』권1(대정장43, p.18b6)에 "희론구란 풍송 등을 말한다. … 또는 희론은 유위법에 관한 구를 말하니, 무위법에는 개념을 상정할 수 없기 때문이다. 또는 가창 등을 희론구라고도 한다. 戱論句者 如諷頌等 … 或戱論 是有爲法句 無爲無名故 或歌唱等 亦是戱論句"라고 하였다. [참고문헌]『瑜伽師地論』,『瑜伽論記』,『瑜伽師地論略纂』, *Yogā-bh.*

희론구종 戱論九種 아홉 가지 희론. 『불성론』권3(대정장31, p.803b22)의 설로, 통틀어 아라고 계탁하는 것(通計我)·이것이 아라고 명확하게 적시하여 계탁하는 것(的計是我)·아는 태어날 것이라고 계탁하는 것(計我應生)·아는 다시 태어나지 않을 것이라고 계탁하는 것(計我不更生)·아는 색계에 태어날 것이라고 계탁하는 것(計我有色應生)·아는 무색계에 태어날 것이라고 계탁하는 것(計我無色應生)·'아'는 유상천(有想天)에 태어날 것이라고 계탁하는 것(計我有想應生)·아는 무상천에 태어날 것이라고 계탁하는 것(計我無想應生)·아는 비상비비상처천에 것이라고 계탁하는 것(計我非想非非想應生)의 아홉 가지를 말한다. 첫째, '통틀어 아라고 계탁하는 것'이란, 오음에 대해 통틀어 아가 있다고 집착하여 여의어야 할 것을 분별하지 못하는 것으로, 오직 집착할 뿐이기 때문이다(一 通計我者 於五陰中 通執有我而不能分別卽離 但漫執故). 둘째, '이것이 나라는 것'은 현세의 오음에 대해 그중 하나의 음을 취해 나라고 생각하는 것이다. '이것'이란 적시하고 구별한다는 뜻으로 결정코 이것은 두 가지 곳에 있으니, 하나는 결정코 현재의 유에 있고, 다른 하나는 하나의 음에 대한 집착에 있다. 이에 '이것'이라 이름한다(二是我者 於現世五陰中 隨取一陰爲我 而言是者 是的別義 定是二處 一定在現世有 二定在一陰上執故名爲是). 셋째, '나는 응당 태어날 것이라고 계탁하는 것'은, 일체의 견해는 유와 무 두 가지를 벗어나지 않는데 '있다'는 견해로 인해 상견을 고집하는 것이다. 없다는 견해도 두 종류가 있으니, 하나는 삿된 견해로 일체는 인도 없고 과도 없다고 하면서 삼세를 모두 부정하는 것이다. 다른 하나는 단견으로, 현세만 있고 미래는 믿지 않는 것이다(三 計我應生者 一切諸見 不出有無二種 由有見故 所以執常 於無見中 復有二種 一 邪見者 謂一切無因無果 並撥三世故 二 斷見者 謂唯有現在 不信未來故). 넷째, '나는 다시 태어나지 않을 것이라고 계탁하는 것'은 단견으로 말미암아 일어난다(四 計我不更生者 此計因斷見起). 다섯째, '나는 색계에 태어날 것이라고 계탁하는 것'이란 욕계와 색계의 두 계에서 색이 나라고 생각하는 것으로, 상견 때문에 일어난다(五 計我有色應生者 於欲色二界中 以色爲我 此執則因常見故起). 여섯째, '나는 무색계에 태어날 것이라고 계탁하는 것'이란 무색계에서 수와 심법을 계탁하여 나라고 하는 것이다. 색이 무너져 사라지는 것을 관하면서도 이 세 가지 법이 멸하지 않는 것은 상견으로 인해 일어난다(六 計我無色應生者 於無色界中 計受心法爲我 觀色壞滅 此三法不滅 因常見故起). 일곱째, '나는 유상천에 태어나리라고 계탁하는 것'이란 삼계에서 무상천과 비상비비상처천을 제외한 나머지 모든 곳에서 유상이 나라고 계탁하는 것이다. 역시 상견으로 인해 일어난다(七計我有想應生者 於三界中 除無想及非想天所餘諸處 並計有想爲我 因常見起). 여덟째 '무상천에 태어나리라고 계탁하는 것'이란, 무상과나 초목 등을 나라고 계탁하는 것으로, 이것은 무상심과 함께 하기 때문이며, 상견으로 인해 일어난다(八計我無想應生者 計無想天及草木等爲我 以同無想心故 由因常見起). 아홉째 '나는 비상비비상처천에 태어나리라고 계탁하는 것'이란, 유정처를 계탁하여 나라고 하는 것이니, 상(想)을 관하는 것을 굴레라고 생각하고 열반에 계탁하는 것을 도랑에 빠지는 것으로 여기는 것이다. 만약 상을 없애지 않으면 해탈할 길이 없는 것은 얽매임이 있기 때문이고, 만약 상을 모두 없앤다면 다시 나를 잃고 열반의 구덩이에 떨어지는 것이 아닐까 두려워한다. 왜 그러한가? 나와 상은 서로 여읠 수 없고, 버릴 수도 없고, 또 버리지 못한 것에 얽매이기 때문이다. 상을 없애려 하므로 비상이라고 하나, 아를 잃을까 두려워 상을 모두 없애지 못하기에 비비상이라고 한다(九 計我非想非非想應生者 此計有頂處爲我 以觀想爲繫縛 計涅槃爲坑塹 若不除想 無由解脫 有繫縛故 若併除想 復恐失我墮涅槃塹 何以故 想與於我不得相離故 不得棄及與不棄爲繫縛故 欲除於想 故名非想 恐失我故 不敢併除故 名非非想). 이와 같은 산란심으로 인해 열반을 얻지 못하므로 이런 것을 희론이라고 한다(由此散亂心不得涅槃故 說此等名爲戲論)라고 하였다. [참고문헌] 『佛性論』·권3(대정장31, p.803b19).

희론사종 戲論四種 유무자타(有無自他)를 분별함. 『중론』 권3(대정장30, p.20a23 : *Pras.*, p.117)에 "만약 어떤 이가 유와 무를 보고 자성과 타성을 보아 이와 같이 한다면, 불법의 진실한 뜻 보지 못하리. 若人見有無見自性他性 如是則不見 佛法眞實義 svabhāvaṃ parabhāvaṃ ca bhāvaṃ cābhāvam-eva ca, ye paśyanti na paśyanti te tattvaṃ buddhaśāsane", "만약 어떤 이가 제법에 깊이 집착한다면 반드시 있다는 견을 구하게 된다. 이 성을 깨뜨리려 저 성을 보고, 저 성을 깨뜨리려 유를 보고, 유를 깨뜨리려 무를 보고, 무마저 파하면 미혹이다. 만약 근기가 예리하고 집착심이 엷다면 온갖 견들이 사라진 안은함을 알기에 더는 네 가지 희론을 일으키지 않는다. 이 사람이야말로 불법의 진실한 뜻을 본다. 若人深著諸法 必求有見 若破自性 則見他性 若破他性則見有 若破有則見無 若破無則迷惑 若利根著心薄者 知滅諸見安隱故 更不生四種戲論 是人則見佛法眞實義"라고 하였다. [참고문헌] 『中論』, *Pras.*

희론식 戲論識 희론하여 헤아리다. 번뇌와 무명으로 굴러 움직이는 식을 말한다. 『석마하연론』 권3(대정장32, p.620b6)에 "이른바 갖가지로 모든 희론하는 식이 갖가지로 반연의 헤아림 일으켜서 일체무량경계를 염려해 안다 한다. 일체경계상으로 미혹해 붙들려서는 버리고 떠나지 못하니, 모두 무명의 기분 때문이다. … 물결쳐 움직인다 한 것은 모든 희론식을 비유하니, 이와 같은 모든 식은 옮기고 움직이며 흘러 구른다. 오고 가며 무상함이 저 바다가 파도치듯 하기 때문이다. 所謂種種

諸戱論識 發起種種 諸攀緣量 慮知一切無量境界 惑著一切境界之相 不捨離 皆是無明之氣分故 … 波動者 喩諸戱論識 如是諸識 遷動流轉 往來無常 如海波故", 같은 책 권3(대정장32, p.622b16)에 "무엇을 세 가지 과실이라 이름하는가. 첫째는 무명염품이니 번뇌애라 하고, 둘째는 근본무명이니 지애라 한다. 셋째는 함께 합하여 구르는 상이니 희론식이라 한다. 云何名爲三種過失 一者無明染品 名煩惱礙 二者 根本無明 名爲智礙 三者 俱合轉相 名戱論識"라고 하였다. [참고문헌] 『釋摩訶衍論』.

희망계 希望戒 Ⓢ āśāsti-śīla, Ⓣ legs-su-smon-pa'i-tshul-khrims. 천계(天界)에 나기를 희망하거나 명예 등을 탐하여 수지(受持)하는 계. 『잡아비담심론』 권8(대정장28, p.933b9)에 "네 가지 종류의 계가 있다. … (첫째) 희망계란 천이나 다른 곳에 나기를 바라기에 계를 수지하는 것을 말한다. 有四種戒 … 希望戒者 謂求生天及餘處故持戒", 『대승본생심지관경천주』 권7(卍속장34, p.431b4)에 "네 가지로 계를 가진다. 첫째는 희망계이니, 희란 희구함을, 망이란 기대함을 말한다. 이를테면 천이나 그 밖의 좋은 곳에 나기를 구하면서 견고하게 금계를 수지하는 것을 말한다. 有四種持戒 一希望戒 希卽希求 望卽期望 謂求生天 及餘善處 堅持禁戒故", 『구사론』 권18(대정장29, p.97c3 : *Abh-k-bh.*, p.273)에 "유여사는 설한다. '계에는 네 가지가 있다. … 둘째는 희망계이니 온갖 존재·높은 지위·많은 재물·공경·명성을 탐하여 정계를 수지하는 경우를 말한다. 有餘師說 戒有四種 … 二 希望戒 謂貪諸有 勝位 多財 恭敬 稱譽 受持淨戒 caturvidhaṃ śīlamity apare … āśāstiśīlaṃ yadbhavabhogasatkāratṛṣṇākṛtam"라고 하였다. [참고문헌] 『雜阿毘曇心論』, 『大乘本生心地觀經淺註』, 『俱舍論』, *Abh-k-bh.* ⇨ 계 戒

희망사차별 希望事差別 육애신(六愛身)으로서의 육근이 자신의 경계를 탐애(貪愛)하여 가애(可愛)와 비애(非愛)의 사(事)에 대해 차별적으로 희망하는 것을 말한다. 팔종유정사차별(八種有情事差別) 중 하나다. 『유가사지론』 권14(대정장30, p.353a23)에 "아·유정·명자·악견 등에 떨어져 있는 중생이 무아를 향해 들어가도록 하기 위해 … 희망사차별 등을 설한다. … 애호할 만한 사(事)에 대해 바라고 화합해서 오래 머무르며 증익하고, 애호할 만하지 않은 사에 대해서는 바라고 화합하지 않고 머무르지 않으며 손감하는 것이다. 爲令墮在我及有情命者見等衆生趣入無我故 … 希望事差別 … 於可愛事 希望和合 久住增益 於非愛事 悕望不合 不住損減", 『유가사지론약찬』 권6(대정장43, p.91c23)에 "희망사차별이란 육애신을 말한다. 또는 육욕이라고도 하니 욕을 자성으로 하기 때문이다. 希望事差別 六愛身也 亦名六欲 以欲而爲自性"라고 하였다. [참고문헌] 『瑜伽師地論』, 『瑜伽師地論略纂』. ⇨ 육애신 六愛身, 애 愛

희망염천 戱忘念天 Ⓢ krīḍā-pramokṣāṇāṃ devānām, Ⓣ lha-rtsed-mo-myos-pa-rnams. 희망천(戱忘天)과 같다. 희망염천(戱忘念天)으로도 쓴다. [참고문헌] 『集異門足論』, 『俱舍論記』, *Abh-k-bh.74.* ⇨ 희망천 戱忘天

희망임지 希望任持 희망해서 임시로 가지는 것. 사식(四食) 중 사식(思食)을 말한다. 『유가사지론』 권64(대정장30, p.657a25)에 "또한 다섯 가지 근들의 대종을 장양함이 있다. … 즉 이러한 장양에는 대략 두 가지가 있다. … (첫째인) 임지의 장양에는 대략 네 가지가 있다. 첫째는 변괴임지이며, 둘째는 희열임지이며, 셋째는 희망임지이며, 넷째는 섭수집취임지이다. 復次有五諸根大種長養 … 卽此長養略有二種 … 任持長養略有四種 一 變壞任持 二 喜悅任持 三 希望任持 四 攝受執取任持", 『유가론기』 권18(대정장42, p.709b28)에 "(사식으로서) 임시로 가져 장양하는 것에는 네 가지가 있으니 변괴하는 것을 통해 임지하는 것은 단식을 말하고 … 희망하는 것을 통해 임지하는 것은 사식을 말하며, 섭수하고 집취하는 것을 통해 임지하는 것은 식식(識食)을 말한다. 任持長養有四 一 變壞任持是段食 … 希望是思 攝受執取是識"라고 하였다. [참고문헌] 『瑜伽師地論』, 『瑜伽論記』.

희망작의 悕望作意 Ⓢ abhinanda-manasikāra, Ⓣ mngon-par-dga'-ba-yid-la-byed-pa. 바라 마지않아서 뜻으로 짓다. 칠종작의(七種作意) 중 하나다. 『대승장엄경론』 권5(대정장31, p.616c2 : *Sūtr.*, p.72)에 "다음으로 이렇게 기억한다. '나는 이제 바르게 성취할 연을 구하겠다'라고. 이를 희망작의라 한다. 次作是念 我今求正成就緣 是名悕望作意 abhinandamanasikāro 'ho bata dānādipratipattyā samyak saṃpādayeyam ity abhinandanāt"라고 하였다. [참고문헌] 『大乘莊嚴經論』, *Sūtr.* ⇨ 칠종작의 七種作意 ❶

희망천 戱忘天 Ⓢ krīḍā-pramokṣāṇāṃ devānām, Ⓣ lha-rtsed-mo-myos-pa-rnams. 몸을 꾸미고 유희하는 데 탐착하여 염(念)을 망실해 죽게 되는 천. 이 천은 육욕천(六欲天) 중 하위 두 천인 지거천(地居天)에 머문다 하고, 욕욕천 중 상위 네 천인 공거천(空居天)에 머문다거나 또는 특히 야마천(夜魔天)에 머문다고도 하며, 공거천 중 특히 야마천(夜摩天)에 속한다고 주장한다. 희망염천(戱忘念天)·유희망염(遊戱忘念)이라고도 하며, 분노로 인해 죽게 되는 천인 의분천(意憤天)에 상대한다. 『대비바사론』 권151(대정장27, p.771b29)에 "어떤 것이 유정으로서 획득한 자체를 자신만이 해할 수 있지 다른 이가 해할 수 없는 경우인가? 욕계에는 희망천이라는 천들이 있는데 수시로 몸을 아름답게 꾸미고 유희하는 데 탐착하여 지나친 시간을 보내기에 피로가 극에 달해 염을 망실해 죽게 된다. 云何有情所得自體可爲自害不爲他害 謂有欲界戲忘諸天 時好嚴身耽著嬉戲過時疲極失念而死", 같은 책 권199(대정장27, p.997b2)에 "셋째는 먼저 희망천에서 죽어 이 세간에 와서 태어난 이는 숙주수념통을 얻었기에 곧 '그 천의 존재들로서 극심한 유희에 빠져 염을 망실하지 않는 이라면 그곳에 항상 머무르지만, 우리들은 앞서 극심한 유희에 빠져 염을 상실해 그곳에서 죽었기에 무상인 것이다'라고 주장한다. … 어떤 이는 '그들은 묘고산의 층급에 머문다'라고 하고, 어떤 이는 '그들은 삼십삼천(三十三天 : 忉利天)이다'라고 한다. 三有先從戲忘天歿來生此間 由得宿住隨念通故便作是執 彼天諸有不極遊戲忘失念者在彼常住 我等先由極戲忘念從彼處歿故是無常 … 有說 彼住妙高層級 有說 彼是三十三天", 『성유식론술기』 권5(대정장43, p.388c29)에 "'희망천 등'이란 총체적 말한 것이니 곧 욕계의 상위 네 천을 말한다. … 만약 『유가사지론』에 의거하면 상위 네 곳의 욕계천에 해당한다. 하위 두 곳의 천은 서로 살해할 수 있는 곳이기 때문이다. 戲忘天等 … 總言卽是欲界上四天 … 若准瑜伽卽上四欲天 以下二天可相殺故"라고 하였다. [참고문헌] 『大毘婆沙論』, 『成唯識論述記』, 『瑜伽論記』 권2(대정장42, p.340a23), *Abh-k-bh.74.* ⇨ 의분천 意憤天

희면천 喜面天 Ⓢ Nandīmukha. 태장만다라 외금강원(外金剛院) 동쪽에 자리한 존격. 이사나천(伊舍那天)의 아들. 종자는 존명의 첫 자에서 온 न(na) 또는 र(ro). 삼매야형은 잔(盃). 존형은 살색 몸에 오른손은 손바닥을 위로 하여 펴고 있고 왼손은 주먹을 쥐고 검지를 편 채 자리에 앉은 모습이다. 수인은 금강합장(金剛合掌). 진언은 '나마 사만타 붓다남 로카로카카라야 사르바 데바 나가 약샤 간다르바 아수라 가루다 긴나라 마호라가디 흐리다야니 아카르샤야 비치트라

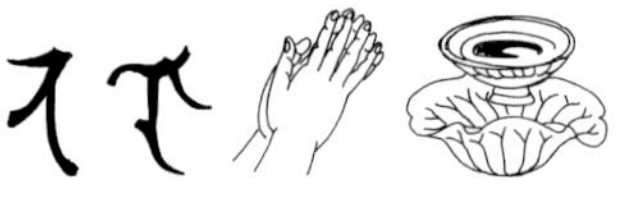

가티 스바하 namaḥ samantabuddhānāṃ lokālokākarāya sarvadeva-nāga-yakṣa-gandharvāsura-garuḍa-kiṃnara-mahoragādi-hṛdayāny ākarṣaya vicitragati svāhā 널리 제불께 귀의합니다. 세간을 비추시는 분, 일체천룡 야차 건달바 아수라 가루라 긴나라 마후라가 마음 내어 제취(諸趣) 비추시는 이여! 스바하'이다. [참고문헌] 『青龍寺儀軌』 권하(대정장18, p.162c26), 『曼荼羅図典』(大法輪閣, 2002).

희무량심 喜無量心 사무량심(四無量心) 중 하나. 모든 중생이 괴로운 번뇌에서 벗어나 즐거움을 얻게 함으로써 그에 따라 환희를 얻는 마음. 『유마경약소』 권5(대정장38, p.631b9)에 "만약 중생에게 중도와 이제를 설해주고 네 가지 기쁨으로 중생을 깨우치게 하여 보살로서의 환희를 얻는다면 희무량심을 성취할 수 있다. 若爲衆生 說中道二諦 四種喜覺衆生 得菩薩慶喜 卽成喜無量心", 『법계차제초문』 권상(대정장46, p.672b24)에 "셋째는 희무량심이다. 남을 기쁘게 하여 즐거움을 얻게 함으로써 일어나는 환희심을 희라 한다. 만약 수행자가 선정에 들어 중생이 괴로움을 벗어나 즐거움을 얻게 하고자 상념하여 환희가 이는 순간 심수법에서 선정이 발생하는데 이를 희정이라 한다. 이렇게 환희와 상응하는 마음에는 분노도 없고 원한도 없으며 원망도 없고 고뇌도 없으니, 잘 수행하고 해탈을 얻어 광대하고 무량한 기쁨이 시방 전체에 두루 가득하게 된다. 이를 희무량심이라 한다. 三喜無量心 慶他得樂 生歡悅心 名之爲喜 若行者於禪定中 念衆生令 離苦得樂 歡喜時 心數法中生定 名爲喜定 是喜相應心 無瞋無恨 無怨無惱 善修得解 廣大無量遍滿十方 是爲喜無量心"라고 하였다. [참고문헌] 『維摩經略疏』, 『法界次第初門』. ⇨ 사무량심 四無量心

희문 喜聞 조선후기 스님. 모계취찰(慕溪取札)의 문인. 1797년(정조21) 팔공산(八公山) 동화사(桐華寺)에서 『인악집』을 판각할 때 글씨를 썼다. 같은 책 권3(한불전10, p.422c19)에 "성상 21년 정사(1797) 7월 윤달에 모계문인 희문이 삼가 씀. 聖上二十一年丁巳流火閏月日慕溪門人喜聞謹書"이라고 하였다. [참고문헌] 『仁嶽集』. ⇨ 인악집 仁嶽集, 취찰 取札

희문 禧文 조선후기 스님. 보제심여(普濟心如 1828~1875)의 출가 스승. 『동사열전』 권6 「보제강백전 普濟講伯傳」(한불전10, p.1065c01)에 "(보제심여는) 어릴 때 두륜산 가선대부 희문화상의 처소로 들어가 머리를 깎았다. 幼入頭輪山嘉善大夫禧文和尙處 剃頭"라고 하였다. [참고문헌] 『東師列傳』.

희문금 喜聞琴 석가모니부처님 재세 시 청신사(淸信士). 『석가보』 권1(대정장50, p.12c20)에 "몸에 불변하는 실체적 자아가 없다고 헤아렸으니 희문금 바라문이다. 計身無我 卽喜聞琴婆羅門"라고 하였다. [참고문헌] 『釋迦譜』, 『增壹阿含經』 권3(대정장2, p.559c21).

희방사 喜方寺 경상북도 영주시 풍기읍 소백산(小白山) 연화봉(蓮花峯) 아래에 있는 절. 옛 이름은 지질방사(池叱方寺)인데, '지질'은 '喜'의 이두라 한다. 대한불교조계종 고운사(孤雲寺)의 말사이다. 861년(경문왕1)에 두운(杜雲)이 태백산 심원암(深源庵)으로부터 와서 작은 암자를 짓고 주석하였다. 어느 날 두운은 절을 찾던 호랑이 목에 걸린 뼈를 빼주자, 그 보은으로 멧돼지 등 선물을 가져오다가 소녀마저 데려왔다. 두운이 계림(鷄林) 재상 유석(兪碩)의 딸임을 알고 돌려보내니, 유석이 인근 군현의 조세를 옮기는 등 단월이 되었고, 863년(경문왕3)에는 사세를 확장하여 희방사라 하였다. 훗날 이를 기린 영파성규(影波聖奎 1728~1812)는 '만물이 기쁘고 사람도 기껍다. 物喜人亦喜'라 하며 창건주 두운과 사명을 칭송하였다. 고려시대 사적은 전하지 않고 조선전기 『동국여지승람』에 이름도 보이지 않지만, 지질방사란 이름으로 1561년(명종16)에는 『묘법연화경요해 *妙法蓮華經要解*』를 개판(開板), 1568년(선조1)에는 『월인석보 月印釋譜』를 중간(重刊), 이듬해 『칠대만법 七大萬法』 등을 개판하였으니, 이에 사세가 활발하였음을 알 수 있다. 1690년(숙종16)에 일지(一指)가 일신중수하고 만일회(萬日會)를 창설한 이후에도, 영파성규는 원일(願一)의 청으로 「염불계서 念佛契序」(『한국사찰전서』 권하, p.1237b1)를 짓고, 나아가 경의(警誼)는 염불당(念佛堂)을 열어 선려(禪侶)가 구름처럼 모여 조석으로 염불소리 끊이지 않았다 하고, 1810년(순조10)에 「중창제단월방함서 重創諸檀越芳啣序」(같은 책, p.1237a8)를 지으니, 긴 세월 정토도량으로서의 면모를 보였다. 1850년(철종1) 화재로 십육전(十六殿)과 요사가 소실되고 1852년(철종3)에 강월(江月)은 요사와 산신각을 중건하였으며, 이듬해 당대의 명필 권돈인(權敦仁)의 글씨로 잠시 '법희사 法喜社' 편액을 걸기도 하였다. 1879년(고종16)에 보간(普侃) 등이 등촉계(燈燭契)를 맺어 밭 3두락을 헌납한 후 불전의 등촉이 꺼지지 않았다. 1899년(광무3)에 법당과 요사를 중수한 해운(海雲)이, 30여 년간 지속된 등촉계 불사의 공덕을 기려 1905년에 「등촉계서문」(같은책, p.1237b19)을 짓고 성책(成冊)하였다. 임자년(壬子年 : 1912년으로 추정)에는 손봉원(孫鳳源)이 「소백산 희방사유지 小白山喜方寺遺誌」(같은 책, pp.1235a13~1237a9)를 지었고, 1927년에 도명(度明)이 요사 뒤쪽으로 영산전을 이건하였다. 6·25전쟁 격전지로 1951년 1월 13일에 전각과 당우는 물론 『월인석보』 등 경판 일부가 불탔지만, 1957년 담화(曇華)주지의 중창으로 오늘에 이르렀다. 현존당우로는 대웅전·지장전·삼성각·요사 등이 있고, 성보문화재로는 1742년(영조18) 승장 해철(海哲)·초부(楚符) 등이 조성하여 단양 대흥사에 있다 옮겨진 동종(銅鐘)이 유형문화재로 지정되었다. 〔참고문헌〕『東國輿地勝覽』, 『韓國寺刹全書』, 『伽藍考』, 『梵宇攷』, 『梓鄕誌』「順興誌」.

희법 *希法* Ⓢ adbhuta-dharma, Ⓣ rmad-du-byung-ba'i-chos, rmad-du-byung-ba'i-chos-kyis-sde. 십이부경(十二部經) 중 하나. 부처님과 제자들의 불가사의하고 신비한 일을 설한 경을 말한다. 아부타달마(阿浮陀達摩)·아부다달마(阿浮多達摩) 등으로 음사하며, 미증유법(未曾有法)·희유법(*希有法*)이라고 한역한다. 『대반야경』 권54(대정장5, p.304c28)에 "'선현아, 보살마하살이 부처님 재세 시나 열반에 드신 다음에도 모든 유정들을 위하여 불법의 가르침을 열어 펴되, 처음과 중간과 끝이 모두 훌륭하고, 글의 뜻이 아름다우며, 순일하고 원만하며, 청백한 범행인 이른바 계경·응송·기별·풍송·자설·연기·비유·본사·본생·방광·희법·논의 이것이 보살마하살이 불법의 가르침을 열고 펼치는 업을 닦는 것이다'. 善現 若菩薩摩訶薩 於佛在世 及涅槃後 爲諸有情 開闡法敎 初中後善 文義巧妙 純一圓滿 淸白梵行 所謂契經 應頌 記別 諷頌 自說 緣起 譬喩 本事 本生 方廣 *希法* 論義 是爲菩薩摩訶薩 修治開闡法敎業", 『대비바사론』 권126(대정장27, p.660b1)에 "희법이란 무엇인가? 모든 경에서 삼보 등의 매우 희유한 일을 설한 것이다. 어떤 논사들은 이렇게 말한다. '모든 제자들이 세존의 희유한 공덕을 찬탄한 것이니, 예를 들면 사리자(Ⓢ Śāriputra)가 세존의 위없는 공덕을 찬탄하고, 존자 경희(Ⓢ Ānanda)가 세존의 매우 희유한 법을 찬탄한 경우와 같다'. *希法云何* 謂諸經中 說三寶等甚*希有事* 有餘師說 諸弟子等 讚歎世尊*希有功德* 如舍利子 讚歎世尊無上功德 尊者慶喜 讚歎世尊甚*希有法*"라고 하였다. 〔참고문헌〕『大般若經』, 『大毘婆沙論』, 『順正理論』 권44(대정장29, p.595a27), *Pañca-pr.1-1.40.*, *Abh-s.78.* ⇨ 아부타달마 阿浮陀達磨, 미증유법 未曾有法, 미증유경 未曾有經❶, 십이부경 十二部經

희사 喜捨 ❶ Ⓢ prīty-upekṣaṇa, vyavasarga-rata, Ⓣ btan snyoms dga', rnam-par gtong-ba la dga'-ba. 기꺼이 일체를 버려 베풀다. 아낌없이 버리고(淨捨)·아낌없이 베푼다(淨施)라고도 한다. 『대승본생심지관경』 권4(대정장3, p.306c6)에 "재물과 이익을 탐하지 않고 항상 기꺼이 베풀기를 닦아 삼보에 공양하니 마음에 싫어함도 만족함도 없고 법을 위하여 몸을 버려도 아까워하거나 애석해하지 않는다. 不貪財利 常修喜捨 供養三寶 心無厭足 爲法捨身 而無悋惜", 『대승보운경』 권6(대정장16, p.273b24)에 "아끼고 인색한 이에게는 기꺼이 버리는 것을 많이 닦게 한다. 於慳惜者 多修喜捨"라고 하였다. 〔참고문헌〕『大乘本生心地觀經』, 『大乘寶雲經』, *Abh-k-bh.383.*, *Mvyut.141.* ❷ 사무량심

(四無量心) 중 희무량심과 사무량심. 『법화현의석첨』 권9(대정장33, p.880c25)에 "희사란, 모든 중생이 이미 두 죽음에서 벗어나 중도의 즐거움을 얻고 환희를 일으켰음을 알지만 그들이 이변에 떨어질까 걱정되어 항상 중생에 대하여 법계상 일으킴을 사라 한다. 言喜捨者 見諸衆生 已離二死 得中道樂 而生歡喜 恐墜二邊 常於衆生 起法界想 名之爲捨"라고 하였다. 〔참고문헌〕『法華玄義釋籤』. ⇨ 사무량심 四無量心

희사귀 希祠鬼 ➡ 구귀 九鬼

희섬 希暹 조선후기 설파상언(雪坡尙彦)의 은사스님. 고창 선운사에 있는 정호 박한영(鼎鎬 朴漢永)스님이 지은 설파대사비문에 따르면 '설파가 19세 때 선운사로 가서 희섬(樊巖 蔡濟恭이 지은 스님의 비문에는 雲暹이라 함) 장로를 은사로, 연봉스님을 계사로 하여 스님이 되었다. 年十九 投禪雲寺 薙髮于希暹長老 受戒于蓮峰和尙'라고 하였다. 〔참고문헌〕「高敞禪雲寺雪坡堂尙彦大師碑文」(智冠『韓國高僧碑文總集 朝鮮朝・近現代』pp.518~525).

희섭 喜燮 1922~1993. 근세 오대산 월정사 스님. 휘는 희섭, 호는 혜원(慧圓), 속성은 성(成)씨이다. 아버지의 휘는 동애(東愛), 어머니는 안씨(安氏)부인이니 1922년 전라남도 장성군 북이면 신월리에서 7남매 중 둘째 아들로 태어났다. 일제치하의 교육이라 취학을 거부하고 향숙(鄕塾)에서 한학을 공부했다. 인간의 정체를 의심하고 있던 중 탁발(托鉢) 나온 스님으로부터 불법을 듣고 발심하여 1946년 25세 때 오대산 상원사(上院寺)로 찾아가 방한암(方漢岩)스님의 제자인 보문현로(普門玄路)스님을 은사로 하여 스님이 되었다. 한암스님에게서 비구계를 받고 탄허(呑虛)스님으로부터 사교과(四敎科)를 수료했다. 그로부터 삼각산 망월사, 덕숭산 수덕사, 영추산 통도사, 가야산 해인사, 순천 송광사 등 선방에서 참선수행을 계속했다. 삼척 영은사(靈隱寺)에서 탄허스님의 법을 이어 받았으니 임제의현의 40대(代)이고 태고보우의 21대이며 환성지안(喚醒志安)의 11대 법손이 된다. 1966년 수원 용주사 주지를 맡아 운허(耘虛)・탄허(呑虛)・관응(觀應)스님 등을 모시고 역경사(譯經師) 양성외호에 진력하였고, 1967년 대구 파계사(把溪寺)주지에, 1972년 대구 임휴사(臨休寺)주지에, 1976년 대구 관음사주지에, 1986년 서울 화장사(華藏寺)주지에 각각 취임하였다. 1992년에는 오대산 월정사회주로 추대되었다. 1993년 9월 17일(음력 8월 20일) 오후 3시 50분에 세수 71, 법랍 47세를 일기로 입적하였다. 가산지관(伽山智冠)이 비문을 짓고 상좌인 태허무관(太虛無觀)스님이 주선하여 2000년 7월에 세운 행적비가 월정사 비림(碑林)에 있다. 〔참고문헌〕「平昌月精寺慧圓堂喜燮大和尙碑文」(智冠『韓國高僧碑文總集 朝鮮朝・近現代』pp.1378~1383).

희수 喜受 Ⓢ saumanasya-vedanā, Ⓟ somanassa-vedanā. 마음에 드는 경계(順境)에 대해 그 마음이 적열(適悅)한 느낌(感受). 욕계・초정려(初靜慮)・제2정려(第二靜慮) 중에 일어나는 기쁨이다. 오수(五受) 중 하나로 수온(受蘊)으로 거둔다. 한편 상좌부에서는 희(喜)와 희수(喜受)를 구별해 희는 별체(別體)의 심소법(心所法)으로서 행온(行蘊)으로 거둔다고 한다. 『대비바사론』 권90(대정장27, p.463a19)에 "희수는 오직 욕계・초정려・제2정려에만 있다. 喜受唯在欲界初二靜慮", 『구사론』 권12(대정장27, p.463a19 : *Abh-k-bh.*, p.190)에 "제2정려는 희수를 내재로 삼으니, 경안과 함께 몸을 침윤하는 것이 마치 수재와 같기 때문이다. (欲界 苦受의 不調柔性으로서) 몸 가득한 추중은 모두 이 극희(極喜)로 없애기 때문이다. 第二靜慮喜受爲內災 與輕安俱潤身如水故 遍身麤重由此皆除故 dvitīye prītir apakṣālaḥ sā ca prasrabdhiyogenaśrayamṛdūkaraṇādapkalpāḥ", 같은 책 권28(대정장29, p.147a1 : *Abh-k-bh.*, p.438)에 "초정려와 제2정려 중에는 낙근이 없기 때문이니 초정려와 제2정려에는 신수로서 낙이 없고 정려 중에 있을 때에는 오식이 없기 때문이며, 심수로서 낙도 없으니, 희가 있다고 설하였기 때문이다. 이 희는 바로 희수(Ⓢ saumanasya)로서, 한 찰나의 마음에 두 가지 수가 같이 움직일 수 없기 때문이다. 初二定中無樂根故 非初二定有身受樂 正在定中無五識故 亦無心受樂 以說有喜故 喜卽喜受 無一心中二受俱行故 dvayor dhyānasamāpattyoḥ sukhendriyāyogāt na hi tat tayoḥ kāyikaṃ yujyate samāpannasya vijñānakāyābhāvāt nāpi caitasikaṃ prītivacanāt prītir hi saumanasyam na ca sukhasaumanasyayor yaugapadyam asti", "(다른 부파에는 희는 희수가 아니라고 한다) 이를테면 따로 희가 있어 (行蘊에 속하는) 심소법이니, (앞의) 세 정려 중의 낙은 모두 희수다. 따라서 희와 희수는 그 체가 각기 다르다. 세 가지 정 중의 낙을 희수라고 하지 않는다. 謂別有喜是心所法 三定中樂皆是喜受 故喜喜受其體各異 非三定樂可名喜受 dharmāntaram eva caitasikaṃ prītih saumanasyaṃ tu triṣv api dhyāneṣu sukham iti tasmād dhi cāryam etat na vai sukhaṃ dhyāneṣu saumanasyaṃ yujyate", 원측(圓測)의 『인왕경소』 권상(대정장33, p.374c9)에 "의식과 상응하는 희수에는 두 가지 용이 있다. 첫째는 몸을 기쁘게 하는 것으로 낙이라 하고, 둘째는 마음을 기쁘게 하는 것으로 희라 한다. 意識相應喜受 有其二用 一令悅身 名之爲樂 二令悅心 名之爲喜"라고 하였다. 〔참고문헌〕『大毘婆沙論』, 『

俱舍論』, 『仁王經疏』, 『顯宗論』 권38(대정장29, p.967a18), 『順正理論』 권79(대정장29, p.769a13), *Abh-k-bh.*, *SN.5.212.* ⇨ 희근 喜根[1], 낙근 樂根

희식 喜食 기쁨의 먹거리. 법에 대해 기쁨을 느껴 자량으로 삼는 것. 출세오식(出世五食) 중 하나로 세간사식(世間四食)과 합하면 구식(九食) 중 하나다. 또 법희식(法喜食)이라고도 하는데 선열식(禪悅食)과 함께 이식(二食)이라 한다. 『증일아함경』 권41(대정장2, p.772b17)에 "저 무엇을 오종식으로 삼아 출세간의 표로 삼는가? 첫째는 선식, 둘째는 원식, 셋째는 염식, 넷째는 팔해탈식, 다섯째는 희식이다. 이를 일러 다섯 가지 식이라 이름한다. 彼云何名爲五種之食 出世間之表 一者禪食 二者願食 三者念食 四者八解脫食 五者喜食 是謂名爲五種之食"라고 하였다. [참고문헌] 『增壹阿含經』. ⇨ 법희식 法喜食, 출세오식 出世五食

희심 喜心 1 Ⓢ prīti, Ⓟ pīti. 기뻐하는 마음. 초정려(初靜慮)와 제2정려(第二靜慮)에서 일어나는 희(喜)를 말한다. 『잡아함경』 권17(대정장2, p.121b3 : *Santaka-sutta*, *SN.4*, p.220)에 "제2선의 정수에 들었을 때에는 각과 관이 적멸하고, 제3선의 정수에 들었을 때에는 희심이 적멸한다. 第二禪正受時 覺觀寂滅 第三禪正受時 喜心寂滅 dutiyaṃ jhānaṃ samāpannassa vitakkavicārā niruddhā honti, tatiyaṃ jhānaṃ samāpannassa pīti niruddhā hoti", 『과거현재인과경』 권3(대정장3, p.638a12)에 "각과 관을 없애는 정이 생겨나 희심에 들어가니 제2선을 얻고, 희심을 버리고 정념을 얻어 낙근을 갖추니 제3선을 얻는다. 除覺觀定 生入喜心 得第二禪 ; 捨喜心 得正念 具樂根 得第三禪"라고 하였다. [참고문헌] 『雜阿含經』, 『過去現在因果經』, *SN.* ⇨ 희 喜[1] 2 Ⓢ muditā, Ⓣ dga'-ba. 기뻐하는 마음. 사무량심(四無量心) 중 희무량심(喜無量心)이다. 『태자서응본기경』 권상(대정장3, p.476c8)에 "일체중생들에게 모두 배고픔이나 목마름·추위나 더위·얻음이나 잃음·허물이나 고난의 근심이 있음을 불쌍하게 여겨 (그들을) 안온하게 하려는 오직 그 마음으로 희심을 일으킨다. 愍傷一切 皆有飢渴 寒暑 得失 罪咎 艱難之患 欲令安隱 以一其意 而起喜心", 『대승장엄경론』 권5(대정장31, p.616c17 : *Sūtr.*, p.72)에 "내가 이제 사무량심을 일으켜서 … 다른 이들의 온갖 바라밀이 현전했을 때에는 희심을 일으킨다. 我今應起四無量心 … 他人諸波羅蜜現前時應起喜心 dānādi-samanvāgateṣu muditāyataḥ", 『미증유인연경』 권1(대정장17, p.580a10)에 "무엇이 네 가지인가? 첫째는 자심, 둘째는 비심, 셋째는 희심, 넷째는 사심이다. 이러한 네 가지를 무량심이라 한다. 何謂爲四 一者慈心 二者 悲心 三者 喜心 四者 捨心 是爲四事 名無量心"라고 하였다. [참고문헌] 『太子瑞應本起經』, 『大乘莊嚴經論』, 『未曾有因緣經』, *Sūtr.* ⇨ 희무량심 喜無量心, 희 喜[2]

희심정 喜心定 Ⓟ muditā ceto-vimutti. 사무량심(四無量心) 중 희심(喜心 Ⓢ Ⓟ muditā)의 정. 부모 등 협소한 유정이나 무량한 유정에 대한 희심을 연(緣)으로 삼는 심해탈(心解脫)을 말한다. 희해심(喜解心)이라고도 한다. 『법온족론』 권7(대정장26, p.487a29)에 "또 희심정에는 두 가지가 있다. 첫째는 협소한 것이고, 둘째는 무량한 것이다. 무엇을 협소한 희심정의 가행이라 하고, 어떻게 가행을 수습해야 협소한 희심정에 들어가는가? 어떤 한 사람이 애호하고 즐거워하며 기뻐하고 마음에 들 만한 유정, 즉 부모·형제·자매와 그 밖의 어떤 친속이나 친구에 대해 협소한 희와 함께하는 마음으로 하여금 머물게 하여 … 협소한 유정이 이익을 획득하는 것을 기뻐하는 것이니 이러한 것들은 이미 협소한 희심정에 들어갔다고 한다. 復次喜心定有二種 一 狹小 二 無量 云何狹小喜心定加行 修何加行入狹小喜心定 謂有一類 於諸可愛可樂可喜可意有情 謂父母兄弟姊妹 及餘隨一親屬朋友 … 令狹小喜俱心住 … 欣慰狹小有情獲益 齊此名爲已入狹小喜心定", "동방 등의 무량한 유정이 이익 얻음을 기뻐하고 … 무량한 유정상들을 사유하니 … 이와 같이 사유하여 쉼 없는 정진을 일으키고 내지 독려하는 마음을 그치지 않으면 이를 무량한 희심정가행이라 하고, 또한 무량희심정에 든다고 한다. 於東方等無量有情欣慰獲益 … 思惟無量諸有情相 … 如是思惟 發勤精進乃至勵意不息 是名無量喜心定加行 亦名入無量喜心定"라고 하였다. [참고문헌] 『法蘊足論』, *DN.3.248.*

희아뢰야 喜阿賴耶 애락흔희(愛樂欣喜)의 네 가지 아뢰야 중 하나다. 『섭대승론석』 권2(대정장31, p.386a8)에 "'희아뢰야'란 미래세에 생겨날 아뢰야식을 좋아하는 것이다. 憙阿賴耶者 憙未來世 當生阿賴耶識"라 하였다. [참고문헌] 『攝大乘論釋』, 『成唯識論』 권3(대정장31, p.15a29). ⇨ 애아뢰야 愛阿賴耶, 사아뢰야 四阿賴耶

희안 *希安* 1 조선 제7대 단종(재위 1452~1455)의 비 정순왕후(定順王后) 송(宋)씨부인이 청룡사(淨業院)로 가서 비구니가 될 때, 시녀 세 명도 함께 비구니가 되었는데, 지심(智心)·계지(戒智)·희안(希安) 이다. 이 중 한 스님은 시봉하였고, 두 스님은 걸가(乞假 : 需要品의 담당)를 맡았다고 한다. [참고문헌] 『朝鮮佛敎通史』 권상 p.397, 『靑龍寺誌』(靑龍寺, 1972) p.66. ⇨ 계지 戒智, 지심 智心[2], 청룡사 靑龍寺[1] 2 조선 스님. 호는 설봉(雪峰). 명필이며 시에도 능통했다. 동악(東岳) 이안눌(李安訥 1571~1637)의 운(韻)을 차(次)하여 지은 스님의 시가 『동악집』 권23 「습유록 拾遺錄」 '재용전운증의현진일희안삼상인 再用前韻贈義賢眞一希安三上人'에 전한다. [참고문헌] 『東岳集』, 『大東詩選』.

희안 晞顔 송대 스님. 봉화(奉化) 출신. 자는 성도(聖徒). 호는 설계(雪溪). 시에 능했다. [참고문헌] 『佛祖統紀』 권16(대정장49, p.234a4), 『補續高僧傳』 권3(卍속장134, p.74a14), 『淨土聖賢錄』 권4(卍속장135, p.265b5), 『新續高僧傳』 권27(대장경보편27, p.229b13).

희양산문 曦陽山門 고려시대 구산선문(九山禪門)의 하나. 경상북도 문경시 가은읍의 희양산 봉암사(鳳巖寺)를 중심 도량으로 성립되었다. 산문의 시조는 신라 하대에 활동한 지증대사(智證大師) 지선(智詵 824~882)이지만 실질적 개창자는 지선의 손제자로 고려전기에 활동한 정진대사(靜眞大師) 긍양(兢讓 878~956)이다. 지선은 중국 선종 제4조 도신(道信)의 법을 계승한 혜은(慧隱)에게 선법을 수학하고, 귀국한 이후 재가제자인 심충(沈忠)이 희양산의 토지를 희사하며 머물기를 요청하자 그곳으로 옮겨 사찰을 창건하고, 881년(헌강왕7)에 국가로부터 봉암사라는 이름도 받았다. 지선의 입적 이후 후삼국의 전란 속에 황폐화되었던 봉암사는 긍양(兢讓)이 주석하면서 주요 선종 사원으로 자리 잡게 되었는데, 긍양은 900년(효공왕4) 중국에 유학하여 곡산도연(谷山道緣)의 가르침을 계승하였고 924년(경애왕1)에 귀국한 후, 희양산에 들어가 퇴락한 봉암사를 중창하고 선법을 크게 펼쳤다. 긍양 이후 봉암사는 상수제자인 형초(逈超)가 이끌었고, 그 문하에서 현종(재위 1009~1031) 때에 왕사로 책봉된 원공국사(圓空國師) 지종(智宗 930~1018)이 배출되었다. 긍양과 지종 등이 왕실의 후원을 받고 활동하면서 고려초 선종의 대표적 산문으로서의 위상을 확실하게 하였다. 971년에 광종은 희양원(曦陽院), 즉 봉암사를 직계 문도들이 대대로 주지를 맡아 운영하는 부동사원(不動寺院)으로 지정하였다. 고려중기 이후 희양산문의 동향은 잘 알려져 있지 않지만 고려말까지 선종의 주요사찰로서의 위상을 유지하였고 무인집권기의 대표적 선승으로 고종 때에 왕사로 추증된 원진국사(圓眞國師) 승형(承逈 1171~1221)이 13세에 이곳에서 출가하였으며 공민왕과 우왕 때의 왕사로서 고려말 간화선풍의 진작을 주도하였던 태고보우(太古普愚 1301~1382)도 이곳에 세 차례 주석하였다. 한편 「봉암사정진대사원오탑비문」에서는 산문의 시조인 지선의 스승을 도신이 아닌 마조도일(馬祖道一)의 법계를 이은 진감선사(眞鑑禪師) 혜소(慧昭 : 비문에는 慧明)로 기록하고 있는데, 이는 도신계 북종선이 쇠퇴하고 마조도일계가 선종 주류가 된 상황을 반영한 것으로 이해되고 있다. [참고문헌] 李智冠 『校勘譯註歷代高僧碑文』 新羅篇 p.280 · 高麗篇1 p.370 · 高麗篇2 p.214, 許興植 「禪宗九山派說의 批判」(『高麗佛敎史研究』, 1986). ⇨지선 智詵[3], 긍양 兢讓, 구산선문 九山禪門

희언 熙彦 1561~1647. 휘는 희언, 호는 고한(孤閑), 속성은 이씨. 꿈에 스님이 발우에 가사를 담아 주는 태몽을 꾼 후 1561년(명종16) 9월 함경도 명천(明川)에서 태어났다. 어려서부터 스스로 머리를 깎고 경율을 연구하다가 덕유산(德裕山)으로 부휴선수(浮休善修)스님을 찾아가 3년간 모시다가 그를 은사로 하여 스님이 되었다. 스님은 평생 동안 좋은 음식 좋은 옷 먹고 입지 않았으며, 단 한 벌 누더기로 씻는 것도 잊은 채 눈 속을 맨발로 다니고 머리는 한 치가 되도록 깎지 아니하였으며, 한두 달 굶어도 전혀 주린 기색이 없었다 한다. 어느 때 서울 돈의문(敦義門 : 서울 서쪽문)을 지나다가 소년 악당 10여명이 에워싸고 '중놈 너는 방도승(訪道僧 : 수도하는 스님)이냐, 아니면 걸반승(乞飯僧)이냐?' 하면서 모래를 파고 묻으려 하는 때 한 신사(信士)가 구출하였는데 온화한 표정으로 '성불하십시오'라고 할 뿐이었다. 이를 본 악당들이 달아나면서 '진짜 수도하는 스님인가보다'라 하였다 한다. 1622년(광해군14) 수원 청계사에서 호국재를 지낼 때, 스님을 증사로 모셨고 이에 광해군이 하사한 금란가사를 그냥 두고 가버리기도 하였다. 1642년(인조20) 벽암각성스님과 같이 팔공산에 수도하던 중 각성스님이 나라의 부름을 받아 서울로 가자 스님은 해인사로 가서 토굴을 짓고 수행하였다. 1643년 속리산으로 옮겨 주석하던 중 1647년(인조25) 11월 13일 "문인 각원을 불러놓고 이르기를, '비록 육미팔진으로 이 몸뚱이 보양하더라도 반드시 끝날 날이 있을 것이다. 위약한 이 몸이 어찌 오래 갈 수 있겠는가? 내 곧 떠나리라' 하였다. 그 달 22일에 이르자 다시 각원을 부르고는 '… 공연히 이 세상에 와서 지옥업만 지었구나. 죽은 내 몸은 숲속에 두어 새와 짐승들이 먹도록 하라' 詔門人覺圓曰 雖六味八珍 養此穢軀 終必有滅 危脆此身 安取久長 吾將逝矣 至其月二十二日 復詔覺圓曰 … 空來世上 特作地獄滓矣 命布骸林麓以 飼鳥獸"고 유언하였다. 세수 87, 법랍 72세를 일기로 입적하였다. 제자들이 유언을 받지 않고 화장한 후 유골을 나누어 팔공산에는 분묘로 모시고, 가야산 국일암 뒤쪽에 부도를 세웠고 속리산에는 탑을 세웠다. [참고문헌] 處能 『大覺登階集』 권2 「孤閑大師行狀」(한불전8, p.331a22).

희연 熙演 [1] 신라 스님. 전라남도 나주시에 있는 불회사(佛會寺)의 전신인 법호사(法護寺)를 중창하였다. 『조선사찰사료』 권상 「불호사중창급단청문 佛護寺重刱及丹靑文」에 의하면 384년(침류왕 원년)에 마라난타(摩羅難陀)가 법호사(法護寺)를 창건하였고 희연이 신라

신문왕(神文王)의 명령을 받아 이를 중창하였다고 한다. 〔참고문헌〕『朝鮮寺刹史料』. ❷ 조선후기 스님. 유점사(楡岾寺)에 거처하였고 윤증(尹拯 1629~1714)과 교류하였다. 『명재유고』 권2 시(詩)에 「증유점승희연 贈楡岾僧熙演」이 전하고 있다. 〔참고문헌〕『明齋遺稿』.

희영 喜永 조선후기 스님. 법호(法號)는 운담(雲潭). 『동사열전』 권6 「운담선사전 雲潭禪師傳」(한불전10, p.1070a1)에 "백하근학선사의 선실에 입실하였다. … 하담찬홍과 동문형제다. … 제자 중 으뜸인 찬일이 뒤를 이어 업적을 쌓았다. 入室於白荷謹學禪師室 與荷潭贊弘 … 與荷潭贊弘 同門兄弟 … 而元弟子贊一繼績"라고 하였다. 〔참고문헌〕『東師列傳』. ⇨ 운담 雲潭 ❹

희오신 喜悟信 희인(喜忍)·오인(悟忍)·신인(信忍)의 삼법인(三法忍)을 가리키는 말. 이 삼법인은 아미타불의 극락정토를 관하여 증득하는 무생법인(無生法忍)의 세 가지 상이다. 『관무량수불경소』 권2(대정장37, p.260c6)에 "이러한 기쁨으로 무생법인을 얻으며, 희인·오인·신인이라고도 한다. 因玆喜故 卽得無生之忍 亦名喜忍 亦名悟忍 亦名信忍", 『정신염불게사견문』 권5(臺灣國圖善本47, p.182b3)에 "이러한 기쁨으로 희인을 얻었다고 한 것은 신심으로 환희하고 이익을 얻었음을 드러낸 것이고, 오인이라 한 것은 부처님의 지혜를 깨달았기 때문이고, 신인이란 바로 신심을 성취한 상이다. 云因此喜 云得喜忍 是顯信心歡喜得益 言悟忍者 悟佛智故 言信忍者 卽是信心成就相也"라고 하였다. 〔참고문헌〕『觀無量壽佛經疏』, 『正信念佛偈私見聞』. ⇨ 삼법인 三法忍 ❷, 무생법인 無生法忍

희옥 熙玉 ❶ 조선후기 스님. 휘는 희옥(熙玉), 호는 대가(待價), 시호는 선의(宣義), 속성은 김씨. 윤눌(潤訥)의 친동생으로서 함께 출가하였다. 임진왜란 때 승병으로 활약한 공으로 팔도승통겸남한도총섭(八道僧統兼南漢都摠攝)의 승직을 받았다. 형인 윤눌은 화엄대선(華嚴大選)이며 판선교(判禪教)로서 임진왜란(1592) 때 이순신 장군의 휘하(麾下)에 부장(副將)으로 있으면서 빼앗겼던 진주성(晉州城)을 탈환하는데 큰 공을 세워 선조로부터 자운대장(慈雲大將)이라는 직함을 받았고, 사후 좌수영의 충무사(忠武祠)에 모시고 제향되었다. 선조가 내린 교지(教旨)는 "증시선의자운대사윤눌친제대가희옥대사 贈諡宣義慈雲大師潤訥親弟待價熙玉大師"이다. 1626년(인조4)에 인조는 희옥대사가 승병을 거느리고 남한산성(南漢山城)의 축성 감독에 공로가 지대하였다면서 내린 교지에는 "전라도총섭석희옥남한산축성시동솔치도진심완역기유공어국가지중극위가가위보은선교융묘도대선사특사의발자. 천계 6년 11월 일. 全羅道摠攝釋熙玉南漢山築城時董率緇徒盡心完役其有功於國家至重極爲可嘉爲報恩善教融妙都大禪師特賜衣鉢者 天啓六年 十一月 日"이라 하였다. 〔참고문헌〕泉隱寺 鄭大夏 撰 「僧門族譜序」(『曹溪山松廣寺史庫』, p.562). ⇨ 윤눌 潤訥 ❷ 1603~1671. 조선후기 금강산 은매사(隱寐寺) 스님. 휘는 희옥, 호는 청소(淸宵), 별호는 광택(光澤)이며 속성은 한씨(韓氏), 본관은 서원(西原 : 淸州의 옛 이름)이다. 어머니의 흰상아코끼리 태몽 이후 1603년(선조36)에 태어났다. 9세 때인 1612년(광해군4) 금강산 은매사로 찾아가 천준(天俊)스님을 은사로 스님이 되었다. 그 뒤 제월경헌(霽月敬軒 1542~1632)의 법을 이었으니 서산휴정(西山休靜 1520~1604)의 손제자(孫弟子)인 셈이다. 20세 때 비구계를 받은 후 9년간 경을 연마한 다음 9년 동안 선을 닦아 선교를 겸통하였다. 제방으로 행각하다가 진주(眞珠)스님의 회상에 머물면서 서래밀지(西來密旨)를 크게 선양하였다. 1624년(인조2) 원주 치악산에 들어갔다가 다시 오대산을 거쳐 다시 제월스님의 회상으로 찾아 갔다. 그 후 태백산·금강산·양평(楊平) 용문산을 거쳐 영천 은해사(銀海寺)로 옮겼다. 1648년(인조26) 40여 명의 제자들과 함께 오대산 보제사(普濟寺)로 들어가 3년간 안거하고 1651년(효종2) 여름 용문사와 여주 묘운사(妙雲寺)를 참배했으며, 1671년(현종12) 봄에 여주(黃驪의 鷺子山)의 은적사(隱寂寺)로 옮겼다. 같은 해(1671) 3월 16일 시자에게 머리카락과 손톱을 깎아달라 한 후 "허공뼈 모두 부셔서, 대지 한 구덩이에 묻어버리니, 한 점 눈부셨던 그 빛남은 어디로 가는 것인가! 산도 물도 고금에 그대로인데. 打破虛空骨 大地一坑藏 一點靈光何處去 諸山流水古今聲"라는 임종게를 쓴 다음 단정히 앉아 입적하였으니 세수 69, 법랍 60세였다. 화장 후 사리 5과가 출현하였으므로 지엄(智嚴)·포제(布濟)·상민(尙敏) 등이 1671년 8월 천안 광덕사(廣德寺) 동쪽 기슭에 사리탑과 행적비를 세웠는데 비문은 유응운(柳應運)이 짓고 낭선군 이우(朗善君李俁 1637~1693 : 宣祖의 열두째 아들)가 썼다. 이 밖에 양평 용문사, 여주 신륵사, 장흥 보림사 등에도 부도가 있다. 〔참고문헌〕「忠清南道寺刹史料集」(『佛教學報』2, pp.15~16), 智冠『韓國高僧碑文總集 朝鮮朝·近現代』 pp.242~243.

희우사 喜憂捨 희수(喜受 Ⓢ saumanasya-vedanā)와 우수(憂受 Ⓢ daurmanasya-vedanā)와 사수(捨受 Ⓢ upekṣā-vedanā)를 말한다. 『구사론』 권10(대정장29, p.57b2 : *Abh-k-bh.*, p.146)에 "이 의근행 열여덟 가지는 무엇인가? 희우사 각각에 대한 여섯 가지 근행을 말한다. 此意近行 十八云何 謂喜憂捨 各六近行 aṣṭādaśa manopavicārāḥ katame ṣaṭ saumanasyopavicārāḥ, ṣaṭ daurmanasyopavicārāḥ, ṣaḍupekṣopa vicārāḥ", 『구사론기』 권39(대정장41, p.57b2)에 "선심과 상응하는 희수·우수·사수는 출리에 대해 의지처가 된다는 의미에서 출리의라 한다. 善喜憂捨與出離爲依名出離依", 『성유식론』 권6(대정장31, p.35a12)에 "분 등 오직 희수·우수·사수와 상응할 뿐이다. 忿等唯喜憂捨三受相應", 같은 책 권7(대정장31, p.36b12)에 "수면 희수·우수·사수와 함께 일어난다. 그 행상이 기쁨과 슬픔과 기쁨도 슬픔도 아닌 것에 공통적으로 일어나기 때문이다. 睡眠喜憂捨受俱起 行通歡慼中庸轉故"라고 하였다. [참고문헌] 『俱舍論』, 『俱舍論記』, 『成唯識論』, *Abh-k-bh.* ⇨ 희수 喜受, 우수 憂受, 사수 捨受, 십팔의근행 十八意近行

희운 希運 ?~850. 당대 스님. 속성 미상. 민현(閩縣: 福建省 福州) 출신. 유년기에 복주(福州) 황벽산(黃檗山)으로 출가한 인연으로 황벽희운이라 불린다. 이마의 살이 구슬처럼 돌출하여 육주(肉珠)라는 호도 있다. 천태산을 유행하다가 후에 경사(京師)로 가서 한 할머니의 지시를 받고 마침내 홍주(洪州)로 가서 백장회해(百丈懷海)를 친견하고 크게 마음의 눈을 뜨고 그 심인을 받으면서 사람들로부터 대승의 그릇이라 칭송받았다. 후에 황벽산에서 직지(直指)와 단전(單傳)의 심요(心要)를 고취하여 사방에서 학인들이 운집하였다. 당시 하동(河東) 절도사 배휴(裴休)가 완릉(宛陵)에 주둔하면서 절을 짓고 맞아들여 설법을 청하였다. 희운은 고향의 산을 너무 그리워한 나머지 주석하는 산마다 모두 황벽이라는 이름을 붙였다. 시호는 단제선사(斷際禪師)이다. 문하에 임제의현(臨濟義玄)·목주도종(睦州道縱) 등 10여 인이 있다. 배휴가 그 어록을 모아 1권으로 완성한 다음 『황벽산단제선사전심법요 黃檗山斷際禪師傳心法要』라는 제명을 달았다. 선가의 주제 중 하나인 심(心)을 자세하게 서술하고 있다. [참고문헌] 『佛祖統紀』 권42(대정장49, p.388b9), 『佛祖歷代通載』 권16(대정장49, p.638c20), 『宋高僧傳』 권20(대정장50, p.842b26), 『景德傳燈錄』 권9(대정장51, p.266a3), 『傳法正宗記』 권7(대정장51, p.753a29), 『聯燈會要』 권7(卍속장136, p.546b1), 『五燈會元』 권4(卍속장138, p.121a14). ⇨ 전심법요 傳心法要

희원 希遠 고려후기 비구니. 진각혜심(眞覺慧諶 1178~1234)의 「월남사진각국사원소탑비문 月南寺眞覺國寺圓炤塔碑文」에 비구니 제자라 적었고, 1213년(강종 2) 조계산 길상사(吉祥社: 송광사)에서 여름안거를 마치고 진각혜심으로부터 받은 「시희원도인 示希遠道人」(『조계진각국사어록』, 한불전6, p.27b15)의 말미 세주(같은 책, p.28b6)에 "숭경 2년 계유(1213) 여름에 희원도인이 청원·종민·요연 등 세 사람과 동행하여 이 절에 와서 구순 동안 법을 듣고 돌아가려 할 때 이 축으로 법어를 구하였다. 崇慶二年癸酉夏 希遠道人 與淸遠宗敏了然等三人 偕行到社 九旬聽法 將歸以此軸 求法語"라고 하였다. [참고문헌] 『曹溪眞覺國師語錄』, 李智冠 『校勘譯註歷代高僧碑文』 高麗篇4 p.153. ⇨ 요연 了然 **2**, 혜심 慧諶

희유 希有 Ⓢ adbhuta, āścarya, atyadbhuta, adbhūtam, Ⓣ rmad-byung, rmad-du-byung-ba. 아주 드물게 있게 된 것. 『대견고바라문연기경』 권상(대정장1, p.209a10)에 "그때 제석천주는 저 천중들을 위하여 두 번째로 여래의 여덟 가지 희유한 법을 설하였다. '또 천자들이여, 여래·응공·정등정각께서 세간에 출현하시어 반드시 아수라 무리들은 줄고 천중들은 늘어나게 하고, 많은 사람들을 이익되고 안락하게 하신다. 이처럼 이익되고 안락하게 함은 희유한 일이다'. 時 帝釋天主 爲彼天衆第二宣說 如來八希有法 復次 諸天子 隨有如來 應供 正等正覺 出現世間 決定損減阿脩羅衆 增益天衆 能令多人利益安樂 如是利樂 是爲希有", 『금강선론』 권5(대정장25, p.830b14)에 "희유란 세간에 없는 것이다. 希有者 世間所無也", 같은 책 권10(대정장25, p.874b25)에 "희유란 세상에 드물지만 없는 것이 아니고, 가끔 있기에 희유라고 한다. 또 제불여래는 늘 중생들을 위하여 설법하시는데, 무슨 까닭에 희유라고 하는가? 즉 이 반야의 이치와 뜻이 깊고 아득하니, 제불의 경계일 뿐이어서, 그 밖의 사람이 알 수 있는 것이 아니기 때문이다. 범부중생과 이승의 적은 수행과 낮은 근기의 사람이 능히 받아들일 수 없으며, 믿는 이를 얻기도 어렵기에 희유라고 한다. 希有者 此非曠世所無 時時而有故 名爲希有 又諸佛如來 常爲衆生說之 何故名爲希有也 明此般若理深旨遠 唯是諸佛境界 非餘人所知故 凡夫二乘小行小根之人 所不能受 以信者難得 故曰希有也", 『십주비바사론』 권15(대정장26, p.103a27)에 "희유하다 함은 모든 보살이 선도를 닦는 것은 다섯 가지 연이어야 하니 희유하다 한다. 첫째 견디어 받을 수 있기 때문이고, 둘째 정진하기 때문이며, 셋째 마음이 굳세기 때문이고, 넷째 지혜롭기 때문이며, 다섯째 과가 있기 때문이다. 希有者 諸菩薩修善道 以五因緣 故名希有 一 堪受故 二 精進故 三 心堅故 四 慧故 五 果故"라고 하였다. [참고문헌] 『大堅固婆羅門緣起經』, 『金剛仙論』, 『十住毘婆沙論』, *Sūtr.33., Lal-v.92., Av-ś.12., Mvyut.245.* ⇨ 사종희유 四種希有, 세간희유 世間希有

희유심 希有心 Ⓢ vismāpanā, Ⓣ ya-mtshan-du-'dzin-par-byed-pa. 보기 드물다고 절감하는 마음. 불가사의(不可思議)로 여기는 마음. 불보살의 말씀이나 신통 등을 체험하고 일의는 마음. 『방광대장엄경』 권5

(대정장3, p.569b23)에 "무상·고·공, 무아·부정, 탐욕이 없는 적멸, 무생지·진지 그리고 열반에 이르기까지 보살의 신통은 음악 안에서 이상과 같은 소리가 나오도록 하여 모든 채녀들이 이 소리를 듣고 나서 희유하게 여기는 마음을 일으켜 환희로 몸이 뛰면서 미증유의 것을 얻었다. 無常苦空 無我不淨 無貪寂滅 無生盡智 乃至涅槃 菩薩神通 令音樂中 出如是聲 諸婇女等 聞是聲已 生希有心 歡喜踊躍 得未曾有", 『불본행집경』 권58(대정장3, p.921b29)에 "그때 석왕 바제리가는 희유하게 여기는 마음과 이전에는 없었던 일이라 생각하는 마음을 일으키며 '이와 같은 일은 불가사의하다'라고 생각하고 다시 '희유하고도 희유하구나, 아니루다(Ⓢ Aniruddha)여! 이와 같이 탁월하고 미묘한 지혜를 지니고 있다니'라고 생각하였다. 爾時 釋王婆提唎迦 生希有心 未曾有心 如此之事 不可思議 又作是念 希有希有 摩尼婁陀乃有如此 勝妙智慧", 『대지도론』 권71(대정장25, p.559a11)에 "수보리가 희유심을 일으켜 부처님께 여쭈었다. '보살들이 번뇌를 끊기 전에는 대비심을 갖추지 못하고 아비발치(Ⓢ avinivartanīya : 不退轉)도 얻지 못하다가 모든 법의 본성이 공함을 알고서 위없는 도를 성취하겠다는 마음을 일으키지만 이 일대사는 성취하기 매우 어려운 것입니다'. 須菩提 發希有心白佛言 諸菩薩未斷煩惱 大悲未具 未得阿鞞跋致 知諸法本性空 而能發無上道心 是事甚難라고 하였다. 〔참고문헌〕『方廣大莊嚴經』, 『佛本行集經』, 『大智度論』, *Bodh-bh.97.*

희유인 希有人 드문 사람. 매우 귀한 사람. 만나보기 지극히 어려운 사람. 40권본 『대반열반경』 권26(대정장12, p.518b22)에서는 우담화(優曇花 Ⓢ udumbara) 피듯이 매우 희유한 두 갈래씩 여섯 무리를 드러냈으니, 악법을 행하지 않는 이와 죄가 있으면 능히 참회하는 이(世有二人 甚爲希有如優曇花 一者 不行惡法 二者 有罪能悔 如是之人 甚爲希有), 은혜를 짓는 이와 은혜를 생각하는 이(復有二人 一者 作恩 二者 念恩), 새로운 법을 물어 수지하는 이와 옛것을 익혀 잊지 않는 이(復有二人 一者 諮受新法 二者 溫故不忘), 새것을 짓는 이와 옛것을 닦는 이(復有二人 一者 造新 二者 修故), 법 듣기를 좋아하는 이와 법을 설하기를 좋아하는 이(有二人 一 樂聞法 二 樂說法), 질문을 잘하는 이와 대답을 잘하는 이이다. 질문을 잘하는 이는 너 자신이고, 대답을 잘하는 이는 여래이시다. 좋은 질문에 의해 무상법륜을 굴리게 되고, 나아가 십이인연이라는 큰 나무를 시들게 하며, 가없는 생사의 큰 강을 건너고, 능히 마왕 파순(Ⓢ māra pāpīyas)과 더불어 싸우되 물리쳐 마침내 그 깃발을 꺾는다(復有二人 一 善問難 二 善能答 善問難者 汝身是也 善能答者 謂如來也 善男子 因是善問 卽得轉于無上法輪 能枯十二因緣大樹 能度無邊生死大河 能與魔王波旬共戰 能摧波旬所立勝幢)고 하였다. 『관무량수불경소』 권4(대정장37, p.278a13)에 "끊임없이 염불하는 것은 매우 희유하여 어떤 것으로도 비견할 수 없기에 분다리화에 비유한다. … 염불하는 이는 사람 중의 좋은 사람·사람 중의 훌륭한 사람·사람 중의 높고 높은 이·사람 중의 드문 이·사람 중의 가장 으뜸인 사람이다. 若能相續念佛者 此人甚爲希有 更無物可以方之 故引分陀利爲喩 … 若念佛者 卽是人中好人 人中妙好人 人中上上人 人中希有人 人中最勝人也"라고 하였다. 〔참고문헌〕『大般涅槃經』, 『觀無量壽佛經疏』.

희이 希夷 ❶ 들을 수도 볼 수도 없어 아득함. 소리도 모양도 없어 잡을 수도 얻을 수도 없는 아득한 경계. 고요하고(希) 평탄해(夷) 함이라고는 없는(無爲) 경계. "보려 해도 보이지 않으니 이라 하고, 들으려 해도 들리지 않으니 희라 한다. 視之不見名曰夷 聽之不聞名曰希"라는 『노자』의 구절에서 유래한다. 『대승장엄경론』 「이백약서 李百藥序」(대정장31, p.589c2)에 "공과 유가 아울러 사라지고, 생도 멸도 함께 잊는다. 분별을 끊자 소리도 색도 없을 뿐이어서, 몸마저 버려 움직임도 고요도 없는 저 밖인 곳이다. 空有兼謝 生滅俱忘 絶智希夷之表 遺形動寂之外", 『금강삼매경론』 권중(대정장34, p.975b7)에 "볼 수도 없고 들을 수도 없다는 말은 무슨 뜻인가? 마음바탕 들을 수도 볼 수도 없다 하니, 볼 수 없어 모양 끊었으니 그려 표함이 아니고 들을 수 없어 소리 밖이니, 말해 가르칠 수도 없다. 無見無聞者 心性希夷 夷故絶色 非像所表 希故絶聲 非教所詮也", 『조론』 「반야무지론 般若無知論」(대정장45, p.153a11)에 "고요하고 평탄한 경계에 묘하게 어울린다. 妙契於希夷之境", 『조론신소』 권중(대정장45, p.213b2)에 "희이의 출전은 『노자』이다. … 여기서는 반야를 비유하니, 이름 떠난 경계를 희라 하고, 모양 떠난 경계를 이라 한다. 希夷出老氏 … 今喩般若 離名曰希 離相曰夷"라고 하였다. 〔참고문헌〕『大乘莊嚴經論』, 『金剛三昧經論』, 『肇論』, 『肇論新疏』. ❷ 고려후기 스님. 수선사(修禪社) 스님. 복천사(福川寺)를 중창하였다. 『무의사시집』 권하 「복천사종명〈병서〉 福川寺鍾銘〈幷序〉」에 의하면 희이가 무신집정자 최우(崔瑀)와 함께 복천사를 중창하고 무게가 천 근(斤)이 되는 종을 주조한 후 혜심(慧諶)에게 종명을 부탁한다고 하였다. 〔참고문헌〕『無衣子詩集』.

희이자선 希夷子禪 희이자 이자현(李資玄 1061~1125)이 『능엄경』에 의지하였기에 나름 이름 붙인 선. 『선문보장록』 권하(卍속장113, p.1003a6)에 "해동 청평산의 진락공 이자현 거사는 『설봉어록』을 보다가 '하늘과 땅이 죄다 사문의 하나뿐인 눈인데 그대 어딜 향해 웅크려 앉았는가'라는 구에 이르렀다. 공은 이 말 아래서 활연히 크게 깨달았다. 출처는 「중수문수원기」. 海東清平山眞樂公 李資玄居士 看雪峰語錄 至曰 盡乾坤是沙門一隻眼 汝向什麽處蹲坐 公於言下 豁然大悟 重修文殊院記"라 하였고, 김부철(金富轍)이 쓴 「청평산문수원기 清平山文殊院記」(『동문선』 권64)에 "(희이자는) 일찍이 문인들에게 말하길, '내가 대장경을 끝까지 다 읽고 여러 책을 두루 펼쳐보았는데 『수릉엄경』이 이내 심종에 들어맞게 인쳤으며 요긴한 길을 밝혀 주었다. 그런데도 선을 배우는 사람들이 여태 읽는 이가 없으니 진실로 안타까울 따름이다'라고 하였다. 그러고는 문하의 제자들에게 보고 익히게 하니, 배우는 이가 점점 많아졌다. 嘗謂門人曰 吾窮讀大藏 徧閱群書 而首楞嚴經 乃符印心宗 發明要路 而禪學人 未有讀之者 良可嘆也 遂令門弟閱習之 而學者寖盛"라고 하였다. 이로써 이자현이 『능엄경』에 의지해 주장한 능엄선(楞嚴禪)을 세간에서 희이자선이라 부르기도 한다. [참고문헌] 『禪門寶藏錄』, 『東文選』. ⇨ 이십오원통 二十五圓通, 이근원통 耳根圓通, 이자현 李資玄, 승형 承逈, 문수원 文殊院❷, 청평사 清平寺

희인 喜忍 기쁨을 견뎌 깨우치는 마음. 무생법인(無生法忍)의 세 가지 이름인 삼인(三忍) 중 하나다. 아미타불국토를 보고 환희에 넘칠 때에 얻는 무생법인. 『관무량수경』(대정장12, p.341c18)에 "여래께서 지금 위제희(Ⓢ Vaidehī)와 미래세의 일체중생이 서방극락세계를 보게 하시니, 불신력으로 저 청정국토를 보았으니, 마치 거울로 스스로의 얼굴을 비춰 보듯 하였다. 그리하여 저 국토의 미묘하고 즐거운 일을 보고는 마음이 환희하여 곧 무생법인을 얻는다. 如來 今者 教韋提希 及未來世 一切衆生 觀於西方極樂世界 以佛力故 當得見彼 清淨國土 如執明鏡 自見面像 見彼國土 極妙樂事 心歡喜故 應時卽得 無生法忍", 『관무량수불경소』 권2(대정장37, p.260c5)에 "'마음이 환희하여 무생법인을 얻는다'란, 아미타불국토의 청정광명이 홀연히 눈앞에 나타나니, 뛸듯한 기쁨을 어찌 이길 수 있겠는가? 이런 기쁨으로 곧 무생법인을 얻으니, 희인이라고도 오인이라고도 신인이라고도 한다. 言心歡喜故得忍者 此明阿彌陀佛國 清淨光明 忽現眼前 何勝踊躍 因兹喜故 卽得無生之忍 亦名喜忍 亦名悟忍 亦名信忍"라고 하였다. [참고문헌] 『觀無量壽經』, 『觀無量壽佛經疏』. ⇨ 삼법인 三法忍❷, 무생법인 無生法忍

희족 喜足 ❶ Ⓢ saṃtuṣṭi, saṃtuṣṭa, Ⓣ chog-shes-pa, chog-pa. 기껍고 족함. 기꺼이 채웠다 여겨 부족함이 없음. 『구사론』 권22(대정장29, p.117a2)에 "몸이 청정해지는 것은 대략 세 가지 인에 의지한다 … 둘째는 희족해 욕심이 없다 … 희족이란 말은 기쁘게 만족하지 않음이 없는 것을 말한다 … 희족소욕은 삼계와 무루에 통한다 … 희족소욕의 바탕은 무탐이다. 身器清淨略由三因 … 二 喜足少欲 … 言喜足者無不喜足 … 喜足少欲通三界無漏 … 喜足少欲體是無貪", 『유가사지론』 권25(대정장30, p.421c28 : *Śrāv-bh.*, p.157)에 "무엇을 희족이라 하는가? 어떤 하나의 의복·음식·와구 등의 것들에 대해 곧바로 환희하고 지족함을 바르게 알며, 아직 얻지 못한 모든 의복에 대해 거칠든 좋든 간에 더 이상 희망하거나 생각하는 일이 없으며, 이미 얻은 것에 대해 물들거나 애착하지 않으니 … 이를 희족이라 한다. 云何喜足 謂於隨一衣服飲食臥具等事 便生歡喜生正知足 於所未得所有衣服或麤或妙 更無悕望更無思慮 於所已得不染不愛 … 是名喜足 kathaṃ saṃtuṣṭo bhavati. itaretareṣu cīvarapiṇḍapātena śayanāsanena tuṣṭo bhavati saṃtuṣṭaḥ sa labdhvā cīvaraṃ lūhaṃ vā praṇītamvā notkaṇṭhati. na paritasyati. labdhvā ca punaḥ araktaḥ paribhuṃkte … evaṃ tuṣṭo bhavati"라고 하였다. [참고문헌] 『俱舍論』, 『瑜伽師地論』, *Śrāv-bh.*, *Abh-k-bh.335.* ⇨ 소욕지족 少欲知足 ❷ Ⓟ santi-pada. 적정의 경지. 『의족경』 권하(대정장2, p. 184, b12 : *Tuvaṭaka-sutta*, *Sn.*, p.179)에 "현신으로서 태양의 후예(兪日)께 멀리해서 더없이 고요하고 기꺼워 족함에 묻고자 합니다. 어떻게 보고 익혀야 저 적멸을 얻어 실로 세간의 있는 것이라고는 받지 않을 수 있습니까? 願問賢神兪日 遠可靜大喜足 從何見學得滅 悉不受世所有 pucchāmi taṃ ādiccabandhuṃ vivekaṃ santipadañ ca mahesiṃ, kathaṃ disvā nibbāti bhikkhu anupādiyāno lokasmiṃ kiñci"라고 하였다. [참고문헌] 『義足經』, *Sn.*

희족천 喜足天 Ⓢ Tuṣita, Ⓟ Tusita. 도솔천(兜率天)의 번역어. 『대반야경』 권561(대정장7, p.896c7)에 "또 선현이여! 모든 보살로서 이와 같은 수승한 공덕을 성취한 이는 선세에 이미 희족천에서 자씨보살을 모시고 공양하면서 깊은 반야바라밀다를 듣고 그 깊디깊은 의미를 묻고자 해서, 저곳에서 죽어 세간에 났다. 復次善現 有諸菩薩成就如是殊勝功德 先世已於喜足天上 承事供養慈氏菩薩 聞深般若波羅蜜多 請問其中甚深義趣 從彼處沒來生此間", 『삼미륵경소』(대정장38, p.305c7)에 "도솔타천은 온전히는 도사다제바인데 지족천 또는 희족천으로 한역한다. 言兜率陀天者 具言都史多提婆 此云知足天 亦名喜足天", 『무량수경련의술문찬』 권상(대정장37, p.135a10)에 "도사다제바는 희족천인데, 제불께서는 항시 중도를 행하시기에 보살들은 모두 이 하늘에 난다. 覩史多提婆此云喜足天 諸佛常行中道故諸菩薩皆生此天"라 하였다. [참고문헌] 『大般若經』, 『三彌勒經疏』, 『無量壽經連義述文贊』, *Aṣṭ-pr.43.* ⇨ 도솔천 兜率天

희준 曦峻 조선중기 스님. 「증희준선덕 贈曦峻禪德」(『벽송당야로송』·한불전7, p.384b24)에 "도를 배우려면 먼저 뛰어난 경을 구해야 하니, 뛰어난 경이란 단지 나에게 있는 마음머리라네. 느닷없이 집안 길 돌아다니다가 문득 고개 돌려 먼 하늘 기러기 나는 가을 만나네. 學道先須究聖經 聖經只在我心頭 驀然踏著家中路 回首長空落鴈秋"라고 하였다. [참고문헌] 『碧松堂野老頌』.

희진 喜璡 1917~1979. 대한불교조계종 스님. 탄허(呑虛)스님이 짓고 서울 돈암동 적조암(寂照庵)에 세운 스님의 행적비와 스님의 저서인 『삼처전심』 중 년보에 따르면, 법명은 경산(京山·慶山), 호는 학월(鶴月), 속명은 희진(喜璡), 속성은 손(孫)씨라 하였다. 법명이 희진이라 하기도 하지만, 속명임이 분명하다. 1917년 6월 21일(음력 5월 3일) 함경북도 북청군 양화면 호만포리서 태어났다. 북청농고를 졸업하고, 1936년 19세 때 금강산 유점사로 찾아가 수암(秀庵)스님을 은사로 하고 해운(海雲)스님을 계사로 하여 사미계를 받고 스님이 되었다. 1940년 4월 유점사 강원에서 대교과를 졸업하였고, 1945년 부산 범어사 금강계단에서 동산(東山)스님으로부터 비구계와 보살계를 받았다. 그로부터 금강산 마하연·오대산 상원사·부산 범어사·덕숭산 정혜사·통도사 극락암 등 제방선원으로 다니면서 당대의 선지식인 조실을 모시고 부지런히 수행하였다. 1949년 8월 2일 대덕법계를 받았으며, 1955년 8월 20일 조계종 중앙종회의원에 당선되었고, 1958년 5월 10일 조계종 총무원 교무부장에 취임하였으며, 1962년 학교법인 동국학원 이사장에 취임, 1963년 7월 1일 조계종 총무원장에 당선되었다. 1972년 1월 25일 대구 동화사(桐華寺) 주지에 취임하였고, 1973년 1월 25일 조계종 총무원장에 재선(再選)되었다. 1974년 한국 종교협의회회장에, 1975년 한국불교연합회회장에, 1976년 한국반공연맹 이사에 각각 피선되었다. 1977년부터 서울 성북구 성북동 성라수도원(星羅修道院) 조실에 추대되었고, 1978년 조계종중앙종회 의장에 피선되었으며, 1979년 11월 30일 제19대 조계종 총무원장에 피선되었으니 세 번째 총무원장직을 맡은 셈이다. 저서는 『삼처전심』 1권을 남겼다. 같은 해 12월 25일(음력 11월 7일) 오전 6시 서울 돈암동 적조암에서 세수 63, 법랍 42세를 일기로 입적하였다. 수유리 화계사(華溪寺)에서 화장한 후 사리 348과(顆)가 나왔으므로 탄허(呑虛)스님이 비문을 짓고 써서 1982년에 세운 비가 적조암에 있다. [참고문헌] 『三處傳心』, 智冠 『韓國高僧碑文總集 朝鮮朝·近現代』 pp.1350~1352. ⇨경산 京山

희찬 喜讚 1919~1983. 스님의 휘는 희찬이고, 호는 만화(萬化), 속성은 장(張)씨. 아버지의 휘는 원국(源國), 어머니는 능성주씨(陵城朱氏)니 1919년 7월 1일 평안북도 덕천군 풍덕면 풍덕리에서 장남으로 태어났다. 어려서부터 14세까지 고향 서당에서 유서를 공부하다가 불교경전을 보고 발심하여 21세 때인 1938년 2월 오대산 상원사로 찾아가 행자생활을 하다가 그 해 5월 8일 탄허(呑虛)스님을 은사로 하여 스님이 되었다. 그로부터 스님을 시봉하면서 대교과를 졸업하고, 1945년부터 상원사 총무로 대중외호를 하였으며, 1950년 6·25전쟁 때에도 방한암(方漢巖)스님을 모시고 끝내 오대산을 지키면서 한암스님의 임종을 지킨 효손상좌이기도 하다. 1953년부터 오대산 상원사 주지에, 1956년부터 월정사 주지에 취임하여 사찰정화에 전력을 다하였고, 1959년 월정사 주지에 재임하여 6·25전쟁 때 전소된 대웅전을 소실되기 전보다 더 웅장하게 복구하였다. 1970년 8월부터 안동 대원사(大願寺)에 은거하다가 1971년 3월에 세 번째 월정사 주지에 초빙되어 사원복구에 심혈을 경주하여 종무소 동별당(東別堂)·서별당(西別堂)·용금루(湧金樓)·사천왕문·일주문·진영각(眞影閣)·방산굴(方山窟) 등을 소실되기 이전의 모습보다 더욱 장려하게 중건하였다. 1973년 조계종 중앙종회의원, 1981년부터 월정사회주로 추대되어 오대산의 정신적 지주가 되어오다가 1983년 12월 11일 상원사에서 "삼계 온통 공하고 만법 함께 고요하니 나는 것 꿈이요, 죽는 것도 꿈결일 뿐이다. 三界皆空 萬法俱寂 生卽是夢 死亦是幻"라는 임종게(臨終偈)를 남기고 세수 77, 법랍 45세를 일기로 입적하였다. 이지관(李智冠)이 비문을 짓고, 김세호(金世豪)가 써서 1992년에 세운 비가 오대산 상원사에 있다. [참고문헌] 「平昌月精寺萬化堂喜讚大禪師碑文」(智冠 『韓國高僧碑文總集 朝鮮期·近現代』 pp.1362~1366).

희처업 喜處業 기꺼움으로 처하는 업. 보(報)가 있는 선(善)한 업. 『사리불아비담론』 권7(대정장28, p.582a7)에 "무엇을 희처업이라 하는가? 만약 업이 일어나고 기쁨이 일어나 희를 낳으면 이를 희처업이라 한다. … 또한 희처업이란 사처업을 제한 그 밖의 처업이 선이고 보가 있는 것이라면 이를 희처업이라 한다. 또한 희처업이란 업이 선이고 보가 있게 되면 이를 희처업이라 한다. 云何喜處業 若業發已生喜 是名喜處業 … 復次喜處業 除捨處業餘處業 若善有報 是名喜處業 … 復次喜處業 若業善有報 是名喜處業"라고 하였다. [참고문헌] 『舍利弗阿毘曇論』. ⇨희 喜, 처 處, 업 業

희탐 喜貪 Ⓢ prīti rāga, nandī-rāga, Ⓟ nandi-rāga. 기뻐해서 맛들여 탐함. 희근(喜根)을 말한다. 『구사론』 권3(대정장29, p.14c16 : *Abh-k-bh.*, p.41)에 "마음의 즐거움을 낙이라 하는데, 이 마음의 즐거움을

제3정려를 제한 (욕계의 미지정·초정려·제2정려로서) 아래의 세 가지 지에서는 희근이라 한다. 제3정려에서의 마음의 즐거움은 안정된 것으로서 희탐을 여읜 것이기에 오직 낙근이라고만 한다. 아래의 세 가지 지 중에서의 마음의 즐거움은 추동한 것으로서 희탐이 있는 것이기에 오직 희근이라고만 한다. 心悅名樂 卽此心悅除第三定 於下三地名爲喜根 第三靜慮心悅安靜離喜貪故唯名樂根 下三地中心悅麤動有喜貪故唯名喜根 tṛtīyād dhyānād anyatra kāmadhātau prathame dvitīye ca dhyāne sā caitasikī śāta vedanā saumanasyendriyam tṛtīye tu dhyāne prītivītarāgatvāt sukhendriyam eva sā na saumanasyendriyam", 『현종론』 권5(대정장29, p.796b14)에 "의식과 함께 생기는 즐거움의 수(受)에는 두 가지가 있다. 제3정려에 존재하는 것은 낙수라 하는데 이 지에서는 희탐을 여의었기 때문이다. 제3정려를 제한 아래의 세 가지 지의 것은 희근이라 하는데 희탐이 있기 때문이다. 意識俱生悅受有二 在第三定說名爲樂 由此地中離喜貪故 除第三定 下三地中說名喜根 有喜貪故"라고 하였다. [참고문헌] 『俱舍論』, 『顯宗論』, *Abh-k-bh.*

희탐구행애 喜貪俱行愛 Ⓢ nandī-rāga-sahagatā tṛṣṇā. 애(愛)의 자성 세 가지 중 하나. 희탐과 함께 작용하는 애. 가애(可愛)의 색 등에 대한 탐착으로 애(愛)·후유애(後有愛)·피피희락애(彼彼喜樂愛)와 함께 집성제(集聖諦)에 속한다. 피피희락애(彼彼喜樂愛)에 대칭한다. 『유가사지론』 권86(대정장30, p.782a5)에 "애의 자성에는 대략 세 가지가 있다. 희탐구행애란 장차 현전을 획득할 경계와 이미 획득하였지만 아직 수용하지 못한 경계와 현전하여 바로 수용하고 있는 경계에 대해 존재하는 희탐을 말한다. 愛自性者 略有三種 … 喜貪俱行愛者 謂於將得現前境界 及於已得未受用境 幷於現前正受用境所有貪愛", 같은 책 권55(대정장30, p.605a2)에 "희탐구행애란 무엇인가? 현전해 있거나 또는 이미 획득한 애호할 만한 색성향미촉법에 대해 탐착을 일으키는 애를 말한다. 喜貪俱行愛云何 謂於現前或於已得可愛色聲香味觸法起貪著愛"라고 하였다. [참고문헌] 『瑜伽師地論』, *Śrāv-bh.494.* ⇨ 피피희락애 彼彼喜樂愛

히란야악샤 Hiraṇyākṣa 황금(hiraṇya)의 눈(akṣa). 힌두신화 속 악신(惡神)의 하나로 히란야네트라(Ⓢ Hiraṇya-netra)라고도 한다. 전생에 천상의 비슈누궁(宮)을 지키는 문지기였다가 현자들의 출입을 막아 저주를 받았고, 그 결과 아수라의 어머니인 디티(Ⓢ Ditī)와 선인(仙人) 카샤파(Ⓢ Kaśyapa) 사이에서 아들로 환생하였다. 태초에 히란야악샤가 대지(大地)를 바다 밑으로 가라앉히자 비슈누신이 바라하(Ⓢ Varāha : 야생돼지)로 화현하여 어금니로써 대지를 들어올렸다. 비슈누신으로부터 대지를 빼앗으려 하다가 도리어 비슈누신에게 죽임을 당하였다. [참고문헌] W.Wilkins *Hindu Mythology*(Calcutta, 147).

히토파데샤 Hitopadeśa 인도 설화집. 유익한(Ⓢ hita) 이야기 또는 가르침(Ⓢ upadeśa)이라는 뜻이다. 『히토파데샤』는 유명한 설화집인 『판차탄트라 *Pañcatantra*』가 벵골지역에서 저자 나라야나(Ⓢ Nārāyaṇa)에 의해 이본(異本)으로 전해진 작품이다. 원본인 5편의 이야기를 4편으로 개작하고 새롭게 17가지 설화를 추가하여 배열도 바꾼 것이다. 그 내용은 제목에서 알 수 있듯이 실천·도덕 등에 중점을 둔 우화 형식의 격언적인 시구이다. 평이한 문체로 이뤄져 『판차탄트라』의 여러 이본 가운데 가장 널리 보급되었다.

힐 黠 ❶ Ⓟ kusala. 지혜. 뛰어난 방편. 『의족경』 권하(대정장4, p.182b5 : *Sn.*, p.153)에 "이들은 모두 지혜가 줄기를 바라지 않기에, 기억해 붙든 뜻일랑 그치고자 한다네. 是悉不望黠減 悉所念著意止 tam ariyad hammaṃ kusalā vadanti yassussadā natthi kuhiñci loke"라고 하였다. [참고문헌] 『義足經』, *Sn.* ❷ Ⓟ ñāṇa. 사제(四諦) 즉 실법의 진실을 아는 지혜. 심소(心所)로서의 혜(慧)다. 『아비담오법행경』(대정장28, p.998a12)에 "(四聖諦 가운데) 고법힐가(苦聖諦)는 고(苦)라는 법을 밝히는 지혜이고, 습법힐가(集聖諦)는 고의 인인 익힌 법에 대한 지혜이며, 진법힐가(滅聖諦)는 고가 다한 법의 지혜이고, 도법힐가(道聖諦)라 하니 열반으로 나아가는 길에 대한 지혜이다. 苦法黠可 苦法黠 習法黠可 習法黠 盡法黠可 盡法黠 道法黠可 道法黠"라고 하였다. [참고문헌] 『阿毘曇五法行經』, *Sn.155.*

힐례벌다 頡隸伐多 Ⓢ Revata. 부처님 재세 시 비구. 리바다(梨波多)·힐리벌다(頡離伐多)라고도 한다. 『일체경음의』 권48(대정장54, p.629a7)에 "힐례벌다〈힐은 현과 결을 반절한 음이다. 과시라 한다. 실성이라고도 한역한다. 이는 북방의 별이다. 그 별에 제사를 올려 아들을 얻고서 그것으로 이름을 붙였다. 좌선제일이라 불린 이가 그다. 리바다 또는 려바다라는 구역 음사어는 모두 잘못된 말이다〉. 頡隸伐多〈賢結反 此言過時 又云室星 則北方宿也 祠之得子 仍以名焉 坐禪第一者是也 舊言梨波多 或言黎婆多 皆訛言也〉", 『번역명의집』 권1(대정장54, p.1064b24)에 "리〈려와 지의 반절음〉바다 : 바른 음사어는 힐례벌다이고, 리월이라고도 음사한다. 성수 또는 실수라 한다. 별님에게 빌어 얻은 아들의 뜻이다. 離〈呂知〉婆多 正言頡隸伐多 亦云離越 此翻星宿 或室宿 從星辰乞子"라 하였다. [참고문헌] 『一切經音義』, 『飜譯名義集』. ⇨ 리바다 離婆多 ■

힐문기론 詰問記論 Ⓢ paripṛcchā-vyākaraṇa, Ⓟ paṭipucchā-vyākaraṇīya-pañha, Ⓣ dris-nas-lung-bstan-pa. 사기론(四記論) 중 하나. 반문하여 스스로 깨우치도록 하는 논법. 반힐기(反詰記)・반문답(反問答)과 같다. 『비바사론』 권7(대정장28, p.468a4)에 "힐문기론이란, 가량 '과거법이란 무엇입니까?'라고 물을 때 도리어 그 현사에게 '어떤 법을 묻는가?'라고 따지는 것이다. 詰問記論者 若作是問 法過去耶 當還詰彼賢士問何法", 『잡아비담심론』 권1(대정장28, p.875a9)에 "힐문기론이란, 만약 어떤 사람이 법에 대해 물을 때 '법에는 여러 가지가 있는데 그대는 어떤 법에 대해 묻는가?'라고 반대로 따져 묻는 것이다. 그에게 과거현재미래 내지 유위무위에 대해 분별하지 못하게 하지만, 만약 초심자라면 그를 위해 분별해 설해준다. 만약 기만하는 이라면 도리어 반문하여 그 스스로 답하게 하는 것이니 이를 힐문기론이라 한다. 詰問論者 若有問法 應反詰 法有衆多 汝問何者 不爲分別若過去未來現在乃至作無作 若軟心者 爲分別說 若諂曲者則還反問令彼自答 是名詰記問論"라고 하였다. [참고문헌] 『鞞婆沙論』, 『雜阿毘曇心論』, *Abh-k-bh.293.*, *DN.3.229.*

힐부 黠夫 현명한 사람. 『불소행찬』 권2(대정장4, p.17c26)에 "마치 사람 사는 집에 불이 났는데, 수를 써서 재빨리 나오게 하였는데, 잠깐 사이에 다시 들어갔다고 하면, 그를 어찌 현명한 사람이라 하겠는가? 如人舍被燒 方便馳走出 須臾還復入 此豈爲黠夫"라고 하였다. [참고문헌] 『佛所行讚』.

힐아 黠兒 꾀 많은 이. 분별해 빨리 응하는 이. 『벽암록』 40칙 「수시 垂示」(대정장48, p.177c29)에 "그만두어라! 그쳐라! 쇠나무에 꽃이 피리라. 있는가? 있는가? 꾀 많은 이가 도리어 손해를 보리라. 설령 종횡 어디로나 걸림없이 한다 해도 남에게 코를 꿰이지 않을 수 없다. 말해 보라! 효와는 어디에 있을까? 休去 歇去 鐵樹開花 有麼 有麼 黠兒落節 直饒七縱八橫 不免穿他鼻孔 且道 誵訛在什麼處"라고 하였다. [참고문헌] 『碧巖錄』.

힐인 黠人 Ⓢ cakṣuṣmat. 지혜로운 사람. 『삼마갈경』(대정장2, p.845b12)에 "만약 현명한 사람이라면 마땅히 바른 길 익히리라. 若有黠人 當學正道", 『잡비유경』(대정장4, p.500c23)에 "지혜로운 이라면 죄를 받아도 원망하지 않고, 복을 얻어도 기뻐하지 않는다. 黠人 得罪不怨 得福不喜"라고 하였다. [참고문헌] 『三摩竭經』, 『雜譬喩經』, *Udāna-v.357.* ⇨ 힐자 黠者

힐자 黠者 Ⓟ paññavant. 현자(賢者). 현명한 사람. 『잡아함경』 권1(대정장2, p.497c17 : *Asaddha-sutta*, *SN.2*, p.159)에 "현명한 사람은 현명한 사람들과 더불어 함께 무리짓고 모이며 맞이해서 서로 옳다 북돋는다. 어리석은 사람은 어리석은 사람들과 서로 무리짓고 모이며 서로 따라하며 옳다 부추긴다. 黠者 黠俱相類相聚相應相可 癡者 癡俱相類相聚 相應相可 duppannā duppannehi saddhiṃ saṃsandanti samenti. … paññavanto paññavantehi saddhiṃ saṃsandanti samenti"라고 하였다. [참고문헌] 『雜阿含經』, *SN.*

힐향냉지리와 黠向冷地裏臥 지혜로워 저 차가운 땅 향해 눕다. 『허당록』 권8(대정장47, p.1043a6)에 "모래에 그리고 옥에 새기다가 쇠와 못 끊고 자르듯 하니 지혜로워 저 냉지 향해 누웠다네. 왜 그런가? 태평한 시대에 남의 집 아들딸을 흔들어서는 안 되기 때문이네. 雕沙鏤玉 截鐵斬釘 黠向冷地裏臥 何故 太平時代 不得鼓籠 人家男女"라고 하였다. [참고문헌] 『虛堂錄』.

힐혜 黠慧 **1** Ⓢ paṇḍita, paṇḍita-jātīya, medhā, dakṣa, Ⓟ paññā, paṇḍita, Ⓣ shes-rab, mkhas-pa. 지혜(智慧)・반야(般若)의 뜻. 나아가 방편에도 뛰어난 지혜를 말한다. 『나선비구경』 권상(대정장32, p.697a18)에 "왕이 묻기를 '사람이 착한 마음으로 정법을 생각하는 것과 지혜, 이 두 가지 일은 그 뜻이 같습니까?' 나선비구가 답하기를 '그 뜻은 각각 다르며 같지 않습니다'. … 나선비구가 말하길 '임금께서는 일찍이 보리수확을 보시지 않았습니까. 왼손으로 보리를 잡고, 오른손으로 벱니다. 지혜로운 사람이 애욕을 끊는 것도 보리수확과 같습니다'. 王言 人以善心念正法 與黠慧者 是二事 其義寧同不 那先言 其義各異不同 … 那先言 王曾見穫麥者不 左手持麥 右手刈之 那先言 黠慧之人 斷絶愛欲 譬如穫麥者", 상응하는 *Milinda-pañha*(*Mil.*, p.33)에 "요가행자는 사념으로 마음을 잡은 뒤 지혜로 번뇌를 자릅니다. 이와 같이, 대왕이시여, 사념은 사유를 지혜는 끊음을 특징으로 합니다. yogāvacaro manasikārena mānasaṃ gahetvā paññāya kilese chindati. evaṃ kho mahārāja ūhanalakkhaṇo manasikāro, evaṃ chedanalakkhaṇā paññā ti", 『대비바사론』 권179(대정장27, p.900c25)에 "나의 제자 중에서 인유동(Ⓟ Kumārakassapa)은 지혜가 제일이다. 我弟子中 因儒童黠慧第一", 『유가사지론』 권84(대정장30, p.767c15)에 "'아주 지혜롭다'란 남김없이 아는 것이다. 善黠慧者 全分知故", 『잡아함경』 권38(대정장2, p.281b9 : *MN.2*, p.105)에 "잘드는 칼은 물과 돌로 함께 갈고, 곧은 화살은 뜨거운 불로 단련하며, 나무를 다듬음에 크고 작은 도끼를 쓰며, 자신을 다스림에는 지혜로써 한다네. 利刀以水石 直箭以熖火 治材以斧斤 自調以黠慧 udakaṃ hi nayanti nettikā usukārā namayanti tej anaṃ, dāruṃ namayanti tacchakā attānaṃ dam ayanti paṇḍitā", 『유가사지론』 권84(대정장30, p.556a14 : *Bodh-bh.*, p.226)에 "마치 세간의 지혜로운 장인이 있어 광석 중의 금을 불 속에서 여여히 단련하듯이, 이와 같이 거듭거듭 밝고 깨끗하게 하네. 譬如世間黠慧工匠 以鑛性金置於火中如如燒鍊 如是如是轉得明淨 tad yathā suvarṇaṃ prakṛtisthitaṃ yathā yathā gnau prakṣipyate dakṣeṇa karmāreṇa tathā tathā viśuddhataratāṃ gacchati"라고 하였다. 〔참고문헌〕『那先比丘經』, 『大毘婆沙論』, 『瑜伽師地論』, 『雜阿含經』, *Mil.*, *MN.*, *Bodh-bh.*, *Laṅk.91.* ⇨ 반야 般若, 지혜 智慧, 기첩 機捷 ❷ 꾀 많은 이, 이익을 챙길 줄 아는 이. 『장아함경』 권22 「세기경 世記經」(대정장1, p.144b14)에 "그중 총명한 사람이 있어 도병이 상해함을 알아차리고 두려움에 도피하였다. 其中有黠慧者 見刀兵相害 恐怖逃避", 『이취육바라밀다경』 권4(대정장8, p.886a13)에 "탐욕에 물들어 인색한 중생들은 서로 찬탄하며 '당신은 영리하니 소중한 재물을 잘 지키시오. 어리석은 사람들이 함부로 보시 행하듯이 하지 마시오'라고 말할 것이다. 若慳貪有情 互相讚歎 汝有黠慧 守護珍財 莫如愚人 妄行惠施"라고 하였다. 〔참고문헌〕『長阿含經』, 『理趣六波羅蜜多經』. ❸ Ⓢ Mati. 석존 전생에 왕자였을 때의 이름. 『월등삼매경』 권3(대정장15, p.567c11 : *Sam-r.*, p.98)에 "내가 힐혜라는 이름의 왕자였을 때, 몸이 병고를 만나 많이 힘들고 위독하였는데, 그때 그 현시(賢施 Ⓢ Brahmadatta)법사가 나의 스승이 되었으니 유연하며 순직하고 모든 공덕을 갖추셨네. 我作王子名黠慧 身遇病苦甚困篤 時彼賢施爲我師 柔軟淳直備德 ahaṃ tadāsīn mati-rājaputro ābādhiko bāḍha gilāna duḥkhitaḥ, mahyaṃ ca so ācariyo abhūṣi yo brahmadattastada dharmabhāṇakaḥ"라고 하였다. 〔참고문헌〕『月燈三昧經』, *Sam-r.*

힐혜인 黠慧人 Ⓢ paṇḍita, Ⓟ viññū, Ⓣ mkhas-pa. 지혜로운 이. 세간의 일을 잘 아는 이. 『니건자소설경』 권5(대정장9, p.341c7)에 "대왕이시여, 또 다음을 아셔야 합니다. 힐혜인은 하고자 하는 일에 있어서 차분하고 자세히 살펴야 하며, 마땅히 너무 서두르지 말아야 합니다. 大王 當知 有黠慧人 所欲作事 應當安詳 不應太卒", 『보성론』 권2(대정장31, p.825b27 : *Ratna-ut.*, p.16)에 "어떤 지혜로운 이가 모든 보살의 공덕이 한량없는 것을 알아서 보리의 한없고 가없는 광대한 공덕을 닦아 익히며, 큰 지혜와 자비의 원만함을 지녀 저 한량없는 중생들의 성행조림을 비추어 안다해도 초승달과 같을 뿐이니, … 여래의 커다란 보름달의 몸을 취하고자 한다면 보리도를 닦아 초승달을 버려야 할 것이다. 有黠慧人 知諸菩薩 功德無量 修習菩提 無量無邊 廣大功德 有大智慧 慈悲圓滿 爲照知彼無量衆生性行稠林 猶如初月 … 欲取如來大滿月身 修菩提道而當棄捨初月 (na hi jātu) paṇḍitā bodhisattvaśrāvakaguṇāntarajñā mahābodhivipulapuṇyajñānasaṃbhārāpūryamāṇajñānakaruṇāmaṇḍalam aprameyasattvadhātugaṇasaṃtānāvabhāsapratyupasthitam anuttaratathāgatapūrṇacandragamanānukūlamārgapratipannaṃ bodhisattvanavacandram utsṛjya prādeśikajñānaniṣṭhāgatam … (śrāvakaṃ namasyanti)"라고 하였다. 〔참고문헌〕『尼乾子所說經』, 『寶性論』, *Ratna-ut.*, *SN.1.221.* ⇨ 힐혜 黠慧❶❷, 힐인 黠人

힐혜자 黠慧者 Ⓢ vicakṣaṇa, matimat, Ⓟ paṇḍita, bhūri-medhasa. 지혜로운 이. 사리에 밝은 이를 말한다. 『잡아함경』 권12(대정장2, p.84a14 : *Bālena paṇḍito, SN.2*, p.24)에 "만약 지혜로운 사람이 무명에 덮이고 애연에 얽힌 바 되어 이 식신을 얻는다면 그는 무명을 끊고 애연을 다한다. 무명을 끊고 애연이 다하였으므로 몸이 부서지고 목숨이 다하면 더는 몸을 받지 않는다. 다시 나지 않기에 생로병사우비뇌고에서 해탈한다. 若黠慧者 無明所覆 愛緣所繫 得此識身 彼無明斷 愛緣盡 無明斷 愛緣盡故 身壞命終 更不復受 不更受故 得解脫生老病死憂悲惱苦 yāya ca bhikkhave avijjāya nivutassa paṇḍitassa yāya ca taṇhāya sampayuttassa ayaṃ kāyo samudāgato. sā ceva avijjā paṇḍitassa pahīnā sā ca taṇhā parikkhīṇā. taṃ kissa hetu. acari bhikkhave paṇḍito brahmacariyaṃ sammā dukkhakkhayāya. tasmā paṇḍito kāyassa bhedā na kāyūpago hoti. so akāyūpago samāno parimuccati jātiyā jarāmaraṇena sokehi paridevehi dukkhehi domanassehi upāyāsehi parimuccati dukkhasmā ti vadāmi", 같은 책 권49(대정장2, p.358b29 : *Pañcālacaṇḍo*, *SN.1*, p.48)에 "시끄럽고 어지러운 곳에서도, 지혜로운 이는 능히 깨달을 수 있다네. 선정과 지혜로 깨달은 깨달음, 부처님의 사유력이네. 憒亂之處所 黠慧者能覺 禪思覺所覺 牟尼思惟力 sambādhe vata okāsaṃ avindi bhūrimedhaso, yo jhānam abuddhi buddho patilīnanisabho munīti", 『유가론기』 권9(대정장42, p.501a15 · 한불전13, p.685a7)에 "총명한 사람들이란 뜻에 통달한 이들이고, 힐혜자들이란 일어난 일을 잘 아는 이들이다. 諸聰叡者 達理也 諸黠慧者 知事也"라고 하였다. 〔참고문헌〕『雜阿含經』, 『瑜伽論記』, *SN.*, *Sam-r.44.*, *Bodh-bh.25.*

•

이 한 권의 佛事에는

•

문화체육관광부

•

대한불교조계종

•

대구 은해사 (도명스님)
서울 삼성암 (세민스님)
영화사 회주 (월주스님)
가평 백련사 (승원스님)
포항 관음사 (임대스님)

•

(재)동국역경사업진흥회
(재)홍법문화재단 등의 협찬이 있었습니다.

•

미등스님, 상륜스님(법계사)
구태회님, 김경숙님, 김명영님, 김정배님, 김진공님
김진희님, 김한열님, 묘각화님, 문헌팔님, 박정미님, 배재형님
법련화님, 유영숙님, 이정훈님, 장명숙님, 정병삼님
지성희님, 진희권님, 칠보화님 등(가나다 순)
사부대중 여러분의 정성이 있었습니다.

編著者 伽山智冠大宗師 行狀

編著者 伽山智冠大宗師님은 1932년 慶北 迎日郡 清河面 柳溪里에서 出生, 1947년 慶南 陜川 海印寺에서 慈雲스님을 恩師로 하여 得度하셨다. 1955년 海印寺講院 耘虛스님 講下에서 大教科를 卒業하시고, 1960년부터 1970년까지 海印講院 講主로서 後學을 養成하셨다. 이어 海印寺 住持를 歷任하셨으며, 東國學園 理事, 그리고 東國大學校 教授로 在職하면서 제 11 대 東國大學校 總長을 歷任하셨으며, 大韓佛教曹溪宗 元老會議 議員을 거쳐 제32대 總務院長을 歷任하셨다.

대종사님은 학인을 지도하시던 해인사 강주시절 일찍이 불교대사전의 필요성을 절감하시고는 편찬의 원력을 내심 키워가셨다. 50세가 되시던 1982년 음력 5월 11일 「불교대사전편찬발원문」을 부처님전에 지어 올리시고는 드디어 至高至難한 편찬작업에 돌입하셨다. 1991년 6월 16일 社團法人 伽山佛教文化研究院을 설립하시고는 열반에 드시기 전까지 不撤晝夜 一路精進하셨다. 1982년~1990년을 제1차 사업기로 하는 基礎作業期間에는 1차 標題語發掘作業을 수행하셨다. 1991년~1993년인 제2차 사업기에는 編修再作業과 추가항목발굴 및 조정작업이 수행되었으며, 基礎原稿作業이 일부 이루어졌다. 제3차 사업기인 1994년~1998년에는 항목재편수 및 執筆作業이 本格化 되었다. 1999년~2008년 제4차 本格出刊사업기에는 매년 1권 출간을 목표로 차질없이 진행하여 1999년 제1권과 제2권 동시 출간을 시작으로 2008년 제10권 출간을 마무리하셨다. 2009년~2019년을 제5차 후반부 전10권(제11권~제20권) 출간을 목표로 2009년 제11권 출간, 2010년 제12권 출간, 2011년 제13권 제작을 마무리 하던 깊은 겨울에 30년을 한결같이 놓치 못하시던 원고 보따리를 머리맡에 놓으신 채로 신묘년 음력 臘月八日(2012년 양력 1월 2일)을 넘기시고 열반에 드셨다. 대종사님은 2005년 대종사님께서 꼭 쓰셔야 할 주요항목 마지막 "ㅎ"표제어를 끝으로 본 항목을 집필하여 마치시고는, 新規項目 發掘執筆과 연구원들의 원고에 대한 證義·證文·潤文 등 監修·校訂작업에 寸陰을 아끼셨다.

열반하시기 6개월 전인 2011년 음력 5월 11일 팔순생신일에 연구원 가족들에게 '대사림 완간을 위해 합심하여 정진하라.'는 간곡한 遺囑을 글로 남기셨다. 연구원들 모두 대종사님의 유촉을 奉戴하고 如一하게 精進하여 2017년 제16권을 출간하였고, 현재 제18권 출간작업을 위해 정진하고 있다. 향후 제6차사업기(2020년~2022년)까지 「보유편」과 「색인부」 작업이 完遂되면 대종사님의 長大한 願行, 哀愍衆生의 大方便인 대사림편찬사업이 世間에 廻向된다.

대종사님은 탁월한 洞察力과 不屈의 修行力으로 한국불교중흥의 초석이 될 後學養成과 教學中興에 독보적이고도 다대한 업적을 창출하셨다. 한국불교와 전통문화의 自尊을 높임은 물론, 후학의 전범이 되는 精進力과 指導力으로 韓國佛教中興을 牽引하셨다. 특히 일천칠백여 년 한국불교사에 있어 최초의 "불교대백과사전"『伽山佛教大辭林』 편찬작업과 일천칠백여 년 한국고승들의 비문 400여 기를 수집·교감·역주하여 회향한『韓國高僧碑文叢書』, 일천여 년 민족불교의 성지 해인사의 역사와 자료를 총집한『伽倻山海印寺誌』, 한국전승불교 교과과정의 문헌들을 총정리하여 집필하신『韓國佛教所依經典研究』, 한국불교의 계맥전통과 수계전승기록을 총합한『韓國佛教戒律傳統』 등 일련의 작업들을 세간에 널리 流通시켜 가시던 중, 2005년 10월 대한불교조계종 총무원장에 취임하셨다. 취임즉시 대사림편찬작업으로 미루어오던 또 하나의 오랜 숙원, 한국불교의 正法遺産을 國內外로 널리 유포시키기 위한 飜譯作業을 '韓國佛教傳統思想叢書 편찬'이라는 이름으로 적극 추진하여, 2011년 한글역 13권과 2013년 초 영역 13권이 출간되었고, 대종사님의 숙원대로 열반을 전후하여 지구촌 곳곳에 널리 流布되었다. 대중들은 뜻하는 대로 이루어지는 佛事들을 수희찬탄하며 '대종사님께서는 如意를 얻으셨다.' 칭송하였다. 이와같이 우리불교와 문화전통의 崇高함을 선양하고 창의적으로 傳承함에 있어 크나큰 偉蹟을 남기셨다.

남겨진 우리들이 해야할 일은 대종사의 위적을 봉대하고 孤軍奮鬪하며 工夫할 따름이다.

伽山大宗師 大願行 遺囑道場 가산불교문화연구원
研究員 모두 焚香三拜올립니다.

著 書

伽山佛教大辭林 권1·2·3·4·5·6·7·8·9·10·11·12·13·14·15·16·17·18·19·20
緇門私記, 四集私記, 楞嚴經略解, 韓國佛教所依經典研究, 要經序說, 南北傳六部律藏比較研究, 比丘尼戒律研究, 信行龜鑑, 信行365日, 信行日鑑, 曹溪宗史, 伽倻山海印寺誌, 校勘譯註歷代高僧碑文(新羅篇·高麗篇1~4·朝鮮篇1), 韓國高僧碑文總集(朝鮮朝·近現代), 韓國佛教戒律傳統, 梵網經菩薩戒布薩本, 韓國傳統思想叢書 精選韓國高僧碑文 外 多數

●

編纂道場會主

編著者 伽山智冠大宗師

(主執筆 · 總監修)

○

作業道場所任

執筆 · 證義 · 證文 · 潤文 · 編修 等 作業

• 편찬실장 古玉玄元

• 편찬부장 책임연구원 金榮郁

• 수석연구원 崔晶圭

• 상임연구원 馬海崙 · 韓栽相 · 孫秀昌

朴貞美慈仁行 · 裵宰亨錦芭 · 張日圭 · 朴碩香智慧藏

全甫英如來珠 · 徐民知 · 朴秀眞 · 馬驍璐

◦ 원외 주요분과 전문집필위원

〔한국불교〕鄭炳三 · 〔유식분과〕姜秉華 · 〔불교의례〕彌燈스님 · 〔인도불교〕房貞蘭 · 〔불교미술〕申龍澈

伽山佛教大辭林 권20
KASAN ENCYCLOPEDIA OF BUDDHISM *vol.20*

편 저 자 伽山 李智冠 ⓒ
발 행 인 문 헌 팔
발 행 처 사단법인 가산불교문화연구원
전화 765-9602
팩스 765-5673
서울시 종로구 명륜4가 206-6

인 쇄 일 2023년 6월 16일
발 행 일 2023년 6월 16일

사단법인 가산불교문화연구원 출판부
등록번호 제 6-a0116호(1990.12. 24)

인　쇄 동화인쇄공사
제　책 (주)가원
표지제작 송운사

ISBN 978-89-85903-53-0
ISBN 978-89-85903-08-0(세트) 94220

책값 300,000 원